Heselhaus / Nowak
Handbuch der Europäischen Grundrechte

Handbuch der Europäischen Grundrechte

Herausgegeben von

Prof. Dr. F. Sebastian M. Heselhaus, LL.M.
Universität Luzern

und

Prof. Dr. Carsten Nowak
Europa-Universität Viadrina Frankfurt (Oder)

Bearbeitet von

Prof. Dr. Manfred Baldus, Universität Erfurt; *Dr. Ayse-Martina Böhringer,* Universität Gießen; *Prof. Dr. Marten Breuer,* Universität Konstanz; *Prof. Dr. Marc Bungenberg LL. M.,* Universität des Saarlandes; *Prof. Dr. Wolfram Cremer,* Universität Bochum; *Prof. Dr. Kerstin von der Decken,* Universität Kiel; *Prof. Dr. Jasper Finke LL. M.,* University of Edinburgh; *Prof. Dr. Annette Guckelberger,* Universität des Saarlandes; *Prof. Dr. Andreas Haratsch,* FernUniversität Hagen; *Prof. Dr. Martin Heger,* Humboldt-Universität Berlin; *Prof. Dr. Sebastian Heselhaus LL. M.,* Universität Luzern; *RA Dr. Christian Hilbrandt,* Hilbrandt Rückert Ebbinghaus, Hamburg; *Prof. Dr. Jürgen Kühling LL. M.,* Universität Regensburg; *Prof. Dr. Thilo Marauhn M. Phil.,* Universität Gießen; *Dr. Hanns Peter Nehl D. E. A., LL. M.,* Gericht der Europäischen Union, Luxemburg; *Prof. em. Dr. Gert Nicolaysen †,* Universität Hamburg/Europa-Kolleg Hamburg; *Prof. Dr. Carsten Nowak,* Europa-Universität Viadrina Frankfurt (Oder); *Dr. Gregor-Julius Ostermann,* Verwaltungsgericht Gelsenkirchen; *Prof. Dr. Eckhard Pache,* Universität Würzburg; *Prof. Dr. Sarah Progin-Theuerkauf,* Universität Freiburg i. Ue.; *RiVG Markus Rau LL. M.,* Verwaltungsgericht Berlin; *Prof. Dr. Stephan Rixen,* Universität Bayreuth; *Dr. Markus Schreiber,* Universität Luzern; *Dr. Peter Szczekalla,* Berlin/Osnabrück; *Prof. apl. Dr. Carmen Thiele,* Europa-Universität Viadrina Frankfurt (Oder).

2. Auflage 2020

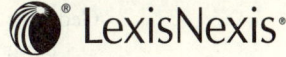

Zitiervorschlag:
Autor in Heselhaus/Nowak EU-Grundrechte-HdB § … Rn. …

www.beck.de

ISBN 978 3 406 64910 3 (C. H. Beck)
978 3 7190 3484 9 (Helbing Lichtenhahn)
978 3 7007 7179 1 (LexisNexis)
© 2020 Verlag C. H. Beck oHG
Wilhelmstraße 9, 80801 München
Druck und Bindung: Kösel GmbH & Co. KG
Am Buchweg 1, 87452 Altusried-Krugzell
Umschlaggestaltung und Satz: Druckerei C. H. Beck Nördlingen
(Adresse wie Verlag)

Gedruckt auf säurefreiem, alterungsbeständigem Papier
(hergestellt aus chlorfrei gebleichtem Zellstoff)

Vorwort

Die erste Auflage des Handbuchs der Europäischen Grundrechte aus dem Jahre 2006 stellte eine Pionierarbeit dar, weil sie es bereits vor dem im Dezember 2009 erfolgten Inkrafttreten der Grundrechtecharta unternahm, die – damals im Wesentlichen ungeschriebenen – Grundrechte der Europäischen Union in einem systematischen Zusammenhang zu kommentieren. Entsprechend dem damaligen Ansatz des EuGH, die Grundrechte als allgemeine Grundsätze des Unionsrechts anzuerkennen, „wie sie in der Europäischen Konvention zum Schutz der Menschenrechte und Grundfreiheiten gewährleistet sind und wie sie sich aus den gemeinsamen Verfassungsüberlieferungen der Mitgliedstaaten ergeben", wurde damals ein umfassender rechtsvergleichender Ansatz gewählt, um die Grundrechtsqualität der einzelnen Verbürgungen nachweisen zu können. Diese Aufgabe ist mit Inkrafttreten der Grundrechtecharta der EU in den Hintergrund getreten. Alle gängigen Kommentierungen der Grundrechtecharta folgen heute konzeptionell dem bewährten deutschen Kommentaransatz und konzentrieren sich auf die ausdrücklich in der Charta erwähnten Grundrechte. Indes ist der ergänzende Ansatz über die allgemeinen Rechtsgrundsätze keineswegs überholt. Er wird in Art. 6 Abs. 3 EUV sogar ausdrücklich genannt und ist die Basis auch für vom EuGH anerkannte grundrechtliche Verbürgungen, die nicht explizit in der Charta aufgeführt werden, wie etwa die allgemeine Handlungsfreiheit und der Vertrauensschutz. Darüber hinaus können die Grundrechte als allgemeine Rechtsgrundsätze der Union Gewährleistungslücken in der Charta schließen, wie etwa bei der Bindung der Mitgliedstaaten an das Unionsgrundrecht auf eine gute Verwaltung. Aus diesen Gründen wurde auch für die zweite Auflage das Grundkonzept eines Handbuchs aller Europäischen Grundrechte beibehalten. Daher finden sich in dieser Perspektive auch weiterhin zahlreiche rechtsvergleichende Hinweise. Das bewährte Konzept fördert zudem den Schwerpunkt, den dieses Handbuch auf die allgemeinen Grundrechtslehren legt, die im „Allgemeinen Teil" der Kommentierung den spezifischen Grundrechten und grundrechtsgleichen Rechten im „Besonderen Teil" vorangestellt werden. In den Text sind jeweils die sachdienlichen Verweise auf die allgemeinen Vorschriften der Grundrechtecharta, Art. 51–54 GRC, aufgenommen worden. Der systematische Bezug zu den spezifischen Grundrechten wird über ein ausführliches Schlagwortregister gewährleistet.

Seitdem die EU-Grundrechtecharta im Dezember 2009 Rechtsverbindlichkeit erlangen konnte, hat sich die Grundrechtsrechtsprechung des EuGH wesentlich intensiviert. Zum einen hat sich die Europäische Union im Lissabonner Vertrag weitere Kompetenzbereiche erschlossen, in denen zunehmend grundrechtsrelevante Entscheidungen getroffen werden mussten, wie etwa bei der Behandlung von Asylbewerbern. In vielen Fällen hat sich der EuGH dabei auf die Vorarbeiten des Gerichtshofs der EMRK stützen können, oft hat er aber auch die Grundrechte selbstständig fortentwickelt. Auch im Hinblick auf den traditionell großen Einfluss des europäischen Wirtschaftsrechts auf das Grundrecht auf Eigentum, die unionsgrundrechtliche Berufsfreiheit und das Grundrecht auf unternehmerische Freiheit hat der EuGH seine Grundrechtsrechtsprechung weiter präzisiert. Im Verhältnis nach außen ragt unter anderem die sog. Kadi-Entscheidung aus dem Jahre 2008 heraus, in der der EuGH dem UN-Sicherheitsrat eine mangelnde Beachtung von Grundrechten bei Maßnahmen zur Terrorbekämpfung vorhielt. Dieses Vorgehen hatte ihm viel Kritik im völkerrechtlichen Schrifttum eingetragen, grundrechtlich war es aber insofern erfolgreich, als der UN-Sicherheitsrat die geäußerten Bedenken für die Zukunft aufgegriffen hat. Zum anderen ist in diesem Kontext auf das vieldiskutierte EuGH-Gutachten 2/13 vom 18.12.2014 hinzuweisen, mit dem der durch Art. 6 Abs. 2 EUV an sich eingeforderte

Vorwort

EMRK-Beitritt der EU bis auf Weiteres verbaut worden ist. Bezüglich der Bindung der EU-Mitgliedstaaten an die Grundrechtecharta hat der EuGH in einer – bisweilen mit Schärfe geführten – Auseinandersetzung mit dem Bundesverfassungsgericht seinen bisherigen weiten Ansatz präzisiert und in wesentlichen Punkten behauptet. Auch hinsichtlich der unmittelbaren Dritt- bzw. Privatwirkung einzelner Unionsgrundrechte sowie hinsichtlich des in Art. 47 GRC niedergelegten Unionsgrundrechts auf effektiven Rechtsschutz und anderer bedeutsamer Prozess- und Verfahrensgrundrechte hat der EuGH in jüngerer Zeit einige neue Akzente hochinteressanter und vieldiskutierter Art gesetzt. In der Gesamtbetrachtung zeigt sich, dass der EuGH zunehmend bereit ist, neben seiner angestammten Rolle als Integrationsgericht auch eine zusätzliche Rolle als Grundrechtsgericht auszufüllen. Die umfassende Konzeption des Handbuchs der Europäischen Grundrechte hat allen Mitwirkenden Gelegenheit und Raum geboten, die spannenden Entwicklungen in der Rechtsprechung kritisch zu begleiten.

Im Aufbau ist der Ansatz der ersten Auflage fortgeführt wurden, indem die Tradition der deutschen Grundrechtslehren auf die EU-Ebene übertragen und in einem „Allgemeinen Teil" den übergreifenden, strukturellen und grundrechtsdogmatischen Kernfragen nachgegangen wird. Der daran anschließende „Besondere Teil" widmet sich sodann den spezifischen grundrechtlichen Verbürgungen. Dabei lässt er sich von der Systematik der Grundrechtecharta leiten, ergänzt und modifiziert diese aber, wo es angemessen erscheint. Die Analyse der einzelnen grundrechtlichen Verbürgungen folgt in diesem Handbuch der bewährten Orientierung am Dreischritt von Gewährleistungsgehalt, Eingriff und Rechtfertigung. Angereichert wird dieses Schema durch die gängige Einbeziehung historischer und rechtsvergleichender Aspekte sowie wertender Bezugnahmen auf den Grundrechtsschutz in Deutschland. Vereinzelte Abweichungen wurden vorgenommen, wo bzw. soweit dies inhaltlich geboten erschien.

Die relativ lange Zeitspanne seit der Vorauflage hat zu einigen Wechseln im Team der Autorinnen und Autoren geführt. Die Herausgeber freuen sich sehr, so viele hervorragende Kolleginnen und Kollegen gefunden zu haben, die bereit sind, an diesem gemeinsamen Großprojekt mitzuwirken. Mit großer Trauer hat die Herausgeber nicht nur der Tod von Prof. Dr. Michael Wollenschläger, sondern auch der Tod von Prof. em. Dr. Nicolaysen erfüllt, der in der ersten Auflage die damals noch als Assistenten im Öffentlichen Recht agierenden Herausgeber ohne zu zögern mit einem Schlüsselbeitrag in § 1 des Handbuches unterstützt hatte. Die inhaltliche Aktualisierung dieses Beitrags konnte Herr Nicolaysen noch zu Lebzeiten finalisieren, so dass die Herausgeber diesbezüglich nur sehr wenige Änderungen rein redaktioneller Art vornehmen mussten.

Der große Dank der Herausgeber gilt zunächst einmal den – auch zum Teil neuen – Autorinnen und Autoren, die mit ihrem großen Engagement das Gelingen dieses Werkes ermöglicht und dessen Entstehung mit Geduld und konstruktiver Kritik begleitet haben. Ebenso danken wir dem Verlag C. H. Beck für die Bereitschaft, dieses umfassend angelegte Werk in der ursprünglichen Konzeption vorzuführen. Dank gebührt ferner der Juristischen Fakultät der Europa-Universität Viadrina Frankfurt (Oder), die den Herausgebern einen durchaus beachtlichen Druckkostenzuschuss gewährt hat. Für die wertvolle Unterstützung bei der redaktionellen Bearbeitung sei den wissenschaftlichen Mitarbeiterinnen und Mitarbeitern am Lehrstuhl für Europarecht, Völkerrecht, Öffentliches Recht und Rechtsvergleichung an der rechtswissenschaftlichen Fakultät der Universität Luzern, Frau MLaw Christine Bühler und Frau MLaw Marion Zumoberhaus sowie Herrn Ref. iur. Philipp Renninger, sowie den wissenschaftlichen Mitarbeiterinnen und Mitarbeitern am Lehrstuhl für Öffentliches Recht, insbesondere Europarecht an der Juristischen Fakultät der Europa-Universität Viadrina Frankfurt (Oder), Herrn Matthias Motzkus, LL. M., Frau Sabine Ries, LL. M. und Herrn Benjamin Steinke, LL. M., gedankt. Besonders hervorzuheben ist in diesem Kontext der am letztgenannten Lehrstuhl beschäftigte Herr Matthias Motzkus, der sich über einen langen Zeitraum mit vorbildlicher Hingabe und großem Können dem „Löwenanteil" der redaktionellen Arbeit gewidmet hat. Nicht zuletzt möchten sich die

Vorwort

Herausgeber ganz herzlich bei ihren beiden Familien bedanken, die uns bei der Arbeit und zeitintensiven Fertigstellung der zweiten Auflage dieses Handbuchs mit sehr viel Verständnis zu tragen gewusst haben.

Im Oktober 2019

Sebastian Heselhaus   Carsten Nowak

Inhaltsverzeichnis

Bearbeiterverzeichnis XIX
Abkürzungsverzeichnis XXIII
Allgemeines Literaturverzeichnis XLIII

Allgemeiner Teil. Rechtsdogmatische Grundlagen 1

  1. Abschnitt. Verfassungsrechtliche Grundlagen des Grundrechtsschutzes in der EU 1
    § 1 Historische Entwicklungslinien des Grundrechtsschutzes in der EU ... 1
      A. Grundrechtsgehalte in den Gründungsverträgen 3
      B. Grundrechte im regionalen Völkerrecht in Europa 9
      C. Grundrechtserklärungen der Gemeinschaftsorgane bis zur Grundrechtecharta 12
      D. Grundrechte in der Rechtsprechung des EuGH – Allgemeine Rechtsgrundsätze – Lückenfüllung durch die Rechtsprechung 18
      E. Charta der Grundrechte der EU 22
      F. Wesen und Standort der Grundrechte in der Verfassungsentwicklung der Integration 24
    § 2 Das Verhältnis zwischen dem Grundrechtsschutz in der EU und in den Mitgliedstaaten 27
      A. Einleitung 29
      B. Kohärenz 29
      C. Konfliktpotenziale 37
      D. Kritische Bewertung 42
    § 3 Das Verhältnis zwischen dem Grundrechtsschutz in der EU und nach der EMRK 45
      A. Einleitung 46
      B. Kohärenz 46
      C. Konfliktpotenziale 54
      D. Kritische Bewertung 58
    § 4 Verhältnis zu weiteren internationalen Menschenrechtsverbürgungen .. 60
      A. Bedeutung internationaler Menschenrechtsverbürgungen 61
      B. Entwicklung und Systematik 63
      C. Unmittelbare Geltung internationaler Menschenrechtsverbürgungen 65
      D. Mittelbare Bindung an internationale Menschenrechtsverbürgungen 71
      E. Fazit und Ausblick 86
    § 5 Bedeutung der Grundrechte der EU für Drittstaaten 87
      A. Einleitung 87
      B. Die Bindung des auswärtigen Handelns der Union an die Grund- und Menschenrechte 88
      C. Die auswärtige Menschenrechtspolitik der Union 92
      D. Fazit und Schlussbemerkungen 100
    § 6 Grundrechte und Kompetenzen 101
      A. Systematischer Überblick 102
      B. Entwicklung 103
      C. EU-Grundrechte und das Prinzip begrenzter Einzelermächtigung .. 106
      D. EU-Grundrechte und Kompetenzausübungsschranken 112

Inhaltsverzeichnis

E. Auswirkungen bei der Durchführung von Unionsrecht?	114
F. Auswirkungen der EU-Grundrechte auf den Integrationsprozess	119
G. Zusammenfassende Bewertung und Ausblick	120

2. Abschnitt. Grundrechtsdogmatik in der EU, prozessuale Durchsetzung ... 122

§ 7 Begriff, Geltungsgrund und Rang der Grundrechte der EU 122
- A. Einleitung 125
- B. Begriff der Grundrechte 127
- C. Abgrenzungsfragen: Unionsgrundrechte neben weiteren primärrechtlichen Rechtsinstituten 135
- D. Geltungsgrund der Grundrechte 159
- E. Rang der Grundrechte im Unionsrecht 173
- F. Verhältnis der Unionsgrundrechte untereinander 177

§ 8 Funktionen der Grundrechte 181
- A. Grundrechte als Abwehrrechte 184
- B. Grundrechte als Schutzpflichten 187
- C. Grundrechte als Teilhaberechte – „Soziale" Grundrechte – Förderpflichten 194
- D. Grundrechte als Gestaltungsaufträge 197
- E. Grundrechtsdimensionen: Organisation und Verfahren 198
- F. Extraterritoriale Wirkungen der Grundrechte 199

§ 9 Grundrechtsberechtigte und Grundrechtsadressaten 201
- A. Einleitung 203
- B. Grundrechtsberechtigte bzw. Grundrechtsträger 204
- C. Grundrechtsverpflichtete bzw. Grundrechtsadressaten 216
- D. Zusammenfassende Bewertung und Ausblick 239

§ 10 Grundrechtliche Schutzbereiche und Schrankensystematik 241
- A. Schutzbereiche 243
- B. Grundrechtseingriffe 250
- C. Rechtfertigung 253
- D. Gerichtliche Kontrolldichte 278

§ 11 Prozessuale Durchsetzung der Unionsgrundrechte 282
- A. Einleitung 284
- B. Das System der Unionsgerichtsbarkeit 286
- C. Das System prozessualer Durchsetzungsinstrumente für die Unionsgrundrechte 289
- D. Probleme bei der prozessualen Durchsetzung der Unionsgrundrechte 296
- E. Fazit 317

§ 12 Außergerichtliche Institutionen des Grundrechtsschutzes in der EU ... 319
- A. Überblick und Bedeutung 319
- B. Entwicklung 321
- C. Die einzelnen Institutionen und Instrumente 322
- D. Zusammenfassung und Ausblick 336

Besonderer Teil. Die einzelnen Grundrechte und grundrechtsgleichen Rechte 337

3. Abschnitt. Die Würde und Integrität des Menschen 337
§ 13 Würde des Menschen als Fundament der Grundrechte 337
- A. Die Garantie der Würde des Menschen: Zentralnorm der EU-Grundrechtsordnung 338
- B. Zur normativen Doppelbedeutung des Menschenwürde-Satzes 343

Inhaltsverzeichnis

C. Zum Gewährleistungsbereich im Einzelnen	347
D. Zusammenfassende Bewertung und Ausblick	355
§ 14 Recht auf Leben und Verbot der Todesstrafe	358
A. Das Recht auf Leben im „Möglichkeitsraum" integrationspolitischer Perspektiven	359
B. Gewährleistungsgehalt	361
C. Beeinträchtigungen	374
D. Rechtfertigung	375
E. Zusammenfassende Bewertung und Ausblick	378
§ 15 Recht auf körperliche und geistige Unversehrtheit	380
A. Die psychophysische Integrität als Möglichkeitsbedingung menschlicher Existenzgestaltung	380
B. Gewährleistungsbereich	381
C. Beeinträchtigungen	387
D. Rechtfertigung	388
E. Die Regelung des Art. 3 Abs. 2 GRC	389
F. Zusammenfassende Bewertung und Ausblick	391
§ 16 Verbot der Folter und unmenschlicher oder erniedrigender Strafe oder Behandlung	392
A. Bedeutung und Entwicklung	393
B. Gewährleistungsgehalt	396
C. Beeinträchtigung	402
D. Rechtfertigung	405
E. Verhältnis zu anderen Grundrechtsgewährleistungen	406
F. Zusammenfassende Bewertung und Ausblick	406
§ 17 Verbot der Sklaverei, der Zwangsarbeit und des Menschenhandels	408
A. Bedeutung und Entwicklung	408
B. Gewährleistungsgehalt	416
C. Verhältnis zu anderen Grundrechtsgewährleistungen	423
D. Zusammenfassende Bewertung und Ausblick	424
4. Abschnitt. Bewegungsfreiheit und Aufenthaltsrechte	425
§ 18 Recht auf Freiheit und Sicherheit	425
A. Entwicklung und Bedeutung des Rechts auf Freiheit und Sicherheit	426
B. Gewährleistungsgehalt	429
C. Beeinträchtigungen	436
D. Rechtfertigung	439
E. Leistungsrechte als zusätzliche Gewährleistungsdimension	447
F. Verhältnis zu anderen Grundrechten	451
G. Zusammenfassende Bewertung und Ausblick	452
§ 19 Freizügigkeit und Aufenthaltsfreiheit	454
A. Entwicklung und Bedeutung	454
B. Die Freizügigkeit von Unionsbürgern, Art. 21 AEUV	457
C. Freizügigkeit von Drittstaatsangehörigen	465
D. Grundrechtliche Aspekte	467
E. Zusammenfassende Bewertung und Ausblick	468
§ 20 Asylrecht	470
A. Internationaler Flüchtlingsschutz und Non-Refoulement-Prinzip	471
B. Die Entstehung des Gemeinsamen europäischen Asylsystems	475
C. Überblick über die aktuell geltenden Rechtsakte des Gemeinsamen Europäischen Asylsystems	481
D. Rechte nach der Grundrechtecharta	487
E. Zusammenfassende Bewertung und Ausblick	488

Inhaltsverzeichnis

§ 21 Schutz bei Abschiebung, Ausweisung und Auslieferung 490
    A. Bedeutung und Entwicklung 491
    B. Quellen 492
    C. Gewährleistungsgehalt 495
    D. Beeinträchtigung 498
    E. Rechtfertigung 500
    F. Verhältnis zu anderen Bestimmungen 502
    G. Zusammenfassende Bewertung und Ausblick 502

5. Abschnitt. Privatsphäre und allgemeine Handlungsfreiheit 504
  § 22 Allgemeine Handlungsfreiheit 504
    A. Bedeutung und Entwicklung 504
    B. Gewährleistungsgehalt 508
    C. Beeinträchtigungen 509
    D. Rechtfertigung 510
    E. Verhältnis zu anderen Bestimmungen 512
    F. Zusammenfassende Bewertung und Ausblick 514
  § 23 Recht auf Achtung des Privat- und Familienlebens 516
    A. Entwicklung und Bedeutung des verfassungs- und menschenrechtlich gewährleisteten Rechts auf Achtung des Privat- und Familienlebens 517
    B. Gewährleistungsgehalt 522
    C. Beeinträchtigung 531
    D. Rechtfertigung 532
    E. Verhältnis zu anderen Bestimmungen 533
    F. Zusammenfassende Bewertung und Ausblick 534
  § 24 Eheschließungs- und Familiengründungsrecht 535
    A. Entwicklung und Bedeutung der verfassungs- und menschenrechtlichen Gewährleistung des Eheschließungs- und Familiengründungsrechts 535
    B. Gewährleistungsgehalte 542
    C. Beeinträchtigung 546
    D. Rechtfertigung 547
    E. Verhältnis zu anderen Bestimmungen 547
    F. Zusammenfassende Bewertung und Ausblick 548
  § 25 Datenschutz 549
    A. Entwicklung und Bedeutung 549
    B. Gewährleistungsgehalt 556
    C. Beeinträchtigungen 565
    D. Rechtfertigung 566
    E. Verhältnis zu anderen Bestimmungen 568
    F. Zusammenfassende Bewertung und Ausblick 568
  § 26 Recht auf soziale Sicherheit und Unterstützung 569
    A. Entwicklung und Bedeutung der verfassungs- und menschenrechtlichen Gewährleistung des Rechts auf soziale Sicherheit und Unterstützung 570
    B. Gewährleistungsgehalt 577
    C. Beeinträchtigung 582
    D. Rechtfertigung 583
    E. Verhältnis zu anderen Bestimmungen 583
    F. Zusammenfassende Bewertung und Ausblick 583

6. Abschnitt. Kommunikationsgrundrechte 584
  § 27 Kommunikationsfreiheit (Meinungsäußerungs- und Informationsfreiheit) 584

Inhaltsverzeichnis

    A. Entwicklung und Bedeutung der Kommunikationsfreiheit 586
    B. Gewährleistungsgehalt 590
    C. Eingriff bzw. Einschränkung 600
    D. Rechtfertigung 602
    E. Verhältnis zu anderen Bestimmungen 621
    F. Zusammenfassende Bewertung und Ausblick 622
§ 28 Medienfreiheit (Rundfunk-, Presse- und Filmfreiheit) 624
    A. Entwicklung und Bedeutung der Medienfreiheit 626
    B. Gewährleistungsgehalt 628
    C. Beeinträchtigung 651
    D. Rechtfertigung 652
    E. Verhältnis zu anderen Bestimmungen 662
    F. Zusammenfassende Bewertung und Ausblick 663
§ 29 Kunstfreiheit 665
    A. Bedeutung und Entwicklung 665
    B. Gewährleistungsgehalt 667
    C. Beeinträchtigungen 669
    D. Rechtfertigung 670
    E. Verhältnis zu anderen Bestimmungen 671
    F. Zusammenfassende Bewertung und Ausblick 673
§ 30 Forschungsfreiheit und akademische Freiheit 674
    A. Bedeutung und Entwicklung 675
    B. Quellen 676
    C. Gewährleistungsgehalt 686
    D. Beeinträchtigung 687
    E. Rechtfertigung 688
    F. Verhältnis zu anderen Bestimmungen 689
    G. Zusammenfassende Bewertung und Ausblick 690
§ 31 Versammlungsfreiheit 692
    A. Herkunft, Entwicklung und gegenwärtige Bedeutung der
       Versammlungsfreiheit 692
    B. Schutzbereich 695
    C. Beeinträchtigung 699
    D. Rechtfertigung 700
    E. Verhältnis zu anderen Bestimmungen 702
    F. Zusammenfassende Bewertung und Ausblick 703
§ 32 Vereinigungsfreiheit 704
    A. Herkunft, Entwicklung und gegenwärtige Bedeutung der
       Vereinigungsfreiheit 704
    B. Gewährleistungsgehalt 708
    C. Beeinträchtigung 710
    D. Rechtfertigung 711
    E. Verhältnis zu anderen Bestimmungen 711
    F. Zusammenfassende Bewertung und Ausblick 712
§ 33 Gedanken-, Gewissens- und Religionsfreiheit 713
    A. Entwicklung und Bedeutung der Gedanken-, Gewissens- und
       Religionsfreiheit 714
    B. Gewährleistungsgehalt 715
    C. Beeinträchtigung 722
    D. Rechtfertigung 723
    E. Verhältnis zu anderen Bestimmungen 725
    F. Ausblick 725

Inhaltsverzeichnis

7. Abschnitt. Wirtschaftliche Freiheiten	727
§ 34 Berufsfreiheit und das Recht zu arbeiten	727
A. Entwicklung und Bedeutung	728
B. Gewährleistungsgehalt	746
C. Beeinträchtigung	753
D. Rechtfertigung	757
E. Verhältnis zu anderen Grundrechtsgewährleistungen und grundrechtsähnlichen Gewährleistungen	760
F. Zusammenfassende Bewertung und Ausblick	762
§ 35 Unternehmerische Freiheit und Wettbewerbsfreiheit	764
A. Entwicklung und Bedeutung	766
B. Gewährleistungsgehalt	781
C. Beeinträchtigung	795
D. Rechtfertigung	796
E. Verhältnis zu anderen Grundrechtsgewährleistungen und grundrechtsähnlichen Gewährleistungen	800
F. Zusammenfassende Bewertung und Ausblick	802
§ 36 Eigentumsgrundrecht	803
A. Bedeutung, Entwicklung und Quellen der Eigentumsfreiheit	804
B. Gewährleistungsgehalt	814
C. Beeinträchtigungen	829
D. Rechtfertigung	830
E. Verhältnis zu anderen Grundrechten	838
F. Zusammenfassende Bewertung und Ausblick	838
§ 37 Vertrauensschutz	840
A. Entwicklung und Bedeutung	841
B. Voraussetzungen des Vertrauensschutzes	845
C. Ausprägung des Vertrauensschutzgrundsatzes in Einzelbereichen	858
D. Verhältnis zu anderen Grundrechtsgewährleistungen	871
E. Zusammenfassende Bewertung und Ausblick	872
§ 38 Zugang zu Dienstleistungen von allgemeinem wirtschaftlichem Interesse	874
A. Bedeutung der Bestimmung	874
B. Entstehungsgeschichte	875
C. Gewährleistungsgehalt	877
D. Verhältnis zu anderen Bestimmungen	884
8. Abschnitt. Arbeitsrechtliche Freiheiten und Schutzverbürgungen	885
§ 39 Rechte der Arbeitnehmerinnen und Arbeitnehmer	885
A. Entwicklung und Bedeutung der Rechte der Arbeitnehmerinnen und Arbeitnehmer	885
B. Grundrechtscharakter und Gewährleistungsgehalt	894
C. Beeinträchtigung	910
D. Rechtfertigung	910
E. Verhältnis zu anderen Grundrechtsgewährleistungen	912
F. Zusammenfassende Bewertung und Ausblick	913
§ 40 Recht auf gesunde, sichere und würdige Arbeitsbedingungen	914
A. Entwicklung und Bedeutung des Rechts auf gesunde, sichere und würdige Arbeitsbedingungen	915
B. Grundrechtscharakter und Gewährleistungsgehalt des Art. 31 GRC	920
C. Beeinträchtigung	931
D. Rechtfertigung	932

E. Verhältnis zu anderen Grundrechtsgewährleistungen	932
F. Zusammenfassende Bewertung und Ausblick	933
§ 41 Schutz bei ungerechtfertigter Entlassung	934
A. Entwicklung und Bedeutung des Schutzes bei ungerechtfertigter Entlassung	934
B. Grundrechtscharakter und Gewährleistungsgehalt des Art. 30 GRC	940
C. Beeinträchtigung	964
D. Rechtfertigung	965
E. Verhältnis zu anderen Grundrechtsgewährleistungen	965
F. Zusammenfassende Bewertung und Ausblick	966
§ 42 Recht auf Zugang zu einem Arbeitsvermittlungsdienst	967
A. Entwicklung und Bedeutung des Rechts auf Zugang zu einem Arbeitsvermittlungsdienst	967
B. Grundrechtscharakter und Gewährleistungsgehalt des Art. 29 GRC	970
C. Beeinträchtigung	975
D. Rechtfertigung	976
E. Verhältnis zu anderen Grundrechtsgewährleistungen	976
F. Zusammenfassende Bewertung und Ausblick	977
§ 43 Recht auf Bildung	978
A. Bedeutung des Rechts auf Bildung	978
B. Bildungsrelevantes Primär- bzw. Sekundärrecht	979
C. Grundrechtsdimensionen nach Art. 6 EUV	983
D. Das Recht auf Bildung	988
E. Zusammenfassende Bewertung und Ausblick	993
9. Abschnitt. Besonders geschützte Menschen	995
§ 44 Schutz der Familie	995
A. Entwicklung und Bedeutung des verfassungs- und menschenrechtlichen Schutzes der sozioökonomischen Rahmenbedingungen der Familie	995
B. Gewährleistungsgehalt	999
C. Beeinträchtigung	1003
D. Rechtfertigung	1003
E. Verhältnis zu anderen Bestimmungen	1003
F. Zusammenfassende Bewertung und Ausblick	1004
§ 45 Schutz des Kindes und Jugendlicher	1005
A. Entwicklung und Bedeutung der verfassungs- und menschenrechtlichen Gewährleistung der Rechte von Kindern und Jugendlichen	1005
B. Gewährleistungsgehalte	1012
C. Beeinträchtigung	1017
D. Rechtfertigung	1018
E. Verhältnis zu anderen Bestimmungen	1018
F. Zusammenfassende Bewertung und Ausblick	1018
§ 46 Rechte älterer und behinderter Menschen	1020
A. Entwicklung und Bedeutung der verfassungs- und menschenrechtlichen Gewährleistung der Rechte älterer und behinderter Menschen	1020
B. Gewährleistungsgehalte	1026
C. Beeinträchtigung	1030
D. Rechtfertigung	1030
E. Verhältnis zu anderen Bestimmungen	1031
F. Zusammenfassende Bewertung und Ausblick	1031

Inhaltsverzeichnis

10. Abschnitt. Gleichheitsgrundrechte	1032
§ 47 Gleichheit vor dem Gesetz	1032
A. Entwicklung und Bedeutung des allgemeinen Gleichheitssatzes	1032
B. Gewährleistungsgehalt	1035
C. Beeinträchtigung	1039
D. Objektive Rechtfertigung	1042
E. Verhältnismäßigkeit	1043
F. Rechtsfolgen eines Verstoßes	1045
G. Verhältnis zu anderen Bestimmungen	1046
H. Zusammenfassende Bewertung und Ausblick	1046
§ 48 Gleichheit von Männern und Frauen	1049
A. Entwicklung und Bedeutung der Gleichheit von Männern und Frauen	1049
B. Gleichheit von Männern und Frauen im Erwerbsleben als primär- bzw. sekundärrechtliches Recht	1050
C. Umfassende Gleichheit von Männern und Frauen als Grundrecht	1070
D. Verhältnis untereinander und zu anderen Bestimmungen	1074
E. Zusammenfassende Bewertung	1075
§ 49 Diskriminierungsverbote	1077
A. Entwicklung und Systematisierung	1078
B. Diskriminierungsverbot in der Landwirtschaft	1079
C. Diskriminierungsverbot aus Gründen der Staatsangehörigkeit	1079
D. Weitere Diskriminierungsverbote	1090
E. Verhältnis untereinander und zu anderen Bestimmungen	1107
F. Zusammenfassende Bewertung und Ausblick	1108
§ 50 Minderheitenschutz und Vielfalt der Kulturen, Religionen und Sprachen	1110
A. Grundlagen und Entwicklung	1111
B. Gewährleistungsgehalte	1125
C. Verhältnis zu anderen Bestimmungen	1138
D. Bewertung und Ausblick	1138
11. Abschnitt. Besondere Unionsbürgerrechte	1140
§ 51 Wahlrechte. Aktives und passives Europawahlrecht und Kommunalwahlrecht	1140
A. Entwicklung und Bedeutung	1141
B. Gewährleistungsgehalte	1148
C. Verhältnis zu anderen Bestimmungen	1159
D. Zusammenfassende Bewertung und Ausblick	1159
§ 52 Diplomatischer und konsularischer Schutz	1161
A. Entwicklung und Bedeutung	1162
B. Schutz durch Vertretungen anderer Mitgliedstaaten in Drittstaaten	1166
C. Schutzgewährung durch Vertretungen der Europäischen Union	1174
D. Verhältnis zu anderen Grundrechtsgewährleistungen	1179
E. Zusammenfassende Bewertung und Ausblick	1179
§ 53 Petitionsrecht zum Europäischen Parlament	1181
A. Entwicklung und Bedeutung des Petitionsrechts	1182
B. Petitionsarten	1186
C. Voraussetzungen des Petitionsrechts	1187
D. Petitionsbehandlung	1192
E. Rechtsschutz	1197
F. Verhältnis zu Art. 228 AEUV	1198
§ 54 Eingaben an den Bürgerbeauftragten	1199
A. Entwicklung und Bedeutung des Beschwerderechts	1200

B. Rechtsstellung des Bürgerbeauftragten	1206
C. Gewährleistungsgehalt	1206
D. Rechtsschutz	1214
E. Verhältnis zu anderen Bestimmungen	1216

12. Abschnitt. Justizielle Grundrechte und Verfahrensgarantien 1217

§ 55 Recht auf effektiven gerichtlichen Rechtsschutz 1217
    A. Entwicklung und Bedeutung 1219
    B. Gewährleistungsgehalt 1239
    C. Beeinträchtigung 1255
    D. Rechtfertigung 1257
    E. Verhältnis zu anderen Grundrechtsgewährleistungen 1260
    F. Zusammenfassende Bewertung und Ausblick 1261

§ 56 Unschuldsvermutung 1264
    A. Gewährleistungsgehalt 1265
    B. Schranken 1268
    C. Kritische Bewertung 1274
    D. Zusammenfassung und Ausblick 1277

§ 57 Recht auf ein faires Verfahren 1279
    A. Vorbemerkungen zu Gewissheiten und offenen Fragen im Zusammenhang mit dem Unionsgrundrecht auf ein faires Verfahren 1281
    B. Normative Anknüpfungspunkte für das Unionsgrundrecht auf ein faires Verfahren gerichtlicher und/oder administrativer Art in den Verträgen und in der EU-Grundrechtecharta 1283
    C. Gewährleistungsgehalt 1302
    D. Beeinträchtigung, Rechtfertigung und Rechtsfolgen 1329
    E. Verhältnis zu anderen Grundrechtsgewährleistungen 1334
    F. Zusammenfassende Bewertung und Ausblick 1334

§ 58 Recht auf rechtliches Gehör 1336
    A. Bedeutung und Entwicklung 1337
    B. Gewährleistungsgehalt 1337
    C. Beeinträchtigung 1361
    D. Rechtfertigung 1362
    E. Verhältnis zu anderen Grundrechten 1365
    F. Zusammenfassende Bewertung und Ausblick 1365

§ 59 Recht auf Akteneinsicht 1373
    A. Bedeutung und Entwicklung 1374
    B. Gewährleistungsgehalt 1383
    C. Beeinträchtigung 1395
    D. Rechtfertigung 1395
    E. Verhältnis zu anderen Grundrechten 1408
    F. Zusammenfassende Bewertung und Ausblick 1408

§ 60 Zugang zu Dokumenten 1410
    A. Überblick, Bedeutung und Entwicklung des Grundrechts .. 1412
    B. Gewährleistungsgehalt 1427
    C. Beeinträchtigung 1437
    D. Rechtfertigung 1438
    E. Zusammenfassende Bewertung und Ausblick 1448

§ 61 Recht auf eine gute Verwaltung 1450
    A. Bedeutung, Überblick und Entwicklung 1451
    B. Gemeinsame Grundlagen der einzelnen Gewährleistungen 1461
    C. Gewährleistungsgehalt der Rechte auf unparteiische und gerechte Behandlung innerhalb einer angemessenen Frist (Art. 41 Abs. 1 GRC) 1468

Inhaltsverzeichnis

  D. Das Anhörungsrecht (Art. 41 Abs. 2 lit. a GRC) 1474
  E. Das Recht auf Akteneinsicht (Art. 41 Abs. 2 lit. b GRC) 1478
  F. Das Recht auf Begründung (Art. 41 Abs. 2 lit. c GRC) 1481
  G. Das Recht auf Schadensersatz (Art. 41 Abs. 3 GRC) 1484
  H. Recht auf Eingaben an die Organe und Einrichtungen in einer Vertragssprache (Art. 41 Abs. 4 GRC) 1488
  I. Zusammenfassende Bewertung und Ausblick 1494
 § 62 Ne bis in idem (Doppelbestrafungsverbot) 1496
  A. Bedeutung und Entwicklung 1497
  B. Gewährleistungsgehalt 1500
  C. Beeinträchtigung 1519
  D. Rechtfertigung 1519
  E. Verhältnis zu anderen Grundrechten 1523
  F. Zusammenfassende Bewertung und Ausblick 1523
13. Abschnitt. Grundrechtsgehalte besonderer Schutzaufträge 1525
 § 63 Grundrechtsdimensionen des Umweltschutzes 1525
  A. Einleitung 1528
  B. Entwicklung und allgemeine Bedeutung des Umweltschutzes in der EU 1529
  C. Umweltschutz als Schranke der Unionsgrundrechte und sonstiger subjektiver Unionsrechte insbesondere wirtschaftlicher Art 1547
  D. Unionsgrundrechtlicher Schutz vor Umweltbeeinträchtigungen 1553
  E. Zusammenfassende Bewertung und Ausblick 1562
 § 64 Grundrechtsdimensionen des Gesundheitsschutzes 1566
  A. Einleitung 1567
  B. Entwicklung und Bedeutung des Gesundheitsschutzes im EU-Recht 1567
  C. Gesundheitsschutz als Schranke subjektiver Unionsrechte insbesondere wirtschaftlicher Art 1572
  D. Unionsgrundrechtlicher Schutz vor Gesundheitsbeeinträchtigungen 1576
  E. Zusammenfassende Bewertung und Ausblick 1582
 § 65 Grundrechtsdimensionen des Verbraucherschutzes 1584
  A. Einleitung 1584
  B. Grundrechtsdimensionen des Verbraucherschutzes: Begriffliche und dogmatische Strukturierung 1585
  C. Unionsgrundrechtlicher Verbraucherschutz 1587
  D. Objektiv-rechtlicher Verbraucherschutz mit Primärrechtsrang gemäß Art. 38 GRC 1591
  E. Zusammenfassende Bewertung und Ausblick 1597

Sachverzeichnis 1599

Bearbeiterverzeichnis

Prof. Dr. Manfred Baldus
Lehrstuhl für Öffentliches Recht und Neuere
Rechtsgeschichte, Universität Erfurt .... § 18

Dr. Ayse-Martina Böhringer
Lehrstuhl für Öffentliches Recht und Völkerrecht,
Universität Gießen .... §§ 23, 24, 26, 44–46

Prof. Dr. Marten Breuer
Lehrstuhl für Öffentliches Recht mit internationaler
Ausrichtung, Universität Konstanz .... § 25

Prof. Dr. Marc Bungenberg LL. M.
Lehrstuhl für Öffentliches Recht, Völkerrecht und
Europarecht, Universität des Saarlandes .... §§ 16, 17, 37, 52, 64

Prof. Dr. Wolfram Cremer
Lehrstuhl für Öffentliches Recht und Europarecht,
Ruhr-Universität Bochum .... § 65

Prof. Dr. Kerstin von der Decken
Lehrstuhl für Öffentliches Recht, Völker- und
Europarecht, Universität zu Kiel .... §§ 43, 47–49

PD Dr. Jasper Finke LL. M.
Goethe-Universität Frankfurt/Research Fellow am
Institut für Integrationsforschung der Stiftung
Europa-Kolleg Hamburg .... § 33

Prof. Dr. Annette Guckelberger
Lehrstuhl für Öffentliches Recht, Universität des
Saarlandes .... §§ 53, 54

Prof. Dr. Andreas Haratsch
Lehrstuhl für Deutsches und Europäisches
Verfassungs- u. Verwaltungsrecht sowie Völkerrecht,
FernUniversität Hagen .... §§ 22, 29, 51

Prof. Dr. Martin Heger
Lehrstuhl für Strafrecht, Strafprozessrecht,
Europäisches Strafrecht und Neuere Rechts-
geschichte, Humboldt-Universität Berlin .... § 18

Bearbeiterverzeichnis

Prof. Dr. Sebastian Heselhaus LL. M.
Lehrstuhl für Europarecht, Völkerrecht,
Öffentliches Recht und Rechtsvergleichung,
Universität Luzern .... §§ 4, 6, 12, 36, 38, 50, 60, 61

Dr. Christian Hilbrandt
Fachanwalt für Arbeitsrecht, Hilbrandt Rückert
Ebbinghaus, Rechtsanwaltsgesellschaft m.b.H,
Hamburg .... §§ 39–42

Prof. Dr. Jürgen Kühling LL. M.
Lehrstuhl für Öffentliches Recht, Immobilienrecht,
Infrastrukturrecht und Informationsrecht,
Universität Regensburg .... §§ 27, 28

Prof. Dr. Thilo Marauhn M. Phil.
Lehrstuhl für Öffentliches Recht und Völkerrecht,
Universität Gießen .... §§ 23, 24, 26

Dr. Hanns Peter Nehl D. E. A., LL. M.
Referent am Gericht der Europäischen Union,
Luxemburg .... §§ 58, 59, 62

Prof. em. Dr. Gert Nicolaysen †
Universität Hamburg/Europa-Kolleg Hamburg ..... § 1

Prof. Dr. Carsten Nowak
Lehrstuhl für Öffentliches Recht, insbes.
Europarecht, Europa-Universität Viadrina
Frankfurt (Oder) .... §§ 9, 34, 35, 55, 57, 63

Dr. Gregor-Julius Ostermann
Richter, Verwaltungsgericht Gelsenkirchen,
Gelsenkirchen .... § 65

Prof. Dr. Eckhard Pache
Lehrstuhl für Staatsrecht, Völkerrecht,
Internationales Wirtschaftsrecht und Wirtschafts-
verwaltungsrecht, Universität Würzburg .... §§ 7, 11

Prof. Dr. Sarah Progin-Theuerkauf
Lehrstuhl für Europarecht und europäisches
Migrationsrecht, Universität Freiburg i. Ue. ...... §§ 19, 20

Markus Rau LL. M.
Richter am Verwaltungsgericht Berlin, Berlin ...... § 5

Prof. Dr. Stephan Rixen
Lehrstuhl für Öffentliches Recht I, Universität
Bayreuth .... §§ 13–15

Dr. Markus Schreiber
Lehr- und Forschungsbeauftragter, Vertreter der
Assistenzprofessur für öffentliches Recht und Energierecht, Universität Luzern .... § 38

Dr. Peter Szczekalla
Deutscher Landkreistag, Berlin/Osnabrück .... §§ 2, 3, 8, 10, 31, 32, 56

Prof. apl. Dr. Carmen Thiele
apl. Professur für Völkerrecht, Ostrecht und Rechtsvergleichung, Europa-Universität Viadrina
Frankfurt (Oder) .... §§ 21, 30

Abkürzungsverzeichnis

aA	anderer Ansicht/anderer Auffassung
AbfallR	Zeitschrift für das Recht der Abfallwirtschaft
abgedr.	abgedruckt
Abk.	Abkommen
abl.	ablehnend
ABl.	Amtsblatt der Europäischen Union
Abs.	Absatz/Absätze
Abt.	Abteilung
abw.	abweichend
ACP	african, caribbean and pacific states
AcP	Archiv für die civilistische Praxis
ADD	addendum
AdR	Ausschuss der Regionen
aE	am Ende
AEA	Association Européenne des Avocats
AEI	Arbeitskreis Europäische Integration
AEMR	Allgemeine Erklärung der Menschenrechte
AETR	Europäisches Abkommen über die Arbeit der im internationalen Straßenverkehr beschäftigten Fahrzeugbesatzungen
AEUV	Vertrag über die Arbeitsweise der Europäischen Union
aF	alte Fassung
AFDI	Annuaire François de Droit International
AFG	Arbeitsförderungsgesetz
AfP	Zeitschrift für Medien- und Kommunikationsrecht (vormals Archiv für Presserecht)
AfrMRC	Afrikanische Menschenrechtscharta
AG	Attorney General/Aktiengesellschaft
AGB	Allgemeine Geschäftsbedingungen
AgrarR	Agrar- und Umweltrecht (Zeitschrift)
AGVO	Allgemeine Gruppenfreistellungsverordnung
AJDA	Actualité juridique – Droit administratif
AJIL	American Journal of International Law
AJP/PJA	Aktuelle Juristische Praxis/Pratique Juridique Actuelle
AJPIL	Austrian Journal of Public and International Law
AK	Alternativ-Kommentar
AK-GG	Stein/Denninger/Hoffmann-Riem (Hrsg.), Alternativkommentar zum GG (s. allg. LitVerz.)
AKP	afrikanische, karibische und pazifische Staaten
AL	Ad Legendum (Zeitschrift)
All ER	All England Law Reports
allg.	allgemein(e/er/es)
ALR	Allgemeines Landrecht
Alt.	Alternative(n)
AmerMRK	Amerikanische Menschenrechtskonvention
AmstV	Amsterdamer Vertrag
amtl.	amtliche

Abkürzungsverzeichnis

Anh.	Anhang/Anhänge
Anm.	Anmerkung(en)
AnwBl.	Anwaltsblatt
a. o.	and others
AöR	Archiv des öffentlichen Rechts
AP	Arbeitsrechtliche Praxis/Nachschlagewerk des BAG
APuZ	Aus Politik und Zeitgeschichte
ArabCMR	Arabische Charta der Menschenrechte
arg. e	argumentum e
ARSP	Archiv für Rechts- und Sozialphilosophie
Art.	Artikel
ASP	Abkommen über die Sozialpolitik
AStV	Ausschuss der Ständigen Vertreter (sa COREPER)
ASYL	Schweizerische Zeitschrift für Asylrecht und -praxis
Aufl.	Auflage(n)
AuR	Arbeit und Recht (Zeitschrift)
AUR	Agrar- und Umweltrecht (Zeitschrift)
ausf.	ausführlich
AuslG	Ausländergesetz
AV	Amsterdamer Vertrag
AVMD-RL	Richtlinie über audiovisuelle Mediendienste
AVR	Archiv des Völkerrechts
AW-Prax	Zeitschrift für Außenwirtschaft in Recht und Praxis
AWD	Außenwirtschaftsdienst (Zeitschrift, seit 2004 RIW)
AWR	Association for the Study of the World Refugee Problem
AZO	Arbeitszeitordnung
BABl.	Bundesarbeitsblatt
BAG	Bundesarbeitsgericht
BAnz.	Bundesanzeiger
BayVBl.	Bayerische Verwaltungsblätter
BayVerfGH	Bayerischer Verfassungsgerichtshof
BAZG	Gesetz über die Arbeitszeit in Bäckereien und Konditoreien
BB	Betriebs-Berater (Zeitschrift)
Bd.	Band/Bände
BDSG	Bundesdatenschutzgesetz
BDVR	Bund deutscher Verwaltungsrichter und Verwaltungsrichterinnen
BeckOK GG	Epping/Hillgruber (Hrsg.), Beck'scher Online-Kommentar GG (s. allg. LitVerz.)
BeckOK InfoMedienR	Gersdorf/Paal (Hrsg.), Beck'scher Onlinekommentar Informations- und Medienrecht (s. allg. LitVerz.)
Beil.	Beilage
BFH	Bundesfinanzhof
BGB	Bürgerliches Gesetzbuch
Beih.	Beiheft
Bek.	Bekanntmachung(en)
belg	belgische(r)
ber.	berichtigt
bln.	berliner
Beschl.	Beschluss
betr.	betreffend

BetrVG	Betriebsverfassungsgesetz
BFH	Bundesfinanzhof
BGB	Bürgerliches Gesetzbuch
BGBl.	Bundesgesetzblatt
BGH	Bundesgerichtshof
BGHSt	Entscheidungen des Bundesgerichtshofs in Strafsachen
BGHZ	Entscheidungen des Bundesgerichtshofs in Zivilsachen
BIP	Bruttoinlandsprodukt
BKA	Bundeskriminalamt
BNatSchG	Bundesnaturschutzgesetz
BORA	Berufsordnung der Rechtsanwälte
BR	Bundesrat
BRAO	Bundesrechtsanwaltsordnung
BR-Drs.	Bundesrats-Drucksache
BReg.	Bundesregierung
brit	britische(r)
Brüssel I-VO	Verordnung (EG) Nr. 44/2001 des Rates vom 22. Dezember 2000 über die gerichtliche Zuständigkeit und die Anerkennung und Vollstreckung von Entscheidungen in Zivil- und Handelssachen
BS	Statut der Beamten der Europäischen Union
BSG	Bundessozialgericht
BSGE	Entscheidungssammlung des BSG
BSP	Bruttosozialprodukt
bspw.	beispielsweise
BT	Bundestag
BT-Drs.	Bundestags-Drucksache
bulg	bulgarische(r)
Bull.EG	Bulletin der Europäischen Gemeinschaften
Bull.EU	Bulletin der Europäischen Union
BV	Besloten Vennootschap (ndl.): entspricht GmbH
BVerfG	Bundesverfassungsgericht
BVerfGE	Entscheidungen des Bundesverfassungsgerichts
BVerwG	Bundesverwaltungsgericht
BVerwGE	Entscheidungen des Bundesverwaltungsgerichts
B-VG	(österreichisches) Bundesverfassungsgesetz
BWahlG	Bundeswahlgesetz
BYIL	British Yearbook of International Law
bzgl.	bezüglich
bzw.	beziehungsweise
CC	Conseil Constitutionnel/Corte Costituzionale
CCPR	Harris/Joseph (Hrsg.), International Covenant on Civil and Political Rights (s. allg. LitVerz.)
CD	Collection of Decisions (Slg. der Entscheidungen der EKMR bis 1975)
CDE	Cahiers de Droit Européen (Zeitschrift)
CEDH	Convention Européenne des Droits de l'Homme
CEDH-Comm	Pettiti/Decaux/Imbert (Hrsg.), La Convention Européenne des Droits de l'Homme (s. allg. LitVerz.)
CEEP	Centre Européen des Entreprises à Participation Publique et des Entreprises d'Interêt Economique General
CERD	Committee on the Elimination of Racial Discrimination

Abkürzungsverzeichnis

CESCR	Committee on Economic, Social and Cultural Rights
CETA	Comprehensive Economic and Trade Agreement (Umfassendes Wirtschafts- und Handelsabkommen EU-Kanada)
CJEG	Cahiers juridiques de l'électricité et du gaz
CJEL	Columbia Journal of European Law
CLSR	Computer Law & Security Review
CMLR	Common Market Law Review
COM	Document of the Commission of the European Community
ConnecJIL	Connecticut Journal of International Law
CONV	Dokument des Europäischen Konvents
ConWEB	Constitutionalism Web-Papers
COREPER	Comité des Représentants Permanents (Ausschuss der Ständigen Vertreter der Mitgliedstaaten)
CornellILJ	Cornell International Law Journal
CR	Computer und Recht (Zeitschrift)
CRi	Computer Law Review International
CS (IH/OH)	Court of Sessions (Inner House/Outer House)
CSCE	Commission on Security and Cooperation in Europe
CYELS	Cambridge Yearbook of European Legal Studies
dän	dänische(r)
DB	Der Betrieb (Zeitschrift)
DB EB	Beschluss des Europäischen Bürgerbeauftragten zur Annahme von Durchführungsbestimmungen, ABl. 2016 C 321, 1
DC	Décisions concernant la conformité à la Constitution (Entscheidungen des frzCC betr. die Verfassungsmäßigkeit nach Art. 54, 61 frzVerf v. 1958, Bestandteil des jew. Aktenzeichens)
DenvJILP	Denver Journal of International Law and Policy
ders.	derselbe
DG	Directorate General
dh	das heißt
DienstA	Dienstanweisung
dies.	dieselbe(n)
diesbzgl.	diesbezüglich
diff.	differenziert/differenzierend
Diss.	Dissertation
DIW	Deutsches Institut für Wirtschaftsforschung
DJT Verh.	Verhandlungen des Deutschen Juristentages
Doc.	Document
DÖD	Der öffentliche Dienst (Zeitschrift)
Dok.	Dokument
DÖV	Die Öffentliche Verwaltung (Zeitschrift)
DR	Decisions et Rapports/Decisions and Reports (Spruchpraxis der Europäischen Kommission für Menschenrechte)
DRdA	Das Recht der Arbeit (Zeitschrift)
DRiZ	Deutsche Richterzeitung
DSU	Dispute Settlement Understanding
dt	deutsch
DuD	Datenschutz und Datensicherheit (Zeitschrift)
DukeJCIL	Duke Journal of Comparative and International Law
DV	Die Verwaltung (Zeitschrift)
DVBl	Deutsches Verwaltungsblatt

DWA	Direktwahlakt
DZWir	Deutsche Zeitschrift für Wirtschaftsrecht
EA	Europa-Archiv
EAG	Europäische Atomgemeinschaft
EAGFL	Europäischer Ausgleichs- und Garantiefonds für die Landwirtschaft
EAGV	Vertrag zur Gründung der Europäischen Atomgemeinschaft
EAS	Europäisches Arbeits- und Sozialrecht (Losebl.)
EAÜ	Europäisches Auslieferungsübereinkommen
EBLR	European Business Law Review
EBLUL	European Bureau for lesser-Used Languages
ECHA	European Chemicals Agency (Europäische Chemikalienagentur)
ECHO	European Community Humanitarian Office
ECHR	European Convention on Human Rights
ECLI	European Case Law Identifier
ECLR	European Competition Law Review
ECMI	European Centre for Minority Issues
ECOSOC	Economic and Social Council
ECRI	European Commission against Racism and Intolerance
ECTJ	The EC Tax Journal
ECU	European Currency Unit
EDPL	European Data Protection Law Review
EEA	Einheitliche Europäische Akte
EEF	Europäischer Entwicklungsfonds
EEG	Erneuerbare-Energien-Gesetz
EELR	European Environmental Law Review
EFFL	European Food and Feed Law Review
EFRE	Europäischer Fonds für regionale Entwicklung
EFTA	European Free Trade Association
EFWZ	Europäischer Fonds für währungspolitische Zusammenarbeit
eG	eingetragene Genossenschaft
EG	Europäische Gemeinschaften; Europäische Gemeinschaft (nach dem EGV)
EG-Hdb.	Lenz, EG-Handbuch Recht im Binnenmarkt (s. allg. LitVerz.)
EGB	Europäischer Gewerkschaftsbund
EGBGB	Einführungsgesetz zum Bürgerlichen Gesetzbuch
EGKS	Europäische Gemeinschaft für Kohle und Stahl
EGKSV	Vertrag zur Gründung der Europäischen Gemeinschaft für Kohle und Stahl
EGMR	Europäischer Gerichtshof für Menschenrechte
EGV-Nizza	Vertrag zur Gründung der Europäischen Gemeinschaft (Stand Nizza)
EHRLR	European Human Rights Law Review
EHRR	European Human Rights Reports
EIB	Europäische Investitionsbank
EIDHR	European Initiative for Democratisation and Human Rights
EJCrim	European Journal of Crime, Criminal Law and Criminal Justice
EJIL	European Journal of International Law
EJML	European Journal of Migration and Law
EKMR	Europäische Kommission für Menschenrechte
EL	Ergänzungslieferung
ELF	European Law Forum

Abkürzungsverzeichnis

ELJ	European Law Journal
ELR	European Law Reporter/European Law Review (teils)
ELRev	European Law Review
ELRev Supp (HR)	European Law Review Supplement Human Rights Survey (Beilage zur Zeitschrift ELRev)
EMAS	Eco-Management and Auditing Scheme/Umweltmanagement und Umweltprüfung (EG/EU-Öko-Audit)
EMEA	European Medicines Agency (Europäische Arzneimittel-Agentur)
EMLR	Entertainment and Media Law Reports
EMRK	Europäische Menschenrechtskonvention
EMRK-Prot	Protokoll zur Konvention zum Schutz der Menschenrechte und Grundfreiheiten
EMRKZusProt	Zusatzprotokoll zur Konvention zum Schutz der Menschenrechte und Grundfreiheiten (Nr. 1)
EMS	European Monetary System
EMU	European Monetary Union
endg.	endgültig
engl	englische(r)
Entsch.	Entscheidung
EnWZ	Zeitschrift für das gesamte Recht der Energiewirtschaft
EnzEuR	Enzyklopädie des Europarechts (Gesamt-Hrsg. Hatje/Müller-Graff, einzelne Bd. s. allg. LitVerz.)
EP	Europäisches Parlament
EPG	Europäische Politische Gemeinschaft
EPIL	Encyclopedia of Public International Law
EPL	European Public Law (Zeitschrift)
EPZ	Europäische Politische Zusammenarbeit
ER	Europarat
ERA Forum	Journal of the Academy of European Law
ERCL	European Review of Contract Law
ErfK	Müller-Glöge/Preis/Schmidt (Hrsg.), Erfurter Kommentar zum Arbeitsrecht (s. allg. LitVerz.)
Erkl.	Erklärung
Erwgr.	Erwägungsgrund
ESF	Europäischer Sozialfonds
ESM	Europäischer Stabilitätsmechanismus
EStAL	European State Aid Law Quarterly (Zeitschrift)
estn	estnische(r)
ESVP	Europäische Sicherheits- und Verteidigungspolitik
ESZB	Europäisches System der Zentralbanken
ET	European Taxation
etc	et cetera
EthMed	Ethik in der Medizin (Zeitschrift)
ETL	European Transport Law
ETS	European Treaty Series
ETÜ	Europäisches Übereinkommen zur Bekämpfung des Terrorismus
EU	Europäische Union
EU-BeamtStat	Statut der Europäischen Union (in der Fassung der VO (EWG, Euratom, EGKS) Nr. 259/68 des Rates vom 29. Februar 1968) vom 18. Dezember 1961

Abkürzungsverzeichnis

EuConst	European Constitutional Law Review
EUDUR	Rengeling (Hrsg.), Handbuch zum europäischen und deutschen Umweltrecht
EuG	Gericht der Europäischen Union
EuGH	Gerichtshof der Europäischen Union
EuGHVfO	Verfahrensordnung des Europäischen Gerichtshofs
EuGÖD	(ehemaliges) Gericht für den öffentlichen Dienst der Europäischen Union
EuGRZ	Europäische Grundrechte-Zeitschrift
EuGVfO	Verfahrensordnung des Europäischen Gerichts
EuGVÜ	Europäisches Übereinkommen über die gerichtliche Zuständigkeit und die Vollstreckung gerichtlicher Entscheidungen in Zivil- und Handelssachen
EUI	European University Institute
EUIPO	European Union Intellectual Property Office (Amt der Europäischen Union für geistiges Eigentum, zuvor HABM)
EuCML	Journal of European Consumer and Market Law
EUR	Euro
EuR	Europarecht (Zeitschrift)
EuR Beih.	Beiheft zur Zeitschrift Europarecht
EurIntegrationsR	Huber, Recht der Europäischen Integration (s. allg. LitVerz.)
Europol	Europäisches Polizeiamt
EuropolÜ	Europol-Übereinkommen
EurUP	Zeitschrift für Europäisches Umwelt- und Planungsrecht
EuSozCh	Europäische Sozialcharta
EuSozChrev.	Europäische Sozialcharta (revidiert)
EuSozR	Europäisches Sozialrecht
EUV	Vertrag über die Europäische Union (Stand Lissabon)
EUV-Nizza	Vertrag über die Europäische Union (Stand Nizza)
EuWG	Gesetz über die Wahl der Abgeordneten des Europäischen Parlaments aus der Bundesrepublik Deutschland (Europawahlgesetz)
EU-WirtschaftsR-HdB	Dauses/Ludwigs (Hrsg.), Handbuch des EU-Wirtschaftsrechts (s. allg. LitVerz.)
EuWO	Europawahlordnung
EuZ	Zeitschrift für Europarecht
EuZA	Europäische Zeitschrift für Arbeitsrecht
EUZBLG	Gesetz über die Zusammenarbeit von Bund und Ländern in Angelegenheiten der Europäischen Union
EuZW	Europäische Zeitschrift für Wirtschaftsrecht
eV	eingetragener Verein
EWF	Europäischer Währungsfonds
EWG	Europäische Wirtschaftsgemeinschaft
EWGV	Vertrag zur Gründung der Europäischen Wirtschaftsgemeinschaft
EWI	Europäisches Währungsinstitut
EWR	Europäischer Wirtschaftsraum
EWS	Europäisches Währungssystem/Europäisches Wirtschafts- und Steuerrecht (Zeitschrift)
EZ	Entwicklungszusammenarbeit
E+Z	Entwicklung und Zusammenarbeit (Zeitschrift)
EzA	Entscheidungssammlung zum Arbeitsrecht

Abkürzungsverzeichnis

EZAR	Entscheidungssammlung zum Ausländerrecht
EZB	Europäische Zentralbank
f.; ff.	folgende
FA	Finanzamt
FamRZ	Zeitschrift für das gesamte Familienrecht
FAO	Food and Agricultural Organization
FAZ	Frankfurter Allgemeine Zeitung
FCE	Forum Constitutionis Europae
FFH-RL	Fauna-Flora-Habitat-Richtlinie
FG	Finanzgericht
FIDE	Fédération Internationale pour le Droit Européen
FILJ	Fordham International Law Journal
finn	finnische(r)
FK-EUV/GRC/ AEUV	Pechstein/Nowak/Häde (Hrsg.), Frankfurter Kommentar zu EUV, GRC und AEUV (s. allg. LitVerz.)
Fn.	Fußnote(n)
FoR	Forum Recht (Zeitschrift)
Foro It.	Foro Italiano (Zeitschrift)
FR	Finanzrundschau
frz	französische(r)
frzErklMR	französische Erklärung der Menschenrechte
FS	Festschrift
FuE	Forschung und Entwicklung
FusV	Fusionsvertrag
G	Gesetz
GA	Generalanwalt, Generalanwältin/Goltdammer's Archiv für Strafrecht
G. A. J. A.	Grands Arrêts de la Jurisprudence Administrative
GAOR	General Assembly Official Records
GAP	Gemeinsame Agrarpolitik
GASP	Gemeinsame Außen- und Sicherheitspolitik
GATS	General Agreement on Trade in Services
GATT	General Agreement on Tariffs and Trade
GCLJ	Global Competition Litigation Review
GCSGA	Gemeinschaftscharta der sozialen Grundrechte der Arbeitnehmer
GD	Generaldirektion (der Kommission)
geänd.	geändert
GemPatÜ	Übereinkommen über das Europäische Patent für den Gemeinsamen Markt
GeorgetownIELR	The Georgetown International and Environmental Law Review
GeschO	Geschäftsordnung
GewArch	Gewerbearchiv (Zeitschrift)
GFK	Genfer Flüchtlingskonvention
GG	Grundgesetz
ggf.	gegebenenfalls
GHN	Grabitz/Hilf/Nettesheim (Hrsg.), Das Recht der Europäischen Union (s. allg. LitVerz.)
GLJ	German Law Journal
GLKrWG	Bayerisches Gesetz über die Wahl der Gemeinderäte, der Bürgermeister, der Kreistage und der Landräte

Abkürzungsverzeichnis

GmbH	Gesellschaft mit beschränkter Haftung
GmbHR	GmbH-Rundschau
GMBl.	Gemeinsames Ministerialblatt
GMO	Gemeinsame Marktorganisation
GO	Geschäftsordnung
GoJIL	Goettingen Journal of International Law
GPR	Gemeinschaftsprivatrecht (Zeitschrift)
GRC/GRCh	Charta der Grundrechte der Europäischen Union
GR	Grundrechte
grdlg.	grundlegend
grds.	grundsätzlich
GreifRecht	Greifswalder Halbjahresschrift für Rechtswissenschaft
griech	griechische(r)
GroJIL	Groningen Journal of International Law
GRUR	Gewerblicher Rechtsschutz und Urheberrecht (Zeitschrift)
GRUR-Int	Gewerblicher Rechtsschutz und Urheberrecht – Internationaler Teil (Zeitschrift)
GRUR-Prax	Gewerblicher Rechtsschutz und Urheberrecht, Praxis im Immaterialgüter- und Wettbewerbsrecht (Zeitschrift)
GS	Gedächtnisschrift/Großer Senat
GTE	von der Groeben/Thiesing/Ehlermann (s. allg. LitVerz.)
GuG	Ehlers, Grundfreiheiten und Grundrechte (s. allg. LitVerz.)
GVBl.	Gesetzes- und Verordnungsblatt
GVG	Gerichtsverfassungsgesetz
GVO	Gruppenfreistellungsverordnung
GWR	Gesellschafts- und Wirtschaftsrecht (Zeitschrift)
GYIL	German Yearbook of International Law
HABM	Harmonisierungsamt für den Binnenmarkt (nunmehr EUIPO)
HastICLR	Hastings International and Comparative Law Review
HdbEMRK	Villiger, Handbuch der Europäischen Menschenrechtskonvention (s. allg. LitVerz.)
HdbER	Ehlermann/Bieber/Haag (Hrsg.), Handbuch des Europäischen Rechts (s. allg. LitVerz.)
HdbEuR	Frenz, Handbuch Europarecht (einzelne Bd. s. allg. LitVerz.)
HdB-EuropaR	Schulze/Zuleeg/Kadelbach (Hrsg.), Europarecht – Handbuch für die deutsche Rechtspraxis (s. allg. LitVerz.)
HdB-EUVerwR	Terhechte (Hrsg.), Verwaltungsrecht der Europäischen Union (s. allg. LitVerz.)
HdB-EuStrafR	Sieber/Satzger/v. Heintschel-Heinegg (Hrsg.), Europäisches Strafrecht (s. allg. LitVerz.)
HdbGR	Merten/Papier (Hrsg.), Handbuch der Grundrechte in Deutschland und Europa (s. allg. LitVerz.)
HdKomm.	Handkommentar
hess	hessische(r)
HILJ	Harvard International Law Journal
HK-Dienstleistungs-RL	Schlachter/Ohler (Hrsg.), Europäische Dienstleistungsrichtlinie (s. allg. LitVerz.)
HK-EMRK	Meyer-Ladewig/Nettesheim/von Raumer (Hrsg.), EMRK (s. allg. LitVerz.)
HK-GG	Hömig/Wolff (Hrsg. bis 11. Aufl.), Wolff (Hrsg. ab 12. Aufl.), Grundgesetz (s. allg. LitVerz.)

Abkürzungsverzeichnis

HK-UnionsR	Vedder/Heintschel von Heinegg (Hrsg.), Europäisches Unionsrecht (s. allg. LitVerz.)
HK-VergabeR	Pünder/Schellenberg (Hrsg.), Vergaberecht (s. allg. LitVerz.)
HKMM	Hailbronner/Klein/Magiera/Müller-Graff (Hrsg.), Handkommentar zum EU-Vertrag (s. allg. LitVerz.)
hL	herrschende Lehre
hM	herrschende Meinung
HM	Her Majesty's
HO	Haushaltsordnung
HRLJ	Human Rights Law Journal
HRLR	Human Rights Law Review
HRRS	Onlinezeitschrift für Höchstrichterliche Rechtsprechung im Strafrecht
HRQ	Human Rights Quarterly (Zeitschrift)
hrsg.	herausgegeben
Hrsg.	Herausgeber(in)
Hs.	Halbsatz
HStR	Isensee/Kirchhof (Hrsg.), Handbuch des Staatsrechts der Bundesrepublik Deutschland (s. allg. LitVerz.)
HuV	Humanitäres Völkerrecht (Zeitschrift)
HZA	Hauptzollamt
IAO	Internationale Arbeitsorganisation (siehe ILO)
ICAO	Internationale Zivilluftfahrtorganisation
ICC	International Criminal Court
ICCPR	International Convenant on Civil and Political Rights
ICJ	International Court of Justice
ICLJ	International Criminal Law and Justice
ICLQ	International and Comparative Law Quarterly
ICTY	International Criminal Tribunal for the former Yugoslavia
idF	in der Fassung
IDPL	International Data Privacy Law (Zeitschrift)
idR	in der Regel
idS	in diesem Sinne
iErg	im Ergebnis
iErsch	im Erscheinen
ieS	im engeren Sinne
IFLA	Informationsdienst zum Lastenausgleich
IGH	Internationaler Gerichtshof
IJELP	International Journal of Educational Leadership Preparation
IJLI	International Journal of Legal Information
ILC	International Law Commission
ILM	International Legal Materials
ILJ	Industrial Law Journal
ILO	International Labour Organization
IMF	International Monetary Fund (siehe IWF)
InfAuslR	Informationsbrief Ausländerrecht
insbes.	insbesondere
IPBPR	Internationaler Pakt über bürgerliche und soziale Rechte
IPG	Internationale Politik und Gesellschaft (Zeitschrift)
IPRax	Praxis des Internationalen Privat- und Verfahrensrechts (Zeitschrift)
IPWSKR	Internationaler Pakt über wirtschaftliche, soziale und kulturelle Rechte

ir	irische(r)
iR	im Rahmen
I. R.	Irish Reports
iS	im Sinne
IStGH	Internationaler Strafgerichtshof
IStR	Internationales Steuerrecht (Zeitschrift)
iSv	im Sinne von
ital	italienische(r)
iVm	in Verbindung mit
IVSS	Internationale Vereinigung für Soziale Sicherheit
IVU	Integrierte Vermeidung und Verminderung der Umweltverschmutzung
IWF	Internationaler Währungsfonds
iwS	im weiteren Sinne
J.	Journal
JA	Juristische Arbeitsblätter
Jb.	Jahrbuch
JBl.	Juristische Blätter
JbITR	Jahrbuch des Instituts für Umwelt- und Technikrecht der Univ. Trier
JCMS	Journal of Common Market Studies
JCP	Juris Classeur Periodique
J. D. E.	Journal de droit européen
JEEPL	Journal for European Environmental & Planning Law
JEMIE	Journal on Ethnopolitics and Minority Issues in Europe (European Centre of Minority Issues)
JEPP	Journal of European Public Policy
jew.	jeweils
JI	Justiz und Inneres
JIEL	Journal of International Economic Law
JIR	Jahrbuch für Internationales Recht
jM	Juris Monatszeitschrift
JöR	Jahrbuch des öffentlichen Rechts
JR	Juristische Rundschau
JRP	Journal für Rechtspolitik
Jura	Juristische Ausbildung (Zeitschrift)
JuS	Juristische Schulung (Zeitschrift)
JWT	Journal of World Trade
JZ	Juristenzeitung
K	Kammer (des Bundesverfassungsgerichts)
Kap.	Kapitel
KCLJ	King's College Law Journal
KJ	Kritische Justiz (Zeitschrift)
KMU	Kleine und mittlere Unternehmen
KOM	Dokumente der Kommission der Europäischen Gemeinschaft
K&R	Kommunikation & Recht (Zeitschrift)
krit.	kritische(r)
KritV	Kritische Vierteljahresschrift für Gesetzgebung und Rechtsprechung
kroat	kroatische(r)
KSchG	Kündigungsschutzgesetz

Abkürzungsverzeichnis

KSE	Kölner Schriften zum Europarecht
KSZE	Konferenz über Sicherheit und Zusammenarbeit in Europa
lett	lettische(r)
LG	Landgericht
LIEI	Legal Issues of European Integration (Zeitschrift)
lit	litauische(r)
lit.	litera
LitVerz.	Literaturverzeichnis
LKV	Landes- und Kommunalverwaltung (Zeitschrift)
LMRKM	Loewenheim/Meessen/Riesenkampff/Kersting/Meyer-Lindemann (Hrsg.), Kartellrecht (s. allg. LitVerz.)
Ls.	Leitsatz
LSG	Landessozialgericht
lux	luxemburgische(r)
LWahlG	Landeswahlgesetz
makedon	makedonische(r)
malt	maltesische(r)
mAnm	mit Anmerkung
MdEP	Mitglied des Europäischen Parlaments
MDR	Monatsschrift für Deutsches Recht
MedR	Medizinrecht (Zeitschrift)
MEW	Marx Engels Werke
MHdB ArbR	Richardi/Wlotzke/Wißmann/Oetker, Münchener Handbuch zum Arbeitsrecht (s. allg. LitVerz.)
Mio.	Million(en)
MJ/MJECL	Maastricht Journal of European and Comparative Law
MLR	Modern Law Review
MMR	Multimedia und Recht (Zeitschrift)
MPI	Max-Planck-Institut
MRA	Menschenrechtsausschuss
Mrd.	Milliarde(n)
MRErkl.	Menschenrechtserklärung
MRM.	MenschenRechtsMagazin
MS	Mitgliedstaaten
MuSchG	Mutterschutzgesetz
mwN	mit weiterem (/n) Nachweis(en)
N&R	Netzwirtschaften und Recht (Zeitschrift)
Nachw.	Nachweis(e/en)
NATO	North Atlantic Treaty Organization
ndl	niederländische(r)
NdsVBl.	Niedersächsische Verwaltungsblätter (Zeitschrift)
nF	neue Fassung
NGO	Non-governmental organization
NILR	Netherlands International Law Review
NJ	Neue Justiz (Zeitschrift)
N.J.	Nederlandse Jurisprudentie (Zeitschrift)
NJCL	National Journal of Constitutional Law
NJECL	New Journal of European Criminal Law
NJW	Neue Juristische Wochenschrift

Abkürzungsverzeichnis

NK-Eu-BeihilfenR	Birnstiel/Bungenberg/Heinrich (Hrsg.), Europäisches Beihilfenrecht (s. allg. LitVerz.)
NK-EuGRCh	Meyer (Hrsg.), Charta der Grundrechte der Europäischen Union (s. allg. LitVerz.)
NK-EuSozR	Fuchs (Hrsg.), Europäisches Sozialrecht (s. allg. LitVerz.)
NK-EuWettbR	Schröter/Jakob/Klotz/Mederer (Hrsg.), Europäisches Wettbewerbsrecht (s. allg. LitVerz.)
NK-RechtshilfeR	Ambos/König/Rackow (Hrsg.), Rechtshilferecht in Strafsachen (s. allg. LitVerz.)
no.	number
NordicJIL	Nordic Journal of International Law
NQHR	Netherlands Quarterly of Human Rights
Nr.	Nummer
nrw	nordrhein-westfälische(s)
NRW	Nordrhein-Westfalen
NStZ	Neue Zeitschrift für Strafrecht
NStZ-RR	Neue Zeitschrift für Strafrecht, Rechtsprechungsreport
NuR	Natur und Recht (Zeitschrift)
NV	Neue Verwaltung (Zeitschrift)
NVwZ	Neue Zeitschrift für Verwaltungsrecht
NVwZ-RR	Neue Zeitschrift für Verwaltungsrecht, Rechtsprechungsreport
NWVBl.	Nordrhein-Westfälische Verwaltungsblätter
NYLSLR	New York Law School Law Review
NZA	Neue Zeitschrift für Arbeitsrecht
NZBau	Neue Zeitschrift für Baurecht
NZG	Neue Zeitschrift für Gesellschaftsrecht
NZKart	Neue Zeitschrift für Kartellrecht
NZS	Neue Zeitschrift für Sozialrecht
NZV	Neue Zeitschrift für Verkehrsrecht
o.	oben
OECD	Organization for Economic Cooperation and Development
og	oben genannte(n/r/s)
OGH	(zypriotischer) Oberster Gerichtshof
OJLS	Oxford Journal of Legal Studies
ÖJZ	Österreichische Juristenzeitung
OLAF	Office européen de lutte antifraude (Europäisches Amt für Betrugsbekämpfung)
OLG	Oberlandesgericht
OP	Optional Protocol
öAT	Zeitschrift für das öffentliche Arbeits- und Tarifrecht
ÖPNV	Öffentlicher Personen-Nahverkehr
ORDO	Jahrbuch für die Ordnung von Wirtschaft und Gesellschaft
öst	österreichische(r)
östB-VG	Österreichisches Bundes-Verfassungsgesetz
östBGBl.	Österreichisches Bundesgesetzblatt
östStGG	Österreichisches Staatsgrundgesetz über die allgemeinen Rechte der Staatsbürger für die im Reichsrate vertretenen Königreiche und Länder
östVfGH	Österreichischer Verfassungsgerichtshof
OSCE	Organisation on Security and Cooperation in Europe
OSZE	Organisation für Sicherheit und Zusammenarbeit in Europa

Abkürzungsverzeichnis

OVG	Oberverwaltungsgericht
OWiG	Ordnungswidrigkeitsgesetz
ÖZK	Österreichische Zeitschrift für Kartellrecht
ÖZWiR	Österreichische Zeitschrift für Wirtschaftsrecht
Pas. Belge	Pasicrisie Belge (Sammlung der Rspr. des Belgischen Kassationsgerichts)
PCIJ	Permanent Court of International Justice
PersV	Personalvertretung
PHKW	Peers/Hervey/Kenner/Ward (Hrsg.), The EU Charter of Fundamental Rights (s. allg. LitVerz.)
PIF	protection des intérêts financiers (Schutz der finanziellen Interessen)
PJZS	Polizeiliche und justizielle Zusammenarbeit in Strafsachen
PK	Politisches Komitee
poln	polnische(r)
port	portugiesische(r)
PSK	Politisches und Sicherheitspolitisches Komitee
PVS	Politische Vierteljahresschrift
QB	Law Report (Queen's Bench)
RabelsZ	Rabels Zeitschrift für ausländisches und internationales Privatrecht
Rac.	Raccolta
RAE	Revue des affaires européennes
RdA	Recht der Arbeit (Zeitschrift)
RdC	Recueil des Cours de I' Academie de Droit International
RdE	Recht der Energiewirtschaft (Zeitschrift)
RDI	Revue de droit international
RdJB	Recht der Jugend und des Bildungswesens (Zeitschrift)
RDP	Revue du droit public et de la science politique en France et à l'etranger
RDUE	Revue du droit de l'Union Européenne
RDV	Recht der Datenverarbeitung (Zeitschrift)
REALaw	Review of European Administrative Law
Rec	Recommendation (des Europarates)
Rec.	Recueil
RECIEL	Review of European Community and International Environmental Law
RELP	Renewable Energy Law and Policy Review
Rep.	Reports of the ECHR
REV	revised
Rev. Aff. Eur.	Revue des affaires européennes
RFAP	Revue française d'administration publique
RFDA	Revue française de droit administratif
RGBl.	Reichsgesetzblatt
RGDIP	Revue Générale de Droit International Public
RHDI	Revue Hellenique de Droit International
RiA	Recht im Amt (Zeitschrift)
RIDPC	Rivista Italiana di Diritto Pubblico Communitario
Riv. dir. euro	Rivista di diritto europeo
RIW	Recht der Internationalen Wirtschaft (Zeitschrift, vor 2004 AWD)

RJD	Report of Judgments and Decisions of the European Court of Human Rights
RL	Richtlinie
RMC	Revue du Marché Commun
RMG Rechtsschutz-HdB	Rengeling/Middeke/Gellermann (Hrsg.), Handbuch des Rechtsschutzes der Europäischen Union (s. allg. LitVerz.)
RMUE	Revue du Marché Unique Europeén
Rn.	Randnummer(n)
ROW	Recht in Ost und West (Zeitschrift)
rhpf.	rheinland-pfälzische(s)
RRa	ReiseRecht aktuell (Zeitschrift)
Rs.	Rechtssache(n)
RSC	Robert Schuman Centre
Rspr.	Rechtsprechung
RTDE	Revue trimestrielle de droit européen
RTDH	Revue trimestrielle des droits de l'homme
RUDH	Revue universelle des droits de l'homme
RUE	Revue d' l'Union européenne
rum	rumänische(r)
RuP	Recht und Politik (Zeitschrift)
russ	russische(r)
s.	siehe
S.	Satz; Seite
sächsGO	Sächsische Gemeindeordnung
SächsVBl.	Sächsische Verwaltungsblätter
SAE	Sammlung arbeitsrechtlicher Entscheidungen
SC	Session Cases
SchlA	Schlussanträge
SchwbG	Schwerbehindertengesetz
schwed	schwedische(r)
schweizerBGer	Schweizerisches Bundesgericht
SDÜ	Schengener Durchführungsübereinkommen
SEK	Dokument des Generalsekretariats der Kommission
SEW	Sociaal- Economische Wetgeving
SF	Sozialer Fortschritt (Zeitschrift)
SIS	Schengener Informationssystem
SJZ	Schweizerische Juristen-Zeitung
Slg.	Sammlung der Rechtsprechung des EuGH und des EuG
slowak	slowakische(r)
slowen	slowenische(r)
s. o.	siehe oben
sog.	so genannte(r)
SozAbk.	Abkommen über die Sozialpolitik
SozGRCh	Gemeinschaftscharta der Sozialen Grundrechte der Arbeitnehmer vom 9. Dezember 1989
Sp.	Spalte
span	spanische(r)
SpuRt	Zeitschrift für Sport und Recht
SRU	Sachverständigenrat für Umweltfragen
st.	ständige(r)

Abkürzungsverzeichnis

StAngRegG	Gesetz zur Regelung von Fragen der Staatsangehörigkeit
StanJIL	Stanford Journal of International Law
STC	Sentencias del Tribunal Constitutional (Urteile des span. Verfassungsgerichts, Bestandteil des jew. Aktenzeichens)
StGB	Strafgesetzbuch
StGG	s. östStGG
StGH	Staatsgerichtshof
StIGH	Ständiger Internationaler Gerichtshof
StPO	Strafprozessordnung
str.	strittig
StraFo	Strafverteidiger Forum (Zeitschrift)
stRspr	ständige Rechtsprechung
StuW	Steuer und Wirtschaft (Zeitschrift)
StV	StrafVerteidiger (Zeitschrift)
StVollzG	Strafvollzugsgesetz
StWStP	Staatswissenschaften und Staatspraxis (Zeitschrift)
Supp.	Supplement
SZIER	Schweizer Zeitschrift für Internationales und Europäisches Recht
TA	Technische Anleitung
TC	Tribunal Constitucional (portugiesisches/spanisches Verfassungsgericht)
Texas ILJ	Texas International Law Journal
ThürVBl.	Thüringische Verwaltungsblätter
TranspR	Transportrecht (Zeitschrift)
TRIPS	Trade-Related Aspects of Intellectual Property Rights
tschech	tschechische(r)
TTIP	Transatlantic Trade and Investment Partnership (Transatlantische Handels- und Investitionspartnerschaft)
türk	türkische(r)
TVG	Tarifvertragsgesetz
Tz.	Textziffer
u.	und
ua	unter anderem; und andere
UAbs.	Unterabsatz
UEAPME	Union Européenne de l'artisanat et des petites et moyennes entreprises
UK	United Kingdom
ÜLG	Überseeische Länder und Gebiete
umstr.	umstritten
UmweltR	Umweltrecht
UN	United Nations
UNCITRAL	United Nations Commission on International Trade Law
UNCTAD	United Nations Conference on Trade and Development
UNEP	United Nations Environmental Programme
UNESCO	United Nations Educational, Scientific and Cultural Organization
ung	ungarische(r)
UNHCR	United Nations High Commissioner for Refugees
UNICE	Union of Industrial and Employers' Confederations of Europe (Vereinigung der privaten Arbeitgeberverbände)
UNO	United Nations Organization
unstr.	unstreitig

Abkürzungsverzeichnis

UNTS	United Nations Treaty Series
UPR	Umwelt- und Planungsrecht (Zeitschrift)
Urt.	Urteil
USA	United States of America
U. S.-amer.	U. S.-amerikanische(r)
USFLR	University of San Francisco Law Review
UTR	Umwelt- und Technikrecht (Zeitschrift)
uU	unter Umständen
UVP	Umweltverträglichkeitsprüfung
UWG	Gesetz gegen den unlauteren Wettbewerb
ÜWTO	Übereinkommen zur Errichtung der WTO
v.	von/versus
VaELJ	Virginia Environmental Law Journal
VBlBW	Verwaltungsblätter Baden-Württemberg
verb.	verbundene
Verf	Verfassung, Verfasser
VerfG Bbg	Verfassungsgericht des Landes Brandenburg
VerfGH Bln	Verfassungsgerichtshof des Landes Berlin
VergabeR	Zeitschrift für das gesamte Vergaberecht
veröff.	veröffentlicht
VerwArch	Verwaltungsarchiv (Zeitschrift)
VfGH	Verfassungsgerichtshof
VfSlg.	Sammlung der Entscheidungen des VfGH
VG	Verwaltungsgericht
VGH	Verwaltungsgerichtshof
vgl.	vergleiche
VK	Vereinigtes Königreich von Großbritannien und Nordirland
VN	Vereinte Nationen (Zeitschrift)
VO	Verordnung
Vol.	Volume
Vorb.	Vorbemerkung(en)
VR	Verwaltungsrundschau (Zeitschrift)
VSSR	Vierteljahresschrift für Sozialrecht
VuR	Verbraucher und Recht (Zeitschrift)
VVDStRL	Veröffentlichungen der Vereinigung der Deutschen Staatsrechtslehrer
VVE	Vertrag über eine Verfassung für Europa
VWBlBW	Verwaltungsblätter Baden-Württemberg
VwGO	Verwaltungsgerichtsordnung
VwVfG	Verwaltungsverfahrensgesetz
WEGS	Wohlfarth/Everling/Glaesner/Sprung (Hrsg.), Die Europäische Wirtschaftsgemeinschaft (s. allg. LitVerz.)
WEU	Westeuropäische Union
WGO-MFOR	Monatshefte für Osteuropäisches Recht
WHG	Wasserhaushaltsgesetz
WHO	World Health Organization
WIPO	World Intellectual Property Organization
WiSt	Wirtschaft und Studium (Zeitschrift)
WissR	Wissenschaftsrecht (Zeitschrift)
WiVerw	Wirtschaft und Verwaltung (Beilage zu GewArch)
WM	Wertpapier-Mitteilungen (Zeitschrift)

Abkürzungsverzeichnis

WPA	Wirtschaftspartnerschaftsabkommen
WRP	Wettbewerb in Recht und Praxis (Zeitschrift)
WRV	Weimarer Reichsverfassung
WSA	Wirtschafts- und Sozialausschuss
WTO	World Trade Organization
WÜD	Wiener Übereinkommen über diplomatische Beziehungen
WÜK	Wiener Übereinkommen über konsularische Beziehungen
WuW	Wirtschaft und Wettbewerb (Zeitschrift)
WVRK	Wiener Vertragsrechtskonvention
WWU	Wirtschafts- und Währungsunion
YaleJIL	Yale Journal of International Law
YB	Yearbook of the European Convention on Human Rights/Annuaire de la Convention Européenne des Droits de l'Homme
YEL	Yearbook of European Law
YJIL	Yale Journal of International Law
zahlr.	zahlreich(e)
ZaöRV	Zeitschrift für ausländisches öffentliches Recht und Völkerrecht
ZAR	Zeitschrift für Ausländerrecht
ZAS	Zeitschrift für Arbeits- und Sozialrecht
ZAU	Zeitschrift für angewandte Umweltforschung
zB	zum Beispiel
ZBB	Zeitschrift für Bankrecht und Bankwirtschaft
ZBJI	Zusammenarbeit in den Bereichen Justiz und Inneres
ZBR	Zeitschrift für Beamtenrecht
ZESAR	Zeitschrift für europäisches Sozial- und Arbeitsrecht
ZEUBRegBTG	Gesetz über die Zusammenarbeit von Bundesregierung und Deutschem Bundestag in Angelegenheiten der Europäischen Union
ZEuP	Zeitschrift für Europäisches Privatrecht
ZEuS	Zeitschrift für Europarechtliche Studien
ZEW	Zentrum für Europäisches Wirtschaftsrecht
ZfA	Zeitschrift für Arbeitsrecht
ZfL	Zeitschrift für Lebensrecht
ZfPW	Zeitschrift für die gesamte Privatrechtswissenschaft
ZfRV	Zeitschrift für Rechtsvergleichung
ZfSH/SGB	Zeitschrift für Sozialhilfe und Sozialgesetzbuch
ZfU	Zeitschrift für Umweltrecht und Umweltpolitik
ZfWP	Zeitschrift für Wirtschaftspolitik
ZfZ	Zeitschrift für Zölle und Verbrauchsteuern
ZG	Zeitschrift für Gesetzgebung
ZgStW	Zeitschrift für die gesamten Staatswissenschaften
ZHR	Zeitschrift für das gesamte Handelsrecht und Wirtschaftsrecht
Ziff.	Ziffer(n)
ZIP	Zeitschrift für Wirtschaftsrecht und Insolvenzpraxis
ZIS	Zollinformationssystem
ZJS	Zeitschrift für das juristische Studium
ZK	Zollkodex
ZLR	Zeitschrift für das gesamte Lebensmittelrecht
ZLuftR	Zeitschrift für Luft- und Weltraumrechtsfragen
ZLW	Zeitschrift für Luft- und Weltraumrecht
ZME	Zeitschrift für Medizinische Ethik

Abkürzungsverzeichnis

ZNER	Zeitschrift für Neues Energierecht
ZögU	Zeitschrift für öffentliche und gemeinwirtschaftliche Unternehmen
ZÖR	Zeitschrift für Öffentliches Recht
ZP	Zusatzprotokoll
ZParl	Zeitschrift für Parlamentsfragen
ZPO	Zivilprozessordnung
ZRP	Zeitschrift für Rechtspolitik
ZSE	Zeitschrift für Staats- und Europawissenschaften
ZSR	Zeitschrift für Sozialreform
ZStW	Zeitschrift für die gesamte Strafrechtswissenschaft
zutr.	zutreffend
zT	zum Teil
Zul.-Ents.	Entscheidung über die Zulässigkeit
ZUR	Zeitschrift für Umweltrecht
zusf.	zusammenfassend
zust.	zustimmend(e)
ZVglRWiss	Zeitschrift für vergleichende Rechtswissenschaft
ZWeR	Zeitschrift für Wettbewerbsrecht
ZWS	Zeitschrift für Wirtschafts- und Sozialwissenschaften
zyp	zypriotische(r)
ZZP	Zeitschrift für Zivilprozess

Allgemeines Literaturverzeichnis

Alexy, Theorie der Grundrechte, unveränderte Erstauflage von 1986, 8. Aufl. 2006 (zit.: *Alexy*, Theorie der Grundrechte)
Alston (Hrsg.), Peoples' Rights, 2001 (zit.: *Bearbeiter* in Alston, Peoples' Rights)
Ders./Bustelo/Heenan (Hrsg.), The EU and Human Rights, 1999 (zit.: *Bearbeiter* in Alston/Bustelo/Heenan, EU and Human Rights)
Ambos/König/Rackow (Hrsg.), Rechtshilferecht in Strafsachen, 2015 (zit.: *Bearbeiter* in NK-RechtshilfeR)
Arden, Human Rights and European Law – Building new legal orders, 2015 (zit.: *Arden*, Human Rights and European Law)
Arnardóttir/Buyse (Hrsg.), Shifting Centres of Gravity in Human Rights Protection, 2016 (zit.: *Bearbeiter* in Arnardóttir/Buyse, Human Rights Protection)
Arndt/Fischer/Fetzer, Europarecht, 11. Aufl. 2015 (zit.: *Arndt/Fischer/Fetzer*, Europarecht)
Arnold (Hrsg.), The Convergence of the Fundamental Rights Protection in Europe, 2016 (zit.: *Bearbeiter* in Arnold, Convergence of Fundamental Rights Protection)
Barriga, Die Entstehung der Charta der Grundrechte der Europäischen Union – Eine Analyse der Arbeiten im Konvent und kompetenzrechtlicher Fragen, 2003 (zit.: *Barriga*, Entstehung der GRC)
Beatty (Hrsg.), Human Rights and Judicial Review – A Comparative Perspective, 1994 (zit.: *Bearbeiter* in Beatty, Human Rights)
Beddard, Human Rights and Europe, 3. Aufl. 1994 (zit.: *Beddard*, Human Rights)
Bergmann/Lenz (Hrsg.), Der Amsterdamer Vertrag – Eine Kommentierung der Neuerungen des EU- und EG-Vertrages, 1998 (zit.: *Bearbeiter* in Bergmann/Lenz, AmstV)
Bernsdorff/Borowsky, Die Charta der Grundrechte der Europäischen Union – Handreichungen und Sitzungsprotokolle, 2002 (zit.: *Bernsdorff/Borowsky*, GRC)
Betten/Grief, EU Law and Human Rights, 1998 (zit.: *Betten/Grief*, EU Law)
Bieber/Epiney/Haag/Kotzur, Die Europäische Union – Rechtsordnung und Politik, 13. Aufl. 2018 (zit.: *Bieber/Epiney/Haag/Kotzur* Europäische Union)
Bieber/de Gucht/Lenaerts/Weiler (Hrsg.), Au nom des peuples européens – Un catalogue des droits fondamentaux de l'Union européenne, 1996 (zit.: *Bearbeiter* in Bieber/de Gucht/Lenaerts/Weiler, Au nom des peuples européens)
Bieber/Boillat/Borghi/Furrer/Jacqué/Wildhaber (Hrsg.), Grundrechtsschutz in Europa – Protection des droits fondamentaux en Europe, 2001 (zit.: *Bearbeiter* in Bieber/Boillat/Borghi/Furrer/Jacqué/Wildhaber, Grundrechtsschutz in Europa)
Bienert, Die Kontrolle mitgliedstaatlichen Handelns anhand der Gemeinschaftsgrundrechte, 2001 (zit.: *Bienert*, Kontrolle mitgliedstaatlichen Handelns)
Blackburn/Polakiewicz (Hrsg.), Fundamental Rights in Europe – The ECHR and its Member States, 1950–2000, 2001 (zit.: *Bearbeiter* in Blackburn/Polakiewicz, Fundamental Rights in Europe)
Bleckmann, Europarecht, 6. Aufl. 1997 (zit.: *Bleckmann*, EuropaR)
Bloed/Leicht/Nowak/Rosas (Hrsg.), Monitoring Human Rights in Europe – Comparing International Procedures and Mechanisms, 1993 (zit.: *Bearbeiter* in Bloed/Leicht/Nowak/Rosas, Monitoring Human Rights in Europe)
v. Bogdandy/Bast (Hrsg.), Europäisches Verfassungsrecht, 2. Aufl. 2009 (zit.: *Bearbeiter* in v. Bogdandy/Bast Europ. VerfassungsR)
Borchardt, Die rechtlichen Grundlagen der Europäischen Union, 6. Aufl. 2015 (zit.: *Borchardt*, Die rechtlichen Grundlagen der EU)

Literaturverzeichnis

Bornemann, Die Bedeutung der Grundrechtsquellen für den Grundrechtsschutz und für Grundrechtskollisionen in der Rechtsprechung des Europäischen Gerichtshofs – Eine Analyse der Struktur des gemeinschaftlichen Grundrechtsschutzes, 2002 (zit.: *Bornemann,* Bedeutung der Grundrechtsquellen)

Boulouis, Droit institutionnel de l'union européenne, 6. Aufl. 1997 (zit.: *Boulois,* Dr. inst. UE)

Braibant, La Charte des droits fondamentaux de l'Union européenne, 2001 (zit.: *Braibant,* La Charte des droits fondamentaux)

Brieskorn, Menschenrechte – eine historisch-philosophische Grundlegung, 1997 (zit.: *Brieskorn,* Menschenrechte)

Bröhmer (Hrsg.), Der Grundrechtsschutz in Europa – Wissenschaftliches Kolloquium aus Anlass des 65. Geburtstages von Prof. Dr. Dr. Dr. h. c. mult. Georg Ress, 2002 (zit.: *Bearbeiter* in Bröhmer, Grundrechtsschutz)

Bruha/Hesse/Nowak (Hrsg.), Welche Verfassung für Europa?, 2001 (zit.: *Bearbeiter* in Bruha/Hesse/Nowak, Welche Verfassung für Europa?)

Bruha/Nowak/Petzold (Hrsg.), Grundrechtsschutz für Unternehmen im europäischen Binnenmarkt, 2004 (zit.: *Bearbeiter* in Bruha/Nowak/Petzold, Grundrechtsschutz)

Buergenthal/Kiss, La protection international des droits de l'homme, 1991 (zit.: *Buergenthal/Kiss,* Droits de l'homme)

Calliess/Ruffert (Hrsg.), EUV/AEUV – Das Verfassungsrecht der Europäischen Union mit Europäischer Grundrechtecharta, Kommentar, 5. Aufl. 2016 (zit.: *Bearbeiter* in Calliess/Ruffert)

Campbell, Common Market Law, 4 Bde., 1969–1975 (zit.: *Campbell,* Common Market Law Bd.)

Caro de Sousa, The European Fundamental Freedoms – A Contextual Approach, 2015 (zit.: *Caro de Sousa,* European Fundamental Freedoms)

Cartou, Communautés Européennes, 10. Aufl. 1991 (zit.: *Cartou,* Communautés Européennes)

Cassese/Clapham/Weiler (Hrsg.), European Union – The Human Rights Challenge, Bd. III: Human Rights and the European Community – The Substantive Law., 1992 (zit.: *Bearbeiter* in Cassese/Clapham/Weiler, Human Rights)

Castberg, hrsg. von *Opsahl/Ouchterlony,* The European Convention on Human Rights, 1974 (zit.: *Castberg* in Opsahl/Ouchterlony, ECHR)

Chwolik-Lanfermann, Grundrechtsschutz in der Europäischen Union – Bestand, Tendenzen und Entwicklungen, 1994 (zit.: *Chwolik-Lanfermann,* Grundrechtsschutz in der EU)

Claudi, Die Bindung der EWG an Grundrechte, 1976 (zit.: *Claudi,* Bindung der EWG an Grundrechte)

Cloos/Reinesch/Vignes/Weyland, Le Traité de Maastricht – Genèse, analyse, commentaires, 2. Aufl. 1994 (zit.: *Cloos/Reinesch/Vignes/Weyland,* Traité de Maastricht)

Cohen-Jonathan, La convention européenne des droits de l'homme, 1989 (zit.: *Cohen-Jonathan,* CEDH)

Ders., Aspects européens des droits fondamentaux, 3. Aufl. 2002 (zit.: *Cohen-Jonathan,* Droits fondamentaux)

Constantinesco, L.-J., Das Recht der Europäischen Gemeinschaften, Bd. I: Das institutionelle Recht, 1977 (zit.: *L.-J. Constantinesco,* RdEG I)

Constantinesco, V./Kovar/Simon, Traité sur l'Union européenne, Commentaire article par article, 1995 (zit.: *Constantinesco/Kovar/Simon,* TUE)

Craig/de Búrca, EU Law – Text, Cases and Materials, 6. Aufl. 2015 (zit.: *Craig/de Búrca,* EU Law)

Dies., The Evolution of EU Law, 2. Aufl. 2011 (zit.: *Craig/de Búrca,* Evolution of EU Law)

Dauses/Ludwigs (Hrsg.), Handbuch des EU-Wirtschaftsrechts, Loseblatt, 47. Ergänzungslieferung, Stand: März 2019 (zit.: *Bearbeiter* in Dauses/Ludwigs EU-WirtschaftsR-HdB)

Delbrück/Rauschning/Rudolf/Schweisfurth (Hrsg.), Neuntes deutsch-polnisches Juristen-Kolloquium – Der internationale und der nationale Schutz der Menschenrechte, 1992 (zit.: *Bearbeiter* in Delbrück/Rauschning/Rudolf/Schweisfurth, Schutz der Menschenrechte)
Delmas-Marty/de Leyssac, Libertés et droits fondamentaux, 2. Aufl. 2002 (zit.: *Delmas-Marty/de Leyssac,* Droits fondamentaux)
De Ruyt, L'acte unique européen, 2. Aufl. 1989 (zit.: *de Ruyt,* AUE)
Dickson (Hrsg.), Human rights and the European Convention – The effects of the Convention on the United Kingdom and Ireland, 1997 (zit.: *Bearbeiter* in Dickson, Human Rights)
van Dijk/van Hoof/van Rijn/Zwaak (Hrsg.), Theory and practice of the European Convention on Human Rights, 5. Aufl. 2018 (zit.: *Bearbeiter* in van Dijk/van Hoof/van Rijn/Zwaak, ECHR)
Dörr/Grote/Marauhn (Hrsg.), EMRK/GG – Konkordanzkommentar zum europäischen und deutschen Grundrechtsschutz, 2. Aufl. 2013 (zit.: *Bearbeiter* in Dörr/Grote/Marauhn)
Dreier (Hrsg.), Grundgesetz, Kommentar, Bd. I: Präambel, Artikel 1–19, 3. Aufl. 2013; Bd. II: Artikel 20–82, 3. Aufl. 2015, Bd. III: Artikel 83–146, 3. Aufl. 2013 ff. (zit.: *Bearbeiter* in Dreier)
Duschanek/Griller (Hrsg.), Grundrechte für Europa – Die Europäische Union nach Nizza, 2002 (zit.: *Bearbeiter* in Duschanek/Griller, Grundrechte)
Ehlermann/Bieber/Haag (Hrsg.), Handbuch des Europäischen Rechts (HER) – Systematische Sammlung mit Erläuterungen, Loseblatt, 691. Ergänzungslieferung, Stand: Juli 2019 (zit.: *Bearbeiter* in Ehlermann/Bieber/Haag, HdbER)
Ehlers (Hrsg.), Europäische Grundrechte und Grundfreiheiten, 4. Aufl. 2015 (zit.: *Bearbeiter* in Ehlers GuG)
Emmert, Europarecht, 1996 (zit.: Emmert EuropaR)
Epping/Hillgruber (Hrsg.), Beck'scher Online-Kommentar Grundgesetz, 41. Edition, Stand: Mai 2019 (zit.: *Bearbeiter* in BeckOK GG)
Fabrini, Fundamental Rights in Europe – Challenges and Transformations in Comparative Perspective, 2014 (zit.: *Fabrini,* Fundamental Rights)
Feger, Die Grundrechte im Recht der Europäischen Gemeinschaften, 1984 (zit.: *Feger,* Grundrechte)
Feldman, Civil Liberties and Human Rights in England and Wales, 2. Aufl. 2002 (zit.: *Feldman,* Civil Liberties)
Feus (Hrsg.), The EU Charter of Fundamental Rights – Text and commentaries, 2000 (zit.: *Bearbeiter* in Feus, The EU Charter of Fundamental Rights)
Fischer, H.-G., Europarecht, 2. Aufl. 2008 (zit.: Fischer EuropaR)
Fischer, P./Köck/Karollus, Europarecht, 4. Aufl. 2002 (zit.: *Fischer/Köck/Karollus,* Europarecht)
Frenz, Handbuch Europarecht, Bd. 1: Europäische Grundfreiheiten, 2. Aufl. 2012; Bd. 4: Europäische Grundrechte, 2009 (zit.: *Frenz,* HdbEuR Bd.)
Frowein/Hilf/Meessen ua (Hrsg.), Die Grundrechte in der Europäischen Gemeinschaft, 1978 (zit.: *Bearbeiter* in Frowein/Hilf/Meessen ua, Die Grundrechte in der EG)
Frowein/Peukert (Hrsg.), Europäische Menschenrechtskonvention – EMRK-Kommentar, 3. Aufl. 2009 (zit.: *Bearbeiter* in Frowein/Peukert)
Fuchs (Hrsg.), Europäisches Sozialrecht, 7. Aufl. 2018 (zit.: *Bearbeiter* in NK-EuSozR)
Geiger/Khan/Kotzur (Hrsg.), EUV/AEUV – Vertrag über die Europäische Union und Vertrag über die Arbeitsweise der Europäischen Union, Kommentar, 6. Aufl. 2017 (zit.: *Bearbeiter* in Geiger/Khan/Kotzur)
Gersdorf/Paal (Hrsg.), Beck'scher Online-Kommentar Informations- und Medienrecht, 24. Edition, Stand: Mai 2019 (zit.: *Bearbeiter* in BeckOK InfoMedienR)
Gomien/Harris/Zwaak, Law and practice of the European Convention on Human Rights and the European Social Charter, 1996 (zit.: *Gomien/Harris/Zwaak,* ECHR and ESC)

Literaturverzeichnis

Gordon/Ward/Eicke, The Strasbourg Case Law – Leading Cases from the European Human Rights Reports, 2001 (zit.: *Gordon/Ward/Eicke,* Straßbourg Case Law)

Grabenwarter (Hrsg.), Europäischer Grundrechteschutz, Bd. 2, in Hatje/Müller-Graff (Ges.-Hrsg.), Enzyklopädie Europarecht (10 Bde.), 2014 (zit.: *Bearbeiter* in Grabenwarter, EnzEur Bd. 2)

Ders., European Convention for the Protection of Human Rights and Fundamental Freedoms, Commentary, 2014 (zit.: Grabenwarter ECHR)

Ders./Pabel, Europäische Menschenrechtskonvention, 6. Aufl. 2016 (zit.: Grabenwarter/Pabel EMRK)

Ders./Thienel, Kontinuität und Wandel der EMRK – Studien zur Europäischen Menschenrechtskonvention, 1998 (zit.: *Grabenwarter/Thienel,* Kontinuität und Wandel)

Grabitz (Hrsg.), Grundrechte in Europa und USA, Bd. I: Strukturen nationaler Systeme, 1986 (zit.: *Bearbeiter* in Grabitz, Grundrechte)

Ders./Hilf/Nettesheim (Hrsg.), Das Recht der Europäischen Union – EUV/AEUV, Kommentar, Loseblatt, 67. Ergänzungslieferung, Stand: Juni 2019 (zit.: *Bearbeiter* in GHN)

Griller, Grundzüge des Rechts der Europäischen Union, 2. Aufl. 1997 (zit.: *Griller,* Grundzüge)

V. d. Groeben/Thiesing/Ehlermann (Hrsg.), Kommentar zum EU-/EG-Vertrag, 5 Bde., 5. Aufl. 1997–1999 (zit.: *Bearbeiter* in GTE)

V. d. Groeben/Schwarze (Hrsg.), Kommentar zum EU-/EG-Vertrag, 6. Aufl. 2004 (zit.: *Bearbeiter* in von der Groeben/Schwarze)

V. d. Groeben/Schwarze/Hatje (Hrsg.), Europäisches Unionsrecht, 4 Bde., 7. Aufl. 2015 (zit.: *Bearbeiter* in von der Groeben/Schwarze/Hatje)

Guradze, Die Europäische Menschenrechtskonvention, Kommentar, 1968 (zit.: *Guradze* EMRK)

Häberle, Gemeineuropäisches Verfassungsrecht, 1997 (zit.: *Häberle,* Gemeineuropäisches Verfassungsrecht)

Ders./Kotzur, Europäische Verfassungslehre, 8. Aufl. 2016 (zit.: *Häberle/Kotzur,* Europäische Verfassungslehre)

Hailbronner/Klein/Magiera/Müller-Graff (Hrsg.), Handkommentar zum EU-Vertrag, Loseblatt, 7. Lieferung, Stand: November 1998 (zit.: *Bearbeiter* in HKMM, HdKomm. EUV)

Hallstein, Die Europäische Gemeinschaft, 5. Aufl. 1979 (zit.: *Hallstein,* EG)

Haratsch/Koenig/Pechstein, Europarecht, 11. Aufl. 2018 (zit.: *Haratsch/Koenig/Pechstein* EuropaR)

Harris/O'Boyle/Bates/Buckley, Law of the European Convention on Human Rights, 4. Aufl. 2018 (zit.: *Harris/O'Boyle/Bates/Buckley,* ECHR-Law)

Harris/Joseph (Hrsg.), The International Covenant on Civil and Political Rights and the United Kingdom Law, Oxford 1995 (zit.: *Bearbeiter* in Harris/Joseph, ICCPR and the UK)

Hartley, The Foundations of European Community Law, 8. Aufl. 2014 (zit.: *Hartley,* EC-Law)

Herdegen, Europarecht, 20. Aufl. 2018 (zit.: Herdegen EuropaR)

Hoffmann, Grundrechte in Europa – braucht Europa einen Grundrechtskatalog?, 1995 (zit.: Hoffmann, Grundrechte in Europa)

Holoubek/Lienbacher (Hrsg.), GRC-Kommentar – Charta der Grundrechte der Europäischen Union, 2019 (zit.: *Bearbeiter* in Holoubek/Lienbacher, GRC-Kommentar)

Horspool/Humphreys/Wells-Greco, European Union Law, 9. Aufl. 2016 (zit.: *Horspool/Humphreys/Wells-Greco,* EU Law)

Huber, Recht der europäischen Integration, 2. Aufl. 2002 (zit.: Huber EurIntegrationsR)

Hutter/Speer/Tessmer (Hrsg.), Das gemeinsame Haus Europa – Menschenrechte zwischen Atlantik und Ural, 1998 (zit.: *Bearbeiter* in Hutter/Speer/Tessmer, Das gemeinsame Haus Europa)

Ipsen, Europäisches Gemeinschaftsrecht, 1972 (zit.: Ipsen EG-Recht)

Literaturverzeichnis

Ipsen, Staatsrecht II, 21. Auflage 2018 (zit.: Ipsen StaatsR II)
Ipsen, Völkerrecht, 7. Auflage 2018 (zit.: Ipsen VölkerR)
Isaac/Blanquet, Droit communautaire général, 10. Aufl. 2012 (zit.: *Isaac/Blanquet,* Droit communautaire)
Isensee/Kirchhof (Hrsg.), Handbuch des Staatsrechts der Bundesrepublik Deutschland, Bd. VI: Bundesstaat, 3. Aufl. 2009; Bd. VII: Freiheitsrechte, 3. Aufl. 2009; Bd. IX: Allgemeine Grundrechtslehren, 3. Aufl. 2011 (zit.: *Bearbeiter* in Isensee/Kirchhof HStR Bd.)
Itin, Grundrechte in Frankreich, 1992 (zit.: *Itin,* Grundrechte in Frankreich)
Jacobs/White/Ovey, The European Convention on Human Rights, 7. Aufl. 2017 (zit.: *Bearbeiter* in Jacobs/White/Ovey ECHR)
Jacqué, Droit institutionnel de l'Union européenne, 9. Aufl. 2018 (zit.: *Jacqué,* Dr. inst. UE)
Janis/Kay/Bradley, European Human Rights Law, 3. Aufl. 2008 (zit.: *Janis/Kay/Bradley,* European Human Rights Law)
Jarass, Die EU-Grundrechte. Ein Studien- und Handbuch, 2005 (zit.: Jarass EU-GR)
Jarass/Kment, EU-Grundrechte, 2. Auflage 2019 (zit.: Jarass/Kment EU-GR)
Ders., Charta der Grundrechte der Europäischen Union – GRCh, Kommentar, 3. Aufl. 2016 (zit.: Jarass GRCh)
Ders./Pieroth, Grundgesetz für die Bundesrepublik Deutschland, 15. Aufl. 2018 (zit.: *Bearbeiter* in Jarass/Pieroth)
Joliet, Le droit institutionnel des Communautés européennes, 2 Bde., 4. Aufl. 1993 (zit.: Joliet, CE Bd.)
Kahl/Waldhoff/Walter (Hrsg.), Bonner Kommentar zum Grundgesetz, Loseblatt, 198. Ergänzungslieferung, Stand: Mai 2019 (zit.: *Bearbeiter* in Kahl/Waldhoff/Walter, Bonner GG-Kommentar)
Kapteyn/VerLoren van Themaat, Introduction to the Law of the European Communities, 4. Aufl. 2008 (zit.: *Kapteyn/VerLoren van Themaat,* EC-Law)
Karpenstein/Mayer (Hrsg.), Konvention zum Schutz der Menschenrechte und Grundfreiheiten – EMRK, Kommentar, 2. Aufl. 2015 (zit.: *Bearbeiter* in Karpenstein/Mayer)
Kaufmann (Hrsg.), Grundrechtecharta der Europäischen Union – Mitglieder und Beobachter des Konvents berichten, 2001 (zit.: *Bearbeiter* in Kaufmann, Grundrechtecharta der EU)
Kellerbauer/Klamert/Tomkin, The EU Treaties and the Charter of Fundamental Rights. A Commentary, 2019 (zit.: *Bearbeiter* in Kellerbauer/Klamert/Tomkin EU Commentary)
Kilian/Wendt, Europäisches Wirtschaftsrecht, 6. Aufl. 2017 (zit.: Kilian/Wendt EurWirtschaftsR)
Korenica, The EU Accession to the ECHR – Between Luxembourg's Search for Autonomy and Strasbourg's Credibility on Human Rights Protection, 2015 (zit.: *Korenica,* EU Accession to ECHR)
Kosta, Fundamental Rights in EU Internal Market Legislation, 2015 (zit.: *Kosta,* Fundamental Rights in EU Legislation)
Kreuzer/Scheuing/Sieber (Hrsg.), Europäischer Grundrechtsschutz, 1998 (zit.: *Bearbeiter* in Kreuzer/Scheuing/Sieber, Europäischer Grundrechtsschutz)
Kugelmann, Grundrechte in Europa – Parallele Geltung aufgrund ihrer Rechtsquellen, 1997 (zit.: Kugelmann, Grundrechte)
Lasok, Law and Institutions of the European Union, 7. Aufl. 2001 (zit.: *Lasok,* EC-Law)
Léger (Hrsg.), Union Européenne – Communauté Européenne, Commentaire article par article des traités UE et CE, 2000 (zit.: *Bearbeiter* in Léger, Comm.UE/EC)
Lenaerts/Van Nuffel, Constitutional Law of the European Union, 3. Aufl. 2011 (zit.: *Lenaerts/Van Nuffel,* Constitutional Law of the EU)
Lenz (Hrsg.), EG-Handbuch Recht im Binnenmarkt, 2. Aufl. 1994 (zit.: *Bearbeiter* in Lenz, EG-Hdb.)
Ders./Borchardt (Hrsg.), EU-Verträge, Kommentar, 6. Aufl. 2012 (zit.: *Bearbeiter* in Lenz/Borchardt EU-Verträge)

Literaturverzeichnis

Loewenheim/Meessen/Riesenkampff/Kerstin/Meyer-Lindemann, Kartellrecht – Europäisches und Deutsches Kartellrecht, Kommentar, 3. Aufl. 2016 (zit.: *Bearbeiter* in LMRKM)

MacDonald/Matscher/Petzold (Hrsg.), The European System for the Protection of Human Rights, 1993 (zit.: *Bearbeiter* in MacDonald/Matscher/Petzold, Protection of Human Rights)

Mahoney/Matscher/Petzold/Wildhaber (Hrsg.), Protection des droits de l'homme – La perspective européenne/Protecting Human Rights – The European Perspective, Mélanges à la mémoire de/Studies in memory of Rolv Ryssdal, 2000 (zit.: *Bearbeiter* in Mahoney/Matscher/Petzold/Wildhaber, Protection des droits de l'homme)

v. Mangoldt/Klein/Starck (Hrsg.), Kommentar zum Grundgesetz – GG, 7. Aufl. 2018 (zit.: *Bearbeiter* in v. Mangoldt/Klein/Starck)

Manin, Les Communautés Européennes – L'Union Européenne, 5. Aufl. 1999 (zit.: *Manin,* CE/UE)

Masing/Jestaedt/Capitant/Le Divellec (Hrsg.), Strukturfragen des Grundrechtsschutzes in Europa, 2015 (zit.: *Bearbeiter* in Masing/Jestaedt/Capitant/Le Divellec, Strukturfragen des Grundrechtsschutzes in Europa)

Matscher/Petzold (Hrsg.), Protecting Human Rights – The European Dimension, Studies in honour of Gérard J. Wiarda, 2. Aufl. 1990 (zit.: *Bearbeiter* in Matscher/Petzold, Protecting Human Rights)

Matz-Lück/Hong (Hrsg.), Grundrechte und Grundfreiheiten im Mehrebenensystem – Konkurrenzen und Interferenzen, 2012 (zit.: *Bearbeiter* in Matz-Lück/Hong, Grundrechte und Grundfreiheiten)

Maunz/Dürig (Hrsg.), Kommentar zum Grundgesetz, Loseblatt, 87. Ergänzungslieferung, Stand: März 2019 (zit.: *Bearbeiter* in Maunz/Dürig)

Mayer/Stöger (Hrsg.), Kommentar zu EUV und AEUV, Loseblatt, 220. Ergänzungslieferung, Stand: Januar 2019 (zit.: *Bearbeiter* in Mayer/Stöger, EUV/AEUV)

Mégret/Waelbroeck/Louis/Vignes/Dewost, Le droit de la Communauté économique européenne, 15 Bde., teilweise 2. Aufl., 1970–1990 (zit.: *Bearbeiter* in Mégret ua, CEE Bd.)

Merrills/Robertson, Human Rights in Europe – A study of the European Convention on Human Rights, 4. Aufl. 2001 (zit.: *Merrill/Roberts,* Human Rights in Europe)

Merten/Papier (Hrsg.), Handbuch der Grundrechte in Deutschland und Europa, 10 Bde., 2004–2017 (zit.: *Bearbeiter* in Merten/Papier, HdbGR Bd.)

Meyer (Hrsg.), Charta der Grundrechte der Europäischen Union, Kommentar, 4. Aufl. 2014 (zit.: *Bearbeiter* in NK-EuGRCh)

Meyer-Ladewig/Nettesheim/von Raumer (Hrsg.), EMRK – Europäische Menschenrechtskonvention, Handkommentar, 4. Aufl. 2017 (zit.: *Bearbeiter* in HK-EMRK)

Morano-Foadi/Vickers (Hrsg.), Fundamental Rights in the EU – A Matter for Two Courts, 2015 (zit.: *Bearbeiter* in Morano-Foadi/Vickers, Fundamental Rights in the EU)

Mosler/Bernhardt/Hilf (Hrsg.), Grundrechtsschutz in Europa, 1977 (zit.: *Bearbeiter* in Mosler/Bernhardt/Hilf, Grundrechtsschutz in Europa)

Müller-Glöge/Preis/Schmidt (Hrsg.), Erfurter Kommentar zum Arbeitsrecht, 19. Aufl. 2019 (zit.: *Bearbeiter* in ErfK)

v. Münch/Kunig (Hrsg.), Grundgesetz-Kommentar, 2 Bde., 6. Aufl. 2012 (zit.: *Bearbeiter* in v. Münch/Kunig)

Neuwahl/Rosas (Hrsg.), The European Union and Human Rights, 1995 (zit.: *Bearbeiter* in Neuwahl/Rosas, EU and Human Rights)

Nicolaidis, The Right to Equality in European Human Rights Law – The quest for substance in the jurisprudence of the European Courts, 2015 (zit.: *Nicolaidis,* Right to Equality)

Nicolaysen, Europarecht I – Die Europäische Integrationsverfassung, 2. Aufl. 2002 (zit.: *Nicolaysen* Europarecht I)

Ders., Europarecht II – Das Wirtschaftsrecht im Binnenmarkt, 1996 (zit.: *Nicolaysen* Europarecht II)

Literaturverzeichnis

Nowak, C., Europarecht nach Lissabon, 2011 (zit.: *Nowak,* Europarecht)
Nowak, M., UNO-Pakt über bürgerliche und politische Rechte und Fakultativprotokoll, CCPR-Kommentar, 2. Aufl. 2005 (zit.: *Nowak,* CCPR)
Oppermann/Classen/Nettesheim, Europarecht, 8. Aufl. 2018 (zit.: Oppermann/Classen/Nettesheim EuropaR)
Pabel/Schmahl (Hrsg.), Internationaler Kommentar zur Europäischen Menschenrechtskonvention – IntKommEMRK, Loseblatt, 23. Ergänzungslieferung, Stand: Dezember 2018 (zit.: *Bearbeiter* in Pabel/Schmahl EMRK)
Paulusen/Takács/Lazić/Van Rompuy (Hrsg.), Fundamental Rights in International and European Law, 2016 (zit.: *Bearbeiter* in Paulusen/Takács/Lazić/Van Rompuy, Fundamental Rights)
Pechstein/Nowak/Häde (Hrsg.), Frankfurter Kommentar zu EUV, GRC und AEUV, 4 Bde., 2017 (zit.: *Bearbeiter* in FK-EUV/GRC/AEUV)
Peers/Hervey/Kenner/Ward (Hrsg.), The EU Charter of Fundamental Rights, 2014 (zit.: *Bearbeiter* in PHKW Fundamental Rights)
Pescatore, Le droit de l'intégration, 1972 (zit.: *Pescatore,* Droit de l'integration)
Peters, Elemente einer Theorie der Verfassung Europas, 2001 (zit.: *Peters,* Elemente einer Theorie der Verfassung Europas)
Dies./Altwicker, Europäische Menschenrechtskonvention, 2. Aufl. 2012 (zit.: Peters/Altwicker EMRK)
Pettiti/Decaux/Imbert (Hrsg.), La Convention européenne des droits de l'homme, Commentaire article par article, 2. Aufl. 1999 (zit.: *Bearbeiter* in Pettiti/Decaux/Imbert CEDH)
Philippi, Die Charta der Grundrechte der Europäischen Union – Entstehung, Inhalt und Konsequenzen für den Grundrechtsschutz in Europa, 2002 (zit.: *Philippi,* Charta der Grundrechte)
Pollicino/Romeo (Hrsg.), The Internet and Constitutional Law – The protection of fundamental rights and constitutional adjudication in Europe, 2016 (zit.: *Bearbeiter* in Pollicino/Romeo, Internet and Constitutional Law)
Półtorak, European Union Rights in National Courts, 2015 (zit.: *Półtorak,* European Union Rights in National Courts)
Quasdorf, Dogmatik der Grundrechte der Europäischen Union, 2001 (zit.: *Quasdorf,* Dogmatik der Grundrechte der EU)
Rengeling/Szczekalla, Grundrechte in der Europäischen Union, 2004 (zit.: *Rengeling/Szczekalla* Grundrechte in der EU)
Rengeling/Middeke/Gellermann (Hrsg.), Handbuch des Rechtsschutzes in der Europäischen Union, 3. Aufl. 2014 (zit.: *Bearbeiter* in RMG Rechtsschutz-HdB)
Richardi/Wlotzke/Wißmann/Oetker (Hrsg.), Münchener Handbuch zum Arbeitsrecht, 4. Auflage 2018 (zit.: *Bearbeiter* in MHdB ArbR)
Ricker/Schiwy, Rundfunkverfassungsrecht, 1996 (zit.: Ricker/Schiwy RundfunkVerfassungsR)
Rideau, Droit institutionnel de l'Union et des Communautés européennes, 6. Aufl. 2010 (zit.: *Rideau,* Dr.inst.UE/CE)
Röttinger/Weyringer (Hrsg.), Handbuch der europäischen Integration – Strategie, Struktur, Politik der Europäischen Union 2. Aufl. 1996 (zit.: *Bearbeiter* in Röttinger/Weyringer, Handbuch)
Roux, Droit général de l'Union européenne, 5. Aufl. 2016 (zit.: *Roux,* Droit général de l'UE)
Sachs (Hrsg.), Grundgesetz, Kommentar, 8. Aufl. 2018 (zit.: *Bearbeiter* in Sachs)
Schilling, Internationaler Menschenrechtsschutz, 3. Aufl. 2016 (zit.: *Schilling,* Internationaler Menschenrechtsschutz)
Schlachter/Ohler (Hrsg.), Europäische Dienstleistungsrichtlinie, 2007 (zit.: *Bearbeiter* in HK-Dienstleistungs-RL)
Schröter/Jakob/Klotz/Mederer (Hrsg.), Europäisches Wettbewerbsrecht, 2. Aufl. 2014 (zit.: *Bearbeiter* in NK-EuWettbR)

Literaturverzeichnis

Schulze/Zuleeg/Kadelbach (Hrsg.), Europarecht – Handbuch für die deutsche Rechtspraxis, 3. Aufl. 2015 (zit.: *Bearbeiter* in HdB-EuropaR)
Schwappach (Hrsg.), EU-Rechtshandbuch für die Wirtschaft, 2. Aufl. 1996 (zit.: *Bearbeiter* in Schwappach Wirtschaft-HdB)
Schwarze (Hrsg.), Die Entstehung einer europäischen Verfassungsordnung – Das Ineinandergreifen von nationalem und europäischem Verfassungsrecht, 2000 (zit.: *Bearbeiter* in Schwarze, Die Entstehung einer europäischen Verfassungsordnung)
Ders., Europäisches Verwaltungsrecht, 2 Bde., 2. Aufl. 2005 (zit.: *Schwarze,* EuVerwR Bd.)
Ders./Becker/Hatje/Schoo (Hrsg.), EU-Kommentar, 4. Aufl. 2019 (zit.: *Bearbeiter* in Schwarze)
Schweitzer/Hummer/Obwexer, Europarecht. Das Recht der Europäischen Union, 2007 (zit.: *Schweitzer/Hummer/Obwexer,* Europarecht)
Seidel, Handbuch der Grund- und Menschenrechte auf staatlicher, europäischer und universeller Ebene, 1996 (zit.: *Seidel,* Handbuch)
Sieber/Satzger/v. Heintschel-Heinegg (Hrsg.), Europäisches Strafrecht, 2. Aufl. 2014 (zit.: *Bearbeiter* in HdB-EuStrafR)
Smit/Herzog (Hrsg.), The Law of the European Economic Community, 6 Bde., Loseblatt, ab 1976 (zit.: *Bearbeiter* in Smit/Herzog, EEC-Law Bd.)
Stein/Denninger/Hoffmann-Riem (Hrsg.), Alternativkommentar zum Grundgesetz, Loseblatt, 3. Aufl. 2001 (zit.: *Bearbeiter* in AK-GG)
Steiner/Alston, International Human Rights in Context – Law, politics, morals, text and materials, 3. Aufl. 2008 (zit.: *Steiner/Alston,* International Human Rights)
Stern (Hrsg., unter Mitwirkung von *Sachs* u. *Dietlein*), Das Staatsrecht der Bundesrepublik Deutschland, Bd. III/1 und III/2: Allgemeine Lehren der Grundrechte, Bd. IV/1 und IV/2: Die einzelnen Grundrechte, 1988–2011 (zit.: Stern StaatsR III/1 oder III/2 usw.)
Stern/Sachs (Hrsg.), Europäische Grundrechte-Charta – GRCh, Kommentar, 2016 (zit.: *Bearbeiter* in Stern/Sachs)
Strasser, Grundrechtsschutz in Europa und der Beitritt der Europäischen Gemeinschaften zur Europäischen Menschenrechtskonvention, 2001 (zit.: *Strasser,* Grundrechtsschutz)
Streinz, Europarecht, 10. Aufl. 2016 (zit.: *Streinz* EuropaR)
Ders. (Hrsg.), EUV/AEUV – Vertrag über die Europäische Union und Vertrag über die Arbeitsweise der Europäischen Union, Kommentar, 3. Aufl. 2018 (zit.: *Bearbeiter* in Streinz)
Streinz/Ohler/Herrmann, Der Vertrag von Lissabon zur Reform der EU, 3. Aufl. 2010 (zit. Streinz/Ohler/Herrmann Vertrag Lissabon)
Sudre, Droit européen et international des droits de l'homme, 13. Aufl. 2016 (zit.: *Sudre,* Droit européen et international des droits de l'homme)
Terhechte (Hrsg.), Verwaltungsrecht der Europäischen Union, 2011 (zit.: *Bearbeiter* in HdB-EUVerwR)
Tettinger/Stern (Hrsg.), Kölner Gemeinschaftskommentar zur Europäischen Grundrechte-Charta, 2006 (zit.: *Bearbeiter* in Tettinger/Stern)
Theurer, Das Verhältnis der EG zur Europäischen Menschenrechtskonvention – Eine Analyse des Gutachtens 2/94 des EuGH, 1998 (zit.: *Theurer,* Verhältnis der EG zur EMRK)
Thun-Hohenstein, Der Vertrag von Amsterdam, 1997 (zit.: Thun-Hohenstein Amsterdam-Vertrag)
Tomuschat, Human Rights – Between Idealism and Realism, 3. Aufl. 2014 (zit.: *Tomuschat,* Human Rights)
Vaughan, Law of the European Communities, 2 Bde., 1986 (zit.: *Vaughan,* EC-Law Bd.)
Ders./Robertson (Hrsg.), Law of the European Union, Loseblatt, 46. Ergänzungslieferung, Stand: Juli 2016 (zit.: *Bearbeiter* in Vaughan/Robertson, EU-Law)
Vedder/Heintschel von Heinegg (Hrsg.), Europäisches Unionsrecht – EUV, AEUV, GRCh, EAGV, Handkommentar, 2. Aufl. 2018 (zit.: *Bearbeiter* in HK-UnionsR)
Velu/Ergec, La Convention européenne des droits de l'homme, 2. Aufl. 2014 (zit.: *Velu/Ergec,* CEDH)

Verhoeven, Droit de la Communauté Européenne, 2. Aufl. 2001 (zit.: *Verhoeven,* Droit-CE)
Vertretung der Europäischen Kommission in Deutschland, Eine europäische Charta der Grundrechte – Europäische Gespräche 2/1999, 1999 (zit.: *Bearbeiter* in Vertretung der Europäischen Kommission, Eine europäische Charta der Grundrechte)
Villiger, Handbuch der Europäischen Menschenrechtskonvention (EMRK), 2. Aufl. 1999 (zit.: *Villiger* HdBEMRK)
Wachsmann, Les Droits de l'Homme, 5. Aufl. 2008 (zit.: *Wachsmann,* Les Droits de l'Homme)
Warnken, Das Verhältnis der Europäischen Gemeinschaft zur Europäischen Menschenrechtskonvention, 2002 (zit.: *Warnken,* Verhältnis der EG zur EMRK)
Weatherill/Beaumont, EC Law – The Essential Guide to the Legal Workings of the European Union, 3. Aufl. 1999 (zit.: *Weatherill/Beaumont,* EC Law)
Weber (Hrsg.), Charta der Grundrechte der Europäischen Union/Charter of Fundamental Rights of the European Union/Charte des droits fondamentaux de l'Union européenne, 2002 (zit.: *Bearbeiter* in Weber, Charta der Grundrechte der Europäischen Union)
Ders., Menschenrechte – Texte und Fallpraxis, 2004 (zit.: *Weber,* Menschenrechte)
Weidenfeld (Hrsg.), Der Schutz der Grundrechte in der Europäischen Gemeinschaft, 1992 (zit.: *Bearbeiter* in Weidenfeld, Der Schutz der Grundrechte in der EG)
Wetter, Die Grundrechtscharta des Europäischen Gerichtshofes – Die Konkretisierung der gemeinschaftlichen Grundrechte durch die Rechtsprechung des EuGH zu den allgemeinen Rechtsgrundsätzen, 1998 (zit.: *Wetter,* Die Grundrechtscharta des EuGH)
Wiesbrock, Internationaler Schutz der Menschenrechte vor Verletzungen durch Private, 1999 (zit.: *Wiesbrock,* Internationaler Schutz der Menschenrechte)
Winkler, Der Beitritt der Europäischen Gemeinschaften zur Europäischen Menschenrechtskonvention, 2000 (zit.: *Winkler,* Beitritt der EG zur EMRK)
Wohlfarth/Everling/Glaesner/Sprung (Hrsg.), Die Europäische Wirtschaftsgemeinschaft, Kommentar zum Vertrag, 1960 (zit.: *Bearbeiter* in WEGS)
Wyatt/Dashwood, European Union Law, 6. Aufl. 2011 (zit.: *Wyatt/Dashwood,* EU)

Allgemeiner Teil. Rechtsdogmatische Grundlagen

1. Abschnitt. Verfassungsrechtliche Grundlagen fdes Grundrechtsschutzes in der EU

§ 1 Historische Entwicklungslinien des Grundrechtsschutzes in der EU

Übersicht

	Rn.
A. Grundrechtsgehalte in den Gründungsverträgen	1–29
I. Die Zurückhaltung der Verträge	2–7
II. Grundrechte in den Verträgen	8–24
1. Diskriminierungsverbote	8–11
2. Rechte aus der Unionsbürgerschaft	12
3. Zugangsrechte und Datenschutz	13
4. Grundfreiheiten	14–24
III. Vertragliches Bekenntnis zu den Grundrechten	25–29
B. Grundrechte im regionalen Völkerrecht in Europa	30–39
I. Die Europäische Menschenrechtskonvention (EMRK)	30–36
II. Weitere Abkommen im Rahmen des Europarats	37
III. Organisation über Sicherheit und Zusammenarbeit in Europa (OSZE)	38, 39
C. Grundrechtserklärungen der Gemeinschaftsorgane bis zur Grundrechtecharta	40–57
I. Kritik am gemeinschaftsrechtlichen Grundrechtsstandard – Anstöße zu Grundrechts-Initiativen (Solange-I)	40–45
II. Gemeinsame Erklärung der Organe von 1977	46, 47
III. Erklärung der Staats- und Regierungschefs von 1978	48
IV. Entschließung des Europäischen Parlaments von 1989	49, 50
V. Beitritt zur EMRK	51–57
D. Grundrechte in der Rechtsprechung des EuGH – Allgemeine Rechtsgrundsätze – Lückenfüllung durch die Rechtsprechung	58–72
I. Die Entwicklung der Rechtsprechung	58–61
II. Allgemeine Rechtsgrundsätze – Grundrechte der EMRK	62
III. Rechtsstaatprinzip als Fundament der Integration	63–65
IV. Gemeinschafts- bzw. unionsrechtliche Modifikationen	66–68
V. Rechtsfortbildung	69, 70
VI. Eigene Grundrechte	71, 72
E. Charta der Grundrechte der EU	73–77
F. Wesen und Standort der Grundrechte in der Verfassungsentwicklung der Integration	78–86
I. Ungeschriebene – geschriebene Grundrechte; Anwendung der Charta	78–84
II. Die Grundrechte und die Verfassungsentwicklung der Integration	85, 86

Schrifttum:

Alber/Widmaier, Die EU-Charta der Grundrechte und ihre Auswirkungen auf die Rechtsprechung, EuGRZ 2000, 497; *Alston/Weiler,* An 'Ever Closer Union' in Need of a Human Rights Policy: The European Union and Human Rights, in Alston/Bustelo/Heenan, S. 3; *Arbeitskreis Europäische Integration,* Die Grundrechte in der EG, 1978; *Aubin/v. Caemmerer/Meylan ua,* FS für Otto Riese aus Anlass seines siebzigsten Geburtstages, 1964; *Bahlmann,* Der Grundrechtsschutz in der EG, EuR 1982, 1; *Behrens/Braun/Nowak,* Europäisches Wettbewerbsrecht im Umbruch, 2004; *Beutler,* Die Erklärung des Europäischen Parlaments über Grundrechte und Grundfreiheiten, EuGRZ 1989, 185; *Bieber,* Bemerkungen zum Memorandum der Kommission betreffend den Beitritt der EG zur EMRK vom 10.4.1979, EuGRZ 1979, 338; *ders./Bleckmann/Capotorti,* Das Europa der zweiten Generation, Gedächtnisschrift für Christoph Sasse, Bd. II, 1981; *Bleckmann,* Die Freiheiten des Gemeinsamen Marktes als Grundrechte, in Bieber/Bleckmann/Capotorti, GS für Christoph Sasse, Bd. II, S. 665; *Boesen*, Der Rechtsschutz des Bieters bei der Vergabe öffentlicher Aufträge, NJW 1997, 345; *v. Bogdandy*, Grundrechtsgemeinschaft als Integrationsziel?, JZ 2001, 157; *Broß*, Überlegungen zum gegenwärtigen Stand des Europäischen Einigungsprozesses, EuGRZ 2002, 574; *Bruha/Nowak*, Die EU nach Nizza: Wie Europa regiert werden soll, 2003; *v. Caemmerer/Schlochauer/Steindorff*, Probleme des europäischen Rechts, FS für Walter Hallstein zu seinem 65. Geburtstag, 1966; *Carstens*, Der Rang europäischer Verordnungen gegenüber deutschen Rechtsnormen, in Aubin/v. Caemmerer/Meylan ua, FS Riese, S. 65; *Cremer/Giegerich/Richter/Zimmermann*, Tradition und Weltoffenheit des Rechts, FS für Helmut Steinberger, 2002; *Due/Lutter/Schwarze*, FS für Ulrich Everling, Bd. 1, 1995; *Frenz*, Grundfreiheiten und Grundrechte, EuR 2002, 603; *Fuß*, Zur Rechtsstaatlichkeit der Europäischen Gemeinschaften, DÖV 1964, 577; *Gaia*, Le droit constitutionnel national et l'intégration européenne, in Schwarze/Müller-Graff, 17. FIDE-Kongress, S. 231; *Glaesner*, Eine unendliche Geschichte, in Due/Lutter/Schwarze, FS Everling, S. 327; *Gramlich*, Grundfreiheiten contra Grundrechte im Gemeinschaftsrecht, DÖV 1996, 801; *v. d. Groeben*, Über das Problem der Grundrechte in der Europäischen Gemeinschaft, in v. Caemmerer/Schlochauer/Steindorff, FS für Walter Hallstein, S. 226; *Gundel*, Die Kontrolle der europäischen Integration durch den französischen Verfassungsrat, EuR 1998, 371; *Hallstein*, Die EWG – Eine Rechtsgemeinschaft. Rede anlässlich der Ehrenpromotion an der Universität Padua (12.3.1962), in Oppermann, Walter Hallstein – Europäische Reden, S. 341; *Hilf*, Die gemeinsame Grundrechtserklärung des EP, des Rates und der Kommission, EuGRZ 1977, 158; *ders.*, Ein Grundrechtskatalog für die EG, EuR 1991, 19; *ders.*, Die Charta der Grundrechte der EU in der Perspektive 2004, EuR Beih. 3/2002, 13; *ders./Hörmann*, Der Grundrechtsschutz von Unternehmen im europäischen Verfassungsverbund, NJW 2003, 1; *Hoffmann-Riem*, Kohärenz europäischer und nationaler Grundrechte, EuGRZ 2002, 473; *Huber*, Europäisches und nationales Verfassungsrecht, VVDStRL 60 (2001), 194; *Iliopoulos-Strangas*, Der Grundrechtsschutz im europäischen Raum – Der Beitritt der EG zur EMRK, 1993; *Ipsen*, BVerfG versus EuGH re „Grundrechte" – Zum Beschluß des Zweiten Senats des Bundesverfassungsgerichts vom 29. Mai 1974 (BVerfGE Bd. 37 S. 271), EuR 1975, 1; *Jacqué*, L'adhésion de la Communauté Européenne à la Convention Européenne des Droits de l'Homme – Aspects juridiques et techniques, in Iliopoulos-Strangas, S. 302; *Kingreen*, Die Struktur der Grundfreiheiten des Europäischen Gemeinschaftsrechts, 1999; *Krüger/Polakiewicz*, Vorschläge für ein kohärentes System des Menschenrechtsschutzes in Europa, EuGRZ 2001, 92; *Küchenhoff*, Grundrechte und europäische Staatengemeinschaft, DÖV 1963, 161; *Meessen*, Europäische Grundrechtspolitik, in AEI, Die Grundrechte in der EG, Bd. 2, 1978, S. 35; *Müller-Graff*, Die Verdichtung des Binnenmarktrechts zwischen Handlungsfreiheiten und Sozialgestaltung, EuR Beih. 1/2000, 7; *ders.*, Grundfreiheiten und Grundrechte, in Cremer/Giegerich/Richter/Zimmermann, FS Steinberger, S. 1281; *v. Münch*, Staatsrecht, Völkerrecht, Europarecht: FS für Hans-Jürgen Schlochauer zum 75. Geburtstag, 1981; *Nehl*, Europäisches Verwaltungsverfahren und Gemeinschaftsverfassung, 2002; *Nicolaysen*, Bericht über die aktuelle Entwicklung des Gemeinschaftsrechts, NJW 1964, 964; *ders.*, Der Streit zwischen dem deutschen BVerfG und dem Europäischen Gerichtshof, in Bruha/Hesse/Nowak, Welche Verfassung für Europa?, S. 91; *ders.*, Die Europäische Union als Rechtsgemeinschaft, in Weidenfeld, Europa-Handbuch, S. 348; *ders.*, Rechtsgemeinschaft, Gemeinschaftsgerichtsbarkeit und Individuum, in Nowak/Cremer, S. 17; *ders.*, Die gemeinschaftsrechtliche Begründung von Grundrechten, EuR 2003, 719; *ders./Nowak*, Teilrückzug des BVerfG aus der Kontrolle der Rechtmäßigkeit gemeinschaftlicher Rechtsakte: Neuere Entwicklungen und Perspektiven, NJW 2001, 1233; *Nowak*, Grundrechtsschutz im Europäischen Wettbewerbsrecht, in Behrens/Braun/Nowak, S. 23; *Nowak*, Mehr Transparenz durch Informationsfreiheit, in Bruha/Nowak, S. 117; *ders./Cremer*, Individualrechtsschutz in der EG und der WTO, 2002; *Oppermann*, Walter Hallstein – Europäische Reden, 1979; *Pescatore*, Die Menschenrechte und die europäische Integration, Integration 1969, 103; *Pietzcker*, Die Zweiteilung des Vergaberechts: Subjektive Rechte – Rechtsschutz – Reform, 2001; *Rasmussen*, On Law and Policy in the European Court of Justice, 1986; *Rupp*, Nationaler Grundrechtsschutz in den Europäischen Gemeinschaften, in AEI, Die Grundrechte in der EG, Bd. 2, 1978, S. 9; *Scheuing*, Zur Grundrechtsbindung der EU-Mitgliedstaaten, EuR 2005, 162; *Schindler*, Die Kollision von Grundfreiheiten und Gemeinschaftsgrundrechten, 2001; *Schwarze*, Der Grundrechtsschutz für Unternehmen in der Europäischen Grundrechtscharta, in Schwarze, Wirtschaftsverfassungsrechtliche Garantien, S. 99; *ders.*, Wirtschaftsverfassungsrechtliche Garantien für Unternehmen im europäischen Binnenmarkt, 2001; *Schwarze/Müller-Graff*, 17. FIDE-Kongress vom 9.-12. Oktober 1996 in Berlin, Die deutschen Landesberichte: Deutsches Verfassungsrecht und europäische Integration – Energie und Umweltschutz in europäischer Perspektive – Verfahren und Sanktionen im Wirtschaftsverwaltungsrecht, 1997; *Seibert*, Bericht über das Kolloquium in Paris (April 1975): „Definition und Garantie individueller Grundrechte in der Europäischen Gemeinschaft", EuGRZ 1975, 316; *Slaughter/Sweet/Weiler*, The European Court and National Courts, 1998; *Starck*, Ein Grundrechtskatalog für die EG, EuGRZ 1981, 545; *Tomuschat*, Aller guten Dinge sind III?, EuR 1990, 340; *Weber*, Die Europäische Grundrechtecharta – auf dem Weg zu einer europäischen Verfassung, NJW 2000, 537; *ders.*, Einheit und Vielfalt der europäischen Grundrechtsordnung(en), DVBl 2003, 220; *Weidenfeld*, Europa-Handbuch, 2. Aufl. 2002; *Zuleeg*, Die Charta der Rechte des Bürgers der Europäischen Gemeinschaft, in v. Münch, FS Schlochauer, S. 983; *ders.*, Bananen und Grundrechte, NJW 1997, 1201; *ders.*, Zum Verhältnis nationaler und europäischer Grundrechte, EuGRZ 2000, 497.

A. Grundrechtsgehalte in den Gründungsverträgen

Die Verträge zur Gründung der Europäischen Gemeinschaften (Europäische Gemeinschaft für Kohle und Stahl von 1951, Europäische Wirtschaftsgemeinschaft von 1957 und Europäische Atomgemeinschaft von 1957) enthalten **keine Grundrechtskataloge,** etwa nach Art der Art. 1–19 GG der Bundesrepublik Deutschland (→ Rn. 2 ff.). Im Vertragsrecht finden sich nur einzelne Gewährleistungen, in der Regel im unmittelbaren Zusammenhang mit den Grundfreiheiten und Zielen des Gemeinsamen Markts; in der weiteren Entwicklung kamen einige Grundrechtspositionen hinzu (→ Rn. 8 ff.). Mit der Aufnahme der Charta der Europäischen Grundrechte in den EU-Vertrag durch den Vertrag von Lissabon erhielt die Europäische Union am 1.12.2009 einen rechtsverbindlichen Grundrechtskatalog (→ Rn. 73 ff.).

1

I. Die Zurückhaltung der Verträge

Eine ausdrückliche Erklärung, Grundrechte nicht aufzunehmen, ist in den Verträgen nicht enthalten und in den Verhandlungen nicht nachweisbar. Für diese Entscheidung lässt sich indes eine Reihe von Gründen aus den Zielsetzungen und Strukturen der Verträge zur Zeit des Vertragsschlusses anführen, wie sie auch in der Literatur genannt werden:

2

Die Verträge haben ihr Vorbild nicht im Modell einer Staatsverfassung, deren notwendiger Bestandteil nach allgemeiner, wenn auch nicht ausnahmsloser, westeuropäischer Vorstellung Grundrechte bilden. Mit den Gemeinschaften wurde das Ziel der wirtschaftlichen Integration der Mitgliedstaaten verfolgt, eine Staatsgründung wurde nicht beabsichtigt. Gerade im Fehlen von Grundrechten zeigt sich, dass die **Verträge nicht als Vollverfassung staatlicher Art** zu qualifizieren sind.[1]

3

Bei der Gründung der Gemeinschaften wurde die rechtsstaatliche Notwendigkeit eines Grundrechtskatalogs offenbar nicht gesehen oder als gering eingeschätzt. Sicherlich wollte man die Gemeinschaften nicht von grundrechtlichen Einschränkungen freistellen, indessen lag die mögliche **Grundrechtsrelevanz des Gemeinschaftshandelns** wohl noch **nicht im Blickfeld**.[2] Die Tragweite der Gründung in dieser Hinsicht entfaltete sich nur allmählich, besonders durch die Rechtsprechung des Gerichtshofs zur unmittelbaren Wirkung und zum Vorrang des Gemeinschaftsrechts, durch die der Einzelne in die gemeinschaftsrechtliche Rechtsordnung einbezogen wurde.[3] Überdies konnte zunächst, ohne die Vorstellung vom Vorrang des Gemeinschaftsrechts, ein (sporadischer) Grundrechtsbedarf wohl auch für mitgliedstaatlich erfüllbar gehalten werden.[4]

4

Auch angesichts der begrenzten Kompetenzen der Gemeinschaften und ihrer nur allmählichen Wahrnehmung, zunächst mit dem Schwerpunkt bei der Herstellung des Gemeinsamen Markts, schien ein Übergriff in die nach rechtsstaatlichen Vorstellungen grundrechtlich geschützte Individualsphäre als wenig wahrscheinlich und durch die Kompetenzkontrolle aufgefangen. Die Eingrenzung der gemeinschaftsrechtlichen Hoheitsgewalt erfolgt zunächst und von Anfang an durch den gemeinschaftsrechtlichen **Grundsatz der**

5

---

[1] *Pescatore* Integration 1969, 103 (104 f.), sieht die Bedeutung des Grundrechtsproblems in der Europäischen Gemeinschaft beschränkt, weil in der Wirtschaftsintegration keine ernstliche Gefahr durch die Ausübung politischer Macht drohe.

[2] So *Bahlmann* EuR 1982, 1 (3); siehe zB *v. d. Groeben* FS Hallstein, 1966, 226 (234): „Was zunächst den EWG-Vertrag selbst betrifft, so ist in ihm keine Bestimmung ersichtlich, die direkt ein Grundrecht eingreifen oder die Organe der Gemeinschaft zu einem solchen Eingriff verpflichten würde"; demgegenüber hebt *v. d. Groeben* die Erweiterung der Rechte der Gemeinschaftsbürger durch den Vertrag hervor, insbes. durch die Grundfreiheiten und durch die Rechtsetzung der Gemeinschaften, siehe insbes. *v. d. Groeben* FS Hallstein, 1966, 237 ff.

[3] Die spätere Wahrnehmung dieser supranationalen Qualitäten des Gemeinschaftsrechts kann nicht auf die Frühphase der Integration übertragen werden.

[4] Vgl. *Rasmussen* S. 391 f.; siehe zB *Carstens* FS Riese, 1964, 65 (65 ff.): kein allgemeiner Vorrang des Gemeinschaftsrechts, Kontrolle des Gemeinschaftsrechts (VOen) an den Bestimmungen des Grundgesetzes (siehe zB *Carstens* FS Riese, 1964, 79 mit Fn. 47); siehe auch *Küchenhoff* DÖV 1963, 161 (166 ff.).

begrenzten **Einzelermächtigungen** (*principe de compétences d'attribution*, jetzt Art. 5 Abs. 2 EUV); er konkurriert gemeinschaftsrechtlich mit der Einrichtung grundrechtlicher Garantien: Die Hoheitsgewalt der Gemeinschaft ist „von der Quelle her begrenzt".[5] Die Kompetenzbegrenzung ist primär eine Konsequenz der Teilintegration und sichert insoweit die Mitgliedstaaten gegen Kompetenzüberschreitungen sowie autonome und unkontrollierte Kompetenzerweiterungen der Gemeinschaft bzw. Union. Indes kann auch der Einzelne die Unzuständigkeit der Gemeinschaft bzw. nunmehr Union gerichtlich geltend machen, entweder mit der Direktklage (Art. 263 Abs. 4 AEUV) oder im Vorlageverfahren (Art. 267 AEUV). Die **Parallelität von Grundrechtsschutz und Kompetenzbegrenzung** zeigte sich anschaulich im Streit um die Tabakwerberichtlinie: Die Bundesrepublik hatte vor dem Gerichtshof die Verletzung sowohl von Grundrechten wie auch von Zuständigkeitsnormen geltend gemacht. Nach Feststellung der Unzuständigkeit der Gemeinschaft durch das Urteil kam die Grundrechtsproblematik nicht mehr zur Sprache – in der Rechtsordnung der Bundesrepublik hätte sie den Schwerpunkt des Rechtsstreits ausgemacht.[6]

6   Mit der zunehmenden Ausgestaltung der eigenen Politiken, zB der Agrarpolitik oder der Handelspolitik, sind indes die Möglichkeiten gewachsen, Grundrechtspositionen zu beeinträchtigen. Der EGKS-Vertrag hielt demgegenüber schon selbst ein Instrumentarium für Eingriffe vor (Preise, Kontingente); hier liegt indes die Vermutung nahe, dass der Ordnungsrahmen des Vertrags als *a priori* vom Gemeinwohlinteresse gedeckt angesehen wurde.

7   Anders als das Gemeinschaftsrecht sollten zwei weitergreifende Europäische Verträge Bezugnahmen auf Grundrechte enthalten. In dem Entwurf zur Gründung der **Europäischen Verteidigungsgemeinschaft** (EVG) von 1952[7] wurde die Gemeinschaft verpflichtet, „die allgemeinen Freiheiten und die Grundrechte der Menschen" zu achten (Art. 3), und im Statut der **Europäischen Politischen Gemeinschaft,** das von der im EVG-Vertrag (Art. 38) vorgesehenen *Ad-hoc*-Versammlung ausgearbeitet worden war, wurde die Europäische Menschenrechtskonvention zum Bestandteil des Statuts erklärt (Art. 3). Ersichtlich war in diesen Fällen die umfassende politische Dimension das Motiv für die ausdrückliche Einbeziehung von Grundrechten; sie fehlte den ökonomisch orientierten Gemeinschaftsverträgen. Die EVG und damit auch die Politische Gemeinschaft scheiterten 1954 an der Ablehnung durch die französische Nationalversammlung.

II. Grundrechte in den Verträgen

8   **1. Diskriminierungsverbote.** Nur einzelne Grundrechte waren von Anfang an in den Gemeinschaftsverträgen enthalten. Dazu gehört in erster Linie das Gleichheitsgebot (→ § 47; → § 49): Im Ersten Teil des EWG-Vertrags („Grundsätze") wurde durch Art. 7 Abs. 1 EWGV (jetzt Art. 18 AEUV) für den Anwendungsbereich des Vertrags das **Diskriminierungsverbot aus Gründen der Staatsangehörigkeit** festgelegt. Die allgemein für den ganzen Vertrag geltende Bestimmung wird in den weiteren Teilen in spezifischen, auf die einzelnen Anwendungsgebiete ausgerichteten Ausformungen wieder aufgenommen, so für die Freizügigkeit der Arbeitnehmer (Art. 45 ff. AEUV), für das Niederlassungsrecht (Art. 49 ff. AEUV), den Dienstleistungsverkehr (Art. 56 ff. AEUV) und den Kapitalverkehr (Art. 63 ff. AEUV), ebenso für die Agrarpolitik (Art. 40 Abs. 2 AEUV), die Verkehrspolitik (Art. 92 u. 95 AEUV) und für öffentliche Unternehmen (Art. 106 AEUV) sowie in den steuerlichen Vorschriften (Art. 110 f. AEUV). Dieses Diskriminierungsverbot erweist sich mithin als konstituierendes Element der Grundfreiheiten und des Gemeinsamen Markts (nunmehr des Binnenmarkts); es soll in allen marktrelevanten Bereichen die Gleichberechtigung der Bürger und Unternehmen aus den verschiedenen Mitgliedstaaten sichern und ihnen dadurch die Grenzen öffnen.

---

[5] So die Formulierung bei *Nicolaysen* NJW 1964, 964 (965).
[6] EuGH C-376/98, Slg. 2000, I-8419 ff. – Bundesrepublik Deutschland/EP u. Rat.
[7] BGBl. 1954 II 343.

Eine besondere selbständige Bestimmung zum Gleichheitsgebot enthält Art. 119 im **9** EWG-Vertrag von 1957 (jetzt Art. 157 AEUV) mit dem **Verbot geschlechtsspezifischer Lohndiskriminierung** (gleiches Entgelt bei gleichwertiger Arbeit; → § 48). Dem heutigen Art. 157 AEUV ist eine Ermächtigung für Maßnahmen zur Gewährleistung der Chancengleichheit und Gleichbehandlung von Männern und Frauen allgemein „in Arbeits- und Beschäftigungsfragen" beigefügt (Abs. 3)[8]; schon vorher wurden einige Richtlinien erlassen, die über die Lohngleichheit hinausgreifen, so im Bereich der sozialen Sicherheit und vor allem für den **Zugang zur Beschäftigung und für die Arbeitsbedingungen.** Auch diese arbeitsrechtlichen Bestimmungen haben eine marktbezogene Komponente, indes ist ihr eigentliches Motiv in gesellschaftspolitischen Zielsetzungen zu sehen; so war ihr Standort auch im Titel „Sozialpolitik" (Titel III EWGV, jetzt Titel X AEUV).

Über das Arbeitsrecht hinausgehend und mit stärkerer **menschenrechtlicher Zielset-** **10** **zung** wird seit dem Vertrag von Amsterdam die Gemeinschaft im Rahmen ihrer vertraglichen Zuständigkeiten zu „Vorkehrungen" ermächtigt, „um Diskriminierungen aus Gründen des Geschlechts, der Rasse, der ethnischen Herkunft, der Religion oder der Weltanschauung, einer Behinderung, des Alters oder der sexuellen Ausrichtung zu bekämpfen" (s. jetzt Art. 19 AEUV, → § 49).[9]

Adressaten der auf den Binnenmarkt bezogenen Grundrechte des AEU-Vertrags sind in **11** erster Linie die Mitgliedstaaten, zT auch die EU (→ § 9); aber insbesondere die arbeitsrechtlich relevanten Bestimmungen gelten auch gegenüber Privaten.[10]

2. Rechte aus der Unionsbürgerschaft. Durch den Maastricht-Vertrag wurden mit der **12** Unionsbürgerschaft (Art. 17–22 EGV, jetzt Art. 20–25 AEUV, Art. 39 ff. GRC (→ §§ 51 ff.)) einige grundrechtshaltige Rechtspositionen geschaffen, deren Stoßrichtung über die marktbezogenen Rechte hinausgeht. Es sind dies einmal die **politischen Teilhaberechte,** die den Unionsbürgern in der ganzen Union gegenüber den Mitgliedstaaten zuerkannt werden (→ § 7 Rn. 82 ff.), sowie das Petitionsrecht beim Europäischen Parlament (→ § 53), das Recht auf Anrufung des Bürgerbeauftragten (→ § 54) und auf Kommunikation mit den Organen in einer Amtssprache (Art. 24 Abs. 4 AEUV, Art. 41 Abs. 4 GRC (→ § 61)). Losgelöst von den wirtschaftlichen Zwecken der Gemeinschaft wird den Unionsbürgern auch ein **allgemeines Freizügigkeitsrecht** gewährleistet (Art. 18 EGV, jetzt Art. 21 AEUV).[11]

3. Zugangsrechte und Datenschutz. In der Folge der administrativen Entfaltung des **13** Gemeinschaftsrechts wurden durch den Vertrag von Amsterdam spezifische **Bürgerrechte im Verkehr mit den Verwaltungen** eingeführt, so das Recht auf Zugang zu den Dokumenten der Organe (Art. 255 EGV mit der dazu nach Abs. 2 ergangenen VO (EG) Nr. 1049/2001 „über den Zugang der Öffentlichkeit zu den Dokumenten des Europäischen Parlaments, des Rates und der Kommission"[12], jetzt Art. 15 Abs. 3 AEUV, Art. 42 GRC; → § 60) und der Datenschutz (Art. 286 EGV, jetzt Art. 16 AEUV u. Art. 8 GRC). Der gemeinschaftsrechtliche Datenschutz hatte seinen Ursprung im Ziel der Sicherung des freien Verkehrs personenbezogener Daten im Binnenmarkt (RL 95/

---

[8] Siehe dazu die RL 2000/78/EG zur Festlegung eines allgemeinen Rahmens für die Verwirklichung der Gleichbehandlung in Beschäftigung und Beruf, ABl. 2000 L 303, 16.
[9] Siehe dazu die RL 2000/43/EG zur Anwendung des Gleichbehandlungsgrundsatzes ohne Unterschied der Rasse oder der ethnischen Herkunft, ABl. 2000 L 180, 22, und die RL 2000/78/EG zur Festlegung eines allgemeinen Rahmens für die Verwirklichung der Gleichbehandlung in Beschäftigung und Beruf, ABl. 2000 L 303, 16.
[10] Vgl. dazu zB die VO (EWG) Nr. 1612/68 über die Freizügigkeit der Arbeitnehmer in der Gemeinschaft, ABl. 1968 L 257, 2; mittlerweile aufgehoben gem. Art. 14 der VO (EU) Nr. 492/2011 des Europäischen Parlaments und des Rates vom 5.4.2011 über die Freizügigkeit der Arbeitnehmer innerhalb der Union, ABl. 2011 L 141, 1.
[11] Siehe *Hatje* in Schwarze AEUV Art. 21 Rn. 1 ff., 8 aE.
[12] ABl. 2001 L 145, 43; siehe dazu *Nowak* in Bruha/Nowak, S. 117 ff.

46/EG¹³ auf der Grundlage von Art. 95 EGV), ist aber nicht auf Sachverhalte der Ausübung der Grundfreiheiten beschränkt.¹⁴ Art. 286 EGV (jetzt Art. 16 AEUV) rezipiert die für die Mitgliedstaaten verpflichtende Datenschutzrichtlinie (RL 95/46/EG) für die Anwendung auf die Gemeinschafts- bzw. Unionsorgane und -einrichtungen.¹⁵

14 **4. Grundfreiheiten.** Ein weiterer Rahmen für Grundrechtsbezüge in den Verträgen würde sich öffnen, wenn den Grundfreiheiten des Binnenmarkts die Qualität von Grundrechten zuzuerkennen wäre. In der gemeinschafts- und unionsrechtlichen **Terminologie** werden als „Grundfreiheiten" die durch die Verträge zur Herstellung des Gemeinsamen Markts (Binnenmarkts) eingeführten Freiheiten des Waren-, Personen-, Dienstleistungs- und Kapitalverkehrs sowie der Niederlassung bezeichnet. Die Terminologie ist jedoch nicht immer konsequent; so werden im EU-Vertrag in der Präambel „Menschenrechte und Grundfreiheiten" parallelisiert, ersichtlich ohne Einbeziehung der Freiheiten des Binnenmarkts. Anscheinend folgt der EU-Vertrag (so auch in Art. 6 EUV) damit der Bezeichnung der EMRK als „Konvention zum Schutze der Menschenrechte und Grundfreiheiten", jedenfalls aber nicht dem Begriff der Grundfreiheiten aus dem Gemeinschafts- und Unionsrecht.

15 Im Hinblick auf ihren unionsrechtlichen Vorrang und auf die jeweilige Rechtsstellung des Einzelnen und wohl auch wegen der Terminologie (*Grund*freiheiten) werden **Parallelen und Abgrenzungen** der beiden Begriffe erwogen¹⁶ (→ § 7 Rn. 45 ff.). In einer Zusammenschau von Grundrechten und Grundfreiheiten wird jedenfalls sichtbar, in welchem Maße und mit welcher Intensität die europäische Integration den Freiheitsraum von Individuen und Unternehmen erweitert, beträchtlich über das Vorbild nationaler Verfassungen hinaus.

16 Indessen ist aus der Sicht der hier entwickelten Definition der Unionsgrundrechte als individuelle Abwehrrechte zur Eingrenzung der Hoheitsgewalt der EU (→ Rn. 65) ein grundsätzlich anderer Ansatz der Grundfreiheiten erkennbar: Sie definieren den **Begriff des Binnenmarktes** mit (s. Art. 26 Abs. 2 AEUV) und umschreiben zunächst dessen objektive Elemente. Nach der Rechtsprechung des Gerichtshofs zur unmittelbaren Wirksamkeit und zum Vorrang des Gemeinschafts- bzw. Unionsrechts werden sodann den Einzelnen und den Unternehmen Rechte aus den Bestimmungen über die Grundfreiheiten eingeräumt: Sie können sich auf die Bestimmungen berufen, wenn diese eindeutig und komplett sind.¹⁷ Aus diesem Ansatz folgen einige bedeutsame Unterschiede in der Funktion und in der Struktur (→ § 7 Rn. 45 ff.):

17 Grundrechte grenzen die Hoheitsgewalt der EU ein **(Eingrenzungsfunktion),** Grundfreiheiten orientieren demgegenüber die Hoheitsgewalt der Union auf das Ziel des Binnenmarkts **(Zielfunktion).**¹⁸ Sie enthalten ein Verbot von Handelshemmnissen und die Verpflichtung der Mitgliedstaaten zu ihrer Beseitigung sowie den Auftrag der Union zur Durchsetzung des Verbots einschließlich der Kompetenzen zur Rechtsangleichung.

18 Die unionsrechtlichen Grundrechte richten sich gegen die Handlungen der Union, gegen die Mitgliedstaaten nur bei der Durchführung des Unionsrechts¹⁹ (vgl. Art. 51

---

[13] RL 95/46/EG des Europäischen Parlaments und des Rates vom 24.10.1995 zum Schutz natürlicher Personen bei der Verarbeitung personenbezogener Daten und zum freien Datenverkehr, ABl. 1995 L 281, 31; gem. Art. 94 Abs. 1 der VO (EU) 2016/679 des Europäischen Parlaments und des Rates vom 27.4.2016 zum Schutz natürlicher Personen bei der Verarbeitung personenbezogener Daten, zum freien Datenverkehr und zur Aufhebung der Richtlinie 95/46/EG (Datenschutz-Grundverordnung) wird die RL 95/46/EG mit Wirkung vom 25.5.2018 aufgehoben.
[14] Vgl. EuGH verb. Rs. C-465/00, C-138/01 u. C-139/01, Slg. 2003, I-4989 Rn. 39 ff. – Rechnungshof/Österreichischer Rundfunk ua.
[15] Vgl. dazu die VO (EG) Nr. 45/2001, ABl. 2001 L 8, 1.
[16] Vgl. *Bleckmann* GS Sasse, 1981, 665 ff.; *Gramlich* DÖV 1996, 801 ff.; *Kingreen* passim; *Schindler* passim; *Müller-Graff* FS Steinberger, 2002, 1281 ff.; *Frenz* EuR 2002, 603 ff.; Parallelen auch bei *Nicolaysen* EuR 2003, 719 (737 ff.).
[17] Ausführlich *Nicolaysen* Europarecht I S. 83 ff.
[18] Siehe auch *Müller-Graff* EuR Beih. 1/2000, 7 (34).
[19] Siehe im Einzelnen *Nicolaysen* Europarecht I S. 118 f.

Abs. 1 S. 1 GRC; → § 9 Rn. 24 ff.) – Grundfreiheiten adressieren vor allem die Mitgliedstaaten; sie müssen indes auch von der Union insoweit respektiert werden, als sie keine ungerechtfertigten Behinderungen im Handel zwischen den Mitgliedstaten einführen oder zulassen darf.[20]

Den Grundfreiheiten (insbes. dem freiem Warenverkehr) wird in der Rechtsprechung ein **Beschränkungsverbot** zugeordnet[21]; davon sind beschränkende Regeln auf Unionsebene (Harmonisierung) nicht erfasst[22], sondern nur Beschränkungen durch die Mitgliedstaaten. Das Verbot zielt also eindeutig nur auf die Liberalisierung des Binnenmarktes, nicht auf die Freiheit der Unternehmen von belastenden Regelungen.[23] Belastende Regelungen der Union sind demgegenüber wiederum an den unionsrechtlichen Grundrechten zu messen[24], zB an der Freiheit der wirtschaftlichen Betätigung (→ § 34 und → § 35). 19

Grundrechte zielen auf den **Schutz der individuellen Rechtssphäre** des Einzelnen und der Unternehmen – mit den individuellen Rechtspositionen aus den Grundfreiheiten instrumentalisiert die Rechtsprechung den Einzelnen zur Durchsetzung des Unionsrechts[25]; seine Rechtsstellung ist ein Reflex des Unionsrechts; als Kläger macht er die objektive Rechtslage geltend, die durch die unmittelbare Geltung und den Vorrang des Unionsrechts eingetreten ist und die das nationale Gericht berücksichtigen muss.[26] Das schließt die Feststellung nicht aus, dass auch der Einzelne von der Verwirklichung der Grundfreiheiten profitiert. 20

Die unionsrechtlichen Grundrechte der Rechtsprechung sind als **Abwehrrechte** gegen die Hoheitsgewalt der Union konzipiert (→ § 9 Rn. 23 ff.), sie wirken daher nicht gegen Beeinträchtigungen durch Private (**„Drittwirkung";** vgl. diff. zur neueren Rspr. → § 9 Rn. 43 ff.). Demgegenüber differenziert die Rechtsprechung im Bereich der Grundfreiheiten (→ § 9 Rn. 40 ff.).[27] So gelten insbesondere die der Freizügigkeit der Arbeitnehmer und der Dienstleistungsfreiheit attachierten Diskriminierungsverbote auch gegenüber privaten Arbeitgebern[28]; dasselbe gilt selbstverständlich für die Grundsätze der Gleichbehandlung von Männern und Frauen im Arbeitsverhältnis (Art. 157 AEUV, → § 48). Für den freien Warenverkehr hat der Gerichtshof neben der unmittelbaren Drittwirkung auch eine Durchsetzungspflicht der Mitgliedstaaten gegenüber Privaten statuiert[29] (→ § 9 Rn. 42). 21

Die Ansprüche des Einzelnen aus den primärrechtlich gewährten Rechtspositionen der Grundfreiheiten sind funktional nicht von entsprechenden Rechten im Sekundärrecht zu unterscheiden. Es erscheint aber letztlich nicht als sachgerecht, solche Rechte pauschal mit Grundrechten gleichzusetzen, zB die Verfahrensrechte des Konkurrenten im Kartellrecht[30], die Rechte des Bieters im Vergabewesen[31] oder die Rechte auf 22

---

[20] So auch EuGH C-51/93, Slg. 1994, I-3879 Rn. 13 – Meyhui, wo die generellen Formulierungen der Rn. 10 u. 11 entsprechend eingeschränkt werden; siehe auch EuGH C-114/96, Slg. 1997, I-3629 Rn. 27 f. – Kieffer u. Thill.
[21] EuGH 120/78, Slg. 1979, 649 ff. – Cassis de Dijon.
[22] Vgl. zB EuGH 46/76, Slg. 1977, 5 Rn. 27 ff. – Bauhuis; siehe aber auch EuGH C-341/95, Slg. 1998, I-4355 Rn. 61 ff. – Bettati.
[23] Vgl. dazu *v. Bogdandy* JZ 2001, 157 (166).
[24] Insoweit übereinstimmend *Müller-Graff* FS Steinberger, 2002, 1281 (1294), sonst aber gegen eine „künstliche" Trennung von Binnenmarkt und Grundrechten (1291).
[25] So mit Nachdruck EuGH C-253/00, Slg. 2002, I-7289 ff. – Antonio Muñoz ua/Frumar ua; bemerkenswert dabei die zivilrechtliche Klagebefugnis gegen einen Konkurrenten.
[26] *Nicolaysen* Europarecht I S. 85 f.
[27] Vgl. *Müller-Graff* FS Steinberger, 2002, 1281 (1295 ff.).
[28] EuGH 36/74, Slg. 1974, 1405 Rn. 16 ff. – Walrave; EuGH C-415/93, Slg. 1995, I-4921 Rn. 82 ff. – Bosman; EuGH C-281/98, Slg. 2000, I-4139 Rn 36, 45 f. – Angonese; dabei ist besonders auch auf die Freizügigkeits-VO (EWG) Nr. 1612/68 über die Freizügigkeit der Arbeitnehmer in der Gemeinschaft, ABl. 1968 L 257, 2, hinzuweisen.
[29] EuGH C-265/95, Slg. 1997, I-6959 ff. – Kommission/Frankreich (französische Agrarblockaden); EuGH C-112/00, Slg 2003, I-5659 – Schmidberger (Brennerblockade); EuGH C-171/11, ECLI:EU:C:2012:453 Rn. 32 – Fra.bo.
[30] Ausführlich dazu *Nowak* in Behrens/Braun/Nowak, S. 23 ff.
[31] Näher dazu *Boesen* NJW 1997, 345 (345 ff.); *Pietzcker* passim.

23 Für die praktische Handhabung in der Rechtsprechung besteht ein wesentlicher Unterschied bei der Ermittlung der jeweiligen Grenzen der Grundrechte einerseits und der Grundfreiheiten anderseits: **Komponenten der Abwägung** sind bei den Grundrechten die geschützte individuelle Rechtsposition gegenüber dem Unionsinteresse; bei den Grundfreiheiten steht der Realisierung des Binnenmarkts gegebenenfalls das zwingende Erfordernis einschränkender mitgliedstaatlicher Regelungen gegenüber, und zwar auch dann, wenn sich der Einzelne auf eine Grundfreiheit beruft; seine Rechtsposition kommt insofern nicht in Betracht.[33] Sofern dabei die **Gestaltungsfreiheit des Gesetzgebers** zur Begrenzung der Kontrolldichte führt, geht es im Verhältnis zu den Grundrechten um die Ausgestaltung des Unionsinteresses durch den Unionsgesetzgeber (→ Rn. 68); anderseits steht den Grundfreiheiten kein vergleichbarer Gestaltungsspielraum des kontrollierten mitgliedstaatlichen Gesetzgebers bei den unionsrechtlich definierten „zwingenden Erfordernissen" gegenüber.

Einhaltung der Bestimmungen über Qualitätsnormen in einer gemeinsamen Marktorganisation.[32]

24 Die vorgenannten Aspekte müssen berücksichtigt werden, wenn dem Gerichtshof eine im Vergleich zur Durchsetzung der Grundfreiheiten schwächere Bewertung des Grundrechtsschutzes, also ein „doppelter Standard" in diesen Konstellationen vorgehalten wird.[34] Die sich in der Abwägung jeweils gegenüberstehenden Elemente sind nicht miteinander vergleichbar. Das Postulat des Gerichtshofs zur Kohärenz des Schutzes von Individualrechten bei mitgliedstaatlicher und bei gemeinschaftlicher bzw. unionaler Verantwortlichkeit bezieht sich demgegenüber auf die Voraussetzungen für die jeweilige Haftung für Schäden[35]; dazu erläutert der Gerichtshof eingehend die Vergleichbarkeit.[36] Die Besonderheit der Rechte aus den Grundfreiheiten gegenüber den Grundrechten sollte auch terminologisch zum Ausdruck kommen. Dafür bietet sich der Begriff **Marktrechte** an.

III. Vertragliches Bekenntnis zu den Grundrechten

25 Erstmalig in der **Präambel der Einheitlichen Europäischen Akte** vom 28. Februar 1986 wurden die Grundrechte auf Vertragsebene genannt, mit einem „Bekenntnis zu den Grundrechten, der Freiheit, der Demokratie, der Achtung der Menschenrechte und Grundfreiheiten". In der Präambel zum EU-Vertrag (Maastricht-Vertrag von 1992) wird diese Formulierung wieder aufgenommen; im Vertrag von Amsterdam wird eine Bestätigung der Bedeutung der sozialen Grundrechte hinzugefügt, unter Hinweis auf die Europäische Sozialcharta von 1961 und die Gemeinschaftscharta der sozialen Grundrechte der Arbeitnehmer von 1989.

26 Die Bekenntnisse der Präambeln verfestigend und über sie hinausgehend hat der EU-Vertrag eine Erklärung zu den Grundrechten in den Vertragstext selbst aufgenommen: In **Art. 6 Abs. 2 EUV aF** wurde festgehalten, dass die Union die Grundrechte achtet. Dabei wurde Bezug genommen auf die Gewährleistung der Grundrechte in der EMRK sowie auf die allgemeinen Grundsätze des Gemeinschaftsrechts, wie sie sich aus den gemeinsamen Verfassungsüberlieferungen der Mitgliedstaaten ergeben. Auch wurde die Zuständigkeit des Gerichtshofs für die Grundrechtskontrolle in Bezug auf Handlungen der Organe ausgespro-

---

[32] Vgl. EuGH C-253/00, Slg. 2002, I-7289 ff. – Antonio Muñoz ua/Frumar ua; der zivilrechtlich gegen den Konkurrenten durchsetzbare Anspruch auf Einhaltung gemeinschaftsrechtlicher Qualitätsnormen gehört daher nicht in das Gebiet der Drittwirkung von Grundrechten, sondern ist die Folge der unmittelbaren Geltung der betreffenden VO.

[33] Dabei kann im Ergebnis eine gemeinschaftsrechtliche Grundfreiheit (Warenverkehr) gegenüber „zwingenden Erfordernissen" größeres Gewicht haben als das entsprechende deutsche Grundrecht (Art. 12 GG) gegenüber dem Allgemeininteresse, vgl. zB EuGH 261/81, Slg. 1982, 3961 – Walter Rau (Verpackung von Margarine), mit der vergleichbaren Entscheidung BVerfGE 46, 246 (259 f.).

[34] Siehe zB *Nehl* S. 158 ff. mwN; vgl. dazu auch *v. Bogdandy* JZ 2001, 157 (165 f.).

[35] EuGH verb. Rs. C-46/93 u. C-48/93, Slg. 1996, I-1029 Rn. 42 – Brasserie du Pêcheur; s. dazu die Hinweise bei *Nehl* S. 158 ff.

[36] EuGH verb. Rs. C-46/93 u. C-48/93, Slg. 1996, I-1029 Rn. 43–57 – Brasserie du Pêcheur.

chen, sofern der Gerichtshof im Rahmen des EGV und des EUV zuständig ist (Art. 46 lit. d EUV aF).

Diese Texte bestätigten und bekräftigten als Bestandteil der übergreifenden Unionsverfassung die **Grundrechtsbindung von EU und EG,** wie sie in der Rechtsprechung des Gerichtshofs entwickelt wurde; auch die Anknüpfung an die EMRK und an allgemeine Grundsätze und Verfassungsüberlieferungen nahm Formulierungen auf, die der Methode des Gerichtshofs bei der Rechtsgewinnung entsprechen (→ Rn. 58 ff.). Insoweit konnten die neuen Bestimmungen also nicht zu einer Änderung der Rechtsprechung führen.[37] Die Aufnahme in den Vertragstext erledigte abschließend Zweifel gegenüber einer allein auf der Rechtsprechung gegründeten Garantie. Die vorgenannten Bestimmungen unterschieden sich indes in ihrem Rechtsgehalt immer noch von ausformulierten Grundrechten nach Art der Art. 1–19 GG, da sie weiterhin letztlich den Gerichtshof mit der Definition der Grundrechtsinhalte betrauten. Ein letzter Schritt war die Aufnahme der Grundrechte-Charta in das Recht der Union als gleichrangig mit den Verträgen in **Art. 6 Abs. 1 UAbs. 1 EUV** (→ Rn. 76). 27

Vertragliche Bezugnahmen auf Menschenrechte und Grundfreiheiten finden sich bei den Zielbestimmungen für die GASP (Art. 11 Abs. 1 fünfter Gedankenstrich EUV aF, jetzt Art. 23 EUV mit Verweis auf Kap. 1 EUV) und seit dem Vertrag von Nizza als Zielsetzung für die Entwicklungszusammenarbeit (Art. 181a Abs. 1 EGV, s. jetzt Art. 212 AEUV). Diese Bestimmungen gelten der **Orientierung der Außen- und Entwicklungspolitik der Union;** sie betrauen die Union im Rahmen ihrer Zuständigkeiten und Möglichkeiten mit einer Mission zur internationalen Durchsetzung von Grundrechten; sie enthalten indes keine individuellen Gewährleistungen, weder weltweit noch für die Unionsbürger. 28

Speziell für die sozialen Grundrechte ist gemeinschaftsrechtlich auf die 1989 von elf Mitgliedstaaten (ohne das Vereinigte Königreich) angenommene **Charta sozialer Grundrechte der Arbeitnehmer** hinzuweisen, mit dem Protokoll über die Sozialpolitik von 1992, das durch den Vertrag von Amsterdam (1997) in den EG-Vertrag integriert wurde (Art. 136–145 EGV, jetzt Titel X AEUV, Art. 151–161 AEUV). Art. 151 Abs. 1 AEUV verweist auf die sozialen Grundrechte der Europäischen Sozialcharta von 1961 sowie der Charta von 1989 und verpflichtet die Gemeinschaft und die Mitgliedstaaten auf deren Ziele; Grundrechte der Unionsbürger werden damit nicht geschaffen. 29

B. Grundrechte im regionalen Völkerrecht in Europa

I. Die Europäische Menschenrechtskonvention (EMRK)

Am 5.5.1949 wurde von zehn westeuropäischen Staaten die Satzung des Europarats unterzeichnet. Noch im gleichen Jahr wurde auf Grund einer Forderung der Beratenden Versammlung vom Ministerkomitee eine Expertenkommission aus Staatenvertretern für die Ausarbeitung eines Grundrechtskatalogs und die Schaffung eines Europäischen Gerichts eingesetzt; sie legte ihren Entwurf im Mai 1950 vor, und am 4.11.1950 wurde die Konvention in Rom unterzeichnet. Sie konnte am 3.9.1953 in Kraft treten, nachdem ihr zehn Staaten beigetreten waren. Die Konvention umfasst 59 Artikel (→ § 3). Sie enthält die grundlegenden **Freiheitsrechte** wie das Recht auf Leben, auf Freiheit und Sicherheit, den Schutz der Privatsphäre, Gedanken- und Meinungsfreiheit, auch **Verfahrensgarantien** für den Zivil- und Strafprozess. Das Diskriminierungsverbot bezieht sich auf die in der Konvention festgelegten Rechte und Freiheiten: Sie sind ohne jede Benachteiligung zu gewährleisten. Gegen eine Verletzung der Rechte muss eine wirksame Beschwerde eingelegt werden können. 30

---

[37] In EuGH C-17/98, Slg. 2000, I-665 Rn. 9 – Emesa Sugar, weist der Gerichtshof in diesem Zusammenhang auf Art. 6 Abs. 2 EUV und Art. 46 lit. d EUV hin; in Art. 6 Abs. 2 EUV sieht er eine Bestätigung seiner Rechtsprechung, siehe EuGH C-7/98, Slg. 2000, I-1935 Rn. 27 – Krombach.

31 Die EMRK wurde durch eine Reihe von Protokollen ergänzt; deren materielle Bestimmungen gelten als **Zusatzartikel der Konvention**. Dazu gehören zB das Zusatzprotokoll Nr. 1 (1. EMRKProt = EMRKZusProt) von 1952 mit der Eigentumsgarantie, dem Recht auf Bildung und dem Recht auf freie Wahlen; das 4. EMRKProt ua mit der Freizügigkeit und dem Verbot der Ausweisung eigener Staatsangehöriger; das 6. EMRKProt mit der Abschaffung der Todesstrafe; das 7. EMRKProt mit strafrechtlichen Bestimmungen und der Gleichberechtigung von Ehegatten. Das 12. EMRKProt (2000) enthält ein allgemeines Diskriminierungsverbot, 13. EMRKProt (2002) die Abschaffung der Todesstrafe auch in Friedenszeiten. Weitere **Protokolle** betreffen die Revision des Verfahrens. Eine grundlegende Reform des Verfahrens wurde mit dem 11. EMRKProt beschlossen, das am 1.11.1997 in Kraft getreten ist. Danach trat an die Stelle der nicht ständigen Organe (Menschenrechtskommission und Menschenrechtsgerichtshof) ein ständiger Europäischer Gerichtshof für Menschenrechte (EGMR); er hat seine Arbeit am 1.11.1998 aufgenommen. Zur Verbesserung des Verfahrens wurden weitere Protokolle vereinbart: 14. EMRKProt (2004), 15. und 16. EMRKProt (2013).

32 Kernstück des Rechtsschutzsystems der EMRK ist das **Recht auf Individualbeschwerde** nach Art. 34 EMRK. Danach kann jeder, der behauptet, durch einen der Vertragspartner in seinen von der Konvention anerkannten Rechten verletzt zu sein, den Gerichtshof mit einer Beschwerde befassen; Zulässigkeitsvoraussetzung ist insbesondere die Erschöpfung innerstaatlicher Rechtsmittel (→ § 55 Rn. 15 f.).

33 Die EMRK nimmt in ihrer Präambel Bezug auf die **Allgemeine Erklärung der Menschenrechte der Generalversammlung der Vereinten Nationen** vom 10.12.1948. Sie folgt damit den Zielen der Allgemeinen Erklärung als Grundlage der Freiheit, der Gerechtigkeit und des Friedens und ist in gleicher Weise eine Antwort auf die Missachtung der Menschenrechte durch die Akte der Barbarei. Als Konvention des Europarats bezweckt sie zugleich „die Herbeiführung einer größeren Einigkeit unter seinen Mitgliedern" und bekennt sich zu dem gemeinsamen Erbe der europäischen Staaten; sie sichert die Bürger gegen Rechtsverletzungen durch die Vertragsparteien der Konvention. Mit diesen Ursprüngen und Zielsetzungen steht die EMRK in einer anderen Kategorie als die zunächst nur vom EuGH entwickelten Grundrechte der Union, die als Antwort auf die Schaffung supranationaler Hoheitsgewalt die Rechte des Einzelnen unmittelbar gegen die Union schützen sollten.

34 Die EMRK ist ein **völkerrechtlicher Vertrag**. Ihre Umsetzung in das nationale Recht und ihr Rang in der innerstaatlichen Rechtsordnung werden durch das Verfassungsrecht der Staaten bestimmt. In Deutschland gilt die Konvention im Rang eines einfachen Gesetzes. Die Rechtsqualität der EMRK schließt nicht aus, dass ihre Grundrechte auch für die EU Geltung erlangen. So ist seit dem Vertrag von Lissabon in Art. 6 Abs. 2 S. 1 EUV vorgesehen, dass die Union der EMRK beitritt (→ Rn. 51 ff.).

35 Ohne einen Beitritt besteht keine unmittelbare Bindung der Union. Die EMRK wurde zwar in verschiedenen Proklamationen erwähnt (→ Rn. 46), und auch Art. 6 Abs. 2 EUV-Nizza verpflichtete die Union, die Grundrechte der EMRK zu achten (vorher Art. 6 Abs. 2 EGV-Amsterdam). Vom Gerichtshof wurde sie bereits ständig herangezogen und ihre „besondere Bedeutung" hervorgehoben[38] (→ § 3 Rn. 21 ff.). Dabei war ihr Inhalt, ähnlich wie die Verfassungen der Mitgliedstaaten, als **Basis gemeinsamer Rechtsgrundsätze** zu verstehen und wurde für die Entwicklung eigener Grundrechte der Gemeinschaft (Union) fruchtbar gemacht, sofern inhaltliche Bezüge bestehen. Auch nach dem jetzigen Art. 6 Abs. 3 EUV werden die Grundrechte der EMRK als allgemeine Grundsätze und Teil des Unionsrechts genannt. Auf Seiten des EGMR gibt es Ansätze zu einer Prüfung unionsrechtlich veranlasster Rechtsakte der Mitgliedstaaten und vielleicht auch unmittelbar gegenüber Gemeinschafts- bzw. Unionsrechtsakten.[39]

---

[38] Siehe nur EuGH verb. Rs. 46/87 u. 227/88, Slg. 1989, 2859 Rn. 13 – Hoechst/Kommission.
[39] EGMR 15.11.1996 – 17862/91, EuGRZ 1999, 193 – Cantoni; EGMR 18.2.1999 – 24833/94, EuGRZ 1999, 200 – Matthews/Vereinigtes Königreich; siehe dazu *Hilf/Hörmann* NJW 2003, 1 (2 f.), dort auch zu

Ausschlaggebend war indessen, dass die **Gemeinschaft nicht selbst Mitglied der** 36
Konvention war. Allerdings sind alle Mitgliedstaaten der Gemeinschaften bzw. der Union
der EMRK beigetreten und sie haben auch sämtlich die Zuständigkeiten der Kommission
und des Gerichtshofs für Menschenrechte anerkannt, indem sie Erklärungen nach Art. 25
EMRK und Art. 46 EMRK abgegeben haben[40]; dies aber vermittelt keine Verbindlichkeit
für die Gemeinschaft bzw. die Union selbst (zum Beitritt der EU zur EMRK nach Art. 6
Abs. 2 S. 1 EUV → Rn. 51 ff.).

II. Weitere Abkommen im Rahmen des Europarats

Im Europarat sind eine Reihe weiterer Abkommen mit Bedeutung für die Grundrechte 37
ausgearbeitet und zur Unterzeichnung aufgelegt worden. Zu nennen ist dabei zum einen
die **Europäische Sozialcharta** vom 18. Oktober 1961, mit der die EMRK um soziale
Grundrechte im Arbeitsrecht, in der sozialen Sicherheit und zum Schutz bestimmter
Personengruppen ergänzt wird. Diese Charta enthält Verpflichtungen der Mitgliedstaaten,
schafft indes kein Beschwerdeverfahren. Die **Datenschutzkonvention** von 1981 (→ § 25)
regelt die Verarbeitung und Verwendung personenbezogener Daten und den Schutz gegen
Missbrauch sowie den Zugang der Betroffenen. Durch das Europäische Übereinkommen
zur **Vorbeugung der Folter und unmenschlicher oder erniedrigender Behandlung**
von 1987 (→ § 16) wurde ein unabhängiger Ausschuss mit Kontrollrechten durch Besuche
in Haftanstalten eingerichtet; es gibt indes den Bürgern kein Beschwerderecht. Das Übereinkommen über die Ausübung der **Rechte von Kindern** von 1996 garantiert Minderjährigen unter 18 Jahren bestimmte Verfahrensrechte. Das Übereinkommen über **Menschenrechte und Biomedizin** von 1997 enthält Grundsätze für die biogenetische Forschung
und entsprechende individuelle Rechte. Der Europäische Gerichtshof für Menschenrechte
kann Gutachten zur Auslegung des Abkommens abgeben. 2011 kam das **Übereinkommen des Europarats zur Verhütung und Bekämpfung von Gewalt gegen Frauen
und häuslicher Gewalt** hinzu. Der Stand der Ratifikation der vorgenannten Übereinkommen ist unterschiedlich.[41]

III. Organisation über Sicherheit und Zusammenarbeit in Europa (OSZE)

Die OSZE geht zurück auf die Konferenz für Sicherheit und Zusammenarbeit in Europa 38
(KSZE), die 1973 unter Beteiligung aller Staaten Europas einschließlich des damaligen
„Ostblocks" sowie der USA und Kanadas eröffnet wurde. Als Ergebnis wurde die **Schlussakte von Helsinki** am 1. August 1975 unterzeichnet. Sie umfasst drei „Körbe": Friedenssicherung, wirtschaftliche Zusammenarbeit und den für den Grundrechtsschutz relevanten
„Korb 3". In Korb 3 (Menschenrechte) bekennen sich die Vertragsstaaten zur Achtung der
Gedankenfreiheit, der Gewissensfreiheit, der Religionsfreiheit sowie der Überzeugungsfreiheit; der Ausbau der menschlichen Kontakte (Familienzusammenführung) sollte verbessert werden, ebenso die Informationsmöglichkeiten. Die Schlussakte enthält eine politische Selbstverpflichtung der beteiligten Staaten. Der Prozess der Zusammenarbeit sollte
durch Folgekonferenzen vertieft werden. Die Schlussakte räumt indes den Bürgern keine
eigenen Rechte ein. Dennoch hat sie für die Entwicklungen in den Ländern des Ostblocks,
insbesondere für die Bürgerrechtsbewegungen, eine große Rolle gespielt.

Nach dem Ende des „Kalten Krieges" erfolgte eine Neuorientierung. Sie fand ihren 39
Niederschlag in der **Charta von Paris** vom 21. November 1990. In ihr verpflichten sich die
Teilnehmerstaaten ua zur Demokratie und zum Schutz, zur Förderung und zur Achtung der

---

EGMR 10.3.2004 – 56672/00, NJW 2004, 3617 – Senator Lines GmbH/15 Mitgliedstaaten; ferner vgl.
EGMR 30.6.2005 – 45036/98, NJW 2006, 197 – Bosphorus/Ireland.

[40] Siehe BGBl. II, Fundstellennachweis B, 1990, für Frankreich BGBl. 1990 II 66.

[41] Eine vollständige Auflistung sowie Informationen zum jeweils aktuellen Ratifikationsstand bietet das
Vertragsbüro *(Treaty Office)* des Europarates im Internet unter http://www.coe.int/de/web/conventions/
full-list (letzter Abruf: 20.12.2018).

Menschenrechte und Grundfreiheiten, die allen Menschen von Geburt an eigen und unveräußerlich sind und durch das Recht gewährleistet werden. Seit dem 1. Januar 1995 ist die KSZE in Organisation über Sicherheit und Zusammenarbeit in Europa (OSZE) umbenannt.

C. Grundrechtserklärungen der Gemeinschaftsorgane bis zur Grundrechtecharta

I. Kritik am gemeinschaftsrechtlichen Grundrechtsstandard – Anstöße zu Grundrechts-Initiativen *(Solange-I)*

40 Auf wissenschaftlicher und auf politischer Ebene wurde die Problematik der Grundrechte im Gemeinschaftsrecht frühzeitig diskutiert. Besonders in der Bundesrepublik Deutschland mit einer extensiven Rechtsprechung zu den nationalen Grundrechten und einer zunehmend ausgefeilten Dogmatik wurde das Fehlen eines Grundrechtskatalogs zT kritisch kommentiert und die Möglichkeit einer Kompensation auf nationaler oder supranationaler Ebene erwogen.[42] Allerdings wurde solchen Forderungen auch entgegengehalten, das Problem der Grundrechte im damaligen Gemeinschaftsrecht werde häufig in seiner Bedeutung überschätzt.[43]

41 Breitere Aufmerksamkeit – auch über Deutschland hinaus – erlangte das Thema durch den *Solange I*-**Beschluss** des deutschen Bundesverfassungsgerichts vom 29.5.1974.[44] Das BVerfG behielt sich dort die Grundrechtskontrolle von Vorschriften des Gemeinschaftsrechts vor.[45] Dabei ist der Ausgangspunkt des BVerfG besonders bemerkenswert: Seinen Überlegungen liegt die Feststellung zugrunde, die Gemeinschaft entbehre noch eines unmittelbar demokratisch legitimierten, aus allgemeinen Wahlen hervorgegangenen Parlaments mit Gesetzgebungs- und Kontrollbefugnissen, und es fehle noch ein kodifizierter Grundrechtskatalog. Dieser Beschluss misst also die Gemeinschaftsverfassung am Verfassungsmodell ausgebildeter Staatlichkeit – eine immer noch verbreitete, aber verfehlte Perspektive. Das BVerfG war mithin nicht bereit oder nicht in der Lage, die Besonderheit der Strukturen der Gemeinschaft, deren Qualität als „eigene Rechtsordnung […], die aus einer autonomen Rechtsquelle fließt", es durchaus anerkennt[46], zu würdigen und zu analysieren, ob diese Strukturen nicht in anderer Weise als das deutsche Grundgesetz demokratische Legitimation und zuverlässige Rechtsgarantien gewährleisten, in alternativen Formen, die den begrenzten Zwecken und besonderen Formen der Integration adäquat sind. Dabei hätten insbesondere die Rechtsstaatlichkeit der Gründung (→ Rn. 63 ff.), die Bedeutung der Kompetenzregeln (→ Rn. 5) und die herausgehobene Stellung der unabhängigen und hervorragend qualifizierten Gerichtsbarkeit (vgl. Art. 223 EGV = Art. 253 AEUV) in ihrem Auftrag der „Wahrung des Rechts" (Art. 220 EGV, s. jetzt Art. 19 EUV) bestimmend sein müssen.[47]

42 Im Übrigen verträgt sich ein Anspruch mitgliedstaatlicher Gerichte, Rechtsakte der Gemeinschaft (Union) an nationalen Grundrechten zu messen und für ungültig oder unanwendbar in dem jeweiligen Mitgliedstaat zu erklären, nicht mit der **Notwendigkeit der gleichmäßigen Geltung des Gemeinschaftsrechts (Unionsrechts).**

---

[42] Vgl. etwa die Themen der Tagungen der Vereinigung der Deutschen Staatsrechtslehrer: „Das Grundgesetz und die öffentliche Gewalt internationaler Staatengemeinschaften" (VVDStRL 18 (1960) mit Referaten von *Georg Erler* und *Werner Thieme*); „Bewahrung und Veränderung demokratischer und rechtsstaatlicher Verfassungsstruktur in den internationalen Gemeinschaften" (VVDStRL 23 (1965) mit Referaten von *Joseph H. Kaiser* und *Peter Badura*).
[43] Siehe zB *Fuß* DÖV 1964, 577 (578).
[44] BVerfGE 37, 271 ff.
[45] Die Kommission hatte seinerzeit erwogen, wegen des Beschlusses ein Vertragsverletzungsverfahren gegen die Bundesrepublik einzuleiten.
[46] BVerfGE 37, 271 (277 f.).
[47] Im Übrigen waren die Vorbehalte des BVerfG in seinem *Solange I*-Beschluss von der Sache her nicht geboten und nicht erforderlich, um in dem konkreten Fall das deutsche Unternehmen vor einem Übergriff durch das Gemeinschaftsrecht zu schützen; schließlich hat der Beschluss eine Kollision der gemeinschaftsrechtlichen Kautionsregel mit einer Grundrechtsgarantie des GG (Art. 12 Abs. 2 S. 1 GG) verneint.

Die aus dieser Sicht des Gemeinschaftsrechts fehlerhafte Rechtsprechung des deutschen **43** BVerfG ist oft genug kritisiert worden[48]; insofern müssen ihre Mängel hier nicht erneut aufgezeigt werden.[49] Schließlich hat auch das BVerfG in späteren Entscheidungen (*Solange II* [1986]; *Bananenmarkt* [2000])[50] seine Linie zurückgenommen: Mittlerweile verfüge die EU über einen dem Grundgesetz gleichwertigen Grundrechtsschutz, und solange der EuGH einen wirksamen Grundrechtsschutz generell gewährleiste, will das BVerfG seine Gerichtsbarkeit über die Vereinbarkeit des sekundären Gemeinschaftsrechts mit den deutschen Grundrechten nicht mehr ausüben. Indessen ist die frühere Judikatur hier noch zu erwähnen, weil das BVerfG durch seine Vorbehalte und Forderungen ersichtlich Einfluss auf die Entwicklungslinien der gemeinschaftsrechtlichen Grundrechte genommen hat. Sofern allerdings ein solcher **Einfluss auf die Grundrechtsjudikatur des Gerichtshofs** angenommen wird[51], zeigt sich, dass der Gerichtshof die Fundamente für seine Rechtsprechung schon vor dem *Solange I*-Beschluss des BVerfG aus dem Jahre 1974 gelegt hatte, zuerst im *Stauder*-Urteil von 1969[52] und auch im Urteil *Internationale Handelsgesellschaft* von 1970, das den Anlass zum *Solange I*-Beschluss gab[53] (→ Rn. 58 ff.).

Demgegenüber ist deutlich, dass die nach dem *Solange I*-Beschluss des BVerfG vor allem **44** in Deutschland einsetzende Diskussion und die Verunsicherung durch die Infragestellung des gemeinschaftsrechtlichen Vorrangs **Bemühungen politischer Instanzen um Schadensbegrenzung** auslösten.[54] Natürlich konnten sie nicht kurzfristig den Vorstellungen des BVerfG über einen parlamentarisch verabschiedeten gemeinschaftsrechtlichen Grundrechtskatalog entsprechen. Jedoch sollten demonstrativ Signale gesetzt werden, um die Sensibilität der Gemeinschaft für das Thema und ihre Bereitschaft zur Achtung von Grundrechten nach europäischen rechtsstaatlichen Standards zu plakatieren.

In anderen Mitgliedstaaten ist das Thema der Geltung mitgliedstaatlicher Grundrechte **45** gegenüber dem Gemeinschaftsrecht von weitaus geringerer Bedeutung. So gibt es in Frankreich nur eine präventive Kontrolle durch den **Conseil constitutionnel.**[55] In Italien hat die **Corte Costituzionale** frühzeitig (1973) auf die Unwahrscheinlichkeit hingewiesen, dass der EG-Vertrag den Organen der Gemeinschaft die Macht gebe, unantastbare Menschenrechte zu verletzen, hat sich aber zugleich vorbehalten, durch eine Kontrolle der Verfassungsmäßigkeit des Ratifikationsgesetzes Verstöße des Gemeinschaftsrechts gegen unveräußerliche Menschenrechte zu prüfen.[56] Andere Mitgliedstaaten haben verschiedene Lösungen des Problems.

---

[48] Siehe nur *Ipsen* EuR 1975, 1 ff.; *Tomuschat* EuR 1990, 340 ff.; zum Maastricht-Urteil siehe *Nicolaysen* in Bruha/Hesse/Nowak, Welche Verfassung für Europa?, S. 91 ff. Die Kommission hatte sich in einer Mitteilung an die Bundesregierung ein Vertragsverletzungsverfahren gegen die Bundesrepublik vorbehalten, vgl. *Seibert* EuGRZ 1975, 316.

[49] Zur Rechtsprechung der Gerichte anderer Mitgliedstaaten siehe *Slaughter/Sweet/Weiler* passim; *Huber* VVDStRL 60 (2001), 194 (215 ff.); *Nicolaysen* Europarecht I S. 97 ff.

[50] BVerfGE 73, 339 (Solange II); BVerfGE 102, 147 (Bananenmarkt); ausführlich dazu *Nicolaysen/Nowak* NJW 2001, 1233 ff.; s. auch BVerfGE 113, 273 (Eur. Haftbefehl) und BVerfGE 123, 267 (Lissabon).

[51] Vgl. dazu mwN *Nehl* S. 100 f.

[52] EuGH 26/69, Slg. 1969, 419 (423) – Stauder; in früheren Urteilen hatte der Gerichtshof sich auf die Feststellung beschränkt, es gehöre nicht zu seinen Aufgaben, Gemeinschaftsakte an Hand nationaler Grundrechte zu überprüfen, EuGH 1/58, Slg. 1959, 43 ff. – Stork/Hohe Behörde; EuGH verb. Rs. 36 bis 38 u. 40/59, Slg. 1960, 884 ff. – Ruhrkohlenverkaufsgesellschaften u. Nold/Hohe Behörde.

[53] EuGH 11/70, Slg. 1970, 1125 (1135) – Internationale Handelsgesellschaft.

[54] *Nicolaysen* Europarecht I S. 122 ff.

[55] *Gaia* in Schwarze/Müller-Graff, 17. FIDE-Kongress, S. 231 (281 ff.); *Gundel* EuR 1998, 371 (372 ff. mwN); bei der präventiven Kontrolle prüft der CC die Vereinbarkeit des Vertrags am Maßstab der Verfassung; im Konfliktfall muss entweder die Verfassung oder der Vertrag geändert werden; gleiches gilt für das Sekundärrecht; wird seine Vereinbarkeit mit der Verfassung festgestellt oder nicht kontrolliert, so kann seine innerstaatliche Verfassungsmäßigkeit endgültig nicht mehr bestritten werden, *Gaia* in Schwarze/Müller-Graff, 17. FIDE-Kongress, S. 231 (284).

[56] Corte Costituzionale (1973), Urt. Nr. 183 – Frontini; Corte Costituzionale (1989), Urt. Nr. 232 – Fragd; vgl. auch das dänische Højesteret (1998), EuGRZ 1999, 49.

II. Gemeinsame Erklärung der Organe von 1977

46 In der gemeinsamen **Erklärung von Europäischem Parlament, Rat und Kommission** vom 5.4.1977[57] bekennen die Organe sich feierlich zur Achtung der Grundrechte. Auch im zeitlichen Zusammenhang erweist sich diese Erklärung vor allem als eine Reaktion auf die *Solange I*-Entscheidung des Bundesverfassungsgerichts vom 29.5.1974[58]:

„Das Europäische Parlament, der Rat und die Kommission – in Erwägung nachstehender Gründe:
  Die Verträge zur Gründung der Europäischen Gemeinschaften beruhen auf dem Grundsatz der Achtung des Rechts. Dieses Recht umfasst, wie vom Gerichtshof anerkannt wurde, außer den Vorschriften der Verträge und des abgeleiteten Gemeinschaftsrechts die allgemeinen Rechtsgrundsätze und insbesondere die Grundrechte, Prinzipien und Rechte, die die Grundlage des Verfassungsrechts der Mitgliedstaaten bilden, insbesondere sind alle Mitgliedstaaten Vertragsparteien der am 4. November 1950 in Rom unterzeichneten Europäischen Konvention zum Schutz der Menschenrechte und Grundfreiheiten,
  haben folgende Erklärung verabschiedet:
  1) Das Europäische Parlament, der Rat und die Kommission unterstreichen die vorrangige Bedeutung, die sie der Achtung der Grundrechte beimessen, wie sie insbesondere aus den Verfassungen der Mitgliedstaaten sowie aus der Europäischen Konvention zum Schutz der Menschenrechte und Grundfreiheiten hervorgehen.
  2) Bei der Ausübung ihrer Befugnisse und bei der Verfolgung der Ziele der Europäischen Gemeinschaften beachten sie diese Rechte und werden dies auch in Zukunft tun."

47 Diese Erklärung ist zwar **kein Rechtsakt** der Gemeinschaften, der gegen abweichende Handlungen der Organe wirksam sein könnte und auf den sich der Bürger gegenüber den Gemeinschaften (der Union) berufen könnte. Quelle der Grundrechte sind vielmehr weiterhin die geschriebenen und ungeschriebenen Sätze des Gemeinschafts- bzw. Unionsrechts, wie der Gerichtshof sie zur Entfaltung bringt und auf welche die Erklärung hinweist. Insofern wirkt die Erklärung nur deklaratorisch. Sie ist indes rechtspolitisch von Bedeutung, indem sie die Lösung der Grundrechtsfrage dem Gemeinschaftsrecht (Unionsrecht) zuweist und damit eine Ablehnung eines Geltungsanspruchs mitgliedstaatlicher Grundrechte enthält. Darüber hinaus enthält sie die Anerkennung der gemeinschafts- und unionsrechtlichen Grundrechte durch die Organe der Gemeinschaften/Union, auch im Sinne einer Absichtserklärung mit dem Ziel ihrer Selbstbindung. In diesem Sinne ist auch der Hinweis des EuGH zu verstehen, dass gemäß der Gemeinsamen Erklärung leitende Grundsätze der EMRK im Rahmen des Gemeinschafts- (bzw. nunmehr auch Unionsrechts) zu berücksichtigen sind.[59] Auch das BVerfG zitiert in seiner *Solange II*-Entscheidung neben der gefestigten Grundrechtsjudikatur des EuGH ebenso die Gemeinsame Erklärung vom 5.4.1977 als rechtserhebliches Bekenntnis der Hauptorgane der damaligen Gemeinschaft zur Achtung vor den Grundrechten und als Beleg für einen hinreichend gefestigten gemeinschaftsrechtlichen Grundrechtsstandard.[60]

III. Erklärung der Staats- und Regierungschefs von 1978

48 Von Seiten der Mitgliedstaaten hat die „Gipfelkonferenz" der Staats- und Regierungschefs wiederholt entsprechende Aktivitäten entfaltet. Nachdem sie sich schon in Paris 1973 (ua) zum Schutz der Menschenrechte bekannt hatte, folgte der Europäische Rat der Gemeinsamen Erklärung der Organe am 7./8.4.1978 in Kopenhagen mit seiner **Erklärung zur Demokratie,** die ein auf die Mitgliedstaaten bezogenes Pendant zur Gemeinsamen Erklärung bildet[61]:

---

[57] ABl. 1977 C 103, 1; siehe dazu *Hilf* EuGRZ 1977, 158 ff.
[58] *Meessen* in Arbeitskreis Europäische Integration, S. 35 (35 f.); eine „feierliche gemeinsame Erklärung" wurde von der Kommission in ihrem Bericht „Der Schutz der Grundrechte bei der Schaffung und Fortentwicklung des Gemeinschaftsrechts" v. 4.2.1976 (Bull. EG 5/76) angeregt.
[59] EuGH 222/84, Slg. 1986, 1651 Rn. 18 – Johnston; siehe auch schon EuGH 44/79, Slg. 1979, 3727 Rn. 15 – Hauer.
[60] BVerfGE 73, 339 (381 f.); siehe auch schon BVerfGE 52, 187 ff.
[61] Bull. EG 3–1978, S. 5; auch diese Erklärung wird vom BVerfG herangezogen, vgl. BVerfGE 73, 339 (382 f.).

„Die Regierungschefs bekräftigen [...] ihren Willen, die Achtung rechtlicher, politischer und moralischer Werte, denen sie sich verbunden fühlen, zu gewährleisten und die Prinzipien der parlamentarischen Demokratie, des Rechts, der sozialen Gerechtigkeit und der Wahrung der Menschenrechte zu schützen.
Die Anwendung dieser Grundsätze setzt eine pluralistische Demokratie voraus, die die Vertretung der Meinungen im konstitutionellen Aufbau des Staates sowie die zum Schutz der Menschenrechte erforderlichen Verfahren garantiert."

IV. Entschließung des Europäischen Parlaments von 1989

Im Entwurf des Parlaments für einen Vertrag zur Gründung einer Europäischen Union vom 14.2.1984[62] (Initiative *Altiero Spinelli*) sollte die Union verpflichtet werden, innerhalb von fünf Jahren im Wege des Vertragsänderungsverfahrens eine eigene Grundrechtserklärung zu verabschieden. Im Sinne dieser Zielrichtung hat das Europäische Parlament am 12.4.1989 eine **Entschließung zur Erklärung der Grundrechte und Grundfreiheiten** angenommen.[63] Diese Erklärung, die gleichfalls vom BVerfG in seiner *Solange II*-Entscheidung herangezogen wird, bestätigt den bestehenden Grundrechtsschutz der Gemeinschaft, enthält indes erstmals einen ausgearbeiteten Katalog einzelner Grundrechte in 28 Artikeln, der bisweilen sogar über die auf nationaler Ebene – zB durch das Grundgesetz – gewährten Rechtspositionen hinausgeht (zB auf dem Gebiet sozialer Rechte, des Rechts auf Bildung und mit dem Umweltschutz als integrierender Bestandteil jeder Gemeinschaftspolitik).

49

Auch diese Entschließung konnte und kann nicht schon als Rechtsquelle für gemeinschafts- oder unionsrechtliche Grundrechte gelten, sie war indes wichtig als Bestätigung der bisherigen Entwicklungen und als Ausdruck der Vorstellungen des Parlaments als des demokratisch legitimierten Organs von den Inhalten solcher Grundrechte und bietet ein Beispiel einer frühen **Initiative für die Ausarbeitung eines gemeinschaftsrechtlichen Grundrechtskatalogs,** der als Ergänzung der Verträge in gehöriger Weise in Geltung zu setzen sein sollte. Unter Berücksichtigung dieser Entschließung hat das Parlament am 20.11.1990 den „Bericht *Martin*" verabschiedet, der die Vorstellungen des Parlaments zu einer politischen Union für die Regierungskonferenz vom Dezember 1990 enthielt. Die Kommission hat sich am 23.10.1990 gegenüber der Regierungskonferenz der Forderung nach einem Grundrechtskatalog angeschlossen.

50

V. Beitritt zur EMRK[64]

Ob ein **Beitritt der Gemeinschaften zur Konvention** sinnvoll ist, galt angesichts des speziell ausgerichteten und zunächst überwiegend wirtschaftsbezogenen Grundrechtsbedarfs der Gemeinschaften als fraglich. Anderseits bietet die Konvention einen ausformulierten Grundrechtskatalog und damit eine transparente und sichere Basis für die Rechtsprechung. So ist der Beitritt der Gemeinschaften zur EMRK seit langem und immer wieder gefordert worden, besonders auch vom Europäischen Parlament und von der Kommission.[65] Zu diesen Bemühungen um einen Grundrechtsschutz gegen die Hoheitsgewalt der Europäischen Gemeinschaft und gleichfalls als Reaktion auf den *Solange I*-Beschluss des BVerfG sind die Anläufe des Europäischen Parlaments und der Kommission für einen **Beitritt der EG zur EMRK** zu zählen[66], so erstmals in einem Memorandum der

51

---

[62] ABl. 1984 C 77, 53.
[63] ABl. 1989 C 120, 51; siehe dazu *Beutler* EuGRZ 1989, 185 ff.
[64] Zur EMRK als regionaler völkerrechtlicher Vertrag über die Grundrechte → Rn. 34 f.
[65] Siehe zB schon das Memorandum der Kommission v. 4.4.1979, Bull. EG Beil. 2/79; Bull. EG 11–1989 Ziff. 2.4.1, 23. Gesamtbericht 1989, S. 419 (Ziff. 939) und die Mitteilung der Kommission v. 19.11.1990 über den Beitritt zur EMRK, KOM(90) 2087; Entschließung des EP v. 18.1.1994 zum Beitritt der Gemeinschaften zur EMRK, ABl. 1994 C 44, 32. Aus der umfangreichen Literatur vgl. nur *Bahlmann* EuR 1982, 1 (13 ff.); *Jacqué* in Iliopoulos-Strangas, S. 302 ff.
[66] Siehe den Überblick in EuGH Gutachten 2/94, Slg. 1996, I-1759 (1768 f.) – EMRK.

Kommission betreffend den Beitritt der EG zur EMRK vom 10.4.1979.[67] Das Parlament hat dazu befürwortende Stellungnahmen abgegeben[68], der Rat war dem Vorschlag jedoch nicht gefolgt.[69] Auch im Entwurf des Parlaments für einen Vertrag zur Gründung einer Europäischen Union vom 14.2.1984[70] ist eine Verpflichtung zum Beitritt der Union zur EMRK und anderen internationalen Vertragswerken enthalten (Art. 4 Nr. 3). Mit einer weiteren Initiative parallel zur Forderung nach einer Kodifizierung gemeinschaftsrechtlicher Grundrechte (→ Rn. 49 f.) hat die Kommission mit einer Mitteilung vom 19.11.1990 über den Beitritt der Gemeinschaft zur EMRK den Rat formell ersucht, einem Antrag auf Beitritt zuzustimmen und der Kommission ein Verhandlungsmandat zu erteilen, um die Modalitäten des Beitritts festzulegen.[71]

52 Diese Diskussionen und Ansätze hatten sich durch das vom Rat beantragte **Gutachten des Gerichtshofs** über den Beitritt der Gemeinschaft zur EMRK vom 28.3.1996[72] vorläufig erledigt. Das Gutachten verneinte „beim gegenwärtigen Stand des Gemeinschaftsrechts" die Zuständigkeit der Gemeinschaft für den Abschluss eines Beitrittsvertrags; sie sei nicht als implizite Zuständigkeit zu folgern, da der EGV keine Befugnis enthalte, Vorschriften auf dem Gebiet der Menschenrechte zu erlassen; auch Art. 308 EGV (nunmehr Art. 352 AEUV) könne keine Rechtsgrundlage für einen Beitritt sein, da der Beitritt eine wesentliche Änderung des gegenwärtigen Gemeinschaftssystems des Schutzes der Menschenrechte zur Folge hätte und institutionelle Auswirkungen auf die Gemeinschaft und auf die Mitgliedstaaten haben würde. Das Gutachten des EuGH schloss aber nicht aus, den Beitritt der EU zur EMRK durch eine Vertragsänderung zu ermöglichen (s. heute Art. 218 Abs. 11 S. 2 AEUV).

53 So hatte der Europäische Konvent in seinem Entwurf des Vertrags über eine **Verfassung für Europa** neben der Übernahme der Grundrechtecharta (Art. I-7 Abs. 1 VVE mit Teil II der Verfassung) eine Bestimmung aufgenommen, nach der die Union den Beitritt zur EMRK anstrebt (Art. I-9 Abs. 2 VVE). Mit dem Scheitern des Verfassungsvertrags durch den negativen Ausgang der Referenden in Frankreich und den Niederlanden blieb auch dieser Ansatz zunächst ohne Erfolg. Die Bemühungen um den Beitritt zur EMRK wurden indes im **Vertrag von Lissabon** aufgenommen. Art. 6 Abs. 2 S. 1 EUV formulierte: „Die Union tritt der EMRK bei"[73]. Diese Formulierung geht über einen bloßen Programmsatz hinaus und verpflichtet die Union, der EMRK beizutreten. Dazu werden in Protokoll Nr. 8 den Verträgen einige Bestimmungen beigefügt, insbesondere, um den Bestand der Verträge zu sichern. In Art. 2 der Erklärung zur Schlussakte betr. Art. 6 Abs. 2 EUV heißt es, der Beitritt solle unter Bedingungen erfolgen, nach denen die Besonderheiten der Rechtsordnung der Union gewahrt würden. Des Weiteren wird dazu auf den „regelmäßigen Dialog" zwischen EuGH und EGMR hingewiesen, der bei einem Beitritt intensiviert werden könnte.

54 Seitens der EMRK wurde durch Art. 59 Abs. 2 EMRK der Beitritt der EU ermöglicht (s. auch 14. EMRKProt).

55 Diese Ansätze haben indessen nicht dazu geführt, die EU für einen Beitritt zur EMRK zu öffnen. In einem weiteren Gutachten nach Art. 218 Abs. 11 AEUV auf Antrag der Kommission hat der EuGH, abweichend von der Stellungnahme der Generalanwältin *Kokott* (Beitritt unter Bedingungen)[74], wiederum den **Beitritt der EU zur EMRK für nicht vereinbar mit dem Unionsrecht** erklärt[75]. Das Gutachten betraf den Entwurf

---

[67] KOM(79) 210 endg., Bull. EG Beil. 2–1979, siehe dazu *Bieber* EuGRZ 1979, 338 ff.
[68] Siehe zB ABl. 1982 C 304, 253, ABl. 1994 C 44, 32 und ABl. 1994 C 61, 155.
[69] Literaturnachweise bei *Glaesner* FS Everling, 1995, 327 (dort Fn. 1).
[70] ABl. 1984 C 77, 53.
[71] SEK(90) 2087 endg.
[72] EuGH Gutachten 2/94, Slg. 1996, I-1759 ff. – EMRK.
[73] Vgl. auch schon Art. I-9 Abs. 2 VVE.
[74] Vgl. zusammenfassend Stellungnahme GAin *Kokott* zu Gutachtenverfahren 2/13, ECLI:EU:C:2014:2475 Rn. 218 – EMRK.
[75] EuGH Gutachten 2/13, ECLI:EU:C:2014:2454 – Beitritt zur EMRK.

einer Übereinkunft über den Beitritt. Die Feststellung der Unvereinbarkeit stützt sich auf Art. 6 Abs. 2 EUV sowie das Protokoll Nr. 8 zu Art. 6 Abs. 2 EUV über den Beitritt der Union zur EMRK. Auch nach der Erklärung der Regierungskonferenz zu Art. 6 Abs. 2 EUV sind die Besonderheiten der Rechtsordnung der Union zu wahren. In seinem Gutachten, dessen Bedeutung weit über seinen Anlass hinausgeht, sieht der EuGH die besonderen Merkmale der EU durch einen Beitritt beeinträchtigt. Als „besondere Merkmale" werden die in der Rechtsprechung des EuGH entwickelten grundlegenden Elemente der Verfassung der Union herangezogen und eingehend erläutert. Dazu gehören vor allem die **Autonomie der Union,** der **Vorrang** und die **unmittelbare Wirksamkeit** des Unionsrechts. Für die Existenz der Union als autonome Organisation wesentliches Element ist danach ferner Art. 344 AEUV, nach dem die Mitgliedstaaten verpflichtet sind, Streitigkeiten über die Auslegung und Anwendung der Verträge nicht anders als hierin vorgesehen zu regeln. Diese Bestimmung wird in Protokoll Nr. 8 EUV Art. 3 bestätigt und für den Fall des Beitritts zur EMRK bekräftigt. Die Grundrechte der Union nach der Charta stehen im Mittelpunkt dieser Konstruktion. Aus der Autonomie des Unionsrechts folgt, dass ihre Auslegung im Rahmen der Struktur und der Ziele der Union erfolgen muss. Wesentlich ist ferner die **Kohärenz des Gerichtssystems** der EU, mit der die Einheitlichkeit der Auslegung des EU-Rechts gewährleistet wird. Ein Schlüsselelement ist dafür das Vorabentscheidungsverfahren nach Art. 267 AEUV. Das Monopol des EuGH für die Entscheidungen über die Auslegung und Gültigkeit des EU-Rechts sichert die einheitliche Auslegung, volle Geltung, Autonomie und den eigenen Charakter des Unionsrechts.

Auf dieser Grundlage hat der EuGH in seinem Gutachten entschieden, dass ein Beitritt **56** der Union zur EMRK nicht mit dem Recht der Union vereinbar ist. Die besonderen Merkmale der Union und ihre Autonomie würden beeinträchtigt, wenn die EMRK durch den Beitritt Bestandteil des Unionsrechts würde. Im Mittelpunkt der Begründung steht der Blick auf die Gerichtsbarkeit und die gerichtliche Kontrolle. Das Gericht der Konvention könnte Entscheidungen zum Recht der EU treffen, die für die Organe der EU einschließlich des Gerichtshofs bindend wären. Die Union würde damit einer **externen Kontrolle** unterliegen, und das wäre mit dem Grundsatz der Autonomie des Unionsrechts nicht vereinbar, so zB mit der ausschließlichen Zuständigkeit des EuGH im Verfahren der Vorabentscheidung (Art. 267 AEUV), einem Schlüsselelement der EU-Gerichtsbarkeit. Der Beitritt zur EMRK würde es auch ermöglichen, dass Rechtsstreitigkeiten der Mitgliedstaaten, anders als es in Art. 344 AEUV gestattet ist, nicht nach den Regelungen der Verträge geführt würden. Auch die **Beschwerdemöglichkeit der Mitgliedstaaten beim EGMR** beeinträchtigte die Zielsetzung des Art. 344 AEUV. Bei den gerichtlichen Kontrollen der Handlungen der Union im Bereich der GASP würden Kontrollen, die nach dem EU-Recht dem EuGH entzogen sind, nunmehr ausschließlich einem unionsexternen Organ anvertraut. Im Einzelnen wird die Ausgestaltung einiger Verfahren für unvereinbar mit dem EU-Recht erklärt, so zum Mitbeschwerdegegner-Mechanismus und zum Verfahren der Vorabbefassung des Gerichtshofs. Schließlich fehle auch auf beiden Seiten die Anpassung in einigen Bereichen. Im Gutachten wird insgesamt deutlich, dass der EuGH die **supranationale Struktur der EU-Verfassung** verteidigen will, dabei insbesondere seine eigenen Funktionen als Hüter dieser Struktur.

Die geplante Übereinkunft über den Beitritt könnte angesichts des ablehnenden Gut- **57** achtens des EuGH nur in Kraft treten, wenn entweder die Übereinkunft oder die Verträge geändert werden. Das wird in Art. 218 Abs. 11 S. 2 AEUV ausdrücklich bekräftigt. Angesichts der tiefgreifenden Begründungen des Gutachtens ist allerdings kaum zu erwarten, dass in absehbarer Zeit weitere Anläufe zu einem Beitritt unternommen werden. Auch ist ein Bedürfnis nach einem weiteren verbindlichen Grundrechtskatalog neben der Charta der Grundrechte der Europäischen Union (→ Rn. 73 ff.) nicht überzeugend dargetan. Allerdings bleiben damit der Stellenwert und die Bedeutung des als Verpflichtung zum Beitritt zur EMRK interpretierten Art. 6 Abs. 2 EUV offen.

D. Grundrechte in der Rechtsprechung des EuGH – Allgemeine Rechtsgrundsätze – Lückenfüllung durch die Rechtsprechung

I. Die Entwicklung der Rechtsprechung

58 Der gemeinschaftsrechtliche Grundrechtsschutz wurde zunächst in der Rechtsprechung des Gerichtshofs entwickelt. Der Gerichtshof stützte sich dabei auf allgemeine Rechtsgrundsätze und auf die gemeinsamen Verfassungsüberlieferungen der Mitgliedstaaten. Die Rechtsprechung begann zögerlich. In den ersten Fällen, in denen die Grundrechtsfrage aufgeworfen wurde, begnügten sich die Urteile mit der Erklärung, es gehöre **nicht** zu den Aufgaben des Gerichtshofs, die Rechtmäßigkeit von Akten der Gemeinschaftsorgane **anhand nationaler Grundrechte** zu überprüfen.[76] Diese Feststellung gilt bis heute[77], sie ließ indes die Frage der Existenz gemeinschaftsrechtlicher Grundrechte offen, auch wurde dabei eine Überprüfung anhand nationaler Grundrechte durch nationale Gerichte noch nicht ausdrücklich verneint.

59 Der erste deutliche Hinweis des Gerichtshofs, dass er bei Ablehnung der Geltung nationaler Grundrechte von der **Existenz einer eigenen Grundrechtsordnung des Gemeinschaftsrechts** ausgeht und er dieser Ordnung Geltung verschaffen werde, findet sich im *Stauder*-Urteil von 1969.[78] Dort heißt es, die Wahrung der Grundrechte gehöre zu den allgemeinen Grundsätzen der Gemeinschaftsrechtsordnung; gefragt war nach der Verletzung der Menschenwürde durch die Ausgestaltung des Bezugsrechts für verbilligte Butter durch Sozialhilfeempfänger. Weitergreifend wird im Urteil *Internationale Handelsgesellschaft* vom 17.12.1970[79] aus Anlass des Kautionsverfalls nach der Regelung einer Marktordnung auf „allgemeine Rechtsgrundsätze" und darüber hinaus auf die gemeinsamen Grundlagen der mitgliedstaatlichen Verfassungen Bezug genommen.

60 Noch entschiedener formuliert das *Nold*-Urteil von 1974, dass die Grundrechte zu den allgemeinen Rechtsgrundsätzen gehören, die der Gerichtshof zu wahren hat. Im Hinblick auf die allgemeinen Verfassungstraditionen der Mitgliedstaaten könne er keine Maßnahmen als rechtens anerkennen, die unvereinbar sind mit den von den Verfassungen der Staaten anerkannten und geschützten Grundrechten.[80] Zugleich wird dort auch auf **die internationalen Verträge zum Schutz von Menschenrechten** hingewiesen; dabei wird in weiteren Urteilen die EMRK ausdrücklich genannt.[81] Im *Hauer*-Urteil wurde 1979 diese Judikatur bestätigt – es ging um ein gemeinschaftsrechtliches Verbot der Neuanpflanzung von Weinreben[82] – und seither praktiziert der Gerichtshof den Grundrechtsschutz in ständiger Rechtsprechung an Hand dieser Formel.[83]

61 Die Rechtsprechung des Gerichtshofs nach dem *Solange I*-Beschluss des BVerfG[84] wird mitunter als **Reaktion auf die *Solange*-Rechtsprechung** gedeutet.[85] Allerdings hatte der

---

[76] EuGH 1/58, Slg. 1959, 43 ff. – Stork/Hohe Behörde; EuGH verb. Rs. 36–38 u. 40/59, Slg. 1960, 884 ff. – Ruhrkohlenverkaufsgesellschaften u. Nold/Hohe Behörde.
[77] Ausführlicher und aus der Autonomie des Gemeinschaftsrechts begründet EuGH 11/70, Slg. 1970, 1125 Rn. 3 – Internationale Handelsgesellschaft.
[78] EuGH 29/69, Slg. 1969, 419 Rn. 7 = EuR 1970, 39 mAnm *Ehlermann* – Stauder.
[79] EuGH 11/70, Slg. 1970, 1125 Rn. 13 – Internationale Handelsgesellschaft.
[80] EuGH 4/73, Slg. 1974, 491 (507) – Nold; vgl. auch EuGH 36/75, Slg. 1975, 1219 (1232) = EuR 1976, 237 mAnm *Stein* – Rutili; EuGH 149/77, Slg. 1978, 1365 (1379) – Defrenne III.
[81] Vgl. zB EuGH 222/84, Slg. 1986, 1651 (1682) – Johnston; EuGH verb. Rs. 46/87 u. 227/88, Slg. 1989, 2859 (2923) – Hoechst; EuGH C-260/89, Slg. 1991, I-2925 Rn. 41 – ERT; EuGH C-17/98, Slg. 2000, I-665 Rn. 8 – Emesa Sugar.
[82] EuGH 44/79, Slg. 1979, 3727 Rn. 15 – Hauer.
[83] Das BVerfG hat diese Rechtsprechung des Gerichtshofs in seinem *Solange II*-Beschluss noch einmal nachgezeichnet, BVerfGE 73, 339 (380 f.); siehe ferner zB EuGH 155/79, Slg. 1982, 1575 ff. – AM&S (Vertraulichkeit der Anwaltskorrespondenz); EuGH C-260/89, Slg. 1991, I-2925 Rn. 41 – ERT; EuGH Gutachten 2/94, Slg. 1996, I-1759 Rn. 33 – EMRK; EuGH C-7/98, Slg. 2000, I-1935 Rn. 25 – Krombach; EuGH C-540/03, Slg. 2006, I-5769 – Parlament/Rat.
[84] BVerfGE 37, 271 ff.
[85] Vgl. dazu mwN *Nehl* S. 100 f.

Gerichtshof, wie gezeigt (→ Rn. 59 f.), sich schon vor dieser Entscheidung des BVerfG vom 29.5.1974 in immer präziseren Formulierungen zu eigenen Grundrechten der Gemeinschaftsrechtsordnung bekannt, nämlich zuerst im *Stauder*-Urteil vom 12.11.1969[86], sodann im Urteil *Internationale Handelsgesellschaft* vom 17.12.1970, das den Anlass zum *Solange I*-Beschluss gab[87], und schließlich am 14.5.1974 in dem praktisch gleichzeitig mit *Solange I* ergangenen *Nold*-Urteil.[88] Der Gerichtshof bedurfte also für seine Grundrechtsjudikatur nicht der Herausforderung des BVerfG; auch seine weitere Rechtsprechung wurde ausgelöst durch konkrete Fälle, in denen Grundrechte geltend gemacht wurden.

II. Allgemeine Rechtsgrundsätze – Grundrechte der EMRK

Mit der Bezugnahme auf die allgemeinen Rechtsgrundsätze, wie sie vertraglich auch für den Tatbestand der Amtshaftung vorgesehen ist (Art. 340 Abs. 2 und 3 AEUV, ex-Art. 288 Abs. 2 EGV) und mit dem Hinweis auf die Verfassungstraditionen der Mitgliedstaaten und auf die Grundrechte der EMRK (Art. 6 Abs. 3 EUV) wird nicht eine Geltung und Anwendung der unterschiedlichen Grundrechtssätze der Mitgliedstaaten in der autonomen und mit Vorrang vor innerstaatlichem Recht geltenden Rechtsordnung der Gemeinschaften befürwortet. Ebenso können die „allgemeinen Rechtsgrundsätze" für einen adäquaten Grundrechtsschutz in den Gemeinschaften nicht mit irgendwelchen rechenhaften Verfahren der Addition oder der Subtraktion nationaler Grundrechte gewonnen werden. Die nationalen Grundrechte sind vielmehr nach der **Methode wertender Rechtsvergleichung** nur dort Vorbild oder Modell, wo sie als geeignet erscheinen, einen im System des Unionsrechts notwendigen Schutz auf einem Standard zu gewährleisten, der dem rechtsstaatlichen Niveau der Mitgliedstaaten entspricht. Im Übrigen liegt der Ausgangspunkt für die Grundrechtsjudikatur weniger bei einzelnen konkreten Grundrechten aus den Ordnungen der Mitgliedstaaten und der EMRK, als vielmehr in den gemeinsamen und verfassungsrechtlich gesicherten **fundamentalen Überzeugungen europäischer Rechtsstaatlichkeit.** In diesem Zusammenhang sind die hier genannten Grundrechte nicht Rechtsquelle, sondern „als allgemeine Grundsätze" Teil des Unionsrechts (Art. 6 Abs. 3 EUV). 62

III. Rechtsstaatsprinzip als Fundament der Integration

Eine spezifische materielle Legitimation erlangt die Grundrechtsrechtsprechung des Gerichtshofs aus zwei Besonderheiten der Gemeinschaftsgründung: Aus der Qualität der Union als supranationaler Organisation, die mit eigener Hoheitsgewalt zur Ausübung auch gegenüber den Unionsbürgern ausgestattet ist, und aus der fest verankerten rechtsstaatlichen Struktur ihrer Gründerstaaten, mit der die Gemeinschaftsverfassung ein rechtsstaatliches Fundament als Mitgift erhalten hat. Der Verbürgung von Grundrechten in ihren Verfassungen liegt die Überzeugung zugrunde, dass jede Hoheitsgewalt, die Individuen, Bürger oder Unternehmen treffen kann, nur in den Grenzen von Grundrechten ausgeübt werden kann. Diese Feststellung konkretisiert den Hinweis der Rechtsprechung auf die gemeinsamen Verfassungsüberlieferungen für den besonderen Fall der Grundrechte: **Gegen jede Hoheitsgewalt muss nach rechtsstaatlichen Grundsätzen ein wirksamer Grundrechtsschutz gewährleistet sein;** die Gewährleistung von Grundrechten ist ein elementarer Bestandteil der Rechtsstaatlichkeit. Dieser Satz gilt folgerichtig auch für die Europäische Gemeinschaft (Union) als Gründung rechtsstaatlich verfasster Mitgliedstaaten, die der Gemeinschaft/Union supranationale Hoheitsgewalt übertragen haben. Der zutreffende Parallelbegriff zum Rechtsstaat ist für die EU die **Rechtsgemeinschaft** bzw. **Rechts-** 63

---

[86] EuGH 260/69, Slg. 1969, 419 (423) – Stauder; in früheren Urteilen hatte der Gerichtshof sich auf die Feststellung beschränkt, es sei nicht seinen Aufgaben, Gemeinschaftsakte an Hand nationaler Grundrechte zu überprüfen, EuGH 1/58, Slg. 1959, 43 ff. – Stork/Hohe Behörde; EuGH verb. Rs. 36 bis 38 u. 40/59, Slg. 1960, 884 ff. – Ruhrkohlenverkaufsgesellschaften u. Nold/Hohe Behörde.
[87] EuGH 11/70, Slg. 1970, 1125 (1135) – Internationale Handelsgesellschaft.
[88] EuGH 4/73, Slg. 1974, 491 (507) – Nold.

union.[89] Für die Bundesrepublik wird dieser Bezug zur Rechtsstaatlichkeit der Union durch Art. 23 Abs. 1 GG in der Fassung vom 29.9.1990 plakatiert. Die Mitwirkung der Bundesrepublik an der Entwicklung der Europäischen Union wird dort insbesondere von der Sicherung eines dem Grundgesetz „im wesentlichen vergleichbaren" Grundrechtsschutzes abhängig gemacht.

64 Die Verwurzelung der Grundrechte in der rechtsstaatlichen Struktur der Gründerstaaten (und späterer Mitgliedstaaten) und in gemeinsamen Überzeugungen und Verfassungsüberlieferungen sowie der EMRK bestimmt auch das **Niveau des unionsrechtlichen Grundrechtsschutzes** nach Maßgabe eines gemeinsamen europäischen Grundrechtsstandards. Die Festlegung auf elementare Gewährleistungen wie Menschenwürde, Leben, Freiheit, Eigentum und Gleichheit lässt sich in diesem Verfahren überzeugend entwickeln. Die Problematik ihrer Abgrenzung in gesellschafts- und wirtschaftspolitischen Zusammenhängen tritt erst in der Schrankenproblematik zutage (→ Rn. 66 ff.).

65 Aus dem Ziel der Lückenfüllung und aus dem Rückgriff auf die gemeinsamen Rechtsgrundsätze der Mitgliedstaaten folgt, dass die so entwickelten Grundrechte nur **Abwehrrechte** gegen die Hoheitsgewalt der Gemeinschaft (Union) sind und die Gemeinschaft (Union) nicht zur Rechtsetzung oder zu aktiver Grundrechtspolitik ermächtigen[90]; sie bedeuten prinzipiell keinen Gestaltungsauftrag für die Unionsorgane; sie sind nicht Teilhaberechte und enthalten **keine grundrechtlichen Schutzpflichten,** die dem Einzelnen Ansprüche auf positives Handeln der Union vermitteln könnten, etwa zum Schutz des Lebens, der Freiheit oder des Eigentums.[91] Die Ziele der Integration und die Instrumente für ihre Verwirklichung sind vielmehr in den Verträgen explizit festgelegt (vgl. zB Art. 3 EUV); insoweit lassen die Verträge keine Lücke.[92]

IV. Gemeinschafts- bzw. unionsrechtliche Modifikationen

66 Die eigentlichen Schwierigkeiten bei der judikativen Definition gemeinschaftsrechtlicher (unionsrechtlicher) Grundrechte ergeben sich aus der notwendigen Berücksichtigung des besonderen Rahmens, in dem sie stehen, also aus **ihrem spezifischen Zusammenhang in der europäischen Integration.** Grundrechte und ihre Schranken sind nicht unabhängig von der gesellschaftlichen und wirtschaftlichen Ordnung, die sie strukturieren. Gemeinschafts- bzw. unionsrechtliche Modifikationen der Grundrechte können sich aus den Zielen und den systematischen Zusammenhängen der Vertragstexte ergeben. So formuliert der Gerichtshof: „Die Gewährleistung dieser Rechte muss zwar von den gemeinsamen Verfassungsüberlieferungen der Mitgliedstaaten getragen sein, sie muss sich aber auch in die Struktur und die Ziele der Gemeinschaft einfügen".[93] Damit kann sich der Zuschnitt der Unionsgrundrechte von den gemeinsamen Verfassungsüberlieferungen unterscheiden; diese bieten zwar die elementare Basis der unionsrechtlichen Grundrechte, die Grenzziehungen im Einzelnen werden indes durch das Umfeld mitbestimmt, das die Verträge schaffen. So

---

[89] Der Begriff „Rechtsgemeinschaft" bedeutet neben dieser Parallelität zum Rechtsstaatsbegriff vor allem die spezifische Qualität der Europäischen Gemeinschaft in ihrer existentiellen Bindung an das Rechtsprinzip; siehe dazu eingehend *Nicolaysen* Europarecht I S. 106 ff.; *Nicolaysen* in Weidenfeld, Europa-Handbuch, S. 348 (348 ff.); *Nicolaysen* in Nowak/Cremer, S. 17 ff. Der Begriff wird auf *Walter Hallstein* zurückgeführt, vgl. *Hallstein* in Oppermann, S. 341; s. auch EuGH 294/83, Slg. 1986, 1339 Rn. 23 – Les Verts; EuGH Gutachten 1/91, Slg. 1991, I-6102 – EWR. Zur Ersetzung des Begriffs der Rechtsgemeinschaft durch den Begriff der Rechtsunion vgl. → § 9 Rn. 1 u. → § 55 Rn. 1.
[90] Siehe dazu v. *Bogdandy* JZ 2001, 157 (158 f.), in kritischer Auseinandersetzung mit *Alston/Weiler* in Alston/Bustelo/Heenan, EU and Human Rights, S. 3 ff.; *v. Bogdandy* JZ 2001, 157 (160) auch zur Frage einer aktiven Grundrechtspolitik unter der Charta von Nizza.
[91] Siehe dazu eingehend *Nicolaysen* EuR 2003, 719 (723 f.); aA *Szczekalla* → § 8 Rn. 7 ff.
[92] Auch Art. 352 AEUV lässt keine Erweiterung der vertraglichen Ziele zu, sondern nur eine Ergänzung der Kompetenzen für die Verwirklichung vorhandener Ziele.
[93] EuGH 11/70, Slg. 1970, 1125 (1135) – Internationale Handelsgesellschaft (Kautionsregelung); EuGH 44/79, Slg. 1979, 3727 Rn. 14 f. – Hauer. Siehe dazu den Vergleich zwischen dem Grundrechtsschutz in der EU, den Mitgliedstaaten und der EMRK bei *Hilf/Hörmann* NJW 2003, 1 ff.

kann bei der Definition von Eigentum die Bewertung von erworbenen Rechten und vertrauensgeschützten Besitzständen[94] angesichts der dynamisch ausgerichteten Zielsetzungen der Errichtung und Sicherung eines Binnenmarkts anders ausfallen als in einer eher statisch orientierten staatlichen Wirtschaftsordnung.

Kohärenzvorstellungen stoßen somit schon hier auf Grenzen, und auch das Postulat des Art. 23 Abs. 1 S. 1 GG, die Europäische Union müsse „einen diesem Grundgesetz im wesentlichen vergleichbaren Grundrechtsschutz" gewährleisten, ist in dieser Perspektive zu sehen.[95] Die Formel des BVerfG von einer *generellen* Gewährleistung eines vergleichbaren Niveaus[96] ermöglicht es, diesen spezifischen Ordnungsrahmen zu berücksichtigen. 67

Besonders auch in der Rechtsprechung zu den **Grundrechtsschranken** zeigt sich, dass die gemeinschafts- bzw. unionsrechtliche Grundrechtsordnung sich in die Struktur und die Ziele der Gemeinschaft/Union einfügen muss.[97] So sind für die Schranken der Gemeinschafts- bzw. Unionsgrundrechte innerhalb des autonomen Systems des Gemeinschafts- und Unionsrechts das Gemeinwohl nach Maßgabe der gemeinschafts-/unionsrechtlichen Werte- und Wirtschaftsordnung und die Ziele der Gemeinschaft (Union) bestimmend.[98] Daher kann auch die Prüfung der Verhältnismäßigkeit bei der **Abwägung zwischen Grundrecht und Unionsinteresse** anders ausfallen als eine mitgliedstaatliche Abwägung zwischen Grundrecht und (staatlichem) Gemeinwohl[99]; dabei wird auch ein politisches Ermessen (Einschätzungsprärogative) des europäischen Gesetzgebers bei der Abwägung divergierender Interessen respektiert.[100] Auch dürfen die Grenzen für eine dynamische Gestaltung der Wirtschaftsintegration in der europäischen Dimension nicht zu eng gezogen werden. Die Errichtung und Sicherung des Binnenmarkts und die Durchführung gemeinsamer, alle Mitgliedstaaten übergreifender Politiken führt zwangsläufig zu tiefer einschneidenden Veränderungen als die in der Regel kontinuierlich angelegte Rechtsetzung und Politik im staatlichen Rahmen. Sie können daher auch eher individuelle Besitzstände beeinträchtigen, ohne dass deren Schutz die Verwirklichung der Gemeinschafts- bzw. Unionsziele nachhaltig behindern dürfte.[101] 68

V. Rechtsfortbildung

Methodisch ist die Ermittlung des Standards und der Inhalte der Unionsgrundrechte dem Bereich der **Lückenfüllung** zuzurechnen, für die der Gerichtshof in diesem Zusammenhang mit der ihm zugewiesenen Aufgabe der „Wahrung des Rechts bei der Auslegung und Anwendung dieses Vertrags" (Art. 19 Abs. 1 S. 2 EUV, s. vorher Art. 220 EGV) besonders legitimiert ist. Die Rechtsprechung hat dazu mit der Mobilisierung allgemeiner Rechtsgrundsätze und mit dem Blick auf die gemeinsamen Verfassungsüberlieferungen der Mit- 69

---

[94] EuGH C-280/93, Slg. 1994, I-4973 Rn. 79 f. – Deutschland/Rat (Bananenmarkt).
[95] Der Aspekt der Kohärenz wird besonders herausgearbeitet bei *Hoffmann-Riem* EuGRZ 2002, 473 ff., ua mit der Forderung nach „kohärenzorientierter Rechtsprechung".
[96] BVerfGE 73, 339 – Solange II; BVerfGE 89, 155 Rn. 13 – Maastricht.
[97] Vgl. EuGH 11/70, Slg. 1970, 1125 Rn. 4 – Internationale Handelsgesellschaft.
[98] EuGH 44/79, Slg. 1979, 3727 Rn. 23 f. – Hauer; EuGH C-200/96, Slg. 1998, I-1953 Rn. 21 – Metronome Musik; vgl. BVerfGE 73, 339 Rn. 110: „im Einklang mit den Zielen und besonderen Strukturen der Gemeinschaft"; siehe auch in Art. 52 Abs. 1 S. 2 GRC die Bezugnahme auf die von der Union anerkannten und dem Gemeinwohl dienenden Zielsetzungen.
[99] *Nehl* S. 153 ff.
[100] EuGH C-280/93, Slg. 1994, I-4973 Rn. 89 ff. – Deutschland/Rat (Bananenmarkt); EuGH C-44/94, Slg. 1995, I-3115 Rn. 55 f. – Fishermen's Organisations, beide unter Hinweis auf die besonderen Erfordernisse der Agrarpolitik bzw. einer gemeinsamen Marktorganisation; allgemein EuGH C-233/94, Slg. 1997, I-2405 Rn. 55 ff. – Deutschland/EP u. Rat (Einlagensicherung). Auch das BVerfG räumt übrigens dem Gesetzgeber in der Regel ein Ermessen ein, unter besonderer Berücksichtigung der Gestaltungsfreiheit bei wirtschaftsordnenden Maßnahmen, vgl. etwa BVerfGE 46, 246 (259 f.) – Margarine; BVerfGE 77, 84 (106). Vgl. auch *Zuleeg* NJW 1997, 1201 (1203); *Zuleeg* EuGRZ 2000, 497 (512); *Hilf/Hörmann* NJW 2003, 1 (6).
[101] Zur Kritik an der Rechtsprechung siehe *Nicolaysen* EuR 2003, 719 (726).

gliedstaaten unionsspezifische Regeln entwickelt.[102] Sie bewegt sich dabei im Bereich von **Interpretation und Rechtsfortbildung,** wie sie angesichts der zwangsläufig unvollständigen Rechtsordnung des unionsrechtlichen Vertragswerks für das rechtsstaatliche Funktionieren notwendig ist. Damit grenzt sie sich von Rechtsetzung ab, die der Dritten Gewalt nicht zukommt.

70 **Richterliche Rechtsschöpfung** gehört – in der Formulierung des deutschen Bundesverfassungsgerichts – zu den Rechtsfindungswegen, wie sie in jahrhundertelanger gemeineuropäischer Rechtsüberlieferung und Rechtskultur ausgeformt sind.[103] Im Übrigen ist auch dem deutschen Recht eine ähnliche Lückenfüllung zur Verfassung durch Rechtsprechung geläufig, wie zB die Ableitung der Verfassungsgrundsätze von Verhältnismäßigkeit und Vertrauensschutz aus dem Rechtsstaatsprinzip zeigt.[104]

VI. Eigene Grundrechte

71 Die Erkenntnis der Zusammenhänge zwischen der Deduktion der Grundrechte aus dem Ursprung der Gemeinschaft als autonomer rechtsstaatlicher Gründung und ihrem Einsatz zum Schutz gegen die autonome Hoheitsgewalt hat Konsequenzen für die Verortung und die Ausgestaltung des Grundrechtsschutzes: In einem autonomen System, wie die EU es darstellt, muss der **Grundrechtsschutz** primär **innerhalb des Systems** gesichert werden. Daraus resultiert die Forderung nach unionseigenen Grundrechten. Als Alternative wäre auch denkbar eine unionsrechtliche Verweisung auf eine externe Quelle für Grundrechte, etwa auf die EMRK; eine solche Verweisung existiert indessen nicht; auch ein Beitritt der Union zur EMRK ist bisher gescheitert (→ Rn. 51 ff.).

72 Die Forderung nach eigenen Grundrechten der Union und der Ausschluss der Anwendung nationaler Grundrechte im Unionsrecht ist auch aus einem weiteren Grund zwingend: Die Einheit des Unionsrechts erfordert **einheitlichen Inhalt und gleichmäßige Geltung der Unionsgrundrechte** und ihrer Schranken für die ganze Union; dies trifft sich mit der Begründung des Gerichtshofs für den Vorrang des Gemeinschaftsrechts vor dem Recht der Mitgliedstaaten seit dem *Costa/E. N. E. L.*-Urteil[105]; unterschiedliche Grundrechte würden zur nationalen Aufspaltung des Gemeinschafts- und nunmehr Unionsrechts führen.

E. Charta der Grundrechte der EU

73 Ein eigener Grundrechtekatalog der EG wurde seit den siebziger Jahren immer wieder gefordert, besonders von der Kommission und vom Europäischen Parlament (→ Rn. 46 ff.).[106]

---

[102] Vgl. dazu auch *Nicolaysen* Europarecht I S. 421 f.
[103] Zur Rechtfertigung der Befugnis des Gerichtshofs zur Rechtsfortbildung BVerfGE 75, 223 (242) – Kloppenburg. Kritisch gegen die Methode des Gerichtshofs zB *Rupp* in Arbeitskreis Europäische Integration, S. 9 (11 ff.); siehe neuerdings auch *Broß* EuGRZ 2002, 574 (578): Dem Gerichtshof sei es „bei einem justiziell richtigen Verständnis" verwehrt gewesen, Grundrechte in seiner Rechtsprechung zu entwickeln. Alternativen seien entweder gewesen, die europäischen Verträge als verfassungswidrig zu beanstanden oder den nationalen Verfassungsgerichten die Grundrechtskontrolle zu überlassen. *Broß* fällt damit erklärtermaßen hinter die *Solange I*-Rechtsprechung des BVerfG zurück, ebenso hinter *Solange II*, mit der Vorstellung, dass gemäß Art. 23 Abs. 1 S. 1 GG die Bundesrepublik sich „aus der Gemeinschaft zu verabschieden hat, wenn der im wesentlichen vergleichbare Grundrechtsschutz aus nationaler Sicht nicht mehr gewährleistet ist".
[104] BVerfGE 38, 348 (368); BVerfGE 69, 1 (35).
[105] EuGH 6/64, Slg. 1964, 1251 (1269 f.) – Costa/E. N. E. L.
[106] Bericht der Kommission über die Europäische Union, Bull. EG, Beilage 5/75 (Rn. 83). Im Bericht der Kommission vom 4.2.1976 „Der Schutz der Grundrechte bei der Schaffung und Fortentwicklung des Gemeinschaftsrechts" (Bull. EG 5/76) werden Vorzüge und Nachteile eines Katalogs abgewogen; siehe als Beilage zum Bulletin auch *Bernhardt*, Probleme eines Grundrechtskatalogs, Studie im Auftrag der Kommission, Bull. EG, Beilage 5/76, S. 19 ff. In der Literatur siehe zB *Zuleeg* FS Schlochauer, 1981, 983 ff.; *Starck* EuGRZ 1981, 545 (546); *Bahlmann* EuR 1982, 1 (16 ff.); *Hilf* EuR 1991, 19 ff.; zur Entstehung der Charta siehe *Barriga* passim.

Erst am Ende des Jahrhunderts waren die Bemühungen erfolgreich: Der Europäische Rat von Köln (4.6.1999) erteilte das Mandat, eine Charta der Grundrechte zu erstellen, welche „die überragende Bedeutung der Grundrechte und ihre Tragweite für die Unionsbürger" sichtbar machen sollte. Mit dieser Aufgabe wurde vom Europäischen Rat von Tampere (16.10.1999) ein „Gremium" betraut, das sich aus fünfzehn persönlich Beauftragten der Staats- und Regierungschefs, einem Beauftragten der Kommission, sechzehn Abgeordneten des Europäischen Parlaments sowie dreißig Mitgliedern der nationalen Parlamente zusammensetzte.[107] Das Gremium, das sich selbst **Konvent** nannte, konstituierte sich am 17.12.1999 und wählte *Roman Herzog* zu seinem Vorsitzenden. Der Konvent tagte öffentlich und hielt zahlreiche Anhörungen ab; zusätzliche Publizität und Transparenz wurde über das Internet erreicht, wo sämtliche Dokumente veröffentlicht wurden. Die vom Konvent im Konsens der vertretenen Gruppen angenommene Charta (Erklärung von *Roman Herzog* am 2.10.2000) wurde anlässlich des Europäischen Rates und der Regierungskonferenz von Nizza am 7.12.2000 durch die Präsidenten von Parlament, Rat und Kommission **feierlich proklamiert.**[108] Damit wurde **keine Rechtsverbindlichkeit** für die Union und die Mitgliedstaaten bewirkt; sie hätte einen Vertragsschluss durch die Mitgliedstaaten vorausgesetzt. Indes repräsentieren die Inhalte der Charta allgemein in der Europäischen Union akzeptierte Werte und Rechtsüberzeugungen, wie sie auch in Art. 6 EUV aF den allgemeinen Grundsätzen des Gemeinschaftsrechts zugrundegelegt werden; damit konnten sie Eingang in die Rechtsprechung finden. Außerdem konnte in der Erklärung der Präsidenten der genannten Organe eine **Selbstverpflichtung** gesehen werden, die Inhalte der Charta zu respektieren.

Nach der Schlusserklärung der Regierungskonferenz von Nizza sowie der Erklärung des Europäischen Rats von Laeken vom 15.12.2001 sollte die nächste Regierungskonferenz entscheiden, ob die Charta in den Basisvertrag aufgenommen werden sollte. Diese Entscheidung wurde im **Konvent zur Zukunft Europas** vorbereitet, der vom Europäischen Rat von Laeken den Auftrag erhalten hatte, Vorschläge zur Reform der Union auszuarbeiten und danach am 20.6.2003 den Entwurf eines „Vertrags über eine Verfassung für Europa" vorlegte. Durch die für die Grundrechtecharta zuständige Arbeitsgruppe des Konvents wurden keine substantiellen Modifikationen der Charta vorgeschlagen. Einigkeit bestand auch darüber, dass die Charta rechtlich bindende Wirkung und „Verfassungsstatus" erhalten soll. Dabei blieb indes offen, ob ihr Text in den Verfassungsvertrag aufgenommen oder ob dort auf ein gesondertes Protokoll verwiesen werden sollte.[109]

In dem **Entwurf eines Vertrags über eine Verfassung für Europa,** die am 18.7.2003 in Rom dem Präsidenten des Europäischen Rats überreicht wurde, heißt es in Teil I, Art. 7 Abs. 1: „Die Union erkennt die Rechte, Freiheiten und Grundsätze an, die in der Charta der Grundrechte als dem Teil II der Verfassung enthalten sind" (ähnlich Art. I-9 Abs. 1 VVE idF vom 29.10.2004). Dementsprechend wird der Verfassung der Katalog der Grundrechte mit der Präambel unter der Überschrift „Charta der Grundrechte der Union" als „Teil II" mit der Artikelzählung II-1 bis II-54 eingefügt. Somit hätten die Grundrechte der Charta mit dem In-Kraft-Treten der Verfassung nach der Ratifikation durch alle Mitgliedstaaten rechtlich bindende Wirkung mit Verfassungsrang erhalten.

Nach dem **Scheitern der Verfassung** durch negative Referenden in Frankreich und den Niederlanden (2005) wurde eine Reihe der von ihr vorgesehenen Reformen durch den **Vertrag von Lissabon** verwirklicht, der am 1.12.2009 in Kraft trat. Er verzichtet auf die Bezeichnung als „Verfassung", gerade in der Einbeziehung der Grundrechte-Charta

---

[107] Schlussfolgerungen des Vorsitzes des Europäischen Rats von Tampere (15./16.10.1999) in Bull. EU 10–1999, S. 7, in der Anlage (S. 15) die Beschlüsse über die Zusammensetzung und das Arbeitsverfahren des Gremiums zur Ausarbeitung des Entwurfs einer EU-Charta der Grundrechte.

[108] ABl. 2000 C 364, 1; aus der umfangreichen Literatur siehe nur die Einführung von *Hilf*, Sonderbeilage zu EuZW Heft 23/2000; *Alber/Widmaier* EuGRZ 2000, 497 ff.; *Schwarze* in Schwarze, Wirtschaftsverfassungsrechtliche Garantien, S. 99 ff.; *Hilf* EuR Beih. 3/2002, 13 ff.

[109] Siehe dazu *Weber* DVBl 2003, 220 ff.

erweist er sich indessen als ein weiterer Schritt der Union zur Annäherung an die Rechtsfigur staatlicher Verfassungen. Anders als im Verfassungsentwurf wird im Lissabon-Vertrag die Grundrechte-Charta nicht in den Text des Vertrags aufgenommen, vielmehr werden in Art. 6 Abs. 1 EUV die „Rechte, Freiheiten und Grundsätze" der Charta von der Union in der Fassung vom 12.12.2007 (Straßburg) anerkannt, Charta und Verträge stehen gleichrangig nebeneinander. Die damit mit der Charta statuierte Geltung der Grundrechte steht am Ende einer langen Entwicklung (zur Auslegung und Anwendung der Charta → Rn. 78 ff.).

77 Angesichts der gefestigten Grundrechtsjudikatur des Gerichtshofs erschien eine verbindliche Charta wohl weniger geboten, um einen ausreichenden Grundrechtsschutz herzustellen, als vielmehr zur **Erhöhung der Rechtssicherheit und Transparenz.** So wird in der Präambel der Charta das Ziel zugewiesen, die Grundrechte zu stärken, indem sie sichtbarer gemacht werden. Geschriebene Grundrechte, die eine Ergänzung der Rechte aus der Unionsbürgerschaft bilden und sich dem Bewusstsein der Öffentlichkeit einprägen, sind zudem ein bedeutender **Integrationsfaktor**[110] und bestätigen und stärken den Vertrag in seiner Verfassungsqualität (→ Rn. 85 f.).[111] Das gilt gerade auch im Hinblick auf die Grundrechte in Bereichen, in denen die Union keine Regelungsbefugnisse und kaum Möglichkeiten hat, die betreffenden Rechte zu beeinträchtigen (Todesstrafe, Folter, Sklaverei).[112] Schließlich sind auch die geschriebenen Grundrechte Ausdruck einer **gemeinsamen Werteordnung** der in der Union integrierten Mitgliedstaaten; auch dieser Aspekt gemeinsamer Werte wird in der Präambel wiederholt genannt.

F. Wesen und Standort der Grundrechte in der Verfassungsentwicklung der Integration

I. Ungeschriebene – geschriebene Grundrechte; Anwendung der Charta

78 Die schrittweise Sichtbarmachung gemeinschaftsrechtlicher Grundrechte durch die Rechtsprechung nach Maßgabe der jeweils in einzelnen Verfahren auftretenden Erfordernisse hat zur Folge, dass bis zur Charta der Grundrechte **kein geschlossenes Grundrechtssystem** existierte, wie ein geschriebener Grundrechtskatalog es gewährleistet.[113] Daraus folgte ein Defizit in der Rechtssicherheit, das indessen durch die weithin, auch vom deutschen BVerfG[114], anerkannte präzisierende und verfestigende Rechtsprechung der europäischen Gerichtsbarkeit zunehmend kompensiert wurde.

79 Die Grundrechte als Kreation der Rechtsprechung unterscheiden sich von Grundrechten, die auf einen gesetzgeberischen Akt (Verfassungsgebung) zurückgehen. Die **geschriebenen Grundrechte** sind deliberativ, Ergebnis politischen Diskurses und Konsenses, in ihren Wertungen und Akzenten abhängig von historischen und gesellschaftlichen Konstellationen; der Rechtsetzungsakt verhilft ihnen zu demokratischer Legitimation. Die **lückenfüllende Rechtsprechung** dagegen arbeitet mit juristischen Methoden; es geht um die Wahrung des Rechts (Art. 220 EGV, nunmehr Art. 19 Abs. 1 UAbs. 1 S. 2 EUV); Recht und Gerechtigkeit geben der Rechtsprechung ihren Impuls; die Gerichte transponieren die Grundrechte aus der Welt der Ideen in die praktische Wirklichkeit. Die gemeinsamen Verfassungsüberlieferungen der Mitgliedstaaten sind dabei eine Erkenntnishilfe; sie liefern Anhaltspunkte dafür, was in Europa als Recht und Gerechtigkeit anerkannt wird, und mit dem Erfordernis der Gemeinsamkeit wird von nationalen Besonderheiten abstrahiert. Auch soweit die Rechtsprechung gemeinschafts- bzw. unionsrechtliche Modifikationen der

---

[110] So schon *Meessen* in Arbeitskreis Europäische Integration, S. 35 (37), unter Hinweis auf *Smends* Integrationslehre.
[111] Vgl. *Weber* NJW 2000, 537 ff.
[112] Solche Garantien sind allerdings auch von Bedeutung für die Position der Union in der GASP (Art. 11 Abs. 1 EUV) und der Entwicklungszusammenarbeit (Art. 208 ff. AEUV).
[113] Frühere Forderungen in dieser Richtung bei *Starck* EuGRZ 1981, 545 ff.; *Hilf* EuR 1991, 19 ff.
[114] BVerfGE 73, 339 ff. – Solange II; BVerfG 1 BvR 1036/99, EuGRZ 2001, 150.

Grundrechte zu berücksichtigen hat (→ Rn. 66 ff.), muss sie diese aus den Vertragstexten extrapolieren, also im Hinblick auf die eigene Ordnung, die im Binnenmarkt und in der Verwirklichung der gemeinschaftlichen Politiken vorgesehen ist. Als dritte Gewalt ist sie nicht legitimiert, eine eigene Grundrechtspolitik mit spezifischen wirtschafts- und gesellschaftspolitischen Zielsetzungen zu entwickeln.[115] Diese Feststellungen betreffen den juristischen Standort der Grundrechte, sie enthalten keine Aussage zu ihrem Schutzniveau.

Der **Übergang zu geschriebenen Grundrechten** in der verbindlichen Grundrechte- 80 charta bedeutet also einen Paradigmenwechsel. Die unmittelbare Anwendung der ungeschriebenen Grundrechte der Rechtsprechung wird durch das spätere positive Recht der Charta abgelöst; indes müssen die in der Rechtsprechung entwickelten Grundsätze bei der Handhabung und Interpretation der Charta durch die europäische Gerichtsbarkeit weiterwirken, gerade weil sie durch ihre Wurzeln in rechtswahrender Rechtsprechung und in gemeinsamen Verfassungsüberlieferungen ideell einen hohen Rang einnehmen. So verweist Art. 6 Abs. 1 UAbs. 3 EUV auf Titel VII der Charta („Allgemeine Bestimmungen über die Auslegung und Anwendung der Charta"), und in der Präambel Abs. 4 der Grundrechte-Charta wird erklärt, dass die Charta die Rechte bekräftigt, die sich ua aus der Rechtsprechung des EuGH und des EGMRK ergeben. Nach Art. 52 Abs. 4 GRC werden die in der Charta anerkannten Grundsätze, die sich aus den gemeinsamen Verfassungsüberlieferungen der Mitgliedstaaten ergeben, „im Einklang mit diesen Überlieferungen" ausgelegt. Allerdings ist der neue Grundrechtskatalog in Umfang und Inhalten detaillierter ausgeformt und gibt somit vielfach Antworten, die von der bisherigen Rechtsprechung noch nicht zu geben waren. Zusätzlich verweisen Art. 6 Abs. 1 UAbs. 3 EUV und Abs. 4 der Präambel der Charta sowie Art. 52 Abs. 7 GRC auf die Erläuterungen, die unter der Leitung des Präsidiums des Konvents formuliert und unter der Verantwortung des Präsidiums des Europäischen Konvents aktualisiert wurden.[116] Sie sind gebührend zu berücksichtigen.

Die Grundrechte der Charta sind **bindend für die Union** (Art. 6 Abs. 1 EUV; → § 9 81 Rn. 23) und zT auch für Private (→ § 9 Rn. 40 ff.). Für die **Mitgliedstaaten** gelten sie **bei der Durchführung** des Rechts der Union (Art. 51 Abs. 1 S. 1 GRC[117]; → § 9 Rn. 24 ff.); dabei erweitert oder ändert die Charta nicht die Zuständigkeiten der Union (Art. 6 Abs. 1 UAbs. 2 EUV, Art. 52 Abs. 2 GRC)[118]. Zu weitgehend erscheint das Kriterium vom „Geltungsbereich" des Unionsrechts.[119]

Eine institutionelle Stärkung des Grundrechtsschutzes in der Union soll durch die Er- 82 richtung der **Agentur der Europäischen Union für Grundrechte** (→ § 12) im Jahr 2007 erreicht werden, die ihren Sitz in Wien hat.[120] Ihre Aufgabe ist nicht der Schutz individueller Grundrechte im einzelnen Fall, sondern die objektive Sicherung des Grundrechtsstandards in der Union. Einmal im Jahr erstattet sie einen Bericht über die Lage der Grundrechte in der EU.

Für **Polen** und **das Vereinigte Königreich** ist das Protokoll Nr. 30 zu den Verträgen zu 83 beachten, in dem die Anwendung und Auslegung der Charta auf diese beiden Länder zur Klarstellung erläutert wird. Bei Bezugnahmen auf das innerstaatliche Recht ist eine Bestimmung nur insoweit anwendbar, wie die betreffenden Rechte und Grundsätze durch das jeweilige innerstaatliche Recht anerkannt sind (Prot. 30 Art. 2). Im Übrigen statuiert das Protokoll keine Ausnahme von der Anwendung der Charta. Vielmehr heißt es in Abs. 2 der Präambel des Protokolls, dass die Charta streng im Einklang mit den Bestimmungen des

---

[115] Vgl. auch hier *Bogdandy* JZ 2001, 157 (159).
[116] ABl. 2007 C 303, 17.
[117] Diese Bestimmung folgt der entsprechenden Rechtsprechung des EuGH, vgl. EuGH 5/88, Slg. 1989, 2609 – Wachauf; EuGH C-94/00, Slg. 1994, I-955 – Bostock; EuGH C-387/02, Slg. 2005, I-3565 – Berlusconi; s. dazu *Scheuing* EuR 2005, 162 ff.
[118] Vgl. etwa EuGH C-256/11, Slg. 2011, I-11315 Rn. 71 ff. mwN – Dereci.
[119] EuGH C-617/10, ECLI:EU:C:2013:105 Rn. 16 – Åkerberg Fransson; s. dazu auch BVerfGE 133, 277 = NVwZ 2013, 1335 – Antiterrordateigesetz; näher zum Ganzen → § 9 Rn. 24 ff.
[120] VO (EG) Nr. 168/2007 v. 15.2.2007 zur Errichtung einer Agentur der Europäischen Union für Grundrechte, ABl. 2007 L 53, 1.

Art. 6 EUV und mit Titel VII der Charta anzuwenden ist. Auch gilt die Ausnahme nicht für die Rechtsgrundsätze aus der Rechtsprechung des EuGH.

84 2009 hat der Europäische Rat **Tschechien** zugesagt, dass diese Ausnahmestellung durch ein Zusatzprotokoll, das mit der nächsten Vertragsreform (zB bei einer erneuten Erweiterung der EU) ratifiziert werden soll, auf die **Tschechische Republik** ausgedehnt werden wird. Im Februar 2014 verzichtete jedoch die tschechische Regierung auf dieses Recht.

II. Die Grundrechte und die Verfassungsentwicklung der Integration

85 Zu einer **Staatsverfassung** im kontinentalen Verständnis gehört ein Grundrechtskatalog. Die Gründer der Gemeinschaften wollten indessen keinen neuen Staat konstituieren; Grundrechte gehörten also nicht zu ihrem Konzept, zumal ein praktischer Bedarf sich noch nicht abzeichnete (→ Rn. 2 ff.). Auch die Grundrechtsjudikatur des Gerichtshofs hatte nicht den planvollen Ausbau der Gemeinschaftsverfassung zum Ziel – dies ist keine Aufgabe der dritten Gewalt –, sie war vielmehr die Antwort auf Nachfragen in konkreten Konstellationen. Anderes gilt für die weiteren Ansätze, von den programmatischen Proklamationen, über die Vertragsklauseln bis zur rechtsverbindlichen Grundrechtecharta. Sie wurden nicht durch einen praktischen Bedarf ausgelöst; die Proklamationen hätten ihm mangels subsumtionsfähiger Tatbestände auch nicht entsprechen können. Demgegenüber geht die Charta weit über alles hinaus, was im Aktionsfeld unionsrechtlicher Hoheitsbefugnisse liegt. So proklamiert ihre Präambel (Abs. 1) die „universellen Werte" als eine Basis der Grundrechte.

86 Die geschilderten Entwicklungen erweisen sich somit in ihrem Ursprung und in ihrer Ausführung als **Schritte auf dem Weg zur Komplettierung der Gemeinschafts- und Unionsverfassung.**[121] Ein erster Ansatz war der vom Europäischen Konvent vorgelegte Entwurf des Vertrags über eine Verfassung für Europa[122], der durch die Einbeziehung der Grundrechte-Charta die Rechte der Bürger mit Verfassungsrang verankern sollte. Auch mit ihrem In-Kraft-Treten wäre die Union nicht zu einem Staat geworden, aber in einer Skala zwischen internationaler Organisation und voller Staatlichkeit wäre die Union einen bedeutenden Schritt vorgerückt. Nach dem Scheitern des Verfassungsvertrags lassen sich diese Wertungen auf den Lissabon-Vertrag übertragen, jedenfalls im Hinblick auf die Einbeziehung der Charta in den Vertrag, während andere Elemente einer „Verfassung" hier zurückgenommen wurden. In diesem Zusammenhang erweist sich der *Solange I*-Beschluss des BVerfG als aufschlussreicher Markstein der Entwicklung: Seine Forderungen sind deutlich auf Elemente ausgerichtet, die ihr Muster in staatlichen Verfassungen haben, nicht im Konzept der Europäischen Wirtschaftsgemeinschaft (→ Rn. 40 ff.). Dabei steht dahin, ob das BVerfG solche Ergänzungen tatsächlich anstrebte oder sie nicht lediglich zur Begründung seines eigenen Kontrollanspruchs verwendete, vielleicht gerade in der Vorstellung, diesen Anspruch mit einer solchen Begründung auf Dauer aufrecht erhalten zu können.

---

[121] Vgl. dazu auch *Hilf* EuR 1991, 19 (24, 27).
[122] Dieser (ratifizierungsbedürftige) Vertrag ist am 29.10.2004 unterzeichnet worden, indessen wegen des negativen Ausgangs von Referenden in Frankreich und den Niederlanden nicht in Kraft getreten.

§ 2 Das Verhältnis zwischen dem Grundrechtsschutz in der EU und in den Mitgliedstaaten

Übersicht

	Rn.
A. Einleitung	1
B. Kohärenz	2–20
I. Der Einfluss mitgliedstaatlicher Grundrechte auf die Unionsgrundrechte	2–11
1. Normative Ausgangslage de constitutione lata: Art. 6 EUV	2–8
2. Normative Ausgangslage de constitutione ferenda: Der gescheiterte Europäische Verfassungsvertrag und der geltende Lissabonner Vertrag	9–11
II. Der Einfluss der Unionsgrundrechte auf die mitgliedstaatlichen Grundrechte	12–20
1. Unzulässigkeit von Staatsangehörigkeitsvorbehalten	13–15
2. Faktische Wechselwirkungen	16–20
C. Konfliktpotenziale	21–33
I. Die Vorrangfrage	22–30
1. Die Position des EuGH	22, 23
2. Mitgliedstaatliche Integrationsvorbehalte	24–30
II. Der Vorrang des gesamten Unionsrechts	31–33
D. Kritische Bewertung	34–39

Schrifttum:

Adamovich, Juristische Aspekte der „Sanktionen" der EU-14 und des „Weisenberichts", EuGRZ 2001, 89; *Albi,* „Europe" articles in the constitutions of Central and Eastern European countries, CMLR 42 (2005), 399; *Bauer/Kahl,* Europäische Unionsbürger als Träger von Deutschen-Grundrechten?, JZ 1995, 1077; *Becker,* Vereinbarkeit des Vertrags über eine Verfassung für Europa mit der spanischen Verfassung, EuR 2005, 339; *Bertea,* Looking for Coherence within the European Community, ELJ 11 (2005), 154; *Bleckmann,* Anspruch auf diplomatischen Schutz durch Klage vor dem europäischen Gerichtshof, EWS 1995, 213; *ders./Pieper,* Maastricht, die grundgesetzliche Ordnung und die „Superrevisionsinstanz", RIW 1993, 969; *Breuer,* „Wasch mir den Pelz, aber mach mich nicht nass!" Das zweite Gutachten des EuGH zum EMRK-Beitritt der Europäischen Union, EuR 2015, 330; *Bröhmer/Bieber/Calliess ua,* Internationale Gemeinschaft und Menschenrechte, FS für Georg Ress zum 70. Geburtstag, 2005; *Burchardt,* Kehrtwende in der Grundrechts- und Vorrangrechtsprechung des EuGH?, EuR 2018, 248 ff.; *Colneric,* Auslegung des Gemeinschaftsrechts und gemeinschaftsrechtskonforme Auslegung, ZEuP 2005, 225; *v. Danwitz,* Produktwerbung in der Europäischen Union zwischen gemeinschaftlichen Kompetenzschranken und europäischem Grundrechtsschutz, 1998; *Di Fabio,* Richtlinienkonformität als ranghöchstes Normauslegungsprinzip?, NJW 1990, 947; *Cornils,* Europa als Wertegemeinschaft – Integration und Identität durch europäisches Verfassungsrecht, JZ 2004, 1033; *Cremer,* Der programmierte Verfassungskonflikt: Zur Bindung der Mitgliedstaaten an die Charta der Grundrechte der Europäischen Union nach dem Konventsentwurf für eine Europäische Verfassung, NVwZ 2003, 1452; *Duschanek/Griller,* Grundrechte für Europa. Die Europäische Union nach Nizza, 2002; *Engel,* Besprechung von Cassese ua, European Union – the Human Rights Challenge, RabelsZ 60 (1996), 776; *ders.,* Europäisches Umweltrecht aus der Vogelperspektive, DVBl 1999, 1069; *Epiney,* Gemeinschaftsrecht und Föderalismus. „Landes-Blindheit" und Pflicht zur Berücksichtigung innerstaatlicher Verfassungsstrukturen, EuR 1994, 301; *Everling,* Das Maastricht-Urteil des Bundesverfassungsgerichts und seine Bedeutung für die Entwicklung der Europäischen Union, integration 1994, 165; *ders.,* Bundesverfassungsgericht und Gerichtshof der Europäischen Gemeinschaften nach dem Maastricht-Urteil, in Randelzhofer/Scholz/Wilke, GS Grabitz, S. 57; *Galetta,* Der Vertrag über eine Verfassung für Europa aus italienischer Perspektive: Anmerkungen aus politischer und rechtswissenschaftlicher Sicht, DÖV 2004, 828; *Gellermann/Szczekalla,* Gemeinschaftskonforme Umsetzung von Umweltrichtlinien der EG, NuR 1993, 54; *Grabenwarter,* Die Kooperation der Verfassungsgerichte in Europa – Aktuelle Rahmenbedingungen und Perspektiven [abrufbar unter http://www.confeuconstco.org/reports/rep-xvi/Generalbericht%20DE.pdf, letzter Abruf 2.9.2019]; *Grabenwarter,* Auf dem Weg in die Grundrechtsgemeinschaft?, EuGRZ 2004, 563; *Griller,* Der Anwendungsbereich der Grundrechtscharta und das Verhältnis zu sonstigen Gemeinschaftsrechten, Rechten aus der EMRK und zu verfassungsgesetzlich gewährleisteten Rechten, in Duschanek/Griller, S. 131; *Häberle,* Grundrechtsgeltung und Grundrechtsinterpretation im Verfassungsstaat – Zugleich zur Rechtsvergleichung als „fünfter" Auslegungsmethode in Häberle, Rechtsvergleichung im Kraftfeld des Verfassungsstaats, 1992, S. 27; *ders.,* Grundrechtsgeltung und Grundrechtsinterpretation im Verfassungsstaat – Zugleich zur Rechtsvergleichung als

„fünfter" Auslegungsmethode, JZ 1989, 913; *Hoffmann-Riem,* Kohärenz der Anwendung europäischer und nationaler Grundrechte, EuGRZ 2002, 473; *Hofmeister,* Polen als erster Anwendungsfall des neuen „EU Rahmens zur Stärkung des Rechtsstaatsprinzips", DVBl 2016, 869; *Holzinger,* Der Verfassungsgerichtshof und das Gemeinschaftsrecht in Hammer ua (Hrsg.), Demokratie und sozialer Rechtsstaat in Europa, FS T. Öhlinger, 2004, 142; *Hughes/Sasse,* Monitoring the Monitors, JEMIE 1 (2003), 1 [abrufbar unter http://www.ecmi.de/fileadmin/downloads/publications/JEMIE/2003/nr1/Focus1-2003_Hughes_Sasse.pdf, letzter Abruf 2.9.2019]; *Hummer/Obwexer,* Die Wahrung der „Verfassungsgrundsätze" der EU, EuZW 2000, 485; *Hummer/Pelinka,* Österreich unter „EU-Quarantäne". Die „Maßnahmen der 14" gegen die österreichische Bundesregierung aus politikwissenschaftlicher und juristischer Sicht, 2002; *Ipsen,* Das Bundesverfassungsgericht löst die Grundrechts-Problematik, EuR 1987, 1; *Karaosmanoglu/Ebert,* Einzelfallbezogener Grundrechtsschutz gegen EU-Akte, DVBl 2016, 875; *Katrougalos,* Le problème du rapport entre droit communautaire et Constitutions nationales, à la lumière du „dualisme institutionnel" de l'Union Européenne, ERPL/REDP 12 (2000), 1235; *Kimmel,* Verfassungen der EU-Mitgliedstaaten, 6. Aufl. 2005; *Kirchhof,* Das Maastricht-Urteil des Bundesverfassungsgerichts, in Kirchhof/Hommelhoff, S. 11; *Kirchhof/Hommelhoff,* Der Staatenverbund der Europäischen Union, 1994; *Klein,* Grundrechtsdogmatische und verfassungsprozessuale Überlegungen zur Maastricht-Entscheidung des Bundesverfassungsgerichts, in Randelzhofer/Scholz/Wilke, GS Grabitz, S. 271; *Kochenov,* Behind the Copenhagen façade, EIoP Vol. 8 (2004) N° 10 abrufbar unter http://eiop.or.at/eiop/pdf/2004-010.pdf; *Komárek,* Federal elements in the Community judicial system, CMLR 42 (2005), 9; *Korinek,* Zur Bedeutung des gemeinschaftsrechtlichen Grundrechtsschutzes im System des nationalen und europäischen Schutzes der Grund- und Menschenrechte in Huber ua (Hrsg.), Der Staat des Grundgesetzes – Kontinuität und Wandel, FS P. Badura, 2004, S. 1099; *Kumm,* The Jurisprudence of Constitutional Conflict: Constitutional Supremacy in Europe before and after the Constitutional Treaty, 11 ELJ (2005), 262; *Legendré,* Neues aus der Rechtsprechung zum Vorrang des Gemeinschaftsrechts in Frankreich, EuZW 2004, 485; *Mayer,* Europarecht als französisches Verfassungsrecht, EuR 2004, 925; *ders.,* Wer soll Hüter der europäischen Verfassung sein?, AöR 129 (2004), 411; *Limbach,* 50 Jahre deutsche Verfassung in Europa, ZEuS 2001, 365; *dies.,* Die Kooperation der Gerichte in der zukünftigen europäischen Grundrechtsarchitektur, FCE 7 (2000), 1; *Masing/Jestaedt/Capitant/Le Divellec,* Strukturfragen des Grundrechtsschutzes in Europa, 2015; *Mayer,* Grundrechtsschutz gegen europäische Rechtsakte durch das BVerfG: Zur Verfassungsmäßigkeit der Bananenmarktordnung, EuZW 2000, 685; *Merten,* Grundrechtliche Schutzpflichten und Untermaßverbot, Speyerer Vorträge 27 (1994), 15; *Middeke/Szczekalla,* Änderungen im europäischen Rechtsschutzsystem, JZ 1993, 284; *Möllers/Schneider,* Demokratiesicherung in der EU, 2018; *Müller-Franken,* Vereinbarkeit des Ankaufs von Staatsanleihen durch EZB mit EU-Recht – Vorlage an den EuGH, NVwZ 2014, 514; *Nettesheim,* EU-Beitritt und Unrechtsaufarbeitung, EuR 2003, 36; *Nicolaysen,* Der Streit zwischen dem deutschen Bundesverfassungsgericht und dem Europäischen Gerichtshof, EuR 2000, 495; *ders./Nowak,* Teilrückzug des BVerfG aus der Kontrolle der Rechtmäßigkeit europäischer Rechtsakte: Neuere Entwicklungen und Perspektiven, NJW 2001, 1233; *Nußberger,* Die „Zweite Wende": Zur Verfassungsentwicklung in den Ländern Mittel- und Osteuropas im Zuge der EU-Erweiterung, DÖV 2005, 357; *Ossenbühl,* Maastricht und das Grundgesetz – eine verfassungsrechtliche Wende?, DVBl 1993, 629; *Pernice,* European v. National Constitutions (Articles I–5, I–10 Draft Convention), EuConst 1 (2005), 99; *Pliakos/Anagnostaras,* Saving Face? The German Federal Constitutional Court Decides Gauweiler, GLJ 18 (2017), 213; *Randelzhofer/Scholz/Wilke,* GS für Eberhard Grabitz, 1995; *Rengeling,* Der Grundrechtsschutz in der Europäischen Gemeinschaft und die Überprüfung der Rechtsprechung, DVBl 1982, 140; *ders.,* Grundrechtsschutz in der Europäischen Gemeinschaft. Bestandsaufnahme und Analyse der Rechtsprechung des Europäischen Gerichtshofs zum Schutz der Grundrechte als allgemeine Rechtsgrundsätze, 1993; *ders.,* Gedanken zur „Europäisierung" des Rechts – dargestellt an Beispielen des Verfassungs- und Verwaltungsrechts sowie des gerichtlichen Rechtsschutzes innerhalb der Europäischen Union, in Rengeling, Europäisierung, S. 5; *ders.,* Europäisierung des Rechts, Beiträge im Rahmen einer Ringvorlesung anlässlich des zehnjährigen Bestehens des Instituts für Europarecht der Universität Osnabrück 1995, 1996; *Rodriguez Iglesías,* Perspektiven europäischer und nationaler Verfassungsgerichtsbarkeit im Lichte des Vertrags über eine Verfassung für Europa, FCE 2 (2005), 1 [abrufbar unter http://www.whi-berlin.eu/documents/rodriguez-iglesias.pdf, letzter Abruf 2.9.2019]; *Ress,* Supranationaler Menschenrechtsschutz und der Wandel der Staatlichkeit, ZaöRV 64 (2004), 621; *Romer,* The European Constitutional Treaty from the Point of View of Polish Constitutional Law, FCE 9/04 [abrufbar unter http://www.whi-berlin.eu/documents/romer.pdf, letzter Abruf 2.9.2019]; *Ruffert,* Die künftige Rolle des EuGH im europäischen Grundrechtsschutzsystem, EuGRZ 2003, 232, EuGRZ 2004, 466; *Sadurski,* Constitutionalization of the EU and the sovereignty concerns of the new accession States. The role of the Charter of Rights, EUI Working Paper LAW 11 (2003), 27 [abrufbar unter http://cadmus.eui.eu/bitstream/handle/1814/1363/law03–11.pdf?sequence=1&isAllowed=y, letzter Abruf 2.9.2019]; *ders.,* Rights Before Courts. A Study of Constitutional Courts in Postcommunist States of Central and Eastern Europe, 2005; *Sauer,* „Solange" geht in Altersteilzeit, NJW 2016, 1134; *Schmitz;* Die Grundrechtecharta als Teil der Verfassung der Europäischen Union, EuR 2004, 691; *Schorkopf,* Verletzt Österreich die Homogenität in der Europäischen Union?, DVBl 2000, 1036; *ders.,* Die Maßnahmen der XIV EU-Mitgliedstaaten gegen Österreich, 2002; *Schwarze,* Europapolitik unter deutschem Verfassungsrichtervorbehalt, NJ 1994, 1; *Siehr,* Die Deutschenrechte des Grundgesetzes, 2001; *Skouris,* Demokratie und Rechtsstaat, 2018; *Szczekalla,* Grundfreiheitliche Schutzpflichten – eine „neue" Funktion der Grundfreiheiten des Gemeinschaftsrechts, DVBl 1998, 219; *ders.,* Die sog. grundrechtlichen Schutzpflichten. Inhalt und Reichweite einer „gemeineuropäischen Grundrechtsfunktion", 2002; *ders.,* Freiheit im Europäischen Verfassungsverbund – Allgemeine Rechtsgrundsätze zwischen Instrumentalisierung und Auflösung?, DVBl 2005, 286; *ders.*, Vertrauensvorschuss aus Straßburg: Der Europäische Gerichtshof für Menschenrechte klärt sein Verhältnis zum Europäischen Gerichtshof, GPR 2005, 176; *ders.*, Koordination des Grundrechtsschutzes in Europa, DVBl 2005, 1425; *Tettinger*, EG-rechtliche Verbote von Werbung und Sponsoring bei Tabakerzeugnissen und deutsches Verfassungsrecht, 1998; *Graf Vitzthum*, Gemeinschaftsgericht und Verfassungsgericht – rechtsvergleichende Aspekte, JZ 1998, 161; *Wahl*, Das Bundesverfassungsgericht im europäischen und internationalen Umfeld, APuZ 37–38 (2001), 45; *Thym*, Charter of Fundamental Rights: Competition or Consistency of Human Rights Protection in Europe?, Finnish Yearbook of International Law XI (2000), 11 (2002); *Uerpmann-Wittzack*, Doppelter Grundrechtsschutz für die zukünftige Europäische Union, DÖV 2005, 152; *Walter*, Grundrechtsschutz gegen Hoheitsakte internationaler Organisationen, AöR 129 (2004), 39; *Wernicke/Howard/Jund*, FIDE-Kongress für Europarecht in London, DVBl 2003, 446; *Wildhaber*, The Role of Comparative Law in the Case-Law of the European Court of Human Rights, in Bröhmer/Bieber/Calliess ua, FS Ress, S. 1101.

A. Einleitung

Das Verhältnis zwischen dem Grundrechtsschutz in der EU und in den Mitgliedstaaten lässt sich sowohl unter dem Blickwinkel der **Kohärenz** (→ Rn. 2 ff.)[1] als auch des **Konflikts** (→ Rn. 21 ff.) betrachten. In der Regel verfügen die Mitgliedstaaten über mehr oder weniger ausführlich formulierte eigene Grundrechtskataloge.[2] Zwischen den Unionsgrundrechten und den mitgliedstaatlichen Grundrechten kommt es zu **Wechselwirkungen normativer und faktischer Natur.** Konfliktpotenziale ergeben sich aus dem Anspruch des Unionsrechts, im Kollisionsfall mit einem **Anwendungsvorrang** ausgestattet zu sein. 1

B. Kohärenz

I. Der Einfluss mitgliedstaatlicher Grundrechte auf die Unionsgrundrechte

1. Normative Ausgangslage *de constitutione lata*: **Art. 6 EUV.** Im gegenwärtig geltenden Unionsrecht stellt nach Art. 6 Abs. 1 EUV die **Charta** der Grundrechte eine der Rechtsquellen der Unionsgrundrechte dar.[3] Hinzu kommen nach Art. 6 Abs. 3 EUV die allgemeinen Rechtsgrundsätze, welche sich einerseits aus der **Europäischen Konvention** zum Schutze der Menschenrechte und Grundfreiheiten (→ § 3) sowie andererseits aus den **mitgliedstaatlichen Verfassungsordnungen** als **Hauptrechtserkenntnisquellen** ergeben. Die mitgliedstaatlichen Grundrechte werden vom EuGH unter Anwendung der nie als solche bezeichneten[4] Methode der so genannten **wertenden Rechtsvergleichung** herangezogen, um so die Unionsgrundrechte zu konkretisieren.[5] Unter anderem da die Charta nicht für alle Mitgliedstaaten Anwendung finden soll, bleibt es bei der weiteren Bedeutung der allgemeinen Rechtsgrundsätze. Der außerdem in Art. 6 Abs. 2 EUV vor- 2

---

[1] Zur (eher) „internen" Kohärenz in der (damaligen) EG am Beispiel der Rechtmäßigkeitskontrolle von Gemeinschaftsrechtsakten durch den EuGH s. *Bertea* ELJ 11 (2005), 154 (154 ff.). Vgl. auch *Komárek* CMLR 42 (2005), 9 (9 ff.). Kohärenz unterscheidet sich deutlich von „Kooperation", s. *Huber* in Merten/Papier, HdbGR Bd. VI/2, § 172 Rn. 1 ff.

[2] Einschlägige Verfassungstexte in deutscher Übersetzung finden sich zB bei *Kimmel*. Im Internet sind viele – nicht auf die Mitgliedstaaten beschränkte – Verfassungen in englischer Sprache zB unter http://www.verfassungsvergleich.de (letzter Abruf am 2.9.2019; Projekt von *Tschentscher*) sowie beim *European Constitutional Law Network* unter http://www.ecln.net (letzter Aufruf am 20.3.2019) verfügbar. S. auch die synoptische Darstellung bei *Weber*, Menschenrechte. Auch das VK hat eine „Verfassung": SCVK 24.1.2017 - UKSC 2016/0196, [2017] UKSC 5 Rn. 40 ff. – Brexit.

[3] Zugrunde gelegt wird die konsolidierte Fassung des ABl. 2012 C 326. S. zur Charta zuletzt etwa *Pache* in FK-EUV/GRC/AEUV EUV Art. 6 Rn. 1. Zur Bedeutung der Charta im deutschen Recht *Jarass* in Jarass/Pieroth GG Art. 1 Rn. 28, 44 ff.; *Pieroth* in Jarass/Pieroth GG Art. 93 Rn. 128 f.

[4] Vgl. *Szczekalla* S. 491 ff. mwN.

[5] S. zuerst EuGH 44/79, Slg. 1979, 3727 Rn. 20 – Hauer/Rheinland-Pfalz, wo neben Art. 1 EMRK-ZusProt „nur" auf die deutsche, irische und italienische Verfassung abgestellt wird. Aus jüngerer Zeit in Bezug auf die EMRK GA *Cruz Villalón*, SchlA C-650/13, ECLI:EU:C:2015:363 Rn. 118 – Delvigne (Wahlrechtsausschluss), mwN aus der Rspr. des EGMR; EuGH C-220/18 PPU, ECLI:EU:C:2018:589 Rn. 76, 99 – ML, zu Art. 4 GRC.

gesehene Beitritt der Union zur EMRK bleibt nach dem abschlägigen Gutachten des EuGH[6] auf absehbare Zeit offen (→ § 3 Rn. 1 ff.).

3   Auch andere Vorschriften des Primärrechts bezogen bzw. beziehen sich ausdrücklich oder sinngemäß auf die mitgliedstaatlichen Grundrechtsordnungen als gemeinsame Grundlage der Union und sind damit Ausdruck eines **Homogenitätsgebots**.[7] Dazu zählte etwa schon die 3. Begründungserwägung der Präambel zum EUV-Amsterdam und Nizza mit ihrem Bekenntnis zu den „Grundsätzen der Freiheit, der Demokratie und der Achtung der **Menschenrechte** und Grundfreiheiten und der Rechtsstaatlichkeit". Aufgegriffen wurde diese Formulierung seinerzeit in Art. 6 Abs. 1 EUV-Amsterdam und Nizza, dessen Halbsatz 2 die nicht nur deskriptiv gemeinte, sondern auch normativ zu verstehende Aussage trifft, dass die genannten Grundsätze **„allen Mitgliedstaaten gemeinsam"** seien. Soweit man die nationalen Grundrechtsverbürgungen als Ausdruck der jeweiligen **„nationalen Identität"** begreifen will[8], werden sie auch von Art. 6 Abs. 3 EUV-Amsterdam und Nizza umfasst, demzufolge die Union diese Identität zu achten hat.[9] Heute ist dieser Identitäts-Zusammenhang ein wenig verunklart, wird in Art. 6 Abs. 1 EUV doch nur noch auf die Charta mit ihren „Rechte[n], Freiheite[n] und Grundsätze[n]" abgestellt. Eine sachliche Änderung bedeutet dies indes nicht. Denn der neue Art. 2 S. 1 EUV beinhaltet jetzt die grundlegenden Werte, auf die sich die Union gründet: Menschenwürde, Freiheit, Demokratie, Gleichheit, Rechtsstaatlichkeit. Und diese Werte sind allen Mitgliedstaaten gemeinsam (Satz 2).

4   Die normative Bedeutung des Bekenntnisses zu gemeinsamen Werten (einschließlich der Grundrechte) wird besonders deutlich in dem auch und gerade **menschenrechtlichen Sanktionssystem** gegenüber gegenwärtigen Mitgliedstaaten und den entsprechenden **Anforderungen an zukünftige Mitgliedstaaten:** Nach den überwiegend als rechtswidrig angesehenen Maßnahmen von 14 Mitgliedstaaten gegen Österreich in der Folge eines dortigen Wahlausgangs[10] wurde die entsprechende Sanktionsvorschrift des Art. 7 EUV durch den Vertrag von Nizza[11] reformiert, insbesondere im Sinne eines gestuften Verfahrens und unter ausdrücklicher Aufnahme verfahrensrechtlicher Garantien für den betroffenen Mitgliedstaat.[12] Nach Art. 49 EUV kann schließlich jeder europäische Staat, welcher die in Art. 2 EUV genannten Werte achtet, beantragen, Mitglied der Union zu werden. In der Praxis ergänzt wird diese Bestimmung durch die sog **Kopenhagener** (Beitritts-) **Kriterien**,[13] die allerdings insoweit eine überschießende oder **asymmetrische Tendenz** aufweisen, als sie von den neuen Mitgliedstaaten etwa im Bereich des **Minderheitenschutzes** mehr verlangen als die bisherigen Mitgliedstaaten selbst einzulösen bereit sind. Auf Dauer wird es aber wohl auch hier zu einer Angleichung „nach oben" kommen, jedenfalls keine Rückschritte nach vollzogenem Beitritt geben dürfen.[14] Eine Verpflichtung zur Beseitigung aller Rechtswirkungen der sog **Beneš-Dekrete** („Benesovy dekrety") ist in der letzten

---

[6]   EuGH Gutachten 2/13, ECLI:EU:C:2014:2454 Rn. 144 ff. – EMRK-Beitritt. Zur Krit. s. nur *Breuer* EuR 2015, 330 (331 ff.).
[7]   S. die detaillierte Aufzählung unter den Rechtsquellen bei *Szczekalla* → 1. Aufl. 2006, § 2 II.
[8]   Zur „Verfassungsidentität" in diesem Zusammenhang vgl. etwa *Kirchhof* in Isensee/Kirchhof, HStR Bd. I, § 19 Rn. 47 ff.; *Epiney* EuR 1994, 301 (307).
[9]   Allgemein zu dieser Vorschrift im grundrechtlichen Zusammenhang *Rengeling/Szczekalla* Grundrechte in der EU Rn. 121 ff. (insbes. Rn. 124 f.). S. auch GA *Poiares Maduro*, SchlA verb. Rs. C-53/04 u. C-180/04, Slg. 2006 I-7213 Rn. 39 f. – Marrosu.
[10] Vgl. nur *Adamovich* EuGRZ 2001, 89 (89 ff.); *Hummer/Obwexer* EuZW 2000, 485 (485 ff.); *Hummer/Pelinka* passim; *Schorkopf* DVBl 2000, 1036 (1036 ff.); *Schorkopf* passim.
[11] ABl. 2001 C 80. Konsolidierte Fassung ABl. 2002 C 325.
[12] S. auch die Verfahrensvorschrift des Art. 309 EGV-Nizza.
[13] Tagung des Europäischen Rates in Kopenhagen v. 21./22.6.1993, Schlussfolgerungen, EP, Tätigkeiten, 1 S 93 (Sonderausgabe) – SN 180/93 – S. 12 (Nr. 7.A.iii), abrufbar unter http://www.europarl.europa.eu/summits/copenhagen/co_de.pdf (letzter Abruf am 2.9.2019).
[14] S. *Rengeling/Szczekalla* Grundrechte in der EU Rn. 126 ff., 989, sowie – speziell zum Minderheitenschutz – *Sadurski* EUI Working Paper LAW 11 (2003), 27 (28); *Hughes/Sasse* JEMIE 1 (2003), 1 (30), jeweils mwN.

Erweiterungsrunde[15] demgegenüber nicht angenommen worden.[16] Hier haben indes auch die unionsrechtlichen Grundfreiheiten und insbesondere Diskriminierungsverbote nach erfolgtem Beitritt nicht zu Änderungen geführt. Gegenwärtig werden die Vorgänge in einigen der mittelosteuropäischen Mitgliedstaaten in der europäischen Öffentlichkeit stark diskutiert: So wurde zum einen jüngst Ungarn von einem Außenminister eines der EWG-Gründungsstaaten zum „Ausschluss" aus der Union aufgefordert, weil es sich ua nicht am (ersten) Europäischen Flüchtlingsprogramm beteiligen möchte[17] und eine – mangels hinreichender Beteiligung unwirksame – Volksabstimmung dazu angesetzt hatte.[18] Zum anderen untersucht sogar die Europäische Kommission die Vorgänge in Polen auf einem dritten Weg neben Art. 7 EUV und Vertragsverletzungsverfahren nach Art. 258 AEUV, nämlich nach ihrem „EU Rahmen zur Stärkung des Rechtsstaatsprinzips".[19] Dabei spielen ua die erheblichen Beschränkungen des Verfassungsgerichts durch die gegenwärtige Parlamentsmehrheit eine Rolle, welche vom Gericht selbst zwischenzeitlich als verfassungswidrig verworfen worden sind.[20] Auch hier ist die Entwicklung im Fluss.[21]

Einigen **mitgliedstaatlichen Verfassungen** lässt sich ebenfalls eine grundsätzliche Kohärenz von Unions- und mitgliedstaatlichen Grundrechten entnehmen: In ihrem sog **Europaverfassungsrecht** wird zum Teil ausdrücklich auf einen bestimmten Grundrechtsstandard Bezug genommen. Beispielsweise bestimmt Art. 23 Abs. 1 S. 1 GG, dass die Bundesrepublik Deutschland „[z]ur Verwirklichung eines vereinten Europas [...] bei der Entwicklung der Europäischen Union mit[wirkt], die demokratischen, rechtsstaatlichen, sozialen und föderativen Grundsätzen und dem Grundsatz der Subsidiarität verpflichtet ist und einen *diesem Grundgesetz im wesentlichen vergleichbaren Grundrechtsschutz* gewährleistet".[22] Ähnliche Bestimmungen gibt es auch in einigen anderen Mitgliedstaaten.[23] Wenn man so will, kann man solche Vorschriften auch als – präventive – **Kohärenz- oder Kongruenzsicherungsklauseln** bezeichnen. Im Ernst-, dh im Kollisionsfall zwischen unionalen und mitgliedstaatlichen Grundrechten gelten hingegen die Grundsätze des Anwendungsvorrangs des Unionsrechts (→ Rn. 22 ff.).[24]

5

Am Beispiel des speziellen Flüchtlings- bzw. **Asylgrundrechts** (→ § 20) lässt sich zudem das – relative[25] – **wechselseitige Vertrauen der Mitgliedstaaten** in den jeweiligen

6

---

[15] Athener Beitrittsvertrag, ABl. 2003 L 236.
[16] Vgl. die Gutachten von *Frowein, Bernitz* und *Lord Kingsland Q. C.*, beauftragt vom außenpolitischen Ausschuss des EP (abrufbar unter http://www.europarl.europa.eu/RegData/etudes/etudes/join/2002/ 323934/DG-4-AFET_ET(2002)323934_DE.pdf, letzter Aufruf am 2.9.2019). Dagegen *Blumenwitz* in seinem Gutachten für die *Sudetendeutsche Landsmannschaft* (abrufbar unter http://www.sbg.ac.at/whbib/ templates/blumenwitz-gutachten%20z.%20frowein.htm, letzter Abruf am 2.9.2019); zum Ganzen auch *Nettesheim* EuR 2003, 36 (36 ff.).
[17] S. die Abweisung der Klage durch EuGH verb. Rs. C-643/15 u. C-647/13, ECLI:EU:C:2017:631 – Slowakei u. Ungarn.
[18] Am 2.10.2016. Jetzt geht es um die Schließung einer internationalen Universität in Ungarn: Hier hat die Kommission inzwischen ein Vertragsverletzungsverfahren gegen Ungarn wegen des neuen ungHochschulG v. 4.4.2017 eingeleitet (Pressemitteilung v. 26.4.2017: Verletzung ua der Dienstleistungs- u. Niederlassungsfreiheit [Art. 56 u. 49 AEUV], der Wissenschaftsfreiheit [Art. 13 GRC], des Rechts auf Bildung [Art. 14 GRC] u. der unternehmerischen Freiheit [Art. 16 GRC]).
[19] Vgl. COM(2014) 158 v. 11.3.2014. S. dazu ausf. *Hofmeister* DVBl 2016, 869 ff.
[20] S. dazu polnVerfG Urt. v. 11.8.2016 - K 39/16 – PolnVerfGG (die Originalfassung und deren englische Übersetzung sind im Frühjahr 2017 offiziell von der Seite http:// trybunal.gor.pl/ entfernt worden).
[21] Ausf. *Skouris*, Demokratie und Rechtsstaat, S. 25 ff.; *Möllers/Schneider*, Demokratiesicherung, S. 53 ff., 68 ff. mzN.
[22] In der Fassung des Änderungsgesetzes v. 21.12.1992, BGBl 1992 I 2086 (Hervorhebung d. Verf.).
[23] Vgl. *Albi* CMLR 42 (2005), 399 (399 ff.); *Nußberger* DÖV 2005, 357 (359 ff., 361 ff.). S. o. Fn. 7, insbes. Art. 3a Abs. 1 Hs. 1 slowenVerf.
[24] Zu den pragmatischen Lösungsansätzen in den anderen (neuen) Mitgliedstaaten s. *Nußberger* DÖV 2005, 357 (363 f. mwN).
[25] Für Drittstaatsangehörige gilt insoweit das Dubliner Schutzsystem, das zeitweilige Ausnahmen von der vereinbarten Zuständigkeit des ersten Aufnahme-Mitgliedstaats zulässt (vgl. Art. 7 der VO (EU) Nr. 604/ 2013, ABl. 2013 L 180, 31 – Dublin-III-VO. Das gilt auch für die zeitweise Wiedereinführung von Grenzkontrollen im Schengen-Raum nach den Art. 25 ff. der VO (EU) Nr. 2016/399 ABl. 2016 L 77, 1 – Schengener Grenzkodex. Am neuen Vorschlag einer Dublin-IV-VO d. Kom. wird va in Deutschland

Schutzstandard untereinander verdeutlichen, welches auch auf Primärrechtsebene und in der Rechtsprechung des EuGH[26] sanktioniert worden ist: So können sich etwa Personen, welche aus den Mitgliedstaaten der EU in die Bundesrepublik Deutschland einreisen, nach Art. 16a Abs. 2 S. 1 Alt. 1 GG nicht auf das Asylgrundrecht berufen (→ § 10 Rn. 12). Gemäß Abs. 5 der genannten Vorschrift können die Mitgliedstaaten der EU unter bestimmten Voraussetzungen untereinander sowie mit Drittstaaten zudem entsprechende Zuständigkeitsregelungen einschließlich der gegenseitigen Anerkennung von Asylentscheidungen in völkerrechtlichen Verträgen treffen.[27] Mit dem seinerzeitigen Protokoll Nr. 20 zum EGV über die Gewährung von Asyl für Staatsangehörige von Mitgliedstaaten der EU,[28] jetzt Protokoll Nr. 24, wird das wechselseitige Vertrauen der Mitgliedstaaten auf Primärrechtsebene bekräftigt und zugleich für das oben erwähnte Sanktionsverfahren geöffnet: „In Anbetracht des Niveaus des Schutzes der Grundrechte und Grundfreiheiten in den Mitgliedstaaten der Europäischen Union" gelten nach dessen einzigem Artikel „die Mitgliedstaaten füreinander für alle rechtlichen und praktischen Zwecke im Zusammenhang mit Asylangelegenheiten als **sichere Herkunftsländer**". Asylanträge eines Staatsangehörigen eines Mitgliedstaats dürfen von einem anderen Mitgliedstaat deshalb nur unter ganz bestimmten, engen Voraussetzungen berücksichtigt oder zur Bearbeitung zugelassen werden, namentlich, wenn der mutmaßlich „verfolgende" Mitgliedstaat sich auf die Derogationsklausel des Art. 15 EMRK beruft (lit. a), wenn das Verfahren nach Art. 7 Abs. 1 EUV eingeleitet worden ist und der Rat einen diesbezüglichen Beschluss gefasst hat (lit. b), wenn der Rat nach Art. 7 Abs. 1 oder 2 EUV einen Beschluss erlassen hat (lit. c) oder wenn ein Mitgliedstaat in Bezug auf den Antrag eines Staatsangehörigen eines anderen Mitgliedstaats einseitig einen solchen Beschluss fasst (lit. d des Asylprotokolls), wobei in diesem Fall der Rat umgehend unterrichtet und bei der Prüfung des Antrags von der Vermutung ausgegangen wird, dass der Antrag offensichtlich unbegründet ist, ohne dass dabei die Entscheidungsbefugnis des Mitgliedstaats in irgendeiner Weise beeinträchtigt wird.

7   Einen ähnlichen wechselseitigen **„Vertrauensbeweis"** geben sich die Mitgliedstaaten in Fragen der **Auslieferung** (→ § 21): So kann etwa das grundsätzliche Auslieferungsverbot Deutscher in Art. 16 Abs. 2 S. 1 GG nach Satz 2 durch Gesetz für Auslieferungen an einen Mitgliedstaat der Europäischen Union oder an einen internationalen Gerichtshof durchbrochen werden, „soweit rechtsstaatliche Grundsätze gewahrt sind".[29] Das inzwischen erlassene Gesetz[30] ist indes vom Bundesverfassungsgericht zwar für verfassungswidrig erklärt worden,[31] ohne dabei jedoch die **Frage** einer Klärung zuzuführen, ob dem Unionsrecht, insbesondere **Rahmenbeschlüssen**[32], **Anwendungsvorrang** zukommen kann (→ Rn. 31 ff.). Im Primärrecht findet die Erleichterung der Auslieferung zwischen den

---

harsche Kritik geübt (Pressemitteilung d. *Paritätischen Wohlfahrtsverbandes* v. 14.12.2016 und öfter, s. http://www.der-paritaetische.de/).

[26] EuGH Gutachten 2/13, ECLI:EU:C:2014:2454 Rn. 191 ff. – EMRK-Beitritt. Zu „systemischen Mängeln" (Verletzung von Art. 4 GRC) in Bezug auf Griechenland s. EuGH C-411/10, Slg. 2011, I-13905 Rn. 86 – N. S.; zu Polen vgl. EuGH C-216/18 PPU, ECLI:EU:C:2018:586 Rn. 35 ff. – LM; zu Ungarn s. EuGH C-220/18 PPU, ECLI:EU:C:2018:589 Rn. 48 ff. – ML.

[27] Vgl. auch die Vergemeinschaftung in Titel IV EGV idF seit dem Vertrag von Amsterdam, ABl. 1997 C 340, insbesondere Art. 63 EGV. S. auch Art. 53-1 frzVerf v. 1958 (idF seit 1996).

[28] Ursprünglich Protokoll zum EGV im Vertrag von Maastricht, ABl. 1992 C 191.

[29] In der Fassung des Änderungsgesetzes v. 29.11.2000 (BGBl 2000 I 1633). S. auch § 36 Abs. 2 estnVerf, Art. 26 Abs. 1 italVerf, Art. 13 Abs. 2 litVerf; Art. 33 Abs. 3–5 portVerf idF seit 1997 und Art. 47 slowenVerf idF v. 2003 (ABl. Nr. 24).

[30] Gesetz zur Umsetzung des Rahmenbeschlusses über den Europäischen Haftbefehl und die Übergabeverfahren zwischen den Mitgliedstaaten der EU v. 21.7.2004 (Europäisches Haftbefehlsgesetz), BGBl 2004 I 1748.

[31] S. die einstweilige Anordnung in BVerfGE 112, 90, betr. die Auslieferung des Deutsch-Syrers *Darkazanli* nach Spanien. Die besondere Bedeutung dieses Verfahrens zeigt sich schon in dem Umstand, dass das BVerfG die Sache an zwei Tagen (13. und 14.4.2005) mündlich verhandelt und schon am 18.7.2005 sein Urteil verkündet hat (BVerfGE 113, 273).

[32] S. Rahmenbeschluss 2002/584/JI des Rates über den Europäischen Haftbefehl und die Übergabeverfahren zwischen den Mitgliedstaaten, ABl. 2002 L 190, 1. Zu den EMRK-Schutzpflichten (→ § 8

Mitgliedstaaten nämlich ihre Grundlage im Titel VI des EUV-Nizza über die **polizeiliche und justizielle Zusammenarbeit in Strafsachen,** namentlich in Art. 31 Abs. 1 lit. b EUV-Nizza. Und nach dem neuen Art. 82 ff. AEUV wird diese Zusammenarbeit weiter intensiviert.

Schließlich wird die Kohärenz zwischen dem unionsrechtlichen und dem mitgliedstaatlichen Grundrechtsschutz tendenziell durch eine vereinzelt schon aus dem gegenwärtigen Primärrecht bekannte Formulierung gestärkt, welche in Charta und AEUV jetzt einen recht häufigen Einsatz gefunden hat (→ Rn. 11), nämlich den Rekurs auf **„einzelstaatliche Rechtsvorschriften und Gepflogenheiten".**[33]

2. Normative Ausgangslage *de constitutione ferenda:* **Der gescheiterte Europäische Verfassungsvertrag und der geltende Lissabonner Vertrag.** Der Rückgriff auf die mitgliedstaatlichen Verfassungsordnungen hätte auch **nach In-Kraft-Treten des Europäischen Verfassungsvertrags**[34], welcher die Charta der Grundrechte in seinen zweiten Teil vollumfänglich aufnehmen sollte, weiterhin möglich sein können: Eine wie auch immer geartete Sperrwirkung von Charta und Vertrag bestand nicht.[35] Denn nach Art. I-9 Abs. 3 VVE wären die Grundrechte, wie sie in der EMRK als der zweiten Hauptrechtserkenntnisquelle gewährleistet sind (→ § 3) und wie sie sich aus den **gemeinsamen Verfassungsüberlieferungen** der Mitgliedstaaten ergeben, als allgemeine Grundsätze (weiterhin) **Teil des Unionsrechts gewesen.**[36] Diese Vorschrift übernahm damit die bisherige Grundrechteklausel des Art. 6 Abs. 2 EUV-Nizza. Dadurch wurde klargestellt, dass der unionale Grundrechtsschutz durch die inkorporierte Charta nicht etwa eingefroren oder versteinert werden soll, sondern dynamisch und offen ist für weitere Rechtserkenntnisquellen, namentlich für die ihrerseits dynamisch und im Lichte gegenwärtiger Bedingungen zu interpretierende Menschenrechtskonvention und die mitgliedstaatlichen Verfassungsordnungen als die bisherigen und gegenwärtigen (Haupt-) Rechtserkenntnisquellen für Unionsgrundrechte als allgemeine Rechtsgrundsätze. Verstärkt wurde diese Klarstellung schon in der Charta selbst, insbesondere durch Art. II-112 Abs. 3 und Abs. 4 VVE (ex-Art. 52 GRC).[37]

Nach dem Scheitern des Europäischen Verfassungsvertrags nach den negativen Volksabstimmungen in Frankreich und in den Niederlanden im Jahr 2005 ist nach einer längeren Reflexionszeit mit dem neuen, im Dezember 2007 geschlossenen Vertrag von Lissabon, der am 1.12.2009 in Kraft getreten ist, die bereits oben dargestellte herausgehobene Position der Charta der Grundrechte in Art. 6 Abs. 1 EUV festgehalten worden (→ § 2 Rn. 2). Gleichwohl bleibt es nach Art. 52 Abs. 4 GRC dabei, dass die Grundrechte der Charta, soweit sie sich aus den gemeinsamen Verfassungsüberlieferungen der Mitgliedstaaten ergeben, im Einklang mit diesen ausgelegt werden müssen. Auslegung und Anwendung dieser **„Angstklausel"** werfen einige Zweifelsfragen auf (Details → § 10 Rn. 87 ff.). Im

---

Rn. 7 ff.) s. EGMR 8351/17, ECLI:CE:ECHR:2019:0709JUD000835117 Rn. 79 ff. – Romeo Castaño/Belgien.

[33] Zur Berücksichtigung der „einzelstaatlichen Gepflogenheiten in Bezug auf die Verantwortung der Sozialpartner" s. etwa Art. 146 Abs. 2 Hs. 2 AEUV. Im Rahmen der Sozialpolitik (Titel X AEUV) „führen die Union und die Mitgliedstaaten" nach Art. 151 Abs. 2 AEUV „Maßnahmen durch, die der Vielfalt der einzelstaatlichen Gepflogenheiten, insbesondere in den vertraglichen Beziehungen, sowie der Notwendigkeit, die Wettbewerbsfähigkeit der Wirtschaft der Gemeinschaft zu erhalten, Rechnung tragen." Nach Art. 155 Abs. 2 UAbs. 1 AEUV erfolgt „[d]ie Durchführung der auf Unionsebene geschlossenen Vereinbarungen […] entweder nach den jeweiligen Verfahren und Gepflogenheiten der Sozialpartner und der Mitgliedstaaten oder – in den durch Artikel 153 erfassten Bereichen – auf gemeinsamen Antrag der Unterzeichnerparteien durch einen Beschluss des Rates auf Vorschlag der Kommission." Im grundrechtssensiblen Bereich der Transplantation bleiben „die einzelstaatlichen Regelungen über die Spende oder die medizinische Verwendung von Organen und Blut" nach Art. 168 Abs. 7 S. 3 AEUV „unberührt". Bei den Bezugnahmen in der Grundrechtecharta dominiert der Sozialbereich ebenfalls.
[34] ABl. 2004 C 310.
[35] In diese Richtung aber *Schmitz* EuR 2004, 691 (697 f.).
[36] Vgl. *Szczekalla* DVBl 2005, 286 (287 f. mwN).
[37] S. *Rengeling/Szczekalla* Grundrechte in der EU Rn. 467 ff., 478 ff., 480.

Ergebnis soll mit ihr aber nur dem so genannten kleinsten gemeinsamen Nenner bei der Heranziehung der gemeinsamen Verfassungsüberlieferungen eine Absage erteilt und ein hohes Schutzniveau (allerdings keine „Maximallösung") erreicht werden.[38] Dies entspricht indes ohnehin schon der Methode der wertenden Rechtsvergleichung.[39]

11 Schließlich findet sich ein mehrfacher Rekurs auf **„einzelstaatliche Rechtsvorschriften und Gepflogenheiten"** in verschiedenen Bestimmungen der Charta, und zwar insbesondere bei den sog sozialen Rechten.[40] Verstärkt wird dieser Rekurs durch die vom Zweiten, „Europäischen" Konvent vorgenommene Ergänzung der allgemeinen Schrankenvorschrift des Art. I-112 VVE (vgl. Art. 52 GRC) um – unter anderem – einen Absatz 6, demzufolge „[d]en einzelstaatlichen Rechtsvorschriften und Gepflogenheiten [...], wie es in dieser Charta bestimmt ist, in vollem Umfang Rechnung zu tragen [ist]." Auch diese Vorschriften lassen sich insgesamt als **Kohärenzsicherungsklauseln** begreifen. Zweifelhaft kann allerdings sein, ob mit ihnen eine Abkehr vom Gesetzesvorbehalt intendiert ist. Die Frage dürfte zu verneinen sein (→ § 10 Rn. 92 f.).

II. Der Einfluss der Unionsgrundrechte auf die mitgliedstaatlichen Grundrechte

12 Auch die Unionsgrundrechte können einen Einfluss auf mitgliedstaatliche Grundrechte ausüben. Das gilt namentlich für die (Un-) Zulässigkeit von Staatsangehörigkeitsvorbehalten (→ Rn. 13 ff.), eine Konstellation, die nicht so sehr unter dem Gesichtspunkt des Konflikts (→ Rn. 21 ff.) betrachtet werden soll, obwohl sie einen Anwendungsfall des Anwendungsvorrangs des Unionsrechts darstellt. Vielmehr kann diese Wirkung auch als Herstellung von Kohärenz im gemeineuropäischen Grundrechtsschutz begriffen werden. Hinzu kommen vielerlei (eher) faktische Wechselwirkungen, welchen hier in der gebotenen Kürze nachgegangen werden soll (→ Rn. 16 ff.).

13 **1. Unzulässigkeit von Staatsangehörigkeitsvorbehalten.** Im Anwendungsbereich des Unionsrechts[41] sind Staatsangehörigkeitsvorbehalte für einzelne Grundrechte, also **Beschränkungen des persönlichen Schutzbereichs** auf Staatsangehörige des betreffenden Mitgliedstaats, **unzulässig.** Das gilt namentlich für die sog **Deutschenrechte** aus Art. 8, 9, 11 GG und Art. 12 GG, jeweils Abs. 1.[42] Dieses Ergebnis ist weitgehend akzeptiert.[43] Umstritten ist „nur" die Art und Weise, mit welcher man zu ihm gelangt. In Betracht kommen im Wesentlichen zwei Lösungswege: Zum einen lässt sich im Wege **verfassungskonformer Auslegung** (wohl eher: Rechtsfortbildung) das Tatbestandsmerkmal „Deutscher" um alle übrigen Unionsbürger[44], gegebenenfalls sogar um sonstige aus dem Unionsrecht Berechtigte – etwa Angehörige von assoziierten Staaten oder Flüchtlinge – erweitern.[45] Zum anderen – und zur Vermeidung derartiger Wortlautüberdehnung, jedenfalls

---

[38] Vgl. den Schlussbericht der „Gruppe II – ‚Einbeziehung der Charta/Beitritt zur EMRK'" vom 22.10.2002, CONV 354/02 WG II 16, S. 7.
[39] *Griller* in Duschanek/Griller, Grundrechte, S. 131 (175 ff.); *Rengeling/Szczekalla* Grundrechte in der EU Rn. 163 ff., 497.
[40] S. Art. 27, 28, 30, 34, 35 und 36 GRC. Eine weitere Bezugnahme außerhalb dieser Reihe findet sich bei der unternehmerischen Freiheit in Art. 16 GRC. „[E]inzelstaatliche Gesetze" werden ferner in Art. 9 GRC bemüht, dem Recht eine Ehe einzugehen und eine Familie zu gründen, sowie beim Recht auf Wehrdienstverweigerung aus Gewissengründen aus Art. 10 Abs. 2 GRC und bei der Freiheit zur Gründung von Lehranstalten in Art. 14 Abs. 3 GRC.
[41] Zu dessen beträchtlicher Reichweite *Rengeling/Szczekalla* Grundrechte in der EU Rn. 152 ff., 277 ff.
[42] Allgemein zur Spannungslage zwischen menschenrechtlich-universalistischem Ansatz und Nationalstaatsprinzip *Siehr* passim.
[43] Vgl. nur *Rengeling/Szczekalla* Grundrechte in der EU Rn. 531 ff.
[44] *Jarass* in Jarass/Pieroth GG Art. 19 Rn. 11 f. mwN; s. aber auch *Pieroth* in Jarass/Pieroth GG Art. 93 Rn. 129. Zu Art. 21 Abs. 2 GRC vgl. Jarass GRCh Art. 21 Rn. 34 ff.
[45] Das gilt auch für Beschränkungen etwa des Kommunalwahlrechts (s. bspw. § 101 S. 2 lettVerf und Art. 62 Abs. 1 polnVerf), des Zugangs zum öffentlichen Dienst (vgl. nur § 101 S. 1 lettVerf, Art. 60 polnVerf und Art. 70 Abs. 4 ungVerf sowie Art. 16 Abs. 3 rumVerf) und sozialer Gewährleistungen im Anwendungsbereich des Unionsrechts (s. zB Art. 67 polnVerf, Art. 50 slowenVerf und § 70/E ungVerf) auf eigene Staatsangehörige in einigen Verfassungen der Beitrittsstaaten. Problematisch (jedenfalls nach Auslaufen

aber -strapazierung – kann der gleiche Schutzstandard über die Anwendung des Jedermannrechts der **allgemeinen Handlungsfreiheit** aus Art. 2 Abs. 1 GG erreicht werden, wobei das Schutzniveau der speziellen Deutschenrechte in dieses Auffanggrundrecht inkorporiert werden muss.[46]

Auf Dauer ehrlicher bzw. **transparenter** wäre es allerdings, die unionsrechtlich erforderliche Ausweitung der Deutschenrechte auf Unionsbürger und sonstige Berechtigte im Wege einer **Verfassungsänderung** auch ausdrücklich klarzustellen, entweder mehrfach direkt bei den einschlägigen Grundrechten oder einmal in einer Querschnittsklausel, zweckmäßigerweise angesiedelt in oder bei Art. 19 Abs. 3 GG, wobei zugleich die dortige Beschränkung auf inländische juristische Personen im Hinblick auf EU-ausländische geändert werden könnte.[47] Angesichts der bisher eingeschlagenen Lösungswege und – soweit ersichtlich – keinerlei diesbezüglicher Probleme in der Rechtsanwendung und vor allem in der Rechtsprechung erscheint eine solche Verfassungsänderung allerdings mehr als unwahrscheinlich. Gleichwohl sollte die – insoweit übertragbare – Rechtsprechung des EuGH zur hinreichend genauen Umsetzung von EU-Richtlinien den (verfassungsändernden) Gesetzgeber mahnen: Denn die Unionsbürger sollen ohne großen Auslegungsaufwand genau erkennen können, welche Rechte ihnen von Unions wegen zustehen.[48] Das ist bei den Deutschenrechten jedenfalls nicht (ohne Weiteres) der Fall. 14

Vielleicht resultiert die diesbezügliche Zurückhaltung des Gesetzgebers allerdings auch aus der Einsicht, dass **nationale Grundrechte** mit Staatsangehörigkeitsvorbehalten **im Anwendungsbereich des Unionsrechts** gar nicht mehr zum Zuge kommen, sondern allein die entsprechenden Unionsgrundrechte, die von Natur aus keinerlei solche Einschränkungen kennen (zu den Adressaten der Unionsgrundrechte → § 9). Eine solche Einsicht verträgt sich allerdings nicht mit dem Bemühen einiger Mitglieder des (Ersten) Konvents und ihrer wissenschaftlichen Berater, die Anwendbarkeit von Unionsgrundrechten gegenüber der bisherigen Rechtsprechung des EuGH zu beschränken, namentlich auf die „**Durchführung** des Rechts der Union" (Art. 51 Abs. 1 S. 1 Alt. 2 GRC). Mit den diesbezüglichen Erläuterungen handelt es sich insoweit aber gar nicht um eine Beschränkung der Anwendbarkeit von Unionsgrundrechten, sondern lediglich um eine andere Formulierung der Grundsätze aus der von den Erläuterungen in Bezug genommenen Rechtsprechung des Gerichtshofs. 15

2. Faktische Wechselwirkungen. Faktische (jedenfalls noch nicht automatisch normative) oder weiche Wechselwirkungen zwischen Unions- und mitgliedstaatlichen Grundrechten lassen sich ebenfalls ausmachen. So soll etwa der deutsche **Verhältnismäßigkeitsgrundsatz** Einfluss auf die diesbezügliche Rechtsprechung des EuGH, aber auch des EGMR gehabt haben.[49] Überhaupt können die in diesen Gerichten vertretenen **Richterpersönlichkeiten,** die zwar nicht streng für einen Mitgliedstaat stehen, sondern „nur" 16

---

von Übergangsbestimmungen des Beitrittsvertrages) sind schließlich die Kann-Vorschriften, welche eine Beschränkung des Eigentumserwerbs von Ausländern ermöglichen (vgl. etwa Art. 32 Abs. 3 estnVerf, Art. 20 Abs. 2 S. 2 slowakVerf, Art. 3, 112 Abs. 1 tschechVerf iVm Art. 11 Abs. 2 Hs. 2 tschechGR-Deklaration).

[46] Vgl. *Bauer/Kahl* JZ 1995, 1077 (1077 ff.); Huber EUIntegrationsR § 23 Rn. 11 f.: „[Ü]ber eine differenzierte Interpretation des Art. 2 Abs. 1 GG im Lichte der Art. 12, 28 ff. EG [muss] sichergestellt werden, daß die Allgemeine Handlungsfreiheit Unionsbürgern anderer Mitgliedstaaten denselben effektiven Schutz vermittelt wie dies Vereinigungs- und Koalitionsfreiheit, Freizügigkeit und Berufsfreiheit für Deutsche tun".

[47] S. etwa § 9 estnVerf (vgl. aber auch die speziellen Regelungen in § 28 Abs. 2, § 29 Abs. 1, § 30 Abs. 1, § 31, § 32 Abs. 3, § 44 Abs. 4 estnVerf). S. jetzt auch zur Annahme einer Verfassungsbeschwerdefähigkeit bei Art. 14 GG iVm Art. 19 Abs. 3 GG einer erwerbswirtschaftlich tätigen inländischen juristischen Person des Privatrechts, die vom schwedischen Staat gehalten wird, ua aus Gründen der Dienstleistungsfreiheit BVerfG NJW 2017, 217 Rn. 185 ff. (Rn. 196: „Europarechtsfreundlichkeit des Grundgesetzes") – 13. AtG-Novelle.

[48] S. dazu nur *Gellermann/Szczekalla* NuR 1993, 54 (54 ff.).

[49] *Rengeling/Szczekalla* Grundrechte in der EU Rn. 538.

seine Rechtsordnung repräsentieren sollen, im Rahmen der Beratungen mitgliedstaatliche Grundrechtstraditionen einbringen. Inwieweit sich dies dann auch im endgültigen Urteilstext niederschlägt, ist allerdings schwer vorherzusagen. Hinzu kommen die vom **Wissenschaftlichen Dienst** des EuGH auf Anforderung erstellten notes de recherche, in denen sich in der Regel nahezu alle (Grund-) Rechtsfamilien wiederfinden und die ebenfalls in die Beratungen einfließen können.[50] Schließlich ist an die regelmäßigen persönlichen Kontakte zwischen den Mitgliedern des EuGH, aber auch des EGMR und der mitgliedstaatlichen Verfassungs- bzw. obersten Gerichte zu denken (**Richterkonferenzen** → § 10 Rn. 88).

17 Dass der EuGH in vielen Entscheidungen ausdrücklich nur auf eine kleinere Anzahl von mitgliedstaatlichen Verfassungsordnungen rekurriert[51], lässt sich mit dem **modellhaften Vorgehen** im Rahmen der **wertenden Rechtsvergleichung** erklären, welches die alltägliche grundrechtsvergleichende Arbeit ein Stück weit entlasten kann: Dabei werden eine oder mehrere bestimmte Rechtsordnungen als Modell oder Schablone für einen europäischen Grundrechtsschutz herangezogen, indem sie den Ausgangspunkt für die weiteren Überlegungen darstellen und im Zuge der (wertenden) Rechtsvergleichung unter Einbeziehung insbesondere der EMRK in Beziehung zu anderen Rechtsordnungen und zur übrigen Unionsrechtsordnung gestellt werden. Sie üben Impulsfunktionen aus und empfangen ihrerseits Impulse aus anderen Rechtsordnungen.[52]

18 Einen nicht zu unterschätzenden, in seinen Auswirkungen auf die Urteile des EuGH aber – anders als in vielen Schlussanträgen der Generalanwälte – mangels Zitaten schwer belegbaren Einfluss kommt auch der **Wissenschaft** zu, die Entscheidungen zunächst im Sinne nationaler oder EMRK-Dogmatik zu deuten und sodann gemeineuropäisch einzuordnen versucht.[53] Derartige **Angebote** gibt es in reicher Zahl. Ihrer vollumfänglichen Rezeption stehen eigentlich „nur" zeitliche und sprachliche Barrieren entgegen. Über den Wissenschaftlichen Dienst des EuGH (wie auch den entsprechenden Einrichtungen der mitgliedstaatlichen Verfassungs- bzw. obersten Gerichte) ist indes sichergestellt, dass sie nicht verloren gehen, sondern zumindest in Datenbanken („auf Abruf") weiterhin zur Verfügung stehen.

19 Bei alledem wirken die jeweiligen Grundrechte **nicht** in einer Art **Einbahnstraße,** sondern sind einem **permanenten „Gegenverkehr"** ausgesetzt: Mit dem Vorschlag der **Rechtsvergleichung als „fünfter Auslegungsmethode"**[54] lässt sich der Transport von Grundrechtsideen aus den Mitgliedstaaten in die Rechtsprechung von EuGH[55] sowie EGMR[56] und umgekehrt gut beschreiben, auch wenn diese Art von Rechtsvergleichung als Methode noch nicht überall Anerkennung gefunden hat und ihrerseits sehr voraussetzungsreich ist. Gerade der („deutsche") Verhältnismäßigkeitsgrundsatz wirkt nach seiner Europäisierung durch EuGH und EGMR jedenfalls mittlerweile in vielfältiger Weise auf Deutschland zurück.[57]

---

[50] Vgl. *Rengeling/Szczekalla* Grundrechte in der EU Rn. 166; *Colneric* ZEuP 2005, 225 (225 ff., insbes. 229).
[51] Etwa EuGH 44/79, Slg. 1979, 3727 Rn. 20 – Hauer/Rheinland-Pfalz, wo neben Art. 1 EMRKZusProt „nur" auf die deutsche, irische und italienische Verfassung abgestellt wird.
[52] *Rengeling/Szczekalla* Grundrechte in der EU Rn. 166; *Szczekalla* S. 495 ff. Zurückhaltender *Jarass* EU-GR § 2 Rn. 28.
[53] Beispielhaft versucht mit den sog grundfreiheitlichen Schutzpflichten: *Szczekalla* DVBl 1998, 219 (219 ff.); näher ausbuchstabiert dann in *Szczekalla* S. 549 ff.
[54] S. insbes. *Häberle* in Häberle, Gemeineuropäisches Verfassungsrecht, S. 27 (36 ff.); *Häberle* JZ 1989, 913 (913 ff.).
[55] Erstmalig ausdrücklich auf das BVerfG NJW 2000, 2736 – Augeninnendruckmessungen (Tonometrie) und Gesichtsfeldprüfungen (Perimetrie) durch Augenoptiker, Bezug nehmend (gleichsam als Vorbild für andere Mitgliedstaaten) EuGH C-108/96, Slg. 2001, I-837 Rn. 36 – Mac Queen (Sehtests durch Augenoptiker).
[56] *Wildhaber* FS Ress, 2005, 1101 (1101 ff.).
[57] Jedenfalls im Sinne einer konventionskonformen Auslegung des GG (zumindest Rechtfertigungsbedürftigkeit bei einem Abweichen) – s. nur BVerfG NJW 2003, 344 – Bewertung von Tätigkeits- und Interessenschwerpunkten (§ 7 BORA), unter Hinweis auf einerseits EGMR 17.10.2002 (S III) - 37928/ 97, EuGRZ 2002, 589 = NJW 2003, 497 – Stambuk/Deutschland („Werbung für neue Lasertechnik"),

Schließlich gibt es heute viele Entscheidungen **mitgliedstaatlicher und Europäischer** 20
Gerichte, die auf die **Grundrechtecharta** eingehen, und sei es nur im Wege einer hilfsweisen Prüfung.[58] Dieser faktische oder schwache Einfluss der Charta als weitgehende Quelle gemeineuropäischer Grundrechtsüberzeugungen hängt allerdings zumeist von einem entsprechenden Vorbringen der Parteien ab, welches manchen mitgliedstaatlichen Gerichten dann erst eine Veranlassung zu entsprechenden Überlegungen gibt.

C. Konfliktpotenziale

Das Bild des Verhältnisses zwischen Unions- und mitgliedstaatlichen Grundrechten wäre 21
unvollständig, wenn man nur die beachtliche Kohärenz oder Konvergenz darstellen würde. Selbstverständlich gibt es auch Konfliktpotenziale, deren Auflösung je nach Akteur – EuGH oder mitgliedstaatliche Verfassungs- bzw. oberste Gerichte – (theoretisch) unterschiedlich ausfallen kann. Diese Problematik, die unter dem Schlagwort „**Vorrang**" jedenfalls für das ältere **Gemeinschaftsrecht** ausgiebig diskutiert worden ist (→ Rn. 22 ff.), soll im Folgenden auch für den Bereich des **Unionsrechts** untersucht werden (→ Rn. 31 ff.). Hier hat sich inzwischen auch ein Vorrang wie beim Gemeinschaftsrecht eingestellt, der sogar zu einer Vorlage seitens des BVerfG führte,[59] das sich der Auslegung durch den EuGH[60] in seiner abschließenden Entscheidung weitgehend angeschlossen hat.[61]

I. Die Vorrangfrage

1. Die Position des EuGH. Ursprünglich hat der EuGH die Auffassung vertreten, es sei 22
seine Aufgabe, allein die Anwendung des (damaligen) Gemeinschaftsrechts sicherzustellen. Dabei habe er sich aber nicht mit Problemen zu befassen, welche dem nationalen Verfassungsrecht einschließlich der dortigen Grundrechten angehörten.[62] Mit seiner Rechtsprechung zum Anwendungsvorrang des Gemeinschaftsrechts[63] wurde indes sehr bald klar, dass sich dieser Vorranganspruch insbesondere gegenüber den mitgliedstaatlichen Verfassungs- bzw. obersten Gerichten auf Dauer nur durchsetzen lassen wird, wenn die Gemeinschaft selbst einen eigenen, adäquaten Grundrechtsschutz bietet.[64] Dieser manifestierte sich dann zum ersten Mal, wenn auch in einem bloßen *obiter dictum,* im *Stauder*-Urteil aus dem Jahr 1969, wonach die Wahrung der Grundrechte zu den „allgemeinen Rechtsgrundsätzen der Gemeinschaftsrechtsordnung" gehöre.[65] Nur aus dieser **Verbindung zwischen Vorrang** auf der einen Seite **und originärem gemeinschaftlichen Grundrechtsschutz** auf der anderen Seite ergab sich die innere Rechtfertigung für die Annahme des EuGH, dass das Gemeinschaftsrecht im Kollisionsfall mitgliedstaatliches Recht jedweden Ranges verdrängt, also auch mitgliedstaatliches Verfassungsrecht und mitgliedstaatliche Grundrechte.[66]

---

und andererseits EuGH C-309/99, Slg. 2002, I-1577 – Wouters ua/Algemene Raad van de Nederlandse Orde van Advocaten (Sozietätsverbot zwischen Anwälten und Wirtschaftsprüfern).
[58] Etwa BFH BFH/NV 2005, 616 – Kindergeldauszahlung an nur einen Berechtigten.
[59] BVerfG NVwZ 2014, 501 mAnm *Müller-Franken* NVwZ 2014, 514 f. – OMT.
[60] EuGH C-62/14, ECLI:EU:C:2015:400 – Gauweiler.
[61] BVerfGE 134, 366 – OMT. Krit. *Pliakos/Anagnostaras* GLJ 18 (2017), 213 (216 ff.).
[62] S. nur EuGH 1/58, Slg. 1958–1959, 43 (60, 63 f.) – Stork/Hohe Behörde; EuGH 18/57, Slg. 1958–1959, 89 (107 f.) – I. Nold/Hohe Behörde; EuGH verb. Rs. 36–38 u. 40/59, Slg. 1960, 885 (918, 920 f.) – Präsident Ruhrkohlen-Verkaufsgesellschaft ua/Hohe Behörde. Vgl. dazu auch *Rengeling* DVBl 1982, 140 (142 f.).
[63] Vgl. insbes. EuGH 6/64, Slg. 1964, 1251 (1269 ff.) – Costa/E. N. E. L. Das liegt an sich in der Konsequenz der unmittelbaren Anwendbarkeit von Gemeinschaftsrecht in jedem Mitgliedstaat; dazu EuGH 26/62, Slg. 1963, 1 – van Gend & Loos/Niederländische Finanzverwaltung. Näher zum Problem → Rn. 24 ff. und 31.
[64] Zum Vorrang vgl. nur *Rengeling* in Rengeling, Europäisierung, S. 5 (5 ff.).
[65] EuGH 29/69, Slg. 1969, 419 (424 f.) – Stauder/Stadt Ulm (Namentliche Nennung des Empfängers verbilligter Butter). Weitere Details zur Entwicklung des Grundrechtsschutzes in der EWG unter → § 1.
[66] S. insbes. EuGH 11/70, Slg. 1970, 1125 (1135 Rn. 3) – Internationale Handelsgesellschaft/EVSt Getreide. Aus jüngerer Zeit etwa EuGH verb. Rs. C-465/00, C-138/01 u. C-139/01, Slg. 2003, I-4989

23 Dabei ist es bis heute im Grundsatz geblieben. Der nicht in Kraft getretene **Europäische Verfassungsvertrag** sanktionierte zudem diese Rechtsprechung in **Art. I-6 VVE,** wonach „[d]ie Verfassung und das von den Organen der Union in Ausübung der der Union übertragenen Zuständigkeiten gesetzte Recht [...] **Vorrang** vor dem Recht der Mitgliedstaaten [haben]." Im heute geltenden Lissabonner Vertrag gibt es eine Erklärung Nr. 17 zum Vorrang. Danach weist die Konferenz darauf hin, „dass die Verträge und das von der Union auf der Grundlage der Verträge gesetzte Recht im Einklang mit der ständigen Rechtsprechung des Gerichtshofs der Europäischen Union unter den in dieser Rechtsprechung festgelegten Bedingungen Vorrang vor dem Recht der Mitgliedstaaten haben". Außerdem ist das Gutachten des Juristischen Dienstes des Rates zum Vorrang in der Fassung des Dokuments 11197/07 (JUR 260) der Schlussakte beigefügt worden. Danach ändert die Tatsache, dass der Grundsatz des Vorrangs nicht in den Lissabonner Vertrag aufgenommen wurde, nichts an seiner Existenz und an der bestehenden Rechtsprechung des EuGH. Gewissermaßen ein wenig abgemildert wird die Rechtsprechung indes durch den Umstand, dass der **EuGH** in einer Reihe von Fällen den vorlegenden Gerichten nur grobe **Leitlinien** an die Hand gibt, die grundrechtliche Abwägung im Einzelfall aber ihnen überlässt,[67] was allerdings auch zu Lasten der **einheitlichen Geltung** des Gemeinschaftsrechts gehen kann.

24 2. Mitgliedstaatliche Integrationsvorbehalte. Die mitgliedstaatlichen Verfassungs- bzw. obersten Gerichte haben auf die Vorrangrechtsprechung des EuGH recht bald mit mehr oder weniger deutlichen auch und gerade **grundrechtlichen Integrationsvorbehalten** reagiert, welche ihrerseits zu Reaktionen der damaligen Gemeinschaftsorgane und des EuGH führten: So hat etwa – beispielhaft – das deutsche **Bundesverfassungsgericht** in seinem sog **Solange I**-Beschluss aus dem Jahr 1974 zunächst entschieden, dass der Integrationsprozess der Gemeinschaft noch **nicht** so weit fortgeschritten sei, als dass das Gemeinschaftsrecht auch einen von einem Parlament beschlossenen und in Geltung stehenden formulierten **Katalog von Grundrechten** enthalte, welcher dem Grundrechtskatalog des Grundgesetzes adäquat sei. Deshalb sei nach Durchführung eines Vorabentscheidungsverfahrens zum EuGH das **konkrete Normenkontrollverfahren** zum BVerfG weiterhin **zulässig** und geboten, wenn das vorlegende Gericht die für es entscheidungserhebliche Vorschrift des Gemeinschaftsrechts in der vom EuGH gegebenen Auslegung für unanwendbar halte, weil und soweit sie mit einem der Grundrechte des Grundgesetzes kollidiere.[68]

25 Diese Rechtsprechung des BVerfG hat nicht nur in Deutschland eine intensive Diskussion über den Grundrechtsschutz ausgelöst.[69] Auch deshalb stellen mögliche Konflikte zwischen nationalen und Gemeinschaftsgrundrechten **keine „querelle allemande"** dar.[70] Eine Folge der Diskussion war unter anderem die **Gemeinsame (Grundrechts-) Erklärung** der Versammlung, des Rates und der Kommission vom 5. April 1977[71], in

---

Rn. 76 ff., 91 f. – ORF; EuGH C-462/99, Slg. 2003, I-5197 Rn. 35 ff. – Connect Austria Gesellschaft für Telekommunikation GmbH/Telekom-Control-Kommission, allerdings jeweils nur „technisches" öst. Verfassungsrecht betreffend.

[67] Etwa EuGH verb. Rs. C-465/00, C-138/01 und C-139/01, Slg. 2003, I-4989 Rn. 86 ff. – ORF. Das kann auch als Schonung der nationalen (Grundrechts-) Identität angesehen werden, s. *Rengeling/Szczekalla* Grundrechte in der EU Rn. 125. Ob das auch für EuGH C-68/17, ECLI:EU:C:2018:696 Rn. 43 ff. – IR/JQ – Wiederheirat, gilt, ist offen.

[68] BVerfGE 37, 271 (285) – Solange-I.

[69] Vgl. dazu auch den F. I. D. E.-Kongress 1975 in Brüssel ua mit dem Thema „Fundamental Rights", und dazu den deutschen Bericht von *Fuß*. S. auch den F. I. D. E.-Kongress 2002 in London, ua mit dem Thema „European Union Law and National Constitutions" (Arbeitsgruppe 1), und dazu den deutschen Bericht von *Nettesheim*; vgl. auch den Tagungsbericht von *Wernicke/Howard/Jund* DVBl 2003, 446 (446 ff.).

[70] Vgl. einerseits *Engel* RabelsZ 60 (1996), 776 (777), sowie *Engel* DVBl 1999, 1069 (1076), und *Rengeling*, Grundrechtsschutz, S. 222, andererseits.

[71] ABl. 1977 C 103 = EuGRZ 1977, 157.

welcher die beteiligten Organe die „vorrangige Bedeutung" unterstrichen, welche sie der Achtung der Grundrechte beimessen, wie sie insbesondere aus den Verfassungen der Mitgliedstaaten sowie aus der Europäischen Konvention zum Schutz der Menschenrechte und Grundfreiheiten hervorgehen. Bei der Ausübung ihrer Befugnisse und bei der Verfolgung der Ziele der Europäischen Gemeinschaften beachteten sie diese Rechte und versprechen, dies auch in Zukunft zu tun. Der EuGH hat sich auf diese Erklärung mehrfach berufen.[72]

Das **BVerfG** hat die **Rechtsprechung des EuGH** zum gemeinschaftlichen Grundrechtsschutz jedenfalls in der Folgezeit „**anerkannt**". Im Anschluss an den so genannten „Vielleicht"-Beschluss[73] erging der so genannte **Solange II**-Beschluss, welcher die *Solange I*-Rechtsprechung gleichsam **umkehrte** und sich vom Erfordernis eines geschriebenen Grundrechtskatalogs auf Gemeinschaftsebene verabschiedete:[74] Solange die Gemeinschaft, insbesondere die Rechtsprechung des EuGH, einen wirksamen Schutz der Grundrechte gegenüber der Hoheitsgewalt der Gemeinschaft generell gewährleiste, welcher dem **vom Grundgesetz als unabdingbar gebotenen Grundrechtsschutz im Wesentlichen gleich** zu achten sei, zumal den **Wesensgehalt** der Grundrechte **generell** verbürge, werde das BVerfG seine **Gerichtsbarkeit** über die Anwendbarkeit von Sekundärrecht, welches als Rechtsgrundlage für ein Verhalten deutscher Gerichte oder Behörden im Hoheitsbereich der Bundesrepublik in Anspruch genommen werde, **nicht mehr ausüben** und dieses Recht mithin nicht mehr am Maßstab der Grundrechte des Grundgesetzes überprüfen. Entsprechende Vorlagen nach Art. 100 Abs. 1 GG seien somit unzulässig. Durch diesen Beschluss, der auch „*Mittlerweile*"-Beschluss genannt wird[75], trat zunächst eine gewisse „Beruhigung" der Situation ein. Außerdem fand diese Rechtsprechung Eingang in die neue Fassung des Art. 23 Abs. 1 S. 1 GG.

Einen zumindest etwas **undeutlicheren Akzent** setzte dann aber das **Maastricht-Urteil** des BVerfG, welches, obwohl eher kompetenzrechtlich ausgerichtet, auch einige – allerdings missverständliche – Aussagen zum Grundrechtsschutz enthielt:[76] Die schon in der Präambel angelegte und in Art. 23 und 24 GG näher geregelte Offenheit des Grundgesetzes für eine europäische Integration habe zur Folge, dass grundrechtserhebliche Eingriffe auch von europäischen Organen ausgehen könnten und ein Grundrechtsschutz dementsprechend für das gesamte Geltungsgebiet dieser Maßnahmen gewährleistet werden müsse. Dadurch erweiterten sich insbesondere der räumliche Anwendungsbereich der Freiheitsrechte und die Vergleichsperspektive bei der Anwendung des Gleichheitssatzes. Eine ins Gewicht fallende Minderung des Grundrechtsstandards sei damit aber nicht verbunden. Das BVerfG gewährleiste durch seine Zuständigkeit, dass ein **wirksamer Schutz der Grundrechte für die Einwohner Deutschlands auch gegenüber der Hoheitsgewalt der Gemeinschaften generell** sichergestellt und dieser dem vom Grundgesetz als unabdingbar gebotenen Grundrechtsschutz im Wesentlichen gleich zu achten sei, zumal den Wesensgehalt der Grundrechte generell verbürge. Das deutsche Gericht sichere so diesen Wesensgehalt auch gegenüber der Hoheitsgewalt der Gemeinschaft. Auch Akte einer besonderen, von der Staatsgewalt der Mitgliedstaaten geschiedenen öffentlichen Gewalt einer supranationalen Organisation beträfen die Grundrechtsberechtigten in Deutschland. Sie berührten damit die Gewährleistungen des Grundgesetzes und die **Aufgaben des BVerfG,** welche den **Grundrechtsschutz in Deutschland** und insoweit nicht nur gegenüber deutschen Staatsorganen zum Gegenstand hätten.[77] Allerdings übe das Gericht seine Gerichtsbarkeit über die Anwendbarkeit von abgeleitetem Gemeinschaftsrecht in Deutsch-

---

[72] S. nur EuGH 44/79, Slg. 1979, 3727 Rn. 15 – Hauer/Rheinland-Pfalz; EuGH 222/84, Slg. 1986, 1651 Rn. 18 – Johnston/Chief Constable of the Royal Ulster Constabulary.
[73] BVerfGE 52, 187.
[74] BVerfGE 73, 339 (387).
[75] *Ipsen* EuR 1987, 1 (1 ff.).
[76] BVerfGE 89, 155 (174 f.).
[77] Unter ausdrücklichem Hinweis auf eine Abweichung von BVerfGE 58, 1 (27) – Eurocontrol-I.

land in einem „**Kooperationsverhältnis**"[78] **zum EuGH** aus, in welchem der Gerichtshof den Grundrechtsschutz in jedem **Einzelfall** für das gesamte Gebiet der Gemeinschaft garantiere, das **BVerfG** sich deshalb auf eine **generelle Gewährleistung der unabdingbaren Grundrechtsstandards** beschränken könne.

28 Der Begriff des „Kooperationsverhältnisses" hat die Frage nach der **Letztentscheidungskompetenz** in Sachen Grundrechtskonformität von (sekundärem) Gemeinschaftsrecht eher vernebelt. Die Formel vom „Grundrechtsschutz in Deutschland" ließ ebenfalls viele Fragen offen,[79] unter anderem nach dem konkreten **Gegenstand** eines entsprechenden verfassungsgerichtlichen Verfahrens (Sekundärrechtsakt oder – weiterhin – [deutsches] Zustimmungsgesetz zur primärrechtlichen Grundlage) sowie nach der dann einschlägigen Grundrechtsfunktion (Abwehr[80] oder [diplomatischer] Schutz[81]).

29 Einige Klarstellungen und eine **erneute Entschärfung** der Diskussion traten zuletzt durch die Entscheidung des BVerfG zur **Bananenmarktordnung** ein.[82] Darin bekräftigte das Gericht zwar zunächst seine bisherige Rechtsprechung, wies aber zugleich darauf hin, dass es im *Maastricht*-Urteil seine Auffassung über die Abgrenzung der Rechtsprechungszuständigkeit des EuGH im Verhältnis zum BVerfG nicht umgekehrt habe. Einen Unterschied zwischen den Entscheidungen *Solange II* und *Maastricht* gebe es insoweit nicht.[83] Sodann heißt es, dass ein **generelles Absinken des Grundrechtsstandards** in der Rechtsprechung des EuGH **nicht festzustellen** sei. **Verfassungsbeschwerden und Vorlagen** von Gerichten, welche eine Verletzung in Grundrechten des Grundgesetzes durch sekundäres Gemeinschaftsrecht geltend machen, seien aber von vornherein **unzulässig**, wenn ihre Begründung nicht darlegt, dass die europäische Rechtsentwicklung einschließlich der Rechtsprechung des EuGH nach Ergehen der *Solange II*-Entscheidung unter den erforderlichen Grundrechtsstandard abgesunken sei. Deshalb müsse die Begründung der Vorlage oder Verfassungsbeschwerde im Einzelnen darlegen, dass der jeweils als unabdingbar gebotene Grundrechtsschutz generell nicht gewährleistet ist. Dies erfordere eine Gegenüberstellung des Grundrechtsschutzes auf nationaler und auf Gemeinschaftsebene in der Art und Weise, wie sie das BVerfG in der *Solange II*-Entscheidung selbst geleistet habe.

30 Damit bleibt eine Art **Reservezuständigkeit** des **BVerfG** bestehen. Diese wird aber nur in dem unwahrscheinlichen Fall bemüht werden können, dass dem EuGH ein generelles Versagen in Sachen Grundrechtsschutz unterläuft. Das ist bis auf weiteres nicht ersichtlich.

II. Der Vorrang des gesamten Unionsrechts

31 Mit der Umbenennung des Gemeinschafts- in das Unionsrecht durch den Lissabonner Vertrag hat sich die Frage nach einem Vorrang des Unionsrechts in Zukunft erübrigt. Früher konnte die Frage in den Fällen diskutiert werden, wenn und soweit dem **Unionsrecht** gar **keine unmittelbare Anwendbarkeit** zukommt, was für **Rahmenbeschlüsse** nach Art. 34 Abs. 2 lit. b S. 3 EUV-Nizza zutraf, denen eine unmittelbare Wirkung vom Vertragstext abgesprochen worden ist. Zwar konnte der Vorrang durchaus als Konsequenz der unmittelbaren Wirkung des Gemeinschaftsrechts in jedem Mitgliedstaat angesehen

---

[78] Hervorhebung im Original.
[79] Zur Diskussion s. nur *Bleckmann/Pieper* RIW 1993, 969 (969 ff.); *Everling* GS Grabitz, 1995, 57 (57 ff.); *Everling* integration 1994, 165 (165 ff.); *Klein* GS Grabitz, 1995, 271 (271 ff.); *Graf Vitzthum* JZ 1998, 161 (161 ff.); *Kirchhof* in Kirchhof/Hommelhoff S. 11 (11 ff.); *Ossenbühl* DVBl 1993, 629 (629 ff.); *Schwarze* NJ 1994, 1 (1 ff.); *Wahl* APuZ 37–38 (2001), 45 (45 ff.).
[80] *Szczekalla* S. 1105 ff. u. S. 1152 These 148.
[81] So *Bleckmann* EWS 1995, 213 (213 ff.); *v. Danwitz* S. 86 ff., 102 These III.4.b), 5; *Merten* Speyerer Vorträge 27 (1994), 15 (21 f.); *Tettinger* S. 128 ff., sowie *Walter* AöR 129 (2004), 39 (67 ff.).
[82] BVerfGE 102, 147 (161 ff.).
[83] So auch die Einschätzung der damaligen Präsidentin des BVerfG *Limbach* FCE 7 (2000), 1 (Rn. 21 ff.); *Limbach* ZEuS 2001, 365 (371 f.), jew. mwN. Das gilt unabhängig davon, ob der seinerzeit zuständige Berichterstatter im Senat (*P. Kirchhof*) einer ähnlichen Kontinuitätsvorstellung unterlegen ist oder nicht; dazu *Mayer* EuZW 2000, 685 (687).

werden. Allerdings hat der EuGH den **Vorrang** schon früh auch unabhängig von der unmittelbaren Anwendbarkeit begründet:[84] Die unmittelbare Geltung von Verordnungen nach Art. 249 Abs. 2 S. 1 EGV-Nizza war danach allenfalls eine „Bestätigung" dafür, dass das Gemeinschaftsrecht insgesamt entgegenstehendes nationales Recht verdrängt. Entscheidend ist die Eigenart des E(W)GV, der nach Ansicht des EuGH eine eigene Rechtsordnung geschaffen habe, welche als solche in den mitgliedstaatlichen Rechtsordnungen Aufnahme gefunden habe. Die Gemeinschaft sei zudem auf unbegrenzte Zeit geschlossen, verfüge über besondere Organe sowie über Rechts-, Geschäfts- und internationale Handlungsfähigkeit. Durch ihre Mitgliedstaaten sei sie mit besonderen Hoheitsrechten ausgestattet. Weitere Ansatzpunkte waren der Grundsatz der Gemeinschaftstreue aus Art. 10 Abs. 2 EGV-Nizza sowie das Diskriminierungsverbot nach Art. 12 EGV-Nizza. Damit haben etwa auch Richtlinien am Vorrang teil, soweit dies ihrer Natur nach möglich ist.[85] Über das Vorabentscheidungsverfahren kann der EuGH den Vorrang zudem umfassend sichern.

Bislang schien jedenfalls das **BVerfG** der Ansicht zu sein, dass **Rahmenbeschlüsse** allein **32** anhand **deutscher Grundrechte** zu prüfen seien.[86] In der *Maastricht*-Entscheidung hat das Gericht außerdem schon betont, dass Titel V und VI EUV-Maastricht (Gemeinsame Außen- und Sicherheitspolitik sowie Justiz und Inneres als sog Zweite und Dritte Säule) bewusst nicht in das supranationale System überführt worden seien.[87] Maßnahmen nach diesen Titeln komme weder unmittelbare Anwendbarkeit noch vorrangige Rechtsqualität zu. Sie seien vielmehr ihrer Natur nach intergouvernementales, also klassisches Völkerrecht. Soweit sie die Bundesrepublik Deutschland zu grundrechtserheblichen Eingriffen verpflichteten, müssten sie deshalb über den jeweiligen innerstaatlichen Durchführungsakt an den deutschen Grundrechten gemessen werden.[88] Diese Einschätzung beruhte aber auf der seinerzeit angenommenen grundrechtswidrigen **Rechtsschutzlücke** nach Art. L EUV aF in diesem Bereich.[89] Mit dem Amsterdamer Vertrag und dem – wenn auch fakultativen – Vorabentscheidungsverfahren nach Art. 35 EUV-Amsterdam ist diese Rechtsschutzlücke aber **beseitigt** worden. Der EuGH kann jedenfalls über die Gültigkeit eines entsprechenden Rechtsaktes umfassend entscheiden. Außerdem unterscheiden sich die Gemeinsame Maßnahme nach Maastricht und der Rahmenbeschluss seit Amsterdam erheblich hinsichtlich ihrer Rechtsqualität, vor allem wegen seiner Zielverbindlichkeit, welche insoweit der Richtlinie entspricht.[90] Von reinem intergouvernementalen Recht kann jedenfalls nicht mehr die Rede sein.

Insgesamt sprach also mehr dafür, dass auch **Unionsrecht** am **Vorrang** teilhaben kann, **33** und sei es auch „nur" über die unionsrechtskonforme Auslegung nationalen Rechts. *De constitutione ferenda* folgt dies nunmehr nicht aus dem (nicht in Kraft getretenen) Art. I-6 VVE, sondern zumindest aus der Erklärung Nr. 17 zum Vorrang. Eine einheitliche Auslegung und Anwendung ist jedenfalls auch aus Rechtsschutzgründen dringend erforderlich,

---

[84] S. nur EuGH 6/64, Slg. 1964, 1251 (1269 ff.) – Costa/E. N. E. L. Zuletzt EuGH C-42/17, ECLI:EU:C:2017:936 Rn. 30 ff. – M. A. S. und M. B. Krit. *Burchardt* EuR 2018, 248 ff.
[85] Kritisch *Di Fabio* NJW 1990, 947 ff.
[86] S. die einstweilige Anordnung in BVerfGE 112, 90. Dagegen prüft das OLG Stuttgart NJW 2004, 3437 (Eur. Haftbefehl) bei lebenslanger Freiheitsstrafe für ein Betäubungsmittel-Delikt in Griechenland und nur teilweiser englischer Übersetzung der Sache nach wohl gemeinschaftliche Grundrechte (europäischer *ordre public*).
[87] BVerfGE 89, 155 (176).
[88] BVerfGE 89, 155 (177 f.).
[89] S. dazu *Middeke/Szczekalla* JZ 1993, 284 ff. mwN.
[90] Vgl. GA *Kokott*, SchlA C-105/03, Slg. 2005, I-5285 – Pupino (Vernehmung kindlicher Zeugen). Dabei handelt es sich um das erste Vorabentscheidungsverfahren aus dem Bereich polizeilicher und justizieller Zusammenarbeit in Strafsachen zu einem Rahmenbeschluss nach Art. 31 und 34 Abs. 2 lit. b EUV (Rahmenbeschluss 2001/220/JI des Rates über die Stellung des Opfers im Strafverfahren, ABl. 2001 L 82, 1). Gegen eine Reihe verfahrensbeteiligter Mitgliedstaaten folgert GA *Kokott* eine Pflicht zur rahmenbeschlusskonformen Auslegung nationalen Rechts ua aus dem Prinzip der Unionstreue (Rn. 36). Das spricht auch für die Beachtlichkeit gemeinschaftlicher Grundrechte. Auch der EuGH verlangt eine solche Auslegung (Rn. 34, 38).

weil dem Unionsbürger nicht zugemutet werden kann, in jedem Mitgliedstaat gesondert zu prüfen, ob und wie (insbesondere mit welchen Verfahrensgarantien) das von der Union geschaffene Recht dort umgesetzt worden ist und ihn betrifft. Damit sind die Unionsgrundrechte insgesamt beachtlich. Der Konfliktherd zwischen unionalem und nationalem Grundrechtsschutz beginnt sich deshalb zumindest zu erwärmen.[91] Immerhin zeigt das endgültige Urteil im OMT-Verfahren, dass das BVerfG dem EuGH zu folgen bereit ist.[92] Und die Prophezeiung, dass es eine Abkehr von der *Solange*-Rechtsprechung gegeben habe und dass EU-Rechtsakte einzelfallbezogen vom BVerfG überprüft werden würden, hat sich wohl noch nicht bewahrheitet.[93]

D. Kritische Bewertung

34   Das Verhältnis zwischen Unions- und mitgliedstaatlichem Grundrechtsschutz war **weitgehend** von Kohärenz, gar **Harmonie** geprägt. Die Konfliktpotenziale resultieren aus dem unbedingten Vorrangsanspruch des Unionsrechts in der Rechtsprechung des EuGH. Die **mitgliedstaatlichen Integrationsvorbehalte** führen zu relativen Reservezuständigkeiten der dortigen Verfassungs- bzw. obersten Gerichte[94]. Ihre **regelmäßige Betonung** steht allerdings **in keinem Verhältnis zur geringen Chance ihrer Realisierung.** Die Mitgliedstaaten sind jedenfalls gegenwärtig noch nicht bereit, zugunsten einer Letztentscheidungsbefugnis des EuGH auf diese Reservekompetenzen zu verzichten, während der EuGH diese Befugnis für sich reklamiert und auf Grundlage des von ihm angenommenen Vorrangs auch reklamieren muss. Das so beschriebene normative Verhältnis zwischen unionalem und mitgliedstaatlichem Grundrechtsschutz ist derzeit nicht weiter auflösbar.

35   Ein noch besseres Verhältnis im faktischen Sinn konnte aber inzwischen auch dadurch erreicht werden, dass sich auch diejenigen Verfassungs- bzw. obersten Gerichte am **Vorabentscheidungsverfahren** beteiligen, die dies bisher aus vermeintlich prozessualen Gründen (noch) nicht getan hatten. So hat etwa auch das deutsche BVerfG sein erstes Vorabentscheidungsersuchen gestellt. Kooperation oder Dialog kommen auf diese Weise jetzt viel unmittelbarer zustande und nicht nur wie früher sehr mittelbar – über die so genannten mitgliedstaatlichen Fachgerichte – oder nur bei anderen, nicht justizförmlichen Gelegenheiten (→ Rn. 16) zu Stande.[95] Soweit die nationalen Verfassungen über Europaklauseln wie die des Art. 23 GG verfügen, besteht jedenfalls kein Grund, Vorlagen prozessual zu hintertreiben, ganz abgesehen von dem seinerseits grundrechtlich bedenklichen

---

[91] Im Haftbefehlsfall (→ Rn. 7) ist es aber noch nicht zu einem (Über-) Kochen gekommen, weil der Umsetzungsspielraum des deutschen Gesetzgebers grundrechtskonform auszufüllen ist. Dieses Spielraums war sich der deutsche Bundestag offenbar gar nicht bewusst, sondern hat das Gesetz im Zustand „normativer Unfreiheit" ohne Änderungen durchgewunken (so der Eindruck bei der mündlichen Verhandlung). Auch andere Verfassungs- bzw. oberste Gerichte haben insoweit nationale Grundrechte herangezogen, s. polnVerfG EuR 2005, 494, und zyprOGH Urt. v. 7.11.2005 – 294/2005 – Europäischer Haftbefehl. Anders das Vorlageurteil des belgSchiedshofs NJW 2005, 3312 L – Europäischer Haftbefehl (abrufbar in deutscher Sprache unter http://www.const-cour.be/public/d/2005/2005-124d.pdf, letzter Abruf 2.9.2019); EuGH C-303/05, Slg. 2007, I-3633 – Advocaten voor de Wereld.

[92] BVerfGE 134, 366 Rn. 174 ff. – OMT. Krit. *Pliakos/Anagnostaras* GLJ 18 (2017), 213 (216 ff.). Ebenso, eine Vorlage indes ablehnend, BVerfG 2 BvR 1685/14 ua, ECLI:DE:BVerfG:2019:rs20190730.2bvr168514 Rn. 314 ff. – Eur. Bankenunion.

[93] So etwa v. *Karaosmanoglu/Ebert* DVBl 2016, 875 (875 ff.); *Sauer* NJW 2016, 1134 (1134 ff.), jeweils zu BVerfG NJW 2016, 1149 – Schuldgrundsatz und Auslieferung zur Vollstreckung eines it. Abwesenheitsurteils.

[94] Zuletzt SCVK 24.1.2017 – UKSC 2016/0196, [2017] UKSC 5 Rn. 60 ff. – Brexit; itVerfG 20/2019, ECLI:IT:COST:2019:20.

[95] Zur Bedeutung dieses Dialogs s. auch Urteil des spanVerfassungsgerichtshofs 13.12.2004 – Erklärung DTC 1/2004; Übersetzung ins Deutsche bei *Becker* EuR 2005, 339. S. dazu auch die Beiträge von *Gerkrath* in Masing/Jestaedt/Capitant/Le Divellec, Strukturfragen des Grundrechtsschutzes in Europa, S. 4 (7 ff.); *Lepsius* in Masing/Jestaedt/Capitant/Le Divellec, Strukturfragen des Grundrechtsschutzes in Europa, S. 45 (48 ff.); *v. Danwitz* in Masing/Jestaedt/Capitant/Le Divellec, Strukturfragen des Grundrechtsschutzes in Europa, S. 67 (70 ff.).

Zeitverlust, welcher eintritt, wenn erst die Fachgerichte zur Vorlage aufgefordert werden.[96] Jedenfalls sollten die nationalen **Verfassungsgerichte** in Zukunft durch Vorlagen an den EuGH auch versuchen, eine Klärung des **Anwendungsbereichs der Unionsgrundrechte** zu erreichen.[97] Diese Frage ist jedenfalls noch nicht beantwortet. Zuletzt hat etwa das deutsche BVerfG im Januar 2017 das deutsche Parteienverbotsverfahren nach Art. 21 Abs. 2 GG trotz einschlägiger Vorschriften des Vertragsrechts[98] als rein national beurteilt.[99] Immerhin hat es sich zugleich um eine EMRK-Kompatibilität bemüht (→ § 32).[100]

Bei all den positiven Äußerungen zur wechselseitigen Harmonie oder Kohärenz darf jedoch nicht übersehen werden, dass **drei** der wichtigsten **Probleme** der letzten zehn Jahre mit auch grundrechtlichen Bezugspunkten noch keiner befriedigenden Lösung zugeführt worden sind: Zum einen geht es um die Möglichkeit eines jeden Mitgliedstaats, aus der Europäischen Union **auszutreten**[101] Diese für das Vereinigte Königreich und die Rest-EU im Jahr 2019 anstehende Entscheidung zwischen einem „hard", „soft", „blind" oder gar „No"-**Brexit** ist bis heute noch nicht geklärt.[102] Das zweite Problem ist die Bewältigung der **Flüchtlingskrise,** für die ebenfalls bis heute keine neue, europaweite Lösung gefunden worden ist.[103] Schließlich sind die damit im Zusammenhang stehenden Probleme um **Rechtsstaat** und **Demokratie** bei einigen Mitgliedstaaten zu sehen, die zu **autokratischen Strukturen** zu neigen drohen.[104] Bei all diesen drei Problemen bietet das geltende Unionsrecht hinreichende Möglichkeiten der Gegensteuerung durch die EU-Organe und durch die Mitgliedstaaten einschließlich ihrer Zivilgesellschaften, jeweils immer begleitet durch die Rechtsprechung auch des **EuGH**.[105] Die EU ist jedenfalls trotz aller Krisen auch beim grundrechtlichen Streben nach Harmonie oder Kohärenz noch lange nicht am Ende.[106]

36

Der **EuGH** hat in einem Plenar-Urteil nach einem beschleunigten Verfahren die Möglichkeit einer **einseitigen Rücknahme der Mitteilung der Absicht** des Vereinigten Königreichs, aus der EU **auszutreten,** angenommen.[107] Das gilt, solange das Austrittsabkommen noch nicht in Kraft getreten ist oder, falls kein solches Abkommen geschlossen

37

---

[96] Die grundsätzliche Vorlagepflicht der Fachgerichte steht dabei außer Frage. Eine frühe Vorlage kann eine andernfalls überlange Verfahrensdauer vermeiden helfen. Wenn das Verfassungsgericht allerdings mit der Sache ohnehin schon befasst ist, kann und sollte es auch selbst vorlegen.

[97] In diese Richtung auch *Rodriguez Iglesías* FCE 2 (2005), 1 (11 f.). Beispielhaft der belgSchiedshof NJW 2005, 3312 L – Europäischer Haftbefehl (Fn. 92 aE). Gegen eine Anwendbarkeit der GRC etwa BVerfGE 133, 277 Rn. 91 - AntiterrodateiG (zu EuGH C-617/10, ECLI:EU:C:2013:105 Rn. 17 ff. [19] – Åkerberg Fransson [Doppelbestrafungsverbot]).

[98] Vgl. etwa *Szczekalla* in FK-EUV/GRC/AEUV AEUV Art. 224 Rn. 1 ff.

[99] S. BVerfG 2 BvB 1/13, ECLI:DE:BVerfG:2017:bs20170117.2bvb000113 Rn. 627 ff., 630 ff. – NPD-II.

[100] Vgl. BVerfG 2 BvB 1/13, ECLI:DE:BVerfG:2017:bs20170117.2bvb000113 Ls. 8, Rn. 510, 607 ff. – NPD-II. Die EMRK iRd GRC anwendend *Thiele* in FK-EUV/GRC/AEUV GRC Art. 12 Rn. 32.

[101] S. *Szczekalla* in Pechstein/Nowak/Häde EUV Art. 50 Rn. 1 ff.

[102] Zuletzt gab der Gipfel von Salzburg vom 19. bis 20.9.2018 kein Ergebnis hinsichtlich der Grenze zwischen dem VK und Irland und der vom VK angebotenen bloßen Übernahme einiger Grundfreiheiten mit Ausnahme der Personenverkehrsfreiheiten. S. aber jetzt das Abkommen über den Austritt des Vereinigten Königreichs Großbritannien und Nordirland aus der EU und der EAG, ABl. 2019 C 66 I, 1 (vgl. → § 2 Rn. 39).

[103] Keine Einigung auf dem Salzburger Gipfel vom 19. bis 20.9.2018. Bis Ende März 2019 (oder länger) besteht jedenfalls die Pflicht des Vollstreckungsmitgliedstaats zur Vollstreckung eines Eur. Haftbefehls aus dem VK, s. EuGH C-327/18 PPU, ECLI:EU:C:2018:733 Rn. 34 ff. – RO.

[104] Vgl. *Möllers/Schneider*, Demokratiesicherung, va S. 130 ff., und *Skouris*, Demokratie und Rechtsstaat, insbes. S. 103 ff.

[105] So beabsichtigt etwa Ungarn eine Klage vor dem EuGH gegen das EP wegen Nichteinhaltung der Mehrheitsregeln beim Beschluss zum *Sargentini*-Bericht v. 12.9.2018 (448 Ja-, 197 Nein-Stimmen und 48 Enthaltungen). S. dazu jetzt EuGH C-650/18 – Ungarn/EP.

[106] So hat die Kommission laut Pressemitteilung vom 24.9.2018 ein Vertragsverletzungsverfahren gegen Polen mit Antrag auf einstweilige Anordnung beschlossen. Es geht um ein poln. Gesetz über das Oberste Gericht, mit dem das Pensionsalter für Richter von 70 auf 65 Jahre herabgesetzt wird. Zu weiteren Verfahren im Vorfeld (Art. 7 EUV) s. die Pressemitteilung. Vgl. dazu jetzt die einstweilige Anordnung durch den EuGH C-619/19 R, ECLI:EU:C:2018:1021 – Kommission/Polen.

[107] EuGH C-621/18, ECLI:EU:C:2018:999 Rn. 44 ff. – Wightman.

wurde, solange die in Art. 50 Abs. 3 EUV vorgesehene Frist von zwei Jahren, die ggf. im Einklang mit dieser Bestimmung verlängert werden kann, noch nicht abgelaufen ist. Durch ein an den Europäischen Rat gerichtetes Schreiben kann einseitig, eindeutig und unbedingt die Rücknahme erfolgen, nachdem der betreffende Mitgliedstaat den Rücknahmebeschluss im Einklang mit seinen verfassungsrechtlichen Vorschriften getroffen hat. Gegenstand einer solchen Rücknahme ist die Bestätigung der Zugehörigkeit dieses Mitgliedstaats zur EU unter Bedingungen, die hinsichtlich seines Status als Mitgliedstaat unverändert sind, so dass die Rücknahme das Austrittsverfahren beendet.

38 Das Urteil ist zwar vielfach kritisiert worden,[108] stellt indes die **alleinige Verantwortung des austretenden Mitgliedstaats bis zur letzten Möglichkeit** wieder her: Er entscheidet über **Austritt, Austrittsfrist und Austrittsende.** Die anderen Mitgliedstaaten haben nur in Fragen der Fristverlängerung ein Mitspracherecht. Das entspricht der korrekten Auslegung von Art. 50 EUV, insbes. dessen Abs. 3.

39 Die **Frist,** die im konkreten Fall am **29. März 2019** abgelaufen wäre, hat der Europäische Rat inzwischen **verlängert.**[109] Was dabei herauskommen wird, ist bei Redaktionsschluss dieses Paragraphen Anfang September 2019 indes immer noch nicht absehbar. Wichtig ist jedenfalls die nach wie vor **bestehende Bindung** des Vereinigten Königreichs auch an die **Europäische Menschenrechtskonvention** als der zweiten Rechtserkenntnisquelle für EU-Grundrechte als allgemeine Rechtsgrundsätze nach herkömmlichem Verständnis.[110] Das Verhältnis zwischen dem Grundrechtsschutz in der EU und nach der EMRK wird im Folgeparagraphen näher behandelt. Auch hier wird für alle drei Hauptprobleme im Verhältnis EU und Mitgliedstaaten hinreichend Hilfe geboten.[111]

---

[108] So haben etwa Rat und Kommission die Einseitigkeit der Rücknahme bestritten, s. EuGH C-621/18, ECLI:EU:C:2018:999 Rn. 38 ff. – Wightman.
[109] In Abhängigkeit von einem das Austrittsabkommen mit der EU (Abkommen über den Austritt des Vereinigten Königreichs Großbritannien und Nordirland aus der EU und der EAG, ABl. 2019 C 66 I, 1) bestätigenden Beschluss des Parlaments (House of Commons) auf den 22.5.2019, ohne einen solchen Beschluss auf den 12.4.2019, wobei das VK vorher dem Rat seine Überlegungen mitteilt. In jedem Fall muss sich das VK an den EP-Wahlen vom 23. bis zum 26.5.2019 beteiligen, falls es dann noch Mitglied sein sollte. s. den (Verlängerungs-) Beschluss des Eur. Rates (EU) 2019/476, ABl. 2019 L I 80, 1. Die letzte, verlängerte Frist ist nunmehr der 31.10.2019, s. https://ec.europa.eu/commission/brexit-negotiations_en (letzter Abruf 2.9.2019).
[110] S. Teil I. I. A.7. der Politischen Erklärung zur Festlegung des Rahmens für die künftigen Beziehungen zwischen der EU und dem VK, ABl. 2019 C 66 I, 185. Die Pläne, die EMRK für das VK abzuschwächen (*Buchsteiner,* FAZ Nr. 164 v. 18.7.2014, S. 3), sind nicht Wirklichkeit geworden.
[111] Vgl. etwa EGMR 12.3.2019 (S II) – 26374/18, ECLI:CE:ECHR:2019:0312JUD002637418 – Guðmundur Andri Ástráðsson/Island, vor dem Hintergrund von EuGH C-619/18 R, ECLI:EU:C:2018:1021 – Kommission/Polen (s. → § 2 Rn. 36 mit Fn. 106).

§ 3 Das Verhältnis zwischen dem Grundrechtsschutz in der EU und nach der EMRK

Übersicht

	Rn.
A. Einleitung	1
B. Kohärenz	2–25
I. Der Einfluss mitgliedstaatlicher Grundrechte auf die EMRK	3–6
II. Der Einfluss der Unionsgrundrechte auf die EMRK	7–13
1. Normative Ausgangslage de constitutione lata	8–10
2. Normative Ausgangslage nach einem Beitritt	11–13
III. Der Einfluss der EMRK auf die mitgliedstaatlichen Grundrechte	14–20
IV. Der Einfluss der EMRK auf die Unionsgrundrechte	21–25
1. Normative Ausgangslage de constitutione lata	22, 23
2. Normative Ausgangslage nach einem Beitritt	24, 25
C. Konfliktpotenziale	26–39
I. Vorrang mitgliedstaatlicher Grundrechte	27–32
1. Grenzen konventionskonformer Auslegung	27, 28
2. Auswirkungsvorbehalt	29–32
II. Der Vorrang des Unionsrechts	33–35
III. Verbleibende Besonderheiten des Unionsrechts	36, 37
IV. Ausblick: Der Beitritt der EU nach dem Gutachten 2/13 des EuGH sowie den Zusatzprotokollen Nr. 15 und 16 zur EMRK	38, 39
D. Kritische Bewertung	40–44

Schrifttum:

Baumgartner, EMRK und Gemeinschaftsrecht, ZfV 1996, 319; *ders.*, EU-Mitgliedschaft und Grundrechtsschutz, 1997; *Becker/Bovenkerk/Groh ua*, Die Europäische Verfassung – Verfassungen in Europa, 2005; *Breuer*, Offene Fragen im Verhältnis von EGMR und EuGH, EuGRZ 2005, 229; *ders.*, „Wasch mir den Pelz, aber mach mich nicht nass!" Das zweite Gutachten des EuGH zum EMRK-Beitritt der Europäischen Union, EuR 2015, 330; *Bröhmer/Bieber/Calliess ua*, Internationale Gemeinschaft und Menschenrechte, FS für Georg Ress zum 70. Geburtstag, 2005; *Colneric*, Auslegung des Gemeinschaftsrechts und gemeinschaftsrechtskonforme Auslegung, ZEuP 2005, 225; *Cremer/Giegerich/Richter/Zimmermann*, Tradition und Weltoffenheit des Rechts, FS für Helmut Steinberger, 2002; *Deiseroth/Öztürk*, Zur Amtsenthebung von zwei Richtern des türkischen Verfassungsgerichts nach dem gescheiterten Staatsstreich vom 15./16. Juli 2016, EuGRZ 2016, 597; *Duschanek/Griller*, Grundrechte für Europa. Die Europäische Union nach Nizza, 2002; *Costa*, La Convention européenne des droits de l'homme, la Charte des droits fondamentaux de l'Union européenne et la problématique de l'adhésion de l'Union européenne à la Convention, EUI Working Paper LAW No. 2004/05; *Ehlers*, Die Europäische Menschenrechtskonvention, Jura 2000, 372; *Everling*, Europäische Union, Europäische Menschenrechtskonvention und Verfassungsstaat, EuR 2005, 411; *Fromont*, Die Bedeutung der Europäischen Menschenrechtskonvention in der französischen Rechtsordnung, DÖV 2005, 1; *Frowein*, Der europäische Grundrechtsschutz und die deutsche Rechtsprechung, NVwZ 2002, 29; *Glas*, The European Court of Human Rights' Use of Non-Binding and Standard-Setting Council of Europe Documents, HRLR 1 (2017), 97; *Grabenwarter*, Auf dem Weg in die Grundrechtsgemeinschaft?, EuGRZ 2004, 563; *ders.*, Die Menschenrechtskonvention und Grundrechte-Charta in der europäischen Verfassungsentwicklung, in Cremer/Giegerich/Richter/Zimmermann, FS Steinberger, S. 1129; *ders.*, Die Kooperation der Verfassungsgerichte in Europa. Generalbericht zur Konferenz der Europäischen Verfassungsgerichte, abrufbar unter http://www.confeuconstco.org/reports/rep-xvi/Generalbericht%20DE.pdf (letzter Abruf: 2.9.2019); *Griller*, Der Anwendungsbereich der Grundrechtscharta unter Berücksichtigung seines Verhältnisses zu sonstigen Gemeinschaftsrechten, Rechten aus der EMRK und zu verfassungsgesetzlich gewährleisteten Rechten, in Duschanek/Griller, S. 131; *Gundel*, Erfolgsmodell Vorabentscheidungsverfahren? Die neue Vorlage zum EGMR nach dem 16. Protokoll zur EMRK und ihr Verhältnis zum EU-Rechtsschutzsystem, EuR 2015, 609; *Köngeter*, Völkerrechtliche und innerstaatliche Probleme eines Beitritts der Europäischen Union zur EMRK, in Becker/Bovenkerk/Groh ua, S. 230; *Lenaerts/Desomer*, Bricks for a Constitutional Treaty of the European Union: values, objectives and means, ELRev. 27 (2002), 377; *Krüger/Polakiewicz*, Proposals for a Coherent Human Rights Protection System in Europe, HRLJ 21 (2001), 1; *Lorenzmeier*, Verhältnis EuGH – EGMR: Konflikt oder Kooperation?, in Becker/Bovenkerk/Groh ua, S. 209; *Masuch*, Zur fallübergreifenden Bindungswirkung von Urteilen des EGMR, NVwZ 2000, 1266; *Masing/Jestaedt/Capitant/Le Divellec*, Strukturfragen des Grundrechtsschutzes in Europa, 2015; *Pernice*, BVerfG, EGMR und die Rechtsgemeinschaft, EuZW 2004, 705; *Pescatore*, Der Schutz der Grundrechte in den Europäischen Gemeinschaften und seine Lücken, in Mosler/

Bernhardt/Hilf, Grundrechtsschutz in Europa, S. 64; *Philippi,* Divergenzen im Grundrechtsschutz zwischen EuGH und EGMR, ZEuS 2000, 97; *Polakiewicz/Blackburn,* Fundamental Rights in Europe – The European Convention on Human Rights and its Member States, 1950–2000, 2001; *Rengeling,* Grundrechtsschutz in der EG, 1993; *Ress,* Supranationaler Menschenrechtsschutz und der Wandel der Staatlichkeit, ZaöRV 64 (2004), 621; *ders.,* Das Europarecht vor dem Gerichtshof für Menschenrechte in Straßburg, Forum Constitutionis Europae (FCE) 2/02, abrufbar unter http://www.whi-berlin.eu/documents/ress.pdf (letzter Abruf 2.9.2019); *ders.,* Die EMRK und das europäische Gemeinschaftsrecht, ZEuS 1999, 471; *Rodriguez Iglesias,* Perspektiven europäischer und nationaler Verfassungsgerichtsbarkeit im Lichte des Vertrags über eine Verfassung für Europa, FCE 2/05, abrufbar unter http://www.whi-berlin.eu/documents/rodriguez-iglesias.pdf (letzter Abruf 2.9.2019); *Sanz Caballero,* vueltas con una vieja cuestión: la adhesión de la CE/UE al CEDH tras la Carta de Derechos Fundamentales de la UE, Boletín Europeo de la Universidad de La Rioja 2003, n. 11, Suplemento, S. 269; *Schaffarzik,* Europäische Menschenrechte unter der Ägide des Bundesverfassungsgerichts, DÖV 2005, 860; *Scheer,* The Interaction between the EHCR and EC Law, ZEuS 2004, 663; *Szczekalla,* Die sog. grundrechtlichen Schutzpflichten im deutschen und europäischen Recht. Inhalt und Reichweite einer „gemeineuropäischen Grundrechtsfunktion", 2002; *ders.,* Freiheit im Europäischen Verfassungsverbund – Allgemeine Rechtsgrundsätze zwischen Instrumentalisierung und Auflösung?, DVBl 2005, 286; *ders.,* Koordination des Grundrechtsschutzes in Europa, DVBl 2005, 1425; *ders.,* Vertrauensvorschuss aus Straßburg, GPR 2005, 176; *Voland/Schiebel,* Advisory Opinions of the European Court of Human Rights: Unbalancing the System of Human Rights Protection in Europe?, HRLR 1 (2017), 73; *Wachsmann,* L'avis 2/94 de la Cour de Justice relatif à l'adhésion de la Communauté européenne à la Convention de sauvegarde des droits de l'homme et des libertés, RTD eur. 32 (1996), 467; *Wildhaber,* The Role of Comparative Law in the Case-Law of the European Court of Human Rights, in Bröhmer/Bieber/Calliess ua, FS Ress, S. 1101; *Wolfram,* Wenn zwei sich streiten? – Zum Spannungsverhältnis zwischen EuGH und EGMR, MRM Themenheft „50 Jahre EMRK" 2000, 86.

A. Einleitung

1 Ebenso wie das Verhältnis zwischen dem Grundrechtsschutz in der EU und in den Mitgliedstaaten (→ § 2) lässt sich das Verhältnis zwischen dem Grundrechtsschutz in der EU und nach der EMRK sowohl unter dem Blickwinkel der **Kohärenz** (→ Rn. 2 ff.) als auch des **Konflikts** (→ Rn. 26 ff.) betrachten. Zwischen den Unionsgrundrechten und den EMRK-Garantien kommt es zu **Wechselwirkungen normativer und faktischer Natur.** Konfliktpotenziale ergeben sich aus dem Anspruch des Unionsrechts, im Kollisionsfall mit einem **Anwendungsvorrang** ausgestattet zu sein, und der – zumindest – völkerrechtlichen Bindung der Mitgliedstaaten an die EMRK in ihrer jeweiligen Auslegung durch den Europäischen Gerichtshof für Menschenrechte. Einem Beitritt der EU zur Konvention steht gegenwärtig das Gutachten des EuGH vom Dezember 2014 entgegen.[1]

B. Kohärenz

2 Unter dem Gesichtspunkt der Kohärenz lassen sich sowohl Einflüsse der mitgliedstaatlichen (→ Rn. 3 ff.) als auch der Unionsgrundrechte (→ Rn. 7 ff.) auf die EMRK-Garantien ausmachen. Umgekehrt wirkt die EMRK auf mitgliedstaatliche (→ Rn. 14 ff.) und Unionsgrundrechte (→ Rn. 21 ff.) zurück.

I. Der Einfluss mitgliedstaatlicher Grundrechte auf die EMRK

3 Dass mitgliedstaatliche Grundrechte überhaupt Einfluss auf die **EMRK-Garantien** ausüben können, ist zunächst alles andere als selbstverständlich. Schließlich enthält die EMRK ja eigenständige Garantien, welche nach der Rechtsprechung des EGMR grundsätzlich **autonom auszulegen** sind.[2] Da die **Auslegung** zugleich aber auch eine **dynamische** ist

---

[1] EuGH Gutachten 2/13, ECLI:EU:C:2014:2454 insbes. Rn. 144 ff. – EMRK-Beitritt - krit. dazu *Breuer* EuR 2015, 330 (331 ff.). Vgl. *Geiger* in Geiger/Khan/Kotzur EUV Art. 6 Rn. 22 ff., 25 f.; *Mayer* in Karpenstein/Mayer EMRK Einl. Rn. 110 ff., 157a ff.; *Nicolaysen* → § 1 Rn. 51 ff.

[2] S. nur EGMR 25.3.1999 (GK) – 31107/96, Rep. 1999-II, 75 Rn. 54 = EuGRZ 1999, 316 – Iatridis/Griechenland, betr. Art. 1 EMRKZusProt, sowie EGMR 27.6.2000 (GK) – 30979/96, Rep. 2000-VII, 151 Rn. 31 – Frydlender/Frankreich, zu Art. 6 EMRK, jeweils mwN. Zur autonomen Auslegung „nicht ohne Beziehung zu den nationalen Rechtsordnungen und deren wertendem Vergleich" s. *Frowein* in Frowein/Peukert EMRK Einf. Rn. 9; *Meyer-Ladewig/von Raumer* in HK-EMRK Einl. Rn. 44.

und ihre **Grundlage** die **gegenwärtigen Verhältnisse** sind, können gemeinsame Überzeugungen der EU-Mitgliedstaaten als Vertragsstaaten der EMRK durchaus Einfluss gewinnen. Das gilt insbesondere im Rahmen des ihnen zugestandenen Beurteilungsspielraums *(margin of appreciation)*. Hier lässt sich der EGMR jedenfalls von einer gewissen **Standardisierung** leiten, dh bei einer relativ homogenen Entwicklung in den Mitgliedstaaten ist der Spielraum für Abweichler eng, während bei Fehlen solcher gemeinsamer Trends eine größere Regelungsfreiheit der Mitgliedstaaten herrscht. **Nationale Sonderdogmatiken** haben es allerdings **schwer**, sich vor dem EGMR durchzusetzen.[3]

Wichtige Grundlage der Entscheidungen des EGMR ist trotz der immer wieder beschworenen Autonomie die **Rechtsvergleichung,** auch wenn es dazu – anders als im Unionsrecht[4] – keinen besonderen, direkten oder indirekten Auftrag im Text der Konvention selbst gibt. Dabei lassen sich mehrere Arten und Einflussmöglichkeiten von Rechtsvergleichung unterscheiden:[5] Zunächst kommt den mitgliedstaatlichen Grundrechten auf gleichsam **natürliche** oder **implizite** Weise ein **permanenter Einfluss** durch den jeweiligen **„nationalen" Richter am EGMR** zu, welcher nach Art. 27 Abs. 2 EMRK jedenfalls im Regelfall an den Entscheidungen beteiligt ist, die „seinen" Vertragsstaat betreffen.[6]   4

Abgesehen davon kann der Gerichtshof auch ausdrücklich **rechtsvergleichendes Material** einbeziehen, welches entweder **selbst** generiert oder von **Verfahrensbeteiligten** (einschließlich Nebenintervenienten oder *amici curiae*) bereitgestellt wird. Dieses – auch einfachrechtliche – Material muss sich im Urteils- bzw. Entscheidungsaufbau nicht unbedingt in den eigentlichen Entscheidungsgründen, der **rechtlichen Würdigung** *(The law/ En droit),* niederschlagen. Häufig wird es dann aber zumindest nach der Zusammenstellung des einschlägigen nationalen Rechts als letzter Punkt der **Sachverhaltsfeststellung** *(The facts/En fait)* erwähnt *(Relevant comparative [and international] law and practice/Le droit et la pratique comparés [et inter-nationaux] pertinents).*[7] Der Einfluss dieses Materials auf die Begründung der Entscheidung bleibt dann aber häufig offen.[8] Immerhin ist dieses Vorgehen transparenter als das des EuGH, welcher den Inhalt der von ihm eingeholten *notes de recherche* (→ § 2 Rn. 16) in vielen Fällen gar nicht mitteilt und ganz unter das Beratungsgeheimnis fallen lässt.[9]   5

Wenn das rechtsvergleichende Material (auch) in die Entscheidungsgründe selbst einfließt, geschieht dies – wie bereits erwähnt – in der Regel mit dem Ziel, die **Reichweite der** margin of appreciation des Vertragsstaates näher zu bestimmen, insbesondere zur **Feststellung eines gemeinsamen Standards** beizutragen, von dem abzuweichen grundsätzlich besondere Gründe angeführt werden müssen.[10] Dabei handelt es sich um den bedeu-   6

---

[3] ZB EGMR 24.6.2001 (S III) – 59320/00, Rep. 2004-VI, 1 = NJW 2004, 2647 – Caroline von Hannover/Deutschland, → Rn. 32, 39.

[4] Art. 2 S. 2 EUV, Art. 6 Abs. 3 EUV („gemeinsame[...] Verfassungsüberlieferungen der Mitgliedstaaten" als „allgemeine Grundsätze [...] des Unionsrechts"), Art. 19 Abs. 1 EUV („Wahrung des Rechts") und Art. 340 Abs. 2 AEUV („allgemeine[...] Rechtsgrundsätze [...], die den Rechtsordnungen der Mitgliedstaaten gemeinsam sind") → § 2 Rn. 2 ff.

[5] Besonders aufschlussreich insoweit die „Innenansicht" des früheren Präsidenten des EGMR *Wildhaber* FS Ress, 2005, 1101 (1101 ff.). S. auch *Glas* HRLR 1 (2017), 97 ff.

[6] Die Mitgliedschaft der Richter bleibt dabei eine persönliche (s. Art. 21 Abs. 2 EMRK). Sie sind insbesondere keine Vertreter der Vertragsstaaten, die sie vorgeschlagen haben (vgl. Art. 22 EMRK).

[7] ZB EGMR 4.12.2003 (S I) – 39272/98, Rep. 2003-XII Rn. 88 ff. – M. C./Bulgarien, betr. Pönalisierungspflichten aus Art. 8 EMRK bei Vergewaltigung unabhängig vom (körperlichen) Widerstand des Opfers; zur rechtsvergleichend arbeitenden Stellungnahme der Nebenintervenientin Rn. 126 ff.

[8] ZB EGMR 7.6.2001 (S III) – 64666/01, Rep. 2001-VI = EuGRZ 2001, 382 – Papon (Nr. 1)/Frankreich, ZE betr. die Vereinbarkeit der Vollstreckung einer Gefängnisstrafe an einem über 90-Jährigen mit Art. 3 EMRK, wo der Gerichtshof die einfachrechtl. Vorschriften des Strafvollzugsrechts zahlreicher Vertragsstaaten des Europarats anführt (nach Darstellung des frz. Rechts unter *En fait,* B., *Le droit pertinent, Eléments de droit comparé)*.

[9] Vgl. *Colneric* ZEuP 2005, 225 (225 ff.). Zur allerdings auch wechselhaften Praxis des EGMR *Wildhaber* in FS Ress, 2005, 1101 (1104 f. mwN).

[10] ZB EGMR 4.12.2003 (S I) – 39272/98, Rep. 2003-XII Rn. 154 ff. – M. C./Bulgarien. Ausführlich zu dieser Standardisierungs-Rechtsprechung *Szczekalla* S. 876 ff. mwN.

tendsten Anwendungsfall der Rechtsvergleichung am EGMR und des entsprechenden potenziellen Einflusses auch mitgliedstaatlicher Grundrechte auf die Auslegung und Anwendung der Konvention.

II. Der Einfluss der Unionsgrundrechte auf die EMRK

7 Auch wenn die EU gegenwärtig (noch) nicht Vertragspartei der EMRK ist und eine Beschwerde gegen sie selbst bisher immer als – *ratione personae* – unzulässig abgewiesen worden ist,[11] können die Unionsgrundrechte doch **prinzipiell auf dem gleichen Weg** wie die mitgliedstaatlichen Grundrechte Einfluss auf Anwendung und Auslegung der EMRK ausüben (→ Rn. 8 ff.). Noch bessere Einflussmöglichkeiten würden die Unionsgrundrechte aber nach dem in Art. 6 Abs. 2 EUV in Aussicht genommenen Beitritt der Union zur EMRK haben (→ Rn. 11 ff.).

8 **1. Normative Ausgangslage** *de constitutione lata.* De constitutione lata können die Unionsgrundrechte **schon jetzt** vom **EGMR** berücksichtigt werden, weil dieser sich bei seiner rechtsvergleichenden Arbeit ohnehin **nicht auf** die **Grundrechte der Vertragsstaaten beschränkt**, sondern auch solche von Drittstaaten und aus internationalen Menschenrechtsabkommen in seine Erwägungen einbezieht. Soweit eine Menschenrechtsbeschwerde einzelne oder alle Mitgliedstaaten der EU betrifft, wenn und weil diese **zwingende Vorgaben des Unionsrechts** – etwa Richtlinien – umzusetzen oder auszuführen haben, muss das Unionsrecht neben dem nationalen Umsetzungsrecht notwendigerweise Berücksichtigung finden, und sei es auch nur im Rahmen der Zusammenstellung des anwendbaren Rechts vor den eigentlichen Entscheidungsgründen.[12] Schließlich hat der EGMR das unionsrechtliche **Diskriminierungsverbot aufgrund der Staatsangehörigkeit** aufgenommen und in seiner Auslegung von Art. 16 EMRK verarbeitet: Danach können Unionsbürger nicht mehr „ausländische Personen" im Sinne dieser Vorschrift sein.[13]

9 Die **Europäische Kommission** tritt – nach entsprechender Zulassung – auch häufiger **als Nebenintervenientin** auf und verteidigt die der Sache nach einschlägigen Rechtsvorschriften der EU gegen den Vorwurf der Konventionswidrigkeit.[14] Früher war es zumeist nicht zu einer Entscheidung in der Sache selbst gekommen. Regelmäßig gelang es dem EGMR, die erhobenen Beschwerden aus bestimmten Gründen als unzulässig zurückzuweisen.[15] Erst in einem Fall, welcher (damalige) Gemeinschaftsvorschriften zum Gegenstand hatte, die Vorgaben der Vereinten Nationen umsetzten, und der damit über den engeren Rechtskreis der EU hinausreichte, kam es zu einer – vorläufigen – Klärung des Verhältnisses. Danach gilt jetzt **bei vergleichbarem Schutzstandard** einer supranationa-

---

[11] S. nur EKMR 10.7.1978 – 8030/77, EuGRZ 1979, 431 f. – CFDT/EG ua (Organzusammensetzung); EKMR 9.2.1990 – 13258/87, ZaöRV 50 (1990), 865 – M. & Co./Deutschland (Solange[-II]/Melchers); EGMR 18.2.1999 (GK) – 24833/94, Rep. 1999-I, 251 Rn. 32 = EuZW 1999, 308 mAnm *Lenz* – Matthews/Vereinigtes Königreich (Wahlrecht zum EP auf Gibraltar).

[12] ZB EGMR 15.11.1996 – 17862/91, Rep. 1996, 1614 = EuZW 1999, 308 – Cantoni/Frankreich, betr. arzneimittelrechtliche Vorschriften.

[13] EGMR 27.4.1995 – 15773/89 ua, Series A no. 314 Rn. 64 = ÖJZ 1995, 751 – Piermont/Frankreich (Ausweisung und Einreiseverweigerung eines MdEP aus/in Frz.-Polynesien und Neukaledonien). Zur gemeinschaftskonformen Auslegung von Art. 8 EMRK s. EGMR 17.1.2006 (S III) – 51431/99 Rn. 69, InfAuslR 2006, 279 – Mendizabal/Frankreich (keine befristeten Ketten-Aufenthaltserlaubnisse für Unionsbürger).

[14] Vgl. etwa EGMR 13.1.2005 (S III) – 62023/00, EuGRZ 2005, 234 – Emesa Sugar/Niederlande, und dazu EuGH C-17/98, Slg. 2000, I-675 – Emesa Sugar/Aruba, betr. das Recht auf Stellungnahme zu den Schlussanträgen der Generalanwälte. Ausf. dazu *Breuer* EuGRZ 2005, 229 (229 ff. mwN).

[15] In EGMR 13.1.2005 (S III) – 62023/00 – Emesa Sugar/Niederlande wurde bspw. die Einschlägigkeit von Art. 6 EMRK für zoll- und abgabenrechtliche Verfahren verneint. Einer Sachentscheidung im Fall EGMR 10.3.2004 – 56672/00, EuGRZ 2004, 279 = NJW 2004, 3617 – Senator Lines/15 EU Staaten, stand nach Einschätzung des Gerichtshofs ein der Beschwerdeführerin positives Urteil des EuG entgegen, welches die Opferstellung beseitigt habe: EuG verb. Rs. T-191/98, T-212/98 bis T-214/98. Slg. 2003, II-3275 – Atlantic Container Lines, Senator Lines ua/Kommission, betr. die Versagung (vorläufigen) Rechtsschutzes gegen eine Kartellgeldbuße.

len Organisation wie der EU eine **im Einzelfall offensichtlichen Ungenügens widerlegbare Vermutung der EMRK-Konformität** jedenfalls in denjenigen Bereichen, in welchen dem Vertrags- und Mitgliedstaat **keinerlei** eigener **Entscheidungsspielraum** mehr zukommt.[16]

Neben diesen auch schon unter dem Gesichtspunkt eines drohenden Konflikts (→ Rn. 26 ff.) zu betrachtenden Fällen können die Unionsgrundrechte **auf informellen Weg** über die regelmäßigen **Treffen von Richtern** des EuGH und des EGMR Einfluss erlangen. In diesem Zusammenhang ist es etwa bemerkenswert, dass der damalige Präsident des EuGH *Rodríguez Iglesias* schon einmal eine der Reden zur Eröffnung des Gerichtsjahres am EGMR gehalten hat, in welcher er auch und gerade auf Grundrechtsfragen und das Verhältnis zur EMRK eingegangen ist.[17] Insoweit besteht eine **sehr enge Zusammenarbeit** zwischen den beiden Gerichtshöfen,[18] aber nicht nur zwischen diesen.[19] Deshalb war es auch nur folgerichtig, Vertreter des Europarates und insbesondere des EGMR an der **Ausarbeitung** sowohl der **Grundrechte-Charta** als auch des seinerzeitigen **Verfassungsvertrages** zu beteiligen. Auf diese Weise war es ohne Weiteres möglich, die zukünftige Verfassungsarchitektur der Union auf das Ziel eines kohärenten gemeineuropäischen Grundrechtsschutzes auszurichten: 10

2. Normative Ausgangslage nach einem Beitritt. Nach dem in Art. 6 Abs. 2 EUV vorgesehenen Beitritt der Union zur EMRK kann der **Einfluss** der Unionsgrundrechte auf die EMRK **zumindest graduell gestärkt** werden. Während nach bisheriger Lesart des EuGH die geltenden Verträge keine Kompetenz der früheren Gemeinschaft(en) zum „Beitritt"[20] zur EMRK enthalten sollen[21], sah Art. I-9 Abs. 2 VVE[22] und sieht Art. 6 Abs. 2 EUV nunmehr ausdrücklich einen solchen **„Beitritt"** vor. Im Vergleich zur früheren Fassung im Verfassungsvertragsentwurf des Zweiten („Europäischen") Konvents wird dabei deutlich, dass die Vorschrift nicht nur eine Ermächtigung zum Beitritt, sondern auch eine entsprechende **Pflicht** enthält.[23] In Abhängigkeit von der Art der erforderlichen Anpassung der gerichtsverfassungsrechtlichen Regelungen in der EMRK könnte damit in Zukunft auch ein (gegebenenfalls nur *ad hoc*) **„EU-Richter"** am EGMR „natürliche" 11

---

[16] EGMR 30.6.2005 (GK) – 45036/98, Rep. 2005-VI = NJW 2006, 197 – Bosphorus/Irland; dazu *Szczekalla* GPR 2005, 176. Vgl. dazu auch EuGH C-84/95, Slg. 1996, I-3953 – Bosphorus Hava Yollari Turizm ve Ticaret AS/Minister for Transport, Energy and Communications ua.

[17] *Rodríguez Iglesias*, Discours à l'occasion de l'audience solennelle de la Cour européenne des Droits de l'Homme/Opening of the judicial year of the European Court of Human Rights, 31.1.2002.

[18] S. *Rodríguez Iglesias*, Discours à l'occasion de l'audience solennelle de la Cour européenne des Droits de l'Homme/Opening of the judicial year of the European Court of Human Rights, 31.1.2002: „atmosphere of close collaboration"/„un climat d'étroite collaboration". Der gastgebende Präsident des EGMR, *Wildhaber*, betont in seiner Ansprache die Notwendigkeit „kohärenter Lösungen" („coherent solutions"/ „solutions cohérentes") für das Verhältnis zwischen EMRK und Gemeinschaftsgrundrechten, wobei die GRC insoweit eine „zufriedenstellende Lösung" („satisfactory solution"/„solution satisfaisante") darstelle. Zwischen EGMR und EuGH bestehe ein „enges und herzliches Verhältnis" („close and warm relationship"/„relations aussi étroites et cordiales").

[19] Eine strikte Trennung zwischen der EU und ihren Mitgliedstaaten ist insoweit nämlich gar nicht möglich, nehmen doch Vertreter der nationalen obersten bzw. Verfassungsgerichte auch regelmäßig an dieser Eröffnungsveranstaltung teil und gibt es doch auch zwischen diesen und den Richtern des EGMR einen entsprechenden Austausch, teilweise sogar gleichsam institutionalisiert in der seit 1972 grundsätzlich alle drei Jahre stattfindenden „Konferenz der Europäischen Verfassungsgerichte" (http://www.confcoconsteu.org), über die regelmäßig etwa in der EuGRZ berichtet wird – zuletzt fand etwa die [XVI.] derartige Veranstaltung im Jahr 2014 in Wien statt, vgl. den Generalbericht von *Grabenwarter*, abrufbar unter http://www.confeuconstco.org/reports/rep-xvi/Generalbericht%20DE.pdf. Der XVII. Kongress wurde 2017 in Georgien abgehalten. Der XVIII. und XIX. Kongress soll in den Folgejahren in Tschechien und in Moldau stattfinden (2020 bzw. 2023) → § 10 Rn. 88.

[20] Im untechnischen Sinne, da die Konvention ein Text ist, bei dem ein Völkerrechtssubjekt nicht etwa Mitglied, sondern nur Vertragsstaat werden kann.

[21] EuGH Gutachten 2/94, Slg. 1996, I-1763 – EMRK.

[22] ABl. 2004 C 310.

[23] S. Art. (I-) 7 Abs. 2 des Verfassungsvertragsentwurfs (CONV 850/03, ABl. 2003 C 169, 1), wonach die EU den „Beitritt" zur EMRK (nur) „[an]strebt" → § 10 Rn. 84.

Rechtsvergleichungsarbeit leisten (→ Rn. 4). Der bereits existierende regelmäßige **Dialog** zwischen EuGH und EGMR[24] soll außerdem nach der Erklärung Nr. 2 zu Art. 6 Abs. 2 EUV beim Beitritt weiter „**intensiviert**" werden.

12 Die EMRK sieht in der Fassung ihres 14. Zusatzprotokolls in Art. 59 Abs. 2 EMRK[25] einen entsprechenden Beitritt der EU vor. Einzelheiten sind zwischenzeitlich in den Verhandlungen zwischen Europarat, EU und Mitglied- bzw. Vertragsstaaten geklärt worden: Statt einem weiteren **Zusatzprotokoll** ist ein gesonderter **Beitrittsvertrag** sowie eine weitere Erklärung der Union zum Zeitpunkt der Unterzeichnung des Vertrages, eine ergänzende Regel 18 für das Ministerkomitee, eine gemeinsame Absichtserklärung und ein Erläuternder Berichts ausgearbeitet worden, deren Inkrafttreten nach dem negativen Votum des EuGH indes gegenwärtig nicht absehbar ist:[26] Denn der Luxemburger Gerichtshof sieht im Wesentlichen das gegenseitige Vertrauen der Mitgliedstaaten in die wechselseitige Beachtung der Grundrechte der Union durch die Regelungen zum Beitritt der EU zur EMRK als beeinträchtigt an.

13 (Nur) graduell ist die Stärkung des Einflusses der Unionsgrundrechte durch Art. 6 Abs. 2 EUV und den dort vorgesehenen Beitritt, weil **schon heute** sogar die **Grundrechtecharta** vom EGMR insgesamt[27] oder zumindest in einzelnen Sondervoten[28] oder abweichenden Meinungen[29] als rechtsvergleichendes Argument **herangezogen** wird. Aus diesem Grund wird der Beitritt auch gar keinen menschenrechtlichen Quantensprung bewirken. Bemerkenswert ist dies auch deshalb, weil sich der EuGH lange Zeit selbst[30] bislang jeglicher Bezugnahme auf die Charta enthalten hatte. Der EGMR fühlte sich insoweit offenbar

---

[24] Zum Dialog zwischen EuGH u. MS s. etwa zu den Feierlichkeiten des 60. Jahrestages der Zeichnung der Römischen Verträge das „Forum für Richter der Mitgliedstaaten" (mit den Präsidenten der Verfassungsgerichte u. der obersten Gerichte der Mitgliedstaaten) v. 26. u. 27.3.2017 zum Thema „Die vernetzte europäische Justiz: Gewähr für eine Justiz von hoher Qualität", vgl. Pressemitteilung des EuGH Nr. 33/17 v. 27.3.2017. Zum Dialog s. auch die Beiträge von *Gerkrath* in Masing/Jestaedt/Capitant/Le Divellec, S. 4 (7 ff.), *Lepsius* in Masing/Jestaedt/Capitant/Le Divellec S. 45 (48 ff.) u. *v. Danwitz* in Masing/Jestaedt/Capitant/Le Divellec S. 67 (70 ff.).

[25] Art. 17 des ZP, ETS No. 194 = EuGRZ 2005, 278 = BGBl. 2006 II 138: „Die Europäische Union kann dieser Konvention beitreten". Das Protokoll ist am 1.6.2010 in Kraft getreten.

[26] Zur grundsätzlichen Überwindbarkeit aller Hindernisse s. Working Document (WD) Nr. 8 der Working Group (WG) II v. 12.7.2002 (abrufbar unter http://european-convention.europa.eu/docs/wd2/1711.pdf, letzter Abruf: 2.9.2019), betr. die „Study carried out within the Council of Europe of technical and legal issues of a possible EC/EU accession to the European Convention on Human Rights", mit verschiedenen – zT alternativen – Formulierungsvorschlägen (DG-II(2002)006 (CDDH(2002)010 Addendum 2], Report adopted by the Steering Committee for Human Rights [CDDH] at its 53rd meeting [25–28 June 2002]). Zu den neueren Dokumenten und deren Würdigung s. EuGH Gutachten 2/13, ECLI:EU:C:2014:2454 insbes. Rn. 2, 144 ff. – EMRK-Beitritt.

[27] S. EGMR 11.7.2002 (GK) – 25680/94, Rep. 2002-VI – I./Vereinigtes Königreich = Times v. 12.7.2002 (Law Reports); EGMR 11.7.2002 (GK) – 28957/95, Rep. 2002-VII = NJW-RR 2004, 289 – Goodwin/Vereinigtes Königreich, betr. die bewusste geschlechtsneutrale Formulierung von Art. 9 GRC und das Recht auf Eheschließung von Transsexuellen (Rn. 80 bzw. 100 aE) sowie jeweils in den eigentlichen Entscheidungsgründen (im Rahmen der Standardisierungsrechtsprechung zur Einengung des früher weiteren Beurteilungsspielraums). Der EGMR kommt ua deshalb zu einer anderen Auslegung auch von Art. 12 EMRK als früher, s. dazu etwa EGMR 17.10.1986 – 9532/81, Series A no. 106 – Rees/Vereinigtes Königreich; EGMR 27.9.1990 – 10843/84, Series A no. 184 = ÖJZ 1991, 173 – Cossey/Vereinigtes Königreich; EGMR 11.1.2006 – 52562/99 u. 52620/99, Rep. 2006-I Rn. 37, 74 – Sørensen und Rasmussen/Dänemark.

[28] Vgl. Sondervotum *Costa* zu EGMR 8.7.2003 (GK) – 36022/97, Rep. 2003-VIII = ZLW 2003, 638 = NVwZ 2004, 1465 = EuGRZ 2005, 549 – Hatton/Vereinigtes Königreich, betr. Art. 37 GRC.

[29] S. abweichende Meinung *Ress* zu EGMR 8.7.2004 (GK) – 53924/00, Rep. 2004-VIII = EuGRZ 2005, 568 = NJW 2005, 727 – Vo/Frankreich, betr. den Schutz auch des sich entwickelnden Lebens, welcher mit einem *arg. e* Art. 3 Abs. 2 lit. d GRC begründet wird.

[30] Mit Ausnahme des EuG und einiger Generalanwälte – s. die Zusammenstellung bei *Morijn*, Judicial Reference to the EU Fundamental Rights Charter. First experiences and possible prospects, Anh., S. 33 ff. (abrufbar unter http://igc.fd.uc.pt/data/fileBIB2017724164513.pdf, letzter Abruf: 2.9.2019); *Lehmann/Antoine-Grégoire*, L'avenir de la charte et l'organisation institutionnelle de la protection des droits fondamentaux dans les Etats Membres, Série Affaires constitutionnelles, AFCO 102 FR, 2002, S. 11 ff. (abrufbar unter http://www.europarl.europa.eu/RegData/etudes/etudes/join/2002/320789/DG-4-AFCO_ET(2002)320789_FR.pdf, letzter Abruf: 2.9.2019); *Lenaerts/Desomer* ELRev. 27 (2002), 377 (381 f.).

freier, weil er ohnehin mehr rechtsvergleichendes Material einschließlich von *soft law* heranzieht und weil ihm keine Vorwürfe eines kompetenzwidrigen Vorgriffs gemacht werden können, da die Charta ja nicht als direkte Rechtsquelle angewandt wird.[31] Nach Inkrafttreten des Lissabonner Vertrages hat sich die Praxis des Luxemburger Gerichtshof indes geändert: Die Charta ist geltendes Unionsrecht.

III. Der Einfluss der EMRK auf die mitgliedstaatlichen Grundrechte

Der Einfluss der EMRK auf die mitgliedstaatlichen Grundrechte hängt normativ vor allem vom **Rang der Konvention** in der jeweiligen mitgliedstaatlichen Rechtsordnung ab. Das gilt jedenfalls, wenn und soweit es sich um Sachverhalte handelt, die **nicht** in den **Anwendungsbereich des Unionsrechts** fallen. Fällt ein Sachverhalt dagegen in diesen Anwendungsbereich, gelten andere Grundsätze, weil dann der Einfluss der EMRK auf die Unionsgrundrechte in Rede steht und der **Anwendungsvorrang** des Unionsrechts greift (→ Rn. 33 ff.). 14

Als völkerrechtlicher Vertrag kann die EMRK den effektivsten Einfluss auf die mitgliedstaatlichen Grundrechte ausüben, wenn ihr **innerstaatliche Geltung** zukommt, wenn sie **unmittelbar anwendbar** ist und wenn ihr im Konfliktfall (→ Rn. 27 ff.) auch **Vorrang** vor den nationalen Grundrechten zukommt. Die unmittelbare Anwendbarkeit der Garantien der Konvention ist infolge ihrer **hinreichenden Bestimmtheit** zu bejahen, auch wenn die Vorschriften im Einzelfall immer noch auslegungsfähig und auslegungsbedürftig bleiben. Die EMRK selbst enthält aber keinerlei ausdrückliche Vorschriften, die aus sich heraus die Vertragsstaaten dazu verpflichten, ihr auch (vorrangige) innerstaatliche Geltung zu verschaffen. Es reicht aus, wenn die Mitgliedstaaten in jedem Einzelfall ein konventionsgemäßes Verhalten sicherstellen, ohne dass sie verpflichtet sind, die EMRK selbst in ihr nationales Recht umzusetzen. Eine solche **Inkorporationspflicht** hat der EGMR jedenfalls bislang immer **abgelehnt**.[32] 15

Dessen ungeachtet haben die **meisten Vertragsstaaten** der Konvention inzwischen aber **innerstaatliche Geltung** eingeräumt.[33] Mit Ausnahme von gegenwärtig nur noch Irland kommt der EMRK deshalb auf normativer Ebene ein beträchtliches Einflusspotenzial auf Auslegung und Anwendung des innerstaatlichen Rechts in den EU-Mitgliedstaaten zu. In **Österreich** steht sie sogar im **Verfassungsrang**.[34] 16

Selbst in den Mitgliedstaaten, in denen die Konvention „nur" als einfaches Gesetz gilt, reicht ihr Einfluss aufgrund der Rechtsprechung der obersten bzw. Verfassungsgerichte aber wesentlich weiter als es ihrem eigentlichen normativen Status entsprechen würde. Über die **konventionskonforme Auslegung** nicht nur des früher erlassenen innerstaatlichen Rechts (*lex posterior*-Regel), sondern auch der zeitlich später verabschiedeten Vorschriften (modifizierte *lex specialis*-Regel) bis hin zur Auslegung und Anwendung selbst der nationalen Grundrechte im Lichte der EMRK und der dazu ergangenen Rechtsprechung[35] wird auf diese Weise ein **kohärenter, gemeineuropäischer Grundrechtsraum** errichtet. 17

In manchen Mitgliedstaaten wird dabei eine Verurteilung durch den EGMR zum Anlass genommen, sogar eine **Wiederaufnahme** des vorangegangenen innerstaatlichen Strafver- 18

---

[31] Letzteres wäre aber auch dem EuGH möglich gewesen, wenn er die Charta als Rechtserkenntnisquelle im Rahmen der allgemeinen Rechtsgrundsätze zumindest erwähnt hätte.
[32] Vgl. etwa mwN aus der Rspr. EGMR 11.7.2002 (GK) – 28957/95, Rep. 2002-VII Rn. 113 = NJW-RR 2004, 289 – Goodwin/Vereinigtes Königreich, wonach deshalb auch keine Pflicht zur Schaffung eines Rechtsbehelfs gegen den Zustand der innerstaatlichen Rechtsordnung als solchen aus Art. 13 EMRK abgeleitet werden könne. Kritisch *Everling* EuR 2005, 411 (416).
[33] S. die Beiträge in *Polakiewicz/Blackburn*. Allg. zur Bedeutung der EMRK im deutschen Recht *Jarass* in Jarass/Pieroth GG Art. 1 Rn. 29 f.
[34] Rückwirkend durch Art. II Ziff. 7 des Bundesverfassungsgesetzes vom 4.3.1964, östBGBl. 1964, 59.
[35] BVerfGE 74, 358 (379) – Privatklage; BVerfGE 82, 106 (115) – Unschuldsvermutung und Einstellung bzw. Auslagenerstattung. Zuletzt etwa BVerfG 2 BvB 1/13, ECLI:DE:BVerfG:2017:bs20170117.2bvb000113 Rn. 607 ff. – NPD-II, → § 56 Rn. 1.

fahrens trotz fehlender (ausdrücklicher) gesetzlicher Grundlage zuzulassen.[36] Andere Mitgliedstaaten haben jedenfalls ihre Prozessrechtsordnungen so angepasst, dass eine Wiederaufnahme in solchen Fällen ermöglicht wird.[37]

19 So hat etwa das deutsche BVerfG zumindest eine grundsätzliche **Berücksichtigungspflicht von EGMR-Entscheidungen** angenommen sowie diese Pflicht zusätzlich an das Rechtsstaatsprinzip aus Art. 20 Abs. 3 GG angebunden und in Verbindung mit Einzelgrundrechten sogar verfassungsbeschwerdefähig gemacht. Auf die dabei angedeuteten Grenzen einer solchen Berücksichtigungspflicht in Konfliktfällen wird noch zurückzukommen sein (→ Rn. 27 ff.).[38]

20 Die besondere Bedeutung der EMRK und der zu ihr ergangenen Rechtsprechung korrespondiert mit einer **völkerrechtsfreundlichen Tendenz** der mitgliedstaatlichen Verfassungsordnungen. Außerdem wird durch die Berücksichtigungspflicht von EGMR-Entscheidungen einer (weiteren bzw. andauernden) Völkerrechtsverletzung vorgebeugt (**Präventionsgedanke**) sowie ein effektiver **Individualrechtsschutz** erreicht. Die Hauptlast der Verwirklichung der Konventionsgarantien obliegt den Vertragsstaaten, schon um ein weiteres Ansteigen der Beschwerdeflut nach Straßburg und eine überlange Dauer der Verfahren zu vermeiden.

IV. Der Einfluss der EMRK auf die Unionsgrundrechte

21 Bei der Beurteilung des Einflusses der EMRK auf die Unionsgrundrechte ist zu differenzieren zwischen der normativen Ausgangslage *de constitutione lata* (→ Rn. 22 f.) und nach einem Beitritt der EU zur EMRK (→ Rn. 24 f.). Soweit der **Anwendungsbereich des Unionsrechts** eröffnet ist, sind die Unionsgrundrechte zumindest als Kontrollmaßstab für mitgliedstaatliches Verhalten in eben diesem Anwendungsbereich heranzuziehen.[39] Sie nehmen am **Anwendungsvorrang** des Unionsrechts teil (→ § 2 Rn. 22 ff.).

22 **1. Normative Ausgangslage *de constitutione lata*.** *De constitutione lata* wirken die Garantien der **EMRK** nicht direkt, sondern (nur) über den „Filter"[40] oder die „Schiene"[41] der allgemeinen Rechtsgrundsätze als Unionsgrundrechte.[42] Nach der Rechtsprechung des EuGH ist die Konvention neben den mitgliedstaatlichen Verfassungsordnungen eine (der Haupt-) **Rechtserkenntnisquelle**(n) für Unionsgrundrechte als allgemeine Rechtsgrundsätze.[43] Diese ständige Rechtsprechung wird durch Art. 6 Abs. 3 EUV bestätigt. **Nicht durchgesetzt** hat sich damit die früher vorgeschlagene so genannte **Hypothekentheorie**, nach welcher die (damalige) Gemeinschaft in die völkerrechtliche Pflichtenstellung ihrer Mitgliedstaaten als Vertragsstaaten der EMRK einrücke.[44] Die **Mitgliedstaaten** bleiben

---

[36] Vgl. etwa estnOGH Urt. v. 6.1.2004 – 3-1-3-13-03, engl. abrufbar unter http://www.riigikohus.ee/en/Constitutional-judgement-3-1-3-13-03 (letzter Aufruf 2.9.2019). Für eine bloße Verfassungswidrigkeitserklärung des Gesetzes s. aber die abweichende Meinung *Põld*, ebd. Für ein verwaltungsgerichtliches Verfahren ebenso estnOGH Urt. v. 10.1.2004 – 3-3-2-1-04, mit entspr. abweichender Meinung *J. Luik*, ebda.
[37] In Deutschland § 359 Nr. 6 StPO idF seit 15.7.1998 (Art. 1 des Gesetzes zur Reform des strafrechtlichen Wiederaufnahmerechts v. 9.7.1998, BGBl. 1998 I 1802), sog *Lex Pakelli* (wegen BVerfG NJW 1986, 1425 – Pakelli).
[38] BVerfGE 111, 307 = DVBl 2004, 1480 = JZ 2004, 1171 mAnm *Klein* JZ 2004, 1176 = NJW 2004, 3407 – Berücksichtigungspflicht von EGMR-Entscheidungen (Fall Görgülü), im Hinblick auf EGMR 26.2.2004 (S III) – 74969/01, EuGRZ 2004, 700 = NJW 2004, 3397 – Görgülü/Deutschland, betr. den Verlust des Sorge- und Besuchsrechts des biologischen Vaters nach Adoption. Zuletzt etwa BVerfG: 2018 2 BvR 1738/12 ua, ECLI:DE:BVerfG:2018:rs0612:2bvr173812 Rn. 163 ff. – Kein Streikrecht für Beamte.
[39] S. dazu *Köngeter* in Becker/Bovenkerk/Groh ua S. 230 (243 ff.).
[40] So etwa *Wachsmann* RTD eur. 32 (1996), 467 (473).
[41] So bspw. *Baumgartner* ZfV 1996, 319 (325); *Baumgartner* S. 168.
[42] *Szczekalla* S. 501 ff. mwN.
[43] Seit EuGH 4/73, Slg. 1974, 491 Rn. 12 f. – J. Nold/Kommission; EuGH 44/79, Slg. 1979, 3727 Rn. 20 – Hauer/Rheinland-Pfalz. *Rengeling/Szczekalla* Grundrechte in der EU Rn. 167 ff.

vielmehr **völkerrechtlich** für die Konventionskonformität ihres Verhaltens **verantwortlich**. Diese Verantwortlichkeit wird durch Art. 351 Abs. 1 AEUV bestätigt.

Nach Ansicht des EuGH soll der EMRK über ihre Funktion als Rechtserkenntnisquelle 23 hinaus eine **besondere Bedeutung** zukommen.[45] Diese besondere Bedeutung zeigt sich vor allem in der ausdrücklichen **Berücksichtigung der Rechtsprechung des EGMR** durch den EuGH, welche im Laufe der Jahre erheblich zugenommen hat. Der Luxemburger Gerichtshof greift hier häufig auf die Straßburger Judikatur zurück, und sei es auch nur, um vom EGMR die rechtliche Definition eines bestimmten Lebenssachverhalts oder Umstandes zu übernehmen.[46] **Unionsrechtlich** lässt sich eine solche Berücksichtigungspflicht gegenwärtig aus Art. 6 Abs. 3 EUV und Art. 351 Abs. 1 AEUV in Verbindung mit dem Prinzip der Unionstreue aus Art. 4 AEUV und/oder dem Grundsatz völkerrechtsfreundlicher Auslegung begründen. **Völkerrechtlich** kann die Berücksichtigungspflicht aus Art. 31 Abs. 3 lit. c der Wiener Vertragsrechtskonvention[47] abgeleitet werden, welche insoweit Völkergewohnheitsrecht kodifizieren dürfte[48].

2. Normative Ausgangslage nach einem Beitritt. Nach einem Beitritt der EU zur 24 Konvention wird der **Einfluss** der EMRK (graduell) **zunehmen**. Für einen solchen Beitritt spricht die aus Art. 6 Abs. 2 EUV ableitbare Rechtspflicht, ganz unabhängig von den einzelnen Vorschriften, nach denen der Beitritt sodann vollzogen wird. Graduell ist die Einflusszunahme wegen der bereits heute geltenden (zweiten) **„Kompatibilitäts-" bzw. „Kongruenzsicherungsklausel"** in Art. 52 GRC. Nach dieser Vorschrift haben die Rechte der Grundrechte-Charta, die den durch die EMRK garantierten Rechten entsprechen, die gleiche Bedeutung und Tragweite, wie sie ihnen in der Konvention verliehen wird (→ § 10 Rn. 76 ff.). Viele der heute geltenden Unionsgrundrechte sind also ausdrücklich im Lichte der EMRK auszulegen und auch anzuwenden. Außerdem darf nach der Bestimmung zum **Schutzniveau** des Art. 53 GRC keine Bestimmung der Charta als Einschränkung oder Verletzung insbesondere der EMRK anerkannt werden (→ § 10 Rn. 101 ff.).

Eine Anwendung dieser Vorschriften hat in der Praxis zu einem wenigstens **relativen** 25 **Vorrang der EMRK** geführt.[49] Nach den gemäß Art. 6 Abs. 1 UAbs. 3 EUV „gebührend […]" zu berücksichtigenden Erläuterungen zur GRC[50] ist dabei auch die **Rechtsprechung des EGMR** beachtlich.[51] Außerdem nimmt der 5. Erwägungsgrund der eigenständigen Präambel zur Grundrechte-Charta ebenfalls ausdrücklich auf diese Rechtsprechung Bezug. Wie die mitgliedstaatlichen Verfassungsordnungen in ihrer Auslegung und Anwendung durch die mitgliedstaatlichen obersten bzw. Verfassungsgerichte wird also auch der Lissabonner Vertrag zur Schaffung eines **kohärenten, gemeineuropäischer Grund-**

---

44 Vgl. *Pescatore* in Mosler/Bernhardt/Hilf, Grundrechtsschutz in Europa, S. 64 (70 ff.): „Substitutions- und Sukzessionseffekt"). Weitere Nachw. bei *Szczekalla* S. 519 Fn. 274. Der EGMR hält entsprechende Beschwerden gegen die EG jedenfalls bislang *ratione personae* für unzulässig, s. EKMR 10.7.1978 – 8030/77, EuGRZ 1979, 431 f. – CFDT/EG ua; EKMR 9.2.1990 – 13258/87, ZaöRV 50 [1990], 865 – M. & Co./Deutschland; EGMR 18.2.1999 [GK] – 24833/94, Rep. 1999-I, 251 Rn. 32 = EuZW 1999, 308 mAnm *Lenz* – Matthews/Vereinigtes Königreich.
45 S. etwa EuGH C-260/89, Slg. 1991, I-2915 Rn. 41 – ERT; EuGH Gutachten 2/94, Slg. 1996, I-1763 Rn. 33 – EMRK.
46 ZB die Übernahme der Definition eines Transsexuellen in EuGH C-13/94, Slg. 1996, I-2143 Rn. 16 – P./S. und Cornwall City Council.
47 BGBl. 1985 II 926.
48 So auch der Vorschlag v. *Lorenzmeier* in Becker/Bovenkerk/Groh ua S. 209 (220 f., 227 f.), der aber auch eine beiderseitige Berücksichtigungspflicht herleiten will und von parallelen und autonomen Rechtsordnungen ausgeht, was dem EuGH ein Abweichen von der Rechtsprechung des EGMR im Einzelfall erlaubt. Zur Irrelevanz dieses Autonomiegrundsatzes → Rn. 36 f., sowie → § 10 Rn. 84 f.
49 *Grabenwarter* FS Steinberger, 2002, 1129 (1142 ff.); *Philippi*, Charta der Grundrechte, S. 46 f.; *Kühling* in v. Bogdandy/Bast Europ. VerfassungsR S. 657 (662 ff.).
50 ABl. 2007 C 303, 17.
51 Vgl. *Griller* in Duschanek/Griller S. 131 (158 f.).

rechtsraums beitragen, der sich durch den Beitritt der EU zur EMRK graduell weiter verstärkt.

C. Konfliktpotenziale

26 Dem Bemühen um die Schaffung eines solchen kohärenten, gemeineuropäischen Grundrechtsraums stehen allerdings auch **Konfliktpotenziale** entgegen, welche sowohl **auf mitgliedstaatlicher** (→ Rn. 27 ff.) als auch auf **Unionsebene** aufbrechen können (→ Rn. 33 ff. und → Rn. 36 f.). Auf Seiten der EU können diese Konfliktpotenziale durch den in Art. 6 Abs. 2 EUV vorgesehenen Beitritt zur EMRK zwar nicht gänzlich abgebaut, aber doch gemindert werden (→ Rn. 38 f.).

I. Vorrang mitgliedstaatlicher Grundrechte

27 **1. Grenzen konventionskonformer Auslegung.** Für den Fall, dass sich außerhalb des Anwendungsbereichs des Unionsrechts ein **ausdrücklicher Widerspruch** zwischen den Konventionsgarantien in ihrer Auslegung durch den EGMR und der mitgliedstaatlichen Rechtsordnung ergibt, stellt sich die Frage nach einem eventuellen Vorrang der mitgliedstaatlichen Rechtsordnung einschließlich ihrer Grundrechte. Ein solcher ausdrücklicher Widerspruch, bei dem der entgegenstehende Wille des nationalen Gesetzgebers im Wortlaut einer konventionswidrigen Norm mit hinreichender Deutlichkeit zum Ausdruck kommt, kann wegen der **Wortlautgrenze** jedenfalls nicht mehr unter Anwendung einer **konventionskonformen Auslegung** hinweginterpretiert werden.

28 Wenn und soweit der EMRK in den mitgliedstaatlichen Verfassungsordnungen kein Übergesetzes-, Verfassungs- oder gar Überverfassungsrang beigemessen wird, müsste sich das konventionswidrige nationale Recht im Ergebnis durchsetzen. Für die dann eintretende Konventionsverletzung bleibt der Vertragsstaat gleichwohl völkerrechtlich verantwortlich, und zwar gegenüber allen anderen Vertragsstaaten und gegenüber dem von der Konventionsverletzung betroffenen Individuum. Solche **Fälle** gleichsam **sehender Völkerrechtswidrigkeit** dürften allerdings **eher selten** sein, gerade angesichts der oben dargelegten, ganz überwiegend zu konstatierenden Kohärenz sowie der formellen und informellen Bemühungen um ihre Aufrechterhaltung und ihren Ausbau.

29 **2. Auswirkungsvorbehalt.** Das deutsche **BVerfG** hat allerdings weitergehend und losgelöst von den Fällen ausdrücklicher normativer Widersprüche gemeint, dass die staatlichen Organe bei der Berücksichtigung von Entscheidungen des EGMR die **Auswirkungen auf die nationale Rechtsordnung** in ihre Rechtsanwendung einzubeziehen hätten. Das gelte insbesondere dann, wenn es sich bei den einschlägigen nationalen Vorschriften um ein **ausbalanciertes Teilsystem** des innerstaatlichen Rechts handelt, welches verschiedene Grundrechtspositionen miteinander zum Ausgleich bringen will.[52]

30 Dieser „**Auswirkungsvorbehalt**" ist im Wesentlichen **unberechtigt.** Zum einen berücksichtigt schon der **EGMR** über seine **rechtsvergleichende Arbeitsweise**, insbesondere über den („natürlich" rechtsvergleichenden) **Einfluss des „nationalen" Richters** (→ Rn. 4), die denkbaren Auswirkungen seiner Entscheidungen auf alle mitgliedstaatlichen Rechtsordnungen. Zum anderen berücksichtigt der EGMR auch die konfligierenden Grundrechtspositionen, die im nationalen Recht zum Ausgleich gebracht werden sollen. Die Konvention kennt schließlich nicht nur **Abwehrrechte,** sondern mit den so genannten positiven Pflichten auch **Schutzpflichten** (→ § 8 Rn. 7 ff.).[53] Die jeweilige prozessuale Situation, dass der Beschwerdeführer nämlich entweder eine Verletzung einer Konventions-

---

[52] BVerfGE 111, 307 = DVBl 2004, 1480 = JZ 2004, 1171 mAnm *Klein* JZ 2004, 1176 = NJW 2004, 3407 – Berücksichtigungspflicht von EGMR-Entscheidungen (Fall Görgülü)-I.
[53] Ausführlich *Szczekalla* S. 712 ff. mwN. Kritisch auch *Schaffarzik* DÖV 2005, 860 (860 ff.). S. EGMR 8351/17, ECLI:CE:ECHR:2019:0709JUD000855117 Rn. 79 ff. – Romeo Castaño/Belgien, betr. die Nichtauslieferung durch einen europ. Haftbefehl als Verletzung von Art. 2 EMRK.

garantie als Abwehrrecht oder aber als Schutzpflicht geltend macht, führt grundsätzlich ebenso wenig zur Ausblendung der jeweils anderen Grundrechtsfunktion wie im nationalen Recht. Schließlich hat es der **Vertragsstaat** in der Hand, durch **überzeugenden Vortrag** im jeweiligen Verfahren die verschiedenen Grundrechtspositionen und die Art und Weise zu benennen, in welcher diese in der innerstaatlichen Rechtsordnung zum Ausgleich gebracht werden sollen.

Nur für den **seltenen Fall,** dass eine Entscheidung des EGMR die konfligierenden 31 Grundrechtspositionen, dh im häufigen Fall bipolarer Konflikte eine von ihnen, nicht ausreichend berücksichtigt, lässt sich folglich überhaupt daran denken, die **Berücksichtigungspflicht** in Bezug auf eben diese Entscheidung der mitgliedstaatlichen Gerichte ihrerseits zu **relativieren.** Ein halbwegs aussichtsreicher Kandidat für eine solche Relativierung ist zumindest ein älterer Fall, in dem der EGMR zu einer Verletzung von Art. 8 EMRK mangels ausreichender gesetzlicher Grundlage für einen Konventionseingriff gelangte,[54] während das deutsche BVerfG in solchen Fällen ausnahmsweise und für eine Übergangszeit ein Gesetz für entbehrlich hält, wenn und soweit ein Dritter, etwa das potenzielle Opfer von Straftaten, ansonsten völlig schutzlos gestellt werden würde.[55] Nach Ablauf der dem Gesetzgeber zugestandenen Übergangszeit würde der Auswirkungsvorbehalt aber ohnehin entfallen.

Bevor die Berücksichtigungspflicht danach überhaupt relativiert werden kann, wird man 32 verlangen müssen, dass der betroffene Vertragsstaat auch die ihm nach der EMRK an sich zur Verfügung stehenden Mittel ergreift, um dem EGMR die Gelegenheit zu geben, die „unterschlagene" Grundrechtsposition doch noch (ausreichend) zu würdigen. Bei einer Kammerentscheidung muss er also nach Art. 43 Abs. 1 EMRK die **Verweisung** der Rechtssache an die **Große Kammer** beantragen. In einem viel diskutierten Fall ist dies jedenfalls bewusst nicht geschehen.[56] Rechtlich und/oder tatsächlich (etwas) anders gelagerte Fälle können außerhalb der nach Art. 46 EMRK bestehenden Bindungswirkung von nationalen Gerichten ansonsten entsprechend anders entschieden und damit einer weiteren Überprüfung durch den EGMR zugänglich gemacht werden.

II. Der Vorrang des Unionsrechts

Einen **Vorrang des Unionsrechts** vor den EMRK-Garantien in ihrer Auslegung und 33 Anwendung durch den EGMR gibt es **nicht.** Die Konvention ist *de constitutione lata* neben den mitgliedstaatlichen Verfassungsordnungen Hauptrechtserkenntnisquelle für Unionsgrundrechte als allgemeine Rechtsgrundsätze (→ Rn. 22). Der EuGH bemüht sich dabei schon heute und ausdrücklich, der **Rechtsprechung des EGMR** zu folgen. Das schließt auch eine etwaige **Rechtsprechungsänderung** ein.[57]

---

[54] EGMR 30.7.1998 – 27671/95, Rep. 1998, 1909 Rn. 54, 57, 59 – Valenzuela Contreras/Spanien („Telefonterror"): Art. 18 Abs. 3 spanVerf reiche als Eingriffsgrundlage nicht aus.
[55] BVerfGE 85, 386 – Fangschaltung und Zählervergleichseinrichtung. Vgl. dazu bereits *Szczekalla* S. 258 ff. (268) sowie → § 10 Rn. 32.
[56] EGMR 24.6.2001 (S III) – 59320/00, Rep. 2004-VI, 1 = NJW 2004, 2647 – Caroline von Hannover/Deutschland. Die deutsche Bundesregierung lehnt es ab, diese Entscheidung zu bewerten, s. die Antwort auf eine Kleine Anfrage der FDP-Bundestagsfraktion (BT-Drs. 50/4079) zu den Auswirkungen des so genannten *Caroline*-Urteils des Europäischen Gerichtshof für Menschenrechte auf die Pressefreiheit und das Presserecht in Deutschland (BT-Drs. 15/4210): Nach ihrer Ablehnung eines Antrags auf Verweisung an die Große Kammer am 1.9.2004 (AfP 2004, 437 f.) werde die künftige Rechtsprechung deutscher Gerichte zeigen, inwieweit sich dieses Urt. auf die Auslegung des deutschen Rechts auswirke. Es sei jedenfalls nicht ihre Aufgabe, Entscheidungen internationaler oder deutscher Gerichte zu bewerten. Das Urteil werde eine kritische Berichterstattung über Politiker oder politische Skandale nicht behindern. Das BVerfG habe die Entscheidung schließlich für „gut vertretbar" gehalten, s. Pressemitteilung des BVerfG Nr. 84/2004 v. 1.9.2004, sowie das Interview mit dem seinerzeit damaligen Präsidenten *Papier* in der FAZ Nr. 288 v. 9.12.2004, S. 5 („Straßburg ist kein oberstes Rechtsmittelgericht"). Vgl. schließlich auch noch die Materialien (Plädoyers und Anfrage) im deutschen Bundestag, abgedruckt in EuGRZ 2004, 660.
[57] S. einerseits EuGH verb. Rs. C-238/99 P ua, Slg. 2002, I-8375 Rn. 236 ff., 251 – Limburgse Vinyl Maatschappij NV (LVM) ua/Kommission, und andererseits EuGH verb. Rs. 46/87 u. 227/88, Slg. 1989,

34 Nach einem Beitritt der EU zur Konvention gem. Art. 6 Abs. 2 EUV wird die Bedeutung der EMRK in verschiedener Hinsicht graduell aufgewertet und dabei insbesondere die Maßgeblichkeit der Rechtsprechung des EGMR ausdrücklich festgeschrieben (→ Rn. 24). **Inhaltliche Divergenzen** zwischen der Rechtsprechung des EuGH und des EGMR sind damit natürlich in Zukunft **nicht per se ausgeschlossen.**[58] Sie sind schlicht Folge des Umstands, dass der Luxemburger Gerichtshof in der Regel zeitlich früher entscheidet als der Straßburger. Die **nachfolgende Entscheidung** des EGMR ist dann aber wiederum vom EuGH zu **berücksichtigen.**

35 Berücksichtigung in diesem Sinne heißt aber **nicht,** dass der EuGH auch **allen grundrechtsdogmatischen Besonderheiten** des EGMR folgen muss. Soweit dessen Entscheidungen daraus resultieren, dass die Konvention bestimmte Grundrechte gerade nicht enthält und der Straßburger Gerichtshof deshalb – aus seiner Sicht (*„present-day conditions"/„living instrument"*-Auslegung[59]) völlig zu Recht – die vorhandenen Garantien extensiv bzw. exzessiv auslegt, muss ihm der Luxemburger Gerichtshof auf diesem **technischen Weg** nicht unbedingt folgen. Wenn also das Fehlen der Berufsfreiheit in der EMRK zu einer (möglicherweise) überdehnenden Auslegung der Eigentumsgarantie aus Art. 1 EMRK-ZusProt führt,[60] muss diese Rechtsprechung – trotz ua Art. 52 GRC – nicht unbedingt Maßstab für die künftige Auslegung des Art. 17 GRC sein oder werden. Eine inhaltliche Divergenz folgt daraus jedenfalls nicht.

III. Verbleibende Besonderheiten des Unionsrechts

36 Weitere und grundsätzliche Besonderheiten des Unionsrechts, die einer solchen Berücksichtigung entgegenstehen könnten, sind nicht ersichtlich. Das gilt namentlich für die aus der älteren Rechtsprechung des EuGH geläufige Formel, wonach sich die **Unionsgrundrechte,** gewonnen als allgemeine Rechtsgrundsätze, **in Struktur und Ziele der Union einfügen** müssten.[61] Der Lissabonner Vertrag lässt für solche Besonderheiten grundsätzlich **keinen Raum mehr,** wenn er selbst die Maßgeblichkeit der EMRK in ihrer Auslegung und Anwendung durch den EGMR festschreibt.[62]

37 Gleiches gilt für den ähnlichen Vorbehalt, wonach die einschlägigen Bestimmungen von Konvention und Charta (nur) unter Wahrung der **Autonomie des Unionsrechts** einheitlich auszulegen seien.[63] Eine solche abstrakte Autonomie kann es jedenfalls unter dem

---

2859 Rn. 19 – Hoechst/Kommission, betr. den Schutz von Geschäftsräumen durch Art. 8 EMRK. Ausgeschlossen dürfte auch ein Vorrang des (sonstigen) Völkerrechts unter Einschluss von Resolutionen des Sicherheitsrates der Vereinten Nationen sein, den das EuG postuliert hat, s. EuG T-306/01, Slg. 2005 II-3533 Rn. 231 ff. = EuGRZ 2005, 592 – Yusuf/Rat und Kommission (Kontensperre-I, Hpts.); EuG T-315/01, Slg. 2005 II-3649 Rn. 181 ff. – Kadi/Rat und Kommission (Kontensperre-II, Hpts.) → § 56 Rn. 22 mwN.

[58] Vgl. *Philippi* ZEuS 2000, 97 (97 ff.); *Scheer* ZEuS 2004, 663 (663 ff.); *Wolfram* MRM Themenheft „50 Jahre EMRK" 2000, 86 (86 ff.).

[59] S. nur EGMR 25.4.1978 – 5856/72, Series A no. 26 Rn. 31 = EuGRZ 1979, 162 – Tyrer/Vereinigtes Königreich (Prügelstrafe auf der Isle of Man); EGMR 13.6.1979 – 6289/73, Series A no. 31 Rn. 41 = EuGRZ 1979, 454 – Marckx/Belgien; EGMR 9.10.1979 – 6289/73, Series A no. 32 Rn. 26 = EuGRZ 1979, 626 – Airey/Irland; EGMR 18.2.1999 (GK) – 24833/94, Rep. 1999-I, 251 Rn. 39 = EuZW 1999, 308 mAnm *Lenz* EuZW 1999, 311 = 36 CMLR 1999, 673 mAnm *Schermers* – Matthews/Vereinigtes Königreich (Wahlrecht zum EP auf Gibraltar). Das gilt nicht nur für die materiellen, sondern auch für die formellen Konventionsvorschriften, vgl. EGMR 23.3.1995 – 15318/89, Series A no. 310 Rn. 71 = ÖJZ 1995, 629 – Loizidou/Türkei („Eigentum in Nordzypern [Vorabeinreden]") → § 10 Rn. 77 aE.

[60] Zum angeblich aus der Eigentumsgarantie folgenden Recht, Verträge zu schließen und durchzusetzen sowie ein Unternehmen zu führen, vgl. etwa EGMR 25.3.1999 (GK) – 31107/96, Rep. 1999-II, 75 Rn. 54 f. = EuGRZ 1999, 316 – Iatridis/Griechenland; Jarass EU-GR § 2 Rn. 19.

[61] Vgl. EuGH 11/70, Slg. 1970, 1125 Rn. 4 – Internationale Handelsgesellschaft. Weitere Nachweise bei *Rengeling* S. 18 ff., 212 ff.

[62] Zur Ablehnung eines solchen (abstrakten) Vorbehalts der Ziel- und Strukturkompatibilität → § 10 Rn. 54 ff.

[63] Vgl. *Europäische Kommission,* Mitt. zur Grundrechtscharta der Europäischen Union, KOM(2000) 559, 9 Rn. 29, zu Art. 50 eines früheren Entwurfs der Grundrechtecharta.

Lissabonner Vertrag auch **nicht mehr** geben (→ § 10 Rn. 84 f.). Insoweit ist nicht ersichtlich, was die Erklärung Nr. 2 zu Art. 6 Abs. 2 EUV mit den „Besonderheiten der Rechtsordnung der Union" meint, welche beim Beitritt gewahrt werden sollen:

IV. Ausblick: Der Beitritt der EU nach dem Gutachten 2/13 des EuGH sowie den Zusatzprotokollen Nr. 15 und 16 zur EMRK

Der in Art. 6 Abs. 2 EUV vorgesehene Beitritt der EU zur EMRK wäre ein letzter Schritt, **38** dafür zu sorgen, dass der EGMR für Sachverhalte mit Unionsrechtsbezug noch sensibler wird als bisher. Auch wenn dies – wie dargelegt (→ Rn. 36) – nichts (mehr) mit einem Einfügen in Struktur und Ziele der Union oder einer abstrakten Autonomie des Unionsrechts zu tun hat, **fördert** die formelle Unterstellung der EU unter die EMRK doch das **wechselseitige Verständnis** weiter und besser als dies informelle Gespräche im Rahmen von Richterbegegnungen oder Nebeninterventionen durch die Europäische Kommission in einzelnen Fällen[64] zu leisten vermögen. Außerdem **schließt** der Beitritt eine **Rechtsschutzlücke** im Vergleich zu den mitgliedstaatlichen obersten bzw. Verfassungsgerichten, die ebenfalls durch den EGMR als auf Menschenrechtsfragen spezialisierte Instanz kontrolliert werden.[65]

Aus Gründen eines effektiven, vor allem **zeitnahen Rechtsschutzes** sollte bei der **39** Ausgestaltung des Beitritts davon abgesehen werden, ein Art. 267 AEUV nachgebildetes **Vorlageverfahren** vom EuGH zum EGMR einzuführen.[66] Ein solches Verfahren gab es bisher auch nicht in Bezug auf die nationalen obersten bzw. Verfassungsgerichte. Jetzt liegt allerdings das 16. Zusatzprotokoll zur Unterzeichnung aus, welches vom EGMR eher kritisch gesehen wird.[67] Hier soll es den höchsten Gerichten gestattet werden, ein Gutachten über Prinzipienfragen betreffend die Auslegung oder Anwendung der Rechte und Freiheiten nach der EMRK und den Protokollen beim EGMR zu ersuchen. Der **EGMR** bleibt aber nach wie vor, nach Abschluss des innerstaatlichen und innerunionalen Rechtszuges, die **subsidiär** zuständige **menschenrechtliche Spezialinstanz**.[68] Es ist zwar zuvörderst **Aufgabe aller nationalen und europäischen Fachgerichte,** die EMRK auszulegen und anzuwenden, schon um eine weitere Überlastung des EGMR zu vermeiden. Einer letztverbindlichen Kontrolle durch den Straßburger Gerichtshof können sie damit aber nicht entgehen. Die Subsidiarität wird jetzt auch im 15. Zusatzprotokoll eigens in den Konventionstext, genauer: in den letzten Erwägungsgrund der Präambel, aufgenommen. Dass das zum Gutachten 2/13 des EuGH führende Abkommen indes entgegen der hiesigen Auffassung eine („rasche") Vorabbefassung des Luxemburger Gerichtshofs nach Art. 3 Abs. 6 des Übereinkunftsentwurfs vorsah, hat dem EuGH immer noch nicht gereicht:[69] Denn der EGMR hätte auch nach dieser Bestimmung eine Zuständigkeit für die Auslegung

---

[64] S. EGMR 13.1.2005 [S III] – 62023/00, EuGRZ 205, 234 – Emesa Sugar/Niederlande; EGMR 10.3.2004 – 56672/00, EuGRZ 2004, 279 = NJW 2004, 3617 – Senator Lines/15 EU Staaten; EGMR 30.6.2005 [GK] – 45036/98, Rep. 2005-VI = NJW 2006, 197 – Bosphorus/Irland.
[65] Zu bisherigen Schieflage s. auch *Rengeling/Szczekalla* Grundrechte in der EU Rn. 49, 67 ff., 477, 546, 1154, jeweils mwN. Deshalb müsste der EGMR nach erfolgtem Beitritt auch seine *Bosphorus*-Rechtsprechung mit ihrer Konventionskonformitätsvermutung (EGMR 30.6.2005 [GK] – 45036/98, Rep. 2005-VI = NJW 2006, 197 – Bosphorus/Irland) wieder ändern, vgl. *Szczekalla* GPR 2005, 176 (178).
[66] Vgl. *Lorenzmeier* in Becker/Bovenkerk/Groh ua S. 209 (226 f.), der aber dadurch Unabhängigkeit und Selbständigkeit beider Gerichtshöfe bedroht sieht. Abgesehen davon, dass ein solches Verfahren nur dann Sinn ergibt, wenn es auch Bindungswirkungen zeitigt, welche mit Unabhängigkeit und Selbständigkeit jedenfalls nicht ohne weiteres vereinbar sind, muss es bei einem – relativen – Vorrang der menschenrechtlichen Spezialinstanz EGMR gegenüber dem (jedenfalls auch) Universalgericht EuGH und seinen künftigen Ablegern bleiben, zumindest ebenso, wie dies für die mitgliedstaatlichen obersten bzw. Verfassungsgerichte gilt.
[67] S. die Stellungnahme des Plenums v. 6.5.2013, abrufbar unter http://www.echr.coe.int/Documents/2013_Protocol_16_Court_Opinion_ENG.pdf (letzter Abruf: 2.9.2019). Vgl. auch *Voland/Schiebel* HRLR 1 (2017), 73 ff. Positiver *Gundel* EuR 2015, 609 (613 ff.).
[68] Zum Subsidiaritätsprinzip s. EuGH Gutachten 2/13, ECLI:EU:C:2014:2454 Rn. 19, 90, 236 – EMRK-Beitritt.

der Rechtsprechung des EuGH erhalten.[70] Außerdem vermisste der EuGH eine Prüfung nicht nur der Gültigkeit, sondern auch der Auslegung der entsprechenden Bestimmungen des abgeleiteten Unionsrechts.[71] Möglicherweise ist dies als gänzliche Absage an ein System der Vorabbefassung zu verstehen. Grundsätzlich sind beide neuen Systeme, das des Gutachtens seitens des EGMR an höchste Gerichte der Vertragsstaaten und das der Vorabbefassung seitens des EuGH, sehr kritisch zu sehen.

D. Kritische Bewertung

40   Insgesamt ist das gegenwärtige Verhältnis zwischen dem Grundrechtsschutz in der EU und nach der EMRK nach wie vor durch das **wechselseitige Bemühen um Kohärenz** gekennzeichnet. Alle Beteiligten wirken am **Auf- und Ausbau** eines in sich stimmigen **gemeineuropäischen Grundrechtsraums** mit. Dabei kommt der **EMRK** in ihrer Auslegung und Anwendung durch den EGMR ein jedenfalls **relativer Vorrang** zu. Die Entscheidungen des EGMR sind von EuGH und mitgliedstaatlichen obersten bzw. Verfassungsgerichten über die engere Bindungswirkung des Art. 46 EMRK hinaus zu berücksichtigen. Ein (zu) **pauschaler Auswirkungsvorbehalt,** wie ihn das deutsche BVerfG gemacht hat (→ Rn. 29 ff.), ist dabei jedenfalls **abzulehnen.**

41   Einem Beitritt der EU zur Konvention steht auf absehbare Zeit das (zweite) **Gutachten des EuGH** vom Dezember 2014 entgegen.[72] Damit ist die Rolle des EGMR wahrscheinlich entgegen der Absicht der Richter des EuGH sogar gestärkt worden. Seine Rechtsprechung bleibt auf absehbare Zeit das Maß aller grundrechtlichen Dinge. Freiwillige Korrekturen sind dadurch nicht ausgeschlossen. Dem letzten EMRK-Gutachten des EuGH darf jedenfalls der Vorwurf gemacht werden, dass es der Sache nach vertragswidriges Vertragsrecht bzw. verfassungswidriges Verfassungsrecht angenommen hat: Art. 6 Abs. 2 EUV ordnet den Beitritt unmissverständlich als Auftrag an.[73] Der Gerichtshof aus Luxemburg unterstützt diesen Vertrags- bzw. Verfassungsauftrag jedenfalls nicht, wenn er ein Gutachten abliefert, das keinerlei Anhaltspunkte für eine vertrags- bzw. verfassungsgemäße Art und Weise des Beitritts gibt.

42   In Zeiten der sich angeblich immer weiter beschleunigenden EU-Krise (→ § 2 Rn. 36) ist die Bedeutung der EMRK wohl auch in Zukunft gewachsen: Wie auch immer die Folgen des Brexit im Jahr 2019 oder später aussehen,[74] die Bindung des irgendwann ehemaligen Mitgliedstaats des Vereinigten Königreichs an die EMRK in ihrer auch unionalen Auslegung werden zunehmen. Ein **menschenrechtliches Rückzugsverbot** gibt es schon jetzt. Und das deutsche BVerfG hat in seinem jüngsten Urteil zu einem Parteiverbotsverfahren vom 17. Januar 2017 ausdrücklich einen Leitsatz dahingehend formuliert, dass seine neue Rechtsprechung jetzt auch mit der EMRK in ihrer Auslegung durch den EGMR vereinbar sei.[75]

43   Hinzu kommen die weiteren wichtigen historischen Ereignisse aus der letzten Zeit, die eine wachsende Bedeutung der EMRK und ihres Gerichts in Straßburg zur Folge haben werden: Nach dem gescheiterten Militär-Putsch vom 15./16. Juli 2016 in der **Türkei,** der

---

[69] Vgl. EuGH Gutachten 2/13, ECLI:EU:C:2014:2454 Rn. 236 ff. – EMRK-Beitritt - krit. dazu insbes. *Breuer* EuR 2015, 330 (331 ff.).
[70] EuGH Gutachten 2/13, ECLI:EU:C:2014:2454 Rn. 239 – EMRK-Beitritt.
[71] Vgl. EuGH Gutachten 2/13, ECLI:EU:C:2014:2454 Rn. 242 ff. – EMRK-Beitritt.
[72] EuGH Gutachten 2/13, ECLI:EU:C:2014:2454 insbes. Rn. 144 ff. – EMRK-Beitritt.
[73] Vgl. *Meyer-Ladewig/Ebert* in HK-EMRK Art. 36 Rn. 2 aE, die davon sprechen, dass eine Auslegung des EU-Rechts durch den EGMR mittelbar „in Art. 6 Abs. 2 EUV ausdrücklich angelegt" sei.
[74] *Szczekalla* in FK-EUV/GRC/AEUV EUV Art. 50 Rn. 1, 8 ff. Vgl. jetzt auch zum innerstaatl. Erfordernis eines ParlamentsG für die Mitteilung der Absicht nach Art. 50 Abs. 2 S. 1 EUV: SCVK 24.1.2017 - UKSC 2016/0196 - [2017] UKSC 5 – Brexit.
[75] Vgl. BVerfG 2 BvB 1/13, ECLI:DE:BVerfG:2017:bs20170117.2bvb000113 Ls. 8, Rn. 510, 607 ff. – NPD-II. Die Unmaßgeblichkeit von EU-Recht für das Parteiverbotsverfahren nach Art. 21 Abs. 2 GG (Rn. 627 ff.) ist jedenfalls zweifelhaft. Denn hier geht es sehr wohl (auch) um die Durchführung des Rechts der EU iSv Art. 51 Abs. 1 GRC und nicht alleine um nationales Recht (anders und begründungsarm Rn. 630 ff.) → § 31 Rn. 12, → § 32 Rn. 17.

zu einer Anwendung von Art. 15 EMRK geführt hat,[76] gibt es bereits jetzt die ersten Verfahren vor dem EGMR,[77] die gegenwärtig noch wegen der nicht erfüllten Rechtswegerschöpfung als unzulässig abgewiesen worden sind.[78] Etwas anderes könnte für die Beschwerden wegen des Verfassungsreferendums vom 16.4.2017 gelten, gibt es gegen die Entscheidung wegen der gerügten Wahlmängel doch offenbar keinen innerstaatlichen Rechtsschutz. Die Türkei strebt dabei immer noch einen Beitritt in die EU an. Nach zwei ersten Kammer-Urteilen gegen die Türkei[79] hat sich bislang noch keine Gelegenheit ergeben, dass sich auch die Große Kammer mit entsprechenden Verfahren beschäftigt. Die Nichtbegründung durch die fünf Mitglieder des Ausschusses des EGMR ist jedenfalls unbefriedigend.[80]

Hinzu kommen einige **EU-Mitgliedstaaten,** die in Konflikt mit manchen Bestimmungen auch der EMRK stehen.[81] Die weitere Entwicklung bleibt auch hier abzuwarten. Berufungsfähige Urteile des EGMR gibt es jedenfalls genug.[82]

44

---

[76] S. die Mitt. an den Generalsekretär d. ER v. 21.7.2016. Zu weitgehend findet die *Venice Commission* die getroffenen Maßnahmen, s. Pressemeldung („News") des Europarats v. 9.12.2016.

[77] Zum Anstieg der Beschwerdezahlen im Jahr 2016 im Vergleich zu 2015 s. die Ansprache von Präs. des EGMR *Raimondi* v. 26.1.2017.

[78] S. EGMR 8.11.2016 (S II) – 56511/16, EuGRZ 2016, 605 – Mercan/Türkei, betr. eine inhaftierte Richterin. Vgl. außerdem EGMR 8.12.2016 (S II) – 59061/16 – Zihni/Türkei, zu einem entlassenen Lehrer. S. auch türkVerfG 4.8.2016, EuGRZ 2016, 633; krit. Besprechung bei *Deiseroth/Öztürk* EuGRZ 2016, 597 (597 ff.).

[79] Vgl. EGMR 13237/17, ECLI:CE:ECHR:2018:0320JUD001323717 – Altan/Türkei, und EGMR 16538/17, ECLI:CE:ECHR:2018:0320JUD001653817 – Alpay/Türkei. Im Fall EGMR 12778/17, ECLI:CE:ECHR:2019:0416JUD001277817 – Alparslan Altan/Türkei, steht die Entsch. noch aus. Immerhin hat die Kammer die überlange U-Haft für rechtswidrig gehalten.

[80] S. Entsch. v. 10.9.2018, vgl. ECHR 298 (2018) v. 11.9.2018, betr. das Altan-Verf.

[81] Vgl. *Möllers/Schneider,* Demokratiesicherung in der EU, S. 53 ff., 68 ff.; *Skouris,* Demokratie und Rechtsstaat, S. 55 ff.

[82] S. EGMR 20261/12, ECLI:CE:ECHR:2016:0623JUD002026112 – Baka/Ungarn.

§ 4 Verhältnis zu weiteren internationalen Menschenrechtsverbürgungen

Übersicht

	Rn.
A. Bedeutung internationaler Menschenrechtsverbürgungen	1–7
I. Bedeutung für die EU	1–5
II. Spannungsverhältnisse	6, 7
B. Entwicklung und Systematik	8–17
C. Unmittelbare Geltung internationaler Menschenrechtsverbürgungen	18–33
I. Menschenrechtsverbürgungen aufgrund von Völkergewohnheitsrecht ...	18, 19
II. Beitritt der EU zu internationalen Menschenrechtsverträgen	20–24
III. Unilateraler Verweis auf internationale Menschenrechtsverträge	25–32
1. Berücksichtigung der GFK in der Asylpolitik nach Art. 78 AEUV und Art. 18 GRC	26–28
2. Berücksichtigung der beiden Sozialchartas nach Art. 151 AEUV	29, 30
3. Förderung der Menschenrechte gemäß Art. 208 AEUV iVm Art. 3 Abs. 5 EUV	31, 32
IV. Bindung an die Spruchpraxis der zuständigen Organe?	33
D. Mittelbare Bindung an internationale Menschenrechtsverbürgungen	34–75
I. Pflicht zur Beachtung internationaler Menschenrechtsverbürgungen	34, 35
II. Mittelbare Bindung über die allgemeinen Rechtsgrundsätze	36–61
1. Grundlagen	36–43
2. Rechtsvergleichender Blick auf die Mitgliedstaaten	44–52
3. Voraussetzungen einer mittelbaren Bindung	53–61
III. Mittelbare Bindung über die Grundrechtecharta	62–74
1. Allgemeine Verpflichtung zur Berücksichtigung	62–65
2. Einfluss auf die Abfassung der Grundrechtecharta	66, 67
3. Bindung an die Spruchpraxis internationaler Organe?	68, 69
4. Unterschiedliche Bindungswirkung internationaler Menschenrechtsverträge?	70, 71
5. Mindeststandard nach Art. 53 GRC?	72, 73
6. Internationale Verbürgungen zwischen Grundrechtecharta und allgemeinen Rechtsgrundsätzen	74
IV. Über die EMRK vermittelte Bindung	75
E. Fazit und Ausblick	76–78

Schrifttum:

Epiney, Zur Stellung des Völkerrechts in der EU, EuZW 1999, 5; *Gundel,* Der Status des Völkerrechts in der französischen Rechtsordnung nach der neuen Rechtsprechung des Conseil d'Etat: Von der Öffnung zum Rückzug?, AVR 37 (1999), 438; *Hailbronner,* Ziele und Methoden völkerrechtlich relevanter Rechtsvergleichung, ZaöRV 36 (1976), 190; *Haratsch,* Die Bedeutung der UN-Menschenrechtspakte für die Europäische Union, MenschenRechtsMagazin (MRM), Themenheft Februar 2002, 25 Jahre Internationale Menschenrechtspakte, S. 29; *Jarass,* Zum Verhältnis von Grundrechtecharta und sonstigem Recht, EuR 2013, 29; *Kaddous,* La difficile réconciliation de l'orthodoxie communautaire avec l'orthodoxie internationale, CDE 1996, 613; *Krüger/Polakiewicz,* Vorschläge für ein kohärentes System des Menschenrechtsschutzes in Europa, EuGRZ 2001, 92; *Lenaerts,* Respect for Fundmental Rights as a Constitutional Principle of the European Union, Columbia Journal of European Law 6 (2000); *ders./De Smijter,* Some reflections on the status of international agreements in the Community legal order, in Iglesias/Due/Schintgen/Elsen, FS Schockweiler, 1999, 347; *ders./De Smijter,* A „Bill of Rights" for the European Union, CMLR 2001, 273; *Ludet/Stotz,* Die neue Rechtsprechung des französischen Conseil d'Etat zum Vorrang völkerrechtlicher Verträge, EuGRZ 1990, 93; *Parmar,* International Human Rights and the EU Charter, Maastricht Journal of European & Comparative Law (MJECL) 8 (2001), 351; *Pernice,* Gemeinschaftsverfassung und Grundrechtsschutz – Grundlagen, Bestand und Perspektiven, NJW 1990, 2409; *Petersmann,* Darf die EG das Völkerrecht ignorieren?, EuZW 1997, 325; *Prepeluh,* Die Entwicklung der Margin of Appreciation-Doktrin im Hinblick auf die Pressefreiheit, ZaöRV 61 (2001), 771; *Schadendorf,* Die EU und die menschenrechtlichen Verträge ihrer Mitgliedstaaten: Divergierende Schutzniveaus am Beispiel der CEDAW, ZaöRV 2014, 245; *dies.,* Die UN-Menschenrechtsverträge im Grundrechtsgefüge der Europäischen Union, EuR 2015, 28; *Streinz,* EuGH C-584/10: Rechtsschutz gegen GASP-Maßnahmen, JuS 2014, 376.

A. Bedeutung internationaler Menschenrechtsverbürgungen

I. Bedeutung für die EU

Menschenrechtsverbürgungen in internationalen Abkommen haben eine große **Bedeu-** 1
tung im Prozess der europäischen Integration gehabt und beeinflussen diesen auch heute
noch. Sie leisten bedeutende Hilfestellung auf der Suche nach einem **Konsens** der Mitgliedstaaten in der EU in Bezug auf die Konkretisierung **gemeinsamer Werte,** wie sie in
Art. 2 EUV postuliert werden. Diesbezüglich ist die ausdrückliche Aufnahme der Grundrechte und der Würde des Menschen als unmittelbare, dh nicht nur indirekt über die
mitgliedstaatlichen Verfassungstraditionen vermittelte, **Werte** in Art. 2 EUV ein wichtiger
Schritt in der Entwicklung einer europäischen Verfassung gewesen. Dieses Postulat bedarf
indes der **Konkretisierung,** die vorrangig über die **Grundrechtecharta** und die **EMRK**
erfolgt. Doch um eine den nationalen Verfassungen und der Rechtsprechung zur EMRK
vergleichbare Grundrechtsdogmatik, inklusive **Grundrechtsdynamik** zu gewährleisten,
die in der Lage ist, **grundlegende Verfassungskonsense** bei der Beantwortung auch
neuer Herausforderungen für die Grundrechte fruchtbar zu machen, bedarf es weiterhin
des Rückgriffs auf die (weiteren) **internationalen Menschenrechtsverbürgungen,** in
denen oft die Entwicklung, wie etwa durch die Kinderrechtskonvention, vorangetrieben
wird. Diese Abkommen geben Auskunft über erreichte Konsense in der Gemeinschaft der
Völker und sind damit wichtige Leitplanken auf der Suche nach einem **ius commune
constitutionalis** in der EU. Belegt wird dies insbesondere in den Fällen, in denen internationale Menschenrechtsverbürgungen bei der „Geburt" einzelner Verbürgungen in der
GRC **Pate** gestanden haben (→ Rn. 66 f.). Aus dieser Perspektive wird deutlich, dass dieser
Einfluss nicht auf die umfassenden internationalen Menschenrechtsverträge begrenzt ist,
sondern dass zusätzlich **spezifische Gewährleistungen,** seien sie ungeschrieben im Völkergewohnheitsrecht[1], wie etwa das Verbot des Refoulement, oder in sektoralen internationalen Abkommen enthalten, einzubeziehen sind. Zu nennen sind etwa Abkommen der
International Labour Organisation[2] (ILO). Zu den **umfassenden Abkommen** sind insbesondere die Europäische Sozialcharta (EuSozCh) bzw. die revidierte Europäische Sozialcharta von 1996 (EuSozChrev.) als Schwestern der EMRK und deren nicht regional
begrenztes Geschwisterpaar, der Internationale Pakt über bürgerliche und politische Rechte
(IPBPR) und der Internationale Pakt über wirtschaftliche, soziale und kulturelle Rechte
(IPWSKR), zu rechnen.

Die Verträge und die Rechtsprechung zeigen, dass die **EMRK** als elaboriertes regionales 2
Menschenrechtsabkommen im Fokus der Wahrnehmung und juristischen Auseinandersetzung steht.[3] Doch zu Unrecht wird die Bedeutung weiterer völkerrechtlicher Menschenrechtverbürgungen in der Rezeption durch die Literatur oft in den Schatten der EMRK
gestellt[4], weil allein die EMRK in Art. 6 Abs. 2 EUV ausdrücklich erwähnt und auf sie in

---

[1] *Doehring,* Völkerrecht, 2. Aufl. 2004, Rn. 981 ff.; *Schachter,* International Law in Theory and Practice, 1991, S. 8 ff.
[2] S. etwa Übereinkommen Nr. 29 der ILO über Zwangs- und Pflichtarbeit von 1930, BGBl. 1956 II 640; Übereinkommen Nr. 105 der ILO über die Abschaffung der Zwangsarbeit von 1957, BGBl. 1959 II 441; Übereinkommen Nr. 110 der ILO über die Gleichheit des Entgelts männlicher und weiblicher Arbeitskräfte für gleichwertige Arbeit von 1951, BGBl. 1956 II 23; Übereinkommen Nr. 111 der ILO über die Diskriminierung in Beschäftigung und Beruf von 1958, BGBl. 1961 II 97; Übereinkommen Nr. 118 der ILO über die Gleichbehandlung von Inländern und Ausländern in der Sozialen Sicherheit von 1962, BGBl. 1970 II 802. Übereinkommen Nr. 135 der ILO über Schutz und Erleichterungen für Arbeitnehmervertreter im Betrieb von 1971, BGBl. 1973 II 953. Vgl. den Überblick bei Ipsen VölkerR § 48 Rn. 2 ff. Zur Berücksichtigung des Übereinkommens über die Rechte des Kindes vgl. GA *Kokott,* SchlA C-540/03, Slg. 2006, I-5769 Rn. 69 – Parlament/Rat.
[3] S. Art. 6 Abs. 1 EUV.
[4] Vgl. *Kingreen* in Calliess/Ruffert EUV Art. 6 Rn. 6, 7, die sie neben der EMRK nicht weiter erwähnt; anders dagegen *Haratsch* MRM 2002, 29 (30); zu den Problemen unterschiedlicher Bindung der EU und ihrer Mitgliedstaaten *Schadendorf* EuR 2015, 28 (45 f.).

der Rechtsprechung weit häufiger explizit verwiesen wird. Denn dessen ungeachtet scheint ihre Relevanz gerade dort auf, wo der Schatten der EMRK endet oder an Schärfe verliert. Dabei lassen sich verschiedene Grade der Beeinflussung abschichten. Zum einen können die Menschenrechtsverträge als **Rechtsquelle** fungieren. Dies kann grundsätzlich multilateral über einen Beitritt der EU zu entsprechenden Abkommen geschehen, die die Union dann unmittelbar rechtlich binden (→ Rn. 20 ff.). Eine rechtliche Bindung kann auch einseitig durch ausdrückliche Bezugnahme auf entsprechende Verträge im Primärrecht oder im Sekundärrecht erfolgen (→ Rn. 25 ff.). Ferner kann sich eine Bindung über das (ungeschriebene) Völkergewohnheitsrecht ergeben (→ Rn. 18 f.). In all diesen Fällen ist jeweils zu klären, ob die betreffenden Vorschriften in jenen Verträgen self-executing sind. Gegebenenfalls kann ihnen in diesen Fällen **Vorrang** vor dem Sekundärrecht zuteilwerden.[5]

3 Zum anderen sind internationale Menschenrechtsverträge als **Rechtserkenntnisquelle** in der EU relevant geworden. So hat der EuGH sie bei der Ermittlung der (zunächst ungeschriebenen) EU-Grundrechte als allgemeine unionale Rechtsgrundsätze herangezogen.[6] Besondere Bedeutung kommt ihnen dort zu, wo die EMRK in der Schutzbereichsgewährleistung Lücken aufweist, wie etwa bei der Berufsfreiheit.[7] Ferner haben sie die **Fortentwicklung** des Primärrechts in mannigfaltiger Weise beeinflusst: sei es in punktuellen konkreten Bezugnahmen (→ Rn. 34 ff.), sei es allgemeiner bei der Entwicklung der Grundrechtecharta (→ Rn. 66). Letztere bezieht sich zum einen in Abs. 5 ihrer Präambel neben der EMRK auf die „von der Union und dem Europarat beschlossenen Sozialchartas" und umfassend auf die „gemeinsamen internationalen Verpflichtungen der Mitgliedstaaten". Zum andern sind einige Vorschriften in der GRC erkennbar dem IPBPR und dem IPWSKR nachgebildet worden (→ Rn. 66 f.).[8] Darüber hinaus sind internationale Menschenrechtsverbürgungen aufgrund des in der Präambel des EU-Vertrages niedergelegten Bekenntnisses der EU zu den Menschenrechten auch bei der **Auslegung des** geschriebenen **Primärrechts** heranzuziehen.[9]

4 Des Weiteren darf nicht übersehen werden, welche **rechtspolitisch** bedeutsame **Signalwirkung** auf internationaler Ebene von der Einstellung der EU zum Schutz internationaler Menschenrechte als einem der international wichtigsten Akteure ausgeht.[10] Besonders wenn die EU in Übereinstimmung mit der in der UN-Charta festgelegten Aufgabe, die Achtung der Menschenrechte und Grundfreiheiten zu fördern und zu festigen[11], diese auch im Verhältnis zu Drittstaaten fördern oder auf internationalen Konferenzen weiterentwickeln will, wird sie auch daran gemessen werden, wie sie das Bekenntnis in der Präambel

---

[5] Der EuGH geht in stRspr vom Vorrang des Völkervertragsrechts im Verhältnis zum Sekundärrecht aus: Vgl. schon EuGH verb. Rs. 21/72 ua, Slg. 1972, 1219 – International Fruit Company; EuGH 181/73, Slg. 1974, 449 – Haegeman; EuGH C-280/93, Slg. 1994, I-4973 – Deutschland/Rat; EuGH C-133/04, Slg. 2006, I-609 Rn. 25 – Algemene Scheeps Agentuur; EuGH C-61/94, Slg. 1996, I-3989 Rn. 52 – Kommission/Deutschland; EuGH C-308/06, Slg. 2008, I-4057 Rn. 42 – Intertanko. Aus der Literatur zur normenhierarchischen Stellung des Völkerrechts zwischen Primär- und Sekundärrecht: *Schmalenbach* in Calliess/Ruffert AEUV Art. 216 Rn. 50.
[6] Zur Berücksichtigung durch den EuGH bei der Herleitung der Gemeinschaftsgrundrechte nach Art. 220 EGV iVm Art. 6 Abs. 2 EUV ausführlich → Rn. 36 ff.
[7] *Frenz*, HdbEuR Bd. 4, S. 167 Rn. 551.
[8] *Haratsch* MRM 2002, 29 (44 f.).
[9] Zur Berücksichtigung der Präambel des EG-Vertrages bei der Auslegung EuGH 26/62, Slg. 1963, 1 (24) – Van Gend & Loos; EuGH verb. Rs. 56 und 58/64, Slg. 1966, 321 (388) – Consten/Kommission; EuGH 43/75, Slg. 1976, 455 (473) – Defrenne/Sabena; EuGH 136/79, Slg. 1980, 2033 (2057) – National Panasonic/Kommission; *Müller-Graff* in Dauses/Ludwigs EU-WirtschaftsR-HdB A. I. Rn. 107; *Kadelbach* in von der Groeben/Schwarze/Hatje EUV Präambel Rn. 3; nach *Terhechte* in GHN Präambel EUV Rn. 2 ff., kann die Präambel zur authentischen Interpretation herangezogen werden und Hinweise auf die Vorstellung der Vertragsstaaten zu den allgemeinen Rechtsgrundsätzen geben; für eine Beachtung der Präambel des EU-Vertrages trotz der enumerativen Beschränkung der Jurisdiktion des EuGH nach Art. 46 EUV *Streinz* in Streinz Präambel EUV Rn. 12 ff.
[10] *Parmar* MJECL 8 (2001), 351 (353), weist neben der Unterstützung der Menschenrechtspolitik der UN auf die entsprechenden Anforderungen der Osterweiterung hin. Ferner werde ein Gegengewicht zu den ökonomischen Kräften in der Globalisierung gesetzt.
[11] Art. 1 Nr. 3 UN-Charta, Art. 55 lit. c UN-Charta; nach Art. 13 Abs. 1 lit. b UN-Charta zählt dies auch zu den Aufgaben der Generalversammlung.

des EU-Vertrages zur „Achtung der Menschenrechte und Grundfreiheiten" selbst inhaltlich füllt.[12] Unter diesem Aspekt erscheint ein **Beitritt** zu den UN-Menschenrechtspakten durchaus als bedenkenswert (→ Rn. 20 ff.).

Über Art. 52 Abs. 3 GRC gelten die Gewährleistungen der **EMRK,** auf die die Charta 5 Bezug nimmt, als ein **Mindeststandard** für deren „Bedeutung und Tragweite" in der EU. Bei der Interpretation der EMRK als „living instrument" rekurriert der EGMR relativ grosszügig auf andere **internationale Verträge** als Rechtserkenntnisquelle, auch wenn der betreffende Vertragsstaat diese noch nicht ratifiziert hat.[13] Über Art. 52 GRC finden im Rahmen dieser Fortentwicklung der EMRK die betreffenden internationalen Menschenrechtsverbürgungen quasi im **Huckepack** Eingang in die Unionsrechtsordnung, und zwar auf der Stufe (der Auslegung) des **Primärrechts** (→ Rn. 75).

II. Spannungsverhältnisse

Spannungen können sich zum einen aus einer asymmetrischen Sicht der EU einerseits und 6 ihrer Mitgliedstaaten andererseits ergeben. Sofern die EU nicht unmittelbar Vertragspartei internationaler Menschenrechtsverträge geworden ist, stellt sich aus deren Sicht *cum grano salis* vergleichbar mit der EMRK das Problem, ob und inwieweit sich die Mitgliedstaaten durch Übertragung eigener Hoheitsgewalt auf eine supranationale Organisation ihren dort niedergelegten völkerrechtlichen Verpflichtungen entziehen können.[14] Denn ohne entsprechende Ratifikation ist die **EU** nicht Vertragspartei und daher **nicht unmittelbar** an diese Verträge **gebunden** (→ Rn. 20 ff.).[15]

Zum anderen können aber auch Spannungen zwischen EU-Grundrechtsschutz und 7 internationalen Verträgen auftreten. So hat der EuGH in einer in der Literatur teilweise heftig gerügten Entscheidung die Grundrechte der EU als eine EU-interne Begrenzung der Wirkung der Anordnungen des **UN-Sicherheitsrates** unter Kapitel VII UN-Charta angewendet.[16] In der Praxis ist das Spannungsverhältnis dadurch gelöst worden, dass der Sicherheitsrat bei späteren Beschlüssen diese Bedenken inhaltlich aufgegriffen hat. Rechtlich ist hervorzuheben, dass der EGMR unter der EMRK in einer Entscheidung zur Umsetzung einer Resolution des Sicherheitsrates in der Schweiz ebenfalls die Beachtung der Menschenrechte nach der EMRK eingefordert hat.[17]

B. Entwicklung und Systematik

In den Römischen Verträgen von 1957 war noch kein Hinweis auf internationale Men- 8 schenrechtsabkommen enthalten gewesen – genauso wenig wie auf EU-Grundrechte. Dessen ungeachtet hat der EuGH seit den 1970er Jahren ungeschriebene Grundrechte der EU im Wege der wertenden Rechtsvergleichung hergeleitet und dabei ausdrücklich neben der EMRK auch auf die Menschenrechtsverbürgungen in anderen internationalen Verträgen abgestellt (→ Rn. 36 ff.).

Mit diesem Vorgehen hat die Rechtsprechung zwar zunächst unionsrechtliches Neuland 9 betreten, doch ist das (schriftliche) Fundament dafür in der **Präambel** der Einheitlichen Europäischen Akte (EEA) nachgereicht worden. Derzufolge stützte sich die E(W)G auf die Grundrechte nach der EMRK und der EuSozCh[18] und trat international neben den

---

12 *Parmar* MJECL 8 (2001), 351 (353).
13 EGMR 12.11.2008 (GK), 34503/97 – Demir and Baykara/Turkey.
14 Näher zur Problematik: *Schadendorf* ZaöRV 2014, 245 (276 ff.).
15 Vgl. zur EMRK: EGMR 18.2.1999 – 26083/94 Rn. 67 f. – Waite and Kennedy/Germany; EGMR 18.2.1999 – 24833/94 Rn. 29, 32 – Matthews/The United Kingdom.
16 EuGH verb. Rs. C-402/05 P und C-415/05 P, Slg. 2008, I-6351 – Kadi I; EuGH verb. Rs. C-584/10, C-593/10 P und C-595/10 P, ECLI:EU:C:2013:518 – Kadi II; vgl. *Streinz* JuS 2014, 376 ff.
17 BGE 14.11.2007 – 133 II 450 – Nada gegen SECO; EGMR 12.9.2012 (GK), 10593/08 – Nada/Switzerland.
18 Abs. 3 Präambel EWR.

Grundsätzen der Demokratie für die **Menschenrechte** ein.[19] Letzteres ist als Hinweis auf internationale Verbürgungen zu verstehen.

10 Genauso wenig ist aus der gemäß [ex-]Art. L EUV früher fehlenden Justiziabilität von [ex-]Art. F Abs. 2 EUV eine Einschränkung der Rechtsprechung zum EG-Vertrag gefolgert worden.[20]

11 Im **Vertrag von Maastricht** enthielt die Präambel des EG-Vertrages keinen Hinweis auf internationale Menschenrechtsverbürgungen, doch bekannte sich die EU in der **Präambel** des den EG-Vertrag umfassenden EU-Vertrages zu den Grundsätzen der Freiheit und Demokratie sowie auch der „Achtung der Menschenrechte".[21] Damit war zwar die besondere Erwähnung der regionalen Verbürgungen entfallen, doch wurde die EMRK im damaligen Art. F Abs. 2 EUV besonders hervorgehoben. Dabei sollten durch letztere Vorschrift nicht andere internationale Verträge ausgeschlossen werden.[22] Denn ein Verzicht, etwa auf die in der EEA ausdrücklich erwähnte EuSozCh, hätte dem Festhalten am allgemeinen Menschenrechtsschutz in der Präambel widersprochen. Ferner sind im Maastricht Vertrag sektoral drei **spezifische Verweise** auf Menschenrechtsabkommen eingefügt worden, die bis heute in der Sache beibehalten worden sind.

12 So bestimmte Art. J.1 Abs. 2 im Bereich der **GASP**, dass die „**Achtung der Menschenrechte**" ein **Ziel** der EU in diesem Politikbereich ist.[23] Damit wurden diese Ziele mit den allgemeinen Vorgaben für den EU-Vertrag in der Präambel harmonisiert, auch wenn ein ausdrücklicher Bezug auf die Menschenrechte unter den (internen) Zielvorgaben des EU-Vertrages noch ausgeblieben war. Die Vorgabe der „Achtung der Menschenrechte" in der GASP ist über den Amsterdamer Vertrag bis zum Vertrag von Nizza beibehalten worden.[24] Im **Lissabonner Vertrag** findet sich die redaktionelle Änderung in der Vorgabe, die „Menschenrechte [...] zu fördern".[25]

13 Sodann ist im Maastricht Vertrag für den Bereich **Justiz und Inneres** festgelegt worden, dass die **Ziele** gemäß Art. K.1 EUV unter „**Beachtung**" – neben der EMRK und den mitgliedstaatlichen Regeln über den Schutz von Verfolgten – der **Genfer Flüchtlingskonvention** von 1951 umgesetzt werden.[26] Dieser konkrete Bezug betraf vor allem den Sektor der **Asylpolitik**. Mit der Vergemeinschaftung dieses Politikbereiches ist diese Vorgabe inhaltlich beibehalten worden, aber heute in den EG-Vertrag gewandert.[27] Seit dem **Amsterdamer Vertrag** ist der Verweis auf die nationalen Regelungen zum Schutz von Verfolgten durch einen Hinweis auf „andere **einschlägige Verträge**" ersetzt worden. Damit werden nicht nur die völkerrechtlichen Regeln des **ius cogens** betreffend den Grundsatz des Non-Refoulement als Maßstab vorgegeben, sondern **alle völkerrechtlichen Regelungen** in diesem Bereich.

14 Im Bereich der **Sozialpolitik** kennt die EU heute in Art. 151 Abs. 1 AEUV die Vorgabe, die entsprechenden **Ziele** „**eingedenk**" der Europäischen Sozialcharta und der Gemeinschaftscharta der sozialen Grundrechte der Arbeitnehmer zu verfolgen. Diese Bindung war im **Maastricht Vertrag** nur teilweise als eine Bezugnahme auf die „Sozialcharta von 1989" im **Protokoll** über die Sozialpolitik enthalten. Als dieser Politikbereich im Amsterdamer Vertrag vergemeinschaftet wurde, wurde die Bezugnahme auf die beiden Chartas in Art. 136 Abs. 1 EGV eingeführt, die bis heute fort gilt.

---

[19] Abs. 5 Präambel EWR.
[20] Vgl. zur Rspr. *Kingreen* in Calliess/Ruffert EUV Art. 6 Rn. 56 ff., der hier nicht die Abweichung vom Wortlaut des Art. 46 lit. d EUV thematisiert, obwohl er für die Herleitung der Grundrechte allein auf Art. 6 Abs. 2 EUV abstellt.
[21] Präambel Abs. 3 EUV-Maastricht.
[22] Im Ergebnis wie hier *Hilf* in Grabitz/Hilf EUV Art. F Rn. 25.
[23] Art. J.1 Abs. 2 fünfter Gedankenstrich EUV-Maastricht.
[24] Art. 11 Abs. 1 fünfter Gedankenstrich EUV-Amsterdam; Art. 11 Abs. 1 fünfter Gedankenstrich EGV-Nizza.
[25] Art. 21 Abs. 2 lit. b EUV-Lissabon.
[26] Art. K.2 Abs. 1 EUV-Maastricht.
[27] Art. 63 EGV-Amsterdam; Art. 63 Abs. 1 Nr. 1 EGV-Nizza; Art. 78 Abs. 1 AEUV.

Schließlich ist für die **Entwicklungszusammenarbeit** im Maastricht Vertrag in Art. 130u Abs. 2 EGV festgelegt worden, dass diese EU-Politik zum **Ziele** der „Wahrung der Menschenrechte" **beiträgt**. Diese Vorgabe wurde sowohl im Amsterdamer Vertrag[28] als auch im Nizza Vertrag[29] fortgeführt. Allerdings ist diese Vorgabe im einschlägigen Art. 208 AEUV im **Lissabonner Vertrag entfallen**. Sie wird aber durch die neu hinzugetretene Bezugnahme in Art. 3 Abs. 5 EUV inhaltlich aufgefangen (→ Rn. 31).

15

Demgegenüber ist die Bezugnahme auf die internationalen Menschenrechte im **EU-Vertrag** kontinuierlich verstärkt worden. Fehlte im **Maastricht Vertrag** im Art. F EUV über die Werte der EU noch ein entsprechender Hinweis[30], erklärte Art. 6 Abs. 1 EUV des Amsterdamer Vertrages die Achtung der Menschenrechte zu einem der Grundsätze, auf denen die EU beruht. Dies spiegelt die Bezugnahme in der **Präambel** des EU-Vertrages wider.[31] Dort wurde des Weiteren die Bedeutung der **Europäischen Sozialcharta** und der **Gemeinschaftscharta** der sozialen Grundrechte der Arbeitnehmer bestätigt.[32] Beide Bezugnahmen wurden im Nizza Vertrag[33] sowie im Lissabonner Vertrag[34] **unverändert beibehalten**. Im **Lissabonner Vertrag** wird dies durch eine Bezugnahme auf die Menschenrechte, die sich „als universelle Werte" entwickelt haben, **ergänzt**.[35] Ferner werden die Menschenrechte als **Werte** in Art. 2 EUV aufgeführt. Dies wird ergänzt durch die Vorgabe der **Förderung** (ua) des Schutzes der Menschenrechte „in den Beziehungen zur übrigen Welt".[36]

16

Die Bezugnahme auf internationale Menschenrechtsverbürgungen in der **GRC** verbleibt in dem voranstehend aufgezeigten Rahmen. Die **Präambel** bekräftigt die Rechte nach den „**gemeinsamen internationalen Verpflichtungen** der Mitgliedstaaten" den „**Sozialchartas**" sowie der **Rechtsprechung des EuGH**. In Art. 18 GRC wird zum Asylrecht der Verweis auf die Genfer Flüchtlingskonvention aus dem AEU-Vertrag bekräftigt.[37] Schließlich bestimmt Art. 53 GRC zum Schutzniveau, dass aus der GRC keine Einschränkung der Rechte ua aus dem Völkerrecht sowie den internationalen Übereinkünften, „bei denen die Union oder alle Mitgliedstaaten Vertragspartei sind", folgt.

17

C. Unmittelbare Geltung internationaler Menschenrechtsverbürgungen

I. Menschenrechtsverbürgungen aufgrund von Völkergewohnheitsrecht

Internationale Menschenrechte werden nicht nur in Konventionen, sondern auch im **Völkergewohnheitsrecht** gewährleistet. Oft sind diese Verbürgungen identisch mit dem Vorgaben des **ius cogens**, wie etwa das Folterverbot, das Verbot der Sklaverei sowie das Verbot des Refoulement.[38] Als Satz des **Völkergewohnheitsrechts** löst sich zB das Folterverbot von der in Art. 2 UN-Folterkonvention vorgegebenen Ausrichtung auf Staaten und bindet auch **internationale Organisationen** im Umfang ihrer begrenzten Völkerrechtssubjektivität. Eine solche Bindung ist gerade im Fall supranationaler Organisationen, die in ihren Mitgliedstaaten Hoheitsgewalt ausüben, von Sinn und Zweck der Vorschrift gefordert. Entsprechende Verbürgungen können im Unionsrecht **unmittelbar Geltung** beanspruchen. Denn der EuGH hat vergleichbar den Differenzierungen in den Verfassungen einiger Mitgliedstaaten (→ Rn. 45) die verbindlichen Regeln des allgemeinen Völkerge-

18

---

[28] Art. 177 Abs. 2 EGV-Amsterdam.
[29] Art. 177 Abs. 2 EGV-Nizza.
[30] Art. F EUV-Maastricht kannte nur die Bezugnahme auf die EMRK in Abs. 2.
[31] Präambel Abs. 3 EUV-Amsterdam.
[32] Präambel Abs. 4 EUV-Amsterdam.
[33] Präambel Abs. 3 und 4 EUV-Nizza.
[34] Präambel Abs. 4 und 5 EUV-Lissabon.
[35] Präambel Abs. 2 EUV-Lissabon.
[36] Art. 3 Abs. 5 EUV.
[37] Art. 18 GRC.
[38] Ipsen VölkerR § 15 Rn. 36.

wohnheitsrechts – und damit insbesondere im Völkergewohnheitsrecht gewährleistete Menschenrechte – als „Bestandteil der Rechtsordnung der Gemeinschaft bezeichnet".[39] Als Bestandteil des Unionsrechts sind entsprechende Verbürgungen grundsätzlich auch fähig, **unmittelbare Wirkung** zu entfalten.[40]

19 Darüber hinaus hat der EuGH dem Völkergewohnheitsrecht **Vorrang vor** gemeinschaftlichem **Sekundärrecht** eingeräumt.[41] Dafür sprechen eine Analogie zu Art. 216 Abs. 2 AEUV[42] und die grundsätzlich völkerrechtsfreundliche Ausrichtung der Unionsrechtsordnung.[43] Die meisten dieser Verbürgungen werden aber auch in der EMRK garantiert[44], so dass in der Praxis der unmittelbare Einfluss internationaler Menschenrechte des Völkergewohnheitsrechts auf das Unionsrecht kaum sichtbar wird.

II. Beitritt der EU zu internationalen Menschenrechtsverträgen

20 Im Jahr 2007 ist die **EU** das erste Mal einem Menschenrechtsvertrag **beigetreten:** Sie ratifizierte die **Behindertenrechtskonvention** (BRK)[45], die als gemischtes Abkommen von den Mitgliedstaaten und der Union ratifiziert werden musste. Inhaltlich enthält die Konvention zum Schutz von Behinderten eine Reihe von Freiheitsrechten und Diskriminierungsverbote, die inhaltlich im Wesentlichen die Rechtsprechung des EGMR zu den betreffenden Rechten der EMRK nachvollziehen. Hinzu treten programmatisch angelegte soziale Menschenrechte, die eine Umsetzung durch die Vertragsstaaten erfordern. Das war der Grund für die Einbindung der EU in ihren entsprechenden Kompetenzbereichen.[46]

21 Interessanterweise ist damit der Präzedenzfall eines solchen Beitritts nicht die in Art. 6 Abs. 1 EUV ausdrücklich genannte EMRK, sondern ein internationales Menschenrechtsabkommen geworden. In Bezug auf die EMRK ist der **Beitritt** durch den EuGH **blockiert** worden, der die Frage der Konkurrenz der beiden jeweils zuständigen Gerichtshöfe nicht für angemessen gelöst gehalten hat.[47] Demgegenüber ist der Beitritt zur BRK wohl unproblematisch gewesen, weil diese **nicht** über einen **eigenen Spruchkörper** verfügt. Grundsätzlich stehen aus völkerrechtlicher Sicht solche Verträge für einen Beitritt der EU offen, wenn die Verträge selbst den Kreis der möglichen **Vertragsparteien** über den der Staaten hinaus öffnen, wie dies unter der EMRK geschehen ist.[48] Darüberhinaus ist aber auch nicht ausgeschlossen, dass solche Verträge nach ihrem Sinn und Zweck für eine Öffnung für supranationale Organisationen aufgrund der vergleichbaren Gefährdungslage für Menschenrechte offenstehen.[49]

---

[39] EuGH C-286/90, Slg. 1992, I-6019 Rn. 9 – Anklagemyndigheden/Peter Michael Poulsen und Diva Navigation Corp.; EuGH C-162/96, Slg. 1998, I-3655 Rn. 45 – Racke.

[40] Vgl. EuGH C-192/89, Slg. 1990, I-3461 – S. Z.Sevince/Staatssecretaris van Justitie; EuGH C-237/91, Slg. 1992, I-6781 Rn. 28 – Kazim Kus/Landeshauptstadt Wiesbaden; *Epiney* EuZW 1999, 5 (6).

[41] EuGH C-162/96, Slg. 1998, I-3655 Rn. 45 f. – Racke.

[42] Diese Analogie spricht allerdings auch gegen einen Vorrang vor dem Primärrecht, *Epiney* EuZW 1999, 5 (7); aA *Kaddous* CDE 1996, 613 (620 ff.).

[43] Vgl. *Petersmann* EuZW 1997, 325 (327), in Bezug auf die WTO.

[44] Das Verbot des Refoulement ist ausdrücklich in die Verträge aufgenommen worden, → Rn. 26.

[45] Beschluss des Rates vom 26. November 2009 über den Abschluss des Übereinkommens der Vereinten Nationen über die Rechte von Menschen mit Behinderungen durch die Europäische Gemeinschaft, (2010/48/EG), ABl. 2010 L 23, 35.

[46] EuGH C-363/12, ECLI:EU:C:2014:159 Rn. 68 ff. – Z.; Übereinkommen der Vereinten Nationen über die Rechte von Menschen mit Behinderungen, Präambel lit. e; Europäische Strategie zugunsten von Menschen mit Behinderungen 2010–2020: Erneuertes Engagement für ein barrierefreies Europa, KOM (2010) 636; *Dörschner,* Die Rechtswirkungen der UN-Behindertenrechtskonvention in Deutschland am Beispiel des Rechts auf inklusive Bildung, 2014, S. 202 ff.

[47] EuGH Gutachten 2/13, ECLI:EU:C:2014:2454.

[48] Art. 59 EMRK; daher eine unmittelbare Überprüfung von EG-Akten ablehnend EGMR 18.2.1999 – 24833/94 – Matthews/The United Kingdom.

[49] Vgl. auch die *de facto*-Mitgliedschaft der EG im GATT-1947; anders wohl *Haratsch* MRM 2002, 29 (46), der eine „Substituierung" der Mitgliedstaaten durch die Gemeinschaft im menschenrechtlichen Bereich ablehnt.

Aus Sicht des Unionsrechts ist die **Rechtsgrundlage für** einen solchen **Beitritt** umstritten. Vor der Einführung der Kompetenz für einen Beitritt zur EMRK in Art. 6 Abs. 2 EUV wurde erwogen, ob ein Beitritt unter Berufung auf die Verfolgung einer umfassenden Menschenrechtspolitik auf **Art. 352 Abs. 1 AEUV** abgestützt werden könnte, der ein Tätigwerden gestattet, sofern es zur Verwirklichung der Ziele im Rahmen der in den Verträgen festgelegten Politikbereiche erforderlich ist und die dafür erforderlichen Befugnisse im Vertrag nicht vorgesehen sind.[50] 1996 hatte der EuGH noch einen Beitritt der EU zur EMRK abgelehnt, aber im Wesentlichen darauf abgestellt, dass die daraus folgenden institutionellen Änderungen und die Übernahme aller Vorschriften der EMRK eine wesentliche Änderung des Unionssystems zur Folge hätte, die einer Vertragsänderung vorbehalten sei.[51] Diese ist in Bezug auf die EMRK im Lissabonner Vertrag mit Art. 6 Abs. 2 EUV erfolgt. Bei der BRK hat sich die EU auf die Art. 26 EUV sowie Art. 114 und 218 AEUV[52], dh auf eine Kombination von **GASP und Binnenmarktkompetenz,** gestützt. Zu ergänzen ist, dass die institutionellen Vorbehalte des EuGHs bei Verträgen, die nicht über dem EGMR vergleichbare Spruchkörper verfügen, nicht greifen.

Die betreffenden Verträge werden nach Art. 216 Abs. 2 AEUV zu einem „integrierenden Bestandteil" der Unionsrechtsordnung[53], der die Rechtsetzungsorgane bindet, und erhalten damit im Ergebnis **Vorrang vor dem Sekundärrecht.** Ihre konkrete Bedeutung hängt aber von ihren völkerrechtlichen Eigenschaften. Nur wenn sie „self-executing" sind, können sie vor dem EuGH eingeklagt werden, ohne dass ein weiteres Tätigwerden des Gesetzgebers erforderlich wäre. So hat der EuGH in dem speziellen Fall der WTO die EU-interne Bindungswirkung aufgrund des Streitbeilegungsmechanismus in der WTO, der noch stark auf die Durchsetzung von Macht setze, verneint.[54] Für die BRK ist eine unmittelbare Wirkung für die Freiheitsrechte und Diskriminierungsverbote zu bejahen, nicht aber für alle programmatisch abgefassten sozialen Menschenrechte.[55]

Die Möglichkeit einer unmittelbaren Bindung der EU an internationale Menschenrechtsverträge im Wege der Funktionsnachfolge ist zu verneinen, weil die vom EuGH in Bezug auf die WTO erwogenen Voraussetzungen, wie insbesondere die Substituierung der Mitgliedstaaten in einem Bereich ausschließlicher Zuständigkeit, nicht erfüllt sind.[56]

III. Unilateraler Verweis auf internationale Menschenrechtsverträge

Ferner kennt das Unionsrecht die Option, dass ausdrücklich auf die Anwendung internationaler Menschenrechtsverträge verwiesen wird. Dies kann einerseits im Primärrecht, andererseits aber auch im Sekundärrecht geschehen. Im ersten Fall würde den betreffenden Verträgen **Vorrang vor dem Sekundärrecht** zukommen[57], im zweiten Fall kann zumindest ein Vorrang bei der Umsetzung des Sekundärrechts bzw. beim Erlass von Durchführungsvorschriften vorgesehen sein.[58]

---

[50] Zu Art. 352 AEUV (ex-Art. 308 EGV): S. die Nachweise bei *Krüger/Polakiewicz* EuGRZ 2001, 92 (105).
[51] EuGH Gutachten 2/94, Slg. 1996, I-1759 Rn. 34 f., stellt nicht auf das Fehlen einer Rechtsgrundlage ab, sondern hebt die möglichen Auswirkungen auf das Verhältnis zwischen EuGH und EGMR hervor.
[52] Beschluss 2010/48/EG des Rates zur Unterzeichnung der BRK, ABl. 2009 L 23, 35 nannte 2007 die Vorgängervorschriften Art. 13 EUV und Art. 95 sowie 300 EGV.
[53] EuGH 181/73, Slg. 1974, I-449 Rn. 2, 6 – Haegeman; EuGH Gutachten 1/76, Slg. 1977, I-741 Rn. 1; EuGH 12/86, Slg. 1987, I-3747 Rn. 7 – Demirel; EuGH Gutachten 1/91, Slg. 1991, I-6079; dazu *Ott,* GATT und WTO im Gemeinschaftsrecht, S. 68 ff.; *Epiney* EuZW 1999, 5 (6).
[54] EuGH C-149/96, Slg. 1999, I-8395 – Portugal/Rat.
[55] *Kälin/Künzli/Wyttenbach/Schneider/Akagündüz,* Gutachten zur UNO Behindertenkonvention, Mögliche Konsequenzen einer Ratifizierung der UN-Konvention über die Rechte von Menschen mit Behinderungen durch die Schweiz vom 15.3.2010, S. 16 ff.
[56] *Schadendorf* ZaöRV 2014, 245 (263 f.); *Haratsch* Themenheft 2002, 29 (46), *Cremona* in Cannizzaro/Palchetti/Wessel, International law as law of the European Union, 2011, S. 303.
[57] *Schmalenbach* in Calliess/Ruffert AEUV Art. 216 Rn. 50 f.; *Koutrakos,* EU International Relations Law, S. 219 ff.; EuGH C-162/96, Slg. 1998, I-3655 Rn. 45 – Racke.
[58] EuGH C-69/89, Slg. 1991, I-2069 – Nakajima All Precision Co. Ltd/Rat der Europäischen Gemeinschaften; *Held,* Die Haftung der EG für die Verletzung von WTO-Recht, 2006, S. 104 f.

26 1. Berücksichtigung der GFK in der Asylpolitik nach Art. 78 AEUV und Art. 18 GRC. Nach Art. 78 Abs. 1 AEUV entwickelt die Union ua eine gemeinsame Asylpolitik, die „mit dem Genfer Abkommen [...] und dem Protokoll über die Rechtsstellung der Flüchtlinge sowie den anderen einschlägigen Verträgen in Einklang stehen" muss.[59] Für die solcherart erfassten Menschenrechtsverträge, etwa den IPBPR (oder die EMRK[60]), stellt sich die Frage nach dem Verhältnis zu ihrer Berücksichtigung im Rahmen der gleichfalls zu beachtenden Unionsgrundrechte. Teilweise wird in der Literatur daher Art. 78 AEUV insoweit nur deklaratorische Bedeutung zuerkannt.[61] Die Vorschrift sei inhaltlich ihrem Vorgänger Art. K.2 Abs. 2 EUV vergleichbar[62], der eine Pflicht zur Beachtung der Genfer Flüchtlingskonvention, der EMRK und nationaler Maßstäbe vorgesehen hatte. Der Fortfall der ausdrücklichen Erwähnung der EMRK sei durch Art. 6 Abs. 2 EUV aufgefangen worden.[63] Die Gegenansicht folgert aus der zusätzlichen Erwähnung in Art. 78 AEUV hingegen inhaltlich eine strikte(re) Bindung der EU an die Genfer Flüchtlingskonvention.[64]

27 Der Vorschrift kommt nicht nur deklaratorische Bedeutung zu, da sie die EU unmittelbar, also ohne „Umweg" über die Unionsgrundrechte, an die betreffenden internationalen Verträge bindet.[65] Diese werden selbst zum **unmittelbaren Maßstab des Sekundärrechts** und fungieren somit nicht nur als Rechtserkenntnisquelle.[66] Damit sind auch Fragen nach einer Ratifizierung bzw. nach einer Erklärung von Vorbehalten durch die Mitgliedstaaten hinfällig. Diese Aufwertung soll den Bedenken einiger Mitgliedstaaten gegenüber der völkerrechtlichen Zulässigkeit der von den Mitgliedstaaten mehrheitlich anerkannten Prinzipien des sicheren Drittstaates und des sicheren Herkunftslandes bei der Behandlung von Asylanträgen geschuldet sein.[67]

28 Der EuGH hat in diesem Sinne die sog. Qualifikations-Richtlinie 2011/95/EU[68] im Lichte der GFK ausgelegt.[69] Allerdings hat er dabei herausgestellt, dass er eine solche Auslegung in Konformität mit der GFK nur vornehmen könne, wo er zuständig sei, nicht aber in den Bereichen der Asylpolitik, die in der Zuständigkeit der Mitgliedstaaten verblieben seien.[70] Zusätzlich hat der EuGH in jener Rs. darauf hingewiesen, dass er nur eine Auslegung anhand von Art. 31 GFK vornehmen könne, wenn eine Vorschrift des Unionsrechts auf diesen verweise.[71] Das wird in der Literatur teilweise in dem Sinne verstanden, dass die Anwendung der GFK immer einen solchen Verweis im Sekundärrecht voraussetze.[72] Dem ist aber zu entgegnen, dass ein solches Vorgehen bereits den allgemeinen Vorgaben zur Berücksichtigung internationaler Verträge im Unionsrecht entspräche.[73] Dann wäre aber der Hinweis in Art. 78 AEUV entweder sinnlos oder es würde die Berücksichtigung der GFK in das Belieben des Sekundärrechtgebers gestellt. Beides widerspräche der besonderen Betonung der GFK in Art. 78 AEUV. In diesem Sinne hat Generalanwalt *Wathelet* den EuGH so interpretiert, dass er auf eine Überprüfung nur aus fehlender

---

[59] Nach übereinstimmender Auffassung in der Literatur gilt dieser Hinweis für die gesamte Vorschrift. *Kortländer* in Schwarze AEUV Art. 78 Rn. 13 f.; *Graßhof* in Schwarze AEUV Art. 78 Rn. 7; *Progin-Theuerkauf* in von der Groeben/Schwarze/Hatje AEUV Art. 78 Rn. 14.
[60] *Rossi* in Calliess/Ruffert AEUV Art. 78 Rn. 15a.
[61] *Brechmann* in Calliess/Ruffert, 3. Aufl. 2007, EGV Art. 63 Rn. 4, der allerdings nur auf die Bindung der Mitgliedstaaten abstellte. AA überzeugend *Thym* in GHN AEUV Art. 78 Rn. 16, da durch die Übernahme ins Unionsrecht keine rein deklaratorische Wirkung mehr angenommen werden kann.
[62] *Thym* in GHN AEUV Art. 78 Rn. 2; *Rossi* in Calliess/Ruffert AEUV Art. 78 Rn. 9.
[63] Ebenso *Rossi* in Calliess/Ruffert AEUV Art. 78 Rn. 9.
[64] *Graßhof* in Schwarze AEUV Art. 78 Rn. 12 f.
[65] *Weiß* in Streinz AEUV Art. 78 Rn. 5.
[66] Ähnlich *Weiß* in Streinz AEUV Art. 78 Rn. 6.
[67] *Graßhof* in Schwarze AEUV Art. 78 Rn. 13.
[68] ABl. 2011 L 337, 9.
[69] EuGH C-481/13, ECLI:EU:C:2014:2101 Rn. 24 – Mohammad Ferooz Qurbani.
[70] EuGH C-481/13, ECLI:EU:C:2014:2101 Rn. 24 – Mohammad Ferooz Qurbani.
[71] EuGH C-481/13, ECLI:EU:C:2014:2101 Rn. 26 ff. – Mohammad Ferooz Qurbani.
[72] *Rossi* in Calliess/Ruffert AEUV Art. 78 Rn. 15a.
[73] Vgl. *Petersmann* EuZW 1997, 325 (327), in Bezug auf die WTO.

Zuständigkeit der EU verzichtet habe.[74] Art. 78 AEUV komme in Bezug auf die GFK die gleiche Bedeutung zu wie Art. 6 Abs. 1 EUV hinsichtlich der EMRK.[75]

2. Berücksichtigung der beiden Sozialchartas nach Art. 151 AEUV. Gemäß Art. 151 Abs. 1 AEUV verfolgen die Union und die Mitgliedstaaten Ziele in der **Sozialpolitik** „eingedenk der sozialen Grundrechte, wie sie in der am 18. Oktober 1961 in Turin unterzeichneten Europäischen Sozialcharta und in der Gemeinschaftscharta der sozialen Grundrechte der Arbeitnehmer von 1989 festgelegt sind". Die Vorschrift ist in der Literatur in vielfältiger Weise auf Kritik gestoßen: Teilweise wird ihr nur ein programmatischer Charakter zugestanden[76] und wird die Zusammenfassung zweier in ihren rechtlichen Bindungswirkungen unterschiedlicher Abkommen gerügt[77]. Die EuSozCh ist verbindliches Völkerrecht, wenn auch größtenteils nicht self-executing, die SozGRCh ist eine vom Europäischen Rat verabschiedete Grundsatzerklärung.[78] Teilweise wird aus dem Wort „eingedenk" herausgelesen, dass das Ergebnis der EU-Sozialpolitik den in den genannten Verträgen enthaltenen Bestimmungen entsprechen müsse.[79] Übereinstimmung besteht jedenfalls, dass keine strikte Bindungswirkung festgeschrieben werden sollte.[80] Diese Ansicht ist indes zu präzisieren. Beide genannten Sozialchartas enthalten eine Vielzahl von Bestimmungen, die programmatischen Charakter haben und nicht unmittelbar anwendbar sind.[81] Die über Art. 151 AEUV herbeigeführte Beachtungspflicht kann und will diese Schwächen nicht heilen. Doch wird in Art. 151 AEUV die grundsätzliche Berücksichtigungspflicht verbindlich klargestellt.

Nach zutreffender Auffassung wird die Beachtung international verbürgter sozialer Grundrechte im Rahmen der **allgemeinen Rechtsgrundsätze** des Unionsrechts und der entsprechenden Verbürgungen in der Grundrechtecharta **nicht** von der schwächeren Bindung der EU an die EuSozCh und die SozGRCh gemäß Art. 151 AEUV **verdrängt**.[82] Das folgt aber nicht bereits aus einem angeblich unverbindlichen Charakter der Bezugnahme in Art. 151 Abs. 1 AEUV[83], der eher Folge einer bestimmten Interpretation als deren Begründung wäre. Entscheidend ist vielmehr, dass eine Ausnahme von der Geltung der Grundrechte – sowohl als allgemeine Rechtsgrundsätze als auch als geschriebene Grundrechte auf Primärrechtsebene – angesichts des **Bekenntnisses zu den Menschenrechten** in der Präambel des EU-Vertrages deutlicher hätte formuliert werden müssen. Zudem widerspräche dies dem Gedanken des Art. 52 Abs. 2 GRC, wonach die Grundrechte der Union einen weitergehenden Schutz gewähren können als internationale Menschenrechte. Ein Bedürfnis für eine ausdrückliche Regelung bestand vor allem deshalb, weil soziale Grundrechte in ihrer Lesart als (auch) Leistungsrechte[84] im Unionsrecht in besonde-

---

[74] GA *Wathelet*, SchlA verb. Rs. C-391/16, C-77/17 und C-78/17, ECLI:EU:C:2018:486 Rn. 64 – M; vgl. EuGH C-481/13, ECLI:EU:C:2014:2101 Rn. 23 ff., wonach die Bestimmungen des Genfer Abkommens für die EU – da sie nicht sämtliche Zuständigkeiten übernommen hat, die zuvor von den Mitgliedstaaten im Anwendungsbereich dieses Abkommens ausgeübt wurden – keine Bindungswirkung im Sinne der früheren Rechtsprechung entfalten (EuGH verb. Rs. 21/72 bis 24/72, Slg. 1972, 1219 Rn. 18 – International Fruit Company; EuGH C-308/06, Slg. 2008, I-4057 Rn. 48 – Intertanko; EuGH C-533/08, Slg. 2010, I-4107 Rn. 62 – TNT Express Nederland.
[75] GA *Wathelet*, SchlA verb. Rs. C-391/16, C-77/17 und C-78/17, ECLI:EU:C:2018:486 Rn. 64 – M.
[76] *Rebhahn/Reiner* in Schwarze AEUV Art. 151 Rn. 8; *Krebber* in Calliess/Ruffert AEUV Art. 151 Rn. 30.
[77] *Krebber* in Calliess/Ruffert AEUV Art. 151 Rn. 31 f.
[78] Europäische Sozialcharta, SEV Nr. 035, SEV Nr. 163 (revidiert) und Gemeinschaftscharta der Sozialen Grundrechte der Arbeitnehmer vom 9. Dezember 1989, KOM(89) 248.
[79] *Coen* in Lenz/Borchardt EU-Verträge AEUV Vorb. Art. 151–161 Rn. 7.
[80] So auch *Coen* in Lenz/Borchardt EU-Verträge AEUV Vorb. Art. 151–161 Rn. 7, Art. 151 Rn. 10. Im Wesentlichen werden die genannten Verbürgungen als Auslegungshilfe zugelassen.
[81] *Gassner* in HK-UnionsR AEUV Art. 151 Rn. 11.
[82] *Krebber* in Calliess/Ruffert AEUV Art. 151 Rn. 35; *Marauhn*, Rekonstruktion sozialer Grundrechte als Normkategorie – zugleich eine Kritik der konventionellen Gegenüberstellung von Grundrechten und Staatszielbestimmungen, 1999, S. 209 (MS).
[83] So aber *Krebber* in Calliess/Ruffert AEUV Art. 151 Rn. 35.
[84] Kritische Bestandsaufnahme bei *Marauhn*, Rekonstruktion sozialer Grundrechte als Normkategorie – zugleich eine Kritik der konventionellen Gegenüberstellung von Grundrechten und Staatszielbestimmungen, 1999, S. 157 ff.

rer Weise die Problematik einer **Erweiterung der Rechtsetzungskompetenzen** aufwerfen (→ § 6 Rn. 15).[85] Da aber die sozialen Grundrechte in der Grundrechtecharta vielfach auf die Umsetzung in den Mitgliedstaaten verweisen und in den Mitgliedstaaten erhebliche Unterschiede in Bezug auf die Ausgestaltung der sozialen Grundrechte bestehen, kann es in diesem Bereich nur begrenzt zu einer Zielsteuerung über allgemeine Rechtsgrundsätze der EU kommen. Daher ist die unmittelbare Bindung der Union an die beiden „europäischen" Sozialchartas trotz einer gewissen Abschwächung („eingedenk") in der Verpflichtungsstärke ein Fortschritt.

31 **3. Förderung der Menschenrechte gemäß Art. 208 AEUV iVm Art. 3 Abs. 5 EUV.**
Vor Inkrafttreten des Lissabonner Vertrages enthielt Art. 177 Abs. 2 EGV ausdrücklich das Ziel der Wahrung der Menschenrechte. Dies war nach Ansicht des EuGH eine ausreichende Kompetenzgrundlage für die Verfolgung einer **Menschenrechtspolitik im Rahmen der Entwicklungszusammenarbeit.**[86] Sofern dabei sog. **Menschenrechtsklauseln** als wesentliche Bestandteile der Verträge über die Entwicklungszusammenarbeit bezeichnet werden, sei dies nicht als vorrangige Bedeutung gegenüber der entwicklungspolitischen Ausrichtung zu verstehen, sondern als Ansatzpunkt, um den Vertrag gemäß den völkerrechtlichen Regeln im Falle einer Zuwiderhandlung zu beenden oder zu suspendieren. Doch könnte die **Kompetenz** der EU zu einem entsprechenden Vorgehen heute fraglich erscheinen,[87] weil dieser Bezug in Art. 208 AEUV weggefallen ist. Auch Art. 21 Abs. 1 EUV zur GASP könnte als Kompetenzgrundlage nicht herangezogen werden, da sie auf den Bereich der GASP beschränkt ist, der höchstens punktuell Überlappungen mit Art. 208 AEUV aufweist.[88] Jedoch wird die Streichung in Art. 208 AEUV durch die Neufassung des Art. 3 Abs. 5 EUV ausgeglichen. Danach trägt die EU in ihren Beziehungen zur übrigen Welt ua neben der Beseitigung der Armut zum Schutz der Menschenrechte, insbesondere zum Schutz der Rechte des Kindes, bei. Insofern ist die EU wie vor dem Lissabonner Vertrag zu einer entsprechenden Politik unter Art. 208 AEUV sogar **verpflichtet.**[89] Allerdings ist hinsichtlich der genauen Politikabstimmung ein umfangreicher Spielraum der Unionsorgane anzunehmen.[90]

32 Die **völkerrechtlichen Grenzen** einer solchen Politik, insbesondere einer Instrumentalisierung der Entwicklungszusammenarbeit zum „Export" eines EU-Grundrechtsstandards, werden im Wesentlichen[91] durch das völkerrechtliche **Interventionsverbot** markiert. Dessen Grenzen sind aber erst erreicht, wenn das Vorgehen Zwangscharakter annimmt oder die Absicht der Unterordnung und Vorteilserlangung verfolgt wird.[92] Beides ist bei den grundsätzlich freiwillig auf Grundlage der Kooperation abgeschlossenen Entwicklungsverträgen der EU nicht gegeben. Ferner kommt das Interventionsverbot nicht in Bezug auf den für alle Staaten verbindlichen Kern von Menschenrechten zur Anwendung. Überdies kann sich die EU auf die ihren Mitgliedstaaten als Vertragsparteien der **UN-Charta** obliegende **Aufgabe der Förderung** der Menschenrechte berufen (→ Rn. 4). Damit wird

---

[85] Sehr weitgehend *Eichenhöfer* in Streinz AEUV Art. 151 Rn. 23, demzufolge „mit Aufnahme der Gemeinschaftscharta (...) in den Vertrag (...) diese für die Zukunft den Rang einer die Gemeinschaft legitimierenden umfassenden sozialpolitischen Einzelermächtigung" erhalten habe.
[86] EuGH C-268/94, Slg. 1996, I-6177 Rn. 23 ff. – Portugal/Rat der Europäischen Union.
[87] Vor dem Lissabonner Vertrag: *Zimmermann/Martenczuk* in Schwarze, 1. Aufl. 2000, EGV Art. 177 Rn. 25, verleiht sie der EG die entsprechende Kompetenz. Dagegen weist EuGH C-268/94, Slg. 1996, I-6177 Rn. 25 – Portugal/Rat der Europäischen Union, darauf hin, dass auch zuvor die Bedeutung der Menschenrechte für die Entwicklungszusammenarbeit hervorgehoben worden ist. Zu Art. 208 AEUV, s. *Bartelt* in Schwarze AEUV Art. 208 Rn. 6.
[88] Vgl. die etwas großzügigere Annahme bei *Bartelt* in Schwarze AEUV Art. 208 Rn. 9, Art. 209 Rn. 4.
[89] EuGH C-268/94, Slg. 1996, I-6177 Rn. 23 – Portugal/Rat der Europäischen Union.
[90] *Bartelt* in Schwarze AEUV Art. 208 Rn. 10.
[91] Zu den Vorgaben des Grundsatzes *pacta sunt servanda*, s. *Hoffmeister*, Menschenrechts- und Demokratieklauseln in den vertraglichen Außenbeziehungen der Europäischen Gemeinschaft, 1998, S. 195 ff.
[92] Eine darüberhinausgehende, weite Interpretation hat sich im Volksgewohnheitsrecht nicht durchgesetzt, *Hoffmeister*, Menschenrechts- und Demokratieklauseln in den vertraglichen Außenbeziehungen der Europäischen Gemeinschaft, 1998, S. 184 f.

eine „extraterritoriale" Einforderung eines EU-Grundrechtsstandards nicht grundsätzlich ausgeschlossen, sind doch die EU-Grundrechte auch Teil der Menschenrechte. Art. 3 Abs. 5 EUV weist auf die „gegenseitige Achtung unter den Völkern" hin, zielt aber zugleich auf einen sog. Export von Menschenrechtsvorstellungen bezüglich der Rechte des Kindes. Politisch sollte eine solche „paternalisierende"[93] Grundrechtspolitik zwar behutsam eingesetzt werden, doch sollte sie nicht zuletzt auch im Hinblick auf die Förderung der Gleichberechtigung der Frau nicht kategorisch ausgeschlossen werden. Eine solche Politik wirkt umso überzeugender, je mehr sich die EU selbst den internationalen Menschenrechtsverbürgungen verpflichtet sieht.

IV. Bindung an die Spruchpraxis der zuständigen Organe?

Auf internationaler Ebene bestimmt grundsätzlich das Völkerrecht, ob und inwieweit eine **Bindungswirkung** der Vertragsstaaten **an** die Praxis von **Spruchkörpern** von internationalen Menschenrechtsverbürgungen zu bejahen ist.[94] Bezüglich der unionsinternen Bindung hat der EuGH im Hinblick auf die WTO zwar eine EU-interne Bindungswirkung insgesamt verneint, zugleich aber ausgeführt, dass eine Bindung zu bejahen sei, wenn EU-Recht selbst auf die Anwendung der betreffenden Verträge verweise.[95] Diese Voraussetzung wird in den Art. 78 und 151 AEUV grundsätzlich erfüllt. Betreffend andere Vertragsvorschriften hat der Gerichtshof jedoch eine differenzierende Sicht vertreten (→ Rn. 68). 33

D. Mittelbare Bindung an internationale Menschenrechtsverbürgungen

I. Pflicht zur Beachtung internationaler Menschenrechtsverbürgungen

Die **allgemeine Pflicht** zur Beachtung internationaler Menschenrechtsverbürgungen besteht unter dem Lissabonner Vertrag fort. Abs. 1 Präambel EUV bestätigt die Unverletzlichkeit und Unveräußerlichkeit der Rechte des Menschen. Die offene Formulierung umfasst wie schon die Vorgängerbestimmungen nach zutreffender Ansicht (→ Rn. 12 ff.) auch international verbürgte Menschenrechte. Indirekt wirken diese Verbürgungen in dreifacher Weise über Art. 6 EUV auf das Unionsrecht ein. Erstens über die Bindung an die Grundrechtecharta nach Art. 6 Abs. 1 EUV. In deren Präambel, Abs. 5, werden die „gemeinsamen internationalen Verpflichtungen" **ausdrücklich erwähnt**. Der Verzicht in der Präambel des EUV auf die besondere Erwähnung von Regelungswerken zur Verbürgung sozialer Grundrechte (EuSozCh, SozGRCh) ist ohne materielle Auswirkungen, denn sie werden nunmehr beispielhaft in Abs. 5 der Präambel der GRC erwähnt. Während die EuSozCh schon immer integraler Bestandteil der Menschenrechte gewesen ist, ist die Erwähnung der SozGRCh wichtig, da sie an sich rechtlich unverbindlich ist. 34

Zweitens kommen die internationalen Menschenrechtsverbürgungen vermittelt über die EMRK, deren Bedeutung in Art. 6 Abs. 3 EUV besonders betont wird, zu Einfluss auf das Unionsrecht. (→ Rn. 74). Und drittens haben sie nach wie vor Bedeutung für die Herleitung von EU-Grundrechten als allgemeine Rechtsgrundsätze nach Art. 6 Abs. 3 EUV. 35

II. Mittelbare Bindung über die allgemeinen Rechtsgrundsätze

1. Grundlagen. Nach Art 6 Abs. 3 EUV bindet sich die EU an die Menschenrechte als allgemeine Rechtsgrundsätze des Unionsrechts, wie sie sich aus den gemeinsamen Verfassungsüberlieferungen der Mitgliedstaaten ergeben. Diese Formel fasst die Herleitung der 36

---

[93] Kritisch *Rengeling/Szczekalla* Grundrechte in der EU Rn. 182, die für eine Begrenzung auf international verbürgte Menschenrechte plädieren.
[94] Ipsen VölkerR § 9 Rn. 12, § 33 Rn. 8.
[95] Zur Verneinung einer EU-internen Bindungswirkung: EuGH C-21/72, Slg. 1972, 1219 Rn. 19, 20 – International Fruit Company; EuGH 149/96, Slg. 1999, I-8395 Rn. 47 – Portugal. Zu den Ausnahmen: EuGH 70/87, Slg. 1989, 1781 Rn. 19–22 – Fediol/Kommission; EuGH C-69/89, Slg.1991, I-2069 Rn. 31 – Nakajima/Rat.

(früher) ungeschriebenen Grundrechte der EU in der Rechtsprechung zusammen. Zwar ist deren Bedeutung seit Inkrafttreten der Grundrechtecharta stark gesunken, doch bestehen zum einen noch solche Verbürgungen, wie der Grundsatz des Vertrauensschutzes (→ § 37), die nicht ausdrücklich in die Grundrechtecharta aufgenommen worden sind. Zum anderen ist nicht auszuschließen, dass in Zukunft bei Lücken im Schutz durch die Grundrechtecharta weitere ungeschriebene Grundrechte entwickelt werden.

37 Damals prägte der EuGH die Formel, wonach „die Grundrechte zu den allgemeinen Rechtsgrundsätzen des Gemeinschaftsrechts gehören, die [...] [die europäische Gerichtsbarkeit] gemäß den gemeinsamen Verfassungsüberlieferungen der Mitgliedstaaten und den internationalen Verträgen, an deren Abschluss die Mitgliedstaaten beteiligt waren oder denen sie beigetreten sind, zu wahren hat".[96] Die schrittweise Entwicklung der Rechtsprechung zur Herleitung der Gemeinschaftsgrundrechte (→ § 1 Rn. 58 ff.) zeigt, wie viel Raum der EuGH der legal community[97] für eine Einflussnahme eröffnet hat. Nicht von ungefähr wurden die Grundrechte 1970, zu einer Zeit als die Gründungsverträge noch keinen Hinweis auf Menschenrechte enthielten, in der Rs. *Internationale Handelsgesellschaft* nur in einem obiter dictum angesprochen (und damit der Europarechtswissenschaft Gelegenheit zur Stellungnahme gegeben). Damals erwähnte der EuGH nur die mitgliedstaatlichen Verfassungsüberlieferungen, deren Grundrechte sich aber „in die Struktur und die Ziele der Gemeinschaft einfügen" müssten (sog. wertende Rechtsvergleichung), dagegen noch nicht internationale Verbürgungen.[98] Deren Heranziehung erfolgte erst am 14.5.1974 in der Rs. *Nold*, wohl nicht zufällig nachdem Frankreich als letzter damaliger Mitgliedstaat die EMRK am 3.5.1974 ratifiziert hatte. Seitdem gilt, dass „auch die internationalen Verträge zum Schutz der Menschenrechte (...) Hinweise geben (können), die im Rahmen des Gemeinschaftsrechts zu berücksichtigen sind".[99]

38 Diese Formulierung spricht für eine **eigenständige Bedeutung** der Berücksichtigung der internationalen Verträge neben den gemeinsamen Verfassungsüberlieferungen in Art. 6 Abs. 3 EUV. Denn da sie in den Mitgliedstaaten regelmäßig nicht Verfassungsrang besitzen (→ Rn. 44 ff.), kann ihre Ratifikation seitens der Mitgliedstaaten jedenfalls keinen Rückschluss auf deren Verfassungsüberlieferung begründen. Doch geben die internationalen Menschenrechtsabkommen, die die Mitgliedstaaten ratifiziert haben, darüber Auskunft, zu welchem Schutz sie sich auf internationaler Ebene verpflichtet haben.

39 Des Weiteren wird mit der erwähnten Formel einer Beschränkung allein auf die EMRK eine Absage erteilt. Auch wenn in der Folgezeit vereinzelt zurückhaltender von den „gemeinsamen Verfassungskonzeptionen der Mitgliedstaaten", die sich in der EMRK „widerspiegeln", die Rede gewesen ist[100], wurde die frühere Interpretation in allen anderen einschlägigen Entscheidungen bestätigt, die weiterhin die internationalen Verträge im Sinne der eingangs erwähnten Formel neben den Verfassungsüberlieferungen nennen.[101] In der Rs. *Orkem* stellte GA *Darmon* 1989 fest, dass der EuGH auf **keine abschließende Liste** von völkerrechtlichen Menschenrechtsverbürgungen abgestellt habe und daher auch der IPBPR zu beachten sei.[102] Die Kommission stellte das als Klagegegnerin im Ansatz nicht in Frage[103] und der EuGH prüfte ohne weitere Begründung nach der (im Ergebnis negativen) vergleichenden Untersuchung der mitgliedstaatlichen Verfassungen die EMRK (im Ergeb-

---

[96] EuGH 136/79, Slg. 1980, 2033 Rn. 18 – National Panasonic.
[97] Zum Begriff der *legal community Bengoetxea*, The Legal Reasoning of the European Court of Justice, 1993, S. 126. Zur besonderen Aufgabe der Rechtswissenschaft *Kühling* in v. Bogdandy/Bast Europ. VerfassungsR S. 657 (671).
[98] EuGH 11/70, Slg. 1970, 1125 Rn. 4 – Internationale Handelsgesellschaft.
[99] EuGH 4/73, Slg. 1974, 491 Rn. 13 – Nold.
[100] EuGH 44/79, Slg. 1979, 3727 Rn. 17 – Hauer.
[101] EuGH 265/87, Slg. 1989, 2237 Rn. 14 – Schräder; vgl. den Verweis auf diese Entscheidung in EuGH 44/89, Slg. 1991, I-5119 Rn. 26 – von Deetzen.
[102] GA *Darmon*, SchlA 374/87, Slg. 1989, I-3283 – Orkem; vgl. auch EuG T-48/96, Slg. 1999, II-3089 Rn. 30 – Acme Industry.
[103] EuGH 374/87, Slg. 1989, 3283 – Orkem.

nis ebenfalls negativ) und schließlich den IPBPR.[104] Ausdrücklich wurde seitdem die Einbeziehung des IPBPR bei der Herleitung der Unionsgrundrechte in der Rechtsprechung bejaht, ohne dass dies abschließend gemeint wäre.[105] Die Prüfungsreihenfolge gibt zu erkennen, dass neben der EMRK grundsätzlich auch andere internationale Menschenrechtsverbürgungen für sich allein die Herleitung eines EU-Grundrechts zu begründen vermögen. Angedeutet hat der Gerichtshof dies bislang für die EuSozCh und die ILO-Konvention Nr. 111 über die Diskriminierung in Beschäftigung und Beruf.[106]

Soweit der EuGH eine **Rechtsgrundlage** für die Herleitung der EU-Grundrechte angegeben hatte, wurde ursprünglich die eigene Rechtsprechungslinie zu den **allgemeinen Rechtsgrundsätzen** des Unionsrechts erwähnt.[107] Der spätere Art. 6 Abs. 2 EUV idF von Maastricht wurde vom EuGH selbst als Ausdruck seiner Rechtsprechung und nicht als deren Einschränkung interpretiert.[108] Soweit in der Literatur die Divergenz zum Wortlaut des Vorläufers des heutigen Art. 6 Abs. 3 EUV thematisiert wird, wird dieser überwiegend als – wohl schlecht formulierter – Ausdruck jener Rechtsprechung aufgefasst, so dass die Berücksichtigung internationaler Verträge nicht exklusiv auf die EMRK beschränkt bleibt.[109] Nach zutreffender Ansicht ist der ursprüngliche Ansatz der Rechtsprechung, wonach Rechtsquelle für die Unionsgrundrechte die allgemeinen Rechtsgrundsätze des EU-Rechts sind, die zu wahren der Rechtsprechung nach Art. 19 EUV aufgegeben ist, seitdem als *acquis communautaire* in den nachfolgenden Vertragsänderungen anerkannt worden.[110] **40**

Erfolgt damit die **Erwähnung** der EMRK in Art. 6 Abs. 3 EUV im Hinblick auf die Rechtserkenntnisquellen des EuGH *pars pro toto,* belegt sie darüber hinaus aber auch deren besondere Bedeutung für die Rechtsprechung. Die Reihenfolge bei den früheren Grundrechtsprüfungen zeigt, dass internationalen Menschenrechtsverbürgungen jenseits der EMRK nur eine **Lücken füllende Funktion** zukommt, wenn die vorangegangenen Untersuchungen nicht bereits die Verbürgung des in Rede stehenden Grundrechts in der EU belegen konnten.[111] Sie finden insgesamt Eingang in die wertende Rechtsvergleichung und können in dem eröffneten Rahmen durchaus zur Fortentwicklung des Grundrechtsschutzes in der EU beitragen. **41**

Allerdings lässt der EuGH eine unterschiedliche Gewichtung der EMRK, welcher er in mehreren Entscheidungen eine „besondere Bedeutung" attestiert hat[112], und anderer internationaler Menschenrechtsverbürgungen anklingen. Während der Gerichtshof in diesen **42**

---

[104] EuGH 374/87, Slg. 1989, 3283 Rn. 31 – Orkem
[105] EuGH verb. Rs. C-297/88 und C-197/89, Slg. 1990, I-3763 Rn. 68 – Dzodzi, erwähnt ausdrücklich die EMRK und den IPBPR „insbesondere"; in EuGH C-60/92, Slg. 1993, I-5683 Rn. 11, konnte weder aus den Verfassungsüberlieferungen noch aus der EMRK oder dem IPBPR das in Rede stehende Grundrecht hergeleitet werden; nach EuGH C-249/96, Slg. 1998, I-621 Rn. 44 – Grant, gehört der IPBPR zu den völkerrechtlichen Übereinkünften, denen der EuGH bei der Anwendung des Gemeinschaftsrechts Rechnung trägt. Vgl. GA *Léger,* SchlA C-353/99 P, Slg. 2001, I-9565 Rn. 64 f. – Rat/Hautala, sowie GA *Kokott,* SchlA C-540/03, Slg. 2006, I-5769 Rn. 69 ff. – EP/Rat ua.
[106] EuGH 149/77, Slg. 1978, 1365 Rn. 28 – Gabrielle Defrenne, erwähnt die beiden Konventionen „im Übrigen" nach der Feststellung des entsprechenden Gemeinschaftsgrundrechts. Zur EuSozCh s. GA *Tizzano,* SchlA C-173/99, Slg. 2001, I-4881 Rn. 22 f. – BECTU.
[107] EuGH 11/70, Slg. 1970, 1125 Rn. 4 – Internationale Handelsgesellschaft; EuG 222/84, Slg. 1986, 1651 Rn. 18 – Marguerite Johnston.
[108] EuGH C-109/01, Slg. 2003, I-9607 Rn. 58 – Secretary of State for the Home Department/Hacene Akrich, spricht von der „im Übrigen durch die Präambel der Einheitlichen Europäischen Akte und Art. 6 Abs. 2 EUV bestätigten ständigen Rechtsprechung des Gerichtshofes".
[109] *Beutler* in von der Groeben/Schwarze/Hatje EUV Art. 6 Rn. 14; *Hilf* in Grabitz/Hilf, 37. EL 2008, EUV Art. F Rn. 25; wohl auch *Hatje* in Schwarze EUV Art. 6 Rn. 3 f.; *Lenaerts* Columbia Journal of European Law 6 (2000), 1 (21).
[110] EuGH 258/81, Slg. 1982, 4261 – Metallurgiki Halyps; *Herrnfeld* in Schwarze EUV Art. 49 Rn. 11; *Cremer* in Calliess/Ruffert EUV Art. 49 Rn. 6; *Ohler* in GHN EUV Art. 49 Rn. 44 ff.; *Haratsch* MRM 2002, 29 (34).
[111] EuGH 374/87, Slg. 1989, 3283 Rn. 29 ff. – Orkem.
[112] EuGH C-94/00, Slg. 2002, I-9011 Rn. 23 – Roquette Frères SA; EuGH verb. Rs. 46/87 und 227/88, Slg. 1989, 2859 Rn. 13 – Hoechst/Kommission; EuGH 222/84, Slg. 1986, 1651 – Johnston; EuGH C-

Entscheidungen die **Rechtsprechung des EGMR** nahezu unkommentiert für das EU-Recht übernommen hat, setzt er sich mit den Stellungnahmen des **UN-Menschenrechtsausschusses** mitunter kritisch auseinander (→ Rn. 68).[113]

43   Die relativ geringere Bedeutung der anderen internationalen Menschenrechtsverbürgungen ist weniger einer geringeren „Ortsnähe" geschuldet[114], als erstens dem Umstand, dass jene nicht über ein dem EGMR vergleichbares Rechtsprechungsorgan verfügen, das durch verbindliche Entscheidungen die Weiterentwicklung dieses Grundrechtsinstruments im Sinne eines *living instrument* vorantreibt[115] und damit aktuelle Hinweise auf den verbindlichen Stand der Grundrechtsentwicklung geben kann. Zweitens kann der EGMR bei der Prüfung der Rechtfertigung von Grundrechtseingriffen trotz der den Vertragsstaaten zugebilligten *margin of appreciation*[116] auf eine im Vergleich zu anderen internationalen Verbürgungen, auch eingedenk der Erweiterung des Kreises der Vertragsstaaten, relativ homogenere Zusammensetzung der Vertragsparteien abstellen. Nicht zuletzt wird der EMRK auch in einzelnen Mitgliedstaaten eine größere Bindungswirkung zuerkannt (→ Rn. 45 ff.).

44   **2. Rechtsvergleichender Blick auf die Mitgliedstaaten.** Die Stellung der **EMRK** ist in den nationalen Rechtsordnungen der Mitgliedstaaten sehr unterschiedlich geregelt. Ihr kommt teilweise Verfassungsrang, häufig ein Rang jedenfalls über den Gesetzen und im Übrigen Gesetzesrang zu – der etwa in Deutschland von der Rechtsprechung jedenfalls im Grundsatz aufgewertet wird.[117] Demgegenüber teilen die anderen internationalen Menschenrechtsverbürgungen grundsätzlich das Schicksal allen **Völkervertragsrechts.** Sofern sie **Gesetzesrang** haben, stehen sie damit dem Zugriff des nationalen Gesetzgebers unter der *lex posterior*-Regel rechtstechnisch gesehen offen.[118] In manchen Mitgliedstaaten haben sie hingegen **Vorrang** vor dem einfachen Gesetzesrecht.

45   Anders stellt sich die Situation dagegen häufig dar, wenn eine Menschrechtsverbürgung dem **Völkergewohnheitsrecht** zuzuordnen ist oder sogar dem *ius cogens.* In Deutschland sind entsprechende Verbürgungen, wie etwa das Folterverbot, das ungeachtet seiner völker-

---

260/89, Slg. 1991, I-2925 – ERT; EuGH C-274/99 P, Slg. 2001, I-1611 Rn. 37 – Connolly/Kommission.
[113] EuGH C-249/96, Slg. 1998, I-621 Rn. 46 – Grant.
[114] Vgl. aber *Rengeling/Szczekalla* Grundrechte in der EU Rn. 182, die zusätzlich auf eine größere „Sachnähe" hinweisen.
[115] Grabenwarter/Pabel EMRK § 5 Rn. 15. Deshalb wird die EuSozCh ausdrücklich erwähnt. Neben der EMRK haben die EuSozCh, die EuSozChrev. und die SozGRCh erheblichen Einfluss auf die Abfassung der Grundrechtecharta gehabt. Nach den Erläuterungen entsprechen bzw. lehnen sich folgende Bestimmungen an solche der genannten Instrumente an: Art. 12 GRC (vgl. Nr. 11 SozGRCh); Art. 14 GRC (Art. 10 EuSozCh, Nr. 15 SozGRCh); Art. 15 GRC (Art. 1 EuSozCh); Art. 23 GRC (Art. 20 EuSozChrev.; Nr. 16 SozGRCh); Art. 25 GRC (Art. 23 EuSozChrev., Nr. 24, 25 SozGRCh), Art. 26 GRC (Art. 15 EuSozCh; Art. 23 EuSozChrev.; Nr. 26 SozGRCh); Art. 27 GRC (Art. 21 EuSozChrev., Nr. 17, 18 SozGRCh); Art. 29 GRC (Art. 1 Abs. 3 EuSozCh; Nr. 13 SozGRCh); Art. 33 GRC (Art. 16, 18 EuSozCh; Art. 27 EuSozChrev.); Art. 34 GRC (Art. 12 EuSozCh; Nr. 10 SozGRCh); Art. 35 GRC (Art. 11 EuSozCh).
[116] *Prepeluh* ZaöRV 61 (2001), 771 ff.; allgemein dazu *Rupp-Swienty,* Die Doktrin von der margin of appreciation in der Rechtsprechung des Europäischen Gerichtshofs für Menschenrechte, 1999; Grabenwarter/Pabel EMRK § 18 Rn. 20.
[117] BVerfGE 74, 358 (370); BVerfGE 82, 106 (115); nach BVerwGE 110, 203 ff. ist Art. 6 EMRK bei der Ausübung des Verfahrensermessens vorrangig zu beachten. Nunmehr hat BVerfG, DVBl 2004, 1480, eine grundsätzliche Pflicht zur Berücksichtigung von EGMR-Entscheidungen angenommen. Damit wird zum einen an das Rechtsstaatsprinzip angeknüpft, zum anderen an einzelne deutsche Grundrechte, über die auch die Nichtbeachtung der EMRK verfassungsbeschwerdefähig werden kann. Allerdings können in Konfliktfällen mit dem ausdrücklichen Willen des Gesetzgebers Grenzen der Berücksichtigungspflicht bestehen. Vgl. die Folgefälle BVerfG (K) EuGRZ 2004, 809; BVerfG (K) EuGRZ 2005, 186. S. dazu Anm. *Klein* DVBl 2004, 1176; s. näher → § 3 Rn. 14 ff.
[118] Vgl. etwa die Auseinandersetzung zwischen EGMR und BVerwG um die Erheblichkeit der Verfolgung durch Private im Rahmen des Asylrechts, *Meyer-Ladewig/Lehnert* in HK-EMRK EMRK Art. 3 Rn. 81 mwN. Demgegenüber hat der IPBPR in der Praxis der deutschen Gerichte in den letzten Jahren im Zusammenhang mit der Aufarbeitung des DDR-Unrechts besondere Aufmerksamkeit gefunden, BVerfG NStZ 2001, 98 ff., BVerfG NJW 2001, 670 ff., BVerfG (K) NJW 2000, 1480 ff.

vertraglichen Festschreibung in der Folter-Konvention auch kraft Gewohnheitsrecht gilt, als Teil der allgemeinen Regeln des Völkerrechts nach Art. 25 GG anzusehen, die zwar unter der Verfassung stehen, dem **einfachen Gesetzesrecht** jedoch **vorgehen.**[119] In vergleichbarer Weise bestimmt die italienische Verfassung den Geltungsrang der „allgemein anerkannten" Regeln des Völkerrechts, während völkerrechtliche Verträge einer innerstaatlichen Geltungsanordnung durch – idR – Legislative oder Exekutive bedürfen.[120] Die österreichische Verfassung erklärt die allgemeinen Regeln des Völkerrechts zu Bundesrecht und sieht für politische Verträge und solche, die Gesetze betreffen, die Genehmigung des Nationalrates vor.[121] In Portugal setzt die Geltung der internationalen Verträge eine ordnungsgemäße Ratifizierung oder Billigung voraus; die „Regeln und Grundsätze des allgemeinen Völkerrechts" sind dagegen „integraler Teil" des portugiesischen Rechts.[122] Im Vereinigten Königreich gelten völkergewohnheitsrechtliche Rechtssätze im *Common Law* aufgrund eines regelmäßig stillschweigend erfolgenden Rezeptionsaktes.

Nicht alle Verfassungen regeln das Verhältnis des **Völkervertragsrechts** zum nationalen 46 Gesetzesrecht ausdrücklich. In Belgien, Finnland, Schweden und Luxemburg werden internationale Verträge erst nach **Zustimmung** der zuständigen nationalen Organe wirksam.[123] In Dänemark ist die Zustimmung des *Folketing* erforderlich, soweit Verträge von größerer Bedeutung sind oder zu ihrer Erfüllung die Mitwirkung des *Folketing* notwendig ist.[124] Die irische Verfassung verlangt ein Tätigwerden des *Dáil Éireann*, wenn ein internationales Abkommen die Inanspruchnahme öffentlicher Mittel nach sich zieht.[125] Es wird nur mit Zustimmung des *Oireachtas* Bestandteil der innerstaatlichen Rechtsordnung.[126] Keine näheren Angaben zum Verhältnis von nationalem und internationalem Recht enthält die Verfassung Maltas. Vergleichbares gilt für die lettische Verfassung, die aber in Art. 89 den Schutz und die Achtung der Grundrechte durch den Staat „in Übereinstimmung mit dieser Verfassung, den Gesetzen und den für Lettland verbindlichen internationalen Verträgen" einfordert. Nach Art. 135 litVerf verfolgt Litauen in der Außenpolitik auch die allgemein geltenden Prinzipien und Regeln des internationalen Rechts und die Grundrechte und Grundfreiheiten. Über Art. 138 Abs. 3 litVerf werden die vom Parlament ratifizierten internationalen Verträge konstituierender Teil des litauischen Rechtssystems. Das litauische Verfassungsgericht hat ihnen 1995 Gesetzesrang zuerkannt.[127] Zunehmend erwähnt es internationale Verträge in seinen Entscheidungsbegründungen.[128]

In **Deutschland** gelten völkerrechtliche Verträge gemäß Art. 59 GG nach Zustimmung 47 der gesetzgebenden Organe im Rang eines **Bundesgesetzes.** Damit unterliegen sie der lex posterior-Regel, so dass der Gesetzgeber rechtstechnisch innerstaatlich von ihnen abweichen kann. Vergleichbares gilt im Ergebnis im Vereinigten Königreich, wo das Völkervertragsrecht aufgrund der dualistischen Konzeption in nationale Gesetze, das *Statute Law,* durch einen Akt des Parlaments **transformiert** wird.[129]

---

[119] Ausführlich *Wollenschläger* in Dreier GG Art. 25 Rn. 29 ff., 41; von BVerfGE 52, 313 abgelehnt für die EMRK; vgl. dazu die Nachweise in Fn. 11; von BVerwGE 5, 153 (160) abgelehnt für die AEMR; kritisch dazu im Hinblick auf grundlegende Menschenrechte *Wollenschläger* in Dreier GG Art. 25 Rn. 27.
[120] Art. 10 Abs. 1, Art. 80 italVerf.
[121] Art. 9, 50 östVerf.
[122] Art. 8 Abs. 1 und 2 portVerf.
[123] Art. 167 § 2, § 3 belgVerf; Art. 95 finnVerf hinsichtlich Verträgen, die in den Bereich der Legislative fallen; Kap. X § 2 Abs. 1 und 3 schwedVerf; Art. 37 Abs. 1 luxVerf.
[124] Art. 19 dänVerf.
[125] Art. 29 Abs. 5 irVerf mit Ausnahme von Abkommen mit technischem oder verwaltungsmäßigem Charakter.
[126] Art. 29 Abs. 6 irVerf.
[127] *Hošková* in Frowein/Marauhn, Grundfragen der Verfassungsgerichtsbarkeit in Mittel- und Osteuropa, 1998, S. 443 (458).
[128] Constitutional Court, Rulings and Decisions of the Constitutional Court of the Republic of Lithuania, Bd. 4 (1995), S. 24 ff.; Bd. 5 (1996), S. 35 ff.
[129] *Shearer,* Starke's International Law, 11. Aufl. 1994, S. 68 ff.; *Brownlie,* Principles of Public International Law, 5. Aufl. 1998, 42 f.; *Kunig* in Graf Vitzthum/Proelß, Völkerrecht, 7. Aufl. 2016, S. 84, Rn. 48.

48 Quasi die Gegenposition findet sich in der **französischen Verfassung**. Dort wird das **Völkergewohnheitsrecht** aufgrund der Vorgabe der Befolgung allgemeiner Regeln des Völkerrechts nach der Präambel und dem Menschenrechtsbekenntnis generell in die nationale Rechtsordnung inkorporiert. **Völkerrechtlichen Verträgen,** die ordnungsgemäß zustande gekommen und veröffentlicht worden sind, wird **Vorrang** vor den nationalen Gesetzen eingeräumt. Bei Verträgen von besonderer Bedeutung ist aber eine parlamentarische Zustimmung erforderlich.[130] Unter ähnlichen Voraussetzungen weist die griechische Verfassung den „allgemein anerkannten Regeln des Völkerrechts" und bestimmten völkerrechtlichen Verträgen (über die Ratifikationsgesetze) Vorrang vor den nationalen Gesetzen zu.[131] Ein Zustimmungserfordernis zu internationalen Verträgen sieht auch die spanische Verfassung und zwar durch die *Cortes Generales* vor. Gültige Verträge werden mit ihrer Veröffentlichung Teil der spanischen Rechtsordnung und können nur noch „in der von den Verträgen selbst vorgesehenen Form oder gemäß den allgemeinen Regeln des Völkerrechts" aufgehoben oder abgeändert werden.[132] Dagegen enthält die niederländische Verfassung ein Anwendungsverbot für nationale Vorschriften, denen „allgemeinverbindliche Bestimmungen von Verträgen und Beschlüssen völkerrechtlicher Organisationen" entgegenstehen, verlangt im Übrigen aber die Zustimmung der Generalstaaten zu Verträgen.[133]

49 Weitere Mitgliedstaaten der EU sehen in ihren Verfassungen den **Vorrang internationaler Verträge** vor nationalem Gesetzesrecht vor. Voraussetzung ist meistens, dass die Verträge von den zuständigen Verfassungsorganen ratifiziert worden sind. Entsprechende Regelungen finden sich in der polnischen[134], der slowenischen[135] und der estnischen Verfassung[136]. Die zypriotische Verfassung verlangt zusätzlich, dass die Gegenseitigkeit der internationalen Verpflichtung gewahrt ist.[137] In der tschechischen und der slowakischen Verfassung gilt der Vorrang jedenfalls für Menschenrechtskonventionen.[138] Das erfordert eine entsprechende Qualifizierung der einschlägigen internationalen Verträge. Bei ILO-Abkommen ist diese Frage im Einzelfall durchaus umstritten.[139]

50 Die Bedeutung des Völkerrechts ist in der ungarischen Verfassung etwas undeutlicher formuliert: Nach Art. 7 ungVerf akzeptiert das ungarische Rechtssystem die allgemein anerkannten Verpflichtungen des internationalen Rechts und sichert den Einklang mit den

---

[130] S. dazu Conseil d'Etat ZaöRV 50 (1999), 664 f.; näher dazu *J. Gundel* AVR 37 (1999), 438 ff.; *Ludet/Stotz* EuGRZ 1990, 93 ff. Ferner gilt der Vorrang nach Art. 55 frzVerf nur, wenn der Vertrag auch von den anderen Vertragspartnern erfüllt wird. Diese Form der Gegenseitigkeitsverbürgung wirft zahlreiche Zweifelsfragen auf.

[131] Art. 2 Abs. 2, Art. 28 Abs. 1 griechVerf.

[132] Art. 93–96 spanVerf.

[133] Art. 95, 94 bzw. 91 ndlVerf; vgl. *van Dijk* FS Ermacora, 1988, 631 ff.; *Myjer* FS Wiarda, 1988, 421 ff. Zu der vergleichbaren belgischen Regelung *Polakiewicz*, Die Verpflichtungen der Staaten aus den Urteilen des Europäischen Gerichtshofes für Menschenrechte, 1992, S. 240.

[134] Nach Art. 9 polnVerf ist das für Polen verbindliche Völkerrecht zu befolgen. Art. 87 polnVerf zählt die ratifizierten internationalen Verträge zu den Rechtsquellen. Sie haben gemäß Art. 91 Nr. 2 polnVerf Vorrang vor den einfachen Gesetzen. Näher dazu *Hošková* in Frowein/Marauhn, Grundfragen der Verfassungsgerichtsbarkeit in Mittel- und Osteuropa, 1998, S. 443 (451 f.).

[135] Nach Art. 153 Abs. 3 slowenVerf haben neben den allgemein geltenden Grundsätzen des Völkerrechts auch die von der Staatsversammlung ratifizierten völkerrechtlichen Verträge Vorrang vor den Gesetzen, während nach Abs. 4 die anderen ratifizierten völkerrechtlichen Verträge immerhin Vorrang vor Rechtsverordnungen besitzen.

[136] Nach Art. 3 Abs. 1 estnVerf sind die allgemeinen Regeln des Völkerrechts untrennbarer Teil des Rechtssystems, die vom Parlament ratifizierten internationalen Verträge gehen den Gesetzen gemäß Art. 123 Abs. 2 estnVerf vor.

[137] Art. 169 Abs. 3 zypVerf. In Art. 32 zypVerf wird gesondert erwähnt, dass die Gesetzgebung gegenüber Fremden in Übereinstimmung mit internationalem Recht zu erfolgen hat.

[138] Art. 10 tschVerf und Art. 7 Abs. 4 und 5 slowakVerf. Art. 1 Abs. 2 slowakVerf enthält ein Anerkenntnis der grundsätzlichen Bestimmungen des internationalen Rechts und der abgeschlossenen internationalen Verträge.

[139] Nachweise bei *Hošková* in Frowein/Marauhn, Grundfragen der Verfassungsgerichtsbarkeit in Mittel- und Osteuropa, 1998, S. 443 (484).

internationalen Rechtsverpflichtungen. Daraus hat das ungarische Verfassungsgericht gefolgert, dass die allgemeinen Regeln **ohne Transformationsakt** in Ungarn gelten und zu den „internationalen Rechtsverpflichtungen" zu rechnen seien.[140] In den erwähnten Staaten ist die Überprüfung des Vorrangs überwiegend ausdrücklich dem Verfassungsgericht anvertraut.[141] Auch dort, wo bezüglich einzelner Klagearten, wie gerade der individuellen Verfassungsbeschwerde, eine Heranziehung internationaler Menschenrechtsverbürgungen nicht ausdrücklich erwähnt worden ist, ziehen die Verfassungsgerichte solche dennoch regelmäßig in ihren Entscheidungen heran.[142] Der rechtsvergleichende Blick vermag hier das Fehlen eines – selbstreferenziell nutzbaren – eigenen Fallrechts zu substituieren.

Wie stark in der Praxis der Einfluss internationaler Menschenrechtsverbürgungen auf die Rechtsprechung nationaler Gerichte ist, lässt sich nur schwer abschätzen. Zwar ist weltweit relativ häufig eine Erwähnung entsprechender Vertragswerke und der Entscheidungen der zuständigen Organe zu verzeichnen.[143] Aber insbesondere im Hinblick auf Entscheidungen des **UN-Menschenrechtsausschusses** wird in Gerichtsentscheidungen oft deren **fehlende rechtliche Bindungswirkung** hervorgehoben.[144] Allerdings werden sie als Rechtserkenntnisquelle herangezogen. Dabei bleibt ihre genaue dogmatische Einordnung jedoch im Unklaren: Ihre Erwähnung erfolgt eher diskursiv, noch relativ entfernt von einer zu etablierenden rechtsvergleichenden Auslegungsmethode.[145] Am weitesten ist diesbezüglich die Entwicklung im *Commom law*-Rechtskreis vorangeschritten. Dort wird allerdings die sehr unterschiedliche Güte der Begründungen der Entscheidungen moniert. So schwankt der Grad der Beachtung zwischen einer besonderen Gewichtung im Sinne eines Ausdrucks der Praxis der Vertragsstaaten und damit einer quasi authentischen Interpretation und einer Heranziehung als lediglich einer von vielen Auffassungen zur Auslegung einer betreffenden Bestimmung im Sinne eines **Hilfsmittels**.[146] 51

Damit kennen eine nicht unerhebliche Anzahl von Mitgliedstaaten einen **Vorrang** zumindest internationaler Menschenrechtsverbürgungen **vor dem nationalen Recht**. Erwähnung haben in Entscheidungen der einschlägigen nationalen Verfassungsgerichte neben der EMRK etwa der IPBPR, der IPWSKR sowie die Allgemeine Erklärung der Menschenrechte (AEMR) und auch die Konvention über die Rechte des Kindes gefunden.[147] Dieser Befund sollte die Bereitschaft des EuGH bestärken, seine bisherige Auf- 52

---

[140] Entscheidung 53/1993.(X.13.) AB (3. Verjährungsurteil), dt. Übersetzung bei *G. Brunner/L. Sólyom*, Verfassungsgerichtsbarkeit in Ungarn. Analysen und Entscheidungssammlung 1990–1993, 1995, S. 524 ff. S. auch *I. Vörös* in Bruha/Nowak/Petzold, Grundrechtsschutz für Unternehmen im europäischen Binnenmarkt, 2004, S. 169 (173 ff.).

[141] Art. 188 Abs. 2 polnVerf; Art. 1 lit. c Gesetz (Ungarn) Nr. 32/1989 über das Verfassungsgericht; Art. 160 slowenVerf und Art. 21, 50–60 (slowen.) Verfassungsgerichtsgesetz von 1994; s. dazu dazu *Hošková* in Frowein/Marauhn, Grundfragen der Verfassungsgerichtsbarkeit in Mittel- und Osteuropa, 1998, S. 443 (464).

[142] Art. 125 lit. e slowakVerf zählt einige Verfahren auf, nach Art. 11 slowakVerf werden bei individuellen Verfassungsbeschwerden internationale Verbürgungen berücksichtigt, soweit sie weitergehend sind. Das ungarische Verfassungsgericht hat bspw. in Entscheidung Nr. 9/95 den IPBPR und in Entscheidung Nr. 15/95 die EMRK angesprochen, Nachweise dazu bei *Hošková* in Frowein/Marauhn, Grundfragen der Verfassungsgerichtsbarkeit in Mittel- und Osteuropa, 1998, S. 443 (479).

[143] International Law Association, New Delhi Conference (2002), Committee on International Human Rights Law and Practice, Interim report of the impact of the work of the United Nations human right treaty bodies on national courts and tribunals, S. 6 ff., abrufbar unter http://www.ilahq.org/pdf/Cultural%20Heritage/Cultural%20Heritage%20Law%202002.pdf.

[144] International Law Association, Interim report of the impact of the work of the United nations human right treaty bodies on national courts and tribunals, S. 10 (Rn. 32); *M. Nowak*, CCPR, Art. 28 Rn. 1.

[145] International Law Association, Interim report of the impact of the work of the United Nations human right treaty bodies on national courts and tribunals, S. 15 ff.

[146] International Law Association, Interim report of the impact of the work of the United nations human right treaty bodies on national courts and tribunals, S. 13 ff. Auch BVerfG DVBl 2004, 1480, geht in die Richtung, dass der Argumentationsgüte Beachtung zu schenken ist.

[147] Nachweise bei *Hošková* in Frowein/Marauhn, Grundfragen der Verfassungsgerichtsbarkeit in Mittel- und Osteuropa, 1998, S. 443 (481, 491). S. auch GA *Kokott*, SchlA C-540/03, Slg. 2006, I-5769 Rn. 69 – EP/Rat ua; zur AEMR s. GA *Tizzano*, SchlA C-173/99, Slg. 2001, I-4881 Rn. 23 – BECTU.

geschlossenheit gegenüber weiteren internationalen Menschenrechtsverbürgungen neben der EMRK beizubehalten.

53 **3. Voraussetzungen einer mittelbaren Bindung. a) Menschenrechtscharakter einzelner Vorschriften.** Als Rechtserkenntnisquelle sind im Rahmen der Rechtsprechung nur Verbürgungen von **Menschenrechten** heranzuziehen.[148] Nach dem EuG lässt sich die Rechtsprechung ua von „den Hinweisen leiten, die die völkerrechtlichen Verträge über den Schutz der Menschenrechte geben".[149] Sinn und Zweck der auf Art. 19 EUV iVm Art. 6 Abs. 3 EUV basierenden Rechtsprechung sowie die Hervorhebung der Menschenrechte im Primärrecht sprechen für einen **weiten Ansatz,** so dass es allein darauf ankommt, ob eine bestimmte Vertragsnorm ein Menschenrecht verbürgt.[150] Das kann im Einzelfall wie etwa hinsichtlich der Bestimmung der Flüchtlingseigenschaft nach der Genfer Flüchtlingskonvention umstritten sein.[151] Bei der Lösung solcher Fragen sollte im Hinblick auf die erwähnte Weichenstellung im Primärrecht ein *in dubio pro libertate*-Ansatz gewählt werden. Diese Sicht erfährt in der Grundrechtecharta eine Bestätigung (→ Rn. 62 ff.).

54 Mit der Betonung des **Rechtscharakters** scheiden unverbindliche Vereinbarungen zu Menschenrechten, wie sie etwa die Rio-Deklaration enthält[152], als Orientierungspunkte bei der Herleitung der Unionsgrundrechte zwar nicht völlig aus, doch kommt ihnen lediglich die Bedeutung eines Hilfsmittels der Interpretation zu. Das steht nicht im Widerspruch zu Abs. 5 Präambel GRC, der bei den gemeinsamen internationalen „Verpflichtungen" der Mitgliedstaaten auch die nicht rechtsverbindliche, EU-interne Gemeinschaftscharta der sozialen Grundrechte der Arbeitnehmer (SozGRCh) erwähnt.[153] Denn dies stelle eine Aufwertung in einem Sonderfall dar.

55 **b) Bedeutung mitgliedstaatlicher Ratifikation.** Da sich die zu beachtenden internationalen Menschenrechtsverbürgungen neben der EMRK nicht in der EuSozCh, dem IPBPR und dem IPWSKR erschöpfen, stellt sich die Frage, welche Bedeutung der Ratifikation durch die Mitgliedstaaten zukommt.[154]

56 Die in der Rechtsprechung häufig verwendete Formel von „den internationalen Verträgen, an deren Abschluss die Mitgliedstaaten **beteiligt** waren oder denen sie **beigetreten** sind"[155], legt nahe, dass nur solche Verträge herangezogen werden können, die von allen Mitgliedstaaten **ratifiziert** worden sind. Auch erfolgte die erste Erwähnung der EMRK erst, nachdem ihr Frankreich als letzter Mitgliedstaat beigetreten war.[156] Allerdings hat der EuGH hinsichtlich des Eigentumsgrundrechts das EMRKZusProt (= 1. Zusatzprotokoll

---

[148] EuGH 136/79, Slg, 1980, 2033 Rn. 18 – National Panasonic, stellt auf die „Grundrechte" ab, die die Rechtsprechung „gemäß den internationalen Verträgen zu wahren hat".

[149] EuG verb. Rs. T-305/94, 306/94, 307/94, 313/94, 314/94, 315/94, 316/94, 318/94, 325/94, 328/94, 329/94, 335/94, Slg. 1999, II-931 Rn. 120 – Limburgse Vinyl Maatschappij/Kommission.

[150] Damit ist aber nicht ausgeschlossen, dass andere internationale Verträge bei der Herleitung anderer allgemeiner Rechtsgrundsätze des Gemeinschaftsrechts im Rahmen der wertenden Rechtsvergleichung herangezogen werden können.

[151] Die Konvention erkennt Flüchtlingen bestimmte Rechte zu, enthält eine Definition des Flüchtlingsbegriffs, verpflichtet die Vertragsstaaten aber nicht ausdrücklich, bestimmte Personen als Flüchtling anzuerkennen. Daher lehnt insoweit *Hailbronner* in Hailbronner/Klein, Flüchtlinge – Menschenrechte – Staatsangehörigkeit, 2002, S. 51 (53) ein subjektives Recht auf Anerkennung als Flüchtling nach der Konvention ab.

[152] S. das Recht auf gesunde Umwelt nach Prinzip 1 der Rio-Deklaration von 1992, UN General Assembly A/CONF.151/26 (Vol. I).

[153] Zur Interpretation des Begriffs Sozialcharta unter Rückgriff auf das Kölner Mandat des Grundrechte-Konvents, *Meyer* in NK-EuGRCh Präambel Rn. 45.

[154] Griechenland hat als letzter Mitgliedstaat die EuSozCh am 18.3.2016 ratifiziert. Die Frage stellt sich aber für die revidierte Europäische Sozialcharta, die am 1.7.1999 in Kraft getreten ist und von folgenden Mitgliedstaaten ratifiziert wurde: Belgien, Bulgarien, Estland, Finnland, Frankreich, Griechenland, Irland, Italien, Lettland, Litauen, Malta, Niederlande, Österreich, Portugal, Rumänien, Schweden, Slowakei, Slowenien, Ungarn und Zypern (Stand: 9.4.2019), sowie hinsichtlich der Ratifikation von Zusatzprotokollen zu den im Text genannten Verträgen.

[155] EuGH 136/79, Slg, 1980, 2033 Rn. 18 – National Panasonic.

[156] EuGH 4/73, Slg. 1974, 491 Rn. 13 – Nold.

zur EMRK) herangezogen, bevor Spanien dieses 1990 ratifiziert hatte.[157] Der EuGH hat dabei auf seine frühere Rechtsprechung, die neben den Verfassungskonzeptionen der Mitgliedstaaten ausdrücklich auf Art. 1 EMRKZusProt Bezug genommen hat, verwiesen.[158] Ein weiterer **Präzedenzfall** ist die Rs. *Orkem,* in der der EuGH den IPBPR unter der Fragestellung prüfte, ob im EU-Recht ein Grundsatz, nicht gegen sich selbst aussagen zu müssen, anzuerkennen sei, obgleich Griechenland und Irland seinerzeit den IPBPR noch nicht ratifiziert hatten.[159] GA *Darmon* hatte zuvor noch Zweifel gehabt, ob eine Prüfung erfolgen dürfe.[160]

Den raren Stellungnahmen in der Literatur zu dieser Problematik zufolge soll eine fehlende Ratifikation dann unerheblich sein, wenn sich eine entsprechende Menschenrechtsverbürgung aus einer nationalen Verfassung ergebe.[161] Anderenfalls sollen in Anlehnung an die Rechtsprechung zur Herleitung der Grundrechte aus den nationalen Verfassungsüberlieferungen „nicht unerhebliche Unterschiede" einer Berücksichtigung nicht entgegenstehen[162], wenn auch **kein Gebot** eines **maximalen Grundrechtsschutzes** bestehe.[163] Dagegen scheide eine Berücksichtigung nach der Methode der Rechtsvergleichung jedenfalls dann aus, wenn sie dem innerstaatlichen *ordre public* eines Mitgliedstaates zuwiderliefe.[164] 57

Nach überzeugender Sicht hindert eine **fehlende Ratifikation** eines Vertrages seitens eines oder weniger Mitgliedstaaten nicht *per se* die Herleitung einer entsprechenden EU-Grundrechtsverbürgung. Denn es besteht ein Spannungsverhältnis zwischen den Mitgliedstaaten, die nicht ratifiziert haben und daher tendenziell auch keine Bindung der EU wünschen, und den **Mitgliedstaaten, die ratifiziert** haben und die tendenziell nicht auf die den Individuen in ihrem Hoheitsgebiet dadurch eingeräumten Rechte wegen eines Handelns seitens der EU verzichten wollen. Das grundsätzliche Bekenntnis zu den Menschenrechten in der Präambel des EU-Vertrages, die bei der Auslegung des Primärrechts zu berücksichtigen ist, spricht für eine **stärkere Gewichtung des Menschenrechtsschutzes.** Dem steht nicht entgegen, dass Abs. 5 Präambel GRC von den „gemeinsamen" internationalen Verpflichtungen der Mitgliedstaaten spricht. Denn die dortige Aufzählung ist nicht abschließend, wie sich aus den einleitenden Worten „vor allem" ergibt. Auch folgt aus den *travaux préparatoires* nicht, dass die bisherige Rechtsprechung eingeschränkt werden sollte. Wenn zudem Abs. 5 Präambel GRC ausdrücklich die vom Europarat aufgelegten Sozialchartas im Plural aufführt, obwohl die revidierte Sozialcharta noch nicht von allen Mitgliedstaaten ratifiziert worden ist, dann bestätigt das die hier vertretene Sicht, wonach „gemeinsam" einen möglichst großen Konsens verlangt, nicht aber ausnahmslose Ratifikation. Ansonsten könnten sich mit jedem Beitritt neuer Staaten Veränderungen ergeben. Das kann zwar auch zu einem mehr an Menschenrechtsschutz beitragen.[165] Im entgegen- 58

---

[157] EuGH 265/87, Slg. 1989, 2263 Rn. 15 – Hermann Schräder HS Kraftfutter GmbH § Co. KG/Hauptzollamt Gronau.

[158] EuGH 265/87, Slg. 1989, 2263 Rn. 15 – Hermann Schräder HS Kraftfutter GmbH § Co. KG/Hauptzollamt Gronau, verweist auf EuGH 44/79, Slg. 1979, 3727 Rn. 17 f. – Hauer.

[159] Die Kommission wies in EuGH 374/87, Slg. 1989, 3283 – Orkem, nur auf die fehlende Ratifikation Griechenlands hin; vgl. EuGH 374/87, Slg. 1989, 3283 Rn. 31 – Orkem.

[160] GA *Darmon,* SchlA 374/87, Slg. 1989, 3283 (3334) – Orkem.

[161] *Klein* in Kreuzer/Scheuing/Sieber, Europäischer Grundrechtsschutz, 1998, S. 39 (54); ihm folgend *Haratsch* MRM 2002, 29 (32).

[162] Aufgrund entsprechender Unterschiede sah sich der EuGH verb. Rs. 46/87 und 227/88, Slg. 1989, 2859 Rn. 17 – Hoechst AG/Kommission, zunächst gehindert, ein Grundrecht auf Unverletzlichkeit der Geschäftsräume anzunehmen. Die Sachaussage der Entscheidung wird, seit der EGMR 16.12.1992 – 13710/88 Rn. 26 ff. – Niemitz/Deutschland ein entsprechendes Grundrecht in Art. 8 EMRK erkannt hat, nicht mehr aufrechterhalten: EuGH C-94/00, Slg. 2002, I-9011 Rn. 23 – Roquette Fréres SA.

[163] *Haratsch* MRM 2002, 29 (33), auf *Pernice* NJW 1990, 2409 (2414) und *Rengeling,* Grundrechtsschutz in der Europäischen Gemeinschaft, 1993, S. 224 f., verweisend.

[164] *Haratsch* MRM 2002, 29 (33) unter Hinweis auf die Ausführungen zur Herleitung allgemeiner Rechtsgrundsätze bei *Klein* in Kreuzer/Scheuing/Sieber S. 39 (53); *Klein* in Mosler/Bernhard/Hilf, Grundrechtsschutz in Europa, 1977, S. 133 (141); *Hailbronner* ZaöRV 36 (1976), 190 (220).

[165] S. etwa die Verbürgungen in den Verfassungen der neuen Mitgliedstaaten. ZB haben von den jetzigen Beitrittskandidaten einige den IPWSKR früher ratifiziert als einzelne damalige EU-Mitglieder.

gesetzten Fall sind nach zutreffender Ansicht in der Rechtsprechung bereits anerkannte EU-Grundrechte davon nicht tangiert, da sie zum unionalen *acquis communautaire* zählen, den die Staaten mit ihrem Beitritt übernehmen.[166] Anders sähe es bei einer Herleitung neuer ungeschriebener Grundrechte aus. Doch haben die beitretenden Staaten dem in der Präambel geforderten **hohen Maß** an Grundrechtsschutz in der EU zugestimmt, der eventuell auch über ihrem nationalen Standard liegen kann.

59 Ist ein bestimmter internationaler Vertrag über Menschenrechte von **keinem** der **Mitgliedstaaten** ratifiziert worden, ist regelmäßig davon auszugehen, dass eine **Bindung** auch für die EU **abzulehnen** ist. Sind die fehlenden Ratifikationen aber der regionalen Begrenztheit jenes Abkommens geschuldet – etwa die Verbürgungen in der AmerMRK oder der AfrMRC – besteht bezüglich der Frage nach einer Berücksichtigung eine Parallele zur Beachtung von **Grundrechten von Drittstaaten.** In Teilen der Literatur wird deren Heranziehung wohlwollend betrachtet, vor allem wohl unter dem Aspekt einer umfassenden Rechtsvergleichung, gleichsam als weitere Auslegungsmethode des Unionsrechts.[167] Dieser Ansatz kann auch für die vorliegende Fragestellung nutzbar gemacht werden. Denn im (begrenzten) Rahmen der Ermächtigung der EU-Gerichtsbarkeit zur **Rechtsfortbildung** nach Art. 19 EUV können grundsätzlich auch inhaltliche „neue" Grundrechtsverbürgung entwickelt werden. Dazu bedarf es allerdings Anknüpfungspunkte im Unionsrecht und in den nationalen Verfassungen, die eine Rechtsfortbildung tragen können.

60 **c) Relevanz mitgliedstaatlicher Vorbehalte.** Durch Vorbehalte zu internationalen Verträgen können Staaten die Geltung bestimmter Normen für sich ganz oder teilweise einschränken oder verändern.[168] Damit stellt sich bzgl. der Herleitung von EU-Grundrechten dogmatisch ein vergleichbares Problem wie bei fehlenden Vertragsratifikationen. Zum IPBPR haben fast alle Mitgliedstaaten **Vorbehalte** erklärt, Deutschland etwa gegenüber den Art. 19, Art. 14 Abs. 3 lit. d, Art. 14 Abs. 5, Art. 15 Abs. 1 sowie gegenüber Art. 19, Art. 22 und Art. 23 jeweils iVm Art. 2 Abs. 1 IPBPR. Fehlen in Übereinkommen Beschränkungen von Vorbehalten, wie zB solche zeitlicher Art nach Art. 2 des 2. Fakultativprotokolls zum IPBPR oder inhaltlicher Art gemäß Art. 57 Abs. 1 **EMRK**, so sind sie nach der Völkergewohnheitsrecht kodifizierenden Regelung des Art. 19 lit. c der Wiener Konvention über das Recht der Verträge (WVK) zulässig, sofern sie nicht mit Ziel und Zweck des Vertrages unvereinbar sind. Zum **IPBPR** ist der UN-Menschenrechtsausschuss der Ansicht, dass Vorbehalte zu Bestimmungen unzulässig sind, die inhaltsgleiche Verbürgungen im Völkergewohnheitsrecht oder gar im *ius cogens* betreffen.[169] Das ist überzeugend, weil die betreffenden Staaten damit in keinem Fall ihre völkerrechtliche Verpflichtung zur Gewährleistung der betreffenden Rechte ausschließen können. Für das Unionsrecht ist darüber hinaus zu beachten, dass jene *ius cogens*-Verbürgungen zu dessen unmittelbaren Bestandteilen mit Vorrang vor dem Sekundärrecht zählen (→ Rn. 19).

61 Nach den oben dargelegten Grundsätzen der wertenden Rechtsvergleichung (→ Rn. 37 ff.) und dem Argument *ab maiore ad minus* kann die Bedeutung eines Vorbehalts seitens eines Mitgliedstaates für die Herleitung von EU-Grundrechten nur unter den Voraussetzungen **beachtlich** sein, die für die Ratifikation entwickelt worden sind.

III. Mittelbare Bindung über die Grundrechtecharta

62 **1. Allgemeine Verpflichtung zur Berücksichtigung.** Bemerkenswert ist, dass Abs. 5 Präambel GRC auf „internationale Verpflichtungen" rekurriert, ohne deren **menschen-**

---

[166] Vgl. EuGH 258/81, Slg. 1982, 4261 Rn. 8 – Metallurgiki Halyps.
[167] *Häberle*, Grundrechtsgeltung und Grundrechtsinterpretation im Verfassungsstaat – Zugleich zur Rechtsvergleichung als „fünfter" Auslegung; *Häberle*, Rechtsvergleichung im Kraftfeld des Verfassungsstaats, 1992, S. 27 ff.; eher pragmatische Gründen für rechtsvergleichende Überlegungen bei *Rengeling/Szczekalla* Grundrechte in der EU Rn. 177 f.
[168] Ausführlich dazu Ipsen VölkerR § 14 Rn. 2 ff.
[169] General Comment No. 24 (52), UN Doc. CCPR/C/21/Rev. 1/Add. 6.

rechtlichen Charakter ausdrücklich hervorzuheben. Ausweislich der **Erläuterungen** zur Charta sind damit etwa das Übereinkommen des Europarats vom 28. Januar 1981 zum Schutz des Menschen bei der automatischen Verarbeitung personenbezogener Daten oder das Übereinkommen über Menschenrechte und Biomedizin in Bezug auf das genetische Erbe miteinzubeziehen.[170] Damit kommt es bezüglich der Beachtungspflicht auf die Frage, ob eine Vorschrift als menschenrechtliche Verbürgung oder als bloße staatliche Verpflichtung zu qualifizieren ist, zunächst nicht an. Doch wird man im Hinblick auf ihre konkrete Bedeutung für die Auslegung weiterhin klären müssen, ob in dem betreffenden internationalen Abkommen Hinweise zum Schutzbereich oder zur Rechtfertigung enthalten sind. Solche Verträge können aber selbst nur Grundrechtsschranken ausfüllen, wenn sie die Anforderungen an den **Gesetzesvorbehalt** nach der Charta erfüllen.

Nach dem Wortlaut sind nur solche internationalen Abkommen heranzuziehen, die entweder die **EU** oder **alle Mitgliedstaaten** ratifiziert haben. Doch würde dies hinter der bisherigen Rechtsprechung zu den Grundrechten als allgemeinen Rechtsgrundsätzen (→ Rn. 56 ff.) zurückbleiben. Eingedenk der Verstärkung der Bindung an die Menschenrechte im Lissabonner Vertrag ist davon auszugehen, dass wie bisher ein **großer Konsens** nachweisbar sein muss, der **nicht notwendig alle** Mitgliedstaaten umfassen muss. 63

Die Erwähnung der „gemeinsamen internationalen Verpflichtungen der Mitgliedstaaten" führt **nicht** zu deren **unmittelbaren Anwendbarkeit**.[171] Einer Inkorporation steht entgegen, dass ansonsten bezüglich der insofern vergleichbaren EMRK Art. 52 Abs. 3 GRC überflüssig wäre, wonach Rechte in der Charta, die solchen in der EMRK entsprechen, die gleiche Bedeutung und Tragweite wie jene haben sollen. Da die Charta-Grundrechte durchaus über die EMRK-Verbürgungen hinausgehen können, werden jene auch nicht in die Charta transformiert. Die ausdrückliche Bezugnahme auf die Rechtsprechung des EGMR in der Präambel der Charta ist Ausdruck der schon nach dem bisherigen Fallrecht besonders engen Anbindung an dieselbe. 64

In der **Praxis** ist der Einfluss der internationalen Menschenrechte auf die Charta in der Rechtsprechung indirekt nachweisbar. So berufen sich die **Generalanwälte** in ihren Schlussanträgen häufig auf solche Verbürgungen, insbesondere bei der Auslegung der justiziellen Grundrechte.[172] Regelmäßig folgt der EuGH diesen **Auslegungsvorschlägen**, unterlässt aber den Hinweis auf die betreffenden internationalen Verbürgungen.[173] 65

2. Einfluss auf die Abfassung der Grundrechtecharta. Auch wenn die internationalen Menschenrechtsverbürgungen nicht in die Grundrechtecharta inkorporiert worden sind, lässt sich ihre Bedeutung daran ablesen, dass einige internationale Verbürgungen bei der Abfassung der Grundrechtecharta erkennbar „Pate gestanden" haben.[174] Deutlichstes Beispiel für den Einfluss des IPBPR ist die fast **wortgleiche Aufnahme** des Grundsatzes der Rückwirkung milderer Strafvorschriften nach Art. 15 Abs. 1 S. 3 IPBPR in Art. 49 Abs. 1 S. 3 GRC. Zwar hat der Charta-Konvent in seinen Erläuterungen ausdrücklich auf den Einfluss des IPBPR hingewiesen.[175] Weitere Nachweisversuche am Wortlaut stehen jedoch 66

---

[170] Vgl. die Erläuterungen des Grundrechte-Konvents zu Art. 8 und 3 GRC.
[171] So aber *Borowsky* in NK-EuGRCh Art. 53 Rn. 8, der in Art. 52 Abs. 2 und 3 GRC eine Transfer- oder Inkorporationsklausel erblickt. Das deckt sich aber nicht mit dem Wortlaut des Abs. 3 der Vorschrift, wonach Rechte der Charta, nicht der EMRK(!), die gleiche Bedeutung wie nach der EMRK haben. Es handelt sich eher um eine Bestimmung eines Mindestschutzniveaus.
[172] GA *Sharpston*, SchlA C-543/14, ECLI:EU:C:2016:157 Rn. 60 ff. – Ordre des barreaux francophones et germanophone/Rat; GA *Villalón*, SchlA verb. Rs. C-443/14 und C-444/14, ECLI:EU:C:2015:665 Rn. 46 ff. – Kreis Warendorf und Amira Osso.
[173] EuGH C-543/14, ECLI:EU:C:2016:605 – Ordre des barreaux francophones et germanophone/Rat; EuGH verb. Rs. C-443/14 und C-444/14, ECLI:EU:C:2016:127 – Kreis Warendorf und Amira Osso.
[174] *Haratsch* MRM 2002, 29 (44). Ebenso im Hinblick auf die Bedeutung der EMRK Grabenwarter/Pabel EMRK § 4 Rn. 6; vgl. die Erläuterungen zu den einzelnen Garantien der Grundrechte-Charta, ABl. 2007 C 303, 2.
[175] S. etwa Entwurf der Charta der Grundrechte der Europäischen Union, Dok. CHARTE 4473/99 CONVENT 49 vom 11. Oktober 2000, S. 43 (abgedruckt in EuGRZ 2000, 559 ff.). Dagegen findet sich

vor dem Problem, dass es in den betreffenden Fällen ebenfalls Bestimmungen in der EMRK gibt, deren Wortlaut noch ähnlicher ist, und den betreffenden Charta-Grundrechten gemäß Art. II-112 Abs. 3 VVE die gleiche Bedeutung wie unter der EMRK zukommen soll.[176]

67 Interessanter Weise hat der **IPWSKR,** der trotz eines entsprechenden Petitums des Ausschusses der Vereinten Nationen für wirtschaftliche, soziale und kulturelle Rechte[177] in der Grundrechtecharta nicht ausdrücklich erwähnt worden ist, im Vergleich sogar größeren **Einfluss** auf die Abfassung der Charta gehabt. So lehnen sich das Recht auf Bildung und das Recht auf unentgeltliche Teilnahme am Pflichtschulunterricht nach Art. II-74 Abs. 1 und 2 VVE an Art. 13 bzw. 14 IPWSKR an, ohne dass es Entsprechungen in der EuSozCh oder der SozGRCh gäbe. Das Recht auf Zugang zu Leistungen der sozialen Sicherheit, Art. II-94 Abs. 1 VVE, findet sich in Art. 9 IPWSKR und wird sonst nur in Nr. 10 der SozGRCh erwähnt. Dagegen weisen alle drei Regelwerke Rechte auf sichere und gesunde Arbeitsbedingungen, auf Begrenzung der Arbeitszeit, auf Arbeitspausen und auf bezahlten Urlaub auf.[178] Hier zeigt sich die wichtige ergänzende Funktion der internationalen Menschenrechtsverbürgungen.

68 **3. Bindung an die Spruchpraxis internationaler Organe?** In deutlichem Kontrast zu der willigen, wenn auch nicht bedingungslosen[179] Gefolgschaft gegenüber dem EGMR hat der EuGH dem UN-Menschenrechtsausschuss (UN-MRA) hinsichtlich der Auslegung des IPBPR in der Rs. *Grant* die Gefolgschaft verweigert. Dort hat er es abgelehnt, das Verbot der Diskriminierung aufgrund des Geschlechts nach Art. 141 EGV unter Hinweis auf die weite Auslegung des Art. 26 IPBPR durch den **UN-MRA** im Sinne eines Verbots auch der Diskriminierung wegen der sexuellen Orientierung auszulegen. Zur Begründung hat er darauf abgestellt, dass diese Auslegung nicht derjenigen in anderen internationalen Menschenrechtsverträgen entspräche und im Übrigen die Entscheidungen des Ausschusses **unverbindlichen Charakter** hätten.[180] Die Entscheidung ist in der Literatur unterschiedlich bewertet worden. Zwar misst Art. 27 Abs. 1 lit. b EMRK dem UN-Menschenrechtsausschuss Rechtsschutzfunktionen bei, wenn er davon ausgeht, dass eine Mitteilung an den Ausschuss den Zugang zu den Straßburger Instanzen sperrt.[181] Doch wird man ihn nicht als ein internationales Gericht qualifizieren können.[182] Man kann den Einwand des EuGH aber auch positiv gewendet als Bereitschaft verstehen, jedenfalls der **Spruchpraxis internationaler Gerichte** zu folgen. Seine Gewichtung der Aussagen des Ausschusses entspricht durchaus der Praxis in den anderen Vertragsstaaten, die entsprechende Entscheidungen als einen Auslegungsaspekt unter vielen heranziehen, dessen Gewicht von der angebotenen Begründung abhängt.[183] Eine solche hat der UN-MRA im Fall *Grant* aber nicht abgegeben.[184] Ob seine Auslegungen generell als Ausdruck der Praxis der Vertragsstaaten höher zu gewichten sind, erscheint fraglich, da gerade deren formale Unverbindlichkeit die

---

dieser Hinweis in den Erläuterungen des Rates der Europäischen Union, Charta der Grundrechte der Europäischen Union, Erläuterungen zum vollständigen Wortlaut der Charta, 2000, passim, nicht mehr. Allerdings wird bei der Menschenwürde auf die AEMR Bezug genommen.

[176] Das gilt etwa für die Art. II-64 VVE (Art. 3 EMRK, Art. 7 S. 1 IPBPR), Art. II-65 Abs. 1 und 2 VVE (Art. 4 EMRK, Art. 8 Abs. 1 und 2 IPBPR) und Art. 70 Abs. 1 VVE (Art. 9 EMRK, Art. 18 Abs. 1 IPBPR).

[177] CESCR, Statement vom 27. April 2000, CHARTE 4315/00 CONTRIB 182 vom 24. Mai 2000, Nr. 6.

[178] Art. 7 IPWSKR; Art. 2 EuSozCh; Nr. 8 und 19 SozGRCh.

[179] Es ist auf Eigenarten und Struktur der Union Rücksicht zu nehmen, EuGH 11/70, Slg. 1970, 1125 Rn. 3 – Internationale Handelsgesellschaft.

[180] EuGH C-249/96, Slg. 1998, I-621 Rn. 46 – Grant.

[181] Daher kritisch zum EuGH *Szczekalla* EuZW 1998, 215 (216) (Anmerkung).

[182] Vgl. *Giegerich* JZ 1998, 726 (727) (Anmerkung); *Nowak,* CCPR, Art. 28 Rn. 1.

[183] Vgl. International Law Association, Interim report of the impact of the work of the United Nations human right treaty bodies on national courts and tribunals, S. 13 ff. Zur Bedeutung der Mitteilungen des Ausschusses für die Auslegung *Nowak,* CCPR, Art. 5 First OP Rn. 33 ff.

[184] Die von Frau *Grant* in Bezug genommene Mitteilung enthielt keine nähere Begründung, EuGH C-249/96, Slg. 1998, I-621 Rn. 46 – Grant.

Vertragsstaaten nicht anhält, Zustimmung oder Gegenvorstellungen der Weltöffentlichkeit kund zu tun.

Kritikwürdig ist allerdings der oben erwähnte Vergleich in der Rs. *Grant* mit der Auslegung entsprechender anderer internationaler Menschenrechtsverbürgungen, womit nach den Urteilsgründen nur die EMRK gemeint sein kann. Denn wenn die Auslegung regelmäßig nicht über die entsprechende Auslegung in der EMRK hinausgehen dürfte, würde die Lücken füllende Funktion der internationalen Verbürgungen in Frage gestellt. Jedoch muss die Aussage in der Rs. *Grant* insofern relativiert werden, als es dort um das besonders neuralgische **Problem der Kompetenzerweiterung** (→ § 6 Rn. 13) der EU unter Berufung auf Grundrechte ging.[185] Zusätzlich mag die Tatsache, dass sich die Rechtsentwicklung in den Mitgliedstaaten bezüglich der Gleichstellung nichtehelicher Gemeinschaften damals noch in der Entwicklung befunden hat, den EuGH zur Anlegung eines besonders strengen Maßstabes bewogen haben, aus dem nicht vorschnell allgemeingültige Hinweise auf Tendenzen in der Rechtsprechung abgeleitet werden sollten.[186]

69

4. Unterschiedliche Bindungswirkung internationaler Menschenrechtsverträge?

Im Gegensatz zu den Menschenrechten in ihrer traditionellen abwehrrechtlichen Funktion hat der EuGH **soziale Grundrechte,** wie sie etwa in der EuSozCh, der revidierten EuSozCh oder dem IPWSKR verbürgt sind, bislang nicht ausdrücklich bei der Herleitung von Grundrechten berücksichtigt. Demgegenüber haben mehrere Generalanwälte in ihren Schlussanträgen unter Zustimmung der Literatur auf internationale soziale Grundrechtsverbürgungen zurückgegriffen.[187] Für ein solches Vorgehen spricht, dass auch die sozialen Grundrechte allgemeine subjektive Rechte des Einzelnen darstellen. Sofern ihnen ein zwingender Mindestgehalt zu entnehmen ist, sind entsprechende Leistungsansprüche des Einzelnen auch einklagbar.[188] So hat die Wiener UN-Konferenz zu Menschenrechten 1993 klargestellt, dass zwischen den Grundrechten der sog. ersten und zweiten Dimension keine Unterschiede in der Bedeutung bestehen.[189] Auch dem EU-Primärrecht ist eine solche Differenzierung fremd. Sofern die EuSozCh von 1961 (und die nicht rechtsverbindliche) SozGRCh in Art. 151 AEUV erwähnt werden, ist dies vor allem in Bezug auf die fehlende Rechtsqualität der GCsGR wichtig. Damit werden die Verbürgungen zwar nicht unmittelbar Ziele der EU, sind aber bei der näheren Bestimmung und Verfolgung der Ziele der EU zu berücksichtigen (→ Rn. 29 f.). Diese Sicht hat in der besonderen Erwähnung der vom Europarat beschlossenen Sozialchartas in der Präambel GRC eine Bestätigung erfahren.

70

Die ausdrückliche Erwähnung in Art. 151 AEUV verändert aber nicht die inhaltliche Qualität der Verbürgungen. Entsprechende internationale Verbürgungen sozialer Rechte weisen im Vergleich mit den traditionellen Abwehrgrundrechten regelmäßig nur eine abgeschwächte Bindungswirkung auf. So enthalten etwa die EuSozCh und der IPWSKR **weitgehend Programmsätze und Zielvorgaben,** überlassen den Vertragsstaaten die Wahl der Mittel[190] und vermitteln so regelmäßig dem Einzelnen gerade keine unmittelbar ein-

71

---

[185] Art. 141 EGV verlangt eigentlich eine Umsetzung und Konkretisierung im Sekundärrecht. In der Rs. *Grant* hat es der EuGH abgelehnt, diese über die Berufung auf den IPBPR selbst vorzunehmen.

[186] *Giegerich* JZ 1998, 726 (729), weist ferner darauf hin, dass die zu lösende Problematik für den EuGH bereits erkennbar in der nächsten Revision des EG-Vertrages dem EG-Gesetzgeber übertragen werden sollte.

[187] GA *Tizzano* berief sich in seinen SchlA C-173/99, Slg. 2001, I-4881 Rn. 23 – BECTU, auf die AEMR, die EuSozCh und den IPWSKR; alle drei wurden im Urteil des EuGH C-173/99, ECLI:EU:C:2001:356 – BECTU, nicht erwähnt, der EuGH verwies aber auf die SozGRCh und gab der Klage statt. Vgl. GA *Tessauro*, SchlA C-200/96, Slg. 1998, I-1953 – Metronome Musik, erwähnt das Recht auf Zugang zur Kultur nach Art. 15 IPWSKR; wiederum nicht aufgegriffen im Urteil des EuGH.

[188] Vgl. das Recht auf gleichen Lohn für Mann und Frau nach Art. 7 IPWSKR, dass allerdings im EU-Recht von Art. 157 AEUV unmittelbar gewährleistet wird.

[189] Vienna Declaration and Programme of Action, GA Document A/CONF.157/24 (Part I) vom 13. Oktober 1993.

[190] Art. 20 Abs. 1 lit. a EuSozCh.

klagbare Rechtsposition.[191] Zudem ist auch bezüglich einer entsprechenden grundrechtlichen Gewährleistung in den Mitgliedstaaten eine gewisse Zurückhaltung zu konstatieren. Rückt damit die Anerkennung sozialer Leistungsansprüche auf Primärrechtsebene durch den EuGH in die Nähe der Rechtsfortbildung, ist darüber hinaus zu beachten, dass gerade dieser Bereich die neuralgische Frage einer möglichen **Kompetenzerweiterung** der EU über eine Berufung auf Unionsgrundrechte aufwerfen kann. Deshalb muss sehr sorgfältig untersucht werden, ob entsprechende internationale Verbürgungen sozialer Grundrechte eingedenk ihrer grundsätzlichen Geeignetheit in ihrer konkreten Ausgestaltung ausreichend bestimmt und unbedingt formuliert sind, um einen eigenständigen Beitrag zur (Fort-) Entwicklung der Gemeinschaftsgrundrechte liefern zu können.

72 **5. Mindeststandard nach Art. 53 GRC?** Bis zum Lissabonner Vertrag war nach umstrittener Ansicht davon auszugehen, dass die Bestimmungen des IPBPR und des IPWSKR einen von allen Mitgliedstaaten international akzeptierter **Mindeststandard** bilden, der vom Grundrechtsstandard in der EU nicht unterschritten werden dürfe. In der Rechtsprechung war diese Frage offengeblieben.[192] Mit In-Kraft-Treten der Grundrechtecharta wird zusätzlich auf das in Abs. 5 der Präambel der Charta enthaltene ausdrückliche Berücksichtigungsgebot verwiesen. Dieses ließe keine geringere Gewichtung anderer „gemeinsamer internationaler Verpflichtungen" der Mitgliedstaaten als der EMRK erkennen.[193] Allerdings wird in der Vorschrift die Bindung an die Rechtsprechung des EGMR hervorgehoben. Von anderer Seite wird ein Mindestschutzstandard aus Art. 53 GRC gefolgert, wonach keine Bestimmung der Charta so ausgelegt werden dürfe, dass ihr Schutzniveau hinter bisher für die Union oder die Mitgliedstaaten verbindliche Verbürgungen zurückfalle.[194] Damit wird der Wortlaut der Vorschrift nicht exakt wiedergegeben. Nach jener Vorschrift darf die Charta nämlich nicht als eine Einschränkung oder Verletzung von Grundrechten ausgelegt werden, wie sie ua durch internationale Abkommen „in dem jeweiligen Anwendungsbereich" anerkannt werden. Gerade die letzten Worte machen deutlich, dass die Charta nicht zu einer Reduktion des Menschenrechtsschutzes im Rahmen jener anderen Verträge führen soll, die regelmäßig unmittelbar nur die Mitgliedstaaten binden.[195] Es gilt mithin für den Bürger ein **Günstigkeitsprinzip**[196], wonach er sich zusätzlich auf die internationalen Menschenrechte berufen kann.[197] Daraus folgt aber **keine zwingende Auslegungsmaxime** für die Grundrechtecharta. Soweit sich die Anwendungsbereiche der Charta und jener Verträge überschneiden, kommt der Charta eine ergänzende, keine minimierende Funktion zu.[198] Wo sie dahinter zurückbleiben sollte, ändert sie nichts an der Geltung der betreffenden internationalen Verträge für die Mitgliedstaaten.

73 Damit kann es in mehrpoligen Rechtsverhältnissen, in denen der Schutz eines Grundrechts einen Eingriff in das Grundrecht einer anderen Person rechtfertigen kann, zu Widersprüchen kommen. Während das im Verhältnis von EU-Grundrechten und nationalen Grundrechten im Wege des Anwendungsvorrangs gelöst wird[199], bedarf es hinsichtlich internationaler Menschenrechte eines anderen Ansatzes. Hier kann es zu einer kumulativen

---

[191] Näher *Craven*, The International Covenant on Economic, Social and Cultural Rights, 1995, S. 150 ff.; *Haratsch*, Die Geschichte der Menschenrechte, 2001, S. 51.
[192] In EuGH C-249/96, Slg. 1998, I-621 Rn. 46 – Grant, stellt der EuGH darauf ab, dass die Berücksichtigung im Ergebnis zu einer nicht gestatteten Kompetenzerweiterung der EG führen würde und wandte sich gegen eine Auslegung durch den UN-Menschenrechtsausschuss.
[193] Kritisch zu der (zu geringen) Gewichtung der internationalen Menschenrechte in der Präambel der Grundrechtecharta *Parmar* MJECL 8 (2001), 351 (355).
[194] *Haratsch* MRM 2002, 29 (45).
[195] *Borowsky* in NK-EuGRCh Art. 53 Rn. 11 f.
[196] Grabenwarter/Pabel EMRK § 2 Rn. 14 ff.
[197] Für eine kumulative Anwendung auch *Jarass* in Jarass GRCh Art. 53 Rn. 21.
[198] *Borowsky* in NK-EuGRCh Art. 53 Rn. 14.
[199] EuGH C-617/10, ECLI:EU:C:2013:280 Rn. 29 – Åkerberg Fransson; *Jarass* in Jarass GRCh Art. 53 Rn. 25.

Anwendung kommen, bei der nach Sicht des EuGH „das in der Charta vorgesehene Schutzniveau" nicht beeinträchtigt oder der Vorrang, die Einheit und die Wirksamkeit des Unionsrechts verhindert werden dürfen.[200]

6. Internationale Verbürgungen zwischen Grundrechtecharta und allgemeinen Rechtsgrundsätzen. Das interessante Problem des **Verhältnisses** der Grundrechtecharta **zu den allgemeinen Rechtsgrundsätzen** stellt sich auch im Hinblick auf internationale Menschenrechtsverbürgungen. Denn sie finden sowohl Beachtung in der in Art. 6 Abs. 1 EUV erwähnten Charta als auch bei der Herleitung der Grundrechte als allgemeine Rechtsgrundsätze nach Art. 6 Abs. 3 EUV. Praxisrelevant wird diese Frage dort, wo sich Diskrepanzen zwischen der Grundrechtecharta und internationalen Verbürgungen ergeben. Das ist bisher – wenig überzeugend – nur im Verhältnis zur EMRK oder zur bisherigen Rechtsprechung des EuGH konstatiert worden.[201] Nicht ausgeschlossen ist, dass internationale Verträge Anstöße für neue grundrechtliche Verbürgungen geben können. Das Nebeneinander von Art. 6 Abs. 1 und 3 EUV spricht dafür, dass die Charta im Bereich der Grundrechte nicht einen Rückgriff auf die allgemeinen Rechtsgrundsätze ausschließen soll. Ausweislich ihrer Präambel will sie die EU-Grundrechte nur sichtbarer machen. Da sie dabei auch auf die Rechtsprechung des EuGH rekurriert, spricht viel für eine primäre Anknüpfung an die Charta und nur im Fall fehlender Anknüpfungspunkte für einen **Rückgriff** auf die (ungeschriebenen) allgemeinen Rechtsgrundsätze des Unionsrechts. So wird etwa ein selbständiger Grundsatz des Vertrauensschutzes trotz fehlender ausdrücklicher Erwähnung in der Grundrechtecharta weiterhin anzuerkennen sein.

74

IV. Über die EMRK vermittelte Bindung

Der Gerichtshof der EMRK wendet insbesondere im Rahmen der Auslegung als *living instrument* in relativ weit gehender Weise **internationale Menschenrechtsverbürgungen** an.[202] Über die **Auslegungsmaxime** des Art. 52 Abs. 3 GRC kommt dieser Ansatz auch bei den EU-Grundrechten zum Tragen, die den Verbürgungen in der EMRK nachgebildet sind. Die sich daraus ergebenden Konsequenzen sind bislang kaum beachtet worden. Ausgangspunkt ist die **dynamische Interpretation** der Menschenrechte der EMRK in der Rechtsprechung des **EGMR**. Bei der Interpretation als „living instrument" forscht der EGMR nach Konsensen zwischen den Vertragsstaaten über die Interpretation von Menschenrechten und nimmt dabei häufig Rekurs auf andere **internationale Verträge**. Dabei sind in der Praxis auch internationale Verträge als Rechtserkenntnisquelle herangezogen worden, wenn der betreffende Vertragsstaat diese **noch nicht ratifiziert** hatte.[203] Über diese extensive Fortentwicklung des Menschenrechtsschutzes im Rahmen der EMRK finden die internationalen Menschenrechtsverbürgungen quasi im **Huckepack** Eingang in die Unionsrechtsordnung, und zwar auf der Stufe (der Auslegung) des **Primärrechts**. Insofern findet die in der Vergangenheit erfolgte weite Berücksichtigung internationaler Menschenrechtsverträge durch den EuGH bei der Entwicklung ungeschriebener Unionsgrundrechte darin eine nachträgliche Bestätigung.

75

---

[200] EuGH Gutachten 2/13, ECLI:EU:C:2014:2454 Rn. 189; *Jarass* in Jarass GRCh Art. 53 Rn. 18.
[201] Die Beschränkung auf Menschen in der deutschen Übersetzung soll offensichtlich nicht hinter der EMRK zurückbleiben, wie die anderen sprachlichen Fassungen und die Erläuterungen belegen. *Lenaerts/De Smijter* CMLR 2001, 273 (281) rügen eine Abweichung von der Garantie der Freizügigkeit nach EuGH 36/75, Slg. 1975, 1219 Rn. 32 – Rutili. Jedoch geht es in jener Rechtssache um die Arbeitnehmerfreizügigkeit, die durch die Charta nicht speziell gewährt, aber auch nicht beeinträchtigt wird. Der EuGH erwähnte dort die EMRK nur unter den Schranken, die die Mitgliedstaaten zu beachten haben, im Rahmen der Bestimmung des Begriffs „öffentliche Sicherheit und Ordnung".
[202] EGMR 12.11.2008 (GK) – 34503/97 – Demir and Baykara/Turkey.
[203] EGMR 12.11.2008 (GK) – 34503/97 – Demir and Baykara/Turkey.

E. Fazit und Ausblick

76 In der Gesamtbetrachtung des bisherigen Standards der Beachtung menschenrechtlicher Verbürgungen in internationalen Verträgen jenseits der EMRK in der EU wird hinsichtlich der im **Völkergewohnheitsrecht** verbürgten Menschenrechte, denen unmittelbare Geltung und Vorrang vor dem Sekundärrecht zukommt, ein **hoher Schutzstandard** gewährleistet. Das entspricht den verfassungsrechtlichen Regelungen der Mehrzahl der alten und neuen Mitgliedstaaten.

77 Bezüglich **vertraglicher internationaler Menschenrechtsverbürgungen** ist bei einer rein formalen Betrachtung – die EU ist nicht selbst Vertragspartei der betreffenden Abkommen – der Einfluss größer als in vielen Mitgliedstaaten in entsprechender Situation. Den Verbürgungen kommt mittelbar über die wertende Rechtsvergleichung bei der Herleitung der EU-Grundrechte als Teil der allgemeinen Rechtsgrundsätze Bedeutung zu. Gehen sie weiter als die gemeinsamen Verfassungsüberlieferungen und die Verbürgungen in der EMRK, ist die Rechtsprechung im Ergebnis dann aber selbst bei Verträgen, die alle Mitgliedstaaten ratifiziert haben, zurückhaltend gewesen. Daher können bei einer materiellen Beurteilung, eingedenk der Bindungswirkung solcher Abkommen gegenüber den Mitgliedstaaten und der Übertragung von Hoheitsgewalt auf die EU, demnach **im Einzelfall Defizite** zu konstatieren sein. Gerade gegenüber nicht-richterlichen Organen wie dem UN-MRA trägt der Umstand, dass die EU nicht als Vertragspartei einer Berichtspflicht (vgl. Art. 40 IPBPR) unterliegt, im Vergleich zu einer Abschwächung des Einflusses bei.

78 Insgesamt ist dem EuGH aber hoch anzurechnen, dass er mit der von ihm verwendeten Formel in seiner Rechtsprechung die **dogmatischen Voraussetzungen** geschaffen hat, um internationalen Verbürgungen einen **großen Einfluss** zukommen lassen zu können. Auf diesem Fundament baut die **Grundrechte-Charta** auf. Die internationalen Verträge fließen in die Auslegung der Charta-Rechte, nicht nur in die wertende Rechtsvergleichung mit ein. Zwar werden internationale Verträge, die von allen Mitgliedstaaten ratifiziert worden sind, nicht ausdrücklich als **Mindeststandard** bezeichnet, doch schließen die Vorschriften eine solche extensive Interpretation im Einzelfall auch nicht aus. Im Ergebnis erhält der EuGH ausreichende Rückendeckung, um seine bisherige Rechtsprechung auszuweiten. Ein solches Vorgehen hätte sicher auch eine Signalwirkung im internationalen Recht zur Achtung der Menschenrechte, wie sie zu fördern der EU in Art. 3 Abs. 5 EUV ausdrücklich aufgegeben ist.

§ 5 Bedeutung der Grundrechte der EU für Drittstaaten

Übersicht

	Rn.
A. Einleitung	1
B. Die Bindung des auswärtigen Handelns der Union an die Grund- und Menschenrechte	2–11
I. Grundsätze und Ziele der Union	3–6
II. Grundrechtecharta	7–11
C. Die auswärtige Menschenrechtspolitik der Union	12–35
I. Historischer Abriss	13–16
II. Handlungsebenen und Kompetenzen	17–29
1. „Vergemeinschaftete" Bereiche des AEUV	18–24
2. Ebene der GASP	25–29
III. Jüngere Entwicklungen	30–35
D. Fazit und Schlussbemerkungen	36

Schrifttum:

Alston, The EU and Human Rights, 1999; *Alston/Weiler*, An „Ever Closer Union" in Need of a Human Rights Policy, EJIL 9 (1998), 658; *Arts*, European Community Development Cooperation, Human Rights, Democracy and Good Governance: at Odds or at Ease With Each Other?, in Ginther, Sustainable Development and Good Governance, 1995, 259; *Aschenbrenner*, Menschenrechte in den Außenbeziehungen der Europäischen Union. Gemeinschaftspolitik versus GASP, 2000; *Bartels*, Human Rights Conditionality in the EU's International Agreements, 2006; *ders.*, The EU's Human Rights Obligations in Relation to Policies with Extraterritorial Effects, EJIL 25 (2014), 1071; *ders.*, Eine menschenrechtliche Modellklausel für die völkerrechtlichen Abkommen der Europäischen Union, hrsg. vom Deutschen Institut für Menschenrechte und Misereor, 2014; *Benedek*, Die Bedeutung der Menschenrechte in der Entwicklungszusammenarbeit der Europäischen Union, Journal für Entwicklungspolitik 1994, 13; *Brandtner/Rosas*, Human Rights and the External Relations of the European Community: An Analysis of Doctrine and Practice, EJIL 9 (1998), 468; *Cannizzaro*, The EU's Human Rights Obligations in Relation to Policies with Extraterritorial Effects: A Reply to Lorand Bartels, EJIL 25 (2014), 1093; *Crawford*, Evaluating European Union Promotion of Human Rights, Democracy and Good Governance: Towards a Participatory Approach. Journal of International Development 14 (2002), 911; *Fouwels*, The European Union's Common and Security Policy and Human Rights, NQHR 15 (1997), 291; *Fritz*, Menschenrechte als uneingelöste Versprechen. Nachhaltigkeits-, Arbeits- und Sozialstandards in EU-Handelsabkommen, hrsg. von Brot für die Welt – Evangelischer Entwicklungsdienst und Evangelisches Werk für Diakonie und Entwicklung e. V. ua, 2017; *Gaja*, The Protection of Human Rights under the Maastricht Treaty, in Curtin/Heukels, Institutional Dynamics of European Integration. Essays in Honour of Henry G. Schermers (FS Schermers), Vol. II, 1994, 549; *Hazelzet*, Carrots or Sticks? EU and US Sanctions in Reaction to Human Rights Violations, 2001; *Heinz*, Die Förderung der Menschenrechte in der Entwicklungszusammenarbeit der Europäischen Union, in Selchow/Hutter, Menschenrechte und Entwicklungszusammenarbeit. Anspruch und politische Wirklichkeit, 2004, 69; *Hoffmeister*, Menschenrechts- und Demokratieklauseln in den vertraglichen Außenbeziehungen der Europäischen Gemeinschaft, 1998; *King*, Human Rights in European Foreign Policy: Success or Failure for Post-modern Diplomacy?, EJIL 10 (1999), 313; *Lerch*, Menschenrechte und europäische Außenpolitik. Eine konstruktivistische Analyse, 2004; *Kinzelbach*, The EU's Human Rights Dialogue with China. Quiet diplomacy and its limits, 2015; *Neuwahl/Rosas*, The European Union and Human Rights, 1995; *Paasch*, Menschenrechte in der EU-Handelspolitik – Zwischen Anspruch und Wirklichkeit, Diskussionspapier des Ecofair Trade Dialogs, 2011; *Pippan*, Die Förderung der Menschenrechte und der Demokratie als Aufgabe der Entwicklungszusammenarbeit der Europäischen Gemeinschaft, 2002; *Weiß*, Die Bedeutung von Menschenrechtsklauseln für die Außenbeziehungen und Entwicklungshilfeabkommen der EG/EU (Studien zu Grund- und Menschenrechten, Heft 4), 2000; *ders.*, Die Bedeutung von Menschenrechten für die Europäische Union. Aspekte der internationalen EU-Menschenrechtspolitik (Studien zu Grund- und Menschenrechten, Heft 15), 2011; *Williams*, EU Human Rights Policies. A Study in Irony, 2004.

A. Einleitung

Der Grundrechtsschutz gehört mittlerweile zweifellos zur konstitutionellen DNA der EU. Was aber heißt es für das Verhältnis zu Drittstaaten, dass sich die EU in ihrem Innern in besonderer Weise den elementaren Rechten des Einzelnen verpflichtet weiß? Welche

1

Bedeutung haben die Grund- und Menschenrechte in den Außenbeziehungen der Union? Zwei Dimensionen des Themas lassen sich unterscheiden: Eine erste Dimension ist genuin *verfassungsrechtlicher* Art; sie betrifft die **Bindung,** die das Primärrecht (EUV, AEUV, Grundrechtecharta) dem Außenhandeln der Union in grund- und menschenrechtlicher Hinsicht unterwirft. Die zweite Dimension betrifft va die Praxis der Union und ist damit eher (rechts-) *politischer* Natur; es geht um die **weltweite Förderung der Menschenrechte** durch die EU im Rahmen ihrer auswärtigen Menschenrechtspolitik – die ihrerseits im verfassungsrechtlichen Kontext des Primärrechts steht, insbesondere in das Kompetenzgefüge der Verträge eingebunden ist.

B. Die Bindung des auswärtigen Handelns der Union an die Grund- und Menschenrechte

2 Im nationalen Kontext gehört die Grundrechtsbindung der auswärtigen Gewalt zu den klassischen Problemen des Außenverfassungsrechts.[1] Dabei nimmt die Frage der Erstreckung des Grundrechtsschutzes auf die jenseits der Grenzen („extraterritorial") handelnde Staatsgewalt besonderen Raum ein, und hier va die Grundrechtsbindung extraterritorialen **exekutiven** Handelns, wie etwa Einsätzen der Streitkräfte im Ausland.[2] Auch für das Recht der EMRK ist diese Frage bereits virulent geworden.[3] Im Fall des auswärtigen Handelns der EU kommt der Problematik demgegenüber bisher nur eine geringe Bedeutung zu: „Echte" Hoheitsbefugnisse auf fremdem Territorium übt die Union nicht aus.[4] Erörtert wird die Frage, welche Schranken das Primärrecht einem extraterritorialen Handeln in grund- und menschenrechtlicher Hinsicht setzt, zumindest aber etwa im Zusammenhang mit der Beteiligung der **Mitgliedstaaten** an militärischen Operationen, die die EU im Rahmen der GASP beschlossen hat, zB zur Bekämpfung der Piraterie.[5] Um die (direkten oder indirekten) extraterritorialen **Wirkungen** intraterritorialen Handelns geht es dagegen etwa beim Abschluss völkerrechtlicher Verträge durch die EU.

I. Grundsätze und Ziele der Union

3 Der Vertrag von Lissabon (2009) hat mit Art. 3 Abs. 5 EUV und Art. 21 EUV erstmals **einheitliche Zielvorgaben** in das Primärrecht eingeführt, die sich an das gesamte auswärtige Handeln der Union richten.[6] Art. 3 Abs. 5 EUV konkretisiert bereichsspezifisch für das Außenhandeln der EU das in Art. 3 Abs. 1 EUV genannte allgemeine Ziel der Union, ihre „Werte" zu fördern; er stellt damit klar, dass die in Art. 2 S. 1 EUV niedergelegten „Werte", auf die sich die Union in ihrem Innern gründet, auch in den Außenbeziehungen der EU maßgebliche Leitvorstellungen sind.[7] Zu diesen „Werten" rechnet Art. 2 S. 1 EUV ua „die Achtung der Menschenwürde", „Freiheit", „Gleichheit" und „die Wahrung der Menschenrechte einschließlich der Rechte der Personen, die Minderheiten angehören". Entsprechend formuliert Art. 3 Abs. 5 S. 2 EUV, dass die Union auf internationaler Ebene ua einen Beitrag leistet „zum Schutz der Menschenrechte, insbesondere der Rechte des Kindes".

---

[1] Vgl. etwa *Hofmann,* Grundrechte und grenzüberschreitender Sachverhalt, 1994, passim; *Röben,* Außenverfassungsrecht, 2007, S. 378 ff.
[2] Dazu eingehend *Röben* S. 404 ff.
[3] Vgl. zur Diskussion und zum Stand der Rechtsprechung des EGMR („Vermutung gegen die extraterritoriale Wirkung der EMRK") eingehend nur *Johann* in Karpenstein/Mayer EMRK Art. 1 Rn. 18 ff.
[4] Auch *Classen/Nettesheim* in Oppermann/Classen/Nettesheim EuropaR § 17 Rn. 12, konstatieren daher: „Die Frage der Bindung extraterritorialen Handelns (…) hat sich bisher noch nicht gestellt."
[5] Vgl. *Fischer-Lesano/Kreck* ArchVR 47 (2009), 481.
[6] Dabei fungiert der vertragliche Begriff des „auswärtigen Handelns der Union" nunmehr als Oberbegriff für die in Titel V Kapitel 2 EUV geregelte GASP einerseits und die vom Fünften Teil des AEUV in den Art. 206–222 AEUV erfassten Aktionsfelder andererseits; vgl. *Cremer* in Calliess/Ruffert EUV Art. 21 Rn. 1 und AEUV Art. 205 Rn. 1.
[7] Vgl. *Jacqué* in von der Groeben/Schwarze/Hatje EUV Art. 3 Rn. 3.

Art. 21 EUV greift als erste der in Titel V Kapitel 1 des EUV enthaltenen allgemeinen **4** („vor die Klammer gezogenen") Bestimmungen über das auswärtige Handeln der Union den zentralen Gedanken aus Art. 3 Abs. 5 EUV – die **Kohärenz von Innen- und Außenhandeln** – auf. Anknüpfend an die bereits weitgehend wortgleiche Regelung in Art. III-292 Abs. 1 VVE, legt sein Abs. 1 nieder, dass sich die Union „bei ihrem Handeln auf internationaler Ebene von den Grundsätzen leiten [lässt], die für ihre eigene Entstehung, Entwicklung und Erweiterung maßgebend waren und denen sie auch weltweit zu stärkerer Geltung verhelfen will", wobei ua „die universelle Gültigkeit und Unteilbarkeit der Menschenrechte und Grundfreiheiten", „die Achtung der Menschenwürde", sowie „der Grundsatz der Gleichheit" aufgeführt werden. Ausdrücklich benannt wird das Ziel des auswärtigen Handelns der Union, „die Menschenrechte […] zu festigen und zu fördern", sodann nochmals in Art. 21 Abs. 2 lit. b EUV. Art. 21 Abs. 3 UAbs. 1 EUV legt die Union schließlich darauf fest, bei der Ausarbeitung und Umsetzung ihres auswärtigen Handelns sowie der externen Aspekte der übrigen Politikbereiche die in Art. 21 Abs. 1 und 2 EUV genannten Grundsätze und Ziele zu „wahren".[8]

Der textliche Befund der „Wertenorm" des Art. 2 EUV sowie der Zielkataloge aus **5** Art. 3 Abs. 5 EUV und Art. 21 EUV ist durchaus beeindruckend. Dennoch stellt sich die Frage, welche normative Kraft den Bekenntnissen insbesondere aus Art. 3 Abs. 5 EUV und Art. 21 EUV zukommt, gerade auch in dem hier interessierenden Bereich des Grund- und Menschenrechtsschutzes. Es ist schwerlich zu übersehen, dass die Bestimmungen insgesamt eher einen **programmatischen Charakter** aufweisen. Gleichwohl wäre es verfehlt, sie als bloße Absichtserklärungen ohne jede rechtliche Bindungswirkung zu verstehen.[9] Immerhin kann ihnen der **rechtsverbindliche Auftrag** an die Union entnommen werden, auch auf internationaler Ebene den Grund- und Menschenrechtsschutz zu einer ihrer bestimmenden Handlungsmaximen zu machen.[10] Das zielt va auf eine aktive und entschiedene **Menschenrechtsaußenpolitik**.[11] Dass die in Art. 21 EUV aufgeführten Grundsätze und Ziele im Übrigen aber auf eine weitere Konkretisierung angelegt sind,[12] ergibt sich schon aus Art. 22 Abs. 1 UAbs. 1 EUV. Danach legt der Europäische Rat auf der Grundlage von Art. 21 EUV die strategischen Interessen und Ziele der Union fest. Bei der Konkretisierung und weiteren Verwirklichung der Grundsätze und Ziele wird man dem Europäischen Rat und den sonstigen nach dem EUV und dem AEUV zum internationalen Handeln berufenen Organen einen **politischen Gestaltungsspielraum** einzuräumen haben.[13]

Ob darüber hinaus zusätzliche, strikte Normgehalte von Art. 3 Abs. 5 EUV und Art. 21 **6** EUV auf dem Gebiet des weltweiten Menschenrechtsschutzes anerkannt werden können, erscheint fraglich.[14] Nicht zuletzt ist schon der in Art. 3 Abs. 5 EUV und Art. 21 EUV

---

8 Die Verpflichtung auf die Grundsätze und Ziele des auswärtigen Handels der Union wird in den Verträgen gleich an mehreren Stellen für die GASP einerseits, die einschlägigen Aktionsfelder des AEUV andererseits nochmals wiederholt und bekräftigt; vgl. im Einzelnen Art. 23 EUV und Art. 24 Abs. 2 EUV sowie Art. 205, 207 Abs. 1 S. 2, 208 Abs. 1 UAbs. 1 S. 1, 212 Abs. 1 S. 2 AEUV und Art. 214 Abs. 1 S. 1 AEUV.
9 Vgl. für Art. 21 EUV auch *Cremer* in Calliess/Ruffert EUV Art. 21 Rn. 4: keine „bloße Vertragslyrik"; eingehend ferner *Krajewski* EuR 2016, 235.
10 Vgl. auch *Wissenschaftlicher Dienst des Deutschen Bundestages,* Sachstand: Menschenrechte als Leitlinie der Politik, WD 2 – 3000 – 010/16, 2016, S. 16: „Auftrag, auf eine Verbesserung der Menschenrechtslage in Drittstaaten hinzuwirken".
11 Für die frühere Vorschrift des Art. 130u Abs. 2 EGV (später Art. 177) hatte der EuGH schon im Jahr 1996 entschieden, dass diese eine Verpflichtung der EG beinhaltete, das in der Vorschrift genannte „Ziel der Wahrung der Menschenrechte und Grundfreiheiten" beim Erlass von Maßnahmen im Bereich der Entwicklungszusammenarbeit zu berücksichtigen; vgl. EuGH 268/94, Slg. 1996, I-6177 Rn. 23 – Portugal/Rat.
12 Vgl. zB auch *Marquard/Gaedtke* in von der Groeben/Schwarze/Hatje EUV Art. 21 Rn. 7: „ausfüllungsbedürftige Zielvorstellungen".
13 So auch *Cremer* in Calliess/Ruffert EUV Art. 21 Rn. 12.
14 Bejahend *Bartels* EJIL 25 (2014), 1071 (1073 ff. u. 1090), demzufolge Art. 3 Abs. 5 EUV und Art. 21 EUV eine weitreichende Verpflichtung der EU begründen sollen sicherzustellen, dass ihr Außenhandeln (zB auf dem Gebiet der Handelspolitik) keine nachteiligen extraterritorialen Folgen für Individuen in Drittstaaten zeitigt; dazu krit. *Cannizzaro* EJIL 25 (2014), 1093.

verwendete **Begriff der „Menschenrechte"** alles andere als klar.[15] In der Rechtsprechung des EuG und des EuGH haben die menschenrechtlichen Zielvorgaben aus Art. 3 Abs. 5 EUV und Art. 21 EUV als Grundlage für konkrete Ge- oder Verbote, an denen sich das auswärtige Handeln der EU messen lassen muss, denn bislang auch keine Rolle gespielt.[16] Im Gegenteil, hat das EuG – allerdings in einer nicht rechtskräftig gewordenen Entscheidung (→ Rn. 10) – jedenfalls für den Bereich der Außenwirtschaftsbeziehungen den „weiten Ermessensspielraum" der Unionsorgane betont und diesen ausdrücklich auch gegenüber den „Grundwerten der Union" und den Bestimmungen aus Art. 2 EUV, Art. 3 Abs. 5 EUV und Art. 21 EUV sowie Art. 205 AEUV in Stellung gebracht.[17]

II. Grundrechtecharta

7   Auch wenn damit nicht gänzlich ausgeschlossen erscheint, dass Art. 3 Abs. 5 EUV und Art. 21 EUV in grund- und menschenrechtlicher Hinsicht konkrete Maßstäbe für das Außenhandeln der EU setzen können, so dürfte es letztlich doch näherliegen, insoweit unmittelbar auf die im Primärrecht verankerten Rechte des Einzelnen zu rekurrieren. Damit rückt die Grundrechtecharta in den Fokus, die mit dem Vertrag von Lissabon über Art. 6 Abs. 1 UAbs. 1 EUV zum „geschriebenen, rechtsverbindlichen Grundrechtskatalog"[18] der Union geworden ist, und die zugleich die **„Festlegung des gemeinsamen Konsenses der Mitgliedstaaten in menschenrechtlichen Fragen"**[19] darstellt.

8   Und in der Tat kann mit der zumindest im Schrifttum[20] vorherrschenden Ansicht angenommen werden, dass die Grundrechtecharta die Union und ihre Stellen auch in ihrem auswärtigen Handeln **uneingeschränkt bindet,** einschließlich des völkerrechtlichen Handelns wie zB dem Abschluss völkerrechtlicher Verträge sowie des Handelns im Rahmen der GASP. Das lässt sich ohne Weiteres aus Art. 51 Abs. 1 S. 1 GRC ableiten, der für die Bestimmung des Anwendungsbereichs der Grundrechtecharta ausschließlich auf die verpflichteten Entscheidungsträger abstellt (Organe, Einrichtungen und sonstige Stellen der Union; Mitgliedstaaten bei der Durchführung des Unionsrechts). Wohl weitergehend als die EMRK, schließt der Grundrechtsrechtsschutz nach der Grundrechtecharta damit grundsätzlich auch sowohl extraterritoriales Handeln als auch intraterritoriales Handeln mit extraterritorialen Wirkungen ein.[21]

9   Auch Generalanwalt Mengozzi hat unlängst in seinen Schlussanträgen vom 7.2.2017 in der Rechtssache C-638/16 PPU hervorgehoben, „dass die durch die Charta anerkannten Grundrechte, zu deren Beachtung alle im Rahmen des Unionsrechts handelnden Behörden der Mitgliedstaaten verpflichtet sind, den Adressaten der von einer solchen Behörde erlassenen

---

[15] Ein zumindest im Ansatz vergleichbares Auslegungsproblem besteht im deutschen Verfassungsrecht im Fall des Menschenrechtsbekenntnisses aus Art. 1 Abs. 2 GG; vgl. zu der dortigen Diskussion nur einerseits *Herdegen* in Maunz/Dürig GG Art. 1 Abs. 2 Rn. 22 ff. („Verweis auf Standards des Völkerrechts"), andererseits *Höfling* in Sachs GG Art. 1 Rn. 70 ff. („überpositive ‚Normreserve'").

[16] Vgl. für das in Art. 3 Abs. 5 EUV aufgeführte Ziel der „strikten Einhaltung und Weiterentwicklung des Völkerrechts" dagegen EuGH C-366/10, Slg. 2011, I-13755 Rn. 101 – Air Transport Association of America: „Nach Art. 3 Abs. 5 EUV leistet die Union einen Beitrag zur strikten Einhaltung und zur Weiterentwicklung des Völkerrechts. Beim Erlass eines Rechtsakts ist sie also verpflichtet, das gesamte Völkerrecht zu beachten, auch das die Organe der Union bindende Völkergewohnheitsrecht"; instruktiv zu dieser Problematik unlängst auch EuGH C-266/16, ECLI:EU:C:2018:118 – The Queen, auf Antrag der Western Sahara Campaign UK.

[17] EuG 10.12.2015 – T-512/12, ECLI:EU:T:2015:953 Rn. 164 f. – Front Polisario/Rat.

[18] *Kingreen* in Calliess/Ruffert EUV Art. 6 Rn. 8.

[19] *Regelsberger/Kugelmann* in Streinz EUV Art. 21 Rn. 9.

[20] Vgl. zB *Borowsky* in NK-EuGRCh Art. 51 Rn. 16; Jarass GRCh Art. 51 Rn. 14 f.; *Kingreen* in Calliess/Ruffert GRC Art. 51 Rn. 5; s. aus der Rechtsprechung des Gerichtshofs immerhin aber auch die im Zusammenhang mit der Umsetzung von UN-Sicherheitsratsresolutionen ergangenen Entscheidungen EuGH C-402/05 P, Slg. 2008, I-6351 Rn. 278 ff. – Kadi I, und EuGH verb. Rs. C-584/10 P, C-593/10 P u. C-595/10 P Rn. 65 ff. – Kadi II.

[21] Vgl. auch *Borowsky* in NK-EuGRCh Art. 51 Rn. 16; differenzierend Jarass GRCh Art. 51 Rn. 39, der im Bereich der Leistungs- bzw. Förderfunktion der Grundrechte bei Sachverhalten mit Auslandsbezug verlangt, dass der Begünstigte einen ausreichenden Anknüpfungspunkt zur Union besitzt.

Rechtsakte *unabhängig von jedem territorialen Kriterium* garantiert sind."[22] Hiervon ausgehend, ist er zu der Einschätzung gelangt, dass die Auslandsvertretungen der Mitgliedstaaten einem auf Art. 25 Abs. 1 lit. a des sog Visakodex[23] gestützten Antrag eines Drittstaatsangehörigen auf Erteilung eines Visums mit räumlich beschränkter Gültigkeit aus humanitären Gründen (**„humanitäres Visum"**) entsprechen müssten, „wenn [...] ernsthafte und durch Tatsachen belegte Gründe für die Annahme vorliegen, dass die Weigerung, dieses Dokument auszustellen, zur unmittelbaren Folge haben wird, dass die betreffende Person der Gefahr ausgesetzt wird, gegen Art. 4 der Charta verstoßende Behandlungen zu erleiden, und ihr eine legale Möglichkeit vorenthalten wird, ihr Recht auf Beantragung internationalen Schutzes in diesem Mitgliedstaat auszuüben."[24] Letztlich nicht weiter überraschend, ist der EuGH in seinem Urteil vom 7.3.2017[25] der Einschätzung des Generalanwalts im Ergebnis nicht gefolgt, ohne allerdings die Frage der extraterritorialen Wirkungen der Grundrechtecharta anzusprechen.

Demgegenüber hatte das EuG in seinem Urteil vom 10.12.2015 in der Rechtssache **10** Rs. T-512/12, in dem es den Ratsbeschluss zum Abschluss eines Liberalisierungsabkommens mit Marokko teilweise aufgehoben hatte, ausdrücklich eine **extraterritoriale Pflicht der EU zur Berücksichtigung der Grundrechte der betroffenen Bevölkerung** (im konkret zu entscheidenden Fall: des umstrittenen Gebiets der Westsahara) angenommen, die den Handlungsspielraum der Unionsorgane beim Abschluss eines solchen Abkommens mit einem Drittstaat einschränken soll.[26] Insbesondere wenn es um die erleichterte Ausfuhr von Waren in die Union gehe, habe die Union sicherzustellen, „dass die Tätigkeiten im Zusammenhang mit der Herstellung der für die Ausfuhr bestimmten Waren weder zum Nachteil der Bevölkerung des fraglichen Gebiets durchgeführt werden noch gegen deren Grundrechte verstoßen", wobei das EuG namentlich die Menschenwürde, das Recht auf Leben und das Recht auf Unversehrtheit (Art. 1–3 GRC), das Verbot der Sklaverei und der Zwangsarbeit (Art. 5 GRC), die Berufsfreiheit (Art. 15 GRC), die unternehmerische Freiheit (Art. 16 GRC), das Eigentumsrecht (Art. 17 GRC), das Recht auf gerechte und angemessene Arbeitsbedingungen sowie das Verbot der Kinderarbeit und der Schutz von Jugendlichen am Arbeitsplatz (Art. 31 GRC und Art. 32 GRC) erwähnte.[27] Zwar führe der Umstand, dass die Union mit einem Drittstaat ein Abkommen geschlossen habe, nicht dazu, dass sie für mögliche Handlungen dieses Staates verantwortlich sei oder werden könne. Wenn die Union gestatte, dass von einem anderen Land Waren in ihre Mitgliedstaaten ausgeführt würden, die unter Bedingungen hergestellt oder erlangt worden seien, die die Grundrechte der Bevölkerung des Gebiets missachteten, aus dem sie stammten, laufe sie aber Gefahr, solche Verstöße indirekt zu fördern oder von ihnen zu profitieren.[28] Mit Urteil vom 21.12.2016[29] hat der EuGH die Entscheidung des EuG aufgehoben, wobei er sich aber einer Diskussion um die Bedeutung des Grundrechtsschutzes beim Abschluss völkerrechtlicher Verträge durch die EU enthielt.

Auch wenn es in den Entscheidungen zum Liberalisierungsabkommen mit Marokko **11** wegen des ungeklärten völkerrechtlichen Status der Westsahara um einen Sonderfall ging: Angesprochen sind mit dem Ansatz des EuG im Grundsatz letztlich durchaus auch aus dem Völkerrecht bekannte,[30] allerdings dort ebenfalls bislang nicht in allen Einzelheiten geklärte

---

22 GA *Mengozzi*, SchlA C-638/16 PPU Rn. 89 – X und X/Belgien (Hervorhebungen im Orig.).
23 VO (EG) Nr. 810/2009 des Europäischen Parlaments und des Rates vom 13. Juli 2009 über einen Visakodex der Gemeinschaft, ABl. 2009 L 243, 1.
24 GA *Mengozzi*, SchlA C-638/16 PPU Rn. 163, 176 – X und X/Belgien.
25 NJW 2017, 1293 = NVwZ 2017, 611 mAnm *de Oliveira*.
26 EuG 10.12.2015 – T-512/12, ECLI:EU:T:2015:953 Rn. 223 ff. – Front Polisario.
27 EuG 10.12.2015 – T-512/12, ECLI:EU:T:2015:953 Rn. 228 – Front Polisario.
28 EuG 10.12.2015 – T-512/12, ECLI:EU:T:2015:953 Rn. 230 f. – Front Polisario.
29 EuGH C-104/16 P, ECLI:EU:C:2016:973 – Front Polisario.
30 Das wohl prominenteste Beispiel bildet die zu Art. 3 EMRK ergangene Rechtsprechung des EGMR im *Soering*-Fall (NJW 1990, 2183), der die Auslieferung eines des Mordes beschuldigten deutschen Staatsangehörigen in die USA betraf. Die Grenze einer nach Art. 1 EMRK begründeten Verantwortlichkeit der Konventionsstaaten liegt nach der Rechtsprechung des EGMR jedenfalls bei einer bloßen Betroffen-

Fragen der **Zurechnung von Menschenrechtsverletzungen eines Drittstaates** bzw. der **Schutzpflichten gegenüber menschenrechtswidrigen Tätigkeiten von Drittstaaten**.[31] In der Konsequenz einer weitreichenden Zurechnungs- bzw. Schutzpflichten-Dogmatik läge es wohl, dass sich umgekehrt etwa die sog „Anti-Folter-Verordnung"[32] in ihrem Kern als eine einfachrechtliche Ausgestaltung der Schranken darstellen würde, die sich bereits unmittelbar aus Art. 2 Abs. 2 GRC und Art. 4 GRC ergeben.[33]

C. Die auswärtige Menschenrechtspolitik der Union

12   Wenn sich die EU heute selbst in der Rolle einer „**globalen Kraft für Menschenrechte**" sieht,[34] kann sie an ihren verfassungsrechtlichen Auftrag aus Art. 3 Abs. 5 EUV und Art. 21 EUV anknüpfen, eine aktive und entschiedene Menschenrechtsaußenpolitik zu betreiben (→ Rn. 5). Schon früher indes hat das Europäische Parlament die Verteidigung der Universalität und Unteilbarkeit der Menschenrechte wiederholt sogar als *„one of the main objectives of the European Union"* bezeichnet.[35]

I. Historischer Abriss

13   Ihren Ausgang nahm die auswärtige Menschenrechtspolitik der EU in den späten 1970er- und frühen 1980er-Jahren mit *ad hoc*-Maßnahmen der damaligen EWG zum Schutz der Menschenrechte gegenüber Uganda (1977), Aequatorialguinea (1978), der Zentralafrikanischen Republik (1979/80) und Liberia (1980).[36] Gekennzeichnet waren diese Maßnahmen durch einen **negativen Ansatz:** Nicht die aktive Förderung der Menschenrechte, sondern die reaktive Antwort auf die Missachtung von Menschenrechten stand im Vordergrund. Mit dem 3. Lomé-Abkommen aus dem Jahr 1984[37] zeichnete sich eine allmähliche Wende ab. Dessen Art. 4 betonte unter – noch zaghafter – Abkehr von der bis dahin primär wirtschaftlichen Ausrichtung der Entwicklungsassoziierung, dass das Ziel der Förderung des gesellschaftlichen und wirtschaftlichen Fortschritts der AKP-Staaten sowie des Wohlstands ihrer Bevölkerung auch durch „die Anerkennung der Rolle der Frau und die Entfaltung der menschlichen Fähigkeiten *unter Achtung ihrer Würde*" erreicht werde.[38]

14   In der **Präambel der Einheitlichen Europäischen Akte** (1986) bekräftigten die Mitgliedstaaten der Europäischen Gemeinschaften sodann erstmals auch auf vertraglicher Ebene ihre Entschlossenheit, in ihrem Außenhandeln für „die Grundsätze der Demokratie und die Wahrung des Rechts und der Menschenrechte, denen sie sich verpflichtet fühlen, ein-

---

heit des Einzelnen durch Handlungen mit extraterritorialen Wirkungen *(„cause and effect")*; vgl. nur *Johann* in Karpenstein/Mayer EMRK Art. 1 Rn. 29.

[31] Dass aus Art. 51 Abs. 1 S. 1 GRC grundsätzlich auch eine Pflicht zur Gewährung von Schutz vor der öffentlichen Gewalt von Drittstaaten folgen kann, bejaht etwa Jarass GRCh Art. 51 Rn. 5, 41; zur parallelen Diskussion im deutschen Verfassungsrecht eingehend nur *Röben* S. 385 ff.

[32] VO (EG) Nr. 1236/2005 des Rates vom 27. Juni 2005 betreffend den Handel mit bestimmten Gütern, die zur Vollstreckung der Todesstrafe, zu Folter oder zu anderer grausamer, unmenschlicher oder erniedrigender Behandlung oder Strafe verwendet werden könnten, ABl. 2005 L 200, 1, geändert durch VO (EU) 2016/2134 des Europäischen Parlaments und des Rates vom 23. November 2016, ABl. 2016 L 338, 1.

[33] Beispiel nach *Cannizzaro* EJIL 25 (2014), 1093 (1096 m. Fn. 10).

[34] Europäische Kommission und Hohe Vertreterin der Europäischen Union für Außen- und Sicherheitspolitik, Gemeinsame Mitteilung an das Europäische Parlament und den Rat: Menschenrechte und Demokratie im Mittelpunkt des auswärtigen Handelns der EU – ein wirksamer Ansatz, KOM(2011) 886 endgültig, 5 vom 12. Dezember 2011.

[35] EP (Committee on Human Rights, Foreign Affairs, Common Security and Defence Policy), Report on the European Union's Role in Promoting Human Rights and Democratisation in Third Countries (COM (2001) 252). Rapporteur: González Rosa, Doc. A5–0084/2002, 7; EP, EU-Cuba relations. European Parliament resolution on Cuba, P5_TA(2003)0574.

[36] Dazu sowie zum Folgenden *Aschenbrenner* S. 60 ff., 96 ff.

[37] Drittes AKP-EWG-Abkommen von Lomé vom 8. Dezember 1984, ABl. 1986 L 86, 3.

[38] Hervorhebungen v. Verf.

zutreten". Dem folgte nur wenig später eine Erklärung der Außenminister der EWG, in der die Menschenrechte als „wichtiges Element" der Außenbeziehungen der Gemeinschaft erschienen.[39]

In zweierlei Hinsicht richtungweisend war dann der **Vertrag von Maastricht** (1992): Durch ihn wurde zum einen mit Art. 130u Abs. 2 EGV (später Art. 177) eine Vorschrift in den EGV aufgenommen, die die Berücksichtigung menschenrechtlicher Erwägungen in die **Politik der** Gemeinschaft auf dem Gebiet der **Entwicklungszusammenarbeit** ausdrücklich sanktionierte. Dem vorausgegangen war im Juni 1991 eine Erklärung des Europäischen Rates, mit der die Staats- und Regierungschefs ein Bekenntnis abgelegt hatten zu dem durch das 3. und – deutlicher noch – das 4. Lomé-Abkommen[40] angebahnten Weg der Verknüpfung von Menschenrechten und wirtschaftlicher Zusammenarbeit;[41] ferner die Erklärung des Rates und der Mitgliedstaaten zu Menschenrechten, Demokratie und Entwicklung vom 28. November 1991,[42] die – nach Aufforderung durch das Europäische Parlament – einen gemeinsamen Rahmen für das Handeln von EG und Mitgliedstaaten formulierte. Zum anderen schuf der Maastricht-Vertrag mit der **Institutionalisierung der** bis dahin als EPZ lediglich in loser Form praktizierten **GASP** eine völkerrechtlich verbindliche Grundlage für eine Menschenrechtsaußenpolitik der EU auch jenseits des Kontextes der Wirtschaftskooperation.[43] Damit war der primärrechtliche Rahmen für eine Berücksichtigung menschenrechtlicher Belange in den Außenbeziehungen der EU im Grundsatz zunächst gesteckt. Die Verträge von Amsterdam (1997) und Nizza (2001) brachten insoweit keine wesentlichen Änderungen, sieht man von der Einführung von Art. 181a EGV ab, von der später noch die Rede sein wird (→ Rn. 20). 15

Weiterreichende Neuerungen[44] hat dann erst wieder der **Vertrag von Lissabon** gebracht. Neue Akzente ergeben sich insbesondere durch die Verpflichtung des gesamten auswärtigen Handelns der Union, einschließlich der nunmehr in das Verbundsystem der EU einbezogenen GASP, auf die einheitliche Zielsetzung des weltweiten Menschenrechtsschutzes (→ Rn. 3 ff.). Auch die durch Art. 6 Abs. 1 UAbs. 1 EUV erfolgte Rechtsverbindlicherklärung der Grundrechtecharta bedarf in diesem Zusammenhang nochmals der Erwähnung (→ Rn. 7). Der durch Art. 6 Abs. 2 EUV ermöglichte Beitritt der EU zur EMRK ist dagegen nach dem Gutachten 2/13 des EuGH[45] vorerst gescheitert. Mit dem **Hohen Vertreter der Union für Außen- und Sicherheitspolitik** (Art. 18, 27 EUV) als neuem Teil der institutionellen Architektur soll der Union „Gesicht und Stimme" in der internationalen Politik verliehen werden,[46] was entsprechend den Zielvorgaben aus Art. 3 Abs. 5 EUV und Art. 21 EUV auch eine Schärfung des menschenrechtlichen Profils einschließt. 16

II. Handlungsebenen und Kompetenzen

Ungeachtet der durch den Vertrag von Lissabon bewirkten „Verschmelzung von Gemeinschaft und Union zu einer Europäischen Union",[47] muss bezüglich des auswärtigen Handelns der EU – und so auch für ihre Menschenrechtsaußenpolitik – weiterhin zwischen der 17

---

[39] Erklärung zu den Menschenrechten vom 21. Juli 1986, Bull. 7/8–1986, Pkt. 2.4.4, 112.
[40] Viertes AKP-EWG-Abkommen von Lomé vom 15. Dezember 1989, ABl. 1991 L 229, 3.
[41] Erklärung über die Menschenrechte vom 29. Juni 1991, Bull. 6–1991, Pkt. I. 45.
[42] Bull. 11–1991, Pkt. 2.3.1.
[43] Eine erste bedeutsame Auseinandersetzung mit den neuen Handlungsmöglichkeiten der EU auf dem Gebiet des internationalen Menschenrechtsschutzes findet sich in: Kommission der Europäischen Gemeinschaften, Mitteilung der Kommission an den Rat und das Europäische Parlament. Die Menschenrechte in den Außenbeziehungen der Europäischen Union: Von Rom zu Maastricht und danach, KOM (95) 567 endg., vom 22. November 1995.
[44] Von einer „Zäsur hinsichtlich der Menschenrechtsverpflichtungen der EU und ihrer Mitgliedstaaten" spricht *Bartels*, Eine menschenrechtliche Modellklausel für die völkerrechtlichen Abkommen der Europäischen Union, S. 15.
[45] EuGRZ 2015, 56.
[46] *Frenz*, HdbEuR Bd. 6: Institutionen und Politiken, 2011, Rn. 1216.
[47] *Hatje/Kindt* NJW 2008, 1761 (1762).

supranationalen Integrationsmethode des früheren EGV einerseits, der fortbestehenden Intergouvernementalität der GASP andererseits unterschieden werden.[48]

18 **1. „Vergemeinschaftete" Bereiche des AEUV.** Auf der Ebene der nunmehr im AEUV geregelten Politikbereiche, die der „Gemeinschaftsmethode" folgen (Politikbereiche der früheren EG), ist die Union im Ausgangspunkt auf eine Förderung der Menschenrechte als „Annex" ihrer wirtschaftlichen und sonstigen Kooperation mit Drittländern und internationalen Organisationen verwiesen. Dazu kann sie zunächst auf die Vorschriften von Titel II des Fünften Teils des AEUV über die **gemeinsame Handelspolitik** (Art. 206 AEUV und Art. 207 AEUV) zurückgreifen. Für diese gelten nunmehr unzweifelhaft ebenfalls die menschenrechtlichen Zielvorgaben aus Art. 21 EUV, wie Art. 207 Abs. 1 S. 2 AEUV nochmals ausdrücklich bekräftigt. Weil die früheren Regelungen über die gemeinsame Handelspolitik (Art. 131–134 EGV) eine entsprechende Zielsetzung nicht formuliert hatten, war umstritten, ob sie eine Zuständigkeit der EG eröffneten, sich positiv für den Menschenrechtsschutz in Drittstaaten einzusetzen.[49] Inhaltlich ist durch den Vertrag von Lissabon eine beträchtliche Kompetenzstärkung der EU in der gemeinsamen Handelspolitik erfolgt, nicht zuletzt, indem die gemeinsame Handelspolitik nunmehr ausdrücklich auch auf den Bereich der „ausländischen Direktinvestitionen" erstreckt worden ist (Art. 207 Abs. 1 S. 1 Hs. 1 AEUV).[50] Die in institutioneller Hinsicht zugleich erfolgte Aufwertung des Europäischen Parlaments[51] führt in der Praxis vor dem Hintergrund der Zielvorgaben aus Art. 3 Abs. 5 EUV und Art. 21 EUV dazu, dass Letzteren bei der Ausgestaltung und Umsetzung der gemeinsamen Handelspolitik ein größeres Gewicht zukommt, wie sich etwa in den – vorerst auf Eis gelegten – Verhandlungen über das transatlantische Freihandelsabkommen (*Transatlantic Trade and Investment Partnership*, TTIP) gezeigt hat.[52]

19 Um ein Aktionsfeld, das primärrechtlich schon seit längerem auf eine Entfaltung der Menschenrechtsaußenpolitik der EU angelegt ist, handelt es sich bei der nunmehr in Art. 208–211 AEUV geregelten **Entwicklungszusammenarbeit**.[53] Es wurde bereits darauf hingewiesen, dass diese schon seit dem Vertrag von Maastricht ausdrücklich auf das Ziel der Wahrung der Menschenrechte verpflichtet gewesen ist (→ Rn. 15). Von Relevanz ist hier zum einen Art. 209 Abs. 2 AEUV, der der Union eine ausdrückliche Vertragsschlusskompetenz „zur Verwirklichung der Ziele des Artikels 21 des Vertrags über die Europäische Union und des Artikels 208 dieses Vertrags" verleiht. Zum anderen bedarf Art. 209 Abs. 1 AEUV der Erwähnung, der das Parlament und den Rat zum Erlass anderweitiger zur Durchführung der Politik im Bereich der Entwicklungszusammenarbeit „erforderlichen Maßnahmen" ermächtigt. Dies zielt nicht allein auf den Erlass von verbindlichen Rechtsakten ab, sondern ermöglicht auch die Annahme von Absichtserklärungen und sonstigen Akten von lediglich politischer Verpflichtungswirkung wie zB Schlussfolgerungen und Entschließungen;[54] beispielhaft genannt werden in Art. 209 Abs. 1 Hs. 2 AEUV ferner Mehrjahresprogramme und thematische Programme.[55]

---

[48] Vgl. nur *Thym* in Pernice, Der Vertrag von Lissabon: Reform der EU ohne Verfassung? Kolloquium zum 10. Geburtstag des WHI, 2008, S. 173 (174 ff.).

[49] Nach teilweise vertretener Ansicht stellte insbesondere Art. 133 EGV nur eine Rechtsgrundlage für eine auf ihre – negative – Funktion als Suspendierungsgrund beschränkte Menschenrechtsklausel in Handelsabkommen dar; vgl. *Hoffmeister* S. 395 ff., 407 ff.; skeptisch *Riedel/Will* in Alston S. 723 (734 ff., insbes. 736), die letztlich eine klarstellende Vertragsergänzung befürworteten.

[50] Vgl. näher etwa *Tietje*, Die Außenwirtschaftsverfassung der EU nach dem Vertrag von Lissabon (Beiträge zum Transnationalen Wirtschaftsrecht, Heft 83), 2009, S. 9 f., 13 ff.

[51] Dazu näher *Hahn* in Calliess/Ruffert AEUV Art. 207 Rn. 87 ff.

[52] *Hahn* in Calliess/Ruffert AEUV Art. 207 Rn. 5; vgl. zur Diskussion um die menschenrechtlichen Implikationen von TTIP nur *Wissenschaftlicher Dienst des Deutschen Bundestages*, Sachstand: Das geplante Freihandelsabkommen TTIP und die Menschenrechte, WD 2 – 3000 – 130/15, 2015.

[53] Vgl. ausführlich *Arts*, passim; *Benedek*, Journal für Entwicklungspolitik 1994, S. 13 ff.; *Pippan*, passim; *Simma/Aschenbrenner/Schulte* in Alston S. 571 ff.

[54] *Schmalenbach* in Calliess/Ruffert AEUV Art. 209 Rn. 4.

[55] Zur sekundärrechtlichen Praxis *Schmalenbach* in Calliess/Ruffert AEUV Art. 208 Rn. 25 ff.

Der Ende der 1990er-Jahre zwischen Rat und Kommission ausgebrochene Streit, ob die **20** Vorgängerregelung zu Art. 209 Abs. 1 AEUV, Art. 179 Abs. 1 EGV, auch Maßnahmen zur Förderung der Menschenrechte abdeckte, wenn es sich bei dem jeweiligen Zielland nicht um ein Entwicklungsland handelte[56], war bereits mit der Einfügung des neuen Titels XXI („Wirtschaftliche, finanzielle und technische Zusammenarbeit mit Drittländern") in den EGV durch den Vertrag von Nizza überholt. Die einzige Vorschrift dieses Titels, Art. 181a EGV, sah unter anderem vor, dass die Gemeinschaft unbeschadet der seinerzeit in Titel XX des EGV geregelten Bestimmungen über die Entwicklungszusammenarbeit (Art. 177–181 EGV) im Rahmen ihrer Zuständigkeiten **Maßnahmen der wirtschaftlichen, finanziellen und technischen Zusammenarbeit mit Drittländern** durchführt und zu diesem Zweck internationale Übereinkünfte nach Maßgabe von Art. 300 EGV abschließt. Ebenso wie zuvor bereits Art. 177 Abs. 2 EGV (ex Art. 130u), legte Art. 181a Abs. 1 UAbs. 2 EGV die Gemeinschaft dabei *expressis verbis* auf das Ziel der Förderung der Menschenrechte fest. Art. 181a EGV ist nunmehr in Art. 212 AEUV aufgegangen.

In besonderem Maße, wenn auch nicht ausschließlich der Zielsetzung des weltweiten **21** Menschenrechtsschutzes Rechnung trägt auch das in Art. 218 Abs. 9 Alt. 1 AEUV geregelte **vereinfachte Verfahren bei der Suspendierung von völkerrechtlichen Abkommen** im Sinne etwa von Art. 209 Abs. 2 AEUV oder Art. 212 Abs. 3 Abs. 1 S. 2 AEUV. Dieses durch den Vertrag von Amsterdam eingeführte Verfahren soll die schnelle Handlungsfähigkeit der Union insbesondere auch bei schwerwiegenden Menschenrechtsverletzungen durch einen Vertragspartner sicherstellen.[57]

Der darin liegende Gedanke einer **menschenrechtlichen Konditionalisierung**[58] hat **22** zuvor traditionell über die vormals in Art. 310 EGV (ex Art. 238), jetzt in Art. 217 AEUV niedergelegte Assoziierungskompetenz Eingang in die Außenbeziehungen der Union gefunden. Prominentes Beispiel war Art. 5 des im Februar 2000 ausgelaufenen 4. Lomé-Abkommens.[59] Dieser erklärte in seinem Abs. 1 UAbs. 1 S. 2 die Achtung der Menschenrechte zu einem „Grundfaktor für eine echte Entwicklung" und begriff die Zusammenarbeit zwischen der EU und den AKP-Staaten als einen „Beitrag zur Förderung dieser Rechte".[60] Die am 1. April 2003 in Kraft getretene Nachfolgeübereinkunft, das auf eine Geltungsdauer von 20 Jahren angelegte Abkommen von Cotonou,[61] hat diesen Ansatz verschärft, indem sie in ihrem Art. 9 Abs. 2 UAbs. 4 „die Achtung der Menschenrechte, der demokratischen Grundsätze und des Rechtsstaatsprinzips, auf denen die AKP-EU-Partnerschaft beruht und von denen sich die Vertragsparteien in ihrer Innen- und Außenpolitik leiten lassen", zu den „wesentlichen Elementen" des Abkommens rechnet, für deren Verletzung Art. 96 des Abkommens ein Konsultationsverfahren und – im Fall von dessen Scheitern – die Ergreifung „geeigneter Maßnahmen" vorsieht.

Im Streit um die **Reichweite von Art. 217 AEUV** hat sich der EuGH zwischenzeitlich **23** dahingehend positioniert, dass die Regelung es der Union in Anbetracht des in Art. 5 Abs. 2 EUV verankerten Grundsatzes der begrenzten Einzelermächtigung nicht erlauben soll, „im Rahmen eines Assoziierungsabkommens Rechtsakte zu erlassen, die die Grenzen der Zuständigkeiten überschreiten, die die Mitgliedstaaten ihr in den Verträgen zur Ver-

---

[56] Vgl. nur *Aschenbrenner* S. 64 f.
[57] *Schmalenbach* in Calliess/Ruffert AEUV Art. 218 Rn. 29.
[58] Dazu eingehend *Bartels*, Human Rights Conditionality in the EU's International Agreements, passim.
[59] Viertes AKP-EWG-Abkommen unterzeichnet am 15. Dezember 1989 in Lomé, ABl. 1991 L 229, 3.
[60] Zum genauen Gehalt und zur Anwendungspraxis von Art. 5 des 4. Lomé-Abkommens *Hoffmeister* S. 249 ff., 453 ff.
[61] Partnerschaftsabkommen zwischen den Mitgliedern der Gruppe der Staaten in Afrika, im Karibischen Raum und im Pazifischen Ozean einerseits und der Europäischen Gemeinschaft und ihren Mitgliedstaaten andererseits, unterzeichnet in Cotonou am 23. Juni 2000, ABl. 2000 L 317, 3. Im Einklang mit seiner Revisionsklausel (Art. 95 Abs. 3), die alle fünf Jahre eine Überprüfung des Abkommens vorsieht, ist das Abkommen 2005 und 2010 überarbeitet worden (ABl. 2005 L 209, 27 und ABl. 2010 L 287, 3). Die dritte Revision 2015 wurde ausgesetzt.

wirklichung der darin niedergelegten Ziele übertragen haben".[62] Die darin liegende Absage an die Ansicht, wonach es sich bei Art. 217 AEUV nicht nur um eine reine Verfahrensnorm im Bereich der auswärtigen Politik handeln soll, die lediglich die besondere Form des Assoziierungsvertrags eröffnet,[63] sondern um eine sachlich unbegrenzte Vertragsschlusskompetenz zur Verwirklichung der Assoziierung,[64] dürfte im vorliegenden Zusammenhang letztlich ohne Bedeutung sein; angesichts der Zielvorgaben aus Art. 21 EUV, die auch für das Assoziierungsrecht (als Bestandteil des auswärtigen Handelns der Union) Geltung beanspruchen, dürften **Menschenrechtsklauseln** ähnlich denen vom Typ des erwähnten Art. 5 des 4. Lomé-Abkommens oder von Art. 9 Abs. 2 iVm Art. 96 des Abkommens von Cotonou auch im Assoziierungsrecht auf der Grundlage von Art. 217 AEUV ohne Weiteres möglich sein.[65] Derartige Klauseln, nach denen Menschenrechte ein wesentlicher Bestandteil der Beziehungen zur EU sind (*"essential elements"*-Klauseln), enthalten mittlerweile alle der mehr als 120 Handels-, Assoziierungs- und Kooperationsabkommen der EU.[66]

24 Soweit den Unionsorganen durch spezifische Bestimmungen des AEUV verliehene Befugnisse fehlen, stellt sich die Frage, ob ein Rückgriff auf die **sog Flexibilitätsklausel** („Kompetenzabrundungsvorschrift") **aus Art. 352 AEUV** zulässig ist. Für deren Vorgängerregelung in Art. 308 EGV (ex Art. 235) war umstritten, ob sich aus ihr eine allgemeine Zuständigkeit der damaligen EG auf dem Gebiet des internationalen Menschenrechtsschutzes ableiten ließ, die über die besonderen Ermächtigungen zB aus Art. 177 Abs. 2 EGV (ex Art. 130u) hinausging. Im Mittelpunkt der Debatte stand die Auslegung des Gutachtens 2/94 des EuGH.[67] Letzteres war zum Teil dahingehend verstanden worden, dass der EuGH auf Art. 308 EGV gestützten allgemeinen Maßnahmen der EG im Bereich der auswärtigen Menschenrechtspolitik generell eine Absage erteilen wollte.[68] Diese Deutung erschien indes nicht zwingend.[69] Auch die Praxis ging in eine andere Richtung.[70] Die **Erklärung Nr. 41** zum Vertrag von Lissabon zu Art. 352 AEUV bekräftigt nunmehr ausdrücklich, dass die in Art. 352 Abs. 1 AEUV enthaltene Bezugnahme auf die Ziele der Union jedenfalls auch die Ziele des Art. 3 Abs. 5 EUV hinsichtlich des auswärtigen Handelns nach dem Fünften Teil des AEUV betrifft.[71]

---

[62] EuGH C-81/13, ECLI:EU:C:2014:2449 Rn. 61 – Vereinigtes Königreich/Rat.

[63] So aber etwa auch schon *P. Knopf,* Europarechtliche und völkerrechtliche Fragen einer Entwicklungspolitik der Europäischen Gemeinschaft und ihrer Mitgliedstaaten, 1983, S. 42 f.; vgl. ferner jetzt zB auch *Schmalenbach* in Calliess/Ruffert AEUV Art. 217 Rn. 10 ff.

[64] In diese Richtung weisend zuvor EuGH C-12/86, Slg. 1987, 3719 Rn. 9 – Demirel. Eine solche weite Interpretation des Art. 217 AEUV (bzw. seiner Vorgängerregelungen) entsprach lange Zeit der wohl vorherrschenden Meinung in der Literatur; vgl. zB *Grabitz* EuR 12 (1977), 217 (233); *Hoffmeister* S. 428 f.; *Petersmann* ZaöRV 33 (1973), 266 (285).

[65] Ohnehin werden die meisten Assoziierungsabkommen mittlerweile als gemischte Abkommen geschlossen; vgl. nur *Schmalenbach* in Calliess/Ruffert AEUV Art. 217 Rn. 15.

[66] Vgl. zuletzt zB Art. 2 UAbs. 1 S. 1 des Assoziierungsabkommens zwischen der Europäischen Union und ihren Mitgliedstaaten einerseits und der Ukraine andererseits, ABl. 2014 L 161, 3. Das Abkommen trat am 1.9.2017 vollständig in Kraft.

[67] EuGH Gutachten 2/94, Slg. 1996, I-1763 – EMRK I.

[68] In diese Richtung wurde das Gutachten etwa von der Rechtsabteilung des Rates gedeutet, als es in den späten 1990er-Jahren darum ging, die Maßnahmen im Rahmen der damaligen Kapitels B7–70 des EU-Haushaltsplans, dh der 1994 auf Betreiben des Europäischen Parlaments ins Leben gerufenen Europäischen Initiative für Demokratie und Menschenrechte (*European initiative for democracy and human rights,* EIDHR), auf eine gemeinsame Rechtsgrundlage zu stellen; vgl. näher *Aschenbrenner* S. 64 f.; *van der Klaauw* NQHR 15 (1997), 510 f.

[69] Vgl. aus der damaligen Diskussion etwa *Alston/Weiler* EJIL 9 (1998), 658 (682 f.); ferner auch *Aschenbrenner* S. 64 f.; *Brandtner/Rosas* EJIL 9 (1998), 468 (471 f.).

[70] So wurde im Streit um die EIDHR 1994 einer der beiden letztlich angenommen Rechtsakte, nämlich die VO (EG) Nr. 976/1999 zur Festlegung der Bedingungen für die Durchführung von anderen als die Entwicklungszusammenarbeit betreffenden Gemeinschaftsmaßnahmen, die im Rahmen der Gemeinschaftspolitik auf dem Gebiet der Zusammenarbeit zu dem allgemeinen Ziel der Fortentwicklung und Festigung der Demokratie und des Rechtsstaats sowie zur Wahrung der Menschenrechte und Grundfreiheiten in Drittländern beitragen, ABl. 1999 L 120, 8, ausdrücklich auf den damaligen Art. 235 EGV gestützt.

[71] Vgl. auch *Bartels* EJIL 25 (2014), 1071 (1073 Fn. 8).

2. Ebene der GASP. Für die nunmehr in Titel V Kapitel 2 des EUV enthaltenen 25 Bestimmungen über die GASP war dagegen immer schon unzweifelhaft, dass sie der Union eine **genuine,** also nicht über andere Zuständigkeitsbereiche vermittelte, und damit zugleich umfängliche Zuständigkeit **(Befassungskompetenz)** auf dem Gebiet der Menschenrechte vermitteln. Dies ergibt sich – vor dem Hintergrund von Art. 21 EUV – nach heutiger Rechtslage zwanglos bereits aus Art. 24 Abs. 1 UAbs. 1 EUV. Danach erstreckt sich die GASP „auf *alle* Bereiche der Außenpolitik".[72]

Vergleichsweise **begrenzt** sind demgegenüber die **Handlungsbefugnisse** der auswärtigen Menschenrechtspolitik im Rahmen der GASP. Insbesondere stehen den Unionsorganen im Bereich der GASP nach wie vor keine supranationalen Rechtsetzungszuständigkeiten zu; wörtlich übereinstimmend schließen Art. 24 Abs. 1 UAbs. 2 S. 3 EUV und Art. 31 Abs. 1 UAbs. 1 S. 2 EUV den „Erlass von Gesetzgebungsakten" ausdrücklich aus. Art. 25 EUV beschränkt die Befugnisse der EU auf: 26

- die Bestimmung der allgemeinen Leitlinien für die GASP nach Maßgabe von Art. 26 Abs. 1 UAbs. 1 EUV;
- Beschlüsse zur Festlegung der von der Union durchzuführenden Aktionen iSd Art. 28 EUV;[73]
- Beschlüsse zur Festlegung der von der Union einzunehmenden Standpunkte iSd Art. 29 EUV;
- Beschlüsse zur Festlegung der Einzelheiten der Durchführung von Aktionen und Standpunkten; sowie
- den Ausbau der systematischen Zusammenarbeit der Mitgliedstaaten bei der Führung ihrer Politik.

Aktionen nach Art. 28 EUV oder – in der Praxis bislang die Regel[74] – Standpunkte nach 27 Art. 29 EUV können auch den Erlass **restriktiver Maßnahmen** (zB Wirtschaftssanktionen) **zum Schutz der Menschenrechte** vorsehen. Diese werden sodann vom Rat auf der Grundlage von Art. 215 AEUV (ex Art. 301 EGV) beschlossen, was regelmäßig im Wege einer Sanktionsverordnung erfolgt. Ein Beispiel für EU-Sanktionen wegen ernster Verstöße gegen die Menschenrechte sind die seit 2011 bestehenden restriktiven Maßnahmen betreffend die Lage in Iran.[75]

Zusätzlich zu den in Art. 25 EUV genannten Maßnahmen sind ferner auch **völker-** 28 **rechtliche Übereinkünfte** der EU mit Drittstaaten oder internationalen Organisationen gemäß Art. 37 EUV zu erwähnen. Nach der Neufassung der Regelung durch den Vertrag von Lissabon und mit Blick auf die in Art. 47 EUV jetzt ausdrücklich vorgesehene Völkerrechtssubjektivität der Union erscheint dabei nunmehr geklärt, dass die Union selbst Vertragspartei derartiger Abkommen ist.[76] Beispiele für Übereinkünfte nach Art. 37 EUV sind die am 1.2.2010 in Kraft getretenen gemeinsamen Auslieferungs- und Rechtshilfeabkommen mit den USA.[77] Deren menschenrechtliche Bezüge sind ganz

---

[72] Hervorhebung v. Verf. So zuvor im Übrigen auch schon Art. 11 Abs. 1 EUV aF, wobei im fünften Gedankenstrich der Vorschrift ausdrücklich „die Achtung der Menschenrechte und Grundfreiheiten" als eines der Ziele der GASP genannt war.
[73] Der deutsche Text von Art. 28 EUV spricht von einem „operativen Vorgehen der Union"; dazu *Cremer* in Calliess/Ruffert EUV Art. 28 Rn. 1 ff.
[74] Vgl. *Cremer* in Calliess/Ruffert AEUV Art. 215 Rn. 4, 10.
[75] VO (EU) Nr. 359/2011 des Rates vom 12. April 2011 über restriktive Maßnahmen gegen bestimmte Personen, Organisationen und Einrichtungen angesichts der Lage in Iran, ABl. 2011 L 100, 1. Die Maßnahmen wurden zuletzt bis zum 13.4.2018 verlängert; vgl. Beschluss (GASP) 2017/689 des Rates vom 11. April 2017 zur Änderung des Beschlusses 2011/235/GASP über restriktive Maßnahmen gegen bestimmte Personen und Organisationen angesichts der Lage in Iran, ABl. 2017 L 99, 21, und DurchführungsVO (EU) 2017/685 des Rates vom 11. April 2017 zur Durchführung der VO (EU) Nr. 359/2011 des Rates über restriktive Maßnahmen gegen bestimmte Personen, Organisationen und Einrichtungen angesichts der Lage in Iran, ABl. 2017 L 99, 10.
[76] Vgl. eingehend *Cremer* in Calliess/Ruffert EUV Art. 37 Rn. 3 ff.
[77] Abkommen zwischen der EU und den Vereinigten Staaten von Amerika über Auslieferung vom 19. Juli 2003, ABl. 2003 L 181, 27; Abkommen zwischen der EU und den Vereinigten Staaten über Rechtshilfe

erheblich, wenn man etwa an die Frage der Auslieferung bei drohender Todesstrafe denkt.[78]

29 Von ihren Handlungsbefugnissen im Rahmen der GASP hat die Union im Bereich der auswärtigen Menschenrechtspolitik **bis Ende der 1990er-Jahre** eher sparsamen Gebrauch gemacht. Es überwogen die im EUV nicht ausdrücklich genannten, gleichwohl allgemein als zulässig angesehenen[79] **„weichen" diplomatischen Instrumente,** wie die Démarche oder Entschließung.[80] Nach zunehmender Kritik an dieser vergleichsweise zurückhaltenden Menschenrechtspolitik von Seiten des Europäischen Parlaments,[81] begann der Rat Anfang der 2000er-Jahre, vermehrt **gemeinsame Aktionen** und **gemeinsame Standpunkte** gemäß Art. 14 EUV aF und Art. 15 EUV aF mit menschenrechtlichen Bezügen zu beschließen.[82] Zu erwähnen sind ferner die erstmals 2001 verabschiedeten (und 2008 aktualisierten) **Leitlinien für Menschenrechtsdialoge mit Drittländern.**[83] Mit ihnen verpflichtet sich die Union, „die Frage der Menschenrechte, der Demokratie und der Rechtsstaatlichkeit" bei allen Treffen und Gesprächen mit Drittländern zur Sprache zu bringen. Darüber hinaus legen die Leitlinien die Bedingungen für die Einleitung und Führung von auf die Menschenrechte ausgerichteten Dialogen fest. Erster Anwendungsfall hierfür war der bereits 1996 initiierte Dialog mit China,[84] 2002 folgte ein weiterer Menschenrechtsdialog mit dem Iran; mittlerweile führt die EU Menschenrechtsdialoge mit mehr als 40 Ländern.

III. Jüngere Entwicklungen

30 In den letzten Jahren hat sich die Union weiter darum bemüht, ihr Profil im Bereich der auswärtigen Menschenrechtspolitik zu schärfen und zu einem kohärenten und wirksamen Handeln zu finden.[85] Die **jährlichen Berichte der EU über Menschenrechte und Demokratie**[86] zeigen nicht nur die wachsende Fülle der Aktivitäten auf, sondern auch deren gleichermaßen wachsende instrumentelle, geographische und thematische Spannbreite.

31 Seit 2012 liegt dem Engagement der Union dabei eine „Richtschnur"[87] in Gestalt des vom Rat verabschiedeten **Strategischen Rahmens der EU für Menschenrechte und Demokratie**[88] zugrunde. Darin legt sich die EU darauf fest, dass sie „die Menschenrechte

---

vom 19. Juli 2003, ABl. 2003 L 181, 34. Die Abkommen wurden zusätzlich auch auf Art. 38 EUV aF gestützt.

[78] Vgl. European Parliament (Committee on Citizens' Freedoms and Rights, Justice and Home Affairs), Report containing a proposal for a European Parliament recommendation to the Council on the EU-USA agreements on judicial cooperation in criminal matters and extradition (2003/2003(INI)). Rapporteur: Hernández Mollar, Doc. A5–0172/2003, 22 May 2003, Ziff. 16.

[79] Vgl. für die heutige Rechtslage nur *Cremer* in Calliess/Ruffert EUV Art. 25 Rn. 8.

[80] Eingehend *Aschenbrenner* S. 98 ff.

[81] Vgl. etwa Europäisches Parlament, Entschließung zu den Fortschritten bei der Durchführung der Gemeinsamen Außen- und Sicherheitspolitik (Januar bis Dezember 1996) (A4–0193/97), ABl. 1997 C 200, 148, Ziff. 3: „[…] bedauert […], dass drei Jahre nach Inkrafttreten des Vertrags über die Europäische Union verglichen mit der Anzahl der Erklärungen so selten auf Gemeinsame Aktionen und Standpunkte zurückgegriffen wurde, obgleich diese die eigentlichen Instrumente der GASP darstellen; […]."

[82] Beispielhaft genannt sei hier nur der Gemeinsame Standpunkt 2004/443/GASP des Rates vom 26. April 2004 zur Verlängerung der restriktiven Maßnahmen gegen Birma/Myanmar, ABl. 2004 L 125, 61.

[83] Rat der Europäischen Union, Leitlinien der Europäischen Union für Menschenrechtsdialoge mit Drittländern – Aktualisierung, Dok. 16526/08, 22. Dezember 2008.

[84] Dazu eingehend *Kinzelbach,* passim.

[85] Vgl. für einen Überblick, mit welchen Instrumenten die EU ihren in Art. 3 Abs. 5 EUV und Art. 21 EUV verankerten Auftrag zur weltweiten Förderung der Menschenrechte aktuell nachkommt, zB auch *Wissenschaftlicher Dienst des Deutschen Bundestages* S. 16 ff.

[86] Zuletzt: EU Annual Report on Human Rights and Democracy in the World 2018.

[87] Rat der Europäischen Union, Menschenrechte und Demokratie: Strategischer Rahmen und Aktionsplan der EU, Dok. 11855/12, 25. Juni 2012, Anlage I: Schlussfolgerungen des Rates zum Thema „Menschenrechte und Demokratie", Ziff. 1.

[88] Rat der Europäischen Union, Dok. 11855/12, 25. Juni 2012, Anlage II.

in allen Bereichen ihres auswärtigen Handelns ohne Ausnahme fördern" wird, wobei insbesondere genannt werden: Handel, Investitionen, Technologie und Telekommunikation, Internet, Energie, Umwelt, gesellschaftliche Verantwortung von Unternehmen, Entwicklungspolitik („menschenrechtsbasierter Ansatz"), externe Dimensionen der Beschäftigungs- und Sozialpolitik sowie Raum der Freiheit, der Sicherheit und des Rechts, einschließlich Terrorismusbekämpfung.[89] Als **Prioritäten** der EU auf dem Gebiet der Menschenrechte definiert der Strategische Rahmen:
- die Förderung der Meinungs-, Versammlungs- und Vereinigungsfreiheit;
- die Förderung der Religions- und Weltanschauungsfreiheit;
- die Bekämpfung von Diskriminierung in allen ihren Formen, einschließlich des Eintretens für die Rechte von Kindern, Minderheiten, indigenen Völkern, Flüchtlingen, Migranten und Personen mit Behinderungen;
- die Förderung der Rechte der Frau;
- die Förderung der wirtschaftlichen, sozialen und kulturellen Rechte;
- die Sicherstellung eines universellen und nichtdiskriminierenden Zugangs zu Basisdiensten, insbesondere für arme und schutzbedürftige Bevölkerungsgruppen;
- die Umsetzung der UN-Leitprinzipien für Wirtschaft und Menschenrechte;
- den Einsatz gegen die Todesstrafe und gegen Folter als „schwerwiegendste Verletzungen der Menschenrechte und der Menschenwürde";
- den Einsatz für das Recht auf ein faires Gerichtsverfahren und Gleichbehandlung vor dem Gesetz;
- den Eintritt für die Einhaltung des humanitären Völkerrechts und gegen Straflosigkeit bei schweren Verbrechen von Belang für die internationale Gemeinschaft, einschließlich der Unterstützung des IStGH;
- die Unterstützung von Menschenrechtsverteidigern und die Stärkung der Zivilgesellschaft.[90]

Der Umsetzung des Strategischen Rahmens dient der **EU-Aktionsplan für Menschenrechte und Demokratie,** der gegenwärtig in zweiter Fassung für den Zeitraum 2015 bis 2019 vorliegt.[91] Darin sind in fünf Rubriken 34 Ziele definiert, denen die Maßnahmen, die in diesem Zeitraum durchgeführt werden sollen, nebst Zeithorizont und Verantwortlichkeit innerhalb der EU zugeordnet sind.

32

Sowohl politisch[92] als auch praktisch besonders bedeutsame Instrumente sind die vom Rat erlassenen und regelmäßig überarbeiteten **Leitlinien zu Menschenrechtsthemen.** Seit der Annahme der ersten Leitlinien dieser Art, den bereits erwähnten Leitlinien für Menschenrechtsdialoge mit Drittländern aus dem Jahr 2001 (→ Rn. 29), ist deren Anzahl stetig gestiegen. Mittlerweile liegen zwölf dieser Leitlinien zu unterschiedlichsten Themen vor;[93] zuletzt hinzugekommen sind im März 2019 die Leitlinien über Nichtdiskriminierung im auswärtigen Handeln.[94] Die Themenstellungen der weiteren Leitlinien reichen von der Todesstrafe, Folter und anderer grausamer, unmenschlicher oder erniedrigender Behandlung, dem humanitären Völkerrecht, über die Religions- und Weltanschauungsfreiheit, Menschenrechtsverteidigern, bis hin zu Kinderrechten, dem Schutz von Frauen und Mädchen sowie dem Schutz von lesbischen, schwulen, bi-, trans- und intersexuellen Personen (LGBTI).

33

---

[89] Rat der Europäischen Union, Dok. 11855/12, 25. Juni 2012, S. 5.
[90] Rat der Europäischen Union, Dok. 11855/12, 25. Juni 2012, S. 6 f.
[91] Council of the European Union, EU Action Plan on Human Rights and Democracy, 2015.
[92] Vgl. EU Annual Report on Human Rights and Democracy in the World 2018, S. 113: „strong political signal about the Union's priorities".
[93] Vgl. im Einzelnen EU Annual Report on Human Rights and Democracy in the World 2018, S. 113. Eine vollständige Dokumentation der bis zum Jahr 2009 angenommenen EU-Menschenrechtsleitlinien findet sich in Council of the European Union, Guidelines: Human Rights and International Humanitarian Law, 2009.
[94] Rat der Europäische Union, EU-Menschenrechtsleitlinien über Nichtdiskriminierung im auswärtigen Handeln, Dok. 6337/19, 18. März 2019.

34 Als wichtiges Finanzierungsinstrument auf dem Gebiet der auswärtigen Menschenrechtspolitik wurde 2014 das **Europäischen Instrument für weltweite Demokratie und Menschenrechte** für den Zeitraum 2014 bis 2020 (*European Instrument for Democracy and Human Rights,* EIDHR) als Nachfolgeprogramm der 1994 aufgelegten Europäische Initiative für Demokratie und Menschenrechte geschaffen.[95] Mit ihm will die Union ua zur besseren Achtung und Einhaltung der Menschenrechte durch Unterstützung von zivilgesellschaftlichen Organisationen, Menschenrechtsverteidigern sowie Opfern von Repression und Misshandlung beitragen.

35 Schließlich sei hier noch kurz erwähnt, dass die EU seit 2012 einen **Sonderbeauftragten für Menschenrechte** hat. Auf Betreiben des Europäischen Parlaments wurde 2016 außerdem das Amt eines **Sonderbeauftragten für die Förderung von Religions- und Weltanschauungsfreiheit außerhalb der EU** geschaffen.[96]

D. Fazit und Schlussbemerkungen

36 Die Grund- und Menschenrechte stellen nach dem unionalen Verfassungsrecht einen wichtigen Bezugspunkt auch für das Außenhandeln der EU dar. Art. 51 Abs. 1 S. 1 GRC kann entnommen werden, dass die Grundrechte der Grundrechtecharta auch die auswärtige Gewalt der Union binden – womit allerdings noch nichts gesagt ist über den genauen Inhalt und die Reichweite dieser Bindung, insbesondere – aber nicht nur – beim Abschluss völkerrechtlicher Verträge (zB auf dem Gebiet der Handels- oder Entwicklungspolitik). Den Zielvorgaben aus Art. 3 Abs. 5 EUV und Art. 21 EUV kann zudem zumindest die Funktion beigemessen werden, die Union im Rahmen des vertraglichen Kompetenzgefüges einschließlich ggf. der Kompetenzabrundungsvorschrift des Art. 352 AEUV zu einer aktiven und entschiedenen Menschenrechtsaußenpolitik anzuhalten. Dieser aus Art. 3 Abs. 5 EUV und Art. 21 EUV resultierenden Verpflichtung ist die EU in den letzten Jahren durchaus mit wachsendem Engagement nachgekommen. Zwar vermögen die vielfältigen Aktivitäten, die die Union auf diesem Gebiet mittlerweile entfaltet, nicht den Blick zu verstellen für manches nach wie vor bestehende Defizit. Zumindest Teile der verschiedentlich geäußerten Kritik, etwa allgemein zur Bedeutung der Menschenrechte in den Handelsbeziehungen der EU[97] oder speziell im Zusammenhang mit dem Freihandelsabkommen mit Kanada (*Comprehensive Economic and Trade Agreement,* CETA),[98] dürften jedoch überzogen sein. Auch Art. 3 Abs. 5 EUV stellt die EU-Außenpolitik nicht allein auf ein „idealistisches" Fundament, sondern ergänzt dieses um eine „realistische" Perspektive, indem er die EU in ihren internationalen Beziehungen auch auf einen Schutz und eine Förderung ihrer „Interessen" verpflichtet. Jenseits strikter Rechtsbindungen ist es dem politischen Prozess überantwortet, die „richtige" Balance zwischen außenpolitischem Idealismus und Realismus zu finden. Anlass zu Sorge können insoweit allerdings die Grenzen der Wertegemeinschaft geben, wie sie sich in jüngerer und jüngster Zeit etwa in der Einleitung der Verfahren nach Art. 7 EUV gegen Polen (2017) und Ungarn (2018) oder im Streit um die Asyl- und Flüchtlingspolitik („Migrationskrise" seit 2015/16) aufgetan haben.

---

[95] VO (EU) Nr. 235/2014 des Europäischen Parlaments und des Rates vom 11. März 2014 zur Schaffung eines Finanzierungsinstruments für weltweite Demokratie und Menschenrechte, ABl. 2014 L 77, 85.

[96] Ausgangspunkt war die Entschließung des Europäischen Parlaments vom 4. Februar 2016 zu dem vom sog IS verübten systematischen Massenmord an religiösen Minderheiten (2016/2529(RSP)), P8_TA (2016)0051.

[97] Vgl. dazu krit. etwa *Fritz,* passim.

[98] Vgl. dazu krit. etwa *Fischer-Lescano/Horst,* Europa- und verfassungsrechtliche Vorgaben für das Comprehensive Economic and Trade Agreement der EU und Kanada (CETA). Juristisches Kurzgutachten im Auftrag von attac/München, 2014, S. 17 ff.

§ 6 Grundrechte und Kompetenzen

Übersicht

	Rn.
A. Systematischer Überblick	1–3
B. Entwicklung	4–10
C. EU-Grundrechte und das Prinzip begrenzter Einzelermächtigung	11–21
I. Keine unmittelbare Erweiterung der EU-Kompetenzen	11, 12
II. Mittelbarer Einfluss auf bestehende Kompetenznormen	13–21
1. Grundzüge	13–15
2. Die Kompetenzabrundung nach Art. 352 AEUV	16–18
3. Verfahrensrechte und das Grundrecht auf effektiven Rechtschutz nach Art. 47 GRC	19–21
D. EU-Grundrechte und Kompetenzausübungsschranken	22–28
I. Das Subsidiaritätsprinzip nach Art. 5 Abs. 3 AEUV	22–25
II. Das Verhältnismäßigkeitsprinzip nach Art. 5 Abs. 3 EUV	26–28
E. Auswirkungen bei der Durchführung von Unionsrecht?	29–40
F. Auswirkungen der EU-Grundrechte auf den Integrationsprozess	41–44
G. Zusammenfassende Bewertung und Ausblick	45

Schrifttum:

Altmaier, Die Charta der Grundrechte der Europäischen Union, ZG 2001, 195; *Besselink,* Entrapped by the Maximum Standard: On Fundamental Rights, Pluralism and Subsidiarity in the European Union, CMLR 1998, 629; *ders.,* The Member States, the National Constitutions and the Scope of the Charter, MJ 8 (2001), 69; *Bleckmann,* Nationale Grundrechte im Anwendungsbereich des Rechts der Europäischen Union, 2011; *van Bockel/Wattel,* New Wine into Old Wineskins: The Scope of the Charter of Fundamental Rights of the EU after Åkerberg Fransson, ELR 2013, 866; *von Bogdandy,* Grundrechtsgemeinschaft als Integrationsziel?, JZ 2001, 157; *ders.,* The European Union as a Human Rights Organisation: Human Rights and the Law of the European Union, CMCR 37 (2000), 1307; *ders./Kottmann/Antpöhler/Dickschen/Hentrei/Smrkolj,* Ein Rettungsschirm für europäische Grundrechte – Grundlagen einer unionsrechtlichen Solange-Doktrin gegenüber Mitgliedstaaten, ZaöRV 2012, 45; *Britz,* Bedeutung der EMRK für nationale Verwaltungsgerichte und Behörden, NVwZ 2004, 173; *Calliess,* Die Charta der Grundrechte der Europäischen Union – Fragen der Konzeption, Kompetenz und Verbindlichkeit, EuZW 2001, 261; *Cremer,* Der programmierte Verfassungskonflikt: Zur Bindungswirkung der Mitgliedstaaten an die Charta der Grundrechte der Europäischen Union, NVwZ 2003, 1452; *Curtin/van Ooik,* The Sting is Always in the Tail. The Personal Scope of Application of the EU Charter of Fundamental Rights, MJ 8 (2001), 103; *von Danwitz,* Grundrechtsschutz im Anwendungsbereich des Gemeinschaftsrechts nach der Charta der Grundrechte, FS Herzog, 2009, 19; *Editorial Comments,* Taking (the limits of) competences seriously, CMLR 37 (2000), 1301; *Eeckhout,* The EU Charter of Fundamental Rights and the Federal Question, CMLR 2002, 945; *García,* The General Provision of the Charter of Fundamental Rights of the European Union, Jean Monnet Working Paper 4/02, 2002, S. 1; *Geiß,* Europäischer Grundrechtsschutz ohne Grenzen?, DÖV 2014, 265; *Große Wentrup,* Die Europäische Grundrechtecharta im Spannungsfeld der Kompetenzverteilung zwischen Europäischer Union und Mitgliedstaaten: eine Untersuchung am Beispiel von Art. 14 und 16 EuGRC, 2003; *Häfner/Strawe/Zuegg,* In der Auseinandersetzung um eine Charta der Grundrechte der Europäischen Union, ZRP 2000, 365; *Hancox,* The meaning of „implementing" EU law under Article 51 (1) of the Charter: Åkerberg Franson, CMLR 50 (2013), 1411; *Hirsch,* Die Grundrechte in der Europäischen Union, RdA 1998, 194; *Hoffmann/Rudolphi,* Die Durchführung des Unionsrechts durch die Mitgliedstaaten, DÖV 2012, 597; *Huber,* Unitarisierung durch Gemeinschaftsgrundrechte. Zur Überprüfungsbedürftigkeit der ERT-Rechtsprechung, EuR 2008, 190; *Hwang,* Grundrechte unter Integrationsvorbehalt, EuR 2014, 400; *Jarass,* Die Bindung der Mitgliedstaaten an die EU-Grundrechte, NVwZ 2012, 457; *ders.,* Zum Verhältnis von Grundrechtecharta und sonstigem Recht, EuR 2013, 29; *Kingreen,* Die Grundrechte des Grundgesetzes im europäischen Grundrechtsföderalismus, JZ 2013, 801; *Kirchhof,* Grundrechtsschutz durch europäische und nationale Gerichte, NJW 2011, 3681; *Koenig,* EU-Grundrechtscharta – ein neuer supranationaler Kompetenztitel?, EuZW 2000, 417; *Leidenmüller,* Die Grundrechtecharta für Europa: Ein Essay zur Verfassheit der Europäischen Union, in Lang/Strohmer (Hrsg.), Europa der Grundrechte?, 2002, S. 98; *Kokott/Sobotta,* Die Charta der Grundrechte der Europäischen Union nach dem Inkrafttreten des Vertrags von Lissabon, EuGRZ 2010, 265; *Lenaerts/de Smijter,* A „Bill of Rights" for the European Union, CMLR 38 (2001), 273; *Liisberg,* Does the EU-Charter of Fundamental Rights Threaten the Supremacy of Community Law?, CMLR 38 (2001), 1171; *Lindner,* EG-Grundrechtscharta und gemeinschaftlicher Kompetenzvorbehalt, DÖV 2000, 543; *Lord Goldsmith,* A Charter of Rights, Freedoms and Principles, CMLR 38 (2001), 1201; *Losch/Radau,* Europäische Grundrechte als Integrationsfaktor, NJW

1999, 632; *Mabbett,* The Development of Rights-based Social Policy in the European Union: The Example of Disability Rights, JCMS 43 (2005), 97; *Magiera,* Die Grundrechtecharta der Europäischen Union, DÖV 2000, 1017; *Mayer,* Der Vertrag von Lissabon und die Grundrechte, EuR Beih. 1/2009, 87; *Mayer/Palmowski,* European Identities and the EU – The Ties that Bind the Peoples of Europe, JCMS 42 (2004), 573; *Mehde,* Gespaltener Grundrechtsschutz in der EU?, EuGRZ 2008, 269; *Menéndez,* Chartering Europe: Legal States and Policy Implications of the Charter of Fundamental Rights of the European Union, JCMS 40 (2002), 472; *Meyer/Engels,* Aufnahme von sozialen Grundrechten in die Grundrechtecharta?, ZRP 2000, 368; *Nusser,* Die Bindung der Mitgliedstaaten an die Unionsgrundrechte, 2011; *Papp,* Die Durchsetzung der Gemeinschaftsgrundrechte gegenüber den Mitgliedstaaten, EWS 2009, 216; *Ohler,* Grundrechtliche Bindungen der Mitgliedstaaten nach Art. 51 GRC, NVwZ 2013, 1433; *Pernice,* Eine Charta der Grundrechte für die Europäische Union, DVBl 2000, 847; *ders.,* Europäische Grundrechte-Charta und Abgrenzung der Kompetenzen, EuZW 2001, 673; *Preuß,* Grundrechte in der Europäischen Union, KJ 1998, 1; *Rossi,* „Constitutionnalisation" de l'Union européenne et des droits fondamentaux, RTDE 38 (2002), 27; *Sarmiento,* „Who is afraid of the Charter?" The Court of Justice, National Courts and the New Framework of Fundamental Rights Protection in Europe, CMLR 50 (2013), 1267; *Schachtschneider,* Eine Charta der Grundrechte für die Europäische Union, RuP 2001, 16; *Schilling,* Eigentum und Marktordnung nach gemeinschafts- und nach deutschem Recht, EuGRZ 1998, 177; *Schorkopf,* Nationale Grundrechte in der Dogmatik der Grundfreiheiten, ZaöRV 64 (2004), 125; *Schütz,* Die Charta der Grundrechte für die EU – ein Fortschritt für den europäischen Grundrechtsschutz?, RuP 2001, 138; *de Schutter,* The Implementation of the EU Charter of Fundamental Rights through the Open Method of Coordination, Jean Monnet Working Paper 07/04, 2004, S. 1; *Storr,* Zur Bonität des Grundrechtsschutzes in der Europäischen Union, Der Staat 1997, 547; *Szczekalla,* „Laserdrome" goes „Luxemburg", JA 2002, 992; *Tettinger,* Die Charta der Grundrechte der Europäischen Union, NJW 2001, 1010; *Thym,* Die Reichweite der EU-Grundrechte-Charta – Zu viel Grundrechtsschutz?, NVwZ 2013, 889; *ders.,* Separation versus Fusion – Or: How to Accommodate National Autonomy and the Charter? Diverging Visions of the Constitutional Court and the European Court of Justice, EConLR 2013, 391; *Triantafyllou,* The European Charter of Fundamental Rights and the „Risk of Law": Restricting Fundamental Rights by Performance, CMLR 39 (2002), 53; *Trstenjak/Beysen,* The Growing Overlap of Fundamental Freedoms and Fundamental Rights in the Case Law of the CJEU, ELR 2013, 293; *Weiler/Fries,* A Human Rights Policy for the European Community and Union: The Question of Competences, in Alston, The EU and Human Rights, 1999, S. 147; *Weiß,* Grundrechtsschutz in der EU: Quo vadis?, EuZW 2012, 201; *Williams,* Mapping Human Rights, Reading the European Union, ELJ 9 (2003), 659; *Ziegenhorn,* Kontrolle von mitgliedstaatlichen Gesetzen im Anwendungsbereich des Unionsrechts am Maßstab der Unionsgrundrechte, NVwZ 2010, 803; *Zuleeg,* Bananen und Grundrechte – Anlaß zum Konflikt zwischen europäischer und deutscher Gerichtsbarkeit, NJW 1997, 1201.

A. Systematischer Überblick

1 Die Diskussion um den Einfluss der Grundrechte der EU auf die Kompetenzen der Union ist lange Zeit auf die **Rechtsetzung** fokussiert gewesen. Die Schrille der Diskussionsbeiträge ist dabei umgekehrt proportional zu den geringen realen Auswirkungen gewesen (→ Rn. 11 ff.). Doch muss ein **systematischer** Ansatz **alle drei Gewalten** in den Blick nehmen. Die **Exekutive** teilt dabei im Wesentlichen das Schicksal der **Legislative,** weil sie aufgrund gesetzlicher Grundlagen, dh entweder EU-Recht oder nationalem Recht, tätig wird. Des Weiteren sind aber auch die Kompetenzen der **Judikative** beachtenswert. So hat der EuGH in der sog. ERT-Rechtsprechung seine Prüfungskompetenz auch auf den Mitgliedstaaten verbliebene Rechtsetzungsbereiche ausgedehnt, soweit diese in den **Anwendungsbereich des EU-Rechts,** namentlich der **Grundfreiheiten** fallen (→ Rn. 29 ff.).[1] Dieser Konflikt ist 2013 vom BVerfG mit der Warnung vor einem Handeln *ultra vires* zugespitzt worden (→ Rn. 33).[2] Des Weiteren besteht auch im Verhältnis von EuGH und dem Gerichtshof der EMRK (EGMR) ein Kompetenzkonflikt, der im Gutachten 2/13 zum EMRK-Beitritt der Union seinen Ausdruck gefunden hat (→ Rn. 9).[3]

2 Grundsätzlich ergänzen sich Grundrechte und Kompetenzordnung im Rechtsstaat. In ihren **Hauptfunktionen** dienen sie dem gleichen Ziel: Sie **begrenzen Hoheitsgewalt.**[4] In diesem Sinn sichert das Prinzip der begrenzten Einzelermächtigung nach Art. 5 Abs. 1

---

[1] EuGH C-260/89, Slg. 1991, I-2925 Rn. 42 – ERT, näher dazu → Rn. 31.
[2] BVerfGE 133, 277 (316); kritisch dazu *Streinz/Michl* in Streinz GRC Art. 51 Rn. 27.
[3] EuGH Gutachten 2/13, ECLI:EU:C:2014:2454.
[4] Nach *Pernice* EuZW 2001, 673 verdeutlicht die Grundrechtecharta die Grenzen der Zuständigkeit der Union; ausführlich *de Schutter* S. 3 ff.

EUV auch individuelle Freiheit. Doch ist damit in der Terminologie der Grundrechtsdogmatik lediglich der **Gesetzesvorbehalt** angesprochen,[5] nicht aber die weitere Begrenzung der Hoheitsgewalt durch den – aus der Kompetenzordnung allein nicht ableitbaren[6] – **Verhältnismäßigkeitsgrundsatz**. Zwar stellt das Unionsrecht des Weiteren noch Kompetenzausübungsschranken, neben dem erwähnten **Verhältnismäßigkeitsprinzip** (Art. 5 Abs. 4 EUV) das **Subsidiaritätsprinzip** (Art. 5 Abs. 3 EUV), auf, doch sind diese inhaltlich vorrangig grundsätzlich auf den Schutz der Mitgliedstaaten und nicht des Einzelnen ausgerichtet (näher → Rn. 22 ff., 26 ff.). Zutreffender Weise **ergänzen** sich demnach Grundrechte – jedenfalls in ihrer primären, abwehrrechtlichen Funktion – und Kompetenzordnung im Hinblick auf die Bändigung von Hoheitsgewalt in nicht unerheblichem Maße.

Dieser funktionale Gleichklang von Grundrechten und Kompetenzordnung kann aber in **3** (im weiten Sinn) **föderal organisierten Herrschaftsverbänden** durch Dissonanzen mit Spannung aufgeladen werden. So wurde befürchtet, dass bestimmte Grundrechtsbindungen der EU für eine weite Auslegung ihrer Kompetenzen sprechen könnten. Es erscheint fragwürdig, **EU-grundrechtliche Leistungsansprüche** zu gewähren, wenn diese nicht auf der EU-Ebene erfüllt werden könnten.[7] Zudem könnte die abwehrrechtliche Funktion von EU-Grundrechten als **Indiz für das Vorhandensein einer Kompetenz** auf EU-Ebene für mögliche Eingriffe in das betreffende Grundrecht gewertet werden. Diese Befürchtungen haben ihren Niederschlag in mehreren sog. **Kompetenzsicherungsklauseln** (→ Rn. 7, 11) gefunden. Sofern EU-Grundrechte zur Anwendung kommen, haben diese gegebenenfalls Anwendungsvorrang vor nationalen Grundrechten und beeinflussen damit den nationalen Grundrechtsstandard.[8] Im Fall von **Grundrechtskollisionen** könnte eine partielle Reduktion dieses Standards befürchtet werden.[9] Damit ist die Frage nach der Kompetenz zur **Bestimmung des** letztlich verbindlichen grundrechtlichen **Schutzniveaus** aufgeworfen (→ Rn. 29 ff.).

B. Entwicklung

Zu Beginn des europäischen Integrationsprozesses ist in der Literatur teilweise die (auch) **4** **freiheitssichernde Funktion** der Kompetenzordnung in der damaligen Gemeinschaft in Gestalt des **Prinzips begrenzter Einzelermächtigung** (heute Art. 5 Abs. 1 EUV) herausgestellt und ein zusätzlicher Freiheitsschutz über supranationale Grundrechte als nicht erforderlich erachtet worden.[10] Die grundsätzliche Leistungsfähigkeit dieses Prinzips ist vom EuGH bei Überschreiten der Kompetenzgrundlage unter Beweis gestellt worden.[11] Ohne Bezug zu EU-Grundrechten etablierte der EuGH im Grundsatz eine **weite Auslegung** der Kompetenzvorschriften, insbesondere nach dem **effet utile**.[12] Dieser Ansatz wird vom deutschen Wortlaut des Prinzips begrenzter Einzelermächtigung in Art. 5 Abs. 1 EUV verdeckt. Andere sprachliche Fassungen sprechen überzeugender von einem Prinzip zugewiesener Kompetenzen (→ Rn. 14). Im AEU-Vertrag wird dies beispielhaft deutlich an der Kompetenznorm in der Verkehrspolitik.[13] Dem aus Bundesstaaten bekannten Phä-

---

5 Für die EU-Grundrechte wird der Gesetzesvorbehalt in Art. 52 Abs. 1 GRC ausdrücklich festgelegt. Kritisch zum Fehlen eines Parlamentsvorbehalts in der Charta *Triantafyllou* CMLR 2002, 53 (59 ff.).
6 Art. 5 Abs. 4 EUV setzt die Ordnung der Kompetenzen, die in Art. 5 Abs. 1 EUV angesprochen ist, voraus.
7 Vgl. aber bereits den Ansatz des Verfassungskonvents, für sog. „Grundsätze" nach Art. 52 Abs. 5 GRC auf die jeweilige Zuständigkeit von Union und Mitgliedstaaten zu verweisen; *de Schutter* S. 36 ff., plädiert für die Anwendung der offenen Methode der Koordination („OMK") zur Lösung dieses Spannungsverhältnisses.
8 Ausführlich dazu Jarass GRCh Art. 53 Rn. 28 ff., 31 ff.
9 Für sog. Dreieckssituationen Jarass GRCh Art. 53 Rn. 32; *Kingreen* JZ 2013, 801 (808).
10 Prononciert vorgetragen von *Nicolaysen* → § 1 Rn. 2 ff.
11 EuGH C-376/98, Slg. 2000, I-8419 – Deutschland/Parlament und Rat. S. hierzu die *Editorial Comments* CMLR 37 (2000), 1301 ff.
12 *Nettesheim* in Oppermann/Classen/Nettesheim EuropaR, 6. Aufl. 2014, § 9 Rn. 176.
13 Art. 91 Abs. 1 lit. d AEUV erlaubt „alle sonstigen zweckdienlichen Vorschriften".

nomen der Ausweitung der zentralen Rechtsetzung im Bereich der konkurrierenden Zuständigkeiten begegnete man im Maastricht-Vertrag mit der Einführung von zusätzlichen **Kompetenzausübungsschranken,** dem Subsidiaritäts- und dem Verhältnismäßigkeitsprinzip.[14] Trotz gewisser Bedenken vor einer zu weiten Ausdehnung der Rechtsetzungskompetenzen sind die Mitgliedstaaten dem EuGH – auch zuletzt in Bezug auf die Entscheidung zur Zulässigkeit der OMT-Maßnahmen – gefolgt.[15]

5 Dessen ungeachtet wurde schon bald die freiheitssichernde Funktion der Kompetenzordnung in der forensischen Praxis als nicht ausreichend bewertet und der EuGH entwickelte die **ungeschriebenen EU-Grundrechte** als weitere Begrenzungen der unionalen Hoheitsgewalt.[16] Diese Entwicklung belegt die gegenseitige Unterstützung von Kompetenzordnung und Grundrechtsschutz (→ Rn. 2). Es ist bemerkenswert, dass seinerzeit die fallweise Entwicklung der ungeschriebenen EU-Grundrechte in der **Rechtsprechung** keine Sorgen vor einer Kompetenzausweitung ausgelöst hatte. Stattdessen ist – gerade in Deutschland – das mitunter zögerliche Vorgehen des EuGH bei der Entwicklung eines intensiven Grundrechtsschutzes in die Kritik geraten.[17]

6 Massiv sind die Bedenken vor einer Ausweitung der EU-Kompetenzen über EU-Grundrechte erst im Vorfeld des **Grundrechte-Konvents** geäußert worden. In diesem Zusammenhang ist für eine Begrenzung auf eine nachzeichnende Kodifizierung der bis dahin vom EuGH anerkannten Grundrechte plädiert worden[18] und wurde von einem Grundsatz der „Parallelität von Grundrechten und Kompetenzen" gesprochen, der die Arbeiten an der Grundrechtecharta beherrschen sollte.[19] Wiederum ist bemerkenswert, dass die EU-Kompetenzen im – insofern unterschätzten – Lissabonner Vertrag erneut auf wichtige Bereiche ausgedehnt worden sind, insbesondere im Strafrecht und im Asylrecht, und zwar ohne die vorherige verbindliche Anerkennung eines geschriebenen Grundrechtskatalogs.[20] Dieser Kompetenzzuwachs dürfte die Problematik einer möglichen Diskrepanz von Kompetenzen und Anwendungsbereich der Grundrechte in weiten Teilen entschärft haben.

7 Den **Bedenken** vor einer kompetenzfördernden Wirkung der EU-Grundrechte ist im Grundrechte-Konvent und im Lissabonner Vertrag dergestalt Rechnung getragen worden, dass gleich an mehreren Stellen in den Verträgen festgehalten wird, dass die Charta nicht zu einer Erweiterung der in den Verträgen festgelegten Zuständigkeiten der EU führt.[21] Vor diesem Hintergrund sind diese **Kompetenzsicherungsklauseln** in der Literatur teilweise als „Angstklauseln" bezeichnet worden.[22] Die Entscheidung für einen **umfassenden Grundrechtekatalog** ist rechtspolitisch begrüßenswert, da sie Rechtssicherheit in Bezug auf die Grundrechte bietet und damit deren legitimatorische Kraft besser zur Geltung bringt. Zwar hat der Konvent nicht nur einen umfassenden Grundrechtekatalog erstellt, sondern entgegen den Vorgaben des Europäischen Rates, keine **neuen Grundrechte** zu entwickeln – gleichsam einem Grundrechtsarchäologen nur bereits Vorhandenes sichtbar zu machen –, auch Grundrechte aufgenommen, die so nicht in den gemeinsamen Ver-

---

[14] S. Art. 5 Abs. 3 und 4 EUV idF von Lissabon.
[15] BVerfG 21.6.2016 – 2 BvR 2728, 2729, 2730/13, 2 BvE 13/13 Rn. 66 ff., 154 ff. – OMT-Programm.
[16] S. EuGH 29/69, Slg. 1969, 419 Rn. 7 – Stauder, bzw. EuGH 4/73, Slg. 1974, 491 Rn. 14 – Nold.
[17] *Storr* Der Staat 1997, 547 (570 f.); relativierend hingegen *Zuleeg* NJW 1997, 1201 (1206), *Schilling* EuGRZ 1998, 177 (189 f.). Im Hinblick auf Art. 23 GG zufriedengestellt BVerfGE 102, 147 (162 f.).
[18] *Pernice* DVBl 2000, 847 (852) setzt eine Begrenzung der Grundrechtecharta primär in ein Verhältnis zu den verschiedenen Politikbereichen; *Lindner* DÖV 2000, 543 (549) will hingegen in bestimmten Bereichen über die abwehrrechtliche Funktion hinausgehende Grundrechtsdimensionen ausschließen; nach *Calliess* EuZW 2001, 261 (265) sollte die Charta auf bisher vom EuGH anerkannte Grundrechte begrenzt werden. Für die Zukunft sollte eine Lückenfüllung möglich sein, wobei offenbleibt, ob dies nur im Wege der Vertragsänderung oder auch des Richterrechts möglich sein soll.
[19] *Pernice* DVBl 2000, 847 (852); dagegen in der Sache wohl *Koenig* EuZW 2000, 417.
[20] Die Grundrechtecharta hatte zur Zeit des Nizza-Vertrages noch keine Rechtsverbindlichkeit, *Streinz* in Streinz GRC Vor GR-Charta Rn. 3.
[21] Art. 6 Abs. 1 UAbs. 2 EUV, Präambel Abs. 5 GRC, Art. 51 Abs. 2 GRC.
[22] *Borowsky* in NK-EuGRCh Vor Titel VII Rn. 11.

fassungsüberlieferungen aller Mitgliedstaten nachweisbar waren.²³ Dieses Vorgehen ist jedoch sowohl von den Regierungschefs bei der Proklamation der Charta in Nizza als auch später mit der Übernahme der Charta in den Lissabonner Vertrag **akzeptiert** worden.

Vor dem Maastricht-Vertrag hatte der EuGH bereits die Grundzüge seiner Rechtsprechung zur **Bindung der Mitgliedstaaten** an die ungeschriebenen EU-Grundrechte festgelegt. Nach der sog. ERT-Rechtsprechung sind die Mitgliedstaaten zur Achtung der Unionsgrundrechte nicht nur bei der Durchführung von EU-Recht, sondern auch im Anwendungsbereich der Verträge, insbesondere im Rahmen der Grundfreiheiten verpflichtet (→ Rn. 29 ff.).²⁴ Dieser Ansatz ist in der deutschen Literatur und beim BVerfG auf **Kritik** gestoßen.²⁵ Dennoch hat der Gerichtshof an ihm festgehalten.²⁶ Auch für die damit berührte Frage der Ausweitung der Kompetenzen des EuGH ist in der Entwicklung festzustellen, dass diese nicht durch einen geschriebenen Grundrechtskatalog verschärft wird. Allerdings gab es Versuche, in der Grundrechtecharta diese Kompetenz zurückzufahren, die sich aber in der Rechtsprechung nicht haben durchsetzen können.²⁷ 8

Auch das Verhältnis zur EMRK ist von Kompetenzstreitigkeiten der obersten Gerichte mitgeprägt. Der EGMR verneint zwar eine unmittelbare Bindung der EU an die EMRK, doch können sich die Mitgliedstaaten ihren **Bindungen unter der EMRK** nicht durch die Verlagerung von Hoheitsgewalt auf die EU entziehen.²⁸ Allerdings geht der EGMR von einem grundsätzlich **gleichwertigen Grundrechtsschutz** unter der EMRK und den Unionsverträgen aus, so dass er seine Prüfungskompetenz diesbezüglich regelmäßig nicht ausübt.²⁹ Demgegenüber ist der EuGH um eine Konkurrenz mit dem EGMR besorgt, insbesondere im Hinblick auf die Wahrung der **Autonomie des Unionsrechts.** In diesem Sinn hat er bereits 1996 Bedenken gegen einen Beitritt der Union zur EMRK angemeldet. Zwar stellte der Gerichtshof das Prinzip begrenzter Einzelermächtigung besonders heraus,³⁰ doch war das Ergebnis des Gutachtens weniger der Sorge vor einem Kompetenzverlust der Union als der Sorge vor einer Beeinträchtigung der Stellung des EuGH durch die Konkurrenz des EGMR geschuldet gewesen.³¹ In ähnlicher Weise hat der EuGH **2013** in einem weiteren **Gutachten** kritisch zum ausgehandelten Abkommen über den – seit dem Lissabonner Vertrag im Primärrecht vorgesehenen – **Beitritt der EU zur EMRK** Stellung genommen. Vor allem reklamiert der EuGH, dass ihm die Letztentscheidungskompetenz in Bezug auf das Unionsrecht und die Grundrechte zukommen müsse, um die Autonomie des Unionsrechts zu gewährleisten.³² In diesem Konflikt hat die Grundrechtecharta deutlich zur Entspannung beigetragen, indem sie in Art. 52 Abs. 3 GRC in Bezug auf korrespondierende Grundrechtsverbürgungen das Schutzniveau der **EMRK als Mindeststandard** festlegt. 9

Schließlich ist im Hinblick auf die Kompetenzen der EU seit Beginn der Diskussion über die Einbeziehung eines geschriebenen Katalogs von Grundrechten in die Unionsverträge deren mögliche **unitarisierende Wirkung** Gegenstand heftiger Auseinandersetzungen gewesen. Befürchtet wurde, dass die Grundrechte als „Herz der EU-Verfassung" Schrittmacherdienste auf dem Weg zu einer stärkeren Kompetenzausstattung der supranationalen 10

---

[23] Etwa das Recht auf gute Verwaltung nach Art. 41 GRC, → § 61. AA bezogen auf das Verbot des Klonens und die Datenschutzbestimmung *Schütz* RuP 2001, 138 (141).
[24] EuGH C-5/88, Slg. 1989, 2609 – Wachauf; EuGH C-260/89, Slg. 1991, I-2925 – ERT.
[25] *Streinz/Michl* in Streinz GRC Art. 51 Rn. 15 ff.
[26] EuGH C-617/10, ECLI:EU:C:2013:105 Rn. 17 ff.– Åkerberg Fransson.
[27] So gilt die Charta nach Art. 51 Abs. 1 für die Mitgliedstaaten „ausschließlich bei der Durchführung" des Unionsrechts, doch findet sich in den Erläuterungen ein Verweis auf die ERT-Rechtsprechung → Rn. 31.
[28] EGMR 30.6.2005 (GK) – 45036/98 Rn. 153 f., vgl. 46, 117, 127 – Bosphorus.
[29] EGMR 30.6.2005 (GK) – 45036/98 Rn. 155 f., 165 f. – Bosphorus.
[30] EuGH Gutachten 2/94, Slg. 1996, I-1759 Rn. 30 – EMRK-Beitritt.
[31] EuGH Gutachten 2/94, Slg. 1996, I-1759 Rn. 34 f. – EMRK-Beitritt, stellt auf die Einbindung in ein andersartiges institutionelles System, dh im Grunde auf die Zuständigkeit des EGMR ab; kritisch dazu *Eeckhout* CMLR 2002, 945 (981 ff.).
[32] EuGH Gutachten 2/13, ECLI:EU:C:2014:2454 Rn. 183 ff.

Ebene entfalten könnten (→ Rn. 41 ff.).³³ Das lässt die Untersuchung einer möglichen „kompetenzansaugenden Wirkung"³⁴ der Grundrechtecharta umso dringlicher erscheinen. Da der Begriff der „Kompetenzansaugung" trotz seiner Zustimmung ansaugenden Wirkung nicht zur gesicherten Dogmatik des Unionsrechts zu zählen ist, gilt es im Einzelnen zu analysieren, ob EU-Grundrechte unmittelbar oder mittelbar bestehende Kompetenzgrundlagen erweitern (→ Rn. 11 ff.), welchen Einfluss sie auf die Kompetenzausübungsschranken haben (→ Rn. 22 ff.) und ob sie die Kompetenzen des EuGH erweitern (→ Rn. 11 f.).

C. EU-Grundrechte und das Prinzip begrenzter Einzelermächtigung

I. Keine unmittelbare Erweiterung der EU-Kompetenzen

11 Theoretisch wäre es zwar denkbar, dass in einem supranationalen Mehrebenensystem Grundrechte zu einer Erweiterung von Kompetenzen auf der supranationalen Ebene beitragen können, indem etwa **Leistungsrechte** die Rechtsetzungsorgane zu einem Tätigwerden verpflichten.³⁵ Doch gilt für die EU, dass aus diesen Grundrechtsdimensionen kein unmittelbarer Kompetenztitel folgen kann. Denn insofern ist grundsätzlich zwischen **Aufgabennormen und Kompetenznormen,** die den zuständigen Organen (vgl. zur Organkompetenz Art. 13 Abs. 2 EUV) die erforderlichen Rechtsinstrumente an die Hand geben, zu unterscheiden. Diese Unterscheidung wird im AEU-Vertrag strikt eingehalten, sei es in den besonderen Politiken (bspw. Umweltziele nach Art. 191 AEUV und Kompetenzen nach Art. 192 AEUV) oder dort, wo ein Tätigwerden auf supranationaler Ebene zur Ausgestaltung von Grundrechten und grundrechtsähnlichen Grundsätzen für erforderlich gehalten worden ist. So enthalten etwa Art. 15 Abs. 3 AEUV, Art. 19 AEUV, und Art. 157 Abs. 3 AEUV ausdrückliche Befugnisse, die die zuständigen Organe und einzuhaltenden Verfahren bezeichnen. Offensichtlich enthält die Grundrechtecharta **keine** entsprechenden **Kompetenzvorschriften.** Vereinzelt ist zwar für den Fall, dass die Mitgliedstaaten nicht über die erforderlichen Kompetenzen verfügen, etwa beim Versagen mitgliedstaatlicher Schutzmechanismen im Bereich des Internet, aus den EU-Grundrechten ein supranationaler Kompetenztitel gefolgert worden.³⁶ Doch bliebe in diesem Fall völlig offen, welche Organe nach welchen Verfahren über einen entsprechenden Rechtsakt zu beschließen hätten. Zudem würde auf diese Weise die Systematik der Vertragsänderung überspielt. Vorab wäre ferner zu fragen, ob nicht Art. 352 AEUV eine ausreichende Kompetenz zur Verfügung stellt. In ungewöhnlichem Detaillierungsgrad hält Art. 51 Abs. 2 GRC fest, dass die Charta „weder neue Zuständigkeiten noch neue Aufgaben" der EU begründet, den „Geltungsbereich des Unionsrechts" nicht ausdehnt und „die in den Verträgen festgelegten Zuständigkeiten und Aufgaben" nicht ändert. Eine weitere **Kompetenzsicherungsklausel** enthalten Art. 6 Abs. 1 UAbs. 2 EUV sowie Präambel Abs. 5 GRC. Auch Art. 6 Abs. 1 UAbs. 2 EUV enthält eine Kompetenzausschlussklausel, wonach durch die Charta „die in den Verträgen festgelegten Zuständigkeiten der Union in keiner Weise erweitert" werden. Vor dem Hintergrund der voranstehend erläuterten mangelnden Qualifikation der Grundrechte als Kompetenznormen in der EU wird klar, warum diese

---

³³ v. Lenaerts/de Smijter CMLR 2001, 273 (298 f.); Mayer/Palmowski JCMS 2004, 573 (593). Vgl. umgekehrt zur Sorge vor einer Bedrohung des Vorrangs des Unionsrechts durch die Charta-Grundrechte Liisberg CMLR 2001, 1171 (1189 ff.).
³⁴ Zu diesem auf Hirsch zurückgehenden Begriff Borowsky in NK-EuGRCh Art. 51 Rn. 14, 37.
³⁵ Zu entsprechenden Bedenken vor Inkrafttreten der Charta Barriga, Die Entstehung der Charta der Grundrechte der Europäischen Union. Eine Analyse der Arbeiten im Konvent und kompetenzrechtlichen Fragen, 2003, S. 51. Sie bestanden insbesondere im Hinblick auf die sozialen Grundrechte der Charta, Knöll NVwZ 2001, 392 (394), und auf den Gesundheitsschutz, Calliess EuZW 2001, 261 (265). Keine versteckten Gefahren bei der Aufnahme sozialer Grundrechte sahen Meyer/Engels ZRP 2000, 368 (370); vgl. aber de Schutter S. 19 ff.
³⁶ Koenig EuZW 2000, 417.

Klauseln verbreitet als „Angstklauseln" bzw. als lediglich **deklaratorisch** bezeichnet werden.[37] Für den engen Bereich einer unmittelbaren Kompetenzerweiterung erscheint das überzeugend.

In der Literatur ist früher teilweise für das Verhältnis von Grundrechten und Kompetenzordnung der EU ein **sog. „Grundsatz der Parallelität von Kompetenzen und Grundrechtsschutz"** postuliert worden. Dieser zunächst nur rechtspolitisch[38] ins Spiel gebrachte „Grundsatz" hat in der Rezeption nur vereinzelt eine dogmatische Gestalt angenommen.[39] Doch ist ein solcher Grundsatz in **keiner** seiner **Ausprägungen überzeugend.** Sofern moniert wird, dass die Charta Grundrechte enthalte, denen keine Kompetenzen der EU gegenüberstünden,[40] wird die potenzielle Reichweite der Kompetenzen, die bisher oft noch gar nicht ausgereizt worden ist, verkannt.[41] So stünde einem etwaigen Teilhaberecht im Gesundheitsschutz nach Art. 35 Abs. 1 GRC eine Rechtsetzungskompetenz der EU in Art. 48 AEUV für freizügigkeitsspezifisches Sozialrecht gegenüber.[42] Das Recht auf Ehe und Familie kann für einen Marktbürger nach der Rechtsprechung des EuGH zu den Grundfreiheiten relevant werden.[43] Zudem bestehen Ermächtigungsnormen für eine Harmonisierung weiter Teile des Zivilrechts.[44] Des Weiteren fände eine Unterscheidung von ausschließlichen, konkurrierenden und ergänzenden Kompetenzen auf grundrechtlicher Seite kein Äquivalent vor. So ist für die Ansicht, dass in manchen Politikbereichen der grundrechtliche Schutz auf die abwehrrechtliche Dimension beschränkt bleiben müsse,[45] den Kompetenzen **keinerlei Maßstab** zu entnehmen.[46] Völlig zu Recht hat der Grundrechte-Konvent daher einen effektiven Grundrechtsschutz ohne Begrenzungen in bestimmten Politikbereichen angestrebt.

II. Mittelbarer Einfluss auf bestehende Kompetenznormen

1. Grundzüge. Die EU-Grundrechte können sich **mittelbar** auf die Kompetenzordnung auswirken, indem sie zur weiten Auslegung der bestehenden Kompetenznormen in den Verträgen herangezogen werden, insbesondere im Rahmen der **systematischen Interpretation.** Die Problematik stellte sich grundsätzlich bereits bei den ungeschriebenen EU-Grundrechten. Gemäß Abs. 2 Präambel EUV und Art. 2 EUV sind die Grundrechte als **Grundwerte** der Union bei der Auslegung zu beachten.[47] Doch können sie nicht für eine erweiternde Auslegung der betreffenden Kompetenznormen nutzbar gemacht werden, weil die Kompetenzsicherungsklauseln jede Erweiterung der bestehenden Kompetenzen durch EU-Grundrechte untersagen (zur Praxis → Rn. 16). Zwar enthält Art. 51 Abs. 1 GRC eine Pflicht der Unionsorgane und der Mitgliedstaaten zur **Förderung der Grundrechte,** jedoch entfaltet diese ihre Wirkung ausdrücklich nur **im Rahmen** der **bestehenden Kompetenzen.** Daher ist die abwehrrechtliche Funktion eines Grundrechts in der Regel **kein Indiz für das Vorhandensein einer Kompetenz** für entsprechende Eingriffe.[48]

---

[37] Vgl. *Borowsky* in NK-EuGRCh Vor Titel VII Rn. 11; *Streinz/Michl* in Streinz GRC Art. 51 Rn. 33. Ähnlich wohl *Borowsky* in NK-EuGRCh Art. 51 Rn. 37.
[38] *Pernice* DVBl 2000, 847 (852).
[39] *Lindner* DÖV 2000, 543 (549); *Calliess* EuZW 2001, 261 (265).
[40] *Pernice* DVBl 2000, 847 (852).
[41] Näher dazu *Altmaier* ZG 2001, 195 (202 f.). S. auch den Überblick zu relevanten Sekundärrechtsakten bei *de Schutter* S. 18 f.
[42] *Altmaier* ZG 2001, 195 (203).
[43] EuGH C-66/00, Slg. 2002, I-6279 Rn. 38 ff. – Carpenter. Kritisch dazu *Britz* NVwZ 2004, 173 (175 f.); andere Bewertung bei *Tettinger* NJW 2001, 1010 (1012 f.) in Bezug auf das Recht auf Ehe und Familie.
[44] *Altmaier* ZG 2001, 195 (202).
[45] *Lindner* DÖV 2000, 543 (549).
[46] Vgl. *Barriga*, Die Entstehung der Charta der Grundrechte der Europäischen Union. Eine Analyse der Arbeiten im Konvent und kompetenzrechtlicher Fragen, 2003, S. 53 f.
[47] *Meyer* in NK-EuGRCh Präambel Rn. 30a.
[48] *Barriga*, Die Entstehung der Charta der Grundrechte der Europäischen Union. Eine Analyse der Arbeiten im Konvent und kompetenzrechtlicher Fragen, 2003, S. 51 sieht in der abwehrrechtlichen Dimension keinerlei Bedrohung für die Kompetenzordnung.

Auch treffen grundrechtliche Schutzpflichten nur den Hoheitsträger, der über die erforderlichen Kompetenzen zu ihrer Erfüllung verfügt.

14 In der Praxis ist allerdings zu beachten, dass die EU durchaus über eine Reihe von relativ weit formulierten Kompetenzen in den verschiedenen Bereichen ihrer Tätigkeiten verfügt.[49] Insofern könnte es durchaus geschehen, dass Grundrechte dazu herangezogen werden, eine – sich bereits aus den übrigen Auslegungsmethoden in vertretbarer Weise ergebende – **weite Auslegung** einer Kompetenzvorschrift zusätzlich abzustützen. Formal würde damit keine „Erweiterung" vorgenommen, sondern eine „bereits vorgefundene" weite Kompetenzauslegung bestätigt. Zudem ließe sich eine grundrechtsfreundliche Auslegung auch auf Art. 2 EUV stützen,[50] der die Grundrechte zu den Werten der EU erklärt. Dass der Einfluss der Grundrechte auf die Interpretation der Kompetenznormen im deutschen Schrifttum kaum thematisiert wird,[51] dürfte im Zusammenhang damit stehen, dass in Anknüpfung an den Wortlaut des Art. 5 Abs. 1 AEUV auf ein Prinzip begrenzter „Einzel"-Ermächtigung abgestellt wird.[52] Daraus wird teilweise – dogmatisch wenig überzeugend – gefolgert, dass die Kompetenzen der EU ausdrücklich festgelegt sein müssten.[53] Zu Recht hat der EuGH dagegen festgestellt, dass Kompetenzen auch implizit gegeben sein können.[54] Bereits der E(W)G-Vertrag kannte Kompetenzvorschriften, die relativ umfassende Ermächtigungen enthielten und nicht auf einzelne Maßnahmen zugeschnitten waren.[55] Die Begriffswahl in der deutschen Fassung des EU-Vertrages ist denn auch eine (missverständliche) Besonderheit: vorzugswürdig ist es, in Übereinstimmung mit den anderen Amtssprachen vom **Prinzip begrenzter Ermächtigung** zu sprechen *(principe des compétences d'attribution)*.[56] Die Praxis einer weiten Auslegung wird durch die **Kompetenzsicherungsklauseln** in der Charta und in den Verträgen nicht zurückgeführt; diese gelten **in beide Richtungen.** Ausdrücklich führt Art. 51 Abs. 2 GRC aus, dass die Charta „die in den Verträgen festgelegten Zuständigkeiten und Aufgaben" nicht ändere. So wenig wie die Charta Kompetenzen der EU erweitert, so wenig verringert sie bestehende Kompetenzen. Allerdings ist es in den letzten Jahren zu zwei Präzedenzfällen gekommen (→ Rn. 16 ff.), in denen eine mittelbare Kompetenzerweiterung aufgrund der Charta durchaus angenommen werden kann.

15 Nach diesen Grundsätzen können **soziale Grundrechte** der Charta für die Auslegung nur bedeutsam werden, soweit die EU über eine entsprechende Kompetenz für soziale Maßnahmen verfügt, nicht aber eine solche begründen. Dessen ungeachtet werden ihre Anliegen grundsätzlich über die Beachtung der Ziele der „sozialen Gerechtigkeit" und des „sozialen Schutzes" in Art. 3 Abs. 3 UAbs. 2 EUV in die **Auslegung** eingeführt. In der Literatur wird teilweise vertreten, dass den Grundrechten dabei eine verstärkende Wirkung zukommen könne.[57] Der EuGH hat 2019 in der Rs. C-55/18[58] aus der Richtlinie 2003/

---

[49] S. aber zu einer extensiven Nutzung des Sekundärrechts *de Schutter* S. 18 f.
[50] Vgl. EuGH verb. Rs. C-402/04 P, C-415/05 P, Slg. 2008 I-6351 Rn. 303 – Kadi, wo eine Anwendung von Vertragsnormen zur Abweichung von den Grundsätzen nach Art. 2 EUV, wie den Menschenrechten, ausgeschlossen wird. *Calliess* in Calliess/Ruffert EUV Art. 2 Rn. 32.
[51] S. etwa die Kommentierungen von *Borowsky* in NK-EuGRCh Art. 51 und *Streinz/Michl* in Streinz GRC Art. 51 Rn. 33.
[52] S. Bleckmann Europa Rn. 121.
[53] S. etwa *Schweitzer/Hummer*, Europarecht, 5. Aufl. 1997, Rn. 335.
[54] EuGH Gutachten 2/94, Slg. 1996, I-1759 Rn. 28 – EMRK-Beitritt.
[55] Schon immer erlaubte Art. 75 Abs. 1 lit. d EWGV (Art. 71 Abs. 1 lit. d EGV) der Gemeinschaft im Verkehrsbereich nach Aufzählung einzelner spezifischer Themen „alle sonstigen zweckdienlichen Maßnahmen [zu] erlassen". Zu Recht hat der EuGH auch Art. 308 EGV als Ausprägung des Prinzips begrenzter Ermächtigung aufgefasst, EuGH Gutachten 2/94, Slg. 1996, I-1759 (1788 ff.) – EMRK-Beitritt
[56] Ausführlich *Heselhaus*, Abgabenhoheit der Europäischen Gemeinschaft in der Umweltpolitik, 2001, S. 220 f.
[57] *Eeckhout* CMLR 2002, 945 (971). Näher dazu *Mabbett* JCMS 43 (2005), 97 ff.; vgl. *Lord Goldsmith* CMLR 38 (2001), 1201 (1212 f.), der zwar eine primäre Zuständigkeit der Mitgliedstaaten annimmt, aber eine Einwirkung durch die Union nicht ausschließt; s. auch *Menéndez* JCMS 2002, 471 (477 ff.).
[58] EuGH C-55/18, ECLI:EU:C:2019:402 – Federación de Servicios de Comisiones Obreras (CCOO).

88/EG über bestimmte Aspekte der Arbeitszeitgestaltung unter Rückgriff auf das Grundrecht nach Art. 31 Abs. 2 GRC auf „eine Begrenzung der Höchstarbeitszeit" im Wege der Auslegung abgeleitet, dass jeder Arbeitgeber eine **Arbeitszeiterfassung** vorsehen müsse.[59] Da diese Folgerung nicht ausdrücklich in der Richtlinie vorgegeben war, ist eine verstärkende Wirkung mittels Rückgriff auf die Grundrechte hier zu erkennen.

2. Die Kompetenzabrundung nach Art. 352 AEUV. Die sog. **Vertragsabrundungs-** 16 **kompetenz** gemäß **Art. 352 AEUV** enthält eine subsidiäre Kompetenz für ein Tätigwerden der EU zur Verwirklichung „eines der Ziele der Verträge", sofern dies „im Rahmen der in den Verträgen festgelegten Politikbereiche erforderlich" ist. Die als Tatbestandsvoraussetzung genannten **Ziele** ergeben sich vor allem aus **Art. 3 EUV,** der sich ausdrücklich mit den Zielen befasst.[60] Die betreffenden Ziele sind **konkret** anzugeben.[61] Da Art. 352 AEUV ausdrücklich auf die Ziele der Verträge abstellt und Art. 6 EUV die Charta den Verträgen nur hinsichtlich ihres Ranges gleichstellt, kann die Vorschrift **nicht** zur Verwirklichung etwaiger **Ziele der Charta** eingesetzt werden.[62] Daraus wird in der Literatur teilweise gefolgert, dass die EU über Art. 352 AEUV **keine allgemeine Menschenrechtspolitik** betreiben könne.[63] Jedoch ist zu beachten, dass im Lissabonner Vertrag Art. 3 Abs. 1 EUV auch die Förderung der Werte der EU zu ihren Zielen erklärt: Damit werden auch die Grundrechte nach Art. 2 EUV über die Werte der Union erfasst. Allerdings trifft es zu, dass Art. 352 AEUV **keine umfassende Ermächtigung** bereithält, sondern nur eine subsidiäre, so dass im Einzelfall jeweils aufgezeigt werden muss, dass keine anderen Kompetenztitel zur Verfügung stehen. Betrachtet man aber die Anwendung von Art. 352 AEUV für einzelne Maßnahmen, erscheint die Anwendung zur allgemeinen Förderung der Menschenrechte nicht völlig ausgeschlossen:[64]

Die Berufung auf Art. 352 AEUV bzw. seine Vorgänger zur Förderung der Menschen- 17 rechte ist vor dem Lissabonner Vertrag in Bezug auf einen **Beitritt der EU zur EMRK** relevant geworden. In seinem Gutachten von 1996 hat der EuGH festgestellt, dass es **keine ausreichende Kompetenzgrundlage** dafür gebe. Doch hat er dies mit den „grundlegenden **institutionellen Auswirkungen**" auf die Union begründet, die eine verfassungsrechtliche Dimension hätten und daher eine Verfassungsänderung erfordere.[65] Ausdrücklich hielt der EuGH hingegen fest, dass „die Wahrung der Menschenrechte eine Voraussetzung für die Rechtmäßigkeit der Handlungen" der Union sei.[66] Während daraus in der Literatur teilweise gefolgert wird, dass Art. 352 AEUV bereits vom Umfang der Maßnahme her nicht anwendbar sein könne,[67] stellen andere darauf ab, dass für den EuGH die fehlende Klärung des Verhältnisses zwischen Rechtsprechung des EGMR und des EuGH zentral gewesen sei.[68] Unter dem Lissabonner Vertrag ist die Problematik insofern geklärt, als **Art. 6 Abs. 2 EUV** ausdrücklich den Beitritt der EU zur EMRK vorsieht, der dann rechtstechnisch über die Vertragsschlusskompetenzen nach Art. 218 AEUV auszuführen ist.[69] Insofern hat sich die Problematik des Art. 352 AEUV in dieser Hinsicht erledigt.

---

[59] EuGH C-55/18, ECLI:EU:C:2019:402 Rn. 60 und 71 – Federación de Servicios de Comisiones Obreras (CCOO).
[60] S. Art. 3 Abs. 1 EUV. Dagegen betrifft Art. 2 EUV die „Werte", nicht aber unmittelbar Ziele der Union. So auch *Rossi* in Calliess/Ruffert AEUV Art. 352 Rn. 30 ff.
[61] *Rossi* in Calliess/Ruffert AEUV Art. 352 Rn. 28 f.; *Streinz* in Streinz AEUV Art. 352 Rn. 29.
[62] Vgl. *Rossi* in Calliess/Ruffert AEUV Art. 352 Rn. 29; aA *Eckhardt,* Die Akteure des außergerichtlichen Grundrechtsschutzes in der Europäischen Union, 2010, S. 309.
[63] *Mock/Demuro/Cartabia,* Human Rights, 2010, S. 321 f.; ähnlich *Borowsky* in NK-EuGRCh Art. 51 Rn. 39.
[64] So auch *Eckhardt,* Die Akteure des außergerichtlichen Grundrechtsschutzes in der Europäischen Union, 2010, S. 309 ff.
[65] EuGH Gutachten 2/94, Slg. 1996, I-1759 Rn. 35. Vgl. *Eeckhout* CMLR 2002, 945 (381 ff.).
[66] EuGH Gutachten 2/94, Slg. 1996, I-1759 Rn. 34.
[67] *Streinz/Michl* in Streinz EUV Art. 6 Rn. 9.
[68] *Kingreen* in Calliess/Ruffert EUV Art. 6 Rn. 31.
[69] *Kingreen* in Calliess/Ruffert EUV Art. 6 Rn. 28. Allerdings hat der EuGH mit Gutachten 2/13, ECLI:EU:C:2014:2454 wiederum bedenken institutioneller Art gegen den geplanten Beitritt erhoben.

Unter dem Lissabonner Vertrag stellt sich hingegen nach wie vor die Frage eines **Beitritts der EU zu den UN-Menschenrechtspakten** – bei entsprechender Öffnung derselben. Hier spricht viel für die Anwendbarkeit von Art. 352 AEUV, weil der S**chutz der Menschenrechte auf internationaler Ebene** nach Art. 3 Abs. 5 EUV ausdrücklich zu den Zielen der Union gerechnet wird. Als einschlägige **Politikbereiche** im Sinne des Art. 352 AEUV könnten die Entwicklungszusammenarbeit, die GASP und die Handelspolitik angesehen werden.

18   Bislang gibt es einen einzigen **Präzedenzfall** für die Anwendung von Art. 352 AEUV für die allgemeine Förderung der Grundrechte: Die Einrichtung der **Europäischen Grundrechte-Agentur,**[70] die die frühere Europäische Stelle zur Beobachtung von Rassismus und Fremdenfeindlichkeit[71] abgelöst hat, erfolgte auf Grundlage von Art. 352 AEUV (Art. 308 EGV aF).[72] Nach Art. 2 **Verordnung (EG) Nr. 168/2007** unterstützt die Agentur alle EU-Organe, -Einrichtungen und -Stellen in Bezug auf Grundrechte. Art. 4 VO (EG) Nr. 168/2007 listet als **Aufgaben** insbesondere die Datenerfassung auf. In der Praxis liegt der Fokus der Agentur auf der **Wahrung der Menschenrechte in den Mitgliedstaaten,** vor allem in Bezug auf Fremdenfeindlichkeit und Minderheitenschutz.[73] Das ging seinerzeit durchaus über eine Beschränkung auf die „Durchführung des Unionsrechts" durch die Mitgliedstaaten hinaus.[74] Allerdings sind im Lissabonner Vertrag mit Art. 67 Abs. 3 AEUV mit der Bekämpfung von „Rassismus und Fremdenfeindlichkeit entsprechende spezifische Ziele der Union nachgereicht worden. Soweit ersichtlich, wird die Rechtmäßigkeit dieser Kompetenzgrundlage in der Literatur nicht in Frage gestellt.[75] In den Begründungserwägungen wird auf die Werte der EU nach Art. 2 EUV, die Grundrechtecharta allgemein und auf die Bindung der EU und ihrer Mitgliedstaaten an die Grundrechte verwiesen.[76] Diese extensive Anwendung des Art. 352 AEUV beruht auf den Vorgaben des Europäischen Rates[77] und erfolgte bereits, bevor die Grundrechtecharta im Lissabonner Vertrag rechtlich verbindlich wurde. Die rechtspolitischen Überlegungen zur Einführung der Grundrechte-Agentur sind überzeugend, doch bedarf es zur rechtlichen Absicherung eines Rückgriffs auf „Politikbereiche" im Sinne des Art. 352 AEUV. Maßnahmen zur Bekämpfung von Rassismus und Frendenfeindlichkeit werden in Art. 67 Abs. 3 AEUV angesprochen. Allgemeiner ist Art. 19 AEUV auf die Bekämpfung jeder Art von Diskriminierungen ausgerichtet. Somit kann Art. 2 EUV iVm Art. 19 AEUV und Art. 67 Abs. 3 AEUV als Zielbeschreibung und Politikbereich im Sinne von Art. 352 AEUV angesehen werden. Dass die Aufgabenbeschreibung der Agentur umfassender ausgefallen ist, ist mit dem Sinn der Vertragsabrundung nach Art. 352 AEUV vereinbar. Seinerzeit galt jedoch Art. 67 AEUV noch nicht, so dass der Fall der Grundrechteagentur zeigt, dass in **Einzelfällen** eine Ausweitung der Auslegung von Art. 352 AEUV unter Rückgriff auf die Grundrechte **rechtlich zulässig** sein kann. Das Vorgehen der EU bestätigt frühere Rückgriffe auf Art. 352 AEUV bzw. die Vorgängervorschriften, die später zu Vertragserweiterungen geführt haben.

19   **3. Verfahrensrechte und das Grundrecht auf effektiven Rechtschutz nach Art. 47 GRC.** Des Weiteren stellt sich die Frage, ob die Grundrechte eine **weite Auslegung** bestehender Kompetenzen im Sinne der Einführung bestimmter **Verfahrensrechte** bzw. **Klagerechte** stützen können. Ausgangspunkt ist das **Prinzip begrenzter Einzelermächtigung.** Danach obliegt die Durchführung des Unionsrechts grundsätzlich den Mitglied-

---

[70] VO (EG) Nr. 168/2007, ABl. 2007 L 53, 1.
[71] Errichtet durch VO (EG) Nr. 1035/97, ABl. 1997 L 151, 1 auf Grundlage von Art. 213 und 235 EGV aF (nunmehr Art. 284 und 352 AEUV).
[72] VO (EG) Nr. 168/2007, ABl. 2007 L 53, 1.
[73] So schon die Überlegungen der Kommission in ihrem Vorschlag KOM(2005) 280, 6.
[74] *Heselhaus/Weiser* in Ziegler/Kuffer, Minorities and the Law, 2016, III.4. S. 23 ff.
[75] *Streinz* in Streinz AEUV Art. 352 Rn. 66.
[76] Erwägungsgründe 1–3 VO (EG) Nr. 168/2007.
[77] S. die Nachweise in KOM(2005) 280, 2.

staaten, woraus in der Literatur ein **Grundsatz der Verfahrensautonomie** der Mitgliedstaaten gefolgert wird.[78] In ständiger Rechtsprechung folgert der EuGH – ohne Rückgriff auf die Grundrechte – zum einen aus dem **Grundsatz der Effektivität** des Unionsrechts, dass eine implizite Ermächtigung für verfahrensrechtliche Vorschriften gegeben ist, wenn anderenfalls die anvisierte EU-Regelung in der Sache nicht effektiv umgesetzt werden könnte.[79] Zum anderen ist für die Überprüfung des Weiteren das **Äquivalenzprinzip** maßgeblich. Fraglich ist, ob Verfahrensgrundrechte eine weitere Begründung für eine entsprechende Rechtsetzungstätigkeit der EU liefern können. Das ist aufgrund der Kompetenzsicherungsklauseln insofern zu verneinen, als damit die zuvor genannte Rechtsprechungslinie ausgedehnt werden sollte. Demgegenüber kann als verstärkendes Argument durchaus auf die Grundrechte verwiesen werden. Denn dann folgen die EU-Grundrechte der zuvor zu ermittelnden Kompetenz und halten sich gemäß der Vorgabe des Art. 51 Abs. 1 GRC im Rahmen der bestehenden Zuständigkeiten. Die „kompetenzsichernden" Bestimmungen der Charta verhindern, dass die Grundrechte dazu instrumentalisiert werden, einen Sachbereich der Sekundärrechtsetzung zuzuführen, der ohne sie nach keiner Auslegung unter die bestehenden Kompetenzen fallen würde.[80]

Nahezu unbemerkt hat sich aber im Bereich der **unmittelbaren Wirkung von Richtlinien** ein **Präzedenzfall** ergeben, in dem die Kompetenz der EU unter Rückgriff auf das **Grundrecht auf effektiven Rechtsschutz** nach **Art. 47 GRC** erweitert worden ist. In der Sache geht es um die Umsetzung von Art. 9 Abs. 3 Aarhus-Konvention (AK), der von den Vertragsstaaten verlangt, dass „Mitglieder der Öffentlichkeit, sofern sie etwaige in ihrem innerstaatlichen Recht festgelegte Kriterien erfüllen, Zugang zu verwaltungsbehördlichen oder gerichtlichen Verfahren haben, um die von Privatpersonen und Behörden vorgenommenen Handlungen und begangenen Unterlassungen anzufechten, die gegen umweltbezogene Bestimmungen ihres innerstaatlichen Rechts verstoßen". Die Vorschrift selbst ist nach der Rechtsprechung nicht der unmittelbaren Wirkung fähig, weil sie inhaltlich nicht ausreichend bestimmt ist.[81] Auch wurde Art. 9 Abs. 3 AK (im Gegensatz zu dessen ersten beiden Absätzen) auf EU-Ebene (noch) nicht unmittelbar umgesetzt.[82] Allerdings hält der EuGH fest, dass diese völkerrechtliche Vorschrift iVm dem EU-Grundrecht aus Art. 47 GRC die Mitgliedstaaten dazu verpflichte, „einen wirksamen gerichtlichen Schutz der durch das Recht der Union garantierten Rechte, insbesondere der Vorschriften des Umweltrechts, zu gewährleisten".[83] Somit folgert der EuGH aus der Zusammenschau von Art. 9 Abs. 3 AK mit Art. 47 GRC und dem EU-Umweltrecht, dass sie insoweit Anwendungsvorrang vor nationalem Recht entfaltet, als es um die **Kontrolle der Umsetzung des EU-Umweltrechts** geht.[84] Der **Entscheidungsspielraum der Mitgliedstaaten,** ob sie entsprechende Rechtsschutzmöglichkeiten, also insbesondere Umweltverbandsklagen, einräumen, wird eingeengt.[85] Interpretationsfähiges nationales Recht muss in dieser Hinsicht also unions(grund)rechtskonform ausgelegt werden, und entgegenstehendes nationales Recht muss unangewendet bleiben.[86] Dieser Anwendungsvorrang kann jedoch nur dort bejaht werden, wo die EU die entsprechende Regelung auch ausdrücklich in eine Richt-

---

[78] Zum Grundsatz s. EuGH C-201/02, DVBl 2004, 370 – Wells/Secretary of State for Transport, Local Government and the Regions, mAnm *Kerkmann* DVBl 2004, 1287 ff.
[79] Vgl. EuGH 171/83, Slg. 1983, 2633 (2665) – Deutsche Milchkontor; EuGH 66/80, Slg. 1981, 1191 (1217 f.) – International Chemical Corporation.
[80] Vgl. im Ergebnis *Lindner* DÖV 2000 543 (548). S. auch *Eeckhout* CMLR 2002, 945 (980 ff.).
[81] EuGH C-664/15, ECLI:EU:C:2017:987 Rn. 45 – Protect Natur; vgl. EuGH C-240/09, ECLI:EU: C:2011:125 Rn. 45, 51 – Lesoochranárske.
[82] *Epiney* in Proelß, Internationales Umweltrecht, 2017, S. 108 (132). Zum aktuellen Umsetzungsstand der Aarhus-Konvention auf EU-Ebene siehe http://ec.europa.eu/environment/aarhus/legislation.htm.
[83] EuGH C-664/15, ECLI:EU:C:2017:987 Rn. 45 – Protect Natur; vgl. EuGH C-240/09, ECLI:EU: C:2011:125 Rn. 45, 51 – Lesoochranárske.
[84] EuGH C-664/15, ECLI:EU:C:2017:987 Rn. 53 ff. – Protect Natur.
[85] EuGH C-664/15, ECLI:EU:C:2017:987 Rn. 48 ff. – Protect Natur; *Epiney* in Proelß, Internationales Umweltrecht, 2017, S. 132.
[86] EuGH C-664/15, ECLI:EU:C:2017:987 Rn. 53 ff. – Protect Natur.

linienvorschrift hätte aufnehmen können, dh wo eine Rechtsetzungskompetenz gegeben ist. Diese ist unter Rückgriff auf Art. 47 GRC weit auszulegen.

21 Im Ergebnis können nach der Rechtsprechung demnach die EU-Grundrechte zwar nicht im Grundsatz, jedoch in eng begrenzten Fällen eine weite Auslegung einer Kompetenznorm begründen. Im Grundsatz gilt, dass für eine EU-Regelung in einem betreffenden Sachgebiet zunächst – und zwar ohne Rückgriff auf ein Grundrecht – eine mögliche Kompetenz vorhanden sein muss. Allerdings werden grundrechtliche Anliegen durch andere Werte und Ziele der Union nach Art. 2 und 3 EUV aufgegriffen und können dergestalt in eine weite Auslegung eingebracht werden.

D. EU-Grundrechte und Kompetenzausübungsschranken
I. Das Subsidiaritätsprinzip nach Art. 5 Abs. 3 AEUV

22 Das **Subsidiaritätsprinzip** begrenzt gemäß Art. 5 Abs. 3 EUV die **Ausübung der nichtausschließlichen Kompetenzen** der EU. Dazu verlangt es einen zweiphasigen Test.[87] Zunächst ist zu klären, ob ein Ziel auf der Ebene der Mitgliedstaaten „nicht ausreichend" erreicht werden kann (sog. **Erforderlichkeitskriterium**) und dann, ob es daher wegen des Umfangs und der Wirkungen der anvisierten Maßnahmen „auf Unionsebene besser" erreicht werden kann (sog. **Effizienzkriterium**). In der Literatur wird nicht ausgeschlossen, dass aus EU-Grundrechten abgeleitete **Schutzpflichten** nach diesen Kriterien im Ergebnis für ein Tätigwerden auf supranationaler Ebene sprechen könnten.[88] Auch im Hinblick auf die **abwehrrechtliche Funktion** der EU-Grundrechte könnte theoretisch erwogen werden, ob sie nicht angesichts der in der Präambel des EU-Vertrages festgelegten Achtung der Menschenrechte auf EU-Ebene generell für einen Erlass von Sekundärrecht plädiert, um damit den Einzelnen zusätzlich in den Genuss der EU-Grundrechte zu bringen. Solchen Ansätzen schiebt die **Kompetenzsicherungsklausel** nach Art. 51 Abs. 1 GRC einen Riegel vor, indem sie die EU und die Mitgliedstaaten an die Charta „unter Wahrung des Subsidiaritätsprinzips" bindet. Nach Abs. 5 Präambel GRC „bekräftigt [die Charta die Grundrechte] unter Achtung […] des Subsidiaritätsprinzips". Ferner trägt die Charta dem Subsidiaritätsgedanken Rechnung, wenn sie für die – von den Grundrechten zu unterscheidenden – Grundsätze nach Art. 52 Abs. 5 GRC auf die Umsetzung durch die EU bzw. die zuständigen Mitgliedstaaten verweist.

23 Daraus ist zu folgern, dass die **zusätzliche Eröffnung des Grundrechtsschutzes** der **EU kein zulässiges Argument** für ein Tätigwerden auf EU-Ebene ist, da dadurch die Vorgaben des Subsidiaritätsprinzips überspielt würden. Ob dagegen **im Einzelfall** etwa eine EU-grundrechtliche Schutzpflicht als Argument für ein Handeln auf EU-Ebene aufgegriffen werden könnte, wenn entsprechende Verbürgungen in einigen Mitgliedstaaten nicht vorzufinden sind, hängt davon ab, ob sich das „Besser"-Kriterium im Rahmen des erwähnten **Subsidiaritätstestes** auch auf das **grundrechtliche Schutzniveau** bezieht. Zur Bejahung dieser Frage ließe sich auf die Achtung der Menschenrechte nach der Präambel des EU-Vertrages verweisen. In der Grundrechtecharta spricht darüber hinaus gerade die ausdrückliche Einbeziehung der Grundrechte in das Subsidiaritätsprinzip dafür, dass sie bezüglich des Qualitätsmerkmals „besser" ebenfalls zu beachtende **Kriterien** sind. Ausdrücklich legt die Charta der EU eine **Pflicht zur Förderung** der Grundrechte auf. Die Grenze ist dort erreicht, wo es nicht mehr primär um die Erfüllung der Aufgaben nach Art. 3 EUV geht, sondern um eine eigenständige Grundrechtspolitik.

24 Teilweise wird in den **Schutzsicherungsklauseln der Charta** in der Literatur eine rechtliche Verstärkung der Kompetenzschutzklauseln des EU-Vertrages gesehen.[89] Sie stün-

---

[87] S. nur *Langguth* in Lenz/Borchardt EU-Verträge EGV Art. 5 Rn. 30 ff.
[88] Für die Grundrechtecharta *Borowsky* in NK-EuGRCh Art. 51 Rn. 22.
[89] *Borowsky* in NK-EuGRCh Art. 51 Rn. 22.

den in einer Linie mit anderen Geboten der Rücksichtnahme auf nationale Eigenarten; die Achtung vor der Unterschiedlichkeit der nationalen Grundrechtssysteme komme auch in der Beschränkung der Bindung der Mitgliedstaaten zum Ausdruck.[90] Dieser Auffassung steht aber zunächst der Wortlaut der genannten Bestimmungen entgegen, der **lediglich** die allgemeine Regel, die Bindung an das **Subsidiaritätsprinzip bestätigt.** Allerdings wird damit die grundsätzliche Rücksichtnahme auf gewisse nationale Besonderheiten unterstrichen. So bezieht sich die ausdrückliche Erwähnung **mitgliedstaatlicher Traditionen und Eigenarten** in der Präambel der Grundrechtecharta auf die „Vielfalt der Kulturen, Sprachen und Religionen". Das umfasst zwar nicht die Rechtssysteme im Sinne von „Rechtskulturen",[91] doch ergibt sich die maßgebliche Grenze diesbezüglich aus der Achtung der „nationalen Identitäten" der Mitgliedstaaten nach Art. 4 Abs. 2 EUV[92] – inhaltlich ausdrücklich in Erinnerung gerufen durch Präambel Abs. 3 GRC. In der Grundrechtecharta wird eine **besondere Rücksichtnahme** auf nationale Besonderheiten **in einigen einzelnen Grundrechtsbestimmungen,** insbesondere bei möglichen Leistungsrechten, thematisiert: so etwa über die Einschränkung „nach Maßgabe der einzelstaatlichen Vorschriften und Gepflogenheiten".[93]

Mit den Kompetenzsicherungsklauseln wird **kein größerer Respekt** vor der unter- 25
schiedlichen Ausgestaltung der nationalen Grundrechtekataloge vorgeschrieben als bisher. Ausdrücklich verweisen sie auf die „Zuständigkeiten, die der Union in den Verträgen übertragen werden".[94] Die Kompetenzsicherung gilt sozusagen in beide Richtungen, weder zu Lasten der Mitgliedstaaten noch zu Lasten der EU. Daher kann auch Art. 53 GRC **keine** Tendenz zur **Renationalisierung** des Grundrechtsschutzes entnommen werden.[95] Das mit dieser Vorschrift abgesicherte **Schutzniveau** im Verhältnis zu anderen menschenrechtlichen Verbürgungen, seien es internationale oder nationale, ist nicht Ausdruck des Subsidiaritätsgedankens. Vielmehr sichert sie die Parallelität der verschiedenen Grundrechtsordnungen.[96] Ausdrücklich verweist sie für die verschiedenen Grundrechtsordnungen auf den „jeweiligen Anwendungsbereich".

II. Das Verhältnismäßigkeitsprinzip nach Art. 5 Abs. 3 EUV

Hinsichtlich der Abgrenzung zwischen Subsidiaritäts- und **Verhältnismäßigkeitsprinzip** 26
gilt ungeachtet des Streits um Details, dass ersteres das „Ob", letzteres hingegen das **„Wie" eines unionalen Tätigwerdens** betrifft. Konkretisierungen ergeben sich aus dem Protokoll (Nr. 2) über die Grundsätze der Subsidiarität und Verhältnismäßigkeit.[97] Im Umkehrschluss folgt aus der ausdrücklichen Erwähnung des Subsidiaritätsprinzips in der Grundrechtecharta, dass das **Verhältnismäßigkeitsprinzip** in seiner Ausprägung nach Art. 5 Abs. 4 EUV **nicht** vor einer Einwirkung der Grundrechte geschützt wird. Für diese Differenzierung spricht, dass beide Prinzipien in Art. 5 Abs. 3 und 4 EUV klar getrennt werden. Zwar wird das Verhältnismäßigkeitsprinzip im Rahmen der Grundrechte in der Rechtfertigungsprüfung regelmäßig angewendet, doch ist diese individualrechtliche Ausprägung nicht identisch mit dem in Art. 5 Abs. 4 EUV angesprochenen Schutz der mitgliedstaatlichen Handlungsspielräume.[98] Allerdings wird damit nicht die Bindung an das

---

[90] *Borowsky* in NK-EuGRCh Art. 51 Rn. 23 f.
[91] S. zum Kulturbegriff *Hölscheidt* in NK-EuGRCh Art. 22 Rn. 20.
[92] *Streinz* in Streinz EUV Art. 4 Rn. 14 zum Verfassungsrecht.
[93] S. etwa Art. 27 GRC (Recht auf Unterrichtung und Anhörung der Arbeitnehmerinnen und Arbeitnehmer in Unternehmen), Art. 28 GRC (Recht auf Kollektivverhandlungen und Kollektivmaßnahmen) und Art. 30 GRC (Schutz bei ungerechtfertigter Entlassung).
[94] Art. 51 Abs. 1 S. 2 GRC.
[95] AA aber *Stein* FS Steinberger, 2002, 1425 ff. und ihm folgend *Calliess* EuZW 2001, 261 (267), die der Vorschrift einen Vorrang der anderen menschenrechtlichen Verbürgungen und eine Tendenz zur Renationalisierung des Grundrechtsschutzes entnehmen wollen.
[96] *Jarass* GRCh Art. 53 Rn. 1.
[97] ABl. 2008 C 115, 206.
[98] *Streinz* in Streinz EUV Art. 5 Rn. 43 ff.

Verhältnismäßigkeitsprinzips nach Art. 5 Abs. 4 EUV überspielt. Vielmehr **gilt** dieses als allgemeine Vorschrift auch bei Maßnahmen mit Grundrechtsbezug.

27   Das Verhältnismäßigkeitsprinzip nach Art. 5 Abs. 4 EUV geht nicht im grundrechtlichen Verhältnismäßigkeitsgrundsatz auf, da es aus systematischen Erwägungen – der Vergleich mit Art. 5 Abs. 1–3 EUV – unmittelbar nur die Mitgliedstaaten schützt. Wenn Art. 5 des Protokolls über die Grundsätze der Subsidiarität und Verhältnismäßigkeit aufgibt, die finanziellen **Belastungen** für die Union, die Mitgliedsaaten, örtliche Behörden, die Wirtschaft und **die Bürger** zu berücksichtigen, kommt darin ein **Effizienzgedanke** zum Ausdruck,[99] nicht der grundrechtliche Schutz des Bürgers, wie er durch den allgemeinen Grundsatz der Verhältnismäßigkeit in der Rechtsprechung des EuGH (näher dazu → § 22 Rn. 25) gewährleistet wird. Es sind durchaus Konstellationen denkbar, in denen der Grundsatz nach Art. 5 Abs. 4 EUV in eine Frontstellung zu den EU-Grundrechten geraten kann: So können Grundrechte den Unionsgesetzgeber verpflichten, **Ausnahmeklauseln** bei ansonsten unverhältnismäßigen Eingriffen vorzusehen,[100] wodurch eventuell vorhandene Spielräume der Mitgliedstaaten bei der Durchführung des Sekundärrechts eingeschränkt würden.

28   Insgesamt stellen die EU-Grundrechte die **Geltung des Verhältnismäßigkeitsprinzips** nach Art. 5 Abs. 4 EUV **nicht in Frage,** können aber im Einzelfall – ambivalente – Auswirkungen auf seine Anwendung haben.

E. Auswirkungen bei der Durchführung von Unionsrecht?

29   Die EU-Grundrechte haben auch jenseits eines Einflusses auf die Kompetenzen der Union rechtliche Bedeutung für die Mitgliedstaaten. Daher weist diese Problematik Überschneidungen mit der Frage nach der Bindungswirkung gegenüber den Mitgliedstaaten auf (→ § 9 Rn. 24 ff.). Aus der kompetenzrechtlichen Perspektive ist damit die Frage der Weite der Rechtsprechungskompetenzen aufgeworfen. Schon vor dem Lissabonner Vertrag hat der EuGH diesbezüglich zwei Rechtsprechungslinien entwickelt: Gemäß der sog. *Wachauf*-Rechtsprechung[101] sind die **Mitgliedstaaten bei** der **Umsetzung und Durchführung** des Unionsrechts, also etwa bei der Umsetzung von Richtlinien, an die EU-Grundrechte **gebunden.** Es liegt eine *agency*-Situation vor: Die Mitgliedstaaten werden für die EU bzw. im Auftrag der EU tätig und müssen daher auch deren Bindungen achten. Diese Rechtsprechung ist allgemein akzeptiert und wird in Art. 51 Abs. 1 GRC ausdrücklich bestätigt, der ausdrücklich die Bindung der Mitgliedstaaten bei der „Durchführung des Rechts der Union" nennt.

30   Daneben hat der EuGH die sog. *ERT*-Rechtsprechung[102] entwickelt, wonach die Mitgliedstaaten auch bei einem Handeln **„im Anwendungsbereich der Verträge",** an die EU-Grundrechte **gebunden** sind. Diese ist heftig umstritten.[103] Es geht hier insbesondere um die Bindung der Mitgliedstaaten außerhalb des Sekundärrechts im Bereich der Grundfreiheiten. Wenn sie sich dort zur Rechtfertigung auf **Ausnahmen von den Grundfreiheiten** berufen, prüft der EuGH **zusätzlich,** ob die betreffenden nationalen Regelungen die **EU-Grundrechte** beachten. Angesichts der Reichweite der Grundfreiheiten bestehen danach für die Mitgliedstaaten in erheblichem Maße Bindungen an EU-Grundrechte.[104] Allerdings ist in den betreffenden Fällen der vom EuGH gewährte Grundrechtsschutz nicht über jenen in der EMRK hinausgegangen, an die alle Mitgliedstaaten gebun-

---

[99] Ausführlich *Heselhaus,* Abgabenhoheit der Europäischen Gemeinschaft in der Umweltpolitik, 2001, S. 315 f.
[100] EuGH C-68/95, Slg. 1996, I-6065 Rn. 42 – T. Port, im Hinblick auf die Berufs- und Eigentumsfreiheit.
[101] EuGH 5/88, Slg. 1989, 2609 – Wachauf; s. zuvor bereits EuGH verb. Rs. 201, 202/85, Slg. 1986, 3477 – Klensch; ausführlich dazu *Eeckhout* CMLR 2002, 945 (954 ff.), *Weiler/Fries* in Alston S. 147 (161).
[102] EuGH C-260/98, Slg. 1991, I-2925 – ERT, bestätigt ua in EuGH C-66/00, Slg. 2002, I-6279 Rn. 38 ff. – Carpenter.
[103] Kritisch *Britz* NVwZ 2004, 173 (177), zustimmend *Besselink* MJ 8 (2001), 68 (77).
[104] Etwa das Grundrecht auf Familie, EuGH C-66/00, Slg. 2002, I-6279 Rn. 38 ff. – Carpenter.

den sind.¹⁰⁵ Mithin interpretiert der EuGH dort nicht den sachlichen Schutzbereich der EU-Grundrechte extensiv, sondern deren Adressatenkreis. Die Befürworter verweisen darauf, dass die Frage der Ausnahmen von den Grundfreiheiten eine solche des EU-Rechts sei, deren Entscheidung dem EuGH obliege.¹⁰⁶ Dieser habe bei seiner Tätigkeit die Grundrechte zu beachten. In diesem Sinne wird auch davon gesprochen, dass die EU-Grundrechte **Teil der Rechtfertigungsprüfung** seien.¹⁰⁷ Geht man aber davon aus, dass die EU-Grundrechte primär nur die EU binden – das ist Grundlage der Argumentation in der oben genannten *agency*-Situation –, bedarf es eines weiteren Argumentes, warum sie vom EuGH auch im nichtharmonisierten Bereich unmittelbar den Mitgliedstaaten vorgehalten werden können (näher dazu → Rn. 33). In der besonderen Konstellation, dass Mitgliedstaaten Ausnahmen von Grundfreiheiten mit nationalen Grundrechten rechtfertigen wollen, geht der EuGH schlicht davon aus, dass die Grundrechte sowohl von der Union „als auch von ihren Mitgliedstaaten zu beachten sind".¹⁰⁸ Festzuhalten bleibt, dass die Mitgliedstaaten nach jener Rechtsprechung vor Inkrafttreten der Charta in nicht unerheblichem Umfang an die EU-Grundrechte gebunden sind.

Im Vergleich zur früheren Rechtsprechung scheinen die Mitgliedstaaten nach dem Wortlaut der **Grundrechtecharta** auf den ersten Blick bei der Ausübung ihrer Kompetenzen weniger Bindungen zu unterliegen. Denn Art. 51 Abs. 1 GRC bindet sie **„ausschließlich"** **bei der Durchführung** des EU-Rechts, dh mit einem wörtlichen Bezug allein auf die oben erwähnte *agency*-Situation. Offenbar hat sich im Grundrechte-Konvent eine ausdrückliche Bestätigung der *ERT*-Rechtsprechungslinie nicht durchsetzen können.¹⁰⁹ Wenn daraus in der Literatur zum Teil eine Ablehnung dieser Rechtsprechung gefolgert wird,¹¹⁰ ist dem aber entgegenzuhalten, dass sich die Befürworter der *ERT*-Rechtsprechung zwar bei der Abfassung des Textes der Charta nicht haben durchsetzen können, gleichwohl aber die sowohl vom Grundrechte-Konvent als auch in Abs. 5 Präambel GRC für bedeutsam gehaltenen **Erläuterungen zu den Bestimmungen** der Charta den Hinweis enthalten, dass mit der Bindung bei einem Handeln im Rahmen des Unionsrechts die Rechtsprechung nachgezeichnet werden sollte und in diesem Zusammenhang dann doch **ausdrücklich die *ERT*-Entscheidung erwähnt** wird.¹¹¹ Die systematische Interpretation spricht demnach für die Einbeziehung dieser Rechtsprechungslinie und die daraus folgende entsprechende Bindung der Mitgliedstaaten.¹¹² **31**

Des Weiteren ist zu beachten, dass sich die EU in Art. 6 Abs. 1 EUV sowohl zur Achtung der Grundrechtecharta bekennt als auch in dessen Abs. 3 zur Achtung der Grundrechte als „allgemeine Rechtsgrundsätze des Unionsrechts". Diese **Doppelgleisigkeit des Grundrechtsschutzkonzeptes** in der EU erlaubt es dem EuGH, seine bisher entwickelte Linie der grundrechtlichen Bindung auch der Mitgliedstaaten in jedem Fall auf einem zweiten Gleis weiter zu verfolgen. Schließlich kann man dem auch nicht die **Kompetenzsiche-** **32**

---

¹⁰⁵ In EuGH C-66/00, Slg. 2002, I-6279 – Carpenter, ging es um einen Verstoß gegen das Recht auf Familie, das als Gemeinschaftsgrundrecht unter Rückgriff auf Art. 8 EMRK entwickelt wird. Im Ausgangsverfahren hatten die britischen Behörden die EMRK bei einer Ausweisungsverfügung nicht beachtet.
¹⁰⁶ *Weiler/Fries* in Alston S. 147 (162 f.).
¹⁰⁷ *Streinz/Michl* in Streinz GRC Art. 51 Rn. 15.
¹⁰⁸ EuGH C-36/02, Slg. 2004, I-9606 Rn. 35 – Omega GmbH/Bonn. S. bereits EuGH C-112/00, Slg. 2003, I-5659 – Schmidberger/Österreich. Während *Szczekalla* JA 2002, 992 (998) wie hier die entsprechende Aussage des EuGH als eine Prüfung der EU-Grundrechte versteht – wenn auch mit einer anderen Begründung –, interpretiert sie *Schorkopf* ZaöRV 64 (2004), 125 (130 ff.) im Sinne einer Prüfung nationaler Grundrechte. Wohl für eine umfassende Bindung der Mitgliedstaaten unter der Grundrechtecharta *Curtin/van Ooik* MJ 8 (2001), 102 (109).
¹⁰⁹ *Borowsky* in NK-EuGRCh Art. 51 Rn. 5 f.
¹¹⁰ *Borowsky* in NK-EuGRCh Art. 51 Rn. 29.
¹¹¹ S. die Erläuterungen zu Art. 51 GRC, abgedruckt in EuGRZ 2000, 559 und in *Bernsdorff/Borowsky* GRC S. 15 (42). Zur „gebührenden Berücksichtigung" der Erläuterungen bei der Auslegung der Charta s. Art. II-112 Abs. 7 VVE.
¹¹² AA *Besselink* MJ 8 (2001), 68 (79).

rungsklausel entgegenhalten. Erstens ist diese auf die Rechtsetzung beschränkt.[113] Dies ergibt sich aus der besonderen Betonung des Subsidiaritätsprinzips, das gegenüber der Rechtsprechung nicht anwendbar ist. Zweitens ist es der Einführung eines umfassenden Grundrechtskatalogs **immanent,** dass damit die Rechtsprechungskompetenz verstärkt wird. Und drittens würde die Anwendung der Kompetenzsicherungsklausel verpuffen, weil der EuGH seinen weiten Ansatz bereits vor dem Inkrafttreten der Charta entwickelt hat und die Kompetenzsicherungsklausel gerade **nicht für Einschränkungen** von Kompetenzen angerufen werden kann (→ Rn. 25).

33   2013 hat der EuGH in der Rs. **Åkerberg Fransson** seine Kompetenzen in Sachen Grundrechte weit abgesteckt. In der Sache ging es darum, ob die Bekämpfung eines konkreten Falls von Mehrwertsteuerbetrug eine **ausreichend enge Bindung** zur Mehrwertsteuer-Richtlinie der EU aufweist.[114] Der EuGH bejahte dies und verwies zusätzlich auf die Pflicht der Mitgliedstaaten nach Art. 325 AEUV, zur Bekämpfung von rechtswidrigen Handlungen, die sich gegen die finanziellen Interessen der Union richten, abschreckende und wirksame Maßnahmen zu ergreifen.[115] In dieser Richtungsentscheidung stellt der EuGH ausschließlich auf die „**Durchführung** des Unionsrechts" ab (→ Rn. 31), ohne aber inhaltlich seine ERT-Rechtsprechung aufzugeben. Vielmehr passt er seinen Ansatz argumentativ an den **Wortlaut** von Art. 51 GRC an, behält aber dessen Weite bei. Dazu beruft er sich auf die **Erläuterungen** zu Art. 51 GRC, wonach „[d]ie Verpflichtung zur Einhaltung der im Rahmen der Union definierten Grundrechte für die Mitgliedstaaten ... nur dann [gilt], wenn sie im Anwendungsbereich des Unionsrechts handeln". Damit wird das Merkmal des Anwendungsbereichs in das Zentrum gerückt. Nach zutreffender Ansicht entwickelt der EuGH damit außerhalb einer Vollharmonisierung einen Bereich **überlappender Grundrechtsbindungen,**[116] in dem nationale Grundrechte zwar anwendbar sind, diese aber die Vorgaben des EU-Rechts, dh **Anwendungsvorrang und EU-Grundrechte,** achten müssen. In den Entscheidungsgründen klang ein noch weiterer Ansatz an, wenn der Anwendungsbereich der Charta mit dem des Unionsrechts gleichgesetzt wurde. Die Entscheidung ist sowohl auf vorsichtige Zustimmung[117] wie auch einzelfallbezogene Ablehnung[118] gestoßen. Insbesondere hat der 1. Senat der **BVerfG** unverhohlen dem EuGH gedroht, dass eine weite Ausdehnung dieses Ansatzes zu *ultra-vires*-Akten oder einem Eingriff in die **Identität der Mitgliedstaaten** führen könne.[119] Hintergrund ist der vom BVerfG verfolgte abweichende Ansatz einer Trennung der Grundrechtssphären der EU und der Mitgliedstaaten.[120]

34   Der EuGH hat in der nachfolgenden Rechtsprechung zwar grundsätzlich seinen **Ansatz beibehalten,** doch die **Kritik** des BVerfG **aufgenommen.** So begründet er in jüngeren Entscheidungen seine Zuständigkeit zur Überprüfung der Einhaltung der EU-Grundrechte nicht lediglich mit einem Hinweis auf den Anwendungsbereich der Verträge, sondern mit mehr Aufwand.[121] Er beschränkt sich damit zwar nicht auf Bereiche, die vollständig vom EU-Recht „determiniert" sind, lässt aber auch nicht „jeden sachlichen Bezug"[122] ausreichen. Es sind bereits verschiedene **Gruppen** von Situationen erkennbar:

35   Im Fall einer **Vollharmonisierung** sind allein die EU-Grundrechte maßgeblich. Im Bereich einer (nicht weiter eingegrenzten) **Mindestharmonisierung** können im darüber hinausgehenden Bereich die nationalen Grundrechte zur Anwendung kommen, müssen aber in Einklang mit EU-Grundrechten sein und dürfen den Anwendungsvorrang des EU-

---

[113] *Thym* NVwZ 2013, 889 (891).
[114] Von GA *Cruz Villalón* verneint, SchlA C-617/10, ECLI:EU:C:2012:340 Rn. 57 ff. – Åkerberg Fransson.
[115] EuGH C-617/10, ECLI:EU:C:2013:105 Rn. 26 – Åkerberg Fransson.
[116] *Thym* NVwZ 2013, 889 (894 f.).
[117] *Thym* NVwZ 2013, 889 (895 f.).
[118] *Streinz/Michl* in Streinz GRC Art. 51 Rn. 7.
[119] BVerfG 24.4.2013 – 1 BvR 1215/07 Rn. 91 – Antiterrordateigesetz.
[120] *Thym* NVwZ 2013, 889 (894 f.).
[121] *Thym* NVwZ 2013, 889 (891) hat einen entsprechenden Hinweis des BVerfG gesehen.
[122] So die Warnung des BVerfG 24.4.2013 – 1 BvR 1215/07 Rn. 91 – Antiterrordateigesetz.

Rechts nicht in Frage stellen.¹²³ Ferner sind die EU-Grundrechte im Fall einer **im Sekundärrecht vorgesehenen Ausnahme** für die Mitgliedstaaten zu beachten.¹²⁴ Das entspricht dem Ansatz der Beachtung im Rahmen der **Grundfreiheiten,** die der EuGH weiterhin fordert.¹²⁵ Ferner binden die EU-Grundrechte – zusätzlich zu nationalen –, wenn die Mitgliedstaaten der Verpflichtung zur Ergreifung **finanzieller Sanktionen** unterliegen.¹²⁶ Es entspricht diesem Ansatz, dass eine Situation im Bereich einer **Rechtsetzungskompetenz** der EU nicht ausreichend ist, wenn die Kompetenz noch **nicht** dergestalt **aktiviert** worden ist, dass konkrete Bindungen aufgestellt worden sind. In diesem Sinn hat der EuGH seine Zuständigkeit verneint, wenn es sich um eine **allgemeine nationale Regelung** gehandelt hat, die nicht der Durchführung von EU-Recht gedient hat. Demgegenüber sei der Zusammenhang aber gegeben, wenn die nationale Regelung zwar nicht direkt zur Umsetzung einer Richtlinie erlassen wurde, aber die **Anwendung** der Richtlinie **gewährleisten** soll.¹²⁷

Mit diesem Ansatz hält der EuGH seine Grundlinie bei, nach der es in manchen **36** Bereichen zur **Überlappung im Grundrechtsschutz** kommen kann. Geschickt hat er in der Åkerberg-Fransson-Entscheidung seine bisherige Rechtsprechung unter den Wortlaut von Art. 51 GRC subsumiert, wobei er sich auf die **Erläuterungen** stützen kann.¹²⁸ Ein *ultra-vires*-Vorwurf dürfte danach schwer zu begründen sein, auch wenn die Argumentation des EuGH keineswegs zwingend ist. In der weiteren Entwicklung hat er die Kritik des BVerfG partiell aufgegriffen und sich damit weitere Zustimmung gesichert. Aus grundrechtlicher Sicht ist diese Entwicklung begrüßenswert, weil die obersten Gerichte in den zukünftigen Fällen auch um die bessere **Grundrechtsinterpretation** ringen werden. Es muss daran erinnert werden, dass in der Vergangenheit gerade das BVerfG mit seiner Solange-Rechtsprechung indirekt einen wichtigen Beitrag für die Etablierung eines hohen Grundrechtsschutzstandards in der EU geleistet hat. Aus Sicht des EuGH wird der Anwendungsvorrang gewahrt und der Gerichtshof erhält die Gelegenheit, in weiteren Fällen den von den EU-Grundrechten gewährleisteten Schutz zu konkretisieren. Bisher hat er jedenfalls seine Funktion als **Grundrechtsgericht** noch nicht so überzeugend ausüben können wie jene als **Integrationsgericht**. Das BVerfG behält unter diesem Ansatz die Zuständigkeit, eine – eventuell – **korrigierende Grundrechtsauslegung** in den Dialog der obersten Gerichte einzuspeisen. Allerdings führt das Vorlageverfahren dazu, dass die **Fachgerichtsbarkeit** sich zunächst an den EuGH wenden muss, wenn sie Auslegungsfragen im Hinblick auf die EU-Grundrechte hat.

In Praxis und Literatur sind vereinzelt **alternative Lösungsmodelle** eingebracht wor- **37** den. So hat sich **Generalanwalt** *Jacobs* dafür ausgesprochen, dass sich jeder **Unionsbürger** im EU-Ausland auf die EU-Grundrechte solle berufen können.¹²⁹ Dem ist entgegengehalten worden, dass damit zwei Klassen von Unionsbürgern entstünden und eine solche Privilegierung den Wortlaut von Art. 51 GRC verletzen würde.¹³⁰ Doch ist in Erinnerung zu rufen, dass aufgrund der Akzeptanz der sog. **Inländerdiskriminierung** der Vorschlag keineswegs einen Sonderfall kreieren würde: Da die Berufung auf die EU-Grundrechte nur im EU-Ausland möglichsein soll, wäre ein **grenzüberschreitendes Element** gegeben. Da Art. 51 GRC ausweislich der Erläuterungen an den Anwendungsbereich des EU-Rechts anknüpft, wäre ihm eine solche „Privilegierung" – in der Sache liegt gar keine Privilegierung vor, da sich die Inländer im EU-Ausland ebenso auf die EU-Grundrechte berufen

---

123 EuGH C-42/17, ECLI:EU:C:2017:936 Rn. 47 – M. A. S.; EuGH C-617/10, ECLI:EU:C:2013:105 Rn. 29 – Åkerberg Fransson.
124 *Haltern,* Europarecht. Dogmatik im Kontext, 3. Aufl. 2017, Bd. II Rn. 1577.
125 *Haltern,* Europarecht. Dogmatik im Kontext, 3. Aufl. 2017, Bd. II Rn. 1580.
126 Vgl. EuGH C-617/10, ECLI:EU:C:2013:105 Rn. 26 ff. – Åkerberg Fransson.
127 EuGH C-682/15, ECLI:EU:C:2017:373 Rn. 40 – Berlioz.
128 *Haltern,* Europarecht. Dogmatik im Kontext, 3. Aufl. 2017, Bd. II Rn. 1610.
129 GA *Jacobs,* SchlA C-168/91, Slg. 1993 I-1191 Rn. 46 – Konstantinidis. In den weiteren Ausführungen wird das grenzüberschreitende Element sogar weggelassen.
130 *Streinz/Michl* in Streinz GRC Art. 51 Rn. 22.

könnten bzw. die sog. Inländerdiskriminierung von den Verträgen akzeptiert wird – auch nicht fremd. Bedenklich ist hingegen die alleinige Anknüpfung an den **Status des Unionsbürgers** ohne zusätzliche Absicherung über den Anwendungsbereich des Unionsrechts.

38   Nach einem weiteren Vorschlag von **Generalanwältin** *Sharpston* sollte eine Vorschrift eingeführt werden, nach der die Bindung an die EU-Grundrechte zu bejahen ist, wenn „**Existenz und Umfang**" einer sachlichen Unionszuständigkeit" gegeben sind.[131] Ausdrücklich sollte es **nicht** erforderlich sein, dass die EU diese Kompetenz auch **ausgeübt** hat. Allerdings ist dieser Vorschlag *de lege ferenda* gemeint gewesen. In der Literatur wird darauf hingewiesen, dass dies nicht dem Wortlaut des Art. 51 GRC entspreche, da man ohne einen EU-Rechtsakt nicht von „Durchführung" sprechen könne.[132] Dieses Argument ist allerdings nicht zwingend, da die Erläuterungen einen Hinweis auf den „Anwendungsbereich" enthalten.

39   Schließlich wird ein „**Reverse Solange**"-Ansatz erwogen.[133] Danach wird aus einer Gesamtsicht von Art. 20 AEUV zur Unionsbürgerschaft und Art. 2 EUV zu den Werten gefolgert, dass eine **Autonomie der Mitgliedstaaten** im Grundrechtsbereich nur bestehen solle, solange diese einen Art. 2 EUV zu entnehmenden **Kernbereich der Werte** wahren.[134] Dem wird entgegnet, dass der Art.-7-Mechanismus bewusst auf eine politische Rückbindung an den Europäischen Rat setze und nicht auf die Rechtsprechung.[135] Derzeit ist jedoch zu beobachten, dass in der Auseinandersetzung zwischen der Kommission und Polen um die dortige Reform der Gerichtsbarkeit auch der EuGH bemüht wird.[136]

40   In der Bewertung ist zunächst festzustellen, dass sich sowohl der **Überlappungsansatz** des EuGH als auch der **Trennungsansatz** des BVerfG mit guten Argumenten begründen lassen. Rechtspolitisch ist letzterer aus Sicht eines Mitgliedstaates mit hohem und gefestigtem Grundrechtsrechtstandard attraktiv, während ersterer in der derzeitigen Situation von **Grundrechtsgefährdungen** in einzelnen Mitgliedstaaten aus Sicht der Union und der Mehrheit der Mitgliedstaaten[137] Vorteile aufweist. Aus der Perspektive der **Souveränitätswahrung** erscheint ein maßvoller Ansatz über die Rechtsprechung vorzugswürdig gegenüber einem ansonsten eventuell erforderlichen Agieren im Rahmen der (Primär-)Rechtsetzung. Letzteres würde auf einen Ausbau des Werteansatzes über Art. 2 EUV hinauslaufen. Ferner ist in Erinnerung zu rufen, dass mit dem **Diskriminierungsverbot** nach Art. 18 AEUV ein Präzedenzfall für eine sehr **weite Anwendung** eines Unionsbürgerrechtes besteht, nämlich ausdrücklich im „Anwendungsbereich" der Verträge.[138] Auch die **Rechtsetzungskompetenz zur Bekämpfung anderer Diskriminierungen** nach **Art. 19 AEUV** ist weit, nämlich auf die der Union übertragenen Zuständigkeiten zugeschnitten.[139] Damit ergeben sich durchaus Verbindungslinien zum Rekurs auf den **Anwendungsbereich** in den Erläuterungen zu Art. 51 GRC. Wenn der EuGH seinen Ansatz unter Art. 51 GRC demgegenüber etwas zurücknimmt, erweist er damit dem unterschiedlichen **Wortlaut** von Art. 51 GRC eine gewisse Referenz. Aus dieser Sicht ist es überzeugend, eine **bestimmte Determination** im Anwendungsbereich als Voraussetzung für eine (doppelte) Grundrechtsbindung zu verlangen. Eckpunkt des Ansatzes sind die **Grundfreiheiten:** Wenn die dort erforderliche Rechtfertigung der Mitgliedstaaten zugleich die

---

[131] GA *Sharpton*, SchlA C-34/09, Slg. 2011, I-1177 Rn. 163 – Ruiz Zambrano.
[132] *Streinz/Michl* in Streinz GRC Art. 51 Rn. 23.
[133] *v. Bogdandy/Kottmann/Antpöhler/Dickschen/Hentrei/Smrkolj* ZaöRV 2012, 45 (66 ff.).
[134] *v. Bogdandy/Kottmann/Antpöhler/Dickschen/Hentrei/Smrkolj* ZaöRV 2012, 45 (67 ff.).
[135] *Streinz/Michl* in Streinz GRC Art. 51 Rn. 24.
[136] Bis dato Vertragsverletzungsverfahren „wegen Maßnahmen zum Justizumbau", eingeleitet am 29.7.2017; Vertragsverletzungsverfahren „zum Schutz der Unabhängigkeit des polnischen Obersten Gerichts", eingeleitet am 2.7.2018; Vertragsverletzungsverfahren „zum Schutz polnischer Richter vor politischer Kontrolle", eingeleitet am 3.4.2019.
[137] Vgl. die Differenzierung bei *Thym* NVwZ 2013, 889 (895 f.).
[138] *Thym* NVwZ 2013, 889 (893).
[139] *Epiney* in Calliess/Ruffert AEUV Art. 19 Rn. 6.

Konformität mit den EU-Grundrechten verlangt, dann ist es konsequent, dies auch bei anderen **Ausnahme- und Öffnungsklauseln** im Sekundärrecht wie auch der **Grundsätze der Äquivalenz und Effektivität** bei der Umsetzung anzuwenden. Hervorzuheben ist, dass man Art. 51 GRC kein Argument entnehmen kann, um den **Anwendungsvorrang** des Unionsrechts in Frage zu stellen. Für die möglichen Konfliktfälle gilt dann, dass der EuGH – im Rahmen des Anwendungsvorrangs – via Art. 53 GRC **weitergehenden Schutz** durch nationale Grundrechte akzeptiert.[140] Problematisch erscheinen dann nur noch die Fälle **mehrpoliger Grundrechtssituationen.** In solchen Konfliktfällen ist für die rechtspolitische Auseinandersetzung wichtig, welches der beiden Gerichte die größere **Legitimationskraft** als Grundrechtsgericht besitzt. Des Weiteren ist darauf hinzuweisen, dass aus Grundrechtssicht die wichtigere Auseinandersetzung im **Bereich des harmonisierten Rechts** verläuft. Insbesondere die Probleme im Zusammenhang mit dem **Europäischen Haftbefehl** zeigen, dass die Gefahr eines *race to the (human rights) bottom* besteht, um integrationspolitische Konsense in der Rechtsetzung zu finden. Hier hat das **BVerfG unter Berufung auf** die **Menschenwürde** und Art. 1 GG sowie die Achtung der Identität der Mitgliedstaaten nach Art. 4 Abs. 2 EUV Stellung bezogen.[141] Seine Überzeugungskraft dürfte umso stärker sein, je weniger es in einer Fundamentalopposition zum EuGH verharrt.

F. Auswirkungen der EU-Grundrechte auf den Integrationsprozess

Abschließend stellt sich die Frage, ob die rechtliche Anerkennung der EU-Grundrechtecharta fördernde Auswirkungen auf den **Integrationsprozess** haben und dazu beitragen könnte, dass in Zukunft weitere Kompetenzen an die EU übertragen werden. Diese Frage war vor dem Lissaboner Vertrag heftig diskutiert worden.[142] Diese Sorgen weisen interessante Anklänge an die Diskussionen über die Aufnahme eines Grundrechtekatalogs in die Verfassungen des Norddeutschen Bundes und des Deutschen Reiches auf. Damals wurde ein „Hineinregieren" in die Länder befürchtet, dass deren **Verfassungsautonomie** untergraben könnte, allerdings nicht zuletzt, weil diese vielfach selbst noch nicht über Grundrechtskataloge verfügten.[143] Heute ist diese Frage von der Entwicklung des Primärrechts im Grunde **überholt** worden. Denn mit dem Lissaboner Vertrag sind der Union weitere wichtige Zuständigkeiten, vor allem im Bereich der **Asylpolitik** und des **Strafrechts,** übertragen worden. Insofern dürfte die Charta sogar in ihrer rechtlich unverbindlichen Form als politische Proklamation anlässlich des Nizza-Vertrages die entsprechende fördernde Wirkung gehabt haben, weil sie die mögliche Entwicklung der Rechtsprechung zu einem ausreichenden Grundrechtsstandard sichtbar machen konnte.

Zutreffend hat der Europäische Rat von Köln in seinem Auftrag für den Grundrechtekonvent die legitimitätsstiftende Wirkung einer Grundrechtecharta hervorgehoben.[144] Weit mehr als die bis dahin fallrechtliche Grundrechtsjudikatur vermag es ein sichtbarer Grundrechtekatalog, die **Bedeutung des Einzelnen** in der EU und für die EU herauszustellen und damit die Beziehung der Bürger zur Europäischen Union zu festigen.[145] Insbesondere die Aufnahme sozialer Grundrechte zeigt, dass die EU nicht nur die wirtschaftlichen Freiheiten betont, sondern um einen Ausgleich bemüht ist.[146] Dies wird auch in der Überschrift des entsprechenden Teils der Charta mit „Solidarität" deutlich. Mit ihm

---

140 *Kingreen* in Calliess/Ruffert GRC Art. 53 Rn. 2.
141 BVerfG 15.12.2015 – 2 BvR 2735/14 Rn. 36 ff. – Europäischer Haftbefehl II.
142 Vgl. *Schachtschneider* RuP 2001, 16 ff.
143 *Große Wentrup* S. 21 ff.
144 Dazu *Riedel* in NK-EuGRCh Vorb. IV Rn. 8.
145 *Altmaier* ZG 2001, 195 (207). Nach *Calliess* EuZW 2001, 261 (262), entspricht die Sichtbarmachung der EU-Grundrechte dem Prinzip der Bürgernähe. Zur Beteiligung der Zivilgesellschaft am Grundrechte-Konvent *Häfner/Strawe/Zuegg* ZRP 2000, 365 f. Zur politisch-integrativen Rolle von EU-Grundrechten *Preuß* KJ 1998, 1 (5). Zur Charta als Vorstufe zur Verfassung *Lenaerts/de Smijter* CMLR 2001, 273 (298).
146 Zu den Diskussionen im Grundrechtekonvent s. *Riedel* in NK-EuGRCh Vorb. IV Rn. 9 ff.

werden die bisherige Solidaritätskonzeption des EU-Vertrages[147] sowie die Hervorhebung der „sozialen Marktwirtschaft" in Art. 3 Abs. 2 S. 2 EUV ergänzt. Die darin liegende **legitimierende Wirkung** für die EU ist von offizieller Seite anerkannt worden.[148]

43   Ferner wird der sichtbare Grundrechtekatalog auf EU-Ebene eine **unitarisierende Wirkung** haben, da sich Mitgliedstaaten auf Dauer wohl kaum die Blöße geben werden wollen, ihren Bürgerinnen und Bürgern weniger Rechte zu gewähren als die EU bzw. sie selbst beim dezentralen Vollzug des Gemeinschaftsrechts. Insgesamt wird sich die EU mit einem geschriebenen Grundrechtekatalog noch stärker in Richtung einer **Wertegemeinschaft** entwickeln. Dies gilt nicht nur im Hinblick auf mögliche Beitrittskandidaten,[149] sondern auch bezüglich Ansätzen zu einer allgemeinen Menschenrechtspolitik,[150] wie sie in der Schaffung einer EU-Grundrechte-Agentur[151] zum Ausdruck gekommen sind (→ § 12 Rn. 27), und der Wahrnehmung in der öffentlichen Meinung.[152] Es bleibt abzuwarten, ob eine Beschränkung des Grundrechtsschutzes auf *moving citizens,* die ihre Grundfreiheiten ausüben, auf Dauer der Akzeptanz der EU-Grundrechte förderlich sein wird.[153]

44   Trotz aller Sicherungsklauseln werden diese (möglichen) unitarisierenden, integrationsfördernden Wirkungen von der Charta in keiner Weise beschränkt. Zwar wird in der Präambel des EU-Vertrages das bisherige **Bekenntnis zu einer immer engeren Union** deutlich abgeschwächt. Doch ist diese (alte) Zielvorgabe **in Präambel Abs. 1 GRC** – angesichts der Übereinstimmung mit der Präambel des geltenden EU-Vertrages wenig überraschend – aufgegriffen worden. Es dürfte aber kein Zufall sein, dass sie in Präambel Abs. 1 GRC die „Säuberungen" des Verfassungsvertrages überdauert hat. Somit gewährt ausgerechnet das Primärrecht der Grundrechte den Zielvorstellungen der Integrationsbefürworter sozusagen „Asyl". Da liegt es nahe anzunehmen, dass gerade die EU-Grundrechte einen Beitrag zum Fortschreiten der Integration leisten sollen.

G. Zusammenfassende Bewertung und Ausblick

45   Das **Zusammenspiel von EU-Grundrechten und der Kompetenzordnung** in der EU erzeugt in vieler Hinsicht Harmonien. Daneben sind aber auch leichte Dissonanzen vernehmbar. Bei den früher weniger sichtbaren ungeschriebenen EU-Grundrechten sind sie weniger hörbar gewesen, da der EuGH die EU-Grundrechte sehr behutsam entwickelt hat und seine Rechtsprechung von großem Respekt gegenüber den EU-Rechtsetzungsorganen gekennzeichnet ist. Eine ähnliche Zurückhaltung haben die **Mitgliedstaaten** nicht erfahren: Die Åkerberg-Fransson-Rechtsprechung bindet sie an die EU-Grundrechte relativ weitgehend bei der Durchführung des Unionsrechts, nämlich unter Berücksichtigung des Anwendungsbereichs der Verträge. Der Konflikt mit dem BVerfG dürfte weiterbestehen, aber nicht weiter eskalieren.[154] Die möglichen Herausforderungen für die **Kompetenzverteilung** durch eine geschriebene Grundrechtecharta werden in der Charta selbst nur in ihren extremen Varianten abgewehrt. Entgegen anderslautenden Befürchtungen führen die in der Charta eingebauten Begrenzungen aber auch nicht zu einer Beein-

---

[147] Näher dazu *Calliess,* Subsidiaritäts- und Solidaritätsprinzip in der Europäischen Union, 2. Aufl. 1999, passim.
[148] S. der Europäische Rat von Köln, Schlussfolgerungen des Vorsitzes, Bull. EU 6-1999, Nr. 44 f. und Anhang 4 S. 14, 39 f.; *Magiera* DÖV 2000, 1017 (1020); *Hirsch* RdA 1998, 194 (200); *v. Bogdandy* JZ 2001, 157 ff.; *Losch/Radau* NJW 1999, 632 (633), verweisen auch der rechtsstaatlich-demokratischen Legitimation. S. ferner *Leidenmüller* in Lang/Strohmer, Europa der Grundrechte?, 2002, S. 98 ff.; *Friedrich* in Lang/Strohmer, Europa der Grundrechte?, 2002, S. 102 ff.; *Baier* in Lang/Strohmer, Europa der Grundrechte?, 2002, S. 110 ff.
[149] Ausführlich dazu *Mayer/Palmowski* JCMS 2004, 573 (592 ff.). Vgl. zu den Grundrechten in der Außenpolitik *Menéndez* JCMS 2002, 471 (484 ff.).
[150] Näher dazu *Eeckhout* CMLR 2002, 945 (988 ff.).
[151] S. dazu *de Schutter* S. 38.
[152] Vgl. *Mayer/Palmowski* JCMS 2004, 573 (584, 588).
[153] Kritisch in dieser Hinsicht *de Schutter* S. 22 ff.
[154] Vgl. *Thym* NVwZ 2013, 889 (893).

trächtigung des bisherigen *status quo*. Doch bewirken die im Lissabonner Vetrag vorgenommen Kompetenzerweiterungen der EU, dass der EuGH in neuen Politikfeldern stärker als **Grundrechtsgericht** gefordert wird.[155] Je besser ihm dies gelingt, umso stärker wird rechtspolitisch seine Bedeutung in anderen Fällen von Grundrechtskonflikten. Wie jede anspruchsvolle Komposition baut auch der Verfassungsvertrag mit einigen Dissonanzen eine Spannung auf, deren Auflösung man erwartet, aber nicht vorhersagen kann.

---

[155] Vgl. zur Prüfung von Verstössen gegen Art. 4 GRC im Bereich des Asylrechts *Heselhaus* in Becchi/Mathis, Handbook of Human Dignity in Europe, 2019, Ziff. 4.2.1.

2. Abschnitt. Grundrechtsdogmatik in der EU, prozessuale Durchsetzung

§ 7 Begriff, Geltungsgrund und Rang der Grundrechte der EU

Übersicht

	Rn.
A. Einleitung	1–3
B. Begriff der Grundrechte	4–29
I. Grundrechtsbegriff im Unionsrecht	4–7
II. Elemente des nationalen Grundrechtsbegriffs	8–19
1. Grundrechtstheorien	10, 11
2. Grundrechtsfunktionen	12–15
3. Elemente des Grundrechtsbegriffs	16–19
III. Grundrechtsbegriff in der Rechtsprechung des EuGH und des EuG	20–29
C. Abgrenzungsfragen: Unionsgrundrechte neben weiteren primärrechtlichen Rechtsinstituten	30–104
I. Abgrenzung zu den Grundsätzen der Grundrechtecharta	32–35
II. Abgrenzung zu den Menschenrechten des Art. 2 EUV	36–44
III. Abgrenzung zu den Grundfreiheiten	45–70
1. Institutioneller und willkürlicher Gehalt der Grundfreiheiten	50–52
2. Wirkrichtung der Grundfreiheiten	53–58
3. Anwendungsbereich: Konkurrenz und Interaktion	59–66
4. Grundsätzlich unterschiedliche Funktionen	67–69
5. Ergebnis	70
IV. Abgrenzung zu rechtsstaatlichen Grundsätzen	71–81
V. Abgrenzung zur Unionsbürgerschaft	82–97
VI. Abgrenzung zu den Vertragsgrundrechten	98–101
VII. Zusammenfassung: Schutzrichtung und Kategorisierung als subjektiv-öffentliches Recht als zentrale Abgrenzungskriterien	102–104
D. Geltungsgrund der Grundrechte	105–153
I. Geltungsgrund der Grundrechte nach dem Vertrag von Lissabon	107–112
1. Charta der Grundrechte	108, 109
2. Grundrechte in Form von allgemeinen Grundsätzen	110–112
II. Geltungsgrund der Grundrechte vor dem Vertrag von Lissabon	113–153
1. Frühe normative Grundlagen der Grundrechtsgeltung im Primärrecht	117–121
2. Geltungsgrund Rechtsgemeinschaft	122–136
3. Entfaltung der Unionsgrundrechte durch die Rechtsprechung	137–144
4. Rechtsquellen und Rechtserkenntnisquellen	145–153
E. Rang der Grundrechte im Unionsrecht	154–173
I. Rang der Grundrechte der Charta	154
II. Rang der Grundrechte als allgemeine Rechtsgrundsätze	155–159
III. Rang der Grundrechte im Verhältnis zu anderem Unionsprimärrecht	160–173
F. Verhältnis der Unionsgrundrechte untereinander	174–185

Schrifttum:

Akehurst, The Application of General Principles of Law by the Court of Justice of the European Communities, BYIL 52 (1981), 29; *Alber*, Die Selbstbindung der europäischen Organe an die Europäische Charta der Grundrechte, EuGRZ 2001, 350; *Almhofer*, Zum Aufenthaltsrecht Drittstaatsangehöriger zwei Jahre post Zambrano, NVwZ 2013, 1134; *v. Arnauld*, Normhierarchien innerhalb des primären Gemeinschaftsrechts, EuR 2003, 191; *Aulehner*, Grundrechte und Gesetzgebung, 2011; *Bahlmann*, Der Grundrechtsschutz in der EG, EuR 1982, 1; *Baum/Riedel/Schaefer*, Menschenrechtsschutz in der Praxis der Vereinten Nationen, 1998; *Beckmann/Dieringer/Hufeld*, Eine Verfassung für Europa, 2. Aufl. 2005; *Bernard/Geck/Jaenicke/Steinberger*, Völkerrecht als Rechtsordnung, Internationale Gerichtsbarkeit, Menschenrechte, FS für Hermann Mosler, 1983; *Bernhardt*, Encyclopedia of Public International Law (EPIL), Bd. 2, 1995; *Berrisch*, Zum „Bananen"-Urteil des EuGH vom 5.10.1994, EuR 1994, 461; *Beutler*, Die Erklärung des Europäischen Parlaments über Grundrechte und Grundfreiheiten vom 12. April 1989, EuGRZ 1989, 185; *Bieber/Bleckmann/Capotorti/Nickel ua*, Das Europa der zweiten Generation, GS für Christoph Sasse, Bd. II, 1981; *Bienert*, Die Kontrolle mitgliedstaatlichen Handelns anhand der Gemeinschaftsgrundrechte, 2001; *Blanke/Mangiameli*, The European Union after Lisbon, Constitutional Basis, Economic Order and External Action, 2012; *Bleckmann*, Die Freiheiten des Gemeinsamen Marktes als Grundrechte, in Bieber/Bleckmann/Capotorti/Nickel ua, GS Sasse, Bd. II, S. 665; *ders.*, Staatsrecht II – Die Grundrechte, 4. Aufl. 1997; *Böckenförde*, Grundrechtstheorie und Grundrechtsinterpretation, NJW 1974, 1529; *ders.*, Staat, Verfassung, Demokratie, 1991; *v. Bogdandy*, The European Union as a Human Rights Organization? Human Rights and the Core of European Union, CMLR 37 (2000), 1307; *ders./Ioannidis*, Das systemische Defizit – Merkmale, Instrumente und Probleme am Beispiel der Rechtsstaatlichkeit und des neuen Rechtsstaatlichkeitsaufsichtsverfahrens, ZaöRV 74 (2014), 283; *Borowski*, Die Glaubens- und Gewissensfreiheit des Grundgesetzes, 2006; *Brandtner*, Menschenrechte in der Praxis – die Menschenrechtsverordnungen, Die Union 1/2001; *Bruha/Nowak*, Recht auf Austritt aus der Europäischen Union?, AVR 42 (2004), 1; *Bruha/Nowak/Petzold*, Grundrechtsschutz für Unternehmen im europäischen Binnenmarkt, 2004; *Callewaert*, Die EMRK und die EU-Grundrechtecharta, EuGRZ 2003, 198; *ders.*, Grundrechtsraum Europa – Die Bedeutung der Grundrechte für den Verwaltungsrechtsraum Europa, DÖV 2011, 825; *Calliess*, Der Unionsbürger: Status, Dogmatik und Dynamik, EuR-Beih. 1/2007, 7; *ders.*, Menschenwürde im Europarecht, in Gröschner/Lembcke, S. 133; *ders.*, Die neue Europäische Union nach dem Vertrag von Lissabon, 2010; *Cirkel*, Die Bindungen der Mitgliedstaaten an die Gemeinschaftsgrundrechte, 2000; *v. Danwitz*, Grundfragen einer Verfassungsbindung der Europäischen Union, in Beckmann/Dieringer/Hufeld, S. 383; *Dauses*, Der Schutz der Grundrechte in der Europäischen Gemeinschaft, JöR 31 (1982), 1; *Dörr/Fink/Hillgruber/Kempen/Murswiek*, Die Macht des Geistes, FS für Hartmut Schiedermair, 2001; *Dougan*, The Treaty of Lisbon 2007: Winning minds, not hearts, CMLR 2008, 617; *Eilmansberger/Griller/Obwexer*, Rechtsfragen der Implementierung des Vertrags von Lissabon, 2010; *Eisner*, Die Schrankenregelung der Grundrechtecharta der Europäischen Union – Gefahr oder Fortschritt für den Grundrechtsschutz in Europa?, 2005; *Everling*, Sind die Mitgliedstaaten der Europäischen Gemeinschaft noch Herren der Verträge?, in Bernard/Geck/Jaenicke/Steinberger, FS Mosler, S. 173; *ders./Narjes/Sedemund*, Europarecht, Kartellrecht, Wirtschaftsrecht, FS für Arved Deringer, 1993; *Forkel*, Euro-Rettung, Demokratie und Rechtsstaat, ZRP 2012, 240; *Frenz*, Grundfreiheiten und Grundrechte, EuR 2002, 603; *ders.*, Annäherung von europäischen Grundrechten und Grundfreiheiten, NVwZ 2011, 961; *ders.*, Europarecht, 2. Aufl. 2015; *Gerhardt*, Europa als Rechtsgemeinschaft, ZRP 2012, 161; *Goldsmith*, A Charter of Rights, Freedoms and Principles, CMLRev 2001, 1205; *Grabenwarter*, Auf dem Weg in die Grundrechtsgemeinschaft?, EuGRZ 2004, 563; *Grabitz*, Freiheit und Verfassungsrecht, Kritische Untersuchung zur Dogmatik und Theorie der Freiheitsrechte, 1976; *Gröschner/Lembcke*, Das Dogma der Unantastbarkeit, Eine Auseinandersetzung mit dem Absolutheitsanspruch der Würde, 2009; *Grzeszick*, Nationale Staatsangehörigkeit und europäische Unionsbürgerschaft, ZRP 2015, 42; *Hailbronner/Thym*, Ruiz Zambrano – Die Entdeckung des Kernbereichs der Unionsbürgerschaft, NJW 2011, 2008; *Haller/Kopetzki/Novak ua*, Staat und Recht, FS für Günther Winkler, 1997; *Heintzen*, Hierarchisierungsprozesse innerhalb des Primärrechts der Europäischen Gemeinschaft, EuR 1994, 35; *Henkin*, Human Rights, in Bernhardt, EPIL Bd. 2, S. 886; *Hesse*, Grundzüge des Verfassungsrechts der Bundesrepublik Deutschland, Neudruck der 20. Aufl. 1999; *Hilpold*, Unionsbürgerschaft – Entwicklung und Probleme, EuR 2015, 133; *Hirsch*, Gemeinschaftsgrundrechte als Gestaltungsaufgabe, in Kreuzer/Scheuing/Sieber, Europäischer Grundrechtsschutz, S. 9; *Hoffmeister*, Die Menschenrechts- und Demokratieaußenpolitik der Europäischen Union, Die Union 1/2001, 87; *ders.*, Der Beitrag der EU zur Entwicklung des besonderen Völkerrechts, EuR-Beih. 2/2012, 247; *Höfling*, Offene Grundrechtsinterpretation. Grundrechtsauslegung zwischen amtlichem Interpretationsmonopol und privater Konkretisierungskompetenz, 1987; *Hofmann, H.*, Normenhierarchien im europäischen Gemeinschaftsrecht, 1998; *Hofmann, A./Wessels*, Der Vertrag von Lissabon: eine tragfähige und abschließende Antwort auf konstitutionelle Grundfragen?, integration 2008, 3; *Huber*, Der Beitritt der Europäischen Union zur Europäischen Menschenrechtskonvention, 2008; *ders.*, Unionsbürgerschaft, EuR 2013, 637; *Hummer*, Grundrechte und grundrechtsähnliche Verbürgungen in den Europäischen Gemeinschaften – Versuch einer Systematisierung und gegenseitigen Abgleichung, in Schwind, S. 60; *Jarass*, Zum Verhältnis von Grundrechten und sonstigem Recht, EuR 2013, 29; *ders./Beljin*, Die Bedeutung von Vorrang und Durchführung des EG-Rechts für die nationale Rechtsetzung und Rechtsanwendung, NVwZ 2004, 1; *Jochum/Fritzemeyer/Kau*, Grenzüberschreitendes Recht – Crossing Frontiers, FS für Kay Hailbronner, 2013; *Kadelbach/Petersen*, Die gemeinschaftliche Haftung für die Verletzung von Grundfreiheiten aus Anlass privaten Handelns, EuGRZ 2002, 213; *Kahl/Ohlendorf*, Die Europäisierung des subjektiven öffentlichen Rechts, JA 2011, 41; *Kahl/Schwind*, Europäische Grundrechte und Grundfreiheiten – Grundbausteine einer Interaktionslehre, EuR 2014, 170; *Kellermann/de Witte/Curtin/Winter*, Reforming the Treaty on European Union, 1996; *Kenntner*, Die Schrankenbestimmungen der EU-Grundrechtecharta – Grundrechte ohne Schutzwirkung, ZRP 2000, 423; *Kerth/Schmelz*, Die Geltendmachung der Gemeinschaftsgrundrechte im Wege des Individualrechtsschutzes, JA 2004, 340; *Kingreen*, Die Struktur der Grundfreiheiten des Europäischen Gemeinschaftsrechts, 1999; *ders.*, Die Gemeinschaftsgrundrechte, JuS 2000, 857; *ders.*, Theorie und Dogmatik der Grundrechte im europäischen Verfassungsrecht, EuGRZ 2004, 570; *ders.*, Grundrechtsverbund oder Grundrechtsunion? – Zur Entwicklung der subjektiv-öffentlichen Rechte im europäischen Unionsrecht, EuR 2010, 338; *ders./Poscher*, Grundrechte – Staatsrecht II, 32. Aufl. 2016; *Kirchhof*, Nationale Grundrechte und Unionsgrundrechte, NVwZ 2014, 1537; *Kizil*, EU-Grundrechtsschutz im Vertrag von Lissabon, JA 2011, 277; *Klein*, Die Erweiterung des Grundrechtsschutzes auf die universale Ebene – Auswirkungen auf den Grundrechtsschutz in Europa, in Kreuzer/Scheuing/Sieber, Europäischer Grundrechtsschutz, S. 39; *ders.,* Universeller Menschenrechtsschutz – Realität oder Utopie?, EuGRZ 1999, 109; *Kluth,* Die Bindung privater Wirtschaftsteilnehmer an die Grundfreiheiten des EG-Vertrages, AöR 122 (1997), 557; *Kober,* Der Grundrechtsschutz in der Europäische Union, 2008; *Koch,* Rechtsstaatlichkeit, Freiheit und soziale Rechte in der Europäischen Union, DÖV 2013, 979; *Kokott/Sobotta,* Die Charta der Grundrechte der Europäischen Union nach Inkrafttreten des Vertrags von Lissabon, EuGRZ 2010, 265; *Kotzur,* Der Schutz personenbezogener Daten in der europäischen Grundrechtsgemeinschaft, EuGRZ 2011, 105; *ders.,* Neuerungen auf dem Gebiet des Rechtsschutzes durch den Vertrag von Lissabon, EuR-Beih. 1/2012, 7; *Krüger/Polakiewicz,* Vorschläge für ein kohärentes System des Menschenrechtsschutzes in Europa, EuGRZ 2001, 92; *Kubicki,* Die subjektivrechtliche Komponente der Unionsbürgerschaft, EuR 2006, 489; *Kühling,* Der Fall der Vorratsdatenspeicherungsrichtlinie und der Aufstieg des EuGH zum Grundrechtsgericht, NVwZ 2014, 681; *Küpper,* Ungarns neues Grundgesetz von 2011 und seine Änderungen – Teil 1, WiRO 2013, 353; *Landau/Trésoret,* Menschenrechtsschutz im Europäischen Mehrebenensystem, DVBl 2012, 1329; *Lecheler,* Der Europäische Gerichtshof und die allgemeinen Rechtsgrundsätze, 1971; *ders.,* Einführung in das Europarecht, 2. Aufl. 2003; *Lenaerts/Gutiérrez-Fons,* The Constitutional Allocation of Powers and General Principles of EU LAW, CMLR 2010, 1629; *Lenz,* Der Europäische Grundrechtsstandard in der Rechtsprechung des Europäischen Gerichtshofs, EuGRZ 1993, 585; *Lindemann,* Allgemeine Rechtsgrundsätze und europäischer öffentlicher Dienst, 1986; *Lindner,* Zur grundsätzlichen Bedeutung des Protokolls über die Anwendung der Grundrechtecharta auf Polen und das Vereinigte Königreich – zugleich ein Beitrag zur Auslegung von Art. 51 EGC, EuR 2008, 786; *Ludwig,* Zum Verhältnis zwischen Unionsgrundrechten und allgemeinen Grundsätzen – die Binnenstruktur des Art. 6 EUV n. F., EuR 2011, 715; *Magiera,* Die Grundrechtecharta der Europäischen Union, DÖV 2000, 1017; *Mahlmann,* Grundrechtstheorien in Europa – kulturelle Bestimmung und universeller Gehalt, EuR 2011, 469; *Manger-Nestler/Noack,* Europäische Grundfreiheiten und Grundrechte, JuS 2013, 503; *Mangiameli,* The Union's Homogenity and Its Common Values in the Treaty on European Union, in Blanke/Mangiameli, S. 12; *Marks,* Human Rights, Activities of Universal Organizations, in Bernhardt, EPIL Bd. 2, S. 893; *Masing,* Herausforderungen des Datenschutzes, NJW 2012, 2305; *Mayer,* Die Rückkehr der Europäischen Verfassung? Ein Leitfaden zum Vertrag von Lissabon, ZaöRV 67 (2007), 1141; *ders.,* Der Vertrag von Lissabon und die Grundrechte, EuR-Beih. 1/2009, 87; *Meessen,* Zur Theorie allgemeiner Rechtsgrundsätze des internationalen Rechts: Der Nachweis allgemeiner Rechtsgrundsätze des Europäischen Gemeinschaftsrechts, JIR 1975, 283; *Mehde,* Gespaltener Grundrechtsschutz in der EU? Zur Bedeutung der Sonderregelung für Polen und das Vereinigte Königreich, EuGRZ 2008, 269; *Möstl,* Grenzen der Rechtsangleichung im europäischen Binnenmarkt, EuR 2002, 318; *Nettesheim,* Grundrechtliche Prüfdichte durch den EuGH, EuZW 1995, 106; *ders.,* Die konsoziative Föderation von EU und Mitgliedstaaten, ZEuS 2002, 507; *ders.,* Grundfreiheiten und Grundrechte in der Europäischen Union – Auf dem Weg zur Verschmelzung?, 2006; *ders.,* Normenhierarchien im EU-Recht, EuR 2006, 737; *ders.,* Der „Kernbereich" der Unionsbürgerschaft – vom Schutz der Mobilität zur Gewährleistung eines Lebensumfelds, JZ 2011, 1030; *Nicolaysen,* Rechtsgemeinschaft, Gemeinschaftsgerichtsbarkeit und Individuum, in Nowak/Cremer, S. 17; *ders.,* Die gemeinschaftsrechtliche Begründung von Grundrechten, EuR 2003, 719; *ders.,* Entwicklungslinien und Perspektiven des Grundrechtsschutzes in der EU, in Bruha/Nowak/Petzold, S. 15; *Niedobitek,* Europarecht – Grundlagen der Union, 2014; *Nowak, M.,* Menschenrechte als Grundlage der EU-Wertegemeinschaft, Die Union 1/2001, 9; *Nowak, C./Cremer,* Individualrechtsschutz in der EG und der WTO, 2002; *Obwexer,* Die neue Verfassung für Europa, ecolex 2004, 674; *ders.,* Der Beitritt der EU zur EMRK: Rechtsgrundlagen, Rechtsfragen und Rechtsfolgen, EuR 2012, 115; *Pache,* Der Schutz der finanziellen Interessen der Europäischen Gemeinschaften, 1994; *ders.,* Der Grundsatz der Verhältnismäßigkeit in der Rechtsprechung der Gerichte der Europäischen Gemeinschaften, NVwZ 1999, 1033; *ders.,* Tatbestandliche Abwägung und Beurteilungsspielraum, 2001; *ders.,* Die Europäische Grundrechtecharta – ein Rückschritt für den Grundrechtsschutz in Europa?, EuR 2001, 475; *ders.,* Eine Verfassung für Europa – Krönung oder Kollaps der europäischen Integration?, EuR 2002, 767; *ders.,* Die Europäische Union – Ein Raum der Freiheit, der Sicherheit und des Rechts?, 2005; *ders.,* Die Ausgestaltung des Grundrechtsschutzes unter besonderer Berücksichtigung des Beitritts der Union zur Europäischen Menschenrechtskonvention, in Eilmansberger/Griller/Obwexer, S. 121; *ders./Rösch,* Europäischer Grundrechtsschutz nach Lissabon – die Rolle der EMRK in der Grundrechtecharta der EU, EuZW 2008, 519; *dies.,* Die neue Grundrechtsordnung der EU nach dem Vertrag von Lissabon, EuR 2009, 769; *dies.,* Die Grundrechte der EU nach Lissabon, EWS 2009, 393; *Pauly/Beutel,* Der EuGH als sechstes Fachgericht, DÖV 2014, 160; *Pechstein/Bunk,* Das Aufenthaltsrecht als Auffangrecht, EuGRZ 1997, 549; *Pernice,* Grundrechtsgehalte im Europäischen Gemeinschaftsrecht, 1979; *ders.,* Gemeinschaftsverfassung und Grundrechtsschutz, NJW 1990, 2409; *Peters,* Elemente einer Theorie der Verfassung Europas, 2001; *Philipp,* Mehr Rechtsstaatlichkeit für die Europäischen Union, EuZW 2002, 641; *Pietsch,* Die Grundrechtecharta im Verfassungskonvent, ZRP 2003, 1; *Polakiewicz,* Der Abkommensentwurf über den Beitritt der Europäischen Union zur Europäischen Menschenrechtskonvention, EuGRZ 2013, 472; *Priebe,* Reform der Vorratsdatenspeicherung – strenge Maßstäbe des EuGH, EuZW 2014, 456; *Puttler,* Sind die Mitgliedstaaten noch „Herren" der EU? – Stellung und Einfluss der Mitgliedstaaten nach dem Entwurf des Verfassungsvertrages der Regierungskonferenz, EuR 2004, 669; *Quasdorf,* Dogmatik der Grundrechte der EU, 2001; *Ranacher/Frischhut,* Handbuch Anwendung des EU-Rechts, 2009; *Rasmussen,* On Law and Policy in the European Court of Justice, 1986; *Rengeling,* Grundrechtsschutz in der Europäischen Gemeinschaft. Bestandsaufnahme und Analyse der Rechtsprechung des Europäischen Gerichtshofs zum Schutz der Grundrechte als allgemeine Rechtsgrundsätze, 1993; *Ress,* Menschenrechte, europäisches Gemeinschaftsrecht und nationales Verfassungsrecht, in Haller/Kopetzki/Novak ua, FS Winkler, S. 897;

Riedel, E., Universeller Menschenrechtsschutz – Vom Anspruch zur Durchsetzung, in Baum/Riedel/Schaefer, S. 25; *Riedel, N.*, Der Konvent zur Zukunft Europas, ZRP 2002, 241; *Riesenhuber*, Europäische Methodenlehre: Handbuch für Ausbildung und Praxis, 3. Aufl. 2015; *Ross*, Theorie der Rechtsquellen, 1929; *Sagmeister*, Die Grundsatznormen in der Europäischen Grundrechtecharta – Zugleich ein Beitrag zum subjektiv-öffentlichen Recht im Gemeinschaftsrecht, 2010; *Saurer*, Individualrechtsschutz gegen das Handeln der Europäischen Agenturen, EuR 2010, 51; *Schapp*, Die Menschenrechte als Grundlage der nationalen und europäischen Verfassungen, JZ 2003, 217; *Scheuing*, Freizügigkeit als Unionsbürgerrecht, EuR 2003, 774; *Schindler*, Die Kollision von Grundfreiheiten und Gemeinschaftsgrundrechten, 2001; *Schmidt/Vollmöller*, Kompendium Öffentliches Wirtschaftsrecht, 3. Aufl. 2007; *Schmidt-Preuß*, Regierungskonferenz 2000 – Zur Fortentwicklung des europäischen Vertragswerks, in Dörr/Fink/Hillgruber/Kempen/Murswiek, FS Schiedermair, S. 705; *Schmitt*, Verfassungslehre, 1928; *Schmittmann*, Rechte und Grundsätze in der Grundrechtecharta, 2007; *Schmitz*, Die Grundrechtecharta als Teil der Verfassung der Europäischen Union, EuR 2004, 691; *Schoch*, Europäisierung des Staatsangehörigkeits- und Aufenthaltsrechts durch den „Unionsbürgerstatus", in Jochum/Fritzemeyer/Kau, FS Hailbronner, S. 355; *Schorkopf*, Homogenität in der Europäischen Union, 2000; *ders.*, Gestaltung mit Recht, AöR 136 (2011), 323; *ders.*, Wertesicherung in der Europäischen Union. Prävention, Quarantäne und Aufsicht als Bausteine eines Rechts der Verfassungskrise?, EuR 2016, 147; *Schulte-Herbrüggen*, Der Grundrechtsschutz in der Europäischen Union nach dem Vertrag von Lissabon, ZEuS 2009, 343; *Schroeder*, Anmerkung zu EuGH, Urteil vom 15.12.1995 – C-415/93 ASBL ua/Bosman, JZ 1996, 254; *ders.*, Neues zur Grundrechtskontrolle in der Europäischen Union, EuZW 2011, 462; *Schwarze*, Probleme des europäischen Grundrechtsschutzes, in Everling/Narjes/Sedemund, FS Deringer, S. 160; *ders.*, Das wirtschaftsverfassungsrechtliche Konzept des Verfassungsentwurfs des Europäischen Konvents – zugleich eine Untersuchung der Grundprobleme des europäischen Wirtschaftsrechts, EuZW 2004, 135; *ders.*, Zwischen Tradition und Zukunft: Die Rolle allgemeiner Rechtsgrundsätze im Recht der Europäischen Union, DVBl 2011, 721; *Schwind*, Aktuelle Fragen zum Europarecht aus der Sicht ein- und ausländischer Gelehrter, 1986; *Seifert*, Zur Horizontalwirkung sozialer Grundrechte, EuZA 2013, 299; *Selmer*, Die Gewährleistung der unabdingbaren Grundrechtsstandards durch den EuGH, 1998; *Skouris*, Das Verhältnis von Grundfreiheiten und Grundrechten im europäischen Gemeinschaftsrecht, DÖV 2006, 89; *Stein/von Buttlar*, Völkerrecht, 14. Aufl. 2017; *Suerbaum*, Die Schutzpflichtdimension der Gemeinschaftsgrundrechte, EuR 2003, 390; *Szczekalla*, Die sogenannten grundrechtlichen Schutzpflichten im deutschen und europäischen Recht, 2002; *ders.*, Wirtschaftliche Grundrechte und EG-Grundfreiheiten – Grundrechte und -freiheiten ernst genommen, in Bruha/Nowak/Petzold, Grundrechtsschutz, S. 79; *Terhechte*, Konstitutionalisierung und Normativität der europäischen Grundrechte, 2011; *Trstenjak/Beysen*, The Growing Overlap of Fundamental Freedoms and Fundamental Rights in the Caselaw of the CJEU, ELR 2013, 293; *Uerpmann-Wittzack*, Rechtsfragen und Rechtsfolgen des Beitritts der EU zur EMRK, EuR-Beih. 2/2012, 167; *Vitzthum*, Völkerrecht, 7. Aufl. 2016; *Weber*, Vom Verfassungsvertrag zum Vertrag von Lissabon, EuZW 2007, 7; *Wehlau/Lutzhöft*, Grundrechte-Charta und Grundrechts-Checkliste – eine dogmatische Selbstverpflichtung der EU-Organe, EuZW 2012, 45; *Weiler*, European Citizenship and Human Rights, in Kellermann/de Witte/Curtin/Winter, S. 57; *Weiß*, Allgemeine Rechtsgrundsätze des Völkerrechts, AVR 39 (2001), 394; *ders.*, Grundrechtsschutz durch den EuGH: Tendenzen seit Lissabon, EuZW 2013, 287; *Zuleeg*, Die Europäische Gemeinschaft als Rechtsgemeinschaft, NJW 1994, 545.

A. Einleitung

Grundrechte waren, ungeachtet ihrer anfangs nur sehr **zurückhaltenden ausdrücklichen Normierung**[1] im geschriebenen Gemeinschafts- und Unionsrecht, seit Gründung der Europäischen Gemeinschaften und der Europäischen Union jeweils grundlegender integraler Teil der supranationalen europäischen Rechtsordnung. Sie stellen – nunmehr auch durch ihre Konstitutionalisierung[2] sowie durch die signifikante und sichtbare Erweiterung ihrer normativen Grundlagen[3] – eines der **zentralen europäischen Verfassungselemente** dar und bringen gleichzeitig die Verfasstheit der Union als Werte- und Grundrechtsgemeinschaft verstärkend zum Ausdruck. Die EU ist, wie auch davor die EG, nicht nur Rechtsgemeinschaft,[4] sondern auch Grundrechtsgemein- 1

---

1 Zu den Ursachen der ursprünglichen grundrechtlichen Zurückhaltung der Verträge wie auch zu den bisherigen vertraglichen Grundrechtsbestimmungen näher → § 1 Rn. 1 ff.
2 Zum Begriff: *Terhechte* S. 7 ff.
3 *Pache/Rösch* EuR 2009, 769 (787).
4 *Nettesheim* in GHN AEUV Art. 288 Rn. 1; *Schorkopf* AöR 136 (2011), 323 (323 ff.); hierzu der EuGH 101/78, Slg. 1979, 623 Rn. 5 – Granaria: „Wahrung des Grundsatzes der Rechtsstaatlichkeit"; EuGH 155/79, Slg. 1982, 1575 Rn. 18 – AM&S; EuGH 294/83, Slg. 1986, 1339 Rn. 23 – Les Verts/Parlament: „Dazu ist zunächst hervorzuheben, dass die Europäische Wirtschaftsgemeinschaft eine Rechtsgemeinschaft der Art ist, dass weder die Mitgliedstaaten noch die Gemeinschaftsorgane der Kontrolle darüber entzogen sind, ob ihre Handlungen im Einklang mit der Verfassungsurkunde der Gemeinschaft,

schaft.⁵ Gerade deshalb ist im Staatenverbund der Europäischen Union den Grundrechten rechtspolitisch und integrationstheoretisch eine hohe Bedeutung zuzusprechen:⁶ Die Achtung und der Schutz der Grundrechte prägen die europäische Identität und das Selbstverständnis europäischer supranationaler Integration nachdrücklich. Insofern kann auch zutreffend von den Grundrechten als einem *Identitätskern* der Europäischen Union gesprochen werden.⁷

2   Jede Ausübung von Hoheitsgewalt⁸ – und damit auch die überstaatliche, supranationale Ausübung von Hoheitsgewalt innerhalb der Europäischen Union – bedarf nach rechtsstaatlichen Grundsätzen verfassungsrechtlicher und insbesondere grundrechtlicher Einbindung.⁹ Grundrechte sind nach heutigem Verständnis **für die rechtsstaatliche und demokratische Legitimation und Begrenzung jeglicher Hoheitsgewalt unverzichtbar,**¹⁰ die Anerkennung jedenfalls der universal geltenden Menschenrechte zählt zu den zentralen Legitimationserfordernissen jeder Herrschaft.¹¹

3   Nach der Neustrukturierung der Grundrechtsordnung der EU durch den Vertrag von Lissabon existieren Unionsgrundrechte gegenwärtig innerhalb des Unionsrechts in zwei Formen. Zum einen gelten weiterhin die seit langem anerkannten unkodifizierten Unionsgrundrechte in Form der **allgemeinen Grundsätze** des Unionsrechts gemäß Art. 6 Abs. 3 EUV, zum anderen sind die kodifizierten Grundrechtsgewährleistungen der **Grundrechtecharta** gemäß Art. 6 Abs. 1 EUV hinzugetreten. Sowohl die Geltung der Grundrechte in Form der allgemeinen Grundsätze als auch die Geltung der Grundrechte der Grundrechtecharta sind inhaltlich ausdrücklich in Art. 6 EUV in den Verträgen angeordnet, beide Elemente der Grundrechtsarchitektur der EU sind normhierarchisch dem Primärrecht zuzuordnen. Ihre verbindliche Geltung gegenüber der Union und gegenüber den Mitgliedstaaten jedenfalls bei der Durchführung des Unionsrechts ist ausdrücklich normativ vorgegeben. Diese ergibt sich zum einen und grundsätzlich aus ihrer Anerkennung als Teil des (primären) Unionsrechts,¹² zum anderen wird sie für die Grundrechte der Grundrechtecharta auch noch einmal ausdrücklich in Art. 51 GRC angeordnet. Gleichwohl bestehen,

---

dem Vertrag, stehen. Mit den Artikeln 173 und 184 EWG-Vertrag auf der einen und Artikel 177 EWG-Vertrag auf der anderen Seite ist ein umfassendes Rechtsschutzsystem geschaffen worden […]"; EuGH Gutachten 1/91, Slg. 1991, I-6079 Rn. 21 – EWR (EWG-Vertrag als „Verfassungsurkunde einer Rechtsgemeinschaft"). Die Beschreibung als Rechtsgemeinschaften geht zurück auf *Walter Hallstein*, den ersten Präsidenten der Kommission der Europäischen Wirtschaftsgemeinschaft, vgl. *Hallstein*, EG, S. 53 ff.; aus jüngerer Zeit vgl. etwa – jeweils mwN: *Gerhardt* ZRP 2012, 161 (161 ff.); *Pache*, Tatbestandliche Abwägung, S. 309 ff.

5   *Pache/Rösch* EuR 2009, 769 (771); vgl. mwN *Pache* EuR 2001, 475 (476 f.); deutlich auf den Charakter der Union als (Grund-)Wertegemeinschaft und die diesbezügliche Bedeutung der Grundrechtecharta hinweisend vgl. mwN *Schmitz* EuR 2004, 691 (692 f.); *Suerbaum* EuR 2003, 390; dazu auch *Terhechte* S. 1 ff., der die Ausstrahlungswirkung der Konstitutionalisierung der Grundrechte auf das Gesamtgebilde der Union beleuchtet. So auch *Kotzur* EuGRZ 2011, 105, der den Begriff der europäischen Grundrechtsgemeinschaft in seinen Untersuchungen voraussetzt. Zu dem Begriff der Grundrechts*union* vgl. *Kingreen* EuR 2010, 338 (338 ff.); *Callewaert* DÖV 2011, 825 (825 ff.) nennt Europa einen Grundrechtsraum.

6   So formuliert die EU ua regelmäßig ihre Bindung an die Menschenrechte nach innen und außen und ist dazu bestrebt, materielle Standards zu etablieren. Weiterhin ist die Achtung der Grund- und Menschenrechte eine Voraussetzung des Beitritts zur Europäischen Union (Art. 49 Abs. 1 S. 1 EUV); siehe dazu auch *Schorkopf* in Grabenwarter, EnzEuR Bd. 2, § 3 Rn. 9 ff. mwN.

7   *Schorkopf* in Grabenwarter, EnzEuR Bd. 2, § 3 Rn. 11.

8   *Ehlers* in Ehlers GuG § 14 Rn. 1.

9   *Schmidt-Jortzig* in Merten/Papier, HdbGR Bd. I, § 10 Rn. 18. Hierzu mwN *Nicolaysen* EuR 2003, 719 (719 f.); vgl. auch grundsätzlich zur Erforderlichkeit der verfassungsrechtlichen Einbindung überstaatlicher Hoheitsrechtsausübung *Pache* EuR 2002, 767 ff.

10 Bereits die *Virginia Bill of Rights* bezeichnete die Grundrechte als „basis and foundation of government"; *Stern* in Isensee/Kirchhof, HStR Bd. IX, § 184 Rn. 43 spricht von Verfassung und Grundrechten als Signatur des neuzeitlichen Rechtsstaates westlicher Prägung und vom grundrechts-determinierten Verfassungsstaat als Staatsideal; *Schapp* JZ 2003, 217 (217 ff.) mwN, gibt einen Überblick über die historische Entwicklung des Bedeutungsgehaltes der Menschenrechte.

11 *Dreier* in Dreier GG Vorb. vor Art. 1 Rn. 24 mwN. Dies wird zudem auch in Art. 2 S. 1 EUV ausdrücklich zu Grunde gelegt.

12 *Schorkopf* in GHN EUV Art. 6 Rn. 20.

trotz der seit langem anerkannten umfänglichen materiellen Grundrechtsbindung der Europäischen Union, auch heute noch Unklarheiten im Hinblick auf den Begriff der Unionsgrundrechte (→ Rn. 4 ff.) und auf die Abgrenzung der Unionsgrundrechte zu sonstigen primärrechtlichen Gewährleistungen (→ Rn. 30 ff.). Schließlich brachte der Vertrag von Lissabon, dessen Innovationen auf der sukzessiven Entfaltung des Grundrechtsschutzes auf europäischer Ebene beruhen, erhebliche Neuerungen im Hinblick auf das System des europäischen Grundrechtsschutzes, die Grundrechtsquellen und die Grundrechtsgeltung (→ Rn. 105 ff.) mit sich. Letztlich existiert derzeit eine Doppelung der Rechtsquellen der Grundrechtsordnung der Europäischen Union, bestehend aus den verbindlichen geschriebenen Grundrechten der Grundrechtecharta und den ungeschriebenen allgemeinen Grundsätzen des Unionsrechts, so dass der Rang der Unionsgrundrechte (→ Rn. 154 ff.) und insbesondere auch ihr Verhältnis zueinander durchaus auch heute noch einige Fragen aufwirft (→ Rn. 174 ff.).

B. Begriff der Grundrechte

I. Grundrechtsbegriff im Unionsrecht

Der **Begriff der Grundrechte** wird auf europäischer Ebene **nicht legaldefiniert.** Insbesondere bietet die zentrale Grundrechtsnorm des Unionsrechts keine hinreichende normativ fixierte Grundlage zu einer präzisen Begriffsbestimmung. Zwar verankert Art. 6 EUV den europäischen Grundrechtsraum im Primärrecht,[13] dokumentiert die Entwicklung des Grundrechtsschutzes[14] und nennt die einzelnen aktuellen sowie die möglichen zukünftigen Elemente und Ebenen des unionalen Grundrechtsschutzes, enthält aber dennoch keine einschlägige nähere Konkretisierung des Grundrechtsbegriffes. So normiert Art. 6 Abs. 1 EUV die Rechtsverbindlichkeit der ausformulierten Rechte, Freiheiten und Grundsätze, die in der Grundrechtecharta verbürgt sind. Art. 6 Abs. 3 EUV ordnet die Fortgeltung der Grundrechte als allgemeine Rechtsgrundsätze unter der Nennung der für den EuGH bei der Entwicklung der Grundrechtsrechtsprechung maßgeblichen (unverbindlichen) Rechtserkenntnisquellen an, allerdings gleichermaßen **ohne eine nähere Begriffsbestimmung** zuzulassen. Auch die weiteren normativen Anknüpfungspunkte der Verträge, die sich auf die Grundrechte oder den Grundrechtsschutz beziehen,[15] präzisieren den Begriff der Grundrechte nicht, sondern setzen diesen voraus. Eine verbindliche, materielle Definition des Unionsgrundrechtsbegriffes an sich lässt sich auch nicht unmittelbar aus der Charta der Grundrechte selbst (oder etwa aus deren Erläuterungen[16]) ableiten. Diese bestimmt vielmehr als ausformulierter Grundrechtekatalog primär in klarer und übersichtlicher Form die einzelnen grundrechtlichen Verbürgungen der Grundrechtsberechtigten, ohne dabei abstrakt den europäischen Begriff des Grundrechtes zu definieren.

Indes bietet die Grundrechtecharta auf den ersten Blick einen Ausgangspunkt für eine **formale Vorgehensweise.**[17] Zwar könnte man unter Zugrundelegung eines formellen Grundrechtsbegriffes[18] die Gesamtheit der in der Grundrechtecharta verbürgten Rechte, losgelöst von einer materiellen Betrachtung, als Europäische Grundrechte einstufen.

---

[13] *Schorkopf* in GHN EUV Art. 6 Rn. 10.
[14] *Kingreen* in Calliess/Ruffert GRC Art. 6 Rn. 1.
[15] So ua Art. 67 Abs. 1 AEUV, Art. 151 Abs. 1 AEUV.
[16] Erläuterungen zur Charta der Grundrechte, ABl. 2007 C 303, 35.
[17] Zu entsprechend formalen Ansätzen auf nationaler Ebene insbesondere in der Sprache des GG selbst vgl. kritisch *Hesse* Rn. 277; auch die Grundrechtecharta enthält keine Legaldefinition europäischer Grundrechte und ist im Falle ihrer Integration in eine europäische Verfassung sind die in ihr enthaltenen Grundrechtsgarantien jedenfalls nicht zwingend als abschließende Aufzählung der Grundrechte der Europäischen Union anzusehen.
[18] Einen Überblick über den Begriff der Grundrechte und den formellen Grundrechtsbegriff liefert *Borowski* S. 90 ff.

Gleichwohl ist der Grundrechtekatalog aber jedenfalls nicht als zwingend abschließende Aufzählung der Unionsgrundrechte anzusehen.[19] Zudem enthält die Charta neben den Grundrechten auch **„Grundsätze"** (ausführlich → Rn. 32 ff.), die durch die Vorgaben der Charta selbst von den Grundrechten zu trennen sind, und stellt deshalb keine Grundlage für eine hinreichend präzise formale Definition dar. So ergibt sich aus dem Wortlaut des Art. 51 Abs. 1 GRC, dass Rechte und Freiheiten von den „Grundsätzen" der Charta, wie sie Art. 52 Abs. 5 GRC behandelt, zu unterscheiden sind. Während Erstere zu *achten* sind, müssen Grundsätze *eingehalten* werden. Bereits diese in Art. 51 Abs. 1 S. 2 GRC enthaltene terminologische Differenzierung verdeutlicht, unabhängig von einer notwendigerweise rechtlich gebotenen Unterscheidung (vgl. Art. 52 Abs. 5 GRC), schon den unterschiedlichen Charakter beider Rechtsinstitute und Begrifflichkeiten[20] (ausführlich → Rn. 71 ff.).

6 Gerade aus dem Umstand der rechtsprechungsgeprägten Grundrechtsentwicklung rühren erhebliche Schwierigkeiten her, einen einheitlichen und dogmatisch fundierten europäischen Grundrechtsbegriff zu entwickeln; ein Umstand, der nicht zuletzt darauf zurückzuführen ist, dass schon auf **mitgliedstaatlicher Ebene,** im Rahmen der in Art. 6 Abs. 3 EUV angeführten „gemeinsamen Verfassungsüberlieferungen der Mitgliedstaaten", **unterschiedliche Grundrechtsbegriffe** und -definitionen Verwendung finden.[21] Daran hat auch die Verbindlichkeit der Grundrechtecharta nichts geändert.

7 Zwar verfügen alle Mitgliedstaaten der Europäischen Union in ihren Verfassungen über eine Grundrechtsordnung, die die Garantie der Menschenwürde und einzelne subjektive Rechte der Bürger anerkennt und gerichtlichen Schutz gegen Eingriffe in diesen Grundrechtsbereich gewährleistet. Die Ausgestaltung dieser Grundrechtsordnung kann aber sehr unterschiedlich ausfallen.[22] Ein Überblick über die verschiedenartig ausgeprägten grundrechtlichen Schutzsysteme in den Mitgliedstaaten zeigt, dass der jeweilige heutige Standard vielfach geschichtlich bedingt und unter anderem vom Zeitpunkt der Entwicklung und der Festschreibung der Grundrechte abhängig ist.[23] Auch in der Rechtsprechung des EuGH und des EuG wie in der Literatur hat sich eine einheitliche Grundrechtsdefinition oder ein einheitliches Grundrechtsverständnis bisher nicht herausgebildet.[24] Daher bedarf zunächst der Begriff der Grundrechte auf europäischer Ebene der Präzisierung.[25]

---

[19] Hierfür spricht auch die Existenz der Fortbestandsklausel aus Art. 6 Abs. 3 EUV, deren Bedeutung auch in der Sicherung des existierenden Grundrechtebestandes besteht. Dadurch wird normativ hervorgehoben, dass die Grundrechtecharta nicht an die Stelle der Grundrechte in Form der allgemeinen Rechtsgrundsätze treten soll, sondern vielmehr daneben. Zum insoweit umstrittenen Verhältnis der beiden Grundrechtsschutzelemente siehe → Rn. 160 ff.

[20] *Jarass* GRCh Art. 52 Rn. 68 ff. mwN sowie *Borowsky* in NK-EuGRCh Art. 51 Rn. 33 ff. Welche Normen der Charta als Rechte und welche als Grundsätze einzustufen sind, ergibt sich nicht direkt aus der Charta und ist deshalb umstritten. Auch die Erläuterungen des Präsidiums zu Art. 52 Abs. 5 GRC (ABl. 2007 C 303, 35) enthalten lediglich Beispiele dafür, welche Verbürgungen als „Grundsätze" einzustufen sind und nennen in diesem Rahmen Art. 25, 26 und 37 GRC.

[21] So bereits *Rengeling* S. 171 mwN; ebenso *Cirkel* S. 23 mwN.

[22] Vgl. mit weiteren Hinweisen auf die unterschiedlichen Grundrechtstraditionen in den Mitgliedstaaten *Dauses* JöR 31 (1982), 1 (2); *Rengeling* S. 171 mwN. Die unterschiedlichen Grundhaltungen der Mitgliedstaaten der Union äußerten sich zuletzt deutlich in einem europapolitischen Streit über den Anwendungsbereich der Grundrechtecharta auf Polen und das Vereinigte Königreich (ABl. 2007 C 306, 156 ff.) und später auch Tschechien. Vgl. hierzu ua *Lindner* EuR 2008, 786 ff.; *Pache/Rösch* EuR 2009, 769 (783 ff.); *Streinz* EuropaR, 7. Aufl. 2005, Rn. 734.

[23] So *Feger*, Grundrechte, S. 46, der insbesondere darauf hinweist, dass sich die jeweilige unterschiedliche Grundrechtsentwicklung ua daran zeigt, ob und in welchem Ausmaß neben den klassischen liberalen Freiheitsrechten auch soziale Grundrechte aufgenommen worden sind.

[24] So auch *Ehlers* in Ehlers GuG § 14 Rn. 1; *Hirsch* in Kreuzer/Scheuing/Sieber, Europäischer Grundrechtsschutz, S. 9 (10); zur Uneinheitlichkeit der Rechtsprechung des EuGH insoweit *Cirkel* S. 23 f. mwN.

[25] Ebenso *Beutler* in von der Groeben/Schwarze, 6. Aufl. 2004, EUV Art. 6 Rn. 42.

II. Elemente des nationalen Grundrechtsbegriffs

Grundlage der Überlegungen zum europäischen Grundrechtsbegriff sind, aufgrund der historisch auszumachenden Entwicklung der Grundrechte auf staatlicher Ebene,[26] die **mitgliedstaatlichen Vorstellungen** von Wesen und Begriff der Grundrechte. Es gründet sich nicht nur die Rechtsordnung der Europäischen Union selbst auf mitgliedstaatlichen Grundlagen, sondern auch die methodische und inhaltliche Entwicklung des Grundrechtsschutzes fundiert auf einem vorfindlichen mitgliedstaatlichen Unterbau: der Rezeption bestehender und der Schaffung eigener grundrechtlicher Standards.[27]

National werden für die Bestimmung von Grundrechten verschiedene Ansätze vertreten. Essentiell bestimmen Grundrechte die Beziehungen des Einzelnen zum Staat bzw. des Einzelnen gegenüber ausgeübter Hoheitsgewalt, und sie sind verfassungsrechtlich positivierter Ausdruck der **Anerkennung der Würde des Menschen** sowie seiner Personalität.[28] Überwiegend werden Grundrechte auf nationaler Ebene heute als verfassungskräftig gewährleistete subjektive Ansprüche der als frei und gleich gedachten Individuen gegenüber dem Staat verstanden.[29] In dieser Ausprägung sind sie ein Phänomen der Neuzeit und **konstitutives Element freiheitlicher Verfassungsstaaten**.[30] Sie können als diejenigen grundlegenden Rechte des Individuums beschrieben werden, die in nationalen Verfassungen als Freiheits-, Gleichheits-, politische Rechte und justizielle Garantien verankert sind, also als verfassungsmäßige Rechte, die durch **Fundamentalität, Positivität** und **Konstitutionalität** gekennzeichnet sind.[31]

1. Grundrechtstheorien. Konkret werden das Grundrechtsverständnis und mit ihm der jeweilige Grundrechtsbegriff weitgehend durch die **grundrechtstheoretischen Fundamente** bestimmt. Typisierend lassen sich im Anschluss an *Ernst-Wolfgang Böckenförde*[32] die deutschen grundrechtstheoretischen Ansätze wie folgt differenzieren: Im Sinne der **liberalen** oder **bürgerlich-rechtsstaatlichen Grundrechtstheorie**[33] bilden Grundrechte Sphären naturgegebener Freiheit des Einzelnen, die als negative Kompetenznormen staatlichen Eingriffen entgegenstehen und individuelle Freiheitsbetätigung sichern. Die **institutionelle** Grundrechtstheorie versteht demgegenüber Grundrechte als in wesentlichen Elementen traditionell oder rechtlich vorgeprägt und begrenzt insoweit den freiheitlich-autonomieorientierten Gehalt der Grundrechte. Nach der **Werttheorie** der Grundrechte bildet das Gesamtsystem der Grundrechte in der Verfassung eine Werteordnung oder ein Wertsystem, innerhalb dessen die Grundrechte Freiraum primär für wertorientiertes oder wertgerechtes Verhalten begründen und in dem daher die individuelle Freiheit wertfundierten Grenzen unterliegt. Nach **demokratisch-funktionalem Grundrechtsverständnis** sind insbesondere die politischen Rechte des Einzelnen als im Interesse des demokratischen Prozesses gewährte Kompetenzen zu verstehen, also als primär zweckorientiert, weniger als Eigenwerte. Der **sozialstaatlichen Grundrechtstheorie** liegt schließlich die Annahme zugrunde, der Staat habe über die allein rechtliche Garantie der Grundrechte hinaus deren Verwirklichung oder jedenfalls deren Verwirklichungsmöglichkeit auch tatsächlich sicher-

---

[26] Zur Bedeutung der staatlichen im Gegensatz zur überstaatlichen Ebene bei der Grundrechtsentwicklung vgl. nur *Stern* in Merten/Papier, HdbGR Bd. I, § 1 Rn. 33 ff., der zu Recht darauf hinweist, dass erst im 20. Jahrhundert die Grund- bzw. Menschenrechte auch als ein Thema des Völkerrechts erkannt wurden, da bis zu diesem Zeitpunkt Völkerrecht fast ausschließlich als Recht der Staaten aufgefasst wurde.
[27] *Skouris* in Merten/Papier, HdbGR Bd. VI/1, § 157 Rn. 1.
[28] *Schambeck* in Merten/Papier, HdbGR Bd. I, § 8 Rn. 1 mwN.
[29] *Herdegen* in Maunz/Dürig GG Art. 1 Abs. 3 Rn. 1 f.
[30] *Dreier* in Dreier GG Vorb. vor Art. 1 Rn. 1 mwN.
[31] In diesem Sinne *Stern* in Merten/Papier, HdbGR Bd. I, § 1 Rn. 51 mwN; zu den Besonderheiten sozialer Grundrechte wie der so genannten Menschenrechte der dritten Generation *Stern* in Merten/Papier, HdbGR Bd. I, § 1 Rn. 62 ff. und 74 ff.
[32] *Böckenförde* NJW 1974, 1529 ff.; vgl. auch *Höfling* S. 50 ff.
[33] Zu den Grundsätzen der Grundrechtsinterpretation sowie den Grundrechtstheorien vgl. *Ossenbühl* in Merten/Papier, HdbGR Bd. I, § 15 Rn. 1 ff., 37 ff. Erweiternd auf die Grundrechtstheorien in Europa siehe *Mahlmann* EuR 2011, 469.

zustellen, so dass sämtliche Grundrechte tendenziell auch als originäre Leistungsrechte verstanden werden.[34]

11 Letztlich kann keiner dieser grundrechtstheoretischen Ansätze allein oder umfassend sämtliche relevanten Wesensmerkmale und Essentialia der Grundrechte erfassen. Vielmehr sind sie stets historisch wie politisch vorgeprägt[35] und betonen aus dieser Bezogenheit auf ihren Entstehungskontext heraus einzelne wesentliche Merkmale der Grundrechte unter Zurückstellung anderer Gesichtspunkte, so dass von der **wechselseitigen Ergänzung und Offenheit** der vorstehend angesprochenen grundrechtstheoretischen Ansätze auszugehen ist[36] und ein einheitlicher, allgemeingültiger Begriff der Grundrechte nicht unter Bezugnahme auf einen bestimmten grundrechtstheoretischen Ansatz gewonnen werden kann.

12 **2. Grundrechtsfunktionen.** In neuerer Zeit wird zur Bestimmung des Begriffs der Grundrechte weniger auf die vorstehend angesprochenen Grundrechtstheorien als auf **Grundrechtsfunktionen**[37] abgestellt, die allerdings teilweise auch im Rahmen der Grundrechtstheorien als Abgrenzungskriterien herangezogen werden und sich insoweit in einigen Fällen mit grundrechtstheoretischen Überlegungen überschneiden.

13 Entsprechende Ansätze, die auf die Grundrechtsfunktionen abstellen und sich bis in die Zeit der Weimarer Reichsverfassung zurückverfolgen lassen,[38] betonen die Grundrechtsfunktionen oder „Bedeutungsschichten" der Grundrechte[39] und weisen darauf hin, dass Grundrechte heute insgesamt nicht mehr monofunktional verstanden werden können, sondern mehrere Funktionen erfüllen, also **multifunktional** wirken.[40] Grundrechte wirken nicht allein als subjektive Rechte des Einzelnen oder als Grundelemente der objektiven Ordnung.[41] Vielmehr lassen sich im Einzelnen – bei deutlich erkennbaren, von der jeweiligen Sichtweise abhängigen Überschneidungen – in Anknüpfung an die Überlegungen *Bleckmanns* jedenfalls folgende Grundrechtsfunktionen ausmachen:

14
- Grundrechte als Abwehrrechte;
- Grundrechte als Teilhaberechte;
- Grundrechte als institutionelle Garantien;
- Grundrechte als Verfahrensgarantien;
- Grundrechte als Wertordnung oder als objektive Normen;
- Grundrechte als Handlungsermächtigung und Verfassungsauftrag;
- Grundrechte als soziale Verhaltensnormen;
- Grundrechte als Grundlage von Schutzpflichten des Staates;
- Grundrechte als negative Grundrechte oder als Grundlage von Grundpflichten;
- Grundrechte mit Legitimationsfunktion;
- Grundrechte mit Friedens- und Gerechtigkeitsfunktion.[42]

15 All diese Grundrechtsfunktionen sind in der Tat für einzelne, mehrere oder eine Vielzahl von Grundrechten auf nationaler, völkerrechtlicher[43] oder supranationaler[44] Ebene anerkannt. Sie betonen unterschiedliche rechtliche Wirkungsebenen der betroffenen Grundrechte. Jede subjektive Rechtsposition des Einzelnen mit einer der angesprochenen Funktionen kann ein Grundrecht darstellen. Allerdings setzt nach keiner Auffassung die Ein-

---

[34] Für einen Überblick über die unterschiedlichen grundrechtstheoretischen Ansätze vgl. jeweils mwN *Sachs* in Sachs GG vor Art. 1 Rn. 63 ff.; *Grabitz* S. 139 ff.; *Eisner* S. 161 ff.
[35] Deutlich *Eisner* S. 163 f.
[36] Ebenso *Sachs* in Sachs GG vor Art. 1 Rn. 69 mwN; vgl. auch *Alexy*, Theorie der Grundrechte, S. 29 f.
[37] Zu den einzelnen Grundrechtsfunktionen vgl. *Ossenbühl* in Merten/Papier, HdbGR Bd. I, § 15 Rn. 45 ff.; *Schmidt* in ErfK, 14. Aufl. 2014, GG Einl. Rn. 25 ff.
[38] Für einen Nachweis vgl. mwN *Stern* in Isensee/Kirchhof HStR Bd. IX, § 185 Rn. 31.
[39] So *Hesse* Rn. 279.
[40] Deutlich *Stern* in Isensee/Kirchhof HStR Bd. IX, § 185 Rn. 31 ff. mwN.
[41] Hierzu ausführlicher mwN *Hesse* Rn. 279 ff.
[42] Vgl. ausführlicher *Bleckmann*, Staatsrecht II, S. 243 ff., sowie *Stern* in Isensee/Kirchhof HStR Bd. IX, § 185 Rn. 31 mwN.
[43] *Ehlers* in Ehlers GuG, 2. Aufl. 2005, § 22 Rn. 25.
[44] *Kingreen* in Calliess/Ruffert GRC Art. 51 Rn. 22 ff.

ordnung einer Rechtsposition als Grundrecht stets die umfassende Erfüllung sämtlicher angesprochener möglicher Grundrechtsfunktionen voraus.[45] Deshalb tragen auch die Überlegungen zu den Grundrechtsfunktionen – über die abstrakte Erfassung möglicher rechtlicher Wirkungsebenen von Grundrechten hinaus – nur begrenzt zur Klärung eines allgemeinen Begriffs der Grundrechte bei.

3. Elemente des Grundrechtsbegriffs. Wegen der Untauglichkeit sowohl der Grundrechtstheorien als auch der Grundrechtsfunktionen zur Ermittlung eines allgemeinen Grundrechtsbegriffs soll nachfolgend eine eher **deskriptive Annäherung**[46] versucht werden. 16

Allgemein versteht man unter Grundrechten – unter Betonung ihrer subjektiven Komponente – die die Ausübung der staatlichen Gewalt verfassungskräftig begrenzenden **subjektiven Rechte** des Einzelnen.[47] Grundrechte sind **Sätze des objektiven (Verfassungs-)Rechts,** die zugleich subjektive Rechte im Sinne individueller Ansprüche gewähren. Sie sind **unmittelbar geltendes Recht,** das sich an alle drei Staatsgewalten einschließlich der Legislative wendet.[48] 17

Häufig werden sie als dem Staat vorausliegende Rechte des Individuums begriffen, als legitimierende Bedingungen der Entstehung des Staates. Andererseits wird ebenso ihre Gewährung und Sicherung erst durch den Staat betont.[49] **Vorstaatlichkeit** kommt ihnen jedenfalls insoweit zu, als Grundrechte nicht zur Disposition des Staates stehen, sondern den staatenübergreifenden Sinn staatlicher Organisation betonen und eine Rechtfertigungslage in dem Sinne auslösen, dass die staatliche Beschränkung von Grundrechten rechtfertigungsbedürftig ist und modalen und materiellen Beschränkungen unterliegt, während der individuelle Gebrauch der Grundrechte gegenüber dem Staat keiner Rechtfertigung bedarf.[50] Damit sind Grundrechte Rechte des Individuums, die den Staat verpflichten, dem sie Rechtfertigung für Grundrechtseingriffe abverlangen und dem sie insoweit vorausliegen.[51] 18

Grundrechte besitzen unterschiedliche Bedeutungsschichten oder **Dimensionen**,[52] aus denen zwar, wie bereits dargestellt, ein allgemeiner Grundrechtsbegriff nicht deduziert werden kann, die aber gleichwohl für eine deskriptive Annäherung fruchtbar gemacht werden können: Traditionell am stärksten betont wird die Wirkweise als **Abwehrrecht** des Einzelnen gegenüber dem Staat, die Bestimmung der Grundrechte, die Freiheitssphäre des Einzelnen vor Eingriffen der öffentlichen Gewalt zu sichern.[53] Darüber hinaus stellen Grundrechte **objektive Grundelemente** der demokratischen und rechtsstaatlichen Ordnung dar,[54] ihnen kommen objektiv-rechtliche Dimensionen oder Grundrechtsgehalte zu, die über ihre Geltung als objektives Recht weit hinausgehen und unter Begriffe wie etwa die **Ausstrahlungswirkung** der Grundrechte, die **grundrechtskonforme Auslegung** einfachen Gesetzesrechts, die (jedenfalls mittelbare) **Drittwirkung** der Grundrechte, die Begründung grundrechtlicher **Schutzpflichten,** die Maßstabsfunktion der Grundrechte 19

---

[45] So lässt sich anhand der systematischen Einteilung der Grundrechtecharta in die Titel I bis VII nicht direkt die Grundrechtsfunktion der einzelnen Gewährleistung ablesen. Umgekehrt gilt ferner, dass einzelne Grundrechtsfunktionen für einzelne Grundrechtsgruppen reserviert sind. Folgerichtig ist deshalb auch, dass Art. 51 Abs. 1 S. 2 GRC die rechtlichen Wirkungen der Grundrechte ohne Unterscheidung zwischen den Grundrechtsgruppen beschreibt; siehe *Kingreen* in Calliess/Ruffert GRC Art. 51 Rn. 22.
[46] So kommt nach *Auflehner* S. 361 auch dem Grundrechtsbegriff des Grundgesetzes, welches ebenfalls keinen positivrechtlichen Grundrechtsbegriff enthält, (nur) deskriptive Qualität zu.
[47] *Kingreen/Poscher* Rn. 43.
[48] Zusammenfassend *Dreier* in Dreier GG Vorb. vor Art. 1 Rn. 67 mwN.
[49] *Kingreen/Poscher* Rn. 43.
[50] Ausführlich *Dreier* in Dreier GG Vorb. vor Art. 1 Rn. 70 mwN; *Kingreen/Poscher* Rn. 44 mwN.
[51] *Kingreen/Poscher* Rn. 45 mwN.
[52] Zur Begrifflichkeit bzgl. neuerer Grundrechtsgehalte und -funktionen *Dreier* in Dreier GG Vorb. vor Art. 1 Rn. 82 mwN.
[53] Vgl. *Hesse* Rn. 283, 287.
[54] BVerfGE 7, 198 (205) – Lüth.

für eine den Grundrechtsschutz effektuierende **Organisations- und Verfahrensgestaltung** oder das Verständnis der Grundrechte als Einrichtungsgarantien, Institutsgarantien oder institutionelle Garantien gefasst werden können.[55] Darüber hinaus wird bestimmten Grundrechten auch eine leistungsrechtliche Komponente zuerkannt, wobei sich allerdings originäre leistungsstaatliche Verbürgungen aus Freiheitsrechten kaum ableiten lassen und grundrechtsbezogene Leistungsrechte eher Folgen einer Verletzung von Abwehr- oder Gleichheitsrechten darstellen dürften.[56]

III. Grundrechtsbegriff in der Rechtsprechung des EuGH und des EuG

20 Nachdem der EuGH in der Frühphase der Europäischen Gemeinschaften wegen des Fehlens ausdrücklicher Grundrechtsverbürgungen in der (früheren) Gemeinschaftsrechtsordnung eine Überprüfung etwaiger Grundrechtsverletzungen abgelehnt hatte, hat er die Grundrechte kurz darauf als **allgemeine Rechtsgrundsätze** eingeordnet, deren Wahrung er gemäß seinem Rechtsprechungsauftrag zu sichern hat.[57] Diese durch die Rechtsprechung erfolgte Anerkennung der Geltung von Grundrechten als allgemeine Grundsätze in der Unionsrechtsordnung spiegelt sich im geschriebenen Unionsrecht wider: Gemäß **Art. 6 Abs. 3 EUV** gelten die Grundrechte in der Unionsrechtsordnung als allgemeine Grundsätze des Unionsrechts neben der Grundrechtecharta weiter fort. Die Garantie von Grundrechten gehört heute also zum ursprünglich durch die Rechtsprechung gesicherten und mittlerweile auch **unionsvertraglich anerkannten und garantierten Bestand des europäischen Unionsrechts.** Diese als allgemeine Grundsätze entwickelten und fortgeltenden Grundrechtsgarantien wurden materiell-inhaltlich weitestgehend in die Grundrechtecharta übernommen.[58]

21 Der EuGH hat jedoch im Laufe seiner jahrzehntelangen Grundrechtsrechtsprechung **keine allgemeine, einheitlich verwendete Definition** der europäischen Grundrechte entwickelt. Vielmehr fehlt, vor allem wegen der unterschiedlichen Verwendung und Bedeutung des Grundrechtsbegriffs in den Mitgliedstaaten und wegen der teilweise uneinheitlichen Terminologie auch in der Rechtsprechung der europäischen Gerichte, bis heute eine einheitliche und präzise Begriffsbestimmung.[59]

22 Der EuGH nutzte den Grundrechtsbegriff traditionell insbesondere dann, wenn es um „Rechte geht, die nicht im geschriebenen Recht enthalten sind, sondern als allgemeine Rechtsgrundsätze angewendet und konkretisiert werden, und zwar als Maßstab für gemeinschaftliche Rechtsakte".[60] Jedoch verwendet der EuGH die Bezeichnung „Grundrecht" für eine grundlegende subjektive Rechtsposition des Unionsrechts keineswegs dogmatisch präzise und abgegrenzt, sondern in einem eher untechnischen Sinne.[61]

23 Zunächst sprach der EuGH explizit von „Grundrechten der Person",[62] die „in den allgemeinen Grundsätzen der Gemeinschaftsrechtsordnung enthalten sind",[63] jedoch konkretisierte er diese Grundrechte inhaltlich nicht.[64] In weiteren Urteilen führte der EuGH aus, dass die Gewährleistung der Grundrechte von den Verfassungsüberlieferungen der

---

[55] Für einen umfassenden Überblick über die objektiv-rechtlichen Dimensionen der Grundrechte mit ausführlichen mwN vgl. nur *Dreier* in Dreier GG Vorb. vor Art. 1 Rn. 94 ff.
[56] *Kingreen/Poscher* Rn. 83 f.; *Dreier* in Dreier GG Vorb. vor Art. 1 Rn. 89 f. mwN, der unter Rn. 91 ff. auch zur besonderen Funktion der Grundrechte als Gleichbehandlungsrechte und zu hieraus herzuleitenden derivativen Teilhabe- oder Leistungsansprüchen Stellung nimmt.
[57] Mit der Entscheidung EuGH 29/69, Slg. 1969, 419 Rn. 7 – Stauder begann die Entwicklung des Grundrechtsschutzes.
[58] *Meyer* in NK-EuGRCh Präambel Rn. 10 ff.; *Ludwig* EuR 2011, 715 (717).
[59] Vgl. nur jeweils mwN *Cirkel* S. 23 f.; *Bornemann*, Bedeutung der Grundrechtsquellen, S. 9 ff.; *Wetter*, Die Grundrechtscharta des EuGH, S. 29 ff.
[60] *Rengeling* S. 171; ebenso *Cirkel* S. 23 mwN.
[61] In diese Richtung deutlich *Bornemann*, Bedeutung der Grundrechtsquellen, S. 9 f.
[62] EuGH 29/69, Slg. 1969, 419 Rn. 7 – Stauder.
[63] EuGH 29/69, Slg. 1969, 419 Rn. 7 – Stauder; EuGH 265/87, Slg. 1989, 2237 ff. – Schräder.
[64] *Kingreen* JuS 2000, 857.

Mitgliedstaaten getragen sein müsse[65] und dass die Grundrechte „integraler Bestandteil des Gemeinschaftsrechts"[66] seien. Außerdem sah er die grundrechtsrelevanten völkerrechtlichen Verträge der Mitgliedstaaten als Rechtserkenntnisquelle für seine eigene Grundrechtsrechtsprechung an[67] und verwies erstmals auf Bestimmungen der EMRK.[68] Im Laufe der weiteren Entwicklung sprach der EuGH auch von „fundamentalen Grundsätzen des Gemeinschaftsrechts",[69] von „persönlichen Grundrechten"[70] oder vom „Schutz der Grundrechte in der Gemeinschaft".[71]

Bis zum Inkrafttreten des Vertrags von Lissabon formulierte der EuGH daher regelmäßig, **24** dass „die Grundrechte nach ständiger Rechtsprechung zu den allgemeinen Rechtsgrundsätzen [gehören], deren Wahrung der Gerichtshof zu sichern hat. Dabei lässt sich der Gerichtshof von den gemeinsamen Verfassungstraditionen der Mitgliedstaaten sowie von den Hinweisen leiten, die die völkerrechtlichen Verträge über den Schutz der Menschenrechte geben, an deren Abschluss die Mitgliedstaaten beteiligt waren oder denen sie beigetreten sind. Hierbei kommt der EMRK besondere Bedeutung zu".[72]

Heute ist es für den EuGH üblich, ausdrücklich die Grundrechtsgeltung im Unionsrecht **25** zu betonen, allerdings mit einer **anderen Diktion.** Zwar gelten gemäß Art. 6 Abs. 3 EUV die Grundrechte als allgemeine Rechtsgrundsätze unter Bezugnahme auf die von der Rechtsprechung herangezogenen Rechtserkenntnisquellen rechtlich gleichrangig neben der Charta weiterhin.[73] Da nun aber Art. 6 Abs. 1 UAbs. 1 EUV die Charta der Grundrechte rechtsverbindlich im Primärrecht verankerte, bezieht der EuGH gegenwärtig – zwar weiterhin ohne den unionalen Grundrechtsbegriff näher zu definieren – die Grundrechte, **„wie sie insbesondere in der Charta gewährleistet sind",**[74] mit ein und stützt sich daher vermehrt auf die kodifizierte Form der Unionsgrundrechte.[75] Nur vereinzelt stellt der EuGH in seiner jüngsten Rechtsprechung eine Verbindung zwischen den allgemeinen Rechtsgrundsätzen und den einschlägigen Normen der Grundrechtecharta her, indem er

---
[65] EuGH 11/70, Slg. 1970, 1125 Rn. 3 f. – Internationale Handelsgesellschaft.
[66] Vgl. etwa EuGH 136/79, Slg. 1980, 2033 ff. – National Panasonic.
[67] EuGH 4/73, Slg. 1974, 491 Rn. 13 – Nold.
[68] EuGH 36/75, Slg. 1975, 1219 ff. – Rutili; die Heranziehung der EMRK hat nunmehr ihre explizite Regelung in Art. 6 Abs. 2 EUV gefunden.
[69] EuGH 259/85, Slg. 1987, 4393 Rn. 12 – Frankreich/Kommission.
[70] EuGH 10/78, Slg. 1978, 1915 Rn. 10 – Belbouab.
[71] EuGH 44/79, Slg. 1979, 3727 Rn. 33 – Hauer.
[72] Vgl. EuGH C-260/89, Slg. 1991, I-2925 Rn. 41 – ERT; EuGH C-274/99, Slg. 2001, I-1611 Rn. 37 – Connolly/Kommission; EuGH C-94/00, Slg. 2002, I-9011 Rn. 25 – Roquette Frères; EuGH C-112/00, Slg. 2003, I-5659 Rn. 71 – Schmidberger.
[73] Die Normierung der Fortgeltung der Grundrechte als allgemeine Grundsätze des Unionsrechts wird teilweise als verzichtbar angesehen (ua *Schmitz* EuR 2004, 691 (698); *Pietsch* ZRP 2003, 1 (4)). Zudem ist das Verhältnis der beiden Grundrechtsschutzdimensionen umstritten (vgl. *Schorkopf* in GHN EUV Art. 6 Rn. 56 ff.; *Kingreen* in Calliess/Ruffert EUV Art. 6 Rn. 15 ff.). Der Fortbestand der Grundrechte als allgemeine Grundsätze des Unionsrechts ermöglicht dennoch in Zukunft eine Dynamisierung des Grundrechtsschutzes. Es wird dem EuGH durch die Entwicklungsoffenheit der Grundrechtsordnung gemäß Art. 6 Abs. 3 EUV, gerade auf Grundlage ungeschriebener allgemeiner Rechtsgrundsätze, weiterhin ein dynamischer Grundrechtsschutz gesichert. Bedeutung erlangt die Sicherung des bisherigen Standes der europäischen Grundrechtsentwicklung nach der Rechtsprechung des EuGH letztlich auch in der Auseinandersetzung mit dem „Opt-out"-Protokoll für die Grundrechtecharta für Polen und das Vereinigte Königreich (Protokoll über die Anwendung der Charta der Grundrechte der Europäischen Union auf Polen und das Vereinigte Königreich, ABl. 2007 C 306, 156). Hierzu insgesamt genauer: *Pache/Rösch* EuR 2009, 769 (772 ff.); *Pache/Rösch* EuZW 2008, 519 (520 ff.).
[74] EuGH C-199/11, ECLI:EU:C:2012:684 Rn. 45 – Otis ua; EuGH C-179/11, ECLI:EU:C:2012:594 Rn. 42 – Cimade; EuGH C-79/13, ECLI:EU:C:2014:103 Rn. 35 – Saciri; EuGH verb. Rs. C-356/11 u. C-357/11, ECLI:EU:C:2012:776 Rn. 75, 83 – O. und S.
[75] Klarzustellen ist, dass dies keine materiell-inhaltlichen Veränderungen nach sich zieht. Mit Ausnahme der sozialen Grundrechte der Charta (Titel IV, Solidarität) verbürgt die Charta die bislang als allgemeine Grundsätze des Gemeinschaftsrechts anerkannten und geltenden Grundrechte. Auch lässt sich aus der neuen Formulierung des EuGH kein Verhältnis der beiden Grundrechtsschutzelemente ableiten. Vielmehr trägt der EuGH dadurch der Entwicklung des Grundrechtsschutzes nach dem Vertrag von Lissabon Rechnung und bezieht seine Grundrechtsrechtsprechung auf die sichtbare und inhaltlich erkennbarere Grundrechtecharta.

das Grundrecht sowohl in seiner ungeschriebenen Form als allgemeinen Grundsatz als auch in seiner positivierten Form in seiner Prüfung zu Grunde legt.[76]

26 Bis zum Vertrag von Lissabon repräsentierte die Charta bereits die in der Union akzeptierten Werte und Überzeugungen, wie sie als allgemeine Rechtsgrundsätze gemäß Art. 6 EUV aF verbindlich galten, und gewann zusätzliche rechtliche Bedeutung durch die Erklärung der Präsidenten der beteiligten Organe, die eine Selbstverpflichtung[77] zur Achtung der Charta abgegeben haben. Gleichwohl war bis zur Einführung des Art. 6 Abs. 1 EUV mit dem Vertrag von Lissabon die Grundrechtecharta weder für die Europäischen Gemeinschaften noch für die Mitgliedstaaten rechtsverbindlich. Bemerkenswert ist deshalb, dass die Charta trotz ihrer Unverbindlichkeit bereits zuvor vom EuG[78] und auch vom EGMR[79] zur Bekräftigung der Grundrechtsgeltung herangezogen wurde, was zumindest faktisch die Bedeutung der Charta festigte.[80] Dennoch ist auch hier trotz fortschreitender Grundrechterechtsprechung keine abstrakte Grundrechtsdefinition auszumachen.

27 Es ist dennoch positiv hervorzuheben, dass der EuGH sich zusehends als durchsetzungskräftiges, grundrechtsschützendes Verfassungsgericht etabliert hat[81] und auch als solches weitgehend akzeptiert wird.[82] Jüngst verdeutlichte der EuGH dies durch sein Urteil zur Vorratsdatenspeicherungsrichtlinie,[83] wodurch er den Grundrechtsschutz im vertikalen Verhältnis zu den Mitgliedstaaten, aber insbesondere auch im horizontalen Verhältnis zu dem Gesetzgeber auf Unionsebene bekräftigte, indem er hinreichend betonte, dass er zum einen Letztere einer weitreichenden grundrechtlichen Kontrolle unterwirft,[84] zum anderen strenge Vorkehrungen auf Unionsebene verlangt[85] und vorgibt, dass die Einschränkungen der Grundrechte auf das absolut Notwendige zu beschränken sind.[86]

28 Mit Blick auf **Verfahrensrechte** (im Einzelnen → § 55, → §§ 57–61) wird die Bezeichnung als Grundrechte bis heute eher zurückhaltend verwendet, hier ist in Anknüpfung an englische und französische Rechtstraditionen eine Zuordnung eher zum rechtsstaatlichen Grundsatz ordnungsgemäßer Verwaltung üblich (→ § 61).[87] Die in der Charta der Grundrechte im Titel VI (Art. 47–50 GRC) garantierten Rechte werden als „Justizielle Rechte", also als Rechte des Einzelnen im Verhältnis zur Justiz[88] bezeichnet. Trotz der Normierung in der Charta der Grundrechte bestätigt sich eher ein zurückhaltendes Verständnis von Verfahrens(grund)rechten. So mag zwar der Titel VI als Zusammenfassung von unterschiedlichen Verfahrensrechten eine gewissen Grundrechtstendenz erahnen lassen, gleichwohl werden die justiziellen Rechte weiterhin überwiegend in einem materiell rechtlichen

---

[76] EuGH C-550/07, Slg. 2010, I-8301 Rn. 54 – Akzo Nobel Chemicals und Akcros Chemicals/Kommission.
[77] Vgl. hierzu *Alber* EuGRZ 2001, 350.
[78] Exemplarisch: EuG T-112/98, Slg. 2001, II-729 Rn. 76 – Mannesmannröhren–Werke/Kommission.
[79] Exemplarisch: EGMR 11.7.2002 – 28957/95 Rn. 58 – Goodwin/Vereinigtes Königreich.
[80] So formulierte den EuG in verb. Rs. T-67, 68, 71 u. 78/00, Slg. 2004, II-2501 Rn. 178 – JFE Engineering ua/Kommission, dass ein bestimmter Grundsatz „zu den Grundrechten […], die nach der Rechtsprechung des Gerichtshofes, die im Übrigen durch die Präambel der Einheitlichen Europäischen Akte, durch Artikel 6 Absatz 2 des Vertrages über die Europäische Union und durch Artikel 47 der am 7. Dezember 2000 in Nizza verkündeten Charta der Grundrechte der Europäischen Union (ABl. 2000 C 364, 1) bekräftigt worden ist, in der Gemeinschaftsrechtsordnung geschützt sind."
[81] *Kühling* NVwZ 2014, 681 (681 f., 684).
[82] *Pauly/Beutel* DÖV 2014, 160 (161); *Weiß* EuZW 2013, 287 (292). Zweifel hieran äußerten *Masing* NJW 2012, 2305 (2310) sowie *Landau/Trésoret* DVBl 2012, 1329 (1336 f.).
[83] EuGH verb. Rs. C-293/12 u. C-594/12, ECLI:EU:C:2014:238 Rn. 37, 56, 65 – Digital Rights Ireland u. Seitlinger ua.
[84] *Kühling* NVwZ 2014, 681 (681 f., 684).
[85] *Kühling* NVwZ 2014, 681 (682 ff., 685). Zum Urteil des EuGH zur Vorratsspeicherung von Kommunikationsdaten und den damit verbundenen Eingriffen in das Grundrecht zum Schutz personenbezogener Daten (Art. 8 GRC) und in das Recht auf Achtung des Privatlebens (Art. 7 GRC) sowie der Bedeutung der vorgenannten Grundrechte vgl. *Priebe* EuZW 2014, 456 ff.
[86] EuGH verb. Rs. C-293/12 u. C-594/12, ECLI:EU:C:2014:238 Rn. 52 – Digital Rights Ireland u. Seitlinger.
[87] Vgl. jeweils *Chwolik-Lanfermann*, Grundrechtsschutz in der EU, S. 65 f., 70 f.; *Cirkel* S. 23.
[88] *Eser* in NK-EuGRCh Vor Art. 47 Rn. 2.

Sinne[89] als Ausdruck und Sicherung des Rechtsstaatsprinzips verstanden.[90] Darüber hinaus verzichtet der EuGH bei der **Abgrenzung von Grundrechten und Grundfreiheiten** auf eine dogmatische Differenzierung und nennt sie nicht selten in einem Atemzug, wobei er die Grundfreiheiten bisweilen ausdrücklich als Grundrechte[91] bezeichnet.[92] Im Zusammenhang mit der Niederlassungsfreiheit sprach er beispielsweise von einem Grundrecht, das jedem Bürger der Gemeinschaft bzw. nunmehr Union individuell vom Vertrag verliehen sei.[93]

Abschließend kann festgestellt werden, dass der EuGH zwar eine Vielzahl eigenständiger Unionsgrundrechte im Wege wertender Rechtsvergleichung aus den gemeinsamen Verfassungstraditionen der Mitgliedstaaten oder aus gemeinsamen internationalen Verpflichtungen der Mitgliedstaaten, insbesondere aus der EMRK, hergeleitet[94] und auf diese Weise einen beachtlichen, umfassenden Katalog von Unionsgrundrechten entwickelt hat,[95] der mit dem Auftrag des Europäischen Rates von Köln[96] und ausweislich ihres vierten Erwägungsgrundes in der Charta der Grundrechte sichtbar gemacht wurde. Dieser enthält neben wirtschaftlichen Freiheitsrechten (→ §§ 34–38) auch Garantien wie die Unverletzlichkeit der Wohnung (→ § 23 Rn. 9f.), die Meinungs- und Informationsfreiheit (→ § 27), die Vereinigungs- und die Religionsfreiheit (→ §§ 32, 33), die Achtung des Familienlebens (→ §§ 23, 24) sowie weitreichende Verfahrensrechte wie den Anspruch auf rechtliches Gehör (→ § 58) und auf effektiven Rechtsschutz (→ § 55).[97] Mit der Grundrechtecharta bestehen diese nun in einem ausdrücklichen, ausformulierten und rechtsverbindlichen europäischen Grundrechtekatalog, der den Unionsbürgern und weiteren Grundrechtsberechtigten ihre garantierten Grundrechte gegenüber der EU und gegenüber den Mitgliedstaaten jedenfalls bei der Durchführung des Unionsrechts klar erkennbar und nachlesbar vor Augen führt.[98] Weil jedoch die Vorgehensweise des EuGH bei der Grundrechtsgewinnung in seiner Rechtsprechung naturgemäß einzelfallbezogen und punktuell war[99] und weil zugleich nicht die Entwicklung einer präzisen Grundrechtsdogmatik oder die Abgrenzung von Grundrechten gegenüber anderen subjektiven Rechtspositionen der Unionsrechtsordnung für die Rechtsprechung der europäischen Gerichte entscheidungsrelevant und die Charta weitestgehend „nur" eine Verschriftlichung der Rechtsquellen der allgemeinen Grundrechte des Gemeinschaftsrechts ist,[100] liegt ungeachtet des beachtlichen Umfangs der europäischen Grundrechtsrechtsprechung eine rechtsprechungsgeprägte eindeutige Definition des Grundrechtsbegriffs auf europäischer Ebene bislang nicht vor.[101]

C. Abgrenzungsfragen: Unionsgrundrechte neben weiteren primärrechtlichen Rechtsinstituten

Auf europäischer supranationaler Ebene bestehen neben den Grundrechten weitere primärrechtlich gewährleistete Rechtsinstitute, deren inhaltliche Verbürgungen auf den ersten

---

[89] *Eser* in NK-EuGRCh Vor Art. 47 Rn. 1.
[90] *Magiera* in Merten/Papier, HdbGR Bd. VI/1, § 161 Rn. 3.
[91] EuGH 222/86, Slg. 1987, 4097 Rn. 14 – Unectef.
[92] Vgl. ausf. zum Verhältnis zwischen Grundrechten und Grundfreiheiten *Kahl/Schwind* EuR 2014, 170 ff.; *Ehlers* in Ehlers GuG § 14 Rn. 17 ff.; *Frenz* EuR 2002, 603 (613 ff.).
[93] EuGH 222/86, Slg. 1987, 4097 Rn. 14 – Unectef; dort heißt es: „Der freie Zugang zur Beschäftigung ist ein Grundrecht, das jedem Bürger der Gemeinschaft individuell vom Vertrag verliehen ist.".
[94] Zusammenfassend vgl. nur *Rengeling* S. 1 mwN; *Schwarze* FS Deringer, 1993, 160 (160 ff. mwN); einen Überblick über die Grundrechtsjudikatur des EuGH gibt auch *Selmer* S. 119 ff. mwN; *Schmidt-Preuß* FS Schiedermair, 2001, 705 (730 mwN).
[95] Zum Katalog der Gemeinschaftsgrundrechte vgl. auch *Hatje* in Schwarze EUV Art. 6 Rn. 21 ff. mwN.
[96] Vgl. den Anhang IV der Schlussfolgerungen des Europäischen Rates von Köln am 3./4.6.1999.
[97] Näher *Magiera* DÖV 2000, 1017 (1018 mwN).
[98] *Pache/Rösch* EuR 2009, 769 (774).
[99] *Hilf* in Weidenfeld, Der Schutz der Grundrechte in der EG, S. 58.
[100] *Niedobitek* in Merten/Papier, HdbGR Bd. VI/1, § 159 Rn. 37.
[101] So ausdrücklich *Ehlers* in Ehlers GuG § 14 Rn. 1.

Blick eine **mit den Unionsgrundrechten vergleichbare Struktur und Dogmatik aufweisen**. Auch der Wortlaut mancher Gewährleistungen der Verträge im Vergleich zu den Rechten der Charta der Grundrechte ist insoweit nicht derart präzise und von den Unionsgrundrechten divergierend, dass alleine darauf gestützt eine Abgrenzung zu den Unionsgrundrechten möglich wäre. So hat bekanntermaßen jeder Unionsbürger das Recht, sich im Hoheitsgebiet frei zu bewegen und aufzuhalten, und genießt damit das Recht auf Freizügigkeit (Art. 21 Abs. 1 AEUV). Weiterhin hat der Unionsbürger das Recht, dass, über seine bloße körperliche Fortbewegungsmöglichkeit hinaus, seine wirtschaftlichen Freiheiten, wie etwa in einem anderen Mitgliedstaat zu arbeiten (Art. 45 AEUV) oder sich niederzulassen (Art. 49 AEUV), nicht eingeschränkt oder behindert werden. Diese beispielhafte Aufzählung abschließen soll die Anerkennung und Achtung des Anspruchs von Menschen mit Behinderung auf Maßnahmen zur Gewährleistung ihrer Eigenständigkeit, ihrer sozialen und beruflichen Eingliederung und ihrer Teilnahme am Leben der Gemeinschaft (Art. 26 GRC).

31 In erster Linie hinsichtlich der weiteren Rechte mit subjektiv-öffentlichem Charakter wird in der Literatur und auch der Rechtsprechung nicht immer eine trennscharfe Abgrenzung zu den Unionsgrundrechten vorgenommen, so dass vereinzelt Terminologien entstehen, die eine Verbindung zu den Grundrechten erzeugen, wenn etwa von **grundrechtsgleichen oder -ähnlichen Rechten** die Rede ist. Dass eine präzise Differenzierung (weiterhin) geboten ist, insbesondere auch wegen der nicht unproblematischen Fragen, die sich an die Einordnung der Rechte als Grundrecht oder sonstige Gewährleistung anschließen, soll im Folgenden dargestellt werden.

I. Abgrenzung zu den Grundsätzen der Grundrechtecharta

32 Die Grundrechtecharta differenziert intern zwischen „**Rechten und Freiheiten**" und „**Grundsätzen**". Diese Unterscheidung ist nach dem Wortlaut ausdrücklich in Art. 51 Abs. 1 S. 2 GRC angelegt, wonach die Grundrechtsverpflichteten der Unionsgrundrechte die Rechte zu „achten" und sich an die Grundsätze „zu halten haben". Auch Art. 6 Abs. 1 EUV verdeutlicht eine Trennung von Grundsätzen und Grundrechen, indem die Union die Rechte, Freiheiten und Grundsätze anerkennt, die in der Charta der Grundrechte niedergelegt sind. Die zentrale Bestimmung, die einer Abgrenzung zu den Grundrechten der Charta zu Grunde zu legen ist und aus der die Unterschiede beider Rechtsinstitute und Begrifflichkeiten deutlich hervorgehen, ist Art. 52 Abs. 5 GRC. Danach können diejenigen Bestimmungen der Charta, die Grundsätze enthalten, durch die Organe und sonstigen Einrichtungen der Union sowie die Mitgliedstaaten zur Durchführung des Rechts der Union in Ausübung ihrer jeweiligen Zuständigkeiten umgesetzt werden. Die Grundsätze stellen deshalb keine subjektiv-rechtlichen Ansprüche dar.[102] Vielmehr sind die Grundsätze – im Gegensatz zu den Grundrechten – **objektiv-rechtliche Verbürgungen**,[103] die entsprechend dem Wortlaut des Art. 52 Abs. 5 S. 1 GRC einer Umsetzung bedürfen, also auf **subjektiv-rechtliche Konkretisierung** angelegt sind.[104] Letzteres ist dabei keineswegs eine ausschließliche Besonderheit der Grundsätze, da auch Grundrechte auf die nähere Ausgestaltung durch den unionalen oder mitgliedstaatlichen Gesetzgeber angewiesen sein können, um ihre Gewährleistung voll zu entfalten. Dennoch bedürfen Grundsätze überwiegend der gesetzgeberischen und administrativen Förderung sowie der Entfaltung und Anwendung, wozu die öffentlichen Gewalten kraft einer verfassungsrechtlichen Verpflich-

---

[102] So auch die Erläuterungen des Präsidiums zur Charta der Grundrechte, ABl. 2007 C 303, 35; sowie auch *Kingreen* in Calliess/Ruffert GRC Art. 52 Rn. 13; Jarass GRCh Art. 52 Rn. 70. Ablehnend dagegen *Wolffgang* in Lenz/Borchardt EU-Verträge GRC Art. 52 Rn. 28. Konkret bedeutet dies, dass Grundsätze im Rechtsschutz (Klagebefugnis) nicht eingesetzt werden können, soweit es auf den subjektiv-rechtlichen Charakter der herangezogenen Normen ankommt. Zudem gewähren die Grundsätze keinen gerichtlich durchsetzbaren Anspruch auf fördernde gesetzliche oder administrative Maßnahmen.
[103] *Schmittmann* S. 90; *Kingreen* in Calliess/Ruffert GRC Art. 52 Rn. 14.
[104] Übereinstimmend *Borowsky* in NK-EuGRCh Art. 52 Rn. 45; Jarass GRCh Art. 52 Rn. 69.

tung angehalten sind,[105] so dass jene auf Grundlage der Grundsätze der Charta Maßnahmen erlassen, um den Inhalt und die Ziele der Grundsätze zu verwirklichen.[106] Erst danach können subjektiv-rechtliche Ansprüche entstehen.[107] Letztlich ist die Einordnung als Grundrecht oder Grundsatz für den rechtlichen Gehalt und die Reichweite einer Bestimmung ausschlaggebend.[108] Die Bedeutung der Grundsätze liegt demnach primär nicht in einer grundrechtsähnlichen abwehrrechtlichen[109] Dimension, sondern in ihrem Querschnittsauftrag.[110]

Neben dieser Handlungsermächtigung[111] besteht in Art. 52 Abs. 5 S. 2 GRC eine **33 Auslegungsregelung,** wonach die Grundsätze nur bei der Auslegung der Umsetzungsakte und bei Entscheidungen über deren Rechtmäßigkeit herangezogen werden können. Es besteht demnach die Möglichkeit, im Rahmen eines objektiven Beanstandungsverfahrens oder – soweit bereits eine andere zulässige Klage bei dem Gericht anhängig ist durch eine Inzidentkontrolle – die Wahrung der Grundsätze der Charta zu kontrollieren. Insoweit besteht eine **eingeschränkte Justiziabilität.**[112]

Letztlich gilt zu beachten, dass die in Art. 52 Abs. 5 GRC genannten Grundsätze nicht **34** mit den fundamentalen Grundsätzen und Prinzipien identisch sind, die dem Unionsrecht zu Grunde liegen oder in den Verträgen als Grundsatz bezeichnet werden. Die Bezeichnung als Grundsatz soll rein terminologisch verdeutlichen, dass jener grundlegend für das Unionsrecht ist: So sind beispielsweise der vom Gerichtshof anerkannte Grundsatz der Verhältnismäßigkeit, die vom EuGH entwickelten grundrechtlichen allgemeinen Rechtsgrundsätze nach Art. 6 Abs. 3 EUV sowie der Grundsatz der Entgeltgleichheit aus Art. 157 Abs. 1 AEUV nicht unter Art. 52 Abs. 5 GRC zu fassen. Vorgenannte Grundsätze sind unmittelbar subjektive Rechte, deren Wirkung nicht von Art. 52 Abs. 5 GRC berührt wird.[113]

Welche Gewährleistungen der Charta als Grundsätze einzuordnen sind, gibt die Charta **35** selbst nicht vor. Die Erläuterungen der Charta benennen lediglich Art. 25, 26 und 37 GRC ausdrücklich als Grundsätze,[114] weshalb die Klassifizierung im Einzelnen nicht unumstritten ist.[115] Letztlich ist die Frage der Einordnung einer Bestimmung als Grundsatz oder Grundrecht eine Frage der **Auslegung,**[116] wobei in Zweifelsfällen, insbesondere solchen, die Nähe zur Menschenwürde aufweisen, aus Gründen des Rechtsschutzes eher von einem Grundrecht auszugehen ist.[117]

---

[105] *Borowsky* in NK-EuGRCh Art. 52 Rn. 45a mwN.
[106] *Frenz* HdbEuR Bd. 4, § 3 Rn. 438.
[107] Vgl. *Kober* S. 90; *Borowsky* in NK-EuGRCh Art. 52 Rn. 45, der die Grundsätze als Entwicklungsstadien auf dem Weg zu subjektiven Verbürgerungen näher beschreibt.
[108] *Kingreen* in Ehlers GuG § 22 Rn. 4.
[109] Dieser Abwehrcharakter wird den Grundsätzen nur im Bereich der mitgliedstaatlichen Sozialsysteme zugesprochen, wodurch ein Eingreifen der Union in Form von Harmonisierungsmaßnahmen verhindert werden soll. Vgl. hierzu auch *Borowsky* in NK-EuGRCh Art. 52 Rn. 45a mwN.
[110] Jarass GRCh Art. 52 Rn. 70.
[111] *Kingreen* in Ehlers GuG § 22 Rn. 4.
[112] Ausführlicher Jarass GRCh Art. 52 Rn. 75 sowie *Borowsky* in NK-EuGRCh Art. 52 Rn. 45c mwN.
[113] *Ladenburger* in Tettinger/Stern GRC Art. 52 Rn. 84.
[114] Unglücklich erscheint dabei, dass in Art. 25 und 26 GRC nicht ausdrücklich von Grundsätzen, sondern von „Recht" und „Anspruch" die Rede ist. Hierbei ist aber zu beachten, dass es in den vorgenannten Bestimmungen nicht um ein durch die Charta, sondern um ein von Durchführungsregelungen gewährtes Recht geht, so dass die Begriffe „*Recht*" oder „*Anspruch*" lediglich indiziell zur Einordnung herangezogen werden können.
[115] *Sagmeister* S. 340 ff.
[116] Jarass GRCh Art. 52 Rn. 72.
[117] So auch *Seifert* EuZA 2013, 299 (309), der dies für Art. 31 Abs. 2 GRC bejahte, zur Begründung aber zusätzlich noch anführt, dass Art. 31 Abs. 2 GRC das Grundrecht auf körperliche Unversehrtheit besonders ausformt. Siehe zudem *Borowsky* in NK-EuGRCh Art. 52 Rn. 45d mwN.

II. Abgrenzung zu den Menschenrechten des Art. 2 EUV

36   Art. 2 S. 1 EUV nennt die wesentlichen Werte, auf die sich die Union gründet. Neben den Grundsätzen der Achtung der Menschenwürde, der Freiheit, der Demokratie und der Rechtsstaatlichkeit umfasst die Wertegebundenheit der Union auch die **Wahrung der Menschenrechte**[118] einschließlich der Rechte der Personen, die Minderheiten angehören. Gemäß Art. 2 S. 2 EUV sind die vorgenannten Werte allen Mitgliedstaaten in einer Gesellschaft gemeinsam, die sich durch Pluralismus, Nichtdiskriminierung, Toleranz, Gerechtigkeit, Solidarität und die Gleichheit von Frauen und Männern auszeichnet.

37   Damit stellt der als **Homogenitätsklausel**[119] bezeichnete Art. 2 S. 1 EUV,[120] der über die ihm zugeschriebene Konsens-, Legitimations-, Integrations- und Sicherungsfunktion hinaus rechtliche Bedeutung auch als Tatbestandsvoraussetzung für das Sanktionsverfahren nach Art. 7 Abs. 1 S. 1 EUV sowie für einen Beitritt zur EU nach Art. 49 Abs. 1 EUV besitzt,[121] nach seinem Wortlaut als **Grundlage und Ausgangspunkt der EU**[122] nicht auf die Grundrechte ab, die erst in Art. 6 Abs. 1 und 3 EUV angesprochen und konkretisiert werden, sondern auf die grundsätzliche **Wahrung der Menschenrechte**. Mit dieser Begrifflichkeit benennt Art. 2 S. 1 EUV, der die Formulierung des Art. 6 Abs. 1 EUV aF, welcher mit dem Amsterdamer Vertrag in den EU-Vertrag eingefügt worden ist,[123] aufnimmt und erweitert, als sanktions- und beitrittsrelevante gemeinsame Verfassungsgrundlage und als Verfassungskern der EU[124] **nicht die Grundrechte,** wie sie in der Rechtsprechung des EuGH anerkannt und entwickelt und in Art. 6 Abs. 3 EUV aufgenommen und nunmehr zudem gemäß Art. 6 Abs. 1 EUV in der Charta der Grundrechte niedergelegt worden sind, sondern verwendet mit dem Begriff der **Menschenrechte** eine **abweichende Terminologie**.[125]

38   Zwar kann diese abweichende Terminologie unterschiedlich verstanden werden; unbestritten ist dabei allerdings, dass durch Art. 2 S. 1 EUV nicht nur die Verfassungsgrundlagen der EU, sondern ausdrücklich auch diejenigen der Mitgliedstaaten angesprochen werden, denen nach dem Wortlaut des Art. 2 S. 2 EUV der Grundsatz der Achtung der Menschenrechte gemeinsam ist[126], so dass die Mitgliedstaaten somit auch für sich selbst hervorheben, diesen Grundsatz zu achten und zu befolgen.[127]

39   Darüber hinaus kann die Benennung des Grundsatzes der Achtung der Menschenrechte in Art. 2 S. 1 EUV jedoch schlicht als **vorweggenommener Hinweis auf die EMRK** verstanden werden, auf die „Europäische Konvention zum Schutz der Menschenrechte und Grundfreiheiten",[128] die gemäß Art. 6 Abs. 3 EUV eine der Rechtserkenntnisquellen für

---

[118] Im Entwicklungsprozess des Verfassungsvertrages wurde vom Konvent beantragt, „Menschenrechte" durch „Grundrechte" zu ersetzen, was sich aber nicht durchsetzen konnte, vgl. Erläuterungen des Präsidiums des Europäischen Konvents, CONV 574/1/03, S. 17 ff. Abrufbar unter http://www.europakonvent.org/download/aenderungen1–16.pdf (letzter Abruf am 17.10.2018).
[119] *Hilf/Schorkopf* in GHN EUV Art. 2 Rn. 9 mwN; *Mangiameli* in Blanke/Mangiameli S. 21 (21 ff.); *Nicolaysen* Europarecht I S. 162; *v. Bogdandy* CMLR 37 (2000), 1307 (1321).
[120] Zu Art. 2 S. 1 EUV als Homogenitätsklausel bereits *Schorkopf* Rn. 13 ff. mwN; *Schorkopf* EuR 2016, 147 (149 mwN).
[121] Zur Genese, zu den Zielen und zu der rechtlichen Bedeutung des Art. 2 S. 1 EUV im System der Verträge ausführlicher *Hilf/Schorkopf* in GHN EUV Art. 2 Rn. 1 ff. mwN.
[122] *Hilf/Schorkopf* in GHN EUV Art. 2 Rn. 8.
[123] Zur Entstehungsgeschichte vgl. *Beutler* in von der Groeben/Schwarze, 6. Aufl. 2004, EUV Art. 6 Rn. 7 mwN; vgl. auch *Pechstein* in Streinz, 1. Aufl. 2003, EUV Art. 2 Rn. 1.
[124] Vgl. *Beutler* in von der Groeben/Schwarze, 6. Aufl. 2004, EUV Art. 6 Rn. 20 ff.
[125] Die Union verpflichtet sich in weiteren Bezugnahmen, die Werte des Art. 2 EUV ihrem Handeln zugrunde zu legen, vgl. Art. 3 Abs. 1 EUV, Art. 13 Abs. 1 EUV oder auch Art. 21 Abs. 1 EUV.
[126] So auch *Kirchhof* in Isensee/Kirchhof HStR Bd. X, § 214 Rn. 24 f. Vgl. auch *Calliess* in Calliess/Ruffert EUV Art. 2 Rn. 17 mwN, der zutreffend die Menschenwürde als „Grundpfeiler der europäischen Identitätsentwicklung" und „Schlüssel-Wert der Architektur des europäischen Staaten- und Verfassungsverbunds" bezeichnet. Ausführlicher dazu *Calliess* in Gröschner/Lembcke, Das Dogma der Unantastbarkeit, 2009, S. 133 (133 ff.).
[127] *Schwarze* in Schwarze, 1. Aufl. 2000, EUV Art. 2 Rn. 3.
[128] Zu deren Unterscheidung zwischen Menschenrechten und Grundfreiheiten vgl. nur *Frowein* in Frowein/Peukert EMRK Präambel Rn. 3.

die Grundrechte der EU ist.[129] Bei diesem Verständnis innerhalb eines völkerrechtlichen Rahmens stellte Art. 6 EUV als Vorschrift, die die Grundrechtsbindung der Union unter Nennung der Rechtsquellen des unionalen Grundrechtsschutzes entfaltet, eine Konkretisierung der Vorgaben des Art. 2 S. 1 EUV dar,[130] mit der Folge, dass die EU über die durch Art. 2 S. 1 EUV vorgegebenen Grundsätze hinaus konkret vor allem durch Art. 6 Abs. 1 und 3 EUV gebunden wäre.

Zutreffender erscheint demgegenüber ein Verständnis des Art. 2 EUV, nach dem mit **40** dem Grundsatz der Achtung der Menschenrechte nicht lediglich dem historisch früher entstandenen Art. 6 EUV vertragssystematisch vorgegriffen wird, sondern nach dem durch Art. 2 EUV eigenständig das Beruhen der EU auf einem von den EU-Grundrechten des Art. 6 EUV abweichenden Grundsatz der Achtung der Menschenrechte einschließlich der Rechte der Personen, die Minderheiten angehören, im Vertragsrecht zum Ausdruck gebracht und zu einem der Verfassungselemente der EU erklärt wird.[131] Mit der Erwähnung des Grundsatzes des Menschenrechtsschutzes als Kernbestand im Wertekatalog der Union[132] wird ein **weiterer, umfassenderer, über die EMRK hinausgreifender und auch andere internationale Instrumente** als die EMRK **einbeziehender Schutz von Menschenrechten** in Bezug genommen und dem Umstand Rechnung getragen, dass sich Menschenrechtsverbürgungen international jenseits der EMRK sowohl im **Völkergewohnheitsrecht** als auch in einer **Vielzahl von Verträgen** finden.[133]

Grundlage der Existenz dieser Vielzahl von Menschenrechtsverbürgungen auf internationaler **41** Ebene und damit auch des Verständnisses der Menschenrechte und Grundfreiheiten im Sinne des Art. 2 S. 1 EUV ist der Umstand, dass im modernen Völkerrecht zunehmend nicht mehr allein der Staat als Basis der Völkerrechtsordnung angesehen wird, sondern auch die den Staat tragenden und legitimierenden Einzelnen als mögliche Subjekte des Völkerrechts betrachtet werden.[134] Als Konsequenz dieser veränderten Betrachtungsweise haben auch die Rechte dieser Einzelnen in ihrer Gesamtheit als **völkerrechtlicher Menschenrechtsschutz** eine stürmische Entwicklung erfahren, die zu Recht als einer der dynamischsten Entwicklungsprozesse des modernen Völkerrechts bezeichnet wird.[135] Eine der grundlegendsten, durch die Erfahrungen des Zweiten Weltkrieges ausgelösten Veränderungen der Völkerrechtsordnung besteht darin, dass seither der Schutz der Grund- und Menschenrechte zu einem im Völkerrecht anerkannten Ziel geworden ist und zu einer Vielzahl hierauf gerichteter rechtlich erheblicher Völkerrechtsakte geführt hat.[136] Menschenrechtsschutz gehört heute international zu den großen Themen,[137] im Bereich der

---

[129] In diesem Sinne *Calliess* in Calliess/Ruffert EUV Art. 6 Rn. 6 f.
[130] *Hilf/Schorkopf* in GHN EUV Art. 2 Rn. 36.
[131] *Pechstein* in Streinz, 1. Aufl. 2003, EUV Art. 2 Rn. 1. Vgl. hierzu auch die Erläuterungen des Präsidiums des Europäischen Konvents, CONV 528/03, S. 11 f., wodurch Art. 2 EUV eine kurze Aufstellung der grundlegenden europäischen Werte enthalten soll. Abrufbar unter http://european-convention.europa.eu/pdf/reg/de/03/cv00/cv00528.de03.pdf (letzter Abruf am 26.1.2017).
[132] *Wolfrum* in Merten/Papier, HdbGR Bd. VI/1, § 143 Rn. 16; *Kugelmann* in Merten/Papier, HdbGR Bd. VI/1, § 160 Rn. 54.
[133] *Hilf/Schorkopf* in GHN EUV Art. 2 Rn. 8 f., 15 f.; zu den weiteren internationalen Menschenrechtsverbürgungen und ihrer Bedeutung für den Grundrechtsschutz innerhalb der EU ausführlich → §§ 3, 4.
[134] Allgemein zur zunehmenden Anerkennung und vertraglichen Sicherung von Menschenrechten und Grundfreiheiten in der Völkerrechtsordnung und zu den wichtigsten insoweit einschlägigen Vertragswerken *Pache*, Tatbestandliche Abwägung, S. 237 ff. mwN.
[135] Vgl. zusammenfassend mit Nachweis wichtiger Entwicklungstendenzen und einschlägiger Rechtsakte der Vereinten Nationen *Riedel* in Baum/Riedel/Schaefer S. 25 (25 ff. mwN), der dort von einer 1948 mit der Verabschiedung der Allgemeinen Menschenrechtserklärung beginnenden, bis heute nicht abgeschlossenen Periode des völkerrechtlichen „Standardsetting" im Bereich der Menschenrechte spricht.
[136] *Pache*, Tatbestandliche Abwägung, S. 238 mwN; *Henkin* in Bernhardt, EPIL Bd. 2, S. 886 (886 ff.); *Marks* in Bernhardt, EPIL Bd. 2, S. 893 (893 ff.); angesichts der im Zweiten Weltkrieg erkannten Zusammenhänge zwischen Missachtung der Freiheitsrechte der eigenen Bürger totalitärer Staaten und aggressiver Außenpolitik dient völkerrechtlicher Menschenrechtsschutz vor allem der Friedenssicherung, vgl. *Stein/von Buttlar* Rn. 997, 999.
[137] Ausdrücklich *Klein* EuGRZ 1999, 109 ff., der dort eindringlich auf Hintergrund und Konsequenzen dieser Entwicklung hinweist.

Grund- und Menschenrechte sind zahlreiche ganz konkrete innerstaatliche Sachverhalte und Vorgänge mittlerweile Gegenstand ebenso konkreter völkerrechtlicher Regelungen.[138]

42 Damit besteht der besondere rechtliche Gehalt der „Werteklausel"[139] des Art. 2 Abs. 1 EUV im Bereich des Grundrechtsschutzes darin, für die EU wie für die Mitgliedstaaten die Achtung der in einem weiten Sinne verstandenen Menschenrechte als gemeinsamen **Verfassungsgrundsatz** herauszustellen. Dies wird auch dadurch hervorgehoben, dass Art. 2 EUV mit dem Grundsatz des Menschenrechtsschutzes neben der besonderen Grundrechtsbestimmung des Art. 6 EUV besteht.[140] Menschenrechte sind dabei – über den allein an die EU adressierten Art. 6 EUV hinaus – nicht nur die Garantien der EMRK und der gemeinsamen Verfassungsüberlieferungen der Mitgliedstaaten, sondern **auch die internationalen, im Völkervertrags- oder Völkergewohnheitsrecht enthaltenen Menschenrechtsgarantien.** Zu diesen bekennen sich die EU und auch die Mitgliedstaaten[141] ausdrücklich als Grundlage und Gemeinsamkeit, und zu ihrer Verwirklichung wollen und sollen sie in ihren internen und externen Politiken beitragen.[142] Auf dieser Grundlage sind der Schutz und die Förderung der Menschenrechte zwischenzeitlich integrale Bestandteile aller internen und externen Politiken der EU geworden und werden – parallel und ergänzend zur Anerkennung der Bindung der EU an die Unionsgrundrechte – vor allem auch im Bereich der Außenbeziehungen der EU nachdrücklich gefördert.[143]

43 Diese Auslegung des Begriffs der Menschenrechte in Art. 2 S. 1 EUV prägt das Verständnis und das Verhalten der Unionsorgane als Wertegemeinschaft bzw. Werteunion,[144] wie dies deutlich etwa in dem vom Rat am 13.5.2013 verabschiedeten **EU-Jahresbericht über Menschenrechte** zum Ausdruck kommt.[145] Hier wird wörtlich ausgeführt: „Die Menschenrechte sind der rote Faden, der sich durch unser gesamtes auswärtiges Handeln zieht. Die Verpflichtung, diese Werte innerhalb unserer Union und auch weltweit zu schützen, ist ein Grundpfeiler der EU."[146]

44 Zusammenfassend ist damit der **Begriff der Menschenrechte in Art. 2 S. 1 EUV** als Bezeichnung für die **Menschenrechtsgarantien in internationalen Instrumenten des Menschenrechtsschutzes** der Vereinten Nationen, des Europarates, der OSZE oder anderer regionaler Organisationen sowie für die völkergewohnheitsrechtlich anerkannten Menschenrechtsgarantien zu verstehen, zumindest jedenfalls als Inbezugnahme all jener Menschenrechte, wie sie von den Mitgliedstaaten der EU im Rahmen der Vereinten Nationen, der OSZE und des Europarates anerkannt worden sind.[147] Diese Menschen-

---

[138] Zu dieser immer stärkeren Einwirkung des Völkerrechts in den innerstaatlichen Bereich vgl. etwa *Stein/von Buttlar* Rn. 997 f., 999; zudem *Ress* FS Winkler, 1997, 897 (901 f. mwN), die betonen, dass Menschenrechtsverletzungen keine Angelegenheiten sind, die ihrem Wesen nach zur inneren Zuständigkeit des betreffenden Staates gehören, so dass sie dem völkerrechtlichen Gebot der Nichteinmischung nicht unterliegen; ebenso *Riedel* in Baum/Riedel/Schaefer S. 25 (33 mwN); *Klein* EuGRZ 1999, 109 mwN.

[139] *Pechstein* in Streinz EUV Art. 2 Rn. 1.

[140] *Pechstein* in Streinz, 1. Aufl. 2003, EUV Art. 2 Rn. 7.

[141] Vgl. *Schwarze* in Schwarze EUV Art. 2 Rn. 3, der in Art. 2 S. 2 EUV eine Selbstqualifikation für Union und Mitgliedstaaten sieht, wodurch die Identifikation mit einem gesellschaftlichen Leitbild gefördert werden soll.

[142] Zur rechtspolitisch bedeutsamen Signalwirkung des Eintretens der EU für den Schutz internationaler Menschenrechte → § 2 Rn. 2 ff.

[143] Hierzu etwa *Hoffmeister* Die Union 1/2001, 87 ff.; *Brandtner* Die Union 1/2001, 78 ff.

[144] *Calliess* in Calliess/Ruffert EUV Art. 2 Rn. 3.

[145] Rat der Europäischen Union, EU-Jahresbericht 2012 über Menschenrechte und Demokratie in der Welt, 2013; abrufbar unter http://eeas.europa.eu/human_rights/docs/hr_report_thematic_2012_de.pdf (letzter Aufruf am 26.1.2017).

[146] Vorwort der (damaligen) Hohen Vertreterin *Catherine Ashton* im EU-Jahresbericht 2012 über Menschenrechte und Demokratie in der Welt, S. 5; abrufbar unter http://eeas.europa.eu/human_rights/docs/hr_report_thematic_2012_de.pdf (letzter Aufruf am 27.1.2017).

[147] Näher *Nowak* in Alston/Bustelo/Heenan, EU and Human Rights, S. 687 mwN; *Nowak* Die Union 1/2001, 7 (10 f. mwN).

rechte, die damit **über die europäischen Grundrechte hinausgreifen,** zu achten und in ihrer Politik nach innen wie nach außen zu fördern sowie zu ihrer Verwirklichung beizutragen, ist nach Art. 2 S. 1 EUV eine der Grundlagen der EU sowie ein allen Mitgliedstaaten gemeinsamer Grundsatz.[148]

III. Abgrenzung zu den Grundfreiheiten

Die **Grundfreiheiten** wurden erstmals[149] im Vertragstext des EG-Vertrags im Zusammenhang mit dem Binnenmarktbegriff in Art. 14 Abs. 2 EGV (heute Art. 26 AEUV) angesprochen und durch die nachfolgenden konkreten Vertragsbestimmungen ausgeformt und gestaltet. Sie wurden zunächst als Diskriminierungsverbote verstanden, um die freie Zirkulation von Waren, Dienstleistungen, Arbeitnehmern und Kapital aus den Mitgliedstaaten der Union zu ermöglichen sowie Beschränkungen abzubauen und zukünftig zu verhindern, um im Ganzen das gemeinsame Binnenmarktziel zu verwirklichen.[150] Sehr früh hat der EuGH die Grundfreiheiten als **subjektiv-öffentliche Rechte** anerkannt, so dass sich neben ihrem objektiv-rechtlichen Gehalt auch der Einzelne auf sie berufen konnte.[151] Allmählich entwickelten sich die Grundfreiheiten durch die Rechtsprechung des EuGH zu umfassenden Wirtschaftsfreiheiten,[152] die nicht mehr allein offene oder versteckte Diskriminierungen unterbinden sollten, sondern alle Beschränkungen erfassten, die den grenzüberschreitenden, innerunionalen Wirtschaftsverkehr behinderten.[153]

45

Seitdem die **Grundfreiheiten** diese **Auslegung auch als Beschränkungsverbote** erfahren haben, wird diskutiert, ob sie als Grundrechte oder Rechte mit Grundrechtsgehalten anzusehen sind.[154] Nicht von der Hand zu weisen ist auch eine dogmatisch-strukturelle Verbundenheit, da Grundrechte und Grundfreiheiten auf denselben Wurzeln unionsrechtlichen Individualrechtsschutzes beruhen.[155] Teilweise werden sie deshalb terminologisch ver-

46

---

[148] „Die Bedeutung, die die EU dem Grundsatz der Achtung der Menschenrechte beimisst, findet Ausdruck in dem zunehmenden Bestreben der EU, die in Bezug auf Menschenrechte und Demokratisierung gesetzten Ziele in all ihren externen und internen politischen Maßnahmen einzubeziehen. Auf diese Weise ist die EU bemüht, die internationale Tendenz zu unterstützen, die dahin geht, die Förderung der Menschenrechte, der Demokratie und der Rechtsstaatlichkeit in die Entwicklungszusammenarbeit, die Handelspolitik sowie in die Maßnahmen zur Förderung von Frieden und Sicherheit zu integrieren. Es ist anzumerken, dass die EU bestrebt ist, in ihren Beziehungen zu Drittländern in Menschenrechtsfragen, wenn irgendwie möglich, einen positiven und konstruktiven Ansatz zu finden. Dies kann durch einen Dialog, durch die Bereitstellung von Fachkräften oder durch das Eingehen einer Partnerschaft mit einem Drittland zur Förderung und zum Schutz der Menschenrechte geschehen. Gleichzeitig behält sich die EU das Recht – und die Pflicht – vor, klar und deutlich ihre Stimme gegen schwere Menschenrechtsverletzungen zu erheben, wo immer sie auch vorkommen"; vgl. bereits Europäische Union, Jahresbericht zur Menschenrechtslage 2002, 2002, S. 12; abrufbar unter http://miris.eurac.edu/mugs2/do/blob.pdf?type=pdf&serial=1058340466910 (letzter Aufruf am 26.1.2017).
[149] Zuvor erfolgte allein ihre rein funktionale Erwähnung in Art. 3 Abs. 1 lit. c EGV mit Blick auf den hier als „Tätigkeit" (vgl. Art. 3 Abs. 2 EGV) der EG beschriebenen Binnenmarkt.
[150] Neben dem Auftrag zur Gestaltung des Binnenmarktes erklärt Art. 3 Abs. 3 UAbs. 3 EUV als ausdrückliches Ziel zudem die Förderung des wirtschaftlichen Zusammenhalts zwischen den Mitgliedstaaten.
[151] EuGH 26/62, Slg. 1963, 1 (12) – van Gend & Loos; EuGH 13/68, Slg. 1968, 679 ff. – Salgoil; EuGH 2/74, Slg. 1974, 631 ff. – Reyners; EuGH 41/74, Slg. 1974, 1337 ff. – van Duyn; *Kahl/Ohlendorf* JA 2011, 41 (42).
[152] Die Grundfreiheiten sind als Diskriminierungsverbote, konzipiert für bestimmte wirtschaftliche Tätigkeiten, *leges speciales* zum allgemeinen Diskriminierungsverbot aus Art. 18 AEUV, der bereits nach seinem Wortlaut („unbeschadet besonderer Bestimmungen dieses Vertrages") subsidiär hinter den Grundfreiheiten zurücktritt.
[153] *Ehlers* in Ehlers GuG § 7 Rn. 1; *Walter* in Ehlers GuG § 1 Rn. 47 ff.; für eine Rückführung der Grundfreiheiten auf ihren zentralen Gehalt als Diskriminierungsverbote entgegen der neueren Rspr. des EuGH und gegen die überwiegende Auffassung in der Literatur *Kingreen* S. 74 ff. u. 203 f.; instruktiv auch *Kingreen* EuGRZ 2004, 570 (575 mwN); *Terhechte* in GHN EUV Art. 3 Rn. 40; *Classen* in von der Groeben/Schwarze/Hatje AEUV Art. 114 Rn. 42; *Tiedje* in von der Groeben/Schwarze/Hatje AEUV Art. 49 Rn. 98, Art. 56 Rn. 66 ff.; dazu grundlegend EuGH C-55/94, Slg. 1995, I-4165– Gebhard; *Kingreen* in Calliess/Ruffert AEUV Art. 36 Rn. 57 ff.
[154] Hierzu mwN *Bienert* S. 37 ff.; Jarass GRCh Art. 53 Rn. 10 f.; *Pieper* in Dauses/Ludwigs EU-WirtschaftsR-HdB B. I. Rn. 122.
[155] *Kahl/Schwind* EuR 2014, 170 (171).

strickt und als die „klassischen Grundrechte" in der EU,[156] teilweise als „grundrechtsähnliche Rechte"[157] bzw. als „spezielle Formen der Grundrechte"[158] oder als Rechte mit „grundrechtlichem Unterbau"[159] bezeichnet. Sind also der freie Warenverkehr (Art. 34 ff. AEUV), der freie Personenverkehr mit seinen Ausprägungen der Arbeitnehmerfreizügigkeit (Art. 45 ff. AEUV) und der Niederlassungsfreiheit (Art. 49 ff. AEUV), der freie Dienstleistungsverkehr (Art. 56 ff. AEUV) und der freie Kapitalverkehr (Art. 63 ff. AEUV) als Grundrechte des Unionsrechts einzuordnen? Bis heute ist nicht abschließend geklärt und umstritten, **ob die Grundfreiheiten zu den Unionsgrundrechten zählen** oder in welchem Verhältnis die beiden Rechtsinstitute zueinander stehen.[160]

47   In der **Rechtsprechung des EuGH** lässt sich eine **klare Abgrenzung zwischen Grundrechten und Grundfreiheiten nicht** ausdrücklich **ausmachen,** da er sich in dieser Frage nicht immer eindeutig verhalten hat:[161] Vielmehr hat der EuGH mehrfach Grundfreiheiten ausdrücklich als Grundrechte bezeichnet und generell Grundfreiheiten und Grundrechte in engem rechtlichen Zusammenhang behandelt. So hat der EuGH im Kontext der Niederlassungsfreiheit von einem Grundrecht gesprochen, das jedem Bürger der Europäischen Union individuell vom Vertrag verliehen sei.[162] Ebenso hat er den freien Zugang zur Beschäftigung als Grundrecht bezeichnet.[163] Entsprechende Aussagen lassen sich auch für die Dienstleistungsfreiheit nachweisen.[164]

48   Auch die Grundrechtecharta und der Vertrag von Lissabon tragen nicht wirklich zu einer begrifflichen Klärung bei, sondern werfen eher neue Probleme und Schwierigkeiten im Verhältnis von Grundrechten und Grundfreiheiten auf. Problematisch erscheint vor allem die **Doppelung bestimmter subjektiver Rechtspositionen** des Unionsrechts, wie sie etwa für die Warenverkehrsfreiheit auszumachen ist: Bewegliche körperliche Sachen, denen grundsätzlich ein Geldwert zukommt, so dass sie Gegenstand von Handelsgeschäften sein können, sind dem sachlichen Schutzbereich der Warenverkehrsfreiheit zuzuordnen.[165] Waren stehen aber gleichzeitig im Eigentum natürlicher oder juristischer Personen, so dass die Wahrung der Zuordnung von Gegenständen zu Rechtssubjekten aber auch dem Schutzbereich des Eigentumsgrundrechts aus Art. 17 GRC sowie dem entsprechenden Grundrecht als allgemeinem Grundsatz des Unionsrecht[166] unterfällt.[167] Weiterhin nimmt auch Art. 15 Abs. 2 GRC ausdrücklich die Grundfreiheiten der Arbeitnehmerfreizügigkeit sowie die Niederlassungs- und Dienstleistungsfreiheit in den Schutzbereich des Grundrechts auf Berufsfreiheit mit auf.[168] Die aus diesen **Doppelnormierungen** folgenden Abgrenzungsschwierigkeiten, was etwa den Anwendungsbereich oder die Einschränkbarkeit der jeweiligen subjektiven Rechtsposition angeht, sind offensichtlich.[169] Legen damit die scheinbar zwanglose Art des Umgangs mit Grundrechten und Grundfreiheiten, ihre in der Rechtsprechung auszumachende zumindest partielle Annäherung, ihre vergleichbare

---

[156] *Quasdorf* S. 105 mwN; vgl. auch *Lenz* EuGRZ 1993, 585 ff.
[157] *Kahl* in Schmidt/Vollmöller § 1 Rn. 21; *Streinz* in Merten/Papier, HdbGR Bd. VI/1, § 151 Rn. 11; *Schroeder* JZ 1996, 254 (257).
[158] *Ehlers* in Ehlers GuG § 7 Rn. 13.
[159] *Kluth* AöR 122 (1997), 557 (565).
[160] Vgl. als Überblick zum Meinungsstand *Kahl/Schwind* EuR 2014, 170; dazu bereits auch *Schindler*, passim; näher auch jeweils mwN *Szczekalla* S. 627 ff.; *Szczekalla* in Bruha/Nowak/Petzold, Grundrechtsschutz, S. 79 (84 f.); ebenso *Rengeling/Szczekalla* Grundrechte in der EU Rn. 142 ff.
[161] Insoweit wird teilweise eine sog „grundlegende dogmatische Unaufgeregtheit" der Rechtsprechung diagnostiziert, vgl. jeweils mwN *Rengeling/Szczekalla* Grundrechte in der EU Rn. 140; *Szczekalla* in Bruha/Nowak/Petzold, Grundrechtsschutz, S. 79 (83 f.).
[162] EuGH 222/86, Slg. 1987, 4097 Rn. 14 – Unectef; dort heißt es: „Der freie Zugang zur Beschäftigung ist ein Grundrecht, das jedem Bürger der Gemeinschaft individuell vom Vertrag verliehen ist."
[163] EuGH C-415/93, Slg. 1995, I-4921 Rn. 79 u. 129 – Bosman.
[164] Hierzu *Rengeling/Szczekalla* Grundrechte in der EU Rn. 140 mwN.
[165] Vgl. EuGH C-97/98, Slg. 1999, I-7319 Rn. 30 ff. – Jägerskiöld.
[166] EuGH 44/79, Slg. 1979, 727 Rn. 17 – Hauer.
[167] *Manger-Nestler/Noack* JuS 2013, 503 (506).
[168] So auch ausdrücklich die Erläuterungen des Präsidiums zur Charta der Grundrechte, ABl. 2007 C 303, 23.
[169] *Streinz* in Merten/Papier, HdbGR Bd. VI/1, § 151 Rn. 11; *Kingreen* EuGRZ 2004, 570 (571 f. mwN).

Normierung in den Verträgen und der Charta sowie auch ihre vergleichbare Systematik bei der Prüfung einer etwaigen Verletzung der beiden Rechtsinstitute die umfassende rechtliche Gleichbehandlung von Grundrechten und Grundfreiheiten und damit auch die Aufgabe des Versuchs sprachlicher und rechtlicher Abgrenzung nahe?

Sinnvoll und erforderlich erscheint eine Beibehaltung der Unterscheidung zwischen Grundrechten und Grundfreiheiten nur dann, wenn **grundlegende Unterschiede** zwischen beiden Rechtsinstituten bestehen, die auch rechtlich zu deren unterschiedlicher Behandlung führen müssen. Der Frage nach derartigen grundlegenden Unterschieden soll nachfolgend, ausgehend von der Zielrichtung und dem Kerngehalt der Unionsgrundrechte als den grundlegenden subjektiven Rechten des Bürgers gegen Akte supranationaler europäischer Hoheitsgewalt, nachgegangen werden. Zwar normieren die Grundfreiheiten als unmittelbar anwendbare Regelungen des Primärrechts ebenfalls Abwehrrechte und billigen dem Unionsbürger eine rechtlich geschützte Position zu.[170] Auch hinsichtlich ihrer Einschränkungsmöglichkeiten sind die Grundfreiheiten mit den Grundrechten vergleichbar: Wie bei den nationalen Grundrechten und den Grundrechten der Charta[171] gibt es auch bei den Grundfreiheiten geschriebene Schrankenregelungen, zB Art. 36 AEUV für die Warenverkehrsfreiheit oder Art. 52 AEUV für die Niederlassungsfreiheit. Das Verhältnismäßigkeitsprinzip (→ § 10 Rn. 41 ff.) wird sowohl im Rahmen der Grundrechte als auch im Rahmen der Grundfreiheiten geprüft.[172] Es besteht also insoweit eine Vergleichbarkeit in der Dogmatik[173] und in der Struktur.[174] Ebenso bestehen sehr wohl Überschneidungen, Berührungspunkte und Parallelen,[175] aus denen gefolgert werden kann, dass sich die Grundfreiheiten und Grundrechte zur Geschlossenheit der rechtlichen Ordnung des Unionsrechts ergänzen und damit entscheidend zu deren Verfassungscharakter beitragen.[176] Dennoch bestehen ebenso relevante Unterschiede, so dass wesentliche Gesichtspunkte gegen eine Einordnung der Grundfreiheiten als Grundrechte sprechen.[177]

1. Institutioneller und willkürlicher Gehalt der Grundfreiheiten. Nicht selten wird den Grundfreiheiten in der Literatur in erster Linie eine **institutionelle Gewährleistungsebene** zugesprochen in dem Sinne, dass sie dem Ziel der Herstellung des Binnenmarktes dienen und ein subjektives Recht nur als Rechtsreflex beinhalten und insofern nicht primär dem Schutz der einzelnen Wirtschaftsteilnehmer zu dienen bestimmt sind. Zusätzlich zu diesem Vorrang der institutionellen Gewährleistungsebene vor der individuellen bei den Grundfreiheiten unterschieden sich diese von den Grundrechten dadurch, dass sie für sich allein genommen **keinen fundamentalen Wert** enthielten, dem sie dienen sollen.[178] Die Grundfreiheiten seien, anders als die Grundrechte, nicht Ausdruck einer vorfindlichen,

---

[170] Grundlegend hierzu EuGH 251/78, Slg. 1979, 3369 Rn. 3 – Denkavit; *Kahl/Schwind* EuR 2014, 170.
[171] Gleichwohl ist die Schrankensystematik der Grundrechtecharta eine besondere. Mit Art. 52 Abs. 1 GRC enthält die Grundrechtecharta, was dem deutschen Grundgesetz oder der EMRK fremd ist, eine allgemeine, horizontale Schrankenregelung. Nur vereinzelt existieren besondere Schrankenvorbehalte, so Art. 8 Abs. 2 S. 1 GRC, Art. 17 Abs. 1 S. 2 GRC. Vgl. hierzu ausführlich *Ehlers* in Ehlers GuG § 14 Rn. 99 ff. Kritisch zur Schrankensystematik *Kenntner* ZRP 2000, 423.
[172] Vgl. hierzu *Frenz* NVwZ 2011, 961 (962 ff., 965), der in der jüngsten Rechtsprechung des EuGH eine Annäherung der Prüfung der Grundrechte an die der Grundfreiheiten beobachtete.
[173] *Streinz* in Merten/Papier, HdbGR Bd. VI/1, § 151 Rn. 21.
[174] *Frenz* NVwZ 2011, 961 (963), der zutreffend zusammenfasst: „Von ihrem Schutzgehalt und -programm her sind die Grundfreiheiten „Grundrechte": Sie berechtigen den Einzelnen, gewährleisten diesem fundamentale Freiräume und gestatten Beeinträchtigungen nur bei Verhältnismäßigkeit."
[175] So übereinstimmend ua *Jarass* EuR 2013, 29 (31); *Streinz* in Merten/Papier, HdbGR Bd. VI/1, § 151 Rn. 11; *Kahl/Schwind* EuR 2014, 170 (171 f.).
[176] So bereits *Beutler* in GTE EUV Art. F Rn. 109.
[177] So bestehen nach *Kahl/Schwind* EuR 2014, 170 (171 f.) aus der Gegenläufigkeit sowie aus der Parallelität der beiden Rechtsinstitute hohe Erwartungen, aber auch Gefahren für das System europäischen Individualrechtsschutzes, weshalb der EuGH auf eine Abstimmung dieser bedacht sein muss, um ein möglichst lückenloses Rechtsschutzsystem zu entwickeln.
[178] *Schindler* S. 148; differenzierter *Nicolaysen* EuR 2003, 719 (737, 739); vgl. auch *Kluth* AöR 122 (1997), 557 (574).

überpositiven Wertordnung, eines Wertkonsenses, sondern nach Maßgabe **politischer Entscheidung** festgelegt und tendenziell eher willkürlich gesetzt.[179]

51 Zwar trifft es zu, dass die **Grundfreiheiten** gemäß Art. 3 Abs. 3 UAbs. 1 und 3 EUV und Art. 26 Abs. 1 und 2 AEUV dem Ziel des **Erreichens des Binnenmarktes verpflichtet** sind[180] und insoweit dienende Funktion besitzen. Ebenso sind sie allein als objektive Verpflichtungen der Mitgliedstaaten und der Union verstanden worden. Die zwischenzeitlich erfolgte **Subjektivierung** der Grundfreiheiten kann jedoch nicht allein als Mittel zur Erreichung der politisch-volkswirtschaftlichen Ziele angesehen werden, zu deren Erreichung der Marktbürger nur instrumentalisiert wird. Im achten Erwägungsgrund der Präambel des AEU-Vertrages ist unter anderem das Bestreben der Union aufgeführt, durch den Zusammenschluss der Wirtschaftskräfte Frieden und Freiheit zu wahren und zu festigen. Nach Art. 3 Abs. 1 und 3 S. 1 EUV sieht es die Union auch als ihre Aufgabe an, die Lebenshaltung und Lebensqualität der Bürger zu heben. Hierdurch wird deutlich, dass die Marktfreiheiten – zumindest auch – dem einzelnen Marktteilnehmer einen Freiheitsraum schaffen wollen und nicht lediglich ein Rechtsreflex der objektiven Wirkung dieser Freiheiten sind. Die Grundfreiheiten begründen daher eine **individuelle Gewährleistung,** auf die sich der Einzelne direkt berufen kann und die auch dann eingefordert werden kann, wenn der Binnenmarkt nicht als Institution gefährdet ist.[181]

52 Ebenso bildet die **politische Fundierung** der Entscheidung für die konkreten Grundfreiheiten kein grundsätzliches Abgrenzungskriterium gegenüber den Grundrechten. Auch die Anerkennung bestimmter Grundrechte kann von vorangegangenen politischen Entscheidungen und Wertungen abhängig sein, ebenso wie die Grundfreiheiten sich auch auf allgemein konsentierte Gleichheits- und Freiheitsvorstellungen zurückführen lassen.[182] Daher sind insoweit grundlegende Unterschiede zwischen Grundrechten und Grundfreiheiten nicht auszumachen.

53 **2. Wirkrichtung der Grundfreiheiten.** Gegen den Grundrechtscharakter der Grundfreiheiten wird weiter eingewandt, sie begründeten individuelle Rechte allein gegenüber den Mitgliedstaaten, nicht aber gegenüber den Unionsorganen.[183]

54 Zunächst ist sicher zutreffend, dass Grundrechte und Grundfreiheiten im Ansatz **unterschiedliche Schutzrichtungen** aufweisen. Während sich die Grundfreiheiten zur Erreichung des Binnenmarktes primär gegen mitgliedstaatliche Beschränkungen des Binnenmarktes wenden und damit in erster Linie an die Mitgliedstaaten adressiert sind,[184] richten sich die Unionsgrundrechte, wie es Art. 51 Abs. 1 S. 1 GRC explizit vorgibt, zur Sicherung der grundlegenden Rechtspositionen des Einzelnen zuvörderst gegen die Union bzw. ihre Organe, Einrichtungen und sonstige Stellen[185] (zur Bindung auch der Mitgliedstaaten an die Unionsgrundrechte bei der Durchführung des Rechts der Union → § 9 Rn. 30 ff.). Die **Grundfreiheiten** sind also als Grundlagen des Binnenmarktes in erster Linie **gegen Einschränkungen und Diskriminierungen durch die Mitgliedstaaten** gerichtet,[186] von denen die Mobilitätshindernisse errichtet werden.[187]

---

[179] Zusammenfassend *Rengeling/Szczekalla* Grundrechte in der EU Rn. 148 mwN.
[180] *Haratsch/Koenig/Pechstein* EuropaR Rn. 823; *Kugelmann,* Grundrechte, S. 13.
[181] *Schindler* S. 151, sieht nur einen Eingriff in die Grundfreiheiten, wenn der Binnenmarkt als solcher gefährdet ist; dies sei immer der Fall bei staatlichen Beschränkungen; *Ehlers* in Ehlers GuG § 7 Rn. 10.
[182] In diese Richtung auch *Rengeling/Szczekalla* Grundrechte in der EU Rn. 148 mwN.
[183] Hierzu ausführlicher mwN *Quasdorf* S. 108 ff.
[184] *Kahl/Schwind* EuR 2014, 170; *Rengeling* S. 172.
[185] *Borowsky* in NK-EuGRCh Art. 51 Rn. 16 ff., der zudem das Ziel des Grundrechtekonvents hervorhebt, nämlich die Unterwerfung der Europäische Union in allen ihren Verästelungen und auf sämtlichen Tätigkeitsfeldern unter eine umfassende und weitgehende Grundrechtsbindung. Vgl. dazu bereits *Beutler* EuGRZ 1989, 185 (188); *Pernice* NJW 1990, 2409 (2417); *Frenz* EuR 2002, 603 (608 f.).
[186] *Becker* in Schwarze AEUV Art. 34 Rn. 5; vgl. aber insofern *Pernice* NJW 1990, 2409 (2413 ff.), wonach die Grundfreiheiten durch die Rechtsprechung des EuGH zugleich wie Grundrechte der Bürger gegenüber der Hoheitsgewalt der Europäischen Gemeinschaft bzw. Union wirken.
[187] *Streinz* in Merten/Papier, HdbGR Bd. VI/1, § 151 Rn. 11 ff.

Diese Ausrichtung der Grundfreiheiten lässt sich wohl kaum damit erklären, dass unter 55
Berücksichtigung der Kompetenzverteilung die mitgliedstaatliche Rechtsetzung stärker als die der Union geeignet sei, das Funktionieren des Binnenmarktes zu gefährden. Die Tatsache, dass sich die Grundfreiheiten in der politischen Praxis überwiegend gegen die Mitgliedstaaten richten, ist vielmehr eine **Folge der historischen Wurzeln** und Bedingtheiten der Union als einer politisch-programmatisch auf den Abbau mitgliedstaatlicher Beschränkungen zielenden Institution. Betrachtet man die Union einmal gleichsam losgelöst von ihrer geschichtlichen Entwicklung und berücksichtigt dabei auch den inzwischen weitestgehend anerkannten Charakter der Grundfreiheiten als umfassendes Beschränkungsverbot, so ist es im Hinblick auf die derzeit gegebene Kompetenzverteilung zwischen Union und Mitgliedstaaten keineswegs zwingend, das größere Potential für eine das Funktionieren des Binnenmarktes störende Rechtsetzung bei den Mitgliedstaaten zu sehen.[188] Unter inhaltlichen Gesichtspunkten erschiene es keinesfalls als ausgemacht, dass die Grundfreiheiten sich in der Praxis auch in Zukunft primär gegen die Mitgliedstaaten richten würden und nicht gegen die Sekundärrechtsetzung der Union.

Entscheidend ist vielmehr, dass es systematisch der Grundfreiheiten zur Begrenzung der 56
Unionsrechtsetzung nicht bedarf, da insoweit die Unionsgrundrechte anwendbar sind und hinreichenden Schutz zu bieten vermögen.[189] Damit soll keinesfalls die Bindung der Unionsorgane an die Grundfreiheiten als Teil des geltenden Primärrechts in Abrede gestellt werden. Diese besteht weiterhin, insbesondere bei der Rechtsetzung durch Richtlinien, da sonst die Wirkungen der Grundfreiheiten als Primärrecht durch sekundärrechtliche Lockerungen gegenüber den Mitgliedstaaten vereitelt werden könnten.[190] In Bezug auf die Union liegt jedoch eine systematisch betrachtet überflüssige Parallelgewährleistung vor, die es auf der Konkurrenzebene aufzulösen gilt.

Die **Unionsgrundrechte** dagegen dienen funktional in erster Linie der Begrenzung und 57
rechtsstaatlichen Einbindung der supranationalen Hoheitsgewalt der Europäischen Union selbst und sind wegen dieser Zielrichtung nicht primär an die Mitgliedstaaten adressiert, sondern an die Unionsorgane, Einrichtungen und sonstigen Stellen. Sie dienen vor allem und in erster Linie der **Kontrolle unionaler Rechtsakte**.[191] Eine Bindung der Mitgliedstaaten besteht gemäß Art. 51 Abs. 1 S. 1 GRC hingegen ausschließlich bei der Durchführung des Rechts der Union.[192] Handelt ein Mitgliedstaat also lediglich im Rahmen

---

[188] In diese Richtung auch *Möstl* EuR 2002, 318 (318f.).
[189] Dies gilt im Übrigen auch bei solchen (durchaus denkbaren) Gemeinschafts- und nunmehr Unionsmaßnahmen, die ihrerseits zwischen Sachverhalten unterschiedlicher staatlicher Herkunft in diskriminierender Weise differenzieren oder den Marktzugang erschweren. Auch solche Maßnahmen können effektiv an den Unionsgrundrechten gemessen werden; unzutreffend daher *Möstl* EuR 2002, 318 (333). Für die Frage, ob unionale Maßnahmen an den Grundfreiheiten zu messen sind, kommt es nicht darauf an, ob diesen Maßnahmen für gewöhnlich eine marktabschottende Wirkung zukommt oder nicht (so aber *Möstl* EuR 2002, 318 (333)), sondern vielmehr darauf, dass der Gewährleistungsinhalt der Unionsgrundrechte den der Grundfreiheiten umfasst.
[190] EuGH verb. Rs. C-154/04 u. C-155/04, Slg. 2005, I-6451 Rn. 47 – Alliance for Natural Health und Nutri Link Ltd. ua.
[191] So bereits *Feger*, Grundrechte, S. 62; *Rengeling* S. 172; *Hirsch* in Kreuzer/Scheuing/Sieber, Europäischer Grundrechtsschutz, S. 9 (15); *Kirchhof* NVwZ 2014, 1537 (1540); *Manger-Nestler/Noack* JuS 2013, 503 (506). Klarzustellen ist dabei allerdings, dass die Grundrechtsbindung umfassend besteht und von der Rechtsnatur des Unionshandelns unabhängig ist.
[192] Was konkret unter *Durchführung* des Unionsrechts zu verstehen ist, lässt sich aus der Bestimmung selbst und auch aus den Erläuterungen zur Charta nicht erschließen und ist Gegenstand eines lebhaften Streits. Jüngst nahm der EuGH mit dem Urteil in der Rechtssache *Åkerberg Fransson* (EuGH C-617/10, ECLI:EU:C:2013:105) eine wegweisende Weichenstellung bezüglich des Anwendungsbereiches der Grundrechtecharta und des Verhältnisses der Unionsgrundrechte zu den nationalen Grundrechten vor. Obwohl Art. 51 Abs. 1 S. 1 GRC im Grundsatz restriktiv formuliert ist, positioniert sich der EuGH mit dem Urteil *Åkerberg Fransson* klar zu einem weitgezogenen Anwendungsbereich der Charta der Grundrechte, indem dieser in unionsrechtlich geregelten Fallgestaltungen eröffnet sein soll, also bereits schon dann, wenn zwar keine Vorschriften erfasst werden, die vom Mitgliedstaat als Verwaltungsaufgabe durchgesetzt werden, sondern im Einzelfall lediglich als Erwägungspunkt in Betracht kommen könnte.

seiner nationalen Kompetenzen, so ist jener Mitgliedstaat nicht an die Unionsgrundrechte, sondern nur an die jeweiligen nationalen Grundrechte gebunden.[193]

58 Anders formuliert: Die Unionsgrundrechte sind in der Rechtsprechung des EuGH primär als Kontrollmaßstab gegenüber der Union zur Kompensation des Fehlens des durch das Unionsrecht überlagerten nationalen Grundrechtsschutzes entwickelt worden, während die Grundfreiheiten sich in erster Linie gegen mitgliedstaatliche Einschränkungen und Beeinträchtigungen des Binnenmarktes richten. Im Schwerpunkt ihres Anwendungs- oder Kontrollbereiches bestehen damit grundsätzliche Unterschiede zwischen Grundrechten und Grundfreiheiten.[194] Dies gilt ungeachtet des Umstandes, dass die Unionsgrundrechte in beschränktem Umfang auch die Mitgliedstaaten bei der Anwendung und Durchführung des Unionsrechts binden (ausführlicher → § 9) und, dass auch die Organe der EU die Grundfreiheiten zu beachten haben.[195]

59 **3. Anwendungsbereich: Konkurrenz und Interaktion.** Die **inhaltlichen Anwendungsbereiche von Grundfreiheiten und Unionsgrundrechten** überschneiden sich. Grundfreiheiten enthalten sowohl Diskriminierungs- als auch Beschränkungsverbote und werden deshalb auch teilweise als besondere Formen des grundrechtlichen Gleichbehandlungsgebotes angesehen.[196] Zudem verbürgen sowohl Grundfreiheiten als auch Grundrechte in Teilbereichen dieselben Gewährleistungen.

60 So kann ein Berufsverbot, welches in die grundrechtlich geschützte Berufsfreiheit aus Art. 15 Abs. 1 und 2 GRC eingreift,[197] gleichzeitig auch die Niederlassungsfreiheit bzw. die Arbeitnehmerfreizügigkeit beeinträchtigen.[198] Ebenso bestehen Verbindungen etwa zwischen Warenverkehrsfreiheit und Berufsfreiheit, da es auch zum Schutzbereich der **Berufsfreiheit** gehört, Waren über die Grenzen zu bringen. Erfolgt also eine Benachteiligung aufgrund des Grenzübertritts einer Ware, sind dann die Grundfreiheiten anstelle der Unionsgrundrechte einschlägig, weil bei den Grundfreiheiten das grenzüberschreitende Element maßgeblich ist?[199] Überschneidungen bestehen auch zwischen dem in der EuGH-Judikatur[200] anerkannten und heute in Art. 45 GRC niedergeschriebenen Grundrecht auf **Freizügigkeit** einerseits und der Arbeitnehmerfreizügigkeit und der Niederlassungsfreiheit andererseits, wobei in diesem Bereich das Institut der Unionsbürgerschaft die Systembildung noch zusätzlich erschwert (im Einzelnen → Rn. 82 ff.). Somit vermag letztlich auch die Grundrechtecharta als geschriebener Grundrechtskatalog aufgrund ihrer Doppelnormierungen keine neuen Antworten auf die Abgrenzung zwischen Grundrechten und Grundfreiheiten zu bringen.

61 Jedenfalls können in Fällen, in denen sowohl Grundfreiheiten als auch Grundrechte aufgrund von **Parallelgewährleistungen** betroffen sind, diese auch kollidieren.[201] Dieses Spannungsverhältnis ist zumindest nicht durch eine grundsätzliche Rangordnung im Sinne unterschiedlicher normativer Wertigkeit von Grundfreiheiten und Grundrechten zu lösen,[202] denn sowohl die Unionsgrundrechte (vgl. Art. 6 Abs. 1 und 3 EUV) als auch die

---

[193] *Goldsmith* CMLRev 2001, 1205.
[194] So deutlich auch *Beutler* in von der Groeben/Schwarze, 6. Aufl. 2004, EUV Art. 6 Rn. 42 mwN; *Feger*, Grundrechte, S. 62; *Rengeling* S. 172; *Hirsch* in Kreuzer/Scheuing/Sieber, Europäischer Grundrechtsschutz, S. 9 (15); *Streinz* in Merten/Papier, HdbGR Bd. VI/1, § 151 Rn. 18; EuGH 44/79, Slg. 1979, 3727 Rn. 16 ff. – Hauer.
[195] So deutlich auch *Beutler* in von der Groeben/Schwarze, 6. Aufl. 2004, EUV Art. 6 Rn. 42 mwN; *Feger*, Grundrechte, S. 62; *Rengeling* S. 172; *Hirsch* in Kreuzer/Scheuing/Sieber, Europäischer Grundrechtsschutz, S. 9 (15); *Möstl* EuR 2002, 318 ff.
[196] *Ehlers* in Ehlers GuG § 14 Rn. 22.
[197] Vgl. zum Grundrecht der Berufsfreiheit bereits EuGH 234/85, Slg. 1986, 2897 Rn. 8 – Keller; EuGH 222/86, Slg. 1987, 4097 Rn. 14 – Unectef/Heylens.
[198] *Frenz* EuR 2002, 603 (609).
[199] Zu dieser Frage etwa *Frenz* EuR 2002, 603 (608).
[200] Vgl. nur EuGH C-416/96, Slg. 1999, I-1209 Rn. 45 – Eddline El-Yassini.
[201] *Ehlers* in Ehlers GuG § 14 Rn. 23.
[202] *Kadelbach/Petersen* EuGRZ 2002, 213 (216); für die Gleichwertigkeit auch *Szczekalla* S. 1105.

Grundfreiheiten sind normativ dem Primärrecht zuzuordnen und damit normhierarchisch gleichrangig. Auch dann, wenn man die Grundfreiheiten jeweils als spezielle und positivierte Ausprägung eines Unionsgrundrechts betrachtet, verbietet sich eine normhierarchische Differenzierung.[203] Vielmehr ist bei konkurrierender Überschneidung der Anwendungsbereiche von Grundfreiheiten und Grundrechten Idealkonkurrenz anzunehmen, so dass selbst in diesem Fall beide Rechtsinstitute sich nicht vollständig gegenseitig verdrängen[204] und die jeweils unterschiedlichen Schutzwirkungen bestmöglich zur Geltung gebracht werden können.[205] Ein gewichtiges Indiz für die Gleichwertigkeit beider Rechtsinstitute ist hierfür auch, dass Grundrechte und Grundfreiheiten in der neueren Judikatur des EuGH mittels **praktischer Konkordanz**[206] abgewogen, also in ein angemessenes Verhältnis zueinander gebracht werden.[207] Insgesamt sind Unionsgrundrechte und Grundfreiheiten somit gleichrangig und als in **Idealkonkurrenz** nebeneinander stehend anzusehen.

Als Möglichkeit der Abgrenzung kommt bei **Maßnahmen der Unionsorgane** insoweit 62 die Bestimmung des Eingriffsschwerpunktes in Betracht, nämlich ob die Benachteiligung an den Grenzübertritt oder an davon unabhängige Merkmale anknüpft.[208] Bei Maßnahmen der Mitgliedstaaten entsteht kein vergleichbarer Abgrenzungsbedarf, da die Mitgliedstaaten umfassend nur an die Grundfreiheiten gebunden sind, an die Unionsgrundrechte aber nur dann, wenn sie das Recht der Union gemäß Art. 51 Abs. 1 S. 1 GRC durchführen, so dass sich ein Konkurrenzproblem erst auf zweiter Stufe stellt.[209]

Andererseits besteht zwischen Grundrechten und Grundfreiheiten auch ein Interaktions- 63 verhältnis dahingehend, dass sich beide Rechtsinstitute, sofern sie unterschiedliche Rechtsgüter schützen **(Kollision)**, auch gegenseitig begrenzen können.

So können Unionsgrundrechte Eingriffe in die Grundfreiheiten rechtfertigen, indem sie 64 auf Schrankenebene bei der Prüfung der Verletzungen von Grundfreiheiten Berücksichtigung finden. Maßgebend für eine weiterreichende Entwicklung, aus der nunmehr die Möglichkeit der Einschränkbarkeit der Grundfreiheiten durch die Grundrechte weitestgehend Anerkennung findet, ist die Entscheidung *Schmidberger*[210], in deren Rahmen der EuGH die Kollision von Grundfreiheiten und Grundrechten, unter der Berücksichtigung des Gleichordnungsverhältnisses, im Wege einer **praktischen Konkordanz** auflöste. Der EuGH stufte dabei den Grundrechtsschutz als berechtigtes Interesse ein, das geeignet ist, Verpflichtungen zu beschränken, die durch die gewährleisteten Grundrechte bestehen, aber seinerseits selbst nicht schrankenlos gewährleistet werden, so dass beide Interessen in ein angemessenes Verhältnis zueinander zu bringen sind, um das Gleichgewicht untereinander

---

[203] Insbesondere wurde mit dem Vertrag von Lissabon die Charta der Grundrechte gemäß Art. 6 Abs. 1 S. 1 Hs. 2 EUV ausdrücklich als mit den Verträgen rechtlich gleichrangig erklärt, wodurch die GRC erheblich aufgewertet wurde und sich auch in der jüngeren Rechtsprechung des EuGH, etwa zum Datenschutz, niederschlägt. Vgl. hierzu *Frenz* NVwZ 2011, 961 (961 ff.).
[204] *Ehlers* in Ehlers GuG § 14 Rn. 23.
[205] Andernfalls ist auch angesichts des Grundrechtsgehalts der Grundfreiheiten möglich, von deren Spezialität jedenfalls für grenzübertrittsbezogene Eingriffe auszugehen (mit dem gleichen Ergebnis auch *Ehlers* in Ehlers GuG § 7 Rn. 13 f.). Die Begründung, gestützt auf Art. 52 Abs. 2 GRC, vermag gleichwohl nicht zu überzeugen, da jene Vorrangbestimmung, von Art. 15 Abs. 2 GRC abgesehen, nicht für die weiteren Grundfreiheiten gilt, da diese nicht in der Charta geregelt sind (Jarass GRCh, 2. Aufl. 2013, Art. 52 Rn. 57 mwN).
[206] Grundlegend zum Begriff *Hesse* Rn. 72. Vgl. hierzu auch *Kokott* in Merten/Papier, HdbGR Bd. I, § 22 Rn. 60; *Streinz* in Merten/Papier, HdbGR Bd. VI/1, § 152 Rn. 64 mwN.
[207] So auch *Kahl/Schwind* EuR 2014, 170 (178); ferner → Rn. 64 ff.
[208] *Frenz* EuR 2002, 603 (606 f.).
[209] Das eigentliche Problem besteht somit primär in der umstrittenen Reichweite des Anwendungsbereichs des Unionsrechts; hiermit hängen aber entscheidende Argumente für die fortbestehende Unterscheidung zwischen Grundrechten und Grundfreiheiten zusammen.
[210] EuGH C-112/00, Slg. 2003, I-5659 – Schmidberger. Der EuGH hielt das Nichteinschreiten der österreichischen Behörden gegen die Blockade der Brennerautobahn trotz der damit verbundenen Beeinträchtigung des freien Warenverkehrs für gerechtfertigt, da die Demonstranten von der auch durch das Unionsrecht gewährleisteten Meinungsäußerungs- und Versammlungsfreiheit Gebrauch machten.

zu wahren.[211] In den darauf folgenden Entscheidungen *Laval*[212] und *Viking*[213] löste der EuGH die Kollision nicht im Wege der praktischen Konkordanz, sondern ordnete den Kerngehalt des einschlägigen Grundrechts als zwingenden Grund des Allgemeininteresses[214] zur Rechtfertigung der Begrenzung der Grundfreiheiten ein.[215]

65 Die Kehrseite dieser Wechselwirkung ist dagegen die **Beschränkung der Grundrechte durch die Grundfreiheiten.** Der EuGH stellte im Vertragsverletzungsverfahren gegen die Bundesrepublik Deutschland der Ausübung des Grundrechts auf Kollektivverhandlungen die durch den AEU-Vertrag geschützten Freiheiten gegenüber, die im Rahmen praktischer Konkordanz miteinander in Einklang gebracht werden müssen.[216]

66 Beide Typen subjektiv-öffentlicher Rechte können allerdings auch **gleichgerichtet** und insoweit verstärkend wirken. Die Grundrechte sind dabei neben dem Diskriminierungsverbot und dem Verhältnismäßigkeitsgrundsatz als Schranken-Schranken beziehungsweise als Auslegungsregel heranzuziehen, um die mitgliedstaatlichen Beschränkungsmöglichkeiten der Grundfreiheiten ihrerseits einzuschränken.[217] Die Mitgliedstaaten müssen deshalb, sofern sie Regelungen rechtfertigen, die im Anwendungsbereich des Unionsrechts[218] die Ausübung der Grundfreiheiten begrenzen, auch die Unionsgrundrechte beachten bzw. die Begrenzung im Lichte dieser auslegen.[219] An diese anerkannte, den Schutz der Grundfreiheiten verstärkende Interaktionswirkung schließt sich erneut die strittige Frage der Reichweite des Anwendungsbereiches des Unionsrechts an. Anknüpfungspunkt ist dabei, was konkret unter „Durchführung" des Unionsrechts gemäß Art. 51 Abs. 1 S. 1 GRC zu verstehen ist. Auf die obigen Darstellungen verweisend, die ein extensives Verständnis des EuGH, bezogen auf den Anwendungsbereich des Unionsrechts, feststellen (vgl. Entscheidungen *Åkerberg Fransson*[220] und *Melloni*[221]), lässt sich hinsichtlich der Beschränkungen der Grundfreiheiten durch die Mitgliedstaaten als Durchführung des Unionsrechts aber auch konkret festhalten, dass diesbezüglich der EuGH seine Rechtsprechungslinie gemäß dem *ERT*-Urteil bestätigte.[222]

67 **4. Grundsätzlich unterschiedliche Funktionen.** Kategorial unterschiedlich ist schließlich die **zentrale Funktion,** die Grundrechten und Grundfreiheiten im Zusammenhang mit der europäischen Integration und im rechtlichen Kontext der europäischen Verfassung zukommt. Diese unterschiedlichen Funktionen sind teilweise bereits unter den vorstehend genannten Gesichtspunkten der Wirkrichtung bzw. des Anwendungsbereiches von Grundrechten und Grundfreiheiten angesprochen worden. Sie sollen aber als gewichtigster Unterschied, dem rechtlich in verschiedener Perspektive Gewicht zukommt, etwa für die Auslegung von Grundrechten und Grundfreiheiten, für die Möglichkeit der Rechtfertigung einer Beschränkung und die zu stellenden unterschiedlichen Rechtfertigungsanforderungen, vor allem aber auch für die im Falle eines Konfliktes zwischen Grundrechten und Grundfreiheiten vorzunehmende Abwägung, abschließend hervorgehoben werden.

---

[211] EuGH C-112/00, Slg. 2003, I-5659 Rn. 74 ff., 80 f., 82 – Schmidberger. Vgl. auch mit Verweisen auf die *Schmidberger*-Entscheidung EuGH C-36/02, Slg. 2004, I-9606 – Omega.
[212] EuGH C-341/05, Slg. 2007, I-11767 – Laval.
[213] EuGH C-438/05, Slg. 2007, I-10779 – Viking.
[214] Vgl. EuGH C-341/05, Slg. 2007, I-11767 Rn. 103 – Laval; EuGH C-438/05, Slg. 2007, I-10779 Rn. 77 – Viking.
[215] *Kahl/Schwind* EuR 2014, 170 (174 f. mwN).
[216] EuGH C-271/08, Slg. 2010, I-7091 – Kommission/Deutschland.
[217] *Ehlers* in Ehlers GuG § 14 Rn. 23.
[218] EuGH C-260/89, Slg. 1991, I-2925 Rn. 42 – ERT.
[219] Vgl. beispielhaft EuGH C-260/89, Slg. 1991, I-2925 Rn. 43 – ERT; EuGH C-368/95, Slg. 1997, I-3698 Rn. 24 – Familiapress.
[220] EuGH C-617/10, ECLI:EU:C:2013:105 – Åkerberg Fransson.
[221] EuGH C-399/11, ECLI:EU:C:2013:107 – Melloni.
[222] EuGH C-260/89, Slg. 1991, I-2925 Rn. 42 f. – ERT. In seiner *ERT*-Rechtsprechung bejahte der EuGH die Bindung der Mitgliedstaaten an die Gemeinschaftsgrundrechte, wenn sie im Anwendungsbereich des Gemeinschaftsrechts tätig werden: Eine nationale Maßnahme, die in die Dienstleistungsfreiheit eingreift und der Mitgliedstaat sich hinsichtlich seiner Rechtfertigung auf Gemeinschaftsrecht beruft, ist auch an den Grundrechten der Gemeinschaft zu messen. *Kahl/Schwind* EuR 2014, 170 (181 mwN).

Funktional sind **Grundrechte und Grundfreiheiten** auf **völlig unterschiedliche** 68
Ziele ausgerichtet: Hinsichtlich einer integrativen Funktionalität sind die Europäischen Grundrechte, wie es die Charta der Grundrechte in Art. 51 Abs. 1 S. 1 GRC ausdrücklich durch die Bestimmung der Verpflichteten vorsieht,[223] dazu bestimmt und erforderlich, die supranationale europäische Hoheitsgewalt als Ausdruck der Rechtsstaatlichkeit der Europäischen Union wie ihrer Mitgliedstaaten grundrechtlich einzubinden, zu begrenzen und zu legitimieren. **Europäische Grundrechte** besitzen also in allererster Linie eine **supranationale Legitimationsfunktion.**[224] Dem steht eine grundsätzlich andere funktionale Ausrichtung der Grundfreiheiten gegenüber: Die **Grundfreiheiten** waren von Anfang an und sind noch heute primär gegen die Diskriminierung und unter bestimmten Voraussetzungen gegen die Beschränkung grenzüberschreitender Wirtschaftsvorgänge wegen ihres grenzüberschreitenden Charakters gerichtet; sie zielen auf **transnationale Integration,** ohne dieser eine übergreifende Legitimation zu vermitteln.[225] Hinzuzufügen ist zudem eine weitere Differenzierung betreffend ihre funktionale Zielrichtung: Die Grundrechte sind in ihrer zuvor beschriebenen Wirkrichtung typischerweise Menschenrechte, anknüpfend an eine Person unabhängig von einer Staatsangehörigkeit, und bieten deshalb eine persönliche Dimension. Die Grundfreiheiten hingegen sind auf einen Wirtschaftsbereich bezogen und müssen einen grenzüberschreitenden Bezug aufweisen. Ihre individualschützende Funktion als subjektiv-öffentliches Recht wurde erst später in den Vordergrund gezogen und bestand nicht originär.[226]

Diese **grundsätzlich unterschiedliche Funktion** von Grundrechten und Grundfrei- 69
heiten ist zwar durch die vorstehend bereits angesprochenen Entwicklungen – Subjektivierung der Grundfreiheiten, Entwicklung vom Diskriminierungs- zum Beschränkungsverbot, Bindung auch der EU an die Grundfreiheiten pp. – teilweise **nicht mehr uneingeschränkt erkennbar** bzw. in der aktuellen Rechtspraxis in starkem Maße relativiert.[227] Für eine sachgerechte Auslegung und Anwendung der Grundrechte und Grundfreiheiten, insbesondere für die Bestimmung ihres Anwendungsbereiches, ihres Verhältnisses zueinander, ihrer Bindungswirkung für die EU einerseits und die Mitgliedstaaten andererseits, ihres Garantiegehalts als Gleichheits- und/oder als Freiheitsrecht sowie für ihre Einschränkbarkeit, sollte jedoch die **kategorial unterschiedliche funktionale Ausrichtung von Grundrechten und Grundfreiheiten** – Legitimation und Begrenzung der Unionsgewalt einerseits, Abbau der Diskriminierung grenzüberschreitender Wirtschaftsvorgänge andererseits – wieder klarer herausgestellt und dogmatisch-methodisch nutzbar gemacht werden.[228] Ob dies entgegen der aktuellen Rechtsprechung und überwiegenden Auffassung letztlich zu einer Rückführung der Grundfreiheiten auf ihr ursprüngliches Verständnis als ausschließliche Diskriminierungsverbote führen wird,[229] erscheint durchaus zweifelhaft.[230] Jedoch muss auch das heute verbreitete Verständnis der Grundfreiheiten als umfassende

---

[223] Die Bindung der Mitgliedstaaten besteht daneben „nur" bei der *Durchführung* des Unionsrechts → Rn. 66.
[224] Zur Erforderlichkeit eigener europäischer Grundrechte zur rechtsstaatlich zwingend erforderlichen Begrenzung und Legitimation der europäischen supranationalen Hoheitsrechtsausübung ausführlich → Rn. 122 ff.; zur supranationalen Legitimationsfunktion der Grundrechte *Kingreen* EuGRZ 2004, 570 (574 f. mwN); *Manger-Nestler/Noack* JuS 2013, 503 (509); *Kahl/Schwind* EuR 2014, 170.
[225] EuGH C-8/74, Slg. 1974, I-837 Rn. 5 – Dassonville; *Terhechte* in GHN EUV Art. 3 Rn. 40. Ausgesprochen instruktiv in diesem Sinne *Kingreen* EuGRZ 2004, 570 (574 ff. mwN).
[226] *Skouris* DÖV 2006, 89 (96).
[227] Diese Entwicklung der ausgeprägten Annäherung von Grundrechten und Grundfreiheiten in Rechtsprechung und Teilen der Literatur beobachten (jeweils mwN) *Frenz* NVwZ 2011, 961 (961 ff.); sowie bereits *Rengeling/Szczekalla* Grundrechte in der EU Rn. 137 ff.; *Szczekalla* in Bruha/Nowak/Petzold, Grundrechtsschutz, S. 79 (79 ff.).
[228] Vorschläge in diese Richtung bei *Kingreen* EuGRZ 2004, 570 (575 f. mwN).
[229] In diese Richtung *Kingreen* S. 74 ff. u. 203 f.; vgl. auch *Kingreen* EuGRZ 2004, 570 (575 mwN).
[230] In diesem Sinne auch *Grabenwarter* EuGRZ 2004, 563 (567 f. mwN); angesichts der fortgeschrittenen Annäherung und Angleichung der Rechtsordnungen der Mitgliedstaaten würde eine Rückführung der Grundfreiheiten auf Diskriminierungsverbote zur transnationalen Integration deren tatsächliche Bedeutung beträchtlich reduzieren, wie auch *Kingreen* EuGRZ 2004, 570 (574 f. mwN) einräumt.

grundrechtsähnliche Diskriminierungs- und Beschränkungsverbote sich mit der ursprünglich auf transnationale Integration gerichteten Funktion der Grundfreiheiten auseinandersetzen und vor diesem funktionalen Hintergrund den weiten Anwendungsbereich und Gehalt der Grundfreiheiten begründen, um zu überzeugen. Schon um diese Notwendigkeit nicht in Vergessenheit geraten zu lassen, muss weiterhin zwischen Grundrechten und Grundfreiheiten unterschieden werden – ob dann die Zukunft eine vollständige Verschmelzung beider Rechtsschichten bringen wird, bleibt vorerst offen.

70 **5. Ergebnis.** Trotz der angesprochenen Überschneidungen und Berührungspunkte sind **Unionsgrundrechte und Grundfreiheiten wesensverschieden,**[231] was letztlich im Ergebnis auf die grundsätzlich unterschiedlichen Kategorien beider etablierter Rechtsinstitute und die historisch verschiedenen Entwicklungslinien zurückzuführen ist. Wegen der grundlegenden Unterschiede in Funktion, primärer Wirkrichtung und Anwendungsbereich von Grundfreiheiten und Grundrechten sollte deshalb auch weiterhin zwischen diesen beiden Rechtsinstituten unterschieden und sollten die Grundfreiheiten nicht als Grundrechte oder grundrechtsähnliche Verbürgungen eingestuft,[232] sondern weiterhin als Grundfreiheiten oder als „Marktrechte"[233] bezeichnet werden. Gleichwohl lässt sich – trotz der Wesensverschiedenheit – jüngst eine Annäherung der beiden Rechtsinstitute zueinander nicht bestreiten.[234] Zurückzuführen ist dies insbesondere auf eine grundlose Vermischung der Terminologie (auch in der Judikatur des EuGH), dogmatisch-strukturelle Anpassungen[235] oder Überschneidungen der Anwendungsbereiche[236] sowie auf Verknüpfungen von Grundrechten und Grundfreiheiten in der Charta der Grundrechte.[237] Insgesamt vermag diese Entwicklung dennoch nicht über den fundamentalen Unterschied hinwegzutäuschen.[238] Eine „Verschmelzung"[239] zweier primärrechtlich unabhängig voneinander konzipierter subjektiver Rechtskategorien mit der Folge, dass es entweder der Grundrechte oder der Grundfreiheiten als eigenständiger Rechtskategorie unionaler Rechtspositionen gar nicht mehr bedürfte, stellt kein *per se* verfolgenswürdiges Ziel dar.[240]

IV. Abgrenzung zu rechtsstaatlichen Grundsätzen

71 Von den Unionsgrundrechten sind die so genannten rechtsstaatlichen Grundsätze zu unterscheiden.

---

[231] Anderer Ansicht *Bleckmann* GS Sasse Bd. II, 1981, 665 (676); *Bleckmann,* Europarecht, Rn. 115, der die Gemeinschaftsgrundrechte ua nach Grundrechten und Grundfreiheiten einteilt. Damit können die Grundrechte zwar von den Grundfreiheiten unterschieden werden; sie zählen aber insgesamt zu den Unionsgrundrechten. Abzulehnen ist auch die Ansicht von *Walter* in Ehlers GuG § 1 Rn. 53, der ausführt, dass die Grundfreiheiten durch die Ausformung als Beschränkungsverbote in der Rechtsprechung des EuGH zunehmend den Charakter wirtschaftlicher Grundrechte gewonnen haben. Vgl. auch *Ehlers* in Ehlers GuG § 7 Rn. 13, wonach die Grundfreiheiten spezielle Formen der Grundrechte darstellen (begründet wird dies mit dem spezielleren Charakter und der Auslegung der Vorrangbestimmung gemäß Art. 52 Abs. 2 GRC), die den allgemeinen Grundrechten vorgehen und diese verdrängen, soweit sie anwendbar sind. Wesensverschieden sind Grundrechte und Grundfreiheiten nach *Streinz* in Streinz EUV Art. 6 Rn. 34 sowie *Manger-Nestler/Noack* JuS 2013, 503 (506).
[232] So *Chwolik-Lanfermann,* Grundrechtsschutz in der EU, S. 74; *Kugelmann,* Grundrechte, S. 13; *Pieper* in Dauses/Ludwigs EU-WirtschaftsR-HdB B. I. Rn. 122.
[233] Ferner → Rn. 24; ebenso *Nicolaysen* in Bruha/Nowak/Petzold, Grundrechtsschutz, S. 15 (39 mwN), der zuvor ausführlich die fortbestehenden Unterschiede zwischen Grundrechten und Grundfreiheiten darlegt (S. 35 ff.).
[234] *Tistenjak/Beysen* ELR 2013, 293 ff.; *Frenz* NVwZ 2011, 961 (965); *Skouris* DÖV 2006, 89 (89 ff.).
[235] *Kahl/Schwind* EuR 2014, 170 (171).
[236] Vgl. ua *Manger-Nestler/Noack* JuS 2013, 503 ff.; *Streinz* in Merten/Papier, HdbGR Bd. VI/1, § 151 Rn. 11.
[237] *Streinz* in Merten/Papier, HdbGR Bd. VI/1, § 151 Rn. 31.
[238] *Frenz* NVwZ 2011, 961.
[239] Begriff nach *Nettesheim.*
[240] *Calliess* S. 383; *Kahl/Schwind* EuR 2014, 170 (172).

Begriff, Geltungsgrund und Rang der Grundrechte der EU § 7

Nachdem mit dem Vertrag von Lissabon Art. 6 EUV nun die primärrechtliche Konsolidierung des unionalen Grundrechtsraumes enthält, werden die Verfassungsprinzipien aus Art. 6 EUV aF nun in Art. 2 EUV begründet.[241] Letzterer erfuhr durch eine Erweiterung des Wertekatalogs und das Hinzufügen von wesentlichen Eckpunkten des Gesellschaftsbildes eine Weiterentwicklung.[242] Neben der Achtung der Menschenwürde und der Achtung der Grundsätze der Freiheit, Demokratie, Gleichheit und der Wahrung der Menschenrechte beruht die Europäische Union auch auf dem **Grundsatz der Rechtsstaatlichkeit.** Die EU ist, obwohl sie selbst kein Staat, sondern eine supranationale Organisation ist,[243] den Grundsätzen verpflichtet, die auf nationaler Ebene aus dem Rechtsstaatsprinzip hergeleitet werden. Die Prinzipien und Rechte als Ausfluss des Rechtsstaatsprinzips, die vom EuGH in einer Fülle von Entscheidungen ausformuliert wurden, setzen keinen Staat, sondern lediglich das Handeln eines Hoheitsträgers voraus.[244] Dabei genügt es auch, wenn das Handeln des Grundrechtsverpflichteten auch nur mittelbar auf Hoheitsgewalt beruht.[245]

72

Die Wertegedanken des Art. 2 EUV sind nicht nur auf die Union selbst begrenzt, sondern finden sich auch, was Art. 2 S. 2 EUV ausdrücklich feststellt, in den mitgliedstaatlichen Verfassungsstrukturen wieder, so dass dem Ordnungsprinzip der Homogenität rechtliche Gestalt verliehen wird.[246] Diese rechtliche Homogenität zwischen Unions- und nationaler Rechtsordnung fasst der EuGH im Begriff der **Rechtsgemeinschaft** zusammen, als die er die Europäischen Gemeinschaften und nunmehr die Europäische Union in ständiger Rechtsprechung einordnet.[247] Aus dieser Einordnung als Rechtsgemeinschaft folgt die Geltung rechtsstaatlicher Verfassungsgrundsätze, die neben den Grundrechten des Unionsrechts stehen und die als **rechtsstaatliche Grundsätze** bezeichnet werden.[248]

73

Charakteristisch für die rechtsstaatlichen Grundsätze in Abgrenzung zu den Unionsgrundrechten ist ihre aus ihrer Herleitung aus dem objektiven Grundsatz der Rechtsstaatlichkeit folgende **objektiv-rechtliche Ausrichtung.** Sie sind von den Grundrechten als konkrete subjektive Rechtsgewährleistungen grundsätzlich durch ihre objektive Rechtsnatur zu unterscheiden.[249]

74

Bei den rechtsstaatlichen Grundsätzen handelt es sich um objektive Grundsätze mit Verfassungsrang, die zwar häufig in Verbindung mit den Grundrechten ihre wichtigste Anwendung finden.[250] So kann ihre Verbundenheit, auf das Wesentliche reduziert, dahingehend verstanden werden, dass die Grundrechte materiell die Rechtsstaatlichkeit der Unionsrechtsordnung sichern.[251] Sie sind jedoch unabhängig vom Bestehen oder von der Betroffenheit grundrechtlicher Positionen oder subjektiver Rechte in ihrer Funktion als

75

---

[241] Noch kritisch zur Rechtsstaatlichkeit der Europäischen Union *Philipp* EuZW 2002, 641.
[242] *Bitterlich* in Lenz/Borchardt EU-Verträge, 3. Aufl. 2003, EUV Art. 2 Rn. 1.
[243] So verwendet der EuGH meist den Begriff „Rechtsgemeinschaft", ua EuGH 294/83, Slg. 1986, 1339 Rn. 23 – Les Verts/Parlament.
[244] So bereits *Stumpf* in Schwarze, 1. Aufl. 2000, EUV Art. 6 Rn. 7.
[245] *Schorkopf* in Grabenwarter, EnzEuR Bd. 2, § 3 Rn. 1, der dies auf ein Fortdenken der Grundrechtsidee stützt und ebenfalls zutreffend davon ausgeht, dass die Grundrechtsverpflichtung der Europäischen Union als selbstverständlich angenommen wird. So auch *Schroeder* EuZW 2011, 462 (464).
[246] *Hilf/Schorkopf* in GHN EUV Art. 2 Rn. 8 f.
[247] Zuletzt EuGH C-336/09 P, ECLI:EU:C:2012:386 Rn. 18 ff. – Polen/Kommission. Grundsätzlich dazu EuGH 294/83, Slg. 1986, 1339 Rn. 23 – Les Verts/Parlament; EuGH Gutachten 1/91, Slg. 1991, I-6102 Rn. 21 – EWR.
[248] Hierzu etwa *Nicolaysen,* Europarecht I, S. 141 f. mwN; *Nicolaysen* in Nowak/Cremer, S. 17 (18); *Calliess* in Calliess/Ruffert EUV Art. 2 Rn. 25 f. mwN; zu den verschiedenen Implikationen des Begriffs der Rechtsgemeinschaft vgl. auch *Peters* S. 83.
[249] *Rengeling* S. 173; *Hummer* in Schwind S. 60 (72); *Mayer* in GHN EUV nach Art. 6 Rn. 388 weist zu Recht darauf hin, dass bestimmte rechtsstaatliche Grundsätze sich auch als subjektive Rechte verstehen und einordnen lassen und dass die Charta diejenigen allgemeinen Rechtsgrundsätze sichtbar macht, die vom EuGH als Grundrechte beschrieben worden sind oder die sich als Grundrechte aus den gemeinsamen Verfassungsüberlieferungen der Mitgliedstaaten und den Gewährleistungen der EMRK ergeben.
[250] Entsprechend *Cremer* in Grabenwarter, EnzEuR Bd. 2, § 1 Rn. 113, der die Grundrechte als „Bausteine der Rechtsstaatlichkeit" beschreibt.
[251] *Cremer* in Grabenwarter, EnzEuR Bd. 2, § 1 Rn. 8, 15.

objektives Rechtsprinzip und als eigenständiger Verfassungsgrundsatz bei allem Handeln der Unionsorgane zu beachten.

76 Im Anwendungsbereich der Unionsgrundrechte bilden die rechtsstaatlichen Grundsätze und vor allem der **Verhältnismäßigkeitsgrundsatz** (ferner → § 10 Rn. 41 ff.) den wesentlichen Prüfungsmaßstab des EuGH hinsichtlich der Zulässigkeit von Eingriffen in Freiheitsrechte.[252]

77 Heute ist der Verhältnismäßigkeitsgrundsatz in seiner grundrechtlichen Bedeutung ausdrücklich in der Charta der Grundrechte normiert. So ist gemäß Art. 52 Abs. 1 S. 2 GRC eine Einschränkung der in der Charta gewährleisteten Grundrechte gerechtfertigt, wenn neben dem Gesetzesvorbehalt und der Wesensgehaltsgarantie auch der Verhältnismäßigkeitsgrundsatz gewahrt ist, also wenn eine Einschränkung erforderlich ist und sie den von der Union anerkannten dem Gemeinwohl dienenden Zielsetzungen oder den Erfordernissen des Schutzes der Rechte und Freiheiten anderer tatsächlich entspricht.

78 Das Verhältnismäßigkeitsprinzip prüft der EuGH meist getrennt von der Frage, ob Grundrechte verletzt sind,[253] mit der Maßgabe, dass Maßnahmen bzw. Rechtsakte der Unionsorgane nur zulässig sind, wenn die von einer Bestimmung des Unionsrechts eingesetzten Mittel zur Erreichung der mit der betreffenden Regelung verfolgten Ziele geeignet sind und nicht über das dazu Erforderliche hinausgehen.[254] Dabei werden allerdings nicht regelmäßig die einzelnen Prüfungsschritte getrennt, strikt eingehalten und auch ausdrücklich genannt, sondern die Prüfung kommt teilweise einer **„unsystematischen Gesamtabwägung"** gleich.[255] Diesbezüglich und gerade unter Bezugnahme auf das nationale verfassungsrechtliche Prinzip der Verhältnismäßigkeit wird von deutscher Seite[256] ebenfalls kritisch gesehen, dass der EuGH in seiner Grundrechtsprüfung oft nicht weiter auf den Punkt der Angemessenheit eingeht, sondern die Prüfung auf die Legitimität des Ziels und die Geeignetheit der Maßnahme begrenzt.[257]

79 Wie bereits dargestellt (→ Rn. 27), hat sich der EuGH als grundrechtsschützendes Verfassungsgericht etabliert und auch bezüglich der Kontrolldichte im Rahmen der Verhältnismäßigkeitsprüfung nachgebessert. Wohl der nunmehr ausdrücklichen Normierung des Verhältnismäßigkeitsgrundsatzes als Schranken-Schranke des Grundrechtseingriffes gemäß Art. 52 Abs. 1 S. 2 GRC geschuldet,[258] lässt sich konkret beobachten, dass der EuGH mehr Gewicht auf die Abwägung der Interessen setzt und in diesem Rahmen prüft, ob zwischen den Erfordernissen des Allgemeininteresses und dem Interesse des oder der betroffenen Einzelnen das Gleichgewicht gewahrt worden ist,[259] so dass letztlich eine Tendenz weg von einer Vertretbarkeitskontrolle hin zu einer präziseren Verhältnismäßigkeitsprüfung zu verzeichnen ist.[260]

---

[252] Spezifisch zum Verhältnismäßigkeitsgrundsatz *Pache* NVwZ 1999, 1033 ff.; vgl. zB auch EuG T-211/00, Slg. 2002, II-485 Rn. 52 – Kuijer/Rat, wonach der Transparenzgrundsatz zur Beachtung der Grundrechte beiträgt.

[253] EuGH 265/87, Slg. 1989, 2237 Rn. 20 ff. – Schräder.

[254] So die ständige Formulierung des EuGH für die klassische Prüfungsreihenfolge: Legitimes Ziel, Geeignetheit und Erforderlichkeit sowie die Verhältnismäßigkeit im engeren Sinne (Angemessenheit), vgl. beispielhaft: EuGH C-380/09 P, ECLI:EU:C:2012:137 Rn. 52 – Melli Bank; EuGH C-491/01, Slg. 2002, I-11453 Rn. 122 – British American Tobacco.

[255] So *Hilf* in Merten/Papier, HdbGR Bd. VI/1, § 164 Rn. 25.

[256] Übereinstimmend *v. Danwitz* in Beckmann/Dieringer/Hufeld S. 383 (401); *Nettesheim* EuZW 1995, 106 (106 ff.); *Berrisch* EuR 1994, 461 (464 ff.).

[257] *Kingreen* in Calliess/Ruffert GRC Art. 52 Rn. 71. So beispielsweise der EuGH 265/87, Slg. 1989, 2237 Rn. 20 ff. – Schräder; EuGH C-331/88, Slg. 1990, I-40232 Rn. 13 ff. – The Queen/Ministry of Agriculture, Fisheries and Food ua; EuGH verb. Rs. C-154/04 u. C-155/04, Slg. 2005, I-6451 Rn. 29 – Alliance for Natural Health.

[258] Auf dieses Bewusstsein lässt sich zumindest EuGH C-283/11, ECLI:EU:C:2013:28 Rn. 47 f. – Sky Österreich schließen, wobei der EuGH ausdrücklich auf Art. 52 Abs. 1 GRC und das darin verbürgte Verhältnismäßigkeitsprinzip Bezug nimmt.

[259] Ausdrücklich der EuGH verb. Rs. C-402/05 P u. C-415/05 P, Slg. 2008, I-6351 Rn. 360 – Kadi.

[260] EuGH verb. Rs. C-92/09 u. C-93/09, ECLI:EU:C:2010:662 Rn. 65 ff. – Schecke u. Eifert; EuGH C-283/11, ECLI:EU:C:2013:28 Rn. 47 ff. – Sky Österreich.

Neben dem Verhältnismäßigkeitsgrundsatz hat der EuGH[261] im Wege der wertenden 80
Rechtsvergleichung als rechtsstaatliche allgemeine Rechtsgrundsätze den **Bestimmtheitsgrundsatz**[262], den **Grundsatz der Rechtssicherheit**[263] und des **Vertrauensschutzes**[264], den Grundsatz der **Gesetzmäßigkeit der Verwaltung**[265] sowie der **ordnungsgemäßen Verwaltung** (→ § 61) anerkannt.

Insgesamt unterscheiden sich rechtsstaatliche allgemeine Rechtsgrundsätze wegen ihres 81
objektiven Rechtsgewährleistungsgehaltes von den Grundrechten und entfalten eine auch individualschützende Wirkung zumeist nur in Verbindung mit den Grundrechten. Man sollte sie eher als **„grundrechtsbegleitende" Rechtsgrundsätze** einstufen und sie damit in ihrer Bezeichnung, wie die Grundfreiheiten, von den Unionsgrundrechten differenzieren.

V. Abgrenzung zur Unionsbürgerschaft

Bereits frühzeitig stellte der EuGH fest, dass die EWG nicht nur eine Staatengemeinschaft, 82
sondern auch eine Gemeinschaft der Bürger ist.[266] Mit dem Vertrag von Maastricht wurden 1992 schließlich die Vorschriften über die **Unionsbürgerschaft** in den EG-Vertrag eingefügt und mit dem Vertrag von Amsterdam, der Charta der Grundrechte (Art. 39 ff. GRC) sowie zuletzt mit dem Vertrag von Lissabon (Art. 20 ff. AEUV) erweitert. Zudem wurde die Unionsbürgerschaft als rechtliche Institution[267] und insbesondere die heute in Art. 21 AEUV kodifizierte Freizügigkeitsgarantie auch durch die Rechtsprechung des EuGH in den vergangenen Jahren immer beherzter entfaltet.[268] Die heutigen Art. 20 ff. AEUV begründen das Institut der Unionsbürgerschaft[269] als spezifisches Rechtsverhältnis und grundlegenden angehörigkeitsrechtlichen Status[270] zwischen der Union und den Bürgern der Mitgliedstaaten. Damit tragen sie der Entwicklung der europäischen Integration über den ursprünglich primär wirtschaftlichen Ansatz hinaus auch im gesellschaftlichen und allgemein-politischen Bereich Rechnung[271] und sollen zugleich der Erfüllung der gewachsenen Legitimationserfordernisse[272] der supranationalen Hoheitsgewalt dienen.[273]

Gemäß Art. 20 Abs. 1 S. 2 AEUV ist Unionsbürger, „wer die Staatsangehörigkeit eines 83
Mitgliedstaates besitzt". Die so in Anknüpfung an die mitgliedstaatliche Staatsangehörigkeit bestimmten Unionsbürger haben gemäß Art. 20 Abs. 2 AEUV die in den Verträgen

---

[261] Zu dieser Rechtsentwicklung siehe *Hummer* in Schwind S. 60 (69 ff.); für einen Überblick vgl. auch mwN *Mayer* in GHN EUV nach Art. 6 Rn. 388 ff.
[262] EuGH 169/80, Slg. 1981, 1931 Rn. 17 – Gondrand Frères.
[263] EuGH 66/79, Slg. 1980, 1237 Rn. 10 – Meridionale Salumi ua.
[264] EuGH 74/74, Slg. 1975, 533 Rn. 41, 43 – CNTA/Kommission mwN.
[265] EuGH verb. Rs. 42/59 u. 49/59, Slg. 1961, 109 (172) – SNUPAT.
[266] EuGH 26/62, Slg. 1963, 3 (25) – Van Gend & Loos sowie EuGH Gutachten 1/91 Slg. 1991, I-6079 Rn. 21 – EWR.
[267] *Kadelbach* in Ehlers GuG § 26 Rn. 9.
[268] So auch *Huber* EuR 2013, 637. Zu einer prägnanten Zusammenfassung der Entwicklungsschritte der Unionsbürgerschaft durch Generalanwälte und den EuGH siehe *Hilpold* EuR 2015, 133.
[269] Unter natürlicher Fortführung des Diskriminierungsverbotes definiert der EuGH die Unionsbürgerschaft als grundlegenden Status der Angehörigen der Mitgliedstaaten, „der es denjenigen unter ihnen, die sich in der gleichen Situation befinden, erlaubt, unabhängig von ihrer Staatsangehörigkeit und unbeschadet der insoweit ausdrücklich vorgesehenen Ausnahmen die gleiche rechtliche Behandlung zu genießen"; EuGH C-184/99, Slg. 2001, I-6193 Rn. 31 – Grzelczyk.
[270] *Schönberger* in GHN AEUV Art. 20 Rn. 24.
[271] Der vertraglichen Normierung der Unionsbürgerschaft wurde zum Teil eingangs keine große Bedeutung zugemessen. So ua *Weiler* in Kellermann/de Witte/Curtin/Winter S. 57 (68), der die Unionsbürgerschaft als „publicity gag" oder „little more than a cynical exercise in public relation on the part of the High Contracting Parties" bezeichnet (zit. nach *Huber* EuR 2013, 637).
[272] So sind nach *Kadelbach* in Ehlers GuG § 26 Rn. 2 nicht nur die Grundrechte, sondern auch die Unionsbürgerrechte die Gegensicherung der Ausübung der Hoheitsgewalt der Union. Siehe zur Legitimationswirkung der Grundrechte auch → Rn. 2, 37, 68.
[273] Zu Entstehungsgeschichte und Zielsetzungen der Unionsbürgerschaft vgl. jeweils mwN *Schönberger* in GHN AEUV Art. 20 Rn. 7 ff.; *Kadelbach* in Ehlers GuG § 26 Rn. 4 ff.; *Scheuing* EuR 2003, 774 ff.

vorgesehenen Rechte und Pflichten.²⁷⁴ Die Stellung der Unionsbürger wird also durch die Art. 21–25 AEUV sowie die Art. 39–46 GRC keineswegs abschließend geregelt (so auch explizit der Wortlaut von Art. 20 Abs. 2 S. 2 AEUV: „unter anderem"), sondern sie ist durch sämtliche zwischen den Unionsbürgern und der Union aufgrund des Vertrages bestehenden rechtlichen Beziehungen gekennzeichnet.²⁷⁵

84   Mit Blick auf die Grundrechte des Unionsrechts ist fraglich, ob die in den Art. 21–25 AEUV normierten zentralen **Unionsbürgerrechte als Unionsgrundrechte** anzusehen sind.²⁷⁶ Es handelt sich hierbei um das Recht auf Freizügigkeit (Art. 21 AEUV; → § 19), das Wahlrecht bei Kommunalwahlen (Art. 22 Abs. 1 AEUV; → § 51), das Wahlrecht bei Wahlen zum EP (Art. 22 Abs. 2 AEUV; → § 51), das Recht auf diplomatischen und konsularischen Schutz (Art. 23 AEUV; → § 52), das Petitionsrecht zum EP (Art. 24 Abs. 2 AEUV; → § 53), das Recht auf Anrufung des Bürgerbeauftragten (Art. 24 Abs. 3 AEUV; → § 54), das Recht auf schriftlichen Verkehr mit den Organen und Einrichtungen der Union in jeder Vertragssprache (Art. 24 Abs. 4 AEUV; → § 61) sowie die Möglichkeit zur Durchführung einer Bürgerinitiative (Art. 24 Abs. 1 AEUV, Art. 11 Abs. 4 EUV).

85   Von besonderer Bedeutung in diesem Rahmen erscheint das **Unionsbürgerrecht auf Freizügigkeit.** Gemäß Art. 21 Abs. 1 AEUV hat jeder Unionsbürger das Recht, sich im Hoheitsgebiet der Mitgliedstaaten vorbehaltlich der in den Verträgen abweichenden Beschränkungen frei zu bewegen und aufzuhalten (ferner → § 19). Die Unionsbürgerschaft begründet damit ein Recht auf Freizügigkeit, ohne dass dabei eine wirtschaftliche Tätigkeit ausgeübt werden muss.²⁷⁷ Diese **Unabhängigkeit von einem wirtschaftlichen Bezug** unterscheidet die Art. 21–24 AEUV von den Grundfreiheiten²⁷⁸ und verleiht dem Unionsbürger öffentlich-rechtliche Rechtspositionen, die für die Verfassung und das Selbstverständnis der Europäischen Union und des Unionsbürgerstatus von grundlegender Bedeutung sind²⁷⁹ und den Grundrechten jedenfalls ähneln.²⁸⁰

86   Als problematisch wurde zunächst die **Frage der unmittelbaren Geltung** dieser Rechte angesehen. Gegen eine unmittelbare Geltung und Anwendbarkeit wurde etwa angeführt, dass zB das Freizügigkeitsrecht des Art. 21 Abs. 1 AEUV lediglich „vorbehaltlich der in den Verträgen und in den Durchführungsvorschriften vorgesehenen Beschränkungen und Bedingungen" gewährt wird.²⁸¹ Voraussetzung der unmittelbaren Anwendbarkeit ist nach der Rechtsprechung des EuGH aber, dass die in Frage stehende Bestimmung klar und hinreichend genau formuliert ist, inhaltlich unbedingt ist und den Mitgliedstaaten eindeutige Handlungs- oder Unterlassungspflichten auferlegt.²⁸² Es könnte daher bei Art. 21 AEUV sowohl an der klaren und eindeutigen Formulierung als auch an der Unbedingtheit fehlen, da hier ein Vorbehalt eingefügt wurde. Es wird weiter geltend gemacht, dass es zur effektiven Umsetzung des Aufenthaltsrechts einer subjektiv-rechtlichen Bedeutung des Art. 21 AEUV nicht bedürfe.²⁸³

---

²⁷⁴ Besondere Unionsbürgerpflichten, wie man sie etwa aus dem Wortlaut des Art. 20 Abs. 2 S. 1 AEUV begründen könnte, bestehen allerdings nicht. Vielmehr sind die Unionsbürger an die allgemeinen, aus den Verträgen unmittelbar folgenden Verpflichtungen auch gegenüber den anderen Mitgliedstaaten gebunden (siehe hierzu: *Schönberger* in GHN AEUV Art. 20 Rn. 61), zB im Bereich der Drittwirkung der Grundfreiheiten (*Haratsch/Koenig/Pechstein* EuropaR, 5. Aufl. 2006, Rn. 751).
²⁷⁵ *Haratsch/Koenig/Pechstein* EuropaR Rn. 750.
²⁷⁶ Zu dieser Fragestellung vgl. auch jeweils mwN *Szczekalla* S. 478 ff.; *Quasdorf* S. 119 ff.
²⁷⁷ Das aufgrund der Arbeitnehmerfreizügigkeit, der Niederlassungs- und der Dienstleistungsfreiheit vor Aufnahme der Unionsbürgerschaft in den (damaligen) EG-Vertrag bestehende Recht ist stets mit der jeweiligen wirtschaftlichen Komponente verknüpft, dh der wirtschaftliche Zweck ist rechtlicher Anknüpfungspunkt für die Gewährung des Aufenthaltsrechts, vgl. nur *Streinz* EuropaR, 7. Aufl. 2005, Rn. 981.
²⁷⁸ Insofern sind die Grundrechte als speziellere Garantien gegenüber der Freizügigkeit aus Art. 21 AEUV anzusehen, vgl. EuGH C-193/94, Slg. 1996, I-929 Rn. 22 – Skanavi.
²⁷⁹ *Kluth* in Calliess/Ruffert AEUV Art. 21 Rn. 3.
²⁸⁰ Vgl. zu den Gemeinsamkeiten zwischen Grundrechten und Grundfreiheiten *Streinz* in Merten/Papier, HdbGR Bd. VI/1, § 151 Rn. 11 mwN.
²⁸¹ Zu den hieraus hergeleiteten Bedenken *Quasdorf* S. 119 mwN.
²⁸² Grundlegend EuGH 26/62, Slg. 1963, 1 Rn. 25 ff. – Van Gend & Loos.
²⁸³ So zB *Pechstein/Bunk* EuGRZ 1997, 549 ff.

Der Wortlaut des Art. 21 AEUV spricht aber auf der anderen Seite für eine unmittelbare 87
Geltung, da er ausdrücklich von einem „Recht" der Unionsbürger spricht.[284] Auch ist vom
Sinn- und Regelungsgehalt des Art. 21 AEUV auszugehen, der die bereits bestehenden
primärrechtlichen Aufenthaltsrechte im Rahmen der Grundfreiheiten, die unmittelbar
anwendbar sind, auf Sachverhalte ohne wirtschaftlichen Bezug ausdehnt. Die Unionsbürgerschaft begründet daher in ihrer Ausprägung als Freizügigkeitsrecht **ein unmittelbar anwendbares subjektives öffentliches Recht** für den einzelnen Unionsbürger.[285]

In jüngsten Entscheidungen ging der EuGH zudem dazu über, auch den Unions- 88
bürgerstatus an sich materiell-rechtlich hervorzuheben, und schützte die Unionsbürgerschaft sowohl gegen rechtliche[286] als auch tatsächliche[287] Beeinträchtigungen.[288] In Anknüpfung an die Unionsbürgerschaft als grundlegenden Status führte der EuGH in der Sache *Rottmann*[289] aus, dass die Mitgliedstaaten bei der Ausübung ihrer Zuständigkeit im Bereich der Staatsangehörigkeit das Unionsrecht zu beachten haben,[290] weshalb der EuGH prüfte, ob der Entzug der Staatsangehörigkeit, wodurch ein Unionsbürger zugleich die Unionsbürgereigenschaft und demzufolge die mit ihr verbundenen Rechte verliert, mit dem Recht der Union, insbesondere mit Art. 20 Abs. 1 EUV, vereinbar ist. In der Sache *Zambrano* stellte der EuGH, obwohl ein grenzüberschreitender Bezug nicht gegeben war, fest, dass Art. 20 AEUV dahingehend zu verstehen ist, dass ein Mitgliedstaat, der einem Drittstaatsangehörigen (dessen minderjährige Kinder Unionsbürger sind) Aufenthalts- und Arbeitsrechte verwehrt, damit jenen Kindern den *tatsächlichen* Genuss des **Kernbestands der Rechte, die ihnen der Unionsbürgerstatus** verleiht, entziehen würde.[291] Diese weitreichende Interpretation der Gewährleistung eines Status, der nicht nur situationsbedingt und punktuell, sondern stetig besteht,[292] stieß teilweise auf unberechtigte Kritik[293] und wurde vom EuGH in den weiteren Entscheidungen *McCarthy*[294] und *Dereci*[295] begrenzt und in der Sache *O. und S./Maahanmuuttovirasto*[296] einer näheren Prüfung unterzogen.[297]

Weil damit, die vorgenannten Darstellungen zusammenfassend, die **Unionsbürgerrech-** 89
te unmittelbar anwendbare subjektiv-öffentliche Rechte[298] der Unionsbürger sind,
die sich aus dem Primärrecht ergeben und die jedenfalls auch gegen die Organe und
Einrichtungen der Union gerichtet sind und der Unionsbürgerschaft jüngst ein absoluter
Kernbereich zugesprochen wurde, werden sie teilweise ausdrücklich als Grundrechte eingeordnet.[299] Zudem haben verschiedene Unionsbürgerrechte als Grundrechte **ausdrücklich**

---

[284] So zB *Kluth* in Calliess/Ruffert AEUV Art. 21 Rn. 15; *Hatje* in Schwarze AEUV Art. 21 Rn. 7.
[285] So ua EuGH C-413/99, Slg. 2002, I-7091 Rn. 84 – Baumbast; EuGH C-200/02, Slg. 2004, I-9925 Rn. 26 – Zhu und Chen; *Kluth* in Calliess/Ruffert AEUV Art. 21 Rn. 15.
[286] EuGH C-135/08, Slg. 2010, I-1449 – Rottmann.
[287] EuGH C-34/09, Slg. 2011, I-1177 – Zambrano.
[288] *Haratsch/Koenig/Pechstein* EuropaR Rn. 756 ff.
[289] EuGH C-135/08, Slg. 2010, I-1449 – Rottmann.
[290] Vgl. hierzu bereits EuGH C-369/90, Slg. 1992, I-4239 Rn. 10 – Micheletti ua. Ausführlicher *Grzeszick* ZRP 2015, 42 (43 ff.).
[291] EuGH C-34/09, Slg. 2011, I-1177 Rn. 45 – Zambrano. Ferner zur Kernbereichsdoktrin *Schoch* FS Hailbronner, 2013, 355 (358 ff.).
[292] *Nettesheim* JZ 2011, 1030 (1032).
[293] Vgl. hierzu *Hailbronner/Thym* NJW 2011, 2008 ff., die die Kernbereichsdoktrin ua in dogmatischer Hinsicht kritisieren, da sich diese von den Voraussetzungen und Bedingungen des geschriebenen Primär- und Sekundärrechts loslöse und keine klaren Grenzen zu anderen Sachverhaltskonstellationen gezogen würden, die Rechtsunsicherheit zur Folge haben könnten.
[294] EuGH C-434/09, Slg. 2011, I-3375 – McCarthy.
[295] EuGH C-256/11, Slg. 2011, I-11315 – Dereci ua.
[296] EuGH verb. Rs. C-356/11 u. C-357/11, ECLI:EU:C:2012:776 – O. und S.
[297] Vgl. hierzu *Almhofer* NVwZ 2013, 1134.
[298] Zur subjektivrechtlichen Komponente der Unionsbürgerschaft siehe *Kubicki* EuR 2006, 489.
[299] Die Terminologie des EuGH ist zudem uneinheitlich. Einerseits spricht er in der Rechtssache *Zuh und Chen* (EuGH C-200/02, Slg. 2004, I-9925 Rn. 33 – Zuh und Chen) von einem durch Art. 18 EG aF gewährleisteten „Grundrecht [...] auf Freizügigkeit und Aufenthalt". In der Sache *D'Hoop* (EuGH C-224/98, Slg. 2002, I-6191 Rn. 29 – D'Hoop) spricht der EuGH stattdessen von der Ausübung der im EG-Vertrag

Aufnahme in die Grundrechtecharta gefunden.[300] Dies gilt insbesondere auch für das in **Art. 45 Abs. 1 GRC** normierte Recht auf Freizügigkeit (→ § 19 Rn. 51 f.), das in den Erläuterungen des Präsidiums des Grundrechtskonvents ausdrücklich als das Recht bezeichnet wird, das „durch Artikel 20 Absatz 2 Buchstabe a des Vertrags über die Arbeitsweise der Europäischen Union garantiert ist".[301]

90 Eine Vergleichbarkeit zu den Grundrechten besteht zudem hinsichtlich der Systematik einer Vereinbarkeitsprüfung. Das Unionsbürgerrecht der Freizügigkeit ist, ähnlich wie die Grundfreiheiten oder eben die Grundrechte, Kontrollmaßstab für nachrangiges nationales und europäisches Recht und Maßstab im Rahmen einer Verhältnismäßigkeitsprüfung.[302]

91 Letztlich könnten diejenigen Unionsbürgerrechte, die auch in der Charta der Grundrechte verbürgt sind, schon alleine aufgrund ihrer positiven Verfasstheit in der Grundrechtecharta nach dem formellen Grundrechtsbegriff (→ Rn. 5) als Grundrechte klassifiziert werden.

92 Legt dieser Befund es nahe, das hier normierte Grundrecht auf Freizügigkeit und die entsprechende Ausprägung der Unionsbürgerschaft als identisch zu verstehen und die Aufnahme dieses subjektiv-öffentlichen Rechts in die Grundrechtecharta als Beleg seines Grundrechtscharakters aufzufassen, so weist der **Vertrag von Lissabon** *prima facie* in die entgegengesetzte Richtung. Er differenziert im Hinblick auf die Systematik klar zwischen Unionsbürgerschaft und -rechten einerseits und den Grundrechten der Union andererseits. Während die Grundrechte der Union sich in Art. 6 EUV, der zentralen Grundrechtsbestimmung der Verträge, die sämtliche Grundrechtsquellen beinhaltet, wiederfinden, sind die Unionsbürgerschaft in Art. 9 EUV und in Art. 20 AEUV sowie die sich daraus ergebenden Unionsbürgerrechte in Art. 21 ff. AEUV kodifiziert und damit explizit **getrennt aufgeführt,** was trotz **wortlautgleichen Verbürgungen und Doppelnormierungen** in den Verträgen und der Grundrechtecharta eher gegen die Identitätsthese spricht.

93 Auf der Grundlage dieser **Identitätsthese** stellt sich dann allerdings die Frage, wie sich diese Gewährleistung zu dem in der EuGH-Rechtsprechung anerkannten[303] und in Art. 45 Abs. 1 GRC gewährleisteten Grundrecht auf Freizügigkeit verhält.

94 Da man einen bewussten Rückschritt hinsichtlich des Grundrechtsschutzes wird ausschließen dürfen, muss dieses Grundrecht mit der Unionsbürgerschaft zumindest teilidentisch in dem Sinne sein, dass es von der Unionsbürgerschaft voll umfasst wird, ohne dass sich deswegen die Unionsbürgerschaft zwingend darin erschöpfen müsste.

95 Gegen die Einordnung der Unionsbürgerschaft als Unionsgrundrecht im engeren Sinne wird angeführt, dass sich die Unionsbürgerrechte, was sich auch aus deren ausdrücklichem Wortlaut (vgl. Art. 21 Abs. 1 AEUV) ergibt, nicht wie die Unionsgrundrechte primär gegen die Organe der Union, sondern ebenso **gegen die Mitgliedstaaten** sowie gegen den eigenen Heimatstaat richten.[304] Es ist somit primär ein Schutz der Unionsbürgerrechte gegenüber den Mitgliedstaaten anzunehmen. Die Unionsbürgerrechte entsprechen somit nicht den zuvor dargestellten Eigenschaften (→ Rn. 4 ff.) des klassischen Grundrechtebegriffes, der die primäre Funktion der europäischen Grundrechte in der die Hoheitsgewalt der Europäischen Union begrenzenden und legitimierenden Zielrichtung sieht. In anderen Worten, die den Unionsbürgerrechten innewohnende Wirkrichtung entspricht nicht denen der Europäischen Grundrechte, die Europäische Union zu binden, sondern richtet sich an die Mitgliedstaaten.

96 Damit liegt hier eine strukturell mit der Einordnung der Grundfreiheiten vergleichbare Fragestellung (→ Rn. 53 ff.) vor: Richtigerweise wird man davon auszugehen haben, dass

---

garantierten „Grundfreiheiten [...], namentlich [...] der in Art. 18 EG verliehenen Freiheit". Vgl. zudem *Quasdorf* S. 119 ff.

[300] Vgl. nur den Titel V „Bürgerrechte" der Grundrechtecharta.
[301] Erläuterungen des Präsidiums zur Charta der Grundrechte, ABl. 2007 C 303, 29.
[302] EuGH C-209/03, Slg. 2005, I-2119 Rn. 45, 67 – Bidar; EuGH C-413/99, Slg. 2002, I-7091 Rn. 93 – Baumbast. So auch *Calliess* EuR-Beih. 1/2007, 7 (23).
[303] EuGH C-416/96, Slg. 1999, I-1209 Rn. 45 – Eddline El-Yassini.
[304] *Kluth* in Calliess/Ruffert AEUV Art. 20 Rn. 17.

hier beide Aspekte der Freizügigkeit, nämlich das die Union bindende Unionsgrundrecht der Freizügigkeit ebenso wie die Erweiterung von dessen Geltungsbereich auf die Mitgliedstaaten, ausdrücklich im Vertrag positiviert worden sind.[305]

Die **Unionsbürgerschaft beinhaltet also ein Unionsgrundrecht,** geht aber darüber hinaus, indem sie dessen Bindung umfassend auf die Mitgliedstaaten ausdehnt. Terminologisch sollte die Unionsbürgerschaft daher nicht als Unionsgrundrecht eingeordnet werden. **97**

VI. Abgrenzung zu den Vertragsgrundrechten

Bereits die Gründungsverträge der Europäischen Gemeinschaften enthielten und die Unionsverträge enthalten weiterhin neben den Grundfreiheiten weitere vereinzelte Bestimmungen, die als Grundrechte ausgelegt worden sind, die so genannten **Vertragsgrundrechte.** In diesem Zusammenhang ist insbesondere das in Art. 18 AEUV geregelte **allgemeine Diskriminierungsverbot** hervorzuheben (weitergehend → § 49 Rn. 4 ff.), nach dem im Anwendungsbereich des Vertrages unbeschadet besonderer Bestimmungen jede Diskriminierung aus Gründen der Staatsangehörigkeit verboten ist. **98**

Die einzelnen Vertragsgrundrechte[306] sind als Gleichheitsgebote, Unionsbürgerrechte oder Verfahrensrechte punktuell ausgestaltet und betreffen jeweils eine spezielle Regelungsmaterie.[307] Aus ihrer Spezialität ergibt sich zudem, dass sie systematisch in den einzelnen Abschnitten der Verträge zu finden sind und, mit Ausnahme des Art. 18 AEUV, keine allgemein geltenden Rechte normieren. Grundlegend kann dennoch unabhängig von dem jeweiligen speziellen Regelungsgehalt ausgeführt werden, dass die Vertragsgrundrechte im Grunde ein Verbot der Ungleichbehandlungen, insbesondere aus Gründen der Staatsangehörigkeit, begründen. So verbietet beispielsweise Art. 110 AEUV den Mitgliedstaaten, höhere Abgaben für Waren aus anderen Mitgliedstaaten zu erheben. **99**

Eine spezielle Ausprägung dieses allgemeinen Diskriminierungsverbotes ist der in Art. 157 AEUV enthaltene Grundsatz, dass Männern und Frauen bei gleicher oder gleichwertiger Arbeit grundsätzlich das gleiche Entgelt zukommen muss (ausführlich → § 48). Obwohl diese Grundsätze vom Wortlaut her keine subjektiven Rechte verbürgen, sind sie in der Vergangenheit doch meist als Grundrechte ausgelegt worden.[308] Diese sogenannten Vertragsgrundrechte stehen in unmittelbarem Zusammenhang mit dem **allgemeinen Gleichheitsgrundsatz,** der als ungeschriebenes Unionsgrundrecht anerkannt ist, über Art. 6 Abs. 3 EUV fortgilt und nunmehr auch ausdrücklich in der Charta der Grundrechte normiert ist (Art. 20 ff. GRC, → § 47 Rn. 1 ff.). Dabei hat der allgemeine Gleichheitsgrundsatz eine **Doppelfunktion,** denn er wendet sich zum einen an die Institutionen der Union und hat damit Unionsgrundrechtscharakter, zum anderen aber wendet er sich gleichzeitig in seiner vertraglich verankerten Form auch unmittelbar an die Mitgliedstaaten. Diese Doppelfunktion bestätigt auch der EuGH in ständiger Rechtsprechung, wobei er klarstellend ausführt, dass einerseits ua Art. 157 AEUV als spezielle Ausprägung des allgemeinen Gleichheitssatzes ausdrücklich an die Mitgliedstaaten gerichtet ist. Zu trennen **100**

---

[305] Für eine Trennung der Unionsbürgerschaft bzw. -rechte von den Grundrechten spricht zudem, dass zur Eröffnung des Anwendungsbereiches eines Grundrechts nicht von dem Vorliegen eines grenzüberschreitenden Sachverhaltes auszugehen ist, was ua bei der Freizügigkeit (trotz Ausnahmefällen, vgl. EuGH C-34/09, Slg. 2011, I-1177 – Zambrano) der Fall sein muss. Würde man zudem Art. 21 AEUV als Grundrecht einstufen, so wäre dies als ein in den Verträgen normiertes Grundrecht eine Ausnahme, denn Art. 6 EUV, der alle Grundrechtsquellen enthält, geht von seiner Systematik nicht von Unionsgrundrechten als Gewährleistungen in den Verträgen selbst, sondern von Grundrechten der Grundrechtecharta sowie von Grundrechten in Form von allgemeinen Rechtsgrundsätzen aus. So auch *Kubicki* EuR 2006, 489 (498, 511), der die Freizügigkeit gemäß Art. 21 AEUV letztlich als subjektives Recht *sui generis* einordnet.

[306] Weitere Vertragsgrundrechte sind ua in den Art. 37, 55, 92 sowie 110 AEUV zu finden.

[307] Vgl. ua EuGH verb. Rs. 117/76 u. 16/77, Slg. 1977, 1753 Rn. 7 – Ruckdeschel; EuGH C-217/91, Slg. 1993, I-3932 Rn. 37 – Spanien/Kommission.

[308] EuGH 149/77, Slg. 1978, 1365 – Defrenne III; EuGH C-285/98, Slg. 2000, I-69 Rn. 23 – Kreil (für das in der RL 76/207/EWG verbürgte Recht der Gleichbehandlung von Männern und Frauen hinsichtlich des Zugangs zur Beschäftigung), so auch *Coen* in Lenz/Borchardt EU-Verträge AEUV Art. 157 Rn. 3.

hiervon sind andererseits Art. 19 AEUV,[309] der eine Zuständigkeitsbestimmung an den Rat der Union darstellt, der, wenn er davon Gebrauch macht, ua Art. 3 Abs. 3 UAbs. 2 EUV beachten muss, nach dem die Union ua soziale Ausgrenzung und Diskriminierungen bekämpft und soziale Gerechtigkeit und sozialen Schutz fördert, sowie Art. 8 AEUV, nach dem die Union bei allen ihren Tätigkeiten darauf hinwirkt, Ungleichheiten zu beseitigen und die Gleichstellung von Männern und Frauen zu fördern.[310] Insgesamt sind die Vertragsgrundrechte damit vergleichbar mit den Grundfreiheiten und können als ein **grundrechtsähnliches Recht** bezeichnet werden.[311]

101 Art. 18 und 157 AEUV als geschriebene „Vertragsgrundrechte" und als Konkretisierungen des allgemeinen Gleichheitsgrundsatzes gewähren den Unionsbürgern zwar unmittelbare Rechte, richten sich jedoch ausdrücklich an die Mitgliedstaaten. In dieser Wirkrichtung liegt ein wesentlicher Unterschied der „Vertragsgrundrechte" gegenüber den Unionsgrundrechten. Aufgrund ihrer unterschiedlichen Schutzrichtung sowie ihrer ausdrücklichen Normierung im Primärrecht ähneln sie insoweit den Grundfreiheiten und werden daher vorliegend nicht als Unionsgrundrechte eingeordnet.[312] Wie die Grundfreiheiten sind die Art. 18 und 157 EUV als positivierte Ausprägungen eines übergeordneten Unionsgrundrechtes zu verstehen; es gilt daher das dort Gesagte entsprechend (→ Rn. 59 ff.).

VII. Zusammenfassung: Schutzrichtung und Kategorisierung als subjektiv-öffentliches Recht als zentrale Abgrenzungskriterien

102 Vorstehend wurden die Unionsgrundrechte von den Grundsätzen der Grundrechtecharta, den Grundfreiheiten, den allgemeinen rechtsstaatlichen Grundsätzen, den Menschenrechten, den geschriebenen Vertragsgrundrechten sowie dem Recht auf Freizügigkeit im Rahmen der Unionsbürgerschaft abgegrenzt. Von wesentlicher Bedeutung für die begriffliche Bestimmung der Unionsgrundrechte und die Abgrenzung der verschiedenen Rechtsinstitute voneinander waren dabei innerhalb der jeweiligen Bereiche insbesondere zwei Kriterien: Die primäre Schutzrichtung und die unmittelbare Begründung subjektiver Rechte für den Bürger.

103 Subjektiv-öffentliche Rechte für den Einzelnen begründen sowohl die **Grundfreiheiten** als auch die **Vertragsgrundrechte** und die **Unionsbürgerschaft**. Da sie sich aber von der Schutzrichtung her nicht primär an die Unionsorgane, sondern vor allem an die Mitgliedstaaten wenden, zählen sie nicht zu den Unionsgrundrechten im engeren Sinn. Man kann sie allerdings vertretbar gerade auch auf Grund ihrer Interaktion mit Unionsgrundrechten **als grundrechtsähnliche bzw. grundrechtsnahe Verbürgungen** für den Einzelnen einstufen. Umgekehrt richten sich die allgemeinen rechtsstaatlichen Grundsätze zwar an die Unionsorgane (und unterscheiden sich so von den grundrechtsähnlichen Verbürgungen), sind aber in erster Linie Grundsätze des objektiven Rechts und begründen allenfalls als Rechtsreflex subjektive Rechte der Unionsbürger.

104 Vor diesem Hintergrund sind **Unionsgrundrechte** diejenigen **elementaren subjektiv-öffentlichen Rechte, die auf höchster Stufe der Normenhierarchie der EU** mit Verfassungsrang und Maßstabsfunktion für abgeleitetes Recht angesiedelt sind. Ihre Adressatin ist in erster Linie die Europäische Union, deren supranationale Hoheitsgewalt durch die Unionsgrundrechte begrenzt, eingebunden und legitimiert wird. Die Unionsgrund-

---

[309] Gestützt auf Art. 19 AEUV (bzw. Art. 13 EGV) wurden ua die Richtlinie zur Festlegung eines allgemeinen Rahmens für die Verwirklichung der Gleichbehandlung in Beschäftigung und Beruf (RL 2000/78/EG, ABl. 2000 L 303, 16–22) sowie die Richtlinie über die Gleichbehandlung von Frauen und Männern beim Zugang zu und bei der Versorgung mit Gütern und Dienstleistungen (RL 2004/113/EG, ABl. 2004 L 373, 37).

[310] EuGH C-236/09, Slg. 2011, I-773 Rn. 19 – Association Belge des Consommateurs Test-Achats ua; EuGH C-447/09, Slg. 2011, I-8003 Rn. 45 – Prigge ua.

[311] So bereits *Pernice* S. 196 ff.; *Epiney* in Calliess/Ruffert AEUV Art. 18 Rn. 2.

[312] Abweichend dazu vgl. mwN *Szczekalla* S. 478 ff.

rechte sind aber über diese primäre Wirkrichtung hinaus im Anwendungsbereich des Unionsrechts von jeder öffentlichen Gewalt zu beachten. Im Falle ihrer **Beschränkung** bedarf es einer **Rechtfertigung,** die vom Grundsatz der Verhältnismäßigkeit geprägt ist (ausführlich → § 10).[313]

D. Geltungsgrund der Grundrechte

Der Vertrag von Lissabon veränderte nicht nur das System des europäischen Grundrechtsschutzes, die Grundrechtsquellen sowie das Verhältnis der EU und ihrer Grundrechte zur Europäischen Menschenrechtskonvention und zum Europarat, sondern beeinflusste auch die Geltung der Unionsgrundrechte.[314] Der **Geltungsgrund der Unionsgrundrechte** war mangels geschriebenen Grundrechtskataloges nicht die ausdrückliche normative Anordnung ihrer Geltung im primären oder sekundären Unionsrecht. Nur vereinzelt basierten grundrechtliche Gewährleistungen auf geschriebenem Primärrecht, weshalb der Geltungsgrund der Unionsgrundrechte maßgeblich auf andere Grundlagen, wie die Verfasstheit der Europäischen Gemeinschaften als Rechtsgemeinschaft oder das Richterrecht des Europäischen Gerichtshofes, basierend auf den Verfassungsüberlieferungen der Mitgliedstaaten sowie den völkerrechtlichen Verträgen, insbesondere der Europäischen Menschenrechtskonvention, gestützt wurde. 105

Mit dem Vertrag von Lissabon wurde mit Art. 6 EUV die Zentral- und Fundamentalnorm des europäischen Grundrechtsschutzes geschaffen, die sowohl die **primärrechtliche Konsolidierung eines europäischen Grundrechtsraumes** als auch den **normativen Anknüpfungspunkt** für die Geltung der Unionsgrundrechte begründet. 106

I. Geltungsgrund der Grundrechte nach dem Vertrag von Lissabon

Durch die jüngste Entwicklungsstufe im unionalen Grundrechtsschutz wird mit Art. 6 EUV nunmehr die Geltung der Unionsgrundrechte angeordnet, ausdrücklich begründet und normativ auf der Ebene des Primärrechts verankert. Art. 6 EUV fasst zudem die jeweiligen Elemente des unionalen Grundrechtsschutzes in einer Norm zusammen und bildet zum einen in Abs. 1 die **primärrechtliche Grundlage** innerhalb des EUV für die Anerkennung und rechtsverbindliche Geltung der Grundrechtecharta. Zum anderen bestätigt Art. 6 Abs. 3 EUV die Fortgeltung der ungeschriebenen Grundrechte als allgemeine Grundsätze des Unionsrechts neben den Gewährleistungen der Grundrechtecharta.[315] 107

1. Charta der Grundrechte. Die Union erkennt die Rechte, Freiheiten und Grundsätze der Charta, entsprechend dem siebten Erwägungsgrund der Präambel der Charta, die in der Charta der Grundrechte der Europäischen Union vom 7. Dezember 2000 in der am 12. Dezember 2007[316] in Straßburg angepassten Fassung niedergelegt sind, an. Art. 6 Abs. 1 EUV führt trotz der Stellung der Charta außerhalb der Verträge und der nicht eindeutigen Formulierung („erkennt […] an") über den **direkten Verweis** die **unbedingte und** 108

---

[313] Vgl. zu ähnlichen Ansätzen nur *Ehlers* in Ehlers GuG, 2. Aufl. 2005, § 14 Rn. 2 ff.; *Badura* in Merten/Papier, HdbGR Bd. I, § 20 S. 783 ff.; *Bleckmann,* Staatsrecht II, S. 85.
[314] Siehe dazu bereits *Pache* in Eilmansberger/Griller/Obwexer S. 121 (121 ff.); *Pache/Rösch* EuR 2009, 769; *Pache/Rösch* EuZW 2008, 519.
[315] Zum Verhältnis der Grundrechte der Charta und den Grundrechten als allgemeine Rechtsgrundsätze → Rn. 177 ff.
[316] Dies ist auf das Drängen des Vereinigten Königreiches im Grundrechtekonvent zurückzuführen, so dass die Charta erneut verkündet worden ist; vgl. *Mayer* ZaöRV 67 (2007), 1141 (1155). In der nunmehr angepassten Fassung wurde der Begriff „Person" in den einschlägigen Gewährleistungen (zB Art. 2 Abs. 1 GRC) durch den Begriff „Mensch" ersetzt, in der Präambel der Hinweis auf die Erläuterungen des Präsidiums des Konvents als Auslegungshilfe eingefügt sowie Art. 42 GRC ergänzt, so dass nun das gewährleistete Recht unabhängig von der Form der für die Dokumente verwendeten Träger besteht. Darüber hinaus wurden – die wohl bedeutendste Änderung – vier neue Absätze (Abs. 4–7) in Art. 52 GRC eingefügt, die tendenziell auf die Begrenzung und engere Anbindung der Inhalte der Grundrechte der Charta abzielen.

voraussetzungslose Rechtsverbindlichkeit der Charta gleichrangig neben den Verträgen (Art. 1 Abs. 3 EUV)[317] herbei. Somit wurde in Form der Grundrechtecharta neben den Verträgen und den allgemeinen Rechtsgrundsätzen eine **neue Primärrechtskategorie** geschaffen.[318]

109   Die Charta ist deshalb nunmehr als Bestandteil des Unionsrechts geltende Rechtsquelle und nicht nur unverbindliche Rechtserkenntnisquelle,[319] deren Geltungsgrund Art. 6 Abs. 1 EUV normativ begründet.

110   **2. Grundrechte in Form von allgemeinen Grundsätzen.** Art. 6 Abs. 3 EUV normiert die **Fortgeltung der Grundrechte als allgemeine Rechtsgrundsätze,** wie sie in der Europäischen Konvention zum Schutz der Menschenrechte und Grundfreiheiten gewährleistet sind und wie sie sich aus den gemeinsamen Verfassungsüberlieferungen der Mitgliedstaaten ergeben. Daneben besteht die Besonderheit der Regelung darin, dass die ursprüngliche, jahrzehntelange Grundrechterechtsprechung des EuGH positiv-rechtlich verankert und neben den kodifizierten Unionsgrundrechten auch der **Geltungsgrund der ungeschriebenen Unionsgrundrechte als Rechtsquellen** des Primärrechts normativ angeordnet wird.[320]

111   Die Funktion und der Sinngehalt von Art. 6 Abs. 3 EUV werden teilweise, nach der hier vertretenen Ansicht zu Unrecht, mit der Begründung angezweifelt, die Bedeutung der Grundrechtecharta würde durch die Fortbestandsklausel reduziert.[321] Dem ist entgegenzuhalten, dass Art. 6 Abs. 3 EUV die **Dynamisierung des Grundrechtsschutzes** weiterhin ermöglicht und dem EuGH, entsprechend seiner bisherigen Methodik, die **Fortentwicklung der Grundrechtsordnung** der EU erlaubt.[322] Weiterhin verhindert Art. 6 Abs. 3 EUV wirksame Geltungseinschränkungen der Grundrechtecharta durch Ausnahmeregelungen hinsichtlich ihres Anwendungsbereiches. Bedeutendster Fall ist das „opt-out"-Protokoll für Polen und das Vereinigte Königreich,[323] dessen Begrenzung keinerlei Auswirkungen auf die fortbestehende Grundrechtsbindung an die Grundrechte in Form von allgemeinen Rechtsgrundsätzen hat.[324]

112   Hinsichtlich des Geltungsgrundes der Unionsgrundrechte als allgemeine Rechtsgrundsätze ist ergänzend noch klarzustellen, dass dieser nur „rein" normativ in Art. 6 Abs. 3 EUV bestimmt wird. Selbst wenn nun diese positiv-rechtliche Geltungsbestimmung wegfallen sollte und zudem die Grundrechtecharta ihre Verbindlichkeit verlöre, was aufgrund der vorgenannten Gründe nicht zu erwarten ist, besteht der Geltungsgrund der Grundrechte als allgemeine Rechtsgrundsätze, maßgeblich gestützt auf andere Grundlagen, die im Folgenden dargestellt werden, fort.

---

[317] Zwischen den Verträgen (Art. 1 Abs. 3 EUV) und der Charta ist gleichwohl rechtskonstruktiv streng zu trennen. Die Charta besteht selbstständig und ist als ein eigenständiger Rechtsakt zu behandeln, so auch *Schorkopf* in GHN EUV Art. 6 Rn. 20.

[318] Entsprechend *Schorkopf* in GHN EUV Art. 6 Rn. 28.

[319] *Ehlers* in Ehlers GuG § 14 Rn. 8 f.

[320] *Bitterlich* in Lenz/Borchardt EU-Verträge, 3. Aufl. 2003, EUV Art. 6 Rn. 12; *Hatje* in Schwarze EUV Art. 6 Rn. 15 f.; *Pache* in Eilmansberger/Griller/Obwexer S. 121 (133).

[321] So fordert *Schmitz* EuR 2004, 691 (698) die Streichung oder eine Neuformulierung von Art. 6 Abs. 3 EUV, da er eine „Relativierung der Charta der Grundrechte durch die Hintertür" befürchte. Vgl. hierzu auch *Pietsch* ZRP 2003, 1 (4) oder zu den möglichen Problemen eines zweigleisigen unionsrechtlichen Grundrechtsschutzes *Dougan* CMLR 2008, 617 (663 ff.).

[322] *Pache* in Eilmansberger/Griller/Obwexer S. 121 (133); *Schorkopf* in GHN EUV Art. 6 Rn. 52; *Obwexer* ecolex 2004, 674 (685). Dazu teilweise ablehnend *Hatje* in Schwarze EUV Art. 6 Rn. 17.

[323] Protokoll über die Anwendung der Charta der Grundrechte der Europäischen Union auf Polen und das Vereinigte Königreich, ABl. 2007 C 306, 56. Zu den Beweggründen dieses „Opt-outs" siehe *Mehde* EuGRZ 2008, 269 (271).

[324] *Pache/Rösch* EuR 2009, 769 (783); *Pache/Rösch* EuZW 2008, 519 (520); *Kingreen* in Calliess/Ruffert EUV Art. 6 Rn. 14.

II. Geltungsgrund der Grundrechte vor dem Vertrag von Lissabon

Wie allgemein bekannt, enthalten die Gründungsverträge der Europäischen Gemeinschaften, abgesehen von speziellen Diskriminierungsverboten,[325] **keine Grundrechtskataloge**.[326] Das ursprüngliche Fehlen solcher ausdrücklichen Grundrechtskataloge in den Verträgen ist allerdings nicht auf die Entscheidung oder den Willen der die Gemeinschaften gründenden Mitgliedstaaten zurückzuführen, die Gemeinschaften von grundrechtlicher Bindung freizustellen. Vielmehr wurde zunächst die potentielle Grundrechtsrelevanz der neu konstituierten supranationalen Hoheitsgewalt nicht wirklich erkannt,[327] und eventueller punktueller Grundrechtsbedarf konnte anfangs auch für durch nationale Grundrechtsgarantien erfüllbar gehalten werden.[328] Erst mit der Rechtsprechung des EuGH zur unmittelbaren Wirkung[329] und zum Vorrang des Gemeinschaftsrechts,[330] mit der konsequenten Entfaltung der eigenen Politiken der Gemeinschaften und mit der Ausweitung der Gemeinschafts- und Unionskompetenzen[331] trat die **Notwendigkeit eines eigenen, eigenständigen Grundrechtsschutzes**[332] auf der Ebene der Europäischen Gemeinschaften und des Gemeinschaftsrechts deutlicher erkennbar zutage.[333]

113

Überholt hat sich dabei auch die anfängliche Annahme, dass die Europäische Gemeinschaft als ein primär an den Zielen der Daseins- und Wachstumsvorsorge ausgestalteter Hoheitsträger eines liberalen Grundrechtsschutzes nicht bedürfe, dass sich vielmehr der Grundrechtsschutz in die Struktur und Ziele der damaligen Gemeinschaft einzufügen habe.[334] Diese nur als Konsequenz des – ohnehin in mancherlei Hinsicht fragwürdigen – Funktionalismusgedankens[335] verständliche Grundrechtskonzeption ist mittlerweile jedenfalls auch deshalb abzulehnen, weil sich die Ziele und Aufgaben der Union längst über die Gewährleistung der Freiheiten der Marktbürger hinaus wesentlich erweitert haben und nunmehr auch zahlreiche besonders grundrechtssensible Bereiche wie beispielsweise die Visa-, Asyl- und Einwanderungspolitik oder die polizeiliche und justizielle Zusammenarbeit umfassen.[336]

114

Trotz jahrzehntelanger rechtspolitischer Forderungen[337] und der erkennbaren Erforderlichkeit eines europäischen Grundrechtsschutzes gegen das Handeln der Europäischen Union[338] wies die eigenständige Rechtsordnung der EU ausdrückliche Garantien von Grund-

115

---

[325] *Hatje* in Schwarze EUV Art. 6 Rn. 2.
[326] Hierzu siehe nur → § 1; sowie *Mayer* in GHN EUV nach Art. 6 Rn. 1.
[327] Vgl. *Bahlmann* EuR 1982, 1 (3).
[328] Näher *Rasmussen* S. 391 f.
[329] EuGH 26/62, Slg. 1963, 3 – van Gend & Loos. Zur Auswirkung des Urteils *van Gend & Loos* auf die Grundrechtsentwicklung siehe *Cremer* in Grabenwarter, EnzEuR Bd. 2, § 1 Rn. 13 ff.
[330] EuGH 6/64, Slg. 1964, 1141 – Costa/E. N. E. L.
[331] Die Übertragung von Hoheitsrechten auf die Union hat zur Folge, dass vermehrt Rechtsakte der Mitgliedstaaten unionsrechtlich determiniert sind, so dass die Relevanz und Aktualität des Grundrechtsschutzes auf unionsrechtlicher Ebene ansteigt, vgl. hierzu *Kober* S. 8 f.
[332] Vgl. dazu auch *Kühling* in v. Bogdandy/Bast Europ. VerfassungsR S. 657 mwN, der darauf hinweist, dass sich trotz eines bereits etablierten Grundrechteschutzsystems die grundrechtlichen Reibungsflächen durch die zunehmenden Kompetenzen der Union in der Gemeinsamen Außen- und Sicherheitspolitik sowie insbesondere durch den Raum der Freiheit, der Sicherheit und des Rechts deutlich vermehrt haben. Fraglich ist hiernach zudem auch, ob ein effektiver (Grund-)Rechtsschutz gewährleistet wird; vgl. dazu *Terhechte* S. 15 ff.; *Saurer* EuR 2010, 51 (63 ff.); *Kotzur* EuR Beih. 1/2012, 7 ff.
[333] Auf diese Ursachen stellt auch *Nicolaysen* EuR 2003, 719 (721 f. mwN) ab; ferner vgl. *Kerth/Schmelz* JA 2004, 340 (340 f. mwN).
[334] So noch Ipsen EG-Recht S. 730 f.
[335] Vgl. zum Funktionalismuskonzept Ipsen EG-Recht insbes. S. 197 ff. sowie S. 1044 ff.; zur Rezeption in der Literatur und zur Kritik *Peters* S. 192 ff. und S. 637 f. mwN; hierzu ferner und zur staatstheoretischen Einordnung *Nettesheim* ZEuS 2002, 507 (518 ff.).
[336] Diesen Wandel konstatiert bereits zu Recht *Di Fabio* in Pache, Raum der Freiheit, der Sicherheit und des Rechts. Vgl. hierzu auch *Kober* S. 8 f.
[337] So beispielsweise die Forderungen des Europäischen Parlamentes, ABl. 1982 C 304, 253; ABl. 1989 C 120, 373 u. 158, 373; ABl. 1994 C 61, 155.
[338] Einen Überblick über die entsprechenden Bekenntnisse und Proklamationen der Gemeinschaftsorgane und -institutionen gibt *Nicolaysen* EuR 2003, 719 (733 f. mwN); vgl. auch *Wetter*, Die Grundrechtscharta des EuGH, S. 20 ff. mwN.

rechten oder grundrechtsgleichen Rechten nur punktuell und in eng begrenztem Umfang auf. Erst mit dem Vertrag von Lissabon erfuhren das System des unionalen Grundrechtschutzes, Grundrechtsquellen und die Grundrechtsgeltung nachhaltige Änderungen.[339]

116 Die umfassende Grundrechtsbindung der EU, die seit 1969[340] in der Rechtsprechung von EuGH und EuG anerkannt ist, im fallrechtlichen Ansatz bereichsspezifisch ausgeformt und gefestigt wurde[341] und eines der prägenden Verfassungselemente der EU darstellt, beruhte jedenfalls ursprünglich nur zu einem ganz geringen Teil auf geschriebenem Primärrecht.[342] Ganz überwiegend waren andere Grundlagen für die Grundrechtsgeltung im Recht der EU maßgeblich; diese sollen nachfolgend untersucht werden.

117 **1. Frühe normative Grundlagen der Grundrechtsgeltung im Primärrecht.** Wie bereits ausgeführt, enthielten die Gründungsverträge der drei Europäischen Gemeinschaften keinen Grundrechtskatalog und keine Einzelbestimmungen über Grundrechte[343] mit Ausnahme unterschiedlicher Ausprägungen des Diskriminierungsverbotes[344] sowie die teilweise grundrechtsähnlichen Grundfreiheiten.[345]

118 Die zahlreichen **Bekenntnisse und Proklamationen** der Gemeinschaftsinstitutionen, die sich seit 1977 wiederholt einzeln oder gemeinschaftlich zur Achtung der Grundrechte bekannt und einen angemessenen Grundrechtsschutz auf europäischer Ebene angestrebt haben,[346] belegen zwar die vorhandene Grundrechtssensibilität dieser Institutionen und sind grundrechtspolitisch bedeutsam (→ § 1 Rn. 42 ff.), haben aber als solche nicht unmittelbar rechtliche Grundrechtsgeltung in der Gemeinschaftsrechtsordnung bewirkt.

119 Ein erstes kodifiziertes Bekenntnis zu den Grundrechten auf Vertragsebene findet sich in der **Präambel der Einheitlichen Europäischen Akte** vom 28. Februar 1986. Die Mitgliedstaaten erklärten hier ihre Entschlossenheit, „gemeinsam für die Demokratie einzutreten, wobei sie sich auf die in den Verfassungen und Gesetzen der Mitgliedstaaten, in der Europäischen Konvention zum Schutz der Menschenrechte und Grundfreiheiten und der Europäischen Sozialcharta anerkannten Grundrechte, insbesondere Freiheit, Gleichheit und Gerechtigkeit stützen".[347] Ungeachtet der nur begrenzten rechtlichen Bindungswirkung dieses Bekenntnisses in der Präambel ist es vom EuGH als Bestätigung seiner Grundrechtsrechtsprechung und der Grundrechtsgeltung im Gemeinschaftsrecht herangezogen worden.[348]

---

[339] *Pache/Rösch* EuR 2009, 769. Zu einer weiteren Übersicht über die Neuerungen in dem Grundrechtsschutzsystem vgl. *Pache/Rösch* EuZW 2008, 519 ff.
[340] EuGH 26/69, Slg. 1969, 419 – Stauder.
[341] *Ehlers* in Ehlers GuG § 14 Rn. 4.
[342] Anders dagegen *Kingreen* JuS 2000, 857 (858 f. mwN), der die Grundrechtsbindung der EU nunmehr allein auf Art. 6 Abs. 2 EUV stützen will.
[343] Vgl. nur → § 1 Rn. 2 ff.; sowie jeweils mwN *Chwolik-Lanfermann*, Grundrechtsschutz in der EU, S. 41 ff.; *Wetter*, Die Grundrechtscharta des EuGH, S. 3; vgl. hierzu auch *Mayer* in GHN EUV nach Art. 6 Rn. 1.
[344] Zu den Diskriminierungsverboten der ursprünglichen Gemeinschaftsverträge *Nicolaysen* EuR 2003, 719 (722); *Chwolik-Lanfermann*, Grundrechtsschutz in der EU, S. 41 f.
[345] Zur Abgrenzung → Rn. 45 ff.; *Mayer* in GHN EUV nach Art. 6 Rn. 17 f. geht darüber hinaus von einer primärrechtlichen Anerkennung der Eigentumsrechte in Art. 36 u. 345 AEUV sowie einer partiellen sehr indirekten Anerkennung etwa auch der Achtung der Menschenwürde, der Glaubens- und Gewissensfreiheit und der Koalitionsfreiheit aus.
[346] So ua die gemeinsame Erklärung des Parlaments, des Rats und der Kommission vom 5. April 1977 zur Achtung der Menschenrechte und Grundfreiheiten (ABl. 1977 C 103, 1). Eine Übersicht der einzelnen Erklärungen gewährt *Kober* S. 28 ff. Vgl. auch *Nicolaysen* EuR 2003, 719 (733 f. mwN); hierzu auch *Wetter*, Die Grundrechtscharta des EuGH, S. 20 ff. mwN; *Quasdorf* S. 29 ff. mwN; *Chwolik-Lanfermann*, Grundrechtsschutz in der EU, S. 84 ff.
[347] Ausführlich zu diesem Bekenntnis im 3. Erwägungsgrund der Präambel sowie zu seiner rechtlichen wie politischen Bedeutung *Weber* in von der Groeben/Schwarze, 6. Aufl. 2004, EEA Präambel Rn. 20 ff.; vgl. auch mwN *Wetter*, Die Grundrechtscharta des EuGH, S. 4 ff.
[348] EuGH 249/86, Slg. 1989, 1263 Rn. 10 – Kommission/Deutschland („[...] gehört zu den Grundrechten, die nach der in der Präambel der Einheitlichen Europäischen Akte bestätigten Rechtsprechung des Gerichtshofs vom Gemeinschaftsrecht anerkannt werden"); hierzu auch *Wetter*, Die Grundrechtscharta des EuGH, S. 5 f. mwN.

Dieses Bekenntnis ist in der **Präambel des EU-Vertrags** in der Maastrichter Fassung 120
wieder aufgenommen und mit dem Vertrag von Amsterdam um die Benennung sozialer
Grundrechte ergänzt worden.[349] Eine neue rechtliche Qualität hat die Erwähnung der
Grundrechte im Vertragsrecht allerdings mit **Art. 6 Abs. 2 EUV** erhalten: Diese dem
früheren Art. F Abs. 2 EUV grundsätzlich entsprechende Norm des eigentlichen Vertrags-
textes des EU-Vertrages verankerte nunmehr die Grundrechtsbindung der EU und mit ihr
der Europäischen Gemeinschaften ausdrücklich im positiven Vertragsrecht.[350] Danach achtete die Union die Grundrechte, wie sie in der EMRK gewährleistet sind und wie sie sich
aus den gemeinsamen Verfassungsüberlieferungen der Mitgliedstaaten ergeben, als allgemeine Grundsätze des Gemeinschaftsrechts.

Jener letzte Absatz, der an die vorangetriebene Entwicklung der Grundrechte zu all- 121
gemeinen Grundsätzen des Gemeinschafts-/Unionsrecht erinnert,[351] **positiviert die in
der Judikatur des EuGH anerkannte Geltung der Unionsgrundrechte** und nennt
zugleich ausdrücklich die beiden wichtigsten Grundlagen, aus denen der EuGH im Rahmen seiner Rechtsprechung die Grundrechte als allgemeine Rechtsgrundsätze hergeleitet
hat: Die gemeinsamen Verfassungsüberlieferungen der Mitgliedstaaten und die Europäische
Menschenrechtskonvention, die auch den Bezugsrahmen der Grundrechte der EU bilden.
Insgesamt gibt Art. 6 EUV zwar den historischen Ausgangspunkt des unionalen Grundrechtsschutzes und die unterschiedlichen Ebenen des unionalen Grundrechtsschutzes zu
erkennen. Gleichwohl konnte die zentrale Grundrechtsbestimmung der Verträge den
Geltungsgrund oder die rechtliche Qualität dieser Unionsgrundrechte qualitativ
nicht alleine begründen.

2. Geltungsgrund Rechtsgemeinschaft. Der **Geltungsgrund der Grundrechte** für 122
die EU – über die ausdrücklich angesprochenen primärrechtlichen Grundlagen hinaus –
besteht in der **Qualität der Europäischen Union als Rechtsgemeinschaft**[352], deren
eigenständiger Rechtsordnung und deren Rechtsakten unmittelbare Geltung in den Mitgliedstaaten sowie Vorrang vor entgegenstehendem mitgliedstaatlichem Recht zukommen.
Da die Europäische Union das Ergebnis einer Gründung durch rechtsstaatlich verfasste
Mitgliedstaaten ist, deren nationale Hoheitsgewalt jeweils als ein Element der nationalen
Rechtsstaatlichkeit grundrechtlich begrenzt ist, und weil das durch die Gründungsverträge
und auf der Grundlage der Gründungsverträge entstandene Unionsrecht eine autonome
Rechtsordnung darstellt, die als Gründung und Werk rechtsstaatlich verfasster und grundrechtlich gebundener Mitgliedstaaten ebenfalls grundrechtlich eingebunden und begrenzt
sein muss, ist eine grundrechtliche Begrenzung der Hoheitsgewalt der Europäischen Union
unumgänglich erforderlich. Da die Unionsrechtsordnung unmittelbare Geltung in den
Mitgliedstaaten und Anwendungsvorrang gegenüber entgegenstehendem nationalen Recht
beansprucht, kann und muss die erforderliche grundrechtliche Einbindung und Begrenzung der unionalen Hoheitsgewalt in der autonomen Unionsrechtsordnung selbst liegen
und kann nicht durch nationale Grundrechtsgarantien gewährleistet werden.

a) Rechtsgemeinschaft. Geltungsgrund und materielle Legitimation der Anerkennung 123
von Grundrechten als Teil der Unionsrechtsordnung ist die **rechtsstaatliche Verfasstheit
des Unionsrechts** sowie die Eigenschaft der Europäischen Union als Rechtsgemeinschaft.[353]

---

[349] *Nicolaysen* EuR 2003, 719 (734); vgl. auch mwN *Terhechte* in GHN EUV Präambel Rn. 27.
[350] Hierzu *Kingreen* JuS 2000, 857 (859 mwN); *Kingreen* in Calliess/Ruffert EUV Art. 6 Rn. 3 ff.; so auch *Schorkopf* in GHN EUV Art. 6 Rn. 2 ff., Rn. 10 f. mwN.
[351] *Kingreen* in Calliess/Ruffert EUV Art. 6 Rn. 3, der zurecht die Ähnlichkeit des Art. 6 Abs. 3 EUV mit den Inhalten aus Art. F Abs. 2 EUV bzw. später Art. 6 Abs. 2 EUV feststellt.
[352] *Koch* DÖV 2013, 979 ff.; zum Begriff der Europäischen Gemeinschaften als Rechtsgemeinschaften, der bereits maßgeblich von *Walter Hallstein* geprägt worden ist, näher *Pache*, Finanzielle Interessen, S. 21 f. mwN; *Peters* S. 83.
[353] *Nicolaysen* EuR 2003, 719 (720) spricht vom Begriff der Rechtsgemeinschaft als zutreffendem Parallelbegriff zum Rechtsstaat auf nationaler Ebene; vgl. auch *Zuleeg* NJW 1994, 545 (546); EuGH 294/83, Slg. 1986, 1339 (1365) – Les Verts.

124 Mit der Charakterisierung der Europäischen Union als Rechtsgemeinschaft, einem der vielleicht folgenreichsten Begriffe für den Verlauf der europäischen Integration,[354] wird zum einen die **existentielle Bedeutung des Rechts** für die Europäische Union als ihr maßgebliches Integrationsinstrument und als ihre zentrale Legitimationsgrundlage angesprochen.[355] Zum anderen, wohl aus grundrechtsdogmatischer Sicht von größerer Bedeutung, werden mit dem Begriff der Rechtsgemeinschaft bestimmte **materielle Gehalte** vorausgesetzt und eingefordert, die dem Schutz qualifizierter Interessen der Rechtsunterworfenen dienen.[356] Wie durch den auf Staaten zielenden **Parallelbegriff des Rechtsstaates** bzw. der Rechtsstaatlichkeit, welcher durch die Präambel der Verträge und der Grundrechtecharta sowie in Art. 2 S. 1 EUV mittlerweile als Grundsatz herausgestellt wird, auf dem die Union beruht und der allen Mitgliedstaaten gemeinsam ist,[357] werden durch den Begriff der Rechtsgemeinschaft sowie durch die Kennzeichnung und Charakterisierung der Europäischen Union als Rechtsgemeinschaft bestimmte formelle und materielle Elemente einer verfassten Ordnung von Hoheitsgewalt gefordert und vorgegeben.[358] Für die auf dem Grundsatz der Rechtsstaatlichkeit beruhende[359] Europäische Union als Rechtsgemeinschaft ist – wie für jeden (Mitglied-)Staat als Rechtsstaat – erforderlich, dass ihre Rechtsordnung zumindest die Grundsätze des Vorbehaltes des Gesetzes, der Verhältnismäßigkeit, den Bestimmtheitsgrundsatz, ein Rückwirkungsverbot, den Grundsatz des Vertrauensschutzes sowie, da das Rechtsstaatsprinzip eine besondere Nähe zum Grundrechtsschutz aufweist,[360] insbesondere die **Garantie und Achtung der Grundrechte** umfasst.[361]

125 Einer der unabdingbaren Grundsätze einer Rechtsgemeinschaft – ebenso wie eines Rechtsstaates – ist, dass gegen jede Hoheitsgewalt, die Individuen, Bürger oder Unternehmen unmittelbar betreffen kann, ein **wirksamer Grundrechtsschutz** gewährleistet sein muss.[362]

126 Diese **grundlegende Anforderung an jede zur Ausübung von Hoheitsgewalt befugte Rechtsgemeinschaft wurzelt in** verschiedenen Ebenen der Rechtsordnung und wird gleichsam von zwei Seiten an die Rechtsgemeinschaft herangetragen: Eine ihrer Wurzeln ist in der gemeinsamen **rechtsstaatlichen und grundrechtlichen Verfasstheit sämtlicher Mitgliedstaaten** als Gründer der Europäischen Union zu sehen.[363] Aus der Verbürgung von Grundrechten in den Verfassungen aller Gründungsmitgliedstaaten der Europäischen Union ist die diesen Mitgliedstaaten gemeinsame rechtsstaatliche Überzeugung erkennbar, dass Hoheitsgewalt der Einbindung und Begrenzung durch Grundrechte bedarf. Diese Einbindung und Begrenzung ist nach dem gemeinsamen Verständnis der

---

[354] In diesem Sinne *v. Bogdandy/Everling* in v. Bogdandy/Bast Europ. VerfassungsR S. 36, 990 ff. mwN.
[355] Hierzu *Pache,* Finanzielle Interessen, S. 22 mwN.
[356] So auch *v. Bogdandy* in v. Bogdandy/Bast Europ. VerfassungsR S. 39 mwN.
[357] Zu den Einzelausprägungen des Grundsatzes der Rechtsstaatlichkeit näher *Mayer* in GHN EUV nach Art. 6 Rn. 388 ff. mwN.
[358] So bereits *Beutler* in von der Groeben/Schwarze, 6. Aufl. 2004, EUV Art. 6 Rn. 35 mwN; vgl. *Calliess* in Calliess/Ruffert, 2. Aufl. 2002, EUV Art. 6 Rn. 25 sowie *Hilf/Schorkopf* in GHN EUV Art. 2 Rn. 34 f. mit dem Hinweis auf den Prüfungsumfang der Kommission in ihren Berichten über die politische Lage in den Beitrittsländern.
[359] *Calliess* in Ehlers GuG, 2. Aufl. 2005, § 20 Rn. 53; aktuell und zur Frage des Rechtsschutzes für jedermann gegen die Geldpolitik der EZB vor dem Hintergrund der Rechtsstaatlichkeit der Union vgl. *Forkel* ZRP 2012, 240 (241 ff.).
[360] *Korinek/Dujmovits* in Merten/Papier, HdbGR Bd. I, § 23 Rn. 23 ff. mwN.
[361] Im Einzelnen zur entsprechenden Rspr. des EuGH zu den einzelnen Elementen der Rechtsstaatlichkeit bzw. der Europäischen Gemeinschaften als Rechtsgemeinschaften *Beutler* in von der Groeben/Schwarze, 6. Aufl. 2004, EUV Art. 6 Rn. 35 mwN; vgl. auch *Stumpf* in Schwarze, 1. Aufl. 2000, EUV Art. 6 Rn. 15 mwN.
[362] So *Nicolaysen* EuR 2003, 719; vgl. auch *Schroeder* EuZW 2011, 462 (464), der die Selbstverständlichkeit betont, dass ein Gesetzgebungsvorschlag auf seine Grundrechtskonformität überprüft wird.
[363] Aufgrund des organisierten Verbrechens, der Korruption oder einer schwachen Gerichtsbarkeit wurde die Rechtsstaatlichkeit in einigen Mitgliedstaaten vom damaligen Kommissionspräsidenten *Barroso* in seinen Reden zur Lage der Union in den Jahren 2012 und 2013 in Gefahr gesehen. Diese rechtsstaatlichen Defizite führten zu einem spezifischen Rechtsstaatlichkeitsaufsichtsverfahren. Vgl. hierzu *v. Bogdandy/Ioannidis* ZaöRV 74 (2014), 283.

Mitgliedstaaten bei jeder Ausübung von Hoheitsgewalt erforderlich und muss deshalb auch für die Europäische Union als Gründung rechtsstaatlich verfasster Mitgliedstaaten und als mit supranationaler Hoheitsgewalt ausgestattete Rechtsgemeinschaft gelten.[364] Insoweit ist der Grundrechtsschutz im Recht der Europäischen Union keine völlige Neuschöpfung, sondern eng mit dem Grundrechtsschutz und dem Grundrechtsschutzstandard der Mitgliedstaaten verbunden.[365]

Neben dieser Verwurzelung der Erforderlichkeit wirksamen Grundrechtsschutzes auch gegen supranationale Hoheitsgewalt in der gemeinsamen rechtsstaatlichen Verfasstheit der Mitgliedstaaten tritt als eigenständige Wurzel die zunehmende Anerkennung der Erforderlichkeit adäquaten Grund- und Menschenrechtsschutzes gegen jede Art von Hoheitsgewalt auch im **Völkerrecht** hinzu. Zwar besteht keine universell und umfassend geltende Charta oder Konvention der Menschenrechte, dennoch bilden insbesondere regionale Menschenrechtsverbürgungen wie die EMRK,[366] und damit auch die **Achtung der Menschenrechte, einen wesentlichen Bestandteil der Völkerrechtsordnung**.[367] Die Gewährleistung bestimmter grundlegender Grund- und Menschenrechte[368] ist mittlerweile der ausschließlichen Zuständigkeit der einzelnen Staaten entzogen und unterliegt zwingenden völkerrechtlichen Vorgaben und Einflüssen anderer Staaten oder der Staatengemeinschaft, und zwar nicht nur dann, wenn die Grundrechte gegen nationale Hoheitsgewalt einzelner Staaten geschützt werden müssen, sondern ebenso, wenn entsprechender Schutz gegen die gemeinsame Hoheitsrechtsausübung mehrerer Staaten in einer supranationalen Organisation erforderlich ist.[369]

127

Der Vertrag von Lissabon brachte hinsichtlich des völkerrechtlichen Grund- und Menschenrechtsschutzes eine Innovation hervor, indem Art. 6 Abs. 2 EUV die unionsverfassungsrechtlichen Voraussetzungen und die Verpflichtung[370] für einen **Beitritt der Europäischen Union zur EMRK** verankert. Dies ist aus völkerrechtlicher Perspektive insofern eine Besonderheit, als das klassische Völkerrecht im Menschenrechtsschutz primär die Staaten verpflichtet und die Europäische Union sich als supranationale Organisation davon abhebt.[371] Zudem würde sich nach erfolgtem Beitritt erstmals eine supranationale Organisation einer externen gerichtlichen Kontrolle ihrer menschenrechtlich relevanten Praxis unterwerfen.[372] Der Beitritt kann und soll trotz nicht unbeachtlicher Problemstellungen[373]

128

---

[364] Näher *Nicolaysen* EuR 2003, 719 (719 f., 722 f. mwN); näher dazu auch → § 1 Rn. 60 ff.
[365] *Skouris* in Merten/Papier, HdbGR Bd. VI/1, § 157 Rn. 1. So ist es auch nicht verwunderlich, dass mit Zunahme der Auswirkungen von gemeinschaftlichen Rechtsakten auf die in den Mitgliedstaaten lebenden Bürger vermehrt Grundrechtsanstöße aus den Mitgliedstaaten kamen, ua durch den italienischen Corte Costituzionale (Fundstelle bei EuR 1974, 255 (262)) und das Bundesverfassungsgericht (BVerfGE 37, 271 (277 ff.)). Der Grundrechtsschutz in Europa war und ist in seiner Entwicklung insgesamt sehr umstritten. Die wesentliche Streitfrage, geprägt von der Rechtsprechung des EuGH und des BVerfG, war, ob nationale Grundrechte Maßstab für die Anwendbarkeit von sekundären Gemeinschafts- bzw. Unionsrechts wären. Diese Frage ist im Hinblick auf die den Grundrechtsschutz betreffende „Solange II"-Rechtsprechung und deren Folgeentscheidungen im Wesentlichen (mit Ausnahme der ausdrücklich vorbehaltenen Identitäts- und *ultra-vires*-Kontrolle) geklärt. Nunmehr drängt sich, mit Inkrafttreten der Charta (vgl. Art. 51 Abs. 1 S. 1 GRC), primär die Frage in den Vordergrund, wann Handlungen der Mitgliedstaaten an den Unionsgrundrechten zu messen sind (→ § 9 Rn. 30 ff.).
[366] *Ehlers* in Ehlers GuG § 2 Rn. 7, 8 ff.
[367] *Hailbronner/Kau* in Vitzthum, Völkerrecht, Rn. 229.
[368] Zu den möglichen Differenzierungen und den Wechselbezüglichkeiten zwischen Grund- und Menschenrechten vgl. nur *Stern* in Merten/Papier, HdbGR Bd. I, § 1 Rn. 46 ff. mwN.
[369] Vgl. ausführlicher *Klein* in Kreuzer/Scheuing/Sieber, Europäischer Grundrechtsschutz, S. 39 (40 ff. mwN).
[370] *Pache/Rösch* EuR 2009, 769 (779).
[371] *Schorkopf* in GHN EUV Art. 6 Rn. 15.
[372] *Hoffmeister* EuR-Beih. 2/2012, 247 (258).
[373] Viele umstrittene Fragen galten im Entwurf des Beitrittsverfahren bereits als gelöst; zu den Problemstellungen vgl. etwa *Hatje* in Schwarze EUV Art. 6 Rn. 12 ff.; *Uerpmann-Wittzack* EuR-Beih. 2/2012, 167; *Obwexer* EuR 2012, 115. Der EuGH stufte die Übereinkunft über den Beitritt der Europäischen Union zur EMRK dennoch als nicht mit Art. 6 Abs. 2 EUV und dem Protokoll (Nr. 8) zu Artikel 6 Absatz 2 vereinbar ein; EuGH Gutachten 2/13, ECLI:EU:C:2014:2454 – EMRK.

materiell-rechtlich zur **Optimierung**[374] sowie zu mehr **Kohärenz und Homogenität**[375] durch eine wechselseitige Verklammerung der unterschiedlichen Grundrechtsregime[376] und Grundrechtsstandards in Europa beitragen[377] und zudem auch eine nicht unbedeutende **politische, faktische Wirkung** entfalten, die die **Wertorientierung und rechtsstaatliche Verfasstheit** der Europäischen Union (neben Art. 2 f. EUV) unterstreicht und neu zum Ausdruck bringen kann.[378] Ist der Beitritt schließlich erfolgt, wird die EMRK, neben ihrem bereits bestehenden Status als Rechtserkenntnisquelle, **unmittelbar Rechtsquelle des Unionsrechts** sein,[379] womit endlich ein einheitlicher Grundrechtsraum verwirklicht wird.[380] Somit wird auch für den Unionsbürger auf europäischer Ebene ein vergleichbarer Schutzstandard wie auf nationaler Ebene gewährleistet werden.[381]

129 Die Europäische Union kann ihrem Anspruch als demokratischer und rechtsstaatlicher Verbund[382] nur gerecht werden, wenn ihr Recht den allgemeinen Rechtsgrundsätzen entspricht, die als gemeinsame Verfassungstraditionen in allen Mitgliedstaaten anerkannt sind und kraft Völkerrechts für alle und in allen Mitgliedstaaten gelten. Ein derartiger unabdingbarer Grundsatz ist die Erforderlichkeit grundrechtlicher Einbindung und Begrenzung jeder Hoheitsgewalt. Deshalb sind die Anerkennung und der Schutz von **Unionsgrundrechten für die Qualität der Europäischen Union als Rechtsgemeinschaft schlechthin konstitutiv**.[383] Oder anders formuliert: Weil die Europäische Union wesensmäßig eine Rechtsgemeinschaft ist, müssen in ihrer Rechtsordnung Grundrechtsschutz und Grundrechtsgeltung gewährleistet sein.[384]

130 Bekräftigt wird dies zuletzt auch normativ. Neben den in der Grundrechtecharta verbürgten Gewährleistungen, die die Union prägen, legitimiert sich die Union auch durch die **Wahrung gemeinsamer Werte** (vgl. Art. 2 EUV), wozu notwendigerweise auch die Grundrechte als zentrales Element der Verfasstheit der Union zählen.[385] Letztlich kann ein schwerwiegender Verstoß durch einen Mitgliedstaat gegen diese Werte auch zu Sanktionen gemäß Art. 7 EUV führen.[386]

131 Damit besteht der Geltungsgrund der Unionsgrundrechte neben den mittlerweile vorhandenen normativen Grundlagen weiterhin auch in der Eigenschaft der Europäischen Union als Rechts- und Grundrechtsgemeinschaft; der europäische Verfassungsgrundsatz der Rechtsgemeinschaft(-lichkeit) umfasst und erfordert die Geltung von Grundrechten für die Hoheitsausübung der Europäischen Union.

---

[374] *Terhechte* S. 23.
[375] Siehe hierzu nun auch ausdrücklich: „The accession of the European Union to the Convention will enhance coherence in human rights protection in Europe" in der Präambel des Entwurf des Beitrittsabkommens der EU zur EMRK. Entwurf des Beitrittsübereinkommens abrufbar unter https://www.echr.coe.int/Documents/UE_Report_CDDH_ENG.pdf (letzter Abruf am 22.10.2018).
[376] *Terhechte* S. 23. Jener begründet allerdings auch Zweifel, denn ein Beitritt könnte auch zu einer gewissen „Marginalisierung" der einzelnen Grundrechtsstandards führen sowie die Eigenständigkeit der unionalen Rechtsordnung in Frage stellen.
[377] *Pache/Rösch* EuR 2009, 769 (775).
[378] *Pache/Rösch* EuZW 2008, 519 (521).
[379] *Huber* S. 138 f.; *Schulte-Herbrüggen* ZEuS 2009, 343 (362).
[380] *Polakiewicz* EuGRZ 2013, 472 (482).
[381] *Schulte-Herbrüggen* ZEuS 2009, 343 (362).
[382] *Kugelmann* in Niedobitek, Europarecht, § 4 Rn. 1.
[383] Ebenso *Hirsch* in Kreuzer/Scheuing/Sieber, Europäischer Grundrechtsschutz, S. 9 (13 f. mwN).
[384] Ebenso bzgl. eines verwaltungsrechtlichen Ansatzes *Callewaert* DÖV 2011, 825, der das Fehlen eines Grundrechtsraums im Verwaltungsrechtsraum der Union als heute undenkbar einordnet, da doch gerade auch die Verwaltung den Grundrechten unterliegt. Verallgemeinernd wird zutreffend ergänzt, dass allein schon der Begriff „Rechtsraum" die Beachtung der Grundrechte voraussetze, denn letztere sind ein wesentliches Fundament der Rechtsstaatlichkeit.
[385] *Kugelmann* in Niedobitek, Europarecht, § 4 Rn. 1, 3.
[386] Auf mitgliedstaatlicher Ebene wurden zuletzt Sanktionen gegen Ungarn, dessen Regierung die Werte der Demokratie und der Grundrechte gefährdet, diskutiert. Hierzu *v. Bogdandy/Ioannidis* ZaöRV 74 (2014), 283; *Küpper* WiRO 2013, 353.

b) Unionseigene Grundrechte wegen unmittelbarer Geltung und Vorrang des Unionsrechts. Die Grundrechte, die die Hoheitsgewalt der Europäischen Union begrenzen, können wegen zweier spezifischer Eigenschaften der Rechtsordnung der Europäischen Union **nur durch das Unionsrecht selbst gewährleistet** werden: Das supranationale Recht und die Rechtsakte der Europäischen Union bilden eine autonome Rechtsordnung, die in den Mitgliedstaaten unter bestimmten Voraussetzungen auch gegenüber Einzelnen **unmittelbare Geltung** beansprucht. Dieser Rechtsordnung kommt **Vorrang** gegenüber eventuell entgegenstehendem nationalen Recht zu.[387]

132

In der Gründungsphase der Europäischen Gemeinschaft wurden die Gemeinschaftsverträge überwiegend als traditionelle völkerrechtliche Verträge eingestuft,[388] im Rahmen derer von der – zumindest zur damaligen Zeit völkerrechtstypischen – Mediatisierung des Einzelnen auszugehen war und bei denen wegen ihres eng begrenzten und zweckorientierten Zuschnitts grundrechtsrelevante Maßnahmen der Union kaum zu erwarten schienen.[389] Daneben sollte mit der Errichtung der EGKS der erste Grundstein für eine weitere und vertiefte Gemeinschaft gesetzt werden,[390] deren Entstehung und Entwicklung durch die Wirtschaft geprägt ist.[391] Erst allmählich wurde dieser zunächst ökonomisch angelegte Plan[392] durch fortschreitende Vergemeinschaftung erweitert und die Gemeinschaften dehnten sich auch auf Bereiche aus, in denen sich die Bürger der Hoheitsgewalt der Europäischen Gemeinschaft gegenübersahen.[393] Hieraus entstandene punktuelle Grundrechtsprobleme erschienen zunächst durch Rückgriff auf nationale Grundrechtsgarantien lösbar,[394] obwohl der EuGH bereits in der Frühphase seiner Rechtsprechung mehrfach ausdrücklich abgelehnt hatte, nationale Grundrechte als Maßstab für die Gültigkeit von Unionsrechtsakten heranzuziehen,[395] ohne sich allerdings zunächst mit der Frage eigenständiger Unionsgrundrechte auseinanderzusetzen.[396] Erst mit der Erkenntnis, dass es sich bei der Rechtsordnung der Europäischen Union nicht um eine völkerrechtliche Verbindung traditioneller, sondern vielmehr um eine eigenständige, autonome, unmittelbar geltende und vorrangige Rechtsordnung eigener Art handelte, ließ sich **mit der Anerkennung und Ausformung der Supranationalität des Unionsrechts** der **Grundrechtsbedarf der Unionsrechtsordnung** nicht länger verkennen.[397]

133

Nachdem der EuGH zunächst die **unmittelbare Geltung**[398] des Unionsrechts anerkannt hatte, also dessen Eignung, ohne weiteren Vollzugsakt der Mitgliedstaaten Rechtswirkung in der nationalen Rechtssphäre zu entfalten und unter bestimmten Voraussetzun-

134

---

[387] Zu diesen beiden zentralen Gründen für die Erforderlichkeit eines eigenen unionalen Grundrechtsschutzes siehe → § 1 Rn. 68 f. sowie *Nicolaysen* EuR 2003, 719 (720); jeweils mwN vgl. ferner *Kerth/Schmelz* JA 2004, 340 ff.; *Kingreen* JuS 2000, 857 (858); *Chwolik-Lanfermann*, Grundrechtsschutz in der EU, S. 34 ff.; *Ehlers* in Ehlers GuG § 14 Rn. 4.
[388] So etwa *Ehlers* in Ehlers GuG § 14 Rn. 3.
[389] In diesem Sinne auch *Schindler* S. 113 f. mwN, der dort darauf hinweist, dass wegen dieser ursprünglichen Annahme einer sehr begrenzten Grundrechtsrelevanz der Rechtsordnung und der Rechtsakte der Europäischen Gemeinschaften zunächst der europäische Grundrechtsbedarf nicht erkannt und zudem die politische Einigung über die wirtschaftliche Einigung nicht belastet werden sollte.
[390] Fünfter Erwägungsgrund der Präambel des EGKS vom 18. April 1951, BGBl. 1952 II 445–475; zum Gedanken eines Zusammenschlusses als Bestandteil der europäischen Ideengeschichte siehe *Bieber/Epiney/Haag/Kotzur* Europäische Union § 1 Rn. 1, 6 ff.
[391] *Schwarze* EuZW 2004, 135.
[392] *Schwarze* EuZW 2004, 135.
[393] *Kober* S. 8.
[394] Hierzu *Nicolaysen* EuR 2003, 719 (721 mwN).
[395] Vgl. nur EuGH 1/58, Slg. 1958/59, 43 (63 f.) – Stork; EuGH verb. Rs. 36–38/59 u. 40/59, Slg. 1960, 885 ff. – Ruhrkohle.
[396] Ausführlicher *Schindler* S. 114 ff. mwN; vgl. auch *Chwolik-Lanfermann*, Grundrechtsschutz in der EU, S. 49 f. mwN.
[397] Ebenso *Schindler* S. 114 mwN; vgl. auch jeweils mwN *Chwolik-Lanfermann*, Grundrechtsschutz in der EU, S. 49 f.; *Kerth/Schmelz* JA 2004, 340 f.
[398] Zur unmittelbaren Geltung des Unionsrecht vgl. *Frenz*, Europarecht, 1. Aufl. 2011, Rn. 7 mwN; vgl. auch ua EuGH 26/62, Slg. 1963, 1 (12) – van Gend & Loos; EuGH 106/77, Slg. 1978, 629 (643 f. Rn. 14 ff.) – Simmenthal II.

gen auch unmittelbare Rechte und Pflichten für die Bürger der Mitgliedstaaten zu begründen,[399] war das Bedürfnis nach grundrechtlicher Einbindung und Legitimation dieser unmittelbar zur Einwirkung auf die Rechtsstellung des Einzelnen fähigen Hoheitsgewalt nicht mehr zu leugnen.[400]

135 Wegen des ebenfalls vom EuGH[401] entwickelten **Anwendungsvorrangs des Unionsrechts**[402] gegenüber entgegenstehendem nationalen Recht, der zur Sicherung der einheitlichen Geltung und Anwendung des Unionsrechts in allen Mitgliedstaaten erforderlich ist und der grundsätzlich auch gegenüber nationalen Grundrechten gilt, konnte der gebotene und erforderliche Grundrechtsschutz nicht durch die Anwendung der nationalen Grundrechte der Mitgliedstaaten geleistet werden, sondern musste in der Unionsrechtsordnung selbst verankert sein.[403]

136 Die anfängliche Annahme, eigene Grundrechte im Unionsrecht seien entbehrlich, weil ein ausreichender Grundrechtsschutz gegen das Handeln der Unionsorgane durch die nationalen Systeme des Grundrechtsschutzes geleistet werden könne, war also **mit der Anerkennung der unmittelbaren Geltung und des Vorrangs des Unionsrechts** nicht mehr haltbar. Deshalb **musste als einzig richtige Lösung innerhalb des Systems des Unionsrechts ein eigener Grundrechtsschutz gewährleistet werden,** sollte die Europäische Union ihrem eigenen Anspruch als Rechtsgemeinschaft genügen.

137 **3. Entfaltung der Unionsgrundrechte durch die Rechtsprechung.** Die Unionsgrundrechte sind vom EuGH im Rahmen der ihm durch **Art. 19 Abs. 1 EUV** zugewiesenen Aufgabe der Wahrung des Rechts bei der Auslegung und Anwendung des Unionsrechts als allgemeine Grundsätze des Unionsrechts erkannt, herausgearbeitet und konkretisiert worden.[404]

138 Die primärrechtliche Grundlage für den EuGH zur Herausarbeitung der der Unionsrechtsordnung als rechtsgemeinschaftlicher Ordnung immanenten Grundrechte ergibt sich aus Art. 19 Abs. 1 EUV und aus der in dieser Vertragsbestimmung dem EuGH zugewiesenen Aufgabe der Wahrung des Rechts.[405] Der **Begriff des Rechts,** dessen Wahrung der EuGH nach Art. 19 Abs. 1 EUV zu sichern hat, greift über den vorhandenen positiven Bestand geschriebenen Primär- und Sekundärrechts hinaus[406] und umfasst alle Normen[407] der Unionsrechtsordnung, die verbindliche Rechtswirkungen entfalten.[408] Zu dem vom EuGH zu wahrenden Recht zählen also nicht nur das geschriebene primäre und sekundäre Unionsrecht und die von der Union geschlossenen oder nunmehr in die Zuständigkeit der Union fallenden völkerrechtlichen Verträge, sondern darüber hinaus ebenso das Unionsgewohnheitsrecht und die allgemeinen Rechtsgrundsätze des Unionsrechts.[409] Gerade letztere sind notwendig, um bestehende Lücken zu schließen und unvollständiges Unionsrecht zu ergänzen,[410] so dass das

---

[399] Vgl. *Nettesheim* in GHN AEUV Art. 288 Rn. 39 ff.
[400] Ebenso *Kingreen* JuS 2000, 857 (858 mwN).
[401] EuGH 6/64, Slg. 1964, 1141 – Costa/E. N. E. L.
[402] Zur Bedeutung dieses Vorrangs für die nationale Rechtsetzung und Rechtsanwendung vgl. *Jarass/Beljin* NVwZ 2004, 1 ff.
[403] Hierzu nur *Kingreen* JuS 2000, 857 (858 mwN); *Nicolaysen* EuR 2003, 719 (720).
[404] Vgl. jeweils mwN *Ehlers* in Ehlers GuG § 14 Rn. 5 ff.; *Mayer* in GHN EUV nach Art. 6 Rn. 9 ff.; *Bornemann,* Bedeutung der Grundrechtsquellen, S. 79 ff.
[405] Zum Doppelgehalt des Art. 19 EUV – einerseits als organisationsrechtliche Aufgabenzuweisung an den Gerichtshof, andererseits als materielle Garantie der Verfasstheit der Gemeinschaftsrechtsordnung – instruktiv mwN *Mayer* in GHN EUV Art. 19 Rn. 1 ff.
[406] Eine mit dem Art. 38 Abs. 1 des Statuts des Internationalen Gerichtshofes vergleichbare Regelung (vgl. ua *Vitzthum* in Vitzthum, Völkerrecht, Rn. 113 ff.; *Weiß* AVR 39 (2001), 394 ff.) findet sich im Unionsrecht nicht. Lediglich Art. 288 AEUV listet – nicht abschließend – (vgl. *Schorkopf* in GHN AEUV Art. 288 Rn. 1 ff.) die wichtigsten Arten der Rechtshandlungen auf.
[407] *Streinz* EuropaR, 7. Aufl. 2005, Rn. 416.
[408] So ausdrücklich *Schwarze* in Schwarze EUV Art. 19 Rn. 22 mwN.
[409] Jeweils mwN *Schwarze* in Schwarze EUV Art. 19 Rn. 23 ff.; *Wegener* in Calliess/Ruffert EUV Art. 19 Rn. 10.
[410] *Streinz* EuropaR, 7. Aufl. 2005, Rn. 416.

vom EuGH zu wahrende Recht sich nicht ausschließlich auf die geschriebene Unionsrechtsordnung begrenzt, sondern in Anlehnung an *Pescatore* eher als „**Inbegriff der Gerechtigkeitsidee der abendländischen Verfassungskultur** [zu verstehen ist], die in den [Unionsverträgen] wie in den staatlichen Verfassungen einen jeweils spezifischen Ausdruck gefunden hat" und in der nationale Rechtstraditionen und unionale Rechtsordnung zu einer einheitlichen materiellen Verfasstheit verschmelzen.[411]

Zu dem gemäß Art. 19 Abs. 1 EUV zu wahrenden Recht zählen auch die allgemeinen **139** Grundsätze oder **allgemeinen Rechtsgrundsätze des Unionsrechts**.[412] Bei diesen handelt es sich um ungeschriebene, übergeordnete Auslegungs- oder Gültigkeitsmaßstäbe für andere Rechtsakte der Union oder um grundlegende Rechtsprinzipien oder Verhaltensregeln, die die geschriebene Rechtsordnung der Union ergänzen und jede nationale, internationale oder supranationale Rechtsordnung als Ergänzung bedarf.[413] Inhaltlich können insbesondere solche Rechtsregeln als allgemeine Rechtsgrundsätze eingeordnet werden, die als „notwendiger Bestandteil einer jeden rechtlichen Ordnung", als „Ausdruck allgemeiner Rechtsgedanken", als „für die Zivilisation grundlegende Prinzipien" oder als „fundamentale Rechtsnormen", die „elementare Lebenssachverhalte" regeln, anzusehen sind.[414] Zu differenzieren gilt es dabei die allgemeinen Rechtsgrundsätze von nur *unverbindlichen* Rechts*prinzipien,* die eher als „norminspirierend" und nicht als „normativ" im Sinne eines unmittelbaren verbindlichen Rechtscharakters einzuordnen sind.[415]

Diese allgemeinen Rechtsgrundsätze zu erkennen und anzuwenden ist Teil der dem **140** EuGH durch Art. 19 Abs. 1 EUV übertragenen Konkretisierungsaufgabe. Der EuGH hat grundsätzlich das Recht im Sinne des Art. 19 Abs. 1 EUV zu konkretisieren und fortzubilden.[416] Diese Notwendigkeit ergibt sich aus der im Vergleich zu den historisch gewachsenen nationalen Rechtsordnungen der Mitgliedstaaten ungleich größere Offenheit und Unvollkommenheit der Unionsrechtsordnung, die dennoch nicht zu einer Rechtsverweigerung des EuGH bei der Erfüllung seiner Aufgabe der Wahrung des Rechts führen darf.[417]

Dabei ist hervorzuheben, dass die Herausarbeitung allgemeiner Rechtsgrundsätze des **141** Unionsrechts nicht als Akt der richterlichen Kreation neuen Rechts, also **nicht als richterliche Rechtsetzung, einzuordnen** ist. Sie ist vielmehr als **konservierendes Element der Herausarbeitung** und der Beachtung der ohnehin schon vorhandenen, der Unionsverfassung zugrundeliegenden Rechtsprinzipien, der Wertmaßstäbe und Rechtsgarantien der mitgliedstaatlichen Verfassungstraditionen anzusehen.[418]

Auf dieser Grundlage hat der EuGH die Unionsgrundrechte im Rahmen seiner Aufgabe **142** zur Wahrung des Rechts als allgemeine Rechtsgrundsätze der Unionsrechtsordnung aus-

---

[411] So deutlich und anschaulich *Mayer* in GHN EUV Art. 19 Rn. 23 ff. mwN, auch zur von *Pescatore* gewählten Formulierung.
[412] Zum Fehlen einer klaren Systematik der Verwendung der Begrifflichkeit in der Rechtsprechung vgl. nur *Pernice* S. 27 ff. mwN; zur Abgrenzung zwischen allgemeinen Grundsätzen und allgemeinen Rechtsgrundsätzen vgl. jeweils mwN *Gaitanides* in von der Groeben/Schwarze, 6. Aufl. 2004, EGV Art. 220 Rn. 20 f.; *Schwarze* in Schwarze EUV Art. 19 Rn. 23 ff.
[413] Vgl. *Mayer* in GHN EUV nach Art. 6 Rn. 4 mwN; *Gaitanides* in von der Groeben/Schwarze/Hatje EUV Art. 19 Rn. 18 mwN; zu Grundlagen und Rechtspraxis allgemeiner Rechtsgrundsätze im Völkerrecht, in der Schiedspraxis und in innerstaatlichen Rechtsordnungen grundlegend *Lecheler,* Rechtsgrundsätze, S. 42 ff. mwN.
[414] So der Versuch einer Charakterisierung bei *Lecheler,* Rechtsgrundsätze, S. 46 f. mwN; vgl. auch *Lecheler,* Europarecht, S. 115.
[415] Zu dieser Differenzierung siehe weiterführend *Lecheler* in Merten/Papier, HdbGR Bd. VI/1, § 158 Rn. 3.
[416] *Mayer* in GHN EUV Art. 19 Rn. 30; *Borchardt* in Lenz/Borchardt EU-Verträge EUV Art. 19 Rn. 40 f. mwN; zur Kritik an der Rechtsfortbildung durch den EuGH und zu deren Ursachen *Wegener* in Calliess/Ruffert EUV Art. 19 Rn. 18 mwN.
[417] *Borchardt* in Lenz/Borchardt EU-Verträge EUV Art. 19 Rn. 40 f. mwN; im Ergebnis ebenso *Gaitanides* in von der Groeben/Schwarze, 6. Aufl. 2004, EGV Art. 220 Rn. 18; die Befugnis des EuGH zur Rechtskonkretisierung und insbesondere auch zur Rechtsfortbildung ist vom deutschen Bundesverfassungsgericht ausdrücklich anerkannt, vgl. insoweit BVerfGE 75, 223 (243 f.).
[418] So deutlich auch *Mayer* in GHN EUV Art. 19 Rn. 31, 33.

formuliert. Für den Bereich der EU besteht der Auftrag des EuGH zur Wahrung des Rechts und damit auch zur Wahrung der Grundrechte als allgemeine Rechtsgrundsätze und damit als Teil des Rechts lediglich im Rahmen seiner Kompetenz. Umfang und Grenzen des EuGH für die Herausarbeitung und (Weiter-)Entwicklung der allgemeinen Rechtsgrundsätze ergeben sich demnach wegen des **Prinzips der begrenzten Einzelermächtigung** in erster Linie aus den Verträgen selbst (insbesondere Art. 19 EUV, Art. 251 ff. AEUV).

143 Die Unionsgrundrechte werden in Art. 6 Abs. 3 EUV, neben den Grundrechten aus der Charta der Grundrechte gemäß Art. 6 Abs. 1 EUV, ausdrücklich als allgemeine Grundsätze des Unionsrechts eingeordnet. In Art. 6 Abs. 3 EUV findet die Rechtsprechung des EuGH zu den Grundrechten im Rahmen des Vertrages von Maastricht vom 1. November 1993, damals normiert als Art. F Abs. 2 EUV, erstmals ausdrücklich ihren Niederschlag. Diese primärrechtliche Verankerung des Grundrechtsschutzes wurde durch die Verträge von Amsterdam und Nizza (Art. 6 EUV aF) unverändert gelassen und stellte bis zum Inkrafttreten des Vertrags von Lissabon die einzige primärrechtliche Verankerung des Grundrechtsschutzes innerhalb der Union, unter Nennung der beiden Rechtserkenntnisquellen, dar. Die klassische Bindungsformel,[419] nach der die Grundrechte, wie sie in der Europäischen Konvention zum Schutz der Menschenrechte und Grundfreiheiten gewährleistet sind und wie sie sich aus den gemeinsamen Verfassungsüberlieferungen der Mitgliedstaaten ergeben, als allgemeine Grundsätze Teil des Unionsrechts sind, findet weiterhin ihren Ausdruck, ihre Anerkennung und Bestätigung im Primärrecht, nunmehr in Art. 6 Abs. 3 EUV.[420]

144 Trotz einer Doppelung im europäischen Grundrechtsschutz durch das Hinzutreten der Charta der Grundrechte gilt der **prätorische Grundrechtsschutz**[421], also der durch die Rechtsprechung des EuGH entwickelte Bestand an unionalen Grundrechten, gemäß Art. 6 Abs. 3 EUV fort, und es besteht weiterhin die Möglichkeit[422] der Gewinnung und Auslegung von Unionsgrundrechten durch den vom EuGH gewählten methodischen Ansatz,[423] so dass eine Dynamisierung des Grundrechtsschutzes weiter möglich bleibt und die Entwicklungsoffenheit der Grundrechtsordnung gewährleistet wird.

145 **4. Rechtsquellen und Rechtserkenntnisquellen.** Die Diskussion um den Geltungsgrund und die Rechtsnatur der Unionsgrundrechte wird in Anknüpfung an methodische Überlegungen zur Ermittlung allgemeiner Rechtsgrundsätze des internationalen Rechts wie des Unionsrechts[424] häufig im Zusammenhang mit den Begriffen der **Rechtsquellen** und der **Rechtserkenntnisquellen** der Unionsgrundrechte geführt.[425] Als Rechtsquelle, also als „Erkenntnisgrund für etwas als Recht",[426] wird der Geltungsgrund eines Rechts

---

[419] *Schorkopf* in GHN EUV Art. 6 Rn. 10 f. Im Gegensatz zur heutigen Fassung des Art. 6 EUV, der alleinig die Regelung des Grundrechtsschutzes zum Gegenstand hat, wurde der Art. 6 EUV aF als der „Verfassungskern" der Europäischen Union bezeichnet, da ua in dessen Abs. 1 die wesentlichen Grundprinzipien des gemeinsamen Grundwerteverständnisses gesichert waren und in Abs. 2 die Achtung der EMRK sowie die Grundrechte aus den gemeinsamen Verfassungsüberlieferungen der Mitgliedstaaten als allgemeine Rechtsgrundsätze des Gemeinschaftsrechts normiert waren, vgl. *Beutler* in von der Groeben/Schwarze, 6. Aufl. 2004, EUV Art. 6 Rn. 1 f.

[420] Da die Unionsgrundrechte sich aus zwei unterschiedlichen Rechtsquellen – den kodifizierten (Art. 6 Abs. 1 EUV: Grundrechtecharta) und nichtkodifizierten (Art. 6 Abs. 3 EUV) Grundrechten – ergeben, stellt sich zwangsläufig die Frage nach ihrem Verhältnis zueinander, was durchaus strittig ist → Rn. 174 ff.

[421] *Kühling* in v. Bogdandy/Bast Europ. VerfassungsR S. 657 (662).

[422] Anders *Schorkopf* in GHN EUV Art. 6 Rn. 50, der diese Art von Grundrechtsgewinnung durch die Rechtsverbindlichkeit der Charta als verdrängt ansieht.

[423] Die Notwendigkeit von Art. 6 Abs. 3 EUV ist nicht unumstritten und wird teilweise in Frage gestellt; vgl. *Schmitz* EuR 2004, 691 (698), der durch Art. 6 Abs. 3 EUV die Bedeutung der Charta als reduziert ansieht; dazu auch → Rn. 111.

[424] Grundlegend insoweit *Meessen* JIR 1975, 283 (287 ff.).

[425] Vgl. insoweit nur den Überblick bei *Kingreen* in Calliess/Ruffert EUV Art. 6 Rn. 6 f. mwN; *Beutler* in von der Groeben/Schwarze/Hatje EUV Art. 6 Rn. 22; allgemein zur Diskussion um den Geltungsgrund allgemeiner Rechtsgrundsätze *Schwarze*, EuVerwR, Bd. I, S. 64 ff. mwN.

[426] So die klassische Formel nach *Ross* S. 291.

bezeichnet, dessen Inhalt durch Auslegung zu ermitteln ist. Die Rechtserkenntnisquelle ist hingegen im Unterschied zur Rechtsquelle für den Adressaten nicht normativ bindend, sondern dient lediglich der Auslegung der Rechtsquelle.[427]

Rechtsquelle der Unionsgrundrechte ist und bleibt auch angesichts des Art. 6 Abs. 3 EUV die **Unionsrechtsordnung selbst,** deren integrale Teile die Grundrechte als allgemeine Rechtsgrundsätze sind. Erst eine normativ verbindliche Kodifikation dieser bereits existenten Grundrechtsordnung, wie sie durch den Verweis in Art. 6 Abs. 1 UAbs. 1 EUV auf die Grundrechtecharta erfolgte, machte die Grundrechte zum Teil des geschriebenen Primärrechts der Unionsrechtsordnung. Die **Grundrechtecharta** war bislang wegen ihrer fehlenden rechtlichen Verbindlichkeit lediglich als Rechtserkenntnisquelle der Unionsgrundrechte anzusehen.[428] Mit Inkrafttreten des Vertrags von Lissabon erlangte die Grundrechtecharta jedoch nun durch den ausdrücklichen Querverweis des Art. 6 Abs. 1 UAbs. 1 EUV auf die Charta rechtliche Verbindlichkeit und wurde somit zum ersten geschriebenen Grundrechtskatalog der EU erhoben, der als Rechtsquelle der Unionsgrundrechte anzusehen ist.[429]

Die **Rechtserkenntnisquellen** für die Unionsgrundrechte sind teilweise ausdrücklich in Art. 6 Abs. 3 EUV angesprochen, nämlich die gemeinsamen Verfassungsüberlieferungen der Mitgliedstaaten und die EMRK, teilweise folgen sie darüber hinaus aus der Rechtsprechung des EuGH.

a) Die gemeinsamen Verfassungsüberlieferungen der Mitgliedstaaten. Erstmalig 1970 nannte der EuGH die „**gemeinsamen Verfassungsüberlieferungen der Mitgliedstaaten**" als Rechtserkenntnisquelle zur Konkretisierung der allgemeinen Rechtsgrundsätze.[430] 1974 hat der EuGH dann im Wege wertender Rechtsvergleichung[431] die mitgliedstaatlichen Verfassungen zur Rechtsfindung herangezogen und ausgeführt, dass „keine Maßnahmen als rechtens anerkannt werden können, die unvereinbar sind mit den von den Verfassungen der Mitgliedstaaten anerkannten und geschützten Grundrechten"[432]. Auffallend ist, dass der EuGH sich in den meisten Urteilen darauf beschränkt, festzustellen, dass ein Grundrecht fester Bestandteil der gemeinsamen Verfassungsordnungen ist; er sieht davon ab, einzelne nationale Grundrechte zu erwähnen.[433] Auch folgt aus dieser Heranziehung nicht eine unbegrenzte Übernahme nationaler Grundrechte in die Unionsrechtsordnung. Vielmehr geht es um das vergleichende Herausarbeiten von Rechtsprinzipien und um deren Adaption an das Unionsrecht.[434]

b) Die internationalen Verträge zum Schutz der Menschenrechte. Die zweite – ebenso wie die gemeinsamen Verfassungsüberlieferungen der Mitgliedstaaten im EUV verankerte – Rechtserkenntnisquelle bilden die internationalen Verträge zum Schutz der Menschenrechte (ferner → § 4), wobei Art. 6 Abs. 2 EUV ausdrücklich Bezug auf die **EMRK** nimmt.

Erstmals 1974 nahm der EuGH auf diese internationalen Verträge über den Schutz der Menschenrechte Bezug, die „Hinweise geben könnten, die im Rahmen des Gemeinschaftsrechts zu berücksichtigen sind"[435]. In einer späteren Rechtssache zitierte der EuGH

---
[427] *Kingreen* in Calliess/Ruffert EUV Art. 6 Rn. 7.
[428] Trotz ihrer rechtlichen Unverbindlichkeit war die Charta der Grundrechte gleichwohl eine Rechtserkenntnisquelle mit hoher Bedeutungskraft (→ Rn. 152).
[429] Vgl. *Schulte-Herbrüggen* ZEuS 2009, 343 (346 f.).
[430] EuGH 11/70, Slg. 1970, 1125 Rn. 3 – Internationale Handelsgesellschaft.
[431] Das Gegenstück zur wertenden Rechtsvergleichung bildet die tatsächliche Rechtsvergleichung, die in der Rspr. des EuGH eher die Ausnahme bleibt; vgl. EuGH 155/79, Slg. 1982, 1575 Rn. 18 ff. – AM&S.
[432] EuGH 4/73, Slg. 1974, 491 Rn. 13 – Nold.
[433] Näher hierzu *Beutler* in GTE EUV Art. F Rn. 68, der zu Recht ausführt, dass sich die Zitierung einzelner nationaler Grundrechte schon deshalb verbieten würde, weil sie auch als bloßer Anknüpfungspunkt für eine gemeinschaftliche Auslegung dem Eindruck einseitiger Orientierung Vorschub leisten könnte; dies würde dann wiederum dem allgemeinen Charakter gemeinschaftlicher Grundrechte widersprechen.
[434] Hierzu deutlich unter → § 1 Rn. 63 ff.; ferner → § 2 Rn. 1 ff.
[435] EuGH 4/73, Slg. 1974, 491 Rn. 12 f. – Nold; später EuGH 44/79, Slg. 1979, 3727 Rn. 15 – Hauer.

im Zusammenhang mit Eigentumsrechten zum ersten Mal Art. 1 EMRKZusProt, wonach jede natürliche oder juristische Person ein Recht auf Achtung ihres Eigentums hat.[436] Der EMRK kommt damit eine „besondere Bedeutung" zu.[437] Als weitere internationale Verträge zum Schutz der Menschenrechte können etwa die Europäische Sozialcharta, die internationalen Menschenrechtspakte von 1966 oder die ILO-Konvention herangezogen werden, wobei diese Verträge in der Rechtsprechung des EuGH nur vereinzelt erwähnt werden.[438]

151 Durch die Änderungen durch den Vertrag von Lissabon erfuhr die EMRK eine erhebliche Aufwertung, indem in Art. 6 Abs. 2 S. 1 EUV die Bestimmung aufgenommen wurde, dass die EU der EMRK beitritt[439] und somit die primärrechtliche Kompetenzgrundlage für den Beitritt geschaffen wurde.[440] Durch den Beitritt würde die EMRK zur unmittelbaren Grundrechtsquelle der Union erhoben und unmittelbare Bindungswirkung gegenüber den Unionsorganen entfalten.[441] Angesichts der ausgesprochen hohen unionsrechtlichen prozeduralen Voraussetzungen für den Beitritt bleibt der tatsächliche Vollzug des Beitritts in naher Zukunft jedoch durchaus zweifelhaft.[442]

152 **c) Die Grundrechtecharta.** Mit dem Vertrag von Lissabon wurde die Charta ein zentraler Teil der materiellen Unionsverfassung und aufgrund der rechtlichen Verbindlichkeit aus Art. 6 Abs. 1 EUV zu einer **unmittelbaren Rechtsquelle** für den europäischen Grundrechtsschutz.[443] Zuvor, also trotz der fehlenden rechtlichen Verbindlichkeit als Rechtsquelle von Unionsgrundrechten, wurde die Grundrechtecharta einst unterstützend als Rechtserkenntnisquelle herangezogen, da sie Ausdruck der gemeinsamen Verfassungsüberlieferungen als auch der akzeptierten völkerrechtlichen Grundrechtsgewährleistungen der Mitgliedstaaten war,[444] so dass man in ihr eine Kodifikation der Grundrechte sah, die in der Unionsrechtsordnung galten.[445]

153 Zudem kam der Charta der Grundrechte eine mittelbare rechtliche Bedeutung zu, da sich zum einen Parlament, Rat und Kommission selbst zu ihrer Beachtung verpflichteten[446] und zum anderen die Generalanwälte[447] und der Gerichtshof (EuG[448] und letztlich auch der EuGH[449]) die Charta als ergänzende Rechtserkenntnisquelle für den unionalen Grundrechtsschutz heranzogen.[450]

---

[436] EuGH 44/79, Slg. 1979, 3727 Rn. 18 – Hauer.
[437] EuGH 46/87 u. 227/88, Slg. 1989, 2859 Rn. 13 – Hoechst.
[438] Genauer hierzu *Beutler* in von der Groeben/Schwarze, 6. Aufl. 2004, EUV Art. 6 Rn. 57 mwN.
[439] *Kizil* JA 2011, 277.
[440] Vgl. *Pache/Rösch* EWS 2009, 393 (398).
[441] *Schulte-Herbrüggen* ZEuS 2009, 343 (362). Derzeit besteht keine unmittelbare, sondern nur eine mittelbare Bindung der EU an die EMRK über die Mitgliedstaaten. Diese ergibt sich daraus, dass alle Mitgliedstaaten der EU selbst Konventionsstaaten der EMRK sind und sich durch die Übertragung von Hoheitsrechten auf die EU nicht von ihren völkerrechtlichen Verpflichtungen und Verantwortungen entbinden können, da dadurch letztlich die Wirksamkeit der EMRK gefährdet würde (ausdrücklich: EGMR 18.2.1999 – 24833/94, NJW 1999, 3107 (3108) – Matthews). Daraus ergibt sich, dass Maßnahmen der Mitgliedstaaten im Einklang mit der EMRK stehen müssen, wenn sie Unionsrecht umsetzen oder durchführen und diese Maßnahmen auch der Prüfungskompetenz des EGMR unterliegen. Vgl. dazu auch *Ranacher/Frischhut* S. 214.
[442] *Pache/Rösch* EWS 2009, 393 (401).
[443] *Pache/Rösch* EuZW 2008, 519; *Weber* EuZW 2007, 7 (8).
[444] Dazu ausführlicher *Kühling* in v. Bogdandy/Bast Europ. VerfassungsR S. 657 mwN, S. 666 ff.
[445] So ua GA *Kokott*, SchlA verb. Rs. C-387/02, C-391/02 u. C-403/02, Slg. 2005, I-3565 Rn. 83 – Berlusconi ua; *Schmitz* EuR 2004, 691 (697).
[446] Hierzu bereits *Pache* EuR 2001, 475 (486).
[447] So ausdrücklich GA *Ruiz-Jarabo Colomer*, SchlA C-466/00, Slg. 2003, I-2219 Rn. 74 – Kaba.
[448] Ua EuG T-54/99, Slg. 2002, II-313 Rn. 48, 57 – max.mobil/Kommission; EuG T-177/01, Slg. 2002, II-2365 Rn. 42, 47 – Jégo-Quéré/Kommission.
[449] EuGH C-540/03, Slg. 2006, I-5769 Rn. 38 – Parlament/Rat.
[450] Streinz/Ohler/Herrmann Vertrag Lissabon S. 127. Hierzu ausdrücklich GA *Ruiz-Jarabo Colomer*, SchlA C-466/00, Slg. 2003, I-2219 Rn. 74 – Kaba.

E. Rang der Grundrechte im Unionsrecht

I. Rang der Grundrechte der Charta

Der Rang der Grundrechte der Charta ergibt sich ausdrücklich aus dem Wortlaut von Art. 6 Abs. 1 UAbs. 1 Hs. 2 EUV. Danach sind die Charta der Grundrechte und die darin verbürgten Rechte und Grundsätze sowie die Verträge (Art. 1 UAbs. 3 EUV) rechtlich gleichrangig. Der Primärrechtsrang der Charta ergibt sich mithin chartaextern durch die Normierung im EUV. Hierauf haben auch die Stellung der Charta außerhalb von EUV und AEUV[451] sowie die Bezeichnung als Charta offensichtlich keine Auswirkung, da die Charta nunmehr wegen ihrer gesicherten rechtlichen Verbindlichkeit unmittelbare Rechtsquelle für den europäischen Grundrechtsschutz ist.[452] Als geschriebener, sichtbarer Grundrechtekatalog stellt die Charta zudem neben ihrer rechtspolitischen Bedeutung einen bedeutenden freiheitssichernden Teil der Unionsverfassung dar.[453]

154

II. Rang der Grundrechte als allgemeine Rechtsgrundsätze

Die Grundrechte als allgemeine Rechtsgrundsätze sind und bleiben (vgl. Art. 6 Abs. 3 EUV) integraler Teil des primären Unionsrechts und stehen daher im Rang in der Unionsrechtsordnung dem geschriebenen primären Unionsrecht gleich.[454]

155

Zwar ergibt sich der Primärrechtsrang nicht ausdrücklich aus der Anordnung der Fortgeltung der Grundrechte als allgemeine Rechtsgrundsätze gemäß Art. 6 Abs. 3 EUV. Allgemein wird dennoch angenommen, dass die Grundrechte als allgemeine Rechtsgrundsätze im Rang jedenfalls über dem Sekundärrecht stehen.[455] Diese Annahme kann allerdings nicht auf den generellen Rang allgemeiner Rechtsgrundsätze in der Unionsrechtsordnung gestützt werden, da allgemeine Rechtsgrundsätze auf unterschiedlichen Ebenen der Unionsrechtsordnung anzusiedeln sein können. Je nach Struktur, Inhalt und Bedeutungsgehalt lassen sich allgemeine Rechtsgrundsätze etwa des Verwaltungsrechts und des Verfassungsrechts unterscheiden, die entsprechend auf der Ebene des Sekundär- oder des Primärrechts einzuordnen sind.[456]

156

So ist auch der EuGH in seiner Diktion nicht immer einheitlich und beschreibt allgemeine Rechtsgrundsätze teils überhaupt nicht näher, teils kategorisiert er sie allerdings auch als „grundlegend" oder „elementar" und misst deshalb gewissen Rechtsgrundsätzen einen höheren Rang bei.[457] Hinsichtlich der Grundrechte ist seine Einordnung jedoch unumstritten:[458] Jene gelten als ungeschriebene Rechtsgrundsätze mit „Verfassungsgarantie in einer Rechtsgemeinschaft"[459] und sind unbedingter Maßstab jeglichen Unionshandelns.[460]

157

Die Grundrechte besitzen wegen ihrer Struktur, ihres Inhalts und ihres Bedeutungsgehaltes als allgemeine Rechtsgrundsätze **Verfassungsrang**. Als die grundlegenden Rechte

158

---

[451] *Jarass* EuR 2013, 29; *Streinz* in Streinz EUV Art. 6 Rn. 2; *Terhechte* S. 64 f.; anders *Hofmann/Wessels* integration 2008, 3 (9), die den Text der Charta nicht als Teil des Primärrechts ansehen.
[452] *Pache/Rösch* EuZW 2008, 519; *Weber* EuZW 2008, 7 (8). Anders dazu Oppermann/Classen/Nettesheim EuropaR § 17 Rn. 4, wonach die Grundrechte als allgemeine Rechtsgrundsätze zwischen Primär- und Sekundärrecht stehen.
[453] So sieht das Auswärtige Amt in einer Denkschrift zum Vertrag von Lissabon vom 13.12.2007, AS-RK 2007, S. 11 den zentralen Fortschritt des Verfassungsvertrages im Bereich des Grundrechtsschutzes als gewahrt an. Siehe auch *Calliess* S. 310 f.
[454] *Ehlers* in Ehlers GuG § 14 Rn. 11. So auch *Schorkopf* in GHN EUV Art. 6 Rn. 50 unter Rückgriff auf Art. 6 Abs. 1 Hs. 2 EUV.
[455] So bereits *Rengeling* S. 182; ebenso *Chwolik-Lanfermann*, Grundrechtsschutz in der EU, S. 77 mwN.
[456] Ausführlicher *Schwarze*, EuVerwR, Bd. I, S. 66 ff. mwN.
[457] So bereits *Lindemann* S. 50.
[458] So bereits *Akehurst* BYIL 52 (1981), 29 (40 f.).
[459] EuGH verb. Rs. C-402/05 u. C-41/05, Slg. 2008, I-6351 Rn. 316 – Kadi u. Al Barakaat International Foundation/Rat u. Kommission. Für weitere allgemeine Grundsätze, bei denen der EuGH den Verfassungsrang bejaht vgl. beispielsweise EuGH C-101/08, Slg. 2009, I-9823 Rn. 63 – Audiolux SA; EuGH C-174/08, Slg. 2009, I-10567 Rn. 41 f. – NCC Construction Danmark A/S.
[460] *Schwarze* DVBl 2011, 721 (722).

des Einzelnen gegenüber der Unionsgewalt zu deren Begrenzung und Legitimation sind sie **auf der höchsten Ebene der unionalen Normenhierarchie** zu verorten. Aus Funktion und Ableitung der Unionsgrundrechte ergeben sich ihre Zuordnung zum primären Unionsrecht sowie ihre **Zugehörigkeit zur Hierarchieebene der Unionsverträge.**[461]

159 Dieser Verfassungsrang der Unionsgrundrechte als allgemeine Rechtsgrundsätze findet durch Art. 6 Abs. 3 EUV zugegeben nicht eine mit Art. 6 Abs. 1 EUV vergleichbare normative Rangzuweisung, aber doch adäquaten Ausdruck im geschriebenen Primärrecht. Danach sind die Grundrechte als allgemeine Grundsätze Bestandteil des Unionsrechts und sind normhierarchisch auf gleicher Ebene neben den Gewährleistungen der Charta (Art. 6 Abs. 1 Hs. 2 EUV) einzuordnen.[462]

III. Rang der Grundrechte im Verhältnis zu anderem Unionsprimärrecht

160 Fraglich ist, ob den Grundrechten als Teil des Primärrechts[463] auch innerhalb dessen ein herausgehobener Rang zukommt. Die Frage nach einer **Normenhierarchie innerhalb des Primärrechts,** die lange Zeit unter Verweis auf die nicht-hierarchische Struktur des Völkerrechts als die historische Wurzel des Unionsrechts weitestgehend verneint wurde,[464] wird seit den Reformen von Maastricht und insbesondere im Kontext der europäischen Verfassungsdiskussion und des Post-Nizza-Prozesses unter dem Gesichtspunkt einer „Vereinfachung der Verträge" verstärkt diskutiert.[465]

161 Ungeachtet dessen bieten die Verträge zunächst keinen normativen Ausgangspunkt, der eine normhierarchische Abstufung oder Teilung im Unionsprimärrecht begründen könnte. Vielmehr besteht das Primärrecht der Verträge auf gleicher Stufe,[466] dessen Verhältnis im Kollisionsfall im Wege der Gesetzeskonkurrenz zu lösen ist.

162 Betrachtet man aus diesem Blickwinkel den Vertrag von Lissabon unter dem Gesichtspunkt des optimalen Grundrechtsschutzes, so fällt auf, dass jener mindestens so viel bewirkt wie die Anerkennung einer hervorgehobenen Stellung der Unionsgrundrechte im Primärrecht – nämlich den Beitritt der Union zur EMRK. Ein solcher, in Art. 6 Abs. 2 EUV als imperatives Ziel begründeter **Beitritt der Union zur EMRK** hat zwar keinesfalls konstruktiv, jedoch aufgrund der weitgehenden Konvergenz zwischen den Grundrechten der EMRK und den Unionsgrundrechten, die durch die Art. 52 Abs. 3 GRC und Art. 53 GRC noch einmal unterstrichen und verstärkt wird,[467] im Ergebnis ähnliche Konsequenzen wie eine primärrechtsinterne Hierarchisierung: In jedem Fall wird die Union als solche und damit auch das Primärrecht an den Maßstab der Grundrechte gebunden, die weder der Verfügungsgewalt der Union selbst noch der der Mitgliedstaaten unterliegen. Freilich gilt diese Parallelität der Ergebnisse nur mit zwei Präzisierungen: Zum einen vermag sie zwar die Relevanz einer Hierarchisierung innerhalb des Primärrechts für den – hier allein interessierenden – Bereich der Grundrechte zu vermindern, nicht jedoch beispielsweise für die Grundsätze der Rechtsstaatlichkeit, der Demokratie oder des Vorrangs des Unionsrechts. Zum anderen würde ein Beitritt zur EMRK möglicherweise zu einer externen übergeordneten Kontrolle der Unionsgrundrechte durch den EGMR führen, eine Hierarchisierung hingegen nur zu einer internen Kontrolle durch die Unionsgerichtsbarkeit, so

---

[461] So noch deutlich *Beutler* in GTE EUV Art. F Rn. 73 mwN.
[462] *Schorkopf* in GHN EUV Art. 6 Rn. 50.
[463] Das Primärrecht umfasst die nach Art. 1 Abs. 3 S. 2 EUV gleichrangigen Verträge, die Charta der Grundrechte im Rang der Verträge (Art. 6 Abs. 1 Hs. 2 EUV), die Protokolle (Art. 51 EUV) sowie die ungeschriebenen allgemeinen Rechtsgrundsätze.
[464] Vgl. *Heintzen* EuR 1994, 35 (36).
[465] Die Hierarchisierungsfrage behandeln explizit zB *Hofmann,* passim; *v. Arnauld* EuR 2003, 191 ff.; knapp auch bei *Peters* S. 341 ff.; aus dem Blickwinkel der Vereinfachung der Verträge vgl. die Zusammenfassung der Diskussion im vom Sekretariat des Europäischen Konvents erstellten Arbeitsdokument CONV 250/02; knapp auch bei *Riedel* ZRP 2002, 241 (246).
[466] *Nettesheim* EuR 2006, 737 (740) wie auch *Streinz* EuropaR Rn. 450.
[467] Vgl. dazu *Callewaert* EuGRZ 2003, 198 ff.; *Krüger/Polakiewicz* EuGRZ 2001, 92 (97 ff.).

dass aus grundrechtspolitischer Sicht ein EMRK-Beitritt eventuell sogar vorzugswürdig erscheint.[468]

Ungeachtet dieser Relativierungen durch etwaige zukünftige und noch entwicklungsoffene Entfaltungen soll im Folgenden jedoch der Frage nachgegangen werden, ob sich der geltenden Rechtslage eine **Vorrangstellung der Grundrechte innerhalb des Primärrechts** entnehmen lässt. **163**

Vielfach ist dieses Problem mit der leidigen Debatte verbunden worden, ob die Mitgliedstaaten noch **„Herren der Verträge"**[469] seien – solange dies der Fall sei, sei ein änderungsfester Kern innerhalb des Primärrechts zu verneinen, da dies mit der Grundkonzeption staatlicher Souveränität unvereinbar wäre,[470] und deshalb jegliche Hierarchie innerhalb des Primärrechts abzulehnen.[471] Diese Argumentation übersieht freilich zunächst, dass sich Hierarchisierung und absolute Änderungsfestigkeit nicht durchweg gleichsetzen lassen.[472] Auch die Tatsache, dass nach derzeitiger Rechtslage die verfassungsgebende und die verfassungsändernde Gewalt in der Union nicht klar voneinander unterschieden werden können,[473] vermag die Unmöglichkeit einer Abstufung innerhalb des Primärrechts nicht zu begründen. Zwar lässt sich eine Hierarchisierung häufig daraus ableiten, über welche Normen allein der *pouvoir constituant* zu verfügen vermag, während andere Normen auch durch den *pouvoir constitué* abänderbar sind, doch kann daraus kein Umkehrschluss gezogen werden, dass das Zusammenfallen von verfassungsändernder und verfassungsgebender Gewalt eine Hierarchisierung ausschlösse.[474] **164**

Ein anderer **Ansatz zur Begründung einer Normenhierarchie** knüpft daran an, dass die Mitgliedstaaten zwar verfassungsgebende Gewalt in dem Sinne sind, dass sich die Entstehung der Union zweifelsfrei auf ihren Willen zurückführen lässt, nicht jedoch verfassungsgebende Gewalt mit dem Attribut völliger Bindungslosigkeit.[475] Vielmehr sind die Mitgliedstaaten der Union rechtsstaatlich verfasste und gebundene Demokratien. Aus dieser **Bindung der Mitgliedstaaten** ergab sich zunächst früher, wie bereits dargestellt (→ Rn. 93 ff.), der Geltungsgrund der Unionsgrundrechte: Weil die Europäische Union die Gründung rechtsstaatlich verfasster Mitgliedstaaten ist, deren nationale Hoheitsgewalt jeweils als ein Element der nationalen Rechtsstaatlichkeit grundrechtlich begrenzt ist, und weil das durch die Gründungsverträge und auf der Grundlage der Gründungsverträge entstandene Unionsrecht **eine autonome und supranationale Rechtsordnung** mit partiell unmittelbarer Wirkung für den Bürger darstellt, die als Gründung und Werk rechtsstaatlich verfasster und grundrechtlich gebundener Mitgliedstaaten ebenfalls grundrechtlich eingebunden und begrenzt sein muss, ist eine grundrechtliche Begrenzung der Hoheitsgewalt der Europäischen Union unumgänglich erforderlich. Darüber hinaus lässt sich dieser **165**

---

[468] In diese Richtung auch *Callewaert* EuGRZ 2003, 198 (201 f.); *Rengeling/Szczekalla* Grundrechte in der EU § 43 Rn. 1154. Vgl. auch *Pache* EuR 2001, 475 (499).

[469] Dies wiederholte das BVerfG in seiner Lissabon-Entscheidung ausdrücklich (BVerfGE 134, 267 (349 f., 368, 381)). Zustimmend ebenfalls *Cremer* in Calliess/Ruffert EUV Art. 48 Rn. 19 ff. Kritisch zu dieser Vorstellung bereits *Everling* FS Mosler, 1983, 173 ff.; umfassend zur Diskussion um ein Austrittsrecht aus der EU § 50 EUV, der Art. I-60 VVE wörtlich entspricht vgl. *Bruha/Nowak* AVR 42 (2004), 1 ff. mwN, die deutlich die nur sehr begrenzten Lösungsmöglichkeiten der Mitgliedstaaten aus dem europäischen Integrationsverbund nach geltendem Primärrecht betonen (S. 8 ff.) und die Austrittsoption zu Recht als „Signal in die falsche Richtung" bewerten (S. 24); allgemeiner auch *Puttler* EuR 2004, 669 ff. mwN.

[470] *Nettesheim* EuR 2006, 737 (745).

[471] So zB *Heintzen* EuR 1994, 35 (48 f.); vgl. auch die Zusammenfassung der Diskussion bei *Hofmann* S. 80 ff. mwN.

[472] So auch *v. Arnauld* EuR 2003, 191 (193 u. 213 ff.).

[473] Ebenso *Peters* S. 361 ff. Dies gilt unabhängig davon, ob man diese Gewalt den Mitgliedstaaten, den Völkern, den Bürgern, den Gemeinschafts- bzw. Unionsorganen oder allen zusammen zuordnet; vgl. dazu den Diskussionsüberblick bei *Peters* S. 390 ff. Den verfassungstheoretischen Hintergrund beleuchten näher zB *Böckenförde* in Böckenförde, S. 90 ff. mwN; *Stern* StaatsR I § 5 mwN.

[474] So aber *Heintzen* EuR 1994, 35 (36); kritisch dazu auch *v. Arnauld* EuR 2003, 191 (197 f.).

[475] Zur Bindungslosigkeit der verfassungsgebenden Gewalt vgl. *Böckenförde* in Böckenförde, S. 107 ff. mwN; *Schmitt* S. 76, 84; differenzierend *Stern* StaatsR I § 5 I 2c mwN.

rechtsstaatlichen Bindung der Mitgliedstaaten jedoch entnehmen, dass die Mitgliedstaaten auch nicht an einer Veränderung dieser einmal geschaffenen supranationalen Hoheitsgewalt mitwirken dürfen, die ihren eigenen Grundprinzipien, zu denen eben auch ein Kernbestand an Grundrechten gehört, nicht genügt. **Der Geltungsgrund der Unionsgrundrechte impliziert also bereits ihre Unabänderlichkeit im Kern** und damit einen besonderen Rang.

166 Diese Unabänderlichkeit lässt sich für die Grundsätze der Demokratie, der Rechtsstaatlichkeit und für einen Kernbestand an Grundrechten rechtskonstruktiv lückenlos herleiten: Da die Mitgliedstaaten durchweg rechtsstaatlich gebunden und durch Art. 2 EUV auch auf diese Rechtsstaatlichkeit verpflichtet sind (→ Rn. 28 ff.), da ferner auch beitretende Staaten diesen Grundsätzen genügen müssen (vgl. Art. 49 EUV), bietet das geltende Unionsrecht **konstruktiv keine Möglichkeit für signifikante Rückschritte** im Bereich des Grundrechtsschutzes.[476]

167 Damit gilt auch unter der Prämisse, dass die Mitgliedstaaten „Herren der Verträge" seien, dass sie keiner Vertragsänderung zustimmen dürfen, die die Garantie eines Kernbestandes von Grundrechten gefährdet – es sei denn, sie lösten die Union auf.[477] Aufgrund dieses Bestandsschutzes kommt dem Kernbestand der Unionsgrundrechte also eine hervorgehobene Stellung innerhalb des Unionsrechtes zu, so dass eine Normenhierarchie innerhalb des Primärrechts jedenfalls insoweit anzuerkennen ist.[478]

168 Aus alledem ergibt sich im Übrigen auch, dass für den Bereich der Unionsgrundrechte die Begründung einer normhierarchisch herausgehobenen Stellung aus einer **Selbstbindung der Mitgliedstaaten**[479] zu kurz greift – aufgrund ihrer eigenen rechtsstaatlichen Bindungen können die Mitgliedstaaten gar keine andere supranationale Hoheitsgewalt begründen als eine grundrechtlich begrenzte, so dass die dem Gedanken der Selbstbindung implizite Freiwilligkeit und Reversibilität gerade nicht vorliegt.

169 Nur am Rande sei noch erwähnt, dass sich nicht nur der Inhalt der Unionsgrundrechte, sondern auch deren herausgehobene Stellung innerhalb des Primärrechts **im Wege wertender Rechtsvergleichung** unter Heranziehung des deutschen Art. 79 Abs. 3 GG begründen ließe; auch der EMRK als zweiter Rechtserkenntnisquelle lässt sich der Gedanke einer umfassenden Bindung aller Staatsgewalt und allen staatlichen Rechts und damit auch des europäischen Primärrechts entnehmen.

170 Aus dieser **Stellung der Unionsgrundrechte als normhierarchisch herausgehobener Teil des Primärrechts** ergeben sich die im Folgenden darzustellenden Konsequenzen für die Funktion der Unionsgrundrechte als Rechtmäßigkeitsmaßstab einerseits und als Auslegungsleitlinie andererseits:

171 Festzuhalten ist zunächst, dass die Grundrechte – ebenso wie alle anderen Teile des Primärrechts – **Rechtmäßigkeitsmaßstab** für alles von den Unionsorganen gesetzte **Sekundärrecht** sind; die Einhaltung dieses Maßstabes zu prüfen, obliegt gemäß Art. 19 Abs. 1 EUV der Unionsgerichtsbarkeit.[480]

172 Aus der herausgehobenen Stellung der Unionsgrundrechte innerhalb des Primärrechts ergibt sich sodann, dass die Grundrechte **Maßstab für die Rechtmäßigkeit** all desjenigen

---

[476] Diese Unabänderbarkeit lässt sich konstruktiv allenfalls dadurch umgehen, dass die Mitgliedstaaten zunächst einvernehmlich den Vorrang des Unionsrechts aufheben, sodann ihre Verfassungen ändern und schließlich die Union umgestalten – unabhängig von politischen Wahrscheinlichkeiten ist einem solchen Einwand jedenfalls entgegenzuhalten, dass allein aus dem Vorrang des Unionsrechts die Notwendigkeit eines Grundrechtsschutzes auf Unionsebene folgt → Rn. 132 ff.

[477] Zur bisherigen Auffassung der grundsätzlichen Unumkehrbarkeit der europäischen Integration im Lichte des Art. I-60 VVE näher *Bruha/Nowak* AVR 42 (2004), 1 (10 f. mwN).

[478] So im Ergebnis auch *Peters* S. 342; ähnlich auch *Hofmann* S. 92 f. Freilich lässt sich auf diesem Wege eine normhierarchische Vorrangstellung unionsrechtlicher Spezifika wie zB des Vorrangs des Unionsrechts nicht begründen, denn dass der Vorrang des Unionsrechts ein existenzieller Grundsatz der Union ist, zählt keineswegs zum verfassungsrechtlichen Kernbestand in den Mitgliedstaaten, vgl. *Heintzen* EuR 1994, 35 (44).

[479] So aber für die allgemeinen Rechtsgrundsätze einschließlich der Grundrechte explizit *v. Arnauld* EuR 2003, 191 (205 ff. mwN).

[480] Vgl. dazu nur mwN *Hofmann* S. 23 ff.

Primärrechts sind, das nicht den – rechtlich betrachtet – unabänderlichen Grundlagen der Union zuzurechnen ist. An dieser Stelle ist nicht der geeignete Ort zu untersuchen, welchen Grundlagen des Unionsrechts mit welcher dogmatischen Begründung ein den Grundrechten vergleichbarer Rang zuerkannt werden kann (zu denken wäre hier etwa an den Vorrang des Unionsrechts). Jedenfalls aber wird dies nur für einen kleinen Teil des Unionsrechts möglich sein. Hinsichtlich der prozessualen Geltendmachung primärrechtswidrigen Primärrechts erscheinen grundsätzlich zwei Wege denkbar: Zum einen können die jeweils zuständigen (Verfassungs-)Gerichte der Mitgliedstaaten hier im Rahmen der Ratifikationsverfahren bei Vertragsänderungen im Verfahren des Art. 48 Abs. 4 EUV eine gewisse Kontrollfunktion übernehmen; dieser Weg birgt jedoch die Gefahr divergierender Urteile und greift überdies bei den so genannten autonomen Vertragsänderungen,[481] die die Mitgliedstaaten innerhalb der Verträge vornehmen, nicht ein. Zum anderen wird man jedoch auch dem EuGH eine Kompetenz für die Überprüfung der Rechtmäßigkeit von Primärrecht aus Art. 19 Abs. 1 EUV nicht absprechen können; berücksichtigt man, dass dem Gericht im Falle einer Kollision gleichrangiger Primärrechtsnormen die Feststellung eines Vorrangs im Einzelfall zugestanden wird, erschiene es wenig einsichtig, ihm eine Kompetenz zur Verwerfung niederrangigen Primärrechts wegen eines Verstoßes zB gegen Unionsgrundrechte abzusprechen.[482]

Schließlich ist festzuhalten, dass die Unionsgrundrechte **Maßstab bei der Auslegung** 173 allen Sekundärrechts sowie des niederrangigen Primärrechts sind; dementsprechend wird die grundrechtskonforme Auslegung zumindest bei der Interpretation von Sekundärrecht von der Unionsgerichtsbarkeit regelmäßig durchgeführt.[483]

F. Verhältnis der Unionsgrundrechte untereinander

Betrachtet man die Mehrdimensionalität des Europäischen Grundrechtsregimes, drängt sich 174 letztlich auch die Frage auf, wie sich das Verhältnis der unterschiedlichen Arten von Unionsgrundrechten zueinander gestaltet. Dies betrifft neben den Grundrechten, die sich direkt aus den Unionsverträgen ergeben (sog Vertragsgrundrechte, → Rn. 98 ff.),[484] insbesondere das Verhältnis der Grundrechte der Charta zu den ungeschriebenen Grundrechten, die gemäß Art. 6 Abs. 3 EUV aus den Grundrechten der EMRK sowie aus den Verfassungsüberlieferungen der Mitgliedstaaten entwickelt wurden und trotz der Verbindlichkeit der Charta fortgelten.

Wie dargestellt, ergibt sich aus Art. 6 Abs. 1 und 3 AEUV grundsätzlich keine norm- 175 hierarchische Differenzierung. Die unterschiedlichen Unionsgrundrechte sind **normhierarchisch** dem Primärrecht zuzuordnen und damit gleichrangig. Die Doppelung der Rechtsquellen im Grundrechtsschutzsystem[485] führt jedoch zu der Frage, wie die unterschiedlichen Grundrechtsarten im Falle der nicht selten auftretenden **Grundrechtskonkurrenz,** also wenn der Schutzbereich mehrerer Grundrechte zu Gunsten desselben Grundrechtsberechtigten eröffnet ist[486], zu handhaben sind.

Zur Klärung des Konkurrenzverhältnisses zwischen den vereinzelt normierten Vertrags- 176 und den Chartagrundrechten ist als **normativer Anknüpfungspunkt Art. 52 Abs. 2 GRC** heranzuziehen, der seinerseits klarstellt, dass die Grundrechte der Charta, sofern sie sinngemäß mit subjektivem Recht aus den Verträgen übereinstimmen,[487] nach den Bedin-

---

[481] Ausführlich zur Methode der autonomen Vertragsänderungen – mit einer Zusammenstellung der wichtigsten Anwendungsfälle – vgl. *Pechstein* in Streinz EUV Art. 48 Rn. 9.
[482] So mwN auch *v. Arnauld* EuR 2003, 191 (214 ff.).
[483] Vgl. dazu allgemein *Mayer* in GHN EUV Art. 19 Rn. 62; *Ehlers* in Ehlers GuG § 14 Rn. 27; speziell zu den Ansätzen einer grundrechtskonformen Auslegung von Primärrecht auch *Peters* S. 342 f. mwN.
[484] Dazu gehören bspw. Art. 18 ff. AEUV und Art. 157 AEUV.
[485] *Pache/Rösch* EuR 2009, 769 (788).
[486] *Rengeling* S. 231.
[487] *Kingreen* in Calliess/Ruffert GRC Art. 52 Rn. 3 ff.; *Jarass* GRCh, 2. Aufl. 2013, Art. 52 Rn. 56. Vgl. auch *Jarass* EuR 2013, 29 (31).

gungen und Grenzen, die sich aus den Grundrechten der Verträge, also nicht den Bestimmungen der Charta (Art. 52 GRC), ergeben, anzuwenden sind.[488]

177 Davon unabhängig und weiterhin ungeklärt bleibt jedoch das Verhältnis von den Grundrechten der Charta und den aus den allgemeinen Rechtsgrundsätzen entwickelten Grundrechten. Dieses ist nicht unumstritten und auch kein Streit von rein theoretischer Natur, da die aus den allgemeinen Rechtsgrundsätzen entwickelten Grundrechte hinsichtlich ihres Grundrechtstatbestands sowie ihres Anwendungsbereiches zum Teil unterscheiden. Zudem ist anzuführen, dass die Charta in einigen Bereichen, wie hinsichtlich der sozialen Grundrechte, über das Grundrechtsschutzniveau der als allgemeine Grundsätze entwickelten Grundrechte hinausgeht.[489]

178 Für die Auflösung einer Grundrechtskonkurrenz gibt es grundsätzlich zwei Möglichkeiten:[490] **Idealkonkurrenz oder (Grund-)Gesetzeskonkurrenz** respektive eines Vorrangigkeitsverhältnisses. Die Annahme einer Idealkonkurrenz der Grundrechtsgewährleistungen hätte zur Folge, dass die unterschiedlichen konkurrierenden Grundrechtsgewährleistungen gleichgerichtet nebeneinander zur Anwendung kämen.[491] Andererseits kann die Grundrechtskonkurrenz auch im Wege der Rechtsfigur der Gesetzeskonkurrenz (*lex specialis derogat legi generali*) gelöst werden, sofern eines der konkurrierenden Grundrechte neben weiteren Tatbestandsmerkmalen stets auch alle Tatbestandsmerkmale des anderen aufweist,[492] mit der Folge der Anwendbarkeit des spezielleren Rechts.[493]

179 Zur Auflösung dieses Konkurrenzverhältnisses wird, übertragen auf die Unionsgrundrechte, den Grundrechten der Charta teilweise ein Vorrang eingeräumt. Gestützt wird diese Ansicht darauf, dass den Chartagrundrechten aufgrund ihrer positiven Normierung ein **Vorrang als geschriebene Grundrechte** zukommt und somit die Charta als *lex specialis* angesehen wird.[494] Dies wird zudem auf Art. 53 GRC gestützt, mit der Argumentation, dass die Norm des Art. 53 GRC keinen Sinn hätte, wenn man durch sie nicht zu einem Vorrang der Charta gegenüber den allgemeinen Rechtsgrundsätzen käme. Denn andernfalls könnte sich der Betroffene das Grundrecht aussuchen, das einen weiteren Schutz gewährleistet. Auf die allgemeinen Rechtsgrundsätze sei erst zurückzugreifen, wenn die Charta und, nach dem angestrebten Beitritt der Union zur EMRK, auch diese keinen ausreichenden Grundrechtsschutz mehr gewährleisten könnten.[495]

180 Weiterhin wird zur Begründung des Vorranges der Charta kraft Spezialitätsverhältnisses die **Systematik des Art. 6 EUV** angeführt. Eine Vorrangstellung ergebe sich aus der norminternen Systematik, konkret aufgrund der Nennung der Charta in deren Abs. 1, also am Kopf der Vorschrift, wohingegen die Grundrechte als allgemeine Grundsätze lediglich in Abs. 3 zu finden sind.[496]

181 Letzteres Argument erscheint gleichwohl wenig überzeugend, denn allein die interne Systematik des Art. 6 EUV ist nicht ausreichend, um die Charta als *lex specialis* zu den allgemeinen Rechtsgrundsätzen einzuordnen.[497] Die Normstruktur des Art. 6 EUV hat nichts mit dem Spezialitätsverhältnis zu tun und vermag schlichtweg das Verhältnis der unterschiedlichen Grundrechtsdimensionen nicht zu klären. Der **anachronistische Aufbau** von Art. 6 EUV spiegelt zwar die Entwicklungslinien und die Fortentwicklung des

---

[488] Insbesondere verweist Art. 52 Abs. 2 GRC dabei auf die Unionsbürgerrechte aus Art. 20–24 AEUV sowie das allgemeine Diskriminierungsverbot aus Art. 18 AEUV.
[489] Vgl. dazu *Ludwig* EuR 2011, 715 (718), der zudem betont, dass zwar nicht alle Gewährleistungen des Titel V als subjektive Grundrechtsverbürgungen einzuordnen sind (vgl. Art. 52 Abs. 5 GRC), es jedoch nicht ausgeschlossen ist, dass zukünftig verstärkt soziale Grundrechte anhand des Titels IV entwickelt werden.
[490] Hierzu grundsätzlich *Sachs* in Sachs GG vor Art. 1 Rn. 136 mwN.
[491] Ausführlich zur Idealkonkurrenz: *Berg* in Merten/Papier, HdbGR Bd. III, § 71 Rn. 42 ff.
[492] Hierzu grundsätzlich *Sachs* in Sachs GG vor Art. 1 Rn. 136 mwN.
[493] Zu der Spezialität bei Grundrechtskonflikten im Rahmen des Grundgesetzes *Berg* in Merten/Papier, HdbGR Bd. III, § 71 Rn. 27 ff.
[494] So *Kingreen* in Calliess/Ruffert EUV Art. 6 Rn. 17 sowie *Schulte-Herbrüggen* ZEuS 2009, 343 (354 ff.)
[495] *Schorkopf* in GHN EUV Art. 6 Rn. 56. So im Ergebnis auch *Calliess* S. 322.
[496] *Schulte-Herbrüggen* ZEuS 2009, 343 (354); *Ludwig* EuR 2011, 715 (724); *Calliess* S. 322; *Schmittmann* S. 27.
[497] So im Ergebnis auch: *Kizil* JA 2011, 277 (280).

Grundrechtsschutzes bis zur heutigen Europäischen Union wider und gibt einen Überblick über die einzelnen Elemente, fasst aber nicht die unterschiedlichen Grundrechtsebenen zusammen und ist insgesamt eher unglücklich formuliert. So wird das System des europäischen supranationalen Grundrechtsschutzes in den Abs. 1 und 3 normiert, wohingegen Abs. 2 die primärrechtliche Grundlage für eine künftige völkerrechtliche Grundrechtsbindung der Union vorsieht. Da sich also Art. 6 Abs. 2 EUV als Intermezzo mit dem Beitritt zur EMRK befasst und daher der Normaufbau an sich überhaupt keinen Aussagegehalt in Bezug auf einen Vorrang der einen Unionsgrundrechtsquelle zu der anderen enthält, bietet Art. 6 EUV **keine fundierte Grundlage zur Begründung einer systematischen Argumentation.**

Sofern ungeschriebene Rechtssätze lediglich zur Füllung von Lücken[498] innerhalb des geschriebenen Rechts verwendet werden dürfen,[499] könnte man einen Vorrang der Charta als geschriebenes Recht und eine Lückenfüllfunktion der allgemeinen Rechtsgrundsätze[500] in Erwägung ziehen. Dem widerspricht allerdings der ausdrückliche Wortlaut von **Art. 6 Abs. 3 EUV,** der gerade explizit eine **Kodifizierung der Geltung und Fortgeltung ungeschriebener allgemeiner Rechtsgrundsätze** beinhaltet. Im Gegensatz zu ungeschriebenen Rechtssätzen im herkömmlichen Sinne, denen es an jeder geschriebenen Grundlage fehlt, werden die allgemeinen Rechtsgrundsätze durch das geschriebene Recht ausdrücklich normhierarchisch mit der Charta auf eine Ebene gestellt. Neben dem Wortlaut widerspricht auch die *ratio* des Art. 6 Abs. 3 EUV einem solchen Verständnis. Denn die Einordnung der Charta als *lex specialis* würde der **Erhaltungsfunktion von Art. 6 Abs. 3 EUV** nicht gerecht werden, da somit die Grundrechte der Charta kraft ihres Vorranges die Grundrechte in ihrer Form als allgemeine Rechtsgrundsätze immer verdrängen würden und dies somit zur Folge hätte, dass die aus den allgemeinen Rechtsgrundsätzen entwickelten Grundrechte hinfällig wären. Letztlich würde dem Gerichtshof damit seine bisherige Vorgehensweise in der Grundrechtsentwicklung begrenzt und die Interpretation der Vertragsordnung der Europäischen Union als „living constitution"[501] eingeengt werden, was nicht das gewünschte Ergebnis sein kann. Insbesondere erscheint aber die Einordnung als *lex specialis* inkonsequent, da die allgemeinen Rechtsgrundsätze herangezogen werden, um bei Ausnahmeregelungen bezüglich einzelner Mitgliedstaaten die Grundrechtsbindungen wiederherzustellen. So wird bei dem „opt-out" von Polen und Großbritannien über die Anwendung der Grundrechte der Europäischen Union[502] eine Grundrechtsbindung dieser Staaten unter Heranziehung der Grundrechte in Form der allgemeinen Rechtsgrundsätze konstruiert. So werden, unabhängig von der Frage der Reichweite des Protokolls im Hinblick auf die Grundrechtecharta, die Auswirkungen des Protokolls begrenzt, da jedenfalls nach Art. 6 Abs. 3 EUV die Grundrechtsbindung der betroffenen Mitgliedstaaten aufgrund der Grundrechte als allgemeine Grundsätze des Unionsrechts weiter besteht. Würde den Gewährleistungen der Grundrechtecharta nun als *lex specialis* grundsätzlich der Vorrang eingeräumt, würde der prinzipielle Ausschluss der verdrängten Gewährleistungen schließlich einen Rückgriff auf Grundrechte als allgemeine Rechtsgrundsätze hinfällig machen.[503]

---

[498] Ebenso *Schwartze* in Riesenhuber, Europäische Methodenlehre, § 4 Rn. 8.
[499] Weitergehend noch *Frenz,* Europarecht, Rn. 976, der die Grundrechte in Form von allgemeinen Rechtsgrundsätzen trotz Art. 6 Abs. 3 EUV als obsolet einstuft und ihnen nicht einmal mehr eine lückenfüllende Funktion beimisst.
[500] *Calliess* S. 326.
[501] *Lenaerts/Gutiérrez-Fons* CMLR 2010, 1629 (1669).
[502] Protokoll über die Anwendung der Charta der Grundrechte der Europäischen Union auf Polen und das Vereinigte Königreich, ABl. 2007 C 306, 56. Zu den Beweggründen dieses „Opt-outs" siehe *Mehde* EuGRZ 2008, 269 (271). Auch *Mayer* EuR-Beih. 1/2009, 87 (92 ff.). Bei diesem Protokoll handelt es sich streng genommen jedoch nicht um eine „Opt-out"-Regelung im juristischen Sinne. Vielmehr ist dieses Protokoll als ein politisch motivierter Versuch einzuordnen, um einer noch weitergehenden Grundrechtsbindung durch den EuGH zu entkommen. Insgesamt kommt diesem Protokoll faktisch kaum eine Bedeutung zu.
[503] So aber *Calliess* S. 327.

183 Ein Spezialitätsverhältnis ist auch aufgrund der **historischen und methodischen Entwicklung der Grundrechte** abzulehnen. Obwohl die Grundrechte der Charta verschriftlicht sind und deshalb auf den ersten Blick spezieller wirken, ist zu berücksichtigen, dass die Grundrechte als allgemeine Rechtsgrundsätze im fallrechtlichen Ansatz gewonnen wurden, weshalb die hieraus gewonnenen Grundrechte zwangsläufig inhaltlich spezieller sind, als ein unabhängig von der Grundrechtecharta vorverfasster Katalog.

184 Letztlich lässt sich auch aus normativen Gründen, die sich aus der Charta selbst ergeben, eine Vorrangstellung der Chartagrundrechte ausschließen. So legt Art. 52 Abs. 4 GRC als Auslegungsregelung fest, dass diejenigen Bestimmungen der Charta, die sich aus den gemeinsamen Verfassungsüberlieferungen der Mitgliedstaaten ergeben, entsprechend den Verfassungsüberlieferungen der Mitgliedstaaten auszulegen sind, so dass ein Anwendungsvorrang eben nicht bestehen kann. Ein entsprechender Rückschluss lässt sich auch aus **Art. 52 Abs. 3 GRC** auf die Grundrechte ableiten. Die EMRK, die den Grundrechten der Union als Rechtserkenntnisquelle diente, ist durch diese Norm mit einer Mindestschutzgarantie[504] ausgestattet, so dass der Schutz der entsprechenden Chartarechte nicht hinter dieser zurückbleiben darf (Art. 52 Abs. 3 S. 1 GRC). Somit macht auch dieser Normgehalt deutlich, dass den Grundrechten der Charta im Verhältnis zu denen aus den allgemeinen Rechtsgrundsätzen kein Anwendungsvorrang zukommen kann.[505]

185 Im Ergebnis ist deshalb **ein Spezialitätsverhältnis** abzulehnen und vielmehr **Idealkonkurrenz** anzunehmen.[506]

---

[504] Jarass GRCh, 2. Aufl. 2013, Art. 52 Rn. 63.
[505] So auch *Kokott/Sobotta* EuGRZ 2010, 265 (267).
[506] So im Ergebnis auch: *Kizil* JA 2011, 277 (280); *Kokott/Sobotta* EuGRZ 2010, 265 (267). Sich dieser Schlussfolgerung wohl auch anschließend *Wehlau/Lutzhöft* EuZW 2012, 45 (48).

§ 8 Funktionen der Grundrechte

Übersicht

	Rn.
A. Grundrechte als Abwehrrechte	1–6
I. Freiheitsgewährleistung, nicht -gewährung	2
II. Unionsrechtliche Verteilungsregel und lückenloser Grundrechtsschutz	3, 4
III. Positiver und negativer Freiheitsschutz	5
IV. Abwehrrechtliche Argumentationsformen	6
B. Grundrechte als Schutzpflichten	7–26
I. Begriff, Entwicklung und Herleitung	8–16
1. Staatstheoretische und objektivrechtliche Begründung	8
2. Ausdrückliche Verfassungstexte	9–16
II. Umfang der Schutzpflichten	17–22
1. Schutzpflichtadressaten, Schutzgegenstand und Schutzmittel	17
2. „Aufgedrängter Grundrechtsschutz"	18
3. Pönalisierungspflichten	19
4. Diplomatischer und konsularischer Schutz	20
5. Naturkatastrophen	21
6. Generationenschutz	22
III. Abgrenzung zwischen Abwehr- und Schutzfunktion	23–25
IV. Verhältnis zwischen Schutzpflichten und (mittelbarer) Drittwirkung	26
C. Grundrechte als Teilhaberechte – „Soziale" Grundrechte – Förderpflichten	27–34
I. Derivative Teilhaberechte	28
II. Originäre Teilhaberechte	29–32
III. Allgemeine Haushaltsverantwortung	33
IV. Förderpflichten?	34
D. Grundrechte als Gestaltungsaufträge	35–37
E. Grundrechtsdimensionen: Organisation und Verfahren	38–40
F. Extraterritoriale Wirkungen der Grundrechte	41–44

Schrifttum:

Albrecht, Die vergessene Freiheit: Strafrechtsprinzipien in der europäischen Sicherheitsdebatte, 2003; *ders./ Braum,* Defizite europäischer Strafrechtsentwicklung, KritV 1998, 460; *Alexy,* Grundrechte als subjektive Rechte und objektive Normen in ders., Recht, Vernunft, Diskurs, Studien zur Rechtsphilosophie, 1995, S. 262 (= Der Staat 29 [1990], 49); *Arnold,* Ausgestaltung und Begrenzung von Grundrechten im französischen Verfassungsrecht, JöR N. F. 38 (1989), 197; *Badura,* Langzeitrisiken und Verfassung, in Marburger/ Reinhardt/Schröder, S. 43; *ders.,* Kodifikatorische und rechtsgestaltende Wirkung von Grundrechten in Böttcher/Hueck/Jähnke, FS W. Odersky, 1996, S. 159; *ders.,* Die verfassungsrechtliche Pflicht des gesetzgebenden Parlaments zur „Nachbesserung" von Gesetzen in Müller/Rhinow/Schmid/Wildhaber, Staatsorganisation und Staatsfunktionen im Wandel, FS K. Eichenberger, 1982, S. 481; *Barnard/Hare,* The Right to Protest and the Right to Export, MLR 60 (1997), 394; *Baudenbacher,* Judizielle Globalisierung, ELR 2001, 298; *Beyerlin/Bothe/Hofmann/Petersmann,* Recht zwischen Umbruch und Bewährung. Völkerrecht, Europarecht, Staatsrecht, FS für Rudolf Bernhardt, 1995; *Bleckmann,* Die Entwicklung staatlicher Schutzpflichten aus den Freiheiten der Europäischen Menschenrechtskonvention, in Beyerlin/Bothe/Hofmann/Petersmann, FS Bernhardt, S. 309; *Böckenförde,* Grundrechte als Grundsatznormen in ders., Staat, Verfassung, Demokratie. Studien zur Verfassungstheorie und zum Verfassungsrecht, 2. Aufl. 1992, S. 159 (= Der Staat 29 [1990], 1); *ders.,* Grundrechtstheorie und Grundrechtsinterpretation, NJW 1974, 1529 (= *ders.,* Staat, Verfassung, Demokratie. Studien zur Verfassungstheorie und zum Verfassungsrecht, 2. Aufl. 1992, S. 115); *v. Bogdandy,* Zweierlei Verfassungsrecht, Der Staat 39 (2000), 163; *Borowski,* Prinzipien als Grundrechtsnormen, ZÖR 53 (1998), 307; *ders.,* Grundrechte als Prinzipien. Die Unterscheidung von Prima-facie-Position und definitiver Position als fundamentaler Konstruktionsgrundsatz der Grundrechte, 1998; *Brugger,* Der moderne Verfassungsstaat aus Sicht der amerikanischen Verfassung und des Grundgesetzes, AöR 126 (2001), 337; *ders.,* Neue Aspekte der Drittwirkung der Grundrechte, DVBl 1988, 938; *v. Bubnoff,* Der Schutz der künftigen Generationen im deutschen Umweltrecht, 2001; *Burgi,* Mitgliedstaatliche Garantenpflicht statt unmittelbare Drittwirkung der Grundfreiheiten, EWS 1997, 330; *Canaris,* Grundrechte und Privatrecht – eine Zwischenbilanz, 1999; *ders.,* Grundrechtswirkungen und Verhältnismäßigkeitsprinzip in der richterlichen Anwendung und Fortbildung des Privatrechts, JuS 1989, 161; *ders.,* Grundrechte und Privatrecht, AcP 184 (1984), 201; *Clapham,* The „Drittwirkung" of the Convention in Macdonald/Matscher/Petzold, The European System for the Protection of Human Rights, 1993, S. 163; *Classen,* Die Ableitung von Schutzpflichten des Gesetzgebers aus Freiheitsrechten – ein Vergleich von deutschem und französischem Verfassungsrecht sowie der Europäischen Menschenrechtskonvention, JöR N. F. 36 (1987), 29; *De Wall,* Die Einrichtungsgarantien des Grundgesetzes als Grundlagen subjektiver Rechte, Der Staat 38 (1999), 377; *Denninger,* Staatsaufgaben und Menschenrechte, in Assmann/Brinkmann/Gounalakis/Kohl/Walz, Wirtschafts- und Medienrecht in der offenen Demokratie, FS Kübler, 1997, S. 77; *ders.,* Menschenrechte und Staatsaufgaben – ein „europäisches" Thema, JZ 1996, 585; *ders.,* Vom Elend des Gesetzgebers zwischen Übermaßverbot und Untermaßverbot in Däubler-Gmelin/Kinkel/Meyer/Simon, Gegenrede. Aufklärung – Kritik – Öffentlichkeit. FS Mahrenholz, 1994, S. 561; *Depenheuer,* Vertragsfreiheit und Schutzpflichten, ThürVBl. 1996, 270; *Dietlein,* Die Lehre von den grundrechtlichen Schutzpflichten, 1992; *ders.,* Das Untermaßverbot, ZG 1995, 131; *Dreier,* Subjektivrechtliche und objektiv-rechtliche Grundrechtsgehalte, Jura 1994, 505; *ders.,* Dimensionen der Grundrechte, 1993; *Dröge,* Positive Verpflichtungen der Staaten in der Europäischen Menschenrechtskonvention, 2003; *Ehlers,* Die Europäische Menschenrechtskonvention, Jura 2000, 372; *Erichsen,* Die Drittwirkung der Grundrechte, Jura 1996, 527; *ders.,* Grundrechtliche Schutzpflichten in der Rechtsprechung des Bundesverfassungsgerichts, Jura 1997, 85; *Eschenbach/Niebaum,* Von der mittelbaren Drittwirkung unmittelbar zur staatlichen Bevormundung, NVwZ 1994, 1079; *Faure,* Les objectifs de valeur constitutionnelle, RFDC 21 (1995), 47; *Ferrer i Riba/Coderch,* Vereinigungen, Demokratie und Drittwirkung, in v. Münch/Coderch/Ferrer i Riba, Zur Drittwirkung der Grundrechte, 1998, S. 33; *Fischer,* Die Zweit- und Parallelanmeldung im Chemikalienrecht, 2003; *ders.,* Die Zwangsverwertung von Unternehmensdaten im Chemikalienrecht, DVBl 2003, 777; *Fluck,* Grundrechtliche Schutzpflichten und Gentechnik, UPR 1990, 81 ff.; *de Fontbressin,* L'Effet horizontal de la Convention européenne des droits de l'homme et l'avenir du droit des obligations in Cohen-Jonathan ua, Liber amicorum Eissen, 1995, S. 157; *Ganten,* Die Drittwirkung der Grundfreiheiten, 2000; *Gellermann,* Grundrechte in einfachgesetzlichem Gewande. Untersuchung zur normativen Ausgestaltung der Freiheitsrechte, 2000; *Gersdorf,* Funktionen der Gemeinschaftsgrundrechte im Lichte des Solange II-Beschlusses des Bundesverfassungsgerichts, AöR 119 (1994), 400 ff.; *Giegerich,* Privatwirkung der Grundrechte in den USA, 1992; *ders.,* Verfassungsgerichtliche Kontrolle der auswärtigen Gewalt im europäisch-deutschen Verfassungsstaat, ZaöRV 57 (1997), 409; *Grabenwarter/Hammer/Pelzl/Schulev-Steindl/Wiederin,* Allgemeinheit der Grundrechte und Vielfalt der Gesellschaft, 1994; *Grewe,* Die Grundrechte und ihre richterliche Kontrolle in Frankreich, EuGRZ 2002, 209; *Griller,* Drittwirkung und Fiskalgeltung von Grundrechten, ZfV 1983, 1 (109); *ders.,* Der Schutz der Grundrechte vor Verletzungen durch Private, JBl. 1992, 205 (289); *Grimm,* Verfahrensfehler als Grundrechtsverstöße, NVwZ 1985, 865; *Grof,* Einschreitepflicht der Behörde bei Verletzung des Grundrechts auf körperliche Integrität durch Dritte, ÖJZ 1984, 589; *ders.,* Versammlungs- contra Meinungsäußerungsfreiheit, ÖJZ 1991, 731; *Gusy,* Rechtsgüterschutz als Staatsaufgabe, DÖV 1996, 573; *Hager,* Grundrechte im Privatrecht, JZ 1994, 373; *Hain,* Der Gesetzgeber in der Klemme zwischen Übermaß- und Untermaßverbot?, DVBl 1993, 982; *ders.,* Das Untermaßverbot in der Kontroverse, ZG 1996, 75; *Heiderhoff/Lohsse/Schulze,* EU-Grundrechte und Privatrecht, 2016; *Heintzen,* Auswärtige Beziehungen privater Verbände, 1988; *Hellermann,* Die sogenannte negative Seite der Freiheitsrechte, 1993; *Hermes,* Grundrechtsschutz durch Privatrecht auf neuer Grundlage?, NJW 1990, 1764 ff.; *ders.,* Das Grundrecht auf Schutz von Leben und Gesundheit, 1987; *Heselhaus,* Schutz von Unternehmen durch das Eigentumsgrundrecht im Europäischen Gemeinschaftsrecht, in Bruha/Nowak/Petzold, Grundrechtsschutz, S. 97; *Hesse, H. A.,* Der Schutzstaat, 1994; *ders.,* Der Schutzstaat geht um, JZ 1991, 744; *ders./Kauffmann,* Die Schutzpflicht in der Privatrechtsprechung, JZ 1995, 219; *Hesse, K.,* Die verfassungsgerichtliche Kontrolle der Wahrnehmung grundrechtlicher Schutzpflichten des Gesetzgebers in Däubler-Gmelin/Kinkel/Meyer/Simon, Gegenrede. Aufklärung – Kritik – Öffentlichkeit. FS Mahrenholz, 1994, S. 541; *Hinteregger,* Die Bedeutung der Grundrechte für das Privatrecht, ÖJZ 1999, 741; *Hintersteininger,* Binnenmarkt und Diskriminierungsverbot, 1999; *Hoffmann-Riem/Schmidt-Aßmann,* Öffentliches Recht und Privatrecht als wechselseitige Auffangordnungen, 1996; *Holmes/Sunstein,* The Costs of Rights, 1999; *Holoubek,* Die liberalen Rechte der Grundrechtscharta im Vergleich zur Europäischen Menschenrechtskonvention, in Duschanek/Griller, S. 25; *Huster,* Rechte und Ziele, Zur Dogmatik des allgemeinen Gleichheitssatzes, 1993; *ders.,* Gleichheit und Verhältnismäßigkeit, JZ 1994, 541; *Ipsen,* Gesetzliche Einwirkungen auf grundrechtlich geschützte Rechtsgüter, JZ 1997, 473 (= Berliner Staatswissenschaftliche Abhandlungen, Bd. 2, 1997); *Isensee,* Grundrecht auf Sicherheit, 1983; *Jacobs,* Human rights in the European Union, ELR 2001, 338; *ders.,* Funktion und Interpretation der Grundrechte, ZÖR 54 (1999), 97; *ders.,* Wer ist an die Grundrechte gebunden?, ZÖR 54 (1999), 57 ff.; *ders.,* Grundrechtliche Gewährleistungspflichten, 1997; *ders.,* Der Grundrechtseingriff, DVBl 1997, 1031; *ders.,* Grundrechtsschutz durch Gemeinschaftsgrundrechte in Griller/Rill, Verfassungsrechtliche Grundfragen der EU-Mitgliedschaft, 1997, S. 73; *ders.,* Bauelemente eines grundrechtsdogmatischen Argumentationsschemas in Grabenwarter ua, Allgemeinheit, S. 61; *Jaeckel,* Schutzpflichten im deutschen und europäischen Recht, 2001; *Jaensch,* Die unmittelbare Drittwirkung der Grundfreiheiten, 1997; *Jansen,* Die Abwägung von Grundrechten, Der Staat 36 (1997), 27; *Jarass,* Elemente einer Dogmatik der Grundfreiheiten II, EuR 2000, 705; *ders.,* Elemente einer Dogmatik der Grundfreiheiten, EuR 1995, 202; *ders.,* Bausteine einer umfassenden Grundrechtsdogmatik, AöR 120 (1995), 345; *ders.,* Elemente einer Dogmatik der Grundfreiheiten, EuR 1995, 202; *Jarvis,* Rule of law v the rule of force, The Times v. 26.10.1999 (Law); *Jeand'Heur,* Grundrechte im Spannungsverhältnis zwischen subjektiven Freiheitsgarantien und objektiven Grundsatznormen, JZ 1995, 161; *Jessberger,* Von der Pflicht des Staates, Menschenrechtsverletzungen zu untersuchen, KJ 1996, 290; *Kadelbach/Petersen,* Europäische Grundrechte als Schranken der Grundfreiheiten, EuGRZ 2003, 692; *dies.,* Die gemeinschaftsrechtliche Haftung für Verletzungen von Grundfreiheiten aus Anlass privaten Handelns, EuGRZ 2002, 213; *Kainer,*

Grundfreiheiten und staatliche Schutzpflichten, JuS 2000, 431; *Kind,* Verfassungsrechtliche Grundlagen der Gentechnik, ÖJZ 2002, 81; *Kingreen,* Die Struktur der Grundfreiheiten des Europäischen Gemeinschaftsrechts, 1999; *Klein, E.,* Grundrechtliche Schutzpflicht des Staates, NJW 1989, 1633; *Klein, H. H.,* Die grundrechtliche Schutzpflicht, DVBl 1994, 489; *Kloepfer,* Gleichheit als Verfassungsfrage, 1980; *Kluth,* Die Bindung privater Wirtschaftsteilnehmer an die Grundfreiheiten des EG-Vertrages, AöR 122 (1997), 557; *Köck,* Risikovorsorge als Staatsaufgabe, AöR 121 (1996), 1; *Krämer,* Umweltmediation und Umweltpolitik der Europäischen Union, NuR 2002, 257; *ders.,* Grundrechte als Wertentscheidungen bzw. objektivrechtliche Prinzipien in der Rechtsprechung des Bundesverfassungsgerichts, AöR 110 (1985), 363; *Kühling,* Staatliche Handlungspflichten zur Sicherung der Grundfreiheiten, NJW 1999, 403; *ders./Lieth,* Dogmatik und Pragmatik als leitende Parameter der Rechtsgewinnung im Gemeinschaftsrecht, EuR 2003, 371; *Ladeur,* Klassische Grundrechtsfunktion und „post-moderne" Grundrechtstheorie, KJ 1986, 197; *Lardy,* Is there a Right not to Vote?, OJLS 24 (2004), 303; *Lawson,* Positieve verplichtingen onder het EVRM, Deel I, NJCM-Bull. 20-5 (1995), 558; *ders.,* Positieve verplichtingen onder het EVRM, Deel II, NJCM-Bull. 20-6 (1995), 726; *Lege,* Nochmals: Staatliche Warnungen, DVBl 1999, 569; *Lerche,* Grundrechtswirkungen im Privatrecht in Böttcher/Hueck/Jähnke, FS Odersky, 1996, S. 215; *Looschelders/Roth,* Grundrechte und Vertragsrecht, JZ 1995, 1034; *Lübbe-Wolff,* Die Grundrechte als Eingriffsabwehrrechte, 1988; *Lücke,* Die Drittwirkung der Grundrechte an Hand des Art. 19 Abs. 3 GG, JZ 1999, 377; *Marburger/Reinhardt/Schröder,* Die Bewältigung von Langzeitrisiken im Umwelt- und Technikrecht, 1998; *Masing/Jestaedt/Capitant/Le Divellec,* Strukturfragen des Grundrechtsschutzes in Europa, 2015; *Mayer,* Die Nachbesserungspflicht des Gesetzgebers, 1996; *Medicus,* Der Grundsatz der Verhältnismäßigkeit im Privatrecht, AcP 191 (1992), 35; *Merten,* Grundrechtliche Schutzpflichten und Untermaßverbot, Speyerer Veröffentlichungen H. 27, 1994, S. 15; *Meurer,* Verpflichtung der Mitgliedstaaten zum Schutz des freien Warenverkehrs, EWS 1998, 196; *Möckel,* Der Gleichheitsgrundsatz, DVBl 2003, 488; *Morscher,* Die Hierarchie von Verfassungsnormen und ihre Funktion im Grundrechtsschutz für Österreich, EuGRZ 1990, 454; *Möstl,* Probleme der verfassungsprozessualen Geltendmachung gesetzgeberischer Schutzpflichten, DÖV 1998, 1029; *v. Münch,* Die Drittwirkung von Grundrechten in Deutschland in ders./Coderch/Ferrer i Riba, Zur Drittwirkung der Grundrechte, 1998, S. 7; *Murswiek,* Die Pflicht des Staates zum Schutz vor Eingriffen Dritter nach der Europäischen Menschenrechtskonvention in Konrad, Grundrechtsschutz und Verwaltungsverfahren, 1985, S. 213; *ders.,* Die staatliche Verantwortung für die Risiken der Technik, 1985; *v. Mutius,* Grundrechte als „Teilhaberechte". Zu den verfassungsrechtlichen Aspekten des „numerus clausus", VerwArch 64 (1973), 183; *Muylle,* Angry Farmers and Passive Policemen, (1998) 23 E. L. Rev. 467; *Nettesheim,* Die Charta der Grundrechte der Europäischen Union, integration 2002, 35; *Nicolaysen,* Die gemeinschaftsrechtliche Begründung von Grundrechten, EuR 2003, 719; *Pippan,* Die Förderung der Menschenrechte und der Demokratie als Aufgabe der Entwicklungszusammenarbeit der Europäischen Gemeinschaft, 2002; *Pitschas,* Innere Sicherheit in der EU und europarechtliche Grundlagen des Sicherheitsgewerbes, NVwZ 2002, 519; *Poscher,* Grundrechte als Abwehrrechte, 2003; *Rengeling,* Rechtsfragen zur Langzeitsicherheit von Endlagern für radioaktive Abfälle, 1995; *ders.,* Beteiligungsrechte bei Entscheidungen zu stoffbezogenen Regelungen auf EU-Ebene, 2002; *ders.,* Beteiligungsrechte bei der Durchführungsgesetzgebung in der Europäischen Gemeinschaft am Beispiel stoffbezogener Regelungen, DVBl 2002, 867; *ders.,* Handbuch zum europäischen und deutschen Umweltrecht (EUDUR), Bd. 1, 2. Aufl. 2003; *ders.,* Umgestaltung des deutschen Chemikalienrechts durch europäische Chemikalienpolitik, 2003; *Robbers,* Sicherheit als Menschenrecht, 1987; *Rossi,* Das Diskriminierungsverbot nach Art. 12 EGV, EuR 2000, 197; *Roth,* Faktische Eingriffe in Freiheit und Eigentum, 1994; *Röthel,* Grundfreiheiten und private Normgebung, EuR 2001, 908; *Ruffert,* Subjektive Rechte im Umweltrecht der Europäischen Gemeinschaft, 1996; *Schindler,* Die Kollision von Grundfreiheiten und Gemeinschaftsgrundrechten, 2001; *Schmidt,* Der Schutz der Menschenwürde als „Fundament" der EU-Grundrechtscharta unter besonderer Berücksichtigung der Rechte auf Leben und Unversehrtheit, ZEuS 2002, 631; *Schmidt-Preuß,* Rezension zu Rengeling, Hans-Werner: Rechtsfragen zur Langzeitsicherheit von Endlagern für radioaktive Abfälle, DVBl 1995, 813; *ders.,* Konsens und Dissens in der Energiepolitik, NJW 1995, 985; *Sendler,* Auf jede Stimme kommt es an!, NJW 2002, 2611; *ders.,* Glaubensgemeinschaften als Körperschaften des öffentlichen Rechts, DVBl 2004, 8; *Sommermann,* Staatsziele und Staatszielbestimmungen, 1997; *Starck,* Praxis der Verfassungsauslegung, 1994; *ders.,* Über Auslegung und Wirkungen der Grundrechte, in Heyde/Starck, Vierzig Jahre Grundrechte in ihrer Verwirklichung durch die Gerichte, 1990, S. 9; *ders.,* Grundrechtliche Schutzpflichten, in Starck, Verfassungsauslegung, S. 46; *ders.,* Rangordnung der Gesetze, 1995; *Streinz/Leible,* Die unmittelbare Drittwirkung der Grundfreiheiten, EuZW 2000, 459; *Suerbaum,* Die Schutzpflichtdimension der Gemeinschaftsgrundrechte, EuR 2003, 390; *Szczekalla,* „Ausländer" in Deutschland – zur Geschichte eines Begriffs, RJ 10 (1991), 321; *ders.,* Die Pflicht der Gemeinschaft und der Mitgliedstaaten zum diplomatischen und konsularischen Schutz, EuR 1999, 325; *ders.,* Die sogenannten grundrechtlichen Schutzpflichten im deutschen und europäischen Recht. Inhalt und Reichweite einer „gemeineuropäischen Grundrechtsfunktion", 2002; *ders.,* Umgestaltung des deutschen Chemikalienrechts durch europäische Chemikalienpolitik, DVBl 2003, 647; *ders.,* Freiheit im Europäischen Verfassungsverbund – Allgemeine Rechtsgrundsätze zwischen Instrumentalisierung und Auflösung?, DVBl 2005, 286; *ders.,* Wirtschaftliche Grundrechte und EG-Grundfreiheiten – Grundrechte und -freiheiten ernst genommen, in Bruha/Petzold/Nowak, Grundrechtsschutz für Unternehmen im europäischen Binnenmarkt, 2004, S. 65; *ders.,* Die sogenannten grundrechtlichen Schutzpflichten im deutschen und europäischen Recht. Inhalt und Reichweite einer „gemeineuropäischen Grundrechtsfunktion", 2002; *ders.,* Artikel „Allgemeine Rechtsgrundsätze" und Artikel „Grundrechte" in Rengeling, Handbuch zum europäischen und deutschen

Umweltrecht (EUDUR), Bd. 1, 2. Aufl. 2003, S. 294. u. 338; *Unruh,* Zur Dogmatik der grundrechtlichen Schutzpflichten, 1996; *Vieweg/Röthel,* Verbandsautonomie und Grundfreiheiten, ZHR 166 (2002), 6; *Weber,* Fundamental Rights in Europe and North-America, Part B IV – Germany, 2008; *Winter/Wagenknecht,* Gemeinschaftsverfassungsrechtliche Probleme der Neugestaltung der Vorlage von Prüfnachweisen im EG-Chemikalienrecht, DVBl 2003, 10; *ders.,* Grundrechte für Europa – Die Europäische Union nach Nizza, DVBl 2001, 345; *ders.,* Grundfreiheitliche Schutzpflichten – eine „neue" Funktion der Grundfreiheiten des Gemeinschaftsrechts, DVBl 1998, 219.

A. Grundrechte als Abwehrrechte

1 Nach herkömmlicher Ansicht haben Grundrechte zunächst und vor allem die Funktion, dem Grundrechtsadressaten (Mitgliedstaat bzw. Union; → § 9) eine Pflicht zur **Achtung** ihres Gehalts (Schutzbereich → § 10 Rn. 1 ff.) aufzuerlegen. Kommt der Adressat dieser Pflicht nicht nach und will er den (vorhandenen) Gehalt verkürzen, kann der Grundrechtsträger (→ § 9) die (drohende) Beeinträchtigung abwehren. Bei nicht erfolgter oder nicht vollständig erfolgreicher Abwehr stehen ihm unter Umständen zusätzliche Reaktionsmöglichkeiten (Folgenbeseitigung, Schadensersatz oder Entschädigung) zur Verfügung, also ein ganzes **Rechtebündel.** Diese Funktion(en) der Grundrechte wird (werden) auch als klassische bezeichnet,[1] weil sie am Beginn der grundrechtlichen Entwicklung gestanden haben soll(en).[2] Die Abwehrfunktion ist allerdings (nur) dem Grunde nach geklärt und nahezu allseits akzeptiert. Unsicherheiten bestehen jedenfalls über ihre genaue Reichweite, vor allem in Abgrenzung zu anderen Grundrechtsfunktionen, welche sich in Abhängigkeit von ihr oder in Reaktion auf sie und ihre – vermeintlichen – Mängel und Beschränkungen entfaltet haben (→ Rn. 23 ff.).

I. Freiheitsgewährleistung, nicht -gewährung

2 Auf abstrakter Ebene, dh losgelöst vom jeweiligen Schutzbereich, geht es beim Abwehrrecht um den Schutz von (grundrechtlicher) Freiheit (und Gleichheit[3]) vor Unions- oder (und) mitgliedstaatlichen Übergriffen. Eine Verkürzung der Freiheit stellt sich als Eingriff dar, der rechtfertigungsbedürftig, aber grundsätzlich[4] auch rechtfertigungsfähig ist.[5] Die Freiheit ist nicht von Unions- oder von staatlicher Zuteilung abhängig, nach der erst eine solche Verkürzung erfolgen könnte. Die Freiheit wird vielmehr **gewährleistet** und nicht bloß gewährt.[6] Das kommt ua auch in der Präambel der Charta zum Ausdruck, die in ihrem fünften Absatz die bereits vorhandenen Rechte (nur) „bekräftigt" und sie in ihrer

---

[1] Zum (ideen- bzw.) „geistesgeschichtlichen" Hintergrund vgl. nur BVerfGE 7, 198 (204 f.) – Lüth; BVerfGE 61, 82 (100 ff.) – Sasbach. Zur langen Tradition dieses „europäisch-atlantischen Kern[s]" der Grundrechte vgl. *Kühling* in v. Bogdandy/Bast Europ. VerfassungsR S. 657 (671 ff., 674); *Frenz* in FK-EUV/GRC/AEUV GRC Art. 2 Rn. 8; *Heselhaus* in FK-EUV/GRC/AEUV GRC Art. 3 Rn. 13; *Cremer* in Grabenwarter, EnzEur Bd. 2, § 1 Rn. 67 ff.

[2] Ausf. zur Entwicklung (und mit dem Versuch einer eigenen Rekonstruierung) *Poscher* S. 15 ff., 60 ff., 153 ff. („Totalität und Reflexivität" des Abwehrrechts), mwN.

[3] Zur abwehrrechtlichen Konstruktion der Gleichheit s. *Kühling* in v. Bogdandy/Bast Europ. VerfassungsR S. 657 (674, 678); *Rengeling/Szczekalla* Grundrechte in der EU Rn. 550, 878 f. Für das dt. Recht in jeweils unterschiedlichem Ausmaß *Huster* passim; *Huster* JZ 1994 – 541 (541 ff.); *Kloepfer* S. 54 ff.; *Möckel* DVBl 2003, 488 (488 ff.).

[4] Neuerdings umstritten bei der Menschenwürde, je nach Definition und zeitlich gestuftem Aufsatzpunkt (immer unter der Voraussetzung, dass man sie überhaupt als echtes Grundrecht anerkennt, wofür auf Ebene der Charta die ausdrückliche und subjektivrechtlich formulierte Garantie in Art. 1 GRC spricht → § 13. Nach immer noch überwiegender Ansicht kommt indes keinerlei Rechtfertigung in Betracht: Wo die Menschenwürde berührt ist, ist sie verletzt (vgl. die Problemkreise Folter und Stammzellforschung); *Rengeling/Szczekalla* Grundrechte in der EU Rn. 584 f.

[5] Offenbar *(obiter)* eine Rechtfertigungsfähigkeit für eine Durchbrechung des Folterverbots verneinend (insoweit zutreffend): EuGH C-112/00, Slg. 2003, I-5659 Rn. 80 – Schmidberger („Brenner-Blockade"). Gleiches soll auch für das Leben gelten. Das ist indes unrichtig (insbes. angesichts des Gesetzesvorbehalts und des finalen Rettungsschusses), s. *Rengeling/Szczekalla* Grundrechte in der EU Rn. 434, 600.

[6] Vgl. *Hirsch,* Bekenntnis zu den Grundwerten, FAZ Nr. 237 v. 12.10.2000, S. 11.

konkreten Ausformulierung dann in ihrem letzten Absatz (nur) „[an]erkennt".[7] Jedenfalls ein bestimmter Kernbereich ist deshalb auch (verfassungs-) änderungsfest.[8] Und der bisherige und nach der weitgehenden förmlichen Verbindlichkeit der Charta durch den Lissabonner Vertrag (Art. 6 Abs. 1 EUV) auch weiter praktizierte Grundrechtsschutz über die allgemeinen Rechtsgrundsätze funktioniert nach dem gleichen Prinzip: Der Gerichtshof erfindet die Grundrechte nicht, sondern er findet sie im Wege wertender Rechtsvergleichung.

II. Unionsrechtliche Verteilungsregel und lückenloser Grundrechtsschutz

Der gewährleisteten und nicht bloß gewährten Freiheit korrespondiert eine sog (rechtsstaatliche und unionrechtliche) Verteilungsregel.[9] Danach ist alles erlaubt, was nicht verboten ist. Der Staat (die Union) muss sein (ihr) Verhalten rechtfertigen, nicht der Einzelne, der von seiner Freiheit Gebrauch macht. Für diesen (auch sog) **Freiheits- oder Erlaubnissatz** gibt es einige Belege in klassischen und modernen Verfassungstexten. Klassisch ist etwa die Formulierung in Art. 5 der französischen Menschenrechtserklärung aus dem Jahr 1789. Danach hat „[d]as Gesetz [...] nur das Recht, solche Handlungen zu verbieten, die der Gesellschaft schädlich sind. Alles, was durch das Gesetz nicht verboten ist, darf nicht verhindert werden, und niemand kann genötigt werden zu tun, was es nicht befiehlt."[10]

Mit dieser Verteilungsregel kann auch begründet werden, dass und warum es einen lückenlosen Grundrechtsschutz geben muss: Die **vorgegebene Freiheit** ist *prima facie* **grenzenlos**. Jede Einschränkung hat sich vor ihr zu rechtfertigen (→ § 10 Rn. 5ff., im Zusammenhang mit etwaigen Banalitäts- und Trivialitätsvorbehalten beim Schutzbereich [Tatbestandstheorien]).

III. Positiver und negativer Freiheitsschutz

Die Abwehrrechte schützen regelmäßig sowohl die positive als auch die negative Freiheit, also die Möglichkeit, von einer (aktiven) Grundrechtsausübung auch abzusehen und gleichsam in Passivität zu verharren oder eine dem Schutzgut entgegengerichtete Handlung vorzunehmen.[11] Allerdings werden hier **Ausnahmen** für einzelne Grundrechte erwogen, namentlich für das Grundrecht auf **Leben** (insbesondere bei der sog Sterbehilfe, → § 14). So hat der EGMR etwa entschieden, dass die Strafbarkeit der Beihilfe zum Selbstmord in England weder Art. 2 EMRK noch die Art. 3, 8 oder 14 der Konvention verletze.[12] Insbesondere beinhalte das Grundrecht auf Leben kein („negatives") Recht auf (menschenwürdiges) Sterben. Die Vertragsstaaten treffe vielmehr eine Schutzpflicht zugunsten jedes einzelnen Lebens. Und in manchen Mitgliedstaaten[13] kennt man darüber hinaus auch eine

---

[7] *Rengeling/Szczekalla* Grundrechte in der EU Rn. 35, 41; *Szczekalla* DVBl 2005, 286 (291).
[8] *Rengeling/Szczekalla* Grundrechte in der EU Rn. 131.
[9] Vgl. *Rengeling/Szczekalla* Grundrechte in der EU Rn. 640ff., 642.
[10] Hinzu kommt Art. 4 frzMR-Erklärung: „Die Freiheit besteht darin, alles tun zu dürfen, was einem anderen nicht schadet. Die Ausübung der natürlichen Rechte des Menschen hat also nur die Grenzen, die den anderen Mitgliedern der Gesellschaft den Genuss der gleichen Rechte sichert. Diese Grenzen können nur durch Gesetz bestimmt werden". Zu moderneren Varianten s. Art. 31 Abs. 2 S. 2 polnVerf („Niemand darf zu etwas gezwungen werden, was ihm nicht durch das Recht geboten ist.") sowie Art. 2 Abs. 4 tschechVerf („Jeder Bürger kann tun, was gesetzlich nicht verboten ist, und niemand darf gezwungen werden zu tun, was ihm das Gesetz nicht auferlegt."; ähnlich Art. 3, 112 Abs. 1 tschechVerf iVm Art. 2 Abs. 3 tschechGR-Deklaration).
[11] Genaugenommen wird aber auch insoweit von der (einen) Freiheit Gebrauch gemacht.
[12] EGMR 29.4.2002 (S IV) – 2346/02, Rep. 2002-III, 155 = EuGRZ 2002, 234 – Pretty/Vereinigtes Königreich, betr. die aktive Sterbehilfe.
[13] Belgien, Luxemburg und Griechenland. Dies gilt auch für die Wahlen zum Europäischen Parlament, welche nach dem Europawahlakt (Anhang zum Beschluss 76/87/EGKS, EWG, Euratom, ABl. 1976 L 278, 1, geändert durch Art. 1 Beschluss 2002/772/EG Euratom, ABl. 2002 L 283, 1) national ausgestaltet und letztverantwortet werden. Hierin liegt kein Verstoß gegen Art. 39f. GRC, jew. mwN *Szczekalla* in FK-EUV/GRC/AEUV EUV Art. 14 Rn. 54; *Heselhaus* in FK-EUV/GRC/AEUV GRC Art. 39 Rn. 29, Art. 40 Rn. 15.

Wahlpflicht,[14] also gerade keine Freiheit, nicht zur Wahl zu gehen[15] (→ § 51). Im Ergebnis enthalten die Schutzbereiche der meisten Grundrechte allerdings eine nicht ausdrückliche, sondern nur mitgeregelte „negative Seite". Abweichungen sind jedenfalls (gesteigert) begründungsbedürftig.[16]

IV. Abwehrrechtliche Argumentationsformen

6   Um die Abwehrfunktion in der Praxis handhabbar zu machen, hat sich jedenfalls in Deutschland eine bestimmte, **dreistufige** Argumentationsform eingebürgert, die nach Berührung des **Schutzbereichs,** Vorliegen eines **Eingriffs** und **Rechtfertigung** desselben fragt (Anwendung und Details → § 10 Rn. 1 ff.). Eine vergleichbare Prüfung ist durch die Schrankenklauseln der Art. 8–10 EMRK vorgegeben und wird auch vom EGMR praktiziert. Über ihre Stufung ermöglicht diese Argumentationsform eine möglichst **rationale Prüfung,** welche alle Gesichtspunkte eines Falles an den dafür geeigneten Stellen verarbeiten kann.[17] Dass ihre Verwendung der Arbeit des kontinentalen Juristen entspricht, der an eine bestimmte („seine") Dogmatik gewöhnt ist, spricht nicht gegen ihre Heranziehung auch auf Unionsebene:[18] Neben der Parallele zur EMRK erleichtert sie jedenfalls einem großen Kreis von Beteiligten die Anwendung und Durchsetzung des Unionsrechts. Außerdem führt eine (gute) **Dogmatik** im Ergebnis zu mehr **Rechtssicherheit** und **Rechtsanwendungsgleichheit.** Die abwehrrechtliche Argumentationsform folgt jedenfalls der Regel für die Entwicklung und Anwendung einer jeden Dogmatik: So einfach wie möglich und so komplex wie nötig.[19] Ihr Erfolg hat zum Teil sogar dazu geführt, dass man ihre

---

[14] Kein Verstoß gegen Art. 9 EMRK unter dem Gesichtspunkt der Gewissensfreiheit wegen der Möglichkeit, eine ungültige Stimme abzugeben, so *Meyer-Ladewig* in HK-EMRK EMRK Art. 9 Rn. 6. Einen Verstoß gegen den Grundsatz der freien Wahl annehmend *Magiera* in NK-EuGRCh Art. 39 Rn. 27 aE mwN. Aus rechtstheoretischer Sicht gegen ein Recht auf Nichtwahl s. etwa *Lardy* OJLS 24 (2004), 303 (303 ff.).

[15] In Deutschland sollen – gleichsam umgekehrt – „religiöse" Wahlverbote jedenfalls nach Ansicht des BVerfG einer Anerkennung der entsprechenden Religionsgemeinschaft als Körperschaft des öffentlichen Rechts entgegenstehen: BVerfGE 102, 370 (397 ff.) – Zeugen Jehovas. Zur Kritik *Sendler* NJW 2002, 2611 (2611 ff.); *Sendler* DVBl 2004, 8 (8 ff.). Das von oben verordnete Wahlverbot führt allerdings auch nicht zu einer (wirklich) freien (Nicht-) Wahlentscheidung des Einzelnen, so dass hier kein sog „aufgedrängter Grundrechtsschutz" (→ § 8 Rn. 18) vorliegt, wenn man den Körperschaftsstatus (ua) aus diesem Grunde versagen sollte.

[16] Zur negativen Vereinigungsfreiheit aus Art. 11 EMRK s. nur EGMR 30.6.1993 – 16130/90, Series A no. 264 Rn. 35 ff. = ÖJZ 1994, 207 – Sigurdur A. Sigurjónsson/Island („Taxilizenz"); EGMR 25.4.1996 – 15573/89, Rep. 1996, 637 Rn. 45 = ÖJZ 1996, 869 – Gustafsson/Schweden („Restaurantblockade"); EGMR 29.4.1999 – 25088/94 ua, Rep. 1999-III, 21 Rn. 103, 117 = NJW 1999, 3695 = ÖJZ 2000, 113 – Chassagnou ua/Frankreich („Zwangsjagd/Loi Verdeille"). Noch vorsichtiger EGMR 13.8.1981 – 7601/76, A no. 44 Rn. 52 ff., 55 = EuGRZ 1981, 559 = NJW 1982, 2717 – Young, James und Webster/Vereinigtes Königreich („Closed Shop") – deutlicher EGMR 11.1.2006 – 52562/99 u. 52620/99, Rep. 2006-I Rn. 54 = ÖJZ 2006, 550 – Sørensen und Rasmussen/Dänemark. Bei öffentlich-rechtlichen Einrichtungen gibt es allerdings weder eine positive (keine Gründungsfreiheit) noch eine negative Vereinigungsfreiheit (kein Recht zum Fernbleiben/Austritt), s. etwa EGMR 4.7.2002 – 43311/98, ÖJZ 2002, 776 – Köll/Österreich („Zwangsmitgliedschaft im Tourismusverband"), mwN. Der EGMR prüft die Fragen allerdings autonom und damit unabhängig von der nationalen Bezeichnung „öffentlich-rechtlich" (gesetzliche Regelung, Unterschied zu privatrechtlichen Vereinen, Struktur, Zuständigkeit der Verwaltungsbehörden, Entscheidung bei einem Streit zwischen Verein und Mitgliedern, Art der Beitragserhebung). Bei „Integration in die staatlichen Strukturen" und „Vorrechten außerhalb des Bereichs des normalen Rechts" liegt eine öffentliche Einrichtung in diesem Sinne vor. Privaten muss es daneben aber unbenommen bleiben, selbst privatrechtliche Vereine zu gründen (oder eben auch nicht zu gründen). Weitere Nachw. bei *Daiber* in HK-EMRK EMRK Art. 11 Rn. 12.

[17] Vgl. *Szczekalla* S. 427 ff. mwN. Im Wesentlichen wie hier *Kühling* in v. Bogdandy/Bast Europ. VerfassungsR S. 657 (688 ff.), 693, betr. die Verhältnismäßigkeit); Jarass EU-GR § 6 Rn. 1 ff.; Jarass GRCh Art. 52 Rn. 2 ff.

[18] Ausführlich zur Notwendigkeit einer eur. Grundrechtsdogmatik bzw. von allg. Grundrechtslehren mwN. *Rengeling/Szczekalla* Grundrechte in der EU Rn. 83 ff. Allgemein zu den Vorteilen einer Dogmatik *Kühling/Lieth* EuR 2003, 371 ff. (388 f.).

[19] Zu dieser Maxime vgl. *Jarass* AöR 120 (1995), 345 (346 f., 358 f.); *Jarass* EuR 1995, 202 (202 f.). Ähnlich *Kingreen* S. 18 f.

Anwendung auch auf die Gleichheit,[20] bestimmte soziale Rechte[21] und Schutzpflichten vorschlägt.[22]

B. Grundrechte als Schutzpflichten

Die sog grundrechtlichen Schutzpflichten als Ausfluss der zweiten, wesentlichen Grundrechtsfunktion haben seit einiger Zeit einen wahren **Siegeszug** durch ganz **Europa** angetreten.[23] Das gilt insbesondere für die Republik Österreich, wo nach ursprünglicher Ablehnung anderer Grundrechtsfunktionen als der der Abwehr durch den österreichischen Verfassungsgerichtshof[24] mittlerweile doch recht rege von ihnen Gebrauch gemacht wird.[25] Gelegentlich wurde und wird die Annahme von Schutzpflichten im und für Unionsrecht zwar noch bestritten oder enggeführt.[26] Gleichwohl genügen angesichts des sich **seit Ende der 90 Jahre des letzten Jahrhunderts** entwickelnden Meinungsbildes mittlerweile (relativ) wenige Bemerkungen zu dieser neuen bzw. neu entdeckten Grundrechtsfunktion:[27]

7

I. Begriff, Entwicklung und Herleitung

1. Staatstheoretische und objektivrechtliche Begründung. Zumindest in ihrer praktischen Anwendung und literarischen Problematisierung sind die Schutzpflichten jüngeren Datums. Dies mag deshalb Erstaunen hervorrufen, weil häufig auf ihre logische und/oder historische Priorität unter Hinweis auf den **„(Ur-) Staatzweck Sicherheit"**[28] Bezug genommen[29] und damit eine, wenn auch nicht ausschließliche, so doch vorrangige **staatstheoretische Begründung** von Schutzpflichten geliefert wird.[30] Die Figur der grund-

8

---

20 Vgl. *Möckel* DVBl 2003, 488 (488 ff.).
21 *Rengeling/Szczekalla* Grundrechte in der EU Rn. 550, 842, 997, 1002, 1037 f., jew. zu einem (relativen) Normbestandsschutz (Erhaltung des *status quo*) insbes. bei sozialen Sicherungssystemen und bei den sog „Grundsätzen" der Charta → § 10 Rn. 91 und 95 ff.
22 Für die Gleichheit (einschließlich derivativer Teilhaberechte) ebenso, ansonsten abweichend *Kühling* in v. Bogdandy/Bast Europ. VerfassungsR S. 657 (675 ff., 693 ff.): „einschrittig[...]", allerdings zum Teil mit der Möglichkeit abwehrrechtlicher Parallelen (700).
23 Ausf. dazu *Jaeckel* passim; *Szczekalla* passim; *Szczekalla* in Rengeling, EUDUR, Bd. 1, § 12 Rn. 20 ff., jew. mwN. Vgl. außerdem *Suerbaum* EuR 2003, 390 (390 ff.); *Frenz* in FK-EUV/GRC/AEUV GRC Art. 1 Rn. 13 ff. Reserviert demgegenüber noch *Nicolaysen* EuR 2003, 719 (723 f.). Krit. *Nicolaysen* → 1. Aufl. 2006, § 1 Rn. 65.
24 ÖstVfGH VfSlg. Nr. 7400 = EuGRZ 1975, 74 – Fristenlösung; östVfGH VfSlg. Nr. 8136 – Drittelparität.
25 Beginnend mit östVfGH VfSlg. Nr. 9224 = EuGRZ 1982, 22 – Minderheitenschutz; östVfGH VfSlg. Nr. 10412 – Briefwahl; östVfGH VfSlg. Nr. 12103 – Sorgerecht; östVfGH VfSlg. Nr. 12501 = EuGRZ 1990, 550 – HOSI-Fall; östVfGH VfSlg. Nr. 13725 – Prämienverbot; östVfGH VfSlg. Nr. 14260 = EuGRZ 1995, 664 – Unschuldsvermutung. Aus jüngerer Zeit etwa östVfGH, VfSlg. Nr. 16638 – Tod bei Polizeiverhör, betr. die „Schutzpflicht" aus Art. 2 EMRK; östVfGH VfSlg. Nr. 19742 – Attentäter von Oslo als christlicher Fundamentalist, zu Art. 10 Abs. 2 EMRK versus Rundfunkfreiheit des ORF. Aus der Literatur s. bspw. *Kind* ÖJZ 2002, 81 (89).
26 Zuletzt insbes. noch von *Nicolaysen* EuR 2003, 719 (723 f.).
27 Zu den das Abwehrrecht übersteigenden Grundrechtsfunktionen sa – allerdings nicht durchgängig – die Länderberichte in *Weber*, jew. unter Kap. 8 („Function and Interpretation of Fundamental Rights"/ „Fonctions et interprétation des droits fondamentaux").
28 Zur Sicherheit als ausdrücklichem Staatsziel s. etwa Art. 5 polnVerf: „Die Republik Polen schützt die Unabhängigkeit und Integrität ihres Territoriums, gewährleistet Freiheiten und Rechte des Menschen und der Bürger sowie die Sicherheit der Staatsbürger, schützt das nationale Erbe und gewährleistet den Umweltschutz, wobei sie sich von dem Prinzip der gleichmäßigen Entwicklung leiten lässt."
29 Insbes. unter Heranziehung der gemeineuropäisch-klassischen Formulierung von *Hobbes*, Leviathan (London, 1651/1668), dort va chap. 21 („The end of obedience is protection" – „Pro protectione oboedientia" – „Der Zweck des Gehorsams ist Schutz" (zit. nach der Reclam-Ausgabe 1980, S. 197). Auf diesem Boden bspw. BVerfGE 48, 127 (161) – WPflÄndG 1977; BVerfGE 69, 1 (22) – KDNVG. Zur Übertragbarkeit des geistesgeschichtlichen Begründungsstrangs auf die Union *Szczekalla* S. 1061 ff. mwN. Das gilt jedenfalls auch deshalb, weil die Union von ihren Unionsbürgern zumindest bei vorrangig anwendbarem, direkt wirkendem Unionsrecht Rechtsgehorsam einfordert (s. Art. 20 Abs. 2 S. 1 AEUV).
30 Vgl. etwa *Robbers* S. 27 ff. mwN.

rechtlichen Schutzpflichten taucht wohl zuerst in der Rechtsprechung des deutschen BVerfG auf,[31] welches sie aber doch im Wesentlichen aus der **objektivrechtlichen Seite der Grundrechte** ableitet, sie gleichwohl auch als subjektive Rechte **(Schutzrechte)** anwendet.[32] Sie ist unter dem synonymen oder Oberbegriff[33] der **„positiven Pflichten"**[34] inzwischen auch fester Bestandteil der Rechtsprechung des EGMR zur **EMRK**.[35] Im Rahmen der wertenden Rechtsvergleichung, namentlich beim sog modellhaften Vorgehen[36] besonders bedeutsam ist die bereits erwähnte Entwicklung der Judikatur des östVfGH. Angesichts dieses Befundes lassen sich jedenfalls zu Beginn des 21. Jahrhunderts **weder** ein **„Herleitungsproblem"** noch ein **„Rechtsquellenproblem"** konstatieren, wenn man gemeinschaftsgrundrechtliche Schutzpflichten begründen will.[37]

9   **2. Ausdrückliche Verfassungstexte.** Das gilt gerade auch im Hinblick auf die Grundrechtecharta, die mit Art. 1 S. 2 GRC ausdrücklich eine Bestimmung zur Achtung und zum Schutz der **Menschenwürde** enthält.[38] Mit diesem ausdrücklichen verfassungstextlichen Ansatzpunkt für grundrechtliche Schutzpflichten greift die Charta die diesbezügliche Tradition einiger Mitgliedstaaten auf, wonach die Würde des Menschen nicht nur zu achten, sondern auch zu **schützen** ist.[39] Andere Verfassungen, vor allem solche der neueren Mitglied- und Kandidatenstaaten, sprechen sogar ganz allgemein von einem Anspruch auf Schutz durch den Staat.[40]

10 Soweit der **Schutz** der (Staats-) Bürger **im Ausland,** also der Sache nach Teile des völkerrechtlichen, sog diplomatischen und konsularischen Schutzes[41] (→ § 52) thematisiert

---

[31] (Ausdrücklich) Erstmals in BVerfGE 39, 1 (Ls. 1 Rn. 1, 41 f., 78) – „§ 218-I".
[32] S. nur die Nachzeichnung der Rspr. bei *Unruh* passim.
[33] Anders offenbar *Dröge* passim, die darunter „horizontale" und (weitere) „soziale" Pflichten zusammenfassen will.
[34] Zuerst für Art. 8 EMRK EGMR 13.6.1979 – 6833/74, Series A no. 31 Rn. 31 = EuGRZ 1979, 454 = NJW 1979, 2449 – Marckx/Belgien. Für Art. 6 u. 8 EMRK EGMR 9.10.1979 – 6289/73, Series A no. 32 Rn. 25 = EuGRZ 1979, 626 – Airey/Irland; EGMR 26.3.1985 – 8978/80, Series A no. 91 Rn. 22 ff. = EuGRZ 1985, 297 = NJW 1985, 2075 – X. und Y./Niederlande. Für Art. 10 EMRK etwa EGMR 28.6.2011 – 24699/94, Rep. 2001-VI, 243 Rn. 44 ff. = ÖJZ 2002, 855 – VgT Verein gegen Tierfabriken/Schweiz. Für Art. 11 EMRK EGMR 13.8.1981 – 7601/76, Series A no. 44 Rn. 49 = EuGRZ 1981, 559 = NJW 1982, 2717 – Young, James und Webster/Vereinigtes Königreich („Closed Shop") unter Hinw. auf Art. 1 EMRK; EGMR 21.6.1988 – 10126/82, Series A no. 139 Rn. 29 ff. = EuGRZ 1989, 522 – Plattform Ärzte für das Leben/Österreich; EGMR 28.11.1996 – 21702/93, Rep. 1996-VI, 2017 Rn. 63 = JZ 1997, 676 – Ahmut/Niederlande („Familiennachzug-III"); EGMR 13.2.2003 – 42326/98, Rep. 2003-III, 1 Rn. 40 = EuGRZ 2003, 584 = NJW 2003, 2145 – Odièvre/Frankreich („Anonyme Geburt"); EGMR 8.7.2004 – 53924/00, Rep. 2004-VIII, 1 Rn. 74 ff., 88 – Vo/Frankreich; EGMR 10.4.2007 (GK) – 6339/05, Rep. 2007-I, 353 Rn. 71 ff. – Evans/Vereinigtes Königreich (Embryo-Einpflanzung). Zuletzt für Art. 2 EMRK EGMR 13.4.2017 (S 1) – 26562/07 ua, Rn. 481 ff., 496 ff. – Tagayeva ua/Rußland (Beslan); EGMR 8351/17, ECLI:CE:ECHR:2019:0709JUD000835117 Rn. 79 ff. – Romeo Castaño/Belgien. Aus der Lit. *Bleckmann* FS Bernhardt, 1995, 309 (309 ff.).
[35] Zu objektivrechtlichen Formulierungen in der Rspr. s. EGMR 18.1.1978 (Pl) – 5310/71, Series A no. 25 Rn. 239 = EuGRZ 1979, 149 – Irland/Vereinigtes Königreich („Five Techniques of Interrogation"): EMRK als Netzwerk objektiver Verpflichtungen; EKMR 11.1.1961 – 788/60, YB 4, 116 (140/141) – Österreich/Italien („Pfunders-Fall"): „public order of Europe"/„ordre public de l'Europe".
[36] Vgl. *Rengeling/Szczekalla* Grundrechte in der EU Rn. 165.
[37] S. aber seinerzeit *Ruffert* S. 59 ff. Zu weiteren denkbaren Einwänden ausführlich *Szczekalla* S. 551–610; *Szczekalla* in Rengeling, EUDUR, Bd. 1, § 12 Rn. 30.
[38] Ähnlich *Schmidt* ZEuS 2002, 631 (642 f. mwN).
[39] So etwa Art. 1 Abs. 1 S. 2 GG und Art. 2 Abs. 1 griechVerf. Für die „Kulturgut" der „unterschiedlichen sprachlichen Gegebenheiten Spaniens" auch Art. 3 Abs. 3 spanVerf, worin der Sache nach ein sprachbezogener Minderheitenschutz zum Ausdruck kommt, allerdings zumindest vordergründig nicht individualgrundrechtlich, sondern kollektiviert.
[40] Herausragend insoweit etwa § 13 Abs. 1 S. 1 estnVerf („Jeder hat ein Recht auf Schutz durch den Staat und das Gesetz."). S. auch noch Art. 32 lit. a aE maltVerf („Schutz durch das Recht"). (Wohl) Eher eine umfassende Rechtsschutzgarantie beinhaltend Art. 56 bulgVerf („Jeder Bürger hat ein Recht auf Schutz, wenn seine Rechte oder gesetzlich geschützten Interessen verletzt oder bedroht sind. Vor staatlichen Institutionen darf er mit einem Verteidiger auftreten.").
[41] S. Art. 46 GRC. Vgl. *Szczekalla* EuR 1999, 325 (325 ff.).

werden, lässt sich auch insoweit von einer – gemeinsamen – schutzrechtlichen Tradition sprechen.[42] Hier sind insbesondere diejenigen Mitgliedstaaten betroffen, die in der Vergangenheit die größten Ströme von Arbeitsmigranten, häufig genug nach Deutschland, zu verzeichnen hatten: Sie kümmern sich besonders um den Schutz „ihrer Arbeiter" bzw. „Arbeitnehmer"[43] oder allgemein um den Schutz „der [nationalen] Arbeit"[44] im Ausland.[45] Die in den Verfassungen mitunter zum Ausdruck kommende Rückkehrerwartung hat sich allerdings inzwischen als Mythos erwiesen: Viele Arbeitsmigranten sind geblieben und haben sich – überwiegend erfolgreich – integriert.[46] Die Beschränkung auf die „nationale" Arbeit kann im Übrigen in einem Binnenmarkt schwerlich aufrechterhalten werden (→ Rn. 20).

Ferner kommt in den Formulierungen „wird [gesetzlich] geschützt" ebenfalls eine **11** allerdings teilweise unbewusste schutzrechtliche Tradition der mitgliedstaatlichen Verfassungen sowie der EMRK zum Ausdruck. Sie findet sich häufig, aber nicht nur beim **Schutz des Lebens** (→ § 14).[47] Mit dieser Formulierung wird bereits auf eines der

---

[42] Vgl. § 13 Abs. 1 S. 2 estnVerf („Der estnische Staat schützt auch seine Bürger im Ausland."); Art. 69 Abs. 3 ungVerf („Jeder ungarische Staatsbürger ist dazu berechtigt, während der Dauer eines gesetzlichen Auslandsaufenthaltes den Schutz der Republik Ungarn zu genießen.").

[43] ZB Art. 42 spanVerf („Der Staat wacht besonders über den Schutz der wirtschaftlichen und sozialen Rechte der spanischen Arbeitnehmer im Ausland und richtet seine Politik auf deren Rückkehr aus.").

[44] Vgl. etwa Art. 35 Abs. 4 italVerf („Sie [die itRep.] anerkennt – vorbehaltlich der im allgemeinen Interesse gesetzlich festgelegten Pflichten – das Recht auf Auswanderung und sie schützt die italienische Arbeit im Ausland.").

[45] Allgemeiner s. außerdem etwa § 98 S. 2 lettVerf („Jeder Inhaber eines lettischen Passes wird im Ausland durch den Staat geschützt und hat das Recht auf freie Rückkehr nach Lettland."); Art. 108 Abs. 1 griechVerf („Der Staat sorgt für das Griechentum im Ausland und die Aufrechterhaltung der Verbindung zum Mutterland. Er sorgt auch für die Bildung und die gesellschaftliche und berufliche Förderung der im Ausland arbeitenden Griechen."); Art. 2 S. 3 irVerf („Darüber hinaus pflegt die irische Nation ihre besonders enge Beziehung zu im Ausland lebenden Menschen irischer Abstammung, die mit der irischen Nation die kulturelle Identität und das kulturelle Erbe teilen."); Art. 13 Abs. 1 litVerf („Der Staat Litauen schützt seine Bürger im Ausland."); Art. 36 polnVerf („Während des Aufenthalts im Ausland hat der polnische Staatsbürger das Recht auf Schutz seitens der Republik Polen."); Art. 14 portVerf („Portugiesische Staatsbürger, die sich im Ausland aufhalten oder dort wohnhaft sind, genießen den Schutz des Staates bei der Ausübung ihrer Rechte und haben die Pflichten, die mit ihrer Abwesenheit aus dem Land vereinbar sind."); Art. 7a slowakVerf idFd VerfassungsG Nr. 90/2001 („Die slowakische Republik unterstützt das Nationalbewusstsein und die kulturelle Identität der im Ausland lebenden Slowaken, sie unterstützt die von ihnen zur Erreichung dieses Zieles geschaffenen Einrichtungen sowie ihre Beziehungen zur Heimat."); Art. 5 Abs. 1 S. 3 slowenVerf („Er [der {slowen.} Staat] sorgt für die slowenischen Volksgruppen in den Nachbarstaaten, für die slowenischen Auswanderer und für die im Ausland arbeitenden slowenischen Staatsbürger und fördert deren Beziehungen zur Heimat."); Art. 50 Abs. 1 lit. a Abs. 4 zypVerf (Zuständigkeit von Präsident und Vizepräsident für die Außenpolitik, was ausdrücklich den „auswärtigen Schutz der Bürger der Republik und ihrer Interessen" einschließt). Aus den Verfassungen der jüngeren MS s. Art. 25 Abs. 5 bulgVerf („Die im Ausland lebenden bulgarischen Staatsangehörigen stehen unter dem Schutz der Republik Bulgarien."); Art. 7 rumVerf („Der Staat unterstützt die Festigung der Verbindungen mit den Rumänen, die außerhalb der Landesgrenzen leben, und wirkt für die Wahrung, Entwicklung und Äußerung ihrer ethnischen, kulturellen, sprachlichen und religiösen Identität, unter Beachtung der Gesetzgebung des Staates, dessen Bürger sie sind."); Art. 17 rumVerf („Die rumänischen Staatsbürger erfreuen sich im Ausland des Schutzes des rumänischen Staates und müssen ihre Verpflichtungen erfüllen, mit Ausnahme jener, die mit ihrer Abwesenheit aus dem Lande unvereinbar sind."); weiterhin Art. 62 türkVerf („Der Staat trifft die notwendigen Maßnahmen zur Gewährleistung der Einheit der Familie der im Ausland arbeitenden türkischen Staatsbürger, der Erziehung ihrer Kinder, ihrer kulturellen Bedürfnisse und ihrer sozialen Sicherheit, zum Schutz ihrer Bindungen an das Vaterland und zur Hilfestellung bei ihrer Rückkehr in die Heimat.").

[46] Ausführlich zur Geschichte der (früher sog) „Gastarbeiter" und zum „Mythos von der Rückkehr" *Szczekalla* RJ 10 (1991), 321 (328 ff.).

[47] Vgl. nur Art. 2 Abs. 1 S. 1 EMRK. Außerdem: § 16 S. 2 estnVerf; § 93 lettVerf; Art. 19 litVerf (für die Menschenwürde ebenso in Art. 21 Abs. 2); Art. 38 polnVerf („rechtlich"). Ausdrücklich auf das ungeborene Leben eingehend Art. 15 Abs. 1 slowakVerf („Das menschliche Leben ist schon vor der Geburt schützenswert"). Ebenso Art. 3, 112 Abs. 1 tschechVerf iVm Art. 6 Abs. 2 tschechGR-Deklaration („Das Menschenleben ist schon vor der Geburt des Schutzes würdig."). Eine ausdrückliche Pönalisierungspflicht statuierend Art. 28 S. 2 bulgVerf („Der Anschlag auf das menschliche Leben wird als eine der schwersten Straftaten geahndet."). Zum Lebensschutz s. auch Art. 2 GRC (→ § 14). Mancher MS beruft sich –

wichtigsten und zugleich selbstverständlichsten Schutzmittel verwiesen, auf das **Gesetz**. Der ausdrückliche Anspruch auf Schutz der **Gesundheit** wird demgegenüber nicht immer ebenso ausdrücklich auf das Gesetz bezogen.[48]

12 Darüber hinaus gewährleisten manche Verfassungen ausdrücklich den (staatlichen) Schutz des **Privatlebens** (→ § 23), ohne dass dieser vom Text her auf staatliche Ingerenzen beschränkt ist.[49] Manchmal kommt dies – zusätzlich – auch in der einen absoluten Rundumschutz nahelegenden Formulierung „unantastbar" zum Ausdruck.[50] Schließlich genießt unter anderem die **Familie** im Verfassungsvergleich einen häufig hervorgehobenen, ausdrücklichen Schutz durch den Staat (→ §§ 40 ff.).[51]

13 Alle diese verfassungstextlichen Belege bedeuten nun **nicht** etwa im **Umkehrschluss**, dass außerhalb der geregelten Sachverhalte keine Schutzpflichten bestehen.[52] Sie betonen vielmehr nur besonders wichtige oder besonders gefährdete Rechte und Rechtsgüter oder traditionell-historisch als besonders relevant empfundene Teilbereiche des staatlichen Schutzes.

14 Soweit manche Verfassungen – ebenso wie die Charta in ihrem Art. 17 Abs. 2 GRC – das **geistige Eigentum** besonders erwähnen,[53] handelt es sich allerdings weniger um die

---

erfolglos – auf eine Schutzpflicht aus ua Art. 2 Abs. 1 EMRK, s. EuGH C-220/15, ECLI:EU:C:2016:815 Rn. 17 – Kommission/Deutschland.

[48] Vgl. nur § 28 Abs. 1 estnVerf; § 111 lettVerf; Art. 68 Abs. 1 polnVerf. Nur die Krankenversicherung, Gesundheitsfürsorge und Heilmittel an das Gesetz verweisend Art. 40 S. 2 slowakVerf (ebenso: Art. 3, 112 Abs. 1 tschechVerf iVm Art. 31 tschechGR-Deklaration) – für den allgemeinen Gesundheitsschutz aus S. 1 gilt aber die Querschnittsklausel des Art. 51 Abs. 1 slowakVerf (Art. 40 S. 1 slowakVerf).

[49] S. etwa Art. 22 Abs. 4 litVerf („Das Recht und das Gericht schützen jedermann vor willkürlichen oder rechtswidrigen Eingriffen in sein Privat- und Familienleben sowie vor Beeinträchtigungen seiner Ehre und Würde."). Für als besonders schutzbedürftig eingeschätzte Gruppen auch Art. 76 polnVerf („Die öffentliche Gewalt schützt Verbraucher und Mieter vor Handlungen, die ihre Gesundheit, ihre Privatsphäre und Sicherheit bedrohen sowie vor unlauteren Geschäftspraktiken. Der Umfang des Schutzes wird vom Gesetz geregelt."); Art. 19 Abs. 2 und 3 slowakVerf („(2) Jedermann hat das Recht auf Schutz vor unberechtigten Eingriffen in sein persönliches- und Privatleben. (3) Jedermann hat das Recht auf Schutz gegen die unberechtigte Sammlung, Veröffentlichung oder gegen anderen Missbrauch seiner Personaldaten."); gleichlautend Art. 3, 112 Abs. 1 tschechVerf iVm. Art. 10 Abs. 2 und 3 tschechGR-Deklaration.

[50] Vgl. Art. 32 bulgVerf („(1) Das Privatleben der Bürger ist unantastbar. Jeder hat ein Recht auf Schutz gegen rechtswidrige Einmischung in sein Privat- und in sein Familienleben und gegen Angriffe auf seine Ehre, seine Würde und seinen guten Ruf. (2) Niemand darf – außer in den gesetzlich vorgesehenen Fällen – ohne sein Wissen oder gegen seine ausdrückliche Weigerung verfolgt, photographiert, gefilmt, aufgenommen oder anderen ähnlichen Handlungen unterworfen werden.").

[51] S. nur § 27 Abs. 1, 4 estnVerf; Art. 6 Abs. 1, 2 S. 2, Abs. 4 GG; Art. 41 slowakVerf; Art. 53 slowenVerf; Art. 15 ungVerf; Art. 3, 112 Abs. 1 tschechVerf iVm. Art. 32 Erklärung der Grundrechte und -freiheiten. Zum speziellen Schutz der Kinder s. etwa noch – besonders deutlich – Art. 56 slowenVerf sowie Art. 67 ungVerf. Aus den Verfassungen der jüngsten MS vgl. noch Art. 14, 47 bulgVerf. Zu den besonders geschützten Personen (Familie, Kinder und Jugendliche, Behinderte, ältere Menschen) vgl. auch Art. 24 ff. GRC sowie → §§ 44 ff.

[52] In diese Richtung für das dt. Recht aber *Starck*, in Starck, Verfassungsauslegung, S. 56 (56 f., 60, 64, 70, 75, 79); *Starck*, Rangordnung, S. 26 mit Fn. 76 sowie die Diskussionsbeiträge *Starck* VVDStRL 57 (1998), 103 f. (281 f.).

[53] Vgl. etwa § 39 estnVerf („Der Urheber hat ein unabdingbares Recht an seinem Werk. Der Staat schützt dieses Recht."); § 113 lettVerf („Der Staat anerkennt das Recht auf wissenschaftliche Forschung, auf künstlerische und sonst kreative Betätigung und schützt das Urheber- und Patentrecht."); Art. 42 Abs. 3 litVerf („Die geistigen und materiellen Urheberinteressen, welche mit Werken der Wissenschaft, Technik, Kultur und Kunst verbunden sind, werden gesetzlich gesichert und geschützt."); Art. 42 Abs. 2 portVerf („Diese Freiheit [geistige, wissenschaftliche und künstlerische Entfaltung] umfasst das Recht der Erfindung, Herstellung und Verbreitung des wissenschaftlichen, literarischen und künstlerischen Werkes und schließt den gesetzlichen Schutz des Urheberrechts mit ein."); Kap. 2 § 19 schwedVerf („Schriftsteller, Künstler und Fotografen haben gemäß den gesetzlichen Bestimmungen das Recht am eigenen Werk."); Art. 43 Abs. 1 S. 2 slowakVerf („Die Rechte an den Ergebnissen schöpferischer geistiger Tätigkeit sind durch Gesetz geschützt."); ebenso Art. 3, 112 Abs. 1 tschechVerf iVm Art. 34 Abs. 1 tschechGR-Deklaration; Art. 60 slowenVerf („Der Schutz der Urheberrechte und anderer Rechte, die künstlerischen oder wissenschaftlichen Tätigkeiten sowie Forschungs- und Erfindungstätigkeiten entspringen, ist gewährleistet."). Aus den Verfassungsordnungen der jüngsten MS Art. 54 Abs. 3 bulgVerf („Die Erfinderrechte,

Ausprägung einer Schutzpflicht⁵⁴ als um eine besondere Betonung dieser Art des Eigentums (→ § 36).⁵⁵ Die Erläuterungen zur Charta stellen jedenfalls eindeutig klar, dass die besondere Erwähnung nur „aufgrund seiner zunehmenden Bedeutung und aufgrund des abgeleiteten Gemeinschaftsrechts" ausdrücklich aufgeführt werde.⁵⁶

Keine direkten Positivierungen der Schutzpflichten, wohl aber Hinweise auf die Wertigkeit bestimmter Rechte und Rechtsgüter, stellen schließlich die in den **Schrankenklauseln** aller Verfassungs- und völkerrechtlichen Texte enthaltenen Formulierungen dar, soweit darin namentlich auf die **„Rechte und Freiheiten anderer"** Bezug genommen wird.⁵⁷ 15

Nach herkömmlicher und nahezu einhelliger Auslegung kein Beleg für Schutzpflichten ist die ausdrückliche Nennung der „Sicherheit" in den Verfassungsvorschriften zu den Garantien bei Festnahme und Haft. Soweit dort – wie in Art. 6 GRC – von einem **Recht auf „Freiheit und Sicherheit"** (→ § 18) die Rede ist, bedeutet dies nur Schutz vor willkürlichen freiheitsbeschränkenden Maßnahmen.⁵⁸ Jedenfalls verweisen die Erläuterungen zur Grundrechte-Charta insoweit auf Art. 5 EMRK, welcher historisch immer in dieser Weise ausgelegt worden ist.⁵⁹ Davon heute abzuweichen, besteht angesichts der mittlerweile anerkannten Schutzpflichten aus allen Einzelgrundrechten auch gar kein Bedürfnis mehr.⁶⁰ 16

II. Umfang der Schutzpflichten

1. Schutzpflichtadressaten, Schutzgegenstand und Schutzmittel. Grundrechtliche Schutzpflichten verpflichten die **gesamte öffentliche Gewalt** zur Bewahrung der **Integrität** des jeweiligen grundrechtlichen Schutzgutes **(status quo)**. Dies geschieht – wie verfassungstextlich insbesondere beim Lebensschutz deutlich hervortretend – vor allem durch den Erlass von Gesetzen (sog **Gesetzesmediatisierung**). Neben diesen **rechtlichen** (gesetzlichen) sind aber auch die vielfältigsten **tatsächlichen Schutzmittel** denkbar.⁶¹ Der (jeweils zuständige) Gesetzgeber hat die Entwicklung der tatsächlichen und rechtlichen Lage zu beobachten **(Beobachtungspflicht)** und die bestehenden Gesetze ggf. nachzubessern **(Nachbesserungspflicht)**.⁶² 17

2. „Aufgedrängter Grundrechtsschutz". Umstritten ist, ob die Schutzpflichten auch dazu berechtigen oder gar verpflichten, den Einzelnen gegen seinen Willen zu schützen (**„aufgedrängter Grundrechtsschutz"**, Schutz **vor bzw. gegen sich selbst**). Unter ganz engen Voraussetzungen dürfte ein solcher Schutz – bei einer am jeweiligen Schutzgut orientierten Betrachtungsweise – zulässig sein. Das erfordert aber immer eine umfassende 18

---

die Urheberrechte und die ihnen verwandten Rechte werden durch das Gesetz geschützt."), sowie – eher in allgemeiner leistungsrechtlicher Diktion – Art. 64 türkVerf („Der Staat schützt die künstlerischen Aktivitäten und den Künstler. Er trifft die Maßnahmen, welche zum Schutz, zur Wertschätzung und zur Unterstützung der Kunstwerke und Künstler sowie zur Verbreitung der Kunstliebe notwendig sind.").

54 So aber offenbar *Jaeckel* S. 207 f.; *Kühling* in FK-EUV/GRC/AEUV GRC Art. 17 Rn. 5.
55 So auch *Suerbaum* EuR 2003, 390 (406).
56 Vgl. *Rengeling/Szczekalla* Grundrechte in der EU Rn. 806 f. Zu den „künstlichen" Berührungspunkten im Unionsrecht, namentlich beim Folgerecht nach der RL 2001/84/EG, ABl. 2001 L 272, 32, *Rengeling/Szczekalla* Grundrechte in der EU Rn. 755 f.
57 Vgl. nur die Schrankenklauseln der Art. 8–11 EMRK; *Rengeling/Szczekalla* Grundrechte in der EU Rn. 432.
58 Vgl. *Rengeling/Szczekalla* Grundrechte in der EU Rn. 650 ff., 653.
59 S. nur EGMR 14.10.1999 – 37680/97, Rep. 1999-VII, 1 Rn. 28 mwN – Riera Blume/Spanien („Deprogramming"). Weitere Nachw. auch bei *Szczekalla* S. 771 ff.
60 Anders offenbar *Pitschas* NVwZ 2002, 519 (523 Sp. 2, 523 f.).
61 Ausführlich *Szczekalla* S. 177–185. Zur EMRK *Szczekalla* S. 860 f. Zur diesbzgl. Schutzpraxis in der (damaligen) Gemeinschaft vgl. *Szczekalla* S. 977–1036, jew. mwN u. Bsp. Zum Klimaschutz s. jetzt EuG T-330/18, ABl. 2018 C 285, 34 – Carvalho ua/EP und Rat (vgl. https://peoplesclimatecase.caneurope.org/de/).
62 Keine Besonderheit der Schutzpflichten, sondern auch bei Abwehrrechten anwendbar, *Szczekalla* S. 198 ff. mwN. Vgl. etwa EuGH C-504/04, Slg. 2006, I-679 Rn. 40 = DVBl 2006, 501 – Agrarproduktion Staebelow (Kuh-Kohorten-Keulung bei BSE-Verdacht).

und sorgfältige Abwägung im Einzelfall (aufgedrängter Schutz als Eingriff in das [allgemeine] Freiheitsrecht des Geschützten).[63]

19 **3. Pönalisierungspflichten.** Der **rechtliche Schutz** erfolgt **in den Bahnen aller Rechtsgebiete,** ohne dass historische oder künstliche Unterscheidungen dort eine Rolle spielen. Die Schutzpflicht kann sowohl durch zivilrechtliche als auch durch öffentlich-rechtliche Regelungen erfüllt werden. Ausnahmsweise *(ultima ratio)* besteht sogar eine **Pönalisierungspflicht.**[64] Verfassungstextlich wird eine solche Pflicht sogar in manchen (der neueren) Mitglied- und Kandidatenstaaten ausdrücklich angeordnet.[65] Auch wenn der Union (gegenwärtig) keine eigene, originäre Strafrechtskompetenz zukommt,[66] kann sie die Mitgliedstaaten doch anweisen, in bestimmten (auch) grundrechtssensiblen Bereichen ihren unions(grund)rechtlichen Pflichten durch den Einsatz des (nationalen) Strafrechts nachzukommen (sog **Anweisungskompetenz**).[67]

20 **4. Diplomatischer und konsularischer Schutz.** Ein bereits erwähnter Anwendungsfall der Schutzpflicht, der nicht nur die Mitgliedstaaten, sondern auch die Unionsorgane treffen kann und in der Praxis durchaus trifft,[68] ist der sog **diplomatische und konsularische Schutz.** Dieser Schutz war – wenngleich ein wenig defizitär – bereits seit einiger Zeit in Art. 20 EGV primärrechtlich verankert und ist darüber hinaus in Art. 46 GRC geregelt (→ § 52). Dogmatisch lässt er sich im Übrigen als (bloßes) Schutzmittel völkerrechtlicher Art begreifen, bei dem schon einige **extraterritoriale** Wirkungen der Grundrechte deutlich werden (→ Rn. 41 ff.). Die mitgliedstaatlichen Verfassungsbestimmungen, welche in der einen oder anderen Form den Schutz ihrer jeweiligen Staatsangehörigen im Ausland thematisieren,[69] müssen dabei aber schon aus unionsrechtlichen Gründen (Diskriminierungsverbote) in weiten Teilen auf alle Unionsbürger ausgedehnt werden.

21 **5. Naturkatastrophen.** Das grundrechtliche Schutzgut, um dessen Bewahrung es geht, wird durch viele Akteure bedroht (Union, [Mitglied-] Staat, private Dritte, ausländische

---

[63] *Szczekalla* S. 292 ff., 297 ff. mwN. Zu denkbaren Anwendungsfällen dieses „Zwangs [zB] zur Würde" *Rengeling/Szczekalla* Grundrechte in der EU Rn. 579 ff. (Prostitution, „Kommerzialisierung und Inszenierung", „Hass-„ und „Gewaltindustrie" [Laserdrome, „Zwergenweitwurf"]), mwN. Kritisch dazu *Eschenbach/Niebaum* NVwZ 1994, 1079 (1079 ff., zur sog gestörten Vertragsparität). Skeptisch GA *Kokott,* SchlA C-484/04, Slg. 2006, I-7471 Rn. 67 – Kommission/Vereinigtes Königreich (Ruhezeiten); High Court (Queen's Bench Division), Hampstead Heath Winter Swimming Club v. The Corporation of London, [2005] 1 WLR 2930 = Times v. 19.5.2005 (Law Reports), betr. die Rechtswidrigkeit eines Kommunalen Winter-Schwimmverbots.

[64] Bsp.: EGMR 26.3.1985 – 8978/80, Series A no. 91 Rn. 24 ff., 27 = EuGRZ 1985, 297 = NJW 1985, 2075 – X. und Y./Niederlande.

[65] Art. 28 bulgVerf (s. Text in Fn. 47). S. darüber hinaus § 12 Abs. 2 estnVerf („Nationaler, rassischer, religiöser oder politischer Hass, Bedrohung mit Gewalt oder Diskriminierung sind gesetzlich verboten und strafbar. Ebenso ist die Androhung von Hass, Gewalt und Diskriminierung zwischen gesellschaftlichen Schichten gesetzlich verboten und strafbar.") und Art. 70/A Abs. 2 ungVerf („Das Gesetz bestraft streng jegliche nachteilige Unterscheidung der Menschen nach Absatz 1."). Von Wortlaut und Systematik her eher (nur) auf Amtsträger bezogen die Pönalisierungspflichten in Art. 6 Abs. 3 S. 2 griechVerf, Art. 7 Abs. 2 griechVerf, Art. 9 Abs. 2 griechVerf, Präambel frzVerf v. 1958 iVm Art. 7 S. 2 frzMR-Erklärung sowie Einleitungssatz Präambel frzVerf v. 1946, Art. 13 Abs. 3 italVerf.

[66] Ausgesprochen kritisch zu den Entwicklungen gleichwohl *Albrecht,* Die vergessene Freiheit, FAZ Nr. 95 v. 24.4.2003, S. 8; *Albrecht* passim; *Albrecht/Braum* KritV 1998, 460 (460 ff.).

[67] Vgl. *Szczekalla* S. 602 ff. mwN; EuGH C-176/03, Slg. 2005, I-7879 Rn. 48 = DVBl 2005, 1575 – Kommission/Rat (Umweltstrafrechts-Rahmenbeschluss). Zu den grundrechtlichen Grenzen (Art. 103 Abs. 2 GG) in Bezug auf das UnionsR vgl. BVerfG NJW 2016, 3648 (unzulässige Blankett-Strafnorm [§ 10 Abs. 1 RiFlEtikettG]).

[68] EuG T-572/93, Slg. 1995, II-2025 Rn. 77, 85 – Odigitria („Fischereirisiko"). Im Rechtsmittelverfahren auch insoweit unbeanstandet geblieben durch EuGH C-293/95 P, Slg. 1996, I-6129 – Odigitria („Fischereirisiko").

[69] S. Art. 25 Abs. 5 bulgVerf, § 13 Abs. 1 S. 2 estnVerf, Art. 2 S. 3 irVerf, Art. 35 Abs. 4 italVerf, Art. 108 Abs. 1 griechVerf, § 98 S. 2 lettVerf, Art. 13 Abs. 1 litVerf, Art. 36 polnVerf, Art. 14 portVerf, Art. 7 und 17 rumVerf, Art. 7a slowakVerf idFd VerfassungsG Nr. 90/2001, Art. 5 Abs. 1 S. 3 slowenVerf, Art. 42 spanVerf, Art. 69 Abs. 3 ungVerf, Art. 50 Abs. 1 lit. a Abs. 4 zypVerf.

Staaten, internationale Organisationen). Die **Herkunft** dieser **Bedrohung** ist grundsätzlich **irrelevant**.[70] Für die Bedrohung durch **öffentlich-rechtlich verfasste Akteure** (Union und [Mitglied-] Staaten sowie deren Untergliederungen bzw. Einrichtungen) hat sich in der Grundrechtsdogmatik die „klassische" **Abwehrfunktion** seit langem bewährt. Für **alle anderen** Akteure findet nach überwiegender Ansicht die **Schutzfunktion** Anwendung.[71] Wegen der Irrelevanz der Bedrohungsherkunft muss diese Schutzfunktion aber auch zur Bewältigung **unpersonaler Bedrohungslagen** herangezogen werden: **Echte,** also nicht ohnehin anthropogen verursachte **Naturkatastrophen,** welche das Schutzgut notleidend werden lassen, sind keineswegs grundrechtlich irrelevant. Hier greifen die Schutzpflichten ebenfalls ein.

6. Generationenschutz. Schließlich bietet sich die Schutzfunktion auch zur Einbeziehung des **Generationenschutzes**[72] an.[73] Hier fehlt es zwar an subjektiven Grundrechtsträgern. Die – an dieser Stelle eindeutig (nur) objektivrechtliche – Schutzfunktion ermöglicht es indes, die Belange künftiger Generationen als nicht gegenwärtigen Grundrechtsträgern in vielen Bereichen, insbesondere bei weit in die Zukunft wirkenden Nutzungskonflikten (Beispiel: Langzeitrisiken bei der atomaren Endlagerung)[74] auch schon heute wirksam werden zu lassen.[75] Die sich insoweit mittlerweile verfestigende, an die Abwehrfunktion angelehnte Dogmatik (Schutzbereich – Beeinträchtigung [einschließlich Gefahr und Risiko] – Rechtfertigung unterlassenen Schutzes) ist jedenfalls anderen Ansätzen gegenüber eindeutig vorzugswürdig, etwa der Arbeit mit Treuhandmodellen oder der ausschließlichen Heranziehung der **Menschenwürde** als Basis für den grundrechtlichen Generationenschutz (im Sinne eines überzeitlichen Schutzes des Menschen als Gattungswesen).[76] Immerhin bietet auch die Charta insoweit einen Anhaltspunkt, als es in Absatz 6 der Präambel unter anderem heißt, dass die Ausübung der Rechte „mit Verantwortlichkeiten und Pflichten [...] gegenüber den künftigen Generationen verbunden" ist. 22

III. Abgrenzung zwischen Abwehr- und Schutzfunktion

Die Abgrenzung zwischen (vermeintlich) „klassischer" Abwehr und moderne(re)m Schutz ist ausgesprochen schwierig. Der jeweilige Anwendungsbereich der einen oder der anderen Grundrechtsfunktion hängt in der Praxis häufig von bestimmten **Wertungen** ab, etwa wie stark eine bestimmte Fallkonstellation von der **([bloßen] Mit-) Verantwortung** eines Trägers öffentlicher Gewalt geprägt wird. 23

Der **EGMR** lässt die Frage regelmäßig offen, weil die anzuwendenden Grundsätze – Herstellung eines **fairen Gleichgewichts** *(fair balance)* unter Heranziehung zumindest der Wertungen der jeweiligen Schrankenklausel und unter Beachtung des **Beurteilungsspielraums** *(margin of appreciation)* der Vertragsstaaten – ohnehin ähnlich seien.[77] Dogmatisch 24

---

[70] Zu dieser „Irrelevanz der Bedrohungsherkunft" vgl. *Szczekalla* in Rengeling, EUDUR, Bd. 1, § 12 Rn. 23 f.

[71] Zu einem alternativen, weitgehend abwehrrechtlichen Lösungsvorschlag s. aber *Szczekalla* S. 390 ff. (dt. Recht), 896 ff. (EMRK), 1056 ff. (Gemeinschaft/Union). Zur *einer* Rekonstruktion des Abwehrrechts vgl. *Poscher* S. 153 ff. „Totalität und Reflexivität" des Abwehrrechts.

[72] Zu dessen verfassungs*textlicher* Verankerung s. etwa Abs. 4 Präambel estnVerf und Art. 74 Abs. 1 polnVerf.

[73] *Szczekalla* in Rengeling, EUDUR, Bd. 1, § 12 Rn. 25; *Nowak* in FK-EUV/GRC/AEUV GRC Präambel Rn. 16, 25; *Frenz* in FK-EUV/GRC/AEUV GRC Art. 1 Rn. 39, Art. 2 Rn. 30.

[74] Vgl. *Rengeling,* Langzeitsicherung, S. 90; kritisch dazu die Rezension von *Schmidt-Preuß* DVBl 1995, 813 ff. (815). Ausführlich *Szczekalla* S. 287 ff. mwN.

[75] *Badura* in Marburger/Reinhardt/Schröder S. 43 (43 ff.); *v. Bubnoff* passim. Zur Vernachlässigung des Generationenschutzes bei der Umweltmediation vgl. aber *Krämer* NuR 2002, 257 (261 Sp. 1).

[76] In diese Richtung etwa *Schmidt-Preuß* NJW 1995, 985 (987), unter Hinweis auf BVerfGE 87, 209 (228) – Tanz der Teufel; *Frenz* in FK-EUV/GRC/AEUV GRC Art. 1 Rn. 39. Zum Klimaschutz vgl. EuG T-330/18, ABl. 2018 C 285, 34 – Carvalhoua/EP und Rat.

[77] S. etwa EGMR 13.2.2003 – 42326/98, Rep. 2003-III, 1 Rn. 40 = EuGRZ 2003, 584 = NJW 2003, 2145 – Odièvre/Frankreich („Anonyme Geburt"); EGMR 10.4.2007 (GK) – 6339/05, Rep. 2007-I, 353 Rn. 71, 75 – Evans/Vereinigtes Königreich (Embryo-Einpflanzung). Weitere Nachw. bei *Szczekalla* S. 712 ff.

befriedigt diese Lösung natürlich nicht. Vorzugswürdig ist es demgegenüber, jegliche Beteiligung einer Emanation des Staates bzw. der Union einer abwehrrechtlichen Prüfung zuzuführen, und sei es auch „nur" durch die Genehmigung eines drittbelastenden privaten Vorhabens.[78]

25 Die Haltung des **EuGH** zu dieser Frage ist jedenfalls immer noch nicht geklärt. Im *Brenner-Blockaden-* bzw. *Schmidberger-*Fall[79] scheint er **grundfreiheitliche Schutzpflichten** heranzuziehen. Allerdings bleibt in der Entscheidung letztlich unklar, ob Ansatzpunkt eine Genehmigung der (blockierenden) Versammlung durch private Dritte oder ein bloßes Nichteinschreiten gegen eine nur anzeigepflichtige Demonstration war. Jedenfalls bei Genehmigungen grundfreiheits- und grundrechtsgefährdenden Verhaltens sollte die herkömmliche Abwehrfunktion herangezogen werden.[80] Bereits in dieser **Genehmigung** liegt dann der erforderliche **Grundrechts- bzw. Grundfreiheitseingriff**.[81]

IV. Verhältnis zwischen Schutzpflichten und (mittelbarer) Drittwirkung

26 Das Verhältnis von Schutz- bzw. positiven Pflichten zur (mittelbaren) Drittwirkung (→ § 9 Rn. 40 ff.) ist ebenfalls nicht leicht zu bestimmen.[82] Soweit beide über das Medium einfacher Gesetze wirken (sog **Gesetzesmediatisierung**), laufen sie jeweils auf eine **grundrechtskonforme Auslegung** dieses positiven Rechts hinaus. Insoweit kann man die **Drittwirkung** auch als **Unterfall der Schutzpflichten** ansehen. Soweit diese aber auch den Einsatz tatsächlicher Schutz-Mittel und die Aktivität des jeweils zuständigen Gesetzgebers (Gesetzgebungspflichten und **Normerlassansprüche**) selbst verlangt, zeigt sich der **umfassendere Ansatz** der Schutzfunktion. Drittwirkung und Schutzpflichten sind also nur **teilweise identisch**.[83]

C. Grundrechte als Teilhaberechte – „Soziale" Grundrechte – Förderpflichten

27 Grundrechte können auch als **originäre** oder **derivative Teilhaberechte** Rechtswirkungen zeitigen.[84] Die ursprünglichen, unabgeleiteten Teilhaberechte zielen – wie die sog sozialen Grundrechte und anders als die Schutzpflichten, denen es um die Erhaltung des *status quo* geht – auf die (erstmalige) Bereitstellung sachlicher oder finanzieller Mittel.

---

[78] S. (zumindest als „Angebot") *Szczekalla* S. 404 ff. (dt. Recht), 462 ff., 627 ff., 641 ff. (Grundfreiheiten), 712 ff., 896 ff. (EMRK), 1056 ff. (zusammenfassend). AA *Kühling* in v. Bogdandy/Bast Europ. VerfassungsR S. 657 (675 f.), der die Schutzpflichtkonstruktion präferiert und eine geringere Kontrolldichte annimmt (699 f.).
[79] EuGH C-112/00, Slg. 2003, I-5659 Rn. 84 ff. – Schmidberger („Brenner-Blockade").
[80] Vgl. *Szczekalla* S. 640 ff., 1056 ff. mwN. Im *Schmidberger-*Fall spricht der EuGH immerhin von einer „stillschweigend erteilte[n] Genehmigung" (s. auch Rn. 68), an anderer Stelle von einem „Antrag auf Genehmigung" (Rn. 84). Er prüft zunächst eine Beeinträchtigung der Warenverkehrsfreiheit (Rn. 51 ff.) und sodann deren Rechtfertigung (Rn. 65 ff.).
[81] Unklar EGMR 9.12.1994 – 16798/90, A no. 303-C, 41 Rn. 51 = EuGRZ 1995, 530 = ÖJZ 1995, 347 – López Ostra/Spanien („Abfallentsorgungsanlage"): Hier wird zwar eine direkte Verantwortung der span. Behörden (Eingriff in Art. 8 EMRK) verneint, zugleich aber auf die Baugenehmigung, das Zurverfügungstellen des Grundstücks und die Subventionen hingewiesen.
[82] Ausführlich *Szczekalla* S. 248 ff. (dt. Recht), 707 ff. (Gemeinschaftsrecht), 900 ff. (EMRK), mwN.
[83] Im Ergebnis wie hier Grabenwarter/Pabel EMRK § 19 Rn. 8 f.; *Kühling* in v. Bogdandy/Bast Europ. VerfassungsR S. 657 (675 f., 679). Problematisch für den Geldausgleich nichtgenommenen Urlaubs nach Tod und Art. 31 Abs. 2 GRC EuGH C-569/16 und C-570/16, ECLI:EU:C:2018:871 Rn. 51 ff. – Bauer und Broßonn. S. a. EuGH C-414/16, ECLI:EU:C:2018:257 Rn. 71 ff. – Egenberger, EuGH C-193/17, ECLI:EU:C:2019:43 Rn. 72 ff. – Cresco.
[84] S. nur *Gersdorf* AöR 119 (1994), 400 (422 ff.); *Szczekalla* in Rengeling, EUDUR, Bd. 1, § 12 Rn. 28 mwN. Krit. aber *Kühling* in FK-EUV/GRC/AEUV GRC Art. 17 Rn. 5 Fn. 22. Diff. Jarass GRCh Art. 51 Rn. 5, 11.

I. Derivative Teilhaberechte

Bei den abgeleiteten Teilhaberechten geht es dagegen im Wesentlichen um einen *prima* **28** *facie*-**Anspruch auf gleichen Zugang** zu solchen bereits zuvor bereitgestellten Mitteln im Rahmen des jeweils (noch) vorhandenen Bestandes.[85] Hier wirkt also vor allem der **allgemeine Gleichheitssatz**. Derartige Konstellationen lassen sich in der Rechtsprechung des **EuGH** durchaus auffinden, meist mit der Tendenz, eine gleichheitswidrig **vorenthaltene Vergünstigung** von einer Personengruppe auf eine andere **auszudehnen**,[86] was unter dem Gesichtspunkt der **Gestaltungsfreiheit** des jeweiligen „Gesetzgebers" Bedenken auslösen mag,[87] diesem aber nicht die Möglichkeit einer Änderung für die Zukunft nimmt.[88] Die Rechtsprechung des **EGMR** hält sich hier allerdings eher zurück.[89] Als derivative Teilhaberechte in diesem Sinne lassen sich im Hinblick auf die **Grundrechtecharta** etwa Art. 29 GRC (Recht auf Zugang zu einem **Arbeitsvermittlungsdienst** → § 42)[90] und Art. 36 GRC ([Recht auf] Zugang zu **Dienstleistungen von allgemeinem Interesse** → § 38) auslegen.[91]

II. Originäre Teilhaberechte

Jedenfalls originäre Teilhaberechte sind – wie die sozialen Grundrechte – nur **selten** als **29** **(definitiv) durchsetzbare** subjektive **Grundrechte** anzuerkennen. Gibt es insoweit noch keinen vorhandenen Bestand, können aus der **Charta** die **Art. 29** und **36 GRC** auch als originäre Teilhaberechte ausgelegt werden.

Das gilt indes **nicht** für die **Prozesskostenhilfe** aus **Art. 47 Abs. 3 GRC**:[92] Diese stellt **30** nämlich keine teilhabe-, leistungs- oder sozialrechtliche Wohltat dar.[93] Unmittelbare Ur-

---

[85] Grundlegend im dt. Recht BVerfGE 33, 303 – Numerus Clausus. Vgl. *v. Mutius* VerwArch 64 (1973), 183 (183 ff.).
[86] Bsp.: Zu Art. 119 EWGV bzw. Art. 141 EGV (heute Art. 157 AEUV) und Tarifverträgen etwa EuGH C-184/89, Slg. 1991, I-297 Rn. 17 ff. mwN – Nimz („Verdoppelung der Bewährungszeit beim Aufstieg Teilzeitbeschäftigter"); EuGH C-187/00, Slg. 2003, I-2741 Rn. 68 ff. – Kutz-Bauer („Diskriminierung bei Altersteilzeit"). Für die Grundfreiheiten (passive Dienstleistungsfreiheit des Touristen) und das Diskriminierungsverbot aus Gründen der Staatsangehörigkeit (Art. 7 EWGV entspricht Art. 12 EGV entspricht Art. 18 AEUV) vgl. EuGH 186/87, Slg. 1989, 195 Rn. 8 ff. – Cowan („Entschädigung für Metro-Überfall").
[87] Kritisch zur *Cowan*-Entscheidung etwa *Rossi* EuR 2000, 197 (215). Zur Gestaltungsfreiheit des Gemeinschaftsgesetzgebers im Agrar-Beihilferecht schon früh EuGH verb. Rs. 117/76 u. 16/77, Slg. 1977, 1753 Rn. 9 ff., 11 ff. – Ruckdeschel („Quellmehl"); EuGH verb. Rs. 124/76 u. 20/77, Slg. 1977, 1795 Rn. 19 ff., 24 ff. – Moulins Pont-à-Mousson („Maisgritz"), wo die Entscheidung diesem überlassen wird und keine Nichtigerklärung erfolgt. Zur – ähnl. – dt. Unvereinbarkeitsrechtsprechung s. nur BVerfGE 85, 191 – Nachtarbeitsverbot; dazu und zu den vielfältigen Ausnahmen (Verfassungsaufträge, Offensichtlichkeit der gesetzgeberischen Lösung nach [Teil-] Nichtigerklärung bzw. des Festhaltens am gewählten Regelungssystem oder nur geringfügige Belastung des Staates durch die Ausdehnung der Vergünstigung) *Jarass* in Jarass/Pieroth GG Art. 3 Rn. 40 ff., 42 mwN.
[88] Vgl. *Rengeling/Szczekalla* Grundrechte in der EU Rn. 882 mwN.
[89] Grundsätzlich kein Recht auf Zugang zu einem privaten Grundstück aus Art. 10 und 11 EMRK, obwohl dieses die Funktion eines öffentlichen Marktplatzes einnimmt, will etwa EGMR 6.5.2003 – 44306/98, Rep. 2003-VI, 185 – Appleby/Vereinigtes Königreich, annehmen; aus der den Unterschriftensammlung auf dem „effektiven Marktplatz" betreffenden Entscheidung ergibt sich überdies, dass die Bewertung kaum anders ausgefallen wäre, wenn es sich um ein öffentliches Grundstück gehandelt hätte. Nur ausnahmsweise könnten positive Pflichten einen Anspruch auf Zugang eröffnen. Zu einem Teilhabeanspruch s. aber *Kühling* in v. Bogdandy/Bast Europ. VerfassungsR S. 657 (678), unter Hinw. auf EGMR 19.12.1994 – 15153/89, Series A no. 302 Rn. 37 ff., 49 – VDSÖ und Gubi/Österreich („Ausschluss einer heereskritischen Publikation von der Kasernenverteilung/‚Der Igel'") – der Duktus der Entscheidung ist allerdings eher abwehrrechtlich gehalten.
[90] *Originär* würde dieses Teilhaberecht allerdings dann, wenn es einen solchen Dienst noch nicht geben sollte.
[91] Wenn man darin überhaupt ein eigenständiges Grundrecht sehen will – eher skeptisch *Rengeling/Szczekalla* Grundrechte in der EU Rn. 1022 ff., 1029.
[92] So aber *Kühling* in v. Bogdandy/Bast Europ. VerfassungsR S. 657 (679). Für eine leistungsrechtliche Einordnung auch *Kingreen* in Calliess/Ruffert GRC Art. 51 Rn. 27; Jarass EU-GR § 5 Rn. 15.
[93] Zur Ableitung bereits aus dem Grundsatz effektiven Rechtsschutzes s. EGMR 9.10.1979 – 6289/73, Series A no. 32 Rn. 26 = EuGRZ 1979, 626 – Airey/Irland.

sachen für Notwendigkeit einer solchen, in der Regel finanziellen Hilfe sind vielmehr die Komplexität des (Verfahrens- und materiellen) Rechts sowie das (staatliche und unionale) Kostenrecht im weiteren Sinne.[94] Dafür tragen indes Mitgliedstaaten und Union (mittlerweile) gemeinsam die Verantwortung. Insofern stellt sich die Prozesskostenhilfe (zumindest auch) als eine **Kompensation** des (schon) in dieser **Komplexität** liegenden (zusätzlichen) **Grundrechtseingriffs** dar.[95]

31 Das gilt auch **nicht** für das **soziale**, ggf. auch das **ökologische Existenzminimum**. Dieses wie auch immer zu definierende Minimum folgt bereits **unmittelbar** aus der Garantie der **Menschenwürde** in Art. **1 GRC** (→ § 13).[96]

32 Den zuständigen Stellen kommt bei den originären Teilhaberechten grundsätzlich ein ganz erheblicher **Gestaltungsspielraum** zu. Das entspricht dem **Gewaltenteilungsgrundsatz** bzw. dem **institutionellen Gleichgewicht**.[97] Und das gilt erst Recht in Zeiten knapper Kassen und löchriger Haushalte, in denen vielfältige konkurrierende Interessen (Stichwort: Euro-Krise) zu befriedigen und miteinander zum Ausgleich zu bringen sind.

III. Allgemeine Haushaltsverantwortung

33 Das gilt indes in Grenzen auch für alle anderen Grundrechtsfunktionen und -dimensionen, eignet sich also nur sehr bedingt zur trennscharfen Abgrenzung: Auch Abwehr und Schutz, Organisation und Verfahren, kommen jedenfalls in ihrer tatsächlichen Durchsetzung nicht ohne den Einsatz mitunter beträchtlicher finanzieller und sachlicher Mittel aus.[98] Insoweit muss bei allen grundrechtlichen Begehrlichkeiten immer auch die **Verantwortung für den (Mitglied-)Staats- und Unionshaushalt als Ganzen** in den Blick genommen werden.[99] Dies gilt es insbesondere bei der Auslegung und Anwendung der sozialgrundrechtlichen Gehalte der Charta (→ §§ 39 ff.) zu berücksichtigen.[100]

IV. Förderpflichten?

34 Wie die sozialen Grundrechte sind die sog Förderpflichten auf eine **Ausweitung** des grundrechtlichen *status quo* gerichtet. Wie bei den Schutzpflichten können sie durch rechtliche und tatsächliche Mittel erfüllt werden, was möglicherweise auch sprachlich zur geläufigen „Schutz- und Förderformel" geführt hat,[101] obwohl es bei den Schutzpflichten doch gerade um die Erhaltung des grundrechtlichen *status quo* geht. Die Förderpflichten

---

[94] Zumindest teilweise anerkannt in der 18. Begründungserwägung der (PKH-) RL 2002/8/EG, ABl. 2003 L 26, 41 (berichtigt in ABl. 2003 L 32, 15): „Die Komplexität und die Unterschiede der Gerichtssysteme der Mitgliedstaaten sowie die durch den grenzüberschreitenden Charakter von Streitsachen bedingten Kosten dürfen den Zugang zum Recht nicht behindern [...]" (neben der Sache *Gal myops* 37 (2019), 4 ff.). Der EGMR (9.10.1979 – 62891/73, Series A no. 32 Rn. 26 – Airey/Irland) weist immerhin auf eine Vereinfachung des Verfahrensrechts als Alternative zur Prozesskostenhilfe im Rahmen des vertragsstaatlichen Beurteilungsspielraums hin.
[95] Zu diesem Ansatz aus dt. Sicht s. etwa *Roth* S. 406 ff. mwN aus der Rspr. des BVerfG, sowie aus Sicht (ua) der EMRK *Szczekalla* S. 779 ff., mwN. Vgl. auch *Rengeling/Szczekalla* Grundrechte in der EU Rn. 1185.
[96] *Rengeling/Szczekalla* Grundrechte in der EU Rn. 240, 578 aE, 964, 990, 1046. Zur Ableitung aus Art. 2 s. *Frenz* in FK-EUV/GRC/AEUV GRC Art. 2 Rn. 18, 71.
[97] Besonders deutlich insoweit Art. 65 türkVerf idFv 2001 („Der Staat erfüllt seine in den sozialen und wirtschaftlichen Bereichen durch die Verfassung bestimmten Aufgaben unter Setzung der ihrer Zweckbestimmung gemäßen Prioritäten und in dem Maße, in dem die Finanzquellen ausreichen."). Problematisch für Art. 31 Abs. 2 GRC EuGH C-569/16 und C-570/16, ECLI:EU:C:2018:871 Rn. 51 ff. – Bauer und Broßonn.
[98] Allgemein zu den Kosten von Rechten *Holmes/Sunstein* passim; *Szczekalla* S. 386 ff. mwN.
[99] Zu dieser Formel s. nur BVerfGE 92, 26 (47) – Zweitregister. Zum verwandten „Vorbehalt des Möglichen im Sinne dessen, was der Einzelne vernünftigerweise von der Gesellschaft beanspruchen kann", s. BVerfGE 33, 303 (333 f.) – Numerus Clausus, mit einer Warnung vor einem „unbegrenzte[n] subjektive[n] Anspruchsdenken" (334). Vgl. *Szczekalla* S. 235 mwN.
[100] S. das mit „Solidarität" überschriebene Kapitel IV der Charta (Art. 27–38 GRC).
[101] (Kritisch) Zu dieser *Szczekalla* S. 101, 370 f., 803 f. mwN.

sind Ausfluss eines allgemeinen **Grundrechtsoptimierungsdenkens,** wobei sich die Optimierung sowohl auf den tatsächlichen Zustand des Grundrechtsschutzgutes als auch auf seine tatsächlichen Ausübungsbedingungen, insbesondere das (infrastrukturelle) Umfeld beziehen kann. Ob die Förderpflichten aber überhaupt eine eigenständige Grundrechtsfunktion darstellen und ob es für sie überhaupt ein Bedürfnis gibt, ist eher zweifelhaft. Für sie müssten jedenfalls die gleichen Beschränkungen wie bei den (originären) Teilhaberechten und bei den sozialen Grundrechten gelten.

D. Grundrechte als Gestaltungsaufträge

Eine eigenständige **Ausgestaltungsdogmatik** kennen bisher **weder** das **Unionsrecht** 35 noch die **EMRK.**[102] In manchen Mitgliedstaaten hingegen wird die Ausgestaltung als ein Drittes zwischen Eingriff in Abwehrrecht und Schutzpflicht angesehen.[103] Danach unterliegt der Gesetzgeber in bestimmten Bereichen anderen, in der Regel weniger strengen Bindungen, wenn er Grundrechtsgehalte in sog einfaches Recht „gießt", wozu er aber unter Umständen nicht nur berechtigt, sondern auch verpflichtet sein kann.[104] Ob es neben Schutzpflicht und Abwehrrecht sowie organisations- und verfahrensrechtlichen Dimensionen der Grundrechte auf Unionsebene noch einer eigenständigen Ausgestaltung bedarf, ist gegenwärtig offen.

Am ehesten könnte man im Rahmen des **Eigentumsrechts** (Art. 17 GRC → § 36)[105] an 36 eine entsprechende Ausgestaltung auch durch „Unionsgesetze" denken. Soweit dort (in Verordnungen oder Richtlinien) etwa bestimmte Datensammlungen als Eigentum eingeordnet werden, ist dies im Rahmen der Abwägung zwischen konkurrierenden Nutzungs- sowie anderen, namentlich (Wirbel-) Tierschutzinteressen zu berücksichtigen (→ § 36).[106] Fehlt es dagegen an entsprechenden Rechtsvorschriften bzw. einer diese entsprechend auslegenden Rechtsprechung des EuGH,[107] bleibt fraglich, ob alles das, was durch eigene Leistung bzw. Kapitaleinsatz geschaffen worden ist, automatisch in den Schutzbereich der Eigentumsfreiheit fällt oder ob eine Anerkennung des „Unionsgesetzgebers" zwingend erforderlich ist.[108]

Trotz der fehlenden Behandlung in Rechtsprechung und Literatur lässt sich möglicher- 37 weise schon jetzt von einer **Ausgestaltung in einem weiteren Sinne** im Hinblick auf die

---

[102] S. aber *Ehlers* Jura 2000, 372 (378 f.): „Die Ausgestaltungen […] mutieren zum Eingriff bzw. zu Beeinträchtigungen, wenn das Untermaßverbot mißachtet oder in einer bisherigem Recht bestehende Position eingegriffen wird" (379 Sp. 2). Vgl. auch *Ehlers* in Ehlers GuG § 2 Rn. 71.

[103] Ausführlich dazu *Gellermann* passim. Nach *Jarass* AöR 120 (1995), 345 (347 ff., 353 ff.), handelt es sich bei der Ausgestaltung wie bei Organisation und Verfahren um eine „Grundrechtsdimension". Zu Ansätzen in den Niederlanden s. *de Blois/Heringa* in Grabitz, Grundrechte, S. 511 (542 f., 544 f.).

[104] Vgl. etwa *Grewe* EuGRZ 2002, 209 (211 Sp. 1).: „Die gesetzliche Ausgestaltung der Grundrechte stellt für den Gesetzgeber nicht nur ein Recht, sondern auch eine Pflicht dar; er ist insbesondere nicht befugt, seine Regelungszuständigkeiten auf den Verordnungsgeber zu übertragen. Der französische Richter nähert sich hier dem deutschen Gesetzesvorbehalt."

[105] Insbes. auch Abs. 2 („Geistiges Eigentum wird geschützt") → Rn. 14.

[106] Zum Problem vgl. etwa *Szczekalla* DVBl 2003, 647 (649), unter Hinw. auf EuGH C-368/96, Slg. 1998, I-7967 – Generics („Eigentum an Datensammlungen"), betr. das abgekürzte Verfahren für die Genehmigung von Arzneispezialitäten nach einer RL und das Eigentum an pharmakologischen, toxikologischen sowie ärztlichen Unterlagen sowie auf *Heselhaus* in Bruha/Nowak/Petzold, Grundrechtsschutz, S. 97 (97 ff.).

[107] Im „Datensammlungsfall" EuGH C-368/96, Slg. 1998, I-7967 – Generics, nimmt dieser allerdings – dem Wortlaut nach – eine (normale) Eingriffsprüfung vor (Rn. 85: „Überdies kann die streitige Bestimmung nicht als unverhältnismäßiger, nicht tragbarer Eingriff angesehen werden, der das Eigentum in seinem Wesensgehalt antastet […]"). In einem anderen (nur) potenziellen Ausgestaltungsfall wird vornehmlich der isolierte Verhältnismäßigkeitsgrundsatz geprüft: EuGH verb. Rs. C-453/03, C-11/04, C-12/04 u. C-194/04, Slg. 2005, I-10423 Rn. 67 ff., 87 – ABNA ua (Offene Deklaration).

[108] Zum Streit s. etwa einerseits (einen Eigentumsschutz abl.) *Winter/Wagenknecht* DVBl 2003, 10 (10 ff.), andererseits (den Schutz bejahend) *Fischer* DVBl 2003, 777 (777 ff.); zum dt. Grundrechtsschutz *Fischer* passim. Sa den (2.) Diskussionsbericht v. *Szczekalla* in Rengeling, Chemikalienpolitik, S. 141 ff. (zur Auseinandersetzung zwischen *Winter* und *Fluck* auf den 9. Osnabrücker Gesprächen zum dt. und eur. Umweltrecht 2003 in Osnabrück).

Teilhaberechte sprechen. Damit ist dann aber etwas anderes gemeint als mit der Rede von der gesetzlichen Konturierung von Grundrechten bzw. Grundrechtsprägung wie etwa im deutschen Verfassungsrecht, wo selbst bei nachteiligen Wirkungen für das grundrechtliche Schutzgut nicht von einem Grundrechtseingriff ausgegangen und auch keine zusätzliche Rechtfertigungsprüfung vorgenommen wird.[109]

E. Grundrechtsdimensionen: Organisation und Verfahren

38 Grundrechte beeinflussen nicht nur die Auslegung, Anwendung oder gar Schaffung materiellen Rechts. Sie haben auch Auswirkungen auf die **Durchsetzung** der geschaffenen bzw. (aus Schutzpflichtgründen) zu schaffenden Gesetze. Insoweit spricht man herkömmlich von einer organisations- und verfahrensrechtlichen Funktion der Grundrechte.[110] Da diese (Hilfs-) „Funktion(en)" aber sowohl bei den **Abwehrrechten** als auch bei den **Schutzpflichten** (etwa als Schutzorganisationspflicht[111]) zur Anwendung gelangt (gelangen), sollte man besser von entsprechenden – querliegenden – **Dimensionen** der Grundrechte sprechen.[112]

39 Auch wenn es **Spezialgrundrechte** gibt, welche ausdrücklich Anforderungen an das in verwaltungsrechtlichen oder gerichtlichen Entscheidungsfindungsprozessen einzuhaltende Verfahren statuieren,[113] sind diese Dimensionen keineswegs überflüssig. Sie sind Ausfluss eines jeden materiellen Grundrechts und treten insoweit in eine nur schwer aufzulösende (Grundrechts-) Konkurrenz zu den prozessualen Grundrechten. Solche prozeduralen Aspekte von Grundrechten haben die (Verfassungs-) Gerichte der Mitgliedstaaten seit langem anerkannt.[114] Auch der EGMR wendet sie – als Ausfluss der positiven Pflichten – neben oder an Stelle der Art. 5, 6[115] und 13 EMRK[116] an.[117]

40 Die allgemein in der Rechtsprechung des **EuGH** zu konstatierende **starke Betonung des Verfahrensrechts** zeigt, dass einer Integration von organisations- und verfahrensrechtlichen Dimensionen in die materiellen Unionsgrundrechte keine grundsätzlichen Hindernisse entgegenstehen.[118] Vielleicht könnte insoweit sogar eine Verstärkung des verfahrensrechtlichen Gehalts von Grundrechten bewirkt werden, wird doch in jüngerer Zeit in den Mitgliedstaaten mitunter von einer „Erosion des Verfahrensrechts" gesprochen, weil in

---

[109] Vgl. nur *Jarass* in Jarass/Pieroth GG Vorb. vor Art. 1 Rn. 13, 34 f.
[110] *Szczekalla* in Rengeling, EUDUR, Bd. 1, § 12 Rn. 27 mwN.
[111] Relevant im Zuge von Privatisierung u. Deregulierung, vgl. *Szczekalla* S. 165 ff., 213 f. Zu Verfahrensvorschriften als sekundären normativen Schutzmitteln vgl. *Szczekalla* S. 190 f. mwN.
[112] So der Vorschlag von *Jarass* AöR 120 (1995), 345 (347 ff.), 353 ff.). Weitere Nachw. bei *Szczekalla* S. 379 ff. *Nettesheim* integration 2002, 35 (36), spricht von „Grundrechtsdimensionen" sowohl bei der Organisations- und Verfahrensgestaltung als auch bei Schutz- und Leistungsrechten.
[113] Bsp. für eine darüber hinaus gehende eigenständige „Organisationsgarantie" in Art. 8 Abs. 3 GRC („Die Einhaltung dieser Vorschrift wird von einer unabhängigen Stelle überwacht"); vgl. *Holoubek* in Duschanek/Griller S. 25 (29 f.).
[114] Grundlegend: BVerfGE 53, 30 (56 f., 59; 69 ff. [70, 72 f., 75, 88, abw. Meinung]) – Mülheim-Kärlich; BVerfGE 97, 169 (179) – Kleinbetriebsklausel-I. Zur Vergleichbarkeit mit der US-amerikan. *due process*-Garantie vgl. *Brugger* AöR 126 (2001), 337 (371).
[115] Zur Justizorganisationspflicht iSd Schaffung einer entsprechenden justiziellen Infrastruktur aus Art. 6 Abs. 1 EMRK vgl. nur EGMR 31.5.2001 – 37591/97 Rn. 42, EuGRZ 2001, 299 = NJW 2002, 2856 – Metzger/Deutschland („Überlanges Strafverfahren wg. umweltgefährdender Müllentsorgung").
[116] Die aus dieser Vorschrift folgenden Pflichten sollen weiter gehen als die prozeduralen Pflichten aus den materiellen Einzelgarantien, so etwa EGMR 19.2.1998 – 22729/93, Rep. 1998, 297 Rn. 105, 107 I aE – Kaya/Türkei („Tod auf der Flucht").
[117] Im Vordergrund stehen dabei prozedurale Pflichten aus Art. 8 EMRK, s. nur EGMR 8.7.1987 – 9749/82, Series A no. 121 Rn. 62, 64 – W./Vereinigtes Königreich („Verfahrensfehlerhafte Zugangsbeschränkung zum Kind"); EGMR 13.7.2000 – 25735/94, Rep. 2000-VIII, 345 Rn. 52 – Elsholz/Deutschland („Zugang zum nichtehelichen Kind"); EGMR 10.11.2004 – 46117/99, 2004-X, 145 Rn. 118 ff. – Taşkin ua/Türkei (Goldmine-I). Zu Art. 2 EMRK EGMR 8351/17, ECLI:CE:ECHR:2019:0709JUD000835117 Rn. 79 ff. – Romeo Castaño/Belgien, betr. einen europ. Haftbefehl.
[118] Vgl. *Rengeling* DVBl 2002, 867 (871 f.); *Rengeling*, Beteiligungsrechte, S. 36 ff., jew. mwN betr. Partizipation, rechtliches Gehör sowie Verteidigungsrechte.

vielen Entscheidungen trotz festgestellter Verfahrensfehler das als materiell richtig erkannte Ergebnis von den Gerichten eher gehalten wird.[119]

F. Extraterritoriale Wirkungen der Grundrechte

Die Rechtswirkungen von Grundrechten gleich welcher Funktion oder Dimension machen grundsätzlich nicht an (Staats-) Grenzen halt. Die Grundrechtsadressaten (→ § 6) müssen ihren grundrechtlichen Pflichten zunächst einmal auch dann nachkommen, wenn sie im Ausland öffentliche Gewalt ausüben, sofern dies völkerrechtlich überhaupt zulässig ist (etwa in diplomatischen Vertretungen).[120] 41

Fraglich ist demgegenüber, ob die Grundrechte auch generell dazu anhalten, Grundrechtsverletzungen oder gar nur -gefährdungen im Ausland entgegen zu wirken.[121] Für bestimmte Fallkonstellationen wird dies zumeist bejaht, auch wenn es dabei eigentlich um das Unterlassen von Eingriffen geht, die noch im Inland stattfinden, nämlich **Auslieferung** an sowie **Ausweisung** und **Abschiebung** in Drittstaaten, in welchen den Grundrechtsschutzgütern dann (erhebliche) Gefahren drohen.[122] In einer langen Reihe von Judikaten hat der EGMR entsprechende Pflichten der Vertragsstaaten insbesondere aus Art. 3 EMRK angenommen.[123] In einigen Fallkonstellationen hat er mitgliedstaatliche Gerichte dabei zu offenem Widerspruch herausgefordert.[124] Denn die genannten Pflichten wurden – in einer strengen Einzelfallprüfung – nicht nur auf die von diesen **Drittstaaten** selbst ausgehenden Gefahren erstreckt,[125] sondern auch auf **private Dritte,**[126] letztlich auch auf **Naturgefahren** und besonders **schlechte Umweltzustände** oder **fehlende Behandlungsmöglichkeiten** bei schweren Krankheiten in diesen Drittstaaten.[127] Dies entspricht dem bereits erwähnten Grundsatz der **Irrelevanz der Bedrohungsherkunft** (→ Rn. 21). 42

Allgemein gilt schließlich, dass die Förderung der Einhaltung bzw. **Verwirklichung von Grundrechten** immer auch **Ziel der Außen- und Entwicklungspolitik** war und ist (→ § 4).[128] Diese Zielrichtung kommt bereits in den Gründungsverträgen EUV und AEUV 43

---

[119] Grundlegend zum Problem *Grimm* NVwZ 1985, 865 (865 ff. mwN). Zur zumindest teilweisen Entwertung durch das Kausalitätserfordernis → § 10 Rn. 121 ff.

[120] S. Court of Appeal, The Queen („B" a. o.) v. Secretary of State for the Foreign and Commonwealth Office, [2005] 2 WLR 618 (Rn. 67 ff. [79]) – Diplomatisches Asyl. Für ein Militärgefängnis im Irak vgl. High Court (Queen's Bench Division), The Queen (Mazin Jumaa Gatteh Al-Skeini a. o.) v. Secretary of State for Defence, [2005] 2 WLR 1401 = Times v. 20.12.2004 (Law Report) – Militärgefängnis im Irak, bestätigt u. sogar in wenig erweitert um die Situation „effektiver Kontrolle" seitens der Streitkräfte durch Court of Appeal, Times v. 6.1.2006 (Law Reports). Für „Friedensmissionen" s. Menschenrechtsausschuss, Concluding Observations: Germany, U. N. Doc. CCPR/CO/80/DEU, Rn. 11.

[121] Vgl. – allerdings nicht durchgängig – die Länderberichte in *Weber,* jew. unter Kap. 3 I. („The Territorial and Personal Scope of Fundamental Rights"/„Les bénéficiaires des droits fondamentales". „Territorial Scope (Including Extraterritorial Effects)"/„Champ d'Application *ratione loci*"), im Wesl. Auslieferungs- u. Abschiebungsfälle betr. (dazu sogleich).

[122] Vgl. § 9 Abs. 4 S. 2 finnVerf („Ein Ausländer darf nicht des Landes verwiesen, ausgeliefert oder zurückgeschickt werden, wenn er dadurch von Todesstrafe, Folterung oder einer anderen die Menschenwürde verletzenden Behandlung bedroht wird.").

[123] Leading Case: EGMR 7.7.1989 – 14038/88, Series A no. 161 = EuGRZ 1989, 314 = NJW 1990, 2183 – Soering/Vereinigtes Königreich („Todeszellensyndrom").

[124] Vgl. insbes. BVerwGE 104, 265 (267 ff. mwN) – Clanverfolgung in Somalia-II.

[125] Leading case: EGMR 7.7.1989 – 14038/88, Series A no. 161 = EuGRZ 1989, 314 = NJW 1990, 2183 – Soering/Vereinigtes Königreich („Todeszellensyndrom").

[126] Leading case: EGMR 17.12.1996 – 25964/94, Rep. 1996-VI, 2195 = NVwZ 1997, 1110 = ÖJZ 1997, 231 – Ahmed/Österreich („Clanverfolgung").

[127] Leading case: EGMR 2.5.1997 – 30240/96, Rep. 1997-III, 777 = NVwZ 1998, 161 = ÖJZ 1998, 354 – D./Vereinigtes Königreich („Ausweisung eines aidsranken Drogenkuriers"). Zur Kritik BVerwGE 104, 265 – Clanverfolgung in Somalia-II. Allg. Bedenken auch bei *v. Bogdandy* Der Staat 39 (2000), 163 (170): „Es ist […] offensichtlich, dass eine europäische Gerichtsbarkeit sich auf dünnem Eis bewegt, wenn sie versucht, nicht nur ein elementares Sicherheitsnetz vom Atlantik bis zum Pazifik zu sein, sondern ‚progressive' Menschenrechtspolitik zu betreiben."

[128] Vgl. nur die Diskussionsbeiträge auf der 55. Staatsrechtslehrertagung 1996 in Dresden zum Beratungsgegenstand „Kontrolle der auswärtigen Gewalt" v. *Frowein* VVDStRL 56 (1997), 108 f., *Tomuschat*

zum Ausdruck[129] und ist vom EuGH ausdrücklich bekräftigt worden.[130] Die Aufnahme mancher Bestimmungen in die Charta lässt sich schließlich nur dadurch erklären, dass mit ihnen ein auch **grundrechtlich gespeistes außenpolitisches Leitbild der Union** abgegeben werden sollte, mit welchem in Zukunft der **globale Rechtsdiskurs** glaubwürdiger und besser bestritten werden kann.[131] Das gilt insbesondere für das – ob seiner Aufnahme gerade aus kompetenzrechtlicher Sicht vielkritisierte[132] – Verbot der Todesstrafe in Art. 2 Abs. 2 GRC.

44   Die in **Einzelheiten** noch **nicht** ganz **einheitliche Rechtsprechung** des **EGMR** zur extraterritorialen Anwendung muss in der Zukunft weiter präzisiert werden. Vielleicht bietet dazu ein Verfahren Anlass, bei dem inzwischen die Große Kammer des Gerichtshofs nach Art. 30 EMRK angerufen worden ist.[133] Es geht um eine schon in einem Doku-Spielfilm verarbeitete Anordnung eines deutschen Bundeswehr-Obersten im September 2009, zwei Tanklastwagen durch US-amerikanische Bomben in Afghanistan zerstören zu lassen. Bei diesem Vorfall gab es erhebliche zivile Opfer, deren Angehörige in Deutschland erfolglos versucht haben, unter anderem ein Strafverfahren durchzusetzen.[134]

VVDStRL 56 (1997), 114 f., *Pernice* VVDStRL 56 (1997), 117 f. Dagegen aber *Hailbronner* VVDStRL 56 (1997), 121 f., der das VölkerR für den „sachnäheren Maßstab" hält (ebenso 156). Skeptisch zur Justiziabilität *Öhlinger* VVDStRL 56 (1997), 134. Ablehnend *Heintzen* S. 120. S. auch noch *Giegerich* ZaöRV 57 (1997), 409 (519 ff.); *Sommermann* S. 387 ff. (Verfassungs*text*lich) Besonders deutlich Art. 24 Abs. 2 bulgVerf („Die grundlegenden Ziele der Außenpolitik der Republik Bulgarien sind die nationale Sicherheit und Unabhängigkeit des Landes, der Wohlstand und die Grundrechte und Grundfreiheiten der bulgarischen Bürger sowie die Mitwirkung bei der Errichtung einer gerechten internationalen Ordnung."); ähnlich Art. 135 Abs. 1 litVerf.

[129] Am deutlichsten in Art. 177 Abs. 2 EGV (sa Art. 11 Abs. 1 EUV). Vgl. jetzt Art. 208 AEUV und Art. 21 EUV.
[130] EuGH C-268/94, Slg. 1996, I-6177 Rn. 22 ff. – Portugal/Rat („Kooperationsabkommen mit Indien"). Vgl. *Pippan* passim.
[131] Allgemein zu diesem *Baudenbacher* ELR 2001, 298 (298 ff.).
[132] S. die Bemerkung bei *Jacobs* ELR 2001, 338.
[133] EGMR 27.8.2019 – 4871/16 – Hanan/Deutschland.
[134] S. BVerfG 2 BvR 987/11, ECLI:DE:BVerfG:2015:rk20150519.2bvr098711 = NJW 2015, 3500.

§ 9 Grundrechtsberechtigte und Grundrechtsadressaten

Übersicht

	Rn.
A. Einleitung	1
B. Grundrechtsberechtigte bzw. Grundrechtsträger	2–21
I. Grundrechtsberechtigung bzw. Grundrechtsträgerschaft natürlicher Personen	3–12
1. Unionsbürgerinnen und Unionsbürger	4–7
2. Drittstaatsangehörige	8–12
II. Grundrechtsberechtigung juristischer Personen	13–21
1. Juristische Personen des Privatrechts mit satzungsmäßigem Sitz in einem EU-Mitgliedstaat	14–17
2. Juristische Personen des Privatrechts aus Drittstaaten	18
3. Juristische Personen des öffentlichen Rechts	19, 20
4. Gemischt-wirtschaftliche Unternehmen	21
C. Grundrechtsverpflichtete bzw. Grundrechtsadressaten	22–47
I. Grundrechtsbindung der Organe, Einrichtungen und sonstigen Stellen der EU	23
II. Bindung der EU-Mitgliedstaaten an die Unionsgrundrechte	24–39
1. Grundrechtsbindung bei der Durchführung des Unionsrechts im engeren Sinne	25–32
2. Grundrechtsbindung im Anwendungsbereich des Unionsrechts	33–37
3. Entwicklungsperspektiven und aktuelle Herausforderungen unter besonderer Berücksichtigung des EuGH-Urteils in der Rechtssache Åkerberg Fransson und der einschlägigen Folgerechtsprechung	38, 39
III. Grundrechtsbindung Privater: Unmittelbare Dritt-, Horizontal- bzw. Privatwirkung der Unionsgrundrechte?	40–47
1. Unmittelbare Dritt-, Privat- bzw. Horizontalwirkung einzelner „Vertragsgrundrechte" und der grundrechtsähnlichen Grundfreiheiten	41, 42
2. Unmittelbare Dritt-, Privat- bzw. Horizontalwirkung einzelner Charta-Grundrechte	43–47
D. Zusammenfassende Bewertung und Ausblick	48–51

Schrifttum:

Bäcker, Das Grundgesetz als Implementationsgarant der Unionsgrundrechte, EuR 2015, 389; *Bauer/Kahl,* Europäische Unionsbürger als Träger von Deutschen-Grundrechten?, JZ 1995, 1077; *Bilz,* Drittwirkung von Freiheitsrechten der Europäischen Grundrechte-Charta, GreifRecht 2013, 119; *Birnstiel/Bungenberg/Heinrich,* Europäisches Beihilfenrecht, 2013 (zit.: *Bearbeiter* in NK-EuBeihilfenR); *van Bockel/Wattel,* New Wine into Old Wineskins: The Scope of the Charter of Fundamental Rights of the EU after Åkerberg Fransson, ELR 38 (2013), 866; *Britz,* Grundrechtsschutz durch das Bundesverfassungsgericht und den Europäischen Gerichtshof, EuGRZ 2015, 275; *Brosius-Gersdorf,* Bindung der Mitgliedstaaten an die Gemeinschaftsgrundrechte: Die Grundrechtsbindung der Mitgliedstaaten nach der Rechtsprechung des EuGH, der Charta der Grundrechte der Europäischen Union und ihre Fortentwicklung, 2005; *Bucher,* Die Bindung der Mitgliedstaaten an die EU-Grundrechtecharta bei Ermessensspielräumen, insbesondere in Fällen der Richtlinienumsetzung und unter Berücksichtigung der Folgerechtsprechung zu „Åkerberg Fransson", ZEuS 2016, 203; *Calliess,* Kooperativer Grundrechtsschutz in der Europäischen Union – Überlegungen im Lichte der aktuellen Rechtsprechung von EuGH und deutschem Bundesverfassungsgericht (BVerfG), JRP 2015, 17; *Cirkel,* Die Bindungen der Mitgliedstaaten an die Gemeinschaftsgrundrechte, 2000; *Classen,* Schwierigkeiten eines harmonischen Miteinanders von nationalem und europäischem Grundrechtsschutz, EuR 2017, 347; *Cremer,* Der programmierte Verfassungskonflikt: Zur Bindung der Mitgliedstaaten an die Charta der Grundrechte der Europäischen Union nach dem Konventsentwurf für eine Europäische Verfassung, NVwZ 2003, 1452; *ders.,* Grundrechtsverpflichtete und Grundrechtsdimensionen nach der Charta der Grundrechte der Europäischen Union, EuGRZ 2011, 545; *Crones,* Grundrechtlicher Schutz von juristischen Personen im europäischen Gemeinschaftsrecht – Eine rechtsvergleichende Untersuchung zum persönlichen Anwendungsbereich der Grundfreiheiten und der Gemeinschaftsgrundrechte, 2002; *Davis,* Citizenship of the Union ... rights for all?, ELR 27 (2002), 121; *Dougan,* Judicial Review of Member State Action under the General Principles and the Charter: Defining the „Scope of Union Law", CMLR 52 (2015), 1201; *Eeckhout,* The EU Charter of

Fundamental Rights and the Federal Question, CMLR 2002, 945; *Ehlers,* Grundrechtsbindung und Grundrechtsschutz von Unternehmen im deutschen und europäischen Recht, DVBl 2019, 397; *Epiney,* Le champ d'application de la charte des droits fondamentaux: l'arrêt Fransson et ses implications, CDE 2014, 283; *Fontanelli,* Implementation of EU Law through Domestic Measures after Fransson: The Court of Justice Buys Time and „Non-preclusion" Troubles Loom Large, ELR 39 (2014), 682; *Frantziou,* The Horizontal Effect of the Charter of Fundamental Rights of the EU: Rediscovering the Reasons for Horizontality, ELJ 21 (2015), 657; *Franzius,* Strategien der Grundrechtsoptimierung in Europa, EuGRZ 2015, 139; *ders.,* Grundrechtsschutz in Europa – Zwischen Selbstbehauptungen und Selbstbeschränkungen der Rechtsordnungen und ihrer Gerichte, ZaöRV 75 (2015), 383; *Frenzel,* Die Charta der Grundrechte als Maßstab für mitgliedstaatliches Handeln zwischen Effektivierung und Hyperintegration, Der Staat 2014, 1; *Geiß,* Europäischer Grundrechtsschutz ohne Grenzen?, DÖV 2014, 265; *Griebel,* Doppelstandards des Bundesverfassungsgerichts beim Schutz europäischer Grundrechte, Der Staat 2013, 371; *Grigolli,* Die EU-Grundrechte-Charta in der aktuellen Diskussion – Ursprünge, Positionen, Ausblick, ELF 2001, 2; *Groh/Lange-Bertalot,* Der Schutz des Lebens Ungeborener nach der EMRK, NJW 2005, 713; *Guckelberger,* Zum Grundrechtsschutz ausländischer juristischer Personen, AöR 129 (2004), 618; *dies.,* Die Drittwirkung der Grundrechte, JuS 2003, 1151; *Hancox,* The meaning of „implementing" EU law under Article 51(1) of the Charter: Åkerberg Fransson, CMLR 50 (2013), 1411; *Heidenhain,* Handbuch des Europäischen Beihilfenrechts, 2003 (zit: *Bearbeiter* in Heidenhain EU-BeihilfenR-HdB); *Heißl,* Verhältnis der Grundrechtecharta zu nationalen Grundrechtsgewährleistungen und zur Europäischen Menschenrechtskonvention in Bezug auf Grundrechtskollisionen, in Kahl/Raschauer/Storr, Grundsatzfragen der europäischen Grundrechtecharta, 2013, S. 59; *ders.,* Grundrechtsträgerschaft juristischer Personen – Systematik in der österreichischen Rechtsordnung, ZÖR 2016, 215; *Herresthal,* Die Bedeutung der Charta der Grundrechte für das europäische und das nationale Privatrecht, ZEuP 2014, 238; *Hilf/Hörmann,* Der Grundrechtsschutz von Unternehmen im europäischen Verfassungsverbund, NJW 2003, 1; *Hilson,* What's in a right? The relationship between Community, fundamental and citizenship rights in EU law, ELR 29 (2004), 636; *Hirsch,* Die Europäische Union als Grundrechtsgemeinschaft, in Rodríguez Iglesias/Due/Schintgen/Elsen, Mélanges en hommage à F. Schockweiler, 1999, S. 177; *Hoffmann/Rudolphi,* Die Durchführung des Unionsrechts durch die Mitgliedstaaten – Art. 51 Abs. 1 Satz 1 Alt. 2 Grundrechtecharta im Spiegel der Rechtsprechung des Europäischen Gerichtshofs, DÖV 2012, 597; *Honer,* Die Geltung der EU-Grundrechte für die Mitgliedstaaten nach Art. 51 I 1 GRCh, JuS 2017, 409; *Hwang,* Grundrechte unter Integrationsvorbehalt? – Eine rahmenorientierte Überlegung zur Debatte um die Bindung der Mitgliedstaaten an die Unionsgrundrechte, EuR 2014, 400; *Jarass,* Die Bindung der Mitgliedstaaten an die EU-Grundrechte, NVwZ 2012, 457; *ders.,* Die Bedeutung der Unionsgrundrechte unter Privaten, ZEuP 2017, 310; *Jürgensen/Schlünder,* EG-Grundrechtsschutz gegenüber Maßnahmen der Mitgliedstaaten, AöR 21 (1996), 200; *Kadelbach,* Die Bindung an die Grundrechte der Europäischen Union bei der Anwendung staatlichen Strafrechts – Anmerkungen zum Urteil des EuGH in der Rechtssache Åkerberg Fransson, KritV 2013, 276; *Kahl/Schwind,* Europäische Grundrechte und Grundfreiheiten – Grundbausteine einer Interaktionslehre, EuR 2014, 170; *Kingreen,* Die Grundrechte des Grundgesetzes im europäischen Grundrechtsföderalismus, JZ 2013, 801; *ders./Störmer,* Die subjektiv-öffentlichen Rechte des primären Gemeinschaftsrechts, EuR 1998, 263; *Korte,* Die Grundrechtsfähigkeit gemischt-wirtschaftlicher Unternehmen nach europäischem Gemeinschaftsrecht, in Kluth/Müller/Peilert, Wirtschaft – Verwaltung – Recht, FS für R. Stober zum 65. Geburtstag, 2008, S. 127; *Kotzur,* Der Begriff der inländischen juristischen Personen nach Art. 19 Abs. 3 im Kontext der EU, DÖV 2001, 192; *Kühling,* Kernelemente einer kohärenten EU-Grundrechtsdogmatik in der Post-Lissabon-Ära, ZÖR 2013, 469; *Lange,* Verschiebungen im europäischen Grundrechtssystem?, NVwZ 2014, 169; *Latzel,* Der Anwendungsbereich des Unionsrechts, EuZW 2015, 658; *Leczykiewicz,* Horizontal Application of the Charter of Fundamental Rights, ELR 38 (2013), 479; *Lindemuth,* Der Grundrechtsschutz des Staates und seiner Einrichtungen, in Kahl/Raschauer/Storr, Grundsatzfragen der europäischen Grundrechtecharta, 2013, S. 111; *Lindner,* Grundrechtsschutz im europäischen Mehrebenensystem – eine systematische Einführung, Jura 2008, 401; *Lücke,* Zur Europarechtskonformität der Deutschen-Grundrechte – Europarechtskonforme Auslegung oder Rechtsfortbildung der Grundrechte?, EuR 2001, 112; *Lux-Wesener,* Die Frage nach dem Beginn des Lebens: EGMR umgeht eine Antwort, EuGRZ 2005, 558; *Mahlmann,* Die Grundrechtscharta der Europäischen Union, ZEuS 2000, 419; *Marauhn,* Sicherung grund- und menschenrechtlicher Standards gegenüber neuen Gefährdungen durch private und ausländische Akteure, VVDStRL 74 (2015), 373; *Müller-Graff,* Die horizontale Direktwirkung der Grundfreiheiten, EuR 2014, 3; *Nicolaysen,* Rechtsgemeinschaft, Gemeinschaftsgerichtsbarkeit und Individuum, in Nowak/Cremer, Individualrechtsschutz in der EG und der WTO, 2002, S. 17; *ders.,* Die gemeinschaftsrechtliche Begründung von Grundrechten, EuR 2003, 719; *ders.,* Entwicklungslinien und Perspektiven des Grundrechtsschutzes in der EU, in Bruha/Nowak/Petzold, Grundrechtsschutz für Unternehmen im europäischen Binnenmarkt, 2004, S. 15; *Nowak,* Zentraler und dezentraler Individualrechtsschutz in der EG im Lichte des gemeinschaftsrechtlichen Rechtsgrundsatzes effektiven Rechtsschutzes, in ders./Cremer, Individualrechtsschutz in der EG und der WTO, 2002, S. 47; *ders.,* Der Status der Forschung in der EU-Grundrechtecharta und in der Europäischen Menschenrechtskonvention, in Hilgendorf/Beck, Biomedizinische Forschung in Europa, 2010, S. 75; *ders.,* Die Konvergenz der wirtschaftlichen Freiheiten im europäischen Unionsrecht, in Basedow/Wurmnest, Festgabe für Peter Behrens zum 70. Geburtstag, 2011, S. 69; *ders.,* Unionsgrundrechtliche Rechtfertigungsmöglichkeiten für Grundfreiheitseingriffe durch Private, in Stumpf/Kainer/Baldus, Privatrecht, Wirtschaftsrecht, Verfassungsrecht, FS für P.-C. Müller-Graff, 2015, S. 475; *Nusser,* Die Bindung der Mitgliedstaaten an die Unionsgrundrechte – Vorgaben für die Auslegung von Art. 51 Abs. 1 S. 1 EuGrCh, 2011; *Obwexer,* Der Schutz der Grundrechte durch den Gerichtshof der EU nach Lissabon. Auslegung und Anwendung der Grundrechte-Charta gegenüber den EU-Organen, den Mitgliedstaaten und dem allgemeinen Völkerrecht, ZÖR 2013, 487; *Ohler,* Grundrechtliche Bindungen der Mitgliedstaaten nach Art. 51 GRCh, NVwZ 2013, 1433; *O'Leary,* The Relationship between Community Citizenship and the Protection of Fundamental Rights in Community Law, CMLR 1995, 519; *van Ooyen,* Luxemburger Verfassungscoup – Die „Grundrechtscharta-Entscheidung" des EuGH und ihre Karlsruher Kritik im Spiegel richterlicher Selbstermächtigungen, RuP 2013, 199; *Pache,* Die Rolle der EMRK und der Grundrechte-Charta in der EU, in Fastenrath/Nowak, Der Lissabonner Reformvertrag – Änderungsimpulse in einzelnen Rechts- und Politikbereichen, 2009, S. 113; *v. Papp,* A Federal Question Doctrine for EU Fundamental Rights Law: Making Sense of Articles 51 and 53 of the Charter of Fundamental Rights, ELR 43 (2018), 511; *Pernice,* Eine Grundrechte-Charta für die Europäische Union, DVBl 2000, 847; *Pöschl,* Sicherung grund- und menschenrechtlicher Standards gegenüber neuen Gefährdungen durch private und ausländische Akteure, VVDStRL 74 (2015), 405; *Quasdorf,* Dogmatik der Grundrechte der Europäischen Union, 2001; *Ruffert,* Die Mitgliedstaaten der Europäischen Gemeinschaft als Verpflichtete der Gemeinschaftsgrundrechte, EuGRZ 1995, 518; *Safferling,* Der EuGH, die Grundrechtecharta und nationales Recht: Die Fälle Åkerberg Fransson und Melloni, NStZ 2014, 545; *Sarmiento,* Who's Afraid of the Charter? The Court of Justice, National Courts and the New Framework of Fundamental Rights Protection in Europe, CMLR 50 (2013), 1267; *Sasse,* Die Grundrechtsberechtigung juristischer Personen durch die unternehmerische Freiheit gemäß Art. 16 der Europäischen Grundrechtecharta, EuR 2012, 628; *Scheuing,* Zur Grundrechtsbindung der EU-Mitgliedstaaten, EuR 2005, 162; *Schindler,* Die Kollision von Grundfreiheiten und Gemeinschaftsgrundrechten – Entwurf eines Kollisionsmodells unter Zusammenführung der Schutzpflichten- und der Drittwirkungslehre, 2001; *Scholz,* Nationale und europäische Grundrechte: Umgekehrte »Solange«-Regel?, DVBl 2014, 197; *Schwarze,* Der Grundrechtsschutz für Unternehmen in der Europäischen Grundrechtecharta, EuZW 2001, 517; *Seifert,* Die horizontale Wirkung von Grundrechten – Europarechtliche und rechtsvergleichende Überlegungen, EuZW 2011, 696; *ders.,* Zur Horizontalwirkung sozialer Grundrechte, EuZA 2013, 299; *Snell,* Fundamental Rights Review of National Measures: Nothing New under the Charter?, EPL 21 (2015), 285; *Stangl,* Der Anwendungsbereich der Grundrechtecharta, in Kahl/Raschauer/Storr, Grundsatzfragen der europäischen Grundrechtecharta, 2013, S. 1; *Starke,* Die Anwendbarkeit der Europäischen Grundrechtecharta auf rein nationale Gesetzgebungsakte, DVBl 2017, 721; *Störmer,* Gemeinschaftsrechtliche Diskriminierungsverbote versus nationale Grundrechte?, AöR 123 (1998), 541; *Szwarc,* Application of the Charter of Fundamental Rights in the Context of Sanctions Imposed by Member States for Infringements of EU Law: Comment on Fransson Case, EPL 20 (2014), 229; *Temple Lang,* The Sphere in Which Member States are Obliged to Comply with General Principles of Law and Community Fundamental Rights Principles, LIEI 1991, 23; *Tettinger,* Zur Grundrechtsberechtigung von Energieversorgungsunternehmen im Europäischen Gemeinschaftsrecht, in Baur/Müller-Graff/Zuleeg, Europarecht – Energierecht – Wirtschaftsrecht, FS B. Börner, 1992, S. 625; *ders.,* Grundrechtsschutz für öffentliche Unternehmen, in Schwarze, Wirtschaftsverfassungsrechtliche Garantien für Unternehmen im europäischen Binnenmarkt, 2001, S. 155; *Thym,* Die Reichweite der EU-Grundrechtecharta – Zu viel Grundrechtsschutz?, NVwZ 2013, 889; *ders.,* Blaupausenfallen bei der Abgrenzung von Grundgesetz und Grundrechtcharta, DÖV 2014, 941; *Villotti,* The Horizontal Effekt of EU Fundamental Rights – AMS and Beyond, ZÖR 2016, 241; *Wallrab,* Die Verpflichteten der Gemeinschaftsgrundrechte – Umfang und Grenzen der Bindung der Europäischen Gemeinschaft und der Mitgliedstaaten an die Grundrechte des Europäischen Gemeinschaftsrechts, 2003; *Weber,* Die Europäische Grundrechtscharta – auf dem Weg zu einer europäischen Verfassung, NJW 2000, 537; *Wernsmann,* Bindung Privater an Diskriminierungsverbote durch Gemeinschaftsrecht, JZ 2005, 224; *Wiesbrock,* Internationaler Schutz der Menschenrechte vor Verletzungen durch Private, 1999; *Windthorst,* Zur Grundrechtsfähigkeit der Deutschen Telekom AG, VerwArch 2004, 377; *Wollenschläger,* Anwendbarkeit der ERT-Rechtsprechung im Rahmen einer Beschränkung von Grundfreiheiten – Bestätigung der ERT-Rechtsprechung durch den EuGH auch unter der Grundrechtecharta, EuZW 2014, 577.

A. Einleitung

Zu den klassischen Themen der Grundrechtsdogmatik gehört unter anderem auch die möglichst präzise Bestimmung des Kreises der Grundrechtsberechtigten bzw. der Grundrechtsträger und die möglichst genaue Festlegung des Kreises der Grundrechtsverpflichteten bzw. der Grundrechtsadressaten. Im Hinblick auf die Hauptfunktion der Unionsgrundrechte, die als tragende Kernbestandteile der europäischen Rechtsgemeinschaft[1] bzw. der

---

[1] Ausführlicher zu dem hier angesprochenen Konzept der Rechtsgemeinschaft vgl. nur *Nicolaysen* in Nowak/Cremer S. 17 ff.; *Pernice* in Zuleeg, Der Beitrag Walter Hallsteins zur Zukunft Europas, 2003, S. 56 ff.; mwN → § 1 Rn. 63. Zu dem mit dem Begriff der Rechtsgemeinschaft sehr eng verbundenen Begriff der Grundrechtsgemeinschaft bzw. der Grundrechtsunion, der in Bezug auf die EU immer häufiger Verwendung findet, vgl. etwa *Hirsch* in Rodríguez Iglesias/Due/Schintgen/Elsen S. 177 ff.; *Pache* in FK-EUV/GRC/AEUV EUV Art. 6 Rn. 9; *Kühling* ZÖR 2013, 469 (473); *Terhechte* EuR 2008, 143 (170).

supranationalen Rechtsunion[2] vor allem auf die der Freiheit des Einzelnen dienende Begrenzung bzw. Eingrenzung der unionalen Hoheitsgewalt abzielen[3], stellen die Aspekte der Grundrechtsberechtigung bzw. der **Grundrechtsträgerschaft und** der **Grundrechtsverpflichtung zwei Seiten einer Medaille** dar. Der auf die Ein- bzw. Begrenzung der unionalen Hoheitsgewalt abzielende Hauptzweck der Unionsgrundrechte ist zum einen bei der Bestimmung ihrer jeweiligen persönlichen Schutz- bzw. Anwendungsbereiche zu beachten, deren Reichweite maßgeblich davon abhängt, wie weit der Kreis der Grundrechtsberechtigten bzw. der Grundrechtsträger gezogen wird (→ Rn. 2 ff.). Zum anderen ist die vorgenannte Eingrenzungsfunktion der Unionsgrundrechte insbesondere dann ernst zu nehmen, wenn es um die Beantwortung der Frage geht, ob bzw. inwieweit und gegebenenfalls unter welchen Umständen neben den in der Regel unstreitig zu den Grundrechtsverpflichteten gehörenden Organen, Einrichtungen und sonstigen Stellen der Union auch die EU-Mitgliedstaaten sowie natürliche und juristische Personen in den Adressatenkreis aller oder zumindest einiger geschriebener oder ungeschriebener Unionsgrundrechte einzubeziehen sind (→ Rn. 22 ff.).

B. Grundrechtsberechtigte bzw. Grundrechtsträger

2 Die Grundrechtsträgerschaft bezieht sich auf die bei natürlichen Personen grundsätzlich mit der Geburt einsetzende Fähigkeit, Träger oder Subjekt von Grundrechten zu sein. Angesichts der „menschenrechtlichen Wurzeln der Grundrechte" stellt die Grundrechtsträgerschaft natürlicher Personen bzw. deren Grundrechtsberechtigung den „grundrechtlichen Regelfall" dar. Insoweit gehören **natürliche Personen als „geborene" Grundrechtsberechtigte**[4] – abgesehen von einigen Detailproblemen im Zusammenhang mit Drittstaatsangehörigen (→ Rn. 8 ff.) – unstreitig zu den Trägern grundsätzlich aller Unionsgrundrechte (→ Rn. 3 ff.), während die in der Rechtsprechung der Unionsgerichte erst ansatzweise geklärte **Grundrechtsberechtigung juristischer Personen** des Privatrechts und des öffentlichen Rechts nach wie vor kontrovers diskutiert wird (→ Rn. 13 ff.).

I. Grundrechtsberechtigung bzw. Grundrechtsträgerschaft natürlicher Personen

3 Im Rahmen der unionsrechtlichen Grundrechtsdogmatik ist hinsichtlich der Grundrechtsberechtigung bzw. Grundrechtsträgerschaft natürlicher Personen, die nicht mit der nachfolgend ausgeblendeten Frage nach der Grundrechtsmündigkeit – dh der persönlichen Fähigkeit zur Wahrnehmung grundrechtlicher Berechtigungen – zu verwechseln ist, grundsätzlich zwischen Unionsbürgerinnen und Unionsbürgern auf der einen Seite (→ Rn. 4 ff.) und Drittstaatsangehörigen auf der anderen Seite (→ Rn. 8 ff.) zu unterscheiden.

---

[2] Zu der in der jüngeren Rechtsprechung des Unionsrichters erfolgten Ersetzung des vorgenannten Begriffs der „Rechtsgemeinschaft" durch den Begriff der „Rechtsunion" vgl. etwa (grdlg.) EuGH C-550/09, Slg. 2010, I-6213 Rn. 44 – Strafsache gegen E u. F; sowie EuGH verb. Rs. C-584/10 P, C-593/10 P u. C-595/10 P, ECLI:EU:C:2013:518 Rn. 66 – Kommission ua/Kadi; EuGH C-274/12 P, ECLI:EU:C:2013:852 Rn. 56 – Telefónica/Kommission; EuGH C-45/15 P, ECLI:EU:C:2017:402 Rn. 35 – Sofa Nicu Sepahan/Rat der EU; EuGH C-64/16, ECLI:EU:C:2018:117 Rn. 31 – Associação Sindical dos Juízes Portugueses; EuGH C-216/18 PPU, ECLI:EU:C:2018:586 Rn. 49 – LM; zur früheren Verwendung des Begriffs der Rechtsgemeinschaft durch den damaligen Gemeinschaftsrichter vgl. nur EuGH 294/83, Slg. 1986, 1339 Rn. 23 – Parti écologiste „Les Verts"/EP; unter anderem bestätigt in EuG T-17/00 R, Slg. 2000, II-2085 Rn. 54 – Rothley/EP.

[3] In diesem Sinne vgl. auch *Nicolaysen* EuR 2003, 719 ff.; *Nicolaysen* in Bruha/Nowak/Petzold, Grundrechtsschutz, S. 15 ff.; *Hirsch* in Rodríguez Iglesias/Due/Schintgen/Elsen S. 177 ff.; sowie → § 1 Rn. 63 u. → § 7 Rn. 2. Zu den Unionsgrundrechten als „Bausteine der Rechtsstaatlichkeit" vgl. ferner *Cremer* in Grabenwarter, EnzEuR Bd. 2, § 1 Rn. 9 ff.

[4] So auch *Kühling* in v. Bogdandy/Bast Europ. VerfassungsR S. 657 (686), mit der zutreffenden Begründung, dass die Grundrechte ihre „Sinnmitte" im Schutz natürlicher Personen gegen hoheitliche Übergriffe finden.

1. Unionsbürgerinnen und Unionsbürger. Soweit bestimmte Unionsgrundrechte, wie 4
dies zum Teil in der EU-Grundrechtecharta vorgesehen ist, nicht von vornherein ganz
bestimmten natürlichen Personen vorbehalten sind[5], berechtigen die Unionsgrundrechte
zunächst einmal alle natürlichen Personen, die zu den Unionsbürgerinnen und Unionsbürgern im Sinne des Art. 20 AEUV gehören.[6] In der EU-Grundrechtecharta, die keine
horizontale Regelung über den Kreis der Grundrechtsberechtigten enthält, sind manche
Grundrechte sogar explizit nur den Unionsbürgerinnen und Unionsbürgern vorbehalten.
Derartige **Unionsbürgergrundrechte** stellen die im fünften Titel dieser Charta niedergelegten „Bürgerrechte" dar, die sich mit Ausnahme des in Art. 41 GRC geregelten –
„jeder Person" zustehenden – Rechts auf eine gute Verwaltung (→ § 61) allesamt nur auf
Unionsbürgerinnen und Unionsbürger beziehen.

Im Übrigen erstreckt sich der persönliche Anwendungs- bzw. Schutzbereich zahlreicher 5
Charta-Grundrechte, die gelegentlich auch mit der nicht nur Unionsbürgerinnen und
Unionsbürger einbeziehenden Formulierung „niemand" operieren[7], auf „jede Person"[8]
(**„Jedermann"-Rechte**), womit ohne Zweifel natürliche Personen und in einigen noch
näher zu spezifizierenden Fällen auch juristische Personen (→ Rn. 13 ff.) gemeint sind. Die
vorgenannte Möglichkeit, teilweise auch juristische Personen in den persönlichen Anwendungs- bzw. Schutzbereich einzelner Unionsgrundrechte einzubeziehen, ist allerdings von
vornherein dann ausgeschlossen, wenn sich das jeweils in Rede stehende Unionsgrundrecht
– wie etwa die in Art. 1 GRC angesprochene Unantastbarkeit der Menschenwürde
(→ § 13), das in Art. 2 Abs. 1 GRC niedergelegte Recht auf Leben (→ § 14), das in Art. 3
Abs. 1 GRC verankerte Recht auf körperliche und geistige Unversehrtheit (→ § 15), das
Recht auf Freiheit und Sicherheit nach Art. 6 GRC (→ § 18) oder eine der in den Art. 29,
34 Abs. 2 und 35 GRC enthaltenen Gewährleistungen – explizit auf **Menschen** bezieht.

Im Hinblick auf den persönlichen Schutz- bzw. Anwendungsbereich bereiten einige der 6
vorgenannten **„Menschen"-Rechte** – insbesondere die in der Rechtsprechung des EuGH
bereits vor vielen Jahren anerkannte[9] und ausdrücklich in Art. 1 GRC niedergelegte Menschwürdegarantie (→ § 13) sowie das in Art. 2 GRC verankerte Recht auf Leben (→ § 14)
– gewisse Probleme insoweit, als es um die juristisch und ethisch kontrovers diskutierte
Frage geht, ob auch Ungeborene, insbesondere der *nasciturus,* in die persönlichen Anwendungs- bzw. Schutzbereiche dieser Rechte fallen. Diese auf mitgliedstaatlicher Ebene meist
im Zusammenhang mit Schwangerschaftsabbrüchen erörterte Frage nach dem **Grundrechtsschutz des ungeborenen Lebens,** die in der Rechtsprechung der Unionsgerichte

---

[5] Vgl. nur Art. 23 GRC (Gleichheit von „Frauen und Männern"); Art. 24 GRC (Rechte des „Kindes");
Art. 25 GRC (Rechte „älterer Menschen"); Art. 27, 28, 30 und 31 GRC (Rechte von „Arbeitnehmerinnen und Arbeitnehmern"); Art. 32 Abs. 2 GRC („Jugendliche"); Art. 48 GRC (Unschuldsvermutung
und Verteidigungsrechte von „Angeklagten").
[6] Dies ist weitgehend unstreitig, vgl. nur *Kobler,* Der Grundrechtsschutz in der Europäischen Union –
Bestandsaufnahme, Konkretisierung und Ansätze zur Weiterentwicklung der europäischen Grundrechtsdogmatik anhand der Charta der Grundrechte der Europäischen Union, 2009, S. 144; instruktiv zum
engen Verhältnis zwischen der Unionsbürgerschaft und den Unionsgrundrechten vgl. auch *Davis* ELR 27
(2002), 121 ff.; *Hilson* ELR 29 (2004), 636 ff.; *O'Leary* CMLR 1995, 519 ff.
[7] Vgl. Art. 2 Abs. 2 GRC (Verbot der Todesstrafe); Art. 4 GRC (Folterverbot etc); Art. 5 Abs. 1 u. 2
GRC (Verbot der Sklaverei und der Zwangsarbeit); Art. 19 Abs. 2 GRC (Schutz bei Abschiebung,
Ausweisung u. Auslieferung); Art. 49 Abs. 1 S. 1 GRC u. Art. 50 GRC (Grundsätze der Gesetzmäßigkeit, *ne bis in idem* etc).
[8] Dies gilt für Art. 7 GRC (Achtung des Privat- und Familienlebens); Art. 8 Abs. 1 GRC (Schutz
personenbezogener Daten); Art. 10 Abs. 1 GRC (Recht auf Gedanken-, Gewissens- u. Religionsfreiheit);
Art. 11 Abs. 1 GRC (Freiheit der Meinungsäußerung u. Informationsfreiheit); Art. 12 Abs. 1 GRC
(Versammlungs- u. Vereinigungsfreiheit); Art. 14 Abs. 1 GRC (Recht auf Bildung); Art. 15 Abs. 1 GRC
(Berufsfreiheit u. Recht zu arbeiten); Art. 17 GRC (Eigentumsrecht); Art. 41 GRC Abs. 1–4 GRC
(Recht auf eine gute Verwaltung; sowie für Art. 47 Abs. 1 u. 2 GRC (Recht auf effektiven gerichtlichen
Rechtsschutz).
[9] Vgl. EuGH C-377/98, Slg. 2001, I-7079 Rn. 70 ff. – Niederlande/EP u. Rat; näher dazu *Rau/Schorkopf*
NJW 2002, 2448 ff.; sowie EuGH C-36/02, Slg. 2004, I-9609 Rn. 34 – Omega; näher dazu vgl. die
einschlägigen Urteilsanmerkungen von *Bröhmer* EuZW 2004, 755 ff.; *Lindner* BayVBl. 2005, 206 ff.;
Streinz JuS 2005, 63 ff.; *Weber* VR 2005, 96 ff.

bislang offen geblieben ist[10], hat auf der Ebene der EMRK zwar bereits mehrfach die Konventionsorgane beschäftigt; ob das ungeborene Leben als „Mensch" angesehen werden kann, ist dabei jedoch von den Konventionsorganen regelmäßig offen gelassen worden.[11] Auch in seinem diesbezüglich sehr einschlägigen Urteil in der Rechtssache *Vo/Frankreich* stellte der EGMR (Große Kammer) im Jahre 2004 noch einmal fest, dass die Antwort auf die Frage nach dem Beginn des Lebens nach wie vor insbesondere deshalb in das Ermessen der Konventionsstaaten falle, weil die Frage nach dem (Grund-)Rechtsschutz in diesem Kontext innerhalb der Mehrheit der Vertragsstaaten nicht gelöst sei und darüber hinaus **kein europäischer Konsens in der Frage** bestehe, **wann das Leben beginnt**.[12] Vor diesem Hintergrund sei es nach Ansicht des EGMR „zum gegenwärtigen Zeitpunkt weder wünschenswert noch auch nur möglich, abstrakt die Frage zu beantworten, ob das ungeborene Kind ein ‚Mensch' im Sinne von Art. 2 EMRK ist".[13] Der hier zum Vorschein kommende Unwille des EGMR, sich für einen aus Art. 2 EMRK ableitbaren Grundrechtsschutz des ungeborenen Lebens auszusprechen, ist zwar in der Rechtssache *Evans/Vereinigtes Königreich* erneut bestätigt worden.[14] Dies bedeutet jedoch nicht, dass der EGMR dem ungeborenen Leben jeglichen Schutz durch die EMRK abspricht. Diese Einschätzung beruht wiederum auf dem vorgenannten Urteil in der Rechtssache *Vo/Frankreich,* wo es unter anderem heißt: „Auf europäischer Ebene gibt es keinen Konsens über Natur und Rechtsstellung des Embryos und des Fötus [...], wenn auch erste Schritte zu ihrem Schutz angesichts des wissenschaftlichen Fortschritts und der künftigen Folgen der Forschung in den Bereichen der Genmanipulation, der ärztlich unterstützten Fortpflanzung oder der Versuche an Embryonen zu erkennen sind. Bestenfalls lässt sich als den Staaten gemeinsame Überzeugung die Zugehörigkeit des Embryos und des Fötus zur Gattung des Menschen ausmachen. Es sind seine Möglichkeit und seine Fähigkeit, ein Mensch zu werden, wie sie im Übrigen das Privatrecht zahlreicher Staaten, etwa in Frankreich beim Erbrecht oder bei der Schenkung, aber auch im Vereinigten Königreich [...], anerkennt, die im Namen der menschlichen Würde geschützt werden müssen, ohne Embryo und Fötus zu einem Menschen zu machen, der ein Recht auf Leben iSv Art. 2 EMRK hätte".[15] Die Frage, ob das ungeborene Leben überhaupt in irgendeiner Weise am EMRK-rechtlichen Menschenwürdeschutz partizipiert, dürfte der EGMR zwar mit den vorgenannten Ausführungen im bejahenden Sinne beantwortet haben.[16] Im Hinblick auf die nicht minder bedeutsamen Anschlussfragen aber, inwieweit Embryos und Föten bzw. das ungeborene „Leben" nun konkret am EMRK-rechtlichen Menschenwürdeschutz teilhaben und welche Folgen sich daraus etwa für die biomedizinische Forschung in Europa genau ergeben, sind die vorgenannten Ausführungen des EGMR jedoch überaus interpretationsoffen, zumal der

---

10 So auch in EuGH C-159/90, Slg. 1991, I-4685 Rn. 18 ff. – Grogan.
11 Vgl. EKMR (1961), DR, Bd. 6, S. 34 – X/Norwegen; EKMR (1976), DR, Bd. 7, S. 87 – X/Österreich; EKMR 19.5.1976 – 6959/75, DR 5, S. 103 (123) – Brüggemann u. Scheuten/Deutschland; EKMR (1980), DR, Bd. 19, S. 260 – X/Vereinigtes Königreich; EKMR (1992), DR, Bd. 73, S. 180 – H/Norwegen; EGMR 19.10.1992 – 14234 u. 14235/88, Series A no. 246, S. 27 – Open Door u. Dublin Well Woman/Irland; EGMR 5.9.2002 – 50490/99, Rep. 2002-VII, 441 ff. – Boso/Italien; näher zu der hier in Rede stehenden Entscheidungspraxis vgl. etwa *Alleweldt* in Dörr/Grote/Marauhn Kap. 10 Rn. 14 ff.
12 Vgl. EGMR 8.7.2004 – 53924/00, NJW 2005, 727 (730) – Vo/Frankreich; ausführlich zu dieser äußerst kontrovers diskutierten Entscheidung vgl. *Groh/Lange-Bertalot* NJW 2005, 713 ff.; *Lux-Wesener* EuGRZ 2005, 558 ff.; *Nowak* in Hilgendorf/Beck S. 75 (95 f., 100 f.); *Plomer* HRLR 5 (2005), 311 ff.; instruktiv vgl. ferner die teils zustimmenden, teils abweichenden Meinungen einzelner EGMR-Richter, abgedr. bei *Meyer-Ladewig/Petzold* NJW 2005, 727 (732 ff.); sowie die einschlägige Urteilsanalyse von *Dörr* JuS 2005, 735 ff.
13 Vgl. EGMR 8.7.2004 – 53924/00, NJW 2005, 727 (731) – Vo/Frankreich.
14 Vgl. EGMR 7.3.2006 – 6339/05, EuGRZ 2006, 389 (393) – Evans/Vereinigtes Königreich; EGMR 10.4.2007 – 6339/05, NJW 2008, 2013 (2014) – Evans/Vereinigtes Königreich; instruktiv zur erstgenannten Entscheidung vgl. *Bernat* EuGRZ 2006, 398 ff.; näher zum Sachverhalt und zu beiden Entscheidungen vgl. auch *Nowak* in Hilgendorf/Beck S. 75 (96 f.).
15 Vgl. EGMR 8.7.2004 – 53924/00, NJW 2005, 727 (731) – Vo/Frankreich.
16 In diesem Sinne vgl. etwa auch *Streinz* in Hilgendorf/Beck S. 29 (42).

EGMR in seinem *Vo*-Urteil am Ende selbst nicht um die entlarvende und kaum zur Rechtssicherheit beitragende Feststellung herumkommt, dass „dem ungeborenen Kind eine klare rechtliche Stellung fehlt"[17].

Demgegenüber hat etwa das deutsche BVerfG bereits deutlich gemacht, dass dem ungeborenen Leben nicht nur der in Art. 1 GG verankerte Schutz der Menschenwürde[18], sondern für den gesamten Zeitraum der Schwangerschaft auch das in Art. 2 Abs. 2 S. 1 GG verankerte Recht auf Leben zukommt.[19] Da der rechtliche **Schutz bzw. die Schutzwürdigkeit des ungeborenen Lebens** darüber hinaus in einigen anderen mitgliedstaatlichen Verfassungen ausdrückliche Anerkennung gefunden hat[20], dürfte dem ungeborenen Leben durchaus auch ein gewisser unionsgrundrechtlicher Schutz zuzubilligen sein.[21] Die genaue Reichweite dieses primär an der unionsgrundrechtlichen Menschwürdegarantie und/oder an den Unionsgrundrechten auf Leben bzw. auf körperliche Unversehrtheit anknüpfenden Schutzes und weitere damit zusammenhängende Detailfragen, wie etwa die schutzbereichsbezogene Einbeziehung *in vitro* generierter und/oder geklonter Embryonen sowie embryonaler Stammzellen, sind vornehmlich jeweils im Zusammenhang mit der Erörterung des persönlichen Schutzbereichs der insoweit einschlägigen Unionsgrundrechte zu diskutieren (→ § 13 Rn. 19 f.; → § 14 Rn. 11 ff.; → § 15 Rn. 16 f.). Gleiches gilt für die in der Rechtsprechung der Unionsgerichte bislang ebenfalls nicht beantworteten Detailfragen nach einem etwaigen **Grundrechtsschutz zukünftig Lebender**[22] sowie im Zusammenhang mit dem allgemein unter dem Stichwort „postmortales Persönlichkeitsrecht" diskutierten **Grundrechtsschutz Verstorbener,** der sich aus der unionsgrundrechtlichen Menschwürdegarantie und/oder in Anlehnung an die prätorische Ausformung des Art. 8 Abs. 1 EMRK aus dem allgemeinen Persönlichkeitsrecht ableiten lassen könnte (→ § 13 Rn. 20; → § 14 Rn. 14; → § 15 Rn. 18).

2. Drittstaatsangehörige. Die unionsgrundrechtliche Garantie der **Unantastbarkeit der Menschenwürde,** die in Art. 1 GRC verankert ist, und die anderen klassischen **Menschenrechte auf Leben sowie auch körperliche und geistige Unversehrtheit** nach Art. 2 Abs. 1 GRC und Art. 3 Abs. 1 GRC schützen nicht nur die Unionsbürgerinnen und Unionsbürger, sondern unstreitig auch Drittstaatsangehörige[23] (→ § 13 Rn. 21; → § 14 Rn. 12; → § 15 Rn. 16). Darüber hinaus stellt sich auf der supranationalen Ebene

---

17 Vgl. EGMR 8.7.2004 – 53924/00, NJW 2005, 727 (731) – Vo/Frankreich.
18 Vgl. BVerfGE 39, 1 (41), wonach das sich entwickelnde Leben an dem Schutz teilnimmt, den Art. 1 Abs. 1 GG der Menschenwürde gewährt; ferner vgl. BVerfGE 88, 203 (251), wo es heißt: „Menschenwürde kommt schon dem ungeborenen menschlichen Leben zu, nicht erst dem menschlichen Leben nach der Geburt oder bei ausgebildeter Persönlichkeit […]. Jedenfalls in der so bestimmten Zeit der Schwangerschaft [hier: ab der erfolgten Nidation bis zum Beginn der Geburt] handelt es sich bei dem Ungeborenen um individuelles, in seiner genetischen Identität und damit in seiner Einmaligkeit und Unverwechselbarkeit bereits festgelegtes, nicht mehr teilbares Leben, das im Prozess des Wachsens und Sich-Entfaltens sich nicht erst zum Menschen, sondern als Mensch entwickelt".
19 Vgl. nur BVerfGE 39, 1 (38 ff.); näher zu dieser Rechtsprechungslinie vgl. jeweils mwN *Alleweldt* in Dörr/Grote/Marauhn Kap. 10 Rn. 21 f.; *Tonikidis* JA 2013, 38 (39 f.).
20 Vgl. Art. 40 Abs. 3 UAbs. 3 irrVerf („Der Staat anerkennt das Recht des ungeborenen Lebens, mit gebührender Rücksicht auf das Leben der Mutter, und er verbürgt sich in seinen Gesetzen, dieses Recht zu achten und, soweit dies durchführbar ist, es zu verteidigen und zu schützen"); ferner vgl. Art. 3 u. 112 Abs. 1 tschechVerf iVm Art. 6 Abs. 1 S. 2 tschechGR-Deklaration („Das Menschenleben ist schon vor der Geburt des Schutzes würdig"), sowie Art. 15 Abs. 1 S. 2 slowakVerf („Das menschliche Leben ist schon vor der Geburt schützenswert").
21 So auch *Ausgberg* in von der Groeben/Schwarze/Hatje GRC Art. 1 Rn. 8 f., Art. 2 Rn. 7; *Frenz* in FK-EUV/GRC/AEUV GRC Art. 1 Rn. 20 ff., Art. 2 Rn. 10 ff.; *Zimmermann,* Die Charta der Grundrechte der Europäischen Union zwischen Gemeinschaftsrecht, Grundgesetz und EMRK – Entstehung, normative Bedeutung und Wirkung der EU-Grundrechtecharta im gesamteuropäischen Verfassungsraum, 2002, S. 28 f.; ähnlich bereits *Rengeling/Szczekalla* Grundrechte in der EU § 5 Rn. 347, die dies zumindest nicht für ausgeschlossen halten; restriktiver vgl. indes *Schmidt* ZEuS 2002, 631 (648).
22 Instruktiv zu dieser Detailfrage, allerdings aus rein grundgesetzlicher Perspektive, vgl. *Kahl* EurUP 2016, 300 ff.
23 So auch vgl. statt vieler *Frenz* in FK-EUV/GRC/AEUV GRC Art. 1 Rn. 19, Art. 2 Rn. 9; *Kingreen/Störmer* EuR 1998, 263 (276); *Mahlmann* ZEuS 2000, 419 (435); *Pernice* DVBl 2000, 847 (856).

– ähnlich wie im Kontext der so genannten „Deutschen"-Grundrechte des Grundgesetzes[24] – die seinerzeit auch im Grundrechte-Konvent diskutierte[25], dort aber letztendlich nicht eindeutig entschiedene Frage, ob und gegebenenfalls in welchem Umfang sich Drittstaatsangehörige auch auf sonstige – nicht menschenrechtlich tradierte – Unionsgrundrechte berufen können, wie dies in etwas verklausulierter Form bereits in Art. 25 der aus dem Jahre 1989 stammenden Erklärung des Europäischen Parlaments über Grundrechte und Grundfreiheiten (→ § 1 Rn. 51 f.) partiell vorgesehen war.[26]

9 In der Grundrechtecharta werden Drittstaatsangehörige nur in zwei Artikeln explizit erwähnt: So haben die „Staatsangehörigen dritter Länder", die im Hoheitsgebiet der Mitgliedstaaten arbeiten dürfen, gemäß Art. 15 Abs. 3 GRC zum einen **„Anspruch auf Arbeitsbedingungen, die denen der Unionsbürgerinnen und Unionsbürger entsprechen"** (→ § 34 Rn. 44). Zum anderen kann den Staatsangehörigen dritter Länder unter der in diesem Zusammenhang zu beachtenden Bedingung des rechtmäßigen Aufenthalts im Hoheitsgebiet eines Mitgliedstaats gemäß Art. 45 Abs. 2 GRC nach Maßgabe der Verträge, wovon nach Art. 1 Abs. 3 S. 1 EUV der EU-Vertrag und der AEUV erfasst sind, **Freizügigkeit und Aufenthaltsfreiheit** (→ § 19) gewährt werden.

10 Aus der expliziten Erwähnung von Drittstaatsangehörigen in den beiden vorgenannten Artikeln kann keineswegs der Schluss gezogen werden, dass Drittstaatsangehörige aus den persönlichen Schutz- bzw. Anwendungsbereichen aller anderen Charta-Artikel bzw. aller anderen Unionsgrundrechte auszugrenzen sind. Vielmehr gibt es eine Reihe von Grundrechten, die eine Einbeziehung von Drittstaatsangehörigen in den persönlichen Schutzbereich geradezu implizieren. Diesbezüglich ist insbesondere auf das in Art. 18 GRC geregelte **Asylgrundrecht** (→ § 20) sowie auf den in Art. 19 Abs. 2 GRC geregelten **Abschiebungs-, Ausweisungs- und Auslieferungsschutz** (→ § 21) hinzuweisen, wonach „niemand" – und damit auch kein Drittstaatsangehöriger – in einen Staat abgeschoben oder ausgewiesen oder an einen Staat ausgeliefert werden darf, in dem für ihn das ernsthafte Risiko der Todesstrafe, der Folter oder einer anderen unmenschlichen oder erniedrigenden Strafe oder Behandlung besteht.

11 Darüber hinaus wird Drittstaatsangehörigen nicht nur das primär vor Beeinträchtigungen der physischen Bewegungsfreiheit schützende **Unionsgrundrecht auf Freiheit und Sicherheit** nach Art. 6 GRC zugesprochen (→ § 18 Rn. 17), sondern auch die – an sich „bürgerrechtliche Wurzeln" tragende – unionsgrundrechtliche **Versammlungsfreiheit** nach Art. 12 Abs. 1 GRC (→ § 31 Rn. 21) sowie – in Anlehnung an Art. 11 Abs. 1 EMRK und Art. 22 Abs. 1 IPBPR – die ebenfalls in Art. 12 Abs. 1 GRC verankerte **Vereinigungsfreiheit** (→ § 32 Rn. 19). Schließlich wird die Grundrechtsberechtigung von Drittstaatsangehörigen, die auch in Ansehung der in Art. 13 GRC verankerten **Forschungsfreiheit** zu bejahen ist[27], sogar im Zusammenhang mit dem **Recht auf Bildung** (→ § 43 Rn. 35) bejaht, während einer entsprechenden Öffnung der teils als Berufs-,

---

[24] Vgl. Art. 8 Abs. 1, Art. 9 Abs. 1, Art. 11 Abs. 1, Art. 12 Abs. 1, Art. 16 Abs. 2, Art. 20 Abs. 4, Art. 33 Abs. 1 u. 2 GG; zum anhaltenden Streit über die Einbeziehung von Unionsbürgern und ggf. auch von juristischen Personen aus anderen Mitgliedstaaten in den persönlichen Schutzbereich dieser „Deutschen"-Grundrechte vgl. jeweils mwN *Bauer* FS H. Maurer, 2001, 13 ff.; *Bauer/Kahl* JZ 1995, 1077 ff.; *Glos*, Die deutsche Berufsfreiheit und die europäischen Grundfreiheiten, 2003, S. 40 ff.; *Guckelberger* AöR 129 (2004), 618 (630 ff.); *Kotzur* DÖV 2001, 192 ff.; *Mann/Worthmann* JuS 2013, 385 (386); *Lücke* EuR 2001, 112 ff.; *Siehr*, Die Deutschenrechte des Grundgesetzes – Bürgerrechte im Spannungsfeld von Menschenrechtsidee und Staatsmitgliedschaft, 2001, passim; *Störmer* AöR 123 (1998), 541 ff.; *Tonikidis* JA 2013, 38 (41 f.); sowie BVerfG 4.11.2015 – 2 BvR 282/13 ua, NJW 2016, 1436 ff.

[25] Zu der seinerzeit im Grundrechte-Konvent geführten Diskussion über die Differenzierung zwischen der Grundrechtsberechtigung von Unionsbürgern und Drittstaatsangehörigen vgl. nur *Grigolli* ELF 2001, 2 (4).

[26] Nach deren Art. 25 Abs. 1 (ABl. 1989 C 120, 51) schützt diese Erklärung alle Personen innerhalb des Geltungsbereichs des Gemeinschaftsrechts und nach Abs. 2 dieser Bestimmungen kann bei bestimmten Rechten, die Bürgern der Gemeinschaft vorbehalten sind, beschlossen werden, sie ganz oder teilweise auf andere Personen auszuweiten.

[27] Vgl. *Nowak* in Hilgendorf/Beck S. 75 (104 f.); sowie mwN → § 30 Rn. 26.

Handels-, Niederlassungs-, Gewerbefreiheit oder Freiheit der unternehmerischen Betätigung bezeichneten **Wirtschaftsgrundrechte** zugunsten von Drittstaatsangehörigen teilweise nach wie vor mit Skepsis bzw. Ablehnung begegnet wird, da eine solche Öffnung faktisch zu einer personellen Ausweitung der den Unionsbürgerinnen und Unionsbürgern zukommenden Grundfreiheiten des AEUV führen würde.[28] Hiergegen dürfte indes in Ansehung der **unternehmerischen Freiheit** (→ § 35) kaum etwas einzuwenden sein, sofern man dieses Recht – wie in Art. 16 GRC vorgesehen – unter den Vorbehalt des Unionsrechts stellt und damit gewährleistet, dass personale Beschränkungen der vertraglichen Personenverkehrsfreiheiten auch bei der Auslegung des Art. 16 GRC Berücksichtigung finden.[29] Insofern ist es verständlich, dass der Unionsrichter es natürlichen Personen aus Drittstaaten in seiner jüngeren Rechtsprechung nunmehr regelmäßig zubilligt, sich auch auf einzelne Wirtschaftsgrundrechte insbesondere in Gestalt der unternehmerischen Freiheit nach Art. 16 GRC und der in Art. 17 GRC niedergelegten Eigentumsfreiheit zu berufen.[30] Ob sich Drittstaatsangehörige ferner auf die unionsgrundrechtliche **Berufsfreiheit** zumindest dann berufen können, wenn der betreffende Drittstaatsangehörige bereits legalen Zugang zum europäischen Binnen- und Arbeitsmarkt hat[31], ist nach wie vor umstritten (→ § 34 Rn. 44), obwohl das Unionsgrundrecht der Berufsfreiheit überaus eng mit der unionsgrundrechtlichen **Eigentumsfreiheit** zusammenhängt (→ § 34 Rn. 1 iVm → § 36), die als Menschen- bzw. „Jedermann"-Recht vorbehaltlos auch Drittstaatsangehörigen zugesprochen wird.[32]

Generell ist zugunsten der Grundrechtsberechtigung von Drittstaatsangehörigen darauf hinzuweisen, dass die in Deutschland (→ Rn. 8) sowie in einigen anderen mitgliedstaatlichen Rechtsordnungen im Bereich der Grundrechtsträgerschaft teilweise vorgenommenen Differenzierungen nach der Staatsangehörigkeit[33] im Prinzip nicht mit dem System der EMRK kompatibel sind, die abgesehen von der für die politische Betätigung von Ausländern in Art. 16 EMRK enthaltenen Ausnahmeregelung[34] grundsätzlich auf den Schutz aller der jeweiligen staatlichen Hoheitsgewalt ausgesetzten Individuen ausgerichtet ist[35], ohne dabei an die Staatsangehörigkeit anzuknüpfen.[36] Dementsprechend wird im einschlägigen Schrifttum zu Recht überwiegend davon ausgegangen, dass im Rahmen der Unions- 12

---

[28] In diesem Sinne vgl. etwa *Weber* NJW 2000, 537 (542).
[29] So auch *Bernsdorff* in NK-EuGRCh Art. 16 Rn. 17.
[30] Vgl. nur EuG T-256/11, ECLI:EU:T:2014:93 Rn. 186 ff. u. 218 ff. – Ezz ua/Rat; EuG T-155/15, ECLI:EU:T:2016:628 Rn. 116 ff. – Kaddour/Rat; EuG T-154/15, ECLI:EU:T:2016:629 Rn. 118 ff. – Jaber/Rat; EuG T-153/15, ECLI:EU:T:2016:630 Rn. 119 ff. – Hamcho ua/Rat; EuG T-720/14, ECLI:EU:T:2016:689 Rn. 166 ff. – Rotenberg/Rat; EuG T-247/17, ECLI:EU:T:2018:931 Rn. 47 ff. u. 73 ff. – Azarov/Rat.
[31] In diesem Sinne vgl. *Rengeling* in Schwarze, Der Verfassungsentwurf des Europäischen Konvents – Verfassungsrechtliche Grundstrukturen und wirtschaftsverfassungsrechtliches Konzept, 2004, S. 331 (344).
[32] Vgl. nur EuG T-155/15, ECLI:EU:T:2016:628 Rn. 116 ff. – Kaddour/Rat; EuG T-153/15, ECLI:EU:T:2016:630 Rn. 119 ff. – Hamcho ua/Rat; EuG T-720/14, ECLI:EU:T:2016:689 Rn. 166 ff. – Rotenberg/Rat; sowie statt vieler *Kühling* in FK-EUV/GRC/AEUV GRC Art. 17 Rn. 7 f.; *Rengeling* in Schwarze, Der Verfassungsentwurf des Europäischen Konvents – Verfassungsrechtliche Grundstrukturen und wirtschaftsverfassungsrechtliches Konzept, 2004, S. 331 (352).
[33] Vgl. dazu neben den bereits in → Rn. 8 angesprochenen „Deutschen-Grundrechten" exempl. Art. 10, Art. 26 u. Art. 27 belgVerf; Art. 25 Abs. 4 bulgVerf; Art. 4 Abs. 1 u. 4, Art. 11 Abs. 1, Art. 12 Abs. 1 u. Art. 16 Abs. 4 griechVerf; Art. 40 Abs. 4 UAbs. 1 u. Abs. 6 UAbs. 1 lit. c irVerf; Art. 3 Abs. 1, Art. 4 Abs. 1 u. 2 u. Art. 48 italVerf; Art. 45 Abs. 1 kroatVerf; Art. 10a Abs. 1 u. Art. 11 Abs. 1 luxVerf; Art. 3, Art. 19 Abs. 3 u. Art. 20 Abs. 3 ndlVerf; Art. 52 Abs. 4, Art. 55 Abs. 1, Art. 60, Art. 62 Abs. 1 u. Art. 68 Abs. 2 polnVerf; Art. 14 u. Art. 35 Abs. 1 portVerf; Kap. 2 § 3 u. § 7 schwedVerf.
[34] Nach diesem Artikel darf keine der Bestimmungen der Art. 10 EMRK (Meinungsfreiheit), Art. 11 EMRK (Versammlungs- u. Vereinigungsfreiheit) und Art. 14 EMRK (Diskriminierungsverbot) so ausgelegt werden, dass „sie den Hohen Vertragsschließenden Parteien verbietet, die politische Tätigkeit von Ausländern Beschränkungen zu unterwerfen".
[35] Zutr. *Kingreen/Störmer* EuR 1998, 263 (276); *Kühling* in v. Bogdandy/Bast Europ. VerfassungsR S. 657 (686).
[36] Zur grundsätzlichen Unerheblichkeit der Staatsangehörigkeit im Hinblick auf den persönlichen Geltungsbereich der EMRK-Grundrechte vgl. auch *Frowein* in Frowein/Peukert EMRK Art. 1 Rn. 3; *Ehlers* in Ehlers GuG § 2 Rn. 42; *Röben* in Dörr/Grote/Marauhn Kap. 5 Rn. 23.

rechtsordnung neben den Unionsbürgerinnen und Unionsbürgern grundsätzlich auch **Drittstaatsangehörige grundrechtsberechtigt** sind, **sofern sie in gleicher Weise durch das Unionsrecht betroffen sind wie Unionsbürger**[37] und sofern es nicht um Unionsgrundrechte geht, die – wie etwa die Mehrzahl der in Titel V der EU-Grundrechtecharta geregelten Unionsbürgerrechte – aus nachvollziehbaren Gründen ausschließlich den Unionsbürgerinnen und Unionsbürgern vorbehalten sind.[38] Diese Ansicht hat sich der EuGH im Grundsatz bereits zu Eigen gemacht, indem er etwa in der beamtenrechtlichen Rechtssache *Oyowe und Traore* die seinerzeit gemeinschaftsgrundrechtliche – nunmehr unionsgrundrechtliche – Kommunikations- bzw. Meinungsfreiheit auf Drittstaatsangehörige anwendete[39] (→ § 27 Rn. 30).

II. Grundrechtsberechtigung juristischer Personen

13   Eine dem Art. 12 Abs. 2 portVerf[40] entsprechende Norm oder aber eine mit Art. 19 Abs. 3 GG vergleichbare Vorschrift, die explizit und mit horizontaler Wirkung bestimmt, dass die Grundrechte (des deutschen Grundgesetzes) auch für inländische juristische Personen gelten, soweit sie ihrem Wesen nach auf diese anwendbar sind[41], und die vom BVerfG im Wege einer sogenannten Anwendungserweiterung nunmehr auch für EU-ausländische juristische Personen geöffnet wurde[42], ist dem Unionsrecht – einschließlich der Grundrechtecharta – und auch der EMRK fremd. Gleichwohl können neben natürlichen Personen (→ Rn. 3 ff.) auch juristische Personen des Privatrechts – je nach der Natur des jeweiligen Grundrechts – Träger der Unionsgrundrechte sein, sofern sie ihren satzungsmäßigen Sitz in einem EU-Mitgliedstaat haben (→ Rn. 14 ff.). Ob und gegebenenfalls in welchem Umfang darüber hinaus auch juristische Personen des Privatrechts aus Drittstaaten (→ Rn. 18) und juristische Personen des öffentlichen Rechts (→ Rn. 19 f.) zu den Trägern der Unionsgrundrechte gehören, ist in Rechtsprechung und Lehre erst ansatzweise geklärt

---

[37] So oder ähnlich vgl. etwa auch *Hilf* in Frowein, Die Grundrechte in der Europäischen Gemeinschaft, Schriftenreihe des Arbeitskreises Europäische Integration, 1978, S. 23 (31); *Kugelmann*, Grundrechte, S. 22; *Weber* NJW 2000, 537 (542).
[38] Näher zur Position der Drittstaatsangehörigen im Rahmen des EU-Grundrechtsschutz vgl. auch *Ehlers* in Ehlers GuG § 14 Rn. 55; *Frenz*, HdbEuR Bd. 4, Kap. 2 Rn. 310 ff.; *Gundel* in Grabenwarter, EnzEuR Bd. 2, § 2 Rn. 10–16.
[39] EuGH C-100/88, Slg. 1989, 4285 Rn. 14 ff. – Oyowe u. Traore/Kommission.
[40] Nach dieser Bestimmung haben juristische Personen „die mit ihrer Rechtsnatur zu vereinbarenden Rechte und Pflichten".
[41] Nach ständiger Rspr. des BVerfG zu Art. 19 Abs. 3 GG sei es grds. nur dann gerechtfertigt, juristische Personen in den persönlichen Schutzbereich bestimmter materieller Grundrechte (des GG) einzubeziehen, wenn die Bildung und Betätigung einer juristischen Person Ausdruck der freien Entfaltung natürlicher Personen sind und wenn insbes. der Durchblick auf die hinter der juristischen Person stehenden Menschen die Grundrechtsträgerschaft der juristischen Person dies als sinnvoll und erforderlich erscheinen lässt, vgl. etwa BVerfGE 21, 362 (369); BVerfGE 45, 63 (80); BVerfGE 68, 193 (205 f.); BVerfGE 75, 192 (195 f.); betr. die Deutsche Post AG vgl. BVerfG NZA 1999, 815; betr. die deutsche Telekom AG vgl. BVerwGE 114, 160 (189). Zu der darüber hinaus bestehenden Möglichkeit juristischer Personen, sich auf die Verfahrensrechte aus Art. 101 Abs. 1 S. 2 GG und Art. 103 Abs. 1 GG zu berufen, vgl. BVerfGE 12, 6 (8); BVerfGE 18, 440 (447); BVerfGE 64, 1 (11); BVerfG DVBl 2003, 661. Zu der von der 1. Kammer des Ersten Senats des BVerfG mit Beschl. vom 18.11.2004 nicht ausgeschlossenen Möglichkeit juristischer Personen des Privatrechts, sich ferner auf das durch Art. 2 Abs. 1 GG iVm Art. 1 Abs. 1 GG geschützte allgemeine Persönlichkeitsrecht zu berufen, vgl. BVerfG NJW 2005, 883 f. Näher zur Grundrechtsberechtigung juristischer Personen nach Art. 19 Abs. 3 GG vgl. zuletzt auch *Ludwigs/Friedmann* JA 2018, 807 ff.
[42] Zur unionsverfassungsrechtlich veranlassten „Anwendungserweiterung" des Art. 19 Abs. 3 GG zugunsten eines diskriminierungsfreien Grundrechtsschutzes EU-ausländischer juristischer Personen vgl. in grdlg. Weise BVerfG 19.7.2011 – 1 BvR 1916/09, NJW 2011, 3428 ff. = EuGRZ 2011, 637 ff., mAnm *Sachs* JuS 2012, 379 ff.; näher zu diesem sog. *Cassina*-Beschluss des BVerfG vgl. *Ludwigs* JZ 2013, 434 ff. Zur erneuten Bestätigung der vorgenannten Anwendungserweiterung vgl. zuletzt BVerfG 27.6.2018 – 2 BvR 1287/17 u. 2 BvR 1583/17, NVwZ 2018, 1309 f. Zur (angeblichen) Nichtübertragbarkeit dieser Rspr. auf eine internationale, überwiegend in den USA tätige Großkanzlei vgl. BVerfG 27.6.2018 – 2 BvR 1287/17 u. 1583/17, NJW 2018, 2392 ff.; jeweils mAnm *Hippeli* GWR 2018, 383 ff.; *Momsen* NJW 2018, 2362 ff.; *Sachs* JuS 2018, 1018 ff.

worden; dies gilt insbesondere auch hinsichtlich der zum Teil umstrittenen Grundrechtsberechtigung gemischt-wirtschaftlicher Unternehmen (→ Rn. 21).

1. Juristische Personen des Privatrechts mit satzungsmäßigem Sitz in einem EU-Mitgliedstaat. Die Grundrechtsberechtigung juristischer Personen des Privatrechts, die sowohl in den meisten EU-Mitgliedstaaten als auch auf der EMRK-Ebene in beschränkter Weise anerkannt ist[43], steht nach ständiger Rechtsprechung des EuGH[44] im Grundsatz auch auf der supranationalen Ebene außer Frage, sofern das jeweilige Unionsgrundrecht seiner Natur bzw. seinem Wesen oder Inhalt nach auf diese Personen anwendbar ist und die jeweilige juristische Person ihren satzungsmäßigen Sitz in einem Mitgliedstaat hat.[45] Ausdrückliche Hinweise auf die Grundrechtsträgerschaft juristischer Personen, die ihren satzungsmäßigen Sitz in einem EU-Mitgliedstaat haben, finden sich auch in der **Grundrechtecharta**, soweit es um die in Art. 42 und 43 GRC angesprochenen Grundrechte auf freien Dokumentenzugang (→ § 60) und auf Anrufung des Bürgerbeauftragten (→ § 54) sowie um das in Art. 44 GRC geregelte Recht geht, eine Petition an das Europäische Parlament zu richten (→ § 53). Da die Grundrechtecharta im Hinblick auf die Einbeziehung juristischer Personen in den Schutzbereich einzelner Unionsgrundrechte keine klare Systematik bzw. kein in sich geschlossenes Konzept erkennen lässt[46], kann aus dieser Charta kein dahingehendes *argumentum e contrario* abgeleitet werden, dass juristische Personen sich auf sonstige Unionsgrundrechte nicht berufen können.[47] Insoweit bleibt es dabei, dass sich juristische Personen des Privatrechts über die in Art. 42, 43 und 44 GRC verankerten Grundrechte hinaus auch noch auf weitere Unionsgrundrechte berufen können, sofern das jeweilige Grundrecht – wie dies insbesondere bei den wirtschaftlichen Unionsgrundrechten grundsätzlich der Fall ist – seiner Natur bzw. seinem Wesen oder Inhalt nach auf juristische Personen anwendbar ist[48] und sofern es sich bei der jeweiligen juristischen Person des Privatrechts nicht um ein von der öffentlichen Hand beherrschtes Unternehmen handelt.[49]

Für eine grundsätzlich großzügige Einbeziehung juristischer Personen in den persönlichen Schutzbereich der nicht von vornherein nur natürlichen Personen vorbehaltenen Unionsgrundrechte spricht vor allem der gemäß Art. 52 Abs. 3 GRC und Art. 53 GRC

14

15

---

[43] MwN *Weber* NJW 2000, 537 (541); darüber hinaus können sich Personengesamtheiten insoweit auf die EMRK-Garantien berufen, als sie ihrem Wesen nach auf sie anwendbar sind, vgl. Grabenwarter/Pabel EMRK § 17 Rn. 5; *Röben* in Dörr/Grote/Marauhn Kap. 5 Rn. 40 ff.

[44] Vgl. nur EuGH 11/70, Slg. 1970, 1125 Rn. 4 – Internationale Handelsgesellschaft; EuGH 59/83, Slg. 1984, 4057 Rn. 21 ff. – Biovilac; EuGH 265/87, Slg. 1989, 2237 Rn. 13 ff. – Schräder; EuGH C-368/95, Slg. 1997, I-3689 Rn. 25 f. – Familiapress; EuGH C-185/95 P, Slg. 1998, I-8417 Rn. 21 – Baustahlgewebe GmbH/Kommission; EuGH C-279/09, Slg. 2010, I-13849 Rn. 38 f. – DEB.

[45] In diesem Sinne vgl. auch *Ehlers* in Ehlers GuG § 14 Rn. 56; *Jarass* GRCh Art. 51 Rn. 53; *Pache* in FK-EUV/GRC/AEUV GRC Art. 51 Rn. 8. Zur weitgehend deckungsgleichen Grundrechtsträgerschaft juristischer Personen des Privatrechts aus Drittstaaten → Rn. 22. Zur These, dass auch sonstige privatrechtlich verfasste Organisationsformen zu den Grundrechtsberechtigten zu zählen sein, unabhängig davon, ob sie voll- oder teilrechtsfähig oder nicht rechtsfähig sind, vgl. in spezieller Ansehung der unternehmerischen Freiheit nach Art. 16 GRC (→ § 34) *Sasse* EuR 2012, 628 ff.

[46] Zutr. *Ehlers* DVBl 2019, 397 (405); *Rengeling/Szczekalla* Grundrechte in der EU § 5 Rn. 389.

[47] Zutr. *Ladenburger/Vondung* in Stern/Sachs GRCh Art. 51 Rn. 3; *Lais* ZEuS 2002, 447 (460); *Philippi*, Charta der Grundrechte, S. 35; *Schwarze* EuZW 2001, 517 (518); *Stangl* in Kahl/Raschauer/Storr S. 1 (3); *Streinz/Michl* in Streinz GRC Art. 51 Rn. 32.

[48] So auch *Ehlers* in Ehlers GuG § 14 Rn. 56; *Jarass* GRCh Art. 51 Rn. 53; *Pache* in FK-EUV/GRC/AEUV GRC Art. 51 Rn. 8; *Streinz/Michl* in Streinz GRC Art. 51 Rn. 32; ähnlich bereits *Hilf/Hörmann* NJW 2003, 1 (5); sowie GA *Bobek*, SchlA C-194/16, ECLI:EU:C:2017:554 Rn. 44 – Ilsjan, der die sogar auch in Ansehung von Persönlichkeitsrechten für möglich gehaltene Grundrechtsberechtigung juristischer Personen in erster Linie davon abhängig macht, ob das betreffende Grundrecht im Wege einer angemessenen Analogie auf juristische Personen angewendet werden kann und – wenn ja – ob dieses Grundrecht dazu tendiert, auf juristische Personen ausgedehnt zu werden, ggf. mit Raum für engere Grenzen und stärkere Beschränkungen.

[49] Von einem – maßgeblich mit dem sog. „Konfusionsargument" begründeten – Fehlen der Grundrechtsträgerschaft staatlich beherrschter Unternehmen ausgehend vgl. *Rengeling/Szczekalla* Grundrechte in der EU § 5 Rn. 389; ähnlich in Bezug auf die EMRK vgl. Grabenwarter/Pabel EMRK § 17 Rn. 5; zur Frage nach der Grundrechtsträgerschaft gemischt-wirtschaftlicher Unternehmen → Rn. 21 f.

bei der Ausgestaltung des EU-Grundrechtsschutzes bedeutsame Umstand, dass sich juristische Personen – über die ausdrückliche Einbeziehung dieser Personen in den Schutzbereich des Eigentumsrechts in Art. 1 EMRKZusProt (Nr. 1) hinaus – in weitem Umfang auch auf die in der **EMRK** enthaltenen Grundrechte und Grundfreiheiten berufen können, sofern diese ihrem Wesen nach auf juristische Personen anwendbar sind.[50] Zum anderen spricht für die grundsätzliche Einbeziehung juristischer Personen des Privatrechts in den persönlichen Schutzbereich solcher Grundrechte auch die bereits erwähnte Rechtsprechung der Unionsgerichte (→ Rn. 14), von der die Grundrechtecharta gemäß Abs. 5 GRC-Präambel im Prinzip nicht abweichen soll.[51]

16   Zu den Unionsgrundrechten, die – anders als die explizit nur den Unionsbürgerinnen und Unionsbürgern vorbehaltenen Bürgerrechte (→ Rn. 4) und das primär vor Beeinträchtigungen der physischen Bewegungsfreiheit schützende Grundrecht auf Freiheit und Sicherheit gemäß Art. 6 GRC (→ § 18 Rn. 4 ff.) – ihrer Natur bzw. ihrem Wesen nach auf juristische Personen des Privatrechts anwendbar sind, gehören nach der diesbezüglich keinen Anlass zu Zweifeln gebenden Rechtsprechung der Unionsgerichte[52] zum einen die in Art. 15 GRC niedergelegte **Berufsfreiheit** (→ § 34 Rn. 42 f.), die **unternehmerische Freiheit** im Sinne des Art. 16 GRC (→ § 35 Rn. 39) und die in Art. 17 GRC verankerte **Eigentumsfreiheit** (→ § 36 Rn. 52). Gleiches wird zum Teil für den in Art. 8 Abs. 1 GRC verankerten Schutz personenbezogener Daten[53], für die unionsgrundrechtliche **Kommunikationsfreiheit** (→ § 27 Rn. 32), die unionsgrundrechtliche **Versammlungsfreiheit** im Sinne des Art. 12 Abs. 1 GRC (→ § 31 Rn. 22) sowie – in Anlehnung an die insoweit einschlägige Rechtsprechung des EuGH[54] und des französischen *Conseil Constitutionnel*[55] – für die ebenfalls in Art. 12 Abs. 1 GRC angesprochene **Vereinigungsfreiheit** (→ § 32 Rn. 20) angenommen. Zum anderen wird die Grundrechtsberechtigung juristischer Personen des Privatrechts für die in Art. 20 GRC angesprochene **Gleichheit vor dem Gesetz** (→ § 47 Rn. 14), für einige – aber nicht alle – Diskriminierungsverbote (→ § 49 Rn. 18, 81), sowie – in Bezug auf Verlage, Presseagenturen, Rundfunkunternehmen, Filmproduktionsgesellschaften und sonstige Medienunternehmen – für die unionsgrundrechtliche **Medienfreiheit** im Sinne des Art. 11 Abs. 2 GRC angenommen (→ § 28 Rn. 30). Gleiches könnte schließlich für das in der Grundrechtecharta nicht enthaltene Unionsgrundrecht der **allgemeinen Handlungsfreiheit** gelten (→ § 22 Rn. 17), dessen oft bejahte Existenz[56] allerdings fraglich und höchst umstritten ist.[57]

17   Für den Grundrechtsschutz juristischer Personen des Privatrechts sind im Rahmen der europäischen Rechtsunion (→ Rn. 1) nicht nur die vorgenannten materiellen Grundrechte,

---

[50] Näher dazu vgl. nur *Ehlers* DVBl 2019, 397 (405); Grabenwarter/Pabel EMRK § 17 Rn. 5; *Röben* in Dörr/Grote/Marauhn Kap. 5 Rn. 40 ff.
[51] In diesem Sinne vgl. auch *Lecheler* ZEuS 2003, 337 (347); *Nowak* in FK-EUV/GRC/AEUV GRC Präambel Rn. 19 ff.; *Weber* NJW 2000, 537 (538).
[52] Zur Einbeziehung juristischer Personen des Privatrechts in den persönlichen Schutzbereich der unternehmerischen Wirtschafts- bzw. wirtschaftlichen Betätigungsfreiheit vgl. etwa EuGH 230/78, Slg. 1979, 2749 Rn. 21 ff. – Eridania ua; EuGH verb. Rs. 63/84 ua, 147/84, Slg. 1985, 2857 Rn. 23 f. – Finsider/Kommission; EuG T-521/93, Slg. 1996, II-1707 Rn. 62, 64 – Atlanta ua/Europäische Gemeinschaften; EuGH C-201/15, ECLI:EU:C:2016:972 Rn. 79 ff. – AGET Iraklis; EuGH C-534/16, ECLI:EU:C:2017:820 Rn. 34 ff. – BB construct; sowie GA *Bobek*, SchlA C-194/15, ECLI:EU:C:2017:554 Rn. 43 – Ilsjan; entsprechend für die unionsgrundrechtlichen Eigentums- und Berufsfreiheiten vgl. nur EuGH 4/73, Slg. 1974, 491 Rn. 12 ff. – Nold/Kommission; EuGH C-306/93, Slg. 1994, I-5555 Rn. 20 ff. – SMW Winzersekt; EuGH C-210/03, Slg. 2004, I-11893 Rn. 72 ff. – Swedish Match.
[53] Ausführlich dazu vgl. *Heißl* EuR 2017, 561 ff.; sowie → § 25 Rn. 25.
[54] EuGH C-415/93, Slg. 1995, I-4921 Rn. 79 – Bosman.
[55] Conseil Constitutionnel, Décision n° 71-44 DC, Rec. 1971, S. 29.
[56] Explizit *Schilling* EuGRZ 2000, 3 (14); implizit *Lecheler* ZEuS 2003, 337 (342).
[57] Vgl. nur *Wolf* in Bröhmer, Grundrechtsschutz, S. 9 (34), wonach das (damalige) Gemeinschaftsrecht keine personale allgemeine Handlungsfreiheit iSd Art. 2 Abs. 1 GG kenne; ähnlich *Bernsdorff* in NK-EuGRCh Art. 7 Rn. 15; ferner vgl. *Szczekalla* DVBl 2005, 286 (287), der zutr. darauf hinweist, dass die EuGH-Judikatur für die Frage nach der Existenz einer allgemeinen Handlungsfreiheit nicht besonders ergiebig ist; dies gilt nach wie vor.

sondern – ähnlich wie auf mitgliedstaatlicher Ebene[58] – auch zahlreiche **prozedurale und justizielle Unionsgrundrechte** von herausragender Bedeutung. Hierzu gehören neben dem Grundrecht auf effektiven Rechtsschutz (→ § 55), dem unionverfassungsrechtlichen Grundsatz des fairen Verfahrens (→ § 57) und einigen subjektivrechtlichen Teilgewährleistungen des Rechts auf eine gute bzw. ordnungsgemäße Verwaltung (→ § 61) insbesondere auch die Unionsgrundrechte auf Akteneinsicht und Dokumentenzugang (→ §§ 59, 60) sowie der unionsgrundrechtliche Anspruch auf rechtliches Gehör (→ § 58), auf den sich ebenfalls nicht nur natürliche Personen und sogar die Mitgliedstaaten (→ Rn. 23) berufen können, sondern unstreitig auch juristische Personen des Privatrechts mit oder ohne satzungsmäßigem Sitz in einem EU-Mitgliedstaat (→ § 58 Rn. 33 ff.). Hinzuweisen ist in diesem Kontext ferner auf die Rechtsprechung der Unionsgerichte zu den EU-kartellverfahrensrechtlichen Nachprüfungsbefugnissen der Europäischen Kommission, wonach alle Eingriffe der unionalen Hoheitsgewalt in die Sphäre der privaten Betätigung jeder natürlichen oder juristischen Person einer Rechtsgrundlage bedürfen und aus den gesetzlich vorgesehenen Gründen gerechtfertigt sein müssen.[59] Diesem in eine unionsverfassungsrechtliche Garantie des Gesetzesvorbehalts eingekleideten **Schutz** natürlicher und **juristischer Personen gegen willkürliche und unverhältnismäßige Eingriffe** der unionalen Hoheitsgewalt **in die Sphäre der privaten Betätigung** tritt das insbesondere für juristische Personen des Privatrechts ebenfalls bei der Wahrnehmung kartellrechtlicher Ermittlungsbefugnisse durch die Europäische Kommission bedeutsame und aus Art. 7 GRC iVm Art. 8 EMRK und Art. 52 Abs. 3 S. 1 EMRK ableitbare **Unionsgrundrecht der Unverletzlichkeit von Geschäftsräumen** hinzu[60], für dessen explizite Anerkennung sich der Unionsrichter sehr viel Zeit gelassen hat.[61] Im Übrigen können sich juristische Personen des Privatrechts im Rahmen verschiedenster Teilbereiche des Unionsrechts auf diverse – richterrechtlich entwickelte und anerkannte – ungeschriebene Verfahrensrechte und unionsgrundrechtliche Verteidigungsrechte berufen, zu denen neben dem meist unter der Kurzbezeichnung des **Legal (Professional) Privilege** thematisierten Vertraulichkeitsschutz, der sich auf die Kommunikation zwischen bestimmten Rechtsanwälten und Mandanten bezieht, beispielsweise auch ein begrenztes **Aussage- bzw. Auskunftsverweigerungsrecht** und das **Unionsgrundrecht auf Hinzuziehung eines juristischen Beistands** gehören.[62]

2. Juristische Personen des Privatrechts aus Drittstaaten. Hinsichtlich der Grundrechtsberechtigung bzw. Grundrechtsträgerschaft juristischer Personen des Privatrechts aus Drittstaaten ergeben sich im Vergleich zur Grundrechtsberechtigung natürlicher Personen

18

---

[58] Zu der etwa in Deutschland und Frankreich bestehenden Möglichkeit juristischer Personen, sich auf grundrechtsähnliche und -gleiche Verfahrens- u. Prozessrechte (wie etwa Art. 101 Abs. 1 S. 2 GG und Art. 103 Abs. 1 GG) zu berufen, vgl. BVerfGE 12, 6 (8); BVerfGE 18, 440 (447); BVerfGE 64, 1 (11); BVerfG DVBl 2003, 661; sowie Conseil Constitutionnel, Décision n° 80–117, Rec. 1980, S. 42 ff.; Conseil Constitutionnel, Décision n° 94–345, Rec. 1994, S. 106 ff.; in Deutschland gilt dies selbst für juristische Personen des öffentlichen Rechts, vgl. nur BVerfG (K) NVwZ 2005, 82 mwN (Grundrechtsschutz für Gemeinden).
[59] Grdlg. EuGH verb. Rs. 46/87 u. 227/88, Slg. 1989, 2859 Rn. 19 – Hoechst AG/Kommission; bestätigt in EuGH 85/87, Slg. 1989, 3137 Rn. 30 – Dow Benelux/Kommission; EuGH verb. Rs. 97/87 bis 99/87, Slg. 1989, 3165 Rn. 16 – Dow Chemical Ibérica ua/Kommission; EuG T-59/99, Slg. 2003, II-5257 Rn. 119 – Ventouris Group Enterprises/Kommission; EuGH C-682/15, ECLI:EU:C:2017:373 Rn. 51 – Berlioz Investment Fund.
[60] Vgl. dazu insbes. EuG verb. Rs. T-289/11, T-290/11 u. T-521/11 ECLI:EU:T:2013:404 Rn. 65 – Deutsche Bahn ua/Kommission, iVm EuGH C-583/13 P, ECLI:EU:C:2015:404 – Deutsche Bahn ua/Kommission, wonach die Ausübung der der Kommission durch Art. 20 Abs. 4 VO (EG) Nr. 1/2003 übertragenen Nachprüfungsbefugnisse bei einem Unternehmen einen offensichtlichen Eingriff in dessen Recht auf Achtung seiner Privatsphäre, seiner Räumlichkeiten und seiner Korrespondenz darstellt.
[61] Ausführlich dazu vgl. *Nowak* in LMRKM VerfVO Art. 20 Rn. 25 ff.; sowie → § 23 Rn. 24 ff.
[62] Zur Vielfalt unionsgrundrechtlicher Verfahrensgarantien und Verteidigungsrechte im Rahmen der Unionsrechtsordnung vgl. mit zahlreichen Nachw. aus der einschlägigen EuGH-Rspr. *Nowak* in HdB-EUVerwR, 2. Aufl. (iErsch), § 13 Rn. 35 ff.

aus Drittstaaten (→ Rn. 8 ff.) und zur Grundrechtsberechtigung juristischer Personen des Privatrechts mit satzungsmäßigem Sitz in einem EU-Mitgliedstaat (→ Rn. 14 ff.) keine gravierenden Unterschiede. Vielmehr ist nach der insoweit einschlägigen Rechtsprechung der Unionsgerichte[63] davon auszugehen, dass die Unionsgrundrechte im Grundsatz auch juristische Personen des Privatrechts aus Drittstaaten berechtigen, sofern sie in gleicher Weise durch das Unionsrecht betroffen sind wie natürliche Personen und/oder juristische Personen mit satzungsmäßigen Sitz in einem EU-Mitgliedstaat und sofern es im konkreten Einzelfall um Unionsgrundrechte geht, die – wie etwa einzelne **Wirtschaftsgrundrechte** (→ Rn. 16) und die vom Unionsrichter anerkannten **Prozess- und Verfahrensgrundrechte sowie Verteidigungsrechte** (→ Rn. 17) – ihrem Wesen nach auf juristische Personen anwendbar sind[64]. An der letztgenannten Bedingung fehlt es von vornherein nicht nur bei den klassischen „Menschen"-Rechten, die nur natürliche Personen schützen (→ Rn. 5 ff.), sondern auch bei den in den Art. 42–44 GRC niedergelegten Unionsgrundrechten, die neben natürlichen Personen nur solche juristischen Personen berechtigen, die ihren satzungsmäßigen Sitz in einem EU-Mitgliedstaat haben. Praktisch bedeutsam ist die somit in erster Linie auf die oben genannten Wirtschafts-, Verfahrens- und Justizgrundrechte bezogene Einbeziehung von juristischen Personen des Privatrechts aus Drittstaaten in den Kreis der Grundrechtsberechtigten beispielsweise im Zusammenhang mit restriktiven Maßnahmen der EU gegen bestimmte Personen und Organisationen auf dem Gebiet der Terrorismusbekämpfung[65] oder auch dann, wenn diese Personen – wie etwa im Anwendungsbereich handelspolitischer Schutzinstrumente bzw. Schutzmaßnahmen im Sinne des Art. 207 Abs. 1 S. 1 AEUV, die unter anderem die Abwehr bzw. Bekämpfung drittstaatsbezogener Dumping- und/oder Subventionstatbestände zum Gegenstand haben[66] – unmittelbar und direkt dem wirtschaftsaufsichtsrechtlichen Zugriff der dafür zuständigen Unionsorgane ausgesetzt sind.

19 **3. Juristische Personen des öffentlichen Rechts.** Juristische Personen des öffentlichen Rechts können als Grundrechtsverpflichtete in der Regel zwar nicht zugleich zu den Grundrechtsberechtigten gehören.[67] Ausnahmsweise wird die bei juristischen Personen des Privatrechts in weitem Umfang gegebene Grundrechtsberechtigung (→ Rn. 14 ff.) jedoch vom EuGH auch bei juristischen Personen des öffentlichen Rechts angenommen, soweit es um **Justiz- und Verfahrensgrundrechte** wie etwa den unionsgrundrechtlichen Anspruch auf rechtliches Gehör (→ § 58) sowie um den unionsverfassungsrechtlichen Grundsatz effektiven Rechtsschutzes (→ § 55) geht.[68] Dies entspricht im Ergebnis der ständigen

---

[63] Vgl. EuGH C-49/88, Slg. 1991, I-3187 Rn. 15 ff. – Al-Jubail Fertilizer Company ua/Rat; EuGH C-84/95, Slg. 1996, I-3953 Rn. 21 ff. – Bosphorus Hava Yollari Turizm ve Ticaret AS; EuG verb. Rs. T-159/94 u. T-160/94, Slg. 1997, II-2461 Rn. 81 ff. – Ajinomoto Co., Inc. u. The NutraSweet Company/Rat; EuG T-102/96, Slg. 1999, II-753 Rn. 145 – Gencor Ltd./Kommission; EuGH T-496/10, ECLI:EU:T:2013:39 Rn. 41 – Bank Mellat/Rat; EuG T-24/11, ECLI:EU:T:2013:403 Rn. 62 – Bank Refah Kargaran/Rat; EuG T-10/13, ECLI:EU:T:2015:235 Rn. 58 – Bank of Industry and Mine/Rat; EuGH C-72/15, ECLI:EU:C:2017:236 Rn. 143 ff. – Rosneft; EuG T-732/14, ECLI:EU:T:2018:541 Rn. 108 ff. – Sherbank of Russia OAO/Rat; EuGH C-225/17 P, ECLI:EU:C:2019:82 Rn. 100 ff. – Islamic Republic of Iran Shipping Lines ua.
[64] So oder jedenfalls iErg ähnlich vgl. auch *Crones* S. 195 ff.; *Gundel* in Grabenwarter, EnzEuR Bd. 2, § 2 Rn. 24; Jarass GRCh Art. 51 Rn. 52; *Rengeling/Szczekalla* Grundrechte in der EU § 5 Rn. 389.
[65] Ausführlich dazu vgl. etwa *Al-Rikabi* EHRLR 2013, 631 ff.; *Cuyvers* CMLR 51 (2014), 1759 ff.; *Hooper* EPL 20 (2014), 409 ff.; *Kämmerer* EuR 2009, 114 ff.; *Kokott/Sobotta* EJIL 23 (2012), 1015 ff.; *Larik* NILR 2014, 23 ff.; *Neudorfer* ZaöRV 69 (2009), 979 (992 ff.); *Schmalenbach* JZ 2009, 35 ff.; *Scholz* NVwZ 2009, 287 ff.; *Streinz* JuS 2014, 376 ff.; *Tamblé* EuR 2016, 666 ff.; *Weiß* EuR 2014, 231 ff.; *Wiater* JuS 2015, 788 ff.; *Zündorf* Jura 2014, 616 ff.
[66] Ausführlicher dazu vgl. etwa mwN *Bungenberg* in FK-EUV/GRC/AEUV AEUV Art. 207 Rn. 105 ff.
[67] Zu der insoweit zB auch auf der Ebene der EMRK grds. fehlenden Grundrechtsberechtigung juristischer Personen des öffentlichen Rechts vgl. nur EGMR 25.2.1997 – 22107/93, Rep. 1997-I, 279, § 67 – Findlay/Vereinigtes Königreich; jeweils mwN *Gundel* in Grabenwarter, EnzEuR Bd. 2, § 2 Rn. 29 f.; *Röben* in Dörr/Grote/Marauhn Kap. 5 Rn. 48; *Sasse* EuR 2012, 628 (643 ff.).
[68] Vgl. etwa EuGH C-301/87, Slg. 1990, I-307 Rn. 29 f. – Frankreich/Kommission; EuGH verb. Rs. C-48/90 u. C-66/90, Slg. 1992, I-565 Rn. 44 f. – Niederlande ua/Kommission; EuGH C-35/96,

Rechtsprechung des deutschen Bundesverfassungsgerichts, wonach neben juristischen Personen des Privatrechts auch solche des öffentlichen Rechts zu den Trägern grundrechtsähnlicher und/oder grundrechtsgleicher Verfahrens- und Prozessrechte des deutschen Grundgesetzes gehören.[69]

Darüber hinaus wird die insbesondere in Ansehung öffentlich-rechtlich organisierter **Rundfunkanstalten** diskutierte Frage der Grundrechtsberechtigung juristischer Personen des öffentlichen Rechts in Bezug auf die unionsgrundrechtliche **Kommunikationsfreiheit** bejaht (→ § 27 Rn. 27 f.). Ähnliches gilt hinsichtlich der an der unionsgrundrechtlichen **Forschungsfreiheit und akademischen Freiheit** nach Art. 13 GRC anknüpfenden Paralleldiskussion über die Frage der Grundrechtsberechtigung von **Universitäten** (→ § 30 Rn. 27) sowie hinsichtlich der an der unionsgrundrechtlichen **Religionsfreiheit** im Sinne des Art. 10 Abs. 1 GRC anknüpfenden Diskussion über die Frage der Grundrechtsberechtigung von **Religionsgemeinschaften** (→ § 33 Rn. 18 f.). Demgegenüber wird die Einbeziehung beispielsweise der Mitgliedstaaten in den persönlichen Schutzbereich des in Art. 20 GRC geregelten **Gleichheitsgrundsatz** teilweise als problematisch erachtet (→ § 47 Rn. 14 ff.). 20

4. Gemischt-wirtschaftliche Unternehmen. Einige noch nicht hinreichend klar beantwortete Fragen wirft auf der supranationalen Ebene schließlich nach wie vor die Grundrechtsberechtigung gemischt-wirtschaftlicher Unternehmen auf, bei denen das Anteilseigentum auf Private und auf die öffentliche Hand verteilt ist und bei denen bereits die Einordnung als juristische Person des Privatrechts oder des öffentlichen Rechts im Einzelfall schwierig sein kann. Einer unter Rückgriff auf die **Methode der wertenden Rechtsvergleichung** (→ § 1 Rn. 62; → § 2 Rn. 2) erfolgenden Beantwortung dieser auch in der EU-Grundrechtecharta offen gelassenen Frage sind insbesondere deshalb gewisse Grenzen gesetzt, weil sich aus den mitgliedstaatlichen Rechtsordnungen im Hinblick auf die Grundrechtsberechtigung gemischt-wirtschaftlicher Unternehmen, über die in Deutschland gerade in spezieller Ansehung der materiellen Grundrechte des deutschen Grundgesetzes bereits seit vielen Jahren intensiv diskutiert wird[70], nach wie vor keine gefestigte Verfassungstradition im Sinne des Art. 6 Abs. 3 EUV ableiten lässt[71] und auch die EMRK keinen zwingenden Schluss auf eine etwaige Grundrechtsberechtigung juristischer Personen mit staatlicher Beteiligung zulässt[72]. Vor diesem Hintergrund kann es auch kaum verwundern, dass die im Rahmen der wertenden Rechtsvergleichung als entscheidend anzusehende 21

Slg. 1998, I-3851 Rn. 29 – Kommission/Italien; EuGH C-288/96, Slg. 2000, I-8237 Rn. 99 f. – Deutschland/Kommission; EuGH C-406/01, Slg. 2002, I-4561 Rn. 20 ff. – Deutschland/EP u. Rat; EuGH C-377/99, Slg. 2002, I-7421 Rn. 52 – Deutschland/Kommission; EuGH C-521/15, ECLI:EU:C:2017:982 Rn. 61 ff. – Spanien/Rat.

[69] Vgl. nur BVerfGE 6, 45 (49 f.); BVerfGE 13, 132 (139); BVerfGE 21, 362 (373); BVerfGE 61, 82 (104); BVerfGE 75, 192 (200); sowie im Bezug auf den Grundrechtsschutz von Gemeinden BVerfG 28.9.2004 – BvR 622/03, NVwZ 2005, 82; rechtsvergleichend dazu *Goldhammer/Sieber* JuS 2018, 22 ff.; *Gundel* in Grabenwarter, EnzEuR Bd. 2, § 2 Rn. 26 f.; *Heißl* ZÖR 2016, 215 ff.; *Lindermuth* in Kahl/Raschauer/Storr S. 111 (116 ff.).

[70] Vgl. etwa *Koppensteiner* NJW 1990, 3105 ff.; *Pieroth* NWVBl. 1992, 85 ff.; *Schmidt-Aßmann* BB 1990, Beil. 34, 1 ff.; *Zimmermann*, Der grundrechtliche Schutzanspruch juristischer Personen des öffentlichen Rechts, 1993, S. 224 ff.; sowie aus jüngerer Zeit etwa *Ehlers* DVBl 2019, 397 (398); *Ludwigs/Friedmann* NVwZ 2018, 22 ff.; *Poschmann*, Grundrechtsschutz gemischt-wirtschaftlicher Unternehmen, 2000, passim; *Storr*, Der Staat als Unternehmer, 2001, S. 238 ff.; *Windthorst* VerwArch 2004, 377 ff.; *Selmer* JuS 2010, 187 f.; *Jarass* FS D. Sellner, 2010, 69 ff.; *Gutbrodt* RdE 2012, 280 ff.; zur einschlägigen bundesverfassungsgerichtlichen Rechtsprechung vgl. etwa BVerfG 1 BvR 1731/05, JuS 2010, 187 f., sowie jeweils mwN *Goldhammer* JuS 2014, 891 ff.; *Gurlit* NZG 2012, 249 ff.; *Merten* DÖV 2019, 41 (45 ff.); *Schaefer* Der Staat 51 (2012), 251 ff.

[71] Zutr. *Windthorst* VerwArch 2004, 377 (384); ähnlich *Gundel* ZHR 180 (2016), 323 (345); *Korte* FS R. Stober, 2008, 127 (135); *Sasse* EuR 2012, 628 (643 ff.); *Storr* FS W. Berka, 2013, 219 (227 ff.); *Tettinger* FS B. Börner, 1992, 626 (629 ff.); *Tettinger* in Schwarze, Wirtschaftsverfassungsrechtliche Garantien für Unternehmen im europäischen Binnenmarkt, 2002, S. 155 (174); *Quasdorf* S. 142 f.

[72] Vgl. dazu insbes. *Gundel* in Grabenwarter, EnzEuR Bd. 2, § 2 Rn. 34; *Korte* FS R. Stober, 2008, 127 (136); *Windthorst* VerwArch 2004, 377 (384).

Frage, ob sich eine etwaige Grundrechtsberechtigung gemischt-wirtschaftlicher Unternehmen in Bezug auf die Unionsgrundrechte in die **Ziele und Struktur der Unionsrechtsordnung** einfügen würde[73], im Schrifttum nach wie vor recht unterschiedlich beantwortet wird.[74] Gleichwohl dürfte insbesondere unter Berücksichtigung des *ITT Promedia*-Urteils des EuG[75] zunächst einmal davon auszugehen zu sein, dass gemischt-wirtschaftlichen Unternehmen entsprechend der Rechtslage bei juristischen Personen des öffentlichen Rechts (→ Rn. 21 f.) eine Grundrechtsberechtigung bzw. -trägerschaft jedenfalls insoweit zuzusprechen ist, als es um **prozedurale und justizielle Unionsgrundrechte,** dh insbesondere um den unionsgrundrechtlichen Anspruch auf rechtliches Gehör (→ § 58), das Unionsgrundrecht auf ein faires Verfahren (→ § 57) und den unionsverfassungsrechtlichen Grundsatz effektiven Rechtsschutzes (→ § 55) geht.[76] Darüber hinaus gibt es eine Reihe jüngerer Urteile, die den Eindruck erwecken, als würde der Unionsrichter einer Grundrechtsberechtigung gemischt-wirtschaftlicher Unternehmen auch sogar in Ansehung materieller Unionsgrundrechte sehr aufgeschlossen gegenüberstehen.[77]

C. Grundrechtsverpflichtete bzw. Grundrechtsadressaten

22 Vollkommen unstreitig ist zunächst einmal, dass alle in Art. 13 Abs. 1 EUV aufgeführten **Unionsorgane** sowie alle Einrichtungen und sonstigen Stellen der EU an die Unionsgrundrechte gebunden sind (→ Rn. 23). Darüber hinaus gehören in bestimmten Konstellationen auch die **EU-Mitgliedstaaten** und deren Untergliederungen dem Adressatenkreis der Unionsgrundrechte an, wobei die konkrete Reichweite dieser mitgliedstaatlichen Grundrechtsbindung und deren Verhältnis zur Bindung an innerstaatliche Grundrechte zum Teil hochumstritten ist (→ Rn. 24 ff.). Nach wie vor umstritten ist schließlich auch, ob und inwieweit Private an die Unionsgrundrechte gebunden sind. Im Mittelpunkt steht dabei die Frage, ob den Unionsgrundrechten lediglich eine mittelbare Dritt-, Horizontal- bzw. Privatwirkung zuzusprechen ist oder ob sie darüber hinaus – ähnlich wie die Grundfreiheiten – auch eine **unmittelbare Dritt-, Horizontal- bzw. Privatwirkung** entfalten (→ Rn. 40 ff.).

I. Grundrechtsbindung der Organe, Einrichtungen und sonstigen Stellen der EU

23 Die Bindung aller Organe und aller Einrichtungen sowie sonstiger Stellen der EU an die Unionsgrundrechte, die sich vorbehaltlich der insbesondere bei den leistungs-, teilhabe- und schutzrechtlichen Dimensionen dieser Grundrechte (→ § 6 Rn. 1 ff.; → § 8 Rn. 7 ff., 27 ff.) relevanten EU-kompetenzordnungsrechtlichen Grenzen[78] auf jegliches abstrakt-generelles und konkret-individuelles Handeln – und gegebenenfalls auch auf bestimmte Unterlassungen – hoheitlicher Art im Anwendungsbereich des Unionsrechts einschließlich extraterritorialen Handelns[79] und intraterritorialen Handelns mit extraterritorialen Wir-

---

[73] Grdlg. zu diesem Vorbehalt der Ziel- u. Strukturkompatibilität EuGH 11/70, Slg. 1970, 1125 Rn. 4 – Internationale Handelsgesellschaft/Einfuhr- und Vorratsstelle für Getreide und Futtermittel.
[74] Näher zum diesbzgl. Meinungsstand vgl. *Korte* FS R. Stober, 2008, 127 (137 ff.); *Windthorst* VerwArch 2004, 377 (384).
[75] EuG T-111/96, Slg. 1998, II-2937 ff. – ITT Promedia NV/Kommission.
[76] In diesem Sinne vgl. auch *Crones* S. 144 f.
[77] Exemplarisch vgl. EuG T-390/08, ECLI:EU:T:2009:401 Rn. 64 ff. – Bank Melli Iran/Rat; EuG verb. Rs. T-289/11, T-290/11 u. T-521/11, ECLI:EU:T:2013:404 Rn. 65 – Deutsche Bahn ua/Kommission; EuGH C-72/15, ECLI:EU:C:2017:236 Rn. 143 ff. – Rosneft; EuG verb. Rs. T-14/14 u. T-87/14, ECLI:EU:T:2017:102 Rn. 99 ff. – Islamic Republic of Iran Shipping Lines ua/Rat, iVm EuGH C-225/17, ECLI:EU:C:2019:82 Rn. 46 ff. – Islamic Republic of Iran Shipping Lines ua/Rat.
[78] Anschaulich dazu vgl. *Cremer* EuGRZ 2011, 545 (546 ff.).
[79] Ausführlich zur extraterritorialen Wirkung bzw. Anwendbarkeit der EU-Grundrechtecharta vgl. *Fontaine,* Die Anwendbarkeit und Durchsetzbarkeit der Unionsgrundrechte bei militärischen Operationen der Europäischen Union – Eine Untersuchung am Beispiel des EU-NAVFOR Somalia Einsatzes der EU (ATALANTA), 2018, S. 338 ff.; *Moreno-Lax/Costello* in PHKW Fundamental Rights S. 1658 ff.

kungen (→ § 5 Rn. 1 ff.) sowie auf privatrechtliche und völkerrechtliche Handlungsformen[80] bezieht, ist dem Grunde nach bereits seit geraumer Zeit vollkommen unstreitig. Dies gilt sowohl im Hinblick auf die unter Rückgriff auf mitgliedstaatliche Verfassungsüberlieferungen und die EMRK richterlich entwickelten (ungeschriebenen) Unionsgrundrechte (→ § 1 Rn. 58 ff.), die nach Art. 6 Abs. 3 EUV als allgemeine Grundsätze des Unionsrechts weiterhin maßgeblich sind, als auch im Hinblick auf die in der EU-Grundrechtecharta niedergelegten Grundrechtsgewährleistungen und Grundsätze.[81] Letzteres ergibt sich unmittelbar aus Art. 51 Abs. 1 S. 1 GRC, wonach diese „Charta für die **Organe,** Einrichtungen und sonstigen Stellen der Union unter Wahrung des Subsidiaritätsgrundsatzes [gilt]". Zu den in der vorgenannten Bestimmung angesprochenen Organen der EU, für die die vorgenannte Grundrechtsbindung bzw. die EU-Grundrechtecharta nach der jüngeren Rechtsprechung des Unionsrichters selbst dann gilt, wenn sie Sekundärrechtsakte zur Umsetzung von Resolutionen des Sicherheitsrats nach Kapitel VII der UN-Charta erlassen[82] und/oder wenn sie – wie etwa bei der Ausübung der ihnen im sogenannten ESM-Vertrag zugewiesenen Hilfsfunktionen – außerhalb des unionsrechtlichen Rahmens handeln[83], gehören gemäß Art. 13 Abs. 1 S. 1 EUV das Europäische Parlament, der Europäische Rat, der Rat, die Europäische Kommission, der Gerichtshof der Europäischen Union, die Europäische Zentralbank und der Rechnungshof.[84] Mit der in Art. 51 Abs. 1 S. 1 GRC ebenfalls verwendeten Formulierung „Einrichtungen und sonstigen Stellen", die unter anderem auch in den Art. 15 Abs. 1, 16 Abs. 2 S. 1 und 298 Abs. 1 AEUV auftaucht, sind nach den aktualisierten Erläuterungen des Konvent-Präsidiums[85] „alle durch die Verträge oder durch sekundäre Rechtsakte geschaffenen Einrichtungen" gemeint, so dass sich die hier in Rede stehende Bindung an die Unionsgrundrechte automatisch auch auf **beratende Einrichtungen** insbesondere in Gestalt des Wirtschafts- und Sozialausschusses und des Ausschusses der Regionen sowie auf die zahlreichen **Ämter und Agenturen**[86] (bspw. auch die EU-Grundrechte-Agentur → § 12) im institutionellen System der EU bezieht.

II. Bindung der EU-Mitgliedstaaten an die Unionsgrundrechte

Im Mittelpunkt der seit vielen Jahren überaus kontrovers geführten Diskussion über die Reichweite der Bindung der EU-Mitgliedstaaten an die Unionsgrundrechte steht Art. 51 Abs. 1 S. 1 GRC. Nach dieser Bestimmung, deren Wirkung durch das stark kritikwürdige „Opt-out"-Protokoll (Nr. 30) über die Anwendung der Charta der Grundrechte der

---

80 Zu der aus guten Gründen ganz überwiegend bejahten Grundrechtsbindung der Organe, Einrichtungen und sonstigen Stellen der EU auch bei privat- und/oder völkerrechtlichem Handeln vgl. statt vieler und jew. mwN *Ehlers* in Ehlers GuG § 14 Rn. 59; *Holoubek/Lechner/Oswald* in Holoubek/Lienbacher, GRC-Kommentar, GRC Art. 51 Rn. 11, 13; *Jarass* GRCh Art. 51 Rn. 14 f.

81 Ausführlicher zum Verhältnis zwischen den in der EU-Grundrechtecharta niedergelegten Unionsgrundrechten und den zu den allgemeinen Grundsätzen des Unionsrechts iSd Art. 6 Abs. 3 EUV zählenden Grundrechten vgl. jeweils mwN *Gundel* EuR 2015, 80 ff.; *Ludwig* EuR 2011, 715 ff.; *Pache* in FK-EUV/GRC/AEUV EUV Art. 6 Rn. 49 ff.; *Schulte-Herrbrüggen* ZEuS 2009, 343 (352 ff.).

82 Vgl. EuGH verb. Rs. C-402/05 P u. C-415/05 P, Slg. 2008, I-6351 Rn. 326 – Kadi u. Al Barakaat/Rat u. Kommission (Kadi I); näher dazu vgl. etwa *Kämmerer* EuR 2009, 114 ff.; *Kokott/Sobotta* EJIL 23 (2012), 1015 ff.; *Neudorfer* ZaöRV 69 (2009), 979 (992 ff.); *Schmalenbach* JZ 2009, 35 ff.; *Scholz* NVwZ 2009, 287 ff.; *Wiater* JuS 2015, 788 ff.; dies wurde zB bestätigt in EuGH verb. Rs. C-584/10 P, C-593/10 P u. C-595/10 P, ECLI:EU:C:2013:518 Rn. 65 ff. – Kommission ua/Kadi (Kadi II); näher zu dieser Entscheidung vgl. *Al-Rikabi* EHRLR 2013, 631 ff.; *Cuyvers* CMLR 51 (2014), 1759 ff.; *Hooper* EPL 20 (2014), 409 ff.; *Streinz* JuS 2014, 376 ff.; *Weiß* EuR 2014, 231 ff.; *Tamblé* EuR 2016, 666 ff.; *Zündorf* Jura 2014, 616 ff.

83 Vgl. EuGH verb. Rs. C-8/15 P bis C-10/15 P, ECLI:EU:C:2016:701 Rn. 67 – Ledra Advertising ua/Kommission und EZB; näher zu diesem bemerkenswerten Urteil vgl. *Ehlers* JZ 2017, 43 ff.; *Frenz* EuR 2017, 332 ff.; *Nettesheim* EuZW 2016, 801 f.; *Poulou* CMLR 54 (2017), 991 ff.

84 Näher zur Organstruktur der EU vgl. mwN *Nowak* in FK-EUV/GRC/AEUV EUV Art. 13 Rn. 7 ff.

85 ABl. 2007 C 303, 17 (32).

86 Zur Vielfalt dieser Ämter und Agenturen vgl. etwa mwN *Nowak* in Leible/Terhechte, EnzEuR Bd. 3, § 34 Rn. 28 ff.

Europäischen Union auf Polen und das Vereinigte Königreich[87] im Ergebnis nicht signifikant geschmälert wird[88], gilt die EU-Grundrechtecharta – abgesehen von der in Art. 41 Abs. 1 GRC geregelten Besonderheit[89] – nicht nur für die Organe, Einrichtungen und sonstigen Stellen der Union (→ Rn. 23), sondern auch „für die Mitgliedstaaten", für diese allerdings „ausschließlich **bei der Durchführung des Rechts der Union**". Im Einklang damit hat der Unionsrichter die Bindungswirkung der Unionsgrundrechte bereits frühzeitig auch auf die EU-Mitgliedstaaten einschließlich sämtlicher mitgliedstaatlicher Stellen auf zentraler und regionaler oder lokaler Ebene[90] erstreckt, soweit sie das primäre, sekundäre und/oder tertiäre Unionsrecht[91] durchführen. Dies schließt zunächst einmal die gesetzgeberische Richtlinienumsetzung, die administrative Durchführung bzw. den Vollzug sonstigen sekundären Unionsrechts insbesondere in Gestalt von Verordnungen und Beschlüssen sowie die judikative Durchführung in Form der Auslegung und Anwendung unionsrechtlicher Bestimmungen und nationalen Umsetzungsrechts als Paradebeispiele der Unionsrechtsdurchführung im engeren Sinne ein (→ Rn. 25 ff.), ohne sich allerdings darauf zu beschränken. Vielmehr hat sich der Unionsrichter darauf festgelegt, dass sich der vorgenannte Durchführungsbegriff potentiell auf alle Tätigkeiten oder Maßnahmen der EU-Mitgliedstaaten und ihrer Untergliederungen im weiten Anwendungsbereich des Unionsrechts erstreckt bzw. dass deren Bindung an die Unionsgrundrechte auch in einigen über die Unionsrechtsdurchführung im engeren Sinne hinausgehenden Konstellationen greift (→ Rn. 33 ff.). Letzteres ist insbesondere in dem so genannten *Åkerberg Fransson*-Urteil des EuGH aus dem Jahre 2013 bestätigt und fortentwickelt worden, das im engen Verbund mit der einschlägigen Folgerechtsprechung des Unionsrichters die bereits seit langer Zeit überaus lebhaft geführte Debatte über die genaue Reichweite der Bindung der EU-Mitgliedstaaten an die Unionsgrundrechte und deren Verhältnis zu den in den mitgliedstaatlichen Rechtsordnungen garantierten (nationalen) Grundrechten spürbar belebt hat (→ Rn. 38 f.).

25 **1. Grundrechtsbindung bei der Durchführung des Unionsrechts im engeren Sinne.** Der EuGH bejaht eine Bindung der EU-Mitgliedstaaten an die Unionsgrundrechte bereits seit recht langer Zeit zum einen für den Fall, dass sie bzw. deren Stellen das Unionsrecht durchführen.[92] Hinsichtlich der Begründung und der konkreten Reichweite dieser

---

[87] ABl. 2012 C 326, 313 f.; krit. dazu vgl. statt vieler *Pache* in Fastenrath/Nowak S. 113 (122 f.).

[88] Näher dazu vgl. *Hoffmann/Rudolphi* DÖV 2012, 597 (600); *Pache* in FK-EUV/GRC/AEUV GRC Art. 51 Rn. 32 ff.

[89] Das in Art. 41 Abs. 1 GRC niedergelegte Unionsgrundrecht auf eine gute Verwaltung ist seinem Wortlaut nach nur von den „Organen, Einrichtungen und sonstigen Stellen der Union" zu beachten. Daraus folgt zwar nach der insoweit einschlägigen Rechtsprechung des Unionsrichters, dass sich natürliche und/oder juristische Personen nicht gegenüber mitgliedstaatlichen Behörden auf Art. 41 Abs. 1 GRC berufen können, vgl. EuGH verb. Rs. C-141/12 u. C-372/12, ECLI:EU:C:2014:2081 Rn. 67 – Y. S. ua, mAnm *Gundel* EuR 2015, 80 ff. Gleichwohl ist das hier in Rede stehende Unionsgrundrecht nicht allein im Anwendungsbereich der EU-Eigenverwaltungsrechts bedeutsam; vielmehr kann es angesichts der Tatsache, dass das in Art. 41 Abs. 1 GRC niedergelegte Recht auf eine gute Verwaltung einen allgemeinen Grundsatz des Unionsrechts im Sinne des Art. 6 Abs. 3 EUV widerspiegelt, auch im Rahmen der sog. Verfahrensautonomie der Mitgliedstaaten zum Tragen kommen, vgl. EuGH C-604/12, ECLI:EU:C:2014:302 Rn. 49 ff. – H. N., mAnm *Bogojević/Groussot/Medzmariashvili* CMLR 52 (2015), 1635 ff.

[90] Diese Bindung erstreckt sich auf alle mitgliedstaatlichen Ebenen (in Deutschland zB auf Bund, Länder und Gemeinden) und bezieht alle Handlungsformen aller Gewalten (Legislative, Exekutive und Judikative) inklusive der mittelbaren Staatsverwaltung durch Körperschaften und Anstalten des öffentlichen Rechts mit ein; zu diesem weiten und weitgehend konsensfähigen Verständnis vgl. statt vieler *Frenz*, HdbEuR Bd. 4, Kap. 2 Rn. 228; *Holoubek/Lechner/Oswald* in Holoubek/Lienbacher, GRC-Kommentar, GRC Art. 51 Rn. 15; Jarass GRCh Art. 51 Rn. 17; *Pache* in FK-EUV/GRC/AEUV GRC Art. 51 Rn. 16; *Schorkopf* in Grabenwarter, EnzEuR Bd. 2, § 3 Rn. 17; *Streinz/Michl* in Streinz GRC Art. 51 Rn. 5.

[91] Dass das in Art. 51 Abs. 1 S. 1 GRC enthaltene Tatbestandsmerkmal „des Rechts der Union" sowohl das Unionsprimärrecht als auch das Unionssekundärrecht und das Unionstertiärrecht einschließt, ist weitgehend unstreitig, vgl. nur jeweils mwN *Hatje* in Schwarze GRC Art. 51 Rn. 14; *Honer* JuS 2017, 409 (410); *Pache* in FK-EUV/GRC/AEUV GRC Art. 51 Rn. 18; *Stangl* in Kahl/Raschauer/Storr S. 1 (10); *Terhechte* in von der Groeben/Schwarze/Hatje GRC Art. 51 Rn. 8.

[92] Grdlg. EuGH 5/88, Slg. 1989, 2609 Rn. 19 – Wachauf; unter anderem bestätigt in EuGH C-260/89, Slg. 1991, I-2925 Rn. 41 ff. – ERT; EuGH C-351/92, Slg. 1994, I-3361 Rn. 16 f. – Graff; EuGH C-63/93,

im Rahmen der Durchführung des Unionsrechts zu beachtenden und durch Art. 51 Abs. 1 S. 1 GRC explizit bestätigten Bindung der EU-Mitgliedstaaten an die Unionsgrundrechte und ihrem teilweise nicht leicht zu bestimmenden Verhältnis zur Bindung dieser Staaten an nationale Grundrechte ist vor allem zwischen der Durchführung bzw. dem **Vollzug von Verordnungen** (→ Rn. 26 f.), der **Umsetzung von Richtlinien** (→ Rn. 28 ff.), dem Vollzug bzw. der **Durchführung von Beschlüssen** (→ Rn. 31) sowie der Auslegung und Anwendung unionsrechtlicher Bestimmungen und nationalen Umsetzungsrechts durch mitgliedstaatliche Gerichte (→ Rn. 32) zu unterscheiden.

a) Durchführung bzw. Vollzug von EU-Verordnungen. Die Rechtsprechung des 26 Gerichtshofs zur Bindung der EU-Mitgliedstaaten an die Unionsgrundrechte bezieht sich zum einen unstreitig auf den – häufig mit dem **Schlagwort** *agency-situation* titulierten[93] – innerstaatlichen Vollzug der vom Unionsgesetzgeber erlassenen Verordnungen,[94] denen in den Mitgliedstaaten gemäß Art. 288 Abs. 2 AEUV allgemeine und unmittelbare Geltung zukommt. Aufgrund der in dieser Konstellation bestehenden Bindung der Mitgliedstaaten an die Unionsgrundrechte, die im einschlägigen Schrifttum bereits seit recht langer Zeit auf breite Zustimmung stößt,[95] sind die mitgliedstaatlichen Behörden und Verwaltungsstellen nach ständiger EuGH-Rechtsprechung dazu verpflichtet, ihr Ermessen bei der Durchführung einer Verordnung unter Berücksichtigung der Erfordernisse des unionsrechtlichen Grundrechtsschutzes auszuüben.[96]

Partiell umstritten ist indes, in welchem **Verhältnis die Unionsgrundrechte** in dieser 27 Konstellation **zum nationalen Grundrechtsschutz** stehen. Diesbezüglich wird zum einen die Auffassung vertreten, dass die bei der Durchführung bzw. beim Vollzug von EU-Verordnungen bestehende Bindung der Mitgliedstaaten an die Unionsgrundrechte eine Sperrwirkung für nationale Grundrechte entfalte,[97] die im Ergebnis dazu führt, dass die dem Vollzug bzw. der Durchführung unionaler Verordnungsbestimmungen dienenden mitgliedstaatlichen Rechtsakte zugunsten der Anwendung einschlägiger Unionsgrundrechte aus der Rechtmäßigkeitskontrolle am Maßstab nationaler Grundrechte zu entlassen sind. Nach der Gegenauffassung seien die Unionsgrundrechte in dieser Konstellation hingegen lediglich als „Mindeststandard" heranzuziehen, weshalb die Bindung der Mitgliedstaaten an die Unionsgrundrechte erst dann aktiviert werde, wenn der „im Normalfall" (angeblich) vorrangige nationale Grundrechtsschutz nicht hinreichend ist.[98] Eine doppelte Grundrechtsbindung der Mitgliedstaaten mit einem etwaigen Vorrang des im Einzelfall möglicherweise strengeren nationalen Grundrechtsschutzes gegenüber den Unionsgrundrechten ist in dieser Konstellation indes nur dann akzeptabel, wenn die jeweilige EU-Verordnung den Mitgliedstaaten auf der Vollzugsebene nennenswerte Handlungs- bzw. Gestaltungsspielräume eröffnet[99] und

---

Slg. 1996, I-569 Rn. 29 – Fintan Duff; EuGH C-292/97, Slg. 2000, I-2737 Rn. 37 – Karlsson; EuGH C-540/03, Slg. 2006, I-5769 Rn. 105 – EP/Rat; EuGH C-355/04 P, Slg. 2007, I-1657 Rn. 51 – Segi.

[93] Statt vieler vgl. mwN *Nehl*, Europäisches Verwaltungsverfahren und Gemeinschaftsverfassung – Eine Studie gemeinschaftsrechtlicher Verfahrensgrundsätze unter besonderer Berücksichtigung „mehrstufiger" Verwaltungsverfahren, 2002, S. 439 u. 475; *Weiler* in Neuwahl/Rosas, EU and Human Rights, S. 51 (67 ff.).

[94] Vgl. nur EuGH 5/88, Slg. 1989, 2609 Rn. 19 – Wachauf; EuGH C-292/97, Slg. 2000, I-2737 Rn. 37 – Karlsson.

[95] Statt vieler vgl. *Ruffert* EuGRZ 1995, 518 (527 f.); *Weber* NJW 2000, 537 (542).

[96] So vgl. nur EuGH 5/88, Slg. 1989, 2609 Rn. 19 – Wachauf; EuGH C-2/92, Slg. 1994, I-955 Rn. 16 – Bostock; EuGH C-63/93, Slg. 1996, I-569 Rn. 29 – Fintan Duff; EuGH verb. Rs. C-383/06 bis C-385/06, Slg. 2008, I-1561 Rn. 43, 53 – Vereniging Nationaal Overlegorgaan Sociale Werkvoorziening; dies wird für den nationalen Verwaltungsvollzug allgemein auch dann angenommen, wenn EU-Richtlinien ausnahmsweise unmittelbar anwendbar sind; vgl. nur *Jürgensen/Schlünder* AöR 21 (1996), 200 (208 ff.).

[97] In diesem Sinne vgl. etwa *Kingreen* in Calliess/Ruffert GRC Art. 51 Rn. 13; *Kingreen/Störmer* EuR 1998, 263 (280).

[98] So etwa *Ruffert* EuGRZ 1995, 518 (528); ähnlich *Temple Lang* LIEI 1991, 23 ff.; aA *Rengeling/Szczekalla* Grundrechte in der EU § 4 Rn. 307, wonach der EU-Grundrechtsschutz in diesem Fall „nicht hinter strengeren nationalen Grundrechten" zurücktrete.

[99] In diesem Sinne vgl. etwa auch *Rengeling/Szczekalla* Grundrechte in der EU § 4 Rn. 308 f.

sofern durch die Anwendung nationaler Grundrechtsstandards weder das Schutzniveau der EU-Grundrechtecharta, wie sie vom Unionsrichter ausgelegt wird, noch der Vorrang, die Einheit und die Wirksamkeit des Unionsrechts beeinträchtigt werden.[100] Ist jedoch der jeweilige mitgliedstaatliche Durchführungs- bzw. Vollzugsakt in einer Weise unionsrechtlich determiniert, dass von einem nennenswerten Handlungs- oder Gestaltungsspielraum der jeweils zuständigen mitgliedstaatlichen Stelle keine Rede (mehr) sein kann, muss es bei der vorgenannten **Sperrwirkung der Unionsgrundrechte gegenüber den in den Mitgliedstaaten gewährleisteten Grundrechten** bleiben.[101] Dies beruht vor allem darauf, dass die dem Vollzug unionaler Verordnungsbestimmungen dienenden (unionsrechtlich determinierten) mitgliedstaatlichen Durchführungs- bzw. Vollzugsakte und die daran beteiligten Behörden in diesen Fällen ohnehin – bildlich gesprochen – als „verlängerter Arm" der dezentral zu vollziehenden und ihrerseits der Überprüfung am Maßstab nationaler Grundrechte entzogenen[102] EU-Verordnungen und der unionalen Hoheitsgewalt anzusehen sind, die ebenfalls nicht an nationale Grundrechte, sondern ausschließlich an die Unionsgrundrechte gebunden ist.

28 **b) Umsetzung von EU-Richtlinien.** Die im Falle des Fehlens mitgliedstaatlicher Handlungsspielräume der vorgenannten Art anzunehmende Sperrwirkung der Unionsgrundrechte gegenüber nationalen Grundrechten lässt sich zunächst einmal bruchlos auf den Vollzug gelegentlich unmittelbar anwendbarer EU-Richtlinien[103] übertragen.[104] Partiell umstritten ist indes, ob die EU-Mitgliedstaaten auch bei der Richtlinienumsetzung selbst an die Unionsgrundrechte gebunden sind und – wenn ja – in welchem Verhältnis die Unionsgrundrechte in dieser Konstellation bei der Rechtmäßigkeitsprüfung nationaler Umsetzungsakte den nationalen Grundrechten gegenüberstehen. Weitgehende Klarheit besteht diesbezüglich zwar darin, dass die vom Unionsgesetzgeber erlassenen Richtlinien iSd Art. 288 Abs. 3 AEUV nicht am Maßstab nationaler Grundrechte, sondern ausschließlich am Maßstab der Unionsgrundrechte zu überprüfen sind,[105] und dass die mitgliedstaatliche **Umsetzung von EU-Richtlinien als eine Variante der Durchführung des Unionsrechts** einzustufen ist,[106] bei der die Mitgliedstaaten nach der einschlägigen Rechtsprechung des Gerichtshofs nicht nur den Anforderungen der EMRK gerecht werden müssen,[107] sondern grundsätzlich auch an die Unionsgrundrechte gebunden

---

[100] Zu dieser bedeutsamen Einschränkung vgl. nur EuGH C-399/11, ECLI:EU:C:2013:107 Rn. 60 – *Melloni*; EuGH C-42/17, ECLI:EU:C:2017:936 Rn. 47 – M. A. S. ua; *Brenn* ZÖR 2013, 707 (715 f.); *Calliess* JRP 2015, 17 (31 ff.); *Dougan* CMLR 52 (2015), 1201 (1235 ff.); *Franzius* ZaöRV 75 (2015), 383 (397 ff.); *Geiß* DÖV 2014, 265 (270 ff.); *Herzmann* EuGRZ 2015, 445 (447 ff.); *Hwang* EuR 2014, 400 ff.; *Klein* DÖV 2018, 605 (608 ff.); *v. Papp* ELR 43 (2018), 511 (519 ff.); *Rauchegger* CMLR 2019, 1521 ff.; *Safferling* NStZ 2014, 545 (548 ff.); *Sarmiento* CMLR 50 (2013), 1267 (1289 ff.); *Thym* NVwZ 2013, 889 (891 f.).
[101] Ähnlich *Frenz*, HdbEuR Bd. 4, Rn. 226; *Obwexer* ZÖR 2013, 487 (508).
[102] Zu dem vom EuGH für sich beanspruchten Verwerfungsmonopol hinsichtlich der nicht am Maßstab nationaler Grundrechte, sondern allein am Maßstab der Unionsgrundrechte zu überprüfenden Sekundärrechtsakte vgl. EuGH 314/85, Slg. 1987, 4199 Rn. 15 ff. – Foto Frost; sowie EuGH verb. Rs. 97 bis 99/87, Slg. 1989, 3165 Rn. 38 – Alcudia; EuGH C-583/11 P, ECLI:EU:C:2013:625 Rn. 96 – Inuit Tapiriit Kanatami ua/EP u. Rat; EuGH C-72/15, ECLI:EU:C:2017:236 Rn. 78 – Rosneft.
[103] Zur unmittelbaren Anwendbarkeit nicht fristgemäß und/oder nicht ordnungsgemäß umgesetzter Richtlinienbestimmungen, die inhaltlich unbedingt, vollständig und hinreichend genau sind, vgl. etwa EuGH 41/74, Slg. 1974, 1337 Rn. 12 ff. – van Duyn; EuGH 148/78, Slg. 1979, 1629 Rn. 18 ff. – Ratti; EuGH verb. Rs. C-397/01 bis 403/01, Slg. 2004, I-8835 Rn. 103 – Pfeiffer; EuGH C-537/07, Slg. 2009, I-6525 Rn. 33 – Sánchez-Camacho; jeweils mwN *Frenz*, HdbEuR Bd. 5, Rn. 1058 ff.; *Herrmann/Michl* JuS 2009, 1065 ff.; *Jarass/Beljin* JZ 2003, 768 ff.
[104] In diesem zutr. Sinne vgl. nur *Kingreen* in Calliess/Ruffert GRC Art. 51 Rn. 13; *Kingreen/Störmer* EuR 1998, 263 (279 f.); *Weber* NJW 2000, 537 (542 mwN).
[105] Vgl. nur EuGH 314/85, Slg. 1987, 4199 Rn. 15 ff. – Foto Frost; EuGH verb. Rs. 97 bis 99/87, Slg. 1989, 3165 Rn. 38 – Alcudia; sowie BVerfG EuZW 2001, 255 f.
[106] Vgl. *Frenz*, HdbEuR Bd. 4, Rn. 243; *Jarass* NVwZ 2012, 457 (459); *Kugelmann*, Grundrechte, S. 47; *Lindner* EuR 2007, 160 (175); *Lindner* Jura 2008, 401 (405); *Pache* in FK-EUV/GRC/AEUV GRC Art. 51 Rn. 20; *Ruffert* EuR 2004, 165 (177).
[107] Vgl. EuGH C-540/03, Slg. 2006, I-5769 Rn. 52 ff. – EP/Rat.

sind,[108] sofern das jeweilige Umsetzungsrecht nicht insoweit aus dem Geltungs- bzw. Anwendungsbereich des Unionsrechts herausfällt, als es Bestimmungen zu einzelnen Aspekten enthält, die in der jeweiligen Richtlinie selbst gar nicht geregelt bzw. von ihr nicht vorgegeben sind.[109] Die genaue **Reichweite der im Bereich der Richtlinienumsetzung** somit grundsätzlich **gegebenen Bindung der EU-Mitgliedstaaten an die Unionsgrundrechte** und das Verhältnis dieser Grundrechtsbindung zum nationalen Grundrechtsschutz sind in dieser Fallkonstellation allerdings noch umstrittener[110] als in der oben erörterten Konstellation des Vollzugs bzw. der Durchführung von EU-Verordnungen (→ Rn. 26 f.). Dies hängt vor allem damit zusammen, dass Richtlinien – anders als Verordnungen – der Umsetzung in nationales Recht bedürfen und dass es sich bei dieser Umsetzung, zu der die Mitgliedstaaten gemäß Art. 288 AEUV iVm Art. 4 Abs. 3 EUV verpflichtet sind, um einen unionsrechtlich veranlassten Akt mitgliedstaatlicher Hoheitsgewalt handelt,[111] dessen unionsrechtliche Determiniertheit von Fall zu Fall sehr unterschiedlich sein kann.

Gemäß Art. 288 Abs. 3 AEUV gilt zwar unterschiedslos für alle Richtlinien, dass sie **29** hinsichtlich des zu erreichenden Ziels verbindlich sind und dass sie den Mitgliedstaaten eine gewisse – aufgrund einiger umsetzungsspezifischer Vorgaben des Gerichtshofs[112] allerdings keinesfalls unbegrenzte – Wahlfreiheit hinsichtlich der Umsetzungsform und der Umsetzungsmittel einräumen. Der dem mitgliedstaatlichen Gesetzgeber dabei eingeräumte Umsetzungsspielraum hängt jedoch maßgeblich von der Regelungsintensität der jeweiligen Richtlinie ab, die im konkreten Einzelfall so hoch sein kann, dass sich der **Umsetzungsspielraum mitgliedstaatlicher Legislativen in Richtung oder sogar gänzlich „auf Null" reduziert**. In solch einem Fall erscheint das mitgliedstaatliche Umsetzungsrecht – ähnlich wie unionsrechtlich determinierte Rechtsakte im Bereich des mitgliedstaatlichen Verordnungsvollzugs (→ Rn. 26 f.) – gewissermaßen als „verlängerter Arm" des Unionsrechts, der – wie auch die zugrundeliegende Richtlinie selbst – im Interesse der Kohärenz sowie im Interesse der einheitlichen Geltung und Anwendung des Unionsrechts jedenfalls dann zugunsten einer ausschließlichen Bindung der Mitgliedstaaten an die Unionsgrundrechte von einer Überprüfung am Maßstab nationaler Grundrechte freizustellen ist,[113] wenn sich die zugrundeliegende Richtlinie ihrerseits als mit den in dieser Konstellation als vorrangig anzusehenden Unionsgrundrechten vereinbar erweist.[114] Dieser Auffassung hat

---

[108] Letzteres ergibt sich – abgesehen von der og EuGH-Rechtsprechung – va auch aus EuGH verb. Rs. C-74/95 u. C-129/95, Slg. 1996, I-6609 Rn. 23 f., 31 – Strafverfahren gegen X, wonach mitgliedstaatliche Gerichte nationales Umsetzungsrecht nicht nur richtlinienkonform auszulegen haben, sondern zugleich für die Einhaltung der unionsrechtlich anerkannten allgemeinen Rechtsgrundsätze sorgen müssen, zu denen ohne Zweifel auch die Unionsgrundrechte gehören; aA, dh eine Bindung der Mitgliedstaaten an die Unionsgrundrechte bei der Richtlinienumsetzung zugunsten einer vorrangigen Anwendung nationaler Grundrechte vor vielen Jahren grds. ablehnend, vgl. *Blumenwitz* NJW 1989, 621 (626); *Di Fabio* NJW 1990, 947 ff.
[109] Vgl. EuGH C-144/95, Slg. 1996, I-2909 Rn. 11 f. – Maurin, wonach die jeweilige nationale Regelung dann aus dem Geltungsbereich des Gemeinschaftsrechts (jetzt: Unionsrechts) herausfalle.
[110] Mit guten Übersichten zum diesbzgl. Streitstand in der Literatur: *Calliess* JZ 2009, 113 ff.; *Calliess* JRP 2015, 17 (23 ff.).
[111] Dies ist weitgehend unstreitig, vgl. nur *Chwolik-Lanfermann*, Grundrechtsschutz in der EU, S. 182.
[112] Vgl. nur EuGH 102/79, Slg. 1980, 1473 Rn. 10 – Kommission/Belgien; EuGH 97/81, Slg. 1982, 1819 Rn. 7 f. – Kommission/Niederlande; EuGH 361/88, Slg. 1991, I-2567 Rn. 15 ff. – Kommission/Deutschland.
[113] Nach Ansicht von *Kugelmann*, Grundrechte, S. 47, müssten sich die fraglichen Umsetzungsmaßnahmen in diesem Fall einer Prüfung am Maßstab der Unionsgrundrechte stellen; ähnlich *Lindner* Jura 2008, 401 (406). Ähnliches wird auch für die Umsetzung sog. Rahmenbeschlüsse angenommen, vgl. nur *Masing* in Wahl, Verfassungsänderung, Verfassungswandel, Verfassungsinterpretation, 2008, S. 507 (511 ff.); *Pernice* FS J. Meyer, 2006, 359 (389).
[114] So im Ergebnis auch *Rengeling/Szczekalla* Grundrechte in der EU § 4 Rn. 312, 315; ähnlich *Burgi* NJW 2003, 2486 (2490), wonach der nationale Umsetzungsgesetzgeber dann, wenn sich die jeweilige Richtlinie als mit den Unionsgrundrechten vereinbar erweist, an die in der Richtlinie enthaltenen (zwingenden) Vorgaben grundsätzlich gebunden sei, ohne dass die in den Mitgliedstaaten gewährleisteten (nationalen) Grundrechte hieran etwas ändern.

sich im Prinzip auch das BVerfG angeschlossen, indem es in seinem das deutsche Treibhausgas-Emissionshandelsgesetz (TEHG) betreffenden Beschluss vom 13. März 2007 feststellte, dass eine innerstaatliche Rechtsvorschrift, die eine Richtlinie in deutsches Recht umsetzt, jedenfalls dann nicht an den Grundrechten des Grundgesetzes gemessen wird, wenn das Unionsrecht keinen Umsetzungsspielraum lässt, sondern vielmehr zwingende Vorgaben macht.[115] Ob die jeweils in Rede stehende Richtlinie unmittelbare Wirkung entfaltet, ist in diesem Kontext irrelevant.[116]

30 Weitgehende Einigkeit besteht im Übrigen darin, dass das nationale Umsetzungsrecht allenfalls dann an nationalen Grundrechten zu messen ist, wenn sich die jeweilige Richtlinie aufgrund ihrer mangelnden Vereinbarkeit mit den Unionsgrundrechten als nichtig erweisen sollte.[117] Ferner wird zum Teil davon ausgegangen, dass die im Rahmen bestehender Umsetzungsspielräume allgemein bejahte Bindung des mitgliedstaatlichen Umsetzungsgesetzgebers an nationale Grundrechte ausschließlicher Art ist.[118] Letzteres widerspricht jedoch der jüngeren EuGH-Rechtsprechung[119] und ist im Interesse eines möglichst effektiven Grundrechtsschutzes zu relativieren, da auch im Kontext der Richtlinienumsetzung nicht auszuschließen ist, dass der Einzelne in manchen Fällen nicht hinreichend durch mitgliedstaatliche Grundrechte geschützt ist. Daher ist in Anlehnung an die obigen Ausführungen zur mitgliedstaatlichen Grundrechtsbindung beim Verordnungsvollzug (→ Rn. 26 f.) auch bei der **Umsetzung solcher Richtlinien, die den Mitgliedstaaten einen nennenswerten Umsetzungsspielraum belassen,** die durch die einschlägige EuGH-Rechtsprechung[120] erhärtete Annahme einer doppelten Grundrechtsbindung der Mitgliedstaaten[121] mit einem Vorrang des im Einzelfall möglicherweise strengeren nationalen Grundrechtsschutzes gegenüber den Unionsgrundrechten vorzugswürdig[122], sofern durch die Anwendung nationaler Grundrechtestandards weder das Schutzniveau der EU-Grundrechtecharta, wie sie vom Unionsrichter ausgelegt wird, noch der Vorrang, die Einheit und die Wirksamkeit des Unionsrechts beeinträchtigt werden.[123] Die Unionsgrundrechte garantieren in dieser Konstellation somit einen auch bei der grundrechtskonformen Auslegung nationalen Umsetzungsrechts von den Mitgliedstaaten zu beachtenden Mindeststandard,[124] auf den dann zurückzugreifen ist, wenn der im Normalfall vorrangige

---

[115] Vgl. BVerfG NVwZ 2007, 937 (938); zu dieser – die sog. *Solange II*-Rechtsprechung auf EU-Richtlinien übertragenden – Entscheidung vgl. *Holz* NVwZ 2007, 1153 ff.; bestätigt wurde dies etwa in BVerfG NVwZ 2007, 942 ff.; BVerfG DVBl 2009, 178 (179); näher zu dieser bundesverfassungsgerichtlichen Rechtsprechungslinie vgl. auch *Calliess* JRP 2015, 17 (22 ff.).

[116] Vgl. BVerfG NVwZ 2007, 937 ff.

[117] Vgl. dazu etwa *Chwolik-Lanfermann*, Grundrechtsschutz in der EU, S. 189, wonach die Sperre zur Anwendung nationaler Grundrechte gegenüber dem nationalen Ausführungs- bzw. Umsetzungsrecht aufgehoben werde, wenn der EuGH die Richtlinie für nichtig erklärt; in diesem Sinne vgl. auch BVerfG NVwZ 2007, 937 ff.

[118] So *Burgi* NJW 2003, 2486 (2490), unter Hinweis auf BVerfG NJW 1990, 974 f.; sowie *Papier* DVBl 2009, 473 (480); so offenbar auch BVerfG NVwZ 2007, 937 ff.; BVerfG NVwZ 2007, 942 ff.; BVerfG DVBl 2009, 178 ff.

[119] Näher dazu vgl. nur *Calliess* JRP 2015, 17 (20 ff.); *Pache* in FK-EUV/GRC/AEUV GRC Art. 51 Rn. 20; *Starke* DVBl 2017, 721 (725); *Szczekalla* NVwZ 2006, 1019 (1021); aA *Holoubek* ZÖR 2018, 603 (617).

[120] Vgl. insbesondere EuGH C-540/03, Slg. 2006, I-5769 Rn. 104 ff. – EP/Rat; näher zu dieser Entscheidung vgl. *Szczekalla* NVwZ 2006, 1019 ff.; *Thym* NJW 2006, 3249 ff. Ferner vgl. in diesem Kontext EuGH C-555/07, Slg. 2010, I-365 Rn. 18 ff. – Kücükdeveci; näher zu dieser Entscheidung vgl. *Preis/Temming* NZA 2010, 185 ff.

[121] Zutr. *Lindner* EuZW 2007, 71 (73 ff.); *Pache* in FK-EUV/GRC/AEUV GRC Art. 51 Rn. 20; *Schmahl* EuR Beih. 1/2008, 7 (17); *Szczekalla* NVwZ 2006, 1019 (1021).

[122] Ausführlicher zu dieser Kollisionsproblematik vgl. *Lindner* EuZW 2007, 71 (73 ff.).

[123] Vgl. EuGH C-399/11, ECLI:EU:C:2013:107 Rn. 60 – Melloni; EuGH C-42/17, ECLI:EU:C:2017:936 Rn. 47 – M. A. S.; näher zu diesem bedeutsamen Vorbehalt vgl. auch *Brenn* ZÖR 2013, 707 (715 f.); *Calliess* JRP 2015, 17 (31 ff.); *Dougan* CMLR 52 (2015), 1201 (1235 ff.); *Franzius* ZaöRV 75 (2015), 383 (397 ff.); *Geiß* DÖV 2014, 265 (270 f.); *Herzmann* EuGRZ 2015, 445 (447 ff.); *Hwang* EuR 2014, 400 ff.; *Klein* DÖV 2018, 605 (608 ff.); *v. Papp* ELR 43 (2018), 511 (519 ff.); *Rauchegger* CMLR 2019, 1521 ff.; *Safferling* NStZ 2014, 545 (548 ff.); *Sarmiento* CMLR 50 (2013), 1267 (1289 ff.); *Thym* NVwZ 2013, 889 (891 f.).

[124] Ähnlich *Szczekalla* NVwZ 2006, 1019 (1021); dagegen vgl. etwa *Papier* DVBl 2009, 473 (480).

nationale Grundrechtsschutz aus welchen Gründen auch immer nicht hinreichend ist.[125]

c) Durchführung bzw. Vollzug von Beschlüssen. Eine **Bindung der Mitgliedstaaten an die Unionsgrundrechte** wird darüber hinaus in zutreffender Weise auch dann bejaht, wenn es um die Durchführung bzw. den Vollzug oder die Anwendung der an sie adressierten (administrativen) Einzelfallentscheidungen geht,[126] die in Art. 288 Abs. 4 AEUV als „Beschlüsse" bezeichnet werden. Die **auch in dieser Konstellation** gegebene Bindung der Mitgliedstaaten an die Unionsgrundrechte orientiert sich an den zur Durchführung bzw. Umsetzung unionaler Verordnungen und Richtlinien entwickelten Grundsätzen (→ Rn. 25–30), so dass die auf einer Entscheidung bzw. einem Beschluss eines Unionsorgans beruhenden mitgliedstaatlichen Durchführungs- oder Vollzugsakte jedenfalls dann von einer zusätzlichen Bindung an nationale Grundrechte freigestellt sind, wenn der zugrundeliegende Unionsrechtsakt in Gestalt eines Beschlusses zwingende Vorgaben macht und den mitgliedstaatlichen Stellen insoweit keinen Spielraum lässt.[127] Relevant wird diese Bindung der Mitgliedstaaten an die Unionsgrundrechte im europäischen Verwaltungsrecht und -verbund etwa dann, wenn es um die innerstaatliche Rückforderung unionsrechtswidriger Beihilfen geht.[128] In diesem Kontext ist vor allem an den *Alcan*-Beschluss des BVerfG vom 17.2.2000[129] zu erinnern, in dem in zutreffender Weise deutlich gemacht wurde, dass eine unionsrechtlich determinierte Rückforderung unionsrechtswidriger Beihilfen grundsätzlich nicht durch nationale Grundrechte bzw. sonstige Verfassungsvorbehalte in Frage gestellt werden kann. 31

d) Auslegung und Anwendung unionsrechtlicher Bestimmungen und nationalen Umsetzungsrechts durch mitgliedstaatliche Gerichte. Da Art. 51 Abs. 1 S. 1 GRC im Hinblick auf die Bindung der EU-Mitgliedstaaten an die Unionsgrundrechte nicht zwischen unterschiedlichen Gewalten differenziert, gibt es keinen vernünftigen Grund, diese Bindung auf den administrativen Verordnungsvollzug und die gesetzgeberische Richtlinienumsetzung bzw. auf die administrative und normative Durchführung des Unionsrechts zu beschränken. Folgerichtig geht die heute wohl vorherrschende Auffassung im einschlägigen Schrifttum zutreffend davon aus, dass auch die **judikative Durchführung des Unionsrechts** in konkreter Gestalt der Auslegung und Anwendung unionsrechtlicher Bestimmungen und des zur Umsetzung von Unionsrecht ergangenen nationalen Rechts durch die mitgliedstaatlichen Gerichte der Bindung an die Unionsgrundrechte unterliegt.[130] Diese Position deckt sich weitgehend mit den Ausführungen des Unionsrichters im sog. *Möllendorf*-Urteil, in dem es unter anderem heißt, „dass nach ständiger Rechtsprechung auch die Mitgliedstaaten bei der Durchführung der gemeinschaftsrechtlichen Regelungen die Erfordernisse des Grundrechtsschutzes in der Gemeinschaftsrechtsordnung zu beachten haben und diese Regelungen deshalb so weit wie möglich so anwenden müssen, dass die genannten Erfordernisse nicht missachtet werden [...]" und dass es „somit Sache des vorlegenden Gerichts [ist], zu prüfen, ob angesichts der Besonderheiten des Ausgangsverfahrens eine etwaige Erstattung der empfangenen Beträge durch die Verkäuferinnen einen unverhältnismäßigen Eingriff in ihr Eigentumsrecht darstellen würde, und, wenn dies zutreffen sollte, 32

---

[125] So auch iErg *Ruffert* EuGRZ 1995, 518 (528); aA *Rengeling/Szczekalla* Grundrechte in der EU § 4 Rn. 307, wonach der unionsrechtliche Grundrechtsschutz in dieser Konstellation „nicht hinter strengeren nationalen Grundrechten" zurücktrete.
[126] Vgl. statt vieler Jarass GRCh Art. 51 Rn. 22; *Rengeling/Szczekalla* Grundrechte in der EU § 4 Rn. 318.
[127] In diesem Sinne vgl. auch mwN BVerfG NVwZ 2007, 937 ff.
[128] Ausführlich hierzu vgl. nur *Bungenberg/Motzkus* in NK-EuBeihilfenR Kap. 5 Rn. 96 ff.; *Quardt* in Heidenhain EU-BeihilfenR-HdB § 50 Rn. 1 ff. u. § 51 Rn. 1 ff.; *Scheuing* DV 2001, 107 ff.; *Suerbaum* VerwArch 2000, 169 ff.
[129] BVerfG NJW 2000, 2015 f.; näher dazu vgl. *Nicolaysen/Nowak* NJW 2001, 1233 ff.
[130] Vgl. dazu mit näheren Erläuterungen *Jarass* GRCh Art. 51 Rn. 23; *Jarass* NVwZ 2012, 457 (460); *Ladenburger/Vondung* in Stern/Sachs GRCh Art. 51 Rn. 48; *Pache* in FK-EUV/GRC/AEUV GRC Art. 51 Rn. 27; sowie *Folz* in HK-UnionsR GRC Art. 51 Rn. 5; *Frenz*, HdbEuR Bd. 4, Kap. 2 Rn. 243; *Hatje* in Schwarze GRC Art. 51 Rn. 19; *Hoffmann/Rudolphi* DÖV 2012, 597 (598); *Starke* DVBl 2017, 721 (724).

die betreffende nationale Regelung so weit wie möglich so anzuwenden, dass die genannten Erfordernisse, die sich aus dem Gemeinschaftsrecht ergeben, nicht missachtet werden".[131]

33 **2. Grundrechtsbindung im Anwendungsbereich des Unionsrechts.** Nach ständiger EuGH-Rechtsprechung greift die Bindung der EU-Mitgliedstaaten an die Unionsgrundrechte nicht nur in den vorangehend erörterten Konstellationen, in denen es um die Durchführung des Unionsrechts im engeren Sinne geht (→ Rn. 25–32), sondern auch in einigen anderen Fällen mitgliedstaatlichen Handelns im weiten „Anwendungsbereich des Unionsrechts".[132] Von grundlegender Bedeutung sind in diesem Kontext zum einen die höchstrichterlichen Vorgaben, die der Unionsrichter im Rahmen der ständigen **EuGH-Rechtsprechung zu den Grenzen der mitgliedstaatlichen Verfahrensautonomie** an die Ausgestaltung mitgliedstaatlicher Verwaltungs- und Gerichtsverfahren stellt, in denen es um die Durchsetzung der dem Einzelnen aus dem primären und sekundären Unionsrecht erwachsenden subjektiven Rechte geht (→ Rn. 34 f.). Zum anderen ist in diesem Kontext selbstverständlich auch die so genannte **ERT-Rechtsprechung des EuGH** anzusprechen, nach der von einem die Bindung der EU-Mitgliedstaaten an die Unionsgrundrechte begründenden Handeln im Anwendungsbereich des Unionsrechts auch dann auszugehen ist, wenn der jeweilige Mitgliedstaat unter Berufung auf einen in den grundfreiheitsspezifischen Rechtfertigungskatalogen des Vertrags über die Arbeitsweise der EU enthaltenen Rechtfertigungsgrund eine Regelung erlässt oder eine Maßnahme trifft, die eine oder mehrere der in diesem Vertrag niedergelegten Grundfreiheiten beeinträchtigt (→ Rn. 36 f.).

34 **a) Unionsgrundrechtliche Grenzen der so genannten Verfahrensautonomie der Mitgliedstaaten.** Eine ganz besondere Art der im weiten „Anwendungsbereich des Unionsrechts" gegebenen Bindung der Mitgliedstaaten an ein ganz bestimmtes Unionsgrundrecht spiegelt sich in gewisser Weise in den höchstrichterlichen Vorgaben wider, die der EuGH in ständiger Rechtsprechung an die Ausgestaltung mitgliedstaatlicher Verwaltungs- und Gerichtsverfahren stellt, in denen es um die Durchsetzung der dem Einzelnen aus dem primären und sekundären Unionsrecht erwachsenden subjektiven Rechte geht. Den maßgeblichen Ausgangs- bzw. Bezugspunkt dieser Rechtsprechung bildet zunächst einmal der heutzutage nur noch hinsichtlich seiner Rechtsnatur und normativen Verortung etwas umstrittene **Grundsatz der verfahrensmäßigen Autonomie der Mitgliedstaaten** bzw. der Grundsatz der Verfahrensautonomie der Mitgliedstaaten[133], wonach es im Falle der Ermangelung einschlägiger Unionsregelungen grundsätzlich stets Sache der innerstaatlichen Rechtsordnung jedes einzelnen Mitgliedstaats ist, die Verfahren für solche Klagen auszugestalten, die den Schutz der dem Bürger aus der unmittelbaren Wirkung des Unionsrechts erwachsenden Rechte gewährleisten sollen.[134]

---

[131] Vgl. EuGH C-117/06, Slg. 2007, I-8361 Rn. 78 f. – Möllendorf.
[132] Exemplarisch vgl. EuGH C-206/13, ECLI:EU:C:2014:126 Rn. 21 – Siragusa; zur damit übereinstimmenden Bindung der Mitgliedstaaten im „Anwendungsbereich des [damaligen] *Gemeinschafts*rechts", vgl. etwa EuGH C-260/89, Slg. 1991, I-2925 Rn. 42 – ERT; EuGH C-299/95, Slg. 1997, I-2629 Rn. 15 – Kremzow; EuGH C-94/00, Slg. 2002, I-9011 Rn. 25 – Roquette Frères; EuGH C-267/01, Slg. 2003, I-3735 Rn. 70 – Steffensen; EuGH C-246/06, Slg. 2008, I-105 Rn. 31 ff. – Navarro; mwN *Cirkel* S. 49 ff.; *v. Danwitz* FS R. Herzog, 2009, 19 ff.; *Nusser* S. 18 ff.; *Papp* EWS 2009, 216 ff.; *Wallrab* S. 51 ff.
[133] Zur Anerkennung und häufigen Anwendung dieses Grundsatzes in der einschlägigen Rechtsprechung des Unionsrichters vgl. nur EuGH C-201/02, Slg. 2004, I-723 Rn. 65, 67 u. 70 – Wells; EuGH verb. Rs. C-295/04 bis C-298/04, Slg. 2006, I-6619 Rn. 67 – Manfredi ua; EuGH verb. Rs. C-392/04 u. C-422/04, Slg. 2006, I-8559 Rn. 57 – i-21 Germany; EuGH C-572/16, ECLI:EU:C:2018:100 Rn. 42 – INFOS Köln; EuGH C-494/16, ECLI:EU:C:2018:166 Rn. 30 – Santoro; EuGH C-387/16, ECLI:EU:C:2018:121 Rn. 22 – Nidera. Zum partiellen Streit über die zutreffende rechtsdogmatische Begründung, normative Verortung und/oder Rechtsnatur dieses unionsverfassungsrechtlichen Grundsatzes vgl. etwa *Krönke*, Die Verfahrensautonomie der Mitgliedstaaten der Europäischen Union, 2013, S. 27 ff.; *Ludwigs* NVwZ 2018, 1417 ff.; *Rodríguez Iglesias* EuGRZ 1997, 289 ff.; *Schoch* Festgabe 50 Jahre Bundesverwaltungsgericht, 2003, 507 (509 ff.); *Schroeder* AöR 129 (2004), 3 ff.
[134] Vgl. EuGH 33/76, Slg. 1976, 1989 Rn. 5 – Rewe-Zentralfinanz; EuGH 45/76, Slg. 1976, 2043 Rn. 13 – Comet; EuGH 199/82, Slg. 1983, 3595 Rn. 12 – San Giorgio; EuGH C-208/90, Slg. 1991, I-4269 Rn. 16 – Emmott; EuGH C-312/93, Slg. 1995, I-4599 Rn. 12 – Peterbroeck; EuGH verb. Rs. C-430/93

Konkret ist es dabei zum einen Sache dieser innerstaatlichen Rechtsordnungen zu bestimmen, welches Gericht für die Entscheidung von Rechtsstreitigkeiten zuständig ist, in denen es um subjektive Rechte geht, die aus der Unionsrechtsordnung hergeleitet werden.[135] Zum anderen ist es in dieser Konstellation grundsätzlich Sache des innerstaatlichen Rechts der einzelnen Mitgliedstaaten, die – auch die Ausgestaltung der Klagebefugnis und die Bestimmung des Rechtsschutzinteresses einschließenden – Modalitäten für das Verwaltungsverfahren und das Gerichtsverfahren zu regeln, die den wirksamen Schutz der dem Einzelnen aus dem Unionsrecht erwachsenden Rechte gewährleisten sollen.[136] Der hier angesprochene Grundsatz der Verfahrensautonomie der Mitgliedstaaten gilt indes nicht vorbehaltlos; vielmehr ordnet der Unionsrichter diesem Grundsatz zwei **Schranken in Gestalt des Äquivalenzgrundsatzes und des Effektivitätsgrundsatzes** zu, die zu einer umfassenden und immer weiter voranschreitenden Europäisierung innerstaatlichen Verwaltungs- und Zivilprozessrechts beitragen. Nach dem erstgenannten Äquivalenzgrundsatz, der häufig auch als „Grundsatz der Gleichwertigkeit" bezeichnet wird,[137] dürfen die innerstaatlichen Verfahren und Verfahrensmodalitäten für Klagen bzw. Rechtsbehelfe zur Durchsetzung subjektiver Unionsrechte nicht weniger günstig ausgestaltet sein als die Verfahren und Modalitäten für solche Klagen bzw. Rechtsbehelfe, die nur innerstaatliches Recht betreffen bzw. die für entsprechende innerstaatliche Verfahren und Rechtsbehelfe gelten.[138] Nach dem zweitgenannten Effektivitätsgrundsatz, der im Verbund mit dem vorgenannten Äquivalenzgrundsatz nach ständiger Rechtsprechung des Unionsrichters „Ausdruck der allgemeinen Verpflichtung der Mitgliedstaaten" ist, „den gerichtlichen Schutz der dem Einzelnen aus dem Unionsrecht erwachsenden Rechte zu gewährleisten",[139] dürfen diese Modalitäten die Ausübung der Unionsrechtsordnung verliehenen Rechte schließlich nicht praktisch unmöglich machen oder übermäßig erschweren.[140]

Die vom Unionsrichter aus dem vorgenannten Effektivitätsgrundsatz abgeleiteten Vorgaben (→ Rn. 34) lassen sich in vielen Fällen auch auf den unionsgrundrechtlichen Grundsatz effektiven Rechtsschutzes (→ § 55) zurückführen, der im Falle einer möglichen Beeinträchtigung subjektiver Unionsrechte einige dem effektiven Individualrechtsschutz dienende Anforderungen an die Ausgestaltung mitgliedstaatlicher Verwaltungs- und Gerichtsverfahren 35

---

u. C-431/93, Slg. 1995, I-4705 Rn. 17 – van Schijndel; EuGH C-261/95, Slg. 1997, I-4025 Rn. 27 – Palmisani; EuGH C-470/99, Slg. 2002, I-11617 Rn. 71 – Universale Bau; EuGH C-327/00, Slg. 2003, I-1877 Rn. 51 – Santex; EuGH C-298/16, ECLI:EU:C:2017:843 Rn. 29 – Ispas; EuGH C-403/16, ECLI:EU:C:2017:960 Rn. 26 – El Hassani.

[135] Vgl. etwa EuGH C-453/99, Slg. 2001, I-6314 Rn. 29 – Courage; EuGH C-462/99, Slg. 2003, I-5197 Rn. 35 – Connect Austria; EuGH C-268/06, Slg. 2008, I-2483 Rn. 44 – Impact; EuGH C-403/16, ECLI:EU:C:2017:960 Rn. 28 – El Hassani.

[136] Vgl. EuGH C-13/01, Slg. 2003, I-8679 Rn. 49 – Safalero; EuGH C-268/06, Slg. 2008, I-2483 Rn. 44 – Impact; EuGH C-61/14, ECLI:EU:C:2015:655 Rn. 46 – Orizzonte Salute; EuGH C-243/15, ECLI: EU:C:2016:838 Rn. 65 – Lesoochranárske zoskupenie VLK; EuGH C-470/16, ECLI:EU:C:2018:185 Rn. 54 – North East Pylon Pressure Campaign.

[137] Vgl. nur EuGH C-268/06, Slg. 2008, I-2483 Rn. 46 – Impact; EuGH C-445/06, Slg. 2009, I-2119 Rn. 31 – Danske Slagterier; EuGH C-470/16, ECLI:EU:C:2018:185 Rn, 55 – North East Pylon Pressure Campaign.

[138] Vgl. etwa EuGH C-234/04, Slg. 2006, I-2585 Rn. 22 – Kapferer; EuG T-253/02, Slg. 2006, II-2139 Rn. 151 – Ayadi/Rat; EuGH C-61/14, ECLI:EU:C:2015:655 Rn. 46 – Orizzonte Salute; EuGH C-572/16, ECLI:EU:C:2018:100 Rn. 42 – INFOS Köln, mAnm *Ehrmann* NVwZ 2018, 721 f.; instruktiv zu den mit diesem Äquivalenzgrundsatz verbundenen Untersuchungspflichten mitgliedstaatlicher Gerichte vgl. EuGH C-78/98, Slg. 2000, I-3201 Rn. 49 – Preston.

[139] Vgl. nur EuGH C-63/08, Slg. 2009, I-10467 Rn. 44 – Pontin; EuGH C-403/16, ECLI:EU:C:2017:960 Rn. 28 – El Hassani.

[140] Zur häufigen Anwendung dieses Grundsatzes vgl. nur EuGH 33/76, Slg. 1976, 1989 Rn. 5 – Rewe-Zentralfinanz; EuGH C-261/95, Slg. 1997, I-4025 Rn. 27 – Palmisani; EuGH C-231/96, Slg. 1998, I-4951 Rn. 34 – Edilizia Industriale Siderurgica; EuGH C-453/99, Slg. 2001, I-6297 Rn. 29 – Courage; EuGH C-268/06, Slg. 2008, I-2483 Rn. 46 – Impact; EuGH C-61/14, ECLI:EU: C:2015:655 Rn. 46 – Orizzonte Salute; EuGH C-470/16, ECLI:EU:C:2018:185 Rn. 55 – North East Pylon Pressure Campaign.

stellt.[141] Der daraus abzuleitende Befund, dass sich der als eine der maßgeblichen Schranken der verfahrensmäßigen Autonomie der Mitgliedstaaten fungierende Effektivitätsgrundsatz mehr und mehr mit dem in Art. 47 GRC niedergelegten **Unionsgrundrecht auf effektiven gerichtlichen Rechtsschutz** (→ § 55) überschneidet und dass eine klare Abgrenzung zwischen dem vorgenannten Effektivitätsgrundsatz und diesem Unionsgrundrecht zunehmend schwieriger wird,[142] veranschaulicht neben anderen jüngeren Urteilen des Unionsrichters[143] mit besonderer Deutlichkeit zum einen eine Passage aus dem Vorabentscheidungsurteil in der Rechtssache *Orizzonte Salute,* wonach der Grundsatz der Effektivität das in Art. 47 GRC verankerte Erfordernis eines gerichtlichen Schutzes impliziert.[144] Zum anderen ist in diesem Kontext auf das vieldiskutierte EuGH-Urteil in der Rechtssache *Lesoochranarske II* hinzuweisen, in dem unter anderem ausgeführt wird, dass es „[m]angels einer einschlägigen Regelung der Union […] Sache der innerstaatlichen Rechtsordnung der einzelnen Mitgliedstaaten [ist], die Verfahrensmodalitäten für Klagen zu regeln, die den Schutz der dem Einzelnen aus dem Unionsrecht erwachsenden Rechte gewährleisten sollen, wobei die Mitgliedstaaten für den wirksamen Schutz dieser Rechte in jedem Einzelfall verantwortlich sind und insbesondere die Beachtung des in Art. 47 der Charta verankerten Rechts auf einen wirksamen Rechtsbehelf und ein unparteiisches Gericht gewährleisten müssen".[145] Im Übrigen ist in diesem Kontext auf das Vorabentscheidungsurteil des EuGH in der Rechtssache *DEB* hinzuweisen, in dem der Unionsrichter auf die an den oben angesprochenen Effektivitätsgrundsatz anknüpfende Frage des mitgliedstaatlichen Gerichts, ob der Umstand, dass eine juristische Person nicht in den Genuss von Prozesskostenhilfe gelangen kann, ihr die Ausübung ihrer Rechte in dem Sinne praktisch unmöglich macht, dass diese juristische Person deshalb keinen Zugang zu einem Gericht haben kann, weil es ihr nicht möglich ist, den Gerichtskostenvorschuss zu leisten und sich des Beistands eines Rechtsanwalts zu versichern, mit dem Satz reagierte, dass diese Vorlagefrage „somit den Anspruch einer juristischen Person auf wirksamen Zugang zu den Gerichten und im Kontext des Unionsrechts daher den Grundsatz des effektiven gerichtlichen Rechtsschutzes [betrifft].[146] Schließlich ist an dieser Stelle auf ein noch ein recht junges Vorabentscheidungsurteil des EuGH vom 26.9.2018 hinzuweisen, in dem es heißt: „Was den Effektivitätsgrundsatz betrifft, so verlangt dieser hier nicht mehr als die Wahrung der Grundrechte der Charta, insbesondere des Rechts auf einen wirksamen Rechtsschutz".[147] Deutlicher lässt sich eine Gleichsetzung des als Schranke der verfahrensmäßigen Autonomie der Mitgliedstaaten fungierenden Effektivitätsgrundsatzes und des in Art. 47 GRC niedergelegten Unionsgrundrechts auf effektiven Rechtsschutz kaum noch formulieren.

---

[141] Grdlg. EuGH 222/84, Slg. 1986, 1651 Rn. 17 ff. – Johnston; EuGH 222/86, Slg. 1987, 4097 Rn. 15 – Heylens; EuGH C-104/91, Slg. 1992, I-3003 Rn. 15 – Borell; näher dazu vgl. jeweils mwN *Nowak* in Nowak/Cremer S. 47 ff.; *Tonne,* Effektiver Rechtsschutz durch staatliche Gerichte als Forderung des Europäischen Gemeinschaftsrechts, 1997, S. 191 ff.

[142] Näher dazu vgl. auch *Arnull* ELR 36 (2011), 51 ff.; *van Duin* EuCML 2017, 190 ff.; *Franck* CMLR 54 (2017), 1867 (1876 ff.); *Krommendijk* CMLR 53 (2016), 1395 ff.; *Ladenburger/Vondung* in Stern/Sachs GRCh Art. 51 Rn. 49; *Nowak* in HdB-EUVerwR, 2. Aufl. (iErsch), § 13 Rn. 80 ff.; *Reich* VuR 2012, 327 ff.; *Rengeling* FS J. Schwarze, 2014, 735; *Van Cleynenbreugel* ELR 37 (2012), 90 ff.; *Varga* CMLR 54 (2017), 51 (73 f.).

[143] Exempl. vgl. EuGH C-470/12, ECLI:EU:C:2014:101 Rn. 46 ff. – Pohotovost; EuGH C-437/13, ECLI:EU:C:2014:2318 Rn. 20 ff. – Unitrading; EuGH C-403/16, ECLI:EU:C:2017:960 Rn. 26 ff. – El Hassani; EuGH C-300/17, ECLI:EU:C:2018:635 Rn. 38 f. u. 47 ff. – Hochtief.

[144] EuGH C-61/14, ECLI:EU:C:2015:655 Rn. 48 – Orizzonte Salute; instruktiv dazu *Krommendijk* CMLR 53 (2016), 1395 ff.

[145] EuGH C-243/15, ECLI:EU:C:2016:838 Rn. 65 – Lesoochranárske zoskupenie VLK.

[146] Vgl. EuGH C-279/09, Slg. 2010, I-13849 Rn. 28 f. – DEB; näher dazu vgl. auch *Bucher* ZEuS 2016, 203 (211 f.); *Saurer,* Der Einzelne im europäischen Verwaltungsrecht, 2014, S. 150 ff.; *Ward* in PHKW Fundamental Rights S. 1445 f.

[147] Vgl. EuGH C-180/17, ECLI:EU:C:2018:775 Rn. 43 – X ua.

b) **Bindung der Mitgliedstaaten an die Unionsgrundrechte nach der so genannten** 36
ERT-Rechtsprechung. Der bereits aus dem vorangehenden Abschnitt ableitbare Befund,
dass sich die Bindung der EU-Mitgliedstaaten an die Unionsgrundrechte im Anwendungsbereich des Unionsrechts nicht auf die administrative, normative und judikative Durchführung des Unionsrechts im engeren Sinne (→ Rn. 25–32) beschränkt, wird in zusätzlicher Weise durch die **prominente *ERT*-Rechtsprechung**[148] des EuGH bestätigt. Nach
dieser Rechtsprechung ist von einem die Bindung der Mitgliedstaaten an die Unionsgrundrechte begründenden Handeln im Anwendungsbereich des Unionsrechts auch dann auszugehen, wenn der jeweilige Mitgliedstaat unter Berufung auf einen in den grundfreiheitsspezifischen Rechtfertigungskatalogen des Vertrags über die Arbeitsweise der EU[149] enthaltenen Rechtfertigungsgrund eine Regelung erlässt oder eine Maßnahme trifft, die eine
der in diesem Arbeitsvertrag niedergelegten Grundfreiheiten[150] beeinträchtigt. In diesem
Fall wirken die **Unionsgrundrechte als zusätzliche „Schranken-Schranken" der
Grundfreiheiten,** wodurch die Wirkung dieser Freiheiten auf der so genannten Rechtfertigungsebene gestärkt wird. Der EuGH hat den Umstand, dass Art. 51 Abs. 1 S. 1 GRC
nicht explizit von einer Bindung der EU-Mitgliedstaaten an die Unionsgrundrechte bei
einem Tätigwerden im Anwendungsbereich des Unionsrechts im Allgemeinen und bei
Grundfreiheitseingriffen im Besonderen spricht, nicht zum Anlass genommen, sich von
seiner vorgenannten *ERT*-Rechtsprechung zu verabschieden; vielmehr ist diese keineswegs
unumstrittene Rechtsprechung nach dem am 1.12.2009 erfolgten Inkrafttreten des Lissabonner Reformvertrags mehrfach bestätigt worden.[151] Dies ist vor allem insofern bemerkenswert, als im einschlägigen Schrifttum lange Zeit intensiv darüber diskutiert oder
spekuliert worden ist, ob es aufgrund des mit dem Inkrafttreten des Lissabonner Reformvertrags rechtsverbindlich gewordenen Art. 51 Abs. 1 S. 1 GRC zu einer Modifikation
oder gar Ausschaltung der im Schrifttum zum Teil heftig kritisierten *ERT*-Rechtspre-
chung[152] des Gerichtshofs kommen würde bzw. müsste oder nicht.

Die vorgenannte Frage stellte sich insbesondere deshalb, weil Art. 51 Abs. 1 S. 1 GRC 37
im Hinblick auf den Anwendungsbereich bzw. die Adressaten der EU-Grundrechtecharta
lediglich explizit bestimmt, dass diese Charta für die Mitgliedstaaten ausschließlich bei der
Durchführung des Rechts der Union gilt. Damit erweckt zumindest der deutschsprachige
Wortlaut des Art. 51 Abs. 1 S. 1 GRC auf den ersten Blick den Eindruck, als beschränke
sich die Bindung der Mitgliedstaaten an die Unionsgrundrechte entgegen der vorangegangenen EuGH-Rechtsprechung fortan nur noch auf die „Durchführung" im Sinne des
Vollzugs und der Umsetzung unionaler Sekundärrechtsakte (→ Rn. 25 ff.).[153] Ob dies aber

---

[148] Grdlg. EuGH C-260/89, Slg. 1991, I-2925 Rn. 42 – ERT; unter anderem bestätigt in EuGH C-159/90, Slg. 1991, I-4685 Rn. 31 – Grogan; EuGH C-71/02, Slg. 2004, I-3025 Rn. 48 – Karner.
[149] Diese vertraglichen Rechtfertigungskataloge finden sich für Eingriffe in die Warenverkehrsfreiheit in Art. 36 S. 1 AEUV, für Eingriffe in die Arbeitnehmerfreizügigkeit in Art. 45 Abs. 3 AEUV, für Eingriffe in die Niederlassungsfreiheit in Art. 52 Abs. 1 AEUV, für Eingriffe in die Dienstleistungsfreiheit in Art. 62 AEUV iVm Art. 52 Abs. 1 AEUV und für Eingriffe in die Kapital- u. Zahlungsverkehrsfreiheit in Art. 65 Abs. 1 lit. b AEUV.
[150] Zu den in diesem Arbeitsvertrag niedergelegten Grundfreiheiten gehören neben der Warenverkehrsfreiheit (insbes. Art. 30 AEUV u. Art. 34 f. AEUV), der Arbeitnehmerfreizügigkeit (Art. 45 ff. AEUV) und der Niederlassungsfreiheit (Art. 49 ff. AEUV) auch die Dienstleistungsfreiheit (Art. 56 ff. AEUV) sowie die Kapital- und Zahlungsverkehrsfreiheit (Art. 63 ff. AEUV).
[151] Vgl. nur EuGH C-390/12, ECLI:EU:C:2014:281 Rn. 36 – Pfleger ua; EuGH C-98/14, ECLI:EU: C:2015:386 Rn. 74 – Berlington Hungary; EuGH C-201/15, ECLI:EU:C:2016:972 Rn. 63 – AGET Iraklis; EuGH C-322/16, ECLI:EU:C:2017:985 Rn. 44 – Global Starnet; näher zum selbstbewussten Festhalten des EuGH an seiner *ERT*-Rechtsprechung vgl. auch *Fontanelli* ELR 39 (2014), 682 (693 ff.); *Kahl/Schwind* EuR 2014, 170 ff.; *Sarmiento* CMLR 50 (2013), 1267 (1296 ff.); *Wollenschläger* EuZW 2014, 577 ff.; *Villotti* ZÖR 2016, 241 (253 f.).
[152] Zur zT massiven Kritik an der ERT-Rechtsprechung vgl. exemplarisch *Huber* EuR 2008, 190 ff.; *Kingreen* in Calliess/Ruffert GRC Art. 51 Rn. 19 f.; *Storr* in Österreichische Juristenkommission, Grundrechte im Europa der Zukunft, 2010, S. 23 (36 ff.).
[153] Näher zu den anderen Sprachfassungen des in Art. 51 Abs. 1 S. 1 GRC enthaltenen Durchführungs- begriffs vgl. etwa *Streinz/Michl* in Streinz GRC Art. 51 Rn. 6.

zugleich intendiert, mitgliedstaatliches Handeln im Anwendungsbereich der Grundfreiheiten entgegen der oben genannten *ERT*-Rechtsprechung von einer Bindung an die Unionsgrundrechte freizustellen,[154] lässt sich mit Blick auf die insoweit überaus interpretationsoffene Entstehungsgeschichte der EU-Grundrechtecharta nicht eindeutig beantworten.[155] Besondere Bedeutung kommt daher im vorliegenden Kontext den einschlägigen **Erläuterungen des Konvent-Präsidiums** zu, die anlässlich der am 12.12.2007 erfolgten Neufassung der EU-Grundrechtecharta[156] unter der Verantwortung des Präsidiums des Europäischen Konvents aktualisiert worden sind und sich als eine **„nützliche Interpretationshilfe"** verstehen, „die dazu dient, die Bestimmungen der Charta zu verdeutlichen".[157] In diesen auch Art. 51 GRC betreffenden Erläuterungen heißt es in Bezug auf die Grundrechtsbindung der Mitgliedstaaten, dass „der Rechtsprechung des Gerichtshofs eindeutig zu entnehmen [ist], dass die Verpflichtung zur Einhaltung der im Rahmen der Union definierten Grundrechte für die Mitgliedstaaten nur dann gilt, wenn sie im Anwendungsbereich des Unionsrechts handeln". Zur Untermauerung dieser Aussage wird sodann im direkten Anschluss nicht nur das *Wachauf*-Urteil[158] zitiert, das sich auf die Bindung der Mitgliedstaaten an die Unionsgrundrechte in der so genannten *agency-situation* bezieht (→ Rn. 26 f.). Vielmehr wird an dieser Stelle auch sogleich auf das *ERT*-Urteil des Gerichtshofs[159] Bezug genommen, das eindeutig für eine Bindung der Mitgliedstaaten an die Unionsgrundrechte in der über die *agency-situation* hinausgehenden Konstellation mitgliedstaatlichen Handelns im Anwendungsbereich des Unionsrechts steht (→ Rn. 36). Vor diesem Hintergrund lassen sich die vorgenannten Erläuterungen, die als rechtlich nicht strikt verbindliche „Auslegungshilfen" durch den in der Ursprungsfassung der EU-Grundrechtecharta zunächst nicht enthaltenen Art. 52 Abs. 7 GRC deutlich aufgewertet wurden,[160] im Ergebnis **für eine den restriktiven Wortlaut des Art. 51 Abs. 1 GRC überwindende Auslegung** fruchtbar machen.[161] Hiergegen ist zwar vereinzelt eingewendet worden, dass es sich bei der von Art. 52 Abs. 7 GRC verlangten „gebührenden Berücksichtigung" dieser Erläuterungen lediglich um einen „eher zaghaften Hinweis" handele, der nach allgemeinen Grundsätzen der Methodenlehre den eindeutigen (restriktiven) Wortlaut des Art. 51 Abs. 1 GRC nicht überspielen könne[162], zumal die Entstehungsgeschichte Hinweise darauf gäbe, „dass eine Restriktion hier bewusst vorgenommen wurde".[163] Dies steht jedoch gerade nicht eindeutig fest,[164] so dass es nicht zu überraschen vermag, dass sich der Gerichtshof auch nach dem am 1.12.2009 erfolgten Inkrafttreten des Lissabonner Reformvertrags für eine Beibehaltung seiner bisherigen – auch mitgliedstaatli-

---

[154] IdS vgl. *Calliess* EuZW 2001, 261 (266); *Cremer* EuGRZ 2011, 545 (551); *Eeckhout* CMLR 39 (2002), 945 (958); ähnlich *Kirchhof* FS R. Herzog, 2009, 156 (168); für eine restriktive Auslegung des Art. 51 Abs. 1 S. 1 GRC vgl. ferner *Starke* DVBl 2017, 721 (722 ff.).

[155] Zutr. vgl. nur *Barriga*, Entstehung der GRC, S. 152 f.; *Honer* JuS 2017, 409 (412); *Ladenburger/Vondung* in Stern/Sachs GRCh Art. 51 Rn. 26.

[156] ABl. 2007 C 303, 1 ff.; näher zum diesbzgl. Anpassungsverfahren und zu den daraus hervorgegangenen Änderungen der Ursprungsfassung dieser Charta vgl. *Pache* in FK-EUV/GRC/AEUV EUV Art. 6 Rn. 24 f.

[157] Zu diesen aktualisierten Erläuterungen vgl. ABl. 2007 C 303, 17 ff.

[158] EuGH 5/88, Slg. 1989, 2609 ff. – Wachauf.

[159] EuGH C-260/89, Slg. 1991, I-2925 ff. – ERT.

[160] Vgl. Art. 52 Abs. 7 GRC, wo es heißt: „Die Erläuterungen, die als Anleitung für die Auslegung dieser Charta verfasst wurden, sind von den Gerichten der Union und der Mitgliedstaaten gebührend zu berücksichtigen".

[161] So auch iErg vgl. *Bilz* GreifRecht 2013, 119 (122); *Grabenwarter* EuGRZ 2004, 563 (564 f.); *Jarass* NVwZ 2012, 457 (459); *Latzel* EuZW 2015, 658 (659); *Sarmiento* CMLR 50 (2013), 1267 (1277 f.); sowie bereits in Ansehung des Art. II-111 Abs. 1 des gescheiterten Verfassungsvertrags *Scheuing* EuR 2005, 162 (185 ff.).

[162] So vgl. etwa *Cremer* EuGRZ 2011, 545 (551 f.); sehr ähnlich *Herresthal* ZEuP 2014, 238 (249 f.).

[163] So vgl. etwa *Kingreen* EuGRZ 2004, 570 (576).

[164] Zutr. *Barriga*, Entstehung der GRC, S. 152 f.; *Brosius-Gersdorf* S. 47 ff.; *Ladenburger/Vondung* in Stern/Sachs GRCh Art. 51 Rn. 24; *Rengeling/Szczekalla* Grundrechte in der EU § 4 Rn. 262–264; *Scheuing* EuR 2005, 162 (182 ff.); *Stangl* in Kahl/Raschauer/Storr S. 1 (17); *Streinz/Michl* in Streinz GRC Art. 51 Rn. 19.

ches Handeln im Anwendungsbereich des Unionsrechts im Allgemeinen und mitgliedstaatliche Grundfreiheitseingriffe im Speziellen erfassenden – Rechtsprechung zur Bindung der EU-Mitgliedstaaten an die Unionsgrundrechte entschieden hat (→ Rn. 36), ohne damit einen im Schrifttum zum Teil befürchteten Verfassungskonflikt[165] ausgelöst zu haben.

3. Entwicklungsperspektiven und aktuelle Herausforderungen unter besonderer Berücksichtigung des EuGH-Urteils in der Rechtssache Åkerberg Fransson und der einschlägigen Folgerechtsprechung. Die anhaltende Bereitschaft des EuGH, die in Art. 51 Abs. 1 S. 1 GRC angesprochene Bindung der EU-Mitgliedstaaten an die Unionsgrundrechte grundsätzlich weit zu interpretieren (→ Rn. 33 ff.), bestätigte in jüngerer Zeit insbesondere auch sein vieldiskutiertes Vorabentscheidungsurteil vom 26.2.2013 in der Rechtssache *Åkerberg Fransson,* wonach die durch die Charta der Grundrechte der Europäischen Union garantierten **Unionsgrundrechte** in allen unionsrechtlich geregelten Fallgestaltungen Anwendung finden sollen und über den engeren Wortlaut des Art. 51 Abs. 1 S. 1 GRC hinaus **immer dann zu beachten sind, wenn eine nationale Rechtsvorschrift in den Geltungsbereich des Unionsrechts fällt,** und wonach die Anwendbarkeit des Unionsrechts die Anwendbarkeit der durch diese Charta garantierten Grundrechte umfasst.[166] Die erwartungsgemäß reservierte Deutung dieser Normauslegung durch das BVerfG[167] hat bereits insoweit gewisse Spuren in der noch jüngeren Rechtsprechung des Unionsrichters hinterlassen, als er in seinem Vorabentscheidungsurteil vom 6.3.2014 in der Rechtssache *Siragusa* zu bedenken gab, dass der Begriff der „Durchführung des Rechts der Union" im Sinne von Art. 51 Abs. 1 S. 1 GRC „einen hinreichenden **Zusammenhang von einem gewissen Grad** verlangt, der darüber hinausgeht, dass die fraglichen Sachbereiche benachbart sind oder der eine von ihnen mittelbare Auswirkungen auf den anderen haben kann", und im direkten Anschluss daran klarstellte, dass bei der Klärung der Frage, ob eine nationale Regelung die Durchführung des Rechts der Union im Sinne der vorgenannten Bestimmung betrifft, unter anderem zu prüfen ist, „ob mit ihr eine Durchführung einer Bestimmung des Unionsrechts bezweckt wird, welchen Charakter diese Regelung hat und ob mit ihr nicht andere als die unter das Unionsrecht fallenden Ziele verfolgt werden, selbst wenn sie das Unionsrecht mittelbar beeinflussen kann, sowie ferner, ob es eine Regelung des Unionsrechts gibt, die für diesen Bereich spezifisch ist oder ihn beeinflussen kann".[168] Auf dieser Grundlage hat der Unionsrichter in seiner jüngeren

---

[165] Einen solchen im vorliegenden Kontext befürchtend vgl. *Cremer* NVwZ 2003, 1452 ff.; *Scholz* DVBl 2014, 197 (204).
[166] EuGH C-617/10, ECLI:EU:C:2013:105 Rn. 19 ff. – Åkerberg Fransson; ausführlich zu dieser überaus kontrovers diskutierten Entscheidung vgl. *Bucher* ZEuS 2016, 203 (216 ff.); *Calliess* JRP 2015, 17 (25 ff.); *Epiney* CDE 2014, 283 ff.; *Fontanelli* ELR 39 (2014), 682 (684 ff.); *Frenzel* Der Staat 2014, 1 ff.; *Geiß* DÖV 2014, 265 ff.; *Hahn* EWS 2015, 15 ff.; *Hancox* CMLR 50 (2013), 1411 ff.; *Hwang* EuR 2014, 400 ff.; *Kadelbach* KritV 2013, 276 ff.; *Kingreen* EuR 2013, 446 ff.; *Kingreen* JZ 2013, 801 ff.; *Lange* NVwZ 2014, 169 ff.; *Ohler* NVwZ 2013, 1433 (1436); *van Ooyen* RuP 2013, 199 ff.; *Safferling* NStZ 2014, 545 (547 ff.); *Stangl* in Kahl/Raschauer/Storr S. 1 (18 ff.); *Szwarc* EPL 20 (2014), 229 ff.; *Thym* NVwZ 2013, 889 ff.; *Thym* DÖV 2014, 941 (943 ff.); *van Bockel/Wattel* ELR 38 (2013), 866 ff.; *Ward* in PHKW Fundamental Rights S. 1433 ff.; *Zeder* ÖJZ 2014, 494 (498 ff.).
[167] Zur reservierten und zT drohenden bundesverfassungsrechtlichen Deutung der oben zitierten Passage aus dem *Åkerberg Fransson*-Urteil des EuGH vgl. BVerfG 24.4.2013 – 1 BvR 1215/07, BayVBl. 2013, 713 Rn. 91 – Antiterrordateigesetz, wonach diese Passage „nicht in einer Weise verstanden und angewendet werden" dürfe, „nach der für die Bindung der Mitgliedstaaten durch die in der Grundrechtecharta niedergelegten Grundrechte der Europäischen Union jeder sachliche Bezug einer Regelung zum bloß abstrakten Anwendungsbereich des Unionsrechts oder rein tatsächliche Auswirkungen auf dieses ausreichen", um eine Bindung der Mitgliedstaaten an die Unionsgrundrechte auszulösen; krit. dazu vgl. *van Ooyen* RuP 2013, 199 ff.; näher zur vorgenannten Entscheidung des BVerfG vgl. auch *Calliess* JRP 2015, 17 (27 f.); *Frenz* DVBl 2014, 227 ff.; *Geiß* DÖV 2014, 265 (269 f.); *Hwang* EuR 2014, 400 ff.; *Käß* BayVBl. 2013, 709 ff.; *Ohler* NVwZ 2013, 1433 (1436 f.); *Scholz* DVBl 2014, 197 (201 f.); *Thym* NVwZ 2013, 889 (890).
[168] EuGH C-206/13, ECLI:EU:C:2014:126 Rn. 24 f. – Siragusa; ua bestätigt in EuGH C-198/13, ECLI:EU:C:2014:2055 Rn. 34 ff. – Hernández ua, mAnm *Streinz* JuS 2015, 281 ff.; ausführlich zu diesen

Folgerechtsprechung bereits verschiedenste Fallkonstellationen als von Art. 51 Abs. 1 S. 1 (Alt. 2) GRC erfasst angesehen[169] und zugleich klargestellt, dass dies für rein mitgliedstaatlich geprägte Sachverhalt nicht gilt.[170]

39 Die insbesondere durch das vorgenannte Vorabentscheidungsurteil in der Rechtssache *Åkerberg Fransson* sowie durch zahlreiche sich darauf beziehende Folgeentscheidungen (→ Rn. 38) deutlich gewordene Reichweite der mitgliedstaatlichen Bindung an die Unionsgrundrechte führt in vielen Fallkonstellationen zu einer **Doppelbindung der EU-Mitgliedstaaten und ihrer Untergliederungen an unionale und nationale Grundrechte,** die der Unionsrichter hinzunehmen bereit ist, sofern durch die Anwendung nationaler Grundrechtsstandards weder das Schutzniveau der EU-Grundrechtecharta, wie sie vom Unionsrichter ausgelegt wird, noch der Vorrang, die Einheit und die Wirksamkeit des Unionsrechts beeinträchtigt werden.[171] Dieser im Vorabentscheidungsurteil des EuGH in der Rechtssache *Melloni* zeitgleich zum *Åkerberg Fransson*-Urteil akzentuierte Vorbehalt und der in Art. 51 Abs. 1 S. 1 GRC enthaltene Durchführungsbegriff bedürfen indes noch der weiteren Ausbalancierung, Feinjustierung und Konkretisierung, damit sich das komplizierte Zusammenspiel zwischen den Unionsgrundrechten und den nationalen Grundrechten, über das seit den vorgenannten EuGH-Urteilen mit neuer Leidenschaft und Intensität diskutiert wird[172], in einer den Geboten der Rechtssicherheit, der Kohärenz und des möglichst effektiven bzw. optimalen Grundrechtsschutzes gerecht werdenden Weise in den Griff bekommen lässt.

---

beiden Urteilen und den darin enthaltenen Konkretisierungen des in Art. 51 Abs. 1 S. 1 GRC enthaltenen Durchführungsbegriffs vgl. etwa *Bucher* ZEuS 2016, 203 (221 ff.); *Fontanelli* ELR 39 (2014), 682 (690 ff.); *Thym* DÖV 2014, 941 (944 ff.).

[169] Vgl. etwa EuGH C-650/13, ECLI:EU:C:2015:648 Rn. 24 ff. – Delvigne, mAnm *Gundel* EuR 2016, 176 ff.; EuGH verb. Rs. C-404/15 u. C-659/15, ECLI:EU:C:2016:198 Rn. 84 – Aranyosi u. Căldăraru; EuGH C-682/15, ECLI:EU:C:2017:373 Rn. 49 ff. – Berlioz Investment Fund; EuGH C-258/14, ECLI:EU:C:2017:448 Rn. 48 – Florescu, mAnm *Markakis/Dermine* CMLR 55 (2018), 643 ff.; EuGH C-42/17, ECLI:EU:C:2017:936 Rn. 52 – M. A. S.; EuGH verb. Rs. C-596/16 u. C-597/16, ECLI:EU:C:2016:192 Rn. 23 – Di Puma; EuGH C-537/16, ECLI:EU:C:2018:193 Rn. 23 – Garlsson Real Estate.

[170] Vgl. nur EuGH C-117/14, ECLI:EU:C:2015:60 Rn. 29 ff. – Nisttahuz Poclava; EuGH C-638/16, ECLI:EU:C:2017:173 Rn. 44 ff. – X ua; EuGH C-131/17, ECLI:EU:C:2017:902 Rn. 9 ff. – Martins; EuGH C-152/17, ECLI:EU:C:2018:264 Rn. 33 ff. – Consorzio Italian Management ua; jew. mwN vgl. *Dougan* CMLR 52 (2015), 1201 (1217 ff.); *Stotz* ZEuS 2017, 259 (268 ff.).

[171] Zu dieser bedeutsamen Einschränkung vgl. nur EuGH C-399/11, ECLI:EU:C:2013:107 Rn. 60 – Melloni; unter anderem bestätigt in EuGH C-42/17, ECLI:EU:C:2017:936 Rn. 47 – M. A. S.; sowie *Brenn* ZÖR 2013, 707 (715 f.); *Calliess* JRP 2015, 17 (31 ff.); *Dougan* CMLR 52 (2015), 1201 (1235 ff.); *Geiß* DÖV 2014, 265 (270 ff.); *Herzmann* EuGRZ 2015, 445 (447 ff.); *Hwang* EuR 2014, 400 ff.; *Klein* DÖV 2018, 605 (608 ff.); *v. Papp* ELR 43 (2018), 511 (519 ff.); *Rauchegger* CMLR 2019, 1521 ff.; *Safferling* NStZ 2014, 545 (548 ff.); *Sarmiento* CMLR 50 (2013), 1267 (1289 ff.); *Thym* NVwZ 2013, 889 (891 f.).

[172] Aus der kaum noch überschaubaren Vielzahl einschlägiger Diskussionsbeiträge allein aus jüngerer Zeit vgl. *Bäcker* EuR 2015, 389 ff.; *v. Bogdandy/Kottmann/Antpöhler/Dicksen/Hentrei/Smrkolj* ZaöRV 72 (2012), 45 ff.; *Brenn* ZÖR 2013, 707 (710 ff.); *Britz* EuGRZ 2015, 275 ff.; *Bucher* ZEuS 2016, 203 ff.; *Calliess* JRP 2015, 17 ff.; *Classen* EuR 2017, 347 ff.; *Cremer* EuGRZ 2011, 545 ff.; *Dougan* CMLR 52 (2015), 1201 ff.; *Epiney* CDE 2014, 283 ff.; *Franzius* ZaöRV 75 (2015), 383 ff.; *Franzius* EuGRZ 2015, 139 ff.; *Frenzel* Der Staat 2014, 1 ff.; *Geiß* DÖV 2014, 265 ff.; *Griebel* Der Staat 2013, 371 ff.; *Heißl* in Kahl/Raschauer/Storr S. 59 (61 ff.); *Holoubek* ZÖR 2018, 603 ff.; *Hwang* ZEuS 2016, 369 ff.; *Honer* JuS 2017, 409 ff.; *John* ZfRV 2017, 148 ff.; *Kingreen* JZ 2013, 801 ff.; *Klein* DÖV 2018, 605 ff.; *Kühling* ZÖR 2013, 469 ff.; *Künzler* SächsVBl. 2016, 165 ff.; *Lange* NVwZ 2014, 169 ff.; *Latzel* EuZW 2015, 658 ff.; *Müller-Graff* ZÖR 2013, 685 ff.; *Nusser* S. 62 ff.; *Obwexer* ZÖR 2013, 487 (508 f.); *Ohler* NVwZ 2013, 1433 ff.; *van Ooyen* RuP 2013, 199 ff.; *v. Papp* ELR 43 (2018), 511 ff.; *Safferling* NStZ 2014, 545 ff.; *Sarmiento* CMLR 50 (2013), 1267 ff.; *Scholz* DVBl 2014, 197 ff.; *Snell* EPL 21 (2015), 285 ff.; *Spaventa* CMLR 55 (2018), 997 ff.; *Starke* DVBl 2017, 721 ff.; *Stotz* ZEuS 2017, 259 ff.; *Thym* NVwZ 2013, 889 ff.; *Thym* DÖV 2014, 941 ff.; *Thym* JZ 2015, 53 ff.

III. Grundrechtsbindung Privater: Unmittelbare Dritt-, Horizontal- bzw. Privatwirkung der Unionsgrundrechte?

Ausgehend von der weitgehend konsensfähigen Hauptfunktion der geschriebenen und un- **40** geschriebenen Unionsgrundrechte, die als tragende Kernbestandteile der supranationalen Rechtsunion vornehmlich auf die der Freiheit des Einzelnen dienende Eingrenzung bzw. Begrenzung der unionalen Hoheitsgewalt ausgerichtet sind (→ Rn. 1) und folglich neben den Organen, Einrichtungen und sonstigen Stellen der Europäischen Union in vielen Konstellationen auch die EU-Mitgliedstaaten binden (→ Rn. 23 ff.), ist es zunächst einmal wenig überraschend, dass eine Einbeziehung Privater in den Adressatenkreis dieser Grundrechte im Falle einer sog. **Beleihung** bejaht[173] und teilweise auch für **private „quasi-Hoheitsträger"** angenommen[174] wird, während eine darüber hinausgehende Einbeziehung Privater in den Adressatenkreis der Unionsgrundrechte im Sinne der *unmittelbaren* Dritt-, Privat- oder Horizontalwirkung in weiten Teilen des einschlägigen Schrifttums entweder pauschal bzw. kategorisch abgelehnt wird[175] oder eher nur in begrenzter bzw. differenzierender Weise Zustimmung bzw. Gefolgschaft findet[176]; einer unmittelbaren Dritt-, Privat- oder Horizontalwirkung der Unionsgrundrechte weitaus aufgeschlossener gegenüberstehende Stimmen[177] befinden sich demgegenüber nach wie vor stark in der Minderheit. Dies hängt abgesehen von der vorgenannten Haupt- bzw. Grundfunktion der Unionsgrundrechte vor allem auch damit zusammen, dass sich die sehr eng mit der Figur der grundrechtlichen Schutzpflichten zusammenhängende **Lehre von der mittelbaren Dritt-, Privat- oder Horizontalwirkung,** auf deren Grundlage der „wertsetzende Gehalt" der hauptsächlich die öffentliche Gewalt bindenden Grundrechte als Teil der objektiven Wertordnung insbesondere über einfachgesetzliche Generalklauseln – wie etwa §§ 138, 242 und 826 BGB – in das Zivilrecht und in andere mitgliedstaatliche Teilrechtsordnungen einfließen kann, sowohl in Deutschland als auch in zahlreichen anderen EU-Mitgliedstaaten weitgehend durchgesetzt hat[178], während die **unmittelbare Dritt-, Privat- bzw. Horizontalwirkung** nationaler Grundrechte auf mitgliedstaatlicher Ebene eher nur ausnahmsweise anerkannt wird[179], sofern man einmal von

---

[173] Für eine bei der Durchführung des Unionsrechts gegebene Bindung Beliehener an die Unionsgrundrechte vgl. etwa *Ehlers* in Ehlers GuG § 14 Rn. 81; *Jarass* GRCh Art. 51 Rn. 32.

[174] So etwa von *Bilz* GreifRecht 2013, 119 (133 f.); *Schorkopf* in Grabenwarter, EnzEuR Bd. 2, § 3 Rn. 31.

[175] Vgl. etwa *Ehlers* in Ehlers GuG § 14 Rn. 81; *Folz* in HK-UnionsR GRC Art. 51 Rn. 16; *Herresthal* ZEuP 2014, 238 (254 f.); *Pache* in FK-EUV/GRC/AEUV GRC Art. 51 Rn. 38; *Seifert* EuZA 2013, 299 (303 f., 311); *Stangl* in Kahl/Raschauer/Storr S. 1 (6).

[176] Vgl. etwa *Bilz* GreifRecht 2013, 119 (133 ff.); *v. Danwitz* in Grabenwarter, EnzEuR Bd. 2, § 6 Rn. 61 ff.; *Frenz,* HdbEuR Bd. 4, Kap. 2 Rn. 279 ff.; *Holoubek/Lechner/Oswald* in Holoubek/Lienbacher, GRC-Kommentar, GRC Art. 51 Rn. 37 ff.; *Kingreen* in Calliess/Ruffert GRC Art. 51 Rn. 21; *Ladenburger/Vondung* in Stern/Sachs GRCh Art. 51 Rn. 14 ff.; *Leczykiewicz* ELR 38 (2013), 479 ff.; *Obwexer* ZÖR 2013, 487 (511 f.); *Schorkopf* in Grabenwarter, EnzEuR Bd. 2, § 3 Rn. 32 ff.; *Streinz/Michl* in Streinz GRC Art. 51 Rn. 30.

[177] Vgl. dazu insbes. *Frantziou* ELJ 21 (2015), 657 ff.

[178] Vgl. nur BVerfG NJW 2015, 2485 f.; BVerfG NJW 2016, 2247 (2250 f.); BVerfG NJW 2018, 813 (814 ff.); *Dreier* in Dreier GG Vorb. vor Art. 1 Rn. 96 ff.; *Mayen* ZHR 182 (2018), 1 ff.; *Michl* Jura 2017, 1062 ff.; *Oeter* AöR 119 (1994), 529 ff.; mwN zu der auch in anderen EU-Mitgliedstaaten anerkannten „mittelbaren Drittwirkung" vgl. *Rengeling/Szczekalla* Grundrechte in der EU § 4 Rn. 338 ff.; *Seifert* EuZW 2011, 696 ff., *Weber* NJW 2000, 537 (543).

[179] Für Deutschland vgl. etwa BVerfGE 7, 198 (205 ff.); BVerfGE 73, 261 (269 f.); sowie *Kingreen/Poscher,* Grundrechte Staatsrecht II, 34. Aufl. 2018, S. 74; *Wernsmann* JZ 2005, 224 (230), wonach die im deutschen Grundgesetz niedergelegten Grundrechte grundsätzlich – mit Ausnahme insbes. von Art. 9 Abs. 3 S. 2 GG – keine unmittelbare Drittwirkung entfalten; zur entsprechenden Zurückhaltung in anderen Mitgliedstaaten vgl. etwa *Pöschl* VVDStRL 74 (2015), 405 (412 ff.), *Seifert* EuZW 2011, 696 ff., die zahlreichen Beiträge in Oliver/Fedtke, Human Rights and the Private Sphere – A Comparative Study, 2008, sowie die im Band Grabitz, Grundrechte, enthaltenen Beiträge von *Pieters* S. 43 ff. u. 479 f. (Belgien u. Luxemburg); *de Blois/Heringa* S. 541 ff. (Niederlande); *Germer* S. 105 (Dänemark); *Grehan* S. 318 f. (Irland); *Kingston/Imrie* S. 762 ff. (Großbritannien u. Nordirland); *Monaco* S. 406 ff. (Italien); *Prats-Canut* S. 682 (Spanien); *Savoie* S. 232 f. (Frankreich); und von *Thomashausen* S. 627 (Portugal); mwN *Rengeling/Szczekalla* Grundrechte in der EU § 4 Rn. 338 ff.; instruktiv zur Paralleldiskussion in der Schweiz vgl. *Furrer* in Bieber/Boillat/Borghi/Furrer/Jacqué/Wildhaber, Grundrechtsschutz in Europa, S. 55 ff.

jüngeren Entscheidungen des BVerfG – insbesondere dem viele Fragen aufwerfenden *Stadionverbot*-Beschluss[180] – absieht, der auf die Etablierung einer neuen, stark an die Figur der unmittelbaren Dritt-, Privat- bzw. Horizontalwirkung erinnernden Form der Grundrechtswirkung im Privatrecht hinzudeuten scheint[181]. Im Übrigen zeigt auch die in spezieller Ansehung der EMRK-Garantien geführte Drittwirkungsdiskussion, dass sich die Lehre von der unmittelbaren Dritt-, Privat- bzw. Horizontalwirkung grundrechtlicher Gewährleistungen auf dieser Ebene des internationalen (regionalen) Menschenrechtsschutzes ebenfalls noch nicht hat durchsetzen können.[182] Vielmehr wird grundrechtlichen Gefährdungslagen, die ihren Ursprung in privatem Handeln haben, auf der EMRK-Ebene – in weitgehender Übereinstimmung mit der das Völkerrecht betreffenden Drittwirkungsdiskussion[183] – mit der den jeweiligen Staat treffenden Zurechnung privaten Verhaltens und/oder mit der **Anerkennung und Anwendung grundrechtlicher Schutzpflichten** begegnet[184], die längst auch in die unionsrechtliche Grundrechtsdogmatik eingeflossen sind (→ § 8 Rn. 7 ff.) und insoweit eher gegen die Notwendigkeit einer generellen Bejahung einer unmittelbaren Dritt-, Privat- bzw. Horizontalwirkung der Unionsgrundrechte sprechen, zumal den Unionsgrundrechten auch ohne eine solche unmittelbare Wirkung große Bedeutung unter Privaten bzw. im Privatrecht zukommt[185]. Auf der anderen Seite ist aber auch zur Kenntnis zu nehmen, dass sich der Unionsrichter bereits in einem nicht unerheblichen Umfang für die Anerkennung der unmittelbaren Dritt-, Privat- bzw. Horizontalwirkung einzelner „Vertragsgrundrechte" und der ebenfalls im Vertrag über die Arbeitsweise der EU niedergelegten (grundrechtsähnlichen) Grundfreiheiten entschieden hat (→ Rn. 41 f.). Dies wirkt sich partiell auch auf die EU-Grundrechtecharta aus, welche die Beantwortung der Frage nach der unmittelbaren Dritt-, Privat- bzw. Horizontalwirkung einzelner der in ihr niedergelegten Unionsgrundrechte trotz der in Art. 51 Abs. 1 S. 1 GRC erfolgten Ausblendung Privater im Sinne einer unerledigten Daueraufgabe weiterhin der Lehre bzw. Rechtswissenschaft und insbesondere der Rechtsprechung des Unionsrichters überlässt (→ Rn. 43 ff.).

41 **1. Unmittelbare Dritt-, Privat- bzw. Horizontalwirkung einzelner „Vertragsgrundrechte" und der grundrechtsähnlichen Grundfreiheiten.** Bei der im einschlägigen Schrifttum sehr kontrovers diskutierten Frage nach der unmittelbaren Dritt-, Privat- bzw. Horizontalwirkung der im Vertrag über die Arbeitsweise der EU niedergelegten Grundfreiheiten[186] geht es darum, ob und gegebenenfalls inwieweit neben den EU-Mitgliedstaaten und den EU-Organen, die nach ständiger Rechtsprechung des Gerichtshofs zweifellos an die Grundfreiheiten gebunden sind[187], auch Private in den Adressatenkreis

---

[180] BVerfG 11.4.2018 – 1 BvR 3080/09, JZ 2018, 930 ff. – Stadionverbot, mAnm *Sachs* JuS 2019, 89 ff.
[181] Näher dazu vgl. etwa *Hellgardt* JZ 2018, 901 ff.; *Michl* JZ 2018, 910 ff.; *Smets* NVwZ 2019, 34 ff.; näher zu diesem Beschluss vgl. auch *Ehlers* DVBl 2019, 397 (400).
[182] Vgl. nur *Clapham* in MacDonald/Matscher/Petzold, Protection of Human Rights, S. 163 ff.; *Ehlers* in Ehlers GuG § 2 Rn. 58; *Frowein* in Frowein/Peukert EMRK Art. 1 Rn. 16; Grabenwarter/Pabel EMRK § 19 Rn. 8; *Meyer-Ladewig/Nettesheim* in HK-EMRK Art. 1 Rn. 19; *Röben* in Dörr/Grote/Marauhn Kap. 5 Rn. 146 f.
[183] Instruktiv zu dieser Diskussion vgl. jew. mwN *Wiesbrock* S. 19 ff.; *Marauhn* VVDStRL 74 (2015), 373 (394 ff.).
[184] Näher dazu vgl. jew. mwN *Bilz* GreifRecht 2013, 119 (130 f.); Grabenwarter/Pabel EMRK § 19 Rn. 9; *Kingreen* in Calliess/Ruffert GRC Art. 51 Rn. 21; *Peters/Altwicker* EMRK § 2 Rn. 18 ff.; *Rengeling/Szczekalla* Grundrechte in der EU § 4 Rn. 339; *Röben* in Dörr/Grote/Marauhn Kap. 5 Rn. 149; *Seifert* EuZW 2011, 696 (698 ff.).
[185] Instruktiv dazu vgl. *Jarass* ZEuP 2017, 310 ff.; *Herresthal* ZEuP 2014, 238 ff.; *Unseld,* Zur Bedeutung der Horizontalwirkung von EU-Grundrechten, 2018, passim.
[186] Hierzu gehören neben der Warenverkehrsfreiheit (insbes. Art. 30 AEUV u. Art. 34 f. AEUV), der Arbeitnehmerfreizügigkeit (Art. 45 ff. AEUV) und der Niederlassungsfreiheit (Art. 49 ff. AEUV) auch die Dienstleistungsfreiheit (Art. 56 ff. AEUV) sowie die Kapital- und Zahlungsverkehrsfreiheit (Art. 63 ff. AEUV).
[187] Näher dazu vgl. statt vieler *Ehlers* in Ehlers GuG § 7 Rn. 52 f.; die in der EuGH-Rechtsprechung anerkannte Bindung der EU-Organe an die Grundfreiheiten ist aber nach wie vor umstr., vgl. dazu nur mwN *Rosenfeldt/Würdemann* EuR 2016, 453 (454).

dieser zumindest grundrechtsähnlichen Freiheiten[188] einbezogen sind.[189] Der EuGH, der sich recht früh für die unmittelbare Dritt-, Privat- bzw. Horizontalwirkung einzelner **Vertragsgrundrechte** in Gestalt des in Art. 18 Abs. 1 AEUV niedergelegten Diskriminierungsverbots und des auf die entgeltbezogene Gleichstellung von Männern und Frauen im Erwerbsleben abzielenden Art. 157 Abs. 1 AEUV ausgesprochen hat[190], bejaht diese grundfreiheitsdogmatische Frage zunächst einmal dahingehend, dass Regelwerke von privaten Verbänden, Gewerkschaften und sonstigen intermediären Gewalten, die die abhängige Erwerbstätigkeit, die selbständige Arbeit und/oder die Erbringung von Dienstleistungen kollektiv regeln, an den Grundfreiheiten zu messen sind, soweit es um die Arbeitnehmerfreizügigkeit, das **Niederlassungsrecht und** die **Dienstleistungsfreiheit** geht[191].

Die vorgenannte Rechtsprechungslinie hat der Unionsrichter in der Folge zum einen in seinem Vorabscheidungsurteil in der Rechtssache *Angonese* erweitert, indem er entschied, dass sich der arbeitnehmerfreizügigkeitsrechtliche Verbotstatbestand des Art. 45 AEUV nicht nur gegen „intermediäre Gewalten", sondern auch gegen ganz „normale" Arbeitgeber wie etwa die Kreissparkasse Bozen richtet[192]. Dass es sich bei dieser Entscheidung nicht um einen „Ausreißer" handelt, verdeutlichte der EuGH sodann einige Jahre später, indem er unter anderem feststellte, dass auch ein privatrechtlicher Verein in konkreter Gestalt der *Max-Planck-Gesellschaft zur Förderung der Wissenschaften e. V.* das Diskriminierungsverbot des Art. 45 AEUV beachten muss[193]. Da der EuGH diese weitreichende Einbeziehung Privater in den Adressatenkreis der **Arbeitnehmerfreizügigkeit** aus guten Gründen bislang noch nicht auf andere Grundfreiheiten übertragen hat, handelt es sich hierbei um eine bereichsspezifische Besonderheit, die etwas quer zu der immer weiter voranschreitenden **Konvergenz der Grundfreiheiten**[194] liegt, solange der Ausnahmecharakter dieser Rechtsprechungslinie nicht durch eine dem Konvergenzaspekt Rechnung

42

---

[188] Zum „klassischen" Streit über den grundrechtsähnlichen oder -gleichen Charakter der Grundfreiheiten sowie zum Verhältnis bzw. zur funktionalen Unterscheidung zwischen diesen Grundfreiheiten und den Unionsgrundrechten vgl. nur *Frenz* EuR 2002, 603 ff.; *Kahl/Schwind* EuR 2014, 170 ff.; *Manger-Nestler/Noack* JuS 2013, 503 ff.; *Müller-Graff* FS H. Steinberger, 2002, 1281 ff.; *Pache* in FK-EUV/GRC/AEUV EUV Art. 6 Rn. 13 ff.; *Szczekalla* in Bruha/Nowak/Petzold, Grundrechtsschutz, S. 79 ff.; *Trstenjak/Beysen* ELR 38 (2013), 293 ff.; sowie → § 7 Rn. 45 ff.

[189] Aus der kaum noch überschaubaren Vielzahl einschlägiger Veröffentlichungen zu dieser überaus kontrovers diskutierten Frage vgl. etwa *Baquero Cruz* ELR 24 (1999), 603 (611 ff.); *Burgi* EWS 1999, 327 ff.; *Classen* EuR 2004, 416 (427 ff.); *Förster*, Die unmittelbare Drittwirkung der Grundfreiheiten, 2007, S. 23 ff.; *Forsthoff* EWS 2000, 389 ff.; *Ganten*, Die Drittwirkung der Grundfreiheiten, 2000, S. 33 ff.; *Jaensch*, Die unmittelbare Drittwirkung der Grundfreiheiten, 1997, S. 33 ff.; *Kingreen*, Die Struktur der Grundfreiheiten des europäischen Gemeinschaftsrechts, 1999, S. 192 ff.; *Kluth* AöR 122 (1997), 557 ff.; *Körber* EuR 2000, 932 ff.; *Müller-Graff* EuR 2014, 3 ff.; *Nowak* EuR Beih. 3/2004, 77 (101 ff.); *Parpart*, Die unmittelbare Bindung Privater an die Personenverkehrsfreiheiten im europäischen Gemeinschaftsrecht – Eine Darstellung der Arbeitnehmerfreizügigkeit, Niederlassungs- und Dienstleistungsfreiheit, 2003, S. 87 ff.; *Remmert* Jura 2003, 13 ff.; *Röthel* EuR 2001, 908 ff.; *Schindler* S. 62 ff.; *Schwarz*, Die direkte Verpflichtung des EU-Bürgers durch Normen des Gemeinschaftsrechts, 2003, S. 9 ff.; *Steindorff* FS P. Lerche, 1993, 575 ff.; *Streinz/Leible* EuZW 2000, 459 ff.; *Wernicke*, Die Privatwirkung im Europäischen Gemeinschaftsrecht – Strukturen und Kategorien der Pflichtenstellung Privater aus dem primären Gemeinschaftsrecht unter besonderer Berücksichtigung der Privatisierungsfolgen, 2002, S. 106 ff.

[190] Zur unmittelbaren Dritt-, Privat- bzw. Horizontalwirkung des Art. 18 Abs. 1 AEUV vgl. nur EuGH 36/74, Slg. 1974, 1405 Rn. 16, 19 – Walrave; EuGH 13/76, Slg. 1976, 1333 Rn. 17 f. – Donà; EuGH C-411/98, Slg. 2000, I-8081 Rn. 50 – Ferlini; näher zu dieser Rechtsprechungslinie vgl. nur *Rossi* EuR 2000, 197 (216 f.), sowie → § 49 Rn. 13 ff.; entsprechend für Art. 157 Abs. 1 AEUV vgl. EuGH 43/75, Slg. 1976, 455 Rn. 21, 24 ff. – Defrenne; sowie mwN → § 48 Rn. 11 ff. Zur Einordnung der in Art. 18 AEUV und Art. 157 AEUV niedergelegten Garantien als „Vertragsgrundrechte" → § 7 Rn. 98 ff.

[191] Zur unmittelbaren Dritt-, Privat- bzw. Horizontalwirkung der Arbeitnehmerfreizügigkeit vgl. etwa EuGH C-415/93, Slg. 1995, I-4921 Rn. 82 ff. – Bosman ua; EuGH C-176/96, Slg. 2000, I-2681 Rn. 36 – Lehtonen ua; entsprechend für die Dienstleistungsfreiheit vgl. nur EuGH verb. Rs. C-51/96 u. C-191/97, Slg. 2000, I-2549 Rn. 47 – Deliège; EuGH C-341/05, Slg. 2007, I-11767 Rn. 98 – Laval; entsprechend für die Niederlassungsfreiheit und die beiden anderen vorgenannten Grundfreiheiten vgl. nur EuGH C-438/05, Slg. 2007, I-10779 Rn. 33 iVm Rn. 57 ff. – Viking Line.

[192] EuGH C-281/98, Slg. 2000, I-4139 Rn. 30 ff. – Angonese.

[193] EuGH C-94/07, Slg. 2008, I-5939 Rn. 42 ff. – Raccanelli.

[194] Näher dazu vgl. mwN *Nowak* Festgabe P. Behrens, 2011, 69 ff.

tragende Übertragung des „*Angonese*"-Ansatzes auf andere Grundfreiheiten beseitigt wird, womit indes kaum zu rechnen ist. Nicht kompatibel mit dem vorgenannten Konvergenztrend schien lange Zeit im Übrigen auch die warenverkehrsfreiheitliche EuGH-Rechtsprechung zu sein, da der Unionsrichter über viele Jahre den Eindruck erweckte, als würde er einer unmittelbaren Dritt- bzw. Privatwirkung der **Warenverkehrsfreiheit** generell ablehnend gegenüberstehen[195] und es stattdessen bevorzugen, privates Verhalten, welches den freien Warenverkehr im europäischen Binnenmarkt stört bzw. beeinträchtigt, nach Möglichkeit dem jeweiligen Mitgliedstaat zuzurechnen[196], oder aber einem solchen Verhalten mit der **Figur grundfreiheitlicher Schutzpflichten**[197] zu begegnen. Umso spektakulärer ist es, dass sich der EuGH in seinem Vorabentscheidungsurteil in der Rechtssache *Fra.bo*[198] in spezieller Ansehung bestimmter Normungs- und Zertifizierungstätigkeiten einer privaten Einrichtung erstmals explizit auch für die unmittelbare Dritt-, Privat- bzw. Horizontalwirkung des in Art. 34 AEUV niedergelegten (warenverkehrsfreiheitlichen) Verbotstatbestandes ausgesprochen und damit einen weiteren Beitrag zur fortschreitenden Konvergenz der Grundfreiheiten geleistet hat.

43 **2. Unmittelbare Dritt-, Privat- bzw. Horizontalwirkung einzelner Charta-Grundrechte.** In Teilen des einschlägigen Schrifttums wird die Auffassung vertreten, dass Private schon deshalb nicht in den Adressatenkreis der Charta-Grundrechte einbezogen werden könnten, weil die Grundrechtsadressaten bzw. -verpflichteten in Art. 51 Abs. 1 S. 1 GRC abschließend genannt seien und Private, die im Übrigen auch nicht den in Art. 52 Abs. 1 GRC geregelten Gesetzesvorbehalt erfüllen könnten, nicht dazugehören.[199] Dem ist zwar insoweit zuzustimmen, als Private tatsächlich keine textliche Erwähnung in der vorgenannten Bestimmung gefunden haben. Ausdrücklich ausgeschlossen wird die hier in Rede stehende Dritt-, Privat- bzw. Horizontalwirkung der Unionsgrundrechte in Art. 51 Abs. 1 S. 1 GRC jedoch nicht.[200] Stattdessen heißt es im sechsten Absatz der **GRC-Präambel**, die als Auslegungshilfe bei der Interpretation und Anwendung einzelner Bestimmungen der EU-Grundrechtecharta herangezogen werden kann[201], dass die Ausübung der in dieser Charta niedergelegten Rechte mit Verantwortung[202] und mit Pflichten sowohl gegenüber den Mitmenschen als auch gegenüber der menschlichen Gemeinschaft und den künftigen Generationen verbunden ist. Dies ist im vorliegenden Kontext insoweit bemerkenswert, als die in dieser an Art. 10 Abs. 2 EMRK erinnernden Präambel-Passage anklingende Zusammenschau von Grundrechten und Grundpflichten nach einer im einschlägigen Schrifttum vertretenen Auffassung zumindest die Diskussion über die Drittwirkung von Grundrechten neu beleben könnte.[203] Auch vor diesem Hintergrund ließe sich eine Ausgrenzung Privater aus dem Adressatenkreis der in der EU-Grundrechtecharta niedergelegten Unionsgrundrechte unter Heranziehung des Art. 51 Abs. 1 S. 1 GRC nur dann in etwas überzeugenderer Weise begründen, wenn sich in diesem Wortlaut eindeutig

---

[195] Vgl. insbes. EuGH verb. Rs. 177 u. 178/82, Slg. 1984, 1797 Rn. 12 – van de Haar ua; EuGH 311/85, Slg. 1987, 3801 Rn. 30 – Vlaamse Reisebureaus.
[196] EuGH C-325/00, Slg. 2002, I-9977 ff. – Kommission/Deutschland.
[197] EuGH C-265/95, Slg. 1997, I-6959 Rn. 31 ff. – Kommission/Frankreich; EuGH C-112/00, Slg. 2003, I-5659 Rn. 51 ff. – Schmidberger; näher zu dieser Rechtsprechungslinie vgl. etwa *Kadelbach/Petersen* EuGRZ 2003, 693 ff.; *Kühling* NJW 1999, 403 f.; *Schorkopf* ZaöRV 64 (2004), 125 ff.; *Suerbaum* EuR 2003, 390 (394); *Szczekalla* DVBl 1998, 219 ff.
[198] EuGH C-171/11, ECLI:EU:C:2012:453 – Fra.bo (DVGW); näher dazu vgl. etwa *Haltern* in FK-EUV/GRC/AEUV AEUV Art. 34 Rn. 31 ff.; *Villotti* ZÖR 2016, 241 (250 f.).
[199] So vgl. etwa *Ehlers* in Ehlers GuG § 14 Rn. 81; *Folz* in HK-UnionsR GRC Art. 51 Rn. 16.
[200] Zutr. *Frantziou* ELJ 21 (2015), 657 (659); *Pache* in FK-EUV/GRC/AEUV GRC Art. 51 Rn. 38.
[201] Zu dieser Funktion der GRC-Präambel vgl. *Nowak* in FK-EUV/GRC/AEUV GRC Präambel Rn. 29.
[202] In der Ursprungsfassung der EU-Grundrechtecharta vom 7.12.2000 (ABl. 2000 C 364, 1 ff.) war diesbezüglich noch von „Verantwortlichkeiten" die Rede.
[203] So vgl. etwa *Busse* EuGRZ 2002, 559 (571); *Meyer* in NK-EuGRCh Präambel Rn. 50; *Streinz* in Streinz GRC Präambel Rn. 16; ähnlich *Weber* in Stern/Sachs GRCh Präambel Rn. 41, wonach sich aus der og Präambel-Passage immerhin „ein Nachdenken über die mögliche Drittwirkung von Grundrechten ergeben" könnte.

ein auf die Ausgrenzung Privater bezogener **Wille des Grundrechte-Konvents** widerspiegeln würde. Letzteres ist aber nicht anzunehmen, da die Frage nach einer etwaigen unmittelbaren und/oder mittelbaren Dritt-, Privat- bzw. Horizontalwirkung der Unionsgrundrechte in diesem Konvent ebenso ausgespart wurde wie die damit eng zusammenhängende Frage nach der Existenz unionsgrundrechtlicher Schutzpflichten[204]; dass die beiden vorgenannten Fragen auch in den Erläuterungen des Konvent-Präsidiums (→ Rn. 37) vollkommen ausgeblendet worden sind, spricht insoweit Bände. Insofern lässt sich die in Teilen des einschlägigen Schrifttums befürwortete oder propagierte Ausgrenzung Privater aus dem Adressatenkreis der in der EU-Grundrechtecharta niedergelegten Unionsgrundrechte (→ Rn. 40) jedenfalls nicht in überzeugender Weise mit Blick auf **Art. 51 Abs. 1 S. 1 GRC** begründen[205]; diese Auffassung hat sich kürzlich auch der EuGH zu Eigen gemacht.[206] Insofern ist davon auszugehen, dass die EU-Grundrechtecharta im Allgemeinen und Art. 51 Abs. 1 S. 1 GRC im Besonderen die Beantwortung der Frage nach der unmittelbaren und/oder lediglich mittelbaren Dritt-, Privat- bzw. Horizontalwirkung der Unionsgrundrechte, die nicht ganz zu Unrecht als eine noch zu den „weißen Flecken" auf der Landkarte der europäischen Grundrechtsdogmatik gehörende Frage bezeichnet wird[207], weiterhin der Lehre bzw. der Rechtswissenschaft und insbesondere der Rechtsprechung des EuGH überlässt[208] und dass die Frage, ob die Charta-Grundrechte eine mittelbare oder sogar unmittelbare Dritt-, Privat- bzw. Horizontalwirkung entfalten, für jedes einzelne der in der EU-Grundrechtecharta niedergelegten Unionsgrundrechte gesondert zu klären bzw. zu beantworten ist[209].

Soweit der Unionsrichter von seiner ihm durch Art. 51 Abs. 1 S. 1 GRC belassenen Möglichkeit, die Frage nach der unmittelbaren Dritt-, Privat- bzw. Horizontalwirkung einzelner Unionsgrundrechte zu klären (→ Rn. 43), bereits Gebrauch gemacht hat, lässt sich seiner diesbezüglichen Rechtsprechung zunächst einmal entnehmen, dass das in **Art. 27 GRC** niedergelegte Unionsgrundrecht auf Unterrichtung und Anhörung der Arbeitnehmerinnen und Arbeitnehmer im Unternehmen insbesondere auf Grund dessen Konkretisierungsbedürftigkeit durch Bestimmungen des Unionsrechts oder des nationalen Rechts keine unmittelbare Dritt-, Privat- bzw. Horizontalwirkung entfalten soll.[210] Im Gegensatz dazu hat sich der EuGH im Einklang mit seinen vieldiskutierten Vorabentscheidungsurteilen in den Rechtssachen *Mangold* und *Kücükdevici,* in denen es unter

44

---

[204] Zutr. vgl. *Borowsky* in NK-EuGRCh Art. 51 Rn. 31; *Ladenburger/Vondung* in Stern/Sachs GRCh Art. 51 Rn. 14; *Streinz/Michl* in Streinz GRC Art. 51 Rn. 30.

[205] In diesem Sinne vgl. auch *Bilz* GreifRecht 2013, 119 (124); *Holoubek/Lechner/Oswald* in Holoubek/Lienbacher, GRC-Kommentar, GRC Art. 51 Rn. 37; *Kingreen* in Calliess/Ruffert GRC Art. 51 Rn. 21.

[206] Vgl. EuGH C-684/16, ECLI:EU:C:2018:874 Rn. 76 – Shimizu, sowie EuGH verb. Rs. C-569/16 u. C-570/16, ECLI:EU:C:2018:871 Rn. 87 – Bauer ua; wo es jew. heißt: „Bezüglich der Wirkung, die Art. 31 Abs. 2 der Charta gegenüber privaten Arbeitgebern entfaltet, ist festzustellen, dass die Charta nach ihrem Art. 51 Abs. 1 zwar für die Organe, Einrichtungen und sonstigen Stellen der Union unter Wahrung des Subsidiaritätsprinzips und für die Mitgliedstaaten ausschließlich bei der Durchführung des Unionsrechts gilt. Hingegen trifft Art. 51 Abs. 1 der Charta keine Regelung darüber, ob Privatpersonen gegebenenfalls unmittelbar zur Einhaltung einzelner Bestimmungen der Charta verpflichtet sein können, und kann demnach nicht dahin ausgelegt werden, dass dies kategorisch ausgeschlossen wäre".

[207] Vgl. *v. Danwitz* in Grabenwarter, EnzEuR Bd. 2, § 6 Rn. 58.

[208] So auch und/oder sehr ähnlich vgl. *v. Danwitz* in Grabenwarter, EnzEuR Bd. 2, § 6 Rn. 58; *Guckelberger* JuS 2003, 1151 (1157); *Ladenburger/Vondung* in Stern/Sachs GRCh Art. 51 Rn. 14; *Roth* in Schwarze, Der Verfassungsentwurf des Europäischen Konvents – Verfassungsrechtliche Grundstrukturen und wirtschaftsverfassungsrechtliches Konzept, 2004, S. 319f., 328; *Nowak* EuR Beih. 3/2004, 77 (105f.); *Pache* in FK-EUV/GRC/AEUV GRC Art. 51 Rn. 38; *Streinz/Michl* in Streinz GRC Art. 51 Rn. 18; *Wollenschläger* in Hatje/Müller-Graff, EnzEuR Bd. 1, 2014, § 8 Rn. 58.

[209] In diesem Sinne vgl. auch *Holoubek/Lechner/Oswald* in Holoubek/Lienbacher, GRC-Kommentar, GRC Art. 51 Rn. 37; *Streinz/Michl* in Streinz GRC Art. 51 Rn. 30.

[210] Vgl. EuGH C-176/12, ECLI:EU:C:2014:2 Rn. 41 ff. – Association de médiation sociale (AMS); näher zu dieser vieldiskutierten Entscheidung vgl. etwa *Biltgen* NZA 2016, 1245 (1250); *Cariat* CDE 2014, 305 ff.; *Frantziou* ELJ 21 (2015), 657 (667f.); *Gðmundsdóttir* CMLR 52 (2015), 685 (694ff.); *Heuschmid* EuZA 2014, 514 ff.; *Jarass* ZEuP 2017, 310 (318f.); *Lazzerini* CMLR 51 (2014), 907 ff.; *Ogorek* JA 2014, 638 ff.; *Sever* CDE 2015, 167 (182ff.); *Villotti* ZÖR 2016, 241 ff.

anderem um die Frage nach der unmittelbaren Dritt-, Privat- bzw. Horizontalwirkung des seinerzeit maßgeblichen (ungeschriebenen) Unionsgrundrechts der Nichtdiskriminierung auf Grund des Alters ging[211], offenbar bereits für die unmittelbare Dritt-, Privat- bzw. Horizontalwirkung des in **Art. 21 Abs. 1 GRC** niedergelegten Verbots der Diskriminierung wegen des Alters ausgesprochen[212] und dies kürzlich allem Anschein nach auch auf das in dieser Bestimmung ebenfalls niedergelegte Verbot der Diskriminierung wegen der Religion oder der Weltanschauung übertragen.[213] Vor diesem Hintergrund ist durchaus fraglich, ob der im einschlägigen Schrifttum vereinzelt vertretenen Auffassung, wonach alle siebzehn in Art. 21 Abs. 1 GRC genannten Diskriminierungsverbote ausschließlich die in Art. 51 Abs. 1 S. 1 GRC explizit genannten Grundrechtsverpflichteten binden würden (→ § 49 Rn. 80), weiterhin gefolgt werden kann. Letzteres wäre insbesondere dann möglich, wenn sich der Unionsrichter in seiner vorgenannten Rechtsprechung zu Art. 21 Abs. 1 GRC entgegen dem ersten Anschein gar nicht für eine unmittelbare Dritt-, Privat- bzw. Horizontalwirkung der unionsgrundrechtlichen Diskriminierungsverbote wegen des Alters und wegen der Religion oder der Weltanschauung ausgesprochen haben sollte, sondern hier vielmehr mit der auch die judikative Durchführung des Unionsrechts einschließenden Bindung der Mitgliedstaaten an die Unionsgrundrechte (→ Rn. 32) operiert hat. Diese Frage werfen die hier in Rede stehenden EuGH-Entscheidungen insbesondere deshalb auf, weil sie eine hinreichend gründliche Auseinandersetzung mit dem Für und Wider einer unmittelbaren Dritt-, Privat- bzw. Horizontalwirkung der Unionsgrundrechte aussparen und darüber hinaus nicht hinreichend deutlich erkennen lassen, worin genau sich die Figur der unmittelbaren Dritt-, Privat- bzw. Horizontalwirkung nach Auffassung des Unionsrichters von der Figur der mittelbaren Dritt-, Privat- bzw. Horizontalwirkung und von der in Art. 51 Abs. 1 S. 1 GRC geregelten Bindung auch mitgliedstaatlicher Gerichte an die Unionsgrundrechte unterscheiden soll.[214] Deutlich klarer sind nunmehr indes die in den noch jüngeren EuGH-Urteilen zu den Rechtssachen *Shimizu* und *Bauer* enthaltenen Ausführungen, die keinen Zweifel daran lassen, dass sich der Unionsrichter in diesen Rechtssachen eindeutig für die **unmittelbare Dritt-, Privat- bzw. Horizontalwirkung des in Art. 31 Abs. 2 GRC geregelten Anspruchs auf bezahlten Jahresurlaub** ausspricht.[215]

---

[211] Vgl. EuGH C-144/04, Slg. 2005, I-9981 Rn. 75 ff. – Mangold; EuGH C-555/07, Slg. 2010, I-365 Rn. 50 ff. – Kücükdeveci; ausführlich zu diesen in mancherlei Hinsicht hochumstrittenen Entscheidungen vgl. statt vieler *de Mol* EuConst 6 (2010), 293 ff.; *Seifert* EuR 2010, 802 ff.; *Ziegenhorn* NVwZ 2010, 804 ff.; *Villotti* ZÖR 2016, 241 (261 ff.).

[212] Vgl. EuGH C-441/14, ECLI:EU:C:2016:278 Rn. 28 ff. – Dansk Industri; näher dazu vgl. mwN *Michl* in FK-EUV/GRC/AEUV GRC Art. 21 Rn. 13.

[213] Vgl. EuGH C-414/16, ECLI:EU:C:2018:257 Rn. 47 ff. – Egenberger, mAnm *Ogorek* EuZW 2018, 959 f.; ausführlicher zu dieser Entscheidung vgl. *Classen* EuR 2018, 752 ff.; *Edenharter* DVBl 2018, 867 ff.; *Jacobs* RdA 2018, 263 (266 f.); *Klein/Bustami* ZESAR 2019, 18 ff.; *Lourenço* CMLR 2019, 193 ff.; *Reichold/Beer* NZA 2018, 681 ff.; *Sagan* EuZW 2018, 386 f.; *Schneedorf* NJW 2019, 177 (178 ff.); *Thüsing/Mathy* RIW 2018, 559 ff. Ferner vgl. EuGH C-68/17, ECLI:EU:C:2018:696 Rn. 69 – IR, wo unter expliziter Bezugnahme auf das vorgenannte *Egenberger*-Urteil bestätigt wird, dass das in Art. 21 GRC niedergelegte Verbot jeder Art von Diskriminierung wegen der Religion oder der Weltanschauung als allgemeiner Grundsatz des Unionsrechts zwingenden Charakter hat und schon für sich allein dem Einzelnen ein Recht verleiht, das er in einem Rechtsstreit, der einen vom Unionsrecht erfassten Bereich betrifft, als solches geltend machen kann; näher zum letztgenannten EuGH-Urteil vgl. *Bauer/Hofer* NJW 2018, 3090; *Fuhlrott* EuZW 2018, 857 f.; *Greiner* NZA 2018, 1289 ff.; *Klein* EuR 2019, 338 ff.; *Klein/Bustami* ZESAR 2019, 18 ff.; *Lörler* NJ 2018, 489 ff.; *Schneedorf* NJW 2019, 177 (178 ff.); *Sprenger* EuZA 2019, 100 ff.; die beiden vorgenannten Urteile bestätigend vgl. EuGH C-193/17, ECLI:EU:C:2019:43 Rn. 76 ff. – Cresco Investigation, mAnm *Wienbracke* EuZW 2019, 247 f.

[214] Instruktiv zu der partiell schwierigen Abgrenzung bzw. Unterscheidung der unmittelbaren Drittwirkung von der mittelbaren Drittwirkung im Unionsrecht und den daraus resultierenden Folgen vgl. *Jarass* ZEuP 2017, 310 (330 ff.).

[215] Vgl. EuGH C-684/16, ECLI:EU:C:2018:874 Rn. 76 ff. – Shimizu, mAnm *Weberling/Michelberger* NJ 2019, 56 ff.; EuGH verb. Rs. C-569/16 u. C-570/16, ECLI:EU:C:2018:871 Rn. 85 ff. – Bauer ua, jew. mAnm *Fuhlrott* EuZW 2018, 1054 f.; *Rudkowski* NJW 2019, 476 ff.; ebenso bereits GA *Bot*, SchlA verb.

Fraglich ist ferner, welche Folgen sich aus der Rechtsprechung des EuGH zur unmittel- 45
baren Dritt-, Privat- bzw. Horizontalwirkung des in Art. 18 AEUV niedergelegten Vertragsgrundrechts (→ Rn. 41) für den gleichlautenden **Art. 21 Abs. 2 GRC** ergeben, wonach unbeschadet besonderer Bestimmungen der Verträge in ihrem Anwendungsbereich jede **Diskriminierung aus Gründen der Staatsangehörigkeit** verboten ist. Aus der in Art. 52 Abs. 2 GRC enthaltenen Kollisions- und Transferregelung, wonach die Ausübung der durch die EU-Grundrechtecharta anerkannten Rechte, die in den Verträgen geregelt sind, im Rahmen der in den Verträgen festgelegten Bedingungen und Grenzen erfolgt[216], könnte gefolgert werden, dass die seit langer Zeit etablierte EuGH-Rechtsprechung zur unmittelbaren Dritt-, Privat- bzw. Horizontalwirkung des in Art. 18 AEUV niedergelegten (allgemeinen) Diskriminierungsverbots ohne jedwede Einschränkung auf Art. 21 Abs. 2 GRC „durchschlagen" müsste, sodass auch das in der vorgenannten Charta-Bestimmung niedergelegte (allgemeine) Diskriminierungsverbot in gleicher Weise wie Art. 18 AEUV unmittelbare Dritt-, Privat- bzw. Horizontalwirkung entfalten würde.[217] Gleichwohl wird in Teilen des Schrifttums weiterhin an der gegenteiligen Auffassung festgehalten, dass die Bindung Privater an dieses allgemeine Diskriminierungsverbot nicht über das in Art. 21 Abs. 2 GRC geregelte Unionsgrundrecht, sondern vielmehr über Art. 18 Abs. 1 AEUV erfolge (→ § 49 Rn. 41). Die hier zum Vorschein kommenden Unklarheiten betreffen in gewisser Weise auch die in **Art. 23 GRC** geregelte **Gleichheit von Frauen und Männern,** die sich partiell – dh in Bezug auf den Entgelt-Aspekt – mit dem Schutzgehalt des eine unmittelbare Dritt-, Privat- bzw. Horizontalwirkung entfaltenden Art. 157 Abs. 1 AEUV überschneidet (→ Rn. 41 iVm → § 48 Rn. 84), sowie **Art. 15 Abs. 2 GRC,** wonach alle Unionsbürgerinnen und Unionsbürger im engen Zusammenhang mit dem **Unionsgrundrecht der Berufsfreiheit** (→ § 34 Rn. 1 ff.) die Freiheit haben, in jedem Mitgliedstaat Arbeit zu suchen, zu arbeiten, sich niederzulassen oder Dienstleistungen zu erbringen; auch hier stellt sich die in der EuGH-Rechtsprechung bislang unbeantwortet gebliebene Frage, ob die oben thematisierte Rechtsprechung des Unionsrichters zur unmittelbaren Dritt-, Privat- bzw. Horizontalwirkung der Grundfreiheiten in konkreter Gestalt der Arbeitnehmerfreizügigkeit, der Niederlassungsfreiheit und der Dienstleistungsfreiheit (→ Rn. 41 f.) auf Grund des Art. 52 Abs. 2 GRC für die Annahme einer unmittelbaren Dritt-, Privat- bzw. Horizontalwirkung jedenfalls der arbeitnehmerfreizügigkeitsrechtlichen Schutzgehalte des Art. 15 Abs. 2 GRC fruchtbar gemacht werden kann.[218] Im Übrigen ist anzunehmen, dass sich Private, die nach der zurückliegenden Rechtsprechung des Unionsrichters in einem weiten Umfang an die Grundfreiheiten gebunden sind (→ Rn. 41 f., 44), zur Rechtfertigung der ihnen vorgeworfenen Grundfreiheitseingriffe – insbesondere eines ihnen vorgeworfenen Eingriffs in den warenverkehrsfreiheitlichen Verbotstatbestand des Art. 34 AEUV oder in den arbeitnehmerfreizügigkeitsrechtlichen Verbotstatbestand des Art. 45 Abs. 1 und 2 AEUV – auf die Unionsgrundrechte im Allgemeinen und auf das in **Art. 16 GRC** niedergelegte **Unionsgrundrecht der unternehmerischen Freiheit** (→ § 35 Rn. 1 ff.) im Speziellen berufen können.[219] Ob diese Möglichkeit die unmittelbare Dritt-, Privat- bzw. Horizon-

---

Rs. C-569/16 u. C-570/16, ECLI:EU:C:2018:337 Rn. 54 ff.; näher zu diesen Schlussanträgen vgl. *Baldus/Raff* GPR 2018, 175 ff.
[216] Ausführlicher zur Bedeutung dieser dementsprechend als Kollisions- und Transfernorm einzuordnenden Bestimmung vgl. mwN *Pache* in FK-EUV/GRC/AEUV GRC Art. 52 Rn. 38 ff.
[217] In diesem Sinne vgl. etwa *Sachs* in Stern/Sachs GRCh Art. 21 Rn. 31; ferner vgl. in diesem Kontext *Jarass* GRCh Art. 21 Rn. 39, wonach dies nur – aber immerhin – zu bejahen sein dürfte, wenn die Privaten eine staatsähnliche Stellung besitzen oder über besondere Rechte verfügen; ähnlich *Kröll* in Holoubek/Lienbacher, GRC-Kommentar, GRC Art. 21 Rn. 76.
[218] Dies bejahend vgl. *Frenz,* HdbEuR Bd. 4, Kap. 9 Rn. 2543; *Kühling* in FK-EUV/GRC/AEUV GRC Art. 15 Rn. 5; ähnlich vgl. *Bilz* GreifRecht 2013, 119 (124).
[219] Näher dazu vgl. etwa *Babayev* CMLR 53 (2016), 979 ff.; *Nowak* FS Müller-Graff, 2015, 475 ff.; *Villotti* ZÖR 2016, 241 (254 f.); sowie *Ehlers* DVBl 2019, 397 (401); diesbezüglich zwischen Marktakteuren und nicht transaktionsbeteiligten Dritten differenzierend vgl. *Müller-Graff* ZÖR 2013, 685 (702 f.).

talwirkung des Art. 16 GRC voraussetzt[220] oder nicht[221], bedarf indes noch genauerer Klärung.

46 Die EU-Grundrechtecharta überlässt dem EuGH und der Rechtswissenschaft nicht nur die Klärung der vorgenannten Fragen im Zusammenhang mit Art 15 Abs. 2 GRC und Art. 21 Abs. 2 GRC (→ Rn. 45), sondern auch die Beantwortung der ebenfalls noch klärungsbedürftigen Fragen, ob sich insbesondere aufgrund der erhöhten Schutzbedürftigkeit der jew. Betroffenen etwa auch das in Art. 3 Abs. 2 GRC geregelte Verbot des reproduktiven Klonens von Menschen und die sonstigen dort geregelten Vorgaben für die Bereiche der Medizin und der Biologie (→ § 15 Rn. 29 ff.), das in Art. 5 GRC geregelte Verbot der Sklaverei, der Leibeigenschaft, der Zwangs- oder Pflichtarbeit und des Menschenhandels (→ § 17 Rn. 1 ff.) sowie das in Art. 32 GRC geregelte Verbot der Kinderarbeit (→ § 45 Rn. 1 ff.) ihrem Schutzgehalt nach auch unmittelbar gegen Private richten sollen. Ähnliches gilt für **weitere potentiell drittwirkungsfähige Unionsgrundrechte** wie etwa die in Art. 1 GRC niedergelegte Menschenwürdegarantie (→ § 13 Rn. 1 ff.), das in Art. 8 Abs. 1 GRC anzutreffende Datenschutzgrundrecht (→ § 25 Rn. 1 ff.), das in Art. 28 GRC geregelte Recht der Tarifpartner auf Kollektivmaßnahmen (→ § 39 Rn. 35 ff.), das in Art. 29 GRC niedergelegte Recht auf Zugang zu einem unentgeltlichen Arbeitsvermittlungsdienst (→ § 42 Rn. 18), den Schutz vor ungerechtfertigter Entlassung gemäß Art. 30 und 33 Abs. 2 GRC (→ § 41 Rn. 1 ff.), den in Art. 31 Abs. 1 GRC niedergelegten Anspruch auf gerechte und angemessene Arbeitsbedingungen nebst den in Absatz 2 dieser Bestimmung geregelten Rechten auf Begrenzung der Höchstarbeitszeit und auf tägliche und wöchentliche Ruhezeiten (→ § 40 Rn. 1 ff.), für die in Art. 33 Abs. 2 GRC niedergelegten Ansprüche auf bezahlten Mutterschafts- und Elternurlaub (→ § 41 Rn. 40 ff.), die – wie insbesondere auch der Schutz von Jugendlichen am Arbeitsplatz nach Art. 32 GRC sowie die in Art. 24 GRC gewährleisteten „Rechte des Kindes" (→ § 45 Rn. 1 ff.) – jedenfalls in Teilen eine unmittelbare Dritt-, Privat- bzw. Horizontalwirkung geradezu implizieren oder jedenfalls nahelegen könnten.[222]

47 Hinsichtlich der Frage, ob sich der Unionsrichter zukünftig für eine unmittelbare Dritt-, Privat- bzw. Horizontalwirkung aller oder jedenfalls einiger der vorgenannten Unionsgrundrechte aussprechen sollte oder dies vielmehr auf die in Art. 21 Abs. 1 GRC geregelten Diskriminierungsverbote und Art. 31 Abs. 2 GRC (→ Rn. 44) beschränken sollte, ist zu bedenken zu geben, dass es einer unmittelbaren Dritt-, Privat- bzw. Horizontalwirkung in vielen Fällen gar nicht bedarf, da den aus privatem Handeln resultierenden grundrechtlichen Gefährdungslagen in einem meist hinreichenden Umfang auf den Pfaden der mittelbaren Dritt-, Privat- bzw. Horizontalwirkung und der **unionsgrundrechtlichen Schutzpflichten** begegnet werden kann, zumal gerade auch die mitgliedstaatlichen Gerichte – einschließlich der Zivilgerichte – im weiten Anwendungsbereich des Unionsrechts an die Unionsgrundrechte gebunden sind (→ Rn. 32). Darüber hinaus ist anzumerken, dass die Anerkennung einer unmittelbaren Dritt-, Privat- bzw. Horizontalwirkung verschiedener Unionsgrundrechte, die auch ohne eine solche Wirkung bereits eine sehr bedeutsame Rolle unter Privaten spielen (→ Rn. 40), mit erheblichen Einschränkungen der rechtsprinzipiellen **Privatautonomie**[223] einhergehen kann; hiermit muss aber in der EU, deren

---

[220] In diesem Sinne vgl. *Kahl/Schwind* EuR 2014, 170 (175 ff.).
[221] So vgl. etwa *Müller-Graff* EuR 2014, 3 (22 ff., insbes. 26).
[222] Näher dazu vgl. etwa auch *Bilz* GreifRecht 2013, 119 (124); *Borowsky* in NK-EuGRCh Art. 51 Rn. 31; *Frantziou* ELJ 21 (2015), 657 (660); *Frenz*, HdbEuR Bd. 4, Kap. 2 Rn. 280; *Jarass* ZEuP 2017, 310 (315); *Ladenburger/Vondung* in Stern/Sachs GRCh Art. 51 Rn. 14; *Leczykiewicz* ELR 38 (2013), 479 (483); *Obwexer* ZÖR 2013, 487 (510); *Seifert* EuZW 2011, 696 (700 f.); *Seifert* EuZA 2013, 299 (303); *Villotti* ZÖR 2016, 241 (258); sowie → § 45 Rn. 21.
[223] Näher zur Rechtsnatur, Begründung, Bedeutung und/oder Funktionsweise des überaus bedeutsamen Prinzips der Privatautonomie vgl. aus jüngerer Zeit und jew. mwN *Bumke* in Bumke/Röthel, Autonomie im Recht: Gegenwartsdebatten über einen rechtlichen Grundbegriff, 2017, S. 69 ff.; *Möllers* ERCL 14 (2018), 101 ff.; *Riesenhuber* ZfPW 2018, 352 ff.; *Röthel* in Bumke/Röthel, Autonomie im Recht: Gegenwartsdebatten über einen rechtlichen Grundbegriff, 2017, S. 91 ff.

Wirtschaftsverfassung auf einer Systementscheidung zugunsten einer wettbewerbsverfassten, offenen und sozialen *Marktwirtschaft* beruht[224], sehr behutsam umgegangen werden, zumal die EU-Grundrechtecharta mit ihren vielfältigen Gewährleistungen im Grundsatz nicht als ein normativer Ermächtigungsrahmen der europäischen Hoheitsgewalt zur Einschränkung der Freiheitsrechte natürlicher und juristischer Personen eingeordnet werden kann[225]. Aus allen vorgenannten Gründen sollte der Unionsrichter einzelnen **Unionsgrundrechten nur im Ausnahmefall,** also nur dann eine **unmittelbare Dritt-, Privat- bzw. Horizontalwirkung zusprechen,** wenn er unter Berücksichtigung des einschlägigen Meinungsbildes im europarechtswissenschaftlichen Schrifttum in überzeugender Weise darlegen kann, dass bzw. warum sich das jeweilige Unionsgrundrecht in tatbestandlicher und funktionaler Hinsicht dafür überhaupt anbietet bzw. eignet[226] und warum genau die weitreichende Figur der mittelbaren Dritt-, Privat- bzw. Horizontalwirkung und die unionsgrundrechtlichen Schutzpflichten für sich allein nicht ausreichen, um der jeweiligen grundrechtlichen Gefährdungslage, die aus privatem Handeln resultiert, hinreichend wirksam zu begegnen.[227] Das der Versuch einer solchen Darlegung nicht von vornherein zum Scheitern verurteilt sein muss, veranschaulicht in exemplarischer Weise die aktuelle Diskussion über die gegenwärtig noch nicht in das Unionsrecht integrierte **Charta der digitalen Grundrechte der Europäischen Union,** deren Art. 23 Abs. 3 S. 1 (Fassung 2016) bzw. Art. 17 Abs. 2 (Fassung 2018)[228] die Verpflichtung zur Gewährleistung der Grundrechte des Bürgers im Zeitalter digital gestifteter (neuer) Bedrohungslagen nicht nur an die relevanten Hoheitsträger, sondern im Sinne einer unmittelbaren Dritt-, Privat- bzw. Horizontalwirkung auch an die betreffenden „Big Data"-Unternehmen und sonstige nichtstaatliche Akteure adressiert.[229]

D. Zusammenfassende Bewertung und Ausblick

Die zu den klassischen Themen der Grundrechtsdogmatik gehörenden Aspekte der Grundrechtsberechtigung und der Grundrechtsverpflichtung bzw. -bindung bilden im Hinblick auf den Anwendungsbereich bzw. die Reichweite der Unionsgrundrechte zwei Seiten einer Medaille, die trotz fortgeschrittener Klärung diverser Einzelfragen in Rechtsprechung und Lehre weiterer „Politur" und rechtswissenschaftlicher Durchdringung bedürfen.

48

Hinsichtlich der Grundrechtsberechtigung ist von einem – der europäischen Rechtsunion (→ Rn. 1) sehr gut zu Gesicht stehenden – **weiten Kreis der Grundrechtsträger** auszugehen, der nicht nur natürliche Personen in Gestalt der Unionsbürgerinnen und Unionsbürger umfasst (→ Rn. 4 ff.), sondern auch Drittstaatsangehörige einschließt, sofern sie in gleicher Weise durch das Unionsrecht betroffen sind wie Unionsbürgerinnen und

49

---

[224] Näher dazu vgl. statt vieler *Behrens,* Europäisches Marktöffnungs- und Wettbewerbsrecht – Eine systematische Darstellung der Wirtschafts- und Wettbewerbsverfassung der EU, 2017, S. 3 ff.; *Nowak,* Europarecht, S. 203 ff.; *Nowak* EuR Beih. 1/2009, 129 ff.; *Nowak* EuR Beih. 2/2011, 21 ff.
[225] Zutr. *Schorkopf* in Grabenwarter, EnzEuR Bd. 2, § 3 Rn. 33; zur Gegenposition vgl. nur *Frantziou* ELJ 21 (2015), 657 ff.
[226] Näher zu dieser Bedingung vgl. auch *Villotti* ZÖR 2016, 241 (264 ff.); sowie *Leczykiewicz* ELR 38 (2013), 479 (489 ff.).
[227] Instruktiv zu der gerade in diesem Kontext notwendigen Konzentration auf die Suche nach dem vorzugswürdigen Konzept vgl. *Jarass* ZEuP 2017, 310 (331 ff.); Jarass GRCh Art. 51 Rn. 36 ff.
[228] Beide Fassungen dieser Charta aus 2016 u. 2018 sind auffindbar unter: https://digitalcharta.eu (letzter Abruf: 11.10.2018).
[229] Ausführlich dazu vgl. mwN *Graf von Westphalen* BB 2018, 899 ff. Instruktiv zur Sicherung grund- und menschenrechtlicher Standards gegenüber neuen Gefährdungen durch private und ausländische Akteure vgl. auch *Marauhn* VVDStRL 74 (2015), 373 ff.; *Pöschl* VVDStRL 74 (2015), 405 ff.; entsprechend für sog. „transnationale Unternehmen" vgl. *Haider,* Haftung von transnationalen Unternehmen und Staaten für Menschenrechtsverletzungen, 2019, S. 39 ff.; zur aktuellen Diskussion über einen völkerrechtlichen Vertrag zur Haftung transnationaler Unternehmen für Menschenrechtsverletzungen vgl. *Stöbener de Mora* EuZW 2018, 963 ff.; näher zu den damit in einem gewissen Zusammenhang stehenden (langjährigen) Versuchen, bestimmten Gefahren für die Menschenrechte durch das Konzept der sog. *Corporate Social Responsibility* zu begegnen, vgl. etwa mwN *Kaltenborn/Norpoth* RIW 2014, 402 ff.

Unionsbürger und sofern es nicht um solche Unionsgrundrechte geht, die – wie etwa die Mehrzahl der im fünften Titel der EU-Grundrechtecharta niedergelegten Unionsbürgerrechte – aus nachvollziehbaren Gründen ausschließlich den Unionsbürgerinnen und Unionsbürgern vorbehalten sind (→ Rn. 8 ff.). Trotz des unionsrechtlichen Fehlens einer dem Art. 19 Abs. 3 GG entsprechenden Vorschrift ist die Grundrechtsträgerschaft juristischer Personen des Privatrechts auch auf der supranationalen Ebene des Unionsrechts in weitem Umfang sichergestellt, sofern es um Unionsgrundrechte geht, die – wie insbesondere die wirtschaftlichen, prozeduralen und justiziellen Grundrechte – ihrem Wesen bzw. Inhalt nach auf diese Personen anwendbar sind (→ Rn. 13 ff.). Erheblicher Klärungs- und Konkretisierungsbedarf besteht allerdings noch im Hinblick auf die Grundrechtsträgerschaft juristischer Personen des öffentlichen Rechts und gemischt-wirtschaftlicher Unternehmen, soweit es um materielle Unionsgrundrechte geht; die der Rechtsprechung des deutschen BVerfG weitgehend entsprechende Einbeziehung der vorgenannten Personen in den persönlichen Schutzbereich prozeduraler und justizieller Unionsgrundrechte steht allerdings schon seit geraumer Zeit weitgehend außer Frage (→ Rn. 19 ff.).

50 Dem weiten Kreis der Grundrechtsberechtigten korrespondiert auf der Ebene des Unionsrechts ein **weiter Kreis der Grundrechtsverpflichteten,** zu denen neben den Organen, Einrichtungen und sonstigen Stellen der EU (→ Rn. 23) auch die Mitgliedstaaten und deren Untergliederungen gehören, soweit es zum einen um die Durchführung des Unionsrechts im engeren Sinne geht (→ Rn. 24 ff.). Zum anderen sind die Mitgliedstaaten nach ständiger Rechtsprechung auch dann an die Unionsgrundrechte gebunden, wenn sie in einer über die Durchführung des Unionsrechts im engeren Sinne hinausgehenden Weise im Anwendungsbereich des Unionsrechts – etwa im Rahmen der mitgliedstaatlichen Verfahrensautonomie und/oder im Anwendungsbereich der primärrechtlich geregelten Grundfreiheiten – agieren; die im Wortlaut des Art. 51 Abs. 1 S. 1 GRC anklingende Restriktion der mitgliedstaatlichen Grundrechtsbindung auf die sog. *agency situation* (→ Rn. 26) hat aus nachvollziehbaren Gründen nicht zu einer Korrektur oder Modifikation der diesbezüglichen EuGH-Rechtsprechung geführt (→ Rn. 33 ff.). Die insofern als enorm zu bezeichnende Reichweite der mitgliedstaatlichen Bindung an die Unionsgrundrechte führt in vielen Fallkonstellationen zu einer Doppelbindung der EU-Mitgliedstaaten und ihrer Untergliederungen an unionale und nationale Grundrechte, die nach wie vor der weiteren Ausbalancierung, Feinjustierung und Konkretisierung bedarf, damit sich das komplizierte Zusammenspiel zwischen den Unionsgrundrechten und den nationalen Grundrechten in einer den Geboten der Rechtssicherheit, der Kohärenz und des möglichst effektiven bzw. optimalen Grundrechtsschutzes gerecht werdenden Weise in den Griff bekommen lässt (→ Rn. 38 f.).

51 Im Übrigen überlässt die EU-Grundrechtecharta es dem EuGH, seine bisherige Rechtsprechung zur **unmittelbaren Dritt-, Privat- bzw. Horizontalwirkung** der Grundfreiheiten und einzelner Unionsgrundrechte fortzusetzen und fortzuentwickeln; hierbei ist aber grundsätzlich Zurückhaltung geboten (→ Rn. 40 ff.). Insoweit bleibt mit Spannung abzuwarten, ob der EuGH grundrechtlichen Gefährdungslagen, die aus privatem Handeln resultieren können, künftig in stärkerem Maße durch eine zunehmende Einbeziehung natürlicher und juristischer Personen des Privatrechts in den Adressatenkreis einzelner Unionsgrundrechte begegnet (→ Rn. 44 f.) oder diesen Schritt in Anlehnung an die EMRK und an mitgliedstaatliche Verfassungstraditionen auf Grund der zur Verfügung stehenden Figur der mittelbaren Dritt-, Privat- bzw. Horizontalwirkung sowie auf Grund der Existenz unionsgrundrechtlicher Schutzpflichten nach Möglichkeit vermeidet oder jedenfalls vorsichtig bzw. zurückhaltend setzt, um auf diese Weise den in der Begrenzung der unionalen Hoheitsgewalt liegenden Hauptzweck der Unionsgrundrechte (→ Rn. 1) und den hohen Wert bzw. Bedeutungsgehalt der Privatautonomie im Rahmen der Unionsrechtsordnung (→ Rn. 47) zu bestätigen.

§ 10 Grundrechtliche Schutzbereiche und Schrankensystematik

Übersicht

	Rn.
A. Schutzbereiche	1–18
I. Schutzbereichsbestimmung	1–15
1. Sachlicher Schutzbereich	4–10
2. Persönlicher Schutzbereich	11–15
II. Grundrechtskonkurrenzen	16–18
B. Grundrechtseingriffe	19–27
I. Eingriffsbegriff	19
II. Unmittelbarer und finaler Eingriffsbegriff	20–22
III. Mittelbarer und faktischer Eingriffsbegriff	23–27
1. Spürbarkeitsschwellen – Bagatellvorbehalte – Sozialadäquanz?	24
2. Gründe für einen weiten Eingriffsbegriff auf Unionsebene	25–27
C. Rechtfertigung	28–115
I. Ausdrückliche Schranken	31–35
1. Gesetzesvorbehalt	31, 32
2. Vierstufige Verhältnismäßigkeitsprüfung – Übermaß oder Untermaß?	33–35
II. Grundrechtskollisionen	36–40
III. Verhältnismäßigkeitsgrundsatz	41–48
1. Zulässiges Ziel	41–44
2. Eignung	45
3. Erforderlichkeit	46
4. Verhältnismäßigkeit im engeren Sinne (Zumutbarkeit)	47
5. Die Rolle der Verhältnismäßigkeit in der Rechtsprechung des EuGH	48
IV. Wesensgehaltsgarantie	49–53
V. Vorbehalt der Ziel- und Strukturkompatibilität der Union	54–57
VI. Subsidiarität als zusätzliche Schranken-Schranke?	58–60
VII. Kritik der Schrankensystematik nach der Charta	61–115
1. Schrankensystematik nach der Charta	61–112
2. Kritik der Schrankensystematik	113–115
D. Gerichtliche Kontrolldichte	116–123
I. Richterliche Zurücknahme der materiell-rechtlichen Kontrolldichte	119
II. Kompensation der geringen materiell-rechtlichen Kontrolldichte	120
III. Kritik der richterlichen Kontrolldichte	121–123

Schrifttum:

Adam, Die Kontrolldichte-Konzeption des EuGH und deutscher Gerichte, 1993; *Adamovich*, Juristische Aspekte der „Sanktionen" der EU-14 und des „Weisenberichts", EuGRZ 2001, 89; *Albers*, Faktische Grundrechtsbeeinträchtigungen als Schutzbereichsproblem, DVBl 1996, 233; *Alt*, Motive und Mechanismen illegaler Migration, ZAR 2000, 73 ff.; *ders.*, „Illegale" in Deutschland – Anregungen zu einem angemesseneren Umgang mit einem brisanten Problem, ZAR 2001, 65 ff.; *ders.*, Leben in der Schattenwelt. Problemkomplex illegale Migration, 2004; *Arnold*, Die Ausgestaltung und Begrenzung von Grundrechten im französischen Verfassungsrecht, Rechtsvergleichende Überlegungen zur Rechtsprechung des Conseil Constitutionnel, JöR n. F. 38 (1989), 197; *Baule*, BSE-Bekämpfung als Problem des Europarechts, 2003; *Bernhardt*, Völkerrechtskonforme Auslegung der Verfassung?, in Cremer/Giegerich/Richter/Zimmermann, FS Steinberger, S. 391; *Bethge*, Der Grundrechtseingriff, VVDStRL 57 (1998), 7; *Blanke/Mangiameli*, The Treaty on European Union (TEU), 2013; *Böckenförde*, Grundrechte als Grundsatznormen, Der Staat 29 (1990), 1; *de Boer-Buquicchio*, Klarstellung zum Status des Europäischen Gerichtshofs für Menschenrechte und seiner Beziehung zum Europarat, EuGRZ 2003, 561; *Borowski*, Grundrechte als Prinzipien, 1998; *Buchwald*, Zur Rechtsstaatlichkeit der Europäischen Union, Der Staat 37 (1998), 189; *Buß*, Grenzen der dynamischen Vertragsauslegung im Rahmen der EMRK, DÖV 1998, 323; *Busse*, Das Projekt der Europäischen Grundrechtscharta vor dem Hintergrund der EMRK, ThürVBl. 2001, 73; *Classen*, Richterliche Kontrolldichte, in Stange ua, FS Haack, S. 71; *ders.*, Die Bananenmarktordnung der EG, JZ 1997, 454; *Craig*, Constitutions, Constitutionalism, and the European Union, ELJ 7 (2001), 125; *Cremer/Giegerich/*

Richter/Zimmermann, Tradition und Weltoffenheit des Rechts, FS für Helmut Steinberger, 2002; *v. Danwitz,* Produktwerbung in der Europäischen Union zwischen gemeinschaftlichen Kompetenzschranken und europäischem Grundrechtsschutz, 1998; *Dauses,* Eine Lanze für „Solange III", EuZW 1997, 705; *Determann,* Neue gefahrverdächtige Technologien als Rechtsproblem, 1996; *Duschanek/Griller,* Grundrechte für Europa, 2002; *Ehmke,* Wirtschaft und Verfassung, 1961; *ders.,* Prinzipien der Verfassungsinterpretation, VVDStRL 20 (1963), 53; *Ellis,* The Principle of Proportionality in the Laws of Europe, 1999; *Emmerich-Fritsche,* Der Grundsatz der Verhältnismäßigkeit als Direktive und Schranke der EG-Rechtsetzung, 2000; *Engel,* Status, Ausstattung und Personalhoheit des Inter-Amerikanischen und des Europäischen Gerichtshofs für Menschenrechte, EuGRZ 2003, 122; *Frowein,* Die Kontrolldichte bei der gerichtlichen Überprüfung von Handlungen der Verwaltung, 1993; *Grabenwarter,* Die Charta der Grundrechte für die Europäische Union, DVBl 2001, 1; *ders.,* Die Menschenrechtskonvention und Grundrechte-Charta in der europäischen Verfassungsentwicklung, in Cremer/Giegerich/Richter/Zimmermann, FS Steinberger, S. 1129; *ders.,* Die Charta der Grundrechte für die Europäische Union, DVBl 2001, 1; *ders./Hammer/Pelzl/Schulev-Steindl/Wiederin,* Allgemeinheit der Grundrechte und Vielfalt der Gesellschaft, 1994; *Grabitz,* Der Verfassungsstaat in der Gemeinschaft, DVBl 1977, 786; *Griller,* Der Anwendungsbereich der Grundrechtscharta und das Verhältnis zu sonstigen Gemeinschaftsrechten, Rechten aus der EMRK und zu verfassungsgesetzlich gewährleisteten Rechten, in Duschanek/Griller, S. 131; *ders.,* Grundrechtsschutz in der EU und in Österreich, 12. ÖJT Bd. I/2, 1995; *ders./Rill,* Verfassungsrechtliche Grundfragen der EU-Mitgliedschaft, 1997; *Grimm,* Verfahrensfehler als Grundrechtsverstöße, NVwZ 1985, 865; *Häberle,* Rechtsvergleichung im Kraftfeld des Verfassungsstaats, 1992; *ders.,* Grundrechtsgeltung und Grundrechtsinterpretation im Verfassungsstaat, in Häberle, S. 27; *Hailbronner,* Die sozialrechtliche Gleichbehandlung von Drittstaatsangehörigen – ein menschenrechtliches Postulat?, JZ 1997, 397; *Heiderhoff/Lohsse/Schulze,* EU-Grundrechte und Privatrecht, 2016; *Heinsohn,* Der öffentlichrechtliche Grundsatz der Verhältnismäßigkeit, 1996; *Herdegen/Richter,* Die Rechtslage in den Europäischen Gemeinschaften, in Frowein, S. 209; *Hertel,* Supranationalität als Verfassungsprinzip, 1999; *Hesse,* Die verfassungsgerichtliche Kontrolle der Wahrnehmung grundrechtlicher Schutzpflichten des Gesetzgebers, in Däubler-Gmelin/Kinkel/Meyer/Simon, FS Mahrenholz, 1994, S. 541; *Hirsch,* Das Verhältnismäßigkeitsprinzip im Gemeinschaftsrecht, 1997; *Hochhuth,* Lückenloser Freiheitsschutz und die Widersprüche des Art. 2 Abs. 1 GG, JZ 2002, 743; *Holmes/Sunstein,* The Costs of Rights, 1999; *Holoubek,* Grundrechtliche Gewährleistungspflichten, 1997; *ders.,* Die liberalen Rechte der Grundrechtscharta im Vergleich zur Europäischen Menschenrechtskonvention, in Duschanek/Griller, S. 25; *ders.,* Der Grundrechtseingriff, DVBl 1997, 1031; *ders.,* Grundrechtsschutz durch Gemeinschaftsgrundrechte, in Griller/Rill, S. 73; *ders.,* Grundrechtliche Gewährleistungspflichten, 1997; *ders.,* Bauelemente eines grundrechtsdogmatischen Argumentationsschemas, in Grabenwarter/Hammer/Pelzl/Schulev-Steindl/Wiederin, S. 61; *Ipsen,* Gesetzliche Einwirkungen auf grundrechtlich geschützte Rechtsgüter, JZ 1997, 473 (= Berliner Staatswissenschaftliche Abhandlungen, Bd. 2, 1997); *Jarass,* Elemente einer Dogmatik der Grundfreiheiten, EuR 1995, 202; *ders.,* Bausteine einer umfassenden Grundrechtsdogmatik, AöR 120 (1995), 345; *ders.,* Elemente einer Dogmatik der Grundfreiheiten II, EuR 2000, 705; *Joerges,* Scientific Expertise in Social Regulation and the European Court of Justice, in Joerges/Ladeur/Vos, S. 295; *Joerges/Ladeur/Vos,* Integrating Scientific Expertise into Regulatory Decision-Making, 1997; *Kadelbach/Petersen,* Die gemeinschaftsrechtliche Haftung für Verletzungen von Grundfreiheiten aus Anlass privaten Handelns, EuGRZ 2002, 213; *Kenntner,* Die Schrankenbestimmungen der EU-Grundrechtecharta, ZRP 2000, 423; *Kingreen,* Die Struktur der Grundfreiheiten des Europäischen Gemeinschaftsrechts, 1999; *Kischel,* Die Kontrolle der Verhältnismäßigkeit durch den Europäischen Gerichtshof, EuR 2000, 380; *Knies,* Diskussionsbeitrag, VVDStRL 57 (1998), 150; *Kokott,* Der Grundrechtsschutz im europäischen Gemeinschaftsrecht, AöR 121 (1996), 599; *dies.,* Europäisierung des Verwaltungsprozessrechts, DV 31 (1998), 335; *Kühling/Lieth,* Dogmatik und Pragmatik als leitende Parameter der Rechtsgewinnung im Gemeinschaftsrecht, EuR 2003, 371; *Lenaerts,* Sanktionen der Gemeinschaftsorgane gegenüber natürlichen und juristischen Personen, EuR 1997, 17; *ders./Vanhamme,* Procedural rights of private parties in the Community administrative proceedings, CMLR 34 (1997), 531; *ders./de Smijter,* A „bill of rights" for the European Union, CMLR 38 (2001), 273; *Lenz,* Der europäische Grundrechtsstandard in der Rechtsprechung des Europäischen Gerichtshofes, EuGRZ 1993, 585; *Lege,* Nochmals: Staatliche Warnungen – Zugleich zum Paradigmenwechsel in der Grundrechtsdogmatik und zur Abgrenzung von Regierung und Verwaltung, DVBl 1999, 569; *Liisberg,* Does the EU Charter of Fundamental Rights threaten the supremacy of Community law?, CMLR 38 (2001), 1171 = JMWP 4/01; *Lindner,* EU-Grundrechtscharta, BayVBl. 2001, 523; *Masing,* Die Mobilisierung des Bürgers für die Durchsetzung des Rechts, 1997; *ders./Jestaedt/Capitant/Le Divellec,* Strukturfragen des Grundrechtsschutzes in Europa, 2015; *Mestmäcker,* Die Wirtschaftsverfassung in der Europäischen Union, 1993; *Micklitz,* Internationales Produktsicherheitsrecht, 1995; *Modeen,* Die Stellung des Bürgers gegenüber der Staatsmacht, 1995; *Müller-Michaels,* Grundrechtlicher Eigentumsschutz in der Europäischen Union, 1997; *Murswiek,* Das Bundesverfassungsgericht und die Dogmatik mittelbarer Grundrechtseingriffe, NVwZ 2003, 1; *ders.,* Staatliche Warnungen, Wertungen, Kritik als Grundrechtseingriffe, DVBl 1997, 1025; *Nettesheim,* Die Charta der Grundrechte der Europäischen Union, in Graf Vitzthum/Pena, S. 212; *Nicolaysen,* Entwicklungslinien und Perspektiven des Grundrechtsschutzes in der EU – Die gemeinschaftsrechtliche Begründung von Grundrechten, in Bruha/Nowak/Petzold, Grundrechtsschutz, S. 15; *o. N.,* Editorial Comments, Fundamental rights and common European values, CMLR 33 (1996), 215; *Pache,* Die Kontrolldichte in der Rechtsprechung des Gerichtshofs der Europäischen Gemeinschaften, DVBl 1998, 380; *ders.,* Der Grundsatz der Verhältnismäßigkeit in der Rechtsprechung der Gerichte der Europäischen Gemeinschaften, NVwZ 1999,

1033; *ders.*, Die Europäische Grundrechtscharta – ein Rückschritt für den Grundrechtsschutz in Europa?, EuR 2001, 475; *Pauly*, Strukturfragen des unionsrechtlichen Grundrechtsschutzes, EuR 1998, 242; *ders./ Pagel*, Die Gewährleistung ungestörter Religionsausübung, NVwZ 2002, 441; *Pernice*, Europäische Grundrechte-Charta und Abgrenzung der Kompetenzen, EuZW 2001, 673; *Pietsch*, Das Schrankenregime der Grundrechtecharta, 2005; *Reich*, A European Constitution for Citizens, ELJ 3 (1997), 131; *Rengeling*, Grundrechtsschutz in der Europäischen Gemeinschaft. Bestandsaufnahme und Analyse der Rechtsprechung des Europäischen Gerichtshofs zum Schutz der Grundrechte als allgemeine Rechtsgrundsätze, 1993; *ders.*, Handbuch zum europäischen und deutschen Umweltrecht (EUDUR), Bd. 1, 2. Aufl. 2003; *Ress*, Der Bürger zwischen staatlicher Verfassung (Grundgesetz) und der Rechtsordnung der Europäischen Union, in Modeen, S. 41; *ders.*, Die Europäische Grundrechtscharta und das Verhältnis zwischen EGMR, EuGH und den nationalen Verfassungsgerichten, in Duschanek/Griller, S. 183; *Robbers*, Sicherheit als Menschenrecht, 1987; *Roth*, Verwaltungshandeln mit Drittbetroffenheit und Gesetzesvorbehalt, 1991; *Roth*, Faktische Eingriffe in Freiheit und Eigentum, 1994; *Schildknecht*, Grundrechtsschranken in der Europäischen Gemeinschaft, 2000; *Schilling*, Bestand und allgemeine Lehren der bürgerschützenden allgemeinen Rechtsgrundsätze des Gemeinschaftsrechts, EuGRZ 2000, 3; *Schmitz*, Die EU-Grundrechtscharta aus grundrechtsdogmatischer und grundrechtstheoretischer Sicht, JZ 2001, 833; *Schubert*, Der Gemeinsame Markt als Rechtsbegriff, 1999; *Schwab*, Der Europäische Gerichtshof und der Verhältnismäßigkeitsgrundsatz, 2002; *Schwarz*, Das Postulat lückenlosen Grundrechtsschutzes und das System grundgesetzlicher Freiheitsgewährleistung, JZ 2000, 126; *Selmer*, Die Gewährleistung der unabdingbaren Grundrechtsstandards durch den EuGH, 1998; *Sherlock/Andrews*, Judgments of the Court of Human Rights, ELRev 22 (1997), 118; *Stange ua*, Verwaltungsgerichtsbarkeit und öffentliches Recht – Aufbau und Bewährung – in Mecklenburg-Vorpommern, Festgabe für Klaus Haack anlässlich seiner Versetzung in den Ruhestand, 1997; *Szczekalla*, „Ausländer" in Deutschland, RJ 10 (1991), 321; *ders.*, Grundrechte für Europa, DVBl 2001, 345; *ders.*, Wirtschaftliche Grundrechte und EG-Grundfreiheiten – Grundrechte und -freiheiten ernst genommen, in Bruha/Nowak/Petzold, Grundrechtsschutz, S. 65; *ders.*, Die sogenannten grundrechtlichen Schutzpflichten im deutschen und europäischen Recht, 2002; *ders.*, Freiheit im Europäischen Verfassungsverbund – Allgemeine Rechtsgrundsätze zwischen Instrumentalisierung und Auflösung?, DVBl 2005, 286; *ders.*, Artikel „Allgemeine Rechtsgrundsätze" und Artikel „Grundrechte", in Rengeling, EUDUR, § 11 u. 12, S. 294 u. 338; *ders.*, Grundrechte für Europa, DVBl 2001, 345; *Tonne*, Effektiver Rechtsschutz durch staatliche Gerichte als Forderung des Europäischen Gemeinschaftsrechts, 1997; *Triantafyllou*, The European Charter of fundamental rights and the „rule of law": restricting fundamental rights by reference, CMLRev. 39 (2002), 53; *ders.*, Vom Vertrags- zum Gesetzesvorbehalt, 1996; *Vitorino*, La Charte des droits fondamentaux de l'Union européenne, RDUE 2001, 27; *Graf Vitzthum/Pena*, L'Identité de l'Europe, 2002; *Weber*, Die Europäische Grundrechtscharta, NJW 2000, 537; *Weber-Dürler*, Der Grundrechtseingriff, VVDStRL 57 (1998), 57; *Weiß*, Das Gesetz im Sinne der Europäischen Menschenrechtskonvention, 1996; *Zuleeg*, Bananen und Grundrechte, NJW 1997, 1201.

A. Schutzbereiche

I. Schutzbereichsbestimmung

Jede Prüfung einer Grundrechtsverletzung beginnt in der Regel mit dem Auffinden des einschlägigen **(sachlichen) Schutzbereichs**, verstanden als **Ausschnitt aus der Lebenswirklichkeit**, entweder – wie bisher – rechtsgrundsätzlich erkannt (im Wege wertender Rechtsvergleichung [auf-] gefunden) oder – nach (jetzt regelmäßig voller) Verbindlichkeit der Charta – weitestgehend dort schriftlich fixiert.[1] Der **EuGH** hat sich bisher eher **wenig Mühe bei der** sauberen **Konturierung** solcher Schutzbereiche gegeben.[2]

1

---

[1] Es bleiben freilich in der Charta nicht eigens ausformulierte Grundrechtsgehalte, für die auch in Zukunft allgemeine Rechtsgrundsätze bedeutsam bleiben dürften, namentlich bei der allgemeinen Handlungsfreiheit (→ § 22). Von einer Sperrwirkung kann hier jedenfalls nicht ausgegangen werden, s. *Rengeling/Szczekalla* Grundrechte in der EU Rn. 633 ff., 636; *Szczekalla* DVBl 2005, 286 (286 ff.); Jarass EU-GR § 2 Rn. 11 ff., insbes. Rn. 15 aE, jew. mwN.

[2] Kritisch dazu *Rengeling* S. 232 ff., 234; Jarass EU-GR § 6 Rn. 8; *Gärditz* in Grabenwarter, EnzEur Bd. 2, § 4 Rn. 5 ff. Keine Konturierung des Schutzbereichs der Versammlungsfreiheit für das damalige Gemeinschafts- u. heutige Unionsrecht vornehmend EuGH C-112/00, Slg. 2003, I-5659 – Schmidberger („Brenner-Blockade"). Anders für die Privatsphäre („Anwendungsbereich"), allerdings zusammengezogen mit der Frage nach einem Eingriff, EuGH verb. Rs. C-465/00, C-138/01 u. C-139/01, Slg. 2003, I-4989 Rn. 73 – ORF. Ausführlicher auch EuGH C-274/99 P, Slg. 2001, I-1611 Rn. 39 – Connolly, betreffend die Entfernung aus dem Dienst und die Meinungsfreiheit unter Hinweis auf Art. 10 EMRK und die diesbzgl. EGMR-Rspr. Seit Inkrafttreten der Charta (1.9.2009) hat der EuGH diese in 766 Entscheidungen zitiert (2.9.2019). Sein Vorgehen wird dieser dogmatischen Darlegung häufig nicht gerecht. Das ändert aber nichts an der Kraft der Dogmatik für die Praxis.

2 Dieses **pragmatische Vorgehen**[3] des Gerichtshofs ist bis zu einem gewissen Grad auch verständlich. Wird am Ende der Grundrechtsprüfung eine umfassende Güter- und Interessenabwägung vorgenommen, dann erscheint es auf den ersten Blick nicht der Mühe wert, zu Beginn der Prüfung allzu viel Aufwand auf das Auffinden und Definieren des einschlägigen Schutzbereichs zu verwenden. Gleichwohl sollte das **abwehrrechtliche Argumentationspotenzial** voll ausgeschöpft werden (→ § 8 Rn. 6). Seine **Rationalitätsgewinnne** zeigen sich hier gerade darin, dass sich der Rechtsanwender möglichst frühzeitig darüber klarwerden muss, **welche Grundrechte** eigentlich **auf dem Spiel** stehen. Der erforderliche Argumentationsaufwand sollte sich auch daran ausrichten.

3 In bestimmten Konstellationen erscheint dieser **Aufwand** allerdings tatsächlich als „frustriert": Wenn etwa in manchen Mitgliedstaaten auf der einen Seite durchaus Wert darauf gelegt wird, dass **Geschäftsräume** in den Schutzbereich des Wohnungsgrundrechts fallen,[4] auf der anderen Seite trotz Eröffnung eben dieses Schutzbereichs auf der Eingriffs- oder Rechtfertigungsebene andere oder geringere Anforderungen als bei „normalen" Wohnungen (Privatwohnungen) aufgestellt werden, dann wirkt dieses Vorgehen eher wie ein unentschlossener Rückschritt, der vielleicht besser durch eine andere Definition des Schutzbereichs vermieden worden wäre.[5] Das gilt jedenfalls dann, wenn man mit diesem geringeren Schutzstandard im Ergebnis übereinstimmen will.[6]

4 **1. Sachlicher Schutzbereich.** Der **sachliche Schutzbereich** als Ausschnitt aus der Lebenswirklichkeit erfasst ein bestimmtes **Verhalten** (Freiheit, zB Freizügigkeit oder Meinungsfreiheit) oder einen bestimmten **Zu- oder Besitzstand** (zB Leben oder Eigentum).

5 **a) Banalitäts- und Trivialitätsvorbehalte?** Fraglich ist, ob schon auf der Ebene des **Schutzbereichs Einschränkungen** vorgenommen werden können und sollten, etwa im Wege des Ausschlusses bestimmter Verhaltensweisen, sei es banaler und trivialer auf der einen oder sozial- und gemeinschädlicher[7] auf der anderen Seite (sog **Tatbestandstheorie[n]**[8]).

---

[3] Allgemein zum Gegensatz, aber auch zur Ergänzung von Dogmatik und Pragmatismus *Kühling/Lieth* EuR 2003, 371 (371 ff.). Zur Grundrechtsdogmatik selbst *Kühling* in v. Bogdandy/Bast Europ. VerfassungsR S. 657 (671 f.).

[4] Wohnung und andere (also wohl auch Geschäfts-) Räume auf verfassungs*text*licher Ebene bei Durchsuchungen gleich behandelnd Art. 50 polnVerf („Die Unverletzlichkeit der Wohnung wird gewährleistet. Die Durchsuchung einer Wohnung, anderer Räume oder eines Fahrzeugs darf nur in den im Gesetz bestimmten Fällen und in der gesetzlich bestimmten Weise erfolgen."). Ähnlich Art. 36 Abs. 2, 3 und 5 slowenVerf. Anders („Privatwohnung") Art. 59 Abs. 1 ungVerf.

[5] Geschäfts*räume* ausschließend zunächst EuGH verb. Rs. 46/87 u. 227/88, Slg. 1989, 2859 Rn. 17 – Hoechst/Kommission. Offener im Hinblick auf ua EGMR 16.12.1992 – 13710/88, Series A no. 251-B Rn. 26 ff. = EuGRZ 1993, 65 = NJW 1993, 718 – Niemietz/Deutschland (zur Durchsuchung einer Anwaltskanzlei); EuGH C-94/00, Slg. 2002, I-9011 Rn. 23 ff., 29 – Roquette Frères SA. Ausweichend EuGH verb. Rs. C-238/99 P ua, 2002, I-8375 Rn. 236 ff., 251 – Limburgse Vinyl Maatschappij ua/ Kommission. Zu einem nicht gerechtfertigten Eingriff in Art. 8 EMRK bei einer Einsichtnahme in die Daten eines Geschäfts*kontos* eines Rechtsanwalts durch die Staatsanwaltschaft s. jetzt EGMR 27.4.2017 – 73607/13 Rn. 47 ff. –Sommer/Deutschland.

[6] Verfassungstextliche Alternative ist natürlich eine ausdrückliche Anordnung für gemischt-genutzte Räume wie etwa in Art. 21 Abs. 3 S. 2 slowakVerf („Wenn der Wohnraum auch zu unternehmerischen oder zur Ausübung einer anderen wirtschaftlichen Tätigkeit genutzt wird, können durch Gesetz auch dann Eingriffe vorgesehen werden, wenn dies zur Erfüllung von Aufgaben der öffentlichen Verwaltung unvermeidlich ist.").

[7] Zum (Sonder-)Problem der „Friedlichkeit" bei der Versammlungsfreiheit (Art. 12 GRC sowie Art. 26 Abs. 1 belgVerf, Art. 43 Abs. 1 bulgVerf, § 79 S. 1 dänVerf, § 47 estnVerf, Art. 8 Abs. 1 GG, Art. 11 Abs. 1 griechVerf, Art. 17 Abs. 1 italVerf, § 103 lettVerf, Art. 36 Abs. 1 litVerf, Art. 25 Abs. 1 luxVerf, Art. 40 Abs. 6 Nr. 1 lit. b S. 1 irVerf, Art. 42 Abs. 1 maltVerf, Art. 57 polnVerf, Art. 45 Abs. 1 portVerf, Art. 36 rumVerf, Art. 28 Abs. 1 slowakVerf, Art. 42 Abs. 1 slowenVerf, Art. 21 Abs. 1 spanVerf, Art. 62 Abs. 1 ungVerf, Art. 34 Abs. 1 türkVerf, Art. 3, 112 Abs. 1 tschechVerf iVm Art. 19 Abs. 1 tschechGR-Deklaration sowie Art. 21 Abs. 1 zypVerf und schließlich Art. 11 EMRK) s. *Rengeling/Szczekalla* Grundrechte in der EU Rn. 740 f., 751 f. Zum Problem unwahrer Tatsachen bei der Meinungsäußerungsfreiheit (Art. 11 GRC) *Rengeling/Szczekalla* Grundrechte in der EU Rn. 723. Zum Terrorismusvorbehalt beim Asylrecht (Art. 18 GRC) vgl. *Rengeling/Szczekalla* Grundrechte in der EU Rn. 856.

[8] Zu Art. 14 Abs. 3 GRC s. → § 10 Rn. 67 mit Fn. 134.

Ein **Banalitäts- oder Trivialitätsvorbehalt** ist indes **abzulehnen:**[9] Jegliches menschliche Verhalten ist Freiheitsgebrauch und *prima facie* grundrechtlich geschützt. Die Schutzbereiche sind dabei grundsätzlich weit auszulegen:[10]

Zwar ist diese Frage insbesondere auch in der deutschen Diskussion, die insofern modellhaft herangezogen werden kann, umstritten.[11] Umstritten sind solche Vorbehalte aber auch auf EMRK-Ebene.[12] Unter Offenlassen der Frage, ob das Verhalten tatsächlich in den Schutzbereich des Art. 8 EMRK falle, hat bspw. die EKMR ein **Fütterungsverbot für fremde Katzen** als jedenfalls nach Abs. 2 der genannten Vorschrift für gerechtfertigt gehalten.[13] Der schottische *Court of Session – Outer House –* hat demgegenüber noch deutlicher (durch-) entschieden, dass das **schottische Fuchsjagdverbot**[14] (genauer: das Verbot der Treibjagd zu Pferde mit Hunden [„Hetzjagd mit Hundemeute"]) gar nicht erst in den Schutzbereich des Art. 8 EMRK falle.[15] 6

Im Ergebnis sprechen die besseren Gründe gegen einen solchen Vorbehalt. Zunächst stellt sich schon die Frage, **wer** für den Grundrechtsträger darüber **entscheiden** soll, was banal und was trivial ist. Natürlich entscheidet letzten Endes immer ein **Gericht** über den Umfang des Schutzes im Einzelfall. Aber die **Freiheitlichkeit einer Rechtsordnung** und ihrer Gesellschaft(en) erweist sich gerade immer dann, wenn ihre Rechtsnormen einschließlich der Grundrechtsnormen es dem Einzelnen selbst überlassen, was für ihn Freiheit ist, wie er sich verhalten will. 7

Schließlich ist nicht einzusehen, warum ein Staat, eine Gemeinschaft bzw. eine Union oder auch eine Gesellschaft dem Einzelnen **Einbußen an Freiheit** zumuten wollen, wenn dafür keine **vernünftigen Gründe** angeführt werden müssen, obwohl sie es im Regelfall durchaus werden könnten. Mit anderen Worten: Jedes staatliche oder unionale Verhalten, 8

---

9 Vgl. *Szczekalla* S. 348 mwN; *Szczekalla* DVBl 2005, 286 (290 f.).
10 Dementsprechend lehnt es der EuGH im *„Brenner-Blockaden"* bzw. *Schmidberger*-Fall (EuGH C-112/00, Slg. 2003, I-5659 – Schmidberger) stillschweigend ab, Beeinträchtigungen der Warenverkehrsfreiheit erst ab einer bestimmten Intensitätsschwelle einer Rechtfertigungsprüfung zuzuführen. Damit wird der Sache nach einer Tatbestandslösung eine Absage erteilt. Sogar ausdrücklich für eine weite Auslegung des Schutzbereichs des Privatlebens im Anschluss an den EGMR auch EuGH verb. Rs. C-465/00, C-138/01 u. C-139/01, Slg. 2003, I-4989 Rn. 73 – ORF ua.
11 Vgl. nur *Schwarz* JZ 2000, 126 (126 ff.); *Hochhuth* JZ 2002, 743 (743 ff.), jew. mwN.
12 S. etwa die abweichenden Meinungen v. *Vilhjálmsson* sowie v. *Lopes Rocha* zu EGMR 23.4.1996 – 16839/90, Rep. 1996-II, 559 (578 bzw. 582) = ÖJZ 1996, 831 – Remli („Angeblich rassistische Bemerkungen eines Geschworenen"): „the complaint is so trivial the case falls outside of the sphere of human rights"/„le grief est d'une insignifiance telle que l'affaire échappe au domaine des droits de l'homme" bzw. „le grief est d'une insignifiance tell au regard de l'ensemble des faits de la cause qu'il ne peut raisonnablement convaincre de l'existence d'une violation du droit à une tribunal impartial"/„the complaint is of such triviality in the light of all the facts of the case that it cannot reasonably be convincing as to the existence of a breach of the right to an impartial tribunal". Kritisch dazu *Sherlock/Andrews* ELRev 22 (1997), 118 (134 f.): „A view which may be regarded as a little surprising". Solche Äußerungen gibt es bis heute nicht einmal in der Rspr. des EGMR.
13 EKMR 20.5.1998 – 30469/96, nicht veröff., S. 5 – Hanna Kleis/Deutschland, betr. ein Fütterungsverbot für streunende Katzen („un gros chat avec un ventre ondulant [Labberbauch]").
14 Protection of Wild Mammals (Scotland) Act 2002 und Protection of Wild Mammals (Scotland) Act 2002 (Commencement) Order 2002 (im Internet abrufbar unter http://www.legislation.gov.uk/asp/2002/6/contents, letzter Abruf 2.9.2019). Das *Londoner Unterhaus* hatte bereits im Januar 2001 für ein Verbot gestimmt, welches aber vom *Oberhaus* zurückwiesen wurde. Gleiches geschah zuletzt im März 2002. Ein entsprechendes Anti-Jagdgesetz ist dann aber am 18.2.2005 in Kraft getreten. Zu dessen Verfassungsmäßigkeit trotz Nichtbeachtung des Votums des Oberhauses s. CA, The Queen (Jackson a. o.) v. HM AG, [2005] 2 WLR 866 = [2005] QB 579 = Times v. 17.2.2005 (Law Reports). Diese staatsorganisationsrechtliche Entscheidung bestätigte: House of Lords, [2005] 4 AllER 1253 = [2005] 3 WLR 733. Zur grundfreiheitlichen (insbes. Art. 49 EGV = Art. 56 AEUV) und grundrechtlichen Seite (insbes. Art. 1 EMRKZusProt) s. aber auch noch High Court (Queen's Bench Division), The Queen (Countryside Alliance a. o.) v. HM AG a.ao., Times v. 3.8.2005 (Law Reports) – Hunting Act 2004-II.
15 CS (OH), Adams a. o. v. Lord Advocate, Times v. 8.8.2002 (Law Reports) – Foxhunting ban – Eingriff in Art. 1 EMRKZusProt sowie eine – allerdings aus *Tierschutzgründen* gerechtfertigter – Eingriff in Art. 1 EMRKZusProt sowie eine – ebenfalls gerechtfertigte – Ungleichbehandlung iSv Art. 14 EMRK erwogen (mwN aus der Rspr. des EGMR). Die Entscheidung wurde bestätigt durch CS (IH), Adams a. o. v. The Scottish Ministers, [2004] SC 665.

das den Einzelnen *prima facie* in seiner Freiheit trifft, muss auch grundrechtlich gerechtfertigt werden (können). Der Einzelne muss es nicht hinnehmen, dass seine Freiheit aus nichtigen Gründen beschnitten wird, so banal oder so trivial diese Freiheitsausübung im Einzelfall auch dem **Grundrechtsästheten**[16] erscheinen mag. **Jedes** noch so (vermeintlich) **profane Verhalten** des Individuums ist schließlich (auch) **Ausdruck** seiner **Menschenwürde,**[17] welche die Charta ausdrücklich und an erster Stelle nennt und die durch die nachfolgenden Freiheiten (nur) näher konkretisiert wird (→ § 13). Durch sein Gesamtverhalten verwirklicht sich der Mensch in Freiheit selbst und entfaltet seine Persönlichkeit. Damit sind auch das Hunde-, Katzen- und **Taubenfüttern im Park**[18] oder das **Reiten im Walde**[19] grundrechtlich geschützt.[20]

9   Dieser Auffassung liegt die bereits erwähnte **grundrechtstheoretische Annahme** zugrunde, dass es einen **lückenlosen Grundrechtsschutz** gibt und geben soll (→ § 8 Rn. 3 f.).[21] Sie steht in enger Verbindung mit der weiteren Annahme, dass die Unionsgrundrechte als **allgemeine Rechtsgrundsätze** vom Gerichtshof **nicht erfunden, sondern** (nur) **aufgefunden** bzw. heute der **Charta** im Wege der **Auslegung** entnommen werden. Die **Freiheit** ist dem jeweiligen Gemeinwesen, sei es der Mitgliedstaat, sei es die Union, vorgegeben. Sie wird „nur" **gewährleistet, nicht** aber **gewährt** (→ § 8 Rn. 2). Diese Grundrechtsanschauung kommt in dem Satz zum Ausdruck, dass alles das, **was nicht verboten ist, erlaubt** sein muss.[22] Dieser Satz ist am deutlichsten in Art. 5 der Französischen Menschenrechtserklärung aus dem Jahr 1789 niedergelegt:

„Das Gesetz hat nur das Recht, solche Handlungen zu verbieten, die der Gesellschaft schädlich sind. Alles, was durch das Gesetz nicht verboten ist, darf nicht verhindert werden, und niemand kann genötigt werden zu tun, was es nicht befiehlt."[23]

Trotz seiner langen Tradition musste das deutsche BVerfG die Fachgerichte sogar in jüngerer Zeit noch einmal ausdrücklich an seine Geltung auch unter dem Grundgesetz erinnern.[24]

---

[16] Wie hier *Bethge* VVDStRL 57 (1998), 21 (21 f., 54 Ls. II. 2.b), der sich – auch sprachlich schön – gegen „elitäres Grundrechtsdenken [...] vom hohen Roß des Grundrechtsästheten" wendet. AA aber *Knies* VVDStRL 57 (1998), 150 f., der sich gegen die „Banalisierung der Grundrechte" und gg. einen „lückenlosen Grundrechtsschutz" iSd Satzes „Das Leben ist ein Grundrechtsgebrauch" ausspricht. Im Wesentl. wie hier, bei der Kontrolle von Gesetzen aber (leicht) differenzierend *Hochhuth* JZ 2002, 743 (744 ff.). *Schwarz* JZ 2000, 126 (128 ff.), konstatiert demgegenüber keine unbegrenzte Freiheit unter Hinw. auf Art. 18 GG, die Meinungs- (unwahre Tatsachen) – dazu *Rengeling/Szczekalla* Grundrechte in der EU Rn. 723), Kunst- (Sachbeschädigung – hierzu *Rengeling/Szczekalla* Grundrechte in der EU Rn. 758) und Versammlungsfreiheit (Friedlichkeitsvorbehalt – s. Fn. 7) sowie die Berufs- (*erlaubte* Tätigkeiten) und Eigentumsgarantie (Ausgestaltung → § 8 Rn. 35 ff. sowie *Rengeling/Szczekalla* Grundrechte in der EU Rn. 808 betr. den „rechtmäßigen" Erwerb und Art. 16 GRC – „wohlerworben") und Art. 16a GG (s. *Rengeling/Szczekalla* Grundrechte in der EU Rn. 856).
[17] Insoweit zutreffend *Lindner* BayVBl. 2001, 523 (525 Sp. 1).
[18] BVerfGE 54, 143 – Taubenfüttern.
[19] BVerfGE 80, 137 – Reiten im Walde. Kritisch aber die abweichende Meinung v. *Grimm* BVerfGE 80, 137 (164 ff., insbes. 168).
[20] *Szczekalla* S. 347 f. mwN.
[21] Vgl. – insofern ohne nähere Begründung der Übertragung dieser Annahme auf Gemeinschaftsebene bzw. Unionsebene – *Lindner* BayVBl. 2001, 523 (524 Sp. 2).
[22] Ausführlich zu diesem grundlegenden Freiheits- bzw. Erlaubnissatz (auch rechtsstaatliche [zu ergänzen ist: rechtsgemeinschaftliche] Verteilungsregel genannt) und seinen (ihren) grundrechtsdogmatischen, -theoretischen und nicht zuletzt logischen Folgen vgl. mwN *Szczekalla* S. 404 ff., insbes. 411 f., 903 ff., 905, 1125 f. These 58.
[23] Hinzu kommt Art. 4 frzMR-Erklärung: „Die Freiheit besteht darin, alles tun zu dürfen, was einem anderen nicht schadet. Die Ausübung der natürlichen Rechte des Menschen hat also nur die Grenzen, die den anderen Mitgliedern der Gesellschaft den Genuss der gleichen Rechte sichert. Diese Grenzen können nur durch Gesetz bestimmt werden". S. auch Art. 31 Abs. 2 S. 2 polnVerf („Niemand darf zu etwas gezwungen werden, was ihm nicht durch das Recht geboten ist.") und Art. 2 Abs. 4 tschechVerf („Jeder Bürger kann tun, was gesetzlich nicht verboten ist, und niemand darf gezwungen werden zu tun, was ihm das Gesetz nicht auferlegt." – ähnlich Art. 3, 112 Abs. 1 tschechV iVm Art. 2 Abs. 3 tschechGR-Deklaration).
[24] BVerfGE 84, 372 (380) – Lohnsteuerhilfevereine.

b) Sozial- und Gemeinschädlichkeitsvorbehalte? Der *a priori* Ausschluss sozial- 10
und gemeinschädlicher Verhaltensweisen ist ebenfalls **abzulehnen:** Zum einen ist
unklar, was jeweils (so) sozial- und gemeinschädlich ist, das es von vornherein keinen
grundrechtlichen Schutz mehr erfahren soll. Stellt man hier bspw. auf das (Kern-) Strafrecht
ab, nimmt also einen **Strafrechtsvorbehalt** an, so käme es zu einer **Gesetzmäßigkeit der
Grundrechtsausübung,** ohne dass diese Einschränkungen einer strukturierten Rechtfertigungsprüfung unterzogen werden müssten. Wie beim insoweit vergleichbaren allgemeinen Missbrauchsverbot aus Art. 54 GRC (→ Rn. 108 ff.) gilt es auch hier, vorschnelle Begründungssurrogate zu vermeiden.[25]

2. Persönlicher Schutzbereich. Die Reichweite des Schutzes in persönlicher Hinsicht 11
hängt davon ab, ob es sich bei dem jeweiligen Grundrecht um ein **Menschenrecht,** ein
([echtes] Staats- bzw. Unions-) **Bürgerrecht** oder um eine – auf nachfolgende Ausdehnung
angelegte – **„Hybridform"** handelt **(persönlicher Schutzbereich).** An sich müssten
Grundrechte als Abwehrrechte alle diejenigen Menschen berechtigen, welche auch der
grundrechtsgebundenen Hoheitsgewalt unterworfen sind und dieser **Rechtsgehorsam** schulden.[26] Das entspricht auch der allgemeinen, auf Universalität angelegten Idee der
Menschenrechte sowie der unbeschränkten Verpflichtung bzw. Zusicherung der Vertragsstaaten in **Art. 1 EMRK.**[27] Die Frage, ob auch **juristische Personen** oder sonstige
Personenmehrheiten Träger von Grundrechten sind, erschließt sich aus jedem einzelnen
Grundrecht. Hier gibt es mitunter Streit, etwa bei der Unschuldsvermutung, die von der
Union in ihrer einfachrechtlichen Ausformulierung nur auf natürliche Personen beschränkt
wird, während es gerade im Kartellrecht auch und gerade um juristische Personen geht
(→ § 56).[28]

a) Spezielle Ausländer-Grundrechte. Bestimmte Rechte in der Charta erweisen sich 12
sogar als **spezielle Ausländer-Grundrechte:** Das **Asylrecht** und der Schutz bei **Abschiebung, Ausweisung und Auslieferung** (Art. 18 und 19 GRC) sind zwar rechtlich
nicht auf Drittstaatsangehörige beschränkt (→ §§ 20 f.). Faktisch werden aber ganz überwiegend nur sie davon profitieren.[29] Dem vollständigen (dh auch theoretischen) Ausschluss
der Unionsbürger stand und steht allerdings das Diskriminierungsverbot (aus Gründen der
Staatsangehörigkeit) entgegen. Das hat wohl auch den (Ersten) Konvent dazu bewogen,
eine ausdrückliche Beschränkung auf Drittstaatsangehörige bei diesen Rechten aufzugeben.[30]

---

[25] Zum *(prima facie-)*Schutz sogar der Verabredung zu einem Auftragsmord durch Art. 8 EMRK in seinem kommunikativen Gehalt s. etwa EGMR 23.11.1993 – 14838/89, Series A no. 277-B Rn. 36 – A./Frankreich (Telefonfalle-I).
[26] Letzteres gilt ausdrücklich zwar nur für Unionsbürger (s. Art. 20 Abs. 2 AEUV). Drittstaatsangehörige werden vom Unionsrecht aber selbstverständlich ebenso erfasst. Für Schutzrechte gilt im Übrigen – ggf. mit Ausnahme des diplomatischen und konsularischen Schutzes – das Gleiche. Zur nicht weiter diskutierten Anwendung der Meinungsfreiheit auf Drittstaatsangehörige EuGH C-100/88, Slg. 1989, 4285 Rn. 14 ff. – Oyowe und Traore (Beamtete Redakteure).
[27] *Kühling* in v. Bogdandy/Bast Europ. VerfassungsR S. 657 (686 f. mwN).
[28] S. RL (EU) 2016/343 (ABl. 2016 L 65, 1), 12. Begründungserwägung. Vgl. allgemein *Rengeling/Szczekalla* Grundrechte in der EU Rn. 350, 355 ff., 369, 389 ff.
[29] Vgl. das Protokoll Nr. 24 über die Gewährung von Asyl für Staatsangehörige von MS der EU, wonach die MS „[i]n Anbetracht des Niveaus des Schutzes der Grundrechte und Grundfreiheiten" in ihnen „füreinander für alle rechtlichen und praktischen Zwecke im Zusammenhang mit Asylangelegenheiten als sichere Herkunftsländer" gelten. Deshalb dürfe ein Asylantrag eines Staatsangehörigen eines MS von einem anderen MS nur berücksichtigt oder zur Bearbeitung zugelassen werden, wenn (ua) der MS des Antragstellenden die Notstandsklausel des Art. 15 EMRK anwendet oder wenn das Verfahren des Art. 7 Abs. 1 EUV eingeleitet worden ist (Details s. lit. a–d) → § 2 Rn. 6.
[30] Enthalten war diese bis zum Entwurf vom 5./12.5.2000 – CHARTE 4284/00 CONVENT 28, S. 21, Art. 21 (Asylrecht und Ausweisung) Abs. 1 (Staatsangehörige von Drittländern). Bei einem ausdrücklichen Ausschluss und voller Rechtsverbindlichkeit der Charta hätte sich ansonsten das Problem verfassungswidrigen Verfassungsrechts gestellt. Allgemein zu diesem anlässlich der Frage nach einem veränderungsfesten „Verfassungs"-Kern *Rengeling/Szczekalla* Grundrechte in der EU Rn. 130 ff. (131), sowie

13   **b) Soziale Gleichstellung unter Rechtmäßigkeitsvorbehalt.** Unter der Voraussetzung eines **rechtmäßigen Wohnsitzes** bzw. eines rechtmäßigen **Aufenthaltswechsels** führt Art. 34 Abs. 2 GRC zu einer weitgehenden Gleichstellung auch von Drittstaatsangehörigen mit den Unionsbürgern in Bezug auf **Leistungen der sozialen Sicherheit**[31] (→ § 26). Wegen des Rechtmäßigkeitserfordernisses nicht erfasst wird dabei allerdings die nicht unerhebliche Zahl von sog *„sans papiers"*, also von Menschen ohne (gültige [Ausweis-]) Papiere. Hier wird aber ein Mindestschutz auf jeden Fall über die Menschenwürdegarantie aus Art. 1 GRC erreicht (Schutz des **Existenzminimums**).[32]

14   **c) Menschenrechte sowie (echte und unechte) Bürgerrechte.** Neben dieser partiellen sozialrechtlichen Schutzerweiterung, welche bei Sozialversicherungsleistungen auch konventionsrechtlich geboten ist,[33] kommt die grundsätzliche Offenheit jedenfalls der **Charta** für die Belange von Drittstaatsangehörigen in der **weitgehenden** Ausformulierung ihrer Rechte als **Menschenrechte** zum Ausdruck. Selbst die Überschrift ihres V. Kapitels („Bürgerrechte") lässt nur auf den ersten Blick eindeutig ab- und ausgrenzende Homogenität und Systematik vermuten: Differenziert wird nämlich auch dort zwischen den **„echten"** ([Nur-] Unions-) **Bürgerrechten** – Europawahl- [Art. 39 GRC] und Kommunalwahlrechte [Art. 40 GRC, jeweils → § 51] sowie diplomatischer und konsularischer Schutz [Art. 46 GRC → § 52]) und den **sonstigen „Bürgerrechten"** wie Dokumentenzugang (Art. 42 GRC → § 60), Befassung des Bürgerbeauftragten (Art. 43 GRC → § 54) und Petitionsrecht (Art. 44 GRC → § 53), bei welchen unter anderem auch natürliche Personen mit Wohnsitz in einem Mitgliedstaat erfasst werden, also auch Drittstaatsangehörige. Das rechtfertigt sich wie beim gerichtlichen Rechtsschutz aus den allgemeinen Zielen der (Verwaltungs-) **Verfahrensgerechtigkeit** und **Transparenz,** welche schwerlich nach der Staatsangehörigkeit unterscheiden können. Das gilt auch für ein drittes, gleichsam Rechte-Bündel, welches ausdrücklich als **Jedermannrecht** formuliert ist, nämlich das „Recht **auf gute Verwaltung"** (Art. 41 GRC → § 61). Das zunächst auf Unionsbürger beschränkte **Freizügigkeitsrecht** (Art. 45 GRC → § 19) kann schließlich in den vertraglich vorgesehenen Bahnen auf Drittstaatsangehörige **erweitert** werden und nimmt folglich die bereits erwähnte **Mischform** ein.

15   Relative Einigkeit herrscht eigentlich nur insoweit, als dass die Wahlrechte auf die jeweiligen Staatsangehörigen (Unionsbürger) beschränkt bleiben (dürfen). Allerdings hat das Europäische Parlament die **Einführung** eines allgemeinen **Kommunalwahlrechts für Drittstaatsangehörige** – wenn auch kontrovers – diskutiert und beschlossen.[34] Mangels diesbezüglicher Unionskompetenz kann es sich hierbei aber ohnehin nur um eine rechtspolitische Anregung handeln, welche die Mitgliedstaaten aufgreifen können, aber nicht müssen.[35]

– am Bsp. der (Agrar-) Marktordnungen und der Berufsfreiheit – *Rengeling/Szczekalla* Grundrechte in der EU Rn. 793.

[31] Vgl. etwa VO (EG) Nr. 883/2004 (ABl. 2004 L 166, 1) zur Koordinierung der Systeme der sozialen Sicherheit. Zur Gleichstellung von Flüchtlingen und Staatenlosen bei Leistungen der sozialen Sicherheit (schon) in Art. 2 der Vorgänger-VO (EWG) Nr. 1408/71 s. EuGH verb. Rs. C-95/99 bis C-98/99 u. C-180/99, Slg. 2001, I-7413 Rn. 39 ff. – Khalil. Danach ist die Erstreckung zunächst einmal kompetenzgemäß. Die Inanspruchnahme setzt aber einen grenzüberschreitenden Sachverhalt voraus. S. auch BVerwGE 112, 100 – Sozialhilfe für Konventionsflüchtlinge.

[32] Aus rechtstatsächlicher Sicht zu den „Illegalen" etwa *Alt* passim; *Alt* ZAR 2001, 65 (65 ff.); *Alt* ZAR 2000, 73 (73 ff.).

[33] Vgl. EGMR 16.9.1996 – 17371/90, Rep. 1996-IV, 1129 = JZ 1997 405 = ÖJZ 1996, 955 – Gaygusuz/Österreich (Notstandshilfe). Sich dem anschließend öst.VfGH VfSlg. Nr. 15129 = EuGRZ 1998, 665. (Sehr) Kritisch *Hailbronner* JZ 1997, 397 (397 ff.). S. auch die nachfolgende Ab- und Eingrenzung durch EGMR 18.4.2002 – 39802/98, ÖJZ 2002, 696 – LB/Österreich (Ersatzzeiten im Ausland).

[34] Initiativbericht v. MdEP *Moraes* zur Mitteilung der Kommission über Einwanderung, Integration und Beschäftigung, KOM(2003) 336 endgültig – Dok. A5–0445/2003, angenommen mit 255:192:20 Stimmen am 15.1.2004 (Nr. 32 der Entschließung betr. die „Zivilbürgerschaft"). Außerdem sollen Einwanderer automatisch eine Aufenthaltsgenehmigung bekommen, wenn sie berufstätig sind und Sozialversicherungsbeiträge leisten. Gesetzgebung geworden ist dieser Bericht nicht.

[35] Ein solches Kommunalwahlrecht auch für Nicht EU-Bürger gibt es etwa seit 1985 in den Niederlanden und auch in Belgien (s. FAZ Nr. 44 vom 21.2.2004, S. 7). Zur Diskussion in Deutschland *Szczekalla* RJ

II. Grundrechtskonkurrenzen

Eine **ausgefeilte Dogmatik** zu den Grundrechtskonkurrenzen kennt das Unionsrecht bislang **nicht**. Die Charta erschwert die Lösung sogar noch, weil sich eine Reihe ihrer Rechte und Grundsätze nebeneinander anwenden lassen, was Auswirkungen auf die Justiziabilität haben kann (→ Rn. 92 f., 95 ff.). Dort wird man **im Zweifel das „stärkere" Recht** vor dem „schwächeren"[36] Grundsatz anwenden müssen. So folgt jedenfalls ein rudimentärer **Kündigungsschutz** bereits aus der **Berufsfreiheit** gem. Art. 15 Abs. 1 GRC in ihrer Schutzfunktion und nicht erst aus Art. 30 GRC (Schutz bei ungerechtfertigter Entlassung → Rn. 96 sowie → §§ 34, 36).[37] Weite Teile des **Umweltschutzes** (Art. 37 GRC → § 60) lassen sich über die Freiheitsrechte, namentlich **(Privat- und Familien-) Leben** sowie **Gesundheit**, wiederum in ihrer Schutzfunktion, einfangen.[38] Gleiches gilt für den **Gesundheitsschutz** aus Art. 35 GRC (→ § 61) und den **Verbraucherschutz** aus Art. 38 GRC (→ § 62).

Gegen diesen Ansatz könnte allenfalls ein **Beharren** auf einem entgegenstehenden, **subjektiven Willen des** (Ersten und Zweiten) **Konvents** sprechen. Ein solches Beharren führte indes zu einer **Versteinerung** des Grundrechtsschutzes und ließe sich auch nicht mit dem *acquis communautaire* vereinbaren, der insoweit über Art. 6 Abs. 2 EUV und die dem zugrundeliegende Judikatur des EuGH die Rechtsprechungslinie des EGMR zu den **positiven Pflichten** bereits mit aufgenommen hat. Und jene sollte schließlich nach Art. IV-438 Abs. 4 VVE „weiterhin maßgeblich für die verbindliche Auslegung des Unionsrechts" sein.[39]

Auch im Übrigen lassen sich zu den Grundrechtskonkurrenzen kaum gesicherten Aussagen treffen.[40] Grundsätzlich wird man von zwei Grundrechten, die den gleichen Ausschnitt aus einem Lebenssachverhalt betreffen, dasjenige anzuwenden haben, das **spezieller** ist, dh das mindestens ein zusätzliches Merkmal aufweist. Eine konkrete **Wert(e[rang]) ordnung** besteht jedenfalls **nicht**, so dass man – anders als im Verhältnis „Recht" – „Grundsatz" – nicht auf das (jeweils) „stärkste" Recht abstellen kann, zumal dafür auch die Schranken (Einschränkungsmöglichkeiten) und Schranken-Schranken (Grenzen dieser Einschränkungsmöglichkeiten) mit einbezogen werden müssten. Deswegen dürfte in vielen Fällen unproblematisch eine **Idealkonkurrenz** anzunehmen sein, also die gleichzeitige Anwendung mehrerer Grundrechte, zumindest in der gedanklichen Vorprüfung. Erst bei Divergenzen, die sich nicht anders beheben lassen, und insbesondere bei Grundrechts(schutzguts)kollisionen ist dann eine Entscheidung erforderlich. Der EuGH hat jedenfalls wenig Probleme mit dem Hintereinanderwegprüfen mehrerer gerügter Grundrechte.[41]

---

10 (1991), 321 (332 ff.), sowie *Zuleeg* KritV 2000, 419 (419 ff.), jew. auch zu BVerfGE 83, 37 – Kein Kommunalwahlrecht für Ausländer.

36 Argument aus Art. 52 Abs. 5 GRC idF des Zweiten („Europäischen") Konvents (CONV 850/03, ABl. 2003 C 169, 1), wonach Grundsätze (nur) „durch Akte der Gesetzgebung und der Ausführung der Organe und Einrichtungen der Union sowie durch Akte der Mitgliedstaaten zur Durchführung des Rechts der Union in Ausübung ihrer jeweiligen Zuständigkeiten umgesetzt werden" könnten (S. 1). Sie könnten vor Gericht auch „nur bei Auslegung dieser Akte und bei Entscheidung über deren Rechtmäßigkeit herangezogen werden" (S. 2). Ebenso sah dies Art. II-112 Abs. 5 VVE (ABl. 2004 C 310) vor.

37 S. dazu bereits *Szczekalla* DVBl 2001, 345 (347 Sp. 2).

38 Ausführlich dazu *Szczekalla* in Rengeling, EUDUR, Bd. 1, § 11 Rn. 6–20, § 12 Rn. 2, 32–46, jew. mwN.

39 ABl. 2004 C 310. Zur Bekräftigung der Rechtsprechung von EuGH und EGMR s. auch Abs. 5 der Präambel der GRC.

40 Zum Verhältnis zwischen Charta und Gründungsverträgen (Art. 52 Abs. 2 GRC als *lex specialis* zu Art. 52 Abs. 1 GRC) → Rn. 71 ff.

41 Bsp.: EuGH C-280/93, Slg. 1994, I-4973 Rn. 67 ff., 77 ff., 81 ff. – Deutschland/Rat (Bananenmarktordnung-II [Hauptsache]), betr. Diskriminierungsverbot, Eigentum und Berufsfreiheit. Anders EuGH folgt noch eine isolierte Prüfung der Verhältnismäßigkeit (Rn. 88 ff.). Außerdem folgt Zur Überschneidung von unternehmerischer und Berufsfreiheit s. schließlich EuGH verb. Rs. C-435/02 u. C-103/03, Slg. 2004, I-8663 – Axel Springer: Aufgehen der Meinungs- in der Berufsfreiheit (Rn. 47). Zur Überschneidung von unternehmerischer und Berufsfreiheit s. schließlich EuGH verb. Rs. C-184/02 u. C-223/02, Slg. 2004, I-7789 Rn. 51 – Spanien und Finnland/EP und Rat.

B. Grundrechtseingriffe

I. Eingriffsbegriff

19 Die zweite Stufe der abwehrrechtlichen Grundrechtsprüfung enthält mit dem **Eingriffsbegriff** einen der wohl umstrittensten Punkte jedenfalls kontinentaleuropäischer, zumindest deutschsprachiger Grundrechtsdogmatik.[42] Unter dem **Oberbegriff Beeinträchtigung** lässt sich hier auch die Prüfung der **Schutzpflicht** integrieren, wenn man deren Vernachlässigung (durch Unterlassen) wie eine aktive **Verkürzung des Schutzbereichs** begreifen will.[43] Wann eine solche beachtliche Verkürzung des Schutzbereichs vorliegt, ist aber alles andere als klar. Ebenso wenig wie beim Schutzbereich oder bei den Grundrechtskonkurrenzen kann man sich hier auf eine ausdrückliche Rechtsprechungslinie des EuGH beziehen. Erst in jüngerer Zeit erwähnt der Gerichtshof die Stufe des Eingriffs überhaupt, allerdings zusammengezogen mit der Frage nach dem Schutzbereich (**„Anwendungsbereich"**) und wohl „nur" angeleitet durch die einschlägige Rechtsprechung des EGMR.[44] Dass es auf Unionsebene in Rechtsprechung und Literatur bisher keine größeren Diskussionen um den Eingriffsbegriff gegeben hat, liegt wohl auch daran, dass sich das Unionshandeln angesichts des nach wie vor fehlenden Gewaltmonopols und der fehlenden ([echten] Kriminal-) Strafgewalt der Union[45] von vornherein gar nicht auf zwei denkbare Merkmale eines solchen Begriffs, nämlich „Befehl und Zwang", reduzieren ließ:

II. Unmittelbarer und finaler Eingriffsbegriff

20 In der deutschsprachigen Grundrechtsdogmatik wird gemeinhin ein sog **klassischer Eingriffsbegriff als Ausgangspunkt** für (eventuelle, heute eigentlich: sichere) Erweiterungen angegeben. In dieser Gestalt soll ein Eingriff zumindest bei **rechtsförmlichen, unmittelbaren hoheitlichen Einwirkungen** auf den Schutzbereich **durch Befehl und Zwang** gegeben sein. In der Folgezeit ist jedenfalls das Merkmal der Befehls- und Zwangsgewalt um das Merkmal der **Finalität**[46] als Äquivalent ergänzt worden.[47]

21 Abstrakt und rein hat es den klassischen Eingriffsbegriff vor allem in der frühen Gerichtspraxis aber ohnehin nie gegeben.[48] Immer schon haben sich **Wertungsfragen** mit der

---

[42] Vgl. insbes. die beiden Referate v. *Bethge* VVDStRL 57 (1998), 7 u. *Weber-Dürler* VVDStRL 57 (1998), 57 auf der Staatsrechtslehrertagung 1997 in Osnabrück (nebst den kontroversen Diskussionsbeiträgen, ibid.).
[43] Zu dieser Konstruktion *Szczekalla* S. 431 f. mwN. Zur Möglichkeit einer noch weitergehenden sog „abwehrrechtlichen Lösung" vgl. *Szczekalla* S. 404 ff.
[44] EuGH verb. Rs. C-465/00, C-138/01 u. C-139/01, Slg. 2003, I-4989 Rn. 72 ff. – ORF ua; EuGH C-368/95, Slg. 1997, I-3689 Rn. 25 f. – Familiapress.
[45] *Szczekalla* S. 602 ff. mwN.
[46] Dazu insbes. *Murswiek* DVBl 1997, 1025 (1027 mwN). Für das öst. Recht u. die EMRK *Holoubek* DVBl 1997, 1031 (1035 f., 1038 mwN).
[47] Die Rechtsprechung des BVerfG lässt sich nicht eindeutig festlegen. Deutlich für einen *finalen Eingriffsbegriff* etwa BVerfGE 79, 174 (201) – Verkehrslärm. Einen finalen und unmittelbaren Eingriff verlangend BVerfGE 66, 39 (56 ff., 59) – NATO-Doppelbeschluss-I; BVerfGE 1997, 2509 – E-Smog-I; BVerfG NJW 1998, 975 – Cassini/Huygens-Mission. *(Allein)* Auf die *Unmittelbarkeit* abstellend BVerfG 52, 283 (283 Ls. 1, 296) – Mitbestimmung in Presseunternehmen. Demgegenüber für einen weit(er)en Eingriffsbegriff BVerfGE 50, 16 (27) – Missbilligende Belehrung; BVerfGE 52, 223 (240) – Schulgebet. Aus der Literatur vgl. noch *Masing* S. 160 ff. mwN (finaler und unmittelbarer Eingriffsbegriff, 160 f.); *Determann* S. 126 ff., 145 f., 147 (163: finaler Eingriffsbegriff). Für Unmittelbarkeit bei Art. 11 EMRK High Court (Queen's Bench Division), The Queen (Countryside Alliance a. o.) v. HM AG a. ao., Times v. 3.8.2005, Rn. 158 – Hunting Act 2004-II. Gegen ein Unmittelbarkeitserfordernis bei Art. 8 EMRK in dem Sinne, dass nur die reale Ausweisung, noch nicht aber die Ausweisungsverfügung Eingriffscharakter aufweise, GA *Stix-Hackl*, SchlA verb. Rs. C-482/01 u. C-493/01, Slg. 2004, I-5257 Rn. 55 ff. – Orfanopoulos. Der EuGH selbst thematisiert dies gar nicht erst und geht wie selbstverständlich von einem Eingriff aus (Rn. 98).
[48] Dass es den „klassischen" Eingriff historisch so nicht gegeben hat (s. *Roth* S. 7 ff., 29 f.), steht der traditionellen Anknüpfung aber deshalb nicht entgegen, weil damit der Zeithorizont und die (möglicherweise auch: Fehl-) Vorstellungen der Verfasser des Grundgesetzes besser berücksichtigt werden können.

Feststellung eines Eingriffs verbunden. Die **Unmittelbarkeit,** verstanden als das Fehlen wesentlicher Zwischenursachen, zeigt dies schon sehr deutlich. Die **Finalität** mag zwar ein wichtiges Indiz für das Vorliegen eines Eingriffs sein. Allein, dh als hinreichende Bedingung, wird man sie aber kaum oder nur für einen sehr kleinen (Rand-) Bereich ansehen können:[49] Nur der „böse Wille" eines grundrechtsgebundenen Hoheitsträgers vermag die ganzen Rechte aus dem Bündel „Abwehrrecht" nicht auszulösen, solange es nicht zu einer im weitesten Sinne spürbaren Beeinträchtigung (einschließlich einer spürbaren Bedrohung)[50] des Schutzbereichs kommt.

Allerdings mag sie gleichsam als Erstbegehungsgefahr einen entsprechenden vorsorglichen oder vorbeugenden Rechtsschutz auslösen (Beachtungspflicht).[51] Denn von einem Hoheitsträger, der einen Schutzbereich verkürzen will, kann man erwarten, dass ihm dies irgendwann mit irgendwelchen (anderen) Mitteln auch einmal gelingt (**Eingriffsgefahr als Eingriff**).[52]

III. Mittelbarer und faktischer Eingriffsbegriff

Die dargestellten Zweifelsfragen haben zu einer weiteren Ausweitung des – ohnehin nur als Ausgangspunkt gewählten, klassischen – Eingriffsbegriffs bzw. zu einer Ergänzung seiner Begriffsmerkmale geführt: Ausreichend kann es demnach sein, wenn das Verhalten des grundrechtsgebundenen Hoheitsträgers nur über **weitere Zwischenursachen,** zB das **Verhalten Dritter,** zu einer Verkürzung des Schutzbereichs führt (Beispiele: **staatliche** Informationstätigkeit, insbesondere **Warnungen**[53]). Diese Verkürzung ist dann genau genommen auch schon **keine** rechtliche mehr, weil den Privaten die **Rechtsmacht** zur (verbindlichen) Vornahme einer solchen Verkürzung fehlt, sondern eine faktische. Damit ist der sog **mittelbar-faktische Eingriffsbegriff** geboren.[54] Das Definiens „faktisch" kann dabei aber auch zur Charakterisierung des ursprünglichen staatlichen Verhaltens herangezogen werden, welches gerade nicht rechtsförmlich, sondern „kooperativ", „weich" oder sonstwie **„sanft" steuernd** auf das Verhalten einer bestimmten Person oder Personengruppe oder Dritter einzuwirken trachtet.

welche sich im grundgesetzlichen System niedergeschlagen und auf diese Weise eine neue, eigenständige Traditionslinie begründet haben. Deshalb kann es nämlich sein, dass „faktisch-mittelbare Beeinträchtigungen" nicht in Gänze dem Gesetzesvorbehalt unterliegen, so etwa BVerfGE 105, 279 (304 f.) – Jugendsekten (Osho), wonach „es nicht selbstverständlich [ist], dass der Gesetzesvorbehalt zwangsläufig mit der Ausweitung des Schutzes auf faktisch-mittelbare Beeinträchtigungen von Grundrechten in jeder Hinsicht mitgewachsen ist." Der Sache nach auch BVerfGE 105, 252 (265) – Glykolweinliste.

49 Anders wohl *Jarass* in Jarass/Pieroth GG Vorb. vor Art. 1 Rn. 26 ff. mwN auch zur Gegenansicht.
50 Zur Ablehnung einer besonderen Spürbarkeitsschwelle beim Eingriff s. aber → Rn. 24.
51 Zu diesem ersten Bestandteil des abwehrrechtlichen „Rechtebündels" → § 8 Rn. 1.
52 Dass auch solche Gefahren schon einen Eingriff darstellen können, scheint der EuGH in verb. Rs. C-465/00, C-138/01 u. C-139/01, Slg. 2003, I-4989 Rn. 74 – ORF ua, zu bezweifeln, wenn es dort heißt, dass die bloße Speicherung personenbezogener Daten durch einen Arbeitgeber als solche noch keinen Eingriff in die Privatsphäre begründen, vielmehr erst die Weitergabe dieser Daten an einen Dritten einen solchen Eingriff im Sinne von Art. 8 EMRK darstellen könne. Das entspricht aber gerade im sensiblen Datenschutzrecht wohl nicht dem (gemein-) europäischen Standard. Deutlich mehr Sensibilität für die Angst vor Datenmissbrauch aufbringend BVerfGE 65, 1 (3 ff.) – Volkszählung. Zuzugeben ist, dass in der zu entscheidenden Konstellation insoweit wohl nur ein potenzieller oder „kalter" Grundrechtsfall vorlag: Dass ein Arbeitgeber Gehaltsdaten seiner Arbeitnehmer speichern (können) muss, ist nämlich ohne Weiteres einsichtig. Nur die Weitergabe erstarkte hier zu einem aktuellen bzw. „heißen" Grundrechtsfall. Allgemein zur Einbeziehung von Gefahren, Risiken, Angst bzw. Furcht (aber auch bloßen Belästigungen und Unannehmlichkeiten) in Rechtsprechung und Literatur *Szczekalla* S. 171 ff. mwN.
53 Vgl. BVerfGE 105, 279 (304 f., 309) – Jugendsekten (Osho): „faktisch-mittelbare Beeinträchtigungen" bzw. „Wirkungen". In BVerfGE 105, 252 (265) – Glykolweinliste, wird demgegenüber bereits der Schutzbereich der Berufsfreiheit engeführt und die Argumentation damit verkürzt: „Das Grundrecht schützt [...] nicht vor der Verbreitung zutreffender und sachlich gehaltener Informationen am Markt, die für das wettbewerbliche Verhalten der Marktteilnehmer von Bedeutung sein können, selbst wenn die Inhalte sich auf einzelne Wettbewerbspositionen nachteilig auswirken." Zu diesem Problem → Rn. 5 ff., 27.
54 Ausführlich zu diesem in der Rechtsprechung des BVerfG *Murswiek* NVwZ 2003, 1 (1 ff.).

24 1. Spürbarkeitsschwellen – Bagatellvorbehalte – Sozialadäquanz? Ob man für das Vorliegen eines Eingriffs darüber hinaus das Überschreiten einer gewissen **Spürbarkeitsschwelle** verlangen sollte (auch sog **Bagatellvorbehalt**), ist offen.[55] Dagegen spricht zunächst, dass es alles andere als „gewiss" ist, ab wann diese Spürbarkeitsschwelle überschritten wird. Wie bei den Trivialitäts- und Banalitätsvorbehalten auf Schutzbereichsebene (→ Rn. 5 ff.) sollte man mit solchen Begründungssurrogaten vorsichtig sein. Was eine Bagatelle, mit anderen Worten: was zumutbar (**„sozialadäquat"**) und damit hinnehmbar ist, sollte letzten Endes immer der jeweilige **Gesetzgeber** nach einer wertenden **Abwägung** entscheiden oder zumindest vorherbestimmen. Wenn ein Grundrechtsträger von einem Eingriff gar nichts bemerkt oder diesen selber als Bagatelle beiseiteschiebt, dann taucht schließlich gar kein aktueller oder „heißer" Grundrechtsfall auf.

25 2. Gründe für einen weiten Eingriffsbegriff auf Unionsebene. Auf **Unionsebene** wird man in jedem Fall von einem **weiten Eingriffsbegriff** auszugehen haben. Nicht nur das **fehlende Gewaltmonopol** und die **fehlende ([echte] Kriminal-) Strafgewalt,** sondern auch die **umfassende Grundrechtsbindung der Unionsgewalt,** insbesondere bei der **Richtliniensetzung,** sprechen dafür: Verlangt man hier nämlich jeweils schon eine unmittelbare Berührung des Schutzbereichs, so wird diese erst mit der Umsetzung durch die Mitgliedstaaten vorliegen. Die Union muss ihre Rechtsetzung aber auch schon vorher vor den Unionsgrundrechten rechtfertigen. Dass der Rechtsschutz des Einzelnen demgegenüber im Regelfall nicht unmittelbar gegen die Richtlinie, sondern nur über das Vorabentscheidungsverfahren zum EuGH führen kann (gewissermaßen einem Subsidiaritätsprinzip auch in Rechtsschutzfragen entsprechend), ändert daran nichts.[56] Die denkbare **Alternative,** hier **nur** von einem **objektiven Grundrechtschutz** auszugehen,[57] bei dem es dann auf das Vorliegen eines Eingriffs nicht (mehr) ankommt, überzeugt nicht. Sie **entwertet** die **subjektiv-rechtliche Position des Einzelnen** und macht diesen zum bloßen Destinatär eines von ihm nicht beeinfluss- und steuerbaren, heteronomen Schutzes. Dass ein subjektives Recht und also auch das Grund-Recht immer aus objektiven Rechtssätzen folgt,[58] ändert daran ebenfalls nichts. Jedenfalls lässt sich die subjektivrechtliche Bewehrung besser mit der Rechtsprechung des EuGH[59] vereinbaren.[60]

26 Hinzu kommt, dass **weite Felder des Handelns der Union** insbesondere **unterstützender, koordinierender** und **informierender Art** ansonsten vom Abwehrrecht nicht, und zwar nicht einmal theoretisch erfasst werden könnten. Dass aber auch hier eine ernstzunehmende **Grundrechtsbindung** bestehen soll, zeigen die in die Charta aufgenommenen Normierungen von Grundrechten selbst **in den Bereichen, in denen die Union nicht primär zuständig ist** (insbesondere im Kapitel IV [„Solidarität"]). Einen wirklichen, jedenfalls einen besseren Sinn ergibt die damit angeordnete Grundrechtsbindung indes nur dann, wenn hier zumindest grundsätzlich mittelbar-faktische Eingriffe in eben

---

[55] Dagegen *Szczekalla* S. 300 ff., 309 f. mwN, 472 f. m. Fn. 65 betr. Sanktionen privater Dritter. Dafür *Ehlers* in Ehlers GuG § 14 Rn. 98 („Nähebeziehung" und „Spürbarkeitsgrenze"). Eine Art Fiskus- oder Steuervorbehalt bei den Grundfreiheiten annehmend EuGH C-134/03, Slg. 2005, I-1167 Rn. 38 – Viacom Outdoor: Keine Beeinträchtigung der Dienstleistungsfreiheit wegen des – angeblich – geringen Betrags der (kommunalen Werbe-)Steuer.

[56] *Kühling* in v. Bogdandy/Bast Europ. VerfassungsR S. 657 (689 f.), will demgegenüber gerade aus der Möglichkeit der – fristgebundenen – Organ- und Staatennichtigkeitsklage (umfassende abstrakte Normenkontrolle) ein Argument für einen weiten Eingriffsbegriff bei den Richtlinien herleiten. Da Organe und Mitgliedstaaten indes in der Regel nicht grundrechtsberechtigt sind (Ausnahme: Prozessgrundrechte, ausführlich dazu → § 9), kann dies beim gegenwärtigen Stand des Individualrechtsschutzes indes noch nicht überzeugen.

[57] Allgemein dazu *Schilling* EuGRZ 2000, 3 (42). Zum französischen Modell („Individualschutz grundsätzlich über die Reflexwirkung objektiver Rechtsprinzipien") s. auch *Kühling* in v. Bogdandy/Bast Europ. VerfassungsR S. 657 (675).

[58] Vgl. *Szczekalla* S. 299 m. Fn. 1205, S. 467 m. Fn. 51 und mwN.

[59] Zum Individuum als Rechtsträger s. schon EuGH 26/62, Slg. 1963, 1 (24 ff.) – Van Gend & Loos.

[60] So auch – trotz unterschiedlicher Präferenzen – *Schilling* EuGRZ 2000, 3 (25 ff.); *Kühling* in v. Bogdandy/Bast Europ. VerfassungsR S. 657 (675).

diese Grundrechte oder grundrechtlich aufgeladenen „Grundsätze" angenommen werden können. Bestätigt wird das im Übrigen durch die Feststellung der zuständigen Arbeitsgruppe des Zweiten („Europäischen") Konvents, dass die **Union „indirekte Beeinträchtigungen** auch solcher Grundrechte, bei denen sie über keine gesetzgeberischen Zuständigkeiten verfügt, **verhindern** muss."[61]

Schließlich mag auch eine **Parallele zu den Grundfreiheiten** hilfreich sein: Wenn dort etwa staatliche Produktempfehlungen ohne Weiteres als „Eingriffe" in die Warenverkehrsfreiheit angesehen werden,[62] dann sollte man dies bei den Unionsgrundrechten – ungeachtet des umstrittenen Verhältnisses zwischen beiden Rechtsgattungen[63] – ebenso handhaben. Für einen weiten Eingriffsbegriff lässt sich hier ganz allgemein die ständige Rechtsprechung des EuGH zu **Maßnahmen gleicher Wirkung** anführen:[64] Danach werden alle unmittelbaren oder mittelbaren, tatsächlichen oder potenziellen Beeinträchtigungen der Handelsströme innerhalb der Union erfasst.[65] 27

C. Rechtfertigung

Die letzte Stufe der Grundrechtsprüfung fragt danach, ob die Verkürzung des Schutzbereichs gerechtfertigt werden kann. Der zunächst nahezu **unbegrenzte** *prima facie*-**Schutz** kann hier auf einen bestimmten, **definitiven Schutz** zurückgeführt werden. (Längst) Nicht jeder Eingriff ist zugleich rechts- bzw. verfassungswidrig. Fast[66] alle **Eingriffe** sind **rechtfertigungsfähig**, aber auch **-bedürftig**. Soweit einige Aussagen der Europäischen Kommission zur Charta[67] oder des EuGH zu den allgemeinen Rechtsgrundsätzen und ihrer Rechtserkenntnisquelle EMRK hier größere „Ausnahmen" von vornherein nicht rechtfertigungsfähiger Rechte erwägen, geht dies zumindest teilweise zu weit: Die Gegenüberstellung von Meinungs- und Versammlungsfreiheit in Art. 10 und 11 EMRK, welche – „anders als andere durch diese Konvention gewährleistete Grundrechte 28

---

[61] Schlussbericht der „Gruppe II –‚Einbeziehung der Charta/Beitritt zur EMRK'" vom 22.10.2002, CONV 354/02 WG II 16, S. 5.

[62] S. aber BVerfGE 105, 252 (265) – Glykolweinliste, wo bereits der Schutzbereich der Berufsfreiheit enggeführt wird: „Das Grundrecht schützt [...] nicht vor der Verbreitung zutreffender und sachlich gehaltener Informationen am Markt, die für das wettbewerbliche Verhalten der Marktteilnehmer von Bedeutung sein können, selbst wenn die Inhalte sich auf einzelne Wettbewerbspositionen nachteilig auswirken." Zu diesem Problem s. bereits → Rn. 23. Einseitige Informationen würden aber gegen die vom BVerfG davon losgelöst angenommenen Regeln staatlicher Informationstätigkeit (ua Richtigkeit und Sachlichkeit der Informationen) verstoßen).

[63] Ausführlich dazu und für eine Gleichsetzung *Szczekalla* in Bruha/Nowak/Petzold, Grundrechtsschutz, S. 65 (65 ff. mwN) auch aus der Diskussion; ablehnend insbesondere *Nicolaysen* in Bruha/Nowak/Petzold, Grundrechtsschutz, S. 15 (15 ff.).

[64] Seit EuGH 8/74, Slg. 1974, 837 Rn. 5 – Dassonville. Zur Einschränkung (Herausnahme sog Verkaufsmodalitäten) s. aber EuGH verb. Rs. C-267/91 u. C-268/91, Slg. 1993, I-6097 Rn. 10 ff., 16 – Keck und Mithouard („Verbot des Weiterverkaufs zum Verlustpreis"). Restriktiv EuGH C-134/03, Slg. 2005, I-1167 Rn. 38 – Viacom Outdoor.

[65] S. etwa EuGH C-265/95, Slg. 1997, I-6959 Rn. 29 – Kommission/Frankreich (Blockadeurteil); EuGH C-112/00, Slg. 2003, I-5659 Rn. 56 – Schmidberger („Brenner-Blockade"). Zur seit einiger Zeit verlangten „Nähebeziehung" s. *Ehlers* in Ehlers GuG § 7 Rn. 98, 105 mwN (kein Eingriff, wenn die Auswirkungen zu unbestimmt und zu mittelbar seien [„rule of remoteness"]). Dagegen spricht allerdings das rechtsgemeinschaftliche Bestimmtheitserfordernis. Die Frage kann jedenfalls nur im Einzelfall geklärt werden (so auch *Ehlers* in Ehlers GuG § 7 Rn. 98, 105). Dagegen spricht aber schließlich auch die Rspr., namentlich das *Brenner-Blockaden* bzw. *Schmidberger*-Urteil selbst. Folglich dürfte immer eine Abwägung auf der Rechtfertigungsstufe (sogleich → Rn. 28 ff.) vorzunehmen sein. Dazu, dass die Anwendbarkeit einer Richtlinie (und damit auch der Unionsgrundrechte) jedenfalls nicht von solchen „Zufälligkeiten" (zu hypothetische, zu indirekte Auswirkungen) abhängen kann, s. EuGH verb. Rs. C-465/00, C-138/01 u. C-139/01, Slg. 2003, I-4989 Rn. 42 ff. – ORF ua.

[66] Ausnahme (nach herkömmlicher, unabgestufter Dogmatik): die Menschenwürde. Zum Problem einer Eingriffsrechtfertigung *Borowsky* in NK-EuGRCh Art. 52 Rn. 14, 22 sowie Art. 1 Rn. 40; *Rengeling/Szczekalla* Grundrechte in der EU Rn. 584 f., → Rn. 50, → § 8 Rn. 2.

[67] Mitteilung zur Grundrechtscharta der Europäischen Union v. 13.9.2000, KOM(2000) 559, 8 f. Rn. 26 f. (Vorlage v. *Vitorino*): „Abgesehen von einigen Ausnahmen [...]."

wie das Recht jedes Menschen auf Leben oder das Verbot der Folter[68] oder unmenschlicher oder erniedrigender Strafe, die keinerlei Beschränkung unterliegen" – „keine uneingeschränkte Geltung" beanspruchen könnten,[69] verkennt, dass das Grundrechtsschutzgut Leben schon nach der EMRK nicht vorbehaltlos gewährleistet wird (*arg. e* Art. 2 Abs. 2 EMRK).

29 Als Rechtfertigungsgrund für Grundrechtseingriffe kommen zunächst **ausdrückliche Schranken** in Betracht (→ Rn. 31 ff.). Darüber hinaus lässt oder ließ sich zumindest bisher auch an sog **immanente Schranken** denken, namentlich an die Grundrechte Dritter (→ Rn. 36 ff. – [vor allem] sog **„Grundrechts"-Kollisionen**). Bei alledem spielt der **Verhältnismäßigkeitsgrundsatz** eine herausragende Rolle, welche eine eigenständige Erörterung rechtfertigt (→ Rn. 41 ff.). Ob demgegenüber die Rolle der **Wesensgehaltsgarantie** auch eine (eben-) so bedeutende oder überhaupt eine eigenständige ist, bedarf der Klärung (→ Rn. 49 ff.). Ferner ist an eine weitere, in der Rechtsprechung des EuGH mitunter formelhaft auftauchende Wendung als zusätzliche Begrenzung des definitiven Grundrechtsschutzes (Schranke) zu denken, an einen sog **Vorbehalt der Ziel- und Strukturkompatiblität** (→ Rn. 54 ff.). Darüber hinaus fragt sich, ob auch das oder ein **Subsidiaritätsprinzip** als zusätzliche Schranken-Schranke fungieren kann (→ Rn. 58 ff.). Schließlich ist – gerade auch mit Blick auf die Charta – zu fragen, ob die gegenwärtige und zukünftige Schrankensystematik die ihr zugedachte Aufgabe einer rationalen Abarbeitung grundrechtlicher Fallkonstellationen zu leisten imstande ist (→ Rn. 61 ff. – **Kritik der Schrankensystematik**).

30 Bei alledem muss ein Grundrechtseingriff natürlich immer auch noch den **formellen Rechtmäßigkeitsanforderungen** (insbesondere **Zuständigkeit** des Eingreifenden und ordnungsgemäßes [Gesetzgebungs- oder/und Verwaltungs-]**Verfahren**[70]) genügen (zur Rechtslage nach der Charta → Rn. 61 ff.). Diese Anforderungen spielen bei der konkreten Prüfung der „Verfassungsmäßigkeit" bzw. Primärrechts- oder Rechtsgrundsatzkonformität des Eingriffs eine nicht zu unterschätzende Rolle. Fehlt es allerdings bereits an einer Kompetenz der Union, prüft der EuGH allfällige Grundrechtsverletzungen gar nicht mehr,[71] fordert dadurch indes neugefasste, umstrittene Rechtsakte[72] heraus. Aber das entspricht der politischen Gestaltungsfreiheit, der Vorhand des Gesetzgebers.[73] Insofern kommt es gar nicht mehr zum Einsatz der **Grundrechte als negative Kompetenznormen**.[74] Zwingend ist diese isolierte Prüfung der Kompetenzen aber nicht.

I. Ausdrückliche Schranken

31 **1. Gesetzesvorbehalt. a) Eingriffsfälle.** Die dritte und letzte Stufe der Eingriffsrechtfertigung stellt den eigentlichen Schwerpunkt der Grundrechtsprüfung dar, oder sollte ihn doch zumindest darstellen. Im Rahmen der Rechtfertigung ist zunächst das Vorliegen eines **(hinreichend bestimmten) Gesetzes** zu untersuchen. Ein solcher Gesetzvorbehalt ergibt sich im Regelfall aus den ausdrücklichen Schranken, etwa aus den Schrankenklauseln der Art. 8–11 EMRK, welche – jedenfalls vor der Charta bzw. vor ihrer (echten) Rechtsverbindlichkeit (zur jetzigen Lage → Rn. 61 ff., 76 ff.) – rechtsgrundsätzlich in das Unionsrecht zu übertragen

---

[68] Zur Folterdiskussion in Deutschland (Fall *Metzler*) und Amerika (Terrorismusbekämpfung) s. die Nachw. bei *Rengeling/Szczekalla* Grundrechte in der EU Rn. 566.
[69] EuGH C-112/00, Slg. 2003, I-5659 Rn. 80 – Schmidberger („Brenner-Blockade").
[70] Je nach Prüfung von Norm oder/und Einzelakt.
[71] Bsp.: RL 98/43/EG, ABl. 1998 L 213, 9 (TabakwerbeRL-I).
[72] EuGH C-376/98, Slg. 2000, I-8419 Rn. 76 ff. – Deutschland/Parlament und Rat (TabakwerbeRL-I).
[73] Zur Vorhand des Gesetzgebers und zum Vorrang des Bundesverfassungsgerichts in Deutschland s. nur *Böckenförde* Der Staat 29 (1990), 1 (25 mwN). Überzogen (auch) deshalb die Kritik an dem Vorschlag für die 2. TabakwerbeRL (später RL 2003/33/EG, ABl. 2003 L 152, 16 – TabakwerbeRL-II) von *Schneider*, Viel Rauch um nichts?, FAZ Nr. 169 v. 24.7.2001, S. 8 – dagegen etwa *Reich*, Unaufhaltsamer Ritt eines Cowboys mit Zigarette, FAZ Nr. 182 v. 8.8.2001, S. 7.
[74] Dazu *Pernice* EuZW 2001, 673 unter Berufung auf *Ehmke* S. 30, 479 u. *Ehmke* VVDStRL 20 (1963), 53 (89 ff.). Schon früh in Bezug auf die Gemeinschaft *Grabitz* DVBl 1977, 786 (790).

waren und gegenwärtig noch sind. Daran angelehnt, aber deutlich darüber hinausgehend hat der EuGH auch ganz allgemein von einem **Gesetzesvorbehalt im Unionsrecht** als allgemeinem Rechtsgrundsatz gesprochen.[75] Fraglich ist, welche Qualität das diesen Vorbehalt ausfüllende „Gesetz" aufweisen muss. In Anlehnung an Art. 8 EMRK wird man nicht unbedingt und in jedem Fall ein unmittelbar einschlägiges formelles Parlamentsgesetz verlangen können. Abgeleitetes Recht (**„durch oder aufgrund Gesetzes"**) kann genügen, sofern es die vom EGMR ansonsten postulierten Anforderungen an **Transparenz** und **Vorhersehbarkeit** erfüllt und zumindest **auf** ein **Parlamentsgesetz rückführbar** ist.[76]

b) Schutzpflichten. Die **Geltung des Gesetzesvorbehalts** kann ohne Weiteres nur **in** 32 (einigermaßen klaren)[77] **Eingriffsfällen** angenommen werden. Bei Schutzpflichten könnte demgegenüber gefragt werden, ob die **Schutzversagung oder -unterlassung** auch zulässigerweise auf ein Gesetz gestützt werden konnte oder ob der Betroffene bei sonstigen Schutzunterlassungen vom jeweiligen Gesetzgeber den Erlass eines zu Schutz-Eingriffen ermächtigenden Gesetzes definitiv verlangen darf **(Normerlassanspruch).** Denn nur ganz ausnahmsweise (etwa für eine **Übergangszeit,** wenn ansonsten das betroffene Schutzgut völlig schutzlos gestellt werden würde) dürfen solche Eingriffe vorübergehend ohne gesetzliche Grundlage vorgenommen werden.[78]

2. Vierstufige Verhältnismäßigkeitsprüfung – Übermaß oder Untermaß? Mit einer 33 **vierstufigen Verhältnismäßigkeitsprüfung** (rechtmäßiges Ziel, Eignung zur Förderung desselben, Erforderlichkeit, Zumutbarkeit [Verhältnismäßigkeit im engeren Sinne], → Rn. 41 ff.) unter Einschluss des Wesensgehalts (→ Rn. 49 ff.) – ggf. auch des Subsidiaritätsprinzips als zusätzlicher Schranken-Schranke (→ Rn. 58 ff.) – schließt die Grundrechtsprüfung. Der Gerichtshof prüft die Verhältnismäßigkeit nicht nur im Rahmen eines Grundrechts, sondern auch isoliert, mitunter sogar sowohl **in die Grundrechtsprüfung integriert** als auch daran anschließend noch einmal **isoliert.**[79] Grund dafür dürfte sein,

---

[75] EuGH verb. Rs. 46/87 u. 227/88, Slg. 1989, 2859 Rn. 19 – Hoechst/Kommission, wonach „in allen Rechtsordnungen der Mitgliedstaaten Eingriffe der öffentlichen Gewalt in die Sphäre der privaten Betätigung jeder – natürlichen oder juristischen – Person einer Rechtsgrundlage [bedürfen] und […] aus den gesetzlich vorgesehenen Gründen gerechtfertigt sein [müssen]; diese Rechtsordnungen sehen daher, wenn auch in unterschiedlicher Ausgestaltung, einen Schutz gegen willkürliche oder unverhältnismäßige Eingriffe vor. Das Erfordernis eines solchen Schutzes ist folglich als allgemeiner Grundsatz des Gemeinschaftsrechts anzuerkennen […]." (Nur) Angelehnt an Art. 8 EMRK ist diese Passage wegen der kurz zuvor (Rn. 17) abgelehnten Einschlägigkeit seines Schutzbereichs bei Geschäftsräumen (→ Rn. 3). (Deutlich) darüber hinausgehend ist sie, weil sie den Gesetzesvorbehalt selbst in den „Rang" eines allgemeinen Rechtsgrundsatzes erhebt. S. etwa EuG T-224/00, Slg. 2003, II-2597 Rn. 340 f. – Archer Daniels Midland und Archer Daniels Midland Ingredients/Kommission (Lysin-Kartell-III). Ohne nähere Begründung gegen einen Gesetzesvorbehalt bei den Grundfreiheiten GA *Stix-Hackl*, SchlA C-36/02, Slg. 2004, I-9609 Rn. 110 – Omega (Laserdrome). Das ist nach Inkrafttreten der Charta gänzlich unhaltbar.
[76] *Frowein* in Frowein/Peukert EMRK Vorb. zu Art. 8–11 Rn. 2, 10. Zum „Richterrecht" in den *common law*-Ländern, welches auch im Rahmen von Art. 7 EMRK als „Recht" anerkannt wird und deshalb sogar die Voraussetzungen des *nulla poena*-Satzes erfüllen soll, s. nur *Meyer-Ladewig/Harrendorf/König* in HK-EMRK EMRK Art. 7 Rn. 5 ff. mwN. Darüber hinaus dürfte auch das Gewohnheitsrecht erfasst sein. Ausführlich zum Gesetzesbegriff auf EMRK-Ebene *Weiß* passim. Zum Gesetzesvorbehalt nach der Charta → Rn. 68.
[77] Zu diesbezüglichen Aufweichungen s. wiederum EuGH C-280/93, Slg. 1994, I-4973 Rn. 78, 88 ff. – Jugendsekten (Osho), wonach „es nicht selbstverständlich [ist], dass der Gesetzesvorbehalt zwangsläufig mit der Ausweitung des Schutzes auf faktisch-mittelbare Beeinträchtigungen von Grundrechten in jeder Hinsicht mitgewachsen ist." Der Sache nach auch BVerfGE 105, 252 (265) – Glykolweinliste.
[78] Details bei *Szczekalla* S. 258 ff. mwN – aA (Art. 18 spanVerf keine ausreichende gesetzliche Grundlage für einen Eingriff in Art. 8 Abs. 1 EMRK) offenbar EGMR 30.7.1998 – 27671/95, Rep. 1998-V, 1909 Rn. 49 ff., 54, 57, 59 = ÖJZ 1999, 510 – Valenzuela Contreras/Spanien („Telefonterror"), der dabei das Problem der Schutzlosigkeit aber gar nicht anspricht. Wie hier demgegenüber BVerfGE 85, 386 (400 f.) – Fangschaltung und Zählervergleichseinrichtung vgl. auch *Szczekalla* S. 156 ff., 1085 f. In der Sache geht es dabei schon um Grundrechtskollisionen (→ Rn. 36). Zum Vertragsrecht als ausreichender Grundlage für einen Eingriff → § 3 Rn. 31 sowie *Ehlers* in Ehlers GuG § 14 Rn. 99.
[79] Bsp.: EuGH C-280/93, Slg. 1994, I-4973 Rn. 78, 88 ff. – Deutschland/Rat (Bananenmarktordnung-II [Hpts.]). WN bei *Szczekalla* in Rengeling, EUDUR, Bd. 1, § 11 Rn. 16, 29; *Szczekalla* S. 548. S. auch *Kischel* EuR 2000, 380 (384 f., 391).

dass der Verhältnismäßigkeitsgrundsatz in der Rechtsprechung des EuGH als allgemeiner Rechtsgrundsatz viel früher (mehr oder weniger ausdrückliche) Anerkennung gefunden hat als die Unionsgrundrechte selbst.[80]

34 Umstritten ist, ob bei den **Schutzpflichten** statt der normalen Verhältnismäßigkeitsprüfung (Übermaßverbot) eine besondere Prüfung **(Untermaßverbot)** erfolgen muss und ob letztere etwa geringere Anforderungen an die Rechtfertigung stellt. Das deutsche **BVerfG** hat in seiner zweiten „Abtreibungsentscheidung" bekanntlich ein solches Untermaßverbot angenommen.[81] In der (deutschen) **Literatur** wird die Berechtigung dieses Verbots, jedenfalls aber seiner besonderen Behandlung im Vergleich zum „normalen" Übermaßverbot, demgegenüber bestritten.[82] Im Rahmen der EMRK gelten nach der Rechtsprechung des **EGMR** zumindest „ähnliche Grundsätze" bei der Prüfung von Abwehrrechten und positiven Pflichten (Schutzpflichten): In beiden Fällen müssten die Vertragsstaaten unter Wahrung ihres Beurteilungsspielraums *(margin of appreciation)* ein **faires Gleichgewicht** *(fair balance)* herstellen.[83]

35 Bei den Schutzpflichten sind jedenfalls die Wertungen der jeweiligen Schrankenklausel heranzuziehen. Gleichwohl sollte immer noch deutlich zwischen Eingriff in Abwehrrechte und Vernachlässigung von Schutzrechten unterschieden werden: **Jede Beteiligung eines Trägers öffentlicher Gewalt** an einer nachteiligen Einwirkung auf den Schutzbereich (Grundrechtseingriff) sollte einer („normalen") **abwehrrechtlichen Prüfung** zugeführt,[84] das abwehrrechtliche Prüfprogramm also nicht ohne Not verlassen werden. Soweit es danach noch um Schutzpflichten gehen sollte, sollte ebenfalls nicht ohne Not eine zusätzliche Kategorie wie das Untermaßverbot eingeführt werden.[85] Dafür spricht auch, dass das BVerfG in der Folgezeit das von ihm angenommene Untermaßverbot keineswegs durchgängig angewandt hat.[86] Es bleibt damit bei der **Herstellung des fairen Gleichgewichts im Wege einer umfassenden Güter- und Interessenabwägung** sowohl bei Abwehrrechten als auch bei Schutzpflichten.[87] Auf diese Weise wird auch dem **Grundsatz der Sparsamkeit**[88] bei der Entwicklung einer (guten [Grundrechts-]) Dogmatik Genüge getan.

II. Grundrechtskollisionen

36 Bei den allermeisten **Grundrechtseingriffen** geht es der eingreifenden öffentlichen Gewalt nicht um den Schutz abstrakter Werte oder irgendwelcher allgemeiner Interessen, sondern gerade (auch) um den **Schutz von (anderen) Grundrechten.** Deutlich wird dies zum Beispiel schon in den ausdrücklichen Schrankenklauseln der Art. 8–11 EMRK („Rechte und Freiheiten anderer"). Selbst wenn die **Grundrechte anderer** nur einen besonderen Teil dieser Schrankenklauseln darstellen, lassen sich auch die anderen Gründe für die Rechtfertigung von Grundrechtseingriffen letztlich fast immer auf (Einzel-) Grund-

---

[80] Vgl. einerseits EuGH 8/55 Slg. 1955–1956, 297 (311) – Fédéchar (Preisfestsetzung für belgische Kohle) und andererseits EuGH 29/69, Slg. 1969, 419 (424 f.) – Stauder (Namentliche Nennung des Empfängers verbilligter Butter).

[81] BVerfGE 88, 203 (Ls. 6 S. 1, Ls. 8, 254 ff.) – „§ 218-II".

[82] Vgl. die Darstellung bei *Szczekalla* S. 111 f., 323 ff. mwN.

[83] Etwa EGMR 13.2.2003 – 42326/98, Rep. 2003-III, 1 Rn. 40 = EuGRZ 2003, 584 = NJW 2003, 2145 – Odièvre/Frankreich („Anonyme Geburt"). WN bei *Szczekalla* S. 712 ff.

[84] Bsp.: EGMR 14.10.1999 – 37680/97, Rep. 1999-VII, 1 Rn. 35 – Riera Blume/Spanien (Deprogramming): Verletzung von Art. 5 EMRK durch dem Staat zurechenbare Freiheitsberaubung seitens einer privaten Antisektenorganisation.

[85] Zum Unionsrecht s. nur *Szczekalla* S. 710 f. Ebenso offenbar im *„Brenner-Blockaden"*-Fall (EuGH C-112/00, Slg. 2003, I-5659 – Schmidberger) *Kadelbach/Petersen* EuGRZ 2002, 213 (217 f., 219 f.). S. aber auch *Baule* S. 177; *Emmerich-Fritsche* S. 585 ff.

[86] Vgl. *Szczekalla* S. 230 ff.

[87] Für eine abweichende Prüfung aber *Kühling* in v. Bogdandy/Bast Europ. VerfassungsR S. 657 (675 ff., 699 f.), allerdings zum Teil mit der Möglichkeit abwehrrechtlicher Parallelen (700).

[88] Oder: „So einfach wie möglich, so kompliziert wie nötig" – vgl. *Jarass* AöR 120 (1995), 345 (346 f., 358 f.); *Jarass* EuR 1995, 202 (202 f.). Ähnlich *Kingreen* S. 18 f.

rechte zurückführen. Die „nationale und öffentliche Sicherheit", das „wirtschaftliche Wohl", die „Aufrechterhaltung der Ordnung", die „Verhütung von Straftaten" und der „Schutz der Gesundheit oder der Moral" in Art. 8 Abs. 2 EMRK haben zumindest mittelbar auch etwas mit Grundrechten zu tun.[89] Es handelt sich jedenfalls um **kollektive Güter mit einzelgrundrechtlichem Bezug,** der ein Mal enger (zB bei der Gesundheit) und ein anderes Mal weiter gefasst sein kann (zB bei der Moral).[90]

Insofern ist auch die **Differenzierung zwischen „öffentlichen"** (Bekämpfung von Straftaten) **und „privaten" Interessen** (va der Schutz der Rechte und Freiheiten anderer) durch die Europäische Kommission zumindest **missverständlich.**[91] Sie verkennt nämlich, dass die meisten Strafnormen ebenfalls dem Schutz von (jedenfalls auch) privaten Interessen zu dienen bestimmt sind.[92] Besonders deutlich wird dies vor dem Hintergrund der von einigen mitgliedstaatlichen (Verfassungs-) Gerichten[93] und vom EGMR[94] (→ § 8 Rn. 19) angenommenen **Pönalisierungspflichten** als *ultima ratio* der Schutzpflicht-Erfüllung (→ § 8 Rn. 8 ff.). 37

Bei der Kollision zwischen Grundrechtsschutz- und kollektiven Gütern, aber auch in den Fällen, in denen es um eine („echte") Kollision (nur) von grundrechtlichen Schutzgütern geht (sog Grundrechtskollision, besser: **Grundrechtsschutzgutskollision**), muss der Rechtsanwender eine **umfassende Abwägung** zwischen den Schutzgütern im konkreten Einzelfall durchführen.[95] Dabei wird dann im Ergebnis eine **konkrete Vorrangrelation** vorgenommen. Ein kollektives oder Grundrechtsschutzgut setzt sich (nur) **soweit** zu seinem Schutz oder seiner Verwirklichung **erforderlich** gegen das andere durch. 38

So gesehen sind die sog Grundrechtskollisionen **keine Besonderheit,** sondern eine ganz alltägliche Angelegenheit der Rechtsanwendung. Eine **Besonderheit** stellen sie nur insoweit dar, als die in Rede stehenden Grundrechte **keinen** (allgemeinen oder besonderen, ausdrücklichen) **Gesetzesvorbehalt** enthalten, wie dies in Deutschland bei einigen Grundrechten, namentlich bei der Religionsfreiheit aus Art. 4 GG, der Fall ist.[96] Hier konnte fraglich sein, ob insoweit ein **Schrankentransfer** aus andern Grundrechten mög- 39

---

[89] (Mögliche) Ausnahme: *Grundsatz der Sparsamkeit* bei der Verwendung öffentlicher Mittel, welchen der EuGH in verb. Rs. C-465/00, C-138/01 u. C-139/01, Slg. 2003, I-4989 Rn. 81 – ORF ua, unter das „wirtschaftliche Wohl" iSv Art. 8 Abs. 2 EMRK subsumiert. Ein Verstoß macht sich „nur" indirekt bei anderen Grundrechten bemerkbar, nämlich dann, wenn für ihren Schutz das „verschwendete" Geld fehlt (zur Abhängigkeit der Gewährleistung aller subjektiven Rechte [auch] von Haushaltsmitteln s. aber *Holmes/Sunstein* passim; *Szczekalla* S. 386 ff. mwN). Außerdem haben in einer demokratischen Gesellschaft die Steuerzahler und ganz allgemein die Öffentlichkeit einen Anspruch darauf, über die Verwendung der öffentlichen Gelder gerade im Bereich der Personalkosten informiert zu werden, was der EuGH (Rn. 85) aber als „öffentliches Interesse" einordnet.

[90] Zur Konkretisierung des Begriffs des Allgemeininteresses („intérêts général") durch Bezugnahme auf die grundrechtliche Basis in der Rechtsprechung des frzCC in *Arnold* JöR n. F. 38 (1989), 197 (212), unter Hinw. auf frzCC, 80–117 DC, J.O v. 24.7.1980, 1868 c. 4 – Protection des matières nucléaires (Streikrecht im KKW) = RJC, I-83. Zum „Allgemeininteresse an der Energieversorgung" s. etwa BVerfGE 53, 30 (58) – Mülheim-Kärlich. Zur grundsätzlichen Konvergenz von Allgemeininteresse und „Schutz des Lebens, der körperlichen Unversehrtheit und der Freiheit eines einzelnen Bürgers gegen rechtswidrige Angriffe von seiten Dritter" vgl. BVerfGE 49, 24 (53) – Kontaktsperre-II. Die Schutzpflicht gegenüber der „Gesamtheit der Bürger" könne sich die Schutzpflicht gegenüber dem „Einzelnen" beschränken, dh eine bestimmte Art ihrer Erfüllung ausschließen, s. BVerfGE 46, 160 (165) – Schleyer. Weitere Nachw. zur Rechtfertigung von Grundrechtseingriffen aus Gründen des Schutzes kollektiver Güter mit einzelgrundrechtlicher Radizierung bei *Szczekalla* S. 139 ff.

[91] In der Mitteilung zur Grundrechtscharta der Europäischen Union v. 13.9.2000, KOM(2000) 559, 8 Rn. 26.

[92] (Mögliche) Ausnahme: Staatsschutzrecht – vgl. *Szczekalla* S. 331.

[93] S. nur BVerfGE 39, 1 (Ls. 4, 45 ff.) – „§ 218-I".

[94] Vgl. nur EGMR 26.3.1985 – 8978/80, Series A no. 91 Rn. 24 ff., 27 = EuGRZ 1985, 297 = NJW 1985, 2075 – X. und Y./Niederlande.

[95] Bsp. aus der Rspr.: EuGH C-101/01, Slg. 2003, I-12971 Rn. 81 ff. – Lindqvist (Gemeindehomepage einer Katechetin und Datenschutz).

[96] Anders *Jarass* in Jarass/Pieroth GG Art. 4 Rn. 28 ff., insbes. 31 f.: Anwendung von Art. 136 Abs. 1 WRV, mwN auch zur Gegenansicht. Differenzierend *Pauly/Pagel* NVwZ 2002, 441 (441 ff.), die zwischen den

lich ist, eine **Schutzbereichsbegrenzung** durch die kollidierenden Grundrechte erfolgen muss oder eine „normale" **Rechtfertigungsprüfung** anhand des sog. kollidierenden Verfassungsrechts (Grundrechte anderer[97] und andere [kollektive] Güter von Verfassungsrang als sog. verfassungsimmanente Schranken) vorzunehmen ist. Letzteres wird überwiegend angenommen.[98]

40 Im **Unionsrecht** stellt sich ein solches Problem nicht, erst recht nicht nach der Charta. Denn dort gilt **immer ein Gesetzesvorbehalt,** entweder als allgemeiner Rechtsgrundsatz[99] (→ Rn. 31) oder jedenfalls in Gestalt der horizontalen Schrankenklausel des Art. 52 Abs. 1 GRC (Details → Rn. 61 ff.).[100]

III. Verhältnismäßigkeitsgrundsatz

41 **1. Zulässiges Ziel.** Grundrechtsbeschränkungen müssen zunächst ein **zulässiges Ziel** verfolgen. Das Ziel wird zwar – wie soeben ausgeführt – letzten Endes in der Regel zumindest auch im **Schutz der Grundrechte Dritter** bestehen. **Auf abstrakterer Ebene** folgen die zulässigen Ziele im Unionsrecht aber zu einem großen Teil schon aus dem vorhandenen Normenbestand: Die entsprechenden primärrechtlichen **Werte und Ziele der Union** aus ihren Gründungsverträgen (Art. 2 und 3 EUV; sa die Querschnittsklauseln der Art. 8 ff. AEUV) geben einen ersten Anhalt.

42 Wegen ihrer Abstraktheit müssen sie allerdings ohnehin – unabhängig von der Geltung eines Gesetzesvorbehalts – durch einfaches bzw. in einfaches Sekundärrecht umgesetzt werden (sog **Gesetzesmediatisierung**). In ihrer ebenfalls vertraglichen Ausbuchstabierung, etwa in den einzelnen **Politiken,** werden sie auf primärrechtlicher Ebene weiter konkretisiert. Im Gegensatz zu manchen mitgliedstaatlichen Verfassungsordnungen ist die Feststellung von zulässigen Zielen im Unionsrecht also relativ einfach.

43 Und auch die konkreten Ziele, welche die Union mit ihren **Sekundärrechtsakten** verfolgt, werden im Regelfall in den jeweiligen **Begründungserwägungen** ausdrücklich genannt. An ihnen muss sich die Union für die Prüfung der Rechtfertigung festhalten lassen.[101]

44 Die Feststellung des abstrakten und sodann konkreten Ziels, welches eine Eingriffsmaßnahme verfolgt, kann als **erste Stufe einer Verhältnismäßigkeitsprüfung** im weiteren Sinne angesehen werden.[102] Sie **zwingt** den Rechtsanwender insoweit **zur Klarheit** und **strukturiert** die Bahnen der folgenden Prüfung **vor**. Schließlich muss man ja wissen, was gegen- oder miteinander ins Verhältnis gesetzt werden soll. Deshalb sollte auf diese Zielfestlegung ebenso viel Wert gelegt werden wie auf die Bestimmung des Schutzbereichs (→ Rn. 1 ff.). Beide Punkte geben an, was jeweils auf dem Spiel steht. Jedenfalls nimmt auch der EuGH eine ausführliche(re) Prüfung des zulässigen Ziels vor, und zwar sowohl

---

beiden Abs. trennen wollen (442 Sp. 1) und ein „Störungsverbot als gesetzliche[n] Eingriffsvorbehalt" postulieren (443 f.).

[97] Im Regelfall. Zum Schutz vor bzw. gegen sich selbst (aufgedrängter Grundrechtsschutz) → § 8 Rn. 18. Diese Konstellation ausdrücklich ausnehmend *Jarass* in Jarass/Pieroth GG Vorb. vor Art. 1 Rn. 45.

[98] Vgl. nur *Jarass* in Jarass/Pieroth GG Vorb. vor Art. 1 Rn. 37 ff., der eine Rechtfertigung durch kollidierendes Verfassungsrecht allerdings vorsichtig auch bei Grundrechten mit Gesetzesvorbehalt annehmen will (Rn. 45, 47), mwN auch zur Gegenansicht.

[99] S. EuGH verb. Rs. 46/87 u. 227/88, Slg. 1989, 2859 Rn. 19 – Hoechst/Kommission.

[100] Im Ergebnis ebenso *Borowsky* in NK-EuGRCh Art. 52 Rn. 22. Widersprüchlich dann aber *Borowsky* in NK-EuGRCh Art. 52 Rn. 14 und Art. 1 Rn. 40, wenn er für die Menschenwürde einerseits die Anwendung der horizontalen Schrankenklausel ausschließen möchte, andererseits aber auf Würde-Kollisionen (Embryo und Mutter) hinweist, ohne diese dann einer grundrechtsdogmatischen Lösung zuzuführen.

[101] Zur Praxis des EuGH *Kischel* EuR 2000, 380 (389) – zur vergleichbaren Handhabung durch das dt. BVerfG *Kischel* EuR 2000, 380 (392 f.). Neben der Sache *Gal* myops 37 (2019), 4 ff.

[102] Für eine eigenständige Prüfung *Kühling* in v. Bogdandy/Bast Europ. VerfassungsR S. 657 (692 f.). In der Sache macht dies keinen Unterschied, weil die Eigenständigkeit gewahrt bleibt, wenn das zulässige Ziel die erste Prüfungsstufe des Verhältnismäßigkeitsgrundsatzes ist.

anhand der EMRK-Schrankenklauseln als auch anhand einzelner Sekundärrechtsvorschriften, welche in deren Lichte ausgelegt werden.[103]

2. Eignung. Die zweite Stufe des Verhältnismäßigkeitsgrundsatzes fragt danach, ob das vom Träger öffentlicher Gewalt eingesetzte Mittel – *ex ante* – in der Lage ist, den dabei verfolgten **Zweck** zumindest zu **fördern**. Ein Erreichen dieses Zweckes ist nicht unbedingt erforderlich.[104] Schon darin kann tendenziell eine **Rücknahme der Kontrolldichte** (→ Rn. 116 ff.) gesehen werden. Gemeinhin wird insbesondere dem Gesetzgeber ein je nach Erkenntnismöglichkeit und betroffenem Sachgebiet beträchtlicher **Beurteilungsspielraum** zugestanden. 45

3. Erforderlichkeit. Auf der dritten Stufe des Verhältnismäßigkeitsgrundsatzes ist zu untersuchen, ob es **mildere**, aber **gleich geeignete Mittel** gibt, die der Träger öffentlicher Gewalt zur Förderung seiner gewählten Zwecke einsetzen könnte.[105] Auch hier kommt insbesondere dem Gesetzgeber ein **Beurteilungsspielraum** zu (zur Kontrolldichte → Rn. 116 ff., insbes. → Rn. 119).[106] 46

4. Verhältnismäßigkeit im engeren Sinne (Zumutbarkeit). Die vierte und letzte Stufe der Prüfung der Verhältnismäßigkeit im weiteren Sinne behandelt die Frage, ob der Grundrechtseingriff dem Betroffenen auch **zumutbar** ist **(Verhältnismäßigkeit im engeren Sinne).** Hier müssen das oder die verfolgten Ziele und das Grundrecht, dessen Schutzbereich verkürzt wird, in ein **ausgewogenes Verhältnis** gebracht werden. Das kann in der Feinsteuerung letztlich nur durch eine **umfassende Abwägung im Einzelfall** festgestellt werden. 47

5. Die Rolle der Verhältnismäßigkeit in der Rechtsprechung des EuGH. In der bisherigen Rechtsprechung des EuGH tauchten längst **nicht immer alle** diese **Stufen** einer (so) vollständigen Verhältnismäßigkeitsprüfung (ausdrücklich und mit ausführlicher Prüfung) auf.[107] Das heißt aber nicht, dass sie in den mündlichen und schriftlichen Beratungen im Richterkollegium überhaupt nicht vorgenommen worden sind. In vielen Fällen scheint das Abwägungsergebnis dabei als evident und nicht weiter begründungsbedürftig angesehen worden zu sein.[108] Außerdem lässt sich die Kürze oder gar das Fehlen einzelner Stufen der Verhältnismäßigkeit auch mit den von den jeweiligen Klägern schwerpunktmäßig gerügten Punkten erklären.[109] Zudem zeigen die **jüngeren Entscheidungen** des Gerichtshofs, dass sich dieser jedenfalls heute zu einer mitunter überaus **ausführlichen** 48

---

[103] EuGH verb. Rs. C-465/00, C-138/01 u. C-139/01, Slg. 2003, I-4989 Rn. 81 – ORF ua: Das Ziel, auf die betroffenen Rechtsträger Druck auszuüben, um die Bezüge in angemessenen Grenzen zu halten und eine sparsame und sachgerechte Verwendung öffentlicher Mittel durch die Verwaltung zu gewährleisten, sei als berechtigter Zweck sowohl iSv Art. 8 Abs. 2 EMRK, welcher auf das wirtschaftliche Wohl des Landes abstelle, als auch von Art. 6 Abs. 1 lit. b DatenschutzRL (RL 95/46/EG, ABl. 1995 L 281, 31; aufgehoben mit Wirkung zum 25.5.2018 durch Art. 94 Abs. 1 der VO [EU] 2016/679 [Datenschutz-GrundVO], ABl. 2016 L 119, 1) anzusehen, welcher auf festgelegte, eindeutige und rechtmäßige Zwecke Bezug nehme. Weitere Nachw. zur älteren Rspr. bei *Szczekalla* in Rengeling, EUDUR, Bd. 1, § 11 Rn. 16. Sa noch EuGH C-504/04, Slg. 2006, I-679 Rn. 35 ff. = DVBl 2006, 501 – Agrarproduktion Staebelow (Kuh-Kohorten-Keulung bei BSE-Verdacht).

[104] Vgl. *Pache* NVwZ 1999, 1033 (1035): „geförderte [...] Interessen" – abw. (1036): „erfüllen kann". Wohl anders (Fähigkeit, Ziel zu erreichen) *Kühling* in v. Bogdandy/Bast Europ. VerfassungsR S. 657 (694); ähnlich *Kischel* EuR 2000, 380 (383), der den Organen aber gleichwohl einen (weiten) Beurteilungsspielraum einräumen will.

[105] Bsp. für eine Anwendung dieser Prüfungsstufe EuGH verb. Rs. C-465/00, C-138/01 u. C-139/01, Slg. 2003, I-4989 Rn. 86 ff. bzw. 35 ff. – ORF ua.

[106] Vgl. *Kühling* in v. Bogdandy/Bast Europ. VerfassungsR S. 657 (695): „Einschätzungsprärogative"; *Kischel* EuR 2000, 380 (386 ff.), zum (durchaus vergleichbaren) deutschen Recht (391 ff.).

[107] S. etwa EuGH 265/87, Slg. 1989, 2237 Rn. 14 ff., 21 ff. – Schräder (Mitverantwortungsabgabe im Getreidesektor). Berechtigte Kritik an der früheren Rechtsprechung zB bei *Rengeling* S. 213 ff. Weniger kritisch *Kischel* EuR 2000, 380 (insbes. 382 ff.).

[108] S. *Kischel* EuR 2000, 380 (390), zum Urteilsstil (396 f.).

[109] Vgl. wiederum *Kischel* EuR 2000, 380 (400 f.).

Verhältnismäßigkeitsprüfung auch in den schriftlichen Urteilsgründen veranlasst sieht.[110] Im Ergebnis scheint er jetzt in den schwierigeren Fällen eine **umfassende Güter- und Interessenabwägung** vorzunehmen und diese dann auch ausführlich(er) zu dokumentieren.[111]

IV. Wesensgehaltsgarantie

49 Unklar ist, ob den Grundrechtsbeeinträchtigungen mit dem sog. Wesensgehalt der Grundrechte eine (weitere) abstrakt-generelle oder aber eine konkret-individuelle **Schranken-Schranke** gezogen werden soll. **Konkret-individuell** heißt dabei, dass von dem Grundrecht **in jedem Einzelfall** noch etwas – eine Art absoluter Grundrechtskern – übrig bleiben muss, nachdem ein Eingriff stattgefunden hat. **Abstrakt-generell** ist der Wesensgehalt dagegen schon dann gewahrt, wenn das Grundrecht **ganz allgemein** weiterhin gewährleistet bleibt, auch wenn **im Einzelfall nichts mehr** von ihm **übrig** bleiben sollte.[112]

50 Manche Äußerungen des **EuGH** lassen auf einen **konkret-individuellen** Begriff vom Wesensgehalt schließen. Das gilt etwa für die Annahme, dass die in der EMRK gewährleistete Meinungs- und Versammlungsfreiheit – „anders als andere durch diese Konvention gewährleistete Grundrechte wie das Recht jedes Menschen auf Leben oder das Verbot der Folter oder unmenschlicher oder erniedrigender Strafe, die keinerlei Beschränkung unterliegen" – „keine uneingeschränkte Geltung" beanspruchen könnten (→ Rn. 28).[113] Aus dem Entscheidungszusammenhang, namentlich der nachfolgenden Erwähnung des Wesensgehalts, folgt indes, dass eine solche Festlegung wohl noch nicht getroffen worden ist, zumal sie auch gar nicht entscheidungserheblich war. Inzwischen gibt es eine Vielzahl von Entscheidungen, in denen ganz allgemein von einer Wesensgehaltsgarantie die Rede ist, der jeder Eingriff genügen muss.[114]

51 Aus der **Möglichkeit der Einschränkung** bestimmter Rechte und Rechtsgüter, bei denen jedenfalls eine Art des Eingriffs das Recht bzw. Rechtsgut im Einzelfall **vollständig vernichtet,** ergibt sich letztlich, dass der Wesensgehalt **nur abstrakt-generell** gemeint sein kann: So führen Eingriffe in das **Leben** in ihrer letzten Konsequenz zum Tod und beseitigen das konkret-individuelle Grundrechtsschutzgut damit vollständig. Solche Eingriffe können im Einzelfall durchaus einmal gerechtfertigt sein, ohne dass eine Verletzung des Wesensgehalts vorliegt.[115]

---

[110] Beispiel für eine dreistufige Verhältnismäßigkeitsprüfung immerhin in EuGH C-60/00, Slg. 2002, I-6279 Rn. 43 ff. – Carpenter. Sehr ausführlich auch die Prüfung in EuGH verb. Rs. C-465/00, C-138/01 u. C-139/01, Slg. 2003, I-4989 Rn. 76 ff. – ORF ua, EuGH C-112/00, Slg. 2003, I-5659 Rn. 79 ff. – Schmidberger („Brenner-Blockade"), sowie in EuGH C-101/01, Slg. 2003, I-12971 Rn. 79 ff. – Lindqvist (Gemeindehomepage einer Katechetin und Datenschutz). Wie hier sogar vierstufig prüfend EuGH C-504/04, Slg. 2006, I-679 Rn. 35 ff. = DVBl 2006, 501 – Agrarproduktion Staebelow (Kuh-Kohorten-Keulung bei BSE-Verdacht); EuGH C-540/16, ECLI:EU:C:2018:565 Rn. 36 ff. – Spika ua.

[111] Besonders deutlich EuGH C-112/00, Slg. 2003, I-5659 Rn. 81 – Schmidberger („Brenner-Blockade"): „Demgemäß sind die bestehenden Interessen abzuwägen, und es ist anhand sämtlicher Umstände des jeweiligen Einzelfalls festzustellen, ob das rechte Gleichgewicht zwischen diesen Interessen gewahrt worden ist." Diese Formulierung erinnert an die *fair balance*-Formel in der Rechtsprechung des EGMR, und zwar sowohl bei den Abwehrrechten als auch bei den Schutzpflichten → § 10 Rn. 34, → § 8 Rn. 24.

[112] Sa noch die theoretische Differenzierung bei *Kühling* in v. Bogdandy Europ. VerfassungsR, 1. Aufl. 2003, S. 583 (624), zwischen einem relativen – subjektiven oder objektiven – und einem absoluten – subjektiven oder objektiven – Wesensgehalt (in der 2. Aufl. 2009, S. 657, nunmehr verkürzt auf einen Satz [699]).

[113] EuGH C-112/00, Slg. 2003, I-5659 Rn. 80 – Schmidberger („Brenner-Blockade"). Zuletzt zur richterlichen Unabhängigkeit als „Wesensgehalt" des Grundrechts auf ein faires Verfahren EuGH C-216/18 PPU, ECLI:EU:C:2018:586 Rn. 48 – LM.

[114] EuGH C-464/16 P, ECLI:EU:C:2017:291 Rn. 31 f. – PITEE/Kommission.

[115] Zu den Anforderungen einer Antiterror-Aktion mit beachtenden Anforderungen (Organisation und Verfahren) EGMR 27.9.1995 (GrK) – 18984/91, Series A no. 324 Rn. 201 ff. = ÖJZ 1996, 233 – McCann ua/Vereinigtes Königreich (Tod auf Gibraltar); EGMR 13.4.2017 – 26562/07 ua Rn. 481 ff., 496 ff. – Tagayeva ua/Russland (Beslan).

Auch die **Kommission**[116] neigt offenbar einer **abstrakt-generellen** Bestimmung des 52
Wesensgehalts zu. Jedenfalls lässt sich ihre Ansicht, dass lediglich die Ausübung des Rechts
eingeschränkt, das Recht selbst dabei aber nicht in Frage gestellt werden dürfe, in diese
Richtung auslegen.

Wenn der Wesensgehalt nur abstrakt-generell bestimmt werden kann, dürfte seine Prü- 53
fung in der Regel allerdings auch **nicht weiter als** die **Verhältnismäßigkeitsprüfung**
selbst führen.[117] Als besonderer Prüfungspunkt für gleichsam **strukturelle Grundrechtsmängel** bleibt indes eine **Vorrats- bzw. Reservefunktion** dieser Schranken-Schranke,
die dann doch nicht vorschnell vollständig aufgegeben werden sollte.[118]

V. Vorbehalt der Ziel- und Strukturkompatibilität der Union

In der früheren Rechtsprechung des EuGH war wiederholt die Rede davon, dass sich die 54
Grundrechte, gewonnen als allgemeine Rechtsgrundsätze, **in Struktur und Ziele der
Gemeinschaften bzw. der Union einfügen** müssten.[119] Diese Aussage kann entweder so
verstanden werden, dass mit ihr bereits der **Schutzbereich** oder erst die besondere
Bedeutung der genannten Ziele und Strukturen im Rahmen einer normalen Verhältnismäßigkeitsprüfung **(Abwägung)** umschrieben wird. Eine eigenständige Schranke muss
darin jedenfalls nicht liegen.

Eigenständige Bedeutung dürfte die Formel von Struktur und Zielen der Gemein- 55
schaften ohnehin **weder besessen** haben **noch** dürfte ihr eine solche **in Zukunft** in
nennenswertem Umfang **beizumessen** sein. Ergibt die Verhältnismäßigkeitsprüfung unter
Einschluss der ersten Prüfungsstufe – Verfolgung zulässiger Ziele – eine Rechtfertigung im
Einzelfall, so hat es damit sein Bewenden. Der nur **abstrakte, begründungsverkürzende
Hinweis** auf Struktur und Ziele der Union kann die eigentliche Verhältnismäßigkeitsprüfung jedenfalls nicht ersetzen.[120] Angesichts der in jüngerer Zeit zu konstatierenden
ausführliche(r)n Verhältnismäßigkeitsprüfung durch den EuGH[121] scheint sich hier auch
kein besonderes Problem mehr zu ergeben. Außerdem wird die Formel von Struktur und
Zielen der Union ebenfalls in jüngerer Zeit kaum noch verwendet.

Soweit mit dem Hinweis auf die Struktur und Ziele der Union ohnehin nur die 56
Schwierigkeiten der Gewinnung von (damaligen) **Gemeinschaftsgrundrechten** als
allgemeinen Rechtsgrundsätzen bezeichnet werden sollten, so sind diese Schwierigkeiten
infolge der schriftlichen Fixierung der Unionsgrundrechte in der **Charta** nahezu vollständig beseitigt worden. Den ausdrücklich in der Charta genannten Rechten können
Struktur und Ziele der Union jedenfalls nicht mehr auf abstrakter Ebene entgegen gehalten
werden.

---

[116] In ihrer Mitteilung zur Grundrechtscharta der Europäischen Union v. 13.9.2000, KOM(2000) 559, 9 Rn. 26.
[117] Vgl. zum deutschen Recht (Art. 19 Abs. 2 GG) *Jarass* in Jarass/Pieroth GG Art. 19 Rn. 8f. mwN. Gleichsetzend im Gemeinschaftsrecht *Pache* NVwZ 1999, 1033 (1037 Sp. 1). Zur geringen Bedeutung in der Praxis s. auch Jarass EU-GR § 6 Rn. 51.
[118] Ähnlich noch *Kühling* in v. Bogdandy Europ. VerfassungsR, 1. Aufl. 2003, S. 583 (625): „absolute, objektive Wesensgehaltkontrolle" mit „Warnfunktion", allerdings schon „für den praktischen Alltag"; nunmehr verkürzt in einem Satz in der 2. Aufl. 2009, S. 657 (699).
[119] S. nur EuGH 11/70, Slg. 1970, 1125 Rn. 4 – Internationale Handelsgesellschaft. Weitere Nachw. bei *Rengeling* S. 18ff., vgl. auch S. 212ff.
[120] Vgl. aber auch *Kischel* EuR 2000, 380 (394), wonach „eine stärkere Pauschalierung im Europarecht ihren legitimen Grund in der spezifisch supranationalen Struktur der Gemeinschaft [hat], die versuchen muß, für die äußerst unterschiedlichen Situationen in den einzelnen Mitgliedstaaten einheitlich Recht zu setzen". Das ist allerdings keine supranationale Besonderheit, sondern eine quantitative und vor allem Typisierungsfrage (dazu *Kischel* selbst [393]).
[121] Etwa EuGH C-60/00, Slg. 2002, I-6279 Rn. 43 ff. – Carpenter. Sehr ausführlich EuGH verb. Rs. C-465/00, C-138/01 u. C-139/01, Slg. 2003, I-4989 Rn. 76 ff. – ORF ua; EuGH C-112/00, Slg. 2003, I-5659 Rn. 79 ff. – Schmidberger („Brenner-Blockade"); EuGH C-101/01, Slg. 2003, I-12971 Rn. 79 ff. – Lindqvist (Gemeindehomepage einer Katechetin und Datenschutz). Vierstufig prüfend EuGH C-504/04, Slg. 2006, I-679 Rn. 35 ff. – Agrarproduktion Staebelow (Kuh-Kohorten-Keulung bei BSE-Verdacht).

57 Allenfalls für eine Grundrechtsbeeinträchtigung kommt heute noch eine, dann aber konkretisierte Rechtfertigung unter Hinweis auf Ziele und Strukturen der Union in Betracht: Das **Integrationsprinzip** dürfte nämlich gegenwärtig noch die mangelnde Verwirklichung des **Grundsatzes der Wahlrechtsgleichheit** (Art. 39 GRC → § 51) bei den Wahlen zum Europäischen Parlament rechtfertigen *(one man, one vote)*, obwohl das Parlament mittlerweile in nahezu allen Bereichen zum Mitgesetzgeber aufgewertet worden ist.[122] Angesichts der primärrechtlichen Regelungen würde es sich dabei aber ohnehin um die problematische Kategorie sog **verfassungswidrigen Verfassungsrechts** handeln, wollte man dies hier (schon) anders sehen.[123]

VI. Subsidiarität als zusätzliche Schranken-Schranke?

58 Gemäß Absatz 5 ihrer Präambel bekräftigt die GRC die Rechte, die sich vor allem aus den Verfassungstraditionen und internationalen Verpflichtungen der Mitgliedstaaten, aus der EMRK, aus den von der Union und dem Europarat beschlossenen Sozialchartas sowie der Rechtsprechung des EuGH und des EGMR ergeben, und zwar „unter Achtung der Zuständigkeiten und Aufgaben der Union sowie des **Subsidiaritätsprinzips**". Nach Art. 51 Abs. 1 GRC gilt sie „für die Organe und Einrichtungen der Union unter Einhaltung des Subsidiaritätsprinzips" (→ § 6).

59 Diese mehrfache Bemühung des Subsidiaritätsprinzips wird in der Literatur vereinzelt deshalb kritisiert, weil sie – zusammen mit (einer bestimmten Auslegung des) Art. 53 GRC (→ Rn. 101 ff.) – zu einer **Verstärkung mitgliedstaatlicher Verfassungsvorbehalte** bzw. zu einer **Renationalisierung des unionalen Grundrechtsschutzes** führen könne.[124] Eine solche Gefahr mag bestehen. Gleichwohl ist auch eine andere Lesart des Subsidiaritätsprinzips in diesem Zusammenhang möglich: Das Subsidiaritätsprinzip als **Kompetenzausübungsregel** kann danach als weitere **Schranken-Schranke** einen zusätzlichen Schritt im Rahmen der Grundrechtsprüfung darstellen. **Alternativ** wäre es im Rahmen der Prüfung der **formellen Rechtmäßigkeit** zusammen mit der allgemeinen **Zuständigkeit** heranzuziehen. Der besonderen, mehrfachen Hervorhebung im Text der Charta dürfte aber eher ein eigenständiger Prüfungspunkt entsprechen.

60 Eine solche Prüfung kommt natürlich vor allem für grundrechtsbeschränkende **Unionsmaßnahmen** in Betracht. Hier gelten keine Besonderheiten. Allerdings erscheint es nicht ausgeschlossen, dass auch im Rahmen der Geltendmachung grundrechtlicher **Schutzpflichten** auf das Subsidiaritätsprinzip[125] zurückgegriffen wird: Wenn nur ein unionsweiter[126] Schutz hinreichend **effektiv** ist, also das Schutz-Ziel auf Ebene der Mitgliedstaaten nicht ausreichend erreicht werden kann, muss die Union – im Rahmen ihrer Zuständigkeiten – tätig werden, weil und damit die Schutz-Wirkungen „auf Unionsebene besser zu verwirklichen sind".[127]

---

[122] Deshalb an der Möglichkeit einer weiteren Rechtfertigung zweifelnd *Streinz* in Streinz, 1. Aufl. 2003, GRC Art. 39 Rn. 2 (für eine Rechtfertigung heute *Streinz* in Streinz GRC Art. 39 Rn. 3). Konziliater *Magiera* in NK-EuGRCh Art. 39 Rn. 29 ff. Sa *Szczekalla* in FK-EUV/GRC/AEUV EUV Art. 14 Rn. 42 ff., AEUV Art. 223 Rn. 7.
[123] Vgl. *Rengeling/Szczekalla* Grundrechte in der EU Rn. 1077.
[124] Vgl. etwa *Griller* in Duschanek/Griller S. 131 (165 ff., 178 ff.).
[125] Zur gegenläufigen Diskussion um einen „Grundsatz schutzfunktionaler Subsidiarität" *Szczekalla* S. 373 ff. mwN (Vorrang des „Selbst-Schutzes" vor staatlichem Schutz, „Eigensicherungspflicht", „Risikovermeidungspotential mündiger Bürger", „Selbstregulierung" etc.). Eine *allgemeine* Subsidiarität des (staatlichen *und* gemeinschaftlichen bzw. unionalen) Schutzes gibt es indes nicht, *Szczekalla* S. 377.
[126] Häufig wird auch dies nicht reichen, sondern es ist ein globaler Schutz anzustreben. Auf dem Weg dahin kann der Union aber eine Vorreiter- bzw. Vorbildfunktion zukommen. Außerdem kann die EU auf internationaler Ebene möglicherweise mit mehr Nachdruck auftreten. Zur „Unschädlichkeit mangelnder Problemlösungskapazitäten für alle ‚weltumspannenden' Schutz-Aufgaben", zum „Subsidiaritätsgrundsatz im Verhältnis internationaler/supranationaler Organisationen" und zur „Potenzierung zunächst mediatisierter Einflussnahmemöglichkeiten der Mitgliedstaaten" vgl. *Szczekalla* S. 581 ff. mzN.
[127] Zitat aus dem Wortlaut v. Art. 5 Abs. 3 EUV.

VII. Kritik der Schrankensystematik nach der Charta

1. Schrankensystematik nach der Charta. a) Einheitliche Schrankenklausel als Grundsatz. Ausgangspunkt des Schrankensystems der Charta ist die (wenigstens vordergründig) **einheitliche Schrankenklausel** des **Art. 52 Abs. 1 GRC**. Dieser **horizontale Ansatz** wurde von der Europäischen Kommission begrüßt,[128] weil die Schrankenklausel auf praktisch alle Rechte anwendbar sei, innerhalb des (Ersten) Konvents weitreichende Zustimmung gefunden habe und insgesamt eine sinnvolle Lösung darstelle. Auf diese Weise müssten nicht zu jedem Recht etwaige Einschränkungen aufgeführt werden und ließen sich Wiederholungen vermeiden. Gleichwohl biete der horizontale Ansatz alle nötigen Garantien für einen wirksamen Schutz der Rechte. Es könne lediglich die Ausübung des Rechts eingeschränkt werden, das Recht selbst dürfe dabei nicht in Frage gestellt werden.[129] Einen ähnlichen Weg verfolgte im Übrigen bereits **Art. 26** der **Grundrechte-Erklärung des Europäischen Parlaments** aus dem Jahr 1989.[130] 61

Der horizontale Ansatz führt durchaus zu einer Entlastung des Textes. Auch bei den jeweils eigens mit leichten Abweichungen formulierten Schrankenklauseln der **EMRK** in ihren **Artikeln 8–11 EMRK** zeigt die Rechtsprechung des EGMR, dass die Handhabung nach den gleichen Grundsätzen erfolgt.[131] Unterschiede im Hinblick auf das – relative – Gewicht eines jeden Grundrechts im Einzelfall bleiben davon natürlich unberührt. 62

Allerdings wird der **horizontale Ansatz** von der Charta **gar nicht** strikt **durchgehalten**. Durchbrechungen ergeben sich aus der – **vorrangigen** – Heranziehung des **Vertragsrechts** (Art. 52 Abs. 2 GRC → Rn. 71 ff.) sowie aus dem – ebenfalls **vorrangigen** – Abstellen auf die **EMRK** (Art. 52 Abs. 3 GRC → Rn. 76 ff.). Darüber hinaus gibt es vereinzelt auch „**vertikale**" Schranken in einzelnen Grundrechten (→ Rn. 92 ff.; zu weiteren, spezifischen Schrankenklauseln → Rn. 94). Ob diese und andere, weiter unten darzustellende Durchbrechungen in der praktischen Anwendung durch die Gerichte dann aber wirklich zu Unterschieden führen werden, bleibt abzuwarten. 63

aa) Allgemeine Anforderungen an zulässige Einschränkungen nach der Charta. Im Einzelnen gilt nach dem horizontalen Ansatz der Charta nichts wesentlich anderes als nach der bisherigen rechtsgrundsätzlichen Rechtslage auch:[132] Die Einschränkungen müssen durch das zuständige Gesetzgebungsorgan (→ Rn. 30) auf einzelstaatlicher oder Unionsebene vorgesehen sein (Gesetzesvorbehalt → Rn. 31). Sie müssen weiter notwendig sein und den von der Union anerkannten, dem Gemeinwohl dienenden Zielsetzungen oder den Erfordernissen des Schutzes der Rechte und Freiheiten anderer tatsächlich entsprechen. Dabei muss insgesamt der Grundsatz der Verhältnismäßigkeit (→ Rn. 41 ff.) gewahrt bleiben. Schließlich ist der Wesensgehalt (→ Rn. 49 ff.) der Rechte und Freiheiten zu achten. 64

Im Ergebnis ist – neben der Prüfung der **formellen Rechtmäßigkeit (Zuständigkeit, Verfahren)** also auch nach der Charta eine **vierstufige Verhältnismäßigkeitsprüfung** (→ Rn. 33 ff., 41 ff.) vorzunehmen: Zunächst muss ein **zulässiges Ziel** einer Beeinträchtigung vorliegen. Die Beeinträchtigung muss weiter geeignet sein, die Erreichung dieses zulässigen Ziels zu **fördern** (*arg. e* Art. 52 Abs. 1 GRC [„tatsächlich entsprechen"] – **Geeignetheit**). Sodann darf es **keine milderen Mittel** zur Erreichung bzw. Förderung 65

---

[128] Mitteilung zur Grundrechtscharta der Europäischen Union v. 13.9.2000, KOM(2000) 559, 9.
[129] S. dazu – im Zusammenhang mit der Wesensgehaltsgarantie – auch → Rn. 49 ff.
[130] ABl. 1989 C 120, 51 = EuGRZ 1989, 205 („Die in dieser Erklärung aufgeführten Rechte und Freiheiten dürfen innerhalb der in einer demokratischen Gesellschaft vertretbaren und erforderlichen Grenzen nur durch eine Rechtsvorschrift eingeschränkt werden, in der in jedem Fall der Wesensgehalt der Rechte und Freiheiten unangetastet bleibt.").
[131] S. nur *Meyer-Ladewig* in HK-EMRK, 3. Aufl. 2011, EMRK Art. 8 Rn. 99 mwN. Kritisch gleichwohl *Kenntner* ZRP 2000, 423 (423 ff.), für den eine – noch dazu unbestimmte – Generalklausel ohne ein abgestuftes Schutzsystem der differenzierten Schutzanforderungen der einzelnen Grundrechte nicht gerecht werde. Von einem „blinde[n] Fleck" spricht insoweit *Nettesheim* in Graf Vitzthum/Pena S. 212 (215).
[132] Sa die Mitteilung zur Grundrechtscharta der Europäischen Union v. 13.9.2000, KOM(2000) 559, 9.

dieses Ziels geben (**Erforderlichkeit**). Schließlich muss die Beeinträchtigung auch **verhältnismäßig im engeren Sinne** sein (**Zumutbarkeit**).

66 bb) Einschränkungen nach der Charta und Demokratieprinzip im Unionsrecht.
Der Gesetzesvorbehalt nach der Charta macht den – durchaus ambivalenten – Zusammenhang zwischen **Grundrechtsschutz** und **Demokratieprinzip** im Unions-, aber auch schon im mitgliedstaatlichen Recht deutlich. Diese **Ambivalenz** folgt zudem daraus, dass Grundrechte – verstanden als Schutz der jeweiligen **Minderheit(en)** – den politischen Begehrlichkeiten der jeweiligen parlamentarischen Mehrheit(en) Grenzen setzen.[133] Andererseits ermöglichen einzelne Grundrechte erst Politik und damit Demokratie, insbesondere die Meinungs-, Vereinigungs- und Versammlungsfreiheit.

67 Die **Charta** enthält darüber hinaus einige **Hinweise auf das Demokratieprinzip** und normiert damit in Zusammenhang stehende **(Bürger-)Rechte:** Nach Abs. 2 S. 2 der Präambel der GRC beruht die Union auf den Grundsätzen der Demokratie und der Rechtsstaatlichkeit.[134] Art. 39 GRC enthält das aktive und passive Wahlrecht bei den Wahlen zum Europäischen Parlament, Art. 40 GRC die entsprechende Garantie bei den Kommunalwahlen (→ § 51). Durch die Installation des Bürgerbeauftragten in Art. 43 GRC und durch das Petitionsrecht in Art. 44 GRC (→ § 53 f.) werden zudem besondere Rechte des Einzelnen statuiert, die mit der (weichen) **parlamentarischen Kontrollfunktion** in engem Zusammenhang stehen. Überhaupt ist die **Befassung des Parlaments** mit Grundrechtsfragen (auch) ein Mittel zum **(prä- und postjudikativen) Schutz der Grundrechte** und Grundfreiheiten des Einzelnen neben dem Rechtsschutz durch die Gerichte. Ganz allgemein lässt sich auch sagen, dass die Repräsentation des Einzelnen im und durch das Parlament dem Grundrechtsschutz dient (**Schutz durch Repräsentation**).[135] So gesehen kann auch das häufig monierte sog. **demokratische Defizit** in der EU ein wenig **abgemildert** werden, zwar nicht durch die Gewährung von Grundrechten, wohl aber **durch** ihre **Gewährleistung** als zusätzlicher Legitimationsquelle (→ § 8 Rn. 2).[136]

68 Der Wortlaut von Art. 52 Abs. 1 GRC („gesetzlich vorgesehen") darf nicht darüber hinwegtäuschen, dass **Gesetze im** herkömmlichen Sinne dem **Unionsrecht** bisher fremd sind. Der Kanon zulässiger Rechtsakte in Art. 288 AEUV kennt nur Verordnungen, Richtlinien, Beschlüsse, Empfehlungen und Stellungnahmen, wobei es daneben noch uneigentliche Rechtsinstrumente geben mag. Auf den ersten Blick ist allenfalls die **Verordnung** mit dem „klassischen" Gesetz zu vergleichen, hat sie doch allgemeine Geltung, ist in allen ihren Teilen verbindlich und gilt unmittelbar in jedem Mitgliedstaat. (Zumindest) Unter der Voraussetzung ihrer unmittelbaren Anwendbarkeit können darüber hinaus aber auch **Richtlinien** als „Gesetze" in diesem Sinne gelten,[137] wobei an ihre Bestimmtheit je nach

---

[133] Besonders deutlich in diesem Sinne Art. 6 tschechVerf („Die politischen Beschlüsse gehen vom Willen der Mehrheit aus, die durch die freie Abstimmung zum Ausdruck kommt. Die Entscheidung der Mehrheit ist auf den Schutz der Minderheiten bedacht.").

[134] Sa noch Art. 14 Abs. 3 GRC, wonach die Freiheit zur Gründung von Lehranstalten nur „unter Achtung der demokratischen Grundsätze" gewährleistet wird. Dazu, dass diese Einschränkung keinen Tatbestandsausschluss (zu Tatbestandstheorien → Rn. 5 ff.) darstellt, sondern „nur" entsprechende Anforderungen der dafür zuständigen Mitgliedstaaten rechtfertigt, die „demokratischen Grundsätze" also nur dann wirken, wenn es entsprechende gesetzliche Anforderungen an die „Schulunternehmer" gibt, s. *Rengeling/Szczekalla* Grundrechte in der EU Rn. 767.

[135] Vgl. *Robbers* S. 160 ff.; *Micklitz* S. 223 ff.; *Szczekalla* S. 91, 528, 857 ff.; *Szczekalla* in FK-EUV/GRC/AEUV AEUV Art. 227 Rn. 3.

[136] Zum Ausgleich möglicher Legitimationsdefizite durch Bindung der Organe bei der Ausübung ihrer Hoheitsgewalt an die Charta *Vitorino* RDUE 2001, 27 (34 f.). Allgemein zur Kompensation des „Demokratiedefizits" durch Schaffung subjektiver (Grund-) Rechte vgl. etwa *Buchwald* Der Staat 37 (1998), 189 (199 f. m. Fn. 54); *Craig* ELJ 7 (2001), 125 (141); *Hertel* S. 192 ff., 194, 200 ff.; *Reich* ELJ 3 (1997), 131 (164); *Schubert* S. 43; *Rengeling/Szczekalla* Grundrechte in der EU Rn. 64, 108 ff., 112.

[137] (Allein) Auf nicht ausreichend umgesetzte Richtlinien können wegen des Verbots belastender (jedenfalls direkter) Wirkungen aber keine Grundrechtseingriffe gestützt werden (vgl. *Szczekalla* S. 1082 ff. [1095]). Problematisch sind insoweit dynamische Verweisungen im nationalen Recht auf Richtlinien in ihrer

Sachgebiet und mit Ausnahme ihres konkreten Ziels[138] keine übertriebenen Anforderungen gestellt werden dürften.[139] Das entscheidende Maß an Bestimmtheit wird nämlich erst mit der mitgliedstaatlichen Umsetzungsmaßnahme erreicht.[140] Beschlüsse als konkret-individuelle Rechtsakte dürften zur alleinigen Ausfüllung des Gesetzesvorbehalts ausscheiden. Sie stützen sich aber in der Regel ohnehin auf andere (Basis-) Rechtsakte. Empfehlungen und Stellungnahmen sowie uneigentliche Rechtsinstrumente scheiden jedenfalls von vornherein aus.

Mittlerweile ist das **Europäische Parlament** weitgehend am Erlass der verbindlichen Rechtsakte – gleichberechtigt mit dem Rat – beteiligt. Es wirkt also so an dem Zustandekommen der Rechtsakte mit, wie es einem Gesetzgebungsorgan nach westeuropäischer Tradition an sich zukommt. Deshalb lässt sich mittlerweile von einem vollen **Parlamentsvorbehalt** im Unionsrecht sprechen.[141] 69

Wegen der **Verzahnung** von mitgliedstaatlichem Recht und Unionsrecht, der **Einbeziehung** der **nationalen Parlamente** und der (noch) hinreichenden **demokratischen Legitimation** auch des **Rates**[142] über seine Zusammensetzung (sog **Legitimationskette**) kann man heute ohnehin davon ausgehen, dass die genannten Rechtsakte den Gesetzesvorbehalt in Art. 52 Abs. 1 GRC ausfüllen können. Rechtsgeschichtlich kommt bzw. kam noch hinzu, dass mit der Einführung möglicher „Europäischer (Rahmen-) Gesetze" in einer neuen „Europäischen Verfassung" auch dem Wortlaut dieses Artikels der Charta entsprochen werden sollte, der (Erste) Konvent also – in weiser Voraussicht – einen hinreichend zukunftsoffenen Begriff gewählt hat.[143] Jetzt ist in **Art. 289 AEUV** ausdrücklich von einem **„Gesetzgebungsverfahren"** die Rede. 70

---

jeweils geltenden Fassung (ausführlicher zu diesen Fragen mwN *Szczekalla* in Rengeling, EUDUR, Bd. 1, § 11 Rn. 41 f., 47). Wegen des Erfordernisses vollständiger, eindeutiger und klarer Umsetzung schreiben viele Richtlinien im Übrigen vor, im Umsetzungsakt auf die Richtlinie selbst hinzuweisen, was man als Art (sekundärrechtliches) Zitiergebot bezeichnen kann. Ein allgemeines, grundrechtliches Zitiergebot – wie etwa im deutschen Recht aus Art. 19 Abs. 1 S. 2 GG – gibt es im UnionsR demgegenüber nicht. (Im deutschen Recht) Problematisch ist schließlich die Umsetzung durch Blankettvorschriften im Hinblick auf die Einhaltung der Art. 80 Abs. 1 S. 2 GG und Art. 82 GG (das besondere Zitiergebot des Art. 80 Abs. 1 S. 3 GG für [deutsche] Rechtsverordnungen ist demgegenüber in Bezug auf das Unionsrecht nicht einschlägig); zur verfassungsgerichtlichen Sanktionierung (Unvereinbarkeit mit den Bestimmtheitsanforderungen nach Art. 103 Abs. 2 GG iVm Art. 104 Abs. 1 S. 1 GG sowie nach Art. 80 Abs. 1 S. 2 GG) s. jüngst BVerfG NJW 2016, 3648 (unzulässige Blankett-Strafnorm [§ 10 Abs. 1 RiFlEtikettG]).
[138] S. *Kühling* in v. Bogdandy/Bast Europ. VerfassungsR S. 657 (691 f.).
[139] Vgl. EuGH C-101/01, Slg. 2003, I-12971 Rn. 83 f. – Lindqvist („Gemeindehomepage einer Katechetin und Datenschutz"), betr. die DatenschutzRL (RL 95/46/EG, ABl. 1995 L 281, 31; aufgehoben mit Wirkung zum 25.5.2018 durch Art. 94 Abs. 1 der VO [EU] 2016/679 [Datenschutz-GrundVO], ABl. 2016 L 119, 1). Zur Berücksichtigung der Weite der Formulierung bei der Verhängung von Sanktionen s. dann aber Rn. 88 der genannten Entscheidung mit einer Art Überforderungsargument.
[140] Der EGMR ist hier mitunter durchaus großzügig und lässt – sogar – beim strafrechtlichen Bestimmtheitsgrundsatz aus Art. 7 EMRK (s. auch Art. 49 GRC) Generalklauseln und das Abschreiben einer nicht sonderlich bestimmten Richtlinie (jedenfalls bei beruflich bedingten Spezialkenntnissen und unter der Voraussetzung, dass die Rspr. ein gutes Stück Konkretisierungsarbeit leistet, wobei dem Einzelnen die Obliegenheit zukommt, ggf. Rechtsrat einzuholen), vgl. EGMR 15.11.1996 – 17862/91, Rep. 1996, 1614 Rn. 31, 35 = EuGRZ 1999, 193 = ÖJZ 1997, 579 – Cantoni/Frankreich (Arzneimittelverkauf im Supermarkt).
[141] Anders vor dem Lissabonner Vertrag *Weber* NJW 2000, 537 (543). Zu heutigen Rechtslage *Szczekalla* in FK-EUV/GRC/AEUV EUV Art. 14 Rn. 2, 12 ff.
[142] Zum Rat als „Gesetzgeber" s. bereits Art. 207 Abs. 3 UAbs. 2 EGV.
[143] S. auch die Aufnahme einer Art Wesentlichkeitstheorie in Art. (I-)35 des Verfassungsvertragsentwurfs (CONV 850/03, ABl. 2003 C 169, 1). Danach ist für eine Europäische (Durchführungs-) Verordnung („Delegierte Verordnung") als allgemein geltendem Rechtsakt unterhalb eines Gesetzes eine Ermächtigung durch ein Europäisches (Rahmen-)Gesetz erforderlich, welches „Ziele, Inhalt, Geltungsbereich und Dauer" der Übertragung – in Anlehnung an Art. 80 GG – ausdrücklich festlegen muss, wobei „wesentliche Vorschriften" nicht übertragen werden dürfen (Art. I-36 VVE). Zum „Demokratische[n] Leben der Union" vgl. auch den besonderen, allerdings reichlich heterogenen Titel VI {Art. [I-] 44–51) des Entwurfs (Art. I-45 bis I-52 VVE).

71 b) Charta und Verträge (EUV und AEUV). Die Ausübung der durch die Charta anerkannten Rechte, die in den Verträgen „geregelt" sind, erfolgt gemäß **Art. 52 Abs. 2 GRC** im Rahmen der dort festgelegten Bedingungen und Grenzen. Diese **(erste) „Kompatibilitäts-"** bzw. **„Kongruenzsicherungsklausel"** verkompliziert die Schranken- und Schranken-Schrankendogmatik erheblich und lässt den anfänglichen Charme des horizontalen Ansatzes zumindest ein wenig verblassen. Die **Textreduzierung** wird jedenfalls durch ein **Mehr an Auslegungsarbeit** erkauft. Sie ist wohl der anfangs unklaren Verortung der Charta im unionalen Normensystem und dem Wunsch geschuldet, alle bestehenden Rechtsgehalte in den Text aufzunehmen. Einen Auftrag zur – inhaltlichen – Veränderung der bestehenden Rechte enthielt das Kölner Mandat[144] dabei gerade nicht. Deshalb war eine „Duplizierung" wohl letztlich unvermeidlich.

72 Im Ergebnis sperrt der zweite Absatz des Art. 52 GRC die Anwendung des ersten Absatzes.[145] **Art. 52 Abs. 2 GRC** ist *lex specialis* zu Art. 52 Abs. 1 GRC. Das gilt allerdings nur insoweit, als die **Unionsverträge selbst** tatsächlich **echte (subjektive) „Rechte"** enthalten.[146] Eine bloß **objektivrechtliche Behandlung** eines Grundrechtsthemas **genügt nicht.** Auch eine bloß **sekundärrechtliche Ausformulierung** dürfte **nicht** ausreichen (*arg. e* Art. 52 Abs. 2 GRC: „geregelt").[147] Demgegenüber ist es **unbeachtlich,** wenn die entsprechenden Rechte der Charta eine im Vergleich zu den Verträgen abweichende **Formulierung** aufweisen. Denn der (Erste) Konvent wollte im Interesse besserer Lesbarkeit gerade kürzere Fassungen.

73 Anwendbar ist Art. 52 Abs. 2 GRC folglich auf Art. 15 Abs. 2 GRC (**Recht,** Arbeit zu suchen, **zu arbeiten,** sich niederzulassen oder Dienstleistungen zu erbringen).[148] Durchweg anwendbar ist Art. 52 Abs. 2 GRC auch auf die **Bürgerrechte** aus dem Kapitel V der Charta.[149]

Nicht anwendbar ist die Vorschrift etwa auf Art. 8 GRC (**Datenschutz** → § 25), weil das Datenschutzrecht – trotz seiner primärrechtlichen Erwähnung in Art. 286 EGV (heute: Art. 39 EUV und Art. 16 AEUV) – im Wesentlichen auf sekundärrechtlichen Richtlinien oder Verordnungen beruht.[150] Das **Asylrecht** wird in Art. 78 AEUV dem Europäischen Parlament und dem Rat nur zur Beschlussfassung aufgegeben, aber nicht selbst im Sinne von Art. 52 Abs. 2 GRC „geregelt". Aus diesem Grund unterliegt Art. 18 GRC ebenfalls der allgemeinen, horizontalen Schrankenklausel des Art. 52 Abs. 1 GRC (→ § 20).

---

[144] S. die Schlussfolgerungen des Kölner Gipfels v. 3./4.6.1999, EuGRZ 1999, 364 f. (Anhang IV).

[145] So auch *Grabenwarter* DVBl 2001, 1 (3). AA etwa *Philippi,* Charta der Grundrechte, S. 42 („*zusätzliche* Schranke", Hervorhebung im Original), die dies mit der besonderen Bedeutung von Wesensgehalt und Verhältnismäßigkeit begründet. Die Bedeutung des Wesensgehalts ist allerdings gering (→ Rn. 49 ff.). Und auch bei den vertraglichen Rechten findet eine – bei den Grundfreiheiten mitunter sogar sehr ausführliche – Verhältnismäßigkeitsprüfung statt.

[146] Ausgeschlossen ist die Anwendung der Klausel jedenfalls von vornherein auf die zuvor vom EuGH – ohne ausdrückliche vertragliche Regelung – anerkannten Grundrechte als allgemeine Rechtsgrundsätze, da andernfalls die Sichtbarmachungsfunktion der Charta (vgl. *Rengeling/Szczekalla* Grundrechte in der EU Rn. 31) unterlaufen werden würde, vgl. *Griller* in Duschanek/Griller S. 131 (145 f.); *Lenaerts/de Smijter* CMLR 38 (2001), 273 (283).

[147] Im Ergebnis ebenso *Griller* in Duschanek/Griller S. 131 (146).

[148] Entspricht der Arbeitnehmerfreizügigkeit, der Niederlassungs- und Dienstleistungsfreiheit in Art. 45, 49 und 56 AEUV.

[149] S. Art. 39, 40, 41 Abs. 3 und 4 GRC, Art. 42–46 GRC, die den Art. 20–24 AEUV, Art. 227 und 228 AEUV korrespondieren. Vgl. noch aus dem Bereich der besonderen Gleichheitssätze Art. 21 Abs. 2 GRC, der Art. 18 AEUV entspricht (Diskriminierung aus Gründen der Staatsangehörigkeit). S. schließl. Art. 23 GRC, der Art. 2 EUV sowie Art. 8 AEUV und Art. 157 AEUV korrespondiert (Gleichheit der Geschlechter).

[150] Vgl. die DatenschutzRL (RL 95/46/EG, ABl. 1995 L 281, 31, aufgehoben mit Wirkung zum 25.5.2018 durch Art. 94 Abs. 1 der VO [EU] 2016/679 [Datenschutz-GrundVO], ABl. 2016 L 119, 1), die frühere Datenschutz-TelekommunikationsRL (RL 97/66/EG, ABl. 1997 L 24, 1; ersetzt durch die DatenschutzRL E-Kommunikation [RL 2002/58/EG, ABl. 2002 L 201, 37]). Für die Union selbst s. VO (EG) Nr. 45/2001, ABl. 2001 L 8, 1 – DatenschutzVO.

Allein der Umstand, dass eine vertragliche Freiheit durch Sekundärrechtsakte weiter 74
ausformuliert wird,[151] schließt die **Anwendung** von Art. 52 Abs. 2 GRC allerdings noch
nicht aus. Das ist etwa bei den meisten **Gleichheitsrechten** der Fall.[152]

Die Verweisungsklausel erfasst schließlich ebenfalls **nicht** das bisherige „Verfassungsfrag- 75
ment" des **Art. 6 EUV,** insbes. dessen dritten Absatz. Denn dann würden über eine
Weiterverweisung alle bisherigen Grundrechte als allgemeine Rechtsgrundsätze auf Basis
der Rechtserkenntnisquellen der mitgliedstaatlichen Verfassungsordnungen und der EMRK
der horizontalen Schrankenklausel des Art. 52 Abs. 1 GRC entzogen. Diese und die nachfolgend
zu erörternde Vorschrift des Art. 52 Abs. 3 GRC wären dann überflüssig:

c) **Charta und EMRK.** Die **zweite „Kompatibilitäts-"** bzw. **„Kongruenzsiche-** 76
rungsklausel" in **Art. 52 Abs. 3 S. 1 GRC** verkompliziert die Schranken- und Schranken-Schranken-Dogmatik
weiter erheblich und lässt einige Fragen offen, die wohl erst
durch die Rechtsprechung einer – praktischen – Klärung zugeführt werden können.[153]
Denn soweit die Charta Rechte enthält, die den durch die EMRK garantierten Rechten
„entsprechen", sollen sie „die gleiche Bedeutung und Tragweite" haben, wie sie ihnen
nach der Konvention beigemessen wird.

„Bedeutung und Tragweite" geht zunächst über den bloßen Vergleich des jeweiligen 77
Wortlauts der Schutzbereiche hinaus. Erfasst werden auch die jeweils zugelassenen **Einschränkungen.**[154]
Darüber hinaus erstreckt sich die Vorschrift nicht nur auf die Vorschriften
des eigentlichen Konventionstextes, sondern auch auf die inzwischen zahlreichen **Protokolle,**
und zwar unabhängig von ihrer Ratifizierung durch alle Mitgliedstaaten.[155] Schließlich ist
in den Vergleich auch die **Rechtsprechung** des EuGH und des EGMR einzubeziehen.[156]
Letzterer hat aus „seiner" Konvention bekanntlich ein „lebendiges Vertragswerk" gemacht

---

[151] Zunächst RL 76/207/EWG, ABl. 1976 L 39, 40 – BeschäftigungszugangsRL; aufgehoben durch und nunmehr niedergelegt in RL 2006/54/EG zur Verwirklichung des Grundsatzes der Chancengleichheit und Gleichbehandlung von Männern und Frauen in Arbeits- und Beschäftigungsfragen, ABl. 2006 L 204, 23.

[152] S. Art. 39, 40, 41 Abs. 3 und 4 GRC, Art. 42–46 GRC [Art. 20–24 AEUV, Art. 227 und 228 AEUV]; Art. 21 Abs. 2 GRC [Art. 18 AEUV]; Art. 23 GRC [Art. 2 EUV sowie Art. 8 AEUV und Art. 157 AEUV]. Zweifelhaft war die Lage allerdings bei Art. 13 EGV (heute Art. 19 AEUV). Lehnt man hier eine unmittelbare Anwendbarkeit der Bestimmung ab, was wohl der überwiegenden Ansicht entsprechen dürfte (anders mit beachtlichen Gründen *Holoubek* in Schwarze EUV/EGV EGV Art. 13 Rn. 9 [„Die Ermächtigung zur Bekämpfung bestimmter Diskriminierungen setzt ein entsprechendes Diskriminierungsverbot voraus"] – in die gleiche Richtung *Szczekalla* S. 645 ff., 655 f.: Die rechtsgrundsätzliche Annahme entsprechender Diskriminierungsverbote durch den EuGH bleibe möglich), findet Art. 52 Abs. 1 GRC auf die Korrespondenz-Vorschrift des Art. 21 Abs. 1 GRC Anwendung. Aus den inzwischen vorhandenen Sekundärrechtsakten s. insbes. RL 2000/78/EG, ABl. 2000 L 303, 16 – AntidiskriminierungsrahmenRL (Beschäftigung und Beruf) sowie RL 2000/43/EG, ABl. 2000 L 180, 22 – AntidiskriminierungsRL (Rasse und ethnische Herkunft). Ausführlich zum „Gleichheitssatz" als Beispiel für die „Gemengelage von Charta, allgemeinem Rechtsgrundsatz und vertraglichem Recht" *Griller* in Duschanek/Griller S. 131 (147 ff.), der selbst (weiter) differenzieren will.

[153] Zum von der Charta in der Rechtsprechung gesetzten „ganz enormen Vertrauen" s. *Holoubek* in Duschanek/Griller S. 25 (37). Die Wissenschaft bleibt aber nicht vor der Tür, sondern bekommt „Stoff [ua] für Habilitationen" (S. 34), sowie zit. n. *Szczekalla* DVBl 2001, 345 (352 Fn. 40). Ein schlichter (Verfassungs-) Gerichtspositivismus ist jedenfalls nicht beabsichtigt.

[154] AA *Philippi,* Charta der Grundrechte, S. 43 f. (44), mit einem *arg. e contrario* aus Art. 52 Abs. 2 GRC („Bedingungen und Grenzen"). Ihre Bedenken, zB im Hinblick auf die Todesstrafe, lassen sich in derart eindeutigen Fällen aber über die Öffnungsklausel des Art. 52 Abs. 3 GRC lösen (dazu sogleich). Der andere Wortlaut des Art. 52 Abs. 3 S. 1 GRC („Bedeutung und Tragweite" [ohne „Grenzen"]) führt nicht zu Unterschieden: Mit „Tragweite" können sehr wohl auch „Grenzen" gemeint sein. Außerdem wollte der (Erste) Konvent einen weitgehend einheitlichen, gemeineuropäischen Grundrechtsschutz erreichen. (Im Ergebnis) Wie hier auch *Borowsky* in NK-EuGRCh Art. 52 Rn. 29 ff. (insbes. Rn. 30).

[155] AA *Grabenwarter* DVBl 2001, 1 (2); Grabenwarter/Pabel EMRK § 4 Rn. 16 m. Fn. 38. Eine etwaige Beschränkung hätte ausdrücklich klargestellt werden müssen. Es ist im Übrigen im Rahmen der „wertenden Rechtsvergleichung" keineswegs ungewöhnlich, dass sich (manche) Mitgliedstaaten mit Grundrechtsgehalten konfrontiert sehen, an die sie sich ursprünglich nicht aus eigenem Recht gebunden haben (vgl. *Rengeling/Szczekalla* Grundrechte in der EU Rn. 163 ff., 479 f., 497). Ausführlich → § 4.

[156] S. die Erläuterungen zu der Vorschrift sowie *Griller* in Duschanek/Griller S. 131 (158 f.).

und entwickelt dieses evolutiv immer weiter fort.[157] Insofern gelangt mit Art. 52 Abs. 3 S. 1 GRC eine große **Dynamik** in die Fortschreibung der Unionsgrundrechte.[158]

78 Eine **weitere,** in ihren Auswirkungen allerdings noch nicht abzusehende **Dynamik** wird durch die **Öffnungsklausel** des **Art. 52 Abs. 3 S. 2 GRC** bewirkt. Sollte die Union danach einen weitergehenden Schutz gewährleisten, so gilt dieser und nicht der (dann offenbar nur als sog. Mindeststandard angesehene) der EMRK. Die Feststellung eines solchen weitergehenden Schutzes dürfte häufig[159] allerdings sehr schwer, wenn nicht mitunter gar unmöglich sein, insbesondere dann, wenn es um die Auflösung von sog Grundrechtskollisionen (→ Rn. 36 ff.) geht. Eine Betrachtungsweise, die isoliert einzelne Grundrechte und deren Tragweite (immerhin unter Einschluss der Schanken) heranzieht, wird den Herausforderungen sog **multipolarer** oder **mehrpoliger Grundrechtsverhältnisse** nicht gerecht. Die Feststellung dessen, was wirklich weiter reicht, muss jedenfalls den **Gesamtbestand** der **Rechte, Schranken** und **Schranken-Schranken** in ihrer jeweiligen Wechselbezüglichkeit zur Kenntnis nehmen.[160] Im Ergebnis wird man häufig zu einem – jedenfalls **relativen** – **Vorrang der EMRK** gelangen müssen, schon um die völkerrechtlichen Verpflichtungen der Mitgliedstaaten zu wahren, die auch Gegenstand von Art. 53 GRC sind (→ Rn. 101 ff.).[161] Etwas anderes gilt allenfalls bei den Verfahrensrechten.[162]

79 Im Zuge der **Aufnahme** vieler **neuer Mitgliedstaaten in den Europarat** ist verschiedentlich die Befürchtung geäußert worden, der EGMR könne seinen bisherigen Schutz-Standard absenken.[163] Das ist allerdings bislang weder geschehen noch in Zukunft zu erwarten. Insoweit ist eine Betrachtungsweise des Art. 52 Abs. 3 S. 2 GRC als **„Angstklausel"** für diesen Fall des Absenkens also eher **unangebracht**.

80 Anders als bei der ersten, auf die Verträge bezogenen Verweisungsklausel des Art. 52 Abs. 2 GRC hat sich das Präsidium des (Ersten) Konvents veranlasst gesehen, hierzu zwei detaillierte Listen in den Erläuterungen[164] aufzustellen. Die **erste Liste** betrifft diejenigen Artikel der Charta, die **dieselbe Bedeutung und Tragweite** wie die entsprechenden Artikel der EMRK haben. Danach gilt Folgendes:

- Art. 2 GRC entspricht Art. 2 EMRK (→ § 14);
- Art. 4 GRC entspricht Art. 3 EMRK (→ § 12);

---

[157] Zur EMRK als „living instrument" EGMR 25.4.1978 – 5856/72, Series A no. 26, 15 Rn. 31 = EuGRZ 1979, 162 – Tyrer/Vereinigtes Königreich (Prügelstrafe auf der Isle of Man).

[158] Zur „dynamische[n] Verweisung" s. auch *Philippi,* Charta der Grundrechte, S. 44, allerdings unter Berufung auf einen „einheitlichen Mindeststandard". Ähnlich *Kühling* in v. Bogdandy/Bast Europ. VerfassungsR S. 657 (662ff.): „Minimalstandard", „auf Minimalkonsens angelegt […]". Zur Kritik an der Rede vom bloßen Mindest-/Minimalstandard wegen der regelmäßigen Abwägungserfordernisse insbes. bei den sog Grundrechtskollisionen (→ § 10 Rn. 36ff.) auch im Rahmen der EMRK *Szczekalla* S. 77 m. Fn. 45, S. 502, 505 m. Fn. 232, S. 1053 f. m. Fn. 3187. (Semantisch) Vorzugswürdig deshalb der Begriff „Günstigkeitsprinzip" von *Holoubek* in Duschanek/Griller S. 25 (33). Abw. aber auch *Griller* in Duschanek/Griller S. 131 (152ff.). Zum Problem sogleich → Rn. 78 ff.

[159] (Relativ) Einfach zu handhaben ist der weitergehende Schutz eigentlich nur bei den prozessualen Grundrechten, die weiter formuliert sind. So sind Art. 47 Abs. 2 und 3 GRC – anders als Art. 6 Abs. 1 EMRK – nicht auf Streitigkeiten in Bezug auf zivilrechtliche Ansprüche und Verpflichtungen oder strafrechtliche Anklagen beschränkt, vgl. nur *Holoubek* in Duschanek/Griller S. 25 (35).

[160] Vgl. – am Bsp. eines Blockadefalles – *Grabenwarter* FS Steinberger, 2002, 1129 (1140 ff.); Grabenwarter/Pabel EMRK § 4 Rn. 14 ff.; *Griller* in Duschanek/Griller S. 131 (152 ff.). Zur praktischen Relevanz eines solchen Falles vgl. EuGH C-112/00, Slg. 2003, I-5659 – Schmidberger („Brenner-Blockade"). Das gleiche Problem tritt im Übrigen bei einem Verständnis von Art. 53 GRC als sog Meistbegünstigungsklausel auf (→ Rn. 101 ff.).

[161] Vgl. *Grabenwarter* FS Steinberger, 2002, 1129 (1142 ff.); *Philippi,* Charta der Grundrechte, S. 46 f.; *Kühling* in v. Bogdandy/Bast Europ. VerfassungsR S. 657 (671 ff.). Ein absoluter Vorrang kann aber nicht angenommen werden.

[162] Zur Unschuldsvermutung → § 56. Vgl. auch *Rengeling/Szczekalla* Grundrechte in der EU Rn. 1155.

[163] Vgl. nur *o. N.* CMLR 33 (1996), 215 (217).

[164] S. aber auch die Aufzählung im Working Document (WD) Nr. 09 der Working Group (WG) II („Einbeziehung der Charta/Beitritt zur EMRK") v. 18.7.2002, S. 3 Fn. 2 (erstellt vom Vorsitzenden der WG *Vitorino*), betr. „Possible drafting adjustments of Article 51 (2) and of Article 52 (2) Charter; the question of ,replication' in the Charter".

- Art. 5 Abs. 1 und 2 GRC entsprechen Art. 4 EMRK (→ § 13);
- Art. 6 GRC entspricht Art. 5 EMRK (→ § 18);
- Art. 7 GRC entspricht Art. 8 EMRK (→ § 23);
- Art. 10 Abs. 1 GRC entspricht Art. 9 EMRK (→ § 33);
- Art. 11 GRC entspricht Art. 10 EMRK (→ §§ 27 f.);[165]
- Art. 17 GRC entspricht Art. 1 EMRKZusProt (→ § 36);
- Art. 19 Abs. 1 GRC entspricht Art. 4 4. EMRKProt (→ § 21);
- Art. 19 Abs. 2 GRC entspricht Art. 3 EMRK (→ § 21);[166]
- Art. 48 GRC entspricht Art. 6 Abs. 2 und 3 EMRK (→ §§ 55 ff.);
- Art. 49 Abs. 1[167] und 2 GRC entsprechen Art. 7 EMRK (→ § 63).

Die **zweite Liste** betrifft diejenigen Artikel der Charta, die **dieselbe Bedeutung** wie die entsprechenden Artikel der EMRK haben, deren **Tragweite aber umfassender** ist. Im Einzelnen gilt dabei Folgendes: **81**

- Art. 9 GRC deckt Art. 12 EMRK ab, kann aber in seinem Anwendungsbereich auf andere Formen der Eheschließung (insbesondere gleichgeschlechtliche Partnerschaften) ausgedehnt werden, wenn die einzelstaatlichen Rechtsvorschriften[168] dies vorsehen (→ § 24);
- Art. 12 Abs. 1 GRC entspricht Art. 11 EMRK, wobei sein Anwendungsbereich auf Unionsebene ausgedehnt worden ist („auf allen Ebenen"), was aber an sich auch ohne eigene textliche Erwähnung anzunehmen gewesen wäre (→ §§ 31 f. Rn. 22 bzw. 17);
- Art. 14 Abs. 1 GRC entspricht Art. 2 EMRKZusProt, wobei sein Anwendungsbereich auf den Zugang zu beruflicher Aus- und Fortbildung ausgedehnt worden ist (→ § 42);
- Art. 14 Abs. 3 GRC entspricht Art. 2 EMRKZusProt im Hinblick auf die Elternrechte (→ § 43);
- Art. 47 Abs. 2 und 3 GRC entsprechen Art. 6 Abs. 1 EMRK, wobei die Beschränkung auf Streitigkeiten in Bezug auf zivilrechtliche Ansprüche und Verpflichtungen oder strafrechtliche Anklagen dann nicht zum Tragen kommt, wenn es um das Unionsrecht und dessen Anwendung geht (→ §§ 55 ff.);
- Art. 50 GRC entspricht Art. 4 7. EMRKProt, wobei seine Tragweite auf Unionsebene insoweit ausgedehnt worden ist, als auch das Verhältnis zwischen den Gerichten der Mitgliedstaaten erfasst wird (→ § 62);
- schließlich können die Unionsbürger im Anwendungsbereich des Unionsrechts wegen des Verbots jeglicher Diskriminierung aufgrund der Staatsangehörigkeit (schon länger) nicht (mehr) als Ausländer angesehen werden, so dass die in Art. 16 EMRK vorgesehenen Beschränkungen der Rechte ausländischer Personen auf sie keine Anwendung finden.[169]

Soweit sich **Charta** und **EMRK** nach diesen Listen **entsprechen**, gilt damit **Art. 52 Abs. 3 GRC**. Für den Teil der Charta, welcher **darüber hinaus**geht, findet die allgemeine, horizontale Schrankenklausel des **Art. 52 Abs. 1 GRC** Anwendung. **82**

---

[165] Allerdings „unbeschadet der Einschränkungen, mit denen das Gemeinschaftsrecht das Recht der Mitgliedstaaten auf Einführung der in Artikel 10 Absatz 1 dritter Satz EMRK genannten Genehmigungsverfahren eingrenzen kann".

[166] „[I]n der Auslegung durch den Europäischen Gerichtshof für Menschenrechte". Gemeint sind insbesondere EGMR 7.7.1989 – 14038/88, Series A no. 161 = EuGRZ 1989, 314 = NJW 1990, 2183 – Soering/Vereinigtes Königreich („Todeszellensyndrom"); EGMR 17.12.1996 – 25964/94, Rep. 1996-VI, 2195 = NVwZ 1997, 1110 = ÖJZ 1997, 231 – Ahmed/Österreich („Clanverfolgung in Somalia"); EGMR 2.5.1997 – 30240/96, Rep. 1997-III, 777 = NVwZ 1998, 161 = ÖJZ 1998, 354 – D./Vereinigtes Königreich („Ausweisung eines aidsranken Drogenkuriers"). Zu diesen (häufig) sog extraterritorialen Wirkungen der Konventionsgarantien → § 8 Rn. 41 ff.

[167] „[M]it Ausnahme des letzten Satzes" („Wird nach Begehung einer Straftat durch Gesetz eine mildere Strafe eingeführt, so ist diese zu verhängen.").

[168] Letzteres stellt eine „vertikale" Schrankenklausel dar.

[169] Zur Reduktion des Ausländerbegriffs bereits EGMR 27.4.1995 – 15773/89 ua, Series A no. 314 Rn. 64 = InfAuslR 1996, 45 = ÖJZ 1995, 751 – Piermont/Frankreich (Ausweisung und Einreiseverweigerung eines MdEP aus/in Frz.-Polynesien und Neukaledonien).

83 Problematisch sind in diesem Zusammenhang die durch die – grundsätzlich maßgebliche – **Rechtsprechung des EGMR** über den reinen Wortlaut der einschlägigen EMRK-Garantien hinausgehenden Grundrechtsgehalte. Im Grunde müssen **auch** diese **erfasst** werden. Die darin liegende **Dynamik** war bekannt und auch gewollt.[170]

84 Die in Art. 52 Abs. 3 GRC zum Ausdruck kommende **Quasi-Inkorporierung** von Teilen der EMRK (→ § 3) in die Charta wird von der Europäischen Kommission nachdrücklich unterstützt.[171] Sie ist der Ansicht, dass darauf geachtet werden müsse, dass sich in Europa keine unterschiedlichen Konzepte der Grundrechte entwickeln, falls ein **Beitritt zur EMRK** nicht möglich sein sollte.[172] Allerdings seien die einschlägigen Bestimmungen der Konvention und der Charta (nur) „unter Wahrung der **Autonomie des Gemeinschaftsrechts**" einheitlich auszulegen. Und letztlich diese Gründe der Autonomie haben den **EuGH** zwischenzeitlich dazu veranlasst, die jetzt in der „Verfassung" der EU, nämlich in Art. 6 Abs. 2 EUV in seiner Lissabonner Fassung vorgesehene Verpflichtung zum Beitritt, in ihrer völkervertragsrechtlichen Beitrittsfassung in einem **Gutachten** abzulehnen, ohne dabei Hinweise auf eine mögliche anderweitige Konstruktion zu geben.[173] So gesehen könnte es sich bei Art. 6 Abs. 2 EUV also nach der Ansicht des EuGH um „**verfassungswidriges Verfassungsrecht**" handeln.

85 Diese Autonomie kann allerdings schwerlich und schon gar **nicht abstrakt** aufrechterhalten werden, wenn und soweit die Auslegung der EMRK durch den EGMR zu berücksichtigen ist.[174] (Jedenfalls) Im Falle eines Beitritts kann eine Unionsmaßnahme nämlich nicht einfach deshalb als konventionskonform angesehen werden, weil sie Ausfluss eines Autonomiegrundsatzes ist. **Allenfalls** können Besonderheiten im Rahmen des vom EGMR zugestandenen **Beurteilungsspielraums** *(margin of appreciation)* Berücksichtigung finden.[175] Im Übrigen dürfte namentlich die Auslegung im Lichte gegenwärtiger Verhältnisse (Grundsatz der **dynamischen Auslegung**[176]) zu einem fortgesetzten Angriff auf den Autonomiegrundsatz führen. Die Position des EuGH in seinem letzten EMRK-Gutachten ist also abzulehnen.

86 Denn **trotz der Übernahme** aller wesentlichen materiellen Garantien der EMRK durch die Charta bleibt ein **Beitritt** der Union zum Rechtsschutzsystem der Konvention

---

[170] AA *Grabenwarter* FS Steinberger, 2002, 1129 (1136 f.) – zur allgemeinen Bedeutung der Rspr. Grabenwarter/Pabel EMRK § 4 Rn. 7 ff. Soweit *Philippi*, Charta der Grundrechte, S. 45, darauf aufmerksam macht, dass die Listen Art. 8 GRC nicht enthalten, obwohl auch nach Art. 8 EMRK ein Recht auf Privatsphäre anzunehmen sei, mag dies daran liegen, dass Art. 8 Abs. 2 GRC besondere, vertikale Schranken enthält. Außerdem enthält Abs. 3 eine „Organisationsgarantie" („Die Einhaltung dieser Vorschrift wird von einer unabhängigen Stelle überwacht"), so dass es sich insgesamt um ein eigenständiges, neu formuliertes Grundrecht mit neuen Inhalten handelt, vgl. *Holoubek* in Duschanek/Griller S. 25 (29 f.).

[171] Mitteilung zur Grundrechtscharta der Europäischen Union v. 13.9.2000, KOM(2000) 559, 9 Rn. 29, zu Art. 50 eines früheren Entwurfs der GRC.

[172] S. aber Art. (I-)7 Abs. 2 des Verfassungsvertragsentwurfs (CONV 850/03, ABl. 2003 C 169, 1), wonach die Union den „Beitritt" zur EMRK „[an]strebt" (vgl. Art. I-9 Abs. 2 VVE, wonach die EU der EMRK beitritt, was eine stärkere Verpflichtung darstellt). Zur grundsätzlichen Überwindbarkeit aller Hindernisse WD Nr. 08 d. WG II v. 12.7.2002 betr. die „Study carried out within the Council of Europe of technical and legal issues of a possible EC/EU accession to the European Convention on Human Rights", mit verschiedenen – zT alternativen – Formulierungsvorschlägen (DG-II(2002)006 [CDDH(2002)010 Addendum 2], Report adopted by the Steering Committee for Human Rights [CDDH] at its 53rd meeting [25–28 June 2002]).

[173] EuGH Gutachten 2/13, ECLI:EU:C:2014:2454 Rn. 144 ff. – EMRK-Beitritt. Auf die Erörterung der einzelnen Beitrittsvereinbarungen kommt es danach nicht mehr an, s. etwa *Grabenwarter/Pabel* in Blanke/Mangiameli TEU Art. 6 Rn. 40 ff., 43 ff.

[174] Vgl. *Rengeling/Szczekalla* Grundrechte in der EU Rn. 45 ff.

[175] Vgl. *Rengeling/Szczekalla* Grundrechte in der EU Rn. 247 ff., insbes. Rn. 248.

[176] Zur EMRK als „living instrument" EGMR 25.4.1978 – 5856/72, Series A no. 26, 15 Rn. 31 = EuGRZ 1979, 162 – Tyrer/Vereinigtes Königreich (Prügelstrafe auf der Isle of Man). Kritisch dazu aber zB *Buß* DÖV 1998, 323 (323 ff.), vor allem zur Rechtsprechung zu Art. 3 EMRK – zu dieser s. EGMR 7.7.1989 – 14038/88, Series A no. 161 – Soering/Vereinigtes Königreich; EGMR 17.12.1996 – 25964/94, Rep. 1996-VI, 2195 – Ahmed/Österreich; EGMR 2.5.1997 – 30240/96, Rep. 1997-III, 777 – D./Vereinigtes Königreich.

weiterhin **notwendig und sinnvoll**. Denn nur so kann die **„Schieflage"** beseitigt werden, die im Vergleich zu den **nationalen** (Verfassungs- oder Höchst-) **Gerichten** besteht: Diese müssen sich ohne weiteres vor dem **EGMR** in Straßburg verantworten. Als **gemeinsames europäisches Spezialgericht für Verfassungsrecht** kann dieser Gerichtshof den gemeinsamen Grundrechtsstandard ohnehin besser gewährleisten als der Luxemburger **EuGH**, der ja **nicht nur Verfassungs-, sondern auch Universalgericht** ist.[177] Die Probleme eines Beitritts für die juristische Architektur des Europarats im Allgemeinen und der EMRK im Besonderen erscheinen gegenwärtig, insbesondere nach dem abschlägigen Gutachten des EuGH, nicht mehr lösbar (→ § 3).[178]

d) Ergänzung des Art. 52 GRC durch den Verfassungsvertragsentwurf und im Lissabonner Vertrag. Die „zuständige" Arbeitsgruppe des (Zweiten, „Europäischen") Konvents hat eine **Ergänzung** des Art. 52 GRC um ganze drei Absätze vorgeschlagen.[179] Diese Ergänzung soll an sich nur zu einer **Verdeutlichung** des im (Ersten) Konvent erreichten **Konsenses, nicht** aber zu **inhaltlichen Änderungen** führen.[180] Die vorgeschlagenen Absätze lauten wie folgt: 87

„(4) Soweit in dieser Charta Grundrechte anerkannt werden, wie sie sich aus den gemeinsamen Verfassungsüberlieferungen der Mitgliedstaaten ergeben, werden diese im Einklang mit diesen Überlieferungen ausgelegt.
(5) Die Bestimmungen dieser Charta, in denen Grundsätze festgelegt sind, können durch Akte der Gesetzgebung und der Ausführung der Organe und Einrichtungen der Union sowie durch Akte der Mitgliedstaaten zur Durchführung des Rechts der Union in Ausübung ihrer jeweiligen Zuständigkeiten umgesetzt werden. Sie können vor Gericht nur bei der Auslegung dieser Akte und bei Entscheidungen über deren Rechtmäßigkeit herangezogen werden.
(6) Den einzelstaatlichen Rechtsvorschriften und Gepflogenheiten ist, wie es in dieser Charta bestimmt ist, in vollem Umfang Rechnung zu tragen."

Der mehrfache Rekurs auf die **gemeinsamen „Verfassungsüberlieferungen"** sowie **einzelstaatlichen „Rechtsvorschriften und Gepflogenheiten"** in **Art. 52 Abs. 4 und 6 GRC**[181] kann **objektiv** als Ausprägung einer **„Angstklausel"** angesehen werden. Die Mitgliedstaaten sollen den **Zugriff des EuGH** auf „ihren" grundrechtlichen Besitzstand nicht fürchten müssen. Verkannt wird dabei aber, dass die mitgliedstaatlichen (Verfassungs-) Gerichte schon längst dabei sind, europäische und ausländische Grundrechts-Rechtsprechung zu berücksichtigen und zu rezipieren, wenngleich die **Grundrechts- bzw. Verfassungsvergleichung** noch nicht (überall) als **„fünfte Auslegungsmethode"** angesehen wird (→ § 2 Rn. 19, → § 3 Rn. 8 ff.).[182] Dazu tragen auch die vielfältigen **Richtergespräche** auf europäischer und bi- oder multinationaler Ebene bei. Es wäre schade, wenn unter Berufung auf gleichsam autochthone Grundrechtsüberlieferungen dieser europäische und auch schon globale Rechts-Diskurs beeinträchtigt werden würde.[183] 88

---

[177] Vgl. *Rengeling/Szczekalla* Grundrechte in der EU Rn. 48 ff., 167 ff., 247 ff.
[178] Zur grundsätzlichen Überwindbarkeit aller Hindernisse s. auch WD Nr. 08 der WG II (Fn. 172 mwN). Zu darüber hinaus zumindest wünschbaren Verbesserungen der (sachlichen und persönlichen) Unabhängigkeit der Richter am EGMR *Engel* EuGRZ 2003, 122 (128 ff.) – Änderungsbedarf im Wesentlichen nur bei Bezahlung und sozialer Absicherung sehend *de Boer-Buquicchio* EuGRZ 2003, 561 (563).
[179] Schlussbericht der „Gruppe II –,Einbeziehung der Charta/Beitritt zur EMRK'" v. 22.10.2002, CONV 354/02 WG II 16, S. 17 – eingegangen in den Verfassungsvertragsentwurf (CONV 850/03, ABl. 2003 C 169, 1). Vgl. auch Art. II-112 Abs. 4–6 VVE; Abs. 7 fordert zusätzlich die „gebührend[e]" Berücksichtigung der Erläuterungen.
[180] Schlussbericht der „Gruppe II – ,Einbeziehung der Charta/Beitritt zur EMRK'" vom 22.10.2002, CONV 354702 WG II 16, S. 6.
[181] Zu den schon bisher enthaltenen Verweisen s. → § 10 Rn. 92 mit Fn. 188 (Art. 27, 28, 30, 34 Abs. 1–3 GRC, Art. 35 und 36 GRC; Art. 16 GRC; Art. 9 GRC; Art. 10 Abs. 2 GRC; Art. 14 Abs. 3 GRC).
[182] Vgl. dazu insbes. *Häberle* in Häberle S. 27 (S. 27 ff., insbes. 36 ff.) = JZ 1989, 913. Weitere Nachw. bei *Szczekalla* S. 82 f. m. Fn. 69.
[183] Dazu und zur Heranziehung von ausländischen Grundrechten (Drittstaaten) *Rengeling/Szczekalla* Grundrechte in der EU Rn. 175 ff.

89 Eine solche Beeinträchtigung **muss** aber auch gar **nicht** eintreten. Denn **subjektiv** schwebte dem Konvent mit der „Auslegungsklausel" des Art. 52 Abs. 4 GRC offenbar lediglich vor, den sog kleinsten gemeinsamen Nenner bei der Heranziehung der gemeinsamen Verfassungsüberlieferungen zu vermeiden und ein **hohes Schutzniveau** (aber keine „Maximallösung") zu erreichen.[184] Dies entspricht aber ohnehin der Methode der „wertenden Rechtsvergleichung".[185] Hinzu kommt allerdings die Gefahr, dass die mitgliedstaatlichen (Verfassungs-)Gerichte versucht sein könnten, unter Hinweis auf diese Vorschrift einen **Vorrang** ihrer jeweiligen mitgliedstaatlichen Verfassung mitsamt ihren Auslegungsbesonderheiten vor dem Unionsrecht zu propagieren (zur [vorläufigen] Lösung der Vorrangfrage → Rn. 104).

90 Art. 52 Abs. 5 GRC enthält ebenfalls eine **„Angstklausel"**. Dem Richter auf Unions- oder mitgliedstaatlicher Ebene soll es verwehrt sein, ohne gesetzliche Konkretisierung vor allem der sog. **sozialen Grundrechte** direkt auf diese zuzugreifen (→ § 8 Rn. 27 ff.). Nur bei Auslegung und Anwendung der entsprechenden Gesetze (sog **Gesetzesmediatisierung**) sollen die „Grundsätze" demnach als Kontrollmaßstab herangezogen werden können. Unmittelbar aus sich heraus wirken – im Sinne eines gerichtlich durchsetzbaren Anspruchs – sollen sie jedenfalls offenbar nicht. Allerdings soll es der Rechtsprechung überlassen bleiben, die genaue Zuordnung der einzelnen Artikel der Charta zur Kategorie der (subjektiven) Rechte oder der (objektiven) Grundsätze vorzunehmen.[186]

91 Soweit die „Grundsätze" einen bestimmten *status quo* erhalten wollen (Anerkennung und Achtung), sind Konkretisierungsmaßnahmen auf Unionsebene ohnehin nicht angezeigt. Hier steht dann eher ein **Abwehrgehalt** dieser Grundsätze im Vordergrund, dessen Wahrung den allgemeinen Regeln folgt. Im Ergebnis kann dies zu einem – relativen – **Normbestandsschutz** führen.[187] Außerdem werden zumindest Teilbereiche der sog sozialen Grundrechte schon von den „normalen" **Freiheitsrechten** (zu den Grundrechtskonkurrenzen → Rn. 16 ff.) sowie von den **Gleichheitsrechten** (zu den – derivativen – Teilhaberechten → § 8 Rn. 27 ff.) erfasst (näher → 95 ff.). Die Änderungen, die in den Lissabonner Vertrag übernommen worden sind, haben also nicht zu einer Veränderung der Auslegung der Unionsgrundrechte geführt.

92 e) **Vertikale Schranken.** Neben der einheitlichen, horizontalen Schrankenklausel in Art. 52 Abs. 1 GRC gibt es noch weitere, gleichsam **vertikale Schranken** in einzelnen Grundrechten. Diese sind im Wesentlichen das Resultat der **Rücksichtnahme auf mitgliedstaatliche Kompetenzen**. Die Grundrechtsausübung ist danach von den **einzelstaatlichen Rechtsvorschriften** oder gar nur **Gepflogenheiten** abhängig.[188] Sie – und damit die Durchbrechung des horizontalen Ansatzes – sind weitgehend dem Umstand geschuldet, dass hier zumindest **geteilte Kompetenzen** unter Beachtung der – **primären** – **mitgliedstaatlichen Zuständigkeiten** bestehen. Gleichwohl wollte man einen **geschlossenen Grundrechtskatalog** präsentieren, auch um den Preis der Aufbrechung des horizontalen Schrankenansatzes. Das ist gegenwärtig zu akzeptieren.

---

[184] Vgl. den Schlussbericht der „Gruppe II – ‚Einbeziehung der Charta/Beitritt zur EMRK'" vom 22.10.2002, CONV 354/02 WG II 16, S. 7.

[185] S. auch *Griller* in Duschanek/Griller S. 131 (175 ff.); *Rengeling/Szczekalla* Grundrechte in der EU Rn. 163 ff., 497.

[186] S. den Schlussbericht der „Gruppe II – ‚Einbeziehung der Charta/Beitritt zur EMRK'" vom 22.10.2002, CONV 354/02 WG II 16, S. 8.

[187] Vgl. *Rengeling/Szczekalla* Grundrechte in der EU Rn. 550, 842, 997, 1002, 1037 f.

[188] Zu den „einzelstaatlichen Rechtsvorschriften und Gepflogenheiten" insbesondere bei den „sozialen" Rechten s. Art. 27, 28, 30, 34 Abs. 1–3 GRC, Art. 35 und 36 GRC. Nicht ganz in das Bild passt die Bezugnahme indes bei der unternehmerischen Freiheit in Art. 16 GRC, was allerdings mit dem Streit um die wirtschaftliche/soziale Ausrichtung der Charta im (Ersten) Konvent erklärt werden kann. Da das (materielle) Familienrecht (weiterhin) in die Kompetenz der Mitgliedstaaten fällt, ist die Bezugnahme auf die „einzelstaatlichen Gesetze" in Art. 9 GRC (Recht, eine Ehe einzugehen und eine Familie zu gründen) verständlich. Ähnliches gilt für die Wehrdienstverweigerung aus Gewissensgründen in Art. 10 Abs. 2 GRC. S. außerdem noch Art. 14 Abs. 3 GRC (dazu → § 10 Rn. 67 mit Fn. 134).

Ob mit den „Gepflogenheiten" indes eine Abkehr vom allgemeinen **Gesetzesvorbehalt** (→ Rn. 31, 61 ff.) gemeint ist, ist unklar. Richtiger dürfte sein, dass damit nur auf eine bestimmte Handhabung (Auslegung) der jeweiligen Garantien in den Mitgliedstaaten verwiesen wird, die grundsätzlich – im Rahmen der bestehenden Kompetenzlage – akzeptiert werden soll. Die dem vorgelagerte Einhaltung auch des Gesetzesvorbehalts aus Art. 52 Abs. 1 GRC dürfte davon unberührt bleiben. Dafür spricht jedenfalls, dass in der Rechtsprechung des EuGH bereits die Geltung eines (allgemeinen) Gesetzesvorbehalts bei den Unionsgrundrechten als allgemeinen Rechtsgrundsätzen anerkannt ist und damit zum *acquis communautaire* gehört(e).[189] Und diese Rechtsprechung sollte schließlich nach Art. IV-438 Abs. 4 VVE „weiterhin maßgeblich für die verbindliche Auslegung des Unionsrechts" sein (→ Rn. 17 aE). Nichts anderes gilt nach Nichtinkrafttreten der Verfassung der Europäischen Union und unter Fortgeltung der bisherigen Rechtsprechung. 93

f) Spezifische Schrankenklauseln in der Charta. Eine weitere Durchbrechung des horizontalen Ansatzes findet sich in einigen wenigen Bestimmungen, die **spezifische Schrankenklauseln** enthalten (s. insbes. Art. 8 Abs. 2 GRC und Art. 17 Abs. 1 S. 2, 3 GRC). Die Gründe hierfür mögen in einer speziellen Dogmatik der betroffenen Bereiche (**Datenschutz** → § 25; **Eigentum** → § 36) zu suchen sein. Eine wirkliche Rechtfertigung für diesen unsystematischen „Bruch" liegt darin aber nicht. Die zukünftige Rechtsprechung wird zeigen, ob insoweit nicht eine harmonisierende Auslegung möglich ist. 94

g) Grundsätze. Soweit die Charta in verschiedenen Vorschriften – vor allem im Kapitel IV über die **„Solidarität"** – („bloße") „Grundsätze"[190] enthält, stellt sich die Frage, ob die „normale[n]" Schrankenklauseln überhaupt Anwendung finden können. Der (Zweite, „Europäische") Konvent hat hier offenbar erhebliche Bedenken und schlägt nicht zuletzt deshalb auch eine Ergänzung des Art. 52 GRC vor (→ Rn. 87 ff.). Diese soll allerdings keine inhaltliche Änderung zur gegenwärtigen (Rechts-) Lage darstellen. 95

Bei der Propagierung abweichender Prüfungsschritte für bestimmte Grundrechte ist Zurückhaltung geboten.[191] Das gilt zunächst für diejenigen „Grundsätze", die ohnehin „nur" einen bestimmten *status quo* erhalten, (vor allem) die Union also auf Anerkennung und Achtung verpflichten wollen. Einzelne sog. soziale Grundrechte oder Teile von ihnen stellen zudem bei genauerer Betrachtung auch nur eine **Ausprägung sog. klassischer Grundrechte** dar. So lässt sich der **Schutz bei ungerechtfertigter Entlassung** (Art. 30 GRC → § 41) auch aus der Schutzfunktion der **Berufsfreiheit** (Art. 15 GRC → § 34) ableiten.[192] 96

Im Übrigen gilt: Eine ([gute] Grundrechts- und insbesondere Schranken-) **Dogmatik**[193] (→ § 8 Rn. 6) hat unter anderem die Aufgabe, den jeweiligen Rechtsanwender zu entlasten. Eine solche **Entlastungsfunktion** kann sie aber nur dann erfüllen, wenn sie so einfach wie nötig und so komplex wie nötig ist.[194] Ohne Not sollte ein herkömmliches Prüfungsprogramm deshalb nicht verlassen werden. Aus diesem Grund wird hier ein erweitertes, **dreistufiges Prüfungsschema für alle Grundrechts-Fälle** vorgeschlagen: 97

---

[189] Vgl. EuGH verb. Rs. 46/87 u. 227/88, Slg. 1989, 2859 Rn. 19 – Hoechst/Kommission (näher zum Gesetzesvorbehalt → § 10 Rn. 31 mit Fn. 75).
[190] Unabhängig davon, ob der Wortlaut tatsächlich diesen konkreten Terminus enthält, was überwiegend gar nicht der Fall ist.
[191] Zu den Vorteilen des gestuften Argumentierens → § 8 Rn. 6.
[192] Vgl. dazu – im Zusammenhang mit den Grundrechtskonkurrenzen – bereits → Rn. 16, sowie *Szczekalla* DVBl 2001, 345 (347 Sp. 2).
[193] Zur Notwendigkeit der Entwicklung einer solchen Dogmatik – *Rengeling/Szczekalla* Grundrechte in der EU Rn. 83 ff.
[194] Zu diesem Grundsatz vgl. *Jarass* AöR 120 (1995), 345 (346 f., 358 f.); *Jarass* EuR 1995, 202 (202 f.). Ähnlich *Kingreen* S. 18 f.

Schutzbereich – Beeinträchtigung (als Oberbegriff für Eingriff und Schutzversagung bzw. Grundsatz-Vernachlässigung) – **Rechtfertigung** (→ § 8 Rn. 6).

98 Eine Differenzierung zwischen Rechten und Grundsätzen kommt aber nicht nur in der Ergänzung von Art. 52 GRC zum Ausdruck, sondern auch bereits im aktuellen Text von **Art. 51 Abs. 1 S. 2 GRC:** Danach „achten" die Grundrechtsadressaten die „**Rechte**", „halten [...] sich an die **Grundsätze** und **fördern** [...] deren **Anwendung** gemäß ihren jeweiligen Zuständigkeiten". Der systematische Standort dieser horizontalen Klausel in der Vorschrift über den „Anwendungsbereich" ist allerdings verfehlt. Insofern ist die Ergänzung des Art. 52 GRC durchaus verständlich.

99 Eine weitere Erwähnung von („bloßen") Grundsätzen findet sich im **7. Absatz der Präambel:** Danach anerkennt die Union die nachstehend aufgeführten „Rechte, Freiheiten und Grundsätze". Aus dieser differenzierenden Erwähnung von Grundrechten in wechselnden Beschreibungen folgt aber noch keine unterschiedliche Behandlung.

100 Im Ergebnis wird man durch **Auslegung** einer jeden einzelnen Grundrechtsbestimmung feststellen müssen, wie weit ihr – **definitiver** – **Verpflichtungsgehalt** reicht. Eine pauschale Herausnahme von Grundsätzen oder eine grundsätzlich andere Prüfung als bei anderen „Rechten" und „Freiheiten" ist nicht ratsam. Aus Gründen der „**Verantwortung für den Staats- und Unionshaushalt**"[195] können und müssen etwaige Einschränkungen und/oder besonders weite **Beurteilungsspielräume** der zuständigen Stellen dann allerdings an- und hingenommen werden.

101 **h) Allgemeines Schutzniveau (Art. 53 GRC).** Nach **Art. 53 GRC** darf **keine** Bestimmung der Charta als eine **Einschränkung oder Verletzung** der Menschenrechte und Grundfreiheiten ausgelegt werden, die in ihrem jeweiligen Anwendungsbereich durch das **Unions-** und das **Völkerrecht** sowie durch die **internationalen Übereinkommen,** bei denen die Union oder alle Mitgliedstaaten Vertragspartei sind, anerkannt werden. Beispielhaft hervorgehoben wird dabei die EMRK. (Besonders) Problematisch ist der weitere Vorbehalt zugunsten der „**Verfassungen der Mitgliedstaaten**".[196]

102 Vorbilder für diese sog **Schutzverstärkungsklausel** waren unter anderem **Art. 53 EMRK**[197] und **Art. 27 der Grundrechte-Erklärung des Europäischen Parlaments** aus dem Jahr **1989**.[198] Im Übrigen handelt es sich um eine aus dem internationalen Menschenrechtskontext durchaus bekannte Regelung.[199] Das ändert nichts an ihrer problematischen Anwendung im Einzelfall, insbesondere bei den sog Grundrechtskollisionen (→ Rn. 36 ff.).[200]

---

[195] Zu dieser Formel s. nur BVerfGE 92, 26 (47) – Zweitregister. Zum verwandten „Vorbehalt des Möglichen im Sinne dessen, was der Einzelne vernünftigerweise von der Gesellschaft beanspruchen kann", s. BVerfGE 33, 303 (333 f.) – Numerus Clausus, mit einer Warnung vor einem „unbegrenzte[n] subjektive[n] Anspruchsdenken" (334). Vgl. jew. mwN *Szczekalla* S. 235; *Rengeling/Szczekalla* Grundrechte in der EU Rn. 426 mwN. Zu den – originären – Teilhaberechten → § 8 Rn. 29 ff.

[196] Kritisch zur Vorschrift insgesamt *Liisberg* CMLR 38 (2001), 1171 (1171 ff. mwN) insbes. aus dem Entstehungsprozess; *Griller* in Duschanek/Griller S. 131 (165 ff.).

[197] „Diese Konvention ist nicht so auszulegen, als beschränke oder beeinträchtige sie Menschenrechte und Grundfreiheiten, die in den Gesetzen einer Hohen Vertragspartei oder in einer anderen Übereinkunft, deren Vertragspartei sie ist, anerkannt werden."

[198] ABl. 1989 C 120, 51 = EuGRZ 1989, 205 („Keine Bestimmung dieser Erklärung darf als Beschränkung des durch das Gemeinschaftsrecht, das Recht der Mitgliedstaaten, das Völkerrecht und die internationalen Verträge und Abkommen über die Grundrechte und Grundfreiheiten gebotenen Schutzes oder als Hindernis für seine Weiterentwicklung ausgelegt werden.").

[199] S. etwa Teil V Art. 32 ESC 1961 (ETS No 35 = Teil V Art. H idF v. 1996 [ETS No 163]) sowie Art. 5 IPBPR und Art. 5 IPWSKR, jew. Abs. 2. Spezieller: Art. 46 f. IPBPR sowie Art. 24 f. IPWSKR.

[200] Aus der – wenig ergiebigen – Rechtsprechung zu Art. 53 EMRK im weiteren Kontext von positiven Pflichten (Schutzpflichten) s. etwa EGMR 29.10.1992 – 14234/88 u. 14235/88, Series A no. 246-A Rn. 27 ff., insbes. Rn. 78 f. = EuGRZ 1992, 484 = ÖJZ 1993, 280 – Open Door und Dublin Well Woman/Irland („Werbung für Schwangerschaftsabbrüche"; insbes. vom *Blayney*); EGMR 23.9.1994 – 15890/89, Series A no. 298 Rn. 30 = ÖJZ 1995, 227 – Jersild/Dänemark („Schutz vor Rassismus"); EGMR 25.4.1996 – 15573/89, Rep. 1996-II, 637 Rn. 53 = ÖJZ 1996, 869 – Gustafsson/Schweden („Restaurantblockade und -boykott"), sowie die abw. Meinung *Martens* unter Anschluss von *Matscher*.

Diese *hard cases* können jedenfalls nicht unter Anwendung bzw. Berufung auf Art. 53 GRC einer einfachen Lösung zugeführt werden.[201]

Das gilt auch im Hinblick auf ein mögliches Verständnis von Art. 53 GRC als sog **Meistbegünstigungsklausel:** Die Frage, welches Grundrecht aus welcher Rechts(erkenntnis)quelle im Einzelfall günstiger ist und zur Anwendung gelangen soll, darf jedenfalls **nicht isoliert einzelne Grundrechte** heranziehen, sondern muss den **Gesamtbestand** der **Rechte, Schranken** und **Schranken-Schranken** in ihrer jeweiligen Wechselbezüglichkeit zur Kenntnis nehmen.[202] Ein pauschaler Vorrang des einen oder anderen Rechts aus der einen oder anderen Rechts(erkenntnis)quelle ist jedenfalls nicht möglich, trotz der Betonung der besonderen Bedeutung der EMRK. **103**

Durch den Passus „in ihrem jeweiligen Anwendungsbereich" sind die Probleme des (Anwendungs-)**Vorrangs des Unionsrechts** insbesondere gegenüber mitgliedstaatlichem Verfassungsrecht wohl **vorerst gelöst** worden.[203] Allerdings folgt dieses Ergebnis bereits aus einer entsprechenden Auslegung des Art. 51 Abs. 1 GRC. Soweit der **„Anwendungsbereich des Unionsrechts"** reicht,[204] bleibt es bei der **Maßgeblichkeit und Maßstäblichkeit der Unionsgrundrechte.** Die Ergänzung des Art. 52 GRC (→ Rn. 87 ff.) insbesondere um dessen vierten Absatz ändert daran nichts. **104**

Das **„Recht der Union"** wird von Art. 53 GRC nur insoweit erfasst, als es sich **nicht** schon um im **EUV** oder im **AEUV** enthaltene Rechte mit Grundrechtsgehalt handelt. Denn die Anwendung dieser Grundrechte wird **bereits** durch **Art. 52 Abs. 2 GRC** geregelt (→ Rn. 71 ff.). **105**

Mit der eigenständigen Nennung des „Völkerrechts" neben den „internationalen Übereinkommen" bezieht Art. 53 GRC auch das **Völkergewohnheitsrecht** und **allgemeine Rechtsgrundsätze** des Völkerrechts ein. Die Beschränkung auf internationale Übereinkommen, bei denen „alle" Mitgliedstaaten Vertragspartei sind, wirft die Frage auf, ob einzelne, in diesem Sinne „resistente" Mitgliedstaaten die Fortentwicklung des gemeinsamen Grundrechtsstandards verhindern, jedenfalls aber verzögern können. Unter Zugrundelegung der Rechtsprechung des EuGH zur wertenden Rechtsvergleichung wird man dies aber verneinen müssen: Eine **völkerrechtsfreundliche Auslegung** von Grundrechtsbestimmungen darf durchaus Einflüsse solcher Abkommen oder Protokolle aufnehmen, die (noch) nicht von allen Mitgliedstaaten akzeptiert worden sind (→ § 4).[205] **Art. 53 GRC** friert den gegenwärtigen Grundrechtsstandard jedenfalls nicht ein und **versteinert** ihn auch **nicht** (→ § 4).[206] **106**

Im Ergebnis dürfte es sich bei Art. 53 GRC nach alledem um eine (hoffentlich) weitgehend **folgenlose,** eher kosmetische **Vorschrift** handeln, die am bisherigen Status der **107**

---
[201] Vgl. *Liisberg* CMLR 38 (2001), 1171 (1197 f.).
[202] Zum gleichen Problem sog multipolarer Grundrechtsverhältnisse bei Art. 52 Abs. 3 GRC → Rn. 76 ff., insbes. → Rn. 78.
[203] AA offenbar *Griller* in Duschanek/Griller S. 131 (165), für den die Konflikte in der Vergangenheit gerade auf Gebieten „überlappender Anwendungsbereiche" aufgetreten seien. Die Vorschrift sei eine Einladung an die mitgliedstaatlichen Gerichte, „von einem verschärften Verfassungsvorbehalt" auszugehen (S. 175). Letzteres mag sein, bleibt aber abzuwarten und hindert nicht die hier vorgenommene Auslegung: Im Anwendungsbereich des UnionsR (und von dem kann es nur einen geben) gelten die Unionsgrundrechte; so im Ergebnis dann auch *Griller* in Duschanek/Griller S. 131, 135 ff., die stRspr des EuGH – wenngleich nicht unkritisch, s. *Griller* Grundrechtsschutz in der EU und in Österreich, 12. ÖJT Bd. I/2, 1995, S. 7, 36 f., 37 Fn. 138 aE – letztlich aber akzeptierend *Griller* in Duschanek/Griller S. 131 (137 f.).
[204] Zu dessen nicht zu unterschätzender Weite s. *Rengeling/Szczekalla* Grundrechte in der EU Rn. 152 ff., 277 ff.
[205] Allgemein zum Problem vgl. *Bernhardt* FS Steinberger, 2002, 391 (391 ff.). S. auch die (allerdings beschränkte) ausdrückliche verfassungstextliche Anordnung in Art. 20 rumVerf („(1) Die verfassungsrechtlichen Bestimmungen hinsichtlich der Rechte und Freiheiten der Bürger werden ausgelegt und angewendet in Einklang mit der Allgemeinen Erklärung der Menschenrechte und den Pakten und anderen Verträgen, an denen Rumänien beteiligt ist. (2) Wenn zwischen den Pakten und den Verträgen hinsichtlich der Grundrechte des Menschen, an denen Rumänien beteiligt ist, und den internen Gesetzen Unstimmigkeiten bestehen, so haben die internationalen Regelungen Vorrang.").
[206] Vgl. *Liisberg* CMLR 38 (2001), 1171 (1197).

jeweiligen Rechte und Rechts(erkenntnis)quellen nichts ändert, diesen aber auch selbst nicht weiter (auf-) klärt. Ihre Bedeutung ist eher eine (rechts-) **politische:**[207] Mit ihr soll(t)en Ängste zerstreut werden, dass die Charta zu einer Änderung des bereits vorhandenen Rechtsbestands zwingt oder die mitgliedstaatlichen Verfassungen überflüssig macht.[208] Sie signalisiert demgegenüber, dass alles beim Alten (und – wenn man so will – Bewährten) bleibt.[209]

108 i) **Allgemeines Missbrauchsverbot (Art. 54 GRC).** Die letzte der schrankenrelevanten „Allgemeinen Bestimmungen" des Kapitels VII der Charta enthält ein **allgemeines Missbrauchsverbot:** Keine Bestimmung der Charta darf danach so ausgelegt werden, als begründe sie das Recht, eine Tätigkeit auszuüben oder eine Handlung vorzunehmen, die darauf abzielt, die in der Charta anerkannten Rechte und Freiheiten abzuschaffen oder sie stärker einzuschränken, als dies in der Charta vorgesehen ist.

109 Inspirationsquelle für diese Bestimmung war **Art. 17 EMRK.**[210] Die Anwendung dieser Vorschrift wurde vor allem bei der sog. Auschwitzlüge[211] und in der Armenienfrage diskutiert.[212] In der Regel ist ihre Anwendung aber gar **nicht erforderlich,** weil die jeweiligen **Schranken der einzelnen Grundrechte** ausreichen, um die entsprechenden Tätigkeiten oder Handlungen zu unterbinden. So gesehen handelt es sich bei ihr auch um eine **„Angstklausel".** Ihre Anwendung sollte jedenfalls nicht ohne Not – gleichsam als Begründungssurrogat – erfolgen. **Vorrangig** sind die **Schranken-Klauseln aus Art. 52 GRC** heranzuziehen.[213]

110 Im Übrigen erfüllt diese Vorschrift eine Art **Vorrats- bzw. Reservefunktion** für Zeiten, in denen die Grundrechte auf breiter Front für grundrechtswidrige Ziele eingesetzt

---

[207] So auch *Liisberg* CMLR 38 (2001), 1171 (1196 f., 1198).
[208] In diesem Sinne auch die Mitteilung der Kommission zum Status der Grundrechtscharta der Europäischen Union v. 11.10.2000, KOM(2000) 644 endg., 5 Rn. 9: „Die Besorgnis, die Charta werde die Mitgliedstaaten zu einer Änderung ihrer Verfassungen zwingen, erweist sich als unbegründet: Änderungen werden nicht erforderlich sein, und zwar nicht aufgrund einer Unvollständigkeit des Entwurfs, sondern wegen der Definition der darin vorgesehenen Rechte. [...] Es steht außer Zweifel, dass die Charta in ihrem Geltungsbereich nicht an die Stelle der nationalen Verfassungen tritt, wenn es gilt, die Achtung der Grundrechte auf innerstaatlicher Ebene durchzusetzen. Abgesehen davon würde sich im Falle einer Einbeziehung der Charta in die Verträge das Verhältnis zwischen Primärrecht der Union und nationalem Recht nicht verändern."
[209] Dies wird ua durch die Kürzung der Erläuterungen bestätigt: Während der letzte Satz der ursprünglichen Fassung (Dok. CHARTE 4487/00 CONVENT 50 v. 11.10.2000, CHARTE 4473/00 – CONVENT 49) etwa noch ausführte, dass „[d]er durch die Charta gewährleistete Schutz [...] unter keinen Umständen geringer als der durch die EMRK gewährte Schutz sein [darf], was bedeutet, dass die in der Charta vorgesehene Einschränkungsregelung nicht unter dem in der EMRK vorgesehenen Niveau liegen darf", was eigentlich Thema des Art. 52 Abs. 3 GRC gewesen wäre, lassen es die neuen Erläuterungen (CONV 828/1/03 REV 1 v. 18.7.2003) mit der ohnehin lapidaren Aussage bewenden, dass „[d]er Zweck dieser Bestimmung die Aufrechterhaltung des durch das Recht der Union, das Recht der Mitgliedstaaten und das Völkerrecht in seinem jeweiligen Anwendungsbereich gegenwärtig gewährleisteten Schutzniveaus" sei. Die EMRK finde (nur) „[a]ufgrund ihrer Bedeutung" Erwähnung.
[210] „Diese Konvention ist nicht so auszulegen, als begründe sie für einen Staat, eine Gruppe oder eine Person das Recht, eine Tätigkeit auszuüben oder eine Handlung vorzunehmen, die darauf abzielt, die in der Konvention festgelegten Rechte und Freiheiten abzuschaffen oder sie stärker einzuschränken, als es in der Konvention vorgesehen ist." Weitere Bsp. aus dem Völkerrecht: Art. 5 IPBPR und Art. 5 IPWSKR, jew. Abs. 1. Gemeinsames Vorbild aller dieser Bestimmungen: Art. 30 AEMR. S. im Übrigen noch Art. 28 Grundrechte-Erklärung des EP von 1989 (ABl. 1989 C 120, 51 = EuGRZ 1989, 205): „Keine Bestimmung dieser Erklärung ist so auszulegen, daß sich aus ihr irgendein Recht ergibt, eine Tätigkeit auszuüben oder eine Handlung vorzunehmen, welche auf die Einschränkung oder Abschaffung der in dieser Erklärung angeführten Rechte und Freiheiten abzielt."
[211] An der Eröffnung des Schutzbereichs von Art. 10 EMRK aus den Gründen des Art. 17 EMRK zweifelnd, die Begründung des frz. Gerichts angesichts der negationistischen/revisionistischen Thesen des Bf. aber für ausreichend haltend und die Frage offen lassend: EGMR 24.6.2003 – 65831/01, NJW 2004, 3691 – Garaudy/Frankreich.
[212] Weitere Bsp. bei *Neidhardt* in HK-EMRK EMRK Art. 17 Rn. 2 ff.
[213] So iE wohl auch EGMR 24.6.2003 – 65831/01, NJW 2004, 3691– Garaudy/Frankreich, betr. Art. 17 EMRK. Vgl. auch Jarass EU-GR § 6 Rn. 12, 68.

werden. Stoßrichtung ist jeglicher **Totalitarismus** gleich welcher Herkunft. In Deutschland kennt man solche – zT sogar erheblich strengere – Mechanismen, die in ihrer Gesamtheit das Bild einer sog. **wehrhaften Demokratie** ergeben sollen.[214]

Von seinen Voraussetzungen her erweist sich Art. 54 GRC demgegenüber aus mehreren Gründen als **eigenständige Vorschrift**. Zunächst ist **Adressat** des Missbrauchsverbots keineswegs nur ein **privater Dritter** oder eine **Gruppe** von Privaten. Auch die **Union** selbst oder die **Mitgliedstaaten** sind erfasst.[215] Bei Privaten wäre es ohnehin rechtstheoretisch gar nicht vorstellbar, dass sie die Rechte „abschaffen". Normativ sind sie dazu nämlich gar nicht in der Lage. Allenfalls die faktische Ausübung kann von ihnen behindert oder gar ganz unterbunden werden. Durch die Erfassung staatlicher Akteure **flankiert** Art. 54 GRC darüber hinaus das **Sanktionsverfahren** des **Art. 7 EUV**.[216] **111**

Ausgeschlossen wird durch Art. 54 GRC nur die Berufung auf diejenigen **Grundrechte**, welche **konkret missbräuchlich ausgeübt** werden. Dieser Ausschluss ist auch nur ein **zeitlicher** und führt nicht zu einer dauerhaften **Verwirkung**. Der Ausschluss erstreckt sich dabei **nicht** auf die **prozessualen Grundrechte**.[217] Mögliche „Missbräuche" des Verfahrensrechts (etwa bei der sog Konfliktverteidigung) können also nicht unter Berufung auf das allgemeine, grundrechtliche[218] Missbrauchsverbot verhindert werden.[219] **112**

2. Kritik der Schrankensystematik. a) Bisherige Schrankensystematik. An der **bisherigen Schrankensystematik** an sich, dh so wie sie oben – *idealiter* – zu rekonstruieren versucht wurde, lässt sich **kaum Kritik** anbringen. Sie dient als gleichsam **rechtstechnisches Hilfsmittel**[220] „lediglich" dazu, die – notwendige – Prüfung der Rechtfertigung eines Grundrechts in ein **gestuftes Argumentationsschema** einzupassen (nicht: zu pressen), um auf diese Weise zu einem möglichst gut strukturierten, **rationalen Grundrechtsdiskurs** zu gelangen.[221] **113**

Kritik kann demgegenüber nur daran geübt werden, dass der **EuGH** – *realiter* – zumindest **lange Zeit** nicht ein solches oder ähnliches Schema angewandt hat, sondern Grundrechtsfragen häufig nur ganz **kurz** angesprochen und sogleich eher **apodiktisch** gelöst hat, ohne sich um Fragen von Schutzbereich, Eingriff und dergleichen mehr zu **114**

---

[214] S. Art. 9 Abs. 2 GG (Vereinsverbot), Art. 18 GG (Grundrechtsverwirkung), Art. 20 Abs. 4 GG (Widerstandsrecht), Art. 21 Abs. 2 GG (Parteiverbot) und Art. 79 Abs. 3 GG (verfassungsänderungsfeste Grundsätze). Zur nach Ansicht des BVerfG fehlenden Kompetenz der EU im Rahmen nationaler Parteiverbotsverfahren auch bei denkbaren Auswirkungen auf die Zusammensetzung des EP s. BVerfG EuGRZ 2001, 669 (670) – NPD-Verbotsverfahren-I = EuR 2002, 236 m. krit. Anm. *Mayer* EuR 2002, 239 = NJW 2002, 885 – NPD-Verbotsverfahren (keine Vorlage an EuGH), unter Hinweis auf Art. 51 GRC. Keinen Verstoß gegen Art. 13 EMRK im Vorfeld eines Verbotsverfahrens annehmend EGMR 27.10.2016 – 55977/13 – NPD/Deutschland.
[215] Ebenso in der Einbeziehung auch staatlicher Akteure etwa Art. 17 EMRK, s. EGMR 24.6.2003 – 65831/01, NJW 2004, 3691 – Garaudy/Frankreich.
[216] Zu diesem s. *Rengeling/Szczekalla* Grundrechte in der EU Rn. 127 mwN. Aufschlussreich ist, dass in dem Bericht der sog „Drei Weisen", mit welchem die „Sanktionen" gegen Österreich zu Ende gingen, auch auf Art. 17 EMRK Bezug genommen wird (*Ahtisaari/Frowein/Oreja*, Österreich-Bericht für 14 Mitgliedstaaten der Europäischen Union. Angenommen am 8.9.2000 in Paris, abgedruckt in EuGRZ 2000, 404). Vgl. nur *Adamovich* EuGRZ 2001, 89 (89 ff.).
[217] S. EGMR 24.6.2003 – 65831/01, NJW 2004, 3691 – Garaudy/Frankreich. StRspr seit EGMR 1.7.1961 – 332/57, Series A no. 3, Rn. 4 ff., 7, 20 ff. – Lawless/Irland (Nr. 3 – Inhaftierung von IRA-Angehörigen ohne Gerichtsverfahren).
[218] Die Anwendung eines einfachrechtlichen, prozessualen Missbrauchsverbots muss sich demgegenüber vor den Prozessgrundrechten nach den allgemeinen Grundsätzen rechtfertigen lassen.
[219] Zur Beachtlichkeit der EMRK auch und gerade beim Kampf gegen den Terrorismus EGMR 8.1.2004 – 32578/96 u. 32579/96, HRRS 2004 Nr. 168 – Çolak und Filizer/Türkei, zur Geltung des Folterverbots in Terroristenfällen und zur Beweislast, betr. Art. 5 EMRK. Vgl. *Rengeling/Szczekalla* Grundrechte in der EU Rn. 566 mwN.
[220] Deshalb kann die va in Deutschland mitunter am sog Eingriffs- und Schrankendenken geübte Fundamentalkritik, welche bestimmte Wertungen angreift (keine rechtsfreien Räume, schrankenlose Freiheit etc.), nicht wirklich verfangen. Dazu s. etwa *Szczekalla* S. 396 ff., 399 mwN.
[221] Wie hier: *Kühling* in v. Bogdandy/Bast Europ. VerfassungsR S. 657 (688 ff.).

kümmern und ohne eine ausführliche Verhältnismäßigkeitsprüfung vorzunehmen.[222] Diese Kritik ist **heute** aber **nicht mehr,** jedenfalls nicht **in dieser Schärfe** berechtigt. Nahezu uneingeschränkt gilt dies für die Fälle, in denen der Gerichtshof Unionsgrundrechte gegenüber den **Mitgliedstaaten** zur Anwendung gelangen lässt.[223] Auf Dauer wird man aber auch in den Fällen, in denen es um Grundrechtseingriffe der **Unionsinstitutionen** selbst geht, eine entsprechend größere Sensibilität beobachten können.[224] Denn unterschiedliche Standards sind insoweit nicht zu rechtfertigen.[225] Außerdem kann die Anwendung der Grundrechte den Mitgliedstaaten gegenüber die Union gar nicht unberührt lassen. Führen die Mitgliedstaaten etwa **Sekundärrecht** durch, steht auch eben dieses Sekundärrecht auf dem grundrechtlichen Prüfstand und ist **grundrechtskonform auszulegen.**[226]

115 **b) Schrankensystematik nach der Charta.** Die **Kritik** an der **Schrankensystematik nach der Charta** war demgegenüber zunächst viel lauter.[227] Sie ist in letzter Zeit ein wenig leiser geworden, was sicher nicht nur dem wachsenden zeitlichen Abstand zu verdanken ist. Bei näherer Betrachtung sind die Schranken nach der Charta nämlich durchaus **handhabbar.**[228] Zwar verblasst der Charme der einfachen, horizontalen Schrankenklausel durch vielerlei Ausnahmen. Diese Ausnahmen sind aber entweder materiell unbedingt notwendig, etwa um eine **Harmonisierung mit dem EMRK-Schutzstandard** zu erreichen, oder aber der **gegenwärtigen Kompetenzverteilung** und der Rücksichtnahme auf das **Vertragsrecht,** so wie es jetzt steht, geschuldet. Eine **vorsichtige Fortentwicklung** auch im Sinne einer **harmonisierenden Auslegung** bleibt aber möglich. Im Übrigen muss eine (gute) Dogmatik an dieser Stelle auch die Komplexität des gegenwärtigen Standes des Unionsrechts aufnehmen, wenn sie eine wirkliche Erleichterung der Rechtsanwendungsarbeit erreichen will.[229] (Ganz) Einfache Lösungen sind deshalb auf absehbare Zeit jedenfalls nicht möglich.

D. Gerichtliche Kontrolldichte

116 Wie **effektiv** der **Schutz der Grundrechte** im Einzelfall ist, hängt nicht zuletzt auch von seiner gerichtlichen Kontrolle ab.[230] Entscheidend ist hier das Ausmaß derselben, die sog. gerichtliche **Kontrolldichte. Allgemeine Aussagen** zur Kontrolldichte des EuGH[231] sind allerdings nur **schwer** möglich,[232] hängt sie doch – angesichts nur ansatzweiser Regelungen im geschriebenen Unionsrecht selbst[233] – zum einen von der jeweiligen **gerichtlichen**

---

[222] *Kühling* in v. Bogdandy/Bast Europ. VerfassungsR S. 657 (688 ff.).
[223] Bsp.: EuGH C-112/00, Slg. 2003, I-5659 Rn. 74 ff. – Schmidberger („Brenner-Blockade"). Zu den – möglichen – Unterschieden zwischen der Kontrolle der Unionsorgane und der Mitgliedstaaten ausführlich *Schwab* S. 43 ff., 119 ff., zusammenfassend S. 307 ff., 313 ff. Zu möglichen Gründen S. 269 ff., der aber schon im Imperfekt schreibt und im Übrigen darauf hinweist, dass es keine klaren Trennlinien gebe.
[224] Deutlich in diese Richtung schon der Fall aus dem Eigenverwaltungsrecht (Beamtenrecht) EuGH C-274/99 P, Slg. 2001, I-1611 Rn. 37 ff., 40 ff. – Connolly ('The rotten heart of Europe. The dirty war for Europe's money'-II [Entfernung aus dem Dienst]).
[225] Das gilt – entgegen *Kühling* in v. Bogdandy/Bast Europ. VerfassungsR S. 657 (695 ff.) – auch umgekehrt: Den Mitgliedstaaten darf im Anwendungsbereich des UnionsR nicht eine größere *margin* zugewiesen werden.
[226] Bsp.: EuGH verb. Rs. C-465/00, C-138/01 u. C-139/01, Slg. 2003, I-4989 Rn. 80 ff., 91 – ORF ua; EuGH C-101/01, Slg. 2003, I-12971 Rn. 81 – Lindqvist („Gemeindehomepage einer Katechetin und Datenschutz").
[227] S. insbes. *Kenntner* ZRP 2000, 423 (423 ff.), sowie *Schmitz* JZ 2001, 833 (838 ff.). Vgl. aber auch *Pache* EuR 2001, 475 (488 ff.).
[228] Ähnlich *Kingreen* in Calliess/Ruffert EUV Art. 6 Rn. 19 ff. u. GRC Art. 52 Rn. 44 ff.; *Kühling* in v. Bogdandy/Bast Europ. VerfassungsR S. 657 (666 ff.). Kritisch *Pietsch* S. 182 ff.
[229] S. nochmals die grundrechtsdogmatische Maxime: „So einfach wie möglich, so komplex wie nötig"; dazu *Jarass* AöR 120 (1995), 345 (346 f., 358 f.); *Jarass* EuR 1995, 202 (202 f.); *Kingreen* S. 18 f.
[230] S. nur *Holoubek* in Griller/Rill S. 73 (100).
[231] Ausführlich zur älteren Rechtsprechung etwa *Herdegen/Richter* in Frowein S. 209 (209 ff.)
[232] Vgl. *Classen* FS Haack, 1997, 71 (73) mwN.
[233] Bspw. seinerzeit in Art. 5 EGV iVm Art. 46 EUV, Art. 220, 229, 230 Abs. 2 EGV sowie in den ungeschriebenen, aus einer Gesamtschau der einschlägigen verfahrensrechtlichen Bestimmungen – ua

Funktion ab, die der EuGH wahrzunehmen hat,²³⁴ und zum anderen von der jeweiligen **Verfahrensart** und dem zugrundeliegenden **Rechtsgebiet**.²³⁵ Schließlich wird die Intensität der Kontrolle auch durch das Interesse an **Einzelfallgerechtigkeit** und – in Einzelfällen – möglicherweise sogar durch Erwägungen politischer **Opportunität** in Richtung einer gewissen **Flexibilität** gesteuert.²³⁶ Die vom Gerichtshof praktizierte Kontrolldichte hat dabei jedenfalls auf Dauer auch (mittelbare) Rückwirkungen auf die Kontrolldichte der mitgliedstaatlichen Gerichte als (funktionelle) Unions-²³⁷ und als nationale Gerichte, also über den unmittelbar betroffenen Vollzug des Unionsrechts hinaus.²³⁸

In der Literatur wird zum Teil empfohlen, Fragen der Kontrolldichte in Anlehnung an die Rechtsprechung des **EGMR** zum **Beurteilungsspielraum** *(margin of appreciation)* zu rekonstruieren.²³⁹ Mit einem variablen Ermessensspielraum soll insbesondere eine unterschiedlich starke Unionsgrundrechtsbindung der Mitgliedstaaten erreicht werden, je nachdem ob diese **Unionsrecht ausführen** (dann strengere Maßstäbe) oder ob es sich um sonstige Fälle im **Anwendungsbereich des Unionsrechts** handelt (dann weniger strenge Maßstäbe). Im Übrigen soll weiter nach **Grundrechtsart** und **Eingriffsintensität** differenziert werden. 117

Gegen eine solche Übernahme spricht, dass es ein **einheitliches Konzept** eines Beurteilungsspielraums nach der EMRK so **nicht** gibt, sondern dass der Beurteilungsspielraum dort vielmehr Resultat ganz unterschiedlicher Erwägungen und teilweise auch schlicht Ausfluss einer sich langsam vorantastenden Rechtsprechung ist (→ § 3 Rn. 3 ff.).²⁴⁰ Außerdem ist diese Rechtsprechung zu einem großen Teil von **internationalgerichtlichen Besonderheiten** geprägt, welche auf die Union so nicht anwendbar sind.²⁴¹ Schließlich ist nicht ohne Weiteres einsichtig, warum die Kontrolldichte zwischen mitgliedstaatlichem Vollzug von Unionsrecht und sonstigen Fällen, namentlich der Beschränkung von Grundfreiheiten, unterscheiden sollte, zumal sich hier auch Überschneidungen ergeben (→ Rn. 119). 118

I. Richterliche Zurücknahme der materiell-rechtlichen Kontrolldichte

Abgesehen von seiner Rechtsprechung zu den **Verfahrensgrundrechten**²⁴² (dazu sogleich) und abstrahiert von den soeben angesprochenen Differenzierungskriterien im Ein- 119

Satzung und Verfahrensordnungen – abzuleitenden Verfahrensgrundsätzen; ausführlich zu diesen *Pache* DVBl 1998, 380 (381 ff.).
²³⁴ Verfassungs-, allgemein verwaltungs-, finanz-, zivil- und – iwS – strafgerichtlich. Zu diesen Funktionen s. nur *Tonne* S. 330 f., 346 ff.
²³⁵ Vgl. nur differenzierend *Adam* passim (für das Dienst-, Außen- u. Binnenwirtschaftsrecht).
²³⁶ Vgl. *Pache* DVBl 1998, 380 (insbes. 385 Sp. 2). In gewisser Weise besteht eine Parallele zum frz. Recht, und zwar zum „*contrôle minimum*" oder „*contrôle restreint*" bei Sachverhalten mit technischen und wirtschaftlichen Wertungsfragen (Beschränkung auf offensichtliche Bewertungsfehler [„*erreur manifest d'appréciation*"]), zum „*contrôle maximum*" (insbes. bei grundrechtsrelevanten polizeirechtlichen Sachverhalten mit Verhältnismäßigkeitskontrolle [Prüfung der „*adéquation de la décision aux faits*"] sowie bei planungsrechtlichen Eingriffen in das Eigentum mit Abwägungskontrolle öffentlicher und privater Belange [„*contrôle du bilan*"], wobei jedoch ein deutliches Überwiegen der privaten Nachteile erforderlich sein solle [„*atteintes excessives*"]), sowie zum – nur negativ zu definierenden und der richterlichen Einzelfallentscheidung überlassenen – „*contrôle normal*"; vgl. *Tonne* S. 85 mwN.
²³⁷ Dazu etwa *Tonne* S. 28, 78, 145, 331, 406 These 25.
²³⁸ Vgl. *Pache* DVBl 1998, 381 (387); *Herdegen/Richter* in Frowein S. 209 (248). Zumindest insoweit einen „Konvergenzprozeß" konstatierend *Tonne* S. 144, 401 These 4. Das gilt für die einzelnen Mitgliedstaaten allerdings in unterschiedlichem Ausmaß, s. *Tonne* S. 72 (D), S. 78 (F), S. 97 (IRL), S. 115 (NL), S. 121 m. Fn. 501, S. 122 f. m. Fn. 517 (SP); S. 128 ff., 132, 139 f., 142 (VK).
²³⁹ Vgl. *Kühling* in v. Bogdandy/Bast Europ. VerfassungsR S. 657 (695 ff.).
²⁴⁰ *Szczekalla* S. 869 ff. mwN.
²⁴¹ *Szczekalla* S. 874 ff. mwN. Das gilt insbesondere für das Fehlen eines gemeinsamen europäischen Standards (sog Standardisierungs-Rechtsprechung, die aber auch nicht strikt eingehalten wird, S. 876 ff.). Demgegenüber können die sachlichen Besonderheiten (insbesondere Übergangs-Recht, Komplexität, Sachverhalte mit Auslandsberührung, *Szczekalla* S. 882 ff.) durchaus Anwendung finden, spiegeln sie sich doch bereits in der gegenwärtigen Rechtsprechung der Mitgliedstaaten und des EuGH wider.
²⁴² Vgl. *Kokott* AöR 121 (1996), 599 (616 ff.); *Kokott* DV 31 (1998), 335 (365 ff.); *Joerges* in Joerges/Ladeur/Vos S. 295 (315 f., 217 ff. = überarb. Fass.v. EUIWP RSC 96/10); *Lenaerts* EuR 1997, 17 (40 ff., 43); *Lenaerts/Vanhamme* CMLR 34 (1997), 531 (531 ff., jew. mwN. Allgemein zur wachsenden Bedeutung

zelnen zeichnet sich die Kontrolldichte des EuGH grundsätzlich durch **eher niedrige Maßstäbe** aus.[243] Insbesondere im Bereich des Grundrechts auf Eigentum[244] (→ § 36) und der Berufsfreiheit (→ § 34) – und dort vor allem für die Gemeinsame Agrarpolitik[245] – betont der Gerichtshof regelmäßig die **weite Gestaltungsfreiheit** des **Unionsgesetzgebers**[246] (zumindest teilweise aber auch der **Mitgliedstaaten**[247]) bei der **Regelung komplexer**, vor allem **wirtschaftlicher** oder **naturwissenschaftlich-technischer Sachverhalte**.[248] Das führt im Ergebnis dazu, dass die Rechtmäßigkeit einer Unionsmaßnahme nur dann verneint wird, wenn diese zur Erreichung des mit ihr verfolgten Zieles **offensichtlich ungeeignet** ist (sog Evidenzkontrolle). Für (politisch-) **prognostische Entscheidungen** – also im Fall unsicherer künftiger Auswirkungen einer solchen Maßnahme – könne die Beurteilung durch den Unionsgesetzgeber nur dann beanstandet werden, wenn sie in Bezug auf die zum **Zeitpunkt des Erlasses** der Maßnahme vorliegenden Erkenntnisse **offensichtlich irrig** erscheine.[249] Inzwischen hat es aber auch andere Entscheidungen gegeben, in denen der Gerichtshof eine sehr ausführliche Grundrechtskontrolle wahr-

---

des Klagegrunds der Verletzung wesentlicher Formvorschriften (Art. 263 Abs. 2 AEUV, ua als Parallele zum im dt. Recht entwickelten Ansatz eines Grundrechtsschutzes durch Organisation und Verfahren (→ § 8 Rn. 38 ff.) *Pache* DVBl 1998, 380 (insbes. 383 Sp. 2 mwN).

[243] *Kokott* AöR 121 (1996), 599 (608 ff., 638); differenzierend *Kokott* DV 31 (1998), 335 (364 f.); *Ress* in Modeen S. 41 (53); *Lenz* EuGRZ 1993, 585 (589 Sp. 1: „nur sehr zurückhaltend[e] ... inhaltliche[...] Kontrolle"); *Reich* ELJ 3 (1997), 131 (135); *Dauses* EuZW 1997, 705 (705 ff.); *Holoubek* S. 68 („Exzeßkontrolle"); *Holoubek* in Griller/Rill S. 73 (101: „Willkür- oder Exzeßkontrolle"); *Selmer* S. 122 ff., 163 f., 170 Thesen IV.19 f.; *Pauly* EuR 1998, 242 (256 ff., 259 ff.). Differenzierend *Griller* Grundrechtsschutz in der EU und in Österreich, 12. ÖJT Bd. I/2, 1995, S. 7 (38 ff.); *Classen* JZ 1997, 454 (455 f.); *Lenaerts* EuR 1997, 17 (40 ff.); *Hirsch* S. 15 f., 28 ff.; *Pache* DVBl 1998, 380 (insbes. 386); *v. Danwitz* S. 59 f. („Mindestmaß", 59); *Szczekalla* in Rengeling, EUDUR, Bd. 1, § 11 Rn. 16, 44 f. sowie § 12 Rn. 19, 63, jew. mwN. Eine Vergleichbarkeit mit der Praxis des dt. BVerfG konstatierend (jew. mwN) *Zuleeg* NJW 1997, 1201 (1203 f.); *Kischel* EuR 2000, 380 (391 ff.); mit Einschränkungen *Pache* NVwZ 1999, 1033 (1039 f.).

[244] Ausführlich (und kritisch) dazu *Müller-Michaels* S. 49 ff., 56 f., 60 f., S. 225 f.

[245] Gegen eine Überbetonung dieser „Altlast" und die Übertragung ihrer Grundsätze auf andere Politikbereiche aber *Mestmäcker* S. 21 f.

[246] Dh im Wesentlichen des Rates (heute zusammen mit dem EP). Zur relativ stärkeren Kontrolldichte in Bezug auf die Kommission (Stichwort: Durchführungsgesetzgebung) s. etwa *Joerges* in Joerges/Ladeur/Vos, S. 295 (316 f. mwN). Bsp.: EuG verb. Rs. T-64/01 u. T-65/01, Slg. 2003, II-521 Rn. 101 – Afrikanische Frucht-Compagnie/Rat („Kein Schadensersatz für Bananenmarktordnungs-Durchführungsverordnungen").

[247] Bsp. aus dem grundfreiheitlichen Zusammenhang zur Bekämpfung der Spielsucht: EuGH C-275/92, Slg. 1994, I-1039 Rn. 58 ff., 61 – Schindler; etwas strenger, die Beantwortung der Frage aber dem nationalen Gericht überlassend: EuGH C-243/01, Slg. 2003, I-13031 Rn. 44 ff., 62 f., 67, 69, 71 ff. – Gambelli ua, sowie – die Grenzen aus dem Diskriminierungsverbot und der zutreffenden Sachverhaltsermittlung betonend – EuGH C-42/02, Slg. 2003, I-13519 Rn. 25 f. – Lindman (keine Glücksspielsteuer nur für ausländische Glücksspiele) sowie des (übermäßigen) Alkoholkonsums EuGH verb. Rs. C-1/90 u. C-176/90, 1991, I-4151 Rn. 17 – Aragonesa de Publicidad Exterior und Publivía (Alkoholwerbeverbot); die Sache ebenfalls dem nationalen Gericht überantwortend EuGH C-405/98, Slg. 2001, I-1795 Rn. 18 ff., 26 ff., 32 f., 40 f. – Gourmet International Products (Schwedisches Alkoholwerbeverbot).

[248] S. nur EuGH C-44/94, Slg. 1995, I-3115 Rn. 55 ff. – The Queen/Minister of Agriculture, Fisheries and Food, ex parte Fishermen's Organisations ua; EuGH C-4/96, Slg. 1998, I-681 Rn. 41 ff. – NIFPO und Northern Ireland Fishermen's Federation/Department of Agriculture for Northern Ireland (Fangquoten für Kabeljau und Wittling in der Irischen See 1995); EuGH C-127/95, Slg. 1998, I-1531 Rn. 90 – Norbrook Laboratories/Ministry of Agriculture, Fisheries and Food (Inverkehrbringen von Tierarzneimitteln); EuGH C-150/94, Slg. 1998, I-7235 Rn. 53 ff. – Vereinigtes Königreich/Rat (Chinesisches Spielzeug); S. noch EuGH verb. Rs. C-328/99 u. C-399/00, Slg. 2003, I-4035 Rn. 39 – Italien und SIM 2 Multimedia/Kommission (Beihilfenrückforderung bei Verkauf von Aktien der Tochtergesellschaft); EuGH C-236/01, Slg. 2003, I-8105 Rn. 135 – Monsanto Agricoltura Italia ua (Neuartige Lebensmittel mit Rückständen transgener Proteine); EuGH C-504/04, Slg. 2006, I-679 Rn. 36 ff. = DVBl 2006, 501 – Agrarproduktion Staebelow (Kuh-Kohorten-Keulung bei BSE-Verdacht).

[249] Besonders deutlich insoweit EuGH C-280/93, Slg. 1994, I-4973 Rn. 90 f. – Deutschland/Rat (Bananenmarktordnung-II [Hpts.]); EuGH 113/88, Slg. 1989, 1991 Rn. 20 – Leuckhardt/Hauptzollamt Reutlingen; EuGH C-306/93, Slg. 1994, I-5555 Rn. 21 f. – SMW Winzersekt/Land Rheinland-Pfalz (Méthode champenoise); EuGH C-233/94, Slg. 1997, I-2405 Rn. 56 f. – Deutschland/Rat und EP (Einlagensicherung). Außerdem EuGH C-189/01, Slg. 2001, I-5689 Rn. 82 f. – Jippes ua (keine MKS-Impfung);

genommen hat.[250] Ob er dadurch schon zum europäischen **Grundrechtsgericht** geworden ist, darf indes noch bezweifelt werden.[251]

II. Kompensation der geringen materiell-rechtlichen Kontrolldichte

Im Allgemeinen zeichnet sich die Rechtsprechung des EuGH aber auch durch die bereits erwähnte **starke Betonung des Verfahrensrechts** aus. Gerade in den genannten Fällen, in welchen den handelnden Organen **beträchtliche Entscheidungsspielräume** zukommen, wird auf diese Weise die **Rücknahme der Kontrolldichte** eine Stück weit **kompensiert**.[252] Dies könnte durchaus einer in den oder zumindest manchen Mitgliedstaaten zu beobachtenden „Erosion des Verfahrensrechts" entgegenwirken, bei denen das als materiell richtig erkannte Ergebnis von den Gerichten im Ergebnis doch eher gehalten wird.[253] **120**

III. Kritik der richterlichen Kontrolldichte

Allerdings gilt auch im Unionsrecht grundsätzlich das **Kausalitätserfordernis:** Ein Verfahrensfehler, welcher sich nicht auf das Ergebnis einer Entscheidung auswirken kann, führt jedenfalls **nicht zur Nichtigkeit** der Verwaltungsmaßnahme.[254] **121**

Ob der in solchen Fällen vom EuGH gleichsam salvatorisch gegebene Hinweis auf die Sanktionsmöglichkeit über einen **Amtshaftungsanspruch** insoweit wirklich hinreichend disziplinierend wirken kann, darf aber bezweifelt werden. Denn in vielen Fällen wird es an einem ersatzfähigen Schaden fehlen, der Verfahrensfehler letztlich also doch **sanktionslos** bleiben.[255] Damit verliert diese Art von Kompensation der Rücknahme richterlicher Kontrolldichte jedenfalls deutlich an Wert.[256] **122**

Allerdings gibt es auch Verfahrensanforderungen, bei denen die Kausalität keine Rolle zu spielen scheint und auch eine **Heilung** (durch Nachholung noch in der mündlichen Verhandlung) **nicht** in Betracht kommt, so etwa bei einer **fehlenden Begründung** für die **Versagung** des **Informationszugangs**.[257] Hier muss die Unionsgerichtsbarkeit offenbar ihren Weg erst noch finden. Denn abgesehen von der dargestellten Einzelkasuistik lassen sich derzeit noch keine klaren Linien ziehen. Vielmehr ist ein vorsichtiges Vorantasten von Fall zu Fall zu beobachten, bei dem aber durchaus gelegentlich innovatives Handeln durchscheint, etwa bei der (wenn auch geringfügigen) **Kürzung von Geldbußen wegen überlanger Verfahrensdauer**.[258] **123**

EuGH C-504/04, Slg. 2006, I-679 Rn. 36, 38 jew. mwN – Agrarproduktion Staebelow (Kuh-Kohorten-Keulung bei BSE-Verdacht).
[250] Bsp.: EuGH verb. Rs. C–293/12 u. 594/12, ECLI:EU:C:2014:238 Rn. 51 ff. – Digital Rights Ireland und Seitlinger ua (Vorratsdatenspeicherung).
[251] So etwa *Kühling* NVwZ 2014, 681 (684) in der Bespr. der Entsch. Zust. *Kingreen* in Calliess/Ruffert GRC Art. 52 Rn. 71.
[252] Bsp.: EuGH C-269/90, Slg. 1991, I-5469 Rn. 13 ff. – TU München.
[253] Grundlegend zum Problem *Grimm* NVwZ 1985, 865 (865 ff. mwN).
[254] Bsp.: EuG T-62/98, Slg. 2000, II-2707 Rn. 279 ff. – Volkswagen/Kommission („Reexportbehinderung"), bestätigt durch EuGH C-338/00 P, Slg. 2003, I-9189 Rn. 163 ff., 165.
[255] S. aber auch LG Düsseldorf NJW 2003, 2536 – Presseauskünfte der Staatsanwaltschaft vor Kenntnis des Beschuldigten (Mannesmann/Vodafone/Esser): Schmerzensgeld in Höhe von 10.000 EUR. Bestätigt durch OLG Düsseldorf NJW 2005, 1791. Immaterieller Schadensersatz kann jedenfalls auch nach Art. 340 AEUV verlangt werden, *Ruffert* in Calliess/Ruffert AEUV Art. 340 Rn. 30 mwN.
[256] Vgl. *Rengeling/Szczekalla* Grundrechte in der EU Rn. 1096 f.
[257] So etwa EuGH C-353/01 P, Slg. 2004, I-1073 Rn. 32 – Mattila („Keine Heilung fehlender Begründung für Nichtgewährung teilweisen Informationszugangs"), unter Hinweis auf die praktische Wirksamkeit, die den Verfahrensgarantien andernfalls genommen werde.
[258] EuGH C-185/95 P, Slg. 1998, I-8417 Rn. 49, 141 – Baustahlgewebe („Geldbußenermäßigung wegen überlanger Verfahrensdauer [Betonstahlmatten]").

§ 11 Prozessuale Durchsetzung der Unionsgrundrechte

Übersicht

	Rn.
A. Einleitung	1–7
B. Das System der Unionsgerichtsbarkeit	8–13
C. Das System prozessualer Durchsetzungsinstrumente für die Unionsgrundrechte	14–40
I. Initiativberechtigte der prozessualen Durchsetzung der Unionsgrundrechte	17–19
II. Instrumente der prozessualen Durchsetzung der Unionsgrundrechte	20–40
1. Spezifische Grundrechtsbeschwerde	21–23
2. Instrumente zur prozessualen Durchsetzung der Unionsgrundrechte auf der zentralen Ebene	24–30
3. Instrumente zur prozessualen Durchsetzung der Unionsgrundrechte auf der dezentralen Ebene	31–37
4. Externe Kontrolle	38–40
D. Probleme bei der prozessualen Durchsetzung der Unionsgrundrechte	41–97
I. Individualrechtsschutz gegen normatives Unionshandeln	41–88
1. Die Rechtsschutzvoraussetzungen des Art. 263 Abs. 4 Var. 1 AEUV	45, 46
2. Die Rechtsschutzvoraussetzungen des Art. 263 Abs. 4 Var. 2 AEUV	47–50
3. Ansätze zur Ausweitung des Individualrechtsschutzes vor Lissabon	51–55
4. Die Rechtsschutzvoraussetzungen des Art. 263 Abs. 4 Var. 3 AEUV	56–82
5. Rechtsschutzdefizit oder funktionsadäquate Zuständigkeitszuweisung an die nationalen Gerichte?	83–88
II. Anspruch auf Vorabentscheidung	89–97
E. Fazit	98–101

Schrifttum:

Allkemper, Der Rechtsschutz des einzelnen nach dem EG-Vertrag, 1995; *Alston,* The EU and Human Rights, 1999; *Arnull,* Private Applicants and the Action for Annulment since Codorniu, CMLR 2001, 7; *Baumeister,* Effektiver Individualrechtsschutz im Gemeinschaftsrecht, EuR 2005, 1; *Braun/Kettner,* Die Absage des EuGH an eine richterrechtliche Reform des EG-Rechtsschutzsystems, DÖV 2003, 58; *Burgi,* Verwaltungsprozess und Europarecht, 1996; *Calliess,* Die Charta der Grundrechte der Europäischen Union – Fragen der Konzeption, Kompetenz und Verbindlichkeit, EuZW 2001, 261; *ders.,* Kohärenz und Konvergenz beim europäischen Individualrechtsschutz – Der Zugang zum Gericht im Lichte des Grundrechts auf effektiven Rechtsschutz, NJW 2002, 3577; *Classen,* Effektive und kohärente Justizgewährleistung in europäischen Rechtsschutzverbund, JZ 2006, 157; *Cremer,* Individualrechtsschutz gegen Rechtsakte der Gemeinschaft: Grundlagen und neuere Entwicklungen, in Nowak/Cremer, S. 27; *ders.,* Der Rechtsschutz des Einzelnen gegen Sekundärrechtsakte der Union gem. Art. III–270 Abs. 4 Konventsentwurf des Vertrags über eine Verfassung für Europa, EuGRZ 2004, 577; *ders.,* Zum Rechtsschutz des Einzelnen gegen abgeleitetes Unionsrecht nach dem Vertrag von Lissabon, DÖV 2010, 58; *v. Danwitz,* Der Einfluss des nationalen Rechts und der Rechtsprechung der Gerichte der Mitgliedstaaten auf die Auslegung des Gemeinschaftsrechts, ZESAR 2008, 57; *ders.,* Kooperation der Gerichtsbarkeiten in Europa, ZRP 2010, 143; *ders.,* Auf dem Weg nach Europa – Zum Rechtsprechungsdialog des BVerwG mit dem EuGH, NVwZ-Beil. 2013, 44; *Dauses,* Das Vorabentscheidungsverfahren nach Artikel 177 EG-Vertrag, 2. Aufl. 1995; *ders.,* Braucht die Europäische Union eine Grundrechtsbeschwerde?, EuZW 2008, 449; *ders.,* Effektiver Rechtsschutz in Gefahr? Ein Nachtrag zum Klagerecht Privater gegen Gesetzgebungsakte, EuZW 2014, 121; *Dittert,* Effektiver Rechtsschutz gegen EG-Verordnungen: Zwischen Fischfangnetzen, Olivenöl und kleinen Landwirten, EuR 2002, 708; *Dörr,* Der europäisierte Rechtsschutzauftrag deutscher Gerichte, 2003; *ders./Lenz,* Europäischer Verwaltungsrechtsschutz, 2006; *Dougan,* The Treaty of Lisbon 2007: Winning minds, not hearts, CMLR 2008, 617; *Everling,* Rechtsschutz in der Europäischen Union nach dem Vertrag von Lissabon, EuR-Beih. 1/2009, 71; *ders.,* Lissabon-Vertrag regelt Dauerstreit über Nichtigkeitsklage Privater, EuZW 2010, 572; *ders.,* Klagerecht Privater gegen Rechtsakte der EU mit allgemeiner Geltung, EuZW 2012, 376; *Frenz/Distelrath,* Klagegegenstand und Klagebefugnis von Individualnichtigkeitsklagen nach Art. 263 IV AEUV, NVwZ 2010, 162; *Gündisch/Wienhues,* Rechtsschutz in der Europäischen Union, 2. Aufl. 2003; *Haratsch,* Die kooperative Sicherung der Rechtsstaatlichkeit durch die mitgliedstaatlichen Gerichte und die Gemeinschaftsgerichte aus mitgliedstaatlicher Sicht, EuR-Beih. 3/2008, 81; *Harlow,* Towards a theory of access for the European Court of Justice, YEL 1992, 213; *Hatje/Kindt,* Der Vertrag von Lissabon – Europa endlich in guter Verfassung?, NJW 2008,

1761; *Herrmann,* Individualrechtsschutz gegen Rechtsakte der EU „mit Verordnungscharakter" nach dem Vertrag von Lissabon, NVwZ 2011, 1352; *Last,* Garantie wirksamen Rechtsschutzes gegen Maßnahmen der Europäischen Union, 2008; *Görlitz/Kubicki,* Rechtsakte „mit schwierigem Charakter", EuZW 2011, 248; *Ipsen,* 40 Jahre Grundgesetz der Bundesrepublik Deutschland, JöR 38 (1989), 3; *Jans/v. d. Heide,* Lückenhafter Individualrechtsschutz im Europäischen Umweltrecht – Eine Bestandsaufnahme der Rechtsprechung des EuGH, ZUR 2003, 390; *Kingreen,* Grundrechtsverbund oder Grundrechtsunion? – Zur Entwicklung der subjektiv-öffentlichen Rechte im europäischen Unionsrecht, EuR 2010, 338; *Kirchhof,* Grundrechtsschutz durch europäische und nationale Gerichte, NJW 2011, 3681; *Kokott/Dervisopoulos/Henze,* Aktuelle Fragen des effektiven Rechtsschutzes durch die Gemeinschaftsgerichte, EuGRZ 2008, 10; *Kokott/Henze/Sobotta;* Die Pflicht zur Vorlage an den Europäischen Gerichtshof und die Folgen ihrer Verletzung, JZ 2006, 633; *Kottmann,* Plaumanns Ende: Ein Vorschlag zu Art. 263 Abs. 4 AEUV, ZaöRV 2010, 547; *Kotzur,* Neuerungen auf dem Gebiet des Rechtsschutzes durch den Vertrag von Lissabon, EuR-Beih. 1/2012, 7; *Kraus,* Die kooperative Sicherung der Rechtsstaatlichkeit der Europäischen Union durch die mitgliedstaatlichen Gerichte und die Gemeinschaftsgerichte, EuR-Beih. 3/2008, 109; *Lenz/Staeglich,* Kein Rechtsschutz gegen EG-Verordnungen?, NVwZ 2004, 1421; *Lindner,* Zur Klagebefugnis natürlicher und juristischer Personen für Nichtigkeitsklagen gem. Art. 230 IV EG gegen EG-Verordnungen, NVwZ 2003, 569; *Lipp,* Europäische Justizreform, NJW 2001, 2657; *Malferrari/Lerche,* Zulässigkeit der Nichtigkeitsklage von Privatpersonen nach Art. 230 EG – Niedergang und Wiederaufleben des Plaumann-Tests, EWS 2003, 254; *Mayer,* Individualrechtsschutz im Europäischen Verfassungsrecht, DVBl 2004, 606; *Michl,* Verwaltungsgerichtlicher Rechtsschutz in der Jacobs gap nach Maßgabe des Art. 19 I UAbs. 2 EUV, NVwZ 2014, 841; *Nettesheim,* Der Grundsatz der einheitlichen Wirksamkeit des Gemeinschaftsrechts, in Randelzhofer/Scholz/Wilke, GS für Eberhard Grabitz, 1995, S. 447; *ders.,* Effektive Rechtsschutzgewährleistung im arbeitsteiligen System europäischen Rechtsschutzes, JZ 2002, 928; *Nicolaysen,* Rechtsgemeinschaft, Gemeinschaftsgerichtsbarkeit und Individuum, in Nowak/Cremer, S. 17; *Nowak,* Das Verhältnis zwischen zentralem und dezentralem Individualrechtsschutz im Europäischen Gemeinschaftsrecht – Verwirrspiel zwischen Wechselwirkung und Beziehungslosigkeit, EuR 2000, 724; *ders.,* Zentraler und dezentraler Individualrechtsschutz in der EG im Lichte des gemeinschaftsrechtlichen Rechtsgrundsatzes effektiven Rechtsschutzes, in Nowak/Cremer, S. 47; *ders.,* Nichterfüllung der Vorlagepflicht aus Art. 234 III EG als Verstoß gegen Art. 101 I 2 GG – Das Grundrecht auf den gesetzlichen Richter in Luxemburg, NVwZ 2002, 688; *ders./Cremer,* Individualrechtsschutz in der EG und der WTO, 2002; *Pache,* Tatbestandliche Abwägung und Beurteilungsspielraum, 2001; *ders.,* Rechtsschutzdefizite im europäischen Grundrechtsschutz?, in Bruha/Nowak/Petzold, Grundrechtsschutz, S. 193; *ders.,* Die Europäische Menschenrechtskonvention und die deutsche Rechtsordnung, EuR 2004, 393; *Pechstein,* EU-Prozessrecht, 4. Aufl. 2011; *Pernice,* Die Zukunft der Unionsgerichtsbarkeit – Zu den Bedingungen einer nachhaltigen Sicherung effektiven Rechtsschutzes im Europäischen Verfassungsverbund, EuR 2011, 151; *Petzold,* Was sind „Rechtsakte mit Verordnungscharakter" (Art. 263 Abs. 4 AEUV)? – Zur Entscheidung des EuG in der Rechtssache Inuit, EuR 2012, 443; *Piekenbrock,* Vorlagen an den EuGH nach Art. 267 AEUV im Privatrecht, EuR 2011, 317; *Pötters/Traut,* Die ultra-vires-Kontrolle des BVerfG nach „Honeywell" – Neues zum Kooperationsverhältnis von BVerfG und EuGH?, EuR 2011, 580; *Pötters/Werkmeister/Traut,* Rechtsakte mit Verordnungscharakter nach Art 263 Abs. 4 AEUV – eine passgenaue Ausweitung des Individualrechtsschutzes?, EuR 2012, 546; *Rabe,* Zur Metamorphose des Europäischen Verfassungsvertrags, NJW 2007, 3153; *Reich,* Zur Notwendigkeit einer Europäischen Grundrechtsbeschwerde, ZRP 2000, 375; *Rengeling,* Brauchen wir die Verfassungsbeschwerde auf Gemeinschaftsebene?, in Due/Lutter/Schwarze, FS für Ulrich Everling, Bd. II, 1995, S. 1187; *Ress,* Die EMRK und das europäische Gemeinschaftsrecht: Überlegungen zu den Beziehungen zwischen den Europäischen Gemeinschaften und der Europäischen Menschenrechtskonvention, ZEuS 1999, 471; *Riese,* Über den Rechtsschutz innerhalb der Europäischen Gemeinschaften, EuR 1966, 24; *Röben,* Die Einwirkungen der Rechtsprechung des Europäischen Gerichtshofs auf das mitgliedstaatliche Verfahren in öffentlich-rechtlichen Streitigkeiten, 1998; *Rodríguez Iglesias,* Der EuGH und die „Gerichte der Mitgliedstaaten – Komponenten der richterlichen Gewalt in der „Europäischen Union, NJW 2000, 1889; *Schröder,* Die Vorlagepflicht zum EuGH aus europarechtlicher und nationaler Perspektive, EuR 2011, 808; *ders.,* Neuerungen im Rechtsschutz der Europäischen Union durch den Vertrag von Lissabon, DÖV 2009, 61; *Schwarze,* Der Rechtsschutz Privater vor dem Europäischen Gerichtshof: Grundlagen, Entwicklungen und Perspektiven des Individualrechtsschutzes im Gemeinschaftsrecht, DVBl 2002, 1297; *ders.,* 20 Jahre Gericht erster Instanz in Luxemburg – Der Zugang zur Justiz, EuR 2009, 717; *ders.,* Europäisches Recht zwischen Bewährung und Wandel, 2011; *v. Simson,* Zur Kritik am Rechtsschutz der europäischen Integration, DVBl 1966, 653; *Temple Lang,* The Duties of National Courts under Community Constitutional Law, ELR 22 (1997), 3; *Tesauro,* The Effectiveness of Judicial Protection and Cooperation between the Court of Justice and the National Courts, YEL 1993, 1; *Thiele,* Das Rechtsschutzsystem nach dem Vertrag von Lissabon – (k)ein Schritt nach vorn?, EuR 2010, 30; *Wegener,* Rechtsstaatliche Vorzüge und Mängel der Verfahren vor den Gemeinschaftsgerichten, EuR-Beih. 3/2008, 45; *Wendel,* Der EMRK-Beitritt als Unionsrechtsverstoß – Zur völkerrechtlichen Öffnung der EU und ihren Grenzen, NJW 2015, 921; *Wölker,* Rechtsschutz Privater gegenüber dem europäischen Gesetzgeber, DÖV 2003, 570; *Zuleeg,* Die Rolle der rechtsprechenden Gewalt in der europäischen Integration, JZ 1994, 1.

A. Einleitung

1 Unionsgrundrechte sind die elementaren subjektiv-öffentlichen Rechte, die auf höchster Stufe der Normenhierarchie der EU mit Verfassungsrang und Maßstabsfunktion für abgeleitetes Recht wie für jedes hoheitliche Handeln im Anwendungsbereich des Unionsrechts angesiedelt sind und die die Ausübung von Hoheitsgewalt auf der Grundlage der Unionsverträge begrenzen, einbinden und legitimieren (→ § 1 Rn. 60 ff. u. → § 7 Rn. 1 ff.). Diese Unionsgrundrechte gelten unmittelbar und mit Verfassungsrang – dies allein garantiert allerdings noch nicht ihre **praktische Wirksamkeit und Durchsetzung.**

2 Vielmehr werden die Unionsgrundrechte – auf supranationaler wie auf nationaler Ebene – nicht allein und möglicherweise nicht einmal in erster Linie wegen ihrer zentralen rechtsstaatlichen Bedeutung, wegen ihrer unverzichtbaren Legitimationsfunktion für jede Hoheitsrechtsausübung auf der Grundlage der europäischen Verträge oder aus innerer Überzeugung von den in ihnen verbürgten materiellen Werten beachtet.[1] Stattdessen sind real häufig erst die Möglichkeit ihrer gerichtlichen Durchsetzung sowie die Existenz von Sanktionen im Falle ihrer Missachtung Grund für die Respektierung der Unionsgrundrechte: Diese bedürfen zu ihrer tatsächlichen Geltung und Durchsetzung eines **effektiven Durchsetzungsinstrumentariums.**

3 Mit den Unionsgrundrechten als subjektiven öffentlichen Rechten muss einerseits *qua definitione*[2] und andererseits zur Gewährleistung ihrer tatsächlichen praktischen Wirksamkeit[3] die Möglichkeit ihrer prozessualen Durchsetzung verbunden sein. Zentrale Voraussetzung für die tatsächliche Geltung und Beachtung der Grundrechte, für ihre reale Wirkkraft und Durchsetzungsfähigkeit gegenüber Legislative und Exekutive ist ein wirksames prozessuales Durchsetzungsinstrumentarium, mithin ein **umfassender und effektiver gerichtlicher Grundrechtsschutz**[4] (→ § 55 Rn. 1 ff.). Dieser erforderliche, umfassende und effektive gerichtliche Grundrechtsschutz ist zwar nur eines der Instrumente zur Durchsetzung der Unionsgrundrechte,[5] dennoch kann seine Bedeutung überhaupt nicht hoch genug eingeschätzt werden. Ihn als **„Schlussstein im Gewölbe des Rechtsstaats"** und daher – auf die europäische Ebene bezogen – auch als „Schlussstein der Rechtsgemeinschaft" oder der Rechtsgemeinschaftlichkeit der EU zu bezeichnen, greift sicher nicht zu hoch.[6]

4 Ist nun dieser Schlussstein im Gewölbe der europäischen Rechtsgemeinschaftlichkeit gesetzt, ist die europäische Grundrechtsarchitektur durch geeignete Instrumente zur prozessualen Durchsetzung der Unionsgrundrechte vollendet? Dies kann bezweifelt werden. Insbesondere im Hinblick auf die Möglichkeiten der individuellen prozessualen Durchsetzung der Unionsgrundrechte wird seit längerem in Frage gestellt, ob ein umfassender und effektiver gerichtlicher Grundrechtsschutz auf Unionsebene besteht.[7]

---

[1] So bereits deutlich mwN *Pache* in Bruha/Nowak/Petzold, Grundrechtsschutz, S. 193 ff.
[2] Hierzu *Baumeister* EuR 2005, 1 (1 f. mwN), der auf die allgemein akzeptierte Verbindung „subjektive Rechte – Rechtsmacht zur Durchsetzung – subjektiver Rechtsschutz" hinweist; vgl. zur Einbeziehung der Durchsetzbarkeit in die Grundrechtsdefinition gerade in Deutschland u. Österreich auch *Korinek/Dujmovits* in Merten/Papier, HdbGR Bd. I, § 23 Rn. 3 ff. mwN; vgl. auch *Kingreen* EuR 2010, 338.
[3] *Rengeling/Szczekalla* Grundrechte in der EU Rn. 539 f. mwN.
[4] In diesem Sinne spezifisch zu den Grundrechten der europäischen Grundrechtecharta *Schwarze* DVBl 2002, 1297 (1313 f. mwN).
[5] Zu anderen Durchsetzungsinstrumentarien und Formen staatlicher und überstaatlicher Intervention zur Gewährleistung von Grund- und Menschenrechten ausführlicher *Korinek/Dujmovits* in Merten/Papier, HdbGR Bd. I, § 23 Rn. 8 ff. mwN.
[6] Hierzu *Szczekalla* in Weber, Fundamental Rights in Europe and North-America, 9. EL 2004, S. 123 ff.
[7] Vgl. nur die Nachweise bei *Lindner* NVwZ 2003, 569 (570 Fn. 9); *Malferrari/Lerche* EWS 2003, 254 (254 Fn. 1); *Nettesheim* JZ 2002, 928 (928 f. mwN); *Wölker* DÖV 2003, 570 (572 f. mwN); *Jans/v. d. Heide* ZUR 2003, 390 ff.; *Lenz/Staeglich* NVwZ 2004, 1421 ff.; *Baumeister* EuR 2005, 1 ff.; einen Überblick über kritische Stellungnahmen von Mitgliedern des Gerichtshofs wie im Schrifttum gibt auch GA *Jacobs*, SchlA C-50/00 P, Slg. 2002, I-6677 Fn. 5 f. – Unión de Pequeños Agricultores/Rat; auch die Änderungen des Vertrages von Lissabon hinsichtlich der prozessualen Durchsetzung von Unionsgrundrechten haben die Zweifel an einem wirksamen und effektiven gerichtlichen Grundrechtsschutz auf Unionsebene

Zwar ist die Union im Grundsatz unbezweifelt eine **Rechtsgemeinschaft**,[8] in welcher 5
der Gerichtshof nach Art. 19 EUV die Wahrung des Rechts bei der Auslegung und
Anwendung des Unionsrechts im Zusammenwirken mit den nationalen Gerichten der
Mitgliedstaaten sichert.[9] Vor diesem Hintergrund hat der EuGH den **Grundsatz effektiven Rechtsschutzes** seit den Entscheidungen *Johnston* aus dem Jahre 1986[10] und *Heylens*
aus dem Jahre 1987[11] in ständiger Rechtsprechung in seiner objektiven wie in seiner
subjektiv-grundrechtlichen Dimension als allgemeinen Grundsatz des Unionsrechts anerkannt (→ § 55 Rn. 8 ff.).[12] Dieser Grundsatz effektiven Rechtsschutzes hat als Art. 47
Abs. 1 GRC ausdrücklich Aufnahme in die Grundrechtecharta gefunden und stellt aufgrund deren Gleichrangigkeit mit den Verträgen gem. Art. 6 Abs. 1 EUV einen Teil der
zentralen normativen Grundlagen der EU dar. Als zentrale justizielle Gewährleistung der
Charta[13] sichert **Art. 47 GRC** jeder Person, deren durch das Recht der Union garantierte
Rechte oder Freiheiten – und damit auch deren Grundrechte – verletzt worden sind, einen
wirksamen gerichtlichen Rechtsbehelf zu (→ § 55 Rn. 29 ff.).[14] Damit ist das Recht auf
effektiven Individualrechtsschutz mittlerweile kodifiziert und ausdrücklich auf oberster
Ebene der Rechtsordnung der EU verankert.

Und dennoch: dem Einzelnen steht ein wirksamer gerichtlicher Rechtsbehelf zur Durch- 6
setzung seiner Unionsgrundrechte gegenwärtig möglicherweise nicht stets und nicht gegenüber jeder möglichen Grundrechtsverletzung durch unional veranlasste Rechtsakte zur
Verfügung.[15] In bestimmten Konstellationen können sich aus dem arbeitsteiligen System
der unionalen Rechtsschutzgewährung durch nationale und europäische Gerichte[16]
(→ § 55 Rn. 11 ff.) erhebliche **Probleme und Schwierigkeiten für die Rechts- und
Grundrechtsschutzmöglichkeiten des Einzelnen** gegenüber europäischen und europäisch veranlassten Rechtsakten ergeben. Problematisch erscheint insbesondere der Individualrechtsschutz gegenüber europäischen Rechtsnormen, also die nur eingeschränkte Zulässigkeit von Direktklagen natürlicher und juristischer Personen als nichtprivilegierte
Kläger im Sinne des Art. 263 Abs. 4 AEUV gegen EU-Verordnungen sowie gegen EU-

---

nicht ausgeräumt, vgl. *Thiele* EuR 2010, 30 (37 ff.); *Dauses* EuZW 2014, 121 ff.; *Kingreen* in Calliess/Ruffert EUV Art. 6 Rn. 34 ff.

[8] Die Beschreibung als Rechtsgemeinschaften geht zurück auf *Walter Hallstein,* den ersten Präsidenten der Kommission der Europäischen Wirtschaftsgemeinschaft, vgl. *Hallstein,* EG, S. 53 ff.; aus jüngerer Zeit vgl. etwa *Nicolaysen* in Weidenfeld, Europa-Handbuch, 2006, S. 109 ff. mwN; *Ipsen* JöR 38 (1989), 3 (37 f.); *Klein* in Starck, Rechtsvereinheitlichung durch Gesetze – Bedingungen, Ziele, Methoden, Symposium der Kommission „Die Funktion des Gesetzes in Geschichte und Gegenwart" am 25. und 26. April 1991, 1992, S. 121 f.; aus der Rspr. vgl. etwa EuGH 294/83, Slg. 1986, 1339 – Les Verts/Europäisches Parlament.

[9] Zum Rechtsschutzauftrag des EuGH wie zu den von ihm wahrgenommenen Funktionen und zum Zusammenhang mit der Einordnung der Union als Rechtsgemeinschaft vgl. nur *Schwarze* in Schwarze EUV Art. 19 Rn. 12 ff. mwN.

[10] EuGH C-222/84, Slg. 1986, 1651 Rn. 18 – Johnston/Chief Constable of the RUC.
[11] EuGH C-222/86, Slg. 1987, 4097 Rn. 14 – Unectef/Heylens ua.
[12] Vgl. auch *Pache* S. 335 ff. mwN; *Dörr* S. 45 ff. mwN; *Harlow* in Alston S. 187 (191 f. mwN).
[13] Zur in den verschiedenen Sprachfassungen der Grundrechtecharta angelegten unterschiedlichen Einordnung der Art. 47 GRC als „justizielle Rechte" oder „Justice = Gerechtigkeit" näher *Eser* in NK-EuGRCh Vorb. Justizielle Rechte Rn. 1 f. mwN.
[14] *Mayer* in GHN EUV nach Art. 6 Rn. 359 ff.; *Calliess* EuZW 2001, 261 (263 f.); *Eser* in NK-EuGRCh Art. 47 Rn. 2 ff. mwN, dort auch zu den Parallelen zu Art. 13 EMRK sowie zu Anwendungsbereich und Voraussetzungen des Rechts auf effektiven Individualrechtsschutz.
[15] Die unterschiedlichen Probleme des Individualrechtsschutzes gegen Normativakte werden instruktiv zusammengefasst in den Schlussanträgen von GA *Jacobs,* SchlA C-50/00 P, Slg. 2002, I-6677 Rn. 36 ff. mwN – Unión de Pequeños Agricultores/Rat, in denen er unter Rn. 49 ausführt: „Ich bin aus all diesen Gründen der Ansicht, dass die Rechtsprechung zur Klagebefugnis Einzelner […] mit dem Grundsatz des effektiven gerichtlichen Rechtsschutzes unvereinbar ist."; entsprechende Kritik wird schon seit Jahrzehnten geäußert, vgl. exemplarisch *v. Simson* DVBl 1966, 653; *Riese* EuR 1966, 24 (43); *Arnull* CMLR 2001, 7 (52); aus jüngerer Zeit *Thiele* EuR 2010, 30 (38 ff.); *Everling* EuZW 2012, 376 (379 f.).
[16] Näher hierzu *Nowak* in Nowak/Cremer S. 47 ff.; vgl. auch *Huber* in Streinz EUV Art. 19 Rn. 50 ff.; zu den Rechtsschutzanforderungen des Unionsrechts an die nationalen Gerichte vgl. auch *Dörr* S. 40 ff. mwN; *Haratsch* EuR-Beih. 3/2008, 81 (82 ff.).

Richtlinien, wenn diese Rechtsnormen ohne nationale Umsetzung oder Durchführung unmittelbare Auswirkungen auf individuelle Rechtspositionen und damit auch auf Grundrechtspositionen Einzelner entfalten (→ Rn. 41 ff.).[17]

7 Um der Stichhaltigkeit der verbreiteten und teilweise heftigen **Kritik am europäischen Individualrechtsschutz** allgemein wie auch speziell am Individualrechtsschutz gegenüber europäischen Rechtsnormen nachzugehen, soll nachfolgend zunächst ein kurzer Überblick über das System der Unionsgerichtsbarkeit gegeben werden (→ Rn. 8 ff.). Anschließend sollen die in diesem System bestehenden prozessualen Durchsetzungsmöglichkeiten für Grundrechte aufgezeigt (→ Rn. 14 ff.) sowie mögliche Defizite angesprochen (→ Rn. 41 ff.) werden.

B. Das System der Unionsgerichtsbarkeit

8 Eines der **zentralen Elemente einer Rechtsgemeinschaft,** wie sie die Europäische Union darstellt,[18] bildet ein **funktionierendes Rechtsschutzsystem,** das die aus der Rechtsordnung folgenden Rechte und Pflichten wirksam kontrolliert und durchsetzt.[19] Als Funktionsbedingung der Rechtsstaatlichkeit findet es eine weitere normative Grundlage in Art. 2 EUV, der im systematischen Zusammenhang zur Präambel, den Schlussbestimmungen des EUV sowie zur Charta der Grundrechte steht und ein Wertbekenntnis der EU und ihrer Mitgliedstaaten zur Rechtsstaatlichkeit vermittelt.[20] Jede Handlung der Unionsorgane und der Mitgliedstaaten im Anwendungsbereich des Unionsrechts muss grundsätzlich einer effektiven gerichtlichen Rechtskontrolle unterliegen, damit die objektiv-rechtsstaatlichen wie die subjektiv-individualschützenden Anforderungen des unionsverfassungsrechtlichen Grundsatzes effektiven Rechtsschutzes erfüllt werden.[21] Dieses durch den Grundsatz effektiven Rechtsschutzes gebotene gerichtliche Rechtsschutzsystem hat auch die Unionsgrundrechte durchzusetzen und zu garantieren und damit die Möglichkeit zur effektiven prozessualen Durchsetzung der Unionsgrundrechte zu gewährleisten.

9 Im Grundsatz wird durch EUV und AEUV ein den Anforderungen effektiven Rechtsschutzes genügendes und damit auch zur Durchsetzung der Unionsgrundrechte taugliches umfassendes Rechtsschutzsystem geschaffen:[22] Das **Rechtsschutzsystem der Europäischen Union,** das den europäischen effektiven Rechtsschutz leisten soll, die „Gerichtsbarkeit des Unionsrechts", bestehend aus den unmittelbar europäischen Gerichten EuGH und EuG, die nach Art. 19 Abs. 1 EUV einen Teil des Organs „Gerichtshof der Europäischen Union" darstellen, sowie aus den nationalen Gerichten als europäischen Gerichten.[23] Es setzt sich also aus einem komplexen **System zentraler und dezentraler Rechts-**

---

[17] Zur Problematik von Verordnungen und Richtlinien als Klagegegenstand von Direktklagen ausführlich bereits *Cremer* in Nowak/Cremer S. 27 (29 ff. mwN).
[18] EuGH 294/83, Slg. 1986, 1339 Rn. 23 – Les Verts/Europäisches Parlament; *Kraus* EuR-Beih. 3/2008, 109 (110 mwN).
[19] So bereits deutlich *Rengeling/Kotzur* in RMG Rechtsschutz-HdB § 1 Rn. 12; vgl. auch *Schwarze* EuR 2009, 717 (720 f.), mit Verweis auf die Schlussanträge von GA *Colomer*, SchlA C-14/08, Slg. 2009, I-5439 Rn. 29 – Roda Golf & Beach Resort.
[20] *Hilf/Schorkopf* in GHN EUV Art. 2 Rn. 8; *Rengeling/Kotzur* in RMG Rechtsschutz-HdB § 1 Rn. 12; *Calliess* in Calliess/Ruffert EUV Art. 2 Rn. 7 f., 25 f.
[21] Zum Grundsatz effektiven Rechtsschutzes als allgemeinem Grundsatz des Unionsrechts und als Unionsgrundrecht vgl. nur *Pache* S. 310 ff., S. 335 ff., jeweils mwN; zur Anerkennung des Rechts auf effektiven Rechtsschutz als allgemeiner Grundsatz des Unionsrechts durch den EuGH vgl. erstmals EuGH C-222/84, Slg. 1986, 1651 Rn. 18 – Johnston; EuGH C-432/05, Slg. 2007, I-2271 Rn. 37 mwN – Unibet; zu den aus diesem Grundsatz zu ziehenden Konsequenzen vgl. GA *Jacobs*, SchlA C-50/00 P, Slg. 2002, I-6677 Rn. 38 f. mwN – Unión de Pequeños Agricultores/Rat.
[22] Zusammenfassend hierzu *Wegener* in Calliess/Ruffert EUV Art. 19 Rn. 41 mwN, der dort auch die Problematik der Individualklagen nicht privilegierter Kläger anspricht (vgl. Rn. 29 ff., 41 ff.); vgl. auch *Nowak* EuR 2000, 724 (725, 738 ff.); *Schwarze* DVBl 2002, 1297 (1298 ff. mwN).
[23] Vgl. *Nicolaysen* in Nowak/Cremer S. 17 (19); *Rodríguez Iglesias* NJW 2000, 1889 ff.; *Classen* in HdB EuropaR § 4 Rn. 3 ff.

schutzmöglichkeiten und -verfahren zusammen, die aufeinander bezogen und miteinander verflochten sind.

Das europäische Primär- und Sekundärrecht konstituiert im Zusammenwirken mit den justizbezogenen Regelungen der nationalen Rechtsordnungen ein **System arbeitsteiligen Rechtsschutzes** durch nationale und europäische Gerichte, dessen zentrale und dezentrale Klagemöglichkeiten wie ein System kommunizierender Röhren in wechselseitiger Abhängigkeit voneinander stehen.[24] In seiner Gesamtheit, unter Beachtung der erforderlichen Kohärenz des durch EU-Recht geschaffenen Rechtsschutzsystems und der hieraus resultierenden rechtlichen Anforderungen und Vorgaben,[25] muss das System des arbeitsteiligen europäischen Rechtsschutzes effektiven Individualrechtsschutz und effektiven Grundrechtsschutz gewährleisten.[26] 10

Hierbei kommt den **nationalen Gerichten in ihrer Funktion als europäische Gerichte** für den unionsrechtlichen Individualrechtsschutz eine eindeutig dominante Rolle zu: Parallel zum überwiegend mitgliedstaatlichen Vollzug des Unionsrechts haben die mitgliedstaatlichen Gerichte im Regelfall Rechtsschutz gegen den individualbelastenden Vollzug von materiellem Unionsrecht ebenso wie zur Durchsetzung begünstigender unionsrechtlicher Rechtspositionen zu gewähren.[27] Mit Art. 19 Abs. 1 UAbs. 2 EUV, der eine Erweiterung des früheren Art. 220 EGV-Nizza darstellt, wurde erstmals die **primäre Verantwortung der Mitgliedstaaten und der mitgliedstaatlichen Gerichte für den effektiven Rechtsschutz in der Europäischen Union ausdrücklich vertraglich festgehalten.**[28] Nach dieser Vorschrift schaffen die Mitgliedstaaten die erforderlichen Rechtsbehelfe, „damit ein wirksamer Rechtsschutz in den vom Unionsrecht erfassten Bereichen gewährleistet ist". Hier wird ausdrücklich die Verantwortung und die Zuständigkeit der Mitgliedstaaten für die Bereitstellung wirksamer Rechtsschutzmöglichkeiten in den von Unionsrecht erfassten Bereichen im arbeitsteiligen System europäischen Rechtsschutzes betont. Einzelne und Unternehmen können vor den nationalen Gerichten nationale Vollzugsmaßnahmen angreifen; sie besitzen die Möglichkeit, subjektive Rechte in Gestalt unmittelbar anwendbarer Bestimmungen des EUV, des AEUV, der Grundrechtecharta oder des sekundären Unionsrechts und damit gerade auch ihre unionsrechtlichen Grundrechtspositionen vor nationalen Gerichten durchzusetzen. Insoweit haben nationale Gerichte als „Unionsgerichte" die volle Wirksamkeit des Unionsrechts zu gewährleisten und die Rechte zu schützen, die das primäre und sekundäre Unionsrecht seinen Unionsbürgern verleiht.[29] 11

Bei diesem unionsrechtsbezogenen Rechtsschutz handeln die nationalen Gerichte als europäische Gerichte.[30] Sie sind **Unionsgerichte im funktionellen Sinne**[31] und das 12

---

[24] Hierzu *Nettesheim* JZ 2002, 928 (932 f. mwN); vgl. auch *Pötters/Traut* EuR 2011, 580 (583) zum Bestehen eines Kooperationsverhältnisses von BVerfG und EuGH; einen Überblick zum generellen Verhältnis der drei Schutzgerichte – BVerfG, EGMR und EuGH – bietet *Kirchhof* NJW 2011, 3681 ff.

[25] Hierzu näher *Nowak* in Nowak/Cremer S. 47 (50 f. mwN); *Classen* JZ 2006, 157 ff.

[26] Nach *Nowak* EuR 2000, 724 (725 f. mwN), verlangt „das auf die Herstellung von Stimmigkeit abzielende Kohärenzgebot, daß [...] die zentralen und dezentralen Rechtsschutzmöglichkeiten vor den Gemeinschaftsgerichten einerseits und den mitgliedstaatlichen Gerichten andererseits zwecks Gewährleistung effektiven gerichtlichen Rechtsschutzes aufeinander abzustimmen sind".

[27] Zu dieser Aufgabe der nationalen Gerichte im zweigleisigen Rechtsschutzsystem der Union in Abgrenzung zu den entspr. Zuständigkeiten des Gerichtshofs näher *Dörr* in Sodan/Ziekow, Nomos-Kommentar zur Verwaltungsgerichtsordnung, EL 11/1999 (eingestellt), EVR Rn. 352 ff. mwN; *Schmidt-Aßmann/Schenk* in Schoch/Schneider/Bier, 26. EL 2014, VwGO Einleitung Rn. 102 f., 108 ff.; vgl. *Haratsch* EuR-Beih. 3/2008, 81 (83), der von der doppelten „Indienstnahme" der mitgliedstaatlichen Gerichte spricht.

[28] Vgl. *Schwarze* in Schwarze EUV Art. 19 Rn. 4, 47 f.; *Pernice* EuR 2011, 151 (154); *Mayer* in GHN EUV Art. 19 Rn. 12; *Schröder* DÖV 2009, 61 (62 f.).

[29] *Nowak* EuR 2000, 724 (725); *Huber* in Streinz EUV Art. 19 Rn. 49 ff.

[30] Zur Aufgabe der deutschen Verwaltungsgerichte als europäische Gerichte näher *Zuleeg* JZ 1994, 1 (2 mwN); *Wegener* in Calliess/Ruffert AEUV Art. 267 Rn. 1, bezeichnet jedes mitgliedstaatliche Gericht als „Unionsgericht im funktionellen Sinne".

[31] *Burgi* S. 58; *Temple Lang* ELR 22 (1997), 3 ff.; *Lipp* NJW 2001, 2657 (2660); *Huber* in Streinz EUV Art. 19 Rn. 50.

natürliche Forum des Unionsrechts.[32] Die nationalen Richter fungieren insoweit als die „ordentlichen Richter des Unionsrechts".[33] Ihnen, den nationalen Richtern, obliegt die Durchsetzung und der Schutz fast aller individuellen Rechtspositionen, die im Unionsrecht ihre Grundlage haben.[34] Dies gilt insbesondere auch, wenn nationale Rechtsakte, die zur Durchführung bzw. Umsetzung unionaler Verordnungen, Richtlinien oder Entscheidungen erlassen worden sind, unter Berufung auf die behauptete Unionsgrundrechtswidrigkeit des jeweiligen Unionsrechtsaktes angegriffen werden. In diesem Fall haben die nationalen Gerichte, wenn sie die Rechtmäßigkeit des Unionsrechtsaktes bezweifeln, welcher der angegriffenen nationalen Maßnahme zugrunde liegt, die Möglichkeit bzw. die Pflicht, nach Art. 267 AEUV den EuGH anzurufen und diesem die Frage nach der Gültigkeit oder der Auslegung des betroffenen Unionsrechtsaktes zur Entscheidung vorzulegen.[35] Auf diesem Wege leisten sie über das **Vorabentscheidungsverfahren** einen wichtigen Beitrag nicht nur zum unionsrechtlich gebotenen effektiven Individualrechtsschutz und effektiven prozessualen Grundrechtsschutz, sondern auch zur Kontrolle der Rechtmäßigkeit und zur einheitlichen und effektiven Anwendung des Unionsrechts im gesamten Unionsgebiet.[36]

13 Demgegenüber leisten die **europäischen Gerichte EuGH und EuG** nach dem in den Unionsverträgen angelegten System der Unionsgerichtsbarkeit nur einen eng begrenzten Beitrag zum effektiven Individualrechtsschutz, weil der Zugang für Einzelne wie für Unternehmen zum zentralen europäischen Rechtsschutz nur in sehr begrenztem Maße eröffnet ist (→ Rn. 41 ff.). Im Mittelpunkt des zentralen Individualrechtsschutzes steht die **Nichtigkeits- oder Anfechtungsklage gemäß Art. 263 AEUV,** welche die Möglichkeit einer objektiven richterlichen Kontrolle der Handlungen und Rechtsakte der Unionsorgane bietet.[37] Daneben kommt den europäischen Gerichten EuGH und EuG aber die zentrale Rolle für objektive Rechtsschutzverfahren zwischen den Unionsorganen untereinander, zwischen den Unionsorganen und den Mitgliedstaaten oder zwischen Mitgliedstaaten untereinander zu, im Rahmen derer auch die Unionsgrundrechtswidrigkeit nationaler oder europäischer Maßnahmen geltend gemacht werden kann.[38]

---

[32] So *Tesauro* YEL 1993, 1 (16 f.); vgl. auch *Röben* S. 1.; vgl. auch *v. Danwitz* ZRP 2010, 143 (144), der die mitgliedstaatlichen Gerichte auch in Ansehung des Unionsrechts als die „erste Adresse" versteht.

[33] Anschaulich *Dauses* S. 44; *Kraus* EuR-Beih. 3/2008, 109 (112 f.) mit Verweis auf *Skouris* in Hilf/Kämmerer/König, Höchste Gerichte an ihren Grenzen, 2007, S. 37 f.

[34] Näher hierzu *Pache* S. 303 ff. mwN.

[35] Nach Art. 267 AEUV besteht eine Vorlagepflicht allein für letztinstanzliche nationale Gerichte; wegen der dem EuGH in Art. 263 AEUV zugewiesenen ausschließlichen Befugnis zur Nichtigerklärung von Unionsrecht ist eine Vorlage darüber hinaus jedoch immer dann erforderlich, wenn ein nationales Gericht Unionsrecht für ungültig hält, vgl. EuGH C-314/85, Slg. 1987, 4199 Rn. 15 – Foto-Frost; *Schwarze* in Schwarze AEUV Art. 267 Rn. 34 ff. mwN u. Rn. 49; *Nowak* in Nowak/Cremer S. 47 (50 f. mwN); *Classen* in HdB-EuropaR § 4 Rn. 75 f.; *Piekenbrock* EuR 2011, 317 (326 ff.).

[36] Vgl. *Schwarze* DVBl 2002, 1297 (1303); umfassend zur Bedeutung des Grundsatzes der einheitlichen Wirksamkeit des Unionsrechts für die europäische Integration, zu seinen philosophischen Grundlagen und seiner rechtlichen Tragweite sowie zur funktionalen Zuständigkeit des Gerichtshofs für die Entfaltung dieses Grundsatzes *Nettesheim* GS Grabitz, 1995, 447 (448 ff., 459 ff., 465 ff., jeweils mwN); kritisch hierzu *v. Danwitz* ZESAR 2008, 57 (62 ff.), der auf die Vorlagepraxis und Einflussnahme mitgliedstaatlicher Gerichte im Vorabentscheidungsverfahren hinweist.

[37] *Borchardt* in Lenz/Borchardt EU-Verträge AEUV Art. 263 Rn. 1; *Dörr* in GHN AEUV Art. 263 Rn. 1 ff.; *Cremer* in Calliess/Ruffert AEUV Art. 263 Rn. 1; da sie auf die Beseitigung einer bestimmten Maßnahme gerichtet ist und das stattgebende Urteil nicht nur eine „Nichtigkeit" feststellt, sondern die beanstandete Maßnahme *ex tunc* beseitigt, ist es zutreffender, von ihr als einer Anfechtungs- bzw. Aufhebungsklage zu sprechen, vgl. *Borchardt* in Lenz/Borchardt EU-Verträge AEUV Art. 263 Rn. 2; *Dörr* in GHN AEUV Art. 263 Rn. 3.

[38] Vgl. *Burgi* in RMG Rechtsschutz-HdB § 5 Rn. 1 ff.

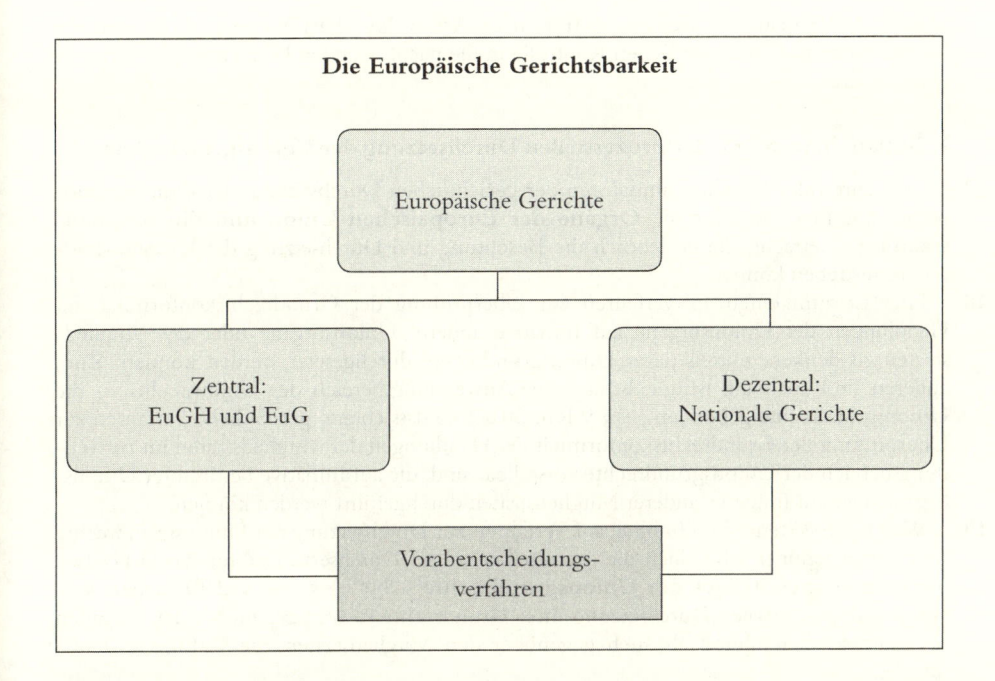

```
                    Die Europäische Gerichtsbarkeit

                         ┌─────────────────────┐
                         │ Europäische Gerichte │
                         └─────────────────────┘
                                  │
                 ┌────────────────┴────────────────┐
        ┌───────────────┐                  ┌───────────────────┐
        │   Zentral:    │                  │    Dezentral:     │
        │ EuGH und EuG  │                  │ Nationale Gerichte│
        └───────────────┘                  └───────────────────┘
                 │                                  │
                 └────────────┬─────────────────────┘
                     ┌─────────────────────┐
                     │ Vorabentscheidungs- │
                     │     verfahren       │
                     └─────────────────────┘
```

C. Das System prozessualer Durchsetzungsinstrumente für die Unionsgrundrechte

Gerichtlicher Grundrechtsschutz ist in unterschiedlicher Ausgestaltung vorstellbar: Er 14
kann durch auf die Wahrung des objektiven Rechts ausgerichtete gerichtliche Verfahren zur Durchsetzung der Unionsgrundrechte gewährleistet werden, also durch Verfahren, die die Unionsorgane iSd Art. 13 Abs. 1 EUV oder die Mitgliedstaaten im Falle der Verletzung von Unionsgrundrechten anstrengen können. Derartige **objektive Verfahren** zur Durchsetzung der Unionsgrundrechte sind im System der europäischen Gerichtsbarkeit auf der zentralen Ebene des prozessualen Grundrechtsschutzes vor dem EuGH angesiedelt.

Traditionell im Mittelpunkt der Überlegungen zur prozessualen Durchsetzung der 15
Grundrechte stehen demgegenüber **subjektivrechtlich ausgerichtete Verfahren,** mit denen Grundrechtsträger die Durchsetzung ihrer Grundrechtspositionen erreichen können. Solche individualschützenden Verfahren zur Durchsetzung der Unionsgrundrechte sind im System der europäischen Gerichtsbarkeit regelmäßig auf der dezentralen Ebene vor den nationalen Gerichten der Mitgliedstaaten und nur in begrenztem Umfang auf der zentralen Ebene des prozessualen Grundrechtsschutzes vor dem EuGH bzw. dem EuG angesiedelt.

Ergänzt werden kann dieses System des prozessualen Schutzes und der prozessualen 16
Durchsetzung der Grundrechte durch eine **externe Kontrolle,** wie sie für den nationalen Bereich etwa durch die Bindung der Vertragsstaaten der EMRK an deren materielle Garantien und durch die Möglichkeit der Kontrolle der Beachtung dieser Bindungen durch den EGMR bekannt ist. Angesichts der weitgehenden inhaltlichen Nähe der Garantiegehalte der Unionsgrundrechte, die mit der Charta der Grundrechte der Europäischen Union erstmals schriftlich niedergelegt und durch den Vertrag von Lissabon gemäß Art. 6 Abs. 1 S. 2 EUV als gleichrangiges Primärrecht verbindlich wurde, mit denjenigen der EMRK und angesichts der im Vertrag über die Europäische Union ausdrücklich angelegten Mög-

lichkeit des Beitritts der EU zur EMRK nach Art. 6 Abs. 2 EUV soll deshalb auch die Möglichkeit einer unionsexternen Kontrolle in die nachfolgenden Betrachtungen einbezogen werden.

I. Initiativberechtigte der prozessualen Durchsetzung der Unionsgrundrechte

17 Als Akteure oder Verfahrensinitiatoren der gerichtlichen Durchsetzung der Unionsgrundrechte kommen zunächst die **Organe der Europäischen Union und die Mitgliedstaaten** in Betracht, die gerichtlich die Beachtung und Durchsetzung der Unionsgrundrechte anstreben können.

18 Hier ist zum einen an Verfahren zur Überprüfung der Grundrechtskonformität der Handlungen der Unionsorgane auf Initiative anderer Unionsorgane oder der Mitgliedstaaten zu denken, mittels derer Unionsgrundrechte durchgesetzt werden können. Zum anderen sind auch die Mitgliedstaaten im Anwendungsbereich des Unionsrechts an die Unionsgrundrechte gebunden (→ § 9 Rn. 30 ff.), so dass ebenso gerichtliche Verfahren zur Überprüfung der Grundrechtskonformität der Handlungen der Mitgliedstaaten im Anwendungsbereich der Unionsgrundrechte vorstellbar sind, die auf Initiative bestimmter Unionsorgane oder auf Initiative anderer Mitgliedstaaten durchgeführt werden können.

19 Wichtigste Akteure im Hinblick auf Verfahren zur Durchsetzung der Unionsgrundrechte sind demgegenüber schließlich die unmittelbar an der Durchsetzung ihrer Rechtspositionen interessierten **Träger der Unionsgrundrechte** selbst (→ § 9 Rn. 2 ff.), denen Verfahren zur prozessualen Durchsetzung ihrer Grundrechte sowohl gegenüber den Organen der Europäischen Union als auch gegenüber den Mitgliedstaaten zur Verfügung stehen müssen.

II. Instrumente der prozessualen Durchsetzung der Unionsgrundrechte

20 Den unterschiedlichen Initiativberechtigten für eine prozessuale Durchsetzung der Unionsgrundrechte stehen auf den verschiedenen Ebenen der gerichtlichen Grundrechtsdurchsetzung **unterschiedliche Durchsetzungsinstrumente** zur Verfügung.

21 **1. Spezifische Grundrechtsbeschwerde.** Eine **spezifische Grundrechtsbeschwerde** oder ein sonstiges ausschließlich zur Geltendmachung einer Grundrechtsverletzung dienendes gerichtliches Verfahren existiert auf europäischer Ebene innerhalb des Rechtsschutzsystems der Europäischen Union nicht.[39] Vielmehr kann im Rahmen des zentralen europäischen Rechtsschutzes eine Grundrechtsverletzung lediglich im Wege der allgemeinen, nicht speziell auf Grundrechtsverletzungen ausgerichteten Rechtsschutzmöglichkeiten geltend gemacht werden.

22 Diese **Rechtslage wird seit langem kritisiert:** Bereits der *Tindemans*-Bericht über die Europäische Union aus dem Jahre 1975 hat die Einführung einer Individualbeschwerde gegen grundrechtsverletzende Handlungen der Unionsorgane vorgeschlagen,[40] seither sind entsprechende Forderungen mehrfach artikuliert worden.[41] Gerade im Kontext der Diskussionen um die europäische Grundrechtecharta und um den Verfassungsvertrag ist über die Notwendigkeit eines Europäischen Gerichtshofes für Grundrechtsfragen ebenso diskutiert worden wie über eine Verfassungs- oder Grundrechtsbeschwerde. Wenn auch die Probleme beim Individualrechtsschutz gerade gegen unionale Normativakte mittlerweile immer deutlicher erkannt werden (→ Rn. 41 ff.) und wenn auch verschiedene Vorzüge einer spezifischen Grundrechtsbeschwerde gegenüber der Geltendmachung der

---

[39] Zur Möglichkeit einer externen Kontrolle iRd Rechtsschutzsystems der EMRK → Rn. 38 ff.
[40] *Tindemans*-Bericht, Bulletin der EG, Beilage 1/1976, S. 1 (35).
[41] Einen Überblick über verschiedene Vorschläge für die Einführung einer Verfassungsbeschwerde auf (damaliger) Gemeinschaftsebene gibt *Rengeling* FS Everling Bd. II, 1995, 1187 (1190 ff. mwN); vgl. auch *Reich* ZRP 2000, 375 ff.; ablehnend, stattdessen mit Modifikationsvorschlägen hinsichtlich bestehender Verfahrensarten *Dauses* EuZW 2008, 449.

Grundrechtsverletzung im allgemeinen Rechtsschutzsystem durchaus erkennbar sind,[42] so wird sich in absehbarer Zeit am **Fehlen einer spezifischen europäischen Grundrechtsbeschwerde** nichts ändern: Im **Europäischen Verfassungskonvent** hatte sich der Arbeitskreis zum Gerichtshof bei seinen Überlegungen zur Ausweitung des Individualrechtsschutzes auch mit dem Vorschlag der Einführung einer speziellen Klage zur Verteidigung der Grundrechte befasst, diesen Vorschlag aber nicht aufgegriffen,[43] und ebenso ist die Arbeitsgruppe zu den Rechtsfragen der Einbeziehung der Grundrechtecharta in die Verfassung verfahren.[44] Nach dem Scheitern des Vertrags über eine Verfassung für Europa und dessen weitgehender inhaltlicher Übernahme in den am 1.12.2009 in Kraft getretenen Vertrag von Lissabon hat sich am Fehlen eines spezifischen Grundrechtsschutzverfahrens nichts geändert.[45] Entsprechend der Konzeption des EuGH zur Betonung des dezentralen Rechtsschutzes unter Beachtung der unionsrechtlichen Garantie effektiven gerichtlichen Rechtsschutzes,[46] dessen Anforderungen durch Art. 19 Abs. 1 UAbs. 2 EUV nochmals normativ verstärkt wurden,[47] verbleiben dem Rechtsschutzsuchenden regelmäßig nur die bestehenden Rechtsschutzverfahren der entsprechenden nationalen Gerichte.[48]

Auch auf der **dezentralen Ebene der Mitgliedstaaten** bestehen spezielle Verfahren zur Geltendmachung der Unionsrechtswidrigkeit nationaler oder europäischer Maßnahmen bislang nicht. In Deutschland etwa kann im Verfassungsbeschwerdeverfahren nach Art. 93 Abs. 1 Nr. 4a GG allein die Verletzung der Grundrechte oder grundrechtsgleichen Rechte des Grundgesetzes geltend gemacht werden. Die Rüge einer Verletzung der Grundrechte des europäischen Rechts ist demgegenüber in diesem Verfahren nicht möglich.[49] 23

2. Instrumente zur prozessualen Durchsetzung der Unionsgrundrechte auf der zentralen Ebene. a) Unionsorgane. Die Unionsorgane **Europäisches Parlament, Rat und Kommission** können die Gesetzgebungsakte sowie die Handlungen des Rates, der Kommission sowie der EZB, soweit es sich nicht um Empfehlungen oder Stellungnahmen handelt, die Handlungen des Europäischen Parlaments und des Europäischen Rates mit Rechtswirkung gegenüber Dritten sowie die Handlungen der Einrichtungen oder sonstigen Stellen der EU mit Rechtswirkung gegenüber Dritten im Wege der **Nichtigkeitsklage nach Art. 263 AEUV**[50] überprüfen lassen. 24

Diese Klagemöglichkeit setzt keine subjektive Rechtsverletzung oder individuelle Betroffenheit der vorstehend benannten **privilegierten Kläger** voraus, sondern stellt ein **objektives Rechtskontrollverfahren** dar. In diesem Verfahren kann auch die Grundrechtskonformität der jeweiligen Klagegegenstände überprüft und können damit Unionsgrundrechte durchgesetzt werden.[51] 25

---

[42] Ausführlich mit den Argumenten pro und contra Verfassungsbeschwerde auf (damaliger) Gemeinschaftsebene setzt sich *Rengeling* FS Everling Bd. II, 1995, 1187 (1192 ff. mwN) auseinander.
[43] Vgl. Europäischer Konvent, CONV 636/03 vom 25.3.2003, Rn. 19 f.
[44] Hierzu *Rengeling/Szczekalla* Grundrechte in der EU Rn. 543 mwN.
[45] An einer spezifischen Europäischen Grundrechtsbeschwerde wurde aufgrund tatbestandlicher Konturlosigkeit und des ungeklärten Verhältnisses zur Nichtigkeitsklage im Rahmen der europäischen Verfassungsdiskussion nicht weiter festgehalten, vgl. *Wegener* EuR-Beih. 3/2008, 45 (48).
[46] EuGH C-263/02 P, Slg. 2004, I-3425 Rn. 31 f. – Kommission/Jégo-Quéré; EuGH C-50/00 P, Slg. 2002, I-6677 Rn. 41 f. – Unión de Pequeños Agricultores/Rat; EuGH C-355/04 P, Slg. 2007, I-1657 Rn. 56 – Segi ua.
[47] *Huber* in Streinz EUV Art. 19 Rn. 51 f.
[48] Zum Rechtsschutzsystem des Einzelnen auf dezentraler Ebene → Rn. 34 ff.
[49] Vgl. *Bethge* in MSKB, Bundesverfassungsgerichtsgesetz, 54. EL 2018, BVerfGG § 13 Nr. 8a Rn. 26; vgl. zur Problematik bei der Rüge einer Verletzung der Grundrechte der EMRK *Pache* EuR 2004, 393 (398 ff.).
[50] Näher zu den Voraussetzungen und möglichen Gegenständen einer Nichtigkeitsklage nach Art. 263 Abs. 2 AEUV vgl. *Dörr* in GHN AEUV Art. 263 Rn. 7 ff.; *Ehricke* in Streinz AEUV Art. 263 Rn. 4 ff.; *Pechstein*, EU-Prozessrecht, Rn. 350 ff. u. 374 ff. jeweils mwN.
[51] Die Klagemöglichkeit von Rechnungshof, EZB und Ausschuss der Regionen nach Art. 263 Abs. 3 AEUV dient demgegenüber, einem Organstreitverfahren vergleichbar, der Wahrung der eigenen Rechte

26 Darüber hinaus kann die Kommission gemäß Art. 258 AEUV nach Durchführung des in der Vorschrift vorgesehenen Vorverfahrens im **Vertragsverletzungsverfahren**[52] eine Verletzung der Unionsgrundrechte durch die Mitgliedstaaten vor den EuGH bringen, soweit die Mitgliedstaaten an die Unionsgrundrechte gebunden sind (→ § 9 Rn. 30 ff.).

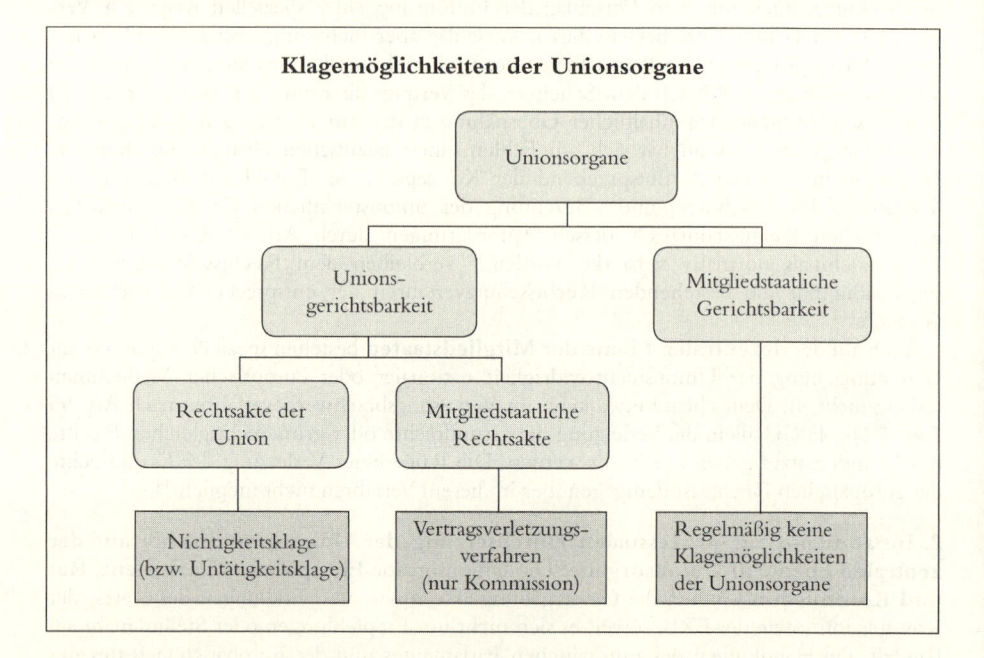

Klagemöglichkeiten der Unionsorgane

- Unionsorgane
  - Unionsgerichtsbarkeit
    - Rechtsakte der Union
      - Nichtigkeitsklage (bzw. Untätigkeitsklage)
    - Mitgliedstaatliche Rechtsakte
      - Vertragsverletzungsverfahren (nur Kommission)
  - Mitgliedstaatliche Gerichtsbarkeit
    - Regelmäßig keine Klagemöglichkeiten der Unionsorgane

27 b) **Mitgliedstaaten.** Die Mitgliedstaaten sind in gleicher Weise wie das Europäische Parlament, der Rat und die Kommission **privilegiert** zur Erhebung einer **Nichtigkeitsklage** nach Art. 263 Abs. 2 AEUV berechtigt und können auf diese Weise die Rechtswidrigkeit einer Handlung der von Art. 263 Abs. 1 AEUV erfassten Organe rügen. Diese Rechtswidrigkeit kann auch in der Unionsgrundrechtswidrigkeit der fraglichen Maßnahme bestehen.

28 Ebenso können die Mitgliedstaaten ein **Vertragsverletzungsverfahren** nach Art. 259 AEUV gegen einen anderen Mitgliedstaat initiieren und in diesem Verfahren die Verletzung von Unionsgrundrechten durch diesen Mitgliedstaat geltend machen. Angesichts der fortwährenden Auseinandersetzungen über das Ausmaß der Bindung der Mitgliedstaaten an die Unionsgrundrechte (→ § 9 Rn. 30 ff.) einerseits und angesichts der ausgeprägten Zurückhaltung vor dem Einsatz des Instrumentes des mitgliedstaatsinitiierten Vertragsverletzungsverfahrens andererseits dürfte es sich hierbei allerdings lediglich um eine theoretische Möglichkeit der prozessualen Durchsetzung der Unionsgrundrechte handeln.

---

dieser Einrichtungen und kann daher nicht unmittelbar als Instrument zur prozessualen Durchsetzung der Unionsgrundrechte eingeordnet werden, vgl. hierzu nur *Dörr* in GHN AEUV Art. 263 Rn. 17 ff.

[52] Vgl. zu den möglichen Gegenständen sowie zu den Verfahrensvoraussetzungen eines Vertragsverletzungsverfahrens näher *Karpenstein* in GHN AEUV Art. 258 Rn. 24 ff.; *Ehricke* in Streinz AEUV Art. 258 Rn. 5 ff.; *Pechstein*, EU-Prozessrecht, Rn. 252 ff. jeweils mwN.

```
┌─────────────────────────────────────────────────────────────┐
│              Klagemöglichkeiten der Mitgliedstaaten          │
│                                                              │
│                      ┌──────────────────┐                    │
│                      │  Mitgliedstaaten │                    │
│                      └────────┬─────────┘                    │
│              ┌────────────────┴────────────────┐             │
│     ┌────────┴─────────┐             ┌─────────┴────────┐   │
│     │     Unions-      │             │ Gerichtsbarkeit  │   │
│     │ gerichtsbarkeit  │             │ anderer          │   │
│     │                  │             │ Mitgliedstaaten  │   │
│     └────────┬─────────┘             └─────────┬────────┘   │
│       ┌──────┴──────┐                          │             │
│  ┌────┴─────┐  ┌────┴──────┐                   │             │
│  │Rechtsakte│  │Rechtsakte │                   │             │
│  │der Union │  │  anderer  │                   │             │
│  │          │  │Mitglied-  │                   │             │
│  │          │  │ staaten   │                   │             │
│  └────┬─────┘  └────┬──────┘                   │             │
│  ┌────┴─────┐  ┌────┴──────┐              ┌────┴────────┐   │
│  │Nichtig-  │  │Vertrags-  │              │    Keine    │   │
│  │keitsklage│  │verletzungs│              │ Klage-      │   │
│  │(bzw. Un- │  │verfahren  │              │ möglich-    │   │
│  │tätigkeits│  │           │              │ keiten      │   │
│  │klage)    │  │           │              │             │   │
│  └──────────┘  └───────────┘              └─────────────┘   │
└─────────────────────────────────────────────────────────────┘
```

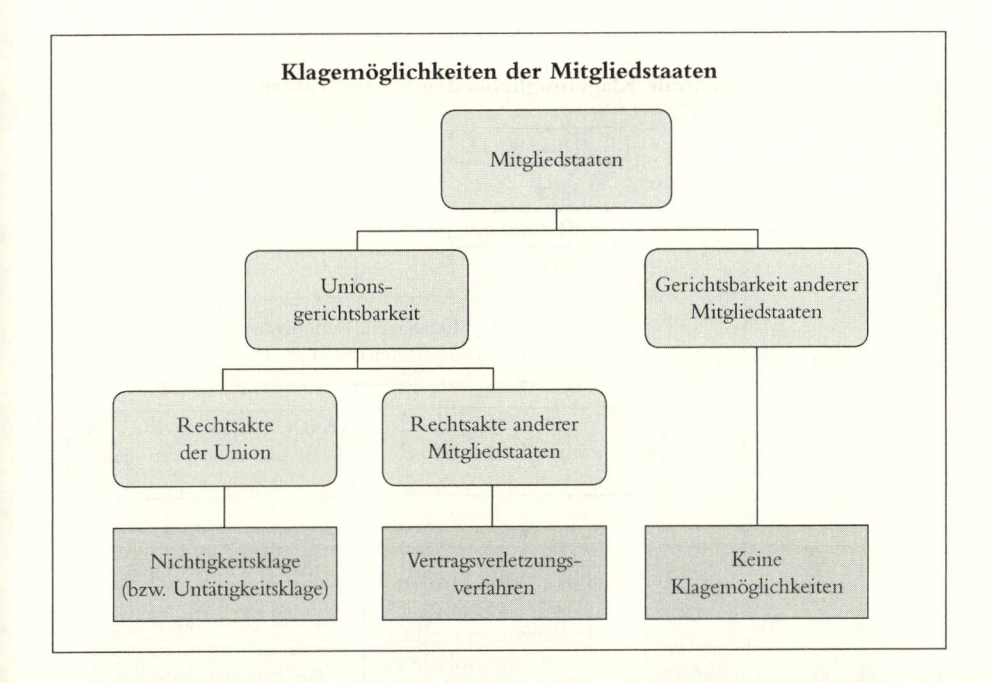

c) Einzelne. Der einzelne Grundrechtsträger kann nach **Art. 263 Abs. 4 AEUV** zur 29 Wahrung seiner Rechte ausschließlich gegen die an ihn gerichteten Handlungen der Unionsorgane klagen.[53] Eine Klagemöglichkeit gegen sonstige Unionsrechtsakte besteht dagegen nur, wenn es bei diesen um Handlungen geht, die den Einzelnen unmittelbar und individuell betreffen, oder um Rechtsakte mit Verordnungscharakter, die den Einzelnen unmittelbar betreffen und keine Durchführungsmaßnahmen nach sich ziehen. Hier liegt eines der zentralen Probleme der derzeitigen Ausgestaltung der prozessualen Instrumente zur Durchsetzung der Unionsgrundrechte, auf das nachfolgend noch einzugehen sein wird (→ Rn. 41 ff.).

Über diese begrenzte Möglichkeit der Nichtigkeitsklage hinaus kann nach **Art. 277** 30 **AEUV** der Einzelne als Partei eines Verfahrens vor dem EuGH gegen Normativakte inzident deren Grundrechtswidrigkeit und deren hieraus resultierende Unanwendbarkeit geltend machen.

---

[53] Ausführlich zu den Voraussetzungen einer Nichtigkeitsklage nach Art. 263 Abs. 4 AEUV jeweils mwN *Ehricke* in Streinz AEUV Art. 263 Rn. 39 ff.; *Dörr* in GHN AEUV Art. 263 Rn. 56 ff.; *Pechstein*, EU-Prozessrecht, Rn. 360 ff. u. 399 ff.; *Gündisch/Wienhues* S. 104 ff.

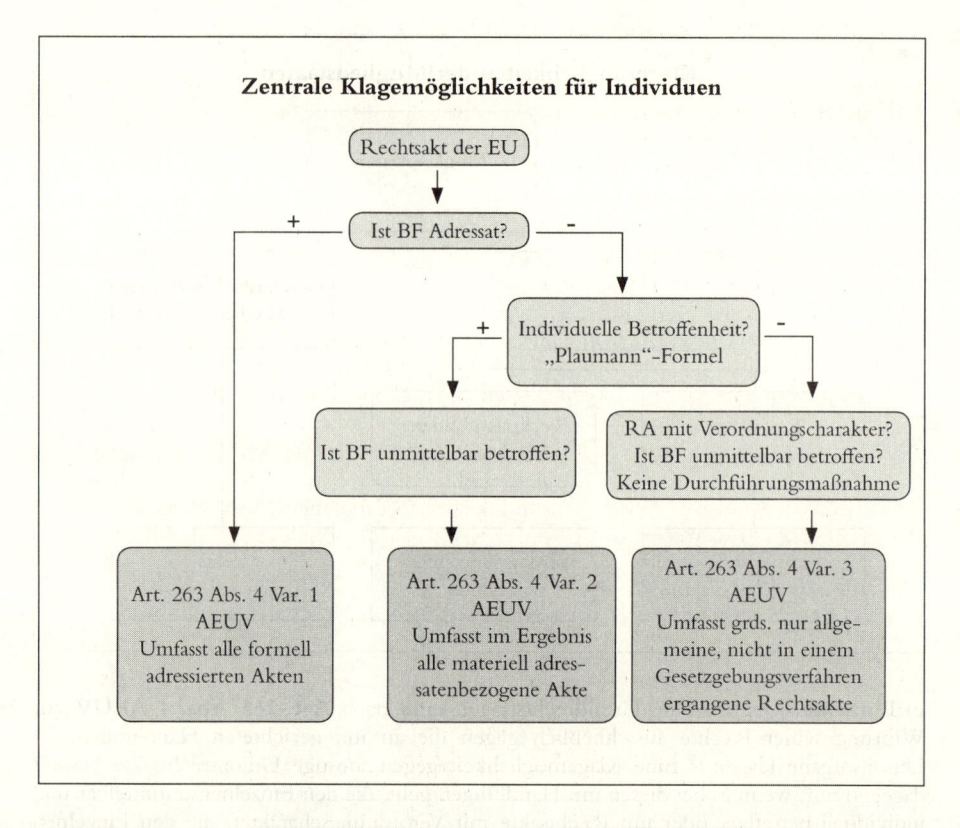

```
                    Zentrale Klagemöglichkeiten für Individuen

                              ┌─────────────────┐
                              │ Rechtsakt der EU │
                              └────────┬────────┘
                                       ▼
                         +    ┌─────────────────┐   −
                        ┌─────│ Ist BF Adressat?│──────┐
                        │     └─────────────────┘      │
                        │                              ▼
                        │              +     ┌──────────────────────┐   −
                        │             ┌──────│ Individuelle Betroffenheit? │──────┐
                        │             │      │   „Plaumann"-Formel  │      │
                        │             │      └──────────────────────┘      │
                        │             ▼                                    ▼
                        │   ┌──────────────────────┐      ┌──────────────────────────────┐
                        │   │ Ist BF unmittelbar   │      │ RA mit Verordnungscharakter? │
                        │   │     betroffen?       │      │ Ist BF unmittelbar betroffen?│
                        │   └──────────┬───────────┘      │  Keine Durchführungsmaßnahme │
                        │              │                  └──────────────┬───────────────┘
                        ▼              ▼                                 ▼
              ┌──────────────────┐ ┌──────────────────┐     ┌──────────────────────────┐
              │ Art. 263 Abs. 4  │ │ Art. 263 Abs. 4  │     │   Art. 263 Abs. 4 Var. 3 │
              │   Var. 1 AEUV    │ │   Var. 2 AEUV    │     │           AEUV           │
              │ Umfasst alle     │ │ Umfasst im Ergeb-│     │ Umfasst grds. nur allge- │
              │ formell adres-   │ │ nis alle materi- │     │ meine, nicht in einem    │
              │ sierten Akten    │ │ ell adressaten-  │     │ Gesetzgebungsverfahren   │
              │                  │ │ bezogene Akte    │     │ ergangene Rechtsakte     │
              └──────────────────┘ └──────────────────┘     └──────────────────────────┘
```

31 **3. Instrumente zur prozessualen Durchsetzung der Unionsgrundrechte auf der dezentralen Ebene.** Auf der dezentralen Ebene des Rechtsschutzes durch mitgliedstaatliche Gerichte sind verschiedene Instrumente zur prozessualen Durchsetzung der Unionsgrundrechte vorstellbarer. Reale Bedeutung kommt allerdings lediglich den prozessualen Instrumenten zu, die den Einzelnen zur Grundrechtsdurchsetzung zur Verfügung stehen.

32 **a) Unionsorgane.** Den Unionsorganen stehen **Klagerechte vor nationalen Gerichten** gegen nationale Maßnahmen der Mitgliedstaaten im Anwendungsbereich des Unionsrechts, bei denen die Unionsgrundrechte nicht beachtet worden sind, nicht zu. In dieser Situation kann nach dem Rechtsschutzsystem der Unionsverträge vielmehr die Kommission auf der zentralen Rechtsschutzebene im Wege der Einleitung eines Vertragsverletzungsverfahrens reagieren (→ Rn. 26).

33 **b) Mitgliedstaaten.** Die Mitgliedstaaten können vor nationalen Gerichten gegen nationale Maßnahmen anderer Mitgliedstaaten im Anwendungsbereich des Unionsrechts, bei denen die Unionsgrundrechte nicht beachtet worden sind, nicht vorgehen. Ihnen steht jedoch nach dem Rechtsschutzsystem der Unionsverträge auf der zentralen Ebene die Möglichkeit der Einleitung eines Vertragsverletzungsverfahrens gegen den anderen Mitgliedstaat zu (→ Rn. 28).

34 **c) Einzelne.** Der Einzelne ist für seine prozessualen Möglichkeiten zur Durchsetzung der Unionsgrundrechte ganz **entscheidend auf die Rechtsschutzmöglichkeiten vor den nationalen Gerichten angewiesen.** Nach dem Rechtsschutzsystem der Unionsverträge sollen die nationalen Gerichte dem Einzelnen den nach dem Grundsatz effektiven Rechtsschutzes erforderlichen gerichtlichen Rechtsschutz auch für seine grundrechtlich begründeten Rechtspositionen und damit auch für seine Unionsgrundrechte gewähren.

Daher kann der Einzelne vor den nationalen Gerichten die **Unionsgrundrechtswidrigkeit jeder nationalen Maßnahme** geltend machen, bei deren Erlass die Unionsgrundrechte zu beachten sind. 35

Im Rahmen von Verfahren gegen nationale Maßnahmen kann zugleich die **Unionsgrundrechtswidrigkeit der Unionsrechtsakte** geltend gemacht werden, auf denen die nationalen Maßnahmen beruhen. Diese Frage können die nationalen Gerichte im Wege des Vorabentscheidungsverfahrens im Zusammenwirken mit dem EuGH klären. 36

Problematisch ist, inwieweit der Einzelne vor nationalen Gerichten auch unmittelbar die Unionsgrundrechtswidrigkeit unionaler Normativakte geltend machen kann oder muss. Soweit ihm hierzu Klagemöglichkeiten unmittelbar vor dem EuGH bzw. dem EuG zustehen, ist der Einzelne nach dem System des Rechtsschutzes der Unionsverträge darauf verwiesen, diese Rechtsschutzmöglichkeiten auszuschöpfen. Soweit allerdings das Unionsrecht unmittelbare Klagemöglichkeiten auf europäischer Ebene gegen unionsrechtliche Normativakte nicht eröffnet, sind die Mitgliedstaaten nach Art. 19 Abs. 1 S. 2 EUV zur **Schaffung der erforderlichen Rechtsbehelfe** und die nationalen Gerichte nach Art. 4 Abs. 3 EUV zur Gewährleistung des unionsrechtlich gebotenen effektiven Rechtsschutzes verpflichtet. 37

Dezentrale Klagemöglichkeiten für Individuen

- Dezentraler Rechtsschutz für Individuen
  - Unmittelbarer Rechtsschutz
    - Mitgliedstaatliche Rechtsakte zur Durchführung von Unionsrecht (oder entspr. Unterlassen)
      - Anfechtungsklage oder Normenkontrolle (bzw. Verpflichtungs-/Leistungsklage)
  - Mittelbarer Rechtsschutz
    - Rechtsakte der Union, die nicht mit der Nichtigkeitsklage angreifbar sind
      - Festellungsklage mit dem Ziel der Herbeiführung eines Vorabentscheidungsverfahrens

4. Externe Kontrolle. Als weitere Möglichkeit kommt eine externe Kontrolle der Einhaltung der Unionsgrundrechte in Betracht, also eine Kontrolle außerhalb der nationalen Gerichtsbarkeit der Mitgliedstaaten und außerhalb der Rechtsschutzmöglichkeiten vor EuGH und EuG. 38

Bislang besteht eine derartige externe Kontrolle nicht. Insbesondere kann der **EGMR** ungeachtet vereinzelter Ansätze zur Erstreckung der Bindung der Konventionsstaaten der 39

EMRK auch auf deren unionales Handeln auf der Ebene der EU[54] bislang eine derartige externe Kontrolle der Beachtung der Unionsgrundrechte nicht leisten. Die Ursache hierfür besteht darin, dass der EGMR auf die Kontrolle der Beachtung der Grundrechte der EMRK begrenzt und die EU bislang nicht Vertragspartei der EMRK ist.

40 Wenn aber die EU auf der Grundlage des Vertrags über **die Europäische Union nach Art. 6 Abs. 2 EUV der EMRK beitreten** würde, wäre zumindest eine externe Kontrolle der Beachtung der Grundrechte der EMRK, die dann auch formal bindende Grundrechte für die EU darstellten, gewährleistet. Wegen der großen Bedeutung der Grundrechte der EMRK als Erkenntnisquellen für die Unionsgrundrechte sowie aufgrund der weitgehenden inhaltlichen Übereinstimmung mit den Unionsgrundrechten könnte so ein externes Instrument zur unmittelbaren Garantie der Beachtung der Grundrechte der EMRK und damit zur zumindest mittelbaren Durchsetzung der weitgehend inhaltsgleichen originären Unionsgrundrechte geschaffen werden. Nach dem negativen Gutachten des EuGH zu dem ausgehandelten Beitrittsabkommen für einen Beitritt der EU zur EMRK ist allerdings auch die Verwirklichung dieser begrenzten externen Kontrollmöglichkeiten jedenfalls kurzfristig kaum zu erwarten.[55]

D. Probleme bei der prozessualen Durchsetzung der Unionsgrundrechte

I. Individualrechtsschutz gegen normatives Unionshandeln

41 **Hauptkritikpunkt** am vorstehend geschilderten derzeitigen Rechts- und Grundrechtsschutzsystem auf Unionsebene ist der angeblich nach wie vor **unzureichende Individualrechtsschutz gegen normatives Unionshandeln** sowie gegen an andere Personen als den Rechtsschutzsuchenden adressierte Unionsrechtsakte. Mit dem Vertrag von Lissabon erfuhr die Regelung des EG-Vertrags über den Individualrechtsschutz gegen abgeleitetes Unionsrecht eine primärrechtliche Modifikation, die speziell den Absatz 4 des heutigen Art. 263 AEUV betrifft. Mit dieser haben die Mitgliedstaaten versucht, auf die anhaltende und weit verbreitete Kritik hinsichtlich des unzureichenden Individualrechtsschutzes vor dem EuGH nach Art. 230 Abs. 4 EGV-Nizza zu reagieren. *Arnull* sprach insoweit von einem „Schandfleck in der Landschaft des EU-Rechts",[56] *Calliess* von mangelnder Kohärenz und Konvergenz des europäischen Rechtsschutzsystems,[57] und die Arbeitsgruppe „Einbeziehung der Charta/Beitritt zur EMRK" des Europäischen Konvents stellte fest, dass es „angesichts der geltenden Bedingung der „direkten und individuellen Betroffenheit" gemäß Artikel 230 Abs. 4 EGV-Nizza und ihrer Auslegung in der ständigen Rechtsprechung gewisse Lücken beim Rechtsschutz geben kann, und zwar im speziellen Fall der Gemeinschaftsverordnungen mit unmittelbarer Wirkung *(self-executing)*".[58] Zwar wurde durch den Lissabonner Vertrag eine gewisse **Ausweitung des zentralen Individualrechtsschutzes gegen Unionsrechtsakte** vorgenommen: So spricht Art. 263 Abs. 1

---

[54] Hierzu etwa die Fälle EGMR 18.2.1999 – 24833/94, EuGRZ 1999, 200 – Matthews/Vereinigtes Königreich; EGMR 10.3.2004 – 56672/00, NJW 2004, 3617 – Senator Lines GmbH/15 EU-Staaten; näher *Ress* ZEuS 1999, 471 ff.; Grabenwarter/Pabel EMRK § 4 Rn. 5 f. mwN; vgl. zur unverändert fortbestehenden Bindung der EU-Mitgliedstaaten an die EMRK bei der Durchführung des Unionsrechts auch die Entscheidung des EGMR 30.6.2005 – 45036/98, NJW 2006, 197 – Bosphorus/Ireland.

[55] Ausführlicher zur Bedeutung der Beitrittsklausel des Art. 6 Abs. 2 EUV, zum negativen Gutachten des EuGH 2/13, ECLI:EU:C:2014:2454 – EMRK-Beitritt sowie zu den begrenzten kurzfristigen Beitrittsperspektiven *Kingreen* in Calliess/Ruffert EUV Art. 6 Rn. 19 ff. sowie *Wendel* NJW 2015, 921 ff.

[56] *Arnull* CMLR 2001, 7 (52).

[57] Vgl. insgesamt *Calliess* NJW 2002, 3577 (3582 mwN).

[58] So ausdrücklich der Schlussbericht der Gruppe II über die Charta, CONV 354/02 DE vom 22.10.2002, S. 15 f. mwN; vgl. zu den gerichtlichen und außergerichtlichen Rechtsbehelfen umfassend CONV 221/02 CONTRIB 76 von *Södermann*; speziell zu Art. 230 EGV CONV 45/02 CONTRIB 25 von *Farnleitner*, WD Nr. 17 *Meyer*, WD Nr. 20 von *Fayot* zum Vermerk des GA *Jacobs*, die Anhörungen von Richter *Skouris* (WD Nr. 19) und *Schoo* (WD Nr. 13); eine Zusammenfassung der Beratungen und ein Überblick über die Optionen ist in WD Nr. 21 des Vorsitzenden der Gruppe enthalten.

AEUV nicht mehr von Entscheidungen oder Beschlüssen, sondern nur noch von Handlungen, wodurch der Handlungsform als Abgrenzungs- und Unterscheidungskriterium für den Rechtsschutz eine Absage erteilt wurde. Weiterhin eröffnet Art. 263 Abs. 4 Var. 3 AEUV nun dem Einzelnen die Möglichkeit, gegen Rechtsakte mit Verordnungscharakter, die ihn unmittelbar betreffen und keine Durchführungsmaßnahme nach sich ziehen, Klage zu erheben, und sieht insoweit von dem bislang sehr eng verstandenen Erfordernis der individuellen Betroffenheit für jede Individualklage ab. Dennoch lässt die Neuregelung in Art. 263 Abs. 4 Var. 3 AEUV eine eindeutige Öffnung der Unionsgerichtsbarkeit für einen wesentlich erweiterten Individualrechtsschutz nicht klar erkennen; stattdessen sieht sich die Neuregelung aufgrund der terminologischen Unklarheit der vorgenommenen Änderungen einem heftigen Auslegungsstreit ausgesetzt.[59]

Im Gesamtsystem des europäischen Rechtsschutzes scheint in der Tat nach wie vor eine **Lücke** zu klaffen: Während die nationalen Gerichte nicht befugt sind, unionale Rechtsakte eigenständig und ohne Anrufung des EuGH im Vorabentscheidungsverfahren für ungültig zu erklären[60], sehen die Unionsverträge zentralen Individualrechtsschutz gegen europäische Rechtsakte, also direkten Rechtsschutz vor den Unionsgerichten unmittelbar gegen Handlungen der Unionsorgane, nur in begrenztem Umfang unter engen Voraussetzungen vor. Selbst wenn bestimmte unionsrechtliche Rechtsnormen des nationalen Vollzuges nicht bedürfen und keinerlei mitgliedstaatliche Umsetzungs- oder Durchführungsmaßnahmen nach sich ziehen[61], ist für den Einzelnen zentraler Rechtsschutz gegen diese seine Rechtslage unmittelbar verändernden europäischen Normen grundsätzlich nur bedingt eröffnet. 42

Nach dem **Wortlaut des Art. 263 Abs. 4 AEUV** kann jede natürliche oder juristische Person ausschließlich gegen die an sie gerichteten oder sie unmittelbar und individuell betreffenden Handlungen sowie gegen Rechtsakte mit Verordnungscharakter, die sie unmittelbar betreffen und keine Durchführungsmaßnahmen nach sich ziehen, Nichtigkeitsklage erheben. Vor dem EuGH bzw. zutreffender vor dem EuG angreifbar[62] sind für die nichtprivilegierten Kläger des Art. 263 Abs. 4 AEUV[63] damit ausschließlich bestimmte, im einzelnen bezeichnete Rechtsakte der Union – nämlich Handlungen sowie Rechtsakte mit Verordnungscharakter – bei Vorliegen bestimmter zusätzlicher enger Voraussetzungen: Bei **Handlungen** generell ist entweder erforderlich, dass diese **an den Kläger gerichtet** sind **oder** dass sie **ihn unmittelbar und individuell** betreffen. Darüber hinaus kann gegen **Rechtsakte mit Verordnungscharakter** geklagt werden, wenn sie den Kläger **unmittelbar betreffen** und **keine Durchführungsmaßnahmen** nach sich ziehen. In dieser letztgenannten Konstellation wird also vom Erfordernis einer individuellen Betroffenheit, die ansonsten bei nicht an den Kläger gerichteten Handlungen vorliegen muss und an der wegen der engen Auslegung des Begriffs durch den EuGH die meisten Individualklagen gegen EU-Rechtsakte scheitern, abgesehen. Unklar war allerdings zunächst – und ist teilweise immer noch –, was unter den in Art. 263 Abs. 4 Var. 3 AEUV erstmals terminologisch ins EU-Recht eingeführten Rechtsakten mit Verordnungscharakter zu verstehen ist (→ Rn. 56 ff.). 43

---

[59] Vgl. *Cremer* DÖV 2010, 58 (60); *Thiele* EuR 2010, 30 (39 f.); *Kotzur* EuR-Beih. 1/2012, 7 (17 f.).
[60] EuGH C-314/85, Slg. 1987, 4199 Rn. 15 – Foto-Frost.
[61] Zu entsprechenden realen Konstellationen vgl. etwa die den Entscheidungen *Jégo-Quéré* und *Unión de Pequeños Agricultores* zugrundeliegenden Sachverhalte, EuG T-177/01, Slg. 2002, II-2365 – Jégo-Quéré/Kommission und EuGH C-50/00 P, Slg. 2002, I-6677 – Unión de Pequeños Agricultores/Rat zusammengefasst etwa bei *Nettesheim* JZ 2002, 928 (931 f.) oder bei *Wölker* DÖV 2003, 570 (571).
[62] Für die Nichtigkeitsklagen nichtprivilegierter Kläger ist gemäß Art. 256 Abs. 1 AEUV iVm Art. 3 lit. c des Ratsbeschlusses 88/591/EGKS, EWG, Euratom grundsätzlich das EuG zuständig, das im Rechtsmittelverfahren der Kontrolle des EuGH unterliegt, vgl. mit genaueren Nachweisen zur Zuständigkeit des EuG für den zentralen Rechtsschutz *Nowak* in Nowak/Cremer S. 47 (50).
[63] Zu den drei Gruppen von Klageberechtigten nach Art. 263 AEUV – privilegierte, teilprivilegierte und nichtprivilegierte Kläger – vgl. *Dittert* EuR 2002, 708 (709); *Wölker* DÖV 2003, 570 (572 mwN); *Dörr* in GHN AEUV Art. 263 Rn. 51 ff.

44 Die **strikte Begrenzung der zentralen Individualklagemöglichkeiten** gegen Rechtsakte mit allgemeiner Geltung wurde ursprünglich mit dem schwierigen und durch komplexe politische Kompromisse geprägten Prozess europäischer Normsetzung im Ministerrat gerechtfertigt, der nicht durch systemfremde Individualklagen in Frage gestellt werden sollte.[64] Zusätzlich wurden und werden Gesichtspunkte der Rechtssicherheit, der Arbeitsüberlastung der europäischen Gerichte, der Funktionsfähigkeit und Akzeptanz der europäischen Normsetzung sowie insbesondere die Möglichkeit und Pflicht zur Gewährleistung dezentralen Rechtsschutzes durch die Gerichte der Mitgliedstaaten für die enge Begrenzung der zentralen Individualklagemöglichkeiten angeführt.[65]

45 1. Die Rechtsschutzvoraussetzungen des Art. 263 Abs. 4 Var. 1 AEUV. Nach Art. 263 Abs. 4 Var. 1 AEUV kann jede natürliche oder juristische Person Klage gegen die **an sie gerichteten Handlungen** erheben. Mit dieser Formulierung ist im AEUV die frühere, noch im EGV-Nizza vorgenommene sprachliche Begrenzung der zulässigen Klagegegenstände dieser ersten Individualklagevariante auf Entscheidungen nunmehr ausdrücklich aufgegeben und eröffnet eine Klagemöglichkeit für Individuen gegen jeden abgeleiteten Rechtsakt der EU, der an sie gerichtet ist und Rechtswirkungen entfaltet; inwieweit hierin tatsächlich-faktisch eine Ausweitung des Kreises der zulässigen Klagegegenstände gesehen werden kann, ist durchaus nicht eindeutig.[66] **Über den engen Wortlaut des alten Art. 230 Abs. 4 EGV-Nizza hinaus** hatte der EuGH den Kreis anfechtbarer Gemeinschaftsmaßnahmen im Laufe seiner Rechtsprechung auch auf bestimmte echte Verordnungen ausgedehnt.[67] Während bei wörtlicher Anwendung des Art. 230 Abs. 4 EGV-Nizza lediglich Entscheidungen (heute: Beschlüsse) Gegenstand der individuellen Nichtigkeitsklage sein konnten, nämlich offene oder in Gestalt einer Verordnung erlassene, in eine „Scheinverordnung" gekleidete Einzelfallentscheidungen,[68] eröffnete der EuGH sukzessive die Möglichkeit einer individuellen Nichtigkeitsklage auch gegen „echte" Verordnungen in bestimmten spezifischen Konstellationen. Die Unterscheidung zwischen den verschiedenen Rechtsaktstypen hat im Laufe der Rechtsprechung zunehmend an Bedeutung verloren, zentrales Kriterium für die Entscheidung über die Zulässigkeit der Nichtigkeitsklage eines nichtprivilegierten Klägers ist stattdessen immer mehr die unmittelbare und individuelle Betroffenheit des jeweiligen Klägers durch den angefochtenen Rechtsakt geworden.[69]

46 Mit der Neuregelung des Art. 263 Abs. 4 AEUV, der statt von „Entscheidungen" nur noch von „Handlungen" spricht, ist die ursprünglich im Wortlaut des Art. 230 Abs. 4 EGV-Nizza angelegte Unterscheidung obsolet geworden. Zentrales Abgrenzungskriterium zwischen erster und zweiter Variante des Art. 263 Abs. 4 AEUV stellt damit die **Adressateneigenschaft** dar, auf die es in der zweiten Variante gerade nicht ankommt. Erfasst sind nunmehr neben allen klassischen Handlungsformen iSd Art. 288 AEUV, also Verordnungen, Richtlinien und Beschlüssen, auch alle Handlungen der Organe mit Rechtswirkung nach außen, unabhängig von Rechtsnatur oder Form.[70] Ausgenommen bleiben lediglich

---

[64] Vgl. hierzu die Schlussanträge von GA *Jacobs*, SchlA C-50/00 P, Slg. 2002, I-6677 Rn. 76 mwN – Unión de Pequeños Agricultores/Rat, sowie *Nettesheim* JZ 2002, 928 (929 mwN).
[65] Zusammenfassend *Schwarze* DVBl 2002, 1297 (1308 f. mwN); vgl. auch zur Bestätigung und Konkretisierung der Pflicht zur Gewährleistung dezentralen Rechtsschutzes EuGH C-355/04 P, Slg. 2007, I-1657 Rn. 56 – Segi ua/Rat.
[66] Hierzu näher *Cremer* in Calliess/Ruffert AEUV Art. 263 Rn. 31 f.,
[67] Für einen Überblick über die Rechtsprechungsentwicklung und die anerkannten Fallgruppen vgl. *Nettesheim* JZ 2002, 928 (930 mwN), *Cremer* in Nowak/Cremer, S. 27 (29 ff. mwN).
[68] Deutlich unter Hinweis auf den klareren französischen Wortlaut der Vertragsbestimmung *Schwarze* DVBl 2002, 1297 (1300 mwN).
[69] Einen instruktiven Überblick über diese Entwicklung in der Rechtsprechung des EuGH und des EuG gibt *Nettesheim* JZ 2002, 928 (929 f. mwN); vgl. auch *Dittert* EuR 2002, 708 (709 ff. mwN); deutlich auch *Wölker* DÖV 2003, 570 (572): „Jedenfalls ist klar, dass die Natur der Rechtshandlung [...] – zu Recht – keine Rolle (mehr) spielt und es allein auf die unmittelbare und individuelle Betroffenheit des Klägers ankommt".
[70] Vgl. hierzu *Schwarze* in Schwarze AEUV Art. 263 Rn. 19 mwN.

die unverbindlichen Empfehlungen und Stellungnahmen.[71] Hierin eine allgemeine Ausweitung der Klagemöglichkeit Privater zu sehen, wäre jedoch voreilig, bleibt die Zulässigkeitsvoraussetzung der individuellen und unmittelbaren Betroffenheit eines Klägers, der nicht Adressat des angegriffenen Rechtsaktes ist, bei abstrakt-generellen Handlungsformen doch weiterhin nachzuweisen und verschiebt damit die Begrenzung der zentralen individuellen Rechtsschutzmöglichkeiten von der Ebene der zulässigen Klagegegenstände lediglich auf die Ebene der Klagebefugnis.[72]

2. Die Rechtsschutzvoraussetzungen des Art. 263 Abs. 4 Var. 2 AEUV. Wenn ein Kläger nicht im Sinne des Art. 263 Abs. 4 Var. 1 AEUV Adressat einer von ihm angegriffenen Handlung ist, ist die **grundlegende Zulässigkeitsvoraussetzung** für zentralen Individualrechtsschutz nach Art. 263 Abs. 4 Var. 2 AEUV gegen europäische Normativakte – neben der regelmäßig eher unproblematischen unmittelbaren Betroffenheit[73] – damit **die individuelle Betroffenheit des Klägers** durch den angefochtenen Unionsrechtsakt. Von dieser Variante sind nunmehr neben adressatenunabhängigen auch an Dritte gerichtete Rechtsakte umfasst.[74] Die individuelle Betroffenheit natürlicher und juristischer Personen prüft der EuGH in ständiger Rechtsprechung auch nach Neufassung des Art. 263 AEUV nach der so genannten *Plaumann*-Formel, nach der ein Kläger nur dann individuell betroffen ist, wenn der Unionsrechtsakt „ihn wegen bestimmter persönlicher Eigenschaften oder besonderer ihn aus dem Kreis aller übrigen Personen heraushebender Umstände berührt und ihn daher in ähnlicher Weise individualisiert wie den Adressaten einer Entscheidung".[75]

47

Diese engen Voraussetzungen für die individuelle Betroffenheit stehen in aller Regel der Zulässigkeit einer Individualklage gegen einen europäischen Normativakt entgegen, zumal es für die individuelle Betroffenheit gerade nicht ausreicht, wenn sich die Personen, für die eine Vorschrift gilt, der Zahl nach oder sogar namentlich bestimmen lassen, sofern nur feststeht, dass die Vorschrift nach ihrer Zweckbestimmung aufgrund eines durch sie festgelegten objektiven Tatbestands rechtlicher oder tatsächlicher Art anwendbar ist.[76] Allein **in wenigen konkreten Fallgruppen** – Verfahrensbeteiligung bestimmter Personen vor Erlass eines Rechtsaktes, Pflicht der Unionsorgane zur Berücksichtigung spezifischer Interessen, Intensität der Rechtsbeeinträchtigung[77] – hat die Rechtsprechung, von jeder konzeptionellen Dogmatik unberührt,[78] eine individuelle Betroffenheit im Sinne des Art. 230 Abs. 4 EGV-Nizza anerkannt. Ungeachtet der Neuschaffung der Variante 3 des Art. 263 Abs. 4 AEUV, nach der europäische Rechtsakte mit Verordnungscharakter unter bestimmten Voraussetzungen auch ohne individuelle Betroffenheit angefochten werden können, bleiben private Kläger jedenfalls dann, wenn die nachfolgend noch zu erörternden Voraussetzungen der Variante 3 (→ Rn. 56 ff.) nicht vorliegen, darauf verwiesen, weiterhin nach

48

---

[71] *Schwarze* in Schwarze AEUV Art. 288 Rn. 37.
[72] Vgl. *Thiele* EuR 2010, 30 (39 f.); *Frenz/Distelrath* NVwZ 2010, 162 (162 f.).
[73] Das Kriterium der unmittelbaren Betroffenheit wirft typischerweise keine besonderen Probleme auf und ist dann erfüllt, wenn der angefochtene Rechtsakt entweder keines weiteren unionalen oder nationalen Umsetzungsaktes bedarf oder wenn seine Durchführung ohne Ermessensspielraum der mit der Umsetzung betrauten Stelle erfolgt, vgl. zusammenfassend *Dittert* EuR 2002, 708 (709 mwN); *Braun/Kettner* DÖV 2003, 58 (59 mwN); *Cremer* in Calliess/Ruffert AEUV Art. 263 Rn. 36 ff.
[74] Vgl. *Dörr* in GHN AEUV Art. 263 Rn. 59; *Last* S. 174 ff.
[75] EuGH C-25/62, Slg. 1963, 217 (238) – Plaumann/Kommission; Bestätigung der *Plaumann*-Formel in EuGH C-583/11 P, ECLI:EU:C:2013:625 Rn. 70 ff. – Inuit Tapiriit Kanatami ua/Parlament und Rat; dass die Formel aus dem Jahr 1963 im Zuge der Vertragsänderungen keiner kritischen Prüfung unterzogen wurde, wird als überraschend gesehen, *Thiele* EuR 2010, 30 (41).
[76] Hierzu etwa *Wölker* DÖV 2003, 570 (571 f. mwN); *Lindner* NVwZ 2003, 569 ff. mwN; ausführlich *Dörr* in GHN AEUV Art. 263 Rn. 68 ff.
[77] Zu den verschiedenen in der Rechtsprechung anerkannten Fallgruppen individueller Betroffenheit, teils mit anderer Systematisierung, vgl. jeweils mwN *Nettesheim* JZ 2002, 928 (930); *Schwarze* DVBl 2002, 1297 (1301 f.); *Malferrari/Lerche* EWS 2003, 254 (255 ff.); *Wölker* DÖV 2003, 570 (572); *Dörr* in GHN AEUV Art. 263 Rn. 72 ff.
[78] *Calliess* NJW 2002, 3577 (3579 f. mwN).

Variante 2 die Nichtigkeitsklage zu erheben, womit die Zulässigkeit ihrer Klage von der Voraussetzung abhängig bleibt, dass sie individuell und unmittelbar betroffen sind.[79]

49   Die im Grundsatz eng ausgelegte Zulässigkeitsvoraussetzung der individuellen Betroffenheit hatte zur **Folge,** dass zentraler Rechtsschutz gegen europäische Rechtsakte allgemeiner Geltung bislang grundsätzlich – über die soeben angesprochenen Fallgruppen hinaus – durch den EuGH bzw. das EuG nicht gewährt worden ist. Im System arbeitsteiligen Rechtsschutzes europäischer und nationaler Gerichte sollte vielmehr die Pflicht zur Gewährung von Individualrechtsschutz gegen Rechtsakte allgemeiner Geltung den nationalen Gerichten obliegen[80] – ungeachtet des Umstandes, dass diese nationalen Gerichte ohne Anrufung des EuGH im Vorabentscheidungsverfahren nicht berechtigt sind, die Ungültigkeit der Rechtsakte festzustellen, für deren Überprüfung ihnen die Zuständigkeit zugewiesen wurde. Durch allgemeine Rechtsakte betroffene Einzelne oder Unternehmen mussten entweder abwarten, bis Verordnungen durch nationale Vollzugsakte auf sie angewendet wurden, oder sie mussten bei nicht vollzugsbedürftigen Verordnungen gegen die unmittelbar wirkenden unionsrechtlichen Verpflichtungen verstoßen, um anschließend gegen nationale Sanktionsmaßnahmen Rechtsschutz vor den nationalen Gerichten zu erhalten, innerhalb dessen dann die angebliche Rechtswidrigkeit des europäischen Normativaktes geltend gemacht werden konnte.[81]

50   Die **Kritik** an dieser Verweigerung individueller Klagemöglichkeiten gegen Normativakte auf der zentralen Ebene und damit am angeblich fehlenden europäischen Rechtsschutz gegen Rechtsnormen ist beinahe so alt wie der Gerichtshof selbst.[82] Sie kann zwar insoweit erstaunen, als auf nationaler Ebene in keinem Mitgliedstaat der EU ein voraussetzungsloser allgemeiner Rechtsbehelf gegen Gesetze existiert,[83] ist aber wohl dadurch zu erklären, dass die Normsetzung auf Unionsebene insbesondere im Binnenmarktbereich durch einen **hohen Anteil an Durchführungsverordnungen** der Kommission geprägt ist, die trotz ihres normativen Charakters häufig eher Einzelfragen regeln und nur einen begrenzten Personenkreis betreffen, der einerseits ein besonderes Rechtsschutzbedürfnis gegen den Normativakt besitzt, andererseits aber die Kriterien für eine individuelle Betroffenheit nach der Rechtsprechung des Gerichtshofes nicht erfüllt.

51   **3. Ansätze zur Ausweitung des Individualrechtsschutzes vor Lissabon.** Diese Rechtsschutzsituation schien nach jahrelanger Weigerung des EuGH, *de lege lata* eine Ausweitung der Klagebefugnis Einzelner gegen Normativakte vorzunehmen,[84] die etwa noch in der Entscheidung *Greenpeace* deutlich wurde,[85] in Bewegung zu geraten, als zunächst **GA Jacobs** in seinen Schlussanträgen in der Rs. *Unión de Pequeños Agricultuores (UPA)* auf der Grundlage einer ausführlichen und sorgfältigen Analyse der Rechtsschutzmöglichkeiten gegen europäische Normativakte zu dem Ergebnis kam, dass die bisherige Rechtsprechung des EuGH zum Kriterium der individuellen Betroffenheit mit dem Grundsatz des effektiven Rechtsschutzes nicht vereinbar und deshalb eine Änderung des

---

[79] *Schwarze* in Schwarze AEUV Art. 263 Rn. 49.
[80] Ausführlich hierzu *Harlow* YEL 1992, 213 (227 ff.); *Nettesheim* JZ 2002, 928 (929).
[81] Diese Notwendigkeit des Rechtsverstoßes zur Rechtsschutzerlangung für unzumutbar halten zutreffend *Nettesheim* JZ 2002, 928 (933) sowie GA *Jacobs*, SchlA C-50/00 P, Slg. 2002, I-6677 Rn. 43 – Unión de Pequeños Agricultores/Rat.
[82] Vgl. *Schwarze* DVBl 2002, 1297 (1308 mwN); aus der älteren Literatur vgl. zB *v. Simson* DVBl 1966, 653, sowie *Riese* EuR 1966, 24 (43); vgl. auch die Nachweise in den Schlussanträgen von GA *Jacobs*, SchlA C-50/00 P, Slg. 2002, I-6677 Rn. 2, dort Fn. 5 u. 6 – Unión de Pequeños Agricultores/Rat.
[83] *Schwarze* DVBl 2002, 1297 (1308), der darauf hinweist, dass auch in Deutschland der direkte fachgerichtliche Rechtsschutz auf untergesetzliche Rechtsnormen begrenzt ist und ansonsten der außerordentliche Rechtsbehelf der Verfassungsbeschwerde wegen der Zulässigkeitsvoraussetzungen der eigenen, gegenwärtigen und unmittelbaren Betroffenheit und wegen des Kriteriums der Subsidiarität nur unter sehr engen Voraussetzungen eröffnet ist.
[84] Zu den Forderungen nach einer Ausweitung der Klagebefugnis Einzelner und zu deren Verweigerung durch den EuGH näher *Nettesheim* JZ 2002, 928 (930 f. mwN).
[85] EuGH C-321/95 P, Slg. 1998, I-1651 – Greenpeace.

bisherigen Systems des individuellen Rechtsschutzes gegen normatives Gemeinschaftshandeln erforderlich sei.[86] Er schlug vor, generell die Anfechtbarkeit von Verordnungen vor den Gemeinschafts- bzw. Unionsgerichten zuzulassen, wenn ein Kläger durch eine Verordnung unmittelbar betroffen wird und diese Verordnung erhebliche nachteilige Auswirkungen auf seine Interessen hat oder haben wird.[87]

Noch ehe der EuGH in diesem Fall entscheiden konnte, hat das **EuG im Mai 2002 in der Rs.** *Jégo-Quéré*[88] unter ausdrücklicher Bezugnahme auf die Schlussanträge von GA *Jacobs* ebenfalls die bisherige enge Auslegung der individuellen Betroffenheit im Rahmen des Art. 230 Abs. 4 EGV-Nizza[89] aufgegeben. Das EuG hat ausdrücklich entschieden, dass die Klägerin unter Aufgabe der bisherigen, als zu eng einzuordnenden Rechtsprechung als „individuell betroffen" anzusehen sei, da die fragliche EG-Verordnung ihre Rechtsposition unzweifelhaft und gegenwärtig beeinträchtige, indem sie die Rechte der Klägerin einschränke bzw. ihr Pflichten auferlege. Die Zahl und die Lage anderer Personen, deren Rechtsposition ebenfalls beeinträchtigt werde, könnten insoweit keinen relevanten Gesichtspunkt darstellen.[90]

52

Die Ausgangslage für den EuGH bei seiner Entscheidung in der Rs. *Unión de Pequeños Agricultores* war also das gleichzeitige Bemühen nicht nur weiter Teile der europarechtlichen Literatur der letzten Jahrzehnte, sondern ebenso des zuständigen Generalanwaltes und des EuG um eine Ausweitung der Klagebefugnis Einzelner gegen europäische Rechtsnormen vor den europäischen Gerichten. Im Hinblick auf das Maß der geforderten Ausweitung lassen sich allerdings **Unterschiede zwischen den Ansätzen von GA** *Jacobs* **und des EuG** ausmachen: Während GA *Jacobs* über das von ihm geforderte Kriterium der „erheblichen nachteiligen Auswirkungen auf die Interessen des Klägers" der in Art. 230 Abs. 4 EGV-Nizza angelegten Begrenzung der Klageberechtigung jedenfalls im Grundsatz weiterhin Geltung verschaffen will,[91] hat das EuG mit der „unzweifelhaften und gegenwärtigen Beeinträchtigung durch Einschränkung von Rechten oder Auferlegung von Pflichten" das Erfordernis individueller Betroffenheit vollständig aufgegeben und das Verfahren des Art. 230 Abs. 4 EGV-Nizza letztlich für jeden durch eine europäische Rechtsnorm unmittelbar Betroffenen geöffnet.[92]

53

Der **EuGH** hat jedoch im **Urteil** *Unión de Pequeños Agricultores* im Juli 2002 keinen der verschiedenen für einen unmittelbaren Rechtsschutz Privater gegen europäische Normativakte vor den europäischen Gerichten verheißungsvollen Ansätze aufgegriffen. Vielmehr hat er seine bisherige Rechtsprechung zur Erforderlichkeit einer individuellen Betroffenheit im Sinne der *Plaumann*-Formel (→ Rn. 47) fortgeführt und – statt die geforderte Öffnung des Zugangs einzelner Kläger zu zentralem Rechtsschutz gegen europäische Normen vorzunehmen – erneut die geteilte Verantwortung der nationalen und der europäischen Gerichte für den nach dem EG-Vertrag gebotenen umfassenden Rechtsschutz betont und letztlich den Mitgliedstaaten und den mitgliedstaatlichen Gerichten weiterhin die Verantwortung für die Eröffnung eines effektiven Rechtsschutzes gegen gemeinschaftliche Normativakte zugewiesen.[93]

54

Zwar hat auch der EuGH eingeräumt, dass eine andere Zuständigkeitsverteilung zwischen nationalen und europäischen Gerichten vorstellbar ist, sich aber durch den nach

55

---

[86] GA *Jacobs*, SchlA C-50/00 P, Slg. 2002, I-6677 Rn. 36 ff. – Unión de Pequeños Agricultores/Rat.
[87] GA *Jacobs*, SchlA C-50/00 P, Slg. 2002, I-6677 Rn. 100 ff. – Unión de Pequeños Agricultores/Rat.
[88] EuG T-177/01, Slg. 2002, II-2365 – Jégo-Quéré/Kommission.
[89] Die Entscheidung der Ersten erweiterten Kammer erging nur vier Tage, nachdem die Zweite Kammer durch Beschluss eine Individualklage mangels individueller Betroffenheit für unzulässig erklärt hatte, vgl. EuG T-339/00, Slg. 2002, II-2287 – Bactria/Kommission, hierzu *Wölker* DÖV 2003, 570 (573 mwN).
[90] EuG T-177/01, Slg. 2002, II-2365 Rn. 51 – Jégo-Quéré/Kommission.
[91] Ebenso *Wölker* DÖV 2003, 570 (573 mwN); *Nettesheim* JZ 2002, 928 (932) kritisiert insbesondere die Unschärfe und die hieraus folgende Rechtsunsicherheit der von GA *Jacobs* vorgeschlagenen Zulässigkeitskriterien.
[92] Näher *Wölker* DÖV 2003, 570 (573 mwN); *Nettesheim* JZ 2002, 928 (932).
[93] EuGH C-50/00 P, Slg. 2002, I-6677 Rn. 34 ff. mwN – Unión de Pequeños Agricultores/Rat.

seiner Auffassung insoweit eindeutigen Wortlaut des Art. 230 Abs. 4 EGV-Nizza daran gehindert gesehen, diese selbst durch eine großzügigere Interpretation der Zulässigkeitsvoraussetzung der individuellen Betroffenheit herbeizuführen. Hierfür war nach seiner Auffassung eine Vertragsänderung nach Art. 48 EUV erforderlich.[94]

56 **4. Die Rechtsschutzvoraussetzungen des Art. 263 Abs. 4 Var. 3 AEUV.** Mit dem Inkrafttreten des Reformvertrags von Lissabon am 1. Dezember 2009 haben sich die Mitgliedstaaten nunmehr für eine solche **Vertragsänderung** entschieden und in diesem Zuge auch den Versuch unternommen, den zentralen Individualrechtsschutz zu erweitern. Nunmehr besteht – bei fehlender individueller Betroffenheit im Rahmen der Variante 2 des Art. 263 Abs. 4 AEUV – für natürliche und juristische Personen zusätzlich die Möglichkeit, gegen bestimmte Rechtsnormen vorzugehen, sofern sie unter Art. 263 Abs. 4 Var. 3 AEUV fallen. Entscheidend für die Zulässigkeit des zentralen Individualrechtsschutzes nach Art. 263 Abs. 4 Var. 3 AEUV gegen europäische Normvakte ist, dass es sich bei dem angegriffenen Normvakt um einen **„Rechtsakt mit Verordnungscharakter"** handelt. Ist dies der Fall, ist die Klage aber nur zulässig, soweit dieser Rechtsakt den Kläger unmittelbar betrifft und er **„keine Durchführungsmaßnahmen** nach sich zieht".

57 Diese Neuregelung wirft eine **Fülle von Einzelfragen** auf, von deren Beantwortung letztlich der Anwendungsbereich und die Auswirkungen der neuen Vorgaben des Art. 263 Abs. 4 Var. 3 AEUV und somit eine sinnvolle Beurteilung der Neuregelung abhängen: Problematisch ist insbesondere, welche Handlungen der Unionsorgane als Rechtsakte mit Verordnungscharakter im Sinne des Art. 263 Abs. 4 Var. 3 AEUV einzuordnen sind, da dieser Begriff im Unionsrecht ansonsten weder verwendet noch gar legaldefiniert wird, von seiner Auslegung allerdings der Umfang des nach Abs. 4 Var. 3 zu gewährenden Individualrechtsschutzes zentral abhängt. Darüber hinaus ist unklar, welche Maßnahmen Durchführungsmaßnahmen im Sinne der Norm sein sollen – etwa auch Sanktionen im Falle von Verstößen gegen die unmittelbar geltende unionsrechtliche Vorgabe? Über diese und zahlreiche weitere damit zusammenhängende Fragten besteht nach wie vor einige Unsicherheit, die es gerechtfertigt erscheinen lässt, sich näher mit der Entwicklung und dem Stand der Auslegung des Art. 263 Abs. 4 Var. 3 AEUV zu befassen.

58 **a) Formulierung im Rahmen des Verfassungsvertrags.** Die aktuelle Fassung des Art. 263 Abs. 4 Var. 3 AEUV ist unmittelbar aus dem gescheiterten Vertrag über eine Verfassung für Europa übernommen worden. Der Vertrag über eine Verfassung für Europa sah ausdrücklich eine Erweiterung der Zugangsmöglichkeiten nichtprivilegierter Kläger zu den europäischen Gerichten vor. **Art. III-365 Abs. 4 VVE** lautete: „Jede natürliche oder juristische Person kann unter den gleichen Voraussetzungen gegen die an sie ergangenen oder sie unmittelbar und individuell betreffenden Handlungen *sowie gegen Rechtsakte mit Verordnungscharakter, die sie unmittelbar betreffen und keine Durchführungsmaßnahmen nach sich ziehen,* Klage erheben".[95] Durch die ausdrückliche **Aufnahme von Rechtsakten mit Verordnungscharakter als zulässige Klagegegenstände** der Nichtigkeitsklage in Art. III-365 Abs. 4 VVE und durch die gleichzeitige Aufgabe der Anforderung einer individuellen Betroffenheit bei diesen Klagegegenständen sollte die bisherige Rechtsprechung des Gerichtshofs zur individuellen Betroffenheit bei Normvakten im Rahmen des bisherigen Art. 230 Abs. 4 EGV teilweise obsolet werden.[96] Es sollte ausdrücklich klargestellt werden, dass auch Rechtsakte mit Verordnungscharakter von Einzelnen mit der

---

[94] EuGH C-50/00 P, Slg. 2002, I-6677 Rn. 45 – Unión de Pequeños Agricultores/Rat.
[95] Hervorhebungen hinzugefügt; die Ersetzung des Begriffs „Entscheidung", der im früheren Art. 230 Abs. 4 EGV verwendet wurde, durch denjenigen der „Handlung" kann nicht als Erweiterung der Individualrechtsschutz- und damit der Grundrechtsschutzmöglichkeiten des Einzelnen verstanden werden, hierzu näher bereits *W. Cremer* EuGRZ 2004, 577 (578 mwN).
[96] Dies galt jedoch nicht hinsichtlich der Voraussetzungen der 2. Alternative des geplanten Art. III-365 Abs. 4 VVE, also der eine Person unmittelbar und individuell betreffenden Handlungen vgl. hierzu *W. Cremer* EuGRZ 2004, 577 (578 f.).

Nichtigkeitsklage angegriffen werden können und dass in diesem Fall eine individuelle Betroffenheit im Sinne der bisherigen Rechtsprechung nicht erforderlich sein sollte.

Allerdings ist deutlich darauf hinzuweisen, dass der Begriff der Rechtsakte mit Verord- 59 nungscharakter im Kontext des Verfassungsvertrages keineswegs mit den bisherigen Verordnungen im Sinne des EGV gleichzusetzen sein sollte. Vielmehr sollte die **neue Typologie der Rechtsakte** gemäß Art. I-33 ff. VVE maßgeblich sein, innerhalb derer zwischen Rechtsakten mit Gesetzescharakter und Rechtsakten ohne Gesetzescharakter differenziert wurde und bei der lediglich Rechtsakte ohne Gesetzescharakter, also Europäische Verordnungen und Europäische Beschlüsse im Sinne des Art. I-33 VVE, als Rechtsakte mit Verordnungscharakter im Sinne des Art. III-365 Abs. 4 VVE anzusehen waren.[97] Damit sollte sich der Rechtsschutz des Einzelnen und damit auch der Grundrechtsschutz des Einzelnen gegen Europäische Gesetze und Europäische Rahmengesetze künftig nach Art. III-365 Abs. 4 Alt. 2 VVE richten und weiterhin von der unmittelbaren und individuellen Betroffenheit im Sinne der *Plaumann*-Formel abhängig sein; Art. II-365 Abs. 4 Alt. 3 VVE sollte demgegenüber primär für Europäische Verordnungen einschlägig sein.

Fraglich erschien allerdings von Anfang an, ob die Zulässigkeitsvoraussetzung der un- 60 mittelbaren Betroffenheit sowie das Fehlen nationaler Durchführungsmaßnahmen hinreichende **Rechtsklarheit bei der Zuständigkeitsabgrenzung** zwischen zentralem und dezentralem Individualrechtsschutz bewirken könnte. Durch Art. III-365 Abs. 4 Alt. 3 VVE wurde die grundsätzliche Zuständigkeit der nationalen Gerichte für den Individualrechtsschutz gegen Rechtsakte mit Verordnungscharakter beibehalten, wenn und soweit diese „Durchführungsmaßnahmen nach sich ziehen". In diesem Fall, also bei nationalen Durchführungsmaßnahmen, sollte weiterhin Grundrechtsschutz im Rahmen des nationalen Rechtsschutzes gegen die Durchführungsmaßnahmen über das Vorabentscheidungsverfahren erfolgen – mit den bereits mehrfach angesprochenen Schwierigkeiten. Allein bei Rechtsakten mit Verordnungscharakter ohne Durchführungsmaßnahmen sollte nach dem Verfassungsentwurf die individuelle Nichtigkeitsklage nach Art. III-365 Abs. 4 Alt. 3 VVE eröffnet sein – mit vielen erst noch zu klärenden Detailfragen: Sollen auch nationale Sanktionsmaßnahmen im Falle eines Verstoßes „Durchführungsmaßnahmen" im Sinne des Art. III-365 Abs. 4 VVE darstellen, die den zentralen Rechtsschutz ausschließen? Soll bei Rechtsakten mit Verordnungscharakter ohne Durchführungsmaßnahmen tatsächlich jeder unmittelbar Betroffene, ohne zumindest in qualifizierten Interessen oder möglicherweise sogar eigenen Rechten betroffen oder verletzt zu sein, zur Inanspruchnahme zentralen Rechtsschutzes berechtigt sein? Und ist es wirklich sinnvoll, den zulässigen Klagegegenstand der Individualklage nach Art. III-365 Abs. 4 VVE auf Rechtsakte mit Verordnungscharakter im oben dargestellten Sinne zu begrenzen, oder sollten im Sinne eines effektiven Gemeinschaftsgrundrechtsschutzes die individuellen Klagemöglichkeiten des Art. III-365 Abs. 4 Alt. 3 VVE nicht auch auf Rechtsakte mit Gesetzescharakter ausgedehnt werden?

b) Begriff der Rechtsakte mit Verordnungscharakter in der Literatur. Welche 61 Rechtsakte iSd Art. 288 AEUV von der nunmehr aktuellen Neuregelung des Art. 263 Abs. 4 Var. 3 AEUV, die wesentlich von den im Vorfeld des Verfassungskonvents geführten Debatten um eine Ausweitung der individuellen Klagemöglichkeit gegen Normativakte geprägt ist,[98] umfasst sind und ob auch Verordnungen im Sinne der Rechtsaktstypologie des Art. 288 AEUV darunter zu fassen sind, lässt sich dem Wortlaut nicht ohne Weiteres entnehmen. Mit der Neuregelung könnte nunmehr die Möglichkeit geschaffen worden sein, dass natürlichen und juristischen Personen auch gegen adressatenlose Rechtshandlungen und damit vor allem auch gegen abstrakt-generelle Rechtsakte zentraler Rechtsschutz vor Unionsgerichten zusteht. Weder EUV noch AEUV verweisen an anderer Stelle auf „Rechtsakte mit Verordnungscharakter" als begriffliche Kategorie von Rechtsakten. Demnach erscheint es durchaus möglich, den Anwendungsbereich für Rechtsakte mit

---

[97] Hierzu auch *W. Cremer* EuGRZ 2004, 577 (579 ff. mwN).
[98] Vgl. Europäischer Konvent, CONV 636/03 vom 25.3.2003, Rn. 17 ff.

Verordnungscharakter weiter zu fassen als denjenigen der Verordnungen iSd Art. 288 Abs. 2 AEUV. Weitgehender Konsens besteht dahingehend, dass unter den Begriff der Rechtsakte mit Verordnungscharakter sowohl Beschlüsse als auch Richtlinien zu fassen sind.[99] Fraglich ist dagegen, ob auch Verordnungen vom Tatbestand „Rechtsakte mit Verordnungscharakter" umfasst sind. Mangels eines eindeutigen primärrechtlichen Bezugspunktes haben sich im Schrifttum zwei gegensätzliche Auslegungsansätze herausgebildet.

62 So vertritt eine weit verbreitete Auffassung im Schrifttum, dass nur solche Rechtsakte den „Verordnungscharakter" im Sinne von Art. 263 Abs. 4 Var. 3 AEUV besitzen, die gerade **keine Gesetzgebungsakte** nach Art. 289 Abs. 3 AEUV darstellen.[100] Nach diesem Ansatz findet Art. 263 Abs. 4 Var. 3 AEUV auf Normativakte der Union und damit auf Verordnungen keine Anwendung. Dreh- und Angelpunkt für die Einordnung als „Rechtsakt mit Verordnungscharakter" soll nach dieser Ansicht grundsätzlich sein, ob ein Rechtsakt im Gesetzgebungsverfahren erlassen worden ist und Gesetzescharakter besitzt oder nicht. Mit Bezugnahme auf den historischen Kontext der Norm soll nur gegen untergesetzliche Rechtsakte erleichterter Rechtsschutz für Private gewährt werden.[101] Hierzu wird zum einen angeführt, dass der Wortlaut des Art. 263 Abs. 4 Var. 3 AEUV gerade identisch aus Art. III-365 Abs. 4 VVE des gescheiterten Verfassungsvertrags transferiert wurde, der keinen erschöpfenden Rechtsschutz Privater auf zentraler Ebene gewähren sollte.[102] Zum anderen wird vorgebracht, dass der Verfassungsvertrag lediglich Europäischen Verordnungen und Beschlüssen ohne Gesetzescharakter einen „Verordnungscharakter" zuwies und somit durch die Übernahme der durch den Verfassungsvertrag eingeführten Unterscheidung zwischen Gesetzgebungsakten und Rechtsakten ohne Gesetzescharakter in den Vertrag von Lissabon gerade auch für Art. 263 Abs. 4 Var. 3 AEUV gilt, dass „Rechtsakte mit Verordnungscharakter" nur untergesetzliche Rechtsakte sein können.[103] Nach dieser Auffassung unterliegen Kläger bei Verordnungen, die im Gesetzgebungsverfahren ergangen sind, weiterhin dem Erfordernis der durch die *Plaumann*-Formel definierten individuellen Betroffenheit im Anwendungsbereich des Art. 263 Abs. 4 Var. 2 AEUV.

63 Andere Stimmen halten eine Anknüpfung an den Verfassungsvertrag für konstruiert.[104] Ausgangspunkt für eine tragfähige und fundierte Begriffsbestimmung des Art. 263 Abs. 4 Var. 3 AEUV könne nur der AEUV selbst sein.[105] Die vertretene Gleichsetzung mit Rechts-

---

[99] *Frenz/Distelrath* NVwZ 2010, 162 (165); *Everling* EuZW 2010, 572 (575); anders hingegen *Dörr* in GHN AEUV Art. 263 Rn. 82 und *Cremer* in Calliess/Ruffert AEUV Art. 263 Rn. 62 ff.; Streinz/Ohler/Herrmann Vertrag Lissabon S. 117, die nur Richtlinien und Beschlüsse ohne Gesetzescharakter gelten lassen; *Kokott/Dervisopoulos/Henze* EuGRZ 2008, 10 (14) fassen Richtlinien nicht unter den Begriff „Rechtsakte mit Verordnungscharakter"; ausführlich zu Beschlüssen und Richtlinien *Cremer* EuGRZ 2004, 577 (579 ff.); *Cremer* DÖV 2010, 58 (60 ff.).

[100] Vgl. *Cremer* DÖV 2010, 58 (60 ff.); *Herrmann* NVwZ 2011, 1352 (1353 ff.); *Pötters/Werkmeister/Traut* EuR 2012, 546 (549 ff.); *Ehricke* in Streinz AEUV Art. 263 Rn. 53 ff.; *Dörr* in GHN AEUV Art. 263 Rn. 81 f. mwN; *Cremer* in Calliess/Ruffert AEUV Art. 263 Rn. 67 f.; *Thiele* EuR 2010, 30 (43 f.); *Schröder* DÖV 2009, 61 (63 f.); *Hatje/Kindt* NJW 2008, 1761 (1767); Streinz/Ohler/Herrmann Vertrag Lissabon S. 116 f.; *Ehlers* in Ehlers/Schoch, Rechtsschutz im öffentlichen Recht, 1. Aufl. 2009, § 8 Rn. 41; *Classen* in Oppermann/Classen/Nettesheim EuropaR § 13 Rn. 63; *Classen* in HdB-EuropaR § 4 Rn. 28; im Ergebnis wohl auch *Last* S. 155 f.; *Streinz* EuropaR Rn. 655; *Dervisopoulos* in RMG Rechtsschutz-HdB § 7 Rn. 82 ff.

[101] So stelle der gescheiterte Verfassungsvertrag, der zum einen gem. Art. I-34 VVE nach Rechtshandlungen mit Gesetzgebungscharakter in Form von „Europäischen Gesetzen" bzw. „Europäischen Rahmengesetzen", zum anderen gem. Art. I-35 VVE nach untergesetzlichen Rechtshandlungen in Form von „Europäischen Verordnungen" differenzierte, den entsprechenden Bezugsrahmen für Art. 263 Abs. 4 Var. 3 AEUV dar, vgl. Streinz/Ohler/Herrmann Vertrag Lissabon S. 116; vgl. *Everling* EuZW 2010, 572 (573 f.).

[102] Vgl. *Mayer* DVBl 2004, 606 (610 f.); *Dörr* in GHN AEUV Art. 263 Rn. 81.

[103] Vgl. *Dörr* in GHN AEUV Art. 263 Rn. 81 f.; *Schröder* DÖV 2009, 61 (63 f.); *Thiele* EuR 2010, 30 (43 f.); *Cremer* in Calliess/Ruffert AEUV Art. 263 Rn. 64 ff.; Streinz/Ohler/Herrmann Vertrag Lissabon S. 116 f., die für ihre restriktive Auslegung zudem auf das fehlende Mandat der Regierungskonferenz 2007 verweisen.

[104] Ebenso *Görlitz/Kubicki* EuZW 2011, 248 (250); *Pechstein*, EU-Prozessrecht, Rn. 423; *Everling* EuZW 2010, 572 (574 f.).

[105] So auch *Pechstein*, EU-Prozessrecht, Rn. 423.

akten ohne Gesetzescharakter erscheine vor dem Hintergrund der Diskussionen des eingesetzten Konvents über die später nicht übernommenen, jedoch zur Wahl stehenden Formulierungen „Rechtsakte allgemeiner Geltung" bzw. „Rechtsakte ohne Gesetzgebungscharakter" im Rahmen des Änderungsvorschlags zu Art. 230 Abs. 4 EGV-Nizza[106] wenig schlüssig, zumal in Art. 290 Abs. 1 AEUV eine dieser Formulierungen Einzug fand.[107] Mangels Einigung aller Parteien im Rahmen der Konventsdiskussionen habe sich letztlich bewusst ein Konsens nur hinsichtlich der offenen und auslegungsbedürftigen Formulierung „Rechtsakte mit Verordnungscharakter" herausgebildet, die gerade keiner bekannten Handlungsform zuzuordnen sein sollten.[108] Demgegenüber wird teilweise in einer am Wortlaut orientierten und vom *effet-utile*-Grundsatz geleiteten Auslegung **auch Gesetzgebungsakten der „Verordnungscharakter" zugesprochen,** wenn diese unmittelbare Wirkung entfalten, so dass alle Verordnungen hiervon umfasst wären.[109] Rein begrifflich liegt durchaus nahe, Verordnungen generell unter den Tatbestand „Rechtsakte mit Verordnungscharakter" zu subsumieren.[110] Zudem wird man unter Zuhilfenahme der anderen Sprachfassungen des AEU-Vertrages,[111] die zumeist keine begriffliche Parallele zwischen dem Verordnungsbegriff iSd Art. 288 Abs. 2 AEUV und dem Wortlaut in Art. 263 Abs. 4 Var. 3 AEUV aufweisen, eine autonome Begriffsbestimmung folgern und demnach eine Gleichsetzung mit Rechtsakten ohne Gesetzescharakter verneinen müssen.[112] Gestützt wird diese Auslegung im Übrigen durch das vom EuGH in der Rs. *Conféderation nationale* bestätigte deckungsgleiche Verständnis des Begriffs „Verordnungscharakter" mit „normativem Charakter".[113] Durch Wegfall der sich auf der Grundlage des Verfassungsvertrages entsprechenden Begriffskategorien „Rechtsakte mit Verordnungscharakter" mit der untergesetzlichen „Europäischen Verordnung" iSd Art. I-33 Abs. 1 UAbs. 4 VVE und der nun durch den Reformvertrag niedergelegten Definition der Verordnung nach Art. 288 Abs. 2 AEUV als allgemein verbindlicher Rechtsakt hat sich der Bedeutungsrahmen der „Rechtsakte mit Verordnungscharakter" zwangsläufig geändert.[114] Die im Rahmen der Ausgestaltung des Reformvertrags mögliche Änderung der Terminologie des Art. 263 Abs. 4 Var. 3 AEUV hin zur Formulierung „delegierte Rechtsakte" oder „Rechtsakte ohne Gesetzgebungscharakter" wurde offenkundig vermieden.[115]

Diese Auslegung besitzt vor dem Hintergrund von Sinn und Zweck der Neuregelung **64** durchaus eine gewisse Berechtigung. Mit ihr könnte jedenfalls den in den Rechtssachen *Unión de Pequeños Agricultores*[116] und *Jégo-Quéré*[117] aufgezeigten Rechtsschutzlücken von

---

[106] Europäischer Konvent, CONV 636/03 vom 25.3.2003, Rn. 19 f.; vgl. auch die ausführliche Darstellung durch *Kottmann* ZaöRV 2010, 547 (559 f.).
[107] Vgl. auch *Everling* EuZW 2010, 572 (574 f.); *Kottmann* ZaöRV 2010, 547 (559 f.); anders hingegen *Cremer* DÖV 2010, 58 (63), der darin eine Bestätigung zur restriktiven Auslegung und damit zur Gleichsetzung mit Rechtsakten ohne Gesetzescharakter sieht.
[108] Vgl. auch *Bast* in v. Bogdandy/Bast Europ. VerfassungsR S. 556 mwN.
[109] *Everling* EuR-Beih. 1/2009, 71 (74); *Frenz/Distelrath* NVwZ 2010, 162 (165); *Everling* EuZW 2010, 572 (575); im Ergebnis auch *Bast* in v. Bogdandy/Bast Europ. VerfassungsR S. 556 f.; *Frenz*, HdbEuR Bd. 5, Rn. 2934 mit weiteren Anmerkungen in Fn. 314; *Pernice* EuR 2011, 151 (151); *Pechstein*, EU-Prozessrecht, Rn. 429; *Rabe* NJW 2007, 3153 (3157); *Dougan* CMLR 2008, 617 (678 f.).
[110] So auch *Everling* EuR-Beih. 1/2009, 71 (74), der gestützt auf den „eindeutigen" Wortlaut des Art. 263 Abs. 4 AEUV argumentiert, dass unter „Rechtsakte mit Verordnungscharakter" erst recht Verordnungen selbst zu subsumieren seien; *Everling* EuZW 2012, 376 (377 f.); *Schwarze* in Schwarze AEUV Art. 263 Rn. 51 f.; wohl auch *Rabe* NJW 2007, 3153 (3157).
[111] Vgl. hierzu mit ausführlicher Darstellung *Pechstein*, EU-Prozessrecht, Rn. 429, dort Fn. 151.
[112] Ebenso wohl auch *Bast* in v. Bogdandy/Bast Europ. VerfassungsR S. 556 f.; vgl. auch *Dauses* EuZW 2014, 121 (122), für den in der Terminologie der Verträge keine Grundlage für den Ausschluss von Verordnungen oder analogen Rechtsakten vom Definitionsbereich „Rechtsakte mit Verordnungscharakter" gegeben ist.
[113] EuGH verb. Rs. 16/62 u. 17/62, Slg. 1962, 963 (979) – Conféderation nationale des producteurs de fruits et légumes ua/Rat; vgl. auch EuGH 206/87, Slg. 1989, 275 Rn. 18 – Lefebvre/Kommission; EuG verb. Rs. T-273/06 u. T-297/06, Slg. 2009, II-2181 Rn. 67 – ISD Polska ua/Kommission.
[114] Ebenso *Schwarze* S. 200 f.
[115] Vgl. *Everling* EuZW 2010, 572 (574 f.).
[116] EuGH C-50/00 P, Slg. 2002, I-6677 – Unión de Pequeños Agricultores/Rat.
[117] EuGH C-263/02 P, Slg. 2004, I-3425 – Kommission/Jégo-Quéré.

Individualklägern sinnvoll begegnet und könnten die entsprechenden Rechtsakte einer unmittelbaren gerichtlichen Überprüfung im ordnungsgemäßen Verfahren unterzogen werden.[118]

65   Darüber hinaus erscheint auch unter Berücksichtigung des durch Art. 6 Abs. 1 EUV kodifizierten Anspruchs auf wirksamen effektiven Rechtsschutz gemäß Art. 47 Abs. 1, 2 GRC eine Beschränkung des Individualrechtsschutzes aufgrund der Unterscheidung zwischen Rechtsakten, die im Gesetzgebungsverfahren erlassen worden sind, und solchen, die außerhalb des Gesetzgebungsverfahrens erlassen wurden, im Rahmen der Neuregelung von Art. 263 Abs. 4 Var. 3 AEUV durchaus zweifelhaft.[119] Eine Beschränkung des Individualrechtsschutzes auf untergesetzliche Rechtsakte, welche die Neuregelung des Art. 263 Abs. 4 Var. 3 AEUV als bloßes Instrument der untergesetzlichen Normenkontrolle einordnet,[120] erscheint nur begrenzt hilfreich, so dass unter den Begriff „Rechtsakte mit Verordnungscharakter" sämtliche abstrakt-generellen Rechtsakte fallen sollen, demzufolge also auch Verordnungen, die im Gesetzgebungsverfahren ergehen.[121]

66   **c) Begriff der Rechtsakte mit Verordnungscharakter in der Rechtsprechung der Unionsgerichte.** Die Bestimmung der zutreffenden Auslegung des Begriffs der „Rechtsakte mit Verordnungscharakter" im neugefassten Art. 263 Abs. 4 Var. 3 AEUV war bereits Gegenstand der Rechtsprechung von EuG und EuGH. Diese haben in Kenntnis der unterschiedlichen Auffassungen zu Bedeutung und Tragweite der Neuregelung ein **enges Verständnis** des Begriffs der Rechtsakte mit Verordnungscharakter vertreten und damit die Klagemöglichkeit des Art. 263 Abs. 4 Var. 3 AEUV in der Praxis auf untergesetzliche, nicht im Gesetzgebungsverfahren erlassene Rechtsakte beschränkt.

67   Nachfolgend wird neben der erstmaligen Befassung mit der Problematik durch das EuG in den Rechtssachen *Inuit*[122] sowie *Microban*[123] insbesondere auch die abschließende Entscheidung des EuGH im Rechtmittelverfahren *Inuit*[124] näher behandelt.

68   **aa) Entscheidung des EuG in der Rs. Inuit.** In der Rs. *Inuit*[125] hat sich das EuG erstmals mit der Auslegung des Begriffs „Rechtsakte mit Verordnungscharakter" iSd Art. 263 Abs. 4 Var. 3 AEUV befasst. Konkret ging es um die Klage nichtprivilegierter natürlicher und juristischer Personen gegen die Verordnung (EG) Nr. 1007/2009 über den Handel mit Robbenerzeugnissen. In Ermangelung einer Definition im AEUV nähert sich das EuG mit den klassischen Interpretationsmethoden der grammatikalischen, historischen und teleologischen Auslegung der Konturierung des Begriffs an.[126] In Abgrenzung zu den individuell adressierten Rechtsakten (Einzelakten) der ersten Variante sowie den allgemeinen Rechtsakten (Rechtsakte mit allgemeiner Geltung) der zweiten Variante sieht das EuG bei der neuen dritten Variante nach dem gewöhnlichen Wortsinn des Ausdrucks „mit Verordnungscharakter" ebenfalls Rechtsakte mit allgemeiner Geltung umfasst, jedoch nicht sämtliche Rechtsakte mit allgemeiner Geltung, sondern nur solche mit Verordnungscharakter, die nach Auffassung des EuG damit eine engere Kategorie darstellen müssen als die allgemeinen von der zweiten Variante erfassten Rechtsakte.[127] Mit Verweis auf Art. 263 Abs. 1 AEUV, der neben Gesetzgebungsakten auch verbindliche Handlungen der Organe mit Rechts-

---

[118] Vgl. auch *Görlitz/Kubicki* EuZW 2011, 248 (251); *Pechstein*, EU-Prozessrecht, Rn. 431.
[119] So auch *Scheuing* in HdB-EuropaR, 2. Aufl. 2010, § 6 Rn. 54; *Dauses* EuZW 2014, 121 (122).
[120] Exemplarisch vgl. *Schröder* DÖV 2009, 61 (63 f.); Streinz/Ohler/Herrmann Vertrag Lissabon S. 116 f.; *Thiele* EuR 2010, 30 (43 f.); *Dörr* in GHN AEUV Art. 263 Rn. 81 f.
[121] Vgl. *Kottmann* ZaöRV 2010, 547 (559 mwN); *Everling* EuZW 2010, 572 (575 f.); *Bast* in v. Bogdandy/ Bast Europ. VerfassungsR S. 556 f.; im Ergebnis wohl auch *Frenz/Distelrath* NVwZ 2010, 162 (165); *Rabe* NJW 2007, 3153 (3157); *Pechstein*, EU-Prozessrecht, Rn. 431 f.; *Görlitz/Kubicki* EuZW 2011, 248 (251).
[122] EuG T-18/10, Slg. 2011, II-5599 – Inuit Tapiriit Kanatami ua/Parlament und Rat.
[123] EuG T-262/10, Slg. 2011, II-7697 – Microban/Kommission.
[124] EuGH C-583/11 P, ECLI:EU:C:2013:625 – Inuit Tapiriit Kanatami ua/Parlament und Rat.
[125] EuG T-18/10, Slg. 2011, II-5599 – Inuit Tapiriit Kanatami ua/Parlament und Rat.
[126] EuG T-18/10, Slg. 2011, II-5599 Rn. 39 f. – Inuit Tapiriit Kanatami ua/Parlament und Rat.
[127] EuG T-18/10, Slg. 2011, II-5599 Rn. 42 f. – Inuit Tapiriit Kanatami ua/Parlament und Rat.

wirkung gegenüber Dritten einer Rechtskontrolle unterstellt, folgert das EuG zu Art. 263 Abs. 4 AEUV, dass Rechtsakte mit Verordnungscharakter keine Gesetzgebungsakte umfassen.[128] Gestützt wird diese Auslegung des Ausdrucks „mit Verordnungscharakter" auch durch verschiedene Sprachfassungen anderer Bestimmungen im AEUV, insbesondere des Art. 114 AEUV, sowie durch die Entstehungsgeschichte der streitigen dritten Variante, die wortgleich aus dem Art. III-365 Abs. 4 VVE des gescheiterten Verfassungsentwurfes übernommen wurde.[129] Zudem versteht das EuG den Zweck der Neuregelung des Art. 263 Abs. 4 Var. 3 AEUV in der Erweiterung des Rechtsschutzes bei untergesetzlichen Rechtsakten, damit die Vornahme von Rechtsverstößen zur Erlangung von Zugang zu den Gerichten entbehrlich wird.[130] Eine Infragestellung des Grundsatzes effektiven Rechtsschutzes, insbesondere des Art. 47 GRC, sieht das EuG wegen des durch die Verträge geschaffenen umfänglichen Systems von Rechtsbehelfen und Verfahren auf europäischer wie auf nationaler Ebene nicht. Ebenso verweist es auf die im Vertrag gesetzten Grenzen richterlicher Rechtsfortbildung.[131] Insgesamt folgert das **EuG, „dass der Begriff „Rechtsakt mit Verordnungscharakter" im Sinne von Art. 263 Abs. 4 AEUV dahin zu verstehen ist, dass er mit Ausnahme der Gesetzgebungsakte jede Handlung mit allgemeiner Geltung erfasst."**[132] In einem Gesetzgebungsverfahren erlassene Rechtsakte sind demgegenüber für Individuen unmittelbar auf europäischer Ebene nur unter den Voraussetzungen des Art. 263 Abs. 4 Var. 2 AEUV angreifbar.

bb) Entscheidung des EuG in der Rs. Microban. Eine Bestätigung dieser Auffassung 69 und zugleich der erste erfolgreiche Anwendungsfall des Art. 263 Abs. 4 Var. 3 AEUV folgte mit der Rs. *Microban*,[133] In diesem Fall erließ die Kommission einen Beschluss mit allgemeiner Wirkung, der die Nichtaufnahme eines Wirkstoffs in die Positivliste zulässiger Zusatzstoffe in Materialien und Gegenständen aus Kunststoff, die bestimmungsgemäß mit Lebensmitteln in Berührung kommen, betraf. Dem EuG zufolge handelte es sich hierbei aufgrund des Erlasses nicht im Gesetzgebungsverfahren, sondern im Rahmen der Durchführungsbefugnisse der Kommission nicht um einen Gesetzgebungsakt, sondern um einen Rechtsakt mit Verordnungscharakter im Sinne des Art. 263 Abs. 4 Var. 3 AEUV.[134]

cc) Entscheidung des EuGH in der Rs. Inuit. Auch der EuGH folgte im Rechtmittel- 70 verfahren *Inuit*[135] der Interpretation des EuG. Er bestätigte unter Anknüpfung an die grammatikalische, historische und teleologische Auslegungsmethode die vom EuG vertretene eher restriktive Auffassung zur Auslegung von Art. 263 Abs. 4 Var. 3 AEUV.[136]

Bei der Zurückweisung des ersten Rechtsmittelgrundes, der das Vorliegen eines Rechts- 71 fehlers bei der Auslegung des Begriffs „Rechtsakte mit Verordnungscharakter" iSd Art. 263 Abs. 4 AEUV betraf, verweist der Gerichtshof auf die Unterscheidung zwischen privilegierten und nicht privilegierten Klägern im Rahmen des Art. 263 AEUV, auf die Übernahme des identischen Wortlauts von Art. III-365 Abs. 4 VVE mit dessen entstehungsgeschichtlichem Hintergrund sowie auf die unterschiedliche Formulierung der ersten beiden Varianten des Art. 263 Abs. 4 AEUV, in denen der Begriff der „Handlungen" verwendet wird, gegenüber dem sprachlich eindeutig engeren Begriff der „Rechtsakte mit Verordnungscharakter" in der dritten Variante.[137] So gelangt der Gerichtshof im Einklang

---

[128] EuG T-18/10, Slg. 2011, II-5599 Rn. 44 f. – Inuit Tapiriit Kanatami ua/Parlament und Rat.
[129] EuG T-18/10, Slg. 2011, II-5599 Rn. 46, 49 – Inuit Tapiriit Kanatami ua/Parlament und Rat.
[130] EuG T-18/10, Slg. 2011, II-5599 Rn. 50 – Inuit Tapiriit Kanatami ua/Parlament und Rat.
[131] EuG T-18/10, Slg. 2011, II-5599 Rn. 51 – Inuit Tapiriit Kanatami ua/Parlament und Rat.
[132] EuG T-18/10, Slg. 2011, II-5599 Rn. 56 – Inuit Tapiriit Kanatami ua/Parlament und Rat.
[133] EuG T-262/10, Slg. 2011, II-7697 – Microban/Kommission.
[134] Vgl. hierzu EuG T-262/10, Slg. 2011, II-7697 Rn. 22 ff. – Microban/Kommission.
[135] EuGH C-583/11 P, ECLI:EU:C:2013:625 – Inuit Tapiriit Kanatami ua/Parlament und Rat.
[136] Vgl. EuGH C-583/11 P, ECLI:EU:C:2013:625 Rn. 51 ff. – Inuit Tapiriit Kanatami ua/Parlament und Rat.
[137] EuGH C-583/11 P, ECLI:EU:C:2013:625 Rn. 53 f., 58 f. – Inuit Tapiriit Kanatami ua/Parlament und Rat.

mit dem Gericht zu der Überzeugung, dass die durch Art. 263 Abs. 4 EUV erfolgte „Änderung des in Art. 230 Abs. 4 EGV vorgesehenen Klagerechts natürlicher und juristischer Personen das Ziel hatte, diesen Personen unter weniger strengen Voraussetzungen die Erhebung von Nichtigkeitsklagen gegen **Handlungen mit allgemeiner Geltung unter Ausschluss von Gesetzgebungsakten** zu ermöglichen"[138] und somit das Gericht zu Recht zu dem Ergebnis gekommen sei, dass der Begriff „Rechtsakt mit Verordnungscharakter" nicht Gesetzgebungsakte umfasse.[139]

72 Im Rahmen der Zurückweisung des dritten Rechtsmittelgrundes, der den Verstoß gegen Art. 47 GRC bei der Auslegung von Art. 263 Abs. 4 AEUV umfasst, zeigt der Gerichtshof auf, dass durch ihn und die Gerichte der Mitgliedstaaten eine umfassende und effektive gerichtliche Kontrolle zur Wahrung der Rechtsordnung der EU gewährleistet wird und dass durch Art. 263 und 277 AEUV einerseits sowie Art. 267 AEUV andererseits ein vollständiges System von Rechtsbehelfen und Verfahren zur Verfügung steht, innerhalb dessen die Rechtmäßigkeitskontrolle unionaler Rechtsakte selbst bei fehlender Zulässigkeit einer Nichtigkeitsklage nach Art. 263 Abs. 4 AEUV gewährleistet ist.[140] Mit Blick auf Art. 47 GRC stellt der Gerichtshof weiterhin fest, dass diese Vorschrift gerade nicht das Ziel habe, das in den Verträgen vorgesehene Rechtsschutzsystem und speziell die Bestimmungen über die Zulässigkeit direkter Klagen vor den Unionsgerichten zu ändern.[141] Vielmehr seien die in Art. 263 Abs. 4 AEUV vorgesehenen **Zulässigkeitsvoraussetzungen im Lichte des Grundrechts auf effektiven gerichtlichen Rechtsschutz auszulegen, ohne dass aber Art. 47 GRC den Wegfall der im Vertrag ausdrücklich vorgesehenen Voraussetzungen zur Folge habe.**[142] Unter Hinweis auf die zentrale Rolle der Mitgliedstaaten bei der Schaffung eines Systems von Rechtsbehelfen und Verfahren zur Gewährleistung des Grundrechts auf effektiven gerichtlichen Rechtsschutzes und auf deren vertraglich niedergelegte, ausdrücklich in Art. 19 Abs. 1 UAbs. 2 EUV kodifizierte Verpflichtung, die erforderlichen Rechtsbehelfe zu schaffen, damit ein wirksamer Rechtsschutz in den vom Unionsrecht erfassten Bereichen gewährleistet ist, kommt der Gerichtshof zu dem Ergebnis, dass Art. 47 GRC nicht verlange, dass Betroffene unmittelbar vor den Unionsgerichten uneingeschränkt eine Nichtigkeitsklage gegen unionale Gesetzgebungsakte anstrengen können.[143]

73 **dd) Ergebnis.** Rechtsakte mit Verordnungscharakter im Sinne des Art. 263 Abs. 4 Var. 3 AEUV sind diejenigen **allgemeinen Handlungen und Rechtsakte der Unionsorgane, die nicht als Gesetzgebungsakte** einzuordnen sind. Dabei ist zu beachten, dass nach dem AEUV sämtliche rechtsverbindlichen Handlungsformen, die den Unionsorganen zur Verfügung stehen, also Verordnungen, Richtlinien und Beschlüsse, nach Art. 289 Abs. 3 AEUV dann Gesetzgebungsakte sind, wenn sie gemäß einem Gesetzgebungsverfahren angenommen werden. Ebenso können aber auch sämtliche Rechtsaktformen als Rechtsakte ohne Gesetzescharakter ergehen.

74 Ohne Gesetzescharakter, also außerhalb eines Gesetzgebungsverfahrens, ergehen insbesondere die **delegierten Rechtsakte im Sinne des Art. 290 AEUV** sowie die **Durchführungsrechtsakte im Sinne des Art. 291 AEUV**. Darüber hinaus sieht das Primärrecht aber auch weitere, nicht in einer normativ beschriebenen eigenen Kategorie erfasste Rechtsakte von Unionsorganen vor, die nicht in einem Gesetzgebungsverfahren ergehen und die teilweise als „vertragsdurchführende Rechtsakte" ohne Gesetzescharakter[144] zusammengefasst werden. Schließlich kommen auch die Rechtsakte zum unmittelbaren Vollzug

---
[138] EuGH C-583/11 P, ECLI:EU:C:2013:625 Rn. 59 – Inuit Tapiriit Kanatami ua/Parlament und Rat.
[139] EuGH C-583/11 P, ECLI:EU:C:2013:625 Rn. 61 – Inuit Tapiriit Kanatami ua/Parlament und Rat.
[140] EuGH C-583/11 P, ECLI:EU:C:2013:625 Rn. 90 ff. – Inuit Tapiriit Kanatami ua/Parlament und Rat.
[141] EuGH C-583/11 P, ECLI:EU:C:2013:625 Rn. 97 – Inuit Tapiriit Kanatami ua/Parlament und Rat.
[142] EuGH C-583/11 P, ECLI:EU:C:2013:625 Rn. 98 – Inuit Tapiriit Kanatami ua/Parlament und Rat.
[143] Vgl. EuGH C-583/11 P, ECLI:EU:C:2013:625 Rn. 100 ff. – Inuit Tapiriit Kanatami ua/Parlament und Rat.
[144] So *Cremer* in Calliess/Ruffert AEUV Art. 263 Rn. 60 mwN.

des Unionsrechts in Betracht, die in nicht unbeträchtlichem Umfang insbesondere durch die EU-Kommission und die Europäischen Agenturen erlassen werden.[145]

b) Unmittelbare Betroffenheit. Das Merkmal der unmittelbaren Betroffenheit iSd 75 Art. 263 Abs. 4 Var. 3 AEUV wird ebenso ausgelegt wie das mit identischem Wortlaut vorgegebene Unmittelbarkeitserfordernis der zweiten Variante.[146] Demnach liegt unmittelbare Betroffenheit auch im Sinne des Art. 263 Abs. 4 Var. 3 AEUV nach ständiger Rechtsprechung nur dann vor, wenn sich die beanstandete Maßnahme als solche bereits **ohne das Hinzutreten weiterer Umstände direkt auf die Rechtsstellung des Klägers auswirkt.** Dies ist etwa auch dann der Fall, wenn Unionsrechtsakte der mitgliedstaatlichen Umsetzung bedürfen, die Mitgliedstaaten jedoch zur Umsetzung verpflichtet sind und wenn ihnen bei dieser Umsetzung keinerlei Entscheidungs- oder Ermessensspielraum zusteht.[147] Allerdings spielen die Fragen der Unmittelbarkeit mit Bezug auf eventuell erforderliche Durchführungsmaßnahmen im Rahmen der dritten Variante des Art. 263 Abs. 4 AEUV – anders als bei der zweiten Variante – keine Rolle, da hier das zusätzliche Erfordernis der „fehlenden Durchführungsmaßnahme" die entsprechenden Konstellationen von der Anwendung des Art. 263 Abs. 4 Var. 3 AEUV ausschließt.[148]

c) Keine Durchführungsmaßnahmen. Abschließende Voraussetzung für die Eröffnung 76 der Klagemöglichkeit des Art. 263 Abs. 4 Var. 3 AEUV ist das Erfordernis, dass der Rechtsakt mit Verordnungscharakter, der den Kläger unmittelbar betrifft, **keine Durchführungsmaßnahmen** nach sich zieht. Vom Individualrechtsschutz der Variante 3 nicht erfasst sollen demnach solche unionalen Rechtsakte mit Verordnungscharakter sein, die nationale oder unionale Durchführungsakte legislativer oder administrativer Art nach sich ziehen.[149] Fraglich ist allerdings, ob als solche Durchführungsmaßnahmen alle unionalen bzw. mitgliedstaatlichen Maßnahmen, die in irgendeiner Art und Weise an den Unionsrechtsakt anknüpfen, einzuordnen sind, oder ob besondere Voraussetzungen erfüllt oder bestimmte Rechtsakte ausgeschlossen sein sollen.

Der Wortlautvergleich mit der englischen Fassung, die von „implementing measures" 77 spricht, was eher als „Umsetzungsmaßnahmen" verstanden werden kann,[150] legt ein enges Verständnis nahe. Andererseits wird in Art. 291 AEUV und Art. 51 Abs. 1 GRC der Begriff der Durchführung eher weit ausgelegt.[151] So sind von dem Begriff Durchführung in Art. 291 AEUV sowohl Rechtsetzungsakte als auch administrative Anwendungen erfasst,[152] weshalb nach diesem Verständnis jede anknüpfende Maßnahme im Anwendungsbereich des Unionsrechts ausreichen würde. Auch der Sprachvergleich mit der französischen Fassung, die in Art. 263 Abs. 4 Var. 3 AEUV den Begriff „mesures d'exécution" (zu

---

[145] Vgl. hierzu ebenso *Cremer* in Calliess/Ruffert AEUV Art. 263 Rn. 60.
[146] *Cremer* in Calliess/Ruffert AEUV Art. 263 Rn. 69; so stellt das EuG fest, dass der Begriff des unmittelbaren Betroffenseins jedenfalls nicht enger ausgelegt werden kann als in der zweiten Variante, vgl. EuG T-262/10, Slg. 2011, II-7697 Rn. 32 – Microban/Kommission; GA *Kokott*, SchlA C-583/11 P, ECLI:EU:C:2013:21 Rn. 69 – Inuit Tapiriit Kanatami ua/Parlament und Rat; abzulehnen ist demgegenüber die Auffassung, das Merkmal der „unmittelbaren Betroffenheit" sei eigenständig und abweichend von Art. 263 Abs. 4 Var. 2 AEUV zu bestimmen und erfordere eine stärkere subjektiv-rechtliche Auslegung bzw. Orientierung auf die Verletzung subjektiver Rechte, vgl. *Kottmann* ZaöRV 2010, 547 (563 f.); *Kokott/Dervisopoulos/Henze* EuGRZ 2008, 10 (14).
[147] EuGH verb. Rs. C-463/10 P u. C-475/10 P, Slg. 2011, I-9639 Rn. 66 – Deutsche Post und Deutschland/Kommission.
[148] Vgl. hierzu *Thiele* EuR 2010, 30 (44); *Dörr* in GHN AEUV Art. 263 Rn. 84; *Pechstein*, EU-Prozessrecht, Rn. 434; *Görlitz/Kubicki* EuZW 2011, 248 (252), die in diesem Zusammenhang in Abgrenzung zur zweiten Fallgruppe der Definition des Betroffenseins von „formeller unmittelbarer Betroffenheit" sprechen.
[149] Vgl. EuG T-381/11, ECLI:EU:T:2012:273 Rn. 57 f. – Eurofer/Kommission.
[150] Vgl. auch *Pötters/Werkmeister/Traut* EuR 2012, 546 (558 f.), die von „Umsetzungsakten" sprechen.
[151] Vgl. *Ruffert* in Calliess/Ruffert AEUV Art. 291 Rn. 1 mwN; *Nettesheim* in GHN AEUV Art. 291 Rn. 12 ff.; *Pache* in FK-EUV/GRC/AEUV GRC Art. 51 Rn. 17 ff.; *Borowsky* in NK-EuGRCh Art. 51 Rn. 25 ff.
[152] *Ruffert* in Calliess/Ruffert AEUV Art. 291 Rn. 1 ff.

Deutsch „Ausführungsmaßnahme") und den identischen Begriff in Art. 299 Abs. 4 S. 2 AEUV im Sinne von Zwangsvollstreckungsmaßnahmen verwendet, führt nicht zur Klärung, sondern zeigt deutlich, dass vermeintliche Übereinstimmungen wohl eher zufällig sind.

78 Im Rahmen der teleologisch-systematischen Auslegung spielt die primärrechtlich vorgesehene Aufgabenverteilung zwischen den nationalen und unionalen Gerichten eine wesentliche Rolle.[153] Mit Art. 19 Abs. 1 UAbs. 2 EUV wurde vor dem Hintergrund der Ausrichtung auf einen dezentralen Rechtsschutz die besondere Verantwortung der nationalen Gerichte für die Gewährung subjektiven Rechtsschutzes kodifiziert. So soll Privatpersonen nur unter engen Voraussetzungen ein direktes Klagerecht auf zentraler Ebene und damit vor einem europäischen Gericht zustehen. Diese Aufgabenverteilung erfährt wiederum durch die Bindung der nationalen an die unionale Gerichtsbarkeit im Wege des Vorabentscheidung nach Art. 267 AEUV eine Verknüpfung. Demnach würde bei einem Rechtsakt der Union, zu dessen wirksamer Entfaltung es auf mitgliedstaatlicher Ebene typischerweise anschließender nationaler Durchführungsakte bedarf, der Vorrang des mitgliedstaatlichen Rechtsschutzes für den Unionsbürger greifen. Hingegen soll nur bei fehlender Klagebefugnis des Unionsbürgers auf mitgliedstaatlicher Ebene mangels mitgliedstaatlich angreifbaren Rechtsaktes, und damit bei unmittelbar *ipso iure* wirkenden Rechtsakten mit Verordnungscharakter, die keine Durchführungsmaßnahmen nach sich ziehen, ein Rechtsweg zu den europäischen Gerichten gewährt werden. Folglich spricht die systematische Ausgestaltung des Rechtsschutzes auf zentraler Ebene und die Aufgabenteilung mit den mitgliedstaatlichen Gerichten für eine weite Auslegung des Tatbestandsmerkmals der Durchführungsmaßnahme, nach der **jedes an einen Unionsrechtsakt anknüpfende Handeln auf mitgliedstaatlicher Ebene** dezentralen Rechtsschutz auch gegenüber dem der Durchführungsmaßnahme zugrundeliegenden Unionsrechtsakt eröffnen soll, so dass nur in eng begrenzten Ausnahmefällen, bei unmittelbar durchgreifender Wirkung des Unionsrechtsakts auf das Rechtssubjekt Unionsbürger ohne irgendwie geartete weitere Folgemaßnahmen, der Rechtsweg zu den unmittelbar europäischen Gerichten eröffnet sein soll.[154]

79 Aufgrund der rechtsstaatlichen Tradition und Verfasstheit der EU besteht mit der Fortentwicklung der Verträge hin zur Europäischen Union und der damit einhergehenden Erweiterung ihrer Befugnisse das stetige Bedürfnis, die Rechtsordnung rechtsstaatlich anzupassen. Die Nichtigkeitsklage stellt hier ein wesentliches Kernelement im System des effektiven und umfassenden Rechtsschutzes im Unionsrecht dar.[155] Sowohl die verfassungsrechtlichen Rechtsgrundsätze der Mitgliedstaaten als auch der in Art. 47 GRC enthaltene Grundsatz gebieten, dass im europäischen System des arbeitsteiligen Rechtsschutzes die Garantie auf effektiven gerichtlichen Rechtsschutz gewährleistet sein muss.[156] Der Nötigung des Einzelnen, erst durch einen **Rechtsverstoß** die Möglichkeit des Rechtsschutzes vor nationalen Gerichten zu eröffnen, muss jedenfalls durch die Erweiterung der Klagebefugnis mit der dritten Variante begegnet werden. Nur bei fehlender mitgliedstaatlicher Rechtsschutzmöglichkeit mangels mitgliedstaatlichen Anknüpfungsakts wird die zentrale Klagemöglichkeit eröffnet. Einen Anspruch auf einen bestimmten Rechtsweg enthält die Rechtsschutzgarantie allerdings gerade nicht. Rechtsschutz kann effektiv grundsätzlich auch vor nationalen Gerichten erfolgen, die mit den jeweiligen Rechtstraditionen vertraut sind, in der eigenen Sprache verhandeln, geringere Kosten verursachen und für die eine größere Auswahl an Rechtsvertretern vorhanden ist. Demnach darf nach Sinn und Zweck des unionalen Rechtsschutzsystems ein **weites Verständnis des Begriffs der Durchführungsmaßnahme** zu Grunde gelegt werden. Im Ergebnis sind danach unter den

---

[153] Vgl. EuGH 294/83, Slg. 1986, 1339 Rn. 23 – Les Verts/Europäisches Parlament.
[154] So auch *Pötters/Werkmeister/Traut* EuR 2012, 546 (559).
[155] So auch *Dörr* in GHN AEUV Art. 263 Rn. 4.
[156] Vgl. EuGH C-272/09 P, Slg. 2011, I-12789 Rn. 92 mwN – KME Germany ua/Kommission; EuGH C-399/11, ECLI:EU:C:2013:107 Rn. 47 ff. – Melloni.

Begriff der Durchführungsmaßnahme alle unionalen bzw. mitgliedstaatlichen Maßnahmen zu fassen, die sich in irgendeiner Art und Weise an den Unionsrechtsakt mit Verordnungscharakter anschließen, mit Ausnahme von durch einen Verstoß gegen den Unionsrechtsakt ausgelösten Sanktionsmaßnahmen.[157]

Mit der Definition dieses Tatbestandsmerkmals hat sich nunmehr auch der Gerichtshof **80** im Rechtsmittelverfahren *Telefónica SA*[158] abschließend befasst und damit eine verbindliche Klärung herbeigeführt. Der Fall betraf die Frage der Direktklage gegen einen beihilferechtlichen Rücknahmebeschluss der Kommission nach Art. 263 Abs. 4 AEUV, welche an den entsprechenden Mitgliedstaat, nicht aber an den Beihilfenempfänger gerichtet war. Den Schlussanträgen von Generalanwältin *Kokott* folgend,[159] stellte der Gerichtshof bei seiner Auslegung neben dem entstehungsgeschichtlichen Hintergrund der Norm besonders auf deren Zielvorgaben ab.[160] So dient nach seiner Auffassung das Tatbestandsmerkmal der Schließung der Rechtsschutzlücke nur für diejenigen Fälle, in denen der Einzelne gezwungen wäre, gegen das Recht zu verstoßen, um Zugang zu den Gerichten zu erlangen.[161] Damit bestätigt der EuGH das hier und von einem Teil der Literatur vertretene weite Verständnis des Tatbestandsbegriffs.

In Bezug auf Richtlinien kann festgestellt werden, dass diese zwar grds. auch als Rechts- **81** akte mit Verordnungscharakter zu qualifizieren sind, jedoch bedingt ihre Rechtsnatur gerade das Erfordernis eines nationalen Durchführungsaktes zur Erlangung mitgliedstaatlicher Rechtswirkung, so dass **Richtlinien** vom negativen Tatbestandserfordernis des Fehlens von Durchführungsmaßnahmen aus dem Anwendungsbereich des Art. 263 Abs. 4 Var. 3 AEUV ausgeschlossen werden. Dies bestätigte das EuG in der Rs. *Arcelor SA*.[162]

Zusammenfassend besteht damit nur dann zentraler Individualrechtsschutz gemäß **82** Art. 263 Abs. 4 Var. 3 AEUV, wenn der Kläger sich gegen **untergesetzliche Rechtsakte** der EU wendet, die **nicht in einem Gesetzgebungsverfahren** ergangen sind, an die sich ohne einen Verstoß gegen den Unionsrechtsakt **keinerlei Durchführungsmaßnahmen** anschließen und die den Kläger **direkt** in seiner subjektiven Rechtsstellung treffen.

5. Rechtsschutzdefizit oder funktionsadäquate Zuständigkeitszuweisung an die **83** **nationalen Gerichte?** Steht damit das häufig behauptete europäische Rechtsschutzdefizit im Individualrechtsschutz auch nach Lissabon tatsächlich fest? Die Beantwortung dieser Frage hängt davon ab, ob die bei Fortführung der Rechtsprechung des EuGH weiterhin für den Rechtsschutz gegen unionale Normativakte zuständigen nationalen Gerichte ihren europäischen Rechtsschutzauftrag effektiv erfüllen können, ob also die Zuweisung der Rechtsschutzzuständigkeit für Normativakte an die nationalen Rechtsschutzsysteme deren **spezifischer Leistungsfähigkeit im System arbeitsteiligen europäischen Rechtsschutzes** entspricht.[163]

Dies erscheint bei **Normativakten, die der nationalen Umsetzung bzw. des na-** **84** **tionalen Vollzuges bedürfen,** im Rahmen des nationalen Rechtsschutzes gegen die Umsetzungs- und Vollzugsmaßnahmen nicht nur vorstellbar, sondern naheliegend und systemgerecht. Funktional wie unter dem Gesichtspunkt der Rechtsschutzeffektivität erscheinen die nationalen Gerichte geeignet, im Rahmen des in jedem Fall von ihnen gegen die nationalen Umsetzungs- oder Vollzugsmaßnahmen zu gewährenden Rechtsschutzes

---

[157] Im Ergebnis auch *Cremer* DÖV 2010, 58 (65); *Pötters/Werkmeister/Traut* EuR 2012, 546 (558 ff.); *Everling* EuR-Beih. 1/2009, 71 (74); *Pechstein*, EU-Prozessrecht, Rn. 433 ff.; *Borchardt* in Lenz/Borchardt EU-Verträge AEUV Art. 263 Rn. 48.
[158] EuGH C-274/12 P, ECLI:EU:C:2013:852 – Telefónica/Kommission.
[159] GA *Kokott*, SchlA C-274/12 P, ECLI:EU:C:2013:204 Rn. 40 ff. – Telefónica/Kommission.
[160] EuGH C-274/12 P, ECLI:EU:C:2013:852 Rn. 27 ff. – Telefónica/Kommission.
[161] EuGH C-274/12 P, ECLI:EU:C:2013:852 Rn. 27 f. – Telefónica/Kommission.
[162] EuG T-16/04, Slg. 2010, II-211 Rn. 123 – Arcelor/Parlament u. Rat; so auch *Ehricke* in Streinz AEUV Art. 263 Rn. 56; *Cremer* in Calliess/Ruffert AEUV Art. 263 Rn. 71; *Everling* EuR-Beih. 1/2009, 71 (74); *Kokott/Dervisopoulos/Henze* EuGRZ 2008, 10 (14); *Dörr* in GHN AEUV Art. 263 Rn. 88.
[163] Deutlich *Nettesheim* JZ 2002, 928 (932).

auch die Vereinbarkeit der zugrundeliegenden unionsrechtlichen Normativakte mit den Unionsgrundrechten zu überprüfen und gegebenenfalls im Wege des Vorabentscheidungsverfahrens in loyaler Zusammenarbeit mit den europäischen Gerichten verbindlich zu klären.

85   **Etwaige Mängel** im Zusammenhang mit der konkreten Ausgestaltung des Vorabentscheidungsverfahrens, etwa die mangelnde individuelle Erzwingbarkeit einer Vorlage durch den Kläger des Ausgangsverfahrens oder die Dauer des Vorlageverfahrens, sind nicht Spezifika des Rechtsschutzes gegen Normativakte, sondern **generelle Probleme des Vorabentscheidungsverfahrens,** die jedoch nicht grundsätzlich gegen dezentralen Rechtsschutz gegen europäische Normativakte, sondern allenfalls für eine Umgestaltung der Initiativberechtigung für das Vorabentscheidungsverfahren oder für geeignete Maßnahmen zur Verfahrensbeschleunigung sprechen,[164] auf die nachfolgend (→ Rn. 89 ff.) noch einzugehen ist.

86   Problematisch erscheint dagegen die Zuständigkeit der nationalen Gerichte auch für den Unionsgrundrechtsschutz gegen **nicht umsetzungs- oder vollzugsbedürftige Unionsrechtsakte,** die im Gesetzgebungsverfahren ergangen sind, also etwa gegen Verordnungen, die unmittelbar den Rechtsstatus von Einzelnen oder von Unternehmen verändern, Gebote oder Verbote aufstellen oder Rechtspositionen entziehen.[165] Hier erscheint die Verweisung der Rechtsschutzsuchenden auf einen Verstoß gegen die unmittelbar wirksame Unionsnorm und auf den nationalen Rechtsschutz gegen Sanktions- oder Durchsetzungsmaßnahmen der nationalen Behörden unter der Geltung des Grundsatzes effektiven Rechtsschutzes (→ § 55 Rn. 1 ff.) nicht akzeptabel.[166] Der EuGH sieht auch hier die Mitgliedstaaten in der durch **Art. 19 Abs. 1 UAbs. 2 EUV** begründeten Pflicht, ein System von Rechtsbehelfen und Verfahren vorzusehen, mit dem die Einhaltung des Rechts auf effektiven gerichtlichen Rechtsschutz gewährleistet werden kann, sowie die nationalen Gerichte in der Pflicht, die nationalen Verfahrensvorschriften über die Einlegung von Rechtsbehelfen so auszulegen und anzuwenden, dass natürliche und juristische Personen effektiven Rechtsschutz vor den nationalen Gerichten finden können.[167] Die **unionsrechtskonforme Auslegung und Fortbildung des nationalen Prozessrechts** durch die nationalen Gerichte erscheint also dem EuGH als adäquates Instrument zur Erfüllung der unionalen Rechtsschutzanforderungen und -garantien auch gegen nicht umsetzungsbedürftige europäische Normativakte, und zwar unter deutlicher und zutreffender Absage an eine von der konkreten Ausgestaltung der jeweiligen nationalen Rechtsschutzmöglichkeiten abhängige und damit im jeweiligen Einzelfall durch Auslegung der nationalen Prozessrechte durch die europäischen Gerichte zu ermittelnde subsidiäre zentrale Rechtsschutzzuständigkeit der europäischen Gerichte für den Fall fehlender nationaler Rechtsschutzmöglichkeiten.[168]

---

[164] Vgl. in diesem Sinne bereits den Beschluss des EuGH C-87/95 P, Slg. 1996, I-2003 Rn. 38 – CNPAAP/Rat.

[165] Für diese Situationen exempl. die Sachverhalte in den Rs. *Unión de Pequeños Agricultores* u. *Jégo-Quéré*, vgl. hierzu etwa die Sachverhaltsdarstellungen bei *Malferrari/Lerche* EWS 2003, 254 (257 ff. mwN); Fortführung der Zuständigkeitszuweisung an die nationalen Gerichte in Rs. *Inuit Tapiriit Kanatami*.

[166] Ebenso *Nettesheim* JZ 2002, 928 (933), sowie *Dörr* in GHN AEUV Art. 263 Rn. 87 mwN; vgl. auch GA *Jacobs*, SchlA C-50/00 P, Slg. 2002, I-6677 Rn. 43 – Unión de Pequeños Agricultores/Rat; *Haratsch* EuR-Beih. 3/2008, 81 (94); vgl. auch EuGH C-583/11 P, ECLI:EU:C:2013:625 Rn. 93 – Inuit Tapiriit Kanatami ua/Parlament und Rat, der selbst bei fehlender unmittelbarer Anfechtbarkeit von Unionsrechtsakten mit allgemeiner Geltung nach Art. 263 Abs. 4 AEUV von einem ausreichenden Rechtsschutz natürlicher Personen durch inzidente Überprüfung des Unionsrechtsaktes im Rahmen des Vorgehens gegen den Durchführungsrechtsakt ausgeht.

[167] Ausdrücklich in diesem Sinne EuGH C-50/00 P, Slg. 2002, I-6677 Rn. 41 f. – Unión de Pequeños Agricultores/Rat; EuGH C-583/11 P, ECLI:EU:C:2013:625 Rn. 100 ff. – Inuit Tapiriit Kanatami ua/Parlament und Rat; vgl. auch GA *Kokott*, SchlA C-583/11 P, ECLI:EU:C:2013:21 Rn. 121 – Inuit Tapiriit Kanatami ua/Parlament und Rat, die zu Recht darauf hinweist, dass die Zulässigkeitsvoraussetzungen vor mitgliedstaatlichen Gerichten für mögliche vorbeugende Feststellungsklagen bei Sekundärrechtsakten mit *self-executing*-Charakter nicht zu restriktiv gehandhabt werden dürfen.

[168] Insoweit in der Ablehnung einer Abhängigkeit der zentralen Rechtsschutzmöglichkeiten von der konkreten nationalen Ausgestaltung der dezentralen Rechtsschutzmöglichkeiten übereinstimmend mit GA

Wie genau die soeben dargelegten grundsätzlichen europäischen Rechtsschutzanforderungen im nationalen Prozessrecht erfüllt werden sollen, hat der EuGH naturgemäß nicht näher konkretisiert. Dies bleibt der nationalen verfahrensrechtlichen bzw. **verwaltungsprozessualen Autonomie**[169] überlassen. Im deutschen Prozessrecht erscheint etwa eine – gegebenenfalls vorbeugende – verwaltungsprozessuale Feststellungsklage vorstellbar, mit der die Feststellung begehrt wird, dass sich aus der Anwendung einer unionsrechtlichen Rechtsnorm auf einen konkreten Lebenssachverhalt für eine Person oder für ein Unternehmen bestimmte Rechtsfolgen nicht ergeben, weil diese unionsrechtliche Rechtsnorm wegen Verstoßes gegen die Unionsgrundrechte nichtig ist.[170] Darüber hinaus wäre hier auch ein Vorgehen direkt über die Verfassungsbeschwerde nach Art. 93 Abs. 1 Nr. 4a, 4b GG mit dem Ziel, den europäischen Normativakt in Deutschland für unanwendbar zu erklären, im Rahmen derer eine Vorlage durch das BVerfG an den EuGH zur Gültigkeitsentscheidung erfolgt, denkbar.[171] Auch die Prozessordnungen anderer Mitgliedstaaten bieten bereits im Sinne der Vorgaben des EuGH nutzbare Verfahrensarten,[172] so dass jedenfalls nicht bezweifelt werden kann, dass in den nationalen Prozessordnungen Rechtsbehelfe vorhanden sind oder geschaffen werden können, die bei entsprechender Handhabung durch die nationalen Richter prinzipiell geeignet sind, Rechtsschutz auch gegenüber europäischen Normen zu leisten. 87

Allerdings bleiben die grundsätzlichen **strukturellen Defizite** dieses dezentralen Rechtsschutzes gegen europäische Normen auch dann, wenn unionsweit die nationalen Gerichte ihrer vom EuGH betonten und herausgestellten Rechtsschutzgewährleistungspflicht nachkommen und die nationalen Rechtsbehelfe unionsrechtskonform so auslegen, dass der Einzelne dezentralen Rechtsschutz gegen europäische Normen vor seinen nationalen Gerichten nachsuchen kann, erhalten: Die nationalen Gerichte sind weiterhin nicht befugt, Unionsrechtsakte für ungültig zu erklären. Dem Einzelnen steht auch künftig kein Recht und kein Rechtsbehelf zur Durchsetzung einer Vorlage an den EuGH zur Verfügung, wenn man einmal von den außerordentlichen Rechtsbehelfen im Sinne der bundesverfassungsgerichtlichen Rechtsprechung zum „gesetzlichen Richter" (→ Rn. 97) absieht. Die zusätzliche Verzögerung des Rechtsschutzes des Einzelnen durch die Notwendigkeit der kumulativen Durchführung eines nationalen Rechtsstreites und der in diesem Rechtsstreit erfolgenden inzidenten Vorlage bleibt weiterhin erhalten.[173] 88

II. Anspruch auf Vorabentscheidung

Kritik an der derzeitigen Ausgestaltung der europäischen Rechts- und Grundrechtsschutzmöglichkeiten wird auch im Hinblick auf die Ausgestaltung des Vorabentscheidungsverfahrens nach Art. 267 AEUV seit längerer Zeit geäußert.[174] Jedoch fanden weder diese 89

Jacobs vgl. EuGH C-50/00 P, Slg. 2002, I-6677 Rn. 43 – Unión de Pequeños Agricultores/Rat sowie GA *Jacobs*, SchlA C-50/00 P, Slg. 2002, I-6677 Rn. 50 ff. – Unión de Pequeños Agricultores/Rat.

[169] Ausführlich zu den Grundsätzen der verwaltungsorganisatorischen und verwaltungsverfahrensrechtlichen Autonomie der Mitgliedstaaten und zu deren unionsrechtlichen Durchbrechungen *Pache*, Der Schutz der finanziellen Interessen der Europäischen Gemeinschaften, 1994, S. 80 ff. u. 122 ff. jeweils mwN.

[170] Hierzu auch *Nettesheim* JZ 2002, 928 (933); *Calliess* NJW 2002, 3577 (3581); *Wölker* DÖV 2003, 570 (576 mwN); *Wegener* in Calliess/Ruffert EUV Art. 19 Rn. 45; *Huber* in Streinz EUV Art. 19 Rn. 53; *Kopp/Schenke*, Verwaltungsgerichtsordnung, 20. Aufl. 2014, VwGO § 1 Rn. 20; *Dörr/Lenz* Rn. 426; *Terhechte* in HK-VerwR, 3. Aufl. 2013, VwGO § 43 Rn. 32 f.; zur ausführlichen Darstellung der Feststellungsklage gegen unionale Normativakte siehe *Michl* NVwZ 2014, 841 (842 ff.). Im Urteil EuGH C-432/05, Slg. 2007, I-2271 Rn. 58 f. – Unibet hält der EuGH auch eine inzidente Überprüfung im Rahmen einer Schadensersatzklage für ausreichend.

[171] Vgl. auch *Petzold* EuR 2012, 443 (449).

[172] Vgl. hierzu die Hinweise bei *Wölker* DÖV 2003, 570 (576 mwN), etwa auf die Rechtslage im Vereinigten Königreich, in Irland und in den Niederlanden.

[173] Dies alles hat bereits sorgfältig und ausführlich GA *Jacobs* in seinen SchlA C-50/00 P, Slg. 2002, I-6677 Rn. 40 ff. – Unión de Pequeños Agricultores/Rat dargelegt.

[174] Einen Überblick über Reformbedarf und Reformvorschläge gibt *Schwarze* DVBl 2002, 1297 (1310 ff.) mwN; vgl. auch den Bericht der Reflexionsgruppe über die Zukunft des Gerichtssystems der Europäischen Gemeinschaften („Due-Report"), veröffentlicht etwa in EuGRZ 2001, 523 ff.

Kritikpunkte noch die Reformvorschläge im Vertrag von Lissabon eine ausreichende Berücksichtigung.[175] Hier zu erwähnende Neuerungen sind an dieser Stelle zum einen die parallel zur Erweiterung der statthaften Klagegegenstände der Nichtigkeitsklage nach Art. 263 Abs. 1 AEUV aufgenommenen weiteren statthaften Vorlagegegenstände des abgeleiteten Unionsrechts („Handlungen der Einrichtungen oder sonstigen Stellen der Union") als Gültigkeits- und Auslegungsvorlage sowie die Neuschaffung des Art. 267 Abs. 4 AEUV als primärrechtliche Verankerung des beschleunigten Vorabentscheidungsverfahrens mitgliedstaatlicher Gerichte bezüglich inhaftierter Personen.

90 Diese Kritik ist besonders ernst zu nehmen, weil das Vorabentscheidungsverfahren als **„Eckpfeiler" des unionalen Rechtsschutzsystems** sowohl für die Sicherung der einheitlichen Geltung des Unionsrechts in den Mitgliedstaaten als auch für den mittelbaren Individualrechtsschutz unverzichtbar und grundlegend ist[176] und weil der Einzelne für seine Grundrechtsschutzmöglichkeiten ganz zentral auf die Anrufung der nationalen Gerichte und deren Zusammenarbeit mit dem EuGH im Wege des Vorabentscheidungsverfahrens angewiesen bleibt. Zudem bietet es dem Einzelnen, mangels förmlichen Antragsrechts, durch die Möglichkeit der Anregung einer inzidenten Kontrolle über die Gültigkeit des Unionsrechtsaktes auch einen partiellen Ausgleich für das nach Art. 263 Abs. 4 AEUV begrenzte zentrale Klagerecht gegen Unionsrechtsakte abstrakt-genereller Natur.[177]

91 Hierbei treffen zwei jedenfalls im Ergebnis eher **gegenläufige Kritikpunkte** aufeinander:[178] Zum einen wird die **Verfahrensdauer** der Vorabentscheidungsverfahren kritisiert, die vor allem durch die Vielzahl nationaler Vorlagen und die hieraus resultierende Arbeitsüberlastung des EuGH verursacht wird. Bei gegenwärtig etwa 450 jährlichen Vorabentscheidungsersuchen[179] betrug die durchschnittliche Verfahrensdauer des Vorlageverfahrens im Jahre 2013 16,3 Monate[180] – eine Verfahrensdauer, die zwar nahe ihrem historisch niedrigsten Stand aus 2012 liegt,[181] jedoch zu der Verfahrensdauer der nationalen Gerichte hinzuzurechnen ist, durch die eine Vorlage erfolgt, und die einen in zeitlicher Hinsicht effektiven Rechtsschutz bei Durchführung eines Vorabentscheidungsverfahrens nachdrücklich in Frage stellt.[182]

92 Als dem Bestreben um Reduktion der Verfahrensdauer gegenläufiger Kritikpunkt wird an der gegenwärtigen Ausgestaltung des Vorabentscheidungsverfahrens bemängelt, dass den Prozessparteien eines nationalen Ausgangsrechtsstreits **kein eigenes Antragsrecht** im Falle einer unterbleibenden Vorlage durch das nationale Gericht zusteht.[183] Auch fehlt die Möglichkeit der umfassenden justiziablen Überprüfung des von Amts wegen getroffenen Entschlusses über das Einleiten bzw. Unterlassen eines Vorabentscheidungsersuchens.[184]

---

[175] Vgl. *Karpenstein* in GHN AEUV Art. 267 Rn. 9; zu den Änderungen des Vorabentscheidungsverfahrens durch den Vertrag von Lissabon siehe *Schwarze* in Schwarze AEUV Art. 267 Rn. 1; *Pechstein*, EU-Prozessrecht, Rn. 752 ff.

[176] Zu Funktionen und Bedeutung des Vorabentscheidungsverfahrens vgl. nur *Middeke* in RMG Rechtsschutz-HdB § 10 Rn. 5 ff. mwN; *Rodríguez Iglesias* NJW 2000, 1889 (1895); *Schwarze* in Schwarze AEUV Art. 267 Rn. 2 ff. mwN; *Wegener* in Calliess/Ruffert AEUV Art. 267 Rn. 1; *Frenz*, HdbEuR Bd. 5, Rn. 3231 ff.

[177] Vgl. *Ehricke* in Streinz AEUV Art. 267 Rn. 8 mwN; *Borchardt* in Lenz/Borchardt EU-Verträge AEUV Art. 267 Rn. 2; *Karpenstein* in GHN AEUV Art. 267 Rn. 3.

[178] Auf diese Gegenläufigkeit weist mit Recht auch *Schwarze* DVBl 2002, 1297 (1310) hin.

[179] Jahresbericht des EuGH für 2013, S. 10.

[180] Jahresbericht des EuGH für 2013, S. 10.

[181] So betrug die Verfahrensdauer bei den Vorabentscheidungsverfahren im Jahre 2012 15,7 Monate, Rechtsprechungsstatistik des EuGH für 2012, Pressemitteilung Nr. 23/13 v. 6.3.2013, S. 1.

[182] Hierauf weist bereits der Bericht der Reflexionsgruppe über die Zukunft des Gerichtssystems der Europäischen Gemeinschaften („Due-Report") in EuGRZ 2001, 523 ff. hin. Ausführlich zu den verschiedenen Vorschlägen einer Verfahrensbeschleunigung im Vorabentscheidungsverfahren *Pache* in Bruha/Nowak/Petzold, Grundrechtsschutz, S. 193 (209 ff. mwN); vgl. auch *Middeke* in RMG Rechtsschutz-HdB § 10 Rn. 12.

[183] Vgl. zB *Allkemper* S. 161 ff.; *Schwarze* DVBl 2002, 1297 (1311); *Reich* ZRP 2000, 375 (376); *Rengeling* FS Everling Bd. II, 1995, 1187 (1210); *Schröder* EuR 2011, 808 (826 f.).

[184] So auch *Schröder* EuR 2011, 808 (826).

Verstößt ein mitgliedstaatliches Gericht gegen seine Vorlagepflicht, so erscheinen bislang grundsätzlich zwei Rechtsschutzmöglichkeiten denkbar:

Der **Verstoß gegen die Vorlagepflicht** stellt zum einen eine dem jeweiligen Mitgliedstaat zurechenbare Verletzung der Pflicht zur Unionstreue aus Art. 4 Abs. 3 UAbs. 3 EUV dar, gegen die von der Kommission oder einem anderen Mitgliedstaat ein **Vertragsverletzungsverfahren** gemäß Art. 258 bzw. 259 AEUV angestrengt werden kann.[185] Allerdings hat die Kommission von der Möglichkeit der Einleitung eines Vertragsverletzungsverfahrens bei unterbliebener Vorlage bislang noch nie Gebrauch gemacht.[186] Dies mag auch darin seine Ursache haben, dass eine derartige rechtliche Kontrolle aufgrund der in allen Mitgliedstaaten garantierten Unabhängigkeit der nationalen Gerichte und des in Art. 267 AEUV etablierten Systems der arbeitsteiligen Zusammenarbeit mitgliedstaatlicher und unionaler Gerichte nur in Fällen systematischer, evidenter bzw. bedeutsamer Vorlagepflichtverletzungen erfolgreich sein könnte.[187] Und auch an der praktischen Wirkung eines auf diesem Wege erreichbaren Feststellungsurteils muss gezweifelt werden, da ein solches weder das unter Verletzung der Vorlagepflicht ergangene Urteil berührt, noch dieses Urteil ohne weiteres von der mitgliedstaatlichen Regierung korrigiert werden kann, und auch eine Sanktion bzw. eine Verpflichtung zur Folgenbeseitigung durch den Mitgliedstaat könnte erst nach bereits rechtskräftiger nationaler Entscheidung in der Hauptsache ergehen.[188] Demnach kann auch eine Verpflichtung der Kommission zur Durchführung eines Vertragsverletzungsverfahrens nicht ernsthaft als Sanktionsmöglichkeit für unterbliebene Vorlagen erwogen werden.[189]

93

Als zweite Möglichkeit kommt in Betracht, dass sich der Einzelne direkt wegen der Nichtvorlage im Wege einer sog **Nichtvorlagebeschwerde** bzw. durch ein eigenes Antragsrecht an den EuGH wenden könnte. Ein solches Antragsrecht könnte so ausgestaltet werden, dass der Einzelne im Verfahren vor dem nationalen Richter durch seinen Antrag erreichen könnte, dass das nationale Verfahren ausgesetzt und der EuGH mit der entsprechenden vorlagefähigen Frage befasst wird.[190] Eine Nichtvorlagebeschwerde zum EuGH wäre insbesondere an die Voraussetzung geknüpft, dass das jeweilige nationale Gericht bei seiner Entscheidung in nicht nachvollziehbarer Weise die Anwendung des Unionsrechts außer Betracht gelassen hat.[191] Dabei müsste unter Umständen zwischen Auslegungs- und Gültigkeitsfragen differenziert werden.[192] Dieser Weg könnte nach dem ersten Anschein durchaus zu einer Verbesserung des Individualrechtsschutzes führen, da hierdurch dem Unionsbürger ein zusätzliches Mittel zur Durchsetzung seiner Rechte vor dem EuGH eingeräumt würde.

94

Gegen eine solche Nichtvorlagebeschwerde bestehen allerdings zunächst **praktische Einwände**: Angesichts der durch eine Nichtvorlagebeschwerde und ein subjektives Antragsrecht zu erwartenden weiteren Belastung der Unionsgerichte mit deren Auswirkungen auf die Funktionsfähigkeit des Rechtsschutzsystems insgesamt erscheint eine individuelle

95

---

[185] Vgl. *Schwarze* in Schwarze AEUV Art. 267 Rn. 52, der in Rn. 53 mwN auch auf die aus einer unterbleibenden Vorlage möglicherweise resultierenden mitgliedstaatlichen Haftung als weitere sekundäre Rechtsschutzmöglichkeit hinweist; *Wegener* in Calliess/Ruffert AEUV Art. 267 Rn. 34; *Ehricke* in Streinz AEUV Art. 267 Rn. 49.

[186] Vgl. mit weiteren Hinweisen hierzu *Nowak* in Nowak/Cremer S. 47 (61); ebenso *Schwarze* in Schwarze AEUV Art. 267 Rn. 52 mwN.

[187] *Wegener* in Calliess/Ruffert AEUV Art. 267 Rn. 34; vgl. auch *Ehricke* in Streinz AEUV Art. 267 Rn. 49.

[188] Vgl. hierzu auch *Schwarze* in Schwarze AEUV Art. 267 Rn. 52 mwN; *Ehricke* in Streinz AEUV Art. 267 Rn. 49 mwN; *Borchardt* in Lenz/Borchardt EU-Verträge AEUV Art. 267 Rn. 48; *Middeke* in RMG Rechtsschutz-HdB § 10 Rn. 75.

[189] Vgl. mit weiteren Hinweisen aus der Rechtsprechung *Nowak* in Nowak/Cremer S. 47 (61).

[190] Vgl. genauer hierzu und zu den einzelnen Voraussetzungen dieser Lösungsmöglichkeit *Allkemper* S. 207 ff. Dogmatisch würde sich ein solcher Anspruch grundsätzlich aus dem Anspruch des Einzelnen auf Vorlage an den EuGH ergeben, wobei sich dieser Individualanspruch auf Vorlage dann wiederum aus der Rechtsweggarantie des Unionsrechts ergeben würde.

[191] Genauer hierzu *Allkemper* S. 211.

[192] So *Schwarze* DVBl 2002, 1297 (1314).

Nichtvorlagebeschwerde gegenwärtig nicht sinnvoll und nicht zu verwirklichen. Auch aus **dogmatischer Sicht** sieht sich die Nichtvorlagebeschwerde erheblichen Bedenken ausgesetzt: Der Forderung nach einem solchen zusätzlichen Rechtsschutzinstrument liegt letztlich der Gedanke zugrunde, dass ein kompetentes Urteil zu unionsrechtlichen Fragen nur aus Luxemburg zu erwarten sei. Legt man demgegenüber das vertragliche Modell *einer* europäischen Gerichtsbarkeit konsequent zugrunde, in dem die nationalen Gerichte zur eigenständigen Auslegung und Anwendung des Unionsrechts berufen sind, so erscheint eine **Nichtvorlagebeschwerde zumindest in Auslegungsfragen systemfremd und unangemessen.**[193] Hält der Rechtsschutzsuchende die Auslegung des Unionsrechts durch die erste Instanz für fehlsam, so kann er sich an die nationale Rechtsmittelinstanz wenden, die das für diesen Fall zuständige „europäische Gericht" im funktionalen Sinne darstellt. Demgegenüber dürfte die Fallgruppe der Gültigkeitsfragen nicht so groß sein, dass dafür die Einführung eines eignen Rechtsmittels erforderlich wäre.

96 Darüber hinaus ist an die Geltendmachung der Verletzung der Vorlagepflicht im Wege des **unionsrechtlichen Staatshaftungsanspruchs** als weiterer möglicher Schutzmechanismus zu denken. Mit der Entscheidung in der Rechtssache *Köbler* stellte der EuGH inzwischen fest, dass ein Staatshaftungsanspruch sich auch auf die Verletzung des Unionsrechts durch mitgliedstaatliche Gerichte stützen lässt.[194] Hierbei fordert der Gerichtshof neben den allgemeinen Voraussetzungen des Staatshaftungsanspruches[195] einen besonderen qualifizierten Verstoß, der dann zu bejahen ist, wenn das letztinstanzliche „Gericht offenkundig gegen das geltende Recht verstoßen hat"[196]. Die Verletzung der Vorlagepflicht stelle hier nur ein Kriterium bei der Beurteilung dar, weshalb nicht jegliche Nichtbeachtung der Vorlage einen Staatshaftungsanspruch zu begründen vermag.[197] Damit der Staatshaftungsanspruch überhaupt eingreift, muss demnach noch eine falsche Anwendung des Unionsrechts mit qualifiziertem Charakter, in Form eines offenkundigen Verstoßes gegen unionsrechtliche Vorschriften vorliegen.[198] Somit besteht zwar die prinzipielle Möglichkeit der Geltendmachung eines Staatshaftungsanspruchs zur Durchsetzung des Individualrechtsschutzes, jedoch bleibt unklar, wie schwerwiegend ein Verstoß gegen die Vorlagepflicht wiegen muss, damit dieser als Primärrechtsverstoß in haftungsbegründender Weise zu qualifizieren ist.[199] Für die Praxis spielt dieser Anspruch daher nur eine untergeordnete Rolle im Rahmen des Individualrechtsschutzes, weshalb dem Einzelnen nur in besonderen Ausnahmefällen ein Schadensersatzanspruch überhaupt zugesprochen werden kann.

97 Ergänzend ist im Übrigen darauf hinzuweisen, dass auf nationaler Ebene in den Fällen einer unterbliebenen Vorlage bzw. der mitgliedstaatlichen Verletzung der Vorlagepflicht auch ein **nationaler Rechtsbehelf** Abhilfe schaffen kann, wie er in Deutschland mit der **Verfassungsbeschwerde** zur Verfügung steht, die bei willkürlich unterbliebener Vorlage durch letztinstanzliche Gerichte auf eine Verletzung des in Art. 101 Abs. 1 S. 2 GG garantierten Rechts auf den gesetzlichen Richter gestützt werden kann. Gemäß Art. 101 Abs. 1

---

[193] Vgl. auch *v. Danwitz* NVwZ-Beil. 2013, 44 (46), der in der Einrichtung einer Nichtvorlagebeschwerde zum Gerichtshof eine mögliche Gefährdung der Funktionsbedingung des Rechtsschutzsystems aufgrund der Verkennung des Wesens der richterlichen Kooperation in der Union sieht.
[194] EuGH C-224/01, Slg. 2003, I-10239 Rn. 31 ff. – Köbler; bestätigt erneut durch EuGH C-173/03, Slg. 2006, I-5177 Rn. 30 – Traghetti del Mediterraneo.
[195] EuGH C-224/01, Slg. 2003, I-10239 Rn. 51 – Köbler.
[196] EuGH C-224/01, Slg. 2003, I-10239 Rn. 53 – Köbler; bestätigt durch EuGH C-173/03, Slg. 2006, I-5177 Rn. 2 – Traghetti del Mediterraneo.
[197] Vgl. EuGH C-224/01, Slg. 2003, I-10239 Rn. 100 ff. – Köbler, der den Verstoß des österreichischen Gerichts gegen seine Vorlagepflicht als auch die falsche Auslegung des einschlägigen materiellen Gemeinschaftsrechts als nicht hinreichend qualifizierten Verstoß wertete; vgl. auch *Kokott/Henze/Sobotta* JZ 2006, 633 (638); *Pechstein*, EU-Prozessrecht, Rn. 838.
[198] EuGH C-224/01, Slg. 2003, I-10239 Rn. 120 ff. – Köbler; *Kokott/Henze/Sobotta* JZ 2006, 633 (638), die von einer Auslösung des Staatshaftungsanspruches bedingt durch doppelte Verletzung des Unionsrechts ausgehen, aufgrund der Qualifizierung als nicht hinreichend qualifizierten Primärverstoß durch hinzutreten der Verletzung der Vorlagepflicht.
[199] So auch *Kokott/Henze/Sobotta* JZ 2006, 633 (638); vgl. auch *Wegener* EuR-Beih. 3/2008, 45 (57).

S. 2 GG darf grundsätzlich niemand seinem gesetzlichen Richter entzogen werden. Nach der Rechtsprechung des BVerfG wird der EuGH als gesetzlicher Richter im Sinne dieser Vorschrift qualifiziert.[200] In leichter Ausweitung seiner zunächst entwickelten strengen Kriterien – das BVerfG forderte für eine solche Verfassungsbeschwerde lange Zeit eine willkürliche Unterlassung der Vorlage[201] – stellte das BVerfG in seinem Beschluss vom 9. Januar 2001 fest, dass das deutsche BVerwG die Vorlagepflicht „in offensichtlich unhaltbarer Weise" gehandhabt hat.[202] Durch diesen Beschluss wurde klar, dass das BVerfG eine Verletzung des aus Art. 101 Abs. 1 S. 2 GG iVm Art. 267 Abs. 3 AEUV abzuleitenden Grundrechts auf den EuGH als gesetzlichen Richter im Einklang mit Art. 4 Abs. 3 EUV nun nicht mehr allein und ausschließlich bei willkürlich unterbleibender Vorlage feststellt, sondern unter erleichterten Voraussetzungen zur Annahme eines Verstoßes gegen die Vorlageverpflichtung nationaler Gerichte bereit ist.[203] Dieser Entwicklung zunächst auch innerhalb des BVerfG zum Teil nur uneinheitlich folgend,[204] erscheint in der neueren Entscheidung des zweiten Senats eine Angleichung an den vom ersten Senat vertretenen Bezugspunkt der Willkürkontrolle zu erfolgen,[205] in dem eine sachlich nachvollziehbare Begründung für die Nichtvorlage gefordert wird.[206]

E. Fazit

Der europäische Rechtsschutz und mit ihm der europäische gerichtliche Grundrechtsschutz sind **weder grundsätzlich noch strukturell defizitär.** Die nationalen und die unmittelbar europäischen Gerichte bilden gemeinsam eine im funktionalen Sinne europäische Gerichtsbarkeit, die insgesamt, im arbeitsteiligen Zusammenwirken der nationalen und der unmittelbar europäischen Gerichte, ein **funktionierendes Gesamtsystem effektiven europäischen Rechtsschutzes und Grundrechtsschutzes** gewährleisten kann. **98**

Allerdings ist dieses Gesamtsystem **punktuell durchaus verbesserungsfähig** und zur Optimierung der individuellen Rechtsschutzmöglichkeiten, die wegen des quantitativen und vor allem qualitativen Wandels der Normsetzung auf europäischer Ebene geboten ist, sogar verbesserungsbedürftig. Die gebotenen Anpassungen und Optimierungen des Gesamtsystems europäischen Rechtsschutzes können allerdings sinnvoll nur abgestimmt und systemisch erfolgen, sie müssen in einem **stimmigen Gesamtentwurf** die Schwierigkeiten des Vorabentscheidungsverfahrens wie des individuellen Rechtsschutzes gegen Rechtsnormen einer kohärenten, effektiven Rechtsschutz garantierenden Lösung zuführen. Wenn hier eine Entlastung des EuGH von der Vielzahl nationaler Vorlagen gelingt, die vor allem die Verfahrensdauer des Vorabentscheidungsverfahrens signifikant verkürzt und zugleich die Vorlageberechtigung jedes einzelnen auch erstinstanzlichen nationalen Gerichtes erhält, dann erscheint die grundsätzliche Verweisung des Einzelnen auf den nationalen **99**

---

[200] BVerfGE 73, 339 (366 ff.); BVerfGE 75, 223 (233 ff.); BVerfGE 82, 159 (192 ff.); BVerfG NZA 2010, 995 (1000 f.).
[201] Vgl. ua BVerfGE 29, 189 (207); BVerfGE 31, 145 (169 ff.); BVerfG NJW 1997, 2512.
[202] BVerfG NJW 2001, 1267 ff.
[203] Hierzu mit genaueren Ausführungen *Nowak* NVwZ 2002, 688 ff.; *Nowak* in Nowak/Cremer S. 47 (62).
[204] BVerfG EuZW 2010, 828 (834); stRspr, vgl. etwa BVerfG NVwZ 1991, 53 (58 ff.); BVerfG NVwZ 1999, 293; BVerfG NJW 2002, 1486 (1487); BVerfG NJW 2005, 737 (738); BVerfG NVwZ 2007, 942 (944 f.); damit ist der zweite Senat des BVerfG in seiner *Honeywell*-Entscheidung (BVerfG EuZW 2010, 828) dem Beschluss des ersten Senats des BVerfG, welcher sich für eine umfassendere Überprüfung der unterlassenen Vorlageentscheidung im Beschluss NJW 2010, 1268 (1269) ausgesprochen hatte und damit an die willkürliche Handhabung der obliegenden Vorlagepflicht anknüpfte, entgegengetreten, was eine differente Anforderungshaltung bzgl. der praktischen Anwendung der Vorlagepflicht innerhalb des BVerfG erkennen lässt.
[205] BVerfGE 135, 155 Rn. 183 f.; der dem letztinstanzlichen Hauptsachegericht zukommende Beurteilungsrahmen wird in unvertretbarer Weise überschritten, wenn das Vorliegen von *acte clair* oder *acte éclairé* willkürlich bejaht wird; vielmehr muss das Fachgericht die EuGH-Rechtsprechung auswerten und sich daran orientieren, um sich bei der Auslegung des materiellen Unionsrechts eine vertretbare Überzeugung zu bilden, dass die Rechtslage eindeutig ist oder keine vernünftigen Zweifel offen lässt.
[206] BVerfGE 135, 155 Rn. 185.

Rechtsschutz und die inzidente Überprüfung europäischer Normativakte im Verfahren gegen die nationalen Umsetzungs- und Durchführungsmaßnahmen durchaus akzeptabel. Mit der europäischen wie der nationalen Garantie effektiven Rechtsschutzes nicht vereinbar erscheint allerdings die Verweisung auf nationale Rechtsschutzmöglichkeiten gegen nationale Sanktionsmaßnahmen wegen Verstoßes gegen unionale Rechtsakte. Hier ist die Vornahme eines Verstoßes gegen Unionsrecht zur Erlangung nationaler Rechtsschutzmöglichkeiten gegenüber der dann erfolgenden nationalen Sanktionsmaßnahme einem Rechtsschutzsuchenden nicht zumutbar und verletzt nicht nur Art. 47 GRC, sondern steht auch im Widerspruch zur Rechtsstaatlichkeit bzw. Rechtsgemeinschaftlichkeit der EU.

100 Nicht erforderlich, nicht systemgerecht und nicht sinnvoll erscheinen dagegen die Forderungen nach einer speziellen **Grundrechtsbeschwerde** oder einer **Nichtvorlagebeschwerde** im System europäischen Rechtsschutzes. Für die Durchsetzung der Grundrechte stehen – wie für jede andere unionsrechtliche Rechtsposition – die allgemeinen, dem Grundsatz effektiven Rechtsschutzes (→ § 55 Rn. 1 ff.) verpflichteten Rechtsbehelfe zur Verfügung, vermittels derer den europäischen Grundrechten wirksam zur tatsächlichen Geltung verholfen werden kann. Bei Unterbleiben einer Vorlage kann die auf diesem Unterbleiben beruhende gerichtliche Entscheidung jedenfalls wegen ihrer inhaltlichen Unrichtigkeit, die durch die Vorlage hätte beseitigt werden können, mit den allgemeinen Rechtsbehelfen angefochten werden, die das nationale Recht eröffnet; letztinstanzlich sollte in den nationalen Rechtsordnungen aller Mitgliedstaaten eine Rügemöglichkeit ähnlich der vom Bundesverfassungsgericht anerkannten Verfassungsbeschwerde wegen Verletzung des Rechts auf den gesetzlichen Richter (→ Rn. 97) mit möglicherweise etwas erleichterten Voraussetzungen vorgesehen werden.

101 Mit den angesprochenen, im Interesse einer Optimierung des individuellen Rechtsschutzes sinnvollen punktuellen Veränderungen kann und sollte jedoch das **Gesamtsystem des europäischen Rechts- und Grundrechtsschutzes** strukturell beibehalten werden. Nationale und unmittelbar europäische Gerichte ermöglichen gemeinsam dem Einzelnen und jedem Unternehmen, seine Rechte und seine Grundrechte auch gegenüber der europäischen Hoheitsgewalt wirksam durchzusetzen, und sie bieten einen **effektiven Rechts- und Grundrechtsschutz,** wie er der Rechtsnatur und der Struktur der EU als Rechtsgemeinschaft angemessen ist.

§ 12 Außergerichtliche Institutionen des Grundrechtsschutzes in der EU

Übersicht

	Rn.
A. Überblick und Bedeutung	1–4
B. Entwicklung	5–9
C. Die einzelnen Institutionen und Instrumente	10–44
I. Petitionsrecht zum Europäischen Parlament	10–14
II. Recht auf Eingabe an EU-Einrichtungen	15–18
III. Beschwerdemöglichkeiten	19–26
1. Der Europäische Bürgerbeauftragte	19–22
2. Der Europäische Datenschutzbeauftragte	23–26
IV. Informationserhebung und Beratung	27–36
1. Die EU-Grundrechte-Agentur	27–32
2. Das Europäische Institut für Gleichstellungsfragen	33–36
V. Europäische Bürgerinitiative	37–40
VI. Art.-7-EUV-Verfahren	41–44
D. Zusammenfassung und Ausblick	45

Schrifttum:

Ahtisaari/Frowein/Oreja, Österreich-Bericht für 14 Mitgliedstaaten der Europäischen Union, EuGRZ 2000, 404; *Aichele,* Nationale Menschenrechtsinstitutionen. Ein Beitrag zur nationalen Implementierung von Menschenrechten, 2002; *Alston/De Schutter* (Hrsg.) Monitoring Fundamental Rights in the EU. The Contribution of the Fundamental Rights Agency, 2005; *Barth,* Bürgerbeauftragter und Petitionsrecht im Prozess der europäischen Verfassungsgebung, 2004; *Beaucamp/Meßerschmidt,* Minderheitenschutz in den baltischen Staaten und in der Bundesrepublik Deutschland – ein Rechtsvergleich im Überblick, ZaöRV 2003, 779; *Bonnor,* The European Ombudsman: a novel source of soft law in the European Union, ELRev 25 (2000), 39; *McCrudden,* The Contribution of the EU Fundamental Rights Agency to Combating Discrimination and Promoting Equality, in Alston/De Schutter, 131; *Eckhardt,* Die Akteure des außergerichtlichen Grundrechtsschutzes in der Europäischen Union, 2009; *Guckelberger,* Der Europäische Bürgerbeauftragte und die Petition zum Europäischen Parlament, 2004; *Guckelberger,* Das Petitionsrecht zum Europäischen Parlament sowie das Recht zur Anrufung des Europäischen Bürgerbeauftragten im Europa der Bürger, DÖV 2003, 829; *Heselhaus/Weiser,* European Union Agency for Fundamental Rights and the protection of minorities, FS Wilson, 2016, 23; *Hieber,* Die Europäische Bürgerinitiative nach dem Vertrag von Lissabon. Rechtsdogmatische Untersuchung eines neuen politischen Rechts der Unionsbürger, 2014; *Hijmans,* The European Data Protection Supervisor: The Institutions of the EC Controlled by an Independent Authority, CMLRev 43 (2006), 1313; *Meese,* Das Petitionsrecht beim Europäischen Parlament und das Beschwerderecht beim Bürgerbeauftragten der Europäischen Union, 2000; *Söderman,* A Thousand and One Complaints: The European Ombudsman en Route, EPL 1997, 351; *Toggenburg,* The EU Fundamental Rights Agency and the Fundamental Rights Charter: How Fundamental is the Link Between them?, in Peers/Hervey/Kenner/Ward, The EU Charter of Fundamental Rights, 2014, 1613; *Weiß,* Grundrechtsschutz durch den EuGH: Tendenzen seit Lissabon, EuZW 2013, 287.

A. Überblick und Bedeutung

Es entspricht der Fokussierung der EU auf die **Integration durch Recht,** dass der 1 Fokus der EU-Grundrechte auf der **gerichtlichen Sicherung und Durchsetzung** liegt.[1] Das hat sich seit der Verbindlichkeit der **Grundrechtecharta** im Lissabonner Vertrag von 2009 und dem Zuwachs an Kompetenzen mit einem Potenzial erheblicher Grundrechtseingriffe, namentlich in den Bereichen des Europäischen Asylrechts und des Europäischen Strafrechts, noch verstärkt.[2] Betrachtet man die **Entwicklung der Institutionen,** dh der Organe und sonstigen Einrichtungen der EU, so ist im EU-Recht schon

---

[1] *Weiß* EuZW 2013, 287 (290 ff.).
[2] Zum Asylrecht (Non-Refoulement) aktuell EuGH C-163/17 (GK), ECLI:EU:C:2019:218 – Jawo; zum Strafrecht (Europäischer Haftbefehl) aktuell EuGH C-216/18 PPU (GK), ECLI:EU:C:2018:586 – Minister for Justice and Equality.

frühzeitig eine Entwicklung und Ausdifferenzierung im Primärrecht[3] und im Sekundärrecht[4] zu beobachten, die zu einer umfangreichen tertiären Verwaltungsstruktur geführt hat, allerdings mit dem inhaltlichen Fokus auf den Politikbereichen der Integration. Diese Entwicklung hat im Bereich der EU-Grundrechte zunächst **partiell** begonnen, und zwar immer mit Bezug zu spezifischen integrationspolitischen Herausforderungen. So entstanden das Europäische Institut für **Gleichstellungsfragen** und der Beauftragte für den **Datenschutz** vor dem Hintergrund zunehmender Sensibilisierung für die fortbestehende faktische Ungleichheit zwischen der Stellung von Frauen und Männern, insbesondere im Berufsleben, bzw. den zunehmenden Fähigkeiten der Datenerhebung von -verarbeitung auf EU-Ebene. Die **EU-Grundrechte-Agentur,** mit ihrem umfassenderen Auftrag, hat sich aus der Beobachtungsstelle für Fremdenfeindlichkeit entwickelt und ist im Hinblick auf die **Erweiterung** Anfang der 1990er Jahre zu sehen, die auch Staaten umfasste, in denen sich in besonderer Weise Fragen des Minderheitenschutzes stellen[5] oder die über eine noch junge Grundrechtstradition verfügten.[6]

2   Hinzu treten **Institutionen mit Beschwerdefunktion,** dh solche, an die sich der Einzelne in konkreten Fällen wenden kann. Historischer Vorläufer ist der **Petitionsausschuss** des Europäischen Parlaments (EP), den das EP zunächst in einem Akt der Selbstorganisation einrichtete.[7] Weitere Rechte sind das Beschwerderecht zum der **Europäischen Bürgerbeauftragten**[8] sowie das **Recht auf Eingabe**[9] an die EU-Organe und -Einrichtungen. Diese Rechte sind im **Maastricht-Vertrag** eingeführt und im Kapitel über die **Unionsbürgerschaft** zusammengeführt worden. In diesem Rahmen wird seit dem Lissabonner Vertrag auch die **Europäische Bürgerinitiative** erwähnt,[10] die ein **kollektives Recht** auf Anregung an die Kommission im Rahmen der Rechtsetzung gewährt. Ohne individuelle Einflussmöglichkeit besteht in Bezug auf die Einhaltung der Werte der EU nach Art. 2 EUV durch die Mitgliedstaaten das sog. **Art.-7-Verfahren,** in dem den Organen Rat und Europäischer Rat die Entscheidungskompetenz zukommt.[11] Dieses Verfahren ist im Ansatz bewusst politisch aufgegleist und insbesondere außergerichtlich. Auch kann ein betroffener Mitgliedstaat gegen die Entscheidungen, die zum Entzug des Stimmrechts führen können, nur begrenzt, nämlich auf die Überprüfung der Verfahrensschritte nach Art. 269 AEUV, ein Rechtsmittel einlegen.[12]

3   Auf internationaler Ebene finden sich partiell vergleichbare **zentrale Einrichtungen,** die aber organisatorisch und funktional deutlich zu unterscheiden sind. So sind die außergerichtlichen **Menschenrechtsmechanismen** der **UNO** zunächst im Rahmen der beratenden Einrichtungen entwickelt worden. Dabei hat sich der **UN-Menschenrechtsausschuss** (UN-MRA) von einem Unterorgan des WSA zu einer selbständigen beratenden Einrichtung entwickelt. Er basiert auf dem Internationalen Pakt über bürgerliche und politische Recht (IPBPR).[13] Zu den einzelnen Menschenrechtsmechanismen zählen ua **Sonderberichterstatter, unabhängige Experten** und **Arbeitsgruppen,** die sich mit

---

[3] Vgl. unter den Organen nach Art. 13 EUV den Rechnungshof sowie die Einrichtung der EZB; zu den weiteren Einrichtungen auf Ebene des Primärrechts zählt die EIB, errichtet 1958.
[4] S. die zahlreichen Agenturen, Überblick bei *Lenski* in Lenz/Borchardt EU-Verträge EUV Art. 13 Rn. 18 ff.
[5] Zur Situation der Russen in den Baltischen Staaten als sog. „Nicht-Staatsbürger mit Daueraufenthaltsrecht" s. *Beaucamp/Meßerschmidt* ZaöRV 2003, 779 (782); EGMR 15.1.2007 (GK) – 60654/00 – Sisojeva ua/Lettland.
[6] Vgl. *Kahl*, Das Grundrechtsverständnis der postsozialistischen Verfassungen Osteuropas. Eine Studie am Beispiel von Polen, Ungarn, Tschechien, Slowakei und Russland, 1994.
[7] Näher dazu → Rn. 12.
[8] Art. 24 Abs. 2 AEUV, näher dazu → Rn. 19 ff.
[9] Art. 24 Abs. 4 AEUV, näher dazu → Rn. 15 ff.
[10] Art. 24 Abs. 1 AEUV, näher dazu → Rn. 37 ff.
[11] S. Art. 7 Abs. 1 bzw. Abs. 2 EUV, näher dazu → Rn. 41 ff.
[12] *Streinz* in Streinz EUV Art. 7 Rn. 4.
[13] Art. 28 ff. IPBPR (Internationaler Pakt über bürgerliche und politische Rechte vom 16.12.1966, BGBl. 1973 II 1553).

Berichten über Menschenrechtsthemen oder über Staaten befassen. Hintergrund der letzteren sind insbesondere die regelmäßigen **Berichtspflichten der Staaten** im Rahmen des UN-MRA.[14] Ihre Tätigkeit ergänzt die in der Entwicklung begriffene quasi-gerichtliche Entscheidungspraxis des UN-MRA im Hinblick auf Individualbeschwerden aufgrund von Art. 2 Fakultativprotokoll I IPBPR.[15] Der UN-MRA wird seinerseits unterstützt vom **Office of the High Commissioner for Human Rights** (OHCHR), das organisatorisch beim **UN-Generealsekretariat** angesiedelt ist.[16]

Daneben verfolgt die UNO auch einen **dezentralen Ansatz** zur Förderung der Menschenrechte in ihren Mitgliedstaaten. Die Konzeption beruht auf einer **Resolution** der **UN-Generalversammlung** von **1993** über „Nationale Institutionen zur Förderung und zum Schutz der Menschenrechte".[17] Zur näheren Bestimmung hat die UNO die sog. **Pariser Prinzipien** erarbeitet, die ein rechtlich nichtverbindliches und offenes Konzept von Insitutionen, die die Menschenrechte fördern, vorstellen.[18] Die damit angesprochenen Funktionen umfassen ua die Bereiche der **Beratung,** des **Rechtsschutzes,** der **Information** sowie der **Erziehung** über Menschenrechte.[19] Der Fokus der Pariser Prinzipien liegt organisatorisch auf der **Unabhängigkeit** dieser Institutionen, wodurch eine Vielzahl von nationalen Gremien bzw. Stellen mit Menschenrechtsaufgaben aus dem Raster herausfällt. Jedoch lässt sich aus ihnen ein modifiziertes Raster zur Bewertung solcher Einrichtungen ableiten, das auf eine Vergleichbarkeit in drei Bereichen setzt: Funktionen, Errichtungskompetenz und organisatorische Zuordnung inklusive Unabhängigkeit, Effektivität und Effizienz der Organisation. Mit diesem Differenzierungschema ist es möglich, der im Überblick aufgezeigten **Vielfalt** der außergerichtlichen Einrichtungen mit grundrechtlichen Funktionen gerecht zu werden.[20]

4

B. Entwicklung

Vorläufer der außergerichtlichen Einrichtungen und Verfahren zum Grundrechtsschutz war in der EU das **Petitionsrecht** zum Parlament. Schon früh regelte **1953** die **Geschäftsordnung** der damaligen Gemeinsamen Versammlung – Vorläufer des Europäischen Parlaments – die Behandlung von Petitionen, ohne diese näher auf subjektive Rechte abzustützen.[21] Diese Vorgaben wurden später ausdifferenziert und um Informationsrechte gegenüber der Kommission ergänzt.[22] Letztere galten zunächst nur aufgrund interner **Organisationskompetenz** des EP, also ohne Bindung gegenüber der Kommission.[23] Dieses wurde dann 1989 von Rat und Kommission in einer **interinstitutionellen Vereinbarung** mit dem EP verbindlich anerkannt.[24] In das Primärrecht fand das Petitionsrecht erst mit dem **Maastricht-Vertrag 1993** Eingang.[25] Es ist leicht nachvollziehbar, dass das jahrtausendealte Petitionsrecht[26] als (später) klassische Parlamentsaufgabe auch in der EU am **Anfang der Entwicklung** der Grundrechte gestanden hat.

5

---

14 Art. 40 IPBPR.
15 Fakultativprotokoll zum IPBPR vom 16.12.1966, BGBl. 1992 II 1247.
16 Resolution der UN GA vom 20.12.1993, A/RES/48/141.
17 Annex zu Resolution der UN GA vom 20.12.1993, A/RES/48/134 („Pariser Prinzipien"). Ausführlich zur Vorgeschichte *Aichele* S. 73 ff.
18 Die Grundsätze sind enthalten im Bericht der UN-MR-Kommission vom 16.12.1991, E/CN.4/1992/43, bestätigt in der Resolution der UN-MR-Kommission vom 3.3.1992, E/CN.4/RES/1992/54.
19 1. Abschn. Nr. 3 lit. a–g Pariser Prinzipien (Fn. 17), s. dazu *Eckhardt* S. 71.
20 Vgl. *Eckhardt* S. 71, die zwar alle an dem für die unabhängigen nationalen Grundrechtsinstitutionen entwickelten Maßstab der Pariser Prinzipien messen will, aber auf Besonderheiten hinweist, etwa zum Petitionsausschuss.
21 Art. 42 GO der Gemeinsamen Versammlung, ABl. 1954, 393 (402), enthielt noch kein subjektives Recht auf Petition.
22 Entschließung des EP, ABl. 1977 C 299, 26.
23 *Barth* S. 39; *Meese* S. 33 ff.
24 ABl. 1989 C 120, 90.
25 Art. 8d Abs. 1 und Art. 138d EGV idF von Maastricht.
26 *Bauer* in Dreier GG Art. 17 Rn. 1 ff.

6 Für eine Reihe außergerichtlicher Institutionen und Verfahren des Grundrechtsschutzes in der EU ist das Inkrafttreten des Maastricht-Vertrages die Geburtsstunde gewesen. Neben dem Petitionsrecht zum Parlament in Art. 8d Abs. 1 EGV wurde das Recht auf **Beschwerde an den Europäischen Bürgerbeauftragten** festgeschrieben (Art. 8d Abs. 2 EGV). Letzterer entwickelte, aufbauend auf Ansätzen in der Rechtsprechung und der Regelung der Verwendung der Amtssprachen, das **Recht auf Eingabe an die EU-Organe** als Teil eines Rechts auf gute Verwaltung voran (→ § 61 Rn. 90 ff.). Dieses wurde dann im Amsterdamer Vertrag in das Primärrecht übernommen.[27] Kurz nach Einführung des Europäischen Bürgerbeauftragten war 1995 in dem spezifischen Bereich des **Datenschutzes** die Errichtung **unabhängiger Kontrollstellen in den Mitgliedstaaten** beschlossen worden.[28] Es sollte noch vier Jahre dauern, bis im Amsterdamer Vertrag die Sensibilität im Hinblick auf den Schutz von Daten bei den EU-Organen so gestiegen war, dass ein **Beauftragter auf EU-Ebene für den Datenschutz** bei den EU-Organen im **Primärrecht** vorgesehen wurde.[29] Diese Vorgaben wurden dann 2002 von EP, Rat und Kommission sekundärrechtlich umgesetzt.[30]

7 Kurz nach dem Beitritt der mittel- und osteuropäischen Staaten hatte die EU eine **Europäische Beobachtungsstelle für Rassismus und Fremdenfeindlichkeit** im Sekundärrecht geschaffen.[31] Aus dieser entstand 2007 als Rechtsnachfolgerin die **EU-Grundrechte-Agentur** (EU-GRA), wiederum mit Rechtsgrundlage im **Sekundärrecht**.[32] Nahezu zeitgleich mit der EU-GRA war 1995 für den spezifischen Bereich der Gleichstellung von Mann und Frau die Errichtung eines unabhängigen **Instituts für Gleichstellungsfragen** vorgeschlagen worden.[33] Dieses ist 2006, kurz nach der EU-GRA etabliert worden.[34]

8 Erst in der Folgezeit wurden grundsätzliche Probleme mit der Einhaltung der gemeinsamen Werte, insbesondere der Grundrechte, durch die Mitgliedstaaten wahrgenommen.[35] Diese führten zur Einführung eines Sanktionsmechanismus, an dessen Ende die Aussetzung des Stimmrechts für einen Mitgliedstaat, sofern eine „scherwiegende und anhaltende Verletzung der in Artikel 2 genannten Werte" durch den Europäischen Rat festgestellt wird: das sog. Art.-7-Verfahren.

9 2009 wurde mit dem im **Lissabonner Vertrag** enthaltenen umfassenden und ausdifferenzierten Bekenntnis zur **Demokratie** in der EU die **Europäische Bürgerinitiative** eingeführt, die den Unionsbürgerinnen und -bürgern ein Recht gibt, die Kommission zum legislativen Handeln aufzufordern.[36] Dieses Recht ist nicht auf die Grundrechte ausgerichtet, wird aber häufig im **Kontext mit Grundrechten** angewendet. In solchen Initiativen kommt die große **rechtspolitische Bedeutung** grundrechtlicher Ansätze zum Ausdruck.

C. Die einzelnen Institutionen und Instrumente

I. Petitionsrecht zum Europäischen Parlament

10 Das **Petitionsrecht zum EP** erfüllt die klassischen **Funktionen** eines Petitionsrechts, **Bürgernähe** und **Information** für das EP sowie darauf aufbauend **Kontrolle** und indirekt **Rechtsschutz**.[37] Der Bürgernähe kommt aus Sicht des EP besondere Bedeutung

---

[27] Art. 21 Abs. 3 EGV idF von Amsterdam.
[28] Art. 28 Abs. 1 RL 95/46/EG, ABl. 1995 L 281, 31 ff. (Fn. 98).
[29] Art. 286 Abs. 2 EGV idF von Amsterdam forderte eine „unabhängige Kontrollinstanz".
[30] Beschluss Nr. 1247/2002/EG, ABl. 2002 L 183, 1 (Fn. 103), aufgehoben durch VO (EU) 2018/1725 (Fn. 101).
[31] VO (EG) Nr. 1035/97, ABl. 1997 L 151, 1 (Fn. 124).
[32] VO (EG) Nr. 168/2007, ABl. 2007 L 53, 1 (Fn. 132).
[33] Näher dazu *Eckhardt* S. 385 f.
[34] VO (EG) Nr. 1922/2006, ABl. 2006 L 403, 9 (Fn. 159).
[35] Zum Präzedenzfall Österreich s. → Rn. 28, 42.
[36] Art. 11 Abs. 4 EUV, Art. 24 Abs. 1 AEUV.
[37] *Guckelberger* DÖV 2003, 829 ff.; *Guckelberger* S. 11, 15, 35; *Eckhardt* S. 228 ff.

zu, ist es doch geographisch und organisatorisch auf der EU-Ebene weiter von den Unionsbürgerinnen und -bürgern entfernt als seine nationalen Pendants. Aus Sicht des Einzelnen ist es ein Instrument sowohl der konkreten **Beschwerde** als auch – nach zutreffender Ansicht (→ Rn. 13) – der **politischen Einflussnahme**.[38] Nach überzeugender Auffassung hat der Einzelne aufgrund des Petitionsrechts auch ein **Recht auf Antwort**. Dies ergibt sich aus der Anwendung des Rechts auf Eingabe und Antwort in einer der Amtssprachen an die EU-Organe und -Einrichtungen (→ § 61 Rn. 90). Im Rahmen der Kontrollfunktion wird das EP auf Missstände und Probleme aufmerksam gemacht.[39] Eine Rechtsschutzfunktion besteht nur indirekt, da das EP nicht rechtsverbindlich Einzelfälle entscheiden kann, sondern maximal Missstände nach Art. 263 AEUV selbst auf dem Klagewege anprangern könnte.[40] Die genannten Funktionen kommen gerade auch im Zusammenhang mit **Grundrechten** zum Einsatz.[41] Hervorzuheben sind Beschwerden wegen **Diskriminierung** und im Rahmen der **Freizügigkeit**. Hinzu treten **soziale Fragen**.[42]

Das Petitionsrecht ist **primärrechtlich** gleich an mehreren Stellen verankert. Als sog. **Unionsbürgerrecht** wird es in Art. 24 Abs. 2 AEUV erwähnt, der auf die ausführlichere Regelung in Art. 227 AEUV verweist. Während Art. 227 AEUV gewisse **Vorgaben** für die Ausübung des Petitionsrechts aufstellt,[43] ist das Petitionsrecht in Art. 44 GRC ohne diese Beschränkungen formuliert. Doch gilt insofern die allgemeine Vorgabe des Art. 52 Abs. 2 GRC,[44] wonach Grundrechte, die Verbürgungen in den Verträgen entsprechen, in ihrem Gewährleistungsgehalt nicht über jene hinausgehen. Für die Einzelheiten wird auf die entsprechenden Kommentierungen in diesem Band verwiesen (→ § 53). Im Folgenden werden die Bereiche näher betrachtet, die aus Sicht des außergerichtlichen Grundrechtsschutzes von Interesse sind.

Organisatorisch ist das Recht auf Petition zum EP definitionsgemäß bei demselben angesiedelt; zuständig ist der **Petitionsausschuss** als Unterabteilung des EP. Insofern stellt sich nicht sinnvoll die Frage nach der Unabhängigkeit dieses Organs bzw. seiner Untergliederung.[45] Funktional dient das Petitionsrecht eben auch der Information des Parlaments. Die weiteren Kontrollfunktionen sind im Rahmen der **Gewaltenkontrolle** bzw. – in der Terminologie der EU – des institutionellen Gleichgewichts funktional zu verorten.[46]

Die Funktion der politischen Einflussnahme kann das Petitionsrecht nur erfüllen, wenn es inhaltlich ausreichend **weit ausgestaltet** ist. Dies wird zum einen dadurch gewährleistet, dass Art. 227 AEUV an die „**Tätigkeitsbereiche** der Union" anknüpft. Das erfasst nach umstrittener Ansicht **auch ein Handeln der Mitgliedstaaten**, soweit diese einen Bezug zum Unionsrecht aufweisen.[47] Dafür spricht, dass in Art. 227 AEUV bewusst eine weitere Formulierung als in Art. 228 AEUV zum Europäischen Bürgerbeauftragten gewählt worden ist, der sich auf die „Tätigkeit" der EU-Organe, -Einrichtungen und sonstigen Stellen bezieht.[48] Zum anderen können Einzelne eine Petition nur in Angelegenheiten einreichen, die sie „**unmittelbar betreffen**". Diese Vorgabe wird in der Literatur überzeugend ebenfalls weit ausgelegt. Sie ist erfüllt, wenn sofern eine nicht ganz unerhebliche Bedeutung

---

[38] *Eckhardt* S. 229.
[39] *Meese* S. 51 f., 56; *Eckhardt* S. 230 f.
[40] Insofern spricht *Eckhardt* S. 231 f., zutreffend von einer ergänzenden Funktion.
[41] *Eckhardt* S. 261.
[42] *Eckhardt* S. 262.
[43] Art. 227 AEUV nennt ausdrücklich die Voraussetzungen der Unionsbürgerschaft oder des Wohnsitzes bzw. Sitzes in der EU, die Tätigkeitsbereiche der EU sowie das Erfordernis einer unmittelbaren Betroffenheit.
[44] *Jarass* GRCh Art. 44 Rn. 6.
[45] So bereits *Eckhardt* S. 224.
[46] Näher dazu *Beckedorf*, Das Untersuchungsrecht des Europäischen Parlaments, 1995, S. 134.
[47] So die überwiegende Ansicht *Jarass* GRCh Art. 44 Rn. 5; *Barth* S. 147 ff.; *Guckelberger* S. 50 ff.; *Eckhardt* S. 238; aA *Huber* in Streinz AEUV Art. 227 Rn. 13.
[48] *Meese* S. 83; *Guckelberger* S. 52.

für den Petenten objektiv erkennbar ist.⁴⁹ Ausgeschlossen ist hingegen die rein fremdnützige Petition.⁵⁰ Dem ist zuzustimmen, weil der englische Wortlaut zeigt, dass nicht das gleiche enge Kriterium wie bei der Klagebefugnis zur Anwendung kommen sollte. Hinzu kommt, dass Art. 227 AEUV ausdrücklich auch die Sammelpetition („zusammen mit anderen Bürgern") für zulässig erklärt.⁵¹ Das deutet auf die Ermöglichung auch politischer Einflussnahme hin. Auf die Streitfrage, ob aus Art. 44 GRC eine weite Auslegung gefolgert werden kann,⁵² kommt es damit nicht an. Die hier vertretene Interpretation entspricht der großzügigen **Praxis des Petitionsausschusses**.⁵³ Im Ergebnis muss der Petent lediglich ein gewisses **eigenes Interesse** an der Angelegenheit haben.

14   In der weiten Auslegung bietet das Petitionsrecht ein nicht unwichtiges Instrument der **Einflussnahme** für den Einzelnen auch in Grundrechtsangelegenheiten. Allerdings hat der Petent auf die weitere sachliche Behandlung durch das EP keinen Einfluss. Daher und eingedenk der fehlenden rechtlichen Verbindlichkeit eines Handelns des EP gegenüber anderen Organen bleibt das Instrument deutlich hinter deiner Grundrechtsklage zurück, wenn der Einzelne individuell und unmittelbar betroffen ist. In allen anderen Fällen ist das Petitionsrecht aber eine wichtige **Ergänzung** zur Sicherung eines effektiven Grundrechtsschutzes, insbesondere im Rahmen der Gesetzgebung.⁵⁴

II. Recht auf Eingabe an EU-Einrichtungen

15   Gemäß Art. 24 Abs. 4 AEUV und Art. 41 Abs. 4 GRC kann sich **jede Person schriftlich an ein EU-Organ** in einer der EU-Amtssprachen wenden und hat **Anrecht auf eine Antwort** in derselben Sprache. Dieses Recht geht auf die Regelung über die Verwendung der EU-Amtssprachen in Art. 2 VO (EWG) Nr. 1/1958⁵⁵ zurück. Auch wenn diese einerseits die Vorrechte der Mitgliedstaaten auf **gleiche Achtung** ihrer Amtssprachen sichert, enthält sie andererseits einen **Individualanspruch**. Dieser führt zB in **Kombination mit dem Petitionsrecht** dazu, dass jenes nicht um die Pflicht zur Antwort kupiert ist,⁵⁶ sondern umfassend auch eine Antwort auf die Petition umfasst (→ Rn. 10). Es wird damit zu einem **Recht auf Kommunikation**.⁵⁷ Verpflichtet werden alle **EU-Organe und -Einrichtungen** nach Art. 13 EUV und Art. 24 AEUV.⁵⁸ Damit wird auch eine Eingabe unmittelbar an die Kommission zulässig, inklusive des Anspruchs auf eine Antwort.⁵⁹

16   Inhaltlich enthält Art. 227 AEUV bzw. Art. 41 Abs. 4 GRC keine ausdrückliche Begrenzung. Allerdings folgt aus der Vorschrift implizit, dass die Eingabe in den **Tätigkeitsbereich des betreffenden Organs** fallen muss. Das Recht **ergänzt** andere „Kommunikationsrechte",⁶⁰ wie das Petitionsrecht und das Recht auf Beschwerde zum Europäischen Bürgerbeauftragten um die **Sprachenregelung,** welches zugleich den **Anspruch auf Antwort** bestätigt.⁶¹ Der Begriff der Eingabe wird nicht weiter eingegrenzt. In der Literatur werden insbesondere Anfragen, Anträge, Stellungnahmen sowie Beschwerden genannt.⁶² Entscheidend ist allerdings, welche Vorgaben sich für eine Antwort ergeben. In

---

⁴⁹ *Schoo/Görlitz* in Schwarze AEUV Art. 227 Rn. 10; *Meese* S. 87.
⁵⁰ Jarass GRCh Art. 44 Rn. 6; aA *Gaitanides* → 1. Aufl. 2006, § 49 Rn. 23.
⁵¹ Zur Sammelpetition EuGH C-261/13, ECLI:EU:C:2014:2423 Rn. 15 – Schönberger.
⁵² Ablehnend *Gaitanides* → 1. Aufl. 2006, § 49 Rn. 23.
⁵³ S. die Hinweise bei *Eckhardt* S. 247.
⁵⁴ Das EP kann die Kommission (unverbindlich) auffordern, eine Rechtssetzungsinitiative zu lancieren, Art. 225 AEUV; s. *Huber* in Streinz AEUV Art. 225 Rn. 1 ff.
⁵⁵ VO (EWG) Nr. 1/1958, ABl. 1958 L 17, 385.
⁵⁶ Vgl. die hM zu Art. 17 GG, vgl. BVerfGE 2, 225 (230); *Bauer* in Dreier GG Art. 17 Rn. 43.
⁵⁷ *Eckhardt* S. 264.
⁵⁸ → § 61 Rn. 94 ff., Jarass GRCh Art. 41 Rn. 38.
⁵⁹ *Eckhardt* S. 267, weist auf die praktische Bedeutung hin. Viele Petitionen an das EP werden vom Petitionsausschuss zuständigkeitshalber an die Kommission weitergeleitet.
⁶⁰ → § 61 Rn. 90 ff., ihm folgend Jarass GRCh Art. 41 Rn. 37.
⁶¹ Jarass GRCh Art. 41 Rn. 41.
⁶² Jarass GRCh Art. 41 Rn. 39 mwN

der Literatur ist umstritten, ob die Vorschrift ein Recht auf eine **sachliche Behandlung** oder **inhaltliche Beantwortung** der Eingabe enthält.[63] Diese Frage ist zu bejahen, denn die Aufnahme in Art. 24 AEUV und Art. 41 GRC bringt die individualrechtliche Perspektive zur Geltung, die den Aspekt der zugleich berührten Interessen der Mitgliedstaaten ergänzt. Dieser Aspekt wäre aber ohne inhaltliche Komponente seines **effet utile** beraubt. Die engere, auch im Bereich des Petitionsrechts nicht überzeugende Beschränkung eines grundrechtlichen Anspruchs auf eine einspurige Kommunikation, würde zudem das **Ziel der Bürgernähe** konterkarieren.

Der Kreis der **Berechtigten** ist umstritten. Während ein Teil der Literatur der engen, auf Unionsbürgerinnen und -bürger begrenzten Fassung von Art. 24 Abs. 4 AEUV Vorrang gibt und sich dazu auf Art. 52 Abs. 2 GRC beruft,[64] plädieren andere für die weite Fassung des Art. 41 Abs. 4 GRC, der alle Personen umfasst.[65] Letzterer Auffassung ist aus teleologischen Gründen der Vorzug zu geben, da Art. 41 GRC auf eine gute Verwaltung abzielt, der auch **Angehörige von Drittstaaten** unterworfen sein können. Ferner spricht für sie aus **systematischer Sicht,** dass es mehreren Unionsbürgerrechten in Art. 20 ff. AEUV eigen ist, in der maßgeblichen Konkretisierung im AEU-Vertrag einen weiter gefassten Kreis von Berechtigten zu kennen. Dies gilt auch für das Recht auf Eingabe in einer Amtssprache, das in Art. 2 VO (EWG) Nr. 1/1958 weiter gefasst ist und für alle Personen gilt. Zutreffend wird in der Literatur ferner auf die **Schutzniveausicherungsklausel** des Art. 53 GRC hingewiesen.[66] 17

Nach der hier vertretenen Auslegung kann das Recht auf Eingabe für den Einzelnen ein **ergänzendes Instrument** zur **politischen Einflussnahme** wie auch zur **Beschwerde** sein. Als Letztere hält es sich im Rahmen der allgemeinen Möglichkeiten für Organe, ihr eigenes Handeln überprüfen und grundsätzlich korrigieren zu können. So sieht die Kommission für solche Anliegen Beschwerdeformulare vor.[67] Inhaltlich können solche Beschwerden auch **Grundrechtsverstöße** betreffen.[68] 18

III. Beschwerdemöglichkeiten

1. Der Europäische Bürgerbeauftragte. Die Einrichtung des **Europäischen Bürgerbeauftragten** geht auf eine Initiative der spanischen Regierung in der Regierungskonferenz zum Maastricht-Vertrag 1990 zurück.[69] Die Einstellung des EP war damals wechselhaft gewesen: nach frühen Vorschlägen zur Einführung eines Europäischen Bürgerbeauftragten[70] überwog die Skepsis, insbesondere weil die Funktionen bereits über das Recht auf Petition zum EP wahrgenommen werden könnten.[71] Seit dem Maastricht-Vertrag ist die zentrale Norm für den Europäischen Bürgerbeauftragten Art. 228 AEUV, auf den Art. 24 Abs. 3 EUV verweist und der in Art. 43 GRC in verkürzter Form aufgegriffen wird. Art. 43 GRC belegt, dass es sich bei diesem Beschwerderecht um ein **Grundrecht** handelt, und zwar ein **Leistungsrecht.**[72] Berechtigte sind – gerade nicht nur die Unionsbürgerinnen und -bürger wie die Aufnahme unter die Unionsbürgerrechte in Art. 24 AEUV insinuiert, sondern – alle **natürlichen oder rechtlichen Personen** mit Wohnsitz oder satzungsmäßigem Sitz in einem Mitgliedstaat.[73] In der Praxis akzeptiert der Bürgerbeauftragte auch **Sammelbeschwerden.**[74] Die primärrechtlichen Vorgaben sind vom EP mit 19

---

[63] Ablehnend Jarass GRCh Art. 41 Rn. 41; bejahend hingegen *Heselhaus* → § 61 Rn. 95.
[64] So Jarass GRCh Art. 41 Rn. 40.
[65] So *Streinz* in Streinz GRC Art. 42 Rn. 17; → § 61 Rn. 100.
[66] *Streinz* in Streinz GRC Art. 41 Rn. 17.
[67] Dazu *Eckhardt* S. 266.
[68] *Eckhardt* S. 268.
[69] S. *Laursen/Vanhoonacker,* The Intergovernmental Conference on Political Union. Institutional Reforms, New Policies and International Identity of the European Community, 1992.
[70] S. näher dazu *Meese* S. 141 ff.
[71] ABl. 1985 C 175, 273 f. lit. g.
[72] *Streinz* in Streinz GRC Art. 43 Rn. 1.
[73] So die ausdrückliche Regelung in Art. 228 Abs. 1 AEUV, die nach Art. 52 Abs. 2 GRC maßgeblich ist.
[74] *Eckhardt* S. 141.

Zustimmung des Rates nach Art. 228 Abs. 4 AEUV im sog. Statut über den Europäischen Bürgerbeauftragten konkretisiert worden.[75] Ferner kann der Bürgerbeauftragte auch **von sich aus Ermittlungen** aufnehmen.[76]

20 Obgleich dem EP zugeordnet, agiert der Bürgerbeauftragte in **vollständiger Unabhängigkeit.** Dies ist in Art. 228 Abs. 3 S. 1 AEUV ausdrücklich festgelegt. Zuweilen wird er als ein „selbständiges Nebenorgan" bezeichnet.[77] Die Unabhängigkeit wird dadurch abgesichert, dass der Bürgerbeauftragte zwar vom EP für **eine Wahlperiode ernannt** wird, dann aber sein Amt vorzeitig nur durch Rücktritt oder Amtsenthebung durch den EuGH verlieren kann.[78] Ferner verfügt er über ein **eigenes Budget** im Gesamthaushalt der EU.[79] Die **Anbindung an das EP** als reines Legislativorgan ist funktionsgerecht, weil der Bürgerbeauftragte so die Verwaltung der Union von außen kontrollieren kann.[80] Seine Aufgabe ist insofern begrenzter als die einer unabhängigen Grundrechtsinstitution nach den Pariser Prinzipien (→ Rn. 4), die auch die Legislative kontrollieren soll. Thematisch decken die Aufgaben des Bürgerbeauftragten die **Verwaltungstätigkeit** der EU-Organe im gesamten **Bereich der Verträge,** inklusive der GASP, ab.[81]

21 Bei den **Funktionen** des Bürgerbeauftragten steht diejenige als **Beschwerdeinstanz** im Mittelpunkt. Es ist aber darauf zu achten, dass diese weiter als die Rechtmäßigkeitskontrolle geht. Zum einen umfasst die weite rechtliche Anknüpfung an „Missstände" auch die Ausübung des **Ermessens** in entsprechenden Entscheidungen.[82] Zum anderen muss der Beschwerdeführer **nicht** selbst **unmittelbar** in Rechten oder Interessen **betroffen** sein.[83] Die Beschwerde zum Bürgerbeauftragten ist in der Linie der skandinavischen Vorbilder bewusst als „Popularbeschwerde" angelegt.[84] Der Bürgerbeauftragte ist zwar **nicht** für die **Kontrolle der Rechtsprechung** zuständig, kann aber alternativ zu einer Klage einen Sachverhalt auch rechtlich bewerten. Allerdings endet seine **Zuständigkeit,** sofern der **EuGH** mit der Bewertung eines Sachverhalts befasst ist oder war.[85] Er stellt zudem **keine Rechtswidrigkeit** fest, sondern befasst das betreffende Organ, wenn er einen Missstand feststellt, wobei er auch Empfehlungen aussprechen kann.[86] Danach legt er dem EP und dem betreffenden Organ einen **Bericht** vor.[87] Dabei bemüht sich der Bürgerbeauftragte mit dem betreffenden Organ um eine **Lösung.**[88] Sollte der Missstand nicht abgestellt werden, kann das EP im Rahmen seiner Befugnisse, gegebenenfalls einer **Nichtigkeitsklage,**[89] tätig werden. Der Bürgerbeauftragte selbst verfügt allerdings über **kein Klagerecht** vor dem EuGH. In der Gesamtsicht erfüllt der Bürgerbeauftragte die Funktionen der **Recht- und Zweckmäßigkeitskontrolle,** der **Transparenz** und **Bürgernähe,** eines **Vermittlers** und **Schlichters**[90] sowie eines **präventiven Schutzes.**[91] Hinzu tritt eine Rolle als **„soft law maker",** die bereits der erste Bürgerbeauftragte mit der Erstellung des

---

[75] Beschluss 94/262/EGKS, EG, Euratom, ABl. 1994 L 113, 15, zuletzt geändert durch Beschluss 2008/587/EG, Euratom, ABl. 2008 L 189, 25 („Statut").
[76] Art. 3 Abs. 1 Beschluss 94/262/EGKS, EG, Euratom.
[77] *Eckhardt* S. 124, *Kluth* in Calliess/Ruffert AEUV Art. 228 Rn. 5.
[78] Art. 228 Abs. 2 UAbs. 2 AEUV.
[79] *Eckhardt* S. 122.
[80] Näher dazu *Eckhardt* S. 125.
[81] *Huber* in Streinz AEUV Art. 228 Rn. 5.
[82] *Eckhardt* S. 137, weist darauf hin, dass der erste Bürgerbeauftragte *Söderman* EPL 1997, 351 (358 f.) dabei zurückhaltend vorgegangen ist.
[83] *Eckhardt* S. 138.
[84] *Huber* in Streinz AEUV Art. 228 Rn. 30.
[85] Art. 2 Abs. 7 Beschluss 94/262/EGKS, EG, Euratom.
[86] Art. 3 Abs. 6 Beschluss 94/262/EGKS, EG, Euratom.
[87] Art. 3 Abs. 7 Beschluss 94/262/EGKS, EG, Euratom.
[88] Art. 3 Abs. 5 Beschluss 94/262/EGKS, EG, Euratom.
[89] Das EP ist nach Art. 263 Abs. 2 AEUV bei Verletzung der Vertragsvorschriften über die Gleichstellung von Frauen und Männern zur objektiven Rechtskontrolle auch ohne Verletzung in eigenen Rechten befugt.
[90] *Meese* S. 156, 169 ff.; *Gaitanides* → 1. Aufl. 2006, § 50 Rn. 13.
[91] *Eckhardt* S. 114.

"Kodex der guten Verwaltung", der später im Rahmen des **Grundrechts auf gute Verwaltung** (→ § 61 Rn. 21) nach Art. 41 GRC teilweise in das Primärrecht übernommen worden ist,[92] erfolgreich ausgefüllt hatte.

Im Rahmen der voranstehend aufgezählten Funktionen wird der Europäische Bürgerbeauftragte auch zum **Schutz der Grundrechte** tätig. In den Jahresberichten finden sich zahlreiche Beschwerden, die auf die Einhaltung der Grundrechte ausgerichtet sind.[93] Die Einhaltung der Grundrechte wird vom Bürgerbeauftragten als **Teil der guten Verwaltung** angesehen.[94] In der Terminologie des Art. 228 Abs. 2 AEUV läge bei Nichteinhaltung ein „Missstand" vor. Die Funktion des Grundrechtsschutzes ist insofern **umfassender** als die der Europäischen Gerichte, als der Bürgerbeauftragte den Grundrechten weitergehend auch bei der Interpretation und der **Ausübung des Ermessens** Achtung verschaffen kann. Sie ist aber enger, weil sie die Verwaltung der Mitgliedstaaten ausklammert. Darüber hinaus zeigt die Entwicklung des Rechts auf gute Verwaltung aus der Rechtsprechung und den Ansätzen des Bürgerbeauftragten heraus zu einem Grundrecht auf gute Verwaltung, dass der Bürgerbeauftragte nicht nur eine Rolle als „soft law maker", sondern auch als **Initiator** der Anerkennung von Grundrechten erfolgreich ausfüllt.

2. Der Europäische Datenschutzbeauftragte. Große Parallelen zur Institution des Europäischen Bürgerbeauftragten weist der **Europäische Datenschutzbeauftragte** (EDSB) auf.[95] In vieler Hinsicht stellt er einen **Spezialfall** des Bürgerbeauftragten in Bezug auf den Datenschutz dar. Bereits 1995 hatte die EU die sog. Datenschutzrichtlinie erlassen, die die Datenverarbeitung in den Mitgliedstaaten zum Gegenstand hatte.[96] Doch erst im Amsterdamer Vertrag von 1997 wurde im Primärrecht die Notwendigkeit eines Datenschutzes auf EU-Ebene anerkannt.[97] Es dauerte dann noch bis zum Jahr **2001,** ehe im Sekundärrecht die Einrichtung einer **unabhängigen Kontrollstelle** des **Datenschutzbeauftragten** vorgesehen wurde.[98] Die betreffende Verordnung (EG) Nr. 45/2001 wurde 2018 durch eine neue Verordnung (EU) 2018/1725 ersetzt.[99] Zuvor war die Rechtslage durch die **Datenschutzgrundverordnung** (DS-GVO),[100] welche wiederum die Datenschutzrichtlinie ablöste, grundlegend novelliert worden. Die Regelungen über den Europäischen Datenschutzbeauftragten sind dabei nur geringfügig geändert worden. Allerdings ist damit ein Europäischer Datenschutzausschuss errichtet worden. Die Einrichtung des Europäischen Datenschutzbeauftragten wurde ursprünglich durch gemeinsamen Beschluss des EP, der Kommission und des Rates 2002 vorgesehen.[101] Damit wurde zugleich die Forderung von **Art. 8 Abs. 3** der – damals noch nicht rechtsverbindlichen – **Grundrechtecharta** nach einer unabhängigen Überwachungsstelle erfüllt. Zugleich muss jede Einrichtung der Union einen **behördlichen Datenschutzbeauftragten** ernennen.[102] Die **Unabhängigkeit** des europäischen Datenschutzbeauftragten wird ähnlich wie die des Europäischen Bürgerbeauftragten geschützt. Allerdings wird er vom EP und dem Rat **gemeinsam ernannt.** Eine vorzeitige Beendigung der fünfjährigen Amtszeit ist neben Rücktritt und Todesfall nur durch eine Amtsenthebung durch den EuGH möglich.[103]

Definitionsgemäß sind die **Funktionen** des Europäischen Datenschutzbeauftragten auf die Sicherung eines Grundrechts, nämlich des **Rechts** auf **Datenschutz** nach Art. 8 GRC

22

23

24

---

[92] Vgl. das Grundrecht auf gute Verwaltung nach Art. 41 GRC. *Bonnor* ELRev 25 (2000), 39 ff., spricht von der „legal source function".
[93] Abrufbar unter https://edps.europa.eu/annual-reports_de; s. *Eckhardt* S. 169.
[94] *Eckhardt* S. 165.
[95] Ausführlich dazu *Hijmans* CMLRev 43 (2006), 1313 ff.; *Eckhardt* S. 176.
[96] RL 95/46/EG, ABl. 1995 L 281, 31 (Datenschutz-RL).
[97] Art. 286 EGV idF von Amsterdam.
[98] Art. 41 VO (EG) Nr. 45/2001, ABl. 2001 L 8, 1.
[99] Nunmehr Art. 52 ff. VO (EU) 2018/1725, ABl. 2018 L 295, 39.
[100] VO (EU) 2016/679, ABl. 2016 L 119, 1 (DS-GVO).
[101] Beschluss Nr. 1247/2002, ABl. 2002 L 183, 1.
[102] Art. 37 ff. DS-GVO.
[103] Art. 53 Abs. 5 VO (EU) 2018/1725.

ausgelegt. Zu seinen Aufgaben zählen die **Kontrolle** und der **Rechtsschutz,** insbesondere in der Bearbeitung von **Beschwerden.**[104] Die **Beschwerdebefugnis** setzt allerdings, anders als beim Europäischen Bürgerbeauftragten, voraus, dass der Beschwerdeführer **in eigenen Rechten betroffen** ist.[105] Des Weiteren kommt ihm die Aufgabe der **Beratung** der EU-Einrichtungen bei der Verarbeitung personenbezogener Daten zu.[106] Ganz vergleichbar dem Bürgerbeauftragten kann der Europäische Datenschutzbeauftragte ferner die zuständigen Organe zu **legislativen Vorschlägen anregen.**[107] Früher enthielt Art. 47 Abs. 1 lit. h Verordnung (EG) Nr. 45/2001 den Hinweis, dass der Datenschutzbeauftragte unter den im EG-Vertrag vorgesehenen Bedingungen die Möglichkeit hat, den EuGH anzurufen. Da solche Bedingungen aber im Primärrecht bis heute nicht geschaffen worden sind,[108] ist in der Verordnung (EU) 2018/1725 zu Recht auf diesen Hinweis verzichtet worden.[109] Damit ist die Beschwerde an den Europäischen Bürgerbeauftragten ein **ergänzendes Instrument** neben einer möglichen Nichtigkeitsklage eines Grundrechtsträgers gegen Maßnahmen der EU-Einrichtungen, das jedenfalls das Prozessrisiko für den Einzelnen verringert.

25   Mit der DS-GVO ist ein **Europäischer Datenschutzausschuss** (EDSA) eingerichtet worden.[110] Dieser ersetzt die frühere „Art.-29-Datenschutzgruppe".[111] Zwar gleichen sich die beiden Einrichtungen in Bezug auf die Zusammensetzung, doch unterscheiden sie sich bei den Aufgaben „fundamental".[112] Erstens kann der EDSA nunmehr verbindliche Entscheidungen treffen und ist nicht mehr auf eine bloß beratende Funktion begrenzt.[113] Zweitens wird der EDSA verselbständigt und verstetigt, indem er als EU-Einrichtung mit eigener Rechtspersönlichkeit etabliert wird[114] und nicht mehr nur ein unselbständiges Netzwerk verkörpert. Drittens ändert sich das Besetzungsverfahren mit Relevanz für Deutschland, denn in Mitgliedstaaten mit mehreren Kontrollstellen muss nun nicht mehr von diesen konsensual ein gemeinsamer Vertreter ernannt werden, sondern die Ernennung wird den nationalen Regelungen überantwortet.[115] Bei der Zusammensetzung bleibt es bei einem Vertreter der Aufsichtsbehörde jedes Mitgliedstaates sowie dem EDSB.[116] Allerdings hat der EDSB nur ein eingeschränktes Stimmrecht im Ausschuss.[117] Die Kompetenzen des EDSB sollten durch die DS-GVO nicht erweitert werden. Insbesondere sollte er nicht zu einem Datenschutzaufsichtsorgan über die Aufsichtsbehörden der Mitgliedstaaten fortentwickelt werden.

26   Der EDSA übernimmt eine wichtige Funktion in der Aufsicht im Verwaltungsverbund. Zugleich dient er dem Schutz des Grundrechts auf Schutz der eigenen Daten nach Art. 8 Abs. 1 GRC. In der Literatur wird gerügt, dass die Unabhängigkeit des EDSA um den Preis einer mangelnden demokratischen Rückbindung „außerhalb der Rechtsbindung" etabliert worden sei.[118] Auch über der EDSA eine „Aufsichtsfunktion in eigener Sache" aus, da die beaufsichtigte nationalen Behörden im Ausschuss selbst vertreten seien.[119] Diese

---

[104] Art. 63, 57 Abs. 1 lit. e VO (EU) 2018/1725.
[105] Art. 63 Abs. 1 VO (EU) 2018/1725: „betroffene Person".
[106] Art. 57 Abs. 1 VO (EU) 2018/1725.
[107] *Eckhardt* S. 183 zur „source of rule making".
[108] AA *Eckhardt* S. 210, der allein der früheren VO (EG) Nr. 45/2001 eine Klageberechtigung entnehmen will. Dem steht aber entgegen, dass über Sekundärrecht nicht das Primärrecht durch die Union geändert werden kann.
[109] S. Art. 44 und 45 VO (EU) 2018/1725.
[110] Art. 68 ff. DS-GVO.
[111] So Art. 94 Abs. 2 S. 2 DS-GVO; zur früheren Rechtslage s. Art. 29 f. Datenschutz-RL.
[112] So die Wertung von *Schöndorf-Haubold* in HK-DS-GVO DS-GVO Art. 68 Rn. 15.
[113] Art. 70 DS-GVO.
[114] Art. 68 Abs. 1 DS-GVO. Nach hM handelt es sich um eine EU-Agentur im weiteren Sinne, s. *Schöndorf-Haubold* in HK-DS-GVO DS-GVO Art. 68 Rn. 5 ff.
[115] Art. 68 Abs. 4 DS-GVO.
[116] Art. 68 Abs. 3 DS-GVO.
[117] Art. 68 Abs. 6 DS-GVO.
[118] *Schöndorf-Haubold* in HK-DS-GVO DS-GVO Art. 68 Rn. 45.
[119] *Schöndorf-Haubold* in HK-DS-GVO DS-GVO Art. 68 Rn. 45.

Kritik schießt über das Ziel hinaus. Gerade das Mehrheitsprinzip statt einer Einstimmigkeit – die eine gewisse demokratische Rückbindung an die Mitgliedstaaten bedeutet hätte – im EDSA führt dazu, dass Betroffene keine Entscheidung verhindern können.

IV. Informationserhebung und Beratung

1. Die EU-Grundrechte-Agentur. Den Einrichtungen zur **Informationserhebung** 27 **und Beratung in Grundrechtsfragen** ist gemeinsam, dass sie im Gegensatz zu den voranstehend erörterten Eirichtungen **keine Beschwerdefunktion,** weder direkt noch indirekt, wahrnehmen.[120] Im Übrigen ist der Aufgabenumfang für die EU-Grundrechte-Agentur (EU-GRA) relativ weit gesteckt. Schon definitionsgemäß befasst sie sich mit den Grundrechten und nimmt den Rechtsschutz ergänzende Funktionen wahr. **Funktional** ist sie auf die **Rechtsetzung** ausgerichtet. Besondere Problembereiche stellen ihre **Unabhängigkeit** und eine **Asymmetrie** in der Kontrolltätigkeit zu Lasten der Mitgliedstaaten dar.[121]

Vorgänger der EU-GRA ist die **Europäische Stelle zur Beobachtung von Ras-** 28 **sismus und Fremdenfeindlichkeit** (EUMC) gewesen, die **1997** errichtet worden ist.[122] Hintergrund waren die Zunahme an fremdenfeindlichen Akten in den Mitgliedstaaten sowie die erste Bewährungsprobe für das sog. Art.-7-Verfahren aufgrund der Regierungsbeteiligung der FPÖ in Österreich.[123] Des Weiteren ging es auch um die besonderen **Minderheitssituationen** in einigen beigetretenen mittel- und osteuropäischen Staaten, wie die Stellung der russischen Minderheiten in den baltischen Staaten oder der ungarischen Minderheiten in den Nachbarstaaten Ungarns, sowie um die Diskriminierung von Sinti und Roma. Gleichwohl dürfte das gravierendste Problem die Xenophobie gegenüber Personen aus **Drittstaaten** gewesen sein. Die damalige Situation erklärt den Fokus auf die Grundrechte in den **Mitgliedstaaten.** Dieser ist in der Praxis bei der Gründung der EU-GRA, in die die EUMC nahezu vollständig integriert worden ist,[124] beibehalten worden. Diese **Asymmetrie** im Vergleich zur Beobachtung der Einhaltung der Grundrechte seitens der EU-Organe ist sozusagen ein Geburtsfehler der EU-GRA.[125] Schon bald wurde vorgeschlagen, die EUMC zu einer Grundrechte-Agentur zu erweitern, doch stieß dies auf Vorbehalte nicht nur bei einigen Mitgliedstaaten wie Deutschland,[126] sondern auch bei der Kommission.[127] Diskussionspunkte waren die Kontrolle der Mitgliedstaaten, die Bezüge zum Art.-7-Verfahren sowie die Einbeziehung der sog. 3. Säule, dh der GASP. Erst 2005 kam die Kommission der Aufforderung des EP nach, einen entsprechenden Rechtsetzungsvorschlag einzubringen.[128] Vorausgegangen war der *Cornillet*-Bericht des EP über „die Lage der Grundrechte in der Europäischen Union".[129] Übergangsweise wurde von 2000 bis 2006 das **Europäische Netzwerk unabhängiger Grundrechtsexperten** ins Leben gerufen. Dieses lebt heute im Wissenschaftlichen Ausschuss (→ Rn. 30) der EU-GRA fort. **2007** wurde dann die EU-GRA gegründet.[130]

Angesichts des relativ weiten Aufgabenumfangs der EU-GRA ist die **Ermächtigungs-** 29 **grundlage** umstritten gewesen.[131] Die EUMC wurde seinerzeit auf die Ermächtigung der

---

[120] Vgl. die Systematisierung bei *Eckhardt* S. 278 ff.
[121] Ausführlich dazu *Heselhaus/Weiser* FS Wilson, 2016, 24 (39, 40); vgl. *Eckhardt* S. 299.
[122] Das „European Monitoring Centre on Racism and Xenophobia" wurde durch VO (EG) Nr. 1035/1997, ABl. 1997 L 151, 1 ff. errichtet.
[123] *Heselhaus/Weiser* FS Wilson, 2016, 24 (27).
[124] Nicht zuletzt auch das Personal.
[125] *Heselhaus/Weiser* FS Wilson, 2016, 24 (29) sprechen von der DNA der EUMC, die in EU-GRA weiterwirkt.
[126] *Eckhardt* S. 293.
[127] *Alston/De Schutter* in Alston/De Schutter S. 1 (2); *Eckhardt* S. 290.
[128] Entschließung des EP vom 18.5.2006 (2005/2007(INI)), P6_TA(2005)0208, ABl. 2005 C 117 E, 242 (246); Vorschlag der Kommission vom 30.6.2005, KOM(2005) 280.
[129] Bericht des EP vom 21.6.2001 (EU 2000/2231(INI)), A5–0223/2001.
[130] VO (EG) Nr. 168/2007, ABl. 2007 L 53, 1 ff.
[131] Zum Streit s. *Eckhardt* S. 304.

§ 12   2. Abschnitt. Grundrechtsdogmatik in der EU, prozessuale Durchsetzung

Kommission zur Einholung erforderlicher Informationen und zur Vornahme von Nachprüfungen nach Art. 337 AEUV und der **Kompetenzabrundungsklausel** nach Art. 352 AEUV abgestützt.[132] Dagegen ist die Errichtung der EU-GRA allein auf Art. 352 AEUV gestützt worden.[133] **Art. 352 AEUV** setzt voraus, dass der EU Kompetenzen zur Erreichung, erstens, ihrer Ziele und, zweitens, in ihren Politikbereichen fehlen. Bei der ersten Frage war vor dem Lissabonner Vertrag umstritten, ob eine allgemeine Grundrechtspolitik zu den Zielen der EU gehört. Im Lissabonner Vertrag erwähnt nunmehr die Neufassung von Art. 3 Abs. 1 EUV die **Förderung der Werte** – und diese sind in Art. 2 EUV aufgeführt – ausdrücklich. Doch wird in der Erklärung Nr. 41 zum Vertrag von Lissabon klargestellt, dass mit den Zielen nur die in Art. 3 EUV aufgeführten Zielen erfasst sein sollen. Daher können ungeachtet des Wortlautes auf Art. 352 AEUV gestützte Maßnahmen nicht ausschließlich Ziele nach Art. 3 Abs. 1 EUV verfolgen.[134] Damit bleibt aber noch die zweite Frage des **Politikbereiches** bestehen. Sofern ein solcher betroffen ist, würden die Maßnahmen nicht „ausschließlich" auf Art. 3 Abs. 1 EUV gestützt. Hier hätte insbesondere an den Zweiten Teil des AEUV über die internen Politiken, insbesondere an dessen Titel V über die den **Raum der Freiheit, der Sicherheit und des Rechts,** angeknüpft werden können. Die EU-GRA berät die Kommission in diesem Bereich. Im Ergebnis ist damit die Kompetenz der EU zu bejahen.[135]

30   Die EU-GRA besitzt **Rechtspersönlichkeit**[136] und ist als **unabhängige Agentur** konzipiert.[137] **Kontrolliert** wird sie vom **Europäischen Bürgerbeauftragten.**[138] Sie verfügt über einen **eigenständigen Haushalt,** der im Gesamthaushalt der EU als Teil des Haushalts der Kommission ausgewiesen wird.[139] Insofern ist in der Gründungsverordnung für ein beträchtliches Maß an **Unabhängigkeit** gesorgt. Zentrales Organ der EU-GRA ist der **Verwaltungsrat** als Planungs- und Überwachungsinstanz.[140] Dieser besteht aus einem Vertreter je Mitgliedstaat, zwei Vertretern der Kommission sowie einem Vertreter des Europarates (sic!). Er tritt zweimal im Jahr zusammen und wählt einen Vorsitzenden und dessen Stellvertreter sowie zwei Mitglieder des Exekutivausschusses nach Art. 13 Abs. 1 Verordnung (EG) Nr. 168/2007. Er beschließt grundsätzlich zwar mit einfacher Mehrheit, doch werden Wahlen und Beschlüsse zu den meisten seiner Aufgaben mit **Zwei-Drittel-Mehrheit** gefasst.[141] Der **Vertreter des Europarates** ist nur in bestimmten Angelegenheiten stimmberechtigt.[142] Zu den **Aufgaben** des Verwaltungsrates zählen insbesondere der Beschluss über ein Mehrjahresprogramm, die Annahme der Jahresberichte, die Wahl des Direktors und der Mitglieder des Wissenschaftlichen Ausschusses der EU-GRA, die Verabschiedung des Haushaltsplanes sowie die Annahme der Geschäftsordnung.[143] Unterstützt wird der Verwaltungsrat vom **Exekutivausschuss,** der aus dem Vorsitzenden des Verwaltungsrates und dessen Stellvertreter sowie zwei weiteren vom Verwaltungsrat gewählten Mitgliedern und einem der zwei Kommissionsvertreter im Verwaltungsrat besteht.[144] Damit hat die Kommission keinen entscheidenden Einfluss auf die Tätigkeit.[145] Hinzu tritt ein **Wissenschaftlicher Ausschuss,**[146] dem 11 unabhängige und in Grundrechtsfragen hoch qualifizierte Personen angehören, die vom Verwaltungsrat ernannt werden. Sie sollen für

---

[132] VO (EG) Nr. 1035/1997, nannte die damaligen Art. 284 EGV und Art. 308 EGV.
[133] VO (EG) Nr. 168/2007, bezieht sich auf den damaligen Art. 308 EGV.
[134] *Streinz* in Streinz AEUV Art. 352 Rn. 28.
[135] Vgl. *Streinz* in Streinz AEUV Art. 352 Rn. 66, der keine Einwände hervorbringt.
[136] Art. 23 Abs. 1 VO (EG) Nr. 168/2007.
[137] Art. 16 Abs. 1 VO (EG) Nr. 168/2007.
[138] Art. 19 VO (EG) Nr. 168/2007.
[139] Art. 20 VO (EG) Nr. 168/2007.
[140] Art. 11 Abs. 1 lit. a-c VO (EG) Nr. 168/2007 und Art. 12 Abs. 6 VO (EG) Nr. 168/2007.
[141] Art. 12 Abs. 8 VO (EG) Nr. 168/2007.
[142] Ebenfalls in Art. 12 Abs. 8 VO (EG) Nr. 168/2007 geregelt.
[143] Art. 12 Abs. 6 VO (EG) Nr. 168/2007.
[144] Art. 13 VO (EG) Nr. 168/2007.
[145] S. aber die Kritik bei *Eckhardt* S. 383.
[146] Art. 14 VO (EG) Nr. 168/2007.

die **wissenschaftliche Qualität** der Arbeit der EU-GRA sorgen. Geleitet wird die EU-GRA von ihrem Direktor, der ebenfalls vom Verwaltungsrat gewählt wird. Er ist insbesondere für die Wahrnehmung der Aufgaben der EU-GRA nach Art. 4 VO (EG) Nr. 168/2007 verantwortlich.[147]

Das **Ziel** der Agentur besteht darin allen Organen und Einrichtungen der Union bzw. ihrer Mitgliedstaten **Unterstützung** zu gewähren, um die Einhaltung der Grundrechte zu sichern.[148] Dazu erfüllt die Agentur eine Reihe von **Aufgaben,** wie die Sammlung und Analyse von Daten, die Erstellung von Berichten und Beratung, die Kooperation mit der Zivilgesellschaft sowie die Sensibilisierung der Öffentlichkeit.[149] Insbesondere zählt zu ihren Aufgaben auch die **Durchführung wissenschaftlicher Forschungsarbeiten**[150] sowie die **Erarbeitung von Gutachten** zu bestimmten Themen **von sich aus** oder **auf Ersuchen** des europäischen Parlaments, des Rates oder der Kommission.[151] Vor dem Lissabonner Vertrag ist die Einbeziehung der GASP in die Zuständigkeit der Agentur in der Literatur unter Hinweis darauf abgelehnt worden, dass der damalige Vorläufer von Art. 352 AEUV auf die Tätigkeiten im Gemeinsamen Markt des EG-Vertrages abstellte und die **GASP** im EU-Vertrag angesiedelt war.[152] Das hat sich aber unter dem Lissabonner Vertrag geändert, weil Art. 352 AEUV nunmehr weitergehend auf „die in den Verträgen festgelegten Politikbereiche" verweist. Allerdings legt der Rat nach Art. 5 Abs. 1 VO (EG) Nr. 168/2007 den **thematischen Mehrjahresrahmen** für die Tätigkeit der Agentur fest. Nur in diesem Rahmen erfüllt die Agentur ihre Aufgaben.[153] Das hat zu starker Kritik an der insofern **fehlenden inhaltlichen Unabhängigkeit** der Agentur in der Literatur geführt.[154] Hier wird deutlich, dass der Agentur eine unterstützende Funktion gegenüber den in Art. 4 VO (EG) Nr. 168/2007 genannten drei Rechtsetzungsorganen der Union zukommt. In dieser Begrenzung schlägt sich die Sorge mancher Mitgliedstaaten vor einem zu weiten Mandat der Agentur nieder, die fast deren Errichtung verhindert hätte. Zwar kann die Agentur **außerhalb des** Mehrjahresrahmens grundrechtliche Themen im Rahmen ihrer Gutachten oder wissenschaftlichen Forschung nach Art. 4 Abs. 1 lit. c und d VO (EG) Nr. 168/2007 bearbeiten, allerdings nicht auf eigenen Antrieb hin, sondern nur auf Ersuchen des Rates der Kommission oder des Parlaments.[155]

Insgesamt kommt der EU-GRA eine wichtige **ergänzende Funktion** zu. Denn ihre Aufgaben sind insbesondere im **präventiven Bereich** angesiedelt. Im Unterschied zum Individualrechtsschutz nach der Grundrechte-Charta sind ihre Aufgaben allerdings **objektiv** ausgerichtet. Es ist interessant, dass in der **Praxis** das EP am meisten Gebrauch von der Möglichkeit macht, die Agentur um die Erstellung von konkreten **Gutachten** zu ersuchen.[156] Einmal mehr zeigt sich hier die besondere Nähe des EP zum Grundrechtsschutz. Zudem kann das Parlament mit diesen Ersuchen die thematische Begrenzung der Agentur durch den Mehrjahresrahmen überspielen. Gemessen an den Pariser Prinzipien ist allerdings auf eine fortbestehende **Asymmetrie** in der Ausrichtung der Tätigkeiten hinzuweisen. Nach wie vor steht die Grundrechtssituation in den **Mitgliedstaaten im Fokus** und weniger die Achtung der Grundrechte durch die EU-Organe und -Einrichtungen.

---

[147] Art. 15 Abs. 4 VO (EG) Nr. 168/2007.
[148] Art. 3 VO (EG) Nr. 168/2007.
[149] Art. 4 VO (EG) Nr. 168/2007.
[150] Art. 4 Abs. 1 lit. c VO (EG) Nr. 168/2007.
[151] Art. 4 Abs. 1 lit. d VO (EG) Nr. 168/2007.
[152] *Eckhardt* S. 368 ff.
[153] Art. 6 Abs. 3 S. 1 VO (EG) Nr. 168/2007.
[154] *Eckhardt* S. 383; *Heselhaus/Weiser* FS Wilson, 2016, 24 (40 f.).
[155] Art. 6 Abs. 3 S. 2 VO (EG) Nr. 168/2007.
[156] Auf der Homepage https://fra.europa.eu/de/publications-and-resources/opinions?title=&date%5Bmin%5D%5Bdate%5D=&date%5Bmax%5D%5Bdate%5D=&related_content=&field_fra_requested_by_tid_i18n=245&=Anwenden kann eine Auflistung der Tätigkeiten je nach auffordernden Organ abgerufen werden.

33   **2. Das Europäische Institut für Gleichstellungsfragen.** Mit dem **Europäischen Institut für Gleichstellungsfragen** („European Institute for Gender Equality", EIGE) ist **2006** eine spezifische **Agentur** für Fragen eines **spezifischen Grundrechts,** des Rechts auf Gleichstellung von Frauen und Männern, durch VO (EG) Nr. 1922/2006[157] eingerichtet worden.[158] Die Verordnung ist auf Art. 19 Abs. 2 AEUV und Art. 157 Abs. 3 AEUV gestützt worden.[159] **Art. 157 AEUV** betrifft die **Gleichstellung in Arbeits- und Beschäftigungsfragen.** Die Aufgaben des EIGE betreffen aber auch andere Bereiche (→ Rn. 34), sodass eine zusätzliche Abstützung auf die Rechtsetzungskompetenz zur Bekämpfung von **Diskriminierung nach Art. 19 Abs. 2 AEUV** notwendig ist.[160] Letztere Vorschrift erlaubt **Fördermaßnahmen der Union.**[161] Es ist hervorzuheben, dass in Art. 19 Abs. 1 AEUV lediglich ein Verbot von Diskriminierung vorgegeben wird, nicht aber ein Gebot der Gleichstellung. Etwas konkreter stellt **Art. 23 Abs. 2 GRC** fest, dass der **Grundsatz der Gleichbehandlung** von Frauen und Männern **Gleichstellungsmaßnahmen** nicht entgegensteht. Damit werden zwar keine Maßnahmen zur Förderung der Gleichstellung verlangt, doch werden sie primärrechtlich **akzeptiert.**

34   Die Tätigkeit des EIGE ist bereits definitionsgemäß ausschließlich auf **Grundrechte** ausgerichtet ist. Seine **Aufgaben** umfassen insbesondere die Sammlung und Analyse von Informationen über die Geschlechtergleichstellung in den Mitgliedstaaten und der EU.[162] Die Analyse umfasst auch die Bewertung und Verbreitung von Informationen und Methoden zur Förderung der Geschlechtergleichstellung.[163] Das Institut kann von sich aus Datenerhebungen durchführen.[164] Darüber hinaus soll es die **EU-Organe** bei der Einbeziehung von Gleichstellungsfragen **in allen Politikbereichen unterstützen**.[165] Des Weiteren soll es ein **Netzwerk zur Geschlechtergleichstellung,** insbesondere von Forschungsstellen, einrichten und koordinieren.[166] Ferner soll es **Informationen** zu Gleichstellungsfragen **für die Öffentlichkeit** bereitstellen,[167] einen **Dialog mit Experten** aus der Zivilgesellschaft führen[168] sowie die **Unionsbürgerinnen und -bürger** für Gleichstellungsfragen **sensibilisieren.**[169] Das EIGE nimmt **keine** Aufgaben als **Beschwerdeinstanz** wahr.[170] Insgesamt kommt dem EIGE damit zum einen eine **unterstützende Funktion** für die EU-Einrichtungen im Bereich von Gleichstellungsförderung zu, zum anderen soll es aber auch eine **Informationspolitik** wahrnehmen. Inhaltlich beschließt das EIGE die Arbeitsprogramme in Abstimmung mit der Kommission.[171] In der Praxis orientiert sich das EIGE an den Prioritäten der Union im Bereich der Geschlechtergleichstellung.[172] Für den Einzelnen ist die Tätigkeit des EIGE nur indirekt von Bedeutung.

35   **Organisatorisch** verfügt das EIGE über eine gewisse **Selbstständigkeit,** ist inhaltlich aber an die Kommission angebunden. So hat das EIGE **eigene Rechtspersönlichkeit.**[173] **Finanziert** wird es aus dem **allgemeinen Haushalt** und dort ua aus dem **Budget der**

---

[157] VO (EG) Nr. 1922/2006, ABl. 2006 L 403, 9 ff.
[158] *Eckhardt* S. 385 ff. spricht von einer „besonderen Grundrechteagentur".
[159] 2006 entsprachen dem die Art. 13 Abs. 2 und 141 Abs. 3 EGV.
[160] Vgl. die Wertung bei *Eckhardt* S. 387 ff., wonach Art. 157 AEUV ergänzend herangezogen worden ist.
[161] *Streinz* in Streinz AEUV Art. 19 Rn. 22.
[162] Art. 3 Abs. 1 lit. a–c VO (EG) Nr. 1922/2006.
[163] Art. 3 Abs. 1 lit. c VO (EG) Nr. 1922/2006.
[164] Art. 3 Abs. 1 lit. d VO (EG) Nr. 1922/2006.
[165] Art. 3 Abs. 1 lit. c VO (EG) Nr. 1922/2006.
[166] Art. 3 Abs. 1 lit. e VO (EG) Nr. 1922/2006.
[167] Art. 3 Abs. 1 lit. h, j VO (EG) Nr. 1922/2006.
[168] Art. 3 Abs. 1 lit. i VO (EG) Nr. 1922/2006.
[169] Art. 3 Abs. 1 lit. g VO (EG) Nr. 1922/2006.
[170] Gegen eine Einführung einer Funktion als Beschwerdeeinrichtung *Eckhardt* S. 402, mit Effizienzerwägungen.
[171] Art. 10 Abs. 6 lit. a VO (EG) Nr. 1922/2006.
[172] *Eckhardt* S. 399 f.; s. etwa Mitteilung der Kommission „Ein Fahrplan für die Gleichstellung von Frauen und Männern 2006–2010", KOM(2006) 92 endgültig.
[173] Art. 5 VO (EG) Nr. 1922/2006.

Kommission.[174] Die wichtigsten Organe des EIGE sind der Direktor, der Verwaltungsrat sowie der Sachverständigenbeirat. Hauptorgan ist der **Verwaltungsrat,** der aus den Vertretern von **18 Mitgliedstaaten** und einem Vertreter der **Kommission** besteht.[175] Die **Auswahl** der Mitgliedstaaten orientiert sich an der Reihenfolge, in der die Mitgliedstaaten den Vorsitz im Rat der EU führen. In dieser Begrenzung und Auswahl zeigt sich, wie in der Praxis ein Ausgleich dafür geschaffen werden könnte, wenn in der Kommission – wie im Primärrecht vorgesehen – nicht mehr jeder Mitgliedstaat einen Kommissar stellen könnte. Der Verwaltungsrat verabschiedet **in Abstimmung mit der Kommission** ein einjähriges sowie ein mittelfristiges **Arbeitsprogramm** für einen Zeitraum von **drei Jahren.** Dies geschieht auf einen **Vorschlag des Direktors** hin. Der Verwaltungsrat ist ferner zuständig für den **Jahresbericht** des Instituts und den **endgültigen Haushaltsplan.** Die Mitglieder des Verwaltungsrates werden für lediglich **drei Jahre** gewählt. Im zweiten Gremium, dem **Sachverständigenbeirat,** sitzen **Experten,** die Gleichstellungseinrichtungen auf der Ebene der Mitgliedstaaten vertreten. **Jeder Mitgliedstaat** ernennt einen Vertreter; dazu treten **zwei** vom **Europäischen Parlament** sowie **drei** von der **Kommission** ernannte Vertreter.[176] Ausdrücklich soll auf ein **ausgewogenes Verhältnis von Männern und Frauen** in den Gremien geachtet werden.[177] Der Sachverständigenbeirat soll den Direktor **unterstützen,** der den Vorsitz führt. Der **Direktor** selbst wird für eine Zeit von **fünf Jahren** ernannt.[178] Er hat zwar kein Stimmrecht im Verwaltungsrat, aber er **bereitet** entscheidend die Programme und Aktionen des EIGE **vor.** Inhaltlich soll sich das Programm am **Arbeitsprogramm der Kommission** orientieren.[179] In dieser Praxis wird eine gewisse Bindung an die Kommission, deren Tätigkeiten das EIGE unterstützen soll, deutlich. Ferner ist der Direktor für das **Personal** verantwortlich.[180]

An der **inhaltlichen Ausrichtung** der Arbeit des EIGE wird in der Literatur kritisiert, **36** dass dieses nicht in völliger Unabhängigkeit operiere, sondern in enger Kooperation mit der Kommission. Allerdings ist diese Bindung deutlich geringer als jene der EU-Grundrechte-Agentur. Dennoch werden insofern nicht die **Pariser Prinzipien** für ein unabhängiges Grundrechtsinstitut erfüllt (→ Rn. 4).[181] Zudem ist hervorzuheben, dass das EIGE allein auf die Kommission ausgerichtet ist und das Europäische Parlament keinerlei formalen Einfluss hat. In der Literatur ist verschiedentlich moniert worden, dass mit dem EIGE spezifische Grundrechte aus dem Aufgabenspektrum der Grundrechte-Agentur der EU **ausgegliedert** worden sind.[182] Dieser Kritik ist aber entgegenzuhalten, dass die Ausgliederung in der spezifischen **Ausrichtung auf Gleichstellungsfragen** begründet ist, dh einem spezifischen grundrechtlichen Aspekt im Rahmen der Gleichbehandlung von Frauen und Männern, der sich deutlich von den anderen Grundrechten, für die die Grundrechte-Agentur zuständig ist, abhebt.

V. Europäische Bürgerinitiative

Die **Europäische Bürgerinitiative** (EBI) nach Art. 11 Abs. 4 EUV unterscheidet sich **37** fundamental von den anderen außergerichtlichen Instrumenten des Grundrechtsschutzes in der EU. **Funktional** betrifft sie den engen Bereich der **Rechtsetzung,** und zwar der Rechtsetzungsinitiative der Kommission. Sie selbst führt weder zu Rechtsetzung noch zu einem Rechtsetzungsvorschlag, sondern enthält lediglich die **Aufforderung** an die Kommission, **einen Rechtsetzungsvorschlag einzubringen.** Und diese Aufforderung ist

---

[174] *Eckhardt* S. 407.
[175] Art. 10 VO (EG) Nr. 1922/2006, ausführlich dazu *Eckhardt* S. 390 ff.
[176] Art. 11 VO (EG) Nr. 1922/2006, näher dazu *Eckhardt* S. 393.
[177] Art. 11 Abs. 1 UAbs. 2 VO (EG) Nr. 1922/2006.
[178] Art. 12 VO (EG) Nr. 1922/2006.
[179] *Eckhardt* S. 393 f.
[180] *Eckhardt* S. 410.
[181] *Eckhardt* S. 410 sieht Nachbesserungsbedarf.
[182] Kritisch dazu *McCrudden* in Alston/De Schutter S. 131 (149); *Eckhardt* S. 457 ff.

rechtlich unverbindlich, auch wenn die Kommission verpflichtet ist, zu einer erfolgreichen Bürgerinitiative Stellung zu nehmen.[183] In der Theorie besteht bei einer Bürgerinitiative keine größere Grundrechtsnähe als bei einem anderen Rechtsetzungsvorschlag. Die **Praxis** hat allerdings gezeigt, dass sich zahlreiche Bürgerinitiativen auf **Grundrechte** berufen, um ihr Anliegen zu unterstreichen und besonders zu legitimieren.[184] Dabei werden auch in der Grundrechtecharta nicht ausdrücklich erwähnte soziale Grundrechte wie ein **Recht auf Wasser** herangezogen. **Vorbilder** für die europäische Bürgerinitiative finden sich im italienischen und österreichischen Recht.[185] Allerdings hat man gerade in Österreich negative Erfahrungen mit dem Instrument gemacht, weil es sich aufgrund der rechtlichen Unverbindlichkeit sehr schnell als stumpfes Schwert erwiesen hat und in der späteren Praxis kaum noch aktiviert worden ist.

38   **Antragsberechtigt** zur Einreichung einer Europäischen Bürgerinitiative sind alle **Unionsbürgerinnen und -bürger.**[186] Art. 11 Abs. 4 EUV verlangt ausdrücklich als Mindestquorum **1 Million Unterstützende.** Diese müssen sich auf „eine erhebliche Zahl von Mitgliedstaaten" verteilen. Die Verordnung zur Umsetzung der EBI konkretisiert dies als ein **Viertel der Mitgliedstaaten.**[187] Die Konstruktion macht klar, dass es sich um ein **Kollektivrecht,** nicht um ein Individualrecht handelt. Selbst die Initiative zu einer EBI kann nicht von einer Einzelperson ausgehen, sondern mindestens sieben Personen aus sieben Mitgliedstaaten müssen einen **Bürgerausschuss** bilden, der die Initiative anmeldet.

39   Für den **Inhalt** einer EBI bestehen verschiedene Vorgaben. Zunächst kann sie nur auf eine **Änderung des Sekundärrechts** gerichtet sein. Dementsprechend muss sich der Vorschlag für eine EBI im Rahmen der **Zuständigkeitsbereiche** der Union halten. Des Weiteren darf der vorgeschlagene Rechtsakt nicht offenkundig gegen die **Grundwerte** nach Art. 2 EUV verstoßen. In der Praxis sind bisher **vier Bürgerinitiativen erfolgreich** gewesen. Dazu zählen 2012 die Initiative für „Wasser und sanitäre Grundversorgung sind ein Menschenrecht! Wasser ist ein öffentliches Gut und keine Handelsware!", bei der der Grundrechtsbezug bereits im Titel deutlich wird. Aus dem gleichen Jahr datiert die Initiative „einer von uns", die den Schutz des ungeborenen Lebens ausweiten möchte und sich ausdrücklich in der Begründung auf den Schutz der Würde des Menschen, das Recht auf Leben und das Recht auf Unversehrtheit jeder menschlichen Person beruft. **Keiner** der vier Bürgerinitiativen hat die Kommission umfassend Folge geleistet. 2019 gab es laufende Verfahren zu 18 europäischen Bürgerinitiativen, die meistens Fragen des **Umweltschutzes** betreffen, vereinzelt aber auch des **Rechtsstaatsprinzips.**

40   Funktional bietet sich ein **Vergleich** der EBI mit dem Petitionsrecht an. Denn dort könnte über eine erfolgreiche Petition das Europäische Parlament von seinem Aufforderungsrecht an die Kommission zur Einbringung eines Rechtsvorschlages Gebrauch machen. Eine Petition bedeutet für die Initiatoren einen deutlich geringeren organisatorischen Aufwand als eine EBI. Allerdings ist man bei einer erfolgreichen EBI direkt am Ziel: der Aufforderung an die Kommission. Obwohl das Instrument der EBI aufgrund seiner Unverbindlichkeit und der bisher ablehnenden Praxis der Kommission **wenig erfolgreich** erscheint, erfreut es sich doch weiterhin einiger Beliebtheit.[188] Der Grund dafür kann darin liegen, dass die Initiatoren durch die EBI zumindest das **Teilziel** erreichen, ihr Thema in der **Öffentlichkeit** deutlicher zu platzieren als etwa über eine Petition.

---

[183] Für eine Begründungspflicht *Heselhaus* in FK-EUV/GRC/AEUV EUV Art. 11 Rn. 81; beschränkt auf „Extremfälle" hingegen *Ruffert* in Calliess/Ruffert EUV Art. 11 Rn. 21.
[184] Die Kommission führt ein amtliches Register über die EBI, das unter http://ec.europa.eu/citizens-initiative/public/initiatives/open einsehbar ist.
[185] Näher dazu *Hieber* S. 54.
[186] Art. 11 Abs. 4 EUV.
[187] Art. 7 Abs. 2 VO (EU) Nr. 211/2011, ABl. 2011 L 65, 1.
[188] S. die Zahl der laufenden Verfahren im Register der EBI (Fn. 186).

VI. Art.-7-EUV-Verfahren

Das **Art.-7-EUV-Verfahren** ist ähnlich der EBI relativ weit von einem Individualgrundrechtsschutz entfernt. Die Verbindung besteht darin, dass dieses Verfahren dem **Schutz der Grundwerte** der EU und der Mitgliedstaaten nach Art. 2 EUV dient, zu denen ausdrücklich auch die **Menschenrechte** zählen. Namentlich genannt werden die Menschenwürde, Freiheit, Gleichheit und „die Rechte der Personen, die Minderheiten angehören". Auch das dort genannte **Rechtsstaatsprinzip** („Rechtsstaatlichkeit") hat nicht nur als Fundament für die Grundrechte Bedeutung, sondern wird über manche Grundrechte, wie das Recht auf einen wirksamen Rechtsbehelf nach Art. 47 GRC konkretisiert. Als mögliche **Sanktionen** sieht Art. 7 Abs. 3 EUV die **Aussetzung** bestimmter Rechte vor, wozu insbesondere die **Stimmrechte** gezählt werden.[189] 41

Historischer **Vorläufer** waren die Sanktionen im Jahr 2000 gegen **Österreich** wegen der Beteiligung der Freiheitlichen Partei Österreichs (FPÖ), die damals ua als „rechtspopulistische Partei mit extremistischer Ausdrucksweise" bezeichnet worden war,[190] in der Regierungskoalition.[191] 2019 sind aktuelle Probleme die Sicherung der **Rechtsstaatlichkeit** in **Polen** und in **Ungarn**.[192] Das ganze Verfahren entspricht eher einem **präventiven** bzw. **repressiven Vorgehen der Exekutive** als einer gerichtlichen Entscheidung der Judikative.[193] Da der Vorwurf einer eindeutigen Gefahr einer schwerwiegenden Verletzung (nach Art. 7 Abs. 1 EUV) bzw. einer schwerwiegenden und anhaltenden Verletzung (nach Art. 7 Abs. 2 EUV) der in Art. 2 EUV genannten Werte durch einen Mitgliedstaat politisch sehr heikel ist, ist er der Kompetenz des **Rates** bzw. des **Europäischen Rates** überantwortet, die mit einer Mehrheit von vier Fünfteln bzw. mit Einstimmigkeit zur Entscheidung berufen sind. Zudem ist nach Art. 269 AEUV die **Überprüfungskompetenz** des EuGH auf die Einhaltung der Verfahrensbestimmungen beschränkt. Im Umkehrschluss folgt daraus, dass der Beschluss von Rat bzw. europäischem Rat **nicht aus materiellen Gründen** angegriffen werden kann.[194] Insofern kann das Art.-7-EUV-Verfahren als **außergerichtliches Instrument** des Grundrechtsschutzes bezeichnet werden. 42

Wegen der politischen Brisanz des Art.-7-EUV-Verfahrens die Kommission einen ergänzenden **Frühwarnmechanismus** etabliert.[195] Das dabei zur Anwendung kommende Vorverfahren hat die Kommission in der Mitteilung „EU-Rahmen zur Stärkung des Rechtsstaatsprinzips" vorgestellt.[196] Dieses Vorverfahren muss sich **im Rahmen der Kompetenzen** der Kommission halten. Das ist grundsätzlich zu bejahen, weil die Kommission sowohl im Rahmen von Art. 7 Abs. 1 EUV als auch Art. 7 Abs. 2 EUV **antragsberechtigt** ist und sie damit die Ausübung ihrer im Vertrag ausdrücklich zugewiesenen Kompetenzen vorbereiten kann. Dies wird vom Juristischen Dienst des Rates allerdings anders beurteilt.[197] Zusätzlich ist die Kommission im Fall des polnischen Gesetzes zur Reduzierung der Amtszeiten von Richterinnen und Richter auf dem Weg der **Vertragsverletzungsklage** vorgegangen. Die Möglichkeit dieses zweigleisigen Vorgehens hat der EuGH implizit mit seinem der Kommission rechtgebenden Urteil in der Rs. C-619/18 bestätigt.[198] Politisch ist diese Option interessant, weil sie eine Streitbeilegung herbeiführen kann, ohne dass sich die 43

---

[189] Näher dazu *Nowak* in FK-EUV/GRC/AEUV EUV Art. 7 Rn. 19.
[190] *Ahtisaari/Frowein/Oreja* EuGRZ 2000, 404 (413).
[191] *Nowak* in FK-EUV/GRC/AEUV EUV Art. 7 Rn. 3.
[192] Art.-7-EUV-Verfahren „in Gang gesetzt" gegen Polen durch die Kommission am 20.12.2017, vgl. http://europa.eu/rapid/press-release_IP-17-5367_en.htm, und gegen Ungarn durch das EP am 12.9.2018, vgl. http://www.europarl.europa.eu/news/de/press-room/20180906IPR12104/rechtsstaatlichkeit-in-ungarn-parlament-fordert-rat-zum-handeln-auf.
[193] *Pechstein* in Streinz EUV Art. 7 Rn. 22.
[194] *Pechstein* in Streinz AEUV Art. 269 Rn. 1.
[195] *Nowak* in FK-EUV/GRC/AEUV EUV Art. 7 Rn. 6.
[196] Mitteilung der Kommission vom 11.3.2014, COM(2014) 158 final.
[197] Gutachten des Juristischen Dienstes des Rates vom 27.5.2014, 10296/14, Rn. 24.
[198] EuGH C-619/18 (GK), ECLI:EU:C:2019:531 (noch nicht zugewiesen) – Kommission/Polen.

Mitgliedstaaten untereinander streiten müssen, was eventuell wichtige Kompromissbildungen in anderen Fragen erschweren könnte.

44 Im Ergebnis hat das Art.-7-EUV-Verfahren eine wichtige **ergänzende Funktion,** da es nicht nur um einzelne Grundrechte geht, die vor Gericht eingeklagt werden könnten, sondern auch um das **rechtsstaatliche Fundament** für einen effektiven Grundrechtsschutz. Ergänzend ist darauf hinzuweisen, dass auch die **Grundrechte** zur Sicherung **rechtsstaatlicher Grundsätze** eingesetzt werden können. Ein leading case unter der EMRK ist ein Fall von 2019 gegen Island, in dem ein Verstoß gegen Art. 6 EMRK bejaht wird, weil die Richterbank (auch nach isländischem Recht) falsch besetzt gewesen war.[199] Schließlich ist im Vergleich mit der Grundrechtecharta hervorzuheben, dass sich das Art.-7-EUV-Verfahren ausschließlich gegen Mitgliedstaaten richtet, nicht aber die EU-Organe erfasst.

D. Zusammenfassung und Ausblick

45 Zusammenfassend ist festzustellen, dass die EU über eine Reihe **außergerichtlicher Instrumente** zur Sicherung des Grundrechtsschutzes verfügt. Diese übernehmen **wichtige ergänzende Funktionen.** Die Beispiele der Europäischen Grundrechte-Agentur und des Art.-7-EUV-Verfahrens zeigen aber, dass teilweise der Haupt- bzw. alleinige **Fokus auf** den **Mitgliedstaaten** ruht. Das kann damit begründet werden, dass in der Praxis die Gefahr von Grundrechtsverstößen auf der Ebene der Mitgliedstaaten – auch bei der Umsetzung von EU-Recht – größer erscheint als auf der EU-Ebene.

---

[199] EGMR 12.3.2019 – 26374/18 – Gudmundur Andri Astradsson/Island.

Besonderer Teil. Die einzelnen Grundrechte und grundrechtsgleichen Rechte

3. Abschnitt. Die Würde und Integrität des Menschen

§ 13 Würde des Menschen als Fundament der Grundrechte

Übersicht

	Rn.
A. Die Garantie der Würde des Menschen: Zentralnorm der EU-Grundrechtsordnung	1–6
I. Die Menschenwürde im Streit der Vorverständnisse	1, 2
II. Menschenwürde als unbekannter Schlüsselbegriff der EU-Rechtsordnung	3, 4
III. Die Rechtssemantik der europäischen Menschenwürde als Aufgabe	5, 6
B. Zur normativen Doppelbedeutung des Menschenwürde-Satzes	7–11
I. Würde des Menschen oder menschliche Würde? – Zwischen subjektivrechtlichem Schutz und objektivrechtlichem Auftrag	7, 8
II. Das anthropologische Sinnreservoir der Menschenwürde als Problem juristischer Konkretisierung: zwischen Schutz der Rechtspersonalität und Sicherung der Identität des Menschlichen	9–11
C. Zum Gewährleistungsbereich im Einzelnen	12–30
I. Die subjektivrechtliche Bedeutung der Menschenwürde-Garantie: Schutz der Rechtspersonalität vor fundamentaler Desavouierung	12–27
1. Sachlicher Gewährleistungsbereich	12–18
2. Persönlicher Schutzbereich	19–21
3. Unantastbarkeit – jede Beeinträchtigung als Verletzung der Menschenwürde	22, 23
4. Grundrechtsfunktionen	24
5. Grundrechtsverpflichtete	25, 26
6. Menschenwürde und Grundfreiheiten	27
II. Die objektivrechtliche Bedeutung der Menschenwürde-Garantie: Schutz der Identität des Humanen durch Verantwortung für den Wandel anthropologischer Konzepte	28–30
D. Zusammenfassende Bewertung und Ausblick	31–34

Schrifttum:

Barriga, Die Entstehung der Charta der Grundrechte der Europäischen Union, 2003; *Bergmann,* Das Menschenbild der Europäischen Menschenrechtskonvention, 1995; *v. Bogdandy,* Grundrechtsgemeinschaft als Integrationsziel? Grundrechte und das Wesen der Europäischen Union, JZ 2001, 157; *Borowsky,* Wertegemeinschaft Europa, DRiZ 2001, 275; *Calliess/Meiser,* Menschenwürde und Biotechnologie: Die EG-Biopatentrichtlinie auf dem Prüfstand des europäischen Verfassungsrechts (EuGH, EuZW 2001, 691), JuS 2002, 426; *Chwolik-Lanfermann,* Grundrechtsschutz in der Europäischen Union, 1994; *Dreier,* Menschenwürde in der Rechtsprechung des Bundesverwaltungsgerichts, in Schmidt-Aßmann ua, FG 50 Jahre BVerwG, 2003, S. 201; *Enders,* Die Menschenwürde in der Verfassungsordnung, 1997; *Everling,* Durch die Grundrechtecharta zurück zu Solange I?, EuZW 2003, 225; *Frahm/Gebauer,* Patent auf Leben? – Der Luxemburger Gerichtshof und die Biopatent-Richtlinie, EuR 2002, 78; *Frenz,* Freiheitsbeschränkungen durch Grundrechte, EWS 2005, 15; *ders.,* Menschenwürde und Dienstleistungsfreiheit, NVwZ 2005, 48; *Haltern,* Europäische Verfassungsästhetik – Grundrechtscharta und Verfassung der EU im Zeichen von Konsumkultur, KritV 2002, 261; *ders.,* Finalität, in v. Bogdandy/Bast, Europäisches Verfassungsrecht, 2. Aufl. 2009, S. 279; *Hitzel-Cassagnes,* Der Europäische Gerichtshof: Ein europäisches „Verfassungsgericht"?, Aus Politik und Zeitgeschichte – Beilage zu „Das Parlament", B 52–53/2000, 22; *Höfling,* Reprogenetik und Verfassungsrecht, 2001; *ders.,* Von Personen und Menschen – Verfassungsrechtliche Überlegungen zu einer bioethischen Schlüsselkategorie, in Dörr ua, FS Schiedermair, 2001, S. 363; *ders.,* Verfassungsrechtliche Aspekte des so genannten therapeutischen

Klonens, Zeitschrift für medizinische Ethik (ZME) 2001, 277; *ders.*, Biomedizinische Auflösung der Grundrechte?, Bitburger Gespräche – Jahrbuch 2002/II, 99; *Hufen*, In dubio pro dignitate – Selbstbestimmung und Grundrechtsschutz am Ende des Lebens, NJW 2001, 849; *Jaeckel*, Schutzpflichten im deutschen und europäischen Recht, 2001; *Kersten*, Das Klonen von Menschen, 2004; *Kingreen*, Die Gemeinschaftsgrundrechte, JuS 2000, 857; *Kloepfer*, Leben und Würde des Menschen, FS 50 Jahre BVerfG, 2001, S. 77; *Kley*, Der Grundrechtskatalog der nachgeführten Bundesverfassung – ausgewählte Neuerungen, ZBJV 135 (1999), 301; *Kühling*, Grundrechte, in v. Bogdandy/Bast, Europäisches Verfassungsrecht, 2. Aufl. 2009, S. 657; *Mastronardi*, Menschenwürde und kulturelle Bedingtheit des Rechts, in Marauhn, Die Rechtsstellung des Menschen im Völkerrecht, 2003, S. 55; *Meyer/Engels*, Die Charta der Grundrechte der Europäischen Union – Eine Einführung, in Deutscher Bundestag/Referat Öffentlichkeitsarbeit, Die Charta der Grundrechte der Europäischen Union (Zur Sache 1/2001), 2001, S. 7; *Meyer-Ladewig*, Menschenwürde und Europäische Menschenrechtskonvention, NJW 2004, 981; *Rau/Schorkopf*, Der EuGH und die Menschenwürde, NJW 2002, 2448; *Ritgen*, Grundrechtsschutz in der Europäischen Union, ZRP 2000, 371; *Rixen*, Lebensschutz am Lebensende, 1999; *ders.*, Ist die Hirntodkonzeption mit der Ethik des Grundgesetzes vereinbar? Anmerkungen zum offenen Menschenbild des Grundgesetzes, in Engels, Biologie und Ethik, 1999, S. 346; *ders.*, Menschenwürde oder „Biomasse"? Zum verfassungsrechtlichen Status des Embryos am Beispiel der Präimplantationsdiagnostik, in Beer/Markus/Platzer, Was wissen wir vom Leben? Aktuelle Herausforderungen der Ethik durch die neuen Biowissenschaften, 2003, S. 264; *ders.*, Die reprogenetische Diffusion des Körpers: Diffusion der Menschenrechte? Zur biowissenschaftlichen Herausforderung von Rechtsphilosophie und Verfassungsrecht, in Schwarte/Wulf, Körper und Recht – Anthropologische Dimensionen der Rechtsphilosophie, 2003, S. 211; *ders.*, Diffusion der Grundrechte in der Biopolitik: Die Wiedergewinnung des Menschen als demokratisches Projekt, in Rixen, Die Wiedergewinnung des Menschen als demokratisches Projekt, Bd. 1: Neue Demokratietheorie als Bedingung demokratischer Grundrechtskonkretisierung in der Biopolitik, 2015, S. 1; *ders.*, Deformierte Menschenwürde? – Neuere philosophische Beobachtungen zur utilitaristischen Versuchung des Rechts, JZ 2016, 585; *Rodotà*, The Charter of fundamental rights, Referate für den 1. Europäischen Juristentag Nürnberg 2001 (Ausgabe von 2001), S. 7; *Schefer*, Die Kerngehalte von Grundrechten, 2001; *Schmidt*, Der Schutz der Menschenwürde als „Fundament" der EU-Grundrechtscharta unter besonderer Berücksichtigung der Rechte auf Leben und Unversehrtheit, ZEuS 2002, 631; *Schulze-Fielitz*, Verfassungsvergleichung als Einbahnstraße? Zum Beispiel der Menschenwürde in der biomedizinischen Forschung, in Blankenagel ua, FS für Peter Häberle zum 70. Geburtstag, 2004, S. 355; *Seidel*, Pro futuro: Kraft Gemeinschaftsrechts Vorrang der höheren einzelstaatlichen Grundrechtsschutzes?, EuZW 2003, 97; *Streuer*, Die positiven Verpflichtungen des Staates, 2003; *Szczekalla*, Die sogenannten grundrechtlichen Schutzpflichten im deutschen und europäischen Recht, 2002; *Sommermann*, Staatsziele und Staatszielbestimmungen, 1997; *Stieglitz*, Allgemeine Lehren im Grundrechtsverständnis nach der EMRK und der Grundrechtsjudikatur des EuGH, 2002; *Tettinger*, Die Charta der Grundrechte der Europäischen Union, NJW 2001, 1010; *Vranes*, Der Status der Grundrechtscharta der Europäischen Union. Rechtliche Fragen und Optionen für die Zukunft, JBl. 2002, 630; *Wallrabenstein*, Die Grundrechte, der EuGH und die Charta, KritJ 2002, 381.

A. Die Garantie der Würde des Menschen: Zentralnorm der EU-Grundrechtsordnung

I. Die Menschenwürde im Streit der Vorverständnisse

1 Wer die Garantie der Würde des Menschen als **„Zentralnorm"**[1] der EU-Grundrechtsordnung qualifiziert, wird sich des Beifalls sicher sein können, solange allzu konkrete Proben auf die Plausibilität der These unterbleiben. „Wir sind uns einig über diese Rechte unter der Bedingung, dass man nicht fragt, warum."[2] So, dies wird als Anekdote berichtet, habe ein Mitglied der UN-Kommissionen, in denen die Allgemeine Menschenrechtserklärung beraten wurde, das bewusste Ausblenden interpretationsleitender Hintergrundannahmen problematisiert, das an die Stelle substanzieller Einigkeit einen formelkompromisshaften Scheinkonsens über die Bedeutung der Menschenrechte setzte. Ähnliches wird man für Art. 1 GRC annehmen dürfen. Erst die Bereitschaft, die unterschiedlichen Begründungsansätze, die die Garantie der Menschenwürde fundieren können,[3] bei der Verabschie-

---

[1] *Meyer/Engels* S. 17.
[2] Zitiert bei *Nagel*, Lebensschutz und Tötungsrecht in der abendländischen Tradition, in Mensen, Recht auf Leben – Recht auf Töten: ein Kulturvergleich, 1992, S. 133 (145).
[3] Dazu im Überblick *Horstmann* in Ritter/Gründer, Historisches Wörterbuch der Philosophie, Bd. 5, 1980, Sp. 1124 ff.; *Pöschl* in Brunner/Conze/Koselleck, Geschichtliche Grundbegriffe, Bd. 7, 1992, S. 637 (645 ff.); *Kondylis* in Brunner/Conze/Koselleck, Geschichtliche Grundbegriffe, Bd. 7, 1992, S. 645 ff.; ausf. (mit Schwerpunkt auf der dt. Debatte) *Enders* passim. – Zum „Pluralismus von Menschenbildern" als Problem der Konkretisierung der Menschenwürdegarantie; *Mastronardi* S. 67 ff.; *Rengeling/Szczekalla*

dung von Art. 1 GRC zu ignorieren,[4] hat es ermöglicht, den Normtext von unterschiedlichen Vorverständnissen aus zu bejahen. Art. 1 GRC fungiert in der Konkretisierungsarbeit am EU-rechtsspezifischen Menschenwürde-Begriff als verlässliches „Referenzdokument"[5] mit „Signalwirkung"[6]. Dauerhaft lässt sich die Pluralität der Begründungsoptionen jedoch kaum in ein Buchstaben-Vakuum abdrängen, denn auf der Ebene konkreter Probleme kommt sie schnell wieder zum Vorschein. Der **Pseudokonsens** über den Normtext wird dann durch den Dissens auslegungsleitender Vorverständnisse verdrängt, die als rechtlich gewollt präsentiert werden, ohne dass ein *criterium veritatis* – ein Kriterium, an dem sich die Rechtsangemessenheit einer Auslegung erkennen ließe – fraglos anerkannt wäre. Das polemisch-polemogene[7] Potential letzter weltanschaulicher Verwurzelungen lässt sich bei der Auslegung semantisch uneindeutiger positivrechtlicher Schlüsselbegriffe mit großer Affinität zu moralischen Diskursen offenbar nur mit Mühe begrenzen.[8] Gerade die Schwierigkeit, die umstrittenen Innovationen der Biowissenschaft normativ einzuhegen, macht augenfällig, dass die Menschenwürde-Garantie keine „nicht interpretierte These"[9] ist, sondern allenfalls wie eine solche behandelt werden kann, solange keine Interpretationsprobleme zu lösen sind, an denen sich die in die Fundamente des Menschenwürde-Begriffs eingelegten „genetischen" Spannungen entladen.[10]

Will man in rechtspraktischer Absicht gleichwohl Fortschritte erreichen, empfiehlt sich eine möglichst weitreichende **Pragmatisierung des Menschenwürde-Begriffs.** Sie hat eine entsprechend weitgehende Entideologisierung zur Voraussetzung, die den EU-rechtsspezifischen Menschenwürde-Begriff jenseits der jeweiligen Vorverständnisse konzipieren muss, weil sich anders Gemeinsamkeit nicht herstellen lässt. Das verlangt zunächst – und das sollte man nicht als vermeintlich vorrechtliche Nebensächlichkeit abtun – den anhaltenden Diskurs über die Reichweite der Menschenwürde-Garantie in der reziprok unterstellten Annahme, das Gegenüber werde vielleicht nicht Unrecht haben.[11] Der Sinn der Menschenwürde ist wie der Sinn eines jeden anderen Begriffs des positiven Rechts nicht zeitlos vorgegeben, sondern in die Zeit hinein aufgegeben. Die aus der Unabgeschlossenheit des rechtshermeneutischen Prozesses folgende Perspektive der Prima-facie-Plausibilität der jeweiligen Gegenansicht kann einen Freiraum des Arguments schaffen, der das Glaubenskriegerische mancher Auslegungskontroversen über die Menschenwürde, wenn es gut geht, abmildert. Die Annahme der „nicht interpretierten These"[12] mag nicht in der Sache tragen, aber sie kann tragen, wenn man sie prozedural wendet, dh wenn sie gleichsam zur

---

Grundrechte in der EU Rn. 569; zur Abhängigkeit des Bedeutungsgehalts vom sog gesellschaftlichen Konsens *Schefer* S. 94 ff.; aus jüngerer Zeit *Rothhaar*, Die Menschenwürde als Prinzip des Rechts, 2015; dazu *Rixen* JZ 2016, 585 ff.

[4] Zur Entstehungsgeschichte zusf. *Barriga* S. 70 f.; *Borowsky* in NK-EuGRCh GRCh Art. 1 Rn. 6 ff.

[5] Begriff (bezogen auf die gesamte GRC) bei *Vranes* JBl. 2002, 630 (633). – S. vorher schon Art. 1 der „Erklärung der Grundrechte und Grundfreiheiten" des Europäischen Parlaments, ABl. 1989 C 120, 52 (53): „Die Würde des Menschen ist unantastbar." S. außerdem den Entwurf einer EU-Verfassung des Europäischen Parlaments, ABl. 1994 C 61, 156 (166), Art. 7 iVm Titel VIII, Nr. 2: „Die Würde des Menschen ist unantastbar (...)."

[6] *Calliess/Meiser* JuS 2002, 426 (430), bezogen auf Art. 1–3 GRC.

[7] Zum streitentfachenden und -verstärkenden Potential moralischer Begriffe *Luhmann*, Die Gesellschaft der Gesellschaft, 1997, Ausg. 1998, Bd. 1, S. 404; zum „überschießende(n) moralische(n) Potential" der Menschenrechte *Böhme*, Ethik im Kontext, 1997, S. 110; zum Problem der „Moralisierung der Menschenwürdegarantie" s. *Schulze-Fielitz* S. 370 f.

[8] Menschenrechte tragen „ein Janusgesicht, das gleichzeitig der Moral und dem Recht zugewandt ist", *Habermas* in Brunkhorst/Niesen, Das Recht der Republik, 1999, S. 386 (391).

[9] So – bezogen auf Art. 1 GG – *Th. Heuss* in Deutscher Bundestag/Bundesarchiv, Der Parlamentarische Rat 1948–1949, Bd. 5/I, 1993, S. 72.

[10] Zum Problemhintergrund *Rixen*, Reprogenetische Diffusion des Körpers, S. 211 ff.

[11] Zu diesem gleichermaßen von Charles Taylors Ansatz der „presumption of equal worth" und Albrecht Wellmers Ansatz der „Politik der Differenz" inspirierten Zugriff *Rixen*, Diffusion der Grundrechte, S. 1 (17).

[12] S. *Th. Heuss* in Deutscher Bundestag/Bundesarchiv, Der Parlamentarische Rat 1948–1949, Bd. 5/I, 1993, S. 72.

didaktischen Leitlinie wird, die die Polemik des Diskurses reduzieren hilft – weil sie von jedem Diskursteilnehmer die Relativierung, ja Infragestellung des eigenen Vorverständnisses verlangt und seinen Willen, gemeinsamen Grund möglichst jenseits der Ausgangspunkte zu finden. Was vor diesem Hintergrund bezogen auf verfassungsrechtliche Diskurse in den Mitgliedstaaten als „Wille zum Glauben an die Verfassung" bezeichnet wird,[13] ist auch im EU-Kontext bedeutsam: ohne den Willen zum Glauben an eine EU-Grundrechtsordnung, die wenn nicht für alle Betroffenen, so doch für möglichst viele von ihnen plausibel ist, werden die um die Menschenwürde-Garantie zentrierten EU-Grundrechtsdiskurse nicht mehr reflektieren als die Fremdheit unüberbrückbarer Vor-Urteile.

II. Menschenwürde als unbekannter Schlüsselbegriff der EU-Rechtsordnung

3 Das Problem, den Sinn der Garantie der Menschenwürde zu bestimmen, wäre im Rahmen der EU entschärft, wenn es eine hinreichend gefestigte und aussagekräftige **Rechtsprechungspraxis des EuGH** gäbe, die dem Durcheinander der Meinungen über das, was Menschenwürde bedeuten kann, stabilisierende und rationalisierende Fixpunkte gäbe. Dies ist indes nicht der Fall. Der EuGH hat sich insbesondere seit Mitte der 2000er Jahre häufiger auf die Menschenwürde bezogen, ohne dass allerdings der normative Gehalt dadurch restlos geklärt worden wäre. Anders als dies gelegentlich insinuiert wird,[14] hat sich der Gerichtshof im „Stauder"-Urteil noch nicht zur Menschenwürde als Teil der EU-Rechtsordnung geäußert. Zwar ging es in dem (deutschen) Ausgangsverfahren um eine (behauptete) Verletzung der Menschenwürde, der EuGH hob jedoch in seinem Urteil nur pauschal „die in den allgemeinen Rechtsgrundsätzen der Gemeinschaftsrechtsordnung (...) enthaltenen Grundrechte der Person"[15] aus der Taufe, ohne auf die Menschenwürde einzugehen. Gut dreißig Jahre später ist dies anders. In der Entscheidung zur sog Biopatent-Richtlinie heißt es: „Es obliegt dem EuGH, im Rahmen der Kontrolle der Übereinstimmung der Handlungen der Organe mit den allgemeinen Grundsätzen des Gemeinschaftsrechts, die Beachtung der Menschenwürde und des Grundrechts der Unversehrtheit der Person sicherzustellen".[16] Allerdings erläutert der EuGH nicht, was mit Menschenwürde gemeint ist, sondern bezieht sich durchweg auf den Schutz des menschlichen Körpers, so dass die Grenze zum Garantiegehalt des Rechts auf Unversehrtheit der Person verschwimmt.[17] Überdies lässt sich der Entscheidung kein Hinweis darauf entnehmen, dass die Menschenwürde zumindest auch als subjektives Recht zu verstehen ist;[18] die diesbezügliche Unklarheit der Biopatent-Richtlinie wird vielmehr perpetuiert.[19] Auch in späteren Entscheidungen wird zwar nicht ganz klar, ob die Menschenwürde als subjektives Recht (Grundrecht) oder interpretationsleitender Grundsatz gemeint ist,[20] allerdings ist gerade in der neueren Rechtsprechung – konkret: zum Schutz vor „Tests" zum Nachweis der Homosexualität in Asylverfahren – vom „Recht auf Wahrung der Würde des Menschen"[21] die Rede. In der (ersten) Transsexuellen-Entscheidung hatte der EuGH ausgeführt: „Würde eine solche Diskriminierung", nämlich die Diskriminierung wegen einer Geschlechtsumwandlung, „toleriert, so liefe das darauf hinaus, daß gegenüber einer solchen Person

---

[13] *Rixen,* Menschenwürde oder „Biomasse"?, S. 278 mwN.
[14] Vgl. etwa *Chwolik-Lanfermann* S. 69; *Nicolaysen* Europarecht I S. 121.
[15] EuGH 29/69, Slg. 1969, 419 Rn. 7 – Stauder.
[16] EuGH C-377/98, Slg. 2001, I-7079 Rn. 70 – Niederlande/Parlament und Rat (zur RL 98/44/EG, ABl. 1998 L 213, 13); dazu *Kersten* S. 363 ff.
[17] Vgl. EuGH C-377/98, Slg. 2001, I-7079 Rn. 77 ff. – Niederlande/Parlament und Rat; krit. hierzu *Frahm/Gebauer* EuR 2002, 78 (82 ff., 86 ff.).
[18] *Rau/Schorkopf* NJW 2002, 2448 (2449); *Schorkopf* in Ehlers GuG § 15 Rn. 8 aE.
[19] Vgl. den 16. Erwägungsgrund der sog Biopatent-Richtlinie, RL 98/44/EG, ABl. 1998 L 213, 13 (14): „Das Patentrecht muß unter Wahrung der Grundprinzipien ausgeübt werden, die die Würde und die Unversehrtheit des Menschen gewährleisten."
[20] EuGH C-179/11, ECLI:EU:C:2012:594, Rn. 42, 56 = NVwZ 2012, 1529; s. zuvor auch schon EuGH C-36/02, Slg. 2004, I-9609 Rn. 34 – Omega/Stadt Bonn („Laserdrome").
[21] EuGH verb. Rs. C-148/13 bis C-150/13, ECLI:EU:C:2014:2406 Rn. 53.

gegen die Achtung der Würde und der Freiheit verstoßen würde, auf die sie Anspruch hat und die der Gerichtshof schützen muß".[22] Im Vorgriff auf die zweite Transsexuellen-Entscheidung, die allerdings nicht die Menschenwürde, sondern das Recht auf Eheschließung aus Art. 12 EMRK in den Mittelpunkt rückt,[23] hatte GA *Ruiz-Jarabo Colomer* unter Bezugnahme auf die erste Transsexuellen-Entscheidung betont, die „Menschenwürde und das Grundrecht auf freie Persönlichkeitsentfaltung" geböten eine Zuordnung des Personenstands zum Geschlecht, dem die Person nach ihrer psychischen und physischen Konstitution angehöre.[24] So sehr man insbesondere der neueren Rechtsprechung Anzeichen dafür entnehmen kann, dass die Menschenwürdegarantie (auch) ein subjektives Grundrecht ist,[25] so wenig sind damit aber inhaltliche Konkretisierungen des Bedeutungsgehalts verbunden. Was Menschenwürde bedeutet, wann sie verletzt wird, wogegen sie schützt und wen sie in welcher Weise bindet, ist im spezifischen Rechtsraum der EU noch nicht verlässlich geklärt (→ Rn. 5 f., 11).[26]

In der EMRK, die grundsätzlich als Interpretationshilfe (vgl. Art. 52 Abs. 3 S. 1 GRC) **4** in Betracht kommt, wird die Menschenwürde-Garantie nicht ausdrücklich erwähnt. In der Anwendungspraxis hat die Menschenwürde-Garantie gleichwohl die Funktion einer alle Einzelgarantien der EMRK fundierenden normativen Hintergrundannahme übernommen, auf die zurückgegriffen werden kann, sofern die Menschenwürde-Garantie nicht bereichsspezifisch (wie etwa im Folterverbot) konkretisiert ist (→ Rn. 12).[27] Die Rolle der Menschenwürde-Garantie im Kontext der EMRK erinnert damit an die (ohne expliziten komparativen Bezug zur EMRK entwickelte) Konstruktion der Menschenwürde-Garantie als **„basic concept"**, wie sie der *US Supreme Court* vertritt.[28] Damit vergleichbar hat der österreichische Verfassungsgerichtshof die Menschenwürde-Garantie zu den „allgemeinen Wertungsgrundsätzen unserer Rechtsordnung" gezählt,[29] ohne sich allerdings auf die EMRK zu beziehen, was verwundert, weil die EMRK in Österreich Verfassungsrang hat.[30] Auch die italienische *Corte costituzionale* betrachtet die Menschenwürde *(dignità della persona umana)* als „Verfassungswert, der (...) das positive Recht durchdringt"; sie rückt ihn nahe an Art. 2 italV, der vom „Respekt vor der menschlichen Person"[31] inspiriert ist, ohne dass die

---

[22] EuGH C-13/94, Slg. 1996, I-2143 Rn. 22 – P./S. und Cornwall County Council.
[23] EuGH C-117/01, NJW 2004, 1440; der EuGH bezieht sich auf EGMR 28957/95, NJW-RR 2004, 289 – Christine Goodwin/Vereinigtes Königreich.
[24] GA *Ruiz-Jarabo Colomer*, SchlA C-117/01, ECLI:EU:C:2003:332 Rn. 77 – K. B./The National Health Service Pensions Agency, The Secretary of State for Health.
[25] S. etwa EuGH C-34/10, Slg. 2011, I-9821 Rn. 32 – Brüstle: „die Grundrechte und vor allem die Menschenwürde"; EuGH C-341/05, Slg. 2007, I-11767 Rn. 94 – Laval un Partneri: „die Ausübung der dort betroffenen Grundrechte, nämlich der Meinungs- und Versammlungsfreiheit sowie der Menschenwürde".
[26] In diesem Sinne auch *Borowsky* in NK-EuGRCh GRCh Art. 1 Rn. 35.
[27] S. aus jüngerer Zeit EGMR 11.7.2002 – 28957/95, NJW-RR 2004, 289 Rn. 90 – Christine Goodwin/Vereinigtes Königreich: „Doch macht die Achtung der Würde und der Freiheit des Menschen das Wesen der Konvention aus." Aber auch im Hinblick auf Art. 3 EMRK wird die Verwurzelung der Garantie in der Menschenwürde immer wieder herausgestellt, s. etwa EGMR 13.11.2003 – 23145/93 und 25091/94 Rn. 633 – Elçi ua/Türkei – Zusf. *Meyer-Ladewig* NJW 2004, 981 (982 f.); *Bergmann* S. 181 ff.
[28] Trop v. Dulles, 356 U. S. 86 (1958), opinion of the Court, sub II., nach dortiger Fn. 31; Atkins v. Virginia, Nr. 00–8452, 122 S. Ct. 2242 (2002), opinion of the Court, sub II., nach dortiger Fn. 7 – bezogen auf den achten Verfassungszusatz (Amendment 8 entspricht Art. 3 EMRK bzw. Art. 4 GRC): „Excessive bail shall not be required, nor excessive fines imposed, nor cruel and unusual punishments inflicted." S. auch die vielfältigen Verweise auf „dignity" in Lawrence et al. v. Texas, No. 02–102, v. 26.6.2003 (zur Verfassungswidrigkeit der Kriminalisierung einverständlicher homosexueller Kontakte zwischen Erwachsenen). – Die Entscheidungen sind abrufbar unter http://caselaw.findlaw.com.
[29] ÖstVfGH Erkenntnis v. 10.12.1993, VfSlg. 13635/1993, sub IV. 1. (abrufbar über das Rechtsinformationssystem [RIS] der Republik Österreich, http://www.ris.bka.gv.at); s. auch *Öhlinger/Eberhard*, Verfassungsrecht, 10. Aufl. 2014, Rn. 748.
[30] S. dazu nur *Öhlinger/Eberhard*, Verfassungsrecht, 10. Aufl. 2014, Rn. 681 mwN – Auch Bezugnahmen auf das Bundesverfassungsgesetz vom 29.11.1988 über den Schutz der persönlichen Freiheit (öBGBl. Nr. 684/1988), das in Art. 1 Abs. 4 die „Achtung der Menschenwürde" hervorhebt, fehlen.
[31] Art. 2 italVerf: „La Repubblica riconosce e garantisce i diritti inviolabili dell'uomo, sia come singolo sia nelle formazioni sociali ove si svolge la sua personalità, e richiede l'adempimento dei doveri inderogabili di solidarietà politica, economica e sociale."

Menschenwürde dort genannt würde.³² In zahlreichen anderen Verfassungen der EU-Mitgliedstaaten, insbesondere jenen der neuen EU-Mitglieder aus Mittel-Ost-Europa, ist die Menschenwürde explizit garantiert (→ Rn. 8). Auch der Entwurf des nicht in Kraft getretenen EU-Verfassungsvertrages hatte, der Grundrechtecharta folgend, die Menschenwürde-Garantie an herausgehobener Stelle erwähnt (Art. II-61 VVE).³³

III. Die Rechtssemantik der europäischen Menschenwürde als Aufgabe

5   Die Lage, in der sich die EU-Grundrechtswissenschaft im Umgang mit der Menschenwürde-Garantie befindet, lässt sich als transitorisch und unabgeschlossen qualifizieren. Was für die Grundrechtecharta als Ganzes immer noch gilt, trifft in besonderer Weise auf ihren ersten Artikel zu: „(T)he Charter is not an end product but the starting point of a new process".³⁴ Bei dem Bestreben, dem Prozess eine Richtung zu geben, ist zunächst der Versuchung zu widerstehen, einen nationalen Problemlösungszugriff bzw. eine mitgliedstaatliche Auslegungstradition zum expliziten oder, was weitaus schwerer zu vermeiden ist, zum impliziten Urmeter der Menschenwürde-Dogmatik zu machen.³⁵ Gleichwohl ist nicht zu verkennen, dass sich Art. 1 GRC an **das Vorbild des deutschen Grundgesetzes** anlehnt, dessen Art. 1 Abs. 1 S. 1 GG sie wortwörtlich übernimmt und dessen Art. 1 Abs. 1 S. 2 GG sie in seinen wesentlichen Aussagen („achten und schützen") rezipiert.³⁶ Trotz der normtextlich frappanten Ähnlichkeit wird man Art. 1 GRC als eigenständige Adaption der deutschen Menschenwürde-Garantie auffassen müssen, die der Rezeption von Art. 1 Abs. 1 GG etwa in der Verfassung Spaniens entspricht; auch dort ist dies nicht als völlige Inkorporation der deutschen Judikatur und Diskussionslage zum Verfassungsbegriff der Menschenwürde gedeutet worden.³⁷ Bedenkt man, dass die Menschenwürde-Rechtsprechung des BVerfG durch beträchtliche Vagheiten charakterisiert ist und die im Raum der deutschen (Verfassungs-)Rechtswissenschaft vertretenen Ansichten zur Maßstabskraft der Menschenwürde-Garantie im hohen Maße divergieren,³⁸ dann würde die Annahme einer Rezeption der deutschen Rechtsprechungs- und Diskussionslage für die Interpretation von Art. 1 GRC in der Sache auch kaum weiterführen, es sei denn, man begreift sie als Hilfe bei der Problemerkennung, nutzt sie als zumindest heuristisch wertvollen Argumentationsfundus und betrachtet sie vor allem als Warnung vor den Risiken unkontrollierter Vorverständnisgeleitetheit, denen der Umgang mit dem Rechtssatz der Menschenwürde-Garantie erfahrungsgemäß immer wieder erliegt. Im Übrigen wird man anhand der im Einzelnen freilich unklaren Methode der wertenden Rechtsvergleichung³⁹ nach der im Kontext der Verfassungstraditionen der Mitgliedstaaten und der Anwendungspraxis der EMRK angemessenen Lösung zu fragen haben. Diesem Ansatz wird nicht zu Unrecht „fehlende Methodentransparenz"⁴⁰ und die Tendenz bescheinigt, „kreativen Eklektizismus"⁴¹ zu befördern. Man kann dem in seiner jetzigen Gestalt durchaus prekären Ansatz allerdings etwas Sinnvolles abgewinnen, wenn man **bereichsspezifisch differenziert** (näher → § 14 Rn. 3): Je basaler die Bedeutung der in Rede stehenden Grundrechtsgarantie ist, je mehr sie also die Möglichkeitsbedingungen individueller Existenz markiert, desto eher ist es vertretbar, einen starken Schutzstandard anzunehmen,

---

³² Alle Zitate in der dt. Übersetzung von: Corte cost., EuGRZ 2002, 613; die ital. Fassung ist abrufbar unter http://www.cortecostituzionale.it. – Als Schranke des Grundrechts auf privatwirtschaftliche Beziehungen („l'iniziativa economica privata") wird die Würde des Menschen („dignità umana") in Art. 41 II italVerf genannt.
³³ ABl. 2004 C 310, 1.
³⁴ *Rodotà* S. 28.
³⁵ *Stieglitz* S. 114, ua auch mit der Formulierung „Urmeter".
³⁶ *Barriga* S. 70.
³⁷ Vgl. Art. 10 I spanV; zum Einfluss von Art. 1 I GG auf die spanische Verfassung *Villalón* in Stern, 40 Jahre Grundgesetz. Entstehung, Bewährung und internationale Ausstrahlung, 1990, S. 93 (96).
³⁸ Zusf. zum Problem *Rixen*, Menschenwürde oder „Biomasse"?, S. 264 ff. mwN.
³⁹ S. hierzu etwa *Weber* in Stern/Sachs GRCh S. 89 ff. (Abschnitt B. II., Rn. 1 ff., insbes. Rn. 3, 15 ff.).
⁴⁰ *Wallrabenstein* KritJ 2002, 381 (385).
⁴¹ *Hitzel-Cassagnes* S. 29.

der ein weites Tatbestandsverständnis impliziert. Das hat nichts mit einem prinzipiellen Votum für einen Maximalstandard des EU-grundrechtlich gewährten Schutzes gemein, sondern trägt nur dem Umstand Rechnung, dass es Grundrechtspositionen gibt, die für die Existenzgestaltung wichtiger, unabdingbarer, grundlegender sind als andere, ohne dass damit für alle Situationen, in denen gegenläufige grundrechtlich geschützte Interessen koordiniert werden müssen, eine letztverbindliche Hierarchie der Wichtigkeiten, eine durchweg durchzuhaltende Ordnung von Vorrangrelationen, aufgestellt wäre.

Bei all dem sollte man die Rede von der wertenden Rechtsvergleichung allerdings ernst **6** nehmen. Es geht um Wertungen, also (wie bei aller Arbeit an neuartigen, justiziell kaum vorgeordneten Rechtsproblemen) weniger um den Nachvollzug vorgegebener Argumentbestände, sondern um die Findung – man könnte, methodologisch informiert, auch sagen: die „Erfindung" – von Argumenten.[42] Dass es hierbei nicht ohne Kreativität geht, die freilich in sich stringent, nicht eklektizistisch strukturiert sein sollte, muss schon aus methodologischen Gründen außer Streit stehen, denn Rechtskonkretisierung ist notwendig mit kreativen Momenten verbunden.[43]

B. Zur normativen Doppelbedeutung des Menschenwürde-Satzes

I. Würde des Menschen oder menschliche Würde? – Zwischen subjektivrechtlichem Schutz und objektivrechtlichem Auftrag

Die Garantie der Unantastbarkeit der Menschenwürde hat eine doppelte normative Bedeu- **7** tung: Einerseits ist die Menschenwürde-Garantie eine subjektivrechtliche Position des je konkreten einzelnen Menschen; andererseits ist sie das objektivrechtliche Fundament aller Grundrechte,[44] wobei das Prädikat „objektivrechtlich" zunächst einmal nur anzeigt, dass sich die Menschenwürde-Garantie nicht im subjektivrechtlichen Schutz erschöpft (näher → Rn. 12 ff., 28 ff.). Dieser Doppelcharakter kommt in der normtextlich-systematischen Strukturierung der Grundrechtecharta treffend zum Ausdruck. Art. 1 GRC leitet als Basissatz den mit „Würde des Menschen" überschriebenen Titel ein, auf den dann weitere, in besonderer sachlicher Nähe zum Menschenwürde-Satz angesiedelte Normsätze folgen, deren Grundrechtscharakter im Sinne einer vom Einzelnen aktivierbaren Schutzposition normtextlich klarer zu erkennen ist als der auch subjektivrechtliche Charakter von Art. 1 GRC. Aber gerade die Verknüpfung mit normativen Sätzen, deren subjektivrechtlicher Zug vergleichsweise offen zu Tage liegt (Art. 2–5 GRC), und die zeitgleiche Distanzierung vom bloß Subjektivrechtlichen, die in der eher an objektivrechtliche Staatsfundamentalnormen erinnernden Formulierung zum Ausdruck gelangt, (zum Charakter als Quasi-Staatsziel der EU → Rn. 28) belegt den **Doppelcharakter der Menschenwürde-Garantie.** Der objektivrechtliche Charakter klingt freilich in den nichtdeutschen Formulierungen des Art. 1 GRC signifikanter an, denn dort ist anstatt von der „Würde des Menschen" die Rede von „human dignity", „dignité humaine", „dignità umana", „dignidad humana", „menselijke waardigheid", „menneskelige værdighed" oder „människans värdighet". Folgerichtig heißt es in den (aktualisierten) Erläuterungen zu Art. 1 GRC: „Die Würde des Menschen ist nicht nur ein Grundrecht an sich, sondern bildet das eigentliche Fundament der Grundrechte."[45] Versuche einzelner Konventsmitglieder, der Menschenwürde eine subjektivrechtliche Bedeutung abzusprechen, haben keinen Erfolg gehabt.[46] Die unterschiedli-

---

[42] Hierzu *Rixen*, Lebensschutz am Lebensende, S. 51 Fn. 244 mwN.
[43] Zu dieser – für eine grundlagentheoretisch informierte (Grund-)Rechtswissenschaft selbstverständlichen – rechtsmethodologischen Einsicht s. nur Kramer Methodenlehre, 3. Aufl. 2010, S. 49 f.; *Alexy*, Recht, Vernunft, Diskurs, 1995, S. 91.
[44] Zu dieser zweifachen Bedeutung s. auch *Rengeling/Szczekalla* Grundrechte in der EU Rn. 555; *Kersten* S. 361 ff., 366 ff.
[45] Vgl. die Erläuterungen ABl. 2007 C 303, 17; ferner die Erläuterungen, die Teil des nicht in Kraft getretenen VVE waren (ABl. 2004 C 310, 1 (425)).
[46] Hierzu *Barriga* S. 71; *Borowsky* in NK-EuGRCh GRCh Art. 1 Rn. 32.

che Formulierung – „Würde des Menschen" hier, „human dignity" etc dort – würde also missverstanden, wollte man aus der überwiegend adjektivisch erfolgenden Zuordnung des Prädikats „menschlich" eine Entscheidung gegen den (auch) subjektivrechtlichen Schutzaspekt herleiten. Die genitivische Konstruktion im Deutschen bringt beides etwas aussagekräftiger zur Geltung: gemeint ist der Mensch als Individuum und zugleich, in der Form des pluralisch gemeinten Singulars, „der Mensch" als Sammelbezeichnung für alle Menschen im Sinne von Menschheit, wobei die Signatur des Humanen im Sinne eines übergreifenden normativen Appells gemeint ist, anthropologische Sinnkonstanten zu bewahren, die über das je Individuelle einer konkreten Menschenexistenz hinausgehen (→ Rn. 28 ff.). Der Blick in die Verfassungsordnungen der EU-Mitgliedstaaten, namentlich in die Verfassungen der neuen EU-Mitglieder Mittel-Ost-Europas, unterstreicht die Doppelbedeutung der Menschenwürde-Garantie.[47] Zum Teil lässt sich in derselben Verfassung sowohl eine objektivrechtlich akzentuierende als auch eine subjektivrechtlich formulierte Erwähnung der Menschenwürde nachweisen.[48]

8 Dass das Verständnis von der Doppelbedeutung der Menschenwürde-Garantie angemessen ist, bestätigt der **rechtsvergleichende Blick** in eine der EU vielfach verbundene[49] Rechtsordnung, in der neben dem Deutschen auch noch andere (auch in der EU verwendete) Sprachen gleichberechtigte Amtssprachen sind. In der schweizerischen Bundesverfassung heißt es in Art. 7: „Die Würde des Menschen ist zu achten und zu schützen." Im Französischen lautet dies: „La dignité humaine doit être respectée et protégée." Und im Italienischen: „La dignità della persona va rispettata e protetta." Die schweizerische Grundrechtslehre nimmt an, dass es sich bei der Menschenwürde-Garantie nicht nur um einen Grundsatz, sondern auch um ein Grundrecht handelt; die sprachliche Abweichung insbesondere zwischen der deutschen und der französischen Fassung gilt als sachlich nicht weiter relevant.[50] Es läge also neben der Sache, aus der Formulierungsdivergenz „Würde des Menschen", „dignité humaine" und „dignità della persona" im Lichte bestimmter philosophischer Vorverständnisse (etwa der interessenethischen Person-Konzepte, → § 14 Rn. 7) Schlüsse zu ziehen oder gar den (auch) subjektivrechtlichen Charakter der Menschenwürde-Garantie in Frage zu stellen.[51] Mit Grundrechtstexten lässt sich vieles, aber eben nicht alles machen.[52] Vor allem sind sie nicht bloße Buchstaben-Hülsen, die ohne weiteres mit Vorverständnissen jedweder Provenienz aufgefüllt werden dürften. Grundrechtskonkretisierung ist kein Grundrechtsnominalismus, ebenso wenig eine quasi-philologische Dekonstruktion von Texten ohne Sinn für die Funktion von Grundrechten in der konkreten politischen Ordnung der EU. Die an einer polylingualen Rechtssemantik geschulten Differenzierungsleistungen der schweizerischen Rechtsordnung sind mithin ein komparativ fundiertes Indiz dafür, dass sich auch auf der Ebene der EU-Grundrechte Interpretation nicht in der Fixierung auf den Wortlaut erschöpfen darf, sondern als systematisch-teleologisch informierte Konkretisierungsarbeit praktiziert werden muss, in deren Rahmen der in der jeweiligen Sprache des Mitgliedstaates abgefasste Wortlaut ein notwendiger, aber bei weitem nicht hinreichender Aspekt der Rechtsgewinnung ist.

---

[47] Objektivrechtlich akzentuierender Normtext: § 1 Abs. 2 S. 1 finnVerf, Art. 2 Abs. 1 griechVerf, Art. 30 polnVerf, Art. 1 portVerf, Art. 95 S. 1 lettVerf, Art. 21 Abs. 2 litVerf, Art. 21 Abs. 1 slowenVerf. – Subjektivrechtlich akzentuierender Normtext: § 23 Abs. 1 belgVerf, § 54 Abs. 1 ungVerf, Art. 3 tschechVerf iVm Art. 10 Abs. 1 tschechGR-Deklaration.
[48] So in der finnVerf: objektivrechtlich § 1 Abs. 2 S. 1, subjektivrechtlich § 7 Abs. 2; s. auch Art. 30 und Art. 41 Abs. 4 polnVerf.
[49] S. etwa das (sog gemischte, vgl. Art. 217 AEUV, ex-Art. 310 EGV) „Abkommen zwischen der Europäischen Gemeinschaft und ihren Mitgliedstaaten einerseits und der Schweizerischen Eidgenossenschaft andererseits über die Freizügigkeit", ABl. 2002 L 114, 6, in Kraft seit 1.6.2002.
[50] Vgl. hierzu *Mastronardi* in Ehrenzeller/Schindler/Schweizer/Vallender, Die schweizerische Bundesverfassung, 3. Aufl. 2014, Art. 7 Rn. 13 ff., 28 ff. mwN.
[51] Vgl. hierzu insbes. die (allerdings nicht zwingenden) rechtsvergleichenden Ausführungen bei *Kley* ZBJV 135 (1999), 301 (323 ff., 327 ff.).
[52] Hierzu *Alexy*, Theorie der Grundrechte, 1985, S. 502.

II. Das anthropologische Sinnreservoir der Menschenwürde als Problem juristischer Konkretisierung: zwischen Schutz der Rechtspersonalität und Sicherung der Identität des Menschlichen

Der Begriff der Menschenwürde knüpft an **unterschiedliche Traditionen europäischen Denkens** an, die sich trotz aller Wechselbezüglichkeiten und Verweisungszusammenhänge als eigenständige Ideen(wirkungs)geschichten rekonstruieren lassen. Sie würden in ihrer Eigenlogik missverstanden, wollte man einen meinungsprägenden Vorrang christlicher Deutungsangebote behaupten, der alle nicht-christlichen Würdekonzepte als bloße Säkularisate christlichen Denkens erscheinen ließe.[53] Ein solcher Zugang würde den (in sich durchaus heterogenen) christlichen Blick auf die Menschenwürde-Problematik stillschweigend zur universal gültigen Verstehensperspektive erheben, ohne dass dafür in einer europäischen Welt, die den vorneuzeitlichen *ordo* hinter sich gelassen hat, ein allseitig anerkennungsfähiger Grund ersichtlich wäre.[54] Eine mehr oder weniger subtil praktizierte „Verchristlichung" der Menschenwürde wäre zudem in hohem Maß unhistorisch. Als spezifisch menschenrechtliches Problem ist die Menschenwürde erst relativ spät zum Thema der Ideengeschichte des Christentums geworden, wobei bis heute Ungleichzeitigkeiten etwa in den Traditionen des orthodoxen Christentums auffallen.[55] Dessen ungeachtet bilden christliche Deutungsangebote einen wichtigen argumentativen Fundus zur Begründung der Menschenwürde. Danach erweist sie sich (mit unterschiedlichen Akzenten und Facetten je nach theologischer Tradition) als Derivat des Konzeptes der Gottebenbildlichkeit, das den Menschen, analog zu seinem göttlichen Gegenüber, als Geheimnis modelliert, das ohne Rest nicht verstanden werden kann. Der *homo absconditus* entzieht sich letztem Begreifen, was durchaus wörtlich gemeint ist: Ihn in den Griff bekommen, ihn verfügbar machen zu wollen, verfehlt das Signum des Humanen. In einer aus den Quellen des Aufklärungsdenkens schöpfenden Betrachtung erweist sich Würde als vom Menschen selbst erkannter bzw. selbst gesetzter Eigenwert des Individuums. Menschen sind sich infinite Aufgabe, sie sind nur dem unterworfen, was sie selbst sich vorgeben, worin sie selbst über sich verfügen. Auf je eigene Weise wird so, in typisierend zuspitzender Betrachtung, eine Ausnahme- bzw. Sonderstellung des Menschen bzw. der Menschen gesetzt, die zwischen den Polen der **Unverfügbarkeit** und der **Selbstdisponibilität** oszilliert. Das moderne (Verfassungs-)Recht, das den Begriff Menschenwürde erst vergleichsweise spät entdeckt hat,[56] greift dieses Spannungsfeld auf und transformiert es zunächst in die Verbindlichkeitsform des positiven, reale Geltung anstrebenden Rechts. Weiter rückt das moderne (Verfassungs-)Recht dieses unverfügbar über sich selbst disponierende Wesen namens „Mensch" in das Zentrum der rechtlichen Ordnung politisch-sozialen Kontakts. Damit geht die Anerken-

---

[53] Insoweit warnend *Dreier* in Dreier GG Art. 1 I Rn. 6 ff., insbes. Rn. 8.
[54] Die Anrufung des „Etre suprême", des höchsten Wesens, im Vorspruch zur frz. Menschenrechtserklärung von 1789, die Teil der geltenden frz. Verfassung ist (vgl. die Präambel der Verfassung von 1958), lässt sich schwerlich in ein „anonym" christliches Zeugnis umdeuten.
[55] *Schirrmacher* in Aus Politik und Zeitgeschichte (APuZ), Beilage zu „Das Parlament", Nr. 14/2009, S. 21 (24 mwN).
[56] Der moderne Rechtsbegriff der Menschenwürde taucht zuerst in der irVerf von 1937 auf (*Horstmann*, Sp. 1126; *Dreier* in Dreier GG Art. 1 I Rn. 21). Allerdings wurde er in einen dezidiert röm.-kath. Kontext gestellt, war also an ein bestimmtes Vorverständnis angebunden, das später nach und nach aus dem Text der irVerf verschwunden ist, s. etwa die 1972 durch das 5. Verfassungsänderungsgesetz aufgehobene Anerkennung der „besondere(n) Stellung der Heiligen Katholischen, Apostolischen und Römischen Kirche als der Hüterin des Glaubens" (Art. 44 Abs. 1 Ziff. 2 irVerf aF). Im Vergleich zu anderen europäischen Verfassungen auffällig „theologisierende" Anklänge (allerdings ohne Hervorhebung des römischen Katholizismus) finden sich noch in der Präambel sowie in Art. 44 Abs. 1 Ziff. 1 irVerf; ähnl. explizit ist nur noch die griechVerf (Präambel, Art. 3 Abs. 1). – Nicht richtig ist der Hinweis bei *Schulze-Fielitz* S. 363, auf „Art. 6 der Verf. Portugal vom 10. April 1933" als angeblich noch älteres positivverfassungsrechtliches Beispiel: Der Begriff der Menschenwürde wurde erst durch das Gesetz Nr. 2048 aus dem Jahre 1951 in Art. 6 Ziff. 3 der (alten) portugiesischen Verfassung eingeführt; die alte portugiesische Verfassung wurde durch die Verfassung vom 2.4.1976, in Kraft getreten am 25.4.1976 (vgl. Art. 299 Abs. 1, 2 portVerf), abgelöst.

nung der **Rechtspersonalität des Menschen,** genauer: aller Menschen einher, die einander als Gleiche, gleich Würdige, gleich Schutzwürdige begegnen.[57] Die gleiche Rechtspersonalität aller wird als zwingende Folge der Würde des Menschen begriffen: „Every individual shall have the right to the respect of the dignity inherent in a human being and to the recognition of his **legal status.**"[58]

10 Dieses normative Modell des Menschen soll – das folgt aus seinem Transfer in den Kontext des positiven Rechts – ein rechtstechnisch implementierbares Konzept, ein **operabler „legal status"** werden. Das impliziert eine lebensbereichsspezifische Entfaltung des Würdekonzeptes, was rechtskonstruktiv entsprechend zugeschnittene Menschenrechte verlangt. Sie vereinfachen die vergleichsweise vage Rede von der Menschenwürde, weil sie sich in der Regel durch semantisch leichter rekonstruierbare Begriffe auszeichnen (Gewissensfreiheit, Religionsfreiheit, Pressefreiheit etc.). Daneben bleibt die Würde als eigenständige Garantie erhalten, was nur konsequent ist: Wenn der Mensch als nicht restlos Begreifbarer, als konstitutiv Unbegreifbarer oder Unabgeschlossener gedacht wird, kann sich seine Würde (als Abbreviatur dieses Modells) rechtskonstruktiv nicht ohne Rest in spezielle Garantien auflösen lassen. Die gewissermaßen immer größere Würde des Menschen bleibt als letzte Auffanglinie der Anerkennung von Rechtspersonalität erhalten, weil Würde sich strukturell nicht in ihren einzelgrundrechtlichen Konkretisierungen erschöpfen kann. Rechtstechnisch stellt sich dann aber zwangsläufig das Problem der sachgerechten Abgrenzung der Schutzgehalte von speziellen Grundrechten und Menschenwürde-Garantie. Hierbei gilt grundsätzlich ein Vorrang der speziellen Grundrechte vor der subjektivrechtlich gemeinten Menschenwürde. Ihr Schutz wird nur aktiviert, wenn die Rechtspersonalität des einzelnen Menschen fundamental berührt ist, also die Modalitäten eines Verhaltens die Bewertung nahelegen, dass das Konzept der Menschenwürde insgesamt in Frage gestellt wird. Die Menschenwürde-Garantie fungiert im Verhältnis zu anderen Grundrechten als **„modal ausgerichtete Generalklausel"**[59], die ohne eine Beschränkung auf einen bestimmten Lebensbereich, also generell, anwendbar ist, wenn die Modalitäten eines den Grundrechtsverpflichteten (→ Rn. 25 f.) zurechenbaren Verhaltens als **fundamentale Desavouierung der Rechtspersonalität** zu qualifizieren sind. Wann das der Fall ist, lässt sich schwerlich abstrakt-generell sagen. Allerdings wird man angesichts der Qualität des Vorwurfs – das Konzept der Menschenwürde wird in Frage gestellt – eine Verletzung der Menschenwürde nur zurückhaltend annehmen dürfen (näher → Rn. 23 ff.).

11 Diese Zurückhaltung gilt auch für die objektivrechtliche Seite der Menschenwürde, die zunächst nur besagt, dass sich die Menschenwürde-Garantie nicht im subjektivrechtlichen Schutz erschöpft (→ Rn. 28 ff.). Dass die Menschenwürde einen objektivrechtlichen Aspekt hat, verwundert angesichts der Konzeption des Würdemodells nicht: Es geht durchweg nicht nur um einen, sondern um viele, ja alle Menschen, also um normative Aussagen, die für sich beanspruchen, anthropologisch generell Signifikantes über die Menschheit als generationenübergreifend aggregierte Vielheit auch der künftigen Individuen zum Ausdruck zu bringen. Es geht mithin nicht nur um den Schutz der Rechtspersonalität des bereits existierenden konkreten Einzelnen, sondern auch um den **Schutz der humanen Identität,** das Signum des Humanen, das gattungsspezifische Selbstverständnis der Menschen,[60] die sich als Träger eines bestimmten anthropologischen Sinns begreifen, der in die Zeit hinein wirkt und deshalb zwangsläufig der Fortbildung angesichts neuer Fragestellungen bedarf. Allzu konkrete Postulate wird man hieraus kaum herleiten können, denn es

---

[57] Zu diesem Gedanken s. auch *Enders* S. 502 f.
[58] Art. 5 S. 1 AfrMRCharta, abrufbar auf der Homepage der Afrikanischen Union (AU), http://au.int/en/treaties, der Nachfolgeorganisation der früheren OAS.
[59] Dieser Begriff, bezogen auf die dt. Verfassungslage, *Höfling* in Sachs GG Art. 1 Rn. 8.
[60] Diese Formulierung in Anlehnung an den missverständnistrachtigen Begriff des gattungsethischen Selbstverständnisses bzw. des ethischen Selbstverständnisses der Gattung bei *Habermas,* Die Zukunft der menschlichen Natur. Auf dem Weg zu einer liberalen Eugenik?, 4. Aufl. 2002, S. 70 ff. und passim (Anti-Kritik der Kritik S. 127 ff.).

wird schwer möglich sein darzulegen, dass die Spannung zwischen Unverfügbarkeit und Selbstdisponibilität, die das Konzept der juridifizierten Menschenwürde grundieren (→ Rn. 9), in die eine oder andere Richtung in einer Weise aufgelöst wurde, die einem Aspekt den Vorrang gibt. Allerdings kann man (auch bei der Fortbildung des Garantiegehalts der subjektivrechtlichen Seite der Menschenwürde) die Direktionskraft der beiden basalen Aspekte der Menschenwürde prozedural entfalten: Sie können Meinungsverschiedenheiten über Infragestellungen oder zulässige Fortentwicklungen humaner Identität strukturieren und so die Diskursteilnehmer zwingen, möglichst kleinschrittige Argumente dafür vorzubringen, wieso – und zwar jenseits des jeweiligen Vorverständnisses – entweder die Unverfügbarkeit (Offenheit) „des" Menschen oder aber seine Selbstdisponibilität, die auch die Offenheit zu Neuem schützt, Schaden nimmt. Man kann hier Wertungen nicht vermeiden, allerdings kann man sie argumentativ moderieren. Dabei wird man verlangen müssen, dass bloße Behauptungen einer (vermeintlichen) Gefahr für die Menschenwürde in ihrer Bedeutung als Unverfügbarkeitsgarantie umso nachhaltiger substantiiert werden müssen, je mehr die Gegenseite unter Verweis auf die von der Menschenwürde ebenfalls garantierte Selbstdisponibilität eine Gefahr substantiiert in Frage stellt. Folgt man diesem Ansatz (**diskursstrukturierende Funktion der Menschenwürde**)[61] (→ Rn. 2), dann wird es zB schwer sein zu begründen, wieso das reproduktive Klonen ein Verstoß gegen die Menschenwürde sein soll (dazu noch → Rn. 30). Im Gegenteil drängt sich hierbei der Verdacht auf, dass die Menschenwürde als Scheinargument herangezogen wird, um einem kaum begriffenen Unbehagen über Innovationen der Reprogenetik rechtliche Weihen zu verleihen. Die rechtlich gemeinte Menschenwürde ist aber kein Platzhalter für kontingente Tabuisierungs- und Empörungswünsche; dafür stehen andere Diskurse zur Verfügung (zB Moral, Politik, Feuilleton). Die Menschenwürde als Institut des positiven EU-Rechts ein spezifisches Regelungsinstrument, das anthropologischen Selbstvergewisserungsbedarf anzeigt, ohne in jedem Fall bestimmte Antworten vorzugeben oder auszuschließen. Um das Bild von der Würde als Fundament der EU-Grundrechtsordnung aufzugreifen: Das Fundament bekommt nicht immer schon dann Risse, wenn die Elemente des Baus architektonisch ungewohnt positioniert oder statisch wagemutig konstruiert sind.

C. Zum Gewährleistungsbereich im Einzelnen

I. Die subjektivrechtliche Bedeutung der Menschenwürde-Garantie: Schutz der Rechtspersonalität vor fundamentaler Desavouierung

1. Sachlicher Gewährleistungsbereich. Die Garantie der Menschenwürde schützt vor 12 Missachtungen der Menschenwürde. Der Schutz richtet sich auf die Abwehr bzw. **Vermeidung schwerwiegender Menschenrechtsverletzungen,** die die mit der Menschenwürde erfolgende Anerkennung der Rechtspersonalität des Einzelnen massiv in Frage stellen. Rechtstechnisch können solche Verletzungshandlungen in tatbestandlich verselbständigter Form inkriminiert werden. So sieht Art. 4 GRC das Verbot der Folter vor, das in zahlreichen Verfassungsordnungen der Mitgliedstaaten als besondere Ausprägung des Menschenwürde-Gedankens gilt.[62] Da Art. 4 GRC insoweit abschließend ist und ebenso wie Art. 1 GRC keine Eingriffsrechtfertigungen zulässt (→ Rn. 23 f.), also die gleiche Schutzintensität in spezifischer Form gewährt, hat Art. 4 GRC regelmäßig Vorrang vor Art. 1 GRC. Ein Rückgriff auf Art. 1 GRC ist daher grundsätzlich weder möglich noch nötig, weil Art. 4 GRC eine spezielle Garantie der Menschenwürde in einem spezifischen Kontext darstellt. Nur dann kommt neben Art. 4 GRC die Anwendbarkeit von Art. 1

---

[61] Vgl. auch *Kersten* S. 479: „Die Menschenwürde wandelt sich aus einem Konsens- in ein Diskursprinzip, das den Subjektstatus des abhängigen Einzelnen durch Kompensationsbausteine normativ rekonstruieren muss."

[62] Exemplarisch aus dt. Sicht *Höfling* in Sachs GG Art. 1 Rn. 20; *Dreier* in Dreier GG Art. 1 Rn. 138 – jew. mwN.

GRC im Wege der Idealkonkurrenz in Betracht, wenn es sich bei der Folter um eine derart massive Desavouierung der Rechtspersonalität handelt, dass es – um gerade dies zum Ausdruck zu bringen – angemessen erscheint, Art. 1 GRC als mitverletzt anzusehen. So stellt etwa die Anwendung körperlicher Gewalt in der Form regelmäßiger, ins Gesicht platzierter Faustschläge, um ein Geständnis zu erzwingen, Folter dar. Es sind aber Formen der Folter vorstellbar, die die Unverfügbarkeit und Selbstdisponibilität des Einzelnen sowohl in quantitativer wie qualitativer Weise derart massiv beeinträchtigen, dass dieser gesteigerte Unwert besonders gekennzeichnet werden muss. Für derart massive Folter gibt es in der Rechtsprechung des EGMR erschreckende Belege.[63] Während der EGMR hier allein Art. 3 EMRK verletzt sieht, muss in der EU-Grundrechtsordnung für diese Fälle neben Art. 4 GRC auch Art. 1 GRC als verletzt angesehen werden. Das heißt – selbstverständlich – nicht, dass die Folter in dem einen Fall (alleinige Anwendbarkeit von Art. 4 GRC) weniger verwerflich wäre als in dem Fall, in dem zugleich auch Art. 1 GRC berührt ist. Es bringt aber die lebensweltlich fundierte Einsicht zum Ausdruck, dass Missachtungen der Würde nicht gleichförmig ausfallen. Um im Beispiel zu bleiben: Die Wirkungen einiger Faustschläge sind in der Regel von der Wirkung eines stunden- oder tagelangen psychophysischen Martyriums zu unterscheiden; beides ist verwerflich, und doch ist nur letzteres ein Angriff auf Art. 1 GRC. Die menschheitsgeschichtliche Grunderfahrung, dass das Inhumane gradualisierbar ist, lässt sich rechtstechnisch in der Weise zum Ausdruck bringen, dass neben der speziellen Grundrechtsgarantie auch Art. 1 GRC berührt ist (Idealkonkurrenz). Fehlt es an einer speziellen Grundrechtsgarantie für einen bestimmten Handlungskontext, dann kann Art. 1 GRC durchaus allein betroffen sein, sofern es sich um massive Verletzungen der Menschenwürde handelt. Art. 1 GRC ist insbesondere keine umfassende Auffangklausel, sondern nur eine auf schwerwiegende Menschenrechtsverletzungen bezogene Auffangklausel **(spezifische oder partielle Subsidiarität)**[64]. Art. 1 GRC ist namentlich kein Ersatz für die bewusst nicht in die Charta aufgenommene allgemeine Handlungsfreiheit nach dem Vorbild des Art. 2 Abs. 1 GG; Art. 1 GRC ist also kein unspezifisches „Auffanggrundrecht".[65]

13 Als **Leitfaden,** an dem sich Situationen erkennen lassen, in denen die Menschenwürde verletzt ist, bieten sich folgende – nicht notwendig alternativ, sondern ggf. auch kumulativ anwendbare – Unterscheidungen an, in denen gemeineuropäische Erfahrungen mit massiver Inhumanität verdichtet sind; sie dürften deshalb eine große Chance haben, als „konsentierte Grundaussagen"[66] Anerkennung zu finden:

14 Die mit der Menschenwürde garantierte Rechtspersonalität kann fundamental, also in massiver Weise verletzt werden durch Handlungen, die die körperliche Integrität beeinträchtigen **(Situationen körperbezogener Gewalt).** Das Beispiel der massiven Folter, die den Einzelnen zu einem völlig verfügbaren Objekt macht, wurde bereits genannt (→ Rn. 12). Ebenso wird die Menschenwürde in der Regel – neben Art. 3 Abs. 1 GRC – verletzt sein, wenn Menschen zB gezielt gegen ihren Willen medizinischen Versuchen ausgesetzt werden, die mit irreversiblen Beeinträchtigungen der psychophysischen Existenz verbunden sind, oder wenn sie in Lagern unter lebensgefährdenden Bedingungen interniert sind und dies dazu dient, eine vermeintliche Andersartigkeit zum Ausdruck zu bringen, die die fundamentale Gleichheit (Gleich[schutz]würdigkeit) aller Menschen in Frage stellt. Hierbei könnte zugleich Art. 21 Abs. 1 GRC berührt sein, der ua Diskriminierungen wegen der „Rasse",[67] der ethnischen oder sozialen Herkunft, der Religion oder der Weltanschauung verbietet. Zu denken ist ferner an massiv traumatisierende Maßnahmen, die das Reproduktions- und Sexualverhalten betreffen und die dazu dienen, den Einzelnen, der

---

[63] Zusf. Grabenwarter/Pabel EMRK § 20 Rn. 42 mwN.
[64] Von „partielle(r) Spezialität und Subsidiarität" spricht *Höfling* in Sachs GG Art. 1 Rn. 67.
[65] *Borowsky* in NK-EuGR.Ch GRCh Art. 1 Rn. 34.
[66] *Dreier* in Dreier GG Art. 1 I Rn. 60.
[67] Vgl. heuristisch auch § 1 AGG dt. Allgemeines Gleichbehandlungsgesetz; zum antirassistischen Kontext der Wortverwendung die Begr. zum AGG, BT-Drs. 16/1780, 30 f.

einer bestimmten ethnischen, religiösen, sozialen etc Gruppe angehört, als vermeintlich Minderwertigen bzw. vermeintlich Andersartigen mit Auswirkungen für die gesamte zukünftige Lebensführung zu demütigen (erzwungene Schwangerschaften, Zwangssterilisationen, Zwangskastrationen uÄ).[68]

Die Menschenwürde-Garantie des Art. 1 GRC kann – neben der ggf. einschlägigen **15** speziellen Grundrechtsgarantie – verletzt sein durch Handlungen, die auf den Einzelnen in massiver Weise depersonalisierend wirken **(Situationen depersonalisierender Beherrschung).** Es geht um (meist koordinierte) Maßnahmen, die auf die Marginalisierung oder den Ausschluss bestimmter Menschen oder Menschengruppen aus dem sozialen Leben abzielen (und damit der Entzug der damit einhergehenden Chancen sozialer Anerkennung und Selbstdarstellung), ihnen also die realen Voraussetzungen, als Rechtsperson unter Gleichen im sozialen Raum zu leben, nehmen. Der Einzelne wird Bedingungen ausgesetzt, die ihm zwar (noch) die Luft zum Atmen lassen, ihm aber gleichsam den sozialen Sauerstoff nehmen. Zu denken ist etwa an umfangreiche Verbote, sich in der Öffentlichkeit aufzuhalten bzw. beruflich tätig zu sein und für seinen Lebensunterhalt zu sorgen,[69] ferner an Kennzeichnungen, die an der Kleidung angebracht sind und die Zugehörigkeit zu einer bestimmten inkriminierten sozialen, ethnischen, religiösen etc Gruppe zum Ausdruck bringen,[70] schließlich an die erzwungene Teilnahme an Selbstbezichtigungen (namentlich an sog Schauprozessen), in denen die vermeintliche Minderwertigkeit als selbst erkannte „Schuld" dargestellt werden muss. Weitere Beispiele sind nicht bloß punktuell bleibende Maßnahmen, die die Vertraulichkeit höchstpersönlicher menschlicher Kontakte durch eine zeitlich und räumlich lückenlose (auch: akustische) Überwachung verunmöglichen bzw. ihre Realisierung nur unter Inkaufnahme schwerster Einbußen für Intimität und Schamgefühl zulassen. Die Menschenwürde kann auch durch anhaltende Maßnahmen mentaler Manipulation verletzt werden, wenn jemand zB nachhaltig (unter Zuhilfenahme mechanischer, chemischer, psychologischer oder sonstiger Mittel) einer „Gehirnwäsche" ausgesetzt wird. Auch Maßnahmen wie Zwangsehen, die dazu dienen, die ethnische, religiöse, soziale etc Zusammensetzung der Bevölkerung zielgerichtet zu ändern, oder Maßnahmen der Zwangsprostitution, die über eine Demütigung eines bestimmten Bevölkerungsteils (meist der Frauen) der gesamten Bevölkerungsgruppe die Chance der Selbstachtung nehmen wollen, verletzen die Menschenwürde der Betroffenen (und sind zugleich Situationen körperbezogener Gewalt, die die Menschenwürde-Garantie verletzen, → Rn. 14). Die Menschenwürde kann auch verletzt sein, wenn Menschen, die sich in behördlichem Gewahrsam befinden, unter Bedingungen verwahrt werden, die ihnen jede realistische Chance der Entwicklung eines stabilen Selbstwertgefühls nehmen, weil man so ihre vermeintliche Minderwertigkeit zum Ausdruck bringen will, etwa dadurch, dass regelmäßig gefährliche Tiere oder Fäkalien[71] in einen Haftraum verbracht werden oder eine im Gewahrsam befindliche Person gezielt mit Menschen untergebracht wird, von denen sie bei realistischer Einschätzung der Verhältnisse befürchten muss, dass diese ihr (zB sexuelle) Gewalt antun werden.

Die Menschenwürde kann auch durch Situationen biomedizinischer Instrumentalisierung betroffen sein **(Situationen biomedizinischer Instrumentalisierung).** Biomedizinische Instrumentalisierung meint Maßnahmen, die unter Aufbietung (bio-)wissenschaftlicher Forschungsmethoden bzw. medizinischer Intervention den Status des Einzelnen als unverfügbaren Gleichen massiv in Frage stellen; sie werden häufig, müssen aber nicht nur im Zusammenhang mit den neueren Fragestellungen der Biowissenschaften stehen. Zu **16**

---

[68] Vgl. Art. 7 I lit. g des Status des Internationalen Strafgerichtshofs (ICC), abrufbar unter http://www.un.org/law/icc/.
[69] Vgl. *v. Münch*, Gesetze des NS-Staates, 3. Aufl. 1994, S. 119 ff.
[70] Paradigmatisch ist der sog „Judenstern" in der NS-Zeit, vgl. die Polizeiverordnung über die Kennzeichnung der Juden v. 1. September 1941 (RGBl. 1941 I 547).
[71] Dazu beispielhaft aus dt. Sicht BVerfG (K) NJW 1993, 3190 f.; s. auch BVerfG (K) DVBl 2002, 772 f.; BVerfG Beschl. v. 20.5.2016 – 1 BvR 3359/14; *Rixen* FS Kerner, 2013, 803 ff.

denken ist bspw. an (pseudo-)wissenschaftliche Maßnahmen, die bestimmte Individuen wegen ihrer Zugehörigkeit zu einer vermeintlich minderwertigen ethnischen, sozialen, religiösen etc Menschengruppe „Behandlungs"-Maßnahmen unterwirft, die die gesamte Lebensführung betreffen und auf eine „Heilung" namentlich des ethnischen, religiösen, kulturellen oder sozialen Andersseins gerichtet sind. Hierhin gehören auch Maßnahmen, die Menschen mit bestimmten körperlichen, biologischen, genetischen etc Eigenheiten oder „Auffälligkeiten" einer Zwangsbehandlung unterwerfen, die für die gesamte Lebensführung nachteilig ist. Auch Maßnahmen der Forschung, die für die betreffenden Individuen keinen oder nur marginalen Nutzen haben, also (primär) fremdnützig sind, und die Individuen massiv verletzen bzw. zu ihrem Tode führen (können), sind menschenwürdewidrig. Allerdings ist nicht jede Maßnahme, die zum Tod führt, also in das Recht auf Leben eingreift, zugleich eine Verletzung der Menschenwürde; sie kann es aber sein, wenn die Modalitäten, unter denen das Leben genommen wird, als Angriff auf die Menschenwürde zu deuten ist, weil sie dem Art. 1 GRC fundierenden Gedanken der Unverfügbarkeit und der Selbstdisponibilität in keiner Weise gerecht werden. Die gezielte Herstellung individuellen menschlichen Lebens (etwa durch therapeutisches Klonen, → § 14 Rn. 24; → § 15 Rn. 33), um es sodann zu Forschungs- oder anderen Zwecken gezielt zu töten, verstößt gegen Art. 1 GRC, weil hier menschliche Individuen als schlechthin fungibles humanbiologisches „Material" in einer Weise funktionalisiert werden, die für Unverfügbarkeit und/oder Selbstdisponibilität keinen Raum mehr lässt.[72] Das gilt freilich nur, wenn man die betroffenen menschlichen Entitäten dem persönlichen Gewährleistungsbereich des Art. 1 GRC zuordnet (→ Rn. 19 ff.).

17 In manchen Verfassungsordnungen der Mitgliedstaaten wird die Situation des fehlenden **Existenzminimums** als Menschenwürde-Verletzung qualifiziert.[73] Im Rahmen der GRC erscheint dies grundsätzlich nicht möglich, denn Art. 34 Abs. 3 GRC regelt ausdrücklich in der Form eines (von näherer rechtlicher Ausgestaltung abhängigen) sozialen Grundrechts den Anspruch auf eine Versorgung mit Mitteln, die ein menschenwürdiges Dasein sicherstellen sollen (→ Rn. 24, 34). Neben einer Verletzung von Art. 34 Abs. 3 GRC kann Art. 1 GRC nur in Extremfällen fehlender Versorgung einschlägig sein, etwa dann, wenn die zur Verfügung gestellten Mittel eine lebenserhaltende Ernährung unmöglich machen und dies auch intendieren, weil der Betroffene gerade wegen einer vermeintlichen Minderwertigkeit bzw. Andersartigkeit getroffen werden soll (→ Rn. 15).

18 Problematisch ist, ob Art. 1 GRC auch vor Situationen schützt, die man als **freiwillige Entwürdigungen** bezeichnen könnte. In der Rechtsprechung der Mitgliedstaaten gibt es dazu eine Reihe von Beispielen, etwa die freiwillige Tätigkeit volljähriger kleinwüchsiger Menschen im Rahmen von Veranstaltungen, die als sog Zwergen-Weitwurf[74] (*„lancer de nain"*)[75] firmieren, die freiwillige Tätigkeit als Darsteller(in) einer sog Peep-Show[76] – also einer Veranstaltung, in der sich volljährige, weibliche Personen unbekleidet hinter Glasscheiben, deren Sichtverschluss sich gegen Entgelt entriegeln lässt, in sexuell (potentiell) aufreizenden Posen bewegen – oder die freiwillige Teilnahme an simulierten Tötungsspielen, in denen es darum geht, dass die volljährigen Teilnehmer einander über entsprechende computergesteuerte Signaltechniken, die „lebensvernichtende" Treffer markieren, bloß virtuell, nicht aber real, „töten".[77] Das Problem ist von den beiden Grundgedanken her zu lösen, die Art. 1 GRC fundieren (→ Rn. 9): Nach der Idee der Selbstdisponibilität kann der Einzelne, der dazu kraft Selbstbestimmungsfähigkeit in der Lage ist,[78] über sich

---

[72] *Höfling* ZME 2001, 277 (282 f.); *Höfling* Bitburger Gespräche – Jahrbuch 2002/II, 99 (110); s. auch *Höfling*, Reprogenetik und Verfassungsrecht, S. 23 f., 42 ff.
[73] Vgl. für Deutschland *Höfling* in Sachs GG Art. 1 Rn. 30 f. mwN.
[74] VG Neustadt NVwZ 1993, 98.
[75] Hierzu die frz. Sicht der Urteile des Conseil d'État v. 27.10.1995, dazu *Rädler* DÖV 1997, 109 ff.
[76] BVerwGE 64, 274; BVerwGE 84, 314.
[77] BVerwGE 115, 189 (202).
[78] Hierzu BVerfGE 99, 341 (351).

und sein eigenes, ihm würdig erscheinendes Verhalten selbst bestimmen. Die Menschenwürde schützt grundsätzlich davor, den Würdigkeitsvorstellungen bzw. Würdekonzepten anderer ausgesetzt zu werden.[79] Der Einzelne ist auch insofern ein Unverfügbarer. Eine Verletzung der Menschenwürde käme nur dann in Betracht, wenn man Art. 1 GRC so auslegen könnte, dass sich der Einzelne nicht als Verfügbarer darstellen darf, also als jemand, der das normative Bild der Unverfügbarkeit für sich ablehnt und gerade darin seine Selbstdisponibilität manifestiert. In einer um den Einzelnen zentrierten Rechtsordnung gibt es für einen solchen, als angebliche immanente Beschränkung in die Menschenwürde-Garantie intrapolierten „Sittenpaternalismus"[80] jedoch keinen rechtlich legitimen Grund.[81] Ungeachtet dessen können die genannten Verhaltensweisen, die – wenn sie der finanziellen Sicherung des Lebenserhalts dienen – der Berufsfreiheit (Art. 15 GRC) unterfallen, uU gleichwohl verboten werden, etwa wenn es um den Jugendschutz geht (zu den Schranken s. Art. 52 Abs. 1 GRC). Solche Verbote werden in der Regel nicht als massive Menschenrechtsverletzungen zu qualifizieren sein, so dass sie Art. 1 GRC nicht verletzen.

2. Persönlicher Schutzbereich. Träger des Grundrechts der Menschenwürde sind alle **lebenden Menschen** im Sinne der EU-Grundrechtsordnung. Das Grundrecht der Menschenwürde ist damit, was die Definition des Begriffs „(lebender) Mensch" angeht, eine Funktion des Begriffs „Leben" in Art. 2 Abs. 1 GRC. Nach dem **inklusiven Ansatz des Lebensrechts** muss die Anerkennung des Status als Lebender weit ausfallen (→ § 10 Rn. 7, 13).[82] Erfasst sind deshalb auch Embryonen und Föten, auch wenn sie nicht *in utero* heranwachsen. Träger der Menschenwürde sind auch Menschen, die trotz eines etwa bestehenden Verbots, im Wege des reproduktiven Klonens entstehen. Dass die Technik des Klonens (angeblich) gegen das Prinzip der Menschenwürde verstößt (→ Rn. 30), vermag nichts daran zu ändern, dass das „Produkt" einer solchen Fertilisierungstechnik ein lebender Mensch und damit Subjekt des Menschenwürde-Grundrechts ist. 19

Noch nicht fertilisierte menschliche Individuen, die bloß als **virtuelle Entitäten** gedacht werden, aber nicht biologisch existieren, sind keine Menschen im Sinne des Lebensgrundrechts und damit auch nicht Träger des Menschenwürde-Grundrechts.[83] Ebenfalls kein Träger des Menschenwürde-Grundrechts sind **Tote** (→ § 14 Rn. 14). Entgegen der Tendenz in manchen Mitgliedstaaten, den Schutz der Menschenwürde unter bestimmten Voraussetzungen auf die postmortale Phase zu erstrecken,[84] wird man Beeinträchtigungen richtigerweise unter Art. 7 GRC zu subsumieren haben, der sich in Anlehnung an die prätorische Ausformung des Art. 8 Abs. 1 EMRK zu einem allgemeinen Persönlichkeitsrecht durch den EGMR[85] auch auf den postmortalen Persönlichkeitsschutz erstrecken sollte. 20

Die Garantie der Menschenwürde ist **unabhängig von der Staatsangehörigkeit;** sie gilt für EU- und Nicht-EU-Bürger gleichermaßen. Hier gilt dasselbe wie beim EU-Grundrecht auf Leben (→ § 14 Rn. 11). Würde können nur Menschen beanspruchen, nicht auch andere Lebewesen. 21

3. Unantastbarkeit – jede Beeinträchtigung als Verletzung der Menschenwürde. Die Würde des Menschen ist unantastbar. Unantastbar ist so zu verstehen, dass die Menschenwürde ausnahmslos nicht angetastet werden darf. Jede Beeinträchtigung ist maW eine 22

---

[79] *Hufen* NJW 2001, 849 (851); in diesem Sinne auch *Rengeling/Szczekalla* Grundrechte in der EU Rn. 579.
[80] *Dreier* FG 50 Jahre BVerwG, 2003, 201 (220).
[81] Erhellend hierzu (mit Blick auf die dt. Verfassungslage) BGHSt 44, 308 (317): Art. 1 Abs. 1 GG „soll nicht der Einschränkung, sondern gerade dem Schutz der Würde des Menschen dienen, wozu die grundsätzliche Freiheit gehört, über sich selbst verfügen und sein Schicksal eigenverantwortlich gestalten zu können (...)."
[82] AA für den *nasciturus Schmidt* ZEuS 2002, 631 (639).
[83] Vgl. *Dreier* in Dreier GG Art. 1 I Rn. 82 ff.; s. auch *Szczekalla* S. 170, 289 ff.
[84] Zusf. hierzu *Dreier* in Dreier GG Art. 1 I Rn. 74 ff.; *Höfling* in Sachs GG Art. 1 Rn. 63 ff.
[85] Grabenwarter/Pabel EMRK § 22 Rn. 6, 9 ff. mwN.

Verletzung der Menschenwürde; die Menschenwürde ist **abwägungsfest**.[86] Bereits der Wortlaut (unantastbar = nicht antastbar = niemals antastbar) steht der Annahme, es können rechtfertigbare Eingriffe in die Menschenwürde geben, entgegen.[87] Danach ist namentlich der **Rückgriff auf die allgemeine Schrankenregelung** des Art. 52 Abs. 1 GRC **gesperrt**.[88] Beeinträchtigungen der Menschenwürde, die dem Schutz anderer Grundrechtspositionen dienen, führen ausnahmslos zu einer Verletzung der Menschenwürde. So ist beispielsweise die Anwendung von Folter gegen einen mutmaßlichen Entführer in der Hoffnung, dieser werde den Aufenthaltsort des Opfers preisgeben, eine Verletzung der Menschenwürde des Verdächtigen.[89] Der Staat darf seine Schutzpflicht zugunsten des Verbrechensopfers nur unter Achtung der Menschenwürde anderer erfüllen. Er ist weder verpflichtet noch befugt, die Menschenwürde eines Individuums zu verletzen, um – möglicherweise – Leib und Leben eines anderen Individuums zu retten. Es handelt sich nicht um eine Pflichtenkollision, weil die Pflicht, das Leben eines Menschen zu retten, von vornherein nicht dahin geht, die Lebensrettung durch Menschenwürdeverletzungen ins Werk zu setzen. Rechtfertigungen sind nicht möglich: „Außergewöhnliche Umstände gleich welcher Art (…) dürfen nicht als Rechtfertigung für Folter geltend gemacht werden."[90]

23 Die Striktheit des Eingriffsverbots zwingt dazu, genau zu eruieren, ob eine Menschenwürde-Verletzung vorliegt. Zu bedenken ist durchweg, dass als Menschenwürde-Verletzung nur massive Menschenrechtsverletzungen in Betracht kommen. Die Feststellung einer massiven Menschenrechtsverletzung verlangt eine „**bilanzierende Gewichtung** und Bewertung"[91], die einer gleichsam vorgezogenen Abwägung nicht unähnlich sein kann. Gleichwohl ist zu unterscheiden: die einmal festgestellte massive Menschenrechtsverletzung lässt sich nicht rechtfertigen. Will man diese strikte Sanktion vermeiden, so ist genau zu prüfen, ob die Annahme einer massiven Menschenrechtsverletzung plausibel erscheint.

24 **4. Grundrechtsfunktionen.** Das Menschenwürde-Grundrecht entfaltet verschiedene Schutzwirkungen, für die die allgemeinen Regeln gelten. Zusammengefasst lässt sich für Art. 1 GRC folgendes festhalten: Das Menschenwürde-Grundrecht ist zum einen ein **Abwehrrecht,** das auf die Abwehr von – den Grundrechtsverpflichteten (→ Rn. 25 f.) zurechenbaren – Beeinträchtigungen und damit von Verletzungen der Menschenwürde gerichtet ist. Ferner impliziert das Menschenwürde-Grundrecht – wie der Text des Art. 1 S. 2 GRC auch für die übrigen Grundrechte, deren Fundament Art. 1 GRC ist, anzeigt („zu achten und zu schützen") – sog **Schutzgewährrechte:**[92] die Grundrechtsverpflichteten (→ Rn. 25 f.) müssen die Grundrechtsinhaber gegen Übergriffe, die ihnen von Dritten (vor allem Privaten)[93] drohen, durch positives Tun schützen (sog Schutzpflicht), worauf die Grundrechteinhaber grundsätzlich einen Anspruch haben, der sich allerdings im Regelfall angesichts eines weiten Gestaltungsspielraums der Grundrechtsverpflichteten nicht zu ei-

---

[86] Zu Versuchen, die Unantastbarkeit so zu deuten, dass rechtfertigungsbedürftige Eingriffe möglich sind, *Kloepfer* S. 77 f., 94 ff.; s. auch *Herdegen* in Maunz/Dürig GG Art. 1 Abs. 1 Rn. 73 f. (Stand: Sept. 2015).
[87] Auch die offiziellen Erläuterungen zu Art. 1 GRC unterstreichen diese Sicht, wenn sie betonen, die Würde des Menschen sei der „Wesensgehalt" jedes in der Charta garantierten Rechts, weshalb sie auch bei Einschränkungen eines dieser anderen Rechte nicht angetastet werden dürfe, vgl. die Erläuterungen ABl. 2004 C 310, 1 (425) sowie ABl. 2007 C 303, 17, jeweils zu Art. 1 GRC.
[88] *Borowsky* in NK-EuGRCh GRCh Art. 1 Rn. 40; krit. zur normtextlichen Uneindeutigkeit *Schmitz* EuR 2004, 691 (711 f.).
[89] Zutr. *Merten* JR 2003, 404 ff.; diff. *Wittreck* DÖV 2003, 873 ff.; *Isensee* in Mellinghoff/Morgenthaler/Puhl, Die Erneuerung des Verfassungsstaates, 2003, S. 7 (33 f.).
[90] Art. 2 II UN-Übereinkommen gegen Folter und andere grausame, unmenschliche oder erniedrigende Behandlung oder Strafe.
[91] *Herdegen* in Maunz/Dürig GG Art. 1 Abs. 1 Rn. 97 (Stand: Sept. 2015) – bezogen auf Art. 3 EMRK.
[92] Umfassend zur Schutzpflicht als einer gemeineuropäischen Grundrechtsfunktion *Szczekalla* S. 459 ff., 549 ff., 1056 ff. und passim; außerdem die Arbeit von *Streuer*, Die positiven Verpflichtungen des Staates, 2003.
[93] Die Konstruktion der sog Drittwirkung der Grundrechte für Private wird damit entbehrlich, *Kühling* in v. Bogdandy/Bast Europ. VerfassungsR S. 679.

nem Recht auf ein bestimmtes Tätigwerden verdichtet.[94] Die grundrechtliche Schutzpflicht setzt eine entsprechende Kompetenz, das schützende Verhalten ins Werk zu setzen, voraus; sie gewährt keine Kompetenztitel (vgl. Art. 51 Abs. 2 GRC).[95] Denkbar sind solche aus der Schutzpflicht des Art. 1 S. 2 GRC folgenden Handlungsgebote zB auf den Gebieten der (Bio-)Technologie- oder Umweltpolitik.[96] Der Schutzgewähranspruch kann, bei entsprechender Kompetenz, auch zum Erlass von Strafgesetzen verpflichten.[97] Aus der Schutzpflicht-Funktion ebenso wie aus der abwehrrechtlichen Funktion folgt ua die Pflicht zur Implementierung prozeduraler und organisatorischer Vorkehrungen, die einer Grundrechtsverletzung vorbeugen oder sie – gleichsam in der Form „nachholenden" (symbolischen) Schutzes – als solche erkennbar machen.[98] Dies kann nicht nur den Erlass neuer Bestimmungen erforderlich machen, sondern auch gebieten, bestehende materielle und Verfahrensvorschriften im Wege der Auslegung dem Schutzniveau des Menschenwürde-Grundrechts anzupassen. Leistungsrechte, etwa auf die Gewährung bestimmter finanzieller Mittel, die den Lebensunterhalt sichern sollen, lassen sich aus Art. 1 GRC grundsätzlich nicht ableiten (→ Rn. 17, 34).

5. Grundrechtsverpflichtete. Grundrechtsverpflichtet ist die **Union.** Die Grundrechtsbindung beschränkt sich auf alle im EUV und im AEUV genannten Bereiche. Die Grundrechtsbindung gilt ferner für die **Mitgliedstaaten,** sofern sie Unionsrecht auf nationaler Ebene umsetzen oder vollziehen („agency situation", vgl. Art. 51 Abs. 1 S. 1 GRC). Das kann ua bedeuten, dass in solchen Regelungen enthaltene Ermessensspielräume unter Beachtung der Menschenwürde-Garantie auszufüllen sind. 25

Beim gegenwärtigen Stand der Integration ist eine weiter reichende Bindung der Mitgliedstaaten an die EU-Grundrechte abzulehnen („gilt ... ausschließlich bei der Durchführung des Rechts der Union", Art. 51 Abs. 1 S. 1 GRC).[99] Insbesondere besteht keine Bindung an EU-Grundrechte bei rein internen (nationalen) Sachverhalten.[100] Allerdings besteht die Grundrechtsbindung der EU-Organe auch für ein immerhin denkbares Verhalten außerhalb der gegebenen Kompetenzen; auch dieses darf die Menschenwürde-Garantie nicht verletzen. 26

6. Menschenwürde und Grundfreiheiten. Das Menschenwürde-Grundrecht kann bei der Ausfüllung von Rechtfertigungsgründen zur Beschränkung von **Grundfreiheiten** herangezogen werden.[101] Außerdem kann das Menschenwürde-Grundrecht als Schranken-Schranke von Grundfreiheitsbeschränkungen wirken;[102] konstruktiv impliziert dies eine – nicht immer leicht zu durchschauende – Grundrechtsprüfung, die im Kern darauf hinausläuft festzustellen, ob die Gründe, die zur Beschränkung der Grundfreiheit führen, die Menschenwürde verletzen (→ § 14 Rn. 38). In diesem – weder in der Rechtsprechung des EuGH noch in der Lehre immer transparent dargestellten – Zusammenhang sind Friktionen etwa zwischen der Dienstleistungsfreiheit (Art. 56 f. AEUV) und dem Menschen- 27

---

[94] Hierzu etwa *Jaeckel* S. 183 ff., insbes. S. 244 f.
[95] Die in der GRC fixierten Grundrechte haben also keine „kompetenzansaugende Wirkung", um den Begriff des früheren dt. Richters am EuGH und ehemaligen Präsidenten des dt. BGH, Günter Hirsch, aufzugreifen, der eine entsprechende Gefahr sieht, zit. nach *Borowsky* DRiZ 2001, 275 (280 f.); zu entsprechenden Befürchtungen s. auch *Ritgen* ZRP 2000, 371 (373).
[96] *Jaeckel* S. 200 ff., 217.
[97] EGMR 26.3.1985 – 8978/80, EuGRZ 1985, 297 (299 Rn. 27) – X und Y/Niederlande.
[98] Hierzu – beispielhaft zum Gebot wirksamer Todesfall-Ermittlungen – EGMR 5.10.1999 – 33677/96, NJW 2001, 1989 – Grams/Deutschland; EGMR 20.5.1999 – 21554/93, NJW 2001, 1991 (1994 Rn. 88 mwN) – Oğur/Türkei.
[99] *Kühling* in v. Bogdandy/Bast Europ. VerfassungsR S. 685 f.
[100] S. etwa *Chwolik-Lanfermann* S. 77 f.; *Dietrich,* Die Freizügigkeit der Arbeitnehmer in der Europäischen Union, 1995, S. 178 f.
[101] Beispiel: EuGH C-36/02, Slg. 2004, I-9609 Rn. 34 f. – Omega/Stadt Bonn („Laserdrome"); dazu *Frenz* EWS 2005, 15 ff.; *Frenz* NVwZ 2005, 48 ff.
[102] Allg. zu dieser Wirkung von EU-Grundrechten *Kingreen* JuS 2000, 857 (864 f.); *Ehlers* in Ehlers GuG § 7 Rn. 115; *Frenz* HdbEuR Bd. 1 Rn. 75.

würde-Grundrecht denkbar, zB wenn es um die Inanspruchnahme bestimmter reproduktionsmedizinischer Techniken, die mit der Zerstörung menschlicher Embryonen einhergehen, in einem anderen Mitgliedstaat geht. Man denke bspw. an die **Präimplantationsdiagnostik** (PID), die *in vitro* fertilisierte Embryonen einem Check auf Krankheit(sdispostition)en unterwirft und bei deren Vorliegen zur Verwerfung, also Vernichtung der „belasteten" Embryonen führt.[103] Einschlägig sind in diesem Zusammenhang nur die Grundrechte der EU; Art. 53 GRC würde missverstanden, wollte man in ihn eine Öffnung der EU-Grundrechtsordnung für schutzintensivere nationale Grundrechte, etwa eine nach nationalem Verfassungsrecht „stärkere" Menschenwürde-Garantie, hineinlesen.[104]

II. Die objektivrechtliche Bedeutung der Menschenwürde-Garantie: Schutz der Identität des Humanen durch Verantwortung für den Wandel anthropologischer Konzepte

28 Was mit der objektivrechtlichen Bedeutung der Menschenwürde gemeint sein soll, ist nicht eindeutig geklärt (→ Rn. 7 f.) Zunächst kann es um die Pflicht der Grundrechtsverpflichteten gehen, die Verhaltensweisen, deren Abwehr der Grundrechtsinhaber subjektivrechtlich verlangen kann, zu unterlassen. „Objektivrechtlich" ist dann nur ein Korrelatbegriff aus der Perspektive der Grundrechtsverpflichteten. Meistens geht es aber, wenn von der objektivrechtlichen Bedeutung die Rede ist, um einen die subjektivrechtliche Grundrechtsbedeutung transzendierenden Sinn. Die Menschenwürde fungiert dann als **EU-Rechtsprinzip**, als Unionsziel bzw. als **„Unionsfundamentalnorm"**[105], die die Ordnung des EU-Gemeinwesens grundlegend prägt. Da die EU kein Staat ist, aber doch vielfach schon jetzt wie ein Staat agiert und wie dieser bestimmten normativen Zielen verpflichtet ist,[106] erscheint es vertretbar, von Quasi-Staatszielen zu sprechen, denn die Unionsziele sind strukturell den Staatszielen entlehnt und wie diese recht vage.[107] Die Zielnormen sollen die Orientierung an bestimmten Werten sicherstellen, ohne den Inhalt dieses Werts genau zu präjudizieren oder die Methoden vorzugeben, mit deren Hilfe das Ziel erreicht werden soll. Die Unionsziele als Quasi-Staatsziele sind gewissermaßen in Rechtsform gebrachte Merkposten politischer Praxis der EU.

29 Vor diesem Hintergrund entfaltet das Prinzip der Menschenwürde grundsätzlich nur **schwache programmatische Wirkungen** (→ Rn. 11). Es kann ein Mittel sein, öffentliche, namentlich parlamentarische Diskurse über die Signatur des Humanen nach ihrer Auswirkung auf die Gedanken der Unverfügbarkeit und Selbstdisponibilität – die Sinnmitte der Menschenwürde (→ Rn. 9) – zu strukturieren und nach Gründen zu suchen, die dieser Sinnmitte gerecht bzw. nicht gerecht werden **(diskursstrukturierende Funktion)** (dazu schon → Rn. 11). So gesehen, baut das Relevantwerden des Prinzips der Menschenwürde auf dem institutionalisierten Rahmen demokratisch organisierter Staatsgesellschaften auf, in denen der mit „Menschenwürde" gegenwärtig gemeinte Prinzipiengehalt festgestellt, genauer: „ausgehandelt" werden muss. Das bedeutet nicht, dass der Garantiegehalt der Menschenwürde beliebig aushandelbar wäre, jedoch bedarf es der steten (typischerweise: institutionell vermittelten) Selbstvergewisserungsarbeit; darauf verweist schon die semantische Weite des Wortes „Menschenwürde". Die Maßstabskraft des Prinzips Menschenwürde ist nicht *in toto* vorgegeben; vorgegeben sind die normativen Ausgangspunkte. Aufgegeben ist die hermeneutische Verlängerung der Ausgangspunkte ins Heute hinein, ein schlüssiges Zu-Ende-Denken („Aushandeln") der das Menschenwürde-Konzept fundierenden *ideés directrices*. Angesichts der damit einhergehenden Unwägbarkeiten, die eine Folge der Vor-

---

[103] Hierzu *Höfling*, Reprogenetik und Verfassungsrecht, S. 25 ff. mwN.
[104] So zu Recht *Everling* EuZW 2003, 225, gegen *Seidel* EuZW 2003, 97 am Beispiel eines Importverbotes für Stammzellen bei einem im Inland höheren Grundrechtsschutz.
[105] *Kersten* S. 367 – ausdrücklich zur Menschenwürde.
[106] Vgl. insbes. Art. 2, 3, 21 EUV; Art. 7 ff. AEUV.
[107] Zur Integration von Staatszielen in die Gemeinschaft s. *Sommermann* S. 280 ff.

verständnisgeleitetheit aller um die Menschenwürde zentrierten Diskurse ist (→ Rn. 1 f.), wird es nur schwer möglich sein, eine Verletzung des Prinzips der Menschenwürde bzw. seiner objektivrechtlichen Bedeutung festzustellen. Solche Feststellungen haben meist dezisionistischen Charakter; argumentative Lakunen werden auf diese Weise voluntaristisch überspielt.

So stellt sich beispielsweise die Frage, ob es im Hinblick auf die Menschenwürde (als 30 Prinzip) zwingend ist, das **reproduktive Klonen,** also das Schaffen eines genetisch identischen Menschen, zu verbieten[108]: „(C)loning (…) is a threat to human identity, as it would give up the indispensable protection against the predetermination of the human genetic constitution by a third party"; „human dignity (…) is endangered by instrumentalisation through artificial human cloning"; „naturally occurring genetic recombination is likely to create more freedom for the human being than a predetermined genetic make up, it is in the interest of all persons to keep the essentially random nature of the composition of their own genes."[109] Es handelt sich um Aussagen, die empirisch und normativ problematisch sind: Was wissen wir über die Freiheitsfähigkeit geklonter Menschen? Wieso ist Freiheit – was immer Freiheit hier meinen soll – von der Zufälligkeit der genetischen Rekombination abhängig? Und wieso macht eine „natürliche" Rekombination die Freiheit des Menschen wahrscheinlicher? Umgekehrt könnte man auch argumentieren, dass die Freiheit als Selbstdisponibilität nur zu einem Teil von biologischen Vorgegebenheiten abhängt; Existenz ist gestaltbar und nicht nur das Derivat vermeintlicher biologischer Determinismen. Angesichts dieser Inkonsistenzen verwundert es nicht, dass der GRC-Konvent sich nicht auf die unsicheren Verläufe interpretatorischer Prozesse verlassen wollte. Um sicherzugehen, dass das Verbot des reproduktiven Klonens aus dem Prinzip der Menschenwürde folgt, hat er es in Art. 3 Abs. 2 GRC ausdrücklich normiert (→ § 15 Rn. 29 ff.), also durch eine **Dezision** die Notwendigkeit der Reflexion auf den Gehalt des Menschenwürde-Prinzips unterbunden. Wenn sich überhaupt etwas Valides aus dem (objektivrechtlichen) Prinzip der Menschenwürde herleiten lässt, dann ist es die in der Komplexität des Gegenstands angelegte Forderung nach einer Konkretisierung in speziellen Ge- und Verbotsnormen. Der Verantwortung für den Wandel des anthropologischen Selbstverständnisses, die die objektivrechtliche Bedeutung der Menschenwürde im Blick hat, lässt sich so am besten gerecht werden. Ein Ausweg aus den Aporien der Menschenwürde-Diskussion dürfte sich häufig nur mithilfe begründeter Dezisionen des jeweils EU-rechtlich kompetenten Normgebers eröffnen.

D. Zusammenfassende Bewertung und Ausblick

Das deutsche Grundgesetz, dessen Art. 1 GG zur Vorbildnorm für den ersten Artikel der 31 GRC geworden ist, war noch nicht lange in Kraft, als aus prominentem Munde verlautete, manche der garantierten Grundrechte würden an einen „dunkle(n) Orakelspruch"[110] erinnern und „theoretisch unlösbare Schwierigkeiten" schaffen.[111] Ähnlich Zwiespältiges, allerdings zT auf verfassungstheoretisch höchst produktiv irritierendem Niveau,[112] hat man

---

[108] Art. 1 Additional Protocol to the Convention for the Protection of Human Rights and Dignity of the Human Being with regard to the Application of Biology and Medicine, on the Prohibition of Cloning Human Beings (ETS/CETS Nr. 168), abrufbar unter www.coe.int/web/conventions. – Umfassend zum Thema: *Kersten.*
[109] *Explanatory Report,* Additional Protocol to the Convention for the Protection of Human Rights and Dignity of the Human Being with regard to the Application of Biology and Medicine, on the Prohibition of Cloning Human Beings (ETS/CETS Nr. 168), Commentary (sub 3.), abrufbar unter http://conventions.coe.int.
[110] *Thoma* in Wandersleb/Trautmann, Recht – Staat – Wirtschaft, Bd. III, 1951, S. 9 (S. 16 – bezogen auf Art. 4 Abs. 3 GG).
[111] *Thoma* in Wandersleb/Trautmann, Recht – Staat – Wirtschaft, Bd. III, 1951, S. 10 – allg. bezogen auf die Grundrechte.
[112] *Haltern* KritV 2002, 261 ff.

auch über die Grundrechtecharta gehört. Immerhin: Die Kritik hat sich, soweit ersichtlich, nicht gegen die Menschenwürde-Garantie als **Grund-Satz der EU-Grundrechtsordnung** und ihre Sichtbarmachung[113] im Text der Grundrechtecharta gerichtet, obgleich es um einen Begriff geht, auf dem die gesamte Philosophiegeschichte lastet und der zur orakelhaften Instrumentalisierung für tagespolitische Zwecke – also zur Beliebigkeit – einzuladen scheint. Theoretisch unlösbar wird der spezifisch juristische Umgang mit der Menschenwürde-Garantie nur, wenn Interpreten der Ansicht sind, sie könnten gleichsam in einem syllogistischen Schnellschluss-Verfahren die denkerische Last von Jahrtausenden abtragen. Dabei kommen zumeist nur unterkomplexe, also theoretisch untaugliche Versuche heraus, die – trotz aller meist vulgarisiert vollzogenen Anleihen vorzugsweise bei zeitgenössischen Philosophemen – den eigenen beschränkt justierten Blick gar nicht wahrnehmen wollen, sondern ihm im Gegenteil zu häufig auch noch besondere Tiefenschärfe attestieren.[114] Es ist indes nicht Aufgabe der EU-Grundrechtslehre, säkulare Eschatologie zu betreiben oder sich in die Autopoiesis des Gesprächs von Philosophen und Theologen zu verstricken.[115] Die Garantie der Menschenwürde, um deren Entfaltung es entscheidend geht, hat – juristisch gesehen – Basaleres und Bescheideneres im Sinn: Sie soll eine **effektiv realisierbare Anthropologie des EU-Rechtsalltags** schaffen, die die politisch-soziale Gestaltung so genannter vorletzter Fragen normativ grundiert, ohne dass so genannte letzte Fragen beantwortet werden müssten. Das setzt eine inhaltlich „schwache" – im Sinne von: nicht zu anspruchsvolle, dh nicht auf die gesamte Lebensführung bezogene und nur deshalb Pluralität garantierende – Konzeption voraus.[116]

32 In dem damit einhergehenden Prozess der Rechtsfindung sind die hier unterbreiteten Überlegungen nur Vorschläge, ein auf argumentative Reaktion angewiesener Input, über dessen Plausibilität noch nicht letztgültig entschieden ist. Angesichts der **Entwicklungsoffenheit der EU-Grundrechtspolitik** wäre es fahrlässig, sich zu sehr auf die noch gar nicht absehbare Judikatur des EuGH zu verlassen, zumal auch dieser im eigenen Interesse auf eine lebendige Diskussion in der Gemeinschaft der EU-Grundrechtsinterpreten wird zurückgreifen wollen. In diesem Prozess, der theoretisch endlos ist, praktisch aber durch die langfristig erwartbaren, argumentativ begründeten Dezisionen des EuGH unterbrochen wird, die sich im Rückblick als Akte vorläufiger Endgültigkeit erweisen werden,[117] ist der Text des ersten Artikels der GRC, die als Ganzes ein „dynamisches Dokument"[118] ist, nur die „Ausgangsbasis".[119] Rechtlicher Gehalt und reale Geltung der Menschenwürde-Garantie im Raum der EU bleiben vorerst problematisch. Ob die EU als „Grundrechtsgemeinschaft"[120] reüssieren wird, hängt entscheidend von der Klärung des Begriffs ab, der wie ein Kompass dem Grundrechtsverständnis der EU die Richtung anzeigt und sie doch nicht immer zu erkennen gibt.

33 Die grundrechtlichen Schutzstandards auf EU- sowie GG-Ebene ähneln sich weitgehend. Das gilt auch hinsichtlich der grundbegrifflichen Unschärfen und in Bezug auf die unsichere Bewertung konkreter Probleme.[121] Ungleichzeitigkeiten gibt es vornehmlich im Einzelnen. So ist die Abwägungsfestigkeit des Art. 1 Abs. 1 GG fraglich geworden, weil die Folter als staatliches Mittel zur Abwendung von Lebensgefahren (etwa für Entführungsopfer) legitimiert werden soll (→ Rn. 22). Dergleichen wird für das EU-Grundrecht auf

---

[113] Entschließung vom 23. Oktober 2002 „Auswirkungen und künftiger Status der Charta der Grundrechte", EuGRZ 2002, 670 (671).
[114] Zum Problem *Höfling* FS Schiedermair, 2001, 363 ff.
[115] Hierzu *Rixen* in Engels, Biologie und Ethik, S. 346 (369).
[116] Näher *Rixen*, Diffusion der Grundrechte, S. 1 ff.
[117] *Rixen* in Engels, Biologie und Ethik, S. 346 (351).
[118] *Europäisches Parlament* EuGRZ 2002, 670 (671).
[119] *Tettinger* NJW 2001, 1010 (1015) – bezogen auf die gesamte Grundrechtecharta.
[120] *v. Bogdandy* JZ 2001, 157 (157).
[121] Ausf. mit umfangr. Nachw. *Herdegen* in Maunz/Dürig GG Art. 1 Abs. 1 Rn. 33 ff., 83 ff. (Stand: Sept. 2015); zur Grundlagenproblematik *Mastronardi* S. 55 ff.; rechtsvergleichender Überblick bei *Weber*, Menschenrechte, S. 10 ff., 19 ff., 96 ff. (zur Folter).

Achtung der menschlichen Würde, soweit ersichtlich, (noch) nicht vertreten. Angesichts der für viele (neue) EU-Mitgliedstaaten noch vergleichsweise frischen Erfahrungen mit der Realität staatlichen Folterns und der daraus resultierenden Skepsis, „gute" von „schlechter" Folter unterscheiden zu können, wird man kaum annehmen dürfen, die Zulässigkeit der Folter entspreche den menschenrechtlichen Überzeugungen der (meisten) Mitgliedstaaten. Auch der EGMR hat jüngst erneut bestätigt, dass das als Konkretisierung der Menschenwürde zu verstehende Folterverbot der EMRK keine Ausnahmen zulasse.[122] Die Bewertung biowissenschaftlicher Lagen wird in vielen („alten") Mitgliedstaaten kontrovers diskutiert. Oft werden (etwa in Frankreich oder Großbritannien) die restriktiven Ansätze, die in Deutschland unter dem Gesichtspunkt der Menschenwürde vertreten werden, skeptisch betrachtet. Angesichts der Offenheit der gemeineuropäischen Rechtsdiskussion wird sich mancher innovationshemmende Auslegungsvorschlag zu Art. 1 Abs. 1 GG (vorerst) nicht auf die Ebene der EU-Grundrechtsordnung übertragen lassen.[123]

Inkongruenzen zwischen der EU- und der GG-Grundrechtsordnung bestehen auch im Hinblick auf die Menschenwürde als – so das BVerfG – Gewährleistung des Existenzminimums[124] (→ Rn. 17, 24), das das BVerfG in seinem Lissabon-Urteil sogar zum Bestandteil der Verfassungsidentität erhoben hat.[125] Inkongruenzen drohen überdies dort, wo insbes. um den Schuldgrundsatz angeordnete Aspekte des Strafverfahrens bzw. der Strafrechtsverwirklichung unter Art. 1 Abs. 1 GG subsumiert werden.[126] Um eine Verletzung der sog Verfassungsidentität zu vermeiden, muss dies zu einer grundgesetzkonformen Auslegung der EU-Menschenwürdegarantie führen, sofern sich die relevanten Aspekte des Straf(verfahrens)rechts nicht einer speziellen strafrechtlichen Garantie der Charta zuordnen lassen (vgl. Art. 4 f., 47 ff. GRC).

34

---

[122] EGMR 13.11.2003 – 23145/93, 25091/94 Rn. 632 f. – Elçi ua/Türkei; allerdings hänge die Qualifizierung eines Verhaltens als Folter ab von „all the circumstances of the case, such as the duration of the treatment, its physical or mental effects and, in some cases, the sex, age and state of health of the victim" (Rn. 633).
[123] Zu einer möglichen Kollision von Art. 1 Abs. 1 GG und EU-(Grund-)Rechtsordnung *Ipsen* NJW 2004, 268 (270).
[124] BVerfGE 125, 175; 132, 134; 137, 34; 142, 353.
[125] BVerfGE 123, 267 (362 f.): „Danach müssen die sozialpolitisch wesentlichen Entscheidungen in eigener Verantwortung der deutschen Gesetzgebungsorgane getroffen werden. Namentlich die Existenzsicherung des Einzelnen, eine nicht nur im Sozialstaatsprinzip, sondern auch in Art. 1 Abs. 1 GG gegründete Staatsaufgabe, muss weiterhin primäre Aufgabe der Mitgliedstaaten bleiben, auch wenn Koordinierung bis hin zur allmählichen Angleichung nicht ausgeschlossen ist." Dazu *Rixen* VVDStRL 76 (2017), 230 (231).
[126] BVerfGE 140, 317.

§ 14 Recht auf Leben und Verbot der Todesstrafe

Übersicht

	Rn.
A. Das Recht auf Leben im „Möglichkeitsraum" integrationspolitischer Perspektiven	1–3
B. Gewährleistungsgehalt	4–39
I. Gewährleistungstatbestand des (allgemeinen) Rechts auf Leben	4–24
1. Sachlicher Schutzbereich	5–10
2. Personeller Schutzbereich	11–24
II. Gewährleistungstatbestand des grundrechtlichen Verbots der Todesstrafe (spezielles Recht auf Leben)	25–30
1. Personeller Schutzbereich	26
2. Sachlicher Schutzbereich	27–30
III. Schutzkategorien und Schutzdimensionen (Grundrechtsfunktionen)	31–35
IV. Grundrechtsverpflichtete	36, 37
V. Lebensgrundrecht und Grundfreiheiten	38, 39
C. Beeinträchtigungen	40–42
D. Rechtfertigung	43–46
E. Zusammenfassende Bewertung und Ausblick	47–49

Schrifttum:

Alber, Die Aufnahme der Grundrechtecharta in die künftige Europäische Verfassung, Zeitschrift für Staats- und Europawissenschaften (ZSE) 2003, 178; *Antoine*, Aktive Sterbehilfe in der Grundrechtsordnung, 2004; *Arnold*, Begriff und Entwicklung des Europäischen Verfassungsrechtes, FS Maurer, 2001, S. 855; *Bergmann*, Das Menschenbild der Europäischen Menschenrechtskonvention, 1995; *Bernsdorff*, Die Charta der Grundrechte der Europäischen Union – Notwendigkeit, Prozess und Auswirkungen, NdsVBl. 2001, 177; *Bienert*, Die Kontrolle mitgliedstaatlichen Handelns anhand der Gemeinschaftsgrundrechte, 2001; *Blanke*, Essentialia einer Europäischen Verfassungsurkunde (Teil 2), ThürVBl. 2002, 224; *Bleckmann*, Die wertende Rechtsvergleichung bei der Entwicklung europäischer Grundrechte, in Baur ua, FS Börner, 1992, S. 29; *Blumenwitz*, Anm. zu EGMR, EuGRZ 1989, 314 („Soering"), EuGRZ 1989, 326; *Bodendiek/Nowrot*, Bioethik und Völkerrecht, AVR 37 (1999), 177; *Broß*, Überlegungen zum gegenwärtigen Stand des Europäischen Einigungsprozesses, EuGRZ 2002, 574; *Cirkel*, Die Bindungen der Mitgliedstaaten an die Gemeinschaftsrechte, 2000; *Ehlers*, Die Grundrechte des europäischen Gemeinschaftsrechts, Jura 2002, 468; *Ergec*, Protection européenne et internationale des droits de l'homme, 3. Aufl. 2014; *Everling*, Durch die Grundrechtecharta zurück zu Solange I?, EuZW 2003, 225; *Faßbender*, Lebensschutz am Lebensende und Europäische Menschenrechtskonvention, Jura 2004, 115; *Frenz*, Freiheitsbeschränkungen durch Grundrechte, EWS 2005, 15; ders., Menschenwürde und Dienstleistungsfreiheit, NVwZ 2005, 48; *Grabenwarter*, Die Charta der Grundrechte für die Europäische Union, DVBl 2001, 1; *Groiss/Schantl/Welan*, Der verfassungsrechtliche Schutz des menschlichen Lebens, ÖJZ 1978, 1; *Grundmann*, Das niederländische Gesetz über die Prüfung von Lebensbeendigung auf Verlangen und Beihilfe zur Selbsttötung, 2003; *Günther*, Der Verfassungsvertrag – ein Modell für die Europäische Union, ZParl 2002, 347; *Guillaume*, Article 2, in Pettiti/Decaux/Imbert, La convention européenne des droits de l'homme, 1999, S. 143; *Haltern*, Finalität, in v. Bogdandy/Bast, Europäisches Verfassungsrecht, 2. Aufl. 2009, S. 279; *Haratsch*, Die Bedeutung der UN-Menschenrechtspakte für die Europäische Union, MenschenRechtsMagazin, MenschenRechtsZentrum der Universität Potsdam, Themenheft „25 Jahre Internationale Menschenrechtspakte", Febr. 2002, S. 29; *Hartig*, Abschaffung der Todesstrafe in Europa – Das 6. Zusatzprotokoll zur EMRK, EuGRZ 1983, 270; *Heymann*, Die Europäische Menschenrechtskonvention und das Recht auf aktive Sterbehilfe – EGMR, NJW 2002, 2851, JuS 2002, 957; *Höfling*, Bauelemente einer Grundrechtsdogmatik des deutschsprachigen Raumes, FS Batliner, 1993, S. 343; ders., Um Leben und Tod: Transplantationsgesetzgebung und Grundrecht auf Leben, JZ 1995, 26; ders., „Sterbehilfe" zwischen Selbstbestimmung und Integritätsschutz, JuS 2000, 111; ders., Reprogenetik und Verfassungsrecht, 2001; ders., Von Menschen und Personen. Verfassungsrechtliche Überlegungen zu einer bioethischen Schlüsselkategorie, in Dörr ua, FS Schiedermair, 2001, S. 363; ders., Verfassungsrechtliche Aspekte des so genannten therapeutischen Klonens, Zeitschrift für medizinische Ethik (ZME) 2001, 277; ders., Biomedizinische Auflösung der Grundrechte?, Bitburger Gespräche – Jahrbuch 2002/II, 99; ders., Transplantationsgesetz, Kommentar, 2. Aufl. 2013; *Jaeckel*, Schutzpflichten im deutschen und europäischen Recht, 2001; *Jacob*, Aktive Sterbehilfe im Rechtsvergleich und unter der Europäischen Menschenrechtskonvention, 2013; *Jakab*, Die Euthanasieentscheidung des ungarischen Verfassungsgerichts vom 28. April 2003, Osteuropa-Recht 2004, 31; *Kersten*, Das Klonen von Menschen, 2004; *Kneihs*, Grundrechte und Sterbehilfe, 1998; ders., Recht auf Leben und Terrorismusbekämpfung – Anmerkungen zur jüngsten Judikatur des EGMR zu Art. 2 EMRK, in Grabenwarter/Thienel, Kontinuität und Wandel der EMRK, 1998, S. 21; *ders.,* Sterbehilfe durch EMRK nicht geboten – Der Fall Pretty, EuGRZ 2002, 242; *Knöll,* Die Charta der Grundrechte der Europäischen Union, NVwZ 2001, 392; *Knopp,* Aktive Sterbehilfe – Europäische Entwicklungen und „Selbstbestimmungsrecht" des Patienten aus verfassungsrechtlicher Sicht, MedR 2003, 379; *Kopetzki,* Organgewinnung zu Zwecken der Transplantation, 1988; *Kovács/Frewer,* „Aktive Sterbehilfe" auf dem Weg nach Deutschland? Paradigmatische Fälle und die Entscheidung des Verfassungsgerichts in Ungarn, EthMed 2004, 75; *Kühling,* Grundrechte, in v. Bogdandy/Bast, Europäisches Verfassungsrecht, 2. Aufl. 2009, S. 657; *Meyer/Engels,* Die Charta der Grundrechte der Europäischen Union – Eine Einführung, in Deutscher Bundestag / Referat Öffentlichkeitsarbeit, Die Charta der Grundrechte der Europäischen Union, 2001, S. 7; *Nettesheim,* Die konsoziative Föderation von EU und Mitgliedstaaten, in Heß, Wandel der Rechtsordnung, 2003, S. 1; *Nicolaysen/Nowak,* Teilrückzug des BVerfG aus der Kontrolle der Rechtmäßigkeit gemeinschaftlicher Rechtsakte: Neuere Entwicklungen und Perspektiven, NJW 2001, 1233; *Opsahl,* The Right to Life, in Macdonald/Matscher/Petzold, The European System for the Protection of Human Rights, 1993, S. 207; *Pache,* Die Europäische Grundrechtscharta – ein Rückschritt für den Grundrechtsschutz in Europa?, EuR 2001, 475; *Pernice,* Gemeinschaftsverfassung und Grundrechtsschutz – Grundlagen, Bestand und Perspektiven, NJW 1990, 2409; *Peters/Altwicker,* Europäische Menschenrechtskonvention, 2. Aufl. 2012; *Petersen,* The Legal Status of the Human Embryo in vitro: General Human Rights Instruments, ZaöRV 65 (2005), 447; *Philippi,* Die Charta der Grundrechte der Europäischen Union, 2002; *Rixen,* Lebensschutz am Lebensende, 1999; *ders.,* Menschenwürde oder „Biomasse"? Zum verfassungsrechtlichen Status des Embryos am Beispiel der Präimplantationsdiagnostik, in Beer/Markus/Platzer, Was wissen wir vom Leben? Aktuelle Herausforderungen der Ethik durch die neuen Biowissenschaften, 2003, S. 264; *ders.,* Euthanasie oder Behandlungsabbruch? Die „Lambert"-Entscheidung des EGMR vom 5. Juni 2015, in Bormann, Lebensbeendende Handlungen, 2017, S. 683; *Rupp,* Anmerkungen zu einer Europäischen Verfassung, JZ 2003, 18; *Schindler,* Die Kollision von Grundfreiheiten und Gemeinschaftsgrundrechten, 2001; *Schmidt,* Der Schutz der Menschenwürde als „Fundament" der EU-Grundrechtscharta unter besonderer Berücksichtigung der Rechte auf Leben und Unversehrtheit, ZEuS 2002, 631; *Schwarze,* Europäische Verfassungsperspektiven nach Nizza, NJW 2002, 993; *Seidel,* Pro futuro: Kraft Gemeinschaftsrechts Vorrang des höheren einzelstaatlichen Grundrechtsschutzes?, EuZW 2003, 97; *Stieglitz,* Allgemeine Lehren im Grundrechtsverständnis nach der EMRK und der Grundrechtsjudikatur des EuGH, 2002; *Szczekalla,* Die sogenannten grundrechtlichen Schutzpflichten im deutschen und europäischen Recht, 2002; *Taupitz,* Der rechtliche Rahmen des Klonens zu therapeutischen Zwecken, NJW 2001, 3433; *Trechsel,* Spotlights on Article 2 ECHR, The Right to Life, in Benedek/Isak/Kicker, Development an Developing International and European Law, 1999, S. 671; *Vöneky/Petersen,* Der rechtliche Status des menschlichen extrakorporalen Embryos: Das Recht der Europäischen Union, EuR 2006, 340; *Weber,* Die Europäische Grundrechtscharta – auf dem Weg zu einer europäischen Verfassung, NJW 2000, 537.

A. Das Recht auf Leben im „Möglichkeitsraum" integrationspolitischer Perspektiven

Gemäß Art. 2 Abs. 1 GRC gilt (in Anlehnung an Art. 2 Abs. 1 EMRK, → Rn. 43): **1** „Jeder Mensch"[1], „jedes Individuum"[2], „jeder"[3] bzw. „jede Person"[4] hat das Recht auf Leben." Und: „Niemand darf zur Todesstrafe verurteilt oder hingerichtet werden."[5] Dass das Nachdenken über den Grundrechtsschutz in der EU sich in einem vor allem politisch permanent bewegten **„Möglichkeitsraum"**[6] vollzieht, zeigt vor allem die Erwähnung der Todesstrafe, für die nach dem (derzeit) maßgeblichen Unionsrecht nur mit Mühe halbwegs realistische Anwendungsfälle vorstellbar sein dürften.[7] Grundrechtsverstöße kommen beim gegenwärtigen Integrationsstand allenfalls bei Überschreitung der Kompetenzen in Be-

---

[1] So die dt. Fassung von Art. 2 Abs. 1 GRC; s. auch die dän. Fassung von Art. 2 Abs. 1 GRC: „Ethvert menneske".
[2] Vgl. die ital. Fassung von Art. 2 Abs. 1 GRC: „Ogni individuo".
[3] Vgl. die engl. und die ndl. Fassung von Art. 2 Abs. 1 GRC: „Everyone", „Eenieder".
[4] Vgl. die dt., die frz. und die span. Fassung von Art. 2 Abs. 1 GRC: „Jede Person", „Toute personne", „toda persona".
[5] S. vorher schon Art. 22 der „Erklärung der Grundrechte und Grundfreiheiten" des Europäischen Parlaments, ABl. 1989 C 120, 52 (56): „Die Todesstrafe ist abgeschafft."
[6] *Haltern* S. 324.
[7] Hierzu *Alber* ZSE 2003, 178 (182 f.). – Fiktive Beispiele: Im Rahmen der Wissenschaftsförderung vergibt die EU Gelder zur Erforschung von Techniken, mit deren Hilfe (zumindest auch) die Todesstrafen-Vollstreckung „optimiert" werden kann. – Organwalter der EU begrüßen die Vollstreckung der Todesstrafe an einem EU-Bürger im Ausland und missachten damit die entgegenstehende EU-Rechtslage. – In einer EU-Richtlinie wird zur symbolischen Kennzeichnung schwerwiegender Pflichtverstöße die Todesstrafe angedroht, zugleich ihre ausnahmslose Nicht-Vollstreckbarkeit sowie die zwingende Umwandlung in eine zulässige strafrechtliche Sanktion der Mitgliedstaaten angeordnet.

tracht.[8] Im Vorgriff auf die immerhin denkbare Weiterentwicklung der Union zu einem Verband, der eines Tages eines der Erkennungszeichen moderner Staatlichkeit, das *ius puniendi,* vollumfänglich adaptieren könnte,[9] ist es jedoch sinnvoll, schon jetzt entsprechende „Schutzbedürftigkeiten"[10] zu reflektieren. Gerade wenn man die Regelungen zur polizeilichen und justiziellen Zusammenarbeit in Strafsachen zur Kenntnis nimmt (vgl. Art. 82 ff., 87 ff. AEUV) liegen – zumindest langfristig – Veränderungen nahe, die die „unionalisierte" Kooperation der Mitgliedstaaten auch im Hinblick auf die Sanktionierung von Straftaten betreffen.

2   Die Unwägbarkeiten des „Möglichkeitsraums" gelten auch in dogmatisch-methodischer Hinsicht. Das ist gerade für das Recht auf Leben mit seinen vielfältigen neueren Problemgegenständen insbesondere im Bereich der Biowissenschaften und der Medizin misslich. Soweit ersichtlich, fehlt es bislang an Judikaten zum Recht auf Leben (und erst recht an Erkenntnissen zum grundrechtlichen Verbot der Todesstrafe). Das Beispiel des Lebensgrundrechts zeigt, dass es sich bei den EU-Grundrechten in der Tat nur um ein „nahezu geschlossenes System"[11] handelt. Für eine Materie wie jene der EU-Grundrechte, die zunächst eine richterrechtliche Erfindung gewesen sind[12] – mögen sie auch den Gründungsverträgen zunächst in der Gestalt allgemeiner Rechtsgrundsätze als „immanente Ordnung"[13] scheinpositivistisch intrapoliert worden sein (erst später erfolgte bekanntlich die normtextlich explizite Anerkennung dieses Vorgehens, vgl. Art. 6 Abs. 2 EUV)[14] – sind **Präjudizien** ein wichtiger, vielleicht sogar der wichtigste Orientierungspunkt im Wirrwarr der Meinungen, der zunehmend auch den Diskurs über den Grundrechtsschutz in der EU auszeichnet und nach stärkerer Systematisierung ruft.[15]

3   Festzuhalten ist, dass die Kriterien der wertenden Rechtsvergleichung[16], die die EU-Grundrechtsgewinnung anleiten sollen, „bisher nicht umfassend aufgedeckt"[17] sind, so dass es sich um „eine nicht exakt kalkulierbare Konkretisierungsmethode"[18] handelt (→ § 13 Rn. 5 f.). Es erscheint angemessen, **bereichsspezifisch** zu **differenzieren** und nach dem Sinn des je in Rede stehenden Grundrechts zu fragen: Je basaler die Schutzgarantie angelegt ist, desto eher ist es vertretbar, auch bei ggf. nur schwacher Radizierung eines schutzmaximalisierenden Konkretisierungsergebnisses in EMRK und Verfassungstradition der Mitgliedstaaten diesem den Vorzug zu geben, wenn und weil es um die **Basis grundrechtlichen Verhaltens,** um die fundamentale Möglichkeitsbedingung weiterer Grundrechtsausübung geht, beim Lebensgrundrecht im wahrsten Wortsinn um die vitale Basis jeder Existenzgestaltung. Dieser inklusive Ansatz, der im Falle rechtlicher Argumentationszweifel für die großzügige Zuerkennung grundrechtlichen Schutzes votiert (→ Rn. 7),[19] bildet den Orientierungspunkt an den Grenzen des Schutzbereichs, die – anders als die historisch erfahrenen „Normalfälle" der Gefährdung des Lebens geborener Menschen – politisch sowie verfassungsrechtlich in Europa im Streit sind.[20]

---

[8] *Philippi* S. 32.
[9] Zum Charakter der EU als „werdender Staat" *Nettesheim* S. 6 ff., S. 14 ff.
[10] *Bethge* Der Staat 24 (1985), 351 (362).
[11] *Schmidt* FS Vogel, 2000, 21 (23).
[12] Krit. hierzu *Rupp* JZ 2003, 18 (19); *Broß* EuGRZ 2002, 574 (578).
[13] *Nicolaysen* Europarecht I S. 120.
[14] „Diese Grundsätze sind auch in Artikel 6 Absatz 2 EU niedergelegt." So EuGH C-17/98, Slg. 2000, I-667 Rn. 9 – Emesa Sugar (Free Zone) NV/Aruba; dh: Art. 6 Abs. 2 EUV hat aus Sicht des EuGH eine bloß deklaratorische Funktion („auch").
[15] *Kühling* in v. Bogdandy/Bast Europ. VerfassungsR S. 672: „Auf Gemeinschaftsebene steckt die Entwicklung einer kohärenten Grundrechtsdogmatik noch in den Kinderschuhen."
[16] Grdl. aus dt. Sicht *Zweigert* RabelsZ 28 (1964), 601 (611); s. außerdem *Bleckmann* S. 29 ff.
[17] *Bleckmann* S. 30.
[18] *Kühling,* Die Kommunikationsfreiheit als europäisches Gemeinschaftsgrundrecht, 1999, S. 65.
[19] Am Beispiel des dt. Verfassungsrechts *Rixen,* Lebensschutz am Lebensende, S. 288 ff.
[20] Aktuelle Beispiele sind der Einsatz bestimmter reproduktionsmedizinischer Techniken (etwa der Präimplantationsdiagnostik, → Rn. 39) oder die Forschung an embryonalen Stammzellen (→ Rn. 23 f.).

B. Gewährleistungsgehalt

I. Gewährleistungstatbestand des (allgemeinen) Rechts auf Leben

Analytisch lässt sich, allgemeinen Lehren entsprechend, der Gewährleistungstatbestand des Rechts auf Leben nach personellem und sachlichem Schutzbereich (Gewährleistungsbereich, Gewährleistungstatbestand) unterscheiden. Allerdings kann man beide Aspekte nicht trennscharf gegeneinander abschichten. Überschneidungen sind unvermeidlich, weil sich die Frage, wer lebt, von der Frage, was zu seinen Gunsten geschützt wird – das Leben –, kaum sinnvoll abgrenzen lässt. MaW: Der „Gegenstand" des Schutzes präjudiziert das Subjekt des Schutzes, leitet also die Formulierung der Kriterien an, die die Zuweisung des Grundrechtsschutz eröffnenden Status' „lebender Mensch" in Fällen des Argumentationszweifels ermöglichen.

1. Sachlicher Schutzbereich. Wie beim sachlichen Gewährleistungsbereich des Rechts auf körperliche und geistige Integrität (→ § 15 Rn. 5 ff., 14 f.) lässt sich der sachliche Schutzbereich des Lebensgrundrechts in zweifacher Weise unterscheiden: zum einen bezieht er sich auf die Erhaltung der Integrität des menschlichen Lebens, dh die Unversehrtheit der Lebendigkeit des körperlichen Zustands eines Menschen **(Integritätserhaltung)**. Zum anderen bezieht er sich auf die Gestaltung der Bedingungen, unter denen die Integrität erhalten bleibt; hierbei geht es um die Freiheit zur Gestaltung der eigenen biologisch fundierten Lebendigkeit, um die Selbstbestimmung über das Leben **(Integritätsgestaltung)**.

a) Integritätserhaltung – Zum inklusiven Charakter des Lebensgrundrechts. Das Recht auf Leben zielt auf die Erhaltung des Lebens des jeweiligen Grundrechtsträgers (Integritätserhaltung). Dessen Leben wird erhalten, wenn die **funktionelle Einheit** (Integration) **des Organismus,** der den körperlichen Zustand prägt, nicht irreversibel aufgehoben wird.[21] In diesem Sinne kann man, bezogen auf den geborenen Menschen, synonym von der Erhaltung der Lebendigkeit des Körpers (= Leben) sprechen. Dieser Zustand wird nicht dadurch aufgehoben, dass einzelne Körperteile, zB aus medizinischen Gründen, entfernt werden (müssen), solange die funktionelle Einheit des Organismus als dem Zusammenwirken der im Körper manifestierten Teilfunktionen erhalten bleibt. Sie bleibt auch erhalten, wenn lebenswichtige (Teil-)Funktionen des Körpers „künstlich" kompensiert werden, denn die **„Natürlichkeit"** einer Funktion im Sinne einer nichttechnischen Manipulation bzw. Unterstützung ist nicht Voraussetzung des Lebens.[22] Wer einen Herzschrittmacher in sich trägt, ohne den sein Herz nicht funktionieren würde, wer regelmäßig dialysiert wird, weil seine Nieren nicht mehr hinreichend funktionieren, wer sich wegen Diabetes mellitus (sog Zuckerkrankheit) nicht körpereigen produziertes Insulin injiziert, weil er ohne die gezielte Zuführung dieses Hormons schwere, im Extremfall lebensbedrohliche Stoffwechselstörungen erleiden würde, lebt im Grundrechtssinne, weil das Artifizielle der (Teil-)Funktionserhaltung, sofern es zur funktionellen Einheit des Organismus beiträgt, nichts an dem (Weiter-)Bestehen eines integrierten Organismus ändert. Deshalb lebt etwa auch ein multitraumatisierter Patient, der zeitweilig oder dauerhaft intensivmedizinisch so umfänglich versorgt wird, dass die „natürliche" (dh nicht-technisch generierte) Funktionserhaltung dahinter deutlich zurücktritt. Wer ein solches Gefüge medizinischer Hilfe so verändert, dass der Organismus irreversibel zusammenbricht, also unumkehrbar nicht mehr integriert ist, hebt das Leben des Grundrechtsträgers auf, verursacht also dessen Tod. Bildhaft gesprochen, schirmt das Recht auf Leben den Grundrechtsinhaber gegen alle Einflüsse ab, die die funktionelle Einheit seines Organismus aufheben (sollen) (zum Beeinträchtigungscharakter von lebensgefährdenden Situationen → Rn. 40).

---

[21] *Rixen*, Lebensschutz am Lebensende, S. 302 ff.
[22] *Rixen*, Lebensschutz am Lebensende, S. 307 ff.

7   Da das Leben im Kern als physiologisch-biologischer Sachverhalt gedacht wird (→ Rn. 8), sind mentale und intellektuelle Fähigkeiten, die Fähigkeit, sprachlich bzw. akustisch vernehmbar zu kommunizieren und Interessen zu äußern, moralische Qualitäten, emotionale Intelligenz, soziale oder ökonomische Nützlichkeit, psychiatrische Auffälligkeit, seelische Eigentümlichkeit, körperliche Entstelltheit oder Versehrtheit (wenn sie die funktionelle Ganzheit des Körpers nicht aufheben) sowie vergleichbare Aspekte für die Definition des Lebens irrelevant.[23] Ebenso unbeachtlich sind Unterscheidungen nach Alter, Rasse, Geschlecht oder nach den Kosten, die die Erhaltung des Lebens direkt oder indirekt für das Gemeinwesen verursacht.[24] Man kann von der **Lebenswert-Indifferenz des Lebensgrundrechts** sprechen. Dh: die Frage, ob Leben vorliegt, ist unabhängig von der Frage zu beantworten, ob ein konkretes Menschenleben, gemessen an welchen Wertmaßstäben auch immer, wertvoll ist oder nicht. Die in verschiedenen philosophischen Konzepten[25] propagierte Unterscheidung von bloß biologisch-vegetativ existierendem „Mensch" und „Person" als einem nach Maßgabe bestimmter qualitativer Merkmale „wirklichen" Menschen ist ein grundrechtlich irrelevantes anthropologisches Konzept. Der Grundrechtsbegriff des Lebens sperrt sich gegen Umwertungen, die seinen **Inklusionscharakter** aufbrechen und durch eine Exklusivität ersetzen wollen, in denen die Lebendigkeit des Körpers nicht mehr notwendige *und* hinreichende Bedingung für die Zuerkennung des Status „Mensch" ist.[26]

8   Aus philosophisch-kulturwissenschaftlicher Sicht[27] ist darauf aufmerksam gemacht worden, dass ein solcher Ansatz mit einem Begriff des Lebens operiere, der seine Vorgeprägtheit durch bestimmte normative Vorverständnisse nicht immer zu Genüge reflektiere und überhaupt allzu pragmatisch konzipiert sei. Das ist ernst zu nehmen, soweit es um die grundlagentheoretischen Implikationen geht. In der Tat sind die Begriffe „Leben", „Organismus", „Körper" etc Termini, die – in unterschiedlichen Bedeutungsgeschichten stehend – gleichsam eine normative Patina überzieht, die reflex nicht immer gewusst wird bzw. bewusst ist.[28] Die Termini sind, wenn man sie philosophisch bzw. kulturwissenschaftlich genauer analysiert, keine rein deskriptiven Ausdrücke. Für die spezifischen Zwecke des Grundrechtsschutzes werden sie aber aus normativen Gründen als deskriptiv-biologische Begriffe gedacht. Das kann man pragmatisch nennen (was freilich im anwendungsbezogenen Diskurs des positiven Rechts kein Makel, sondern Qualitätskennzeichen ist), dh: Sie modellieren bewusst einen biologisch beschreibbaren Zustand, weil nur so im Sinne eines **kriteriologischen** – nicht eines substanziellen – **Biologismus** garantiert ist, dass der inklusive Ansatz des Lebensgrundrechts, das den Zugang zur Gruppe der rechtlich zu achtenden Subjekte steuert, nicht geschwächt wird.[29] Wegen seiner basalen Bedeutung für die Entscheidung darüber, wer in einer konkreten Gemeinschaft als Gegenüber zu achten ist, darf das Lebensgrundrecht als **grundlegende Regel der Zuteilung von Rechtspersonalität** nicht eng verstanden werden. Seiner Tendenz nach geht von ihm „umfassender Schutz" aus, dem „höchste Priorität" zukommt.[30] Die in der Formulierung der EMRK und der Grundrechtecharta (→ Rn. 1) zum Ausdruck kommende Entscheidung für einen

---

[23] In diesem Sinne auch Grabenwarter/Pabel EMRK § 20 Rn. 2; *Kneihs* in Grabenwarter/Thienel, Kontinuität und Wandel, S. 25.

[24] *Kneihs* in Grabenwarter/Thienel, Kontinuität und Wandel, S. 25; *Kneihs*, Grundrechte und Sterbehilfe, S. 231.

[25] *Höfling* FS Schiedermair, 2001, 363 ff.

[26] Zum inklusiven Charakter vgl. aus der Sicht des dt. Verfassungsrechts *Höfling* in Sachs GG Art. 1 Rn. 56 ff.; *Rixen*, Lebensschutz am Lebensende, S. 288 ff., 310.

[27] Zur Annäherung von philosophischer Anthropologie und Rechtsdogmatik, *Hartung* in Schwarte/Wulf, Körper und Recht – Anthropologische Dimensionen der Rechtsphilosophie, 2003, S. 229 ff.; *Hartung*, Das Maß des Menschen. Aporien der philosophischen Anthropologie und ihre Auflösung in der Kulturphilosophie Ernst Cassirers, 2003.

[28] S. hierzu aus philosophischer Sicht nur *Plessner*, Die Stufen des Organischen und der Mensch, 3. Aufl. 1975, Vorwort zur 2. Aufl., S. VII (XIX).

[29] Hierzu *Rixen*, Lebensschutz am Lebensende, S. 296 f.

[30] Für beide Zitate: *Bergmann* S. 200 (zu Art. 2 EMRK).

Begriff, der aller kulturellen Überformungen zum Trotz jedenfalls im Ansatz unstreitig auf einen biologisch-physiologisch beschreibbaren Sachverhalt referiert, ist ernst zu nehmen als Entscheidung gegen wertende Restriktionen des Lebens. Auch das EU-Recht schafft somit einen eigenen Rechtsbegriff vom Leben, der von anderen Bedeutungen (philosophischen, kulturwissenschaftlichen etc) abzuschichten ist. Er unterscheidet sich gerade in seiner Funktion, den Kreis der für die EU-Rechtsordnung relevanten Rechtssubjekte zu definieren, von anderen nicht-grundrechtsspezifischen Wortbedeutungen.

b) Integritätsgestaltung – Das Lebensgrundrecht als Selbstbestimmungsrecht. Neben den Aspekt der Integritätserhaltung tritt als zweiter Aspekt die Integritätsgestaltung. Ob bzw. inwieweit das Recht auf Leben die Gestaltungsmacht mitgewährt, über die Bedingungen dieses Lebens zu disponieren – vulgo: über das Leben zu verfügen – ist unklar. In den Verfassungen der Mitgliedstaaten findet sich dazu keine explizite Aussage. In der Grundrechtslehre ist die Frage umstritten.[31] Allerdings hat der Europäische Menschenrechtsgerichtshof es abgelehnt, aus dem Recht auf Leben einen „negative aspect" in der Form eines „right to die" oder eines „right to self-determination in the sense of conferring on an individual the entitlement to choose death rather than life" herzuleiten, weil dagegen schon der Wortlaut des in der Konvention garantierten Lebensgrundrechts spreche; allerdings: ein solches Recht „may be reflected in the rights guaranteed by other Articles of the Convention".[32] Folgerichtig lehnt der EGMR auch vermeintlich aus dem Lebensgrundrecht folgende Ansprüche des Einzelnen gegen den Staat ab, Angehörige von strafrechtlichen Risiken freizustellen, die aus einer bei Androhung von Strafe verbotenen Beihilfe zum Suizid resultieren, den der Einzelne ohne fremde Hilfe nicht realisieren kann. Schon vorher hatte der EGMR betont, Art. 2 EMRK gehöre zur Kategorie der „non-transferable rights", sei also nicht übertragbar, weshalb ein Dritter die mögliche Verletzung des Rechts nach dem Tod des Rechtsinhabers vor dem EGMR nicht klären lassen könne; außerdem, so der EGMR, bleibe offen, ob sich bezogen auf das Problem der Sterbehilfe aus der EMRK ein Recht „to a dignified death or a dignified life" herleiten lasse.[33]

Die Argumentation des EGMR überzeugt nicht. Zwar lässt sich ein auf die Gestaltung des eigenen Sterbens gerichtetes Selbstbestimmungsrecht (möglicherweise) aus anderen Grundrechtspositionen herleiten.[34] Jedoch legt der systematische Zusammenhang zwischen dem Recht auf Leben und dem Recht auf (körperliche) Unversehrtheit (vgl. Art. 2 und 3 GRC) es nahe, dem Recht auf Leben ebenso wie dem Recht auf (körperliche) Unversehrtheit einen **Selbstbestimmungsaspekt** zuzusprechen (→ § 15 Rn. 14 f.). Im Rahmen des Rechts auf (körperliche) Unversehrtheit ist anerkannt, dass medizinische Eingriffe in die Integrität nur auf der Grundlage eines „informed consent" zulässig sind (→ § 15 Rn. 14 f.). Ein auf entsprechender Einwilligung beruhender Konsens – oder übersetzt in die Terminologie des (deutschen oder österreichischen) Arztrechts – eine entsprechende Einwilligung setzt voraus, dass das Recht auf (körperliche) Unversehrtheit den Einzelnen (auch) befugt, über die Umstände der Beeinträchtigung seines Körpers selbst zu bestimmen (das erkennt Art. 3 Abs. 2 erster Gedankenstrich GRC) (→ § 15 Rn. 14). Wenn aber ein solches im Erfordernis des informed consent zum Ausdruck gelangendes Selbstbestimmungsrecht bereits für die Integrität des Körpers gilt, dann ist es nur konsequent, diesen Ansatz im

---
[31] Aus deutscher Sicht *Höfling* JuS 2000, 111 (114 f. mwN); umfassende Aufbereitung der Problematik bei *Antoine* S. 213 ff. und passim; s. auch *Rengeling/Szczekalla* Grundrechte in der EU Rn. 568.
[32] EGMR 29.4.2002 – 2346/02 Rn. 39 – Pretty/Vereinigtes Königreich, in engl. Sprache abgedr. in HRLJ 2002, 194 ff.; in dt. Sprache in EuGRZ 2002, 234 ff. – Dem EGMR zu Art. 2 EMRK folgend *Meyer-Ladewig/Huber* in HK-EMRK EMRK Art. 2 Rn. 1; *Kneihs* EuGRZ 2002, 242 (242 f.). Krit. *Faßbender* Jura 2004, 115 (118 f.); s. auch *Rengeling/Szczekalla* Grundrechte in der EU Rn. 593.
[33] EGMR 26.10.2000 – 48335/99, HRLJ 2002, 212 (214) – Manuela Sanles Sanles/Spain. – Zusf. Analyse der „Sterbehilfe"-Rechtsprechung bei *Jacob*.
[34] In Anlehnung an Rechtsprechung des EGMR lässt das Recht auf Achtung des Privatlebens (Art. 8 Abs. 1 EMRK; Art. 7 GRC) entsprechend auslegen; es gleicht weitgehend dem Persönlichkeitsrecht der dt. Verfassung (Art. 2 Abs. 1 GG), dazu Grabenwarter/Pabel EMRK § 22 Rn. 6; Peters/Altwicker EMRK S. 56.

Hinblick auf die Lebendigkeit des Körpers, seine Existenz (→ Rn. 6), zu Ende zu denken. Gerade der Blick auf den Wortlaut von Art. 3 Abs. 1 GRC zeigt dann aber, dass das Wortlaut-Argument für sich betrachtet kein schlagendes Gegenargument ist. Das EU-Grundrecht auf Leben umfasst vielmehr auch ein auf die Gestaltung der Integrität des Lebens bezogenes Selbstbestimmungsrecht.[35] Selbstbestimmungsfreiheit setzt allerdings **Selbstbestimmungsfähigkeit** voraus.[36] Fehlt es an dieser, scheiden wirksame Dispositionen des Grundrechtsinhabers aus. Der grundrechtliche Schutz erschöpft sich dann in der Integritätserhaltung. Über die Reichweite zulässiger Beschränkungen des bei gegebener Selbstbestimmungsfähigkeit zu bejahenden Selbstbestimmungsrechts, also den effektiven Garantiebereich, ist auf der Ebene der Rechtfertigung zu entscheiden

11 **2. Personeller Schutzbereich. a) Schutz in der „Normallage".** Träger des Rechts auf Leben ist jeder **lebend geborene Mensch**.[37] Formelhaft gesprochen, knüpft die grundrechtlich geschützte Vitalität im empirischen Regelfall an die Natalität an.[38] Lebendgeboren ist ein Mensch, also ein Individuum der Spezies homo sapiens sapiens, mit Abschluss der Geburt, also dem Verlassen des Mutterleibs (ggf. im Wege der *sectio caesarea*, also des sog Kaiserschnitts), sofern zu diesem Zeitpunkt bei ihm Zeichen des Lebens, also eines funktionell integrierten Organismus' (→ Rn. 6), nachweisbar bzw. herstellbar sind (zB ein natürlicher oder intensivmedizinisch generierter Herzschlag). Das Recht auf Leben bezieht sich nur auf (lebende) Individuen, die der Spezies angehören.[39] Es bezieht sich nicht auf andere Lebewesen.

12 Ob der betreffende Mensch Angehöriger eines EU-Staates ist oder nicht, ist unerheblich. Das Recht auf Leben ist ein sog **Jedermannsrecht,** ein von der Nationalität unabhängiges Menschenrecht.[40] Die Verfassungen der Mitgliedstaaten, die das Recht auf Leben garantieren, gewährleisten es dementsprechend als allgemeines Menschenrecht, nicht als spezifisches Bürgerrecht.[41] Denkbare Vorbehalte gegen eine Erstreckung bestimmter nicht explizit auf EU-Angehörige begrenzter Rechte auf Nicht-EU-Angehörige[42] treffen auf das basale Recht auf Leben in seiner allgemeinen wie speziellen Ausprägung nicht zu. Art. 2 GRC gilt demnach nicht nur für Staatsangehörige der Mitgliedstaaten.

13 Ob ein Mensch im Sinne bestimmter philosophischer Personalitätskonzepte eine **„Person"** ist, also sich durch bestimmte intellektuelle, mentale, psychische etc Qualitäten auszeichnet, ist irrelevant (→ Rn. 7). Jeder lebende Mensch im Grundrechtssinne ist auch im Grundrechtssinne Person (keine Inäquivalenz von Mensch und Person).[43] Dass in den einzelnen sprachlichen Fassungen des Art. 2 Abs. 1 GRC von „Person" die Rede ist (→ Rn. 1), ist kein Votum für solche Differenzierungen zwischen Mensch und Person.

---

[35] Gegen ein solches aus Art. 2 EMRK hergeleitetes „Handlungsgrundrecht" *Kneihs*, Grundrechte und Sterbehilfe, S. 266 ff. (Formulierung „Handlungsgrundrecht" auf S. 266 aE), S. 491 f., der Art. 8 Abs. 1 EMRK, der Art. 7 Abs. 1 GRC entspricht, für einschlägig hält (S. 322 f., S. 338, S. 492); *Kneihs* EuGRZ 2002, 242 (243 f.).

[36] So BVerfGE 99, 341 (351).

[37] Grabenwarter/Pabel EMRK § 20 Rn. 2; *Kneihs* in Grabenwarter/Thienel, Kontinuität und Wandel, S. 25.

[38] Insofern „klassisch" die Formulierung in Art. 1 S. 1 der frz. „Erklärung der Menschen- und Bürgerrechte" vom 26.8.1789, die Teil der frz. Verfassung sind (vgl. die Präambel der franzVerf v. 4.10.1958 sowie ihren Anhang): „Les hommes naissent et demeurent libres égaux en droits." Außerdem Art. 6 Abs. 1 S. 1 IPBPR: „Jeder Mensch hat ein angeborenes Recht auf Leben."

[39] Dazu gehören auch lebende sog siamesische Zwillinge *(„conjoined twins"),* die jeweils eigenständige Individuuen (Einzelne) sind, woran die partiell miteinander fusionierten Körperbereiche nichts ändern, vgl. hierzu mwN *Rixen* in Höfling, Transplantationsgesetz, 2. Aufl. 2013, § 1 Rn. 12 f.

[40] Bienert S. 65; *Bernsdorff* NdsVBl. 2001, 177 (181); *Philippi* S. 35: „menschenrechtliche(r) Ansatz".

[41] S. hierzu Art. 25 Abs. 1 der „Erklärung der Grundrechte und Grundfreiheiten" des Europäischen Parlaments, ABl. 1989 C 120, 52 (56): „Diese Erklärung schützt alle Personen (...)." Abs. 2 erlaubt Sonderregelungen für Bürger der Gemeinschaft (= Staatsangehörige der Mitgliedstaaten, Abs. 3).

[42] Zur Diskussion *Weber* NJW 2000, 537 (541 f.); *Ehlers* Jura 2002, 468 (472 f.); *Ehlers* in Ehlers GuG § 14 Rn. 55; *Kühling* in v. Bogdandy/Bast Europ. VerfassungsR S. 686 f.

[43] *Höfling*, Reprogenetik und Verfassungsrecht, S. 11 ff.; *Höfling* FS Schiedermair, 2001, 363 ff.

Grund dafür ist ein anderer: Die Charta sollte geschlechtsneutral formuliert werden, was sich mit der Formulierung „jede Person" leichter umsetzen ließ als mit der redaktionell nur beschwerlicher durchhaltbaren Formulierung „Jede und jeder (...)".[44]

Kein Träger des Lebensgrundrechts ist der verstorbene Mensch. Der **Tote** bzw. der tote 14 Mensch (im Sinne einer aufgrund lebzeitiger Verhaltensweisen oder zu Lebzeiten erfahrener sozialer Anerkennung postmortal fortwirkenden Persönlichkeit) und der tote Körper (als biologisches Residuum des Toten) sind keine Referenzpunkte lebensgrundrechtlichen Schutzes.[45] Im empirischen Normalfall tritt der Tod mit dem irreversiblen Herz-Kreislauf-Stillstand ein, der den unumkehrbaren Zusammenbruch des Organismus normalerweise verlässlich anzeigt. Dass der Organismus des Menschen (→ Rn. 6) irreversibel zusammengebrochen und der Tod damit eingetreten ist, kann aber auch an anderen Todeszeichen erkennbar werden; man denke an die sog klassischen Todeszeichen, zB Leichenflecken, beginnende oder eingetretene Leichenstarre, Verwesung.[46]

b) Schutz in besonderen Situationen. An den Grenzen des Schutzbereichs – am 15 Lebensanfang und am Lebensende – stellt sich vielfach die Frage, ob bestimmte Entitäten schon oder noch als lebende Menschen im Sinne des Lebensgrundrechts zu gelten haben. Neben der für die *„question délicate"*[47] des Schwangerschaftsabbruchs wichtigen Vorfrage des Status pränatalen Lebens geht es hierbei vor allem um bestimmte moderne Techniken der Fertilisation menschlichen Lebens,[48] den Status von spezifischem humanbiologischem „Material", das der Forschung dient, sowie um die Qualifikation bestimmter schwerstirrngeschädigter („hirntoter") Menschen als lebend oder tot.

aa) Pränatales menschliches Leben. Ob vorgeburtliches menschliches Leben, also etwa 16 ein *in uteru* entstehender oder ein in vitro[49] generierter, ggf. (reproduktiv) geklonter[50] Embryo oder etwa ein *nasciturus* im achten Schwangerschaftsmonat, als Grundrechtssubjekt in Betracht kommt, ist fraglich.[51] Die Verfassungstexte bzw. Verfassungstraditionen der (neuen) Mitgliedstaaten divergieren hier. Während in manchen Mitgliedstaaten der Schutz des vorgeburtlichen menschlichen Lebens im Kontext des Lebensgrundrechts ausdrücklich hervorgehoben wird,[52] schweigen die meisten Verfassungen über den Schutz des ungeborenen menschlichen Lebens;[53] teilweise gewähren sie ihn aber im Wege der Interpretation gleichwohl.[54] Die frühere EKMR und der EGMR haben die Frage bislang unbeantwortet gelassen.[55] In einem reproduktionsmedizinischen Kontext hat der EGMR nunmehr Em-

---

[44] *Meyer/Engels* S. 18; *Rengeling/Szczekalla* Grundrechte in der EU Rn. 595.
[45] Stattdessen könnten Art. 3 Abs. 1 GRC oder Art. 7 GRC in Betracht kommen.
[46] *Rixen*, Lebensschutz am Lebensende, S. 347 f. mwN.
[47] *Ergec* S. 239.
[48] Allg. hierzu die naturwissenschaftlichen und juristischen Beiträge in *Winter/Fenger/Schreiber*, Genmedizin und Recht, 2001.
[49] Hierzu Council of Europe/Steering Committee on Bioethics (*CDBI*), The Protection of the Human Embryo in vitro, CDBI-CO-GT3 (2003) 13, abrufbar unter http://www.coe.int.
[50] Zum sog therapeutischen Klonen → Rn. 24; → § 15 Rn. 33. – Das Klonen für sich ändert nichts daran, dass der dadurch generierte (lebende) menschliche Embryo ein (lebender) menschlicher Embryo ist, → Rn. 16.
[51] *Ehlers* Jura 2002, 468 (472): „uU auch der nasciturus"; abl. *Schmidt* ZEuS 2002, 631 (639). – Überblick über die vertretenen Positionen aus dt. Sicht bei *Höfling*, Reprogenetik und Verfassungsrecht, S. 15 ff.; s. auch *Herdegen* in Maunz/Dürig GG Art. 1 Abs. 1 Rn. 60 ff. (Stand: Sept. 2015) mwN; außerdem die komparative Analyse bei *Rengeling/Szczekalla* Grundrechte in der EU Rn. 596; s. ferner *Petersen* ZaöRV 65 (2005), 447 ff.; *Vöneckey/Petersen* EuR 2006, 340 ff.
[52] Art. 40 Abs. 3 Nr. 2 und Nr. 3 irVerf, Art. 15 Abs. 1 S. 2 slowakVerf, Art. 3 tschVerf iVm Art. 6 Abs. 1 S. 2 tschechGD-Deklaration.
[53] S. etwa Art. 2 Abs. 1 S. 1 GG, § 7 Abs. 1 finnVerf, Art. 24 Abs. 1 portVerf, Art. 15 S. 1 spanVerf.
[54] Vgl. die Entscheidungen des BVerfG zu Art. 2 Abs. 2 S. 1 GG BVerfGE 39, 1 ff.; 88, 203 ff., wo die Grundrechtssubjektivität offengelassen und objektivrechtlich argumentiert wird. – Der US Supreme Court hat in Roe v. Wade, 410 U. S. 113 (1973), dem Embryo keine Rechtspersonalität zugesprochen und darauf hingewiesen (EuGRZ 1975, 52 (54 aE)): „If this suggestion of personhood is established, the appellant's case, of course, collapses (...)."
[55] EKMR 19.5.1976 – 6959/75, EuGRZ 1978, 199 Rn. 60; EKMR 13.5.1980 – 8416/78, EuGRZ 1981, 20 (22 Rn. 23): „Die Kommission hält es (...) nicht für erforderlich zu entscheiden, ob Art. 2 den Fötus

bryonen ausdrücklich vom Schutz des Art. 2 EMRK ausgenommen.[56] Auch der EuGH hat im Kontext einer Entscheidung, in der er von Ärzten legal praktizierte Schwangerschaftsabbrüche dem Anwendungsbereich der Dienstleistungsfreiheit subsumiert hat, die Frage nach dem grundrechtlichen Status des ungeborenen Kindes offengelassen.[57] In der Literatur zur EMRK heißt es, es sei kein durchgreifender Grund erkennbar, vorgeburtliches menschliches Leben aus dem Schutzbereich auszuklammern.[58] Die Ansicht, die den Schutzbereich auf vorgeburtliches Leben erstreckt, wird „vielfach vertreten"[59]. Die Verfassungspraxis einzelner Mitgliedstaaten, die die Menschenrechtskonvention als Verfassungsgesetz rezipiert haben, folgt der ebenfalls vielfach vertretenen Auffassung, dass erst die Lebendgeburt das Tor zum Lebensgrundrecht aufstößt.[60] In Art. 18 der sog Biomedizin-Konvention des Europarates heißt es zwar, dass bei der Forschung an Embryonen in vitro die *„adequate protection of the embryo"* gesichert sein müsse.[61] Daraus kann aber kein Argument für oder gegen den Grundrechtsschutz von Embryonen abgeleitet werden, weil die Vertragspartner diese Frage bewusst nicht klären wollten.[62] Zudem versteht sich die sog Biomedizin-Konvention als rechtstechnisch verselbständigte Spezifizierung der EMRK.[63] An der **Unklarheit** bezüglich des Umfangs des in der EMRK statuierten Lebensrechts hat die Biomedizin-Konvention deshalb teil.

17   In den **Beratungen des Konvents,** der die Grundrechtecharta erarbeitet hat, konnten sich vereinzelte Bestrebungen, den Schutz des vorgeburtlichen menschlichen Lebens ausdrücklich zu regeln, nicht durchsetzen.[64] Versuche, den Begriff „Person" in allen sprachlichen Fassungen der Charta durch den Begriff „Mensch" zu ersetzen, um dem Eindruck entgegenzutreten, der Kreis der Grundrechtsträger werde auf Träger einer spezifischen Personalität eingegrenzt (→ Rn. 7, 13), wurde von Seiten des Vorsitzes abgewehrt: dies sei „basically (…) a linguistic problem"[65] – was es durchaus nicht ist, wenn man die vielfältigen internationalen Versuche zur Kenntnis nimmt, zwischen Menschen und Personen (als spezifisch qualifizierten Menschen) zu unterscheiden.[66] Im Konvent wurde ein Konsens darüber hergestellt, dass an dem mit der EMRK geschaffenen status quo nichts geändert

---

(…) erfaßt (…)." Dazu *Trechsel* S. 672: „The Commission has always avoided taking a clear stand." EGMR 29.10.1992 – 14234/88, EuGRZ 1992, 484 (488 Rn. 66) – Open Door and Dublin Well Woman/Ireland: „Der Gerichtshof bemerkt (…), dass er im vorliegenden Fall nicht aufgerufen ist zu untersuchen, (…) ob der Fötus mit einem Lebensrecht, so wie es Art. 2 enthält, ausgestattet ist." EGMR 8.7.2004 – 53924/00, NJW 2005, 727 Rn. 84 – Vo/Frankreich (zitiert nach der englischen Fassung, abrufbar unter http://hudoc.echr.coe.int): „At European level, the Court observes that there is no consensus on the nature and status of the embryo and/or fetus (…)." Immerhin hat der EGMR in dieser Entscheidung die Anwendbarkeit von Art. 2 EMRK unterstellt (Rn. 85, 95). Darin könnte sich eine Strategie andeuten, Embryonen bzw. Föten zumindest einen objektiv-rechtlichen Schutz zu gewähren, dazu *Opsahl* S. 221. – Die Unentschiedenheit von Kommission und Gerichtshof referieren: *Gollwitzer* in Strafverteidigervereinigungen, Ergebnisse des 24. Strafverteidigertages Würzburg 2000, 2002, S. 94 (117); *Meyer-Ladewig/Huber* in HK-EMRK EMRK Art. 2 Rn. 3; *Guillaume* in Pettiti/Decaux/Imbert, CEDH, S. 145 ff.; s. auch *Uerpmann-Wittzack* in Ehlers GuG § 3 Rn. 49.

[56] EGMR 10.4.2007 – 6339/05 Rn. 56, NJW 2008, 2013 – Evans/Vereinigtes Königreich.
[57] Vgl. EuGH C-159/90, Slg. 1991, I-4733 Rn. 18 ff. – Society for the Protection of Unborn Children Ireland Ltd/Stephen Grogan ua.
[58] *Uerpmann-Wittzack* in Ehlers GuG § 3 Rn. 49.
[59] So *Frowein* in Frowein/Peukert EMRK, 2. Aufl 1996, Art. 2 Rn. 3 (S. 30). – Diese Formulierung ist in der 3. Aufl. 2009 nicht mehr enthalten.
[60] Österreichischer VerfGH Erkenntnis v. 11.10.1974 – G 8/74, EuGRZ 1975, 74 (77 f.) m. Nachw. zu beiden Auffassungen; s. zu dieser Entscheidung *Groiss/Schantl/Welan* ÖJZ 1978, 1 (8 ff.). Außerdem *Grabenwarter* DVBl 2001, 1 (3); *Pache* EuR 2001, 475 (479 Fn. 23).
[61] Art. 18-1 Convention for the Protection of Human Rights and Dignity of the Human Being with regard to the Application of Biology and Medicine: Convention on Human Rights and Biomedicine (ETS/CETS Nr. 164, abrufbar unter http://conventions.coe.int).
[62] Vgl. Nr. 18 f. des *Explanatory Report* zur sog Biomedizin-Konvention (ETS/CETS Nr. 164).
[63] Vgl. Nr. 9 des *Explanatory Report* zur sog Biomedizin-Konvention (ETS/CETS Nr. 164).
[64] *Borowsky* in NK-EuGRCh GRCh Art. 2 Rn. 15 aE.
[65] Zit. bei *Borowsky* in NK-EuGRCh GRCh Art. 2 Rn. 16.
[66] *Höfling*, Reprogenetik und Verfassungsrecht, S. 11 ff.; *Höfling* FS Schiedermair, 2001, 363 ff. – jew. mwN; s. auch *Borowsky* in NK-EuGRCh GRCh Art. 2 Rn. 28 f.

werden sollte,[67] was im Hinblick auf die Umstrittenheit des Lebensbeginns im Kontext der EMRK als Übernahme des offenen Meinungsstreits zu deuten ist. Es ist dementsprechend folgerichtig zu resümieren, die Frage des grundrechtlich relevanten Beginns menschlichen Lebens sei im Konvent ungeklärt geblieben.[68]

Im Hinblick auf den **inklusiven Ansatz des Lebensgrundrechts** (→ Rn. 7) erscheint 18 es vorzugswürdig, dem pränatalen individuellen bzw. individualisierbaren menschlichen Leben Grundrechtsstatus zuzuerkennen, sofern es sich durch Totipotenz, also die Fähigkeit auszeichnet, sich zu einem menschentypischen Organismus auszubilden.[69] Damit ist allerdings noch nicht entschieden, ob bzw. inwieweit in das Lebensgrundrecht dieser Lebewesen eingegriffen werden darf. Versuche, den personellen Schutzbereich nur für pränatales menschliches Leben zu öffnen, wenn dieses ab Nidation in utero existiert, sind abzulehnen. Die Wertungsprobleme, die aus der faktischen Verfügbarkeit über pränatales menschliches Leben vor allem im Bereich der biomedizinischen Grundlagenforschung resultieren, würden gleichsam begriffsmanipulatorisch unsichtbar gemacht, wenn man den personellen Gewährleistungsbereich auf diese Weise eng zöge. Nur ein den Gewährleistungsbereich des Lebensgrundrechts weit konzipierender Ansatz wird dem inklusiven Sinn des Grundrechts gerecht; er trägt dann auch dazu bei, dass die Argumente, die eine Verfügbarkeit von pränatalem menschlichem Leben legitimieren sollen, sich vor dem argumentationsdisziplinierenden und Transparenz garantierenden Forum der dreistufigen grundrechtstheoretischen Darstellungsmatrix „Gewährleistungsbereich – Schranken – Schranken-Schranken" als plausibel ausweisen müssen.[70]

Dagegen lässt sich nicht einwenden, dass sich das Recht auf Leben traditionell immer 19 schon bloß auf geborene Menschen bezogen habe, was deshalb auch künftig so sein müsse.[71] Dies wäre eine petitio principii, die als begründet behauptet, was erst noch zu begründen wäre. Soweit zur Begründung bestimmte historische Gefährdungssituationen aus einer Zeit angeführt werden, die die neuen Probleme von Reproduktionsmedizin und Biowissenschaft noch nicht kannte, kann man dies nur als **problemanästhesierenden Historizismus** bezeichnen, denn hier wird eine bestimmte Epoche der Menschenrechtsgeschichte zum Maßstab für die gesamte Geschichte des Rechts auf Leben gemacht, ohne dass erkennbar wäre, was eine solche Reduzierung des Geltungsanspruchs auf die Exempel einer Epoche legitimieren könnte. Demgegenüber ist festzuhalten, dass Grundrechte, auch das Recht auf Leben gleichsam „in die Zeit hinein"[72] entlassen werden, also für die normative Antwort auf neue Gefährdungslagen offen sind. Für das schon nach seinem Wortlaut relativ offen strukturierte Recht auf Leben bedeutet das, dass der Schutzbereich „wachstumsfähig" ist, sich also unter den Herausforderungen neuer Phänomene als entwicklungs- bzw. fortbildungsfähig erweist.[73] Es liegt deshalb auch neben der Sache, wenn behauptet wird, die Erstreckung des Schutzbereichs von Grundrechten, die im empirischen Normalfall mehrheitlich auf geborene Menschen Anwendung finden, auf pränatales menschliches Leben, sei nicht ohne Zynismus[74] möglich. Eine solche Bewertung reflektiert nur die unstreitig entstehenden Schwierigkeiten, mit denen man konfrontiert wird, wenn man den Gewährleistungsbereich des Rechts auf Leben nicht zur Vermeidung eben jener Schwierigkeiten eng konzipiert. Der Vorwurf vermeintlichen oder tatsächlichen Zynismus dürfte somit in erster Linie etwas über Vorverständnisse aussagen trägt aber nichts dazu bei, den Schutzgehalt des Grundrechts überzeugend zu bestimmen.

---

67 *Borowsky* in NK-EuGRCh GRCh Art. 2 Rn. 17.
68 *Borowsky* in NK-EuGRCh GRCh Art. 2 Rn. 30.
69 Den Schutz des Art. 2 Abs. 1 S. 1 EMRK „(j)edenfalls bei Lebensfähigkeit des Fötus" bejaht *Frowein* in Frowein/Peukert EMRK Art. 2 Rn. 4 (S. 31).
70 Allg. dazu *Höfling* FS Batliner, 1993, 343 ff.
71 Zum Problem *Rixen*, Menschenwürde oder „Biomasse"?, S. 274.
72 *Bäumlin*, Staat, Recht und Geschichte, 1961, S. 15.
73 *Höfling* Bitburger Gespräche – Jahrbuch 2002/II, 99 (103); *Höfling* JZ 1995, 26 (31) – jew. mwN.
74 *Nußberger* in Sachs GG Art. 3 Rn. 308 Fn. 820 aE.

20 **bb) Menschen mit irreversiblen Gesamthirnversagen („Hirntod"): der Tod als Grenze des Schutzbereichs.** Auch am Lebensende stellt sich die Frage, ob bestimmte Zustände, in die Menschen geraten können, noch als Leben oder schon als Tod zu qualifizieren sind. Das gilt vor allem für den irreversiblen (Ganz-)Hirntod-Zustand, besser: das irreversible Gesamthirnversagen. Nach überwiegender Praxis in den Mitgliedstaaten der EU gilt der sog Hirntod, also der Ausfall des gesamten Gehirns – darum Ganzhirntod im Unterschied zu Teilhirntodkonzepten[75] – bei intensivmedizinisch aufrechterhaltener Herzkreislauffunktion, als Tod des Menschen und der protokollierte Moment seiner abschließenden Diagnostik als Todeszeitpunkt.[76] Der Hirntod-Zustand spielt hauptsächlich eine Rolle im Kontext der Transplantationsmedizin, denn potentielle Spender müssen ([ganz] hirn-)tot sein, bevor ihnen lebenswichtige Organe entnommen werden dürfen; zugleich aber sollen die Organe noch „frisch" genug sein, was in der Regel die intensivmedizinisch kontrollierte Durchblutung des Körpers voraussetzt. Die Verfassungen der Mitgliedstaaten schweigen zu der Frage, ob der Hirntod-Zustand die Grenze des national garantierten Lebensgrundrechts markiert oder nicht. In der Literatur zur EMRK wird vereinzelt die Ansicht vertreten, im Sinne der dynamischen Auslegung der Konvention, die ihre Sensibilität für neue Probleme garantiere, sei ein mit den Ansichten der modernen Medizin konform gehendes Verständnis nötig, wonach der Mensch im Hirntod-Zustand tot sei und sich folglich nicht mehr Subjekt des Lebensgrundrechts sein könne.[77] Zum Teil wird auch unter Verzicht auf jede Begründung behauptet, das Abstellen auf den Hirntod-Zustand im Kontext der EMRK sei „sachgerecht".[78] Die Frage ist bislang, soweit ersichtlich, in der Entscheidungspraxis des EGMR und der früheren, heute nicht mehr existierenden EKMR noch nicht aufgeworfen worden; auch der EuGH hat sich dazu noch nicht geäußert. Die Literatur zur EMRK bzw. zu den EU-Grundrechten lässt die Frage in der Regel offen und betont meist nur, der Schutz des Lebensgrundrechts ende „mit dem Tod".[79]

21 Gemessen an den Kriterien, die Leben im Sinne des EU-grundrechtlichen Verständnisses erkennbar machen (→ Rn. 6 ff.), handelt es sich bei einem Menschen im Hirntod-Zustand um einen lebenden Menschen.[80] Soweit als Argumente für fehlendes Leben fehlendes Bewusstsein, fehlende Kommunikationsfähigkeit und dergleichen geltend gemacht werden, spielen solche Aspekte keine Rolle (→ Rn. 7, 13). Menschen im Ganzhirntod-Zustand, erst recht solche, die sich in früheren Stadien des sog Teilhirntodes befinden,[81] sind Lebende im Sinne des Rechts auf Leben.

22 **cc) Menschliche Embryonen als Resultat des sog reproduktiven Klonens.** Kommt es – ungeachtet evtl. bestehender Verbote – zur Klonung von menschlichen Embryonen, und zwar zum Zwecke der Reproduktion, dann handelt es sich um eine spezifische Technik

---

[75] Hierzu mwN *Rixen*, Lebensschutz am Lebensende, S. 297 ff.
[76] Zu Besonderheiten in Großbritannien, wo (nur) der irreversible Ausfall des Hirnstamms (brain stem death) relevant ist, *Conference of Medical Royal Colleges and their Faculties in the United Kingdom*, Diagnosis of brain death. British Medical Journal 1976, 1187 f.; *Conference of Medical Royal Colleges and their Faculties in the United Kingdom*, Diagnosis of brain stem death, Lancet 1976, 1069 f.; außerdem die Informationen auf der Homepage von *UK Transplant*, der speziellen Transplantationsorganisation innerhalb der britischen *National Health Service* (NHS), abrufbar unter https://www.organdonation.nhs.uk/. – Krit. *Shewmon* in Schweidler/Neumann/Brysch, Menschenleben – Menschenwürde, 2003, S. 293 ff.
[77] So aus österreichischer Sicht, wo die EMRK Verfassungsrang hat, *Kopetzki* S. 54 f.; *Kneihs*, Grundrechte und Sterbehilfe, S. 231 ff., insbes. S. 234 ff., 237 ff.
[78] *Uerpmann-Wittzack* in Ehlers GuG § 3 Rn. 49.
[79] Grabenwarter/Pabel EMRK § 20 Rn. 2 aE (zu Art. 2 Abs. 1 EMRK); *Bergmann* S. 132.
[80] So für das dt. Verfassungsrecht: *Höfling* JZ 1995, 26 ff.; *Sachs* in Firnkorn, Hirntod als Todeskriterium, 2000, S. 62 (63); *Herdegen* in Maunz/Dürig GG Art. 1 Abs. 1 Rn. 56 (Stand: Sept. 2015); *Rixen*, Lebensschutz am Lebensende, passim; *Höfling/Rixen* in Höfling, Transplantationsgesetz, 2. Aufl. 2013, § 3 Rn. 7 ff., 13 ff.; skept. gegenüber dem Hirntodkriterium auch *Schulze-Fielitz* in Dreier GG Art. 2 II Rn. 31; *Weber* ZfL 2002, 94 ff.; *Murswiek/Rixen* in Sachs GG Art. 2 Rn. 142 aE; zur Kritik aus US-amerikanischer Sicht *Truog* in Firnkorn, Hirntod als Todeskriterium, 2000, S. 83 ff.; dazu *in der Schmitten* EthMed 2002, 60 ff.; s. außerdem *Shewmon* S. 293 ff.
[81] Hierzu *Rixen*, Lebensschutz am Lebensende, S. 297 ff. mwN.

der „Erschaffung" menschlichen Lebens, die nichts daran ändert, dass das „Produkt" menschliches Leben ist.[82] Der personelle Schutzbereich des Rechts auf Leben ist eröffnet.

dd) Embryonale Stammzellen. Die Forschung an embryonalen Stammzellen gehört 23 innerhalb der EU, wo es nicht zuletzt um die Vergabe von Forschungsgeldern in beachtlicher Höhe geht, sowie in einigen Mitgliedstaaten zu den aktuellen und umstrittenen Problemfeldern der **Biopolitik**.[83] Embryonale Stammzellen (in der deutschen Diskussion auch ES-Zellen genannt) werden – vom sog therapeutischen Klonen abgesehen (→ Rn. 24) – aus unausgereiften (undifferenzierten) Zellen früher Embryonalstadien nach künstlicher Befruchtung gewonnen.[84] Sie werden aus einem bestimmten Zelltyp im Inneren der ca. vier Tage nach der Befruchtung entstandenen Blastozyste entnommen; mit den bisher angewandten Methoden hat das die Zerstörung des Embryos zur Folge. Die **ES-Zellen** können sich in die verschiedenen Zelltypen differenzieren, vermögen sich aber nicht zu einem Menschen zu entwickeln.[85] Der mögliche therapeutische Einsatz von ES-Zellen betrifft ihre Zellersatzfunktion; aussichtsreich erscheint der Einsatz vor allem bei solchen Geweben, die bei erwachsenen Menschen nur sehr eingeschränkt oder gar nicht regenerieren, wie es etwa für das Nervensystem zutrifft. Embryonale Stammzellen sind mithin keine menschlichen Embryonen, sondern werden vermittels von Embryonen gewonnen. ES-Zellen sind selbst kein menschliches Leben im Sinne des Grundrechts auf Leben, so dass der personelle Schutzbereich nicht eröffnet ist.

ee) Menschliche Embryonen als Resultat des sog therapeutischen Klonens. Wenn 24 menschliche Embryonen gezielt auf dem Weg des sog therapeutischen Klonens in vitro gewonnen werden, dann dient das therapeutischen Fernzwecken, genauer: dem Zweck, mithilfe an ihnen gewonnener ES-Zellen Forschungen durchzuführen, die in Zukunft vielleicht einmal dazu führen, dass Therapien entwickelt werden, die sich die Zellersatzfunktion (→ Rn. 23) der ES-Zellen zunutze machen.[86] Der Begriff des „therapeutischen" Klonens, der der Abgrenzung vom vielfach inkriminierten sog reproduktiven **Klonen** dient (→ § 15 Rn. 33), bezeichnet einen Vorgang der Embryonen-Gewinnung, der der spezifischen Klon-Technik, die zur Generierung des Schafes „Dolly" geführt hat, folgt.[87] Es geht um die im Einzelnen noch nicht gänzlich geklärte Reprogrammierung somatischer Zellen durch Zellkerntransplantation. Vereinfacht ausgedrückt, wird hierbei ein aus einer menschlichen Zelle herauspräparierter Zellkern in eine entkernte Eizelle transferiert und damit ein Zellteilungsprozess ausgelöst. Auch hierdurch, also nicht durch den traditionellen Weg der Gametenverschmelzung, können menschliche Embryonen entstehen. Da das „Produkt" dieser spezifischen Klontechnik der Spezies homo sapiens sapiens zuzurechnen ist und es sich um Leben handelt, das sich auf einer sehr frühen, überaus basalen Ebene funktionell integriert, ohne dass dies phänotypisch an den im Körper sich manifestierenden Organismus eines geborenen Menschen gebunden wäre, handelt es sich um menschliches Leben, das dem Schutz des Lebensgrundrechts unterfällt.[88]

---

[82] Vgl. *Höfling* Bitburger Gespräche – Jahrbuch 2002/II, S. 99 (113 mwN); *Rengeling/Szczekalla* Grundrechte in der EU Rn. 577; umfassend zum Thema „Klonen": *Kersten*.
[83] Zusf. – auch mit Informationen zur Rechtslage sowie zu rechtspolitischen Perspektiven in den Mitgliedstaaten – *Commission of the European Communities*, Commission Staff Working Paper – Report on Human Embryonic Stem Cell Research, Brussels, 3.4.2003, SEC (2003) 441, abrufbar unter http://ec.europa.eu. – Zur Kritik s. den Antrag BT-Drs. 15/1310 v. 1.7.2003 sowie die Beschlussempfehlung und den Bericht des Forschungsausschusses des Dt. Bundestages v. 15.10.2003, BT-Drs. 15/1725, außerdem der Bericht von *Richter-Kuhlmann*, Deutsches Ärztebl. H. 50/2003, A-3284 (abrufbar unter www.aerzteblatt.de).
[84] Hierzu *Höfling*, Reprogenetik und Verfassungsrecht, S. 39 f. mwN.
[85] Vgl. die Definition in Art. 2 Buchst. c des schweizerischen Stammzellenforschungsgesetzes, BBl. 2003, 8211.
[86] Hierzu mwN *Höfling*, Reprogenetik und Verfassungsrecht, S. 39 f.; umfassend: *Kersten*.
[87] *Höfling*, Reprogenetik und Verfassungsrecht, S. 40; s. auch *Taupitz* NJW 2001, 3433 ff.
[88] *Höfling*, Reprogenetik und Verfassungsrecht, S. 43 f.; *Höfling* ZME 2001, 277 (279 ff.); *Rengeling/Szczekalla* Grundrechte in der EU Rn. 577.

II. Gewährleistungstatbestand des grundrechtlichen Verbots der Todesstrafe (spezielles Recht auf Leben)

25 Das grundrechtliche Verbot der Todesstrafe ist ein tatbestandlich verselbständigter Aspekt des (allgemeinen) Rechts auf Leben, das dessen Bedeutung im Hinblick auf eine spezifische Gefährdungssituation – den Kontext der öffentlichen Strafe – akzentuiert. Es handelt sich um ein spezielles (Grund-)Recht auf Leben, das in seinem Anwendungsbereich dem allgemeinen (Grund-)Recht auf Leben vorgeht und dieses verdrängt.

26 **1. Personeller Schutzbereich.** „Niemand" darf zur Todesstrafe verurteilt oder hingerichtet werden. „Niemand" ist jeder **lebende Mensch** (→ Rn. 6, 11), der nach Maßgabe der relevanten Strafgesetze zu einer Todesstrafe verurteilt werden kann. Das Grundrecht setzt die Existenz von öffentlichen Strafrechtsordnungen voraus, in denen gegen lebende Menschen als Sanktionen für von ihnen begangenes schuldhaftes Unrecht spezifische Reaktionen (**„Strafen"**) verhängt werden. Strafsysteme, die privat organisiert werden (etwa von kriminellen Organisationen) und die sich einer eigenen Todesstrafe bedienen, sind nicht erfasst, sofern sich diese Praxis nicht der jeweiligen öffentlichen Gewalt, die grundrechtsverpflichtet ist (→ Rn. 36 f.), ausnahmsweise zurechnen lässt.

27 **2. Sachlicher Schutzbereich.** Das Grundrecht gewährt zunächst Schutz gegen die Verurteilung, also die Verhängung einer Strafe, die zur Vernichtung des Lebens des Delinquenten führt. **Verurteilung** ist jede einem Grundrechtsverpflichteten (→ Rn. 36) zurechenbare Anordnung einer Strafe, die den Tod des Delinquenten impliziert. Tod ist der irreversible Zusammenbruch der funktionellen Einheit des Organismus (→ Rn. 6). Als Todesstrafe kommen alle historisch bekannten, gegenwärtig praktizierten oder sonst denkbaren Techniken in Betracht, einen Menschen zu Strafzwecken um sein Leben zu bringen, zB Erhängen, Erschießen, Giftspritze, Köpfen, Guillotinieren, Gaskammer, *„electrocution"*[89] (= Tod durch den sog elektrischen Stuhl). Denkbar sind auch zeitlich gestreckte Maßnahmen, zB Verhungern- und Verdurstenlassen, Vergiftungen, Ansteckungen mit tödlichen Erregern, Tod aufgrund vorhergegangener medizinischer Versuche mit letaler Tendenz, Tod durch lebensbedrohlich erschöpfende Zwangsarbeit. Die Skala der Grausamkeiten ist hier nach oben – oder eher: nach unten – hin offen. Entscheidend ist nur, dass die wie auch immer gezielt todbringende Maßnahme als Strafe zu qualifizieren ist. Ob eine bestimmte Art der Todesstrafe eine unmenschliche oder erniedrigende Strafe ist, entscheidet sich im Hinblick auf das spezielle Grundrecht, das in Art. 4 GRC normtextlichen Ausdruck gefunden hat.[90]

28 Das Grundrecht gewährt ferner Schutz gegen die **Vollstreckung** einer im Urteil angeordneten Todesstrafe. Die Todesstrafe – genauer: die jeweils als Strafe verhängte Art, den Tod herbeizuführen – darf mithin nicht ins Werk gesetzt werden. Dass jemand womöglich im Vollzug einer lebenslangen Freiheitsstrafe aufgrund der psychophysischen Deprivation, die langjähriger Freiheitsentzug mit sich bringt, tödlich erkrankt und verstirbt, ist kein Aspekt der Todesstrafen-Vollstreckung. Sie setzt voraus, dass zuvor eine förmliche Todesstrafe angeordnet wurde. Der Todeseintritt bei Gelegenheit der Vollstreckung einer anderen Strafe oder gerade wegen der Bedingungen der Vollstreckung dieser Strafe liegt außerhalb des Gewährleistungsbereichs. Insofern kommt aber ggf. das allgemeine Recht auf Leben (Art. 2 Abs. 1 GRC) in Betracht.[91]

29 Nicht explizit verboten ist die **Androhung** der Todesstrafe im Strafgesetz (vgl. den Wortlaut von Art. 2 Abs. 2 GRC). Man könnte annehmen, dass das Verbot der Androhung implizit mitinkriminiert ist, denn zumindest auf den ersten Blick erscheint es befremdlich,

---

[89] Eindringlich – auch aus rechtstatsächlicher Sicht – gegen die Zulässigkeit dieser staatlichen Tötungstechnik die (Mehrheits-)Entscheidung des Supreme Court of Georgia v. 5.10.2001, Dawson v. The State (Az. S 01A1041), Moore v. The State (Az. S 01A1210), abrufbar unter http://www.caselaw.findlaw.com.
[90] Hierzu erhellend US Supreme Court, Atkins v. Virginia, No. 00–8452, 122 S. Ct. 2242 (2002) abrufbar unter http://caselaw.findlaw.com.
[91] Außerdem kann auch Art. 4 Abs. 1 GRC (unmenschliche Behandlung) relevant sein.

eine Maßnahme, die nicht angeordnet und nicht vollstreckt werden kann, gleichwohl abstrakt-generell androhen zu dürfen. Bei näherem Hinsehen ist dies aber so abwegig nicht, denn die Androhung der Todesstrafe kann zumindest symbolisch den Unwertgehalt bestimmter Taten im Sinne eines besonders eindringlichen Appells zum Ausdruck bringen.[92] Das grundrechtliche Verbot der Todesstrafe ist also kein umfängliches Verbot, sondern erfasst nur die Bereiche, die sich konkret-individuell auf den Delinquenten beziehen. Vor diesem Hintergrund überzeugt es nicht, wenn betont wird, Art. 2 Abs. 2 GRC verbiete auch die (Wieder-)Einführung der Todesstrafe,[93] sofern man unter (Wieder-)Einführung nur ihre abstrakt-generelle Androhung versteht. Dass die **Wiedereinführung** der Todesstrafe in den Mitgliedstaaten, die sie abgeschafft haben, eher unwahrscheinlich ist, steht auf einem anderen Blatt.

Zweifelhaft erscheint, ob der Grundrechtsschutz auch dahin geht, dass es den Grundrechtsverpflichteten (→ Rn. 36 f.) untersagt ist, die Verhängung oder Vollstreckung einer Todesstrafe durch Stellen, die nicht an die EU-Grundrechte gebunden sind, zu ermöglichen. Der EGMR hat im Fall „Soering", in dem es um die an Art. 3 EMRK zu messende Frage ging, ob die **Auslieferung** eines deutschen Staatsangehörigen durch Großbritannien an den US-Bundesstaat Virginia, wo die Verhängung der Todesstrafe und damit ein Aufenthalt in der Todeszelle mit einem wahrscheinlich dadurch ausgelösten Todeszellensyndrom drohte, als unmenschliche oder erniedrigende Strafe oder Behandlung zu qualifizieren sei, folgendes festgestellt: Art. 3 EMRK sei auch auf die Auslieferungsfolgen anwendbar, die außerhalb der Herrschaftsgewalt des ausliefernden Vertragsstaates einträten; nur so werde man der grundlegenden Bedeutung des Rechts gerecht; sein Sinn und Zweck verlangt eine weite Auslegung.[94] Diese Überlegungen gelten in entsprechender Weise auch für Art. 2 Abs. 2 GRC. Angesichts des basalen Charakters des (allgemeinen) Rechts auf Leben von Art. 2 Abs. 1 GRC (→ Rn. 3), an dem Art. 2 Abs. 2 GRC als spezifizierte Garantie Anteil hat, müssen die Begriffe Verurteilung zu bzw. Vollstreckung einer Todesstrafe materiell – und nicht nur formell – verstanden werden. Eine öffentliche Gewalt verwirklicht eine Verurteilung oder Vollstreckung nicht nur dadurch, dass sie sie formell selbst vollzieht, sondern auch dadurch, dass sie sie anderen ermöglicht. Der Schutz von Art. 2 Abs. 2 GRC richtet sich deshalb auch gegen Verhaltensweisen, die die Verurteilung und Vollstreckung von Todesstrafen ermöglichen (**umfassendes grundrechtliches Mitwirkungsverbot**).[95] Sofern eine Grundrechtsverpflichtung nach EU-Recht besteht (→ Rn. 36 f.), dürfen die EU-Mitgliedstaaten zB fremden Mächten (etwa im Rahmen militärischer Kooperationen) auf ihrem Territorium nicht die Vornahme von Handlungen gestatten, die zur Verhängung oder Vollstreckung von Todesstrafen innerhalb oder außerhalb der EU führen.[96]

III. Schutzkategorien und Schutzdimensionen (Grundrechtsfunktionen)

Die rechtlichen **Schutzwirkungen** des allgemeinen und des besonderen Rechts auf Leben unterscheiden sich zunächst darin, dass sie einerseits subjektive Rechte der Grundrechts-

---

[92] Vgl. auch den Wortlaut von Art. 2 Abs. 1 S. 2 EMRK, der zwischen Androhung und Todesurteil bzw. seiner Vollstreckung unterscheidet; allerdings ist diese Bestimmung durch nachfolgende Zusatzprotokolle modifiziert, → Rn. 46.
[93] *Borowsky* in NK-EuGRCh GRCh Art. 2 Rn. 44.
[94] EGMR 7.7.1989 – 14038/88, EuGRZ 1989, 314 (318 f. Rn. 87 f.) – Soering; dazu die krit. Anm. von *Blumenwitz* EuGRZ 1989, 326 ff.
[95] So auch für Österreich, in der die EMRK Verfassungsrang hat, *Öhlinger/Eberhard,* Verfassungsrecht, 10. Aufl. 2014, Rn. 746 (S. 329).
[96] Problematisch können daher Vereinbarungen sein, die einer fremden Macht nur Maßnahmen untersagen, die zur Verhängung oder der Vollstreckung der Todesstrafe auf dem Gebiet des Mitgliedstaates führen können, vgl. für Deutschland Art. 18a des Zusatzabkommens zum NATO-Truppenstatut, abgedr. bei *Lagodny* in Schomburg/Lagodny/Gleß/Hackner, Internationale Rechtshilfe in Strafsachen, 5. Aufl. 2012, S. 2168 (2170), zu weiteren Problemen *Schomburg/Hackner* in Schomburg/Lagodny/Gleß/Hackner Internationale Rechtshilfe in Strafsachen, 5. Aufl. 2012, IRG § 8 (dt. Gesetz über die Internationale Rechtshilfe in Strafsachen) Rn. 9a (S. 144).

träger sind und andererseits als objektivrechtliche Pflichten die Grundrechtsverpflichteten (→ Rn. 36 f.) dazu anhalten, sich den unterschiedlichen Schutzdimensionen (Grundrechtsfunktionen) des Grundrechts gemäß zu verhalten; die objektivrechtliche Verpflichtung kann man auch als negative Kompetenznorm bezeichnen, weil die Kompetenzen der Grundrechtsverpflichteten (→ Rn. 36) durch das jeweilige Grundrecht beschränkt sind. – Die **Schutzkategorien** (subjektives Recht, objektivrechtliche Pflicht) beziehen sich auf verschiedene **Schutzdimensionen** (Grundrechtsfunktionen), für die die allgemeinen Regeln gelten. Speziell für das allgemeine und das besondere Recht auf Leben lässt sich folgendes in Erinnerung rufen:

32   Die beiden Rechte auf Leben sind zum einen **Abwehrrechte,** die auf die Abwehr von – den Grundrechtsverpflichteten (→ Rn. 36 f.) zurechenbaren – Beeinträchtigungen gerichtet sind, die den sachlichen Gewährleistungsbereich minimieren. Sie verpflichten dazu, solche Beeinträchtigungen zu unterlassen bzw., wenn geschehen, diese unverzüglich rückgängig zu machen. Bedenkt man, dass Beeinträchtigungen auch darin liegen, dass eine den Grundrechtsverpflichteten zurechenbare Gefahr für das Leben entsteht (→ Rn. 40) bzw. die Gefahr entsteht, dass ein Grundrechtsinhaber zu einer Todesstrafe verurteilt bzw. diese an ihm vollstreckt wird, dann kann auch beim Recht auf Leben eine Beeinträchtigung kraft der negatorischen (Abwehr-)Funktion der Grundrechte rückgängig gemacht werden.

33   Die Rechte auf Leben führen ferner zu sog **Schutzgewährrechten:**[97] die Grundrechtsverpflichteten (→ Rn. 36 f.) sind verpflichtet, die Grundrechteinhaber gegen Übergriffe, die ihnen von Dritten (vor allem Privaten)[98] drohen, durch positives Tun zu schützen (sog Schutzpflicht), worauf die Grundrechteinhaber grundsätzlich einen Anspruch haben, der sich allerdings im Regelfall angesichts eines weiten Gestaltungsspielraums der Grundrechtsverpflichteten nicht zu einem Recht auf ein bestimmtes Tätigwerden verdichtet.[99] Die grundrechtliche Schutzpflicht setzt die Kompetenz voraus, das schützende Verhalten ins Werk zu setzen; sie gewährt keine Kompetenztitel (vgl. Art. 51 Abs. 2 GRC).[100] Solche aus der Schutzpflicht des Art. 2 Abs. 1 GRC folgenden Handlungsgebote der Grundrechtsverpflichteten (→ Rn. 36 f.), namentlich der Unionsorgane, sind zB denkbar auf den Gebieten der Agrar-, Technologie- oder Umweltpolitik (→ § 15 Rn. 21).[101] Der Schutzgewähranspruch kann, bei gegebener Kompetenz, auch zum Erlass von Strafgesetzen verpflichten.[102]

34   Aus der Schutzpflicht-Funktion ebenso wie aus der abwehrrechtlichen Funktion kann die **Pflicht zur Implementierung prozeduraler und organisatorischer Vorkehrungen** resultieren, die einer Grundrechtsverletzung vorbeugen oder sie – gleichsam in der Form „nachholenden" (symbolischen) Schutzes – als solche erkennbar machen.[103] Dies kann bedeuten, dass neue Bestimmungen zu erlassen sind, oder gebieten, bestehende materielle und Verfahrensvorschriften im Wege der Auslegung dem Schutzniveau des jeweils einschlägigen allgemeinen oder besonderen Rechts auf Leben anzupassen (→ § 15 Rn. 22).

35   Das Recht auf Leben gewährt grundsätzlich **kein** (derivatives oder originäres) **Leistungsrecht**[104] zB in dem Sinne, dass die Grundrechtsverpflichteten (→ Rn. 36 f.) etwa ein

---

[97] Umfassend zur Schutzpflicht als einer gemeineuropäischen Grundrechtsfunktion *Szczekalla* S. 459 ff., 549 ff., 1056 ff. und passim.
[98] Die Konstruktion der sog Drittwirkung der Grundrechte für Private wird damit entbehrlich, *Kühling* in v. Bogdandy/Bast Europ. VerfassungsR S. 679.
[99] Hierzu etwa *Jaeckel* S. 183 ff., insbes. S. 244 f.; *Faßbender* Jura 2004, 115 (119).
[100] Die in der Grundrechtecharta fixierten Grundrechte haben also keine „kompetenzansaugende Wirkung", um den Begriff des früheren dt. Richters am EuGH und ehemaligen Präsidenten des dt. BGH, Günter Hirsch, aufzugreifen, der eine entsprechende Gefahr sieht, zit. nach *Borowsky* DRiZ 2001, 275 (280 f.); zu entsprechenden Befürchtungen s. auch *Ritgen* ZRP 2000, 371 (373).
[101] *Jaeckel* S. 200 ff., 217.
[102] EGMR 16.3.1989 – 8978/80, EuGRZ 1985, 297 (299 Rn. 27) – X und Y/Niederlande.
[103] Hierzu – beispielhaft zum Gebot wirksamer Todesfall-Ermittlungen – EGMR 5.10.1999 – 33677/96, NJW 2001, 1989 – Grams/Deutschland; EGMR 20.5.1999 – 21594/93, NJW 2001, 1991 (1994 Rn. 88 mwN) – Oğur/Türkei; EGMR 24.10.2002 – 37703/97 Rn. 94 ff. – Mastromatteo/Italien.
[104] *Ehlers* in Ehlers GuG § 14 Rn. 45 f.

bestimmtes System lebenserhaltender Gesundheitsdienstleistungen vorhalten müssten. Ein Abwehrrecht – kein Leistungsrecht – kann sich in diesem Zusammenhang nur ergeben, wenn durch eine den Grundrechtsverpflichteten zurechenbare Maßnahme der Zugang zu einer bestehenden medizinischen Hilfsmöglichkeit verhindert wird, die eine lebensbedrohliche Lage abzuwenden geeignet wäre.[105] In der „*Cyprus v. Turkey*"-Entscheidung hat der EGMR ausgeführt, Art. 2 EMRK könne verletzt sein, wenn die Behörden eines Vertragsstaats „put an individual's life at risk through the denial of health care which they have undertaken to make available to the population generally"; das setze den Nachweis voraus, dass „the lives of any patients were put in danger on account of delay in individual cases"[106] (→ § 15 Rn. 23). Offen gelassen hat der EGMR allerdings die Frage, ob sich aus Art. 2 EMRK Maßstäbe für den „level of health care" bzw. Verpflichtungen hinsichtlich der Frage ergäben, „to make available a certain standard of health care"[107].

IV. Grundrechtsverpflichtete

Grundrechtsverpflichtet ist die Union. Die Grundrechtsbindung erstreckt sich auf alle in EUV und AEUV genannten Bereiche. Die Grundrechtsbindung gilt darüber hinaus für die **Mitgliedstaaten,** wenn sie Unionsrecht auf nationaler Ebene umsetzen oder vollziehen („*agency situation*", vgl. Art. 51 Abs. 1 S. 1 GRC). Das impliziert ua, dass in solchen Normen vorgesehene Ermessensspielräume (auch) im Hinblick auf das allgemeine oder das besondere Recht auf Leben zu konkretisieren sind (→ § 13 Rn. 25). **36**

Beim aktuellen Stand der Integration (vgl. Art. 51 Abs. 1 S. 1 GRC: „gilt ... ausschließlich bei der Durchführung des Rechts der Union") ist eine darüber hinaus gehende Bindung der Mitgliedstaaten an die EU-Grundrechte abzulehnen (→ § 13 Rn. 25).[108] **37**

V. Lebensgrundrecht und Grundfreiheiten

Das allgemeine und das besondere Recht auf Leben können bei der Ausfüllung von Rechtfertigungsgründen zur Beschränkung von **Grundfreiheiten** herangezogen werden.[109] Außerdem kommen sie als Schranken-Schranke der Grundfreiheitsbeschränkung in Betracht;[110] konstruktiv kann dies zu einer – nicht immer leicht zu durchschauenden – doppelten Verhältnismäßigkeitsprüfung führen:[111] Zunächst ist der ggf. zuvor im Lichte eines relevanten Grundrechts, etwa des Lebensrechts, ausgelegte Rechtfertigungsgrund am Verhältnismäßigkeitsgrundsatz zu messen, sodann ist zu fragen, ob sich das Ergebnis als verhältnismäßige Beschränkung des fallrelevanten Grundrechts (zB des Lebensrechts) darstellt. Im Kern stellt sich damit die Frage, ob die Gründe, die zur Beschränkung der Grundfreiheit führen, auch die Beschränkung des Lebensrechts tragen. Hier kommen vielfältige Spannungen etwa zwischen der Dienstleistungsfreiheit (Art. 56 f. AEUV) und dem Lebensrecht in Betracht, beispielsweise dann, wenn ein Mitgliedstaat die Ausreise eines sterbenskranken Menschen nach Belgien oder in die Niederlande unterbindet, der dort **38**

---

[105] Dazu – am Beispiel des Grundrechts auf körperliche Unversehrtheit im Kontext der Transplantationsmedizin – BVerfG (K) NJW 1999, 3399 (3400 f.).
[106] Für beide Zitate: EGMR 10.5.2001 – 25781/94 Rn. 219 – Zypern/Türkei.
[107] EGMR 10.5.2001 – 25781/94 Rn. 219 – Zypern/Türkei.
[108] *Kühling* in v. Bogdandy/Bast Europ. VerfassungsR S. 685 f.
[109] Beispiel (bezogen auf das EU-Grundrecht der Menschenwürde): EuGH C-36/02, Slg. 2004, I-9609 Rn. 34 f. – Omega/Stadt Bonn („Laserdrome"); dazu *Frenz* EWS 2005, 15 ff.; *Frenz* NVwZ 2005, 48 ff. – S. auch *Rengeling/Szczekalla* Grundrechte in der EU Rn. 590.
[110] Allg. zu dieser Wirkung von EU-Grundrechten *Kingreen* JuS 2000, 857 (864 f.); *Ehlers* in Ehlers GuG § 7 Rn. 115; *Frenz*, HdbEuR Bd. 1, Rn. 75; *Große Wentrup*, Die Europäische Grundrechtecharta im Spannungsfeld der Kompetenzverteilung zwischen Europäischer Union und Mitgliedstaaten, 2003, S. 66 ff.; *Schaller*, Die EU-Mitgliedstaaten als Verpflichtungsadressaten der Gemeinschaftsgrundrechte, 2003, S. 49 ff., 212 ff.
[111] Beispiel: EuGH C-368/95, Slg. 1997, I-3709 Rn. 18 ff., 24 ff. – Vereinigte Familiapress Zeitungsverlags- und -vertriebs GmbH/Heinrich Bauer Verlag (mit Blick auf die in Art. 10 EMRK garantierte Meinungsfreiheit); hierzu *Kühling* EuRZ 1997, 296 (302); außerdem *Kadelbach/Petersen* EuGRZ 2003, 693 ff.

eine in diesen Ländern erlaubte ärztlich vollzogene Leistung der aktiven Sterbehilfe (**„Euthanasie"**) in Anspruch nehmen will (→ Rn. 42). Wenn es sich bei solchen ärztlichen Leistungen um Dienstleistungen handelt, müsste eine Beschränkung der passiven Dienstleistungsfreiheit (der Leistungsempfänger begibt sich in einen anderen Mitgliedstaat) dazu führen, dass die Rechtfertigungsgründe (s. ua Art. 62 AEUV iVm Art. 52 Abs. 1 AEUV) im Lichte des Rechts auf Leben auszulegen, also in ihrer beschränkenden Wirkung interpretatorisch zu limitieren sind. Entnimmt man dem EU-Recht auf Leben auch einen Selbstbestimmungsaspekt (→ Rn. 10), dann dürfte ein Ausreiseverbot nur schwer zu rechtfertigen sein. Folgt man hingegen der restriktiveren Linie des EGMR (→ Rn. 9), dann wäre ein Ausreiseverbot möglicherweise leichter rechtfertigbar. Ein solcher **„aufgedrängter"** Schutz des Lebens eines (zurechnungsfähigen) ausreisewilligen Moribunden gegen seinen Willen muss jedoch verhältnismäßig sein, was substantiierte Darlegungen – nicht bloße Mutmaßungen oder pauschale Unterstellungen – zu Geeignetheit, Erforderlichkeit und Angemessenheit voraussetzt.

39 Problematisch kann der Verweis auf die Grundrechte als Schranke auch im Kontext des **Schwangerschaftsabbruchs** werden. Folgt man der Ansicht, dass das EU-Recht auch das Lebensrecht von *nascituri* schützt (→ Rn. 16 ff.), dann sind Beschränkungen der passiven Dienstleistungsfreiheit, die wegen Abtreibungsleistungen im Ausland in Anspruch genommen werden soll, denkbar, sofern der Herkunftsstaat darlegt, das EU-Lebensrecht werde im anderen Mitgliedstaat nicht zu Genüge geschützt. Gleiches gilt für die Inanspruchnahme bestimmter **reproduktionsmedizinischer Techniken,** die mit der Zerstörung menschlicher Embryonen einhergehen. Man denke etwa an die sog Präimplantationsdiagnostik (PID), die in vitro fertilisierte Embryonen einem Check auf Krankheit(sdisposition)en unterwirft und bei deren Bejahung zur Verwerfung, also Vernichtung der „belasteten" Embryonen führt.[112] Einschlägig sind in diesem Zusammenhang nur die Grundrechte der EU; Art. 53 GRC würde missverstanden, wollte man in ihn eine Öffnung der EU-Grundrechtsordnung für schutzintensivere nationale Grundrechte, etwa ein nach nationalem Verfassungsrecht „stärkeres" Grundrecht auf Leben, hineinlesen.[113]

C. Beeinträchtigungen

40 Beeinträchtigungen sind alle den Grundrechtsverpflichteten zurechenbaren Maßnahmen, die die Realisierung eines im Schutzbereich des (allgemeinen oder des besonderen) Rechts auf Leben liegenden Integritäts- oder Gestaltungsaspekts verunmöglichen bzw. erschweren (→ § 15 Rn. 27). Beeinträchtigungen sind deshalb etwa den Grundrechtsverpflichteten (→ Rn. 36 f.) zuzuschreibende **Tötungen,** gleich ob sie vorsätzlich oder fahrlässig erfolgen.[114] Beeinträchtigung kann auch das Schaffen einer das Leben gefährdenden **Gefahrenlage** sein.[115] Das Recht auf Leben kann nur effektiv geschützt werden, wenn Situationen, die das Substrat rechtlichen Schutzes in Gefahr bringen, manifesten Beeinträchtigungen (Tötungen) gleichgestellt werden. Angesichts der basalen Bedeutung des Lebensrechts (→ Rn. 3) wird man an das Vorliegen einer **Gefahrenlage** keine zu strengen Anforderungen stellen dürfen; das gilt insbesondere im Hinblick auf die Todesstrafen-Problematik:

41 Beeinträchtigung ist auch das Verbringen in die Gefahr, dass eine **Todesstrafe** verhängt oder vollstreckt wird; es muss sich hierbei um ein „echte(s) Risiko"[116] handeln, das auf

---

[112] *Höfling,* Reprogenetik und Verfassungsrecht, S. 25 ff. mwN.
[113] So zu Recht *Everling* EuZW 2003, 225, gegen *Seidel* EuZW 2003, 97 am Beispiel eines Importverbotes für Stammzellen bei einem im Inland höheren Grundrechtsschutz.
[114] EGMR 21986/93, NJW 2001, 2001 (2003 Rn. 98) – Salman/Türkei; *Kneihs* in Grabenwarter/Thienel, Kontinuität und Wandel, S. 33 ff.
[115] *Meyer-Ladewig/Huber* in HK-EMRK, 3. Aufl. 2011, EMRK Art. 2 Rn. 4 f. m. Nachw. aus der Judikatur des EGMR; *Rengeling/Szczekalla* Grundrechte in der EU Rn. 599.
[116] EGMR 7.7.1989 – 14038/88, EuGRZ 1989, 314 (319 Rn. 88 aE) – Soering, bezogen auf Art. 3 EMRK.

„begründete(n) Tatsachen"[117] bzw. „begründete(n) Anhaltspunkte(n)"[118] beruht.[119] Angesichts der „ernsten, irreparablen Schäden"[120], die drohen, genügt für die Annahme der Gefahr eine geringe Wahrscheinlichkeit, die nur dann zu verneinen ist, wenn die Zusage des Staates, in den ausgeliefert werden soll, die Todesstrafe nicht zu verhängen bzw. nicht zu vollstrecken, nach Lage der Dinge im Einzelfall unter Beachtung der Erfahrungen mit solchen Zusagen in der Vergangenheit verlässlich ist. Die Abgabe einer entsprechenden Zusicherung des um Auslieferung ersuchenden Staates – sei es in einem Vertrag, sei es im Einzelfall – genügt als solche nicht,[121] sondern nur dann, wenn sie nach den verfügbaren Informationen im jeweiligen Einzelfall von realer Befolgungsbereitschaft gedeckt ist. Um politisch gewollte bzw. zumindest nicht unerwünschte Verzerrungen der realen Gefahrenlage zu vermeiden, sind die Informationen nicht nur bei staatlichen Stellen (etwa Außenministerien) zu erheben; die Gefahrenlage muss vielmehr interessenplural rekonstruiert werden, zB auch unter Beachtung der Einschätzung von NGOs, die die Menschenrechtslage im betreffenden Land beobachten. Die bloße Zusage des Staates, in den ausgeliefert werden soll, man wolle den Wunsch des ausliefernden Staates nach Nichtverhängung bzw. Nichtvollstreckung der Todesstrafe (möglicherweise) berücksichtigen,[122] genügt in keinem Fall.

42 Ob die Legalisierung aktiver Sterbehilfe (**„Euthanasie"**)[123] eine Beeinträchtigung von Art. 2 Abs. 1 S. 1 EMRK darstellt, ist zweifelhaft (→ Rn. 9 f., 45).[124] Geht man richtigerweise – und entgegen der Auffassung des EGMR – davon aus, dass Art. 2 Abs. 1 S. 1 EMRK, der Art. 2 Abs. 1 GRC entspricht, auch das Recht zur Gestaltung des eigenen Lebensendes beinhaltet (→ Rn. 10), dann wären Beschränkungen dieser Freiheit rechtfertigungsbedürftig und -fähig. Hierbei kommt es entscheidend darauf an, dass auf gesetzlicher Ebene effektive Vorkehrungen zur Gewährleistung einer freiwilligen Entscheidung getroffen wurden und diese auch im Einzelfall beachtet wurden.

D. Rechtfertigung

43 Im Raum der EU-Grundrechtsordnung hat sich **„noch keine verläßliche Schrankensystematik"**[125] ausgebildet; auch die GRC enthält „keine ausdifferenzierte Schrankendogmatik"[126]. Ob bzw. inwieweit die Schrankenregelungen der EMRK herangezogen werden dürfen, ist im Blick auf die unklaren Regelungen des Art. 52 Abs. 1–3 GRC umstritten. Es erscheint zunächst fraglich, ob in dem Verweis auf die EMRK in Art. 52 Abs. 3 GRC eine abschließende Inkorporation nur der in der EMRK genannten Schranken zu sehen ist. Man könnte Art. 52 Abs. 3 GRC auch so lesen, dass das **Entsprechungsverhältnis** sich nur auf den Gewährleistungsgehalt unter Absehen von den

---

[117] EGMR 7.7.1989 – 14038/88, EuGRZ 1989, 314 (319 Rn. 91) – Soering, bezogen auf Art. 3 EMRK.
[118] EGMR 7.7.1989 – 14038/88, EuGRZ 1989, 314 (319 Rn. 88) – Soering, bezogen auf Art. 3 EMRK.
[119] Das dt. BVerwG verlangt für die Annahme einer drohenden Todesstrafen-Vollstreckung „konkrete und ernsthafte Anhaltspunkte", eine „bloß abstrakte Hypothese" reiche nicht aus, BVerwGE 78, 285 (295).
[120] EGMR 7.7.1989 – 14038/88, EuGRZ 1989, 314 (319 Rn. 90 aE) – Soering – bezogen auf Art. 3 EMRK.
[121] So aber offenbar BVerfGE 60, 348 (354 f.).
[122] Vgl. hierzu den Sachverhalt im *Soering*-Fall EGMR 7.7.1989 – 14038/88, EuGRZ 1989, 314 (319 [315 [sub I. 2. a.], 316 [sub III. F.], 317 [sub III. H.])).
[123] Der Begriff „Euthanasie" ist in der dt. Rechtssprache unüblich, weil er weithin mit den sog Euthanasie-Morden an behinderten Menschen in der Zeit des Nationalsozialismus assoziiert wird. Der Titel des belg. „Loi relative à l'euthanasie" (Belgisch Staatsblad/Moniteur Belge N. 210/2002, S. 96: „Wet betreffende de euthanasie/Loi relative à l'euthanasie) lautet deshalb in der offiziellen dt. Übersetzung (dt. ist neben frz. und ndl. dritte Amtssprache Belgiens, vgl. Art. 2, 4 belgVerf): „Gesetz über die Sterbehilfe."; vgl. die Informationen der belg. „Zentralen Dienststelle für deutsche Übersetzungen" (abrufbar unter http://www.scta.be). S. auch das luxemburgische „Loi du 16 mars 2009 sur l'euthanasie et l'assistance au suicide".
[124] Für die Zulässigkeit *Jacob* S. 446 ff.; s. auch *Heymann* JuS 2002, 957 f. (958).
[125] Oppermann EuropaR, 1. Aufl. 1990, Rn. 492 aE (in den Folgeauflagen nicht mehr enthalten).
[126] Unverändert zutreffend *Everling* EuZW 2003, 225.

Schranken bezieht.[127] Das ist jedoch mit den Absichten des Konvents, der auch die Einschränkungsregeln der EMRK übernehmen wollte, nicht vereinbar.[128] In den (unverbindlichen) Erläuterungen des Präsidiums des GRC-Konvents heißt es: „Art. 2 entspricht Art. 2 EMRK."[129] Die Schrankenregelungen sollen demnach nicht ausgenommen sein. Gleichwohl kann man sich fragen, ob dies mit dem Wortlaut des Art. 52 Abs. 3 S. 1 GRC („entsprechen") vereinbar ist. Art. 2 Abs. 2 EMRK bringt nämlich auf besonders anschauliche Weise die **Staatszentriertheit der EMRK** zum Ausdruck; es geht um Verhaltenskontexte (etwa Festnahmen, Niederwerfung von Aufständen), die so auf die spezifische Lage der EU – zumindest nach ihrem gegenwärtigen Integrationsstand – schwerlich übertragbar sind. Man kann also durchaus zu dem Schluss gelangen, dass zumindest die Schrankenregelungen des Art. 2 Abs. 2 EMRK dem Sinn des Art. 2 GRC, den er im Hinblick auf die gegenwärtige institutionelle Charakteristik der EU hat, nicht entspricht, also abweichende Wertungen verlangt, die dem Eigen-Sinn der EU in ihrer gegenwärtigen Gestalt gerecht werden. Es erscheint daher erwägenswert, die Zulässigkeitsvoraussetzungen für die Rechtfertigung von Eingriffen in das (allgemeine) Recht auf Leben – für das grundrechtliche Verbot der Todesstrafe gelten Besonderheiten (→ Rn. 46) – in Anlehnung an Art. 52 Abs. 1 GRC zu entwickeln.[130] Dabei ist allerdings die Schrankenordnung des Art. 2 Abs. 2 EMRK (einschließlich der aus ihr folgenden restriktiven Rechtfertigungstendenz) zu berücksichtigen, ohne dass diese als abschließende Schrankenordnung begriffen werden dürfte.

44   Einschränkungen des (allgemeinen) Rechts auf Leben sind danach zulässig, wenn es um die Tötung aufgrund unbedingt erforderlicher – also verhältnismäßiger –[131] Gewaltanwendung in Notwehr (Art. 2 Abs. 2 Buchst. a EMRK), bei Festnahmen oder dem Festhalten flüchtiger Personen (Art. 2 Abs. 2 Buchst. b EMRK) oder bei der Unterdrückung von Aufruhr oder Aufständen geht (Art. 2 Abs. 2 Buchst. c EMRK).[132] Angesichts der gegenwärtigen Kompetenzen der EU handelt es sich hierbei allerdings um vorerst bloß virtuelle Schranken. Im Übrigen sind Einschränkungen zulässig, wenn sie gesetzlich vorgesehen sind (Art. 52 Abs. 1 S. 1 GRC), wobei „gesetzlich" auch im Hinblick auf die spezifische Rechtsquellentypik der EU auszulegen ist. Weiter muss die Einschränkung verhältnismäßig, insbesondere notwendig sein (Art. 52 Abs. 1 S. 2 GRC). Sie darf den Wesensgehalt des Grundrechts nicht beeinträchtigen (Art. 52 Abs. 1 S. 1 GRC). Meist wird die Wesensgehaltsgarantie auf der Folie der bisherigen EuGH-Rechtsprechung als **Akzentuierung des Verhältnismäßigkeitserfordernisses** qualifiziert.[133] Spezifischer lässt sie sich deuten als Verpflichtung, bei Eingriffen in die EU-Grundrechte die Menschenwürde-Garantie unangetastet zu lassen.[134] Schließlich muss der Eingriff den von der Union erkannten Gemeinwohlzielen oder dem Schutz der Grundrechte anderer dienen (Art. 52 Abs. 1 S. 2 GRC). Letzteres erlaubt sog Schutzeingriffe, also Beschränkungen des Lebensrechts im Interesse des Rechts auf Leben oder sonstiger Grundrechte anderer, also in Erfüllung einer die Grundrechtsverpflichteten (→ Rn. 36 f.) insoweit treffenden Schutzpflicht. Angesichts der basalen Bedeutung des (allgemeinen) Rechts auf Leben (→ Rn. 3) wird man an die Rechtfertigung von Eingriffe strenge Anforderungen stellen müssen.

---

[127] *Philippi* S. 44.
[128] Vgl. die aktualisierten Erläuterungen zur GRC, ABl. 2004 C 310, 1 (456) und ABl. 2007 C 303, 17 (32 f.) zu Art. 52 GRC; *Borowsky* in NK-EuGRCh GRCh Art. 52 Rn. 13, 15.
[129] Vgl. die Erläuterungen zur GRC, ABl. 2004 C 310, 1 (456) bzw. ABl. 2007 C 303, 17 (33) zu Art. 52 Abs. 3 GRC.
[130] Art. 52 Abs. 2 GRC scheidet aus, weil das Lebensrecht in den Verträgen nicht erwähnt ist, vgl. zum Unterschied zwischen Verträgen und Charta Art. 6 Abs. 1 EUV.
[131] Hierzu EGMR 20.5.1999 – 21594/93, NJW 2001, 1991 (1992 Rn. 78) – Oğur/Türkei.
[132] Grabenwarter/Pabel EMRK § 20 Rn. 13 ff.; *Meyer-Ladewig/Huber* in HK-EMRK, 3. Aufl. 2011, EMRK Art. 2 Rn. 41 ff.; *Frowein* in Frowein/Peukert EMRK Art. 2 Rn. 11 ff.; *Trechsel* in Benedek/Isak/Kicker, Development, S. 671 (681 ff.).
[133] *Ehlers* in Ehlers GuG § 14 Rn. 109; aA für die EU-Berufsfreiheit, daher kaum verallgemeinerbar *Günter*, Berufsfreiheit und Eigentum in der Europäischen Union, 1998, S. 31.
[134] *Borowsky* in NK-EuGRCh GRCh Art. 52 Rn. 23.

Ob bzw. inwieweit die normative Zulassung aktiver Sterbehilfe[135] (nota bene: im Einverständnis des Betroffenen) rechtfertigungsfähig ist, ist unklar (→ Rn. 42). Zur Zulässigkeit wird man nur kommen können, wenn effektive prozedurale und organisatorische Vorkehrungen getroffen wurden, die den in diesem Bereich naheliegenden Missbrauch verhindern können;[136] unter diesen Voraussetzungen besteht „ein breiter Spielraum (...) für eine begrenzte und behutsame **Legalisierung der Euthanasie**".[137] Die Grundrechtsverpflichteten bzw. ein künftiger EU-Gesetzgeber mit entsprechenden Regelungskompetenzen werden die relevanten Erfahrungen aus den Mitgliedstaaten berücksichtigen und darlegen müssen, dass die gewählte Regelung den konkret zu benennenden Missbrauchsgefahren keinen Vorschub leistet.[138] Das bedeutet auch, dass das Vorliegen eines mutmaßlichen Willens nicht vorschnell angenommen werden darf; vielmehr müssen die Kriterien und Indikatoren, die Rückschlüsse auf den mutmaßlichen Willen, das Verfahren zu seiner Ermittlung sowie die Relevanz des mutmaßlichen Willens für die Entscheidung über den Behandlungsabbruch gesetzlich hinreichend bestimmt geregelt werden.[139] 45

Ob das grundrechtliche Verbot der **Todesstrafe** einschränkungsfest ist, erscheint zweifelhaft.[140] Während die EMRK in ihrer ursprünglichen Fassung (Art. 2 Abs. 1 S. 2 EMRK) die Todesstrafe für zulässig erachtete, hat Art. 1 6. EMRKProt die Todesstrafen-Verhängung bzw. -Vollstreckung grundsätzlich verboten und die Zulässigkeit auf Kriegszeiten beschränkt (Art. 2 6. EMRKProt).[141] Die Protokolle sind integrale Bestandteile der EMRK und als solche auch für die EU-Grundrechtsordnung als Rechtserkenntnisquelle beachtlich.[142] 13. EMRKProt, das am 1.7.2003 in Kraft getreten ist,[143] hat zum ausnahmslosen Verbot der Todesstrafen-Verhängung und -Vollstreckung geführt. Diese im Raum der EMRK erkennbare Tendenz zur ausnahmslosen Inkriminierung der Todesstrafe ist auch im Raum der EU erkennbar. So heißt es in der „Erklärung zur Abschaffung der Todesstrafe", die auf der Konferenz zum Abschluss des sog Amsterdamer Vertrages erfolgte: „In diesem Zusammenhang stellt die Konferenz fest, daß seit der Unterzeichnung des genannten Protokolls [gemeint ist 6. EMRKProt] am 28.4.1983 die Todesstrafe in den meisten Mitgliedstaaten der Union abgeschafft und in keinem Mitgliedstaat angewandt worden ist."[144] Insbesondere mit Blick auf das jüngst in Kraft getretene 13. EMRKProt erscheint es im Lichte des Gebotes grundsätzlicher Kohärenz zwischen der Grundrechtsordnung der EMRK und der EU-Grundrechtsordnung (vgl. Art. 52 Abs. 3 GRC) angemessen, die Verhängung und Vollstreckung der Todesstrafe für ausnahmslos verboten zu halten.[145] 46

---

[135] Im nicht-deutschsprachigen Ausland meist „Euthanasie" genannt (vgl. etwa den Sprachgebrauch in Belgien, Luxemburg, Frankreich und den Niederlanden).
[136] Zur ndl. Praxis s. „Medische besliutvorming aan het einde van het leven – De praktijk en de toetsingsprocedure euthanasie", Verslag van de begeleidingscommissie van het evaluatieonderzoek naar de medische besluitvorming aan het einde van het leven, Rapport, 26.5.2003, abrufbar auf der Homepage des Wetenschappelijk Onderzoek- en Documentatiecentrum (WODC) (selbstständiger Teil des ministerie van Veiligheid en Justitie (VenJ)), http://www.wodc.nl. – S. auch *Grundmann* S. 203 ff.
[137] So *Bodendiek/Nowrot* AVR 37 (1999), 177 (207). – Meine gegenteilige Ansicht (→ 1. Aufl. 2006, § 10 Rn. 45) gebe ich auf; hierzu ausführlich *Rixen*, Euthanasie oder Behandlungsabbruch?, S. 683 ff.
[138] S. hierzu *Antoine* S. 288 ff., 401 ff.; *Knopp* MedR 2003, 379 (386 f.).
[139] EGMR 5.6.2015 – 46043/14 – Lambert and Others v. France;. insbes. auch die Joint Partly Dissenting Opinion of Judges Hajiyev, Šikuta, Tsotsoria, De Gaetano and Griţco, §§ 4 ff.– Dazu die Anmerkungen von *Augsberg/Szczerbak* medstra 2016, 3 ff.; *Schlüter* HRRS 8–9/2015, 327 ff., *Weißer* ZJS 4/2015, 442 ff., zT korrekturbedürftige dt. Übersetzung in NJW 2015, 2715.
[140] Hierzu Grabenwarter/Pabel EMRK § 20 Rn. 7 ff.
[141] Außerdem wurde die allgemeine Einschränkungsmöglichkeit des Art. 15 EMRK suspendiert (Art. 3 des Protokolls Nr. 6 zur EMRK); zum Protokoll *Hartig* EuGRZ 1983, 270 ff.; *Meyer-Ladewig/Harrendorf/König* in HK-EMRK, 3. Aufl. 2011, ZP 6 Rn. 1 ff. (S. 446 ff.).
[142] *Philippi* S. 44; *Borowsky* in NK-EuGRCh GRCh Art. 52 Rn. 34; so auch die (aktualisierten) Erläuterungen zu Art. 52 GRC, ABl. 2004 C 310, 1 (456).
[143] ETS/CETS Nr. 187.
[144] Vertrag von Amsterdam, BGBl. 1998 II 387 (440) = ABl. 1997 C 340, 1 (Von der Konferenz angenommene Erklärungen).
[145] *Borowsky* in NK-EuGRCh GRCh Art. 2 Rn. 45.

E. Zusammenfassende Bewertung und Ausblick

47 Die Dogmatik der EU-Grundrechte ist **Dogmatik in der Einwicklung.** Das gilt in besonderer Weise für das Lebensgrundrecht, das in seinem Kernbestand zwar als gesichert gelten kann, aber in den Randzonen, die für die gegenwärtigen Fragestellungen der Biowissenschaften sehr wichtig sind, noch keine letzte Klarheit gewonnen hat. Der „evolutive Charakter"[146] der in der GRC positivierten Grundrechte, die den „evolutiv-dynamischen Charakter"[147] der EMRK-Rechte teilen, lässt sich am Lebensgrundrecht besonders gut nachvollziehen. Wer zu diesen Fragen Auslegungsangebote unterbreitet, muss sich bewusst sein, dass es sich tatsächlich nur um Vorschläge handelt, die den Ernstfall – ihre Durchsetzung im Diskurs der europäischen Grundrechtswissenschaft sowie ihre autoritative Anerkennung durch den EuGH – noch vor sich haben. So nützlich eine verlässliche textliche Grundlage mit ihrer stabilisierenden und rationalisierenden Wirkung für die Grundrechtsgewinnung ist,[148] sie allein kann die effektive Grundrechtsgeltung weder garantieren noch gar entscheidend befördern. Es bedarf einer **„institutionelle(n) Beliebigkeitshemmung"**[149], die die soziale Diffusion der Grundrechte machtvoll steuert, eines letztverbindlich judizierenden Grundrechte-Gerichts.

48 Der Streit um den Garantiegehalt des Lebensgrundrechts und des grundrechtlichen Verbots der Todesstrafe wird seinen bis auf Weiteres virtuellen Charakter erst verlieren, sobald der EuGH die Grundrechtsgarantien, die bislang noch nicht in seinen Fokus geraten sind, als entscheidungserheblich wahrnimmt. Im Vorgriff darauf sind die hier unterbreiteten Grundrechtskonkretisierungen ein Reflexionsangebot der Rechtswissenschaft, das diese dem EuGH, sozusagen aufgrund eines **informellen Kooperationsverhältnisses,** in der Hoffnung unterbreitet, dass es zu gegebener Zeit hilfreich sein kann. Aus deutscher Sicht wird genau zu beobachten sein, ob die künftigen Grundrechtskonkretisierungen des EuGH gerade in den Grenzbereichen des Rechts auf Leben den unabdingbaren Grundrechtsstandards des deutschen Grundgesetzes im Wesentlichen entsprechen. Ihrer Unterschreitung müsste das BVerfG kraft seines „Kooperationsverhältnis(ses)"[150] zum EuGH, das in Wahrheit ein theoretisch prekäres, praktisch aber kaum effektiv aktivierbares[151] Kontrollverhältnis ist,[152] entgegenwirken.[153]

49 Die Schutzstandards des allgemeinen EU-Lebensgrundrechts und des Art. 2 Abs. 2 S. 1 GG sind im Wesentlichen vergleichbar.[154] Schwierigkeiten bestehen hinsichtlich der Erstreckung des Schutzes auf die Grenzzonen am Beginn und am Ende menschlichen Lebens. Diese Aspekte, zumal wenn sie im Gewand der neueren biowissenschaftlichen Fragestellungen auftreten, sind hier wie dort umstritten. Insoweit kann man daher in beiden Rechtskreisen noch nicht von einem geklärten Schutzstandard sprechen. Das Thema „aktive Sterbehilfe", das in anderen europäischen Ländern (etwa Belgien, Niederlande, Luxemburg) unter der in Deutschland verständlicherweise verpönten Vokabel „Euthanasie" bekannt ist (→ Rn. 44, 46), wird brisant bleiben.[155] Hinsichtlich des Verbotes der Todes-

---

[146] *Arnold* FS Maurer, 2001, 855 (862).
[147] *Stieglitz* S. 100.
[148] Dazu *Pernice* NJW 1990, 2409 (2418 f.); *Blanke* ThürVBl. 2002, 224 (226); *Günther* ZParl 2002, 347 (350); *Nicolaysen* Europarecht I S. 125; *Schwarze* NJW 2002, 993 (996).
[149] Auf die Funktion des BVerfG anspielender Begriff bei *Rixen*, Menschenwürde oder „Biomasse"?, S. 265.
[150] BVerfGE 89, 155 (175); s. auch BVerfGE 102, 147 (161 ff.); BVerfG DVBl 2001, 720 f.
[151] Dazu – mit Blick auf BVerfGE 102, 147 – *Nicolaysen/Nowak* NJW 2001, 1233 (1236); *Knöll* NVwZ 2001, 392 (394): „Nachweis (…) kaum zu führen".
[152] Was sich, vielleicht unbewusst, schon an den distanzierenden Anführungszeichen ablesen lässt, in die das BVerfG das Wort „Kooperationsverhältnis" zunächst gekleidet hat (BVerfGE 89, 155 (156, Ls. 7, 175)). Allerdings hat das BVerfG zwischenzeitlich auf die Anführungszeichen verzichtet, vgl. BVerfGE 134, 366 (385 Rn. 27).
[153] Dazu im Hinblick auf den nach dt. Verfassungsrecht zutreffenden Todesbegriff *Rixen*, Lebensschutz am Lebensende, S. 315 mit Fn. 342.
[154] Rechtsvergleichender Überblick bei *Weber*, Menschenrechte, 2003, S. 38 ff., 50 ff., 56 ff., 62 ff., 68 ff.
[155] EGMR 5.6.2015 – 46043/14 – Lambert and Others v. France.

strafe ist die normtextliche Lage im Grundgesetz eindeutiger als auf EU-Grundrechtsebene. Art. 102 GG ordnet vergleichsweise unmissverständlich an: „Die Todesstrafe ist abgeschafft." Versuche, durch eine sog verfassungsimmanente Begrenzung den Schutzgehalt des Art. 102 GG zu minimieren, sind bislang ausgeblieben.[156] Die neuere Entwicklung der EMRK (→ Rn. 46) nähert die Schutzstandards der insoweit EMRK-akzessorischen EU-Grundrechtsordnung an den strikten Schutzstandard des Art. 102 GG an.

---

[156] Derartige Versuche klingen strukturell an in einer Entscheidung des BVerfG zur (Nicht-)Anwendung des strafrechtlichen Rückwirkungsverbotes (Art. 103 Abs. 2 GG) auf die strafrechtliche Würdigung bestimmter Fälle schwersten DDR-Staatsunrechts, BVerfGE 95, 96 (133).

§ 15 Recht auf körperliche und geistige Unversehrtheit

Übersicht

	Rn.
A. Die psychophysische Integrität als Möglichkeitsbedingung menschlicher Existenzgestaltung	1, 2
B. Gewährleistungsbereich	3–26
I. Sachlicher Gewährleistungsbereich	4–15
1. Integritätserhaltung	5–13
2. Integritätsgestaltung	14, 15
II. Personeller Gewährleistungsbereich	16–18
III. Schutzkategorien und Schutzdimensionen (Grundrechtsfunktionen)	19–23
IV. Grundrechtsverpflichtete	24, 25
V. Grundrechtsschutz und Grundfreiheiten	26
C. Beeinträchtigungen	27
D. Rechtfertigung	28
E. Die Regelung des Art. 3 Abs. 2 GRC	29–33
F. Zusammenfassende Bewertung und Ausblick	34, 35

Schrifttum:

Barriga, Die Entstehung der Charta der Grundrechte der Europäischen Union, 2003; *Borowsky*, Wertegemeinschaft Europa, DRiZ 2001, 275; *Höfling*, Reprogenetik und Verfassungsrecht, 2001; *ders.*, Transplantationsgesetz, Kommentar, 2. Aufl. 2013; *Hoffmann-Riem*, Das Ringen um die verfassungsgerichtliche Normenkontrolle in den USA und Europa, JZ 2003, 269; *Jaeckel*, Schutzpflichten im deutschen und europäischen Recht, 2001; *Junker/Paul*, Das Eugenik-Argument in der Diskussion um die Humangenetik: eine kritische Analyse, in Engels, Biologie und Ethik, 1999, S. 161; *Kersten*, Das Klonen von Menschen, 2004; *Kneihs*, Grundrechte und Sterbehilfe, 1998; *ders.*, Recht auf Leben und Terrorismusbekämpfung – Anmerkungen zur jüngsten Judikatur des EGMR zu Art. 2 EMRK, in Grabenwarter/Thienel, Kontinuität und Wandel der EMRK, 1998, S. 21; *Kühling*, Grundrechte, in v. Bogdandy/Bast, Europäisches Verfassungsrecht, 2. Aufl. 2009, S. 557; *Pfeiffer*, Die Forschungs- und Technologiepolitik der Europäischen Gemeinschaft als Referenzgebiet für das europäische Verwaltungsrecht, 2003; *Ritgen*, Grundrechtsschutz in der Europäischen Union, ZRP 2000, 371; *Rixen*, Lebensschutz am Lebensende, 1999; *ders.*, Die reprogenetische Diffusion des Körpers: Diffusion der Menschenrechte? Zur biowissenschaftlichen Herausforderung von Rechtsphilosophie und Verfassungsrecht, in Schwarte/Wulf, Körper und Recht – Anthropologische Dimensionen der Rechtsphilosophie, 2003, S. 211; *Schmidt*, Der Schutz der Menschenwürde als „Fundament" der EU-Grundrechtscharta unter besonderer Berücksichtigung der Rechte auf Leben und Unversehrtheit, ZEuS 2002, 631; *Szczekalla*, Die sogenannten grundrechtlichen Schutzpflichten im deutschen und europäischen Recht, 2002; *Weber*, Einheit und Vielfalt der europäischen Grundrechtsordnung(en), DVBl 2003, 220.

A. Die psychophysische Integrität als Möglichkeitsbedingung menschlicher Existenzgestaltung

1 Nach prominentem rechtsphilosophischen Räsonnement ist „der Leib (...) das Dasein der Freiheit"[1]. Das leuchtet aus der spezifischen Perspektive juristischer Befassung mit EU-Grundrechten unmittelbar ein. Ohne den biologischen Körper als **basale Vorbedingung** ist **Existenzgestaltung** nicht möglich. Wäre die Integrität des Körpers nicht ebenso geschützt wie die Verhaltensweisen, die erst auf der Grundlage unangetasteter körperlicher Integrität realisierbar sind, drohte die Geltungskraft des gesamten Modells, das menschliches Dasein als (Grund-)Rechtsstatus konzipiert,[2] an einer entscheidenden Stelle geschwächt zu

---

[1] *Hegel*, Grundlinien der Philosophie des Rechts, Werkausgabe Suhrkamp-Verlag, Bd. 7, 2. Aufl. 1989, § 48, S. 111. – Dass dieser Satz im Kontext der Hegel'schen Rechtsphilosophie eine eigene Bedeutung hat, sei (um Missverständnissen vorzubeugen) betont; heuristisch wertvoll bleibt der Satz gleichwohl.

[2] Beispielhaft folgende Grundrechtsbestimmungen der Mitgliedstaaten: Art. XV Abs. 1 S. 2 ungVerf: „Alle Menschen sind rechtsfähig." Art. 3 tschechVerf iVm Art. 5 tschechGR-Deklaration: „Jedermann ist fähig, Rechte zu haben." Art. 14 slowakVerf: „Jeder hat die Rechtsfähigkeit." Art. 31 I polnVerf: „Die Freiheit des Menschen steht unter dem Schutz des Rechtes." S. auch Art. 3 AmerMRK: „Every person has the right to recognition as a person before the law." Noch weiter Art. 6 AEMR: „Everyone has the right to

werden. Ganz konsequent garantiert deshalb die Bestimmung des Art. 3 Abs. 1 GRC [3] das Recht auf körperliche Unversehrtheit.

Art. 3 Abs. 1 GRC anerkennt weiter das „Recht auf geistige Unversehrtheit" („right to respect for his or her mental integrity", „diritto alla propria integrità psichica").[4] Das erscheint konsequent, weil der Körper, bildhaft gesprochen, das Ausdrucksfeld der Seele, der Psyche, des Geistes ist – oder wie immer man jene metaphysischen Aspekte menschlicher Individualität benennen mag, die in nahezu jedem anthropologischen Konzept („Menschenbild"), das im Raum der EU vertreten wird, berücksichtigt sind, selbst wenn das Wort „meta-physisch" dafür nicht immer geläufig ist. Der Körper ist notwendige Bedingung für die **Ausbildung mentaler Eigentümlichkeit**.[5] Jedes menschliche Individuum bildet sich auch insoweit als Eigenes aus, ist sich auch in dieser Hinsicht, metaphorisch gesprochen, zu Eigen.[6] Daher ist es auffallend signifikant, wenn im italienischen Text der GRC von der „propria integrità psichica" die Rede ist, der eigenen psychischen Integrität, die zusammen mit dem Körper zu schützen ist, weil ihre Eigenheit nur durch diesen vermittelt real wird. Mit gutem Grund kann man deshalb auch von einer ungeteilten psychophysischen Integrität sprechen (ein Phänomen wie der Schmerz macht evident, weshalb), so wie der EGMR aus der Not fehlender normtextlicher Spezialregelungen heraus dem auf den Schutz des Privatlebens gerichteten Art. 8 EMRK den Schutz von Psyche und Physis zugeordnet hat.[7] Auch der EuGH spricht von dem einen „Grundrecht der **Unversehrtheit der Person**".[8] Gleichwohl ist es analytisch hilfreich, nach der körperlichen und der mentalen Seite hin zu unterscheiden, solange man nur beide Aspekte als Pole eines ungeteilten Schutzprogramms begreift.

B. Gewährleistungsbereich

Ähnlich wie beim Recht auf Leben (→ § 14 Rn. 4) präjudiziert der sachliche Gewährleistungsbereich die Frage, wer als Inhaber des Grundrechts in Betracht kommt. Der personale Gewährleistungsbereich ist zwar für den „Normalfall" geborener Menschen unproblematisch. Die Interventionsmöglichkeiten der neueren Medizin und Biowissenschaft („life sciences"), die einen Zugriff auf pränatales menschliches Leben ermöglichen, lassen sich grundrechtsdogmatisch indes nur bewältigen, wenn man die Wertungskriterien, die die Auflösung solcher Zuordnungszweifel anleiten, genauer anhand des sachlichen Gewährleistungsbereichs entwickelt.

I. Sachlicher Gewährleistungsbereich

Ebenso wie der sachliche Gewährleistungsbereich des Rechts auf Leben (→ § 14 Rn. 5) lässt sich der sachliche Gewährleistungstatbestand des Rechts auf körperliche Integrität und des Rechts auf geistige Integrität nach zwei Hauptaspekten unterscheiden: nach **Integritätserhaltung** und **Integritätsgestaltung**.

1. Integritätserhaltung. Der Schutz des Grundrechts bezieht sich, soweit es um die körperliche Unversehrtheit geht, nicht auf die Erhaltung der Existenz des lebendigen menschlichen Körpers (dies ist ein wesentlicher Aspekt des Rechts auf Leben, → § 14

---

recognition everywhere as a person before the law." S. auch Art. 27 Abs. 1 Schweizerisches Zivilgesetzbuch: „Auf die Rechts- und Handlungsfähigkeit kann niemand ganz oder zum Teil verzichten."
[3] ABl. 2000 C 364, 1; ABl. 2010 C 83, 389; s. auch den seinerzeit geplanten Europäischen Verfassungsvertrag, ABl. 2004 C 310, 1 (41).
[4] Art. 15 S. 1 Hs. 1 spanVerf spricht von der „körperliche(n) und der moralische(n) Unversehrtheit".
[5] Instruktiv zum „Recht auf Eigentümlichkeit" *Cassirer*, Freiheit und Form. Studien zur deutschen Geistesgeschichte, 5. Aufl. 1991, S. 329.
[6] Hierzu *Rixen*, Lebensschutz am Lebensende, S. 291 f.
[7] Vgl. Grabenwarter/Pabel EMRK § 22 Rn. 7 mwN.
[8] EuGH C-377/98, Slg. 2001, I-7079 Rn. 70 – Niederlande/Parlament und Rat.

Rn. 6), sondern auf die Erhaltung der **„konkrete[n] Körperlichkeit"**.[9] Gemeint ist die Erhaltung der jeweiligen Beschaffenheit des Körpers, des Ist-Zustands (status quo), nicht eines idealen Soll- oder wie auch immer definierten Optimal-Zustands.[10] Das Recht auf körperliche Unversehrtheit entfaltet seine Schutzwirkungen deshalb auch dann, wenn ein Individuum krank ist. Maßnahmen, die einen bestimmten status quo des Körpers, der gemeinhin als Krankheit, also als Abweichung von einem typisierenden Leitbild regelgerechter gesundheitlicher Konstitution, gedeutet wird, positiv verändern, also die Krankheit beheben (sollen), beeinträchtigen demnach zunächst die körperliche Unversehrtheit (mögen sie ihr auch mittelbar dienen). Sie können jedoch nach Maßgabe des Willens des Betroffenen legitim sein (→ Rn. 14).

6   Im Einzelnen geht es bei der körperlichen Unversehrtheit um folgende Aspekte:
• die **somatische Substanz des Körpers,**
• die **Funktionsfähigkeit des Körpers** und
• den Charakter des Körpers als p**hysische Möglichkeitsbedingung psychischer Phänomene,** die durch ihn vermittelt werden.

7   Es handelt sich hierbei um analytisch hilfreiche Unterscheidungen, die sich nicht trennscharf gegeneinander abschichten lassen, sondern als bloß **heuristische Wegweiser** Überschneidungen nicht per se ausschließen. Das Recht auf körperliche Unversehrtheit schirmt den konkreten körperlichen Zustand gegen (ungewollte, → Rn. 14) nachteilige Veränderungen der drei genannten Körperaspekte ab, erhebt also den jeweiligen körperlichen status quo in einem bestimmten Zeitpunkt zur Referenzgröße des Schutzes. Man kann die (über die Schwelle des Sozialadäquaten hinausgehenden und deshalb erheblichen) nachteiligen Veränderungen der körperlichen Unversehrtheit auch als Herbeiführen eines pathologischen Zustands qualifizieren. Das spielt darauf an, dass sich solche Abweichungen selten verlässlich ohne die sachverständige Beratung insbesondere von Humanmedizinern als den Experten (auch) des Pathologischen menschlicher Biologie feststellen lassen. Gleichwohl bleibt der Begriff der körperlichen Unversehrtheit ein (Grund-)Rechtsbegriff. Er baut zwar auf biologischen Vorgegebenheiten auf; inwieweit aber seine Schutzwirkungen im Kontext der EU-Grundrechtsordnung reichen sollen, hängt von Wertungen ab, die jeder medizinischen Faktenfeststellung vorangehen (→ Rn. 12).

8   Die Unversehrtheit des Körpers wird aufgehoben, wenn die **körperliche Substanz,** etwa durch den Verlust von Körperteilen, geschmälert oder die **Funktionsfähigkeit des Körpers** insgesamt bzw. einzelner Körperbereiche negativ verändert wird, etwa dadurch, dass eine Funktion nicht mehr oder nur noch minimiert realisierbar ist (zB die Sprech-, Geh- oder Reproduktionsfähigkeit). Eine Funktion muss nicht dauerhaft aufgehoben bzw. ihre Realisierung muss nicht permanent erschwert sein. Es genügt ein auch nur kurzzeitiger Effekt (etwa das Herbeiführen einer Übelkeit durch Verbreiten bestimmter Duftstoffe, die die körperliche Substanz unangetastet lässt), sofern dadurch die Realisierung einer körperlichen Funktion, im Vergleich zum status quo ante, gehemmt wird. Funktionsbeeinträchtigungen können, aber müssen nicht mit manifesten Beeinträchtigungen der körperlichen Substanz einhergehen; häufig wird aber eine Funktionseinbuße zugleich eine Substanzbeeinträchtigung sein. Das hängt nicht zuletzt davon ab, in welcher Weise in den Körper interveniert wird. Neben unmittelbar-manifest am sichtbaren Körper ansetzenden Interventionen sind mittelbar-latente Einwirkungen denkbar, etwa Strahlenexpositionen, die möglicherweise erst langfristig einen Substanzschaden bewirken, aber schon vorher zu Funktionsbeeinträchtigungen führen können.[11] Die körperliche Unversehrtheit kann auch dadurch beeinträchtigt werden, dass der Körper gerade in seiner Bedeutung als **physische Möglichkeitsbedingung psychischer Phänomene** betroffen ist. Psychische Ereignisse,

---

[9] So – bezogen auf das Grundrecht der körperlichen Unversehrtheit in der dt. Verfassung (Art. 2 Abs. 2 S. 1 GG) – *Murswiek/Rixen* in Sachs GG Art. 2 Rn. 148.
[10] So im Blick auf die dt. Verfassungslage *Correll* in AK-GG GG Art. 2 Abs. 2 Rn. 94, 96.
[11] Hierzu aus der Sicht des dt. Verfassungsrechts *Kunig* in v. Münch/Kunig GG Art. 2 Rn. 63.

etwa Angstzustände, die zu psychosomatischen, also am Körper ablesbaren Reaktionen führen (was sich in der Regel nur aufgrund medizinischer Expertise erkennen lässt), beeinträchtigen die körperliche Unversehrtheit. Schmerzempfindungen kann man als Beeinträchtigungen der Funktionsfähigkeit eines bestimmten Körperbereichs deuten (etwa die Schmerzen, die von einem gestauchten Fußgelenk herrühren) oder als Beeinträchtigungen der Funktionsfähigkeit des gesamten Körpers (etwa bei schwersten Schmerzen einer terminalen, den ganzen Organismus schwächenden [Krebs-]Erkrankung). Da Schmerzen nicht nur ein somatisch-biologisches Substrat haben, sondern mit psychischen Effekten korrelieren, ist jedoch auch der Körper als biologische „Vermittlungsinstanz" psychischer Phänomene betroffen.

Da das Grundrecht auch die **geistige Unversehrtheit** schützt, wird auch Schutz gegen Interventionen gewährt, die den mentalen status quo des Grundrechtsinhabers nachteilig verändern, ohne dass dies zu einer Beeinträchtigung auch des Körpers führt (→ Rn. 5). Der mentale status quo lässt sich als die Gesamtheit der kognitiven, kommunikativen und emotionalen Fähigkeiten eines menschlichen Individuums umschreiben. Entscheidend ist wie bei der körperlichen Unversehrtheit nicht, welche dieser Fähigkeiten ein Mensch haben könnte, sondern welche er hat. Der mentale status quo eines Kleinkindes ist ebenso geschützt wie der eines Physik-Nobelpreisträgers oder der eines schizophrenen Patienten in einer geschlossenen Anstalt. Soweit deren je konkrete mentale Kompetenzen negativ verändert werden, ist die geistige Unversehrtheit betroffen. Ob die Maßnahmen der Heilung oder Linderung psychischer Behinderungen dienen, ändert an der Beeinträchtigung der geistigen Unversehrtheit nichts.

Ob zum Recht auf geistige Unversehrtheit ein Recht auf **Unversehrtheit des Selbstwertgefühls** gehört, erscheint fraglich. Da es um einen Grundaspekt der Persönlichkeit und damit des Privatlebens geht, ist grundsätzlich Art. 7 GRC (vgl. Art. 8 Abs. 1 EMRK) anwendbar.[12] Maßnahmen, die das Selbstwertgefühl beeinträchtigen, weil sie einem Individuum das Gefühl des Ausgeliefertseins, der Minderwertigkeit und der Ohnmacht geben – man denke zB an das sog Mobbing im Arbeitsleben –, beeinträchtigen die geistige Unversehrtheit regelmäßig nur dann, wenn sie zu psychiatrisch relevanten Reaktionen führen, also pathologischen (Krankheits-)Wert haben; in diesem Fall ist Art. 3 Abs. 1 GRC vorrangig anwendbar. Nur ausnahmsweise kann auch Art. 1 GRC verletzt sein (→ § 13 Rn. 14 ff.). Dh: Nicht schon jedes Unwohlsein, jedes Unbehagen, jede Traurigkeit, Melancholie oder Empfindlichkeit beeinträchtigt die geistige Unversehrtheit.

Das Recht auf körperliche Unversehrtheit gewährt **kein Recht auf Gesundheit** in dem Sinne, dass es einen Anspruch auf die Herstellung eines Zustands vollständigen körperlichen, geistigen und sozialen Wohlempfindens gäbe – so die bekannte Gesundheitsdefinition der Weltgesundheitsorganisation (WHO).[13] Das Recht auf körperliche und geistige Unversehrtheit zielt auf die Sicherung des körperlich-geistigen status quo; es geht also um die Sicherung des gesundheitlichen Bestandes (→ Rn. 5). Eine Bestandserweiterung im Sinne einer Optimierung der auf soziale Möglichkeitsbedingungen erstreckten Gesundheit liegt außerhalb des sachlichen Gewährleistungsbereichs. Das bestätigen implizit auch die Art. 34 Abs. 1, 35 GRC, die den Zugang zu entsprechenden Maßnahmen der Gesundheitssicherung regeln und hierbei im Wesentlichen auf die rechtliche Ausgestaltung in den Mitgliedstaaten verweisen.

Zweifelhaft ist der Schutz des Rechts auf körperliche Unversehrtheit bei biologischen Entitäten, denen ein Körper, wie er geborene Menschen auszeichnet, fehlt (scheinbar **„körperlose"** menschliche Lebewesen). Das Problem betrifft in utero oder ex utero entstehende Embryonen bzw. Föten, bevor sie eine Körpergestalt annehmen. Man könnte mit Blick auf den Namen des Rechts – Recht auf körperliche Unversehrtheit – annehmen,

---

[12] Vgl. allg. Grabenwarter/Pabel EMRK § 22 Rn. 6; *Uerpmann-Wittzack* in Ehlers GuG § 3 Rn. 3 ff.
[13] „Health is a state of complete physical, mental and social well-being and not merely the absence of disease or infirmity." Präambel zur WHO-Verfassung, abrufbar unter http://www.who.int/en.

dass ein Mindestmaß an Körpergestalt nötig ist, damit der Gewährleistungsbereich eröffnet ist.[14] Dagegen lässt sich der Wertungszusammenhang zwischen Recht auf Leben und Recht auf körperliche Unversehrtheit anführen. Das Recht auf körperliche Unversehrtheit ist eine spezifische Variante des Lebensrechts, das nicht nur Einzelaspekte der Lebendigkeit, sondern die Lebendigkeit als Ganzes schützt. Dabei ist der lebendige Körper geborener Menschen der empirische Hautpanwendungsfall des Schutzes, jedoch hängt die Frage, was als (Rechts-)Körper bzw. als lebendiger **(Rechts-)Körper** gelten soll, von einer Wertungsfrage ab, die auf die besondere Bedeutung des Lebensrechts abstellt (→ § 14 Rn. 8). Da das Recht auf körperliche Unversehrtheit der „Vorfeldsicherung des Lebens"[15] dient, ist danach auch für ungeborenes Leben, dem es an einer körperlichen Gestalt fehlt, der personelle Gewährleistungsbereich des Rechts auf körperliche Unversehrtheit eröffnet.[16] Da die Zuerkennung des Lebensrechts darüber entscheidet, ob eine Entität als rechtsrelevantes Gegenüber zu achten ist, also als (Grund-)Rechtsperson gilt, muss bei der Zuweisung dieses Status großzügig verfahren werden, will man qualitative Eingrenzungen des Kreises der relevanten Individuen verhindern (→ § 14 Rn. 8). Dieser **inklusive Charakter** des Lebensrechts, der zur Erstreckung des Schutzes auf den pränatalen Bereich führt, prägt auch das Recht auf körperliche Unversehrtheit. Es geht, wie es in einigen Verfassungen der Mitgliedstaaten heißt, um die „Unantastbarkeit der Person"[17], so wie auch der EuGH von der „Unversehrtheit der Person"[18] spricht. Sie verlangt typischerweise, nämlich bei geborenen Menschen, die Nichtantastung des Körpers, der den Menschen mit seiner (Rechts-)Personalität repräsentiert. Dann aber liegt Folgendes nahe: Will man die **Unantastbarkeit der (Rechts-)Personalität pränatalen Lebens** effektiv schützen, ist zwingend, nicht nur deren Leben, sondern auch den Trägerzustand dieses Lebens, das jeweilige biologische Substrat, vor Interventionen zu schützen. Das biologische Substrat kann man zwar nicht als Körper in dem Sinne bezeichnen, wie er beispielsweise den Körper eines geborenen Menschen bezeichnen soll. „Körperlich" kann bezogen auf diese Entitäten nur bedeuten, dass es überhaupt ein biologisches Substrat gibt, auf das referiert werden kann. Dieses extensive Verständnis des Körperbegriffs erscheint angesichts des inklusiven Charakters des Lebensrechts, an dem das Recht auf körperliche Unversehrtheit teilhat, angemessen.

13 Das Recht auf **geistige Unversehrtheit** wird man im Hinblick auf die neueren Erkenntnisse der prä- und perinatal orientierten Medizin bzw. Psychologie dem nasciturus nicht grundsätzlich absprechen können; eine mentale bzw. psychische Beeinflussbarkeit nimmt offenbar, wenn man den Erkenntnissen der pränatalen Medizin bzw. Psychologie Glauben schenken darf, mit zunehmender Schwangerschaftsdauer zu.[19] Für Frühformen pränatalen Lebens besteht nach dem gegenwärtigen Wissensstand, der gegen entsprechende Fähigkeiten und Beeinflussbarkeiten spricht, ein Recht auf geistige Unversehrtheit nicht.

14 **2. Integritätsgestaltung.** Wie beim Recht auf Leben (→ § 14 Rn. 9f.) schützt auch das Recht auf körperliche und geistige Unversehrtheit die **Selbstbestimmung** in diesem Bereich.[20] Das kommt in Art. 3 Abs. 2 erster Gedankenstrich GRC zum Ausdruck, wo

---

[14] In diesem Sinne mit Blick auf die dt. Verfassungslage etwa *Schulze-Fielitz* in Dreier GG Art. 2 II Rn. 40 aE.

[15] *Kloepfer*, Grundrechte als Entstehenssicherung und Bestandsschutz, 1970, S. 54.

[16] So für die dt. Verfassungslage etwa *Correll* in AK-GG GG Art. 2 Abs. 2 Rn. 106 f.; *Kunig* in v. Münch/Kunig GG Art. 2 Rn. 61 mwN. – Soweit ersichtlich, wird die Frage in den menschenrechtlichen Diskursen der anderen Mitgliedstaaten nicht problematisiert.

[17] Art. 16 Abs. 1 S. 1 slowakVerf; Art. 3 tschechVerf iVm Art. 7 Abs. 1 S. 1 tschechGR-Deklaration. – S. auch Art. 21 Abs. 1 litVerf (in engl. Übersetzung). „The person of a human being shall be inviolable." S. auch Art. 4 S. 1 AfrMRC: „Human beings are inviolable."

[18] EuGH C-377/98, Slg. 2001, I-7079 Rn. 70 – Niederlande/Parlament und Rat.

[19] S. etwa die Beiträge in *Fedor-Freybergh*, Pränatale und perinatale Psychologie und Medizin, 1987; *Janus*, Der Seelenraum des Ungeborenen, 3. Aufl. 2011; s. auch die Publikationen in „The international journal of prenatal and perinatal psychology and medicine" (erschienen ab 1989 bis einschl. 2009).

[20] Hierzu am Beispiel des allerdings aus Art. 8 Abs. 1 EMRK hergeleiteten Selbstbestimmungsrechts bzgl. medizinischer Eingriffe *Kneihs*, Grundrechte und Sterbehilfe, S. 342 ff.

es exemplarisch im Hinblick auf Medizin und Biologie heißt, Maßnahmen dürften nur getroffen werden, wenn die betreffende Person nach vorheriger Aufklärung die freie Einwilligung entsprechend den gesetzlich festgelegten Modalitäten erklärt habe. Das Erfordernis des informed consent (→ Rn. 29) gilt im arztrechtlichen Kontext als Selbstverständlichkeit; seine grundrechtliche Wurzel wird in Art. 3 Abs. 2 GRC anerkannt (→ § 14 Rn. 10). Geschützt ist die Entscheidungsfreiheit im Hinblick auf jede Form der Psycho- oder somatisch orientierten Therapie. Therapien, die in einer den Grundrechtsverpflichteten (→ Rn. 24) zurechenbaren Weise ohne valide Aufklärung und damit ohne wirksame Einwilligung aufgenommen werden, sind (grund-)rechtswidrig. Die Dispositionsbefugnis erstreckt sich aber nicht nur auf den medizinischen oder biowissenschaftlichen Bereich. So ist zB auch die Entscheidung für ein Piercing Ausdruck der Selbstbestimmungsfreiheit, die vom Recht auf körperliche und geistige Freiheit mitgarantiert wird. Selbstbestimmungsfreiheit setzt allerdings **Selbstbestimmungsfähigkeit** voraus.[21] Fehlt es an dieser, scheiden wirksame Dispositionen des Grundrechtsinhabers aus. Der grundrechtliche Schutz erschöpft sich dann in der Integritätserhaltung. Sofern die Selbstbestimmungsfähigkeit aufgrund des je spezifischen mentalen Zustands aufgehoben oder doch zweifelhaft ist, können sich intrikate Probleme hinsichtlich der Legitimierung von Therapien stellen. Hier sind Regelungen für stellvertretende Entscheidungen unabdingbar, wie sie etwa in Art. 6, 17, 20 der sog Biomedizin-Konvention des Europarates beispielhaft entwickelt sind.[22]

Die in Art. 3 Abs. 1 GRC mitgeschützte Selbstbestimmungsfreiheit bezieht sich auch auf 15 die Befugnis, durch Vorausverfügung auf den Todesfall das postmortale Schicksal des **toten Körpers** festzulegen. Das Recht auf körperliche Unversehrtheit ist ein umfassendes Recht zur Disposition über den eigenen Körper. Lehnt man das Recht auf Integritätsgestaltung als einen Aspekt des Art. 3 Abs. 1 GRC ab, dann kommt stattdessen, auch für die Bestimmung über das Schicksal des toten Körpers, Art. 7 GRC (Art. 8 Abs. 1 EMRK) in Betracht.

II. Personeller Gewährleistungsbereich

Träger des Grundrechts ist zunächst jeder **lebendgeborene Mensch** (→ § 14 Rn. 11). Da 16 es sich beim Recht auf körperliche und geistige Unversehrtheit wie beim Recht auf Leben um ein **Menschenrecht** handelt (→ § 14 Rn. 12), können sich unabhängig von der Unions- bzw. Staatsangehörigkeit alle Menschen auf das Grundrecht berufen. Voraussetzung der Grundrechtsträgerschaft ist die Lebendigkeit des jeweiligen menschlichen Individuums; es muss, genauer gesagt, im Grundrechtssinne leben (→ § 14 Rn. 5 ff.). Folgt man dem, sind Beeinträchtigungen der körperlichen Integrität auch bei sterbenden, ggf. komatösen Menschen möglich, ebenso bei mental (psychisch, geistig) oder seelisch behinderten Menschen; es kommt auf den jeweiligen status quo an (→ Rn. 5, 9). Sie alle sind ungeachtet ihres etwa die Schmerzempfindung möglicherweise minimierenden Zustands Lebende im Sinne des Rechts auf Leben und daher auch Träger des Rechts auf körperliche Integrität. Ebenso sind sie Träger des Rechts auf geistige Integrität, wobei allerdings Beeinträchtigungen dieses Rechts bei versehrten Menschen, deren kommunikative etcKompetenzen typischerweise eingeschränkt sind, meist schwerer nachweisbar sein werden. Trotz dieses reduzierten Zustands sind sie Träger des Rechts auf geistige Unversehrtheit und dürfen (ggf. handelnd durch ihre Vertreter) dem Garantiegehalt des Grundrechts entsprechende Achtung erwarten.

Im Lichte des **inklusiven Charakters des Lebensrechts,** an dem das Recht auf kör- 17 perliche Unversehrtheit teil hat (→ Rn. 12), sind auch pränatale menschliche Individuen

---

[21] BVerfGE 99, 341 (351).
[22] Convention for the Protection of Human Rights and Dignity of the Human Being with regard to the Application of Biology and Medicine: Convention on Human Rights and Biomedicine (ETS/CETS Nr. 164, abrufbar unter http://conventions.coe.int); s. dazu auch *Rixen* in Höfling, Transplantationsgesetz, 2. Aufl. 2013, § 1 Rn. 41 ff.

Grundrechtsinhaber (→ § 14 Rn. 16 ff.). Ob sie Inhaber des Rechts auf geistige Unversehrtheit sind, hängt vom Entwicklungsstand ab; für nascituri bei fortgeschrittener Gestationszeit lässt sich dies annehmen (→ Rn. 13).

18   Kein Träger des Grundrechts ist der **tote Mensch** (→ § 14 Rn. 14, 20 f.). Allerdings kann der Verstorbene zu Lebzeiten unter dem Aspekt der Integritätsgestaltung Vorausverfügungen bezüglich des postmortalen Schicksals seines Körpers treffen (→ Rn. 15). Diese Wirkungen überdauern den Tod und setzen ebenso wenig wie das Erbrecht (Art. 17 Abs. 1 S. 1 GRC) eine postmortal bestehende Grundrechtsfähigkeit voraus.

III. Schutzkategorien und Schutzdimensionen (Grundrechtsfunktionen)

19   Hinsichtlich der **Schutzwirkungen** des Rechts auf körperliche und geistige Unversehrtheit ist wie folgt zu unterscheiden: zum einen handelt es sich um subjektive Rechte der Grundrechtsträger, zum anderen geht es um objektivrechtliche Gebote, kraft derer sich die Grundrechtsverpflichteten (→ Rn. 24 f.) den unterschiedlichen Schutzdimensionen (Grundrechtsfunktionen) des Grundrechts gemäß verhalten müssen. Die **Schutzkategorien** (subjektives Recht, objektivrechtliche Pflicht) beziehen sich auf verschiedene **Schutzdimensionen** (Grundrechtsfunktionen), für die die allgemeinen Regeln gelten (→ § 14 Rn. 31 ff.). Im Hinblick auf das Recht auf körperliche und geistige Unversehrtheit ist folgendes hervorzuheben:

20   Das Recht auf körperliche und geistige Unversehrtheit ist zunächst ein **Abwehrrecht,** das auf die Abwehr von – den Grundrechtsverpflichteten (→ Rn. 24 f.) zurechenbaren – Beeinträchtigungen gerichtet ist, die den sachlichen Gewährleistungsbereich minimieren. Dem entspricht die Pflicht, solche Beeinträchtigungen zu unterlassen bzw., wenn geschehen, sie – falls noch möglich – unverzüglich rückgängig zu machen.

21   Aus dem Recht auf körperliche und geistige Unversehrtheit lassen sich zudem sog **Schutzgewährrechte** herleiten:[23] die Grundrechtsverpflichteten (→ Rn. 24 f.) müssen die Grundrechtsinhaber gegen Übergriffe, die ihnen von Dritten (vor allem Privaten)[24] drohen, durch positives Tun zu schützen (sog Schutzpflicht), was die Grundrechteinhaber grundsätzlich vermittels eines subjektiven Rechts beanspruchen können. Dieser Anspruch auf Schutz ist jedoch in der Regel angesichts eines weiten Gestaltungsspielraums der Grundrechtsverpflichteten nicht als Recht auf ein bestimmtes Tätigwerden zu qualifizieren.[25] Voraussetzung für die Realisierung der grundrechtlichen Schutzpflicht ist die Kompetenz, das schützende Verhalten ins Werk zu setzen; die Schutzpflicht gewährt keine Kompetenztitel (vgl. Art. 51 Abs. 2 GRC).[26] Solche aus der Schutzpflicht des Art. 3 Abs. 1 GRC resultierenden Handlungsgebote der Grundrechtsverpflichteten (→ Rn. 24 f.), insbesondere der Unionsorgane, kommen beispielsweise in den Bereichen der Umwelt-, Technologie- oder Agrarpolitik in Betracht (→ § 14 Rn. 33).[27] Ggf. kann der Schutzgewähranspruch, bei bestehender Kompetenz, dazu verpflichten, Strafgesetze zu erlassen, die das Recht auf körperliche und geistige Unversehrtheit schützen.[28]

22   Weiter folgt aus der Schutzpflicht-Funktion ebenso wie aus der abwehrrechtlichen Funktion die **Pflicht zur Implementierung prozeduraler und organisatorischer Vorkehrungen,** die einer Grundrechtsverletzung vorbeugen oder sie – gewissermaßen in der

---

[23] Erschöpfend zur Schutzpflicht als einer gemeineuropäischen Grundrechtsfunktion *Szczekalla* S. 1056 und passim.
[24] Die Konstruktion der sog Drittwirkung der Grundrechte für Private wird damit entbehrlich, *Kühling* in v. Bogdandy/Bast Europ. VerfassungsR S. 679.
[25] Hierzu *Jaeckel* S. 183 ff., insbes. S. 244 f.
[26] Die in der Grundrechtecharta fixierten Grundrechte haben also keine „kompetenzansaugende Wirkung", um den Begriff des früheren dt. Richters am EuGH und ehemaligen Präsidenten des dt. BGH, Günter Hirsch, aufzugreifen, der darin eine entsprechende Gefahr sieht, zit. nach *Borowsky* DRiZ 2001, 275 (280 f.); zu entsprechenden Befürchtungen s. auch *Ritgen* ZRP 2000, 371 (373).
[27] *Jaeckel* S. 200 ff., S. 217 – bezogen auf Art. 2 Abs. 1 GRC.
[28] Vgl. (zu Art. 2 EMRK) EGMR 26.3.1985 – 8978/80, EuGRZ 1985, 297 (299 Rn. 27) – X und Y Niederlande.

Form „nachholenden" (symbolischen) Schutzes – als solche erkennbar machen.[29] Dies kann nicht nur den Erlass neuer Regelungen erfordern, sondern auch gebieten, bestehende materielle und Verfahrensvorschriften durch Interpretation dem Schutzniveau des Rechts auf körperliche und geistige Unversehrtheit anzupassen, wenn dies im Hinblick auf Wortlaut und Regelungszweck der jeweiligen Vorschrift methodisch möglich ist (→ § 14 Rn. 34).

Aus dem Recht auf körperliche und geistige Unversehrtheit folgen keine (derivativen 23 oder originären) **Leistungsrechte**[30] zB in dem Sinne, dass die Grundrechtsverpflichteten (→ Rn. 24 f.) ein bestimmtes System von Gesundheitsdienstleistungen vorhalten müssten. Ein Abwehrrecht – kein Leistungsrecht – kann sich hier nur ergeben, wenn durch eine den Grundrechtsverpflichteten zurechenbare Maßnahme der Zugang zu einer bestehenden medizinischen Hilfsmöglichkeit verhindert wird, deren (rechtzeitige) Nutzung eine körperliche oder geistige Beeinträchtigung abgewandt oder abgemildert hätte.[31] In „Cyprus v. Turkey" hat der EGMR ausgeführt, Art. 2 EMRK sei möglicherweise verletzt, wenn die Behörden eines Vertragsstaats „put an individual's life at risk through the denial of health care which they have undertaken to make available to the population generally"; das setze allerdings den Nachweis voraus, dass „the lives of any patients were put in danger on account of delay in individual cases"[32] (→ § 14 Rn. 35). Diese Erwägungen gelten entsprechend auch für Art. 3 Abs. 1 GRC, sofern solche Maßnahmen körperliche oder geistige Beeinträchtigungen verschlimmern.

IV. Grundrechtsverpflichtete

Grundrechtsverpflichtet ist die EU. Die Grundrechtsbindung erstreckt sich auf alle EUV 24 und AEUV genannten Bereiche. Hinsichtlich der Art der Grundrechtsbindung sowie zur Beachtlichkeit des Grundrechts insbesondere im Rahmen der Ermessensausübung gelten die Ausführungen zum Recht auf Leben entsprechend (→ § 14 Rn. 36).

Beim derzeitigen Stand der Integration (vgl. Art. 51 Abs. 1 S. 1 GRC: „gilt (…) aus- 25 schließlich bei der Durchführung des Rechts der Union") ist eine darüber hinaus gehende Bindung der Mitgliedstaaten an die EU-Grundrechte abzulehnen (→ § 14 Rn. 37).[33]

V. Grundrechtsschutz und Grundfreiheiten

Das Recht auf körperliche und geistige Unversehrtheit ist ferner bei der Ausfüllung von 26 Rechtfertigungsgründen zur Beschränkung von **Grundfreiheiten** heranzuziehen (→ § 14 Rn. 38 f.). In diesem Kontext sind Friktionen zB zwischen der Dienstleistungsfreiheit (Art. 56 f. AEUV) und dem Recht auf körperliche oder geistige Unversehrtheit vorstellbar, etwa dann, wenn ein Mitgliedstaat die **Ausreise von Kranken** in einen anderen Mitgliedstaat verbietet, weil sie dort eine medizinische Maßnahme in Anspruch nehmen wollen, die aus Sicht des Herkunftsstaates schwerwiegenden Bedenken unterliegt (→ § 14 Rn. 38).

C. Beeinträchtigungen

Beeinträchtigungen sind alle den Grundrechtsverpflichteten zurechenbaren Maßnahmen, 27 die die Realisierung eines im Schutzbereich des Rechts auf körperliche oder geistige Unversehrtheit liegenden Integritäts- oder Gestaltungsaspekts verunmöglichen bzw. er-

---

[29] Hierzu – beispielhaft zum Gebot wirksamer Todesfall-Ermittlungen – EGMR 20.5.1999 – 21594/93, NJW 2001, 1991 (1994 Rn. 88 mwN).
[30] *Ehlers* in Ehlers GuG § 14 Rn. 45 f.
[31] Hierzu – am Beispiel des Grundrechts auf körperliche Unversehrtheit im Kontext der Transplantationsmedizin – BVerfG (K) NJW 1999, 3399 (3400 f.).
[32] Für beide Zitate: EGMR 10.5.2001 – 25781/94 Rn. 219 – Zypern/Türkei.
[33] *Kühling* in v. Bogdandy/Bast Europ. VerfassungsR S. 685 f.

schweren (→ § 14 Rn. 40). Beeinträchtigungen sind mithin die den Grundrechtsverpflichteten (→ Rn. 24 f.) zuzuschreibenden **Substanzschädigungen, Funktionsstörungen** oder **sonstigen pathologischen Zustände** (→ Rn. 8), gleich ob sie vorsätzlich oder fahrlässig erfolgt sind.[34] Dazu gehören zB auch Regelungen, die die fremdnützige (medizinische) Forschung an Nicht-Einwilligungsfähigen gestatten[35] oder (medikamentöse) Zwangsbehandlungen.[36] Auch die Durchführung forschungs- und technologiepolitischer Maßnahmen führt möglicherweise zu Grundrechtsbeeinträchtigungen.[37] Eine Beeinträchtigung kann auch das Schaffen einer für die körperliche oder geistige Unversehrtheit relevanten **Gefahrenlage** sein.[38] Das Recht auf körperliche Unversehrtheit kann nur dann effektiv geschützt werden, wenn Lagen, die für das biologische Substrat rechtlichen Schützes riskant sind, wie manifeste Beeinträchtigungen behandelt werden. Entsprechendes gilt für das Recht auf geistige Unversehrtheit, wenngleich hier bloß riskante Lagen, die manifesten Beeinträchtigungen gleich den Gewährleistungsbereich berühren, schwerer vorstellbar sind. Angesichts der basalen Bedeutung jedenfalls des Rechts auf körperliche Unversehrtheit (→ Rn. 12), die der basalen Bedeutung des Lebensrechts folgt, wird man an das Vorliegen einer Gefahrenlage keine zu strengen Anforderungen stellen dürfen.

D. Rechtfertigung

28 Im Bereich der EU-Grundrechtsordnung gibt es bislang noch keine verlässliche Schrankensystematik (→ § 14 Rn. 43). Immerhin lässt sich der GRC eine Bestätigung der Argumentationslinie des EuGH entnehmen, wonach die Grundrechte „keine uneingeschränkte Geltung beanspruchen" können, sondern „im Zusammenhang mit ihrer gesellschaftlichen Funktion zu sehen" sind.[39] Konkretes ist damit allerdings nicht gewonnen. Die in die Form verlässlicher Normtexte gebrachten Schrankenregelungen des Art. 52 Abs. 1–3 GRC sind deshalb, ungeachtet mancher Unklarheiten, (dazu am Beispiel des Rechts auf Leben → § 14 Rn. 43 ff.) ein Fortschritt. Für das Recht auf körperliche und geistige Unversehrtheit gilt Folgendes: Da Art. 3 GRC in der EMRK kein Pendant hat, scheidet die Anwendung der lex specialis des Art. 52 Abs. 3 GRC aus. Auch auf Art. 52 Abs. 2 GRC kann nicht zurückgegriffen werden, weil Art. 3 GRC nicht aus den in Art. 52 Abs. 2 GRC benannten Verträgen (EUV, AEUV) entnommen wurde. Damit gilt die allgemeine Schrankenregelung des Art. 52 Abs. 1 GRC (→ § 14 Rn. 44). Die Beeinträchtigung muss ferner den von der Union erkannten Gemeinwohlzielen oder dem Schutz der Grundrechte anderer dienen (Art. 52 Abs. 1 S. 2 GRC). Angesichts der basalen Bedeutung des Rechts auf geistige und körperliche Unversehrtheit (→ Rn. 1) unterliegt die Rechtfertigung von Beeinträchtigungen strengen Anforderungen. Ob sich die fremdnützige Forschung an Nicht-Einwilligungsfähigen in Anlehnung an die Vorgaben von Art. 17 Abs. 2 der sog Biomedizin-Konvention rechtfertigen lässt, ist zweifelhaft, wenn man sie als „unmenschliche Behandlung" im Sinne des Art. 3 EMRK qualifizieren muss.[40]

---

[34] EGMR 27.6.2000 – 21986/93, NJW 2001, 2001 (2003 Rn. 98) – Salman/Türkei; *Kneihs* in Grabenwarter/Thienel, Kontinuität und Wandel, S. 33 ff. – jeweils bezogen auf das Lebensrecht.
[35] Vgl. *Schmidt* ZEuS 2002, 631 (654 ff.).
[36] Schweizerisches Bundesgericht (BGer) EuGRZ 2004, 311 ff. mit instruktiven Ausführungen zur Rechtfertigung medikamentöser Zwangsbehandlungen.
[37] S. hierzu *Pfeiffer* S. 257.
[38] Jedenfalls „in exceptional circumstances", EGMR 27.6.2000 – 22277/93 Rn. 76 – Ilhan/Türkei, die der EGMR allerdings nicht näher eingrenzt; krit. hierzu *Meyer-Ladewig/Huber* in HK-EMRK EMRK Art. 2 Rn. 5.
[39] So beispielhaft aus der stRspr des EuGH 5/88, Slg. 1989, 2633 Rn. 18 – Wachauf/Deutschland.
[40] *Schmidt* ZEuS 2002, 631 (654 f.); auch die aktualisierten Anmerkungen zur Grundrechtecharta, die Teil des VVE sind, betonen die inhaltliche Nähe des Art. 3 GRC zur sog Biomedizin-Konvention: „Die Charta will von diesen Bestimmungen nicht abweichen (…)." ABl. 2004 C 310, 1 (427).

E. Die Regelung des Art. 3 Abs. 2 GRC

Art. 3 Abs. 2 GRC ist eine Regelung, die unterschiedliche Funktionen erfüllt: Art. 3 **29** Abs. 2 erster Gedankenstrich GRC unterstreicht den Aspekt der Selbstbestimmung als Teil des Rechts auf körperliche und geistige Unversehrtheit und bezieht sich dabei auf den speziellen Handlungskontext von Medizin und Biologie (informed consent, → Rn. 14).[41] Art. 3 Abs. 2 erster Gedankenstrich GRC greift damit eine zentrale Regelung (Art. 5) der sog Biomedizin-Konvention des Europarates auf.[42]

Bei den übrigen Regelungen des Art. 3 Abs. 2 GRC handelt es sich um Bestimmungen, **30** die zT wie Bereichsausnahmen oder eher noch wie Schrankenregelungen erscheinen, und zwar zu Lasten der Wissenschafts- (Art. 13 GRC) und der Berufsfreiheit (Art. 15 f. GRC). Teilweise hinterlassen die Bestimmungen auch den Eindruck von **Unionzielen (Quasi-Staatszielbestimmungen),** die die EU darauf verpflichtet, hinsichtlich bestimmter biomedizinischer Handlungskontexte abstinent zu sein. Bei den Bestimmungen handelt es sich um auf Art. 3 Abs. 1 GRC bezogene nicht abschließende Konkretisierungen,[43] was als sybillinischer Versuch einer Scheinsystematisierung gelten darf. Soweit in den Bestimmungen Verbote aufgestellt werden, stellt sich in der Tat zunächst die Frage, ob es sich um Bereichsausnahmen oder um Schrankenregelungen handelt. Gegen Bereichsausnahmen spricht der Umstand, dass thematisch nicht klar wird, welche grundrechtlichen Gewährleistungsbereiche betroffen sein sollen. Dass es nicht nur um Art. 3 Abs. 1 GRC geht, wird klar, wenn man sich vor Augen führt, dass zB die in Art. 3 Abs. 1 GRC nicht genannte Berufs- oder Wissenschaftsfreiheit nach dem thematischen Zusammenhang ebenfalls berührt sein kann. Dogmatisch erscheint aber die Konstruktion einer Bereichsausnahme, die sich flexibel, gleichsam nach Art eines fliegenden Kontextwechsels, auf unterschiedliche Grundrechte bezieht, wenig überzeugend. Das spricht dafür, Art. 3 Abs. 2 zweiter bis vierter Gedankenstrich GRC als Statuierung eines Auftrags zu Konkretisierung der abstrakt aufgestellten und insgesamt wenig operationabel formulierten Verbote zu begreifen, also als **Schrankenregelungen** zu qualifizieren.[44]

Art. 3 Abs. 2 zweiter Gedankenstrich GRC stellt das **Verbot eugenischer Praktiken** **31** auf, womit insbesondere solche Praktiken gemeint sind, die die Selektion von Personen zum Ziel haben.[45] Nach den Ausführungen des GRC-Konventspräsidiums, die vom Präsidium des seinerzeitigen Europäischen (Verfassungs-)Konvents aktualisiert wurden,[46] geht es dabei in erster Linie um Sterilisierungskampagnen, erzwungene Schwangerschaften oder die Pflicht, den Ehepartner in der gleichen Volksgruppe zu wählen; verwiesen wird auf Art. 7 Abs. 1 lit. g des Statuts des Internationalen Strafgerichtshofs (International Criminal Court – ICC).[47] Dort sind unter der Überschrift „crimes against humanity" aufgeführt: „rape, sexual slavery, enforced prostitution, forced pregnancy, enforced sterilization, or any

---

[41] *Borowsky* in NK-EuGRCh GRCh Art. 3 Rn. 43; *Schmidt* ZEuS 2002, 631 (652 f.).
[42] Convention for the Protection of Human Rights and Dignity of the Human Being with regard to the Application of Biology and Medicine: Convention on Human Rights and Biomedicine (ETS/CETS Nr. 164).
[43] *Borowsky* in NK-EuGRCh GRCh Art. 3 Rn. 32: „Der zweite Absatz bringt sodann – in einer nicht abschließenden Aufzählung – Ausprägungen in Form von ihrerseits konkretisierungsbedürftigen Rechten und Grundsätzen."
[44] In diese Richtung dürfte auch *Kersten* S. 92 weisen, der im Hinblick auf Art. 3 Abs. 2 vierter Gedankenstrich GRC von einem „objektiv-rechtlichen Verbot" spricht. – AA, aber hinsichtlich der Konsequenzen unklar *Borowsky* in NK-EuGRCh GRCh Art. 3 Rn. 41, der von „Beschränkungen der Forschungsfreiheit" ausgeht und ergänzt: „Allerdings sind die Verbote des Art. 3 Abs. 2 als Ausprägungen der Menschenwürde im Kontext der fundamentalen Rechte und nicht als spezifische Schranken der Forschungsfreiheit oder als Ausnahmen konzipiert." Die „Einschränkbarkeit von Art. 3 Abs. 2" GRC prüft *Schmidt* ZEuS 2002, 631 (659).
[45] *Borowsky* in NK-EuGRCh GRCh Art. 3 Rn. 44; *Barriga* S. 75 f.
[46] Vgl. als Teil des seinerzeit geplanten Europäischen Verfassungsvertrages (VVE) die „Erklärung betreffend die Erläuterungen zur Charta der Grundrechte", ABl. 2004 C 310, 1 (427).
[47] Abrufbar auf der Homepage des ICC, http://www.un.org/law/icc/.

other form of sexual violence of comparable gravity." Ob der Begriff der „eugenischen Praktiken" angesichts dieser Beispiele angemessen ist, erscheint zweifelhaft.[48] Der Begriff **„Eugenik"** bezeichnet, wenn man seine spezifisch biologiegeschichtliche Bedeutung ernst nimmt, Strategien generationenübergreifender Optimierung des menschlichen Genpools. Bei den in Art. 7 Abs. 1 lit. g ICC-Statut angeführten Taten geht es hingegen um massive Formen sexueller Gewalt, die häufig dazu dienen werden, Menschen wegen ihrer ethnischen Zugehörigkeit aufs Schwerste zu demütigen („ethnische Säuberung"). Dieser Hintergrund kommt auch in der Legaldefinition der „forced pregnancy" zum Ausdruck, wo von „intent of affecting the ethnic composition" (Art. 7 Abs. 2 lit. f ICC-Statut) die Rede ist. Mit Eugenik im spezifischen Sinne hat das, wenn überhaupt, nur am Rande etwas zu tun. Nimmt man hingegen die Bestimmung des Art. 3 Abs. 2 zweiter Gedankenstrich GRC beim Wort („eugenische Praktiken" im soeben dargestellten Sinne von Eugenik), dann wäre zu klären, ob – unter der freilich umstrittenen Prämisse, dass pränatales Leben von Art. 2 Abs. 1 GRC geschützt wird (→ § 14 Rn. 16 ff.) – die Präimplantationsdiagnostik **(PID),** die einen „Gen-Check" in vitro fertilisierter Embryonen bewirkt und bei bejahter Schadensdisposition zur „Verwerfung" (Vernichtung) der Embryonen führt, eine verbotene Selektionstechnik im Sinne dieser Bestimmung ist.[49]

32 Verboten wird in Art. 3 Abs. 2 dritter Gedankenstrich GRC die **Kommerzialisierung des menschlichen Körpers,** genauer: den menschlichen Körper und Teile davon zur Erzielung von Gewinnen zu nutzen.[50] Man könnte dies als Bereichsausnahme zum Selbstbestimmungsaspekt des Rechts auf körperliche Unversehrtheit lesen, weil eine kommerzielle, gewinnorientierte Disposition über den Körper bzw. Körperteile durch ein offenbar implizit vorausgesetztes Verbot untersagt wird. Da jedoch auch andere Grundrechte betroffen sein können, erscheint es, wie dargelegt (→ Rn. 30), auch hier angemessener, von einer Schrankenregelung auszugehen. Art. 3 Abs. 2 dritter Gedankenstrich GRC entspricht Art. 21 der sog Biomedizin-Konvention des Europarates.[51]

33 Schließlich verbietet Art. 3 Abs. 2 vierter Spiegelstrich GRC, hierbei in prekärer Weise Art. 1 GRC spezifizierend (→ § 13 Rn. 30), das **reproduktive Klonen,** also das Herstellen genetisch identischer menschlicher Individuen.[52] Die Bestimmung entspricht Art. 1 des Anti-Klon-ZP zur sog Biomedizin-Konvention des Europarates.[53] Eine gewisse Vorläuferfunktion hat auch Art. 6 Abs. 2 Buchst. a der Biotechnologie-Richtlinie (sog Biopatent-Richtlinie), die Verfahren zum Klonen von menschlichen Lebewesen für nicht patentierbar erklärt.[54] Andere Formen des Klonens, insbesondere das sog therapeutische Klonen (→ § 14 Rn. 24), würden – so die Begründung zur GRC (die allerdings das sog therapeutische Klonen nicht nennt) – durch Art. 3 Abs. 2 vierter Gedankenstrich GRC weder gestattet noch verboten, so dass der zuständige Normgeber nicht gehindert sei, sie zu verbieten.[55] Es handelt sich um eine missverständliche Aussage, denn was nicht verboten ist, ist erlaubt, und zwar nach allgemeinen (unions)grundrechtlichen Grundsätzen, wonach nicht die Inanspruchnahme von Freiheit, sondern ihre Beschränkung legitimationsbedürftig ist.[56]

---

[48] S. hierzu auch *Borowsky* in NK-EuGRCh GRCh Art. 3 Rn. 44; krit. zur undifferenzierten Verwendung des Eugenik-Begriffs allg. *Junker/Paul* in Engels, Biologie und Ethik, S. 161 ff.
[49] Dies verneint *Borowsky* in NK-EuGRCh GRCh Art. 3 Rn. 44; Vgl. auch *Schmidt* ZEuS 2002, 631 (657); zum Problem s. auch *Höfling,* Reprogenetik und Verfassungsrecht, 2001, S. 25 ff. mwN.
[50] Hierzu *Borowsky* in NK-EuGRCh GRCh Art. 3 Rn. 45.
[51] S. dazu auch *Rixen* in Höfling, Transplantationsgesetz, 2. Aufl. 2013, § 1 Rn. 41 ff.
[52] Dazu *Borowsky* in NK-EuGRCh GRCh Art. 3 Rn. 46; *Barriga* S. 76; eingehend *Kersten* S. 90–119.
[53] Art 1 Additional Protocol to the Convention for the Protection of Human Rights and Dignity of the Human Being with regard to the Application of Biology and Medicine, on the Prohibition of Cloning Human Beings (ETS/CETS Nr. 168); ausführlich hierzu *Kersten* S. 50 ff.
[54] Richtlinie 98/44/EG, ABl. 1998 L 213, 13 (18); hierzu ausführlich *Kersten* S. 120 ff.
[55] S. die aktualisierten Erläuterungen zur GRC, ABl. 2004 C 310, 1 (427); s. auch *Schmidt* ZEuS 2002, 631 (657 ff.).
[56] *Rengeling/Szczekalla* Grundrechte in der EU Rn. 602.

F. Zusammenfassende Bewertung und Ausblick

In der bisherigen Rechtsprechung des EuGH spielt das Recht auf körperliche und geistige 34 Unversehrtheit keine Hauptrolle.[57] Unsicherheiten bestehen nicht nur auf Ebene der EU, sondern auch in den Mitgliedstaaten (→ Rn. 35) im Hinblick auf die neuen Fragestellungen der Biowissenschaften, wobei jedoch der Schwerpunkt der Probleme bei der Menschenwürde-Garantie und dem Recht auf Leben liegt. Auch die Konturen des Rechts auf geistige Unversehrtheit sind noch nicht in jeder Hinsicht unproblematisch, insbesondere soweit es um den Schutz mental versehrter Menschen geht. Angesichts der beschränkten Kompetenzen der EU auf den Gebieten, die für die Praxis der körperlichen und geistigen Unversehrtheit zentral sind – den Gebieten von Medizin und Biologie – kann Art. 3 GRC, wie insbesondere dessen zweiter Absatz veranschaulicht, überwiegend nur eine **Reserveordnung** gleichsam auf Abruf sein, nämlich bis zu dem Tag, an dem die EU aufgrund hinzugewonnener Kompetenzen Kontexte schaffen, ordnen und gestalten darf, in denen Art. 3 GRC seine Direktionskraft nachhaltig zu entfalten vermag. Damit bleibt der EU-Grundrechtslehre bis auf Weiteres Zeit, jene Zweifelsfragen zu klären, die insbesondere mit den Innovationen der Biowissenschaft einhergehen. Dem Charakter der Problemlage kommt dies entgegen, denn er zwingt gewohnte Unterscheidungen bei der systematischen Durchdringung des Rechts auf körperliche und geistige Unversehrtheit permanent auf den Prüfstand. Plausibel zu machen, dass der Leib das Dasein der Freiheit ist (→ Rn. 1), wird unter den Bedingungen der **reprogenetischen Auflösung zentraler Rechtsbegriffe**[58] zur bleibenden Herausforderung der EU-Grundrechtslehre.

Die Schutzstandards des EU-Grundrechts auf körperliche Unversehrtheit und des grund- 35 gesetzlichen Pendants (Art. 2 Abs. 2 S. 1 GG) entsprechen sich weitgehend.[59] Schwierigkeiten bereitet in beiden Rechtskreisen die Bewertung der neueren biowissenschaftlichen Problemlagen; von gesicherten Schutzstandards kann man insoweit hier wie dort (noch) nicht sprechen (→ Rn. 34). Eine Art. 3 Abs. 2 GRC vergleichbare Bestimmung gibt es im Grundgesetz nicht; der dezisionistische Charakter des Art. 3 Abs. 2 GRC (→ § 13 Rn. 30) kann regelungstechnisches Vorbild für eine Entschärfung des prekären Interpretationskampfes durch explizite Konstitutionalisierung sein. Ob unterschiedliche Schutzstandards im Hinblick auf das Recht auf geistige Unversehrtheit bestehen, ist schwer zu beurteilen: während die EU-Grundrechtsordnung den Schutz der körperlichen und der psychischen Integrität ausdrücklich parallelisiert, zwingt die normtextliche Fassung von Art. 2 Abs. 2 S. 1 GG („körperliche Unversehrtheit") zu wenig überzeugenden hermeneutischen Anstrengungen, will man die psychische Integrität als Teil der physischen Unversehrtheit deuten. Näher liegt eine Zuordnung des Schutzes der psychischen Integrität zu Art. 2 Abs. 1 GG iVm Art. 1 Abs. 1 GG; die persönlichkeitskonstituierende Bedeutung der psychischen Verfassung des Menschen würde so akzentuiert. Was freilich im Einzelnen unter „Psyche" (etwa im Unterschied zum Selbstwertgefühl, → Rn. 10) zu verstehen ist und wie sich all dies kriteriell fassen lässt, ist in der deutschen bzw. deutschsprachigen verfassungsrecht(swissenschaft)lichen Debatte bislang noch nicht in allgemein konsentierter Weise geklärt. Zumindest insoweit gleicht die Lage insbesondere unter dem GG der Situation der EU-Grundrechtsordnung, mag diese auch normtextlich prägnanter ausfallen und damit den Prozess der Normkonkretisierung erleichtern.

---

[57] In diesem Sinne auch *Rengeling/Szczekalla* Grundrechte in der EU Rn. 606; s. den Überblick bei *Schorkopf* in Ehlers GuG § 15 Rn. 17.
[58] Hierzu *Rixen*, Die reprogenetische Diffusion des Körpers.
[59] Rechtsvergleichender Überblick bei *Weber*, Menschenrechte, S. 38 ff., 99 ff.

§ 16 Verbot der Folter und unmenschlicher oder erniedrigender Strafe oder Behandlung

Übersicht

	Rn.
A. Bedeutung und Entwicklung	1–13
B. Gewährleistungsgehalt	14–30
I. Vorbemerkung	14–22
II. Verbot der Folter	23–26
III. Verbot unmenschlicher Behandlung oder Strafe	27
IV. Verbot erniedrigender Behandlung oder Strafe	28–30
C. Beeinträchtigung	31–38
I. Psychiatrische Behandlung	32
II. Auslieferung und Ausweisung	33, 34
III. Untersuchungs- und Strafhaft	35, 36
IV. Soziale Fürsorgepflichten	37
V. Diskriminierungen	38
D. Rechtfertigung	39, 40
E. Verhältnis zu anderen Grundrechtsgewährleistungen	41
F. Zusammenfassende Bewertung und Ausblick	42, 43

Schrifttum:

Addo/Grief, Does Article 3 of the Convention on Human Rights Enshrine Absolute Rights?, EJIL 1998, 550; *Alleweldt,* Schutz vor Folter, Terrorismusverdacht, Zusicherung menschenwürdiger Behandlung: das Chahal-Urteil des EGMR, NVwZ 1997, 1078; *ders.,* Schutz vor Abschiebung bei drohender Folter oder unmenschlicher oder erniedrigender Behandlung oder Strafe, 1996; *Bagaric/Clarke,* Not enough official Torture in the World? The Circumstances in which Torture is Morally Justifiable, USFLR 2005, 581; *Bank,* Schutz gegen Abschiebung nach Deutschland unter der EMRK bei nicht-staatlicher Gefährdung im Heimatland? – Der Fall T. I. gegen Vereinigtes Königreich, NVwZ 2002, 430; *ders.,* Die internationale Bekämpfung von Folter und unmenschlicher Behandlung auf den Ebenen der Vereinten Nationen und des Europarats, 1996; *ders./Kashgar,* Zur Arbeit des Committee against Torture and other Cruel, Inhuman or Degrading Treatment or Punishment und des Subcommittee on Prevention of Torture, in Zimmermann, Folterprävention im völkerrechtlichen Mehrebenensystem, 2011, S. 29; *Bartels,* Eine menschenrechtliche Modellklausel für die völkerrechtlichen Abkommen der Europäischen Union, 2014; *Brugger,* Vom unbedingten Verbot der Folter zum bedingten Recht auf Folter?, JZ 2000, 165; *ders.,* Darf der Staat ausnahmsweise foltern?, Der Staat 1996, 67; *Bielefeldt,* Gefahrenabwehr im demokratischen Rechtsstaat, 2008; *Burgers/Danelius,* The U. N. Convention against Torture, 1988; *Cassese,* Prohibition of Torture and Inhuman or Degrading Treatment or Punishment, in Macdonald, The European System for the Protection of Human Rights, 1993, S. 225; *Cohen-Jonathan,* Un arrêt de principe de la «nouvelle» Cour européenne des droits de l'homme: Selmouni contre France, RGDIP 2000, 181 ff.; *Danelius,* Protection against Torture in Europe and the World, in Macdonald, The European System for the Protection of Human Rights, 1993, S. 263; *Dinstein,* The Rights to Life, Physical Integrity, and Liberty, in Henkin, The International Bill of Rights – The Covenant on Civil and Political Rights, 1981, S. 144; *Epiney,* Die Bindung der EU an das allgemeine Völkerrecht, EuR Beih. 2/2012, 25; *Esser,* EGMR in Sachen Gäfgen v. Deutschland (22978/05), Urt. v. 30.6.2008, NStZ 2008, 657 ff.; *Fischer-Lescano,* Weltrecht als Prinzip, Die Strafanzeige in Deutschland gegen D. Rumsfeld wegen der Folterungen in Abu Ghraib, KJ 2005, 72; *Frohwerk,* Soziale Not in der Rechtsprechung des EGMR, 2012; *Frowein,* Freiheit von Folter oder grausamer, unmenschlicher oder erniedrigender Behandlung oder Strafe nach der Europäischen Menschenrechtskonvention, in Matscher, Folterverbot sowie Religions- und Gewissensfreiheit im Rechtsvergleich, 1990, S. 69; *Gebauer,* Zur Grundlage des absoluten Folterverbots, NVwZ 2004, 1405; *Götz,* Das Urteil Daschner im Lichte der Werteordnung des Grundgesetzes, NJW 2005, 953; *Grabenwarter,* Europäisches und nationales Verfassungsrecht, VVDStRL 60 (2001), 290 ff.; *ders.,* Anmerkung zu einer Entscheidung des EGMR, Urteil vom 7.7.1989 (1/1989/161/217), NJW 2017, 3052; *Greenberg/Dratel,* The Torture Papers. The Road to Abu Ghraib, 2005; *Hailbronner,* Art. 3 EMRK – ein neues europäisches Konzept der Schutzgewährung?, DÖV 1999, 617; *ders./Randelzhofer,* Zur Zeichnung der UN-Folterkonvention durch die Bundesrepublik Deutschland, EuGRZ 1986, 641; *Haratsch,* Die Bedeutung der UN-Menschenrechtspakte für die Europäische Union, MRM Themenheft „25 Jahre Sozial- und Zivilpakt", 2002, 29; *Hecker,* Relativierung des Folterverbots in der BRD, KJ 2003, 211; *Heinz,* Zur Arbeit des Europäischen Antifolterausschusses des Europarats, in Zimmermann, Folterprävention im völkerrechtlichen Mehrebenensystem, 2011, S. 81; *Herzberg,* Folter und Menschenwürde, JZ 2005, 321; *Herbert,* Folter und andere Würdeverletzungen – Absoluter oder relativer Schutz der Menschenwürde?, EuGRZ 2014, 661; *Hilpold,* Konditionalität in den Beziehungen der EU und den AKP-Staaten: Menschenrechte, Rechtsstaatlichkeit und verantwortungsvolle Regierungsführung, ZEuS 2002, 239; *Holzhauer,* Rechtsgeschichte der Folter, in amnesty international, Folter, 1976, S. 107; *Hope,* Torture, ICLQ 2004, 807; *Jahn,* Gute Folter – schlechte Folter?, KJ 2004, 24; *Jerouschek/Kölbel,* Folter von Staats wegen?, JZ 2003, 613; *Jerouschek,* Gefahrenabwendungsfolter – Rechtsstaatliches Tabu oder polizeirechtlich legitimierter Zwangseinsatz?, JuS 2005, 296; *Klugmann,* Europäische Menschenrechtskonvention und antiterroristische Maßnahmen, 2002; *Kraft,* Zur Rezeption der ausländerrechtlichen Rechtsprechung des EGMR durch die deutschen Verwaltungsgerichte, NVwZ 2014, 969; *Lorz/Sauer,* Wann genau steht Art. 3 EMRK einer Auslieferung oder Ausweisung entgegen? Eine Systematisierung der Rechtsprechung des EGMR zu den Beweisanforderungen für die Konventionswidrigkeit aufenthaltsbeendender Maßnahmen, EuGRZ 2010, 389; *Maier,* Folter und Menschenwürde. Zur aktuellen Debatte um die „Rettungsfolter", JRP 2012, 195 ff.; *Matscher,* Folterverbot sowie Religions- und Gewissensfreiheit im Rechtsvergleich, 1990; *McCoy,* Foltern und foltern lassen, 2005; *Miehe,* Nochmals: Die Debatte über Ausnahmen vom Folterverbot, NJW 2003, 1219; *Morgan/Evans,* Bekämpfung der Folter in Europa, 2003; *Murdoch,* The European Convention for the Prevention of Torture and Inhuman or Degrading Treatment or Punishment: Activities in 2001, ELR Human Rights Survey 2002, 47; *Peters,* Folter. Geschichte der peinlichen Befragung, 1991; *Raess,* Der Schutz vor Folter im Völkerrecht, 1989; *Riklin,* Internationale Konventionen gegen Folter, 1979; *Scheller,* Das verdrängte Entsetzen – zur Aktualität einer 400 Jahre alten Streitschrift wider den Hexenwahn in der Folterdebatte, NJW 2009, 705; *Voyame,* Das UNO-Übereinkommen gegen Folter und andere grausame, unmenschliche oder erniedrigende Behandlung oder Strafe, in Matscher, Folterverbot sowie Religions- und Gewissensfreiheit im Rechtsvergleich, 1990, S. 109; *Vogler,* The Scope of Extradition in the light of the European Convention on Human Rights, in Matscher, Protecting Human Rights, FS Wiarda, 1990, S. 667 ff.; *Weiss,* Schutz vor Folter – Rechtliche Grundlagen und Durchsetzungsmechanismen, in Weiss/Engel/D'Amato, Vorträge zu ausgewählten Fragen des Menschenrechtsschutzes, 1997, S. 57; *Wittreck,* Menschenwürde und Folterverbot, DÖV 2003, 873; *Ziegler,* Das Folterverbot in der polizeilichen Praxis, KJ 2004, 50.

A. Bedeutung und Entwicklung

Folter ist der stärkste **Angriff auf die Menschenwürde.**[1] Zeugnisse für die Anwendung von Folter finden sich in allen Epochen der Weltgeschichte und allen Teilen der Welt; sie war und ist ein **universelles Phänomen.** Im Zuge der Aufklärung und der Betonung der Stellung des Individuums wurde versucht, Verletzungen der Menschenwürde zurückzudrängen (ausführlich zur Menschenwürde als Fundament der Grundrechte → § 13). Die Bestrebungen, die Anwendung von Folter einzuschränken, setzten zunächst innerhalb der einzelnen Nationalstaaten an. So verbot Schweden die Anwendung der Folter als erster Staat im Jahre 1734; Preußen schränkte sie 1740 unter Friedrich II zunächst stark ein und schaffte sie schließlich 1754 ganz ab; Österreich folgte 1776 und die übrigen deutschen Staaten sowie Russland zu Beginn des 19. Jahrhunderts.[2]

In das **Völkerrecht** fand das Folterverbot über die „Haager Landkriegsordnung" vom 18. Oktober 1907 Eingang.[3] Es wurde vereinbart, die Kriegsgefangenen „mit Menschlichkeit" zu behandeln. Nach dem Zweiten Weltkrieg hat die Entwicklung des internationalen Menschenrechtsschutzes die Behandlung der eigenen Staatsangehörigen, die zunächst noch zur *domaine reservé* gehört hatte, zu einem Anliegen auch der Weltgemeinschaft gemacht. Nachdem bereits die **Präambel der UN-Charta** Bezug auf die Menschenrechte genommen hat, bestimmt Art. 5 der **Allgemeinen Erklärung der Menschenrechte:** „Niemand darf der Folter oder grausamer, unmenschlicher oder erniedrigender Behandlung oder Strafe unterworfen werden." Hierbei handelt es sich um das erste ausdrückliche und umfassende Folterverbot auf universeller Ebene, allerdings in der Form einer völkerrechtlich nicht bindenden Deklaration. Eine verbindliche Festschreibung des Verbotes erfolgte 1950 in Art. 3 EMRK („Niemand darf der Folter oder unmenschlicher oder erniedrigender Behandlung oder Strafe zugeführt werden."). Auch der (rechtlich verbindliche) **IPBPR** aus dem Jahre 1976 enthält in Art. 7 IPBPR ein notstandsfestes Folterverbot. Die besondere Verwerflichkeit der Folter als Angriff auf den Kern der Menschenwürde verbunden mit einer Renaissance ihrer tatsächlichen Anwendung in der zweiten Hälfte des 20. Jahrhun-

---

[1] So ua *Frowein* in Matscher S. 69.
[2] Vgl. *Weiss* in Weiss/Engel/D'Amato S. 57.
[3] Abkommen betreffend die Gesetze und Gebräuche des Landkrieges, RGBl. 1910 S. 107.

derts führte zur Verabschiedung des Übereinkommens gegen die Folter und andere grausame, unmenschliche oder entwürdigende Behandlung oder Bestrafung (**"UN-Antifolterkonvention"; ECPT**)[4] und der Schaffung von gegen die Anwendung der Folter gerichteten Durchsetzungsmechanismen, wie etwa die Einsetzung eines Ausschusses gegen Folter (Art. 17 ff. UN-Antifolterkonvention) sowie unangemeldete "Besuche" internationaler Beobachter in Gefängnissen.[5] Das **Statut des Internationalen Strafgerichtshofes** (IStGH-Statut) ordnet Folter den Verbrechen gegen die Menschlichkeit zu.[6] Trotz dieser internationalen Bestrebungen dokumentiert *amnesty international* für die Jahre 2015/2016 nicht weniger als 122 Staaten, in denen Menschen von Sicherheitskräften, Polizisten oder anderen Staatsangehörigen gefoltert und misshandelt worden sind.[7]

3   Art. 1 UN-Antifolterkonvention enthält eine **Legaldefinition der Folter.** Folter ist: „jede Handlung, durch die einer Person vorsätzlich große körperliche oder seelische Schmerzen oder Leiden zugefügt werden, zB um von ihr oder einem Dritten eine Aussage oder ein Geständnis zu erlangen, um sie für eine tatsächlich oder mutmaßlich von ihr oder einem Dritten begangene Tat zu bestrafen, oder um sie oder einen Dritten einzuschüchtern oder zu nötigen, oder aus einem anderen, auf irgendeiner Art von Diskriminierung beruhenden Grund, wenn diese Schmerzen oder Leiden von einem Angehörigen des öffentlichen Dienstes oder einer anderen in amtlicher Eigenschaft handelnden Person, auf deren Veranlassung oder mit deren ausdrücklichen oder stillschweigenden Einverständnis verursacht werden." Das IStGH-Statut definiert als Folter, dass „einer in Gewahrsam oder unter der Kontrolle des Beschuldigten befindlichen Person vorsätzlich große körperliche oder seelische Schmerzen zugefügt werden."[8]

4   Das Übereinkommen gegen die Folter **verpflichtet die Vertragsparteien** zu wirksamen gesetzlichen, administrativen und sonstigen Maßnahmen zur **Verhütung jeglicher Folter** in Gebieten, die unter ihrer Hoheitsgewalt stehen (Art. 2 UN-Antifolterkonvention). Folter ist als Straftat zu ahnden (Art. 4 UN-Antifolterkonvention); die Gerichtsbarkeit der Staaten ist zu erweitern, so dass im Ergebnis Folterer in jedem Vertragsstaat zur Verantwortung gezogen werden können (Universalitätsprinzip, Art. 5 UN-Antifolterkonvention). Es besteht die Verpflichtung, sie entweder auszuliefern oder zu bestrafen (Art. 7 UN-Antifolterkonvention). Eine Person darf allerdings nicht an ein Land ausgeliefert werden, in dem sie Gefahr liefe, selbst gefoltert zu werden (Art. 3 UN-Antifolterkonvention). Auch werden die Vertragsstaaten aufgefordert, ihr mit dem Gesetzesvollzug betrautes Personal über das Folterverbot aufzuklären (Art. 10 UN-Antifolterkonvention). Jedem Folteropfer muss eine Entschädigungsmöglichkeit eingeräumt werden (Art. 14 UN-Antifolterkonvention). Schließlich spricht die Konvention ein absolutes Verwertungsverbot für die durch Folter erlangten Beweise aus (Art. 15 UN-Antifolterkonvention).

5   Das Folterverbot und das Verbot der unmenschlichen Behandlung sind als Bestandteile des Völkergewohnheitsrechts völkerrechtlich anerkannte Verbote[9]; dem Folterverbot wird der Charakter von *ius cogens*[10] zuerkannt. Der Schutz des Einzelnen vor Folter ist eine Verpflichtung aller Staaten gegenüber der internationalen Gemeinschaft **(Verpflichtung *erga omnes*).**[11]

---

[4]   Vom 10.12.1984, BGBl. 1990 II 247.
[5]   Hierzu umfassend *Bank/Kashgar* in Zimmermann S. 29.
[6]   Art. 7 Abs. 1 lit. f IStGH-Statut.
[7]   Vgl. *amnesty international*, Jahresbericht 2015/2016, https://www.amnesty.de/2016/2/24/zahlen-und-fakten-aus-dem-amnesty-report-20152016 (zuletzt abgerufen am 24.8.2018).
[8]   Art. 7 Abs. 2 lit. e IStGH-Statut.
[9]   Vgl. Resolution der UN-Generalversammlung 62/148 vom 18. Dezember 2007, A/RES/62/148; IGH Urteil, Questions Relating to the Obligation to Prosecute or Extradite (Belgium v. Senegal), 20.7.2012, ICJ-Reports 2012.
[10] So ua EGMR 21.11.2001 – 35763/97 Rn. 61, EuGRZ 2002, 403 – Al Adsani/Vereinigtes Königreich.
[11] Zu den Verpflichtungen *erga omnes* vgl. insbesondere *Ragazzi,* The Concept of international obligations erga omnes, 2000; *Giorgio Gaja* in Institut de Droit International, Obligations and Rights Erga omnes in International Law, Yearbook of the Institute of International Law, 71-I 2005, S. 116–212.

Im europäischen Rechtsraum wurde das Folterverbot ua in **Art. 3 EMRK** festgeschrieben; der Begriff der Folter wird in der EMRK aber nicht definiert. Die **europäische Anti-Folter-Konvention** vom 26. November 1987[12] ist ausschließlich präventiv angelegt und soll die Situation inhaftierter Personen verbessern.[13] Sie sieht ein System unangemeldeter und vertraulicher Besuche von Haftanstalten und sonstigen geschlossenen Einrichtungen durch das Europäische Komitee zur Verhütung der Folter vor.[14] 6

Die EU ist hinsichtlich eines umfassenden Folterverbotes bereits aus völkerrechtlicher Sicht auf Grund ihrer grundrechtlichen Verpflichtungen und Rechtserkenntnisquellen an die Menschenrechtsverbürgungen der EMRK, des IPBPR wie auch an die Spezialkonventionen gegen Folter „gebunden". Als unmittelbar dem **Völkergewohnheitsrecht** zu entnehmender Verbürgung kommt dem Folterverbot als „Bestandteil der Rechtsordnung der Union" **unmittelbare Geltung in der Unionsrechtsordnung** zu.[15] Als ein solcher Bestandteil des Unionsrechts ist das völkergewohnheitsrechtliche Folterverbot geeignet, bei jeder Tätigkeit der Union und Vollziehung von Unionsrecht unmittelbare Wirkung zu entfalten. Damit löst sich die in Art. 2 UN-Antifolterkonvention vorgegebene Ausrichtung auf Staaten und bindet auch die EU (→ § 2 Rn. 12). 7

Darüber hinaus hat der EuGH die internationalen Verträge, an deren Abschluss die Mitgliedstaaten beteiligt waren oder denen sie beigetreten sind, zu wahren (→ § 4 Rn. 74).[16] Die Menschenrechtspakte und die UN-Antifolterkonvention werden auch über die „Brücke" der **allgemeinen Rechtsgrundsätze** inhaltlicher Bestandteil der Unionsrechtsordnung.[17] 8

Der europäische **Grundrechtekonvent** behandelte eine Aufnahme des Folterverbotes in die Charta von Beginn der Beratungen an.[18] Während des Konvents kamen allerdings immer wieder Zweifel auf, ob das Folterverbot in eine in erster Linie an die Union gerichtete Charta gehöre.[19] Der in **Art. 4 GRC** niedergelegte Grundsatz entspricht in seinem materiellen Gewährleistungsumfang den durch den gleich lautenden Art. 3 EMRK garantierten (Abwehr-)Rechten. 9

Seit der Neufassung durch den Vertrag von Lissabon ist in Art. 6 Abs. 1 Hs. 1 EUV geregelt, dass die EU die Rechte, Freiheiten und Grundsätze, die in der Charta der Grundrechte der Europäischen Union niedergelegt sind, anerkennt. Damit kommt der Grundrechtecharta erstmals unmittelbare rechtliche Verbindlichkeit im Unionsrecht zu.[20] Nach Art. 6 Abs. 1 Hs. 2 EUV sind die Charta der Grundrechte und die Verträge rechtlich gleichrangig. 10

Gemäß Art. 6 Abs. 3 EUV sind die Grundrechte, wie sie in der EMRK gewährleistet sind und wie sie sich aus den gemeinsamen Verfassungsüberlieferungen der EU-Mitgliedstaaten ergeben, als allgemeine Rechtsgrundsätze Teil des Unionsrechts. Trotz der ausdrücklichen Bezugnahme in Art. 6 Abs. 3 EUV entfaltet die EMRK aber keine unmittelbare Wirkung im Unionsrecht.[21] Dies soll sich mit dem in Art. 6 Abs. 2 EUV vorgesehenen Beitritt der EU zur EMRK ändern, der jedoch bislang an dem ablehnenden Gutachten des EuGH gescheitert ist.[22] 11

---

[12] In Kraft getreten am 1.2.1989; für Deutschland in Kraft seit dem 1.6.1990.
[13] *Heinz* in Zimmermann S. 81.
[14] Art. 2, 8 ECPT; vgl. ua *Heinz* in Zimmermann S. 87 ff.
[15] Zur Geltung des Völkergewohnheitsrechts im europäischen Unionsrecht vgl. EuGH C-286/90, Slg. 1992, I-6019 Rn. 9 – Poulsen; EuGH C-162/96, Slg. 1998, 3655 Rn. 45 – Racke; ausführlich: *Epiney* EuR Beih. 2/2012, 25.
[16] EuGH 136/79, Slg. 1980, 2033 Rn. 33 – National Panasonic; zur Einbeziehung des IPBPR bei der Herleitung von Unionsgrundrechten vgl. EuGH 374/87, Slg. 1989, 3283 Rn. 31 – Orkem.
[17] So *Haratsch* MRM 2002, 29 (52); vgl. auch EuGH C-249/96, Slg. 1998, I-621 Rn. 44 – Grant.
[18] Hierzu *Borowsky* in NK-EuGRCh GRCh Art. 4 Rn. 5 ff.
[19] So *Borowsky* in NK-EuGRCh GRCh Art. 4 Rn. 5 f.
[20] *Beutler* in von der Groeben/Schwarze/Hatje EUV Art. 6 Rn. 12 f.
[21] EuG 20.2.2001 – T-112/98 Rn. 75 – Mannesmannröhren-Werke.
[22] Vertiefend: Grabenwarter/Pabel EMRK § 4 Rn. 14 ff.

§ 16   3. Abschnitt. Die Würde und Integrität des Menschen

12   Ungeachtet ihrer fehlenden Bindungswirkung für die EU nimmt in der Rechtsprechung des EuGH die **EMRK eine zentrale Rolle als Rechtserkenntnisquelle** ein. Die leitenden Grundsätze der EMRK sind im Rahmen des Unionsrechts zu berücksichtigen.[23] In der Union können „keine Maßnahmen als Rechtens anerkannt werden, die mit der Bedeutung der so anerkannten und gewährleisteten Menschenrechte unvereinbar sind."[24] Schließlich ist die von den EU-Mitgliedstaaten mit der Ratifikation der EMRK übernommene „Zusicherung" der Konventionsgarantien gegenüber „allen ihrer Jurisdiktion unterstehenden Personen" umfassend in dem Sinne zu verstehen, dass sich diese Verpflichtung weitergehend auf den Schutz der der Hoheitsgewalt dieses Staates unterstellten Personen vor Eingriffen in die Konventionsrechte durch EU-Organe bezieht.[25]

13   Der EMRK kommt bei der Rechtsfindung des EuGH im Wege wertender Rechtsvergleichung somit eine „prägende Rolle" zu (→ § 7 Rn. 29).[26] Einem Unionsgrundrecht ist im Zweifel ein Inhalt beizulegen, der mit den in der EMRK eingegangenen Verpflichtungen vereinbar ist,[27] was für die in der Grundrechtecharta verbürgten Rechte in Art. 52 Abs. 3 GRC besonders zum Ausdruck kommt. Daher beeinflussen die EMRK und die **Rechtsprechung des EGMR** die unionsrechtlichen Grundrechtsgewährleistungen entscheidend mit, sind aber nicht abschließend. Die Rechtsprechung des EGMR bildet auf Grund der unionsrechtlich bestehenden Selbstverpflichtung in Art. 6 Abs. 3 EUV eine Orientierung für den EuGH[28], auf die umso mehr in solchen Bereichen zurückzugreifen ist, in denen – wie bei dem Verbot der Folter und unmenschlicher und erniedrigender Behandlung – bislang nur wenig Rechtsprechung des EuGH existiert.[29] Bei dem in der Union bestehenden absoluten Folterverbot ist daher hinsichtlich der Ausdifferenzierung des sachlichen Gewährleistungsbereiches die umfassende Rechtsprechung des EGMR zu Grunde zu legen.

B. Gewährleistungsgehalt

I. Vorbemerkung

14   Das **Verbot von Folter** und unmenschlicher oder erniedrigender Strafe oder Behandlung ist als zentraler Gehalt dem **Garantiebereich des Schutzes der Menschenwürde** zu entnehmen (→ § 13 Rn. 12) und gilt als Völkergewohnheitsrecht (unmittelbar), als auf Grund wertender Rechtsvergleichung gewonnener allgemeiner Rechtsgrundsatz wie auch als unionsrechtliche Selbstverpflichtung auf Grund von Art. 6 Abs. 3 EUV im Anwendungsbereich des gesamten Unionsrechts.

15   Das unionsrechtliche Folterverbot eröffnet, bei der gebotenen Orientierung des Gewährleistungsgehalts an Art. 3 EMRK, ein **weites Anwendungsfeld**. Durch das Verbot von Folter, unmenschlicher oder erniedrigender Behandlung oder Strafe wird die physische wie auch die psychische Integrität des Menschen geschützt.[30] Dem Verbot unterliegen Strafen, dh Maßnahmen mit Sanktionscharakter und Behandlungen durch den Staat, insoweit alle

---

[23] EuGH 222/84, Slg. 1986, 1651 Rn. 18 – Johnston.
[24] EuGH 5/88, Slg. 1989, 1651 Rn. 17 – Wachauf.
[25] So *Grabenwarter,* Europäisches und nationales Verfassungsrecht, S. 331; *Giegerich* in Dörr/Grote/Marauhn Kap. 2 Rn. 29.
[26] So *Kingreen* in Calliess/Ruffert EUV Art. 6 Rn. 7.
[27] So *Grabenwarter,* Europäisches und nationales Verfassungsrecht, S. 331.
[28] Vgl. auch *Streinz* in Streinz EUV Art. 6 Rn. 25.
[29] Siehe zB zum Folterbegriff in der RL 2004/83/EG: EuGH C-465/07, Slg. 2009, I-921 Rn. 32, 38 – Meki Elgafajii u. Noon Elgafajii/Staatssecretaris van Justitie; zur Auslegung des Art. 4 GRC: EuGH C-411/10 u. C-493/10, Slg. 2011 I-13905 Rn. 94, 106 – N. S./Secretary of State for the Home Department ua; EuGH C-4/11, ECLI:EU:C:2013:740 Rn. 30 – Bundesrepublik Deutschland/Kaveh Ouid; EuGH C-404/15 und C-659/15 PPU, ECLI:EU:C:2016:198 Rn. 84 ff. – Aranyosi u. Caldararu.
[30] Vgl. Grabenwarter/Pabel EMRK § 20 Rn. 21, 41; vgl. insoweit EGMR 25.4.1978 – 5856/72 Rn. 33, EuGRZ 1979, 162 – Tyrer/Vereinigtes Königreich; EGMR 25.3.1993 – 13134/87C Rn. 30 – Costello-Roberts/Vereinigtes Königreich.

anderen Formen staatlichen Handelns.³¹ Rechtsträger ist jeder Mensch – unabhängig von Unions- oder Staatsbürgerschaft.

Qualitativ bringt das Folterverbot die „grundlegenden Werte der demokratischen Gesellschaften" zum Ausdruck³², konkretisiert den völkerrechtlich anerkannten unantastbaren Kern der Menschenwürde und will neben der körperlichen Unversehrtheit primär die **Selbstachtung der Betroffenen** schützen. So hat der EGMR betont, dass es für eine Verletzung des Art. 3 EMRK genüge, wenn das Opfer in seinen eigenen Augen erniedrigt und entwürdigt werde.³³ Jede Antastung der Würde durch auch „nur" erniedrigende Maßnahmen führt zu einer Verletzung der Menschenwürde.³⁴ 16

Das Verbot von Folter und unmenschlicher oder erniedrigender Strafe oder Behandlung begründet die Verpflichtung aller mit der Durchführung des Unionsrechts betrauten Organe, die Mitgliedstaaten und die für sie handelnden Personen **(Adressaten)**, die angeführten Maßnahmen zu unterlassen **(Unterlassungspflicht)** und ist daher ein Abwehrrecht. Zunächst mag es unverständlich erscheinen, weshalb das Folterverbot in den **Anwendungsbereich des Unionsrechts** fallen soll. Unter Berücksichtigung der Weite des sachlichen Anwendungsbereichs, der Erweiterung auf 28 Mitgliedstaaten wie auch der sich ausdehnenden Aktivitäten der Europäischen Union, der Einbeziehung der Gemeinsamen Innen- und Justizpolitik und langfristig auch der GASP in das Unionsrecht erlangt die Frage nach Inhalt und Umfang des Folterverbots zB im Rahmen von Europol, der Asylpolitik oder künftiger europäischer Eingreiftruppen bzw. sog. Krisenreaktionskräften im Rahmen der GASP auch im Unionsrecht Bedeutung. Dem Folterverbot kommt in diesem sich ausdehnenden Tätigkeitsradius eine eigenständige und sich verstärkende Funktion zu. 17

Aus Art. 3 EMRK, Art. 4 GRC wie auch aus dem völkergewohnheitsrechtlichen Folterverbot wird verstärkt eine sich auf die EU und ihre Mitgliedstaaten erstreckende **Schutzpflicht** abgeleitet, im Rahmen der Durchführung des Unionsrechts Maßnahmen zu ergreifen, um Personen, die sich in ihrem Einflussbereich befinden oder ihrer Jurisdiktion unterstehen, vor Folter, unmenschlicher und erniedrigender Behandlung oder Strafe zu schützen.³⁵ Die EU und ihre Mitgliedstaaten müssen durch Gesetzgebung und Strafverfolgung³⁶ gegen eine dem Folterverbot widersprechende Behandlung vorgehen. Hieraus ergibt sich auch die Verpflichtung, für gründliche, wirksame und unvoreingenommene Ermittlungen zu sorgen, wenn ein Mensch gefoltert oder unmenschlich behandelt wurde. Die Ermittlungen müssen geeignet sein, die Verantwortlichen zu ermitteln und zu bestrafen.³⁷ Insbesondere durch diese **Ermittlungspflicht** wird das Folterverbot in der Praxis durchgesetzt.³⁸ 18

Auch die Verpflichtung, **Menschenrechts- und Demokratisierungsziele in den Außenbeziehungen** zu fördern (→ § 2 Rn. 1 ff.), leitet sich aus den grundrechtlichen Schutzpflichten der EU ab, was durch die Rechtsverbindlichkeit der Grundrechtecharta seit dem Vertrag von Lissabon und den Zielbestimmungen der Art. 3 Abs. 5 EUV und Art. 21 EUV bekräftigt wird.³⁹ Auf diese in Art. 21 EUV genannten Menschenrechts- und Demo- 19

---

31 So Grabenwarter/Pabel EMRK § 20 Rn. 41.
32 EGMR 7.7.1989 – 14038/88 Rn. 87, EuGRZ 1989, 314 – Soering/Vereinigtes Königreich.
33 EGMR 25.4.1978 – 5856/72 Rn. 32, EuGRZ 1979, 162 – Tyrer/Vereinigtes Königreich.
34 Zur Uneinschränkbarkeit dieser Gewährleistung → Rn. 39 f.
35 *Meyer-Ladewig* in HK-EMRK EMRK Art. 3 Rn. 7; für die EMRK vgl. EGMR 10.5.2001 – 29392/95 Rn. 73 – Z. ua/Vereinigtes Königreich; zu Schutzpflichten hinsichtlich der Folgen einer natürlich eingetretenen Krankheit: EGMR 31.3.2008 – 27527/03 – L./Litauen.
36 Zur grundsätzlichen Ermittlungspflicht bei Art. 3 EMRK vgl. *Meyer-Ladewig/Lehnert* in HK-EMRK EMRK Art. 3 Rn. 14 ff.; zur Notwendigkeit einer effektiven Strafverfolgung auch bei einer durch private Dritten begangenen Misshandlung vgl. EGMR 31.5.2007 – 40116/02 Rn. 53 ff. – Secic/Kroatien.
37 *Meyer-Ladewig* in HK-EMRK EMRK Art. 3 Rn. 14 ff.
38 EGMR 20.7.2000 – 33951/96 Rn. 89 – Caloc/Frankreich; EGMR 19.10.2011 – 52442/09 Rn. 83 – Durdevic/Kroatien.
39 Vgl. insoweit auch: Europäische Kommission, JOIN(2015) 16 final, Aktionsplan für Menschenrechte und Demokratie (2015–2019) „Bekräftigung der Menschenrechte als Kernstück der EU-Agenda"; *Kaufmann-Bühler* in GHN EUV Art. 21 Rn. 1.

kratisierungsziele wird auch noch einmal (deklaratorisch) in den die einzelnen Bereiche der Außenbeziehungen betreffenden Art. 205, 207 Abs. 1, 208 Abs. 1, 212 Abs. 1 und 214 Abs. 1 AEUV Bezug genommen. Schließlich gehört die Achtung der Menschenrechte zu den wichtigsten Zielen der Union im Rahmen der GASP, Art. 21 Abs. 2 lit. b EUV. Verstärkt kommt es daher zu einer Aufnahme von Menschenrechtsklauseln in bilaterale Verträge mit Drittstaaten.[40] Es soll sichergestellt werden, dass die Förderung der Menschenrechte in alle Politikbereiche, Projekte und Programme eingebracht wird.[41] Nach den im April 2001 verabschiedeten und 2008 überarbeiteten **Leitlinien der EU zur Verhütung und Abschaffung von Folter** in Drittländern[42] ist es Ziel der EU, Drittländer dahingehend zu beeinflussen, dass sie wirksame Maßnahmen gegen Folter und Misshandlung ergreifen, und gewährleisten, dass das Verbot von Folter und Misshandlung durchgesetzt wird. Hierfür soll die Frage von Folter und Misshandlung in den Bereich „Menschenrechte" im Rahmen des politischen Dialogs zwischen der EU und Drittländern sowie in regionalen Organisationen einbezogen werden. Auch soll die EU diese Themen in internationalen Gremien und Organisationen wie den Vereinten Nationen zur Sprache bringen und einschlägige Resolutionen unterstützen. Die EU unterstützt **Rehabilitierungseinrichtungen für Opfer** von Folter und von Organisationen, die Opfern von Menschenrechtsverletzungen konkrete Hilfe leisten und helfen, die Bedingungen an Orten, an denen Menschen ihrer Freiheit beraubt werden, zu verbessern, um so Folter und Misshandlung vorzubeugen.[43] In den Unionshaushalt werden Mittel zur finanziellen Förderung solcher Projekte eingestellt.

20 Die **Unterscheidung** zwischen **Folter, unmenschlicher und erniedrigender Behandlung** oder **Strafe** im Sinne des Art. 3 EMRK ist graduell und stark abhängig von den Besonderheiten und Umständen des Einzelfalls.[44] Die Varianten bilden gewissermaßen „konzentrische Kreise".[45] Folter beinhaltet immer auch unmenschliche und erniedrigende Behandlung, die unmenschliche Behandlung bezieht immer auch die erniedrigende Behandlung mit ein. Eine Einstufung als „erniedrigende Behandlung oder Strafe" ist als unterer Schwellenwert des Anwendungsbereichs die schwächste Stufe eines Verstoßes gegen Art. 3 EMRK. In der Rechtsprechung des EGMR wird vielfach eine genaue **Qualifizierung der verletzenden Handlungen** vermieden. Im Hinblick auf den Unrechtsgehalt einer Handlung kann es einem Staat allerdings nicht gleichgültig sein, ob ihm Folter oder „bloß" erniedrigende Behandlung zur Last gelegt wird.[46] Die Unterscheidung zwischen dem Begriff der Folter und der unmenschlichen oder erniedrigenden Behandlung

---

[40] Hierzu ua *Hilpold* ZEuS 2002, 239 ff.
[41] Vgl. hierzu ua VO (EG) Nr. 975/1999 zur Festlegung der Bedingungen für die Durchführung von Maßnahmen auf dem Gebiet der Entwicklungszusammenarbeit, die zu dem allgemeinen Ziel der Fortentwicklung und Festigung der Demokratie und des Rechtsstaates sowie zur Wahrung der Menschenrechte und Grundfreiheiten beitragen, ABl. 1999 L 120, 1; VO (EG) Nr. 976/1999 zur Festlegung der Bedingungen für die Durchführung von anderen als die Entwicklungszusammenarbeit betreffenden Gemeinschaftsmaßnahmen, die im Rahmen der Gemeinschaftspolitik auf dem Gebiet der Zusammenarbeit zur dem allgemeinen Ziel der Fortentwicklung und Festigung der Demokratie und des Rechtsstaats sowie zur Wahrung der Menschenrechte und Grundfreiheiten in Drittländern beitragen, ABl. 1999 L 120, 8, geändert durch VO (EG) Nr. 2242/2004, ABl. 2004 L 390, 21; Rat der Europäischen Union, Strategischer Rahmen für Menschenrechte und Demokratie, 11855/12; JOIN(2015) 16 final, Aktionsplan für Menschenrechte und Demokratie (2015–2019) – „Bekräftigung der Menschenrechte als Kernstück der EU-Agenda", Rat der Europäischen Union, EU-Aktionsplan für Menschenrechte und Demokratie (2015–2019), 10897/15.
[42] Leitlinien des Rates für Allgemeine Angelegenheiten für die Politik der EU gegenüber Drittländern betreffend Folter und andere grausame, unmenschliche oder erniedrigende Behandlung oder Strafen v. 9. April 2001; in diesem Sinne auch: Kommission, Mitteilung an den Rat und das Europäische Parlament – Die Rolle der EU bei der Förderung der Menschenrechte und der Demokratisierung in Drittländern, KOM(2001) 252 endgültig.
[43] Vgl. Art. 3 lit. f VO (EG) Nr. 976/1999, ABl. 1999 L 120, 8.
[44] EGMR 18.1.1978 – 5310/71 Rn. 162, EuGRZ 1979, 149 – Irland/Vereinigtes Königreich.
[45] BVerwG NVwZ 1997, 1127 ff.; vgl. auch *Borowsky* in NK-EuGRCh GRCh Art. 4 Rn. 15.
[46] So *Nowak* CCPR Art. 7 Rn. 5.

erfolgt, um vorsätzliche Misshandlungen, die sehr starke und grausame Leiden verursachen, als besonders schändlich zu brandmarken.[47]

Die **Abgrenzung nach dem Grad der Intensität** der zugeführten Leiden beruht auf einer Einzelfallbetrachtung abhängig von subjektiven Empfindungen des Opfers, wobei dessen physische Verfassung und Verhalten berücksichtigt werden müssen.[48] Bei den Begriffen „unmenschlich" und „erniedrigend" wie auch „Folter" handelt es sich um unbestimmte Rechtsbegriffe, die dem jeweiligen Stand der europäischen öffentlichen Ordnung entsprechend ausgelegt werden müssen.[49] Auf Grund der **Fortentwicklung des Menschenrechtsschutzes** und insbesondere der Konventionsrechte nimmt der EGMR an, dass bestimmte Akte, die in der Vergangenheit „nur" als menschenunwürdige oder herabwürdigende Behandlung angesehen wurden, in der Zukunft als Folter eingestuft werden können.[50] 21

Eine **Wiedergutmachung durch Geldersatz** nach Art. 41 EMRK bei einem Verstoß gegen Art. 3 EMRK ist anerkannt, wenn die unmenschliche oder erniedrigende Behandlung ein Mindestmaß an Schwere erreicht.[51] Die Beurteilung dieses Mindestmaßes ist abhängig von den Umständen des Einzelfalles, wie beispielsweise der Dauer der Behandlung, ihren physischen oder psychischen Folgen oder von Geschlecht, Alter oder Gesundheitszustand des Opfers.[52] 22

II. Verbot der Folter

Das unionsrechtliche Folterverbot bezieht sich auf **psychische und physische Folter** gleichermaßen.[53] Der EGMR bezieht sich in seiner Rechtsprechung auf die Legaldefinition der Folter in Art. 1 UN-Antifolterkonvention (→ Rn. 3) und nutzt diese als Interpretationshilfe.[54] Auch die EU-Kommission nimmt in ihren Leitlinien vom 9. April 2001 auf diese Definition Bezug.[55] Eine Maßnahme ist demnach dann als Folter anzusehen, wenn eine absichtliche unmenschliche oder erniedrigende Behandlung erfolgt ist und sie sehr ernstes und grausames Leiden hervorruft.[56] Dabei sind drei Kriterien hervorzuheben, um eine Handlung als Folter im Sinne dieser Definition zu qualifizieren[57]: 23

Erstens muss die Beeinträchtigung des Einzelnen eine **hohe Intensität** erreichen und eine **besondere Grausamkeit** darstellen („[...] große Schmerzen oder Leiden [...]"). Das 24

---

[47] Vgl. EGMR 27.6.2000 – 21986/93 Rn. 114, NJW 2001, 2001 – Salman/Türkei; EGMR 13.12.2012 – 39630/09 Rn. 197 – El-Masri/Ehemalige jugoslawische Republik Mazedonien.
[48] Vgl. hierzu auch *Dinstein* in Henkin S. 144 ff.; EGMR 20.6.2002 – 27715/95 Rn. 62 – Berlinski/Polen.
[49] Vgl. *Frowein* in Frowein/Peukert EMRK Art. 3 Rn. 1.
[50] EGMR 28.7.1999 – 25803/94 Rn. 101 – Selmouni/Frankreich; EGMR 27.6.2000 – 21986/93 Rn. 115, NJW 2001, 2001 – Salman/Türkei; EGMR 27.6.2000 – 22277/93 Rn. 87 – Ilhan/Türkei; EGMR 15.8.2012 – 23893/03 Rn. 124 – Kaverzin/Ukraine.
[51] Vgl. zB EGMR 15.12.2009 – 25464/05 – Gavrilovici/Moldawien: Schadensersatz iHv 6.000 EUR für eine fünftägige Haft unter unmenschlichen Bedingungen nach einer ungerechtfertigten strafrechtlichen Verurteilung; EGMR 20.10.2010 – 7481/06 – Ciorap/Moldawien (Nr. 2), in dem der EGMR die staatliche Entschädigung von 600 EUR als zu niedrig ansah und stattdessen den Staat zur Zahlung von Schadensersatz iHv 4.000 EUR verurteilte.
[52] EGMR 16.12.1997 – 20972/92 – Raninen/Finland; EGMR 19.4.2001 – 28524/95 Rn. 67–79 – Peers/Griechenland; insoweit vgl. auch BGH NJW 2005, 58 (59).
[53] So für den IPBPR: *Nowak* CCPR Art. 7 Rn. 1; *Frowein* in Frowein/Peukert EMRK Art. 3 Rn. 6; die Androhung von Folter kann je nach den Umständen des Einzelfalls bereits (psychische) Folter sein, vgl. EGMR 1.6.2010 – 22978/05 Rn. 108 – Gäfgen/Deutschland.
[54] EGMR 27.6.2000 – 21986/93 Rn. 114, NJW 2001, 2001 – Salman/Türkei; EGMR 28.7.1999 – 25803/94 Rn. 97, NJW 2001, 56 – Selmouni/Frankreich; EGMR 18.1.1978 – 5310/71 Rn. 162 f. – Irland/Vereinigtes Königreich; zum Folterbegriff vgl. auch *Frowein* in Frowein/Peukert EMRK Art. 3 Rn 6.
[55] Vgl. Leitlinien des Rates für Allgemeine Angelegenheiten für die Politik der EU gegenüber Drittländern betreffend Folter und andere grausame, unmenschliche oder erniedrigende Behandlung oder Strafen v. 9. April 2001.
[56] So Grabenwarter/Pabel EMRK § 20 Rn. 42; vgl. auch EGMR 18.12.1996 – 21987/93 Rn. 64 – Aksoy/Türkei.
[57] Siehe *Uerpmann-Wittzack* in Ehlers GuG § 3 Rn. 40.

Erreichen dieser Schwelle hängt insbesondere vom Zustand des Opfers ab. Systematische Schläge,[58] Elektroschocks,[59] vorgetäuschte Exekution, Nahrungsmittelentzug, Drohung von Amputationen und Verbrennungen erreichen diese Intensität grundsätzlich. Der EGMR hat Folter auch bei Aufhängen des Betroffenen an hinter dem Rücken zusammengebundenen Armen[60] und der Vergewaltigung eines weiblichen Häftlings durch die Polizei[61] sowie Zufügung von körperlichen Schmerzen und psychischem Druck auf einen Festgenommenen durch die Polizei[62] angenommen.

25 Zweitens muss die Verletzungshandlung **vorsätzlich** und **zielgerichtet** auf eine bestimmte Reaktion wie der Erpressung von Informationen oder Geständnissen, Strafe, Einschüchterung oder Diskriminierung einer Person gerichtet sein.[63] Zur Abgrenzung zwischen Folter und unmenschlicher Behandlung kann die zumindest für Folter erforderliche Absicht herangezogen werden.

26 Drittens muss nach der UN-Antifolterkonvention das Verhalten zumindest mittelbar **einem Staat zugerechnet** werden können. Der EGMR entnimmt dem „absoluten Charakter" des Art. 3 EMRK allerdings, dass diese Bestimmung auch dann Anwendung finden kann, wenn die Gefahr von Personengruppen ausgeht, die kein öffentliches Amt bekleiden.[64] Auch wenn es keine dem Staat zurechenbare Gewalt (in Abschiebungsfällen) mehr gibt, sei die Anwendung von Art. 3 EMRK nicht ausgeschlossen.[65] In Abschiebungs- und Auslieferungsfällen kann das zuzurechnende Handeln auch gerade in der Auslieferung oder Abschiebung des jeweiligen Staates gesehen werden (→ Rn. 33, → § 21 Rn. 22 ff.).

III. Verbot unmenschlicher Behandlung oder Strafe

27 Eine Behandlung oder Strafe ist als unmenschlich einzustufen, wenn sie ein **intensives** – individuell unterschiedliches – **physisches oder psychisches Leiden** verursacht[66] und über einen **längeren Zeitraum** andauert, ohne aber die für Folter notwendige Intensitätsgrenze zu erreichen. Vorsatz im Sinne einer beabsichtigten Erniedrigung ist nicht erforderlich.[67] Die Maßnahme muss beim Betroffenen Furcht und Erniedrigung hervorrufen.[68] Das subjektive Empfinden des Opfers ist mitentscheidend. Solche Maßnahmen können zB bestimmte Praktiken des Schlagens bei Verhören, Vergewaltigungen, Vorenthalten von Essen, Trinken und medizinischer Versorgung, Verletzung der physischen Integrität (ohne dass schwerere Verletzungen vorlagen)[69], ausbleibende medizinische Versorgung eines Ver-

---

[58] EGMR 4.7.2006 – 18944/02 – Corsacov/Moldawien; EGMR 19.3.2007 – 43124/98 – Türkmen/Türkei; EGMR 17.3.2010 – 4762/05 – Mammadov/Aserbaidschan; EGMR 7.4.2015 – 6884/11 Rn. 177 ff. – Cestaro/Italien.
[59] EGMR 19.3.2009 – 30033/05 Rn. 124 – Polonskiy/Russland; EGMR 21.4.2011 – 42310/04 Rn. 157 – Nechiporuk u. Yonkalo/Ukraine.
[60] EGMR 18.12.1996 – 21987/93 Rn. 64 – Aksoy/Türkei.
[61] EGMR 2.8.2006 – 50692/99 Rn. 86 – Aydin/Türkei.
[62] EGMR 28.7.1999 – 25803/94 Rn. 98, NJW 2001, 56 – Selmouni/Frankreich; hierzu vgl. *Cohen-Jonathan* RGDIP 2000, 181 ff.
[63] Vgl. *Nowak* CCPR Art. 7 Rn. 6; zur Heranziehung dieser subjektiven Tatbestandsvoraussetzungen auch bei Art. 3 EMRK vgl. EGMR 27.6.2000 – 22277/93 Rn. 85 – Ilhan/Türkei; EGMR 10.10.2000 – 22947/93 und 22948/93 Rn. 115 – Akkoc/Türkei; EGMR 27.6.2000 – 21986/93 Rn. 114, NJW 2001, 2001 – Salman/Türkei.
[64] EGMR 29.4.1997 – 24573/94 Rn. 40 – H. L. R./Frankreich.
[65] Abweichend von der Rspr. des EGMR: BVerwGE 99, 331 (334); BVerwGE 104, 254 ff., siehe auch *Kraft* NVwZ 2014, 969 (974).
[66] Vgl. *Borowsky* in NK-EuGRCh GRCh Art. 4 Rn. 16; siehe auch EKMR 5.11.1969 – B 3321/67, 3322/67, 3344/67, Yb 12, 186 – Dänemark, Schweden u. Niederlande/Griechenland (The Greek Case).
[67] EGMR 16.12.1997 – 152/1996/771/972 Rn. 55 ff., 88 – Raninen/Finnland; EGMR 19.4.2001 – 28524/95 Rn. 63 ff., 67 f., 74 – Peers/Griechenland.
[68] EGMR 26.10.2000 – 30210/96 Rn. 92, NJW 2001, 2694 – Kudla/Polen; EGMR 15.10.2002 – 47095/99 Rn. 95 – Kalashnikov/Russland.
[69] EKMR 10.7.1976 – B 6780/74 und 6950/75 – Zypern/Türkei; zum Brechmitteleinsatz bei der Drogenfahndung: EGMR 11.7.2006 – 54810/00 – Jalloh/Deutschland.

letzten[70] oder auch die Verhängung der Todesstrafe nach einem unfairen Verfahren[71] sein. In der *Soering*-Entscheidung hat der EGMR die Haftbedingungen für zum Tode verurteilte Straftäter in den USA *(death row phenomenon)* als unmenschliche Behandlung eingestuft und deshalb eine Auslieferung als konventionswidrig angesehen.[72] Die so genannten „fünf Techniken", die von britischen Sicherheitsbeamten verwendet wurden (Zwang, mit über den Kopf gezogener Kapuze über lange Zeit unter Lärmeinwirkung an der Wand zu stehen, systematische Vorenthaltung von Schlaf, Essen und Trinken) hat der EGMR in einer Leitentscheidung[73] – im Gegensatz zur Europäischen Menschenrechtskommission – nicht als Folter, sondern als unmenschliche Behandlung qualifiziert.

IV. Verbot erniedrigender Behandlung oder Strafe

Die Einstufung einer Maßnahme als erniedrigende Behandlung oder Strafe ist relativ und hängt von **sämtlichen Umständen des Einzelfalls** ab, wie etwa der Dauer der Behandlung und ihren physischen und geistigen Wirkungen.[74] Erniedrigend kann eine Behandlung sein, wenn sie bei den Opfern Gefühle der Angst, des Schmerzes und der Unterlegenheit weckt, die geeignet sind, sie zu demütigen, ihren körperlichen oder geistigen Widerstand zu brechen oder sie zu entwürdigen.[75] So kann es ausreichen, dass das **Opfer in seinen eigenen Augen gedemütigt** worden ist.[76] Die erniedrigende Behandlung ist gegenüber solchen Maßnahmen abzugrenzen, die zwar nach nationalem Recht verboten oder auch moralisch verwerflich sein mögen, die aber nicht die Schwelle erreichen, die erforderlich ist, um sie als erniedrigende Behandlung im Sinne des Art. 3 EMRK einzustufen.[77]

28

Körperliche Übungen, die erhebliche Belastungen und Anstrengungen insbesondere für ältere Menschen[78] oder solche in einem schlechten Gesundheitszustand[79] bedeuten, können aus der Sicht des Betroffenen erniedrigend sein[80], ebenso eine gerichtlich verhängte und polizeilich exekutierte Prügelstrafe, Prügelstrafe in Schulen[81], wöchentlich ohne besonderen Anlass durchgeführte Leibesvisitationen bei Strafgefangenen[82] oder die diskriminierende Behandlung einer Bevölkerungsgruppe.[83] Auch die Zerstörung eines Hauses mit Inventar wurde auf Grund der Begleitumstände als unmenschliche Behandlung angesehen.[84]

29

---

[70] EGMR 26.1.1994 – B 17549/90, EuGRZ 1994, 271 f. – Hurtado/Schweiz; vgl. aber die gütliche Regelung in dieser Rs. abgedruckt in EuGRZ 1994, 219.
[71] EGMR 12.3.2003 – 46221/99 Rn. 207, EuGRZ 2003, 472 – Öcalan/Türkei.
[72] EGMR 7.7.1989 – 14038/88 Rn. 100 ff., EuGRZ 1989, 314 (321) – Soering/Vereinigtes Königreich; dazu *Grabenwarter* NJW 2017, 3052 (3052 ff.).
[73] EGMR 18.1.1978 – 5310/71 Rn. 165 ff., EuGRZ 1979, 149 – Irland/Vereinigtes Königreich.
[74] EGMR 18.1.1978 – 5310/71 Rn. 162, EuGRZ 1979, 149 – Irland/Vereinigtes Königreich; EGMR 27.9.1999 – 33985/96 und 33986/96 Rn. 120, NJW 2000, 2089 – Smith u. Grady/Vereinigtes Königreich.
[75] So Meyer-Ladewig/Lehnert in HK-EMRK EMRK Art. 3 Rn. 22; EGMR 21.1.2011 – 30696/09 Rn. 220 – M. S. S./Belgien und Griechenland.
[76] EGMR 27.9.1999 – 33985/96 und 33986/96 Rn. 120, NJW 2000, 2089 – Smith u. Grady/Vereinigtes Königreich; EGMR 25.4.1978 – 5856/72 Rn. 32, EuGRZ 1979, 162 – Tyrer/Vereinigtes Königreich.
[77] EGMR 25.4.1978 – 5856/72 Rn. 30, EuGRZ 1979, 162 – Tyrer/Vereinigtes Königreich; keine Verletzung von Art. 3 EMRK bei „bloß" unangenehmen Haftbedingungen: EGMR 30.7.2013 – 49872/11 Rn. 202 – Tymoshenko/Ukraine; vgl. auch *Meyer-Ladewig/Lehnert* in HK-EMRK EMRK Art. 3 Rn. 24.
[78] EGMR 4.3.2008 – 63748/00 Rn. 27 ff. – Tastan/Türkei.
[79] EGMR 1.12.2008 – 7188/03 Rn. 56 ff. – Tchember/Russland.
[80] Vgl. EGMR 18.1.1978 – 5310/71 Rn. 181, EuGRZ 1979, 149 – Irland/Vereinigtes Königreich.
[81] EGMR 25.4.1978 – 5856/72 Rn. 29, EuGRZ 1979, 162 – Tyrer/Vereinigtes Königreich; vgl. aber EGMR 25.2.1982 – 7511/76, EuGRZ, 1982, 153 f. – Campbell u. Cosas/Vereinigtes Königreich.
[82] EGMR 4.2.2003 – 52750/99 Rn. 72 ff. – Lossé ua/Niederlande; EGMR 4.2.2003 – 50901/99 Rn. 60 ff. – van der Ven/Niederlande; EGMR 22.2.2007 – 2293/03 Rn. 40 – Wieser/Österreich.
[83] EGMR 10.5.2001 – 25781/94 Rn. 302 ff. – Zypern/Türkei; EGMR 13.11.2013 – 12694/04 Rn. 89 – Lacatus ua/Rumänien; EGMR 7.1.2015 – 28490/02 Rn. 144 – Begheluri ua/Georgien; EGMR 3.7.2014 – 37966/07 Rn. 126 – Antayev ua/Russland.
[84] EGMR 30.1.2001 – 25801/94 Rn. 55 – Dulas/Türkei; EGMR 16.11.2000 – 23819/94 Rn. 103 – Bilgin/Türkei.

30 Eine erniedrigende Behandlung wurde seitens der Rechtsprechung dagegen abgelehnt bei besonderer Unterbringung von Strafgefangenen in einem Hochsicherheitstrakt[85], Ermittlungen wegen Homosexualität in der Armee mit nachfolgender Entlassung[86], Strafverfahren gegen ein zehnjähriges Kind mit öffentlicher Verhandlung über drei Wochen[87], Strafverfahren mit unbestimmter Strafe[88] sowie drei Schlägen mit einem Gymnastikschuh auf das Hinterteil eines Schülers.[89]

C. Beeinträchtigung

31 Eingriffe in und daraus resultierende Beschränkungen des Gewährleistungsbereiches erfolgen fast ausschließlich durch tatsächliches Handeln bzw. durch Unterlassen in Fällen, in denen eine Schutzpflicht besteht. Eine Verletzung durch Rechtsakte ist in Ausnahmefällen ebenfalls denkbar, zB in Zusammenhang mit durch Gesetze bewirkten Diskriminierungen, die eine erniedrigende Wirkung haben.[90] Bei der Zurechnung einer Handlung zu einem Staat bzw. zur EU muss ein weiter Maßstab angelegt werden, wie sich etwa bei den Abschiebungsfällen zeigt, in denen die Verletzungshandlung bereits in der Abschiebung selbst gesehen wird, ohne dass die Folge bereits eingetreten ist (→ § 21 Rn. 17 ff.). Die das Folterverbot verletzende Folge muss konkret drohen; hierfür müssen stichhaltige Gründe vorliegen.[91] Die Beeinträchtigungen lassen sich in ua folgende **Fallgruppen** einteilen:

I. Psychiatrische Behandlung

32 Bei psychiatrischer Behandlung in speziellen Einrichtungen dürfen nur solche Zwangsmaßnahmen angewendet werden, von denen nachgewiesen ist, dass sie **medizinisch notwendig** sind.[92] Wird das notwendige Maß überschritten, kann eine Beeinträchtigung vorliegen.

II. Auslieferung und Ausweisung

33 Auslieferung und Ausweisung (ausführlich → § 21 Rn. 22 ff.) sind unzulässig, wenn die betroffene Person nach der Ausweisung der ernsthaften Gefahr einer Strafe oder Behandlung ausgesetzt wird, welche mit Art. 3 EMRK unvereinbar ist[93], zB dem *death row phenomenon*.[94] Die Übergabe des Betroffenen in die Gewalt eines gegen Art. 3 EMRK verstoßenden ausländischen Staates stellt dabei eine dem ausweisenden Staat zurechenbare Handlung dar.[95] Den Vertrags- und Mitgliedstaaten wird also die Verantwortung für die Folgen der Abschiebung in Drittländer zugerechnet. Da das Folterverbot auch Schutz-

---

[85] EKMR 8.7.1978 – 7572/76, 7586/76, 7587/76, EuGRZ 1978, 314 – Ensslin, Baader, Raspe/Bundesrepublik Deutschland (Stuttgart-Stammheim); zur Einzelhaft/Isolationshaft allgemein vgl. ua EGMR 4.7.2006 – 59450/00 Rn. 125 ff. – Ramirez Sanchez/Frankreich; EGMR 9.10.2009 – 39364/05 Rn. 104 – Khider/Frankreich; EGMR 7.4.2010 – 24407/04 Rn. 70 – Onofriou/Zypern; EGMR 8.7.2014 – 15018/11 und 61199/12 Rn. 203 ff. – Harakchiev u. Tolumov/Bulgarien.
[86] EGMR 27.9.1999 – 33985/96 und 33986/96 Rn. 121 f., NJW 2000, 2089 – Smith u. Grady/Vereinigtes Königreich.
[87] EGMR 16.12.1999 – 24888/94 Rn. 72 ff. – V./Vereinigtes Königreich.
[88] EGMR 16.12.1999 – 24888/94 Rn. 98 ff. – T./Vereinigtes Königreich.
[89] EGMR 25.3.1993 – 13134/87C Rn. 31 – Costello-Roberts/Vereinigtes Königreich.
[90] EGMR 13.6.1979 – 6833/74 Rn. 66 f. – Marckx/Belgien.
[91] EGMR 29.4.1997 – 24573/94 – H. L. R./Frankreich.
[92] EGMR 24.9.1992 – 10533/83 Rn. 82, EuGRZ 1992, 535 – Hrczegfalvy/Österreich.
[93] EGMR 30.10.1991 – 45/1990/236/302–306 Rn. 107 ff. – Vilvarajah ua/Vereinigtes Königreich; EGMR 20.3.1991 – 15576/89 Rn. 69 f., NJW 1991, 3071 – Cruz Varas ua/Schweden; EGMR 19.6.2008 – 8320/04 Rn. 120 f. – Ryabikin/Russland; EGMR 19.11.2010 – 41015/04 Rn. 114 – Kaboulov/Ukraine; EGMR 18.2.2010 – 54131/08 Rn. 52 – Baysakov/Ukraine: hierzu vgl. auch *Lorz/Sauer* EuGRZ 2010, 389.
[94] EGMR 7.7.1989 – 14038/88 Rn. 91, EuGRZ 1989, 314 – Soering/Vereinigtes Königreich.
[95] So auch Grabenwarter/Pabel EMRK § 20 Rn. 76; *Vogler* in Matscher S. 667 ff.

Verbot der Folter und unmenschlicher oder erniedrigender Strafe oder Behandlung **§ 16**

pflichten begründet, muss jeder Konventionsstaat Maßnahmen zur Abwendung einer konkreten Gefahr[96] für das Schutzgut treffen, unabhängig von wem die Gefahr ausgeht.[97] Auch bei konkreten und dargelegten Gefahren durch Bürgerkriegsparteien kann daher aus Art. 3 EMRK ein Ausweisungsverbot resultieren.[98] Der Abschiebungsschutz nach Art. 3 EMRK ist unbedingt und gilt damit auch, wenn sich der Betroffene strafbar gemacht hat.[99] Der im Jahr 2002[100] eingeführte und 2009[101] geänderte **europäische Haftbefehl** eröffnet ebenfalls neue Spielräume für die Art. 4 GRC bzw. Art. 3 EMRK. Nachdem sich sowohl der EuGH[102], als auch nationale Gerichte[103] mit dem europäischen Haftbefehl beschäftigten, erging im April 2016 ein EuGH-Urteil, welches die Regelungen des europäischen Haftbefehles konkretisierte und **erhöhte Anforderungen an die Übergabeverfahren** stellte.[104] Demnach sind die vollstreckenden Justizbehörden bei Kenntnis aus objektiven, zuverlässigen Quellen, die genaue und gebührend aktualisierte Angaben über das Vorliegen von systematischen oder allgemeinen, bestimmte Personengruppen oder bestimmte Haftanstalten betreffende Mängel der Haftbedingungen im Ausstellungsmitgliedstaat zulassen, dazu verpflichtet im konkreten Fall genau zu prüfen, ob Tatsachen vorliegen, welche wiederum die Annahme zulassen, dass die Person gegen die sich der Zweck der Maßnahme richtet, aufgrund der **Inhaftierungsbedingungen** im jeweils ersuchenden Mitgliedstaat einer echten Gefahr unmenschlicher oder erniedrigender Behandlung im Sinne von Art. 4 GRC ausgesetzt sein könnte. Diese sah der EGMR in der Vergangenheit in **zu kleinen und überbelegten Zellen**.[105]

Mit der **Ausgestaltung europäischer Asylrechtspolitik** (ausführlich → § 20 Rn. 17 ff.) werden die Mitgliedstaaten verstärkt auch in diesem Bereich Unionsrecht vollziehen; die Unionsgrundrechte sind dann von den mit der Vollziehung von Unionsrecht betrauten nationalen Behörden zu beachten. Auf Grund des gemeinschaftsrechtlichen Anwendungsvorrangs und der Regelung der Art. 51 Abs. 1 GRC iVm Art. 52 Abs. 3 GRC kann die Rechtsprechung des EGMR zu Art. 3 EMRK bei der Ermittlung des unionsgrundrechtlichen Gewährleistungsbereichs für die nationalen Behörden bei

34

---

[96] Vgl. hier aber den zuletzt strengen Prüfungsmaßstab des BVerfG JZ 2004, 141 ff. mAnm *Vogel*.
[97] So Grabenwarter/Pabel EMRK § 20 Rn. 76; vgl. zB EGMR 2.5.1997 – 146/1996/767/964 Rn. 46–50 – Deutschland/Vereinigtes Königreich.
[98] EGMR 17.12.1996 – 71/1995/577/663 Rn. 43 ff. – Ahmed/Österreich; EGMR 6.8.2008 – 25904/07 – N. A./Vereinigtes Königreich sah der EGMR die Zugehörigkeit zu einer bestimmten Bevölkerungsgruppe als ausreichend an, die Gefahr einer unmenschlichen oder erniedrigenden Behandlung im Falle einer Abschiebung zu begründen; aA BVerwG 17.10.1995, BVerwGE 99, 331 (334); BVerwG 15.4.1997, BVerwGE 104, 254 (257); BVerwG 15.4.1997, BVerwGE 104, 265 (269); BVerwG 2.9.1997, BVerwGE 105, 187 ff.; siehe in diesem Zusammenhang aber auch BVerfG NVwZ 2000, 1165 ff.; BVerwG 20.2.2001, BVerwGE 114, 16 (22); *Kraft* NVwZ 2014, 969 (974).
[99] EGMR 17.12.1996 – 71/1995/577/663 Rn. 41 – Ahmed/Österreich; EGMR 2.5.1997 – 146/1996/767/964 – D./Vereinigtes Königreich; EGMR 28.2.2008 – 7201/06 Rn. 137 ff. – Saadi/Italien; EGMR 12.6.2012 – 54131/10 Rn. 71 – Bajsultanov/Österreich.
[100] Rahmenbeschluss des Rates vom 13. Juni 2002 über den europäischen Haftbefehl und die Übergabeverfahren zwischen den Mitgliedstaaten (2002/584/JI), ABl. 2002 L 190, 1.
[101] Rahmenbeschluss 2009/299/JI des Rates vom 26. Februar 2009 zur Änderung der Rahmenbeschlüsse 2002/584/JI, 2005/214/JI, 2006/783/JI, 2008/909/JI und 2008/947/JI, zur Stärkung der Verfahrensrechte von Personen und zur Förderung der Anwendung des Grundsatzes der gegenseitigen Anerkennung auf Entscheidungen, die im Anschluss an eine Verhandlung ergangen sind, zu der die betroffene Person nicht erschienen ist, ABl. 2009 L 81, 24.
[102] EuGH C-399/11, ECLI:EU:C:2013:107 – Melloni: eine vollstreckende Behörde kann die Vollstreckung eines ausgestellten Europäischen Haftbefehls von der Bedingung abhängig machen, dass die in Abwesenheit ausgesprochene Verurteilung im Mitgliedstaat von dem gesucht wird, überprüft werden kann; EuGH C-42/11, ECLI:EU:C:2012:517 – Lopez Da Silva Jorge: eine nationalen Regelung, die die Möglichkeit der Nichtvollstreckung des Haftbefehls den eigenen Staatsangehörigen vorbehält, nicht jedoch Staatsangehörigen anderer EU-Mitgliedstaaten, die sich im besagten Staat aufhalten, verstößt gegen Art. 18 AEUV. Aktuell EuGH C-220/18 PPU, ECLI:EU:C:2018:589 – MC.
[103] BVerfG NStZ 2016, 546 zur Gewährleistung einzelfallbezogenen Grundrechtsschutzes im Rahmen der Identitätskontrolle.
[104] EuGH C-404/15 und C-659/15 PPU, ECLI:EU:C:2016:198 – Aranyosi u. Caladararu.
[105] EGMR 10.3.2015 – 14097/12 ua – Varga ua/Ungarn.

Abschiebungs- und Ausweisungsfragen unmittelbare unionsrechtliche Bedeutung erlangen.[106]

III. Untersuchungs- und Strafhaft

35 Art. 3 EMRK wird auch eine Gewährleistungspflicht für die Bedingungen der Untersuchungs- und Strafhaft entnommen. Ein **Mindeststandard an Haftbedingungen** ist einzuhalten, denn der Vollzug der Strafe muss unter Bedingungen erfolgen, die die Menschenwürde nicht beeinträchtigen.[107] Die freiheitsentziehenden Maßnahmen dürfen den Betroffenen nicht über das erforderliche Maß belasten.[108] Der einzuhaltende Mindeststandard beinhaltet eine positive Sorgfaltspflicht für die (auch psychische) Gesundheit des Häftlings.[109] Der EGMR berücksichtigt hier alle Umstände und gegebenenfalls ihren kumulativen Effekt.[110] Die Inhaftierung alter[111] wie auch kranker[112] Gefangener wird nicht als Verstoß gegen Art. 3 EMRK eingestuft, soweit entsprechende medizinische Versorgung in der Haft gegeben ist, zu deren Bereitstellung mithin eine positive Verpflichtung besteht.[113] Es müssen grundsätzlich also akzeptable Haftbedingungen gewährleistet sein.[114] Bei behinderten Häftlingen sind die Haftbedingungen behindertengerecht auszugestalten.[115] Einen Beitrag zur Verbesserung der Bedingungen in Gefängnissen leistet im Rahmen des Europarates auch der „Europäische Ausschuss zur Verhütung der Folter".[116]

36 In Fällen von körperlichen **Verletzungen in Polizeigewahrsam** hat der EGMR den Grundsatz entwickelt, nach welchem der Staat nachzuweisen hat, dass von Inhaftierten zu belegende Verletzungen nicht durch polizeiliche Misshandlungen entstanden sind.[117] Kann er dies nicht, so gilt die Vermutung, dass Art. 3 EMRK verletzt ist.[118] Aus Art. 3 resultiert die Verpflichtung einer effektiven offiziellen Untersuchung bei Verdacht eines Verstoßes gegen den Gewährleistungsgehalt.[119] Dabei muss eine Unabhängigkeit der untersuchenden von den untersuchten Personen bestehen.[120] Die Untersuchung muss es ermöglichen, die Verantwortlichen festzustellen und zu bestrafen.[121]

---

[106] Vgl. zB EuGH C-411/10 und C-493/10, ECLI:EU:C:2011:865 Rn. 94, 106 – N. S./Secretary of State for the Home Department ua. Aktuell EuGH C-163/17, ECLI:EU:C:2019:218 Rn. 76 ff. – Jam.
[107] Hierzu Grabenwarter/Pabel EMRK § 20 Rn. 61 mwN; vgl. ua EGMR 17.7.2014 – 32541/08 und 43441/08 – Svinarenko u. Slyadnev/Russland.
[108] EGMR 24.7.2001 – 44558/98 Rn. 98 – Valesinas/Litauen; EGMR 19.2.2009 – 3455/05 Rn. 128 – A. ua/Vereinigtes Königreich; EGMR 7.7.2011 – 20999/05 Rn. 56 ff. – Hellig/Deutschland.
[109] Vgl. Peters/Altwicker EMRK § 6 Rn. 15; insoweit s. auch EGMR 28.11.2000 – 27426/95 Rn. 80 – Rehbock/Slowenien; EGMR 10.3.2009 – 39806/05 Rn. 72 – Paladi/Moldawien.
[110] Vgl. *Ladewig/Lehnert* in HK-EMRK EMRK Art. 3 Rn. 29.
[111] EGMR 7.6.2001 – 64666/01, EuGRZ 2001, 382 (387) – Papon/Frankreich.
[112] EGMR 26.10.2000 – 30210/96 Rn. 93, NJW 2001, 2694 – Kudla/Polen; EGMR 5.3.2013 – 44084/10 Rn. 112 – Gülay Cetin/Türkei.
[113] EGMR 29.7.2002 – 2346/02 Rn. 51, EuGRZ 2002, 234 – Pretty/Vereinigtes Königreich; EGMR 3.4.2001 – 27229/95 Rn. 110 – Keenan/Vereinigtes Königreich.
[114] EGMR 19.4.2001 – 28524/95 Rn. 63 ff. – Peers/Griechenland; EGMR 15.7.2002 – 47095/99 Rn. 102 – Kalashnikov/Russland; EGMR 15.11.2007 – 30983/02 Rn. 91 ff. – Grishin/Russland.
[115] EGMR 10.10.2001 – 33394/96 Rn. 21–30 – Price/Vereinigtes Königreich; EGMR 6.2.2014 – 2689/12 Rn. 75 ff. – Semikhvostov/Russland.
[116] Vgl. das Europäische Übereinkommen zur Verhütung von Folter und unmenschlicher oder erniedrigender Behandlung oder Strafe vom 26. November 1987, BGBl. 1989 II 946.
[117] EGMR 28.7.1999 – 25803/94 Rn. 85 ff., NJW 2001, 56 – Selmouni/Frankreich; EGMR 27.8.1992 – 12850/87 Rn. 110, 115, EuGRZ 1994, 101 – Tomasi/Frankreich; EGMR 22.1.2003 – 32574/96 Rn. 44 – Algür/Türkei.
[118] EGMR 4.12.1995 – 18896/91 Rn. 32 ff., EuGRZ 1996, 504 – Ribitsch/Österreich.
[119] EGMR 28.10.1998 – 90/1997/874/1086 Rn. 102 – Assenov ua/Bulgarien; EGMR 16.4.2015 – 36552/05 Rn. 99 ff. – Zayev/Russland.
[120] EGMR 5.1.2005 – 46430/99 Rn. 66 ff. – Barbu Anghelescu/Rumänien.
[121] EGMR 30.12.2004 – 50222/99 Rn. 57 – Krastanov/Bulgarien.

IV. Soziale Fürsorgepflichten

Die **staatliche Untätigkeit** gegenüber **existenzbedrohender Armut** wird von einigen 37 Autoren als Verletzung von Art. 3 EMRK angesehen.[122] Eine solche uU gegenüber eigenen Staatsangehörigen bestehende soziale Verpflichtung des Heimatstaates ist aber nicht auf die EU als Pflicht gegenüber allen Unionsbürgern übertragbar. Hierfür fehlt es schon an einer für die umfassende Fürsorgepflicht notwendigen finanziellen wie auch kompetenziellen Ausstattung der EU. Soweit der EMRK Ansatzpunkte betreffend der **Gewährleistung einer medizinischen Grundversorgung** zu entnehmen sind, lassen sich diese auf Grund der im Bereich der Gesundheit begrenzten Unionskompetenzen ebenfalls nicht auf die Union übertragen. Zwar kann staatliche Untätigkeit bei von den Eltern massiv vernachlässigten Kindern eine Verletzung des Art. 3 EMRK beinhalten, soweit staatliche Behörden von den Vorgängen Kenntnis hatten oder hätten haben müssen[123], jedoch ist auch hier der Unionsbezug nur schwer herzustellen.

V. Diskriminierungen

Diskriminierungen auf Grund von Rasse oder Religion sowie ethnischer Zugehörigkeit 38 können die Menschenwürde verletzen (→ § 13 Rn. 14) und eine erniedrigende Behandlung darstellen.[124] Bei einem Ausschluss aus der britischen Armee wegen Homosexualität hat der EGMR die für eine Verletzung des Art. 3 EMRK erforderliche Schwere nicht angenommen[125], aber grundsätzlich anerkannt, dass eine Ausgrenzung auf Grund von Vorurteilen prinzipiell gegen Art. 3 EMRK verstoßen kann.[126]

D. Rechtfertigung

Das völkerrechtliche wie auch das unionsrechtliche **Folterverbot sind absolut** und 39 unterliegen keinerlei Einschränkungen.[127] Eine Außerkraftsetzung des Verbotes ist auch im Notstand nicht möglich.[128] Der Schutz der Menschenwürde genießt eine **Ausnahmestellung auch gegenüber dem Grundrecht auf Schutz des Lebens**. Die Rechtfertigung eines Eingriffs durch Folter in die Menschenwürde unter Berufung auf den Schutz des Lebens ist daher ausgeschlossen. Zwar wird die Rechtfertigung eines Eingriffs ausschließlich zum Schutz der Menschenwürde eines anderen Rechtsträgers insbesondere in Entführungsfällen unter strengsten Verhältnismäßigkeitsgesichtspunkten diskutiert[129], doch

---

[122] Vgl. *Bank* in Dörr/Grote/Marauhn Kap. 11 Rn. 113 f., siehe auch *Frohwerk* S. 22 ff.
[123] EGMR 10.5.2001 – 29392/95 Rn. 69 ff. – Z. ua/Vereinigtes Königreich; EGMR 10.1.2003 – 38719/97 Rn. 109 – D. P. u. J. C./Vereinigtes Königreich.
[124] Vgl. hierzu EKMR 14.12.1973 – 4403/70, EuGRZ 1994, 386 – East African Asians Case; EGMR 10.5.2001 – 25781/94 Rn. 309 – Zypern/Türkei; EGMR 13.2.2013 – 12694/04 Rn. 89 – Lacatus ua/Rumänien; EGMR 7.10.2014 – 28490/02 Rn. 144 – Begheluri ua/Georgien; EGMR 3.7.2014 – 37966/07 Rn. 126 – Antayev ua/Russland.
[125] EGMR 27.9.1999 – 33985/96 und 33986/96 Rn. 122, NJW 2000, 2089 – Smith u. Grady/Vereinigtes Königreich.
[126] EGMR 27.9.1999 – 33985/96 und 33986/96 Rn. 121, NJW 2000, 2089 – Smith u. Grady/Vereinigtes Königreich; betr. Transexualität vgl. EGMR 30.7.1998 – 31–32/1997/815–816/1018–1019 Rn. 59 ff. – Sheffield u. Horsham/Vereinigtes Königreich.
[127] Zu Art. 3 EMRK vgl. zB EGMR 27.8.1992 – 12850/87 Rn. 115, EuGRZ 1994, 101 – Tomasi/Frankreich; hierzu vgl. ua *Addo/Grief* EJIL 1998, 510 (524); EGMR 30.6.2008 – 22978/05 Rn. 69 – Gäfgen/Deutschland; EGMR 1.6.2010 – 22978/05 Rn. 107 – Gäfgen/Deutschland, mAnm *Grabenwarter* NJW 2010, 3128; *Esser* NStZ 2008, 657.
[128] Vgl. insoweit ua EGMR 17.12.1996 – 71/1995/577/663 Rn. 43 ff., NVwZ 1997, 1100 – Ahmed/Österreich; EGMR 15.11.1996 – 70/1995/576/662 Rn. 29 f., NVwZ 1997, 1093 – Chahal/Frankreich; EuGH C-112/00, Slg. 2003, I-5659 Rn. 80 – Schmidberger/Österreich.
[129] Vgl. auch *Wittreck* DÖV 2003, 873 (881 f.); bzgl. eines absoluten Verwertungsverbots für die auf Grund der Androhung von Folter erlangter Geständnisse in einem Entführungsfall *(Jakob von Metzler)* vgl. LG Frankfurt StV 2003, 325 ff.; zu den Diskussionen betr. Entführungsfälle vgl. ua *Hecker* KJ 2003, 211 ff.; *Miehe* NJW 2003, 1219 f.; *Jerouschek/Kölbel* JZ 2003, 613 ff., *Maier* JRP 2012, 195 ff.; *Herbert* EuGRZ 2014, 661.

stünde dieses Ergebnis der ausdrücklich angeordneten **Notstandsfestigkeit** (vgl. Art. 15 Abs. 2 EMRK) entgegen.[130] Eine Zulassung solcher Folter „zu guten Zwecken" würde schließlich auf internationaler Ebene alle Anstrengungen in Richtung einer weltweiten Ächtung der Folter zunichtemachen.[131]

40　Es werden immanente **Einschränkungsmöglichkeiten in Extremsituationen,** zB bei Entführungen und angekündigten Bombenanschlägen (*ticking bomb*-Szenario), immer wieder unter dem Aspekt diskutiert, ob die Interessen der jeweils bedrohten Bevölkerung ausreichend berücksichtigt sind.[132] Durch eine Aufweichung des absoluten Verbots würden jedoch Grauzonen eröffnet werden und ein Missbrauch wäre nicht mehr zu kontrollieren (sog. „Dammbruchtheorie"). Es bestünde die Gefahr zur Abwehr möglicher Anschläge oder zur Verbrechensaufklärung auf Verdacht zu foltern.[133] Die Grenze zwischen legitimen und illegitimen Folterungen wäre dann nur schwer zu ziehen.[134] Die Verwirklichung einer terroristischen Bedrohung würde zwar zu einem Angriff auf die Rechtskultur führen, jedoch könnte staatlich angeordnete Folter eben diese Rechtskultur auch vernichten;[135] Kurzzeitergebnisse würden langandauernde Bemühungen um den internationalen Menschenrechtsschutz zunichtemachen.[136] Wegen der historisch-praktischen Erkenntnis, dass die Gestattung von Folter typischerweise zur Verletzung Unschuldiger führt[137], sowie der Gefahr des Missbrauchs staatlicher Gewaltausübung bei gleichzeitiger Versagung von Kontrollmöglichkeiten potentieller Menschenrechtsverletzungen, wie es derzeit im Kampf gegen den Terrorismus zu beobachten ist, ist daher auch weiterhin trotz aller Gefährdungslagen von einem uneingeschränkten Folterverbot auszugehen. Im Fall *Tomasi* hat der EGMR explizit festgestellt, dass auch die **Bekämpfung des Terrorismus** den Einsatz von gegen Art. 3 EMRK verstoßenden Mitteln nicht rechtfertigen kann[138]; ähnlich deutlich wurde er im *Aksoy*-Urteil: „*Even in the most difficult of circumstances, such as the fight against organised terrorism and crime, the Convention prohibits in absolute terms torture or inhuman or degrading treatment or punishment.*"[139]

E. Verhältnis zu anderen Grundrechtsgewährleistungen

41　Das absolute Verbot von Folter und unmenschlicher und erniedrigender Behandlung oder Strafe steht in Verbindung mit anderen Gewährleistungen zum Schutz der Menschenwürde und der körperlichen Unversehrtheit, die kumulativ geprüft werden können (→ § 13 Rn. 12, → § 14, → § 15 und → § 21 Rn. 17 ff.). Von einer vorrangigen „Einschlägigkeit" des Verbots von Folter und unmenschlicher und erniedrigender Behandlung oder Strafe gegenüber dem Schutz der körperlichen Unversehrtheit ist auszugehen, wenn eine gewisse Schwere erreicht und ein Element der Missachtung der Person des Betroffenen gegeben ist.[140]

F. Zusammenfassende Bewertung und Ausblick

42　In der Rechtsprechung des EuGH hat das grundrechtlich fundierte Folterverbot bislang zwar nur eine untergeordnete Rolle gespielt. Grundrechtsrelevante Gefährdungslagen kön-

---

[130] Vgl. insoweit aus der deutschen Rspr. LG Frankfurt a. M. NJW 2005, 698 ff.; hierzu *Jerouschek* JuS 2005, 296 ff.; *Götz* NJW 2005, 953 ff. (*Daschner*-Prozess).
[131] *Hecker* KJ 2003, 211 (217).
[132] In der Lit. zumindest abwägend vgl. *Brugger* JZ 2000, 165 ff.; *Brugger* Der Staat 1996, 67; *Bagaric/Clarke* USFLR 2005, 581; *Jerouschek* JuS 2005, 296; *Herdegen* in Maunz/Dürig GG Art. 1 Rn. 51.
[133] So *Uerpmann-Wittzack* in Ehlers GuG § 3 Rn 45.
[134] Vgl. *Raess*, Der Schutz vor Folter im Völkerrecht, S. 111 ff.
[135] Ebenso *Bielefeldt*, Gefahrenabwehr im demokratischen Rechtsstaat, S. 12.
[136] Ebenso *Scheller* NJW 2009, 705.
[137] Vgl. insoweit *Gebauer* NVwZ 2004, 1405 (1409).
[138] EGMR 27.8.1992 – 12850/87 Rn. 115, EuGRZ 1994, 101 – Tomasi/Frankreich.
[139] EGMR 18.12.1996 – 21987/93 Rn. 62 – Aksoy/Türkei; vgl. ferner EGMR 15.11.1996 – 70/1995/576/662 Rn. 79, NVwZ 1997, 1093 – Chahal/Vereinigtes Königreich. Zustimmend insoweit auch *Klugmann* S. 108.
[140] *Bank* in Dörr/Grote/Marauhn Kap. 11 Rn. 142.

nen jedoch auf Grund der sich ausdehnenden Aktivitäten der EU insbesondere im Rahmen der GASP wie auch der stärkeren Vergemeinschaftung der mitgliedstaatlichen Asylpolitiken und damit zusammenhängenden Abschiebungsverfahren zunehmen. Der Gewährleistungsbereich des unionsrechtlichen Verbots der Folter und unmenschlichen oder erniedrigenden Behandlung orientiert sich vorrangig an Art. 3 EMRK und an der zu dieser Vorschrift ergangenen Rechtsprechung des EGMR und wird, wie diese Rechtsprechung zeigt, durch eine Einbeziehung nichtstaatlicher Risiken sowie durch eine Ausweitung der Begriffe der unmenschlichen oder erniedrigenden Behandlung oder Strafe ausgedehnt. Bei dieser Entwicklung werden langfristig **Konflikte aus unterschiedlichen kulturellen und regionalen** und von der Auffassung des EGMR abweichenden **Vorstellungen** darüber entstehen, was bereits eine erniedrigende Behandlung oder Strafe darstellt.

Für die Konventionsstaaten ist es oftmals schwierig, den hohen durch die Rechtsprechung gestellten Anforderungen gerecht zu werden. Hier können in der Zukunft auch **Konflikte zwischen EU und Mitgliedstaaten** entstehen, wenn letztere Verpflichtungsadressaten der Unionsgrundrechte bei der Durchführung des Unionsrechts sind (→ § 9 Rn. 24 ff.). Auf Grund des Anwendungsvorrangs und der Bindung der Mitgliedsstaaten an die Grundrechtecharta bei Ausführung von Unionsrecht gem. Art. 51 Abs. 1 GRC wird das auch aus Art. 4 GRC zu entnehmende Verbot von Folter und unmenschlicher oder erniedrigender Behandlung unter Berücksichtigung der Rechtsprechung des EGMR zu Art. 3 EMRK für die nationalen Behörden in Ausweisungs- und Abschiebungsfragen unmittelbare Bedeutung erlangen. Im Verhältnis zu Drittstaaten können diese hohen Vorgaben durch eine **Einbeziehung in die internationale Menschenrechtspolitik der EU** umgesetzt werden.

43

§ 17 Verbot der Sklaverei, der Zwangsarbeit und des Menschenhandels

Übersicht

	Rn.
A. Bedeutung und Entwicklung	1–23
I. Verbot der Sklaverei	4–11
II. Verbot der Zwangsarbeit	12–14
III. Verbot von Menschenhandel	15–18
IV. Geltung der Verbote im Unionsrecht	19–23
B. Gewährleistungsgehalt	24–50
I. Adressaten und Grundrechtsdimensionen	24–27
II. Sklaverei und Leibeigenschaft	28–36
1. Sachlicher Gewährleistungsgehalt	28–35
2. (Un-)Einschränkbarkeit	36
III. Zwangsarbeit	37–43
1. Sachlicher Gewährleistungsgehalt	37–42
2. (Un-)Einschränkbarkeit	43
IV. Menschenhandel	44–50
1. Gewährleistungsgehalt	44–49
2. (Un-)Einschränkbarkeit	50
C. Verhältnis zu anderen Grundrechtsgewährleistungen	51
D. Zusammenfassende Bewertung und Ausblick	52–54

Schrifttum:

Bales, Die neue Sklaverei, 2001; *Bank,* Die Leistungen an NS-Zwangsarbeiter durch die Stiftung „Erinnerung, Verantwortung und Zukunft", in Marauhn, Die Rechtsstellung des Menschen im Völkerrecht, 2003, S. 83; *Beachey,* The Slave Trade in Eastern Africa: A Collection of Documents, 1976; *Berding,* Die Ächtung des Sklavenhandels auf dem Wiener Kongress 1814/15, Historische Zeitschrift 1974, 265; *Bleckmann,* Bundesverfassungsgericht versus Europäischer Gerichtshof für Menschenrechte, EuGRZ 1995, 387; *Ermacora,* Menschenrechte in der sich wandelnden Welt, 1974; *Europäisches Parlament, European Parliamentary Research Service,* Trafficking in Human Beings from a Gender Perspective, 2016, S. 12; *Fahrenhorst,* Bedeutung der „Zwangs- oder Pflichtarbeit" (Art. 4 Abs. 2 und 3 EMRK). Anmerkung zum Fall van der Mussele, EuGRZ 1985, 485; *Franklin/Moss,* Von der Sklaverei zur Freiheit, 1999; *Frenz,* Verbot der Sklaverei und Zwangsarbeit nach dem Urteil Siliadin, NZA 2007, 734; *Greenidge,* Slavery, 1958; *International Labour Organization,* Profits and Poverty: the Economics of Forced Labour, 2014; *dies.,* Global Estimate of Forced Labour – Results and methodology, 2012; *dies.,* Eine globale Allianz gegen Zwangsarbeit. Gesamtbericht im Rahmen der Folgemaßnahmen zur Erklärung der IAO über grundlegende Prinzipien und Rechte bei der Arbeit, 2005; *dies.,* Menschenhandel und Arbeitsausbeutung in Deutschland, 2005; *dies.,* Eine globale Allianz gegen Zwangsarbeit, 2005, S. 7; *Küblbeck,* Die EU-Richtlinie gegen Menschenhandel: Situation und Umsetzung in Deutschland, NDV 2017, 172; *Lindner,* Die Effektivität transnationaler Maßnahmen gegen Menschenhandel in Europa, 2014; *Martitz,* Das Internationale System zur Unterdrückung des Afrikanischen Sklavenhandels in seinem heutigen Bestande, AöR 1 (1886), 3; *Menz,* Frauenhandel als migrationsrechtliches Problem, 2001; *Mertens,* Die Zulässigkeit von Arbeitszwang und Zwangsarbeit nach dem Grundgesetz und der Europäischen Konvention für Menschenrechte und Grundfreiheiten, 1964; *Nanda/Bassiouni,* The Crime of Slavery and Slave Related Practices, in Bassiouni, International Criminal Law, Bd. 1, 1986, S. 504; *Obokata,* Trafficking Humans as a Crime against Humanity, ICLQ 2005, 445; *ders.,* EU Council Framework Decision on Combating Trafficking in Human Beings, CMLR 2003, 917; *Ritter,* Art. 4 EMRK und das Verbot des Menschenhandels, 2015; *Schroeder,* Das 37. Strafrechtsänderungsgesetz: Neue Vorschriften zur Bekämpfung des „Menschenhandels", NJW 2005, 1393; *Schwarz,* Zur völkerrechtlichen Bewertung von Zwangsheirat nach dem Statut des Internationalen Strafgerichtshof, ZIS 2019, 263; *Spoerer,* Zwangsarbeit unter dem Hakenkreuz, 2001; *Tretter,* Entwicklung und gegenwärtige Bedeutung der internationalen Sklavereiverbote, in Nowak/Steurer/Tretter, Fortschritt im Bewusstsein der Grund- und Menschenrechte, FS Felix Ermacora, 1988, S. 527; *Whitaker,* Updating of the report on slavery submitted to the Sub-Commission in 1966, 1982, E/CN.4/Sub.2/1982/20/Rev.1; *Zoglin,* United Action against Slavery: A Critical Evaluation, HRQ 1986, 306.

A. Bedeutung und Entwicklung

1 Der Mensch, insbesondere Frauen und Kinder, wird noch häufig als bloßes Objekt im Sinne einer Ware angesehen, beliebig austauschbar und verwertbar, sogar „verbrauchbar".

Sklaven- und Zwangsarbeit stehen noch immer in vielen Entwicklungsländern am Beginn von Herstellungsketten und Handelsströmen. Unfreiwillige Prostitution setzt vielfach Menschenhandel voraus.[1] **Sklaverei und Menschenhandel** stellen eine der unmenschlichsten Formen der Unterdrückung von Menschen dar und implizieren stets auch eine Verletzung der Menschenwürde (ausführlich zur Menschenwürde → § 13).[2] Den absoluten Verboten der Sklaverei, Zwangsarbeit und des Menschenhandels gemeinsam ist die Schutzrichtung – der **Schutz der Menschenwürde** gegen Diskriminierung und ökonomische wie sexuelle Ausbeutung. Die persönliche Freiheit und damit einhergehend das Sklavereiverbot gehört zu den Existenzrechten des Menschen,[3] ebenso das grundsätzliche Verbot von Zwangsarbeit und Menschenhandel.

Als Mittel ökonomischer Unterdrückung erfolgen Sklaverei und Menschenhandel faktisch ausnahmslos im privaten Interesse;[4] als Folge moderner Formen ökonomischer Ausbeutung[5] wie auch internationaler Migrationsbewegungen[6], „Sextourismus" etc nehmen diese Verbrechen heute wieder zu.[7] Im Zusammenhang mit Prostitution und Menschenhandel – insbesondere Frauen- und Kinderhandel – erfährt das Sklavereiverbot auch in Europa neue Aufmerksamkeit.[8] Vorwürfe, dass das Verbot verletzt werde, können sich dabei vornehmlich gegen Unterlassungen der Staaten richten, bestimmte legislative und administrative Maßnahmen versäumt zu haben.[9] Der Gewährleistungsumfang der spezifischen Verbote korrespondiert folglich mit **umfassenden menschenrechtlichen Schutzpflichten** und führt bei fehlender oder mangelhafter Durchführung administrativer Maßnahmen zu einer Verletzung der generellen menschenrechtlichen Verbote.

Die **Übergänge von Sklaverei über Leibeigenschaft** zu sonstigen Formen von Zwangs- und Pflichtarbeit und Menschenhandel **sind fließend**.[10] So bedeutet „Versklavung" im Sinne des Statuts über den Internationalen Strafgerichtshof (IStGH) die Ausübung aller oder einzelner mit einem Eigentumsrecht an einer Person verbundenen Befugnisse und umfasst die Ausübung dieser Befugnisse im Rahmen des Handels mit Menschen, insbesondere mit Frauen und Kindern.[11] Zwangsarbeit wird auch als sklavereiähnliche Praktik bewertet; unter bestimmten Bedingungen vermag ein repressives Arbeitsverhältnis sogar stärker auszubeuten als klassische Sklaverei, da ein Sklave einen wertvollen Besitz darstellt, der versorgt wird, Zwangsarbeiter hingegen ersetzbar sind.[12] Dementsprechend kann auch bei einer Einschätzung der **Anzahl der Opfer** dieser Verbrechen keine nach Bereichen getrennte Angabe erfolgen. UNICEF schätzt, dass täglich weltweit mehr als 3.000 Kinder „gehandelt" werden.[13] Andere UN-Quellen nennen für den Zeitraum 2010–2012 eine Zahl von weltweit insgesamt über 40.000 gemeldeten Opfern des Menschenhandels, gehen aber von einer weitaus höheren Dunkelziffer aus.[14] Die Zahl der registrierten Opfer von Menschenhandel in Deutschland setzte das **BKA** im Jahre 2017 bei 671 an,[15] in der Europäischen Union wurden in den Jahren 2015–2016 insgesamt 20.532 Opfer

---

1 *Ritter* Art. 4 EMRK und das Verbot des Menschenhandels S. 39.
2 Vgl. *Tretter* in Nowak/Steurer/Tretter S. 527 (528).
3 Vgl. *Nowak* CCPR Art. 8 Rn. 1.
4 So *Nowak* CCPR Art. 8 Rn. 5; umfangreiche Darstellung der Ursachen für Menschenhandel in *Lindner* S. 33.
5 Europäisches Parlament, Contemporary forms of slavery, Studie, 2018; *Lindner* passim.
6 Agentur der EU für Grundrechte, Protecting migrant workers from exploitation in the EU: workers, perspectives, 2019; Agentur der EU für Grundrechte, Out of sight: migrant women exploited in domestic work, 2018.
7 So *Nowak* CCPR Art. 8 Rn. 2.
8 *Borowsky* in NK-EuGRCh GRCh Art. 5 Rn. 8.
9 Vgl. *Tretter* in Nowak/Steurer/Tretter S. 527 (528).
10 So *Nowak* CCPR Art. 8 Rn. 8.
11 Vgl. Art. 7 Abs. 2 lit. c IStGH-Statut.
12 *Whitaker* 1982, abrufbar unter https://digitallibrary.un.org/record/33645.
13 Vgl. United Nations Children's Fund Schweiz, https://www.unicef.ch/de/so-helfen-wir/programme/kinderhandel-bekaempfen (zuletzt abgerufen am 7.7.2017).
14 United Nations Office on Drugs and Crime, Global Report on Trafficking in Persons, 2014, S. 17.
15 Bundeskriminalamt, Menschenhandel Bundeslagebericht, 2017, S. 1.

registriert[16]. Auch bei diesen Zahlen ist von einer weitaus höheren Dunkelziffer auszugehen. Nach Schätzungen der **ILO** arbeiten gegenwärtig 20,9 Millionen Männer, Frauen und Kinder weltweit unter Zwang oder sklavereiähnlichen Bedingungen.[17] Dies entspricht auch der von der Menschenrechtsorganisation *Anti-Slavery International* geschätzten Zahl.[18] Die Profite durch Zwangsarbeit beziffert die ILO auf 150,2 Milliarden Dollar jährlich.[19]

I. Verbot der Sklaverei

4   **Sklaverei** wurde von vielen Gesellschaften und Zivilisationen aller Epochen praktiziert, ua in Zusammenhang mit der Versklavung von Kriegsgefangenen. Die Entwicklung der alten Hochkulturen Ägypten, Rom und Griechenland beruhte auf der Arbeitsleistung von Sklaven. Das bestehende völkerrechtliche absolute Verbot des Sklavenhandels und der Sklaverei ist das Ergebnis einer über 200-jährigen Entwicklung,[20] die ihren Ursprung in der Humanitätsphilosophie der französischen Aufklärung und der „religiösen Stärke des angelsächsischen Puritanismus, vor allem im radikalen Glaubensindividualismus der Quäker" findet.[21] Großbritanniens Bestreben der Durchsetzung eines internationalen Sklavereiverbotes war aber auch ökonomisch begründet. Seine westindischen Plantagenbesitzer, deren Konkurrenz in den niederländischen, spanischen und portugiesischen Kolonien stärker auf den „Nachschub" von Sklaven angewiesen war, sollten hierdurch geschützt werden.

5   Auch wiesen **ökonomische Klassiker** auf den größeren Nutzen freier Arbeit hin. *Adam Smith* führt, neben moralischer Kritik,[22] beispielsweise aus, dass Sklaven höchst selten erfinderisch seien. Auch müssten in der Regel in den Gewerben, die Sklaven betrieben, mehr Arbeitskräfte eingesetzt werden, um die gleiche Leistung zu erzielen; daher sei auch die Arbeit eines Sklaven zwangsläufig in der Regel teurer als die eines Freien.[23]

6   In Frankreich wurde 1787 durch den *Abbé Sièyès* die *Société des Amis Noirs* und in Großbritannien das *Anti-Slave-Trade-Committee* durch den Quäkergeistlichen *Clarkson* gegründet, welches seine Fortsetzung in der *Anti-Slavery-Society* gefunden hat. Im Anschluss an den Wiener Kongress von 1815[24] verdichtete sich das von den „*principes d'humanité et la morale universelle*" getragene Pathos der „*hommes justes et éclairés de tous les temps*", wonach zur Zivilisationsidee der europäischen Völkerrechtsgemeinschaft nur noch solche Staaten gehören sollten, die den Sklavenhandel abgeschafft hatten.[25] Diese ethischen, rationalistischen und ökonomischen Gründe führten im Zeitalter der Aufklärung in den Nationalstaaten zunächst zu einer **schrittweisen Einschränkung** beginnend mit einem Verbot des Sklavenhandels (*Abolition Act* von 1807) und der allgemeinen Sklavenbefreiung im britischen Kolonialreich (1833). Frankreich folgte 1848, Portugal 1858 und die Niederlande 1863. In den USA kam es zu langen und heftigen Auseinandersetzungen; nach mehreren Teillösungen (Aufhebung der Sklaverei in den Nordstaaten 1787, Verbot der Sklaveneinfuhr 1808) kam es 1861 zum Sezessionskrieg, dessen Ende ein umfassendes Verbot der Sklaverei brachte. In den Südstaaten der USA wurde die Sklaverei schließlich 1863 durch Proklamation von Präsident *Lincoln* abgeschafft.[26]

7   Erst im fortschreitenden 19. Jahrhundert haben sich Ansätze eines **internationalen Rechtsschutzsystems** entwickelt, welches als Grundlage eines umfassenderen Rechts-

---

[16] Europäische Kommission, Zweiter Bericht über die Fortschritte bei der Bekämpfung des Menschenhandels (2018) gemäß Artikel 20 ..., COM(2018) 777 final, 2.
[17] ILO Global Estimate of Forced Labour – Results and methodology S. 13.
[18] Vgl. die umfassenden Veröffentlichungen zu den Themen Zwangsarbeit, Sklaverei und Menschenhandel abrufbar unter: http://www.antislavery.org (zuletzt abgerufen am 7.7.2017).
[19] ILO Profits and Poverty: the Economics of Forced Labour S. 13.
[20] Zur Geschichte der Sklaverei und ihrer Ächtung vgl. ua *Ermacora* S. 234 ff.; *Beachey* passim; *Greenidge* passim.
[21] *Bülck* in Strupp/Schlochauer, Wörterbuch des Völkerrechts, 1962, S. 275.
[22] *Smith*, Theorie der ethnischen Gefühle, 1994, S. 352; vgl. hierzu auch *Ross*, Adam Smith, 1998, S. 258.
[23] *Smith*, An Inquiry into the Nature and Causes of the Wealth of Nations, 5th ed. 1789, I S. 70 u. IV S. 235 f.
[24] Hierzu ua *Berding* Historische Zeitschrift 1974, 26 ff.
[25] *Bülck* in Strupp/Schlochauer, Wörterbuch des Völkerrechts, 1962, S. 275 (276).
[26] Zur Abschaffung der Sklaverei in den USA vgl. ua *Franklin/Moss* passim.

schutzes gegen Sklaverei und sklavereiähnlicher Praktiken dient.[27] Eigentlicher Beginn des internationalen Kampfes gegen die Sklaverei war der am 3. Juli 1842 in London abgeschlossene *Quintuple*-Vertrag, dem insgesamt 26 Staaten beitraten.[28] Die Schlussakte der Berliner Zentralafrika-Konferenz vom 26. Februar 1885 erklärt im Zusammenhang mit den „*blessings of civilisation*", dass der Sklavenhandel in Übereinstimmung mit den Prinzipien des Völkerrechts verboten sei.[29] Dieses Dokument fand seine Fortsetzung in der Brüsseler Anti-Sklavereiakte vom 2. Juli 1890, die ua eine Bekämpfung von Sklavenkarawanen vorsah. Auch führte sie zur Begründung eines „diplomatischen Schutzrechtes für flüchtige Sklaven".[30] Nach dem Ersten Weltkrieg hat der Völkerbund diese Bemühungen in den Mandatsverträgen und schließlich im **Genfer Übereinkommen über die Sklaverei** vom 25. September 1926[31] fortgeführt, nachdem bereits 1921 das Internationale Übereinkommen zur Unterdrückung des Frauen- und Kinderhandels abgeschlossen worden war.[32] Art. 1 der Anti-Sklaverei-Konvention definiert sowohl die Sklaverei als auch den Sklavenhandel (→ Rn. 30 ff.). Die Vertragsparteien trifft hinsichtlich beider Regelungsgegenstände eine absolute Unterbindungspflicht einschließlich der Einführung entsprechender Strafbestimmungen.

Die Vereinten Nationen setzten die **internationalen Bemühungen um die Abschaffung der Sklaverei** fort. 1950 wurde die Konvention zur Unterdrückung des Menschenhandels und der Ausbeutung von Prostituierten verabschiedet.[33] Das Zusatzabkommen über die Abschaffung der Sklaverei, des Sklavenhandels und sklavereiähnlicher Einrichtungen und Praktiken vom 7. September 1956[34] ergänzt die Sklaverei-Konvention von 1926 und verpflichtet die Vertragsstaaten zur Beseitigung der Sklaverei ähnlicher Einrichtungen. Die Mitgliedstaaten haben den Schutzbereich der Konvention durch strafrechtliche Bewährung in ihrer jeweiligen Rechtsordnung zu sichern.[35]

8

Seit dem Zweiten Weltkrieg findet sich über diese speziellen Konventionen hinaus das Verbot der Sklaverei – zumeist in Verbindung mit dem Verbot der Zwangsarbeit – in einer Vielzahl von **universellen und regionalen Übereinkommen zum Schutz der Menschenrechte**.[36] Der rechtlich unverbindliche Art. 4 AEMR besagt, dass niemand in Sklaverei oder Leibeigenschaft gehalten werden darf und Sklaverei und Sklavenhandel in allen Formen verboten sind. Fast gleichlautend ist Art. 8 IPBPR formuliert.[37] Weiter bestimmt Art. 16 IPBPR: „Jedermann hat das Recht, überall als rechtsfähig anerkannt zu werden"; jedermann ist damit Rechtssubjektivität garantiert. Auch nach Art. 4 EMRK sind Sklaverei und Leibeigenschaft verboten. Das Sklavereiverbot ist nach allen zitierten Bestimmungen **absolut, notstandsfest und unabhängig von politischen Systemen, Religionen und Kulturen** als menschenrechtlicher Standard anerkannt und weitgehend verwirklicht.[38] Hingegen ist der menschenrechtliche Standard hinsichtlich des Verbotes sklavereiähnlicher Praktiken in der Praxis noch weitgehend unterentwickelt und unbestimmt.[39] Das IStGH-Statut ordnet Versklavung den **Verbrechen gegen die Menschlichkeit** zu.[40]

9

---

[27] *Tretter* in Nowak/Steurer/Tretter S. 527 (530).
[28] Vgl. *Ermacora* S. 237.
[29] Vgl. umfassend und mit der zeitlichen Nähe *Martitz* AöR 1 (1886), 3 (3 ff.).
[30] *Ermacora* S. 238.
[31] Übereinkommen betreffend die Sklaverei v. 25.9.1926, UNTS Bd. 212, S. 17, idF des Änderungsprotokolls v. 7.12.1953, BGBl. 1972 II 1473.
[32] Vom 30.9.1921, UNTS Bd. 53, S. 39 ff. Das Abkommen nimmt Bezug auf die internationalen Abkommen zur Bekämpfung des Mädchenhandels aus den Jahren 1904 und 1910.
[33] UNTS Bd. 96, S. 271 ff.
[34] BGBl. 1958 II 203.
[35] So *Ipsen* in Ipsen VölkerR § 36 Rn. 11.
[36] Bzgl. der weiteren Entwicklung vgl. die umfassende und mit zahlreichen weiteren Nachweisen versehene Darstellung bei *Tretter* in Nowak/Steurer/Tretter S. 527 (533 ff.).
[37] Allerdings wird Leibeigenschaft nicht angeführt.
[38] Vgl. *Tretter* in Nowak/Steurer/Tretter S. 527 (528).
[39] *Tretter* in Nowak/Steurer/Tretter S. 527 (529).
[40] Art. 7 Abs. 1 lit. c IStGH-Statut v. 10.12.1998, BGBl. 2000 II 1394.

10 Auf Grund des ausnahmslosen und universellen Charakters des Sklavereiverbots ist es zum völkergewohnheitsrechtlichen *ius cogens* zu zählen.[41] Der IGH hat das Bestehen von **Verpflichtungen** *erga omnes* bei bestimmten völkerrechtlichen Verbrechen, zu denen auch Sklaverei zählt, angenommen.[42] Nationale Gesetzgeber können diese Menschenrechte weder einschränken noch im Falle eines nationalen Notstands außer Kraft setzen.

11 Während des **europäischen Grundrechtekonvents** war man sich der Tatsache bewusst, dass neue Formen der Sklaverei weltweit auf dem Vormarsch sind.[43] Vor diesem Hintergrund hat der Grundrechtekonvent mit dem Sklavereiverbot eines der ältesten Menschenrechte in die Grundrechtecharta aufgenommen.[44] Der diesbezügliche Wortlaut der EMRK wurde wörtlich übernommen.

II. Verbot der Zwangsarbeit

12 Einhergehend mit dem Kampf gegen die Sklaverei wurde seit dem Ersten Weltkrieg auch gegen **Zwangsarbeit** vorgegangen. Arbeit in diesem Sinne kann körperliche oder geistige Arbeit sein, die unter Ausübung körperlichen oder moralischen Zwangs erfolgt. Als erste wendeten sich die Mandatsverträge des Völkerbundes sowie die Anti-Sklaverei-Konvention von 1926 hiergegen.[45] 1930 schlossen die Mitglieder der ILO das Abkommen Nr. 29 über Zwangs- und Pflichtarbeit.[46] Im Rahmen der ILO wurden auch weitere Übereinkommen über die vielfältigen Formen mittelbarer Zwangsarbeit abgeschlossen,[47] zuletzt 1999 das Übereinkommen Nr. 182 über das Verbot und unverzügliche Maßnahmen zur Beseitigung der schlimmsten Formen der Kinderarbeit.[48] Vor und während des Zweiten Weltkriegs haben das Deutsche Reich und deutsche Unternehmen mehrere Millionen Menschen durch Zwangsarbeit ausgebeutet. Im Rahmen der verspäteten Aufarbeitung dieser Verbrechen werden nunmehr Entschädigungsleistungen für diese Menschenrechtsverletzungen durch eine Stiftung geleistet.[49]

13 Wie das Slavereiverbot (→ Rn. 10) zählt heute auch das Verbot der Zwangsarbeit zum **Völkergewohnheitsrecht**; es findet sich in einer Vielzahl internationaler Menschenrechtserklärungen und -konventionen,[50] in Spezialabkommen[51] wie auch in nationalen Verfassungstexten[52].

14 Hinsichtlich der Aufnahme des Verbots der Zwangsarbeit in die **Grundrechtecharta** kamen Zweifel auf, ob ein derartiges Verbot in eine an die Europäische Union gerichtete Charta gehört,[53] grundsätzlich traf die Aufnahme dieses Verbots in Art. 5 Abs. 2 GRC aber auf keinerlei weiteren Widerstand.[54] Auf eine Aufnahme der „Negativdefinition" des Art. 4

---

[41] So *Nowak* CCPR Art. 8 Rn. 7.
[42] IGH Urteil, ICJ-Reports 1970 para 34 – Barcelona-Traction.
[43] So *Borowsky* in NK-EuGRCh GRCh Art. 5 Rn. 6.
[44] Vgl. auch *Borowsky* in NK-EuGRCh GRCh Art. 5 Rn. 1. Zu den Beratungen im Konvent vgl. *Bernsdorff/Borowsky*, GRC, S. 143, 175 u. 274.
[45] BGBl. 1972 II 1473.
[46] ILO-Übereinkommen Nr. 29 über Zwangs- oder Pflichtarbeit v. 28. Juni 1930, BGBl. 1956 II 641; BGBl. 1963 II 1136; geänd. durch das ILO-Übereinkommen Nr. 116 v. 26. Juni 1961.
[47] Vgl. das ILO-Übereinkommen Nr. 105 über die Abschaffung der Zwangsarbeit v. 25. Juni 1957, BGBl. 1959 II 442, ratifiziert von 175 Staaten: http://www.ilo.org/dyn/normlex/en/f?p=1000:11300:0::NO:11300:P11300_INSTRUMENT_ID:312250 (zuletzt abgerufen am 24.8.2018).
[48] BGBl. 2001 II 1290 ff.
[49] Hierzu ua *Spoerer* S. 249; *Bank* S. 83 ff. S. a. Bundesfinanzministerium, Entschädigung von NS-Unrecht, Regelungen zur Wiedergutmachung, 2019, S. 13 f.
[50] Vgl. Art. 4 EMRK; Art. 8 Abs. 3 IPBPR; Art. 6 Abs. 1 IPWSKR; Art. 6 Abs. 2 AmerMRK; Art. 5 AfrMRC.
[51] BGBl. 1956 II 641; BGBl. 1963 II 1136; BGBl. 1959 II 442.
[52] Vgl. hierzu ua § 29 Abs. 2 estnVerf; Art. 12 Abs. 2 u. 3 GG; Art. 22 Abs. 3 S. 1 griechVerf; Art. 23 italVerf; Art. 106 lettVerf; Art. 48 littVerf; Art. 65 polnVerf; Art. 18 slowakVerf; Art. 49 slowenVerf; Art. 25 Abs. 2 S. 1 spanVerf; Art. 9, Art. 112 Abs. 1 tschechVerf iVm Art. 9 tschechGR-Deklaration; Art. 70/B ungVerf.; vgl. ferner den 13. Zusatzartikel U. S.-amerVerf.
[53] So *Borowsky* in NK-EuGRCh GRCh Art. 5 Rn. 12.
[54] Vgl. *Borowsky* in NK-EuGRCh GRCh Art. 5 Rn. 12; *Bernsdorff/Borowsky*, GRC, S. 142 ff., 175 u. 274.

Abs. 3 EMRK, also von solchen Bereichen, die grundsätzlich nicht als Zwangsarbeit einzustufen sind, wurde nach Diskussionen verzichtet.[55]

III. Verbot von Menschenhandel

Das **Verbot des Menschenhandels** rundet die Verbote der Sklaverei und der Zwangsarbeit ab.[56] Bei Menschenhandel handelt es sich in der Regel um die – ökonomische Vorteile bringende – Vermittlung von Menschen zur Ausbeutung ihrer Arbeitskraft, die sich entweder in einer sklavereiähnlichen Abhängigkeit befinden oder in eine solche versetzt werden sollen.[57] Die Diskussionen um ein spezifisches Verbot des Menschenhandels nahmen ihren Ursprung in den Bemühungen um eine effektive Durchsetzung des Sklavereiverbotes;[58] der Bericht des Generalsekretärs über den Menschenhandel und die Ausbeutung von Prostituierten[59] wurde der *Working Group on Slavery* zur weiteren Behandlung zugeleitet, von der weitere Studien verfasst wurden[60]. 15

Menschenhandel wird als **Betätigungsfeld der organisierten internationalen Kriminalität** weltweit zu einem immer größeren Problem.[61] Wirtschaftliche Not, Armut und Unerfahrenheit werden für Prostitution, Drogenhandel und illegale Einschleusung sowie organisierte Schwarzarbeit ausgebeutet.[62] Auch Organhandel scheint eine größere Rolle zu spielen.[63] Immer häufiger zählen zu den Opfern Kinder. Weder **AEMR**, EMRK und IPBPR noch die mitgliedstaatlichen Verfassungen erwähnen jedoch ein Verbot des Menschenhandels explizit. Dagegen wird dieses Verbot aber in mehreren zu Beginn des vergangenen Jahrhunderts abgeschlossenen Spezialübereinkommen festgeschrieben.[64] In Art. 5 Abs. 3 GRC findet sich nunmehr erstmals das **Verbot des Menschenhandels in einem Menschen- und Grundrechtekatalog.** Das ausdrückliche Verbot des Menschenhandels wurde auf Vorschlag des Vertreters der deutschen Länder im Konvent in die Charta aufgenommen.[65] 16

Nach Beendigung des Konvents wurde auf internationaler Ebene als rechtsverbindliches UN-Instrument gegen die organisierte Kriminalität am 12. Dezember 2000 die sog. **Palermo-Konvention**[66] abgeschlossen, die in ihren Ergänzungsprotokollen Menschenhandel und Migrantenschleusung behandelt: Das 2. Ergänzungsprotokoll fasst Definitionen und materielle Inhalte verschiedener anderer Abkommen, so ua des Abkommens über den 17

---

55 Hierzu *Borowsky* in NK-EuGRCh GRCh Art. 5 Rn. 18 f.
56 Zur Entwicklung insbes. des Verbots des Frauen- und Mädchenhandels und der Ausbeutung von Prostituierten vgl. *Tretter* in Nowak/Steurer/Tretter S. 527 (557 ff.).
57 *Lindner* S. 11; *Tretter* in Nowak/Steurer/Tretter S. 527 (568 ff.).
58 Vgl. hierzu die Arbeiten der 1974 eingesetzten *Working Group on Slavery* (Sub Commission on Prevention of Discrimination and Protection of Minorities, Res. 11 v. 21.8.1974). Hierzu ua United Nations, United Nations Actions in the Field of Human Rights, 1983, S. 138; *Zoglin* HRQ 1986, 306 (309).
59 *Whitaker*, 1982, abrufbar unter https://digitallibrary.un.org/record/33645.
60 United Nations, Study on the suppression of the traffic in persons and the exploitation of the prostitution of others, UN Publ. Sales No. E85.IV.11.
61 So die Begründung für die Aufnahme dieses Verbots in: Europäischer Konvent, Draft Charter of Fundamental Rights of the European Union, Dok. CONVENT 35 v. 25.5.2000, 139.
62 Vgl. Europäisches Parlament, Entschließung zum Menschenhandel, ABl. 1996 C 32, 89 Punkt C.
63 Vgl. Erwägungsgrund 11 der Richtlinie 2011/36/EU des Europäischen Parlaments und des Rates vom 5. April 2011 zur Verhütung und Bekämpfung des Menschenhandels und zum Schutz seiner Opfer sowie zur Ersetzung des Rahmenbeschlusses 2002/629/JI des Rates, ABl. 2011 L 101, 1 (2).
64 Vgl. Internationales Übereinkommen zur Gewährung wirksamen Schutzes gegen den Mädchenhandel v. 18. Mai 1904 idF des Änderungsprotokolls v. 4.5.1949, BGBl. 1972 II 1478; Internationales Übereinkommen zur Bekämpfung des Mädchenhandels v. 4. Mai 1910 idF des Änderungsprotokolls v. 4.5.1949, BGBl. 1972 II 1482; Internationale Übereinkunft zur Unterdrückung des Frauen- und Kinderhandels v. 30. September 1921 idF des Änderungsprotokolls v. 12.11.1947, BGBl. 1972 II 1074, 1081; Internationales Übereinkommen zur Unterdrückung des Handels mit volljährigen Frauen v. 11. Oktober 1933 idF des Änderungsprotokolls v. 12.11.1947, BGBl. 1972 II 1081; Konvention zur Unterdrückung des Menschenhandels und der Ausbeutung von Prostituierten v. 21.3.1950, UNTS Bd. 96, S. 271.
65 So *Borowsky* in NK-EuGRCh GRCh Art. 5 Rn. 20.
66 Resolution der UN-Generalversammlung 55/25 vom 10. November 2000, United Nations Convention against Transnational Organized Crime, A/RES/55/25, abgedr. in ILM 40 (2001), 334 ff.

Menschenhandel von 1949 und des Zusatzabkommens über die Abschaffung der Sklaverei, des Sklavenhandels und sklavereiähnlicher Einrichtungen und Praktiken von 1957, zusammen. Dieses Instrument zielt ua darauf ab, den Tatbestand des Menschenhandels von dem des Schmuggelns zu unterscheiden.[67] Mit dem Ziel eines umfassenden Opferschutzes werden mit dem Ausdruck „Menschenhandel" die Anwerbung, Beförderung, Verbringung, Beherbergung oder der Empfang von Personen durch die Androhung, Anwendung von Gewalt oder anderer Formen der Nötigung, durch Entführung, Betrug, Täuschung, Missbrauch von Macht oder Ausnutzung besonderer Hilflosigkeit oder durch Entgegennahme von Zahlungen oder Vorteilen zur Erlangung des Einverständnisses einer Person, die Gewalt über eine andere Person hat, zum Zwecke ua sexueller Ausbeutung, Zwangsarbeit, Sklaverei oder sklavereiähnlicher Praktiken, und die kriminelle Gewinnung von Körperorganen bei Lebendspenden bezeichnet.[68] Die Anwerbung, Beförderung, Verbringung, Beherbergung oder der Empfang von Kindern zum Zwecke der Ausbeutung sind auch ohne die Anwendung der zuvor angeführten Mittel als Menschenhandel einzustufen.[69] Die EU hat dieses völkerrechtliche Abkommen sowie die Zusatzprotokolle unterzeichnet und ratifiziert.[70]

18 Am 1.2.2008 trat die **Konvention des Europarates gegen Menschenhandel** in Kraft, die mittlerweile von 47 Staaten ratifiziert worden ist.[71] Anders als die Palermo-Konvention, die in erster Linie die Bekämpfung der organisierten Kriminalität im Blick hat, stellt die Konvention des Europarates den Menschenhandel als erstes verbindliches völkerrechtliches Dokument ausdrücklich in einen menschenrechtlichen Kontext, indem sie die Rechte der Betroffenen zu einem gleichwertigen Schwerpunkt macht.[72] Die Überwachung der Einhaltung der Konvention ist einer unabhängigen Expertengruppe „GRETA" *(Group of Experts on Action against Trafficking in Human Beings)* übertragen, die ua regelmäßig die Unterzeichnerstaaten besucht und Länderberichte veröffentlicht.

IV. Geltung der Verbote im Unionsrecht

19 Als unmittelbar dem **Völkergewohnheitsrecht** zu entnehmende Verbürgungen kommen dem Sklavereiverbot und dem Verbot der Zwangsarbeit als „Bestandteile der Rechtsordnung der Union" **unmittelbare Geltung in der Unionsrechtsordnung** zu (→ § 4 Rn. 18).[73] Auch dem Verbot des Menschenhandels muss als eine Konkretisierung

---

[67] ILO Globale Allianz gegen Zwangsarbeit S. 7.
[68] Hierzu *Borowsky* in NK-EuGRCh GRCh Art. 5 Rn. 40.
[69] Vgl. Art. 3 lit. c Anhang II, Protocol to Prevent, Suppress and Punish Trafficking in Persons, Especially Women and Children, supplementing the United Nations Convention against Transnational Organized Crime), zur Resolution der UN-Generalversammlung 55/25 vom 10. November 2000, A/RES/55/25, 31.
[70] Vgl. Rat, Beschluss des Rates vom 18. Dezember 2000 zur Unterzeichnung - im Namen der EG - des Übereinkommens der Vereinten Nationen gegen die grenzüberschreitende organisierte Kriminalität sowie der Zusatzprotokolle über den Menschenhandel, insbesondere den Handel mit Frauen und Kindern, und das Einschleusen von Migranten auf dem Land-, Luft- und Seeweg, ABl. 2001 L 30, 44. Vgl. auch Rat, Beschluss des Rates vom 24. Juli 2006 über den Abschluss - im Namen der EG - des Zusatzprotokolls zur Verhütung, Bekämpfung und Bestrafung des Menschenhandels, insbesondere des Frauen- und Kinderhandels, zum Übereinkommen der Vereinten Nationen gegen die grenzüberschreitende organisierte Kriminalität in Bezug auf diejenigen Bestimmungen des Zusatzprotokolls, die in den Anwendungsbereich der Artikel 179 und 181a des Vertrags zur Gründung der Europäischen Gemeinschaft fallen (2006/618/EG), ABl. 2006 L 262, 44 und Rat, Beschluss des Rates vom 24. Juli 2006 über den Abschluss - im Namen der EG - des Zusatzprotokolls zur Verhütung, Bekämpfung und Bestrafung des Menschenhandels, insbesondere des Frauen- und Kinderhandels, zum Übereinkommen der Vereinten Nationen gegen die grenzüberschreitende organisierte Kriminalität in Bezug auf diejenigen Bestimmungen des Zusatzprotokolls, die in den Anwendungsbereich von Titel IV des Dritten Teils des Vertrags zur Gründung der Europäischen Gemeinschaft fallen (2006/619/EG), ABl. 2006 L 262, 51.
[71] CETS No. 197.
[72] *Lindner* S. 63.
[73] Zur Geltung des Völkergewohnheitsrechts im europäischen Unionsrecht vgl. EuGH C-286/90, Slg. 1992, I-6019 Rn. 9 - Poulsen; EuGH C-162/96, Slg. 1998, 3655 Rn. 45 - Racke; ausführlich: *Epiney* EuR Beih. 2/2012, 25.

des Schutzes der Menschenwürde wie auch auf Grund weiterer Überschneidungsbereiche mit Sklaverei- und Zwangsarbeitsverbot eine entsprechende Stellung eingeräumt werden.

Die EU hat die **internationalen Verträge,** an deren Abschluss die Mitgliedstaaten beteiligt waren oder denen sie beigetreten sind, zu wahren.[74] Diese Verpflichtung umfasst die oben angeführten internationalen Verträge zum Menschenrechtsschutz, die ein Verbot von Sklaverei, Zwangsarbeit und Menschenhandel beinhalten, wie auch die genannten Spezialkonventionen. Über die „Brücke" der allgemeinen Rechtsgrundsätze werden die genannten Menschenrechtspakte und Spezialkonventionen zu Bestandteilen der Unionsrechtsordnung.[75]

20

Seit der Neufassung durch den Vertrag von Lissabon ist in Art. 6 Abs. 1 Hs. 1 EUV geregelt, dass die EU die Rechte, Freiheiten und Grundsätze, die in der Charta der Grundrechte der Europäischen Union niedergelegt sind, anerkennt. Damit kommt der Grundrechtecharta erstmals unmittelbare rechtliche Verbindlichkeit im Unionsrecht zu.[76] Nach Art. 6 Abs. 1 Hs. 2 EUV sind die Charta der Grundrechte und die Verträge rechtlich gleichrangig. Damit sind nun auch die Verbote der Sklaverei, Zwangsarbeit und des Menschenhandels aus Art. 5 GRC für die Union und die Mitgliedstaaten bei der Durchführung von Unionsrecht (vgl. Art. 51 Abs. 1 GRC) unmittelbar rechtlich verbindlich. Gemäß Art. 6 Abs. 3 EUV sind die Grundrechte, wie sie in der EMRK gewährleistet sind und wie sie sich aus den **gemeinsamen Verfassungsüberlieferungen der Mitgliedstaaten ergeben** allgemeine Rechtsgrundsätze des Unionsrechts. Trotz der ausdrücklichen Bezugnahme in Art. 6 Abs. 3 EUV entfaltet die EMRK aber keine unmittelbare Wirkung im Unionsrecht (→ § 2 Rn. 21 ff.).[77] Dies soll sich mit dem in Art. 6 Abs. 2 EUV vorgesehenen Beitritt der EU zur EMRK ändern, der jedoch bislang an dem ablehnenden Gutachten des EuGH gescheitert ist.[78]

21

Ungeachtet ihrer fehlenden Bindungswirkung für die EU nimmt in der Rechtsprechung des EuGH die **EMRK** eine **zentrale Rolle als Rechtserkenntnisquelle** ein. Die leitenden Grundsätze der EMRK sind im Rahmen des Unionsrechts zu berücksichtigen.[79] In der Union können „keine Maßnahmen als rechtens anerkannt werden, die mit der Bedeutung der so anerkannten und gewährleisteten Menschenrechte unvereinbar sind".[80] Der EMRK kommt bei der Rechtsfindung des EuGH im Wege wertender Rechtsvergleichung daher eine „prägende Rolle" zu.[81] Die Rechtsprechung des EGMR bildet auf Grund der unionsrechtlich bestehenden Selbstverpflichtung eine Orientierung für den EuGH,[82] auf die umso mehr in den Bereichen zurückzugreifen ist, in denen bislang jegliche Rechtsprechung des EuGH fehlt. Bei den in der EU bestehenden absoluten Verboten von Sklaverei, Zwangsarbeit und Menschenhandel ist daher hinsichtlich der Ausdifferenzierung des sachlichen Gewährleistungsbereiches insbesondere die Rechtsprechung des EGMR zu Grunde zu legen.

22

Das **Zusatzprotokoll „Menschenhandel"** zur **Palermo-Konvention** (Übereinkommen der Vereinten Nationen gegen die grenzüberschreitende organisierte Kriminalität; UNTOC – United Nations Convention against Transnational Organized Crime and the Protocols Thereto) ist am 12.12.2000 durch die EG sowie durch alle EG-Mitgliedstaaten unterzeichnet worden. Das UNTOC ist am 19.9.2003 und das Protokoll „Menschenhandel" am 25.12.2003 in Kraft getreten. Die EU hat das Protokoll „Menschenhandel" am

23

---

[74] EuGH 136/79, Slg. 1980, 2033 Rn. 33 – National Panasonic; zur Einbeziehung des IPBPR bei der Herleitung von Unionsgrundrechten vgl. EuGH 374/87, Slg. 1989, 3283 Rn. 31 – Orkem.
[75] So *Haratsch* MRM 2002, 29 (52); vgl. auch EuGH C-249/96, Slg. 1998, I-621 Rn. 44 – Grant.
[76] *Beutler* in von der Groeben/Schwarze/Hatje EUV Art. 6 Rn. 12 f.
[77] EuG 20.2.2001 – T-112/98 Rn. 75 – Mannesmannröhren-Werke/Kommission.
[78] Vertiefend: Grabenwarter/Pabel EMRK § 4 Rn. 14 ff.
[79] EuGH 222/84, Slg. 1986, 1651 Rn. 18 – Johnston.
[80] EuGH 5/88, Slg. 1989, 1651 Rn. 17 – Wachauf.
[81] So *Kingreen* in Calliess/Ruffert EUV Art. 6 Rn. 7.
[82] Vgl. auch *Streinz* in Streinz EUV Art. 6 Rn. 25.

24.7.2007 ratifiziert,[83] wodurch dieses gemäß Art. 216 Abs. 2 AEUV „für die Organe der Union und für die Mitgliedstaaten verbindlich" und zu einem integrierenden Bestandteil des Unionsrechts wurde. **Deutschland** reagierte auf die internationale Entwicklung mit einer Einfügung von mehreren den Menschenhandel betreffenden Straftatbeständen (§§ 232, 233, 233a, 233b StGB)[84] und hat im Sommer 2005 auch das für die deutsche Ratifikation erforderliche Zustimmungsgesetz verabschiedet.[85]

B. Gewährleistungsgehalt

I. Adressaten und Grundrechtsdimensionen

24 Bei den Verboten der Sklaverei, der Zwangsarbeit und des Menschenhandels handelt es sich um **im Unionsrecht existente Menschenrechte** (→ Rn. 19 ff.). Als Völkergewohnheitsrecht gelten diese Regeln und Verbote auch in der Union; mit der Unterzeichnung der og Palermo-Konvention[86] (→ Rn. 17 u. 23) geht die Union entsprechende eigenständige völkervertragliche Verpflichtungen ein.

25 Mit diesen völker- und unionsrechtlichen Verboten werden **Unterlassungspflichten** und **Schutzpflichten** der Europäischen Union und ihrer Mitgliedstaaten im Rahmen des Erlasses sowie der Durchführung von Unionsrecht festgeschrieben. Grundsätzlich handelt es sich hier, wie dies insbesondere bei der Zwangsarbeit deutlich wird, um klassische liberale Abwehrrechte, die dem Individuum Schutz gegenüber Eingriffen durch den Staat bieten sollen.[87]

26 Von größerer Bedeutung sind aber die der EU auferlegten **Schutzverpflichtungen**.[88] Sklaverei, Zwangsarbeit und Menschenhandel drohen heutzutage überwiegend durch Private auf dem Gebiet der organisierten Kriminalität, insbesondere der Schleuserkriminalität und der organisierten sexuellen Ausbeutung aus ökonomischen Gründen sowie aus soziokulturellen Traditionen. Hieraus ergeben sich **Horizontalwirkungen** des Sklavereiverbots[89] wie auch der Verbote der Zwangsarbeit und des Menschenhandels. Schutzpflichten der Union und der Mitgliedstaaten rücken in den Vordergrund.[90] Die EU wird auf Grund eigener Beteiligung auf internationaler Ebene völkerrechtlich verpflichtet, Vorsorge dafür zu treffen, dass die angeführten Praktiken nicht in ihrem Hoheitsbereich ausgeübt werden.[91] Diese Verpflichtungen strahlen auf das gesamte Handeln der Union aus und sind innerunional und in den Mitgliedstaaten ua durch Verbote und effiziente gerichtliche und

---

[83] S. zum Übereinkommen der Vereinten Nationen gegen die grenzüberschreitende organisierte Kriminalität sowie der Zusatzprotokolle über den Menschenhandel, insbesondere den Handel mit Frauen und Kindern, und das Einschleusen von Migranten auf dem Land-, Luft- und Seeweg, ABl. 2001 L 30, 44; zum Zusatzprotokoll zur Verhütung, Bekämpfung und Bestrafung des Menschenhandels, insbesondere des Frauen- und Kinderhandels, zum Übereinkommen der Vereinten Nationen gegen die grenzüberschreitende organisierte Kriminalität in Bezug auf diejenigen Bestimmungen des Zusatzprotokolls, die in den Anwendungsbereich der Artikel 179 und 181a des Vertrags zur Gründung der Europäischen Gemeinschaft fallen (2006/618/EG), ABl. 2006 L 262, 44; zum Zusatzprotokoll zur Verhütung, Bekämpfung und Bestrafung des Menschenhandels, insbesondere des Frauen- und Kinderhandels, zum Übereinkommen der Vereinten Nationen gegen die grenzüberschreitende organisierte Kriminalität in Bezug auf diejenigen Bestimmungen des Zusatzprotokolls, die in den Anwendungsbereich von Titel IV des Dritten Teils des Vertrags zur Gründung der Europäischen Gemeinschaft fallen (2006/619/EG), ABl. 2006 L 262, 51.
[84] BGBl. 2005 I 239; hierzu *Schroeder* NJW 2005, 1393 ff.; ferner *Ritter* S. 422 ff.
[85] BGBl. 2005 II 954.
[86] UN-Protokoll zur Verhütung, Bekämpfung und Bestrafung des Menschenhandels, insbesondere des Frauen- und Kinderhandels (UN A/55/383 Anh. II), ILM 40 2001, 334 ff.
[87] Zu Art. 12 Abs. 3 GG vgl. *Breuer* in Isensee/Kirchhof HStR Bd. VIII § 170 Rn. 9.
[88] Vgl. zB Art. 208 AEUV.
[89] Vgl. insoweit *Nowak* CCPR Art. 8 Rn. 6.
[90] *Borowsky* in NK-EuGRCh GRCh Art. 5 Rn. 25.
[91] Rat, Beschluss des Rates vom 8. Dezember 2000 zur Unterzeichnung – im Namen der EG – des Übereinkommens der Vereinten Nationen gegen die grenzüberschreitende organisierte Kriminalität sowie der Zusatzprotokolle über Menschenhandel, insbesondere den Handel mit Frauen und Kindern, und das Einschleusen von Migranten auf dem Land-, Luft- und Seeweg (2001/87/EG), ABl. 2001 L 30, 44.

administrative Durchführungsmaßnahmen, insbesondere durch effektive Strafverfolgung, umzusetzen.[92] Die Ausweitung der Personenfreizügigkeit ist seitens der EU dahingehend abzusichern, dass die Grenzöffnungen nicht durch die organisierte Kriminalität missbraucht werden. Die EU ist bereits durch eine Reihe von Maßnahmen konkret tätig geworden.[93]

Aus den grundsätzlichen menschenrechtlichen Schutzpflichten folgen Pflichten der Union, sich in ihren **internationalen Beziehungen** ua beim Abschluss bilateraler Verträge[94] für entsprechende **effektive Verbote in Drittstaaten** einzusetzen.[95] Die EU ist bemüht, durch flankierende Maßnahmen zur Wahrung der Menschenrechte in Entwicklungsländern beizutragen.[96] In **Assoziierungsabkommen** werden zunehmend Grundrechtsklauseln aufgenommen, mit denen die Fortdauer der Zusammenarbeit von der Einhaltung bestimmter Mindeststandards abhängig gemacht wird. Menschenrechtsklauseln als wesentliche Vertragsbestandteile geben der Union die Möglichkeit, die Beziehungen zu Drittstaaten insgesamt zu beenden oder zu suspendieren.[97] Eine Förderung durch Entwicklungshilfe kommt bei einer Verletzung von Menschenrechten nicht in Betracht.[98]

27

II. Sklaverei und Leibeigenschaft

1. Sachlicher Gewährleistungsgehalt. Das Verbot der Sklaverei untersagt eine Ökonomisierung aller Menschen. Weder der EuGH noch die Europäische Kommission für Menschenrechte und der EGMR hatten sich bislang umfassend mit dem Sklavereiverbot bzw. mit Art. 4 Abs. 1 EMRK zu befassen;[99] soweit ersichtlich, hat sich der EuGH überhaupt noch nicht mit Sklaverei beschäftigen müssen. In den speziellen Abkommen zur Abschaffung der Sklaverei sind Begriffsbestimmungen festgelegt, die auch für den europäischen Rechtsraum als allgemeine Rechtsgrundsätze auf Grund wertender Rechtsvergleichung sowie als unmittelbar geltendes Völkergewohnheitsrecht Geltung beanspruchen. Da

28

---

[92] So allg. *Nowak* CCPR Art. 8 Rn. 6.
[93] Vgl. hierzu ua: Rat, Rahmenbeschluss 2008/841/JI des Rates vom 24. Oktober 2008 zur Bekämpfung der organisierten Kriminalität, ABl. 2008 L 300, 42; Richtlinie 2011/36/EU zur Verhütung und Bekämpfung des Menschenhandels und zum Schutz seiner Opfer, ABl. 2011 L 101, 1; Kommission, Mitteilung der Kommission an das Europäische Parlament, den Rat, den Europäischen Wirtschafts- und Sozialausschuss und den Ausschuss der Regionen, Die Strategie der EU zur Beseitigung des Menschenhandels 2012–2016, COM(2012) 286 final; Mitteilung der Kommission an das Europäische Parlament, den Rat, den Europäischen Wirtschafts- und Sozialausschuss und den Ausschuss der Regionen, EU-Aktionsplan gegen die Schleusung von Migranten (2015–2020) COM(2015) 285 final.
[94] Vgl. zB Art. 208 AEUV (ausführlich zum Ganzen → § 4 Rn. 31 ff.).
[95] Vgl. hierzu umfassend *Hoffmeister*, Menschenrechts- und Demokratieklauseln in den vertraglichen Außenbeziehungen der Europäischen Gemeinschaft, 1998; *Bartels*, Eine menschenrechtliche Modellklausel für die völkerrechtlichen Abkommen der Europäischen Union, 2014.
[96] Vgl. ua VO (EG) Nr. 975/1999 vom 29. April 1999 zur Festlegung der Bedingungen für die Durchführung von Maßnahmen auf dem Gebiet der Entwicklungszusammenarbeit, die zu dem allgemeinen Ziel der Fortentwicklung und Festigung der Demokratie und des Rechtsstaats sowie zur Wahrung der Menschenrechte und Grundfreiheiten beitragen, ABl. 1999 L 120, 1, geändert durch VO (EG) Nr. 2240/2004 vom 15. Dezember 2004 zur Änderung der Verordnung (EG) Nr. 975/1999, ABl. 2004 L 390, 3; Rat der Europäischen Union, Strategischer Rahmen für Menschenrechte und Demokratie, 11855/12; Kommission, Gemeinsame Mitteilung an das Europäische Parlament und den Rat – Aktionsplan für Menschenrechte und Demokratie (2015–2019) – „Bekräftigung der Menschenrechte als Kernstück der EU-Agenda", JOIN(2015) 16 final; Rat der Europäischen Union, Schlussfolgerung des Rates zum Aktionsplan für Menschenrechte und Demokratie (2015–2019), 10897/15.
[97] Vgl. *Streinz/Kruis* in Streinz AEUV Art. 208 Rn. 23; vgl. auch EuGH C-268/94, Slg. 1996, I-6177 Rn. 26 – Portugal/Rat: „Zum Vorbringen der portugiesischen Regierung, die Qualifizierung der Achtung der Menschenrechte als wesentlichen Bestandteil der Zusammenarbeit setze bestimmte Aktionsmittel voraus, ist erstens festzustellen, dass die Anpassung der Kooperationspolitik notwendig die Schaffung eines gewissen Unterordnungsverhältnisses erforderlich macht." Vgl. insoweit zB: Kommission, Bekanntmachung über die Einleitung einer Untersuchung wegen Zwangsarbeit in Myanmar in Hinblick auf die vorübergehende Rücknahme der Präferenzen im Rahmen des Allgemeinen Präferenzschemas der Europäischen Union, ABl. 1996 C 15, 3.
[98] Vgl. Kommission, Mitteilung der Kommission zur Konfliktprävention, KOM(2001) 211; *Streinz/Kruis* in Streinz AEUV Art. 208 Rn. 23.
[99] Siehe aber EGMR 26.7.2005 – 73316/01 Rn. 115 ff. – Siliadin/Frankreich.

alle EU-Mitgliedstaaten Vertragsparteien der Anti-Sklaverei-Konventionen von 1926/53 und 1956[100] sind und diese Abkommen Völkergewohnheitsrecht kodifizieren, handelt es sich bei den in den Konventionen enthaltenen Definitionen um für den EGMR[101] wie auch für die EU bzw. den EuGH **verbindliche Vorgaben;** der EuGH hat festgestellt, dass er die internationalen Verträge, an deren Abschluss die Mitgliedstaaten beteiligt waren oder denen sie beigetreten sind, zu wahren hat.[102]

29   Seit der **Ratifizierung des UN-Protokolls** zur Verhütung, Bekämpfung und Bestrafung des Menschenhandels (→ Rn. 17) besteht darüber hinaus eine unmittelbare völkervertragliche Verpflichtung der EU zur Unterbindung und Verfolgung von Sklaverei.[103]

30   a) Sklaverei. Bei Sklaverei[104] handelt es sich um den „Zustand oder die Stellung einer Person, an der die mit dem Eigentumsrecht verbundenen Befugnisse oder einzelne davon ausgeübt werden." **Sklavenhandel** umfasst „jeden Akt der Festnahme, des Erwerbs oder der Abtretung einer Person in der Absicht, sie in den Zustand der Sklaverei zu versetzen; jede Handlung zum Erwerb eines Sklaven in der Absicht, ihn zu verkaufen oder zu vertauschen; jede Handlung zur Abtretung eines zum Verkauf oder Tausch erworbenen Sklaven durch Verkauf oder Tausch und überhaupt jede Handlung des Handels mit Sklaven oder der Beförderung von Sklaven."[105] Ein Fall von Sklaverei wurde vom EGMR in Fällen, in denen sich 15- und 16-jährige Angehörige der britischen Streitkräfte, die sich für längere Dienstzeiten verpflichtet hatten, von der Kommission verneint.[106] Das IStGH-Statut definiert Versklavung als „die Ausübung aller oder einzelner mit einem Eigentumsrecht an einer Person verbundene Befugnisse und die Ausübung dieser Befugnisse im Rahmen des Handels mit Menschen, insbesondere mit Frauen und Kindern".[107] Dementsprechend, jedoch mit Bezug auf die Anti-Sklaverei Konvention von 1927, sah der EGMR keinen Fall von Sklaverei gegeben, solange nicht originäre Eigentumsbefugnisse über die Betroffene ausgeübt wurden.[108]

31   b) Sklavereiähnliche Praktiken und Einrichtungen. Art. 1 des Zusatzabkommens von 1956 (→ Rn. 8) benennt eine Reihe von verbotenen sklavereiähnlichen Praktiken und Einrichtungen, denen die einseitige ökonomische Ausbeutung eines Menschen durch Ausnutzung eines auf Dauer angelegten Abhängigkeitsverhältnisses gemeinsam ist:[109]

32   **Schuldknechtschaft** bedeutet „eine Rechtsstellung oder eine Lage, die dadurch entsteht, dass ein Schuldner als Sicherheit für eine Schuld seine persönlichen Dienstleistungen oder diejenigen einer seiner Kontrolle unterstehenden Person verpfändet, wenn der in angemessener Weise festgesetzte Wert dieser Dienstleistung nicht zur Tilgung der Schuld dient oder wenn diese Dienstleistungen nicht sowohl nach ihrer Dauer wie auch nach ihrer Art begrenzt und bestimmt sind".[110]

33   **Leibeigenschaft** ist die „Lage oder Rechtsstellung eines Pächters, der durch Gesetz, Gewohnheitsrecht oder Vereinbarung verpflichtet ist, auf einem einer anderen Person gehörenden Grundstück zu leben und zu arbeiten und dieser Person bestimmte entgeltliche

---

[100] Übereinkommen betreffend die Sklaverei v. 25.9.1926, UNTS. Bd. 212, S. 17, idF des Änderungsprotokolls v. 7.12.1953, BGBl. 1972 II 1473; Zusatzabkommen über die Abschaffung der Sklaverei, des Sklavenhandels und sklavereiähnlicher Einrichtungen und Praktiken v. 7.9.1956, BGBl. 1958 II 205.
[101] Für den EGMR vgl. *Frowein* in Frowein/Peukert EMRK Art. 4 Rn. 1.
[102] EuGH 136/79, Slg. 1980, 2033 Rn. 33 – National Panasonic; zur Einbeziehung des IPBPR bei der Herleitung von Gemeinschaftsgrundrechten vgl. EuGH 374/87, Slg. 1989, 3283 Rn. 31 – Orkem.
[103] S. die Nachweise der völkerrechtlichen Abkommen in Fn. 81.
[104] Vgl. Art. 1 Anti-Sklaverei Konvention von 1926.
[105] Vgl. Art. 1 Anti-Sklaverei Konvention von 1926.
[106] EKMR 19.7.1968 – 3435/67 ua – W. ua/Vereinigtes Königreich.
[107] Art. 7 Abs. 2 lit. c IStGH-Statut.
[108] EGMR 26.10.2005 – 73316/01 Rn. 122 – Siliadin/Frankreich. Stattdessen nahm der EGMR hier einen Fall der Leibeigenschaft vor. Insofern kritisch: *Frenz* NZA 2007, 734 (735).
[109] So die vergleichende Analyse von *Tretter* in Nowak/Steurer/Tretter S. 527 (547).
[110] Zu Formen der Schuldknechtschaft vgl. *Nowak* CCPR Art. 8 Rn. 4.

oder unentgeltliche Dienste zu leisten, ohne seine Rechtsstellung selbständig ändern zu können".

Einrichtungen oder Praktiken des Frauenkaufs sind solche, „durch die eine Frau, 34 ohne ein Weigerungsrecht zu besitzen, gegen eine an ihre Eltern, ihren Vormund, ihre Familie oder eine andere Person oder Gruppe gegebene Geld- oder Naturalleistung zur Ehe versprochen oder verheiratet wird, der Ehemann einer Frau, seine Familie oder seine Sippe berechtigt ist, sie gegen Entgelt oder in anderer Weise an eine andere Person abzutreten, oder eine Frau beim Tode ihres Ehemann zwangsläufig an eine andere Person vererbt wird".[111]

Einrichtungen oder Praktiken der Übergabe von Kindern und Jugendlichen sind 35 solche, „bei denen ein Kind oder ein Jugendlicher unter 18 Jahren von seinen natürlichen Eltern oder einem Elternteil oder seinem Vormund entgeltlich oder unentgeltlich einer anderen Person übergeben wird, in der Absicht, das Kind oder den Jugendlichen oder seine Arbeitskraft auszunutzen".

2. (Un-)Einschränkbarkeit. Das Sklavereiverbot ist absolut, dh ein Eingriff in den Ge- 36 währleistungsgehalt ist in keinem Fall zu rechtfertigen. Dies gilt sowohl für Art. 4 Abs. 1 EMRK als auch für Art. 5 Abs. 1 GRC. Art. 15 Abs. 2 EMRK bestimmt für den Anwendungsbereich der EMRK die **Uneinschränkbarkeit** dieses Verbots auch in Kriegs- und Notstandszeiten. Nach Art. 52 Abs. 3 S. 1 GRC haben die in der Grundrechtecharta enthaltenen Rechte, die den durch die EMRK garantierten Rechten entsprechen, die gleiche Bedeutung und Tragweite, wie sie ihnen in der EMRK verliehen wird. Insoweit ist die vorgenannte Uneinschränkbarkeit auf die Gewährleistungen der Grundrechtecharta zu übertragen, wie auch bereits heute auf das im Rechtsraum der EU geltende (umfassende) Sklavereiverbot (→ § 16 Rn. 39 f.).

III. Zwangsarbeit

1. Sachlicher Gewährleistungsgehalt. Die Auferlegung von Zwangs- oder Pflichtarbeit 37 verstößt gegen das **Gebot der freien Selbstbestimmung** und die Menschenwürde des Einzelnen. Der Einsatz der eigenen Arbeitskraft muss der autonomen Entscheidung des Einzelnen unterliegen. Mit dem Verbot der Zwangsarbeit sollen die Herabwürdigung der menschlichen Persönlichkeit durch bestimmte Methoden des Arbeitseinsatzes, wie sie in totalitär beherrschten Staaten üblich sind, ausgeschlossen werden.[112] Der im Sinne dieser Gewährleistung verbotene Zwang besteht in einer Beugung des individuellen Willens durch physische oder psychische Mittel.[113]

Art. 5 Abs. 2 GRC entspricht Art. 4 Abs. 2 EMRK. Der EGMR orientiert sich bei der 38 Definition des Begriffs der Zwangsarbeit im Sinne des Art. 5 Abs. 2 EMRK an anderen internationalen Verträgen, insbesondere an dem ILO-Übereinkommen Nr. 29 über Zwangs- oder Pflichtarbeit.[114] Dessen Art. 2 definiert als **Zwangs- oder Pflichtarbeit** jede Art von Arbeit oder Dienstleistung, die von einer Person unter Androhung irgendeiner Strafe verlangt wird und für die sie sich nicht freiwillig zur Verfügung gestellt hat. Es ist gleichgültig, ob es sich hierbei um körperliche oder geistige Arbeit handelt.[115] Die Abgrenzung zwischen zulässigen öffentlichen Pflichten im Zusammenhang mit der Berufstätigkeit und verbotener Zwangs- und Pflichtarbeit erweist sich für den EGMR wie auch für nationale Gerichte vielfach als schwierig.[116]

---
[111] *Schwarz* ZIS 2019, 263 (269).
[112] So BVerfGE 74, 102 (116), zur Entstehungsgeschichte und zum historischen Umfeld von Art. 12 Abs. 2 u. 3 GG.
[113] Zu Art. 12 Abs. 3 GG vgl. *Breuer* in Isensee/Kirchhof HStR Bd. VIII § 170 Rn. 9.
[114] So *Frowein* in Frowein/Peukert EMRK Art. 4 Rn. 10; vgl. insoweit insbesondere EGMR 23.11.1983 – 8919/80 Rn. 32, EuGRZ 1985, 477 – van der Mussele/Belgien.
[115] EGMR 23.11.1983 – 8919/80 Rn. 33, EuGRZ 1985, 477 – van der Mussele/Belgien.
[116] So *Frowein* in Frowein/Peukert EMRK Art. 4 Rn. 11; dies für die Auslegung des Art. 12 Abs. 2 u. 3 GG feststellend BVerfGE 83, 119 ff.; BVerfGE 74, 102 (116 ff.).

39 Anhaltspunkte betreffend den Umfang des Schutzbereiches des Zwangsarbeitsverbotes enthält der **Negativkatalog** des Art. 4 Abs. 3 EMRK, der angibt, was nicht als Zwangs- oder Pflichtarbeit gilt und was der Wortlaut des Abs. 2 nicht beinhalten soll. Abs. 3 dient folglich als „Interpretationshilfe" des Abs. 2.[117] Diese Einschränkung wird auf Grund der Transferklausel des Art. 52 Abs. 3 S. 1 GRC (→ Rn. 36) bei der Auslegung von Art. 5 GRC zu berücksichtigen sein. Nicht als Zwangs- oder Pflichtarbeit einzustufen ist folglich jede Arbeit, die normalerweise von einer Person verlangt wird, die unter den von Art. 5 EMRK vorgesehenen Bedingungen **in Haft** gehalten oder bedingt freigelassen worden ist;[118] jede **Dienstleistung militärischen Charakters,** oder im Falle der Verweigerung aus Gewissensgründen in Ländern, wo diese als berechtigt anerkannt ist, eine sonstige an Stelle der militärischen Dienstpflicht tretende Dienstleistung;[119] jede Dienstleistung im Falle von **Notständen und Katastrophen,** die das Leben oder das Wohl der Gemeinschaft bedrohen;[120] sowie jede Arbeit oder Dienstleistung, die zu den **normalen Bürgerpflichten** gehört[121].

40 Die von dem Verbot unberührt und damit erlaubt bleibenden normalen **Bürgerpflichten** sind auch in zahlreichen Verfassungen der Mitgliedstaaten statuiert.[122] Auch die Präambel der Grundrechtecharta spricht von den „Verantwortlichkeiten und Pflichten sowohl gegenüber den Mitmenschen als auch gegenüber der menschlichen Gemeinschaft und den künftigen Generationen." Hiernach sind solidarische Arbeitsleistungen mit einer demokratischen Gesellschaft vereinbar.[123] Unter Rückgriff auf Art. 2 Abs. 2 lit. b ILO-Konvention Nr. 29 sind aber nur solche Zwangsarbeiten, die in demokratischen Gemeinwesen zur Erfüllung staatlicher Aufgaben unbedingt notwendig sind und nicht anders als durch Zwang verwirklicht werden können, als normale Bürgerpflichten anzusehen.[124] Der EGMR sieht zB im Fall *van der Mussele* in der Übernahmeverpflichtung einer Pflichtverteidigung ohne Bezahlung den Gedanken der gesellschaftlichen Solidarität zum Ausdruck gebracht.[125]

41 Entscheidend für die **Qualifizierung als Zwangs- oder Pflichtarbeit** ist, ob die Arbeit unfreiwillig erfolgt und außerdem ungerecht oder unterdrückend ist oder zwangsläufige Härten zur Folge hat.[126] Nach der Rechtsprechung des EGMR ist für die Qualifizierung einer Arbeit als Zwangs- oder Pflichtarbeit eine **Gesamtwürdigung sämtlicher Umstände des Einzelfalles** vorzunehmen, wobei zu erwartende Vorteile, zB im Hinblick auf berufliche Ausbildung, zu berücksichtigen sind.[127] Daher ist es grundsätzlich problematisch, Pflichten, die die Folge eines frei gewählten Berufes sind, schon dann als Zwangs- oder Pflichtarbeit zu qualifizieren, wenn sie relativ untergeordnete Bedeutung haben und dem Rahmen der beruflichen Tätigkeit zuzurechnen sind.[128] Entscheidend ist also das angemessene Verhältnis der von der Arbeitsverpflichtung zu erwartenden Vor- und

---

[117] So EGMR 23.11.1983 – 8919/80 Rn. 38, EuGRZ 1985, 477 – van der Mussele/Belgien.
[118] EGMR 18.6.1971 – 2832/66, 2835/66 und 2899/66, Series A no. 12 Rn. 88 f. – de Wilde, Ooms u. Versyp/Belgien (Belgische Landstreicherfälle); EKMR 30.5.1967 – 2742/66 – X/Österreich.
[119] Hierzu vgl. EKMR 14.10.1985 – 10600/83 – Johansen/Norwegen (Zwang zu Ersatzdienst im Lager); EKMR 19.7.1968 – 3435/67, 3436/67, 3437/67 und 3438/67 ua – W., X., Y. und Z./Vereinigtes Königreich. Auf die Wehrpflicht als besondere Staatsbürgerpflicht iSd Art. 4 Abs. 2 lit. b EMRK verweist auch die deutsche Bundesregierung hinsichtlich der Wehrpflicht, vgl. GA *Stix-Hackl*, SchlA C-186/01, Slg. 2003, I-2479 Rn. 34 – Dory.
[120] Vgl. hierzu *Frowein* in Frowein/Peukert EMRK Art. 4 Rn. 15.
[121] Vgl. zB EGMR 18.7.1994 – 13580/88, EuGRZ 1995, 392 ff. – Schmidt/Deutschland; vgl. hierzu auch *Bleckmann* EuGRZ 1995, 387 ff.
[122] Vgl. zB Art. 12a GG; Art. 81 dänVerf; Art. 127 finnVerf; Art. 4 Abs. 6, Art. 13 Abs. 4 griechVerf; Art. 52 italVerf; §§ 97 u. 98 ndlVerf; Art. 30, Art. 31 spanVerf.
[123] So *Borowsky* in NK-EuGRCh GRCh Art. 5 Rn. 31.
[124] Vgl. *Nowak* CCPR Art. 8 Rn. 32.
[125] EGMR 23.11.1983 – 8919/80 Rn. 39, EuGRZ 1985, 477 – van der Mussele/Belgien.
[126] EKMR 17.12.1963 – 1468/62, EuGRZ 1975, 51 – Iversen/Norwegen; Grabenwarter/Pabel EMRK § 20 Rn. 91.
[127] EGMR 23.11.1983 – 8919/80 Rn. 39, EuGRZ 1985, 477 – van der Mussele/Belgien.
[128] So *Frowein* in Frowein/Peukert EMRK Art. 4 Rn. 11.

Nachteile.[129] Insofern stellt auch der **Wegfall von Arbeitslosenunterstützung bei Nichtannahme einer zumutbaren Arbeit** keinen Verstoß gegen das Verbot von Zwangs- und Pflichtarbeit dar.[130] Die Gewichtung der Zwangswirkung einer Dienstpflicht findet damit bereits auf der Tatbestandsseite des absoluten Verbots statt.

Nach Art. 1 ILO-Konvention Nr. 105 über die Abschaffung der Zwangsarbeit verpflichten sich die Staaten, Pflicht- oder Zwangsarbeit nicht als Mittel des politischen Zwanges, der Erziehung oder als Bestrafung für politische Anschauungen, als Methode der wirtschaftlichen Entwicklung, als Mittel zur Erhaltung der Arbeitsdisziplin, als Bestrafung für die Teilnahme an Streiks oder als Mittel der rassischen, sozialen, nationalen oder religiösen Diskriminierung zu verwenden.[131] 42

2. (Un-)Einschränkbarkeit. Eine Einschränkung des Gewährleistungsbereichs des Verbots der Zwangs- und Pflichtarbeit ist unzulässig. Ein Rückgriff auf die Schranken des Art. 52 Abs. 1 GRC im Unionsrecht scheidet auf Grund von Art. 52 Abs. 3 S. 1 GRC (→ Rn. 36) aus.[132] 43

IV. Menschenhandel

1. Gewährleistungsgehalt. Auch das Verbot des Menschenhandels leitet sich unmittelbar aus dem Grundsatz der Menschenwürde ab; der Mensch darf nicht zur Ware bzw. zu einem Objekt herabgewürdigt werden.[133] Bei diesem Verbot handelt es sich um einen aufgrund von Art. 5 Abs. 3 GRC rechtlich verbindlichen Grundsatz und eine Handlungsanweisung im Sinne einer Aufforderung an die Unionsorgane, schützend tätig zu werden und **Menschenhandel aktiv zu bekämpfen.**[134] Obwohl die EMRK im Gegensatz zur GRC zum Verbot des Menschenhandels schweigt, sieht auch der EGMR mittlerweile das Verbot des Menschenhandels als von Art. 4 EMRK umfasst an.[135] Damit ergibt sich auch für die Mitgliedsstaaten eine umfassende Bindung an das Verbot des Menschenhandels aus EMRK und GRC. 44

Die EU setzt sich seit 1996 aktiv für die **Entwicklung eines umfassenden, multidisziplinären Konzepts zur Prävention und Bekämpfung des Menschenhandels** ein. Anfänglich hat man sich auf die Entwicklung von Maßnahmen der Strafverfolgung und der justiziellen Zusammenarbeit auf dem Gebiet des Menschenhandels konzentriert. Neuere Entwicklungen setzen verstärkt auf Prävention und Opferschutz. So waren die Ziele des Rahmenbeschlusses zur Bekämpfung des Menschenhandels ua die Schaffung einer einheitlichen Definition des Menschenhandels, die Stärkung des Rechtsschutzes für die Opfer,[136] Verstärkung von Maßnahmen zu ihrer sozialen Wiedereingliederung und die Durchführung wirkungsvoller Maßnahmen gegen die Beteiligten.[137] Dieser Rahmenbeschluss wurde mittlerweile durch die **Richtlinie 2011/36/EU** ersetzt,[138] welche ua die Definition des Menschenhandels im Vergleich zum Rahmenbeschluss erweitert hat und den Mitglieds- 45

---

[129] Bzgl. der Verpflichtung von Rechtsanwälten zur Übernahme der Pflichtverteidigung ohne Bezahlung vgl. EGMR 23.11.1983 – 8919/80 Rn. 34 ff., EuGRZ 1985, 477 – van der Mussele/Belgien; zur Pflichtverteidigung vgl. ferner EKMR 14.7.1972 – 4897/71 u. 5219/71, EuGRZ 1975, 56 – Gussenbauer/Österreich. Hinsichtlich der Verpflichtung eines Zahnarztes, in einem Gebiet die öffentliche zahnärztliche Versorgung zu gewährleisten, vgl. EKMR 17.12.1963 – 1468/62, EuGRZ 1975, 51 ff. – Iversen/Norwegen; zur Pflichtverteidigung im Verfahren der Prozesskostenhilfe gegen Gebühr vgl. EKMR 1.4.1974 – 4653/76, EuGRZ 1975, 47 ff. – J. H. Husmann/Bundesrepublik Deutschland.
[130] Vgl. hierzu *Frowein* in Frowein/Peukert EMRK Art. 4 Rn. 12.
[131] BGBl. 1959 II 442.
[132] So auch *Borowsky* in NK-EuGRCh GRCh Art. 5 Rn. 33.
[133] *Borowsky* in NK-EuGRCh GRCh Art. 5 Rn. 36.
[134] *Borowsky* in NK-EuGRCh GRCh Art. 5 Rn. 41.
[135] EGMR 7.1.2010 – 25965/04 Rn. 281 – Rantsev/Zypern u. Russland.
[136] Rat, Rahmenbeschluss des Rates vom. 19. Juli 2002 zur Bekämpfung des Menschenhandels, ABl. 2002 L 203, 1.
[137] Erwägungsgrund 7, ABl. 2002 L 203, 1.
[138] ABl. 2011 L 101, 1.

staaten einen Mindeststrafrahmen für die Sanktionen gegen Menschenhandel vorgibt (→ Rn. 48).[139] Mit Beschluss vom 25. März 2003 hat die Kommission eine **Sachverständigengruppe Menschenhandel** eingerichtet.[140] Diese soll der Kommission Stellungnahmen zu geplanten Initiativen zur Bekämpfung des Menschenhandels vorlegen und so einen Beitrag zur Weiterentwicklung der Prävention und Bekämpfung des Menschenhandels leisten.[141]

46 Die „Erläuterungen" des Präsidiums des Grundrechtekonvents[142] verweisen zur **Konkretisierung des Verbots von Menschenhandel** auf das Europol-Übereinkommen[143] und auf das Schengener Durchführungsübereinkommen[144]. Das **Europol-Übereinkommen** definiert Menschenhandel zum Zwecke der sexuellen Ausbeutung als „tatsächliche und rechtswidrige Unterwerfung einer Person unter den Willen anderer Personen mittels Gewalt, Drohung oder Täuschung oder unter Ausnutzung eines Abhängigkeitsverhältnisses insbesondere mit dem folgenden Ziel: Ausbeutung durch Prostitution, Ausbeutung von Minderjährigen, sexuelle Gewalt gegenüber Minderjährigen oder Handel im Zusammenhang mit Kindesaussetzung. Diese Formen der Ausbeutung umfassen auch die Herstellung, den Verkauf und die Verbreitung von kinderpornographischem Material".[145] Art. 27 Abs. 1 (Kap. VI) **Schengener Durchführungsübereinkommen** bestimmt im Hinblick auf Schleuseraktivitäten, dass sich die Vertragsparteien zu angemessenen Sanktionen gegen jede Person verpflichten, „die zu Erwerbszwecken einem Drittausländer hilft oder zu helfen versucht, in das Hoheitsgebiet einer der Vertragsparteien unter Verletzung ihrer Rechtsvorschriften in Bezug auf die Einreise und den Aufenthalt von Drittausländern einzureisen und sich dort aufzuhalten." Die Anhänge II und III der **UN-Palermo-Konvention**[146] nehmen eine tatbestandlich weitergehende Umschreibung des Menschenhandels[147] vor (→ Rn. 17, 23).[148]

47 In **Art. 2 der Richtlinie 2011/36/EU** wird der Straftatbestand des Menschenhandels zum Zwecke der Ausbeutung der Arbeitskraft oder zum Zwecke der sexuellen Ausbeutung wie folgt definiert:

(1) Die Mitgliedstaaten treffen die erforderlichen Maßnahmen, damit die nachstehenden vorsätzlich begangenen Handlungen unter Strafe gestellt werden:
Die Anwerbung, Beförderung, Verbringung, Beherbergung oder Aufnahme von Personen, einschließlich der Übergabe oder Übernahme der Kontrolle über diese Personen, durch die Androhung oder Anwendung von Gewalt oder anderer Formen der Nötigung,

---

[139] Erwägungsgrund 11, ABl. 2011 L 101, 2.
[140] Kommission, Beschluss der Kommission vom 25. März 2003 zur Einrichtung einer Beratenden Gruppe mit der Bezeichnung „Sachverständigengruppe Menschenhandel", ABl. 2003 L 79, 25.
[141] Zur EU-Richtlinie und ihrer Umsetzung in Deutschland: S. *Küblbeck* NDV 2017, 172 (172 ff.).
[142] Europäischer Verfassungskonvent, Entwurf der Charta der Grundrechte der Europäischen Union, DOK. CHARTE 4473/00 CONVENT 49 v. 11.10.2000, abgedr. bei *Fischer*, Der Vertrag von Nizza, 2001, S. 513 ff.
[143] Rat, Rechtsakt des Rates vom 26. Juli 1995 über die Fertigstellung des Vertrages über die Europäische Union über die Errichtung eines Europäischen Polizeiamt, ABl. 1995 C 316, 1.
[144] Übereinkommen zur Durchführung des Übereinkommens von Schengen, BGBl. 1993 II 1013.
[145] Rat, Beschluss des Rates vom 3. Dezember 1998 zur Ergänzung der Definition der Kriminalitätsform „Menschenhandel" im Anhang zum Europol-Übereinkommen, ABl. 1999 C 26, 21; ähnlich auch die Definition des EP in seiner Entschließung zum Menschenhandel, 18. Januar 1996, ABl. 1996 C 32, 88: „[…] versteht unter Menschenhandel die rechtswidrige Handlung einer Person, die direkt oder indirekt die Einreise oder den Aufenthalt eines Bürgers aus einem Drittland fördert, um ihn durch Betrug oder Anwendung von Zwang oder unter missbräuchlicher Ausnutzung einer schwierigen oder durch Behördenwillkür verursachten Situation auszubeuten".
[146] UN-Palermo-Konvention: General Assembly, Report of the Ad Hoc Committee on the Elaboration of a Convention against Transnational Organized Crime on the work of its first to eleventh sessions, 2000, A/55/383 u. Resolution der UN-Generalversammlung 55/25 vom 10. November 2000, A/RES/55/25.
[147] Vgl. Art. 3 lit. a Anhang II (Protocol to Prevent, Suppress and Punish Trafficking in Persons, Especially Women and Children, supplementing the United Nations Convention against Transnational Organized Crime), Resolution der UN-Generalversammlung 55/25 vom 10. November 2000, A/RES/55/25, 31 (32).
[148] Zu alldem ausführlich: *Lindner* S. 10 ff.

durch Entführung, Betrug, Täuschung, Missbrauch von Macht oder Ausnutzung besonderer Schutzbedürftigkeit oder durch Gewährung oder Entgegennahme von Zahlungen oder Vorteilen zur Erlangung des Einverständnisses einer Person, die die Kontrolle über eine andere Person hat, zum Zwecke der Ausbeutung.

(2) Eine besondere Schutzbedürftigkeit liegt vor, wenn die betreffende Person keine wirkliche oder für sie annehmbare andere Möglichkeit hat, als sich dem Missbrauch zu beugen.

(3) Ausbeutung umfasst mindestens die Ausnutzung der Prostitution anderer oder andere Formen sexueller Ausbeutung, Zwangsarbeit oder erzwungene Dienstleistungen, einschließlich Betteltätigkeiten, Sklaverei oder sklavereiähnliche Praktiken, Leibeigenschaft oder die Ausnutzung strafbarer Handlungen oder die Organentnahme.[149]

Mit dieser Richtlinie werden die Mitgliedstaaten verpflichtet, **strafrechtliche Sanktionen** in Form von Freiheitsstrafen von mindestens fünf bzw. zehn Jahren einzuführen (Art. 4 Richtlinie 2011/36/EU) und juristische Personen zur Verantwortung zu ziehen und ebenfalls Sanktionen zu unterwerfen (Art. 5 und 6 Richtlinie 2011/36/EU). Um die Effektivität der Ahndung und die Zerschlagung international operierender Menschenhändlerringe zu gewährleisten, werden Vorgaben zu Gerichtszuständigkeiten gemacht (Art. 10 Richtlinie 2011/36/EU). Auch ist ein zusätzlicher Schutz von Opfern insbesondere im Rahmen von Gerichtsverfahren vorgesehen (Art. 11 und 12 Richtlinie 2011/36/EU). Zusätzlich sieht die Richtlinie besondere Bestimmungen zur Betreuung und zum Schutz von Kindern vor, die Opfer von Menschenhandel geworden sind (Art. 13–16 Richtlinie 2011/36/EU) und verpflichtet die Mitgliedstaaten, Maßnahmen zur Opferentschädigung und zur Prävention zu treffen (Art. 17 und 18 Richtlinie 2011/36/EU). 48

Die vorstehend aufgeführten Begriffsdefinitionen des Menschenhandels sind sehr weit und **umfassen auch Formen der Zwangsarbeit und der Sklaverei.** Eine „Vermittlung" an eine andere Person muss nicht notwendigerweise stattfinden, um den Tatbestand zu erfüllen. Hierdurch wird das Fehlen einfachgesetzlicher Bestimmungen im Unionsrecht zu Zwangsarbeit und Sklaverei kompensiert. Durch die Verabschiedung und Umsetzung dieser Bestimmungen in den Mitgliedsstaaten wird verstärkt den bestehenden Schutzpflichten nachgekommen. Bislang wurde die Richtlinie 2011/36/EU von allen EU-Mitgliedsstaaten außer Dänemark, welches sich für einen Opt-Out entschied, in nationales Recht umgesetzt.[150] 49

2. (Un-)Einschränkbarkeit. Das Verbot des Menschenhandels ist nicht einschränkbar. Eine Einschränkung gleich welchen Umfanges würde einen Verstoß gegen die grundsätzliche Garantie der Menschenwürde bedeuten (→ Rn. 36).[151] 50

C. Verhältnis zu anderen Grundrechtsgewährleistungen

Das Verbot von Sklaverei, Zwangsarbeit und Menschenhandel konkretisiert den elementaren Grundsatz des Schutzes der Menschenwürde (→ § 13) und ist daher im Einzelfall als spezieller anzusehen. Daneben runden diese Abwehr- und Schutzrechte das Grundrecht 51

---

[149] Vgl. auch die folgenden Absätze des Art. 1:
„(4) Das Einverständnis eines Opfers von Menschenhandel zur beabsichtigten oder tatsächlich vorliegenden Ausbeutung ist unerheblich, wenn eines der in Absatz 1 aufgeführten Mittel vorliegt.
(5) Betrifft die Handlung nach Absatz 1 ein Kind, so ist sie auch dann als Menschenhandel unter Strafe zu stellen, wenn keines der in Absatz 1 aufgeführten Mittel vorliegt.
(6) Im Sinne dieser Richtlinie bezeichnet der Begriff „Kind" Personen im Alter von unter 18 Jahren."

[150] Europäisches Parlament, European Parliamentary Research Service, Trafficking in Human Beings from a Gender Perspective Directive 2011/36/EU, European Implementation Assessment, 2016, S. 12. In Deutschland umgesetzt durch das Gesetz zur Verbesserung der Bekämpfung des Menschenhandels und zur Änderung des Bundeszentralregistergesetzes sowie des Achten Buches Sozialgesetzbuch, vom 11. Oktober 2016, BGBl. I 2016 2226.

[151] Für Art. 5 Abs. 3 GRC vgl. *Borowsky* in NK-EuGRCh GRCh Art. 5 Rn. 39. Dagegen stellt die Bekämpfung von Menschenhandel einen rechtfertigenden Grund des Allgemeininteresses dar, um in Grundfreiheiten einzugreifen, so EuGH verb. Rs. C-340/14 u. C-341/14, ECLI:EU:C:2015:641 Rn. 68 – Trijber und Harmsen.

der Berufsfreiheit (→ § 34) ab; das Verbot der Zwangsarbeit flankiert die Gewährleistung der Berufsfreiheit, das Recht zu arbeiten und die unternehmerische Freiheit und begrenzt zugleich auch öffentlich-rechtliche Eingriffe in die Berufsfreiheit.[152]

D. Zusammenfassende Bewertung und Ausblick

52 Sklaverei, Zwangsarbeit und Menschenhandel auf Grund von Grenzöffnungen, Erweiterung der Union und Ausweitung der Freizügigkeit sowie verstärkter internationaler Handelsliberalisierung stellen aktuelle Probleme dar, die die EU als Zielgebiet von Menschenhandel wie auch von unter Ausnutzung physischen oder psychischen Zwangs hergestellten Produkten unmittelbar betreffen. Internationale Abkommen erfassen die verschiedenen Varianten der Ausbeutung des Einzelnen. An diese Standards ist die EU gebunden. Neben die klassischen **Abwehrrechte** in diesen Bereichen treten umfassende **allgemeine Schutzverpflichtungen** der EU. Schwierigkeiten bereitet die praktische Umsetzung und Durchsetzung. Die EU ist verpflichtet, sich im gemeinschaftlichen Rechtsraum für die Menschenrechte durch die Bereitstellung des entsprechenden Instrumentariums in ihren Kompetenzbereichen sowie in ihren internationalen Beziehungen für einen allgemeinen Schutz der Menschenrechte einzusetzen. Vielfach wird der Abschluss von bilateralen Verträgen sowie Entwicklungshilfe von der Beachtung der Menschenrechte in den jeweiligen Drittstaaten abhängig gemacht.

53 In den Mitgliedstaaten der EU wird zwar durch **Strafgesetze gegen Menschenhandel** und Ausbeutung von Individuen strafrechtlich vorgegangen; die Opfer der Straftaten können aber vielfach keinen Schutz nach nationalen Ausländer- und Asylgesetzen beanspruchen. Den die Verbrechen Anzeigenden, soweit es sich von durch organisierte Kriminalität illegal in die EU gebrachte Menschen handelt, droht die Abschiebung (zum Abschiebungsschutz → § 21). Zwangsläufig schrecken sie vor einem Gang zur Polizei zurück, weshalb die auf eine Anzeige durch die Opfer angewiesenen Strafnormen oft leerlaufen. Um den bestehenden Schutzpflichten gerecht werden zu können, wurden explizite Garantien für die Opfer von Menschenhandel in EU-Sekundärrecht übernommen, wie zB Unterstützung und Betreuung durch die nationalen Behörden, sowie die Möglichkeit, zur Zusammenarbeit mit den zuständigen Behörden bei der Bekämpfung von Menschenhandel einen kurzfristigen Aufenthaltstitel zu erlangen.[153]

54 Die Aufnahme dieser Vorschriften in die **Grundrechtecharta** und die hierdurch erfolgte Verankerung auf oberster Normebene kann erst den Anfang einer Entwicklung des Schutzes des Menschen vor ökonomischer Ausbeutung im Unionsrecht darstellen. Notwendig zur Durchsetzung der bestehenden – bald auch völkervertraglich begründeten – Schutzpflichten ist neben einer effektiveren Strafverfolgung durch Gesetze die weitere Ausgestaltung von Schutzmaßnahmen für Opfer und Zeugen von Sklaverei, Zwangsarbeit und Menschenhandel. Bei Formulierung der Verbote der Sklaverei, der Zwangsarbeit und des Menschenhandels in der Grundrechtecharta wäre neben der Abwehrfunktion eine stärkere ausdrückliche Herausstellung der der EU zukommenden Schutzverpflichtungen zeitgemäß gewesen.

---

[152] *Borowsky* in NK-EuGRCh GRCh Art. 5 Rn. 25.
[153] Vgl. Richtlinie 2004/81/EG vom 29. April 2004 über die Erteilung von Aufenthaltstiteln für Drittstaatsangehörige, die Opfer des Menschenhandels sind oder denen Beihilfe zur illegalen Einwanderung geleistet wurde und die mit den zuständigen Behörden kooperieren, ABl. 2004 L 261, 19.

4. Abschnitt. Bewegungsfreiheit und Aufenthaltsrechte

§ 18 Recht auf Freiheit und Sicherheit*

Übersicht

	Rn.
A. Entwicklung und Bedeutung des Rechts auf Freiheit und Sicherheit	1–3
I. Praktische Relevanz des Rechts auf Freiheit und Sicherheit	1, 2
II. Erkenntnisquellen der Bestimmung von Schutzbereich und Schranken	3
B. Gewährleistungsgehalt	4–22
I. Überblick über die Gewährleistungsdimensionen	4
II. Sachlicher Schutzbereich	5–16
1. Recht auf Freiheit	5, 6
2. Recht auf Sicherheit	7–16
III. Persönlicher Schutzbereich	17
IV. Territorialer Schutzbereich	18–22
C. Beeinträchtigungen	23–30
D. Rechtfertigung	31–62
I. Schrankennormen	32, 33
II. Anforderungen an Schrankennormen	34–55
1. Haft nach gerichtlicher Verurteilung	35, 36
2. Haft infolge der Nichterfüllung von Rechtspflichten	37, 38
3. Haft im Kontext einer Straftatenbegehung	39–44
4. Haft zur überwachten Erziehung Minderjähriger	45–47
5. Haft von sozialgefährlichen und selbstgefährdeten Personen	48–52
6. Haft im Kontext unerlaubten Aufenthalts	53–55
III. Anforderungen an den Vollzug einer Schrankennorm	56–59
IV. Gerichtliche Kontrolle einer Beschränkung des Rechts auf Freiheit und Sicherheit	60–62
E. Leistungsrechte als zusätzliche Gewährleistungsdimension	63–82
I. Anspruch auf Information	64–68
II. Anspruch auf Vorführung und Aburteilung	69–73
1. Anspruch auf Vorführung	71, 72
2. Anspruch auf Aburteilung	73
III. Anspruch auf gerichtliche Entscheidung	74–78
IV. Anspruch auf Schadensersatz	79–81
V. Anspruch auf Protokollierung der Freiheitsentziehung	82
F. Verhältnis zu anderen Grundrechten	83, 84
G. Zusammenfassende Bewertung und Ausblick	85, 86

Schrifttum:

Ambos/König/Rackow, Rechtshilferecht in Strafsachen, 2015; *v. Arnauld,* Europäische Außenbeziehungen, EnzEur Bd. 10, 2014; *Böse,* Perspektiven des Präventiven Rechtsschutzes bei Errichtung einer Europäischen Staatsanwaltschaft, RW 2012, 172 ff.; *ders.,* Europäisches Strafrecht mit polizeilicher Zusammenarbeit, EnzEur Bd. 9, 2013; *Brodowski,* Die Europäische Staatsanwaltschaft – Eine Einführung, StV 2017, 684; *Funk/Gimpel-Hinteregger,* Der Schutz der persönlichen Freiheit in Österreich, EuGRZ 1985, 1; *Hantel,* Das Grundrecht der Freiheit der Person nach Art. 2 II 2, 104 GG, JuS 1990, 865; *Herzog,* Das Grundrecht auf Freiheit in der EMRK, AöR 86 (1961), 195; *Jaeckel,* Schutzpflichten im deutschen und europäischen Recht, 2001; *Murdoch,* Article 5 of the European Convention on Human Rights – The Protection of liberty and security of person, 1994; *Partsch* in Bettermann/Neumann/Nipperdey, Die Grundrechte – Handbuch der Theorie und Praxis der Grundrechte, 1. Band, 1. Halbband, 1966; *Reindl,* Untersuchungshaft und Men-

---

* Die in der 1. Auflage von M. Baldus verantwortete Kommentierung ist vorliegend durch M. Heger aktualisiert worden, wobei zwar die Struktur, nicht aber auch durchgehend die inhaltliche Position fortgeführt worden ist; dabei auftretende inhaltliche Abweichungen von der Vorauflage sind als solche gekennzeichnet. Für die redaktionelle Überarbeitung danke ich meinen Mitarbeiterinnen Diane Wolf-Doettinchem und Veronika Widmann.

schenrechtskonvention – Der Schutz der persönlichen Freiheit und die Haft im Strafverfahren, 1997; *Riedel,* Die Habeas-Corpus-Akte – 300 Jahre Tradition und Praxis einer britischen Freiheitsgarantie, EuGRZ 1980, 192; *Robbers,* Sicherheit als Menschenrecht, 1987; *Sieber/Satzger/v. Heintschel-Heinegg,* Europäisches Strafrecht, 2. Aufl. 2014; *Trechsel,* Die Garantie der persönlichen Freiheit (Art. 5 EMRK) in der Straßburger Rechtsprechung, EuGRZ 1980, 514; *Trentmann,* Eurojust und Europäische Staatsanwaltschaft – Auf dem richtigen Weg?, ZStW 2017, 108; *Unfried,* Die Freiheits- und Sicherheitsrechte nach Art. 5 EMRK – Ein Vergleich mit der Strafprozessordnung im Hinblick auf die Auswirkungen der Konventionsrechte auf die deutsche Strafrechtsprechung, 2006.

A. Entwicklung und Bedeutung des Rechts auf Freiheit und Sicherheit

I. Praktische Relevanz des Rechts auf Freiheit und Sicherheit

1   Das unionale Grundrecht auf Freiheit und Sicherheit, wie es mit **Art. 6 GRC** in wörtlicher Nachbildung von Art. 5 Abs. 1 S. 1 EMRK (die expliziten Schranken in Art. 5 Abs. 1 S. 2 EMRK fehlen in Art. 6 GRC freilich ebenso wie die Spezialregelungen bei einer Festnahme oder Freiheitsentziehung in Art. 5 Abs. 2–5 EMRK, doch gelten insoweit die allgemeinen Regelungen in Art. 52 GRC)[1] seit Inkrafttreten des Vertrags von Lissabon nach Art. 6 Abs. 1 EUV rechtsverbindlicher Teil des EU-Primärrechts ist, schreibt eine Tradition fort, deren Linien bis in die europäische Verfassungsgeschichte des Hochmittelalters zurückzuverfolgen sind. Sie führen von der EMRK aus zurück über die europäischen Verfassungen des 20., 19. und 18. Jahrhunderts und den **Habeas Corpus Act** von 1679 bis zur **Magna Carta** des Jahres 1215.[2] In diesen Dokumenten offenbart sich als gemeineuropäischer Rechtssatz, dass Personen nur unter genauer genannten Voraussetzungen inhaftiert werden dürfen und dann durch eine gerichtliche Instanz zu kontrollieren ist, ob diese Voraussetzungen auch tatsächlich erfüllt sind. Während Art. 5 EMRK als Konventionsgarantie nur Mindeststandards für den Menschenrechtsschutz in allen Mitgliedstaaten gewähren soll, steht das EU-Grundrecht auf Freiheit und Sicherheit zumindest terminologisch in einem engen Zusammenhang zu der Beschreibung des Unionsgebiets als eines **Raums der Freiheit, der Sicherheit und des Rechts**,[3] wie er seit dem Vertrag von Maastricht dem EU-weiten Binnenmarkt gegenübergestellt ist. Mit der Überführung der früheren dritten Säule in das supranationale Unionsrecht ist dieser **EU-Binnenrechtsraum** in Art. 3 Abs. 3 EUV grundlegend vorgegeben; in Art. 67 ff. AEUV sind dann die zu dessen Ausgestaltung vorgesehenen polizei- und strafrechtlichen Regelungen enthalten.[4] Damit zielt die EU als supranationale Gemeinschaft in allen ihren Politikfeldern und Maßnahmen selbst auf die Gewährleistung von Freiheit und Sicherheit (durch dies sicherndes Recht), während dem Unionsbürger über Art. 6 GRC zugleich – und ebenfalls auf der Ebene des Primärrechts (Art. 6 Abs. 1 UAbs. 1 EUV) – Freiheit und Sicherheit als Grundrecht garantiert werden. Man könnte daher sagen, dass das objektive Unionsrecht Freiheit und Sicherheit der Unionsbürger gewährleistet, während diesen zugleich ein subjektives (Grund-)Recht auf Freiheit und Sicherheit seitens und gegenüber der Union garantiert ist. „Jeder Mensch" soll in der Union Freiheit „in Sicherheit" erfahren können.[5] Diese Parallelität des Raums der Freiheit und Sicherheit mit einer Grundrechtsgarantie von Freiheit und Sicherheit mag erklären, warum der EuGH in seinem Urteil zur Vorratsdaten-

---

[1]   Zur Frage, ob im Lichte von Art. 52 Abs. 3 GRC letztlich Art. 6 GRC vollumfänglich Art. 5 Abs. 1–5 EMRK entspricht (sog Inkorporationsthese), *Bernsdorff* in NK-EuGRCh GRCh Art. 6 Rn. 13 (pro) und *Klement* in Grabenwarter, EnzEur Bd. 2, § 8 Rn. 30 ff. (contra).

[2]   Zu diesen historischen Linien *Riedel* EuGRZ 1980, 192 ff.; *Ollinger,* Die Entwicklung des Richtervorbehalts im Verhaftungsrecht, 1997; *Kühne,* Die Reichsverfassung der Paulskirche, 2. Aufl. 1998, S. 330 ff.; *Klement* in Grabenwarter, EnzEur Bd. 2, § 8 Rn. 18 ff.; *Renzikowski* in Pabel/Schmahl EMRK Art. 5 Rn. 3 ff.; – Zur Magna Carta *Vincent,* Magna Carta – A very short introduction, 2012.

[3]   Zu dessen Entstehung *Kraus-Vonjahr,* Der Aufbau eines Raums der Freiheit, der Sicherheit und des Rechts in Europa, 2002.

[4]   Zur Wechselwirkung dieser Zielbestimmung für die EU mit dem Grundrecht aus Art. 6 GRC *Klement* in Grabenwarter, EnzEur Bd. 2, § 8 Rn. 92.

[5]   So eingängig *Klement* in Grabenwarter, EnzEur Bd. 2, § 8 Rn. 2.

speicherung vom 8.4.2014[6] mit Blick auf Art. 6 GRC darauf verwiesen hat, dass der Mensch nicht nur ein Recht auf Freiheit, sondern auch auf Sicherheit hat.[7] In diesem Kontext geht es dann gerade nicht um die bloße Gewährleistung der Sicherheit des Einzelnen gegenüber Eingriffen des Staates, denn diese Komponente wird ja gegenüber der Vorratsdatenspeicherung, welche vor allem mit dem Recht auf informationelle Selbstbestimmung[8] – auf EU-Ebene geschützt durch Art. 8 GRC – kollidiert, bereits durch die Freiheitskomponenten, dh das Recht auf Freiheit, verwirklicht. Vielmehr spricht in diesem Kontext die Annahme eines Rechts der Unionsbürger auf Sicherheit neben deren Recht auf Freiheit (vor staatlichen Eingriffen wie etwa der Speicherung personenbezogener Daten, aber auch der unberechtigten Festnahme) dafür, dass jeder Unionsbürger aus Art. 6 GRC möglicherweise ein eigenständiges Recht auf Sicherheit herleiten kann, welche ihm dann die Union und – bei der Durchführung von Unionsrecht (vgl. Art. 51 Abs. 1 S. 1 GRC)[9] – auch die EU-Mitgliedstaaten zu gewährleisten haben und welches zugleich gegenüber Angriffen auf diese Sicherheit durch Dritte (zB Terroristen) die betreffenden Staaten zu Maßnahmen wie die Vorratsdatenspeicherung befugen dürfte. Auf das daraus möglicherweise folgende Spannungsverhältnis beider Verbürgungen wird zurückzukommen sein (→ Rn. 7 ff.).

Auch nach Inkrafttreten der GRC verfügt die Europäische Union (EU) noch nicht 2 über einen voll ausgebauten Sanktions- und Vollstreckungsapparat, so dass Fälle eher **Ausnahmecharakter** haben, in denen europäische oder europarechtlich gesteuerte nationale Hoheitsgewalt Inhaftierungen und damit Freiheitsentziehungen zu verantworten und sich demzufolge vor diesem Recht auf Freiheit und Sicherheit zu rechtfertigen hat. In nicht allzu ferner Zukunft werden sich mit der Etablierung einer Europäischen Staatsanwaltschaft („European Public Prosecutor" EPPO)[10] gestützt auf Art. 86 AEUV Fragen rund um die Einhaltung von Beschuldigtenrechten auf unionsrechtlicher Ebene aus einer neuen Perspektive beleuchten lassen. Bis 2022 soll die europäische Strafverfolgungsbehörde mit einem Sitz in Luxemburg eingerichtet werden.[11] Spätestens dann werden europäische Eingriffe in die Freiheitsrechte deutlich an Gewicht gewinnen. Gleichwohl ist das unionale Recht auf Freiheit und Sicherheit schon heute von zunehmender praktischer Relevanz. Dieses Recht hat nicht nur Bedeutung als Richtschnur außenpolitischen Wirkens der Union, sondern bildet vor allem Maßstab und Grenze beim Handeln der Union im Bereich der Gemeinsamen Außen- und Sicherheitspolitik sowie der Polizeilichen und Justiziellen Zusammenarbeit in Strafsachen(→ Rn. 23 ff.). So gewinnt in den letzten Jahren angesichts der Flüchtlingsströme in die EU die Europäische Agentur für operative Zusammenarbeit an den Außengrenzen der Mitgliedstaaten (Frontex)[12] ebenso an Bedeutung wie die polizeiliche Kooperation durch Europol[13] sowie bei der grenzüberschreitenden Strafverfolgung im

---

[6] EuGH verb. Rs. C-293/12 und C-594/12, ECLI:EU:C:2014:238 – Digital Rights Ireland und Seitlinger ua.
[7] *Leuschner*, EuGH und Vorratsdatenspeicherung: Emergenz eines Grundrechts auf Sicherheit?, VerfBlog, 9.4.2014, abrufbar unter http://www.verfassungsblog.de/eugh-und-vorratsdatenspeicherung-emergenz-eines-grundrechts-auf-sicherheit/ (zuletzt abgerufen am 17.10.2018).
[8] Dazu grundlegend BVerfGE 65, 1.
[9] Dazu EuGH C-617/10, ECLI:EU:C:2012:340 = NJW 2013, 1415 – Fransson. Näher *Schorkopf* in Grabenwarter, EnzEur Bd. 2, § 3 Rn. 19; *Klement* in Grabenwarter, EnzEur Bd. 2, § 8 Rn. 50 ff.
[10] VO (EU) 2017/1939; nach langwierigen Verhandlungen im Rat der Europäischen Union und seinen Gremien wurde die Verordnung zur Durchführung einer verstärkten Zusammenarbeit zur Errichtung der Europäischen Staatsanwaltschaft (EUStA) am 12.10.2017 endgültig durch das Europäische Parlament angenommen. Insgesamt beteiligten sich 20 Mitgliedstaaten, darunter Deutschland. Weitere Mitgliedstaaten können jederzeit beitreten. Für eine Einführung in die Europäische Staatsanwaltschaft vgl. *Brodowski* StV 2017, 684 ff.; für eine Analyse des Verordnungsentwurfs s. *Trentmann* ZStrW 2017, 108; s. auch *Schramm* JZ 2014, 749 ff.; *Grünewald* HRRS 2013, 508 ff.; *Heike*, Die Europäische Staatsanwaltschaft – Entstehung und aktueller Stand, 2015. – Zur Frage, ob angesichts von durch einen Europäischen Staatsanwalt angeordneten Zwangsmaßnahmen wie Untersuchungshaft ein eigenes europäisches Ermittlungsrichtersystem geschaffen werden sollte *Böse* S. 172 ff.
[11] Vgl. Zielsetzung in VO (EU) 2017/1939.
[12] *Klement* in Grabenwarter, EnzEur Bd. 2, § 8 Rn. 39.
[13] *Schöndorf-Haubold*, Europäisches Sicherheitsverwaltungsrecht, 2010, S. 60.

Rahmen von Eurojust (Art. 85 AEUV), dem EJN, dem Schengener Informationssystem (SIS), OLAF etc. Mit dem Europäischen Haftbefehl[14] ist ein spezifisches EU-internes Auslieferungsinstrument geschaffen worden, das grundsätzlich – wenn der Betroffene nicht freiwillig seiner Überstellung in den Ausstellungsmitgliedstaat zustimmt – auf Festnahme und regelmäßig auch Freiheitsentzug durch den Vollstreckungsmitgliedstaat zielt. Auch auf dem Gebiet des Familienrechts kann es im Wege gegenseitiger Anerkennung zu durch (sekundäres) EU-Recht veranlassten Freiheitseingriffen kommen.[15] Mit der Überführung der „dritten Säule" in das supranationale Unionsrecht besteht eine unmittelbare Bindung der Union an Art. 6 GRC beim Erlass von Richtlinien und – soweit möglich – auch Verordnungen auf dem Gebiet des Raums der Freiheit, der Sicherheit und des Rechts (Art. 67 ff. AEUV) und beim Schutz der finanziellen Interessen der Union (Art. 325 AEUV). Alle Vorgaben in EU-Richtlinien – auch solche, die für die Mitgliedstaaten nur fakultativ sind – und alle unmittelbar geltenden (straf-)rechtlichen Vorgaben in EU-Verordnungen müssen daher vollumfänglich mit dem Unionsgrundrecht auf Freiheit und Sicherheit vereinbar sein.

II. Erkenntnisquellen der Bestimmung von Schutzbereich und Schranken

3 Bei der Bestimmung von Schutzbereich und Schranken des Rechts auf Freiheit und Sicherheit in Art. 6 GRC ist aufgrund **Art. 52 GRC,** aber auch angesichts des ausdrücklichen Bekenntnisses der Union weiterhin auch auf die Konventionsgarantien in **Art. 6 Abs. 3 EUV,** insbesondere auf das durch **Art. 5 EMRK** verbürgte **Recht auf Freiheit und Sicherheit** sowie auf die dazu ergangene **Rechtsprechung des EGMR** zurückzugreifen. Der in der Vorauflage betonte Vorrang der Konventionsgarantie bei der Bestimmung des Inhalts des entsprechenden Unionsgrundrechts dürfte zwar damit im Normalfall faktisch fortbestehen. Dogmatisch gesehen ist allerdings auf Unionsebene nunmehr Art. 6 GRC das maßgebende Grundrecht und „nur" bei dessen Auslegung die entsprechende EMRK-Bestimmung von – wenngleich wesentlicher (vgl. Art. 52 Abs. 3 S. 1 GRC) – Bedeutung.[16] Denn gegenwärtig liegt noch so gut wie keine Rechtsprechung des EuGH vor, in der dieser in Wahrnehmung seiner Kompetenz aus Art. 19 EUV (ex Art. 220 EGV) bzw. Art. 6 GRC ein Grundrecht auf Freiheit und Sicherheit als allgemeinen Rechtsgrundsatz erkannt, bestätigt und ausgeformt hätte. Zudem liefert die EMRK einen Kodex von Grundrechtsgewährleistungen, dem sich alle EU-Mitgliedstaaten unterworfen haben (→ § 3 Rn. 16 f.);[17] in Art. 6 Abs. 2 EUV ist ja sogar seit Inkrafttreten des Vertrags von Lissabon ein Beitritt der Union zur EMRK intendiert (der freilich seitens des EuGH wohl faktisch verbaut worden ist).[18] Und schließlich bekräftigt die Entstehungsgeschichte der Grundrechtecharta den besonderen Status von Art. 5 EMRK für die Bestimmung der Reichweite und Grenzen eines unionalen Grundrechts auf Freiheit und Sicherheit. Denn zum einen sollte die Charta, so lautete der Auftrag des Europäischen Rates von Köln 1999, die Freiheits- und Gleichheitsrechte sowie die Verfahrensrechte umfassen, wie sie in der EMRK gewährleistet sind und wie sie sich aus den gemeinsamen Verfassungsüberlieferungen ergeben,[19] so dass nichts Neues zu schaffen, sondern Bestehendes zusammenzufassen war.[20] Zum anderen hat das Präsidium des vom Europäischen Rat eingesetzten Konvents zur Erarbeitung der Charta in seinen Erläuterungen gerade im Hinblick auf das in Art. 6 GRC aufgenommene Recht auf Freiheit und Sicherheit explizit hervorgehoben, dass die

---

[14] Dazu nur *Heger/Wolter* in NK-RechtshilfeR S. 324 ff.
[15] *Klement* in Grabenwarter, EnzEur Bd. 2, § 8 Rn. 48.
[16] *Klement* in Grabenwarter, EnzEur Bd. 2, § 8 Rn. 33, 37.
[17] *Pernice* NJW 1990, 2409 (2412).
[18] Vgl. das Gutachten 2/13 des EuGH v. 18.12.2014, ECLI:EU:C:2014:2454.
[19] Schlussfolgerungen des Vorsitzes des Europäischen Rates in Köln v. 3. und 4. Juni 1999, Anhang IV, Zweiter Absatz.
[20] *Jacqué* RUDH 2000, 3 (4); *Grabenwarter* DVBl 2001, 1 (10). Dies schließt nicht aus, dass die EU gemäß Art. 52 Abs. 3 S. 2 GRC einen weitergehenden Schutz bieten kann.

Rechte nach diesem Artikel den Rechten entsprechen, die durch Art. 5 EMRK garantiert sind (→ § 3 Rn. 24 f.).[21] Daran hat sich bei der redaktionellen Überarbeitung der Charta im Zuge des Vertrags von Lissabon nichts geändert.

B. Gewährleistungsgehalt

I. Überblick über die Gewährleistungsdimensionen

Das Recht auf Freiheit und Sicherheit dient zuvörderst dem **Schutz des Einzelnen vor** **willkürlicher Freiheitsentziehung**.[22] Dieser Schutz wird in Art. 5 Abs. 1 S. 2 EMRK (in Art. 6 GRC fehlt ein entsprechender Katalog) an erster Stelle durch die Statuierung spezifischer Voraussetzungen gewährleistet, unter denen eine Freiheitsentziehung allein zulässig sein soll (→ Rn. 35 ff.). In diesem **abwehrrechtlichen Gehalt** erschöpft sich das Recht auf Freiheit und Sicherheit aber nicht. Hinzu kommen **Leistungsrechte** der Betroffenen: Inhaftierte Personen können Informationen über die Umstände der Festnahme sowie deren Protokollierung beanspruchen, eine unabhängige Kontrolle der Inhaftierung verlangen und, im Falle einer widerrechtlichen Freiheitsentziehung, auch **Schadensersatzansprüche** geltend machen (→ Rn. 63 ff.). Schließlich bleibt zu fragen, ob neben diesem mehrdimensional gewährleisteten Recht auf Freiheit mit dem Wortlaut von Art. 6 GRC und Art. 5 Abs. 1 S. 1 EMRK auch ein Recht auf Sicherheit garantiert sein soll (→ Rn. 7 ff.).

4

II. Sachlicher Schutzbereich

1. Recht auf Freiheit. Dem Wortlaut nach eröffnet das Recht auf Freiheit *(right to liberty, droit à la liberté)*[23] ein äußerst **weites Anwendungsfeld**. Bei einem auf systematische Auslegung ausgerichteten Blick auf Art. 5 Abs. 1 S. 2 EMRK zeigt sich indessen, dass Freiheit **nicht** als **allgemeine Handlungsfreiheit** gemeint sein kann. Denn in dieser Regelung, die die Möglichkeiten der Einschränkung des Rechts auf Freiheit benennt, ist vielfach von Freiheitsentziehung und Festnahme *(detention* und *arrest,* bzw. *détention* und *arrestation)* die Rede, mithin vom Festhalten einer Person an einem bestimmten Ort. Daraus ist zu folgern, dass das Recht auf Freiheit gerade gegen die Pflicht und den Zwang schützt, an einem bestimmten Ort sein zu müssen. Als Schutzbereich des Rechts auf Freiheit kann daher ein Ausschnitt aus der allgemeinen Handlungsfreiheit (→ § 22 Rn. 10) bestimmt werden, nämlich einerseits die Freiheit, einen Ort, an dem man sich befindet, zu verlassen und einen anderen beliebigen Ort aufzusuchen **(positive physische Bewegungsfreiheit),** andererseits die Freiheit, an einem beliebigen Ort, an dem man sich aufhält, zu bleiben und sich nicht zu einem anderen bestimmten Ort begeben zu müssen **(negative physische Bewegungsfreiheit).**[24] Dieser Bedeutungsgehalt dürfte auch dem in den nationalen Verfassungen der Mitgliedstaaten verbürgten Recht auf Freiheit entsprechen.[25] Auf jeden Fall deckt sich dieser Gehalt mit dem Schutzbereich des Rechts auf Freiheit, der durch Art. 9 IPBPR gewährleistet wird[26] und dem bei der Würdigung des unionalen Grundrechts ebenfalls Rechnung zu tragen ist (→ § 4 Rn. 16 ff.).[27]

5

---

[21] Erläuterungen des Präsidium des Grundrechtkonvents vom 7.12.2000, CHARTE 4473/00 Convent 49 = EuGRZ 2000, 559 (560).
[22] *Klement* in Grabenwarter, EnzEur Bd. 2, § 8 Rn. 69.
[23] Deutscher Text der EMRK: BGBl. 2002 II 1055 ff.; zur aktuellen Fassung der GRC s. ABl. 2012 C 326, 391.
[24] Zur Schutzbereichsbestimmung von Art. 5 EMRK vgl. auch *Herzog* S. 203 („körperliche Bewegungsfreiheit"); *Trechsel* EuGRZ 1980, 514 (515: „la liberté d'aller et venir"); *Peukert* in Frowein/Peukert EMRK Art. 5 Rn. 1 („persönliche Freiheit").
[25] Dies lässt sich nicht mit Sicherheit ermitteln, da ein bloßer Vergleich der Verfassungstexte keinesfalls genügt und rechtsvergleichende Analysen bislang nicht zur Verfügung stehen.
[26] *Nowak,* CCPR, Art. 9 Rn. 3.
[27] Zur Berücksichtigung des IPBPR als völkerrechtliche Übereinkunft zum Schutze der Menschenrechte vgl. EuGH C-249/96, Slg. 1998, I-621 Rn. 44 – Grant.

6   Die **Rechte auf Freizügigkeit,** auf **Einreise-** sowie **Ausreisefreiheit** sind nicht Gegenstand des Rechts auf Freiheit, das die physische Bewegungsfreiheit schützt. Jene Rechte haben in den europäischen[28] und sonstigen internationalen Übereinkünften zum Schutze der Menschenrechte[29] sowie in den nationalen Verfassungen der Mitgliedstaaten[30] spezielle Regelungen erfahren. Aber auch wenn etwa Art. 2 4. EMRKProt, der die Freizügigkeit schützt, mangels Ratifizierung des Protokolls in einem Land nicht anwendbar ist, kann nicht ergänzend auf Art. 5 EMRK zurückgegriffen werden.[31] Seit Inkrafttreten des Vertrags von Lissabon gewähren Art. 21 Abs. 1 AEUV und Art. 45 GRC allen Unionsbürgern ausdrücklich Freizügigkeit und Aufenthaltsfreiheit innerhalb der Union.[32]

7   **2. Recht auf Sicherheit.** Das Recht auf Sicherheit **schützt vor rechtswidriger staatlicher Festhaltung, insbesondere Verhaftung und Haft.** Mithin ist es auf die **Abwehr hoheitlicher Übergriffe** ausgerichtet. Dies entspricht dem Verständnis der EMRK und – soweit auf rechtsvergleichende Studien zurückgegriffen werden kann – den gemeinsamen Verfassungsüberlieferungen bezüglich der Staaten, in deren Verfassungen ein ausdrückliches Recht auf Sicherheit ausgewiesen ist. Darüber hinaus reicht der Bedeutungsgehalt des Rechts auf Sicherheit nach hM nicht. Insbesondere soll dieses Recht **keinen Anspruch auf positives staatliches Tun** gegenüber rechtsgutsbeeinträchtigenden Gefahren und Risiken, die von Dritten oder der Natur ausgehen, begründen. Während dies für Art. 5 EMRK heutzutage nicht bestritten wird, bedarf es doch angesichts der textlichen Unterschiede in Art. 6 GRC, aber auch der unterschiedlichen Rahmenbedingungen innerhalb der Europäischen Union gegenüber dem Europarat, für das Unionsgrundrecht der Freiheit und Sicherheit einer eigenständigen Überprüfung dieser These.

8   Das Recht auf Sicherheit in Art. 5 EMRK schützt **nicht vor Gefahren,** die **von Dritten** hervorgerufen werden.[33] Die Genese der EMRK liefert zwar keine eindeutigen Hinweise. Die *travaux préparatoires* zur Konvention lassen nicht erkennen, was von den Verfassern mit „sureté" und „security" genau gemeint war.[34] Zu mehr Klarheit führt dagegen die systematische Betrachtung, insbesondere die Berücksichtigung der textlichen Nähe des „Rechts auf Sicherheit" in Art. 5 Abs. 1 S. 1 EMRK zu den detailliert und umfangreich geregelten Gründen von Festnahme und Haft sowie der für sie geltenden Verfahrensanforderungen in den Art. 5 Abs. 1 S. 2 EMRK und Art. 5 Abs. 2–5 EMRK. Diese Regelungen legen allein die Voraussetzungen fest, unter denen staatlicherseits die körperliche Bewegungsfreiheit entzogen werden darf; Indizien dafür, dass sie einen individualrechtlichen Anspruch auf staatlichen Schutz begründen, sind ihnen dagegen nicht zu

---

[28]   Vgl. Art. 2 Abs. 1 (Freizügigkeit), Art. 2 Abs. 2 (Ausreisefreiheit) und Art. 3 Abs. 2 (Einreisefreiheit) „Protokoll Nr. 4 vom 16. September 1963 zur Konvention zum Schutze der Menschenrechte und Grundfreiheiten, durch das gewisse Rechte und Freiheiten gewährleistet werden, die nicht bereits in der Konvention enthalten oder im ersten Zusatzprotokoll enthalten sind" (BGBl. 1963 II 1109); vgl. Art. 45 Abs. 1 GRC.

[29]   Art. 12 Abs. 1, 2 und 4 IPBPR.

[30]   Recht auf Freizügigkeit: Art. 11 GG; Art. 34 estnVerf; § 7 finnVerf; Art. 5 Abs. 4 griechVerf; Art. 40 Abs. 4 irVerf; Art. 16 italVerf; Art. 97 lettVerf; Art. 32 Abs. 1 litVerf; Art. 52 Abs. 1 und 3 polnVerf; Art. 44 Abs. 1 portVerf; Kap. 2 § 8 schwedVerf; Art. 23 Abs. 1 und 3 slowakVerf; Art. 32 Abs. 1 und 2 slowenVerf; Art. 19 spanVerf; Art. 58 Abs. 1 und 3 ungVerf. Einreisefreiheit: Art. 35 estnVerf; Art. 98 lettVerf; Art. 31 Abs. 1 und 2 litVerf; Art. 52 Abs. 2 und 3 polnVerf; Art. 23 Abs. 2 und 3 slowakVerf; Art. 32 Abs. 1 und 2 slowenVerf; Art. 58 Abs. 1 und 3 ungVerf. Ausreisefreiheit: Art. 2 Abs. 1 GG; Art. 36 Abs. 3 estnVerf; § 7 finnVerf; Art. 5 Abs. 4 griechVerf; Art. 40 Abs. 3 irVerf; Art. 16 italVerf; Art. 98 lettVerf; Art. 32 Abs. 3 und 4 litVerf; Art. 52 Abs. 4 und 5 polnVerf; Art. 44 Abs. 2 portVerf; Kap. 2 § 7 schwedVerf; Art. 23 Abs. 4 slowakVerf; Art. 32 Abs. 1 und 2 slowenVerf; Art. 19 spanVerf.

[31]   EGMR 12.9.2012 (GK) – 10593/08 – Nada/Schweiz.

[32]   Dazu ausf. *Wendel* in Grabenwarter, EnzEur Bd. 2, § 18.

[33]   So offenbar *Wengler* in Hessische Hochschulwochen für staatswissenschaftliche Fortbildung, Bd. 46, 1964, S. 142; *Golsong* in Droit pénal européen, Europees strafrecht, European criminal law – Congrès organisé par l'Institut d'études européennes, 1970, S. 25, 32 f.; *van Dijk/van Hoof,* Theory and Practice of the European Convention on Human Rights, 1984, S. 209; *Merten* Speyerer Vorträge Heft 27, 1994, 15 (25); *Pitschas* in Schriftenreihe der Polizei-Führungsakademie 1/97, 9 f.

[34]   Vgl. *Trechsel* EuGRZ 1980, 514 (518); *Peukert* in Frowein/Peukert EMRK Art. 5 Rn. 4.

entnehmen. Daher drängt sich die Folgerung auf, dass dem Recht auf Sicherheit **keine eigenständige Bedeutung** zukommt und dass sich sein Schutzversprechen allein in dem abwehrrechtlich fundierten Anspruch erschöpft, durch hoheitliche Gewalt nicht willkürlich und damit nicht in rechtswidriger Weise in seiner physischen Bewegungsfreiheit beschränkt zu werden. Das Recht auf Sicherheit in Art. 5 EMRK gewährleistet also nicht mehr als den Schutz vor rechtswidriger Verhaftung und Haft.[35]

Diese Auslegung deckt sich auch mit der **Entscheidungspraxis des EGMR**. In seiner bisherigen Rechtsprechung hat der Gerichtshof die Frage nach dem Bedeutungsgehalt des „Rechts auf Sicherheit" ausdrücklich gestellt und dabei deutlich werden lassen, dass dieses Recht sich auf den Schutz vor willkürlichen, dh nicht durch die einzelnen Freiheitsentziehungsgründe des Art. 5 Abs. 1 S. 2 EMRK gerechtfertigten, Verhaftungen beschränkt.[36] Demgemäß wird auch in der aktuellen Literatur zu Art. 5 EMRK ein eigenständiges Recht auf Sicherheit bzw. eine Pflicht des Staates zur Gewährleistung der Sicherheit seiner Bürger einhellig abgelehnt.[37] 9

Dies bedeutet allerdings nicht, dass der EGMR Konventionsrechte allein als Abwehrrechte kennt. Er hat vielmehr inzwischen – wie auch das deutsche BVerfG (→ Rn. 13) – in den einzelnen Freiheitsrechten **Schutzpflichten** entdeckt, welche die Staaten prinzipiell dazu anhalten, den Einzelnen gegenüber spezifischen Bedrohungen und Gefährdungen ihrer individuellen Rechtsgüter durch Interventionen Dritter zu schützen, wobei ihre Organe bei der Erfüllung dieser Pflichten über einen weiten Einschätzungs- und Ermessensspielraum verfügen.[38] Insbesondere aus Art. 2 EMRK hat der EGMR wiederholt 10

---

[35] Ebenso: *Partsch* in Bettermann/Neumann/Nipperdey S. 358; *Guradze,* Die Europäische Menschenrechtskonvention. Konvention zum Schutze der Menschenrechte und Grundfreiheiten, nebst Zusatzprotokollen, 1968, S. 69; *Trechsel* EuGRZ 1980, 514 (518); *Fawcett,* The application of the European Convention on Human Rights, 2. Aufl. 1987, S. 70 („Liberty and security are the two sides of the same coin; if personal liberty spells actual freedom of movement of the person, security is the condition of being protected by law in this freedom"); *Harris/O'Boyle/Warbrick,* Law of the European Convention on Human Rights, 1995, S. 103; *Murswiek* in Konrad, Grundrechtsschutz und Verwaltungsverfahren, 1985, S. 227; *Murdoch,* Article 5 of the European Convention on Human Rights – The Protection of Liberty and Security of Person, 1994, S. 9; *Jacobs/White* ECHR S. 80; *Peukert* in Frowein/Peukert EMRK Art. 5 Rn. 4; *Reindl* S. 22 ff.; *Wielsch,* Die europäische Gefahrenabwehr, 1998, S. 41; *Ipsen* in Ipsen VölkerR § 49 Rn. 5; Oppermann/Classen/Nettesheim EuropaR Rn. 119; *Jaeckel* S. 119; *Petri,* Europol – Grenzüberschreitende polizeiliche Tätigkeit in Europa, 2001, S. 126; *Grabenwarter/Struth* in Ehlers GuG § 6 Rn. 6 (einschränkend); *Meyer-Ladewig/Harrendorf/König* in HK-EMRK EMRK Art. 5 Rn. 1; *Suerbaum* EuR 2003, 390 (406); *Schilling,* Internationaler Menschenrechtsschutz, Rn. 130.
[36] EGMR 18.12.1986 – 9990/82 Rn. 54, 60, EuGRZ 1987, 101 – Bozano/Frankreich; EGMR 12.3.2003 – 46221/99 Rn. 88 – Öcalan/Türkei. Zur Position der ehemaligen EKMR siehe *Baldus* → 1. Aufl. 2006, § 14 Rn. 9 iVm Fn. 18.
[37] Vgl. nur *Grabenwarter* ECHR Art. 5 para 3; *Elbeling* in Karpenstein/Mayer EMRK Art. 5 Rn. 5; *Renzikowski* in Pabel/Schmahl EMRK Art. 5 Rn. 3 ff.; *Dörr* in Dörr/Grote/Marauhn Kap. 13 Rn. 32 ff.; *Esser* in Löwe/Rosenberg, StPO, 26. Aufl. 2012, EMRK Art. 5 Rn. 11 ff.; *Pollähne,* Kriminalprognostik – Untersuchungen im Spannungsfeld zwischen Sicherheitsrecht und Rechtssicherheit, 2011, S. 269 ff.
[38] Grundlegend: EGMR 26.3.1985 – 8978/80 Rn. 23, EuGRZ 1987, 297 – X und Y/Niederlande („in addition to this primary negative undertaking, there may be positive obligations inherent in an effective respect for private or family life ... These obligations may involve the adoption of measures designed to secure respect for private life even in the sphere of the relations of individuals between themselves"). Ferner zu Art. 2 EMRK (Recht auf Leben): EGMR 5.10.1999 – 33677/96, ECHR 1999-VII = NJW 2001, 1989 – Grams/Deutschland; EGMR 20.5.1999 (GK) – 21594/93 Rn. 88, NJW 2001, 1991 – Oğur/Türkei; EGMR 27.6.2000 (GK) – 21986/93 Rn. 97 f., NJW 2001, 2001 – Salman/Türkei; EGMR 22.3.2001 (GK) – 34044/96, 35532/97, 44801/98 Rn. 86, NJW 2001, 3035 – Streletz ua/Deutschland. Zu Art. 3 EMRK (Verbot der Folter): EGMR 28.10.1998 (GK) – 23452/94 Rn. 116 – Osman/Türkei. Zu Art. 8 EMRK (Recht auf Achtung des Privat- und Familienlebens): EGMR 26.3.1985 – 8978/80 Rn. 23–30, EuGRZ 1985, 297 – X und Y/Niederlande; EGMR 9.12.1994 – 16798/90 Rn. 51, EuGRZ 1985, 530 – López Ostra/Spanien; EGMR 19.2.1998 (GK) – 14967/89 Rn. 58, NVwZ 1999, 57 – Guerra ua/Italien; EGMR 11.7.2000 – 29192/95 Rn. 61, NVwZ 2001, 547 – Ciliz/Niederlande. Aus der Literatur: *Robbers* S. 25; *Jaeckel* S. 124 ff.; *Szczekalla,* Die sogenannten grundrechtlichen Schutzpflichten im deutschen und europäischen Recht, 2002, S. 712 ff.; *Uerpmann* in Ehlers GuG § 3 Rn. 26 f., 61 ff.; *Klatt* ZaöRV 2011, 681 ff.; Grabenwarter/Pabel EMRK § 19 Rn. 3 ff.

staatliche Schutzpflichten hergeleitet.³⁹ Wenngleich dieser Gedanke inzwischen auf andere Konventionsgarantien erstreckt worden ist, gilt dies doch bislang gerade nicht für Art. 5 EMRK.⁴⁰ Der EGMR hat damit kein universales, in Art. 5 EMRK verwurzeltes Recht auf Sicherheit im Sinne eines umfassenden Schutzanspruchs anerkannt. Selbst die Gefährdung von Asylsuchenden an Leib und Leben bei einer Verweigerung der Einreise soll nach der Rechtsprechung des EGMR nicht zu einer Pflicht des Staates aus Art. 5 EMRK führen, sondern nur aus Art. 3 EMRK.⁴¹ Im Anwendungsbereich von Art. 6 GRC wären insoweit ohnehin Art. 18 und 19 GRC leges speciales.⁴²

11   Auch in den gemeinsamen **Verfassungsüberlieferungen der Mitgliedstaaten,** die nach Art. 6 Abs. 3 EUV auch Teil des Unionsrechts sind, lässt sich **kein Recht auf Sicherheit im Sinne eines allgemeinen Schutzanspruchs** finden. In der europäischen Verfassungsentwicklung tritt nur im Kontext der vertragstheoretischen Begründung politischer Herrschaft während der Aufklärungszeit ein subjektives Recht der Individuen auf staatlichen Schutz gegen Angriffe Dritter auf.⁴³ Doch schon die Verfassungen der französischen Revolution, so deutlich sie auch von „sureté"⁴⁴ sprachen, kannten nur mehr ein Recht auf Sicherheit als Ausdruck des allgemeinen Gesetzlichkeitsprinzips bzw. Willkürverbots.⁴⁵ Ebenso die deutschen Verfassungen des Vormärz: Auch sie enthalten ausdrückliche textliche Verbürgungen eines Rechts auf Sicherheit.⁴⁶ Ihr Bedeutungsgehalt ist indessen reduziert auf den **Schutz gegen willkürliche Festnahme und Haft.** Ihr Gewährleistungsgehalt zielt nicht auf Sicherheit durch, sondern vor dem Staat, indem dieser in und mit den Formen des Rechts handelt.

12   Auch ist im gegenwärtigen **Verfassungsrecht der Mitgliedstaaten der EU** als weiterer Bestandteil der gemeinsamen Verfassungsüberlieferungen ein **Grundrecht auf Sicherheit** als genereller Anspruch auf staatlichen Schutz gegen rechtsgutgefährdendes und -verkürzendes Verhalten Dritter **nicht auszumachen.** Eine spezielle rechtsvergleichende Studie fehlt zwar noch. Doch insbesondere im Hinblick auf Staaten, in deren Verfassungen ein ausdrückliches „Recht auf Sicherheit" ausgewiesen ist, wird dieses Recht, soweit ersichtlich, nicht mit einer solchen Anspruchsposition identifiziert.⁴⁷ Teil des EU-Rechts wäre ein Grundrecht auf Sicherheit gestützt auf die „gemeinsame Verfassungsüberlieferung" der EU-Staaten ohnehin nur, wenn ein solches in allen EU-Staaten anerkannt wäre, so dass bereits die Nichtexistenz eines Sicherheits-Grundrechts in Deutschland (→ Rn. 13) gegen ein derart begründetes EU-Grundrecht streiten muss (dh aber natürlich noch nicht, dass nicht ein originär unionsrechtlich begründetes Grundrecht auf Sicherheit, wie es in Art. 6 GRC explizit ist, unabhängig von einer gemeinsamen Verfassungsüberlieferung wirken kann).

13   Im Übrigen kennt auch die Verfassungsrechtsordnung der **Bundesrepublik Deutschland** kein Grundrecht auf Sicherheit. Zwar schlug der Hauptausschuss des Parlamentarischen Rates in Anlehnung an die Allgemeine Erklärung der Menschenrechte der Vereinten Nationen ein „Recht auf Leben, auf Freiheit und auf Sicherheit der Person" vor; dieser Vorschlag ging aber nicht in die dem Parlamentarischen Rat zur endgültigen Abstimmung vorgelegte Fassung des Grundgesetzes ein. Er wurde zuvor ersatzlos gestrichen. Stattdessen enthält das Grundgesetz einzelne **konkrete Aufträge zu schützendem staatlichen**

---

[39] Vgl. dazu nur *Zöller* FS Kühne, 2013, 629 ff.
[40] Vgl. nur *Kucsko-Stadlmmayer* in Merten/Papier, Hdb-GR Bd. VII/1, § 3 Rn. 57 f.
[41] EGMR 25.6.1996 – 19776/92 Rn. 48 – Amur/Frankreich; Grabenwarter ECHR Art. 5 para 3.
[42] *Augsberg* in von der Groeben/Schwarze/Hatje GRC Art. 6 Rn. 6.
[43] Dazu und zum Folgenden: *Robbers* S. 27 ff.
[44] Art. 2 S. 2 Déclaration des droits de l'homme et du citoyen, placée en tête de la constitution de 1791; Art. 2 Déclaration des droits de l'homme et du citoyen, placée en tête de la Constitution de 1793; Art. 4 Déclaration des droits et des devoirs de l'homme et du citoyen, placée en tête de la Constitution de 1795.
[45] Nachweise bei *Krings,* Grund und Grenzen grundrechtlicher Schutzansprüche, 2003, S. 91.
[46] Nachweise bei *Robbers* S. 99 Fn. 117.
[47] Zu Irland: *Grehan* in Grabitz, Grundrechte, S. 289 f.; zu Frankreich (Art. 2 der Erklärung der Menschenrechte), Spanien (Art. 17 Verfassung) und Portugal (Art. 27 Verfassung): *Robbers* S. 18 ff.

Handeln (staatliche Schutzpflichen).⁴⁸ Darüber hinaus hat das BVerfG in zahlreichen Entscheidungen einzelnen, ihrer sprachlichen Fassung und Tradition nach als **Abwehrrechte** konzipierten Freiheitsrechten **Schutzpflichtengehalte** entnommen, deren Erfüllung freilich **im** gerichtlich regelmäßig nicht zu überprüfenden **Ermessen** der hoheitlichen Sicherheitsorgane liegt.⁴⁹ Das Gericht ist in diesen Entscheidungen bislang aber nicht dazu übergegangen, die genannten speziellen Schutzgehalte zu einem allgemeinen Grundrecht auf Sicherheit zu verdichten. Lediglich in der deutschen Staatsrechtslehre sind Bemühungen zu registrieren, ein solches Grundrecht darzutun.⁵⁰ Diese Anstrengungen sind allerdings bei den Gerichten weitgehend resonanzlos geblieben.

In Übereinstimmung mit der Rechtsprechung des EGMR sowie den gemeinsamen Verfassungsüberlieferungen fanden sich auch in der **Rechtsprechung des EuGH** bis vor kurzem keine Anhaltspunkte für ein Grundrecht auf Sicherheit als subjektives Recht auf allgemeinen Schutz gegenüber Gefahren durch Interventionen Privater oder gar die Unbilden der Natur. Der EuGH leitete lediglich aus einzelnen Grundfreiheiten des EG-Vertrages⁵¹ (heute AEUV) sowie aus Gemeinschaftsgrundrechten⁵² **spezifische Schutzpflichten** ab, nicht aber ein universales Recht auf Schutz gegenüber jedweder Einwirkung von Privaten oder der Natur. Allerdings hat er in seinem **Urteil zur Vorratsdatenspeicherung vom 8.4.2014** ausgeführt:⁵³ „Nach der Rechtsprechung des Gerichtshofs stellt die Bekämpfung des internationalen Terrorismus zur Wahrung des Weltfriedens und der internationalen Sicherheit eine dem Gemeinwohl dienende Zielsetzung der Union dar (…). Das Gleiche gilt für die Bekämpfung schwerer Kriminalität zur Gewährleistung der öffentlichen Sicherheit (…). Im Übrigen ist insoweit festzustellen, dass nach Art. 6 der Charta jeder Mensch nicht nur das Recht auf Freiheit, sondern auch auf Sicherheit hat." Damit verbindet er die Verpflichtung jedes Staates zur Gewährleistung von Sicherheit für seine Bürger vor allem gegenüber den Gefahren, die von schwerer Kriminalität für diese drohen, mit dem jedem Menschen zukommenden Grundrecht auf Sicherheit.

Das in **Art. 9 IPBPR** ebenfalls enthaltene Recht auf Sicherheit wird schon seit längerem nicht nur als Schutzanspruch gegen willkürliche staatliche Festnahmen und Verhaftungen, sondern auch als **Anspruch gegen den Staat** gedeutet, den **Einzelnen vor Angriffen Privater zu schützen,** insbesondere im Falle von Drohungen gegen das Leben.⁵⁴ Dieses

---

⁴⁸ Art. 1 Abs. 1 S. 2 GG (Schutz der Menschenwürde); Art. 5 Abs. 2 GG (Schutz der Jugend); Art. 6 Abs. 1 GG (Schutz von Ehe und Familie); Art. 6 Abs. 4 GG (Mutterschutz); Art. 7 Abs. 4 S. 4 GG (Sicherung der wirtschaftlichen und rechtlichen Stellung von Lehrern an Privatschulen). Vgl. auch *Unruh,* Zur Dogmatik der grundrechtlichen Schutzpflichten, 1996, S. 26 ff.

⁴⁹ BVerfGE 6, 55 (76) – Steuersplitting; BVerfGE 34, 269 (281 f.) – Soraya; BVerfGE 35, 79 (114) – Hochschul-Urteil; BVerfGE 39, 1 (42) – Schwangerschaftsabbruch I; BVerfGE 45, 187 (254 f.) – Lebenslange Freiheitsstrafe; BVerfGE 46, 160 (164) – Schleyer; BVerfGE 49, 24 (53) – Kontaktsperre; BVerfGE 49, 89 (143) – Kalkar; BVerfGE 49, 304 (319 f.) – Sachverständigenhaftung; BVerfGE 53, 30 (57 ff.) – Mülheim-Kärlich; BVerfGE 56, 54 (63, 73) – Fluglärm; BVerfGE 77, 170 (215) – C-Waffen; BVerfGE 79, 174 (201) – Straßenverkehrslärm; BVerfGE 81, 242 (255) – Handelsvertreter; BVerfGE 85, 360 (384) – Akademie-Auflösung; BVerfGE 87, 1 (35) – Trümmerfrauen; BVerfGE 88, 203 (255) – Schwangerschaftsabbruch II; BVerfGE 89, 276 (286) – § 611a BGB; BVerfGE 90, 107 (114) – Waldorfschule/Bayern; BVerfGE 92, 26 (46) – Zweitregister; BVerfG NVwZ 2003, 855 – Waffengesetz. Näher *Szczekalla,* Die sogenannten grundrechtlichen Schutzpflichten im deutschen und europäischen Recht, 2002, S. 92 ff.

⁵⁰ Vgl. *Isensee,* Das Grundrecht auf Sicherheit, 1983, passim; *Robbers* S. 51 ff., 127 ff.; *Möstl,* Die staatliche Garantie für die öffentliche Sicherheit und Ordnung, 2002, S. 84 ff.

⁵¹ EuGH C-265/95, Slg. 1997, I-6959 Rn. 30 ff. – Kommission/Frankreich; EuGH C-112/00, Slg. 2003, I-5659 Rn. 57 ff. – Schmidberger. Zu dieser Entwicklung: *Szczekalla* DVBl 1998, 219 ff.; *Burgi* EWS 1999, 327 ff.; *Kühling* NJW 1999, 403 ff.; *Schilling* EuGRZ 2000, 3 (32 f.); *Kadelbach/Petersen* EuGRZ 2002, 213 ff.; *Jaeckel* S. 194 ff.; *Ehlers* in Ehlers GuG § 7 Rn. 31; *Walter* in Ehlers GuG § 1 Rn. 43.

⁵² EuGH C-288/89, Slg. 1991, I-4007 Rn. 23 – Collectieve Antennevoorzienining Gouda; EuGH C-368/95, Slg. 1997, 3689 Rn. 25 f. – Familiapress; EuGH C-2/92, Slg. 1994, I-995 Rn. 20 – Bostock.

⁵³ EuGH verb. Rs. C-293/12 und C-594/12 Rn. 42 – Digital Rights Ireland und Seitlinger ua.

⁵⁴ Dazu *Nowak,* CCPR, Art. 9 Rn. 9; zu den maßgeblichen Stellungnahmen des Menschenrechtsausschusses der Vereinten Nationen seit 1990 vgl. Vorauflage.

Verständnis kann freilich für die Interpretation von Art. 6 GRC nicht ausschlaggebend sein. In den Beratungen des europäischen Grundrechtekonvents wurde die Frage thematisiert, ob das Recht auf Sicherheit in Art. 6 GRC auch einen Anspruch auf staatlichen Schutz gegen Interventionen Dritter enthält. Diese Frage wurde jedoch nicht nur mit großer Unsicherheit behandelt;[55] vielmehr wurde dem Vorschlag, in Art. 6 GRC einen Passus aufzunehmen, wonach die Gesellschaft so zu gestalten sei, „dass die Sicherheit von Personen und Gütern gewährleistet ist", die Zustimmung verweigert[56], was man als Indiz gegen eine eigenständige Garantie auch allgemein der „Sicherheit" deuten kann (in diesem Sinne die Vorauflage). Allerdings wurde trotz der Diskussionen um die Reichweite der explizit zu gewährenden „Sicherheit" auch der – angesichts der damals zu Art. 5 Abs. 1 S. 1 EMRK bereits einhelligen Ansicht, es gebe kein eigenständiges Recht auf Sicherheit – eigentlich nahe liegende gegenteilige Vorschlag einer Streichung der Worte „und Sicherheit" nicht realisiert, so dass man aus der heutigen Fassung zumindest schließen kann, dass der Konvent jedenfalls an dem ausdrücklichen Rekurs auch auf einen Schutz der „Sicherheit" festhalten wollte.[57] Da es sich obendrein bei der Europäischen Union nach ihrem in Art. 3 Abs. 2 EUV ausgedrückten Selbstverständnis ausdrücklich um einen „Raum der Freiheit, der Sicherheit und des Rechts" handelt, in dem der Staat die Kriminalität bekämpfen soll (→ Rn. 1), und dies auch in der Präambel der Charta noch einmal eigens betont wird,[58] ist es in der Tat nicht fernliegend, das Unions-Grundrecht aus Art. 6 GRC über Art. 5 EMRK hinaus auch als ein Grundrecht der Sicherheit zu verstehen (anders die Vorauflage).[59]

16 Gleichwohl sprechen insbesondere **rechtssystematische und -praktische Gründe** dafür, dass ein Recht auf Sicherheit grundsätzlich keinen allumfassenden Schutz durch, sondern primär vor dem und gegen den Staat gewährleistet. Die Konzeption eines Rechts auf Sicherheit als genereller Anspruch auf Schutz durch den Staat gegen bedrohendes, gefährdendes und verletzendes Handeln Dritter (oder gar ein Einwirken der Natur) würde – wenn es denn mehr sein sollte als eine individualrechtlich verkleidete Erinnerung an die staatliche Kernaufgabe des Rechtsgüterschutzes – in der Praxis die justiziellen Entscheidungsträger mit kaum lösbaren Schwierigkeiten konfrontieren. Weil häufig konkrete Freiheitsrechte des einen mit einem zumeist bloß denkbaren Eingriff in den Sicherheitsanspruch anderer einhergehen, wird daher im Zweifel auch Art. 6 GRC lediglich als Verbürgung der unionsbürgerlichen Freiheit zu verstehen sein. Nichtsdestotrotz könnte Art. 6 GRC aber in Sonderkonstellationen als Grundlage dafür dienen, schwerwiegende Eingriffe in den Freiheitsraum und damit die Sicherheit einzelner Bürger durch kriminelle nichtstaatliche Akteure unterbinden zu müssen (etwa durch Strafnormen gegen Entführung und Freiheitsberaubung). Das Vorratsdatenspeicherungs-Urteil des EuGH[60] zeigt an, dass etwa bei der Rechtfertigung von Eingriffen in andere unionale Grundrechte – wie das Recht auf Schutz personenbezogener Daten aus Art. 8 GRC – auch das dadurch unterstützte Recht auf Sicherheit der Bürger Berücksichtigung finden kann.

III. Persönlicher Schutzbereich

17 Träger des Rechts auf Freiheit und Sicherheit ist **jede natürliche Person,** können doch ideelle Konstrukte wie juristische Personen oder Personenvereinigungen nicht in ihrer

---

[55] Vgl. *Bernsdorff/Borowsky*, GRC, S. 138, 146, 275 ohne Begründung.
[56] Vgl. *Bernsdorff/Borowsky*, GRC, S. 275.
[57] *Bernsdorff* in NK-EuGRCh GRCh Art. 6 Rn. 6 ff.
[58] Der letzte Satz des zweiten Absatzes der Präambel der GRC lautet: Die Union „stellt den Menschen in den Mittelpunkt ihres Handelns, indem sie die Unionsbürgerschaft und einen Raum der Freiheit, der Sicherheit und des Rechts begründet."
[59] In diesem Sinne *Klement* in Grabenwarter, EnzEur Bd. 2, § 8 Rn. 91 f.; *Limbach*, Ist die kollektive Sicherheit der Feind der individuellen Freiheit?, 2002, S. 4 f.: Art. 6 GRC verbürge ein Recht auf Sicherheit im Sinne eines umfassenden Schutzanspruchs.
[60] EuGH verb. Rs. C-293/12 und C-594/12 – Digital Rights Ireland und Seitlinger ua.

physischen Bewegungsfreiheit beeinträchtigt werden. Erfasst ist dabei „everyone" (Art. 5 EMRK) bzw. „jeder Mensch" (Art. 6 GRC), so dass es nicht auf ein bestimmtes Alter ankommen kann.[61] Der persönliche Schutzbereich erstreckt sich damit auch im Rahmen von Art. 6 GRC – und im Unterschied etwa zu Art. 45 Abs. 1 GRC, der die Freizügigkeit ausdrücklich nur Unionsbürgern garantiert – nicht allein auf **Unionsangehörige,** sondern auch auf **Angehörige dritter Staaten.**[62] Angesichts des engen sachlichen Schutzbereichs ist es nicht möglich, etwa die Freizügigkeit von Nicht-Unionsbürgern innerhalb des EU-Binnenraums auf Art. 6 GRC zu stützen.

IV. Territorialer Schutzbereich

Der Schutz des Rechts auf Freiheit und Sicherheit aus Art. 5 EMRK erstreckt sich auf alle Mitgliedstaaten des Europarats; derjenige aus Art. 6 GRC erstreckt sich auf den gesamten Binnenrechtsraum der EU, dh das **gesamte Hoheitsgebiet der Mitgliedstaaten der Union.** Darüber hinaus wirkt dieses Recht aber **auch extraterritorial.** Sein Schutz reicht über die Grenzen der Union, sofern unionsrechtliche Normen an Sachverhalte anknüpfen, die sich in Drittstaaten ereignen, ein Handeln der grundrechtsverpflichteten Organe sich erst in Drittstaaten auswirkt oder – wie im Falle unionaler polizeilicher oder militärischer Auslandseinsätze – auf deren Gebiet geschieht. **18**

Für diese extraterritoriale Geltung des Rechts auf Freiheit und Sicherheit lässt sich zunächst die **Rechtsprechung des EuGH** anführen, nach der Unionsrecht auch außerhalb des Unionsgebiets Wirkungen entfalten kann.[63] Insbesondere die Grundfreiheiten des AEUV sind bei sämtlichen Rechtsbeziehungen heranzuziehen, die aufgrund des Ortes, an dem sie entstanden sind oder an dem sie ihre Wirkungen entfalten, einen räumlichen Bezug zum Gebiet der Gemeinschaft aufweisen.[64] **19**

Zudem ist angesichts der nach Art. 6 Abs. 3 EUV zu den allgemeinen Grundsätzen des Unionsrechts zählenden Grundrechtsgewährleistungen der **EMRK** hervorzuheben, dass die Konventionsstaaten sich nach Art. 1 EMRK verpflichtet haben, die Rechte aller Personen zu schützen, die ihrer Hoheitsgewalt unterstehen („to everyone within their jurisdiction"). Auch steht ihnen die Möglichkeit offen, die Konvention auf Hoheitsgebieten für anwendbar zu erklären, für deren internationale Beziehungen sie verantwortlich sind (Art. 56 EMRK), mithin für eine extraterritoriale Geltung der Konventionsrechte zu sorgen. Der jüngeren Rechtsprechung des EGMR zufolge soll sich zwar aus dem Wortsinn der „within their jurisdiction"-Formulierung in Art. 1 EMRK sowie ihrer Entstehungsgeschichte ergeben, dass die Vertragsstaaten allein die Ausübung ihrer Hoheitsgewalt innerhalb des eigenen Territoriums konventionsrechtlich zu verantworten haben.[65] Gleichzeitig hat der EGMR allerdings zahlreiche **Fallgruppen** anerkannt, in denen eine **extraterritoriale Verantwortlichkeit** zu bejahen ist, so bei **20**

- eigenen Staatsangehörigen im Ausland,[66]
- Ausweisungen und Abschiebungen vom eigenen Territorium aus, sofern dem Betroffenen im Drittstaat etwa Freiheitsentziehung, Folter oder Todesstrafe drohen[67] (auf Ebene des Unionsrechts verbietet dies auch Art. 19 Abs. 2 GRC),

---

[61] Zur EMRK *Grabenwarter* in Grabenwarter ECHR Art. 5 para 2; zur GRC *Klement* in Grabenwarter, EnzEur Bd. 2, § 8 Rn. 70.
[62] *Klement* in Grabenwarter, EnzEur Bd. 2, § 8 Rn. 68.
[63] EuGH C-214/94, Slg. 1996, I-2253 Rn. 14 f. mwN – Boukhalfa.
[64] EuGH C-36/74, Slg. 1974, I-1405 Rn. 28 f. – Walrave.
[65] EGMR 12.12.2001 – 52207/99, ECHR 2001-XII Rn. 59, 61 = NJW 2003, 413 – Banković.
[66] EGMR 12.12.2001 – 52207/99, ECHR 2001-XII Rn. 60 = NJW 2003, 413 – Banković.
[67] EGMR 7.7.1989 – 14038/88 Rn. 91 – Soering/Vereinigtes Königreich; EGMR 20.3.1991 – 15576/89 Rn. 69 f. – Cruz Varas ua/Schweden; EGMR 30.10.1991 – 13163/87 Rn. 103 – Vilvarajah ua/Vereinigtes Königreich; EGMR 21.11.2001 (GK) – 35763/97 Rn. 39 – Al-Adsani/Vereinigtes Königreich.

- militärischen Aktionen jenseits der eigenen Grenzen, falls über das fremde Territorium eine effektive Kontrolle ausgeübt wird,[68]
- polizeilichen Verhaftungsaktionen im Ausland, sofern die nationalen Organe den Betroffenen im Ausland in seiner Gewalt haben und es in ihrer Macht steht, ihn auf das Territorium des Vertragsstaates zurückzubringen,[69]
- Aktivitäten des diplomatischen und konsularischen Personals sowie
- Schiffen und Flugzeugen, die die Flagge des jeweiligen Vertragsstaates führen.[70]

21 Auch die **deutsche Verfassungsrechtsprechung** geht im Übrigen davon aus, dass die Geltung der Grundrechte des Grundgesetzes keineswegs prinzipiell auf das Bundesgebiet beschränkt ist. **Deutsche Staatsgewalt** handelt **grundsätzlich grundrechtsgebunden**,[71] unabhängig davon, auf welchem Gebiet diese Gewalt agiert, sich ihr Handeln auswirkt oder die Sachverhalte zu lokalisieren sind, die sie durch ihre Normen zu steuern sucht. Einschränkungen des territorialen Schutzbereichs müssen dagegen aus den im konkreten Fall jeweils einschlägigen Verfassungsnormen ableitbar sein.[72]

22 Schließlich ist es auch sachlich geboten, sich bei der Frage der territorialen Geltung der Unionsgrundrechte an dieser Judikatur und dem sich aus den Verfassungsüberlieferungen der Mitgliedstaaten ergebenden Konzept zu orientieren.[73] Eine Beschränkung der Grundrechtsgeltung allein auf das Gebiet der Mitgliedstaaten der Union widerspräche der **globalen Verflochtenheit ihres Handelns**. Eine solche Beschränkung beruhte auf der anachronistisch anmutenden Vorstellung einer Welt mit streng parzellierten Handlungsräumen verschiedener nationaler oder supranationaler Hoheitsträger, deren Wirkungsmacht grundsätzlich an überkommenen Territorialgrenzen endete. Die extraterritoriale Erstreckung des Grundrechtsschutzes bildet vielmehr das notwendige **Gegenstück** der ebenfalls anerkannten extraterritorialen Wirkung belastender und in die Rechtssphäre von Individuen eingreifender Normen und Maßnahmen europäischer Hoheitsgewalt. Wenn diese Gewalt Sachverhalte jenseits des Unionsgebiets zum Tatbestand eigener Normen erheben kann[74] oder solche Sachverhalte mittelbar beeinflussen darf,[75] ist diese Gewalt der disziplinierenden und schützenden Wirkung auch extraterritorial geltender Grundrechte zu unterwerfen. Dies gebietet nicht zuletzt die **Tradition** europäischen Grundrechtsdenkens.

C. Beeinträchtigungen

23 Das Recht auf Freiheit und Sicherheit wird primär beeinträchtigt, wenn einer Person die **Möglichkeit genommen** wird, **an einem bestimmten Ort zu bleiben** oder **sich an einen bestimmten Ort zu begeben**. Typische Fälle solcher Beschränkungen finden sich daher im Bereich

---

[68] EGMR 26.6.1992 – 12747/87 Rn. 91 – Drozd und Janousek/Frankreich und Spanien; EGMR 18.12.1996 (GK) – 15318/89 Rn. 62 – Loizidou/Türkei. Allerdings soll nach der Banković-Entscheidung (EGMR 12.12.2001 – 52207/99, ECHR 2001-XII Rn. 74 ff. = NJW 2003, 413 – Banković ua/17 NATO-Staaten) die gezielte Bombardierung eines Fernsehsenders auf dem Gebiet eines Drittstaates mit zahlreichen Todesopfern nicht vom territorialen Schutzbereich der Konvention erfasst sein, da sie in keine der genannten Fallgruppen falle; zur Kritik dieses Urteils vgl. *Breuer* EuGRZ 2003, 449 (450).
[69] EGMR 12.3.2003 – 46221/99 Rn. 93 – Öcalan/Türkei.
[70] EGMR 12.12.2001 – 52207/99, ECHR 2001-XII Rn. 73 = NJW 2003, 413 – Banković ua/17 NATO Staaten.
[71] BVerfGE 100, 313 (363) – Telekommunikationsüberwachung.
[72] BVerfGE 100, 313 (363) – Telekommunikationsüberwachung. Vgl. auch *Baldus,* Transnationales Polizeirecht, 2001, S. 147 ff., 160 ff.
[73] So *Ehlers* in Ehlers GuG § 14 Rn. 39; *Ukrow* in Bröhmer, Grundrechtsschutz, S. 139, 141.
[74] EuGH C-6/73, Slg. 1974, 223 Rn. 31 ff. – Commercial Solvents (Anwendung der Wettbewerbsordnung auf Unternehmen, die ihren Sitz außerhalb der EU haben); EuGH verb. Rs. C-89/85 ua, Slg. 1988, 5193 Rn. 16 f. – Ahlström.
[75] Etwa durch Antidumping- oder Antisubventionsmaßnahmen; vgl. dazu *Streinz* EuropaR Rn. 102 f.

- der Strafverfolgung (vorläufige Festnahmen, Untersuchungshaft, Vollstreckung einer Freiheitsstrafe bzw. Ersatzfreiheitsstrafe oder einer freiheitsentziehenden Maßregel wie der Sicherungsverwahrung iSv §§ 66 ff. StGB),
- des polizeilich-präventiven Handelns (polizeiliche Ingewahrsamnahme, Unterbringung in geschlossener psychiatrischer Anstalt),
- des Militärs (Ausgangsbeschränkung und disziplinarrechtliche Maßnahmen) oder
- gerichtlicher Verfahren (Ordnungshaft bei grundlosem Ausbleiben eines Zeugen oder grundloser Verweigerung einer Zeugenaussage, eines Eides oder eidesstattlichen Versicherung sowie bei Ungebühr).

Das Recht auf Freiheit und Sicherheit kann indessen nicht nur durch **hoheitlichen Zwang** beeinträchtigt werden. Auch die **Auferlegung von Pflichten,** wie etwa das Verbot, einen bestimmten Ort aufzusuchen, oder das Gebot, einen bestimmten Ort zu verlassen, kommen als Beeinträchtigungsarten in Betracht.[76] 24

Bei der Prüfung, ob eine Person eine Freiheitsentziehung erlitten hat und damit das Recht auf Freiheit und Sicherheit beeinträchtigt wurde, ist von der **konkreten Situation** auszugehen. Dabei sind die **Art** und **Dauer,** die **Auswirkungen** sowie die **Umstände** der Maßnahme zu berücksichtigen.[77] Eine Beeinträchtigung ist daher beispielsweise zu bejahen bei der Festnahme einer Person durch Sicherheitskräfte und deren Unterbringung in einer Zelle, ebenso bei einem Hausarrest.[78] Die **Modalitäten der Festnahme,** die **Unterbringung** und die **Behandlung** in der Einrichtung sind dagegen auszugrenzen, da ihre Thematik von den **speziellen Grundrechten** wie dem Recht auf Leben (Art. 2 GRC), dem Verbot der Folter (Art. 4 GRC), der Sklaverei und der Zwangsarbeit (Art. 5 GRC) erfasst wird. 25

Seit längerem sind Konstellationen zu erkennen, in denen das **Handeln von Unionsorganen oder Organen** der Mitgliedstaaten in Ausführung von Unionsrecht das Recht auf Freiheit und Sicherheit beeinträchtigen kann. Was unmittelbar freiheitsentziehendes Handeln angeht, so fehlen zwar immer noch eigene Organe und Einrichtungen der Union mit Festnahmekompetenz. Mit dem Europäischen Amt für Betrugsbekämpfung **(OLAF)**[79], dem Europäischen Juristischen Netz **(EJN)**[80] und **Eurojust** (Art. 85 AEUV)[81] sowie **Europol** (Art. 88 AEUV)[82] gibt es zwar schon seit fast zwei Jahrzehnten eigene Strafverfolgungsbehörden der Union. Deren Tätigkeit ist jedoch weiterhin auf die Erhebung, Sammlung und Verarbeitung von Informationen beschränkt; zur Durchführung freiheitsentziehender Zwangsmaßnahmen sind sie weiterhin selbst im Falle einer Mitwirkung an operativen Maßnahmen nicht befugt (vgl. für Eurojust Art. 85 Abs. 2 AEUV: „Im Rahmen der Strafverfolgungsmaßnahmen … werden die förmlichen Prozesshandlungen … durch die zuständigen einzelstaatlichen Bediensteten vorgenommen"; für Europol Art. 88 Abs. 3 S. 2 AEUV: „Die Anwendung von Zwangsmaßnahmen bleibt ausschließlich den zuständigen einzelstaatlichen Behörden vorbehalten"). 26

Anders verhält es sich im Bereich der **Gemeinsamen Außen- und Sicherheitspolitik (GASP),**[83] zu der nach Art. 43 EUV (Art. 17 Abs. 2 EUV-Nizza) humanitäre Rettungseinsätze, friedenserhaltende Maßnahmen sowie Kampfeinsätze bei der Krisenbewältigung inklusive friedensschaffender Maßnahmen gehören. Im Rahmen solcher Aktionen führt die Europäische Union **militärische Operationen** durch, **die auch polizeiliche Tätigkeiten** – wie im Falle der Engagements in Mazedonien[84] und im 27

---

[76] *Klement* in Grabenwarter, EnzEur Bd. 2 § 8 Rn. 73; aA Jarass GRCh Art. 6 Rn. 9.
[77] Vgl. EGMR 8.6.1976 – 5100/71 Rn. 59, EuGRZ 1976, 221 – Engel ua/Niederlande; EGMR 6.11.1980 – 7367/76 Rn. 92, EuGRZ 1983, 633 Rn. 92 – Guzzardi/Italien.
[78] Vgl. *Peukert* in Frowein/Peukert EMRK Art. 5 Rn. 10 ff.
[79] Dazu *Zöller* in Böse, EnzEur Bd. 9, § 22; *Brüner/Spitzer* in HdB-EuStrafR § 43.
[80] Dazu *Zöller* in Böse, EnzEur Bd. 9, § 21; *Stiegel* in HdB-EuStrafR § 46.
[81] Dazu *Zöller* in Böse, EnzEur Bd. 9, § 21; *Grotz* in HdB-EuStrafR § 45.
[82] Dazu *Ruthig* in Böse, EnzEur Bd. 9, § 20; *Neumann* in HdB-EuStrafR § 44.
[83] Dazu *Thym* in v. Arnauld, EnzEur Bd. 10, § 16 Rn. 61 ff.
[84] Gemeinsame Aktion 2003/92/GASP des Rates über die militärische Operation der Europäischen Union in der ehemaligen jugoslawischen Republik Mazedonien, ABl. 2003 L 34, 26.

Kongo[85] – **umfassen,** einschließlich freiheitsentziehender Maßnahmen gegenüber Personen, die sich dem Auftrag der EU-geführten Einsatzkräfte in den Krisengebieten widersetzen.[86] So heben zwar die *Rules of Engagement* für den Mazedonien-Einsatz ausdrücklich hervor, dass „förmliche Festnahmen" verboten sind. Andererseits bestimmen sie, dass bei der Durchführung des Auftrags Personen zunächst festgehalten werden können, um sie dann, wenn es ohne Gefährdung des Auftrags möglich ist, an die mazedonischen Sicherheitskräfte zu übergeben.[87] Bei einem solchen Festhalten dürfte aber regelmäßig von einer Beeinträchtigung der körperlichen Bewegungsfreiheit auszugehen sein, so dass die Schutzgehalte des Rechts auf Freiheit und Sicherheit zu beachten sind. Dass die militärischen Organe der Europäischen Union bei der Teilnahme an bewaffneten Konflikten in vollem Umfang an die Grundrechte gebunden sind, kann nicht zweifelhaft sein, da nach dem EU-Vertrag die gesamte Gemeinsame Außen- und Sicherheitspolitik unter dem Ziel der Achtung der Menschenrechte und Grundfreiheiten steht.[88] Das gilt auch für den seit 2008 andauernden und auf Resolutionen des UN-Sicherheitsrat, aber auch auf EU-Beschlüsse gestützten EU-Einsatz gegen Piraterie am Horn von Afrika im Rahmen der **European Union Naval Force – Somalia (EU NAVFOR Somalia) – Operation Atalanta;** in diesem Zusammenhang kam es zu Festnahmen mutmaßlicher Piraten durch Seeleute der beteiligten EU-Staaten.[89] Schließlich verpflichtet **Art. 42 Abs. 7 EUV** im Falle eines bewaffneten Angriffs auf einen Mitgliedstaat die anderen Mitgliedstaaten „ihm alle in ihrer Macht stehende Hilfe und Unterstützung" zu gewähren; ein dahingehender Beschluss ist erstmals im Anschluss an die Terroranschläge in Paris am 16.11.2015 gefasst worden. Dabei geht es nicht nur um militärischen Beistand, so dass auch polizeiliche Hilfeleistungen erbracht werden können. Weil alle darauf gestützten Hilfeleistungen – welcher Art auch immer – auf EU-Primärrecht fußen, ist Art. 6 GRC anwendbar, so dass Freiheitsentziehungen im Rahmen solcher Hilfsmaßnahmen mit dem unionalen Recht auf Freiheit und Sicherheit vereinbar sein müssen.

28   Als weiterer Anwendungsfall des Rechts auf Freiheit und Sicherheit sind im Übrigen die ebenfalls im Bereich der **Gemeinsamen Außen- und Sicherheitspolitik** anzusiedelnden **Polizeimissionen** zu nennen, die als Formen nicht-militärischer Krisenbewältigung qualifiziert werden können. Der Europäische Rat hat dabei als Konzepte für solche Missionen, wie etwa im Falle der Polizeimission der Europäischen Union in Bosnien-Herzegowina, die Stärkung lokaler Polizeikräfte[90] vorgesehen. Er hat auch Substitutionsmissionen geplant, bei denen die Kräfte der Union Exekutivfunktionen wie kriminalpolizeiliche Ermittlungsarbeit mit der Aufdeckung von Straftaten, der Fahndung nach Tätern und deren Überstellung an die zuständigen Justizbehörden wahrnehmen sollen.[91] In Zukunft noch wachsende Bedeutung dürfte der im Jahre 2004 eingerichteten **Europäischen Agentur für die operative Zusammenarbeit an den Außengrenzen der Mitgliedstaaten der Europäischen Union (Frontex)**[92] zukommen, die schon jetzt aktiv bei der Überwachung der

---

[85] Gemeinsame Aktion 2003/423/GASP des Rates über die militärische Operation der Europäischen Union in der Demokratischen Republik Kongo, ABl. 2003 L 143, 50.
[86] Art und Ausmaß der Vorgehensweise sind in den „Rules of Engagement" festgelegt, die offiziell zu veröffentlichen die Union bislang jedoch verweigert.
[87] Vgl. Taschenkarte für die Soldaten des deutschen Anteils an „Task Force" Fox in Mazedonien: Nach Nr. II.6. der Regeln für die Anwendung militärischer Gewalt ist das Festhalten von Personen nicht nur im Falle der Selbstverteidigung erlaubt; außerdem ist bedeutsam, dass V.2 der Regeln den Soldaten die Pflicht auferlegt, „festgenommene Personen … unter allen Umständen menschlich zu behandeln".
[88] Art. 23 EUV iVm Art. 2 EUV (Art. 11 Abs. 1 fünfter Gedankenstrich EUV-Nizza).
[89] Zur Festnahme im Rahmen der Operation Atalanta durch deutsche Seeleute *Esser/Fischer* ZIS 2009, 771 ff.; *Esser/Fischer* JR 2010, 513 ff.
[90] Gemeinsame Aktion des Rates über die Polizeimission der Europäischen Union, ABl. 2002 L 70, 1.
[91] Bericht des Vorsitzes über die Europäische Sicherheits- und Verteidigungspolitik, Brüssel vom 31.1.2001 (Nr. 14056/3/00). Im Rahmen der Europäischen Union ist es bislang noch nicht zu einer solchen Mission gekommen, wohl aber im Rahmen der Vereinten Nationen in Gestalt der „United Nations Interim Administration" Mission in Kosovo.
[92] Dazu ausf. *Stern/Tohidipu* in v. Arnauld, EnzEur Bd. 10, § 14 Rn. 40 ff.

Außengrenzen der EU vor allem im Mittelmeer, aber auch bei gemeinsamen Rückführungsaktionen bzw. Sammelabschiebungen mitwirkt und in Zukunft nach dem Willen des EU-Kommissionspräsidenten zu einem „operationellen Grenz- und Küstenwachsystem" ausgebaut werden soll, das möglicherweise sogar aufgrund von Mehrheitsbeschlüssen der EU und damit nicht mehr notwendig in Übereinstimmung mit dem Standortstaat agieren könnte. Auf Grundlage eines solchen Mandats könnten Frontex-Angehörige an den EU-Außengrenzen etwa Flüchtlinge in Sammelstellen einweisen; solche Akte müssten sich dann auch an Art. 6 GRC messen lassen.

Eine Beeinträchtigung des Rechts auf Freiheit und Sicherheit durch die Europäische **29** Union kommt schließlich auch im Falle **unionaler Normsetzung** in Betracht. Auch nach Inkrafttreten des Vertrags von Lissabon und der damit bewirkten Überführung der zuvor in der dritten Säule in Form intergouvernementalen Zusammenarbeit geregelten Polizeilichen und Justiziellen Zusammenarbeit (PJZS; Art. 29 ff. EUV-Nizza) in das supranationale Unionsrecht (Art. 67 ff. AEUV)[93] verfügt die Europäische Union noch nicht über eine Strafgewalt im Sinne einer bereichsunabhängigen Kompetenz, um für bestimmte Verhaltensweisen Freiheitsstrafen anzudrohen und die Mitgliedstaaten zu entsprechenden Sanktionsmaßnahmen zu verpflichten;[94] eine Ausnahme wird derzeit lediglich für die Bekämpfung von Betrügereien zum Nachteil der Union auf Grundlage von Art. 325 AEUV erwogen,[95] da der darin gebrauchte Terminus der „Maßnahmen" sich nicht – wie in Art. 82, 83 AEUV für andere Gebiete der Europäisierung des (Kriminal-)Strafrechts – in Richtlinien erschöpfen muss, sondern grundsätzlich auch Verordnungen zulässt.[96]

Verpflichtet jedoch die Union aufgrund von Art. 83 AEUV (bzw. früher Art. 31 EUV- **30** Nizza) die Mitgliedstaaten zur Einführung einer Freiheitsstrafe als (Mindest-)Höchststrafe und wird diese daraufhin von den Mitgliedstaaten in ihre nationale Strafrechtsordnung übernommen, so ist darin ebenfalls eine Beeinträchtigung des Rechts auf körperliche Bewegungsfreiheit durch **mitgliedstaatliches Handeln in Ausführung von Unionsrecht** zu sehen. Eine Beeinträchtigung durch solches mitgliedstaatliches Handeln kann außerdem dann erfolgen, wenn Mitgliedstaaten durch Unionsrecht verpflichtet werden, Personen vorübergehend festzuhalten oder gar zu inhaftieren. Prominenter und massenhaft vorkommender Anwendungsfall ist der Europäische Haftbefehl.[97]

D. Rechtfertigung

Die Schranken des Rechts auf Freiheit und Sicherheit sind ebenso wie die Bestimmung **31** seines Schutzbereichs auf der Grundlage von Art. 52 Abs. 3 GRC, Art. 53 GRC und Art. 6 Abs. 3 EUV unter **vorrangigem Rückgriff auf** die **EMRK** sowie die **Rechtsprechung des EGMR** zu bestimmen; von Bedeutung sind darüber hinaus die gemeinsamen Verfassungsüberlieferungen aller Mitgliedstaaten (Art. 52 Abs. 4 GRC, Art. 6 Abs. 3 EUV). Einschlägige Entscheidungen des EuGH zum Recht auf körperliche Bewegungsfreiheit aus Art. 6 GRC als solchem liegen bislang noch nicht vor, doch hat er in jüngerer Zeit wiederholt über Fragen eines Europäischen Haftbefehls zu entscheiden

---

[93] Dazu nur *Heger* ZIS 2009, 406 ff.
[94] Umfassend *Dorra*, Strafrechtliche Legislativkompetenzen der Europäischen Union, 2013.
[95] Die vom Wortlaut von Art. 79 AEUV ebenfalls nicht ausgeschlossene Strafrechtsetzung der Union mittels Verordnungen gegen Menschenhandel wird aufgrund dessen expliziter Nennung in Art. 83 Abs. 1 AEUV aufgrund der Spezialität letzterer Norm regelmäßig abgelehnt (s. nur *Heger* ZIS 2009, 406 (416)).
[96] Dafür die hM, zB *Hecker*, Europäisches Strafrecht, 5. Aufl. 2015, S. 158 ff., Rn. 81–83; *Vogel/Brodowski* in HdB-EuStrafR § 43, § 5 Rn. 6 ff.; einschränkend *Heger* ZIS 2009, 406 (416). – Wegen prinzipiellen Vorrangs von Art. 83 AEUV gegenüber Art. 325 AEUV bei der Europäisierung des materiellen Strafrechts dagegen zB *Sturies* HRRS 2012, 273 ff.; *Dorra*, Strafrechtliche Legislativkompetenzen der Europäischen Union, 2013, S. 278 ff. mwN.
[97] Rahmenbeschluss des Rates über den Europäischen Haftbefehl und die Übergabeverfahren zwischen den Mitgliedstaaten, ABl. 2002, L 190, 1: Nach diesem Beschluss sind die Mitgliedstaaten verpflichtet, den europäischen Haftbefehl durch die Festnahme der gesuchten Person und deren Übergabe zu vollstrecken (dazu nur *Heger/Wolter* in NK-RechtshilfeR S. 324 ff.).

gehabt.⁹⁸ Zudem entsprechen die Gewährleistungen des Rechts auf Freiheit und Sicherheit in den mitgliedstaatlichen Verfassungen weitgehend der in Art. 5 EMRK sichtbar werdenden Konzeption. Und nicht zuletzt legt auch die Grundrechtecharta eine solche konventionsorientierte Vorgehensweise nahe. Der erste Entwurf der Charta enthielt zwar noch eine von der EMRK abweichende Schrankenbestimmung.⁹⁹ In der vom Präsidium des Konvents erstellten vollständigen Fassung der Charta fehlte diese Schrankenregelung dann aber ganz, ohne dass bei der abschließenden Sitzung des Konvents Einwände erhoben worden wären. Diese Streichung erklärt sich daraus, dass in den Diskussionen der ersten Fassungen mehrfach gefordert wurde, das Schutzniveau der Charta hinsichtlich des Rechts auf Freiheit und Sicherheit keinesfalls unter das der EMRK sinken zu lassen.¹⁰⁰ Dies wäre gewiss auch durch eine direkte Verweisung auf Art. 5 Abs. 1 S. 2 EMRK oder durch dessen wörtliche Übernahme zu erreichen gewesen. Um aber die dann entstehende textliche Länge des Artikels zu vermeiden, sah man von dieser Regelungstechnik ab und sicherte die Übernahme der Schrankenregelung der EMRK durch Art. 52 Abs. 3 GRC. Darauf hat auch das Präsidium des Konvents in seinen Erläuterungen noch einmal eigens hingewiesen.¹⁰¹

I. Schrankennormen

32 Bei **Maßnahmen von Unionsorganen** ist als Schrankennorm eine von den autorisierten Rechtsetzungsorganen der Union erlassene, schriftlich fixierte und unmittelbar wirksame Vorschrift erforderlich, an der freilich nicht zwingend das Europäische Parlament (dies ist etwa bei einem Beschluss gemäß Art. 42 Abs. 7 EUV (→ Rn. 27) nicht der Fall) mitgewirkt haben muss.¹⁰² Eine Schranke kann daher auch eine unmittelbar wirksame Norm des Primärrechts (EUV, AEUV, GRC) oder eine EG-/EU-Verordnung sein (→ § 10 Rn. 31).

33 Handeln **mitgliedstaatliche Organe in Ausführung einer unionsrechtlichen Eingriffsverpflichtung,** ist dagegen auf die jeweils im konkreten Fall geltenden mitgliedstaatlichen Anforderungen an freiheitsentziehende Maßnahmen abzustellen, sofern den Mitgliedstaaten bei der Erfüllung einer solchen Verpflichtung ein eigener substantieller Handlungsspielraum verbleibt. Im Rechtskreis des *Common Law* kann deshalb in einem solchen Fall auch eine ungeschriebene Norm in Betracht kommen;¹⁰³ dagegen muss eine Freiheitsentziehung in der Bundesrepublik Deutschland, etwa zur Vollstreckung eines Europäischen Haftbefehls, wegen Art. 104 Abs. 1 S. 2 GG auf einem formellen Gesetz beruhen (erfolgt in §§ 78 ff. IRG).¹⁰⁴

II. Anforderungen an Schrankennormen

34 Eine Norm, die das Recht auf Freiheit und Sicherheit aus Art. 5 EMRK beschränkt, muss zunächst **allgemein zugänglich, ausreichend bestimmt** und für Normadressaten **verständlich** sein.¹⁰⁵ Zudem darf sie eine **Entziehung** der Freiheit **nur in den in Art. 5**

---

[98] Jüngst EuGH C-396/11, ECLI:EU:C:2013:107 = NJW 2013, 1145 – Radu; EuGH C-399/11, ECLI:EU:C:2013:107 = NJW 2013, 1215 – Melloni; EuGH C-508/18, ECLI:EU:C:2019:456.
[99] Nach dem ersten Entwurf sollte niemand „außer in den gesetzlich vorgesehenen Fällen festgenommen oder in Haft gehalten werden" dürfen (Art. 3 Convent 5, Februar 2000); in den darauf folgenden Entwürfen hieß es: „Die Freiheit darf nur in besonderen Fällen und nur auf die gesetzlich vorgeschriebene Weise entzogen werden" (Art. 6 Convent 13, März 2000) bzw. „Die Freiheit darf nur in den gesetzlich vorgeschriebenen Fällen und Formen entzogen werden" (Art. 6 Convent 28, Mai 2000).
[100] Es war der Richter am EGMR *Fischbach,* der den Konvent darauf hinwies, dass die ersten Fassungen ein niedrigeres Schutzniveau als Art. 5 EMRK garantieren würden; in den dann folgenden Sitzungen wurde deutlich, dass dies auf keinen Fall eintreten sollte, vgl. *Bernsdorff/Borowsky,* GRC, S. 138, 146, 176, 275.
[101] Erläuterungen des Präsidiums EuGRZ 2000, 559 (560).
[102] Zum Problem des Parlamentsvorbehalts *Weber* NJW 2000, 537 (543).
[103] Vgl. EGMR 26.4.1979 – 6538/74 Rn. 47, EuGRZ 1979, 386 – Sunday Times/Vereinigtes Königreich.
[104] Dazu *Meyer* in NK-RechtshilfeR S. 381 ff.
[105] Vgl. EGMR 26.4.1979 – 6538/74 Rn. 49 – Sunday Times/Vereinigtes Königreich.

Abs. 1 S. 2 EMRK abschließend[106] genannten Fällen anordnen.[107] Die in dieser Konventionsbestimmung enthaltenen Haftgründe sind restriktiv, dh zugunsten der inhaftierten Person auszulegen, da sie Ausnahmen von der fundamentalen Garantie individueller Freiheit statuieren.[108] **Art. 6 GRC enthält keine** entsprechende **explizite Schrankenbestimmung,** doch muss nach Art. 52 Abs. 1 GRC jede Einschränkung (auch) des Rechts auf Freiheit und Sicherheit gesetzlich vorgesehen sein; alle Einschränkungen müssen darüber hinaus dessen Wesensgehalt achten (S. 1) und verhältnismäßig sein (S. 2), wobei angesichts der inhaltlichen Übernahme aus Art. 5 EMRK das unionale Grundrecht aus Art. 6 GRC grundsätzlich die gleiche Bedeutung und Tragweite wie die entsprechende Konventionsgarantie haben soll (Art. 52 Abs. 3 S. 1 GRC). Zulässig wäre gemäß Art. 52 Abs. 3 S. 2 GRC freilich ein weiter gehender Schutz, so dass die unionalen Schranken das Freiheits-Grundrecht aus Art. 6 GRC jedenfalls nicht weiter einschränken dürfen, als es bei Art. 5 EMRK nach dessen expliziter Schrankenregelung im Lichte der Rechtsprechung des EGMR der Fall ist.

1. Haft nach gerichtlicher Verurteilung. Eine Schrankennorm entspricht den Anforderungen, sofern sie eine Freiheitsentziehung **„nach Verurteilung durch ein zuständiges Gericht"** erlaubt (vgl. Art. 5 Abs. 1 S. 2 lit. a EMRK). Dies ist **formal zu verstehen.** Es kommt allein darauf an, dass der Freiheitsentziehung eine gerichtliche Verurteilung vorausgeht. Ob das interne Recht des Staates die Verurteilung als straf- oder disziplinarrechtliche Maßnahme betrachtet, ist daher unerheblich.[109] Auch wäre insoweit das Vorbringen irrelevant, die Freiheitsentziehung sei im Hinblick auf diesen Haftgrund unrechtmäßig, weil die verhängte Strafe im konkreten Fall auf einem Tatsachen- oder Rechtsirrtum beruht habe,[110] das Urteil noch nicht in Rechtskraft erwachsen oder die Strafnorm selbst rechtswidrig sei. Entscheidend ist vielmehr die **Kausalität zwischen Verurteilung und Haft.** 35

Die Verurteilung muss von einem **Gericht** ausgesprochen werden. Dies setzt in organisatorischer Hinsicht voraus, dass eine gegenüber den Parteien neutrale und gegenüber der Exekutive unabhängige Instanz handelt.[111] Auch muss die Einhaltung angemessener Verfahrensregelungen sichergestellt sein.[112] 36

2. Haft infolge der Nichterfüllung von Rechtspflichten. Eine Freiheitsentziehung oder Festnahme darf auch für den Fall der **„Nichtbefolgung einer rechtmäßigen gerichtlichen Anordnung"** statuiert sein (vgl. Art. 5 Abs. 1 S. 2 lit. b Var. 1 EMRK). Dieser Haftgrund birgt ein **Sanktionselement** in sich. Ein prominentes Beispiel für eine Freiheitsentziehung wegen der Nichtbefolgung einer gerichtlichen Anordnung dürfte die Beugehaft sein; denkbar ist aber auch eine Inhaftierung aufgrund der Weigerung, eine Geldbuße zu zahlen, eine Wohnung zu räumen, sich einer Blutprobe oder psychiatrischen Untersuchung zu unterziehen oder sich regelmäßig bei den Behörden zu melden.[113] Der Formulierung dieses Haftgrundes nach dürfte es ebenfalls zulässig sein, dass eine Verwaltungsbehörde die Freiheitsentziehung im Anschluss an die Nichterfüllung einer gerichtlichen Anordnung festsetzt; es muss also kein neuer Beschluss durch das Gericht selbst gefasst werden. 37

Eine Freiheitsentziehung oder Verhaftung darf auch **„zur Erzwingung der Erfüllung einer gesetzlichen Verpflichtung"** angeordnet werden (vgl. Art. 5 Abs. 1 S. 2 lit. b 38

---

[106] EGMR 18.1.1978 – 5310/71 Rn. 194 – Irland/Vereinigtes Königreich („that list is exhaustive: this appears from the words, save in the following cases"). Zum entstehungsgeschichtlichen Hintergrund: *Partsch* in Bettermann/Neumann/Nipperdey S. 235 (354).
[107] Dazu ausf. *Unfried*, Die Freiheits- und Sicherheitsrechte nach Art. 5 EMRK, 2006, S. 32 ff.
[108] EGMR 15.2.2000 – 33488/96 Rn. 122 – Kurt Nielsen/Dänemark.
[109] EGMR 8.6.1976 – 5100/71 Rn. 68, EuGRZ 1976, 221 – Engel ua/Niederlande; EGMR 6.11.1980 – 7367/76 Rn. 100, EuGRZ 1983, 663 – Guzzardi/Italien.
[110] EGMR 10.6.1996 – 19380/92 Rn. 42 – Benham/Vereinigtes Königreich; EGMR 4.8.1999 (GK) – 31464/96 Rn. 45, NJW 2000, 2888 – Douiyeb/Niederlande.
[111] EGMR 18.6.1971 – 2832/66 Rn. 78 – de Wilde ua/Belgien); EGMR 8.6.1976 – 5100/71 Rn. 68, EuGRZ 1976, 221 – Engel ua/Niederlande.
[112] EGMR 18.6.1971 – 2832/66 Rn. 78 – de Wilde ua/Belgien.
[113] Weitere Beispiele bei *Peukert* in Frowein/Peukert EMRK Art. 5 Rn. 66.

Var. 2 EMRK). Diese Wendung ist **nicht** als **Blankettformel** zu verstehen, der zufolge eine Freiheitsentziehung immer schon dann möglich wäre, wenn eine Person nach Auffassung einer Sicherheits- oder Ordnungsbehörde gegen den allgemeinen Gesetzesbefolgungsanspruch verstößt, dh gegen die allgemeine Pflicht, gesetzlich konkretisierte Pflichten zu erfüllen. Vielmehr darf das Gesetz nur erlauben, „jemanden in Haft zu halten, um ihn **zur Erfüllung einer spezifischen und konkreten Pflicht** anzuhalten, der nachzukommen, er bislang unterlassen hat".[114] Die Missachtung der Pflicht, den öffentlichen Frieden, die öffentliche Ordnung oder die staatliche Sicherheit nicht zu gefährden oder allgemein: die Rechtsordnung zu beachten, kann daher eine Freiheitsentziehung nicht rechtfertigen.[115] Gleiches gilt für die gesetzlich fundierte Pflicht, eine vertragliche Verpflichtung zu erfüllen.[116] Eine Freiheitsentziehung kann indessen dann gerechtfertigt sein, wenn die Pflicht unerfüllt bleibt, eine Ausweiskontrolle zu dulden, an der Überprüfung der Personalien mitzuwirken oder wenn ein Offenbarungseid bzw. eine eidesstattliche Versicherung abzugeben ist.[117]

39 **3. Haft im Kontext einer Straftatenbegehung.** Eine Freiheitsentziehung kann auch zur „**Vorführung**" **einer Person vor** „**die zuständige Gerichtsbehörde**" angeordnet werden, „wenn hinreichender Verdacht besteht, dass die betreffende Person eine **Straftat begangen** hat, oder wenn begründeter Anlass zu der Annahme besteht, dass es notwendig ist, sie an der **Begehung einer Straftat** oder **an der Flucht** nach Begehung einer solchen zu **hindern**" (vgl. Art. 5 Abs. 1 S. 2 lit. c EMRK).

40 Die erste und dritte der genannten Varianten betreffen den klassischen Fall der **Untersuchungshaft,** die zweite Variante den Fall der **Präventivhaft**.[118] „Zuständige Gerichtsbehörde" ist dabei nicht mit dem Strafgericht zu identifizieren, das nach untersuchtem und aufgeklärtem Sachverhalt ein Strafverfahren gegen die angeklagte Person zu führen hat. Dies ergibt sich aus dem systematischen Zusammenhang mit dem Haftgrund „gerichtliche Verurteilung" (→ Rn. 35 f.).

41 Ein „**hinreichender Verdacht**" der Straftatenbegehung – auch im Hinblick auf die Variante einer anschließenden Fluchtgefahr – ist zu bejahen, wenn konkrete Tatsachen vorliegen, die einen objektiven Beobachter davon überzeugen, dass der Betroffene eine Straftat begangen haben könnte;[119] die strafbare Handlung muss dabei noch nicht so weit aufgeklärt sein, dass auch schon eine Anklageerhebung möglich wäre.[120]

42 Dem Wortlaut dieses Haftgrundes nach darf eine Freiheitsentziehung nicht nur dann erfolgen, wenn ein richterlicher Haftbefehl vorliegt. Wohl aber muss der Betroffene „unverzüglich einem Richter" vorgeführt werden (vgl. Art. 5 Abs. 3 EMRK). Regelungsgegenstand dieses Haftgrundes ist allein die **Inhaftnahme, nicht** die **Inhafthaltung.** Allerdings darf ein in Untersuchungshaft befindlicher Beschuldigter nicht in den Polizeigewahrsam zurückgebracht werden; in der damit verbundenen Verhinderung einer richterlichen Kontrolle liegt ein Verstoß gegen Art. 5 EMRK.[121]

---

[114] EGMR 8.6.1976 – 5100/71 Rn. 69, EuGRZ 1976, 222 – Engel ua/Niederlande.
[115] EGMR 1.7.1961 – 332/57 Rn. 9 – Lawless/Irland.
[116] Vgl. Art. 1 „Protokoll Nr. 4 zur Konvention zum Schutze der Menschenrechte und Grundfreiheiten, durch das gewisse Rechte und Freiheiten gewährleistet werden, die nicht bereits in der Konvention oder im ersten Zusatzprotokoll enthalten sind".
[117] Nachweise bei *Peukert* in Frowein/Peukert EMRK Art. 5 Rn. 69.
[118] Zur „detention without trial" des englischen Rechts EGMR 19.2.2009 (GK) – 3455/05 – A ua/Vereinigtes Königreich; dazu *Petzsche*, Strafrecht und Terrorismusbekämpfung, 2013, S. 298 ff.
[119] EGMR 16.10.2001 – 37555/97 Rn. 34 – O'Hara/Vereinigtes Königreich („some facts or information which would satisfy an objective observer that the person concerned may have committed the offense, though what may be regarded as reasonable will depend on all circumstances of the case").
[120] EGMR 16.10.2001 – 37555/97 Rn. 36 – O'Hara/Vereinigtes Königreich („Thus facts which raise a suspicion need not be of the same level as those necessary to justify a conviction, or even the bringing of a charge which comes at the next stage of the process of criminal investigation").
[121] EGMR 12.12.2006 – 20265/02 – Kirkazak/Türkei; *Meyer-Ladewig/Harrendorf/König* in HK-EMRK EMRK Art. 5 Rn. 35.

Bei einer Freiheitsentziehung zur **Verhinderung einer Straftat** bedarf es **konkreter** 43 **Gründe,** die darauf schließen lassen, dass eine bestimmte strafbare Handlung begangen werden soll. Generalpräventive Erwägungen – etwa die Zugrundelegung eines allgemeinen Verdachts, eine Person könnte strafbare Taten ausführen – vermögen eine Freiheitsentziehung nicht zu tragen; dies folgt aus der Verwendung des Singulars („strafbare Handlung") und dem Zweck des Rechts auf Freiheit und Sicherheit, Personen vor willkürlichen Freiheitsentziehungen zu schützen.[122] Die Ingewahrsamnahme von Holigans zu präventiven Zwecken kann auf Art. 5 Abs. 1 lit. c Var. 2 EMRK gestützt werden.[123] Besondere Beachtung erfordert die **Sicherungsverwahrung,** wie sie in §§ 66 ff. StGB in Deutschland als Maßregel der Besserung und Sicherung ausgeformt ist. Die ab 2004 zulässige nachträgliche Sicherungsverwahrung gemäß § 66b StGB aF verstieß angesichts ihres strafähnlichen Charakters und der erneuten gerichtlichen Entscheidung (vor der anstehenden Haftentlassung) vor allem gegen das Doppelbestrafungsverbot (Art. 50 GRC). Die bereits 1998 eingeführte nachträgliche Verlängerung einer Sicherungsverwahrung über die zuvor bestehende Höchstdauer von zehn Jahren hinaus aufgrund von § 67d StGB aF verstieß neben Art. 7 EMRK (Rückwirkungsverbot) auch gegen Art. 5 Abs. 1 lit. a EMRK.[124] Aber auch wenn die Sicherungsverwahrung gemäß §§ 66, 66a StGB aF bereits im Strafurteil angeordnet oder zumindest vorbehalten war und im Einzelfall zwischen der Strafhaft und der Unterbringung in der Sicherungsverwahrung nach dem Abstandsgebot[125] ein hinreichender Abstand vorliegen sollte (so dass von einer Doppelbestrafung nicht die Rede sein kann), muss im Lichte von Art. 5 EMRK geprüft werden, ob „begründeter Anlass zu der Annahme besteht, dass es notwendig ist, [die Person] an der Begehung einer Straftat zu hindern" (Art. 5 Abs. 1 S. 1 lit. c EMRK); daraus schloss der EGMR, es müsse ein konkreter Verdacht hinsichtlich der Begehung einer bestimmten Straftat vorliegen.[126] Zwar sei eine Freiheitsentziehung auch bei psychisch Kranken möglich (Art. 5 Abs. 1 S. 1 lit. e EMRK), doch erfordere dies regelmäßig die Unterbringung in einem psychiatrischen Krankenhaus (→ Rn. 50).[127] Die in Folge der Verurteilungen Deutschlands durch den EGMR ergangenen Reformen der Sicherungsverwahrung haben dazu geführt, dass dieses Institut seinem Wesen nach nunmehr nicht weiter als Strafe anzusehen ist, so dass auch eine nachträgliche Verlängerung einer zunächst befristeten Sicherungsverwahrung nicht mehr gegen Art. 7 EMRK verstößt.[128]

Umstritten ist, ob auch der **Verdacht der Verletzung von Ordnungsrecht** zur Recht- 44 fertigung einer Freiheitsentziehung ausreicht.[129] Die deutsche Rechtsprechung bejaht dies.[130]

4. Haft zur überwachten Erziehung Minderjähriger. Eine Haft darf auch bei Min- 45 derjährigen angeordnet werden, allerdings allein **„zum Zweck überwachter Erziehung"** oder **„zur Vorführung vor die zuständige Behörde"** (vgl. Art. 5 Abs. 1 S. 2 lit. d EMRK). Offen ist dabei, bis zu welchem Alter eine Person noch als minderjährig anzusehen ist. Im europäischen Raum liegt die **Grenze zum Erwachsenenalter** inzwischen aber grundsätzlich bei Vollendung des 18. Lebensjahrs.[131]

Die erste Variante dieser Schrankenregelung **(„überwachte Erziehung")** erfasst für- 46 sorgerische Maßnahmen wie auch solche des Jugendstrafrechts (etwa den Jugendarrest oder

---

[122] EGMR 6.11.1980 – 7367/76 Rn. 102, EuGRZ 1983, 633 – Guzzardi/Italien.
[123] EGMR 22.10.2018 – 35553/12, NVwZ 2019, 135 – S.V. uA/Dänemark.
[124] EGMR 17.12.2009 – 19359/04, NJW 2010, 2495 – M/Deutschland.
[125] BVerfGE 109, 133 (166 f.); BVerfGE 128, 326.
[126] EGMR 13.1.2011 – 6587/04 Rn. 72 – Haidn/Deutschland.
[127] EGMR 13.1.2011 – 6587/04 Rn. 73 f. – Haidn/Deutschland.
[128] So jetzt EGMR 7.1.2016 – 23279/14 – Bergmann/Deutschland und EGMR 4.12.2018 – 10211/12 u. 27505/14 – Ilnseher/Deutschland.
[129] Vgl. zur Diskussion *Peukert* in Frowein/Peukert EMRK Art. 5 Rn. 72.
[130] VG Karlsruhe 10.7.2002 – 12 K 179/01.
[131] Nur in Schottland liegt die Grenze zum Erwachsenenalter bei 16 Jahren, Age of Legal Capacity (Scotland) Act 1991.

die Freiheitsentziehung in einer Jugendstrafanstalt nach deutschem Recht). Eine Maßnahme der überwachten Erziehung kann auch kurzfristig mit einer Unterbringung in einer regulären Haftanstalt einhergehen, sofern die baldige Überführung in ein geeignetes Heim erfolgt.[132]

47 Der zweiten Variante nach ist die Haft allein „an die **Vorführung vor die zuständige Behörde**" gebunden und damit an keinen weiteren materiellen Zweck. Der systematische Zusammenhang mit der ersten Variante sowie der Umstand, dass keine der anderen Schrankenregelungen eine solche von materiellen Zwecken gänzlich gelöste Inhaftierung erlaubt, drängt indessen zur Annahme eines **engeren Anwendungsbereichs:** Die Freiheitsentziehung darf nicht allein auf die Vorführung vor eine zuständige Behörde gerichtet sein; sie muss vielmehr darauf zielen, dass eine für Jugendsachen zuständige Behörde entscheiden kann, ob eine Inhaftierung zum Zwecke der überwachten Erziehung überhaupt zulässig und geboten ist.[133]

48 **5. Haft von sozialgefährlichen und selbstgefährdeten Personen.** Eine Freiheitsentziehung ist auch zulässig bei „**psychisch Kranken, Alkohol- oder Rauschgiftsüchtigen und Landstreichern**" sowie auch dann, wenn sie darauf zielt, „eine **Verbreitung ansteckender Krankheiten zu verhindern**" (vgl. Art. 5 Abs. 1 S. 2 lit. e EMRK). Die Zusammenschau dieser Haftgründe lässt erkennen, dass es sich immer um **Personen** handeln muss, von deren Zustand oder Lage eine **Gefahr für sie selbst** oder **für die Allgemeinheit** ausgeht. Eine Inhaftierung in Wahrnehmung dieser Schrankenregelung hat daher der öffentlichen Sicherheit oder den Interessen des Betroffenen zu dienen.[134]

49 Eine Verhaftung zur **Verhinderung ansteckender Krankheiten** kommt bei bereits Erkrankten, aber auch bei Verdächtigen oder Kontaktpersonen in Betracht. Ob eine Krankheit als ansteckend gilt, kann unter Rückgriff auf definierendes nationales Recht entschieden werden.[135]

50 Unter welchen Voraussetzungen eine Person als „**psychisch krank**" zu qualifizieren ist, lässt sich nicht generell bestimmen. Auf keinen Fall ist ein solcher Zustand schon allein dann zu bejahen, wenn die Ansichten oder das Verhalten einer Person von den mehrheitlich anerkannten sozialen Normen einer Gesellschaft abweichen.[136] Die Feststellung einer psychischen Krankheit muss vielmehr auf einem **ärztlichen Gutachten** beruhen,[137] das wiederum auf der Grundlage des aktuellen Gesundheitszustands des Betroffenen angefertigt sein muss und nur in dringenden Fällen erst nach der Freiheitsentziehung eingeholt werden darf.[138] Zudem muss regelmäßig kontrolliert werden, ob die rechtfertigenden Voraussetzungen einer Inhaftierung noch vorliegen.[139]

51 Die Befugnis, „**Alkohol- und Rauschgiftsüchtigen**" die Freiheit zu entziehen, erlaubt nicht, eine süchtige Person allein wegen ihrer Abhängigkeit von Drogen zu inhaftieren. Aufgrund des besonderen Zwecks dieser Schrankenregelung sind nur Personen erfasst, die durch ihr suchtbedingtes Verhalten eine **Gefahr für die Öffentlichkeit** oder **für sich selbst** sind. So kann eine Freiheitsentziehung etwa angeordnet werden, um ein gefährliches Verhalten nach erfolgtem Alkoholgenuss zu unterbinden.[140]

---

[132] EGMR 29.2.1988 – 9106/80 Rn. 50 f. – Bouamar/Belgien (Art. 5 Abs. 1 S. 2 lit. d EMRK „does not preclude an interim custody measure being used as a preliminary to a regime of supervised education, without itself involving any supervised education").
[133] Der Rückgriff auf Erforderlichkeitsgesichtspunkte ist bei der Auslegung dieses Inhaftierungstatbestands daher nicht nötig; anders noch *Herzog* S. 195 ff.; *Herzog* AöR 1961, 195 (229).
[134] Vgl. EGMR 6.11.1980 – 7367/76 Rn. 98 f., EuGRZ 1983, 633 – Guzzardi/Italien.
[135] Für den Fall der Bundesrepublik Deutschland vgl. zB die Definition einer „übertragbaren Krankheit" in § 2 Nr. 3 Infektionsschutzgesetz und den Katalog meldepflichtiger Krankheiten in § 6 Infektionsschutzgesetz.
[136] EGMR 24.10.1979 – 6301/73 Rn. 37, EuGRZ 1979, 650 – Winterwerp/Niederlande.
[137] EGMR 24.10.1979 – 6301/73 Rn. 39, EuGRZ 1979, 650 – Winterwerp/Niederlande.
[138] EGMR 5.10.2000 – 31365/96 Rn. 47, NL 2000, 192 – Varbanov/Bulgarien.
[139] EGMR 5.11.1981 – 7215/75 Rn. 40, EuGRZ 1982, 101 – X./Vereinigtes Königreich.
[140] Dies geht implizit hervor aus: EGMR 7.6.2002 – 33310/96 Rn. 6, 13, 19 – H. D./Polen.

Als **„Landstreicher"** gilt eine Person dann, wenn sie ohne festen Wohnsitz ist, keiner 52
regelmäßigen Erwerbstätigkeit nachgeht und ihr die Mittel zum Lebensunterhalt fehlen.[141]
Eine Person darf jedoch nicht lediglich deshalb als „Landstreicher" qualifiziert werden, weil
sie nicht regelmäßig arbeitet und unter dem Verdacht steht, ihren Lebensunterhalt durch
Straftaten zu bestreiten.[142] Entsprechend dem Zweck des Haftgrundes muss eine **spezifische Gefährdung der Öffentlichkeit** oder **dieser Person** selbst gegeben sein.

6. Haft im Kontext unerlaubten Aufenthalts. Eine Freiheitsentziehung darf auch zur 53
„Verhinderung der unerlaubten Einreise" sowie bei Personen erfolgen, gegen die ein
„Ausweisungs- oder Auslieferungsverfahren im Gange" ist" (vgl. Art. 5 Abs. 1 S. 2
lit. f EMRK).

Eine Inhaftierung, um **unerlaubte Einreisen** zu **verhindern,** kommt etwa beim Fest- 54
halten von Asylbewerbern an Grenzübergängen oder im Transitbereich von Flug- oder
Schiffshäfen in Betracht.[143] Bei einer Inhaftierung nach der zweiten und dritten Variante dieses
Haftgrundes kommt es nur darauf an, dass ein **Ausweisungs- oder Auslieferungsverfahren**
„im Gange ist"; **nicht relevant** ist die Frage der **Rechtmäßigkeit des Verfahrens**.[144]

Damit die Inhaftierung nur aus den genannten Gründen erfolgt und diese nicht als 55
Vorwand für andere Zwecke vorgeschoben werden, ist eine **zügige Durchführung des
Abschiebungs- oder Auslieferungsverfahrens** zu verlangen.[145] Verursacht der Betroffene die Verzögerung allerdings selbst, so ist sie allein ihm zuzurechnen.[146]

III. Anforderungen an den Vollzug einer Schrankennorm

Die Freiheit darf nur „auf die **gesetzlich vorgeschriebene Weise"** entzogen werden" (vgl. 56
Art. 5 Abs. 1 S. 2 EMRK). Bestätigt wird dieses Erfordernis dadurch, dass die einzelnen
Haftgründe immer von „rechtmäßiger" Festnahme oder Freiheitsentziehung sprechen.
Damit wird auf das jeweils anzuwendende **Verfahrensrecht und dessen Vollzug** verwiesen.[147] Dieses **Verfahrensrecht** muss also nicht nur – wie gesehen – abschließend
geregelte spezielle Haftgründe vorsehen, sondern darüber hinaus selbst im Einklang mit den
Grundsätzen stehen, die in der EMRK ausdrücklich genannt oder implizit enthalten sind[148]
und die nach Maßgabe von Art. 6 Abs. 2 EUV auch beim unionalen Recht auf Freiheit
und Sicherheit berücksichtigt werden müssen. Außerdem muss der **Vollzug** rechtmäßig
sein, dh das Verfahrensrecht, seine materiellen und prozessualen Regeln, müssen im konkreten Fall auch tatsächlich eingehalten werden.[149] Hinter diesen Anforderungen steht die
Idee eines fairen und ordentlichen Verfahrens, insbesondere das Gebot, dass Maßnahmen der Freiheitsentziehung von der zuständigen Stelle angeordnet und ausgeführt
werden[150] und dass sie mit dem Zweck des Rechts auf Freiheit und Sicherheit, den
Einzelnen vor Willkür zu schützen, vereinbar sind.[151]

---

[141] EGMR 18.6.1971 – 2832/66, 2835/66, 2899/66 Rn. 68 – de Wilde ua/Belgien (unter Rückgriff auf die in Art. 347 des Belgischen Strafgesetzkodes enthaltenen Definition).
[142] EGMR 6.11.1980 – 7367/76 Rn. 98, EuGRZ 1983, 633 Rn. 98 – Guzzardi/Italien.
[143] Vgl. EGMR 25.6.1996 – 19776/92 Rn. 38 ff. – Amuur/Frankreich.
[144] EGMR 5.2.2002 – 51564/99 Rn. 38 – Čonka/Belgien. Vgl. auch EGMR 18.12.1986 – 9990/82 Rn. 59 f., EuGRZ 1987, 101 Rn. 59 f. – Bozano/Frankreich.
[145] EGMR 15.11.1996 (GK) – 22414/93 Rn. 113 – Chahal/Vereinigtes Königreich.
[146] EGMR 24.9.1992 – 11613/85 Rn. 43, EuGRZ 1993, 118 – Kolompar/Belgien.
[147] EGMR 28.10.1998 – 24760/94 Rn. 139 – Assenov ua/Bulgarien; EGMR 4.8.1999 (GK) – 31464/96 Rn. 44, NJW 2000, 2888 – Douiyeb/Niederlande.
[148] EGMR 24.10.1979 – 6301/73 Rn. 45, EuGRZ 1979, 650 – Winterwerp/Niederlande.
[149] EGMR 28.10.1998 – 24760/94 Rn. 139 – Assenov ua/Bulgarien; EGMR 4.8.1999 (GK) – 31464/96 Rn. 44, NJW 2000, 2888 – Douiyeb/Niederlande.
[150] EGMR 24.10.1979 – 6301/73 Rn. 45, EuGRZ 1979, 650 – Winterwerp/Niederlande; EGMR 18.12.1986 – 9990/82 Rn. 59, EuGRZ 1987, 101 – Bozano/Frankreich.
[151] EGMR 21.2.1990 – 11509/85 Rn. 22 – vd Leer/Niederlande; EGMR 27.9.1990 – 12535/86 Rn. 24 – Wassink/Niederlande; EGMR 24.9.1992 – 10533/83 Rn. 63, EuGRZ 1992, 535 – Herczegfalvy/Österreich.

57 Darüber hinaus ist zu beachten, dass europäische **Grundrechte** eine **Beschränkung nur erfahren dürfen, sofern** „diese tatsächlich **dem Gemeinwohl dienenden Zielen der Gemeinschaft** entsprechen und nicht einen im Hinblick auf den verfolgten Zweck unverhältnismäßigen, nicht tragbaren Eingriff darstellen, der diese Rechte in ihrem Wesensgehalt antastet".[152] Die genannten **Anforderungen** wurden zwar vom EuGH für gemeinschaftsrechtlich begründete Beeinträchtigungen entwickelt und aufgestellt; sie gelten aber nicht erst seit dem Vertrag von Lissabon auch für die ursprünglich nichtgemeinschaftsrechtlichen Bestandteile des Unionsrechts wie die Gemeinsame Außen- und Sicherheitspolitik und die Polizeiliche und Justizielle Zusammenarbeit in Strafsachen.

58 Im Hinblick auf die Anforderungen an das gemeinwohldienliche Ziel ist zu berücksichtigen, dass es sich beim Recht auf Freiheit und Sicherheit um ein Grundrecht handelt, dessen Schutzbereich und Struktur weitgehend durch die EMRK geprägt sind. Folglich dürfen Beeinträchtigungen dieses Rechts entsprechend Art. 18 EMRK **nur zu den in** den Schrankenbestimmungen **der Konvention aufgeführten Zwecken** erfolgen.[153]

59 Angesichts des **Grundsatzes der Verhältnismäßigkeit** sind hingegen Maßnahmen nur rechtmäßig, sofern „sie zur Erreichung der zulässigerweise mit der fraglichen Regelung verfolgten Ziele geeignet und erforderlich sind. Dabei ist, wenn mehrere geeignete Maßnahmen zur Auswahl stehen, die am wenigsten belastende zu wählen; ferner müssen die auferlegten Belastungen in angemessenem Verhältnis zu den angestrebten Zielen stehen."[154] Eine Beeinträchtigung des Rechts auf Freiheit und Sicherheit ist daher nur dann gerechtfertigt, wenn sich im Hinblick auf die verfolgten privaten und öffentlichen Interessen weniger einschneidende Maßnahmen als unzureichend erwiesen haben.[155] Die **Anforderung der Angemessenheit** verlangt sodann, zwischen dem Interesse des Betroffenen an seiner unbeeinträchtigten Freiheitsausübung und dem öffentlichen Interesse an seiner Inhaftierung abzuwägen.[156]

IV. Gerichtliche Kontrolle einer Beschränkung des Rechts auf Freiheit und Sicherheit

60 Der **EuGH** ist auch nach Inkrafttreten des Vertrags von Lissabon nur **in eingeschränktem Maße** für die Überprüfung des Rechts auf Freiheit und Sicherheit **zuständig**.

61 So besteht weiterhin grundsätzlich **keine Zuständigkeit des EuGH** für die Grundrechtskontrolle im Bereich der **Gemeinsamen Außen- und Sicherheitspolitik** (Art. 275 Abs. 1 AEUV); nur soweit Unionsrechtsakte unmittelbar gegen natürliche Personen gerichtet sind, können diese im Bereich Grenzkontrollen, Asyl und Einwanderung (Art. 77 ff. AEUV) dagegen vor dem EuGH Klage erheben (Art. 275 Abs. 2 AEUV). Insoweit ist ein rechtsstaatlich bedenkliches **Rechtsschutzdefizit** festzustellen, insbesondere in Hinsicht auf militärische Operationen und Polizeimissionen der Europäischen Union. Denn nur sofern es gelingt, die im Rahmen solcher Operationen und Missionen jeweils getroffenen freiheitsentziehenden Maßnahmen als ein Handeln mitgliedstaatlicher Organe in Ausführung von Unionsrecht zu identifizieren und zu qualifizieren, stünde der Weg zu den nationalen Gerichten, aber auch zum EGMR offen, da, so dessen jüngere Rechtsprechung, sich die Mitgliedstaaten bei der Ausführung des Rechts internationaler

---

[152] EuGH verb. Rs. C-20/00 und C-64/00, Slg. 2003, I-7411 Rn. 68 mwN – Booker Aquaculture und Hydro Seafood.
[153] So auch *Ehlers* in Ehlers GuG § 14 Rn. 47.
[154] EuGH C-265/87, Slg. 1989, 2237 Rn. 21 – Schräder. Zu den Teilelementen des Verhältnismäßigkeitsgrundsatzes nach der Rspr. des EuGH *Koch*, Der Grundsatz der Verhältnismäßigkeit in der Rechtsprechung des EuGH, 2003, S. 198 ff.
[155] EGMR 5.10.2000 – 31365/96 Rn. 46, NL 2000, 192 – Varbanov/Bulgarien.
[156] Vgl. EGMR 5.11.1981 – 7215/75 Rn. 45, EuGRZ 1982, 101 – X./Vereinigtes Königreich; EGMR 15.11.1996 (GK) – 22414/93 Rn. 113 – Chahal/Vereinigtes Königreich.

Organisationen nicht von der Bindung an die Menschenrechtskonvention befreien können.[157]

Demgegenüber ist die **Zuständigkeit des EuGH** im Bereich der früheren dritten Säule, also im Rahmen der **Polizeilichen und Justiziellen Zusammenarbeit in Strafsachen** seit Inkrafttreten des Vertrags von Lissabon weitgehend geschlossen; lediglich für zuvor ergangene Rechtsakte und für eine fünfjährige Übergangsphase war der Rechtsschutz noch im Sinne von Art. 35 EUV-Nizza eingeschränkt. Für Vollzugsakte europäischer wie mitgliedstaatlicher Organe ist eine Kompetenz des EuGH in Art. 276 AEUV freilich weiterhin ausgeschlossen. Gegenwärtig können diese Maßnahmen allerdings durch **mitgliedstaatliche Gerichte** wie auch durch den **EGMR** kontrolliert werden. Der EGMR prüft dabei nicht nur, ob das die Freiheitsentziehung vorsehende und erlaubende Recht den Anforderungen des Art. 5 Abs. 1 EMRK entspricht. Er kontrolliert auch, ob dieses Recht von den Vollzugsorganen beachtet wurde[158] und ob die konkrete Freiheitsentziehung im Einklang mit dem Zweck des Rechts auf Freiheit und Sicherheit stand, Personen vor willkürlicher und missbräuchlicher Freiheitsentziehung zu schützen[159]. 62

E. Leistungsrechte als zusätzliche Gewährleistungsdimension

Der Schutz des auf Grundlage von Art. 6 GRC und Art. 6 Abs. 3 EUV in Verbindung mit Art. 5 EMRK sowie den entsprechenden Vorschriften der mitgliedstaatlichen Verfassungen gewährleisteten Rechts auf Freiheit und Sicherheit erschöpft sich nicht darin, exklusive Haftgründe festzuschreiben und Anforderungen an das zur Freiheitsentziehung ermächtigende Recht sowie an dessen Vollzug aufzustellen. Der **Zweck des Rechts** auf Freiheit und Sicherheit, vor willkürlichen Freiheitsentziehungen zu schützen, fordert **zusätzliche substantielle Rechte,** damit freiheitsentziehende Maßnahmen auch gerichtlich kontrolliert werden können.[160] Bei diesen Rechten handelt es sich um Leistungsrechte, um Ansprüche des Betroffenen auf konkretes positives Handeln von Hoheitsträgern. Solche sind nur in Art. 5 EMRK, nicht aber in Art. 6 GRC normiert, so dass sich eine unionale Verpflichtung zu ihrer Beachtung allein aus der Aufnahme der Konventionsgarantien in das Unionsrecht durch Art. 6 Abs. 3 EUV ergeben kann. 63

I. Anspruch auf Information

Jeder festgenommenen Person muss „**innerhalb möglichst kurzer Frist** in einer ihr **verständlichen Sprache** mitgeteilt werden, welches die **Gründe für ihre Festnahme** sind, und welche **Beschuldigungen** gegen sie erhoben werden" (vgl. Art. 5 Abs. 2 EMRK). Der Betroffene soll dadurch in die Lage versetzt werden, selbst zu beurteilen, ob seine Festnahme gerechtfertigt ist, um gegebenenfalls seinen **Anspruch auf gerichtliche Haftprüfung** (vgl. Art. 5 Abs. 4 EMRK) geltend machen zu können.[161] 64

Aus dieser Zweckrichtung des Informationsanspruchs folgt, dass der Betroffene über die **tatsächlichen und rechtlichen Gründe der Festnahme** informiert werden muss.[162] Eine Übersetzung des Haftbefehls ist nicht erforderlich; es muss nur sichergestellt sein, dass der Betroffene in einer Weise unterrichtet wird, die es ihm erlaubt, eine gerichtliche 65

---

[157] EGMR 18.2.1999 (GK) – 24833/94 Rn. 32 – Matthews/Vereinigtes Königreich („The Convention does not exclude the transfer of competences to international organisations provided that Convention rights continue to be ‚secured'. Member States' responsibility therefore continues even after such a transfer").
[158] EGMR 21.2.1990 – 11509/85 Rn. 22 f. – vd Leer/Niederlande; EGMR 27.9.1990 – 12535/86 Rn. 25 – Wassink/Niederlande; EGMR 27.11.1997 – 25629/94 Rn. 72, NJW 1999, 775 – K.-F./Deutschland; EGMR 4.8.1999 (GK) – 31464/96 Rn. 44, NJW 2000, 2888 – Douiyeb/Niederlande.
[159] EGMR 27.11.1997 – 25629/94 Rn. 63, NJW 1999, 775 – K.-F./Deutschland.
[160] Vgl. EGMR 14.11.2000 – 24396/94 Rn. 84 – Taş/Türkei.
[161] EGMR 5.11.1981 – 7215/75 Rn. 66, EuGRZ 1982, 101 – X./Vereinigtes Königreich.
[162] EGMR 5.11.1981 – 7215/75 Rn. 66, EuGRZ 1982, 101 – X./Vereinigtes Königreich; EGMR 21.2.1990 – 11509/85 Rn. 28 – vd Leer/Niederlande; EGMR 27.3.1991 – 12244/86 Rn. 40 – Fox ua/Vereinigtes Königreich („the essential legal and factual grounds for his arrest").

Kontrolle der Freiheitsentziehung herbeizuführen.¹⁶³ Weil in Deutschland nach § 147 Abs. 2 StPO das Akteneinsichtsrecht des Verteidigers wegen Gefährdung des Untersuchungszwecks verweigert werden kann (so heute S. 1), hat der Gesetzgeber in Umsetzung der Verpflichtung aus Art. 5 Abs. 2 EMRK in § 147 Abs. 2 S. 2 StPO nunmehr Informationspflichten gegenüber dem Verteidiger eines in Untersuchungshaft befindlichen Beschuldigten normiert, so dass idR ein Akteneinsichtsrecht besteht (Hs. 2).

66 Erfolgt die Mitteilung innerhalb von sieben Stunden nach der Festnahme, so ist das **Fristerfordernis** gewahrt.¹⁶⁴ Eine Mitteilung nach zehn Tagen ist demgegenüber nicht mehr fristgerecht.¹⁶⁵

67 Dem Wortlaut des Informationsanspruchs nach sind nur einer „festgenommenen Person" die Gründe der Festnahme mitzuteilen. Die **Mitteilungspflicht** ist aber über den Wortlaut hinaus auch **bei allen anderen Arten von Freiheitsentziehungen** zu beachten. Dies lässt sich auf den Zweck des Rechts auf Freiheit und Sicherheit zurückführen, jede Person vor willkürlichen Freiheitsentziehungen zu schützen.¹⁶⁶

68 Keine besondere Bedeutung dürfte der Pflicht zukommen, mitteilen zu müssen, „welche Beschuldigungen gegen" die festgenommene Person „erhoben werden". Sie konkretisiert nur die allgemeine Pflicht, die Festnahmegründe mitzuteilen.

II. Anspruch auf Vorführung und Aburteilung

69 Der Anspruch auf Vorführung und Aburteilung (vgl. Art. 5 Abs. 3 EMRK) knüpft an Freiheitsentziehungen im Kontext der Begehung von Straftaten an.¹⁶⁷ Dieser Anspruch begründet zum einen das **Recht, „unverzüglich einem Richter oder einer anderen gesetzlich zur Wahrnehmung richterlicher Aufgaben ermächtigten Person vorgeführt"** zu werden. Die Regelung bezweckt dabei eine Kontrolle, ob die von der Exekutive bejahten Haftgründe des Art. 5 EMRK im Zusammenhang mit der Begehung von Straftaten im konkreten Fall tatsächlich gegeben sind. Zum anderen verschafft dieser Anspruch dem Betroffenen das **Recht „auf ein Urteil innerhalb angemessener Frist oder auf Entlassung während des Verfahrens"**, falls die Haftgründe gerichtlich bestätigt werden.

70 Beide **Ansprüche** sind **von Amts wegen** zu **erfüllen**; sie dürfen daher nicht von einem Antrag des Betroffenen abhängig gemacht werden.¹⁶⁸

71 **1. Anspruch auf Vorführung.** Der Betroffene ist „einem **Richter** oder einer anderen **gesetzlich zur Wahrnehmung richterlicher Aufgaben ermächtigten Person**" vorzuführen. Diese Person muss gegenüber der Exekutive **unabhängig** sein¹⁶⁹ und hinsichtlich ihrer **Unparteilichkeit** dürfen keine Zweifel bestehen.¹⁷⁰ Solche Zweifel wären aber dann zu bejahen, wenn das die Haft anordnende Organ insofern doppelkompetent wäre, als es im folgenden Strafverfahren auch als Vertreter der Anklage auftreten könnte.¹⁷¹

72 Die Vorführung muss **„unverzüglich"**, dh „innerhalb von zwei Tagen", erfolgen.¹⁷² Nur in Ausnahmefällen kann auch eine Zeitspanne von vier Tagen gerechtfertigt

---

[163] EGMR 27.3.1991 – 12244/86 Rn. 40 – Fox ua/Vereinigtes Königreich; EGMR 5.4.2001 – 26899/95 Rn. 47 – H. B./Schweiz. Demgegenüber geht der EuGH offenbar davon aus, dass nach Unionsrecht strengere Anforderungen zu beachten sind; vgl. EuGH C-274/96, Slg. 1998, I-7637 Rn. 20 ff. – Bickel und Franz.
[164] Vgl. EGMR 27.3.1991 – 12244/86 Rn. 42 – Fox ua/Vereinigtes Königreich.
[165] Vgl. EGMR 21.2.1990 – 11509/85 Rn. 30 f. – vd Leer/Niederlande.
[166] EGMR 5.11.1981 – 7215/75 Rn. 66, EuGRZ 1982, 101 – X./Vereinigtes Königreich; EGMR 21.2.1990 – 11509/85 Rn. 27 f. – vd Leer/Niederlande.
[167] EGMR 4.12.1979 – 7710/76 Rn. 29, EuGRZ 1980, 202 – Schiesser/Schweiz (Abs. 1 lit. c und Abs. 3 EMRK bilden eine Einheit).
[168] EGMR 29.4.1999 (GK) – 25642/94 Rn. 49 – Aquilina/Malta.
[169] EGMR 4.12.1979 – 7710/76 Rn. 29, EuGRZ 1980, 202 – Schiesser/Schweiz.
[170] EGMR 26.11.1992 – 13867/88 Rn. 20 – Brincat/Italien („legitimate doubt").
[171] EGMR 23.10.1990 – 12794/87 Rn. 43, EuGRZ 1990, 502 – Huber/Schweiz; EGMR 18.2.1999 (GK) – 27267/95 Rn. 57, NVwZ 2001, 304 – Hood/Vereinigtes Königreich.
[172] EGMR 29.4.1999 (GK) – 25642/94 Rn. 53, NJW 2001, 51 – Aquilina/Malta.

sein,[173] wobei allerdings im Bereich der Militärgerichtsbarkeit eine Fristüberschreitung nicht mit den Besonderheiten des militärischen Lebens wie der Teilnahme von Richtern an Manövern oder deren Wochenendurlaub begründet werden kann.[174] Bei einer Vorführung nach acht Tagen ist eine Verfristung selbst bei einem Fall mit terroristischem Hintergrund zu bejahen.[175] Von der Vorführung kann abgesehen werden, wenn sie mit dem Zweck des Art. 5 EMRK nicht im Einklang steht, weil sie die Haftdauer unangemessen verlängert, etwa bei einer kurzzeitigen Präventivhaft von Hooligans.[176]

2. Anspruch auf Aburteilung. Nach einer gerichtlichen Bestätigung des Haftgrundes hat der Betroffene einen **Anspruch** auf **Aburteilung innerhalb angemessener Frist** oder aber auf **Haftentlassung**. Für die Frage der **Angemessenheit der Frist** ist dabei die Zeit zwischen Verhaftung und Haftentlassung bzw. Aburteilung in erster Instanz maßgeblich.[177] Dabei muss eine **Einzelfallbetrachtung** vorgenommen werden, die eine Abwägung zwischen den Interessen der Allgemeinheit und des Betroffenen erforderlich werden lässt.[178] Hierfür kann eine **Vielzahl von Aspekten** relevant sein. Mit zunehmender Haftdauer vermag etwa der „hinreichende Verdacht", das Hauptkriterium der Haftanordnung, die Freiheitsentziehung allein nicht mehr zu legitimieren;[179] vielmehr sind dann weitere Aspekte zu berücksichtigen, etwa: 73

- eine Verabredungs-, Flucht-, Verdunkelungs- oder Wiederholungsgefahr, die Schwere der vorgeworfenen Straftat oder die Aufrechterhaltung der öffentlichen Ordnung;[180]
- die persönlichen Verhältnisse, Beruf, Vermögen, Familienbeziehungen und Bindungen des Betroffenen an das jeweilige Land;[181]
- das Verhältnis der Haftdauer zur angedrohten Strafe und die Auswirkungen der Haft auf den Betroffenen;[182]
- die Kooperationsbereitschaft des Betroffenen hinsichtlich der Aufklärung des Falles;[183]
- die Möglichkeit einer Haftentlassung gegen Kaution (vgl. Art. 5 Abs. 3 S. 2 EMRK).[184]

III. Anspruch auf gerichtliche Entscheidung

Jede Person, die festgenommen oder der die Freiheit entzogen wurde, hat „das **Recht** zu beantragen, **dass ein Gericht** innerhalb kurzer Frist über die Rechtmäßigkeit der Freiheitsentziehung **entscheidet** und ihre Entlassung anordnet, wenn die Freiheitsentziehung nicht rechtmäßig ist" (vgl. Art. 5 Abs. 4 EMRK). Dieser Anspruch unterscheidet sich in zweifacher Weise vom Anspruch auf Vorführung und Aburteilung. Er erstreckt sich nämlich **auf sämtliche zulässigen Haftgründe** und nicht nur auf die Haft im Kontext der Begehung einer Straftat.[185] Sodann ist der Anspruch **nur auf Antrag des Betroffenen** und nicht von Amts wegen zu erfüllen. 74

Über die Rechtmäßigkeit der Freiheitsentziehung hat ein „**Gericht**" zu entscheiden. Dabei muss es sich um eine gegenüber dem Antragsteller wie auch gegenüber der Exe- 75

---

173 EGMR 14.11.2000 – 24396/94 Rn. 86 mwN – Taş/Türkei.
174 EGMR 28.11.1991 – 12843/87 Rn. 25 – Koster/Niederlande.
175 EGMR 20.6.2002 – 34481/97 Rn. 25 – Filiz und Kalkan/Türkei.
176 EGMR 22.10.2018 – 35553/12, NVwZ 2019, 135 – S.V. uA/Dänemark.
177 EGMR 26.10.2000 (GK) – 30210/96 Rn. 104 – Kudla/Polen.
178 EGMR 4.10.2001 – 27504/95 Rn. 58 – Ilowiecki/Polen.
179 EGMR 27.8.1992 – 12850/87 Rn. 84, EuGRZ 1994, 101 – Tomasi/Frankreich.
180 EGMR 26.1.1993 – 14379/88 Rn. 32–37, EuGRZ 1993, 384 – W./Schweiz; EGMR 27.8.1992 – 12850/87 Rn. 86–98, EuGRZ 1994, 101 – Tomasi/Frankreich.
181 EGMR 7.5.1974 – 1936/63 Rn. 10 – Neumeister/Österreich („the character of a person, his morals, his home, his occupation, his assets, his family ties and all kinds of links with the country in which he is prosecuted"); EGMR 26.6.1991 – 12369/86 Rn. 43 ff. – Letellier/Frankreich; EGMR 13.7.1995 – 19382/92 Rn. 64 ff. – vd Tang/Spanien; EGMR 8.6.1995 – 16419/90 Rn. 51 ff. – Yağci und Sargin/Türkei.
182 EGMR 26.6.1991 – 12369/86 Rn. 44 ff. – Letellier/Frankreich.
183 EGMR 26.1.1993 – 14379/88 Rn. 42, EuGRZ 1993, 384 – W./Schweiz.
184 EGMR 27.6.1968 – 2122/64 Rn. 15 – Wemhoff/Deutschland.
185 EGMR 24.6.1982 – 7906/77 Rn. 47, EuGRZ 1984, 6 – v. Droogenbroeck/Belgien.

kutive **unparteiische und unabhängige Stelle** handeln.[186] Der Anspruch auf gerichtliche Entscheidung scheidet indessen dann aus, wenn schon die Freiheitsentziehung von einem Gericht nach gerichtlichem Verfahren verhängt wurde. Denn dann ist die geforderte justizielle Kontrolle schon in der Entscheidung enthalten, durch die jenes gerichtliche Verfahren abgeschlossen wurde.[187] Nur in Ausnahmefällen muss eine weitere gerichtliche Überprüfung erfolgen, so etwa, wenn ein Gericht eine unbegrenzte Strafhaft verhängt und die Dauer in das Ermessen einer Behörde stellt.[188]

76 Die Entscheidung des Gerichts hat „**innerhalb kurzer Frist**" zu erfolgen. Es muss daher möglich sein, den Antrag auch sofort zu stellen. Wenn eine Entscheidung allerdings dreiundzwanzig und mehr Tage auf sich warten lässt, dürfte der Anspruch des Betroffenen verletzt sein.[189]

77 Aus dem Zweck des Rechts auf Freiheit und Sicherheit, vor willkürlichen Freiheitsentziehungen zu schützen, folgt die **Beachtung spezieller Verfahrensanforderungen**.[190] So ist
- der Betroffene **persönlich anzuhören;**[191]
- ihm Gelegenheit zu geben, seine **Argumente vorzutragen;**[192]
- er davon **in Kenntnis zu setzen,** dass Schriftsätze zu seinem Fall eingereicht wurden und ihm ist Einsicht in Schriftstücke zu gewähren, die für eine wirksame Anfechtung der Haftentscheidung wesentlich sind.[193] Ferner darf
- das Gericht keine **Tatsachen** außer Betracht lassen, die Zweifel an der Rechtmäßigkeit der Freiheitsentziehung wecken könnten.[194] Und außerdem muss
- bei besonderen Schwierigkeiten oder in Fällen, in denen der Betroffene seine Interessen nicht ausreichend selbst wahrnehmen kann, eine anwaltliche Vertretung gewährleistet sein.[195]

78 Entscheidet ein Gericht über die Rechtmäßigkeit der Freiheitsentziehung, so ist damit der Anspruch noch nicht endgültig erfüllt. Vielmehr folgt aus dem Zweck des Rechts auf Freiheit und Sicherheit, Willkür zu verhindern und effektiven Rechtsschutz zu ermöglichen, ebenfalls die **Verpflichtung,** die **Rechtmäßigkeit der Freiheitsentziehung** in angemessenen Abständen **erneut zu überprüfen,** insbesondere wenn neue Umstände eingetreten sind.[196] Vor allem psychisch kranke Personen haben mit Blick auf ihre besondere Schutzbedürftigkeit das Recht, in regelmäßigen Abständen die Rechtmäßigkeit ihrer Unterbringung durch ein Gericht überprüfen zu lassen, da die Gründe, die eine Unterbringung erforderlich machten, später wieder entfallen können.[197]

---

[186] EGMR 29.3.2001 (GK) – 27154/95 Rn. 42 – D. N./Schweiz.
[187] EGMR 24.6.1982 – 7906/77 Rn. 44 f., EuGRZ 1984, 6 – v. Droogenbroeck/Belgien; EGMR 23.2.1984 – 9019/80 Rn. 31, EuGRZ 1985, 642 – Luberti/Italien.
[188] EGMR 24.6.1982 – 7906/77 Rn. 48 f., EuGRZ 1984, 6 – v. Droogenbroeck/Belgien; EGMR 23.2.1984 – 9019/80 Rn. 31, EuGRZ 1985, 642 – Luberti/Italien.
[189] EGMR 29.8.1990 – 11701/85 Rn. 64 – E./Norwegen (acht Wochen); EGMR 28.11.2000 – 29462/95 Rn. 85 f. – Rehbock/ Slowenien (23 Tage); EGMR 30.11.2000 – 27426/95 Rn. 39 – Vereinigtes Königreich/Schweiz (31 Tage).
[190] EGMR 2.3.1987 – 9787/82 Rn. 57, EuGRZ 1988, 316 – Weeks/Vereinigtes Königreich; EGMR 15.11.1996 (GK) – 22414/93 Rn. 113 – Chahal/Vereinigtes Königreich. Ausführlich zu diesen Verfahrensanforderungen *Esser,* Auf dem Weg zu einem europäischen Strafverfahrensrecht, 2002, S. 338 ff.
[191] EGMR 24.10.1979 – 6301/73 Rn. 60, EuGRZ 1979, 650 – Winterwerp/Niederlande.
[192] EGMR 21.10.1986 – 9862/82 Rn. 51, EuGRZ 1988, 523 – Sanchez-Reisse/Schweiz.
[193] EGMR 25.3.1999 (GK) – 31195/96 Rn. 58, NJW 2000, 2883 – Nikolova/Bulgarien; EGMR 13.2.2001 – 24479/94 Rn. 44d, NJW 2002, 2013 – Lietzow/Deutschland; EGMR 13.2.2001 – 25116/94 Rn. 52, NJW 2002, 2015 – Schöps/Deutschland; EGMR 13.2.2001 – 23541/94 Rn. 41 ff., NJW 2002, 2018 – Garcia Alva/Deutschland.
[194] EGMR 25.3.1999 (GK) – 31195/96 Rn. 61, NJW 2000, 2883 – Nikolova/Bulgarien.
[195] EGMR 12.5.1992 – 13770/88 Rn. 23, EuGRZ 1992, 347 – Megyeri/Deutschland.
[196] EGMR 24.10.1979 – 6301/73 Rn. 55, EuGRZ 1979, 650 – Winterwerp/Niederlande („Überprüfung der Rechtmäßigkeit in vernünftigen Abständen"); EGMR 5.11.1981 – 7215/75 Rn. 52, EuGRZ 1982, 101 – X./Vereinigtes Königreich.
[197] EGMR 12.5.1992 – 13770/88 Rn. 22, EuGRZ 1992, 347 – Mergyeri/Deutschland; EGMR 25.3.1999 (GK) – 24557/94 Rn. 43, NJW 2000, 2727 – Musial/Polen.

IV. Anspruch auf Schadensersatz

Wird eine Person durch ein Organ der Europäischen Union oder durch ein mitgliedstaatliches Organ in Ausführung von Unionsrecht in ihrem Recht auf Freiheit und Sicherheit verletzt, so hat sie einen Anspruch auf Schadensersatz (vgl. Art. 5 Abs. 5 EMRK). Ein **angemessener Sekundärrechtsschutz** ist ein unverzichtbares **Mittel, um grundrechtliche Schutzgewährleistungen zu effektuieren.** Zudem entstünde ein sachlich nicht auflösbarer **Wertungswiderspruch,** wenn Grundrechtsverletzungen durch Organe der Europäischen Union oder durch unionsrechtlich determinierte Akte der Mitgliedstaaten zu Schadensersatzansprüchen führen können (Art. 340 Abs. 2 AEUV, Art. 41 Abs. 3 GRC),[198] ein Sekundärrechtsschutz beim Handeln von Unionsorganen oder bei unionsrechtlich bestimmtem Handeln mitgliedstaatlicher Organe im Bereich der Gemeinsamen Außen- und Sicherheitspolitik jedoch nicht gegeben wäre. 79

Ein Anspruch auf Schadensersatz ist gegeben, sofern die folgenden **Voraussetzungen** erfüllt sind: 80

- die Anforderungen des Rechts auf Freiheit und Sicherheit wurden missachtet;
- durch die Verletzung des Rechts auf Freiheit und Sicherheit ist ein materieller oder immaterieller[199] Schaden entstanden;
- der innerstaatliche bzw. unionsrechtlich vorgegebene Rechtsweg wurde vollständig durchschritten (entsprechend Art. 35 EMRK).

Ein **Verschulden** des handelnden Organs ist dabei nicht erforderlich.[200]

Die **Art und Höhe** des Anspruchs kann unter Rückgriff auf die Rechtsprechung des EGMR zu Art. 41 EMRK bestimmt werden.[201] Hinsichtlich der Frage der Passivlegitimation wird danach zu differenzieren sein, in welchem Grade die unionalen oder die mitgliedstaatlichen Organe gehandelt haben. 81

V. Anspruch auf Protokollierung der Freiheitsentziehung

Es besteht auch ein Recht des Betroffenen auf **Protokollierung der näheren Umstände seiner Freiheitsentziehung.** Dieser Anspruch ergibt sich aus dem Zweck des Rechts auf Freiheit und Sicherheit, Individuen gegen staatliche Willkür zu schützen: Indem dieses Grundrecht eine Freiheitsentziehung nur unter der Zuerkennung bestimmter substantieller Rechte des Betroffenen erlaubt, insbesondere des Rechts auf unabhängige gerichtliche Überprüfung der Maßnahmen, zielt es auf die **Minimierung des Risikos willkürlicher Inhaftierungen.** Um dieses Ziel zu erreichen, muss aber auch der Vorwurf zügig überprüft werden können, eine Person sei in Haft genommen und seither nicht mehr gesehen worden – was wiederum erfordert, die näheren Umstände der Freiheitsentziehung zu protokollieren, insbesondere Tag, Uhrzeit und Ort der Maßnahme, ihre Gründe, den Namen des Betroffenen sowie der Personen, die die Maßnahme vollstreckt haben.[202] Der Anspruch des Betroffenen auf Erfüllung dieser Pflichten kann auch von seinem Ehegatten oder seinen nahen Familienangehörigen geltend gemacht werden. 82

F. Verhältnis zu anderen Grundrechten

Erfolgt eine Freiheitsentziehung, so sind die **Haftbedingungen** zu messen am Recht auf Leben (→ § 14),[203] dem Folterverbot (→ § 16), dem Verbot der Zwangsarbeit (→ § 17), der 83

---

[198] Dazu etwa *Ruffert* in Calliess/Ruffert AEUV Art. 340 Rn. 36.
[199] EGMR 27.6.1968 – 1936/63 Rn. 41 – Neumeister/Österreich.
[200] Vgl. BGHZ 45, 58 (66).
[201] Vgl. *Villiger* HdbEMRK Art. 5 Rn. 374.
[202] EGMR 25.5.1998 – 24276/94 Rn. 122–125 – Kurt/Türkei; EGMR 14.11.2000 – 24396/94 Rn. 84 f. – Taş/Türkei.
[203] Zur Bedeutung des Tötungsverbotes für den Vorgang der Festnahme siehe EGMR 27.9.1995 – 18984/91 Rn. 211 f. – McCann ua/Vereinigtes Königreich.

Achtung des Privat- und Familienlebens (→ § 23), der Gewissensfreiheit (→ § 33), der Meinungs- (→ § 27) und Vereinigungsfreiheit (→ § 32), dem Recht auf Eheschließung (→ § 24) und dem Gleichheitsrecht (→ § 47). Das Recht auf Leben und das Folterverbot können auch dann relevant werden, wenn eine Person zum Zweck der Auslieferung oder Abschiebung inhaftiert wurde und ihr im Empfangsstaat eine Verfolgung droht, die das Schutzniveau der europäischen Grundrechte unterschreitet (dies folgt nunmehr auch aus Art. 19 Abs. 2 GRC).[204]

84 Die verfahrensbezogenen Ansprüche auf Vorführung, strafrechtliche Aburteilung und gerichtliche Kontrolle stehen dagegen in **Idealkonkurrenz** zum **Recht auf effektiven Rechtsschutz** und zum **Recht auf ein faires Verfahren**. Eine Verletzung jener Ansprüche geht regelmäßig mit einem Verstoß gegen diese Rechte einher.

G. Zusammenfassende Bewertung und Ausblick

85 Das europäische **Recht auf Freiheit und Sicherheit** ist schon heute von nicht unerheblicher **praktischer Relevanz** (→ Rn. 26 ff.) und wird in Zukunft **noch an Bedeutung gewinnen**. Die beschlossene Errichtung einer Europäischen Staatsanwaltschaft (→ Rn. 2) wird einen erheblichen Bedeutungszuwachs mit sich bringen.[205] Auch muss mit weiteren friedenssichernden und -schaffenden Aktionen der Union in Krisengebieten sowie mit gemeinsamen Grenzschutzmaßnahmen an den EU-Außengrenzen gerechnet werden. Das Recht auf Freiheit und Sicherheit bietet einen **angemessenen Schutz** der individuellen körperlichen Bewegungsfreiheit gegenüber unionaler Hoheitsgewalt – dies nicht zuletzt deshalb, weil die Gestalt und die Substanz dieses Rechts in der EMRK und der Rechtsprechung des EGMR wurzeln und in dieser Rechtsprechung reichhaltiges Erfahrungsmaterial gespeichert ist, das vielfältige Leitkriterien auch zu adäquaten Lösungen unionaler Beeinträchtigungen bereithält.

86 Gleichwohl sind vor allem zwei **neuralgische Punkte** des europäischen Rechts auf Freiheit und Sicherheit unverändert klärungsbedürftig und auf der rechtspolitischen Agenda mit höchster Priorität zu versehen. Zunächst müssen die aufgezeigten **Rechtsschutzlücken** beseitigt werden. Freiheitsentziehungen, die von der Europäischen Union ausgehen oder ihrem Willen entsprechend durch mitgliedstaatliche Organe vorgenommen werden, müssen nach unionsweit einheitlichen Maßstäben gerichtlich nachprüfbar sein, was eine letztinstanzliche und umfassende Zuständigkeit des EuGH zwingend erforderlich macht. Daher erscheint der Gedanke eines Europäischen Ermittlungsrichters zur Überprüfung prozessualer Zwangsmaßnahmen seitens eines Europäischen Staatsanwalts durchaus nahe liegend,[206] wenngleich die Verordnung zur Errichtung einer Europäischen Staatsanwaltschaft ein solches Verfahren nicht vorsieht (sondern allein eine richterliche Kontrolle im jeweils gewählten Mitgliedstaat) und auch die Kompetenz zur Einrichtung eines solchen Ermittlungsrichters aufgrund des geltenden Primärrechts zumindest zweifelhaft scheint. Die angemahnte Verschärfung der **Verhältnismäßigkeitsüberprüfung** durch den EuGH[207] gerade im Hinblick auf die besondere Intensität, die den Beeinträchtigungen des Rechts auf Freiheit und Sicherheit regelmäßig anhaftet, hat jedenfalls bei der Verwerfung der Richtlinie zur Vorratsdatenspeicherung aufgrund fehlender Verhältnismäßigkeit bereits Niederschlag gefunden;[208] die Bedeutung einer europäischen Verhältnismäßigkeitsprüfung dürfte noch wachsen angesichts des Umstands, dass der EuGH in den praktisch bedeut-

---

[204] EGMR 7.7.1989 – 14038/88 Rn. 86 ff. – Soering/Vereinigtes Königreich; EGMR 30.10.1991 – 13163/87 Rn. 107 ff. – Vilvarajah ua/Vereinigtes Königreich.
[205] S. VO (EU) 2017/1939.
[206] Dafür *Böse* S. 172 ff.
[207] Eine zusammenfassende Darstellung der Kritik am Umgang des EuGH mit dem Verhältnismäßigkeitsgrundsatz bei *Bogdandy* JZ 2001, 157 (163); anders *Kischel* EuR 2000, 380 ff., wonach die Kontrollintensität des EuGH nicht hinter der des BVerfG zurückbleibt.
[208] EuGH verb. Rs. C-293/12 und C-594/12, ECLI:EU:C:2014:238 – Digital Rights Ireland und Seitlinger ua („Vorratsdatenspeicherung").

samen Konstellationen eines Europäischen Haftbefehls die zuvor von einigen (Vollstreckungs-) Mitgliedstaaten praktizierte eigenständige Überprüfung der Verhältnismäßigkeit einer Überstellung der betroffenen Person in den Ausstellungs-Mitgliedstaat eine Absage erteilt hat.[209] Die zuletzt erfolgte Pointierung eines „Rechts auch auf Sicherheit" darf jedenfalls nicht in dem Sinne missverstanden werden, dass jedes Recht auf Freiheit (zB potenziell gefährlicher Personen oder Inhaftierter) per se durch ein Recht der Gesellschaft oder aller potenzieller Opfer ausgeschlossen wird. Auch wenn das Urteil des EuGH zur Vorratsdatenspeicherung im Ergebnis gerade wegen des Schutzes der Grundrechte der Unionsbürger positiv zu bewerten ist, sollte daher in Zukunft klar gestellt werden, dass – anders als hinsichtlich der objektiven Gewährleistung eines (EU-)Raums der Freiheit und der Sicherheit – die grundrechtlichen Verbürgungen von Freiheit und Sicherheit jedenfalls nicht auf einer Ebene stehen können.

---

[209] EuGH C-396/11, ECLI:EU:C:2013:39 = NJW 2013, 1145 – Radu.

§ 19 Freizügigkeit und Aufenthaltsfreiheit

Übersicht

	Rn.
A. Entwicklung und Bedeutung	1–8
I. Geschichtliche Entwicklung	1–7
II. Bedeutung	8
B. Die Freizügigkeit von Unionsbürgern, Art. 21 AEUV	9–41
I. Allgemeines	9
II. Anwendungsbereich von Art. 21 AEUV	10–27
1. Unmittelbare Anwendbarkeit und Subsidiarität	10
2. Exkurs: Spezialregelungen im AEUV	11–23
3. Personeller Anwendungsbereich von Art. 21 AEUV	24, 25
4. Sachlicher Anwendungsbereich von Art. 21 AEUV	26
5. Räumlicher Anwendungsbereich	27
III. Eingriffe in Art. 21 AEUV	28–31
1. Diskriminierungsverbot	29, 30
2. Beschränkungsverbot	31
IV. Schranken	32–41
1. Vorgaben der Freizügigkeitsrichtlinie	33–37
2. Sonstige Rechtfertigungsgründe	38, 39
3. Verhältnismäßigkeit und Wesensgehalt	40, 41
C. Freizügigkeit von Drittstaatsangehörigen	42–50
I. Allgemeines	42–44
II. Sekundärrecht	45–49
III. Internationale Abkommen	50
D. Grundrechtliche Aspekte	51–54
I. Grundrechtecharta	51, 52
II. EMRK	53, 54
E. Zusammenfassende Bewertung und Ausblick	55–62

Schrifttum:

Acosta Arcarazo, The long-term residence status as a subsidiary form of EU citizenship – An analysis of directive 2003/109, 2011; *Boelaert-Suominen,* Non-EU nationals and Council Directive 2003/109/EC on the status of third-country nationals who are long-term residents, CMLR 2005, 1011; *Calliess,* Europäischer Binnenmarkt und europäische Demokratie: Von der Dienstleistungsfreiheit zur Dienstleistungsrichtlinie – und wieder Retour?, DVBl 2007, 336; *Epiney/Metz/Mosters,* Das Personenfreizügigkeitsabkommen Schweiz EU, Auslegung und Anwendung in der Praxis, 2011; *Gastaldi,* Citoyenneté de l'Union et libre circulation: du critère économique au statut unique, 2013; *Hailbronner/Thym,* Ruiz Zambrano – Die Entdeckung des Kernbereichs der Unionsbürgerschaft, NJW 2011, 2008; *Hatje,* Die Dienstleistungsrichtlinie – Auf der Suche nach dem liberalen Mehrwert, NJW 2007, 2367; *Höfler,* Die Unionsbürgerfreiheit – Ansprüche der Unionsbürger auf allgemeine Freizügigkeit und Gleichheit unter besonderer Berücksichtigung sozialer Rechte, 2009; *Nettesheim,* Der „Kernbereich" der Unionsbürgerschaft – vom Schutz der Mobilität zur Gewährleistung eines Lebensumfelds, JZ 2011, 1030; *Schlachter/Ohler,* Europäische Dienstleistungsrichtlinie, 2008; *Schönberger,* Unionsbürger – Europas föderales Bürgerrecht in vergleichender Sicht, 2005; *Stewen,* Die Entwicklung des allgemeinen Freizügigkeitsrechts der Unionsbürger und seiner sozialen Begleitrechte, 2011; *Wollenschläger,* Grundfreiheit ohne Markt – Die Herausbildung der Unionsbürgerschaft im unionsrechtlichen Freizügigkeitsregime, 2007.

A. Entwicklung und Bedeutung

I. Geschichtliche Entwicklung

1 Die Entwicklung des Freizügigkeitsrechts[1] spiegelt die **Entwicklung der Europäischen Integration** von einer Wirtschafts- zu einer immer enger werdenden, auch politischen

---

[1] Im Folgenden wird unter dem Freizügigkeitsrecht das Recht verstanden, sich im Hoheitsgebiet der Mitgliedstaaten frei zu bewegen und aufzuhalten (vgl. Art. 21 Abs. 1 AEUV).

und gesellschaftlichen Union wider.[2] Das Begleitrecht wirtschaftlicher Betätigung entwickelte sich zu einem allgemeinen Freizügigkeitsrecht, das inzwischen in Art. 21 AEUV seine Grundlage hat.[3]

Vor Einführung des Art. 21 AEUV wurden Freizügigkeit und Aufenthaltsfreiheit primärrechtlich nur insoweit gewährt, wie die Grenzüberschreitung von Personen bzw. deren Aufenthalt in einem anderen Mitgliedstaat notwendig waren, um eine **grundfreiheitlich geschützte wirtschaftliche Betätigung** zu realisieren, also im Rahmen der Arbeitnehmerfreizügigkeit (Art. 45 AEUV), der Niederlassungsfreiheit (Art. 49 AEUV) oder der (aktiven) Dienstleistungsfreiheit (Art. 56 AEUV).[4]

Diese Begleitrechte wurden **sekundärrechtlich** durch eine ganze Reihe Verordnungen und Richtlinien konkretisiert, wie etwa die VO (EWG) Nr. 1612/68[5], die RL 68/360/EWG[6], die VO (EWG) Nr. 1251/70[7], die RL 73/148/EWG[8] sowie die RL 75/34/EWG[9].

1979 legte die Europäische Kommission einen auf Art. 56 Abs. 2 EWGV und Art. 235 EWGV gestützten Vorschlag für eine Richtlinie über ein allgemeines Aufenthaltsrecht[10] vor, den sie allerdings im Mai 1989 mangels Unterstützung durch den Rat zurückzog. 1990 erließ der Rat stattdessen drei Richtlinien, die die Freizügigkeit auf bestimmte Personenkategorien ausdehnten, nämlich auf aus dem Erwerbsleben Ausgeschiedene (RL 90/365/EWG)[11], auf Studenten (RL 90/366/EWG)[12] und schließlich auf alle, denen diese Gewährleistungen nicht aufgrund anderer Bestimmungen des Gemeinschaftsrechts zuerkannt waren (RL 90/364/EWG)[13]. Voraussetzung für die Inanspruchnahme dieser Rechte war jedoch eine adäquate soziale Absicherung (vgl. Art. 1 Abs. 1 der jeweiligen Richtlinie).

Durch den **Vertrag von Maastricht** wurde in Art. 18 EGV (jetzt Art. 21 AEUV) ein allgemeines Freizügigkeitsrecht unabhängig von einer wirtschaftlichen Betätigung als Element der Unionsbürgerschaft eingeführt. Dieses steht allerdings unter dem **Vorbehalt primär- und sekundärrechtlicher Beschränkungen und Bedingungen.** Daneben ermöglichte der frühere Art. 18 Abs. 2 EGV den Erlass von Vorschriften, die die Inanspruchnahme der fraglichen Rechte erleichtern, wobei das Verfahren durch den Ams-

---

[2] *Haag* in Bieber/Epiney/Haag/Kotzur Europäische Union § 2 Rn. 23.
[3] Zur historischen Entwicklung *Kluth* in Calliess/Ruffert AEUV Art. 21 Rn. 1 ff.; *Haag* in Bieber/Epiney/Haag/Kotzur Europäische Union § 2 Rn. 29; *Magiera* in Streinz AEUV Art. 20 Rn. 1 ff., Art. 21 Rn. 1 ff. Vgl. auch *Stewen*.
[4] *Haag* in Bieber/Epiney/Haag/Kotzur Europäische Union § 2 Rn. 29; *Kaufmann-Bühler* in Lenz/Borchardt EU-Verträge AEUV Art. 21 Rn. 2; *Herdegen* EuropaR § 12 Rn. 3.
[5] VO (EWG) Nr. 1612/68 des Rates vom 15. Oktober 1968 über die Freizügigkeit der Arbeitnehmer innerhalb der Gemeinschaft, ABl. 1968 L 257, 2.
[6] RL 68/360/EWG des Rates vom 15. Oktober 1968 zur Aufhebung der Reise- und Aufenthaltsbeschränkungen für Arbeitnehmer der Mitgliedstaaten und ihre Familienangehörigen innerhalb der Gemeinschaft, ABl. 1968 L 257, 13.
[7] VO (EWG) Nr. 1251/70 der Kommission vom 29. Juni 1970 über das Recht der Arbeitnehmer, nach Beendigung einer Beschäftigung im Hoheitsgebiet eines Mitgliedstaats zu verbleiben, ABl. 1970 L 142, 24.
[8] RL 73/148/EWG des Rates vom 21. Mai 1973 zur Aufhebung der Reise- und Aufenthaltsbeschränkungen für Staatsangehörige der Mitgliedstaaten innerhalb der Gemeinschaft auf dem Gebiet der Niederlassung und des Dienstleistungsverkehrs, ABl. 1973 L 172, 14.
[9] RL 75/34/EWG des Rates vom 17. Dezember 1974 über das Recht der Staatsangehörigen eines Mitgliedstaats, nach Beendigung der Ausübung einer selbständigen Tätigkeit im Hoheitsgebiet eines anderen Mitgliedstaats zu verbleiben, ABl. 1975 L 14, 10.
[10] Vorschlag für eine Richtlinie über das Aufenthaltsrecht der Staatsangehörigen der Mitgliedstaaten im Hoheitsgebiet eines anderen Mitgliedstaates, ABl. 1979 C 207, 14.
[11] RL 90/365/EWG des Rates vom 28. Juni 1990 über das Aufenthaltsrecht der aus dem Erwerbsleben ausgeschiedenen Arbeitnehmer und selbständig Erwerbstätigen, ABl. 1990 L 180, 28.
[12] RL 90/366/EWG des Rates vom 28. Juni 1990 über das Aufenthaltsrecht der Studenten, ABl. 1990 L 180, 30. Diese wurde allerdings wegen fehlerhafter Kompetenzgrundlage für nichtig erklärt; vgl. EuGH C-295/90, ECLI:EU:C:1992:294 – EP/Rat. 1993 wurde sie durch eine inhaltsgleiche Richtlinie ersetzt; vgl. Richtlinie 93/96/EWG des Rates vom 29. Oktober 1993 über das Aufenthaltsrecht der Studenten, ABl. 1993 L 317, 59.
[13] RL 90/364/EWG des Rates vom 28. Juni 1990 über das Aufenthaltsrecht, ABl. 1990 L 180, 26.

terdamer Vertrag geändert wurde. Durch den Vertrag von Nizza wurde Absatz 2 neu gefasst und durch einen weiteren Absatz ergänzt. Heute besteht Art. 21 AEUV aus dem allgemeinen Recht auf Bewegungs- und Aufenthaltsfreiheit (Abs. 1) und zwei Rechtsgrundlagen (Abs. 2 und 3).

6   Am 23.5.2001 legte die Kommission erneut einen Richtlinienvorschlag vor.[14] Die **Richtlinie 2004/38/EG** „über das Recht der Unionsbürger und ihrer Familienangehörigen, sich im Hoheitsgebiet der Mitgliedstaaten frei zu bewegen und aufzuhalten"[15] wurde schließlich am 29.4.2004 erlassen. Sie wird aufgrund ihres Regelungsinhalts auch als „**Freizügigkeitsrichtlinie**" oder „**Unionsbürgerrichtlinie**" bezeichnet. Das Bewegungs- und Aufenthaltsrecht ist nunmehr umfassend in einem Rechtsakt geregelt.[16]

7   Die Freizügigkeitsrichtlinie hebt die Richtlinien 64/221/EWG, 68/360/EWG, 72/194/EWG, 73/148/EWG, 75/34/EWG, 75/35/EWG, 90/364/EWG, 90/365/EWG und 93/96/EWG auf und konsolidiert die bis dato fragmentarischen Regelungen der Freizügigkeit von Arbeitnehmern, Selbständigen, Dienstleistungserbringern und Studierenden. Sie kodifiziert teilweise auch die Rechtsprechung des EuGH. Lediglich die Verordnung (EWG) Nr. 1612/68 blieb – abgesehen von ihren Art. 10 und 11[17] – weiter in Kraft.[18] Im Jahr 2011 wurde sie durch die Verordnung (EU) Nr. 492/2011 über die Freizügigkeit der Arbeitnehmer in der Union[19] ersetzt.

II. Bedeutung

8   Das Freizügigkeits- und Aufenthaltsrecht der Unionsbürger nach Art. 20 Abs. 2 lit. a AEUV und Art. 21 AEUV ist inzwischen **die wichtigste Komponente der Unionsbürgerschaft,** die selbst durch den EuGH als „**grundlegender Status der Unionsbürger**" bezeichnet wird.[20] Dank der Rechtsprechung des EuGH wird das Recht auf Freizügigkeit und Aufenthalt in der Union inzwischen umfassend garantiert. Das Aufenthaltsrecht auf dem Gebiet der Union gehört zum „**Kernbestand**" der Rechte der Unionsbürger, der auch ohne vorherige Ausübung der Freizügigkeit gewährt werden muss (→ Rn. 26).[21] Die Unionsbürgerschaft ist nach wie vor akzessorisch zur Staatsbürgerschaft eines Mitgliedstaates (Art. 20 Abs. 1 AEUV).[22] Ob es sich beim Freizügigkeitsrecht um

---

[14] KOM(2001) 257, 150; vgl. auch Zweiter Bericht der Kommission über die Unionsbürgerschaft, KOM (97) 230, 4.

[15] RL 2004/38/EG des Europäischen Parlaments und des Rates vom 29. April 2004 über das Recht der Unionsbürger und ihrer Familienangehörigen, sich im Hoheitsgebiet der Mitgliedstaaten frei zu bewegen und aufzuhalten, zur Änderung der Verordnung (EWG) Nr. 1612/68 und zur Aufhebung der Richtlinien 64/221/EWG, 68/360/EWG, 72/194/EWG, 73/148/EWG, 75/34/EWG, 75/35/EWG, 90/364/EWG, 90/365/EWG und 93/96/EWG („Freizügigkeitsrichtlinie"), ABl. 2004 L 158, 77.

[16] *Haag* in Bieber/Epiney/Haag/Kotzur Europäische Union § 2 Rn. 29.

[17] Vgl. Art. 38 Freizügkeits-RL 2004/38/EG, ABl. 2004 L 158, 77.

[18] Vgl. zuletzt zum Aufenthaltsrecht von Eltern von Kindern in Ausbildung EuGH C-480/08, ECLI:EU:C:2010:83 – Texeira; EuGH C-310/08, ECLI:EU:C:2010:80 – Ibrahim.

[19] VO (EU) Nr. 492/2011 des Europäischen Parlaments und des Rates vom 5. April 2011 über die Freizügigkeit der Arbeitnehmer innerhalb der Union, ABl. 2011 L 141, 1.

[20] EuGH C-403/03, ECLI:EU:C:2005:446 Rn. 15 – Schempp; EuGH C-224/98, ECLI:EU:C:2002:432 Rn. 23 – D'Hoop; EuGH C-184/99, ECLI:EU:C:2001:458 – Grzelczyk; EuGH C-148/02, ECLI:EU:C:2003:539 Rn. 23 – Avello; EuGH C-224/02, ECLI:EU:C:2004:273 Rn. 16 – Pusa; EuGH C-135/08, ECLI:EU:C:2010:104 Rn. 43 – Rottmann; EuGH C-34/09, ECLI:EU:C:2011:124 Rn. 41 – Ruiz Zambrano. Vgl. *Kaufmann-Bühler* in Lenz/Borchardt EU-Verträge AEUV Art. 21 Rn. 1; *Haag* in Bieber/Epiney/Haag/Kotzur Europäische Union § 2 Rn. 24, 27; *Magiera* in Streinz AEUV Art. 20 Rn. 19 ff.

[21] Wenn für den Unionsbürger ansonsten ein faktischer Ausreisezwang bestünde, erhalten auch Familienangehörige aus Drittstaaten ein (abgeleitetes) Aufenthaltsrecht: EuGH C-34/09, ECLI:EU:C:2011:124 Rn. 42 – Ruiz Zambrano. Vgl. auch EuGH C-434/09, ECLI:EU:C:2011:277 – McCarthy; EuGH C-40/11, ECLI:EU:C:2012:691 – Iida; EuGH C-87/12, ECLI:EU:C:2013:291 – Ymerga; EuGH C-86/12, ECLI:EU:C:2013:645 – Alopka; EuGH C-456/12, ECLI:EU:C:2014:135 – O.; EuGH C-457/12, ECLI:EU:C:2014:136 – S. und G. Vgl. ferner *Hailbronner/Thym* S. 2008 ff.; *Nettesheim* S. 1030 ff.

[22] *Folz* in HK-UnionsR AEUV Art. 20 Rn. 1; *Magiera* in Streinz AEUV Art. 20 Rn. 24; Herdegen EuropaR § 12 Rn. 1 f.; *Haag* in Bieber/Epiney/Haag/Kotzur Europäische Union § 2 Rn. 26.

eine Grundfreiheit oder ein Grundrecht handelt, war lange umstritten.[23] Aufgrund von Art. 45 GRC kann der grundrechtliche Charakter des Freizügigkeitsrechts jedenfalls nicht mehr bestritten werden.[24]

B. Die Freizügigkeit von Unionsbürgern, Art. 21 AEUV

I. Allgemeines

Das Freizügigkeitsrecht basiert auf **primär- und sekundärrechtlichen Normen**, die nach und nach durch die Rechtsprechung des EuGH konkretisiert wurden. Das Freizügigkeitsrecht wird als *lex generalis* gegenüber den Grundfreiheiten qualifiziert (daher auch die Bezeichnung als „Grundfreiheit ohne Markt"[25]) und weitgehend parallel zu diesen ausgelegt. Art. 21 AEUV verlangt aber **keine wirtschaftliche Tätigkeit** und ist systematisch der Unionsbürgerschaft zugeordnet, die ansonsten in erster Linie klassische Bürgerrechte enthält.[26] Parallel zu seiner Auslegungspraxis bei den Grundfreiheiten und entsprechend dem Grundsatz des „effet utile" legt der EuGH die in AEUV und im Sekundärrecht enthaltenen Berechtigungen weit, Beschränkungen dagegen eng aus.[27] Im Hinblick auf die einheitliche Anwendung des Unionsrechts werden die Begriffe des Art. 21 AEUV zudem autonom ausgelegt. 9

II. Anwendungsbereich von Art. 21 AEUV

1. Unmittelbare Anwendbarkeit und Subsidiarität. Die aus Art. 21 AEUV abgeleiteten Rechte begründen subjektiv-öffentliche Rechte und sind unmittelbar anwendbar.[28] Das allgemeine Freizügigkeitsrecht hat jedoch nur Auffangcharakter; können Freizügigkeitsrechte aus besonderen Bestimmungen abgeleitet werden, gehen diese vor.[29] Diese Subsidiarität ergibt sich auch aus dem Vorbehalt des Art. 21 Abs. 1 AEUV.[30] 10

2. Exkurs: Spezialregelungen im AEUV. Da Art. 21 AEUV nur greift, wenn keine *leges speciales* anwendbar sind, ist es an dieser Stelle hilfreich, die entsprechenden Regelungen der Grundfreiheiten überblickartig darzustellen. 11

a) Arbeitnehmerfreizügigkeit (Art. 45 AEUV). Als **Arbeitnehmer** erachtet der EuGH Personen, die für einen anderen für eine bestimmte Zeit nach dessen Weisungen Leistungen erbringen, für die sie vergütet werden.[31] Unter den Arbeitnehmerbegriff können auch Studenten fallen, wenn zwischen der früheren beruflichen Tätigkeit und dem Studium ein sachlicher Zusammenhang besteht.[32] Ausgenommen sind nach Art. 45 Abs. 4 AEUV Beschäftigungen in der **öffentlichen Verwaltung,** worunter der EuGH jedoch nur 12

---

[23] *Kluth* in Calliess/Ruffert AEUV Art. 21 Rn. 15a mwN. Vgl. auch GA *Lenz*, SchlA C-415/93, ECLI:EU:C:1995:293 Rn. 203 – Bosman.
[24] *Magiera* in Streinz AEUV Art. 21 Rn. 10.
[25] *Wollenschläger*.
[26] Zur Unionsbürgerschaft allgemein *Wollenschläger*; *Gastaldi*; *Schönberger*. Vgl. auch *Khan* in Geiger/Khan/Kotzur AEUV Art. 20 Rn. 1 ff.; *Magiera* in Streinz AEUV Art. 20 Rn. 1 ff.; *Folz* in HK-UnionsR AEUV Art. 20 Rn. 1 ff.; *Kluth* in Calliess/Ruffert AEUV Art. 20 Rn. 1 ff.; *Haag* in Bieber/Epiney/Haag/Kotzur Europäische Union § 2 Rn. 23 ff.; Herdegen EuropaR § 12 Rn. 1 ff.
[27] *Magiera* in Streinz AEUV Art. 21 Rn. 10; *Kluth* in Calliess/Ruffert AEUV Art. 21 Rn. 4. Allgemein zur Auslegung nach dem „effet utile"-Prinzip: *Epiney* in Bieber/Epiney/Haag/Kotzur Europäische Union § 9 Rn. 18.
[28] EuGH C-413/99, ECLI:EU:C:2002:493 – Baumbast. Vgl. auch *Magiera* in Streinz AEUV Art. 21 Rn. 10 f.
[29] EuGH C-100/01, ECLI:EU:C:2002:712 Rn. 26 – Olazabal.
[30] *Folz* in HK-UnionsR AEUV Art. 22 Rn. 3; *Haag* in Bieber/Epiney/Haag/Kotzur Europäische Union § 2 Rn. 31.
[31] EuGH C-66/85, ECLI:EU:C:1986:284 Rn. 17 – Lawrie-Blum; EuGH C-197/86, ECLI:EU:C:1988:323 Rn. 21 – Brown; EuGH C-357/89, ECLI:EU:C:1992:87 Rn. 10 – Raulin; EuGH C-53/81, ECLI:EU:C:1982:105 – Levin.
[32] EuGH C-39/86, ECLI:EU:C:1988:322 – Lair.

solche Tätigkeiten fasst, die eine unmittelbare und spezifische Teilnahme an der Ausübung hoheitlicher Befugnisse und an der Wahrnehmung solcher Aufgaben mit sich bringen, die auf die Wahrung der allgemeinen Belange des Staates gerichtet sind.[33]

13   Die Arbeitnehmerfreizügigkeit bildet den wesentlichen der drei Grundpfeiler des freien Personenverkehrs. Arbeitnehmer sind vorbehaltlich entgegenstehender Gründe der öffentlichen Ordnung, Sicherheit und Gesundheit berechtigt, sich zum Zwecke der Stellensuche im Hoheitsgebiet der Mitgliedstaaten frei zu bewegen, sich zu **legalen Beschäftigungszwecken** in anderen Mitgliedstaaten aufzuhalten sowie dort unter im Sekundärrecht festgelegten Bestimmungen nach Beendigung der Beschäftigung zu verbleiben (Art. 45 Abs. 3 AEUV).

14   Nach der Rechtsprechung des EuGH schützt Art. 45 AEUV vor (direkten oder indirekten) **Diskriminierungen,** aber auch vor sonstigen, diskriminierungsfreien **Beschränkungen.**[34] Die Rechtfertigung von Eingriffen in die Arbeitnehmerfreizügigkeit kann durch geschriebene Rechtfertigungsgründe (die „Troika" von Art. 45 Abs. 3 AEUV) oder – jedenfalls bei Beschränkungen – ungeschriebene Rechtfertigungsgründe, die sog zwingenden Gemeinwohlinteressen, erfolgen.[35] Der Grundsatz der Verhältnismäßigkeit ist zu wahren.

15   Zur Verwirklichung der Arbeitnehmerfreizügigkeit wurde eine Reihe von sekundärrechtlichen Regelungen erlassen. Die bedeutendsten sind die Verordnung (EU) Nr. 492/2011 über die Freizügigkeit der Arbeitnehmer in der Union[36] sowie die Freizügigkeitsrichtlinie.[37] Die Stellung der Arbeitnehmer in den Systemen der sozialen Sicherheit regelt Verordnung (EG) Nr. 883/2004.[38]

16   **b) Niederlassungsfreiheit (Art. 49 AEUV).** Die Niederlassungsfreiheit[39] schützt die **Aufnahme und Ausübung selbständiger Tätigkeiten** sowie die **Gründung und Leitung von Unternehmen** durch Unionsbürger im Hoheitsgebiet eines anderen Mitgliedstaates (Art. 49 Abs. 2 AEUV). Der Schutzbereich der Niederlassungsfreiheit umfasst sowohl die Gründung einer **Hauptniederlassung,** als auch diejenige einer **Zweitniederlassung.**[40] Das Freizügigkeitsrecht von unter die Niederlassungsfreiheit fallenden Personen wird in Art. 49 AEUV nicht ausdrücklich angesprochen, ist jedoch zur Ausübung dieser Tätigkeiten notwendig und muss daher gewährleistet werden. Wie bei der Arbeitnehmerfreizügigkeit findet sich in Art. 51 AEUV ein Ausschluss für Tätigkeiten, die mit der Ausübung **öffentlicher Gewalt** verbunden sind. Trotz der etwas anderen Formulierung legt der EuGH Art. 51 AEUV parallel zu Art. 45 Abs. 4 AEUV aus.[41]

17   Gegenüber der Arbeitnehmerfreizügigkeit grenzt sich die Niederlassungsfreiheit durch den Bezug auf selbständige Tätigkeiten ab, die eigenverantwortlich und weisungsfrei erfolgen.[42] Unter einer Niederlassung versteht der EuGH die „tatsächliche Ausübung einer

---

[33] EuGH C-149/79, ECLI:EU:C:1980:297 Rn. 10 f. – Kommission/Belgien; EuGH C-66/85, ECLI:EU:C:1986:284 Rn. 16 – Lawrie-Blum.
[34] EuGH C-415/93, ECLI:EU:C:1995:463 Rn. 96 – Bosman.
[35] EuGH C-415/93, ECLI:EU:C:1995:463 Rn. 104 – Bosman; EuGH C-90/96, ECLI:EU:C:1997:553 Rn. 47 ff. – Petrie; EuGH C-350/96, ECLI:EU:C:1998:205 Rn. 26 ff. – Clean Car Autoservice; EuGH C-18/95, ECLI:EU:C:1999:22 Rn. 43 ff. – Terhoeve.
[36] VO (EU) Nr. 492/2011, ABl. 2011 L 141, 1.
[37] Vgl. den Überblick von *Epiney* in Bieber/Epiney/Haag/Kotzur Europäische Union § 11 Rn. 106 ff.
[38] VO (EG) Nr. 883/2004 des Europäischen Parlaments und des Rates vom 29. April 2004 zur Koordinierung der Systeme der sozialen Sicherheit, ABl. 2004 L 166, 1. Vgl. *Epiney* in Bieber/Epiney/Haag/Kotzur Europäische Union § 11 Rn. 108 f.
[39] Dazu grundlegend *Wägenbauer* EuZW 1991, 427 ff.; *Nachbaur*, Niederlassungsfreiheit: Geltungsbereich und Reichweite des Art. 52 EGV im Binnenmarkt, 1999.
[40] EuGH C-81/87, ECLI:EU:C:1988:456 – Daily Mail; EuGH C-212/97, ECLI:EU:C:1999:126 – Centros; EuGH C-208/00, ECLI:EU:C:2002:632 – Überseering.
[41] EuGH C-114/97, ECLI:EU:C:1998:519 Rn. 32 ff. – Kommission/Spanien; EuGH C-42/92, ECLI:EU:C:1998:519 Rn. 8 – Thijssen; EuGH C-2/74, ECLI:EU:C:1974:68 Rn. 42 ff. – Reyners; EuGH C-54/08, ECLI:EU:C:2011:339 Rn. 84 ff. – Kommission/Deutschland.
[42] Vgl. EuGH C-3/87, ECLI:EU:C:2011:339 Rn. 36 – Agegate.

wirtschaftlichen Tätigkeit mittels einer festen Einrichtung in einem anderen Mitgliedstaat auf unbestimmte Zeit".[43] Für „unbestimmte Zeit" tätig ist jemand, der stetig und dauerhaft respektive stabil und kontinuierlich am Wirtschaftsleben eines anderen Mitgliedstaates teilnimmt,[44] was wiederum eine Abgrenzung von der Dienstleistungsfreiheit erlaubt, deren Charakter vorübergehend ist (Art. 57 Abs. 3 AEUV). Art. 54 AEUV erstreckt die Niederlassungsfreiheit ausdrücklich auf **Gesellschaften.**

Die Gewährleistung der Niederlassungsfreiheit erschöpft sich nicht im Grundsatz der Inländergleichbehandlung, sondern verbietet auch diskriminierungsfreie Eingriffe.[45] Zur Rechtfertigung gelten die bereits im Rahmen der Arbeitnehmerfreizügigkeit erläuterten Standards. 18

Sekundärrechtlich sind insbesondere die Richtlinie 2005/36/EG über die Anerkennung von **Berufsqualifikationen**[46], die Richtlinie 98/5/EG zur Erleichterung der ständigen Ausübung des Rechtsanwaltsberufs in anderen Mitgliedstaaten[47] sowie zahlreiche Rechtsakte im Bereich des Gesellschaftsrechts und zum Banken- und Versicherungssektor relevant.[48] Auch die Richtlinie 2006/123/EG über Dienstleistungen im Binnenmarkt[49] enthält die Niederlassungsfreiheit betreffende Regelungen. 19

c) Dienstleistungsfreiheit (Art. 56 AEUV). Die Dienstleistungsfreiheit nach Art. 56 AEUV umfasst drei Situationen:[50] Die **aktive Dienstleistungsfreiheit** schützt die Erbringung von Leistungen in einem anderen Mitgliedstaat. Die in Art. 56 AEUV nicht ausdrücklich erwähnte, aber durch den EuGH im Hinblick auf eine effektive Gewährleistung der Dienstleistungsfreiheit entwickelte[51] **passive Dienstleistungsfreiheit** erlaubt die Entgegennahme von Dienstleistungen in einem anderen Mitgliedstaat. Als **Annex** hierzu muss auch das Recht gewährleistet sein, zur Erbringung respektive Entgegennahme der Dienstleistung in einem anderen Mitgliedstaat vorübergehend zu verweilen. Auch **auslandsbedingte Dienstleistungen,** bei denen Dienstleistungserbringer und -empfänger aus demselben Mitgliedstaat stammen, die Dienstleistung aber in einem anderen Mitgliedstaat stattfindet (Skischul- oder Reiseleiterfälle), fallen unter Art. 56 AEUV.[52] Schließlich sind auch **grenzüberschreitende Dienstleistungen** als solche (Korrespondenzdienstleistungen)[53] vom Anwendungsbereich des Art. 56 AEUV erfasst; diese sind allerdings in diesem Zusammenhang nicht von Bedeutung, da kein Personenverkehr stattfindet. 20

Definiert werden Dienstleistungen in Art. 57 Abs. 1 AEUV als Leistungen, die in der Regel gegen Entgelt erbracht werden, wobei die Dienstleistungsfreiheit gegenüber den 21

---

[43] EuGH C-221/89, ECLI:EU:C:1991:320 Rn. 20 – Factortame.
[44] EuGH C-55/94, ECLI:EU:C:1995:411 Rn. 25 – Gebhard.
[45] EuGH C-107/83, ECLI:EU:C:1984:270 – Klopp; EuGH C-55/94, ECLI:EU:C:1995:411 – Gebhard.
[46] RL 2005/36/EG des Europäischen Parlaments und des Rates vom 7. September 2005 über die Anerkennung von Berufsqualifikationen, ABl. 2005 L 255, 22. Vgl. auch RL 2013/55/EU des Europäischen Parlaments und des Rates vom 20. November 2013 zur Änderung der Richtlinie 2005/36/EG über die Anerkennung von Berufsqualifikationen und der Verordnung (EU) Nr. 1024/2012 über die Verwaltungszusammenarbeit mit Hilfe des Binnenmarkt-Informationssystems („IMI-Verordnung"), ABl. 2013 L 354, 132.
[47] RL 98/5/EG des Europäischen Parlaments und des Rates vom 16. Februar 1998 zur Erleichterung der ständigen Ausübung des Rechtsanwaltsberufs in einem anderen Mitgliedstaat als dem, in dem die Qualifikation erworben wurde, ABl. 1998 L 77, 36.
[48] Vgl. Herdegen EuropaR § 16 Rn. 36.
[49] RL 2006/123/EG des Europäischen Parlaments und des Rates vom 12. Dezember 2006 über Dienstleistungen im Binnenmarkt, ABl. 2006 L 376, 36.
[50] Herdegen EuropaR § 17 Rn. 1; *Epiney* in Bieber/Epiney/Haag/Kotzur Europäische Union § 11 Rn. 122.
[51] EuGH verb. Rs. C-286/82 und 26/83, ECLI:EU:C:1984:35 Rn. 10 – Luisi und Carbone; EuGH C-120/95, ECLI:EU:C:1998:167 Rn. 29 ff. – Decker; EuGH C-158/96, ECLI:EU: C:1998:171 – Kohll.
[52] Vgl. dazu *Streinz/Leible* in HK-Dienstleistungs-RL Einl. Rn. 4.
[53] EuGH C-352/85, ECLI:EU:C:1988:196 – Bond van Adverteerders; EuGH C-384/93, ECLI:EU: C:1995:126 – Alpine Investments; EuGH verb. Rs. C-544/03 und C-545/03, ECLI:EU:C:2005:518 – Mobistar.

anderen Grundfreiheiten zwar einen **Auffangcharakter** hat, nicht jedoch subsidiär ist; vielmehr kommt es laut EuGH auf den Schwerpunkt der entsprechenden Aktivität an.[54] Abgrenzungsprobleme ergeben sich insbesondere zur Niederlassungsfreiheit, wobei anhand von Dauer, Häufigkeit, Periodizität und Kontinuität der Tätigkeit zu entscheiden ist, ob diese als (dauerhafte) Niederlassung oder (vorübergehende) Dienstleistung zu qualifizieren ist.[55]

22 Ausgenommen sind über den Verweis des Art. 62 AEUV auf Art. 51 AEUV Dienstleistungen, die mit der Ausübung **öffentlicher Gewalt** verbunden sind. Insofern geltend die Ausführungen zu Art. 51 AEUV. Auch hinsichtlich der Eingriffe und Rechtfertigungsgründe wird auf die Niederlassungsfreiheit verwiesen.

23 Von besonderer Bedeutung im Bereich des Dienstleistungsverkehrs ist die **Dienstleistungsrichtlinie** 2006/123/EG.[56] Ihr Anwendungsbereich erstreckt sich grundsätzlich auf alle Dienstleistungen, enthält aber einen umfassenden Katalog von Bereichen, auf die sie keine Anwendung findet. Der Verabschiedung der Richtlinie ging ein großer Streit um das sog Herkunftslandprinzip voraus, das dann in einer abgeschwächten Form Eingang in die Richtlinie fand.[57]

24 **3. Personeller Anwendungsbereich von Art. 21 AEUV.** Vom persönlichen Schutzbereich des Art. 21 AEUV erfasst sind **alle Unionsbürger**, dh alle Staatsangehörigen eines der Mitgliedstaaten (Art. 20 Abs. 1 S. 2 AEUV).[58] **Drittstaatsangehörige Familienangehörige** von Unionsbürgern können sich nicht auf Art. 21 AEUV berufen, wohl aber auf sekundärrechtliche Rechte (vgl. auch Art. 45 Abs. 2 GRC).[59] Drittstaatsangehörige Sorgeberechtigte eines minderjährigen Kindes mit Unionsbürgerschaft können unter Umständen aus dessen Aufenthaltsrecht ein Aufenthaltsrecht ableiten, uU sogar im Falle von Straffälligkeit oder Sozialhilfebezug (→ Rn. 8, 42).[60] Eine Ausdehnung wird in Einzelfällen auch aus dem Unionsgrundrecht auf Schutz der Familie (vgl. Art. 33 Abs. 1 GRC sowie Art. 8 EMRK) hergeleitet.[61] **Sonstige Drittstaatsangehörige** unterfallen dem Schutz nur, soweit dies völkervertraglich besonders geregelt ist. Begrenzte Freizügigkeit genießen auch Personen, die den Rechtsstatus eines **„langfristig aufenthaltsberechtigten Drittstaatsangehörigen"** nach der Richtlinie 2003/109/EG[62] erworben haben und die dort normierten Bedingungen erfüllen (→ Rn. 46 f.).

25 **Verpflichtete** des Freizügigkeitsrechts sind sowohl die EU als auch die einzelnen Mitgliedstaaten.[63] Das Bewegungs- und Aufenthaltsrecht kann auch gegenüber dem **eigenen Mitgliedstaat** geltend gemacht werden.[64]

26 **4. Sachlicher Anwendungsbereich von Art. 21 AEUV.** Art. 21 AEUV gewährt **Bewegungs- und Aufenthaltsfreiheit,** worunter die Einreise in einen anderen Mitglied-

---

[54] EuGH C-452/04, ECLI:EU:C:2006:631 Rn. 32 – Fidium Finanz AG.
[55] EuGH C-3/95, ECLI:EU:C:1996:487 Rn. 22 – Reisebüro Broede.
[56] RL 2006/123/EG, ABl. 2006 L 376, 36. Dazu grundlegend *Schlachter/Ohler* in HK-Dienstleistungs-RL; *Calliess* S. 336 ff.; *Hatje* S. 2367 ff.; *Pache* in Ehlers GuG § 11 Rn. 20 ff.
[57] Vgl. *Streinz/Leible* in HK-Dienstleistungs-RL Einl. Rn. 39 ff.
[58] Grundlegend: *Scheuing* EuR 2003, 774; vgl. auch *Khan* in Geiger/Khan/Kotzur AEUV Art. 22 Rn. 2; *Kluth* in Calliess/Ruffert AEUV Art. 21 Rn. 13; Herdegen EuropaR § 12 Rn. 3.
[59] Vgl. Art. 1a, 2, 6 Abs. 2 Freizügigkeits-RL 2004/38/EG und Art. 7 Abs. 2 Freizügigkeits-RL 2004/38/EG, ABl. 2004 L 158, 77. S. auch EuGH C-127/08, ECLI:EU:C:2008:449 – Metock; anders noch EuGH C-109/01, ECLI:EU:C:2003:491 – Akrich.
[60] EuGH C-200/02, ECLI:EU:C:2004:639 – Zhu und Chen; EuGH C-34/09, ECLI:EU:C:2011:124 Rn. 42 – Ruiz Zambrano. Vgl. dazu *Hailbronner/Thym* S. 2008 ff.; *Nettesheim* S. 1030 ff. Auch straffällig gewordene oder sozialhilfeabhängige sorgeberechtigte Elternteile können ein Aufenthaltsrecht haben, vgl. EuGH C-165/14, ECLI:EU:C:2016:675 – Rendon Marin, EuGH C-304/14, ECLI:EU:C:2016:674 – CS und EuGH C-133/15, ECLI:EU:C:2017:354 – Chavez-Vilchez.
[61] Vgl. EuGH C-60/00, ECLI:EU:C:2002:434 Rn. 42 – Carpenter.
[62] RL 2003/109/EG des Rates vom 25. November 2003 betreffend die Rechtsstellung der langfristig aufenthaltsberechtigten Drittstaatsangehörigen, ABl. 2004 L 16, 44.
[63] *Kluth* in Calliess/Ruffert AEUV Art. 21 Rn. 14.
[64] EuGH C-224/98, ECLI:EU:C:2002:432 Rn. 39 – D'Hoop; EuGH C-224/02, ECLI:EU:C:2004:273 Rn. 18 – Pusa; EuGH C-33/07, ECLI:EU:C:2008:396 Rn. 17 – Jipa.

staat, die Ausreise aus einem Mitgliedstaat in einen anderen Mitgliedstaat, sowie der ständige Aufenthalt – inklusive Wohnsitznahme und Bewegungsfreiheit – in einem Mitgliedstaat ohne zeitliche Begrenzung fallen.[65] Aufenthaltserlaubnisse haben nur noch deklaratorischen Charakter.[66] Die Ausübung des Bewegungs- und Aufenthaltsrechts setzt voraus, dass der Betroffene belegen kann, die Staatsangehörigkeit eines Mitgliedstaates zu besitzen.[67] Vorübergehende Verzögerungen der Fortbewegung fallen nicht unter den Anwendungsbereich von Art. 21 AEUV.[68] Ein Recht, aus Anlass des Grenzübertritts nicht kontrolliert zu werden, ergibt sich aus Art. 21 AEUV ebenso wenig.[69] Rein **interne Sachverhalte** fallen grundsätzlich nicht in den Schutzbereich von Art. 21 AEUV.[70] Eine **Ortsveränderung** von einem Mitgliedstaat zu einem anderen ist aber dann nicht nötig, wenn der Kernbereich der Unionsbürgerschaft betroffen ist; unter bestimmten Umständen ist allein das Innehaben der Unionsbürgerschaft ausreichend.[71]

5. Räumlicher Anwendungsbereich. Art. 21 AEUV gewährt Freizügigkeit und Aufenthaltsfreiheit **im Hoheitsgebiet der Mitgliedstaaten**. Art. 349 AEUV und Art. 52 EUV sprechen hingegen vom „Geltungsbereich der Verträge". Dies könnte bedeuten, dass der räumliche Schutzbereich des Art. 21 AEUV nach völkerrechtlichen Grundsätzen zu bestimmen wäre. Eine Anwendung von Art. 21 AEUV außerhalb des Geltungsbereichs der Verträge erscheint jedoch abwegig.[72] 27

III. Eingriffe in Art. 21 AEUV

Im Zusammenhang mit dem allgemeinen Diskriminierungsverbot (Art. 18 Abs. 1 AEUV) gewährt die Aufenthaltsfreiheit ein akzessorisches Recht auf **Inländergleichbehandlung**.[73] Entsprechend der allgemeinen Dogmatik der Grundfreiheiten deutet der EuGH Art. 21 AEUV aber auch als **umfassendes Beschränkungsverbot**.[74] 28

1. Diskriminierungsverbot. In Verbindung mit dem Diskriminierungsverbot nach **Art. 18 AEUV** kann sich das Freizügigkeitsrecht zu einem umfassenden Teilhabeanspruch verstärken.[75] Nach der Rechtsprechung des EuGH kann sich jeder Unionsbürger in allen Situationen, die in den sachlichen Anwendungsbereich des Unionsrechts fallen, auf das Verbot der Diskriminierung aus Gründen der Staatsangehörigkeit in Art. 18 AEUV berufen. Zu diesen Situationen gehören laut EuGH insbesondere diejenigen, die die Ausübung der durch Art. 20 Abs. 2 lit. a AEUV und Art. 21 AEUV verliehenen Freiheit betreffen, sich im Hoheitsgebiet der Mitgliedstaaten zu bewegen und aufzuhal- 29

---

[65] *Kluth* in Calliess/Ruffert AEUV Art. 21 Rn. 4, 12; *Magiera* in Streinz AEUV Art. 21 Rn. 14; *Kadelbach* in Ehlers GuG § 26 Rn. 42.
[66] EuGH C-85/96, ECLI:EU:C:1998:217 Rn. 53 – Martinez Sala; EuGH C-138/02, ECLI:EU:C:2004:172 Rn. 40 – Collins.
[67] EuGH C-378/97, ECLI:EU:C:1999:439 Rn. 42 f. – Wijsenbeek.
[68] *Pechstein/Bunk* EuGRZ 1997, 522.
[69] EuGH C-378/97, ECLI:EU:C:1999:439 Rn. 42 f. – Wijsenbeek. In jedem Fall wäre eine solche Beschränkung gerechtfertigt, vgl. *Kluth* in Calliess/Ruffert AEUV Art. 21 Rn. 5; *Magiera* in Streinz AEUV Art. 21 Rn. 16.
[70] *Kadelbach* in Ehlers GuG § 26 Rn. 41; *Magiera* in Streinz AEUV Art. 21 Rn. 14.
[71] EuGH C-200/02, ECLI:EU:C:2004:639 – Zhu und Chen; EuGH C-34/09, ECLI:EU:C:2011:124 Rn. 42 – Ruiz Zambrano. Die Fälle betreffen allerdings minderjährige EU-Bürger, deren Aufenthalt in der EU durch den Aufenthalt eines sorgeberechtigten Erwachsenen (Drittstaatsangehörigen) bedingt ist. Sofern ein faktischer Ausreisezwang der Unionsbürger bestehen würde, müssen auch die Eltern ein Aufenthaltsrecht erhalten, da der Aufenthalt in der Union zum Kernbestand der Rechte aus der Unionsbürgerschaft gehört. Dazu vgl. auch *Hailbronner/Thym* S. 2008 ff.; *Nettesheim* S. 1030 ff.
[72] *Kluth* in Calliess/Ruffert AEUV Art. 21 Rn. 4; *Wollenschläger* S. 155 f.
[73] *Haag* in Bieber/Epiney/Haag/Kotzur Europäische Union § 2 Rn. 31; Herdegen EuropaR § 12 Rn. 7 ff.
[74] EuGH C-152/05, ECLI:EU:C:2008:17 Rn. 22, 30 – Kommission/Deutschland; EuGH C-406/04, ECLI:EU:C:2006:491 Rn. 39 – De Cuyper; EuGH C-499/06, ECLI:EU:C:2008:300 Rn. 32 – Nerkowska; EuGH C-520/04, ECLI:EU:C:2006:703 Rn. 31 – Turpeinen. Vgl. auch *Höfler* S. 114 ff.; *Haag* in Bieber/Epiney/Haag/Kotzur Europäische Union § 2 Rn. 31; Herdegen EuropaR § 12 Rn. 11.
[75] *Kadelbach* in Ehlers GuG § 26 Rn. 38.

ten.[76] Verboten sind demnach alle Maßnahmen, durch die Unionsbürger im Zusammenhang mit der Ausübung ihres Aufenthaltsrechts durch einen Mitgliedstaat schlechter gestellt werden als eigene Staatsangehörige (**Verbot der Inländerdiskriminierung**).[77] Mitgliedstaaten dürfen aber auch **eigene Staatsangehörige** nicht benachteiligen, weil diese von der Freizügigkeit Gebrauch machen.[78]

30 Ob damit jegliche Handlungen, die im Zusammenhang mit der Ausübung des Aufenthaltsrechts stehen, vom Diskriminierungsverbot erfasst werden (sog **Vollintegration**) oder nur solche, die in einem **engen sachlichen Zusammenhang** mit dem Aufenthaltszweck stehen und diesem dienen, ist umstritten.[79] Von Bedeutung ist diese Debatte etwa beim Erwerb von Grundeigentum[80], beim Namensrecht[81], aber insbesondere auch bei der **Inanspruchnahme von Sozialleistungen.**[82] Bei letzterer setzt sich der EuGH teilweise über die Anforderungen des Sekundärrechts hinweg.[83] Grundlegend ist in diesem Zusammenhang das Urteil *Grzelczyk*.[84] Danach darf ein Wegfall von Existenzmitteln nicht automatisch zum Wegfall des Aufenthaltsrechts führen; vielmehr muss eine Einzelfallprüfung erfolgen.[85] Auch nach diesem Urteil blieben jedoch viele Fragen offen.[86] Seit 2014 konnte der EuGH allerdings einige strittige Punkte klären: So darf ein Aufnahmemitgliedstaat während der ersten drei Monate ihres Aufenthalts anderen Personen als Arbeitnehmern, Selbständigen oder Personen, denen dieser Status erhalten bleibt, jegliche Sozialhilfeleistungen verweigern.[87] Für Unionsbürger, die sich länger als 3 Monate, aber weniger als fünf Jahre in einem anderen Mitgliedstaat aufhalten, die nicht auf Arbeitssuche sind und die die übrigen Voraussetzungen der Richtlinie 2004/38/EG nicht erfüllen, hat der Gerichtshof klargestellt, dass diese keinen Anspruch auf Gleichbehandlung mit den Staatsangehörigen des Aufnahmestaates hinsichtlich des Zugangs zu Sozialleistungen haben.[88] Schließlich haben auch Personen, die ihre Erwerbstätigeneigenschaft verloren haben, keinen Anspruch auf Gleichbehandlung (und damit auf beitragsunabhängige Sozialleistungen), wohl aber ein Aufenthaltsrecht, solange sie noch Arbeit suchen und begründete Aussicht haben, eingestellt zu werden.[89] Auch im Bereich der Bildungsförderung (**Zugang zu Studienbeihilfen**) gibt es zahlreiche Urteile des EuGH, die im Wesentlichen auf eine hinreichende Integration in die Gesellschaft des Aufnahmestaates abstellen.[90] Insgesamt lässt sich festhalten, dass die Reichweite des Anspruchs auf Inländergleichbehandlung von der Länge des rechtmäßigen Aufenthalts abhängt.[91] Hier wird die durch die Freizügigkeitsrichtlinie ge-

---

[76] EuGH C-184/99, ECLI:EU:C:2001:458 Rn. 31 – Grzelczyk; EuGH C-224/98, ECLI:EU:C:2002:432 Rn. 28 – D'Hoop; EuGH C-46/12, ECLI:EU:C:2013:97 Rn. 27 – L.N.; EuGH C-333/13, ECLI:EU:C:2014:2358 Rn. 58 ff. – Dano.
[77] *Kluth* in Calliess/Ruffert AEUV Art. 21 Rn. 6; *Wollenschläger* S. 197 ff.
[78] EuGH C-224/98, ECLI:EU:C:2002:432 Rn. 30 – D'Hoop; EuGH C-406/04, ECLI:EU:C:2006:491 Rn. 39 – De Cuyper; EuGH verb. Rs. C-11/06 und C-12/06, ECLI:EU:C:2007:626 Rn. 25 – Morgan und Bucher; EuGH verb. Rs. C-523/11 und C-585/11, ECLI:EU:C:2013:524 – Prinz und Seeberger. Vgl. auch *Haag* in Bieber/Epiney/Haag/Kotzur Europäische Union § 2 Rn. 31.
[79] *Kluth* in Calliess/Ruffert AEUV Art. 21 Rn. 6; *Khan* in Geiger/Khan/Kotzur AEUV Art. 22 Rn. 7; *Kadelbach* in Ehlers GuG § 26 Rn. 43.
[80] *Kadelbach* in Ehlers GuG § 26 Rn. 43.
[81] EuGH C-148/02, ECLI:EU:C:2003:539 Rn. 27 ff. – Avello.
[82] *Kluth* in Calliess/Ruffert AEUV Art. 21 Rn. 6 ff.; *Khan* in Geiger/Khan/Kotzur AEUV Art. 22 Rn. 7; Herdegen EuropaR § 12 Rn. 7 ff.
[83] Herdegen EuropaR § 12 Rn. 7.
[84] EuGH C-184/99, ECLI:EU:C:2001:458 Rn. 31 – Grzelczyk. Vgl. auch EuGH C-413/99, ECLI:EU:C:2002:493 – Baumbast.
[85] Vgl. Auch Art. 14 Abs. 3 Freizügigkeits-RL 2004/38/EG, ABl. 2004 L 158, 77.
[86] *Kluth* in Calliess/Ruffert AEUV Art. 21 Rn. 8.
[87] EuGH C-299/14, ECLI:EU:C:2016:114 – Garcia Nieto.
[88] EuGH C-333/13, ECLI:EU:C:2014:2358 – Dano.
[89] EuGH C-67/14, ECLI:EU:C:2015:597 – Alimanovic.
[90] EuGH C-209/03, ECLI:EU:C:2005:169 Rn. 31 ff. – Bidar; EuGH C-158/07, ECLI:EU:C:2008:630 Rn. 54 – Förster; EuGH verb. Rs. C-523/11 und C-585/11, ECLI:EU:C:2013:524 – Prinz und Seeberger; EuGH C-20/12, ECLI:EU:C:2013:411 – Giersch. Vgl. auch *Obwexer* EuZW 2002, 56.
[91] *Kluth* in Calliess/Ruffert AEUV Art. 21 Rn. 12a.

troffene Unterscheidung von Aufenthalten bis drei Monate Dauer, von drei Monaten bis fünf Jahren und ab fünf Jahren relevant (→ Rn. 33).

2. Beschränkungsverbot. Ob Art. 21 Abs. 1 AEUV auch **andere, die Freizügigkeit** 31 **beschränkende Maßnahmen** erfasst, die man im Rahmen von Grundfreiheiten als Beschränkungsmaßnahmen qualifizieren würde, ist dem Wortlaut der Norm zunächst nicht zu entnehmen. Der EuGH hat dies inzwischen bestätigt;[92] auch in der Literatur wird dies einhellig vertreten.[93] Somit stellen Bestimmungen, die einen Angehörigen eines Mitgliedstaats daran hindern oder davon abhalten, seinen Herkunftsstaat zu verlassen, um von seinem Recht auf Freizügigkeit Gebrauch zu machen, Beeinträchtigungen dieser Freiheit dar, auch wenn sie unabhängig von der Staatsangehörigkeit der betroffenen Personen Anwendung finden.[94] Eine Beschränkung liegt aber dann nicht vor, wenn der Zusammenhang mit der Ausübung des Freizügigkeitsrechts zu ungewiss ist.[95] Beschränkungen liegen vor allem in aufenthaltsregelnden – oder beendenden – Maßnahmen.[96]

IV. Schranken

Das Freizügigkeitsrecht wird gemäß Art. 21 Abs. 1 AEUV **vorbehaltlich der in den** 32 **Verträgen und in den Durchführungsvorschriften vorgesehenen Beschränkungen und Bedingungen** gewährleistet. Der EuGH misst der dem Wortlaut des Art. 21 AEUV zu entnehmenden systematischen Unterscheidung zwischen Beschränkungen und Bedingungen keine Bedeutung bei; stattdessen geht er von einem **einheitlichen Schrankenvorbehalt** aus.[97] Zu nennen sind hier insbesondere die der RL 2004/38/EG zu entnehmenden Vorgaben sowie die im AEUV bezüglich der Grundfreiheiten enthaltenen und in der Freizügigkeitsrichtlinie konkretisierten Schranken der öffentlichen Sicherheit, der öffentlichen Ordnung und Gesundheit (Art. 45 Abs. 3 AEUV, Art. 52 Abs. 1 AEUV).

1. Vorgaben der Freizügigkeitsrichtlinie. Die Freizügigkeitsrechtlinie[98] hebt – anders 33 als es ihr Titel vermuten ließe – die Unterscheidung zwischen erwerbstätigen und nicht erwerbstätigen Unionsbürgern nicht auf, sondern unterscheidet bei zahlreichen Rechten zwischen diesen Personenkategorien.[99] Die Richtlinie sieht zunächst ein Recht auf Ausreise (Art. 4 Freizügigkeits-RL) und ein Recht auf Einreise (Art. 5 Freizügigkeits-RL) vor. Beim **Aufenthaltsrecht** differenziert sie zwischen dem Recht auf Aufenthalt bis zu drei Monaten (Art. 6 Freizügigkeits-RL) und dem Recht auf Aufenthalt von mehr als drei Monaten (Art. 7 Freizügigkeits-RL). Bei einem Aufenthalt bis zu drei Monaten muss ein Unionsbürger lediglich im Besitz eines gültigen Identitätsdokuments sein, ansonsten aber keine weiteren Bedingungen erfüllen. Sein Aufenthaltsrecht kann aber entfallen, wenn er „unangemessen" Sozialhilfeleistungen in Anspruch nimmt (Art. 14 Abs. 1 Freizügigkeits-RL). Die Inanspruchnahme von Sozialleistungen darf jedoch nicht automatisch zu einer Ausweisung führen (Art. 14 Abs. 2 Freizügigkeits-RL).[100] Bei einem Aufenthalt von mehr als drei Monaten wird unterschieden: Ist der Unionsbürger **Arbeitnehmer oder Selb-**

---

[92] EuGH C-224/98, ECLI:EU:C:2002:432 Rn. 30 – D'Hoop; EuGH C-224/02, ECLI:EU:C:2004:273 Rn. 18 – Pusa; EuGH C-33/07, ECLI:EU:C:2008:396 Rn. 17 – Jipa.
[93] *Magiera* in Streinz AEUV Art. 21 Rn. 16; *Kluth* in Calliess/Ruffert AEUV Art. 21 Rn. 6; *Haag* in Bieber/Epiney/Haag/Kotzur Europäische Union § 2 Rn. 31; *Herdegen* EuropaR § 12 Rn. 11.
[94] EuGH C-152/05, ECLI:EU:C:2008:17 Rn. 22, 30 – Kommission/Deutschland.
[95] EuGH C-418/93, ECLI:EU:C:1996:242 Rn. 32 – Semeraro; EuGH C-299/95, ECLI:EU:C:1997:254 Rn. 16 – Kremzow; EuGH C-11/06, ECLI:EU:C:2007:626 Rn. 32 – Morgan.
[96] *Kadelbach* in Ehlers GuG § 26 Rn. 45.
[97] Vgl. *Kluth* in Calliess/Ruffert AEUV Art. 21 Rn. 18; *Magiera* in Streinz AEUV Art. 21 Rn. 16.
[98] RL 2004/38/EG, ABl. 2004 L 158, 77.
[99] *Epiney* in Bieber/Epiney/Haag/Kotzur Europäische Union § 11 Rn. 107.
[100] Der Aufnahmemitgliedstaat ist aber nach Art. 24 Abs. 2 Freizügigkeits-RL nicht verpflichtet, anderen Personen als Arbeitnehmern oder Selbständigen, Personen, denen dieser Status erhalten bleibt, und ihren Familienangehörigen während der ersten drei Monate des Aufenthalts Sozialhilfe zu gewähren.

ständiger, gibt es **keine weiteren Voraussetzungen**. Ist dies nicht der Fall, so muss der Unionsbürger für sich und seine Familienangehörigen über **ausreichende Existenzmittel**[101] und **umfassenden Krankenversicherungsschutz** im Aufnahmemitgliedstaat verfügen. Studierende müssen bei einer anerkannten privaten oder öffentlichen Einrichtung eingeschrieben sein, über eine umfassende Krankenversicherung und ausreichende Existenzmittel verfügen. Ab einem rechtmäßigen Aufenthalt von **fünf Jahren** erhalten Unionsbürger und ihre Familienangehörigen ein **Recht auf Daueraufenthalt** (Art. 16 ff. Freizügigkeits-RL).

34   **Beschränkungen des Einreise- und Aufenthaltsrechts** sind grundsätzlich aus **Gründen der öffentlichen Ordnung, Sicherheit oder Gesundheit** zulässig (Art. 27 ff. Freizügigkeits-RL). Die Gründe dürfen nicht zu wirtschaftlichen Zwecken geltend gemacht werden (Art. 27 Abs. 1 S. 2 Freizügigkeits-RL). Zudem gilt ein **dreistufiger Ausweisungsschutz:** Personen, die noch kein Daueraufenthaltsrecht nach Art. 16 ff. Freizügigkeits-RL haben, dürfen unter Berufung auf die genannten Gründe der öffentlichen Ordnung, Sicherheit oder Gesundheit ausgewiesen werden. Personen, die ein Daueraufenthaltsrecht besitzen, dürfen nur aus **schwerwiegenden Gründen der öffentlichen Ordnung oder Sicherheit** ausgewiesen werden (Art. 28 Abs. 2 Freizügigkeits-RL). Unionsbürger, die seit mehr als zehn Jahren ihren Aufenthalt im Aufnahmemitgliedstaat hatten, sowie Minderjährige dürfen nur aus **zwingenden Gründen der öffentlichen Sicherheit** ausgewiesen werden (Art. 28 Abs. 3 Freizügigkeits-RL).[102]

35   Bei Maßnahmen aus Gründen der öffentlichen Ordnung oder Sicherheit ist der **Grundsatz der Verhältnismäßigkeit** zu wahren (Art. 27 Abs. 2 Freizügigkeits-RL). Ausschließlich darf das **persönliche Verhalten** des Betroffenen ausschlaggebend sein. Strafrechtliche Verurteilungen allein sind nicht ausreichend. Das persönliche Verhalten muss **eine tatsächliche, gegenwärtige und erhebliche Gefahr** darstellen, die ein **Grundinteresse der Gesellschaft** berührt.[103] Vom Einzelfall losgelöste oder auf Generalprävention verweisende Begründungen sind nicht zulässig. Zudem muss die Dauer des Aufenthalts, das Alter, der Gesundheitszustand, die familiäre und wirtschaftliche Lage, die soziale und kulturelle Integration im Aufnahmemitgliedstaat und das Ausmaß der Bindungen des Betroffenen zum Herkunftsstaat berücksichtigt werden (Art. 28 Freizügigkeits-RL). Insofern kodifiziert die Freizügigkeitsrichtlinie die Rechtsprechung des EuGH zu den Rechtfertigungsmöglichkeiten bei Eingriffen in den freien Personenverkehr.[104]

36   In Bezug auf die **öffentliche Gesundheit** sind ausschließlich Krankheiten mit epidemischem Potenzial (vgl. die Rechtsinstrumente der WHO) und sonstige übertragbare, durch Infektionserreger oder Parasiten verursachte Krankheiten relevant, sofern gegen diese Krankheiten Maßnahmen zum Schutz der Staatsangehörigen des Aufnahmemitgliedstaates getroffen werden (Art. 29 Freizügigkeits-RL). Krankheiten, die nach Ablauf einer Frist von drei Monaten ab dem Zeitpunkt der Einreise auftreten, stellen keinen Ausweisungsgrund mehr dar. Bei ernsthaften Anhaltspunkten können die Mitgliedstaaten innerhalb von drei Monaten nach der Einreise eine kostenlose ärztliche Untersuchung anordnen; diese ärztlichen Untersuchungen dürfen nicht systematisch angeordnet werden.

37   Die entsprechenden Entscheidungen müssen dem Betroffenen schriftlich und mit einer Begründung versehen mitgeteilt werden (Art. 30 Freizügigkeits-RL). Gegen eine Entscheidung aus Gründen der öffentlichen Ordnung, Sicherheit oder Gesundheit muss ein

---

[101] Es ist nicht erforderlich, dass der Betroffene, zB ein minderjähriger Unionsbürger, selbst über die nötigen Mittel verfügt; es reicht aus, wenn die Mittel zur Verfügung stehen, ihre Herkunft spielt dabei keine Rolle; vgl. EuGH C-200/02, ECLI:EU:C:2004:639 – Zhu und Chen. Vgl. auch EuGH C-408/03, ECLI:EU: C:2006:192 Rn. 41 – Kommission/Belgien.
[102] Vgl. dazu EuGH C-145/09, ECLI:EU:C:2010:708 –Tsakouridis.
[103] Vgl. dazu EuGH C-33/07, ECLI:EU:C:2008:396 – Jipa.
[104] EuGH C-348/96, ECLI:EU:C:1999:6 – Donatella Calfa; EuGH C-100/01, ECLI:EU:C:2002:712 – Olazabal; EuGH C-18/95, ECLI:EU:C:1999:22 – Terhoeve; EuGH C-482/01, ECLI:EU:C:2004:262 – Orfanopoulos.

Betroffener einen **Rechtsbehelf** bei einem Gericht oder einer Behörde einlegen können (Art. 31 Freizügigkeits-RL).

2. Sonstige Rechtfertigungsgründe. Zulässig sind schließlich freizügigkeitsbeschrän- 38 kende Maßnahmen der Mitgliedstaaten, wenn sie auf objektiven, von der Staatsangehörigkeit des Betroffenen unabhängigen **Gründen des Gemeinwohlinteresses** beruhen und verhältnismäßig (→ Rn. 40) sind.[105]

Ob Art. 21 Abs. 2 AEUV eine Rechtsgrundlage für **weitere Einschränkungen** – oder, 39 wie dies der Wortlaut nahelegt, nur für **Erleichterungen** – der Freizügigkeit sein kann, ist umstritten.[106] Einschränkende Vorschriften können aber in jedem Fall auf andere Vertragsbestimmungen – wie die zu den Grundfreiheiten – gestützt werden.

3. Verhältnismäßigkeit und Wesensgehalt. Eingriffe in die in Art. 21 AEUV garan- 40 tierten Rechte sind stets am Grundsatz der **Verhältnismäßigkeit** zu messen, dh sie müssen zur Erreichung des **angestrebten Zweckes geeignet, erforderlich** und **angemessen** sein.[107]

Freizügigkeitsbeschränkende Maßnahmen dürfen schließlich nicht den **Wesensgehalt** 41 des Art. 21 AEUV antasten, die Freizügigkeitsgewährleistung also nicht aushöhlen.[108]

C. Freizügigkeit von Drittstaatsangehörigen

I. Allgemeines

Drittstaatsangehörige genießen grundsätzlich keine Freizügigkeit, es sei denn, das Sekun- 42 därrecht oder ein internationales Abkommen der Union regeln dies ausdrücklich. Drittstaatsangehörige Sorgeberechtigte eines minderjährigen Kindes mit Unionsbürgerschaft können aber unter Umständen aus dessen Aufenthaltsrecht ein Aufenthaltsrecht ableiten (→ Rn. 8, 24).[109] Die Freizügigkeitsrichtlinie 2004/38/EG räumt zudem Familienangehörigen von Unionsbürgern – auch Drittstaatsangehörigen – besondere Rechte ein. Rechte von Drittstaatsangehörigen, die nicht Familienangehörige von Unionsbürgern sind, waren hingegen lange Zeit kein Regelungsobjekt des Unionsrechts, sondern ausschließlich Gegenstand des nationalen Ausländerrechts.

Auf seiner Sondertagung in Tampere im Oktober 1999 erklärte der Europäische Rat, 43 dass die Rechtstellung von Drittstaatsangehörigen an diejenige der Staatsangehörigen der Mitgliedstaaten angenähert werden sollte. Einer Person, die sich während eines zu definierenden Zeitraums rechtmäßig in einem Mitgliedstaat aufgehalten hat, sollten einheitliche Rechte gewährt werden, die denjenigen der Unionsbürger möglichst nahe sein sollten.[110]

---

[105] EuGH C-224/98, ECLI:EU:C:2002:432 Rn. 36 – D'Hoop; EuGH C-406/04, ECLI:EU:C:2006:491 Rn. 40 – De Cuyper; EuGH C-11/06, ECLI:EU:C:2007:626 Rn. 33 – Morgan. Vgl. auch *Magiera* in Streinz AEUV Art. 21 Rn. 22; *Kadelbach* in Ehlers GuG § 26 Rn. 47.
[106] Vgl. *Magiera* in Streinz AEUV Art. 21 Rn. 21, 27; *Kluth* in Calliess/Ruffert AEUV Art. 21 Rn. 21 f.; *Folz* in HK-UnionsR AEUV Art. 21 Rn. 4.
[107] EuGH C-413/99, ECLI:EU:C:2002:493 Rn. 90 ff. – Baumbast.
[108] *Magiera* in Streinz AEUV Art. 21 Rn. 22.
[109] EuGH C-200/02, ECLI:EU:C:2004:639 – Zhu und Chen; EuGH C-34/09, ECLI:EU:C:2011:124 Rn. 42 – Ruiz Zambrano. Nach letzterem Urteil müssen auch die Eltern eines minderjährigen Unionsbürgers ein Aufenthaltsrecht erhalten, sofern ansonsten ein faktischer Ausreisezwang der Unionsbürger bestehen würde. Dies wird mit dem Kernbestand der Rechte aus der Unionsbürgerschaft begründet, zu dem das Recht gehören soll, sich auf dem Gebiet der Union aufzuhalten. Eine vorherige Ausübung des Freizügigkeitsrechts durch die Kinder ist nicht erforderlich. Auch straffällig gewordene oder sozialhilfeabhängige sorgeberechtigte Elternteile können ein Aufenthaltsrecht erhalten, vgl. EuGH C-165/14, ECLI:EU:C:2016:675 – Rendon Marin, EuGH C-304/14, ECLI:EU:C:2016:674 – CS und EuGH C-133/15, ECLI:EU:C:2017:354 – Chavez-Vilchez.
[110] Schlussfolgerungen des Vorsitzes, Europäischer Rat von Tampere, Ratsdokument Nr. SN 200/99, 15./16.10.1999, A. III.

Dieser Forderung ist der Rat im Herbst 2003 nachgekommen, als er die Richtlinien 2003/86/EG[111] und 2003/109/EG[112] erließ.

44 Die Union hat zudem eine Reihe von internationalen Abkommen abgeschlossen, die Drittstaatsangehörigen bestimmter Staaten besondere Rechte einräumen.

II. Sekundärrecht

45 Die **Richtlinie 2004/38/EG** räumt Familienangehörigen von Unionsbürgern einen privilegierten Rechtsstatus ein. Dabei behandelt sie Drittstaatsangehörige und Unionsbürger, die Familienangehörige eines Unionsbürgers sind, im Wesentlichen gleich. Als Familienangehörige gelten nach Art. 2 Abs. 2 Freizügigkeits-RL der Ehegatte, der Lebenspartner (sofern das nationale Recht eine Gleichstellung mit der Ehe vorsieht), die Verwandten in gerader absteigender Linie des Unionsbürgers und des Ehegatten oder Lebenspartners, die das 21. Lebensjahr noch nicht vollendet haben oder denen Unterhalt gewährt wird, sowie die Verwandten in gerader aufsteigender Linie des Unionsbürgers und des Ehegatten oder Lebenspartners, denen von diesen Unterhalt gewährt wird. Der Familienangehörige hat die gleichen Rechte wie der Unionsbürger (vgl. Art. 6 Abs. 2 Freizügigkeits-RL, Art. 7 Abs. 1 lit. d, Abs. 2 Freizügigkeits-RL). Unter gewissen Umständen besteht ein Anspruch auf Aufrechterhaltung seines Aufenthaltsrechts, wenn die ursprünglichen Bedingungen entfallen sind (vgl. Art. 12, 13, 14 Freizügigkeits-RL). Familienangehörige erhalten – ebenso wie Unionsbürger – nach fünf Jahren ein Daueraufenthaltsrecht (Art. 16 Abs. 1 und 2 Freizügigkeits-RL). Sie sind ungeachtet ihrer Staatsangehörigkeit berechtigt, eine Erwerbstätigkeit als Arbeitnehmer oder Selbständiger aufzunehmen (Art. 23 Freizügigkeits-RL).

46 Die **Richtlinie 2003/109/EG (Daueraufenthaltsrichtlinie)** führt eine einheitliche Rechtsstellung für langfristig aufenthaltsberechtigte Drittstaatsangehörige ein.[113] Dieser Status kann nach fünf Jahren rechtmäßigen Aufenthalts erteilt werden (Art. 4 Daueraufenthalts-RL). Um die besondere Rechtsstellung zu erhalten, muss der Drittstaatsangehörige nachweisen, dass er für sich und seine unterhaltspflichtigen Familienangehörigen über feste und regelmäßige Einkünfte, die ohne Inanspruchnahme der Sozialhilfeleistungen für seinen Lebensunterhalt und den seiner Familienangehörigen ausreichen, sowie über eine Krankenversicherung verfügt (Art. 5 Abs. 1 Daueraufenthalts-RL). Die Mitgliedstaaten können verlangen, dass die Drittstaatsangehörigen Integrationsanforderungen genügen (Art. 5 Abs. 2 Daueraufenthalts-RL). Personen, die die Rechtsstellung eines langfristig Aufenthaltsberechtigten haben, werden in weiten Bereichen eigenen Staatsangehörigen der Mitgliedstaaten gleichgestellt (Art. 11 Daueraufenthalts-RL). Sie genießen besonderen Ausweisungsschutz (Art. 12 Daueraufenthalts-RL).[114] Insbesondere haben sie aber auch ein – begrenztes – Recht auf Freizügigkeit (Art. 14 ff. Daueraufenthalts-RL).

47 Die Richtlinie 2003/86/EG (Familiennachzugsrichtlinie) gewährt zudem Drittstaatsangehörigen, die im Besitz eines von einem Mitgliedstaat ausgestellten Aufenthaltstitels mit

---

[111] RL 2003/86/EG des Rates vom 22. September 2003 betreffend das Recht auf Familienzusammenführung, ABl. 2003 L 251, 12.
[112] RL 2003/109/EG, ABl. 2004 L 16, 44. Vgl. dazu *Ousmane*, Jusletter 18. März 2013; *Acosta Arcarazo/Boelaert-Suominen* S. 1011 ff.; *Handoll* in Carlier/de Bruycker, Immigration and Asylum Law of the EU – Current Debates, 2005, S. 144.
[113] Vgl. Zur Auslegung der Richtlinie bereits EuGH C-571/10, ECLI:EU:C:2012:233 – Kamberaj; EuGH C-508/10, ECLI:EU:C:2012:243 – Kommission/Niederlande; EuGH C-502/10, ECLI:EU:C:2012:636 – Singh; EuGH C-469/13, ECLI:EU:C:2014:2094 – Tahir; EuGH C-579/13, ECLI:EU:C:2015:369 – P und S; EuGH C-309/14, ECLI:EU:C:2015:523 – CGIL; EuGH C-636/16, ECLI:EU:C:2017:949 – Lopez Pastuzano.
[114] Vgl. EuGH C-636/16, ECLI:EU:C:2017:949 – Lopez Pastuzano. Vgl. *Progin-Theuerkauf*, Daueraufenthaltsstatus vs. öffentliche Sicherheit – Zum Rechtsrahmen der Ausweisung krimineller Drittstaatsangehöriger in der Europäischen Union, sui-generis 2018, 34.

mindestens einjähriger Gültigkeit sind und begründete Aussicht darauf haben, ein dauerhaftes Aufenthaltsrecht zu erhalten, Rechte auf Familienzusammenführung.[115]

Schließlich enthalten auch drei Richtlinien zur Arbeitsmigration Regelungen über Mobilität der ihnen unterfallenden Drittstaatsangehörigen zwischen den Mitgliedstaaten.[116] **48**

Insgesamt wurde damit die Rechtstellung Drittstaatsangehöriger der von Unionsbürgern tatsächlich angenähert. Dennoch unterscheiden sich die konkreten Rechte noch erheblich. **49**

III. Internationale Abkommen

Besondere Rechte Drittstaatsangehöriger auf Freizügigkeit können sich auch aus internationalen Abkommen der Union ergeben. Zu nennen sind hier insbesondere das Assoziationsabkommen EWG/Türkei von 1963[117], das Abkommen über den Europäischen Wirtschaftsraum (EWR) mit Liechtenstein, Norwegen und Island[118] sowie das Freizügigkeitsabkommen mit der Schweiz.[119] **50**

D. Grundrechtliche Aspekte

I. Grundrechtecharta

Art. 45 Abs. 1 GRC gewährt den Unionsbürgern **Freizügigkeit und Aufenthaltsfreiheit** im Hoheitsgebiet der Mitgliedstaaten. Eine über die oben dargelegten Gewährleistungen des Art. 21 AEUV sowie des entsprechenden Sekundärrechts hinausgehende Berechtigung besteht allerdings nicht, da Art. 52 Abs. 2 GRC bestimmt, dass die Ausübung der durch die Charta anerkannten Rechte im Rahmen der in den Verträgen festgelegten Bedingungen und Grenzen erfolgt. Inhaltliche Abweichungen – auch in Bezug auf Beschränkungen – sind damit ausgeschlossen.[120] **51**

Art. 45 Abs. 2 GRC bestimmt, dass **Staatsangehörigen dritter Länder,** die sich rechtmäßig im Hoheitsgebiet eines Mitgliedstaates aufhalten, nach Maßgabe der Verträge Freizügigkeit und Aufenthaltsfreiheit gewährt werden. Insofern kann auf die Ausführungen zur Rechtstellung Drittstaatsangehöriger verwiesen werden (→ Rn. 42 ff.). Welche Funktion Art. 45 Abs. 2 GRC hat, ist unklar; eine Einstufung als Grundrecht zugunsten Drittstaatsangehöriger scheidet jedoch aus.[121] **52**

---

[115] Vgl. EuGH C-540/03, ECLI:EU:C:2006:429 – Parlament/Rat; EuGH C-578/08, ECLI:EU:C:2010:117 – Chakroun; EuGH C-356/11 und C-357/11, ECLI:EU:C:2012:776 – O., S. und L.; EuGH C-338/13, ECLI:EU:C:2014:2092 – Noorzia; EuGH C-153/14, ECLI:EU:C:2015:523 – K und A; EuGH C-558/14, ECLI:EU:C:2016:285 – Kachab.
[116] RL 2009/50/EG des Rates vom 25. Mai 2009 über die Bedingungen für die Einreise und den Aufenthalt von Drittstaatsangehörigen zur Ausübung einer hochqualifizierten Beschäftigung, ABl. 2009 L 155, 17 (29) vom 18.6.2009; RL 2014/66/EU des Europäischen Parlaments und des Rates vom 15. Mai 2014 über die Bedingungen für die Einreise und den Aufenthalt von Drittstaatsangehörigen im Rahmen eines unternehmensinternen Transfers, ABl. 2014 L 157, 1–22 vom 27.5.2014; RL (EU) 2016/801 des Europäischen Parlaments und des Rates vom 11. Mai 2016 über die Bedingungen für die Einreise und den Aufenthalt von Drittstaatsangehörigen zu Forschungs- oder Studienzwecken, zur Absolvierung eines Praktikums, zur Teilnahme an einem Freiwilligendienst, Schüleraustauschprogrammen oder Bildungsvorhaben und zur Ausübung einer Au-pair-Tätigkeit, ABl. 2016 L 132, 21–57 vom 21.5.2016.
[117] Abkommen zur Gründung einer Assoziation zwischen der Europäischen Wirtschaftsgemeinschaft und der Republik Türkei, ABl. 1964 P 217, 3687.
[118] Abkommen über den Europäischen Wirtschaftsraum, ABl. 1994 L 1, 3.
[119] Abkommen zwischen der Europäischen Gemeinschaft und ihren Mitgliedstaaten einerseits und der Schweizerischen Eidgenossenschaft andererseits über die Freizügigkeit, ABl. 2002 L 114, 6. Dazu *Kahil-Wolff/Mosters* EuZW 2001, 5; *Kälin* ZAR 2002, 123; *Benesch,* Das Freizügigkeitsabkommen zwischen der Schweiz und der Europäischen Gemeinschaft, 2007; *Epiney/Metz/Mosters.*
[120] *Kluth* in Calliess/Ruffert AEUV Art. 21 Rn. 3.
[121] Jarass GRCh Art. 45 Rn. 3.

II. EMRK

53 Nach **Art. 2 4. EMRKProt**[122], das allerdings nicht alle EU-Mitgliedstaaten ratifiziert haben[123], hat jede Person, die sich rechtmäßig im Hoheitsgebiet eines Staates aufhält, das Recht, sich dort frei zu bewegen und ihren Wohnsitz frei zu wählen. Im Gegensatz zu Art. 21 AEUV wird durch Art. 2 4. EMRKProt also nicht die inter-, sondern nur die **intranationale Freizügigkeit** geschützt.[124] Art. 2 Abs. 1 4. EMRKProt greift allerdings in dem Moment, in dem ein rechtmäßiger Aufenthalt aufgrund der unionsrechtlichen Gewährleistungen begründet wurde, dh nach erstmaliger Inanspruchnahme von Art. 21 AEUV bzw. sekundärrechtlichen Rechten. Ein Recht auf Einreise in einen anderen Mitgliedstaat wird dadurch jedoch nicht begründet, auch nicht durch Art. 2 Abs. 2 4. EMRKProt, der die Ausreisefreiheit gewährt. Art. 2 Abs. 3 und 4 4. EMRKProt sehen zudem Einschränkungsmöglichkeiten vor.

54 Art. 3 4. EMRK-Protokoll verbietet darüber hinaus die Ausweisung eigener Staatsangehöriger sowie die Verweigerung der Einreise ihnen gegenüber, Art. 4 4. EMRKProt Kollektivausweisungen von Ausländern.

E. Zusammenfassende Bewertung und Ausblick

55 Seit dem Vertrag von Maastricht findet sich im heutigen Art. 21 AEUV das für den Status der Unionsbürgerschaft zentrale Recht, sich als Unionsbürger auf dem Gebiet der Mitgliedstaaten – **unabhängig von einer wirtschaftlichen Betätigung** – frei zu bewegen und aufzuhalten. Das Europa der Bürger sollte damit auch den nicht erwerbstätigen Unionsbürgern ein allgemeines Freizügigkeitsrecht einräumen. Das Aufenthaltsrecht auf dem Gebiet der Union gehört zum Kernbereich der Rechte des Unionsbürgers. Insbesondere in diesem Zusammenhang ist das Konzept der Unionsbürgerschaft noch im Fluss.

56 Der Schutzbereich des Art. 21 Abs. 1 AEUV umfasst insbesondere die **Einreise** (auch aus einem Drittstaat) in einen – anderen – Mitgliedstaat, die **freie Bewegung** in dessen Hoheitsgebiet sowie die **Ausreise** aus einem Mitgliedstaat in einen anderen Mitgliedstaat (nicht aber in einen Drittstaat). Das Recht auf Bewegungs- und Aufenthaltsfreiheit darf weder sachlichen noch zeitlichen Begrenzungen unterworfen werden. Der Gerichtshof legt Art. 21 AEUV als Beschränkungsverbot aus. Darüber hinaus hat der EuGH klargestellt, dass Art. 21 AEUV in Verbindung mit Art. 18 AEUV den Unionsbürgern im Aufnahmemitgliedstaat einen Anspruch auf Gleichbehandlung mit Inländern verleiht. Die konkrete Ausgestaltung dieses Gleichbehandlungsanspruchs ist aber – insbesondere in Bezug auf den Zugang zu Sozialleistungen – noch nicht abschließend geklärt und immer wieder Gegenstand von Urteilen.

57 Eingriffe in den Schutzbereich des Aufenthalts- und Freizügigkeitsrechts können in **Beschränkungen** – insbesondere in aufenthaltsbeendenden oder -regelnden Maßnahmen – sowie in **Diskriminierungen** liegen. Gemäß Art. 21 Abs. 1 AEUV wird das Freizügigkeitsrecht vorbehaltlich der **in den Verträgen und in den Durchführungsvorschriften** vorgesehenen Beschränkungen und Bedingungen gewährleistet. Der EuGH geht hier von einer einheitlichen Schrankenregelung aus.

58 Die konkrete Ausgestaltung der Freizügigkeit findet sich in der am 29.4.2004 erlassenen **Freizügigkeitsrichtlinie,** die nunmehr den wichtigsten Sekundärrechtsakt im Bereich der Personenfreizügigkeit darstellt.

---

[122] Protokoll Nr. 4 zur Konvention zum Schutze der Menschenrechte und Grundfreiheiten, durch das gewisse Rechte und Freiheiten gewährleistet werden, die nicht bereits in der Konvention oder im ersten Zusatzprotokoll enthalten sind, SEV-Nr. 046; vgl. http://www.conventions.coe.int (zuletzt besucht am 20.9.2018).
[123] Vgl. http://www.conventions.coe.int/Treaty/Commun/ChercheSig.asp?NT=046&CM=8&DF=18/11/2014&CL=GER (Stand der Ratifizierungen, zuletzt besucht am 20.9.2018).
[124] Vgl. auch Jarass GRCh Art. 45 Rn. 2a.

Bedeutsame Regelungen der Richtlinie sind insbesondere das Recht des Unionsbürgers 59
(und seiner Familienangehörigen – auch wenn diese nicht die Staatsangehörigkeit eines
Mitgliedstaates besitzen) auf Aufenthalt von mehr als drei Monaten in einem anderen
Mitgliedstaat, wenn er Arbeitnehmer oder Selbständiger im Aufnahmemitgliedstaat ist oder
für sich und seine Familienangehörigen über ausreichende Existenzmittel verfügt, so dass
sie während ihres Aufenthalts keine Sozialhilfeleistungen des Aufnahmemitgliedstaats in
Anspruch nehmen müssen, und er und seine Familienangehörigen über einen umfassenden
Krankenversicherungsschutz im Aufnahmemitgliedstaat verfügen oder wenn er im Aufnahmemitgliedstaat eine Ausbildung verfolgt (Art. 7 Freizügigkeits-RL).

Darüber hinaus ist im vierten Kapitel (Art. 16 ff. Freizügigkeits-RL) der Richtlinie die 60
Einführung eines **ständigen Aufenthaltsrechts** für Unionsbürger nach einer Ansässigkeit
in einem anderen Mitgliedstaat von fünf Jahren, welches sich auch auf ihre Familienmitglieder ausdehnt, vorgesehen. **Beschränkungen** des Einreise- und Aufenthaltsrechts aus
Gründen der öffentlichen Ordnung, Sicherheit oder Gesundheit finden sich in
Kapitel VI (Art. 27 ff. Freizügigkeits-RL) der Richtlinie. Besondere Bedeutung ist hier vor
allem dem **Ausweisungsschutz** (Art. 28 Freizügigkeits-RL) beizumessen. Hiernach hat
der Aufnahmemitgliedstaat, bevor er eine Ausweisung aus Gründen der öffentlichen Ordnung und Sicherheit verfügt, insbesondere die Dauer des Aufenthalts des Betroffenen im
Hoheitsgebiet, sein Alter, seinen Gesundheitszustand, seine familiäre und wirtschaftliche
Lage, seine soziale und kulturelle Integration im Aufnahmemitgliedstaat und das Ausmaß
seiner Bindungen zum Herkunftsstaat zu berücksichtigen. Art. 28 Abs. 2 Freizügigkeits-RL bestimmt darüber hinaus, dass ein Aufnahmemitgliedstaat gegen Unionsbürger oder
ihre Familienangehörigen (ungeachtet ihrer Staatsangehörigkeit), die das Recht auf Daueraufenthalt in seinem Hoheitsgebiet genießen, eine Ausweisung nur aus schwerwiegenden
Gründen der öffentlichen Ordnung oder Sicherheit verfügen darf.

Die **Rechtstellung Drittstaatsangehöriger** im Bereich der Freizügigkeit hat sich in 61
den letzten Jahren der von Unionsbürgern angenähert; erhebliche Unterschiede bleiben
jedoch bestehen.

In **grundrechtlicher Hinsicht** gibt es keine über das Unionsrecht hinausgehenden 62
Rechte auf Freizügigkeit.

§ 20 Asylrecht

Übersicht

	Rn.
A. Internationaler Flüchtlingsschutz und Non-Refoulement-Prinzip	1–16
I. Begriffsbestimmung	1
II. Internationale Rechtsgrundlagen im Bereich des Flüchtlingsrechts	2–16
1. AEMR	3
2. GFK	4–11
3. UNO-Pakt II (IPBPR)	12
4. UN-Folterkonvention	13
5. EMRK	14–16
B. Die Entstehung des Gemeinsamen europäischen Asylsystems	17–29
I. Primärrechtliche Entwicklung	17–23
1. Europäische Asyl- und Flüchtlingspolitik bis zum Vertrag von Amsterdam	17–19
2. Vertrag von Amsterdam	20, 21
3. Vertrag von Nizza	22
4. Vertrag von Lissabon	23
II. Politische Entwicklung: Von Tampere zum Stockholmer Programm	24–26
III. Die Schaffung eines Gemeinsamen europäischen Asylsystems	27–29
C. Überblick über die aktuell geltenden Rechtsakte des Gemeinsamen Europäischen Asylsystems	30–46
I. Dublin-Verordnung	31–34
II. Eurodac-Verordnung	35, 36
III. Qualifikationsrichtlinie	37, 38
IV. Verfahrensrichtlinie	39, 40
V. Aufnahmerichtlinie	41, 42
VI. Richtlinie über vorübergehenden Schutz	43
VII. EASO-Verordnung	44, 45
VIII. Europäischer Flüchtlingsfonds und Fonds „Asyl und Migration"	46
D. Rechte nach der Grundrechtecharta	47–49
E. Zusammenfassende Bewertung und Ausblick	50–53

Schrifttum:

Beckmann, Europäische Harmonisierung des Asylrechts, 2001; *Blaser,* Le phénomène des déplacés environnementaux et leur statut en droit international et européen, ASYL 1/11, 15; *Caroni/Grasdorf-Meyer/Ott/ Schreiber,* Migrationsrecht, 3. Aufl. 2014; *Filzwieser/Sprung,* Dublin III-Verordnung – Das europäische Asylzuständigkeitssystem, 2014; *Funke-Kaiser,* Europarecht im deutschen Verwaltungsprozess – Asyl- und Flüchtlingsrecht, VBlBW 2002, 409; *Gerber,* Die Asylrechtsharmonisierung in der Europäischen Union – Unter besonderer Berücksichtigung der Richtlinie zur Festlegung von Mindestnormen für die Aufnahme von Asylbewerbern in den Mitgliedstaaten, 2004; *Hailbronner,* Kommentar – Die Genfer Flüchtlingskonvention vor den Herausforderungen des 21. Jahrhunderts in Hailbronner/Klein, Flüchtlinge-Menschenrechte-Staatsangehörigkeit – Menschenrechte und Migration, 2002, 51; *Hailbronner/Thym,* EU Immigration and Asylum Law – A Commentary, 2016; *Hathaway/Foster,* The law of refugee status, 2nd edition 2014; *Hostettler,* Der Schutz der internationalen Klimavertriebenen in Europa, 2012; *Hruschka,* Stand des Gemeinsamen Europäischen Asylsystems (GEAS), Asyl 4/2011, 27; *Hruschka/Progin-Theuerkauf,* Entwicklungen im Europäischen Asylrecht in Epiney/Fasnacht, Schweizerisches Jahrbuch für Europarecht 2011/2012, 2012, S. 255; *Hruschka/ Progin-Theuerkauf/Gordzielik,* Entwicklungen im Europäischen Asylrecht in Epiney/Diezig, Schweizerisches Jahrbuch für Europarecht 2012/2013, 2013, S. 183 (zit. *Hruschka/Progin-Theuerkauf/Gordzielik,* 2013); *Hruschka/Progin-Theuerkauf/Gordzielik,* Entwicklungen im Europäischen Asylrecht in Epiney/Diezig, Schweizerisches Jahrbuch für Europarecht 2013/2014, 2014, S. 175 (zit. *dies.,* 2014); *Hruschka/Progin-Theuerkauf/ Schmid/Zoeteweij-Turhan,* Entwicklungen im Europäischen Asylrecht, in Epiney/Hehemann, Schweizerisches Jahrbuch für Europarecht 2016/2017, 2017, S. 105; *Laubach,* Bürgerrechte für Ausländerinnen und Ausländer in der Europäischen Union – Unionsbürger und Drittstaatsangehörige – Ein Vergleich, 1999; *Maaßen,* Die Rechtsstellung des Asylbewerbers im Völkerrecht, 1997; *Marx,* Handbuch zur Qualifikationsrichtlinie – Flüchtlingsanerkennung und subsidiärer Schutzstatus, 2009 (zit. *Marx* Qualifikationsrichtlinie); *ders.,* Handbuch zum Flüchtlingsschutz – Erläuterungen zur Qualifikationsrichtlinie, 2. Aufl. 2012 (zit. *Marx* Flüchtlingsschutz); *ders.,* Konventionsflüchtlinge ohne Rechtsschutz-Untersuchungen zu einem vergessenen Begriff,

ZAR 1992, 3 (zit. *Marx* Konventionsflüchtlinge); *Meyer-Ladewig,* Europäische Menschenrechtskonvention, Handkommentar, 3. Aufl. 2011; *Piguet,* Les réfugiés environnementaux et climatiques – Tentative de clarification pour des concepts flous, ASYL 3/07, 12; *Progin-Theuerkauf,* Das Asylrecht nach dem Vertrag von Lissabon in Breitenmoser/Gless/Lagodny, Schengen und Dublin in der Praxis, 2010, 55; *Progin-Theuerkauf,* The „Dublin IV" Proposal: Towards more solidarity and protection of individual rights?, sui-generis 2017, 61 ff.; *Renner,* Asylverfahrensrichtlinie, ZAR 2004, 305; *Ulmer,* Asylrecht und Menschenwürde – Zur Problematik der „Sicheren Drittstaaten" nach Art. 16a Abs. 2 und 5 GG und die Harmonisierung des Asylrechts in Europa, 1996; *UNHCR,* Handbuch über Verfahren und Kriterien zur Feststellung der Flüchtlingseigenschaft gemäß dem Abkommen von 1951 und dem Protokoll von 1967 über die Rechtsstellung der Flüchtlinge, 1979; *UNHCR/SFH,* Schweizer Asylrecht, EU-Standards und internationales Flüchtlingsrecht – Eine Vergleichsstudie, 2009; *Wollenschläger,* Europäische Entwicklungen im Asylrecht und die Einwanderungsproblematik, NWVBl. 1992, 225; *ders.,* Strukturen eines künftigen europäischen Asylrechts, AWR-Bulletin 1992, 2; *ders.,* Das Asyl- und Einwanderungsrecht der EU, EuGRZ 2001, 354; *Wolter,* Auf dem Weg zu einem gemeinschaftlichen Asylrecht in der Europäischen Union, 1999.

A. Internationaler Flüchtlingsschutz und Non-Refoulement-Prinzip

I. Begriffsbestimmung

Das Wort **„Asyl"** wird vom griechischen *asylos* („das, was nicht ergriffen werden kann") abgeleitet.[1] Eine international anerkannte Definition des Begriffs „Asyl" existiert zwar nicht; Asyl bedeutet jedoch im Allgemeinen die Gewährung von Schutz durch einen Staat an fremde Staatsangehörige oder Staatenlose, die in ihrem Heimatstaat oder Herkunftsstaat verfolgt werden oder denen bei ihrer Rückkehr in diesen Staat Verfolgung droht.[2] Im Unterschied zu dem so genannten *Refoulement*-Verbot, das grundsätzlich nur die Rückführung der betreffenden Person in den Verfolgerstaat untersagt, ist das Asyl dadurch gekennzeichnet, dass der Ausländer durch die **Gewährung von Aufenthalt** vor dem Zugriff seines Heimat- bzw. Herkunftsstaates geschützt wird.[3] Dies ist insoweit von Bedeutung, als mit dem gesicherten Aufenthalt im Asylstaat bestimmte Begünstigungen – wie etwa eine mögliche Erwerbstätigkeit, soziale Rechte oder eine erleichterte Einbürgerung – verbunden sind.[4]

1

II. Internationale Rechtsgrundlagen im Bereich des Flüchtlingsrechts

Das geltende Völkerrecht stellt nur wenige für den Asylbereich relevante allgemeine Regeln auf. Insbesondere gibt es kein subjektives Recht des Schutzsuchenden auf Erlangung territorialen[5] Asyls. Zwar gab es bereits Versuche, eine internationale Konvention über das Asylrecht zu schaffen, letztlich scheiterten diese jedoch am **Souveränitätsanspruch der einzelnen Staaten.**[6] Das Recht der Asylgewährung ist ein Ausfluss des Souveränitätsprinzips nach Art. 2 Nr. 1 UN-Charta.[7] Danach hat jeder Staat das Recht, über den Aufenthalt (bzw. die Entfernung) von Ausländern auf seinem Hoheitsgebiet zu entscheiden. Die Gewährung von Asyl beruht damit auf einer **Ermessensentscheidung.**[8] Die staatliche Souveränität wird allerdings uU begrenzt durch internationale Normen zum **Schutz von Flüchtlingen** sowie den **Grundsatz des Non-Refoulement.** Insbesondere Erstere bilden de facto auch den Rahmen für eine Asylgewährung, da in der Regel diejenigen Personen Asyl erhalten, die die Kriterien der Flüchtlingseigenschaft der Genfer Flüchtlingskonvention erfüllen; dies ist allerdings nicht zwingend.

2

---

1 *Gerber* S. 31; *Wolter* S. 23; *v. Pollern,* Das moderne Asylrecht, 1980, S. 48.
2 Vgl. *Maaßen* S. 13 f.; *Caroni/Grasdorf-Meyer/Ott/Schreiber* S. 235; d. *Heijer* in PHKW Fundamental Rights Art. 18 Rn. 18.33.
3 *Gerber* S. 31.
4 Zum Ganzen *Maaßen* S. 14 mwN.
5 Das „territoriale" Asyl ist vom „diplomatischen" Asyl zu unterscheiden. Beim territorialen Asyl wird Schutz auf dem Staatsgebiet des Aufnahmelandes gewährt, während im Falle des diplomatischen Asyls eine Person etwa in einer Botschaft eines anderen Landes Schutz findet, aber die Staatsgrenze nicht überschreitet; vgl. hierzu *Wolter* S. 23; *Gerber* S. 31.
6 Vgl. *Wollenschläger* NWVBl. 1992, 225 (227).
7 *Beckmann* S. 155.
8 *Beckmann* S. 155.

3 **1. AEMR.** Nach Art. 13 Abs. 2 AEMR von 1948[9], die jedoch an sich kein bindender Rechtsakt ist, hat jeder Mensch das Recht, jedes Land, einschließlich seines eigenen, zu verlassen und in sein Land zurückzukehren. Art. 14 Abs. 1 AEMR bestimmt, dass jeder Mensch das **Recht** hat, in anderen Ländern vor Verfolgungen **Asyl zu suchen und zu genießen.** Ein Recht der Schutzsuchenden auf Asyl ist der AEMR damit jedoch nicht zu entnehmen.[10]

4 **2. GFK.** Die wichtigsten völkervertraglichen **Bestimmungen auf dem Gebiet des Flüchtlingsrechts** finden sich in der Genfer Konvention über die Rechtsstellung von Flüchtlingen von 1951 (GFK).[11] Ihre zunächst vorgesehene zeitliche Beschränkung auf vor dem 1. Januar 1951 eingetretene Ereignisse als Fluchtursache wurde durch das Zusatzprotokoll von 1967 (New Yorker Protokoll)[12] aufgehoben, ebenso wie eine geographische Beschränkung auf Europa. Die Bestimmungen der GFK, in denen definiert wird, wer ein Flüchtling wird, können in Einbeziehungs-, Beendigungs- und Ausschlussklauseln unterteilt werden. Gemäß Art. 1 Abschnitt A Nr. 2 GFK ist **Flüchtling** jede Person, die „aus der begründeten Furcht vor Verfolgung wegen ihrer Rasse, Religion, Nationalität, Zugehörigkeit zu einer bestimmten sozialen Gruppe oder wegen ihrer politischen Überzeugung sich außerhalb des Landes befindet, dessen Staatsangehörigkeit sie besitzt, und den Schutz dieses Landes nicht in Anspruch nehmen kann oder wegen dieser Befürchtungen nicht in Anspruch nehmen will; oder die sich als Staatenlose infolge solcher Ereignisse außerhalb des Landes befindet, in welchem sie ihren gewöhnlichen Aufenthalt hatte, und nicht dorthin zurückkehren kann oder wegen der erwähnten Befürchtungen nicht dorthin zurückkehren will […]". Eine verbindliche Auslegung des Flüchtlingsbegriffs der GFK, der die wesentliche Grundlage für ein einheitliches materielles Asylrecht darstellt, gibt es nicht; die Auslegung obliegt vielmehr den einzelnen Mitgliedstaaten.[13] Auch gibt es keine überstaatliche Einrichtung (wie zum Beispiel einen internationalen Gerichtshof), die eine entsprechende einheitliche Auslegung und Anwendung der GFK gewährleisten könnte.[14] Allerdings haben die Leitlinien und Empfehlungen des UN-Hochkommissariats für Flüchtlinge (UNHCR) besonderes Gewicht und tragen zu einer einheitlicheren Praxis bei. So sind etwa in Hinblick auf die Feststellung der Flüchtlingseigenschaft – die GFK enthält zum durchzuführenden Verfahren keine Vorgaben; ein Asylverfahren ist somit nicht zwingend durchzuführen – seitens des UNHCR[15] verschiedene Mindestgarantien aufgestellt worden.[16]

5 Eine allgemeingültige Definition des **Begriffs der Verfolgung** existiert nicht.[17] Nach Ansicht des UNHCR[18] ist aber aus Art. 33 GFK abzuleiten, dass jedenfalls dann von einer Verfolgung auszugehen ist, wenn eine Bedrohung des Lebens oder der Freiheit des betroffenen Menschen aufgrund eines der fünf Verfolgungsgründe vorliegt. Auch schwerwiegende Menschenrechtsverletzungen können eine Verfolgung darstellen.[19] Im Übrigen sind die Umstände des Einzelfalls ausschlaggebend; eine Kumulierung verschiedener Faktoren soll dabei möglich sein.[20] Der GFK liegt eine **Individualkonzeption** zugrunde, dh, die Verfolgung muss sich gezielt gegen eine aufgrund bestimmter Merkmale individualisierbare

---

[9] Allgemeine Erklärung der Menschenrechte vom 10.12.1948.
[10] *Beckmann* S. 156.
[11] Genfer Konvention über die Rechtsstellung von Flüchtlingen vom 28.7.1951, United Nations Treaty Series, Band 189, S. 137 ff. Dazu grundlegend *Hathaway/Foster*.
[12] Protokoll über die Rechtsstellung der Flüchtlinge vom 31.1.1967, United Nations Treaty Series, Band 606, S. 267 ff.
[13] Im Rahmen des Unionsrechts macht die Qualifikations-RL (ABl. 2011 L 337, 9) den Mitgliedstaaten allerdings sehr konkrete Vorgaben zur Auslegung der Flüchtlingseigenschaft → Rn. 34.
[14] *Maaßen* S. 279.
[15] Exekutiv-Komitee für das Programm des Hohen Flüchtlingskommissars der Vereinten Nationen.
[16] UNHCR Rn. 192; zu den darin enthaltenen Forderungen vgl. auch *Maaßen* S. 264 f.
[17] *Ulmer* S. 55.
[18] UNHCR Rn. 51.
[19] UNHCR Rn. 51. Dies findet sich auch in Art. 9 Abs. 1 lit. a der Qualifikations-RL (ABl. 2011 L 337, 9).
[20] UNHCR Rn. 52 f. Vgl. auch Art. 9 Abs. 1 lit. b der Qualifikations-RL (ABl. 2011 L 337, 9).

Person richten.²¹ Menschen, die nicht vor Verfolgung, sondern aufgrund generalisierter Gewalt, insbesondere bei Bürgerkriegen, vor Hungersnöten, Naturkatastrophen oder aus wirtschaftlichen Motiven aus ihrem Heimatland fliehen, fallen nicht in den Schutzbereich der GFK. Gerade diese Fluchtursachen stellen aber in den letzten Jahren die Hauptbeweggründe für eine Flucht aus dem Heimatstaat dar.²² Insbesondere in Bezug auf Klimaflüchtlinge wurden immer wieder Vorschläge laut, die Definitionen der GFK zu ergänzen oder eine eigene Konvention zu schaffen.²³

Bei der Frage nach der **Urheberschaft der Verfolgung** wendet die überwiegende Zahl 6 der Vertragsstaaten inzwischen die sogenannte Schutztheorie (im Gegensatz zur Zurechenbarkeits- oder Verantwortlichkeitstheorie, nach der nur staatliche bzw. dem Staat zurechenbare Verfolgung anerkannt wird) an und gewährt den Flüchtlingsstatus auch bei nichtstaatlicher Verfolgung, sofern alle weiteren Voraussetzungen des Art. 1 A Nr. 2 GFK vorliegen.²⁴ Auch der UNHCR ist insoweit der Ansicht, dass nicht der Urheber der Verfolgung entscheidend sein kann, sondern vielmehr das Bestehen der Möglichkeit, staatlichen Schutz erlangen zu können. Aus der Entwicklungsgeschichte, dem Wortlaut und dem Zweck der GFK sowie ihrem Bezug zum internationalen Menschenrechtsschutz ergebe sich, dass die Konvention unabhängig davon Schutz gewähre, ob die Verfolgung von staatlichen oder nichtstaatlichen Akteuren ausgehe.²⁵

Die GFK fordert auch, dass sich die betroffene Person **außerhalb ihres Heimatstaates** 7 befinden muss. Binnenvertriebene, sog „internally displaced persons" (IDPs), erfüllen diese Bedingung nicht. Auch hier gibt es vermehrt Bestrebungen, diesen Menschen Schutz zukommen zu lassen.²⁶

Die **Beendigungs- bzw. Ausschlussklauseln** von Art. 1 C bis F GFK nennen schließ- 8 lich die Bedingungen, wann ein Flüchtling aufhört, Flüchtling zu sein, bzw. wann die GFK keine Anwendung findet, obschon die betroffene Person die Kriterien der Flüchtlingseigenschaft aus Art. 1 A Nr. 2 GFK erfüllt. Zu ersterer Kategorie gehört insbesondere der **Wegfall der Umstände,** aufgrund derer eine Person als Flüchtling anerkannt wurde. Bei den Ausschlussgründen spielen in der Praxis vor allem **Kriegsverbrechen** o. ä. und schwere nichtpolitische Verbrechen eine Rolle.

Gemäß Art. 32 Nr. 1 GFK darf ein Flüchtling, der sich rechtmäßig im Gebiet eines 9 Vertragsstaates aufhält, nur aus Gründen der öffentlichen Sicherheit oder Ordnung ausgewiesen werden. Die **Ausweisung** darf nur in Ausführung einer Entscheidung erfolgen, die in einem durch gesetzliche Bestimmungen geregelten Verfahren ergangen ist. Soweit nicht zwingende Gründe für die öffentliche Sicherheit entgegenstehen, soll dem Flüchtling gestattet werden, Beweise zu seiner Entlastung beizubringen, ein Rechtsmittel einzulegen oder sich von einer in Art. 32 Nr. 2 GFK näher bestimmten Person vertreten zu lassen. Darüber hinaus ist stets der **Grundsatz des *Non-Refoulement*** in Art. 33 Abs. 1 GFK zu beachten. Danach darf keiner der vertragsschließenden Staaten einen Flüchtling auf irgendeine Weise über die Grenzen von Gebieten ausweisen oder zurückweisen, in denen sein Leben oder seine Freiheit wegen seiner Rasse, Religion, Staatsangehörigkeit, seiner Zugehörigkeit zu einer bestimmten sozialen Gruppe oder wegen seiner politischen Überzeugung bedroht sein würde. Das *Refoulement*-Verbot ist jedoch **nicht absolut,** da nach Art. 33 Abs. 2 GFK ein Flüchtling dennoch ausgewiesen oder zurückgewiesen werden kann, wenn er aus schwer-

---

21 *Wolter* S. 28.
22 Hierzu *Maaßen* S. 382.
23 Vgl. *Blaser* S. 15 ff.; *Piguet* S. 12 ff. mwN; *Hostettler.*
24 Vgl. *Wolter* S. 241 ff.; *Marx,* Qualifikationsrichtlinie, § 11 Rn. 5 ff.; *Marx,* Flüchtlingsschutz, § 16 Rn. 33 ff. Vgl. auch Art. 6 der Qualifikations-RL (ABl. 2011 L 337, 9); → Rn. 34.
25 *UNHCR,* UNHCR-Stellungnahme zur Anhörung „Nichtstaatliche Verfolgung" des Ausschusses für Menschenrechte und Humanitäre Hilfe des Deutschen Bundestages, 1999, Kernthesen Nr. 1; zur Frage, ob der Flüchtlingsbegriff noch zeitgemäß ist, siehe *Wollenschläger* AWR-Bulletin 1992, 2 f.
26 ZB African Union Convention for the Protection and Assistance of Internally Displaced Persons in Africa („Kampala Convention") vom 22.10.2009. Vgl. auch UN Commission on Human Rights, Guiding Principles on Internal Displacement, E/CN.4/1998/53/Add.2.

wiegenden Gründen als eine Gefahr für die Sicherheit des Landes anzusehen ist, in dem er sich befindet, oder wenn er eine Gefahr für die Allgemeinheit dieses Staates darstellt, weil er wegen eines Verbrechens oder eines besonders schweren Vergehens rechtskräftig verurteilt wurde. Der Grundsatz des *Non-Refoulement* vermittelt **kein gesichertes Aufenthaltsrecht**, sondern gewährt lediglich Ausweisungs- bzw. Zurückweisungsschutz.[27] Der Grundsatz des Non-Refoulement ist inzwischen Völkergewohnheitsrecht.[28]

10 Personen, die die Flüchtlingseigenschaft der GFK erfüllen und für die keine Ausschluss- oder Beendigungsgründe vorliegen, genießen die ihnen dort verbürgten Rechte.[29] Flüchtlinge im Sinne der angeführten Definition haben im Aufnahmestaat unter anderem einen Anspruch auf freien Zugang zu Gerichten (Art. 16 GFK) und auf Gleichbehandlung mit Inländern bei der Schulbildung (Art. 22 GFK), bei der Erhebung von Steuern (Art. 29 GFK) sowie auf dem Gebiet der öffentlichen Fürsorge (Art. 23 GFK). In anderen Bereichen ist Flüchtlingen nach der GFK eine möglichst günstige Behandlung zu gewähren, etwa was die Ausübung einer unselbständigen Tätigkeit (Art. 17 GFK), einer selbständigen Tätigkeit (Art. 18 GFK) oder eines sogenannten „Freien Berufes" (Art. 19 GFK) oder die Wahrnehmung von Eigentumsrechten (Art. 13 GFK) betrifft.

11 Insgesamt ist festzuhalten, dass die GFK lediglich die Rechtsstellung von (anerkannten[30]) Flüchtlingen regelt und damit (nur) sogenannte **Rechte im Asyl** beinhaltet.[31] Ein **Recht auf Asyl** im Sinne eines subjektiv-öffentlichen Rechts auf Schutzgewährung ist ihr dagegen nicht zu entnehmen. Das in Art. 33 GFK enthaltene Non-Refoulement-Gebot ist schwach, da es Ausnahmen zulässt. In diesem Fall greifen aber die menschenrechtlichen Non-Refoulement-Gebote.

12 **3. UNO-Pakt II (IPBPR).** Im Rahmen **aufenthaltsbeendender Maßnahmen** ist Art. 7 S. 1 IPBPR[32] zu beachten; danach darf niemand der Folter oder grausamer, unmenschlicher oder erniedrigender Behandlung oder Strafe unterworfen werden, woraus sich ein *Non-Refoulement*-Gebot ableiten lässt. Zudem bietet Art. 13 IPBPR Schutz vor willkürlicher Ausweisung. Daneben beinhaltet der UNO-Pakt II keine für ein etwaiges Asylrecht relevante Normen.[33]

13 **4. UN-Folterkonvention.** Auch die UN-Folterkonvention[34] sieht keine das Asylrecht betreffenden Normen vor. Das in Art. 3 Abs. 1 UN-Antifolterkonvention enthaltene *Refoulement*-Verbot ist ausschließlich in Hinblick auf **aufenthaltsbeendende Maßnahmen** von Bedeutung.

14 **5. EMRK.** Aus Art. 3 EMRK leitet sich der sogenannte subsidiäre Schutz ab.[35] Gemäß Art. 3 EMRK darf niemand der Folter oder unmenschlicher oder erniedrigender Strafe oder Behandlung unterworfen werden. Hieraus ergibt sich ein **Refoulement-Verbot,** das Ausländer davor schützt, in einen Staat abgeschoben, ausgeliefert oder ausgewiesen zu

---

[27] *Beckmann* S. 157.
[28] *Gerber* S. 31.
[29] *Maaßen* S. 15. Es ist aufgrund des Souveränitätsprinzips durchaus auch möglich, Personen, die nicht unter den Flüchtlingsbegriff der GFK fallen, Asyl zu gewähren; auf diese findet die GFK keine Anwendung. Zum Status von Flüchtlingen in der EU vgl. Art. 20 ff. der Qualifikations-RL (ABl. 2011 L 337, 9).
[30] Wenngleich diese Anerkennung nur deklaratorischer Natur ist, vgl. *UNHCR* Rn. 28. Die vereinzelt vertretene Auffassung, dass sich aus der GFK die Verpflichtung ergebe, jedem Asylantragsteller bereits vor der Entscheidung über seine Anerkennung die Rechtsstellung nach der GFK einzuräumen, geht hingegen zu weit; vgl. *Amann*, Die Rechte des Flüchtlings, 1994, S. 148.
[31] Vgl. hierzu *Hailbronner* S. 53; *Wolter* S. 25; *Marx*, Konventionsflüchtlinge, S. 3 (10); *Maaßen* S. 21.
[32] Internationaler Pakt über bürgerliche und politische Rechte vom 16. Dezember 1966, United Nations Treaty Series, Band 999, S. 171.
[33] *Beckmann* S. 158.
[34] Übereinkommen vom 10. Dezember 1984 gegen Folter und andere grausame, unmenschliche oder erniedrigende Behandlung oder Strafe, United Nations Treaty Series, Band 1465, S. 85.
[35] Vgl. *Petermann/Kaufmann* in UNHCR/SFH S. 67 ff.

werden, wenn begründete Anhaltspunkte dafür vorliegen, dass die betroffene Person im Empfangsstaat einem tatsächlichen Risiko der Folter oder unmenschlicher oder erniedrigender Behandlung oder Bestrafung unterworfen ist.[36] In der Übergabe des Betroffenen in die Gewalt des ausländischen Staates liegt dann eine dem ausweisenden Staat unmittelbar zurechenbare Handlung, die seine Verantwortlichkeit nach der EMRK begründet.[37] Der EGMR verlangt für einen Verstoss gegen Art. 3 EMRK den Nachweis der erheblichen Wahrscheinlichkeit einer konkreten und ernsthaften Gefahr („real risk").[38] Die Beweislast liegt bei der betroffenen Person. Art. 3 EMRK unterliegt aufgrund seiner **Notstandsfestigkeit** gemäß Art. 15 Abs. 2 EMRK keinerlei Einschränkungen oder Ausnahmen[39], sein Schutz ist somit absolut. Art. 3 EMRK gewährt jedoch regelmässig **keinen Anspruch auf Asyl bzw. ein Aufenthaltsrecht;** der entsprechende Schutzanspruch kann sich nur ausnahmsweise zu einem Aufenthaltsrecht verdichten.[40]

Art. 4 4. EMRKProt schützt schliesslich vor Kollektivausweisungen.[41] Auf Einreiseverweigerungen ist Art. 4 4. EMRKProt nicht anwendbar. Er enthält vielmehr eine Verfahrensvorschrift sowie ein materielles Ausweisungsverbot.[42] Auch aus Art. 1 7. EMRKProt kann **kein Anspruch auf Einreise oder Aufenthalt** abgeleitet werden. Dem Ausländer werden hier lediglich Rechte im Rahmen des Ausweisungsverfahrens eingeräumt.[43] 15

Im Einzelfall kann sich auch aus einer drohenden Verletzung von Art. 2 EMRK (Recht auf Leben)[44], Art. 4 EMRK (Verbot der Sklaverei und der Zwangsarbeit)[45], Art. 5 EMRK (Recht auf Freiheit und Sicherheit)[46], Art. 6 EMRK (Recht auf ein faires Verfahren)[47] sowie Art. 8 Abs. 1 EMRK (Schutz des Familienlebens)[48] ergeben, dass eine Rückweisung nicht erfolgen darf. Der EMRK kommt somit vor allem bei der Frage nach dem Vorliegen möglicher **Abschiebungshindernisse** Bedeutung zu. 16

B. Die Entstehung des Gemeinsamen europäischen Asylsystems

I. Primärrechtliche Entwicklung

1. Europäische Asyl- und Flüchtlingspolitik bis zum Vertrag von Amsterdam. Im Gegensatz zum Europarat, der sich schon früh mit asyl- und flüchtlingsrechtlichen Fragen 17

---

[36] Hierzu etwa EGMR 23.2.2012 (GK) – 27765/09 – Hirsi Jamaa and others/Italy; EGMR 21.1.2011 (GK) – 30696/09 – M. S. S./Belgium and Greece; EGMR 20.7.2010 – 23505/09 – N./Sweden; EGMR 17.7.2008 – 25904/07 – N. A./United Kingdom; EGMR 2.5.1997 – 30240/96, NL 1997, 93 – D./United Kingdom.
[37] Grabenwarter/Pabel EMRK S. 177.
[38] EGMR 7.7.1989 – 14038/88, NJW 1990, 2183 – Soering/The United Kingdom. Danach müssen für das „real risk" begründete Tatsachen („substantial grounds") vorliegen.
[39] EGMR 15.11.1996 (GK) – 22414/93, NVwZ 1997, 1093 – Chahal/The United Kingdom.
[40] EGMR 30.10.1992 – 13163/87, 13164/87, 13165/87, 13447/87, 13448/87, Series A No. 215, S. 34 – Vilvarajah/United Kingdom; EGMR 7.7.1989 – 14038/88, NJW 1990, 2183 – Soering/United Kingdom; EGMR 15.11.1996 (GK) – 22414/93, NVwZ 1997, 1093 – Chahal/The United Kingdom. Vgl. auch *Sinner* in Karpenstein/Mayer EMRK Art. 3 Rn. 24; *Meyer-Ladewig/Lehnert* in HK-EMRK EMRK Art. 3 Rn. 60; Grabenwarter/Pabel EMRK S. 176; *Hailbronner* DÖV 1999, 617 (618 f.); *Beckmann* S. 156; *Gusy* ZAR 1993, 63 (65); *Caroni* in Achermann/Caroni/Epiney/Kälin/Nguyen/Uebersax, Jahrbuch für Migrationsrecht 2006/2007, 2007, S. 53.
[41] EGMR 23.2.2012 (GK) – 27765/09 – Hirsi Jamaa and others/Italy; EGMR 21.10.2014 – 16643/09 – Sharifi et autres/Italie et Grèce.
[42] Vgl. *Maaßen* S. 172.
[43] Vgl. hierzu *Maaßen* S. 172.
[44] EGMR 2.3.2010 – 61498/08 – Al Saadoon and Mufdhi/United Kingdom; EGMR 17.1.2012 – 8139/09 – Othman (Abu Qatada)/United Kingdom.
[45] EGMR 19.1.1999 – 42367/98 – Ould Barar/Sweden.
[46] EGMR 10.4.2012 – 24027/07, 11949/08, 36742/08, 66911/09 and 67354/09 – Babar Ahmad/United Kingdom; EGMR 17.1.2012 – 8139/09 – Othman (Abu Qatada)/United Kingdom.
[47] EGMR 17.1.2012 – 8139/09 – Othman (Abu Qatada)/United Kingdom.
[48] EGMR 28.5.1985 – 9214/80, 9473/81, 9474/81, NJW 1986, 3007 = Series A No. 94 – Abdulaziz, Cabales and Balkandali/United Kingdom.

beschäftigte[49] setzte sich die (damalige) Europäische Gemeinschaft erst spät mit diesem Thema auseinander, was vor allem der Konzeption der EG als Wirtschaftsgemeinschaft geschuldet ist.[50] Aufnahme und Behandlung von Flüchtlingen waren viele Jahre nahezu ausschließlich Gegenstand der innenpolitischen Auseinandersetzung in den einzelnen europäischen Staaten. Dies änderte sich jedoch mit der geplanten **Errichtung eines Binnenmarktes** und dem entsprechenden Weißbuch der Kommission zur Vollendung des Binnenmarktes aus dem Jahr 1985[51], das der **europäischen Dimension der Flüchtlingsfrage** plötzlich neues Gewicht gab. 1987 befasst sich das Europäische Parlament in seiner Entschließung vom 12. März mit asylrechtlichen Fragen.[52] Eine Initiative der Kommission für eine Asylrichtlinie kam jedoch über einen bloßen Vorentwurf für einen entsprechenden Richtlinienvorschlag betreffend die Angleichung der Vorschriften auf dem Gebiet des Asylrechts und dem Gebiet des Status von Flüchtlingen nicht hinaus.[53]

18 Im Jahr 1990 wurden auf völkervertraglicher Ebene, also außerhalb des Rechtsrahmens der EG, mit dem **Schengener Durchführungsübereinkommen** (SDÜ)[54] und dem **Dubliner Übereinkommen** (DÜ)[55] Normen unterzeichnet, die eine Zuständigkeitsverteilung der Asylgesuche nach einer festen Rangfolge vorsahen. Im SDÜ verpflichteten sich die Vertragsstaaten, als Ausgleich zum Abbau von Grenzkontrollen an den Binnengrenzen des Schengenraums, grenzüberschreitende Nacheile und Observation, Rechtshilfe in Strafsachen, sowie Auslieferung und Überstellung zu erleichtern, die Kontrollen an den Außengrenzen zu verstärken und eine gemeinsame Fahndungsdatei[56] zu schaffen, in der Daten über gesuchte Personen und Sachen gespeichert werden. Die Art. 28 ff. SDÜ enthielten Zuständigkeitskriterien für in den Vertragsstaaten gestellte Asylgesuche. Im Übrigen enthielt das SDÜ jedoch weder asylverfahrensrechtliche noch materiell-rechtliche Normen zum Asylrecht, insbesondere auch keinen Anspruch auf Asyl.[57] Das DÜ entsprach dem Wunsch verschiedener Mitgliedstaaten nach einem eigenständigen Abkommen im Asylbereich, basierte aber auf dem in Art. 28 ff. SDÜ geschaffenen System. Das DÜ war somit ein reines Zuständigkeitsverteilungsabkommen.[58] Um Kollisionen mit dem SDÜ zu vermeiden, schlossen die Vertragsstaaten des DÜ ein spezielles Protokoll ab, das die Art. 28 ff. SDÜ für unanwendbar erklärte.[59] Das DÜ sieht vor, dass immer nur ein Staat für die Prüfung eines Asylgesuchs zuständig ist und will somit unkontrollierte Wanderbewegungen („Asylum Shopping) in den Vertragsstaaten eindämmen, soll aber auch Kompetenzkonflikte verhindern (Phänomen der „Refugees in Orbit").[60] Es geht davon aus, dass alle Mitgliedstaaten gleichwertige Rechtssysteme haben und damit „sicher" sind, so dass durch eine

---

[49] Nachdem bereits 1950 ein Ausschuss für Flüchtlingsfragen gegründet worden war, wurde 1958 der Ausschuss für Wanderbewegungen, Flüchtlinge und Demographie eingesetzt, der insbesondere die rechtlichen, sozialen und beruflichen Probleme der Flüchtlinge beobachtete und entsprechende Empfehlungen vorbereitete; vgl. hierzu die Darstellung bei *Wollenschläger* NWVBl. 1992, 225 (226).
[50] Hierzu *Wollenschläger* NWVBl. 1992, 225 (229).
[51] Weissbuch zur Vollendung des Binnenmarktes, KOM(85) 310.
[52] Entschließung zu den Fragen des Asylrechts, ABl. 1987 C 99, 167.
[53] *Gerber* S. 40 mwN.
[54] Übereinkommen zur Durchführung des Übereinkommens von Schengen vom 14. Juni 1985 zwischen den Regierungen der Staaten der Benelux-Wirtschaftsunion, der Bundesrepublik Deutschland und der Französischen Republik betreffend den schrittweisen Abbau der Kontrollen an den gemeinsamen Grenzen vom 19.6.1990, ABl. 2000 L 239, 19; BGBl. 1993 II 1013; das SDÜ wurde zunächst nur zwischen Belgien, Deutschland, Frankreich, Luxemburg und den Niederlanden geschlossen. In der Folgezeit traten diesem Abkommen alle Mitgliedstaaten außer Dänemark, Großbritannien und Irland bei; mit Norwegen, Island und Dänemark wurden später Assoziierungsabkommen abgeschlossen; vgl. *Funke-Kaiser* S. 409 ff. mwN. Seit 2008 ist auch die Schweiz Teil des Schengen-Raums.
[55] Dubliner Übereinkommen über die Bestimmung des zuständigen Staates für die Prüfung eines in einem Mitgliedstaat der Europäischen Gemeinschaften gestellten Asylantrags vom 15. Juni 1990, BGBl. 1994 II 792; in Kraft getreten am 1.9.1997.
[56] Schengener Informationssystem – SIS.
[57] Bonner Protokoll, BGBl. 1995 II 738.
[58] *Beckmann* S. 159.
[59] Vgl. *Beckmann* S. 159.
[60] *Progin-Theuerkauf* in von der Groeben/Schwarze/Hatje AEUV Art. 78 Rn. 1.

Überstellung in den zuständigen Staat das *Non-Refoulement*-Prinzip nicht verletzt werden kann. Das DÜ wurde nach der Schaffung der entsprechenden Rechtsgrundlagen in den Bereich der sog „ersten Säule" der Union, der Europäischen Gemeinschaft, überführt (Vergemeinschaftung) und durch die VO (EG) Nr. 343/2003 zur Festlegung der Kriterien und Verfahren zur Bestimmung des Mitgliedstaats, der für die Prüfung eines Asylantrags zuständig ist,[61] ersetzt.

Mit dem am 7.2.1992 unterzeichneten **Vertrag von Maastricht**[62] wurde noch **keine** 19 umfassende **gemeinschaftsrechtliche Befugnis** zur Regelung einwanderungs- und asylrechtlicher Fragen geschaffen.[63] Er verankerte vielmehr die Asyl- und Einwanderungspolitik in einem eigenen Titel VI (Bestimmungen über die Zusammenarbeit in den Bereichen Justiz und Inneres). Nach Art. K.1 EUV-Maastricht betrachteten die Mitgliedstaaten zur Verwirklichung der Ziele der Union die Asyl- und Einwanderungspolitik sowie weitere Bereiche – Visapolitik, Politik gegenüber Staatsangehörigen dritter Länder – „als Angelegenheiten von gemeinsamem Interesse".[64] Diese Bestimmungen der sog „dritten Säule" der EU stellten klar, dass in den genannten Bereichen die Mitgliedstaaten ihre Kompetenz erhielten und diesbezüglich noch **keine Vergemeinschaftung** eintrat. Vielmehr handelte es sich weiterhin um eine intergouvernementale Zusammenarbeit.[65] Nach und nach verabschiedete der Rat Regelungen auf der Grundlage des Titels VI EUV-Maastricht, die auch für die im Amsterdamer Vertrag angelegte gemeinschaftliche Asyl- und Flüchtlingspolitik prägend waren.[66]

2. Vertrag von Amsterdam. Durch den **Vertrag von Amsterdam**[67], der am 20 2. Mai 1999 in Kraft trat, wurde im Vertrag zur Gründung der europäischen Gemeinschaft ein neuer Titel IV zu „Visa, Asyl, Einwanderung und andere Politiken betreffend den freien Personenverkehr" geschaffen. Damit wurden weite Bereiche des Abschnitts „Justiz und Inneres" der Europäischen Union (und ein erheblicher Teil des Schengen-Acquis) in das Gemeinschaftsrecht überführt.[68] Nur die polizeiliche und justizielle Zusammenarbeit in Strafsachen verblieb auf der intergouvernementalen Ebene der „dritten Säule". Der neue Art. 63 EGV-Amsterdam enthielt nunmehr eine **Gemeinschaftskompetenz zur Gestaltung einer gemeinsamen und verbindlichen Asyl- und Flüchtlingspolitik**. Ein **Recht auf Asyl** ergab sich daraus jedoch nicht. Immerhin erkannte Art. 63 S. 1 Nr. 1 EGV-Amsterdam ausdrücklich die Genfer Flüchtlingskonvention vom 28. Juli 1951 und das Protokoll vom 31. Januar 1967 (New Yorker Protokoll) über die Rechtsstellung der Flüchtlinge an. Für die EG war damit eine Festlegung auf den Flüchtlingsbegriff des Art. 1 Abschnitt A Abs. 2 GFK verbunden.

Im Hinblick auf die in ihm enthaltene Beschränkung auf **Mindestnormen** wurde 21 Art. 63 EGV-Amsterdam teilweise als für eine **gemeinsame Asylpolitik** unzureichend kritisiert. Auch Art. 67 und 68 EGV-Amsterdam, die Sonderregeln zum Rechtssetzungsverfahren und zur Zuständigkeit des EuGH enthielten und auf die geringe Bereitschaft der

---

[61] VO (EG) Nr. 343/2003 des Rates vom 18. Februar 2003 zur Festlegung der Kriterien und Verfahren zur Bestimmung des Mitgliedstaates, der für die Prüfung eines von einem Drittstaatsangehörigen in einem Mitgliedstaat gestellten Asylantrags zuständig ist („Dublin-II-Verordnung"), ABl. 2003 L 50, 1. Diese wurde ersetzt durch VO (EU) Nr. 604/2013 des Europäischen Parlaments und des Rates vom 26. Juni 2013 zur Festlegung der Kriterien und Verfahren zur Bestimmung des Mitgliedstaates, der für die Prüfung eines von einem Drittstaatsangehörigen oder Staatenlosen in einem Mitgliedstaat gestellten Antrag auf internationalen Schutz zuständig ist („Dublin-III-Verordnung"), ABl. 2013 L 180, 31.
[62] Vertrag über die Europäische Union, ABl. 1992 C 191, 1; ABl. 1992 C 224, 1; in Kraft getreten am 1.11.1993, BGBl. 1993 II 1947.
[63] *Funke-Kaiser* S. 410.
[64] Hierzu mwN *Wollenschläger* EuGRZ 2001, 354 (356).
[65] Zur entsprechenden Ausnahme im Hinblick auf Art. 100c EUV (betr. eine gemeinsame Visapolitik) vgl. *Wollenschläger* EuGRZ 2001, 354 (356); zum rechtlichen Charakter der intergouvernementalen Zusammenarbeit siehe *Laubach* S. 175.
[66] Dazu näher *Funke-Kaiser* S. 410; *Wollenschläger* EuGRZ 2001, 354 (356 f.).
[67] Konsolidierte Fassung des Vertrags über die Europäische Union, ABl. 1997 C 340, 145.
[68] Vgl. hierzu *Lecheler* JuS 1998, 392 ff.; ferner *Streinz* EuZW 1998, 137 ff.

Mitgliedstaaten, Souveränität im Asylbereich abzugeben, zurückzuführen sind, standen in der Kritik. Diese Einschränkungen wurden erst durch den Lissaboner Vertrag abgeschafft. Auf der Grundlage von Art. 63 EGV-Amsterdam wurden nach und nach die geforderten Rechtsakte erlassen, die zur sog 1. Phase des Gemeinsamen Europäischen Asylsystems gehören (→ Rn. 27–29).

22 **3. Vertrag von Nizza.** Der **Vertrag von Nizza** brachte im Asylbereich lediglich eine **Änderung des Art. 67 EGV-Amsterdam.** Dessen Absatz 5 erleichterte fortan den Übergang zum Mitentscheidungsverfahren nach Art. 251 EGV-Nizza.[69]

23 **4. Vertrag von Lissabon.** Durch den **Lissaboner Vertrag,** mit dem die Europäische Gemeinschaft abgeschafft und die Union zur Rechtsnachfolgerin der EG wurde, wurde das Kapitel 2 des Titels IV neu gefasst.[70] Dieses Kapitel gehört nun zum Titel VI AEUV, der mit „Raum der Freiheit, der Sicherheit und des Rechts" überschrieben ist. Gemäß Art. 4 Abs. 2 lit. j AEUV fällt dieser in die sog „geteilte Zuständigkeit" von Union und Mitgliedstaaten. Art. 78 AEUV ist seither die Rechtsgrundlage im Bereich der Asylpolitik. Art. 79 AEUV enthält die Kompetenzen für die Einwanderungspolitik. Art. 78 AEUV gießt im Wesentlichen den Inhalt von Art. 63 EGV-Nizza in eine neue Form; lediglich die Kompetenz für Partnerschaften und Zusammenarbeit mit Drittländern (Art. 78 Abs. 2 lit. g AEUV) ist neu dazu gekommen. Art. 78 AEUV spricht von einer **„gemeinsamen Politik"** und verzichtet auf den Begriff der „Mindestnormen", so dass eine **Vollharmonisierung des Asylbereichs** möglich wäre. Die Sonderregelungen zum Rechtsschutz vor dem EuGH (Art. 68 EGV-Nizza) und zum Rechtssetzungsverfahren (Art. 67 EGV-Nizza) sind weggefallen. Art. 80 AEUV stellt neu den **„Grundsatz der Solidarität"** auf, wobei es sich allerdings lediglich um eine Querschnittsklausel mit Appellfunktion handeln dürfte. Konkrete Handlungspflichten dürften Art. 80 AEUV nicht zu entnehmen sein.[71]

II. Politische Entwicklung: Von Tampere zum Stockholmer Programm

24 Die Bewältigung des Migrationsdrucks auf die Mitgliedstaaten der EU und die Schaffung europarechtlicher Regelungen in diesem Bereich waren auch Thema verschiedener politischer Fünfjahresprogramme des Europäischen Rates.[72] Auf seiner Sondertagung im finnischen **Tampere** im Oktober 1999 bekräftigte der Europäischen Rat erstmals, dass die Erarbeitung eines Konzepts für eine gemeinsame Asylpolitik sowie die **Schaffung eines gemeinsamen europäischen Asylsystems,** welches sich auf die Anwendung der GFK stützt, wichtige Ziele der EU darstellen.[73] Die Errichtung dieses Gemeinsamen Europäischen Asylsystems sollte in zwei Phasen vonstattengehen: In der ersten Phase sollten eine einheitliche Zuständigkeitsregelung für die Prüfung von Asylgesuchen, gemeinsame Mindeststandards für das Asylverfahren, gemeinsame Mindeststandards für die Aufnahme von Asylbewerbern sowie gemeinsame Mindeststandards über die Zuerkennung und die Merkmale des Flüchtlingsstatus sowie eine Regelung zum subsidiären Schutz erlassen werden. In der zweiten Phase sollte ein gemeinsames Asylverfahren und ein einheitlicher, unionsweit geltender Status für diejenigen, denen Asyl gewährt wird, geschaffen werden. Zudem sollte eine Einigung über eine Regelung des Instruments des vorübergehenden Schutzes im Falle eines Massenzustroms erzielt werden.

---

[69] Vgl. Beschl. 2004/927/EG, Beschluss des Rates vom 22. Dezember 2004 über die Anwendung des Verfahrens des Artikels 251 des Vertrages zur Gründung der Europäischen Gemeinschaft auf bestimmte Bereiche, die unter Titel IV des Dritten Teils dieses Vertrages fallen, ABl. 2004 L 396, 45. S. auch *Progin-Theuerkauf* in von der Groeben/Schwarze/Hatje AEUV Vor Art. 77–80 Rn. 4. Dazu auch *Progin-Theuerkauf* in Breitenmoser/Gless/Lagodny S. 55.
[70] Dazu ausführlich *Progin-Theuerkauf* in Breitenmoser/Gless/Lagodny S. 55.
[71] Vgl. *Progin-Theuerkauf* in von der Groeben/Schwarze/Hatje AEUV Art. 80 Rn. 4.
[72] Vgl. *Progin-Theuerkauf* in von der Groeben/Schwarze/Hatje AEUV Vor Art. 77–80 Rn. 5 ff.; *Wollenschläger* EuGRZ 2001, 354 (354 ff.).
[73] Zur gesamten Entwicklung *Hruschka* S. 27.

An die Ergebnisse des Tampere-Gipfels knüpfte das am 5.11.2004 verabschiedete **Haager** 25
Programm an.[74] Darin einigten sich die Staats- und Regierungschefs der EU-Mitgliedstaaten auf eine Vereinheitlichung der Asylpolitik bis zum Jahr 2010. Schwerpunkt des Haager Programms bildete die Schaffung eines gemeinsamen europäischen Asylsystems bis zum Jahre 2010, die Steuerung legaler Zuwanderung, eine Lastenverteilung bei der Kontrolle der EU-Außengrenzen sowie Maßnahmen zur Bekämpfung des internationalen Terrorismus und der organisierten Kriminalität.

Nachfolger des Haager Programms wurde das beim Ratstreffen vom 10./11.12.2009 in 26
Brüssel verabschiedete **Stockholmer Programm** (2010–2014)[75], nach dem die Schaffung eines Gemeinsamen Europäischen Asylsystems (GEAS) bis 2012 „zentrales politisches Ziel" bleiben soll. Insbesondere sollen neue Regelungen über ein gemeinsames Asylverfahren und einen einheitlichen Status für Personen, denen Asyl oder subsidiärer Schutz gewährt wird, erlassen werden. Die Zuständigkeitsregelung durch das Dublin-System solle zwar weiterhin ein zentrales Element beim Aufbau des GEAS bleiben, die Kommission könne aber auch andere Instrumente vorschlagen. Ferner solle die EU der Genfer Flüchtlingskonvention und dem New Yorker Protokoll von 1967 beitreten; dies allerdings vorbehaltlich eines Berichts der Kommission über die rechtlichen und praktischen Folgen eines solchen Beitritts. Schließlich soll das Europäische Unterstützungsbüro für Asylfragen (EASO) mit Sitz auf Malta seine Arbeit aufnehmen, bei dessen Arbeit die Mitgliedstaaten eine aktive Rolle übernehmen.

III. Die Schaffung eines Gemeinsamen europäischen Asylsystems

In der **ersten Phase** des Gemeinsamen Europäischen Asylsystems wurden in chronologi- 27
scher Reihenfolge die Eurodac-Verordnung (2000)[76], die Richtlinie über den vorübergehenden Schutz (2001)[77], die Aufnahmerichtlinie (2003)[78], die Dublin II-Verordnung (2003)[79], die Qualifikationsrichtlinie (2004)[80] und die Verfahrensrichtlinie (2005)[81] erlassen. Bei den Richtlinien handelt es sich allerdings lediglich um Mindeststandards.

Die Verabschiedung der für die **zweite Phase** des Gemeinsamen Europäischen Asyl- 28
systems vorgesehenen Rechtsakte wurde bereits vor Inkrafttreten des Lissaboner Vertrags

---

[74] Mitteilung der Kommission an den Rat und das Europäische Parlament – Das Haager Programm: Zehn Prioritäten für die nächsten fünf Jahre, Die Partnerschaft zur Erneuerung Europas im Bereich der Freiheit, der Sicherheit und des Rechts, KOM(2005) 184 endgültig. Dazu *Achermann* Asyl 1/2006, 23.

[75] Stockholmer Programm – Ein offenes und sicheres Europa im Dienste und zum Schutz der Bürger, ABl. 2010 C 115, 1.

[76] VO (EG) Nr. 2725/2000 des Rates vom 11. Dezember 2000 über die Einrichtung von „Eurodac" für den Vergleich von Fingerabdrücken zum Zwecke der effektiven Anwendung des Dubliner Übereinkommens („Eurodac-Verordnung"), ABl. 2000 L 316, 1. Vgl. auch VO (EG) Nr. 407/2002 des Rates vom 28. Februar 2002 zur Festlegung von Durchführungsbestimmungen zur Verordnung (EG) Nr. 2725/2000 über die Einrichtung von „Eurodac" für den Vergleich von Fingerabdrücken zum Zwecke der effektiven Anwendung des Dubliner Übereinkommens („Eurodac-Durchführungsverordnung"), ABl. 2002 L 62, 1.

[77] RL 2001/55/EG des Rates vom 20. Juli 2001 über Mindestnormen für die Gewährung vorübergehenden Schutzes im Falle eines Massenzustroms von Vertriebenen und Maßnahmen zur Förderung einer ausgewogenen Verteilung der Belastungen, die mit der Aufnahme dieser Personen und den Folgen dieser Aufnahme verbunden sind, auf die Mitgliedstaaten („Richtlinie zum vorübergehenden Schutz"), ABl. 2001 L 212, 12. Dazu *Kälin/Schrepfer* in UNHCR/SFH S. 439.

[78] RL 2003/9/EG des Rates vom 27. Januar 2003 zur Festlegung von Mindestnormen für die Aufnahme von Asylbewerbern in den Mitgliedstaaten („Aufnahmerichtlinie"), ABl. 2003 L 31, 18.

[79] VO (EG) Nr. 343/2003 des Rates vom 18. Februar 2003 zur Festlegung der Kriterien und Verfahren zur Bestimmung des Mitgliedstaates, der für die Prüfung eines von einem Drittstaatangehörigen in einem Mitgliedstaat gestellten Asylantrags zuständig ist („Dublin-II-Verordnung"), ABl. 2003 L 50, 1.

[80] RL 2004/83/EG des Rates vom 29. April 2004 über Mindestnormen für die Anerkennung und den Status von Drittstaatsangehörigen oder Staatenlosen als Flüchtlinge oder als Personen, die anderweitig internationalen Schutz benötigen, und über den Inhalt des zu gewährenden Schutzes („Qualifikationsrichtlinie"), ABl. 2004 L 304, 12.

[81] RL 2005/85/EG des Rates vom 1. Dezember 2005 über Mindestnormen für Verfahren in den Mitgliedstaaten zur Zuerkennung und Aberkennung der Flüchtlingseigenschaft („Verfahrensrichtlinie"), ABl. 2005 L 326, 13.

2009 in Angriff genommen. Die Kommission hatte bereits 2008/2009 verschiedene Vorschläge zur Reform der aktuell geltenden Rechtsakte veröffentlicht, die aber bei den Mitgliedstaaten teils nur auf wenig Gegenliebe stießen.[82] Insbesondere bei den Neufassungen der Verfahrens- und der Aufnahmerichtlinie war es schwierig, in den Mitgliedstaaten einen Konsens zu finden. Am wenigsten umstritten war die Neufassung der Qualifikationsrichtlinie. Hier konnte bereits 2011 eine Einigung erzielt werden.[83] Im Sommer 2013 wurde schließlich das sog **Asylpaket** verabschiedet.[84] Es beinhaltet Neufassungen der Dublin-Verordnung („Dublin III")[85], der Eurodac-Verordnung[86], der Verfahrens-[87] und der Aufnahmerichtlinie[88]. Die inhaltlichen Neuerungen der Rechtsakte der zweiten Phase sind allerdings überschaubar. Insofern handelt es sich vielfach immer noch um Mindeststandards, die einfach als „gemeinsame" Standards deklariert wurden. Seit 2011 können Personen, die internationalen Schutz genießen, auch als „langfristig Aufenthaltsberechtigte" in der EU anerkannt werden, wodurch sie – in beschränktem Masse – Freizügigkeit erhalten.[89]

29 Seit Mitte 2016 gibt es bereits wieder Verhandlungen über eine Reform der existierenden Rechtsakte (und damit eine **dritte Phase**), insbesondere über eine Neufassung der Dublin-Verordnung, aber auch über eine Umwandlung der Richtlinien in Verordnungen (mit Ausnahme der Aufnahmerichtlinie). Die Kommission hat in diesem Sinne im Mai und Juli 2016 zwei Pakete von Vorschlägen[90] veröffentlicht, die aber sehr viel Kritik hervorgerufen haben, vor allen Dingen der Vorschlag für eine Neufassung der Dublin-Verordnung[91] (→ Rn. 34).

---

[82] Vgl. folgende Arbeitsdokumente/-unterlagen der Kommissionsdienststellen: zur Dublin-VO KOM(2008) 820 endgültig; zur Aufnahme-RL KOM(2008) 815 endgültig; zur Verfahrens-RL KOM(2009) 554 endgültig; zur Qualifikations-RL KOM(2009) 551 endgültig und zur Eurodac-VO KOM(2008) 825 endgültig. Zur Aufnahme- und Verfahrens-RL erfolgten 2001 geänderte Vorschläge vgl. zur Einführung gemeinsamer Verfahren für die Zuerkennung und Aberkennung des internationalen Schutzstatus, KOM (2011) 319 endgültig und zur Festlegung von Normen für die Aufnahme von Asylbewerbern, KOM (2011) 320 endgültig. Zur Eurodac-VO erging 2012 ein Geänderter Vorschlag über die Einrichtung von „EURODAC" für den Abgleich von Fingerabdruckdaten, COM(2012) 254 final.

[83] RL 2011/95/EU des Europäischen Parlaments und des Rates vom 13. Dezember 2011 über die Normen für die Anerkennung von Drittstaatsangehörigen oder Staatenlosen als Personen mit Anspruch auf internationalen Schutz, für einen einheitlichen Status für Flüchtlinge oder für Personen mit Anrecht auf subsidiären Schutz und für den Inhalt des zu gewährenden Schutzes, ABl. 2011 L 337, 9. Dazu *Hruschka/Progin-Theuerkauf* S. 256 f.

[84] Dazu ausführlich *Hruschka/Progin-Theuerkauf/Gordzielik*, 2013, S. 184 ff.

[85] VO (EU) Nr. 604/2013 des Europäischen Parlaments und des Rates vom 26. Juni 2013 zur Festlegung der Kriterien und Verfahren zur Bestimmung des Mitgliedstaats, der für die Prüfung eines von einem Drittstaatsangehörigen oder Staatenlosen in einem Mitgliedstaat gestellten Antrag auf internationalen Schutz zuständig ist („Dublin-III-Verordnung"), ABl. 2013 L 180, 31.

[86] VO (EU) Nr. 603/2013 des Europäischen Parlaments und des Rates vom 26. Juni 2013 über die Einrichtung von Eurodac für den Abgleich von Fingerabdruckdaten zum Zwecke der effektiven Anwendung der Verordnung (EU) Nr. 604/2013 zur Festlegung der Kriterien und Verfahren zur Bestimmung des Mitgliedstaats, der für die Prüfung eines von einem Drittstaatsangehörigen oder Staatenlosen in einem Mitgliedstaat gestellten Antrags auf internationalen Schutz zuständig ist und über der Gefahrenabwehr und Strafverfolgung dienende Anträge der Gefahrenabwehr- und Strafverfolgungsbehörden der Mitgliedstaaten und Europols auf den Abgleich mit Eurodac-Daten sowie zur Änderung der Verordnung (EU) Nr. 1077/2011 zur Errichtung einer Europäischen Agentur für das Betriebsmanagement von IT-Großsystemen im Raum der Freiheit, der Sicherheit und des Rechts (Neufassung), ABl. 2013 L 180, 1.

[87] RL 2013/32/EU des Europäischen Parlaments und des Rates vom 26. Juni 2013 zu gemeinsamen Verfahren für die Zuerkennung und Aberkennung des internationalen Schutzes, ABl. 2013 L 180, 60.

[88] RL 2013/33/EU des Europäischen Parlaments und des Rates vom 26. Juni 2013 zur Festlegung von Normen für die Aufnahme von Personen, die internationalen Schutz beantragen, ABl. 2013 L 180, 96.

[89] RL 2011/51/EU des Europäischen Parlaments und des Rates vom 11. Mai 2011 zur Änderung der Richtlinie 2003/109/EG des Rates zur Erweiterung ihres Anwendungsbereichs auf Personen, die internationalen Schutz genießen, ABl. 2011 L 132, 1. Vgl. die ursprüngliche Fassung der Richtlinie 2003/109/EG des Rates vom 25. November 2003 betreffend die Rechtsstellung der langfristig aufenthaltsberechtigten Drittstaatsangehörigen, ABl. 2004 L 16, 44.

[90] COM(2016) 270 final; COM(2016) 271 final; COM(2016) 272 final; COM(2016) 465; COM(2016) 466; COM(2016) 467.

[91] *Progin-Theuerkauf*, The „Dublin IV" Proposal: Towards more solidarity and protection of individual rights?, sui-generis 2017, 61 ff.

C. Überblick über die aktuell geltenden Rechtsakte des Gemeinsamen Europäischen Asylsystems

Nachfolgend werden die im Hinblick auf eine gemeinsame Asylpolitik wesentlichen **Sekundärrechtsakte** illustriert. In Bezug auf die Qualifikations-, die Verfahrens-, und die Aufnahmerichtlinie sowie auf die Dublin- und die Eurodac-Verordnung wird jeweils der Inhalt des Rechtsakts der ersten Phase erläutert und dann auf wesentliche Neuerungen der Neufassung der zweiten Phase des Gemeinsamen europäischen Asylsystems eingegangen. Auch die Vorschläge der Kommission für eine dritte Phase werden erwähnt. 30

I. Dublin-Verordnung

Nach Art. 78 Abs. 2 lit. e AEUV sollen die Kriterien und Verfahren zur Bestimmung des Mitgliedstaates, der für die Prüfung eines Antrags auf Asyl oder subsidiären Schutz zuständig ist, festgelegt werden. Diese Aufgabe wurde während zehn Jahren durch die Verordnung (EG) Nr. 343/2003[92] von Februar 2003 erledigt, die das DÜ vom 15. Juni 1990 ersetzte. Daher erhielt sie auch die Bezeichnung **Dublin II-Verordnung.** Die Verordnung stellte in ihren Art. 6 ff. Dublin II-VO eine feste Rangfolge von Kriterien auf, anhand derer der zuständige Mitgliedstaat ermittelt wird. Dabei handelte es sich zunächst um Kriterien in Bezug auf unbegleitete Minderjährige und Familienangehörige (Art. 6–8 Dublin II-VO) und danach um Kriterien, die in erster Linie daran anknüpften, welcher Mitgliedstaat die Einreise des Asylbewerbers zu verantworten hat (zB durch Ausstellung eines Visums oder einer Aufenthaltserlaubnis oder durch Nicht-Verhinderung der illegalen Einreise). Ließ sich anhand der Kriterien dieser Verordnung nicht bestimmen, welchem Mitgliedstaat die Prüfung des Asylantrags obliegt, so war der erste Mitgliedstaat, in dem der Asylantrag gestellt wurde, für dessen Prüfung zuständig (Art. 13 Dublin II-VO). Abweichungen von der einmal ermittelten Zuständigkeit waren aus humanitären Gründen (Art. 15 Dublin II-VO) oder dann möglich, wenn der Staat sein Selbsteintrittsrecht ausübt (Art. 3 Abs. 2 Dublin II-VO). 31

Nach der Ermittlung des zuständigen Mitgliedstaates wurde nach Art. 16 ff. Dublin II-VO entweder das Aufnahme- oder das Wiederaufnahmeverfahren durchgeführt. Rechtsmittel gegen die Durchführung der Überstellung hatten nach der Dublin II-Verordnung keine aufschiebende Wirkung, es sei denn, das nationale Recht sah dies vor (Art. 19 Abs. 2 Dublin II-VO und Art. 20 Abs. 1 lit. e Dublin II-VO). Die Dublin II-Verordnung legte damit ein reines Zuständigkeitsermittlungsverfahren fest. Einzelheiten zum Asylverfahren an sich überließ sie dem nationalen Recht, wobei die Vorgaben der Verfahrens-, der Qualifikations-, sowie der Aufnahmerichtlinie zu beachten waren (→ Rn. 37 ff.). Details zur konkreten Durchführung von Dublin-Überstellungen wurden in einer Durchführungsverordnung geregelt.[93]

Bereits ab ca. 2009 geriet das Dublin-System immer mehr in die Kritik, weil es die Länder an den EU-Außengrenzen benachteiligte, die aufgrund der Kriterien in den Art. 6 ff. Dublin II-VO regelmäßig für die Prüfung eines Asylgesuchs zuständig werden. Die Situation wurde umso prekärer, als diese Staaten auch finanziell enorme Schwierigkeiten hatten (und immer noch haben). Anfang 2011 verurteilte der EGMR im Zusammenhang mit einer Dublin-Überstellung von Belgien nach Griechenland beide Mitgliedstaaten wegen Verstößen gegen Art. 3 und 13 EMRK. Eine Reform des Dublin-Systems war damit unvermeidbar geworden.[94] Im Dezember 2011 zog der EuGH nach und erließ in der Rechtssache N. S. und M. E. ein dem Fall M. S. S. weitgehend entsprechendes **Grundsatzurteil zu Dublin-Transfers** 32

---

[92] Dublin-II-VO (ABl. 2003 L 50, 1). Dazu *Filzwieser/Sprung; Hruschka* Beilage zum Asylmagazin 1–2/2008, 1; *Hermann,* Das Dublin System, 2008.
[93] VO (EG) Nr. 1560/2003 der Kommission vom 2. September 2003 mit Durchführungsbestimmungen zur Verordnung (EG) Nr. 343/2003 des Rates zur Festlegung der Kriterien und Verfahren zur Bestimmung des Mitgliedstaats, der für die Prüfung eines von einem Drittstaatsangehörigen in einem Mitgliedstaat gestellten Asylantrags zuständig ist („Dublin-Durchführungsverordnung"), ABl. 2003 L 222, 3.
[94] EGMR 21.1.2011 (GK) – 30696/09 – M. S. S./Belgium and Greece. Vgl. die Zusammenfassung von *Portmann* Asyl 3/2011, 28 ff.

nach Griechenland.[95] Allerdings bezog er sich nicht auf Art. 3 EMRK, sondern auf den gleichlautenden Art. 4 GRC. Demnach sei eine **unwiderlegbare Vermutung der Sicherheit** unzulässig. Ein Asylbewerber dürfe nicht im Rahmen eines Dublin-Verfahrens an einen anderen Mitgliedstaat überstellt werden, wenn es dem überstellenden Mitgliedstaat „nicht verborgen geblieben sein kann", dass **„systemische Mängel"** des Asylverfahrens und der Aufnahmebedingungen im eigentlich zuständigen Mitgliedstaat ernstlich und erwiesenermaßen Grund zur Annahme geben, dass der Asylbewerber dort der Gefahr einer gegen Art. 4 GRC verstoßenden Behandlung ausgesetzt werde. Die Folge einer solchen Situation sei aber nicht etwa eine Verpflichtung zum Selbsteintritt, sondern der Mitgliedstaat müsse dann die Kriterien des Kapitels III der Dublin II-Verordnung weiterprüfen, um einen anderen zuständigen Mitgliedstaat zu ermitteln. Die Situation des Asylbewerbers dürfe jedoch nicht durch ein unangemessen langes Verfahren verschlimmert werden. Inzwischen sind weitere Urteile ergangen, die die Voraussetzungen der N. S.-Rechtsprechung sowie andere auslegungsbedürftige Normen der Verordnung konkretisieren.[96] Ua hat der EuGH klargestellt, dass die Fristen der Dublin-Verordnung drittschützend und damit einklagbar sind.[97]

33 Im Dezember 2008 legte die Kommission einen ersten **Vorschlag** zur Reform der Dublin II-Verordnung vor.[98] Dieser sah ua einen Aussetzungsmechanismus vor, der in Gang gesetzt werden konnte, wenn sich ein Mitgliedstaat in einer Notsituation befindet, „die seine Aufnahmekapazitäten, sein Asylsystem oder seine Infrastruktur außergewöhnlich schwer belastet" (Art. 31 des Vorschlags). Auf ein solches Vorgehen konnten sich die Mitgliedstaaten allerdings nicht einigen. Im Sommer 2013 wurde endlich ein Durchbruch erzielt und das lange erwartete **„Asylum-Package"** verabschiedet.[99] Die Neufassung der Dublin II-Verordnung **(Dublin III-Verordnung)**[100] bezieht den subsidiären Schutz in den Anwendungsbereich der Dublin-Verordnung mit ein. Die N. S.-Rechtsprechung wird im neuen Art. 3 Abs. 2 Dublin III-VO kodifiziert. Die Ermessensklauseln werden fusioniert (Art. 17 Dublin III-VO) und eine neue Bestimmung zu abhängigen Personen geschaffen (Art. 16 Dublin III-VO). Kindeswohl und Achtung des Familienlebens werden stärker berücksichtigt (Art. 2 lit. g und h Dublin III-VO, Art. 6 Dublin III-VO). Statt eines Aussetzungsmechanismus gibt es nun ein Frühwarnsystem (Art. 33 Dublin III-VO). Neue Regeln gibt es auch zur Haft (Art. 28 Dublin III-VO) und zum Rechtsschutz, wobei die Mitgliedstaaten hier zwischen drei Modellen wählen können (Art. 27 Dublin III-VO). Schließlich werden verschiedene Verfahrensregeln und -rechte präzisiert (zB Art. 4 Dublin III-VO, Art. 5 Dublin III-VO, Art. 32 Abs. 2 Dublin III-VO). Die Dublin III-Verordnung ist auf alle ab dem 1.1.2014 gestellten Asylgesuche anwendbar. Im Januar 2014 wurde auch eine neue Durchführungsverordnung erlassen.[101]

---

[95] EuGH C-411/10 und C-493/10, ECLI:EU:C:2011:865 – N. S. ua. Dazu *Hruschka/Progin-Theuerkauf* S. 259 f. Vgl. auch *Hailbronner/Thym* NVwZ 2012, 406; *Bank/Hruschka* ZAR 2012, 182.
[96] In chronologischer Reihenfolge: EuGH C-19/08, ECLI:EU:C:2009:41 – Petrosian; EuGH C-620/10, ECLI:EU:C:2012:265 – Kastrati; EuGH C-245/11, ECLI:EU:C:2012:685 – K/Bundesasylamt; EuGH C-528/11, ECLI:EU:C:2013:342 – Halaf; EuGH C-648/11, ECLI:EU:C:2013:367 – MA, BT, DA; EuGH C-4/11, ECLI:EU:C:2013:740 – Puid; EuGH C-394/12, ECLI:EU:C:2013:813 – Abdullahi; EuGH C-695/15 PPU, ECLI:EU:C:2016:188 – Mirza; EuGH C-155/15, ECLI:EU:C:2016:410 – Karim; EuGH C-63/15, ECLI:EU:C:2016:409 – Ghezelbash; EuGH C-578/16 PPU, ECLI:EU:C:2017:127 – C. K.; EuGH C-528/15, ECLI:EU:C:2017:213 – Al Chodor; EuGH C-36/17, ECLI:EU:C:2017:273 – Ahmed; EuGH C-646/16, ECLI:EU:C:2017:586 – Jafari; EuGH C-490/16, ECLI:EU:C:2017:585 – A. S.; EuGH C-670/16, ECLI:EU:C:2017:587 – Mengesteab; EuGH C-60/16, ECLI:EU:C:2017:67 – Khir Amayry; EuGH C-201/16, ECLI:EU:C:2017:805 – Shiri; EuGH C-360/16, ECLI:EU:C:2018:35 – Hasan. Vgl. die Rechtsprechungsübersicht von *Hruschka/Progin-Theuerkauf/Schmid/Zoeteweij-Turhan*.
[97] EuGH C-201/16, ECLI:EU:C:2017:805 – Shiri; EuGH C-670/16, ECLI:EU:C:2017:587 – Mengesteab.
[98] Arbeitsdokument zur Dublin-VO KOM(2008) 820 endgültig; dazu *Hermann* ASYL 3/2009, 10.
[99] *Hruschka/Progin-Theuerkauf/Gordzielik*, 2013, S. 185 ff.
[100] VO (EU) Nr. 604/2013 (ABl. 2013 L 180, 31). Dazu grundlegend *Filzwieser/Sprung*.
[101] Durchführungs-VO (EU) Nr. 118/2014 der Kommission vom 30. Januar 2014 zur Änderung der Verordnung (EG) Nr. 1560/2003 mit Durchführungsbestimmungen zur Verordnung (EG) Nr. 343/2003 des Rates zur Festlegung der Kriterien und Verfahren zur Bestimmung des Mitgliedstaates, der für die Prüfung eines von einem Drittstaatsangehörigen in einem Mitgliedstaat gestellten Asylantrags zuständig ist, ABl. 2014 L 39, 1. Dazu *Hruschka/Progin-Theuerkauf/Gordzielik*, 2014, S. 176 f.

Nur drei Jahre nach der Verabschiedung der Dublin III-Verordnung legte die EU-Kommission im Zuge der sogenannten „Flüchtlingskrise" im Mai 2016 einen Vorschlag für eine Neufassung der Dublin-Verordnung vor.[102] Dieser sieht ua die Einführung eines Korrekturmechanismus' vor: Jedem Mitgliedstaat soll ein Referenzwert zugeordnet werden. Wenn 150 % des Wertes überschritten sind, greift der Mechanismus und eine Umverteilung findet statt, bis der Schwellenwert wieder erreicht ist. Wenn ein Mitgliedstaat keine Asylsuchenden aufnehmen will, kann er sich dem durch Zahlung einer Pauschale entziehen. Auch schlägt die Kommission vor, vor dem Dublin-Verfahren ein Vorverfahren durchzuführen, in dem zuerst geprüft wird, ob die betreffende Person aus einem sicheren Drittstaat oder einem ersten Asylstaat kommt. Asylsuchende sollen die Pflicht haben, im ersten EU-Mitgliedstaat ein Asylgesuch zu stellen und in diesem Staat zu verbleiben. Anderenfalls drohen Sanktionen. Des Weiteren sind Anpassungen der Zuständigkeitskriterien vorgesehen; etwa soll die Zuständigkeit für irregulär Eingereiste nicht mehr erlöschen. Zudem sollen viele Fristen verkürzt werden. Der Vorschlag erscheint keinesfalls solidarischer als das bestehende System; zudem würde sich die Rechtsstellung der Asylsuchenden noch weiter verschlechtern.[103]

II. Eurodac-Verordnung

Zur Unterstützung des Dublin-Systems wurde im Jahr 2000 die Eurodac-Datenbank geschaffen.[104] Die in der Datenbank gespeicherten Daten gelten als Beweise im Rahmen der Ermittlung des zuständigen Mitgliedstaates nach der Dublin-Verordnung. Die Eurodac-Verordnung sieht **drei Kategorien von Daten** vor: Daten über Asylbewerber (Speicherfrist: 10 Jahre), Daten über Ausländer, die bei einem illegalen Grenzübertritt an einer Außengrenze aufgegriffen werden und Daten über Ausländer, die sich illegal in einem Mitgliedstaat aufhalten (keine Speicherung, sondern nur Abgleich). Daten werden nur von Personen über 14 Jahren genommen. Auch die Eurodac-Verordnung wurde mit dem Asylpaket von 2013 angepasst.[105] Insbesondere wurden die Zugriffsrechte von Behörden auf die Datenbank erweitert und der Datenschutz verbessert. Die bestehenden Datenkategorien wurden beibehalten; die Daten von Personen, die beim illegalen Überschreiten einer Außengrenze aufgegriffen werden, stehen allerdings nur noch 18 Monate statt zwei Jahre zur Verfügung.[106]

Nach dem Willen der Kommission soll der Geltungsbereich der Eurodac-Verordnung noch weiter ausgeweitet werden.[107] So soll es den Mitgliedstaaten möglich gemacht werden, Daten von Drittstaatlern und Staatenlosen zu speichern und abzufragen, die keinen Antrag auf internationalen Schutz gestellt haben, sich aber illegal in der EU aufhalten. Ferner soll die Speicherung zusätzlicher Angaben zur Person erlaubt werden (ua Name, Geburtsdatum und Lichtbilder). Auch soll der Kreis der Zugriffsberechtigten erweitert werden. Hier bestehen vor allem datenschutzrechtliche Bedenken.

III. Qualifikationsrichtlinie

Ziel der Qualifikationsrichtlinie[108] ist es, die Kriterien für die Bestimmung der Personen, die internationalen Schutz benötigen, sowie die Rechte, die diesen Personen zustehen, festzulegen. Sie konkretisiert, wer als **Flüchtling** bzw. als **subsidiär Schutzberechtigter**

---

[102] COM(2016) 270 final. Vgl. *Progin-Theuerkauf*, The „Dublin IV" Proposal: Towards more solidarity and protection of individual rights?, sui-generis 2017, 61 ff.
[103] Vgl. *Progin-Theuerkauf*, The „Dublin IV" Proposal: Towards more solidarity and protection of individual rights?, sui-generis 2017, 61 ff.
[104] Eurodac-VO (EG) Nr. 2725/2000 (ABl. 2000 L 316, 1). Vgl. auch Eurodac-Durchführungs-VO (ABl. 2002 L 62, 1).
[105] VO (EU) Nr. 603/2013 (ABl. 2013 L 180, 31).
[106] Dazu ausführlich *Hruschka/Progin-Theuerkauf/Gordzielik*, 2013, S. 187 f.
[107] COM(2016) 272 final.
[108] RL 2011/95/EU (ABl. 2011 L 337, 9). Diese ersetzt die Qualifikations-RL 2004/83/EG, ABl. 2004 L 304, 12. Vgl. *Marx*, Qualifikationsrichtlinie; *Marx*, Flüchtlingsschutz; *Petermann/Kaufmann* in UNHCR/SFH S. 67; zur Neufassung *Hruschka/Progin-Theuerkauf* S. 256 f.

anerkannt wird.[109] Damit legt sie den Flüchtlingsbegriff der Genfer Flüchtlingskonvention aus und lehnt sich in Bezug auf den subsidiären Schutz stark an die Rechtsprechung des EGMR zu Art. 3 EMRK an. Teilweise können die Konzepte jedoch abweichen, was in Bezug auf die völkerrechtlichen Verpflichtungen der Mitgliedstaaten nicht unproblematisch ist. Allgemein soll die Richtlinie die Sekundärmigration zwischen den Mitgliedstaaten eindämmen, ein Ziel, das bislang allerdings nur bedingt erreicht ist. Kritisch ist auch, dass viele Normen der Richtlinie zu ungenau formuliert sind und nur zu einem unzureichenden Harmonisierungsniveau geführt haben. Nach der Qualifikationsrichtlinie von 2004 waren subsidiär Schutzberechtigte den Flüchtlingen nicht gleichgestellt, sondern hatten eine schlechtere Rechtsposition. Hier enthält die Neufassung der Qualifikationsrichtlinie von 2011 deutliche Verbesserungen (mit Ausnahme der Aufenthaltsbewilligungen und dem Zugang zu Sozialleistungen). Es gab bereits zahlreiche Vorlageverfahren zur Auslegung der Qualifikationsrichtlinie (sowohl in der Fassung von 2004 als auch in der von 2011) an den EuGH.[110]

38 Im Juli 2016 hat die EU-Kommission vorgeschlagen, die Qualifikationsrichtlinie in eine Qualifikationsverordnung umzuwandeln.[111] So sollen unter anderem das Harmonisierungsniveau erhöht und einheitlichere Schutzquoten in den Mitgliedstaaten erreicht werden. Sekundärbewegungen sollen dadurch eingedämmt werden, dass die 5-Jahres-Frist, die vor Erhalt einer langfristigen Aufenthaltserlaubnis abgewartet werden muss, immer wieder neu zu laufen beginnt, wenn die Person in einem anderen Mitgliedstaat angetroffen wird. Der Schutzstatus soll regelmäßig überprüft werden; Schutz soll nur so lange wie nötig gewährt werden. Zudem soll der Zugang zu bestimmten Sozialleistungen von Integrationsmaßnahmen abhängig gemacht werden.

IV. Verfahrensrichtlinie

39 Ziel der Verfahrensrichtlinie[112], die ebenfalls 2013 neu gefasst wurde,[113] ist die Schaffung von gemeinsamen Verfahren für die Zu- und Aberkennung des internationalen Schutzes. Die neugefasste Richtlinie enthält (nach wie vor) sechs Kapitel, die neben allgemeinen Regelungen zwischen erstinstanzlichen Verfahren, Verfahren zur Aberkennung des internationalen Schutzes und Rechtsbehelfen unterscheidet. Allgemeine Grundsätze und Garan-

---

[109] Die beiden Kategorien von Schutz werden unter dem Begriff des „internationalen Schutzes" zusammengefasst; dieser wird jetzt in allen Rechtsakten des Gemeinsamen Europäischen Asylsystems verwendet.
[110] EuGH C-465/07, ECLI:EU:C:2009:94 – Elgafaji; dazu *Bank* NVwZ 2009, 695; EuGH verb. Rs. C-175/08, C-176/08, C-178/08 und C-179/08, ECLI:EU:C:2010:105 – Abdulla; dazu *Progin-Theuerkauf* ASYL 3/2010, 29; EuGH C-31/09, ECLI:EU:C:2010:351 – Bolbol; dazu *Progin-Theuerkauf* ASYL 2/2011, 20; EuGH C-57/09 und C-101/09, ECLI:EU:C:2010:661 – B und D; dazu *Progin-Theuerkauf* ASYL 1/2011, 25. Vgl. auch *Hruschka/Progin-Theuerkauf* in Achermann et al., Jahrbuch für Migrationsrecht 2009/2010, 2010, S. 121, 136 ff.; EuGH verb. Rs. C-71/11 und C-99/11, ECLI:EU:C:2012:518 – Y und Z; dazu *Progin-Theuerkauf/Gordzielik* ASYL 4/2012, 30; EuGH C-277/11, ECLI:EU:C:2012:744 – M. M.; dazu *Progin-Theuerkauf/Gordzielik* ASYL 1/2013, 31; EuGH C-364/11, ECLI:EU:C:2012:826 – El Kott; EuGH verb. Rs. C-199/12 und C-201/12, ECLI:EU:C:2013:720 – X, Y und Z; dazu *Progin-Theuerkauf* ASYL 1/2014, 29; EuGH C-285/12, ECLI:EU:C:2014:39 – Diakité; dazu *Progin-Theuerkauf/Ousmane* ASYL 2/2014, 24; EuGH C-604/12, ECLI:EU:C:2014:302 – H. N.; EuGH C-481/13, ECLI:EU:C:2014:2101 – Qurbani; EuGH C-148/13 bis C-150/13, ECLI:EU:C:2014:2406 – A., B. und C.; EuGH C-562/13, ECLI:EU:C:2014:2453 – Abdida; EuGH C-542/13, ECLI:EU:C:2014:2452 – M'Bodj; EuGH C-472/13, ECLI:EU:C:2015:117 – Shepherd; EuGH C-373/13 ECLI:EU:C:2015:415 – T.; EuGH C-443/14 und C-444/14, ECLI:EU:C:2016:127 – Alo und Osso; EuGH C-429/15, ECLI:EU:C:2017:789 – Danqua; EuGH C-573/14, ECLI:EU:C:2017:71 – Lounani; EuGH C-560/14, ECLI:EU:C:2017:101 – M; EuGH C-473/16, ECLI:EU:C:2018:36 – F. Vgl. die Rechtsprechungsübersicht von *Hruschka/Progin-Theuerkauf/Schmid/Zoeteweij-Turhan*.
[111] COM(2016) 466 final.
[112] Richtlinie 2005/85/EG des Rates vom 1. Dezember 2005 über Mindestnormen für Verfahren in den Mitgliedstaaten zur Zuerkennung und Aberkennung der Flüchtlingseigenschaft (Verfahrens-RL 2005/85/EG (ABl. 2005 L 180, 60)). Dazu *Epiney/Waldmann/Egbuna-Joss/Oeschger* in UNHCR/SFH S. 199; *Mattey/Mahon* in UNHCR/Schweizerische Flüchtlingshilfe S. 301; *Renner* S. 305.
[113] RL 2013/32/EU (ABl. 2013 L 180, 60). Zu den Neuerungen ausführlich *Hruschka/Progin-Theuerkauf/Gordzielik*, 2013, S. 188 ff.

tien (zB Zugang zum Verfahren, Garantien für Minderjährige, Recht auf eine persönliche Anhörung, Verbleiberechte) finden sich in Kapitel II. Auch nach der neuen Verfahrensrichtlinie können durch die Mitgliedstaaten Listen sicherer Herkunftsstaaten und sicherer Drittstaaten erstellt werden. Auf die Schaffung einer gemeinsamen Minimalliste wurde allerdings verzichtet.[114] Die Auslegung der Verfahrensrichtlinie war wiederholt Gegenstand von Vorabentscheidungsverfahren.[115]

Im Juli 2016 hat die EU-Kommission vorgeschlagen, die Asylverfahrensrichtlinie in eine Verordnung umzuwandeln.[116] So soll ein EU-weit einheitliches Verfahren zur Beurteilung von Anträgen auf internationalen Schutz geschaffen werden, was auch zu einheitlicheren Anerkennungsquoten in den Mitgliedstaaten führen soll. Ua soll auch eine neue, sanktionsbewehrte Pflicht der Asylsuchenden zur Zusammenarbeit mit den Behörden eingeführt werden. Zudem sollen die Regeln zu sicheren Herkunfts- und sicheren Drittstaaten harmonisiert werden. Da beim Verfahren zurzeit in den Mitgliedstaaten die größten Unterschiede bestehen, hätte eine solche Verordnung weitreichende Konsequenzen für die Rechtsordnungen der Mitgliedstaaten. **40**

V. Aufnahmerichtlinie

Die Aufnahmerichtlinie von 2003[117] galt nur für Drittstaatsangehörige oder Staatenlose, die auf dem Gebiet eines Mitgliedstaates Asyl beantragt haben. Im Einzelnen sah sie Informationsrechte, Freizügigkeitsrechte, Rechte auf medizinische Versorgung, Unterbringung, Schulbildung und den Zugang zum Arbeitsmarkt vor. Die Richtlinie räumte den Mitgliedstaaten allerdings sehr viele Abweichungsmöglichkeiten von den garantierten Rechten ein. So durften diese nach Art. 11 Aufnahme-RL Asylbewerbern bis zu ein Jahr lang den Zugang zum nationalen Arbeitsmarkt verwehren. Der EuGH hat bereits einige Urteile[118] zur Auslegung der Aufnahmerichtlinie gefällt; ua stellte er klar, dass diese auch in Dublin-Verfahren (und nicht etwa nur im Asylverfahren) gilt.[119] Zu den Kernpunkten der Neufassung der Aufnahmerichtlinie von 2013[120] gehören die Einbeziehung von Personen, die subsidiären Schutz beantragt haben, detaillierten Regeln über die Inhaftierung von Asylantragstellern (Art. 8–11 EU-Aufnahmerichtlinie) und die Schaffung von Ansprüchen auf unentgeltliche Rechtsberatung und -vertretung. Zudem wird das Arbeitsverbot für Asylantragsteller von 12 auf neun Monate reduziert. **41**

Die EU-Kommission beabsichtigt, auch die Aufnahmerichtlinie zu reformieren.[121] Diese soll allerdings – anders als die Qualifikations- und die Verfahrensrichtlinie – nicht zu einer Verordnung werden und hat daher auch zukünftig eine geringere Normdichte. In ihrem Vorschlag von Juli 2006 sieht die Kommission vor allem Verschärfungen vor: Asylsuchende sollen im zuständigen Aufnahmestaat verbleiben; anderenfalls drohen Kürzungen der Sozialleistungen. Der Anspruch auf angemessene Aufnahmebedingungen soll nur in einem einzigen Mitgliedstaat bestehen. Allerdings sollen Asylsuchende spätestens nach 6 Monaten Zugang zum Arbeitsmarkt erhalten. **42**

---

[114] Vgl. EuGH C-133/06, ECLI:EU:C:2008:257 – Europäisches Parlament/Rat der Europäischen Union.
[115] EuGH C-69/10, ECLI:EU:C:2011:524 – Brahim Samba Diouf; EuGH C-175/11, ECLI:EU:C:2013:45 – H. I. D. und B. A. Vgl. *Progin-Theuerkauf* ASYL 3/2013, 34; *Progin-Theuerkauf* ASYL 1/2012, 35; EuGH C-239/14, ECLI:EU:C:2015:824 – Tall; EuGH C-348/16, ECLI:EU:C:2017:591 – Sacko; EuGH C-18/16, ECLI:EU:C:2017:680 – K. Vgl. die Rechtsprechungsübersicht von *Hruschka/Progin-Theuerkauf/Schmid/Zoeteweij-Turhan*.
[116] COM(2016) 467 final.
[117] Aufnahme-RL 2003/9/EG (ABl. 2003 L 31, 18); s. hierzu *Gerber* S. 130 ff., 137 ff.
[118] EuGH C-179/11, ECLI:EU:C:2012:594 – Cimade und Gisti; EuGH C-79/13, ECLI:EU:C:2014:103 – Saciri; EuGH C-601/15 PPU, ECLI:EU:C:2016:84 – J. N.; EuGH C-18/16, ECLI:EU:C:2017:680 – K.
[119] EuGH C-179/11, ECLI:EU:C:2012:594 – Cimade und Gisti.
[120] RL 2013/33/EU (ABl. 2013 L 180, 96). Zu den Neuerungen ausführlich *Hruschka/Progin-Theuerkauf/Gordzielik*, 2013, S. 191 ff.
[121] COM(2016) 465 final.

VI. Richtlinie über vorübergehenden Schutz

43 Im Jahr 2001 hat der Rat auf der Grundlage des Art. 63 S. 1 Nr. 2 lit. a und b EGV-Nizza die Richtlinie über „Mindestnormen für die Gewährung vorübergehenden Schutzes im Fall eines Massenzustroms von Vertriebenen und Maßnahmen zur Förderung einer ausgewogenen Verteilung der Belastungen, die mit der Aufnahme dieser Personen und den Folgen dieser Aufnahme verbunden sind, auf die Mitgliedstaaten" verabschiedet.[122] Die Richtlinie ist unverändert in Kraft und stellt Mindestnormen für die Gewährung vorübergehenden Schutzes im Falle eines **Massenzustroms von Vertriebenen aus Drittländern,** die nicht in ihr Herkunftsland zurückkehren können, auf und will eine ausgewogene Verteilung der Belastungen, die mit der Aufnahme dieser Personen und den Folgen dieser Aufnahme verbunden sind, erreichen. Unter Vertriebenen werden dabei Drittstaatsangehörige oder Staatenlose verstanden, die ihr Herkunftsland oder ihre Herkunftsregion verlassen mussten oder die nach einem entsprechenden Aufruf internationaler Organisationen evakuiert wurden und wegen der in diesem Lande herrschenden Lage nicht sicher und dauerhaft zurückkehren können. Nicht ausgeschlossen ist, dass diese Personen auch Flüchtlinge im Sinne der GFK sind. Die Richtlinie hat dabei Personen im Auge (vgl. Art. 2 lit. c SchutzgewährungsRL), „die aus Gebieten geflohen sind, in denen ein bewaffneter Konflikt oder dauernde Gewalt herrscht" sowie solche, „die ernsthaft von systematischen oder weit verbreiteten Menschenrechtsverletzungen bedroht waren oder Opfer solcher Menschenrechtsverletzungen sind." Bislang wurde der vorübergehende Schutz noch nie gewährt, da die Richtlinie auf den Konflikt im ehemaligen Jugoslawien und den daraus resultierenden Zustrom in EU-Mitgliedstaaten maßgeschneidert wurde. Es scheint einhellige Auffassung zu sein, dass es sich um einen Konflikt innerhalb oder mindestens „vor den Toren" Europas handeln muss, obwohl der Wortlaut der Richtlinie auch eine großzügigere Auslegung erlaubt.[123] Das durch die Richtlinie vorgesehene Verfahren ist zudem eher umständlich: Auf Vorschlag der Kommission stellt der Rat durch Beschluss das Vorliegen eines Massenzustroms von Vertriebenen fest (Art. 5 Abs. 1 SchutzgewährungsRL).[124] Die Dauer des vorübergehenden Schutzes beträgt dann grundsätzlich ein Jahr, sofern der Schutz nicht durch einen gegenteiligen Ratsbeschluss früher beendet wird. Verlängerungen sind nach Art. 4 Abs. 1 und 2 SchutzgewährungsRL möglich. Insgesamt kann aber nur für maximal drei Jahre Schutz gewährt werden. Der vorübergehende Schutz ist eine eigene Schutzform, die nicht mit der Anerkennung als Flüchtling oder dem subsidiären Schutz zu verwechseln ist. Anders als im Rahmen des Flüchtlingsschutzes ist eine **konkret-individuelle Verfolgungsprüfung nicht vorgesehen** oder erforderlich.[125] Der Zugang zu einem regulären Asylverfahren wird aber jederzeit gewährleistet.

VII. EASO-Verordnung

44 Im Mai 2010 wurde auf der Grundlage von Art. 74 AEUV, Art. 78 Abs. 1 und 2 AEUV das Europäische **Unterstützungsbüro für Asylfragen (EASO)** geschaffen.[126] Dieses hat seinen Sitz in Malta und soll mittelfristig eine einheitlichere Anwendung des geltenden Rechts sicherstellen. Insbesondere soll es auch Mitgliedstaaten, deren Asylsysteme besonderem Druck ausgesetzt sind, mit operativen Maßnahmen unterstützen und nötigenfalls ein

---

[122] RL 2001/55/EG zum vorübergehenden Schutz (ABl. 2001 L 212, 12). Dazu *Kälin/Schrepfer* in UNHCR/SFH S. 439.
[123] Vgl. *Kälin/Schrepfer* in UNHCR/SFH S. 439.
[124] Gemäß Art. 5 Abs. 3 lit. c SchutzgewährungsRL muss dieser Beschluss insbesondere auch „Informationen der Mitgliedstaaten über ihre Aufnahmekapazität" enthalten. Nach Art. 25 Abs. 1 S. 2 SchutzgewährungsRL geben die Mitgliedstaaten ihre Aufnahmekapazität anhand von Zahlen oder „allgemein" an, so dass der Rat selbst keine eigene Entscheidung über die Höhe der Aufnahmekapazitäten der einzelnen Mitgliedstaaten trifft; vgl. *Funke-Kaiser* S. 409, 415.
[125] *Funke-Kaiser* S. 409, 415.
[126] VO (EU) Nr. 439/2010 des Europäischen Parlaments und des Rates vom 19. Mai 2010 zur Einrichtung eines Europäischen Unterstützungsbüros für Asylfragen, ABl. 2010 L 132, 11.

Frühwarnsystem einrichten. Eigene Entscheidungsbefugnisse soll das Büro aber nicht erhalten. EASO wurde als EU-Agentur im Februar 2011 operativ.

Nach einem Vorschlag der EU-Kommission von Mai 2016[127] soll EASO in eine vollumfängliche EU-Asylagentur mit einem erweiterten Mandat und mehr Aufgaben umgewandelt werden. Diese umfassen aber vor allem den Bereich der operativen und technischen Unterstützung. Kompetenzen zur Prüfung von Asylgesuchen soll EASO nicht erhalten.

VIII. Europäischer Flüchtlingsfonds und Fonds „Asyl und Migration"

Im September 2000 hat der Rat einen Europäischen Flüchtlingsfonds geschaffen.[128] **Zweck** des Fonds war es, die **Mitgliedstaaten** im Hinblick auf die Belastungen im Zusammenhang mit der Aufnahme von Flüchtlingen und vertriebenen Personen **zu unterstützen**. Im Jahr 2014 wurde der Europäische Flüchtlingsfonds durch den **Asyl, Migrations- und Integrationsfonds** abgelöst.[129] Dieser vereint den Flüchtlingsfonds mit dem Integrations- und dem Rückkehrfonds. Für die Jahre 2014 bis 2020 stehen dem Fonds insgesamt 3,1 Mrd. EUR zur Verfügung. Davon sollen 20 % dem Asylbereich zu Gute kommen.

D. Rechte nach der Grundrechtecharta

Art. 18 GRC gewährleistet das **Recht auf Asyl nach Maßgabe der GFK** und des **New Yorker Protokolls** sowie nach Maßgabe des Vertrags über die Europäische Union und des Vertrags über die Arbeitsweise der Europäischen Union. Da sich aber weder aus der GFK noch aus EUV oder AEUV ein entsprechendes Recht auf Asyl ableiten lässt, ginge der diesbezügliche Verweis in Art. 18 GRC insoweit ins Leere.[130] Dies erklärt, warum Art. 18 GRC bislang eher so verstanden wird, dass sich aus ihm **kein subjektiv-individueller Anspruch auf Asyl** für Verfolgte ergibt.[131] Einigkeit besteht jedenfalls darüber, dass aufgrund von Art. 18 GRC ein subjektives Recht auf Beachtung der genannten Völkerrechtsverträge besteht, das über den bloßen Hinweis, dass die entsprechenden Verträge einzuhalten seien, hinausgeht. Art. 18 GRC hat damit heute in erster Linie Abwehrcharakter. Die aus Art. 18 GRC abzuleitenden positiven Pflichten der Mitgliedstaaten beschränken sich auf Respektierungs- und Schutzpflichten.[132]

Ob auch Staatsangehörige der EU-Mitgliedstaaten in den persönlichen Anwendungsbereich von Art. 18 GRC fallen können, war eine heftig diskutierte Frage.[133] Die Mitgliedstaaten selbst gehen davon aus, dass Staatsangehörige von Mitgliedstaaten der Europäischen Union im Allgemeinen kein Asyl in einem anderen Mitgliedstaat erhalten können.[134]

---

[127] COM(2016) 271 final.
[128] Entscheidung 2000/596/EG des Rates vom 28. September 2000 über die Errichtung eines Europäischen Flüchtlingsfonds, ABl. 2000 L 252, 12. Durch Entscheidung 2004/904/EG des Rates von 2. Dezember 2004 wurde der Europäische Flüchtlingsfonds für den Zeitraum 2005–2010 errichtet, ABl. 2004 L 381, 52. Vgl. auch Entscheidung Nr. 573/2007/EG des Europäischen Parlaments und des Rates vom 23. Mai 2007 zur Einrichtung des Europäischen Flüchtlingsfonds für den Zeitraum 2008 bis 2013 innerhalb des Generellen Programms Solidarität und Steuerung der Migrationsströme und zur Aufhebung der Entscheidung 2004/904/EG des Rates, ABl. 2007 L 144, 1.
[129] VO (EU) Nr. 516/2014 des Europäischen Parlaments und des Rates vom 16. April 2014 zur Einrichtung des Asyl, Migrations- und Integrationsfonds, zur Änderung der Entscheidung 2008/381/EG des Rates und zur Aufhebung der Entscheidungen 573/2007/EG und 575/2007/EG des Europäischen Parlaments und des Rates und der Entscheidung 2007/435/EG des Rates, ABl. 2014 L 150, 168.
[130] *Bernsdorff* in NK-EuGRCh GRCh Art. 18 Rn. 11.
[131] *Bernsdorff* in NK-EuGRCh GRCh Art. 18 Rn. 11; d. *Heijer* in PHKW Fundamental Rights Art. 18 Rn. 18.52 f.
[132] *Bernsdorff* in NK-EuGRCh GRCh Art. 18 Rn. 11.
[133] *Bernsdorff* in NK-EuGRCh GRCh Art. 18 Rn. 11.
[134] Protokoll (Nr. 29) zum Amsterdamer Vertrag über die Gewährung von Asyl für Staatsangehörige von Mitgliedstaaten der Europäischen Union vom 2.10.1997, ABl. 1997 C 340, 103. Nach der neuen (ebenfalls inoffiziellen) Nummerierung der Protokolle im Amtsblatt nach dem Lissaboner Vertrag ist dieses das Protokoll Nr. 24.

Art. 18 GRC bindet die Union und ihre Organe sowie die Mitgliedstaaten, sofern sie Unionsrecht ausführen (Art. 51 Abs. 1 S. 1 GRC). Einschränkungen von Art. 18 GRC müssen den Voraussetzungen der allgemeinen Schrankenregelung der Grundrechtecharta genügen (Art. 52 Abs. 1 GRC). Ob auch Art. 52 Abs. 2 GRC auf Art. 18 GRC anwendbar ist, ist umstritten, da Art. 78 AEUV eine bloße Kompetenzvorschrift ist.[135] Der EuGH hat sich in seiner Rechtsprechung bislang noch nicht mit der Tragweite von Art. 18 GRC auseinandergesetzt.[136] Der Einfluss von Art. 18 GRC auf die Entwicklung der Rechtsakte des Gemeinsamen Europäischen Asylsystems wird entscheidend davon abhängen, welche Auslegung ihm der EuGH geben wird. Potential für eine extensivere Auslegung wäre vom Wortlaut des Art. 18 GRC her vorhanden.[137]

49 Andere Rechte der Grundrechtecharta, die für den Asylbereich von Bedeutung sind und auch durch den EuGH bereits herangezogen wurden, sind Art. 4 GRC (Verbot der Folter und unmenschlicher oder erniedrigender Strafe oder Behandlung)[138], Art. 7 GRC (Achtung des Privat- und Familienlebens)[139], Art. 19 GRC (Schutz bei Abschiebung, Ausweisung und Auslieferung), Art. 24 GRC (Rechte des Kindes)[140], Art. 41 GRC (Recht auf eine gute Verwaltung)[141] und Art. 47 GRC (Recht auf einen wirksamen Rechtsbehelf und ein unparteiisches Gericht)[142].

E. Zusammenfassende Bewertung und Ausblick

50 Seit 1999 hat sich das Europäische Asylrecht rasant entwickelt. Die durch den Vertrag von Amsterdam geschaffenen Kompetenzen erlaubten die Schaffung einer ersten Serie von Rechtsakten zur Errichtung eines Gemeinsamen Europäischen Asylsystems, wobei es sich dabei jedoch nur um **„Mindeststandards"** handelte. Der durch den Lissaboner Vertrag neu konzipierte Art. 78 AEUV ermöglichte dann endlich die Verabschiedung gemeinsamer Standards und Verfahren – ob die Rechtsakte der zweiten Phase des Gemeinsamen Europäischen Asylsystems diesen Anforderungen tatsächlich gerecht werden, ist allerdings zweifelhaft, da sie im Großen und Ganzen immer noch aus den vorherigen Mindeststandards bestehen und nur nicht mehr als solche bezeichnet werden. Das Jahr 2013 ist dennoch durch die Verabschiedung des **Asylpakets** von historischer Bedeutung. Die neu geschaffenen Rechtsakte enthalten einige wichtige Verbesserungen der Rechtsstellung von Personen, die um internationalen Schutz ersuchen. Die seit 2009 in Fahrt gekommene Rechtsprechung des EuGH zum Asylbereich trägt ein Übriges dazu bei.

51 Das **Dublin-System** bildet nach wie vor den Grundstein des Gemeinsamen Europäischen Asylsystems. Es ist allerdings in den vergangenen Jahren stark unter Druck geraten, weil es durch seine auf einem modifizierten Verantwortungsgrundsatz beruhenden Kriterien die Länder an den EU-Außengrenzen benachteiligt. Hier könnte dauerhaft nur eine auf dem Grundsatz der Solidarität beruhende Zusammenarbeit der Mitgliedstaaten Abhilfe schaffen; idealerweise durch die Schaffung einer einzigen zentralen Asylbehörde in Europa, die Anträge auf Internationalen Schutz nach einheitlichen Standards beurteilen und – unter Beachtung des Schutzes von Minderjährigen und Familien – die erfolgreichen Antragsteller nach einem festen Verteilschlüssel auf die EU-Mitgliedstaaten verteilen könnte. Ein Schritt

---

[135] *D. Heijer* in PHKW Fundamental Rights Art. 18 Rn. 18.44.
[136] Obschon der EuGH um eine entsprechende Auslegung gebeten wurde, hielt er diese in der Sache für nicht nötig; vgl. EuGH C-411/10 und C-493/10, ECLI:EU:C:2011:865 – N. S. und M.E.; EuGH C-528/11, ECLI:EU:C:2013:342 – Halaf.
[137] *D. Heijer* in PHKW Fundamental Rights Art. 18 Rn. 18.53, 18.56.
[138] EuGH C-411/10 und C-493/10, ECLI:EU:C:2011:865 – N. S. und M. E.; EuGH C-4/11, ECLI:EU:C:2013:740 – Puid; EuGH C-394/12, ECLI:EU:C:2013:813 – Abdullahi.
[139] Vgl. EuGH verb. Rs. C-199/12 und C-201/12, ECLI:EU:C:2013:720 – X, Y und Z.
[140] Vgl. EuGH C-245/11, ECLI:EU:C:2012:685 – K/Bundesasylamt.
[141] Vgl. EuGH C-277/11, ECLI:EU:C:2012:744 – M. M.; EuGH C-604/12, ECLI:EU:C:2014:302 – H. N.
[142] Vgl. EuGH C-245/11, ECLI:EU:C:2012:685 – K/Bundesasylamt; EuGH C-277/11, ECLI:EU:C:2012:744 – M. M.

in die richtige Richtung ist immerhin der Einbezug von Personen, die internationalen Schutz genießen, in den Anwendungsbereich der Daueraufenthaltsrichtlinie, so dass diese von der sog „kleinen Freizügigkeit" profitieren können und nicht mehr an einen Mitgliedstaat gebunden sind.

Dass die Harmonisierung des Asylbereichs in Europa so schleppend vorangeht, liegt 52 insgesamt daran, dass diese Domäne immer noch als zum „innersten Kern" **staatlicher Souveränität** gehörig angesehen wird. Hieraus erklärt sich auch die Tatsache, dass weder dem geltenden Völker(-vertrags)recht noch der EU-Grundrechtecharta ein subjektiv-individuelles Recht des Schutzsuchenden auf Asylgewährung entnommen werden kann. Die „Rechte im Asyl" sowie Rechte im Asylverfahren sind durch die Qualifikations-, die Verfahrens- und die Aufnahmerichtlinie in der EU in den letzten Jahren jedenfalls deutlich geschärft worden.

Nach wie vor kommt dem **Refoulement-Verbot,** das ein subjektives Recht auf Nicht- 53 Zurückweisung in den Heimat- oder Herkunftsstaat beinhaltet, wenn der betreffenden Person dort bestimmte menschenrechtsverletzende Behandlungen drohen, eine besonders große Bedeutung zu. Art. 4 GRC, die Parallelnorm zu Art. 3 EMRK, gewinnt durch die Rechtsprechung des EuGH bereits an Konturen.[143] Leider lässt eine Konkretisierung von Art. 18 GRC und anderer Normen der Grundrechtecharta durch den EuGH noch auf sich warten. Die EMRK bleibt trotz der zunehmenden Bezugnahme der Rechtsprechung auf die Grundrechtecharta eine bedeutende Inspirationsquelle, insbesondere, weil der subsidiäre Schutz nach der Qualifikationsrichtlinie die Rechtsprechung des EGMR zu Art. 3 EMRK in vielen Aspekten nachzeichnet. Inwiefern sich der geplante Beitritt der EU zur EMRK hier auswirkt, bleibt noch abzuwarten. Gemeinsam mit der GFK als „Magna Charta" des Flüchtlingsrechts bildet die EMRK nach wie vor den Rahmen des Gemeinsamen Europäischen Asylsystems. International wie auch auf europäischer Ebene stellt sich die Frage nach der Schaffung neuer Instrumente zum Schutz von Kriegsflüchtlingen, Binnenvertriebenen oder Klimaflüchtlingen. Hier lässt sich leider bislang keine klare Tendenz erkennen.

---

[143] EuGH C-411/10 und C-493/10, ECLI:EU:C:2011:865 – N. S. ua.

§ 21 Schutz bei Abschiebung, Ausweisung und Auslieferung*

Übersicht

	Rn.
A. Bedeutung und Entwicklung	1–3
B. Quellen	4–16
I. Völkerrechtliche Regelungen	4–12
1. Genfer Flüchtlingskonvention	5–7
2. UN-Antifolterkonvention	8
3. Internationaler Pakt über bürgerliche und politische Rechte	9, 10
4. Europäische Menschenrechtskonvention	11, 12
II. Europarechtliche Regelungen	13, 14
III. Verfassungsrechtliche Regelungen in EU-Mitgliedstaaten	15, 16
C. Gewährleistungsgehalt	17–24
I. Persönlicher Gewährleistungsbereich	17–19
II. Sachlicher Gewährleistungsbereich	20–24
1. Verbot der Ausweisung eigener Staatsangehöriger und der Kollektivausweisung von Ausländern	20, 21
2. Verbot der Abschiebung, Ausweisung und Auslieferung bei drohender Todesstrafe, Folter oder unmenschlicher oder erniedrigender Behandlung oder Strafe	22, 23
3. Achtung des Privat- und Familienlebens	24
D. Beeinträchtigung	25–31
I. Verbot der Ausweisung eigener Staatsangehöriger und der Kollektivausweisung von Ausländern	26
II. Verbot der Abschiebung, Ausweisung und Auslieferung bei drohender Todesstrafe, Folter oder unmenschlicher oder erniedrigender Behandlung oder Strafe	27–30
III. Achtung des Privat- und Familienlebens	31
E. Rechtfertigung	32–35
I. Verbot der Ausweisung eigener Staatsangehöriger und der Kollektivausweisung von Ausländern	32
II. Verbot der Abschiebung, Ausweisung und Auslieferung bei drohender Todesstrafe, Folter oder unmenschlicher oder erniedrigender Behandlung oder Strafe	33
III. Achtung des Privat- und Familienlebens	34, 35
F. Verhältnis zu anderen Bestimmungen	36
G. Zusammenfassende Bewertung und Ausblick	37–39

Schrifttum:

Alleweldt, Schutz vor Abschiebung bei drohender Folter oder unmenschlicher oder erniedrigender Behandlung oder Strafe: Refoulement-Verbote im Völkerrecht und im deutschen Recht unter besonderer Berücksichtigung von Artikel 3 der Europäischen Menschenrechtskonvention und Artikel 1 des Grundgesetzes, 1996; *ders.*, Schutz vor Folter, Terrorismusverdacht, Zusicherung menschenwürdiger Behandlung: das Chahal-Urteil des EGMR, NVwZ 1997, 1078; *Bergmann*, Handlexikon der Europäischen Union, 5. Aufl. 2015; *Bianchi*, Human Rights and the Magic of Jus Cogens, EJIL 2008, 491; *Bielefeldt*, Das Folterverbot im Rechtsstaat, 2004; *ders.*, Menschenwürde und Folterverbot – Eine Auseinandersetzung mit den jüngsten Vorstößen zur Aufweichung des Folterverbots, 2007; *Bruha/Steiger*, Das Folterverbot im Völkerrecht, 2006; *Criddle/Fox-Decent*, A Fiduciary Theory of Jus Cogens, YJIL 2009, 331; *Doehring*, Die Rechtsnatur der Massenausweisung unter besonderer Berücksichtigung der indirekten Ausweisung, ZaöRV 45 (1985), 372; *Evans*, International Law, 5. Aufl. 2018; *Frowein*, Der europäische Grundrechtsschutz und die deutsche Rechtsprechung, NVwZ 2002, 29; *ders*, Der Terrorismus als Herausforderung für das Völkerrecht, ZaöRV 62 (2002), 879; *Göbel-Zimmermann*, Asyl- und Flüchtlingsrecht, 1999; *Göbel-Zimmermann/Eichhorn/Beichel-Benedetti*, Asyl- und Flüchtlingsrecht, 2017; *Hailbronner*, Art. 6 EMRK als Hindernis der Auslieferung und Abschiebung, in Bröhmer/Bieber/Calliess ua, Internationale Gemeinschaft und Menschenrechte, FS für

---

* Dieser Beitrag basiert auf den Ausführungen von *Michael Wollenschläger* in der Vorauflage (vgl. *Wollenschläger* → 1. Aufl. 2006, § 17).

Georg Rees, 2005, S. 997; *Kälin/Künzli,* Universeller Menschenrechtsschutz, 4. Aufl. 2019; *Krammer,* Menschenwürde und Art. 3 EMRK, 2012; *Mock/Demuro,* Human Rights in Europe, Commentary on the Charter of Fundamental Rights of the European Union, 2010; *Nowak,* Challenges to the Absolute Nature of the Prohibition of Torture and Ill-Treatment, NQHR 2005, 674; *Nußberger,* Flüchtlingsschicksale zwischen Völkerrecht und Politik, NVwZ 2016, 815; *dies.,* Menschenrechtsschutz im Ausländerrecht, NVwZ 2013, 1305; *Ress,* Supranationaler Menschenrechtsschutz und der Wandel der Staatlichkeit, ZaöRV 64 (2004), 621; *Stenberg,* Non-Expulsion and Non-Refoulement, 1989; *Thienel,* The Admissibility of Evidence obtained by Torture under International Law, EJIL 2006, 349; *Vogler,* The scope of extradition in the light of the European Convention on Human Rights, in Matscher/Petzold, Protecting Human Rights, 1990, S. 663; *Zimmermann,* The 1951 Convention relating to the Status of Refugees and its 1967 Protocol, A Commentary, 2011.

A. Bedeutung und Entwicklung

Aus dem völkerrechtlichen Grundsatz der staatlichen Souveränität folgt, dass kein Staat verpflichtet ist, ausländischen Personen Aufenthalt und Verbleib auf seinem Hoheitsgebiet zu garantieren.[1] Die Freiheit der Staaten hinsichtlich einer Abschiebung, Ausweisung und Auslieferung wird durch das Völkerrecht aber zunehmend begrenzt.[2] Diese völkerrechtlichen Bestimmungen, die die Entscheidungsfreiheit der Staaten hinsichtlich der Einreise und des Aufenthaltes von Ausländern beschränken, gelten auch für EU-Mitgliedstaaten. Die besondere Bedeutung des Schutzes vor mit der Menschenwürde nicht vereinbarer Abschiebung, Ausweisung und Auslieferung als **aufenthaltsbeendende Maßnahmen** bei der Gefahr von schwersten Menschenrechtsverletzungen wie Folter im Herkunfts- bzw. Zielstaat spiegelt sich vor allem darin wider, dass Einschränkungen dieses Grundrechts nicht einmal in Notsituationen zulässig sind.

1

Die **Ausweisung** ordnet das Verlassen des Staatsgebietes durch eine ausländische Person an. Mit der **Abschiebung** soll die Ausreisepflicht einer ausländischen Person zwangsweise durchgesetzt werden. Bei der **Auslieferung** wird eine straffällige Person auf Ersuchen des verfolgenden Staates überstellt.[3] Da der **Europäische Haftbefehl** die zwischen den Mitgliedstaaten völkerrechtlich geltende Auslieferung ersetzt, fallen Handlungen nach dem Rahmenbeschluss über den Europäischen Haftbefehl[4] nicht in den Anwendungsbereich des in Art. 19 GRC geregelten Grundrechts – des Schutzes bei Abschiebung, Ausweisung und Auslieferung bei drohender Todesstrafe, Folter oder einer anderen unmenschlichen oder erniedrigenden Strafe oder Behandlung.[5]

2

Die rechtlichen Anknüpfungspunkte für die Entwicklung des als Abwehrrecht ausgestalteten Grundrechts auf Schutz bei Abschiebung, Ausweisung und Auslieferung sind vor allem im völkerrechtlichen Grundsatz des **Refoulement-Verbots,** dh des Ausweisungs- und Zurückweisungsverbots in einen Verfolgerstaat zu finden.[6] Ausdrückliche Refoulement-Verbote enthalten die Genfer Flüchtlingskonvention (GFK)[7] in Art. 33 Abs. 1 und das UN-Übereinkommen gegen Folter und andere grausame, unmenschliche oder erniedrigende Behandlung oder Strafe (UN-Antifolterkonvention)[8] in Art. 3 Abs. 1. Neben diesen völkervertragsrechtlichen Bestimmungen gilt das Refoulement-Verbot auch als *erga omnes*-Verpflichtung völkergewohnheitsrechtlich, so dass alle Staaten daran rechtlich gebun-

3

---

[1] *Gilbert/Rüsch* in Evans S. 813.
[2] *Kälin/Künzli* Kap. 18 Rn. 18.21 ff.
[3] Jarass GRCh Art. 19 Rn. 7; *Schorkopf* in Ehlers GuG § 15 Rn. 48; *Rossi* in Calliess/Ruffert GRC Art. 19 Rn. 9.
[4] Rahmenbeschluss 2002/584/JI vom 13.6.2002 über den Europäischen Haftbefehl und die Übergabeverfahren zwischen den Mitgliedstaaten, ABl. 2002 L 190, 1.
[5] *Schorkopf* in Bergmann, Europäischer Haftbefehl; *Schorkopf* in Ehlers GuG § 15 Rn. 48.
[6] *Göbel-Zimmermann/Eichhorn/Beichel-Benedetti* Rn. 39; *Bernsdorff* in NK-EuGRCh GRCh Art. 18 Rn. 13a; *Jochum* in Tettinger/Stern GRC Art. 18 Rn. 25; *Stenberg* S. 171 f.
[7] Genfer Flüchtlingskonvention oder Abkommen über die Rechtsstellung der Flüchtlinge v. 28.7.1951, UNTS, vol. 189, p. 137, iVm dem Protokoll über die Rechtsstellung der Flüchtlinge vom 31.1.1967, UNTS, vol. 606, p. 267.
[8] Übereinkommen gegen Folter und andere grausame, unmenschliche oder erniedrigende Behandlung oder Strafe v. 10.12.1984, UNTS, vol. 1465, p. 85.

den sind.⁹ Darüber hinaus findet sich dieser Grundsatz in der Rechtsprechung internationaler Menschenrechtsgerichtshöfe wieder.¹⁰

B. Quellen

I. Völkerrechtliche Regelungen

4   Im Völkerrecht gibt es Regelungen zum Schutz bei Abschiebung, Ausweisung und Auslieferung sowohl im **Völkervertragsrecht** auf universeller und regionaler Ebene als auch im **Völkergewohnheitsrecht**.¹¹

5   **1. Genfer Flüchtlingskonvention.** Nach dem Zweiten Weltkrieg, in dessen Folge Millionen Menschen vor massiven Menschenrechtsverletzungen flüchteten, wurde im Rahmen der UNO mit der **Genfer Flüchtlingskonvention** ein völkerrechtlicher Vertrag über den Umgang mit Flüchtlingen angenommen, der 1967 durch das **Protokoll über die Rechtsstellung der Flüchtlinge**¹² ergänzt worden ist. Das Protokoll hebt die zeitlichen und räumlichen Einschränkungen der Genfer Flüchtlingskonvention – nur vor 1951 eingetretene Fluchtgründe und nur europäische Flüchtlinge – auf. Alle EU-Mitgliedstaaten sind Vertragsparteien beider Verträge.¹³ Die Genfer Flüchtlingskonvention beinhaltet kein Recht auf Asyl im Sinne eines subjektiv-öffentlichen Rechts auf Schutzgewährung, sondern nur Rechte im Asyl.¹⁴

6   Garantien zum **Schutz** von Flüchtlingen **vor willkürlicher Ausweisung** sind in Art. 32 GFK enthalten. Danach darf eine Ausweisung von Flüchtlingen nur aus Gründen der öffentlichen Sicherheit oder Ordnung und nur nach einem gesetzlich geregelten Verfahren erfolgen. Ein **Verbot der Ausweisung und Zurückweisung** regelt Art. 33 Abs. 1 GFK. Danach wird keiner der vertragsschließenden Staaten einen Flüchtling auf irgendeine Weise über die Grenzen von Gebieten ausweisen oder zurückweisen, in denen sein Leben oder seine Freiheit wegen seiner Rasse, Religion, Staatsangehörigkeit, seiner Zugehörigkeit zu einer bestimmten sozialen Gruppe oder wegen seiner politischen Überzeugung bedroht sein würde. Dabei ist die Bedrohung für Leben oder Freiheit weit auszulegen, um alle Formen der Behandlung zu umfassen, die einer Verfolgung aufgrund der in Art. 33 Abs. 1 GFK aufgeführten Kriterien im Sinne von Art. 1 A Abs. 2 GFK gleichkommen.¹⁵ Art. 33 Abs. 1 GFK enthält nach herrschender Auffassung auch ein Zurückweisungsverbot an der Grenze.¹⁶

7   **Ausnahmen vom Refoulement-Verbot** bestehen nach Art. 33 Abs. 2 GFK für Flüchtlinge, die als Gefahr für die Sicherheit des Aufnahmestaates oder für die Allgemeinheit dieses Staates anzusehen sind. Der Anwendungsbereich dieser Ausnahmeklausel hat sich allerdings wegen bestehender menschenrechtlicher Vorgaben, wie vor allem des als *ius cogens* geltenden Folterverbots,¹⁷ erheblich reduziert. Danach dürfen selbst Flüchtlinge, die als eine Gefahr für die Sicherheit des Staates – zB wegen Terrorismus – anzusehen sind, bei drohender Folter in einem anderen Staat dorthin nicht ausgewiesen werden.¹⁸

---

9   *Kälin/Caroni/Heim* in Zimmermann Art. 33 para. 1 Rn. 138, 181.
10 EGMR 7.7.1989 – 14038/88, Series A no. 161 Rn. 88 – Soering/Vereinigtes Königreich.
11 *Alleweldt* S. 101.
12 UNTS, vol. 606, p. 267.
13 Ratifikationsstände im Internet abrufbar unter https://treaties.un.org/pages/ViewDetailsII.aspx?src=TREATY&mtdsg_no=V-2&chapter=5&Temp=mtdsg2&clang=_en; https://treaties.un.org/pages/ViewDetails.aspx?src=TREATY&mtdsg_no=V-5&chapter=5&clang=_en (letzter Abruf: 17.8.2019).
14 *Göbel-Zimmermann* Rn. 10.
15 *Kälin/Caroni/Heim* in Zimmermann Art. 33 para. 1 Rn. 163.
16 *Kälin/Caroni/Heim* in Zimmermann Art. 33 para. 1 Rn. 108 f.
17 *Alleweldt* S. 102. Communication No. 1051/2002 (Ahani/Canada), ICCPR, A/59/40 Vol. II, 260, Rn. 10.10; EGMR 28.2.2008 (GK) – 37201/06, Rep. 2008-II, 207 Rn. 124 ff. – Saadi/Italien.
18 *Zimmermann/Wennholz* in Zimmermann Art. 33 Abs. 2 Rn. 107 f.; Grabenwarter/Pabel EMRK § 20 Rn. 87; Communication No. 233/2003 (Agiza/Schweden), CAT, A/60/44, 197, Rn. 13.5.; EGMR 20.7.2010 – 4900/06 Rn. 143 – A/Niederlande.

2. UN-Antifolterkonvention. Gem. Art. 3 Abs. 1 UN-Antifolterkonvention ist es einem 8
Vertragsstaat verboten, eine Person in einen anderen Staat auszuweisen, abzuschieben oder
an diesen auszuliefern, wenn stichhaltige Gründe für die Annahme bestehen, dass sie dort
Gefahr liefe, **gefoltert zu werden.**[19] Bei der Feststellung des Vorliegens solcher Gründe
sind nach Art. 3 Abs. 2 UN-Antifolterkonvention alle Erwägungen zu berücksichtigen,
einschließlich des Umstandes, dass es in dem betreffenden Staat eine ständige Praxis offenkundiger und massenhafter Menschenrechtsverletzungen gibt. Das genannte Kriterium der
Menschenrechtsverletzungen bezieht sich gem. Art. 1 UN-Antifolterkonvention nur auf
Verletzungen, die durch Angehörige des öffentlichen Dienstes oder andere in amtlicher
Eigenschaft handelnde Personen oder auf deren Veranlassung oder mit deren Einverständnis begangen werden.[20]

3. Internationaler Pakt über bürgerliche und politische Rechte. Einen **Schutz vor** 9
willkürlicher Ausweisung regelt Art. 13 Internationaler Pakt über bürgerliche und politische Rechte (IPBPR) von 1966.[21] Danach kann ein **Ausländer,** der sich rechtmäßig im
Hoheitsgebiet eines Vertragsstaates aufhält, nur auf Grund einer rechtmäßig, auf gesetzlicher
Grundlage ergangenen Entscheidung und unter Beachtung von Verfahrensgarantien, die
von Art. 32 Abs. 2 GFK übernommen wurden, ausgewiesen werden.[22]

Ein **Abschiebungs-, Ausweisung- und Auslieferungsverbot** fließt aus dem in Art. 7 10
S. 1 IPBPR verankerten **Verbot der Folter** oder grausamer, unmenschlicher oder erniedrigender Behandlung oder Strafe.[23] Der UN-Menschenrechtsausschuss hat wiederholt unter
Anlehnung an die Spruchpraxis des EGMR festgestellt, dass Vertragsstaaten Individuen
nicht der Gefahr von Folter oder grausamer unmenschlicher oder erniedrigender Behandlung oder Strafe bei Ausweisung, Abschiebung oder Auslieferung in einen anderen Staat
aussetzen dürfen, in dem diese Gefahr droht.[24]

4. Europäische Menschenrechtskonvention. Bestimmungen zum Verbot von Abschiebung, Ausweisung und Auslieferung sind in der EMRK dispers geregelt. Art. 3 Abs. 1 11
4. EMRKProt[25] **verbietet** die **Ausweisung eigener Staatsangehöriger.** Nach Art. 4
4. EMRKProt sind **Kollektivausweisungen ausländischer Personen verboten.** Art. 1
7. EMRKProt[26] enthält **verfahrensrechtliche Schutzvorschriften** in Bezug auf die Ausweisung einzelner Ausländer, die sich rechtmäßig im Hoheitsgebiet eines Vertragsstaates
aufhalten.

Ein Abschiebungs-, Ausweisungs- und Auslieferungsverbot bei Bestehen einer **drohen-** 12
den Gefahr der Todesstrafe, der Folter oder einer unmenschlichen oder erniedrigenden
Behandlung oder Strafe im Zielstaat folgt aus Art. 3 EMRK.[27] Zwar enthält die Bestimmung kein ausdrückliches Abschiebungs-, Ausweisungs- und Auslieferungsverbot, der
EGMR leitet aber ein solches in seiner Rechtsprechung aus Art. 3 EMRK ab. Im Fall
Soering gegen das Vereinigte Königreich hat der EGMR zum ersten Mal entschieden, dass eine
völkerrechtliche Verantwortlichkeit eines Konventionsstaates besteht, wenn dieser eine
Person bei Ausweisung einer Gefahr im Sinne von Art. 3 EMRK im Aufnahmestaat
aussetzt.[28] Dies bestätigte der Gerichtshof in seiner nachfolgenden Rechtsprechung, so

---

[19] Communication No. 110/1998 (Chipana/Venezuela), CAT, A/54/44, 96, Rn. 13.7 f.
[20] CAT General Comment No. 1: Implementation of Article 3 of the Convention in the Context of Article 22, A/53/44, annex IX, 52, Rn. 3.
[21] UNTS, vol. 999, p. 171.
[22] *Nowak,* CCPR, Art. 13 Rn. 11, 21; CCPR General Comment No. 15: The Position of Aliens under the Covenant, HRI/GEN/1/Rev.9 (Vol. I), 189, Rn. 10.
[23] *Nowak,* CCPR, Art. 7 Rn. 46.
[24] CCPR General Comment No. 20: Article 7, HRI/GEN/1/Rev.9 (Vol. I), 200, Rn. 9; Communication No. 1051/2002 (Ahani/Canada), ICCPR, A/59/40 vol. II, 260, Rn. 10.8.
[25] SEV-Nr. 046.
[26] SEV-Nr. 117.
[27] SEV-Nr. 005.
[28] EGMR 7.7.1989 – 14038/88, Series A no. 161 Rn. 88 – Soering/Vereinigtes Königreich.

beispielsweise in den Fällen *Chahal gegen das Vereinigte Königreich*[29] oder *Ahmed gegen Österreich*.[30] Das in Art. 3 EMRK enthaltene absolute Verbot findet nach Auffassung des Gerichtshofes auch Anwendung auf Ausweisungen von ausländischen Personen, die eine Gefahr für die nationale Sicherheit des ausweisenden Staates darstellen, inbegriffen Personen unter Terrorismusverdacht. Der in Art. 3 EMRK gewährte Schutz sei folglich weitergefasst als der in Art. 32 und 33 GFK, so der Gerichtshof.[31]

II. Europarechtliche Regelungen

13 Im Unionsrecht sind der Grundsatz der **Nicht-Zurückweisung im Bereich Asyl, subsidiärer Schutz und vorübergehender Schutz** in Art. 78 Abs. 1 AEUV und der **Schutz bei Abschiebung, Ausweisung und Auslieferung** in Art. 19 GRC geregelt. Nach Art. 78 Abs. 1 AEUV entwickelt die Union eine gemeinsame Asylpolitik, die im Einklang mit der Genfer Flüchtlingskonvention und dem Protokoll von 1967 stehen muss. Insoweit verweist die primärrechtliche Norm auf bestehende völkerrechtliche Verpflichtungen, die für alle EU-Mitgliedstaaten als Vertragsstaaten dieser Verträge ohnehin gelten, darunter auch das Refoulement-Verbot.[32]

14 Art. 19 Abs. 1 GRC **verbietet Kollektivausweisungen.** Diese Bestimmung, die Art. 4 4. EMRKProt entspricht,[33] schützt die einzelne Person vor Maßnahmen, die sie als Mitglied einer Gruppe ausländischer Personen zwingen, den Aufenthaltsstaat ohne individuelle Prüfung ihres Einzelfalls zu verlassen.[34] Das Verbot von Kollektivausweisungen umfasst sowohl die förmliche Entscheidung als auch die Vollstreckung der Ausweisung.[35] Art. 19 Abs. 2 GRC, der Art. 3 EMRK in der Auslegung durch den EGMR entspricht,[36] schützt vor Abschiebung, Ausweisung und Auslieferung in einen Staat, in dem ein ernsthaftes **Risiko der Todesstrafe, der Folter** oder einer anderen unmenschlichen oder erniedrigenden Strafe oder Behandlung besteht. Wegen der Entsprechung der Rechtsnormen ist auch die Judikatur des EGMR zu Art. 3 EMRK zu übernehmen.[37] Aufgrund der Verankerung des Schutzes vor Abschiebung, Ausweisung und Auslieferung in den Verfassungen der Mitgliedstaaten ist dieser gem. Art. 6 Abs. 3 EUV als allgemeiner Grundsatz Teil des Unionsrechts.[38]

III. Verfassungsrechtliche Regelungen in EU-Mitgliedstaaten

15 Der Schutz vor Abschiebung, Ausweisung und Auslieferung ist in den **Verfassungen der EU-Mitgliedstaaten** ganz unterschiedlich geregelt. So gibt es Bestimmungen zum Verbot

---

[29] EGMR 15.11.1996 – 22414/93, Rep. 1996-V, 413 Rn. 80 – Chahal/Vereinigtes Königreich.
[30] EGMR 17.12.1996 – 25964/94, Rep. 1996-VI, 2195 Rn. 39 – Ahmed/Österreich.
[31] EGMR 15.11.1996 – 22414/93, Rep. 1996-V, 413 Rn. 80 – Chahal/Vereinigtes Königreich; EGMR 17.12.1996 – 25964/94, Rep. 1996-VI, 2195 Rn. 41 – Ahmed/Österreich; *Nußberger* NVwZ 2016, 815 (822).
[32] *Rossi* in Calliess/Ruffert AEUV Art. 78 Rn. 9.
[33] Erläuterungen zu Art. 19 Abs. 1 und Art. 52 Abs. 3 der Charta der Grundrechte vom 14.12.2007, ABl. 2007 C 303, 17 (24, 34).
[34] *Hoppe* in Karpenstein/Mayer EMRK ZP IV Art. 4 Rn. 2; *Frenz*, HdbEuR Bd. 4, Rn. 1147.
[35] *Jochum* in Tettinger/Stern GRCh Art. 19 Rn. 13.
[36] Erläuterungen zu Art. 19 Abs. 2 und Art. 52 Abs. 3 der Charta der Grundrechte vom 14.12.2007, ABl. 2007 C 303, 17 (24, 34).
[37] Erläuterungen zu Art. 19 Abs. 2 der Charta der Grundrechte vom 14.12.2007, ABl. 2007 C 303, 17 (24); EGMR 13.12.2012 (GK) – 39630/09, Rep. 2012-VI, 263 Rn. 212 ff. – El-Masri/Ehemalige jugoslawische Republik Mazedonien; EGMR 24.7.2014 – 28761/11 Rn. 453 ff., NVwZ 2015, 955 – Al Nashiri/Polen; EGMR 24.7.2014 – 7511/13 Rn. 450 ff. – Husayn (Abu Zubaydah)/Polen; EuGH C-4/11, ECLI:EU:C:2013:740 Rn. 36 – Deutschland/Kaveh Puid; EuGH C-394/12, ECLI:EU:C:2013:813 Rn. 62 – Shamso Abdullahi/Bundesasylamt; EuGH C-562/13, ECLI:EU:C:2014:2453 Rn. 46 – Centre public d'action sociale d'Ottignies-Louvain-La-Neuve/Moussa Abdida; EuGH C-239/14, ECLI:EU:C:2015:824 Rn. 53 – Abdoulaye Amadou Tall/Centre public d'action sociale de Huy; *Nußberger* NVwZ 2013, 1305 (1306 ff.).
[38] *Bernsdorff* in NKEuGRCh GRCh Art. 19 Rn. 2; *Streinz* in Streinz GRC Art. 19 Rn. 2.

der Auslieferung bei drohender Todesstrafe oder Folter oder unmenschlicher oder erniedrigender Strafe oder Behandlung, Bestimmungen zum Verbot der Folter oder unmenschlicher oder erniedrigender Strafe oder Behandlung sowie Bestimmungen zum Schutz der Menschenwürde bzw. des Lebens und der körperlichen Unversehrtheit.[39]

Ein **Verbot der Auslieferung bei drohender Todesstrafe oder Folter** oder einer anderen unmenschlichen Behandlung oder Strafe enthalten die Verfassungen Finnlands, Portugals und Ungarns.[40] Ein **Verbot der Folter** oder einer unmenschlichen oder erniedrigenden Behandlung oder Strafe ist in den Verfassungen Griechenlands, Schwedens, Spaniens, Österreichs, Estlands, Litauens, Lettlands, Polens, Bulgariens, Rumäniens, der Slowakei, Sloweniens, Tschechiens, Ungarns, Maltas, Zyperns sowie Kroatiens geregelt.[41] Im deutschen Grundgesetz lässt sich zwar kein explizites Folterverbot finden, nach Art. 104 Abs. 1 S. 2 GG dürfen jedoch festgehaltene Personen weder seelisch noch körperlich misshandelt werden. Aus Art. 1 Abs. 1 GG iVm Art. 2 Abs. 2 GG folgt nach Auffassung des BVerfG, dass die Grundrechte bei drohender unmenschlicher Behandlung einer Auslieferung entgegenstehen können, da sich die Bundesrepublik Deutschland insoweit ein menschenrechtswidriges Verhalten des ersuchenden Staates zurechnen lassen muss.[42] Andere Verfassungen von EU-Mitgliedstaaten, wie die von Belgien, Luxemburg, den Niederlanden, Italien, Irland sowie Frankreichs und Großbritanniens bekennen sich zum **Schutz der Menschenwürde** bzw. des Lebens und der körperlichen Unversehrtheit.[43]

C. Gewährleistungsgehalt

I. Persönlicher Gewährleistungsbereich

In den persönlichen Schutzbereich des Verbots von Abschiebung, Ausweisung und Auslieferung fallen nur **natürliche,** keine juristischen **Personen.** Die Ausweisung eigener Staatsangehöriger ist nach Art. 3 Abs. 1 4. EMRKProt verboten. Träger des sich aus Art. 3 EMRK ergebenden Rechts sind alle natürlichen Personen unabhängig von ihrer Staatsangehörigkeit. Die Frage des persönlichen Schutzbereiches von Art. 19 GRC bezüglich natürlicher Personen ist hingegen strittig.[44] Nach einer Auffassung werden alle natürlichen Personen unabhängig von ihrer Staatsangehörigkeit als Grundrechtsträger von Art. 19 GRC angesehen,[45] nach einer anderen Auffassung sind nur ausländische Personen Grundrechtsträger von Art. 19 Abs. 1 GRC.[46] Damit stellt sich die Frage, ob das Verbot von Kollektivausweisungen in Art. 19 Abs. 1 GRC und das Abschiebungs-, Ausweisungs- und Auslieferungsverbot bei drohender Gefahr der Todesstrafe, der Folter oder einer anderen unmenschlichen oder erniedrigenden Strafe oder Behandlung in Art. 19 Abs. 2 GRC eine unterschiedliche Grundrechtsträgerschaft haben.

---

[39] *Bernsdorff* in NK-EuGRCh GRCh Art. 19 Rn. 2.
[40] § 9 Abs. 4 S. 2 Verfassung Finnland; Art. 33 Abs. 4 Verfassung Portugal; Art. XIV Abs. 2 Verfassung Ungarn.
[41] Art. 7 Abs. 2 Verfassung Griechenland; Kapitel 2 § 5 S. 2 Verfassung Schweden; Art. 15 S. 1 Verfassung Spanien; Art. 85 Bundes-Verfassungsgesetz Österreich; § 18 Verfassung Estland; Art. 21 Abs. 3 Verfassung Litauen; Art. 95 S. 2 Verfassung Lettland; Art. 40 Verfassung Polen; Art. 29 Abs. 1 Verfassung Bulgarien; Art. 22 Abs. 2 Verfassung Rumänien; Art. 16 Abs. 2 Verfassung Slowakei; Art. 18 Verfassung Slowenien; Art. 3 Verfassung Tschechien iVm Art. 7 Abs. 2 Deklaration der Grundrechte und -freiheiten; Art. III Abs. 1 Verfassung Ungarn; Art. 36 Abs. 1 Verfassung Malta; Art. 8 Verfassung Zypern; Art. 17 Abs. 3 Verfassung Kroatien.
[42] BVerfGE 75, 1 (17); BVerfGE 67, 43 (57 f.); BVerfGE 60, 348 (358 ff.); BVerfGE 63, 197 (206 ff.); BVerfGE 63, 215 (225 ff.).
[43] Art. 23 S. 1 Verfassung Belgien; Art. 11 S. 2 Verfassung Luxemburg; Art. 11 Verfassung Niederlande; Art. 2 Verfassung Italien; Art. 40 Abs. 3 Nr. 2 Verfassung Irland; Präambel Verfassung Frankreich; Art. 1 Human Rights Act Großbritannien.
[44] *Bernsdorff* in NK-EuGRCh GRCh Art. 19 Rn. 14.
[45] *Jarass* GRCh Art. 19 Rn. 5; *Graßhof* in Schwarze GRC Art. 19 Rn. 4, 8; *Rossi* in Calliess/Ruffert GRC Art. 19 Rn. 2; *Klatt* in von der Groeben/Schwarze/Hatje GRC Art. 19 Rn. 3.
[46] *Bernsdorff* in NK-EuGRCh GRCh Art. 19 Rn. 14.

18 Da der persönliche Schutzbereich des **Verbots der Kollektivausweisungen** nach Art. 4 4. EMRKProt ausdrücklich mit ausländischen Personen definiert ist und Art. 19 Abs. 1 GRC nach den Erläuterungen zu Art. 19 Abs. 1 GRC und Art. 52 Abs. 3 GRC die gleiche Bedeutung und Tragweite wie Art. 4 4. EMRKProt zukommen soll,[47] ist auch von dem gleichen persönlichen Schutzbereich – nur **Ausländer** – auszugehen.[48] Einzel- oder Kollektivausweisungen eigener Staatsangehöriger sind bereits nach Art. 3 Abs. 1 4. EMRKProt verboten. Art. 19 Abs. 1 GRC nimmt keinen Bezug auf diese Bestimmung. Vielmehr wird in der Erläuterung zu Art. 19 Abs. 1 GRC auf Art. 13 IPBPR verwiesen, wonach nur Ausländer, die sich rechtmäßig im Hoheitsgebiet eines Vertragsstaates aufhalten, in den persönlichen Schutzbereich fallen.[49] Es ist anzunehmen, dass eine über diese Bestimmungen hinausgehende Grundrechtsträgerschaft in Art. 19 Abs. 1 GRC auf eigene Staatsangehörige durch den Grundrechtekonvent nicht beabsichtigt war.[50]

19 Grundrechtsträger des in Art. 19 Abs. 2 GRC geregelten **Abschiebungs-, Ausweisungs- und Auslieferungsverbots bei drohender Gefahr der Todesstrafe, der Folter** oder einer anderen unmenschlichen oder erniedrigenden Strafe oder Behandlung sind dagegen **alle natürlichen Personen** unabhängig von der Staatsangehörigkeit.[51] Dies lässt sich sowohl aus dem Wortlaut der Bestimmung als auch den Erläuterungen zu Art. 19 Abs. 2 GRC sowie zu Art. 52 Abs. 3 GRC entnehmen, die explizit auf die Judikatur des EGMR zu Art. 3 EMRK verweisen.[52] Als Grundrechtsträger von Art. 19 Abs. 2 GRC ist bei eigenen Staatsangehörigen insbesondere der Schutz vor Auslieferung relevant,[53] weil Ausweisung und Abschiebung grundsätzlich nur auf Ausländer Anwendung finden sollen.[54]

II. Sachlicher Gewährleistungsbereich

20 **1. Verbot der Ausweisung eigener Staatsangehöriger und der Kollektivausweisung von Ausländern.** Nach Art. 3 Abs. 1 4. EMRKProt sind eigene Staatsangehörige vor der Ausweisung durch eine Einzel- oder Kollektivmaßnahme aus dem Hoheitsgebiet der Konventionsstaaten geschützt, nicht jedoch vor Auslieferung an ausländische Staaten zum Zwecke der Strafverfolgung oder -vollstreckung.[55] Das **Verbot der Ausweisung eigener Staatsangehöriger** wird durch Art. 3 Abs. 2 4. EMRKProt ergänzt, wonach das Recht zur Rückkehr in den Staat der eigenen Staatsangehörigkeit gewährleistet wird.[56]

21 Art. 4 4. EMRKProt und Art. 19 Abs. 1 GRC, der der vorstehenden Konventionsnorm entspricht,[57] schützen einzelne **Ausländer** vor Maßnahmen, die sie als Mitglieder einer Gruppe ausländischer Personen zwingen, den Aufenthaltsstaat ohne individuelle Prüfung ihres Einzelfalls zu verlassen.[58] Für die Bestimmung der Gruppe werden generelle Kriterien wie Staatsangehörigkeit, Rasse oder Hautfarbe herangezogen.[59] Das **Verbot von Kollektivausweisungen** beinhaltet die förmliche Entscheidung und die Vollstreckung der Aus-

---

[47] Erläuterungen zu Art. 19 Abs. 1 und Art. 52 Abs. 3 der Charta der Grundrechte vom 14.12.2007, ABl. 2007 C 303, 17 (24, 34).
[48] *Frowein* in Frowein/Peukert ZP IV Art. 4 Rn. 1.
[49] Erläuterungen zu Art. 19 Abs. 1 der Charta der Grundrechte vom 14.12.2007, ABl. 2007 C 303, 17 (24).
[50] *Bernsdorff* in NK-EuGRCh GRCh Art. 19 Rn. 14. Anders Jarass GRCh Art. 19 Rn. 5, der eine über Art. 4 4. EMRKProt hinausgehende Trägerschaft annimmt.
[51] *Bernsdorff* in NK-EuGRCh GRCh Art. 19 Rn. 20.
[52] Erläuterungen zu Art. 19 Abs. 2 und Art. 52 Abs. 3 der Charta der Grundrechte vom 14.12.2007, ABl. 2007 C 303, 17 (24, 34).
[53] *Bernsdorff* in NK-EuGRCh GRCh Art. 19 Rn. 20.
[54] Die Ausweisung eigener Staatsangehöriger ist häufig durch das nationale Recht verboten. Zur völkerrechtlichen Ebene vgl. Art. 3 Abs. 1 4. EMRKProt; *Doehring* ZaöRV 45 (1985), 372 f.
[55] *Hoppe* in Karpenstein/Mayer EMRK ZP IV Art. 3 Rn. 2.
[56] Grabenwarter/Pabel EMRK § 21 Rn. 69.
[57] Erläuterungen zu Art. 19 Abs. 1 und Art. 52 Abs. 3 der Charta der Grundrechte vom 14.12.2007, ABl. 2007 C 303, 17 (24, 34).
[58] *Hoppe* in Karpenstein/Mayer EMRK ZP IV Art. 4 Rn. 2; *Frenz*, HdbEuR Bd. 4, Rn. 1147; EGMR 5.2.2002 – 51564/99, Rep. 2002-I, 93 Rn. 56 ff. – Čonka/Belgien.
[59] Grabenwarter/Pabel EMRK § 21 Rn. 74.

weisung.⁶⁰ Gruppenrückführungen von Ausländern mit gleichlautenden Verfügungen sind erlaubt, solange jeder Einzelfall im Verwaltungsverfahren individuell geprüft worden ist.⁶¹

2. Verbot der Abschiebung, Ausweisung und Auslieferung bei drohender Todesstrafe, Folter oder unmenschlicher oder erniedrigender Behandlung oder Strafe. 22
Art. 3 EMRK in der Auslegung durch den EGMR und Art. 19 Abs. 2 GRC, der dieser Auslegung entspricht,⁶² schützen vor Abschiebung, Ausweisung und Auslieferung in einen Staat, in dem ein ernsthaftes Risiko der Todesstrafe besteht.⁶³ Der **Begriff der Todesstrafe** in Art. 19 Abs. 2 GRC stimmt mit dem in Art. 2 Abs. 2 GRC überein.⁶⁴ Ein Verbot der Todesstrafe ist der EMRK selbst nicht zu entnehmen. Ein solches Verbot regeln das 6. EMRKProt über die Abschaffung der Todesstrafe⁶⁵ und das 13. EMRKProt über die Abschaffung der Todesstrafe unter allen Umständen,⁶⁶ denen alle EU-Mitgliedstaaten angehören (→ § 14 Rn. 46).⁶⁷

Art. 3 EMRK und Art. 19 Abs. 2 GRC schützen ebenso vor Abschiebung, Ausweisung 23 und Auslieferung in einen Staat, in dem Folter oder eine andere unmenschliche oder erniedrigende Behandlung oder Strafe drohen.⁶⁸ Die Begriffe der Folter oder einer anderen unmenschlichen oder erniedrigenden Strafe oder Behandlung in Art. 19 Abs. 2 GRC entsprechen denen in Art. 4 GRC.⁶⁹ Art. 4 GRC wiederum hat die gleiche Bedeutung und Tragweite wie Art. 3 EMRK.⁷⁰ Insoweit ist die Rechtsprechung des EGMR zu Art. 3 EMRK heranzuziehen. Da es keine Definition des Folterbegriffes in der EMRK gibt, verweist der EGMR auf die in Art. 1 UN-Antifolterkonvention enthaltene **Definition des Begriffes Folter** (→ § 16 Rn. 3).⁷¹ Danach bedeutet Folter „[…] jede Handlung, durch die einer Person vorsätzlich große körperliche oder seelische Schmerzen oder Leiden zugefügt werden, zum Beispiel um von ihr oder einem Dritten eine Aussage oder ein Geständnis zu erlangen, um sie für eine tatsächlich oder mutmaßlich von ihr oder einem Dritten begangene Tat zu bestrafen oder um sie oder einen Dritten einzuschüchtern oder zu nötigen, oder aus einem anderen, auf irgendeiner Art von Diskriminierung beruhenden Grund, wenn diese Schmerzen oder Leiden von einem Angehörigen des öffentlichen Dienstes oder einer anderen in amtlicher Eigenschaft handelnden Person, auf deren Veranlassung oder mit deren ausdrücklichem oder stillschweigendem Einverständnis verursacht werden."

---

60 *Jochum* in Tettinger/Stern GRCh Art. 19 Rn. 13.
61 *Hoppe* in Karpenstein/Mayer EMRK ZP IV Art. 4 Rn. 4.
62 Erläuterungen zu Art. 19 Abs. 2 und Art. 52 Abs. 3 der Charta der Grundrechte vom 14.12.2007, ABl. 2007 C 303, 17 (24, 34).
63 EGMR 24.7.2014 – 28761/11 Rn. 470 ff., NVwZ 2015, 955 – Al Nashiri/Polen; EuGH C-239/14, ECLI:EU:C:2015:824 Rn. 58 – Abdoulaye Amadou Tall/Centre public d'action sociale de Huy; *Nußberger* NVwZ 2013, 1305 (1306 ff.).
64 Jarass GRCh Art. 19 Rn. 8; *Graßhof* in Schwarze GRC Art. 19 Rn. 7; *Rossi* in Calliess/Ruffert GRC Art. 19 Rn. 7.
65 SEV-Nr. 114.
66 SEV-Nr. 187.
67 Ratifikationsstände im Internet abrufbar unter http://www.coe.int/de/web/conventions/full-list/-/conventions/treaty/114/signatures?p_auth=5XKAdlqh; http://www.coe.int/de/web/conventions/full-list/-/conventions/treaty/187/signatures?p_auth=5XKAdlqh (letzter Abruf: 17.8.2019).
68 EGMR 13.12.2012 (GK) – 39630/09, Rep. 2012-VI, 263 Rn. 212 ff. – El-Masri/Ehemalige jugoslawische Republik Mazedonien; EGMR 24.7.2014 – 7511/13 Rn. 450 ff. – Husayn (Abu Zubaydah)/Polen; EuGH C-4/11, ECLI:EU:C:2013:740 Rn. 36 – Deutschland/Kaveh Puid; EuGH C-394/12, ECLI:EU:C:2013:813 Rn. 62 – Shamso Abdullahi/Bundesasylamt; EuGH C-562/13, ECLI:EU:C:2014:2453 Rn. 46 – Centre public d'action sociale d'Ottignies-Louvain-La-Neuve/Moussa Abdida; EuGH C-239/14, ECLI:EU:C:2015:824 Rn. 53 – Abdoulaye Amadou Tall/Centre public d'action sociale de Huy; *Nußberger* NVwZ 2013, 1305 (1306 ff.).
69 Jarass GRCh Art. 19 Rn. 8; *Graßhof* in Schwarze GRC Art. 19 Rn. 7; *Rossi* in Calliess/Ruffert GRC Art. 19 Rn. 7.
70 Erläuterungen zu Art. 4 und Art. 52 Abs. 3 der Charta der Grundrechte vom 14.12.2007, ABl. 2007 C 303, 17 (18, 34).
71 EGMR 27.6.2000 (GK) – 21986/93, Rep. 2000-VII, 365 Rn. 114 – Salman/Türkei; EGMR 10.10.2000 – 22947/93 u. 22948/93, Rep. 2000-X, 389 Rn. 15 – Akkoc/Türkei; *Bruha/Steiger* S. 25 ff.; *Cassese* in MacDonald/Matscher/Petzold, Protection of Human Rights, S. 241.

24 **3. Achtung des Privat- und Familienlebens.** Aufenthaltsbeendende Maßnahmen können den Schutzbereich des in Art. 8 EMRK und Art. 7 GRC geregelten Rechts auf Achtung des **Privat- und Familienlebens** (→ § 23 Rn. 23) berühren.[72] Art. 7 GRC hat die gleiche Bedeutung und Tragweite wie Art. 8 EMRK.[73] Zwar lässt sich aus Art. 8 EMRK nicht das Recht zur Wahl eines geeigneten Wohnortes für das Familienleben entnehmen.[74] Aus dem Schutz des Privat- und Familienlebens könnte aber ein Ausweisungsverbot folgen. In diesem Zusammenhang ist der **Begriff des Familienlebens** zu verstehen als ein im Konventionsstaat geführtes Familienleben von ausländischen Personen mit anderen sich rechtmäßig dort aufhaltenden Familienmitgliedern. Dabei bleibt der Schutz in der Regel auf einen Kernbereich der Familie beschränkt.[75] Wenn die betreffende ausländische Person enge persönliche und soziale Beziehungen über einen längeren Zeitraum im Konventionsstaat aufgebaut hat, kann auch das Privatleben geschützt sein.[76]

D. Beeinträchtigung

25 Eingriffe in den sachlichen Schutzbereich sind **Aufenthaltsbeendigungen durch Abschiebung, Ausweisung und Auslieferung** sowie massenhafte, nicht individuell überprüfte **Kollektivausweisungen** durch Menschenrechts- bzw. Grundrechtsadressaten.[77]

I. Verbot der Ausweisung eigener Staatsangehöriger und der Kollektivausweisung von Ausländern

26 In den Schutzbereich von Art. 3 Abs. 1 4. EMRKProt wird eingegriffen, wenn **eigene Staatsangehörige gezwungen** werden, auf Dauer und ohne Rückkehrmöglichkeit das **Hoheitsgebiet** des Staates, dessen Staatsangehörigkeit sie besitzen, **zu verlassen.** Auch der willkürliche Entzug der Staatsangehörigkeit mit dem Ziel der Ausweisung dürfte als Eingriff angesehen werden.[78] Einen Eingriff in das in Art. 4 4. EMRKProt und Art. 19 Abs. 1 GRC gewährleistete **Verbot der Kollektivausweisung** stellen Zwangsmaßnahmen dar, die eine Gruppe **ausländischer Personen** zum **Verlassen des Aufenthaltsstaates ohne individuelle Prüfung** ihres Einzelfalls auffordern.[79]

II. Verbot der Abschiebung, Ausweisung und Auslieferung bei drohender Todesstrafe, Folter oder unmenschlicher oder erniedrigender Behandlung oder Strafe

27 Eingriffe in Art. 3 EMRK stellen nach der Rechtsprechung des EGMR – so vor allem im Fall *Soering gegen das Vereinigte Königreich*[80] – aufenthaltsbeendende Maßnahmen bei drohender **Todesstrafe** im Zielstaat dar.[81] Art. 19 Abs. 2 GRC entspricht dieser Konventionsnorm in der Auslegung durch den EGMR.[82] Das Verbot der Abschiebung, Ausweisung und Auslieferung bei drohender Todesstrafe leitet sich im Grunde aus Art. 2 EMRK ab. Nach Auffassung des EGMR ist Art. 3 EMRK auch in Übereinstimmung mit Art. 2

---

[72] *Zimmermann/Elberling* in Dörr/Grote/Marauhn Kap. 27 Rn. 100.
[73] Erläuterungen zu Art. 7 und Art. 52 Abs. 3 der Charta der Grundrechte vom 14.12.2007, ABl. 2007 C 303, 17 (20, 34); EuGH C-256/11, Slg. 2011, I-11315 Rn. 70 ff. – Dereci ua.
[74] Grabenwarter/Pabel EMRK § 22 Rn. 72; EGMR 7.10.2004 – 33743/03, NVwZ 2005, 1043 – Dragan ua/Deutschland.
[75] *Meyer-Ladewig/Nettesheim* in HK-EMRK EMRK Art. 8 Rn. 81.
[76] *Meyer-Ladewig/Nettesheim* in HK-EMRK EMRK Art. 8 Rn. 79; EGMR 9.10.2003 (GK) – 48321/99, Rep. 2003-X, 229 Rn. 95 – Slivenko/Lettland.
[77] *Hoppe* in Karpenstein/Mayer EMRK ZP IV Art. 4 Rn. 5.
[78] Grabenwarter/Pabel EMRK § 21 Rn. 69, 71.
[79] *Nußberger* NVwZ 2016, 815 (821).
[80] EGMR 7.7.1989 – 14038/88, Series A no. 161 Rn. 111 – Soering/Vereinigtes Königreich.
[81] Grabenwarter/Pabel EMRK § 21 Rn. 69; *Hoppe* in Karpenstein/Mayer EMRK ZP IV Art. 3 Rn. 3.
[82] Erläuterungen zu Art. 19 Abs. 2 und Art. 52 Abs. 3 der Charta der Grundrechte vom 14.12.2007, ABl. 2007 C 303, 17 (24, 34).

EMRK auszulegen.[83] Eine Abschiebung oder Auslieferung wäre ebenfalls ein Eingriff in Art. 2 und 3 EMRK, wenn unter Verletzung des in Art. 6 EMRK gewährten Rechts auf ein faires Verfahren[84] (→ § 57) die Gefahr der Verhängung der Todesstrafe im Zielstaat bestehen würde.[85] Seit dem Inkrafttreten des 6. und 13. EMRKProt ist eine Abschiebung oder Auslieferung bei drohender Todesstrafe generell verboten. Wenn ein Vertragsstaat eine Person bewusst der drohenden Gefahr aussetzt, im Zielstaat das Leben zu verlieren, ist dies als absichtliche Tötung zu qualifizieren.[86]

Von einem Eingriff in den Schutzbereich von Art. 3 EMRK und Art. 4 GRC ist grundsätzlich auszugehen, wenn die betreffende Person im Zielstaat **Folter oder unmenschliche oder erniedrigende Behandlung oder Strafe** (→ § 16) erleiden würde. Dazu zählen Fälle wie Personen der Furcht vor einer Hinrichtung auszusetzen,[87] unmenschliche Haftbedingungen,[88] drohende lebenslange Haftstrafe unter Ausschluss einer vorzeitigen Entlassung[89] oder wenn eine lebenslange Haftstrafe weder *de jure* noch *de facto* reduziert werden kann,[90] es sei denn, es liegen behördliche Zusagen des Zielstaates vor, dass solche Gefahr nicht droht.[91] Ein drohendes Strafverfahren oder eine Inhaftierung wegen einer strafrechtlichen Verurteilung im Zielstaat führen hingegen nicht zu einer Verletzung.[92] In eng begrenzten Ausnahmefällen kann auch fehlende ärztliche Behandlung im Zielstaat, wie im Falle einer fortgeschrittenen Aids-Erkrankung eine Ausweisung in einen Zielstaat ohne Behandlungsmöglichkeit,[93] in den Schutzbereich von Art. 3 EMRK eingreifen.[94] Nach Auffassung des EGMR folgt aus dieser Konventionsnorm aber kein Anspruch auf Aufenthalt zum Zwecke des Genusses medizinischer Behandlung.[95]

28

Für den Schutz nach Art. 3 EMRK muss die betreffende Person stichhaltige **Gründe** für die Annahme vorbringen, im Falle ihrer Abschiebung oder Auslieferung dem **tatsächlichen Risiko** einer dieser Konventionsnorm widersprechenden Behandlung oder Strafe ausgesetzt zu sein.[96] Die drohende Gefahr im Zielstaat muss konkret sein. Eine allgemeine Gefahr genügt generell nicht.[97] Dabei kann die Gefahr nicht nur von staatlichen Organen, sondern auch von Privaten bzw. nichtstaatlichen Akteuren ausgehen.[98] Allerdings stellt der

29

---

83 EGMR 7.7.1989 – 14038/88, Series A no. 161 Rn. 103 – Soering/Vereinigtes Königreich; *Bernsdorff* in NK-EuGRCh GRCh Art. 19 Rn. 19.
84 *Hailbronner* FS Ress, 2005, 997 ff.
85 *Meyer-Ladewig/Harrendorf* in HK-EMRK ZP VI Art. 1 Rn. 3; EGMR 26.10.2004 – 13284/04 Rn. 42 – Bader und Kanbor/Schweden.
86 *Meyer-Ladewig/Huber* in HK-EMRK EMRK Art. 2 Rn. 20; EGMR 19.11.2009 – 41015/04 Rn. 99 – Kaboulov/Ukraine.
87 EGMR 2.3.2010 – 61498/08, Rep. 2010-II, 61 Rn. 144 – Al-Saadoon und Mufdhi/Vereinigtes Königreich.
88 EGMR 26.10.2006 – 59696/00, Rep. 2006-XII, 189 Rn. 142 – Khudobin/Russland; EGMR 10.1.2012 – 42525/07 u. 60800/08 Rn. 115 – Ananyev u.a./Russland; EGMR 8.1.2013 – 43517/09, 46882/09, 55400/09, 57875/09, 61535/09, 35315/10, 37818/10 Rn. 66 – Torreggiani ua/Italien.
89 EGMR 3.7.2001 – 44190/98, Rep. 2001-VII, 491 – Nivette/Frankreich.
90 EGMR 4.9.2014 – 140/10 Rn. 113 – Trabelsi/Belgien.
91 *Meyer-Ladewig/Lehnert* in HK-EMRK EMRK Art. 3 Rn. 66; EGMR 16.10.2001 – 71555/01, Rep. 2001-XI, 275 Rn. 26 – Einhorn/Frankreich.
92 Grabenwarter/Pabel EMRK § 20 Rn. 81; *Sinner* in Karpenstein/Mayer EMRK Art. 3 Rn. 26; EGMR 4.2.2005 (GK) – 46827/99 u. 46951/99, Rep. 2005-I, 293 Rn. 71 ff. – Mamatkulov und Askarov/Türkei.
93 EGMR 2.5.1997 – 30240/96, Rep. 1997-III Rn. 53 – D./Vereinigtes Königreich.
94 Grabenwarter/Pabel EMRK § 20 Rn. 81; *Zimmermann/Elberling* in Dörr/Grote/Marauhn Kap. 27 Rn. 33; EGMR 27.5.2008 (GK) – 26565/05, Rep. 2008-III, 227 Rn. 34 ff. – N./Vereinigtes Königreich.
95 EGMR 27.5.2008 (GK) – 26565/05, Rep. 2008-III, 227 Rn. 42 – N./Vereinigtes Königreich; *Nußberger* NVwZ 2016, 815 (820).
96 Grabenwarter/Pabel EMRK § 20 Rn. 78; *Sinner* in Karpenstein/Mayer EMRK Art. 3 Rn. 25; EGMR 15.10.2015 – 40081/14, 40088/14 u. 40127/14 Rn. 119 ff. – L. M. ua/Russland.
97 *Meyer-Ladewig/Lehnert* in HK-EMRK EMRK Art. 3 Rn. 70; EGMR 30.10.1991 – 13163/87, 13164/87, 13165/87, 13447/87, 13448/87 Rn. 111 – Vilvarajah ua/Vereinigtes Königreich.
98 *Meyer-Ladewig/Lehnert* in HK-EMRK EMRK Art. 3 Rn. 76; EGMR 11.1.2007 – 1948/04 Rn. 146 – Salah Sheek/Niederlande.

EGMR im Falle einer nicht vom Staat ausgehenden Gefahr höhere Anforderungen an den entsprechenden Nachweis durch die betreffende Person.[99]

30 Die aus Art. 3 EMRK abgeleitete **positive Schutzpflicht** ergibt sich grundsätzlich aus der drohenden Verletzung im Zielstaat. Daraus folgt die Verpflichtung der Vertragsstaaten zur Durchführung einer Vorabprüfung, ob eine Abschiebung, Ausweisung und Auslieferung in einen anderen Staat zur Verletzung von Art. 3 EMRK führen könnte. Die Verantwortlichkeit wegen einer Vertragsverletzung begründet sich mit der aufenthaltsbeendenden Maßnahme als dem Vertragsstaat zurechenbare Handlung.[100] Die zu befürchtende Handlung im Zielstaat wird zwar nicht durch den Vertragsstaat selbst vorgenommen, durch ihn jedoch erst ermöglicht.[101] Durch die aufenthaltsbeendende Maßnahme, die ihre Wirkung außerhalb der Jurisdiktion des Vertragsstaates entfaltet, könnte es zu einer Menschenrechtsverletzung kommen, die der Vertragsstaat abzuwenden hat.[102]

III. Achtung des Privat- und Familienlebens

31 Beim Ausweisungs-, Abschiebungs- und Auslieferungsschutz im Zusammenhang mit dem Recht auf Achtung des **Privat- und Familienlebens** (→ § 23) geht die drohende Verletzung regelmäßig vom ausweisenden, abschiebenden oder ausliefernden Staat aus. Ein Eingriff in den Schutzbereich dieses Rechts liegt vor, wenn aufgrund hoheitlichen Handelns das Privat- und Familienleben eines Ausländers durch eine aufenthaltsbeendende Maßnahme erheblich beeinträchtigt wird, wobei ein gewisser Grad an Intensität vorliegen muss.[103]

E. Rechtfertigung

I. Verbot der Ausweisung eigener Staatsangehöriger und der Kollektivausweisung von Ausländern

32 Das **Verbot der Ausweisung eigener Staatsangehöriger** nach Art. 3 Abs. 1 4. EMRKProt ist nicht einschränkbar.[104] Demzufolge stellt jeder Eingriff in den Schutzbereich eine Verletzung des Rechts dar. Auch das **Verbot von Kollektivausweisungen von Ausländern** nach Art. 4 4. EMRKProt ist generell nicht beschränkbar. Lediglich im Fall eines öffentlichen Notstands gem. Art. 15 EMRK kann hiervon abgewichen werden.[105] Da Art. 19 Abs. 1 GRC die gleiche Bedeutung und Tragweite wie Art. 4 4. EMRKProt hat,[106] ist die **spezielle Schrankenregelung** des Art. 52 Abs. 3 S. 1 GRC anzuwenden.[107] Somit besteht auch für das unionsrechtliche Grundrecht keine Beschränkungsmöglichkeit, außer bei öffentlichem Notstand.

II. Verbot der Abschiebung, Ausweisung und Auslieferung bei drohender Todesstrafe, Folter oder unmenschlicher oder erniedrigender Behandlung oder Strafe

33 Das Verbot der Abschiebung, Ausweisung und Auslieferung in einen Staat, in dem die Todesstrafe, Folter oder eine andere unmenschliche oder erniedrigende Strafe oder Behandlung droht, gilt **absolut.** Da Art. 19 Abs. 2 GRC dem Art. 3 EMRK in der Auslegung

---

[99] *Sinner* in Karpenstein/Mayer EMRK Art. 3 Rn. 24.
[100] *Vogler* in Matscher/Petzold, Protecting Human Rights, S. 663 (667).
[101] *Frowein* NVwZ 2002, 29 (32).
[102] Grabenwarter/Pabel EMRK § 20 Rn. 76.
[103] *Zimmermann/Elberling* in Dörr/Grote/Marauhn Kap. 27 Rn. 118 f.
[104] Grabenwarter/Pabel EMRK § 21 Rn. 72; *Hoppe* in Karpenstein/Mayer EMRK ZP IV Art. 3 Rn. 5.
[105] Grabenwarter/Pabel EMRK § 21 Rn. 74; *Hoppe* in Karpenstein/Mayer EMRK ZP IV Art. 4 Rn. 5.
[106] Erläuterungen zu Art. 19 Abs. 1 und Art. 52 Abs. 3 der Charta der Grundrechte vom 14.12.2007, ABl. 2007 C 303, 17 (24, 34).
[107] *Bernsdorff* in NK-EuGRCh GRCh Art. 19 Rn. 16 und 20; *Folz* in HK-UnionsR GRC Art. 19 Rn. 4.

durch den EGMR entspricht,[108] sind keine Einschränkungen zulässig.[109] Danach stellt jeder Eingriff in den Schutzbereich eine Verletzung des Rechts dar. Auch im Falle eines öffentlichen Notstands ist gem. Art. 15 Abs. 2 EMRK keine Einschränkung möglich.[110] Das **Folterverbot** ist nicht nur **notstandsfest,** sondern nach herrschender Auffassung auch eine *ius cogens*-Norm[111] und *erga omnes*-Verpflichtung.[112] Der in der jüngeren Vergangenheit wiederholt geforderten Abkehr vom absoluten Charakter des Rechts, wie beispielsweise in Verbindung mit extremen Notsituationen – etwa im Kampf gegen den internationalen Terrorismus – wird eine breite Absage in Literatur[113] und Rechtsprechung[114] erteilt. Selbst wenn die betroffene Person eine Gefahr für den Aufenthaltsstaat bedeuten würde, dürfe das Risiko einer Misshandlung im Zielstaat nicht gegen die Gründe für die Abschiebung durch den Aufenthaltsstaat abgewogen werden, so der EGMR.[115]

III. Achtung des Privat- und Familienlebens

34 Eingriffe in den Schutzbereich des in Art. 8 Abs. 1 EMRK und Art. 7 GRC[116] gewährleisteten Rechts auf Achtung des **Privat- und Familienlebens** (→ § 23) durch aufenthaltsbeendende Maßnahmen der Staaten sind am Maßstab des **Art. 8 Abs. 2 EMRK** zu prüfen. Danach muss für die Rechtfertigung der Eingriff **gesetzlich vorgesehen** sein, ein abschließend aufgeführtes **legitimes Ziel** – nationale oder öffentliche Sicherheit, wirtschaftliches Wohl des Landes, Aufrechterhaltung der Ordnung, Verhütung von Straftaten, Schutz der Gesundheit oder Moral oder Schutz der Rechte und Freiheiten anderer – verfolgen und **notwendig in einer demokratischen Gesellschaft** sein.[117] Die Notwendigkeit ergibt sich aus einem dringenden sozialen Bedürfnis und der Verhältnismäßigkeit des Eingriffes zum verfolgten Ziel.[118]

35 Bei der Beurteilung der **Verhältnismäßigkeit** von aufenthaltsbeendenden Maßnahmen in Bezug auf straffällige Ausländer hat der EGMR folgende Kriterien für die Abwägung der Interessen der Allgemeinheit und des betroffenen Ausländers an seinem Familienleben aufgestellt: Natur und Schwere der Straftat, Aufenthaltsdauer im ausweisenden Staat, vergangene Zeit seit der Begehung der Straftat und Verhalten während dieser Zeit, Staats-

---

[108] Erläuterungen zu Art. 19 Abs. 2 und Art. 52 Abs. 3 der Charta der Grundrechte vom 14.12.2007, ABl. 2007 C 303, 17 (24, 34).
[109] Grabenwarter/Pabel EMRK § 20 Rn. 51, 87; *Meyer-Ladewig/Lehnert* in HK-EMRK EMRK Art. 3 Rn. 1; *Sinner* in Karpenstein/Mayer EMRK Art. 3 Rn. 4, 33; *Nußberger* NVwZ 2016, 815 (822).
[110] Zur Anwendung der Notstandsklausel *Bernsdorff* in NK-EuGRCh GRCh Art. 19 Rn. 20. Zur möglichen Einschränkung des Art. 19 Abs. 2 GRC auf der Grundlage der Notstandsklausel *Jarass* GRCh Art. 19 Rn. 11; *Graßhof* in Schwarze GRC Art. 19 Rn. 11; *Rossi* in Calliess/Ruffert GRC Art. 19 Rn. 10.
[111] EGMR 21.11.2001 (GK) – 35763/97, Rep. 2001-XI, 79 Rn. 61 – Al-Adsani/Vereinigtes Königreich; EGMR 12.12.2008 (GK) – 34503/97, Rep. 2008-V, 395 Rn. 73 – Demir u. Baykara/Türkei; *Bianchi* EJIL 2008, 491 (495); *Criddle/Fox-Decent* YJIL 2009, 331 (368); *Thienel* EJIL 2006, 349 (350 f.).
[112] *Ress* ZaöRV 64 (2004), 621 (638 f.).
[113] *Bielefeldt*, Folterverbot, S. 5 ff.; *Bielefeldt*, Menschenwürde, S. 4 ff.; *Nowak* NQHR 2005, 674 (674 ff.); *Frowein* in Frowein/Peukert EMRK Art. 3 Rn. 1; *Frowein* ZaöRV 62 (2002), 879 (900); Grabenwarter/Pabel EMRK § 20 Rn. 52; *Schilling*, Internationaler Menschenrechtsschutz, § 8 Rn. 210 ff.; *Olivetti* in Mock/Demuro GRC Art. 4 Rn. 6; *Meyer-Ladewig/Lehnert* in HK-EMRK EMRK Art. 3 Rn. 2; Peters/Altwicker EMRK § 6 Rn. 3; *Krammer* S. 101 ff.; *Frenz*, HdbEuR Bd. 4, Rn. 1034; *Alleweldt* NVwZ 1997, 1078.
[114] EGMR 15.11.1996 (GK) – 22414/93, Rep. 1996-V, 1831 Rn. 79 – Chahal/Vereinigtes Königreich; EGMR 17.12.1996 (GK) – 25964/94, Rep. 1996-VI, 2195 Rn. 40, 46 – Ahmed/Österreich; EGMR 29.4.1997 (GK) – 24573/94, Rep. 1997-III, 745 Rn. 35 – H. L. R./Frankreich; EGMR 21.7.2005 – 69332/01 Rn. 89 – Rohde/Dänemark; EGMR 28.2.2008 (GK) – 37201/06, Rep. 2008-II, 207 Rn. 127 – Saadi/Italien; EGMR 2.3.2010 – 61498/08, Rep. 2010-II, 61 Rn. 122 – Al-Saadoon und Mufdhi/Vereinigtes Königreich; EGMR 1.6.2010 (GK) – 22978/05, Rep. 2010-IV, 247 Rn. 87 – Gäfgen/Deutschland; EGMR 24.7.2014 – 28761/11 Rn. 507 – Al Nashiri/Polen.
[115] EGMR 4.9.2014 – 140/10 Rn. 118 – Trabelsi/Belgien.
[116] Art. 7 GRC hat die gleiche Bedeutung und Tragweite wie Art. 8 EMRK, vgl. Erläuterungen zu Art. 7 und Art. 52 Abs. 3 der Charta der Grundrechte vom 14.12.2007, ABl. 2007 C 303, 17 (20, 34).
[117] EGMR 13.10.2011 – 41548/06 Rn. 46 ff. – Trabelsi/Deutschland.
[118] *Pätzold* in Karpenstein/Mayer EMRK Art. 8 Rn. 97.

angehörigkeit der verschiedenen betroffenen Personen, familiäre Situation, Kenntnis des Partners von der Straftat zum Zeitpunkt des Eingehens der familiären Beziehung, Existenz gemeinsamer Kinder und deren Alter, mögliche ernsthafte Schwierigkeiten des Partners im Herkunftsstaat, Wohl des Kindes, Festigkeit der sozialen, kulturellen und familiären Bindungen an den Aufenthaltsstaat und den Herkunftsstaat.[119]

F. Verhältnis zu anderen Bestimmungen

36 Der Schutz bei Abschiebung, Ausweisung und Auslieferung, der in Art. 3 und 4 4. EMRKProt sowie Art. 19 GRC geregelt ist, steht in engem Zusammenhang mit dem **Recht auf Leben** in Art. 2 EMRK und Art. 2 Abs. 1 GRC (→ § 14), dem **Verbot der Todesstrafe** (→ § 14) im 6. und 13. EMRKProt sowie in Art. 2 Abs. 2 GRC, dem **Verbot der Folter** oder unmenschlicher oder erniedrigender Behandlung oder Strafe in Art. 3 EMRK und Art. 4 GRC (→ § 16) sowie dem **Asylrecht** in Art. 18 GRC (→ § 20), der wie die Genfer Flüchtlingskonvention kein Recht auf Asyl, sondern nur Rechte im Asyl gewährt.[120] Dabei ist von einer parallelen Anwendung vom Schutz bei Abschiebung, Ausweisung und Auslieferung zum Asylrecht auszugehen.[121] Im Verhältnis zum Verbot der Todesstrafe und Verbot der Folter oder unmenschlicher oder erniedrigender Behandlung oder Strafe dürfte der Schutz bei Abschiebung, Ausweisung und Auslieferung in seinem Anwendungsbereich als *lex specialis* vorgehen.[122] Die Ausweisung, Abschiebung oder Auslieferung von Familienangehörigen kann das Recht auf Achtung des **Privat- und Familienlebens** in Art. 8 EMRK und Art. 7 GRC (→ § 23) betreffen.[123] Aufenthaltsbeendende Maßnahmen berühren auch die **Freizügigkeit und Aufenthaltsfreiheit** in Art. 45 GRC (→ § 19).[124] Beim Verbot von Kollektivausweisungen ist das **Diskriminierungsverbot** in Art. 14 EMRK und Art. 21 GRC (→ § 49) zu beachten.

G. Zusammenfassende Bewertung und Ausblick

37 Bei der Abschiebung, Ausweisung und Auslieferung sind den Menschenrechts- bzw. Grundrechtsadressaten **völker-, europa- sowie verfassungsrechtliche Grenzen** gesetzt. Vor allem bei drohender Gefahr von schwersten, mit der Menschenwürde unvereinbaren Menschenrechtsverletzungen wie Todesstrafe oder Folter oder unmenschliche oder erniedrigende Behandlung oder Strafe im Herkunfts- bzw. Zielstaat können sich die betroffenen Personen auf den als subjektiv-individuelles Grundrecht[125] ausgestalteten Schutz bei Abschiebung, Ausweisung und Auslieferung im Aufenthaltsstaat berufen. Das absolute Verbot der Abschiebung, Ausweisung und Auslieferung in solchen Fällen gilt selbst für Personen, die als Terroristen eine Gefahr für den Aufenthaltsstaat bedeuten. Eine im Zusammenhang mit dem Kampf gegen den Terrorismus stehende Forderung der Abkehr von diesem Grundsatz konnte sich bisher nicht durchsetzen. Daran dürfte sich auch künftig nichts ändern. Vielmehr sollten die Aufenthaltsstaaten zusammen mit der internationalen Staatengemeinschaft ihnen zur Verfügung stehende völkerrechtliche Mechanismen anwenden, um auf die **Beseitigung von schweren Menschenrechtsverletzungen in Herkunfts- bzw. Zielstaaten** verstärkt hinzuwirken.[126]

---

[119] *Grabenwarter/Pabel* EMRK § 22 Rn. 74; EGMR 2.8.2001 – 54273/00, Rep. 2001-IX, 119 Rn. 48 – Boultif/Schweiz; EGMR 18.10.2006 (GK) – 46410/99, Rep. 2006-XII, 129 Rn. 57 f. – Üner/Niederlande.
[120] *Göbel-Zimmermann* Rn. 10.
[121] *Bernsdorff* in NK-EuGRCh GRCh Art. 19 Rn. 13; *Jarass* GRCh Art. 19 Rn. 4.
[122] *Jarass* GRCh Art. 19 Rn. 4.
[123] EuGH C-60/00, Slg. 2002, I-6279 Rn. 41 – Mary Carpenter/Secretary of State for the Home Department; EuGH C-482/01 u. C-493/01, Slg. 2004, I-5257 Rn. 98 – Georgios Orfanopoulos ua und Raffaele Oliveri/Land Baden-Württemberg.
[124] *Jarass* GRCh Art. 19 Rn. 4.
[125] *Jarass* GRCh Art. 19 Rn. 2.
[126] *Alleweldt* S. 176.

Der Schutz bei Abschiebung, Ausweisung und Auslieferung ist aber nicht nur bei 38 drohenden Verletzungen aufgrund von Handlungen des Zielstaates zu gewährleisten, sondern auch bei **drohenden Verletzungen aufgrund von aufenthaltsbeendenden Maßnahmen des Aufenthaltsstaates** selbst. Dies betrifft insbesondere das Privat- und Familienleben ausländischer Personen.[127]

Wegen seiner engen Verbindung zu anderen Grund- bzw. Menschenrechten kommt dem 39 Schutz bei Abschiebung, Ausweisung und Auslieferung eine zunehmende Bedeutung im **Völker-, Europa- und Verfassungsrecht der europäischen Staaten** zu. Dieser Schutz wird in nächster Zeit vor allem im Zusammenhang mit dem Asyl- und Flüchtlingsrecht von besonderer Relevanz sein.

---

[127] *Zimmermann/Elberling* in Dörr/Grote/Marauhn Kap. 27 Rn. 3 f.

5. Abschnitt. Privatsphäre und allgemeine Handlungsfreiheit

§ 22 Allgemeine Handlungsfreiheit

Übersicht

	Rn.
A. Bedeutung und Entwicklung	1–11
B. Gewährleistungsgehalt	12–17
I. Der sachliche Gewährleistungsgehalt	12–16
II. Der persönliche Gewährleistungsbereich	17
C. Beeinträchtigungen	18–20
D. Rechtfertigung	21–26
I. Gesetzliche Grundlage	21–23
II. Verfolgung von Allgemeinwohlzielen	24
III. Verhältnismäßigkeit	25
IV. Wahrung des Wesensgehalts	26
E. Verhältnis zu anderen Bestimmungen	27–33
I. Verhältnis zu anderen Grundrechten	27–29
II. Verhältnis zur Freizügigkeit	30
III. Verhältnis zu den Grundfreiheiten	31, 32
IV. Verhältnis zum allgemeinen Grundsatz der Verhältnismäßigkeit	33
F. Zusammenfassende Bewertung und Ausblick	34–36

Schrifttum:

Calliess, Die Charta der Grundrechte der Europäischen Union – Fragen der Konzeption, Kompetenz und Verbindlichkeit, EuZW 2001, 261; *Ehlers*, Die Grundrechte des europäischen Gemeinschaftsrechts, Jura 2002, 468; *Häfner/Strawe/Zuegg*, In der Auseinandersetzung um eine Charta der Grundrechte der Europäischen Union, ZRP 2000, 365; *Haratsch*, Die Antidiskriminierungspolitik der EU – Neue Impulse durch Art. 13 EGV?, in Klein, Rassische Diskriminierung – Erscheinungsformen und Bekämpfungsmöglichkeiten, 2002, S. 195; *Hilf/Hörmann*, Der Grundrechtsschutz von Unternehmen im europäischen Verfassungsverbund, NJW 2003, 1; *Kingreen*, Die Gemeinschaftsgrundrechte, JuS 2000, 857; *Koenig*, EU-Grundrechtscharta – ein neuer supranationaler Kompetenztitel?, EuZW 2000, 417; *Lindner*, EG-Grundrechtscharta und gemeinschaftsrechtlicher Kompetenzvorbehalt – Probleme und Thesen –, DÖV 2000, 543; *ders.*, EU-Grundrechtscharta – weniger Rechte für den Bürger?, BayVBl. 2001, 523; *ders.*, Fortschritte und Defizite im EU-Grundrechtsschutz. Plädoyer für eine Optimierung der Europäischen Grundrechtecharta, ZRP 2007, 54; *Ludwig*, Zum Verhältnis zwischen Grundrechten und allgemeinen Grundsätzen des Unionsrechts nach der Binnenstruktur des Art. 6 EUV n. F., EuR 2011, 715; *Mahlmann*, Gleichheitsschutz und Privatautonomie – Probleme und Perspektiven der Umsetzung der Richtlinie 2000/43/EG gegen Diskriminierungen aufgrund von Rasse und ethnischer Herkunft, ZEuS 2002, 407; *Magiera*, Die Grundrechtecharta der Europäischen Union, DÖV 2000, 1017; *Pauly*, Strukturfragen des unionsrechtlichen Grundrechtsschutzes, EuR 1998, 242; *Philippi*, Die Charta der Grundrechte der Europäischen Union, 2002; *Pernice*, Eine Grundrechte-Charta für die Europäische Union, DVBl 2000, 847; *Rengeling*, Grundrechtsschutz in der Europäischen Gemeinschaft, 1993, S. 135; *Ritgen*, Grundrechtsschutz in der Europäischen Union, ZRP 2000, 371; *Schilling*, Bestand und allgemeine Lehren der bürgerschützenden allgemeinen Rechtsgrundsätze des Gemeinschaftsrechts, EuGRZ 2000, 3; *Schmitz*, Die EU-Grundrechtecharta aus grundrechtsdogmatischer und grundrechtstheoretischer Sicht, JZ 2001, 833; *ders.*, Die Grundrechtecharta als Teil der Verfassung der Europäischen Union, EuR 2004, 691; *Schwarze*, Grundrechte der Person im Europäischen Gemeinschaftsrecht, NJ 1994, 53; *Seidel*, Handbuch der Grund- und Menschenrechte auf staatlicher, europäischer und universeller Ebene, 1996, S. 33.

A. Bedeutung und Entwicklung

1 Das Grundrecht der allgemeinen Handlungsfreiheit ist das **umfassende Hauptfreiheitsrecht,** das eine **grundlegende Entscheidung für das Verhältnis zwischen Hoheitsgewalt und Individuum** trifft.[1] Es bürdet den Trägern von Hoheitsgewalt eine Argumentationslast und Rechtfertigungspflicht bei Verkürzungen individueller Freiheit auf.[2] Das

---

[1] *Gärditz* in Grabenwarter, EnzEur Bd. 2, § 4 Rn. 43.
[2] *Lindner* BayVBl. 2001, 523 (524).

Grundrecht steht in der Tradition der Menschenrechtserklärungen des ausgehenden 18. Jahrhunderts. Dies verdeutlicht insbesondere ein Blick auf Art. 4 frzErklMR, wonach die Freiheit darin besteht, „alles tun zu dürfen, was einem anderen nicht schadet".

Eine **ausdrückliche Verbürgung** der allgemeinen Handlungsfreiheit des Einzelnen enthalten **weder die GRC noch der EU- und der AEU-Vertrag.** Immerhin betonen beide Verträge aber, dass die Europäische Union unter anderem auf dem **„Grundsatz der Freiheit"** beruht.[3] Eines der Ziele der EU ist gemäß Erwgr. 12 Präambel EUV sowie gemäß Art. 3 Abs. 2 EUV die Erhaltung und Weiterentwicklung der Union als **„Raum der Freiheit, der Sicherheit und des Rechts".** Diese Formel wird in Art. 12 lit. c EUV, in Art. 67 Abs. 1 AEUV sowie Erwgr. 2 Präambel GRC explizit wieder aufgegriffen. Ein individuelles Grundrecht der allgemeinen Handlungs- und Betätigungsfreiheit lässt sich aus diesen allgemein gehaltenen Aussagen jedoch nicht ableiten. Dies gilt auch für Art. 2 S. 1 EUV, der den Grundsatz der Freiheit immerhin in einem Atemzug mit der Achtung der Menschenrechte nennt.

Die **Erklärung der Grundrechte und Grundfreiheiten des Europäischen Parlaments** vom 12. April 1989[4] erwähnt in ihrem Art. 2 Abs. 1 das Recht eines jeden auf Leben, Freiheit und Sicherheit. Nahezu gleichlautende oder zumindest ähnliche Gewährleistungen enthalten Art. 3 AEMR (Allgemeinen Erklärung der Menschenrechte der Generalversammlung der Vereinten Nationen vom 10. Dezember 1948[5]) sowie Art. 9 Abs. 1 IPBPR[6] und Art. 5 Abs. 1 S. 1 EMRK[7], die jedoch nicht die allgemeine Handlungsfreiheit des Menschen schützen, sondern dessen körperliche Bewegungsfreiheit gegen Freiheitsentzug etwa durch Festnahme oder Inhaftierung.[8]

Art. 6 GRC[9], der gleichfalls das **Recht auf Freiheit und Sicherheit** formuliert, entspricht nicht nur aufgrund seiner Wortwahl, sondern auch ausweislich der Erläuterungen zur Grundrechtecharta der Verbürgung des Art. 5 EMRK.[10] Gestützt wird dieser Befund durch Art. 52 Abs. 3 GRC, wonach die Chartarechte an Bedeutung und Tragweite den entsprechenden Verbürgungen der EMRK gleichkommen sollen (→ § 18 Rn. 3). Auch hier handelt es sich um eine Gewährleistung der körperlichen Bewegungsfreiheit, nicht der allgemeinen Handlungsfreiheit.[11]

Der Versuch, das Grundrecht der allgemeinen Handlungsfreiheit im Wege der Auslegung aus dem **Recht auf Leben** (Art. 2 Abs. 1 GRC) **in Verbindung mit dem Recht auf körperliche Unversehrtheit** (Art. 3 Abs. 1 GRC) herzuleiten[12], vermag nicht zu überzeugen, zumal der zur Ausarbeitung der Grundrechtecharta einberufene Konvent von einer Aufnahme eines allgemeinen Freiheitsrechts in die Charta wohl bewusst abgesehen hat.[13] Vor diesem Hintergrund kommt auch eine interpretatorische Ausweitung des **Rechts jeder Person auf Achtung ihres Privatlebens** (Art. 7 GRC)[14] oder der **Menschenwürdegarantie** (Art. 1 GRC) zu einem allgemeinen Freiheitsrecht nicht in

---

[3] Vgl. Erwgr. 4 Präambel EUV und Art. 2 S. 1 EUV; ähnlich auch Erwgr. 8 Präambel AEUV („Freiheit zu wahren").
[4] Entschließung des Europäischen Parlaments zur Erklärung der Grundrechte und Grundfreiheiten v. 12.4.1989, ABl. 1989 C 120, 51.
[5] Universal Declaration of Human Rights, Resolution 217 (III), General Assembly, Official Records third Session (part I) Resolutions (Doc. A/810), p. 71.
[6] Internationaler Pakt über bürgerliche und politische Rechte v. 19.12.1966, BGBl. 1973 II 1534.
[7] Europäische Konvention zum Schutze der Menschenrechte und Grundfreiheiten v. 4.11.1950, BGBl. 2002 II 1054.
[8] Vgl. für Art. 5 EMRK Grabenwarter/Pabel EMRK § 21 Rn. 2 f.; *Mayer-Ladewig/Harrendorf/König* in HK-EMRK EMRK Art. 5 Rn. 1 ff.; *Peukert* in Frowein/Peukert EMRK Art. 5 Rn. 1 ff.
[9] ABl. 2000 C 364, 1.
[10] Erläuterungen zur Charta der Grundrechte, ABl. 2007 C 303, 17.
[11] Jarass GRCh Art. 6 Rn. 6; *Calliess* in Calliess/Ruffert GRCh Art. 6 Rn. 6, 8; *Streinz* in Streinz GRC Art. 6 Rn. 3 f.; *Philippi* S. 23; *Schmitz* EuR 2004, 691 (708) *Wolff* in FK-EUV/GRC/AEUV GRC Art. 6 Rn. 16.
[12] Vgl. dazu *Zachert* NZA 2001, 1041 (1044, dort Fn. 45); s. auch *Häfner/Strawe/Zuegg* ZRP 2000, 365 (366).
[13] So jedenfalls *Borowsky* in NK-EuGRCh GRCh Art. 1 Rn. 34; *Streinz* in Streinz GRC Art. 6 Rn. 4.
[14] So angedeutet von *Magiera* DÖV 2000, 1017 (1025); *Philippi* S. 23; aA *Augsberg* in von der Groeben/Schwarze/Hatje GRC Art. 7 Rn. 1.

Betracht.[15] Hinsichtlich Art. 1 GRC gilt, dass sich der Einzelne auf die Unantastbarkeit der Menschenwürde nur berufen kann, soweit seine Freiheitsbetätigung zur eigenverantwortlichen Verwirklichung seiner Würde unentbehrlich ist.[16] Nicht jedes beliebige menschliche Verhalten weist diesen Menschenwürdebezug auf. Zudem kann die Garantie der Unantastbarkeit der Menschenwürde nur die elementare Freiheit natürlicher Personen schützen, nicht jedoch die allgemeine Freiheit juristischer Personen. Ein über die Menschenwürde vermittelter Freiheitsschutz muss daher notwendigerweise hinter dem Schutzumfang des Grundrechts der allgemeinen Handlungsfreiheit zurückbleiben.

6 Ungeachtet des Fehlens des Grundrechts der allgemeinen Handlungsfreiheit in der Europäischen Grundrechtecharta und der EMRK, auf die Art. 6 Abs. 3 EUV für den Grundrechtsschutz ausdrücklich verweist, hat der EuGH das Grundrecht der allgemeinen Handlungsfreiheit als **allgemeinen Rechtsgrundsatz des Unionsrechts** in seiner Rechtsprechung anerkannt.[17] Da der EuGH den Begriff der allgemeinen Handlungsfreiheit nicht verwendet, wird dieses Auffanggrundrecht in der Literatur auch als „Recht auf Abwehr ungesetzlichen Zwangs" bezeichnet.[18] Auch nach dem verbindlichen Inkrafttreten der Grundrechtecharta, die gemäß Art. 6 Abs. 1 UAbs. 1 Hs. 2 EUV gleichrangig neben dem EU- und dem AEU-Vertrag im Range von primärem Unionsrecht steht und die bewusst auf eine ausdrückliche Normierung der allgemeinen Handlungsfreiheit verzichtet, ist eine Herleitung dieses Grundrechts aus allgemeinen Rechtsgrundsätzen weiterhin möglich.[19] Während die EU nach Art. 6 Abs. 1 UAbs. 1 EUV die Rechte, Freiheiten und Grundsätze anerkennt, die in der Grundrechtecharta enthalten sind, ohne auf die Herleitung aus allgemeinen Rechtsgrundsätzen einzugehen, bestätigt Art. 6 Abs. 3 EUV explizit, dass die Grundrechte nach wie vor zu den allgemeinen Grundsätzen des Unionsrechts gehören, wie sie in der EMRK gewährleistet sind und wie sie sich aus den gemeinsamen Verfassungsüberlieferungen der Mitgliedstaaten ergeben. Die **Grundrechtecharta** ist daher **nicht exklusive Grundrechtsquelle** des Europäischen Unionsrechts (→ § 7 Rn. 107 ff.).[20]

7 Erstmalige Erwähnung gefunden hat das Grundrecht der allgemeinen Handlungsfreiheit in der Entscheidung in der **Rs. Rau** aus dem Jahr 1987, allerdings ohne dass der EuGH den Inhalt dieses Rechts auch nur im Ansatz umrissen hätte.[21] Erst in der **Rs. Hoechst/Kommission,** in der die Rechtmäßigkeit der Durchsuchung von Geschäftsräumen durch die Kommission den Gegenstand des Verfahrens bildete, hat der EuGH Inhalt und Schranken des Grundrechts der privaten Betätigungsfreiheit umschrieben. Danach bedürfen „Eingriffe der öffentlichen Gewalt in die Sphäre der privaten Betätigung jeder – natürlichen oder juristischen – Person einer Rechtsgrundlage und müssen aus den gesetzlich vorgesehenen Gründen gerechtfertigt sein". Dieses als allgemeiner Rechtsgrundsatz anerkannte Recht biete „Schutz gegen willkürliche oder unverhältnismäßige Eingriffe".[22] An dieser Rechtsprechung hat der EuGH festgehalten[23]; das EuG hat sich dieser Rechtsprechung angeschlossen.[24]

---

[15] *Borowsky* in NK-EuGRCh GRCh Art. 1 Rn. 34; *Bernsdorff* in NK-EuGRCh GRCh Art. 7 Rn. 15; *Lindner* BayVBl. 2001, 523 (524); *Streinz* in Streinz GRC Art. 1 Rn. 5.

[16] So zutreffend *Schmitz* JZ 2001, 833 (837); *Borowsky* in NK-EuGRCh GRCh Art. 1 Rn. 34.

[17] Bejahend *Hilf/Willms* EuGRZ 1989, 189; *P. Kirchhof* EuR-Beih. 1/1991, 11 (24); *Schwarze* NJ 1994, 53 (54); *Pieper* in Bleckmann EuropaR Rn. 110; *Hatje* in Schwarze EUV Art. 6 Rn. 33; *Kingreen* JuS 2000, 857 (861); *Ehlers* Jura 2002, 468 (472); *Haratsch/Koenig/Pechstein* EuropaR Rn. 689. – Verneinend wohl *Hilf/Hörmann* NJW 2003, 1 (6); *Dreier* in Dreier GG Art. 2 I Rn. 12; Jarass GRCh Einl. Rn. 39.

[18] So *Gärditz* in Grabenwarter, EnzEur Bd. 2, § 4 Rn. 48 f.

[19] *Rengeling/Szczekalla* EU-Grundrechte Rn. 636; *Gärditz* in Grabenwarter, EnzEur Bd. 2, § 4 Rn. 49; vgl. auch *Schorkopf* in GHN EUV Art. 6 Rn. 56. – Anders jedoch *Lindner* BayVBl. 2001, 523 (524).

[20] *Ludwig* EuR 2011, 715 (732 f.).

[21] EuGH 133 bis 136/85, Slg. 1987, 2289 Rn. 15, 19 – Rau; dazu *Rengeling,* Grundrechtsschutz, S. 135 f.

[22] EuGH 46/87 und 227/88, Slg. 1989, 2859 Rn. 19 – Hoechst/Kommission.

[23] Vgl. EuGH 85/87, Slg. 1989, 3137 Rn. 30 – Dow Benelux ua/Kommission; EuGH 97 bis 99/87, Slg. 1989, 3165 Rn. 16 – Dow Chemical Ibérica ua/Kommission; EuGH C-238, 244, 245, 247/99, 250, 252, 254/99 P, Slg. 2002, I-8375 Rn. 252 – Limburgse Vinyl Maatschappij ua/Kommission; EuGH C-94/00, Slg. 2002, I-9011 Rn. 27 – Roquette Frères.

[24] EuG T-305 bis 307, 313, 316, 318, 325, 328, 329, 335/94, Slg. 1999, II-931 Rn. 417 – Limburgse Vinyl Maatschappij ua/Kommission.

Die Auffassung, die die Existenz eines Unionsgrundrechts der allgemeinen Handlungs- 8
freiheit negiert und in der Rechtsprechung des EuGH lediglich die Heranziehung der rechtsstaatlichen Garantie des **Gesetzesvorbehalts gegen willkürliche und unverhältnismäßige Eingriffe** sieht[25], versäumt es darzulegen, in welche subjektive Rechtsposition eingegriffen wird. Eine Abwehr von Eingriffen setzt notwendig ein Eingriffsobjekt, eine rechtlich geschützte Position voraus. Dies kann in den angesprochenen, vom EuGH entschiedenen Fällen nur die allgemeine Handlungsfreiheit sein. Es handelt sich daher nicht lediglich um die kumulative Anwendung objektiv-rechtlicher Grundsätze, wie etwa des rechtsstaatlichen Vorbehalts des Gesetzes und des allgemeinen Prinzips der Verhältnismäßigkeit. Vielmehr stellt der EuGH seine Ausführungen ausdrücklich in einen **grundrechtlichen Herleitungszusammenhang**[26] und fasst den Schutz der privaten Betätigungsfreiheit somit erkennbar als Individualgrundrecht auf.[27] Dass der Begriff der „allgemeinen Handlungsfreiheit" seit dem Urteil in der Rs. *Rau* in der EuGH-Rechtsprechung nicht mehr verwendet wird, mag auf Tendenzen im EuGH hindeuten, die hinsichtlich einer umfassenden allgemeinen grundrechtlichen Freiheitsverbürgung eine gewisse Vorsicht an den Tag legen.

Bei der Herleitung der allgemeinen Handlungsfreiheit oder privaten Betätigungsfreiheit 9
weist der EuGH insbesondere, wenngleich nur pauschal, auf die **Rechtsordnungen der Mitgliedstaaten** als Quelle des allgemeinen Rechtsgrundsatzes hin. Diesen sei ein dem Schutz der privaten Betätigungsfreiheit entsprechender Rechtssatz gemeinsam.[28] Ein ausdrückliches Grundrecht der allgemeinen Handlungsfreiheit enthält etwa Art. 2 Abs. 1 GG, der die freie Entfaltung der Persönlichkeit grundrechtlichem Schutz unterstellt. Ähnliche Verbürgungen enthalten Art. 5 Abs. 1 griechVerf, Art. 26 Abs. 1 portVerf, Art. 31 Abs. 1 polnVerf, Art. 4 und Art. 5 frzErklMR sowie Art. 19 Abs. 1 estnVerf. Nach Art. 21 Abs. 1 litVerf ist die Persönlichkeit des Menschen unantastbar.

Zahlreiche andere mitgliedstaatliche Verfassungen enthalten **Verbürgungen der per-** 10
sönlichen Freiheit des Einzelnen[29], gewährleisten damit jedoch **nicht die allgemeine Handlungsfreiheit** oder – in der Diktion des EuGH – die private Betätigungsfreiheit, sondern die körperliche Bewegungsfreiheit.

Kompetenzrechtliche Bedenken gegen ein Grundrecht der allgemeinen Handlungsfrei- 11
heit bestehen nicht. Das **Prinzip der begrenzten Einzelermächtigung** gemäß Art. 5 Abs. 1 und 2 EUV steht einer umfassenden unionsrechtlichen Freiheitsgewährleistung nicht entgegen. Grundrechte begründen regelmäßig keine Kompetenzen, was Art. 51 Abs. 2 GRC ausdrücklich bestätigt, sondern umschreiben vielmehr Bereiche, in denen der Ausübung von Hoheitsgewalt Grenzen gesetzt sind[30], weshalb Grundrechte von Teilen der Literatur als „negative Kompetenznormen" bezeichnet werden.[31] Selbst wenn sich aus Grundrechten Handlungsaufträge für die Träger von Hoheitsgewalt ergeben, erweist sich dies als **kompetenzrechtlich unbedenklich,** da sich solche Handlungsaufträge nicht notwendig gegen die Europäische Union auswirken, sondern, ohne eine Kompetenzverschiebung zu bewirken[32], den jeweils zuständigen Hoheitsträger verpflichten, sei es auf Unionsebene oder auf Ebene der Mitgliedstaaten.[33] Wenn ein umfassender Grundrechteka-

---

[25] So *Hilf/Hörmann* NJW 2003, 1 (6).
[26] EuGH 97 bis 99/87, Slg. 1989, 3165 Rn. 10 – Dow Chemical Ibérica ua/Kommission; EuGH C-94/00, Slg. 2002, I-9011 Rn. 23 f. – Roquette Frères.
[27] Ähnlich auch *Schilling* EuGRZ 2000, 3 (14).
[28] EuGH 46/87 und 227/88, Slg. 1989, 2859 Rn. 19 – Hoechst/Kommission; EuGH 97 bis 99/87, Slg. 1989, 3165 Rn. 16 – Dow Chemical Ibérica ua/Kommission.
[29] Vgl. zB Art. 8 schwedVerf; Art. 17 Abs. 1 spanVerf; Art. 12 Abs. 1 belgVerf; Art. 71 Abs. 1 dänVerf; Art. 7 Abs. 1 finnVerf; Art. 40 Abs. 4 irVerf; Art. 13 Abs. 1 italVerf; Art. 12 luxVerf; Art. 15 Abs. 1 ndlVerf; Art. 34 Abs. 1 maltVerf; Art. 11 Abs. 1 zypVerf.
[30] *Borowsky* in NK-EuGRCh GRCh Art. 51 Rn. 40.
[31] *Ehmke*, Wirtschaft und Verfassung, 1961, S. 30, 479; *Ehmke* VVDStRL 20 (1963), 53 (89 ff.); *Pernice* DVBl 2000, 847 (852). – Vorsichtig allerdings *Dreier* in Dreier GG Vorb. vor Art. 1 Rn. 88.
[32] Dies befürchtet aber *Ritgen* ZRP 2000, 371 (373), der meint, dass sich die Union über grundrechtliche Schutz- und Förderpflichten neue Zuständigkeiten erschließen könnte; ähnlich *Koenig* EuZW 2000, 417.
[33] *Lindner* DÖV 2000, 543 (548 f.).

talog, der auch die allgemeine Handlungsfreiheit mitumfasst, deswegen ablehnend beurteilt wird, weil Grundrechtsgefährdungen in den Bereichen fehlender Unionskompetenz von der EU nur in geringem Umfang ausgehen könnten und die Union nicht in der Lage sei, bestimmte Grundrechte einzulösen[34], übersieht diese Auffassung, dass zum einen nicht kompetenzgemäß erlassene „ausbrechende" Unionsrechtsakte auch grundrechtlich „eingefangen" werden müssen. Zum anderen sind jedenfalls die Mitgliedstaaten kompetenzrechtlich im Stande, die allgemeine Handlungsfreiheit im Anwendungsbereich des Unionsrechts zu verletzen, zB durch Sanktionsmaßnahmen, die sie zur Durchsetzung von Unionsrecht ergreifen. Das Prinzip der begrenzten Einzelermächtigung wird durch ein Grundrecht der allgemeinen Handlungsfreiheit keineswegs ausgehebelt. Ein ohne Kompetenztitel handelndes Unionsorgan, das in die allgemeine Handlungsfreiheit eingreift, verstößt nicht nur gegen das Prinzip der begrenzten Einzelermächtigung, sondern zugleich gegen das allgemeine Freiheitsgrundrecht. Die mittelbar freiheitsschützende Funktion des Prinzips der begrenzten Einzelermächtigung wird durch die allgemeine Handlungsfreiheit subjektiv-rechtlich flankiert.

B. Gewährleistungsgehalt

I. Der sachliche Gewährleistungsgehalt

12 Nach der Rechtsprechung des EuGH umfasst der sachliche Schutzbereich des Grundrechts der allgemeinen Handlungsfreiheit die gesamte „Sphäre der privaten Betätigung".[35] Das Grundrecht schützt die **Handlungsfreiheit im umfassenden Sinne,** ohne Rücksicht darauf, welches Gewicht der Betätigung für die Persönlichkeitsentfaltung zukommt.[36] Geschützt wird jedes menschliche Tun und Unterlassen, sofern es nicht vom Schutzbereich eines anderen Freiheitsrechts erfasst wird. Die Weite des Schutzbereichs im Sinne der allgemeinen Betätigungsfreiheit macht diese Freiheitsverbürgung zu einem umfassenden **Auffanggrundrecht.**[37]

13 Ein grundrechtlich geschützter Aspekt der allgemeinen Handlungsfreiheit ist die **Privatautonomie,** die Vertragsfreiheit[38], dh die Freiheit, Verträge zu schließen und sich durch sie zu binden.[39] Die zur Grundrechtecharta gegebenen Erläuterungen sehen die Vertragsfreiheit zwar als Teil der unternehmerischen Freiheit gemäß Art. 16 GRC an.[40] Die unternehmerische Freiheit schützt jedoch nur wirtschaftliche Verträge von Unternehmern (→ § 35 Rn. 39 f.), nicht aber umfassend die Vertragsfreiheit Privater.[41]

14 Daneben wird auch die **Ausreisefreiheit aus dem Hoheitsgebiet eines Mitgliedstaates in einen dritten Staat** durch die allgemeine Handlungsfreiheit geschützt. Die Ausreise von Unionsbürgern aus dem Hoheitsgebiet eines Mitgliedstaates in das Hoheitsgebiet eines anderen Mitgliedstaates der Europäischen Union[42], die innerunionale Freizügigkeit, unterfällt dem Schutz der speziellen Freizügigkeitsregelungen der Art. 20 Abs. 2 lit. a AEUV iVm Art. 21 Abs. 1 AEUV sowie Art. 45 Abs. 1 GRC.

---

[34] So *Calliess* EuZW 2001, 261 (264 f.); ähnlich *Pernice* DVBl 2000, 847 (852).
[35] EuGH 46/87 und 227/88, Slg. 1989, 2859 Rn. 19 – Hoechst/Kommission; EuGH 97 bis 99/87, Slg. 1989, 3165 Rn. 16 – Dow Chemical Ibérica ua/Kommission; EuGH C-94/00, Slg. 2002, I-9011 Rn. 27 – Roquette Frères; s. auch *Pauly* EuR 1998, 242 (254).
[36] *Rengeling/Szczekalla* EU-Grundrechte Rn. 641 f. – Für Art. 2 Abs. 1 GG vgl. BVerfGE 54, 143 (146); BVerfGE 80, 137 (152); BVerfGE 90, 145 (171); BVerfGE 91, 335 (338); BVerfGE 95, 267 (303).
[37] *Pauly* EuR 1998, 242 (254); *Schilling* EuGRZ 2000, 3 (14).
[38] *Häfner/Strawe/Zuegg* ZRP 2000, 365 (366); *Rengeling/Szczekalla* EU-Grundrechte Rn. 649. – Zum unionsrechtlichen Schutz der Vertragsfreiheit vgl. EuGH 151/78, Slg. 1979, 1 Rn. 19 – Sukkerfabriken Nykoebing; EuGH C-240/97, Slg. 1999, I-6571 Rn. 99 – Spanien/Kommission.
[39] *Haratsch* in Klein S. 195 (213, dort Fn. 76); *Mahlmann* ZEuS 2002, 407 (419 f.).
[40] Erläuterungen zur Charta der Grundrechte, ABl. 2007 C 303, 17.
[41] *Mahlmann* ZEuS 2002, 407 (419 f.).
[42] Unklar insoweit *Seidel*, Handbuch, S. 39 f.

Während der Schutz von Privaträumen in den Schutzbereich des Rechts auf Achtung des 15
Privat- und Familienlebens fällt (→ § 23 Rn. 24)[43], umfasst das Grundrecht der allgemeinen
Handlungsfreiheit nach der Rechtsprechung des EuGH die **Unverletzlichkeit von Geschäftsräumen.**[44]

Die allgemeine Handlungsfreiheit schützt weiterhin vor der **Mitgliedschaft in öffent-** 16
lich-rechtlichen Zwangsverbänden sowie vor einer **Auferlegung von Steuern und**
sonstigen Abgaben. Da das Vermögen als solches nicht von der unionsrechtlichen
Eigentumsgarantie gemäß Art. 17 GRC geschützt wird[45], kann die hoheitliche Auferlegung von Geldleistungspflichten, sofern kein Zugriff auf eine bestimmte eigentumsrechtliche Position vorliegt, nur am Auffanggrundrecht der allgemeinen Handlungsfreiheit
gemessen werden.

II. Der persönliche Gewährleistungsbereich

Träger des Grundrechts der allgemeinen Handlungsfreiheit ist ungeachtet ihrer Staatsange- 17
hörigkeit **jede natürliche Person.** Der Schutz des Grundrechts erfasst daneben nach der
ausdrücklichen Rechtsprechung von EuGH und EuG auch **juristische Personen.**[46]

C. Beeinträchtigungen

Alle unionsrechtlichen oder mitgliedstaatlichen **Ge- und Verbote** im Anwendungsbereich 18
des Unionsrechts bedeuten, sofern nicht ein spezielleres Freiheitsgrundrecht einschlägig ist,
Eingriffe in den Schutzbereich der allgemeinen Handlungsfreiheit. Dabei stellt nicht nur
die Anwendung von Zwang oder dessen Androhung eine Beeinträchtigung der grundrechtlich geschützten Freiheit dar, sondern bereits die hoheitliche Anordnung nachteiliger
Rechtsfolgen, die an eine bestimmte Freiheitsbetätigung geknüpft werden.

In der Rechtsprechung des EuGH relevant geworden sind Eingriffe in die allgemeine 19
Handlungsfreiheit in Form einer **Durchsuchung von Geschäftsräumen,** die von der
Kommission – etwa auf der Grundlage von Art. 20 und 21 Kartellverfahrensverordnung[47] –
vorgenommen oder veranlasst wird (→ Rn. 7).

Eine Beeinträchtigung der allgemeinen Handlungsfreiheit in Form der Privatautonomie 20
kann durch **unionsrechtliche Diskriminierungsverbote** beim Abschluss von Verträgen
erfolgen. Zu nennen sind hier die auf der Grundlage von Art. 19 AEUV erlassenen Antidiskriminierungsrichtlinien der Europäischen Union, wie etwa die Richtlinie 2000/43/EG
zur Anwendung des Gleichbehandlungsgrundsatzes ohne Unterschied der Rasse oder der
ethnischen Herkunft[48] sowie die Richtlinie 2000/78/EG zur Festlegung eines allgemeinen
Rahmens für die Verwirklichung der Gleichbehandlung in Beschäftigung und Beruf.[49] Der
persönliche Geltungsbereich der Richtlinien ist zwar auf die Mitgliedstaaten als Adressaten

---

[43] EuGH 46/87 und 227/88, Slg. 1989, 2859 Rn. 17 – Hoechst/Kommission; EuGH 97 bis 99/87, Slg. 1989, 3165 Rn. 14 – Dow Chemical Ibérica ua/Kommission.
[44] EuGH 46/87 und 227/88, Slg. 1989, 2859 Rn. 19 ff. – Hoechst/Kommission; EuGH 85/87, Slg. 1989, 3137 Rn. 30 – Dow Benelux ua/Kommission; EuGH 97 bis 99/87, Slg. 1989, 3165 Rn. 16 ff. – Dow Chemical Ibérica ua/Kommission; EuGH C-94/00, Slg. 2002, I-9011 Rn. 29 ff. – Roquette Frères; ebenso *Kingreen* JuS 2000, 857 (861); *Schilling* EuGRZ 2000, 3 (14).
[45] EuGH C-143/88 u. C-92/89, Slg 1991, I-415 Rn. 74 – Zuckerfabrik Süderdithmarschen ua; vgl. auch EuGH 265/87, Slg. 1989, 2237 Rn. 15 ff. – Schräder; ebenso *v. Milczewski*, Der grundrechtliche Schutz des Eigentums im Europäischen Gemeinschaftsrecht, 1994, S. 75, 259; *Streinz* in Streinz GRC Art. 17 Rn. 6; *Calliess* in Calliess/Ruffert GRCh Art. 17 Rn. 8.
[46] EuGH 46/87 und 227/88, Slg. 1989, 2859 Rn. 19 – Hoechst/Kommission; EuGH 97 bis 99/87, Slg. 1989, 3165 Rn. 16 – Dow Chemical Ibérica ua/Kommission; EuGH C-94/00, Slg. 2002, I-9011 Rn. 27 – Roquette Frères; EuG T-305, 307, 313, 316, 318, 325, 328, 329, 335/94, Slg. 1999, II-931 Rn. 420 – Limburgse Vinyl Maatschappij ua/Kommission.
[47] VO (EG) Nr. 1/2003 des Rates vom 16. Dezember 2002 zur Durchführung der in den Artikeln 81 und 82 des Vertrags niedergelegten Wettbewerbsregeln ABl. 2003 L 1, 1.
[48] RL 2000/43/EG, ABl. 2000 L 180, 22.
[49] RL 2000/78/EG, ABl. 2000 L 303, 16.

beschränkt,[50] diese werden jedoch ausdrücklich verpflichtet, auch Diskriminierungen, die von Privaten ausgehen, zu unterbinden.[51] Die Mitgliedstaaten werden damit unionsrechtlich in die Pflicht genommen, in die Vertragsfreiheit der Privaten einzugreifen.[52]

D. Rechtfertigung

I. Gesetzliche Grundlage

21 Eingriffe in das Grundrecht der allgemeinen Handlungsfreiheit bedürfen einer **gesetzlichen Grundlage.** Nach der Rechtsprechung des EuGH bedürfen Eingriffe der öffentlichen Gewalt in die Sphäre der privaten Betätigung einer „Rechtsgrundlage", müssen „gesetzlich vorgesehen" sein.[53] Auch die Grundrechtecharta fordert in ihrem Art. 52 Abs. 1 S. 1 GRC, dass jede Einschränkung der Ausübung eines in der Grundrechtecharta anerkannten Rechts gesetzlich vorgesehen sein muss. Gleichwohl zielt ein Hinweis auf diese Bestimmung im Fall der allgemeinen Handlungsfreiheit ins Leere, da die Grundrechtecharta keine der allgemeinen Handlungsfreiheit entsprechende Freiheitsverbürgung enthält (→ Rn. 4 f.).

22 Als Rechtsgrundlage für einen Eingriff in die Freiheitssphäre des Einzelnen kann **Unionsrecht** dienen, sofern es unmittelbar anwendbar ist und nicht erst durch nationales Recht umgesetzt oder konkretisiert werden muss.[54] Dies gilt etwa für unmittelbar anwendbares primäres wie sekundäres Unionsrecht. Da eine **Verordnung** gemäß Art. 288 Abs. 2 AEUV in allen ihren Teilen verbindlich ist und unmittelbar in jedem Mitgliedstaat gilt, ist sie ein materielles Gesetz[55] und entspricht den unionsrechtlichen Anforderungen an eine gesetzliche Grundlage für einen Eingriff in die allgemeine Handlungsfreiheit.[56]

23 Eine **Richtlinie** kommt, da sie an die Mitgliedstaaten adressiert ist und mitgliedstaatlicher Umsetzungsmaßnahmen bedarf, als Rechtsgrundlage eines individualgerichteten Eingriffs grundsätzlich nicht in Betracht.[57] Rechtsgrundlage für Eingriffe in die allgemeine Handlungsfreiheit bilden bei Richtlinien, die individuelle Belastungen vorsehen, allerdings die **mitgliedstaatlichen Normen,** die der Umsetzung des sekundären Unionsrechts dienen.[58] Die mitgliedstaatliche Richtlinienumsetzung darf nicht durch eine bloße innerstaatliche Verwaltungspraxis oder durch Verwaltungsvorschriften ohne Außenwirkung gegenüber dem Bürger erfolgen[59], da der EuGH eine „unzweifelhaft verbindliche" Richtlinienumsetzung fordert.[60] Regelmäßig bedarf es hierfür eines materiellen Gesetzes.[61] Fehlt eine materiell-gesetzliche Richtlinienumsetzung durch die Mitgliedstaaten, hat der EuGH **ausnahmsweise** eine **unmittelbare Wirkung von Richtlinienbestimmungen** anerkannt.[62] Hatte der EuGH eine unmittelbare Wirkung von Richtlinienbestimmungen zu-

---

[50] Vgl. Art. 288 Abs. 3 AEUV sowie Art. 19 RL 2000/43/EG, ABl. 2000 L 180, 22 und Art. 21 RL 2000/78/EG, ABl. 2000 L 303, 16.
[51] Vgl. Art. 3 RL 2000/43/EG, ABl. 2000 L 180, 22 und Art. 3 RL 2000/78/EG, ABl. 2000 L 303, 16; vgl. *Haratsch* in Klein S. 195 (220).
[52] Zum Spannungsverhältnis zwischen Privatautonomie und Diskriminierungsverboten vgl. *Neuner* JZ 2003, 57 (59); *Mahlmann* ZEuS 2002, 407 (421 f.); *Haratsch* in Klein S. 195 (212 f.); *Jestaedt* VVDStRL 64 (2005), 298 ff.; *Britz* VVDStRL 64 (2005), 355 ff.
[53] EuGH 46/87 und 227/88, Slg. 1989, 2859 Rn. 19 – Hoechst/Kommission; EuGH 85/87, Slg. 1989, 3137 Rn. 30 – Dow Benelux ua/Kommission; EuGH 97 bis 99/87, Slg. 1989, 3165 Rn. 16 – Dow Chemical Ibérica ua/Kommission.
[54] *Ennuschat* JuS 1998, 905 (906).
[55] *Grams,* Zur Gesetzgebung der Europäischen Union, 1998, S. 68.
[56] *Royla/Lackhoff* DVBl 1998, 1116 (1118).
[57] *Triantafyllou,* Vom Vertrags- zum Gesetzesvorbehalt, 1996, S. 91; *Royla/Lackhoff* DVBl 1998, 1116 (1119).
[58] *Ennuschat* JuS 1998, 905 (906); vgl. auch EuGH C-201/02, Slg. 2004, I-723 Rn. 54 ff. – Wells.
[59] EuGH C-361/88, Slg. 1991, I-2567 Rn. 15 ff. – Kommission/Deutschland; *Dreher* EuZW 1997, 522 (523); *Ruffert* DVBl 1998, 69 (71).
[60] EuGH C-178, 179, 188, 189, 190/94, Slg. 1996, I-4845 Rn. 48 – Dillenkofer.
[61] *Haratsch/Koenig/Pechstein* EuropaR Rn. 400.
[62] EuGH 9/70, Slg. 1970, 825 Rn. 5 ff. – Leberpfennig.

nächst nur bejaht, wenn ein Einzelner sich auf ihn begünstigende Bestimmungen einer Richtlinie beruft[63], besitzen Richtlinien nach der Rechtsprechung des EuGH aber auch eine objektive unmittelbare Wirkung, ohne dass die Begünstigung eines Einzelnen vorausgesetzt wird. Die nationalen Behörden und Gerichte haben danach inhaltlich unbedingte und hinreichend konkrete Bestimmungen einer nicht oder unzulänglich umgesetzten Richtlinie von Amts wegen anzuwenden.[64] Eine unmittelbare Anwendung von Richtlinienbestimmungen zu Lasten eines Einzelnen ist jedoch auch nach dieser Rechtsprechung nicht zulässig.[65] Dies wird dadurch belegt, dass der EuGH, auch nachdem er die objektive unmittelbare Wirkung von Richtlinien anerkannt hat, nach wie vor ausdrücklich daran festhält, dass ein Einzelner sich nur auf ihn begünstigende, inhaltlich unbedingte und hinreichend konkrete Bestimmungen einer nicht oder nur unzulänglich umgesetzten Richtlinie berufen kann.[66] Nach der jüngsten Rechtsprechung des EuGH steht der Grundsatz der Rechtssicherheit der Begründung von Verpflichtungen für den Einzelnen durch eine unmittelbare Wirkung von Richtlinien entgegen.[67] Ein Einzelner kann sich nicht gegenüber einem Mitgliedstaat auf eine Richtlinie berufen, wenn die unmittelbare Anwendung der Richtlinie unmittelbar zu einer Belastung eines Dritten führen würde.[68] Zwar können aus der unmittelbaren Wirkung einer Richtlinie **mittelbare negative Auswirkungen auf die Rechte Dritter** folgen[69], die Richtlinie bildet in dieser Konstellation jedoch nicht die unmittelbare Ermächtigungsgrundlage für einen Grundrechtseingriff. Diese ist vielmehr dem nationalen Recht zu entnehmen. Der EuGH will mit dieser Rechtsprechung zu Lasten des Staates verhindern, dass die praktische Wirksamkeit einer Richtlinie beeinträchtigt wird und der Staat aus seiner Nichtbeachtung des Unionsrechts Nutzen ziehen kann.[70] Da die unmittelbare Wirkung nicht umgesetzter Richtlinien vor dem Hintergrund dieser Erwägungen beschränkt bleiben muss, kann eine **Richtlinie nicht unmittelbar als Ermächtigungsgrundlage** für Eingriffe in die allgemeine Handlungsfreiheit dienen. Gesetzliche Grundlage kann nur das eine Richtlinie ausdrücklich umsetzende nationale Recht sein oder bereits bestehendes nationales Recht, das ohne eine Richtlinie ausdrücklich umzusetzen, im Wege einer richtlinienkonformen Auslegung[71] für die Verwirklichung der Richtlinienziele in Dienst genommen wird. Ermächtigungsgrundlage bildet dann nicht die Richtlinie, sondern das unionsrechtskonform ausgelegte nationale Recht.[72]

II. Verfolgung von Allgemeinwohlzielen

Neben der gesetzlichen Eingriffsgrundlage ist das Vorliegen rechtfertigender Gründe erforderlich. Der EuGH nimmt keine nähere Qualifikation dieser Rechtfertigungsgründe vor, sondern spricht lediglich davon, dass der Einzelne vor „willkürlichen" Eingriffen zu

---

63 EuGH 41/74, Slg. 1974, 1337 Rn. 12 ff. – van Duyn; EuGH 80/86, Slg. 1987, 3969 Rn. 8 ff. – Kolpinghuis Nijmegen; EuGH C-192/94, Slg. 1996, I-1281 Rn. 15 ff. – Corte Inglés; aA *Kühling/Röckinghausen* DVBl 1999, 1614 (1616 ff.).
64 EuGH C-431/92, Slg. 1995, I-2189 Rn. 39 f. – Kommission/Deutschland.
65 *Pechstein* EWS 1996, 261 (264).
66 EuGH C-18/94, Slg. 1996, I-2281 Rn. 28 f. – Hopkins ua; vgl. auch EuGH C-201/02, Slg. 2004, I-723 Rn. 56 – Wells.
67 EuGH C-201/02, Slg. 2004, I-723 Rn. 56 – Wells; EuGH C-227/09, Slg. 2010, I-10273 Rn. 45 – Accardo ua.
68 EuGH C-201/02, Slg. 2004, I-723 Rn. 56 – Wells; EuGH C-555/07, Slg. 2010, I-365 Rn. 46 – Kücükdeveci.
69 EuGH C-201/02, Slg. 2004, I-723 Rn. 57 – Wells.
70 EuGH C-188/89, Slg. 1990, I-3313 Rn. 16 f. – Foster.
71 Vgl. dazu EuGH 14/83, Slg. 1984, 1891 Rn. 26 – von Colson und Kamann; EuGH C-106/89, Slg. 1990, I-4135 Rn. 8 – Marleasing; *Jarass* EuR 1991, 211 ff.; *Ress* DÖV 1994, 489 ff.; *Kenntner* in Bergmann/Kenntner, Deutsches Verwaltungsrecht unter europäischem Einfluß, 2002, S. 63 (73).
72 *Jarass* EuR 1991, 211 (222); *Gellermann*, Beeinflussung des bundesdeutschen Rechts durch Richtlinien der EG, 1994, S. 111; *Nettesheim* AöR 119 (1994), 261 (276); *Ruffert* in Calliess/Ruffert AEUV Art. 288 Rn. 81.

schützen ist.⁷³ Nach den allgemeinen für alle Grundrechtseingriffe geltenden Grundsätzen⁷⁴ muss die gesetzliche Regelung dem **Allgemeinwohl dienende Ziele** verfolgen (→ § 10 Rn. 41 ff.).

III. Verhältnismäßigkeit

25 Die Einschränkung der allgemeinen Handlungsfreiheit muss zudem dem **Grundsatz der Verhältnismäßigkeit** entsprechen. Die Freiheitsbeeinträchtigung ist mit den dem Allgemeinwohl dienenden Zielen abzuwägen (→ § 10 Rn. 45 ff.).

IV. Wahrung des Wesensgehalts

26 Auch wenn der EuGH dieses Erfordernis in seiner Rechtsprechung zur allgemeinen Handlungsfreiheit nicht ausdrücklich erwähnt, darf nach allgemeinen Grundsätzen der **Wesensgehalt des Grundrechts** der allgemeinen Handlungsfreiheit nicht angetastet werden (→ § 10 Rn. 49 ff.).

E. Verhältnis zu anderen Bestimmungen

I. Verhältnis zu anderen Grundrechten

27 **Andere grundrechtliche Freiheitsverbürgungen** gehen der allgemeinen Handlungsfreiheit jeweils als *lex specialis* in der Anwendung vor.⁷⁵ Die private Betätigungsfreiheit stellt ein Auffanggrundrecht dar, das erst zur Anwendung gelangt, wenn keine speziellere Freiheitsgewährleistung sachlich und persönlich einschlägig ist.

28 Da ein der allgemeinen Handlungsfreiheit entsprechendes Grundrecht in der Grundrechtecharta nicht enthalten ist (→ Rn. 4 f.), könnte man befürchten, dass dies in einer Gegenbewegung zur **interpretatorischen Überdehnung der Schutzbereiche anderer Freiheitsrechte** und zu methodischen und dogmatischen Verzerrungen führt⁷⁶, sofern der EuGH die aus allgemeinen Rechtsgrundsätzen hergeleitete allgemeine Handlungsfreiheit in seiner Rechtsprechung nicht aufrechterhalten sollte. Die Gerichte sowohl auf Unionsebene als auch in den Mitgliedstaaten könnten geneigt sein, die in der Charta ausdrücklich niedergelegten Grundrechtsverbürgungen erweiternd – womöglich gar über die Wortlautgrenze hinaus – auszulegen, um so Lücken im unionalen Grundrechtsschutz zu schließen, die durch das Fehlen des Grundrechts der allgemeinen Handlungsfreiheit entstehen könnten. Dies wäre nicht nur aus rechtsdogmatischer Sicht bedenklich, sondern würde die angestrebte materielle Parallelität der Chartaverbürgungen mit den entsprechenden Grundrechtsgarantien der EMRK (vgl. Art. 52 Abs. 3 GRC) empfindlich stören. Eine solche interpretatorische Abweichung von der EMRK müsste nach dem in Art. 6 Abs. 2 EUV vorgesehenen Beitritt der Europäischen Union zur EMRK wieder korrigiert werden.

29 Mit dem **allgemeinen Gleichheitssatz** oder **speziellen Gleichheitsverbürgungen** kann die allgemeine Handlungsfreiheit in einem **Spannungsverhältnis** stehen, wenn zur Vermeidung von Diskriminierungen in die Privatautonomie eingegriffen wird (→ Rn. 20). So verpflichtet die RL 2000/43/EG vom 29. Juni 2000 zur Anwendung des Gleichbehandlungsgrundsatzes ohne Unterschied der Rasse oder der ethnischen Herkunft⁷⁷ die Mitgliedstaaten ausdrücklich, auch Diskriminierungen, die von Privaten ausgehen, zu

---

[73] EuGH 46/87 und 227/88, Slg. 1989, 2859 Rn. 19 – Hoechst/Kommission; EuGH 97 bis 99/87, Slg. 1989, 3165 Rn. 16 – Dow Chemical Ibérica ua/Kommission.
[74] Vgl. EuGH 4/73, Slg. 1974, 491 Rn. 14 – Nold; EuGH 44/79, Slg. 1979, 3727 Rn. 22 f. – Hauer; EuGH 265/87, Slg. 1989, 2237 Rn. 15 – Schräder; EuGH C-280/93, Slg. 1994, I-4973 Rn. 78 – Deutschland/Rat.
[75] *Rengeling/Szczekalla* EU-Grundrechte Rn. 639.
[76] *Schmitz* JZ 2001, 833 (838); *Schmitz* EuR 2004, 691 (708); *Streinz* in Streinz GRC Art. 6 Rn. 5.
[77] ABl. 2000 L 180, 22.

unterbinden.[78] Erlässt ein Mitgliedstaat in Umsetzung dieser Richtlinie ein nationales Antidiskriminierungsgesetz, das einen Kontrahierungszwang Privater vorsieht, um eine Schlechterstellung bestimmter Personen oder Personengruppen, zB bei der Anmietung von Wohnräumen, zu untersagen, so liegt darin ein Eingriff in die grundrechtlich geschützte Vertragsfreiheit, zu deren Schutzumfang in der negativen Variante die Freiheit gehört, einen Vertrag nicht abzuschließen.[79]

II. Verhältnis zur Freizügigkeit

Die Gewährleistung der **Freizügigkeit** gemäß Art. 20 Abs. 1 AEUV und Art. 45 Abs. 1 GRC geht der allgemeinen Handlungsfreiheit als **speziellere Regelung** in der Anwendung vor. Die innerunionale Freizügigkeit wird allerdings durch die allgemeine Handlungsfreiheit um die Freiheit ergänzt, aus dem Staatsgebiet eines Mitgliedstaates in einen Drittstaat, der nicht Mitglied der Europäischen Union ist, auszureisen.

30

III. Verhältnis zu den Grundfreiheiten

Soweit die **Grundfreiheiten** ihrerseits Freiheitsverbürgungen enthalten, stehen diese in **Idealkonkurrenz** zur allgemeinen Handlungsfreiheit.[80] Es handelt sich bei den Grundfreiheiten nicht um *leges speciales* zu den Freiheitsgrundrechten[81], da die Schutzbereiche und -wirkungen der primär binnenmarktbezogenen Grundfreiheiten und der individualschützenden Freiheitsgrundrechte, obwohl sie gemeinsame Schnittmengen aufweisen können, unterschiedliche Zuschnitte aufweisen.[82]

31

Die Grundrechte sind bei der **Beschränkung der Grundfreiheiten** zu berücksichtigen. So kann der Schutz der allgemeinen Handlungsfreiheit ein legitimes Ziel sein, entsprechend einem zwingenden Erfordernis im Sinne der sog *Cassis*-Formel des EuGH[83], auf dessen Verfolgung sich ein Mitgliedstaat unter Beachtung des Verhältnismäßigkeitsgrundsatzes zur Rechtfertigung berufen darf, um die Beschränkung einer Grundfreiheit zu rechtfertigen.[84] Andererseits dürfen Grundfreiheiten nicht grundrechtswidrig eingeschränkt werden.[85] Die allgemeine Handlungsfreiheit kann somit nicht nur als Schranke der Grundfreiheiten dienen, sondern stellt zugleich eine Schranken-Schranke für Eingriffe in die Grundfreiheiten dar.[86]

32

IV. Verhältnis zum allgemeinen Grundsatz der Verhältnismäßigkeit

Der sich aus allgemeinen Rechtsgrundsätzen herleitende **allgemeine Grundsatz der Verhältnismäßigkeit** gelangt im Rahmen der allgemeinen Handlungsfreiheit im Zuge der Rechtfertigungsprüfung zur Anwendung (→ Rn. 25). Gemäß dem Grundsatz der Verhältnismäßigkeit dürfen Unionsmaßnahmen sowie mitgliedstaatliche Maßnahmen, die Unionsrecht vollziehen oder unionsrechtliche Freiheiten beschränken,[87] nicht über das für die Erreichung der Ziele des Vertrags erforderliche Maß hinausgehen. Eine ausdrückliche Normierung dieses allgemeinen Rechtsgrundsatzes im Hinblick auf das Unionshandeln

33

---

[78] Vgl. *Haratsch* in Klein S. 195 (220).
[79] Vgl. dazu *Mahlmann* ZEuS 2002, 407 (419 ff.); *Thüsing* FAZ 32 (2002), 11; *Neuner* JZ 2003, 57 (59); *Nickel* NJW 2001, 2668 (2669).
[80] Vgl. *Frenz* EuR 2002, 603 (618); *Kingreen/Störmer* EuR 1998, 263 (286).
[81] So aber *Müller-Graff* FS Steinberger, 2002, 1281 (1293 ff.); *Ehlers* in Ehlers GuG § 7 Rn. 13.
[82] *Frenz* EuR 2002, 603 (608 f.). – Zur Ungleichartigkeit von Unionsgrundrechten und Grundfreiheiten vgl. *Schindler*, Die Kollision von Grundfreiheiten und Gemeinschaftsgrundrechten, 2001, S. 148 ff.
[83] EuGH 120/78, Slg. 1979, 649 Rn. 8 – Cassis de Dijon.
[84] Vgl. etwa EuGH C-368/95, Slg. 1997, I-3689 Rn. 24 – Familiapress; EuGH C-112/00, Slg. 2003, I-5659 Rn. 74, 77 ff. – Schmidberger; ebenso *Müller-Graff* FS Steinberger, 2002, 1281 (1298 f.); *Schindler*, Die Kollision von Grundfreiheiten und Gemeinschaftsgrundrechten, 2001, S. 144 f.
[85] Vgl. EuGH C-260/89, Slg. 1991, I-2925 Rn. 43 ff. – ERT.
[86] Vgl. *Schindler*, Die Kollision von Grundfreiheiten und Gemeinschaftsgrundrechten, 2001, S. 143.
[87] EuGH C-288/89, Slg. 1991, I-4007 Rn. 15 – Gouda.

gegenüber den Mitgliedstaaten enthält Art. 5 Abs. 4 EUV. Der allgemeine Grundsatz der Verhältnismäßigkeit bildet ein **Element des unionalen Grundrechtsschutzes**[88], geht in seinem Anwendungsbereich allerdings über die ausdrückliche Normierung des Art. 5 Abs. 4 EUV und seine kompetenzschützende Wirkung gegenüber den Mitgliedstaaten hinaus und umfasst auch den Schutz der grundrechtlichen Freiheit des Einzelnen.[89] Auf das Grundrecht der allgemeinen Handlungsfreiheit kann gleichwohl unter Hinweis auf die individualschützende Wirkung des allgemeinen Verhältnismäßigkeitsprinzips nicht verzichtet werden. Zum einen verlangt das Prinzip der Verhältnismäßigkeit für Eingriffe in individuelle Rechtspositionen, anders als die allgemeine Handlungsfreiheit, keine gesetzliche Grundlage. Zum anderen kann eine Abwägung widerstreitender Interessen immer nur dort stattfinden, wo sich rechtlich geschützte Interessen gegenüberstehen. Abgewogen werden kann ein Unionsinteresse mit einer grundrechtlich geschützten Freiheit. Fehlt eine entsprechende Freiheitsverbürgung mit der ein Unionsinteresse in ein angemessenes Verhältnis gesetzt werden könnte, muss der Versuch, eine Abwägung vorzunehmen, notwendigerweise scheitern.

F. Zusammenfassende Bewertung und Ausblick

34 Ungeachtet des rechtsverbindlichen Inkrafttretens der Grundrechtecharta, die das Grundrecht der allgemeinen Handlungsfreiheit nicht verbürgt und die wohl bewusst auf ein solches umfassendes Auffanggrundrecht verzichtet (→ Rn. 6), kann und muss auf dieses Grundrecht zurückgegriffen werden. Dies muss selbst dann angenommen werden, wenn man der Grundrechtecharta in Anbetracht ihrer Detailfreude abschließenden Charakter zubilligen sollte.[90] Ansonsten würde sich der unionsrechtliche Grundrechtsschutz als **lückenhaft** erweisen[91], da zB die Freiheit der Ausreise in Drittstaaten unionsrechtlich, insbesondere durch die Regelungen über die innerunionale Freizügigkeit, nicht geschützt wäre (→ Rn. 14). Die Ausreisemöglichkeiten könnten aber etwa durch Reisebeschränkungen im Zuge von Embargo-Maßnahmen gegen Drittstaaten unionsrechtlich beschnitten werden. Das Prinzip der begrenzten Einzelermächtigung könnte in einem solchen Fall zur Schließung der grundrechtlichen Schutzlücke nicht instrumentalisiert werden, da sich die Union auf eine vertragliche Ermächtigungsgrundlage (vgl. Art. 215 AEUV) stützen könnte. Die kompetenzbegrenzende Wirkung von Grundrechten (→ Rn. 11), hier der allgemeinen Handlungsfreiheit, geht nicht im Prinzip der begrenzten Einzelermächtigung auf, sondern muss (individualschützend) zu diesem hinzutreten.

35 Eine grundrechtliche **Schutzlücke** könnte sich, sofern der EuGH sie nicht durch die Heranziehung allgemeiner Rechtsgrundsätze schließt (→ Rn. 36), **vor dem Hintergrund von Art. 23 Abs. 1 S. 1 GG** als **problematisch** erweisen. Nach Art. 23 Abs. 1 S. 1 GG ist der Bundesrepublik Deutschland die Mitwirkung bei der Entwicklung der Europäischen Union versagt, wenn die Europäische Union keinen dem Grundgesetz im wesentlichen vergleichbaren Grundrechtsschutz gewährleistet.[92] Ein Kernelement des grundgesetzlichen Grundrechtsschutzes ist das in Art. 2 Abs. 1 GG gewährleistete Hauptfreiheitsrecht der allgemeinen Handlungsfreiheit.[93]

36 Um einer Lückenhaftigkeit des Grundrechtsschutzes zu begegnen, ist die ausdrückliche Ergänzung der Grundrechtecharta um das Grundrecht der allgemeinen Handlungsfreiheit vorgeschlagen worden.[94] Einer Chartaänderung bedarf es freilich nicht, wenn man auf

---

[88] *Streinz* in Streinz EUV Art. 5 Rn. 43.
[89] Vgl. *Calliess* in Calliess/Ruffert EUV Art. 5 Rn. 44; *Streinz* in Streinz EUV Art. 5 Rn. 45; *Haratsch/Koenig/Pechstein* EuropaR Rn. 195.
[90] Für einen abschließenden Charakter der Charta *Lindner* BayVBl. 2001, 523 (524).
[91] *Lindner* BayVBl. 2001, 523 (524); *Lindner* ZRP 2007, 54 (56).
[92] Vgl. dazu auch BVerfGE 37, 271 (280) – Solange I; BVerfGE 58, 1 (30 f.) – Eurocontrol; BVerfGE 73, 339 (376) – Solange II; BVerfGE 102, 147 (161 ff.); BVerfGE 118, 79 (95).
[93] Grundlegend dazu BVerfGE 6, 32 (36 ff.) – Elfes.
[94] *Lindner* ZRP 2007, 54 (56).

ungeschriebene allgemeine Rechtsgrundsätze zurückgreift. Für die Möglichkeit der **Ergänzung und Abrundung der geschriebenen Grundrechtsverbürgungen** durch aus allgemeinen Rechtsgrundsätzen hergeleitete Grundrechte spricht zum einen die Bestimmung des Art. 6 Abs. 3 EUV.[95] Danach gehören die Grundrechte zu den allgemeinen Grundsätzen des Unionsrechts. Auch die Grundrechtecharta selbst anerkennt in S. 1 des Erwgr. 6 ihrer Präambel die Existenz von Grundrechtsverbürgungen als allgemeine Rechtsgrundsätze. Zum anderen ist kaum anzunehmen, dass die Grundrechtecharta hinter dem bislang erreichten Integrationsstand und Grundrechtsbestand zurückbleiben will[96]. Auch der angestrebte Beitritt der Europäischen Union zur EMRK gemäß Art. 6 Abs. 2 EUV wird an diesem Befund nichts ändern.[97] Die Herleitung des Grundrechts der allgemeinen Handlungsfreiheit bleibt daher möglich und notwendig. Der Gerichtshof der Europäischen Union ist auch nach dem Inkrafttreten der Grundrechtecharta in der Lage, im Rahmen eines anpassungsfähigen und **entwicklungsoffenen Grundrechtsschutzes** auf Freiheitsgefährdungen angemessen zu reagieren und einen umfassenden Grundrechtsschutz zu gewährleisten.

---

[95] *Ludwig* EuR 2011, 715 (733); *Borowsky* in NK-EuGRCh GRCh Art. 1 Rn. 32a.
[96] Ebenso *Rengeling/Szczekalla* EU-Grundrechte Rn. 636.
[97] Zum EMRK-Beitritt vgl. *Polakiewicz* EuR 2013, 472 ff.; *Haratsch/Koenig/Pechstein* EuropaR Rn. 727 ff.

§ 23 Recht auf Achtung des Privat- und Familienlebens

Übersicht

	Rn.
A. Entwicklung und Bedeutung des verfassungs- und menschenrechtlich gewährleisteten Rechts auf Achtung des Privat- und Familienlebens	1–16
I. Verfassungs- und völkerrechtliche Entwicklungen	3–5
II. Europäisches Primär- und Sekundärrecht	6–12
III. Entstehung und Bedeutung des Art. 7 GRC	13–16
B. Gewährleistungsgehalt	17–36
I. Sachlicher Schutzbereich	18–31
1. Privatleben	18
2. Familienleben	19–23
3. Wohnung	24–26
4. Individualkommunikation	27, 28
5. Umweltschutz und Informationspflichten	29–31
II. Persönlicher Schutzbereich	32–34
III. Gewährleistungsdimensionen	35, 36
1. Eingriffsabwehr	35
2. Schutzansprüche	36
C. Beeinträchtigung	37, 38
D. Rechtfertigung	39, 40
E. Verhältnis zu anderen Bestimmungen	41, 42
F. Zusammenfassende Bewertung und Ausblick	43

Schrifttum:

Boyd, Can law challenge the public/private divide?, The Windsor Yearbook of Access to Justice 1996, 161; *Britz,* Diskriminierungsschutz und Privatautonomie, VVDStRL 64 (2004), 355; *Brötel,* Der Anspruch auf Achtung des Familienlebens, 1991; *Desgagné,* Integrating Environmental Values into the European Convention on Human Rights, AJIL 1995, 263; *Diregger,* Kryptographie und Menschenrechte, DuD 1998, 28; *Doswald-Beck,* The Meaning of the „Right to Respect for Private Life" under the European Convention on Human Rights, Human Rights Law Journal 4 (1983), 283; *Eichenhofer,* „e-Privacy" im europäischen Grundrechtsschutz: Das „Schrems"-Urteil des EuGH, EuR 2016, 76; *Fahrenhorst,* Paparazzi: Pressefotos und Privatsphäre, ZEuP 1998, 84; *Fischer,* Polizeiliche Videoüberwachung des öffentlichen Raums, VWBlBW 2002, 89; *Forder,* Article 8 ECHR: The Utter Limits of „Family Life" and the Law of Parenthood, MJ 1997, 125; *Frowein/Krisch,* Der Rechtsschutz gegen Europol, JZ 1998, 589; *Grote,* Kommunikative Selbstbestimmung im Internet und Grundrechtsordnung, KritV 1999, 27; *Kaboth,* Der EGMR und Caroline von Hannover, Zeitschrift für Urheber- und Medienrecht 2004, 818; *Kugelmann,* Schutz privater Individualkommunikation nach der EMRK, EuGRZ 2003, 16; *Marauhn,* Sicherheit in der Kommunikationstechnik durch legislatives Risikomanagement, KritV 1999, 57; *Müller,* The New Council Regulation (EC) No. 1/2003 on the Implementation of the Rules on Competition, GLJ 2004, 721; *Oehmichen/Mickler,* Die Vorratsdatenspeicherung – Eine never ending story?, NZWiSt 2017, 298; *Palm-Risse,* Der völkerrechtliche Schutz von Ehe und Familie, 1997; *Ress/Ukrow,* Neue Aspekte des Grundrechtsschutzes in der Europäischen Gemeinschaft, EuZW 1990, 499; *Rudolf,* Die Rechtsstellung des Vaters eines nichtehelichen Kindes nach der EMRK, EuGRZ 1995, 110; *Schöbener/Stork,* Anti-Diskriminierungsregelungen der Europäischen Union im Zivilrecht, ZEuS 2004, 43; *Steiger,* Ein europäisches Umweltgrundrecht? Zur Umweltrechtsprechung der Europäischen Kommission und des Europäischen Gerichtshofes für Menschenrechte zu Art. 8 EMRK, FS E. Kutscheidt zum 70. Geburtstag, 2003, S. 165; *Tettinger/Geerlings,* Ehe und Familie in der europäischen Grundrechtsordnung, VVDStRL 57 (1998), 216; *Tsiliotis,* Die „Paparazzi"-Fotos im Grundrechtsstreit, 2002; *Wiese,* Videoüberwachung von Arbeitnehmern durch den Arbeitgeber und Persönlichkeitsschutz, FS E. Lorenz, 2004, S. 915.

A. Entwicklung und Bedeutung des verfassungs- und menschenrechtlich gewährleisteten Rechts auf Achtung des Privat- und Familienlebens

Das Recht auf Achtung des Privat- und Familienlebens dient dem **Schutz der Privatsphäre**.[1] Damit erfasst es einen – jedenfalls im rechtsstaatlich-liberalen Sinn – geradezu klassisch-vorstaatlichen **Bereich individueller Lebensgestaltung**,[2] der sich dem Zugriff nicht nur der Mitgliedstaaten, sondern auch der Organe und Einrichtungen der Europäischen Union weitgehend entzieht oder doch zumindest entziehen sollte. Dass es gleichwohl wichtig ist, diesen jedenfalls im Kern prinzipiell unumstrittenen Bereich der Privatheit immer wieder zum Gegenstand grund- und menschenrechtlicher Normen zu machen, dass es geradezu notwendig ist, diesen Schutz zu erhalten, zu stärken und an gewandelte Lebensbedingungen anzupassen, wird deutlich, wenn man sich die vielfältigen alltäglichen Zugriffe auf diesen privatesten Bereich des menschlichen Lebens vor Augen führt. Sie sind nicht nur durch technischen Wandel vor allem in der Kommunikationstechnologie zu erklären,[3] sondern auch durch eine **veränderte Wahrnehmung des Privaten und des Öffentlichen**.[4] Die öffentliche Neugier und das Eindringen in die privaten Lebensverhältnisse von Personen des öffentlichen Lebens durch so genannte Paparazzi,[5] das zum Teil schamlose Nachstellen und Bedrängen von Mitmenschen durch Telefonterror,[6] aber auch die gestiegenen Möglichkeiten der audiovisuellen Überwachung von öffentlichen und privaten Räumen[7] illustrieren einen **Verlust an Privatheit**, dem nur durch klare grundrechtliche Wertmaßstäbe entgegengewirkt werden kann. 1

Auch wenn die **Organe und Einrichtungen der Europäischen Union** sicherlich nicht das größte Bedrohungspotenzial für die Privatsphäre des Einzelnen entfalten, so wäre es doch verfehlt, sie als Grundrechtsadressaten auszuklammern oder gar zu unterschätzen. Immerhin haben sie Anteil an zahlreichen Maßnahmen, die aktuell oder mittelfristig Auswirkungen auf die private Lebensgestaltung des Einzelnen haben können, angefangen von der Durchsetzung des Wettbewerbsrechts[8] über arbeits- und sozialrechtliche Regelungen[9] und den Diskriminierungsschutz[10] bis hin zu Maßnahmen der Innen- und Justizpolitik.[11] Umso erstaunlicher ist es, dass sich die Besonderheiten des Unionsrechts in Art. 7 GRC 2

---

[1] Zur Zuordnung vgl. etwa *Bernsdorff* in NK-EuGRCh GRCh Art. 7 Rn. 1; *Schorkopf* in Ehlers GuG § 16 Rn. 17 ff.; s. aber auch Ipsen StaatsR II §§ 4 ff., der die einschlägigen Bestimmungen des Grundgesetzes in der Lehrbuchdarstellung entsprechend systematisch zusammenfasst.

[2] *Dreier* in Dreier GG Vorb. Rn. 69, bezeichnet die Grundrechte insoweit als „positiviertes Naturrecht", was nicht ganz unproblematisch ist, da jedenfalls die Positivierung der Grundrechte das Ergebnis politischer Auseinandersetzung war; vgl. auch *Hofmann* NJW 1989, 3177 ff.

[3] Vgl. dazu beispielsweise *Grote* KritV 1999, 27 ff., und *Marauhn* KritV 1999, 57 ff.

[4] Vgl. dazu einerseits *Hassemer*, Wenn Menschen zu Lasten der Freiheit auf Sicherheit setzen. Über den Verlust der Privatheit und die Aufgabe des Staates, Frankfurter Rundschau vom 13.7.2001, S. 7; andererseits eindrucksvoll zur Lage der Frauen zwischen Berufs- und Familienleben *Boyd* The Windsor Yearbook of Access to Justice 1996, 161 ff.

[5] Eingehend *Tsiliotis*, 2002, passim; zuvor schon *Fahrenhorst* ZEuP 1998, 84 ff.; und jetzt *Kaboth* ZUM 2004, 818 ff.

[6] Vgl. dazu einerseits EGMR 30.7.1998 – 27671/95 – Contreras/Spanien; sowie andererseits BVerfGE 85, 386 mAnm *Gusy* JZ 1992, 1018 f.

[7] Statt aller *Fischer* VWBlBW 2002, 89 ff.; und *Wiese* FS E. Lorenz, 2004, 915 ff.

[8] Vgl. dazu die VO (EWG) Nr. 17/62, Erste Durchführungsverordnung zu den Artikeln 85 und 86 des Vertrages, ABl. 1962 L 13, 204; diese VO wurde ersetzt durch VO (EG) Nr. 1/2003 des Rates vom 16. Dezember 2002 zur Durchführung der in den Artikeln 81 und 82 des Vertrags niedergelegten Wettbewerbsregeln, ABl. 2003 L 1, 1; ausführlich zu den (grundrechtsrelevanten) EU-kartellverfahrensrechtlichen Nachprüfungsbefugnissen der Kommission in Geschäfts- und Privaträumen vgl. *Nehl* in Behrens/Braun/Nowak, Europäisches Wettbewerbsrecht im Umbruch, 2004, S. 73 ff.; sowie *Nowak* in Loewenheim/Meessen/Riesenkampff, Kartellrecht, 2. Aufl. 2009, VerfVO Art. 20 Rn. 1 ff. und Art. 21 Rn. 1 ff.

[9] Zur Bedeutung des Familienschutzes für die Arbeitnehmerfreizügigkeit vgl. EuGH C-60/2000, Slg. 2002, I-6279 Rn. 41 ff. – Mary Carpenter/Secretary of State for the Home Department.

[10] Vgl. dazu etwa *Schöbener/Stork* ZEuS 2004, 43 ff.; s. aber auch *Britz* VVDStRL 2005, 355 ff.

[11] Vgl. dazu schon im Kontext von Europol *Frowein/Krisch* JZ 1998, 589 ff.

kaum wiederfinden, dass vielmehr die Vorschrift Art. 8 EMRK mehr oder weniger gelungen nachgebildet worden ist und auf dessen Bedeutung und Tragweite beschränkt sein soll (Art. 52 Abs. 3 S. 1 GRC).[12]

I. Verfassungs- und völkerrechtliche Entwicklungen

3   Der Schutz der Privatsphäre ist **Bestandteil fast aller mitgliedstaatlichen Verfassungen.** Allerdings sind Ausgestaltung und Reichweite dieses Schutzes zumeist sehr unterschiedlich. In den meisten Fällen sind die einzelnen **Teilgewährleistungen** des Art. 8 EMRK (wie auch des Art. 7 GRC) in mehreren Grundrechten geregelt. Zahlreiche Verfassungen beinhalten einen Schutz der Privatsphäre oder koppeln diesen mit der Achtung des Familienlebens,[13] andere stellen das Familienleben ganz in den Vordergrund.[14] Einige Verfassungen gewährleisten sowohl die Unverletzlichkeit der Wohnung als auch der Individualkommunikation.[15] Im Grundgesetz verteilt sich der Schutz des Privatlebens gleich auf vier verschiedene Grundrechte: der Schutz von Ehe und Familie nach Art. 6 GG, der Schutz der Individualkommunikation durch Art. 10 GG, der Schutz der räumlichen Privatsphäre in Art. 13 GG sowie das allgemeine Persönlichkeitsrecht in der Verbindung von Art. 2 Abs. 1 GG und Art. 1 Abs. 1 GG.

4   Auf der Ebene des **regionalen (europäischen) Völkerrechts** kommt Art. 8 EMRK zentrale Bedeutung zu, hat er doch nicht nur dem EuGH als Bezugspunkt gedient,[16] sondern ist auch unmittelbar Vorbild des Art. 7 GRC.[17] Deutlich umfassender als Art. 8 EMRK ist Art. 17 IPBPR als Norm des **universellen Völkerrechts.** Art. 17 IPBPR untersagt den Vertragsparteien nicht nur willkürliche oder rechtswidrige Eingriffe in den Privatbereich, sondern verpflichtet sie zugleich, Schutz gegen vergleichbare Eingriffe und Beeinträchtigungen Dritter zu gewähren. Auch wenn der auf der Grundlage des Paktes errichtete Menschenrechtsausschuss sich nur in wenigen Fällen zu Art. 17 IPBPR geäußert hat,[18] ist doch eine weite Auslegung der Kernbegriffe erkennbar.[19] Unterfüttert wird Art. 17 IPBPR einerseits von Art. 12 AEMR,[20] andererseits von Art. 16 des Übereinkommens über die Rechte des Kindes.[21]

5   Sowohl völker- als auch verfassungsrechtlich lässt sich damit für Europa ein **weitreichender Schutz der Privatsphäre** ausmachen. Zwar sind die Kernbegriffe der meisten einschlägigen Normen relativ allgemein gehalten. Sie lassen aber hinreichende Auslegungsspielräume zu, um nicht nur den konventionellen Bedrohungen des Privaten zu begegnen, sondern – gegebenenfalls im Wege der dynamischen oder evolutiven Auslegung[22] – auch technischen und sozioökonomischen Entwicklungen Rechnung zu tragen.

---

[12] Vgl. dazu nur *Bernsdorff* in NK-EuGRCh GRCh Art. 7 Rn. 1 aE.
[13] Beispielsweise § 10 Abs. 1 finnVerf; Art. 9 Abs. 1 griechVerf; Art. 18 Abs. 1 spanVerf.
[14] So etwa Art. 41 Abs. 1 Nr. 2 irVerf und Art. 29 Abs. 1 italVerf.
[15] Vgl. nur § 72 dänVerf sowie Art. 15 und Art. 28 luxVerf.
[16] Statt aller vgl. EuGH verb. Rs. C-46/87 und C-227/88, Slg. 1989, 2859 – Hoechst/Kommission; EuGH C-404/92, Slg. 1994, I-4737 – X/Kommission; EuGH C-60/2000, Slg. 2002, I-6279 Rn. 41 ff. – Mary Carpenter/Secretary of State for the Home Department; EuGH C-94/00, Slg. 2002, I-9011 – Roquette Frères SA/Directeur général de la concurrence, de la consommation et de la répression des fraudes.
[17] *Bernsdorff* in NK-EuGRCh GRCh Art. 7 Rn. 1 aE und *Rengeling/Szczekalla* Grundrechte in der EU § 16 Rn. 655.
[18] Vgl. aber MRA 1980 – CCPR/C/18/D/74/1980, EuGRZ 1984, 423 – Estrella/Uruguay; MRA 1981 – CCPR/C/12/D/35/1978, EuGRZ 1981, 391 – S. Aumeeruddy-Czifra/Mauritius; MRA 1981 – CCPR/C/14/D/27/1977, EuGRZ 1982, 13 – Pinkney/Kanada.
[19] Eingehend dazu *Nowak*, CCPR, Art. 17 Rn. 16 ff.; s. auch *Seidel*, Handbuch, S. 74 ff. und 83 f.
[20] Dazu *Nowak*, CCPR, 1. Aufl. 1993, Art. 17 Rn. 12, 16, 30 und 51.
[21] BGBl. 1992 II 122. Nach Art. 16 des Übereinkommens darf kein Kind „willkürlichen oder rechtswidrigen Eingriffen in sein Privatleben, seine Familie, seine Wohnung oder seinen Schriftverkehr oder rechtswidrigen Beeinträchtigungen seiner Ehre und seines Rufes ausgesetzt werden". Abs. 2 sieht vor, dass das Kind „Anspruch auf rechtlichen Schutz gegen solche Eingriffe oder Beeinträchtigungen" hat.
[22] Zu dieser Auslegungsmethode näher (differenzierend und zugleich zurückhaltend) *Frowein* in Marauhn, Recht, Politik und Rechtspolitik in den internationalen Beziehungen, 2005, S. 1 ff.

II. Europäisches Primär- und Sekundärrecht

Das in Art. 7 GRC verbürgte Recht auf Achtung der Privatsphäre gehört zu den allgemeinen Rechtsgrundsätzen,[23] wobei die Rechtsprechung des EuGH in diesem Bereich insbesondere hinsichtlich der Ausdifferenzierung des Schutzbereichs sehr deutlich von Art. 8 EMRK und der einschlägigen Spruchpraxis der Straßburger Organe geprägt ist.

Bereits früh hat der EuGH in seiner Rechtsprechung ein **Recht auf Achtung der Privatsphäre** anerkannt – und zwar in seiner Ausprägung als Schutz des **Arztgeheimnisses**.[24] Nach Auffassung des EuGH waren die Gemeinschaftsorgane wegen dieses Grundrechts daran gehindert, einen Bediensteten gegen dessen Willen einem Aids-Test zu unterziehen.

Den **Anspruch auf Achtung des Familienlebens** hat der EuGH im Zusammenhang mit dem Aufenthaltsrecht von Familienangehörigen im Rahmen der Arbeitnehmerfreizügigkeit in Anlehnung an Art. 8 EMRK entwickelt. Dabei konnte der EuGH nicht nur auf umfangreiche Rechtsprechung des EGMR zum Familiennachzug zurückgreifen.[25] Auch die Rechtsprechung mitgliedstaatlicher Gerichte konnte eine Grundlage für seine eigene Spruchpraxis bilden.[26] Dabei ist der EuGH durchaus differenziert vorgegangen und hat nicht in jedem Fall das (zumeist staatlich vorgetragene) Argument anerkannt, die Einheit des Familienlebens müsse nicht unbedingt im Aufnahmeland hergestellt werden.[27] In seiner gegen die Bundesrepublik Deutschland ergangenen Leitentscheidung entschied der EuGH,[28] dass eine deutsche Rechtsvorschrift (§ 7 Aufenthaltsgesetz/EWG aF) den Vorgaben des Art. 10 Abs. 3 Arbeitnehmerfreizügigkeits-VO 1968[29] entgegenstand. In diesem Zusammenhang entwickelte der EuGH den Anspruch auf Achtung des Familienlebens unter Rückgriff auf Art. 8 EMRK. Allerdings hat der EuGH mitgliedstaatliche Maßnahmen zur Bekämpfung von so genannten Scheinehen als mit diesem Grundrecht vereinbar angesehen.[30]

In seiner Rechtsprechung hat der EuGH ein **Grundrecht auf Unverletzlichkeit der Wohnung** anerkannt,[31] allerdings in seiner Reichweite teilweise mit nicht unproblematischen Differenzierungen und Abweichungen gegenüber dem Straßburger Gerichtshof. Es lassen sich zunächst zwei frühe Leitentscheidungen des EuGH auf diesem Gebiet ausmachen.[32] In beiden Entscheidungen lehnt der EuGH eine Erstreckung des Schutzbereichs

---

[23] Eingehend dazu *Schorkopf* in Ehlers GuG § 16 Rn. 14; *Bernsdorff* in NK-EuGRCh GRCh Art. 7 Rn. 2.
[24] EuGH C-404/92, Slg. 1994, I-4737 – X/Kommission.
[25] Statt aller vgl. EGMR 28.5.1985 – 9214/80, 9473/81, 9474/81, NJW 1986, 3007 – Abdulaziz, Cabales und Balkandali/Vereinigtes Königreich; EGMR 26.9.1997 – 25017/94, NVwZ 1998, 164 – Mehemi/Frankreich; EGMR 30.11.1999 – 34374/97, NVwZ 2000, 1401 – Baghli/Frankreich.
[26] BVerfGE 76, 1 (79 f.) mAnm *Kimminich* JZ 1988, 355 ff.; vgl. auch die Entscheidung des französischen Conseil Constitutionnel aus dem Jahre 1993, EuGRZ 1993, 508 ff. mAnm *Grewe* EuGRZ 1993, 496 ff.; sowie die Entscheidungen des österreichischen Verfassungsgerichtshofs aus den Jahren 1993 und 2001, EuGRZ 1994, 442 f. und EuGRZ 2001, 511 ff.
[27] Zu Recht kritisch zu dieser Argumentation *Rengeling/Szczekalla* Grundrechte in der EU § 16 Rn. 660 mwN.
[28] EuGH C-249/86, Slg. 1989, 1263 – Kommission/Deutschland. In dieser Entscheidung ging es um die Frage ausreichenden Wohnraums für die nachziehenden Familienangehörigen.
[29] VO (EWG) Nr. 1612/68 des Rates vom 15. Oktober 1968 über die Freizügigkeit der Arbeitnehmer innerhalb der Gemeinschaft, ABl. 1968 L 257, 2.
[30] Siehe hierzu die Entschließung des Rates v. 4. Dezember 1997 über Maßnahmen zur Bekämpfung von Scheinehen, ABl. 1997 C 382, 1, und das am 26.9.2014 veröffentlichte Handbuch der EU Kommission zur Unterstützung der Mitgliedstaaten bei der Ergreifung von Maßnahmen gegen Scheinehen: European Commission, Handbook on Addressing the Issue of Alleged Marriages of Convenience between EU citizens and non-EU nationals in the context of EU law on free movement of EU citizens, Brussels, 26.9.2014, SWD(2014) 284 final; vgl. auch EuGH C-60/00, Slg. 2002, I-6279 Rn. 18 und 44 – Mary Carpenter/Secretary of State for the Home Department; mwN *Rengeling/Szczekalla* Grundrechte in der EU § 16 Rn. 661.
[31] Dazu *Schorkopf* in Ehlers GuG § 16 Rn. 21 ff.
[32] EuGH verb. Rs. C-46/87 und C-227/88, Slg. 1989, 2859 – Hoechst/Kommission; EuGH C-85/87, Slg. 1989, I-3137 – Dow Chemical Benelux/Kommission; EuGH verb. Rs. C-97/87 bis C-99/87, Slg. 1989, I-3165 – Dow Chemical Ibérica ua/Kommission.

der Unverletzlichkeit der Wohnung auf Unternehmen ausdrücklich ab – und zwar mit einer doppelt zweifelhaften Begründung: zum einen verweist der EuGH auf „nicht unerhebliche Unterschiede" des Schutzes von Geschäftsräumen in den mitgliedstaatlichen Rechtsordnungen, zum anderen wertet er Art. 8 EMRK als eine Bestimmung zum Schutz der freien Entfaltung der Persönlichkeit und nicht als eine allgemeine Norm zum Schutz der Privatsphäre.[33] Gegen den Hinweis auf die Unterschiedlichkeit der mitgliedstaatlichen Rechtsordnungen spricht, dass der EuGH dann wohl regelmäßig nur einen Minimalstandard annehmen dürfte; gegen die restriktive Auslegung von Art. 8 EMRK spricht die Offenheit der Spruchpraxis des EGMR, der mittlerweile nicht nur Räumlichkeiten einer Anwaltskanzlei in den Schutz von Art. 8 EMRK einbezogen hat,[34] sondern unter bestimmten Umständen auch bereit ist, den Schutz auf Geschäftsräume zu erstrecken.[35] Inzwischen hat auch der EuGH diese Tendenzen seit der Entscheidung *Roquette Frères*[36] aufgenommen (→ Rn. 24 ff.).

10 Ebenfalls von der Rechtsprechung des EuGH anerkannt sind **Teilaspekte des Schutzes der Individualkommunikation,**[37] ohne dass der EuGH diesen allerdings zur Gänze grundrechtlich unterfüttert hätte. Der EuGH formuliert stattdessen einen Grundsatz der Vertraulichkeit des Schriftverkehrs zwischen Anwalt und Mandanten,[38] im Wesentlichen abgeleitet aus einem Rechtsvergleich einschlägiger mitgliedstaatlicher Bestimmungen.[39]

11 Der Schutz der Privatsphäre in der Europäischen Union hat sich auf der Ebene des Primärrechts insoweit bis zum Inkrafttreten des Lissabonner Vertrags fast ausschließlich über die **Rechtsprechung des EuGH** entwickelt.[40] Art. 6 Abs. 2 der Erklärung des Europäischen Parlaments über Grundrechte und Grundfreiheiten vom 12. April 1989[41] war nicht nur unverbindlich, sondern hat auch als Referenzdokument in der Spruchpraxis des EuGH kaum eine Rolle gespielt.

12 Soweit das **Sekundärrecht** zur Entwicklung oder Anerkennung von Grundrechtsstandards im Bereich des Schutzes der Privatsphäre beigetragen hat, handelt es sich in der Regel um unionsrechtliche Spezifika, was sich etwa am Beispiel des Schutzes der Vertraulichkeit des anwaltlichen Schriftverkehrs zeigen lässt.[42] In der letzten Zeit gewinnen im Bereich des Sekundärrechts auch das unionsrechtliche Datenschutzrecht allgemein beziehungsweise der Schutz personenbezogener Daten in der elektronischen Kommunikation, wo der Schutz der Privatsphäre in Form der Vertraulichkeit der Kommunikation eine entscheidende Rolle spielt, zunehmend an Bedeutung.[43] Ein junges negatives Beispiel der Sekundärrechtsetzung

---

[33] Vgl. insbesondere EuGH C-85/87, Slg. 1989, I-3137 Rn. 28 f. – Dow Chemical Benelux/Kommission; kritisch dazu *Schorkopf* in Ehlers GuG § 16 Rn. 22 f.
[34] EGMR 16.12.1992 – 13710/88, EuGRZ 1993, 65 – Niemitz/Deutschland.
[35] EGMR 16.4.2002 – 37971/97 – Société Colas Est ua/Frankreich. Dies hat der EuGH mittlerweile in der Entscheidung Roquette Frères auch anerkannt, vgl. EuGH C-94/00, Slg. 2002, I-9011 Rn. 29 – Roquette Frères.
[36] EuGH C-94/00, Slg. 2002, I-9011 Rn. 29 – Roquette Frères.
[37] *Schorkopf* in Ehlers GuG § 16 Rn. 25 f.
[38] EuGH C-155/79, Slg. 1982, 1575 – AM & S/Kommission.
[39] *Schorkopf* in Ehlers GuG § 16 Rn. 26.
[40] Darin sind sich denn auch fast alle Kommentatoren einig; vgl. allgemein zu den Grundrechten *Kingreen* in Calliess/Ruffert EUV Art. 6 Rn. 1 und GRC Art. 7 Rn. 3 ff.; *Bengt Beutler* in von der Groeben/Schwarze/Hatje EUV Art. 6 Rn. 3 ff.
[41] „Die Achtung der Privatsphäre und des Familienlebens, des Ansehens, der Wohnung und des privaten Post- und Fernmeldeverkehrs wird gewährleistet".
[42] *Schorkopf* in Ehlers GuG § 16 Rn. 26 f.; vgl. auch *Kapp* WuW 2003, 142 ff.
[43] Vgl. Art. 5 Abs. 1 (Vertraulichkeit der Kommunikation) der Richtlinie 2002/58/EG des Europäischen Parlaments und des Rates vom 12. Juli 2002 über die Verarbeitung personenbezogener Daten und den Schutz der Privatsphäre in der Elektronischen Kommunikation (Datenschutzrichtlinie für elektronische Kommunikation), ABl. 2002 L 201, 37; Richtlinie 95/46/EG des Europäischen Parlaments und des Rates vom 24. Oktober 1995 zum Schutz natürlicher Personen bei der Verarbeitung personenbezogener Daten und zum freien Datenverkehr, ABl. 1995 L 281, 31. Vgl. an dieser Stelle auch die Verordnung (EU) 2016/679 des Europäischen Parlaments und des Rates vom 27. April 2016 zum Schutz natürlicher Personen bei der Verarbeitung personenbezogener Daten, zum freien Datenverkehr und zur Aufhebung der Richtlinie 95/46/EG (Datenschutz-Grundverordnung), ABl. 2016 L 119, 86, die laut ihrem Art. 94 Abs. 1 die

ist allerdings die Richtlinie 2006/24/EG,[44] die der EuGH ua wegen Verstoßes gegen Art. 7 GRC für ungültig erklärt hat.[45] Auch im Zusammenhang mit der Durchsetzung des Wettbewerbsrechts ist erkennbar, dass der Unionsgesetzgeber den in der Luxemburger, vor allem aber auch dem in der Straßburger Rechtsprechung entwickelten Standards Rechnung tragen will.[46] An anderer Stelle hat der EuGH allerdings seine Rechtsprechung zu den Grundrechten für die Auslegung einschlägigen Sekundärrechts fruchtbar gemacht, insbesondere im Bereich der Arbeitnehmerfreizügigkeit.[47]

III. Entstehung und Bedeutung des Art. 7 GRC

Ergibt sich aus dem Vorherigen, dass die Wurzeln der grund- und menschenrechtlichen Achtung des Privat- und Familienlebens auf der Ebene des Unionsrechts im Wesentlichen in Art. 8 EMRK zu verorten sind, dass also weder das mitgliedstaatliche Verfassungsrecht noch gar das unionale Sekundärrecht der einschlägigen Rechtsprechung des EuGH wesentliche Impulse gegeben haben, so ist es nicht erstaunlich, dass im Grundrechte-Konvent weitgehend Einigkeit darüber bestand, Privat- und Familienleben, Wohnung und Kommunikation nicht umfassender zu schützen als in der EMRK.[48] Man hätte vor diesem Hintergrund eigentlich erwarten können, dass sich die Diskussionen im Konvent über den Schutz der Privatsphäre sowohl zeitlich als auch inhaltlich in engen Grenzen halten würden. Umso mehr verwundert es, dass der **Diskussionsprozess** selbst außerordentlich **heterogen** verlief, obwohl Anfangs- und Endpunkt der Debatte nicht wesentlich voneinander abwichen.[49] Verschiedene Aspekte spielten dabei eine Rolle: 13

Zum einen bestand keine Einigkeit darüber, wie ein möglichst **umfassender Schutz der Familie** innerhalb der Charta sicherzustellen sei. Die Bedeutung der Familie sollte offensichtlich deutlicher herausgestrichen werden und ihr mit einem eigenen Artikel in der Charta ein umfassender Schutz zuteilwerden. Geblieben ist von diesen Diskussionen, dass es in der heute maßgeblichen Fassung der Charta mehrere Bestimmungen gibt, die hinsichtlich des Familienschutzes zusammenwirken. Art. 7 GRC und Art. 9 GRC[50] bilden dabei allenfalls die überkommenen Ausgangspunkte, während Art. 33 GRC mit dem sozioökonomischen Schutz des Familienlebens[51] über den bisherigen Grundrechtsstandard hinausgeht und auch Art. 24 GRC mit den Rechten von Kindern und Jugendlichen[52] neue Akzente setzt. 14

Zu erheblichen Auseinandersetzungen innerhalb des Konvents führte auch die Frage, ob die Schutzgüter des jetzigen Art. 7 GRC zu **schützen** oder zu **achten** seien.[53] Vor allem aus Sorge, mit dem Begriff Schutz könnte der unbefangene Leser den (unerwünschten) Eindruck einer Ausweitung von Kompetenzen der Gemeinschaft bzw. der Union gewinnen, hielten viele Konventsmitglieder den Begriff „Achtung" im Ergebnis für besser ge- 15

Richtlinie 95/46/EG ab 25.5.2018 aufhebt. Siehe allgemein hierzu *Schorkopf* in Ehlers GuG § 16 Rn. 27 und 40 ff.
[44] Richtlinie 2006/24/EG des Europäischen Parlaments und des Rates vom 15. März 2006 über die Vorratsspeicherung von Daten, die bei der Bereitstellung öffentlich zugänglicher elektronischer Kommunikationsdienste oder öffentlicher Kommunikationsnetze erzeugt oder verarbeitet werden, und zur Änderung der Richtlinie 2002/58/EG, ABl. 2006 L 105, 54.
[45] EuGH verb. Rs. C-293/12 und C-594/12, ECLI:EU:C:2014:238 Rn. 31 ff. – Digital Rights Ireland Ltd. ua.
[46] Vgl. insbesondere die Art. 20, 21 und 27 VO (EG) Nr. 1/2003 zur Durchführung der in den Artikeln 81 und 82 des Vertrags niedergelegten Wettbewerbsregeln, ABl. 2003 L 1, 1.
[47] EuGH C-60/2000, Slg. 2002, I-6279 Rn. 41 ff. – Mary Carpenter/Secretary of State for the Home Department.
[48] *Bernsdorff* in NK-EuGRCh GRCh Art. 7 Rn 6.
[49] *Bernsdorff* in NK-EuGRCh GRCh Art. 7 Rn. 8 ff.
[50] Zur Abgrenzung → § 24 Rn. 1 ff.
[51] Zur Abgrenzung → § 44 Rn. 1 ff.
[52] Zur Abgrenzung → § 45 Rn. 1 ff.
[53] *Bernsdorff* in NK-EuGRCh GRCh Art. 7 Rn. 10.

eignet. Am Rande wurde auch noch darüber gestritten, ob der gute Ruf einer Person und ihre Reputation besonders zu schützen seien.

16 Im Ergebnis blieb es dann fast bei einer wörtlichen Übernahme von Art. 8 EMRK. Ob die verbleibende kleine redaktionelle Änderung wirklich das Etikett **„Modernisierung"** verdient,[54] darf wohl mit Recht bezweifelt werden. So wurde letztlich, wenn man die neuere deutsche Übersetzung der EMRK, wie sie im Jahr 2010 im Bundesgesetzblatt veröffentlicht worden ist,[55] zugrunde legt, nur der Begriff **„Korrespondenz"** durch den der **„Kommunikation"** ersetzt. Zieht man die aktuellen Erläuterungen zur GRC heran, so ist diese Begriffsänderung den technischen Entwicklungen geschuldet.[56] Eine solche Änderung könnte man auch für Art. 10 Abs. 1 GG erwägen, soweit er Brief-, Post- und Fernmeldegeheimnis nebeneinander stellt. Sie ist aber letztlich genauso wenig relevant wie die „Modernisierung" von Art. 8 EMRK, haben doch alle zuständigen Gerichte stets das notwendige Maß an Interpretationsfertigkeit aufgewiesen, um vorhandene Texte an die technischen und sozioökonomischen Realitäten der Gegenwart anzupassen.

B. Gewährleistungsgehalt

17 Eine Auseinandersetzung mit den Gewährleistungsgehalten des auf Unionsebene *de lege lata* gewährleisteten Rechts auf Achtung des Privat- und Familienlebens zeigt, dass der unionale Grundrechtsschutz in diesem Bereich tendenziell hinter dem des Straßburger Menschenrechtssystems zurückbleibt, auch wenn dies nicht unbedingt damit zusammenhängen mag, dass die menschliche Privatsphäre durch das Unionsrecht weniger intensiv bedroht ist als durch das staatliche Recht. Jedenfalls ist die menschliche Privatsphäre durch das Unionsrecht seltener bedroht als durch staatliches Recht. Es entsteht aber zugleich der Eindruck, dass sich die Organe und Einrichtungen der Union – nicht zuletzt der EuGH – mit der Anerkennung und Durchsetzung dieser Gewährleistungsgehalte womöglich zu Lasten einzelner Integrationsmaßnahmen jedenfalls nicht leichtgetan haben. Ob Art. 7 GRC in der Lage ist, den *acquis* im Bereich des Schutzes der Privatsphäre zumindest auf das Straßburger Niveau anzuheben, wird abschließend zu erörtern sein.

I. Sachlicher Schutzbereich

18 **1. Privatleben.** Auch wenn sich der **Begriff des Privatlebens** dem Versuch einer allgemeingültigen Definition zu entziehen scheint,[57] demonstriert die Straßburger Spruchpraxis, dass sich jedenfalls Ausschnitte privater Lebensgestaltung im Hinblick auf den besonderen grundrechtlichen Schutz des Art. 8 EMRK präzisieren lassen. So hat der EGMR das Selbstbestimmungsrecht über den eigenen Körper,[58] den Schutz der Privatsphäre im engeren Sinn[59] (unter Einschluss des Schutzes der Identität[60] und der persönli-

---

[54] Vgl. dazu die Wortwahl bei *Bernsdorff* in NK-EuGRCh GRCh Art. 7 Rn. 6.
[55] BGBl. 2010 II 1198 ff. (1203).
[56] Siehe die Erläuterung zu Art. 7 GRC, ABl. 2007 C 303, 17 (20).
[57] *Bernsdorff* in NK-EuGRCh GRCh Art. 7 Rn. 19; vgl. auch *Frowein* in Frowein/Peukert EMRK Art. 8 Rn. 3: „Die Definition des Privatlebens macht Schwierigkeiten"; für den Ansatz einer Begriffsannäherung vgl. *Doswald-Beck* Human Rights Law Journal 4 (1983), 283 (284 ff.).
[58] Zum Sexualverhalten als Bestandteil des Privatlebens vgl. EGMR 24.2.1983 – 7525/76, NJW 1984, 541 – Dudgeon/Vereinigtes Königreich. Dies dürfte nach Ansicht der meisten Kommentatoren den Schutz der körperlichen Integrität einschließen; vgl. statt aller Grabenwarter/Pabel EMRK § 22 Rn. 7 und 26; *Frowein* in Frowein/Peukert EMRK Art. 8 Rn. 8.
[59] EGMR 28.1.2003 – 44647/98, ÖJZ 2004, 651 – Peck/Vereinigtes Königreich.
[60] Zum Namen als Bestandteil der Identität vgl. *Villiger* HdbEMRK Rn. 559 mwN aus der Rechtsprechung. Vgl. zur rechtlichen Anerkennung der Beziehung eines in Leihmutterschaft geborenen Kindes zur Wunschmutter EGMR Gutachten vom 10.4.2019, Antrag Nr. 816–2018–001, EuGRZ 2019, 185; zur Anordnung eines Vaterschaftstest gegen den Willen des vermeintlichen Vaters EGMR 29.1.2019 – 62257/15 – Mifsud/Malta.

chen Ehre⁶¹ sowie des Datenschutzes⁶²) und die freie Gestaltung der Lebensführung⁶³ als Teilaspekte des Privatlebens identifiziert und geschützt. Auch eine gleichgeschlechtliche Beziehung unterfällt jedenfalls dem Schutz des „Privatlebens".⁶⁴ Der EGMR hat mehrmals betont, dass der Begriff des Privatlebens nicht zu restriktiv ausgelegt werden darf und dass das Privatleben auch das Recht eines Menschen miteinschließt, Beziehungen mit anderen Menschen auf den unterschiedlichsten Ebenen einzugehen.⁶⁵ Jedenfalls hatte auch der EuGH bisher Gelegenheit, sich zu einigen Teilaspekten des „Privatlebens" zu äußern, so zum Beispiel zum Schutz des Arztgeheimnisses.⁶⁶ Darüber hinaus sind sowohl das EuG als auch der EuGH mit einigen Fällen konfrontiert worden, bei denen es zum einen um im Auswahlverfahren für eine Position als Bediensteter der Gemeinschaft gemachte Äußerungen zu Lebenspartnerschaften von Bewerberinnen und Bewerbern ging,⁶⁷ zum anderen um die dienst- oder sozialrechtliche Anerkennung gleichgeschlechtlicher oder transsexueller Partnerschaften.⁶⁸ Zunehmend sind auch Fragen im Zusammenhang mit Datenerhebungen und Datenspeicherungen sowie ihre Verwertung vor dem Hintergrund des Art. 7 GRC Verfahrensgegenstand vor dem EuGH.⁶⁹ So hatte sich der EuGH mit der Veröffentlichung personenbezogener Daten der Empfänger von Agrarbeihilfen zu befassen und bezog neben Art. 8 GRC auch Art. 7 GRC in seine Prüfung ein, da das Grundrecht aus Art. 8 Abs. 1 GRC im engen Zusammenhang mit dem in Art. 7 GRC verankerten Recht auf Achtung des Privatlebens stehe.⁷⁰ In diesem Zusammenhang stellte der Gerichtshof unter anderem fest, „dass sich die in den Art. 7 und 8 der Charta anerkannte Achtung des Privatlebens hinsichtlich der Verarbeitung personenbezogener Daten auf jede Information erstreckt, die eine bestimmte oder bestimmbare natürliche Person betrifft […] und zum anderen, dass Einschränkungen des Rechts auf Schutz der personenbezogenen Daten gerechtfertigt sein können, wenn sie denen entsprechen, die im Rahmen von Art. 8 EMRK geduldet werden."⁷¹ Die in den vorliegenden Fällen einschlägigen Bestimmungen der anwendbaren Verordnungen⁷² erklärte der EuGH für ungültig, soweit diese bei natürlichen Personen, die Zuwendungsempfänger sind, die Veröffentlichung personenbezogener Daten vorschreiben, ohne nach einschlägigen Kriterien zu unterscheiden.⁷³ Weiterhin äußerte sich der Gerichts-

---

[61] So jedenfalls die Auffassung in der Literatur: *Wildhaber* in Pabel/Schmahl EMRK Art. 8 Rn. 127 ff. Vgl. zum Schutz des guten Rufs EGMR 6.11.2018 – 25527/13 – Vicent del Campo/Spanien.
[62] Statt aller EGMR 26.3.1987 – 9248/81 – Leander/Schweden.
[63] Einen Überblick darüber gibt Grabenwarter/Pabel EMRK § 22 Rn. 6 und 13 ff. mit zahlreichen Nachweisen aus der Straßburger Spruchpraxis.
[64] Vgl. ua EGMR 24.6.2010 – 30141/04, EuGRZ 2010, 445 – Schalk und Kopf/Österreich; siehe auch Grabenwarter/Pabel EMRK § 22 Rn. 16 mwN.
[65] Vgl. an dieser Stelle EGMR 16.2.2000 – 27798/95 Rn. 65, Österreichische Juristen-Zeitung 2001, 71 – Amann/Schweiz.
[66] EuGH C-404/92, Slg. 1994, I-4737 – X/Kommission.
[67] EuGH verb. Rs. C-122/99 und C-125/99, Slg. 2001, I-4319 – D. und Schweden/Rat.
[68] EuGH C-117/01, Slg. 2004, I-541 Rn. 33 – K. B./National Health Service Pensions Agency, Secretary of State for Health.
[69] Siehe in diesem Zusammenhang *Weber* in Stern/Sachs GRCh Art. 7 Rn. 12: „Der Schutz gegen unzulässige Datenerhebung, -speicherung und -verwertung stellt […] einen maßgeblichen Teilausschnitt des Rechts auf Achtung der Privatsphäre dar […]".
[70] EuGH verb. Rs. C-92/09 und C-93/09, Slg. 2010, I-11063 Rn. 47 – Volker und Markus Schecke GbR und Hartmut Eifert.
[71] EuGH verb. Rs. C-92/09 und C-93/09, Slg. 2010, I-11063 Rn. 52 – Volker und Markus Schecke GbR und Hartmut Eifert.
[72] In diesen speziellen Fällen ging es ua um Art. 42 Nr. 8b und 44a der Verordnung (EG) Nr. 1290/2005 des Rates vom 21. Juni 2005 über die Finanzierung der Gemeinsamen Agrarpolitik in der durch die Verordnung (EG) Nr. 1437/2007 des Rates vom 26. November 2007 geänderten Fassung, ABl. 2007 L 322, 1, und die Verordnung (EG) Nr. 259/2008 der Kommission vom 18. März 2008 mit Durchführungsbestimmungen zur Verordnung (EG) Nr. 1290/2005 des Rates hinsichtlich der Veröffentlichung von Informationen über die Empfänger von Mitteln aus dem Europäischen Garantiefonds für die Landwirtschaft (EGFL) und dem Europäischen Landwirtschaftsfonds für die Entwicklung des ländlichen Raums (ELER), ABl. 2008 L 76, 28.
[73] EuGH verb. Rs. C-92/09 und C-93/09, Slg. 2010, I-11063 Rn. 110 – Volker und Markus Schecke GbR und Hartmut Eifert.

hof in jüngeren Fällen zu Art. 7 GRC im Zusammenhang mit dem Schutz des Privatlebens vor dem Hintergrund der Vorratsdatenspeicherung,[74] welche sich teilweise an der Schnittstelle zur speziellen Gewährleistung der Vertraulichkeit der Kommunikation bewegen: Zum Einen im Zusammenhang mit der Richtlinie 2006/24/EG zur Vorratsdatenspeicherung zu dem Zweck, sie gegebenenfalls den zuständigen nationalen Behörden zugänglich zu machen.[75] In einem weiteren Verfahren ging es außerdem um die Vereinbarkeit nationaler gesetzlicher Verpflichtungen zur Vorratsdatenspeicherung für Kommunikationsdienstbetreiber im Vereinigten Königreich und Schweden mit der Datenschutzrichtlinie 2002/58/EG für elektronische Kommunikation.[76] Zwar hat die Luxemburger Spruchpraxis somit mittlerweile zu erkennen gegeben, dass die private Lebensgestaltung Bestandteil des auch unionsrechtlich geschützten Privatlebens sein kann.[77] Zumeist nehmen die beiden Gerichte aber zum sachlichen Schutzbereich nicht näher Stellung. Damit bleiben im Prinzip als in der Luxemburger Spruchpraxis konkret in Bezug genommener Bestandteil des Privatlebens insbesondere der **Schutz des Arztgeheimnisses** und ein **begrenzter Schutz privater Lebensgestaltung,** wobei dem Privatleben auch eine zunehmende Relevanz im Zusammenhang mit der **Datenerhebung und Datenspeicherung sowie mit deren Verwertung** zukommt.

19 **2. Familienleben.** Die Achtung des Familienlebens hat – wie oben ausgeführt (→ Rn. 8) – den EuGH in erster Linie dazu veranlasst, seine aufenthaltsrechtliche Rechtsprechung weiterzuentwickeln. In den seltensten Fällen hat sich der EuGH aber dazu geäußert, was denn tatsächlich unter dem Familienleben zu verstehen ist. Anleihen sind hier denn auch in erster Linie bei der Straßburger Rechtsprechung zu nehmen. Während der EuGH Privat- und Familienleben allerdings häufig zusammen nennt, hat sich der EGMR näher mit dem **Familienbegriff** auseinandergesetzt. Dabei ist zunächst zu unterstreichen, dass sowohl Art. 8 EMRK als auch Art. 7 GRC und nicht zuletzt auch der EuGH den Begriff des Familien**lebens** und nicht bloß den der Familie verwenden. Damit deutet sich schon an, dass es in der Tat nicht in erster Linie auf die Rechtsform ankommt, in der das Familienleben stattfindet, sondern dass maßgeblicher Bezugspunkt der Bestimmung des sachlichen Schutzbereichs das tatsächliche Familienleben, die *„famille naturelle"*, ist.[78] Es kommt also nicht darauf an, ob eine eheliche oder eine nichteheliche Verbindung vorliegt. Vielmehr sind tatsächliche Anhaltspunkte[79] entscheidend, die gemeinsame Wohnung, Art und Dauer der Beziehung, Bindung und Interesse der Partner aneinander, sei es durch gemeinsame Kinder oder andere Umstände. Daher ist im Lichte der neuen Rechtsprechung des EGMR auch eine **gleichgeschlechtliche Lebenspartnerschaft** außer dem „Privatleben" auch dem „Familienleben" im Sinne von Art. 8 EMRK zuzuordnen, sofern eine stabile (*de facto-*) Partnerschaft vorliegt.[80] Zwar hatte der EuGH in der Vergangenheit – unter Berücksichti-

---

[74] Siehe hierzu *Oehmichen/Mickler* NZWiSt 2017, 298.
[75] EuGH verb. Rs. C-293/12 und C-594/12, ECLI:EU:C:2014:238 Rn. 39 – Digital Rights Ireland Ltd. ua.
[76] EuGH verb. Rs. C-203/15 und C-698/15, ECLI:EU:C:2016:970 – Tele2 Sverige AB ua.
[77] EuG T-165/03, Slg. ÖD 2004, I-A-343, II-1575 Rn. 56 – Vonier/Kommission.
[78] So schon EGMR 13.6.1979 – 6833/74, NJW 1979, 2449 – Marckx/Belgien; EGMR 18.12.1986 – 9697/82, EuGRZ 1987, 313 – Johnston/Irland; bestätigt in EGMR 24.1.2017 – 25358/12 Rn. 140, NJW 2017, 941 – Paradiso u. Campanelli/Italien („The existence or non-existence of „family life" is essentially a question of fact depending upon the existence of close personal ties […] The notion of „family" in Article 8 concerns marriage-based relationships, and also other de facto „family ties" where the parties are living together outside marriage or where other factors demonstrated that the relationship had sufficient constancy […]."); vgl. dazu auch *Frowein* in Frowein/Peukert EMRK Art. 8 Rn. 17; sowie *Tettinger/Geerlings* EuR 2005, 419 (434). Unter bestimmten Umständen erstreckt sich das Recht auf Achtung des Familien- und Privatlebens auch auf bestimmte Situationen nach dem Tod, vgl. nur EGMR 20.9.2018 – 30491/17 und 31083/17 – Solska und Rybicka/Polen.
[79] Grabenwarter/Pabel EMRK § 22 Rn. 16; *Frenz,* HdbEuR Bd. 4, Rn. 1220 ff.
[80] Früher wurden gleichgeschlechtliche Beziehungen als nur dem „Privatleben" iSv Art. 8 EMRK unterfallend angesehen, vgl. *Marauhn/Thorn* in Dörr/Grote/Marauhn Kap. 16 Rn. 42. Siehe aber bereits EGMR 21.12.1999 – 33290/96 – Salgueiro da Silva Mouta/Portugal. In diesem Sorgerechtsfall bejahte der

gung älterer Entscheidungen der EKMR – gleichgeschlechtliche Lebenspartnerschaften vom Schutz des Familienlebens ausgenommen.[81] Es ist aber zu erwarten, dass sich auch hier Änderungen ergeben werden.

Neben der partnerschaftlichen Beziehung erfasst der Begriff des Familienlebens insbesondere auch die **Beziehung zwischen Eltern und Kindern.** Dabei geht der EGMR zutreffend davon aus, dass diese Beziehung zunächst aufgrund der Geburt zustande kommt[82] und dann – unabhängig vom Fortbestand des Familienlebens der Eltern untereinander – bestehen bleibt. Nur unter besonderen Voraussetzungen und nur in Ausnahmefällen[83] anerkennt der EGMR das Ende einer durch Geburt des Kindes entstandenen familiären Beziehung.[84] Der EGMR hat diesen Ansatz auch genutzt, um insbesondere die Rechtsstellung nichtehelicher Väter zu stärken.[85] 20

In den sachlichen Schutzbereich fällt nicht nur die **Existenz** der Familie, sondern ihr reales gemeinsames Leben, insbesondere das **Zusammensein** von Eltern oder Elternteil und Kind. Art. 8 EMRK wird vom EGMR zu Recht auch als Grundlage für einen Anspruch auf Besuche und Kontakte des nicht sorgeberechtigten Elternteils mit seinen Kindern herangezogen.[86] Das gemeinsame Leben von Eltern und Kindern oder der Partner untereinander muss letztlich auch der entscheidende Gesichtspunkt für die Bewertung von fürsorgerechtlichen Maßnahmen sein. Unter besonderen Voraussetzungen kann der Staat zwar ein Kind in öffentliche Fürsorge nehmen, er muss aber in der Regel Kontaktmöglich- 21

EGMR eine Verletzung von Art. 8 EMRK iVm Art. 14 EMRK und somit eine Diskriminierung, da einem Vater das Sorgerecht für sein Kind aufgrund der Führung einer gleichgeschlechtlichen Partnerschaft vorenthalten worden war. Die Anerkennung gleichgeschlechtlicher Beziehungen auch als „Familienleben" im Sinne des Art. 8 EMRK erfolgte allerdings erst später, vgl. hierzu EGMR 24.6.2010 – 30141/04 Rn. 90–95, EuGRZ 2010, 445 – Schalk und Kopf/Österreich („It is undisputed in the present case that the relationship of a same-sex couple like the applicants' falls within the notion of „private life" within the meaning of Article 8. However, in the light of the parties' comments the Court finds it appropriate to address the issue whether their relationship also constitutes „family life" [...] In contrast, the Court's case-law has only accepted that the emotional and sexual relationship of a same-sex couple constitutes „private life" but has not found that it constitutes „family life", even where a long–term relationship of cohabiting partners was at stake. In coming to that conclusion, the Court observed that despite the growing tendency in a number of European States towards the legal and judicial recognition of stable de facto partnerships between homosexuals, given the existence of little common ground between the Contracting States, this was an area in which they still enjoyed a wide margin of appreciation [...] The Court notes that since 2001 [...] a rapid evolution of social attitudes towards same-sex couples has taken place in many member States. [...] In view of this evolution, the Court considers it artificial to maintain the view that, in contrast to a different-sex couple, a same-sex couple cannot enjoy „family life" for the purposes of Article 8. [...] The Court therefore concludes that the facts of the present case fall within the notion of „private life" as well as „family life" within the meaning of Article 8."); EGMR 22.7.2010 – 18984/02 Rn. 30, NLMR 2010, 40 – P. B. und J. S./Österreich; vgl. auch EGMR 21.7.2015 – 18766/11 und 36030/11 Rn. 103, NJOZ 2017, 34 – Oliari ua/Italien, wo der EGMR die Nichterfüllung einer positiven Schutzpflicht – nämlich die Schaffung spezieller Rechtsvorschriften, die homosexuellen Paaren Anerkennung und Schutz ihrer gleichgeschlechtlichen Partnerschaften geben – und letztlich eine Verletzung von Art. 8 EMRK festgestellt hat; zuletzt hierzu EGMR 14.12.2017 – 26431/12, 26742/12, 44057/12, 60088/12 Rn 192 ff., Orlandi ua/Italien. Allgemein eingeschränkt aber *Augsberg* in von der Groeben/Schwarze/Hatje GRC Art. 7 Rn. 6, der „[o]hne Bezug auf die Kinder erfolgende Beziehungen zwischen Ehepartnern oder Partnern in anderen, auch gleichgeschlechtlichen Paarbeziehungen [...]" als dem Schutz des Privatlebens unterstehend ansieht.

81 EuGH C-249/96, Slg. 1998, I-621 – Grant/South-West Trains Ltd.
82 EGMR 26.5.1994 – 16969/90, EuGRZ 1995, 113 – Keegan/Irland; eingehend zu Anfang und Ende des Familienlebens *Forder* MJ 1997, 125 ff. Vgl. zu den Voraussetzungen des Bestehens eines Familienlebens zwischen Eltern und deren erwachsenen Kindern EGMR 9.4.2019 – 23887/16 – J.M./Schweiz.
83 Die Ausnahmefälle erstrecken sich auf die Adoption (vgl. bereits EGMR 11.7.1977 – 7626/76 – X/Vereinigtes Königreich) und auf staatliche Fürsorgeentscheidungen (EGMR 13.7.2000 – 39221/98 und 41963/98, Österreichische Juristen-Zeitung 2002, 74 – Scozzari und Giunta/Italy).
84 EGMR 19.2.1996 – 23218/94, InfAuslR 1996, 245 – Gül/Schweiz; *Forder* MJ 1997, 125 (131).
85 Dazu *Rudolf* EuGRZ 1995, 110 f. Vgl. aber EGMR 26.7.2018 – 16112/15 – Fröhlich/Deutschland (zum Umgangs- und Auskunftsrecht des mutmaßlichen biologischen Vaters, wo jedenfalls ein im Ergebnis gerechtfertigter Eingriff in das Recht auf Achtung des Privatlebens vorlag).
86 EGMR 12.2.2013 – 29617/07 – Vojnity/Ungarn. So auch schon EKMR (1978), DR 14, 175 (176) – X/Deutschland; vgl. auch *Palm-Risse* S. 276 ff.

keiten und die Perspektive einer Wiederzusammenführung der Familie erhalten oder eröffnen.[87]

22 Der EuGH hat sich bislang sehr zurückgehalten, eigene Definitionen zu entwickeln oder auch nur die Begriffsbildungen des EGMR ausdrücklich zu übernehmen. Aufgrund der besonderen Voraussetzungen des Grundrechtsschutzes in der Union,[88] die über die Rezeption des Straßburger Standards hinausgehen und mit der wertend rechtsvergleichenden Komponente dem EuGH Möglichkeiten sowohl einer Relativierung als auch einer Stärkung der Konventionsrechtsprechung an die Hand geben, und des vergleichsweise kurzen „Anwendungszeitraums" der GRC lässt sich dem auch nur eingeschränkt Kritik entgegenbringen. Dies dürfte sich allerdings mit der Grundrechtecharta und der engen Anlehnung von Art. 7 GRC an Art. 8 EMRK ändern – und zwar im Sinne einer Stärkung des einschlägigen Grundrechtsschutzes. Insbesondere gilt dies für den weiten Familienbegriff, der sich dann auch auf sozial- und aufenthaltsrechtliches Sekundärrecht auswirken wird, beispielsweise wenn es um die Gewährung einschlägiger Leistungen an gleichgeschlechtliche oder transsexuelle Paare geht.[89] Besonders hervorzuheben sind an dieser Stelle auch die staatlichen Leistungspflichten unter anderem im Hinblick auf die Gleichstellung von ehelichen und nichtehelichen Kindern, welche der EGMR aus Art. 8 EMRK hergeleitet hat.[90] Die Straßburger Spruchpraxis demonstriert insoweit exemplarisch, dass diese Vorschriften stets einer dynamischen Entwicklung unterworfen sind.

23 Besonderheiten des Schutzes des Familienlebens ergeben sich insbesondere – und darauf ist oben schon hingewiesen worden (→ Rn. 8 u. 19) – im Zusammenhang mit dem **Ausländer- und Aufenthaltsrecht.** Dabei greifen insoweit zwei unterschiedliche Rechtsebenen ineinander und verstärken sich wechselseitig. Dies ist einerseits die Ebene des aufenthaltsrechtlichen Sekundärrechts[91] sowohl für Unionsangehörige als auch für Drittstaatsangehörige.[92] Der EuGH hat die einschlägigen Bestimmungen insbesondere der Arbeitnehmerfreizügigkeits-VO 1968, aber auch des Assoziationsrechts stets großzügig ausgelegt[93] und sich damit in die Nähe der *„famille naturelle"* begeben. Verstärkt wird diese Tendenz andererseits durch die Rechtsprechungsentwicklung im Rahmen der EMRK. Zwar garantiert die EMRK selbst kein Recht auf Aufenthalt in einem Konventionsstaat. Führen die Ausweisung einer Person oder ein Einreiseverbot aber zur Trennung von Familienmitgliedern, so eröffnet Art. 8 EMRK einen grund- und menschenrechtlichen Zugriff. Auch wenn der EGMR immer wieder betont, dass jeder Fall individuell zu würdigen ist, gibt es doch seit Ende der 1950er Jahre eine relativ gefestigte Spruchpraxis, die Ausländern einen Minimalschutz des Familienlebens auch innerhalb der Mitgliedstaaten gewährt – und damit teilweise zu Aufenthaltstiteln geführt hat.[94] Auch wenn diese Rechtsprechung zwischenzeitlich einige Modifikationen erfahren zu haben

---

[87] EGMR 22.6.1989 – 11373/85 – Eriksson/Schweden; eingehend dazu auch *Brötel* S. 403 ff. Vgl. zum Entzug elterlicher Sorgerechte und zur Inobhutnahme der Kinder wegen Nichteinhaltung der Schulpflicht EGMR 10.1.2019 – 18925/15 – Wunderlich/Deutschland.
[88] Vgl. dazu Art. 6 Abs. 1 und Abs. 3 EUV; zum Zusammenspiel von Verfassungsrechtsvergleichung und EMRK vgl. auch *Streinz* in Streinz EUV Art. 6 Rn. 2 ff. und 25.
[89] So überzeugend *Rengeling/Szczekalla* Grundrechte in der EU § 16 Rn. 671.
[90] Siehe zB EGMR 28.5.2009 – 3545/04 – Brauer/Deutschland.
[91] EuGH C-33/07, Slg. 2008, I-5157 Rn. 15 ff. – Jipa; EuGH C-249/86, Slg. 1989, I-1263 – Kommission/Deutschland. Siehe zuletzt EuGH 26.3.2019 – C-129/18, ECLI:EU:C:2019:248 – SM (zum Begriff „Verwandter in gerader absteigender Linie" eines Unionsbürgers iSd RL 2004/38/EG).
[92] Vgl. GA *Kokott*, SchlA C-218/14, ECLI:EU:C:2015:306 – Singh ua, in denen es um die Frage der Aufrechterhaltung des Aufenthaltsrechts eines Drittstaatsangehörigen nach Wegzug der Unionsbürgerin und einer anschließenden Scheidung der Ehe zwischen dem Drittstaatsangehörigen und der Unionsbürgerin geht; vgl. die Entscheidung hierzu: EuGH 16.7.2015 – C-218/14, ECLI:EU:C:2015:476 – Singh ua; vgl. unter den bereits älteren Fällen ua EuGH C-540/03, Slg. 2006, I-5769 – Parlament/Rat; EuGH C-267/83, Slg. 1985, I-567 – Aissatou Diatta/Land Berlin.
[93] *Rengeling/Szczekalla* Grundrechte in der EU § 16 Rn. 660.
[94] Vgl. dazu die Ausführungen und die Zusammenstellung der Straßburger Spruchpraxis bei *Villiger* HdbEMRK Rn. 576; zur neueren Rechtsprechung vgl. auch *Meyer-Ladewig/Nettesheim* in HK-EMRK EMRK Art. 8 Rn. 76 ff.

scheint,[95] bildet sie grundsätzlich noch den Ausgangspunkt konventions- wie auch unionsrechtlicher Spruchpraxis.

3. Wohnung. Der auf die Wohnung bezogene sachliche Schutzbereich ist vom EuGH 24
zunächst ausgesprochen restriktiv ausgelegt worden. Statt den Begriff der Wohnung als Umschreibung einer **räumlich geschützten Privatsphäre** natürlicher und juristischer Personen zu verstehen, die dem staatlichen Zugriff jedenfalls zunächst entzogen ist, hat der EuGH den Wohnungsschutz primär als Raum privater Selbstentfaltung interpretiert. Dies hat sich in den Fällen *Hoechst*,[96] *Dow Chemical*[97] und *National Panasonic*[98] zum Nachteil der Kläger ausgewirkt, weil der EuGH in diesen Fällen, die allesamt die Durchsetzung des unionsrechtlichen Wettbewerbsrechts betrafen, unter Berufung auf divergierendes nationales Verfassungsrecht der Mitgliedstaaten und in Ermangelung unmittelbar einschlägiger Rechtsprechung des EGMR Geschäftsräumen den Grundrechtsschutz vorenthalten hat.

Zu Recht ist diese Rechtsprechung auf deutliche Kritik gestoßen.[99] Nicht nur hatte der 25
EGMR sich bis zu diesen Entscheidungen einer restriktiven Interpretation enthalten. Seither gibt es eine Reihe von Straßburger Entscheidungen, an denen der EuGH zumal wegen ihres wirtschaftsrechtlichen Bezugs nicht vorbeikommen wird. Dazu gehört zunächst der Fall *Chappell*,[100] in dem von den Behörden Räumlichkeiten durchsucht worden waren, die dem Beschwerdeführer gleichermaßen als Wohn- und Geschäftsräume dienten. In diesem Fall hatte die EKMR zwar noch offengelassen, ob Geschäftsräume unter den Schutz der Wohnung fallen; der Kommissionsbericht lag dem EuGH aber zum Zeitpunkt der mündlichen Verhandlung in der Rs. *Hoechst* vor, so dass der EuGH schon aus diesem Grund nicht gehindert war, zugunsten eines weiten Schutzes der räumlichen Privatsphäre gegenüber hoheitlichen Zugriffen (auch seitens der Brüsseler Kommission) zu entscheiden.[101] Wenig später bezog der EGMR im Fall *Niemitz*[102] die Räumlichkeiten einer Anwaltskanzlei in den Schutzbereich des Art. 8 Abs. 1 EMRK ein – eine Rechtsprechungstendenz, die insofern heute noch verstärkt worden ist, als der EGMR in weiteren Entscheidungen[103] ausdrücklich festgestellt hat, dass sich der Schutzbereich von Art. 8 Abs. 1 EMRK unter bestimmten Voraussetzungen auch auf Geschäftsräume und Betriebsgrundstücke von Unternehmen erstrecken kann. Dabei ist es nicht entscheidend, ob es sich um Räume einer natürlichen oder juristischen Person handelt. Der grundsätzlich weite Wohnungsbegriff ist allerdings in den Fällen nicht einschlägig, wo die Eigenschaft einer „Stätte des Privatlebens (iwS)"[104] schlichtweg nicht gegeben ist.[105]

Der EuGH hat inzwischen diese Tendenzen seit der Entscheidung *Roquette Frères*[106] 26
aufgenommen und ist somit den Bedenken, der räumliche Schutz der Privatsphäre im

---

[95] So jedenfalls die Einschätzung von *Villiger* HdbEMRK Rn. 576.
[96] EuGH verb. Rs. C-46/87 und C-227/88, Slg. 1989, I-2859 – Hoechst/Kommission.
[97] EuGH C-85/87, Slg. 1989, I-3137 – Dow Benelux NV/Kommission; EuGH verb. Rs. C-97/87 bis C-99/87, Slg. 1989, 3165 – Dow Chemical Ibérica SA ua/Kommission.
[98] EuGH C-136/79, Slg. 1980, I-2033 – National Panasonic/Kommission.
[99] Deutliche Kritik bei *Ress/Ukrow* EuZW 1990, 499 (502 ff.).
[100] EGMR 30.3.1989 – 10461/83 – Chappell/Vereinigtes Königreich.
[101] S. dazu *Ress/Ukrow* EuZW 1990, 499 (504, dort Fn. 51).
[102] EGMR 16.12.1992 – 13710/88, NJW 1993, 718 – Niemitz/Deutschland.
[103] EGMR 16.4.2002 – 37971/97 Rn. 41 – Sociétés Colas Est ua/Frankreich; vgl. auch EGMR 27.9.2005 – 50882/99 Rn. 70 – Petri Sallinen ua/Finnland („The Court would point out that, as it has now repeatedly held, the notion of „home" in Article 8 § 1 encompasses not only a private individual's home. It recalls that the word „domicile" in the French version of Article 8 has a broader connotation than the word „home" and may extend, for example, to a professional person's office. Consequently, „home" is to be construed as including also the registered office of a company run by a private individual, as well as a juristic person's registered office, branches and other business premises [...]").
[104] Vgl. zu diesem Begriff Jarass GRCh Art. 7 Rn. 22.
[105] Siehe hierzu die Entscheidung des EGMR 24.11.2009 – 16072/06 und 27809/08 Rn. 45 – Brian Leonard Friend/Vereinigtes Königreich ua, in der es um die Nutzung einer Landfläche für sportliche Aktivitäten ging und wonach diese Landfläche nicht dem Wohnungsbegriff unterfiel.
[106] EuGH C-94/00, Slg. 2002, I-9011 Rn. 29 – Roquette Frères.

Rahmen der Grundrechte-Charta könnte qualitativ hinter dem Schutzniveau auf Ebene der EMRK bleiben, entgegengetreten.[107]

27 **4. Individualkommunikation.** Vergleichsweise wenige Äußerungen des EuGH liegen zum Schutz der **Individualkommunikation** vor. So existieren vor allem zum anwaltlichen Schriftverkehr insofern positive Entscheidungen.[108] Darüber hinaus sind in diesem Zusammenhang auch die Ausführungen des EuGH zur Vereinbarkeit einer generellen Verpflichtung zur Vorratsdatenspeicherung mit der Richtlinie 2002/58/EG, der den Grundsatz der Vertraulichkeit der Kommunikation festlegt, von Bedeutung.[109] Hier hat der EuGH Art. 15 Abs. 1 S. 1 Vorratsdatenspeicherungs-RL 2002, wonach die Mitgliedstaaten unter den dort festgelegten Voraussetzungen eine Vorschrift erlassen dürfen, die vom Grundsatz der Vertraulichkeit der Kommunikation abweicht, im Lichte unter anderem des Art. 7 GRC ausgelegt. Wichtig erscheint gleichwohl die Bezugnahme auf Rechtsprechungsentwicklungen im Rahmen der EMRK. So hat der EGMR nicht nur die briefliche Korrespondenz – wozu jedenfalls auch die Datenübermittlung via Telefax, Telegramm und der brieflich abgewickelte Zahlungsverkehr gehören[110] – in den Schutzbereich des Art. 8 Abs. 1 EMRK einbezogen, sondern auch Telefongespräche darunter subsumiert.[111] Zu Recht wird – auch von Kommentatoren[112] – insoweit auf den Schutzzweck der Korrespondenzfreiheit abgestellt: die nicht-öffentlichen Mitteilungen von Personen mit Hilfe von technischen Kommunikationsmitteln. Darunter fallen dann eben auch die Kommunikation per **E-Mail** oder **Pager**[113] sowie das Telefonieren über das Internet, wohingegen die Massenkommunikation, zu der **Homepages** und öffentlich zugängliche **Newsgroups** gehören, nicht in den Schutzbereich von Art. 8 Abs. 1 EMRK fallen dürfte.[114] Auch die Überwachung der Messenger-Kommunikation eines in einem privaten Unternehmen Beschäftigten durch den Arbeitgeber war mittlerweile Gegenstand einer Entscheidung des EGMR.[115] In diesem Fall war der Messenger-Dienst für betriebliche Zwecke eingerichtet worden, den der Beschäftigte auch für private Zwecke nutzte.

Hinzuweisen ist schließlich auch auf die zwar wirtschaftsrechtlich motivierte, aber vom Ansatz her doch umfassend angelegte Befassung der Organe der Union mit dem Problemkreis der Verschlüsselung privater Kommunikation (Kryptographie).[116]

---

[107] Hätte der EuGH im Fall Roquette Frères die Spruchpraxis des EGMR nicht ausdrücklich zur Kenntnis genommen, hätte in den wettbewerbsrechtlichen Fällen der Eindruck entstehen können, dass der EuGH hier den Besonderheiten der gemeinschaftsunmittelbaren Durchsetzung Rechnung tragen will und deshalb besondere Zurückhaltung beim Grundrechtsschutz erkennen lässt, siehe hierzu *Nowak* in Bruha/ Nowak, Die Europäische Union: Innere Verfasstheit und globale Handlungsfähigkeit, 2006, Grundrechte im europäischen Konstitutionalisierungsprozess – zugleich ein Beitrag zum Spannungsverhältnis zwischen dem Grundsatz der Verwaltungseffektivität und effektivem Grundrechtsschutz bei kartellverfahrensrechtlichen Nachprüfungen, S. 107 (131 ff.).
[108] *Schorkopf* in Ehlers GuG § 16 Rn. 26.
[109] EuGH verb. Rs. C-203/15 und C-698/15, ECLI:EU:C:2016:970 – Tele2 Sverige AB ua. Vgl. auch EuGH – C-207/16, ECLI:EU:C:2018:788 – Ministerio Fiscal bezüglich des behördlichen Zugriffs auf Kommunikationsdaten bei weniger schweren Straftaten.
[110] Vgl. *Marauhn/Thorn* in Dörr/Grote/Marauhn Kap. 16 Rn. 61; *Wildhaber* in Pabel/Schmahl EMRK Art. 8 Rn. 495.
[111] So schon EGMR 6.9.1978 – 5029/71, NJW 1979, 1755 – Klass ua/Deutschland.
[112] Illustrativ Grabenwarter/Pabel EMRK § 22 Rn. 25; vgl. auch *Frenz*, HdbEuR Bd. 4, Rn. 1241 ff.
[113] Jarass GRCh Art. 7 Rn. 25; *Marauhn/Thorn* in Dörr/Grote/Marauhn Kap. 16 Rn. 62 mwN.
[114] *Kugelmann* EuGRZ 2003, 16 (21 f.); zu parallelen Wertungen nach deutschem Verfassungsrecht vgl. *Grote* KritV 1999, 27 (32 ff.).
[115] EGMR 5.9.2017 – 61496/08, NZA 2017, 1443 – Barbulescu/Rumänien.
[116] Schon mit Datum vom 8.10.1997 hatte die Europäische Kommission, Generaldirektion Telekommunikation, Informationsmarkt und Nutzung der Forschungsergebnisse, eine erste Mitteilung an den Rat, das Europäische Parlament, den Wirtschafts- und Sozialausschuss und den Ausschuss der Regionen verabschiedet, in dem sie einen europäischen Rahmen für digitale Signaturen und Verschlüsselung präsentierte; KOM(97) 503 endg. Zu Beschränkungen der Kryptographie im Lichte der EMRK vgl. *Diregger* DuD 1998, 28 ff.

Die „Modernisierung" von Art. 8 Abs. 1 EMRK durch die Verwendung des Wortes **28**
„Kommunikation" in Art. 7 Abs. 1 GRC bringt dies zum Ausdruck, ohne allerdings das
entscheidende Abgrenzungskriterium zum Schutz der Meinungsfreiheit anzudeuten: den
Unterschied zwischen Individual- und Massenkommunikation.[117]

5. Umweltschutz und Informationspflichten. Die Straßburger Spruchorgane hielten **29**
schon relativ frühzeitig den sachlichen Schutzbereich des Art. 8 EMRK bei Lärm-, Staub-,
Dampf- und Geruchsimmissionen oder im Fall einer Überflutung der natürlichen Umwelt
für einschlägig.[118] Erfolgreich war eine auf Art. 8 EMRK gestützte Beschwerde über
umweltverschmutzende Tätigkeiten allerdings erst 1994.[119] Kommission und Gerichtshof
stützten ihre umweltbezogene Spruchpraxis zunächst auf eine am Persönlichkeitsrecht
orientierte Auslegung der Wohnung (als der räumlichen Privatsphäre),[120] so dass der Kreis
der Beschwerdebefugten in Umweltangelegenheiten eingegrenzt werden konnte.[121] Später
gaben die Spruchorgane diese Eingrenzung allerdings auf, indem sie bei möglichen Gesundheitsbeeinträchtigungen außerhalb der eigenen Wohnung eine Verletzung des Privat-
oder Familienlebens für möglich hielten.[122] Über die abwehrrechtliche Komponente hinaus
anerkennt der EGMR seit dem Fall *Guerra,* in dem er aus Art. 8 EMRK einen Anspruch
auf ausreichende staatliche Information über Störfälle in einer nahe gelegenen Anlage
abgeleitet hat,[123] auch **umweltrechtliche Schutzpflichten.** Der EGMR bejahte schließlich eine umfassende staatliche Aufklärungspflicht im Fall *Tătar,* in dem es um die Auswirkungen von mit Natriumzyanid verunreinigtem Wasser auf Anrainer ging.[124] Allerdings
lehnt er nach wie vor ein umfassendes Recht auf eine saubere und ruhige Umwelt unter
der EMRK ab[125] (→ § 63 Rn. 37). Die weite Auslegung von Art. 8 EMRK schließt
(lediglich) eine Lücke im menschenrechtlichen Schutzsystem der EMRK, um neuartigen
Bedrohungen, die aus umweltbelastenden Maßnahmen resultieren, Rechnung zu tragen.

Eine solche Lückenschließung ist im Rahmen von Art. 7 GRC einerseits nicht notwen- **30**
dig, andererseits wäre sie problematisch. Nicht notwendig ist sie, weil das sonstige unionale
Primärrecht als auch das Sekundärrecht Bestimmungen zum Schutz der Umwelt enthalten
(→ § 63 Rn. 3 ff.), die nicht nur objektivrechtlich wirken, sondern auch eine subjektivrechtliche Dimension entfalten.[126] Problematisch ist sie, weil die Grundrechtecharta den
Umweltschutz ausdrücklich in Bezug nimmt (→ § 63 Rn. 15 f.), so dass eine erweiternde
Auslegung des sachlichen Schutzbereichs von Art. 7 GRC gegebenenfalls mit der Systematik der Charta in Konflikt geraten würde. Soweit die Charta den Umweltschutz ausdrücklich thematisiert, muss dies bei der Auslegung von Art. 7 GRC berücksichtigt werden. Da
sich der Konvent allerdings nicht dazu durchringen konnte, Art. 37 GRC subjektivrecht-

---

[117] Zur Massenkommunikation vgl. *v. Coelln* in Stern/Sachs GRCh Art. 11 Rn. 30.
[118] Der erste Fall mit Umweltbezug betraf Flughafenlärm; vgl. EKMR 15.7.1980 – 7889/77, DR 19, 186 ff. – Arondelle/Vereinigtes Königreich.
[119] EGMR 9.12.1994 – 16798/90 – López Ostra/Spanien.
[120] EGMR 9.12.1994 – 16798/90 Rn. 58 – López Ostra/Spanien. In EGMR 21.2.1990 – 9310/81 Rn. 40 – Powell und Rayner/Vereinigtes Königreich, heißt es: „the quality of [each] applicant's private life and the scope for enjoying the amenities of his home [had] been adversely affected". Vgl. hierzu aber auch den Text von Art. 1 EMRKZusProt: „peaceful enjoyment of his possessions".
[121] Das schließt im Einzelfall Massenklagen allerdings nicht aus, wie ein vor der Straßburger Kommission verhandelter Fall dokumentiert; EKMR 1.7.1998 – 38387/97 – Khatun und 180 andere/Vereinigtes Königreich.
[122] In EGMR 9.6.1998 – 21825/93 und 23414/94 – McGinley und Egan/Vereinigtes Königreich, ging es um Belastungen am Arbeitsplatz durch Atomversuche.
[123] Wie hier *Calliess* ZUR 2000, 246 (249). Das klang bereits in EGMR 9.12.1994 – 16798/90 – López Ostra/Spanien, an. Dort hatte der EGMR zunächst die Schutzpflichtproblematik offengelassen, später aber allein auf die Pflicht zur Vornahme von Schutzmaßnahmen abgestellt.
[124] EGMR 27.1.2009 – 67021/01 Rn. 124, Recht der Umwelt 2009, 132 – Tătar/Rumänien.
[125] Siehe zB EGMR 10.6.2014 – 25330/10 Rn. 27 – Eckenbrecht und Ruhmer/Deutschland; EGMR 10.2.2011 – 30499/03 Rn. 105 – Dubetska ua/Ukraine; EGMR 8.7.2003 – 36022/97 – Hatton ua/Vereinigtes Königreich.
[126] *Wegener* in von der Groeben/Schwarze/Hatje GRC Art. 37 Rn. 12; vgl. dazu umfassend *Ruffert,* Subjektive Rechte im Umweltrecht der Europäischen Gemeinschaft, 1996, passim.

lich zu formulieren (→ § 63 Rn. 15 f.), erschließt sich eine subjektivrechtliche Komponente nur über Art. 7 GRC, was insoweit dann wiederum die sachliche Reichweite beschränkt.

31 Schwierig zu beantworten ist die Frage allerdings, ob die Charta insgesamt das grund- und menschenrechtliche Schutzniveau von Art. 8 EMRK auch in umweltrelevanten Angelegenheiten übernimmt oder sich aus der Kombination der Art. 7 GRC und Art. 37 GRC eine Relativierung des grund- und menschenrechtlichen Umweltschutzes ergeben kann. Geht man generell davon aus, dass Art. 7 GRC nicht hinter den Standards der EMRK zurückbleiben will,[127] dann sind Art. 7 GRC iVm Art. 37 GRC jedenfalls so auszulegen, dass keine Schutzlücken entstehen. Das umweltrechtliche Potenzial der Charta ist nach alledem wohl als ambivalent einzuschätzen.

II. Persönlicher Schutzbereich

32 Einheitlich wird der persönliche Schutzbereich des Privat- und Familienlebens heute in der EMRK, in der Grundrechtecharta sowie in der Rechtsprechung des EuGH mit *„everyone"*, *„toute personne"* oder „jede Person" umschrieben. Damit ist zunächst selbstverständlich davon auszugehen, dass jede natürliche Person, die Angehörige eines Mitgliedstaates der Union ist, in den persönlichen Schutzbereich des Grundrechts fällt. Da es sich zugleich aber auch um ein **Menschenrecht** handelt, greift der Schutz auch gegenüber **Drittstaatsangehörigen** (→ § 9 Rn. 8 ff.), die sich gegenüber den Organen und Einrichtungen der Union damit auch auf den Schutz der Privatsphäre berufen können.[128]

33 Keinerlei Anhaltspunkte geben die einschlägigen Texte hinsichtlich der Erstreckung des Schutzes auf juristische Personen (→ § 9 Rn. 13 ff.). Würde man hier etwa verfassungsrechtliche Diskussionen aus der Bundesrepublik über den persönlichen Schutzbereich des allgemeinen Persönlichkeitsrechts aufgreifen,[129] so könnte man durchaus in Erwägung ziehen, bei juristischen Personen differenzierend vorzugehen. In Ermangelung textueller Anhaltspunkte und vor dem Hintergrund der Funktion des Schutzes der Privatsphäre gegenüber einer tendenziell immer weiter ausufernden Hoheitsgewalt auch der Organe der Europäischen Union ist eine Einbeziehung juristischer Personen in den persönlichen Schutzbereich der Achtung der Privatsphäre (weniger wohl des Familienlebens) geboten. Sie entspricht im Übrigen auch der einschlägigen Spruchpraxis der Straßburger Organe und lässt sich auch der Rechtsprechung des EuGH jedenfalls insoweit zuordnen, als andernfalls die Klagen in den Fällen *Hoechst, Dow Chemicals* und *National Panasonic*[130] schon am persönlichen Schutzbereich hätten scheitern müssen. Nicht zuletzt würde das Grundrecht sonst in den überwiegend wirtschaftsrechtlich relevanten Sachverhalten des Unionsrechts kaum Wirkung zeitigen.

34 Keinerlei Besonderheiten ergeben sich hinsichtlich des **Grundrechtsadressaten.** Es sind dies in erster Linie die Organe und Einrichtungen der Union (→ § 9 Rn. 23). Soweit die Mitgliedstaaten aber mit der Durchführung des Unionsrechts befasst sind, müssen auch sie als Adressaten des unionalen Schutzes der Privatsphäre angesehen werden (→ § 9 Rn. 24 ff.).

III. Gewährleistungsdimensionen

35 **1. Eingriffsabwehr.** In erster Linie ist der Schutz der Privatsphäre ein **Abwehrrecht,** das – wie eingangs dargelegt worden ist (→ Rn. 1 f.) – Zugriffe von Hoheitsträgern in den

---

[127] Vgl. Art. 52 Abs. 3 S. 1 GRC.
[128] Statt aller EuGH C-267/83, Slg. 1985, I-567 – Aissatou Diatta/Land Berlin.
[129] Vgl. dazu einerseits BVerfGE 67, 100 (142); und andererseits *Kube* in Isensee/Kirchhof HStR Bd VII, § 148 Rn. 74 f.
[130] Vgl. dazu EuGH verb. Rs. C-46/87 und C-227/88, Slg. 1989, I-2859 – Hoechst/Kommission; EuGH C-85/87, Slg. 1989 I-3137 – Dow Benelux NV/Kommission; EuGH verb. Rs. C-97/87 bis C-99/87, Slg. 1989, 3165 – Dow Chemical Ibéria SA ua/Kommission; EuGH C-136/79, Slg. 1980, I-2033 – National Panasonic/Kommission.

Bereich privater Lebensgestaltung abwehren soll. Die intensiven Diskussionen im Grundrechte-Konvent haben zum Ausdruck gebracht, dass auch Art. 7 GRC diese Abwehrdimension in den Vordergrund stellt.[131] Vereinzelt wird darauf verwiesen, dass Art. 7 GRC von fast allen anderen Freiheitsrechten der Charta abweicht, insoweit dort ein bloßes Recht auf „Achtung" formuliert wird.[132] In der Tat schützen die meisten anderen Freiheitsrechte der Charta den jeweils einschlägigen sachlichen Schutzbereich ohne nähere Qualifikation. Unbeschadet dessen greift Art. 7 GRC aber – wie im Übrigen auch für Art. 8 EMRK anerkannt ist – über eine an die Mitgliedstaaten gerichtete bloße Unterlassungspflicht hinaus, denn der Begriff „Achtung" impliziert auch einen „positiven Schutz der Privatsphäre durch Gesetzgebung, Rechtsprechung und Verwaltung".[133] Dieser zweite Teil der Verpflichtung wird umso intensiver, je geringer die Selbstschutzmöglichkeiten des Einzelnen ausfallen.

2. Schutzansprüche. Es ist vor dem Hintergrund der Arbeiten des Grundrechte-Konvents schwer vorstellbar, welche **Schutzmaßnahmen** die Organe der Union im konkreten Fall zu ergreifen haben. Allerdings sind beispielsweise Auswahlverfahren für Bedienstete und das Dienstrecht der Organe der Union so auszugestalten, dass Beeinträchtigungen der Privatsphäre durch Dritte – seien dies Arbeitskolleginnen oder -kollegen bzw. Vorgesetzte – weitgehend ausgeschlossen oder zumindest sanktioniert werden können. Darüber hinaus kann auf die Arbeiten der Organe zur digitalen Signatur verwiesen werden, die gerade auch im privaten Wirtschaftsverkehr sicherstellen sollen, dass der Schutz der Individualkommunikation mit den zur Verfügung stehenden technischen Mitteln auch bei mangelnden Selbstschutzmöglichkeiten gewährleistet werden kann.[134] 36

C. Beeinträchtigung

In Anlehnung an die genannten Gewährleistungsdimensionen (→ Rn. 35 f.) gehört zu den primär zu gewärtigenden Beeinträchtigungen der **klassische Eingriff** seitens der Organe und Einrichtungen der Union sowie – in Ausführung des Unionsrechts – der Mitgliedstaaten. Dies belegen auch die vom EuGH bislang entschiedenen Fälle, beispielsweise: die Durchsuchung von Geschäftsräumen,[135] der Zugriff auf den anwaltlichen Schriftverkehr und die Verletzung des Arztgeheimnisses durch verdeckte AIDS-Tests an Bediensteten oder Bewerberinnen bzw. Bewerbern lassen sich sämtlich dem Eingriff in Abwehrrechte zuordnen. In Bezug auf die Achtung des Privatlebens im Zusammenhang mit dem Zugriff auf Informationen über das Privatleben ist im Lichte der neueren Luxemburger Spruchpraxis zudem an dieser Stelle festzuhalten, dass es für die Feststellung des Vorliegens eines Eingriffs nicht darauf ankommt, „ob die betreffenden Informationen über das Privatleben sensiblen Charakter haben oder ob die Betroffenen durch den Eingriff Nachteile erlitten haben könnten".[136] 37

Eher etwas gemischt stellt sich das Bild allerdings in Bezug auf die Achtung des Familienlebens dar. Die typischen aufenthaltsrechtlichen Konstellationen mit ihren aufenthaltsbeendenden Maßnahmen erwecken zwar den Eindruck eines konventionellen Zugriffs auf das Freiheitsrecht. Häufig geht es im Ergebnis aber darum, Familienangehörigen den Nachzug 38

---

[131] *Bernsdorff* in NK-EuGRCh GRCh Art. 7 Rn. 10 ff.
[132] *Bernsdorff* in NK-EuGRCh GRCh Art. 7 Rn. 16.
[133] *Bernsdorff* in NK-EuGRCh GRCh Art. 7 Rn. 16.
[134] Zum Verhältnis zwischen Selbstschutz und staatlichem Schutz vgl. *Trute* VVDStRL 57 (1998), 216 (263); daran anknüpfend *Marauhn* KritV 1999, 57 (75).
[135] Siehe in diesem Zusammenhang EuGH C-419/14, ECLI:EU:C:2015:832 – WebMindLicenses Kft./ Nemzeti Adó- és Vámhivatal Kiemelt Adó- és Vám Főigazgatóság (bezüglich der Überwachung des Telekommunikationsverkehrs und eine Beschlagnahme von E-Mails, die im Zuge von Durchsuchungen von beruflich genutzten Räumen bzw. Geschäftsräumen einer natürlichen Person oder von Räumen einer Handelsgesellschaft vorgenommen wird).
[136] EuGH verb. Rs. C-293/12 und C-594/12 Rn. 33, ECLI:EU:C:2014:328 – Digital Rights Ireland Ltd. ua.

zu ermöglichen, auch im Fall von Drittstaatsangehörigen. Die Verweigerung dieses Nachzugs lässt sich aber nur als Schmälerung des Schutzbereichs verstehen, wenn man auch im staatlichen (und darum geht es hier zumeist) Nichthandeln eine Beeinträchtigung des Schutzbereichs erkennt.

D. Rechtfertigung

39 Während grundsätzlich die überkommenen Maßstäbe der Rechtfertigung von Grundrechtseingriffen zugrunde zu legen sind (→ § 10 Rn. 28 ff.), bietet der Vollzug des EU-Wettbewerbsrechts im Kontext der damit verbundenen Kompetenzen interessante Einblicke in die bisherige Rechtfertigungsdogmatik des EuGH. Zwar enthalten die beiden zentralen Entscheidungen des EuGH zum Grundrecht auf Unverletzlichkeit der Wohnung[137] keine ausdrücklichen Aussagen zu den Anforderungen, unter denen ein Eingriff in dieses Grundrecht gerechtfertigt ist. Im Fall *National Panasonic*[138] hatte der Gerichtshof jedoch Gelegenheit, sich zu den einschlägigen Kriterien zu äußern.[139] Danach ist ein **Eingriff** in das Grundrecht nur **gerechtfertigt, wenn** er **gesetzlich vorgesehen** ist und eine Maßnahme darstellt, die **in einer demokratischen Gesellschaft notwendig** ist. Damit greift der EuGH Kriterien auf, die in Art. 8 Abs. 2 EMRK positiviert worden sind. Während der EuGH auf die Übernahme der dort genannten Eingriffszwecke verzichtet, werden diese doch auch vom EGMR relativ großzügig angewendet,[140] anerkennt der EuGH gleichwohl den Gesetzesvorbehalt und die Notwendigkeit einer Verhältnismäßigkeitsprüfung. Er spricht von einem „Schutz gegen willkürliche und unverhältnismäßige Eingriffe"[141] als allgemeinem Grundsatz des Unionsrechts. Erforderlich ist danach eine **Rechtsgrundlage** für das Handeln der Kommission und die konkrete **Verhältnismäßigkeit** der jeweiligen Maßnahmen. Diese Kriterien nimmt die Kartellverfahrens-VO (EG) Nr. 1/2003 in den Art. 20, 21 und 27 VO (EG) Nr. 1/2003 auf, so dass insoweit eine Rückwirkung der vom EuGH entwickelten Standards auf das unionale Sekundärrecht erkennbar ist.[142]

40 Im Hinblick auf Art. 7 GRC ist darüber hinaus festzuhalten, dass das Präsidium des Konvents in seinen – wenn auch unverbindlichen – Erläuterungen zu Art. 7 GRC und Art. 52 Abs. 3 GRC davon ausgeht, dass die Schrankenregelung des Art. 8 Abs. 2 EMRK der Sache nach auf Art. 7 GRC zu übertragen ist. Die „sachgebietsbezogene Ausformung des Verhältnismäßigkeitsgrundsatzes"[143] stellt insoweit eine **spezielle Grundrechtsschranke** im Sinne des Art. 52 Abs. 3 GRC dar, die hier zu beachten ist. Formell muss ein Eingriff in das Recht auf Achtung der Privatsphäre daher gesetzlich vorgesehen sein, was sich in erster Linie auf materielles Unionsrecht beziehen dürfte. Mitgliedstaatliche Vorschriften greifen nur in Durchführung des Unionsrechts. Materiell müssen dann aber auch die Eingriffszwecke des Art. 8 Abs. 2 EMRK im Rahmen der Verhältnismäßigkeitsprüfung berücksichtigt werden. Auch wenn diese prima facie auf die Staaten zugeschnitten scheinen, sind sie doch besser geeignet als gelegentlich vermutet wird.[144] Immerhin nimmt Art. 8 Abs. 2 EMRK als einziges der beschränkbaren Abwehrrechte der EMRK ausdrücklich auf das wirtschaftliche Wohl des Landes Bezug.[145] Die Selbstverständlichkeit, dass

---

[137] EuGH verb. Rs. C-46/87 und C-227/88, Slg. 1989, I-2859 – Hoechst/Kommission; EuGH C-94/00, Slg. 2002, I-9011 Rn. 29 – Roquette Frères.
[138] EuGH C-136/79, Slg. 1980, I-2033 – National Panasonic/Kommission.
[139] Ausführliche Erörterung bei *Schorkopf* in Ehlers GuG § 16 Rn. 32 ff.
[140] Vgl. dazu Grabenwarter/Pabel EMRK § 22 Rn. 51; *Schorkopf* in Ehlers GuG § 16 Rn. 30 ff.
[141] EuGH C-136/79, Slg. 1980, I-2033 – National Panasonic/Kommission.
[142] Zur Kartellverfahrensordnung vgl. *Müller* GLJ 2004, 721 ff.; zur Relevanz der genannten Artikel für die Umsetzung des Verhältnismäßigkeitsgrundsatzes vgl. *Schorkopf* in Ehlers GuG § 16 Rn. 33 ff.
[143] *Bernsdorff* in NK-EuGRCh GRCh Art. 7 Rn. 18.
[144] Verkürzend insoweit *Bernsdorff* in NK-EuGRCh GRCh Art. 7 Rn. 18.
[145] Hiergegen ließe sich allerdings einwenden, dass dem „wirtschaftlichen Wohl des Landes" bei Eingriffen durch Organe und Einrichtungen der Union kein rechtfertigender Charakter zukommen könne. Dies ist

Art. 7 GRC teleologisch unter Berücksichtigung des übrigen Unionsrechts auszulegen ist (und es insoweit zu Abweichungen von der Straßburger Rechtsprechung zu Art. 8 EMRK kommen kann), relativiert die grundsätzliche Geeignetheit der Schranken nicht. Darüber hinaus muss nach Art. 52 Abs. 1 S. 1 GRC der Wesensgehalt des Grundrechts beachtet werden.[146] In einer neueren Entscheidung sah der EuGH in einer Regelung, die den Behörden einen generellen Zugriff auf den Inhalt elektronischer Kommunikation gestattet, eine Verletzung des Wesensgehalts des Grundrechts auf Achtung des Privatlebens.[147] In seinem Gutachten vom 26.7.2017 hat sich der EuGH darüber hinaus in Bezug auf die Vereinbarkeit der Übermittlung und Verarbeitung von Fluggastdatensätzen unter anderem mit Art. 7 GRC insbesondere zum Grundsatz der Verhältnismäßigkeit geäußert. Darin hält er in Bezug auf das Recht auf Achtung des Privatlebens fest, dass die Erhebung, Weitergabe und Verarbeitung von Fluggastdaten nur dann mit Art. 7 GRC vereinbar sei, wenn sie „klare und präzise Regeln für die Tragweite und die Anwendung der betreffenden Maßnahme vorsehen und Mindesterfordernisse aufstellen, sodass die Personen, deren Daten übermittelt wurden, über ausreichende Garantien verfügen, die einen wirksamen Schutz ihrer personenbezogenen Daten vor Missbrauchsrisiken ermöglichen. Sie muss insbesondere angeben, unter welchen Umständen und unter welchen Voraussetzungen eine Maßnahme, die die Verarbeitung solcher Daten vorsieht, getroffen werden darf, damit gewährleistet ist, dass der Eingriff auf das absolut Notwendige beschränkt wird."[148]

E. Verhältnis zu anderen Bestimmungen

Es ist schon darauf hingewiesen worden, dass insbesondere beim Familienschutz die zahlreichen unterschiedlichen Gewährleistungen der Grundrechtecharta einer sauberen Abgrenzung voneinander bedürfen (→ Rn. 14). Grundsätzlich dürfte Art. 7 GRC den Bereich des bestehenden Familienlebens vor allem in seiner abwehrrechtlichen Dimension erfassen (mit den Relativierungen im Bereich des Aufenthaltsrechts). Demgegenüber bezieht sich Art. 9 GRC auf die erst zum Familienleben hinführende Phase. Art. 33 GRC erfasst mit den sozioökonomischen Rahmenbedingungen des Familienlebens eine andere grundrechtliche Facette, so dass insoweit zwischen Abwehr- und Leistungsdimension differenziert werden kann, obwohl auch abwehrrechtliche Dimensionen des Art. 33 GRC erkennbar sind. Der besondere Schutz von Kinderrechten ist auf deren Perspektive beschränkt, so dass jedenfalls diesbezüglich auch Art. 24 GRC *lex specialis* sein dürfte. 41

Den größten Unterschied zu Art. 8 EMRK kann man bei Art. 7 GRC dort ausmachen, wo von den Straßburger Organen interpretatorisch hinzugefügte Elemente des Art. 8 EMRK den Schutz einer eigenen Bestimmung der Grundrechtecharta genießen. Dies gilt 42

insofern nicht ganz zutreffend, als zwar die Mitgliedstaaten bei Eingriffen in die Grundfreiheiten die Berufung auf wirtschaftspolitische Zielsetzungen versagt ist, nicht aber der Union bzw. ihren Organen und Einrichtungen bei Eingriffen in die Grundrechte der Unionsbürgerinnen und -bürger. So ist es zwar einerseits zutreffend, dass die EMRK den dogmatischen Aufhänger bieten kann, dieser aber durch primärrechtliche Schutzgüter angereichert wird; andererseits ist zu unterstreichen, dass die EMRK sich wirtschaftspolitischen Erwägungen nicht verschließt; vgl. nur *Pache* EuR 2001, 475 (489 f.); und *Weber* NJW 2000, 537 (543). Die Schutzstandards der EMRK und des Unionsrechts sollten nicht unnötig weit auseinander dividiert werden.

[146] Vgl. hierzu Jarass GRCh Art. 7 Rn. 35.
[147] EuGH C-362/14, ECLI:EU:C:2015:650 Rn. 94 – Schrems/Data Protection Commissioner. Im folgenden Fall war der Wesensgehalt laut dem EuGH nicht betroffen: EuGH verb. Rs. C-293/12 und C-594/12, ECLI:EU:C:2014:328 Rn. 39 – Digital Rights Ireland Ltd. ua: „Zum Wesensgehalt des Grundrechts auf Achtung des Privatlebens und der übrigen in Art. 7 der Charta verankerten Rechte ist festzustellen, dass die nach der Richtlinie 2006/24 vorgeschriebene Vorratsspeicherung von Daten zwar einen besonders schwerwiegenden Eingriff in diese Rechte darstellt, doch nicht geeignet ist, ihren Wesensgehalt anzutasten, da die Richtlinie, wie sich aus ihrem Art. 1 Abs. 2 ergibt, die Kenntnisnahme des Inhalts elektronischer Kommunikation als solchen nicht gestattet."
[148] EuGH Gutachten 1/15 (Avis), ZD 2018, S. 23 (29). Siehe zu den beiden Urteilen *Eichenhofer* EuR 2016, 76.

insbesondere für den Datenschutz, der in Art. 8 GRC eine Positivierung erfahren hat.[149] Darüber hinaus dürfte aber auch der grundrechtliche Umweltschutz, wie er sich jedenfalls ansatzweise und gegebenenfalls in Zusammenschau mit einschlägigem Primär- und Sekundärrecht der Union aus Art. 37 GRC ergeben kann, aus Art. 7 GRC auszugliedern sein, obwohl Art. 8 EMRK insoweit jedenfalls partiell ein Grundrecht auf Umweltschutz beinhaltet[150] (→ § 64). Dessen Reichweite ist allerdings, wie neuere Entscheidungen des EGMR zu belegen scheinen, eher gering.[151]

F. Zusammenfassende Bewertung und Ausblick

43 Auch wenn das Ergebnis der Diskussionen im Grundrechte-Konvent zu Art. 7 GRC eher bescheiden ausfällt, lassen sich doch in zweierlei Hinsicht Perspektiven aufzeigen. Zum einen ist zu hoffen, dass die enge Anlehnung von Art. 7 GRC an Art. 8 EMRK dazu führen wird, dass der EuGH in seiner Rechtsprechung jedenfalls nicht mehr hinter die Standards der Straßburger Rechtsprechung zurückfallen wird. Die Bezugnahme auf die mitgliedstaatlichen Rechtsordnungen[152] stellt in Zukunft **kein legitimes Argument für eine Schutzbereichsreduktion** oder doch zumindest eine restriktive Schutzbereichsinterpretation hinsichtlich des Schutzes der Privatsphäre dar. Insofern dürfte Art. 7 GRC den *de lege lata* in der Union geltenden Grundrechtsschutz im Bereich der Privatsphäre auf das Niveau der Menschenrechtskonvention anheben. Darüber hinaus ist zu hoffen, dass Art. 7 GRC als Ausdruck der Wertordnung der Union die besondere Bedeutung eines geschützten privaten Bereichs sowohl gegenüber staatlichen als auch gegenüber nicht-staatlichen Zugriffen nach außen und innen herausstellen wird. Gerade ein so dichtes und für den Bürger teilweise nur schwer durchschaubares Mehrebenensystem wie das der Europäischen Union bedarf der Betonung des Schutzes der Privatheit, auch und gerade im Hinblick auf das häufig unterschätzte Potenzial privater wirtschaftlicher Aktivitäten.

---

[149] → § 25; dort insbesondere → § 25 Rn. 24 zur Abgrenzung zu Art. 7 GRC. Eine Gefährdung der Privatsphäre in diesem Bereich ist zB mit der Verordnung (EG) Nr. 2252/2004 des Rates vom 13. Dezember 2004 über Normen für Sicherheitsmerkmale und biometrische Daten in von den Mitgliedstaaten ausgestellten Pässen und Reisedokumenten, ABl. 2004 L 385, 1, verbunden.
[150] In diese Richtung *Steiger* FS E. Kutscheidt, 2003, 165 ff.; zurückhaltender *Desgagné* AJIL 1995, 263 ff.
[151] Vgl. dazu *Heselhaus/Marauhn* EuGRZ 2005, 549.
[152] Kritisch dazu, dass „Ehe und Familie nahezu völlig gesetzgeberischer Beliebigkeit in den Mitgliedstaaten überantwortet" werden, *Tettinger/Geerlings* EuR 2005, 419 (425).

§ 24 Eheschließungs- und Familiengründungsrecht

Übersicht

	Rn.
A. Entwicklung und Bedeutung der verfassungs- und menschenrechtlichen Gewährleistung des Eheschließungs- und Familiengründungsrechts	1–12
I. Verfassungs- und völkerrechtliche Entwicklungen	3–7
II. Europäisches Primär- und Sekundärrecht	8–10
III. Entstehung und Bedeutung des Art. 9 GRC	11, 12
B. Gewährleistungsgehalte	13–26
I. Sachlicher Schutzbereich	14–23
1. Begriff der Ehe	14–18
2. Eheschließungsfreiheit	19–21
3. Familiengründungsfreiheit	22, 23
II. Persönlicher Schutzbereich	24
III. Gewährleistungsdimensionen	25, 26
C. Beeinträchtigung	27, 28
D. Rechtfertigung	29, 30
E. Verhältnis zu anderen Bestimmungen	31
F. Zusammenfassende Bewertung und Ausblick	32, 33

Schrifttum:

Böhm, Dynamische Grundrechtsdogmatik von Ehe und Familie?, VVDStRL 73 (2014), 211; *v. Coelln,* Wenn, dann richtig: „Ehe für alle" nur per Verfassungsänderung, Neue Justiz 2018, 1; *Dethloff,* Familienrecht in Europa – Quo vadis?, NJW 2018, 23; *Fahrenhorst,* Familienrecht und Europäische Menschenrechtskonvention, 1994; *dies.,* Sorgerecht und Religion. Anmerkung zum EGMR-Urteil im Fall Ingrid Hoffmann gegen Österreich, EuGRZ 1996, 633; *dies.,* Der Schutz elterlicher Rechte bei einer Trennung von Eltern und Kind und die Europäische Konvention zum Schutz der Menschenrechte und Grundfreiheiten, FamRZ 1996, 454; *Jakob,* Die eingetragene Lebenspartnerschaft im Europarecht, FamRZ 2002, 501; *McGlyn,* Families and the European Union Charter of Fundamental Rights: progressive change or entrenching the status quo?, ELR 2001, 582; *Pintens,* Grundgedanken und Perspektiven einer Europäisierung des Familien- und Erbrechts, FamRZ 2003, 329, 417, 500 (3 Teile); *ders.,* Von Konstantinidis bis Grant – Europa und das Familienrecht, ZEuP 1998, 843; *ders.,* Rechtsvereinheitlichung und Rechtsangleichung im Familienrecht. Eine Rolle für die Europäische Union?, ZEuP 1998, 670; *Robbers,* Eingetragene Lebenspartnerschaften. Verfassungsrechtliche Überlegungen, JZ 2001, 779; *Tettinger/Geerlings,* Ehe und Familie in der europäischen Grundrechtsordnung, EuR 2005, 419; *Zimmermann,* Gleichgeschlechtliche Lebenspartnerschaften und das Grundgesetz, FS H. Steinberger, 2002, S. 611.

A. Entwicklung und Bedeutung der verfassungs- und menschenrechtlichen Gewährleistung des Eheschließungs- und Familiengründungsrechts

Das in Art. 9 GRC gewährleistete Eheschließungs- und Familiengründungsrecht gehört zu mehreren in der GRC verankerten Grundrechten, die jeweils ganz bestimmte Aspekte des Ehe- und Familienlebens unter Schutz stellen, und ist im Einzelfall von ihnen abzugrenzen.[1] Es ist in den mitgliedstaatlichen Verfassungen sowie in zahlreichen universellen und regionalen Menschenrechtsverträgen enthalten. Seine Grundzüge waren vor noch nicht allzu langer Zeit sowohl vor dem Hintergrund der Straßburger Spruchpraxis[2] als auch in Anbetracht der im Grundrechte-Konvent geführten Debatten[3] vor allem hinsichtlich des sachlichen Schutzbereichs zahlreichen Fragen unterworfen. Das ist teilweise auch heute

1

---

[1] Zu diesen Grundrechten gehören Art. 7 GRC, Art. 24 Abs. 3 GRC und Art. 33 Abs. 1 GRC; vgl. auch *Kingreen* in Calliess/Ruffert GRC Art. 9 Rn. 1.
[2] Vgl. insbesondere EGMR 11.7.2002 – 28957/95, NJW-RR 2002, 289 – Christine Goodwin/Vereinigtes Königreich; EGMR 11.7.2002 – 25680/94 – I./Vereinigtes Königreich, wo es jeweils um die Frage der rechtlichen Anerkennung einer Geschlechtsumwandlung und im Besonderen um das Recht einer transsexuellen Person, nach einer Geschlechtsumwandlung eine Ehe einzugehen, ging.
[3] Dazu näher *Bernsdorff* in NK-EuGRCh GRCh Art. 9 Rn. 8 ff.

noch der Fall. Dabei ging und geht es weniger um die überkommenen Gehalte, wie sie sich etwa Art. 23 IPBPR oder Art. 12 EMRK entnehmen lassen, sondern vielmehr um die aufgrund gesellschaftspolitischer Veränderungen für notwendig oder wünschenswert gehaltenen, teilweise aber sehr umstrittenen Weiterungen insbesondere im Hinblick auf gleichgeschlechtliche Partnerschaften[4] und nichteheliche Lebensgemeinschaften.[5] Während auf der völker- und verfassungsrechtlichen Ebene eher ein Minimum gewährleistet zu sein schien, übten einfachgesetzliche Veränderungen in zahlreichen Mitgliedstaaten der Europäischen Union (und darüber hinaus[6]) erheblichen Druck auf eine Ausweitung dieses Minimalstandards aus, so dass sich die Frage stellte, ob auf europäischer Ebene schon *„progressive change"*[7] zu verzeichnen war. Auch wenn einige offene Fragen[8] inzwischen ausgeräumt zu sein scheinen, so bleibt es auch in Zukunft im Wesentlichen der Rechtsprechung überlassen, diesem Grundrecht weitere Konturen zu verleihen.

2 Von besonderem Interesse ist in diesem Zusammenhang, dass im thematischen Umfeld dieses Grundrechts **erhebliche gesellschaftspolitische Debatten** geführt worden sind und werden,[9] dieses Grundrecht in der Rechtsprechung des EGMR veranschaulicht, wie sehr menschenrechtliche Bestimmungen einer dynamischen Auslegung unterworfen sein können,[10] und es die Wechselwirkung zwischen der EMRK und der GRC exemplarisch verdeutlicht.[11] Im Kontext der Europäischen Union dürfte dies vor allem damit zusammenhängen, dass es sich bei der Eheschließungs- und Familiengründungsfreiheit um eines der wenigen Freiheitsrechte handelt, dem keine materiell-rechtlichen Kompetenzen der Union im Primärrecht gegenüberstehen.[12]

I. Verfassungs- und völkerrechtliche Entwicklungen

3 In den meisten **mitgliedstaatlichen Verfassungen** finden sich die Eheschließungs- und Familiengründungsfreiheiten als Teilgewährleistungen,[13] teilweise um den eigenen (nationalen) Fortbestand zu sichern,[14] teilweise als Institutsgarantie,[15] nur selten hingegen explizit als Individualrecht formuliert.[16] In wenigen Fällen gibt es – nicht ganz unproblematische – Regelungen über das Verhältnis zwischen religiöser Eheschließung und Zivilehe[17] sowie über die Abhängigkeit der Familiengründung(sfreiheit) von der Ehe.[18] **Traditionell** ver-

---

[4] Vgl. dazu rechtsvergleichend *Basedow/Dopffel/Hopt* ua, Die Rechtsstellung gleichgeschlechtlicher Lebensgemeinschaften, 2000.
[5] Rechtsvergleichend dazu *Scherpe/Yassari,* Die Rechtsstellung nichtehelicher Lebensgemeinschaften, 2005; siehe hierzu auch die einzelnen Länderberichte in *Süß/Ring,* Eherecht in Europa, 3. Aufl. 2017.
[6] *Heun,* Gleichgeschlechtliche Ehen in rechtsvergleichender Sicht – unter besonderer Berücksichtigung der Rechtslage in den USA, in Kanada und in Australien, 1999.
[7] *McGlyn* ELR 2001, 582 ff.
[8] So steht es zB mittlerweile nicht mehr zur Debatte, dass auch gleichgeschlechtliche Lebensgemeinschaften dem Schutz des unionalen Grundrechts aus Art. 9 GRC unterfallen können, sofern diese mitgliedstaatlich anerkannt werden, vgl. hierzu an dieser Stelle *Augsberg* in von der Groeben/Schwarze/Hatje GRC Art. 9 Rn. 5.
[9] Vgl. statt aller *Heide-Jørgensen* MJ 1996, 184 ff.
[10] Vgl. hierzu *Pätzold* in Karpenstein/Mayer EMRK Art. 12 Rn. 32; *Böhm* VVDStRL 73 (2014), 211 (244 ff.).
[11] Vgl. an dieser Stelle zB Jarass GRCh Art. 9 Rn. 5.
[12] So etwa die Einschätzung von *Pernice* DVBl 2000, 847 (852); ebenso *Tettinger* NJW 2001, 1010 (1012 f.); und *Schmitz* JZ 2001, 833 (834).
[13] Vgl. dazu auch *Bernsdorff* in NK-EuGRCh GRCh Art. 9 Rn. 2 mwN.
[14] So beispielsweise Art. 41 Abs. 1 und 3 irVerf.
[15] Art. 6 Abs. 1 GG ist sicherlich das – auch verfassungshistorisch – deutlichste Beispiel.
[16] Dies gilt insbesondere für Art. 32 spanVerf und Art. 36 Abs. 1 und 2 portVerf.
[17] Art. 21 luxVerf statuiert immerhin auf Verfassungsebene, dass die zivile der religiösen Eheschließung voranzugehen hat.
[18] Art. 41 Abs. 3 irVerf und Art. 29 S. 1 italVerf. Diese „Abhängigkeit" der Familiengründung von der Ehe ist zu unterscheiden von den zwischen beiden Freiheiten bestehenden Interdependenzen; auf diese weist für Art. 12 EMRK beispielsweise Grabenwarter/Pabel EMRK § 22 Rn. 81 und *Palm-Risse,* Der völkerrechtliche Schutz von Ehe und Familie, 1990, S. 134, hin. *Frowein* in Frowein/Peukert EMRK Art. 12 Rn. 7, verweist diesbezüglich auf den authentischen englischen und französischen Wortlaut der EMRK, wo es heißt „this right" bzw. „ce droit".

stand man in den meisten Mitgliedstaaten unter der **Ehe** eine **Verbindung zwischen Mann und Frau** – und zwar regelmäßig zwischen jeweils einem Partner jeden Geschlechts, also unter Ausschluss der so genannten Mehrehe.[19] Nur wenige Verfassungen schreiben dies allerdings ausdrücklich fest.[20] Auch wenn nach mitgliedstaatlichem Verfassungsverständnis ein solcher Ehebegriff immer noch vorherrschend ist, gingen Entscheidungen der Verfassungsgerichte einiger Mitgliedstaaten bereits vor Einführung der gleichgeschlechtlichen Ehe auf einfachgesetzlicher Ebene[21] davon aus, dass gleichgeschlechtliche Partnerschaften, auch wenn sie keine „Ehe" im verfassungsrechtlichen Sinne darstellten, jedenfalls unbeschadet eines besonderen verfassungsrechtlichen Schutzes der Ehe gesetzlich anerkannt werden konnten.[22] Andere Mitgliedstaaten haben hingegen die Ehe selbst für gleichgeschlechtliche Paare geöffnet, wenn auch zum Teil mit Abstrichen bei der elterlichen Sorge und beim Abstammungsrecht.[23] In Slowenien hingegen wurde das Gesetz zur Öffnung der Ehe für gleichgeschlechtliche Paare im Jahr 2015 durch ein Referendum wieder zu Fall gebracht.[24] Vor dem Hintergrund divergierender oder fehlender verfassungsrechtlicher Definitionen der Ehe wird man allerdings kaum ein geschlossenes (einheitliches) Begriffsverständnis der Ehe auf europäischer Ebene formulieren können. Dies reflektieren denn auch gleichermaßen Art. 12 EMRK und Art. 9 GRC mit dem jeweiligen **Verweis auf das nationale Recht** (→ Rn. 12).

Gemeinsamer Hintergrund der verfassungsrechtlichen Gewährleistung der Eheschließungs- und Familiengründungsfreiheit sind vor allem religiöse, aber auch feudale Strukturen, die allerdings in Europa insgesamt schon im 19. Jahrhundert weitgehend überwunden waren.[25] Trotzdem wurde die verfassungsrechtliche Verankerung des Schutzes dieser Freiheiten in fast allen Mitgliedstaaten der EU auch im 20. Jahrhundert noch für so wichtig gehalten, dass insoweit ein gemeineuropäischer Mindeststandard nicht zu leugnen ist. Wie wichtig nicht nur die verfassungsrechtliche, sondern auch die **gesellschaftspolitische Verankerung** dieser Freiheitsrechte ist, machen die immer wieder auftretenden und in der Öffentlichkeit diskutierten so genannten „Ehrenmorde"[26] deutlich. Sowohl diese *„honour crimes"* als auch die Zwangsverheiratung[27] von Einwandererkindern mit Partnern aus ihren

4

---

[19] Verfassungsrechtlich beinhaltet dies regelmäßig die Gewährleistung eines Mindeststandards, ohne damit notwendig aufenthaltsrechtliche und international-privatrechtliche Bestimmungen mit einem weiteren Familien- und Ehebegriff zugunsten anderer kultureller und rechtlicher Traditionen auszuschließen; vgl. *Kähler* in Barnstedt, Was gehen den Staat Ehe und Partnerschaft an?, 2002, S. 118 ff.; vgl. darüber hinaus *Hailbronner* NVwZ 1997, 460 ff.; *Kren Kostkiewicz* SZIER 11 (2001), 101 ff.

[20] Vgl. aber Art. 18 polnVerf. Hierzu nochmals *Tettinger/Geerlings* EuR 2005, 419 (422).

[21] In Deutschland ist das Gesetz zur Einführung des Rechts auf Eheschließung für Personen gleichen Geschlechts mit Wirkung ab 1.10.2017 in Kraft getreten (BGBl. 2017 I 2429). Zum Verhältnis des verfassungsrechtlichen Ehebegriffs zum einfachgesetzlichen Ehebegriff vgl. *v. Coelln* Neue Justiz 2018, 1.

[22] So insbesondere die grundlegende Entscheidung zum Lebenspartnerschaftsgesetz BVerfGE 105, 313; vgl. dazu auch *Zimmermann* FS H. Steinberger, 2002, 611 ff.; *Möller* DÖV 2005, 64 ff. Kritisch *Tettinger/Geerlings* EuR 2005, 419 (427 f.): „bedenkliche handwerkliche Defizite, die für ein Gericht […] kein Ruhmesblatt darstellen". Zu unterscheiden ist diese Entscheidung von einschlägiger älterer Rechtsprechung des österreichischen Verfassungsgerichtshofs zur Unzulässigkeit der sog „Homo-Ehe", VfGH EuGRZ 2005, 253. Inzwischen hat der österreichische Verfassungsgerichtshof aber wegen Verstoßes gegen das Diskriminierungsverbot des Gleichheitsgrundsatzes die gesetzlichen Regelungen aufgehoben, die gleichgeschlechtlichen Paaren den Zugang zur Ehe bisher verwehrten, siehe Österreichischer Verfassungsgerichtshof Entscheidung v. 4.12.2017, G258–259/2017-9. Die Aufhebung ist mit Ablauf des 31.12.2018 in Kraft getreten. Vgl. des Weiteren zB zur jüngeren Rechtsprechung des BVerfG zur Stärkung der Gleichstellung homosexueller Paare in Bezug auf das Adoptionsrecht *Frenz* NVwZ 2013, 1200.

[23] Vgl. zB zu Belgien *Pintens* FamRZ 2003, 658 f.; zu Dänemark siehe *Scherpe* FamRZ 2012, 1434; zu Frankreich *Ougier* StAZ 2014, 8; jetzt auch zu Deutschland *Knoop* NJW-Spezial 2017, 580 sowie *Wasmuth* NJ 2017, 353.

[24] Vgl. für eine allgemeine Übersicht zur aktuellen Lage mwN *Dethloff* NJW 2018, 23.

[25] *Brosius-Gersdorf* in Dreier GG Art. 6 Rn. 2 ff.

[26] Vgl. dazu etwa *Müller* in Beiträge zum islamischen Recht, 2003, S. 77 ff.; und *Tellenbach* in Wuqûf, Beiträge zur Entwicklung von Staat und Gesellschaft in Nordafrika 13, 2003, S. 74 f.

[27] Dazu *Gensch* FoR 2005, 91 f. Eindrucksvoll auch der Bericht „Wie sich junge Deutschtürkinnen gegen Zwangsheiraten wehren" in Der Spiegel 2004, Heft 47, 79 ff.

Heimatländern machen deutlich, dass auch heute die ausdrückliche Gewährleistung der Eheschließungsfreiheit und ihre Durchsetzung nicht obsolet sind.

5   Auf der **völkerrechtlichen Ebene**[28] ist neben **Art. 12 EMRK,** der aufgrund von Art. 6 Abs. 3 EUV für den unionalen Grundrechtsschutz von zentraler Bedeutung ist, vor allem auf **Art. 23 IPBPR** einzugehen. Dieser greift **Art. 16 AEMR** auf, der in Bezug auf heiratsfähige[29] Frauen und Männer nicht nur „ohne Beschränkung auf Grund der Rasse" die Eheschließungs- und Familiengründungsfreiheit gewährt, sondern beiden Partnern darüber hinaus „bei der Eheschließung, während der Ehe und bei deren Auflösung gleiche Rechte" zuerkennt. Nach Art. 16 Abs. 2 AEMR ist die freie und uneingeschränkte Willenseinigung der künftigen Ehegatten unabdingbare Voraussetzung der Eheschließung. Unbeschadet der Frage der Verbindlichkeit des Art. 16 AEMR[30] kann insoweit allerdings auf Art. 23 Abs. 2–4 IPBPR[31] zurückgegriffen werden, die den Gehalt von Art. 16 AEMR aufnehmen. Interessant ist in diesem Zusammenhang, dass sich auch der auf der Grundlage des Paktes eingerichtete Menschenrechtsausschuss mit der gleichgeschlechtlichen Ehe befassen musste. Aus Anlass einer neuseeländischen „Mitteilung"[32] führte der Ausschuss im Juli 2002 aus[33]: „Use of the term ‚men and women', rather than the general terms used elsewhere in Part III of the Covenant, has been consistently and uniformly understood as indicating that the treaty obligation of States parties stemming from article 23, paragraph 2, of the Covenant is to recognize as marriage only the union between a man and a woman wishing to marry each other".[34] Der Ausschuss bestätigte damit, dass Art. 23 IPBPR die Vertragsstaaten jedenfalls nicht zur Anerkennung gleichgeschlechtlicher Ehen zwingt.[35] Keine Beeinträchtigung der in Art. 23 IPBPR gewährleisteten Eheschließungsfreiheit sah der Ausschuss in ausländerrechtlichen Regelungen, die den Aufenthaltsstatus ausländischer Männer in Mauritius erschweren.[36] Im gesetzlich angeordneten Reservatsverlust einer indianischen Kanadierin wegen nichtindianischer Heirat sah der Ausschuss dagegen eine Verletzung des Paktes, wobei er sich auf die Minderheitenschutzbestimmung des Art. 27 IPBPR beschränkte und eine gesonderte Prüfung von Art. 23 IPBPR nicht mehr für erforderlich hielt.[37] Der menschenrechtliche Rahmen des Paktes wird auf der universellen Ebene durch den insoweit nicht über Art. 23 IPBPR hinausgehenden Art. 10 IPWSKR,[38] andererseits durch das Übereinkommen der Vereinten Nationen über die Erklärung des Ehewillens, das Heiratsmindestalter und die Registrierung von Eheschließungen vom 7. November 1962[39] und eine entsprechende Erklärung der Generalversammlung[40] unterfüttert.

6   Neben dem Schutz der Eheschließungs- und Familiengründungsfreiheit auf der universellen Ebene gewährleistet **Art. 12 EMRK** auf der europäischen Ebene einen gerichtlich durchsetzbaren Mindeststandard, der sich neueren sozialen Entwicklungen allerdings nicht entziehen kann. Als **Grundrecht** formuliert[41] gewährt Art. 12 EMRK zwar individuelle

---

[28] Umfassend dazu *Palm-Risse*, Der völkerrechtliche Schutz von Ehe und Familie, 1990, passim.
[29] Diesbezüglich greift das nationale Recht; vgl. *Nowak*, CCPR, 1. Aufl. 1993, Art. 23 Rn. 27 ff.
[30] Zur Rechtsnatur der Allgemeinen Erklärung vgl. die Aufarbeitung des Diskussionsstandes bei *Bausback* BayVBl. 1999, 705 ff.
[31] BGBl. 1973 II 1534.
[32] Individualbeschwerden aufgrund des Fakultativprotokolls werden als „Mitteilungen" bezeichnet; vgl. Art. 2 des Fakultativprotokolls zum IPBPR, BGBl. 1992 II 1247.
[33] Es handelt sich um eine „Auffassung" des Ausschusses, vgl. Art. 5 Abs. 4 des Fakultativprotokolls zum IPBPR.
[34] MRA 17.7.2002 – 902/1999 – UN Doc. CCPR/C/75/D/902/1999 Abs. 8.2 – Juliet Joslin ua/Neuseeland.
[35] Kritisch hierzu *Gerber/Tay/Sifris* Sydney Law Review 2014, 643.
[36] MRA 9.4.1981 – 035/1978 – UN Doc. CCPR/C/12/D/35/1978, EuGRZ 1981, 391 – S. Aumeeruddy-Czifra ua/Mauritius.
[37] MRA 30.7.1981 – 024/1977 – UN Doc. CCPR/C/13/D/24/1977 – Sandra Lovelace/Kanada.
[38] BGBl. 1973 II 1569.
[39] BGBl. 1969 II 161.
[40] Resolution der Generalversammlung der Vereinten Nationen 2018 (XX) über die Erklärung des Ehewillens, das Heiratsmindestalter und die Registrierung von Eheschließungen v. 1.11.1965.
[41] „Männer und Frauen […] haben das Recht […]".

Rechte. Diese stehen aber gleich zweifach unter dem Vorbehalt des nationalen Rechts,[42] nämlich zum einen im Hinblick auf das heiratsfähige Alter, zum anderen im Hinblick auf die Ausübung des Rechts und dafür erforderliche Formvorschriften, Ehevoraussetzungen und Ehehindernisse. Der EGMR hat zwar im Jahr 2010 unter Heranziehung von Art. 9 GRC das in seiner früheren Rechtsprechung vorherrschende traditionelle Bild der **Ehe zwischen zwei Personen verschiedenen Geschlechts**[43] insofern relativiert, als er das Recht auf Eheschließung nach Art. 12 EMRK nun nicht mehr unter allen Umständen auf die Ehe zwischen zwei Personen verschiedenen Geschlechts beschränkt ansieht.[44] Allerdings betont der Gerichtshof gleichermaßen, dass es zum gegenwärtigen Zeitpunkt dem Recht des jeweiligen Konventionsstaates überlassen sei, über die Zulassung einer gleichgeschlechtlichen Ehe zu entscheiden. Diese Beurteilung hat der Gerichtshof mittlerweile auch in nachfolgenden Entscheidungen bestätigt,[45] obwohl er die zwischenzeitliche Entwicklung in den Mitgliedstaaten in dieser Frage ausdrücklich zur Kenntnis nimmt.[46] Bereits zuvor hatte der EGMR unter Berücksichtigung erheblicher sozialer Veränderungen seit der Verabschiedung der EMRK für Lebensgemeinschaften mit transsexuellen Partnern den Spielraum der Staaten bei der Festlegung der Kriterien zur Festlegung des Geschlechts insofern eingeschränkt, als diese sich nicht mehr nur auf biologische Kriterien beschränken dürfen.[47] Er kam zu dem Schluss, dass die Unmöglichkeit für eine transsexuelle Person, in seinem Geschlecht eine Ehe einzugehen, Art. 12 EMRK verletze. Aufgrund des klaren Wortlauts der Vorschrift lehnt der EGMR ein auf Art. 12 EMRK gestütztes Recht auf Scheidung nach wie vor ab.[48] Insgesamt verfolgt der EGMR damit – trotz der restriktiven Formulierung von Art. 12 EMRK – eine scheinbar zunehmende Interpretation der Gewährleistungen, die zwar über einen Mindeststandard nicht hinausgeht, sie aber den gesellschaftlichen Veränderungen „zugänglicher" macht. Allerdings räumt er den Vertragsstaaten nach wie vor auch wegen des doppelten Vorbehalts des nationalen Rechts weite Spielräume ein.

Festzuhalten ist insoweit, dass Verfassungs- und Völkerrecht zwar im Wesentlichen einen **individualrechtlichen Mindeststandard** der Eheschließungs- und Familiengründungsfreiheit gewährleisten, dieser Standard aber auch zunehmend gesellschaftliche Veränderungen reflektiert. Diese Gewährleistungen zwingen den nationalen Gesetzgeber nicht, neue

7

---

[42] Dazu Grabenwarter/Pabel EMRK § 22 Rn. 78; vgl. auch *Frowein* in Frowein/Peukert EMRK Art. 12 Rn. 1.

[43] Vgl. hierzu EGMR 17.10.1986 – 9532/81 Rn. 49 f. – Rees/Vereinigtes Königreich; EGMR 27.9.1990 – 10843/84 Rn. 46 – Cossey/Vereinigtes Königreich; EGMR 30.7.1998 – 22985/93 und 23390/94 Rn. 66 – Sheffield und Horsham/Vereinigtes Königreich.

[44] EGMR 24.6.2010 – 30141/04 Rn. 61 f., NJW 2011, 1421 – Schalk und Kopf/Österreich: „Regard being had to Article 9 of the Charter, therefore, the Court would no longer consider that the right to marry enshrined in Article 12 must in all circumstances be limited to marriage between two persons of the opposite sex. Consequently, it cannot be said that Article 12 is inapplicable to the applicants' complaint. However, as matters stand, the question whether or not to allow same-sex marriage is left to regulation by the national law of the Contracting State.[…] In that connection, the Court observes that marriage has deep-rooted social and cultural connotations which may differ largely from one society to another. The Court reiterates that it must not rush to substitute its own judgment in place of that of the national authorities, who are best placed to assess and respond to the needs of society […]".

[45] EGMR 9.6.2016 – 40183/07 – Chapin u. Charpentier/Frankreich; EGMR 21.7.2015 – 18766/11 und 36030/11 – Oliari ua/Italien; EGMR 16.7.2014 – 37359/09 – Hämäläinen/Finland.

[46] Vgl. EGMR 21.7.2015 – 18766/11 und 36030/11 Rn. 192 – Oliari ua/Italien: „The Court notes that despite the gradual evolution of States on the matter (today there are eleven CoE states that have recognised same-sex marriage) the findings reached in the cases mentioned above remain pertinent. In consequence the Court reiterates that Article 12 of the Convention does not impose an obligation on the respondent Government to grant a same-sex couple like the applicants access to marriage."; siehe auch EGMR 9.6.2016 – 40183/07 Rn. 37 – Chapin u. Charpentier/Frankreich: „Dans l'arrêt Hämäläinen […] elle a rappelé que l'article 12 consacrait le concept traditionnel du mariage, à savoir l'union d'un homme et d'une femme et que, s'il était vrai qu'un certain nombre d'États membres avaient ouvert le mariage aux partenaires de même sexe, cet article ne pouvait être compris comme imposant pareille obligation aux États contractants."

[47] Vgl. insbesondere EGMR 11.7.2002 – 28957/95, NJW-RR 2002, 289 – Christine Goodwin/Vereinigtes Königreich; EGMR 11.7.2002 – 25680/94 – I./Vereinigtes Königreich.

[48] Statt aller EGMR 18.12.1986 – 9697/82 Rn. 51–54, EuGRZ 1987, 313 – Johnston/Irland.

Formen des Zusammenlebens anzuerkennen. Sie hindern ihn aber auch nicht daran. Mit dem „von unten" wachsenden **Reformdruck** sieht sich allerdings der europäische Grundrechtsschutz insgesamt seit längerer Zeit konfrontiert. Allerdings hängt der Gewährleistungsgehalt wesentlich davon ab, welche Standards sich dem europäischen Primär- und Sekundärrecht entnehmen lassen (→ Rn. 8 ff.) und primärrechtlich insbesondere davon, welche Tendenzen die Grundrechtecharta reflektiert (→ Rn. 11 f.).

II. Europäisches Primär- und Sekundärrecht

8 In Anbetracht der Abwesenheit materiell-rechtlicher Kompetenzen der Union im Bereich des Ehe- und Familienrechts überrascht es nicht, dass auch der **sekundärrechtliche Befund** ausgesprochen **mager** ausfällt.[49] Primärrechtlich lässt sich von einem „eigenständigen EU-Grundrecht"[50] insoweit sprechen, als sich zwischen der Gewährleistung des Art. 9 GRC und Art. 12 EMRK bis zur Entscheidung des EGMR im Fall *Schalk und Kopf/ Österreich* (→ Rn. 6) ein entscheidender Unterschied ergab: das von Art. 12 EMRK geschützte Recht, eine Ehe einzugehen, war lediglich auf Paare unterschiedlichen Geschlechts anwendbar. Für Art. 9 GRC wurde insoweit von Anfang an eine zeitgemäßere Formulierung gewählt, „um Fälle zu erfassen, in denen nach den einzelstaatlichen Rechtsvorschriften andere Formen als die Heirat zur Gründung einer Familie anerkannt werden."[51] Die Erläuterungen zu Art. 9 GRC bekräftigen ausdrücklich, dass dieser Artikel es weder untersagt noch vorschreibt, Verbindungen von Menschen gleichen Geschlechts den Status einer Ehe zu verleihen.[52] Ausdrückliche **Rechtsprechung des EuGH** zur Eheschließungsfreiheit gibt es aber nicht. Lediglich mittelbar hat sich der EuGH bislang geäußert, indem er im Fall *Grant* von der Ehe als einer Lebensgemeinschaft zwischen zwei Personen verschiedenen Geschlechts ausgegangen ist.[53] Immerhin hat der EuGH mittlerweile eine gleichgeschlechtliche Partnerschaft in den Tatbestand der Diskriminierung aufgrund des Geschlechts einbezogen,[54] indem er unter anderem in dem Fall *Maruko* entschied, dass Art. 1 der Richtlinie 2000/78/EG iVm Art. 2 der Richtlinie 2000/78/EG[55] einer Regelung entgegensteht, wonach dem überlebenden Partner nach dem Tod des Lebenspartners die Hinterbliebenenversorgung verweigert wird, obwohl sich die Lebenspartner in Bezug auf die Hinterbliebenenrente in einer vergleichbaren Situation befinden wie Ehegatten.[56] Ein wesentliches Element ist an dieser Stelle jedoch, dass die Situation in einer Ehe mit der jeweils in Rede stehenden gleichgeschlechtlichen Lebenspartnerschaft in Bezug auf die in Frage stehende Leistung vergleichbar sein muss.[57] Der Rechtsprechung lässt sich allerdings keine ausdrückliche grundrechtliche Anerkennung gleich- oder verschiedengeschlechtlicher Partnerschaften im Sinne einer Gleichsetzung mit der Ehe entnehmen. Derartige Beziehungen unterfallen dem Schutz des Art. 7 GRC.[58]

---

[49] Dazu *Rengeling/Szczekalla* Grundrechte in der EU § 16 Rn. 666; *Isensee* DVBl 2009, 801.
[50] Vgl. zu dieser Begriffsverwendung *Schorkopf* in Ehlers GuG § 16 Rn. 54.
[51] Erläuterung zu Art. 9 GRC, ABl. 2007 C 303, 17 (21).
[52] Erläuterung zu Art. 9 GRC, ABl. 2007 C 303, 17 (21).
[53] EuGH C-249/96, Slg. 1998, I-621 Rn. 32 – Grant/South-West Trains Ltd.; vgl. dazu auch *Giegerich* JZ 1998, 724 ff.
[54] Vgl. zur früheren Situation *Rengeling/Szczekalla* Grundrechte in der EU § 16 Rn. 670; EuGH verb. Rs. C-122/99 und 125/99, Slg. 2000, I-4319 – D. und SW/Rat, mAnm *Szczekalla* DVBl 2001, 1201 ff. Deutlich weiter etwa war lange Zeit vorher der kanadische Supreme Court in Egan/Canada [1995] 2 S. C. R. 513.
[55] Richtlinie 2000/78/EG des Rates vom 27. November 2000 zur Festlegung eines allgemeinen Rahmens für die Verwirklichung der Gleichbehandlung in Beschäftigung und Beruf, ABl. 2000 L 303, 16.
[56] In Bezug auf das deutsche Gesetz zur eingetragenen Lebenspartnerschaft EuGH C-267/06, Slg. 2008, I-1757 – Maruko/Versorgungsanstalt der deutschen Bühnen. Vgl. hierzu auch *Bruns* NJW 2008, 1929; *Böhm* VVDStRL 73 (2014), 211 (244 ff.).
[57] Siehe zum französischen „Pacte civil de solidarité (PACS)" EuGH C-267/12, ECLI:EU:C:2013:823 Rn. 31 ff. – Hay/Crédit agricole mutuel de Charente-Maritime ua.
[58] *Kingreen* in Calliess/Ruffert GRC Art. 9 Rn. 5.

Gelegentlich thematisiert wird der **Schutz der Ehe in aufenthaltsrechtlichen Entscheidungen,** obwohl auch diese in der Regel eine klare Positionierung des Gerichtshofs nicht erkennen lassen. So legt der Gerichtshof Art. 56 AEUV (Art. 49 EGV-Nizza) im Lichte des Grundrechts auf Achtung des Familienlebens (*sic!*) dahingehend aus, dass Aufenthaltsbeschränkungen gegenüber dem Ehepartner eines Dienstleistenden auch dann unzulässig sind, wenn dieser Ehepartner ein Drittstaatsangehöriger ist, hätte doch ein Aufenthaltsverbot nachteilige Wirkungen für die Ehe.[59] Nicht wieder aufgegriffen hat der EuGH auch die wohl eher aus Billigkeitsgründen getroffenen familienrechtlichen Erwägungen in einer Rechtssache, in der es um den Status der Lebenspartnerin eines assoziationsberechtigten türkischen Staatsangehörigen als Familienangehörige ging.[60] Diese Entscheidung lässt sich nicht als grundrechtlich motivierte Anerkennung nichtehelicher Lebensgemeinschaften lesen.[61]

Letztlich bleiben damit auf der Unionsebene nur **Diskriminierungsverbote,**[62] die grundrechtlich aber ihren Platz eben dort finden und nicht innerhalb der hier zu erörternden Eheschließungs- und Familiengründungsfreiheit.

III. Entstehung und Bedeutung des Art. 9 GRC

Dass der Schutz von Ehe und Familie von Anfang an in der Charta berücksichtigt werden sollte, ist nicht besonders erstaunlich. Bemerkenswert ist allein der Verlauf der Diskussion, ging es doch zunächst – vor allem unter Bezugnahme auf Art. 7 der Erklärung des Europäischen Parlaments über Grundrechte und Grundfreiheiten von 1989 – um den **umfassenden rechtlichen, wirtschaftlichen und sozialen Schutz.**[63] Immer stärker rückte dann aber Art. 12 EMRK in den Vordergrund. Nachdem dann der eigentliche Familienschutz sowohl in rechtlicher als auch in sozioökonomischer Hinsicht gleichsam ausgegliedert worden war und die Kinderrechte ohnehin in einem eigenen Artikel zur Geltung kommen sollten (→ § 45), rückten die Familiengründungs- und die Eheschließungsfreiheit in den Mittelpunkt der Diskussionen um Art. 9 GRC beziehungsweise seine Vorläufer. Nachdem man sich in einer „sehr ideologisch geführten Debatte"[64] im Wesentlichen gegen eine Definition von Ehe und Familie entschieden hatte, ging es vor allem um Unterscheidungen und **Differenzierungen gegenüber Art. 12 EMRK.** Dabei sind zwei Aspekte wesentlich, die mittelfristig für den Schutz der Eheschließungs- und Familiengründungsfreiheit in der Europäischen Union bereits Bedeutung entfaltet haben beziehungsweise noch entfalten dürften: zum einen wurde auf den Bezug auf „Männer und Frauen", wie er in Art. 12 EMRK noch enthalten ist, verzichtet; zum anderen wurden die Eheschließungs- und die Familiengründungsfreiheit voneinander entkoppelt.[65]

Diese Wortlautunterschiede zwischen Art. 9 GRC und Art. 12 EMRK haben bisher jedenfalls teilweise – wie das Präsidium des Konvents[66] betont hat – dem in der Charta enthaltenen Recht eine **größere Tragweite** vermittelt. Kritisch anzumerken ist dennoch, dass der von der Charta gewährleistete Grundrechtsschutz mit dieser Offenheit und der gleichzeitig verbliebenen **doppelten Rückkoppelung an das mitgliedstaatliche Recht** im Bereich der Eheschließungs- und Familiengründungsfreiheit zu zerfasern droht. Teil-

---

[59] EuGH C-60/00, Slg. 2002, I-6279 – Mary Carpenter/Secretary of State for the Home Department; *Rengeling/ Szczekalla* Grundrechte in der EU § 16 Rn. 669 betonen zu Recht, dass insoweit eigentlich das aktuelle Familienleben im Vordergrund steht.
[60] EuGH C-65/98, Slg. 2000, I-4747 Rn. 36 – Safet Eyüp.
[61] Das betont auch GA *Colomer*, SchlA C-117/01, Slg. 2004, I-541 Rn. 60 – K.B./National Health Service. Zu dieser Entscheidung *Tettinger/Geerlings* EuR 2005, 419 (432 f.).
[62] So auch *Rengeling/Szczekalla* Grundrechte in der EU § 16 Rn. 670 f.
[63] *Bernsdorff* in NK-EuGRCh GRCh Art. 9 Rn. 6; → § 44 Rn. 1 ff.
[64] *Bernsdorff* in NK-EuGRCh GRCh Art. 9 Rn. 8.
[65] *Bernsdorff* in NK-EuGRCh GRCh Art. 9 Rn. 10.
[66] Erläuterungen zu Art. 9 GRC, ABl. 2007 C 303, 17 (21).

weise wird sogar die „Gefahr eines partikularen Grundrechtsschutzes"[67] gesehen. Nicht in jeder Hinsicht nachvollziehbar – auch wenn einerseits Art. 6 Abs. 1 GG eine gewisse Rolle gespielt haben mag und auf die Formulierung „Männer und Frauen" verzichtet werden sollte – ist der institutionelle Ansatz der Vorschrift,[68] der sich von der klaren individualrechtlichen Formulierung des Art. 12 EMRK doch deutlich unterscheidet.[69]

B. Gewährleistungsgehalte

13 Die Konturen eines unionalen Grundrechts zu bestimmen, auf dessen Gewährleistungsgehalt der EuGH bislang bestenfalls mittelbar Bezug genommen hat, kann nur **in enger Anlehnung an das Vorbild der EMRK** unter gleichzeitiger Bezugnahme auf die mitgliedstaatlichen Verfassungen erfolgen. Diese Vorgehensweise ist insbesondere vor dem Hintergrund der Entwicklung dieses Grundrechts geboten (→ Rn. 1 ff.).

I. Sachlicher Schutzbereich

14 **1. Begriff der Ehe.** Wie schon oben ausgeführt (→ Rn. 3), kennen die wenigsten mitgliedstaatlichen Verfassungen eine ausdrückliche Definition der Ehe. Insgesamt ist der **Befund** mitgliedstaatlicher Verfassungstexte **uneinheitlich.** Darüber hinaus verzichten auch Art. 23 IPBPR und Art. 12 EMRK sowie Art. 9 GRC allesamt auf eine Definition der Ehe. Während Art. 12 EMRK und Art. 23 IPBPR allerdings ausdrücklich auf Männer und Frauen Bezug nehmen und damit eine Auslegung im Sinne einer Verbindung verschiedengeschlechtlicher Individuen nahelegen, verzichtet Art. 9 GRC bewusst auf diese Spezifizierung.

15 Neben der insoweit jedenfalls partiell **unklaren textuellen Grundlage** ist die Rechtsprechung auf nationaler, europäischer und universeller Ebene zu berücksichtigen. Dabei fällt zunächst auf, dass **mitgliedstaatliche Gerichte** bei der verfassungsrechtlichen Beurteilung von Gesetzen über die Anerkennung nichtehelicher Lebensgemeinschaften und gleichgeschlechtlicher Lebenspartnerschaften zumeist eine Zuordnung zum Begriff der „Ehe" vermieden haben.[70] Soweit sie dazu doch Stellung genommen haben, hat dies in der Regel zu einer negativen Entscheidung geführt, so dass einerseits zwar von der verfassungsrechtlichen Zulässigkeit der gesetzlichen Anerkennung „alternativer Lebensentwürfe"[71] auszugehen ist, andererseits aber der besondere Schutz der „Ehe" zumeist der monogamen Verbindung von Mann und Frau vorbehalten bleibt. Die wenigen Ausnahmen durch die mitgliedstaatliche Gesetzgebung sind insoweit von der Bewertung durch die Rechtsprechung zu unterscheiden, als der jeweils zuständige Gesetzgeber eine Interpretation der einschlägigen Verfassungstexte jeweils vermeiden konnte und wollte.[72] Die Straßburger Rechtsprechung ist grundsätzlich auch heute noch vom traditionellen Bild der Ehe zwischen zwei Personen unterschiedlichen Geschlechts geprägt (→ Rn. 6 und 8),[73] was dem äußerst unterschiedlichen rechtlichen Umgang mit dieser Frage auf mitgliedstaatlicher Ebene geschuldet ist.

16 Damit dürfte jedenfalls de lege lata für das unionale Grundrecht der Eheschließungsfreiheit vom **traditionellen Ehebegriff** auszugehen sein. Dass Art. 9 GRC insoweit offener ist,

---

[67] Rengeling/Szczekalla Grundrechte in der EU § 16 Rn. 667. Kritisch dazu, dass „Ehe und Familie nahezu völlig gesetzgeberischer Beliebigkeit in den Mitgliedstaaten überantwortet" werden, Tettinger/Geerlings EuR 2005, 419 (425).
[68] Dazu Bernsdorff in NK-EuGRCh GRCh Art. 9 Rn. 10.
[69] So ist denn auch nicht zu bezweifeln, dass Art. 12 EMRK ein individuelles Grundrecht gewährt; vgl. schon Guradze EMRK Art. 12 Rn. 2.
[70] Vgl. beispielhaft die ältere Rechtsprechung des österreichischen Verfassungsgerichtshofs VfGH EuGRZ 2005, 253.
[71] Schöne Formulierung bei Bernsdorff in NK-EuGRCh GRCh Art. 9 Rn. 9.
[72] Zu Belgien und den Niederlanden vgl. Rengeling/Szczekalla Grundrechte in der EU § 16 Rn. 670 mwN.
[73] Siehe hierzu auch Marauhn/Thorn in Dörr/Grote/Marauhn Kap. 16 Rn. 50. Vgl. zur älteren und aktuellen Rechtsprechung Meyer-Ladewig/Nettesheim in HK-EMRK EMRK Art. 12 Rn. 4 mwN.

macht die Vorschrift allenfalls **zukunftsoffen,** gibt ihr aber (noch) nicht die Gestaltungskraft, diesen Befund zu überwinden.

Es bleibt auf der europäischen Ebene allein der Sonderfall einer Lebensgemeinschaft 17 zwischen **transsexuellen Partnern,** wo die Disposition der Vertragsstaaten limitiert wurde. Diesbezüglich ist es sinnvoll, sich die Rechtsprechungsentwicklung auf der Grundlage von Art. 12 EMRK zu vergegenwärtigen.[74] Ursprünglich lehnte der EGMR es ab, den Schutz von Art. 12 EMRK auch auf Lebensgemeinschaften zwischen transsexuellen Partnern zu erstrecken. Vielmehr entschied er in zahlreichen Fällen, dass die Unmöglichkeit für den Beschwerdeführer, nach nationalem Recht, das für die Bestimmung des Geschlechts allein auf biologische Kriterien zurückgreift, eine rechtsgültige Ehe einzugehen, keine Verletzung der konventionsrechtlich gewährleisteten Eheschließungsfreiheit darstellt.[75] Der Gerichtshof setzte sich damit, trotz seines Bestrebens, die EMRK **im Lichte der aktuellen gesellschaftlichen Verhältnisse** auszulegen,[76] deutlich von der früheren Spruchpraxis der Kommission ab, die wesentlich offener mit den Schwierigkeiten von Transsexuellen umging.[77] Erst im Juli 2002 änderte der EGMR dann selbst seine Rechtsprechung und verwies dabei auf die **Fortschritte in Medizin und Wissenschaft.**[78] Mit diesen neuen Urteilen schränkte der EGMR den Spielraum der Vertragsstaaten bei der Geschlechtsbestimmung dahingehend ein, dass **nicht mehr allein auf biologische Kriterien** zurückgegriffen werden darf. Vielmehr bedarf es darüber hinaus einer Berücksichtigung der Auswirkungen auf die soziale Stellung der Betroffenen wie auch des gesellschaftlichen Umgangs mit diesem Phänomen, das auch in der Kostenübernahme der operativen Geschlechtsumwandlung durch Krankenversicherungen zum Ausdruck kommen kann.[79] Der Gerichtshof hat betont, dass allein die Tatsache, dass ein Paar keine Kinder zeugen und damit keine Familie gründen kann, es nicht rechtfertige, ihm das Recht auf Eheschließung zu versagen.[80]

Diese neue Spruchpraxis der Straßburger Organe hat sich auch in der **Rechtsprechung** 18 **des EuGH** niedergeschlagen, insbesondere im Zusammenhang mit Art. 157 AEUV (Art. 141 EGV-Nizza).[81] Auch hat sich der EuGH inzwischen ebenfalls im Zusammenhang mit dem Anspruch auf eine Hinterbliebenenrente zum **Institut einer gleichgeschlechtlichen Partnerschaft** geäußert und festgestellt, dass auch ein gleichgeschlechtlicher Lebenspartner einen Anspruch auf diese Leistung haben kann, sofern die gleichgeschlechtliche Lebenspartnerschaft die beteiligten Personen in eine Situation versetzt, die in Bezug auf die fragliche Leistung mit der Situation von Ehegatten vergleichbar ist (→ Rn. 8).[82]

2. Eheschließungsfreiheit. Neben dem Begriff der Ehe kommt es bei der Eheschlie- 19 ßungsfreiheit auf die **Entscheidungsfreiheit des Einzelnen** an.[83] Diese bezieht sich auf die Entscheidung zur Eheschließung, die Wahl des Partners und des Zeitpunkts, aber auch

---

[74] Siehe die Übersicht bei *Pätzold* in Karpenstein/Mayer EMRK Art. 12 Rn. 7; Grabenwarter/Pabel EMRK § 22 Rn. 85.
[75] EGMR 17.10.1986 – 9532/81 Rn. 49 f. – Rees/Vereinigtes Königreich; EGMR 27.9.1990 – 10843/84 Rn. 46 – Cossey/Vereinigtes Königreich; EGMR 30.7.1998 – 22985/93 und 23390/94 Rn. 66 – Sheffield und Horsham/Vereinigtes Königreich.
[76] So schon EGMR 13.6.1979 – 6833/74 Rn. 41 – Marckx/Belgien; EGMR 9.10.1979 – 6289/73 Rn. 26, EuGRZ 1979, 626 – Airey/Irland.
[77] Dazu eingehend *Frowein* in Frowein/Peukert EMRK Art. 12 Rn. 6 mwN.
[78] EGMR 11.7.2002 – 28957/95 Rn. 100, NJW-RR 2002, 289 – Christine Goodwin/Vereinigtes Königreich. Zu dieser Entscheidung auch *Tettinger/Geerlings* EuR 2005, 419 (430 f.).
[79] Vgl. Grabenwarter/Pabel EMRK § 22 Rn. 85.
[80] EGMR 11.7.2002 – 28957/95 Rn. 98, NJW-RR 2002, 289 – Christine Goodwin/Vereinigtes Königreich.
[81] So hat der EuGH bereits im Jahr 2004 entschieden, dass eine nationale Regelung, die einer postoperativen transsexuellen Person verbietet, eine Ehe einzugehen und somit einen Anspruch auf eine Hinterbliebenenrente verhindert, gegen Art. 157 AEUV verstößt (EuGH C-117/01, Slg. 2004, I-541 Rn. 34 – K. B./National Health Service).
[82] EuGH C-267/06, Slg. 2008, I-1757 – Maruko/Versorgungsanstalt der deutschen Bühnen.
[83] *Frowein* in Frowein/Peukert EMRK Art. 12 Rn. 5.

auf die Entscheidung gegen die Ehe (negative Eheschließungsfreiheit[84]). Dabei ist insbesondere zu beachten, dass die Freiheit **Diskriminierungen** aus Gründen des Geschlechts,[85] der Rasse, der Staatsangehörigkeit oder der Religion[86] **ausschließt**. Auch wenn *prima facie* in den Mitgliedstaaten der EU derartige Diskriminierungen eher fernliegen, ist in diesem Zusammenhang auf die komplexen Wechselwirkungen zwischen Eheschließungsfreiheit und Religionsfreiheit zu verweisen. Die Zivilehe ist in der Tat ein notwendiges Rechtsinstitut, um Diskriminierungen aus Gründen der Religionsfreiheit zu vermeiden, was sich leicht anhand der Rechtslage in Israel verdeutlichen lässt, wo Eheschließungen nur innerhalb einer Religionsgemeinschaft, nicht aber zwischen diesen oder gar ohne Zugehörigkeit zu einer solchen Gemeinschaft rechtlich möglich sind.[87] Vor diesem Hintergrund kann man durchaus argumentieren, dass die Mitgliedstaaten der EU, jedenfalls dann, wenn sie die religiöse Eheschließung als rechtsgültig zulassen, grundsätzlich dazu verpflichtet sind, alternativ die zivile Eheschließung zu ermöglichen. Zur Eheschließungsfreiheit dürfte auch die Freiheit der Ehepartner bei Abschluss und Gestaltung eines gleichberechtigten Ehevertrages,[88] bei der Entscheidung über den Ehe- und Familiennamen[89] und bei der Bestimmung des gemeinsamen Wohnorts gehören,[90] wobei diese Differenzierungen jedenfalls für das Grundgesetz anerkannt sind.[91]

20 Uneinheitlich ist der **verfassungsvergleichende Befund** im Hinblick auf die Frage, ob die Ehescheidung von der Eheschließungsfreiheit ebenfalls erfasst wird. Nach deutschem Verfassungsrecht ist diese Frage zu bejahen, weil die Scheidung die Wiedererlangung der Eheschließungsfreiheit bedeutet.[92] Andere Verfassungsrechtsordnungen nehmen ein deutlich restriktiveres Verhältnis zur Ehescheidung ein. So wurde das verfassungsrechtlich abgesicherte Ehescheidungsverbot in Irland erst 1997 aufgehoben.[93] Jedenfalls wird die Ehescheidung in anderen Verfassungsordnungen nicht unbedingt grundrechtlich abgesichert. Entsprechend haben auch die Spruchorgane der EMRK es abgelehnt, aus Art. 12 EMRK ein Recht auf Scheidung abzuleiten. Allerdings setzt Art. 5 7. EMRKProt die Möglichkeit der Scheidung voraus, werden dort doch auch die Rechtsfolgen der Scheidung für die Eheleute geregelt.[94] Der EGMR hat zumindest in dem Fall der Zulässigkeit einer Scheidung nach nationalem Recht das Recht auf Wiederheirat ohne unangemessene Beeinträchtigungen bejaht.[95]

21 Soweit die Mitgliedstaaten die Eheschließungsfreiheit an formelle und materielle Ehevoraussetzungen knüpfen, handelt es sich nicht um eine nähere Bestimmung oder Ausgestaltung des Schutzbereichs, sondern um einen **Eingriff** in die Eheschließungsfreiheit, dessen Rechtmäßigkeit davon abhängt, dass er den noch zu erörternden Voraussetzungen genügt (→ Rn. 29 f.).

---

[84] *Frowein* in Frowein/Peukert EMRK Art. 12 Rn. 5; *Fahrenhorst*, Familienrecht und Europäische Menschenrechtskonvention, 1994, S. 192; *Palm-Risse*, Der völkerrechtliche Schutz von Ehe und Familie, 1990, S. 104 ff. Für das Grundgesetz stellt *Kingreen* Jura 1997, 401 (402), auf Art. 6 Abs. 1 GG ab, BVerfGE 56, 363 (384) dagegen auf Art. 2 Abs. 1 GG.
[85] Vgl. dazu auch Art. 23 Abs. 4 IPBPR und Art. 16 Abs. 1 S. 2 AEMR; vgl. auch Art. 5 7. EMRKProt der die Gleichberechtigung der Ehegatten sicherstellt.
[86] Art. 16 Abs. 1 S. 1 AEMR.
[87] Dazu *Merin* Boston College international and comparative law review 28 (2005), 79 ff.
[88] BVerfGE 103, 89 (101).
[89] BVerfGE 84, 9 (21), abstellend auf die Gleichheit der Ehegatten.
[90] BVerwGE 42, 133 (136); BVerwGE 56, 246 (250).
[91] Nach der Rechtsprechung des Bundesverfassungsgerichts gehört zum allgemeinen Schutz der Ehe (jenseits der Eheschließungsfreiheit) auch die Entscheidung über die Aufgabenverteilung in der Ehe; vgl. dazu BVerfGE 105, 1 (11) und BVerfGE 107, 27 (53).
[92] BVerfGE 55, 134 (142); anders dagegen *Lecheler* in Isensee/Kirchhof HStR Bd. VI, § 133 Rn. 71 ff.
[93] EGMR 18.12.1986 – 9697/82 Rn. 51 ff., EuGRZ 1987, 313 – Johnston ua/Irland; EGMR 18.12.1987 – 11329/85 Rn. 33 und 38, EuGRZ 1993, 130 – F./Schweiz.
[94] Das betonen zu Recht Grabenwarter/Pabel EMRK § 22 Rn. 80; siehe auch *Pätzold* in Karpenstein/Mayer EMRK Art. 12 Rn. 13.
[95] Vgl. nur EGMR 19.7.2007 – 43151/04 Rn. 56 – Aresti Charalambous/Zypern.

3. Familiengründungsfreiheit. Zahlreiche mitgliedstaatliche Verfassungsordnungen 22
schützen die Familie neben der Ehe und gewährleisten damit teils ausdrücklich, teils
konkludent die **Familiengründungsfreiheit.** Die einschlägigen völkerrechtlichen Gewährleistungen beinhalten ausdrücklich auch die Familiengründungsfreiheit und heben
damit eine Facette des Schutzes der Familie besonders hervor. Dies gilt auch für Art. 9
GRC.[96] Während sich auf der mitgliedstaatlichen Ebene nur in wenigen Fällen die Frage
der wechselseitigen Abhängigkeit von Eheschließungs- und Familiengründungsfreiheit
stellt,[97] wird für die EMRK zum Teil unter Rückgriff auf den authentischen Wortlaut[98] die
Familiengründung als Folge der Eheschließung verstanden, so dass jedenfalls für Art. 12
EMRK ein ehebezogener, traditioneller Familienbegriff zugrunde gelegt werden kann. Ob
dies allerdings in Anbetracht des weiten, gleichsam faktischen Familienbegriffs des Art. 8
EMRK[99] noch aufrecht gehalten werden kann, muss ernsthaft bezweifelt werden. Damit
dürfte die **Entkoppelung** der Eheschließungs- und Familiengründungsfreiheit in Art. 9
GRC überzeugend angelegt sein, wurde doch gerade auch in den Beratungen des Konvents
unter Hinweis auf Art. 23 Abs. 3 IPBPR, Art. 10 Nr. 1 S. 1 IPWSKR und Art. 16 Abs. 2
AEMR unterstrichen, dass eine **Familiengründung auch unabhängig von der Eingehung einer Ehe** möglich und zulässig sei.[100]

Die Familiengründungsfreiheit schließt das Recht der Eltern ein, **Kinder** zu zeugen und 23
auch darüber zu bestimmen, wann und wie viele Kinder sie haben wollen.[101] Hervorzuheben ist in diesem Zusammenhang, dass nicht nur nach mitgliedstaatlichem Recht, sondern
gerade auch nach der Straßburger Spruchpraxis auch die Annahme eines Kindes durch
Adoption nach den nationalen Vorschriften in den Schutzbereich der Familiengründungsfreiheit fällt.[102] Art. 12 EMRK begründet allerdings kein Recht auf Adoption.[103] Die
Europäische Menschenrechtskommission hatte sich jedoch nur darauf festlegen lassen, die
Adoption durch ein verheiratetes Paar in den Schutzbereich des Art. 12 EMRK einzubeziehen, nicht dagegen durch eine allein stehende Person.[104] Ganz wesentlich dürfte es
hierbei auf das jeweilige mitgliedstaatliche Recht ankommen, denn das sich wandelnde
gesellschaftliche Verständnis von Ehe und Familie lässt es jedenfalls nicht mehr als ausgeschlossen erscheinen, dass auch Alleinstehende oder unverheiratet Zusammenlebende die
Möglichkeit der Familiengründung haben.[105]

II. Persönlicher Schutzbereich

Der persönliche Schutzbereich des Grundrechts auf Eheschließungs- und Familiengrün- 24
dungsfreiheit erstreckt sich auf alle **natürlichen Personen.** Auf der Grundlage der mitgliedstaatlichen Verfassungen und der EMRK handelt es sich dabei um ein **Menschenrecht,** so dass auch Drittstaatsangehörige und Staatenlose in den Genuss dieser Gewährleistung kommen (→ § 9 Rn. 8 ff.). Nichts anderes gilt für Art. 9 GRC.[106] Auch wenn der

---

[96] Zu den übrigen Facetten des Schutzes der Familie → §§ 23 und 44.
[97] Art. 41 Abs. 3 irVerf und Art. 29 italVerf räumen der Familie grundrechtlichen Schutz nur dann ein, wenn sie aus der Ehe hervorgegangen ist.
[98] Vgl. dazu *Frowein* in Frowein/Peukert EMRK Art. 12 Rn. 7 sowie EKMR 3.10.1978 – 8166/78, DR 13, 241 (244) – X und Y/Schweiz; EGMR 28.5.1985 – 9214/80, 9473/81, 9474/81, EuGRZ 1985, 567 – Abdulaziz ua/Vereinigtes Königreich.
[99] Der EGMR spricht von der „famille naturelle"; vgl. dazu *Frowein* in Frowein/Peukert EMRK Art. 8 Rn. 17, unter Hinweis aus EGMR 13.6.1979 – 6833/74, EuGRZ 1979, 454 (455) – Marckx/Belgien, und EGMR 18.12.1986 – 9697/82, EuGRZ 1987, 313 (317) – Johnston/Irland.
[100] *Bernsdorff* in NK-EuGRCh GRCh Art. 9 Rn. 9.
[101] EKMR 7.7.1986 – 11579/85, DR 48, 253 – Khan/Vereinigtes Königreich; vgl. auch *Villiger* HdbEMRK Art. 12 Rn. 646.
[102] EKMR 15.12.1977 – 7229/75, DR 12, 32, 34 – X. und Y./Vereinigtes Königreich; EKMR 10.3.1981 – 8896/80, DR 24, 176, 177 – X./Niederlande.
[103] *Meyer-Ladewig/Nettesheim* in HK-EMRK EMRK Art. 12 Rn. 13.
[104] EKMR 10.7.1997 – 31924/96, DR 90-B, 134 (139) – Di Lazzaro/Italien.
[105] Grabenwarter/Pabel EMRK § 22 Rn. 81; *Frenz* HdbEuR Bd. 4 Rn. 1515 und 1520.
[106] *Bernsdorff* in NK-EuGRCh GRCh Art. 9 Rn. 23.

Wortlaut von Art. 12 EMRK einen solchen Eindruck erwecken könnte, ist es keine Frage des persönlichen, sondern des sachlichen Schutzbereichs, ob und inwieweit gleichgeschlechtliche Partnerschaften grundrechtlichen Schutz genießen.

III. Gewährleistungsdimensionen

25 Die Formulierungen der mitgliedstaatlichen Verfassungen sowie der einschlägigen internationalen Gewährleistungen sind zwar nicht einheitlich. Gemeinsam ist ihnen aber allen, dass die Eheschließungs- und Familiengründungsfreiheit jedenfalls eine **abwehrrechtliche Dimension** beinhaltet. Art. 12 EMRK macht das schon vom Wortlaut her deutlich, während Art. 9 GRC, wie schon dargelegt (→ Rn. 11 f.), eine eher institutionelle Ausgestaltung erhalten hat. Unabhängig davon sind alle Mitgliedstaaten negativ verpflichtet, eine aktive Beeinträchtigung der beiden Rechte zu unterlassen. Darüber hinaus ist aber auch schon dargelegt worden, dass die Mitgliedstaaten auch verpflichtet sein können, bestimmte **Rechtsformen zur Verfügung zu stellen,** damit tatsächlich eine Eheschließung oder eine Familiengründung möglich ist. Dies gilt sicherlich für die Zivilehe, aber auch für einschlägige Vorschriften des Adoptions- und Kindschaftsrechts. Grundsätzlich vertretbar scheint es auch, den Grundrechten – insbesondere in der Formulierung, die sie durch Art. 9 GRC erhalten haben („gewährleistet")[107] – die Verpflichtung zu entnehmen, Gefährdungen und Störungen Dritter abzuwenden. Schließlich ist unstreitig, dass unabhängig von neuartigen Formen des Zusammenlebens jedenfalls das Institut der Ehe unionsrechtlich geschützt ist.[108]

26 Was den **Verpflichtungsadressaten** betrifft, so ergibt sich eine Besonderheit daraus, dass in Ermangelung unionsrechtlicher Kompetenzen im Primärrecht Grundrechtsgefährdungen durch Organe und Einrichtungen der **Union** die Ausnahme sein dürften.[109] In erster Linie dürften daher die **Mitgliedstaaten** Adressaten der Eheschließungs- und Familiengründungsfreiheit sein.[110]

C. Beeinträchtigung

27 Beeinträchtigungen der Eheschließungsfreiheit dürften sich in erster Linie aus formellen und materiellen **Ehevoraussetzungen** ergeben, insbesondere der Festlegung des heiratsfähigen Alters, bestimmten Eheverboten und Ehehindernissen, aber auch – im Fall von Ausländern – der Vorlage von Ehefähigkeitsbescheinigungen.[111] Derartige Beeinträchtigungen ordnet Art. 12 EMRK von vornherein der Sphäre der Vertragsstaaten zu, indem er – wie dann auch Art. 9 GRC – den schon erwähnten doppelten Vorbehalt des nationalen Rechts beinhaltet.

28 Die Familiengründungsfreiheit dürfte einerseits durch **adoptions- und kindschaftsrechtliche**[112] **Vorschriften** Beeinträchtigungen erfahren, andererseits aber auch durch Einschränkungen der künstlichen Fortpflanzung.[113] Auch ausländerrechtliche Vorschriften können sich gegebenenfalls als Beeinträchtigung darstellen, wobei im Zweifelsfall das jeweils aktuelle Familienleben betroffen sein könnte, so dass in diesem Fall das Grundrecht auf Achtung des Privat- und Familienlebens (→ § 23) einschlägig sein dürfte.[114]

---

[107] Darauf verweist *Bernsdorff* in NK-EuGRCh GRCh Art. 9 Rn. 22.
[108] *Bernsdorff* in NK-EuGRCh GRCh Art. 9 Rn. 22.
[109] *Calliess* EuZW 2001, 261 (264).
[110] Generell zu den Adressaten der Grundrechte-Charta *Ehlers* in Ehlers GuG § 14 Rn. 59 ff.; zur Bindung der EU-Organe und der EU-Mitgliedstaaten an die Unionsgrundrechte → § 9 Rn. 28 ff.
[111] Vgl. Grabenwarter/Pabel EMRK § 22 Rn. 82; *Pätzold* in Karpenstein/Mayer EMRK Art. 12 Rn. 21; dazu auch *Weizsäcker* InfAuslR 2003, 300 ff. Siehe zuletzt EGMR 25.10.2018 – 34646/13 – Delecelle/Frankreich zur Eheschließung eines Pflegebefohlenen nur nach vorheriger Genehmigung.
[112] Zu den besonderen Problemen von Auslandsadoptionen *Albrecht* in Marauhn, Internationaler Kinderschutz. Politische Rhetorik oder effektives Recht?, 2005, S. 97 ff.
[113] *Fahrenhorst* EuGRZ 1988, 125 ff.
[114] EuGH C-60/00, Slg. 2002, I-6279 Rn. 41 – Mary Carpenter/Secretary of State for the Home Department.

D. Rechtfertigung

Art. 12 EMRK enthält einen **doppelten Vorbehalt zugunsten des nationalen Rechts**, damit aber zugleich auch einen Gesetzesvorbehalt, der zwar seinerseits inhaltlich nicht näher präzisiert ist, aber deutlich macht, dass Einschränkungen der Eheschließungs- und Familiengründungsfreiheit einer gesetzlichen Grundlage bedürfen. Nichts Anderes ergibt sich auch aus den meisten einschlägigen verfassungsrechtlichen Gewährleistungen der Mitgliedstaaten, wobei der **Gesetzesvorbehalt** zumeist eine demokratische und eine rechtsstaatliche Komponente aufweist. Bemerkenswert ist in diesem Zusammenhang, dass die Straßburger Spruchpraxis den Konventionsstaaten insoweit eine Grenze gezogen hat, als der Kerngehalt der Garantie nicht angetastet werden darf.[115] Diese richterrechtlich begründete **Wesensgehaltssperre** hat der EGMR zu einer Prüfung der **Verhältnismäßigkeit** von Einschränkungen des Schutzbereichs des Art. 12 EMRK weiterentwickelt.[116] Danach liegt eine Verletzung von Art. 12 EMRK vor, wenn die nationale gesetzliche Regelung unverhältnismäßig ist. Dies kann etwa der Fall sein, wenn die Erteilung der Bewilligung zur Eheschließung ungebührlich verzögert[117] oder das Eingehen einer neuen Ehe nach einer Scheidung erst nach einer bestimmten Wartezeit zugelassen wird.[118] Auch ausländerrechtliche Maßnahmen sind daran zu messen. Schließlich darf nach Straßburger Spruchpraxis die Eheschließung auch Gefangenen mit Freigang nicht vollständig versagt werden.[119] Letztlich dürfte auch ein Eheverbot kaum aufgrund des dem nationalen Gesetzgeber eingeräumten Gestaltungsspielraums zu legitimieren sein.[120]

29

Soweit sich die Schutzbereiche von Art. 9 GRC und von Art. 12 EMRK decken, sind die Schranken gemäß **Art. 52 Abs. 3 GRC** parallel zu handhaben.[121] Insbesondere vor dem Hintergrund des Gesetzesvorbehalts zugunsten des nationalen Rechts ergibt sich daraus, dass es zur Disposition der Mitgliedstaaten steht, zum Beispiel über die rechtliche Ausgestaltung der gleichgeschlechtlichen Lebenspartnerschaften zu entscheiden.[122] Jenseits dieses Schutzbereichs greifen die Einschränkungen des **Art. 52 Abs. 1 GRC**.[123]

30

E. Verhältnis zu anderen Bestimmungen

Die Eheschließungs- und Familiengründungsfreiheit erfasst nur einen kleinen **Ausschnitt** dessen, was die meisten mitgliedstaatlichen Verfassungen wie auch das Grundgesetz in einem einheitlichen **Grundrecht zum Schutz von Ehe und Familie** regeln. Abgrenzungen sind insbesondere hinsichtlich des (primär abwehrrechtlichen) Schutzes des Privat- und Familienlebens, durch den das aktuelle, also das bestehende Familienleben geschützt wird,[124] sowie hinsichtlich des eher sozioökonomischen Schutzes der wirtschaftlichen Grundlagen der Familie[125] zu beachten. Auch sind die besonderen Rechte von Kindern und Jugendlichen zu beachten (→ § 45). So ist beispielsweise die Ehescheidung durch Art. 7 GRC geschützt.[126] Im Ergebnis dürften sich aber regelmäßig keine Schutzbereichsüberschneidungen ergeben.

31

---

[115] EGMR 17.10.1986 – 9532/81 Rn. 49 f. – Rees/Großbritannien; EGMR 27.9.1990 – 10843/84 Rn. 46 – Cossey/Großbritannien; EGMR 30.7.1998 – 22985/93, 23390/94 Rn. 69 – Sheffield und Horsham/Vereinigtes Königreich.
[116] Grabenwarter/Pabel EMRK § 22 Rn. 83; Pätzold in Karpenstein/Mayer EMRK Art. 12 Rn. 30 f.
[117] Vgl. Villiger HdbEMRK Rn. 421; EGMR 18.12.1987 – 11329/85 Rn. 40, EuGRZ 1993, 130 – F./Schweiz.
[118] EGMR 18.12.1987 – 11329/85 Rn. 40, EuGRZ 1993, 130 – F./Schweiz.
[119] EKMR 13.12.1979, DR 24, 5 (15 f.) – Hamer/Vereinigtes Königreich; EKMR 10.7.1980, DR 24, 72 (81) – Draper/Vereinigtes Königreich.
[120] EGMR 18.12.1987 – 11329/85 Rn. 38, EuGRZ 1993, 130 – F./Schweiz.
[121] Anders Kingreen in Calliess/Ruffert GRC Art. 9 Rn. 10, wonach es vorzugswürdig sei, allein von Art. 52 Abs. 1 GRC auszugehen.
[122] Jarass GRCh Art. 9 Rn. 12.
[123] So zutreffend Rengeling/Szczekalla Grundrechte in der EU § 16 Rn. 673.
[124] Repräsentativ insoweit Art. 8 EMRK und Art. 7 GRC.
[125] Vgl. nur Art. 33 GRC.
[126] Kingreen in Calliess/Ruffert GRC Art. 9 Rn. 7.

F. Zusammenfassende Bewertung und Ausblick

32 *De lege lata* entspricht der unionale Grundrechtsschutz der Eheschließungs- und Familiengründungsfreiheit weitgehend dem durch Art. 12 EMRK gewährleisteten Mindeststandard. Allerdings ist nicht zu verkennen, dass sich auf der einfachgesetzlichen Ebene der Schutz **neuer Formen partnerschaftlichen und familiären Zusammenlebens** deutlich weiterentwickelt hat. Zwar haben diese Entwicklungen zumeist noch nicht die verfassungsrechtliche Ebene der Mitgliedstaaten erreicht. Sie werden aber partiell von Art. 9 GRC aufgenommen, insbesondere im Hinblick auf nichteheliche und gleichgeschlechtliche Partnerschaften. Rückwirkungen auf den europäischen Grundrechtsschutz insgesamt und insbesondere innerhalb der Union entwickeln sich diesbezüglich allerdings nur langsam. Zu heterogen ist nach wie vor der einfachgesetzliche Befund in den Mitgliedstaaten und zu zurückhaltend sind die Mitgliedstaaten im Hinblick auf eine Änderung einschlägiger verfassungsrechtlicher Normen. Zulässig dürften danach einfachgesetzliche Regelungen, die gesellschaftliche Änderungen rezipieren, fast durchgängig sein. Jedoch lässt sich weder eine Verpflichtung des europäischen noch der mitgliedstaatlichen Gesetzgeber ausmachen, diesen Änderungen über den von den Straßburger Spruchorganen beziehungsweise vom EuGH entwickelten Standard hinaus Rechnung zu tragen.

33 Auffällig ist, dass Beeinträchtigungen der Eheschließungs- und Familiengründungsfreiheit nur in den selteneren Fällen von Organen und Einrichtungen der Union herrühren dürften. Deshalb ist auch allgemein in diesem Bereich bislang relativ wenige einschlägige Judikatur des EuGH auszumachen. Nur in Randbereichen des Ausländerrechts, in unmittelbarem Zusammenhang mit den Grundfreiheiten sowie im Zusammenhang mit dem Diskriminierungsverbot haben sich hier bereits kleinere Änderungen ergeben beziehungsweise dürften sich noch ergeben. Ansonsten stellt sich in der Tat die grundlegende Frage der **unionsrechtlichen Relevanz** der hier besprochenen Gewährleistung. Sicherlich müssen die Mitgliedstaaten bei der Umsetzung europarechtlicher Vorgaben ihr nationales Recht so ausgestalten, dass keine Verletzungen der Eheschließungs- und Familiengründungsfreiheit zu gewärtigen sind. Nichtsdestotrotz kann nicht geleugnet werden, dass die GRC zumindest in Ansätzen angefangen hat, **Rückwirkungen auf die Auslegung von Art. 12 EMRK** zu entfalten. So sinnvoll der Diskussionsprozess um die Differenzierungen zwischen Art. 12 EMRK einerseits und Art. 9 GRC andererseits ist, so bedeutsam ist es doch, die Zurückhaltung gegenüber einer von der unionalen Ebene ausgehenden Umgestaltung des mitgliedstaatlichen und konventionsrechtlichen Grundrechtsschutzes zur Kenntnis zu nehmen.

§ 25 Datenschutz

Übersicht

	Rn.
A. Entwicklung und Bedeutung	1–19
I. Internationaler Menschenrechtsschutz	2, 3
II. Regionaler Menschenrechtsschutz	4–6
III. Verfassungstraditionen der Mitgliedstaaten	7, 8
IV. Unionsrechtsordnung	9–19
1. Zögerliche Anerkennung in der EuGH-Rechtsprechung	9–11
2. Dreifache primärrechtliche Verankerung	12–14
3. Sekundärrechtliche Ausgestaltung des Datenschutzes	15–19
B. Gewährleistungsgehalt	20–45
I. Sachlicher Gewährleistungsgehalt	20–24
II. Persönlicher Gewährleistungsgehalt	25
III. Territoriale Reichweite	26–31
IV. Einzelne Teilgewährleistungen	32–45
1. Einwilligung	33, 34
2. Zweckbindung	35
3. Datenminimierung	36
4. Auskunfts- und Berichtigungsanspruch	37, 38
5. „Recht auf Vergessenwerden"	39–43
6. Unabhängige Kontrollstelle	44, 45
C. Beeinträchtigungen	46–48
D. Rechtfertigung	49–53
I. Gesetzliche Grundlage	50, 51
II. Legitimes Ziel	52
III. Notwendigkeit in einer demokratischen Gesellschaft	53
E. Verhältnis zu anderen Bestimmungen	54
F. Zusammenfassende Bewertung und Ausblick	55

Schrifttum:

van Alsenoy/Koekkoek, Internet and jurisdiction after *Google* Spain: the extraterritorial reach of the 'right to be delisted', International Data Privacy Law 5 (2015), 105; *Baumann,* Datenschutzkonflikte zwischen der EU und den USA, 2016; *Becker,* Das Recht auf Vergessenwerden, 2019; Europäische Grundrechteagentur/Europarat, Handbuch zum europäischen Datenschutzrecht, 2014; *González Fuster,* The Emergence of Personal Data Protection as a Fundamental Rights of the EU, 2014; *Gstrein,* Das Recht auf Vergessenwerden als Menschenrecht, 2016; *de Hert/Gutwirth,* Data Protection in the Case Law of Strasbourg and Luxembourg: Constitutionalisation in Action, in Gutwirt ua, Reinventing Data Protection?, 2009, S. 3; *de Hert/Papakonstantiou,* The Council of Europe Data Protection Convention reform: Analysis of the new text and critical comment on its global ambition, Computer Law & Security Review 30 (2014), 633; *dies.,* The new General Data Protection Regulation: Still a sound system for the protection of individuals?, Computer Law & Security Review 32 (2016), 179; *Kokott/Sobotta,* The distinction between privacy and data protection in the jurisprudence of the CJEU and the ECtHR, International Data Privacy Law 3 (2013), 222; *Kuner,* The European Union and the Search for an International Data Protection Framework, Groningen Journal of International Law 2 (2014), 55; *ders.,* Extraterritoriality and regulation of international data transfers in EU data protection law, International Data Privacy Law 5 (2015), 235; *Marsch,* Das europäische Datenschutzgrundrecht, 2018; *Siemen,* Datenschutz als europäisches Grundrecht, 2006; *Spieker gen. Döhmann,* Anmerkung, JZ 2014, 1109; *Weismantel,* Das „Recht auf Vergessenwerden" im Internet nach dem „Google-Urteil" des EuGH, 2017; *Wollenschläger,* Budgetöffentlichkeit im Zeitalter der Informationsgesellschaft, AöR 135 (2010), 363.

A. Entwicklung und Bedeutung

Das Grundrecht auf Datenschutz gehört, entstehungsgeschichtlich betrachtet, zu den „jüngeren" Grundrechten. Das Bedürfnis nach einer grundrechtlichen Absicherung entstand erst in den 1970er Jahren durch das **Aufkommen der Informationstechnologie** mit ihren Möglichkeiten automatisierter Datenverarbeitung. Dementsprechend ist das Datenschutzgrundrecht in vielen mitgliedstaatlichen Verfassungsordnungen nicht ausdrücklich kodifiziert, sondern wurde erst im Wege der Verfassungsinterpretation geschaffen, wie etwa in Deutschland mit dem Recht auf informationelle Selbstbestimmung.[1] Im internationalen Zusammenhang erfolgte und erfolgt der Schutz dabei häufig durch eine datenschutzrechtliche Aufladung des Rechts auf Privatheit bzw. Privatleben (→ Rn. 2), beide Konzepte weisen allerdings unterschiedliche Zielrichtungen auf (→ Rn. 20 ff.). In den 1990er Jahren hat sich das Umfeld und damit auch das Gefährdungspotential für den Datenschutz durch die **Verbreitung des Internets** maßgebend gewandelt. Hinzu kommt die Veränderung des Nutzerverhaltens in den letzten 10–15 Jahren durch Verlagerung von statischen Computern auf portable Geräte sowie die Verbreitung sozialer Netzwerke usw. Gefährdungen für den Datenschutz gehen heute nicht mehr nur von staatlichen Stellen (im Sinne von Orwells „Big Brother"), sondern in ganz erheblichem Maße auch von privaten Akteuren aus, wobei ein zusätzliches Problem in der freiwilligen Preisgabe von Daten durch Internetnutzer besteht. Der Rohstoff „Daten" gilt heute bereits als das „Öl des 21. Jahrhunderts". Die Grundrechtecharta hat mit ihrem Art. 8 GRC die spezifische Schutzbedürftigkeit personenbezogener Daten anerkannt und erweist sich damit als „moderner" Grundrechtstext.

I. Internationaler Menschenrechtsschutz

2   Vor dem Hintergrund des Entstehungszusammenhangs (→ Rn. 1) ist es nicht weiter verwunderlich, dass die **Allgemeine Erklärung der Menschenrechte** vom 10. Dezember 1948 noch kein eigenständiges Recht auf Datenschutz anerkennt. Art. 12 AEMR kennt allerdings den Schutz des Privatlebens und enthält insofern einen Anknüpfungspunkt für den Datenschutz auf internationaler Ebene. Für den 1966 geschlossenen **Internationalen Pakt über bürgerliche und politische Rechte** ergibt sich ein vergleichbarer Befund: Auch hier existiert kein eigenständiges Menschenrecht auf Datenschutz, der Menschenrechtsausschuss als das Hauptinterpretationsorgan des Paktes hat in seinem General Comment No 16 jedoch anerkannt, dass das „Sammeln oder Aufbewahren von persönlichen Angaben über das Privatleben in Computern, Datenbanken oder durch andere Verfahren, durch öffentliche Behörden, Einzelpersonen oder private Körperschaften" von Art. 17 IPBPR, der ua das Recht auf Privatleben schützt, mit umfasst sein kann.[2] Ein Vorschlag der Bundesregierung auf Verabschiedung eines Zusatzprotokolls zu Art. 17 IPBPR, in dem der Datenschutz eigens verankert wäre,[3] ist bislang nicht realisiert worden.

3   Darüber hinaus existieren auf UN-Ebene noch **Soft law-Instrumente.** Die im Dezember 1990 von der UN-Generalversammlung verabschiedeten „Richtlinien zur Regelung von automatisierten personenbezogenen Daten"[4] haben bislang keine besondere Bedeutung erlangt.[5] Angestoßen durch die Enthüllungen Edward Snowdens befassen sich momentan diverse UN-Gremien unter dem Schlagwort „Das Recht auf Privatheit im digitalen Zeitalter"[6] mit dem Problem des Datenschutzes. Zuletzt führte dies zur **Einsetzung eines UN-Sonderberichterstatters** für das Recht auf Privatheit im März 2015,[7] der 2016 seinen ersten Bericht vorgelegt hat.[8]

---

[1] BVerfGE 65, 1.
[2] Allgemeine Bemerkung Nr. 16 vom 8.4.1988, Rn. 10, deutsche Übersetzung nach Deutsches Institut für Menschenrechte, Die „General Comments" zu den VN-Menschenrechtsverträgen, 2005, 68 (70); siehe auch *M. Nowak*, U.N. Covenant on Civil and Political Rights. CCPR Commentary, 2. Aufl. 2005, Art. 17 Rn. 23.
[3] Vgl. *Kotzur* ZRP 2013, 216.
[4] A/RES/45/95.
[5] *Kuner* Groningen Journal of International Law 2 (2014), 55 (56).
[6] Vgl. die Resolutionen der UN-Generalversammlung A/RES/68/167 vom 18.12.2013 und A/RES/69/166 vom 18.12.2014.
[7] Menschenrechtsrat, A/HRC/28/L.27 vom 24.3.2015.
[8] A/HRC/31/6 vom 8.3.2016.

II. Regionaler Menschenrechtsschutz

Auf regionaler Ebene ergibt sich ein disparates Bild: Während im afrikanischen,[9] asiatischen[10] und amerikanischen[11] Bereich Soft law-Instrumente dominieren, hat der Europarat als einzige Internationale Organisation mit der Konvention Nr. 108[12] einen **völkerrechtlich verbindlichen Rahmen** für den Datenschutz etabliert. Daneben existieren im Rahmen der OECD mit den „Guidelines Governing the Protection of Privacy and Transborder Flows of Personal Data" (1980), im Jahr 2013 als „OECD Privacy Framework" grundlegend überarbeitet, ebenfalls Soft law-Instrumente.

Die **Europarats-Konvention Nr. 108 (= Datenschutzübereinkommen)** hat Prägekraft entfaltet, indem sie Grundelemente des heutigen Datenschutzrechts enthält wie die Definition von „personenbezogenen Daten" (Art. 2 lit. a Datenschutzübereinkommen), den Grundsatz der Zweckbindung (Art. 5 lit. b, c Datenschutzübereinkommen) oder einen Auskunfts- und Löschungsanspruch (Art. 8 Datenschutzübereinkommen). Ihre Wirkung ist insofern als hoch zu veranschlagen, als sie nicht nur von allen Europaratsstaaten ratifiziert worden ist, sondern durch eine Öffnungsklausel (Art. 23 Datenschutzübereinkommen) auch nichteuropäischen Staaten offen steht. Mit derzeit (Stand 30.8.2019) 55 Vertragsstaaten ist die Datenschutzkonvention ungewöhnlich erfolgreich und hat das Potential, einen international gültigen Datenschutzstandard zu etablieren. Auf der anderen Seite spielt die Einwilligung – heute im Datenschutzrecht das Kernstück der Legitimation von Datenerhebung überhaupt (→ Rn. 33 f.) – in der Europaratskonvention (noch) keine Rolle.[13] Insgesamt atmet die Konvention damit den Geist ihrer Entstehungszeit, also der 1970er Jahre. Im Mai 2018 kam es nach mehrjährigen, zähen Verhandlungen zur Verabschiedung eines Änderungsprotokolls, durch das die Datenschutzkonvention modernisiert, insbesondere auf den EU-Standard der Datenschutz-Grundverordnung angehoben werden soll („Konvention 108+").[14] Europarat und Europäische Union beeinflussen sich im Bereich des Datenschutzes somit gegenseitig. Interessant zu beobachten ist dabei, dass sich das Verhältnis der Einflussnahme mittlerweile umgekehrt hat: Während die Datenschutzkonvention des Europarates noch maßgeblichen Einfluss auf die Ausgestaltung der Datenschutz-RL hatte (→ Rn. 15), beeinflusst das Unionsrecht – insbesondere durch die neue DS-GVO – nunmehr das Änderungsprotokoll zur Datenschutzkonvention.

Neben die Konvention Nr. 108, die ein datenschutzspezifisches Instrument des Europarates darstellt, tritt die Gewährleistung des Privatlebens aus Art. 8 EMRK, welche in der Rechtsprechung des EGMR ebenfalls mit **datenschutzrechtlichen Gehalten aufgeladen** worden ist.[15] Auf die Einzelheiten wird in der weiteren Darstellung eingegangen (→ Rn. 23), an dieser Stelle mag der allgemeine Hinweis genügen.

III. Verfassungstraditionen der Mitgliedstaaten

Auf nationaler Ebene hat der Datenschutz zunächst eine **einfachrechtliche Ausgestaltung** erfahren. Pionier war hier das Hessische Datenschutzgesetz[16] von 1970, gefolgt

---

[9] ECOWAS, Supplementary Act on Personal Data Protection within ECOWAS vom 10.2.2010.
[10] APEC Privacy Framework von 2005.
[11] OAS/Inter-American Juridical Committee, Privacy and Data Protection vom 26.3.2015.
[12] Übereinkommen zum Schutz des Menschen bei der automatischen Verarbeitung personenbezogener Daten vom 28.1.1981, ETS No. 108 = BGBl. 1985 II 539.
[13] Vgl. *de Hert/Papakonstantiou* Computer Law & Security Review 30 (2014), 633 (637 f.).
[14] Protocol amending the Convention for the Protection of Individuals with regard to Automatic Processing of Personal Data, CETS No. 223. Zur Modernisierungsinitiative vgl. auch *Epiney* ZaöRV 74 (2014), 465 (470 ff.); *Greenleaf* Computer Law & Security Review 29 (2013), 430 ff.; *Greenleaf*, Convention 108+ and the Data Protection Framework of the EU, UNSW Law Research Paper 39; *de Hert/Papakonstantiou* Computer Law & Security Review 30 (2014), 633 ff.
[15] EGMR 26.3.1987 – 9248/81, EGMR-E 3, 430 – Leander/Schweden; EGMR 16.2.2000 (GK) – 27798/95, ÖJZ 2001, 71 – Amann/Schweiz; EGMR 4.12.2008 (GK) – 30562/04, 30566/04, EuGRZ 2009, 299 – S. und Marper/Vereinigtes Königreich.
[16] GVBl. 1970 625.

vom schwedischen Datalag aus dem Jahr 1973 und dem 1977 verabschiedeten Bundesdatenschutzgesetz (BDSG)[17].[18] Frühe verfassungsrechtliche Normierungen finden sich in Portugal, Österreich sowie Spanien, allerdings ist hier oftmals noch nicht explizit von einem Datenschutzgrundrecht die Rede.[19] Mittlerweile haben die meisten – wenngleich nicht alle – EU-Mitgliedstaaten das Recht auf Datenschutz **verfassungsrechtlich verankert.**

8 Die prinzipielle Anerkennung überdeckt allerdings die **Unterschiede in der dogmatischen Herleitung:**[20] Als selbständige grundrechtliche Gewährleistung erscheint der Datenschutz insbesondere in den Verfassungen der 2004 der EU beigetretenen Mitgliedstaaten Ost- und Mitteleuropas (Ungarn: Art. VI Abs. 2 Verf.; Slowakei: Art. 19 Abs. 3 Verf.; Tschechien: Art. 10 Abs. 3 Verf.; Polen: Art. 51 Verf.). In Belgien, Irland, Luxemburg und den Niederlanden wird der Datenschutz aus dem Konzept der „privacy" / „vie privée" / „persoonlijke levensfeer" hergeleitet. In Deutschland ist das Recht auf informationelle Selbstbestimmung als eigenständiges Grundrecht anerkannt,[21] mit der Herleitung aus Art. 2 Abs. 1 GG iVm Art. 1 Abs. 1 GG dominiert die Rückbindung an die Menschenwürde. In Frankreich wiederum ist der Datenschutz verfassungsrechtlich nicht eigens gewährleistet, mit der einfachrechtlichen Ausgestaltung als *loi relative à l'informatique, aux fichiers et aux libertés*[22] hat der französische Gesetzgeber aber deutlich gemacht, dass er nicht allein das Recht auf Privatleben, sondern ganz allgemein die Freiheitsrechte betroffen sieht. Insofern kann zwar nunmehr in der Tat „für alle Mitgliedstaaten mit Fug und Recht von einer flächendeckenden Verankerung des Datenschutzes in einem Persönlichkeitsrecht" gesprochen werden,[23] es bleibt jedoch das Ringen um dessen dogmatische Verankerung. Ob Art. 8 GRC insoweit auf die mitgliedstaatliche Ebene zurückwirken wird, bleibt abzuwarten.

IV. Unionsrechtsordnung

9 **1. Zögerliche Anerkennung in der EuGH-Rechtsprechung.** Gemeinschafts-/Unionsgrundrechte sind vom EuGH bekanntlich schon lange vor Inkrafttreten der Grundrechtecharta anerkannt worden, gestützt auf die gemeinsamen Verfassungstraditionen der Mitgliedstaaten sowie die EMRK (vgl. heute Art. 6 Abs. 3 EUV).[24] Für die Anerkennung eines eigenständigen Grundrechts auf Datenschutz scheint jedoch die Charta eine **katalysatorische Wirkung** entfaltet zu haben. Noch im Jahr 2003 maß der EuGH die Datenschutz-RL (→ Rn. 15) allein am Maßstab des Rechts auf Privatleben aus Art. 8 EMRK.[25] Die erste ausdrückliche Erwähnung[26] des Grundrechts auf Datenschutz durch den EuGH erfolgte 2008 im Fall *Promusicae*,[27] also zu einem Zeitpunkt, da die Charta selbst noch nicht Rechtsverbindlichkeit erlangt hatte. Hintergrund der Erwähnung durch den EuGH war, dass die verfahrensgegenständliche Richtlinie 2002/58/EG in ihrem Erwgr. 2 ihrerseits auf die Art. 7 und 8 GRC Bezug nimmt.[28]

10 Demgegenüber ist die EuGH-Rechtsprechung seit Inkrafttreten der Charta durch eine deutliche Stärkung des Grundrechtsschutzes, gerade im Bereich des Datenschutzes, gekennzeichnet. Die in enger zeitlicher Abfolge verkündeten Urteile in den Fällen *Digital Rights*

---

[17] BGBl. 1977 I 201.
[18] Hierzu mwN *González Fuster* S. 55 ff.
[19] *González Fuster* S. 66 ff.
[20] Vgl. zum Folgenden *González Fuster* S. 174 ff. mwN; siehe auch *de Hert/Gutwirth* S. 10.
[21] BVerfGE 65, 1.
[22] Loi N°78-17 vom 6.1.1978.
[23] *Mehde* → 1. Aufl. 2006, § 21 Rn. 8.
[24] Exemplarisch: EuGH C-260/89, Slg. 1991, I-2925 Rn. 41 – ERT.
[25] EuGH C-465/00, C-138/01 und C-139/01, Slg. 2003, I-4989 Rn. 73 ff. – Österreichischer Rundfunk ua.
[26] Vgl. *González Fuster* S. 226.
[27] EuGH C-275/06, Slg. 2008, I-271 Rn. 54 – Promusicae.
[28] ABl. 2002 L 201, 37.

Ireland,²⁹ *Google Spain*³⁰ und *Schrems*³¹ sind als Ausweis eines **geänderten Selbstverständnisses** des EuGH – weg von einem allein den Binnenmarkt effektuierenden „Motor der Integration" hin zu einem dem Grundrechtsschutz verpflichteten Verfassungsgericht – verstanden und gewürdigt worden.³² Der EuGH, so hieß es, erfinde sich gerade neu.³³ Die geänderte Schwerpunktsetzung ist nicht zuletzt deshalb so augenfällig, weil der EuGH noch in seinem ersten Urteil zur Vorratsdatenspeicherungs-RL³⁴ die Chance, sich zumindest im Wege eines *obiter dictum* zu grundrechtlichen Belangen zu äußern, vergab, indem er sich allein auf die kompetenziellen Aspekte beschränkte.³⁵ Im Fall *Digital Rights Ireland* holte er die grundrechtliche Analyse dann mit umso größerer Vehemenz nach.

Man mag die Frage stellen, warum gerade der **Datenschutz** in der jüngsten EuGH-Grundrechtsjudikatur eine so **prominente Rolle** einnimmt. In der Literatur ist insoweit auf die sich über Jahre hinziehende Diskussion um die Reform der Datenschutz-RL (→ Rn. 18) verwiesen worden; dies mag den EuGH veranlasst haben, ein Signal an Kommission und „den eher zögerlich agierenden Ministerrat […] [zu senden], dass jedenfalls das höchste Europäische Gericht nicht bereit ist, die Tatenlosigkeit weiterhin stillschweigend zu begleiten und damit im internationalen Kampf um informationsrechtliche Wertvorstellungen wertvolles Terrain preiszugeben".³⁶ 11

2. Dreifache primärrechtliche Verankerung. Das Grundrecht auf Datenschutz ist heute in Art. 8 GRC primärrechtlich verankert. Bereits in den ersten Entwürfen des Grundrechtekonvents war es enthalten. Die Diskussionen innerhalb des Konvents drehten sich lediglich um die Ausgestaltung des Datenschutzgrundrechts, dass der **Datenschutz** überhaupt einen **eigenständigen grundrechtlichen Schutz** erfahren soll, scheint nicht kontrovers gewesen zu sein.³⁷ 12

Darüber hinaus findet sich in Art. 16 Abs. 1 AEUV eine mit Art. 8 Abs. 1 GRC identische Bestimmung, verbunden mit einer (gegenüber dem bisherigen Primärrecht erweiterten) Gesetzgebungskompetenz der Union. Diese Doppelung erscheint **regelungstechnisch verfehlt**. Die Vorgängernorm, Art. 286 EGV-Amsterdam, hatte gegenüber Art. 16 AEUV eine andere Funktion, indem sie das zunächst nur an die Mitgliedstaaten adressierte Datenschutz-Sekundärrecht auch auf die Gemeinschaftsorgane erstreckte (→ Rn. 17). Unter dem Vertrag von Lissabon erübrigte sich dies, da das Datenschutzgrundrecht aus Art. 8 GRC ohnehin die Unionsorgane bindet (Art. 51 Abs. 1 GRC). Art. 16 Abs. 1 AEUV wurde gleichwohl als Anknüpfungspunkt der Gesetzgebungskompetenz in Abs. 2 für notwendig gehalten.³⁸ Problematisch hieran ist, dass aufgrund des Gebots der primärrechtskonformen Auslegung der Charta (Art. 52 Abs. 2 GRC) Fragen bzgl. der Einschränkbarkeit des Datenschutzgrundrechts aufkommen könnten. Allerdings ergibt sich aus der Erklärung (Nr. 20) zum Vertrag von Lissabon, dass mit Art. 16 Abs. 1 AEUV kein vorbehaltlos gewährleistetes Grundrecht geschaffen werden sollte, da dort auf die Datenschutz-RL Bezug genommen wird.³⁹ 13

Schließlich findet sich in Art. 39 EUV eine weitere den Datenschutz betreffende Vorschrift, die Art. 16 Abs. 2 AEUV modifiziert, indem sie den Erlass von Sekundärrechts- 14

---

29 EuGH C-293/12 und 594/12, ECLI:EU:C:2014:238 – Digital Rights Ireland und Seitlinger ua.
30 EuGH C-131/12, ECLI:EU:C:2014:317 – Google Spain und Google.
31 EuGH C-362/14, ECLI:EU:C:2015:650 – Schrems.
32 *Spieker gen. Döhmann* JZ 2014, 1109 (1110); siehe auch *Kühling* NVwZ 2014, 681: „Aufstieg des EuGH zum Grundrechtsgericht".
33 *Spieker gen. Döhmann* „Der EuGH erfindet sich gerade neu", Verfassungsblog vom 14.5.2014.
34 EuGH C-301/06, Slg. 2009 I-593 – Irland/Parlament und Rat.
35 Krit. *Simitis* NJW 2009, 1782 ff.
36 *Spieker gen. Döhmann* JZ 2014, 1109 (1113).
37 Vgl. die Wiedergabe der Debatten im Grundrechtekonvent bei *Bernsdorff* in NK-EuGRCh GRCh Art. 8 Rn. 5 ff.; siehe auch *González Fuster* S. 193 ff.
38 Vgl. *Brühann* in von der Groeben/Schwarze/Hatje AEUV Art. 16 Rn. 30.
39 Vgl. *Bernsdorff* in NK-EuGRCh GRCh Art. 8 Rn. 17; *Kingreen* in Calliess/Ruffert AEUV Art. 16 Rn. 3; *Wollenschläger* AöR 135 (2010), 363 (380).

akten für den **Bereich der GASP** abweichend regelt. Ein eigenständiges Datenschutzgrundrecht ist in Art. 39 EUV indes nicht enthalten, vielmehr sind wegen des Wegfalls der Säulenstruktur im Vertrag von Lissabon die Art. 16 AEUV und Art. 8 GRC auch im Bereich der GASP unmittelbar anwendbar.[40]

15 **3. Sekundärrechtliche Ausgestaltung des Datenschutzes.** Der Datenschutz entfaltete sich innerhalb der Europäischen Gemeinschaft lange Zeit über eine Reihe von Sekundärrechtsakten. An erster Stelle zu nennen ist insoweit die **Richtlinie 95/46/EG** zum Schutz natürlicher Personen bei der Verarbeitung personenbezogener Daten und zum freien Datenverkehr (Datenschutz-RL).[41] Sie war noch auf die Binnenmarktkompetenz der Gemeinschaft gestützt (ex-Art. 100a EGV), verfolgte also nicht primär grundrechtliche Ziele (siehe aber Art. 1 Abs. 1 Datenschutz-RL), sondern diente vor allem dem Funktionieren des Binnenmarktes (siehe Erwgr. 7 der Datenschutz-RL).[42] Gleichwohl schuf sie den für lange Zeit maßgeblichen Rahmen für den Datenschutz in Europa. Dabei knüpfte sie teilweise an die Europarats-Konvention Nr. 108 an, so etwa bei der Definition des Begriffs „personenbezogene Daten" im Sinne „alle[r] Informationen über eine bestimmte oder bestimmbare natürliche Person" (Art. 2 lit. a Datenschutz-RL; Art. 2 lit. a Datenschutzübereinkommen). Teilweise ging sie jedoch entscheidend über die Konvention hinaus, indem sie die Verarbeitung personenbezogener Daten schon von vornherein vom Vorliegen bestimmter Voraussetzungen abhängig machte (Art. 7 Datenschutz-RL), mithin ein **präventives Verbot mit Erlaubnisvorbehalt** statuierte.[43] Die Konvention Nr. 108 hingegen hatte sich wesentlich darauf beschränkt, Anforderungen an die Qualität der Daten zu formulieren (Art. 5 Datenschutzübereinkommen). Diese Grundsätze – ua Verarbeitung personenbezogener Daten nur nach Treu und Glauben und auf rechtmäßige Weise; Verarbeitung nur für festgelegte eindeutige Zwecke **(Grundsatz der Zweckbindung)** – fanden sich zwar in nahezu wortgleicher Weise auch in der Richtlinie wieder (Art. 6 Datenschutz-RL, hier: lit. a und b; vgl. Art. 5 lit. a und b Datenschutzübereinkommen), sie traten aber zu den Bedingungen des Art. 7 Datenschutz-RL hinzu.[44] Hieraus erklärt sich beispielsweise die **zentrale Rolle der Einwilligung** (Art. 7 lit. a Datenschutz-RL), während die Konvention Nr. 108 hierzu noch schweigt (→ Rn. 5). Zur Gewährleistung des Datenschutzes gegenüber Drittstaaten → Rn. 26 ff.; zur Bedeutung unabhängiger Kontrollstellen → Rn. 44 f.

16 Neben die Datenschutz-RL als Grundlage einer europäischen Harmonisierung des Datenschutzrechts traten **sektorspezifische Sekundärrechtsakte:** Zusammen mit der Datenschutz-RL war die zwei Jahre später verabschiedete Telekommunikationsdatenschutz-RL[45] auf den Weg gebracht worden. Sie ist mittlerweile durch die **Datenschutz-RL für elektronische Kommunikation**[46] ersetzt worden, die nach wie vor in Kraft ist. Die **Vorratsdatenspeicherungs-RL**[47] wurde vom EuGH zunächst aus kompetenzrechtlichen Gründen bestätigt,[48] ist mittlerweile aber aus Gründen mangelnden Grundrechtsschutzes für ungültig erklärt worden.[49] In der ehemals zweiten und dritten Säule des EUV fand die Datenschutz-RL keine Anwendung (Art. 3 Abs. 2 erster Gedankenstrich Datenschutz-RL), für den **Bereich der PJZS** wurde diese Lücke 2008 durch einen Rahmen-

---

[40] *Brühann* in von der Groeben/Schwarze/Hatje EUV Art. 39 Rn. 5.
[41] RL 95/46/EG vom 24. Oktober 1995, ABl. 1995 L 281, 31.
[42] Vgl. *de Hert/Gutwirth* S. 8.
[43] Vgl. *Mehde* → 1. Aufl. 2006, § 21 Rn. 17.
[44] *de Hert/Papakonstantiou* Computer Law & Security Review 30 (2014), 633 (638).
[45] RL 97/66/EG über die Verarbeitung personenbezogener Daten und den Schutz der Privatsphäre im Bereich der Telekommunikation, ABl. 1997 L 24, 1.
[46] RL 2002/58/EG über die Verarbeitung personenbezogener Daten und den Schutz der Privatsphäre in der elektronischen Kommunikation, ABl. 2002 L 201, 37.
[47] RL 2006/24/EG über die Vorratsspeicherung von Daten, die bei der Bereitstellung öffentlich zugänglicher elektronischer Kommunikationsdienste erzeugt oder verarbeitet werden, ABl. 2006 L 105, 54.
[48] EuGH C-301/06, Slg. 2009 I-593 – Irland/Parlament und Rat.
[49] EuGH C-293/12 und 594/12, ECLI:EU:C:2014:238 – Digital Rights Ireland und Seitlinger ua.

beschluss geschlossen.⁵⁰ Hinzu kamen bzw. kommen Bestimmungen im Schengener Informationssystem, in den Rechtsakten zu Europol, Eurojust, Eurodac, im Swift-Abkommen mit den USA usw.⁵¹

17 Waren die Sekundärrechtsakte ursprünglich allein an die Mitgliedstaaten adressiert, so wurden Gemeinschaftsorgane später über Art. 286 EGV-Amsterdam im Wege einer „geltungserweiternden Verweisung"⁵² an diesen Schutzstandard gebunden (→ Rn. 13). Die Gemeinschaftsorgane nutzten alsbald ihre Gesetzgebungskompetenz aus Art. 286 Abs. 2 EGV-Amsterdam, um durch die VO (EG) Nr. 45/2001⁵³ nicht nur auf Gemeinschaftsebene eine unabhängige Kontrollinstanz in Gestalt des europäischen Datenschutzbeauftragten zu schaffen, sondern den **gegenüber Gemeinschaftsorganen** geltenden **materiellen Datenschutzstandard** sekundärrechtlich zu fixieren.

18 Die Datenschutz-RL aus dem Jahr 1995 stammte aus einer Zeit, da das Internet noch in den Kinderschuhen steckte. Aus diesem Grund und weil die Richtlinie in den Mitgliedstaaten teilweise nur unzureichend umgesetzt worden war,⁵⁴ legte die Kommission im Jahr 2010 erste Reformüberlegungen in Gestalt eines „Gesamtkonzepts für den Datenschutz in der Europäischen Union" vor.⁵⁵ Der hieran anschließende Konsultationsprozess führte nach zähen Verhandlungen zur Verabschiedung zweier Rechtsakte: Die bisherige Datenschutz-RL wurde durch die **Datenschutz-GrundVO (DS-GVO)**⁵⁶ ersetzt, der bisherige Rahmenbeschluss für den Bereich der PJZS in eine RL überführt.⁵⁷ Die DS-GVO ist zwar bereits im Mai 2016 förmlich in Kraft getreten, gilt jedoch erst nach einer großzügig bemessenen Übergangsphase ab dem 25.5.2018 (Art. 99 Abs. 2 DS-GVO).

19 Es ist hier nicht der Ort, die 99 Artikel umfassende DS-GVO in ihren Einzelheiten zu analysieren.⁵⁸ Eine grundlegende Veränderung stellt sicherlich die (nahezu) **vollständige Harmonisierung** des Datenschutzrechts auf europäischer Ebene infolge der unmittelbaren Geltung der VO (Art. 288 Abs. 2 AEUV) dar. Dies hat bereits zu Befürchtungen auf deutscher Seite geführt, dass aufgrund der Solange II-Rechtsprechung das BVerfG seine Jurisdiktion in Datenschutzangelegenheiten nun entsprechend zurücknehmen muss.⁵⁹ Andererseits gilt es zu bedenken, dass der EuGH noch unter der Geltung der Datenschutz-RL diese nicht lediglich im Sinne einer Mindestharmonisierung verstanden, sondern ihren erschöpfenden und abschließenden Charakter betont hat.⁶⁰ Von daher erscheint fraglich, ob es wirklich angebracht ist, mit Blick auf die DS-GVO von einer „Kopernikanischen Wende" zu sprechen,⁶¹ zumal durchaus Öffnungsklauseln enthalten sind, die eine Ausfüllung durch die Mitgliedstaaten vorsehen.⁶² Der Sache nach erscheint es angemessener, davon zu spre-

---

⁵⁰ Rahmenbeschluss 2008/977/JI über den Schutz personenbezogener Daten, die im Rahmen der polizeilichen und justiziellen Zusammenarbeit in Strafsachen verarbeitet werden, ABl. 2008 L 350, 60 (Berichtigung ABl. 2014 L 52, 18).
⁵¹ Vgl. *Bernsdorff* in NK-EuGRCh GRCh Art. 8 Rn. 23a; *Epiney* ZaöRV 74 (2014), 465 (475).
⁵² Näher *Haratsch* EuR 2000, 42 (45 ff.).
⁵³ VO (EG) Nr. 45/2001 zum Schutz natürlicher Personen bei der Verarbeitung personenbezogener Daten durch die Organe und Einrichtungen der Gemeinschaft und zum freien Datenverkehr, ABl. 2001 L 281, 31.
⁵⁴ Vgl. EuGH C-518/07, Slg. 2010, I-1885 – Kommission/Deutschland; C-614/10, ECLI:EU:C:2012:631 – Kommission/Österreich; C-288/12, ECLI:EU:C:2014:237 – Kommission/Ungarn.
⁵⁵ KOM(2010) 609 endgültig vom 4.11.2010.
⁵⁶ VO (EU) 2016/679 zum Schutz natürlicher Personen bei der Verarbeitung personenbezogener Daten, zum freien Datenverkehr und zur Aufhebung der Richtlinie 95/46/EG, ABl. 2016 L 119, 1.
⁵⁷ RL (EU) 2016/680 zum Schutz natürlicher Personen bei der Verarbeitung personenbezogener Daten durch die zuständigen Behörden zum Zwecke der Verhütung, Ermittlung, Aufdeckung oder Verfolgung von Straftaten oder der Strafvollstreckung sowie zum freien Datenverkehr und zur Aufhebung des Rahmenbeschlusses 2008/977/JI des Rates, ABl. 2016 L 119, 89.
⁵⁸ Siehe hierzu jetzt zB *Ehmann/Selmayr* DS-GVO, 2. Aufl. 2018; *Kühling/Buchner* DS-GVO/BDSG, 2. Aufl. 2018.
⁵⁹ *Masing*, Süddeutsche Zeitung vom 8.1.2012, 10.
⁶⁰ EuGH C-468/10 und C-469/10, Slg. 2011, I-12181 Rn. 29, 31 – ASNEF; hierzu *Kühling* EuZW 2012, 281 f.
⁶¹ So aber *Kuner* Privacy & Security Law Report vom 2.6.2016.
⁶² Zutreffend *v. Lewinski* DuD 2012, 564 (565 ff.).

chen, der Regelungsgehalt der RL sei durch die Überführung in eine VO „partiell nachjustiert" worden.[63] Hinzu kommt, dass der EuGH Teile der als Neuerung geltenden Bestimmungen aus der DS-GVO wie etwa das viel beachtete „Recht auf Vergessenwerden" (→ Rn. 39 ff.) bereits im Wege der Rechtsprechung *(Google Spain)* mehr oder weniger vorweggenommen hat. Dessen ungeachtet stellt das Wirksamwerden der DS-GVO eine wichtige und wegweisende Fortentwicklung des europäischen Datenschutzrechts dar.

B. Gewährleistungsgehalt

I. Sachlicher Gewährleistungsgehalt

20 Beim Datenschutzgrundrecht aus Art. 8 GRC handelt es sich um ein „neues" Grundrecht der Charta. Das führt zu Schwierigkeiten in der genauen Bestimmung des Gewährleistungsgehalts wie in der konkreten Handhabung. Diese resultieren insbesondere aus dem **Zusammenspiel mit der EMRK,** die gem. Art. 52 Abs. 3 GRC den Mindeststandard des unionalen Grundrechtsschutzes darstellt. Da sich der EMRK-Verweis nach allgemeiner Auffassung nicht allein auf den Text der Konvention bezieht, sondern auf die Gestalt, die sie in der Rechtsprechung des EGMR gewonnen hat,[64] ergibt sich ein diffuses Bild: Der EGMR kann, da die EMRK kein ausdrückliches Menschenrecht auf Datenschutz kennt, datenschutzrechtliche Belange nur über Art. 8 EMRK (Recht auf Privatleben, teilweise auch Recht auf Achtung der Korrespondenz) berücksichtigen. Diese Rechtsprechung findet über Art. 52 Abs. 3 GRC bei der Auslegung des Art. 7 GRC – dem korrespondierenden Grundrecht zu Art. 8 EMRK – Berücksichtigung. Zugleich ist der Datenschutz aber in Art. 8 GRC Gegenstand eines gesonderten Chartarechts.

21 Diese Unsicherheit schlägt sich auch in der Rechtsprechung des EuGH nieder. So formuliert der EuGH schon im Jahr 2010 im Fall *Schecke,* das Recht aus Art. 8 Abs. 1 GRC stehe „in engem Zusammenhang mit dem in Art. 7 der Charta verankerten Recht auf Achtung des Privatlebens".[65] Bereits im Fall *ASNEF* behandelt er Art. 7 und 8 GRC **der Sache nach** als ein **einheitliches Grundrecht**[66] und hält hieran in seiner späteren Rechtsprechung im Wesentlichen fest.[67] Allenfalls dort, wo spezielle Ausprägungen des Art. 8 GRC betroffen sind, bezieht sich der Gerichtshof nur auf diese Vorschrift, so im Fall *Schrems* mit Blick auf die Unabhängigkeit der Kontrollstellen iSv Art. 8 Abs. 3 GRC.[68]

22 Diese Vorgehensweise mag im Hinblick auf die Rezeptionsoffenheit der Unionsrechtsordnung in Richtung der EGMR-Rechtsprechung zu begrüßen sein, ruft andererseits aber grundlegende Fragen nach dem **konzeptionellen Verhältnis** der Rechte auf Privatleben und auf Datenschutz hervor. In diesem Zusammenhang ist in der Literatur zutreffend auf die **unterschiedliche Zielrichtung** beider Rechte verwiesen worden:[69] Das Recht auf Schutz des Privatlebens, wie extensiv es vom EGMR auch immer ausgelegt werden mag, hat seinen Ausgangspunkt doch stets in der Privatsphäre des Einzelnen. Es unterscheidet sich damit grundlegend vom Grundrecht auf Datenschutz, das personenbezogene Daten als solche schützt, unabhängig davon, ob sie der Privatsphäre oder dem öffentlichen Bereich entstammen. In der Diktion des BVerfG: „unter den Bedingungen der automatischen Datenverarbeitung [gibt es] kein ‚belangloses' Datum mehr".[70]

---

63 Formulierung von *Kühling/Sackmann* NVwZ 2018, 681.
64 EuGH C-400/10 PPU, Slg. 2010, I-8965 Rn. 53 – McB.
65 EuGH C-92/09, Slg. 2010, I-11063 Rn. 47 – Volker und Markus Schecke und Eifert.
66 EuGH C-468/10 und C-469/10, Slg. 2011, I-12181 Rn. 41 f. – ASNEF.
67 EuGH C-293/12 und 594/12, ECLI:EU:C:2014:238 Rn. 31 ff. – Digital Rights Ireland und Seitlinger ua; EuGH C-131/12, ECLI:EU:C:2014:317 Rn. 74, 81, 97, 99 – Google Spain und Google; hierzu einerseits *Wolff* DÖV 2014, 608 (611); andererseits *Wolff* BayVBl. 2015, 9 (15).
68 EuGH C-362/14, ECLI:EU:C:2015:650 Rn. 40, 47, 53 usw – Schrems.
69 Vgl. *de Hert/Gutwirth* S. 8 ff.; *Kokott/Sobotta* International Data Privacy Law 3 (2013), 222 (225 f.); *Lynsky* International and Comparative Law Quarterly 63 (2014), 569 (581 ff., 587 ff.).
70 BVerfGE 65, 1 (45).

Die Rechtsprechung des EGMR ist, wie bereits angedeutet, einerseits durch ein weites **23** Verständnis des (konventionsautonom auszulegenden) Begriffs „Privatleben" aus Art. 8 EMRK geprägt, andererseits durch gewisse Schwierigkeiten, datenschutzrechtliche Belange über das Recht auf Privatleben aus Art. 8 EMRK zu erfassen. Als Beispiele für die **weite Begriffsauslegung** ist darauf zu verweisen, dass von Diensttelefonen geführte Gespräche dem EGMR zufolge jedenfalls dann von den Begriffen „Privatleben" und „Korrespondenz" aus Art. 8 Abs. 1 EMRK erfasst sein können, wenn eine berechtigte Erwartung auf Privatheit bestand.[71] Gleiches gelte, so der Gerichtshof später, für das Versenden von Emails von dienstlichen Computern oder die Überwachung der Internetnutzung.[72] Andererseits bereitete es dem EGMR ersichtlich **Schwierigkeiten,** im Fall *Bărbulescu* das Vorliegen von „Privatleben" zu bejahen: Das Email-Konto des Beschwerdeführers war auf Anweisung seines Arbeitgebers eingerichtet worden und durfte nur zu dienstlichen Zwecken verwendet werden, so dass eine „berechtigte Erwartung" auf Privatheit nur schwer behauptet werden konnte. Der Gerichtshof bejahte die Eröffnung des Schutzbereichs gleichwohl mit den besonderen Umständen des Einzelfalls.[73] Ähnliche Schwierigkeiten bereitete es dem Gerichtshof, dynamische IP-Adressen unter das Konzept des „Privatlebens" zu subsumieren.[74] Jedenfalls soweit personenbezogene Daten gespeichert werden, sieht der EGMR den Anwendungsbereich des Art. 8 EMRK als eröffnet an.[75] Mögliche Grenzen eines Datenschutzes qua Art. 8 EMRK waren hingegen im Fall *Rotaru* angeklungen: Hier ging es darum, dass der rumänische Geheimdienst in einem Schreiben über frühere politische Aktivitäten des Beschwerdeführers berichtet hatte. Der Fall betraf somit Aktivitäten, die in der Öffentlichkeit ausgeführt worden waren und hinsichtlich derer ebenfalls keine „berechtigte Erwartung" auf Privatheit bestehen konnte. Der EGMR bejahte gleichwohl die Eröffnung des Art. 8 EMRK mit dem Hinweis, dass einige der Informationen bereits über 50 Jahre zurücklägen und dass derartige Informationen, wenn sie vom Staat systematisch gesammelt und ausgewertet würden, das „Privatleben" iSv Art. 8 Abs. 1 EMRK beträfen.[76] Insgesamt dominiert in der EGMR-Rechtsprechung eine weite Auslegung des Art. 8 EMRK im Hinblick auf datenschutzrelevante Themen.

Der Zustand der EuGH-Rechtsprechung zum Verhältnis von Art. 7 GRC und Art. 8 **24** GRC ist dogmatisch unbefriedigend. Auch wenn anzuerkennen ist, dass das Recht auf Privatleben und das Recht auf Datenschutz gewisse **Überschneidungsbereiche** aufweisen, sollte der EuGH doch stärker zwischen beiden **Gewährleistungsbereichen differenzieren.** Dabei erschiene es ratsam, die EGMR-Rechtsprechung zu Art. 8 EMRK nicht über Art. 7 GRC, sondern mit Blick auf Art. 8 GRC zu rezipieren. Der EuGH scheint sich nunmehr allerdings gegen eine solche Vorgehensweise entschieden zu haben, indem er – unter dem Aspekt des Art. 52 Abs. 3 GRC – betont, dass „Art. 8 der Charta ein anderes als das in ihrem Art. 7 verankerte Grundrecht [betrifft], für das es in der EMRK keine Entsprechung gibt".[77]

II. Persönlicher Gewährleistungsgehalt

Es entspricht einer langen, bis zur Konvention Nr. 108 zurückreichenden Tradition, **25** „personenbezogene Daten" zu verstehen als „jede Information über eine bestimmte oder bestimmbare natürliche Person" (Art. 2 lit. a Datenschutzübereinkommen). Der EGMR hat auf diese Bestimmung im Zusammenhang mit dem weiten Begriffsverständnis des Art. 8 EMRK (→ Rn. 23) verwiesen.[78] Die Frage, ob in der Grundrechtecharta der

---

[71] EGMR 25.6.1997 – 20605/92 Rn. 44 f., ÖJZ 1998, 311 – Halford/Vereinigtes Königreich.
[72] EGMR 3.4.2007 – 62617/00 Rn. 41, EuGRZ 2007, 415 – Copland/Vereinigtes Königreich.
[73] EGMR 5.9.2017 (GK) – 61496/08 Rn. 69 ff., NZA 2017, 1443 – Bărbulescu/Rumänien.
[74] EGMR 24.4.2018 – 62357/14 Rn. 107 ff. – Benedik/Slowenien.
[75] EGMR 27.6.2017 – 931/13 Rn. 133 ff., NLMR 2017, 264 – Satakunnan Markkinapörssi Oy and Satamedia Oy/Finnland.
[76] EGMR 4.5.2000 (GK) – 28341/95 Rn. 44, ÖJZ 2001, 74 – Rotaru/Rumänien.
[77] EuGH C-203/15 und C-698/15, ECLI:EU:C:2016:970 Rn. 129 – Tele2 Sverige und Watson ua.
[78] EGMR 16.2.2000 (GK) – 27798/95 Rn. 65, ÖJZ 2001, 71 – Amann/Schweiz; EGMR 4.5.2000 (GK) – 28341/95 Rn. 43, ÖJZ 2001, 74 – Rotaru/Rumänien.

Datenschutz auf **natürliche Personen** beschränkt werden solle, war im Grundrechtekonvent umstritten,[79] letztlich hat sich diese Auffassung aber nicht durchzusetzen vermocht. Art. 8 Abs. 1 GRC (und wortidentisch, Art. 16 Abs. 1 AEUV) gewährt das Recht auf Schutz personenbezogener Daten „jeder Person", was vom Wortlaut her sowohl natürliche als auch juristische Personen einschließen kann. Gleichwohl hat der EuGH diese Vorschrift einschränkend in dem Sinne ausgelegt, dass sich **juristische Personen** auf die Art. 7 und 8 GRC nur berufen könnten, „soweit der Name der juristischen Person eine oder mehrere natürliche Personen bestimmt".[80] Sekundärrechtlich greift die DS-GVO die Begriffsbestimmung der Konvention Nr. 108 auf (Art. 4 Ziff. 1 DS-GVO), ist also von ihrem Anwendungsbereich her ausdrücklich auf natürliche Personen beschränkt. Die Datenschutz-RL für elektronische Kommunikation (→ Rn. 16) hingegen verweist neben natürlichen Personen auch auf die „berechtigten Interessen juristischer Personen".[81]

III. Territoriale Reichweite

26 Die Datenschutz-RL galt nach Art. 4 Abs. 1 lit. a Datenschutz-RL für die Verarbeitung personenbezogener Daten, die „im Rahmen der Tätigkeiten einer Niederlassung ausgeführt werden, die der für die Verarbeitung Verantwortliche im Hoheitsgebiet dieses Mitgliedstaats besitzt". Damit stützte sich die Anwendung der Richtlinie jedenfalls formal auf das **Territorialitätsprinzip,** das einen im Völkerrecht allgemein akzeptierten Anknüpfungspunkt für die Regelungshoheit *(jurisdiction to prescribe)* darstellt.[82] Allerdings setzte die Richtlinie nicht voraus, dass sich die Hauptniederlassung in einem EU-Mitgliedstaat befindet. Vielmehr konnte bereits das Vorhandensein einer Zweigniederlassung in einem EU-Staat genügen, um den Standard der Datenschutz-RL auch gegenüber dem im Nicht-EU-Ausland ansässigen Unternehmen zur Anwendung zu bringen. Der territoriale Bezug zur EU konnte so „mehr oder weniger virtuell" werden.[83]

27 Darüber hinaus gestattete die Datenschutz-RL die **Übermittlung** personenbezogener Daten **an Drittstaaten** nur, sofern in dem Drittland ein „**angemessenes Schutzniveau** gewährleistet" war (Art. 25 Abs. 1 Datenschutz-RL). Die RL ging damit deutlich über den Schutzstandard der Europarats-Konvention Nr. 108 hinaus: Zwar gestattet auch diese einen grenzüberschreitenden Verkehr personenbezogener Daten nur, wenn in dem Zielstaat ein „gleichwertiger Schutz" existiert (Art. 12 Abs. 2 iVm Abs. 3 lit. a Datenschutzübereinkommen). Diese Bestimmung betrifft aber nur das Verhältnis der Vertragsstaaten untereinander, nicht gegenüber Drittstaaten.[84] Erst durch ein Zusatzprotokoll zur Konvention Nr. 108[85] ist auch auf Europaratsebene der Datentransfer in einen Drittstaat vom Vorliegen eines „angemessenen Schutzniveaus" abhängig gemacht worden (Art. 2 Abs. 1 Zusatzprotokoll zum Datenschutzübereinkommen). Auf EU-Ebene wurde die Angemessenheit des Schutzniveaus im Drittstaat auf verschiedene Weisen sichergestellt: Zum einen konnte die Kommission gem. Art. 25 Abs. 6 Datenschutz-RL die Angemessenheit des Schutzniveaus in einem Drittstaat **allgemein feststellen.** Wo dies nicht erfolgt war, konnten „ausreichende Garantien" durch vertragliche Vereinbarungen mit dem die Daten „importierenden" Unternehmen (Art. 26 Abs. 2 Datenschutz-RL) – etwa in Gestalt der von der Kommission

---

[79] Vgl. *Bernsdorff* in NK-EuGRCh GRCh Art. 8 Rn. 6 f., 10.
[80] EuGH C-92/09 Slg. 2010, I-11063 Rn. 53 (siehe auch Rn. 87) – Volker und Markus Schecke und Eifert; krit. *Kingreen* in Calliess/Ruffert GRC Art. 8 Rn. 11.
[81] Erwgr. 7, 8, 12 und öfter Datenschutz-RL.
[82] *van Alsenoy/Koekkoek* International Data Privacy Law 5 (2015), 105 (109).
[83] *Moerel* International Data Privacy Law 1 (2011), 28 (29).
[84] Vgl. *Siemen* S. 300.
[85] Zusatzprotokoll zum Übereinkommen zum Schutz des Menschen bei der automatischen Verarbeitung personenbezogener Daten bezüglich Kontrollstellen und grenzüberschreitendem Datenverkehr vom 8.11.2001, ETS No. 181 = BGBl. 2002 II 1882.

formulierten **Standardvertragsklauseln**[86] – oder durch einseitig vom Unternehmen eingegangene **„Binding Corporate Rules"** (BCR) erzielt werden.[87]

Diese zunächst nur im Wege des Sekundärrechts erfolgte Erstreckung des europäischen **28** Datenschutzstandards auf Drittstaaten ist durch die neuere EuGH-Rechtsprechung mit **grundrechtlichen Argumenten angereichert** worden.[88] Im Fall *Google Spain* war zwar relativ eindeutig, dass es sich bei dem Unternehmen um eine „Niederlassung" des in den USA ansässigen Unternehmens Google Inc. iSd Art. 4 Abs. 1 lit. a Datenschutz-RL handelte. Problematisch war allerdings, ob die Datenverarbeitung durch das Listen der Suchbegriffe „im Rahmen der Tätigkeit" von Google Spain erfolgte, da das Geschäftsmodell Googles darin besteht, dass die eigentliche Suche nur in den USA durchgeführt wird, während die Tochterunternehmen für das Schalten von Online-Anzeigen zuständig sind, über die die Suchmaschine letztlich finanziert wird. Der EuGH bejahte diese Frage und berief sich dabei insbesondere auf das Ziel der Datenschutz-RL, bei der Verarbeitung personenbezogener Daten einen „wirksamen und umfassenden Schutz der Grundfreiheiten und Grundrechte natürlicher Personen, insbesondere des Rechts auf Privatleben, zu gewährleisten".[89] Eine ähnliche Gemengelage fand sich im Urteil *Schrems,* mit dem die sog Safe Harbour-Entscheidung[90] der Kommission mit Blick auf die Angemessenheit des Datenschutzniveaus in den USA für ungültig erklärt wurde: Ausgangspunkt war, dass aufgrund sekundärrechtlicher Vorgaben (Art. 25 Abs. 6 Datenschutz-RL) ein angemessenes Datenschutzniveau im Drittland USA sichergestellt sein musste. Auch hier verband der EuGH aber den sekundärrechtlichen Befund mit grundrechtlichen Wertungen, indem er hervorhob, dass „angesichts der besonderen Bedeutung des Schutzes personenbezogener Daten für das Grundrecht auf Achtung der Privatsphäre und der großen Zahl von Personen, deren Grundrechte im Fall der Übermittlung personenbezogener Daten in ein Drittland, das kein angemessenes Schutzniveau gewährleistet, verletzt werden können, der Wertungsspielraum der Kommission hinsichtlich der Angemessenheit des durch ein Drittland gewährleisteten Schutzniveaus eingeschränkt ist".[91] Später folgten Ausführungen zum grundrechtlich gewährleisteten Datenschutzstandard, ohne dass Relativierungen mit Blick auf den grenzüberschreitenden Charakter erkennbar geworden wären.[92]

Die Rechtsprechung des EuGH ist in der Literatur überwiegend begrüßt worden, teil- **29** weise aber auch auf Kritik gestoßen. Richtig ist insoweit, dass durch die weitreichende Erstreckung des europäischen Datenschutzrechts auf Unternehmen, die in Nicht-EU-Staaten ansässig sind, **Anwendungsbereich** *(jurisdiction to prescribe)* und **Durchsetzbarkeit** *(jurisdiction to enforce)* auseinanderfallen, da die Kommission für die Durchführung von Maßnahmen im Ausland auf die Zustimmung der jeweiligen Regierung angewiesen ist.[93] Das ist allerdings für sich gesehen noch kein ungewöhnlicher Befund, sondern begegnet durchaus auch in anderen Rechtsgebieten, etwa dem Strafrecht (vgl. §§ 5 ff. StGB).

---

[86] Entscheidungen 2001/497/EG, ABl. 2001 L 181, 19, sowie 2002/16/EG, ABl. 2002 L 6, 52.
[87] *Kuner* International Data Privacy Law 5 (2015), 235 (236 ff.). Hinsichtlich der im Sekundärrecht zunächst nicht explizit vorgesehenen BCR vgl. *Moerel* Binding Corporate Rules: Corporate Self-Regulation of Global Data Transfers, 2012. Siehe jetzt die explizite Regelung in Art. 47 DS-GVO.
[88] Hierzu auch *Nettesheim* in Grabenwarter, EnzEuR Bd. 2, § 9 Rn. 53: „In den Entscheidungen stehen Argumente grundrechtlicher Natur und sekundärrechtsimmanente Argumente zur Auslegung des Richtlinien- bzw Verordnungsrechts regelmäßig undifferenziert nebeneinander. Damit bleibt unklar, wo der EuGH den in Art. 8 GRCh (grundrechtlich) garantierten Mindeststandard ansetzt und wo er (bloß) sekundärrechtlich begründete, vom politischen Willen getragene Regelungen interpretiert." Siehe ferner *Schorkopf* in Ehlers GuG § 16 Rn. 42, der von einem „symbiotischen Zusammenhang" zwischen dem unionsrechtlichen Datenschutzrecht und Art. 8 EMRK" spricht.
[89] EuGH C-131/12, ECLI:EU:C:2014:317 Rn. 53 (siehe auch Rn. 58) – Google Spain und Google.
[90] Entscheidung der Kommission vom 26.7.2000 gemäß der Richtlinie 95/46/EG des Europäischen Parlaments und des Rates über die Angemessenheit des von den Grundsätzen des „sicheren Hafens" und der diesbezüglichen „Häufig gestellten Fragen" (FAQ) gewährleisteten Schutzes, vorgelegt vom Handelsministerium der USA, ABl. 2000 L 215, 7.
[91] EuGH C-362/14, ECLI:EU:C:2015:650 Rn. 78 – Schrems.
[92] EuGH C-362/14, ECLI:EU:C:2015:650 Rn. 91 ff. – Schrems.
[93] *Kuner* International Data Privacy Law 5 (2015), 235 (239 ff., 244 f.).

Andererseits gilt es zu bedenken, dass beispielsweise das BVerfG durchaus bereit ist, **gewisse Abstriche** am deutschen Grundrechtsniveau mit Blick auf den **transnationalen Charakter** eines Sachverhalts zuzulassen.[94] In der Tat könnte es problematisch werden, würde nicht allein die EU ihren Datenschutzstandard in transnationalen Sachverhalten durchsetzen wollen, sondern andere Staaten mit niedrigeren Schutzniveaus wie etwa China denselben Anspruch erheben. *Kuner* spricht diesbezüglich von einem „clash of constitutional visions"[95] und vergleicht die Herangehensweise des EuGH mit dessen einseitigem Insistieren auf dem unionsrechtlichen Grundrechtsstandard im Fall *Kadi*[96].[97]

30 Ungeachtet dessen verdient die Rechtsprechung des EuGH jedenfalls im Ergebnis **Zustimmung.** Besonders deutlich ist dies in der Konstellation des *Schrems*-Falles: Hier geht es darum, personenbezogene Daten aus der Einflussphäre der Union in einen Nicht-EU-Staat herauszugeben. Dass die EU hier auf einer Einhaltung ihres hohen Datenschutzniveaus besteht, ist (auch) unter grundrechtlichen Aspekten richtig. Die gezogene Parallele zur *Kadi*-Entscheidung des EuGH trägt dabei insofern, als in jenem Fall der europäische Grundrechtsanspruch vor dem Hintergrund einer nur unzureichend ausgestalteten Grundrechtskontrolle im Rahmen der Vereinten Nationen nicht zurücktrat. Übertragen auf das Verhältnis zu den USA folgt daraus, dass der europäische Grundrechtsstandard bei nur unzureichender Schutzgewährleistung in den USA – diese war ua durch die Enthüllungen Edward Snowdens offenbar geworden – nicht zurücktreten darf. Letztlich ist dem EuGH auch in der *Google Spain*-Konstellation zu folgen. Entscheidend hierfür ist die Überlegung, dass es ansonsten international agierenden Unternehmen allzu leicht gemacht würde, den europäischen Datenschutzstandard durch organisatorische Aufspaltung ihres Geschäfts zu umgehen.[98] Die regulatorischen Probleme, die sich hieraus mit Blick auf das Internet ergeben (iSv *Kuners* „clash of constitutional visions") sind zwar vorhanden, können letztlich nur durch völkervertragliche Vereinbarungen entschärft werden.

31 Schließlich ist darauf hinzuweisen, dass in der DS-GVO der territoriale Anwendungsbereich des europäischen Datenschutzrechts sogar noch ausgeweitet worden ist, indem das bislang geltende Territorialitätsprinzip durch das sog **Marktortprinzip** ergänzt wurde (Art. 3 Abs. 2 DS-GVO).[99] An die Stelle der für ungültig erklärten Safe Harbour-Entscheidung ist von der Kommission nunmehr der sog **EU-US Privacy Shield** ausgehandelt worden.[100] Ob dieser der grundrechtlichen Prüfung standhalten wird, bleibt abzuwarten.[101]

IV. Einzelne Teilgewährleistungen

32 In der Vorauflage hat *Mehde* den Versuch unternommen, einzelne Gewährleistungen der Datenschutz-RL in grundrechtliche Anspruchskategorien zu „übersetzen".[102] Wenngleich hierbei aus Gründen der Normenhierarchie gewisse Vorsicht angebracht ist, so wurde doch bereits auf die für die EuGH-Rechtsprechung typische Gemengelage zwischen primär- und sekundärrechtlichen Argumenten hingewiesen (→ Rn. 28). Mittlerweile treten die Konturen einzelner **Teilgewährleistungen** des unionsrechtlichen Datenschutzgrundrechts klarer zutage.

33 **1. Einwilligung.** Hierzu gehört zuvörderst die Bedeutung der **Einwilligung** oder des Vorliegens einer **gesetzlich geregelten legitimen Grundlage** (Art. 8 Abs. 2 S. 1 GRC).

---

[94] Vgl. *Dreier* in Dreier GG Art. 1 III Rn. 45 mwN.
[95] *Kuner* Maastricht Journal of European and Comparative Law 22 (2015), 158 (160).
[96] EuGH C-402/05 P und C-415/05 P, Slg. 2008 I-6351 – Kadi und Al Barakaat International Foundation/ Rat und Kommission.
[97] *Kuner* Groningen Journal of International Law 2 (2014), 55 (62 ff.).
[98] Vgl. EuGH C-131/12, ECLI:EU:C:2014:317 Rn. 58 – Google Spain und Google.
[99] Hierzu *Piltz* K&R 2013, 292 ff.; *Wieczorek* DuD 2013, 644 ff.
[100] Vgl. COM(2016) 117 final vom 29.2.2016.
[101] Hierzu jetzt das vor dem EuGH anhängige Verfahren C-311/18 – Facebook Ireland und Schrems (die mündliche Verhandlung fand am 9.7.2019 statt).
[102] *Mehde* → 1. Aufl. 2006, § 21 Rn. 13, 22 ff.

Die Grundrechtecharta hat somit die Regelungstechnik der Datenschutz-RL übernommen, indem sie ein **präventives Verbot mit Erlaubnisvorbehalt** (→ Rn. 15) statuiert. Ungewöhnlich ist dabei die Erwähnung der gesetzlichen Einschränkungsmöglichkeit, da sich die Charta ansonsten einer horizontalen Schrankenklausel bedient (Art. 52 Abs. 1 GRC). Einen Sinn erlangt die Regelung indes, wenn man sie nicht als Einschränkungsmöglichkeit, sondern als **Bestandteil des Garantiegehalts** des Grundrechts interpretiert.[103] Die Rechtsprechung des EuGH hat die Problematik bislang nicht aufgegriffen. Teilweise wird eine Einschränkung des Datenschutzgrundrechts allein auf Art. 52 Abs. 1 GRC gestützt,[104] teilweise werden Art. 8 Abs. 2 GRC und Art. 52 Abs. 1 GRC nebeneinander genannt.[105]

34 Hinsichtlich der DS-GVO enthielt der Kommissionsvorschlag aus dem Jahr 2012 die Voraussetzung, dass die Einwilligung „**explizit**" erfolgen müsse (Art. 4 Abs. 8).[106] In dem jetzt vorliegenden Text ist hingegen nur noch von einer „**unmissverständlich abgegebene[n] Willensbekundung in Form einer Erklärung oder einer sonstigen eindeutigen bestätigenden Handlung**" die Rede (Art. 4 Ziff. 11 DS-GVO). Darüber hinaus regelt die DS-GVO erstmals die jederzeitige Widerruflichkeit der Einwilligung (Art. 7 Abs. 3 DS-GVO). In der modernisierten Fassung der Europarats-Konvention Nr. 108 (→ Rn. 5 aE) hat das Einwilligungserfordernis ebenfalls Eingang gefunden, die Rede ist hier vom einem „**unambiguous consent**" (Art. 5 Abs. 2 Datenschutzübereinkommen nF).

35 **2. Zweckbindung.** Ebenfalls aus der Datenschutz-RL übernommen hat die Grundrechtecharta den Grundsatz, dass Daten nur für festgelegte Zwecke erhoben werden dürfen, Art. 8 Abs. 2 S. 1 GRC (**Zweckbindung**). Dem Wortlaut nach könnte man annehmen, dass es die staatlichen Stellen in der Hand haben, durch eine eher allgemeine Formulierung des Zwecks (zB polizeiliche Gefahrenabwehr) eine entsprechend geringe Bindungswirkung zu erzielen.[107] Eine Beschränkung erfolgt hier freilich über den Verhältnismäßigkeitsgrundsatz: Danach ist ein Eingriff in das Grundrecht aus Art. 8 GRC nur dann gerechtfertigt, wenn die Schwere der Straftaten zu der Intensität des Eingriffs in einem angemessenen Verhältnis steht. Je sensibler die angeforderten Daten, desto schwerer müssen die zu bekämpfenden Straftaten sein. Dementsprechend verlangt der EuGH im Bereich der Vorratsdatenspeicherung eine Beschränkung auf die Bekämpfung schwerer Straftaten,[108] während die bloße Abfrage des SIM-Karteninhabers durch die Polizei ohne Zugriff auf den Inhalt der Kommunikation oder die Ortung des Handys zur Verfolgung von Straftaten im Allgemeinen zulässig ist.[109] Erfolgt die Datenverarbeitung zu anderen Zwecken als den ursprünglich verfolgten, ergibt sich regelmäßig eine neuerliche Gefährdungslage, so dass sich das Rechtfertigungsbedürfnis neu stellt.[110]

36 **3. Datenminimierung.** Nach der Rechtsprechung des EuGH verlangt das Grundrecht auf Achtung des Privatlebens, dass sich die Ausnahmen vom Schutz personenbezogener Daten und dessen Einschränkungen auf das **absolut Notwendige** beschränken müssen.[111] Dieser **Grundsatz der Datenminimierung** ist letztlich Ausfluss des Verhältnismäßigkeits-

---

[103] So auch *Mehde* → 1. Aufl. 2006, § 21 Rn. 11.
[104] So in EuGH C-293/12 und 594/12, ECLI:EU:C:2014:238 Rn. 38 – Digital Rights Ireland und Seitlinger ua.
[105] So in EuGH C-92/09, Slg. 2010, I-11063 Rn. 50 – Volker und Markus Schecke und Eifert; EuGH Gutachten 1/15, ECLI:EU:C:2017:592 Rn. 37 ff. – PNR-Abkommen EU-Kanada.
[106] Vorschlag für Verordnung des Europäischen Parlaments und des Rates zum Schutz natürlicher Personen bei der Verarbeitung personenbezogener Daten und zum freien Datenverkehr (Datenschutz-Grundverordnung), KOM(2012) 11 endgültig vom 25.1.2012.
[107] So noch *Mehde* → 1. Aufl. 2006, § 21 Rn. 24.
[108] EuGH C-203/15 und C-698/15, ECLI:EU:C:2016:970 Rn. 115 – Tele2 Sverige und Watson ua.
[109] EuGH C-207/16, ECLI:EU:C:2018:788 Rn. 53 ff. – Ministerio Fiscal.
[110] *Mehde* → 1. Aufl. 2006, § 21 Rn. 24.
[111] EuGH C-131/12, ECLI:EU:C:2014:317 Rn. 52 – Google Spain und Google; EuGH C-362/14, ECLI:EU:C:2015:650 Rn. 92 – Schrems; C-203/15 und C-698/15, ECLI:EU:C:2016:970 Rn. 96 und 103 – Tele2 Sverige und Watson ua.

prinzips. Er bedeutet auch, dass personenbezogene Daten nicht länger als notwendig gespeichert werden dürfen (vgl. Art. 6 Abs. 1 lit. e Datenschutz-RL). In diesem Sinne hat der EGMR im Fall *S. und Marper* die zeitlich unbegrenzte Speicherung von Fingerabdrücken und DNA-Profilen verdächtiger, aber nicht verurteilter Personen als unverhältnismäßig kritisiert.[112]

37 **4. Auskunfts- und Berichtigungsanspruch.** Aus der Datenschutz-RL (Art. 12 lit. a–c Datenschutz-RL) übernommen worden sind die **Auskunfts-** und **Berichtigungsansprüche** in Art. 8 Abs. 2 S. 2 GRC. Nach der Rechtsprechung des EuGH verletzt eine Regelung, die keine Möglichkeit für den Bürger vorsieht, mittels eines Rechtsbehelfs Zugang zu den ihn betreffenden personenbezogenen Daten zu erlangen oder ihre Berichtigung oder Löschung zu erwirken, zugleich den Wesensgehalt des Art. 47 GRC (Grundrecht auf wirksamen gerichtlichen Rechtsschutz).[113] Aus Art. 12 lit. a Datenschutz-RL sowie Art. 8 Abs. 2 GRC folgt nicht, dass ein abgelehnter Asylbewerber über personenbezogene Daten hinaus Zugang zum Inhalt einer sog „Entwurfsschrift" der Einwanderungsbehörde erlangen muss.[114]

38 Mit der Normierung von Auskunfts- und Berichtigungsansprüchen geht die Charta über den Schutzstandard der EMRK hinaus. Der EGMR hat sich zunächst zu der Frage, ob aus Art. 8 Abs. 1 EMRK ein generelles Recht auf **Zugang zu personenbezogenen Daten** und Informationen folge, reserviert geäußert.[115] Der fehlende Zugang zu den Daten erschien in der Rechtsprechung des EGMR vielmehr regelmäßig als einer von mehreren Aspekten, die erst in ihrer Gesamtheit die Verletzung des Art. 8 EMRK begründeten.[116] Im Fall *K. H.* ist er allerdings erkennbar darüber hinausgegangen und hat in vergleichbaren Fällen – es ging um den Zugang zu der eigenen Krankenakte – einen Anspruch auf Akteneinsicht dem Grunde nach anerkannt.[117] Was den **Berichtigungsanspruch** angeht, ist auf den EGMR-Fall *Ciubotaru* zu verweisen, in dem es das nationale Recht dem Beschwerdeführer unter Verstoß gegen Art. 8 EMRK übermäßig erschwerte, in seinem Personalausweis die ethnische Abstammung von „moldawisch" in „rumänisch" ändern zu lassen.[118] Davon abzugrenzen sind die sog Transsexuellenfälle. Hier hat der EGMR – wenngleich erst nach langem Zögern[119] – ein Recht auf Registrierung des neuen Geschlechts nach erfolgter Operation anerkannt.[120] Aus datenschutzrechtlicher Sicht handelt es sich dabei allerdings nicht um einen Berichtigungsanspruch im eigentlichen Sinne, da hiermit nur die Korrektur falscher Angaben erwirkt werden kann, die Angabe des ursprünglichen Geschlechts in der Geburtsurkunde jedoch den Tatsachen entsprach.[121] Vielmehr geht es insoweit um eine über den Datenschutz hinausgehende Einwirkung des Rechts auf Privatleben, um den Betroffenen die Fortführung ihrer neuen Identität nach erfolgter Geschlechtsumwandlung zu ermöglichen.

39 **5. „Recht auf Vergessenwerden".** Zu den derzeit wohl umstrittensten Themen des europäischen Datenschutzrechts gehört das sog „Recht auf Vergessenwerden" im Inter-

---

[112] EGMR 4.12.2008 (GK) – 30562/04, 30566/04, EuGRZ 2009, 299 – S. und Marper/Vereinigtes Königreich; siehe jetzt auch EGMR 22.6.2017 – 8806/12 Rn. 38, NLMR 2017, 243 – Aycaguer/Frankreich; EGMR 24.1.2019 – 43514 Rn. 127 – Catt/Vereinigtes Königreich.
[113] EuGH C-362/14, ECLI:EU:C:2015:650 Rn. 95 – Schrems.
[114] EuGH C-141/12 und C-372/12, ECLI:EU:C:2014:2081 Rn. 58 – YS ua.
[115] EGMR 7.7.1989 – 10454/83 Rn. 37, EGMR-E 4, 358 – Gaskin/Vereinigtes Königreich.
[116] Vgl. *Siemen* S. 181 ff.
[117] EGMR 28.4.2009 – 32881/04 Rn. 47 – K. H. ua/Slowakei; siehe *Lynskey* International and Comparative Law Quarterly 63 (2014), 569 (586).
[118] EGMR 27.4.2010 – 27138/04 – Ciubotaru/Rumänien.
[119] EGMR 17.10.1986 – 9532/81, EGMR-E 3, 267 – Rees/Vereinigtes Königreich; EGMR 27.9.1990 – 10843/84, ÖJZ 1991, 173 – Cossey/Vereinigtes Königreich; EGMR 30.7.1998 (GK) – 22985/93, 23390/94, ÖJZ 1999, 571 – Sheffield und Horsham/Vereinigtes Königreich.
[120] EGMR 11.7.2002 (GK) – 28957/95, NJW-RR 2004, 289 – Christine Goodwin/Vereinigtes Königreich; EGMR 11.7.2002 (GK) – 25680/94 – I./Vereinigtes Königreich.
[121] *Siemen* S. 194 f.

net.[122] Kritisiert worden ist hieran bereits die Terminologie, gehe es doch in der Sache nicht um das Vergessenwerden als solches (welches rechtlich ohnehin nicht vorgeschrieben werden könne), sondern um einen **Löschungsanspruch** („right to erasure").[123] Der Einwand ist insofern zutreffend, als Art. 17 DS-GVO in der Sache lediglich einen Löschungsanspruch normiert.[124] Dementsprechend ist die Bestimmung mit „Recht auf Löschung" überschrieben, der Begriff „Recht auf Vergessenwerden" ist allerdings als Klammerzusatz hinzugefügt. Er hat sich in der Literatur durchgesetzt und wird aus diesem Grund auch hier verwendet.

Die Kommission hat das „Recht auf Vergessenwerden" als eine der wichtigen Neuerungen der DS-GVO hervorgehoben.[125] Vernachlässigt wird dabei, dass bereits das bisherige Recht einen Löschungsanspruch kannte. Dieser war allerdings im Wesentlichen beschränkt auf den Fall, dass Daten unvollständig oder unrichtig waren (Art. 12 lit. b Datenschutz-RL). Art. 17 DS-GVO geht hier wesentlich weiter, indem er einen Löschungsanspruch vorsieht ua für den Fall, dass die Daten nicht mehr notwendig sind (lit. a), dass die Einwilligung widerrufen worden ist (lit. b), dass Widerspruch gegen die Verarbeitung eingelegt worden ist (lit. c) usw. **40**

Deutlich relativiert wird der Innovationsgehalt des Art. 17 DS-GVO durch das EuGH-Urteil im Fall *Google Spain*. Die Kommission sprach daher auch nur noch von einer „Klärung des ‚Rechts auf Vergessenwerden'" durch die DS-GVO.[126] Ein grundlegender Unterschied besteht allerdings darin, dass es in dem EuGH-Fall nicht um Löschung der Daten, sondern um eine **Unterdrückung der Verlinkung** durch Google Spain ging.[127] In der Sache hat der EuGH jedoch ein grundrechtlich präformiertes „Recht auf Vergessenwerden" geschaffen.[128] Dabei ist der EuGH teils scharf kritisiert worden, so etwa mit dem Vorwurf, der Staat betätige sich hier als „Zensurhelfer".[129] Andere Teile der Literatur haben das Urteil hingegen begrüßt.[130] **41**

Nicht ganz zu Unrecht ist dem EuGH allerdings vorgehalten worden, die Abwägung der betroffenen Interessen zu einseitig vorgenommen zu haben.[131] Das betrifft vor allem die Aussage des EuGH, „im Allgemeinen" überwögen die Grundrechte der Betroffenen aus den Art. 7 und 8 GRC gegenüber dem Interesse der Internetnutzer auf Information.[132] Die Bedeutung des **freien Informationsanspruchs,** der seinerseits grundrechtlich geschützt ist (Art. 11 Abs. 1 S. 2 GRC, Art. 10 Abs. 1 S. 1 EMRK), wird hier in der Tat zu gering gewichtet. Das wird vor allem deutlich, wenn man das EuGH-Urteil mit einem Urteil des EGMR zu einem ähnlich gelagerten Fall vergleicht: So betont der EGMR „den wesentlichen Beitrag von Internet-Archiven zum Bewahren und zugänglich Machen von Nachrichten und Informationen". Solche Archive bildeten „eine wichtige Quelle für das Bildungswesen und für historische Recherchen, insbesondere weil sie der Öffentlichkeit schnell und grundsätzlich kostenfrei zugänglich sind. Während es der primären Funktion der Presse in einer demokratischen Gesellschaft entspricht, als ‚öffentlicher Wachhund' zu handeln, kommt ihr eine beträchtliche sekundäre Rolle beim Betrieb und dem öffentlich zugänglich Machen von Archiven mit Nachrichten zu, über die zuvor berichtet wurde".[133] **42**

---

[122] Umfassend *Gstrein, Weismantel,* jeweils passim.
[123] *Markou* in Gutwirth ua, Reforming European Data Protection Law, 2015, S. 203 (211 ff.).
[124] Hierzu auch *Hornung/Hofmann* JZ 2013, 163 ff.
[125] Der Schutz der Privatsphäre in einer vernetzten Welt. Ein europäischer Datenschutzrahmen für das 21. Jahrhundert, KOM(2012) 9 endgültig vom 25.1.2012.
[126] EuZW 2016, 43.
[127] Näher *Gstrein* S. 134 ff.; *Weismantel* S. 117 ff.
[128] Wie hier *Boehme-Neßler* NVwZ 2014, 825 ff.; aA *Nolte* NJW 2014, 2238; *Spindler* JZ 2014, 981 (990).
[129] *v. Lewinski* AfP 2015, 1.
[130] Vgl. *Boehme-Neßler* NVwZ 2014, 825 ff.; *Kühling* EuZW 2014, 527 ff.
[131] Vgl. *v. Lewinski* AfP 2015, 1 (2); siehe auch *Gstrein* S. 123.
[132] EuGH C-131/12, ECLI:EU:C:2014:317 Rn. 81 – Google Spain und Google.
[133] EGMR 16.7.2013 – 33846/07 Rn. 59, AfP 2014, 517 – Węgrzynowski und Smolczewski/Polen; hierzu *Haug* AfP 2014, 503 ff.; *Mann* K&R 2013, 553 ff.; *McGoldrick* Human Rights Law Review 13 (2013), 761 ff.

Der EGMR räumt der Bedeutung von Online-Archiven für den freien Informationszugang somit eine wesentlich größere Rolle ein als der EuGH. In demselben Sinne hat der EGMR ein „Recht auf Vergessenwerden" der Mörder des Schauspielers Walter Sedlmayer abgelehnt.[134] Der EuGH wiederum hat ein „Recht auf Vergessenwerden" zugunsten natürlicher Personen, die auch nach Liquidation einer Gesellschaft noch im Gesellschaftsregister namentlich aufgeführt sind, mit Rücksicht auf die wichtige Funktion der Gesellschaftsregister im Geschäftsverkehr abgelehnt.[135] Richtig an dem *Google Spain*-Urteil des EuGH ist die Einschätzung des von Suchmaschinen ausgehenden Gefährdungspotentials, welches darin besteht, „mit der Ergebnisliste einen strukturierten Überblick über die zu der betreffenden Person im Internet zu findenden Informationen zu erhalten, die potenziell zahlreiche Aspekte von deren Privatleben betreffen und ohne die betreffende Suchmaschine nicht oder nur sehr schwer hätten miteinander verknüpft werden können, und somit ein mehr oder weniger detailliertes Profil der Person zu erstellen".[136] In diesem Punkt unterscheidet sich der EuGH positiv von der deutschen Rechtsprechung, die das diesbezügliche Gefährdungspotential lange Zeit vernachlässigt hat.[137]

43 Wie das **Spannungsverhältnis** zwischen dem Informationsanspruch der Öffentlichkeit und dem Datenschutz **aufgelöst** werden kann, bleibt auch nach dem *Google Spain*-Urteil des EuGH eine anspruchsvolle Aufgabe.[138] Ungeklärt war beispielsweise, ob aus dem Urteil für Google eine Verpflichtung erwächst, entsprechende Suchanfragen weltweit zu unterdrücken, oder ob – so die Praxis von Google – es genügt, entsprechende Suchabfragen von den nationalen Google-Plattformen (google.de, google.es usw) zu unterdrücken.[139] Der EuGH hat sich nunmehr gegen eine weltweite Unterdrückungspflicht ausgesprochen.[140] Problematisch ist weiterhin, dass die Entscheidung über die Unterdrückung allein in den Händen eines Privatunternehmens liegt, das kaum über die geeigneten Verfahren verfügen dürfte, mit der schieren Menge an Delisting-Anfragen – allein im ersten Jahr nach der *Google Spain*-Entscheidung sollen über 250.000 Anträge gestellt worden sein[141] – ordnungsgemäß umzugehen. Andererseits scheint die Befürchtung, dass Google aufgrund fehlender Kapazitäten allen Delisting-Anfragen einfach unbesehen Folge leisten würde, unbegründet zu sein, dem Vernehmen nach waren derartige Anfragen (nur) zu 42 % erfolgreich.[142] Deutlich zu weit gehen dürfte der Vorschlag, Vertretern der interessierten Öffentlichkeit ein Klagerecht gegen ein erfolgtes Delisting zu geben.[143] Zu unterstützen ist demgegenüber die Forderung nach mehr Transparenz des Verfahrens bei Google.[144]

44 **6. Unabhängige Kontrollstelle.** Art. 8 Abs. 3 GRC sieht die Überwachung der Einhaltung der Vorschrift durch eine unabhängige Stelle vor. Darin ist zuvörderst eine **objektivrechtliche Ausprägung** des Datenschutzgrundrechts zu sehen, die der besonderen

---

[134] EGMR 28.6.2018 – 60798/10 und 65599/10 – ML und WW/Deutschland.
[135] EuGH C-398/15, ECLI:EU:C:2017:197 – Manni.
[136] EuGH C-131/12, ECLI:EU:C:2014:317 Rn. 80 – Google Spain und Google.
[137] Vgl. *Haug* AfP 2014, 503 (504); *Mann* K&R 2013, 553 (556 f.); siehe auch *Buchholtz* AöR 140 (2015), 121 (138 ff.); zur Rezeption der EuGH-Rechtsprechung in den Niederlanden vgl. *Kulk/Zuiderveen Borgesius* European Data Protection Law Review 2 (2015), 113 ff.
[138] Vgl. *Gstrein* S. 102 ff.; *Weismantel* S. 156 ff.
[139] *Van Alsenoy/Koekkoek* International Data Privacy Law 5 (2015), 105 (111 ff.). Hierzu „Google muss in Frankreich Geldstrafe bezahlen", FAZ.NET vom 25.3.2016, abrufbar unter http://www.faz.net/aktuell/wirtschaft/netzwirtschaft/google/pariser-datenschuetzer-verhaengen-geldstrafe-gegen-google-14144676.html.
[140] EuGH C-507/17, ECLI:EU:C:2019:772 – Google (räumliche Reichweite des Rechts auf Auslistung).
[141] Vgl. *de Hert/Papakonstantinou* Maastricht Journal of European and Comparative Law 22 (2015), 624 (635).
[142] Vgl. *Kulk/Zuiderveen Borgesius* European Data Protection Law Review 2 (2015), 113 (117).
[143] So aber *de Hert/Papakonstantinou* Maastricht Journal of European and Comparative Law 22 (2015), 624 (638).
[144] *Goodman ua*, Open Letter to Google From 80 Internet Scholars: Release RTBF Compliance Data, abrufbar unter https://medium.com/@ellgood/open-letter-to-google-from-80-internet-scholars-release-rtbf-compliance-data-cbfc6d59f1bd#.beuokd2v2.

Gefährdungsstruktur Rechnung trägt.¹⁴⁵ Der EuGH geht allerdings offenbar noch einen Schritt weiter, indem er im Fall *Schrems* von einem durch Art. 8 Abs. 1 und 3 GRC garantierten „Recht" spricht, „sich mit einer Eingabe zum Schutz [der] Grundrechte an die nationale Kontrollstelle [...] wenden" zu können.¹⁴⁶ Darüber hinaus wertet er in jenem Fall Art. 8 Abs. 3 GRC weiter dadurch auf, dass er aus ihm ein primärrechtlich verbürgtes **Klagerecht der nationalen Kontrollstellen** selbst (gegenüber der Safe Harbour-Entscheidung der Kommission) herleitet.¹⁴⁷ Das PNR-Abkommen EU-Kanada genügte den Anforderungen des Art. 8 Abs. 3 GRC nicht, indem es die Überprüfung der Einhaltung der Datenschutzstandards durch eine Behörde ermöglichte, die nicht in voller Unabhängigkeit handelte.¹⁴⁸

Mit der subjektivrechtlichen Aufladung des Art. 8 Abs. 3 GRC geht die Charta deutlich über den EMRK-Standard hinaus. Immerhin entschied der EGMR im Fall *Gaskin*, dass die Vorenthaltung von Informationen über die Kindheit des bei Pflegeeltern aufgewachsenen Beschwerdeführers nur dann verhältnismäßig sei, wenn sichergestellt werde, „dass eine unabhängige Stelle letztverbindlich darüber entscheidet, ob Aktenzugang in Fällen gewährt wird, in denen ein Informant sich nicht äußert oder seine Zustimmung zur Akteneinsicht verweigert".¹⁴⁹ Ansonsten gewährleistet Art. 13 EMRK allgemein das Recht auf eine **wirksame** (innerstaatliche) **Beschwerdemöglichkeit** wegen behaupteter Konventionsverletzungen. Hierbei muss es sich nicht zwingend um einen gerichtlichen Rechtsbehelf handeln, vielmehr hat der EGMR auch den Rechtsschutzmechanismus des deutschen G 10 als konventionskonform akzeptiert.¹⁵⁰ Im Zusammenhang mit polizeilichem Zugriff auf Nutzer hinter einer dynamischen IP-Adresse verlangte der EGMR allerdings gestützt auf Art. 8 EMRK eine **richterliche Anordnung** zur Verhinderung von Willkür. Nicht ganz klar wurde indes, ob es sich dabei um eine generalisierbare Aussage handelte oder ob der Gerichtshof vom Einzelfall her argumentierte, da er maßgeblich auf das Erfordernis richterlicher Anordnung nach der slowakischen Verfassung hinwies.¹⁵¹ Die Europarats-Konvention Nr. 108 ist ebenfalls noch sehr allgemein gehalten, indem nur „Sanktionen und Rechtsmittel" wegen Verstößen gegen innerstaatliches Datenschutzrecht gefordert werden (Art. 10 Datenschutzübereinkommen). Durch das (fakultative) Zusatzprotokoll von 2001 (→ Rn. 27) sind diese Anforderungen in Richtung unabhängiger Kontrollstellen verschärft worden (Art. 1 Zusatzprotokoll zum Datenschutzübereinkommen).

C. Beeinträchtigungen

Bereits von seinem Wortlaut her erfasst Art. 8 GRC nicht allein die abwehrrechtliche Dimension *(status negativus)*, sondern ist vielmehr auf den „Schutz" personenbezogener Daten ausgerichtet (Abs. 1). Erfasst werden damit nicht nur Beeinträchtigungen durch **staatliche Instanzen**, sondern gleichermaßen auch durch **private Individuen**. Allerdings ist angesichts der allgemeinen Regelungsstruktur der Charta (Art. 52 Abs. 1 GRC) nicht davon auszugehen, dass das Datenschutzgrundrecht unmittelbare Drittwirkung entfaltet.¹⁵² Hierin unterscheidet sich Art. 8 GRC grundlegend von der Datenschutz-RL – trotz deren

---

¹⁴⁵ *Mehde* → 1. Aufl. 2006, § 21 Rn. 29; siehe auch *Knecht* in Schwarze GRC Art. 8 Rn. 10.
¹⁴⁶ EuGH C-362/14, ECLI:EU:C:2015:650 Rn. 58 – Schrems.
¹⁴⁷ Vgl. *Kühling/Heberlein* NvWZ 2016, 7 (8). Ein Recht auf Sammelklagen gegen Facebook lässt sich aus der Brüssel I-VO allerdings nicht herleiten: EuGH C-498/16, ECLI:EU:C:2018:37 – Schrems.
¹⁴⁸ EuGH Gutachten 1/15, ECLI:EU:C:2017:592 Rn. 228 ff. – PNR-Abkommen EU-Kanada; hierzu umfassend *Baumann,* passim.
¹⁴⁹ EGMR 7.7.1989 – 10454/83 Rn. 49, EGMR-E 4, 358 – Gaskin/Vereinigtes Königreich.
¹⁵⁰ EGMR 6.9.1978 – 5029/71, EGMR-E 1, 320 – Klass ua/Deutschland; EGMR 29.6.2006 – 54934/00, NJW 2007, 1433 – Weber und Saravia/Deutschland.
¹⁵¹ EGMR 24.4.2018 – 62357/14 Rn. 122 ff. – Benedik/Slowenien.
¹⁵² Vgl. *Augsberg* in von der Groeben/Schwarze/Hatje GRC Art. 8 Rn. 9; *Streinz/Walter* EuZW 2011, 384 (385). Allgemein hierzu *Unseld,* Zur Bedeutung der Horizontalwirkung von EU-Grundrechten, 2018.

Vorbildcharakters für das Grundrecht[153] –, denn diese differenzierte von ihrem Anwendungsbereich her gerade nicht danach, ob die Verarbeitung personenbezogener Daten durch staatliche oder private Akteure erfolgt (Art. 2 lit. b Datenschutz-RL). Lediglich die Verarbeitung von Daten durch natürliche Personen zur Ausübung ausschließlich persönlicher oder familiärer Tätigkeiten war vom Anwendungsbereich der Richtlinie ausgenommen (Art. 3 Abs. 2 zweiter Gedankenstrich Datenschutz-RL).[154] Grundrechtsdogmatisch lassen sich derartige Gefährdungslagen über die Figur der sog *positive obligations* erfassen. Diese Figur war vom EGMR ursprünglich anhand Art. 8 Abs. 1 EMRK in Anlehnung an den Wortlaut (Recht auf „Achtung" des Privat- und Familienlebens usw) entwickelt,[155] später aber faktisch auf alle Konventionsrechte erstreckt worden.[156]

47 Als zentraler Anknüpfungspunkt für die Beeinträchtigung des Datenschutzgrundrechts erweist sich der in Art. 8 Abs. 2 S. 1 GRC verwendete Begriff der **„Verarbeitung"**.[157] Dieser dürfte in Anlehnung an die Datenschutz-RL (Art. 2 lit. b Datenschutz-RL) weit zu verstehen sein. Insbesondere spielt es keine Rolle, ob die Datenverarbeitung automatisiert oder manuell erfolgt. Die Europarats-Konvention Nr. 108 ist hingegen noch auf die automatisierte Datenverarbeitung beschränkt, durch die jüngste Vertragsrevision (→ Rn. 5 aE) ist allerdings eine Ausweitung erfolgt. Der EuGH hat insoweit auch das einmalige Hochladen eines Youtube-Videos als „Verarbeitung" im Sinne der Richtlinie angesehen.[158] Bei **Auskunfts- und Berichtigungsbegehren** (→ Rn. 37) besteht die Beeinträchtigung in deren **Nichterfüllung** durch staatliche Stellen.

48 Im Fall *Schecke* ist der Eingriffscharakter der Maßnahme – es ging um die Pflicht zur Offenlegung von Agrarsubventionen – vom Land Hessen in Zweifel gezogen worden mit dem Argument, dass mit der Beantragung von Beihilfen eine **Einwilligung** in deren Veröffentlichung erteilt worden wäre.[159] Der EuGH hat zwar das Vorliegen einer ausreichenden Einwilligung verneint, ist der Qualifizierung der Einwilligung als tatbestandsausschließend jedoch nicht entgegengetreten. Bei Vorliegen einer gültigen Einwilligung ist deshalb davon auszugehen, dass bereits die Beeinträchtigung entfällt.[160]

D. Rechtfertigung

49 Das Zusammenspiel zwischen GRC und EMRK wirft dogmatische Schwierigkeiten insbesondere im Bereich der Rechtfertigung auf. Diese ergeben sich aus der **unterschiedlichen Schrankensystematik:** Während die EMRK noch dem System (grundrechts-)spezifischer Schranken folgt, haben sich die Schöpfer der Charta für eine horizontale Schrankenklausel entschieden (Art. 52 Abs. 1 GRC). Aufgrund des Grundsatzes der EMRK-konformen Auslegung der Charta (Art. 52 Abs. 3 GRC) spielen die speziellen EMRK-Schranken indirekt gleichwohl eine Rolle.[161] In der nachfolgenden Kommentierung dient daher die EMRK als Ausgangspunkt, an dem die unionsrechtlichen Vorgaben gemessen werden. Zur Qualifizierung der Schrankenklausel in Art. 8 Abs. 2 S. 1 GRC als Bestandteil

---

[153] Vgl. den Verweis auf die Datenschutz-RL in den Erläuterungen des Präsidiums zur GRC, ABl. 2007 C 303, 17 (20).
[154] Hierzu EuGH C-101/01, Slg. 2003, I-12971 Rn. 47 – Lindquist.
[155] EGMR 13.6.1979 – 6833/74 Rn. 31, EGMR-E 1, 396 – Marckx/Belgien.
[156] Näher *Krieger* in Dörr/Grothe/Marauhn Kap. 6 Rn. 21 ff. mwN; speziell zum konventionsrechtlich geforderten Schutz vor privater Überwachung *Uerpmann-Wittzack/Jankowska-Gilberg* MMR 2008, 83 (87 f.).
[157] Vgl. *Mehde* → 1. Aufl. 2006, § 21 Rn. 31.
[158] EuGH C-345/17, ECLI:EU:C:2019:122 Rn. 33 ff. – Buivids.
[159] EuGH C-92/09, Slg. 2010, I-11063, Rn. 61 – Volker und Markus Schecke und Eifert. Siehe auch EGMR 24.4.2018 – 62357/14 Rn. 129 – Benedik/Slowenien: Das slowenische Verfassungsgericht hatte argumentiert, dass der Beschwerdeführer auf das Recht auf Privatheit verzichtet habe, indem er auf einem kinderpornographischen Portal Videos geteilt habe, ohne die eigene IP-Adresse zu unterdrücken. Der EGMR ist diesem Argument nicht gefolgt, sondern hat die Bedeutung der Anonymität im Internet betont.
[160] Ebenso *Kingreen* in Calliess/Ruffert GRC Art. 8 Rn. 13; *Mehde* → 1. Aufl. 2006, § 21 Rn. 38; *Schorkopf* in Ehlers GuG § 16 Rn. 45; *Wollenschläger* AöR 135 (2010), 363 (385).
[161] Vgl. Handbuch zum europäischen Datenschutzrecht, S. 76.

des Garantiegehalts → Rn. 33. Zur Bedeutung des Art. 16 AEUV für die Frage der Einschränkbarkeit → Rn. 13.

I. Gesetzliche Grundlage

Die Voraussetzung einer „gesetzlichen Grundlage" gehört zum Normprogramm des Art. 8 **50** Abs. 2 EMRK. Der EGMR begnügt sich allerdings nicht mit der bloßen Existenz eines Gesetzes, sondern stellt hieran gewisse **qualitative Anforderungen**. Dazu gehört, dass die Vorschrift „**hinreichend zugänglich** und **vorhersehbar** [ist], dh sie muss so genau formuliert sein, dass der Einzelne – nötigenfalls mit entsprechender Beratung – sein Verhalten daran ausrichten kann. Damit das innerstaatliche Recht diesen Anforderungen genügt, muss es einen angemessenen Rechtsschutz gegen Willkür gewährleisten und daher den Umfang des den zuständigen Behörden gewährten Spielraums und die Art und Weise, in der dieser zu nutzen ist, hinreichend klar definieren".[162] Im Zusammenhang mit **verdeckten Abhörmaßnahmen** hebt der Gerichtshof hervor, dass „Vorhersehbarkeit" nicht bedeuten könne, es dem Einzelnen zu ermöglichen vorherzusehen, ob und wann sein Telefonverkehr möglicherweise von Behörden überwacht werde, um sein Verhalten entsprechend einrichten zu können. Dennoch müsse das Gesetz „ausreichend klar abgefasst sein, um dem Einzelnen genügend deutlich zu machen, unter welchen Umständen und unter welchen Bedingungen es die öffentliche Gewalt ermächtigt, einen solchen geheimen und potentiell gefährlichen Eingriff in das Recht auf Achtung des Privatlebens und der Korrespondenz vorzunehmen".[163]

In der EuGH-Rechtsprechung ist zwar ebenfalls anerkannt, dass den Art. 8 GRC be- **51** schränkende Unionsregelungen „**klare und präzise Regeln** für die Tragweite und die Anwendung der fraglichen Maßnahme vorsehen und Mindestanforderungen aufstellen [müssen], so dass die Personen, deren Daten auf Vorrat gespeichert wurden, über ausreichende Garantien verfügen, die einen wirksamen Schutz ihrer personenbezogenen Daten vor Missbrauchsrisiken sowie vor jedem unberechtigten Zugang zu diesen Daten und jeder unberechtigten Nutzung ermöglichen".[164] Im Unterschied zum EGMR behandelt der EuGH dies freilich nicht als spezielle, an die gesetzliche Schranke (hier: iSd Art. 52 Abs. 1 GRC) zu stellende Anforderung, sondern als einen Teilaspekt der Verhältnismäßigkeit.

II. Legitimes Ziel

Ein grundlegender Unterschied zwischen der Regelungsstruktur des Art. 8 EMRK und **52** der Art. 7, 8 GRC besteht darin, dass Art. 8 Abs. 2 EMRK die mit der staatlichen Maßnahme zulässigerweise verfolgten **Ziele abschließend**[165] aufzählt, während Art. 52 Abs. 1 S. 2 GRC eine **generelle Gemeinwohlklausel** enthält. Im Regelfall ist das unschädlich, da die in Art. 8 Abs. 2 EMRK aufgezählten Ziele derart weit formuliert sind, dass ihnen kaum eine ernsthafte Filterfunktion zukommt.[166] Immerhin hat aber der EuGH im Fall *Schecke,* in dem es um die Pflicht zur Veröffentlichung von Agrarsubventionen ging, ausdrücklich auf die Steigerung der Transparenz in Bezug auf die Verwendung von Gemeinschaftsmitteln abgestellt[167] – ein Ziel, für das sich in Art. 8 Abs. 2 EMRK kein

---

[162] EGMR 4.12.2008 (GK) – 30562/04, 30566/04 Rn. 95, EuGRZ 2009, 299 – S. und Marper/Vereinigtes Königreich.
[163] EGMR 2.8.1984 – 8691/79 Rn. 67, EGMR-E 2, 452 – Malone/Vereinigtes Königreich; bestätigt zB in EGMR 29.6.2006 – 54934/00 Rn. 93, NJW 2007, 1433 – Weber und Saravia/Deutschland. Hierzu aktuell EGMR 19.6.2018 – 35252/08 – Centrum för rättvisa/Schweden (derzeit vor der Großen Kammer anhängig; die mündliche Verhandlung fand am 10.7.2019 statt); EGMR 13.9.2018 – 58170/13 ua – Big Brother Watch ua/Vereinigtes Königreich (derzeit vor der Großen Kammer anhängig; die mündliche Verhandlung fand am 10.7.2019 statt).
[164] EuGH C-293/12 und 594/12, ECLI:EU:C:2014:238 Rn. 54 – Digital Rights Ireland und Seitlinger ua.
[165] Vgl. *Uerpmann-Wittzack* in Ehlers GuG § 3 Rn. 24.
[166] *Uerpmann-Wittzack/Jankowska-Gilberg* MMR 2008, 83 (87); siehe auch *de Hert/Gutwirth* 20 ff.
[167] EuGH C-92/09 Slg. 2010, I-11063 Rn. 67 – Volker und Markus Schecke und Eifert.

§ 25   5. Abschnitt. Privatsphäre und allgemeine Handlungsfreiheit

Äquivalent findet.[168] Freilich hat der EGMR im Zusammenhang mit der Offenlegung von Einkünften durch Gemeinderatsmitglieder ein legitimes Ziel in Gestalt der Verhütung von Straftaten (Korruptionsbekämpfung) anerkannt und im Übrigen ebenfalls auf die Transparenzsteigerung abgestellt.[169] Im Ergebnis dürfte sich daher kein Unterschied ergeben.

III. Notwendigkeit in einer demokratischen Gesellschaft

53   Gem. Art. 8 Abs. 2 EMRK sind Eingriffe in den Schutzbereich des Abs. 1 weiterhin nur zulässig, soweit sie „in einer demokratischen Gesellschaft notwendig" sind. Der EGMR fordert insoweit, dass die Maßnahme einem **„dringenden sozialen Bedürfnis"** *(pressing social need)* entspricht und **verhältnismäßig** ist. Hierbei kommt den staatlichen Stellen ein Beurteilungsspielraum *(margin of appreciation)* zu, der je nach Sachbereich und Fallgestaltung variiert.[170] Im Fall *Digital Rights Ireland* spricht der EuGH – unter ausdrücklicher Bezugnahme auf den EGMR – ebenfalls von einem „Gestaltungsspielraum des Unionsgesetzgebers", der jedoch durch eine Reihe von Gesichtspunkten eingeschränkt sein könne.[171] Auch wenn die Margin of appreciation-Doktrin in der Rechtsprechung des EuGH bis dato als eher unterentwickelt erscheint,[172] dürfte diese Rechtsprechung konzeptionell mit dem EMRK-Standard kompatibel sein, zumal die Verhältnismäßigkeitsprüfung aus dem Bereich der Grundfreiheiten bekannt ist. Das bedeutet nicht, dass bei der Abwägung divergierender grundrechtlicher Belange EuGH und EGMR nicht zu unterschiedlichen Gewichtungen gelangen könnten (→ Rn. 42). Zum Grundsatz der Datenminimierung als Ausdruck der Verhältnismäßigkeit → Rn. 36.

E. Verhältnis zu anderen Bestimmungen

54   Zum Verhältnis von Art. 7 und 8 GRC → Rn. 20 ff. Zum Verhältnis von Art. 8 und 47 GRC → Rn. 37.

F. Zusammenfassende Bewertung und Ausblick

55   Der europäische Datenschutz befindet sich in einer **Phase der Neuausrichtung:** Das EU-Sekundärrecht ist modernisiert worden, ebenso die Europarats-Konvention Nr. 108. Parallel dazu formt der EuGH prätorisch die Konturen eines grundrechtlich verfassten europäischen Datenschutzes. Die Gefährdungen, die das Internet für den Schutz personenbezogener Daten mit sich bringt, sind vielfältig und werden in all ihren Dimensionen erst allmählich sichtbar. Vor diesem Hintergrund erscheint die Erwartung angebracht, dass der Datenschutz auch in Zukunft eine prominente Rolle in der Ausbildung einer genuin unionsrechtlichen Grundrechtsdogmatik spielen wird. Mit der DS-GVO verfolgt die EU das Ziel, im Wettstreit der Verfassungskonzepte den weltweit gültigen oder doch zumindest den weltweit prägenden Grundrechtsstandard in Sachen Datenschutz zu etablieren. Ob sie damit auf lange Sicht erfolgreich sein wird oder ob sie die eigenen Prägekräfte überschätzt, wird die künftige Entwicklung zeigen.

---

[168] *Kokott/Sobotta* International Data Privacy Law 3 (2013), 222 (224).
[169] EGMR 25.10.2005 – 2428/05 – Wypych/Polen; anders *Kokott/Sobotta* International Data Privacy Law 3 (2013), 222 (224): informierte Debatte als Teil der Meinungsäußerungsfreiheit Dritter; anders auch *Wollenschläger* AöR 135 (2010), 363 (389): wirtschaftliches Wohl des Landes.
[170] Statt vieler EGMR 4.12.2008 (GK) – 30562/04, 30566/04 Rn. 101 f., EuGRZ 2009, 299 – S. und Marper/Vereinigtes Königreich.
[171] EuGH C-293/12 und 594/12, ECLI:EU:C:2014:238 Rn. 47 – Digital Rights Ireland und Seitlinger ua.
[172] Vgl. hierzu jetzt *Schulte*, Zur Übertragbarkeit der Margin-of-appreciation-Doktrin des EGMR auf die Rechtsprechung des EuGH im Bereich der Grundfreiheiten, 2018, S. 184 ff.; siehe auch *Edenharter* Der Staat 57 (2018), 227 ff.

§ 26 Recht auf soziale Sicherheit und Unterstützung

Übersicht

	Rn.
A. Entwicklung und Bedeutung der verfassungs- und menschenrechtlichen Gewährleistung des Rechts auf soziale Sicherheit und Unterstützung	1–18
I. Verfassungs- und völkerrechtliche Entwicklungen	2–13
II. Europäisches Primär- und Sekundärrecht	14–17
III. Entstehung und Bedeutung des Art. 34 GRC	18
B. Gewährleistungsgehalt	19–27
I. Sachlicher Schutzbereich	19–24
1. Soziale Sicherheit (Art. 34 Abs. 1 GRC)	19–21
2. Soziale Unterstützung (Sozialhilfe) (Art. 34 Abs. 3 GRC)	22, 23
3. Gleichbehandlung bei Sozialleistungen (Art. 34 Abs. 2 GRC)	24
II. Persönlicher Schutzbereich	25, 26
III. Gewährleistungsdimensionen	27
C. Beeinträchtigung	28, 29
D. Rechtfertigung	30
E. Verhältnis zu anderen Bestimmungen	31
F. Zusammenfassende Bewertung und Ausblick	32

Schrifttum:

Bieback, Verfassungsrechtlicher Schutz gegen Abbau und Umstrukturierungen von Sozialleistungen, 1997; *Borchardt*, Die Rechtsprechung des Gerichtshofs der EG und das Sozialrecht, ZfSH/SGB 1991, 132; *Becker/Pieters/Ross/Schoukens*, Security: A General Principle of Social Security Law in Europe, 2010; *Brzezinski/Garlicki*, Judicial Review in Post-Communist Poland: The Emergence of a Rechtsstaat?, StanJIL 1995, 13; *Dennis/Stewart*, Justiciability of Economic, Social, and Cultural Rights: Should there be an Optional Complaints Mechanism to Adjudicate the Rights to Food, Water, Housing, and Health?, AJIL 98 (2004), 462; *de Vos van Steenwijk* in Danieli/Stamatopoulou/Dias, The Universal Declaration of Human Rights: Fifty Years and Beyond, 1999, S. 411; *Eichenhofer*, Neuere Rechtsprechung des EuGH zum Europäischen Sozialrecht, JZ 1995, 1047; *Ewing*, Social Rights and Constitutional Law, Public Law 1999, 104; *Häußling*, Soziale Grundrechte in der portugiesischen Verfassung von 1976, 1997; *Harris/Darcy*, The European Social Charter, 2001; *Isensee*, Soziale Sicherheit im europäischen Markt. Aufgabenverteilung zwischen Mitgliedstaaten und Europäischer Gemeinschaft gemäß dem Subsidiaritätsprinzip, VSSR 1996, 169; *Itin*, Grundrechte in Frankreich, 1992; *Kemmler*, Einflussrichtungen der Europäischen Union auf das Krankenversicherungsrecht in Deutschland, NZS 2015, 401; *Koch*, The Justiciability of Indivisible Rights, NordicJIL 72 (2003), 3; *Küpper*, Der Sparkurs der ungarischen Regierung auf dem Prüfstand des Verfassungsgerichts, ROW 40 (1996), 101; *Marauhn* in Matscher, Erweitertes Grundrechtsverständnis für völkerrechtlich gewährleistete wirtschaftliche, soziale und kulturelle Rechte?, FS F. von Zezschwitz, 2005, S. 243; *ders.* in Benvenisti/Nolte, The Welfare State, Globalization, and International Law, 2004, S. 275; *ders.* in Frowein/Marauhn, Grundfragen der Verfassungsgerichtsbarkeit, 1998, S. 135; *ders./Dröge* in Bundesministerium für Arbeit und Sozialordnung/Max-Planck-Institut für ausländisches und internationales Sozialrecht/Akademie der Diözese Rottenburg Stuttgart, Grundrechte in der Europäischen Union, 2000/2001, S. 77; *Oberhäuser/Steffen*, Rechtswidriger Leistungsausschluss für Unionsbürger, ZAR 2017, 149; *Pieters*, Sociale grondrechten op prestaties in de grondwetten van de landen van de Europese Gemeenschap, 1985; *Plant*, Social and Economic Rights Revisited, KCLJ 2003, 1; *Polakiewicz*, Soziale Grundrechte und Staatszielbestimmungen in den Verfassungsordnungen Italiens, Portugals und Spaniens, ZaöRV 54 (1994), 340; *Ritter* in Hofmann/Holländer/Merli/Wiedern, Armut und Verfassung, 1998, S. 63; *Schabas*, Freedom from Want. How can we make Indivisibility more than a mere Slogan?, NJCL 11 (2000), 189; *Scherf*, Die Umsetzung des internationalen Paktes über wirtschaftliche, soziale und kulturelle Rechte vom 19. Dezember 1966 in die Rechtsordnung der Bundesrepublik Deutschland, 1990; *Schlenker*, Soziales Rückschrittsverbot und Grundgesetz, 1986; *Schulte*, Neuere Entwicklungen des Europäischen Sozialrechts, BayVBl. 2000, 336 und 362; *Wallrabenstein*, Die Gleichheit der Freiheit, ZESAR 2016, 349; *Zuleeg*, Der Schutz sozialer Rechte in der Rechtsordnung der Europäischen Gemeinschaft, EuGRZ 1992, 329.

A. Entwicklung und Bedeutung der verfassungs- und menschenrechtlichen Gewährleistung des Rechts auf soziale Sicherheit und Unterstützung

1 Ein Recht auf soziale Sicherheit und Unterstützung ist Bestandteil zahlreicher verfassungs- und völkerrechtlicher Instrumente. Einerseits reflektiert es den Zusammenhang zwischen bürgerlich-politischen und wirtschaftlich-sozialen Rechten und trägt somit der vor allem auf der universellen Ebene propagierten **Unteilbarkeit** beider Kategorien von Menschenrechten Rechnung.[1] Andererseits belegen die Vielfalt der rechtlichen Normierung und die häufig anzutreffenden Generalklauseln, dass Verfassungs- und Völkerrecht die primäre Zuständigkeit des Gesetzgebers in diesem Bereich anerkennen. Ob dies zwangsläufig auch eine eingeschränkte **Justiziabilität** einschlägiger Gewährleistungen und eine Beschränkung auf einen objektivrechtlichen Gehalt mit sich bringt, wird zwar häufig vertreten,[2] ist aber nicht unumstritten.[3] Die **Prozeduralisierung** sozialrechtlicher Grund- und Menschenrechte, die auch in der Formulierung der Grundrechtecharta zum Ausdruck kommt, wenn sie von einem „Recht auf Zugang zu den Leistungen" und nicht von einem „Recht auf Leistungen" spricht,[4] ermöglicht es vielmehr, dem Grundrechtsadressaten einen gesetzgeberischen Spielraum auch bei subjektivrechtlicher Ausgestaltung zu belassen, ohne dabei die grundrechtliche Dimension des Rechts zu vernachlässigen.

I. Verfassungs- und völkerrechtliche Entwicklungen

2 Interessanterweise lassen sich zahlreiche **post-diktatorische Verfassungen** identifizieren, die nicht nur die Freiheitsrechte eingehend normieren, sondern den wirtschaftlichen, sozialen, kulturellen und ökologischen Rechten in ihren Verfassungen beachtlichen Raum geben.

3 Der sowohl bürgerlich-politische als auch wirtschaftlich-soziale Grundrechte beinhaltende Grundrechtsteil der **italienischen Verfassung** von 1947, der als „Ausdruck eines historischen Kompromisses zwischen katholischen und sozialistisch-kommunistischen Positionen"[5] gewertet worden ist, beinhaltet neben vielen anderen Rechten auch ein Recht auf Unterhalt und Sozialfürsorge (Art. 38 Abs. 1 italVerf) sowie auf angemessene Mittel für Unglücksfälle, Arbeitslosigkeit und vergleichbare Situationen (Art. 38 Abs. 2 italVerf). Das italienische Verfassungsgericht hat den meisten sozialen Grundrechten die Qualität von unverletzlichen Rechten im Sinne von Art. 2 italVerf zuerkannt,[6] trägt aber der besonderen Verpflichtungsstruktur sozialer Rechte dadurch Rechnung, dass es eine spezifische Prüfungstechnik für die verfassungsgerichtliche Kontrolle der Umsetzung sozialer Grundrechte entwickelt hat. Diese geht vom Gebot einer schrittweisen Verwirklichung aus, berücksichtigt die finanziellen Möglichkeiten des Staates und reduziert die Kontrolldichte.[7] Jenseits der leistungsrechtlichen Komponente hat das italienische Verfassungsgericht eine abwehrrechtliche Dimension und die unmittelbare Drittwirkung sozialer Grundrechte partiell anerkannt.[8]

---

[1] Zur Unteilbarkeit vgl. *Marauhn* FS F. von Zezschwitz, 2005, 243 ff. Den Diskussionsstand dokumentieren darüber hinaus die Beiträge von *de Vos van Steenwijk* in Danieli S. 411 ff., *Schabas* NJCL 11 (2000), 189 ff. und *Koch* NordicJIL 72 (2003), 3 ff.

[2] Vgl. insbesondere *Dennis/Stewart* AJIL 98 (2004), 462 ff.

[3] Vgl. hierzu die vom Ausschuss nach dem Wirtschafts- und Sozialpakt der Vereinten Nationen (Committee on Economic, Social and Cultural Rights) verabschiedeten „General Comments" Nr. 3 (1990) (UN Doc. E/1991/23, Annex VI) und Nr. 9 (1998) (UN Doc. E/C.12/1998/24). Eine eingehende Analyse enthält auch *Marauhn* in Benvenisti/Nolte S. 275 ff.

[4] Dies betont *Marauhn* in Matscher S. 247 (284).

[5] *Polakiewicz* ZaöRV 54 (1994), 340 (345); *Häußling* S. 39.

[6] Zum Recht auf angemessene Erholung erstmals in CC, sent. Nr. 66/1963, ständige Rechtsprechung; zum Recht auf Gesundheit CC, sent. Nr. 88/1979, 184/1986, 559/1987, 992/1988; zum Recht auf soziale Sicherheit CC, sent. Nr. 497/1988; sämtliche Nachweise bei *Polakiewicz* ZaöRV 54 (1994), 340 (354). Vgl. allgemein auch *Borzaga* in Becker/Pieters/Ross/Schoukens S. 279 ff.

[7] *Polakiewicz* ZaöRV 54 (1994), 340 (363 mwN).

[8] Näher dazu *Polakiewicz* ZaöRV 54 (1994), 340 (377 ff. einerseits und 381 ff. andererseits).

Die **portugiesische Verfassung** von 1976 „enthält den wohl detailliertesten Katalog 4
sozialer, wirtschaftlicher und kultureller Rechte aller westeuropäischen Verfassungen".[9] Sie
unterscheidet zwischen Rechten, Freiheiten und Garantien (die bürgerlich-politischen
Rechte) und wirtschaftlichen, sozialen und kulturellen Rechten: Erstere werden „garantiert", letztere sind zu „fördern"[10]; die bürgerlich-politischen Rechte binden als unmittelbar anwendbares Recht öffentliche und private Einrichtungen, die wirtschaftlich-sozialen
Rechte werden weitgehend vom Gesetzgeber konkretisiert; besondere Schranken- und
Notstandsregelungen gibt es nur für bürgerlich-politische Rechte.[11] Art. 9 portVerf formuliert neben dem Grundsatz der Gleichheit aller Portugiesen auch ein Staatsziel der Verwirklichung sozioökonomischer Rechte.[12] Detaillierte Bestimmungen finden sich in Art. 63
portVerf, dessen Abs. 1 ausdrücklich ein Recht auf soziale Sicherheit gewährt, das in den
Abs. 2, 3 eine detaillierte Ausgestaltung erfährt und durch ein Recht auf Unterhaltung
nicht gewinnorientierter privater Sozialversicherungseinrichtungen in Abs. 5 abgerundet
wird. Das portugiesische Verfassungsgericht hat die normative Verbindlichkeit sozialer
Grundrechte anerkannt, aber deren unmittelbare Einklagbarkeit abgelehnt. Es hat ihre
Verwirklichung prinzipiell als Aufgabe des Gesetzgebers angesehen und sich darüber hinaus
in der verfassungsgerichtlichen Kontrolle gesetzgeberischer Akte zurückgehalten. Andererseits hat das Gericht dem sozialen Verschlechterungsverbot Eingang in seine Rechtsprechung verschafft[13] und den sozialen Grundrechten auch eine abwehrrechtliche Dimension
zuerkannt.[14] Eine Drittwirkung legt schon der Verfassungstext nahe.[15]

Ähnlich ist die **spanische Verfassung** angelegt, die zunächst das Leitbild des sozialen 5
Rechtsstaats statuiert (Art. 1 spanVerf) und in einem späteren Kapitel eine Reihe von
Einzelgewährleistungen formuliert. Dazu gehören sowohl das Recht auf Wohnung in
Art. 47 spanVerf als auch die Garantie eines Systems sozialer Sicherheit in Art. 41 spanVerf
(unter Einschluss von Leistungen im Fall der Arbeitslosigkeit). Grundsätzlich sind soziale
Grundrechte in der spanischen Verfassung als unmittelbar anwendbare Grundrechtsnormen
garantiert und können im Wege der Verfassungsbeschwerde geltend gemacht werden.[16] Das
spanische Verfassungsgericht hat die rechtliche Verbindlichkeit auch derjenigen sozialen
Grundrechte anerkannt, die im Teil über die Sozial- und Wirtschaftspolitik enthalten sind,
allerdings die unmittelbare Einklagbarkeit abgelehnt. Es ist hinsichtlich des Kontrollmaßstabs auch bei den als Staatszielbestimmungen qualifizierten Normen des Teils über die
Sozial- und Wirtschaftspolitik zurückhaltender als das portugiesische Verfassungsgericht.
Die Feststellung einer Verfassungswidrigkeit gesetzlicher Vorschriften kommt nur bei of-

---

[9] *Polakiewicz* ZaöRV 54 (1994), 340 (347).
[10] Näher *Häußling* S. 97 ff.
[11] Eingehend hierzu *Polakiewicz* ZaöRV 54 (1994), 340 (348); vgl. auch *Häußling* S. 91 ff.
[12] Es heißt dort: „Wesentliche Aufgaben des Staates sind: [...] d) das Wohlbefinden und die Lebensqualität des Volkes, die tatsächliche Gleichheit zwischen den Portugiesen und die Verwirklichung der wirtschaftlichen, sozialen und kulturellen Rechte zu fördern, vermittels der Umwandlung der wirtschaftlichen und sozialen Strukturen, insbesondere durch die Sozialisierung der wesentlichen Produktionsmittel und durch die Abschaffung der Ausbeutung und Unterdrückung des Menschen durch den Menschen; [...]".
[13] Eingehend dazu *Häußling* S. 125 ff., unter Hinweis auf das grundlegende Urteil des Verfassungsgerichts zum nationalen Gesundheitsdienst vom 11.4.1984, AcTC 39/84. *Häußling* S. 127 weist darauf hin, dass das „Verbot des sozialen Rückschritts [...] angesichts des ansonsten eher schwachen Schutzes der sozialen Grundrechte ein notwendiges Schutzelement" darstellt, und ist der Auffassung, dass das „Vertrauen in die einmal konkretisierten sozialen Grundrechte [...] besonderen Schutz" verdiene.
[14] *Polakiewicz* ZaöRV 54 (1994), 340 (378 f.), der darauf hinweist, dass die Rechtsprechung hinsichtlich der negativen Seite nicht zwischen sozialen Grundrechten und traditionellen Freiheitsrechten unterscheide (vgl. dazu AcTC [Plenum] 39/84, nachgewiesen bei *Polakiewicz* ZaöRV 54 [1994], 340 [378, dort Fn. 165]).
[15] *Polakiewicz* ZaöRV 54 (1994), 340 (380), benennt Art. 18 Abs. 1 portVerf, wo es heißt: „Die Verfassungsbestimmungen über die Rechte, Freiheiten und Garantien finden unmittelbare Anwendung und binden die öffentlich-rechtlichen und privatrechtlichen Einrichtungen". Es gibt allerdings offenbar keine einschlägige Rechtsprechung, wohl auch deshalb nicht, weil die besonderen Probleme der Drittwirkung bislang nicht eingehend erörtert wurden.
[16] *Polakiewicz* ZaöRV 54 (1994), 340 (352 f.); vgl. allgemein zu Spanien *Sánchez Rodas* in Becker/Pieters/Ross/Schoukens S. 449 ff.

fensichtlichen Verstößen in Betracht. Auch anerkennt das spanische Verfassungsgericht kein soziales Rückschrittsverbot und hat das Problem der Doppelnatur sozialer Grundrechte bislang kaum thematisiert. Eine Horizontalwirkung scheint in engen Grenzen anerkannt zu sein, allerdings wird deutlich zwischen Abwehr- und Leistungsrecht unterschieden.

6   Im Unterschied zu den drei genannten südeuropäischen Verfassungen gewährleistet das **deutsche Grundgesetz** soziale Sicherheit und Gerechtigkeit primär objektivrechtlich. Das Sozialstaatsprinzip der Art. 20 Abs. 1 GG und Art. 28 Abs. 1 GG begründet aus sich heraus keine unmittelbaren Leistungsansprüche des Bürgers gegen den Staat.[17] Allerdings haben die Gerichte mehrfach aus einer Zusammenschau von Grundrechten und Sozialstaatsprinzip Leistungsrechte hergeleitet. Das prominenteste Beispiel dürfte die Gewährleistung eines menschenwürdigen Daseins zur Sicherung des Existenzminimums sein.[18]

7   In den übrigen **Verfassungen westeuropäischer Prägung**[19] finden sich kaum soziale Grundrechte, ohne dass den Verfassungstexten deshalb allerdings eine soziale Dimension fehlen würde. Lediglich vereinzelt enthalten diese Texte individualrechtlich gefasste soziale Regelungen, beispielsweise in Art. 11 Abs. 4 luxVerf oder in der Präambel der französischen Verfassung von 1946, auf die in der Präambel der Verfassung von 1958 verwiesen wird. Die griechische Verfassung enthält sozialstaatliche Bestimmungen in Art. 21 und 22 griechVerf, die belgische Verfassung garantiert ein Recht auf menschenwürdiges Dasein (Art. 23 belVerf) und § 75 Abs. 2 dänVerf sichert mit einem Recht auf soziale Unterstützung zumindest das Existenzminimum. Art. 20 Abs. 3 ndlVerf gewährleistet einen durch Gesetz zu regelnden Anspruch auf öffentliche Sozialhilfe und § 19 finVerf beinhaltet ein Recht auf lebensnotwendige Unterstützung und Fürsorge. Insgesamt ist die Regelungspraxis sowohl im Hinblick auf Rolle und Bedeutung des einfachen Gesetzes als auch hinsichtlich individueller Rechtsansprüche sehr unterschiedlich. Dabei ist zwischen den unterschiedlichen Gewährleistungen zu differenzieren. So hat der französische *Conseil Constitutionnel* in einer Entscheidung aus dem Jahre 1983 ausgeführt, dass es sich bei dem Recht auf Arbeit um einen Gesetzgebungsauftrag an das Parlament handelt, das die entsprechenden Normen zu erlassen habe, damit das Recht eines jeden auf Arbeit so gut wie möglich ausgeübt werden kann.[20]

8   Demgegenüber enthalten die meisten **Verfassungen der neuen mittelosteuropäischen Mitgliedstaaten** regelmäßig einen Katalog sozialer Grundrechte.[21] Es wäre verfehlt, dies als Konzession an eine dem sozialistischen System entstammende diffuse Versorgungsmentalität ihrer Bürger zu deuten. Vielmehr sollen diese Grundrechte ua die gesellschaftliche Stabilität im Transformationsprozess sichern. Art. XIX Abs. 1 ungVerf gewährt etwa einen Anspruch auf Unterstützung bei nicht selbst verschuldeter Arbeitslosigkeit, und Art. 26 Abs. 3 tschechGR-Deklaration statuiert nicht nur ein Recht, seinen Lebensunterhalt durch Arbeit zu erwerben, sondern auch einen (subsidiären) Versorgungsanspruch für die Bürger der tschechischen Republik. Einige Verfassungen normieren ein ausdrückliches Recht auf soziale Sicherung,[22] das allerdings regelmäßig den Staatsbürgern vorbehalten ist. Das polnische Verfassungsgericht hat in Fragen der Arbeitslosenhilfe weniger das Recht auf Arbeit herangezogen sondern den Sozialstaatsgedanken bemüht.[23] Teils hat es auch ver-

---

[17] BVerfGE 27, 253 (283); BVerfGE 82, 60 (80). Vgl. auch *Zacher* in Isensee/Kirchhof, HStR Bd. II, § 28 Rn. 121: „Kraft der Ungewissheit der konkreten Bedeutung aber ist das soziale Prinzip grundsätzlich keine Grundlage individueller Rechte".

[18] Grundlegend BVerwGE 1, 159 (161 f.); BVerwGE 5, 27 (31); BVerfGE 132, 134 ff.; BVerfGE 125, 175 ff.; vgl. dazu *Sommermann* in v. Mangoldt/Klein/Starck GG Art. 20 Abs. 1 Rn. 105; sowie *Sachs* in Sachs GG vor Art. 1 Rn. 47 ff.

[19] Näher auch die rechtsvergleichende Untersuchung von *Pieters* passim.

[20] Vgl. dazu die Entscheidungen no. 81–134 DC, no. 83–156 DC und no. 85–200 DC, nachgewiesen bei *Itin* S. 147.

[21] Vgl. dazu rechtsvergleichend *Marauhn* in Frowein/Marauhn S. 135 (S. 143 f.).

[22] Art. 51 bulgVerf; Art. 28 estnVerf; Art. 109 lettVerf und Art. 27 lettVerfG über die Rechte des Menschen und des Bürgers; Art. 57 kroatVerf; Art. 48 und Art. 52 litVerf; Art. 34 f. makedonVerf; Art. 47 rumVerf; Art. 39 russVerf; Art. 39 slowakVerf; Art. 50 slowenVerf; Art. 30 tschechGR-Charta; Art. XIX ungVerf; Art. 47 weißrussVerf.

[23] Entscheidung P 2/92 vom 1.6.1993, nachgewiesen bei *Brzezinski/Garlicki* StanJIL 1995, 13 (37).

sucht, speziellere Verfassungssätze im Einzelfall vorrangig anzuwenden, so etwa den Gleichheitssatz, als es um die Beschränkung der Arbeitslosenhilfe für verheiratete Paare ging.[24] Das slowenische Verfassungsgericht hielt eine Bestimmung des Gesetzes über Konkurs und Liquidation für verfassungswidrig, weil es die Möglichkeit vorsah, bestimmte Arbeitnehmer als redundant einzustufen und zu entlassen, um das wirtschaftliche Überleben des Unternehmens zu sichern.[25] Stehe die Einstufung eines Arbeitnehmers in diese Kategorie bei der Umstrukturierung noch nicht fest, so sei dies mit dem Prinzip der Rechtssicherheit unvereinbar und daher wegen Verstoßes gegen das Rechtsstaatsprinzip verfassungswidrig. In einer Entscheidung, bei der es um die Überleitung öffentlich-rechtlicher Dienstverhältnisse in privatrechtliche Arbeitsverhältnisse ging, sah das ungarische Verfassungsgericht das Recht auf Arbeit des Art. XII (ehemals § 70/B Abs. 1–3) der Verfassung nicht verletzt. Die Überleitung in ein neues Arbeitsverhältnis und die Sicherung wohlerworbener Rechte tragen den Unterschieden zwischen einem ersatzlosen Wegfall des Dienstherren und der Überleitung an einen privaten Arbeitgeber hinreichend Rechnung.[26]

Völkerrechtlich ist – wie auch die Erläuterung zu Art. 34 GRC es zum Ausdruck bringt[27] – zunächst auf Art. 12 und 13 Europäische Sozialcharta (EuSozCh)[28] zu verweisen. **Art. 12 EuSozCh** statuiert Pflichten der Vertragsparteien, um „die wirksame Ausübung des Rechtes auf Soziale Sicherheit zu gewährleisten". Die Vorschrift definiert nicht, was unter **„sozialer Sicherheit"** zu verstehen ist. Sie verpflichtet aber die Vertragsparteien – im Rahmen der Sozialcharta – dazu, ein System sozialer Sicherheit „einzuführen oder beizubehalten", ein bestehendes System „auf einem befriedigenden Stand zu halten", das System „fortschreitend auf einen höheren Stand zu bringen" und für dessen Absicherung durch bi- und multilaterale Verträge zu sorgen. Art. 12 Abs. 2 EuSozCh verweist auf das Übereinkommen Nr. 102 der Internationalen Arbeitsorganisation über die Mindestnormen der Sozialen Sicherheit.[29] Dieses Übereinkommen erschließt in der Tat den Bedeutungsgehalt dessen, was unter „sozialer Sicherheit" zu verstehen ist. So enthält das Übereinkommen nähere Bestimmungen zu den folgenden Teilgebieten: ärztliche Betreuung, Krankengeld, Leistungen bei Arbeitslosigkeit, Leistungen bei Alter, Leistungen bei Arbeitsunfällen und Berufskrankheiten, Familienleistungen, Leistungen bei Mutterschaft, Leistungen bei Invalidität sowie Leistungen an Hinterbliebene (Teile II bis X des Übereinkommens). Auch wenn Teil I des Übereinkommens keine klaren Aussagen über den Kreis der Begünstigten trifft, lassen sich doch den nachfolgenden Teilen stets Bezüge zur Arbeitnehmereigenschaft entnehmen. So ist in den einschlägigen Bestimmungen des Übereinkommens immer wieder die Rede von Arbeitnehmern und der erwerbstätigen Bevölkerung. „Einwohner" sind jeweils nur unter bestimmten Voraussetzungen, die aber auch einen Bezug zum Erwerbsleben erkennen lassen, berechtigt (vgl. insbesondere Art. 9, 15, 21, 27, 33, 41, 48, 55 und 61 des Übereinkommens). Das System „sozialer Sicherheit" im Sinne von Art. 12 EuSozCh ist daher als **„Privileg der Arbeitnehmer"**[30] zu verstehen.

9

Art. 13 EuSozCh enthält demgegenüber bestimmte Pflichten der Vertragsparteien, um „die wirksame Ausübung des Rechtes auf Fürsorge zu gewährleisten". Zu fragen ist nach dem Bedeutungsgehalt des Begriffs **„Fürsorge"**. Anders als im Fall des Art. 12 EuSozCh kann man diesbezüglich auf den Text des Übereinkommens zurückgreifen. Art. 13 EuSozCh macht deutlich, dass das Recht auf Fürsorge gegenüber den aus einem System sozialer Sicherheit zu erwartenden Leistungen subsidiär ist,[31] wenn es in Abs. 1 zum Kreis der Begünstigten heißt: „jedem, der nicht über ausreichende Mittel verfügt und sich diese auch nicht selbst oder von

10

---

24 Entscheidung K 7/92 vom 6.4.1993, nachgewiesen bei *Brzezinski/Garlicki* StanJIL 1995, 13 (43).
25 Entscheidung U-I-17/94, abgedruckt in East European Constitutional Case Reporter 2 (1995), 265 ff.
26 Entscheidung 55/1995, Zusammenfassung bei *Küpper* ROW 40 (1996), 101 (105 f.).
27 Erläuterung zu Art. 34 GRC, ABl. 2007 C 303, 17 (27).
28 Die in der Bundesrepublik Deutschland immer noch maßgebliche Ausgangsfassung ist auffindbar in BGBl. 1964 II 1262. Zu Art. 12 und Art. 13 EuSozCh vgl. *Harris/Darcy* passim.
29 BGBl. 1957 II 1321.
30 *Rudolf* in NK-EuGRCh GRCh Art. 34 Rn. 2.
31 S. dazu *Harris/Darcy* passim.

anderen, insbesondere durch Leistungen aus einem System der Sozialen Sicherheit verschaffen kann, [...]". Art. 13 Abs. 3 EuSozCh präzisiert hinsichtlich des Leistungsspektrums, dass es um die „Verhütung, Behebung oder Milderung einer persönlichen oder familiären Notlage" geht. Art. 13 Abs. 4 EuSozCh regelt, dass die in den vorigen Absätzen dieses Artikels genannten Bestimmungen auf die rechtmäßig in ihrem Hoheitsgebiet befindlichen Staatsangehörigen der anderen Vertragsparteien anzuwenden sind. Damit wird einerseits klargestellt, dass Art. 13 EuSozCh über den Kreis der Arbeitnehmerinnen und Arbeitnehmer hinausgeht, zugleich aber auf eine in der Regel temporäre und außergewöhnliche Notlage zielt.

11   Während Art. 12 und 13 EuSozCh Vorbildcharakter für Art. 34 Abs. 1 und 2 GRC haben,[32] ist im Hinblick auf Art. 34 Abs. 3 GRC neben Art. 13 EuSozCh[33] auf die **Art. 30 und 31 der Revidierten Sozialcharta** (EuSozChrev.)[34] zu verweisen. Die Art. 30 und 31 EuSozChrev. treffen detaillierte Regelungen zum **Schutz vor Armut und sozialer Ausgrenzung** und erstrecken die Zugangsrechte auch auf die Sektoren Beschäftigung, Wohnung, Bildung und Kultur sowie sozialer und ärztlicher Versorgung. Es ist darauf hinzuweisen, dass Art. 34 Abs. 3 GRC das Recht auf Wohnung – und auch dieses nur in Teilaspekten – aufgreift und im Übrigen lediglich abstrakt die Problemfelder der sozialen Ausgrenzung und der Armut thematisiert.[35]

12   Jenseits des regionalen Völkerrechts sind neben dem schon thematisierten (und im Wesentlichen auf Arbeitnehmerinnen und Arbeitnehmer sowie deren Angehörige beschränkten) Übereinkommen Nr. 102 der Internationalen Arbeitsorganisation über die Mindestnormen der Sozialen Sicherheit die **Art. 22 und 25 der Allgemeinen Menschenrechtserklärung** (AEMR) sowie **Art. 9 des Internationalen Paktes über wirtschaftliche, soziale und kulturelle Rechte** (IPWSKR) zu berücksichtigen. Art. 22 AEMR statuiert ein Recht auf soziale Sicherheit und stellt diesbezüglich einen Zusammenhang mit der Menschenwürde und der freien Entwicklung der menschlichen Persönlichkeit her. Art. 25 AEMR betrifft die soziale Unterstützung in einer Reihe von einzeln benannten Fällen, die sich im Wesentlichen dadurch auszeichnen, dass es – wie die Vorschrift formuliert – um den „Verlust (der) Unterhaltsmittel durch unverschuldete Umstände" geht. Damit lässt sich bei der Allgemeinen Menschenrechtserklärung eine ähnliche Differenzierung wie im Falle der Europäischen Sozialcharta ausmachen. Art. 9 IPWSKR ist demgegenüber sehr allgemein gehalten und differenziert nicht zwischen Arbeitnehmern und sonstigen Berechtigten.[36]

13   In der Summe lassen die völker- und verfassungsrechtlichen Normierungen die Schlussfolgerung zu, dass die Mitgliedstaaten der Europäischen Union zum gegenwärtigen Zeitpunkt im Hinblick auf die soziale Sicherheit und Unterstützung einen **Anspruch auf das Existenzminimum** anerkennen,[37] wobei dieser Anspruch zu den gemeinsamen Verfassungstraditionen der Mitgliedstaaten gehören dürfte,[38] auch wenn einige wenige Staaten (insbesondere Großbritannien[39]) „eine sehr viel restriktivere Verfassungspraxis in dieser Frage aufweisen".[40] Demnach werden zum Beispiel mit dem Arbeitsverhältnis verbundene

---

[32] Art. 34 Abs. 1 GRC stützt sich ua auf Art. 12 EuSozCh, Art. 34 Abs. 2 GRC stützt sich ua auf Art. 12 Abs. 4 EuSozCh und Art. 13 EuSozCh, vgl. Erläuterung zu Art. 34 GRC, ABl. 2007 C 303, 17 (27).

[33] Art. 34 Abs. 3 GRC lehnt sich nach der Erläuterung ua an Art. 13 EuSozCh an, vgl. Erläuterung zu Art. 34 GRC, ABl. 2007 C 303, 17 (27).

[34] Die 1998 angenommene revidierte Fassung (ETS Nr. 163) ist für die Bundesrepublik Deutschland nicht verbindlich, vgl. hierzu Deutscher Bundestag, Ausschuss für die Angelegenheiten der EU, Ausschussdrucksache 18(21)0055, 38. Sitzung, 10.6.2015, Öffentliche Anhörung zur Europäischen Sozialcharta am 10.6.2015.

[35] Darauf weist auch *Rudolf* in NK-EuGRCh GRCh Art. 34 Rn. 4, hin.

[36] Es heißt dort: „Die Vertragsstaaten erkennen das Recht eines jeden auf Soziale Sicherheit an; diese schließt die Sozialversicherung ein".

[37] Zu Art. 9 IPWSKR vgl. auch *Scherf* S. 159 ff.

[38] So auch *Rudolf* in NK-EuGRCh GRCh Art. 34 Rn. 6.

[39] Vgl. dazu *Ewing* Public Law 1999, 104 ff., der seinerseits bemüht ist, einen Kontrapunkt zu setzen. Zur britischen Perspektive vgl. auch *Plant* KCLJ 2003, 1 ff.

[40] *Rudolf* in NK-EuGRCh GRCh Art. 34 Rn. 6.

sozialrechtliche Mindeststandards, etwa Leistungen bei Arbeitsunfällen und Berufskrankheiten, bei Mutterschaft, bei Invalidität, aber auch Familienleistungen, abgedeckt – allerdings abhängig von im einzelnen auf mitgliedstaatlicher Ebene zu normierenden Voraussetzungen.

II. Europäisches Primär- und Sekundärrecht

Art. 34 Abs. 1 GRC stützt sich des Weiteren auf Art. 153 und 156 AEUV, Art. 153 AEUV ist zudem im Zusammenhang mit Art. 34 Abs. 3 GRC relevant.[41] Soweit das geltende Unionsrecht außerhalb von Art. 34 GRC Fragen der sozialen Sicherheit aufgreift, scheint auf den ersten Blick überwiegend ein deutlicher Bezug zur Arbeitnehmereigenschaft zu bestehen. Dies gilt nicht nur für das im Zusammenhang mit der Arbeitnehmerfreizügigkeit (Art. 45 AEUV) ergangene Sekundärrecht,[42] sondern auch für die Sozialpolitik auf der Grundlage der Art. 151 ff. AEUV.[43] Allerdings kommt es zum Beispiel im Rahmen des Koordinierungsrechts auf der Grundlage der Verordnung (EG) Nr. 883/2004[44] auf die Versicherteneigenschaft an,[45] so dass eine Beschränkung dieser Materie auf Arbeitnehmer nicht vorliegt. Zwar enthielt die ursprüngliche Fassung des EG-Vertrages nur sehr begrenzte Zuständigkeiten.[46] Von 1974 an wurde die gemeinschaftliche Sozialpolitik jedoch ausgebaut[47] und mit dem Vertrag von Amsterdam wurde das Sozialabkommen[48] in den EG-Vertrag integriert.[49]

14

Heute fordert **Art. 3 Abs. 3 EUV** neben einer nachhaltigen Entwicklung Europas auf der Grundlage eines ausgewogenen Wirtschaftswachstums eine auf Vollbeschäftigung und sozialen Fortschritt zielende soziale Marktwirtschaft und **„soziale Gerechtigkeit und sozialen Schutz"**. Bereits der zweite Erwägungsgrund der Präambel des AEUV formuliert zu diesem Zweck das Ziel einer „Sicherung des sozialen Fortschritts". Art. 48 AEUV beauftragt das Parlament und den Rat ausdrücklich notwendige Maßnahmen in Bezug auf die soziale Sicherheit zu beschließen, die für die Herstellung der Freizügigkeit der Arbeitnehmer notwendig sind. Nach Art. 153 Abs. 1 lit. c AEUV unterstützt und ergänzt die Union die Tätigkeit der Mitgliedstaaten auf dem Gebiet der sozialen Sicherheit und des sozialen Schutzes der Arbeitnehmer. Auch ist die in Art. 9 AEUV niedergelegte Querschnittsklausel an dieser Stelle bedeutsam, wonach die Union bei der Festlegung und Durchführung ihrer Politik sowie Maßnahmen den Erfordernissen unter anderem der Förderung eines hohen Beschäftigungsniveaus und der Gewährleistung eines angemessenen sozialen Schutzes Rechnung trägt. Was darunter im Einzelnen zu verstehen ist, lässt sich jedenfalls dem Vertragstext nicht so ohne weiteres entnehmen. Zur Konkretisierung dieses Vertragsziels kann man auf die Europäische Sozialcharta und die Gemeinschaftscharta der sozialen Grundrechte der Arbeitnehmer (SozGRCh) von 1989[50] verweisen. **Nr. 10 SozGRCh**[51] beinhaltet die schon aus der Europäi-

15

---

[41] Erläuterung zu Art. 34 GRC, ABl. 2007 C 303, 17 (27).
[42] Vgl. den Überblick bei *Lembke* in von der Groeben/Schwarze/Hatje GRC Art. 34 Rn. 4 f.
[43] Vgl. hierzu *Eichenhofer* in Streinz AEUV Art. 151 Rn. 1 ff.; *Langer* in von der Groeben/Schwarze/Hatje AEUV Art. 153 Rn. 9; *Rebhahn/Reiner* in Schwarze AEUV Art. 151 Rn. 1 ff. und 32 f. sowie Art. 153 Rn. 3 ff. Jedenfalls Art. 153 Abs. 1 lit. j AEUV geht von seinem Wortlaut her mit der „Bekämpfung der sozialen Ausgrenzung" über die Arbeitnehmereigenschaft hinaus.
[44] Diese VO ist seit 1.5.2010 anwendbar. Siehe hierzu *Becker* in Schwarze AEUV Art. 48 Rn. 9. Vgl. allgemein zu dieser VO und der Vorgänger-VO (EWG) Nr. 1408/71 *Kahil-Wolff* in Fuchs, Europäisches Sozialrecht, 7. Aufl. 2018, Teil 2 Vorbemerkungen Rn. 1 ff.
[45] *Kahil-Wolff* in NK-EuSozR VO (EG) Nr. 883/2004 Art. 1 Rn. 10; *Fuchs* in NK-EuSozR Einf. Rn. 40 f.
[46] *Krebber* in Calliess/Ruffert AEUV Art. 151 Rn. 3.
[47] *Benecke* in GHN AEUV Art. 151 Rn. 16.
[48] Zum Sozialabkommen ausführlich *Kampmeyer*, Protokoll und Abkommen über die Sozialpolitik der Europäischen Union, 1998, passim.
[49] *Langer* in von der Groeben/Schwarze/Hatje AEUV Art. 151 Rn. 37 ff.; vgl. auch *Buchner* FS A. Söllner, 2000, 175 ff.
[50] KOM(89) 248 endg. Allgemein zur Gemeinschaftscharta *Heinze* FS O. Wlotzke, 1996, 696 ff.; im Überblick auch *Haverkate/Huster*, Europäisches Sozialrecht, 1999, S. 377 f. (Rn. 652).
[51] Art. 34 Abs. 1 GRC stützt sich auch bei Nr. 10 SozGRCh an. Art. 34 Abs. 3 GRC lehnt sich an diese Bestimmung an, vgl. die Erläuterung zu Art. 34 GRC, ABl. 2007 C 303, 17 (27). Es heißt in Nr. 10 SozGRCh: „Entsprechend den Gegebenheiten der einzelnen Länder
– hat jeder Arbeitnehmer der Europäischen Gemeinschaft Anspruch auf einen angemessenen sozialen

schen Sozialcharta und der allgemeinen Erklärung der Menschenrechte bekannte Zweiteilung in soziale Sicherheit und soziale Unterstützung als Unterfälle des sozialen Schutzes. Dahinter steht die Privilegierung der im Zusammenhang mit der Arbeitnehmerfreizügigkeit erworbenen Ansprüche gegenüber beitragsunabhängigen Leistungen. Erstere können – anders als sozialhilferechtliche Ansprüche, die sich nicht auf Beitragsleistungen stützen – bei einem Arbeitsplatzwechsel innerhalb der Gemeinschaft „mitgenommen" werden.[52] Aufgrund der begrenzten Unionskompetenzen ist die Zahl des **Sekundärrechts** zur sozialen Sicherheit überschaubar. Zunächst ist die Verordnung (EG) Nr. 883/2004 zur Koordinierung der Systeme der sozialen Sicherheit (Wanderarbeitnehmerverordnung)[53] zu nennen, die die mitgliedstaatlichen Sozialrechtsordnungen bei grenzüberschreitenden Sachverhalten koordiniert. Weitere sekundärrechtliche Akte wurden zur Regelung von Maßnahmen der sozialen Sicherheit überwiegend in Bezug auf die Gleichbehandlung von inländischen und ausländischen Arbeitnehmerinnen und Arbeitnehmern und Selbständigen erlassen, wie beispielsweise die Verordnung (EWG) Nr. 1408/71,[54] die mittlerweile durch die Verordnung (EG) Nr. 883/2004 ersetzt wurde, deren Durchführungsverordnung (EWG) Nr. 574/72,[55] die Verordnung (EG) Nr. 647/2005[56] sowie die Verordnung (EU) Nr. 492/2011, welche in Art. 7 Abs. 2 Verordnung (EU) Nr. 492/2011 die Gleichstellung von inländischen und ausländischen Arbeitnehmern hinsichtlich sozialer und steuerlicher Vergünstigungen festsetzt[57].[58]

16 Dies wirft die Frage nach der **Reichweite sozialer Grundrechte** in der Unionsrechtsordnung auf. Zunächst ist anzumerken, dass die unionsrechtliche Gewährung sozialer Grundrechte nur soweit erfolgen kann, als die Union Rechtsetzungskompetenzen in diesem Bereich besitzt. Zwar liegen die Rechtsetzungskompetenzen im sozialpolitischen Bereich – wie sich aus Art. 153 AEUV ergibt – überwiegend bei den Mitgliedstaaten. Allerdings kommt der Union eine „Achtungsverpflichtung" hinsichtlich der mitgliedstaatlich gewährten sozialen Rechte zu, die sie im Einklang mit Art. 9 AEUV gewährleistet und sie auf grenzüberschreitende Sachverhalte erstreckt, was sich am Sekundärrecht zeigt.[59] Bemerkenswert sind Ansätze zu einem **verfahrensrechtlichen Verständnis** sozialer Grundrechte, etwa beim Recht auf Zugang zu Informationen.[60] Insoweit hat der EuGH[61] eine neue Verbindung zwischen den Verfassungstraditionen der Mitgliedstaaten und dem einschlägigen Rechtsakt der Union hergestellt, als erstere dazu beigetragen haben, dass das Recht auf Zugang zu Informationen überhaupt entstehen konnte und letzterer das Recht in seinen verfahrensrechtlichen

---

Schutz und muss unabhängig von seiner Stellung und von der Größe des Unternehmens, in dem er arbeitet, Leistungen der sozialen Sicherheit in ausreichender Höhe erhalten;
– müssen alle, die vom Arbeitsmarkt ausgeschlossen sind, weil sie keinen Zugang dazu fanden oder sich nicht wieder eingliedern konnten, und die nicht über Mittel für ihren Unterhalt verfügen, ausreichende Leistungen empfangen und Zuwendungen beziehen können, die ihrer persönlichen Lage angemessen sind."

[52] *Rudolf* in NK-EuGRCh GRCh Art. 34 Rn. 16.
[53] ABl. 2004 L 166, 1, zuletzt geändert durch die VO (EU) Nr. 1224/2012, ABl. 2012 L 349, 45. Seit dem Inkrafttreten der VO (EU) Nr. 1231/2010, ABl. 2010 L 344, 1 (1. Januar 2011) gilt das modernisierte Koordinierungsrecht auch für Drittstaatsangehörige. Vgl. hierzu auch die VO (EG) Nr. 987/2009 zur Festlegung der Modalitäten für die Durchführung der VO (EG) Nr. 883/2004 über die Koordinierung der Systeme der sozialen Sicherheit, ABl. 2009 L 284, 1.
[54] VO zur Anwendung der Systeme der sozialen Sicherheit auf Arbeitnehmer und deren Familien, die innerhalb der Gemeinschaft zu- und abwandern, ABl. 1971 L 149, 2.
[55] VO über die Durchführung der VO (EWG) Nr. 1408/71, ABl. 1972 L 74, 1.
[56] VO zur Änderung der VO (EWG) Nr. 1408/71 zur Anwendung der Systeme der sozialen Sicherheit auf Arbeitnehmer und Selbständige sowie deren Familienangehörige, die innerhalb der Gemeinschaft zu- und abwandern, und der VO (EWG) Nr. 574/72 über die Durchführung der VO (EWG) Nr. 1408/71, ABl. 2005 L 117, 1.
[57] VO über die Freizügigkeit der Arbeitnehmer innerhalb der Union, ABl. 2011 L 141, 1; sie ersetzt die VO (EWG) Nr. 1612/68 v. 15. Oktober 1968.
[58] Vgl. zum Ganzen *Lembke* in von der Groeben/Schwarze/Hatje GRC Art. 34 Rn. 4 f. Vgl. auch *Oberhäuser/Steffen* ZAR 2017, 149.
[59] *Kingreen* in Ehlers GuG § 22 Rn. 16 ff.
[60] *Ritter* in Hoffmann S. 63 (83).
[61] EuGH C-58/94, Slg. 1996, I-2169 – Niederlande/Rat.

Details ausgestaltet hat. Ein derart prozedurales Grundrechtsverständnis lässt sich auch der einschlägigen Rechtsprechung des Straßburger Gerichtshofs entnehmen, soweit dieser die sozialrechtliche Dimension bürgerlich-politischer Gewährleistungen entfaltet hat.[62] Schließlich ist auf Konstellationen zu verweisen, in denen der Einzelne zur Durchsetzung des Unionsrechts instrumentalisiert wird. Sekundärrechtlich gewährleistete Individualrechte können auf diese Weise aufgrund des Anwendungsvorrangs des Unionsrechts quasi-grundrechtliche Bedeutung gegenüber mitgliedstaatlichem Recht entfalten. Zu Recht ist insoweit von der **kollisionsrechtlichen Bedeutung subjektiver Gewährleistungen des arbeits- und sozialrechtlichen Sekundärrechts** die Rede.[63]

Abgerundet werden die legislativen Entwicklungen auf der Ebene des Primär- und Sekundärrechts durch die **Rechtsprechung des EuGH** zum **innergemeinschaftlichen Export von Sozialleistungen**. Seit 1998[64] hat der EuGH die aus den Grundfreiheiten resultierenden arbeitnehmerbezogenen Leistungen der sozialen Sicherheit erheblich gestärkt und den Wohnsitzstaat auch insoweit in die Pflicht genommen, als dieser „bei Grenzgängern Leistungen zu erbringen hat, ohne dass ihm Beiträge und Abgaben zukommen, die am Beschäftigungsort anfallen".[65]

III. Entstehung und Bedeutung des Art. 34 GRC

Von Anfang an wurde im Konvent zwischen der sozialen Sicherheit einerseits und dem Recht auf Sozialhilfe andererseits differenziert.[66] Dies bringt auch Art. 34 GRC zum Ausdruck. Als Orientierungspunkte wurden Art. 12 und 13 EuSozCh und Nr. 10 SozGRCh herangezogen. Angelehnt wurden die Rechte darüber hinaus an Art. 153 und 156 AEUV (Art. 137 und 140 EGV-Nizza). Kontroversen gab es im Konvent einerseits um die sozialen Grundrechte insgesamt, sowohl im Hinblick auf deren „Chartawürdigkeit"[67] als auch in Sorge vor einem zu aktivistischen EuGH. Andererseits wurden die Schutzdimension und der geschützte Personenkreis diskutiert. Der geschützte Personenkreis wurde im Laufe der Erörterungen im Konvent immer weiter gezogen, vor allem auch durch die Aufnahme des Rechts auf Sozialhilfe in Art. 34 Abs. 3 GRC, die jedenfalls im Hinblick auf den engen Zusammenhang mit der Menschenwürde (Art. 1 GRC) sinnvoll erschien.[68] Bei den Gewährleistungsdimensionen wurde eine rein abwehrrechtliche Konzeption, wie sie sich im ersten Gesamtentwurf der Charta fand,[69] zugunsten der Formulierung „Schutz gewährleisten" aufgegeben.[70] Kommentatoren beurteilen die Konventsdebatte zu Art. 34 GRC insgesamt als „eher unstrukturiert".[71]

B. Gewährleistungsgehalt

I. Sachlicher Schutzbereich

1. Soziale Sicherheit (Art. 34 Abs. 1 GRC). Der Begriff der sozialen Sicherheit erschließt sich weitgehend aus den Art. 48, 153 und 156 AEUV, die ihrerseits wesentliche

---

[62] Eingehend dazu *Marauhn/Dröge* S. 77 (S. 90 f.).
[63] *Zuleeg* EuGRZ 1992, 329 (333). Es ist bemerkenswert, dass die Entwicklung sozialer (Grund-)Rechte im Unionsrecht bei einigen Kommentatoren die Befürchtung eines „Prinzipienkonflikt(s) zwischen Gemeinschaftsrecht und deutschem Verfassungsrecht" hervorruft, der bislang hinsichtlich des Grundrechtsschutzes nur aufgrund der Arbeitsteilung im Bereich der Sozialpolitik und des Sozialrechts zwischen Union und Mitgliedstaaten vermieden wird; vgl. dazu statt aller *Isensee* VSSR 1996, 169 (182 f.).
[64] Ausgangspunkt waren die Entscheidungen in den Fällen *Molenaar* (EuGH C-160/96, Slg. 1998, I-843), *Kohll* (EuGH C-158/96, Slg. 1998, I-1831) und *Decker* (EuGH C-120/95, Slg. 1998, I-1831). Näher dazu vgl. *Nowak* EuR 2003, 644 ff.
[65] *Rudolf* in NK-EuGRCh GRCh Art. 34 Rn. 18.
[66] *Rudolf* in NK-EuGRCh GRCh Art. 34 Rn. 7.
[67] So die Umschreibung der Position der Kritiker bei *Rudolf* in NK-EuGRCh GRCh Art. 34 Rn. 12.
[68] *Rudolf* in NK-EuGRCh GRCh Art. 34 Rn. 10 und speziell zum Recht auf Sozialhilfe Rn. 11.
[69] Nachweise bei *Rudolf* in NK-EuGRCh GRCh Art. 34 Rn. 9.
[70] Zum abschließenden Debattenverlauf *Rudolf* in NK-EuGRCh GRCh Art. 34 Rn. 13.
[71] So *Rudolf* in NK-EuGRCh GRCh Art. 34 Rn. 12.

Gehalte des Art. 12 EuSozCh und der Nr. 10 SozGRCh aufnehmen.[72] Das geltende Primärrecht auf Unionsebene geht von einem **offenen Begriff der sozialen Sicherheit** aus.[73] Die in einzelnen Normen (auch in Art. 34 Abs. 1 GRC) enthaltenen Aufzählungen sind **nicht abschließend.** Im Fall von Art. 34 Abs. 1 GRC ergibt sich dies schon aus dem Wortlaut („in Fällen wie").[74] Für Art. 48 AEUV gehören – umgesetzt durch die VO (EG) Nr. 883/2004[75] – zur sozialen Sicherheit ua die Sicherung der zu- und abwandernden Arbeitnehmer und Selbständigen sowie gegebenenfalls ihrer anspruchsberechtigten Familienangehörigen bei Krankheit, Unfall, Alter, Invalidität, Pflegebedürftigkeit, Arbeitslosigkeit sowie die Hinterbliebenenversorgung.[76] Das schon erwähnte Übereinkommen Nr. 102 der Internationalen Arbeitsorganisation über die Mindestnormen der Sozialen Sicherheit[77] enthält ebenfalls eine Reihe von einschlägigen Spezifikationen. Insgesamt erstreckt sich der Begriff „soziale Sicherheit" auf die gängigsten sozialrechtlichen Kategorien.[78] Unter „sozialen Diensten" werden Dienstleistungen zur Ergänzung der Leistungen der sozialen Sicherheit verstanden; sie gehören zu der sozialen Sicherheit im weiteren Sinne.[79]

20 Soweit damit der sachliche Schutzbereich *prima facie* gesteckt zu sein scheint, so stark ist er jedoch **relativiert.** Die Union ist nicht verpflichtet, neue Dienste einzurichten. Die Erläuterung zu Art. 34 Abs. 1 GRC stellt dies ausdrücklich klar.[80] Weiterhin enthält Art. 34 GRC nach den Erläuterungen des Präsidiums sowohl Elemente eines Rechts als auch eines Grundsatzes.[81] Mit dem „Recht auf Zugang zu den Leistungen der sozialen Sicherheit und zu den sozialen Diensten [...] nach Maßgabe des Unionsrechts und der einzelstaatlichen Rechtsvorschriften [...]" begründet Art. 34 Abs. 1 GRC jedenfalls keine direkten Leistungsansprüche.[82] Art. 48 AEUV begründet zunächst eine Kompetenz der Union. Der Wortlaut der Vorschrift („die auf dem Gebiet der sozialen Sicherheit für die Herstellung der Freizügigkeit der Arbeitnehmer **notwendigen Maßnahmen;** zu diesem Zweck führen sie insbesondere ein System ein, das zu- und abwandernden Arbeitnehmern und Selbständigen [...] Folgendes sichert [...]"[83]) legt darüber hinaus eine objektivrechtliche Garantie nahe. Dies scheinen jedenfalls auch manche Kommentatoren so einzuschätzen, wenn etwa davon gesprochen wird, dass „Art. 48 AEUV **gewährleistet,** dass EU-Arbeitnehmern und EU-Selbständigen sowie ihren jeweils anspruchsberechtigten Angehörigen Leistungen der sozialen Sicherheit erhalten bleiben, wenn sie von ihrem Recht auf

---

[72] *Rudolf* in NK-EuGRCh GRCh Art. 34 Rn. 15.
[73] *Eichenhofer* in Streinz AEUV Art. 48 Rn. 1 ff.
[74] *Rengeling/Szczekalla* Grundrechte in der EU § 30 Rn. 1034.
[75] ABl. 2004 L 166, 1.
[76] Vgl. dazu im Einzelnen *Brechmann* in Calliess/Ruffert AEUV Art. 48 Rn. 26 ff.
[77] BGBl. 1957 II 1321.
[78] *Rudolf* in NK-EuGRCh GRCh Art. 34 Rn. 16.
[79] Jarass GRCh Art. 34 Rn. 6.
[80] Siehe die Erläuterung zu Art. 34 Abs. 1 GRC, ABl. 2007 C 303, 17 (27), wo es heißt: „Durch den Hinweis auf die sozialen Dienste sollen die Fälle erfasst werden, in denen derartige Dienste eingerichtet wurden, um bestimmte Leistungen sicherzustellen; dies bedeutet aber keineswegs, dass solche Dienste eingerichtet werden müssen, wo sie nicht bestehen."
[81] Erläuterung zu Art. 52 GRC, ABl. 2007 C 303, 17 (35) (zur Unterscheidung zwischen Rechten und Grundsätzen wird dort erklärt: „In Absatz 5 wird die Unterscheidung zwischen „Rechten" und „Grundsätzen" in der Charta näher bestimmt. Dieser Unterscheidung zufolge sind subjektive Rechte zu beachten, während Grundsätze einzuhalten sind [Artikel 51 Absatz 1]. Grundsätze können durch Rechtsakte oder Durchführungsvorschriften [die von den Organen der Union im Einklang mit ihren Zuständigkeiten erlassen werden, von den Mitgliedstaaten aber nur dann, wenn sie Unionsrecht umsetzen] umgesetzt werden; sie erhalten demzufolge nur dann Bedeutung für die Gerichte, wenn solche Rechtsakte ausgelegt oder überprüft werden. Sie begründen jedoch keine direkten Ansprüche auf den Erlass positiver Maßnahmen durch die Organe der Union oder die Behörden den [*sic!*] Mitgliedstaaten; [...]").
[82] Vgl. an dieser Stelle die überwiegende Ansicht, die in Art. 34 Abs. 1 GRC einen Grundsatz erkennt: so zB *Lembke* in von der Groeben/Schwarze/Hatje GRC Art. 34 Rn. 7; Jarass GRCh Art. 34 Rn. 3; *Kingreen* in Calliess/Ruffert GRC Art. 34 Rn. 4, jeweils mwN. Vgl. *Rudolf* in NK-EuGRCh GRCh Art. 34 Rn. 14, wo der abwehrrechtliche Charakter der Vorschrift betont wird.
[83] Hervorhebung v. Verf.

Freizügigkeit innerhalb der Union Gebrauch machen".[84] Relevant wurde eine primärrechtliche Pflicht der Union, den Erhalt von Leistungen der sozialen Sicherheit zu gewährleisten, bislang in Anbetracht des geltenden Sekundärrechts[85] nicht wirklich, auch wenn der EuGH mit zahlreichen Entscheidungen das Regelsystem insgesamt näher ausgeformt hat.[86] Das System insgesamt ist auf **Koordinierung** ausgerichtet.[87] Es schafft kein gemeinschaftsrechtliches Sozialversicherungssystem.

Auch die ebenfalls auf die soziale Sicherheit Bezug nehmenden Art. 153 und 156 AEUV **21** begründen Kompetenzen der Union. Sie schaffen aber keine unmittelbaren Leistungsrechte. Selbst in Verbindung mit dem oben erläuterten rechtsvergleichenden Befund und auf der Grundlage der einschlägigen Bestimmungen der Europäischen Sozialcharta und der Gemeinschaftscharta der sozialen Grundrechte der Arbeitnehmer lässt sich **nur die Pflicht** herleiten, zu vorhandenen Einrichtungen der sozialen Sicherheit **Zugang zu gewähren**.[88] Auch die Mitgliedstaaten werden bei der Durchführung des Unionsrechts allenfalls[89] in diesem Rahmen verpflichtet. Hinzu kommt eine weitere Mediatisierung: Erstens bleiben die Mitgliedstaaten mangels Harmonisierung weiter für die Ausgestaltung ihrer Systeme der sozialen Sicherheit zuständig (vgl. Art. 153 Abs. 1 Hs. 1, Abs. 2 lit. b und Abs. 4 AEUV),[90] so dass der Zugang zu Einrichtungen der sozialen Sicherheit weitgehend **vom mitgliedstaatlichen Recht bestimmt** wird. Zweitens bedarf es in der Regel einer **gesetzlichen Regelung**.[91] Ein unmittelbarer Rückgriff auf Unionsgrundrechte ist regelmäßig ausgeschlossen. Bei der Anwendung nationalen Rechts sind allerdings die Grundfreiheiten zu beachten.[92] Letztlich greift auch der Grundrechtsschutz nicht über die begrenzten Zuständigkeiten der Union in der Sozialpolitik, wie er sich aus den Art. 151, 153 sowie 156 AEUV ergibt, hinaus.[93]

2. Soziale Unterstützung (Sozialhilfe) (Art. 34 Abs. 3 GRC). Nach Art. 34 Abs. 3 **22** GRC „anerkennt und achtet die Union [nach Maßgabe des Unionsrechts und der einzelstaatlichen Rechtsvorschriften und Gepflogenheiten] das Recht auf eine soziale Unterstützung und eine Unterstützung für die Wohnung, die allen, die nicht über ausreichende Mittel verfügen, ein menschenwürdiges Dasein sicherstellen sollen". Diese Norm, die sich auf mitgliedstaatliche Bestimmungen der sozialen Fürsorge bezieht,[94] wird überwiegend als Grundsatz und nicht als Grundrecht eingeordnet.[95] Unter Berücksichtigung des rechtsvergleichenden Befunds und der einschlägigen Rechtsprechung des EGMR zu Art. 3 EMRK[96] lässt sich allerdings ein Mindestbestand sozialrechtlichen Schutzes als menschenrechtliches Minimum qualifizieren, im Sinne eines **existenzsichernden Minimums**.[97] In

---

[84] *Brechmann* in Calliess/Ruffert AEUV Art. 48 Rn. 1 (Hervorhebung v. Verf.).
[85] Im Zentrum steht die VO (EG) Nr. 883/2004 (→ Rn. 15). Zu den Einzelheiten s. die Kommentierungen in *Kahil-Wolff* in NK-EuSozR Vorb. zu VO (EG) Nr. 883/2004 Rn. 1 ff. sowie *Fuchs* in NK-EuSozR AEUV Art. 48 Rn. 1 ff.
[86] Vgl. dazu die Übersichten bei *Borchardt* ZfSH/SGB 1991, 132 ff.; *Eichenhofer* JZ 1995, 1047 ff.; *Schulte* BayVBl. 2000, 336 ff. und 362 ff.
[87] Zur Koordinierung als Grundprinzip des europäischen Sozialrechts *Brechmann* in Calliess/Ruffert AEUV Art. 48 Rn. 14 ff.
[88] *Rengeling/Szczekalla* Grundrechte in der EU § 30 Rn. 1035; *Marauhn* in Matscher S. 247 (S. 284 f.).
[89] Gegebenenfalls kann man insoweit von einer Ausstrahlungswirkung des unionalen Grundrechtsschutzes ausgehen; vgl. dazu *Rudolf* in NK-EuGRCh GRCh Art. 34 Rn. 14.
[90] *Krebber* in Calliess/Ruffert AEUV Art. 153 Rn. 3; *Benecke* in GHN AEUV Art. 153 Rn. 3; vgl. aber auch bereits EuGH C-92/02, Slg. 2003, I-14597 – Nina Kristiansen/Rijksdienst voor Arbeidsvoorziening.
[91] *Rengeling/Szczekalla* Grundrechte in der EU § 30 Rn. 1036.
[92] EuGH C-160/96, Slg. 1998, I-843 Rn. 31 ff. – Molenaar/AOK Baden-Württemberg; EuGH C-368/98, Slg. 2001, I-5363 Rn. 38 ff. – Vanbraekel ua; EuGH C-157/99, Slg. 2001, I-5473 Rn. 47 ff. – Smits und Peerbooms.
[93] *Rudolf* in NK-EuGRCh GRCh Art. 34 Rn. 22.
[94] *Kingreen* in Calliess/Ruffert GRC Art. 34 Rn. 14.
[95] Vgl. statt aller *Lembke* in von der Groeben/Schwarze/Hatje GRC Art. 34 Rn. 7; *Frenz*, HdbEuR Bd. 4, Rn. 4188 ff., jeweils mwN; *Nußberger/Lang* in Stern/Sachs GRC Art. 34 Rn. 126.
[96] Vgl. dazu *Frowein*, Wirtschaftliche und soziale Rechte in der Rechtsprechung der Straßburger Organe, Aspects of the protection of individual und social rights, 1995, S. 203 ff.; *Sudre* RUDH 1990, 349 ff.
[97] Davon spricht auch *Rudolf* in NK-EuGRCh GRCh Art. 34 Rn. 20 f.

Anbetracht der begrenzten sozialrechtlichen Kompetenzen der Union stellen sich hier gleich mehrere Fragen, nämlich die nach der Gewährleistungsdimension und die nach dem Grundrechtsadressaten. Geht man mit der überwiegenden Lehre davon aus, dass die Unionsgrundrechte die Mitgliedstaaten nicht eigenständig verpflichten, sondern allenfalls bei der Durchführung des Unionsrechts (→ § 9 Rn. 24 ff.), so ist die Union vorrangiger Adressat. Zugleich können aber derartige Grundrechte keine eigenständigen Kompetenzen der Union im Bereich der Sozialhilfe begründen. Allenfalls muss die Union bei der Durchführung ihrer Politiken dem Recht auf soziale Unterstützung Rechnung tragen, darf dieses also nicht leerlaufen lassen.

23 Was für die im Zusammenhang mit der Arbeitnehmerfreizügigkeit stehende soziale Sicherheit greift, gilt erst recht bei der sozialen Unterstützung. Nicht nur hängt die Inanspruchnahme einschlägiger Rechtspositionen von den **Regelungen des Unionsrechts** und den **einzelstaatlichen Rechtsvorschriften und Gepflogenheiten** ab.[98] Darüber hinaus sind Art. 153 Abs. 1 lit. j und k AEUV zu beachten, die nach Art. 153 Abs. 2 lit. b AEUV einer Rechtsangleichung nicht zugänglich sind,[99] was die **gemeinschaftlichen Kompetenzen** im Bereich der Armutsbekämpfung deutlich eingrenzt (Art. 153 Abs. 1 lit. c AEUV stellt klar, dass dies nicht für die soziale Sicherheit der Arbeitnehmer gilt). Jenseits von Art. 31 EuSozChrev. finden sich keine klaren Anhaltspunkte für ein wie auch immer ausgestaltetes Recht auf Wohnen. „Die Unterstützung für die Wohnung" ist in diesem Zusammenhang jedenfalls als „eine Art Wohngeld"[100] zu verstehen.

24 **3. Gleichbehandlung bei Sozialleistungen (Art. 34 Abs. 2 GRC).** Eine unionsrechtliche Besonderheit und zugleich ein Wesensmerkmal des europäischen Integrationsprozesses sind an die Staatsangehörigkeit anknüpfende **Diskriminierungsverbote.** Dazu gehören die einschlägigen Grundfreiheiten, insbesondere die Arbeitnehmerfreizügigkeit, aber auch das allgemeine Diskriminierungsverbot des Art. 18 AEUV (→ § 49 Rn. 4 ff.). Besonderes Gewicht gewinnt die Gleichbehandlung auf der Ebene des Sekundärrechts durch die Verordnung (EU) Nr. 492/2011, welche für Leistungen iSv Art. 34 Abs. 3 GRC bedeutsam ist und Verordnung (EG) Nr. 883/2004, die im Rahmen des Art. 34 Abs. 1 GRC Bedeutung erlangt[101].[102] Sie geht an dieser Stelle über bloße Diskriminierungsverbote hinaus. Berücksichtigt man darüber hinaus Art. 12 Abs. 4 EuSozCh und Art. 13 Abs. 4 EuSozCh sowie Nr. 2 SozGRCh, worauf sich Art. 34 Abs. 2 GRC stützt,[103] so werden die einschlägigen **Gleichheitssätze** grundrechtlich „unterfüttert". Zusätzliches Gewicht haben diese grundrechtlichen Ansätze in der Vergangenheit durch die Rechtsprechung des Straßburger Gerichtshofs zum gleichberechtigten Zugang zu Leistungen im Fall von Arbeitslosigkeit erhalten.[104] Auch der EuGH hat sich in neuerer Zeit mit diesem Aspekt befasst und einen restriktiven Ansatz zu Tage treten lassen. So hat er im September 2015 im Fall *Jobcenter Berlin*

---

[98] Vgl. zB zum Wohngeld für Drittstaatsangehörige EuGH C-571/10 Rn. 79 und 81, DÖV 2012, 566 – Kamberaj: „Gemäß dem dritten Erwägungsgrund der Richtlinie 2003/109 steht diese im Einklang mit den Grundrechten und berücksichtigt die Grundsätze, die insbesondere durch die Charta anerkannt wurden, der nach Art. 6 Abs. 1 Unterabs. 1 EUV der gleiche rechtliche Rang zukommt wie den Verträgen. Nach ihrem Art. 51 Abs. 1 gilt die Charta für die Mitgliedstaaten bei der Durchführung des Rechts der Union. [...] Da sowohl in Art. 11 Abs. 1 Buchst. d der Richtlinie 2003/109 als auch in Art. 34 Abs. 3 der Charta auf das nationale Recht Bezug genommen wird, ist es Sache des vorlegenden Gerichts, unter Berücksichtigung des mit der Richtlinie verfolgten Ziels der Integration zu beurteilen, ob ein Wohngeld wie das im Landesgesetz vorgesehene [...] in eine der in Art. 11 Abs. 1 Buchst. d der Richtlinie 2003/109 genannten Kategorien fällt.". Zutreffend für Art. 34 Abs. 3 GRC *Rengeling/Szczekalla* Grundrechte in der EU § 30 Rn. 1042.
[99] Dazu im Einzelnen *Krebber* in Calliess/Ruffert AEUV Art. 153 Rn. 7 ff.
[100] Jarass GRCh Art. 34 Rn. 7.
[101] *Kingreen* in Calliess/Ruffert GRC Art. 34 Rn. 7.
[102] Siehe hierzu auch die Erläuterung zu Art. 34 GRC, ABl. 2007 C 303, 17 (27): „Absatz 2 [...] spiegelt die Regeln wider, die sich aus den Verordnungen (EWG) Nr. 1408/71 und (EWG) Nr. 1612/68 ergeben."
[103] Erläuterung zu Art. 34 GRC, ABl. 2007 C 303, 17 (27).
[104] EGMR 16.9.1996 – 17371/90 Rn. 87 ff. – Gaygusuz/Österreich; vgl. dazu auch *Verschueren* CMLR 34 (1997), 991 ff.

Neukölln/Alimanovic im Zusammenhang mit der Verordnung (EG) Nr. 883/2004 entschieden, dass der Ausschluss von Unionsbürgern, deren Aufenthaltsrecht in einem anderen Mitgliedstaat sich in dem Zweck der Arbeitsuche erschöpft, vom Bezug „besonderer beitragsunabhängiger Geldleistungen" nicht gegen den Grundsatz der Gleichbehandlung verstößt.[105] Hierbei hat der EuGH unter Bezugnahme auf seine frühere Rechtsprechung betont, dass der Anspruch auf Gleichbehandlung lediglich dann besteht, wenn der Aufenthalt im Aufnahmemitgliedstaat die Voraussetzungen der Unionsbürgerrichtlinie[106] erfüllt. Falls ein Unionsbürger noch nicht im Aufnahmemitgliedstaat gearbeitet hat oder die Frist von sechs Monaten nach Beendigung der Erwerbstätigkeit, währenddessen er seinen Status als „Erwerbstätiger" behält, abgelaufen ist, ist der Aufnahmemitgliedstaat berechtigt, Sozialhilfeleistungen zu verweigern.[107] Keinen Verstoß gegen das Unionsrecht sah der EuGH darüber hinaus im Fall *Jobcenter Recklinghausen/García-Nieto ua*, wo das Jobcenter einem spanischen Staatsangehörigen und seinem Sohn für einen bestimmten Zeitraum während der ersten drei Monate ihres Aufenthaltes den Bezug von Leistungen nach dem SGB II versagte.[108] Zwar stellte der Gerichtshof ein Aufenthaltsrecht aus Art. 6 Abs. 1 der Richtlinie 2004/38/EG fest, wonach ein Unionsbürger, der gültige Ausweispapiere besitzt, das Recht auf Aufenthalt im Hoheitsgebiet eines anderen Mitgliedstaats für einen Zeitraum von bis zu drei Monaten hat, ohne weitere Bedingungen erfüllen zu müssen. Unbeschadet dieses Rechts könne sich der Aufnahmemitgliedstaat allerdings auf die Ausnahmeregelung des Art. 24 Abs. 2 der Richtlinie 2004/38/EG berufen, wonach anderen Personen als Arbeitnehmern, Selbständigen oder Personen, denen dieser Status erhalten bleibt, während der ersten drei Monate ihres Aufenthalts jegliche Sozialhilfeleistungen verweigert werden darf.[109] In diesem Fall sei eine Prüfung der individuellen Umstände des Betroffenen nicht nötig.

Die Ausdehnung der Wanderarbeitnehmerverordnung auf Drittstaatsangehörige, die sich rechtmäßig auf dem Gebiet der Union aufhalten, führt im Bereich der Leistungen der sozialen Sicherheit zu einer weitgehenden Gleichstellung von Unionsbürgern und Drittstaatsangehörigen. Art. 34 Abs. 2 GRC gewährt somit ein Recht auf diskriminierungsfreien Zugang zu Leistungen der sozialen Sicherheit und Vergünstigungen.[110]

II. Persönlicher Schutzbereich

Bei den drei genannten Gewährleistungen ist hinsichtlich der **Grundrechtsberechtigten** 25 zu differenzieren. Was Leistungen der sozialen Sicherheit (Art. 34 Abs. 1 GRC) betrifft, so beziehen diese sich auf die **versicherten** Personen, eine Beschränkung auf Arbeitnehmerinnen und Arbeitnehmer ist nicht vorgesehen.[111] Auf der Grundlage der auf Leistungen der sozialen Sicherheit bezogenen Rechte sind nicht nur Unionsangehörige berechtigt, sondern auch **Drittstaatsangehörige** (→ § 9 Rn. 8 ff.). Art. 34 Abs. 2 GRC stellt Drittstaatsangehörige den Unionsbürgern in Bezug auf Leistungen der sozialen Sicherheit weitgehend gleich. Einzige Voraussetzung ist das Erfordernis des rechtmäßigen Wohnsitzes oder des rechtmäßigen Aufenthaltswechsels. Für Menschen, die das Rechtmäßigkeitserfordernis nicht erfüllen, kommt allerdings ein Mindestschutz über die Menschenwürdegarantie (→ § 9) in Betracht.[112] Art. 34 Abs. 2 GRC ähnelt damit einerseits Art. 68 des Übereinkommens Nr. 102 der Internationalen Arbeitsorganisation über die Mindestnormen der Sozialen

---

[105] EuGH C-67/14, ECLI:EU:C:2015:597 Rn. 63 – Jobcenter Berlin-Neukölln/Alimanovic. Kritisch hierzu *Wallrabenstein* ZESAR 2016, 349.
[106] RL 2004/38/EG, ABl. 2004 L 158, 77.
[107] EuGH C-67/14, ECLI:EU:C:2015:597 Rn. 34 f., 54 f. und 61 – Jobcenter Berlin-Neukölln/Alimanovic. Vgl. auch die Entscheidung EuGH C-333/13, ECLI:EU:C:2014:2358 – Dano/Jobcenter Leipzig, in der es um eine nicht arbeitsuchende Unionsbürgerin ging.
[108] EuGH C-299/14, ECLI:EU:C:2016:114 – Jobcenter Recklinghausen/García-Nieto ua.
[109] EuGH C-299/14, ECLI:EU:C:2016:114 Rn. 42 ff. – Jobcenter Recklinghausen/García-Nieto ua.
[110] Siehe hierzu *Kemmler* NZS 2015, 401 (407).
[111] *Frenz*, HdbEuR Bd. 4, Rn. 4103.
[112] *Rengeling/Szczekalla* Grundrechte in der EU § 30 Rn. 1040.

Sicherheit. Andererseits bestehen Bezüge nicht nur zum einschlägigen Sekundärrecht, sondern auch zu Art. 13 Abs. 4 EuSozCh und Nr. 2 SozGRCh.[113] Legt man den Begriff der sozialen Vergünstigungen unter Berufung auf Erläuterungen des Präsidiums des Konvents zur Grundrechtecharta in Anlehnung an Art. 13 Abs. 4 EuSozCh aus, der wiederum Art. 13 Abs. 1–3 EuSozCh einbezieht, dann werden auch Leistungen der Sozialhilfe erfasst, so dass Art. 34 Abs. 2 GRC die danach berechtigten Drittstaatsangehörigen den Unionsbürgern in ihren Rechten nach Art. 34 Abs. 1 und 3 GRC fast vollständig gleichstellt.[114]

26   **Grundrechtsverpflichteter** ist zuvörderst die Union (→ § 9 Rn. 23). Die Mitgliedstaaten sind nur insoweit verpflichtet, als sie Unionsrecht durchführen (näher dazu und zur Bindung der Mitgliedstaaten im Anwendungsbereich der EU-Grundfreiheiten → § 9 Rn. 24 ff.). Daran ändert auch die Grundrechtecharta nichts.[115]

III. Gewährleistungsdimensionen

27   Schon die unionalen Bestimmungen zur sozialen Sicherheit und zur sozialen Unterstützung verbinden abwehr-, teilhabe- und gleichheitsrechtliche Gewährleistungsdimensionen miteinander. Art. 34 GRC nimmt insoweit diese Tradition auf und entwickelt dieses partiell weiter. Die in Art. 34 Abs. 1 und 3 GRC gewählte Formulierung „anerkennt und achtet" unterstreicht zunächst den **abwehrrechtlichen** Charakter dieser Bestimmungen. Weitergehende Gewährleistungen wären im Konvent wohl nicht mehrheitsfähig gewesen; insbesondere sollte Art. 34 GRC insoweit keine Leistungsansprüche begründen.[116] Für die Leistungen der Sozialhilfe nach Art. 34 Abs. 3 GRC lässt sich über die abwehrrechtliche Dimension allenfalls eine objektivrechtliche Gewährleistung ausmachen.[117] Art. 34 Abs. 2 GRC beinhaltet den schon erläuterten subjektiv-öffentlichen **Anspruch auf gleiche Behandlung**. Auf nationale Regelungen und auf das Sekundärrecht sind über die abwehrrechtliche Dimension hinaus weitergehende Einflüsse denkbar, etwa in Form der **Ausstrahlung**[118] oder anderer **Einwirkungen**.[119]

C. Beeinträchtigung

28   Unter Bezugnahme auf die Ausführungen zu den Gewährleistungsdimensionen (→ Rn. 27) ist zunächst festzustellen, dass die europäischen Organe keine Maßnahmen ergreifen dürfen, die das Recht auf Zugang zu den Leistungen sozialer Sicherheit oder auf soziale Unterstützung beeinträchtigen. Derartige Maßnahmen bedürften einer spezifischen Rechtfertigung. Auf der anderen Seite ist zu betonen, dass die **Einschätzungsprärogative** der Organe – wie auch der Mitgliedstaaten – in diesem Bereich grundsätzlich zu respektieren ist. Weder der *status quo* des Sekundärrechts noch der des mitgliedstaatlichen Rechts wird durch diese Grundrechte sakrosankt.[120] Insoweit kann auf die einschlägigen Debatten über ein dem grundgesetzlichen Sozialstaatsprinzip von manchen Autoren zugeordnetes Verschlechterungsverbot oder Verbot des sozialen Rückschritts verwiesen werden.[121]

29   Soweit es sich, wie im Fall des Art. 34 Abs. 2 GRC, um Gleichbehandlungsrechte handelt, liegt eine **Ungleichbehandlung** vor, wenn eine Person allein wegen eines grenzüberschreitenden Aufenthaltswechsels bei der sozialen Sicherheit und den sozialen Vergüns-

---

[113] Dazu auch *Rudolf* in NK-EuGRCh GRCh Art. 34 Rn. 19.
[114] So *Rudolf* in NK-EuGRCh GRCh Art. 34 Rn. 19.
[115] *Rengeling/Szczekalla* Grundrechte in der EU § 30 Rn. 1041.
[116] Vgl. *Rudolf* in NK-EuGRCh GRCh Art. 34 Rn. 14, 20 und 22.
[117] Vgl. *Rudolf* in NK-EuGRCh GRCh Art. 34 Rn. 20 f.
[118] Vgl. herzu *Kemmler* NZS 2015, 401; *Rudolf* in NK-EuGRCh GRCh Art. 34 Rn. 22.
[119] Zum Begriff der Einwirkung vgl. *Röben*, Die Einwirkung der Rechtsprechung des Europäischen Gerichtshofs auf die mitgliedstaatliche Verfahren in öffentlich-rechtlichen Streitigkeiten, 1998, S. 4 ff.
[120] Dass eine Abschaffung oder Reduzierung der genannten Leistungen allenfalls in sehr engen Grenzen gerichtlich überprüfbar wäre, betonen auch *Rengeling/Szczekalla* Grundrechte in der EU § 30 Rn. 1038.
[121] Eingehend *Schlenker*, Soziales Rückschrittsverbot und Grundgesetz, 1986, passim; vgl. auch *Bieback* S. 8 ff., 27 ff., 34 ff.

tigungen schlechter gestellt wird als jemand, der keinen solchen Aufenthaltswechsel vorgenommen hat. Das Gleichheitsrecht gilt allerdings nur im Rahmen des geltenden unionalen und mitgliedstaatlichen Rechts.

D. Rechtfertigung

Abgesehen davon, dass Eingriffe in die abwehrrechtliche Dimension der genannten Rechte den **üblichen Rechtfertigungsmöglichkeiten** (→ § 10 Rn. 28 ff.) unterliegen, sind zwei Besonderheiten zu berücksichtigen. Eine Ungleichbehandlung bei den Leistungen der sozialen Sicherheit und den sozialen Vergünstigungen dürfte nur zulässig sein, wenn es objektive Gründe dafür gibt und der Grundsatz der Verhältnismäßigkeit (→ § 10 Rn. 41 ff.) gewahrt wird. Art. 34 Abs. 1 und Abs. 3 GRC erfahren schließlich eine weitere Relativierung durch **Art. 52 Abs. 5 GRC,** wonach ein Richter nur dann auf die „Grundsätze" der Charta zurückgreifen kann, wenn diese gesetzlich konkretisiert worden sind.[122] 30

E. Verhältnis zu anderen Bestimmungen

Die Gewährleistung des Zugangs zu den Leistungen sozialer Sicherheit und zur sozialen Unterstützung nach Art. 34 GRC tritt neben die einschlägigen Bestimmungen des Unionsrechts sowie vergleichbare Normen des mitgliedstaatlichen Verfassungsrechts, der EMRK und des Völkerrechts. Soweit es um die Gleichbehandlung bei Leistungen der sozialen Sicherheit und sozialen Vergünstigungen geht, ist neben Art. 34 GRC auch Art. 21 GRC (→ § 49 Rn. 69 ff.) zu berücksichtigen. Die Reichweite des Art. 34 GRC ist – abgesehen von der abwehr-, teilhabe- und der gleichheitsrechtlichen Dimension – primär objektivrechtlicher Art und daher im Vergleich zu anderen grundrechtlichen Gewährleistungen relativ eingeschränkt. 31

F. Zusammenfassende Bewertung und Ausblick

Europa hat mittlerweile gelernt, Abwehrrechte innerhalb eines Mehrebenensystems zu positionieren und zu effektuieren. Eine vergleichbare Entwicklung im Bereich von Leistungsrechten steht noch aus. Art. 34 GRC kann dazu nur einen begrenzten Beitrag leisten, weil der Grundrechte-Konvent diesbezüglich in erster Linie bemüht war, die Reichweite der sozialen Grundrechte zu begrenzen. Zwar nimmt Art. 34 GRC das geltende Sekundärrecht auf und unterfüttert dieses grundrechtlich. Auch werden Bezüge zur Europäischen Sozialcharta und zu anderen menschenrechtlichen Instrumenten hergestellt. Das schon bestehende **Entwicklungspotenzial**, das sich vor allem in der Reform des Durchsetzungsmechanismus der Europäischen Sozialcharta nach 1989 gezeigt hat, ist jedoch mit Art. 34 GRC eher **stiefmütterlich behandelt** worden. Auch die das „Soziale" verstärkt in den Blick nehmende Auslegung der EMRK hätte intensiver genutzt werden können. Politisch war aber wohl nicht mehr möglich. Die **individualrechtliche Ausgestaltung** bietet aber genügend Anhaltspunkte für die politische Praxis, um unterstützt von Literatur und Rechtsprechung Art. 34 GRC mit grundrechtlicher Substanz zu versehen. Es ist deshalb der Einschätzung zuzustimmen, dass es insgesamt „weise war, diese potentiell, nicht aktuell weitreichenden Garantien der sozialen Sicherheit und Sozialhilfe in den Text der Charta aufzunehmen".[123] 32

---

[122] *Rengeling/Szczekalla* Grundrechte in der EU § 30 Rn. 1037.
[123] *Rudolf* in NK-EuGRCh GRCh Art. 34 Rn. 23.

6. Abschnitt. Kommunikationsgrundrechte

§ 27 Kommunikationsfreiheit (Meinungsäußerungs- und Informationsfreiheit)

Übersicht

	Rn.
A. Entwicklung und Bedeutung der Kommunikationsfreiheit	1–11
I. Einfluss historischer Entwicklungen auf den Schutzumfang der Kommunikationsfreiheit	1, 2
II. Grundlegende Überlegungen zur Notwendigkeit und Bedeutung der Kommunikationsfreiheit	3–10
1. Kommunikationsfreiheit als Mittel zur Wahrheitsfindung	4
2. Kommunikationsfreiheit als Mittel zur Persönlichkeitsentfaltung	5–7
3. Kommunikationsfreiheit als Voraussetzung eines freiheitlich-demokratischen Gemeinwesens	8–10
III. Quellen des Unionsgrundrechts der Kommunikationsfreiheit – von den allgemeinen Rechtsgrundsätzen zur Grundrechtecharta	11
B. Gewährleistungsgehalt	12–36
I. Sachlicher Gewährleistungsgehalt	12–28
1. Einheitliches Konzept der Kommunikationsfreiheit im Unionsrecht; Eigenständigkeit der Medienfreiheit	12, 13
2. Geschützte Kommunikationsinhalte	14–17
3. Geschützte Kommunikationsmittel	18
4. Informationsfreiheit oder Rezipientenfreiheit	19–21
5. Bedeutung der grenzüberschreitenden Kommunikation	22
6. Negative Kommunikationsfreiheit	23, 24
7. Schutz der Wirtschaftswerbung durch die Kommunikationsfreiheit	25–28
II. Persönlicher Gewährleistungsbereich	29–33
1. Grundrechtsberechtigung natürlicher Personen	29–31
2. Grundrechtsberechtigung juristischer Personen	32, 33
III. Grundrechtsverpflichtete	34
IV. Schutzdimension der Kommunikationsfreiheit als klassisches subjektives Abwehrrecht	35
V. Objektivrechtliche Schutzdimensionen der Kommunikationsfreiheit	36
C. Eingriff bzw. Einschränkung	37–42
D. Rechtfertigung	43–88
I. Formelle Anforderung: Bestimmte und zugängliche Rechtsgrundlage, die Wesentlichkeitsanforderungen genügt	44, 45
II. Materielle Anforderung: Verfolgung eines legitimen Zwecks (Gemeinwohlinteresse der Union)	46, 47
III. Materielle Anforderung: Wahrung der Verhältnismäßigkeit	48–84
1. Geeignetheit	50
2. Erforderlichkeit	51
3. Verhältnismäßigkeit im engeren Sinn: Abwägung (Orientierung am Bild einer „demokratischen Gesellschaft" und margin of appreciation)	52–54
4. Variable Schutzniveaus	55–59
5. Verhältnismäßige Beeinträchtigungen der Kommunikationsfreiheit zum Schutz verschiedener legitimer Ziele	60–84
IV. Materielle Anforderung: Wesensgehaltsgarantie	85–87
V. Präventive Kontrollmaßnahmen und Vorzensur	88
E. Verhältnis zu anderen Bestimmungen	89, 90
F. Zusammenfassende Bewertung und Ausblick	91

§ 27 Kommunikationsfreiheit (Meinungsäußerungs- und Informationsfreiheit)

Schrifttum:

Arning/Moosl/Scherz, Vergiss(,) Europa!, CR 2014, 447; *Bäcker,* Das Vorratsdatenurteil des EuGH: Ein Meilenstein des europäischen Grundrechtsschutzes, Jura 2014, 1263; *Barendt,* Freedom of Speech, 1985; *ders.,* Importing United States Free Speech Jurisprudence, in Campbell/Sadurski, S. 57; *Baur/Müller-Graff/Zuleeg,* Europarecht – Energierecht – Wirtschaftsrecht, FS für Bodo Börner zum 70. Geburtstag, 1992; *Berka,* Die Kommunikationsfreiheit in Österreich. Informationsfreiheit, Freiheit der Meinungsäußerung und Zensurverbot im Überblick, EuGRZ 1982, 413; *Biernath,* Die Meinungs- und Pressefreiheit in der Türkei im Spiegel der EMRK, 2013; *Bleckmann,* Die wertende Rechtsvergleichung bei der Entwicklung europäischer Grundrechte, in Baur/Müller-Graff/Zuleeg, FS Börner, S. 29; *Borella,* Les partis politiques dans la France d'aujourd'hui, 1990; *Brems,* The Margin of Appreciation Doctrine in the Case-Law of the European Court of Human Rights, ZaöRV 56 (1996), 240; *Brock,* Neue Regeln für Whistleblower im öffentlichen Dienst – Folgen der Heinisch-Entscheidung des EuGH [sic] vom 21.7.2011, öAT 2011, 243; *Campbell,* Rationales for Freedom of Communication, in Campbell/Sadurski, S. 17; *ders./Sadurski,* Freedom of Communication, 1994; *Canu,* Der Schutz der Demokratie in Deutschland und Frankreich. Ein Vergleich des Umgangs mit politischem Extremismus vor dem Hintergrund der europäischen Integration, 1997; *Drechsler,* Die Unionsgrundrechte unter dem Einfluss des Prozessrechts, 2019; *Dworkin,* Taking Rights Seriously, 1994; *Engel,* Privater Rundfunk vor der Europäischen Menschenrechtskonvention, 1993; *Federrath,* Geoblocking und die Möglichkeiten der Technik, ZUM 2015, 929; *Freialdenhoven/Heinzke,* Vergiss mich: Das Recht auf Löschung von Suchergebnissen, GRUR-Prax 2015, 119; *Gauer,* Die Reform des europäischen Dienstrechts, 2007; *Gersdorf/Paal,* Beck'scher Online-Kommentar Informations- und Medienrecht, 21. Edition 2018; *Gornig,* Äußerungsfreiheit und Informationsfreiheit als Menschenrechte, 1988; *Gundel,* Der Schutz der unternehmerischen Freiheit durch die EU-Grundrechtecharta, ZHR 2016, 323; *Günter,* Berufsfreiheit und Eigentum in der Europäischen Union, 1998; *Habermas,* Faktizität und Geltung – Beiträge zur Diskurstheorie des Rechts und des demokratischen Rechtsstaats, 1992; *Hatje,* Wirtschaftswerbung und Meinungsfreiheit, 1993; *Holoubek,* Medienfreiheit in der Europäischen Menschenrechtskonvention, AfP 2003, 193; *Holznagel/Hartmann,* Das „Recht auf Vergessenwerden" als Reaktion auf ein grenzenloses Internet – Entgrenzung der Kommunikation und Gegenbewegung, MMR 2016, 228; *Hong,* Hassrede und extremistische Meinungsäußerungen in der Rechtsprechung des EGMR und nach dem Wunsiedel-Beschluss des BVerfG, ZaöRV 70 (2010), 73; *Jandt,* EuGH stärkt den Schutz der Persönlichkeitsrechte gegenüber Suchmaschinen, MMR-Aktuell 2014, 358242; *Kevekordes,* Tabakwerbung und Tabaketikettierung im deutschen und europäischen Recht: EG-Richtlinien für Tabakwerbung und zur Etikettierung von Tabakerzeugnissen und ihre Umsetzung in der Bundesrepublik Deutschland, 1994; *Kischel,* Die Kontrolle der Verhältnismäßigkeit durch den Europäischen Gerichtshof, EuR 2000, 380; *Koenig/Kühling,* Der Streit um die neue Tabakproduktrichtlinie – Ist der Gemeinschaftsgesetzgeber bei seinem Kampf gegen den Tabakkonsum einmal mehr im Konflikt mit Gemeinschaftsgrundrechten und Kompetenzbestimmungen?, EWS 2002, 12; *Kugelmann,* Der Rundfunk und die Dienstleistungsfreiheit des EWG-Vertrages, 1991; *Kühling,* Grundrechtekontrolle durch den EuGH: Kommunikationsfreiheit und Pluralismussicherung im Gemeinschaftsrecht, EuGRZ 1997, 296; *ders.,* Die Kommunikationsfreiheit als europäisches Gemeinschaftsgrundrecht, 1999; *ders.,* Kernelemente einer kohärenten EU-Grundrechtsdogmatik in der Post-Lissabon-Ära, ZöR 68 (2013), 469; *ders.,* Der Fall der Vorratsdatenspeicherungsrichtlinie und der Aufstieg des EuGH zum Grundrechtsgericht, NVwZ 2014, 681; *ders.,* Rückkehr des Rechts: EuGH verpflichtet „Google & Co." zu Datenschutz, EuZW 2014, 527; *ders./Heberlein,* EuGH „reloaded": „unsafe Harbor" USA vs. „Datenfestung" EU, NVwZ 2016, 7; *Kühling/Klar,* Transparenz vs. Datenschutz – erste Gehversuche des EuGH bei der Anwendung der Grundrechtecharta, Jura 2011, 771; *Legg,* The margin of appreciation in international human rights law, 2012; *Leisner,* Der mündige Verbraucher in der Rechtsprechung des EuGH, EuZW 1991, 498; *Martiny,* Geoblocking – eine wirksame technische Schutzmaßnahme? Voraussetzungen des § 95a UrhG und die Konsequenzen für Nutzer und Rechteinhaber, MMR 2016, 579; *Metz,* Verbraucherschützende Informationspflichten in der Werbung, 2008; *Nettesheim,* Grundrechtliche Prüfdichte durch den EuGH, EuZW 1995, 106; *ders.,* Die Tabak-Urteile des EuGH: Lifestyle-Regulierung im Binnenmarkt, EuZW 2016, 578; *Pauly,* Strukturfragen des unionsrechtlichen Grundrechtsschutzes, EuR 1998, 242; *Payandeh,* Der Schutz der Meinungsfreiheit nach der EMRK, JuS 2016, 690; *Piecheral/Olinga,* La théorie de la marge d'appréciation dans la jurisprudence récente de la Cour Européenne des droits de l'homme, RTDH 1995, 564; *Prepeluh,* Die Entwicklung der Margin of Appreciation-Doktrin im Hinblick auf die Pressefreiheit, ZaöRV 61 (2001), 771; *Raz,* Free Expression and Personal Identification, OJLS 11 (1991), 304; *Reithmann,* Die Rechtsprechung des Gerichts für den öffentlichen Dienst der Europäischen Union 2013/2014, EuR 2015, 763; *Rengeling,* Grundrechtsschutz in der Europäischen Gemeinschaft, 1992; *Rogalla,* Dienstrecht der Europäischen Gemeinschaften, 1992; *Scheyli,* Die Abgrenzung zwischen ideellen und kommerziellen Informationsgehalten als Bemessungsgrundlage der „margin of appreciation" im Rahmen von Art. 10 EMRK, EuGRZ 2003, 455; *Schildknecht,* Grundrechtsschranken in der Europäischen Gemeinschaft. Eine Untersuchung der Rechtsprechung des Europäischen Gerichtshofes, 2000; *Schilling,* Bestand und allgemeine Lehren der bürgerschützenden allgemeinen Rechtsgrundsätze des Gemeinschaftsrechts, EuGRZ 2000, 3; *Schneiders,* Die Grundrechte der EU und die EMRK, 2010; *Schulz/Dankert,* Die Macht der Informationsintermediäre, 2016; *Smend,* Das Recht der freien Meinungsäußerung, VVDStRL 4 (1928), 44; *Stock,* Meinungsfreiheit und Pressefreiheit in Amerika, 1986; *ders.,* Medienfreiheit in der EU nur „geachtet" (Art. 11 Grundrechtecharta) – Ein Plädoyer für Nachbesserungen im Verfassungskonvent, EuR 2002, 566; *Storr,* Zur Bonität des Grundrechtsschutzes in der Europäischen Union, Der Staat 36 (1997), 547; *Thüsing/Rombey,*

Nachdenken über den Richtlinienvorschlag der EU-Kommission zum Schutz von Whistleblowern, NZG 2018, 1001; *Ulber,* Whistleblowing und der EGMR, NZA 2011, 962; *Wegener,* Der Geheime Staat, 2006; *Weiß,* Das Gesetz im Sinn der Europäischen Menschenrechtskonvention, 1996; *Zechmeister,* Das neue Tabakerzeugnisrecht – Auswirkungen in der Praxis, GRUR-Prax 2016, 212.

A. Entwicklung und Bedeutung der Kommunikationsfreiheit[1]

I. Einfluss historischer Entwicklungen auf den Schutzumfang der Kommunikationsfreiheit

1 Der jeweilige Schutzumfang der Kommunikationsfreiheit in einer spezifischen Gesellschaft hängt von zahlreichen Determinanten ab. Eine nachhaltige Beeinflussung geht insbesondere von **historischen Erfahrungen** aus. So ist es beispielsweise nicht erstaunlich, dass ein Land wie die U. S. A., das weder unter der terroristischen Herrschaft eines faschistischen Regimes gelitten hat, noch die Auswirkungen einer solchen Herrschaft so unmittelbar zu spüren bekam wie zahlreiche nicht-faschistische Länder Europas in den dreißiger und vierziger Jahren des vergangenen Jahrhunderts, leichter zu einer toleranten Haltung gegenüber **faschistischen Meinungsäußerungen** findet als verschiedene Länder Europas.[2] Andererseits ist die wenig tolerante und vom *Supreme Court* weitest gehend gebilligte Einstellung gegenüber tatsächlichen oder vermeintlichen Anhängern kommunistischer Ansichten in den Vereinigten Staaten insbesondere zur Zeit *McCarthys* durch das Gefühl der Bedrohung durch die damalige Sowjetunion und die **kommunistische Ideologie** bedingt gewesen – ein rechtlich relevant gewordenes Ressentiment, das in einem Land wie Frankreich, in dem die kommunistische Partei viel etablierter ist, nicht denkbar wäre.[3] Das gilt erst recht für die osteuropäischen Mitgliedstaaten der EU.

2 Das Verständnis des Schutzumfangs der Grundrechte ist zudem geprägt durch **philosophische Grundauffassungen** über die Notwendigkeit des Schutzes der Kommunikationsfreiheit überhaupt, ebenso wie durch noch grundlegendere Vorstellungen, vor allem von der Legitimation und den Grenzen staatlicher Beschränkungen individueller Freiheit. Die Europäische Union ist auf die Förderung der Freiheitsentfaltung der Unionsbürger angelegt und fährt somit im Kielwasser eines gemeineuropäischen **liberalen Freiheitsverständnisses,** das von einer weitgehenden Gewährleistung bürgerlicher Freiheit ausgeht, die ihre Schranken erst in der Gewährleistung der Rechte anderer, gegebenenfalls in der Form wichtiger öffentlicher Interessen findet.[4] Daran hat sich auch durch die Ost-Erweiterung der Europäischen Union nichts geändert, auch wenn jüngere Entwicklungen vor allem in Bezug auf die Medienfreiheit etwa in Ungarn und Polen deutlich werden lassen, dass kein gleich stabiles Fundament eines liberalen Freiheitsverständnisses allen Mitgliedstaaten der Union gemein ist.

II. Grundlegende Überlegungen zur Notwendigkeit und Bedeutung der Kommunikationsfreiheit

3 In zahlreichen Mitgliedstaaten ebenso wie in der Konventionsrechtsprechung und -literatur wird die Bedeutung der Kommunikationsfreiheit hervorgehoben. Ihr wird zumeist ein **besonderer Rang** innerhalb des Grundrechtsgefüges eingeräumt.[5] Zahlreiche einzelne Gründe lassen sich für die Bedeutung und Schutznotwendigkeit der Kommunikationsfreiheit anführen.[6] Insbesondere in der anglo-amerikanischen Rechtsprechung und Litera-

---

[1] Der vorliegende Beitrag geht in Teilen zurück auf *Kühling,* Die Kommunikationsfreiheit als europäisches Gemeinschaftsgrundrecht, 1999. Der Autor dankt für die Hilfe bei der Recherche und kritische Hinweise seiner Mitarbeiterin Dr. *Anna Kellner.*
[2] Siehe den Hinweis von *Barendt* in Campbell/Sadurski S. 67.
[3] Zu der Rechtsprechung des Supreme Court vgl. *Stock* S. 71 ff.; zum *Parti communiste français* vgl. *Borella* S. 175 ff.
[4] Vgl. zB *Bleckmann* FS Börner, 1992, 32 ff.; *Gornig* S. 6–56, 101 ff.; *Dworkin* S. 274 ff.
[5] Vgl. dazu und zum Folgenden *Kühling* S. 86 mwN.
[6] Vgl. zB *Campbell* in Campbell/Sadurski S. 17.

tur hat sich ein klassisches Trio herausgebildet, das im Folgenden dargestellt werden soll. Vor allem die unter 2. (→ Rn. 5 ff.) und 3. (→ Rn. 8 ff.) angeführten Überlegungen sind gleichermaßen im kontinentalen Europa wirkmächtig und daher von besonderer Relevanz.

1. Kommunikationsfreiheit als Mittel zur Wahrheitsfindung. Auch wenn die Verteidigung der Kommunikationsfreiheit vom Standpunkt ihres Beitrags zur Wahrheitsfindung mehr im amerikanischen denn im europäischen Rechtsdenken zur vollen Entfaltung kam, fand sie auch in Europa zumindest eine gewisse Resonanz. Sie zielt darauf ab, dass nur die Kommunikationsfreiheit das Finden der Wahrheit ermögliche, denn jede Meinung könne zur Erreichung des „Wahrsten" einen Beitrag leisten.[7] In der amerikanischen Rechtsprechung und Verfassungsliteratur wurde diese Argumentation mit der Metapher des **„freien Marktplatzes der Ideen"** ([free] „marketplace of ideas") verknüpft.[8] Dieser Ansatz findet eine Parallele in der kontinentaleuropäischen Philosophie, die die Pressefreiheit mit der Notwendigkeit zur Suche der Wahrheit begründet.[9] Der Ansatz hebt die besondere Brisanz solchen staatlichen Handelns hervor, das Äußerungen als falsch deklariert und tabuisiert, ein Aspekt, der etwa beim Streit um das Verbot des Leugnens nationalsozialistischer Massenmorde eine Rolle spielt.[10] Zudem stellt er gebührend die besondere Schutzbedürftigkeit gerade solcher Meinungen heraus, die schockieren und nicht den Auffassungen der Mehrheit entsprechen. 4

2. Kommunikationsfreiheit als Mittel zur Persönlichkeitsentfaltung. Großen Widerhall in der europäischen Judikatur und Literatur hat die Auffassung gefunden, dass die Kommunikationsfreiheit ihre hervorragende Bedeutung als Mittel zur Persönlichkeitsentfaltung erlange. Die Meinungsfreiheit ist nach Auffassung des BVerfG „unmittelbarster Ausdruck der menschlichen Persönlichkeit".[11] Es gehöre ferner die Wissensmehrung zur Persönlichkeitsentfaltung, wozu eine ungehinderte Informationsaufnahme nötig sei. Demnach sei eine umfassende Informationsfreiheit zu gewährleisten.[12] Im Gleichklang intoniert der EGMR, die Kommunikationsfreiheit sei „one of the basic conditions [...] for the development of every man".[13] Auch der EuGH betont, „die Freiheit der Meinungsäußerung [sei] [...] eine der wichtigsten Voraussetzungen für [...] die **Verwirklichung jedes einzelnen Individuums**".[14] 5

Die „Persönlichkeitsentfaltungstheorie" der Kommunikationsfreiheit, bzw. im englischen Sprachgebrauch „theory of self-fulfilment" oder „self-determination", kann auf eine lange europäische Denktradition verweisen.[15] Der Ansatz des Schutzes der Kommunikationsfreiheit als Mittel zur Persönlichkeitsentfaltung und -verwirklichung steht in enger Verbindung zum grundlegenderen Gedanken der Menschenwürde, die den Kern der europäi- 6

---

[7] Vgl. dazu *Kühling* S. 87 mwN.
[8] Siehe dazu beispielhaft das berühmte abweichende Votum von Richter *Oliver Wendell Holmes* im Urteil des US Supreme Court v. 10.11.1919, 250 U. S. 616 (630) – Abrams v. United States: „[...] the best test of truth is the power of the thought to get itself accepted in the competition of the market, and that truth is the only ground upon which [the] wishes [of men] safely can be carried out. That, at any rate, is the theory of our constitution".
[9] Paradigmatisch sei die Einforderung der Pressefreiheit als Möglichkeit zur Prüfung seines Urteils an demjenigen fremder Vernunft in den Schriften *Immanuel Kants* erwähnt, dazu *Hinske* in Schwartländer/Willoweit, Meinungsfreiheit: Grundgedanken und Geschichte in Europa und USA, 1986, S. 31 ff.; vgl. auch *Hölscher* in Schwartländer/Willoweit, Meinungsfreiheit: Grundgedanken und Geschichte in Europa und USA, 1986, S. 51 ff.
[10] *Kühling* S. 88 mwN; siehe auch → Rn. 72.
[11] Grundlegend BVerfGE 7, 198 (208) – Lüth.
[12] BVerfG 27, 71 (81 f.) – Leipziger Volkszeitung; bestätigt in BVerfGE 90, 27 (31 f.) – Parabolantenne.
[13] Leitentscheidung EGMR 7.12.1976 – 5493/72 Rn. 49, EuGRZ 1977, 38 – Handyside; vgl. auch EGMR 27.5.2003 – 43425/98 Rn. 32 – Skalka; EGMR 6.5.2003 – 48898/99 Rn. 39 – Perna; in jüngeren Entscheidungen spricht der EMGR von der Kommunikationsfreiheit als „one of the basic conditions [...] for each individual's self-fulfilment", vgl. EGMR 8.10.2013 – 28255/07 Rn. 56 – Cumhuriyet Vakfi; ebenso EGMR 26.11.2013 – 59545/10 Rn. 49 – Blaja News.
[14] EuGH C-274/99 P, Slg. 2001, I-1611 Ls. 1 Rn. 39 – Connolly.
[15] Vgl. die Nachweise bei *Gornig* S. 27 ff. und 116 auch zu anderen philosophischen Positionen.

schen Grundrechtstradition bis hin zur Grundrechtecharta (siehe Art. 1 GRC) bildet. Die Würde des Menschen zeigt sich insbesondere in der autonomen Formierung des individuellen Willens, dessen Äußerung und gegebenenfalls Verwirklichung. Danach stellen Einschränkungen der Kommunikationsfreiheit zumeist eine doppelte Beeinträchtigung des Menschen dar. So hebt *Raz* zutreffend hervor, dass mit der staatlichen Unterdrückung einer Meinung immer zugleich die Missbilligung der dahinter stehenden Lebenseinstellung erfolgt.[16] Unter einer liberalen Verfassung ist es aber nicht Aufgabe des Staates, die Bürger zu einer bestimmten Lebensauffassung zu zwingen.

7   Die „Persönlichkeitsentfaltungstheorie" kann nach heutigem Verständnis die Bedeutung des gesamten Kommunikationsprozesses zutreffend reflektieren. Denn zur Persönlichkeitsentfaltung zählt nicht nur die Kommunikation von Meinungen, sondern auch die von Informationen und **Emotionen.** Der Mensch wird überdies zugleich in seiner Rolle als Empfänger wie Äußerer von kommunikativen Inhalten gesehen. Des Weiteren hebt dieser Ansatz die gleichwertige Berechtigung der Äußerung aller Kommunikationsbeiträge hervor und daher auch solcher, die schockieren und nicht den Auffassungen der Mehrheit entsprechen. Insofern ist eine Kompensation der Irrationalitäten einer nach dem Demokratieprinzip strukturierten Gesellschaft möglich. Andererseits läuft diese Auffassung Gefahr, die individuelle Komponente der Kommunikationsfreiheit zu stark zu betonen und darüber den Blick für die notwendigen Folgen der gesellschaftlichen Eingebundenheit des Individuums zu verlieren.[17]

8 **3. Kommunikationsfreiheit als Voraussetzung eines freiheitlich-demokratischen Gemeinwesens.** So ist es nicht verwunderlich, dass in der europäischen Rechtsprechung und Grundrechtsliteratur der individuelle Aspekt der **„self-determination"** durch die kollektive Seite des „self-government", also der Beteiligung der Bürger am demokratischen Meinungsbildungsprozess über das Vehikel der Kommunikationsfreiheit ergänzt wird. Der EGMR unterstreicht die Bedeutung der Kommunikationsfreiheit für die demokratische Gesellschaft wie folgt: „Freedom of expression constitutes one of the essential foundations of such a [democratic] society, one of the basic conditions for its progress". Die Äußerungsfreiheit, so ergänzt das Gericht, stelle einen Grundpfeiler dieser Gesellschaft dar.[18] Diese Formulierungen des EGMR macht sich auch der EuGH zu Eigen: Die Freiheit der Meinungsäußerung sei „eines der wichtigsten **Fundamente einer demokratischen Gesellschaft** und eine der wichtigsten Voraussetzungen für deren Fortschritt".[19] Danach ermöglicht jene Freiheit die notwendige Beweglichkeit und Anpassungsfähigkeit der Gesellschaft, garantiert die Kontrolle der Regierenden durch die Regierten und gewährleistet vor allem die zur rationalen Entscheidung notwendige Informiertheit der Bürger, die nur in einem freien, offenen, pluralistischen und diskursiven Kommunikationsprozess hergestellt werden kann.[20] Mit der Herausbildung und dem Siegeszug der Demokratie in der europäisch-atlantischen Welt hat diese Auffassung auch in der Staatsphilosophie eine zentrale Stellung erlangt.[21] Ebenso findet sie in der Grundrechtsliteratur großen Anklang und kann als dominierende Begründungstheorie für die Notwendigkeit und Bedeutung der Kommunikationsfreiheit bezeichnet werden.[22]

---

[16] *Raz* OJLS 11 (1991), 304 (310).
[17] Zum Ganzen *Kühling* S. 87 f. mwN.
[18] EGMR 7.12.1976 – 5493/72 Rn. 49, EuGRZ 1977, 38 – Handyside; vgl. auch EGMR 27.5.2003 – 43425/98 Rn. 32 – Skalka; EGMR 6.5.2003 – 48898/99 Rn. 39 – Perna; ebenso EGMR 7.6.2012 – 38433/09 Rn. 131 – Centro Europa 7 S. R. L; EGMR 26.11.2013 – 59545/10 Rn. 49 – Blaja News; EGMR 8.10.2013 – 28255/07 Rn. 56 – Cumhuriyet Vakfi; EGMR 20.10.2015 – 25239/15 Rn. 31 – M´Rela M´Bala; EGMR 25.10.2018 – 38450/12 Rn. 42 – Case of E. S.
[19] EuGH C-274/99 P, Slg. 2001, I-1611 Ls. 1 Rn. 39 – Connolly; ähnlich EuGH C-340/00 P, Slg. 2001, I-10269 Rn. 18 – Cwik.
[20] *Kühling* S. 91 mwN.
[21] Vgl. *Gornig* S. 114 f.; *Habermas* passim und insbesondere S. 435 ff., 445 ff.
[22] ZB *Barendt* S. 20, 23; *Campbell* in Campbell/Sadurski S. 37; *Smend* VVDStRL 4 (1928), 44 (50).

Die „self-government"-Theorie streitet wie die vorhergehend beschriebenen Ansätze für 9
den Schutz minoritärer Ansichten, insbesondere wenn sie an dem Grundsatz der gleichen
Teilhabe aller Bürger am Meinungsbildungsprozess orientiert ist.[23] Weiterhin reflektiert
diese Ansicht ähnlich wie eine richtig verstandene „Persönlichkeitsentfaltungstheorie" den
Kommunikationsprozess in umfassender Weise. Sie spricht für einen besonderen Schutz der
Diskussion solcher Anliegen, die öffentliche Interessen betreffen (→ Rn. 55), va bei Wahlen
(„Supervermutung" für die Meinungsfreiheit). Besondere Zurückhaltung verlangt sie im
Hinblick auf Beschränkungen der Kritik an der öffentlichen Gewalt. Im Übrigen hängt die
Schutzintensität von der Rückkoppelungsfähigkeit der Aussagen an den demokratischen
Prozess ab.

Abschließend ist zu betonen, dass die dargelegten Begründungsansätze für die Schutz- 10
notwendigkeit der Kommunikationsfreiheit in neuerer Zeit überwiegend nicht in einem
Konkurrenz-, sondern **Ergänzungsverhältnis** gesehen werden, zumal sie zahlreiche Verknüpfungspunkte aufweisen. Dies wird in der Rechtsprechung sowohl des BVerfG als auch
des EGMR besonders deutlich, die auf die beiden letztgenannten Ansätze in kombinierter
Form rekurrieren, um die besondere Bedeutung der Kommunikationsfreiheit zu begründen.[24]

III. Quellen des Unionsgrundrechts der Kommunikationsfreiheit – von den allgemeinen Rechtsgrundsätzen zur Grundrechtecharta

Die Bedeutung der Rechtsquellen für die Kommunikationsfreiheit hat sich seit dem 11
1.12.2009 mit dem Inkrafttreten des Vertrags von Lissabon und damit auch der Einräumung
eines **Primärrechtsrangs** für die **Grundrechtecharta** (Art. 6 Abs. 1 EUV) grundlegend
gewandelt. Für die Entwicklung des Unionsgrundrechts der Kommunikationsfreiheit waren
bis dahin vor allem die Allgemeinen Rechtsgrundsätze von Bedeutung. Diese hat der
EuGH zunehmend unter Rückgriff auf die **EMRK** in der durch die Konventionsorgane
entwickelten Form herausgebildet, da die EMRK einen **gemeineuropäischen Mindeststandard** des Grundrechtsschutzes vorgibt. Einschlägig ist dabei die Bestimmung des
Art. 10 EMRK. Der durch die Straßburger Konventionsorgane entwickelte gemeineuropäische Standard hat aber noch immer über die Verankerung der Allgemeinen Rechtsgrundsätze in Art. 6 Abs. 3 EUV Bedeutung für die Grundrechtskonkretisierung in der
EU. Der leicht ermittelbare und reiche Fundus an Konventionspraxis sowie die in zahlreichen Punkten hohe Güte der konventionsrechtlichen Dogmatik sprechen für ihre weitgehende Übernahme. Die Orientierung am EMRK-Standard als Minimalstandard hat
schon immer eine weit höhere Berechenbarkeit als die nur beschränkt nachvollziehbare
Entwicklung der Grundrechtsmaßstäbe aus einer Rechtsvergleichung der mitgliedstaatlichen Grundrechtsmaßstäbe gewährleistet. Gleichwohl treten neben das Konventionsrecht
die **Verfassungsüberlieferungen der Mitgliedstaaten gemäß Art. 6 Abs. 3 EUV** als
Quelle der Allgemeinen Rechtsgrundsätze. Da aufgrund des begrenzten Umfangs der
vorliegenden Darstellung eine Analyse sämtlicher mitgliedstaatlicher Schutzgarantien nicht
möglich ist, verweist die folgende Darstellung insoweit auf weiter führende Studien.[25]
Unabhängig davon rekurriert der EuGH spätestens mit dem Inkrafttreten der Grundrechtecharta nicht mehr explizit auf diese Rechtsquelle. Maßgebliche Hinweise auf den Grundrechtsinhalt gibt seit dem 1.12.2009 stattdessen die Bestimmung zur Kommunikationsfreiheit in **Art. 11 Abs. 1 GRC**. Sie ist primäre **Quelle** des Schutzes der Kommunikationsfreiheit in der EU. Diese Bestimmung lautet: „Jede Person hat das Recht auf freie
Meinungsäußerung. Dieses Recht schließt die Meinungsfreiheit und die Freiheit ein,
Informationen und Ideen ohne behördliche Eingriffe und ohne Rücksicht auf Staatsgrenzen zu empfangen und weiterzugeben." Nicht nur wegen des sich bewusst an Art. 10

---

[23] Dazu *Barendt* S. 21 f.
[24] *Kühling* S. 93 mwN.
[25] Insbesondere wird auf *Kühling* passim verwiesen.

EMRK orientierenden Wortlauts, sondern auch aufgrund der Schutzgebotsäquivalenz und Meistbegünstigungsklausel" in Art. 52 Abs. 3 GRC sowie Art. 53 GRC (→ § 10 Rn. 103) kommt der Judikatur des EGMR weiterhin eine besondere Rolle bei der Auslegung für die Grundrechtecharta zu, auf welche insofern bei Art. 11 GRC zurückgegriffen werden muss.[26] Schließlich ist der **unionsrechtliche Kontext** zu berücksichtigen, was insbesondere die indizielle Beachtung gegebenenfalls bereits existierender sekundärrechtlicher Vorgaben bedeutet und die Berücksichtigung unionseigener Wertungen ermöglicht.

B. Gewährleistungsgehalt

I. Sachlicher Gewährleistungsgehalt

12 **1. Einheitliches Konzept der Kommunikationsfreiheit im Unionsrecht; Eigenständigkeit der Medienfreiheit.** Der EuGH verweist in seinen Urteilen in Anlehnung an die EMRK überwiegend auf die „Meinungsfreiheit" („freedom of expression", „liberté d'expression" in der englischen bzw. französischen Urteilsfassung) oder umfassender auf die „Meinungs- und Informationsfreiheit" („freedom of expression and freedom to impart and receive information"/„liberté d'expression et d'information").[27] Die EMRK geht von einer einheitlichen Kommunikationsfreiheit aus, die die Äußerung von Meinungen und Informationen ebenso wie deren aktive Suche oder Empfang unabhängig von den verwandten Medien umfasst. Unter dieses Konzept fällt (wie Art. 11 Abs. 1 S. 2 GRC bestätigt) dann ebenfalls die **Informations- oder Rezipientenfreiheit** (→ Rn. 19 ff.).

13 Auch die zur Medienfreiheit zusammengefassten Presse-, Rundfunk- und Filmfreiheiten (→ § 28) können grundsätzlich durchaus unter die **einheitliche Kommunikationsfreiheit** gefasst werden.[28] Die Einheitskonzeption entsprach auch – Art. 10 EMRK und der EGMR-Rechtsprechung folgend – dem Ansatz des EuGH in den ersten einschlägigen Urteilen, beispielsweise im Fall *Familiapress*[29], sowie den Grundrechtserklärungen des Europäischen Parlaments.[30] Dem folgt Art. 11 GRC jedoch nur insofern, als diese Bestimmung gemäß den Erläuterungen des Konventspräsidiums[31] und im Einklang mit Art. 52 Abs. 3 GRC dieselbe Bedeutung und Tragweite wie Art. 10 EMRK hat.[32] Der Wortlaut selbst gewährleistet die allgemeine Kommunikationsfreiheit und die Medienfreiheit hingegen in **zwei verschiedenen Absätzen**.[33] So rechtfertigt die **besondere Bedeutung der Medienfreiheit** als Voraussetzung eines freiheitlichen-demokratischen Gemeinwesens ihre

---

[26] *Cornils* in BeckOK InfoMedienR GRC Art. 11 Rn. 8; *Pünder* in Ehlers GuG § 16.2 Rn. 6; *Schneiders* S. 145 ff., 155 ff.; *Walter* in Grabenwarter, EnzEuR Bd. 2, § 12 Rn. 4 f.; vgl. auch die Erläuterungen zu Art. 11 GRC (ABl. 2007 C 303, 17), die gemäß Art. 52 Abs. 7 GRC, Art. 6 Abs. 1 UAbs. 3 EUV bei der Auslegung der Charta-Grundrechte „gebührend" zu berücksichtigen sind.

[27] ZB EuGH C-159/90, Slg. 1991, I-4685 – Grogan; so auch der Hinweis in EuGH C-163/10, Slg. 2011, I-7565 – Patriciello; EuGH C-203/15 und C-688/15, ECLI:EU:C:2016:970 = EuZW 2017, 153 – Tele2 Sverige; ausführlich *Kühling* S. 110–128.

[28] Kritisch zur Einheitskonzeption *Stock* EuR 2002, 566 (571), allerdings vor dem Hintergrund, dass keine spezifischen Sachbesonderheiten der Medien aufgegriffen werden können, was nach hier vertretener Ansicht nicht der Fall ist; ebenso kritisch Jarass GRCh Art. 11 Rn. 3; *Bernsdorff* in NK-EuGRCh GRCh Art. 11 Rn. 15 f.; auch auf die Einheitskonzeption hinweisend *Frenz*, HdbEuR Bd. 4, Kap. 8 Rn. 1744; *Woods* in PHKW Fundamental Rights Art. 11 Rn. 11.44.

[29] EuGH C-368/95, Slg. 1997, I-3689 Rn. 18 – Familiapress; dazu *Kühling* EuGRZ 1997, 296 (301).

[30] Dazu *Kühling* S. 355 f. und 357 f.

[31] ABl. 2007 C 303, 17.

[32] Zur dortigen Einheitskonzeption etwa EGMR 17.7.2001 – 39288/98 Rn. 42 – Association Ekin, in dem der EGMR die Verlegerfreiheit bzw. Pressefreiheit als Bestandteil einer einheitlichen Kommunikationsfreiheit bezeichnet; möglicherweise wird sich der EGMR unter dem „mittelbaren" Einfluss des Art. 11 GRC allerdings auch von dieser Konzeption vorsichtig lösen, aber sicherlich weiterhin die besondere Bedeutung der Medienfreiheit würdigen; Ablösungstendenzen sieht etwa *Bernsdorff* in NK-EuGRCh GRCh Art. 11 Rn. 15 unter Hinweis auf EGMR 20.5.1999 – 21980/93 – Bladet Tromsø und Stensaas.

[33] „Abs. 2 dieses Artikels erläutert die Auswirkungen von Abs. 1 hinsichtlich der Freiheit der Medien.", Auszug aus den Erläuterungen des Konventspräsidiums zu Art. 11 Grundrechtecharta, ABl. 2000 C 364, 1; abgedruckt in der Sonderbeilage zu NJW, EuZW, NVwZ und JuS 2000, 9.

eigenständige dogmatische Behandlung, unabhängig von der prinzipiell einheitlichen Konzeption einer umfassenden Kommunikationsfreiheit. Bei einer hinreichenden Würdigung der Besonderheiten der Medienfreiheit relativiert sich die Einheitskonzeption weitgehend; der Streit um sie wird zugleich sinnentleert.

2. Geschützte Kommunikationsinhalte. a) Erfassung eines breiten Inhaltsspektrums. Die Kommunikationsfreiheit erfasst ein **breites Inhaltsspektrum**. Besonders weit greift hier Art. 10 Abs. 1 EMRK. In ständiger Rechtsprechung betont der EGMR, dass auch schockierende und beunruhigende Äußerungen, mögen sie sogar in scharfe und aggressive Wortwahl gekleidet sein, geschützt seien. Dies ergebe sich schon aus den für eine Demokratie notwendigen Aspekten des Pluralismus, der Toleranz und der Offenheit. Die Qualität der Äußerung ist ebenso irrelevant wie deren Mehrheitsfähigkeit. Danach ergibt sich zum Beispiel, dass grundsätzlich auch pornographische Inhalte geschützt sind.[34]

14

Der Ansatz des EGMR, der Bezug auf die für eine Demokratie notwendigen Grundwerte der Toleranz, des Pluralismus und der Offenheit nimmt[35], gewinnt im Kontext des Unionsrechts besondere Bedeutung. Die Union ist in ihrer Grundtendenz nicht nur auf den freien Austausch von Waren und Dienstleistungen angelegt, sondern auch – wenngleich kompetenziell wenig ausgeprägt – auf den **Austausch der Kulturen.** Zur kulturellen Vielfalt eines Landes gehören aber gleichermaßen die schrillen Töne, die Minderheitenmeinungen und schockierenden Äußerungen, die deshalb grundsätzlich als Kommunikationsinhalte zu schützen sind. Im Übrigen können Darstellungen, die in einem Land mehrheitlich als „normal" empfunden werden, in einem anderen Staat durchaus überwiegend als schrille oder problematische Kommunikation aufgefasst werden. Die Idee des Austauschs der Kulturen beinhaltet hier die grundsätzliche Toleranz gegenüber insoweit „fremden" Auffassungen. Der Gedanke der Offenheit, der die Auslegung des Art. 10 EMRK prägt und Unterstützung in verschiedenen Mitgliedstaaten findet, hat daher in gleicher Weise im Unionsrecht seinen berechtigten Platz. Im Urteil *Connolly* hat sich der EuGH früh die Position und sogar die Formulierungen des EGMR zu Eigen gemacht.[36] Mithin greift eine weite Tatbestandsfassung bezüglich des Inhalts. Daher sind grundsätzlich **pornografische** und zunächst sogar auch **rassistische Inhalte** vom Tatbestand erfasst.[37] Allerdings ist eine gewisse Tatbestandskonturierung dahingehend angebracht, dass solche Äußerungen, denen **kein kommunikativer Inhalt** mehr innewohnt oder die eklatant dem Gedanken freier geistiger Auseinandersetzung zuwiderlaufen (Erpressungen, physische oder psychische Gewalt) schon vom Normbereich der Kommunikationsfreiheit ausgeschlossen sind. Die Verbreitung fremder Meinungen und Informationen wird ohne die Notwendigkeit besonderer Identifikation geschützt.[38]

15

b) Meinungen und Informationen. Gemäß Art. 11 Abs. 1 S. 2 GRC schließt das Recht auf freie Meinungsäußerung „die Meinungsfreiheit und die Freiheit ein, Informationen

16

---

[34] Siehe dazu *Kühling* S. 385 f.; vgl. zB auch EGMR 17.12.2004 – 33348/96 Rn. 39 – Cumpana und Mazare; Beispiele für die Erfassung gerade auch kritischer Äußerungen finden sich bei *Schiedermair* in Pabel/Schmahl EMRK Art. 10 Rn. 27; zum breiten Inhaltsspektrum der Kommunikationsfreiheit nach Art. 11 GRC vgl. auch *Pünder* in Ehlers GuG § 16.2 Rn. 10; *Frenz*, HdbEuR Bd. 4, Kap. 8 Rn. 1786; Jarass GRCh Art. 11 Rn. 11, zu Art. 10 EMRK ebenso EGMR 6.5.2003 – 48898/99 Rn. 39 f. – Peterna; EGMR 8.11.2012 – 43481/09 Rn. 46 – PETA; Grabenwarter/Pabel EMRK § 23 Rn. 5.

[35] ZB EGMR 13.7.2012 – 16354/06 Rn. 48 – Mouvement Raëlien Suisse unter Verweis auf die langjährige Entscheidungspraxis; vgl. auch EGMR 27.5.2003 – 43425/98 Rn. 32 – Skalka; EGMR 6.5.2003 – 48898/99 Rn. 39 – Perna.

[36] EuGH C-274/99 P, Slg. 2001, I-1611 Ls. 1 Rn. 39 – Connolly. Dort heißt es unter Bezugnahme auf die Rechtsprechung des EGMR, dass „die Freiheit der Meinungsäußerung eines der wesentlichen Fundamente einer demokratischen Gesellschaft und eine der wichtigsten Voraussetzungen für deren Fortschritt und für die Verwirklichung jedes einzelnen Individuums" ist.

[37] Zur EMRK Peters/Altwickler EMRK § 9 Rn. 17; etwas zurückhaltender hinsichtlich rassistischer Äußerungen hingegen Jarass GRCh Art. 11 Rn. 11; ausführlich zur Hassrede in der Rechtsprechung des EGMR *Hong* ZaöRV 70 (2010), 73 ff.

[38] Zum Ganzen *Kühling* S. 386 f., 146 f., 153 ff., 207 f., 214 f., 298 ff., 311 f., 319 f.

und Ideen [...] zu empfangen und weiterzugeben". Geschützt sind also „Meinungen", „Informationen und Ideen". Dies entspricht der Konzeption der EMRK, der zufolge die Kommunikationsfreiheit **Meinungen und Informationen** gleichermaßen erfasst. Dabei müssen Informationen genauso wenig eine besondere Qualität aufweisen (etwa „wichtig" oder „neu" sein) wie Meinungen, um in den Schutzbereich der Kommunikationsfreiheit zu gelangen.[39]

17   Im Fall *Grogan* ist auch ohne weitere Ausführungen zur Kommunikationsfreiheit seitens des EuGH zumindest deutlich geworden, dass der Gerichtshof, ebenso wie der Generalanwalt, der konventionsrechtlichen Konzeption einer **einheitlichen Erfassung** von Meinungen und Informationen folgt.[40] In einer europäischen Gesellschaft, die sich auch als „Informationsgesellschaft" versteht, zeigt sich die besondere Bedeutung der Informationen, obgleich in grundrechtsgenetischer Hinsicht die Kommunikation von „Meinungen" im Vordergrund des Kampfes um die freie Rede stand. Die gewachsene Relevanz der **Informationen** spricht jedenfalls für eine **gleiche Schutzbedürftigkeit.** Dies bedeutet allerdings nicht, dass insoweit keine Differenzierung zwischen „Meinungen" und „Informationen" in der genaueren Schutzausgestaltung angezeigt wäre. So stellen beispielsweise der EGMR oder etwa das BVerfG gewisse Anforderungen an den Wahrheitsgehalt von Informationen, die nicht im Hinblick auf die Äußerung von „Meinungen" aufgestellt werden.[41] Der EGMR verlangt allerdings immerhin, dass auch Meinungen daraufhin überprüft werden können und müssen, ob sie auf einer nachprüfbaren und wahren Tatsachenbasis beruhen.[42] **Unwahre Tatsachenäußerungen** enthalten – anders als bloße gewalttätige Handlungen (→ Rn. 15) – einen kommunikativen Inhalt und werden daher noch vom Schutzbereich erfasst. Sie sind aber im Rahmen einer gegebenenfalls notwendigen Abwägung von geringerer Schutzwürdigkeit als wahre Tatsachenäußerungen.[43] Dies ist im Zeitalter von „Fake News" von trauriger Relevanz. Schließlich ist zu ergänzen, dass die Kommunikation von **Gefühlen** gleichermaßen erfasst ist.[44]

18 **3. Geschützte Kommunikationsmittel.** Art. 10 EMRK stellt auf keine spezifischen Kommunikationsmittel ab. In Rechtsprechung und Literatur hat sich danach in Bezug auf die geschützten **Medien** ebenfalls ein offener Kommunikationsbegriff herauskristallisiert. Danach sind die **klassischen Kommunikationsträger** („Wort", „Schrift" auch in Form von Zeitschriften und Zeitungen, „Bild" auch in Form von Hör- und Fernsehrundfunk) ebenso erfasst wie **neuere Kommunikationsformen,** etwa durch Äußerungen in sozialen Netzen wie Facebook, über Blogs, Twitter oder Instagram oder Filme, die über YouTube und sonstige internetbasierte Medien verbreitet werden. Das Internet[45] hat dabei zu einer explosionsartigen Vermehrung der Verbreitungskanäle geführt, die nutzergenerierte Inhalte ermöglichen (wie über Facebook oder YouTube), wobei die Grenzen schnell verschwim-

---

[39] Für Deutschland vgl. BVerfGE 61, 1 (8) – NPD Europas; BVerfGE 90, 1 (15) – Kriegsschuldfrage; BVerfGE 90, 241 (247) – „Auschwitz-Lüge"; für Frankreich vgl. Conseil d'Etat 21.9.1992, Ministre de la Défense/Gros, Rec. 1992, 1074; für die anderen Mitgliedstaaten mwN *Kühling* S. 387 f.; so auch *Woods* in PHKW Fundamental Rights Art. 11 Rn. 11.29.
[40] EuGH C-159/90, Slg. 1991, I-4685 – Grogan; vgl. auch *Kühling* S. 124 f.; so auch *Woods* in PHKW Fundamental Rights Art. 11 Rn. 11.29.
[41] Vgl. *Kühling* S. 148 f., 215 f., 341; *Woods* in PHKW Fundamental Rights Art. 11 Rn. 11.29 mN zur Rechtsprechung.
[42] EGMR 19.5.2005 – 48176/99 Rn. 24 – Turhan; EGMR 17.12.2004 – 49017/99 Rn. 64 – Pedersen und Baadsgaard; EGMR 15.4.2014 – 40877/07 Rn. 51 – Yazici; *Holoubek* AfP 2003, 193 (196).
[43] Vgl. auch *Schiedermair* in Pabel/Schmahl EMRK Art. 10 Rn. 26; *Payandeh* JuS 2016, 690 (691).
[44] Vgl. *Kühling* S. 313, 320, 334 f., 204.
[45] Zu einer frühen Reaktion des EuGH C-101/01, Slg. 2003, I-12971 Rn. 86 – Lindqvist; EGMR 18.12.2012 – 3111/10 Rn. 48 – Yildirim, verweisend auf EGMR 10.6.2009 – 3002/03 u. 23676/03 – Times Newspapers LTD; EGMR 10.10.2013 – 64569/09 Rn. 110 – Delfi AS; zu YouTube EGMR 1.12.15 – 48226/10 u. 14027/11 Rn. 52 – Cengiz; zu Mitteilungen auf eBay ausdrücklich GA *Jääskinen,* SchlA C-324/09, Slg. 2011, I-6011, I-6019 Rn. 49 – L'Oréal; zu Hyperlinks zuletzt EuGH C-160/15, ECLI:EU:C:2016:644 Rn. 45 = EuZW 2016, 785 – GS Media BV; siehe ferner etwa Jarass GRCh Art. 11 Rn. 12, 13; *Woods* in PHKW Fundamental Rights Art. 11 Rn. 11.27.

men, wenn Facebook in der Stellung eines Informationsintermediärs etwa den Zugang zu Informationen steuert.[46] Der EGMR bezieht sogar **künstlerische Ausdrucksmittel** in den Schutzbereich ein. Hier muss man jedoch differenzieren: Art. 13 GRC sieht ein eigenes Grundrecht der Kunstfreiheit vor, während der EGMR die Kunstfreiheit deshalb unter Art. 10 EMRK fasst, weil es in der EMRK keinen gesonderten Tatbestand der Kunstfreiheit gibt. Letzteres ist für die EU-Kommunikationsfreiheit nicht erforderlich. Darum ist Kunst als solche zunächst vor allem von der Kunstfreiheit geschützt; nur soweit dadurch Meinungen und/oder Informationen transportiert werden, greift daneben die Kommunikationsfreiheit. Desgleichen ist die tatbestandliche Subsumtion symbolischer Handlungen („Flaggenverbrennen", „Anstecknadel") anerkannt. Die Abgrenzung zur einfachen Handlung wird danach vollzogen, ob der Akt kommunikative Inhalte transportieren soll und dies unter Zugrundelegung großzügiger Maßstäbe erkennbar ist. Demnach kann genauso für das Unionsrecht ein **offener Kommunikationsbegriff** zugrunde gelegt werden, der jeglichen Akt mit kommunikativem Gehalt – gleich welchen Mediums er sich bedient – erfasst. Geschützt wird jedoch ebenfalls der – innere – Prozess des **Bildens und Habens einer Meinung,** auch wenn sich dies nicht in einem äußerlichen Kommunikationsakt manifestiert.[47]

4. Informationsfreiheit oder Rezipientenfreiheit. Unter das Gesamtkonzept der Kommunikationsfreiheit fällt, wie Art. 11 Abs. 1 S. 2 GRC bestätigt, die **Informations- oder Rezipientenfreiheit,** dh die Freiheit des Einzelnen, Informationen und Kommunikationen zu erhalten, zu empfangen oder sich zu verschaffen, als Kehrseite der Freiheit, Informationen und Meinungen zu verbreiten oder weiterzugeben. Nur durch die Erfassung dieses Aspekts kann der **Bipolarität des Kommunikationsprozesses** Rechnung getragen werden, in dem der Adressat oder Rezipient eine ebenso wichtige Rolle spielt wie derjenige, der Meinungen und Informationen verbreitet.[48] Anders als in Deutschland ist die Informationsfreiheit im Unionsrecht nicht als eigenständiges Grundrecht zu verstehen, sondern gehört als **Teilverbürgung** zum Gewährleistungsbereich der allgemeinen Kommunikationsfreiheit. Dies erklärt sich ua daraus, dass die adäquate Versorgung mit Informationen eine unerlässliche Voraussetzung für die Bildung einer eigenen Meinung und damit indirekt auch für die politische Willensbildung in der Gesamtbevölkerung ist. Wie den Ausführungen des Generalanwalts *Tesauro* im Fall *Familiapress* zu entnehmen ist, läuft die Kommunikationsfreiheit (oder ggf. auch die Medienfreiheit[49]) des Äußernden oder Verbreitenden in den meisten Fällen parallel zur Empfangsfreiheit des einzelnen Rezipienten oder der Öffentlichkeit. In diesem Zusammenhang bezeichnete Generalanwalt *Tesauro* den Empfängerpol sogar als „die wichtigste Seite derselben Medaille".[50] Die Informationsfreiheit, selbst Teil der allgemeinen Kommunikationsfreiheit, ist also **komplementär** sowohl zu den übrigen Aspekten der Kommunikationsfreiheit selbst als auch zur Medienfreiheit zu sehen. Denn: Der einzige Zweck eines Kommunikationsaktes ist es, empfangen zu werden („la seule raison d'être de l'émission est d'être reçue"[51]).

Die Informationsfreiheit schützt sämtliche Handlungen, die der Beschaffung von Informationen dienlich sind, sei es die Entgegennahme einer Information, ihre Verarbeitung,

---

[46] Dies passiert konkret durch den Algorithmus „EdgeRank", der aufgrund persönlicher Nutzer-Interessen über die Anzeige eines Inhalts im News-Feed disponiert; ausführlich zu dieser Problematik *Schulz/Dankert* S. 24 ff.
[47] Ebenso für die EMRK *Maruhn* in Ehlers GuG § 4 Rn. 4; darauf weist auch *Schiedermair* in Pabel/ Schmahl EMRK Art. 10 Rn. 10 hin; ebenso *Calliess* in Calliess/Ruffert GRC Art. 11 Rn. 13; *Woods* in PHKW Fundamental Rights Art. 11 Rn. 11.27; *Walter* in Grabenwarter, EnzEuR Bd. 2, § 12 Rn. 10.
[48] Deutlich EGMR 5.12.2002 – 28493/95 Rn. 38 – Yalçin Küçük; EGMR 6.5.2003 – 48898/99 Rn. 39 – Perna; EGMR 19.2.2013 – 40397/12 – Neij und Sunde; vgl. hierzu auch *Frenz*, HdbEuR Bd. 4, Kap. 8 Rn. 1810 ff.
[49] Zum Verhältnis Informationsfreiheit-Medien-(insbes. Presse-)freiheit zB EGMR 25.6.2002 – 51279/99 Rn. 55 – Colombani.
[50] GA *Tesauro*, SchlA C-368/95, ECLI:EU:C:1997:150 Rn. 27 – Familiapress.
[51] *Cohen-Jonathan* in Pettiti/Decaux/Imbert CEDH Art. 10 S. 373.

Sammlung und Speicherung, aber auch die Beschaffung und Nutzung von Anlagen zum Empfang von an die Allgemeinheit gerichteten Informationen.[52] Wie Art. 10 EMRK schützt auch Art. 11 Abs. 1 GRC das gezielte, aktive Tätigwerden des Bürgers zur Informationsbeschaffung.[53] Gewährleistet wird die Versorgung mit einer **angemessenen** Information.[54] Das Recht auf Information erstreckt sich jedenfalls auf **allgemein zugängliche Quellen**.[55] Dies bedeutet, dass der Staat keineswegs den Empfang von Informationen verhindern darf, die ein Privater weitergeben will.[56] Die öffentliche Hand darf jedenfalls den Zugang zu Informationsquellen nicht versperren. Sie darf auch nicht verhindern, dass ein Bürger – als Privatmann oder als Journalist – aktiv recherchiert und sich Informationen bei all denjenigen beschafft, die in der Lage und bereit dazu sind, sie zur Verfügung zu stellen.[57] Das ist der Kern der Informationsfreiheit. Der Staat muss ferner sein eigenes Informationssystem so ausgestalten, dass die Bürger tatsächlich die Möglichkeit haben, sich über alle wesentlichen Fragen zu informieren.[58] So entschied der EuGH in Bezug auf Sicherungspflichten von öffentlichen WLAN-Zugängen, dass diese grundsätzlich einen Eingriff in den Schutzbereich der Informationsfreiheit der Empfänger darstellen.[59]

21 Die Frage, ob und inwieweit öffentliche Stellen zur **Zugänglichmachung oder zur Abgabe von bestimmten Informationen verpflichtet** sind, weist (quasi als leistungsrechtliche Seite des Rechts auf angemessene Information) zwar Bezüge zur Kommunikationsfreiheit auf, stellt aber primär einen eigenständigen Problemkreis[60] dar. In diese Richtung weist die Sonderbestimmung des Art. 15 AEUV, der ein eigenständiges umfangreiches Zugangsrecht zu Dokumenten des Europäischen Parlaments, des Rates und der Kommission vorsieht. Ein „Recht auf Zugang zu den Dokumenten des Europäischen Parlaments, des Rates und der Kommission" garantiert auch Art. 42 GRC (→ § 60). Der EGMR war zunächst zögerlich, Probleme des *unwilling speaker* unter Art. 10 EMRK zu fassen, obschon im Fall *Guerra* eine Öffnung in diese Richtung zumindest in den Sondervoten und dem Bericht der EKMR angeklungen ist.[61] Diese Entwicklung hat sich in der jüngeren Rechtsprechung fortgesetzt. Der EGMR hat insofern in einem Urteil aus dem Jahr 2009 festgestellt, dass er sich aufgrund seiner weiten Auslegung immer mehr auf ein Recht, Informationen auch aus behördlichen Quellen empfangen zu können, zubewege[62] und dass die behördliche Weigerung, Informationen Preis zu geben, in Art. 10 EMRK eingreifen könne. Allerdings weist der EGMR auch darauf hin, dass nach den Umständen des Einzel-

---

[52] Für Art. 11 GRC *Bernsdorff* in NK-EuGRCh GRCh Art. 11 Rn. 13; ebenso *v. Coelln* in Stern/Sachs GRCh Art. 11 Rn. 19–23; vgl. auch *Pünder* in Ehlers § 16.2 Rn. 11.
[53] Für Art. 11 GRC *Bernsdorff* in NK-EuGRCh GRCh Art. 11 Rn. 13; ebenso *v. Coelln* in Stern/Sachs GRCh Art. 11 Rn. 21; für Art. 10 EMRK *Cohen-Jonathan* in Pettiti/Decaux/Imbert CEDH Art. 10 S. 374; *Frowein* in Frowein/Peukert EMRK Art. 10 Rn. 11; Grabenwarter/Pabel EMRK § 23 Rn. 6.
[54] EGMR 26.4.1979 – 6538/74 Rn. 65 f., EuGRZ 1979, 386 – Sunday Times I; EGMR 26.11.1991 – 13585/88 Rn. 7, EuGRZ 1995, 16 – Observer und Guardian; vgl. *Frowein* in Frowein/Peukert EMRK Art. 10 Rn. 13; vgl. auch *Frenz*, HdbEuR Bd. 4, Kap. 8 Rn. 1818; vgl. zu einem „Grundrecht auf Zugang zu YouTube" jetzt die Entscheidung des EGMR 1.12.2015 – 48226/10 u. 14027/11 – Cengiz.
[55] Für Art. 10 EMRK Grabenwarter/Pabel EMRK § 23 Rn. 7; *Villiger* HdbEMRK Rn. 611; für Art. 11 GRC *v. Coelln* in Stern/Sachs GRCh Art. 11 Rn. 22.
[56] EGMR 26.3.1987 – 9248/81 Rn. 74 – Leander; EGMR 7.7.1989 – 10454/83 Rn. 52, EuGRZ 1989, 561 – Gaskin.
[57] Für Art. 10 EMRK *Cohen-Jonathan* in Pettiti/Decaux/Imbert CEDH Art. 10 S. 375; zur Wichtigkeit journalistischer Informationsquellen und vor allem deren Geheimhaltung vgl. EGMR 25.2.2003 – 51772/99 Rn. 46 – Roemen und Schmidt.
[58] Für Art. 10 EMRK *Frowein* in Frowein/Peukert EMRK Art. 10 Rn. 13; für Art. 11 GRC vgl. *v. Coelln* in Stern/Sachs GRCh Art. 11 Rn. 29.
[59] EuGH C-484/14, ECLI:EU:C:2016:689 Rn. 82 = EuZW 2016, 826 – Mc Fadden.
[60] Ausführlich zum Hintergrund *Wegener* S. 393 ff.
[61] EGMR 19.2.1998 – 14967/89 Rn. 43 ff., 53 – Guerra. Näher zu den Informationszugangsrechten zB *Cohen-Jonathan* in Pettiti/Decaux/Imbert CEDH Art. 10 S. 375 f.; *Frowein* in Frowein/Peukert EMRK Art. 10 Rn. 13; ausführlich dazu *Wegener* S. 400 f.
[62] Vgl. EGMR 14.4.2009 – 37374/05 Rn. 35 – Társaság a Szabadságjogokért und EGMR 10.7.2006 – 19101/03 – Sdružení Jihočeské Matky. Danach bestätigt in EGMR 26.5.2009 – 31475/05 Rn. 43–45 – Kenedi.

falls zu differenzieren ist und jedenfalls eine eigenständige Pflicht zur Bereitstellung von Informationen in einer ganz bestimmten Form dem Art. 10 EMRK nicht in jedem Fall generell entnommen werden könne[63]. So lagen die Informationen im Fall *Társaság a Szabadságjogokért* schon bereit und mussten nicht vor der Veröffentlichung mühsam aufbereitet werden.[64] Im Bereich des Unionsrechts spricht angesichts der bestehenden Sonderbestimmungen einiges für eine **separate Behandlung der Auskunfts- oder Informationszugangsrechte** (→ § 59 Rn. 1 ff., → § 60 Rn. 1 ff.). Dabei sollte die **Kommunikationsfreiheit** eine **begleitende Rolle** spielen, die einen Wandel von einer größeren Zurückhaltung hinsichtlich grundrechtlich fundierter Transparenzpflichten hin zu deren Entfaltung ermöglicht.

5. Bedeutung der grenzüberschreitenden Kommunikation. Art. 10 Abs. 1 EMRK ebenso wie Art. 19 AEMR und Art. 19 IPBPR sind international gefasste Tatbestände, die deutlich hervorheben, dass auch gleichermaßen die **grenzüberschreitende Kommunikation** geschützt ist. Dies betont Art. 11 Abs. 1 S. 2 GRC, indem er die Weitergabe und den Empfang von Informationen „ohne Rücksicht auf Staatsgrenzen" schützt. Dieser Aspekt ist für die unionsrechtliche Fassung der Kommunikationsfreiheit von besonderer Bedeutung: Die Freiheit des kommunikativen Austauschs macht nicht an Staatsgrenzen halt. Das gilt unabhängig davon, ob die Meinung oder Information selbst die Grenze überschreitet. Dies kann auf klassischem Weg der Schrift in Form eines Buchs oder einer Zeitschrift sein, die über die Grenze transportiert wird oder über elektronische Kommunikationsnetze bzw. das **Internet,** dem eine grenzüberschreitende Kommunikation **immanent** ist. So ist eine Kommunikation via Twitter, YouTube oder Facebook direkt weltweit und damit grenzüberschreitend abrufbar. Selbst ein **„Geoblocking"**[65] als Versuch einer territorialen Beschränkung einer Kommunikation – insbesondere von besonders wertvollem Content, der länderspezifisch vermarktet werden soll (vor allem Sportrechte) – ist technisch mit einem Proxy-Server oder einem VPN-Client meist recht mühelos zu umgehen. Schließlich kann auch der Sender die Grenze passieren, zB der Politiker, um seine Meinungen zu verbreiten. Dabei ist die grenzüberschreitende Kommunikation im größeren Zusammenhang des unionsweiten, grenzüberschreitenden Kulturaustauschs zu sehen. Es zeigt sich weiter, dass zur Kommunikationsfreiheit nicht nur die freie Wahl des Zeitpunkts und Adressatenkreises, sondern gleichfalls des Kommunikationsorts gehört.[66]

6. Negative Kommunikationsfreiheit. Die negative Kommunikationsfreiheit gewährt das Recht, sich gegen **erzwungene bewusste kommunikative Akte** zu wehren, unabhängig davon, ob ein Zwang zur Äußerung oder zum Empfang bestimmter (eigener oder fremder) Meinungen oder Informationen besteht. Sie ist auch unter dem Regime des Art. 11 Abs. 1 GRC geschützt. Das entspricht dem Verständnis der EMRK. So deuten Urteile des EGMR auf die Anerkennung dieser Freiheitskomponente hin. Sofern die Literatur zu Art. 10 EMRK dieses Problem thematisiert, bejaht sie die negative Kommunikationsfreiheit.[67]

Der Unionsbürger ist gegenüber Übergriffen in seine negative Kommunikationsfreiheit ebenso schutzwürdig wie gegenüber solchen in die positive. Der Zwang, eine bestimmte Meinung kundzutun, kann sogar einen viel tieferen Einschnitt bedeuten als Beeinträchti-

---

[63] Vgl. EGMR 6.1.2015 – 70287/11 Rn. 25 – Weber; EGMR 7.2.2017 – 63898/09 Rn. 45 – Bubon.
[64] Insofern entschied der EGMR allerdings auch wieder anders im Urteil vom 28.2.2014 – 39534/07 Rn. 45 ff. – Österreichische Vereinigung zur Erhaltung, Stärkung und Schaffung eines wirtschaftlich gesunden land- und forstwirtschaftlichen Grundbesitzes; siehe ferner EGMR 17.2.2015 – 6987/07 – Guseva; EGMR 29.8.2017 – 16393/14 Rn. 29 – Dimitris Sioutis.
[65] Ausführlich zur technischen Funktionsweise *Federrath* ZUM 2015, 929; zur fehlenden Rechtsschutzmöglichkeit *Martiny* MMR 2016, 579.
[66] EGMR 27.4.95 – 15773/89 u. 15774/89 Rn. 81 – Piermont; *Kühling* S. 153, 217; vgl. auch *Bernsdorff* in NK-EuGRCh GRCh Art. 11 Rn. 12; *Biernath* S. 98; *Frowein* in Frowein/Peukert EMRK Art. 10 Rn. 5 mwN.
[67] *Biernath* S. 102; *Frenz,* HdbEuR Bd. 4, Kap. 8 Rn. 1808; *Metz* S. 221 f.; *Thiele* in FK-EUV/GRC/AEUV GRC Art. 11 Rn. 10; *Woods* in PHKW Fundamental Rights Art. 11 Rn. 11.27.

gungen bei der Äußerung der eigenen Auffassungen. Ein umfassender Schutz des Kommunikationsprozesses muss dann aber darüber hinaus im Einklang mit den dargelegten Rechtsquellen das negative Element sowohl in Bezug auf die Verbreitung von Informationen als auch in Bezug auf die Abwehr von aufgedrängten Informationen oder Meinungen – zB die Verpflichtung zur Abgabe von Informationen oder zur Teilnahme an einer Informationsveranstaltung – erfassen. Legitime hoheitliche Interessen am Erhalt privater Informationen schließen nicht die Anwendung der Kommunikationsfreiheit aus, sondern müssen sich auf der Abwägungsebene bewähren. Der Grundrechtsberechtigte ist prinzipiell davor geschützt, überhaupt eine oder eine bestimmte Meinung oder Information äußern oder empfangen zu müssen. Im Hinblick auf den Zwang zur Äußerung ist es irrelevant, ob der Sender hinzufügen kann, dass die Meinung von einer anderen Person oder staatlichen Stelle herrührt. Grundsätzlich ist Schutz gegen den Missbrauch von Grundrechtsberechtigten als **Sprachrohr anderer Privater** oder öffentlicher **Instanzen** zu gewähren. Dies führt beispielsweise dazu, dass die in den verschiedenen Tabakrichtlinien vorgesehenen **Warnhinweise** nicht erst dann einen Eingriff in die Kommunikationsfreiheit darstellen, wenn sie ohne Distanzierungsvermerk erfolgen.[68] Ferner besteht Schutz im Hinblick auf die Adressatenwahl, etwa gegen den erzwungenen Zuhörer (zB Telefonabhörer, unerbetener staatlicher Protokollant, Trojaner etc.).

25 **7. Schutz der Wirtschaftswerbung durch die Kommunikationsfreiheit.** Die Werbung ist in einem Binnenmarkt von großer Bedeutung und stellt daher ein wichtiges Thema des Unionsrechts dar.[69] Umstritten sind vor allem die Werbeverbote der AVMD-Richtlinie[70] und die verschiedenen **Werbeverbote** für Tabakerzeugnisse.[71] Im Konventionsrecht und dem Recht der Mitgliedstaaten zeigte sich zur Frage der Erfassung von Wirtschaftswerbung zunächst eine große Zurückhaltung gegenüber einer allzu weitgehenden Bejahung derartiger Kommunikationsinhalte[72], die aber, was den EGMR anbelangt, seit einiger Zeit als überwunden angesehen werden kann.[73]

26 Dazu ist zunächst festzustellen, dass das **Motiv einer Äußerung** nach weit verbreiteter Auffassung in den meisten Rechtsordnungen der EU-Mitgliedstaaten keine Rolle spielt. So ist es irrelevant, ob eine Äußerung mit Gewinnerzielungsabsicht erfolgt oder nicht. Damit ist weitgehend der Bereich der kommerziellen Kommunikation der Kommunikationsfreiheit der Union unterstellt. Fraglich ist aber, ob dies auch für alle Typen der kommerziellen

---

[68] EuGH C-376/98, Slg. 2000, I-8419 – Tabakwerbe-Richtlinie; zur RL 2001/37/EG, ABl. 2001 L 134, 26 vgl. *Koenig/Kühling* EWS 2002, 12 (13 ff.); zuletzt hat der EuGH die sehr strengen Warnhinweise mit „Schockfotos" jedoch nur am isolierten Grundsatz der Verhältnismäßigkeit und nicht an der negativen Kommunikationsfreiheit geprüft und gebilligt, EuGH C-547/14, ECLI:EU:C:2016:325 Rn. 203 ff. = RIW 2016, 434 – Philip Morris.
[69] Vgl. *Kühling* S. 464, 96.
[70] So zB in EuGH C-234/12, ECLI:EU:C:2013:496 = ZUM 2013, 871 – Sky Italia.
[71] Art. 9 Abs. 1 lit. d, Art. 10 Abs. 2, Art. 11 Abs. 4 lit. a RL 2010/13/EU zur Koordinierung bestimmter Rechts- und Verwaltungsvorschriften der Mitgliedstaaten über die Bereitstellung audiovisueller Mediendienste (Richtlinie über audiovisuelle Mediendienste), ABl. 2010 L 95, 1; Art. 3 Abs. 1 RL 98/43/EG zur Angleichung der Rechts- und Verwaltungsvorschriften der Mitgliedstaaten über Werbung und Sponsoring zugunsten von Tabakerzeugnissen (Tabakwerberichtlinie), ABl. 1998 L 213, 9 – nichtig aufgrund von EuGH C-376/98, Slg. 2000, I-8419 – Tabakwerberichtlinie; aber bestätigt durch Art. 3–5 Richtlinie 2003/33/EG zur Angleichung der Rechts- und Verwaltungsvorschriften der Mitgliedstaaten über Werbung und Sponsoring zugunsten von Tabakerzeugnissen, ABl. 2003 L 152, 16, berichtigt durch ABl. 2004 L 67, 34; vgl. hierzu auch *Pünder* in Ehlers GuG § 16.2 Rn. 13.
[72] Bejahend EGMR 17.10.2002 – 37928/97 Rn. 39 – Stambuk; zu den Schutzgehalten in den Mitgliedstaaten schon *Kühling* S. 477–495; vgl. auch *Rengeling/Szczekalla* Grundrechte in der EU § 18 Rn. 708 ff.; *Weber*, Menschenrechte, S. 337 ff.; ferner *Scheyli* EuGRZ 2003, 455 (458). Für eine geringere Prüfungsdichte und einen größeren Beurteilungsspielraum der Mitgliedstaaten im Fall der *commercial speech* EGMR 5.11.2002 – 38743/97 Rn. 42 – Demuth; hierzu auch mit weiteren Nachweisen zur Rechtsprechung *Frenz*, HdbEuR Bd. 4, Kap. 8 Rn. 1793 ff.
[73] So etwa EGMR 11.12.2003 – 39069/97 Rn. 29 ff. – Krone; der EuGH baut diese Rechtsprechung ausdrücklich darauf auf, vgl. EuGH C-157/14, ECLI:EU:C:2015:823 Rn. 65 = ZLR 2016, 46 – Neptune Distribution SNC.

Werbekommunikation gelten kann. Schon früh ließ sich daher auch aus der Rechtsprechung des EGMR ableiten, dass jedenfalls solche Werbung zu erfassen ist, die einen informativen Gehalt hat. Die obigen Ausführungen zum Gewährleistungsbereich der Kommunikationsfreiheit der Union haben jedoch gezeigt, dass angelehnt an die grundsätzlichen Aussagen der Konventionsorgane von der Erfassung eines **breiten Inhaltsspektrums** auszugehen ist. Dieser Ansatz ist im Hinblick auf die Diskussion um die Werbung erneut zu wählen. Daher ist nicht ersichtlich, warum nur informative Werbeinhalte geschützt sein sollten. Da an Äußerungen im nicht-wirtschaftlichen Kontext ebenso wenig die Forderung gestellt wird, dass das Geäußerte in irgendeiner Form etwas Neues enthält, sondern unstrittig genauso allseits Bekanntes in Erinnerung rufen kann, ist gleichermaßen solche Werbung geschützt, die Altbekanntes wiederholt und demnach für viele keinen informativen Gehalt hat. Danach ist sogar einfache Erinnerungswerbung weitgehend erfasst, sofern ihr zumindest ein kommunikativer Gehalt („Denk an mich!") zu entnehmen ist.[74] Ebenso ist dann problemlos meinungsbildende Werbung unter die Kommunikationsfreiheit zu subsumieren, wie es auch dem deutschen Verfassungsrecht entspricht. Ein weites Verständnis der Kommunikationsfreiheit verbietet es ferner, solche Werbeformen auszuschließen, die Gefühle oder Stimmungen kommunizieren, wie dies bei der Imagewerbung für Produkte der Fall ist. Damit streitet eine konsequente Fortführung der bereits hergeleiteten Ergebnisse zum Gewährleistungsbereich für die weitgehende Erfassung werbekommunikativer Inhalte.

Für eine solche Erfassung sprechen überdies zahlreiche teleologische Gründe. Hier ist besonders hervorzuheben, dass das Unionsrecht in hohem Maße wirtschaftliche Bereiche betrifft. Die Kommunikationsfreiheit hat **offene Kommunikationsprozesse in allen gesellschaftlichen Subsystemen** zu gewährleisten, wozu auch wirtschaftliche Kommunikationen zählen.[75] Schon früh hat die Kommission im Grünbuch „Kommerzielle Kommunikationen im Binnenmarkt" hervorgehoben, dass in der sich entwickelnden Informationsgesellschaft die Bedeutung neuer Formen kommerzieller Kommunikationen zunehmen wird.[76] Darüber hinaus sind Verquickungen von Werbekommunikation mit sonstigen Kommunikationsinhalten, zB in Form von Product Placement bei Instagram etc, inzwischen üblich. Daher wird eine Trennung der verschiedenen Kommunikationstypen immer schwieriger. Überdies verknüpft sich die Notwendigkeit des freien Kommunikationsflusses in allen gesellschaftlichen Teilbereichen mit dem Aspekt der Informationsbedürfnisse der Rezipienten, die von der Teilverbürgung des freien Empfangs von Informationen geschützt werden. Zu einer Demokratie gehört nicht nur die autonome Entscheidung in politischen Angelegenheiten, sondern ebenso die freie, staatlich möglichst unbeschränkte Meinungsbildung der Verbraucher im Hinblick auf Entscheidungen auf den Produktmärkten. Zu einer freien Entscheidung bedarf es aber einer Informationsgrundlage, die insbesondere durch informative Werbung unterstützt wird. Damit wird im Ergebnis deutlich, dass die Argumentation für die **Schutznotwendigkeit der Wirtschaftswerbung** – wenn auch beschränkt – an das demokratische Prinzip rückgekoppelt werden kann.[77] So entsteht eine Verbindung, die über die bloße Reflexwirkung der Wirtschaftswerbung als Finanzierungsgrundlage für offene Kommunikationen in den für die Demokratie wesentlichen Medien hinausgeht. Schließlich ist darauf hinzuweisen, dass auch der EuGH immer wieder die Bedeutung der Verbraucherinformation hervorgehoben hat, die der Gerichtshof für „eines der grundlegenden Erfordernisse des Verbraucherschutzes" im Unionsrecht hält.[78] Auch

---

[74] Skeptisch in Bezug auf die Erfassung von Erinnerungswerbung *Kevekordes* S. 56.
[75] So schon früh *Berka* EuGRZ 1982, 413 (417); ferner etwa *Walter* in Grabenwarter, EnzEuR Bd. 2, § 12 Rn. 12.
[76] „Kommerzielle Kommunikationen im Binnenmarkt", Grünbuch der EG-Kommission, KOM(96) 192 endg., 1b.
[77] So schon früh die amerikanische Judikatur des *Supreme Court*, vgl. die Darstellung bei *Hatje* S. 39 f.; skeptisch dazu *Woods* in PHKW Fundamental Rights Art. 11 Rn. 11.59.
[78] EuGH C-362/88, Slg. 1990, I-667 Rn. 18 – GB-INNO-BM; zustimmend *Leisner* EuZW 1991, 498 (503); so für den Arzneimittelbereich GA *Trstenjak*, SchlA C-316/09, ECLI:EU:C:2010:712 Rn. 85 f. – Merckle.

Generalanwalt *Fennelly* ist bereits früh in seinen Schlussanträgen zum Tabakprodukt-Richtlinien-Urteil ohne weitere Prüfung vom Schutz der Wirtschaftswerbung ausgegangen.[79]

28 Folglich ist für die Kommunikationsfreiheit der Union festzuhalten, dass sie umfassend auch kommerzielle Kommunikation und damit auch die Wirtschaftswerbung schützt[80], gleich, ob diese Informationen, Meinungen oder Gefühle transportiert, so dass informative Werbeformen ebenso erfasst sind wie **Imagewerbung,** sofern überhaupt kommunikative Inhalte vermittelt werden.

II. Persönlicher Gewährleistungsbereich

29 **1. Grundrechtsberechtigung natürlicher Personen.** Die Grundrechte finden ihre Sinnmitte im Schutz der natürlichen Person gegen hoheitliche Übergriffe. Diese allen mitgliedstaatlichen Rechtsordnungen wie auch der EMRK zugrundeliegende Erkenntnis gilt gleichermaßen für das Unionsrecht. Demnach sind die natürlichen Personen die primären, „geborenen" Grundrechtsberechtigten der Unionsgrundrechte im Allgemeinen und der Kommunikationsfreiheit im Besonderen.

30 Geschützt sind nicht nur die Unionsbürger, sondern alle natürlichen Personen, die **von der Unionsgewalt betroffen** sind, also auch **Drittstaatsangehörige.** Dies entspricht dem System der EMRK (Art. 1 EMRK) und findet keinen Widerspruch im Unionsrecht. Die prinzipielle Grundrechtsberechtigung Drittstaatsangehöriger wird daher vom überwiegenden Teil der Literatur angenommen.[81] Auch der EuGH hat sie sich implizit zu Eigen gemacht, indem er beispielsweise im Fall *Oyowe und Traore* im Hinblick auf Unionsbeamte, die Angehörige von Drittstaaten sind, die Kommunikationsfreiheit angewendet hat.[82] Dies entspricht ferner der Grundrechtecharta, die nur im Hinblick auf einige Bürgerrechte und die grundfreiheitlichen Schutzgarantien personale Differenzierungen vornimmt, dabei aber regelmäßig beschränkte Gewährleistungen auch für Drittstaatsangehörige vorsieht.[83]

31 Die Fälle *Oyowe und Traore* sowie *Connolly* haben im Übrigen schon früh gezeigt, dass auch im Sonderstatusverhältnis des **Beamten,** ebenso wie in anderen Sonderstatusverhältnissen, die Unionsgrundrechte greifen.[84]

32 **2. Grundrechtsberechtigung juristischer Personen.** Unproblematisch ist die Grundrechtsberechtigung von **juristischen Personen des privaten Rechts.** Sie ist im Rahmen der EMRK (mit Blick auf Art. 34 EMRK)[85], in den mitgliedstaatlichen Rechtsordnungen[86] und vom EuGH[87] grundsätzlich anerkannt, sofern es sich nicht um solche Grundrechte handelt, die dem Inhalt nach nur auf natürliche Personen anwendbar sind. Mithin zählen juristische Personen des Privatrechts zu den Grundrechtsberechtigten der Kommunikationsfreiheit. Wie unter der EMRK gilt dies im Unionsrecht unabhängig von der Rechtspersönlichkeit der

---

[79] GA *Fennelly,* SchlA C-376/98, ECLI:EU:C:2000:324 Rn. 146 ff., insbes. Rn. 165 – Tabakwerbe-Richtlinie; EuGH C-71/02, Slg. 2004, I-3025 Rn. 51 – Herbert Karner Industrie-Auktionen GmbH; EuGH C-245/01, Slg. 2003, I-12489 Rn. 73 – RTL Television GmbH; GA *Trstenjak,* SchlA C-316/09, ECLI: EU:C:2010:712 Rn. 77 – Merckle; EuGH C-157/14, ECLI:EU:C:2015:823 Rn. 65 = ZLR 2016, 46 – Neptune Distribution SNC.
[80] Ebenso zB *Calliess* in Calliess/Ruffert GRC Art. 11 Rn. 6; *Jarass* GRCh Art. 11 Rn. 11; *Marauhn* in Ehlers GuG § 4 Rn. 8; *Pünder* in Ehlers GuG § 16.2 Rn. 13; *Woods* in PHKW Fundamental Rights Art. 11 Rn. 11.28; zum Schutzniveau der Wirtschaftswerbung → Rn. 84.
[81] Exemplarisch *Walter* in Grabenwarter, EnzEuR Bd. 2, § 12 Rn. 26.
[82] EuGH C-100/88, Slg. 1989, 4285 Rn. 13 ff. – Oyowe und Traore/Kommission.
[83] Die meisten Grundrechtsgewährleistungen der Charta beginnen mit der Formulierung „Jede Person ..." oder mit einer vergleichbaren Formulierung, die Unionsbürger wie Drittstaatsangehörige erfasst. Nur die Artikel des V. Kapitels benennen die Grundrechtsträger explizit mit „Die Unionsbürgerinnen und Unionsbürger", enthalten teilweise aber auch Regelungen für Drittstaatsangehörige.
[84] EuGH C-274/99 P, Slg. 2001, I-1611 Ls. 2 Rn. 43 ff. – Connolly.
[85] Vgl. auch EGMR 13.2.2003 – 40160/98 Rn. 57 – Çetin.
[86] Siehe Art. 19 Abs. 3 GG für Deutschland und das für Frankreich insoweit einschlägige Urteil des *Conseil constitutionnel,* Rec. 1971, 29.
[87] ZB EuGH C-368/95, Slg. 1997, I-3689 Rn. 26 – Familiapress; siehe auch explizit für das Recht auf einen fairen Prozess für Unternehmen, EuGH C-185/95 P, Slg. 1998, I-8417 Rn. 21 – Baustahlgewebe GmbH.

Vereinigung, ihrer sonstigen Organisationsform, ihrem Gründungsort, Sitz und Zweck. Voraussetzung ist allerdings eine gewisse organisatorische Verfestigung der juristischen Person. Im Übrigen ist entscheidend, dass sie in den Anwendungsbereich des Unionsrechts gelangt.

Schwieriger ist dagegen die Frage zu beurteilen, ob **juristische Personen des öffentlichen Rechts** gleichermaßen als Grundrechtsberechtigte der Kommunikationsfreiheit gelten können. Diese Frage stellt sich vor allem im Hinblick auf die öffentlich-rechtlich organisierten Rundfunkanstalten der Mitgliedstaaten. Sie ist demnach in erster Linie für die Medienfreiheit relevant und wird daher dort behandelt und die Erfassung im Ergebnis bejaht (→ § 28 Rn. 31 f.). 33

III. Grundrechtsverpflichtete

Die unionsrechtliche Grundrechtsausgestaltung geht von einer **umfassenden Bindung aller hoheitlichen Gewalt** (in Form der Exekutive, Legislative und Judikative) an die Grundrechte aus. Primär sind danach die **Unionsorgane,** daneben aber auch die **mitgliedstaatliche Hoheitsgewalt,** zur Einhaltung der Unionsgrundrechte verpflichtet.[88] Dies gilt in vollem Umfang für die Kommunikationsfreiheit, die ja gerade maßgeblich zur dogmatischen Entwicklung und Festigung mitgliedstaatlicher Grundrechtsbindung insbesondere durch die Urteile *Cinéthèque, ERT* und *Familiapress* beigetragen hat.[89] Danach sind die Mitgliedstaaten dann an die Grundrechte gebunden, wenn eine Regelung „in den Anwendungsbereich des Gemeinschaftsrechts fällt" (siehe jetzt Art. 51 Abs. 1 S. 1 GRC: „bei der Durchführung des Rechts der Union").[90] Insoweit bestehen keine Besonderheiten bei der Kommunikationsfreiheit, so dass für die vertikale Reichweite der Kommunikationsfreiheit auf die allgemeine Rechtsprechung auch in der Folge der *Åkerberg Fransson*-Entscheidung verwiesen werden kann (→ § 9 Rn. 38 f.). Dasselbe gilt hinsichtlich der **Bindung Privater** an die Kommunikationsfreiheit.[91] Diese ist grundsätzlich abzulehnen. Eine Aktivierung entsprechender Schutzbedürfnisse muss primär über die grundrechtlichen Schutzpflichten erfolgen (→ Rn. 36). Gerade mit Blick auf die Medienfreiheit ist jedoch eine horizontale Wirkung bei besonders meinungsrelevanten Anbietern nicht ausgeschlossen (→ § 28 Rn. 34). 34

IV. Schutzdimension der Kommunikationsfreiheit als klassisches subjektives Abwehrrecht

Für die Kommunikationsfreiheit sind zwei Schutzdimensionen von Interesse: Einerseits die gegen bedrängende Hoheitsgewalt gerichtete negative Abwehrfunktion und andererseits die auf die Verwirklichung durch den Staat abzielende(n) objektivrechtliche(n) Schutzdimension(en). Im Vordergrund steht bei der Kommunikationsfreiheit die **klassische Dimension als subjektives Abwehrrecht** (→ § 8 Rn. 1 ff.). Die subjektivrechtliche Konzeption der Kommunikationsfreiheit entspricht nicht nur der EMRK, der neueren europäischen Tradition sowie der Formulierung des Art. 11 Abs. 1 GRC (insbesondere mit dem Hinweis „ohne behördliche Eingriffe"), sondern auch der Rechtsprechung des EuGH.[92] Dort zeigte sich ihr subjektivrechtlicher Charakter bereits früh 35

---

[88] Bestätigend EuGH C-112/00, Slg. 2003, I-5659 Rn. 74 – Schmidberger.
[89] EuGH 60 und 61/84, Slg. 1985, 2605 – Cinéthèque; EuGH C-160/89, Slg. 1991, I-2925 – ERT; EuGH C-368/95, Slg. 1997, I-3689 – Familiapress.
[90] Erstmals in EuGH C-160/89, Slg. 1991, I-2925 Rn. 42 – ERT; bestätigt unter anderem in EuGH C-159/90, Slg. 1991, I-4685 Rn. 31 – Grogan und EuGH C-2/92, Slg. 1994, I-955 Rn. 16 – Bostok; siehe zur Reichweite ferner *Kühling* in v. Bogdandy/Bast Europ. VerfassungsR S. 679 ff.
[91] Bei zivilgerichtlichen Verurteilungen geht der EGMR von einer „horizontalen Wirkung" aus, exemplarisch EGMR 22.2.2005 – 35839/97 Rn. 35 f. – Pakdemirli.
[92] Zu dieser Problematik mit ausführlicher Analyse der einschlägigen Rechtsprechung *Schilling* EuGRZ 2000, 3 (25 ff.), der allerdings die besseren Gründe für die Annahme eines objektivrechtlichen Verständnisses des EuGH sieht, dies jedoch als änderungsbedürftig erachtet; siehe dagegen die Rechtsprechungshinweise in den folgenden Fußnoten.

etwa im Fall *Ter Voort*,[93] in dem der EuGH die Kommunikationsfreiheit im Ergebnis als klassisches Abwehrrecht des Individuums heranzog. Noch deutlicher sind die Schlussanträge des Generalanwalts *van Gerven* im Fall *Grogan*.[94] Auch im Urteil *Connolly* fungiert die Kommunikationsfreiheit in ihrer klassischen Rolle als Abwehrrecht des Einzelnen gegen Beeinträchtigungen durch hoheitliche Gewalt.[95] Deutlich wird dies auch an dem späteren Urteil *Laserdisken*, in dem sowohl die Meinungs- als auch Informationsfreiheit als einheitlicher Bestandteil der Kommunikationsfreiheit in ihrer abwehrrechtlichen Dimension diskutiert werden.[96] Es ist demnach festzuhalten, dass die Kommunikationsfreiheit ein subjektives Recht darstellt, das gegenüber hoheitlicher (exekutiver und legislativer) Gewalt der Unionsorgane und Mitgliedstaaten geltend gemacht werden kann. In der Abwehr hoheitlicher Beeinträchtigungen ist die primäre Funktion der Kommunikationsfreiheit zu sehen.

V. Objektivrechtliche Schutzdimensionen der Kommunikationsfreiheit

36 Trotz der primären Orientierung an der Abwehrfunktion erschöpfen sich die Schutzwirkungen der Kommunikationsfreiheit nicht darin. Unter objektivrechtlichen Gehalten sind in einem weit gefassten Sinn alle diejenigen Schutzwirkungen eines Grundrechts zu verstehen, die nicht der konkreten Abwehr ungerechtfertigter, hoheitlicher Beeinträchtigungen individueller Rechtspositionen dienen. Hier geht es vornehmlich um das Problem des **Pluralismus,** denn die Entfaltung objektivrechtlicher Gehalte ist, was die Kommunikationsfreiheit anbelangt, vor allem mit Blick auf dieses Problem relevant geworden. Ferner geht es um die Entwicklung grundrechtlicher **Schutzpflichten** sowie um die eventuelle **institutionelle und teilhaberechtliche Dimension** der Kommunikationsfreiheit. Diese Aspekte betreffen zwar primär die Bereiche der Presse und insbesondere des Rundfunks, also die Medienfreiheit, und werden daher ausführlich dort behandelt (→ § 28 Rn. 37 ff.). Gleichwohl aktiviert der EuGH die objektivrechtlichen Gehalte auch in Bezug auf die allgemeine Kommunikationsfreiheit. So hat der Gerichtshof die Kommunikationsfreiheit im Urteil *Schmidberger* als legitimes Ziel bezeichnet, das die Warenverkehrsfreiheit einzuschränken geeignet ist.[97] Dabei handelt es sich um eine Art **„Ausstrahlungswirkung"** auf die Auslegung bzw. Tragweite der Grundfreiheiten, und damit um eine objektivrechtliche Komponente. In der Sache geht es gleichwohl um die Aktivierung subjektivrechtlicher Abwehrgehalte eines Grundrechts gegen die subjektivrechtlichen Abwehrgehalte einer Grundfreiheit.

C. Eingriff bzw. Einschränkung

37 In der Rechtsprechung des EuGH nach wie vor stiefmütterlich behandelt ist die Dogmatik der Einschränkungen von bzw. Eingriffe in Grundrechte. Dies ist umso problematischer, als durchaus unionsspezifische Sonderprobleme bestehen, die die Entwicklung einer eigenständigen Dogmatik verlangen. Unter einem Eingriff bzw. einer Beeinträchtigung bzw. einer **Einschränkung** gemäß der Terminologie des Art. 52 Abs. 1 S. 2 GRC[98] (→ § 10 Rn. 19 ff.).

---

[93] EuGH C-219/91, Slg. 1992, I-5485 Rn. 34 ff. = EuZW 1993, 736 – Ter Voort.
[94] GA *van Gerven*, SchlA C-159/90, ECLI:EU:C:1991:249 – Grogan; vgl. auch *Kühling* S. 124 ff.
[95] EuGH C-274/99 P, Slg. 2001, I-1611 Rn. 37–42 – Connolly.
[96] EuGH C-479/04, Slg. 2006, I-8089 Rn. 63 f. – Laserdisken.
[97] EuGH C-112/00, Slg. 2003, I-5659 Rn. 74 – Schmidberger; noch oft vom EuGH bestätigt, vgl. zB EuGH C-438/05, Slg. 2007, I-10779 Rn. 45 – Viking.
[98] Die Terminologie des EuGH ist in dieser Hinsicht uneinheitlich gewesen: Er verwandte sinngleich die Begriffe „Einschränkungen" (engl. und frz. „restrictions"), „einschränken" (aber: frz. „faire l'objet des limitations"; engl. „be subject to the limitations"), vgl. EuGH C-274/99 P, Slg. 2001, I-1611 Rn. 40 f. – Connolly; „Beschränkungen", „Eingriff" und „einschränken" (engl. „restricted", „restriction", „interference", „to restrict"; frz. „restrictions", „intervention", „restreindre"), vgl. EuGH C-293/97, Slg. 1999, I-2603 Rn. 54 f. – Standley, Metson ua. Der EGMR verwendet in Bezug auf die Kommunikationsfreiheit die Terminologie „ingérence dans le droit d'expression" bzw. „interference with the applicant's rights under Article 10 § 1 of the Convention".

kann zunächst jede Minderung der durch das Grundrecht prinzipiell geschützten Rechtspositionen verstanden werden. Fraglich kann in Einzelfällen sein, inwieweit einer bloßen **Gefährdung** von Grundrechtspositionen bereits Einschränkungscharakter zukommt.[99]

In der Judikatur zur EMRK hat sich die Prüfung der beeinträchtigenden Qualität der **38** hoheitlichen Maßnahme etabliert.[100] Die Berücksichtigung eines solchen zusätzlichen Filters in der Grundrechtsdogmatik empfiehlt sich gleichermaßen für das Unionsrecht und ist auch durch die Formulierung in Art. 52 Abs. 1 S. 2 GRC indiziert. Allerdings dürfen an dieser Stelle nicht allzu hohe Anforderungen gestellt werden, um zu vermeiden, dass auf diesem Weg eine umfassende Prüfung der in Frage stehenden Maßnahme an den substantiellen Anforderungen des Grundrechts umgangen wird, wie es zB bei der Einführung eines strengen **Spürbarkeitserfordernisses** der Fall wäre.[101]

Der Tendenz der Konventionsrechtsprechung folgend[102] ist der Begriff der Beeinträchti- **39** gung demnach weit zu fassen, so dass auch **faktischen Einschränkungen** beeinträchtigende Qualität zukommen kann. Damit können auch wirtschaftliche bzw. finanzielle Beeinflussungen eine Beeinträchtigung darstellen. Dies hat der EuGH in Bezug auf die Kommunikationsfreiheit im Urteil *VBVB und VBBB* bestätigt.[103] Gerade mit Blick auf das Beamtenrecht ist zu betonen, dass nicht nur dann eine Beeinträchtigung vorliegt, wenn eine Meinungsäußerung oder die Weitergabe von Informationen verboten wird, sondern gleichermaßen, wenn **negative Sanktionen** an Kommunikationshandlungen geknüpft werden, insbesondere Disziplinarmaßnahmen, obzwar die Kommunikation selbst nicht unterbunden wird. Ebenso wenig kann deswegen die beeinträchtigende Qualität verneint werden, weil der Beamte einem spezifischen Kommunikationsverbot nicht nachgekommen ist und also ein einfaches disziplinarrechtliches Problem der unerfüllten Gehorsamspflicht vorliegt. In diesem Fall müssen sowohl das Verbot selbst als auch die negativen Sanktionen, die gegebenenfalls wegen der mangelnden Befolgung des Verbots ergangen sind, an der Kommunikationsfreiheit gemessen werden. Weiter ist (wie bereits lange in der Konventionsrechtsprechung anerkannt) in einer **Berufszugangsbeschränkung,** die dann greift, wenn Beamte bestimmte Auffassungen vertreten, eine Beeinträchtigung der Kommunikationsfreiheit zu sehen.[104] Sogar das bloße **Androhen von Sanktionen** kann bereits eine Beeinträchtigung darstellen, sofern es geeignet ist, vom Freiheitsgebrauch abzuhalten. In diesem Fall kann allerdings eine gewisse **Spürbarkeit** verlangt werden.

Ein solches Spürbarkeitskriterium gilt auch im Hinblick auf die **negative Rezeptions-** **40** **freiheit.** Nicht jeder unerwünschten Konfrontation mit kommunikativen Inhalten kommt bereits beeinträchtigende Qualität zu. Als mögliches Spezialkriterium zur Bestimmung der Beeinträchtigungsschwelle bietet sich hier die Prüfung der Entrinnbarkeit vor der aufgedrängten Kommunikation an.

Ein besonderes Problem besteht im Hinblick auf die Kontrolle von **Richtlinienrecht.** **41** Hier stellt sich die Frage, ob bereits die Richtlinienbestimmung selbst oder erst der nationale Umsetzungsakt beeinträchtigende Qualität aufweist. Sofern es sich um einen umsetzungspflichtigen Teil handelt, geht bereits von der Richtlinienformulierung das zwingende Gebot aus, bestimmte Grundrechtsbeeinträchtigungen vorzunehmen. Die Umsetzungspflicht löst damit eine beeinträchtigungsgleiche Grundrechtsgefährdung aus, die sich im Rahmen der mitgliedstaatlichen Umsetzung zwangsläufig realisiert.[105]

---

99 Zum Erfordernis einer weitergehenden Qualifizierung der Eingriffsintensität am Beispiel des Datenschutzgrundrechts *Kühling/Klar* Jura 2011, 771 (776).
100 *Kühling* S. 162 ff.
101 Vgl. hierzu auch *Frenz,* HdbEuR Bd. 4, Kap. 8 Rn. 1833.
102 Ausführlich *Kühling* S. 162 f.; zur Diskussion in Deutschland ebendort, S. 227 f.; siehe in Bezug auf die EMRK EGMR 28.10.2003 – 39657/98 Rn. 27 ff. – Steur.
103 EuGH 43 und 63/82, Slg. 1984, 19 insbes. Rn. 33 f. – VBVB und VBBB; vgl. auch *Kühling* S. 115 f.; vgl. hierzu auch *Frenz,* HdbEuR Bd. 4, Kap. 8 Rn. 1831 f.
104 Nachweise zur Konventionsrechtsprechung bei *Kühling* S. 164, dortige Fn. 135.
105 Davon geht auch GA *Fennelly* aus, SchlA C-376/98, ECLI:EU:C:2000:324 Rn. 146 ff., insbes. Rn. 165 – Tabakwerbe-Richtlinie.

42 Ungeklärt war dagegen lange, ob dies auch in dem Fall angenommen werden kann, dass von mehreren klar vorgegebenen Umsetzungsoptionen nur eine Variante eine Beeinträchtigung der Unionsgrundrechte darstellt. Ein Beispiel stellt insoweit die Möglichkeit des Verzichts auf eine Urheberangabe im Fall der in der Tabakprodukt-Richtlinie vorgesehenen Warnhinweise dar.[106] Hier besteht gleichermaßen eine Grundrechtsgefährdung, die durch einen mitgliedstaatlichen Umsetzungsakt jederzeit realisiert werden kann. Geht man entgegen der hier vertretenen Meinung allerdings davon aus, dass die Mitgliedstaaten bei der Umsetzung von Richtlinienrecht im Bereich des Umsetzungsspielraums nicht an die Unionsgrundrechte gebunden sind, kann in der bloßen Möglichkeit eines Verstoßes des Richtlinienrechts kaum eine Beeinträchtigung der Unionsgrundrechte erblickt werden. Denn insoweit greift allein der mitgliedstaatliche Grundrechtsstandard. Vertritt man dagegen wie hier die gegenteilige Ansicht, bleibt die Frage offen. Insoweit spricht angesichts der Schwerfälligkeit des unionsrechtlichen Klagesystems vieles für die Annahme einer beeinträchtigungsgleichen Grundrechtsgefährdung, jedenfalls für den Fall, dass eine klar vorgesehene Umsetzungsoption zwangsläufig eine Beeinträchtigung bedingt.[107] Die Rechtsprechung des EuGH in den Urteilen zur Vorratsdatenspeicherung[108] zeigt sogar gewisse **Wesentlichkeitsanforderungen** an die Regelung in der Richtlinie selbst auf (→ Rn. 45) und impliziert damit, dass der Richtliniennorm selbst – unabhängig von den mitgliedstaatlichen Ausgestaltungsmöglichkeiten – Eingriffsqualität zukommt und diese sogar bestimmte Konkretisierungsanforderungen erfüllen muss, die nicht erst auf nationaler Ebene ausgefüllt werden dürfen.

D. Rechtfertigung

43 Der EuGH hat von Beginn seiner Grundrechtsjudikatur an betont, dass die Grundrechte „weit davon entfernt [sind], uneingeschränkten Vorrang zu genießen". Sie greifen nur soweit, wie sie nicht durch Einschränkungen im öffentlichen Interesse oder zum Schutz der Rechte anderer begrenzt werden.[109] In seiner neueren Rechtsprechung baut der EuGH seine **Grundrechtskontrolle** allerdings immer weiter aus und füllt die Grundrechtecharta so als mittlerweile **wirkmächtiges Grundrechtsgericht** mit Leben.[110] Diese Stärkung der judikativen Einflussnahme ist besonders vor dem Hintergrund der zunehmenden Interventionsfreude des mit umfassenden Kompetenzen ausgestatteten Unionsrechtsgebers vor dem Hintergrund des Erfordernisses eines institutionellen Gleichgewichts grundsätzlich begrüßenswert. Sie muss durch eine weitere Entwicklung der Dogmatik und Argumentationsqualität einhergehen, um die Nachvollziehbarkeit und Akzeptanz der Rechtsprechung des EuGH zu sichern.[111] Auch die **Prüfungsstruktur** der Rechtfertigung von Beeinträchtigungen der Grundrechte weist einen ausdifferenzierteren Umfang auf, auch wenn teilweise Defizite verbleiben[112], indem oftmals statt eines

---

[106] Siehe Art. 5 Abs. 8 der Richtlinie 2001/37/EG zur Angleichung der Rechts- und Verwaltungsvorschriften der Mitgliedstaaten über die Herstellung, die Aufmachung und den Verkauf von Tabakerzeugnissen, ABl. 2001 L 194, 26, EuZW 2001, 495.
[107] Dazu *Koenig/Kühling* EWS 2002, 12 (14 f.).
[108] EuGH verb. Rs. C-293/12 und C-594/12, ECLI:EU:C:2014:238 = EuGRZ 2014, 292 – Digital Rights Ireland und EuGH C-203/15 und C-698/15, ECLI:EU:C:2016:970 = EuZW 2017, 153 – Tele2 Sverige.
[109] EuGH 4/73, Slg. 1974, 491 Rn. 14 – Nold.
[110] Siehe dazu allgemein zur Grundrechtsdogmatik *Kühling* ZöR 68 (2013), 469 (478 ff.) und speziell mit Blick auf die insoweit besonders wirkmächtige jüngere Rechtsprechung zum Datenschutzrecht *Kühling* NVwZ 2014, 681 (682 f.) sowie *Kühling/Heberlein* NVwZ 2016, 7 (8 f.).
[111] Zu den Defiziten in den Begründungen des EuGH *Drechsler* S. 165 ff. und 247 ff. sowie zu den dogmatischen Schwachstellen der Verhältnismäßigkeitskontrolle umfassend S. 111–188 und 265–308.
[112] Siehe etwa aus jüngerer Zeit EuGH C-547/14, ECLI:EU:C:2016:323 Rn. 146 ff. = RIW 2016, 434 – Philip Morris, worin der EuGH etwa die strengen Warnhinweispflichten in Art. 10 der Richtlinie 2014/40/EU nicht näher an der negativen Kommunikationsfreiheit prüft, sondern allein am Grundsatz der Verhältnismäßigkeit und dabei eine Kontrolle bloß am Maßstab der „Offenkundigkeit" (Rn. 211) oder gar „Willkür" (Rn. 208) anklingen lässt und diese beschränkte Prüfdichte offensichtlich bei allen

dogmatisch nachvollziehbaren Aufbaus auf allgemeine Wertaussagen zurückgegriffen wird. Wie in der Konventionspraxis hat sich aber im Bereich zentraler Freiheitsrechte weitgehend eine einheitliche Prüfungssystematik herauskristallisiert, die von den jeweiligen Schrankenbestimmungen gesteuert wird, die in Art. 52 GRC zudem für alle Grundrechte im Ausgangspunkt einheitlich ist (→ § 10 Rn. 28 ff.). Danach ist zunächst die formelle Voraussetzung zu prüfen, ob die Beeinträchtigung von einer Ermächtigungsgrundlage gedeckt ist (→ Rn. 44 f.). In materieller Hinsicht ist als zweites festzustellen, ob die Beeinträchtigung ein legitimes Ziel verfolgt (→ Rn. 46 f.). Sodann ist in einem dritten Schritt die Verhältnismäßigkeit der Beeinträchtigung zu untersuchen (→ Rn. 48 ff.). Diese Erfordernisse sind auch von der allgemeinen Schrankenklausel des Art. 52 Abs. 1 GRC vorgegeben. Hinzu tritt in Art. 52 Abs. 1 S. 1 GRC die Wesensgehaltsgarantie (→ Rn. 85 ff.). Vorab ist jedoch festzustellen, dass die innere Freiheit, eine Meinung zu bilden und zu haben, vor jeglicher Beeinträchtigung geschützt ist, so dass diesbezügliche Maßnahmen einer Rechtfertigung nicht zugänglich sind.[113] Rechtmäßige beeinträchtigende Maßnahmen sind **nur zur Beschränkung nach außen tretender kommunikativer Akte** möglich.

I. Formelle Anforderung: Bestimmte und zugängliche Rechtsgrundlage, die Wesentlichkeitsanforderungen genügt

Das Erfordernis einer gesetzlichen Grundlage (Art. 52 Abs. 1 S. 1 GRC „gesetzlich **44** vorgesehen"/„provided for by law") wurde vom EuGH bereits aufgegriffen. In den Urteilen *Hoechst* und *Connolly* führte der EuGH aus, dass in allen mitgliedstaatlichen Rechtsordnungen hoheitliche Beeinträchtigungen der „Sphäre der privaten Betätigung jeder – natürlichen oder juristischen – Person einer Rechtsgrundlage" bedürfen und dass dieses Erfordernis als allgemeiner Grundsatz des Unionsrechts anzuerkennen sei.[114] Dies entspricht im Hinblick auf die Kommunikationsfreiheit den Anforderungen des Art. 10 Abs. 2 EMRK, der für Beschränkungen das Vorliegen eines Gesetzes verlangt. Als Einschränkungsgrundlagen kommen im **Unionsrecht** neben dem Primärrecht Verordnungen, vor allem aber Richtlinien in Verbindung mit den nationalen Umsetzungsakten in Betracht, nicht aber ungeschriebene Rechtsregeln. Sofern **mitgliedstaatliche Maßnahmen** überprüft werden, die nicht Unionsrecht ausführen, greift allerdings der von den Konventionsorganen entwickelte **Gesetzesbegriff,** der sehr **weit gefasst** ist und auch ungeschriebene Rechtsregeln des *Common Law* erfasst.[115] In der Konventionspraxis wurden die weiteren formellen Anforderungen an die Rechtsgrundlage im Sinn des Art. 10 Abs. 2 EMRK im Hinblick auf zwei auch für die Unionsgrundrechtsdogmatik relevante Aspekte verschärft: Die Einschränkungsermächtigung hat hinreichend bestimmt und zugänglich zu sein, damit die Adressaten der Regelung ihr Verhalten mit Blick auf entsprechende Gebote und potentielle Sanktionen einrichten können.[116]

---

drei Schritten (Geeignetheit, Erforderlichkeit und Abwägung) anzuwenden gedenkt. Allerdings ist die Prüfung der übrigen Gestaltungsvorgaben für die Tabakverpackungen in Art. 13 der Richtlinie 2014/40/EU an der Kommunikationsfreiheit selbst (Rn. 146 ff.) und die dortige Verhältnismäßigkeitskontrolle überzeugender.

[113] So zu Art. 10 EMRK *Cohen-Jonathan* in Pettiti/Decaux/Imbert CEDH Art. 10 S. 367.

[114] EuGH verb. Rs. 46/87 und 227/88, Slg. 1989, 2859 Rn. 19 – Hoechst; EuGH C-274/99 P, Slg. 2001, I-1611 Ls. 1 Rn. 42 – Connolly.

[115] Exemplarisch EGMR 26.4.1979 – 6538/74 Rn. 47, EuGRZ 1979, 386 – Sunday Times I; vgl. zum weiten Gesetzesbegriff auch EGMR 14.9.2010 – 38224/03 Rn. 83, NJW-RR 2011, 1266 – Dink.

[116] Genauso EuGH C-274/99 P, Slg. 2001, I-1611 Ls. 1 Rn. 42 – Connolly; vgl. dazu mit Einzelheiten *Kühling* in v. Bogdandy/Bast Europ. VerfassungsR S. 691 f.; vgl. hierzu auch *Walter* in Grabenwarter, EnzEuR Bd. 2, § 12 Rn. 39; zur Bestimmtheit vgl. auch EGMR 14.3.2002 – 26229/95 Rn. 43 ff. – Gaweda.

45 Außerdem lässt sich nach der Rechtsprechung des EuGH in den Urteilen zur Vorratsdatenspeicherung[117] die Entstehung einer mit der des BVerfG[118] vergleichbaren **Wesentlichkeitslehre** zum **Gesetzesvorbehalt** beobachten. So darf es die europäische Legislative nicht dem nationalen Gesetzgeber überlassen, vorliegende Grundrechtsstandards erst durch entsprechende Umsetzung sichern zu lassen. Vielmehr ist es zwingend, dass die Richtlinie selbst einem Wesentlichkeitsmaßstab Genüge leistet, indem sie alles zur Vermeidung einer Beeinträchtigung Erforderliche selbst regelt. Diese Entwicklung birgt die Gefahr einer erheblichen Zentralisierungswirkung in sich, die die Relevanz der europäischen Grundrechte für die einzelnen Mitgliedsstaaten noch weiter in den Vordergrund rücken lässt. Denn das Einfordern klarer Vorgaben bereits auf Richtlinienebene bedeutet nicht nur eine ambivalente Anforderung im horizontalen Gewaltenverhältnis, da der Unionsgesetzgeber nicht nur zu differenzierten Regelungen aufgefordert und insofern gestärkt wird, sondern zugleich eine Beschränkung seines Spielraums dadurch entsteht, dass er bestimmte Regelungen selbst treffen muss. Noch erheblicher sind die Auswirkungen in vertikaler Perspektive, da die Spielräume einer Ausdifferenzierung auf dezentraler, mitgliedstaatlicher Ebene zugunsten einer Klärung bereits auf zentraler Unionsebene beseitigt werden, was eine **Machtverlagerung „nach oben"** bedingt.[119] Inwiefern dies zu Problemen in vertikaler Hinsicht in Bezug auf nationale Grundrechtsstandards führen kann, bleibt abzuwarten. Jedenfalls könnte der EuGH diesen Rechtsprechungsansatz insofern wieder relativieren, indem er Wesentlichkeitserfordernisse vor allem in Bereichen annimmt, in denen massive Grundrechtseingriffe zu erwarten sind. Für den Bereich der Meinungsfreiheit – und noch vielmehr der Medienfreiheit – ist es jedenfalls keineswegs ersichtlich, dass nicht auch auf mitgliedstaatlicher Ebene eine Konkretisierung des Grundrechtsschutzes durch Sicherungsmechanismen erfolgt. So muss etwa der Abgleich von Meinungsfreiheit und Datenschutz keineswegs in der Europäischen Datenschutzgrundverordnung[120] (also sogar trotz der Handlungsform der Verordnung!) selbst geregelt werden, sondern kann sehr wohl mitgliedstaatlichen Regelungen vorbehalten bleiben, ohne dass insoweit Wesentlichkeitsanforderungen eine Ausdifferenzierung bereits auf Unionsebene verlangen. Das entspricht dem Ansatz des Art. 85 DS-GVO.

II. Materielle Anforderung: Verfolgung eines legitimen Zwecks (Gemeinwohlinteresse der Union)

46 Einschränkungen der Grundrechte sind nach ständiger Rechtsprechung des EuGH nur zulässig, sofern sie von „tatsächlich dem Gemeinwohl dienenden Zielen der Gemeinschaft" gedeckt sind.[121] Art. 52 Abs. 1 S. 2 GRC hat dieses Erfordernis aufgenommen („von der Union anerkannten dem Gemeinwohl dienenden Zielsetzungen oder den Erfordernissen des Schutzes der Rechte und Freiheiten anderer"). Die Spannbreite möglicher beeinträchtigungslegitimierender **Unionsinteressen** ist in der bisherigen Luxemburger Judikatur sehr weit gefasst und reicht von wirtschaftlichen Erwägungen bis hin zu organisatorischen Interessen.[122] Dies lässt vermuten, dass auch für die Kommunikationsfreiheit jedwedes Gemeinwohlinteresse in einem weiten Sinn zur Beeinträchtigungsrechtfertigung herangezogen werden kann.[123] In einigen Schlussanträgen zeichnen sich aber zumindest strengere

---

[117] EuGH verb. Rs. C-293/12 und C-594/12, ECLI:EU:C:2014:238 = EuGRZ 2014, 292 – Digital Rights Ireland und EuGH C-203/15 und C-698/15, ECLI:EU:C:2016:970 = EuZW 2017, 153 – Tele2 Sverige.
[118] Grundlegend BVerfGE 61, 260 (275).
[119] Dazu bereits *Kühling* NVwZ 2014, 681 (684).
[120] VO (EU) 2016/679 des Europäischen Parlaments und des Rates vom 27. April 2016 zum Schutz natürlicher Personen bei der Verarbeitung personenbezogener Daten, zum freien Datenverkehr und zur Aufhebung der Richtlinie 95/46/EG, ABl. 2016 L 119, 1.
[121] Grundlegend EuGH 4/73, Slg. 1974, 491 Rn. 14 – Nold; EuGH 5/88, Slg. 1989, 2609 Rn. 18 – Wachauf; bestätigend EuGH C-112/00, Slg. 2003, I-5659 Rn. 80 – Schmidberger.
[122] EuGH verb. Rs. C-143/88 und C-92/89, Slg. 1991, I-415 Rn. 76 – Zuckerfabrik Süderdithmarschen; EuGH C-404/92 P, Slg. 1994, I-4739 Rn. 19 f. – Aidstest.
[123] Kritisch zu dem weiten Ansatz *Pauly* EuR 1998, 242 (247 f. und 255 f.); *Storr* Der Staat 36 (1997), 547 (562).

Ansätze im Hinblick auf die Prüfung der tatsächlichen Einschlägigkeit der vorgebrachten Ziele ab. So zweifelt Generalanwalt *van Gerven* in den Schlussanträgen zum *Aidstest*-Fall daran, dass das wirtschaftliche Wohl des Landes in der konkreten Situation als legitimierender Zweck einer Beeinträchtigung der geschützten Privatsphäre des Individuums herangezogen werden kann.[124] Die Prüfung des Generalanwalts ist maßgeblich an der einschlägigen Schranke der EMRK ausgerichtet (Art. 8 Abs. 2 EMRK), die ähnlich wie Art. 10 Abs. 2 EMRK konstruiert ist. Auch in der Schrankenbestimmung der konventionsrechtlichen Kommunikationsfreiheit findet sich ein begrenzter Katalog legitimer Einschränkungsziele, der allerdings den Zweck der Sicherung des „wirtschaftlichen Wohls des Landes" nicht berücksichtigt. Der beschränkte Katalog wird in der Rechtsprechung der Konventionsorgane jedoch weit ausgelegt.[125] Dies gilt insbesondere für den Einschränkungsgrund der „Rechte anderer", unter den beispielsweise die Pluralismussicherung subsumiert wird.

Für die Unionsgrundrechte empfiehlt sich eine sorgfältige Prüfung der vorgebrachten Beschränkungsgründe. Dies entspricht auch der Formulierung des Verhältnismäßigkeitsgrundsatzes in Art. 52 Abs. 1 S. 2 GRC, der verlangt, dass die Einschränkungen „den von der Union anerkannten dem Gemeinwohl dienenden Zielsetzungen oder den Erfordernissen des Schutzes der Rechte und Freiheiten anderer tatsächlich entsprechen". Dieser Test einer **„tatsächlichen" Zielförderung** eröffnet eine strenge Prüfung, ob die vorgebrachten legitimen Zwecke auch wirklich die Beeinträchtigung zu begründen vermögen.[126] Die Rechtfertigung kommunikationsspezifischer Beschränkungen mit der Verfolgung wirtschaftlicher Zwecke ist vor dem Hintergrund des Art. 10 Abs. 2 EMRK abzulehnen. Im Übrigen hat der Unionsgesetzgeber bei der Festlegung der Einschränkungsziele einen weiten Spielraum. Beschränkt wird er darin jedoch durch die **„Meistbegünstigungsklausel" des Art. 52 Abs. 3 GRC** (→ § 10 Rn. 103), die ihm erlaubt, einen weiter gehenden Schutz zu gewähren als Art. 10 EMRK, nicht aber hinter den Konventionsstandard zurückzufallen. Das bedeutet, dass die Berücksichtigung weitergehender Einschränkungsziele, die von Art. 10 Abs. 2 EMRK nicht vorgesehen sind, zumindest einen stark erhöhten Argumentationsaufwand erfordert. In jedem Fall ist aber zu berücksichtigen, dass die gründliche Herausarbeitung des verfolgten Zwecks für die weitere Verhältnismäßigkeitsprüfung von Bedeutung ist.

III. Materielle Anforderung: Wahrung der Verhältnismäßigkeit

In Bezug auf die Verhältnismäßigkeitsprüfung bestehen nach wie vor eine ganze Reihe wichtiger, bislang aber ungeklärter dogmatischer Fragen, die auch nicht durch die Normierung des Grundsatzes in Art. 52 GRC beseitigt werden. Der Verhältnismäßigkeitsgrundsatz spielt eine zentrale Rolle bei der Fortentwicklung der Grundrechtsdogmatik und war bereits als eigenständiger allgemeiner Rechtsgrundsatz bei der objektivrechtlichen Prüfung unionalen ebenso wie mitgliedstaatlichen Handelns von großer Bedeutung. Dabei hat sich eine **dreischrittige Prüfungsabfolge** etabliert (Geeignetheit, Erforderlichkeit und Verhältnismäßigkeit im engeren Sinn mit Abwägung der kollidierenden Interessen), die auch der EuGH teilweise bei der Grundrechtsprüfung, vor allem jedoch im Rahmen der Untersuchung von etwaigen Verletzungen der Grundfreiheiten ebenso wie bei einer isolierten Untersuchung des Verhältnismäßigkeitsgrundsatzes anwendet. In der Konventionspraxis

---

[124] GA *van Gerven*, SchlA C-404/92 P, ECLI:EU:C:1994:172 Rn. 27 – Aidstest; von einer faktischen Verengung der zulässigen Eingriffsgründe anhand der Vorgaben der EMRK geht im Übrigen *Schildknecht* S. 164 und 197 f. aus.
[125] Siehe statt vieler *Cornils* in BeckOK InfoMedienR EMRK Art. 10 Rn. 52 und Grabenwarter/Pabel EMRK § 18 Rn. 13, denen zufolge die legitimen Beschränkungsziele so gut wie nie Einschränkungswirkung entfalten.
[126] Eine solche Prüfung nimmt (im Rahmen der Verhältnismäßigkeitsprüfung) auch der EGMR vor, zB in EGMR 5.12.2002 – 28493/95 Rn. 31, 40 – Yalçin Küçük; EGMR 25.6.2002 – 51279/99 Rn. 57 – Colombani.

überwiegt dagegen eine einschrittige Prüfung, die unmittelbar auf eine Abwägung der konfligierenden Interessen und Rechte, also auf die Verhältnismäßigkeitsprüfung ieS zusteuert. Allerdings sind auch vereinzelt Fälle anzutreffen, in denen Elemente der ersten zwei Prüfungsstufen zu erkennen sind.[127] Die dreischrittige Prüfung hat sich als hilfreicher Rahmen erwiesen, da bereits auf den Stufen der Geeignetheits- und Erforderlichkeitsprüfung die tatsächliche Fähigkeit der Zielerreichung sowie der Rückgriff auf eingriffsschwächere Alternativen zum konkreten hoheitlichen Handeln untersucht werden können. Sie trägt damit bereits auf diesen Stufen zu einer umfangreichen Rationalitätskontrolle hoheitlicher Grundrechtsbeeinträchtigungen bei und leistet zugleich einen wesentlichen Beitrag für die anschließende Verhältnismäßigkeitsprüfung ieS, sofern diese noch erforderlich sein sollte. Ihr ist damit auch für die Unionsgrundrechtsdogmatik zu folgen, auch wenn Art. 52 Abs. 1 S. 2 GRC durch die eigenständige Erwähnung der Erforderlichkeit neben der Verhältnismäßigkeit und nicht der Geeignetheit eine zweischrittige Prüfung eröffnet, wie sie auch in der EuGH-Rechtsprechung zunehmend anzutreffen ist.[128]

49 Allerdings kommt dem Herausarbeiten der Abwägungsparameter im Rahmen der Prüfung der **Verhältnismäßigkeit ieS** die größte Bedeutung zu. Hier bestanden zugleich die größten Versäumnisse in der bisherigen Kontrolltätigkeit des EuGH, der allzu oft in einem Schritt zugleich untersuchte, ob in den „Wesensgehalt"[129] des Grundrechts eingegriffen wird, auch wenn damit ein eigener Kontrollansatz einer „substance même" gemeint sein mag. Dies wurde grundsätzlich knapp verneint, ohne dass eine hinreichende Interessenanalyse und genaue Untersuchung der Tragfähigkeit der hoheitlichen Maßnahme erfolgte.[130] Im Übrigen ist eine vollständige Integration des Verhältnismäßigkeitsgrundsatzes in die EU-Grundrechtsprüfung angezeigt, da nur so eine grundrechtsspezifische Kontrolle im Einzelfall erfolgen kann. Die sowohl historisch als auch durch die Vorlagefragen bedingte, teils getrennte Prüfung des frühzeitig in der EuGH-Rechtsprechung anerkannten Verhältnismäßigkeitsgrundsatzes ist angesichts der stärkeren Orientierung an den Konventionsrechten und des Art. 52 GRC überholt. Mittlerweile hat sich diese in der Rechtsprechung des EuGH auch etabliert, nur noch in seltenen Fällen lässt sich ein Rückfall in eben jene reduzierte Prüfung beklagen.[131] Besonders in seinen Urteilen zur Vorratsdatenspeicherungsrichtlinie hat der EuGH in ihrer Grundstruktur überzeugend klare Urteile gefällt.[132]

50 **1. Geeignetheit.** Als erstes ist zu prüfen, ob die hoheitliche Maßnahme geeignet ist, dh die Fähigkeit besitzt, das angestrebte Ziel zu erreichen. Hier zeigt sich die Bedeutung der genauen Untersuchung der Einschränkungszwecke, die nunmehr daraufhin kontrolliert werden, ob sie mit den angewandten Mitteln verwirklicht werden können und dabei auch tatsächlich zu diesem Zweck eingesetzt werden. Dieser „Tatsächlichkeitstest" entspricht sowohl dem Ansatz in Art. 52 Abs. 1 S. 2 GRC als auch der Rechtsprechung des EuGH zum Verhältnismäßigkeitsgrundsatz in anderen als den Grundrechtsbereichen.[133] Allerdings

---

[127] ZB EGMR 24.11.1993 – 13914/88 ua Rn. 39, EuGRZ 1994, 549 – Informationsverein Lentia; eine genaue Analyse der Prüfungsstruktur des EGMR findet sich bei *Biernath* S. 85 ff.
[128] Siehe etwa aus jüngerer Zeit EuGH C-547/14, ECLI:EU:C:2016:325 Rn. 152 ff. = RIW 2016, 434 – Philip Morris.
[129] Dazu grundlegend *Drechsler* S. 112–130.
[130] ZB EuGH C-280/93, Slg. 1994, I-4973 Rn. 94 ff. – Bananenmarktordnung; EuGH verb. Rs. 46/87 und 227/88, Slg. 1989, 2859 Rn. 19 – Hoechst; zur Kritik in der deutschen Literatur exemplarisch *Nettesheim* EuZW 1995, 106 (106 ff.); vgl. auch *Walter* in Grabenwarter, EnzEuR Bd. 2, § 12 Rn. 45; relativierend *Kischel* EuR 2000, 380 (380 ff.).
[131] Ausführlich dazu *Kühling* ZöR 2013, 469 (480 ff.) unter Hinweis etwa auf EuGH C-543/09, Slg. 2011 I-3441 Rn. 66 – Deutsche Telekom; EuGH C-544/10, ECLI:EU:C:2012:526 Rn. 54 ff. = EuZW 2012, 828 – Deutsches Weintor.
[132] EuGH verb. Rs. C-293/12 und C-594/12, ECLI:EU:C:2014:238 Rn. 38 ff. = EuGRZ 2014, 292 – Digital Rights Ireland und EuGH C-203/15, ECLI:EU:C:2016:970 Rn. 94 ff. = EuZW 2017, 153 – Tele2 Sverige.
[133] EuGH C-157/99, Slg. 2001, I-5473 Rn. 75, 90, 91 – Geraets-Smits, Peerbooms; EuGH C-262/99, Slg. 2001, I-5547 Rn. 69, 70 – Paraskevas Louloudakis; dass tatsächlich eine Gefahr für Interessen der Gemeinschaft bestehen müsse, verlangen EuGH C-340/00 P, Slg. 2001, I-10269 Rn. 19 – Cwik; sowie

ist auf dieser Prüfungsstufe den hoheitlichen Organen, namentlich der Legislative, eine **weite Einschätzungsprärogative bei der Beurteilung** der Geeignetheit einzuräumen. Dies gilt vor allem, wenn es nicht um Fragen der Denknotwendigkeit geht, sondern empirische Forschung zur Beurteilung der Wirksamkeit notwendig ist und auch diese wenig Sicherheit bietet, wie im Hinblick auf die Frage nach den Auswirkungen medialer Gewalt auf Kinder und Jugendliche. Dennoch wird die Kontrolle dadurch nicht überflüssig. Die Anwendung des Art. 10 Abs. 2 EMRK hat gezeigt, dass zwar nur im Ausnahmefall die Wirkkraft einer Maßnahme derart negativ beurteilt wird, dass daraus schon ihre Unzulässigkeit folgt. Die klare Herausarbeitung der Fähigkeit der Maßnahme zur Zielerreichung ist aber spätestens für die Abwägung von Relevanz.[134] Für das Unionsrecht ist diese differenzierte Kontrolle inzwischen vom EuGH übernommen worden, auch wenn teilweise Insuffizienzen in der Prüfung verbleiben.[135] Die durch die Grundrechtecharta ausgelöste vermehrte Grundrechts-Rechtsprechung beflügelt diese Entwicklung teilweise.[136] Im Übrigen hat der EuGH danach zu differenzieren begonnen, welche **Ziele** die Grundrechtseinschränkung verfolgt. So hat der EuGH im Fall der Produktinformationen für gesundheitsschädliche Produkte wie Tabakerzeugnisse dem Gesetzgeber einen weiten Spielraum zugestanden.[137] Eine ausdifferenzierte Dogmatik der Abschichtung von Spielräumen ist noch nicht ersichtlich. Eine bloße Kontrolle am Maßstab der **„Offenkundigkeit"**[138] oder gar der „Willkür"[139], wie er im Fall der Prüfung der Tabakwerbung anklingt, ist jedenfalls nicht unproblematisch. So dürfte in derartigen Fällen der empirischen Unsicherheit über die Wirkmechanismen von Werbung und der Steuerung von Warnhinweisen bei gesundheitsschädlichen Produkten wohl letztlich eine plausible Darlegung der Eignung genügen, wobei sich der Unterschied zur Offenkundigkeits-Kontrolle in Grenzen halten dürfte. Schließlich ist darauf hinzuweisen, dass von einer **prozeduralen Grundrechtsgewährleistung** her gedacht die hoheitliche Pflicht besteht, empirische Kenntnisse über die Geeignetheit der Beeinträchtigungen zu vertiefen, die Maßnahmen zu überprüfen und gegebenenfalls zu korrigieren.[140]

2. Erforderlichkeit. Im zweiten Schritt ist zu untersuchen, ob das eingesetzte Mittel 51 erforderlich ist. Das ist der Fall, wenn bei Erlass der Maßnahme kein anderes gleich wirksames, aber weniger eingriffsintensives Mittel zur Verfügung stand. Die Prüfung erfolgt aus einer *Ex-ante*-Perspektive. Auf dieser Stufe kommt den hoheitlichen Organen bei der Beurteilung der Effizienz alternativer Handlungsoptionen erneut eine **Einschätzungsprärogative** zu. Dies entspricht dem Vorgehen unter der EMRK, in Deutschland und den Ansätzen im Unionsrecht.[141] Auch hier ist darauf zu achten, dass eine Mindestkontrolle auch in Bereichen der reduzierten Prüfdichte gewahrt wird und nicht lediglich eine Über-

---

EuGH C-112/00, Slg. 2003, I-5659 Rn. 80 – Schmidberger; siehe aus der Literatur etwa *Borowsky* in NK-EuGRCh GRCh Art. 52 Rn. 18a.
[134] *Kühling* S. 173.
[135] Dazu exemplarisch mit Blick auf das Urteil des EuGH zur Agrarverordnung EuGH verb. Rs. C-92/09 u. C-93/09, EuZW 2010, 939 – Agrarverordnung; vgl. *Kühling/Klar* Jura 2011, 771 (776 f.).
[136] Kritisch am Bsp. der unternehmerischen Freiheit *Drechsler* S. 188–256, wonach die Kontrolle der Geeignetheit aus der Perspektive ex ante, die Verteilung der Darlegungs- und Beweislast sowie der Verzicht auf eine Beweiserhebung insofern den Grundrechtsschutz in bedenklicher Weise entwerten.
[137] So zuletzt in Bezug auf Einschränkungen der Gestaltung von Tabakverpackungen EuGH C-547/14, ECLI:EU:C:2016:325 Rn. 155 und 166 = RIW 2016, 434 – Philip Morris.
[138] EuGH C-547/14, ECLI:EU:C:2016:325 Rn. 211 = RIW 2016, 434 – Philip Morris.
[139] EuGH C-547/14, ECLI:EU:C:2016:325 Rn. 208 = RIW 2016, 434 – Philip Morris.
[140] Zu derartigen Untersuchungspflichten aus dem Grundrecht auf eine gesunde Umwelt siehe EGMR 2.10.2001 – 36022/97 Rn. 97 ff. – Hatton. Prinzip bestätigt in EGMR 8.7.2003 – 36022/97 Rn. 128 – Hatton, obwohl die Große Kammer im Ergebnis die Entscheidung vom 2.10.2001 in Bezug auf Art. 8 EMRK aufhob. Der EuGH hat bislang noch keine primärrechtlich fundierte Evaluations- und Anpassungspflicht des EU-Gesetzgebers statuiert, auch wenn er diesen durch entsprechende Hinweise in den Urteilsgründen faktisch dazu anhält, siehe dazu *Drechsler* S. 181, 187 und 194–196.
[141] Siehe dazu *Kühling* S. 402 f. mwN; *Ress*, Der Grundsatz der Verhältnismäßigkeit in der deutschen Rechtsordnung, in Kutscher, Der Rechtsstaat in der Bewährung, 1985, S. 17 ff.; GA *van Gerven*, SchlA C-159/90,

prüfung am Maßstab der Willkür erfolgt.[142] Ferner kann hier die **Rechtsvergleichung** insofern von Hilfe sein, als alternative Regelungsmöglichkeiten aufgezeigt werden können, die trotz geringerer Einschränkungsintensität ebenso effektiv die angestrebten Ziele zu erreichen vermögen. Ein Beleg für die Relevanz einer solchen Untersuchung ist die Argumentation des EGMR im Fall *Informationsverein Lentia*[143], in dem der Gerichtshof die Zulässigkeit des österreichischen De-facto-Rundfunkmonopols überprüfte. Der EGMR kam hier vor allem deswegen zu dem Schluss der Unverhältnismäßigkeit, weil nach seiner Auffassung weniger einschneidende Alternativlösungen zur Verfügung gestanden hätten. Insoweit konnte der Gerichtshof auf liberalere Modelle anderer Vertragsstaaten verweisen.

52 **3. Verhältnismäßigkeit im engeren Sinn: Abwägung (Orientierung am Bild einer „demokratischen Gesellschaft" und margin of appreciation).** Im Zentrum der Verhältnismäßigkeitsprüfung steht die Untersuchung, ob das eingesetzte Mittel in angemessener Relation zum angestrebten Ziel steht (Verhältnismäßigkeit im engeren Sinn). Die auf den bisherigen Stufen erarbeiteten Ergebnisse liefern erste Ansatzpunkte für die Prüfung. So hat die Geeignetheitskontrolle den Grad der Wirksamkeit der Maßnahme aufgezeigt. Dann muss eine weitere Bewertung des angestrebten Ziels erfolgen: Durch welche öffentlichen oder privaten Interessen ist es legitimiert? Danach ist die Schwere der Beeinträchtigung zu bemessen. Erkenntnisse aus der Erforderlichkeitsprüfung geben hier Orientierung. Es ist umfassend zu untersuchen, ob es sich um eine erhebliche Reduzierung geschützter und zentraler Positionen handelt. Nach einer umfassenden Bewertung der betroffenen Interessen ist eine Abwägung möglich.

53 Eine wichtige Orientierung kann das Bild einer „demokratischen Gesellschaft" geben, auf das sich die Verhältnismäßigkeitsprüfung nach Art. 10 Abs. 2 EMRK bezieht.[144] Im Hinblick auf die Kommunikationsfreiheit wird damit eine Verknüpfung mit ihrer **demokratischen Funktion** ermöglicht.[145] Wesentliche Aspekte, die in der Konventionsrechtsprechung mit Blick auf die demokratische Verfassung der Gesellschaft entwickelt worden sind[146], können auf das Unionsrecht übertragen werden. So ist die Demokratie an den Grundsätzen des Pluralismus, der Toleranz und Offenheit ausgerichtet, was für die Anwendung großzügiger Maßstäbe auch gegenüber extremen Minderheitenpositionen spricht. Die Bedeutung insbesondere einer freien politischen Diskussion ist zu unterstreichen. So lassen sich Ansätze für differenzierende Schutzniveaus gewinnen. Bei der Verhältnismäßigkeitsprüfung zeigen sich jedoch zugleich die Grenzen einer Dynamisierung der Grundrechtsjudikatur, da die Grundrechte ihren **„Rahmencharakter"** für die gesamte Rechtsordnung nicht verlieren dürfen.

54 Hier empfiehlt sich im Grundsatz und in verschiedenen Details eine umfangreiche Berücksichtigung der Konventionsdogmatik und insbesondere des Konzepts der ***margin of appreciation*** (bzw. *marge d'appréciation*), das der EGMR im Rahmen der Prüfung des Art. 10 Abs. 2 EMRK entwickelt hat.[147] Nach dieser Kontrolldichte-Konzeption wird den Mitgliedstaaten der Konvention grundsätzlich ein Spielraum bei der Bestimmung des angemessenen Ausgleichs privater Interessen *inter se* oder privater mit öffentlichen Interessen zugestanden.[148]

ECLI:EU:C:1991:249 Rn. 34, 37 f. – Grogan; vgl. auch EuGH C-112/00, Slg. 2003, I-5659 Rn. 92 f. – Schmidberger; EGMR 25.6.2002 – 51279/99 Rn. 57 – Colombani.
[142] Problematisch daher EuGH C-547/14, ECLI:EU:C:2016:325 Rn. 208 und 211 = RIW 2016, 434 – Philip Morris; siehe bereits die Ausführungen in → Rn. 49.
[143] EGMR 24.11.1993 – 13914/88 Rn. 39, EuGRZ 1994, 549 – Informationsverein Lentia; dazu *Kühling* S. 174.
[144] An diesem Bild orientiert sich auch der EuGH C-274/99 P, Slg. 2001, I-1611 Rn. 40 – Connolly.
[145] *Kühling* S. 91 ff.
[146] *Kühling* S. 174 f. mwN, 247 ff.
[147] So zB geschehen in EuGH C-274/99 P, Slg. 2001, I-1611 Rn. 41 – Connolly; zur Übertragung siehe ausführlich *Kühling* in v. Bogdandy/Bast Europ. VerfassungsR 2. Aufl. 695 ff.
[148] Zu diesem Konzept ausführlich *Brems* ZaöRV 56 (1996), 240 (240 ff.); *Piecheral/Olinga* RTDH 1995, 564 (564 ff.); *Prepeluh* ZaöRV 61 (2001), 771 (772 ff.); vgl. auch umfassend *Legg* passim.

Diese Konzeption spielt eine wesentliche Rolle bei der Herausarbeitung gemeineuropäischer Standards und der Abschichtung der Grundrechtskontrolle im vertikalen Grundrechtsverbund. So hat der EGMR anhand der *margin of appreciation* Bereiche herausgearbeitet, in denen bereits eine stärkere Entwicklung gemeineuropäischer Standards gewährleistet ist, so dass den Konventionsstaaten ein geringerer Bewertungsspielraum zuzugestehen ist. Fehlt es hingegen an einer solchen **gemeinsamen Tradition** *(common ground)* oder geht es beispielsweise um umstrittene Fragen der Moral, verfügen die Konventionsstaaten über einen größeren Spielraum.[149] Dabei ist zu beachten, dass die Integrationsdichte bei den Mitgliedstaaten der Europäischen Union wesentlich höher ist als bei den (übrigen) Unterzeichnerstaaten der EMRK.

4. Variable Schutzniveaus. Im Hinblick auf die unterschiedlichen Schutzniveaus lassen sich einige grundlegende Aussagen treffen, bevor zentrale Aspekte im Hinblick auf die einzelnen Einschränkungsgründe aufgezeigt werden. So hat der EuGH im Fall *Philip Morris* in Bezug auf Steuerungsvorgaben zu den Kommunikationsinhalten auf Tabakverpackungen einschließlich Warnhinweisen danach differenziert, welche **Ziele** die Regelung verfolgt und im Fall der Einschränkungen von Kommunikation bei gesundheitsschädlichen Produkten dem Unionsgesetzgeber einen weiten Spielraum zugebilligt. Das ist grundsätzlich überzeugend, darf jedoch nicht zu einer bloßen Willkürkontrolle führen.[150] Im Übrigen ist zunächst nach dem **Inhalt** der Äußerungen zu differenzieren. Denn die Tatsache, dass ein offener, pluraler und inhaltlich weit gefasster Kommunikationsbegriff im Schutzbereich entwickelt worden ist, bedeutet nicht, dass auf der Abwägungsebene keine inhaltliche Differenzierung zulässig wäre. So zeigt die Konventionsrechtsprechung, dass die Kommunikation von Informationen, insbesondere aber Meinungen, die die *res publica* betreffen, besonders schützenswert ist.[151] Demnach ist für das Unionsrecht gleichfalls von einer besonderen Schutzwürdigkeit von Beiträgen zur öffentlichen Debatte auszugehen.

Eine zweite inhaltliche Differenzierung setzt am Wahrheitsgehalt der Äußerung an. Der EGMR betont, dass unwahre Äußerungen stärkeren Beschränkungen unterliegen können als wahre.[152] Für das Unionsrecht kann damit gelten, dass **bewusst unwahren** Aussagen eine gegen Null tendierende Schutzwürdigkeit zukommt, während **Sorgfaltspflichtverletzungen** lediglich eine Reduzierung der Schutzintensität indizieren und im Interesse eines freien und offenen Kommunikationsprozesses nicht zu streng gefasst werden dürfen. Das gilt gleichermaßen für „Fake News" wie für die Aktivitäten von „Social Bots", die als Computersoftware Meinungen einer Vielzahl von Personen vortäuschen, die über unechte Accounts verbreitet werden.[153]

Die bereits hervorgehobene Bedeutung der Kommunikation für die Demokratie kann im Übrigen **personale Differenzierungen** bedingen. So kann für das Unionsrecht mit

---

[149] Vgl. etwa EGMR 21.3.2002 – 31611/96 Rn. 46 – Nikula; siehe auch *Marauhn* in Ehlers GuG § 4 Rn. 54; *Payandeh* JuS 2016, 690 (693); *Woods* in PHKW Fundamental Rights Art. 11 Rn. 11.38.
[150] Problematisch daher auch insoweit EuGH C-547/14, ECLI:EU:C:2016:325 Rn. 208 und 211 = RIW 2016, 434 – Philip Morris; siehe bereits die Ausführungen in → Rn. 49.
[151] Grundlegend zB EGMR 8.7.1986 – 9815/82 Rn. 42, EuGRZ 1987, 78 – Lingens; EGMR 25.6.1992 – 13778/88 Rn. 63 f. – Thorgeir Thorgeirson; EGMR 25.11.1996 – 17419/90 Rn. 58 – Wingrove; EGMR 19.2.1998 – 24839/94 Rn. 42 – Phyllis Bowman; EGMR 7.10.2015 – 25217/06 Rn. 54 – Morar; EGMR 30.8.2016 – 55442/12 Rn. 36 – Medipress-Sociedade Jornalística, Lda; ausführlich zur diesbezüglichen Rechtsprechung des EGMR *Cohen-Jonathan* in Pettiti/Decaux/Imbert CEDH Art. 10 S. 401 ff.; vgl auch mit Nachweisen zur Rechtsprechung *Frenz*, HdbEuR Bd. 4, Kap. 8 Rn. 1863 ff.; *Woods* in PHKW Fundamental Rights Art. 11 Rn. 11.38, 11.40.
[152] ZB EGMR 8.7.1986 – 9815/82 Rn. 45, EuGRZ 1987, 78 – Lingens.
[153] Die Europäische Kommission hat zusammen mit Diensten wie Facebook, Twitter und Google einen Verhaltenskodex hierzu erarbeitet, vgl. dazu Europäische Kommission, Fake news and online disinformation, abrufbar unter https://ec.europa.eu/digital-single-market/en/fake-news-disinformation.

dem Konventionsrecht[154] und dem BVerfG[155] angenommen werden, dass Beiträgen von Politikern zum öffentlichen Willensbildungsprozess ein erhöhter Schutz zukommt.

58 Wesentliche Unterscheidungen ergeben sich im Übrigen aus der Art des verwandten **Kommunikationsmittels.** So hebt der EGMR die vitale Bedeutung der Massenkommunikationsmittel und insbesondere der Presse für die Demokratie hervor[156], so dass bei etwaigen Beschränkungen des Kommunikationsprozesses in diesen Medien die höchste Kontrollintensität anzuwenden ist. Dies weist auf eine besondere Schutzintensität bei der Medienfreiheit hin (→ § 28 Rn. 5).

59 Die Konventionsorgane differenzieren in ihrer Kontrollintensität schließlich danach, wieweit die **Entwicklung gemeineuropäischer Standards** in dem jeweiligen Regelungsbereich vorangeschritten ist. Eine solche Herausbildung hält der EGMR in Bezug auf das Einschränkungsziel des Schutzes des Ansehens und der Unparteilichkeit der Rechtsprechung für weitgehend vollzogen, während er die Entwicklung in Fragen der (Sexual-) Moral für noch nicht sehr weit gediehen erachtet.[157] Im Unionsrecht ist zunächst von dem gleichen Ansatz auszugehen. Auch hier ergeben sich große Schwierigkeiten für die Grundrechtskonkretisierung in den Bereichen, in denen in der Europäischen Union noch stark voneinander abweichende Standards bestehen. So zeigen sich beispielsweise trotz Konvergenzprozessen nach wie vor Unterschiede in der Akzeptanz von Sexual- und Gewaltdarstellungen in den Medien. Dennoch ergeben sich Besonderheiten für das Unionsrecht. Zum einen ist der Kreis der Mitgliedstaaten (noch) überschaubarer und homogener als der der Konventionsstaaten. Es besteht ferner eine ungleich ausgeprägtere Integrationsdichte. Daher ist mit einem höheren Grad an gemeinsamen Standards zu rechnen. Zum anderen ist danach zu differenzieren, welche Art von Maßnahmen zu untersuchen ist. Geht es um die Grundrechtskontrolle **unionalen Handelns,** wird grundsätzlich ein einheitlicher Standard zu entwickeln sein. Mit Blick auf Eingriffe in die Kommunikationsfreiheit von EU-Beamten durch EU-Organe besteht etwa ein zwingendes Bedürfnis, einen einheitlichen Maßstab zu entwickeln. Bei der Kontrolle oder auch Entwicklung von rechtsvereinheitlichenden Maßnahmen, insbesondere **Richtlinien,** ist dagegen höhere Vorsicht bei der Festlegung eines uniformen Standards geboten. Dies gilt noch stärker bei der Kontrolle **mitgliedstaatlichen Handelns,** das Unionsrecht weder umsetzt noch vollzieht. Hier ist grundsätzlich von den behutsamen und nach Regelungsbereichen differenzierenden Konventionsstandards auszugehen. Ob der EuGH diesem Ansatz folgt, ist gegenwärtig noch offen. Im ersten Urteil zur Vorratsdatenspeicherungsrichtlinie scheint er vor allem danach zu differenzieren, wie scharf die Eingriffe sind, und dann auch für den Fall einer Regelung in einer Richtlinie eine umfassende und scharfe Kontrolle durchzuführen – mit entsprechenden Auswirkungen auf die Gewaltenbalance sowohl in horizontaler als auch in vertikaler Hinsicht (dazu bereits → Rn. 45).

---

[154] Dazu zB EGMR 17.12.2004 – 49017/99 Rn. 66 – Pedersen und Baadsgaard; EGMR 25.6.2002 – 51279/99 Rn. 56 – Colombani; EGMR 21.3.2002 – 31611/96 Rn. 48 – Nikula; EGMR 20.7.2004 – 49418/99 Rn. 40 – Hrico. So auch nochmals bestätigt in EGMR 7.2.2007 – 12697/03 Rn. 25 – Mamère, der diese Maßstäbe für alle Personen festlegt, die sich an einer öffentlichen Diskussion beteiligen. Grenzen greifen allerdings, soweit insbesondere der gute Ruf anderer betroffen ist, EGMR 20.4.2010 – 18788/09 – Le Pen; später bestätigt in EGMR 10.7.2014 – 48311/10 Rn. 54 – Axel Springer AG; dort legt der EGMR im Zusammenhang dazu auch fest, dass eine Zeitung ebenfalls nicht dazu verpflichtet sein kann, alle Aussagen, die ein Politiker in einem solchen Kontext äußerte, nachzuprüfen (Rn. 70); später etwa EGMR 26.11.2015 – 3690/10 Rn. 53 – Annen.
[155] Ständige Rechtsprechung seit BVerfGE 7, 198 (212) – Lüth; vgl. zB auch BVerfGE 12, 113 (125) – Spiegel; BVerfGE 93, 266 (294 f.) – „Soldaten sind Mörder".
[156] ZB EGMR 26.11.1991 – 13166/87 Rn. 50 – Sunday Times II; ebenso EGMR 26.11.1991 – 13585/88 Rn. 59, EuGRZ 1995, 16 – Observer und Guardian; EGMR 27.3.1996 – 17488/90 Rn. 39 – Goodwin; EGMR 14.9.2010 – 38224/03 Rn. 50 f., NJW-RR 2011, 1266 – Sanoma Uitgevers; bestätigt in EGMR 15.7.2014 – 40877/07 Rn. 48 – Yazici und in EGMR 26.11.2015 – 3690/10 Rn. 52 – Annen; EGMR 23.1.2018 – 201/17 Rn. 36 – Magyar Kutya Pärt; EGMR 17.4.2018 – 221269/11 Rn. 17 – Ostania.
[157] EGMR 26.4.1979 – 6538/74 Rn. 59, EuGRZ 1979, 386 – Sunday Times I; dazu *Kühling* S. 178, 408; so auch *Prepeluh* ZaöRV 61 (2001), 771 (793 ff.).

5. Verhältnismäßige Beeinträchtigungen der Kommunikationsfreiheit zum Schutz verschiedener legitimer Ziele.

60

Damit wird deutlich, dass jeder Bereich einer genauen und abgestuften Erörterung bedarf. Dies erfordert detaillierte Untersuchungen des betreffenden Beschränkungsszenarios und des zu verwirklichenden Einschränkungsziels. Im Folgenden sollen, stark orientiert am Konventionsrecht und der dazu ergangenen umfassenden Rechtsprechung, einige grundlegende Aussagen erfolgen, denn nur dort haben sich bislang entsprechende Prüf-, Abwägungs- und Bewertungsstandards etabliert.

a) Verhältnismäßige Beeinträchtigungen zum Schutz der öffentlichen Sicherheit.

61

Die EMRK führt die Wahrung der nationalen und öffentlichen Sicherheit und der territorialen Unversehrtheit einerseits sowie die Aufrechterhaltung der Ordnung und die Verbrechensverhütung andererseits als unterschiedliche Einschränkungsgründe an. In der Prüfungspraxis der Konventionsorgane werden die einzelnen Gründe jedoch oftmals gemeinsam herangezogen. Im Unionsrecht findet sich in den Schrankenklauseln zu den Grundfreiheiten wie im Konventionsrecht eine Unterscheidung zwischen dem Schutz der öffentlichen Sicherheit und dem Schutz der öffentlichen Ordnung (vgl. Art. 36 S. 1 AEUV, Art. 45 Abs. 3 AEUV und Art. 52 Abs. 1 AEUV ggf. iVm Art. 62 AEUV). Daher soll eine getrennte Analyse der beiden Bereiche erfolgen.

Im Recht der EMRK hat die im Zusammenhang mit der nationalen und öffentlichen Sicherheit erwähnte Schranke der territorialen Unversehrtheit wenig Bedeutung erlangt. Es ist auch nur schwer ersichtlich, inwiefern kommunikative Handlungen die dafür erforderliche äußere Bedrohung der Grenzen bewirken können. Der Einschränkungsgrund der nationalen Sicherheit spielt eine gewisse Rolle bei der Bekämpfung der Kommunikation von Angehörigen terroristischer Vereinigungen. Bei der Kontrolle von derartig motivierten Beeinträchtigungen haben die Konventionsorgane große Vorsicht walten lassen. Ähnliches gilt für die öffentliche Sicherheit.

62

Im Unionsrecht sind die Einschränkungsgründe der nationalen und öffentlichen Sicherheit bei der gegenwärtigen Kompetenzverteilung vornehmlich in Bezug auf die **Kontrolle mitgliedstaatlichen Verhaltens** relevant. Denn die Gewährleistung der Existenz eines Mitgliedstaats und der grundlegenden Garantien für die Sicherheit der Bürger ist – bislang – primär Aufgabe nationaler Organe und es ist nicht ersichtlich, inwiefern die Grundlagen der Existenz der Europäischen Union durch kommunikative Akte bedroht sein könnte. Der EuGH hat die Berufung auf die vergleichbare Schrankenklausel des Art. 36 S. 1 AEUV ebenfalls eher großzügig gestattet und so im Fall *Campus Oil* die ungehinderte Erdölversorgung eines Staates als besonders schützenswert eingestuft.[158] Im Fall *Richardt* hat der Gerichtshof Beeinträchtigungen zur Kontrolle von Waren, die zu strategischen Zwecken verwendet werden können, ähnlich großzügig akzeptiert.[159] Zwar sind die Ergebnisse **vergleichbarer Schrankenklauseln der Grundfreiheiten** nur bedingt übertragbar, da sie an einem anderen Bezugspunkt ausgerichtet sind, nämlich am ungehinderten Austausch von Produktionsfaktoren und Produkten, nicht jedoch am Wert und dem Problem der Kommunikation selbst. Dennoch hat die Feststellung der diesbezüglichen Tendenz Indizwert für die Grundrechte. Damit kann für die Kommunikationsfreiheit davon ausgegangen werden, dass den Mitgliedstaaten bei Beeinträchtigungen zur Wahrung der nationalen und öffentlichen Sicherheit ein **spürbarer Spielraum** zugestanden wird. Jedenfalls muss aber eine tatsächliche oder potentielle Gefährdung **essentieller Sicherheitsinteressen** plausibel sein. Dies ist zB nicht der Fall, wenn die grenzüberschreitende Weitergabe von ehemals geheimen Materialien, die inzwischen nicht mehr unbekannt oder von nur geringer Vertraulichkeit sind, unterbunden wird. Demnach ist auf den Grad der Gefährdung der Sicherheitsinteressen abzustellen.[160] Weiterhin dürfen die

63

---

[158] EuGH 72/83, Slg. 1984, 2727 Ls. 7, Rn. 34, 39 ff. – Campus Oil.
[159] EuGH C-367/89, Slg. 1991, I-4621 Rn. 22 ff. – Richardt.
[160] Im Rahmen der Konventionsrechtsprechung zB EGMR 27.4.1995 – 15773/89, 15774/89 Rn. 70–72 – Piermont; EKMR 12.10.1978 – D. R. 19, 5 Rn. 85 – Arrowsmith; EKMR 16.4.1991 – D. R. 70, 262 (270) – Purcell; *Kühling* S. 182 ff.

angewandten Mittel nicht unnötig eingriffsintensiv sein, so dass beispielsweise an Stelle der Beschlagnahme und Einziehung von Kommunikationsträgern die zwangsweise Rücksendung zu erfolgen hat.[161] In Bezug auf die Grundrechtecharta ist darauf hinzuweisen, dass Art. 6 auch ein Recht auf Sicherheit verbürgt (→ § 18).

64 b) Verhältnismäßige Beeinträchtigungen zum Schutz der öffentlichen Ordnung. Das Einschränkungsziel der Aufrechterhaltung der öffentlichen Ordnung wird von den Konventionsorganen weit gefasst. Ein Definitionsversuch ist bislang nicht erfolgt und angesichts der Variationsbreite potentieller Einschränkungsgründe kaum möglich. Der im Unionsrecht in Art. 36 S. 1 AEUV, Art. 45 Abs. 3 AEUV und Art. 52 Abs. 1 AEUV ggf. iVm Art. 62 AEUV entsprechend normierte Vorbehalt für mitgliedstaatliches Verhalten wird vom EuGH zwar dem eigenen Ansatz nach eng interpretiert. Grundsätzlich haben die Mitgliedstaaten jedoch einen **erheblichen Spielraum** bei der Bestimmung derjenigen gesellschaftlichen Interessen, die im Rahmen der Erhaltung der öffentlichen Ordnung zu schützen sind. Dies schränkt der Gerichtshof aber wieder ein, indem er verlangt, dass eine **tatsächliche und hinreichende Gefährdung** mit Blick auf ein gesellschaftliches Grundinteresse bestehen muss.[162] Diese Maßstäbe sind auch auf mitgliedstaatliche Beschränkungen von Kommunikationshandlungen anzuwenden. Mit zunehmender Verlagerung und Aktivierung von Kompetenzen auf die Unionsorgane (etwa zuletzt durch den Vertrag von Lissabon im Titel V („Der Raum der Freiheit, der Sicherheit und des Rechts")) ist jedoch gleichzeitig an die Entwicklung eines strengeren Standards zu denken. Ein potentieller Bereich ist beispielsweise die Koordination strafrechtlicher Bestimmungen zur Verbrechensverhütung, die auch kommunikative Handlungen erfassen können.[163] Im Kontext von Maßnahmen der Verbrechensverhütung ist allerdings jeweils sorgfältig zu prüfen, ob nicht ein spezifischer Rechtfertigungsgrund einschlägig ist, so bei strafrechtlichen Bestimmungen im Hinblick auf ehrverletzende Äußerungen der Einschränkungsgrund des „Ehrschutzes" als Bestandteil des „Schutzes der Rechte anderer". Im Übrigen ist hervorzuheben, dass die Verfolgung wirtschaftlicher Ziele Beeinträchtigungen nicht legitimieren kann. Dies ist unter der Konventionsordnung ebenso anerkannt wie bei der Auslegung der unionsrechtlichen Vorbehaltsklausel der öffentlichen Ordnung.[164]

---

[161] In diesem Sinn EuGH C-367/89, Slg. 1991, I-4621 Rn. 24 – Richardt.
[162] Ständige Rechtsprechung seit EuGH 30/77, Slg. 1977, 1999 Rn. 33 und 35 – Bouchereau; ähnlich schon EuGH 36/75, Slg. 1975, 1219 Rn. 26, 28 – Rutili; bestätigt durch EuGH verb. Rs. 115 und 116/81, Slg. 1982, 1665 Rn. 8 – Adoui und Cornuaille; und später etwa durch EuGH C–165/14, ECLI:EU:C:2016:675 Rn. 60 – Rendón Marín.
[163] ZB im Rahmen des Kampfes gegen Terrorismus, Rassismus, Kinderpornografie und sonstige Straftaten in und unter Zuhilfenahme von grenzüberschreitenden Medien, bspw. des Internets; vgl. zB die RL (EU) 2017/541 zur Terrorismusbekämpfung und zur Ersetzung des Rahmenbeschlusses 2002/475/JI und zur Änderung des Beschlusses 2005/671/JI; die RL 2011/93/EU zur Bekämpfung des sexuellen Missbrauchs und der sexuellen Ausbeutung von Kindern sowie der Kinderpornografie, ABl. 2011 L 335, 1; der Rahmenbeschluss 2008/913/JI zur strafrechtlichen Bekämpfung bestimmter Formen und Ausdrucksweisen von Rassismus und Fremdenfeindlichkeit, ABl. 2008 L 328, 55; der Rahmenbeschluss 2002/475/JI zur Terrorismusbekämpfung, ABl. 2002 L 164, 3; die Schlussfolgerungen des Rates zum Evaluierungsbericht der Kommission zur Anwendung der Empfehlung über die Jugendschutz und den Schutz der Menschenwürde, ABl. 2001 C 213, 10; Beschluss 2000/375/JI des Rates zur Bekämpfung der Kinderpornographie im Internet, ABl. 2000 L 138, 1; Schlussfolgerungen des Rates über den Jugendschutz im Licht der Entwicklung digitaler und audiovisueller Medienangebote, ABl. 2000 C 8, 8; Schlussfolgerungen des Rates zur Rolle der Selbstkontrolle unter Berücksichtigung der Entwicklung neuer Medienangebote, ABl. 1999 L 283, 3; gemeinsamer Standpunkt 1999/364/JI zu den Verhandlungen im Europarat über das Übereinkommen über Cyber-Kriminalität, ABl. 1999 L 142, 1; Entscheidung Nr. 276/1999/EG über die Annahme eines mehrjährigen Aktionsplans der Gemeinschaft zur Förderung der sicheren Nutzung des Internets durch die Bekämpfung illegaler und schädlicher Inhalte in globalen Netzen, ABl. 1999 L 33, 1; Empfehlung 98/560/EG zur Steigerung der Wettbewerbsfähigkeit des europäischen Industriezweigs der audiovisuellen Dienste und Informationsdienste durch die Förderung nationaler Rahmenbedingungen für die Verwirklichung eines vergleichbaren Niveaus in Bezug auf den Jugendschutz und den Schutz der Menschenwürde, ABl. 1998 L 270, 48; Entschließung des Rates und der im Rat Vereinigten Vertreter der Regierungen der Mitgliedstaaten vom 17. Februar 1997 zu illegalen und schädlichen Inhalten im Internet, ABl. 1997 C 70, 1.
[164] Zum Konventionsrecht *Kühling* S. 171; zum Unionsrecht *Kugelmann* S. 205 ff.

c) Verhältnismäßige Beeinträchtigungen zum Schutz der Gesundheit. Ein weiteres 65
Einschränkungsziel ist der Schutz der Gesundheit. Dieser Zweck ist sowohl in Art. 10
Abs. 2 EMRK als auch in Art. 36 S. 1 AEUV, Art. 45 Abs. 3 AEUV und Art. 52 Abs. 1
AEUV ggf. iVm Art. 62 AEUV erwähnt. Im Konventionsrecht wird unter den Schutz der
Gesundheit auch der Schutz des Lebens gefasst, der in Art. 36 S. 1 AEUV gesondert
erwähnt wird. Auch **umweltschutzrechtliche Maßnahmen** werden in der Konventionsliteratur unter das Ziel des Gesundheitsschutzes subsumiert.[165] Für das Unionsrecht verfolgen demnach Maßnahmen, die den Gesundheitsschutz einschließlich Erwägungen des
Lebens- und Umweltschutzes zum Ziel haben, grundsätzlich legitime Einschränkungsgründe. Dabei spielt es im Ergebnis keine Rolle, wenn der EuGH Erwägungen des
Umweltschutzes als eigenständige zwingende Erfordernisse anerkennt und nicht unter den
Eingriffsgrund des Gesundheitsschutzes nach Art. 36 AEUV fasst.[166] Auch die Grundrechtecharta verweist auf den Gesundheitsschutz in Art. 35 GRC (→ § 64) und auf den
Umweltschutz in Art. 37 GRC (→ § 63). Im Hinblick auf die Kommunikationsfreiheit der
Europäischen Union sind für das Einschränkungsziel Gesundheitsschutz vor allem **Verbote
der Werbung** für gesundheitsgefährdende Produkte relevant[167] (→ Rn. 84). Der EuGH
hat zudem deutlich gemacht, dass der Gesundheitsschutz **erhebliche Eingriffe rechtfertigen** kann.[168]

d) Verhältnismäßige Beeinträchtigungen zum Schutz der Moral, insbesondere 66
Jugendschutz. Die Konventionsorgane lassen bislang große Vorsicht walten, wenn es um
die Kontrolle hoheitlicher Maßnahmen der Konventionsstaaten geht, die durch Gründe der
Moral gedeckt sind und in die Kommunikationsfreiheit eingreifen. Danach haben die
Mitgliedstaaten einen weiten Ermessensspielraum bei der Festlegung moralischer Standards.
Die Entwicklung eines gemeineuropäischen Schutzniveaus liegt infolgedessen noch in der
Ferne. Die vornehmlich betroffenen Gebiete sind Sexual- und Gewaltdarstellungen. Besonders geringe Schutzbedürftigkeit wird in der Rechtsprechung zur EMRK der *hard
pornography* zugebilligt. Eine hinreichende Differenzierung mit Blick auf die Auswirkungen
von Beeinträchtigungen der Kommunikationsfreiheit von Erwachsenen einerseits und
Jugendlichen und Kindern anderseits erfolgt nicht. Da Art. 10 Abs. 2 EMRK den Schutz
der Moral als eigene Schranke normiert, hat keine Rückführung der Wahrung moralischer
Standards auf Bedürfnisse des Jugendschutzes oder andere von individuellen Schutzgütern
geprägte Vorstellungen stattgefunden.

In den EU-Mitgliedstaaten divergieren die Standards traditionell ebenfalls erheblich, auch 67
wenn über die Verfügbarkeit grenzüberschreitender Medien Angleichungsprozesse zu beobachten sind.[169] Im Hinblick auf die Ausnahmeklausel des Art. 36 S. 1 AEUV geht der
EuGH von der Kompetenz des jeweiligen Mitgliedstaates aus, den „Begriff der öffentlichen
Sittlichkeit für sein Gebiet im Einklang mit seiner eigenen Wertordnung und in der von
ihm gewählten Form auszufüllen". Dieser im Fall *Henn und Darby* zugrunde gelegte Ansatz
wurde im späteren Fall *Conegate* beibehalten.[170] Der EuGH erhöhte dagegen die Anforderungen an die Konsistenz mitgliedstaatlichen Handelns, so dass grenzüberschreitende Restriktionen im Falle fehlender innerstaatlicher Beschränkungen wegen der Unsittlichkeit
solcher Waren fortan nicht mehr akzeptabel sind. Ein so formulierter **zurückhaltender**

---

[165] Vgl. *Engel* S. 431, 457.
[166] Vgl. EuGH C-2/90, Slg. 1992, I-4431 Rn. 29 ff. – Kommission.
[167] Vgl. EuGH C-429/02, Slg. 2004, I-6613 Rn. 37 – Bacardi France; EuGH C-544/10, ECLI:EU:
C:2012:526 Rn. 49 = EuZW 2012, 828 – Deutsches Weintor.
[168] So zuletzt mit Blick auf die in der Richtlinie 2014/40/EU (ABl. 2014 L 127, 1) in Art. 10 Abs. 1
Richtlinie 2014/40/EU vorgesehenen Warnhinweise mit „Schockbildern" und die in Art. 13 Abs. 1
Richtlinie 2014/40/EU normierte Regelung des Erscheinungsbilds der Erzeugnisse EuGH C-547/14,
ECLI:EU:C:2016:325 Rn. 146 ff. = RIW 2016, 434 – Philip Morris.
[169] Vgl. mwN *Kühling* S. 413 ff.
[170] EuGH 34/79, Slg. 1979, 3795 Rn. 15 – Henn und Darby; EuGH 12/85, Slg. 1986, 1007 Rn. 14 –
Conegate.

Kontrollmaßstab im Hinblick auf Beschränkungen der Warenverkehrsfreiheit ist auf Beeinträchtigungen der Kommunikationsfreiheit zu übertragen. Angesichts der vorsichtigen Tendenz der Konventionsorgane ist bei der Kontrolle mitgliedstaatlichen Handelns ebenfalls ein behutsamer Ansatz zu wählen. Allerdings muss jeweils sorgfältig geprüft werden, inwiefern zu dem spezifischen Beschränkungsproblem innerhalb der Mitgliedstaaten der Europäischen Union schon ein gemeineuropäischer Standard besteht. Nach wie vor ist von durchaus divergierenden Beschränkungsmöglichkeiten zur Durchsetzung nicht unbedingt einheitlicher Standards im Hinblick auf Sexual- und Gewaltdarstellungen auszugehen. Hier sind Annäherungen allerdings durch eine weitere **Verdichtung des unionalen Medienraums** zu erwarten, dessen Entwicklung vor allem durch Inhaltsdienste, die über das Internet verbreitet werden (YouTube etc), forciert wird. Sofern von Unionsorganen, insbesondere vom Gesetzgeber, jedoch Beschränkungen erfolgen, wird ein einheitlicher Maßstab als Messlatte zu entwickeln sein.

68 Selbst wenn demnach strengere Beschränkungsmöglichkeiten zugrunde zu legen sind, spricht doch einiges dafür, dem Gesetzgeber zwar einen Spielraum bei der Beurteilung möglicher Gefahren für die sittliche Entwicklung Jugendlicher durch Gewalt- und Sexualdarstellung einzuräumen, jedoch wesentlich vorsichtiger bei Schutzmaßnahmen zu verfahren, die auch Erwachsene betreffen. Dies macht im Übrigen **medienspezifische Differenzierungen** erforderlich, die nach der **Zugänglichkeit** des Kommunikationsträgers für Jugendliche unterscheiden. Je stärker der Zugriff ausschließlich **Erwachsenen** vorbehalten werden kann, desto weniger lassen sich inhaltliche Restriktionen zum Schutz des jugendlichen Rezipienten rechtfertigen. Darüber hinaus ist zu gewärtigen, dass die Heranwachsenden ihrer Altersstufe entsprechend auch den verantwortungsbewussten Umgang mit zweifelhaften Inhalten lernen müssen. Weitergehende Verbote sind allerdings zulässig, wenn die Verfolgung sonstiger Schutzziele die Beeinträchtigungen legitimiert, wie dies weitgehend einhelliger Standard in Bezug auf Kinderpornografie ist, deren Verbot unproblematisch durch den Schutz der bei ihrer Herstellung missbrauchten Kinder legitimiert ist.

69 **e) Verhältnismäßige Beeinträchtigungen zum Ehrschutz sowie zum Schutz weiterer Rechte anderer.** Der **Ehrschutz** ist ein zulässiges Ziel zur Beschränkung der Kommunikationsfreiheit. Da die Hauptanwendung dieses Rechtfertigungsgrundes jedoch in den Bereich der Medienfreiheit fällt, sollen die Anforderungen an verhältnismäßige Beeinträchtigungen zum Zwecke des Ehrschutzes dort behandelt werden (→ § 28 Rn. 75 f.). Für die allgemeine Kommunikationsfreiheit gelten die dort dargelegten Maßstäbe gleichermaßen. Dasselbe gilt für das Ziel des Schutzes sonstiger „Rechte anderer", darunter vor allem der **religiösen Gefühle**, des **geistigen Eigentums**, vertraulicher **Informationen** und der Gewährleistung des **Ansehens** und der **Unparteilichkeit der Rechtsprechung** (→ § 28 Rn. 77).

70 **f) Verhältnismäßige Beeinträchtigungen zur Abwehr rassistischer und neonazistischer Aussagen – Schutz der Menschenwürde.** Ein wichtiger Bereich des „Schutzes der Rechte anderer" ist die Abwehr rassistischer und neonazistischer Aussagen zum Schutz der Menschenwürde. Dieser Einschränkungsgrund ist wegen der grenzüberschreitenden Bedeutung und der besonderen Bedrohung der kulturellen Integrationsziele der Europäischen Union durch derartiges Gedankengut von eminenter Relevanz. Unionsmaßnahmen sind angesichts des Phänomens des grenzüberschreitend organisierten Rassismus (etwa via Internet) durchaus denkbar.[171] Insofern ist die Frage der Zulässigkeit möglicher Beschränkungen vor dem Hintergrund der Kommunikationsfreiheit von besonderem Interesse.

71 Die Straßburger Konventionsorgane haben Beschränkungen rassistischer Inhalte regelmäßig als gerechtfertigt angesehen. Sie setzen dabei den Akzent auf eine **wehrhafte Demokratie**, die keine Toleranz gegenüber der Intoleranz duldet.

---

[171] Vgl. die umfassenden Nachweise in Fn. 162.

Dementsprechend ist für das Unionsrecht festzuhalten, dass ein breiter Konsens besteht, 72
der ein weitgehendes Zurückdrängen der Kommunikationsfreiheit für den Fall ermöglicht, dass Äußerungen rassistische Inhalte aufweisen. Dies gilt namentlich für solche Kommunikationen, die zum Rassenhass aufrufen. Folglich bestehen keine Bedenken im Hinblick auf die demgemäße Abfassung des Art. 6 AVMD-RL.[172] Auch ein eng gefasstes Verbot des **Leugnens des Holocausts** dürfte noch vom Konsens gedeckt sein.[173] Es werden allerdings vor dem Hintergrund der Rechtsprechung des EGMR im Fall *Jersild*[174] auch die Grenzen solcher Beschränkungen deutlich. So sind nach diesem Urteil Verbote nur für den Fall zu rechtfertigen, dass *vorsätzlich* rassistische Inhalte verbreitet werden. Weiter ist stets darauf zu achten, dass bei Beschränkungen sorgfältig danach unterschieden wird, ob einschlägige Inhalte kundgetan werden oder **lediglich Stellungnahmen** über den Sinn und die Zulässigkeit der Verbote entsprechender Äußerungen abgegeben werden. Letztere sind grundsätzlich erlaubt und als Beitrag zu einer öffentlichen Debatte sogar besonders geschützt.[175] Das gleiche gilt für Meinungskundgaben zur Frage einer angemessenen Einwanderungspolitik. Insoweit ist darauf zu achten, dass eine öffentliche, politische und auch kritische Debatte nicht unterbunden wird. Bei aller berechtigten Empörung über rassistische Inhalte ist vor dem Hintergrund einer Wahrheitstheorie der Kommunikationsfreiheit (→ Rn. 4) die Tabuisierung und Entfernung bestimmter Auffassungen aus dem öffentlichen Diskurs mit großer Vorsicht vorzunehmen. Die genannte Bestimmung der AVMD-RL geht allerdings bei dementsprechender Auslegung nicht zu weit.

g) Verhältnismäßige Beeinträchtigungen der Kommunikationsfreiheit der Beamten. Gemäß Art. 24 Abs. 2 des Fusionsvertrags[176] sind ein Statut der Beamten der Europäischen Gemeinschaften (im Folgenden: EU-BeamtStat) und die Beschäftigungsbedingungen für die sonstigen Bediensteten der Gemeinschaften (im Folgenden BB) erlassen worden. Diese Regelungen enthalten verschiedene Pflichten, deren Anwendung mit der Kommunikationsfreiheit der Beamten in Konflikt geraten kann.[177] Grundsätzlich gilt für das Unionsrecht das Generalprinzip, dass Beschränkungen nur soweit gerechtfertigt sind, wie sie für das ordnungsgemäße **Funktionieren des öffentlichen Dienstes** erforderlich sind. 73

aa) Verschwiegenheitspflicht. Art. 17 EU-BeamtStat[178] begründet die Verschwiegenheitspflicht des Beamten, die in ähnlicher Form bereits in Art. 339 AEUV formuliert ist und auch nach dem Ausscheiden aus dem Dienst greift. Insoweit fehlt es allerdings noch an 74

---

[172] Art. 6 RL 2010/13/EU (ABl. 2010 L 95, 1) bestimmt: „Die Mitgliedstaaten sorgen mit angemessenen Mitteln dafür, dass die audiovisuellen Mediendienste [...] nicht zu Hass aufgrund von Rasse [...] aufstacheln."; dazu auch → § 28 Rn. 78.
[173] Nicht aber für die Leugnung anderer Völkermorde, vgl. EGMR 15.10.15 – 27510/08 – Perinçek; vgl. dazu auch EGMR 20.10.2015 – 25239/13 – Dieudonné M'Bala M'Bala im Zusammenhang mit Art. 17 EMRK.
[174] EGMR 23.9.1994 – 15890/89 – Jersild.
[175] Genauer dazu und besonders auch zum Verhältnis zu Art. 17 EMRK *Hong* ZaöRV 70 (2010), 73 ff. (Nichtanwendungs- und Rechtfertigungsmodell).
[176] Vertrag zur Einsetzung eines gemeinsamen Rates und einer gemeinsamen Kommission der Europäischen Gemeinschaften vom 8.4.1965, ABl. 1967, 152, 2 = BGBl. 1965 II 1453; zu den Rechtsgrundlagen: Europäisches Beamtenstatut vom 5.3.1968, ABl. 1968 L 56, 1 mit Verweis auf Verordnung Nr. 31 (EWG), Nr. 11 (EAG) des ABl. 1962, 1385; zuletzt geändert durch VO (EU) 2016/1611, ABl. 2016 L 242, 1.
[177] Vgl. zum Problembereich der Beamtenkommunikation auch *Pünder* in Ehlers GuG § 16.2 Rn. 30; vgl. auch *Schiedermair* in Pabel/Schmahl EMRK Art. 10 Rn. 31; *Mehde* in HdB-EUVerwR § 3 Rn. 36 ff.; außerdem können sich auch Europaabgeordnete auf Art. 11 Abs. 1 GRC berufen, vgl. EuGH verb. Rs. C-200/07 und C-201/07, Slg. 2008, I-7929 Rn. 27 – Marra; bestätigt durch EuGH C-163/10, Slg. 2011, I-7565 Rn. 26 ff. – Patriciello; dazu auch EuG T-346/11, ECLI:EU:T:2013:23 Rn. 35 ff. – Gollnisch.
[178] Abs. 1 lautet: „Der Beamte enthält sich jeder nicht genehmigten Verbreitung von Informationen, von denen er im Rahmen seiner Aufgaben Kenntnis erhält, es sei denn, diese Informationen sind bereits veröffentlicht oder der Öffentlichkeit zugänglich.".

einer einschlägigen Luxemburger Rechtsprechung. Die in den Mitgliedstaaten anzutreffenden Beschränkungen derartiger Verschwiegenheitspflichten[179] müssen im Unionsrecht vor dem Hintergrund des vom EuGH aufgestellten Grundsatzes gesehen werden, dass sich die Unionsgrundrechte in die Struktur der Europäischen Union einfügen müssen. Dies führt zu einigen Besonderheiten: So existiert bislang keine hinreichend entfaltete, **kritische europäische Öffentlichkeit,** die etwaige Verwaltungsmissstände zum Gegenstand hat und so zu ihrer Beseitigung beitragen kann. Ferner hat das Europäische Parlament insoweit noch keine genügend ausgebaute Kontrollfunktion erlangt, wie sie beispielsweise dem englischen Unterhaus im Verfassungsalltag zukommt. Diese Erwägungen unterstützen die in den Mitgliedstaaten zunehmende Berücksichtigung der legitimen Informationsinteressen der Öffentlichkeit bei der Festlegung der möglichen Beschränkbarkeit der Beamtenkommunikation. So zeigt sich einmal mehr, wie wichtig es ist, den Kommunikationsprozess in seiner Bipolarität zu verstehen und zu interpretieren. Nicht zuletzt angesichts dieser Erwägungen müssen im Unionsrecht für solche Äußerungen des Beamten, die im Zusammenhang mit der Erörterung von **Missständen in der Verwaltung** oder sonstiger Themen von öffentlichem Interesse stehen, im Hinblick auf die Verschwiegenheitspflicht liberale Maßstäbe greifen.[180] Gerade die intensive Diskussion um den Whistleblower *Edward Snowden* hat die Bedeutung dieser Thematik gezeigt. Aber auch der EGMR hat darauf hingewiesen, dass die Aufdeckung von Missständen beim Arbeitgeber durch den Arbeitnehmer von der Meinungsfreiheit erfasst wird.[181] Gleichwohl hat er die engen Kriterien[182], die das BAG und das BVerfG für eine Erfassung des Whistleblowings durch die Meinungsfreiheit aufstellen, grundsätzlich bestätigt und diese nur im konkreten Fall anders bewertet.[183] Für Europäische Beamte gilt entsprechend zunächst die Pflicht, das Verfahren der Art. 22a f. EU-BeamtStat einzuhalten, also als Whistleblower nicht direkt den Weg an die Öffentlichkeit zu suchen, sondern zuerst einen internen Weg der Aufklärung zu beschreiten.[184] Die Europäische Kommission hat inzwischen außerdem einen Richtlinienvorschlag zum Schutz von Personen, die Verstöße gegen das EU-Recht melden, veröffentlicht.[185] Erfasst werden allerdings nur einige Bereiche, zu denen beispielsweise der Tier- und Verbraucherschutz zählen, kurioserweise aber nicht der Arbeitnehmerschutz.[186]

75 Entsprechend problematisch war bislang die sehr restriktiv formulierte **Vorlagepflicht** des Art. 17 Abs. 2 EU-BeamtStat aF, die nunmehr zu einer wesentlich enger gefassten **Anzeigepflicht** in Art. 17a EU-BeamtStat[187] modifiziert wurde. Bei der Frage der Beeinträchtigung der Unionsinteressen ist zu berücksichtigen, dass der Abbau von Verwaltungsmissständen im Interesse der Union steht. Schließlich ist die Norm so zu verstehen, dass sie auch dem Schutz des Beamten dient. Sie ist im Übrigen liberal zu handhaben. In Ausnahmefällen, dh bei Aussichtslosigkeit interner Abhilfe, Gefahr im Verzuge und der Betrof-

---

[179] Siehe dazu *Kühling* S. 453 ff.
[180] Wegen des überragenden Interesses am Funktionieren des Staates geht der EGMR auch ausdrücklich davon aus, dass gegenüber öffentlichen Unternehmen ein geringerer Verschwiegenheitsmaßstab der Arbeitnehmer gilt als gegenüber privaten, EGMR 21.7.2011 – 28274/08 Rn. 89 – Heinisch; dies sieht auch *Brock* öAT 2011, 243 (246 f.).
[181] EGMR 21.7.2011 – 28274/08 Rn. 63 ff. – Heinisch; bestätigt auch für einen Professor an einer öffentlichen Einrichtung durch EGMR 1.6.2015 – 79040/12 Rn. 63 ff. – Rubins; ebenfalls für einen Unteroffizier der Republikanischen Nationalgarde EGMR 21.9.2016 – 79972/12 Rn. 40 ff. – Soares; und auch für einen Anwalt bei Justizkritik EGMR 23.4.2015 – 29369/10 Rn. 124 ff. – Morice.
[182] Dazu zählen ein öffentliches Interesse an der offengelegten Information, alternative Kanäle zur Offenlegung der Missstände, die Authentizität der offengelegten Information, der gute Glaube und der Schaden des Arbeitnehmers sowie die Schwere der Sanktion.
[183] So auch *Ulber* NZA 2011, 962 (963 f.).
[184] *Reithmann* EuR 2015, 763 (775) verweisend auf EuGöD F-126/11, ECLI:EU:F:2013:126 Rn. 77 f. – Carvalho; EuG T-530/12 P, ECLI:EU:T:2014:860 Rn. 148 ff. – Garde; ausführlich dazu *Mehde* in HdB-EUVerwR § 38 Rn. 48 ff.
[185] Europäische Kommission, Vorschlag für eine Richtlinie des Europäischen Parlaments und des Rates zum Schutz von Personen, die Verstöße gegen das Unionsrecht melden, COM(2018) 218 final.
[186] Vgl. dazu *Thüsing/Rambey* NZG 2018, 1001 (1002).
[187] Vgl. dazu auch *Frenz*, HdbEuR Bd. 4, Kap. 8 Rn. 1924 ff.; *Mehde* in HdB-EUVerwR § 38 Rn. 46 f.

fenheit wichtiger Rechtsgüter, kann dann auch der **unmittelbare Gang an die Öffentlichkeit** erlaubt sein.[188]

bb) Zurückhaltungspflicht. Art. 12 EU-BeamtStat bestimmt, dass sich der Beamte jeder Handlung und insbesondere jeder öffentlichen Meinungsäußerung zu enthalten hat, die dem Ansehen seines Amts abträglich sein könnte. Diese Norm kann herangezogen werden, um aus ihr im Gegenschluss die prinzipielle Anerkennung der Kommunikationsfreiheit auch des Beamten abzuleiten.[189] In allen mitgliedstaatlichen Rechtsordnungen ergibt sich zumindest in Ansätzen eine Differenzierung der Mäßigungspflicht danach, ob die Kommunikation **innerdienstlich** oder außerdienstlich erfolgt. Diese Unterscheidung ist für das Unionsrecht ebenfalls sinnvoll. Äußert sich der Beamte bei der Ausübung seines Amts, ist auch die Pflicht des Art. 11 EU-BeamtStat zu berücksichtigen, wonach der Beamte sich insoweit ausschließlich von den Interessen der Europäischen Union leiten lassen muss. Das bedeutet, dass er in diesem Zusammenhang besonders daran gehindert ist, seine eigenen politischen oder sonstigen Auffassungen zu propagieren und damit den Dienstbetrieb zu stören oder den Eindruck zu erwecken, dass die Erledigung der Amtsgeschäfte nicht im Unionsinteresse erfolgt. Bei der Äußerung über Vorgesetzte oder dienstliche Verhältnisse im Dienstbetrieb, aber ebenso in der Öffentlichkeit, ist sachliche Kritik zulässig. Denn es kann gerade für die dynamische und rationale Entwicklung der Unionspolitiken kein Interesse an einer passiven, unkritischen Beamtenschaft bestehen. Sachliche Kritik und die wohlformulierte Äußerung eigener Standpunkte können zur Verbesserung der Verwaltung und ihrer Entscheidungen nur beitragen. Entscheidend ist jedoch der Ton, also die Art und Weise der Äußerung. Es gilt das **Gebot der Sachlichkeit** der Aussagen, weshalb im Urteil *Williams*, dem der Sachverhalt beleidigender und ausfallender Äußerungen eines Beamten zugrunde lag, die Möglichkeit der Verhängung einer Disziplinarstrafe vom EuG nicht in Frage gestellt worden ist.[190] Jedoch müssen auch tatsächlich derartig gravierende Verletzungen der Zurückhaltungspflicht vorliegen, um entsprechende Sanktionen auszusprechen, wie der EuGH im Fall *WSA* eigens betont hat.[191] Ferner muss danach differenziert werden, ob die Äußerungen spontan erfolgten und von einer verständlichen Erregung des Beamten getragen waren oder schriftliche und wohl überlegte Ausfälle darstellen, was strengere Maßstäbe bei der Festlegung der adäquaten Disziplinarmaßnahme bedingt. Besonders bei Äußerungen gegenüber der Presse kann ein größeres Maß an Zurückhaltung gefordert werden.[192]

Allerdings besteht die wohl größere Gefahr für die Kommunikationsfreiheit im Fall des **verdeckten Maßregelns** von kritischen Äußerungen, die problemlos der Mäßigungspflicht genügen, daher zulässig sind und nicht direkt sanktioniert werden können. Für den Beamten stellt sich in solchen Situationen das Problem des Nachweises der Kausalität der Äußerungen für das missbräuchliche spätere Sanktionieren, etwa das Übergehen bei einer Beförderungsrunde. Hier muss bei der gerichtlichen Überprüfung eine strenge **Kontrolle der Personalakten** erfolgen. Ferner sind in diesem Fall institutionelle Vorkehrungen von Bedeutung, wie die Tatsache, dass gemäß Art. 26 EU-BeamtStat für jeden Beamten nur eine Akte zu führen ist, von deren Inhalt der Beamte überdies – sogar noch nach Ausscheiden aus dem Dienst – Kenntnis nehmen darf.[193] So ist es verboten, dass eine verdeckte Akte besteht, die beispielsweise über kritische Äußerungen des Beamten Buch führt. Außerdem ist es wichtig, dass trotz aller Ermessensfreiheit des Einstellungs- und

---

[188] Siehe dazu *Kühling* S. 456.
[189] So auch *Reithmann* EuR 2015, 763 (775 f.).
[190] EuG T-146/89, Slg. 1991, II-1293 Rn. 71 f. – Williams (mit Bezug auf die Treuepflicht); vgl. dazu *Kühling* S. 457.
[191] EuGH C-150/98 P, Slg. 1999, I-8877 Rn. 15 – WSA (mit Bezug auf die Treuepflicht).
[192] *Reithmann* EuR 2015, 763 (775) verweisend auf EuGöD F-80/11, ECLI:EU:F:2013:159 Rn. 112 f. – Moreira.
[193] Zum Recht auf Einsichtnahme und Näheres zur Personalaktenführung bei *Rogalla* S. 206 ff.; *Gauer* S. 140.

Beförderungsgremiums ein Höchstmaß an Objektivität dadurch gewährleistet wird, dass vorher die Kriterien für eine Bewerbungs- oder Beförderungsentscheidung festzulegen sind und die konkrete Entscheidung anhand dieser Kriterien hinreichend begründet werden muss, demnach also die Erfüllung sachgerechter Kriterien darzulegen ist. Dies entspricht dem Prüfungsvorgehen der Luxemburger Gerichte, wie für den EuGH in den Urteilen *Cowood* und *Fiddelaar* deutlich geworden ist.[194]

78 Sofern weder ein inhaltlicher noch räumlicher Bezug zu dienstlichen Angelegenheiten besteht, zeigt die Rechtsvergleichung, dass die Kommunikationsfreiheit des Beamten prinzipiell ebenso weit wie die des „Normalbürgers" reicht.[195] Besonderheiten ergeben sich allerdings für **politische Beamte,** für deren Tätigwerden ein besonderes Vertrauensverhältnis zu den Vorgesetzten erforderlich ist. Dieses kann durch unpassende Äußerungen des Beamten, auch wenn sie außerhalb und sogar ohne direkten Bezug zu Dienstangelegenheiten erfolgen, viel eher erschüttert sein, so dass disziplinarische Maßnahmen bis zur Stellenenthebung im Falle höherer Führungskräfte gemäß Art. 50 EU-BeamtStat unter erleichterten Voraussetzungen möglich sind.

79 In diesem Zusammenhang fügt sich ein zweites zentrales Differenzierungskriterium ein, das in bald allen dargestellten Rechtsordnungen von Bedeutung ist und auch für das Unionsrecht gelten muss: Mit **steigendem Rang** und wachsender Bedeutung der Funktionen nehmen die Anforderungen an die Mäßigungspflicht zu. An den hohen Beamten sind strengere Anforderungen zu stellen als bspw. an den einfachen Sachbearbeiter oder Kraftfahrer, der sich schon eher ein kräftiges Wort der Kritik erlauben kann.[196]

80 **cc) Treuepflicht.** Im Hinblick auf die Treuepflicht ist zunächst ein weiter Begriff von einem engeren zu unterscheiden. So gehen die Luxemburger Gerichte einerseits von einer **weiten grundlegenden Treuepflicht** aus, die jedem Beamten gegenüber dem Organ, dem er angehört, und seinen Vorgesetzten obliegt. Die Zurückhaltungspflicht des Art. 12 EU-BeamtStat und die Beratungs- und Unterstützungspflicht des Art. 21 EU-BeamtStat sind nur spezifische Ausprägungen der so verstandenen Treuepflicht. Dies hat das EuG im Fall *Williams* hervorgehoben.[197] Demnach gelten im Hinblick darauf die unter dem Aspekt der Pflicht zur gebotenen Rücksicht soeben dargelegten Differenzierungen und Ausführungen.

81 Darüber hinaus ist jedoch eine **Treuepflicht im engeren Sinn** zu untersuchen, die sich vornehmlich als Pflicht zur Treue mit Blick auf bestimmte Grundauffassungen versteht. Insoweit ist in den mitgliedstaatlichen Rechtsordnungen eine weitgehende Einigkeit über die Unzulässigkeit des Auferlegens einer bestimmten **Gesinnungstreue,** die in den Beamtenäußerungen eingehalten werden müsste, festzustellen. Insbesondere ist es unzulässig, den Beamten auf die Treue zur Regierungsgesinnung zu verpflichten. In diesem Zusammenhang ist es von Bedeutung, dass in die Personalakten für Unionsbeamte gemäß Art. 26 EU-BeamtStat keine Angaben über deren politische Überzeugungen aufgenommen werden dürfen. Wie ernst die Kommission die Meinungsfreiheit bei der Einstellung der Beamten und Bediensteten nimmt, zeigt eine Antwort auf die schriftliche Anfrage eines Mitglieds des Europäischen Parlaments. Die Frage zielte darauf ab, ob Personen mit rechtsextremer und/oder faschistischer Gesinnung oder entsprechenden politischen Verbindungen als Kommissionsbedienstete fungieren können. Die Kommission hat darauf geantwortet, dass eine Nichternennung oder Entlassung aufgrund der **politischen Überzeugung** des Bewerbers oder Beamten gegen die zitierten Konventionsnormen verstoßen würde und erstreckt dieses

---

[194] EuGH 60/82, Slg. 1982, 4625 – Cowood; EuGH 44/59, Slg. 1960, 1115 – Fiddelaar; vgl. dazu *Kühling* S. 110 ff.
[195] Umgekehrt kann ein Beamter allerdings bei dienstlichem Zusammenhang nicht einfach behaupten, sich als Privatmann oder Wissenschaftler geäußert haben zu wollen; EuGöD F-80/11, ECLI:EU:F:2013:159 Rn. 82 f. – Moreira; vgl. *Reithmann* EuR 2015, 763 (775).
[196] Vgl. hierzu EuGH C-274/99 P, Slg. 2001, I-1611 Ls. 1 Rn. 45 – Connolly.
[197] EuG T-146/89, Slg. 1991, II-1293 Rn. 72 mwN – Williams; die Grundsatzentscheidung zu dieser Thematik ist EuGH C-100/88, Slg. 1989, 4285 – Oyowe und Traore.

Urteil offensichtlich ebenso auf den Fall der Mitgliedschaft in extremistischen Parteien.[198] Das Berücksichtigungs- und Aktendokumentationsverbot ist die formelle Seite der in den dargestellten Rechtsordnungen anerkannten Freiheit des Habens und Sich-Bekennens zu einer politischen Grundauffassung oder Partei, die die Freiheit der Parteizugehörigkeit mit umschließt. Dies gilt – wie die Kommissionsäußerung bestätigt – auch für Parteien, die **extremistische Auffassungen** vertreten, sofern diese in dem jeweiligen Mitgliedstaat, in dem der Beamte Parteimitglied ist, zugelassen bzw. nicht verboten sind. Damit folgt die Kommission dem Prüfungsweg der Straßburger Konventionsrechtsprechung, nach der eine bloß formale Parteimitgliedschaft nicht für eine Treuepflichtverletzung genügt. Die Konventionsrechtsprechung zeigt, dass die konkrete Betätigung des Beamten für verfassungsfeindliche Ziele erfolgen muss.[199] Dies entspricht auch den liberaleren Standards der meisten Mitgliedstaaten. Folgerichtig finden sich aktive Mitglieder der kommunistischen Partei beispielsweise nicht nur in Frankreich als Beamte wieder, sondern auch in der Kommission.

Für das Unionsrecht ist demnach der Konventionsrechtsprechung zum einen dahingehend zu folgen, dass eine Differenzierung nach Funktion und Aufgabenfeld des Beamten auch im Hinblick auf das Verbot des Vertretens extremistischer Ansichten vorzunehmen ist. Ein Minimum dürfte allerdings gleichermaßen gegenüber den einfachsten Beamtenpositionen verlangt werden. Das Einhalten dieses Minimums und gegebenenfalls höherer Ansprüche bei wichtigeren Tätigkeiten ist allerdings zum anderen von der konkreten Betätigung des Individuums für solche Ziele (namentlich rassistische oder umstürzlerische) abhängig zu machen. Demnach findet also ein **differenziertes Verhaltensmodell** Anwendung. Daher verbietet sich auch ein Hineininterpretieren weitergehender Eignungsvoraussetzungen in den Terminus der „sittlichen Anforderungen" in Art. 28 lit. c EU-BeamtStat, da dies eine künstliche Umdeutung der Norm aus einer spezifischen deutschen Perspektive darstellt, die den Traditionen der anderen Mitgliedstaaten ebenso wenig entspricht wie der Straßburger Rechtsprechung. Ebenso wenig dürfte eine spezifische Ahndung unionsfeindlicher Äußerungen als Treuepflichtverletzung möglich sein, sofern nicht die Art und Weise der Äußerungen der Zurückhaltungspflicht zuwiderläuft, eine destruktive Wahrnehmung der sonstigen Pflichten angedroht wird oder sonst wie die Amtsausübung im Unionsinteresse nach Art. 11 EU-BeamtStat in Frage gestellt wird.[200]

Andere Anforderungen gelten wiederum für **politische Beamte,** für die insoweit die bereits zur Mäßigungspflicht dargelegten weit reichenden Prüfungs- und Entlassungsmöglichkeiten Anwendung finden (→ Rn. 78) und dies nicht nur beim Eintreten in eine extremistische, sondern auch in eine unerwünschte Partei bzw. bei der Betätigung für entsprechende Auffassungen.

h) Verhältnismäßige Beeinträchtigungen der Wirtschaftswerbung. Entgegen früherer restriktiver Tendenzen auch in der Konventionsrechtsprechung ergibt sich das Bedürfnis nach einem adäquaten Schutzniveau der Wirtschaftswerbung aus den schon zur Begründung der Gewährleistungsbereichserfassung angeführten Argumenten (→ Rn. 25 ff.), die aus den Besonderheiten der Europäischen Union gespeist sind. Danach ist eine Schutzreduktion für Wirtschaftswerbung abzulehnen.[201] So scheidet für die Wirtschaftswerbung ein **Zensurverbot** gleichermaßen aus. Jedoch ist eine Beteiligung am Privileg, das für Beiträge gilt, die die *res publica* betreffen, im Normalfall abzulehnen.[202] Die daran orien-

---

[198] Antwort im Namen der Kommission von Kommissionsmitglied *van Miert* vom 22.12.1994, 2219/94 DE auf die schriftliche Anfrage von *Jannis Sakellariou* (PSE) E-2219/94, DOC-DE/QE/257/257751, PE 183, 848; dazu auch grundsätzlich *Canu* S. 313 ff.
[199] Vgl. zB EGMR 26.9.1995 – 17851/91 Rn. 53, EuGRZ 1995, 590 – Vogt; bestätigt durch EGMR 9.12.2013 – 51160/06 Rn. 69 ff. – Giovanni.
[200] Zum Ganzen *Kühling* S. 459 ff.
[201] So auch der EGMR 11.12.2003 – 39069/97 Rn. 30 ff. – Krone; wohl anderer Meinung *Gundel* ZHR 2016, 323 (356).
[202] Vgl. aber EGMR 22.4.2013 – 48876/08 Rn. 99 ff. – Animal Defenders International, worin das Verbot politischer Werbung im Rundfunk nicht als unzulässige Einschränkung des Art. 10 EMRK gesehen wird.

tierte Verhältnismäßigkeitsprüfung der bisherigen Bestimmungen zur Tabakwerbung ergibt allerdings, dass etwa **Warnhinweispflichten** nur im Fall der mangelnden Urheberangabe rechtswidrig sind.[203] Sie dürfen auch, wie in Art. 10 Abs. 1 der Richtlinie 2014/40/EU vorgesehen, auf „**Schockbilder**" zurückgreifen.[204] Angesichts der erheblichen Gesundheitsrisiken des Rauchens und des hohen Schutzes der Gesundheit bei Harmonisierungsmaßnahmen, wie er nach dem Vertrag von Lissabon inzwischen primärrechtlich nicht nur in Art. 9 AEUV, Art. 114 Abs. 3 AEUV und Art. 168 AEUV[205], sondern auch in der Grundrechtecharta explizit in Art. 35 S. 2 GRC vorgegeben wird (→ § 64), sind selbst sehr **weit reichende Beschränkungen** des Kommunikationsprozesses, wie sie die **Verbote der Werbung für Tabakprodukte** vorsehen, rechtfertigbar. Das gilt nicht nur für das absolute Werbeverbot für audiovisuelle Medien (Art. 9 Abs. 1 lit. d AVMD-RL), sondern wohl auch für ein **totales Werbeverbot**[206], insbesondere, sofern die Rezeption der Tabakwerbung durch Kinder und Jugendliche nicht unterbunden werden kann. Zuletzt hat der EuGH mit guten Gründen die strengen Vorgaben zum Erscheinungsbild der Tabakverpackungen in Art. 13 Abs. 1 Richtlinie 2014/40/EU und die weitreichenden Pflichten zur Einführung von „Schockfotos" auf Tabakverpackungen zu Recht als zulässige Eingriffe in die Meinungsfreiheit eingestuft.[207]

IV. Materielle Anforderung: Wesensgehaltsgarantie

85 Die Wesensgehaltsgarantie ist mit dem Vertrag von Lissabon auch in Art. 52 Abs. 1 S. 1 GRC normiert (→ § 10 Rn. 49 ff.). In seinem ersten Urteil zur Vorratsdatenspeicherung hat der EuGH erstmals angedeutet, dass durch eine entsprechende flächendeckende Speicherung der Wesensgehalt des Datenschutzgrundrechts verletzt sein kann.[208] Der Inhalt der Wesensgehaltsgarantie als weitere Zulässigkeitsvoraussetzung von Beschränkungen speziell der Kommunikationsfreiheit ist gleichwohl noch vollkommen ungeklärt. Im **Konventionsrecht** finden sich bislang nur sehr spärliche Hinweise.

86 Aus der Rechtsprechung des EGMR lässt sich durchaus entnehmen, dass Beeinträchtigungen, die die Substanz eines Grundrechts angreifen, unzulässig und kategorisch abzulehnen sind.[209] Darin dürfte eine neben das Verhältnismäßigkeitsprinzip tretende Wesensgehaltsgarantie zu sehen sein. Dies war besonders relevant angesichts des anfangs teilweise kursorischen Prüfungsstils des EuGH, der oftmals in knappen Worten die Substanzbeeinträchtigung eines Rechts und daraufhin die Unzulässigkeit der Beeinträchtigung verneinte.[210] Aus diesem Ansatz des EuGH, der zwar auf die Wesensgehaltsgarantie rekurriert und diese mittlerweile zumindest in einer getrennten Prüfung ausgestaltet[211], auf eine genaue Umschreibung und Abgrenzung gegenüber Verhältnismäßigkeitserwägungen aber verzich-

---

[203] Dazu *Koenig/Kühling* EWS 2002, 12 (16).
[204] Siehe dazu, allerdings insoweit nur am isolierten Grundsatz der Verhältnismäßigkeit und nicht an der negativen Kommunikationsfreiheit geprüft und akzeptiert, EuGH C-547/14, ECLI:EU:C:2016:325 Rn. 203 ff. = RIW 2016, 434 – Philip Morris. Der EuGH hat dabei dem Unionsgesetzgeber einen weiten Spielraum zugestanden und nur eine Prüfung auf eine offenkundige Verletzung des Verhältnismäßigkeitsgrundsatzes durchgeführt.
[205] Siehe dazu zuletzt EuGH C-547/14, ECLI:EU:C:2016:325 Rn. 157 = RIW 2016, 434 – Philip Morris; zu den Tabakurteilen und Art. 114 AEUV *Nettesheim* EuZW 2016, 578.
[206] Siehe zur ablehnenden Bewertung eines totalen Werbeverbots vor Inkrafttreten der Grundrechtecharta allerdings noch *Kühling* S. 529 ff.
[207] EuGH C-547/14, ECLI:EU:C:2016:325 Rn. 146 ff., 202 ff. = RIW 2016, 434 – Philip Morris; vgl. zu den Auswirkungen in der Praxis *Zechmeister* GRUR-Prax 2016, 212 (213).
[208] EuGH verb. Rs. C-293/12 und C-594/12, ECLI:EU:C:2014:238 Rn. 40 = EuGRZ 2014, 292 – Digital Rights Ireland; ähnlich *Bäcker* Jura 2014, 1263 (1268).
[209] EGMR 23.7.1968 – 1474/62 ua Rn. 5, EuGRZ 1975, 298 – Belgischer Sprachenfall; siehe ferner *Weiß* S. 137 ff.
[210] Siehe exemplarisch EuGH 265/87, Slg. 1989, 2237 Rn. 18 – Schräder.
[211] EuGH C-283/11, ECLI:EU:C:2013:28 Rn. 48 f. = EuZW 2013, 347 – Sky Österreich. Daneben finden sich aber nach wie vor Urteile, in denen allein am Maßstab der „substance même" (Wesensgehalt) geprüft wird, ohne dass sich eine Verhältnismäßigkeitsprüfung anschließt, siehe *Drechsler* S. 112–130.

tet, lassen sich jedoch keine gesicherten Erkenntnisse über die Funktion und Wirkungsweise der Wesensgehaltsgarantie im Unionsrecht ableiten. Angesichts des hier vertretenen Plädoyers für eine ausdifferenzierte Verhältnismäßigkeitsprüfung und der expliziten Nennung der Wesensgehaltsgarantie in Art. 52 Abs. 1 S. 1 GRC sollte der Wesensgehaltsgarantie der Status einer zusätzlichen Schutzkomponente zukommen (→ § 10 Rn. 49 ff.). Mit dem relativen Ansatz ist jedoch keine weitere Kontrollwirkung zu entfalten.

Die Berufung auf einen Wesensgehalt gerade in denjenigen Staaten, deren Grundrechtskatalog als Antwort auf diktatorische Herrschaften erfolgte, zeigt die Stoßrichtung einer sinnvollen zusätzlichen Anforderung an die Beeinträchtigungsrechtfertigung: Das Recht soll vor einem vollständigen Substanzverlust bewahrt werden, es darf nicht zur leeren Hülse degradiert werden. Demnach liegt für das Unionsrecht als weitere Zulässigkeitsanforderung nahe, zu prüfen, ob eine konkrete Beeinträchtigung dazu führt, dass die Kommunikationsfreiheit insgesamt ausgehöhlt wird. Mithin ist eine **absolute, objektive Wesensgehaltskontrolle** vorzunehmen, der für den praktischen Alltag allerdings lediglich eine **Warnfunktion** gegenüber dem in die Grundrechte eingreifenden Organ zukommt.[212] Der Ansatz des EuGH in den Urteilen zur Vorratsdatenspeicherungsrichtlinie verweist in diese Richtung (bereits → Rn. 85). 87

V. Präventive Kontrollmaßnahmen und Vorzensur

Der Kampf gegen die Zensur ist beim Eintreten für die Kommunikationsfreiheit stets ein wichtiger Aspekt gewesen. So stößt man in fast allen Verfassungen der Mitgliedstaaten der Union auf ein meist historisch tief verwurzeltes Zensurverbot. Dieses ist allerdings primär für die Medienfreiheit von Bedeutung (→ § 28 Rn. 83 ff.). Dabei ist der **Zensurbegriff** formell zu verstehen, so dass nur die präventive Vorlagepflicht mit Prüfungs- und Verbotsvorbehalt unzulässig ist, nicht dagegen ein zivilrechtlich erstrittenes Äußerungsverbot. Für die allgemeine Kommunikationsfreiheit hat dies vor allem mit Blick auf die Beamtenkommunikation Bedeutung. So ist eine generelle Vorlagepflicht abzulehnen, die nicht durch Verhältnismäßigkeitserwägungen moderiert ist und etwa den Hinweis auf Verwaltungsmissstände in notstandsähnlichen Situationen ohne entsprechende Vorlage erlaubt. Insoweit sind die Änderungen im Beamtenstatut der EU, die nunmehr eine bloße Anzeigepflicht, statt einer Genehmigungspflicht vorsehen, zu begrüßen (→ Rn. 75). Das entspricht auch der Rechtsprechung des EGMR, der keine Vorzensur im formellen Sinne zulässt, wenn er festhält, dass eine einstweilige Verfügung eine Vorzensur darstellen und als gerechtfertigter Eingriff in Art. 10 EMRK rechtmäßig sein kann.[213] 88

E. Verhältnis zu anderen Bestimmungen

In einer weiter entwickelten **unionsrechtlichen Grundrechtsordnung** stellen sich Abgrenzungsfragen zum Schutzbereich zwischen benachbarten Grundrechten. Zu diesem dogmatischen Problem existiert bisher keine explizite Grundsatzjudikatur des EuGH. Oftmals differenziert der EuGH nicht näher bzw. lässt sich in Vorabentscheidungsverfahren von den entsprechenden Vorlagefragen leiten, wie etwa zuletzt im Fall *Philip Morris*.[214] Gerade im Rahmen der allgemeinen Kommunikationsfreiheit und potentiell konkurrieren- 89

---

[212] So auch *Günter* S. 246 f.
[213] EGMR 26.11.1991 – 13585/88 – Observer and Guardian.
[214] EuGH C-547/14, ECLI:EU:C:2016:325 Rn. 146 ff. = RIW 2016, 434 – Philip Morris. Hier prüft der EuGH die Gestaltungsvorgaben für die Verpackung zum Teil an der Kommunikationsfreiheit aus Art. 11 GRC (Rn. 146 ff.), die Warnhinweise aber nicht an Grundrechten, sondern isoliert am Verhältnismäßigkeitsgrundsatz und geht auch nicht auf die negative Kommunikationsfreiheit ein (Rn. 202 ff.). Auch andere Grundrechtspositionen wie die unternehmerische Freiheit aus Art. 16 GRC prüft der EuGH nicht weiter, dazu näher *Drechsler* S. 70. Dies ist darauf zurückzuführen, dass im Verfahren vor dem EuGH nicht der Grundsatz *iura novit curia* gilt, sondern der sog. normative Beibringungsgrundsatz, wonach die Verfahrensbeteiligten weitgehend den rechtlichen Prüfungsmaßstab bestimmen, siehe dazu *Drechsler* S. 46 ff.

der Grundrechtsnormen, wie der Kunst- und Wissenschaftsfreiheit, der Versammlungsfreiheit, des Schutzes der Privatsphäre inklusive der Post- und Telefonkommunikation, sind die Abgrenzungen noch nicht näher ausgearbeitet. Ein weit gefasster Schutzbereich der Kommunikationsfreiheit, wie er hier entwickelt worden ist, bedingt die Notwendigkeit, dieses Grundrecht ins Verhältnis zu konkurrierenden Grundrechten zu setzen. Angesichts des frühen Stadiums der Entwicklung der betreffenden Rechte müssen hier einige knappe Hinweise auf grundsätzliche Ausgangspunkte genügen.

90 So ist die Übertragung des im Kontext des Konventionsrechts entwickelten Ansatzes, der nach den **Gefährdungssituationen** differenziert, sinnvoll.[215] Beschränkungen des spezifischen Handelns des Sich-Versammelns (beispielsweise von EU-Beamten) würden danach am Maßstab der **Versammlungsfreiheit** zu prüfen sein; soweit dadurch allerdings auch die mit einer Versammlung bezweckte Kommunikation beeinträchtigt würde, wäre auch die allgemeine Kommunikationsfreiheit einschlägig. Dies ist mit der Rechtsprechung des EuGH vereinbar. So hat der Gerichtshof im Fall *Schmidberger* eine Demonstration als gleichermaßen durch „die durch Artikel 10 und 11 EMRK gewährleistete Meinungsäußerungs- und Versammlungsfreiheit" geschützt angesehen und die folgende Güterabwägung ohne Differenzierung auf beide Grundrechte bezogen[216], da er offensichtlich beide Schutzkomponenten als beeinträchtigt angesehen hat. Denn soweit durch etwaige Restriktionen die Vermittlung der Inhalte beschränkt wird, was regelmäßig der Fall sein dürfte, ist zusätzlich die Kommunikationsfreiheit betroffen. Hat eine hoheitliche Beeinträchtigung des Briefverkehrs oder der vertraulichen *Point-to-Point*-Kommunikation zugleich abschreckende Auswirkungen auf die Kommunikation selbst, ist neben dem Recht auf eine geschützte **Privatsphäre** die Kommunikationsfreiheit zu beachten. Für spezifische Handlungen, die durch die Religion oder das Gewissen des Bürgers bestimmt sind, ist die speziellere **Religions- bzw. Gewissensfreiheit** einschlägig. Allgemeine Äußerungen zu religiösen Themen oder zu gewissensgeleiteten Auffassungen unterfallen dagegen der Kommunikationsfreiheit (zur Abgrenzung der allgemeinen Kommunikationsfreiheit von der Medienfreiheit → § 28 Rn. 89).

F. Zusammenfassende Bewertung und Ausblick

91 Der **Rang** der Kommunikationsfreiheit im Grundrechtsgefüge der Union ist im Anschluss an die mitgliedstaatlichen Traditionen und die Praxis der Straßburger Konventionsorgane als **außerordentlich hoch** einzustufen. Gleichwohl ist die Bedeutung des Grundrechts in der Rechtsprechung des EuGH bislang noch überschaubar geblieben. Dies gilt insbesondere, weil die Unionskompetenzen kommunikationsfreiheitssensible Bereiche erst in jüngerer Zeit zunehmend berühren. So beschränkten sich die Konfliktfälle in einer ersten Phase der Entwicklung der Grundrechte noch als Allgemeine Rechtsgrundsätze vor allem auf das exekutive Handeln der Unionsorgane mit Bezug zur Kommunikation der **Unionsbeamten** auf der einen sowie auf das legislative Handeln mit Blick auf die unionsrechtliche Normierung der **Wirtschaftswerbung** und namentlich der Tabakwerbung auf der anderen Seite.[217] Die bisherigen Hinweise in der Rechtsprechung des EuGH zur Beamtenkommunikation und insbesondere im Fall *Connolly*[218] haben früh gezeigt, dass der Gerichtshof für die Bedeutung der Kommunikationsfreiheit grundsätzlich hinreichend sensibilisiert ist und in entsprechenden Konfliktfällen einen angemessenen Schutz dieses wichtigen Grundrechts garantieren kann. Mit Blick auf die Tabakwerbung hat in jüngerer Zeit das EuGH-Urteil im Fall *Philip Morris*[219] zugleich verdeutlicht, dass gerade im Rahmen der Wirtschaftswerbung (insbesondere für gesundheitsschädliche Produkte) gegenläufige Interessen

---

[215] Ausführlich *Kühling* S. 156 f.
[216] EuGH C-112/00, Slg. 2003, I-5659 Rn. 77, 79 ff. – Schmidberger.
[217] Siehe zur Bestandsaufnahme der einschlägigen Luxemburger Rechtsprechung *Kühling* S. 110 ff.
[218] EuGH C-274/99 P, Slg. 2001, I-1611 Rn. 39 ff. – Connolly.
[219] EuGH C-547/14, ECLI:EU:C:2016:325 Rn. 146 ff. = RIW 2016, 434 – Philip Morris.

und Grundrechtspositionen (wie der Gesundheitsschutz, Art. 35 GRC) der Kommunikationsfreiheit aber durchaus nachvollziehbare Grenzen setzen. Die Relevanz der Kommunikationsfreiheit in Bezug auf das mitgliedstaatliche Handeln ist im Urteil *Schmidberger*[220] deutlich geworden, bei der das staatliche Zulassen von Straßenblockaden, die den freien Warenverkehr beeinträchtigen, auch unter Hinweis auf die Kommunikationsfreiheit gerechtfertigt wurde. Mit dem **Ausbau kommunikationsfreiheitssensibler Kompetenzen auf EU-Ebene** und entsprechenden legislativen und exekutiven Maßnahmen wird das **Schutzpotential** der Kommunikationsfreiheit eine **weitere Konturierung** erfahren müssen. Das gilt sowohl für eine weitere dogmatische Unterfütterung als auch für die ausdifferenzierte Herausarbeitung potentieller Gefahren. So hat der EuGH etwa im *Google*-Urteil, in dem es allerdings primär um die Medienfreiheit ging, die Relevanz der Meinungsfreiheit noch nicht überzeugend thematisiert.[221]

---

[220] EuGH C-112/00, Slg. 2003, I-5659 – Schmidberger.
[221] Vgl. hierzu auch *Kühling* EuZW 2014, 527 (529) und *Kühling* in FK-EUV/GRC/AEUV GRC Art. 16 Rn. 17; außerdem *Arning/Moosl/Scherz* CR 2014, 447 (453); *Freialdenhoven/Heinzke* GRUR-Prax 2015, 119; *Holznagel/Hartmann* MMR 2016, 228 (231); *Jandt* MMR-Aktuell 2014, 358242.

§ 28 Medienfreiheit (Rundfunk-, Presse- und Filmfreiheit)

Übersicht

	Rn.
A. Entwicklung und Bedeutung der Medienfreiheit	1–5
I. Bedeutung der Massenmedien für die Demokratie	1, 2
II. Bedeutung der grenzüberschreitenden medialen Kommunikation	3
III. Quellen des Unionsgrundrechts der Medienfreiheit; insbesondere Art. 11 Abs. 2 GRC	4, 5
B. Gewährleistungsgehalt	6–59
I. Sachlicher Gewährleistungsgehalt	6–28
1. Verortung der Medienfreiheit im Konzept einer einheitlichen Kommunikationsfreiheit im Unionsrecht; Bezüge zu den mitgliedstaatlichen Grundrechtsverbürgungen und den Grundfreiheiten	6–8
2. Definition der geschützten Kommunikationsmedien	9–16
3. Medienspezifische Schutzgehalte	17–25
4. Geschützte Inhalte	26, 27
5. Negative Medienfreiheit	28
II. Persönlicher Gewährleistungsbereich	29–32
1. Grundrechtsberechtigung natürlicher Personen	29
2. Grundrechtsberechtigung juristischer Personen	30–32
III. Grundrechtsverpflichtete	33–35
IV. Schutzdimension der Medienfreiheit als klassisches subjektives Abwehrrecht	36
V. Objektivrechtliche Schutzdimension der Medienfreiheit, insbesondere das Pluralismusprinzip/Pluralität	37–59
1. Ansätze objektivrechtlicher Gehalte in der EMRK und den Mitgliedstaaten	38, 39
2. Pluralismus als objektivrechtlicher Schutzgehalt: Bedeutung und Grenzen	40–53
3. Unionale medienkommunikationsspezifische Schutzpflichten, insbesondere zur Pluralismussicherung	54–57
4. Institutionelle und teilhaberechtliche Dimensionen der Medienfreiheit	58, 59
C. Beeinträchtigung	60, 61
D. Rechtfertigung	62–87
I. Formelle Anforderung: bestimmte und zugängliche Rechtsgrundlage	63
II. Materielle Anforderung: Verfolgung eines legitimen Zwecks (Gemeinwohlinteresse der Union)	64, 65
III. Materielle Anforderung: Wahrung der Verhältnismäßigkeit	66–81
1. Dreischrittige Prüfung (Geeignetheit, Erforderlichkeit und Verhältnismäßigkeit im engeren Sinn)	66
2. Variabler Spielraum (margin of appreciation)	67
3. Variable Schutzniveaus	68–72
4. Verhältnismäßige Beeinträchtigungen der Medienfreiheit zum Schutz verschiedener legitimer Ziele	73–81
IV. Materielle Anforderung: Wesensgehaltsgarantie	82
V. Präventive Kontrollmaßnahmen und Vorzensur	83–87
E. Verhältnis zu anderen Bestimmungen	88–91
F. Zusammenfassende Bewertung und Ausblick	92

Schrifttum:

Arning/Moosl/Scherz, Vergiss(,) Europa!, CR 2014, 447; *Badura,* Das Recht auf freie Kurzberichterstattung, ZUM 1989, 317; *ders./Scholz,* Wege und Verfahren des Verfassungslebens, FS für Peter Lerche zum 65. Geburtstag, 1993; *Behnsen,* Das Recht auf Privatleben und die Pressefreiheit – Die Entscheidung des Europäischen Gerichtshofs für Menschenrechte in der Sache Hannover ./. Deutschland, ZaöRV 2005, 239; *Bergmann/ Kenntner*, Deutsches Verwaltungsrecht unter europäischem Einfluss – Handbuch für Justiz, Anwaltschaft und Verwaltung, 2002; *Boehme-Neßler*, Das Recht auf Vergessenwerden – Ein neues Internet-Grundrecht im Europäischen Recht, NVwZ 2014, 825; *Brandner*, Kurzberichterstattung und Verfassungsrecht, AfP 1990, 277; *Bulowski*, Telekommunikationsrechtliche Regulierung von Internetkommunikationsdiensten, 2019; *Classen*, Die Ableitung von Schutzpflichten des Gesetzgebers aus Freiheitsrechten – ein Vergleich vom deutschen und französischen Verfassungsrecht sowie der Europäischen Menschenrechtskonvention, JöR 36 (1987), 29; *Diesbach*, Gemeinwohlbezug von Kurzberichterstattung und Listenregelung – Rundfunkfreiheit und Sportübertragungen nach dem Urteil des BVerfG vom 17. Februar 1998, ZUM 1998, 554; *Dörr*, Medienfreiheit im Binnenmarkt, AfP 2003, 202; *ders.*, Bedeutung der EMRK und der Empfehlung des Europarats für das deutsche Medienrecht, in Kleist/Roßnagel/Scheuer, S. 65; *Dreier*, Die Schlacht ist geschlagen – ein Überblick, GRUR 2019, 771; *Engel*, Privater Rundfunk vor der Europäischen Menschenrechtskonvention, 1993; *Freialdenhoven/ Heinzke*, Vergiss mich: Das Recht auf Löschung von Suchergebnissen, GRUR-Prax 2015, 119; *Frey*, Fernsehen und audiovisueller Pluralismus im Binnenmarkt der EG, 1999; *Gersdorf*, Funktionen der Gemeinschaftsgrundrechte im Lichte des Solange-II-Beschlusses des Bundesverfassungsgerichts, AöR 119 (1994), 400; *ders.*, Der verfassungsrechtliche Rundfunkbegriff im Lichte der Digitalisierung der Telekommunikation, 1995; *ders.*, Hate Speech in sozialen Netzwerken, MMR 2017, 439; *ders./Paal*, Beck'scher Online-Kommentar Informations- und Medienrecht, 21. Edition 2018; *Golsong*, La Convention européenne des Droits de l'Homme et les Personnes morales in Université Catholique de Louvain, Les droits de l'homme et les personnes morales, 1970; *Gornig*, Äußerungsfreiheit und Informationsfreiheit als Menschenrecht, 1988; *Götting*, Anmerkung zu den Urteilen des BGH vom 6.3.2007, Az.: VI ZR 13/06 und Az.: VI ZR 51/06 (Veröffentlichung von Urlaubsfotos eines Prominenten), GRUR 2007, 530; *Guggenberger*, Das Netzwerkdurchsetzungsgesetz in der Anwendung, NJW 2017, 2577; *Gundel*, Die Fortentwicklung der europäischen Medienregulierung: Zur Neufassung der AVMD-Richtlinie, ZUM 2019, 131; *Haug*, Bildberichterstattung über Prominente, 2011; *Holoubek*, Medienfreiheit in der Europäischen Menschenrechtskonvention, AfP 2003, 193; *ders.*, Grundrechtliche Gewährleistungspflichten, 1997; *Holznagel*, Rundfunkrecht in Europa, Auf dem Weg zu einem Gemeinrecht europäischer Rundfunkordnungen, 1996; *ders./Hartmann*, Das „Recht auf Vergessenwerden" als Reaktion auf ein grenzenloses Internet – Entgrenzung der Kommunikation und Gegenbewegung, MMR 2016, 228; *Iliopoulos-Strangas*, Die Freiheit der Medien in einer künftigen europäischen Verfassung, in Stern/Prütting, S. 27; *Jandt*, EuGH stärkt den Schutz der Persönlichkeitsrechte gegenüber Suchmaschinen, MMR-Aktuell 2014, 358242; *Kaboth*, Der EGMR und Caroline von Hannover: Mehr Schutz vor der Veröffentlichung von Fotoaufnahmen aus dem Privatleben Prominenter?, ZUM 2004, 818; *Kellner*, Die Regulierung der Meinungsmacht von Internetintermediären, 2019; *Klass*, Zu den Grenzen der Berichterstattung über Personen des öffentlichen Lebens, AfP 2007, 517; *dies.*, Der Schutz der Privatsphäre durch den EGMR im Rahmen von Medienberichterstattung, ZUM 2014, 261; *Kleist/Roßnagel/Scheuer*, Europäisches und nationales Medienrecht im Dialog, 2. Aufl. 2013; *Kloepfer*, „Innere Pressefreiheit" und Tendenzschutz im Lichte des Artikels 10 der Europäischen Konvention zum Schutz der Menschenrechte und Grundfreiheiten, 1996; *Koreng*, Entwurf eines Netzwerkdurchsetzungsgesetzes: Neue Wege im Kampf gegen „Hate Speech"?, GRUR-Prax 2017, 203; *Kühling*, Grundrechtekontrolle durch den EuGH: Kommunikationsfreiheit und Pluralismussicherung im Gemeinschaftsrecht, EuGRZ 1997, 296; *ders.*, Die Kommunikationsfreiheit als europäisches Gemeinschaftsgrundrecht, 1999; *ders.*, Staatliche Handlungspflichten zur Sicherung der Grundfreiheiten – Besprechung von EuGH, Rs. C-265/95, NJW 1999, 403; *ders.*, Sektorspezifische Regulierung in den Netzwirtschaften, 2004; *ders.*, Der Fall der Vorratsdatenspeicherungsrichtlinie und der Aufstieg des EuGH zum Grundrechtsgericht, NVwZ 2014, 681; *ders.*, Rückkehr des Rechts: EuGH verpflichtet „Google & Co." zu Datenschutz, EuZW 2014, 527; *ders.*, Im Dauerlicht der Öffentlichkeit – Freifahrt für personenbezogene Bewertungsportale?, NJW 2015, 447; *ders./Buchner*, Datenschutzgrundverordnung: DS-GVO Kommentar, 2. Auflage 2018; *Kühling/Gauß*, Expansionslust von Google als Herausforderung für das Kartellrecht, MMR 2007, 751; *dies.*, Suchmaschinen – eine Gefahr für den Informationszugang und die Informationsvielfalt?, ZUM 2007, 881; *Kühling/Schall*, WhatsApp, Skype & Co. – OTT-Kommunikationsdienste im Spiegel des geltenden Telekommunikationsrechts, CR 2015, 641; *dies.*, E-Mail-Dienste als Telekommunikationsdienste iSd § 3 Nr. 24 TKG, CR 2016, 185; *Lent*, Rundfunk-, Medien-, Teledienste, 2001; *Lerche/Ulmer*, Kurzberichterstattung, 1989; *Lindschau*, Die Notwendigkeit des öffentlich-rechtlichen Rundfunks, 2007; *Lutzhöft*, Eine objektiv-rechtliche Gewährleistung der Rundfunkfreiheit in der Europäischen Union, 2012; *Natt*, Meinungsmacht in einer konvergenten Medienwelt, 2016; *Ohly*, Harmonisierung des Persönlichkeitsrechts durch den Europäischen Gerichtshof für Menschenrechte?, GRUR-Int 2004, 902; *Papier*, Rechtsfragen der Rundfunkübertragung öffentlicher Veranstaltungen, AfP 1989, 510; *ders.*, Verfassungsrechtliche Fragen des Rechts der Kurzberichterstattung, in Badura/Scholz, FS Lerche, S. 675; *Petersen*, Rundfunkfreiheit und EG-Vertrag, 1994; *Pille*, Meinungsmacht sozialer Netzwerke, 2016; *Reinlein*, Medienfreiheit und Medienvielfalt, 2011; *Rengeling*, Grundrechtsschutz in der Europäischen Gemeinschaft, 1992; *Ricker/Schiwy*, Rundfunkverfassungsrecht, 1997; *Sachs*, Verfassungsrecht II, Grundrechte, 2003; *Schellenberg*, Pluralismussicherung: Zu einem medienrechtlichen Leitmotiv in Deutschland, Frankreich und Italien, AöR 119 (1994), 427; *Schulz/Dankert*, Die Macht der Informationsintermediäre, 2016; *Schuster*, E-Mail-Dienste als Telekommunikationsdienste?, CR 2016, 173; *Spindler/Riccio/Van der Perre*, Study on the Liability of Internet Intermediaries, 2007; *Stender-Vorwachs*, Bildberichterstattung über Prominente – Heide Simonis, Sabine Christiansen und Caroline von Hannover, NJW 2009, 334; *Stern/Prütting*, Kultur- und Medienpolitik im Kontext des Entwurfs einer europäischen Verfassung, 2005; *Stock*, EU-Medienfreiheit – Kommunikationsgrundrecht oder Unternehmerfreiheit?, K&R 2001, 289; *ders.*, Medienfreiheit in der EU nur

„geachtet" (Art. 11 Grundrechtecharta) – Ein Plädoyer für Nachbesserungen im Verfassungskonvent, EuR 2002, 566; *Szczekalla*, Grundfreiheitliche Schutzpflichten – eine „neue" Funktion der Grundfreiheiten des Gemeinschaftsrechts, DVBl 1998, 219; *ders.*, Die sogenannten grundrechtlichen Schutzpflichten im deutschen und europäischen Recht, 2002; *Teichmann*, Abschied von der absoluten Person der Zeitgeschichte, NJW 2007, 1917; *Uwer*, Medienkonzentration und Pluralismussicherung im Lichte des europäischen Menschenrechts der Pressefreiheit, 1998; *Wegener*, Europäische Querschnittspolitiken, Bd. 8, in Hatje/Müller-Graff (Ges.-Hrsg.), Enzyklopädie Europarecht (Bd. 1–10), 2014; *Westphal*, Media Pluralism and European Regulation, EBLR 2002, 459; *Wildmann/Castendyk*, Fußball im europäischen TV, MMR 2012, 75; *Wimmers*, Der Intermediär als Ermittler, Moderator und Entscheider in äußerungsrechtlichen Auseinandersetzungen?, AfP 2015, 202; *Zurth/Pless*, #transparenz: Die Kennzeichnung nutzergenerierter Werbung in sozialen Netzwerken unter der neuen AVMD-Richtlinie – Teil 1, ZUM 2019, 419; *Zurth/Pless*, #transparenz: Die Kennzeichnung nutzergenerierter Werbung in sozialen Netzwerken unter der neuen AVMD-Richtlinie – Teil 2, ZUM 2019, 457.

A. Entwicklung und Bedeutung der Medienfreiheit[1]

I. Bedeutung der Massenmedien für die Demokratie

1 Die Entwicklung der Medienfreiheit fiel, gerade was die Pressefreiheit anbelangt, lange Zeit mit der Herausbildung der Kommunikationsfreiheit zusammen. Daher gelten die Ausführungen zur Notwendigkeit und zur Bedeutung der allgemeinen Kommunikationsfreiheit gleichermaßen für die Medienfreiheit (→ § 27 Rn. 3 ff.), wobei die Ausrichtung der Medien auf die Allgemeinheit als Adressatenkreis die Theorie der Medienfreiheit als Mittel zur **Wahrheitsfindung** und vor allem die Theorie der Bedeutung des Grundrechts als Voraussetzung eines **freiheitlich-demokratischen Gemeinwesens** besonders hervortreten lässt[2] (→ § 27 Rn. 8 ff.).

2 Gerade der **Pressefreiheit** wird traditionell ein **herausragender Stellenwert** für die Funktion eines demokratischen Gemeinwesens zugewiesen. Eine freie, vom Staat unbeeinflusste, keiner Zensur unterworfene Presse ist ein unentbehrliches Element der Demokratie. Der Bürger, der dazu aufgerufen ist, politische Entscheidungen zu treffen, bedarf dafür des Zugangs zu allen erforderlichen Informationen und ebenfalls zu den Meinungen anderer. Dieses Erfordernis kann nur ein funktionierendes, freies Pressewesen erfüllen.[3] So betont der EGMR die besondere („essentielle") Bedeutung der Presse als Informationsmedium sowie als „public watchdog" für die freiheitliche Demokratie.[4] Dasselbe muss für den **Rundfunk** gelten, der ein öffentliches Massenkommunikationsmittel von vergleichbarem Rang wie die Presse ist. Für die Filmfreiheit ist dies dagegen angesichts der geringeren Bedeutung für das freiheitlich-demokratische Gemeinwesen nicht der Fall. Seit Beginn des 21. Jahrhunderts haben sogenannte **internetbasierte Mediendienste** erheblich an Bedeutung gewonnen. Das gilt für Suchdienste wie „Google search" über „social web"-Angebote wie *Facebook* bis hin zu Videoangeboten wie „YouTube".[5] Teilweise ergänzen und substituieren sie klassische Medien wie etwa Streaming-Angebote à la „Netflix", die in Konkurrenz zu bisherigen Rundfunkangeboten treten. Suchmaschinendienste oder „social web"-Angebote stellen hingegen neue Inhaltskategorien dar. Dabei findet ein Großteil der gesellschaftlichen Meinungsbildung und -ausübung inzwischen im Internet im

---

[1] Für die Mithilfe an der Überarbeitung und Aktualisierung der ersten Auflage dankt der Verfasser seiner Mitarbeiterin Frau *Dr. Anna Kellner*.
[2] So auch *Holoubek* AfP 2003, 193; Jarass GRCh Art. 11 Rn. 5; *Marauhn* in Ehlers GuG § 4 Rn. 17.
[3] Vgl. BVerfGE 20, 162 (174 f.) – Spiegel; so auch zur Rechtsprechung des EGMR *Schiedmair* in Pabel/Schmahl EMRK Art. 10 Rn. 67.
[4] EGMR 7.12.1976 – 5493/72 Rn. 48, EuGRZ 1977, 38 – Handyside; EGMR 26.4.1979 – 6538/74 Rn. 66, EuGRZ 1979, 386 – Sunday Times I; EGMR 25.6.1992 – 13778/88 Rn. 63 – Thorgeir Thorgeirson; EGMR 27.3.1996 – 17488/90 Rn. 37 ff., HRLJ 1996, 113 – Goodwin; EGMR 26.11.1991 – 13585/88 Rn. 59, EuGRZ 1995, 16 – Observer und Guardian; EGMR 17.12.2004 – 49017/99 Rn. 65 – Pedersen und Baadsgaard; EGMR 17.12.2004 – 33348/96 Rn. 47 – Cumpana und Mazare; EGMR 22.11.2012 – 39315/06 Rn. 125 – Telegraf Media Nederland Landelijke Media; EGMR 8.10.2013 – 28255/07 Rn. 56 – Cumhuriyet Vakfi; EGMR 16.4.2015 – 14134/07 Rn. 40 – Armellini.
[5] *Schulz/Dankert* S. 41 ff.; die Medienanstalten, Gewichtungsstudie zur Relevanz der Medien für die lokale, regionale Meinungsbildung in Deutschland 2018 II, abrufbar unter https://www.die-medienanstalten.de/themen/forschung/medienvielfaltsmonitor/.

Rahmen sozialer Netzwerke wie *Facebook* oder *Twitter* statt. Jene Dienste sind von einer großen Dynamik geprägt, die ihre Einordung und medienrechtliche Steuerung ebenso wie die Erfassung ihrer tatsächlichen Bedeutung erschweren.[6] Wenn *Facebook* etwa plötzlich auch eigene Nachrichten produziert, wird der Diensteanbieter mit einem Schlag zu einem direkten Konkurrenten von Pressediensten im Online- und Offline-Bereich, während er zuvor primär als **Intermediär** relevant war.

II. Bedeutung der grenzüberschreitenden medialen Kommunikation

Die in → § 27 Rn. 22 hervorgehobene Schutzwürdigkeit der grenzüberschreitenden Kommunikation gilt in verstärktem Maße für die Medienfreiheit. Eine zusammenwachsende Zivilgesellschaft innerhalb der Europäischen Union und die Bedeutung des unionalen, grenzüberschreitenden Kulturaustauschs für die Fortführung des **Integrationsprozesses** erfordern den freien, ungehinderten Austausch sämtlicher Medienerzeugnisse auf dem Gebiet der Europäischen Union. Insbesondere im Hinblick auf die Entwicklung einer europäischen Staatlichkeit ist das Erfordernis einer gut informierten und **kritischen europäischen Öffentlichkeit** hervorzuheben, wie sie nur durch einen intensiven, grenzüberschreitenden, aber auch gemeineuropäischen Informationsfluss herzustellen ist.[7] Einem europaweiten, grenzüberschreitenden Rundfunk und erst recht internetbasierten Mediendiensten sind angesichts der weit entwickelten und sich ständig verbessernden technischen Möglichkeiten heute kaum technische Grenzen gesetzt. Sowohl für den Rundfunk als auch für Presse und Film sowie die internetbasierten Inhaltsdienste gibt es jedoch „natürliche" Grenzen, wozu in erster Linie die unterschiedlichen Sprachen der EU-Völker (ein Problem, das zB durch Übersetzungen, Untertitel oder Synchronisationen teilweise gelöst werden kann), aber auch die kulturellen und politischen Eigenheiten der verschiedenen Staaten zählen.[8] Gerade im Internet kann die grenzüberschreitende mediale Kommunikation jedenfalls innerhalb einheitlicher Sprachräume mittlerweile als nahezu grenzenlos verwirklicht angesehen werden. Schon deshalb zeigt sich die besondere Bedeutung, die dem EU-Grundrecht der Medienfreiheit zukommt.

3

III. Quellen des Unionsgrundrechts der Medienfreiheit; insbesondere Art. 11 Abs. 2 GRC

Für die Erarbeitung des Unionsgrundrechts der Medienfreiheit gilt ebenso wie für die allgemeine Kommunikationsfreiheit, dass das Vorgehen des EuGH bei der Grundrechtskonkretisierung am Maßstab des Art. 6 EUV zugrunde zu legen ist: Entscheidend ist spätestens seit dem 1.12.2009 mit dem Inkrafttreten des Vertrags von Lissabon die **Grundrechtecharta,** die aufgrund ihrer primärrechtlichen Verankerung von zentraler Bedeutung ist. Gleichwohl gibt die **EMRK** in der durch die Konventionsorgane entwickelten Form für die Grundrechtskonkretisierung weiterhin Orientierung, da sie einen **gemeineuropäischen Mindeststandard** des Grundrechtsschutzes vorgibt (→ § 27 Rn. 11). Einschlägig ist hier wie bei der allgemeinen Kommunikationsfreiheit die Bestimmung des Art. 10 EMRK. Die Bedeutung der mitgliedstaatlichen Grundrechtstraditionen ist hingegen zurückgegangen. Schon aufgrund ihrer Relevanz für die weiterhin geltenden Allgemeinen Rechtsgrundsätze nach Art. 6 Abs. 3 EUV und angesichts der „Meistbegünstigungsklausel" in Art. 53 GRC wird gleichwohl auch künftig auf diese Quelle zu achten sein. Dasselbe gilt für die EMRK, die zudem angesichts des in ihr bereits verkörperten gemeineuropäischen Standards von Bedeutung bleiben wird.

4

Der vorliegend einschlägige **Art. 11 Abs. 2 GRC** lautet: „Die Freiheit der Medien und ihre Pluralität werden geachtet." Damit enthält die EU-Grundrechtecharta im Unterschied

5

---

[6] Vgl. *Walter* in Grabenwarter, EnzEuR Bd. 2, § 12 Rn. 19 ff.; zur genauen Abgrenzung → Rn. 14 ff.
[7] So *Stock* K&R 2001, 289 (301 f.).
[8] Dazu *Dörr* AfP 2003, 202.

zu Art. 10 Abs. 1 EMRK eine **selbständige Garantie der Medienfreiheit**. Dies war ursprünglich nicht vorgesehen. Vielmehr wollte der Konvent sich mit dem Verweis darauf begnügen, die EU-Meinungs- und Informationsfreiheit habe dieselbe Tragweite wie Art. 10 EMRK, was nach der Rechtsprechung des EGMR auch die Freiheit der Medien umfasst hätte. Viele Konventsmitglieder forderten jedoch eine eigenständige Erwähnung der Medienfreiheit. Die Argumente dafür waren vor allem die Sorge um die **Absicherung der Meinungs- und Informationsvielfalt** und Pluralität angesichts einer verstärkten Medienkonzentration (die „mittlerweile Orwell'sche Ausmaße angenommen" habe), die herausragende Stellung der Pressefreiheit als „eines der vornehmsten Rechte in einem demokratischen und rechtsstaatlichen Gemeinwesen", die „Aushängeschild für eine moderne und freiheitliche Verfassung und von existentieller Bedeutung" sei, sowie die Notwendigkeit der Rundfunkfreiheit als Ergänzung zur Pressefreiheit.[9] Die Wortwahl des „Achtens" im Gegensatz zum einst geplanten „Gewährleisten" kann in diesem Kontext kaum als Abschwächung der Medienfreiheit gewertet werden. Vielmehr erfolgte jene Formulierung zur Verdeutlichung der Kompetenzverteilung im audiovisuellen Bereich.[10] Deutlich wird dadurch zugleich, dass es sich bei Art. 11 Abs. 2 GRC gleichwohl primär um ein Abwehrrecht handelt und nicht um ein vor allem objektivrechtlich aufzuladendes Grundrecht (→ Rn. 34). Um die erforderliche Offenheit zu gewährleisten, wurde schließlich der allgemeine Begriff der „Medien" verwendet. Dies hat sich angesichts der dynamischen Entwicklung der internetbasierten Mediendienste (→ Rn. 2 und → Rn. 13), die sich in vollem Ausmaß erst nach Verabschiedung der Grundrechtecharta entfaltet haben, als sehr sinnvoll herausgestellt. Die Erwähnung der **Pluralität** in der Endfassung des Art. 11 Abs. 2 GRC verdeutlicht die Einigkeit des Konvents über die überragende Bedeutung der Sicherung der Meinungsvielfalt für eine Demokratie. Ferner weist das Präsidium in seinen Erläuterungen darauf hin, dass Abs. 2 sich ua auf die *Gouda*-Entscheidung des EuGH[11], auf das dem AEUV beigefügte Protokoll über den öffentlich-rechtlichen Rundfunk sowie auf die damalige Fernsehrichtlinie und jetzige Richtlinie über audiovisuelle Mediendienste (AVMD-RL)[12] stützt.

B. Gewährleistungsgehalt

I. Sachlicher Gewährleistungsgehalt

6 **1. Verortung der Medienfreiheit im Konzept einer einheitlichen Kommunikationsfreiheit im Unionsrecht; Bezüge zu den mitgliedstaatlichen Grundrechtsverbürgungen und den Grundfreiheiten.** Die EMRK geht von einem einheitlichen Konzept der Kommunikationsfreiheit aus, die die Äußerung von Meinungen und Informationen ebenso wie deren aktive Suche oder Empfang unabhängig von den verwandten Medien umfasst (→ § 27 Rn. 12 ff.). So werden auch die Presse-, Rundfunk- und Filmfreiheit unter die **einheitliche Kommunikationsfreiheit** gefasst.[13] Dieser „Einheitskonzeption" folgen nicht alle Mitgliedstaaten: So findet sich etwa in Deutschland zunächst eine Trennung des bipolaren Kommunikationsprozesses in Meinungs- und Informationsfreiheit.

---

[9] *Bernsdorff/Borowski*, GRC, S. 188 f., 288 f.; ausführlich dazu *v. Coelln* in Stern/Sachs GRCh Art. 11 Rn. 1 ff.

[10] Dazu *Bernsdorff* in NK-EuGRCh GRCh Art. 11 Rn. 19; *Calliess* in Calliess/Ruffert GRC Art. 11 Rn. 16, 24, 27; *Pünder* in Ehlers GuG § 16.2 Rn. 16.

[11] EuGH C-288/89, Slg. 1991, I-4007 – Gouda.

[12] RL 2010/13/EU zur Koordinierung bestimmter Rechts- und Verwaltungsvorschriften der Mitgliedstaaten über die Bereitstellung audiovisueller Mediendienste (Richtlinie über audiovisuelle Mediendienste), ABl. 2010 L 95, 1; sie dient gemäß ihren Erwägungsgründen der Sicherung der Informationsfreiheit, Meinungsfreiheit und des Medienpluralismus in der Union genauso wie der wirtschaftlichen Regulierung der Dienste.

[13] Siehe etwa EGMR 17.7.2001 – 39288/98 Rn. 42 – Association Ekin, in dem der EGMR die Verlegerfreiheit bzw. Pressefreiheit als Bestandteil einer einheitlichen Kommunikationsfreiheit bezeichnet; vgl. ebenso *Holoubek* AfP 2003, 193 (194); auch auf die Einheitskonzeption hinweisend *Frenz*, HdbEuR Bd. 4, Kap. 8 Rn. 1744.

Zudem bestehen spezifische Garantien für Presse, Rundfunk und Film. Durch die EMRK kann hier aber mittelfristig durchaus ein Beitrag zu einem erforderlichen Konvergenzprozess der stark divergierenden Ausgestaltungen von Rundfunk- und Pressefreiheit geleistet werden. Die einheitliche Konzeption klang gerade in den ersten Urteilen des EuGH an, etwa im Fall *Familiapress*[14], ebenso wie in Art. 5 Abs. 1 der Grundrechtserklärung des Europäischen Parlaments von 1989.[15] Dem folgt Art. 11 GRC, der zwar die allgemeine Kommunikationsfreiheit und die Medienfreiheit in zwei verschiedenen Absätzen gewährleistet, aber gemäß den Erläuterungen des Konventspräsidiums und im Einklang mit Art. 52 Abs. 3 GRC dieselbe Bedeutung und Tragweite wie Art. 10 EMRK hat.[16] Mit der „Verselbständigung" der Medienfreiheit in Abs. 2 des Art. 11 GRC wollte der Konvent der besonderen Bedeutung und der besonderen Situation der Massenmedien (und insbesondere des Rundfunks) gegenüber sonstigen Kommunikationsformen Rechnung tragen.[17] Das ist auch anzunehmen, wenn der EuGH in seiner *Sky-Österreich*-Entscheidung von der Gewährleistung der Medienfreiheit aufgrund des Art. 11 Abs. 2 GRC spricht, nachdem er im Folgenden ebenfalls wieder von der Gewährleistung der Rechte aufgrund des Art. 11 GRC im Allgemeinen ausgeht.[18] Die einheitliche Konzeption wird damit nicht negiert, sondern vielmehr im Hinblick auf die besondere **Bedeutung der Medien akzentuiert** und eine **eigenständige dogmatische Behandlung indiziert**.[19]

Der besondere Schutz der Medienfreiheiten und insbesondere der Rundfunkfreiheit ist **7** keineswegs allen mitgliedstaatlichen Grundrechtskatalogen gemein. In den Staaten, die die EMRK direkt anwenden, ist die Rundfunkfreiheit über Art. 10 EMRK gewährleistet. In den Staaten, in denen es ein solches Grundrecht gibt, fällt eine äußerst heterogene Ausgestaltung der jeweiligen Grundrechtsverbürgungen auf.[20] Das aus Art. 10 EMRK ableitbare Grundrecht der Rundfunkfreiheit[21] hat insoweit nur sehr allmählich zu einer Angleichung geführt. Dennoch kann die vornehmlich individualrechtliche Interpretation der Rundfunkfreiheit durch den EGMR dazu führen, dass nationale Regelungen einen Eingriff in die subjektive Rundfunkfreiheit darstellen, der gerechtfertigt werden muss. Außerdem kann die Konventionsrechtsprechung als Orientierung bei komplexen Abwägungsfragen in multipolaren Rechtsverhältnissen dienen, was sich vor allem durch die Übernahme wichtiger Impulse aus der *Caroline*-Rechtsprechung[22] zeigte. Der **EuGH** hat bislang vor allem auf Art. 10 EMRK zurückgegriffen, um Ansätze einer Rundfunkfreiheit der Europäischen Union zu entfalten.[23] Ansätze zu einer Pressefreiheit waren früher noch rudimentärer

---

[14] EuGH C-368/95, Slg. 1997, I-3689 – Familiapress; dazu *Kühling* EuGRZ 1997, 296 (301).
[15] Vgl. *Kühling*, Kommunikationsfreiheit, S. 355, 357.
[16] „Abs. 2 dieses Artikels erläutert die Auswirkungen von Abs. 1 hinsichtlich der Freiheit der Medien.", Auszug aus den Erläuterungen des Konventspräsidiums zu Art. 11 Grundrechtecharta, ABl. 2000 C 364, 1; abgedruckt in der Sonderbeilage zu NJW, EuZW, NVwZ und JuS 2000, 9.
[17] Weitergehend *Bernsdorff* in NK-EuGRCh GRCh Art. 11 Rn. 15.
[18] EuGH C-283/11, ECLI:EU:C:2013:28 Rn. 51 f. – Sky Österreich; vgl. Jarass GRCh Art. 11 Rn. 3.
[19] Ausführlich dazu auch *Cornils* in BeckOK InfoMedienR GRC Art. 11 Rn. 11 ff.; aA v. *Coelln* in Stern/Sachs GRCh Art. 11 Rn. 29, 57 mit Hinweis auf die von *Stern* in der Vorauflage – und auch hier – vertretene Gegenansicht (*Stern* in Tettinger/Stern GRC Art. 11 Rn. 49); kritisch zur Einheitskonzeption *Stock* EuR 2002, 566 (571). Dabei geht *Stock* jedoch davon aus, dass die Einheitskonzeption keine Differenzierungen hinsichtlich der Sachbesonderheiten der Medien zulässt, was nach hier vertretener Ansicht nicht der Fall ist; ebenso kritisch *Calliess* in Calliess/Ruffert GRC Art. 11 Rn. 33; auch auf die Einheitskonzeption hinweisend *Frenz*, HdbEuR Bd. 4, Kap. 8 Rn. 1744.
[20] Ricker/Schiwy RundfunkVerfassungsR Kap. H Rn. 52.
[21] Ricker/Schiwy RundfunkVerfassungsR Kap. H Rn. 53 ff.
[22] EGMR 24.6.2004 – 59320/00 – Caroline von Hannover; EGMR 7.2.2012 – 40660/08 u. 60641/08 – Caroline von Hannover II; s. dazu statt vieler *Dörr* in Kleist/Roßnagel/Scheuer S. 65 (69 f.); aus der nachfolgenden Rspr. exemplarisch BGH GRUR 2007, 527; s. dazu *Götting* GRUR 2007, 530 und *Teichmann* NJW 2007, 1917; in der weiteren Rspr. dann EGMR 7.2.2012 – 40660/08 und 60641/08 – Caroline von Hannover II; vgl. auch *Haug* passim.
[23] EuGH C-288/89, Slg. 1991, I-4007 Rn. 23 – Gouda; EuGH C-353/89, Slg. 1991, I-4069 Rn. 30 – Kommission; EuGH C-336/07, Slg. 2008, I-10889 Rn. 37 – Kabel Deutschland; vgl. auch *Holznagel* S. 153.

ausgestaltet.[24] Inzwischen mehrt sich allerdings die Rechtsprechung in diesem Bereich.[25] Zur Filmfreiheit fehlt es bislang an einer relevanten Rechtsprechung. Dasselbe gilt für internetbasierte Inhaltsdienste (→ Rn. 13 ff.). Im *Google*-Urteil hat der EuGH die Gelegenheit verpasst, die Bedeutung von Suchmaschinendiensten (und auch der Pressefreiheit) angemessen zu würdigen.[26]

8 Einen parallelen Schutz erfahren die Medienfreiheiten partiell aus den **Grundfreiheiten** (→ Rn. 44 ff.). So können Teilaspekte der Rundfunkfreiheit – und inzwischen auch der Vielzahl internetbasierter Mediendienste – aus der Dienstleistungsfreiheit abgeleitet werden. Denn aus dieser folgt das Recht eines in der EU ansässigen Veranstalters, seine Programme in jedem Mitgliedstaat grundsätzlich frei (gerade auch im Internet) zu verbreiten.[27] Gewisse Schutzgarantien der Rundfunkfreiheit können auch aus der Niederlassungsfreiheit, der Arbeitnehmerfreizügigkeit und der Warenverkehrsfreiheit erwachsen.[28] Die Pressefreiheit wird auf Unionsebene partiell durch die Warenverkehrsfreiheit geschützt[29], die Filmfreiheit durch die Warenverkehrs-, die Niederlassungs- und die Dienstleistungsfreiheit.[30] Im Rahmen der Europäischen Union standen bisher die wirtschaftlichen – und damit die grundfreiheitlichen – Aspekte der Medienfreiheit klar im Vordergrund.[31] Dies ändert sich jedoch allmählich seit Inkrafttreten der Grundrechtecharta und der daraufhin vermehrten Thematisierung von Grundrechtskonflikten einschließlich medienrechtlicher Streitigkeiten vor dem EuGH.

9 **2. Definition der geschützten Kommunikationsmedien.** Art. 11 Abs. 2 GRC verzichtet bewusst auf eine Spezifizierung der geschützten Kommunikationsformen, sondern verwendet schlicht den Oberbegriff der „Medien". Dieser erfasst die klassischen **Massenkommunikationsmittel** Presse, Rundfunk und Film, aber auch internetbasierte Mediendienste. Das lässt auf den ersten Blick eine begriffliche Differenzierung und Abgrenzung der verschiedenen Kommunikationsmittel als überflüssig erscheinen. Gleichwohl ist mit einer Ausdifferenzierung der verschiedenen normativen Schutzgehalte der Medienfreiheiten eine Unterscheidung der einzelnen Kommunikationsmittel und ihrer **Sachbesonderheiten** nach wie vor hilfreich. Die jeweiligen Sachbesonderheiten sind dann auch im Rahmen der Schrankenprüfung zu berücksichtigen. Gleichwohl kommt der Abgrenzung der einzelnen Medien **nur eine begrenzte strukturierende Funktion** zu. Für vergleichbar scharfe Abgrenzungen wie etwa im deutschen Verfassungsrecht mit der Zuweisung einer dienenden Funktion hinsichtlich der Rundfunkfreiheit[32] und den dadurch etwa gegenüber der Pressefreiheit bedingten Besonderheiten besteht angesichts der einheitlichen

---

[24] So im Fall EuGH C-368/95, Slg. 1997, I-3689 – Familiapress.
[25] Siehe EuGH C-201/11 P, ECLI:EU:C:2013:519 Rn. 11 – UEFA; EuGH C-204/11 P, ECLI:EU:C:2013:477 Rn. 12 – FIFA; EuGH C-205/11 P, ECLI:EU:C:2013:478 Rn. 13 – FIFA; EuG T-55/08, Slg. 2011, II-271 – UEFA; EuGH C-283/11, ECLI:EU:C:2013:28 – Sky Österreich.
[26] EuGH C-131/12, ECLI:EU:C:2014:317 – Google Spain; *Arning/Moosl/Scherz* CR 2014, 447 (453); *Boehme-Neßler* NVwZ 2014, 825 (829); *Holznagel/Hartmann* MMR 2016, 228 (231); *Jandt* MMR-Aktuell 2014, 358242; *Wimmers* AfP 2015, 202 (209).
[27] *Birkert* in Bergmann/Kenntner Kap. 21 Rn. 7; Ricker/Schiwy RundfunkVerfassungsR Kap. H Rn. 43–47; *Reinlein* S. 115 ff.; *Walter* in Grabenwarter, EnzEuR Bd. 2, § 12 Rn. 71; aus der Rechtsprechung siehe etwa EuGH C-245/01 Slg. 2003, I-12489 Rn. 71 – RTL Television; EuGH C-262/02, Slg. 2004, I-6569 Rn. 26 – Loi Evin; EuGH C-250/06, Slg. 2007, I-11135 Rn. 28 ff. – United Pan-Europe Communications Belgium; EuGH C-222/07 Slg. 2009, I-1407 Rn. 24 – UTECA; EuGH C-134/10 Slg. 2011, I-1053 Rn. 42 – Kommission.
[28] EuGH C-222/07, Slg. 2009, I-1407 Rn. 24 – UTECA; *Birkert* in Bergmann/Kenntner Kap. 21 Rn. 12; Ricker/Schiwy RundfunkVerfassungsR Kap. H Rn. 48; Jarass GRCh Art. 11 Rn. 38; vgl. auch *Rengeling* S. 90; vgl. zur Niederlassungsfreiheit *Reinlein* S. 118; zur Niederlassungsfreiheit aus der Rechtsprechung EuGH C-222/94, Slg. 1996, I-4025 – Kommission; EuGH C-56/96, Slg. 1997, I-3143 – VT4.
[29] EuGH C-368/95, Slg. 1997, I-3689 Rn. 12 – Familiapress; *Birkert* in Bergmann/Kenntner Kap. 21 Rn. 51; Jarass GRCh Art. 11 Rn. 38.
[30] *Birkert* in Bergmann/Kenntner Kap. 21 Rn. 62.
[31] Zutreffend *Dörr* AfP 2003, 202.
[32] BVerfGE 57, 295 (320); BVerfGE 83, 238 (295 f.); BVerfGE 87, 181 (197); zu diesem Ausgangspunkt *Gersdorf* S. 89.

Kommunikationsfreiheit in Art. 10 Abs. 1 EMRK und vor allem dem Wortlaut des Art. 11 Abs. 2 GRC keine Grundlage.

a) „Presse". Unter „Presse" sind alle zur Verbreitung bestimmten Druckerzeugnisse unabhängig vom Vertriebsweg, Empfängerkreis oder Inhalt zu verstehen, vor allem Zeitungen, Zeitschriften oder das Verlagswesen, aber auch Grafiken und Fotos. Entscheidendes Kriterium ist dasjenige des **gedruckten Wortes bzw. Bildes**.[33] Das zusätzliche Abstellen auf ein **periodisches Erscheinen**[34] ist dagegen nicht erforderlich. Notwendig ist jedoch eine gewisse **Institutionalisierung** des Medienerzeugnisses, denn nur dann bedarf es eines besonderen Schutzes der individuellen Meinungsäußerung durch Bücher oder in bestimmten Medien. Diese „Institutionalisierung" wird zwar regelmäßig durch die Periodizität hergestellt, erfasst aber auch das Verlagswesen, unabhängig von einer Periodizität des jeweiligen Medienerzeugnisses. Geschützt wird daher nicht nur das periodisch erscheinende Druckerzeugnis, sondern auch die Publikation von Büchern und anderen **einmalig erscheinenden Druckerzeugnissen**[35], sofern jeweils **spezifische Aspekte** dieses Vertriebsprozesses bzw. des Verlagswesens betroffen sind. Andernfalls greift unabhängig von einer etwaigen Periodizität des vertriebenen Produkts die allgemeine Kommunikationsfreiheit. So betrifft bspw. die Normierung von (grenzüberschreitenden) Haftungsregeln für Verleger die Medienfreiheit in Form der Pressefreiheit. Ein Einfuhrverbot für ein bestimmtes Buch greift in die Pressefreiheit des Verlegers genauso ein wie in die allgemeine Kommunikationsfreiheit des Autors des Buches.

b) **„Rundfunk" – bzw. „linearer audiovisueller Mediendienst"**. Die Rundfunkfreiheit erfasst eine an die Allgemeinheit bzw. Öffentlichkeit gerichtete Darbietung von bewegten Bildern und/oder Ton, die über telekommunikationstechnische Netze verbreitet wird. Im Fall einer reinen Tondarbietung handelt es sich um Hörfunk. Diese Begriffsbestimmung entspricht dem Ansatz nach der Definition des Fernsehens in der bisherigen Fernseh- und jetzigen AVMD-Richtlinie[36]. Dort werden **audiovisuelle** Mediendienste in Art. 1 Abs. 1 lit. a und b AVMD-RL – zerlegt in die Begriffselemente – definiert als Dienstleistung („-dienst"), mit dem Hauptzweck der Bereitstellung von Abfolgen von bewegten Bildern („-visuell") mit oder ohne Ton („audio-") zur Information, Unterhaltung oder Bildung der allgemeinen Öffentlichkeit („Medien-") über elektronische Kommunikationsnetze. Das Merkmal der **allgemeinen Öffentlichkeit** stellt darauf ab, dass der Empfängerkreis nicht von vornherein abschließend festgelegt ist. Der Rundfunkbegriff erfasst auch die Übermittlung an andere Veranstalter zur Weiterverbreitung, nicht aber solche Kommunikationsdienste, die auf individuellen Abruf Informationen, Filme oder andere Inhalte übermitteln, wie zB Streamingdienste, elektronische Datenbanken oder Ähnliches.[37] Die Abgrenzung zu derartigen Diensten wird in Anlehnung an das deutsche Kommunikationsrecht oft danach vorgenommen, ob eine **redaktionelle Aufbereitung** (**„Darbietung"**) von Informationen und Meinungen erfolgt, die eine unmittelbare Relevanz für die öffentliche Meinungsbildung bedingt und von einer entsprechenden **Suggestivkraft** ist. Dann wird ein Rundfunkdienst angenommen.[38] Zwar mag dies typisch sein und die besondere Schutzbedürftigkeit rechtfertigen. Aber auch ein „Shopping"-Kanal mit

---

[33] So für das Grundgesetz *Bethge* in Sachs GG Art. 5 Rn. 68.
[34] So für die EMRK Grabenwarter/Pabel EMRK § 23 Rn. 8 für Art. 10 Abs. 1 EMRK; dies jedenfalls für Art. 11 Abs. 2 GRC verneinend *Frenz*, HdbEuR Bd. 4, Kap. 8 Rn. 1984; aA aber *Calliess* in Calliess/Ruffert GRC Art. 11 Rn. 18.
[35] Siehe zur Bedeutung des Schutzes nicht periodischer Publikationen EGMR 5.12.2002 – 28493/95 Rn. 38 – Yalçin Küçük; ähnlich *Frenz*, HdbEuR Bd. 4, Kap. 8 Rn. 1983.
[36] RL 2010/13/EU zur Koordinierung bestimmter Rechts- und Verwaltungsvorschriften der Mitgliedstaaten über die Bereitstellung audiovisueller Mediendienste (Richtlinie über audiovisuelle Mediendienste), ABl. 2010 L 95, 1.
[37] Ricker/Schiwy RundfunkVerfassungsR Kap. H Rn. 3; vgl. zu den einzelnen Merkmalen dieser Definition auch *Lindschau* S. 36 ff.
[38] So unter ausführlicher Darstellung des Topos der Suggestivkraft und der Bedeutung des Rundfunks für den Meinungsmarkt *Lent* S. 40 ff.; ebenso *Walter* in Grabenwarter, EnzEuR Bd. 2, § 12 Rn. 20.

regelmäßig geringem Einfluss auf die öffentliche Meinungsbildung kann durchaus als Rundfunk verstanden werden, der dann jedoch aufgrund der geringen Meinungsrelevanz anders zu regulieren sein mag als ein meinungsrelevanter Rundfunk. Umgekehrt weisen eine Reihe von internetbasierten Mediendiensten nicht das Element der Suggestivkraft auf bzw. lassen bereits das Merkmal einer audiovisuellen Kombination fehlen, wie etwa Suchmaschinendienste, sind aber durchaus meinungsrelevant (→ Rn. 15). Insoweit sind angesichts der gleichermaßen erfolgenden Erfassung dieser Mediendienste die einzelnen Abgrenzungen aber auch nicht gleich bedeutsam wie etwa im deutschen Verfassungsrecht angesichts der sehr besonderen Rechtsprechung des BVerfG zum Rundfunk.

12 c) „Film". Ein Film besteht aus Abfolgen bewegter Bilder mit oder ohne Ton (auch Stummfilme), die mittlerweile weitgehend digital aufgenommen und reproduziert werden. Die Verbreitung erfolgt traditionellerweise durch Vorführung in Filmtheatern oder Ähnlichem. Sobald der Film als **DVD oder digital** vermarktet wird, greift die Pressefreiheit. Wird er im **Fernsehen** verbreitet, greift die Rundfunkfreiheit. Erfolgt die Verbreitung über **Streaming-Dienste** wie zB *Netflix* oder *Amazon Prime,* liegen internetbasierte Mediendienste vor (dazu → Rn. 13). Daher gibt es insoweit und darüber hinaus mit dem Fernsehen vielfältige Überschneidungen, die durch die Rundfunkfreiheit geschützt werden, aber auch mit der Kunstfreiheit.[39] Angesichts der mangelnden bereichsspezifischen Ausdifferenzierung der einzelnen Medien in Art. 11 Abs. 2 GRC ist jedoch keine vergleichbar strenge Abgrenzung – wie etwa im deutschen Verfassungsrecht – erforderlich. Entscheidend ist, im Rahmen der Rechtfertigung auf die besondere Bedeutung des konkret verwandten geschützten Mediums und dessen Einsatz abzustellen.

13 **d) Internetbasierte Mediendienste; „nichtlineare audiovisuelle Mediendienste".** Über die „klassischen" Massenkommunikationsmittel Presse, Rundfunk und Film hinaus schützt die Medienfreiheit auch internetbasierte Mediendienste und bietet damit Raum für technische Weiterentwicklungen.[40] Zu erwähnen sind hier die so genannten **„audiovisuellen Mediendienste auf Abruf"** (dazu zählen zB Streamingdienste wie *Netflix* oder *Amazon Prime*), die sich vom herkömmlichen Rundfunk durch das fehlende Element der programmlichen Darbietung unterscheiden, und die weiteren **internetbasierten Mediendienste,** denen das Element einer audiovisuellen Aufbereitung fehlt, die aber gleichwohl meinungsrelevant sind (zB eigene Inhaltsanbieter wie Onlinezeitungen oder Intermediäre wie soziale Netzwerke, Bewertungsportale und Suchmaschinendienste).[41] Bislang fehlt es hier an einer weiter gehenden etablierten Klassifikation. Angesichts der mangelnden bereichsspezifischen Ausdifferenzierung der einzelnen Medien in Art. 11 Abs. 2 GRC (und ähnlich der Normierung in Art. 10 Abs. 1 S. 1 EMRK) ist allerdings keine strenge Abgrenzung nach Mediengegenständen erforderlich. Entscheidend ist vielmehr, im Rahmen der Rechtfertigung auf die besondere Bedeutung des konkret verwandten geschützten Mediums und dessen Einsatz abzustellen.[42]

14 **e) Abgrenzung der internetbasierten Inhaltsdienste von der Telekommunikation.** Wichtig ist insoweit aber die **Abgrenzung von der Telekommunikation.** Während die einzelnen Kommunikationsmittel in horizontaler Hinsicht voneinander abgegrenzt werden, um die Rechtfertigungsprüfung mit Blick auf die verschiedenen Sachbesonderheiten der

---

[39] Zu Art. 5 Abs. 1 GG *Bethge* in Sachs GG Art. 5 Rn. 116–118, 119a; *Sachs,* Grundrechte, B 5 Rn. 50 f.
[40] Vgl. dazu auch *Bernsdorff* in NK-EuGRCh GRCh Art. 11 Rn. 17; *Frenz,* HdbEuR Bd. 4, Kap. 8 Rn. 1991; *v. Coelln* in Stern/Sachs GRChArt. 11 Rn. 35; *Rengeling/Szczekalla* Grundrechte in der EU § 18 Rn. 727.
[41] *Birkert* in Bergmann/Kenntner Kap. 21 Rn. 4.
[42] So auch *Frenz,* HdbEuR Bd. 4, Kap. 8 Rn. 1993; in diese Richtung geht wohl auch *Woods* in PHKW Fundamental Rights Art. 11 Rn. 11.44 f. (wohl aber eher in Bezug auf die Meinungsfreiheit), die für ein einheitliches Kommunikationsrecht plädiert, unabhängig vom Inhalts- und Übertragungsbezug, nachdem die Grenzen dort fließend verlaufen. Einen ersten Ansatz in der Rechtsprechung dazu erkennt sie in EGMR 19.2.2013 – 40397/12 – Neij und Sunde, nachdem dort ebenfalls der Schutzbereich der Meinungsfreiheit als eröffnet angesehen wurde.

einzelnen Medien vorzustrukturieren, ist die **vertikale** Abgrenzung der Kommunikationsmittel[43] als Inhaltsdienste von der Telekommunikation als Transportdienst von erheblicher Bedeutung, da die Telekommunikation nicht von der Medienfreiheit erfasst wird. Insoweit greift vielmehr die Berufsfreiheit bzw. die Eigentumsfreiheit. Dabei beschränkt sich die Telekommunikation auf die bloßen **technischen Aspekte der Kommunikationsübertragung.** Insofern kann auf Art. 2 Nr. 4 RL (EU) 2018/1972 über den europäischen Kodex für die elektronische Kommunikation (EKEK)[44] verwiesen werden, der eine treffende Definition für die dort als „elektronische Kommunikationsdienste" bezeichnete Ebene der Transportdienste bereithält und diese zugleich von der Ebene der Netzinhaltsdienste abgrenzt: Diese werden definiert als „gewöhnlich gegen Entgelt über elektronische Kommunikationsnetze erbrachte Dienste, die – mit der Ausnahme von Diensten, die Inhalte über elektronische Kommunikationsnetze und -dienste anbieten oder eine redaktionelle Kontrolle über sie ausüben – folgende Dienste umfassen: a) Internetzugangsdienste im Sinne der Begriffsbestimmung des Artikels 2 Absatzes 2 Nummer 2 der Verordnung (EU) 2015/2120, b) interpersonelle Kommunikationsdienste und c) Dienste, die ganz oder überwiegend in der Übertragung von Signalen bestehen, wie Übertragungsdienste, die für die Maschine-Maschine-Kommunikation und für den Rundfunk genutzt werden". Sofern und soweit also eine inhaltliche bzw. **redaktionelle Zusatzleistung** hinzukommt, liegt in jedem Fall ein Mediendienst vor. Auch wenn die Übertragung internetbasiert erfolgt, führt dies nicht zwingend zur Qualifikation als Mediendienst. So hatte schon vor der expliziten Aufnahme der interpersonellen Kommunikationsdienste iSd Art. 2 Nr. 5 RL (EU) 2018/1972 EKEK in die Definition der elektronischen Kommunikationsdienste mit dem VG Köln erstmals ein deutsches Gericht ausführlich zur Frage der telekommunikationsrechtlichen Einordnung eines **Internet-Kommunikationsdienstes,** namentlich des E-Mail-Dienstes „Gmail" von *Google,* Stellung beziehen müssen und diesen als Telekommunikationsdienst qualifiziert.[45] Damit wurde schon hier die Abgrenzung deutlich, dass bloße (internetbasierte) Kommunikationsdienste als Telekommunikationsdienste eingestuft werden, während Inhaltsdienste als Mediendienste darauf aufsetzen[46].

Allerdings sind die Anforderungen an den inhaltlichen Beitrag nicht zu hoch anzusetzen. **15** So ist keineswegs eine redaktionelle Aufbereitung erforderlich. Es genügt auch eine anderweitige Rolle als **Intermediär.**[47] Das LG Mönchengladbach nahm die Eröffnung des Schutzbereichs der Pressefreiheit in einem Fall an, in dem ein **Suchmaschinenbetreiber** keine inhaltliche Zusatzleistung vornahm.[48] Der **EuGH** hat sich zu dieser Einordnung im Fall *Google Spain*[49] hingegen nicht näher geäußert. In dem Urteil billigte er Betroffenen einen **Löschungsanspruch** einer Verlinkung auf eine Webseite gegenüber Suchmaschinen unter Umständen sogar auch dann zu, wenn es sich um einen rechtmäßig veröffentlichten Inhalt handelt und ein Löschungsanspruch für den Inhalt gegen den Webseitenbetreiber

---

[43] Zu dieser Typologie einer horizontalen und vertikalen Abgrenzung der Kommunikationsdienste sowie zu den verschiedenen Ebenen der Kommunikationsordnung siehe *Kühling,* Netzwirtschaften, S. 127 ff. und *Kühling* in Wegener, EnzEuR Bd. 8, § 7 Rn. 17.
[44] RL (EU) 2018/1972 des Europäischen Parlaments und des Rates vom 11. Dezember 2018 über den europäischen Kodex für die elektronische Kommunikation, ABl. 2018 L 321, 36.
[45] VG Köln MMR 2016, 141; siehe dazu bereits *Kühling/Schall* CR 2015, 641 (649 ff.); zustimmend *Kühling/Schall* CR 2016, 185 (185 ff.).
[46] Siehe zu diesen oftmals auch als *Over-the-Top*-Diensten bezeichneten Angeboten und der Abgrenzung von bloßen internetbasierten Kommunikationsdiensten und Inhaltsdiensten auch die beiden Stellungnahmen des *Wissenschaftlichen Arbeitskreises für Regulierungsfragen (WAR)* bei der BNetzA vom 18.11.2015 S. 3 (abrufbar unter https://www.bundesnetzagentur.de/SharedDocs/Downloads/DE/Allgemeines/Bundesnetzagentur/WAR/WAR_OTT.pdf?__blob=publicationFile&v=1, letzter Abruf am 7.2.2017) und vom 15.7.2016 S. 3 f. (abrufbar unter https://www.bundesnetzagentur.de/DE/Allgemeines/DieBundesnetzagentur/WAR/Stellungnahmen/Stellungnahme_OTT.pdf;jsessionid=777AE787A3BFEED17ECA438FC7DFBCC0?__blob=publicationFile&v=2, letzter Abruf am 7.2.2017); umfassend dazu außerdem *Bulowski.*
[47] *Schulz/Dankert* S. 17 f.
[48] LG Mönchengladbach DuD 2013, 812 (813).
[49] EuGH C-131/12, ECLI:EU:C:2014:317 – Google Spain.

selbst gerade nicht besteht.[50] In die Abwägung bezog er dabei nur das allgemeine Persönlichkeitsrecht des Betroffenen und die unternehmerische Freiheit des Suchmaschinenbetreibers ein. Unzureichend gewürdigt hat der EuGH hingegen Aspekte der Medienfreiheit, wenn er allein darauf abstellt, dass ein Suchmaschinenbetreiber die Datenverarbeitung im Gegensatz zum Webseitenbetreiber gerade nicht zu journalistischen Zwecken verfolge.[51] Dabei verkennt der EuGH die medienrechtliche Relevanz, den die Löschung einer Verlinkung haben kann, wenn ein Beitrag *de facto* auf diese Art und Weise im Internet nicht mehr auffindbar ist.[52] Für den Mediendiensteanbieter – in diesem Fall das Online-Angebot der betroffenen Tageszeitung – bedeutet dies, dass er faktisch nicht mehr verfügbar ist. So ist die Einstufung eines Suchdienstes als ein von der Medienfreiheit geschützter Dienst angemessen und zugleich zwingende Voraussetzung dafür, eine Aushöhlung der Medienfreiheit der Webseitenbetreiber zu vermeiden.[53] Momentan beschäftigt sich der EUGH außerdem mit der Frage, ob ein Löschungsanspruch für sämtliche oder nur für europäische Domains besteht.[54] Generalanwalt Szpunar schlug dem EUGH in seinen Schlussanträgen vor, die Entfernung von Links auf das Gebiet der Europäischen Union zu begrenzen.[55]

16 Differenzierungen sind sodann für **gemischte Angebote** von telekommunikativen Zugangsdienstleistungen und Inhaltsangeboten erforderlich. Insoweit ist die Leistung in die jeweiligen Bestandteile aufzuteilen und den divergierenden Grundrechtstatbeständen zu unterwerfen. Anhand dessen lassen sich auch die Dienstleistungen im Zusammenhang mit dem oftmals pauschal als „Internet" bezeichneten Kommunikationsmedium zuordnen. Die bloßen Internet-Zugangsdienste und (Tele-)Kommunikationsdienste unterfallen hier der Berufs- und Eigentumsfreiheit, die redaktionelle Aufbereitung bzw. Anreicherung mit Inhalten hingegen der Medienfreiheit.

17 3. Medienspezifische Schutzgehalte. Die spezifischen Schutzgehalte der Medienfreiheit umfassen ähnlich wie mit Blick auf Art. 10 EMRK[56] und entsprechende mitgliedstaatliche Traditionen alle Verhaltensweisen im Zusammenhang mit der **Erzeugung und Verbreitung** der genannten Kommunikationsmedien, dh die **Beschaffung** der Informationen, die inhaltliche und formale Gestaltung des Produkts sowie die Verbreitung beim Endverbraucher. Ebenso werden auch die Schaffung der **organisatorischen Rahmenbedingungen** für die Medientätigkeit sowie Hilfstätigkeiten geschützt. Dies gilt etwa für die Auswahl der Mitarbeiter in den Medien, sofern diese an der redaktionellen Arbeit beteiligt sind. Nicht erfasst wird allerdings der Schutz der Rezipienten von Medien[57], die durch das Recht auf Information als Bestandteil der Kommunikationsfreiheit im engeren Sinn geschützt werden (→ § 27 Rn. 19 ff.). Kerngehalt der medienspezifischen Verbürgungen ist die **journalistische Gestaltungsfreiheit,** die nicht nur die Substanz der zum Ausdruck gebrachten Ideen oder Informationen, sondern auch die Form ihrer Darstellung, insbesondere die eigenverantwortliche Wahl der journalistischen Mittel, schützt.[58] Doch der Gewährleistungsbereich umfasst auch die Freiheit der **Gründung** von Medienunternehmen und den freien Zugang zu den entsprechenden Märkten, wobei zu beachten ist, dass auf der Rechtfertigungsebene Beschränkungen auf der inhaltlichen und gestalterischen Ebene einen intensiveren Schutz genießen als wirtschaftliche Beeinträchtigungen.[59]

---

[50] EuGH C-131/12, ECLI:EU:C:2014:317 Rn. 88 – Google Spain.
[51] EuGH C-131/12, ECLI:EU:C:2014:317 Rn. 85 – Google Spain.
[52] Vgl. hierzu auch *Kühling* EuZW 2014, 527 (529) und *Kühling* in FK-EUV/GRC/AEUV GRC Art. 16 Rn. 17; außerdem *Arning/Moosl/Scherz* CR 2014, 447 (453); *Freialdenhoven/Heinzke* GRUR-Prax 2015, 119; *Holznagel/Hartmann* MMR 2016, 228 (231); *Jandt* MMR-Aktuell 2014, 358242.
[53] *Arning/Moosl/Scherz* CR 2014, 447 (453).
[54] EUGH C-507/17, anhängig.
[55] GA *M. Maciej Szpunar,* SchlA EUGH C-507/17, ECLI:EU:C:2019:15 Rn. 47 ff.
[56] Zu Art. 10 EMRK Grabenwarter/Pabel EMRK § 23 Rn. 2; *Cornils* in BeckOK InfoMedienR EMRK Art. 10 Rn. 26 ff.
[57] Zu Art. 5 Abs. 1 GG *Sachs,* Grundrechte, B 5 Rn. 42 f.
[58] EGMR 23.5.1991 – 11662/85 Rn. 57 – Oberschlick; EGMR 23.9.1994 – 15890/89 Rn. 31 – Jersild.
[59] *Uwer* S. 610, 612, auch 180 f.

Im Unterschied zur allgemeinen Kommunikationsfreiheit bezieht sich die Medienfreiheit 18
nur auf solche Handlungen, die einen **medienspezifischen Bezug** aufweisen, sei es, weil es
um die Verbreitung von Inhalten durch Medienbetreiber geht, oder weil es sich um Spezialprobleme der Medienfreiheit wie die innere Pressefreiheit oder die Pluralismussicherung
handelt. Die konkrete Meinungsäußerung oder Informationsweitergabe durch den einzelnen
Journalisten, wie zB der einzelne Bericht in den Fernsehnachrichten oder aber der einzelne
Zeitungskommentar, unterfällt hingegen der **allgemeinen Kommunikationsfreiheit**.[60]
So kann man der gesonderten Erwähnung der Medienfreiheit in Art. 11 Abs. 2 GRC am
ehesten gerecht werden. Diese Abgrenzung wird vor allem im Bereich der Wahrnehmung
der Medienfreiheit im Internet relevant. Nachdem auch die internetbasierten Inhaltsdienste
von der Medienfreiheit geschützt werden, ergeben sich aufgrund der Vielfältigkeit der
Medienformen Abgrenzungsschwierigkeiten.[61] So ist notwendigerweise eine Differenzierung anzustellen, ob bei einzelnen Äußerungen an einen offenen Adressatenkreis[62], zB im
Rahmen von Blogs oder *Twitter-* oder *Facebook*-Mitteilungen, die individuelle Meinungsfreiheit wahrgenommen wird oder eine medienspezifische Vermittlungsleistung (durch die
Plattformbetreiber) und insofern die Medienfreiheit betroffen ist.[63] Nachdem sich hierbei
Grenzen nicht immer trennscharf ziehen lassen, spricht vieles für eine weitgehende Einbeziehung in den Schutzbereich und eine Abgrenzung auf Schrankenebene.[64]

a) Besonderheiten des Mediums „Presse". Hinsichtlich der Presse ist auf der Gewähr- 19
leistungsbereichsebene ein großzügiger Maßstab anzuwenden, der etwa parallel zu Art. 10
EMRK[65] auch die Publikation **rechtswidrig erlangter Informationen** in den Gewährleistungsbereich aufnimmt. Allerdings dürfte das rechtswidrige Erlangen der Information
selbst nicht geschützt sein. Die Bedeutung gerade des Schutzes der Informationsbeschaffung
verlangt auch den Schutz des **Redaktionsgeheimnisses** und des Vertrauensverhältnisses
zwischen den Informanten und den Presseorganen. Insoweit ist auch die **Anonymität** der
Quellen geschützt. Der EGMR unterstreicht die enorme Bedeutung der Vertraulichkeit
der journalistischen Informationsquellen für das Funktionieren der Presse: Schutzlücken in
diesem Bereich könnten die Presse an ihrer demokratieerhaltenden Tätigkeit als *public
watchdog* hindern.[66] So könnte eine Pflicht zur Offenlegung der Informationsquellen und
zur Benennung einzelner Informanten letztere davon abschrecken, weiterhin ihr Wissen an
Journalisten weiterzugeben, so dass die Arbeit der Presseunternehmen erheblich erschwert
würde. Schließlich ist die **Tendenzfestlegung** Gegenstand des Schutzbereichs.[67]

b) Besonderheiten des Mediums „Rundfunk" bzw. linear audiovisueller Medien- 20
dienste. Was die geschützten Verhaltensweisen im Rundfunkbereich anbelangt, kann weitgehend auf die Hinweise zur Pressefreiheit verwiesen werden (→ Rn. 19). Fraglich könnte
sein, ob auch die **Verwertung** der Rundfunksendungen erfasst wird. Dies ist angesichts der

---

[60] So für Art. 5 GG auch *Jarass* in Jarass/Pieroth GG Art. 5 Rn. 32; anders im Zusammenhang von Art. 10 EMRK *Holoubek* AfP 2003, 193 (194), der „die eigene und wertende Stellungnahme oder Kritik" des Journalisten zum Gewährleistungsbereich der Medienfreiheit zählt; vgl. zur Problematik auch *Sachs*, Grundrechte, B 5 Rn. 31 f.
[61] Zu den Problemen, die sich hierbei bei der EMRK ergeben *Maraubn* in Ehlers GuG § 4 Rn. 22.
[62] *Bernsdorff* in NK-EuGRCh GRCh Art. 11 Rn. 17; *Frenz,* HdbEuR Bd. 4, Kap. 8 Rn. 1991; Jarass GRCh Art. 11 Rn. 17; *Maraubn* in Ehlers GuG § 4 Rn. 22; *Walter* in Grabenwarter, EnzEuR Bd. 2, § 12 Rn. 19 ff.
[63] So auch *Pünder* in Ehlers GuG § 16.2 Rn. 15 und *Walter* in Grabenwarter, EnzEuR Bd. 2, § 12 Rn. 19 ff.
[64] *Walter* in Grabenwarter, EnzEuR Bd. 2, § 12 Rn. 19 ff.; so wohl auch *Frenz,* HdbEuR Bd. 4, Kap. 8 Rn. 1993, 1998.
[65] Grabenwarter/Pabel EMRK § 23 Rn. 9; ausführlich dazu auch *Frenz,* HdbEuR Bd. 4, Kap. 8 Rn. 2017; ebenso in Deutschland *Sachs,* Grundrechte, B 5 Rn. 30.
[66] ZB EGMR 27.3.1996 – 17488/90 Rn. 39, 45 – Goodwin; bestätigt zB durch EGMR 25.2.2003 – 51772/99 Rn. 46, 57 – Roemen und Schmit; vgl. auch EGMR 26.11.2013 – 59545/10 Rn. 50 – Blaja News; ebenso EGMR 8.10.2013 – 28255/07 Rn. 56 – Cumhuriyet Vakfi.
[67] So für die Pressefreiheit aus Art. 5 Abs. 1 S. 2 Alt. 1 GG BVerfGE 52, 283 (296 f.); zu diesem Thema umfassend aus dem Blickwinkel der EMRK und ausgewählten mitgliedstaatlichen Rechtsordnungen *Kloepfer* passim; außerdem dazu *Frenz,* HdbEuR Bd. 4, Kap. 8 Rn. 2147 ff.

zunehmenden Bedeutung für die Finanzierung des Rundfunks zu bejahen (dazu auch mit Blick auf die Filmfreiheit → Rn. 22).

21 Problematisch ist ferner, ob die Rundfunkfreiheit dem einzelnen Programmveranstalter ein individuelles **Recht auf Zulassung als Rundfunkveranstalter** gewährt. Der EGMR trifft hierzu keine eindeutige Aussage, erkennt aber im Urteil *Informationsverein Lentia* implizit an, dass Art. 10 EMRK die Rundfunkveranstalterfreiheit schütze.[68] Eine Rechtslage, nach der ein privater Bewerber nicht die Möglichkeit hat, eine Lizenz für die Veranstaltung von Rundfunksendungen zu erhalten und durch die folglich ein öffentliches Rundfunkmonopol errichtet wird, stelle eine Beeinträchtigung der Rundfunkfreiheit dar. Dies kann so interpretiert werden, dass ein Anspruch auf Zulassung als Rundfunkveranstalter aus Art. 10 EMRK gegeben ist.[69] Angesichts der Konzeption des BVerfG der Rundfunkfreiheit als „dienendes" Grundrecht, das seinem Träger nicht primär zum Zweck der Persönlichkeitsentfaltung und Interessenverfolgung gegeben sei, sondern der weitest gehenden Verwirklichung der Meinungs- und Informationsfreiheit und damit dem Funktionieren der Demokratie diene, hat sich das BVerfG schwer getan, einen solchen individuellen Zulassungsanspruch zu bejahen. Inzwischen gehen sowohl die Rechtsprechung des BVerfG als auch die herrschende Meinung jedoch davon aus.[70] In Anbetracht der Ansätze in der Rechtsprechung zur EMRK und der einheitlichen Konzeption der Medienfreiheiten, die keine dem deutschen Recht vergleichbare, primär dienende oder objektiv-rechtliche Ausgestaltung eröffnet, ist für das Unionsrecht eine **subjektivrechtliche Schutzkomponente.** die auch ein individuelles Recht auf Zulassung als Rundfunkveranstalter umfasst, zu bejahen.

22 **c) Besonderheiten des Mediums „Film".** Im Hinblick auf die Filmfreiheit als Bestandteil der Medienfreiheit wird auch das **Merchandising** geschützt, dh die Vermarktung von Folgeprodukten wie zB Bücher, Spielzeug, Kleidungsstücke etc. Diese gehören zwar einerseits nicht direkt zur Herstellung und Verbreitung des Films. Sie sind aber andererseits sehr wichtig für den wirtschaftlichen Bestand der Filmproduktion. Gerade hier sind unionsrechtliche Berührungspunkte auf der Hand liegend, wenn man bspw. an die Werbung für und den Vertrieb der Merchandisingprodukte denkt.

23 **d) Besonderheiten internetbasierter Mediendienste.** Wenig konturiert ist bislang der sachliche Gewährleistungsgehalt in Bezug auf internetbasierte Mediendienste. Das hängt insbesondere damit zusammen, dass in diese Kategorie eine ganze Reihe heterogener, neuartiger und sich sehr dynamisch entwickelnder Dienste fallen, die unterschiedliche regulatorische Fragen aufwerfen. Schon die Klassifikation der Dienste ist nicht sehr weit vorangeschritten, was wiederum darin begründet liegt, dass es noch keine substantiellen begriffsbildenden sektorspezifischen Regelungswerke gibt. Insbesondere auf europäischer Ebene finden sich bislang nur sehr rudimentäre Vorgaben. So ist zwar schon sehr früh, nämlich im Jahr 2000, eine Richtlinie über den elektronischen Rechtsverkehr erlassen worden.[71] Diese ist vom Anwendungsbereich her sehr weit gefasst und adressiert sämtliche **Dienste der Informationsgesellschaft,** „dh jede in der Regel gegen Entgelt elektronisch im Fernabsatz und auf individuellen Abruf eines Empfängers erbrachte Dienstleistung." Damit werden, gerade wenn der Entgeltbegriff weit als „auf kommerzieller Basis erbracht"[72] verstanden wird, eine Vielzahl von Internet-Informationsdiensten

---

[68] EGMR 24.11.1993 – 13914/88 ua Rn. 27 – Informationsverein Lentia; siehe auch schon EGMR 28.3.1990 – 10890/84 Rn. 55 – Groppera.
[69] So *Holznagel* S. 155; vgl. *v. Coelln* in Stern/Sachs GRCh Art. 11 Rn. 46, 65.
[70] BVerfGE 97, 298 (313); vorsichtig *Bethge* in Sachs GG Art. 5 Rn. 112; vgl. auch *Kühling* in BeckOK InfoMedienR GG Art. 5 Rn. 80; vgl. zur vorherigen Situation und den restriktiven Ansätzen in Frankreich und Italien die Darstellung bei *Holznagel* S. 100, 111, 120.
[71] ABl. 2000 L 178, 1.
[72] Näher dazu und zum Folgenden *Kühling/Schall* CR 2015, 641 (647 f.) und *Kühling/Schall* CR 2016, 185 (195 ff.); zur Gegenansicht *Schuster* CR 2016, 173 (182 f.); siehe dazu und allgemein zur Definition des Dienstes der Informationsgesellschaft *Buchner/Kühling* in Kühling/Buchner DS-GVO Art. 4 Nr. 25 Rn. 4 ff.

erfasst (wie Suchmaschinen, soziale Netzwerkdienste, Plattformen für nutzergenerierte Dienste etc.[73]).

Die **Regulierungsvorgaben** der Richtlinie sind jedoch bislang sehr **zurückhaltend**, gerade was die **redaktionelle Verantwortlichkeit** bzw. Haftung der Diensteanbieter anbelangt (vgl. Art. 12–14 E-Commerce-RL[74]). Dementsprechend ist es bisher auch noch nicht zu einer gerichtlichen Auslotung etwaiger Pflichten der Diensteanbieter am Maßstab der unionsrechtlichen Medienfreiheit gekommen. Das *Google*-**Urteil** des EuGH ist insoweit eine erfreuliche Ausnahme, da dort immerhin eine datenschutzrechtliche und damit eine **persönlichkeitsrechtliche Verantwortung** des Suchmaschinendiensteanbieters für entsprechende Verlinkungen auf Web-Seiten anderer Anbieter festgestellt wurde.[75] Gleichwohl arbeitet der EuGH in jener Entscheidung gerade nicht die informations- und medienrechtliche Relevanz des Problems hinreichend heraus. So geht der EuGH nicht näher darauf ein, dass die Verlinkung nicht nur eine zusätzliche Gefährdung der Persönlichkeitsrechte mit sich bringt, sondern dass umgekehrt die Verpflichtung zum Löschen entsprechender Links aus dem Verzeichnis von Google als zentrale und in einzelnen Mitgliedstaaten der EU nahezu einzig relevante Suchmaschine zur faktischen Nichtverfügbarkeit des spezifischen Inhalts – im konkreten Fall der Bericht im Online-Angebot der Tageszeitung – führt. Damit geht es um einen ganz typischen neugelagerten Konflikt im Umgang mit Informationsintermediären, die eine zentrale **Gatekeeper**-Rolle beim Zugang zu Informationen einnehmen und dadurch auch für die Wahrung der Medienfreiheit der übrigen Inhalteanbieter (hier der Online-Zeitung) von entscheidender Bedeutung sind. Auch im Zusammenhang mit dem nationalen Regelwerk des **Netzwerkdurchsetzungsgesetzes**,[76] das die Haftungsparameter für strafrechtlich relevante Inhalte auf sozialen Netzwerken für die Diensteanbieter selbst genauer austariert und institutionalisiert, wird die Gefahr der Verletzung der Informations- und Medienfreiheit der Nutzer wegen vermehrter Löschungen der Netzwerkbetreiber gesehen. Die Vereinbarkeit mit dem Unionsrecht wird dementsprechend nicht nur vor dem Hintergrund des Verstoßes gegen einige Bestimmungen der E-Commerce-RL angezweifelt,[77] sondern auch im Hinblick auf Art. 11 GRC.[78] Erste Zahlen aus dem halbjährlichen Bericht des sozialen Netzwerks Facebook von nur 349 Löschungen bei 674 Beschwerden bestätigen diese Befürchtungen nicht.[79] Auch der EGMR sieht in der Haftbarkeit eines Diensteanbieters im Rahmen eines Notice-and-Takedown-Verfahrens grundsätzlich keinen Verstoß gegen Art. 10 EMRK.[80]

Insgesamt kommt es für diese stoßenden regulatorischen und medienfreiheitsrechtlichen Herausforderungen – vom Problem sogenannter **Fake-News** über die mangelnde Bekämpfung von Hate-Speech bis hin zur umgekehrten Diskussion um fragliche Lösch-Praktiken seitens *Facebook* (etwa des ikonografischen Kriegsbilds des „Napalm-Mädchens") – erst allmählich zu der erforderlichen wissenschaftlichen Aufbereitung sowohl der Fragen der redaktionellen Verantwortung als auch der Probleme der **Meinungsmacht** jener neuen Informationsintermediäre.[81] Auch Fragen eines *level playing field* bzw. einer gleichheitsorientierten Regulierung der Mediendienste im Informationszeitalter des 21. Jahrhunderts werden erst in jüngerer Zeit zunehmend analysiert und einer schrittweisen Klärung zugeführt. In diesem Zusammenhang sind etwa die Diskussionen um die Inpflichtnahme auch nichtlinear audiovisueller Mediendienste im Rahmen der **Pluralismussiche-**

---

73 Zu diesen Kategorien *Schulz/Dankert* S. 21 ff.
74 Siehe dazu ausführlich *Spindler/Riccio/Van der Perre* passim.
75 EuGH C-131/12, ECLI:EU:C:2014:317 Rn. 36–38, 80–88 – Google Spain.
76 BGBl. 2017 I 3352.
77 *Guggenberger* NJW 2017, 2577 (2581); *Koreng* GRUR-Prax 2017, 203 (205).
78 Vgl. unter anderem *Gersdorf* MMR 2017, 439 (446); *Guggenberger* NJW 2017, 2577 (2581).
79 Vgl. dazu Facebook, NetzDG Transparenzbericht Juli 2019, abrufbar unter https://fbnewsroomus.files.wordpress.com/2019/07/facebook_netzdg_juli_2019_deutsch-2.pdf.
80 EGMR 16.6.2015 – 64569/09 Rn. 147 ff. – Delfi AS; EGMR 2.2.2016 – 22947/13 Rn. 91 – Magyar Tartalomszolgáltatók Egyesülete u. Index.hu.
81 Erste umfassendere Untersuchungen bieten vor allem *Kellner; Natt; Pille; Schulz/Dankert*.

rung (→ Rn. 43 und 61) und einer gleichheitsorientierten Werberegulierung für lineare und nichtlineare audiovisuelle Mediendienste zu sehen (→ Rn. 80). Unklar ist dabei unter anderem, ob und in welchem Umfang neben horizontalen Vorgaben – etwa des Kartellrechts – sektorspezifische Regeln erforderlich und zweckmäßig sind. So ist bereits früh auf die potenziellen Manipulationsgefahren von Suchmaschinendiensten hingewiesen worden.[82] Allerdings ist bis heute unklar, ob tatsächlich nicht nur wirtschaftsrechtlich, sondern auch medienrechtlich relevante Probleme bestehen und durch das Kartellrecht angemessen gelöst werden können.[83] Auch mit Blick auf die Fusionskontrolle ist schon frühzeitig auf die Vermachtungsgefahren durch das Entstehen konglomerater Strukturen bei internetbasierten Mediendiensten – etwa im Fall marktdominanter Suchmaschinendiensteanbieter – hingewiesen worden, was sich erst jetzt in ersten Änderungen der **Fusionskontrolle** im GWB niederschlägt.[84] Insgesamt ist daher mit einer bloß allmählichen medienfreiheitsrechtlichen Verortung und Klärung der Gewährleistungsgehalte und Regulierungsbedürfnisse in Bezug auf internetbasierte Mediendienste zu rechnen. Je stärker entsprechende Diensteanbieter eine redaktionelle Rolle einnehmen, desto stärker können sie sich aber auch umgekehrt auf die Medienfreiheiten wie „klassische" Presse- und Rundfunkanbieter im Falle etwaiger regulatorischer Eingriffe berufen. Auch kartellrechtliche Eingriffe – etwa in die Zusammenstellung der Suchergebnisse – sind daher gleichermaßen an der Medienfreiheit der Diensteanbieter zu messen. Im Übrigen ist jedenfalls die Zurückweisung einer redaktionellen Verantwortung für persönlichkeitsrechtliche Verletzungen etc. unter Hinweis auf die bloß „neutrale" und „algorithmengesteuerte" Bereitstellung von Suchergebnissen, Nachrichten etc. ebenso abzulehnen, wie der Verweis darauf, dass lediglich eine „neutrale" Plattform für den Meinungsaustausch durch Dritte bereitgestellt werde.

26 4. Geschützte Inhalte. Sofern es um die Verbreitung der Inhalte über die Medien selbst geht, erfassen die Presse-, Rundfunk-, Film- und Medienfreiheit ebenso wie die allgemeine Kommunikationsfreiheit ein **breites Inhaltsspektrum** (es gelten hier die in → § 27 dargestellten Prinzipien, → § 27 Rn. 14 f.). Geschützt wird also – im Hinblick auf die für eine Demokratie notwendigen Aspekte des Pluralismus, der Toleranz und der Offenheit – auch die Verbreitung schockierender und beunruhigender, scharfer oder aggressiver Äußerungen, sogar auch provokativer, polemischer, blasphemischer oder rassistischer Inhalte, deren Qualität ebenso irrelevant wie ihre Mehrheitsfähigkeit ist.[85] Für den Rundfunk bedeutet das insbesondere, dass alle Programminhalte geschützt werden, also nicht nur die Verbreitung von Informationen und Nachrichten, sondern auch zB Unterhaltungssendungen[86] oder pornografische Inhalte. Diese prinzipiell breite Schutzbereichsfassung hat in jüngster Zeit Relevanz für die in erschreckendem Maße zunehmende Verbreitung rassistischer Inhalte in sozialen Netzwerken erlangt. Hier ist jedoch bereits an dieser Stelle hervorzuheben, dass insoweit sehr wohl Beschränkungen gerechtfertigt werden können (→ Rn. 78). Presseerzeugnissen, Filmen oder Sendungen, denen **kein kommunikativer Inhalt** mehr innewohnt oder die eklatant dem Gedanken freier geistiger Auseinandersetzung zuwiderlaufen (Erpressungen, physische oder psychische Gewalt) werden jedoch schon vom Tatbestand der Medienfreiheit ausgeschlossen. Das bedeutet zB, dass pornografische Filme, bei deren Herstellung Menschen missbraucht oder verletzt wurden, gar nicht erst vom Gewährleistungsbereich erfasst werden, ihre Verbreitung also keinen Schutz unter der Medien-

---

[82] *Kühling/Gauß* ZUM 2007, 881.
[83] Vgl. dazu Europäische Kommission, COM(2017) 4444 final – Google Shopping; ausführlich dazu *Kellner* S. 179 ff.
[84] *Kühling/Gauß* MMR 2007, 751; siehe dazu § 35 Abs. 1a GWB, der das Transaktionsvolumen als Wert der Gegenleistung als Aufgreifkriterium für die Fusionskontrolle vorsieht, so dass etwa der medienrechtlich hoch relevante Kauf von *WhatsApp* durch *Facebook* oder derjenige von *YouTube* durch *Google* nach jetziger Rechtslage fusionskontrollrechtlich erfasst worden wären.
[85] Für die Presse zB ausdrücklich EGMR 6.5.2003 – 48898/99 Rn. 39a – Perna; EGMR 14.3.2002 – 26229/95 Rn. 34 – Gaweda.
[86] EGMR 28.3.1990 – 10890/84 Rn. 55 – Groppera; *Holznagel* S. 154.

freiheit genießt. Für Presse und Rundfunk ist besonders relevant, dass die **Verbreitung fremder Meinungen** und Informationen ohne die Notwendigkeit einer besonderen Identifikation geschützt wird.[87]

Bei der Presse- und Rundfunkfreiheit liegt der Schwerpunkt zunächst auf der Weitergabe von **Informationen** und **Meinungen.** Dies liegt vor allem an der Bedeutung der Presse und des Rundfunks bzw. der Medien im Allgemeinen als Informationsquelle und Quelle zur Meinungsbildung für den Bürger zum Zweck der Aufrechterhaltung einer funktionsfähigen Demokratie. Hinsichtlich der weiteren Abschichtung kann auf die Ausführungen zur allgemeinen Kommunikationsfreiheit verwiesen werden (→ § 27 Rn. 14 f.). Gleiches gilt für die Filmfreiheit und die internetbasierten Mediendienste: Auch hier sind inhaltlich sowohl Meinungen als auch Informationen geschützt, und zwar unabhängig davon, ob sie unmittelbar, mittelbar oder gar nicht für die politische Willensbildung im Staat relevant sind. So fallen unproblematisch auch Spielfilme und nicht nur politische Dokumentarfilme in den Schutzbereich.

27

5. Negative Medienfreiheit. Ebenso wie die allgemeine Kommunikationsfreiheit enthält auch die Medienfreiheit ein negatives Schutzelement, mithin das Recht, sich gegen erzwungene bewusste kommunikative Akte zu wehren. Im Hinblick auf Medienunternehmen bedeutet dies, dass sie nicht von staatlicher oder Unionsseite zur Verbreitung bestimmter Informationen oder Meinungen gezwungen werden dürfen. Dabei ist es – wie auch bei der allgemeinen Kommunikationsfreiheit (→ § 27 Rn. 24) – irrelevant, ob ein Sender hinzufügen kann, dass die Meinung von einer anderen Person oder staatlichen Stelle herrührt. Grundsätzlich ist Schutz gegen den Missbrauch von Grundrechtsberechtigten als **Sprachrohr** anderer Privater oder öffentlicher Instanzen zu gewähren. Damit stellen etwa Bestimmungen zur **Gegendarstellung** einen Eingriff in die Medienfreiheit dar. Der Schutz des Grundrechtsberechtigten davor, überhaupt eine oder eine bestimmte Meinung oder Information **empfangen zu müssen,** wird hingegen durch die negative Informationsfreiheit (als Teil der allgemeinen Kommunikationsfreiheit) gewährleistet (→ § 27 Rn. 23 f.).

28

II. Persönlicher Gewährleistungsbereich

1. Grundrechtsberechtigung natürlicher Personen. Grundrechtsberechtigte der Medienfreiheit sind zunächst natürliche Personen (→ § 27 Rn. 29 ff.), dh einzelne Medienunternehmer (wobei es sich hier regelmäßig um juristische Personen handeln wird), aber auch alle einzelnen Mitarbeiter im geschützten Prozess der Herstellung und Verbreitung des jeweiligen Erzeugnisses. Dies gilt unabhängig davon, ob sie Unionsbürger oder Drittstaatsangehörige sind. Die Pressefreiheit schützt sowohl den Journalisten als auch den Verleger.[88] Das Verhältnis zwischen einem Journalisten und dem Herausgeber oder Verleger, bei dem er beschäftigt ist, bestimmt sich ebenfalls nach Maßgabe der Pressefreiheit.[89] Gleiches gilt für die übrigen Medien.

29

2. Grundrechtsberechtigung juristischer Personen. a) Juristische Personen des privaten Rechts. Juristische Personen des Privatrechts – wie zB Verlage, Presseagenturen, Rundfunkunternehmen, Filmproduktionsgesellschaften und sonstige **Medienunternehmen** – zählen unabhängig von ihrer Rechtspersönlichkeit, ihrer sonstigen Organisationsform, ihrem Gründungsort und ihrem Sitz zu den Grundrechtsberechtigten der Medienfreiheit (zum Grundsatz schon → § 27 Rn. 32).

30

---

[87] Vgl. zum Ganzen → § 27 Rn. 14 f. sowie zur EMRK ausführlich *Holoubek* AfP 2003, 193 (196 f.); *Marauhn* in Ehlers GuG § 4 Rn. 17.
[88] EGMR 11.1.2000 – 31457/96 Rn. 39 – NEWS Verlags GmbH & Co. KG; EGMR 18.5.2004 – 58148/00 – Éditions Plons; hierzu auch *Marauhn* in Ehlers GuG § 4 Rn. 18.
[89] Zu Art. 10 EMRK Grabenwarter/Pabel EMRK § 23 Rn. 3.

31 b) Juristische Personen des öffentlichen Rechts. Die Frage, ob juristische Personen des öffentlichen Rechts gleichermaßen als Grundrechtsberechtigte der Medienfreiheiten gelten können, stellt sich vor allem im Hinblick auf die öffentlich-rechtlich organisierten **Rundfunkanstalten** der Mitgliedstaaten und ist von erheblicher praktischer Relevanz. Sie ist in der Rechtsprechung der Konventionsorgane zu Art. 10 EMRK inzwischen geklärt. So hat der EGMR in einer jüngeren Entscheidung die Grundrechtsberechtigung einer belgischen öffentlich-rechtlichen Rundfunkanstalt angenommen und diese unter den Schutz des Art. 10 EMRK gestellt.[90] Nachdem dem Sender *Radio-télévision Belge de la Communauté Française* (RTBF) durch letztinstanzliches Urteil im einstweiligen Rechtsschutz die Ausstrahlung eines kritischen Berichts über Beschwerden von Patienten über einen belgischen Neurologen untersagt wurde, wandte sich RTBF an den EGMR. Dieser sah den Sender auch ohne Beschreiten des Hauptsacheverfahrens schon durch das einstweilige Ausstrahlungsverbot[91] in dem ihm zustehenden Recht aus Art. 10 EMRK verletzt. Durch die uneinheitliche Rechtsprechung in Bezug auf Sendeverbote sah der EGMR keine den Anforderungen an die Vorhersehbarkeit entsprechende gesetzliche Grundlage für einen solchen Eingriff.[92] Auch ein Teil der Literatur bejaht die Berechtigung öffentlich-rechtlicher Rundfunkanstalten aus Art. 10 EMRK.[93] Es sprechen die besseren Argumente dafür, dem im Unionsrecht zu folgen.[94] Obschon die primäre Dimension der Grundrechte in der Abwehr hoheitlicher Übergriffe gegenüber natürlichen Privatpersonen liegt, ist doch nicht zu verkennen, dass öffentlich-rechtliche Rundfunkanstalten zwar einen öffentlichen Auftrag erfüllen, im Wesentlichen jedoch in einer staatsfernen Position stehen, ihre **Unabhängigkeit** gegenüber der Hoheitsgewalt bewahren und insofern gleichfalls gegen staatliche Übergriffe geschützt werden müssen.[95] Dies wurde schon zuvor durch den Ansatz der EMRK bestätigt, die im Fall einer gewissen Staatsdistanz in Anlehnung an die entsprechend konzipierte Beschwerdebefugnis in Art. 34 EMRK (Befugnis von „nichtstaatlichen Organisationen und Vereinigungen") juristische Personen des öffentlichen Rechts ausnahmsweise als Grundrechtsberechtigte ansehen kann.[96] Besonders im Bereich des Rundfunks zeigen sich wegen des grundsätzlich **grenzüberschreitenden Charakters** besondere Gefährdungspotentiale gegenüber der hoheitlichen Gewalt anderer Mitgliedstaaten, denen durch die Grundfreiheiten im Verbund mit der unionsrechtlichen Medienfreiheit zu begegnen ist. Die Anerkennung der Grundrechtsberechtigung für öffentlich-rechtliche Rundfunkanstalten aus der Medien- sowie aus der allgemeinen Kommunikationsfreiheit durch den EGMR ist daher zu begrüßen.

32 Inwieweit dieses Ergebnis auf andere **öffentliche Instanzen** übertragen werden kann, bedarf jeweils der genauen Prüfung. Dabei ist davon auszugehen, dass im Grundsatz juristische Personen des öffentlichen Rechts die Grundrechte zu wahren haben, sich aber nicht zur Durchsetzung eigener Interessen auf diese berufen können. Dies ist nur im Ausnahmefall anders, wenn eine vergleichbare **Schutzbedürftigkeit** angesichts der staatsfernen Einrichtung der juristischen Person des öffentlichen Rechts und ein entsprechendes Gefährdungspotential besteht. Fungieren juristische Personen des öffentlichen Rechts im Rahmen ihrer öffentlichen Aufgaben als Herausgeber von Druckerzeugnissen oder betätigen sich sonst im

---

[90] EGMR 29.3.2011 – 50084/06 Rn. 94 – RTBF.
[91] EGMR 29.3.2011 – 50084/06 Rn. 88 ff. – RTBF.
[92] EGMR 29.3.2011 – 50084/06 Rn. 115 f. – RTBF.
[93] *Bernsdorff* in NK-EuGRCh GRCh Art. 11 Rn. 21; *Frenz*, HdbEuR Bd. 4, Kap. 8 Rn. 1965; *Gornig* S. 284; *Golsong* S. 22 f.; Jarass GRCh Art. 11 Rn. 18; *v. Coelln* in Stern/Sachs GRCh Art. 11 Rn. 38; *Uwer* S. 107 f.; *Walter* in Grabenwarter, EnzEuR Bd. 2, § 12 Rn. 28; vgl. auch Grabenwarter/Pabel EMRK § 23 Rn. 10 unter Verweis auf die Entscheidung des EGMR 29.3.2011 – 50084/06 Rn. 5, 94 – RTBF.
[94] Für eine Grundrechtsberechtigung öffentlich-rechtlicher Rundfunkanstalten auch EuG T-309/04, Slg. 2008, II-2935 Rn. 118 – TV2.
[95] Zu einer entsprechenden beschränkten Geltung für juristische Personen des öffentlichen Rechts unter dem Grundgesetz Sachs in Sachs GG Art. 19 Rn. 89 ff. mwN.
[96] Zur bisher vorsichtigen Praxis siehe den Fall der Anwendung der Eigentumsfreiheit des Art. 1 des Ersten Zusatzprotokolls auf Kirchen in EGMR 9.12.1994 – 13092/87, 13984/88 Rn. 49 – Heilige Klöster (Holy Monasteries), in dem der EGMR explizit feststellte, dass der Kirche keine Verwaltungsbefugnisse zukommen.

Pressebereich, so ist eine solche Staatsferne zu verneinen; die betreffende Stelle ist dann nicht Trägerin der Pressefreiheit. Damit sind etwa die Publikationen der Europäischen Kommission nicht von der Medienfreiheit geschützt, auch nicht gegenüber Organen der Mitgliedstaaten.

III. Grundrechtsverpflichtete

In Bezug auf die durch die Medienfreiheit Verpflichteten gilt das zur Kommunikations- 33 freiheit Gesagte (→ § 27 Rn. 34). Gebunden ist demnach die **Hoheitsgewalt** in ihren sämtlichen Formen, sowohl auf unionaler als auch auf mitgliedstaatlicher Ebene. Da die EU hinsichtlich der Regulierung der Inhalte der einzelnen Medien, die insbesondere die Sicherstellung der Meinungsvielfalt, die Einhaltung des (zumeist nationalen) Medienrechts, aber auch der sonstigen rechtlichen Vorgaben – insbesondere des Strafrechts – betrifft, nur über beschränkte Kompetenzen verfügt[97], sind hier vor allem die **Mitgliedstaaten** als Grundrechtsadressaten relevant, denn ihnen obliegt die Inhaltsregulierung. Dies ist im Bereich der klassischen Presse ua auch deshalb zu erwarten, da dort angesichts der Sprachbarrieren die Märkte nach wie vor noch eher national orientiert sind, so dass ein unionsrechtlicher Handlungsbedarf nur bedingt besteht.[98] Gleichwohl gibt es Bereiche, in denen die EU bereits regulierend tätig geworden ist und in denen ihr Einfluss mittlerweile sehr groß ist, und zwar insbesondere im Bereich der **audiovisuellen Mediendienste** durch die AVMD-RL[99] als Nachfolgeregelung der den Fernsehbereich betreffenden Fernsehrichtline.

Bei der Frage, ob und wie weit auch **Private** an die Medienfreiheit gebunden sind, ist 34 wiederum zwischen den Fällen zu trennen, in denen tatsächlich eine **Drittwirkung** in Frage steht, und solchen, bei denen es sich um einen Sonderfall der Bindung hoheitlicher Aktivitäten handelt (zB die meisten Fälle der Kollision von Grundrechten zwischen Privaten). Will der Betroffene nicht mehr gegen eine Beeinträchtigung der Medienfreiheit, die sich auf ein staatliches Handeln zurückführen lässt, vorgehen, sondern fordert er ein bestimmtes **positives hoheitliches Tun** mit Wirkung gegenüber Dritten ein, fällt das Problem der Drittwirkung weitgehend mit dem **staatlicher Schutzpflichten** zusammen (dazu schon → § 27 Rn. 34 und 36).[100] Im Unionsrecht ist nur ausnahmsweise die richterrechtliche Entfaltung drittwirkender Normgehalte aus der Medienfreiheit möglich.[101] Der nach Pluralismus in der Zeitungslandschaft, im Rundfunk oder in den internetbasierten Medien strebende Unionsbürger, der entsprechende Verpflichtungen der Rundfunksender oder Beschränkungen der Verleger verlangt, ist primär auf den Unionsgesetzgeber verwiesen, sofern diesem überhaupt entsprechende Kompetenzen zukommen. Die Verpflichtung der hoheitlichen Organe zu einem (bestimmten) Tun ist nur unter engen Voraussetzungen denkbar. Für die Medienfreiheit gilt hier nichts anderes als für die allgemeine Kommunikationsfreiheit. Dennoch wird die Frage einer horizontalen Wirkung der Medienfreiheit gerade vor dem Hintergrund **meinungsrelevanter Internetintermediäre** immer drängender. Die privaten Diensteanbieter berühren durch ihre (meist algorithmisch gesteuerte und nutzerinteressenorientierte) Sortierung von Inhalten, durch ihre Löschungen und Nutzerausschlüsse die Interessen der Nutzer, die über ihre Strukturen Inhalte zur Verfügung stellen. Auch die verstärkte Verbreitung von „Fake News"[102], also von Falschmeldungen, vor allem mithilfe von „Social Bots", also der automatisierten Erstellung von Kommentaren oder Likes, wirft die Frage auf,

---

[97] Vgl. dazu *Birkert* in Bergmann/Kenntner Kap. 21 Rn. 4.
[98] *Birkert* in Bergmann/Kenntner Kap. 21 Rn. 60; gleichwohl gibt es einen grenzüberschreitenden Austausch insbesondere zwischen gleichsprachigen Ländern wie Österreich und Deutschland.
[99] RL 2010/13/EU zur Koordinierung bestimmter Rechts- und Verwaltungsvorschriften der Mitgliedstaaten über die Bereitstellung audiovisueller Mediendienste (Richtlinie über audiovisuelle Mediendienste), ABl. 2010 L 95, 1.
[100] Ähnlich für die EMRK auch *Uwer* S. 124 f., mit Bezug auf EGMR 26.5.1994 – 16969/90 – Keegan zu Art. 8 EMRK; so wohl auch Jarass GRCh Art. 11 Rn. 7, 24, aber auch einschränkend Rn. 25.
[101] Vorsichtig auch *Uwer* S. 128 ff.
[102] Die Europäische Kommission hat zusammen mit Diensten wie Facebook, Twitter und Google einen Verhaltenskodex hierzu erarbeitet, vgl. dazu Europäische Kommission, Fake news and online disinformation, abrufbar unter https://ec.europa.eu/digital-single-market/en/fake-news-disinformation.

welche Verantwortung private Diensteanbieter im Internet für den öffentlichen Kommunikationsraum, den sie dort schaffen, tragen müssen.[103]

35 Um eine Frage der Drittwirkung handelt es sich auch bei der **inneren Pressefreiheit**[104] sowie bei der inneren Rundfunkfreiheit bzw. allgemeiner der „inneren Medienfreiheit", dh der Freiheit einzelner Medienangehöriger innerhalb ihres Medienunternehmens.

IV. Schutzdimension der Medienfreiheit als klassisches subjektives Abwehrrecht

36 Für die Medienfreiheiten sind zwei Schutzdimensionen von primärer Bedeutung: Einerseits die gegen bedrängende Hoheitsgewalt gerichtete negative Abwehrfunktion und andererseits die auf die Verwirklichung durch den Staat abzielende(n) objektivrechtliche(n) Schutzdimension(en). Bei der Presse-, der Rundfunk-, der Film- und sonstigen Medienfreiheit greift zunächst die **klassische Dimension** als Abwehrrecht. Dies entspricht der subjektivrechtlichen Orientierung der EMRK und der Rechtsprechung des EuGH (dazu bereits → § 27 Rn. 35). Die Medienfreiheiten stellen mithin subjektive Rechte dar, die zur Abwehr hoheitlicher (exekutiver und legislativer) Beeinträchtigungen durch die Unionsorgane und Mitgliedstaaten geltend gemacht werden können.

V. Objektivrechtliche Schutzdimension der Medienfreiheit, insbesondere das Pluralismusprinzip/Pluralität

37 Gerade im Bereich der Medienfreiheit gewinnt die objektivrechtliche Schutzdimension der Grundrechte **besondere Bedeutung.** Art. 11 Abs. 2 GRC nennt ausdrücklich die **Pluralität** der Medien als von der Unionsrechtsordnung zu schützendes Prinzip.

38 **1. Ansätze objektivrechtlicher Gehalte in der EMRK und den Mitgliedstaaten.** Im Rahmen des Art. 10 EMRK sind objektivrechtliche Gehalte, dh alle diejenigen Schutzwirkungen eines Grundrechts, die nicht der konkreten Abwehr ungerechtfertigter, hoheitlicher Beeinträchtigungen individueller Rechtspositionen dienen, vom EGMR zunächst zu Art. 10 EMRK noch nicht entwickelt worden. Zu anderen Grundrechten wurden bereits positive Handlungspflichten formuliert, die eine objektivrechtliche Grundrechtsschicht hervortreten lassen.[105] Allerdings war angesichts der in der Rechtsprechung schon früh stets betonten hervorragenden Bedeutung der Medien- und Kommunikationsfreiheit für die Demokratie und des speziell im Fall *Informationsverein Lentia*[106] herausgehobenen **hohen Stellenwerts des Pluralismus** eine derartige Erweiterung immer zumindest angelegt.[107] Inzwischen hat sich aus der Rechtsprechung des EGMR auch zu Art. 10 EMRK eine relativ ausdifferenzierte Schutzpflichtendogmatik entwickelt (→ Rn. 54 ff.).

39 Was die mitgliedstaatlichen Entwicklungen anbelangt, ist die **deutsche Dogmatik** besonders weit vorangeschritten. Im Hinblick auf die Presse- und Rundfunkfreiheit sind grundrechtliche Schutzpflichten zur Gewährleistung einer freien Kommunikationsordnung prinzipiell anerkannt. Die Reichweite dieser Pflichten ist jedoch im Einzelnen umstritten. Für die Rundfunkfreiheit hat das BVerfG einen detaillierten Pflichtenkanon mit Anforderungen an Staats-, Partei- und Wirtschaftsferne, Vorgaben an die Finanzierung öffentlich-

---

[103] Vgl. umfassend zur ganzen Thematik *Kellner*.
[104] Mit Blick auf das Grundgesetz *Bethge* in Sachs GG Art. 5 Rn. 81; vgl. auch *Uwer* S. 110, 131, der sehr vorsichtig bezüglich der Bejahung von Schutzpflichten bzw. der Drittwirkung ist; siehe ferner umfassend auch *Kloepfer* passim; so wohl auch Jarass GRCh Art. 11 Rn. 7, 24.
[105] EGMR 13.6.1979 – 6833/74 Rn. 31 – Marckx; EGMR 21.6.1988 – 10126/82 Rn. 31 ff. – Plattform Ärzte für das Leben; EGMR 25.4.1996 – 15573/89 Rn. 45 ff. – Gustafsson.
[106] Grundlegend EGMR 24.11.1993 – 13914/88 ua Rn. 38 – Informationsverein Lentia; später sodann EGMR 16.3.2000 – 23144/93 Rn. 44 ff. – Özgür Gündem; EGMR 14.9.2010 – 2668/07 Rn. 106 – Dink; EGMR 29.1.2015 – 54204/08 Rn. 68 ff. – Uzeyir Jafarov; außerdem zum Rundfunk EGMR 17.9.2009 – 13936/02 Rn. 99 ff. – Manole and Others; EGMR 7.6.2012 – 38433/09 Rn. 134 – Centro Europa 7 S. R. L.
[107] Umfassend hierzu mit besonderem Blick auf den Teilaspekt der Rundfunkfreiheit *Lutzhöft* S. 284 ff.

rechtlicher Rundfunkanstalten etc. entwickelt[108]. Mit Blick auf die Pressefreiheit ist das Gericht zurückhaltender vorgegangen und hat vornehmlich die abwehrrechtliche Schutzdimension durch objektivrechtliche Aspekte verstärkt.

2. Pluralismus als objektivrechtlicher Schutzgehalt: Bedeutung und Grenzen. 40
Trotz der unterschiedlich weit reichenden Entwicklungen in der EMRK und den nationalen Rechtsordnungen lassen sich objektivrechtliche Grundrechtsgehalte vorsichtig in Verbindung mit entsprechenden Ansätzen aus der Rechtsprechung des EuGH konstruieren. Maßgeblicher Ansatzpunkt für die Begründung objektivrechtlicher Gehalte im Unionsrecht ist der Fall *Gouda* aus der Anfangszeit der Entwicklung privater Rundfunkanstalten.[109] Hier berief sich der niederländische Staat zur Rechtfertigung des Verbots bestimmter Werbemitteilungen in niederländischer Sprache durch Kabelprogramme ausländischer Sendeanstalten auf die Kommunikationsfreiheit, deren Schutz die Regelungen dienten. Auf diesem Wege sollte eine Rechtfertigung der Einschränkungen aufgrund eines „zwingenden Grundes des Allgemeininteresses" möglich sein. Der EuGH räumte ohne Weiteres ein, dass die Pluralismussicherung in Zusammenhang mit Art. 10 EMRK stehe und eine ihr dienende Kulturpolitik einen **„zwingenden Grund des Allgemeininteresses"** darstelle. Im Weiteren verneinte der EuGH allerdings den zwingenden Charakter der vorliegenden Vorschriften, die zur Pluralismussicherung nicht erforderlich seien.[110]

Im Urteil *Veronica* hat der EuGH die Berufung auf den „zwingenden Grund des All- 41 gemeininteresses" der Pluralismussicherung und der Förderung des nichtkommerziellen Charakters des Rundfunks jedoch zugelassen, als es erneut um niederländische medienrechtliche Verbote ging.[111] Bei der Entscheidung dürfte ausschlaggebend gewesen sein, dass sich eine niederländische Rundfunkeinrichtung die Dienstleistungsfreiheit zunutze machen wollte, um inländische Bestimmungen, die der Pluralismussicherung wie der Unterstützung des nichtkommerziellen Charakters des Rundfunks dienen, zu umgehen.[112] Es ist hervorzuheben, dass der EuGH eine **staatliche Schutzaufgabe,** die sich aus der Kommunikationsfreiheit ableitet und die Gewährleistung des Pluralismus verlangt, zur Begründung einer hoheitlichen Maßnahme, die die Dienstleistungsfreiheit beschränkt, akzeptierte. Im Rechtsstreit *TV 10* bestätigte der EuGH die Aussage des Urteils *Veronica*.[113]

Während die Ausführungen des EuGH im Fall *TV 10* noch so verstanden werden 42 konnten, dass pluralismussichernden Maßnahmen kein Beeinträchtigungscharakter zukommt, hat die grundrechtliche Dogmatik der Kommunikationsfreiheit im Fall *Familiapress* eine eindeutige Klarstellung in Bezug auf die wechselseitige Zuordnung der Äußerungs- und Informationsfreiheit einerseits und des **Pluralismusprinzips** andererseits erfahren, die diese Interpretation nicht bestätigt.[114] Im Rahmen der Prüfung des in Rede stehenden österreichischen Verkaufsverbots bestimmter ausländischer Druckmedien an der Warenverkehrsfreiheit übertrug der EuGH die auf die Dienstleistungsfreiheit im Bereich des Rundfunks bezogene Rechtsprechung zur Vielfaltssicherung auf die Warenverkehrsfreiheit von Printmedien. Der Gerichtshof ging davon aus, dass die Aufrechterhaltung der Medienvielfalt ein **zwingendes Erfordernis** darstelle. Er übertrug im gleichen Zuge das Pluralismusprinzip vom Rundfunk auf die Printmedien. Insoweit kann eine Einheit der (Massen-)

---

[108] Exemplarisch BVerfGE 74, 297 (323 f.). – Landesmediengesetz Baden-Württemberg; BVerfGE 73, 118 (157 f.). – Landesrundfunkgesetz Niedersachsen; vgl. zu diesem Problemkreis und zu weiteren Entscheidungen des BVerfG *Kühling* in BeckOK InfoMedienR GG Art. 5 Rn. 87, 87a.
[109] EuGH C-288/89, Slg. 1991, I-4007 Rn. 23 – Gouda; im Ergebnis ähnlich GA *Tesauro*, SchlA C-288/89, Slg. 1991, I-4007 (4022 Rn. 8) – Gouda.
[110] EuGH C-288/89, Slg. 1991, I-4007 Rn. 24 f. – Gouda; ähnlich EuGH C-353/89, Slg. 1991, I-4069 Rn. 30 ff. – Kommission; EuGH C-11/95, Slg. 1996, I-4115 Rn. 54 f. – Kommission im Anschluss an GA *Lenz*, SchlA C-11/95, Slg. 1996, I-4117 Rn. 65 – Kommission.
[111] EuGH C-148/91, Slg. 1993, I-487 Rn. 9 ff. – Veronica.
[112] EuGH C-148/91, Slg. 1993, I-487 Rn. 13 – Veronica.
[113] EuGH C-23/93, Slg. 1994, I-4795 Rn. 22 u. 25 – TV 10.
[114] EuGH C-368/95, Slg. 1997, I-3689 Rn. 26 ff. – Familiapress, vgl. dazu auch *Kühling* EuGRZ 1997, 296 (296 ff., insbes. 301 f.).

Medien verzeichnet werden. Das Prinzip der Vielfaltssicherung führte das Luxemburger Gericht wie schon in den Fällen zum Rundfunk auf die in Art. 10 EMRK geschützte Kommunikationsfreiheit zurück.[115] Damit wird an die im *Gouda*-Urteil bereits ersichtliche objektivrechtliche Schutzdimension der Kommunikationsfreiheit, die dem abwehrrechtlichen Gehalt der Freiheit an die Seite tritt, angeknüpft. Im Hinblick auf die Pluralismussicherung steht nicht mehr die Abwehr einer staatlichen Beeinträchtigung der Rechte des Individuums im Blickfeld; vielmehr tritt der die Kommunikationsfreiheit überwölbende Gedanke der Sicherung einer freien und pluralen Kommunikationsordnung in den Vordergrund.

43   Die Bedeutung der Pluralismussicherung gerade bei der Berichterstattung über Ereignisse mit besonderer gesellschaftlicher Relevanz machten der EuGH und auch das EuG zuletzt in den Fällen *Sky-Österreich*[116] und *UEFA Free-TV Listen*[117] deutlich. Im Fall *UEFA* hat das EuG zu den sogenannten **Free-TV-Listen** in der Fernseh-Richtlinie 89/552/EWG entschieden (Art. 3a Fernseh-RL) und festgestellt, dass die Verpflichtung, bestimmte Inhalte (hier sämtliche Spiele der Fußball-Europameisterschaft) im Free-TV zu zeigen, die Veranstalterin (hier die *UEFA*) zwar in ihrem Eigentumsrecht betrifft, eine solche Beeinträchtigung allerdings angesichts der Bedeutung des Gesamtereignisses auch in dieser Weite gerechtfertigt ist. Die Vereinbarkeit der Regelung des **Kurzberichterstattungsrechts** in der Fernsehrichtlinie (bzw. ihrer Nachfolgebestimmung der Richtlinie über audiovisuelle Mediendienste) war gleichermaßen bereits Gegenstand eines Streits zwischen dem Pay-TV-Sender *Sky* und dem *Österreichischen Rundfunk* (ORF). So sieht die entsprechende Regelung vor, dass die Inhaber der exklusiven Übertragungsrechte Dritten ein Kurzberichterstattungsrecht einräumen müssen und dabei nur die Zusatzkosten vereinnahmen dürfen, die durch die Rechteeinräumung (vor allem den Zugang zum Signal) entstehen. Auch in Hinblick auf den Veranstalter dürfte das Urteil aus Gründen der Pluralismussicherung so zu verstehen sein, dass ein entsprechend entgeltreduziertes Kurzberichterstattungsrecht auch diesen in seinen Rechten nicht unverhältnismäßig einschränkt. Die Stärkung der Pluralismussicherung und das Hervorheben der Relevanz jeder Art von Information[118], sei diese auch unterhaltenden Charakters, ist im Hinblick auf deren gesellschaftliche Funktion begrüßenswert.[119] Es lassen sich Informationen von Unterhaltung nicht immer trennscharf abgrenzen, da auch informativer Berichterstattung immer ein unterhaltendes Element beiwohnen kann, nachdem durch nachrichtenmäßige Berichterstattung immer auch ein allgemeines Interesse an Pluralismussicherung verwirklicht wird.[120]

44   Von gleichfalls großem Interesse ist die vom EuGH vorgenommene Verortung des Pluralismusprinzips im Verhältnis zur Pressefreiheit des Verlags und der Empfangsfreiheit der potentiellen Leser. Der Luxemburger Gerichtshof schließt sich deutlich einem **Beeinträchtigungskonzept** an, das vom EGMR im Fall *Informationsverein Lentia*[121] zugrunde gelegt wird. Danach entsprechen pluralismussichernde Maßnahmen zwar einer objektivrechtlichen Schutzdimension der Kommunikationsfreiheit, stellen aber zugleich eine Beeinträchtigung der Emittentenfreiheit des Verlegers und der Rezipientenfreiheit der Leser dar und müssen daher auf einer gesetzlichen Grundlage beruhen und erforderlich sein. Dies

---

[115] EuGH C-368/95, Slg. 1997, I-3689 Rn. 18 – Familiapress; ebenso GA *Tesauro*, SchlA C-368/95, Slg. 1997, I-3689 Rn. 27 – Familiapress.
[116] EuGH C-283/11, ECLI:EU:C:2013:28 Rn. 51 f. – Sky Österreich.
[117] EuGH C-201/11 P, ECLI:EU:C:2013:519 Rn. 11 – UEFA; EuGH C-204/11 P, ECLI:EU:C:2013:477 Rn. 12 – FIFA; EuGH C-205/11 P, ECLI:EU:C:2013:478 Rn. 13 – FIFA; EuG T-55/08, Slg. 2011, II-271 Rn. 180 ff. – UEFA.
[118] Gegen die gesellschaftliche Relevanz unterhaltender Information noch *Papier* AfP 1989, 510 (515).
[119] *Badura* ZUM 1989, 317 (320); *Brandner* AfP 1990, 227 (282); *Lerche/Ulmer* S. 33; *Papier* FS Lerche, 1993, 675 (683); grundsätzlich auch *Wildmann/Castendyk* MMR 2012, 75 (77), gleichzeitig aber auch kritisch in Hinblick auf das unentgeltliche Kurzberichterstattungsrecht (78 ff.).
[120] *Brandner* AfP 1990, 227 (282); *Diesbach* ZUM 1998, 554 (557); *Lerche/Ulmer* S. 34 f.
[121] EGMR 24.11.1993 – 13914/88 ua Rn. 32 ff. – Informationsverein Lentia, mit der Feststellung des Beeinträchtigungscharakters pluralismussichernder Maßnahmen und dem Hinweis, dass deren Notwendigkeit überzeugend nachgewiesen werden müsse.

gilt gleichermaßen für die Normierung einer **inneren Rundfunkfreiheit** bzw. inneren Pressefreiheit, sofern diese der Pluralität der Medien dienen soll.[122] In Bezug auf das **Verhältnis von Grundfreiheiten und Grundrechten**[123] ist schließlich darauf hinzuweisen, dass dem Urteil *Familiapress* sowohl die Konstellation gleichlaufender als auch die konträrer Schutzgebote der beiden Rechtstypen zugrunde liegt. Die Warenverkehrsfreiheit läuft parallel zur Pressefreiheit des Verlegers. Sie steht dagegen im Widerspruch zum gleichfalls von der Kommunikationsfreiheit vorgegebenen Prinzip der Vielfaltssicherung.

Bis zum Zeitpunkt des Inkrafttretens der Grundrechtecharta warf die Herleitung des 45 Pluralismusprinzips durch den EuGH aus dem Allgemeinen Rechtsgrundsatz der Meinungs- und Medienfreiheit basierend auf Art. 10 EMRK[124] die Frage auf, ob eine derartige Ableitung aus der Abwehrdimension erfolgen kann und dadurch insbesondere auch als subjektives Recht zu qualifizieren ist. Dies wäre nur möglich gewesen, wenn man das staatliche Unterlassen der Normierung pluralismussichernder Regeln als **Beeinträchtigung geschützter Rechtspositionen** der Rezipienten qualifiziert hätte. Im Ergebnis wäre ein **subjektiver Anspruch** auf Pluralismus zu behaupten gewesen. Das wäre jedoch eine zu weitgehende Entwicklung der abwehrrechtlichen Dimension des Grundrechts gewesen, die mit der ursprünglichen Gefährdungssituation durch hoheitliches Handeln wenig gemeinsam gehabt hätte.[125]

Dogmatisch überzeugender ist eine **Herleitung** des Pluralismusprinzips aus der **objektivrechtlichen Funktionsschicht** des Grundrechts. Die mediale Kommunikationsfreiheit 46 will einen freien und unbehinderten Kommunikationsfluss garantieren, insbesondere auch als Konstitutionselement einer demokratischen Gesellschaftsordnung.[126] Dazu ist aber nicht nur negativ die Abwehr staatlicher Beeinträchtigungen erforderlich. Es muss vielmehr zusätzlich positiv eine Vielfalt der Meinungen gewährleistet werden, die erst in der kritischen Auseinandersetzung mit ihnen die Bildung einer eigenen Meinung ermöglicht. Der Pluralismus der Meinungen muss demnach garantiert sein.

Das entspricht sodann der besonderen und **expliziten Betonung der Pluralität** in 47 Art. 11 Abs. 2 GRC. Unter Berücksichtigung der Tatsache, dass die Interpretation des Art. 10 EMRK durch die Straßburger Organe ebenfalls in einem Argumentationsstrang an der **Demokratiesicherung** ausgerichtet ist, ist eine entsprechende Fortentwicklung des Konventionsrechts möglich[127], auch wenn sie einen Wandel in der bislang primär abwehrrechtlich orientierten Auslegung der (auch) medialen Kommunikationsfreiheit bedeuten würde. Von einer solchen Interpretation der EMRK ist der EuGH offensichtlich ausgegangen. Eine entsprechende konventionsrechtliche Erweiterung durch die Straßburger Organe muss aber nicht notwendigerweise erfolgen, um objektivrechtliche Schutzgehalte im Unionsrecht zu etablieren. Dazu genügen einerseits die Argumentationsgrundlage, die durch die Interpretation der *Gouda*-Rechtsprechung des EuGH entlang entsprechender Entwicklungen in den Mitgliedstaaten geschaffen wurde, und andererseits die Feststellung, dass eine solche Schutzdimension grundsätzlich nicht der Konvention widerspricht. Im Übrigen genügt sodann der Hinweis auf den Wortlaut des Art. 11 Abs. 2 GRC.

Schon die ersten Urteile des EuGH zur Vielfaltssicherung noch vor Inkrafttreten der 48 Grundrechtecharta ließen aber erkennen, dass der Schutz der Kommunikationsfreiheit nicht lediglich ein Abwehrrecht des Individuums darstellt, sondern ebenso ein **Allgemeininteresse,** das staatliche Interventionen rechtfertigen kann. Sie zeigen damit wesentliche Ansätze einer objektivrechtlichen Schutzdimension der Kommunikationsfreiheit auf. Aller-

---

[122] Dazu ausführlich *Kloepfer* S. 133 ff. und passim.
[123] *Kühling*, Kommunikationsfreiheit, S. 108.
[124] EuGH C-288/89, Slg. 1991, I-4007 Rn. 23 – Gouda; EuGH C-368/95, Slg. 1997, I-3689 Rn. 18 – Familiapress.
[125] Ähnlich *Gersdorf* AöR 119 (1994), 400 (412 ff.); vgl. auch *Kühling* EuGRZ 1997, 296 (301).
[126] Insoweit zu den Überlegungen zur Notwendigkeit der Kommunikationsfreiheit im Allgemeinen → § 27 Rn. 8 ff.
[127] In diese Richtung bereits früh *Gersdorf* AöR 119 (1994), 400 (413 f.).

dings wird ebenso deutlich, dass bei der Überwachung hoheitlicher Maßnahmen zur Pluralismussicherung diese als Beeinträchtigungen am streng anzuwendenden **Verhältnismäßigkeitsgrundsatz** zu prüfen sind und demnach kein Einfallstor für eine weitreichende Akzeptanz von Beschränkungen der Grundfreiheiten darstellen, ebenso wenig wie sie ein nachhaltiges Zurückdrängen der Kommunikationsfreiheit der betroffenen Sender und Empfänger rechtfertigen. Das ist gerade mit Blick auf die Interpretation des jetzigen Art. 11 Abs. 2 GRC zu betonen.

49 Die Pluralismussicherung findet sich somit in einer **Doppelstellung** wieder, die auch in Art. 11 GRC zum Ausdruck kommt: Sie ist zum einen Element einer objektivrechtlichen Schutzdimension der Medienfreiheit (aus Art. 11 Abs. 2 GRC) und zusätzlich durch die Rezipientenfreiheit als Teil der Kommunikationsfreiheit gestützt, zum anderen beeinträchtigt sie die Freiheit des Sendeveranstalters (zB von Rundfunksendungen ebenfalls aus Art. 11 Abs. 2 GRC). Zwischen diesen Interessen hat folglich eine Abwägung stattzufinden. Es gilt demnach, eine **grundrechtsinterne Kollision** aufzulösen. So muss etwa die staatliche Berufung auf die Pluralismussicherung im Rahmen der Schrankenklauseln der Grundfreiheiten der EU zugleich den von der Senderfreiheit gesetzten Schranken eines solchen Handelns gerecht werden. Der Ausgleich hat hier wie andernorts im Rahmen einer Verhältnismäßigkeitsprüfung stattzufinden. Dieses Vorgehen entspricht dem des EuGH im Bereich der Grundfreiheiten und wurde vom EuGH im Fall *Familiapress* unter Berufung auf das Urteil des EGMR im Fall *Informationsverein Lentia* explizit für die Warenverkehrsfreiheit und den Pressebereich verfolgt. Die klaren Aussagen des EuGH machen deutlich, dass das Beeinträchtigungskonzept nicht nur im Bereich der Warenverkehrsfreiheit für die Printmedien, sondern gleichermaßen für audiovisuelle Medien im Rahmen der Dienstleistungsfreiheit greift.[128] Die dogmatische Konstruktion pluralismussichernder Maßnahmen als Beeinträchtigungen der Medienfreiheit der betroffenen Sender[129] und die dadurch bedingte Pflicht, die beiden Interessen „Pluralismussicherung" und „Senderfreiheit" in einen schonenden Ausgleich zu bringen, überzeugt. Das deutsche Modell der Ausgestaltungsdogmatik im Rundfunkbereich, das staatlichen Regelungen zur Pluralismussicherung (anders als im Pressebereich) den Charakter einer Grundrechtsbeeinträchtigung abspricht, kann dagegen nicht übertragen werden.[130] Dieser Ansatz ist angesichts der geringen dogmatischen Überzeugungskraft von den Konventionsorganen nicht übernommen worden und ist auch auf Unionsebene abzulehnen.[131]

50 Was das inhaltliche Auffüllen des Pluralismuskonzepts anbelangt, so fehlt es im Übrigen an spezifischen Vorgaben. Daher wird man grundsätzlich sowohl **binnenpluralistische Ansätze,** die auf eine Meinungsvielfalt im jeweiligen Medienunternehmen setzen, als auch **außenpluralistische** Vorgaben, die auf eine Vielfalt verschiedener Medienunternehmen abzielen, als pluralismusfördernd iS der EU-Medienfreiheit ansehen können.[132] Die Eingriffsintensität in Bezug auf den betroffenen Medienunternehmer divergiert allerdings erheblich, so dass erstere, eingriffsintensivere Vorgaben einer strengeren Rechtfertigungsprüfung unterliegen.

---

[128] Vgl. dazu *Kühling*, Kommunikationsfreiheit, S. 120 ff. und *Kühling* EuGRZ 1997, 296 (301 f.); so auch *Walter* in Grabenwarter, EnzEuR Bd. 2, § 12 Rn. 71.

[129] Wobei „Sender" hier im kommunikationstheoretischen Sinne zu verstehen ist, im Gegensatz zum „Empfänger" von Meinungen und Informationen. „Sender" sind in diesem Zusammenhang vor allem „Rundfunksender" und „Presseorgane".

[130] Dies nimmt *Stock* EuR 2002, 566 (571) auch für die gegenwärtige Formulierung des Art. 11 Abs. 2 GRC an, sieht insoweit allerdings noch Nachbesserungsbedarf; auch *Walter* in Grabenwarter, EnzEuR Bd. 2, § 12 Rn. 69 qualifiziert den Pluralismusschutz als einen Eingriff.

[131] Gegen die Übernahme des deutschen Ausgestaltungsmodells im Rahmen eines europäischen Pluralismuskonzepts auch *Schellenberg* AöR 1994, 427 (446 ff.); ebenso *Gersdorf* AöR 119 (1994), 400 (416).

[132] Auch *Stock* K&R 2001, 289 (301) sieht Binnen- und Außenpluralismus von Art. 11 Abs. 2 GRC erfasst; ebenso mit Blick auf die EMRK *Holoubek* AfP 2003, 193 (201) unter Hinweis insbesondere auf EGMR 21.9.2000 – 32240/96 – Tele 1 Privatfernsehgesellschaft; zu den verschiedenen Pluralismuskonzepten auch *Westphal* EBLR 2002, 459 (474 f.); *Frenz*, HdbEuR Bd. 4, Kap. 8 Rn. 2038.

Als **Ergebnis** kann demnach festgehalten werden, dass vor dem Hintergrund einer auch 51
am Demokratieprinzip ausgerichteten Interpretation der Medienfreiheit eine **objektiv-rechtliche Anreicherung** dieser Freiheit angezeigt ist. Dies wurde für den Fall des Pluralismus dargelegt, der einer solchen Grundrechtsdimension zufolge zu gewährleisten ist. Pluralismussichernde Maßnahmen nationaler Instanzen oder von Unionsorganen sind durch die Medienfreiheit indiziert (womit keinesfalls die Frage der Kompetenz für entsprechende unionale Maßnahmen beurteilt werden soll), zugleich aber an der Senderfreiheit zu messen. Die grundrechtsinterne Kollision ist im Rahmen des Verhältnismäßigkeitsgrundsatzes zu einem schonenden Ausgleich zu bringen.

Je stärker die Kommunikationsordnung von Unionsorganen determiniert wird, desto 52
mehr wird sich zeigen, dass diese umfassend aufgefordert sind, bei der Ausgestaltung den objektiven Wert der Medienfreiheit und insbesondere das daraus entspringende Pluralismusprinzip zu berücksichtigen. Bislang fehlt es noch an einer einheitlichen Kommunikations- und Medienverfassung der Union.[133] Es wird jedoch deutlich, dass immer mehr medienrelevante Bereiche unionsrechtlich bestimmt sind, was nicht allein für die (audiovisuelle) Medienordnung gilt. Hier ist vor allem die Harmonisierung im Rundfunkbereich zunächst durch die Fernsehrichtlinie von 1989, deren Aktualisierung von 1997 und letztlich die Erneuerung von 2010 in Form der **AVMD-RL,** die zuletzt 2018 aktualisiert wurde, zu erwähnen.[134] Ferner ist eine Harmonisierung der mitgliedstaatlichen Regeln zur Pluralismussicherung im Rahmen einer Richtlinie durchaus denkbar.[135] Für den audiovisuellen Pluralismus ist aber nicht nur die Berücksichtigung im Rahmen legislativer Tätigkeit der Unionsorgane relevant, sondern auch an die Wahrung des Pluralismus im Wettbewerbsrecht zu denken.[136] Ein weiteres Beispiel im Rahmen der Rechtsetzungstätigkeit ist die Ausgestaltung geistiger Eigentumsrechte, namentlich von **Urheberrechten,** die nachhaltigen Einfluss auf die Medien- und Kommunikationsordnung ausüben kann.[137] In diesen Fällen muss das Pluralismusprinzip als Bestandteil der Medienfreiheit als objektiver Wert Direktivkraft entfalten. Die Medienfreiheit wird als Sachnorm angewendet. Dies zeigt sich besonders deutlich bei der Berufung von Mitgliedstaaten auf das Pluralismusprinzip zur Rechtfertigung der Beschränkungen der unionsrechtlichen Freiheiten wie in den Fällen *Gouda, Familiapress,* aber auch in jüngeren Urteilen zur Auslegung der Fernseh- und jetzigen AVMD-Richtlinie in den Entscheidungen des EuGH zu den Fällen *UEFA Free-TV Listen* oder *Sky-Österreich.* Der EuGH stellte allerdings fest, dass auch die Medienfreiheit außerhalb der in der Urheberrichtlinie vorgesehenen Ausnahmen keine Einschränkung von Urheberrechten rechtfertigen könne.[138] Im Fall *Mc Fadden* stellte der EuGH in Bezug auf die Verpflichtung, WLAN-Netze zu sichern, klar, dass die Pluralismussicherung auch hinter dem geistigen Eigentum zurückstehen kann, selbst wenn im Zusammenhang eines multipolaren Grundrechtskonflikts zusätzlich die unternehmerische Freiheit aus Art. 16 GRC gegen eine entsprechende Verpflichtung streitet.[139] Anders entschied der EuGH

---

[133] Vgl. *Petersen* S. 305 mwN.
[134] RL 89/552/EWG (ABl. 1989 L 298, 23), geändert durch RL 97/36/EG (ABl. 1997 L 202, 60) zur Koordinierung bestimmter Rechts- und Verwaltungsvorschriften der Mitgliedstaaten über die Ausübung der Fernsehtätigkeit („Fernsehrichtlinie") und die RL 2010/13/EU (ABl. 2010 L 95, 1) zur Koordinierung bestimmter Rechts- und Verwaltungsvorschriften der Mitgliedstaaten über die Bereitstellung audiovisueller Mediendienste (Richtlinie über audiovisuelle Mediendienste); vgl. ausführlich zur Neufassung der AVMD-Richtlinie *Gundel* ZUM 2019, 131 und *Zurth/Pless* ZUM 2019, 414 und 457.
[135] Vgl. das entsprechende Grünbuch, Pluralismus und Medienkonzentration im Binnenmarkt – Bewertung der Notwendigkeit einer Gemeinschaftsaktion – KOM(92) 480 endg.; zu den weiteren Versuchen *Frey* S. 36 f., 217 ff.; *Uwer* S. 45–63.
[136] So auch *Frey* S. 68 und ausführlich S. 118 ff.; dies ist zuletzt etwa relevant gewesen beim Zugang zu exklusiven Programminhalten insbesondere im Sport und vor allem im Bereich des Fußballs, siehe *Kühling* in Wegener, EnzEuR Bd. 8, § 7 Rn. 47 ff.
[137] Vgl. dazu *Kühling* in Wegener, EnzEuR Bd. 8, § 7 Rn. 32 ff.; *Kühling* in FK-EUV/GRC/AEUV GRC Art. 16 Rn. 16 f., Art. 17 Rn. 33 ff.
[138] EuGH C-469/17, ECLI:EU:C:2019:623 Rn. 55 ff. – Funke Medien NRW GmbH.
[139] EuGH C-484/14, ECLI:EU:C:2016:689 Rn. 82 ff. – Mc Fadden.

wiederum über die Pflicht von Plattformbetreibern, Filtersysteme zur Vermeidung von Urheberrechtsverletzungen einzusetzen.[140] Hierbei dürfte aber neben der unternehmerischen Freiheit und der Pluralismussicherung auch der Datenschutz der Plattformnutzer aus Art. 8 GRC (→ § 25), der durch die konkrete Verpflichtung in erheblichem Maße betroffen war, eine wichtige Rolle gespielt haben.[141] Dementsprechend entschied der EuGH in Bezug auf eine Anordnung an Internetdiensteanbieter, Maßnahmen zum Schutz des geistigen Eigentums zu treffen, dass diese auch mit den Grundrechten vereinbar sein könne, wenn den Anbietern die Möglichkeit offen bliebe, die konkrete Maßnahme selbst zu bestimmen.[142] Ihren Höhepunkt fand die Debatte mit der Reform der Urheberrechtsrichtlinie[143] und der Einführung des Art. 17, der Plattformbetreiber dazu verpflichtet, die Erlaubnis der Rechteinhaber für die Weiterleitung geschützter Inhalte einzuholen und für Urheberrechtsverletzungen haften lässt, wenn keine ausreichenden Anstrengungen unternommen wurden. Ob es durch den möglichen Einsatz von Upload-Filtern dann zu einem Overblocking von urheberrechtlich zulässigen Inhalten wie satirischen Verarbeitungen kommt, bleibt abzuwarten.[144]

53 Vor dem Hintergrund der bisherigen Ausführungen ist auch ein umfassenderes Heranziehen einer **objektivrechtlichen Funktionsschicht** zur **Verstärkung der Abwehrdimension** plausibel.

54 **3. Unionale medienkommunikationsspezifische Schutzpflichten, insbesondere zur Pluralismussicherung.** Die bisherigen Ausführungen haben gezeigt, dass das Pluralismusprinzip als objektivrechtliche Grundrechtsschicht der Medienfreiheit das dogmatische Fundament der hoheitlichen – mitgliedstaatlichen oder unionalen – **Handlungsermächtigung** zur Pluralismussicherung und der Berücksichtigung dieses Prinzips als Sach- und Kontrollnorm bildet (in Bezug auf die unionale Ermächtigung erfolgt aber nur eine grundrechtliche, keinesfalls jedoch eine kompetenzmäßige Beurteilung). Es wurde deutlich, dass namentlich der Gesetzgeber berechtigt ist, den legislativen Rahmen für eine offene und plurale Medien- und Kommunikationsordnung zu gewährleisten. Einen Schritt weiter ginge die Herleitung **konkreter gesetzgeberischer Handlungspflichten zur Pluralismussicherung.** Dies ist nicht mehr eine Frage der Fallkonstellation im Urteil *Gouda*.

55 Der **EGMR** hatte aus Art. 10 EMRK zunächst keine staatlichen Schutzpflichten entwickelt. Die EKMR hat dagegen schon früh in einem *obiter dictum* eine entsprechende Schutzdimension im Hinblick auf die Pluralismussicherung erwogen und im Fall *Guerra* hat der EGMR für den Zugang von Informationen eine solche festgestellt.[145] Inzwischen hat der EGMR aber nicht nur eine klare Judikatur zu grundrechtlichen Schutzpflichten in anderen Bereichen entfaltet, die deutlich die prinzipielle Anerkennung solcher Pflichten demonstriert, sondern auch speziell in Bezug auf Art. 10 EMRK. So entwickelte der EGMR im Fall *Özgür Gündem* gegen die Türkei analog zu seiner Schutzpflichtenrechtsprechung in anderen Bereichen auch in Bezug auf die Meinungsäußerungsfreiheit sogenannte „positive obligations".[146] Nachdem mehrere Journalisten oder andere Personen, die mit der Zeitung *Özgür Gündem* in Verbindung standen, angegriffen und teilweise sogar getötet wurden, entschied der EGMR, dass bei ernstzunehmenden Bedrohungen, die unter Umständen dazu geeignet sind, die Veröffentlichung einer Zeitung zu verhindern, eine

---

[140] EuGH C-70/10, Slg. 2011, I-11959 Rn. 52 – Scarlet Extended.
[141] Betont wird dies im Nachfolgeurteil EuGH C-360/10, ECLI:EU:C:2012:85 Rn. 50 – SA-BAM.
[142] EuGH C-314/12, ECLI:EU:C:2014:192 Rn. 55 ff. – UPC Telekabel.
[143] Richtlinie (EU) 2019/790 über das Urheberrecht und die verwandten Schutzrechte im digitalen Binnenmarkt und zur Änderung der Richtlinien 96/9/EG und 2001/29/EG, ABl. 2019 L 130, 92.
[144] Vgl. dazu *Dreier* GRUR 2019, 771 (775 ff.).
[145] EGMR 19.2.1998 – 14967/89 Rn. 53 – Guerra; siehe in umgekehrter Perspektive einer staatlichen Pflicht zum Schutz der Privatsphäre aus Art. 8 EMRK gegenüber der Presse in der Folge der *Caroline*-Rechtsprechung EGMR 16.11.2004 – 53678/00 Rn. 42 – Karhuvaara.
[146] EGMR 16.3.2000 – 23144/93 Rn. 42 ff. – Özgür Gündem; bestätigt durch EGMR 14.9.2010 – 2668/07 Rn. 106 – Dink; EGMR 29.1.2015 – 54204/08 Rn. 68 ff. – Uzeyir Jafarov.

Schutzpflicht des Staates bestehen muss. Dies gilt vor allem wegen der überragenden Bedeutung der Meinungsäußerungsfreiheit für eine demokratische Gesellschaft, weshalb das bloße Eingriffsverbot nicht ausreichen kann, sondern daneben auch positive Handlungspflichten bestehen müssen, deren Umfang allerdings je nach Grad der Beeinträchtigung und Abwägung aller Interessen divergieren kann.[147] Solche Schutzpflichten müssten, wie der EGMR im Fall *Manole* entwickelt hat, außerdem auch im Bereich der audiovisuellen Medien gelten.[148] Dabei zeigen sich in der Rechtsprechung des EGMR ansatzweise Parallelen zur Ausgestaltung der Rundfunkfreiheit durch das BVerfG.[149] So kann unter Umständen nach Ansicht des EGMR nicht nur das Einrichten eines öffentlich-rechtlichen Rundfunks zur Sicherung eines pluralen Systems unerlässlich sein, sondern auch dessen staatsferne Organisation.[150] Weiterhin entwächst aus Art. 10 EMRK auch die Pflicht zur Einrichtung eines geeigneten rechtlichen und administrativen Rahmens, um zum Beispiel durch eine Frequenzsicherung eine Medienpluralität im audiovisuellen Bereich auch *de facto* gewährleisten zu können.[151]

Damit lässt sich auch für die unionsrechtliche Medienfreiheit die grundsätzliche Möglichkeit der Entfaltung legislativer Handlungspflichten begründen, zumal die Pluralität in Art. 11 Abs. 2 GRC besonders hervorgehoben wird. Dagegen spricht jedenfalls nicht prinzipiell ein fehlendes „Schutz- und Gehorsamsverhältnis" zwischen Bürger und Unionsgewalt angesichts der mangelnden Staatsqualität der EU. Denn der Unionsgesetzgeber ist umfassend an die Medienfreiheit gebunden und der Rechtsprechung des EuGH lässt sich insoweit auch keine Beschränkung entnehmen.[152] Es muss jedoch berücksichtigt werden, dass es sich bei der Formulierung derartiger Pflichten um einen empfindlichen Eingriff in den Spielraum des Gesetzgebers handelt. Dabei besteht die Gefahr, dass dieser zur „Exekutive verfassungsrechtlicher Gebote" herabgestuft wird.[153] Überdies ist die Kompetenz gerade des Unionsgesetzgebers in dem angesprochenen Bereich nicht unproblematisch. So ist es derzeitig nur schwer ersichtlich, wie es auf Unionsebene zu gerichtlich entwickelten **spezifischen Pflichten** des Unionsgesetzgebers zur Pluralismussicherung kommen könnte.[154] Erst bei großer Gefahr für den Pluralismus, die ein unbedingtes Handeln gerade des Unionsgesetzgebers erfordert, ist das Statuieren gesetzlicher Handlungspflichten erlaubt.[155] Und auch dann müsste dem Gesetzgeber ganz im Sinne der Konventionsrechtsprechung ein weiter Spielraum bei der Wahl und Umsetzung etwaiger Pflichten eingeräumt werden. Schließlich wären jedenfalls die Grundrechte der von den Handlungspflichten negativ Betroffenen (bspw. der Rundfunksender) als Beschränkungspotential der mitgliedstaatlichen Handlungspflichten zu gewichten.

56

Die Vorsicht bei der Entfaltung staatlicher Schutzpflichten für Unionsrechte entspricht auch dem Vorgehen des EuGH bei den Grundfreiheiten. **Mitgliedstaatliche Handlungspflichten** zum Schutz der Warenverkehrsfreiheit sind vom EuGH in seinem Urteil zur Plünderung ausländischer Transportfahrzeuge in Frankreich entwickelt und im Urteil *Schmidberger* zu den Brennerblockaden dem Grunde nach bestätigt[156] worden. Insoweit hat der Gerichtshof eine doppelte Beschränkung ausgesprochen: Zum einen können die Mitgliedstaaten **nicht verpflichtet** werden, ein spezifisches Ergebnis zu erzielen. Zum anderen

57

---

[147] EGMR 16.3.2000 – 23144/93 Rn. 43 – Özgür Gündem.
[148] EGMR 17.9.2009 – 13936/02 Rn. 99 ff. – Manole and Others.
[149] *Cornils* in BeckOK InfoMedienR EMRK Art. 10 Rn. 11.1.
[150] EGMR 17.9.2009 – 13936/02 Rn. 101 f. – Manole and Others.
[151] EGMR 7.6.2012 – 38433/09 Rn. 134 – Centro Europa.
[152] Ebenso *Holoubek* S. 70; *Szczekalla* DVBl 1998, 219 (221 f.); beide Autoren mwN zur gegenteiligen Ansicht. Zur Rechtsprechung des EuGH zu den Schutzpflichten vgl. ausführlich *Szczekalla* S. 610 ff.
[153] *Classen* JöR 36 (1987), 29 (44).
[154] Im Übrigen wäre zunächst auf die bereits bestehenden unionsrechtlichen Mittel zur Pluralismussicherung zu verweisen, insbesondere das Wettbewerbsrecht und da speziell auf die Verordnung (EG) Nr. 139/2004 des Rates vom 20. Januar 2004 über die Kontrolle von Unternehmenszusammenschlüssen („EG-Fusionskontrollverordnung"), ABl. 2004 L 24, 1.
[155] Vgl. *Classen* JöR 36 (1987), 29 (29 ff.).
[156] EuGH C-112/00, Slg. 2003, I-5659 Rn. 57 ff. – Schmidberger.

besteht ein **weiter Spielraum** bei der Wahl der entsprechenden Mittel. Die Mitgliedstaaten sind nur verpflichtet, innerhalb dieses Rahmens geeignete Maßnahmen zu ergreifen.[157] Dies kann vor dem Hintergrund der bisherigen Ausführungen durchaus auf grundrechtliche Handlungspflichten übertragen werden, ebenso wie auf das Handeln von Unionsorganen.[158] Allerdings kann dabei nicht auf die Argumentation des EuGH zur Begründung der Handlungspflichten aus Grundfreiheiten abgestellt werden, da die Bedeutung gerade der Warenverkehrsfreiheit und der mitgliedstaatlichen Pflichten aus Art. 4 Abs. 3 EUV als argumentative Grundlage hervorgehoben wurde.[159] Vielmehr sind die bereits angeführten Argumente aus der nationalen und konventionsrechtlichen Diskussion heranzuziehen, namentlich der der Medienfreiheit entspringende Imperativ, eine offene Medien- und Kommunikationsordnung zu gewährleisten. Diese Rechtsprechung hat aber gezeigt, dass derartige Schutzpflichten nicht nur für Unionsorgane, sondern ebenso für mitgliedstaatliche hoheitliche Organe entwickelt werden können, auch wenn hier bei Pflichten aus Grundrechten gewisse Abschwächungen greifen mögen.[160]

58 **4. Institutionelle und teilhaberechtliche Dimensionen der Medienfreiheit.** Schließlich ist zu fragen, inwieweit **institutionelle Schutzgehalte** für das Unionsrecht fruchtbar gemacht werden können. Dieses Problem betrifft vor allem den Fall der Institute „Presse" und „Rundfunk" im Unionsrecht. Dass die Bedeutung insbesondere der Einrichtung „Presse" eine Verstärkung der subjektivrechtlichen Abwehrdimension zu begründen vermag, wurde besonders deutlich in den zahlreichen Urteilen des EGMR, die die Funktion der Presse als „public watchdog" für die Demokratie unterstrichen.[161] Die Betonung des Pluralismus in Art. 11 Abs. 2 GRC kann ebenfalls zur Entfaltung institutioneller Elemente herangezogen werden.[162] Auch wenn die Entwicklung spezifischer Garantien einzelner Aspekte der rechtlichen Ausgestaltung des Presse- oder Rundfunkbereichs auf Unionsebene mit institutionellen Argumenten beschleunigt werden kann, ist jedenfalls (wie für das Konventionsrecht) eine Entfaltung **auf Kosten der abwehrrechtlichen Dimension** grundsätzlich abzulehnen.[163] Angesichts des Zuschnitts der Unionskompetenzen sind jedenfalls kaum Maßnahmen des Unionsgesetzgebers denkbar, die Probleme im Hinblick auf die Gefährdung der garantierten Institute schlechthin aufwürfen.

59 Ergänzend sei darauf hingewiesen, dass sich dem Urteil *VDSÖ* des EGMR[164] der Ansatz zu einer **teilhaberechtlichen Dimension** der Kommunikationsfreiheit entnehmen lässt. In dieser Entscheidung bestätigte der Gerichtshof, dass die hoheitliche Ablehnung des Antrags der Vereinigung demokratischer Soldaten Österreichs, bestimmte Zeitschriften in den Kasernen genauso zu verteilen, wie dies für Zeitschriften anderer Vereine möglich ist, den Beschwerdeführer in seinen Rechten aus Art. 10 EMRK verletzt. Damit ist es auch für das Unionsrecht denkbar, dass die unionale Kommunikationsfreiheit zur Begründung einer gleichen Teilhabe an existierenden Zugangsmöglichkeiten zu kommunikationsfreiheitsrelevanten Ressourcen herangezogen wird und damit in der Funktion eines derivativen Teilhaberechts wirkt.[165] So wäre bspw. die Pressefreiheit einschlägig, wenn es darum geht, gleichberechtigten Zugang zu Informationsquellen der Kommission für Journalisten zu erlangen. Denkbar erscheint in diesem Zusammenhang auch ein **Zugangsanspruch** von

---

[157] EuGH C-265/95, Slg. 1997, I-6959 Rn. 33 ff. – Kommission; dazu *Kühling* NJW 1999, 403 (403 f.).
[158] Dazu überzeugend *Szczekalla* DVBl 1998, 219 (221 f.).
[159] EuGH C-265/95, Slg. 1997, I-6959 Rn. 24 ff. – Kommission; EuGH C-112/00, Slg. 2003, I-5659 Rn. 60 – Schmidberger.
[160] Zurückhaltend in Bezug auf die Entwicklung spezifischer Schutzpflichten auch *Cornils* in BeckOK InfoMedienR GRC Art. 11 Rn. 29.
[161] Siehe sämtliche Nachweise in Fn. 4; ferner *Kühling*, Kommunikationsfreiheit, S. 141 (EMRK), 211 f. (Deutschland).
[162] *Bernsdorff* in NK-EuGRCh GRCh Art. 11 Rn. 18; *v. Coelln* in Stern/Sachs GRCh Art. 11 Rn. 34.
[163] Ebenso *Uwer* S. 134 ff.
[164] EGMR 19.12.1994 – 15153/89 Rn. 27, 37 – Vereinigung demokratischer Soldaten Österreichs.
[165] *Kühling*, Kommunikationsfreiheit, S. 141.

Nutzern zu den Infrastrukturen von privaten Internetintermediären, sofern sie deren Inhalte ungerechtfertigterweise diskriminieren.[166]

C. Beeinträchtigung

Das Problem der Grundrechtsbeeinträchtigungen stellt sich bei der Medienfreiheit in gleicher Weise wie bei der allgemeinen Kommunikationsfreiheit (daher ausführlich → § 27 Rn. 37 ff.). Hier wie dort ist der Begriff der Beeinträchtigung **weit** zu fassen, so dass auch **faktischen** Einschränkungen beeinträchtigende Qualität zukommen kann.[167] Gerade im Medienbereich können damit auch **wirtschaftliche** bzw. finanzielle Beeinflussungen eine Beeinträchtigung darstellen.[168] So kann bspw. in der Förderung eines konkurrierenden Medienunternehmens zugleich ein Eingriff in die Medienfreiheit gesehen werden. Eine Beeinträchtigung liegt im Übrigen nicht nur dann vor, wenn die Verbreitung bestimmter Meinungsäußerungen oder Informationen verboten wird, sondern gleichermaßen, wenn anderweitige **negative Sanktionen** an geschützte Handlungen geknüpft werden, obzwar diese selbst nicht unterbunden werden. So würde bspw. der gezielte Ausschluss von bestimmten Informationen bestimmter Medienvertreter durch die Kommission als Folge einer kritischen Berichterstattung eine Beeinträchtigung der Medienfreiheit darstellen.

Schließlich ist zu betonen, dass auch quantitative Beschränkungen eine Beeinträchtigung darstellen. So genügt bereits die Verpflichtungswirkung der Art. 16 und 17 AVMD-RL in Bezug auf **Sendequoten** für europäische Werke, da die Mitgliedstaaten verpflichtet werden, in die Freiheit der Rundfunkveranstalter einzugreifen, und letztere sodann nicht mehr frei ihre eigene Programmgestaltung vornehmen können.[169] Diese Verpflichtung galt für TV-Streaming-Dienste wie *Netflix* oder *Amazon Prime* nach der AVMD-RL bislang nicht.[170] Die novellierte AVMD-RL sieht nun aber mit Art. 13 eine Regelung vor, die auch Anbieter von audiovisuellen Mediendiensten auf Abruf mit erheblicher Marktpräsenz dazu verpflichtet, einen 30%igen Anteil europäischer Werke in ihr Angebot aufzunehmen und gegebenenfalls sogar deren Produktion durch finanzielle Beiträge zu gewährleisten.[171] Durch diese Regelung sollen fairere Wettbewerbsbedingungen gegenüber klassischen Rundfunkveranstaltern geschaffen werden.[172] Die Grundrechtsberechtigten sind prinzipiell auch gegen derartige quantitative hoheitliche Interventionen geschützt. Vor dem Hintergrund des hier dargelegten Beeinträchtigungsbegriffs ist die Argumentation von Generalanwalt *Jacobs* im Fall *RTL Television* entschieden zurückzuweisen, der am Eingriffscharakter quantitativer Werbebeschränkungen im Rundfunk zweifelt.[173] Wird der Umfang der Werbung einschließlich der Anzahl zulässiger **Werbeunterbrechungen** von Spielfilmen beschränkt, wie Art. 20 AVMD-RL dies vorsieht, so liegt schon angesichts der wirtschaftli-

---

[166] Vgl. dazu ausführlich *Kellner*.
[167] Dafür auch *Rengeling* S. 220; ebenso *Cornils* in BeckOK InfoMedienR EMRK Art. 10 Rn. 34.
[168] EuGH verb. Rs. 43 u. 63/82, Slg. 1984, 19 – VBVB und VBBB; *Kühling*, Kommunikationsfreiheit, S. 115 f.
[169] Vgl. *Oster/Wagner* in Dauses/Ludwigs EU-WirtschaftsR-HdB E. V. Rn. 68.
[170] *Wissenschaftlicher Arbeitskreis für Regulierungsfragen bei der Bundesnetzagentur (WAR)*, Evolution der Regulierung in den Telekommunikations- und Mediensektoren angesichts der Relevanzzunahme von OTT-Anbietern, 18.11.2015, S. 8 f. (abrufbar unter https://www.bundesnetzagentur.de/SharedDocs/Downloads/DE/Allgemeines/Bundesnetzagentur/WAR/WAR_OTT.pdf?__blob=publicationFile&v=1, letzter Abruf am 7.2.2017).
[171] Vorschlag für eine Richtlinie des Europäischen Parlaments und des Rates zur Änderung der Richtlinie 2010/13/EU zur Koordinierung bestimmter Rechts- und Verwaltungsvorschriften der Mitgliedstaaten über die Bereitstellung audiovisueller Mediendienste im Hinblick auf sich verändernde Marktgegebenheiten, COM(2016) 287 final, 32.
[172] Vorschlag für eine Richtlinie des Europäischen Parlaments und des Rates zur Änderung der Richtlinie 2010/13/EU zur Koordinierung bestimmter Rechts- und Verwaltungsvorschriften der Mitgliedstaaten über die Bereitstellung audiovisueller Mediendienste im Hinblick auf sich verändernde Marktgegebenheiten, COM(2016) 287 final, 14.
[173] GA *Jacobs*, SchlA C-245/01, Slg. 2003, I-12489 Rn. 38 – RTL Television GmbH; vgl. zum Streit um das Brutto-/Nettoprinzip auch *Birkert* in Bergmann/Kenntner Kap. 21 Rn. 37 mwN.

chen Bedeutung der Werbung für die Aufrechterhaltung des (privaten) Rundfunkbetriebs eine Beeinträchtigung der Rundfunkfreiheit des Fernsehveranstalters vor. Dasselbe gilt für das verbindlich vorgesehene **Kurzberichterstattungsrecht** in Art. 15 AVMD-RL, das die Mitgliedstaaten gewährleisten müssen. Fraglich ist dagegen, ob die bloße Möglichkeit für die Mitgliedstaaten in Art. 14 AVMD-RL, **Free-TV-Listen** vorzusehen, selbst schon in die Medienfreiheit aus Art. 11 Abs. 2 GRC eingreift oder ob dies nicht erst durch die entsprechenden mitgliedstaatlichen Regelungen erfolgt. Da schon im Rahmen der Ausgestaltung der Zulässigkeit einer solchen mitgliedstaatlichen Regelung auf unionaler Ebene eine medienfreiheitsrelevante Wertung seitens des Gesetzgebers erfolgt, spricht einiges dafür, schon diesem Schritt einen Beeinträchtigungscharakter beizumessen und so einer Grundrechtskontrolle am Maßstab der Verhältnismäßigkeitsprüfung zu unterwerfen.

D. Rechtfertigung

62 Die Grundstruktur der Rechtfertigungsprüfung bei Beeinträchtigungen der Medienfreiheit entspricht derjenigen der allgemeinen Kommunikationsfreiheit (→ § 27 Rn. 43 ff.).[174]

I. Formelle Anforderung: bestimmte und zugängliche Rechtsgrundlage

63 In formeller Hinsicht ist für sämtliches grundrechtsbeschränkendes Handeln der Union eine hinreichend bestimmte und zugängliche Rechtsgrundlage erforderlich (zur Bedeutung dieser Kriterien → § 27 Rn. 44). Für den Fall von **EU-Richtlinien** gelten die bereits im Rahmen der allgemeinen Kommunikationsfreiheit dargestellten Differenzierungen: Das Bestimmtheitskriterium gilt in vollem Umfang nur für die Formulierung des Richtlinienziels. Die „Wahl der Form und der Mittel" bei der nationalen Umsetzung ist nach Art. 288 AEUV gerade den Mitgliedstaaten freigestellt. Dies bedingt eine gewisse Offenheit in der Tatbestandsformulierung. Die Bestimmtheit muss dann allerdings in den nationalen Umsetzungsakten gewährleistet sein. Nach dieser Unterscheidung ist bspw. die Formulierung des **Art. 6a Abs. 1 AVMD-RL,** wonach „Mitgliedstaaten [...] angemessene Maßnahmen" bei der Weiterverbreitung von audiovisuellen Inhalten ergreifen müssen, um den näher spezifizierten Schutz von Minderjährigen zu gewährleisten, nicht an den vollen Bestimmtheitserfordernissen zu messen. Denn es handelt sich um einen Umsetzungsspielraum der Mitgliedstaaten, dessen genauer Sanktionsmechanismus erst im nationalen Recht Kontur annehmen muss. Problematischer ist hingegen die offene Tatbestandsformulierung der zitierten Norm im Hinblick auf das Ziel der zu verbietenden Inhalte, da hier die Bestimmtheitsprüfung voll greift: So sollen die Mitgliedstaaten in Bezug auf die ihrer Rechtshoheit unterworfenen Mediendienste verhindern, dass Inhalte zugänglich sind, „die körperliche, geistige und sittliche Entwicklung von Minderjährigen beeinträchtigen können." Nichtsdestotrotz dürfte diese Generalklausel noch zulässig sein, da die AVMD-RL insoweit einen komplexen und in der Sache überzeugenden Mechanismus einer unionsrechtlichen Vorsteuerung und mitgliedstaatlichen Konkretisierung anstrebt.[175] In der Sache ist bei der Anwendung der generalklauselartigen Bestimmung angesichts des Harmonisierungsziels eher Zurückhaltung geboten. Unabhängig davon ist es für die Entwicklung eines gemeinsamen Kommunikationsraums unvermeidlich, **unionsautonome Standards** zu entwickeln. Hierfür genügt es, wenn der Gesetzgeber die Grundrichtung vorgibt und die

---

[174] *Bernsdorff* in NK-EuGRCh GRCh Art. 11 Rn. 20 geht dagegen davon aus, dass bei der Medienfreiheit Art. 10 Abs. 2 EMRK über Art. 52 Abs. 3 S. 1 GRC „wegen der ‚Verselbständigung' des Mediengrundrechts und des von demjenigen der EMRK abweichenden Grundrechtsverständnisses" nicht zur Anwendung komme, sondern vielmehr die allgemeine Schrankenregelung des Art. 52 Abs. 1 GRC. Die Auswirkungen (vor allem zum Vorteil der Medienfreiheit) bleiben allerdings unklar. Eine Übersicht zum aktuellen Meinungsstand mwN bietet *Walter* in Grabenwarter, EnzEuR Bd. 2, § 12 Rn. 34 ff. Zum Problem der Beeinträchtigungen der objektivrechtlichen Dimensionen siehe bereits die Ausführungen zu diesen Schutzgehalten, insbes. → Rn. 40.

[175] Ausführlicher dazu mwN *Kühling* in Wegener, EnzEuR Bd. 8, § 7 Rn. 78.

weitere **Konkretisierung der Rechtsprechung,** hier also dem EuGH, **überlassen** wird. Der Gerichtshof hat durch die Zielbestimmung des Setzens von Grundstandards einen Ansatzpunkt und kann daran anknüpfend genügend Rechtssicherheit durch eine zu entwickelnde Kasuistik herstellen. Überdies deutet die Formulierung in Art. 27 Abs. 1 AVMD-RL an, dass schon ein erhebliches Maß an Beeinträchtigung verlangt wird („ernsthaft") und im Übrigen bei der Gefahr leichter Beeinträchtigungen ein späterer Sendezeitpunkt gewählt werden kann. Dies machen auch die Beispiele („Pornografie" und „grundlose Gewalt") deutlich, obwohl der Begriff der Pornografie seinerseits auf Unionsebene noch einer genaueren Bestimmung bedarf.[176] Jedenfalls ist dieser Mechanismus grundrechtlich akzeptabel. Vor diesem Hintergrund erscheint umgekehrt die gegenläufige Stoßrichtung im Urteil des EuGH zur Vorratsdatenspeicherungs-RL problematisch, in dem der EuGH angemahnt hat, dass in der Richtlinie selbst hinreichende Sicherungsmechanismen für den Schutz der betroffenen Daten vorgesehen sein müssen.[177] Damit verlangt der EuGH letztlich eine Zentralisierung in Bezug auf diese Frage und unterminiert das Richtlinienkonzept nach Art. 288 Abs. 3 AEUV, das gerade eine Konkretisierung, Ergänzung und auch prozedurale Absicherung auf mitgliedstaatlicher Ebene sehr wohl zulässt.[178]

II. Materielle Anforderung: Verfolgung eines legitimen Zwecks (Gemeinwohlinteresse der Union)

Ebenso wie bei anderen Grundrechten sind Einschränkungen der Medienfreiheit zulässig, **64** sofern sie gemäß Art. 52 Abs. 1 GRC von tatsächlich dem Gemeinwohl dienenden Zielen der Union gedeckt sind. Die Spannbreite dieser **Unionsinteressen** ist ebenso wie bei der allgemeinen Kommunikationsfreiheit **weit gefasst,** wenn auch im Einklang mit Art. 10 Abs. 2 EMRK rein wirtschaftliche Interessen nicht als Beeinträchtigungslegitimation ausreichen. Eine sorgfältige Prüfung, ob die konkrete beeinträchtigende Maßnahme tatsächlich den vorgebrachten Zweck verfolgt, ist zweckdienlich und daher angebracht.[179] Bei der Prüfung der vorgebrachten Beschränkungsgründe ist zu berücksichtigen, dass der Unionsgesetzgeber bei der Festlegung der Einschränkungsziele über einen weiten Spielraum verfügt, der allerdings durch die Meistbegünstigungsklausel des Art. 52 Abs. 3 GRC eine Beschränkung erfährt (ausführlich zum Ganzen → § 27 Rn. 46 ff.). Dies bedeutet, dass die Schranken der Medienfreiheit grundsätzlich mit denen der **allgemeinen Kommunikationsfreiheit** übereinstimmen, was unter anderem den Erläuterungen des Konvents zu Art. 11 GRC entspricht, wonach Art. 11 in seiner Gesamtheit mit Art. 10 EMRK korrespondiert.[180] Unterschiede ergeben sich lediglich auf der Ebene der Verhältnismäßigkeit, auf der die große Bedeutung der Medien, insbesondere der Presse und des Rundfunks, für die Demokratie zu einer Erhöhung der Kontrolldichte und damit des Schutzniveaus führen kann (→ Rn. 72).[181]

In Bezug auf die **Rundfunkfreiheit** enthält **Art. 10 Abs. 1 S. 3 EMRK** eine mögliche **65** Erweiterung der erlaubten Einschränkungsgründe. Sinn und Zweck des Satzes 3 ist es, klarzustellen, dass es den Staaten erlaubt ist, die Organisation des Rundfunks auf ihrem Territorium im Wege eines **Lizenzsystems** zu regulieren, und zwar insbesondere was die technischen Aspekte anbelangt, aber auch, um sonstige Ziele zu verfolgen: Die Gewährung

---

[176] Nach *Engel* S. 297 sind derartige Generalklauseln zu weit und erfüllen demnach nicht die Anforderung des Art. 10 Abs. 2 EMRK. Bedenklich weit sind allerdings die inhaltlichen Anforderungen an audiovisuelle Kommunikation (Fernsehwerbung) nach Art. 9 Abs. 1 lit. c AVMD-RL, die ua bestimmen, dass diese nicht „Verhaltensweisen fördern [darf], die den Schutz der Umwelt in hohem Maße gefährden". Offen bleibt, ob danach etwa schon Autowerbung verboten sein soll oder erst solche Werbung, die bspw. das unsachgemäße Entsorgen von Altöl positiv darstellt.
[177] EuGH verb. Rs. C-293/12 u. C-594/12, ECLI:EU:C:2014:238 Rn. 54 ff. – Digital Rights Ireland.
[178] Insoweit kritisch zu dem EuGH-Urteil *Kühling* NVwZ 2014, 681 (684 f.).
[179] Dazu auch *Holznagel* S. 159.
[180] Vgl. aber *Bernsdorff* in NK-EuGRCh GRCh Art. 11 Rn. 20; Übersicht zum aktuellen Meinungsstand mwN bei *Walter* in Grabenwarter, EnzEuR Bd. 2, § 12 Rn. 34 ff.
[181] So für Art. 10 EMRK auch Grabenwarter/Pabel EMRK § 23 Rn. 26.

oder Versagung der Lizenz darf auch von anderen Erwägungen abhängig gemacht werden, zB von der Art und den Zielen eines Senders, seinem potentiellen Empfängerkreis auf nationaler, regionaler oder lokaler Ebene, den Rechten und Bedürfnissen eines bestimmten Empfängerkreises sowie den Verpflichtungen aufgrund internationaler Verträge. Das bedeutet, dass es Beeinträchtigungen gibt, die nach Satz 3 gerechtfertigt sind, obwohl sie nicht unter die legitimen Ziele iS des Absatzes 2 fallen. Die Vereinbarkeit solcher Beeinträchtigungen mit der EMRK muss dennoch von der Erfüllung der übrigen Voraussetzungen des Absatzes 2 abhängen.[182] Die Beeinträchtigung muss also ein legitimes Ziel verfolgen (das nicht notwendig mit den Zielen des Absatzes 2 übereinstimmen muss[183]), durch Gesetz vorgesehen und notwendig in einer demokratischen Gesellschaft sein (Verhältnismäßigkeit). Dies ergibt sich auch bei einer Heranziehung der Grundrechtecharta, die keine spezifisch privilegierten Eingriffe in die Rundfunkfreiheit vorsieht, so dass die allgemeine Schrankenklausel des Art. 52 Abs. 1 GRC Anwendung findet.

III. Materielle Anforderung: Wahrung der Verhältnismäßigkeit

66 **1. Dreischrittige Prüfung (Geeignetheit, Erforderlichkeit und Verhältnismäßigkeit im engeren Sinn).** Wie im Rahmen der allgemeinen Kommunikationsfreiheit (→ § 27 Rn. 48 f.) dargelegt, spielt der Verhältnismäßigkeitsgrundsatz eine zentrale Rolle bei der Überprüfung unionalen ebenso wie mitgliedstaatlichen grundrechtsbeschränkenden Handelns. Dabei ist eine **dreischrittige Prüfungsabfolge** angezeigt (Geeignetheit, Erforderlichkeit und Verhältnismäßigkeit im engeren Sinn mit Abwägung der kollidierenden Interessen), die auch der EuGH teilweise schon angewendet hat.[184] In diesem Zusammenhang ist insbesondere der idR **weite Spielraum** der hoheitlichen Organe sowohl der Union als auch der Mitgliedstaaten zu beachten. Gerade im Kontext der Medienfreiheit ist die Verhältnismäßigkeitsprüfung am Bild einer „demokratischen Gesellschaft" iS des Art. 10 Abs. 2 EMRK auszurichten, das eine Rückanbindung an die demokratische Funktion der Massenkommunikationsmittel erlaubt. Insbesondere die Grundsätze des Pluralismus, der Toleranz und Offenheit sind wesentliche Charakteristika für eine demokratische Gesellschaft, da sie eine freie politische Diskussion erst ermöglichen (zum Ganzen die Hinweise → § 27 Rn. 52 ff.).

67 **2. Variabler Spielraum (margin of appreciation).** Auch für die Medienfreiheit ist das Konzept der *margin of appreciation,* das der EGMR im Rahmen der Prüfung des Art. 10 Abs. 2 EMRK entwickelt hat, von großer Bedeutung. Den hoheitlichen Stellen kommt danach grundsätzlich ein **Spielraum** bei der Bestimmung des angemessenen Ausgleichs privater Interessen *inter se* oder privater mit öffentlichen Interessen zu, wobei dieser sowohl hinsichtlich der Wahl der angemessenen Maßnahme als auch in Bezug auf die Beurteilung etwaiger Gefährdungspotentiale oder sonstiger Faktoren, von denen die zulässige Beeinträchtigungsintensität abhängt, sowie mit Blick auf die Zuordnung geschützter Werte[185] besteht (dazu ausführlich → § 27 Rn. 54). Das gilt insbesondere in vertikaler Perspektive bei der Kontrolle **mitgliedstaatlichen Handelns,** das in den Anwendungsbereich des Unionsrechts fällt. Für die Kontrolle des Handelns von Unionsorganen in horizontaler Perspektive hat der EuGH hingegen eine Ausdifferenzierung der Kontrollintensität erkennen lassen und verschärft insbesondere die Überprüfung dann, wenn es sich um sehr

---

[182] EGMR 5.11.2002 – 38743/97 Rn. 33 – Demuth; ebenso EGMR 21.9.2000 – 32240/96 Rn. 25 – Tele 1 Privatfernsehgesellschaft; EGMR 20.10.1997 – 19736/92 Rn. 28 – Radio ABC; grundlegend EGMR 24.11.1993 – 13914/88 ua Rn. 32 f. – Informationsverein Lentia; EGMR 28.3.1990 – 10890/84 Rn. 61 – Groppera; vgl. zur Problematik *Holznagel* S. 156 f. und siehe rechtsvergleichend auch *Iliopoulos-Strangas* in Stern/Prütting S. 27 (49 f., 61 f. zur ERMK).
[183] So nochmals betont in EGMR 5.11.2002 – 38743/97 Rn. 37 – Demuth.
[184] EuGH verb. Rs. C-293/12 u. C-594/12, ECLI:EU:C:2014:238 Rn. 38 ff. – Digital Rights Ireland; EuGH C-283/11, ECLI:EU:C:2013:28 Rn. 48 ff. – Sky Österreich; EuGH C-134/15, ECLI:EU:C:2016:498 Rn. 33 ff. – Lidl; EuGH C-58/08, Slg. 2010, I-4999 Rn. 51 ff. – Vodafone ua.
[185] Dazu *Woods* in PHKW Fundamental Rights Art. 11 Rn. 11.40.

eingriffsintensive Maßnahmen der **Unionsorgane** handelt, wie etwa im Fall der Vorratsdatenspeicherungs-RL mit Blick auf die Datenschutzgrundrechte.[186]

3. Variable Schutzniveaus. Die im Rahmen der allgemeinen Kommunikationsfreiheit 68 dargestellten Differenzierungskriterien für die Ermittlung der unterschiedlichen Schutzniveaus greifen ebenso für die von der Medienfreiheit geschützte Verbreitung entsprechender Inhalte (dazu ausführlich → § 27 Rn. 55 ff.).

a) Differenzierung nach dem Inhalt der Äußerungen. Auch in diesem Kontext gilt, 69 dass die Verbreitung von Informationen und Meinungen, die die *res publica* betreffen, besonders schützenswert ist (dazu ausführlich → § 27 Rn. 55). Das bedeutet für Presse und Rundfunk, dass die Verbreitung von Inhalten, die unmittelbar zur politischen Willensbildung beitragen, den intensivsten Schutz genießen, während der Verbreitung lediglich unterhaltender Sendungen oder Presseerzeugnisse im Rahmen der Güterabwägung ein geringeres Gewicht zukommt. Gleichermaßen genießt die Verbreitung von Filmen mit politischem Inhalt einen intensiveren Schutz als diejenige von Unterhaltungsfilmen ohne politischen Bezug. Die Abgrenzung kann im Einzelfall Schwierigkeiten bereiten, denn häufig enthalten auch unterhaltende Sendungen, Filme oder Bücher gesellschaftliche oder politische Botschaften, so dass keinesfalls vorschnell von einem pauschal geringen Schutzniveau im Unterhaltungsbereich oder allgemein im unpolitischen Bereich ausgegangen werden kann. Dies gilt insbesondere vor dem Hintergrund, dass zB der EGMR den erhöhten Schutz, den die politische Kommunikation genießt, weit gefasst und auf „öffentliche" Kommunikation im Allgemeinen ausgedehnt hat, dh auf Beiträge zur öffentlichen Debatte und Meldungen bzw. Äußerungen über Themen, bei denen ein besonderes Interesse an öffentlicher Berichterstattung besteht.[187] Dies gilt auch und gerade vor dem Hintergrund der *Caroline*-Rechtsprechung des EGMR.[188] Dieser zufolge ist danach zu differenzieren, ob der Beitrag konkret mit der öffentlichen Funktion der Person in Zusammenhang steht und ob deshalb tatsächlich auch ein öffentliches Interesse an der allgemeinen Meinungsbildung zu dieser Berichterstattung besteht.[189] Das sah der EGMR bei der Veröffentlichung von Fotos, auf denen *Caroline von Hannover* bei privaten Tätigkeiten aus ihrem Alltagsleben gezeigt wurde, nicht als gegeben an,[190] wohl aber, als über deren Skiurlaub in Zusammenhang mit einer Erkrankung des *Fürsten von Monaco* berichtet wurde.[191] Insofern bestätigte der EGMR im zweiten *Caroline*-Fall anders als noch im ersten, dass das BVerfG eine ausreichende Abwägung angestellt hatte, deren konkrete Gewichtung dem Spielraum der Mitgliedstaaten unterfällt.[192] Diese Entscheidung erfolgte in gleicher Art und Weise[193] zur erneuten Veröffentlichung von Urlaubsfotos, die in Zusammenhang mit einer Berichterstattung zur Vermietung von Urlaubsimmobilien durch prominente Personen stand.[194] Diese Rechtsprechung stieß zu Anfang ihrer Entwicklung zunächst auf massive Kritik, zum einen wegen des dort statuierten Erfordernisses einer öffentlichen Funktion der Person, über die berichtet werden soll[195], und zum anderen aufgrund der

---

[186] EuGH verb. Rs. C-293/12 u. C-594/12, ECLI:EU:C:2014:238 Rn. 48 ff. – Digital Rights Ireland.
[187] ZB EGMR 25.11.1999 – 23118/93 Rn. 52 – Nilsen und Johnsen; EGMR 26.2.2002 – 34315/96 Rn. 37 – Krone Verlag GmbH; vgl. dazu *Holoubek* AfP 2003, 193 (197); vgl. aus der jüngeren Rechtsprechung zB EGMR 29.4.2014 – 23605/09 Rn. 46 f. – Salumäki; EGMR 26.11.2013 – 59545/10 Rn. 50 – Blaja News.
[188] EGMR 24.6.2004 – 59320/00, NJW 2004, 2647 – von Hannover I; siehe hierzu auch die kritische Anmerkung von *Ohly* GRUR-Int 2004, 902 (902 ff., insbes. 910 ff.); bestätigt durch EGMR 7.2.2012 – 40660/08 u. 60641/08, NJW 2012, 1053 – von Hannover II.
[189] EGMR 24.6.2004 – 59320/00 Rn. 66 ff. – von Hannover I.
[190] EGMR 24.6.2004 – 59320/00 Rn. 76 f. – von Hannover I.
[191] EGMR 7.2.2012 – 40660/08 Rn. 118 – von Hannover II.
[192] EGMR 7.2.2012 – 40660/08 Rn. 105 ff. – von Hannover II.
[193] *Klass* ZUM 2014, 261 (264), dort außerdem ein ausführlicher Überblick über die Abwägungskriterien zum Interessenskonflikt von Art. 10 EMRK und Art. 8 EMRK.
[194] EGMR 19.9.2013 – 8772/10 Rn. 51 f. – von Hannover III.
[195] *Behnsen* ZaöRV 2005, 239 (248); *Kaboth* ZUM 2004, 818 (823); *Klass* AfP 2007, 517 (523).

Einschränkung der besonders geschützten Berichterstattung auf Themen mit gesellschaftlicher Relevanz, aus welcher sich mangels objektiver Bestimmbarkeit eine zu weitgehende Einschränkung der Pressefreiheit ergebe.[196] Dennoch hat sich die entsprechende Interessenabwägung mittlerweile vor den deutschen Gerichten in ständiger Rechtsprechung etabliert. Sie stellt eine sinnvolle Differenzierung dar, die einen besonderen Schutz der Pressefreiheit mit entsprechenden Einschränkungen der Persönlichkeitsrechte von der öffentlichen Relevanz des Berichterstattungsgegenstandes abhängig macht. Beeinträchtigungen der **wirtschaftlichen Tätigkeit** von Medienunternehmen sind im Übrigen tendenziell ganz allgemein einer weniger intensiven Kontrolle unterworfen als die Beschränkung der inhaltlichen Gestaltungsfreiheit.[197] Zielt die wirtschaftliche Beeinträchtigung jedoch gerade darauf, ein kritisches Medienorgan „mundtot" zu machen, gelten strenge Maßstäbe.[198]

70 Bei Angeboten internetbasierter Mediendienste (→ Rn. 13) ist, wie dargelegt, danach zu differenzieren, ob sie der Meinungsbildung der Allgemeinheit und nicht nur der Vermittlung oder Beschaffung von Waren, Dienstleistungen oder geschäftsbezogenen Informationen (zB Börsendaten) dienen und somit nicht dem allgemeinen Geschäfts- und Wirtschaftsverkehr zuzuordnen sind, sondern der Medienfreiheit.[199] Sofern dies nicht der Fall ist, greift auch nicht das erhöhte Schutzniveau, das denjenigen Medien und Medienbeiträgen zuteilwird, die unmittelbar das Funktionieren der Demokratie vorantreiben. Im Übrigen wird der EuGH dann jedoch in Zukunft stärker die **Bedeutung internetbasierter Mediendienste** herausarbeiten müssen. So ist die „Gatekeeper"-Rolle eines Suchmaschinenbetreibers wie *Google* oder eines Plattform-Anbieters sozialer Kommunikationsinhalte wie *Facebook* kaum zu unterschätzen und äußerst meinungsfreiheits- und auch pluralismusrelevant. Insofern greift der EuGH im Urteil *Google* zu kurz, wenn er allein auf die unternehmerische Freiheit von *Google* abstellt, ohne deren Beitrag für die Medienfreiheit zu würdigen, auch mit Blick auf die verlinkten – oder eben nicht (mehr) verlinkten – Inhalte.[200]

71 **b) Differenzierung nach dem Wahrheitsgehalt der Äußerungen.** Die Differenzierung nach dem Wahrheitsgehalt der Äußerung ist gerade im Medienbereich von Bedeutung.[201] Auch hier gilt, dass der Verbreitung bewusst unwahrer Aussagen eine gegen Null tendierende Schutzwürdigkeit zukommt, während **Sorgfaltspflichtverletzungen** lediglich eine Reduzierung der Schutzintensität indizieren und im Interesse eines freien und offenen Kommunikationsprozesses nicht zu streng gefasst werden dürfen (dazu ausführlich → § 27 Rn. 56). Letzteres ist insbesondere für die Ausgestaltung des **Gegendarstellungsrechts** von Bedeutung,[202] Ersteres ist im Zeitalter von „Fake-News" relevant. Im Zeitalter des Internets agieren viele Nutzer aus dem Schutz der **Anonymität,** wenn sie ihre Inhalte auf massenkommunikativem Wege an ein breites Publikum zur Verfügung stellen. Vor allem auf Bewertungsportalen mutieren breite Bevölkerungsgruppen zu anonymen Laienkritikern und Berufsträger zu deren Objekten im Lichte einer potentiell weltweiten Öffentlichkeit.[203] Dabei ist im Rahmen der Abwägungen anonymen Äußerungen grundsätzlich ein geringer Schutz beizumessen.

---

[196] *Klass* AfP 2007, 517 (523); ähnlich auch *Behnsen* ZaöRV 2005, 239 (252) und *Stender-Vorwachs* NJW 2009, 334 (336).
[197] Ebenso *Uwer* S. 180 f.
[198] Vgl. *Holoubek* AfP 2003, 193 (197).
[199] *Birkert* in Bergmann/Kenntner Kap. 21 Rn. 4 und 65.
[200] Vgl. näher hierzu *Kühling* EuZW 2014, 527 (529) und zum Gesamten *Kühling* in FK-EUV/GRC/AEUV GRC Art. 16 Rn. 17; ähnlich auch *Arning/Moosl/Scherz* CR 2014, 447 (453); *Freialdenhoven/Heinzke* GRUR-Prax 2015, 119; *Holznagel/Hartmann* MMR 2016, 228 (231); *Jandt* MMR-Aktuell 2014, 358242.
[201] Dazu auch *Holoubek* AfP 2003, 193 (195 f.); vgl. auch *Weber*, Menschenrechte, S. 428 ff. mit einer interessanten Analyse eines Urteils des House of Lords.
[202] Vgl. dazu auch *Iliopoulos-Strangas* in Stern/Prütting S. 44 unter Hinweis auf verfassungsrechtliche Verbürgungen des Rechts auf Gegendarstellung in Art. 37 Abs. 4 portVerf und Art. 14 Abs. 5 griechVerf; siehe ferner *Szczekalla* S. 557 ff. mit Hinweisen zur rechtspolitischen Diskussion und *Schiedmair* in Pabel/Schmahl EMRK Art. 10 Rn. 78.
[203] Vgl. dazu *Kühling* NJW 2015, 447.

c) **Differenzierung nach der Art des verwandten Kommunikationsmittels.** Wesentliche Unterscheidungen ergeben sich im Übrigen aus der Art des verwandten Kommunikationsmittels. So hebt der EGMR die vitale Bedeutung der **Massenkommunikationsmittel** für die Demokratie hervor, so dass bei etwaigen Beschränkungen des Kommunikationsprozesses in diesen Medien die höchste Kontrollintensität anzuwenden ist. Im Konventionsrecht wird insoweit ebenso auf die Schutzverstärkung durch die parallellaufenden Interessen der Rezipientenfreiheit verwiesen. Zudem hat der EGMR festgestellt, dass den audiovisuellen Medien wegen der viel unmittelbareren Wirkung ein stärkerer Einfluss zukommt als Printmedien, was auch einen höheren Sorgfaltsmaßstab insbesondere in Bezug auf den Schutz von Persönlichkeitsrechten implizieren kann.[204] Zu unterschiedlichen Beschränkungen der Verbreitungsmöglichkeiten je nach dem betroffenen Medium kann es angesichts der variierenden **Zugänglichkeit für Kinder und Jugendliche** kommen. So kann der Zugriff dieser Personengruppe auf Rundfunkmedien oder internetbasierte Kommunikationsmedien, sofern es sich um frei empfangbaren Rundfunk bzw. frei zugängliche Internetdienste handelt, schwieriger kontrolliert werden als im Hinblick auf Printmedien oder Kinofilme. Demnach sind vielfältige medienspezifische Sonderregeln denkbar und können grundsätzlich grundrechtlich gerechtfertigt werden.

72

4. Verhältnismäßige Beeinträchtigungen der Medienfreiheit zum Schutz verschiedener legitimer Ziele. Hinsichtlich der Beschränkung der Verbreitung bestimmter kommunikativer Inhalte durch Medienunternehmen gelten weitgehend parallel die Ausführungen zu zulässigen Beeinträchtigungen der allgemeinen Kommunikationsfreiheit (→ § 27 Rn. 60 ff.). Im Folgenden sollen insbesondere einige typische, **medienspezifische Beeinträchtigungen** anhand zentraler Beeinträchtigungszwecke analysiert werden. Bislang fehlt es insoweit allerdings an entsprechendem Praxismaterial insbesondere aus der Rechtsprechung des EuGH. Der Grund dürfte auch darin liegen, dass der EuGH die Medienfreiheit bis heute meist als Schranke der Grundfreiheiten aktiviert und nur selten als subjektives Recht geprüft hat.[205] Mit einem Ausbau der Maßstäbe, die die Verhältnismäßigkeitsprüfung steuern, ist erst zu rechnen, wenn die Bedeutung der Medienfreiheit auf Unionsebene zunimmt, was sich zuletzt etwa im Rahmen von Prüfungen der Einschränkungen durch die AVMD-RL in den Fällen *Sky Österreich* und *UEFA Free TV-Listen* nur rudimentär angedeutet hat (→ Rn. 43).

73

a) **Verhältnismäßige Beeinträchtigungen zum Schutz der Moral, insbesondere Jugendschutz.** Soweit moral- bzw. jugendschützende Maßnahmen getroffen werden, die die Medienfreiheit beeinträchtigen, müssen an solche Maßnahmen dieselben Anforderungen gestellt werden wie im Bereich der allgemeinen Kommunikationsfreiheit (→ § 27 Rn. 66 ff.). Dies ist etwa für Verbreitungsverbote von Bedeutung, gegen die sich Medienunternehmen wenden.

74

b) **Verhältnismäßige Beeinträchtigungen zum Ehrschutz.** Der Ehrschutz ist in den nationalen Rechtsordnungen ein wichtiger Einschränkungsgrund zur Legitimation kommunikationsbeschränkender hoheitlicher Maßnahmen. Probleme auf diesem Gebiet sind zwar auch im Bereich der allgemeinen Kommunikationsfreiheit angesiedelt. Die wichtigsten Anwendungsfälle treten aber auf dem Gebiet der Massenmedien, vor allem der **(Boulevard-)Presse**, und gelegentlich auch des Rundfunks auf. Zunehmend relevant werden auch die Inhalte in internetbasierten Mediendiensten wie *Facebook,* die oftmals keinen hinreichenden Schutz von Persönlichkeitsrechten gewährleisten. Hier kann es zu erheblichen Beschränkungen der Tätigkeit der Medienunternehmen und anderer Nutzer kommen, die gegebenenfalls gerechtfertigt werden können, was gegenwärtig in Deutschland vor allem im Zuge des Netzwerkdurchsetzungsgesetzes diskutiert wird (→ Rn. 24). Der

75

---

[204] EGMR 23.9.1994 – 15890/89 Rn. 31 – Jersild; EGMR 28.1.2003 – 44647/98 Rn. 62 – Peck; zu letzterem insbesondere EGMR 15.9.2011 – 48009/08 Rn. 115 – Mosley.
[205] *Cornils* in BeckOK InfoMedienR GRC Art. 11 Rn. 1 f.

Ehrschutz dient primär dem Schutz der „Rechte Anderer", nämlich des inneren Werts und der äußeren Geltung des Individuums, die als sein Ruf innerhalb der Kommunikationsgemeinschaft aufgefasst wird.[206] Fraglich ist dagegen die Schutzbedürftigkeit des Rufs öffentlicher Institutionen und Organe.[207] Im Konventionsrecht ist der Ehrschutz ebenfalls von Relevanz.[208] Dabei erfolgen zwei wichtige Differenzierungen, die in der bisherigen Darstellung sowohl der Kommunikations- als auch der Medienfreiheit berücksichtigt wurden (→ Rn. 69 sowie → § 27 Rn. 16 f.). So ist einerseits danach zu unterscheiden, ob die Äußerung einen **Beitrag zur öffentlichen Willensbildung** darstellt. Ist dies der Fall, so genießt sie höheren Schutz. Daher ist zB die Kritik an Politikern, aber auch an öffentlichen Institutionen und Organen in erhöhtem Umfang zulässig[209], so dass der EGMR sogar Beschränkungen von sehr scharfen Formulierungen als unverhältnismäßig eingestuft hat. Anderes gilt für verbale Angriffe auf Privatpersonen, wobei sorgsam zu untersuchen ist, ob diese oder die Missbilligung von Verhältnissen im Vordergrund stehen. Die zweite wichtige Differenzierung betrifft die **Unterscheidung von Tatsachenfeststellungen und Meinungsäußerungen.** Im ersteren Fall können strengere Anforderungen an Wahrheits- und Sorgfaltspflichten gestellt werden als im letzteren.[210]

76 Im Unionsrecht ist von den im Konventionsrecht entwickelten und bereits dargestellten Unterscheidungskriterien auszugehen. Diese streiten im Hinblick auf Meinungsäußerungen im Ergebnis für einen **sehr engen Beschränkungsspielraum,** vor allem sofern es um Beiträge zu öffentlichen Debatten geht. Dies entspricht auch der Tendenz einiger Mitgliedstaaten. Die weitere Ausdifferenzierung dieses Ansatzes wird davon abhängen, inwieweit überhaupt unionsrelevante Probleme des Ehrschutzes auftauchen, da dies bislang kein vorherrschendes unionales Problem grenzüberschreitender Kommunikation gewesen ist. Im Übrigen spielen die genannten Parameter für die gegebenenfalls erforderliche Entwicklung eines gemeineuropäischen **Gegendarstellungsrechts** als „Gegenrecht der Medienfreiheiten"[211] und damit auch für die Bewertung und Auslegung des Art. 28 AVMD-RL eine erhebliche Rolle. Dabei kann auch die Frage des **Ortes der rechtlichen Geltendmachung** des Ehrenschutzes – genauso wie im Fall der Geltendmachung von Urheberrechtsverletzungen – erhebliche Auswirkungen auf die Medienfreiheit haben. Sehen sich bspw. Verleger Klagen wegen Ehrenschutz- und Urheberrechtsverletzungen nicht allein im Mitgliedstaat des In-Verkehr-Bringens einer Publikation ausgesetzt, sondern in jedem Mitgliedstaat, in dem eine potenzielle Rechtsverletzung eintreten kann, so dürfte dies gerade für kleinere Verlage erhebliche wirtschaftliche Risiken bedingen, die die Pressefreiheit beträchtlich beschränken können. Im Zusammenhang mit einer Schutzpflicht aus Art. 8 EMRK entschied der EGMR, dass aus dieser Pflicht **kein allgemeines Notifikationserfordernis** dahingehend abgeleitet werden könne, dass Medien den Betroffenen vor einer etwaigen Berichterstattung informieren müssen, so dass dieser die Möglichkeit hat, eine einstweilige Verfügung zu erwirken.[212] Dies entschied der EGMR im Fall des ehemaligen Präsidenten des Automobilverbands FIA *Max Mosley,* nachdem eine, sogar durch audiovisuelle Aufnahmen unterstützte, Berichterstattung über dessen angeblich nationalsozialistisch konnotierten Sexualaktivitäten erfolgte. Eine solche strafbewehrte Notifikation würde die

---

[206] So die Definitionsversuche im deutschen Recht, vgl. Kühling, Kommunikationsfreiheit, S. 239 ff.
[207] Ablehnend *Walter* in Grabenwarter, EnzEuR Bd. 2, § 12 Rn. 51; siehe auch *Marauhn* in Ehlers GuG § 4 Rn. 34 mit Belegen aus der Rechtsprechung.
[208] Vgl. zB EGMR 17.12.2004 – 33348/96 Rn. 92 – Cumpana und Mazare; vgl. aus der jüngeren Rechtsprechung zB EGMR 1.12.2009 – 5380/07 Rn. 21 – Karsai; ebenso EGMR 7.2.2012 – 39954/08 Rn. 82 – Axel Springer.
[209] Vgl. dazu zB EGMR 17.12.2004 – 49017/99 Rn. 66 – Pedersen und Baadsgaard; EGMR 25.6.2002 – 51279/99 Rn. 56 – Colombani; vgl. aus der Literatur *Walter* in Grabenwarter, EnzEuR Bd. 2, § 12 Rn. 49, 51; ebenso *Cornils* in BeckOK InfoMedienR EMRK Art. 10 Rn. 66.
[210] Auch eine Meinungsäußerung kann jedoch darauf hin überprüft werden, ob sie auf einer nachprüfbaren und wahren Tatsachenbasis beruht, so EGMR 17.12.2004 – 49017/99 Rn. 64 – Pedersen und Baadsgaard.
[211] So die Bezeichnung für das deutsche Recht bei *Bethge* in Sachs GG Art. 5 Rn. 169.
[212] EGMR 15.9.2011 – 48009/08 – Mosley.

in Art. 10 EMRK garantierte Medienfreiheit durch einen abschreckenden Effekt (*chilling effect*) vor allem im Bereich des investigativen Journalismus und der politischen Berichterstattung zu sehr einschränken.[213]

c) Verhältnismäßige Beeinträchtigungen zum Schutz weiterer Rechte anderer. 77
Neben dem Ehrschutz hat sich im Konventionsrecht eine Vielzahl von sonstigen Einschränkungszielen unter dem Vorbehalt des „Schutzes der Rechte anderer" herauskristallisiert. Der Schutz der **religiösen Gefühle** hat in der Rechtsprechung des EGMR zu empfindlichen Beschränkungen der medialen Kommunikationsfreiheit in der umstrittenen Entscheidung im Fall *Otto-Preminger-Institut* geführt.[214] Ein wichtiger Bereich, der bislang nur in Ansätzen Gegenstand von Ausführungen der Konventionsorgane gewesen ist, ist die Frage der zulässigen Beschränkung kommunikativer Handlungen zum Schutz und bei der Ausgestaltung des **geistigen Eigentums**.[215] Im Fall *Neij und Sunde* erkannte der EGMR den Schutz des geistigen Eigentums insofern als Recht anderer an, das die freie Meinungsäußerung, hier in Form des Betreibens einer Filesharing-Plattform ausgeübt, als legitimes Ziel einschränken könne.[216] Dieses Problemfeld ist für Medienunternehmen besonders relevant, da die Beachtung des Urheber- und Leistungsschutzrechts die Basis einer funktionierenden Medienindustrie ist. So hat bspw. die Ausgestaltung des **Vergütungsrechts** erhebliche Auswirkungen auf die Medienfreiheit.[217] Ferner können exklusive Übertragungsrechte von Premiumveranstaltungen durch Zugangsrechte beeinträchtigt werden.[218] Darüber hinaus kann die Anzahl zulässiger Werbeunterbrechungen durch Urheberrechte beeinflusst sein.[219] Schließlich hat sich im Konventionsrecht zu den übrigen Einschränkungszielen des Schutzes **vertraulicher Informationen** und der Gewährleistung des Ansehens und der Unparteilichkeit der Rechtsprechung eine gefestigte Judikatur entwickelt, die den Konventionsstaaten einen geringen Spielraum zubilligt.[220] Dies ist bspw. für Eingriffe in das **Redaktionsgeheimnis** von Medienunternehmen von Bedeutung, die mit dem Schutz vertraulicher Informationen gerechtfertigt werden. Insoweit ist eine strenge Prüfung angezeigt, ob bspw. der Schutz der Vertraulichkeit innerhalb der Strafverfolgung mit den berechtigten Interessen aus Art. 10 EMRK in einen angemessenen Ausgleich gebracht wurde.[221] Unter den Schutz der Rechte anderer kann auch der Schutz der Zuschauer bzw. Rezipienten als Verbraucher gefasst werden, die gegebenenfalls gegen übermäßige Werbung geschützt werden müssen (→ Rn. 79). In jüngerer Zeit hat der EGMR in seinen viel beachteten *Caroline*-**Urteilen** der Presse enge Grenzen für die Veröffentlichung von **Prominentenfotos** zum Schutz der Privatsphäre nach Art. 8 EMRK

---

[213] EGMR 15.9.2011 – 48009/08 Rn. 129 – Mosley.
[214] EGMR 20.9.1994 – 13470/87 – Otto-Preminger-Institut.
[215] Vgl. dazu etwa RL 2001/29/EG des Europäischen Parlaments und des Rates vom 22. Mai 2001 zur Harmonisierung bestimmter Aspekte des Urheberrechts und der verwandten Schutzrechte in der Informationsgesellschaft, ABl. 2001 L 167, 10 und die Rechtsprechung des EuGH: EuGH C-70/10, Slg. 2011, I-11959 Rn. 52 – Scarlet Extended; EuGH C-360/10, ECLI:EU:C:2012:85 Rn. 50 – SABAM; EuGH C-314/12, ECLI:EU:C:2014:192 Rn. 55 ff. – UPC Telekabel; EuGH C-484/14, ECLI: EU:C:2016:689 Rn. 82 ff. – Mc Fadden.
[216] EGMR 19.2.2013 – 40397/12 – Neij und Sunde.
[217] Siehe dazu das Urteil des EuGH C-245/00, Slg. 2003, I-1251 Rn. 21 ff. – SENA, unter Bezugnahme auf Art. 8 RL 92/100/EWG zum Vermietrecht und Verleihrecht sowie zu bestimmten, dem Urheberrecht verwandten Schutzrechten im Bereich des geistigen Eigentums, ABl. 1992 L 346, 61.
[218] Zu Art. 3a Fernsehrichtlinie siehe etwa *Birkert* in Bergmann/Kenntner Kap. 21 Rn. 17 mwN. Bestätigt durch die Rechtsprechung des EuGH zu den Nachfolgenormen der AVMD-RL in Art. 14 und 15, vgl. EuGH C-201/11 P, ECLI:EU:C:2013:519 Rn. 11 – UEFA; EuGH C-204/11 P, ECLI:EU: C:2013:477 Rn. 12 – FIFA; EuGH C-205/11 P, ECLI:EU:C:2013:478 Rn. 13 – FIFA; EuG T-55/08, Slg. 2011, II-271 – UEFA und indirekt auch durch EuGH C-283/11, ECLI:EU:C:2013:28 – Sky Österreich.
[219] Siehe GA *Jacobs*, SchlA C-245/01, Slg. 2003, I-12489 Rn. 28 – RTL Television GmbH unter Hinweis auf den Schutz der künstlerischen Integrität von Filmen.
[220] Vgl. *Kühling*, Kommunikationsfreiheit, S. 192 ff., 199, 200.
[221] Vgl. EGMR 28.6.2012 – 15054/07 u. 15066/07 Rn. 102, 120 ff. – Ressiot.

gesetzt (→ Rn. 69).[222] Der EGMR und das BVerfG haben ihre anfänglich divergierenden Positionen insofern mittlerweile angenähert.[223]

78 **d) Verhältnismäßige Beeinträchtigungen zur Abwehr rassistischer und neonazistischer Aussagen – Schutz der Menschenwürde.** Was die Beschränkung der Verbreitung rassistischer und neonazistischer Inhalte, die die Medienfreiheit beeinträchtigen, anbelangt, müssen an solche Maßnahmen dieselben Anforderungen gestellt werden wie im Bereich der allgemeinen Kommunikationsfreiheit (→ § 27 Rn. 70 ff.). Insbesondere die Inpflichtnahme von Mediendienstleistern – etwa die Moderatoren von entsprechenden **Internet-Foren mit rassistischen Inhalten** – muss sich an den dort dargelegten Maßstäben messen lassen.[224]

79 **e) Verhältnismäßige Beeinträchtigungen der Wirtschaftswerbung.** Die bereits im Rahmen der allgemeinen Kommunikationsfreiheit untersuchten Werbebeschränkungen sind auch im Rahmen der Analyse der Medienfreiheit von großer Bedeutung. So ist insoweit bei der Abwägung neben der Beschränkung der Verbreitungsmöglichkeiten der Aspekt hinreichend zu würdigen, dass das **Werbeverbot** für bestimmte Produkte (insbesondere das Verbot von Tabak- und Alkoholwerbung) auch **erhebliche wirtschaftliche Auswirkungen** auf die Medien haben kann, sofern es sich um besonders werbeintensive Produkte handelt und bspw. ein vollständiges Verbot der Werbung in einem bestimmten Medium (zB Fernsehen) erlassen wird. Die Auswirkungen solcher Totalverbote können im Extremfall so weit gehen, dass einem Medienunternehmen seine wirtschaftliche Grundlage entzogen wird. Gleichwohl können derartige Beeinträchtigungen auch mit Blick auf die Medienfreiheit gerechtfertigt werden (→ § 27 Rn. 84).

80 Angesichts der wirtschaftlichen Auswirkungen von Werbebeeinträchtigungen für die Finanzierung des Rundfunks ist die großzügige Beschränkungspraxis, wie sie in den Schlussanträgen von Generalanwalt *Jacobs* im Fall *RTL Television* anklingt[225], bedenklich. In dem Verfahren ging es um Werbebeschränkungen von Rundfunksendungen und insbesondere um **Werbeunterbrechungen** von Spielfilmen nach Art. 11 Fernsehrichtlinie 89/552/EWG in der Fassung der Richtlinie 97/36/EG. Die Rechtfertigung von Werbebeschränkungen mit dem Schutz der Zuschauer gegen übermäßige Werbung offenbart jedenfalls ein paternalistisches Grundrechtsverständnis. Es stellt sich die Frage, die *RTL* in dem Verfahren aufgeworfen hat, warum nicht der Zuschauer selbst „per Fernbedienung" über den Umfang der Werbeunterbrechungen entscheiden soll. Der Hinweis auf den tendenziell verringerten Schutz von Werbung greift insoweit zu kurz (→ § 27 Rn. 84). Die ursprünglich geplante Lockerung der strengen Vorgaben der Fernsehrichtlinie durch Art. 19 AVMD-RL[226], demzufolge nur ein **Trennungsgebot**[226] von Werbung und Programminhalt durch optische, akustische oder räumliche Maßnahmen[227] greift, ist daher aus rechtspolitischer Sicht begrüßenswert und entspricht eher dem hier dargelegten medienfreiheitlichen Verständnis. Es stärkt auch die linearen audiovisuellen Mediendienste im Wettbewerb mit nichtlinearen Mediendiensten. Im Ergebnis sind die quantitativen Werbebeschränkungen jedoch nicht vollständig aufgehoben worden.

---

[222] EGMR 24.6.2004 – 59320/00, NJW 2004, 2647 – von Hannover I; siehe hierzu auch die kritische Anmerkung von *Ohly* GRUR-Int 2004, 902 (902 ff., insbes. 910 ff.); bestätigt durch EGMR 7.2.2012 – 40660/08 u. 60641/08, NJW 2012, 1053 – von Hannover II und EGMR 19.9.2013 – 8772/10 Rn. 51 f. – von Hannover III.

[223] Siehe dazu BVerfGE 120, 180 – Caroline von Monaco III; EGMR 7.2.2012 – 40660/08 – von Hannover II und EGMR 19.9.2013 – 8772/10 – von Hannover III.

[224] Hier zeigt sich auch die Bedeutung der Abgrenzung zwischen den Mediendiensten und der bloßen Telekommunikation (→ Rn. 15). Denn die Inpflichtnahme eines Telekommunikationsdienstleisters (etwa eines Internet-Service-Providers durch Sperrungsanordnungen) muss sich an dessen Berufsfreiheit und nicht an dessen Kommunikationsfreiheit messen lassen. Identifiziert er sich zugleich mit den Inhalten, dann greift seine allgemeine Kommunikationsfreiheit und gegebenenfalls auch noch die Medienfreiheit.

[225] GA *Jacobs*, SchlA C-245/01, Slg. 2003, I-12489 Rn. 53 f. – RTL Television GmbH.

[226] Genauer dazu *Kühling* in Wegener, EnzEuR Bd. 8, § 7 Rn. 80.

[227] Siehe EuGH C-314/14, ECLI:EU:C:2014:192 Rn. 36 ff. – Sanoma Media Finland.

f) Verhältnismäßige Beeinträchtigungen zum Datenschutz. Gerade im Bereich der 81
internetbasierten Medien hat das Erfordernis des Datenschutzes (→ § 25) neue Aktualität
erfahren. Regelungen zum Datenschutz,[228] aber auch zur Sicherheit und zum Verbraucherschutz[229] stellen Beeinträchtigungen der Medienfreiheit dar. Das ist zuletzt besonders
deutlich im Verfahren *Google Spain* zu datenschutzrechtlich begründeten Löschansprüchen
Betroffener geworden, obgleich der EuGH die medienrechtliche Dimension des Falles
verkannt hat.[230] Angesichts der besonderen Bedeutung des Schutzes der Daten können
derartige Eingriffe durchaus gerechtfertigt werden, wobei es jedoch einer umfassenden
Interessenabwägung bedarf.

IV. Materielle Anforderung: Wesensgehaltsgarantie

Eine zusätzliche Anforderung an die Beeinträchtigungsrechtfertigung auch im Unionsrecht 82
stellt die Wesensgehaltsgarantie dar, auch wenn ihr Gehalt im Einzelnen allgemein **umstritten** ist (→ § 10 Rn. 49 ff.): Das Grundrecht soll vor einem vollständigen Substanzverlust bewahrt werden. Es darf nicht zur leeren Hülse degradiert werden. Es ist daher zu
prüfen, ob eine konkrete Beeinträchtigung dazu führt, dass die Kommunikationsfreiheit
insgesamt ausgehöhlt wird. Mithin ist eine absolute, objektive Wesensgehaltskontrolle vorzunehmen, der für den praktischen Alltag allerdings lediglich eine Warnfunktion gegenüber
dem in die Grundrechte eingreifenden Organ zukommt (ausführlich → § 27 Rn. 85 ff.).

V. Präventive Kontrollmaßnahmen und Vorzensur

Der Kampf gegen die Zensur ist beim Eintreten für die Medien- und die Kommunikations- 83
freiheit stets ein wichtiger Aspekt gewesen. So stößt man in fast allen Verfassungen der
Mitgliedstaaten der Union auf ein meist historisch tief verwurzeltes Zensurverbot. Uneinigkeit besteht allerdings über den Anwendungsbereich und die Konzeption des Zensurverbots. In Art. 10 EMRK findet sich kein ausdrücklicher Verweis auf das Verbot der Zensur.
Dennoch wird in der Literatur vor allem unter Hinweis auf die Tatsache, dass Art. 10
Abs. 1 S. 2 EMRK die Kommunikationsfreiheit „ohne Eingriffe öffentlicher Behörden"
garantiert, ein Zensurverbot abgeleitet. Daran ist trotz der zweifelhaften Ausführungen des
EGMR im Fall *Wingrove*[231] festzuhalten. Der Zensurbegriff ist allerdings, wie auch in der
Rechtsprechung zur EMRK, formell zu verstehen, so dass nur die **präventive Vorlagepflicht mit Prüfungs- und Verbotsvorbehalt** unzulässig ist, nicht dagegen ein zivilrechtlich erstrittenes Äußerungsverbot. Im letzteren Fall betont der EGMR jedoch, dass das
Verbot mit besonderer Sorgfalt zu prüfen sei. Im Übrigen hat es der EGMR zu Recht
abgelehnt, aus einer persönlichkeitsrechtlichen Schutzpflicht des Staates (aus Art. 8 EMRK)
eine allgemeine Notifikationspflicht dahingehend abzuleiten, dass Medien den Betroffenen
vor einer etwaigen Berichterstattung informieren müssten (→ Rn. 76).[232] Vor diesem Hintergrund eines streng verstandenen Zensurverbots verwundert es, dass trotz der absoluten
Fassung erst sehr spät unter dem Einfluss der EMRK im **Beamtenrecht** die Vorzensur
abgeschafft wurde.

Diese Vorgaben aus dem Konventionsrecht können angesichts einer entsprechenden 84
mitgliedstaatlichen Verfassungstradition ebenso für das **Unionsrecht** als Grenze hoheitlicher Beschränkungsmöglichkeiten anerkannt werden, obschon eine klare einschlägige Bestimmung und Judikatur im Konventionsrecht fehlt und die Äußerungen des EGMR im
Urteil *Wingrove* eher Zurückhaltung signalisieren. Denn in zahlreichen Mitgliedstaaten wird

---

[228] Siehe zuletzt vor allem die Datenschutz-Grundverordnung.
[229] ZB RL 97/7/EG über den Verbraucherschutz bei Vertragsabschlüssen im Fernabsatz, ABl. 1997 L 144,
19; RL 99/93/EG über gemeinschaftliche Rahmenbedingungen für elektronische Signaturen, ABl. 2000
L 13, 12; RL 2000/31/EG über den elektronischen Geschäftsverkehr, ABl. 2000 L 178, 1.
[230] Zur medienrechtlichen Relevanz des Google-Urteils → Rn. 15.
[231] EGMR 25.11.1996 – 17419/90 – Wingrove.
[232] EGMR 15.9.2011 – 48009/08 – Mosley.

dieses Verbot geradezu als **Verkörperung der Kommunikations- und Medienfreiheit** angesehen und als essentielle Verfassungsbestimmung verstanden. Unberührt bleiben davon Maßnahmen der **freiwilligen Selbstkontrolle** durch unabhängige Fachgremien.

85 Weiter ist dann zu fragen, für welche Medien dieses Verbot greifen kann. Die Erfassung von Presseerzeugnissen ist allgemein anerkannt. Sie ist Gegenstand des klassischen Zensurverbots, das historisch betrachtet das Streiten für die Pressefreiheit, den Kern des Kampfes um die Kommunikationsfreiheit, darstellt. Inzwischen haben aber andere Kommunikationsmedien für die Gesellschaft eine vergleichbare Bedeutung erlangt, allen voran der Rundfunk und zunehmend auch internetbasierte Mediendienste. Für diese Medien besteht das gleiche Gefährdungspotential, dem mit einem absoluten Verbot der Vorzensur zu begegnen ist. Eine Fixierung auf Presseerzeugnisse lässt sich daher nicht rechtfertigen.[233] Lediglich Art. 10 Abs. 1 S. 3 EMRK kann eine Differenzierung zwischen Presse und Rundfunk rechtfertigen.[234]

86 Ferner stellt sich die Frage, ob von dem Verbot sämtliche **präventive Maßnahmen** erfasst werden. Hier wird der Ansatz der Konventionsrechtsprechung durch die Aussagen verschiedener Mitgliedstaaten bestätigt, dass diese nicht der Vorzensur gleichzustellen sind, da sie als punktuelle Maßnahmen nicht das gleiche Gefährdungspotential enthalten. Dennoch stellen sie besonders intensive Beeinträchtigungen dar und sind daher streng zu prüfen.[235] Insbesondere für Äußerungen, bei denen es auf die Aktualität ankommt, bedeutet eine einstweilige Verfügung, die eine erste Veröffentlichung unterbindet, eine äußerst schwerwiegende Beeinträchtigung. Daher sind dort besonders hohe formelle und materielle Zulässigkeitsvoraussetzungen zu erfüllen (Richtervorbehalt, Vorliegen der Gefahr schwerwiegender Rechtsverletzungen etc.). Demnach greift in diesen Fällen zwar nicht das Zensurverbot, dennoch ist ein hoher Schutz gegen präventive Maßnahmen zu gewährleisten.

87 Dies gilt auch für den Fall der bloß **faktischen Zensur,** bei dem zwar eine behördliche Erlaubnis rechtlich nicht notwendig ist, aber in der Regel aus Angst vor möglichen Folgen bei Veröffentlichung eingeholt wird. Hier ist jedoch in erster Linie das Sanktionssystem, das an die Äußerung anknüpft, zu prüfen.

E. Verhältnis zu anderen Bestimmungen

88 Wie bei der Kommunikationsfreiheit ist auch bei der Medienfreiheit für die Abgrenzung der einzelnen Grundrechte voneinander die Übertragung des im Kontext des Konventionsrechts entwickelten Ansatzes, der nach den **Gefährdungssituationen** differenziert, sinnvoll.[236] Wie relevant die Abgrenzungsfragen werden, wird davon abhängen, ob sich divergierende Schutzniveaus in Bezug auf die verschiedenen Grundrechte entwickeln werden, was etwa mit Blick auf die Kommunikationsfreiheit auf der einen und der Berufsfreiheit und der unternehmerischen Freiheit auf der anderen Seite durchaus denkbar ist.[237] Insofern bleibt der Ausbau der Grundrechtsjudikatur und -dogmatik abzuwarten.

89 In der Analyse des Tatbestands sind insoweit bereits einige Hinweise zum Verhältnis zu weiteren Grundrechten erfolgt. So bezieht sich die Medienfreiheit als Bestandteil der allgemeinen Kommunikationsfreiheit auf die medienspezifischen Sachverhalte, dh auf alle Handlungen, die einen spezifischen Bezug auf die Medienfreiheit aufweisen, sei es, weil es um die Verbreitung von Inhalten durch Medienbetreiber, oder weil es um Spezialprobleme der Medienfreiheit, wie die innere Pressefreiheit, Begrenzungen des Werbeumfangs oder der Werbeunterbrechungen bei Rundfunksendungen, Sendequoten oder die Pluralismussi-

---

[233] So wohl auch EGMR 17.7.2001 – 39288/98 Rn. 56 – Association Ekin; ebenso Grabenwarter/Pabel EMRK § 23 Rn. 39.
[234] EGMR 29.3.2011 – 50084/06 Rn. 115 – RTBF.
[235] Siehe etwa EGMR 17.7.2001 – 39288/98 Rn. 56 – Association Ekin.
[236] *Kühling,* Kommunikationsfreiheit, S. 156.
[237] Siehe dazu auch *Kühling* in FK-EUV/GRC/AEUV GRC Art. 16 Rn. 15 ff.

cherung, geht. Die konkrete Meinungsäußerung oder Informationsweitergabe durch den einzelnen Journalisten unterfällt hingegen der **allgemeinen Kommunikationsfreiheit** (→ Rn. 18). So kann man der gesonderten Erwähnung der Medienfreiheit in Art. 11 Abs. 2 GRC am ehesten gerecht werden. Ferner ist darauf hinzuweisen, dass die Informationsbeschaffung durch Journalisten zwar Bestandteil der Medienfreiheit ist, der bloße Empfang der Medieninhalte durch den Rezipienten jedoch der **Informationsfreiheit** als Element der allgemeinen Kommunikationsfreiheit unterfällt.

Die **technischen Komponenten** der elektronischen Medienkommunikation unterfallen als bloße **Telekommunikation** der Berufs- (und Eigentums-)freiheit (→ Rn. 14). Die wirtschaftlichen Aspekte der Medienkommunikation können angesichts einer besonderen Schutznotwendigkeit hingegen sowohl dem Schutzbereich der Medienfreiheit als auch demjenigen der **Berufs-, Eigentums- und unternehmerischen Freiheit** zugeordnet werden. Insgesamt lässt sich im Bereich der neuen Medien eine Bereitschaft der Rechtsprechung erkennen, Grundrechte wirtschaftlicher wie nichtwirtschaftlicher Art zu berücksichtigen und mit den **Wettbewerbsregeln** abzuwägen. Allerdings wurde in einigen Fällen die unternehmerische Freiheit aus Art. 16 GRC nicht in Bezug genommen. So ging der EuGH bspw. im Fall *Google Spain*[238] nicht darauf ein, inwieweit ein Löschungsanspruch das Recht der Suchmaschinenbetreiber aus Art. 16 GRC verletzen könnte.[239] Allerdings war die grundrechtliche Analyse in diesem Fall insgesamt knapp und auch die medienrechtliche Dimension des Falles wurde nicht zutreffend aufbereitet (→ Rn. 15).

90

Ferner ist eine Abgrenzung zur **Kunst- und Wissenschaftsfreiheit** erforderlich, da Art. 13 GRC von eigenständigen Verbürgungen der Kunst- und Wissenschaftsfreiheit ausgeht. Aus der Erläuterung zu Art. 13 GRC geht hervor, dass sich die dort garantierte Freiheit, genauso wie bei Art. 11 GRC, aus der Kommunikationsfreiheit des Art. 10 EMRK ableitet und den dort normierten Einschränkungen unterworfen werden kann. Gerade in Bezug auf die Filmfreiheit treten regelmäßig Überschneidungen mit der Kunstfreiheit auf. Sofern es gerade um die Freiheiten der Kunst und die Besonderheiten der Wissenschaft geht, dürften diese Bestimmungen spezieller sein. Im Übrigen wird eine **parallele Anwendung,** wie sie der EuGH im Fall *Schmidberger* hinsichtlich der allgemeinen Kommunikationsfreiheit und der Demonstrationsfreiheit angenommen hat, aber auch hier unproblematisch sein.

91

F. Zusammenfassende Bewertung und Ausblick

Die Medienfreiheit weist zur **allgemeinen Kommunikationsfreiheit,** aus der sie ausgeformt wird, zahlreiche Parallelen auf. Dies gilt für ihre zentrale Bedeutung ebenso wie für ihre bislang (noch) geringe Rolle in der bisherigen Rechtsprechung des EuGH. Doch auch hier erhöhen das Inkrafttreten der Grundrechtecharta und die stetige Ausweitung der Kompetenzen und zunehmend legislative Tätigkeiten des Unionsgesetzgebers im Medienbereich oder in Bezug auf das geistige Eigentum **Konfliktpotentiale.** Die zahlreichen Fragen, die die AVMD-RL hinsichtlich der Werbebeschränkungen, des Kurzberichterstattungsrechts, der Free-TV-Listen, aber auch in Bezug auf den Jugendschutz und das Gegendarstellungsrecht aufwirft, zeigen die Bedeutung des Ausbaus einer eigenständigen Medienfreiheit, die auch in den ersten Urteilen des EuGH in den Fällen *RTL, Sky Österreich* und *UEFA* bereits rudimentär angeklungen ist. Gerade der Fall *Google Spain* hat gezeigt, dass der EuGH bei dem dort relevanten Konflikt zwischen Medienfreiheit, unternehmerischer Freiheit und Datenschutz die medienrechtlichen Implikationen nicht zutreffend erfasst hat und auch den besonderen Herausforderungen der zunehmend relevanten **internetbasierten Mediendienste** – hier in Form eines Suchmaschinendienstes – nicht vollends gerecht

92

---

[238] EuGH C-131/12, ECLI:EU:C:2014:317 – Google Spain.
[239] Vgl. näher hierzu *Kühling* EuZW 2014, 527 (529) und zum Gesamten *Kühling* in FK-EUV/GRC/AEUV GRC Art. 16 Rn. 17.

geworden ist. Insoweit ist – unter Begleitung der kritischen Rezeption der EuGH-Rechtsprechung in der Fachöffentlichkeit – ein weiterer Ausbau der Grundrechtsdogmatik erforderlich. Denn die Medienfreiheit ist für die Entwicklung eines **gemeineuropäischen Kommunikationsraums** von großer Bedeutung. Dabei ist die Wahrung des **Pluralismus** von enormer Relevanz. Dies zeigen die bisherige Rechtsprechung des EuGH und die besondere Erwähnung der Pluralität in Art. 11 Abs. 2 GRC. Die Ansätze lassen vermuten, dass bei künftigen Konfliktfällen ein intensiver Schutz der Medienfreiheit erzielt werden kann, der dem **deutschen Schutzniveau** vergleichbar ist. Dies gilt insbesondere für den sich abzeichnenden starken Schutz des Pluralismus. Allerdings wird schon jetzt deutlich, dass die Entwicklung einer vergleichbar intensiven **objektivrechtlichen Wirkungsdimension** wie in Deutschland mit umfangreichen, auch institutionellen Ausgestaltungsvorgaben für den Gesetzgeber, insbesondere im Hinblick auf den Rundfunk auf Unionsebene, kaum zu erwarten und auch nicht erforderlich ist. Insofern fehlt es schon an einer entsprechenden homogenen Grundrechtstradition in den übrigen Mitgliedstaaten.

§ 29 Kunstfreiheit

Übersicht

	Rn.
A. Bedeutung und Entwicklung	1–7
B. Gewährleistungsgehalt	8–13
I. Der sachliche Schutzbereich der Kunstfreiheit	8–12
1. Schutz des Werk- und des Wirkbereichs	8–10
2. Begriff der Kunst	11, 12
II. Der persönliche Schutzbereich der Kunstfreiheit	13
C. Beeinträchtigungen	14, 15
D. Rechtfertigung	16–20
I. Herleitung der Schranken	16–18
II. Voraussetzungen der Grundrechtseinschränkung	19, 20
E. Verhältnis zu anderen Bestimmungen	21–25
I. Verhältnis zu anderen Grundrechten	21
II. Verhältnis zu den Grundfreiheiten	22–25
F. Zusammenfassende Bewertung und Ausblick	26, 27

Schrifttum:

Britz, Die Freiheit der Kunst in der europäischen Kulturpolitik, EuR 2004, 1; *Hoppe*, Die Kunstfreiheit als EU-Grundrecht, 2011; *Frenz*, Kunst- und Wissenschaftsfreiheit, in Frenz HdbEuR Bd. 4, § 6; *Häberle*, Die Freiheit der Kunst in kulturwissenschaftlicher und rechtsvergleichender Sicht, in Berka ua, Kunst und Recht im In- und Ausland, 1994, S. 37; *Haratsch*, Die Bedeutung der UN-Menschenrechtspakte für die Europäische Union, in MRM 2002, Themenheft „25 Jahre Internationale Menschenrechtspakte", 29; *Ress*, Die Kunst als Gegenstand des Europäischen Gemeinschaftsrechts, in Jung, Das Recht und die schönen Künste, FS Müller-Dietz, 1998, 9; *Seidel*, Handbuch der Grund- und Menschenrechte auf staatlicher, europäischer und universeller Ebene, 1996, S. 133; *Schmitz*, Die EU-Grundrechtcharta aus grundrechtsdogmatischer und grundrechtstheoretischer Sicht, JZ 2001, 833; *Würkner*, Kunst und Moral – Gedanken zur „Fri-Art 81"-Entscheidung des Europäischen Gerichtshofs für Menschenrechte, NJW 1989, 369; *ders.*, Freiheit der Kunst, Persönlichkeitsrecht und Menschenwürdegarantie, ZUM 1988, 171.

A. Bedeutung und Entwicklung

Kunst als **Ausdruck der schöpferischen Entfaltungsfreiheit des Menschen** macht an Grenzen nicht halt. Als kommunikativer Prozess ist sie nicht Sache einzelner Staaten, sondern in ihrer Eigengesetzlichkeit **grenzüberschreitend**. Auch wenn die heutigen Staaten sich als Kulturstaaten verstehen[1], ist Kunst gleichwohl staatsfrei. Diese Freiheit von hoheitlichen Eingriffen wirkt sich heute nicht mehr nur gegenüber Staaten aus, sondern erlangt in gleicher Weise gegenüber der Europäischen Union an Bedeutung, die in weiten Politikbereichen die Mitgliedstaaten in der Ausübung hoheitlicher Gewalt nicht nur ergänzt, sondern substituiert.[2] Es bedarf daher auch im Bereich des Europäischen Unionsrechts eines effektiven Schutzes der Freiheit der künstlerischen Betätigung. 1

Vor Inkrafttreten der Europäischen Grundrechtecharta hatte eine ausdrücklich formulierte, rechtlich verbindliche Garantie der Kunstfreiheit im primären Unions- und Gemeinschaftsrecht gefehlt. Die **Erklärung der Grundrechte und Grundfreiheiten des Europäischen Parlaments** vom 12. April 1989 postuliert in Art. 5 Abs. 2 S. 1 GRC zwar die Freiheit der Kunst.[3] Diese Entschließung ist allerdings rechtlich nicht verbindlich und konnte daher lediglich rechtspolitisch wirken. 2

Die **Grundrechtecharta der EU** vom 7. Dezember 2000[4] enthält in **Art. 13 S. 1 GRC** eine Garantie der Kunstfreiheit. Doch auch die Grundrechtecharta war als bloße 3

---

[1] Für die Bundesrepublik Deutschland vgl. BVerfGE 36, 321 (331); BVerfGE 81, 108 (116).
[2] Vgl. dazu Haratsch, Die Geschichte der Menschenrechte, 4. Aufl. 2010, S. 83.
[3] Entschließung des Europäischen Parlaments zur Erklärung der Grundrechte und Grundfreiheiten v. 12. April 1989, ABl. 1989 C 120, 51: „Kunst, Wissenschaft und Forschung sind frei."
[4] ABl. 2000 C 364, 1.

feierliche Proklamation des Europäischen Parlaments, des Rates und der Kommission zunächst rechtlich unverbindlich.[5] Erst mit Inkrafttreten des Vertrags von Lissabon, der in Art. 6 Abs. 1 UAbs. 1 EUV die Grundrechtecharta für rechtlich verbindlich erklärt und in den gleichen Rang wie das primäre Unionsrecht erhebt, besteht auf Unionsebene eine **ausdrücklich formulierte Garantie der Freiheit der Kunst.**

4 Bis zum Inkrafttreten des Vertrags von Lissabon konnte das Grundrecht der Kunstfreiheit „nur" **aus allgemeinen Rechtsgrundsätzen** hergeleitet werden, die den Rechts- und Verfassungsordnungen der Mitgliedstaaten gemeinsam sind, sowie aus der Europäischen Menschenrechtskonvention[6], auf die Art. 6 Abs. 3 EUV verweist.[7] In **Art. 10 EMRK** findet die Kunstfreiheit zwar keine ausdrückliche Erwähnung, gleichwohl erfasst der Schutzbereich der **Meinungsäußerungsfreiheit** auch die Freiheit, sich **durch Mittel der Kunst** auszudrücken.[8] Der EGMR begründet dies unter anderem damit, dass diejenigen, die Kunstwerke schaffen, verbreiten oder ausstellen, zu einem für die demokratische Gesellschaft wesentlichen Austausch von Ideen und Informationen beitragen.[9] Der Europäische Gerichtshof hat sich dieser Ansicht ausdrücklich angeschlossen.[10] Andere internationale Abkommen sind in Art. 6 Abs. 3 EUV neben der EMRK nicht erwähnt. Die ausdrückliche Nennung der EMRK hebt deren besondere Bedeutung für den Grundrechtsschutz im Rahmen der Europäischen Union hervor, schließt jedoch nicht aus, dass der Gerichtshof der Europäischen Union Grundrechte auch aus anderen Texten entwickelt.[11] So können internationale Verträge über den Schutz der Menschenrechte, wie etwa der Internationale Pakt über bürgerliche und politische Rechte (IPBPR)[12] und der Internationale Pakt über wirtschaftliche, soziale und kulturelle Rechte (IPWSKR)[13] vom 19. Dezember 1966, an deren Abschluss die Mitgliedstaaten beteiligt waren oder denen sie beigetreten sind, Hinweise für die Existenz eines entsprechenden unionsrechtlichen Rechtsgrundsatzes geben.[14] Die beiden **UN-Menschenrechtspakte** gehören zum Reservoir, aus dem sich die allgemeinen Rechtsgrundsätze des Europäischen Unionsrechts speisen (→ § 4 Rn. 3).[15] Da alle Mitgliedstaaten der EU den IPBPR sowie den IPWSKR ratifiziert haben, ist ein Rückgriff auf beide Pakte als Rechtserkenntnisquelle bei der Herleitung allgemeiner Rechtsgrundsätze möglich.[16] **Art. 19 Abs. 1 und 2 IPBPR** normiert das Recht auf freie Meinungsäußerung, das auch die Freiheit der Kunst umfasst.[17] **Art. 15 Abs. 1 lit. a IPWSKR** anerkennt das Recht eines jeden, am kulturellen Leben teilzunehmen.[18]

5 Einige der **mitgliedstaatlichen Verfassungen** beschränken sich – wie die EMRK – auf eine **Garantie der Meinungsfreiheit,** die allerdings die Gewährleistung der Kunstfreiheit

---

[5] *Haratsch/Koenig/Pechstein* EuropaR Rn. 685; *Schmitz* JZ 2001, 833 (835 f.); *Philippi* S. 16; *Ehlers* Jura 2002, 468 (471); *Calliess* EuZW 2001, 261 (267); *Grabenwarter* DVBl 2001, 1 (11).
[6] Europäische Konvention zum Schutze der Menschenrechte und Grundfreiheiten v. 4.11.1950, BGBl. 2002 II 1054.
[7] So auch *Pernice* in Dreier GG Art. 5 III (Kunst) Rn. 8.
[8] *Daiber* in HK-EMRK EMRK Art. 10 Rn. 20; *Mensching* in Karpenstein/Mayer EMRK Art. 10 Rn. 23; *Würkner* NJW 1989, 369 (371); *Villiger* HdbEMRK Rn. 597; Peters/Altwicker EMRK § 11 Rn. 1.
[9] EGMR 24.5.1988 – 10737/84 Rn. 27, 33 – Müller ua/Schweiz; EGMR 8.7.1999 – 23168/94 Rn. 49 – Karataş/Türkei; *Daiber* in HK-EMRK EMRK Art. 10 Rn. 20.
[10] EuGH C-476/17, ECLI:EU:C:2019:624 Rn. 34 – Pelham ua.
[11] *Haratsch* MRM 2002, 29 (30).
[12] BGBl. 1973 II 1534.
[13] BGBl. 1973 II 1570.
[14] EuGH 4/73, Slg. 1974, 491 Rn. 13 – Nold/Kommission; EuGH 44/79, Slg. 1979, 3727 Rn. 15 – Hauer.
[15] EuGH 347/87, Slg. 1989, 3283 Rn. 31 – Orkem/Kommission; EuGH C-297/88 u. C-197/89, Slg. 1990, I-3763 Rn. 68 – Dzodzi; EuGH C-249/96, Slg. 1998, I-621 Rn. 43 f. – Grant; EuG T-48/96, Slg. 1999, II-3089 Rn. 30 – Acme/Rat.
[16] *Haratsch* MRM 2002, 29 (31 ff.).
[17] Zweifelnd allerdings *Seidel,* Handbuch, S. 138; *Bernsdorff* in NK-EuGRCh GRCh Art. 13 Rn. 3.
[18] *Seidel,* Handbuch, S. 138, erblickt darin immerhin einen „vagen Ansatz" des Grundrechts auf Kunstfreiheit.

einschließt. Dies gilt etwa für Art. 19 belgVerf, § 77 S. 1 dänVerf, Art. 40 Abs. 6 Ziff. 1 lit. a irVerf, Art. 24 luxVerf, Art. 7 Abs. 1 und 3 ndlVerf, Kap. 2 Art. 1 Ziff. 1 und 2 schwedVerf sowie für Art. 3 tschechVerf iVm Art. 17 Abs. 1 und 2 tschechGR-Deklaration.

Eine Reihe anderer mitgliedstaatlicher Verfassungen, darunter auch das Grundgesetz für die Bundesrepublik Deutschland, enthalten **ausdrückliche Garantien der Freiheit der Kunst.** Solche Gewährleistungen finden sich zB in Art. 5 Abs. 3 GG, in Art. 16 Abs. 1 griechVerf, in Art. 33 Abs. 1 italVerf, in Art. 42, 78 portVerf, in Art. 20 Abs. 1 lit. b spanVerf, in Art. 73 polnVerf, in Art. 43 Abs. 1 slowakVerf, in Art. 70/G Abs. 1 ungarVerf, in Art. 113 lettVerf, in Art. 42 Abs. 1 litVerf, in Art. 38 Abs. 1 estnVerf sowie in Art. 59 slowenVerf.[19]   **6**

Aufgrund der Gewährleistung der künstlerischen Freiheit in der EMRK sowie in den Verfassungen der Mitgliedstaaten ist dieses Grundrecht als **allgemeiner Rechtsgrundsatz** gemäß Art. 6 Abs. 3 EUV anzuerkennen. Da die allgemeinen Rechtsgrundsätze gemäß Art. 6 Abs. 3 EUV wesentlich auf die EMRK rekurrieren, und den in der Grundrechtecharta niedergelegten Grundrechten gemäß Art. 52 Abs. 3 S. 1 GRC die gleiche Bedeutung und Tragweite zukommen soll, wie den in der EMRK verankerten Rechten, besteht auch ein weitgehender **Gleichlauf** zwischen dem Grundrecht der Kunstfreiheit aus Art. 13 S. 1 GRC und dem entsprechenden allgemeinen Rechtsgrundsatz. Bestätigt wird dies letztlich durch Art. 52 Abs. 4 GRC, wonach die Chartagrundrechte im Einklang mit den gemeinsamen Verfassungsüberlieferungen der Mitgliedstaaten, also im Einklang mit den allgemeinen Rechtsgrundsätzen, auszulegen sind.   **7**

B. Gewährleistungsgehalt

I. Der sachliche Schutzbereich der Kunstfreiheit

1. Schutz des Werk- und des Wirkbereichs. Das Grundrecht der Kunstfreiheit bietet einen **umfassenden Schutz der Kunstfreiheit.** Geschützt ist neben der eigentlichen künstlerischen Tätigkeit, dem sog „Werkbereich", im Hinblick auf die kommunikative Bedeutung auch die Vermittlung des Kunstwerks an Dritte, der sog „Wirkbereich".[20] Werk- und Wirkbereich des künstlerischen Schaffens stellen eine „unlösbare Einheit" dar.[21]   **8**

Die Freiheit der Kunst umfasst den **Werkbereich,** die künstlerische Schöpfung eines Kunstwerks, einschließlich der vorbereitenden Tätigkeiten (zB Materialerwerb, Üben).[22] Dieser Werkbereich ist nicht auf den Entstehungsprozess eines Kunstwerks beschränkt, sondern erfasst auch das Ergebnis des Schöpfungsprozesses, also das eigentliche Kunstwerk, selbst wenn es misslungen sein sollte. Der grundrechtliche Schutz des Werkbereichs mag sich aufgrund der Herleitung des allgemeinen Rechtsgrundsatzes auch aus Art. 10 Abs. 1 EMRK, der in erster Linie die Freiheit der Meinungsäußerung schützt, nicht auf den ersten Blick erschließen. Doch Art. 10 Abs. 1 EMRK schützt nicht allein den Kommunikationsvorgang des Künstlers mit der Außenwelt, sondern auch, da es sich um eine unlösbare Einheit handelt, das künstlerische Schaffen selbst, also die Herstellung des Kunstwerks.[23] Dass das unionsrechtliche Grundrecht der Kunstfreiheit den Werkbereich in seinen Schutzbereich aufnimmt, bestätigen zahlreiche mitgliedstaatliche Verfassungen, die, wie etwa   **9**

---

[19] Zu den Verfassungen in Mittel- und Osteuropa vgl. *Häberle* in Berka ua, Kunst und Recht im In- und Ausland, 1994, S. 37 (59 ff.).
[20] *Rengeling/Szczekalla* EU-Grundrechte Rn. 755; *Thiele* in FK-EUV/GRC/AEUV GRC Art. 13 Rn. 11. – In diesem Sinne für Art. 10 EMRK *Marauhn* in Ehlers GuG § 4 Rn. 15; Grabenwarter/Pabel EMRK § 23 Rn. 11.
[21] So für Art. 5 Abs. 3 S. 1 GG BVerfGE 30, 173 (189); BVerfGE 67, 213 (224); vgl. auch *Pünder* in Ehlers GuG § 18 Rn. 6; *Frenz* HdbEuR Bd. 4 Rn. 2328 f.
[22] Vgl. *v. Arnauld* in Isensee/Kirchhof HStR Bd. VII, § 167 Rn. 45.
[23] So auch *Marauhn* in Ehlers GuG § 4 Rn. 15; anders aber *Schmitz* JZ 2001, 833 (842).

Art. 5 Abs. 3 GG[24], entsprechende Freiheitsverbürgungen enthalten, wobei der Aspekt des künstlerischen Schaffens in einigen Verfassungstexten sogar ausdrücklich genannt wird.[25]

10 Der Schutz des **Wirkbereichs** von Kunstwerken lässt sich ohne weiteres über Art. 6 Abs. 3 EUV unter Rückgriff auf Art. 10 Abs. 1 EMRK sowie auf diejenigen mitgliedstaatlichen Verfassungen herleiten[26], welche die Freiheit der Kunst als Teil der Meinungsäußerungsfreiheit gewährleisten (→ Rn. 4, 6). Der sachliche Schutzbereich des Grundrechts umfasst insoweit den Kommunikationsvorgang des Künstlers im Verhältnis zu seinen Rezipienten, wobei auch die Tätigkeiten von Kunstmittlern, wie etwa Ausstellern von Kunstobjekten, Kinobetreibern und Verlegern, die mit der Verbreitung eines Kunstwerks befasst sind, eingeschlossen sind.[27] Da Kunst öffentlichkeitsbezogen und auf öffentliche Wahrnehmung angewiesen ist, gehört zum Wirkbereich auch die Werbung für ein Kunstwerk[28], einschließlich des Verkaufs von *Merchandising*-Artikeln.

11 2. **Begriff der Kunst.** Um den sachlichen Schutzbereich der Kunstfreiheit umreißen zu können, ist eine Definition des **Begriffs der Kunst** unerlässlich. Auch wenn sich Kunst aufgrund der ihr immanenten Eigengesetzlichkeit einer exakten Begriffsbestimmung zu widersetzen scheint[29], kann auf eine Definition des Begriffs keineswegs verzichtet werden, will man die Justiziabilität des Grundrechts der Kunstfreiheit nicht gefährden. Zugrunde zu legen ist dabei freilich ein offener Kunstbegriff, der keine wertenden Einengungen vornimmt.[30] Unter Kunst ist danach die freie schöpferische Gestaltung zu verstehen, in der Eindrücke, Erfahrungen, Erlebnisse des Künstlers durch das Medium einer bestimmten Formensprache zur unmittelbaren Anschauung gebracht werden.[31] Die Kunsteigenschaft ist nicht von einer wertenden Inhalts- oder Qualitätskontrolle abhängig. Unterscheidungskriterien wie „gut" oder „schlecht", „wertvoll" oder „wertlos", „richtig" oder „falsch" sind daher bei der Qualifikation eines Werks als Kunst unbeachtlich.[32]

12 Die Kunstfreiheit erfasst alle **Modalitäten der Kunstausübung**, neben den hergebrachten Formen von Malerei, Dichtung, Musik, Tanz, Theater, Film und Baukunst, also auch neuere Ausdrucksformen wie das *Happening* oder die *Performance*.[33] Unter den Kunstbegriff fällt etwa auch das elektronische Kopieren eines Audiofragments („Sampling"), um dieses zur Schaffung eines neuen Werks zu nutzen.[34]

II. Der persönliche Schutzbereich der Kunstfreiheit

13 In personeller Hinsicht geschützt ist zum einen der **Künstler** als Schöpfer des Werks. Zum anderen erstreckt sich der persönliche Schutzbereich des Grundrechts auf alle Personen, die eine für die Verbreitung des Kunstwerks unentbehrliche **Mittlerfunktion** ausüben, wie etwa Verleger, Filmproduzenten oder Galeristen.[35] Nicht erfasst sind hingegen die Rezipienten eines Kunstwerks, also das Publikum und der Kunstkritiker.[36] Das Spezifische der Kunstfreiheit sind Werk und Wirken, nicht jedoch die Reaktion auf Kunst oder der Kunstkonsum.[37] Die

---

[24] Dazu BVerfGE 30, 173 (189); BVerfGE 67, 213 (224).
[25] So etwa Art. 59 slowenVerf und Art. 73 polnVerf.
[26] Grabenwarter/Pabel EMRK § 23 Rn. 11.
[27] So für Art. 10 Abs. 1 EMRK: Grabenwarter/Pabel EMRK § 23 Rn. 11; *Marauhn* in Ehlers GuG § 4 Rn. 15.
[28] Für Art. 5 Abs. 3 S. 1 GG vgl. BVerfGE 77, 240 (251).
[29] Dazu eingehend *v. Arnauld* in Isensee/Kirchhof HStR Bd. VII, § 167 Rn. 7 ff.
[30] So BVerfGE 67, 213 (224) für Art. 5 Abs. 3 S. 1 GG.
[31] Vgl. etwa BVerfGE 30, 173 (188 f.); BVerfGE 67, 213 (226); BVerfGE 83, 130 (138).
[32] So auch *Bethge* in Sachs GG Art. 5 Rn. 187.
[33] Vgl. *v. Arnauld* in Isensee/Kirchhof HStR Bd. VII, § 167 Rn. 45.
[34] EuGH C-476/17, ECLI:EU:C:2019:624 Rn. 35 – Pelham ua.
[35] So auch *Jarass* GRCh Art. 13 Rn. 9; *Moser* in Holoubek/Lienbacher, GRC-Kommentar, GRC Art. 13 Rn. 15.
[36] *Sodan* in Sodan GG Art. 5 Rn. 41; *Thiele* in FK-EUV/GRC/AEUV GRC Art. 13 Rn. 7; aA *v. Arnauld* in Isensee/Kirchhof HStR Bd. VII, § 167 Rn. 49.
[37] *Pernice* in Dreier GG Art. 5 III (Kunst) Rn. 28.

bloße Teilnahme an einem kunsttypischen Kommunikationsprozess ist selbst nicht Kunst, auch wenn von den Kunstrezipienten Inspiration oder andere Rückwirkungen auf den schöpferischen Akt ausgehen sollten.[38] Das Grundrecht der Kunstfreiheit vermittelt **kein „Recht auf ungestörten Kunstgenuss".** Das Publikum, etwa in Form des Zuhörers, Zuschauers oder Museumsbesuchers wird dadurch freilich nicht völlig schutzlos gestellt, da er einerseits mittelbar Nutznießer der Kunstfreiheit ist und des aus ihr abzuleitenden objektiv-rechtlichen Schutzauftrags zugunsten des Lebensbereichs Kunst ist. Anderseits wird der ungestörte **Kunstgenuss** durch die allgemeine Handlungsfreiheit grundrechtlichem Schutz unterstellt (zur allgemeinen Handlungsfreiheit → § 22). **Kunstkritiker,** die von Berufs wegen Kunst „konsumieren", unterfallen hingegen nicht dem Schutz der allgemeinen Handlungsfreiheit, sondern können sich auf das speziellere Grundrecht der Berufsfreiheit berufen (zur Berufsfreiheit → § 34). Ansonsten ist das **Reden über Kunst** vom Grundrecht der Meinungs- und Informationsfreiheit geschützt (zur Meinungs- und Informationsfreiheit → § 27), bei **wissenschaftlichen Äußerungen über Kunst** vom Grundrecht der Wissenschaftsfreiheit (zur Wissenschaftsfreiheit → § 30).

C. Beeinträchtigungen

Die Freiheit der Kunst wird beeinträchtigt, wenn die Europäische Union oder ein Mitgliedstaat einen Träger der Kunstfreiheit (Künstler oder Kunstmittler) im Werk- oder Wirkbereich behindert, etwa durch **Verbote** oder **Sanktionen.**[39] Grundrechtsrelevante Beeinträchtigungen der Kunstfreiheit können zum einen den Werkbereich betreffen, wie etwa die Vorbereitung der eigentlichen künstlerischen Produktion (zB Beschränkungen beim Kauf von Leinwand und Farben) und den Vorgang der Schöpfung des Kunstwerks (zB durch ein Malverbot). Zum anderen kann auch der Wirkbereich beeinträchtigt sein, etwa durch Ausstellungs- oder Verkaufsverbote.[40] Von der Europäischen Union oder von einem Mitgliedstaat ausgesprochene Ein- oder Ausfuhrverbote für Kunstgegenstände oder Untersagungen von grenzüberschreitenden Kunstdarbietungen stellen ebenso Eingriffe in die grundrechtlich geschützte künstlerische Freiheit dar wie etwaige unionsweit vereinheitlichte Zulassungs- oder Ausübungsregelungen für künstlerische Tätigkeiten. Auch wäre eine unionale oder mitgliedstaatliche qualitativ-wertende Stil- oder Niveaukontrolle von Kunst, an die Sanktionen geknüpft werden, als Eingriff in die freie Kunstausübung zu qualifizieren.[41] Zwar kann bei der Förderung von Kunst nicht auf wertende Urteile verzichtet werden, eine diskriminierende Nichtberücksichtigung von bestimmten Künstlern, Werken oder Stilrichtungen bei der Vergabe von Fördermitteln würde gleichwohl einen Eingriff in die Kunstfreiheit darstellen.[42] 14

Aufgrund der grundrechtlichen **Schutzpflicht** trifft die Adressaten der Kunstfreiheit die Pflicht, gegen Verletzungen und Gefährdungen grundrechtlich geschützter Rechtsgüter durch Dritte, vor allem durch Private, einzuschreiten (→ § 8 Rn. 7 ff.).[43] Ähnlich wie die Grundfreiheiten[44] verbieten die Grundrechte nicht nur aktive unionale und staatliche Einschränkungen der Kunstfreiheit, sondern gebieten den Hoheitsträgern auch, Maßnahmen zu ergreifen, um gegen Beeinträchtigungen der Freiheit der Kunst durch Privatpersonen einzuschreiten. Ein Eingriff in den grundrechtlich geschützten Bereich liegt daher etwa auch vor, wenn ein Mitgliedstaat angemessene Maßnahmen unterlässt, die die ungestörte Kunstausübung oder -vermittlung gewährleisten würden. Andererseits vermittelt die Ver- 15

---

[38] *Pernice* in Dreier GG Art. 5 III (Kunst) Rn. 28; aA wohl *Häberle* AöR 110 (1985), 577 (606).
[39] Vgl. für Art. 5 Abs. 3 S. 1 GG etwa *Jarass* in Jarass/Pieroth GG Art. 5 Rn. 123.
[40] *Mensching* in Karpenstein/Mayer EMRK Art. 10 Rn. 35.
[41] Vgl. BVerfGE 75, 369 (377); BVerfGE 81, 278 (291).
[42] *Moser* in Holoubek/Lienbacher, GRC-Kommentar, GRC Art. 13 Rn. 19.
[43] *Britz* EuR 2004, 1 (17 ff.). – Zur grundrechtlichen Schutzpflicht *Haratsch/Koenig/Pechstein* EuropaR Rn. 691; *Kühling* in v. Bogdandy/Bast Europ. VerfassungsR S. 657 (675 ff.).
[44] Vgl. hier EuGH C-265/95, Slg. 1997, I-6959 Rn. 30 – Kommission/Frankreich.

bürgung der Kunstfreiheit jedoch keinen Anspruch auf Kunstförderung durch mitgliedstaatliche oder unionale Stellen.[45]

D. Rechtfertigung

I. Herleitung der Schranken

16 Die Freiheit der Kunst ist **nicht schrankenlos gewährleistet.** Umstritten ist allerdings, ob sich die Schranken des Grundrechts aus der allgemeinen Schrankenklausel des Art. 52 Abs. 1 S. 1 GRC oder aus Art. 52 Abs. 3 GRC iVm Art. 10 Abs. 2 EMRK ergeben.

17 Für eine **Herleitung der Schranken** über Art. 52 Abs. 3 S. 1 GRC und einen damit einhergehenden Rückgriff auf Art. 10 Abs. 2 EMRK könnte sprechen, dass danach die in der Charta enthaltenen Rechte, die gleiche Bedeutung und Tragweite haben sollen, wie sie ihnen in der EMRK verliehen wird.[46] Die Erläuterungen zur Grundrechtecharta, die gemäß Art. 52 Abs. 7 GRC bei der Auslegung der Charta gebührend zu berücksichtigen sind, führen im Hinblick auf Art. 13 GRC aus, dass die Ausübung dieses Grundrechts den durch Art. 10 EMRK gestatteten Einschränkungen unterworfen sein soll.[47] Art. 52 Abs. 3 GRC stellt, folgt man dieser Auffassung, eine gegenüber Art. 52 Abs. 1 GRC speziellere Schrankenregelung dar.[48]

18 Zugunsten der Anwendung der allgemeinen **Schrankenregelung des Art. 52 Abs. 1 GRC** spricht hingegen, dass Art. 52 Abs. 3 S. 1 GRC nicht als spezielle Schrankenregelung konzipiert ist, sondern sowohl im Hinblick auf die Auslegung der Schutzbereiche der Chartarechte als auch im Hinblick auf die Auslegung der Grundrechtsschranken einen materiellen Gleichlauf mit der EMRK bewirken will. Art. 52 Abs. 3 S. 1 GRC geht der allgemeinen Schrankenbestimmung des Art. 52 Abs. 1 GRC daher nicht als speziellere Norm vor, sondern stellt lediglich sicher, dass die Schranken von Art. 52 Abs. 1 GRCh keine weiterreichenden Einschränkungen ermöglichen, als in der EMRK vorgesehen.[49] Im Interesse einer **einheitlichen Schrankenregelung** hinsichtlich der Kunstfreiheit ist auch die Auffassung zu verwerfen, Art. 52 Abs. 3 S. 1 GRC mit den Schranken der EMRK anzuwenden, soweit eine Überschneidung des Unionsgrundrechts mit dem Schutzbereich von Art. 10 Abs. 1 EMRK vorliegt, und im Übrigen auf die Schrankenregelung des Art. 52 Abs. 1 GRC zurückzugreifen.[50] Zutreffend ist es vielmehr, die allgemeine Schrankenregelung des Art. 52 Abs. 1 GRC auf das (gesamte) Grundrecht der Kunstfreiheit gemäß Art. 13 GRC anzuwenden,[51] diese Schrankenregelung aber im Lichte von Art. 10 Abs. 2 EMRK auszulegen.

II. Voraussetzungen der Grundrechtseinschränkung

19 Art. 52 Abs. 1 GRC entspricht materiell den Grundsätzen, die der EuGH für die Einschränkbarkeit von Unionsgrundrechten in seiner Rechtsprechung entwickelt hat (→ § 10 Rn. 28 ff.).[52] Eine Beschränkung der Freiheit der Kunst ist danach gerechtfertigt, sofern der Grundrechtseingriff **gesetzlich vorgesehen** ist[53], dem **Allgemeinwohl dienende Ziele**

---

[45] Vgl. *Britz* EuR 2004, 1 (6); Jarass GRCh Art. 13 Rn. 12; anders aber *Hoppe* S. 197 f.
[46] So etwa *Borowsky* in NK-EuGRCh GRCh Art. 52 Rn. 13 und *Grabenwarter* FS Steinberger, 2002, 1129 (1138 f.), die in Art. 52 Abs. 3 GRC eine gegenüber Art. 52 Abs. 1 GRC speziellere Norm sehen.
[47] Vgl. Erläuterungen zur Charta der Grundrechte, ABl. 2007 C 303, 17.
[48] So etwa *Moser* in Holoubek/Lienbacher, GRC-Kommentar, GRC Art. 13 Rn. 17; *Folz* in HK-UnionsR GRC Art. 13 Rn. 6; *Bernsdorff* in NK-EuGRCh GRCh Art. 13 Rn. 13; *Frenz* HdbEuR Bd. 4 Rn. 2351.
[49] *Philippi* S. 40 ff.
[50] So aber *Bernsdorff* in NK-EuGRCh GRCh Art. 13 Rn. 13; *Moser* in Holoubek/Lienbacher, GRC-Kommentar, GRC Art. 13 Rn. 17; *Folz* in HK-UnionsR GRC Art. 13 Rn. 6 f.
[51] *Ruffert* in Calliess/Ruffert GRCh Art. 13 Rn. 10; *Sparr* in Schwarze GRC Art. 13 Rn. 4.
[52] EuGH 4/73, Slg. 1974, 491 Rn. 14 – Nold; EuGH 44/79, Slg. 1979, 3727 Rn. 22 f. – Hauer; EuGH 265/87, Slg. 1989, 2237 Rn. 15 – Schräder; EuGH C-280/93, Slg. 1994, I-4973 Rn. 78 – Deutschland/Rat.
[53] Vgl. EuGH 46/87 u. 227/88, Slg. 1989, 2859 Rn. 19 – Hoechst/Kommission; EuGH 97 bis 99/87, Slg. 1989, 3165 Rn. 16 – Dow Chemical Ibérica ua/Kommission.

verfolgt, dem **Grundsatz der Verhältnismäßigkeit** entspricht und den **Wesensgehalt** der Kunstfreiheit nicht antastet. Rechtfertigungsgründe können insbesondere aus dem Schutz der öffentlichen Sicherheit, aus dem Schutz der Jugend[54], aber auch aus dem Schutz der Rechte anderer resultieren.[55] Dies gilt vor allem für Einschränkungen des Wirkbereichs der Kunstfreiheit, der infolge seines kommunikativen Ansatzes eher die Gefahr birgt, Rechte Dritter in Mitleidenschaft zu ziehen. Aber auch der Werkbereich kann zum Schutz fremder Rechte eingeschränkt werden, wenn eine Kunstaktion etwa Leben, Gesundheit oder Eigentum von Passanten gefährden würde.[56] Der Ehrenschutz oder der Schutz des allgemeinen Persönlichkeitsrechts kann ebenso zu rechtmäßigen Einschränkungen der Kunstfreiheit führen[57] wie der Schutz staatlicher Symbole.[58] In entsprechender Weise könnten die Mitgliedstaaten auch die künstlerische Verunglimpfung der Symbole und Hoheitszeichen der Europäischen Union[59], ungeachtet ihrer fehlenden primärrechtlichen Verankerung, zB mit strafrechtlichen Sanktionen bewehren und damit rechtmäßige Eingriffe in die Kunstfreiheit ermöglichen.

Bei der notwendigen **Abwägung** zwischen den jeweils konfligierenden Interessen ist der künstlerische Wert eines Kunstwerks oder einer künstlerischen Darbietung unbeachtlich.[60] Kunst ist einer unionalen oder mitgliedstaatlichen Inhalts-, Niveau- oder Stilkontrolle nicht zugänglich.[61] Sind mehrere Interpretationen eines Kunstwerks möglich, ist für die Beurteilung freilich diejenige zugrunde zu legen, die andere Rechtsgüter am wenigsten beeinträchtigt.[62]

E. Verhältnis zu anderen Bestimmungen

I. Verhältnis zu anderen Grundrechten

Die unionsrechtliche Gewährleistung der Freiheit der Kunst ist *lex specialis* zur Verbürgung der **Meinungsäußerungsfreiheit**. Zur **Berufsfreiheit** und zur **unternehmerischen Freiheit** besteht Idealkonkurrenz, sofern die Ausübung der Freiheit der Kunst berufs- oder gewerbsmäßig erfolgt. Die bloße wirtschaftliche Verwertung eines Kunstwerks als solche wird hingegen nicht von der Kunstfreiheit, sondern von anderen Grundrechten, etwa dem Eigentumsrecht oder der Berufsfreiheit geschützt. Die künstlerische Freiheit ist allerdings betroffen, wenn durch hoheitliche Eingriffe in die Verwertung eines Kunstwerks Einfluss auf die Kunstinhalte genommen oder die freie künstlerische Betätigung unverhältnismäßig erschwert wird.

II. Verhältnis zu den Grundfreiheiten

Die Grundfreiheiten sind neben dem Grundrecht der Kunstfreiheit anwendbar. Einzelne Ausschnitte der Kunstfreiheit unterfallen zugleich dem Schutz der Grundfreiheiten. Kunstgegenstände (zB Gemälde, Skulpturen) sowie Werkzeuge und Mittel zur Herstellung von **Kunstgegenständen** (zB Pinsel, Farben, Leinwand) werden als Waren im Sinne von Art. 28 Abs. 2 AEUV von der **Freiheit des Warenverkehrs** gemäß Art. 34, 35 AEUV

---

[54] Vgl. dazu im Hinblick auf Art. 5 Abs. 3 S. 1 GG etwa BVerfGE 83, 130 (139 ff.); vgl. auch *Weber*, Menschenrechte, S. 682 f.
[55] *Borowsky* in NK-EuGRCh GRCh Art. 52 Rn. 21; vgl. etwa EuGH C-476/17, ECLI:EU:C:2019:624 Rn. 34 – Pelham ua.
[56] *Ress/Ukrow* in GHN AEUV Art. 167 Rn. 42.
[57] Vgl. dazu *Würkner* ZUM 1988, 171 (174 ff.); *v. Arnauld* in Isensee/Kirchhof HStR Bd. VII, § 167 Rn. 62, 68; *Weber*, Menschenrechte, S. 685 ff.
[58] Vgl. zum Schutz staatlicher Symbole etwa BVerfGE 82, 1 (4 ff.).
[59] Zu den Symbolen der Europäischen Union vgl. *Bieber* GS Geck, 1989, 59; *Röttinger* EuR 2003, 1095 ff.
[60] *Villiger* HdbEMRK Rn. 597.
[61] Vgl. für Art. 5 Abs. 3 S. 1 GG BVerfGE 75, 369 (377); BVerfGE 81, 278 (291); BVerfGE 83, 130 (139).
[62] Vgl. BVerfGE 67, 213 (230); BVerfGE 81, 298 (307).

erfasst.[63] Überschneidungen der Kunstfreiheit bestehen auch mit der unionsrechtlich garantierten **Freiheit des Dienstleistungsverkehrs** gemäß Art. 56 AEUV. Dienstleistungen im Sinne des AEU-Vertrags sind insbesondere gewerbliche, kaufmännische, handwerkliche und freiberufliche Tätigkeiten, für die in der Regel ein Entgelt erwartet wird und die nicht bereits dem freien Waren-, Kapital- oder Personenverkehr unterliegen.[64] Daher genießen etwa grenzüberschreitende **künstlerische Darbietungen,** wie Fernseh- oder Radioübertragungen von Konzertveranstaltungen[65], den unionsrechtlichen Schutz der Freiheit des Dienstleistungsverkehrs. Dies gilt auch zB für die grenzüberschreitende Vermittlung von Bühnenkünstlern durch einen Impressario[66] oder den grenzüberschreitenden Verleih von Filmen.[67]

23 Die **Freiheit des Personenverkehrs** (Freizügigkeit der Arbeitnehmer gemäß Art. 45 ff. AEUV und Niederlassungsfreiheit der selbständigen Gewerbetreibenden und Freiberufler gemäß Art. 49 ff. AEUV) schützt ua die **innerunionale Mobilität** der selbständigen oder abhängig beschäftigten Kunstausübenden und Kunstmittler.[68] Die Organisation und Durchführung von Wanderausstellungen sowie von Konzerttourneen unterfällt daher nicht nur dem Schutz der Kunstfreiheit, sondern auch dem Schutz der Grundfreiheiten.

24 Die Verbürgungen der **Grundfreiheiten** gehen über den grundrechtlichen Schutz in personeller Hinsicht allerdings insoweit hinaus, als die Grundfreiheiten auch die **grenzüberschreitende Rezeption von Kunst** etwa durch das Publikum oder durch Kunstkritiker schützen. Der Schutzbereich des Grundrechts der Kunstfreiheit erfasst hingegen nur die Künstler selbst sowie die Personen, die in einer für die Verbreitung eines Werkes unentbehrlichen Mittlerfunktion tätig sind (→ Rn. 14). Andererseits ist der durch die Freiheit der Kunst vermittelte Schutz sachlich weiter gefasst als die Freiheitsverbürgungen der Grundfreiheiten, da das Grundrecht der Kunstfreiheit anders als die Grundfreiheiten auch **nicht gewerbsmäßig ausgeübte Kunst** unter Schutz stellt.

25 Der Gerichtshof der EU hat den Schutz der unionsrechtlichen Grundrechte Dritter als **Rechtfertigungsgrund für Eingriffe in die Grundfreiheiten** anerkannt[69]. Diese Rechtfertigungsmöglichkeit aus Gründen des Grundrechtsschutzes besteht etwa für mitgliedstaatliche Maßnahmen, die – unter Ausübung der staatlichen Schutzpflicht zugunsten der betroffenen Grundrechte – eine ungestörte Grundrechtsausübung Privater ermöglichen wollen und zu diesem Zweck eine Grundfreiheit einschränken. Andererseits dürfen Grundfreiheiten nicht grundrechtswidrig eingeschränkt werden (→ § 6 Rn. 30). Die Freiheit der Kunst kann somit nicht nur als Schranke der Grundfreiheiten dienen, sondern stellt zugleich eine Schranken-Schranke für Eingriffe in die Grundfreiheiten dar.[70] Diese Funktion der Kunstfreiheit könnte etwa aktiviert werden, wenn die Freiheit des innerunionalen Warenverkehrs nach Art. 36 AEUV aus Gründen des Kulturgüterschutzes eingeschränkt werden soll.[71]

---

[63] EuGH 7/68, Slg. 1968, 633 Rn. 6 f. – Kommission/Italien; vgl. *Uhl,* Der Handel mit Kunstwerken im europäischen Binnenmarkt, 1993, S. 33 ff.; *Ress* FS Müller-Dietz, 1998, 9 (18).
[64] Vgl. Art. 57 AEUV.
[65] Vgl. EuGH 155/73, Slg. 1974, 409 Rn. 7 – Sacchi; EuGH 52/79, Slg. 1980, 833 Rn. 17 – Debauve; EuGH C-288/89, Slg. 1991, I-4007 Rn. 9 ff.– Gouda; EuGH C-17/00, Slg. 2001, I-9445 Rn. 28 – De Coster.
[66] EuGH 110/78 u. 111/78, Slg. 1979, 35 Rn. 19 ff. – ASBL/van Wesemael.
[67] EuGH C-17/92, Slg. 1993, I-2239 Rn. 10 – Fedicine.
[68] Vgl. etwa EuGH 197/84, Slg. 1985, 1819 Rn. 2 f., 14 ff. – Steinhauser (Niederlassungsfreiheit eines selbständigen Kunstmalers); *Wetter,* Die Grundrechtscharta des Europäischen Gerichtshofes, 1998, S. 171; *Schmahl,* Die Kulturkompetenz der Europäischen Gemeinschaft, 1996, S. 96 f.
[69] Vgl. etwa EuGH C-112/00, Slg. 2003, I-5659 Rn. 74, 77 ff. – Schmidberger; vgl. auch *Haratsch/Koenig/Pechstein* EuropaR Rn. 924, 101.
[70] Vgl. *Haratsch/Koenig/Pechstein* EuropaR Rn. 924.
[71] Vgl. dazu auch die RL 93/7/EWG über die Rückgabe von unrechtmäßig aus dem Hoheitsgebiet eines Mitgliedstaats verbrachten Kulturgütern, ABl. 1993 L 74, 74, sowie die VO (EG) Nr. 116/2009 des Rates über die Ausfuhr von Kulturgütern, ABl. 2009 L 39, 1.

F. Zusammenfassende Bewertung und Ausblick

Die Europäische Union und ihre Mitgliedstaaten dürfen sich nicht darauf beschränken, ihr überkommenes gemeinsames kulturelles Erbe zu verwalten, sondern müssen zugleich dafür Sorge tragen, dass **gelebte und lebendige Kultur** in der Form kreativen künstlerischen Schaffens und Wirkens einen gebührenden Raum im Rahmen der europäischen Integration einnimmt. Dieses Bestreben dokumentiert maßgeblich die Aufnahme einer ausdrücklichen Gewährleistung der Kunstfreiheit in die Grundrechtecharta (→ Rn. 3). Das Grundrecht der Freiheit der Kunst wird mit der zunehmenden Loslösung der europäischen Rechtsordnung von rein wirtschaftlichen Zusammenhängen künftig an Bedeutung gewinnen. 26

Auch wenn bislang noch keine Rechtsprechung des Gerichtshofs der EU zur Freiheit der Kunst vorliegt, ist deren unionsrechtliche **Gewährleistung nicht überflüssig.** Obwohl spezifisch „kunstgerichtete" Aktivitäten der Europäischen Union den engen Kompetenzgrenzen des Art. 167 AEUV unterliegen, kommt dem Grundrecht der Kunstfreiheit durchaus Bedeutung zu. Das Europäische Unionsrecht erfasst, etwa über Regelungen im Bereich der Grundfreiheiten, auch den Bereich der Kunst. Dass weder der EuGH noch das EuG auf das Grundrecht der Kunstfreiheit abgestellt haben, mag sich gerade dadurch erklären, dass wesentliche Aspekte der grenzüberschreitenden Freiheit künstlerischer Betätigung von den Freiheitsverbürgungen der Grundfreiheiten (mit-) abgedeckt werden. Gleichwohl kann im Einzelfall ein Rückgriff auf die nicht aus wirtschaftlichen Interessen heraus begründete Gewährleistung der Kunstfreiheit zu einer korrigierenden und **grundrechtskonformen Auslegung der Grundfreiheiten** und ihrer Schranken führen. 27

§ 30 Forschungsfreiheit und akademische Freiheit[*]

Übersicht

	Rn.
A. Bedeutung und Entwicklung	1–4
B. Quellen	5–24
I. Regelungen in EU-Mitgliedstaaten	5–10
1. Verfassungsrechtliche Regelungen	6–8
2. Einfachgesetzliche Regelungen	9, 10
II. Europarechtliche Regelungen	11–19
1. Primär- und sekundärrechtliche Regelungen	11–13
2. Rechtsprechung des EuGH	14–19
III. Völkerrechtliche Regelungen	20–24
C. Gewährleistungsgehalt	25–30
I. Persönlicher Gewährleistungsbereich	25–27
1. Natürliche Personen	26
2. Juristische Personen	27
II. Sachlicher Gewährleistungsbereich	28–30
D. Beeinträchtigung	31
E. Rechtfertigung	32–36
F. Verhältnis zu anderen Bestimmungen	37–39
I. Verhältnis zu anderen Grundrechten	37, 38
II. Verhältnis zu Grundfreiheiten	39
G. Zusammenfassende Bewertung und Ausblick	40, 41

Schrifttum:

Bayertz, Drei Argumente für die Freiheit der Wissenschaft, ARSP 86 (2000), 303; *Beckerath/Bente/Brinkmann ua*, Handwörterbuch der Sozialwissenschaften, Bd. 4, 1965; *Bizer*, Forschungsfreiheit und Informationelle Selbstbestimmung, 1992; *Blankenagel*, Vom Recht der Wissenschaft und der versteckten Ratlosigkeit der Rechtswissenschaftler bei der Betrachtung des- und derselben, AöR 125 (2000), 70; *ders.*, Wissenschaftsfreiheit aus der Sicht der Wissenschaftssoziologie, AöR 105 (1980), 35; *Bleckmann*, Die wertende Rechtsvergleichung bei der Entwicklung europäischer Grundrechte, in Baur/Müller-Graff/Zuleeg, Europarecht, Energierecht, Wirtschaftsrecht, FS für Bodo Börner, 1992, S. 29; *Britz*, Die Freiheit der Kunst in der europäischen Kulturpolitik, EuR 2004, 1; *v. Brünneck*, Die Freiheit der Wissenschaft und Forschung, JA 1989, 165; *Dickert*, Naturwissenschaft und Forschungsfreiheit, 1991; *Eikenberg*, Forschung und technologische Entwicklung im AEUV – Fortschritte und Widersprüche, EuR 2013, 224; *Groß*, Die Autonomie der Wissenschaft im europäischen Rechtsvergleich, 1992; *Krüger*, Forschung und Lehre, in Flämig/Kimminich/Krüger ua, Handbuch des Wissenschaftsrechts, Bd 1, 2. Aufl. 1996, S. 259; *Hailbronner*, Die Freiheit der Forschung und Lehre als Funktionsgrundrecht, 1979; *Heinrich*, Die rechtliche Systematik der Forschungsförderung in Deutschland und den Europäischen Gemeinschaften unter Beachtung des Wissenschaftsfreiheit und Wettbewerbsrecht, 2003; *Kimminich*, Deutsche Verfassungsgeschichte, 2. Aufl. 1987; *Kingreen*, Die Gemeinschaftsgrundrechte, JuS 2000, 857; *Knemeyer*, Lehrfreiheit, 1969; *Lester*, Freedom of expression, in Macdonald/Matscher/Petzold, The European System for the Protection of Human Rights, 1993, S. 465; *Luhmann*, Die Wissenschaft der Gesellschaft, 2002; *Nettesheim*, Grund und Grenzen der Wissenschaftsfreiheit, DVBl 2005, 1072; *OECD*, Frascati Manual, Proposed Standard Practice for Surveys on Research and Experimental Development, 6. Aufl. 2002; *Paulsen*, Die akademische Lehrfreiheit und ihre Grenzen, in ders., Gesammelte pädagogische Abhandlungen, 1912, S. 199; *Prüm/Ergec*, La liberté académique, RDP 1 (2010), 3; *Roellecke*, Wissenschaft und Wissenschaftsfreiheit, in Dörr/Fink/Hillgruber ua, Die Macht des Geistes, FS für Hartmut Schiedermair, 2001, S. 491; *Ruffert*, Grund und Grenzen der Wissenschaftsfreiheit, VVDStRL 65 (2006), 146; *Seer*, Steuerrechtliche Fragen der Forschungsförderung, in Flämig/Kimminich/Krüger ua, Handbuch des Wissenschaftsrechts, Bd. 2, 2. Aufl. 1996, S. 1441; *Schmidt*, Die Freiheit der Wissenschaft, 1929; *Smend*, Das Recht der freien Meinungsäußerung, VVDStRL 4 (1928), 44; *Stoica/Safta*, University autonomy and academic freedom – meaning and legal basis, Perspectives of Business Law Journal 2013, 192; *Trute*, Die Forschung zwischen grundrechtlicher Freiheit und staatlicher Institutionalisierung, 1994; *Ven van der*, De academische vrijheid: kreet of begrip?, Nederlands Juristenblad 1980, 628; *Wagner*, Das Grundrecht der Wissenschaftsfreiheit im Europäischen Gemeinschaftsrecht, in Wagner, Rechtliche Rahmenbedingungen für Wissenschaft und Forschung, Bd. 1, 2000, S. 213; *ders.*, Zur Stellung der Forschungsfreiheit im Gefüge

---

[*] Dieser Beitrag basiert auf den Ausführungen von *Thomas Mann* in der Vorauflage (vgl. Mann → 1. Aufl. 2006, § 26).

der Grundrechte, in Wagner, Rechtliche Rahmenbedingungen für Wissenschaft und Forschung, Bd. 1, 2000, S. 229; *Wilholt,* Die Freiheit der Forschung, 2012; *Zwirner,* Zum Grundrecht der Wissenschaftsfreiheit, AöR 98 (1973), 313.

A. Bedeutung und Entwicklung

Forschungsfreiheit und akademische Freiheit, unter der die Freiheit der Lehre zu verstehen ist, fallen unter den Oberbegriff der **Wissenschaftsfreiheit**.[1] Wissenschaft wird allgemein als methodische Suche nach der Wahrheit charakterisiert. *Wilhelm von Humboldt* verstand die Wissenschaft „[...] als etwas noch nicht ganz Gefundenes und nie ganz Aufzufindendes [...]",[2] nach der unablässig zu suchen sei. Nach der soziologischen Systemtheorie ist Wissenschaft zwar immer noch durch die Wahrheitssuche gekennzeichnet. Sie unterscheidet aber darüber hinaus zwischen Wahrheit und Unwahrheit.[3] Da technologische Forschung aber nicht nach der Wahrheit sucht, sondern die Wirklichkeit gestaltet,[4] besteht das Ziel wissenschaftlicher Betätigung generell in der Generierung neuen Wissens.[5] 1

Wissenschaft, die Wissensvermehrung impliziert, bewirkt wissenschaftlichen Fortschritt.[6] Dabei ist es unabdingbar, Forschungsergebnisse der wissenschaftlichen Kommunikation zugänglich zu machen, damit diese diskutiert und überprüft werden und letztendlich zum allgemeinen Fortschritt beitragen können.[7] Methodisch erworbenem Wissen kommt als Ressource eine große und stetig steigende gesellschaftliche Bedeutung zu. Das gesellschaftliche Leben sowie der Lebensstandard der Menschen werden in hohem Maße von wissenschaftlichen Erkenntnissen beeinflusst und geprägt. Damit geht eine immer enger werdende Verflechtung von Wissenschaft und Gesellschaft einher.[8] So nimmt die freie Wissenschaft eine „Schlüsselfunktion [...] für die gesamtgesellschaftliche Entwicklung [...]"[9] ein. Mit wissenschaftlichen Erkenntnissen können Fortschritte für die Menschheit in den unterschiedlichsten Bereichen der Gesellschaft erreicht werden. 2

Die Ursprünge der Wissenschaftsfreiheit liegen vor allem im Zeitalter von **Humanismus** und **Aufklärung**.[10] Sie sind eng verbunden mit den Naturrechtslehren,[11] vor allem der *libertas philosophandi* als intellektuelle Komponente der Glaubens- und Gewissensfreiheit.[12] Nach *Spinoza* war das „freie Philosophieren" nicht als Bekenntnis-, sondern Erkenntnisfreiheit, die auch das Mitteilen von Erkenntnissen umfasste, das geistige Freiheitsrecht. Neben das Recht, frei zu denken (*libertas conscientiae*) und Erkenntnisse frei zu äußern, trat das Recht, frei zu forschen und zu lehren (*libertas philosophandi*).[13] Die historischen Wurzeln der Wissenschaftsfreiheit sind in den Erfahrungen mit dem staatlichen und kirchlichen Glaubenszwang sowie in der Gewährleistung der Gedanken- und Religionsfreiheit, der Meinungsfreiheit sowie auch der Kunstfreiheit zu finden.[14] 3

Geprägt wurde die Wissenschaftsfreiheit insbesondere in der Zeit der Reformbewegung in Deutschland im 19. Jahrhundert.[15] Mit der **preußischen Verfassung** vom 5. Dezember 4

---

[1] *Bernsdorff* in NK-EuGRCh GRCh Art. 13 Rn. 15; *Ruffert* VVDStRL 60 (2001), 146 (161 ff.).
[2] *V. Humboldt,* Über die innere und äußere Organisation der höheren wissenschaftlichen Anstalten in Berlin (1809 o. 1810), in v. Humboldt, Gesammelte Schriften, Preußische Akademie der Wissenschaften, Band 10, 1903, S. 250 (253).
[3] *Luhmann* S. 167 ff.; *Roellecke* FS Schiedermair, 2001, 491 (496).
[4] *Ruffert* VVDStRL 60 (2001), 146 (157).
[5] *Trute* S. 82; *Ruffert* in Calliess/Ruffert GRC Art. 13 Rn. 6.
[6] *Blankenagel* AöR 105 (1980), 35 (55).
[7] *Trute* S. 65 ff.; *Blankenagel* AöR 125 (2000), 70 (93).
[8] *Nettesheim* DVBl 2005, 1072 (1072).
[9] BVerfGE 35, 79 (113).
[10] *Oppermann* in Isensee/Kirchhof HStR Bd. VI, 1989, § 145 Rn. 2; *Bayertz* ARSP 2000, 303 (311 ff.).
[11] *Schmidt* S. 31 ff.
[12] *Ruffert* VVDStRL 60 (2001), 146 (162).
[13] *Spinoza,* Tractatus Theologico-Politicus, 1670, cap. XX; vgl. hierzu *Zwirner* AöR 98 (1973), 313 (314 f.).
[14] *Bayertz* ARSP 86 (2000), 303 (314).
[15] *Paulsen* S. 199 ff.; *Schmidt* S. 47 ff.; *Zwirner* AöR 98 (1973), 313 (314 ff.); *v. Brünneck* JA 1989, 165; *Wilholt* S. 213 ff.

1848 fanden die Forschungsfreiheit und akademische Freiheit Eingang in das deutsche Verfassungsrecht. Art. 17 Preußische Verfassung lautete: „Die Wissenschaft und ihre Lehre ist frei." Diese Regelung wurde wortgleich in § 152 **Paulskirchenverfassung** vom 28. März 1849 aufgenommen[16] und fand ihre weitere verfassungsrechtliche Ausgestaltung über Art. 142 **Weimarer Reichsverfassung** (WRV) vom 11. August 1919[17] bis hin zu Art. 5 Abs. 3 **GG**.[18] Das Grundrecht der Wissenschaftsfreiheit kann zwar nicht als eine ausschließlich deutsche,[19] aber doch als eine typisch deutsche Erscheinung angesehen werden,[20] die als Modell in unterschiedlichen Ausprägungen für ausländische Rechtssysteme diente.

B. Quellen

I. Regelungen in EU-Mitgliedstaaten

5   Die Wissenschaftsfreiheit erfährt eine unterschiedliche Regelung in den **mitgliedstaatlichen Rechtsordnungen**. In einigen Verfassungen der Mitgliedstaaten wird sie als Grundrecht gewährleistet, wie in der Bundesrepublik Deutschland. In anderen Mitgliedstaaten findet sie wiederum nur eine einfachgesetzliche Regelung.

6   **1. Verfassungsrechtliche Regelungen.** Zu der Mehrzahl der EU-Mitgliedstaaten, die die Wissenschaftsfreiheit verfassungsrechtlich verankert haben, zählt die **Bundesrepublik Deutschland**. In Art. 5 Abs. 3 S. 1 GG, der entstehungsgeschichtlich auf Art. 142 WRV aufbaut, heißt es: „Kunst und Wissenschaft, Forschung und Lehre sind frei." Der sachliche Schutzbereich der in der Bestimmung gewährten Freiheitsgarantie umfasst nach Auffassung des Bundesverfassungsgerichts jede wissenschaftliche Tätigkeit, die „[...] nach Inhalt und Form als ernsthafter planmäßiger Versuch zur Ermittlung der Wahrheit anzusehen ist".[21] Dabei sei „Wissenschaft" der gemeinsame Oberbegriff, der den engen Bezug von Forschung und Lehre zum Ausdruck bringt.[22] Während Forschung „[g]eistige Tätigkeit mit dem Ziele, in methodischer, systematischer und nachprüfbarer Weise neue Erkenntnisse zu gewinnen",[23] darstelle, gewährleiste die Lehre die wissenschaftlich fundierte Übermittlung der durch die Forschung gewonnenen Erkenntnisse.[24] Vom persönlichen Schutzbereich der als Jedermanns-Grundrecht ausgestalteten Wissenschaftsfreiheit sind sowohl natürliche als auch juristische Personen erfasst, die wissenschaftlich tätig sind oder tätig werden wollen.[25] Für die Wissenschaftsfreiheit ist im Grundgesetz kein ausdrücklicher Schrankenvorbehalt vorgesehen. Gleichwohl wird das in Art. 5 Abs. 3 S. 1 GG verankerte Grundrecht nicht schrankenlos gewährt.[26] Konflikte zwischen der Wissenschaftsfreiheit und anderen verfassungsrechtlich garantierten Rechtsgütern müssen „[...] nach Maßgabe der grundgesetzlichen Wertordnung und unter Berücksichtigung der Einheit dieses Wertsystems durch Verfassungsauslegung gelöst werden."[27]

7   Die verfassungsrechtliche Regelung der Wissenschaftsfreiheit in **Österreich** ist mit der in Deutschland vergleichbar. In Art. 17 Abs. 1 Staatsgrundgesetz über die allgemeinen Rechte der Staatsbürger vom 21. Dezember 1867,[28] das nach Art. 149 Abs. 1 östB-VG mit

---

[16] Vgl. hierzu *Smend* VVDStRL 4 (1928), 44 (58).
[17] Art. 142 S. 1 WRV: „Die Kunst, die Wissenschaft und ihre Lehre sind frei." Vgl. hierzu *Hailbronner* S. 33 ff.; *Trute* S. 36 ff.
[18] Art. 5 Abs. 3 S. 1 GG: „Kunst und Wissenschaft, Forschung und Lehre sind frei." Vgl. hierzu *Schumacher*, Wissenschaftsbegriff und Wissenschaftsfreiheit, 1973, S. 1 ff.; *Hailbronner* S. 51 ff.; *Trute* S. 41 ff.
[19] *Dickert* S. 284.
[20] *Starck* in v. Mangoldt/Klein/Starck GG Art. 5 Abs. 3 Rn. 351.
[21] BVerfGE 35, 79 (112).
[22] BVerfGE 35, 79 (112); *Kempen* in BeckOK GG Art. 5 Rn. 179.
[23] Bundesbericht Forschung III v. 12.6.1969, BT-Drs. V/4335, 4.
[24] BVerfGE 35, 79 (112).
[25] BVerfGE 35, 79 (111); *Scholz* in Maunz/Dürig GG Art. 5 Abs. 3 Rn. 119.
[26] *Kempen* in BeckOK GG Art. 5 Rn. 199.
[27] BVerfGE 47, 327 (369).
[28] RGBl. 1867, Nr. 142.

Geltungskraft als Bundesverfassungsgesetz ausgestattet ist, heißt es: „Die Wissenschaft und ihre Lehre ist frei." Die **italienische** Verfassung enthält ebenfalls eine ausdrückliche Verbürgung der Wissenschaftsfreiheit in Art. 33 Abs. 1 italVerf, der lautet: „Kunst und Wissenschaft sind frei, und frei ist ihre Lehre." Nach Art. 33 Abs. 6 italVerf stehen Hochschulen durch die Verbürgung ausdrücklicher Autonomie unter einem institutionellen Schutz. Darüber hinaus besteht nach Art. 9 Abs. 1 italVerf eine Förderpflicht des Staates zugunsten der wissenschaftlichen Forschung. Die **spanische** Verfassung garantiert in Art. 20 Abs. 1 spanVerf ausdrücklich die Wissenschaftsfreiheit: „Folgende Rechte werden anerkannt und geschützt: [...] b) das Recht auf literarische, künstlerische, wissenschaftliche und technische Produktion und Schöpfung; c) das Recht auf Freiheit der Lehre; [...]." Die Autonomie der Universitäten wird nach Art. 27 Abs. 10 spanVerf anerkannt. Die **portugiesische** Verfassung beinhaltet in Art. 42 portVerf eine ausdrückliche Verbürgung der Wissenschaftsfreiheit: „(1) Die geistige, künstlerische und wissenschaftliche Entfaltung ist frei. (2) Diese Freiheit umfasst das Recht der Erfindung, Herstellung und Verbreitung des wissenschaftlichen, literarischen und künstlerischen Werkes und schließt den gesetzlichen Schutz des Urheberrechts mit ein." Nach Art. 76 Abs. 2 portVerf genießen Universitäten Autonomie. Die **griechische** Verfassung regelt die Freiheit von Forschung und Lehre in Art. 16 Abs. 1. Dort heißt es: „Kunst und Wissenschaft, Forschung und Lehre sind frei; deren Entwicklung und Förderung sind Verpflichtung des Staates. Die akademische Freiheit und die Freiheit der Lehre entbinden nicht von der Pflicht zur Befolgung der Verfassung." Institutionell sind die Hochschulen gem. Art. 16 Abs. 5 griechVerf als juristische Personen des öffentlichen Rechts in ihrer Verwaltung autonom. Die **finnische** Verfassung gewährleistet in § 16 Abs. 3 ein umfassendes Freiheitsrecht der Wissenschaftsfreiheit. Hier heißt es: „Die Freiheit der Wissenschaft, der Kunst und der akademischen Lehre ist gesichert." Nach § 123 Abs. 1 finnVerf ist die Selbstverwaltungsautonomie der Universitäten geschützt, die unter Gesetzesvorbehalt steht. Die **belgische** Verfassung enthält zwar keine ausdrückliche Garantie der Wissenschaftsfreiheit. Nach Auffassung des belgischen Verfassungsgerichts fließe diese aber aus der in Art. 19 belgVerf verankerten Meinungsäußerungsfreiheit und der in Art. 24 § 1 belgVerf geregelten Freiheit des Unterrichtswesens,[29] woraus das Gericht eine breite Definition der akademischen Freiheit ableitet.[30] Diese setze eine Unabhängigkeit der Lehrenden voraus.[31]

Die meisten neuen EU-Mitgliedstaaten haben die Wissenschaftsfreiheit und akademische Freiheit verfassungsrechtlich geregelt. Die **lettische** Verfassung enthält in Art. 113 eine Regelung zur Wissenschaftsfreiheit: „Der Staat erkennt die Freiheit wissenschaftlichen und künstlerischen Schaffens an und schützt die Urheberrechte und die Patentrechte." Ob durch diese Bestimmung auch die Lehre geschützt wird, erscheint zweifelhaft. Ausführlichere Bestimmungen zur Wissenschaftsfreiheit und akademischen Freiheit lassen sich in der Verfassung von **Litauen** finden. In Art. 42 litVerf heißt es: „(1) Kultur, Wissenschaft und Forschung sowie die Lehre sind frei. (2) Der Staat fördert die Kultur und die Wissenschaft und sorgt für den Schutz der Denkmäler und Werte der litauischen Geschichte und Kunst und der übrigen Kultur. (3) Die geistigen und materiellen Urheberinteressen, die mit Werken der Wissenschaft, der Technik, der Kultur und der Kunst verbunden sind, werden gesetzlich abgesichert und geschützt." Art. 41 Abs. 3 S. 2 litVerf enthält sogar eine ausdrückliche Gewährleistung der kostenlosen Ausbildung an den staatlichen Hochschulen. In **Estland** regelt § 38 estVerf die Wissenschaftsfreiheit und die akademische Freiheit. Nach Abs. 1 sind „Wissenschaft und Kunst sowie ihre Lehre" frei. Abs. 2 gewährleistet die Autonomie von Universitäten in den gesetzlich vorgesehenen Grenzen. Die **polnische** Verfassung verbürgt die Wissenschaftsfreiheit als ein individuelles Freiheitsrecht. In Art. 73 polnVerf heißt es hierzu: „Die Freiheit der künstlerischen Beschäftigung, der wissenschaft-

---

[29] Arrêt n° 167/2005 v. 23.11.2005, § B.18.1.
[30] *Prüm/Ergec* RDP 1 (2010), 3 (7).
[31] Arrêt n° 167/2005 v. 23.11.2005, § B.21.

lichen Forschung und der Veröffentlichung deren Ergebnisse, Lehrfreiheit sowie die Freiheit, an der Kultur teilzunehmen, wird jedermann gewährleistet." Die Verfassung der **Slowakei** sichert in Art. 43 Abs. 1 die Forschungsfreiheit verfassungsrechtlich ab, stellt sie aber ähnlich der lettischen Verfassung in Zusammenhang mit dem Schutz der hierdurch entstandenen wissenschaftlichen Werke. In Art. 43 slowakVerf heißt es: „(1) Die Freiheit der wissenschaftlichen Forschung und der Kunst ist gewährleistet. Die Rechte an den Ergebnissen schöpferischer geistiger Tätigkeit sind durch Gesetz geschützt." Die Freiheit der Lehre findet in Art. 43 Abs. 1 slowakVerf keine nähere Erwähnung. Da die Freiheit der Lehre nicht als eines der „Rechte an den Ergebnissen schöpferischer geistiger Tätigkeit" angesehen werden kann, ist sie wohl nur im Rahmen der in Art. 26 Abs. 2 slowakVerf gewährleisteten allgemeinen Meinungsäußerungsfreiheit geschützt. Die **slowenische** Verfassung sieht in Art. 59 vor, dass die „Freiheit des wissenschaftlichen und künstlerischen Schaffens" gewährleistet wird. Da der Begriff der Wissenschaft als Oberbegriff von Forschung und Lehre zu verstehen ist, werden sowohl die Forschungs- als auch die akademische Lehrfreiheit garantiert. Nach Art. 58 Abs. 1 slowenVerf sind „[d]ie staatlichen Universitäten und Hochschulen [...] autonom". In **Tschechien** wird gem. Art. 15 Abs. 2 tschechVerf Urkunde der grundlegenden Rechte und Freiheiten vom 9.1.1991, die nach Art. 3 und 112 tschechVerf als Verfassungsrecht gilt, die „Freiheit der wissenschaftlichen Forschung und des künstlerischen Schaffens" gewährleistet. Der Schutz der akademischen Lehrfreiheit fällt nicht unter den Kontext der Wissenschaftsfreiheit, sondern als Unterfall unter die allgemeine Meinungsfreiheit nach Art. 17 Urkunde der grundlegenden Rechte und Freiheiten. Nach Art. X Abs. 1 ungVerf gewährleistet **Ungarn** „die Freiheit des wissenschaftlichen Forschens und des künstlerischen Schaffens, [...] die Lern- und – in gesetzlich festgelegtem Rahmen – die Lehrfreiheit." Damit sind Forschungsfreiheit und akademische Freiheit in einer Gewährleistung zusammengeführt. Gem. Art. X Abs. 3 Satz 2 ungVerf sind „[d]ie Hochschuleinrichtungen [...] hinsichtlich des Inhalts und der Methoden von Forschung und Lehre selbständig, ihre organisatorische Ordnung und ihre Wirtschaftsführung werden durch ein Gesetz geregelt." In **Bulgarien** wird in Art. 54 Abs. 2 bulgVerf „[d]ie Freiheit der Kunst, der Wissenschaft, des wissenschaftlichen und technischen Schaffens [...] gesetzlich anerkannt und gewährleistet." Unter den Oberbegriff der Wissenschaft ist auch die Lehre zu fassen. Die **kroatische** Verfassung garantiert in Art. 68 Abs. 1 „[d]ie Freiheit wissenschaftlichen, kulturellen und künstlerischen Schaffens". Die Freiheit der Lehre dürfte auch hier unter die in Art. 38 kroatVerf geregelte Meinungsfreiheit fallen. In der Verfassung **Maltas** findet sich keine ausdrückliche Verbürgung der Freiheit von Wissenschaft und Forschung, sondern nur ein diesbezüglicher Förderungsauftrag. In Art. 8 maltVerf heißt es hierzu: „Der Staat soll die Entwicklung von Kultur sowie wissenschaftlicher und technologischer Forschung fördern."

9 **2. Einfachgesetzliche Regelungen.** In den anderen EU-Mitgliedstaaten ist die Wissenschaftsfreiheit nur einfachgesetzlich geregelt. In **Frankreich** wird die Freiheit der Wissenschaft durch das Bildungsgesetz idF von 2019[32] und das Hochschul- und Forschungsgesetz von 2013[33] gewährleistet. Die volle Unabhängigkeit genießen Lehrende bzw. Forscher nach Art. L123-9, Art. L711-4 Abs. II UAbs. 2 sowie Art. L952-2 Bildungsgesetz. Die Freiheit der Lehre an Hochschulen wird in Art. L151-6 Bildungsgesetz garantiert. Eine weitgehende institutionelle Autonomie von Hochschulen und Forschungseinrichtungen ist in Art. L711-1 Bildungsgesetz verbürgt. Näheres regelt das Gesetz betreffend die Freiheiten und Verantwortlichkeiten der Universitäten von 2007.[34] Auch in den **Niederlanden** ist die

---

[32] Code de l'éducation (Version consolidée au 14 août 2019), im Internet abrufbar unter: https://www.legifrance.gouv.fr/affichCode.do?cidTexte=LEGITEXT000006071191&dateTexte=20160801 (letzter Abruf: 17.8.2019).

[33] Loi n° 2013-660 du 22 juillet 2013 relative à l'enseignement supérieur et à la recherche, (Version consolidée au 15 août 2019), ESRJ1304228L.

[34] Loi n°2007-1199 du 10 août 2007 relative aux libertés et responsabilités des universités, (Version consolidée au 15 août 2019), ESRX0757893L.

Autonomie der Wissenschaft einfachgesetzlich ausgestaltet. Grundlage für die Gewährleistung ist das niederländische Gesetz über den Hochschulunterricht und die wissenschaftliche Forschung von 1992.[35] Nach Art. 1.6 Gesetz über den Hochschulunterricht und die wissenschaftliche Forschung wird die akademische Freiheit geachtet. Darunter ist die individuelle Freiheit, Lehre und Forschung eigenverantwortlich zu führen, zu verstehen.[36] Im **Vereinigten Königreich** lässt sich die Gewährleistung der akademischen Freiheit im *Education Reform Act* von 1988[37] nachweisen. Die Beauftragten für die Universitäten sollen gem. section 202 Abs. 2 lit. a vierter Teil dieses Reformgesetzes sicherstellen, dass die Angehörigen der Universitäten im Rahmen der Gesetze die Freiheit haben, wissenschaftliche Erkenntnisse zu hinterfragen und zu überprüfen sowie neue Ideen und strittige oder unpopuläre Meinungen vorzubringen, ohne Gefahr zu laufen, ihren Beruf oder sonstige Vorteile im Zusammenhang mit ihrer Stellung in den Institutionen zu verlieren. Eine explizite gesetzliche Verbürgung der institutionellen Freiheiten der Universitäten besteht nicht. Die Verfassungen der Universitäten gewähren allerdings in der Regel eine autonome Mitbestimmung ihrer Angehörigen. In **Irland** findet die akademische Freiheit ihre Regelung in Art. 14 Universitätsgesetz von 1997.[38] In **Dänemark** wird den Universitäten Autonomie durch das Universitätsgesetz idF von 2014 gewährt.[39] § 2 Abs. 2 Universitätsgesetz regelt die Forschungsfreiheit *expressis verbis*. In der Verfassung **Schwedens** ist die Freiheit der Wissenschaft als Schrankenregelung zur Meinungsäußerungs- und Informationsfreiheit in Kap. 2 § 23 Abs. 2 enthalten. Danach ist für die Beurteilung der Frage, ob ein Eingriff in diese Kommunikationsgrundrechte gerechtfertigt sein kann, die Bedeutung der Meinungsäußerungs- und Informationsfreiheit in wissenschaftlichen Belangen besonders zu beachten. Die Forschungsfreiheit wird gem. Kap. 2 § 18 Abs. 2 schwedVerf im Rahmen der gesetzlichen Bestimmungen, speziell des Gesetzes zur Reform des Hochschulwesens von 1993[40] (Kap. 1 § 6), geschützt. Die Autonomie der Universitäten findet sich in Kap. 2 Gesetz zur Reform des Hochschulwesens ausgestaltet. Dies betrifft insbesondere die innere Organisation der Hochschulen. In der **rumänischen** Verfassung stehen gem. Art. 32 Abs. 5 die Unterrichtsinstitutionen aller Ebenen – darunter auch der Universitäten – unter Gesetzesvorbehalt. Näheres regelt das Bildungsgesetz von 2011,[41] das in Art. 3 lit. l sowie Art. 118 Abs. 1 lit. b das Prinzip der akademischen Freiheit statuiert. Die Autonomie der Universitäten wird nach Art. 32 Abs. 6 rumVerf sowie Art. 3 lit. k und Art. 118 Abs. 1 lit. a Bildungsgesetz garantiert.[42] Somit ist die Autonomie der Universitäten durch die Verfassung, die akademische Freiheit einfachgesetzlich geregelt (Art. 123 Abs. 1 Bildungsgesetz). Da es in **Luxemburg** lange Zeit keine vollwertige Hochschule gab, fehlte bis 2003 eine verfassungs- bzw. einfachgesetzliche Garantie der Freiheit von Forschung und Lehre.[43] Erst mit dem Gesetz zur Gründung der Universität Luxemburg,[44] das in Art. 30 die akademische Freiheit regelt, kann von einer einfachgesetzlichen Verbürgung der Freiheit von Forschung und Lehre ausgegangen werden. Nach Art. 1 Abs. 2 Gesetz zur Gründung der Universität Luxemburg werden der Universität weitreichende Autonomierechte gewährt. In **Zypern** gab es ebenfalls weder verfassungs- noch einfachgesetzliche Regelungen zur Freiheit von Forschung und Lehre. Die erste

---

[35] Wet op het hoger onderwijs en wetenschappelijk onderzoek, Stb. 1992, BWBR0005682.
[36] *Groß* S. 83; *van der Ven* Nederlands Juristenblad 1980, 628 (631).
[37] Education Reform Act, 29.7.1988, chapter 40, vol. 1/2, London 1989.
[38] Universities Act, no. 24 of 1997, im Internet abrufbar unter: http://www.irishstatutebook.ie/eli/1997/act/24/enacted/en/html (letzter Abruf: 17.8.2019).
[39] Lov om universiteter (universitetsloven), LOV nr 1377 af 16/12/2014, j. nr. 14/011541.
[40] SFS nr: 2013:119, abrufbar unter https://www.notisum.se/rnp/sls/sfs/20130119.pdf (letzter Abruf: 17.8.2019).
[41] Legea învățământului Nr. 1/2011 (Bildungsgesetz), Monitorul Oficial al României Nr. 18, Teil I v. 10.1.2011, S. 1.
[42] *Stoica/Safta* Perspectives of Business Law Journal 2013, 192 (193).
[43] *Groß* S. 97; *Prüm/Ergec* RDP 1 (2010), 3 (7).
[44] Loi du 12. août 2003 portant création de l'Université du Luxembourg, Journal Officiel du Grand-Duché de Luxembourg A-Nr. 149 v. 6.10.2003, S. 2989.

Universität, die University of Cyprus, wurde 1989[45] gegründet und nahm 1992 die Lehre auf. Als Auftrag der Universität ist die Wahrung der akademischen Freiheit in Art. 4 Abs. 2 lit. f Gesetz zur Gründung der Universität festgeschrieben.

10   Vorstehende Bestandsaufnahme zur normativen Verortung der Wissenschaftsfreiheit verdeutlicht, dass die Mehrheit der EU-Mitgliedstaaten Regelungen zur Wissenschaftsfreiheit in ihren Verfassungen verankert haben, andere wiederum in einfachen Gesetzen. Zudem finden sich mehrere Mitgliedstaaten, welche nur die Freiheit der Forschung, nicht aber die Lehrfreiheit garantieren. Weitere Unterschiede bestehen hinsichtlich des persönlichen Schutzbereiches. Zumeist handelt es sich nur um ein individuelles Freiheitsrecht. Die vereinzelt gewährte Autonomie der Universitäten ist nicht immer zwingend mit einer Grundrechtsträgerschaft dieser juristischen Personen verknüpft, sondern kann auch schlicht als Einräumung eines Selbstverwaltungsrechts gelesen werden. Auf der Grundlage dieses Befundes erscheint es durchaus problematisch, bezüglich eines Grundrechts auf Wissenschaftsfreiheit von **gemeinsamen Verfassungsüberlieferungen** im Sinne der vom EuGH herangezogenen Rechtsfindungsquelle[46] auszugehen.[47] Folgende Argumente sprechen gegen die Annahme, dass es im Wege der wertenden Rechtsvergleichung[48] möglich wäre, eine einheitliche europäische Verbürgung der Wissenschaftsfreiheit anzunehmen. Historisch betrachtet stellt die Wissenschaftsfreiheit in Europa einen verfassungsrechtlichen Sonderfall dar. Sie verbreitet sich nicht ausgehend von einem Kulminationspunkt wie die Erklärung der Menschenrechte von 1789,[49] sondern entwickelte sich unter besonderen Umständen speziell in Deutschland. In Anbetracht dessen, dass die Wissenschaftsfreiheit in der Folgezeit lediglich in sieben der fünfzehn „alten" EU-Mitgliedsstaaten eine ausdrückliche positive verfassungsrechtliche Regelung erfahren hat, wird eine Verwerfung deutlich, die auch durch wertende Heranziehung einfachgesetzlicher Garantien in den Mitgliedstaaten ohne Verfassungsverbürgung nicht so leicht überbrückbar erscheint. Die innerstaatliche einfachgesetzliche Ausgestaltung kann ebenso wenig über das starke Gewährleistungsgefälle hinweghelfen wie die Internationalität der Erscheinung Wissenschaft. Wenn jedoch andererseits berücksichtigt wird, dass gleich zehn von dreizehn in den Jahren zwischen 2004 und 2013 neu beigetretenen Mitgliedstaaten in den Verfassungen ausdrücklich die Wissenschaftsfreiheit gewährleisten, verschiebt sich zumindest der rein numerische Befund. Auch wenn der Umfang der Gewährleistung stark variiert, kann die Anerkennung der Wissenschaftsfreiheit – zumindest in einem gewissen Kerngehalt – als europäisches Grundrecht konstatiert werden.

II. Europarechtliche Regelungen

11   **1. Primär- und sekundärrechtliche Regelungen. Primärrechtliche** Vorschriften zur Forschung enthält nur der Titel XIX AEUV.[50] In Art. 179 Abs. 1 AEUV sind die Ziele der Union in Bezug auf die Förderung der Forschung formuliert. Zur Erreichung dieser Ziele finden sich ergänzende Maßnahmen der Union in Art. 180 AEUV, wie die Durchführung von Forschungsprogrammen zwischen Unternehmen, Forschungszentren und Hochschulen, die Förderung der Forschungszusammenarbeit mit Drittländern und internationalen Organisationen, die Verbreitung und Auswertung von Forschungsergebnissen sowie die Förderung der Ausbildung und Mobilität der Forscher aus der Union. Diese Bestimmung

---

[45] Ο περί Πανεπιστημίου Κύπρου Νόμος του 1989 (N. 144/1989), (Law No. 144/1989 establishing the University of Cyprus), E.E., Παρ. I, Αρ. 2430, 28/7/1989.
[46] EuGH 11/70, Slg. 1970, 1125 (1135) – Internationale Handelsgesellschaft; EuGH 44/79, Slg. 1979, 3727 (3745) – Hauer/Land Rheinland Pfalz; *Kingreen* in Calliess/Ruffert EUV Art. 6 Rn. 34.
[47] *Wagner* in Wagner, Bd. 1, S. 213 (218).
[48] Dazu *Bleckmann* FS Börner, 1992, 29 (32 ff.); *Kingreen* JuS 2000, 857 (859); *Ehlers* in Ehlers GuG § 14 Rn. 9.
[49] Zur Konstitutionalisierungsfunktion der Proklamierung von 1789 *Kingreen* in Calliess/Ruffert EUV Art. 6 Rn. 18; *Kimminich* S. 274 f.
[50] ABl. 2012 C 326, 47. *Eikenberg* S. 224 ff.

beinhaltet keinen abwehrrechtlichen Schutz der Wissenschaft. Die Forschung soll vielmehr zu einer wirtschaftlichen Wettbewerbsfähigkeit beitragen. Soweit die Maßnahmen nach Art. 180 AEUV auch zweckgebunden erscheinen, stellen sie zumindest wichtige potentielle Finanzierungsquellen dar. Eine ähnliche Förderungswirkung besteht im Bereich der Bildung nach Art. 165 AEUV. Die Bildung umfasst ebenfalls das Hochschulwesen.[51] Hinweise auf Grundrechtegehalte lassen sich aber auch hier nicht entnehmen. Die Bestimmungen des EAGV[52] enthalten ebenfalls keine Vorschriften zur Forschungsfreiheit. Diese bleiben, wie in Art. 4 Abs. 1 EAGV, auf den Förderungsaspekt beschränkt.

In der **GRC**[53] ist die Freiheit der Wissenschaft zusammen mit der Freiheit der Kunst in Art. 13 verbürgt. Während die Forschung frei ist, wird die akademische Freiheit nur geachtet.[54] Im Grundrechtekonvent wurde hinsichtlich einer Aufnahme der Freiheit der Kunst und der Wissenschaft zunächst diskutiert, ob diese entweder dem Recht auf Bildung[55] (→ § 43) oder der Meinungsfreiheit[56] (→ § 27) zugeordnet werden und ob einige Teilfreiheiten überhaupt keine ausdrückliche Regelung erfahren sollten. Waren die Freiheit der Kunst, Wissenschaft, Forschung und Lehre zunächst in eine Bestimmung aufgenommen worden, erfolgte später eine Trennung der Freiheit der Lehre von den anderen Teilfreiheiten. Schließlich hat die Freiheit der Kunst und zunächst der Wissenschaft,[57] dann der Forschung[58] als **eigenständiges Grundrecht** in Art. 13 GRC[59] ihre Regelung gefunden.[60] Nach der Erläuterung des Grundrechtekonvents leitet sich das in Art. 13 GRC gewährte Grundrecht aus der Gedankenfreiheit und der Freiheit der Meinungsäußerung ab. Für mögliche Einschränkungen wird explizit auf die Regelungen des Art. 10 EMRK[61] verwiesen.[62]

Auf **sekundärrechtlicher** Ebene ist die nicht verbindliche *Empfehlung der Kommission über die Europäische Charta für Forscher und einen Verhaltenskodex für die Einstellung von Forschern vom 11.3.2005*[63] zu nennen. Die Charta definiert Rollen, Zuständigkeiten und Pflichten von Forschern (ua Berufsverantwortung, Rechenschaftspflichten). Der Verhaltenskodex benennt Anforderungen, die von Arbeitgebern und Förderern bei der Ernennung oder Einstellung von Forschern befolgt werden sollen.

2. Rechtsprechung des EuGH. Die **Rechtsprechung des EuGH** ist *per se* keine Rechtsquelle des Unionsrechts. Neben der Rechtskontrolle verfügt er aber über die Befugnis zur richterlichen Rechtsfortbildung.[64] Die Rechtsprechung des EuGH mit wissenschaftsfreiheitsrelevantem Inhalt besteht im Wesentlichen aus folgenden Entscheidungen. Ihnen gemeinsam ist, dass der EuGH – anders als die Generalanwälte – bisher nicht ausdrücklich auf das Grundrecht der Wissenschaftsfreiheit eingeht.

In der **Rs. Kley**[65] ging es um einen Beamten der Euratom, der als Diplomphysiker und Privatdozent auf dem Gebiet der Neutronenforschung am Forschungsinstitut *Ispra* in Italien arbeitete.[66] Im Rahmen seiner Forschungstätigkeit unterstand ihm der Mitarbeiterstab der Abteilung Physik. Die Forschungsstelle sollte nach dem Willen des Generaldirektors organisatorisch umgestaltet werden. Im Rahmen eines Organisationserlasses des wissenschaftlichen

---

51 *Ruffert* in Calliess/Ruffert AEUV Art. 165 Rn. 11.
52 ABl. 2012 C 327, 1.
53 ABl. 2012 C 326, 391.
54 *Bernsdorff* in NK-EuGRCh GRCh Art. 13 Rn. 13.
55 CHARTE 4137/00 CONVENT 8 vom 24.2.2000, Art. 12 Abs. 4.
56 CHARTE 4149/00 CONVENT 13 vom 8.3.2000, Art. 15 Abs. 2.
57 CHARTE 4470/00 CONVENT 47 vom 14.9.2000, Art. 13.
58 CHARTE 4470/1/00 REV 1 CONVENT 47 vom 21.9.2000, Art. 13.
59 ABl. 2012 C 326, 391.
60 *Bernsdorff* in NK-EuGRCh GRCh Art. 13 Rn. 6 ff.; *Kempen* in Tettinger/Stern GRC Art. 13 Rn. 2 ff.
61 SEV-Nr. 005.
62 Erläuterung zu Art. 13 der Charta der Grundrechte vom 14.12.2007, ABl. 2007 C 303, 17 (22).
63 Empfehlung 2005/251/EG der Kommission vom 11.3.2005 über die Europäische Charta für Forscher und einen Verhaltenskodex für die Einstellung von Forschern, ABl. 2005 L 75, 67.
64 *Haratsch/Koenig/Pechstein* EuropaR Rn. 470.
65 EuGH 35/72, Slg. 1973, 679 – Kley/Kommission.
66 Zum Sachverhalt vgl. EuGH 35/72, Slg. 1973, 679 (680 ff.) – Kley/Kommission.

Direktors wurde der Abteilung Physik die Verantwortung für den Kernreaktor *Ispra I* übertragen. Mit Verweis auf seine bisherige Forschungstätigkeit und seine Dozententätigkeit lehnte *Kley* die Übernahme der Zuständigkeit für diesen Reaktor ab und weigerte sich in der Folgezeit, die Versetzungsurkunden der zugewiesenen Beamten weiterzuleiten. Der Generaldirektor versetzte *Kley* sodann auf einen anderen Dienstposten und führte die Reorganisation unter einem kommissarisch beauftragten wissenschaftlichen Direktor fort. Der EuGH fokussierte vornehmlich die beamtenrechtlichen Fragen und überprüfte die Versetzung am Statut der Beamten der Europäischen Gemeinschaften. Auf eine Begrenzung der Organisationsmöglichkeiten innerhalb staatlicher Forschungsträger durch die Freiheit der Forschung und Lehre ging das Gericht nicht ein. In erster Linie wäre vorliegend die Konfliktlage zwischen der Freiheit des einzelnen Wissenschaftlers und den inneren Strukturen des Forschungsträgers diskussionswürdig gewesen. Sofern ein Grundrecht der Wissenschaftsfreiheit in der EU bestünde, hätte das Gericht die Reorganisation und die damit einhergehende Verfügung mit dem Recht des einzelnen Wissenschaftlers auf freie Forschung abzuwägen gehabt. Im Gegensatz zum Urteil des EuGH betonte der Generalanwalt *Trabucchi* in seinen Schlussanträgen[67] die Belange der Forschungsfreiheit. Er akzentuierte die „besonderen Erfordernisse für die Arbeit einer Forschungsanstalt" und forderte das Gericht auf, „[…] die Tragweite der Verfügung in der Weise an[zu]passen, dass sowohl die Beachtung der Rechte des einzelnen als auch die erforderliche Eigenständigkeit des Organs sichergestellt […]" werde.[68] Im Verlauf der Argumentation führte er für den Kläger insbesondere dessen Interesse an der Vermeidung weiterer Verwaltungsverantwortung und die ihm daraus erwachsenden Nachteile für die wissenschaftliche Forschung an.[69] Die durch den Generalanwalt durchgeführte Abwägung fiel allerdings zuungunsten des Wissenschaftlers aus: „Die Freiheit der Wissenschaft schließt nicht aus, dass dem Wissenschaftler auch auf organisatorischem Gebiet Aufgaben gestellt sind."[70]

16 In der **Rs. Guillot**[71] war der im Dienst der Gemeinsamen Forschungsstelle *Ispra* der Euratom tätige *Guillot* damit beauftragt, die Kontamination des Personals zu überwachen.[72] Nach einem Unfall erhielt er den Auftrag, Versuche bezüglich der Kontamination durchzuführen. Diese führten zu seiner Ansicht nach bedeutenden Ergebnissen, die der vorgesetzte Dienststellenleiter allerdings nicht teilte und auf Irrtümer zurückführte. Die Forschungen setzte *Guillot* mit Fremdmitteln fort, doch wurde er von seinem Vorgesetzten der Fälschung der Versuchsdaten bezichtigt, da die Messergebnisse nicht mit den übermittelten Ergebnissen übereinstimmten. Dieses war auf die Verwendung eines bestimmten Berichtigungssatzes zurückzuführen. *Guillot* verlangte vor dem EuGH die Rücknahme der Beschuldigungen, die Versuchsergebnisse als korrekt anzuerkennen, die Erlaubnis für die Fortsetzung der Forschungen sowie angemessenen Schadensersatz. Wie schon in der Rechtssache zuvor legte der EuGH seiner Entscheidung ausschließlich beamtenrechtliche Erwägungen zugrunde.[73] Wiederum griff Generalanwalt *Trabucchi* die Bedeutung der Wissenschaftsfreiheit auf,[74] führte sie jedoch nicht weiter aus, sondern schwenkte auf die Linie des EuGH ein und forderte eine nähere Tatsachenuntersuchung.[75] Eine Verwerfung zwischen innerer Organisation des staatlichen Hoheitsträgers und seiner Forschungsfreiheit sah der EuGH hier nicht.

17 In der **Rs. Kommission/Deutschland,**[76] die den Bereich der wissenschaftlichen Arbeit tangiert, hat der EuGH eine Entscheidung zur Umsatzsteuerpflicht der Hochschulen getroffen. Die Bundesrepublik Deutschland hatte die Hochschulen im Bereich der gegen

---

[67] GA *Trabucchi*, SchlA 35/72, Slg. 1973, 679 (692 ff.) – Kley/Kommission.
[68] GA *Trabucchi*, SchlA 35/72, Slg. 1973, 679 (693) – Kley/Kommission.
[69] GA *Trabucchi*, SchlA 35/72, Slg. 1973, 679 (699) – Kley/Kommission.
[70] GA *Trabucchi*, SchlA 35/72, Slg. 1973, 679 (702) – Kley/Kommission.
[71] EuGH 53/72, Slg. 1974, 791 – Guillot/Kommission.
[72] Zum Sachverhalt vgl. EuGH 53/72, Slg. 1974, 791 (792 ff.) – Guillot/Kommission.
[73] EuGH 53/72, Slg. 1974, 791 (802 ff.) – Guillot/Kommission.
[74] GA *Trabucchi*, SchlA 53/72, Slg. 1974, 791 (807 ff.) – Guillot/Kommission.
[75] GA *Trabucchi*, SchlA 53/72, Slg. 1974, 791 (813 ff.) – Guillot/Kommission.
[76] EuGH C-287/00, Slg. 2002, I-5811 – Kommission/Deutschland.

Entgelt ausgeübten drittmittelfinanzierten Forschungstätigkeit von der Umsatzsteuer befreit. Die Kommission rügte daraufhin eine Verletzung der RL zur Harmonisierung der Rechtsvorschriften der Mitgliedstaaten über die Umsatzsteuer (6. Umsatzsteuer-RL)[77], in deren Art. 2 es heißt: „Der Mehrwertsteuer unterliegen 1. [...] Dienstleistungen, die ein Steuerpflichtiger als solcher im Inland ausführt [...]." Ausgenommen sind nach Art. 13 6. Umsatzsteuer-RL eng mit dem Hochschulunterricht verbundene Dienstleistungen. Nach der Argumentation der Bundesregierung sei der Begriff des engen Zusammenhangs mit dem Hochschulunterricht im Sinne der Bedeutung von Drittmittelprojekten für die Lehre auszulegen. Die Drittmittelforschung stelle zwar eine Dienstleistung dar, jedoch seien Forschungs- und Lehrtätigkeit an den Hochschulen untrennbar miteinander verbunden. Die Forschung ziele gleichsam auf die Entwicklung und Vermittlung neuer Kenntnisse.[78] Diese Kenntnisse seien wieder von besonderem Wert für Studierende und Hochschullehrer. Auf eine Durchführung von drittmittelfinanzierten Forschungsvorhaben könne daher nicht verzichtet werden.[79] Diese Sichtweise findet ihre Entsprechung darin, dass nach deutschem Hochschulrecht drittmittelfinanzierte Projekte dann, wenn die Geldgeber nicht ausschließlich das Ziel der marktwirtschaftlichen Nutzung der Forschungsergebnisse haben, als wissenschaftliche Betätigung in einem Hoheitsbetrieb dem Schutzbereich von Art. 5 Abs. 3 GG unterfallen.[80] Eine solche Differenzierung nimmt der EuGH nicht vor. Er fordert in seinem Urteil die strikte und wörtliche Einhaltung der Richtlinie und kann einen engen Zusammenhang zur Hochschullehre nicht erkennen.[81]

In der **Rs. TU Hamburg-Harburg ua/Datenlotsen Informationssysteme**[82] ging es **18** um einen Rechtsstreit der Universität und der Hochschul-Informations-System (HIS) GmbH gegen die Datenlotsen Informationssysteme GmbH über die Rechtmäßigkeit der Vergabe eines Auftrages, der der HIS GmbH unmittelbar ohne Einleitung der von Art. 1 Abs. 2 lit. a RL 2004/18/EG über die Koordinierung der Verfahren zur Vergabe öffentlicher Bauaufträge, Lieferaufträge und Dienstleistungsaufträge[83] vorgesehenen öffentlichen Vergabeverfahren erteilt worden ist. In seinem Urteil hat der Gerichtshof eine weitgehende Selbstverwaltungsautonomie der Hochschulen auf dem Gebiet von Forschung und Lehre ausdrücklich anerkannt.[84] Generalanwalt *Mengozzi* führte hierzu weiter aus, die Autonomie, über die die Universitäten im Bereich von Lehre und Forschung verfügen, sei Ausdruck der Lehr- und Forschungsfreiheit. Dieser Grundsatz fände seinen Ausdruck in Art. 13 GRC, wonach die Forschung frei ist und die akademische Freiheit geachtet wird.[85] Weil sich die von der Stadt Hamburg über die Universität ausgeübte Kontrolle allein auf den Beschaffungsbereich bezog und nicht auf die Bereiche Lehre und Forschung, ist der EuGH hierauf nicht weiter eingegangen.[86]

Da die **GRC kein Individualbeschwerdeverfahren** vorsieht, kann nur auf bestehende **19** Klageverfahren nach dem AEUV zurückgegriffen werden (→ § 11). Ob der Wissenschaftsfreiheit zukünftig eine größere Bedeutung in der Rechtsprechung des EuGH zukommen wird, bleibt abzuwarten.[87]

---

77 RL 77/388/EWG, ABl. 1977 L 145, 1.
78 EuGH C-287/00, Slg. 2002, I-5811 Rn. 35 – Kommission/Deutschland.
79 EuGH C-287/00, Slg. 2002, I-5811 Rn. 36 – Kommission/Deutschland.
80 *Seer* in Flämig/Kimminich/Krüger ua, Handbuch des Wissenschaftsrechts, Bd. 2, S. 1441 (1448).
81 EuGH C-287/00, Slg. 2002, I-5811 Rn. 38 ff. – Kommission/Deutschland.
82 EuGH C-15/13, ECLI:EU:C:2014:303 – TU Hamburg-Harburg ua/Datenlotsen Informationssysteme.
83 RL 2004/18/EG, ABl. 2004 L 134, 114.
84 EuGH C-15/13, ECLI:EU:C:2014:303 Rn. 17, 32 – TU Hamburg-Harburg ua/Datenlotsen Informationssysteme.
85 GA *Mengozzi*, SchlA C-15/13, ECLI:EU:C:2014:23 Rn. 73 – TU Hamburg-Harburg ua/Datenlotsen Informationssysteme.
86 EuGH C-15/13, ECLI:EU:C:2014:303 Rn. 32 – TU Hamburg-Harburg ua/Datenlotsen Informationssysteme.
87 *Pünder* in Ehlers GuG § 16.2 Rn. 61.

III. Völkerrechtliche Regelungen

20 Auf **universeller** Ebene gewährleistet Art. 27 Abs. 1 AEMR von 1948,[88] der als Resolution der UN-Generalversammlung gem. Art. 13 UN-Charta kein rechtsverbindlicher Charakter zukommt, jedem, „[...] am wissenschaftlichen Fortschritt und dessen Errungenschaften teilzuhaben." In dieser Bestimmung wird die Wissenschaft zusammen mit der Kultur geregelt. Nach der wörtlichen und systematischen Auslegung der Bestimmung handelt es sich bei diesem Teilhaberecht nicht um ein individuelles Abwehrrecht des Wissenschaftlers, sondern nur um den freien Zugang zum Wissenschaftssektor.[89] Art. 15 Abs. 1 lit. b IPWSKR von 1966[90] hat diese Bestimmung übernommen. Eine Verpflichtung zur Achtung der Freiheit der wissenschaftlichen Forschung durch die Vertragsstaaten enthält Art. 15 Abs. 3 IPWSKR.[91] Die Ausgestaltung als **Staatenverpflichtung** und nicht als Recht des Einzelnen macht deutlich, dass es sich hierbei nicht um ein Freiheitsrecht handelt.[92] Die Forschungsfreiheit steht, wie alle anderen in diesem Pakt anerkannten Rechte, unter dem Vorbehalt des Art. 2 Abs. 1 IPWSKR, wonach jeder Vertragsstaat verpflichtet ist, „[...] unter Ausschöpfung aller seiner Möglichkeiten Maßnahmen zu treffen, um nach und nach mit allen geeigneten Mitteln [...] die volle Verwirklichung der [...] Rechte zu erreichen." Im IPBPR von 1966[93] ist die Freiheit der Wissenschaft bzw. Forschung nicht ausdrücklich geregelt. Es kann lediglich das Recht auf freie Meinungsäußerung in Art. 19 Abs. 2 IPBPR herangezogen werden.[94] Unter den weit zu fassenden Begriff der Meinung fallen auch wissenschaftliche Informationen. Die Vorschrift schützt ebenfalls die Kommunikation der wissenschaftlichen Tätigkeit wie auch die Universitäten als Foren der Meinungsäußerung.[95]

21 Innerhalb des UN-Systems ist die *UNESCO* maßgeblich für die Wissenschaft zuständig. Nach Art. 1 Abs. 2 lit. c UNESCO-Verfassung[96] gehören die Bewahrung, Erweiterung und Verbreitung von Wissen durch Förderung der internationalen Zusammenarbeit in allen Bereichen des geistigen Lebens, darunter der Wissenschaft, zu den vorrangigen Aufgaben der UN-Spezialorganisation. Daraus lassen sich keine individuellen Rechte, sondern nur **Förderpflichten** ableiten.[97] Basierend auf Art. 4 Abs. 4 UNESCO-Verfassung hat die Generalkonferenz der Organisation Empfehlungen über den Status wissenschaftlicher Forscher[98] sowie über den Status des Hochschulpersonals[99] angenommen, die die Forschungsfreiheit bzw. akademische Freiheit beinhalten. Nach der Empfehlung über den Status des Hochschulpersonals soll die akademische Freiheit nicht nur als Staatenverpflichtung, sondern auch **als individuelles Recht beachtet** werden (Ziff. 27). Aus den Empfehlungen erwachsen aber keine rechtlichen Verpflichtungen für die Mitgliedstaaten.

22 Auf **regionaler** europäischer Ebene ist die Freiheit der Wissenschaft nicht explizit in der **EMRK** aufgeführt. Hier kann aber ebenfalls die in Art. 10 EMRK garantierte Meinungsäußerungsfreiheit zur Anwendung kommen.[100] Insofern ist auf die Rechtsprechung des

---

[88] UN Doc. A/RES/217 A (III), 10.12.1948.
[89] *Groß* S. 177.
[90] UNTS, vol. 993, p. 3.
[91] *Bernsdorff* in NK-EuGRCh GRCh Art. 13 Rn. 3; *Frenz*, HdbEuR Bd. 4, Rn. 2314 ff.; *Pünder* in Ehlers GuG § 16.2 Rn. 57.
[92] *Groß* S. 178.
[93] UNTS, vol. 999, p. 171.
[94] Human Rights Committee, General Comment No. 34 on Art. 19, CCPR/C/GC/34, 12.9.2011, Rn. 9, 11; Human Rights Committee, views v. 18.10.2000, communication No. 736/97 (Ross/Kannada), CCPR/C/70/D/736/1997, Rn. 11.1 ff.
[95] *Groß* S. 178; *Nowak*, CCPR, Art. 19 Rn. 24.
[96] UNTS, vol. 4, p. 275.
[97] *Groß* S. 178 ff.
[98] UNESCO, Records of the General Conference, 18th session, 17.10.-23.11.1974, Resolutions, vol. 1, S. 169 ff.
[99] UNESCO, Records of the General Conference, 29th session, 21.10.-12.11.1997, Resolutions, vol. 1, S. 26 ff.
[100] Zur Wissenschaftsfreiheit EGMR 25.8.1998 – 25181/94 Rn. 31 – Hertel/Schweiz; EGMR 28.10.1999 (GK) – 28396/95 Rn. 35 ff. – Wille/Liechtenstein; *Pünder* in Ehlers GuG § 16.2 Rn. 56.

EGMR abzustellen. Das Übereinkommen über Menschenrechte und Biomedizin,[101] dem jedoch nicht alle Mitgliedstaaten des Europarates und der EU angehören,[102] enthält mit Kapitel V Bestimmungen zur wissenschaftlichen Forschung. Nach Art. 15 Übereinkommen über Menschenrechte und Biomedizin ist wissenschaftliche Forschung im Bereich von Biologie und Medizin vorbehaltlich dieses Übereinkommens und sonstiger Rechtsvorschriften zum Schutz menschlicher Lebewesen frei. Dies stellt ein klares Bekenntnis zur Forschungsfreiheit dar, allerdings nur im Bereich der Biomedizin. Ein einklagbares Individualrecht lässt sich daraus nicht ableiten.

In Art. 26 **AmerMRK** von 1969[103] findet sich unter dem Kapitel über wirtschaftliche, 23 soziale und kulturelle Rechte eine Bestimmung, wonach die Vertragsstaaten Maßnahmen ergreifen sollen, die zum Ziel haben, die volle Verwirklichung der Rechte zu erreichen, die in den wissenschaftlichen Normen der Charta der Amerikanischen Staaten (OAS)[104] mit einbegriffen sind. Nach Art. 38 OAS-Charter sollen die Vertragsstaaten untereinander die wissenschaftlichen und technologischen Errungenschaften verbreiten, indem sie das Wissen in Übereinstimmung mit völkerrechtlichen Verträgen und nationalem Recht austauschen und nutzen. Nach Art. 14 Abs. 3 Zusatzprotokoll zur AmerMRK im Bereich der wirtschaftlichen, sozialen und kulturelle Rechte[105] sind die Vertragsstaaten verpflichtet, die Freiheit der wissenschaftlichen Forschung zu achten. Art. 13 Abs. 1 AmerMRK gewährleistet das Recht auf Gedankenfreiheit und freie Meinungsäußerung. Die **AfrMRC** von 1981[106] beinhaltet keine Bestimmung über die Wissenschaftsfreiheit. In Art. 9 AfrMRC ist das Recht auf Information und Meinungsäußerung geregelt. Die **ArabCMR** von 2004[107] enthält in Art. 42 Abs. 1 ArabCMR das Recht aller Personen, die Vorteile des wissenschaftlichen Fortschritts zu genießen, und in Art. 42 Abs. 2 ArabCMR eine Verpflichtung der Vertragsstaaten, wonach diese die Forschungsfreiheit zu achten haben.

Darüber hinaus findet sich die Forschungsfreiheit in einigen **speziellen völkerrecht-** 24 **lichen Verträgen** geregelt, die nicht explizit dem Menschenrechtsschutz, sondern konkreten internationalen Gebieten gewidmet sind. Hierzu zähln der **Antarktisvertrag** von 1959,[108] der Vertrag über die Grundsätze zur Regelung der Tätigkeiten von Staaten bei der Erforschung und Nutzung des Weltraums einschließlich des Mondes und anderer Himmelskörper **(Weltraumvertrag)** von 1967[109] sowie das **Seerechtsübereinkommen** **(SRÜ)** von 1982.[110] In Art. II Antarktisvertrag ist die Freiheit der wissenschaftlichen Forschung in der Antarktis festgeschrieben. Nach Art. IX Abs. 1 lit. b Antarktisvertrag sollen die Vertragsstaaten, zu denen nicht alle EU-Mitgliedstaaten zählen,[111] Maßnahmen zur Erleichterung der wissenschaftlichen Forschung in der Antarktis ergreifen. Die Freiheit der wissenschaftlichen Forschung im Weltraum einschließlich des Mondes und anderer Himmelskörper regelt Art. I Abs. 3 Weltraumvertrag. Die Vertragsstaaten, unter ihnen auch nicht alle EU-Mitgliedstaaten,[112] sollen die internationale Zusammenarbeit bei dieser Forschung fördern.[113] Das Recht auf wissenschaftliche Meeresforschung steht nach

---

[101] SEV-Nr. 164.
[102] Ratifikationsstand im Internet abrufbar unter https://www.coe.int/de/web/conventions/full-list/-/conventions/treaty/164/signatures?p_auth=2FvVsgTR (letzter Abruf: 17.8.2019).
[103] OAS Treaty Series, No. 36; UNTS, vol. 1144, p. 123.
[104] OAS Treaty Series, Nos. 1-C and 61; UNTS, vol. 119, p. 3.
[105] OAS Treaty Series, No. 69.
[106] UNTS, vol. 1520, p. 217.
[107] International Human Rights Report, 12 (2005), 893.
[108] UNTS, vol. 402, p. 71.
[109] UNTS, vol. 610, p. 205.
[110] UNTS, vol. 1833, p. 3.
[111] Ratifikationsstand im Internet abrufbar unter https://treaties.un.org/Pages/showDetails.aspx?objid=0800000280136dbc (letzter Abruf: 17.8.2019).
[112] Ratifikationsstand im Internet abrufbar unter https://treaties.un.org/pages/showDetails.aspx?objid=08000 0280128cbd (letzter Abruf: 17.8.2019).
[113] *Heinrich* S. 163.

Art. 238 SRÜ allen Staaten und den zuständigen internationalen Organisationen zu.[114] Neben allen EU-Mitgliedstaaten zählt auch die EU zu den Vertragsparteien des SRÜ.[115]

C. Gewährleistungsgehalt

I. Persönlicher Gewährleistungsbereich

25 Beim persönlichen Gewährleistungs- bzw. Schutzbereich der auf unterschiedliche Weise auf europäischer Ebene verbürgten Wissenschaftsfreiheit ist auf die jeweiligen normativen Regelungen – EMRK und GRC – Bezug zu nehmen. Träger dieses Menschen- bzw. Grundrechts sind in beiden Systemen sowohl **natürliche** als auch **juristische Personen** (allgemein → § 9 Rn. 2 ff.).

26 **1. Natürliche Personen.** Da die Wissenschaftsfreiheit nicht explizit Eingang in die EMRK gefunden hat, sondern nur als Ausdruck der in Art. 10 EMRK garantierten Meinungsäußerungsfreiheit gewährt wird, muss auf den persönlichen Schutzbereich dieses Kommunikationsrechts verwiesen werden. Nach Art. 10 Abs. 1 EMRK ist „jede Person", die gem. Art. 1 EMRK unter der Hoheitsgewalt eines Vertragsstaates steht, Träger dieses Rechts. Dies schließt mithin eigene **Staatsangehörige, Ausländer und Staatenlose** ein. Träger der in Art. 13 GRC geregelten Forschungsfreiheit und akademischen Freiheit sind natürliche Personen unabhängig von der Staatsangehörigkeit, dh eigene Staatsangehörige, Ausländer – Unionsbürger und Drittstaatsangehörige – sowie Staatenlose, die wissenschaftlich tätig sind.[116]

27 **2. Juristische Personen.** Grundrechtsberechtigt hinsichtlich der Wissenschaftsfreiheit sind sowohl nach Art. 10 EMRK als auch Art. 13 GRC neben natürlichen Personen auch juristische Personen des Privatrechts oder Personenvereinigungen. Ihre Grundrechtsträgerschaft ist für solche Rechte unbestritten, die ihrem Inhalt nach nicht nur auf natürliche Personen ausgerichtet sind. Dies ergibt sich auch aus Art. 34 EMRK im Zusammenhang mit dem Individualbeschwerdeverfahren.[117] Als Träger der Wissenschaftsfreiheit sind insbesondere **Universitäten und Hochschulen** zu nennen, da sie Wissenschaft betreiben. Dies gilt selbst dann, wenn es sich dabei um öffentlich-rechtliche Einrichtungen handelt.[118]

II. Sachlicher Gewährleistungsbereich

28 Die **Wissenschaftsfreiheit** ist in Art. 13 GRC, wie etwa auch in Art. 5 Abs. 3 GG, zusammen mit der Kunstfreiheit geregelt. Nach Art. 13 GRC sind Kunst und Forschung frei, die akademische Freiheit wird hingegen geachtet. Aus dieser Differenzierung in der Wortwahl dürfte aber nicht ein unterschiedliches Schutzniveau oder eine unterschiedliche Einschränkbarkeit folgen.[119] Die Wissenschaftsfreiheit setzt sich aus der **Forschungsfreiheit** und der Freiheit der Lehre, welche in Art. 13 GRC als **akademische Freiheit** bezeichnet wird, zusammen.[120] Die Freiheit von Forschung und Lehre sind untrennbar miteinander verbunden.[121] Die Wissenschaftsfreiheit schützt sowohl die Forschungs- und Lehrtätigkeit des einzelnen Wissenschaftlers als auch die Wissenschaftseinrichtungen als Institutionen.[122]

---

[114] *Groß* S. 179.
[115] Ratifikationsstand im Internet abrufbar unter https://treaties.un.org/Pages/ViewDetailsIII.aspx?src=TREATY&mtdsg_no=XXI-6&chapter=21&Temp=mtdsg3&clang=_en (letzter Abruf: 17.8.2019).
[116] *Jarass* GRCh Art. 13 Rn. 10; *Ruffert* in Calliess/Ruffert GRC Art. 13 Rn. 8.
[117] *Peukert* in Frowein/Peukert EMRK Art. 34 Rn. 18.
[118] *Jarass* GRCh Art. 13 Rn. 10.
[119] *Bernsdorff* in NK-EuGRCh GRCh Art. 13 Rn. 13.
[120] *Bernsdorff* in NK-EuGRCh GRCh Art. 13 Rn. 15.
[121] *Trute* S. 133 ff.; *Frenz*, HdbEuR Bd. 4, Rn. 2334.
[122] *Kempen* in Tettinger/Stern GRC Art. 13 Rn. 13; *Pünder* in Ehlers GuG § 16.2 Rn. 60.

Der **Begriff der Forschung** ist weit auszulegen. Forschung wird allgemein als eine 29 Tätigkeit bezeichnet, die die Gewinnung neuer wissenschaftlicher Erkenntnisse mit wissenschaftlichen Methoden in dem jeweiligen Fachgebiet zum Ziel hat.[123] Hier kann auf die international anerkannte Definition der Forschung des *Frascati*-Handbuches zurückgegriffen werden. Danach bedeutet Forschung kreative, auf systematischer Grundlage durchgeführte Tätigkeit zur Wissenserhöhung oder Schaffung von neuem Wissen, Produkten, Verfahren, Methoden und Systemen sowie Management diesbezüglicher Projekte.[124] Forschung ist demnach eine Tätigkeit, die auf die Gewinnung neuer Erkenntnisse auf methodischer, systematischer und nachprüfbarer Weise ausgerichtet ist.[125] Der Schutzumfang der Forschungsfreiheit schließt sowohl die **Geistes-, Natur- und Ingenieurwissenschaften** als auch die **Grundlagen- und angewandte Forschung** ein.[126] Vom Forschungsbegriff umfasst sind die Forschungstätigkeit sowohl in staatlichen als auch privaten Einrichtungen sowie die individuell private Forschung.[127] Die Forschungsfreiheit beinhaltet die Freiheit des Wissenschaftlers, Wissen zB durch Publikationen oder auf wissenschaftlichen Konferenzen zu verbreiten.[128]

Der **Begriff der akademischen Freiheit** umfasst im Wesentlichen die Erscheinungs- 30 formen wissenschaftlicher Lehre an wissenschaftlichen **Hochschulen.**[129] Der Unterricht an Schulen fällt hingegen unter den Schutzbereich des Art. 14 GRC.[130] Als Lehre wird die Vermittlung durch die Forschung und damit wissenschaftlich gewonnener Erkenntnisse bezeichnet.[131] Sie fasst die Lehrveranstaltungen an einer Hochschule, ihre inhaltliche und methodische Ausgestaltung sowie die Weitergabe wissenschaftlicher Lehrmeinungen zusammen.[132] Die **Lehrfreiheit** schließt die freie Wahl von Gegenstand, Form, Methode und Inhalt der Lehrveranstaltungen ein. Die inhaltliche und methodische Gestaltung der Lehrveranstaltungen betrifft vor allem die ideelle und methodische Aufbereitung sowie die Form der Darstellung des Lehrstoffes. Von der Lehrfreiheit eingeschlossen ist das Recht auf Äußerung von wissenschaftlichen Lehrmeinungen. Dieses impliziert nicht nur die Vermittlung eigener wissenschaftlicher Ergebnisse, sondern auch Kritik an Forschungsergebnissen und Lehrmeinungen anderer Wissenschaftler.[133] In den Schutzbereich der **akademischen Freiheit** fallen sowohl die individuell wahrgenommene Lehre als auch die institutionelle Freiheit, wie die Autonomie wissenschaftlicher Hochschulen.[134]

D. Beeinträchtigung

Es ist von einem **weiten Eingriffsbegriff** auszugehen. Eingriffe in den Schutzbereich 31 stellen Behinderungen, wie Verbote oder Sanktionen, durch die Menschenrechts- bzw. Grundrechtsadressaten dar (allg. → § 10 Rn. 19 ff.). Nach der EMRK ist die Wissenschaftsfreiheit vor ungerechtfertigten Einschränkungen durch Vertragsstaaten geschützt, nach der

---

[123] *V. Wiese* in Beckerath/Bente/Brinkmann ua, Handwörterbuch der Sozialwissenschaften, Bd. 4, S. 1; *Krüger* in Flämig/Kimminich/Krüger ua, Handbuch des Wissenschaftsrechts, Bd. 1, S. 259 (262).
[124] *OECD* S. 30, 93; Empfehlung 2005/251/EG der Kommission vom 11.3.2005 über die Europäische Charta für Forscher und einen Verhaltenskodex für die Einstellung von Forschern, ABl. 2005 L 75, 67 (77).
[125] *Jarass* GRCh Art. 13 Rn. 6.
[126] Zu den Forschungstypen vgl. *Krüger* in Flämig/Kimminich/Krüger ua, Handbuch des Wissenschaftsrechts, Bd. 1, S. 529 (262 ff.); *Ruffert* VVDStRL 60 (2001), 146 (158).
[127] *Kempen* in Tettinger/Stern GRC Art. 13 Rn. 12; *Pünder* in Ehlers GuG § 16.2 Rn. 60.
[128] EGMR 23.6.2009 – 17089/03 Rn. 35 – Sorguç/Türkei.
[129] *Kempen* in Tettinger/Stern GRC Art. 13 Rn. 13.
[130] *Jarass* GRCh Art. 13 Rn. 8.
[131] BVerfGE 35, 79 (112); *Knemeyer* S. 31 ff.; *Hailbronner* S. 164.
[132] EGMR 25.8.1998 – 25181/94 Rn. 50 – Hertel/Schweiz; EGMR 20.10.2009 – 39128/05 Rn. 30, NVwZ 2011, 153 – Lombardi Vallauri/Italien; Grabenwarter/Pabel EMRK § 23 Rn. 12; *Krüger* in Flämig/Kimminich/Krüger ua, Handbuch des Wissenschaftsrechts, Bd. 1, S. 259 (312).
[133] *Krüger* in Flämig/Kimminich/Krüger ua, Handbuch des Wissenschaftsrechts, Bd. 1, S. 259 (314 f.); *Jarass* GRCh Art. 13 Rn. 8.
[134] *Kempen* in Tettinger/Stern GRC Art. 13 Rn. 13; *Frenz*, HdbEuR Bd. 4, Rn. 2340.

GRC durch die in Art. 51 Abs. 1 S. 1 GRC aufgeführten Organe, Einrichtungen und sonstigen Stellen der Union sowie die Mitgliedstaaten bei der Durchführung des Unionsrechts. Aufgrund ihrer Schutzpflicht müssen die Adressaten gegebenenfalls Beeinträchtigungen durch Private entgegentreten.[135] Eingriffe in die Wissenschaftsfreiheit können sowohl Maßnahmen gegen bestimmte Wissenschaftler als auch gegen die Eigenständigkeit von Forschungseinrichtungen darstellen.[136]

E. Rechtfertigung

32 Die Wissenschaftsfreiheit wird nicht schrankenlos gewährt. Sowohl die EMRK als auch die GRC sehen **Schrankenregelungen** für Eingriffe in diese Freiheit vor. Insoweit wie die Wissenschaftsfreiheit durch die in Art. 10 EMRK garantierte Meinungsäußerungsfreiheit gewährleistet wird, ist auf die Schrankenregelung in Art. 10 Abs. 2 EMRK abzustellen. Demzufolge richtet sich die Zulässigkeit von Eingriffen nach dem Vorliegen einer gesetzlichen Grundlage, dem Verfolgen eines in Abs. 2 abschließend aufgeführten legitimen Ziels und der Notwendigkeit in einer demokratischen Gesellschaft (allg. → § 10 Rn. 28 ff.).

33 Voraussetzungen für die **gesetzliche Regelung** des Eingriffes sind die hinreichende Zugänglichkeit und die Vorhersehbarkeit bzw. Bestimmtheit des Gesetzes.[137] Für das Kriterium der Zugänglichkeit muss in hinreichender Weise erkennbar sein, welche rechtlichen Vorschriften auf einen konkreten Fall anwendbar sind. Die gesetzliche Norm ist so präzise zu formulieren, dass die Träger ihr Verhalten danach ausrichten können. Die Folgen eines bestimmten Verhaltens sollen für sie erkennbar sein.[138] Eingriffe in den Schutzbereich müssen eines der in Art. 10 Abs. 2 EMRK abschließend aufgeführten **legitimen Ziele** – nationale Sicherheit, territoriale Unversehrtheit oder öffentliche Sicherheit, Aufrechterhaltung der Ordnung oder Verhütung von Straftaten, Schutz der Gesundheit oder der Moral, Schutz des guten Rufes oder der Rechte anderer, Verhinderung der Verbreitung vertraulicher Informationen oder Wahrung der Autorität und Unparteilichkeit der Rechtsprechung – verfolgen.[139] Bei der Prüfung der **Notwendigkeit** des Eingriffes **in einer demokratischen Gesellschaft**[140] wird auf das Leitbild der demokratischen Gesellschaft abgestellt. Nach der Rechtsprechung des EGMR ist ein Eingriff notwendig, wenn er einem „dringenden sozialen Bedürfnis" (*pressing social need*) entspricht.[141] Im Rahmen der Rechtfertigungsprüfung wird festgestellt, ob die dem Eingriff zugrundeliegende Maßnahme verhältnismäßig zum verfolgten legitimen Ziel ist.[142]

34 Nach der Erläuterung zu Art. 13 GRC leitet sich die Freiheit der Wissenschaft in erster Linie aus der in Art. 10 Abs. 1 GRC gewährten **Gedankenfreiheit** und der in Art. 11 Abs. 1 GRC geregelten **Meinungsäußerungsfreiheit** ab, wobei die Schrankenregelung des Art. 10 Abs. 2 EMRK Anwendung findet.[143] Strittig ist die Frage, ob die Rechtfertigung des Eingriffes in den Schutzbereich am Maßstab der speziellen Schrankenregelung des Art. 52 Abs. 3 S. 1 GRC oder der allgemeinen Schrankenregelung des Art. 52 Abs. 1

---

[135] *Pünder* in Ehlers GuG § 16.2 Rn. 62.
[136] Jarass GRCh Art. 13 Rn. 11.
[137] EGMR 26.4.1979 – 6538/74 Rn. 49 – Sunday Times/Vereinigtes Königreich; EGMR 25.3.1983 – 5947/72, 6205/73, 7052/75, 7061/75, 7107/75, 7113/75, 7136/75 Rn. 86 ff. – Silver ua/Vereinigtes Königreich; EGMR 14.3.2002 – 26229/95 Rn. 39 – Gawęda/Polen; EGMR 25.10.2011 – 27520/07 Rn. 84 ff. – Altuğ Taner Akçam/Türkei; *Harris/O'Boyle/Warbrick*, ECHR-Law, S. 472; *Lester* in Macdonald/Matscher/Petzold, Protection of Human Rights, S. 465 (485).
[138] *Mensching* in Karpenstein/Mayer EMRK Art. 10 Rn. 39 ff.; Grabenwarter/Pabel EMRK § 23 Rn. 21.
[139] *Mensching* in Karpenstein/Mayer EMRK Art. 10 Rn. 47; *Harris/O'Boyle/Warbrick*, ECHR-Law, S. 472.
[140] Zu den vom EGMR entwickelten Prinzipien vgl. *Lester* in Macdonald/Matscher/Petzold, Protection of Human Rights, S. 465 (489 f.).
[141] EGMR 26.9.1995 – 17851/91 Rn. 52 – Vogt/Deutschland; EGMR 7.6.2007 – 1914/02 Rn. 36 – Dupuis ua/Frankreich; *Frenz*, HdbEuR Bd. 4, Rn. 1859.
[142] *Mensching* in Karpenstein/Mayer EMRK Art. 10 Rn. 52.
[143] Erläuterung zu Art. 13 der Charta der Grundrechte vom 14.12.2007, ABl. 2007 C 303, 17 (22).

GRC zu prüfen ist.¹⁴⁴ Nach einer weiteren Auffassung wäre die Schrankenregelung des Art. 52 Abs. 4 GRC einschlägig, wonach die Auslegung der Grundrechte im Einklang mit den gemeinsamen Verfassungsüberlieferungen der Mitgliedstaaten iSv Art. 6 Abs. 3 EUV¹⁴⁵ zu erfolgen hat.¹⁴⁶ Aufgrund der unterschiedlichen – verfassungsrechtlichen bzw. einfachgesetzlichen – Regelungen der Wissenschaftsfreiheit dürfte es jedoch problematisch sein, von gemeinsamen Verfassungsüberlieferungen zu sprechen (→ Rn. 10).

Nach herrschender Auffassung ist die **spezielle Grundrechtsschranke** des Art. 52 **35** Abs. 3 S. 1 GRC anzuwenden, soweit die Gewährleistungen des Art. 13 GRC denen der EMRK entsprechen; darüber hinaus ist die allgemeine Schrankenregelung des Art. 52 Abs. 1 GRC heranzuziehen.¹⁴⁷ Eine andere Auffassung verwirft diese Ansicht zugunsten einer einheitlichen Schrankenregelung ohne Rückgriff auf Art. 10 Abs. 2 EMRK, wonach allein die **allgemeine Schrankenregelung** des Art. 52 Abs. 1 GRC gelten soll (→ § 10 Rn. 61 ff.).¹⁴⁸ Eine Nichtberücksichtigung der speziellen Schrankenregelung des Art. 10 Abs. 2 EMRK würde allerdings im Widerspruch zu der Erläuterung zu Art. 13 GRC stehen. In der Erläuterung wird darüber hinaus auf die Wahrung des Art. 1 GRC – Würde des Menschen – bei der Ausübung der Freiheit der Kunst und der Wissenschaft verwiesen. Nach dieser Ausübungsschranke haben die Grundrechtsadressaten die Würde des Menschen gem. Art. 1 S. 2 GRC „zu achten und zu schützen".¹⁴⁹

Bei Anwendung der **speziellen Schrankenregelung** gem. Art. 52 Abs. 3 S. 1 GRC **36** iVm Art. 10 Abs. 2 EMRK ist ein Eingriff in den Schutzbereich der Wissenschaftsfreiheit gerechtfertigt, wenn er auf einer gesetzlichen Grundlage beruht, eines der in Art. 10 Abs. 2 EMRK ausdrücklich aufgeführten legitimen Ziele verfolgt und in einer demokratischen Gesellschaft notwendig, dh verhältnismäßig ist. Nach der **allgemeinen Schrankenregelung** des Art. 52 Abs. 1 GRC muss ein Eingriff gesetzlich vorgesehen sein¹⁵⁰ und den Wesensgehalt des Grundrechts achten, die von der Union anerkannten dem Gemeinwohl dienenden Zielsetzungen oder die Erfordernisse des Schutzes der Rechte und Freiheiten anderer verfolgen sowie dem Grundsatz der Verhältnismäßigkeit entsprechen.¹⁵¹

F. Verhältnis zu anderen Bestimmungen

I. Verhältnis zu anderen Grundrechten

Aus der gemeinsamen Regelung der Wissenschaftsfreiheit mit der **Kunstfreiheit** in **37** Art. 13 GRC ergibt sich bereits ein enges Verhältnis zwischen beiden Grundrechten. Es ist sogar strittig, ob es sich bei der Freiheit der Kunst und der Wissenschaft in der GRC um ein einheitliches Grundrecht oder um zwei selbstständige Grundrechte handelt.¹⁵² In der Erläuterung zu Art. 13 GRC wird einerseits von diesem Recht im Singular gesprochen,¹⁵³ andererseits beinhalten Kunst und Wissenschaft unterschiedliche sachliche Schutzbereiche, so dass sie im Plural verwendet und deshalb getrennt behandelt werden.¹⁵⁴ Die enge Verbindung zwischen der Kunstfreiheit und der Wissenschaftsfreiheit resultiert aus dem jeweiligen Ausdruck der Persönlichkeitsentfaltung des Menschen.¹⁵⁵ Die Selbstentfaltung des Künstlers bzw. des Wissenschaftlers ist von fundamentaler Bedeutung für die

---

¹⁴⁴ *Britz* EuR 2004, 1 (7).
¹⁴⁵ ABl. 2012 C 326, 13.
¹⁴⁶ *Frenz*, HdbEuR Bd. 4, Rn. 2361.
¹⁴⁷ *Bernsdorff* in NK-EuGRCh GRCh Art. 13 Rn. 13; *Folz* in HK-UnionsR GRC Art. 13 Rn. 6 f.; *Jarass* GRCh Art. 13 Rn. 13; *Pünder* in Ehlers GuG § 16.2 Rn. 63.
¹⁴⁸ *Ruffert* in Calliess/Ruffert GRC Art. 13 Rn. 10 f.
¹⁴⁹ *Bernsdorff* in NK-EuGRCh GRCh Art. 13 Rn. 13; *Pünder* in Ehlers GuG § 16.2 Rn. 64.
¹⁵⁰ EuGH verb. Rs. C-46/87 u. C-227/88, Slg. 1989, 2859 Rn. 19 – Hoechst.
¹⁵¹ *Jarass* GRCh Art. 13 Rn. 13 ff.
¹⁵² *Jarass* GRCh Art. 13 Rn. 1.
¹⁵³ Erläuterung zu Art. 13 der Charta der Grundrechte vom 14.12.2007, ABl. 2007 C 303, 17 (22).
¹⁵⁴ *Ruffert* in Calliess/Ruffert GRC Art. 13 Rn. 1; *Pünder* in Ehlers GuG § 16.2 Rn. 60.
¹⁵⁵ *Pünder* in Ehlers GuG § 16.2 Rn. 60.

§ 30   6. Abschnitt. Kommunikationsgrundrechte

kulturelle und wirtschaftliche Fortentwicklung der Gesellschaft.[156] Insoweit rechtfertigt die Sachnähe der Wissenschaftsfreiheit zur Kunstfreiheit auch eine gemeinsame normative Verortung.[157]

38   Die Freiheit der Wissenschaft steht in engem Zusammenhang mit Kommunikationsgrundrechten (→ § 27), wie dem in Art. 10 Abs. 1 EMRK und Art. 11 GRC gewährten Recht auf **freie Meinungsäußerung,** das die Freiheit einschließt, Informationen und Ideen ohne behördliche Eingriffe und ohne Rücksicht auf Staatsgrenzen zu empfangen und weiterzugeben. Dabei ist die Wissenschaftsfreiheit *lex specialis* zur Meinungsäußerungsfreiheit (→ § 27).[158] Der Grundrechtekonvent hatte anfänglich die Wissenschafts- und Forschungsfreiheit sogar der Meinungsäußerungsfreiheit angegliedert.[159] Eine freie wissenschaftliche Betätigung setzt den Zugang zu forschungsrelevanten Informationen voraus. Für einen offenen Informationsaustausch von wissenschaftlichen Erkenntnissen sind wissenschaftliche Kommunikation und Publikationsfreiheit unabdingbar.[160] Die Freiheit der Wissenschaft ist auch in enger Verbindung mit der in Art. 9 Abs. 1 EMRK und Art. 10 Abs. 1 GRC verankerten **Gedanken-, Gewissens- und Religionsfreiheit** (→ § 33) zu sehen.[161] So entstand die Wissenschaftsfreiheit als die „intellektuelle Seite der Glaubens- und Gewissensfreiheit".[162] Bei berufs- oder gewerbsmäßiger Ausübung kann die Freiheit der Wissenschaft in Idealkonkurrenz zur **Berufsfreiheit** gem. Art. 15 GRC (→ § 34) und zur **unternehmerischen Freiheit** gem. Art. 16 GRC (→ § 35) treten.[163]

II. Verhältnis zu Grundfreiheiten

39   Die Unionsgrundrechte sind bei der Beschränkung der Grundfreiheiten, die beide hierarchisch im gleichen Rang – Unionsprimärrecht (vgl. Art. 6 Abs. 1 UAbs. 1 Hs. 2 EUV) – stehen, zu berücksichtigen.[164] Die Beschränkung von Grundfreiheiten darf nicht grundrechtswidrig erfolgen. Die Grundrechte können bei der Rechtfertigung von Eingriffen in die Grundfreiheiten sowohl als **Schranken** als auch als **Schranken-Schranken** Anwendung finden.[165] In Verbindung mit der Wissenschaftsfreiheit sind insbesondere die **Personenverkehrsfreiheiten** gem. Art. 45 ff. AEUV hervorzuheben.[166] Die Arbeitnehmerfreizügigkeit sowie die Niederlassungsfreiheit gewähren den Schutz der Freizügigkeit von nicht selbstständigen oder selbstständigen Wissenschaftlern bzw. Institutionen innerhalb der Union über die innerstaatlichen Grenzen der Mitgliedstaaten hinaus. Die **Warenverkehrsfreiheit** gem. Art. 28 ff. AEUV wiederum schützt ua die Freizügigkeit wissenschaftlicher Publikationen innerhalb der Union.

G. Zusammenfassende Bewertung und Ausblick

40   In Europa existiert noch **keine klare gemeinsame Verfassungstradition** hinsichtlich der Wissenschaftsfreiheit, sondern nur ein Konglomerat disperser verfassungsrechtlicher Gewährleistungen der Forschungsfreiheit und vereinzelt der akademischen Lehrfreiheit. Auch in der EMRK findet sich keine ausdrückliche Gewährleistung der Wissenschaftsfreiheit. Diese wird lediglich aus der in Art. 10 EMRK gewährten Meinungsäußerungsfreiheit

---

[156] *Wagner* in Wagner, Bd. 1, S. 229 (253).
[157] *Hailbronner* S. 71.
[158] Jarass GRCh Art. 13 Rn. 4.
[159] CHARTE 4149/00 CONVENT 13 vom 8.3.2000, Art. 15 Abs. 2; *Bernsdorff* in NK-EuGRCh GRCh Art. 13 Rn. 12; *Frenz,* HdbEuR Bd. 4, Rn. 2311.
[160] *Ruffert* VVDStRL 60 (2001), 146 (186 f.); *Bizer* S. 107 ff.
[161] *Bernsdorff* in NK-EuGRCh GRCh Art. 13 Rn. 12; Jarass GRCh Art. 13 Rn. 4.
[162] *Ruffert* VVDStRL 60 (2001), 146 (161).
[163] Jarass GRCh Art. 13 Rn. 4.
[164] EuGH C-112/00, Slg. 2003, I-5659 Rn. 74 – Schmidberger/Österreich.
[165] *Haratsch/Koenig/Pechstein* EuropaR Rn. 842.
[166] Für den Bereich der Berufsausbildung vgl. EuGH 293/83, Slg. 1985, 593 Rn. 23 f. – Gravier/Ville de Liège; EuGH 24/86, Slg. 1988, 379 Rn. 17 – Blaizot/Université de Liège ua.

abgeleitet. Insofern erfährt die Wissenschaftsfreiheit in Art. 13 GRC erstmals eine explizite rechtlich verbindliche Regelung auf europäischer Ebene. Spätestens seit dem Inkrafttreten der GRC enthält das Unionsrecht nun ein **Grundrecht auf Wissenschaftsfreiheit**.[167] Allerdings fehlt der GRC ein Individualbeschwerdeverfahren, so wie es die EMRK in Art. 34 EMRK vorsieht. Insofern ist die Wissenschaftsfreiheit von den Grundrechtsträgern gegen die Adressaten nicht direkt einklagbar.

Als Herausforderung an die Wissenschaftsfreiheit werden die **europäischen Politiken** in den Bereichen Bildung und Forschung gesehen. Vorgaben in Bezug auf Inhalte und Organisation in Forschungsförderprogrammen sowie Zielvorstellungen im Bereich von Studiengängen, wie zB im Rahmen des Bologna-Prozesses, die eigentlich als unionsrechtliche Unterstützung geschaffen worden sind, können sich als Eingriffe in die Forschungs- und die akademische Lehrfreiheit herausstellen. So stellt auch die als nicht verbindliche Empfehlung der Kommission angenommene Europäische Charta für Forscher ethische Grundsätze für Forscher auf, die sie im Rahmen ihrer Forschungsfreiheit zu beachten haben.[168] Darüber hinaus wird die Forschungsfreiheit von zahlreichen Regelungen in den Bereichen Gesundheits-, Umwelt- und Tierschutz sowie Technik tangiert.[169]

41

---

[167] *Rengeling/Szczekalla* Grundrechte in der EU § 19 Rn. 762.
[168] *Ruffert* in Calliess/Ruffert GRC Art. 13 Rn. 12 f.
[169] *Pünder* in Ehlers GuG § 16.2 Rn. 61.

§ 31 Versammlungsfreiheit

Übersicht

	Rn.
A. Herkunft, Entwicklung und gegenwärtige Bedeutung der Versammlungsfreiheit	1–12
I. Herkunft und Entwicklung der Versammlungsfreiheit	1–3
II. Gegenwärtige Bedeutung der Versammlungsfreiheit als Grundrecht	4–7
III. Erläuterungen	8–12
B. Schutzbereich	13–24
I. Sachlicher Schutzbereich	13–20
1. Versammlung	13–17
2. Freiheit und Friedlichkeit der Versammlung	18, 19
3. Geschütztes Verhalten	20
II. Persönlicher Schutzbereich	21, 22
1. Natürliche Personen	21
2. Juristische Personen und Personenmehrheiten	22
III. Grundrechtsfunktionen	23, 24
1. Abwehrrecht	23
2. Schutzpflicht	24
C. Beeinträchtigung	25
D. Rechtfertigung	26–33
I. Schranken	26–30
II. Schranken-Schranken	31–33
E. Verhältnis zu anderen Bestimmungen	34, 35
F. Zusammenfassende Bewertung und Ausblick	36, 37
I. Vergleich zur Versammlungsfreiheit des deutschen Grundgesetzes	36
II. Ausblick	37

Schrifttum:

Barczak, Public forum und demonstrativer Arbeitskampf – Zur Reaktion des Versammlungsrechts auf den Streik im öffentlichen Raum, DVBl 2014, 758; *Barnard/Hare,* The Right to Protest and the Right to Export, MLR 60 (1997) 394; *Breucker,* Transnationale polizeiliche Gewaltprävention – Maßnahmen gegen reisende Hooligans, 2003; *ders.,* Präventivmaßnahmen gegen reisende Hooligans, NJW 2004, 1631; *Colliard,* Libertés publiques, 4. Aufl. 1972; *Dupriez,* La liberté de réunion, 1887; *Engel,* Die Schranken der Schranken in der Europäischen Menschenrechtskonvention, ÖZöRV 37 (1986), 261; *Franßen/Redeker/Schlichter/Wilke,* Bürger. Richter. Staat., FS für Horst Sendler zum Abschied aus seinem Amt, 1991; *His,* Geschichte des neueren Schweizerischen Staatsrechts, Bd. I, 1920; *Isensee,* Das staatliche Gewaltmonopol als Grundlage und Grenze der Grundrechte, in Franßen/Redeker/Schlichter/Wilke, FS Sendler, S. 39; *Jörundsson,* The Case-Law of the Commission as Regards the Freedom of Assembly and Association, in de Salvia/Villiger, FS Nørgaard, S. 101; *Niedobitek,* Europarecht – Politiken der Union, 2014; *Odent/Waline,* Répertoire de droit public et administratif, Bd. II, 1959; *Quilisch,* Die demokratische Versammlung, 1970; *Rengeling,* Grundrechtsschutz in der EG, 1993; *Ripke,* Europäische Versammlungsfreiheit. Das Unionsgrundrecht der Versammlungsfreiheit im Grundrechtsschutzsystem aus Grundrechtecharta, EMRK und gemeinsamer Verfassungsüberlieferung, 2012; *de Salvia/Villiger,* The Birth of European Human Rights Law. Liber Amicorum Carl Aage Nørgaard, 1998; *Szczekalla,* Grundfreiheitliche Schutzpflichten – eine „neue" Funktion der Grundfreiheiten des Gemeinschaftsrechts, DVBl 1998, 219; *ders.,* Die sogenannten grundrechtlichen Schutzpflichten im deutschen und europäischen Recht, 2002; *Unruh,* Zur Dogmatik der grundrechtlichen Schutzpflichten, 1996; *Wachinger,* Das Versammlungsrecht nach der Europäischen Menschenrechtskonvention, 1975.

A. Herkunft, Entwicklung und gegenwärtige Bedeutung der Versammlungsfreiheit

I. Herkunft und Entwicklung der Versammlungsfreiheit

1 Die grundrechtliche Geschichte der Versammlungsfreiheit beginnt im späten 18. Jahrhundert und wird in einer **anglo-amerikanischen Traditionslinie** mit ihrem Ausgang in England gesehen: Denn dort entwickelten sich etwa **ab** dem Jahre **1768** öffentlich abgehaltene Versammlungen zur Erörterung und Beschließung von Petitionen an das Parlament zur gängigen Praxis der seinerzeitigen kämpferischen politischen Auseinandersetzungen, ohne dass daraus indes ein eigenständiges fundamentales Recht erwuchs.[1] Davon ausgehend fand die Versammlungsfreiheit ihre erste positiv-rechtliche Verankerung **1776** im Grundrechtskatalog von **Pennsylvania**.[2]

Die zweite, europäische Entwicklungslinie rührt aus **Frankreich** her: Ohne Erwähnung in der Erklärung der Bürger- und Menschenrechte wird durch Art. 62 des Gesetzes v. 14. Dezember 1789 im Zusammenhang mit dem Petitionsrecht ausdrücklich ein Recht für Aktivbürger auf Gemeindeebene anerkannt, sich friedlich (→ Rn. 19) und ohne Waffen zu versammeln.[3] Die allgemeine Versammlungsfreiheit wurde erstmals – zusammen mit der Vereinigungsfreiheit – durch eine Verordnung der französischen *Constituante* vom 13. November 1790 gewährleistet.[4] In **Titel I Abs. 2** der **Französischen Verfassung** von **1791** gelang sodann die erste verfassungsrechtliche Verbürgung als Grundrecht, ungeachtet ihrer Wahrnehmung durch Clubs und Volksgesellschaften sowie der nachfolgenden Jakobiner-Zeit, die zu weitreichenden Beschränkungen öffentlicher politischer Versammlungen geführt hat.[5]

2

Heute ist die Gestalt der Versammlungsfreiheit im Einzelnen umstritten: Es stellen sich dabei die ganz allgemeinen Fragen der Grundrechtsdogmatik, namentlich nach einer **Drittwirkung** bzw. **positiver** oder **Schutzpflichten** (→ § 8 Rn. 7 ff., 26). Hinzu kommt das **verfahrensrechtliche Einfangen** des Schutzbereichs (→ § 8 Rn. 38). Auch ist die schutzbereichsspezifische Frage, worüber eine Versammlung stattzufinden hat, unklar: Dass unbedingt **politische Zwecke** verfolgt werden müssen, ist jedenfalls keine einhellige Meinung. Auch **private Kundgebungen** können unter die Versammlungsfreiheit fallen. Einfacher ist natürlich schon die **Zahl** der Teilnehmer: Allein kann man zwar auch demonstrieren. Überwiegend wird indes angenommen, dass der Begriff des Sich-Versammelns (mindestens) zwei Grundrechtsträger voraussetzt. Hinzu kommen schließlich die **Konkurrenzen** und Konflikte zu anderen **Grundrechten,** aber auch zu **Grundfreiheiten,** etwa zur **Meinungsäußerungsfreiheit** (→ § 27) oder zum freien **Warenverkehr** nach Art. 34 AEUV (→ Rn. 5 f.).

3

II. Gegenwärtige Bedeutung der Versammlungsfreiheit als Grundrecht

Die Bedeutung der Versammlungsfreiheit hat **trotz Digitalisierung**[6] des alltäglichen Lebens erheblich zugenommen: Es gibt kaum ein (europaweit) diskutiertes Problem, zu dem sich nicht eine Versammlung in den einzelnen Mitgliedstaaten, ggf. sogar in Abstimmung mit- bzw. untereinander, finden lässt: Häufig sind dies gerade die **Gipfel** der Europäischen Union, die solche Proteste auslösen.[7] Daneben spielen europaweit reisende **Fußball-Hooligans** eine nicht zu unterschätzende Rolle.[8] Seit dem *Brexit* gibt es aber auch **Demonstrationen *für* Europa:** Die Bewegung *„Pulse of Europe"* führt jeden

4

---

[1] S. *Mann* → 1. Aufl. 2006, § 27 Rn. 1 ff. unter Hinweis auf *Quilisch* S. 38 f. mwN. Vgl. auch *Bröhmer* in Dörr/Grote/Maruahn Kap. 19 Rn. 1.
[2] Art. XVI Verf. Pennsylvania v. 16.8.1776.
[3] Vgl. *Mann* → 1. Aufl. 2006, § 27 Rn. 2 unter Hinweis auf *Dupriez* S. 70; *Colliard* S. 582; *Desgranges* in Odent/Waline S. 834 (834).
[4] S. *His* S. 462 mwN; *Isensee* FS Sendler, 1991, 39 (45).
[5] Zu weiteren Verbürgungen vgl. *Mann* → 1. Aufl. 2006, § 27 Rn. 3 ff.
[6] Der Versuch, eine „digitale" Grundrechtecharta zu schreiben, dürfte gegenwärtig nur Episoden-Charakter im (Vor-) Wahlkampf in einigen MS im Jahr 2017 sein, selbst wenn das EP an der Ausarbeitung beteiligt ist (abrufbar unter https://digitalcharta.eu, letzter Abruf am 2.9.2019).
[7] Vgl. *Rengeling/Szczekalla* Grundrechte in der EU Rn. 740. Bsp. aus jüngster Zeit: Die weniger gewalttätigen Demonstrationen gegen *CETA* und *TTIP.*
[8] S. *Breucker* passim; *Breucker* NJW 2004, 1631 (1631 f.); zuletzt aus der Rspr. BGH NJW 2016, 3715 - Schadensersatzpflicht ggü. Verein bei Zünden eines Knallkörpers im Fußballstadion. Zur ua vor Art. 11 Abs. 2 EMRK gerechtfertigten Auflösung zweier Hooligan-Vereine s. EGMR 27.10.2016 - 4696/11, 4703/11 - Les Authentiks u. Supras Auteuil 91/France (→ § 32).

Sonntag in vielen Städten in ganz Europa seit Ende 2016 pro-europäische Kundgebungen durch. Diese Gruppierung stellt die positive Bedeutung der europäischen Versammlungsfreiheit aus Art. 12 Abs. 1 GRC in jüngster Zeit deutlich heraus. Sie zeigt auf, wofür die EU steht bzw. stehen sollte: Für Menschenwürde und für Rechtsstaatlichkeit und gegen jeglichen Populismus. Im Grunde ist es eine Rückkehr in die Anfangszeit der europäischen Bewegung, die physische Grenzen zu überwinden geholfen hat.

5 Die Rechtsprechung des **EuGH** war demgegenüber **zunächst** eher **spärlich** gesät: Anfangs gab es kaum Judikate zum Grundrecht auf Versammlungsfreiheit.[9] Das hat natürlich mit der von vielen einseitig wahrgenommenen Tätigkeit der **EWG** zu tun: Die angeblich allein auf Liberalisierung der Wirtschaft gerichtete Gemeinschaft[10] konnte mit eher politischen Versammlungen wenig zu tun haben. Doch gerade in einem Bereich, der an sich von vielen nicht dem Kompetenzbereich der Union zugeschrieben wurde, hat sich die Bedeutung der Versammlungsfreiheit auf Unionsebene der Sache nach erwiesen, wenngleich das Grundrecht selbst nicht entscheidungserheblich gewesen ist:[11] Zu den **grundfreiheitlichen Schutzpflichten"**[12] hat der Gerichtshof zuerst im Jahr **1997** eine Lösung gefunden, in der er die Versammlungsfreiheit nicht ansprechen musste, möglicherweise nur deshalb, weil die streitgegenständlichen Proteste alles andere als friedlich (→ Rn. 19, 24) waren. Gleichwohl gelangte er zu einer Verletzung der **Warenverkehrsfreiheit** (heute Art. 34 AEUV) durch den französischen Staat wegen Nichteinschreitens gegen die gewalttätigen **Straßenblockaden** der auf spanische Erdbeerexporte und die entsprechenden Spediteure wütenden französischen Landwirte.[13] Die zusätzliche Begründung mit Art. 4 Abs. 3 EUV (früher Art. 5 EGV-Maastricht)[14] spielte dafür keine weitergehende Rolle.

6 In der weiteren Rechtsprechung des EuGH vor Lissabon war ein gemeinschaftsrechtliches Grundrecht der Versammlungsfreiheit bislang auch **nicht entscheidungserheblich.** Im Jahr **2003** hat der EuGH in der Rechtssache *Schmidberger*[15] jedenfalls wieder in einem Fall die Existenz dieses Grundrechts bejaht, sich zu seinem Gehalt indes nicht ausdrücklich geäußert (**"Brenner-Blockade").**[16]

7 Mit Inkrafttreten der Charta der Grundrechte steht jedenfalls die **Existenz** des Grundrechts der Versammlungsfreiheit verfassungs- bzw. vertragstextlich eindeutig fest: **Art. 12 Abs. 1 GRC** gewährleistet jeder Person das Recht, sich **"insbesondere"** im **politischen, gewerkschaftlichen** und **zivilgesellschaftlichen** Bereich **auf allen Ebenen,** dabei **frei und friedlich** sowie **mit anderen,** zu versammeln. Aus diesem Satz lässt sich schon sehr viel herleiten: Es darf also nicht nur politische, gewerkschaftliche und zivilgesellschaftliche Versammlungen geben, sondern es muss auch **private** Gelegenheiten des Sich-Versammelns geben, wobei die Trennbereiche im Einzelnen schwer zu ziehen sind: (Rein) Private von „gewerkschaftlichen" oder gar künstlerischen *Flashmobs* zu unterscheiden (→ Rn. 22),[17] ist im Einzelfall[18] problematisch.[19] Die beiden Adjektive „frei" und „friedlich" sind gerade bei **Sitzblockaden** immer wieder von der Rechtsprechung bearbeitet worden, zählen aber spätestens jetzt zum Unionsbestand (→ Rn. 19). Der Ausdruck „auf allen Ebenen" ist kein überflüssiges Füllwort, sondern zeigt an, dass die Versammlung um

---

[9] Vgl. *Rengeling* S. 93.
[10] Zur Kritik daran s. nur *Szczekalla* S. 552 ff.
[11] So die Annahme von *Mann* → 1. Aufl. 2006, § 27 Rn. 4 („noch keine ausdrückliche Anerkennung").
[12] Begriffsbildung zu der folgenden Entscheidung in der Bespr. v. *Szczekalla* DVBl 1998, 219 (219 ff.).
[13] EuGH C-265/95, Slg. 1997, I-6959 Rn. 24 ff. – Kommission/Frankreich.
[14] EuGH C-265/95, Slg. 1997, I-6959 Rn. 32 – Kommission/Frankreich.
[15] EuGH C-112/00, Slg. 2003, I-5659 – Schmidberger („Brenner-Blockade").
[16] S. *Mann* → 1. Aufl. 2006, § 27 Rn. 4 unter Hinweis auf ein weiteres *obiter dictum* in EuGH C-235/92, Slg. 1999, I-4539 Rn. 137 – Montecatini. Vgl. *Blanke/Böttner* in Niedobitek, Europarecht, § 2 Rn. 331.
[17] Zum Schutz v. *Flashmobs* allg. s. *Rengeling/Szczekalla* Grundrechte in der EU Rn. 739.
[18] Zum Schutz v. *Flashmobs* als gewerkschaftliche Instrumente im Arbeitskampf (gerechtfertigter Eingriff in die Koalitionsfreiheit nach Art. 9 Abs. 3 GG) vgl. BVerfG NJW 2014, 1874. Vgl. *Barczak* DVBl 2014, 758 (761 ff.).
[19] Zum Schutz eines „Bierdosen-Flashmob für die Freiheit" s. BVerfG NJW 2015, 2485 (nur eine Dose pro Teilnehmer). Die betroffene Eigentümerin war eine juristische Person des Privatrechts.

„Kleinigkeiten", wie etwa eine **Fahrpreiserhöhung,**[20] aber auch um ganz „große", unionsweite Dinge gehen kann, wie etwa zuletzt um *CETA* und *TTIP* oder um die **Zukunft Europas an sich** („*Pulse of Europe*" → Rn. 4).

III. Erläuterungen

Die der Charta beigefügten **Erläuterungen** geben weiteren Anhalt für die Auslegung und Anwendung der Versammlungsfreiheit.[21] Nach ihrer Nr. 1 entspricht Abs. 1 von Art. 12 GRC **Art. 11 EMRK,** wonach jede Person das Recht habe, sich **frei** und **friedlich** mit anderen zu **versammeln**[22] und sich frei mit anderen zusammenzuschließen (→ § 10 Rn. 81 ff.). Dazu gehöre auch das Recht, zum Schutz seiner Interessen Gewerkschaften zu gründen und Gewerkschaften beizutreten (Abs. 1). Nach Abs. 2 von Art. 11 EMRK dürfe die Ausübung dieser Rechte nur **Einschränkungen** unterworfen werden, die **gesetzlich** vorgesehen und in einer **demokratisch**en Gesellschaft **notwendig** seien für die nationale oder öffentliche Sicherheit, zur Aufrechterhaltung der Ordnung oder zur Verhütung von Straftaten, zum Schutz der Gesundheit oder der Moral oder zum Schutz der Rechte und Freiheiten anderer. Dieser Artikel stehe rechtmäßigen Einschränkungen der Ausübung dieser Rechte für Angehörige der **Streitkräfte,** der **Polizei** oder der **Staatsverwaltung** nicht entgegen. 8

Die Bestimmungen des Abs. 1 von Art. 12 GRC haben die **gleiche Bedeutung** wie die Bestimmungen der **EMRK**. Sie können nach den Erläuterungen jedoch eine **größere Tragweite** haben, weil sie auf alle Ebenen, auch **auf der europäischen Ebene,** Anwendung finden können. 9

Nach **Art. 52 Abs. 3 GRC** dürfen die Einschränkungen dieses Rechts nicht über die Einschränkungen hinausgehen, die als mögliche rechtmäßige Einschränkungen im Sinne von **Art. 11 Abs. 2 EMRK** gelten. 10

Gemäß Nr. 2 der Erläuterungen stützt sich das Recht auch auf **Art. 11 SozGRCh (= Gemeinschaftscharta** der sozialen Grundrechte der Arbeitnehmer): Die Arbeitgeber und Arbeitnehmer haben danach das Recht, sich zur Bildung beruflicher oder gewerkschaftlicher Vereinigungen ihrer Wahl frei zusammenzuschließen, um ihre wirtschaftlichen und sozialen Interessen zu vertreten (Abs. 1). Jedem Arbeitgeber und jedem Arbeitnehmer steht es frei, diesen Organisationen beizutreten oder fernzubleiben, ohne dass ihm daraus ein persönlicher oder beruflicher Nachteil erwachsen darf (Abs. 2). 11

Nach Nr. 3 der Erläuterungen entspricht die Bestimmung zu den politischen Parteien auf europäischer Ebene, **Art. 12 Abs. 2 GRC,** dem **Art. 10 Abs. 4 EUV.**[23] Die Bestimmungen der letzten beiden Randnummern spielen bei der Vereinigungsfreiheit eine Rolle (→ § 32). Die Versammlungsfreiheit wird von ihnen nicht betroffen. 12

B. Schutzbereich

I. Sachlicher Schutzbereich

1. Versammlung. Eine Versammlung setzt nach gemeinsamer Verfassungsüberlieferung der Mitgliedstaaten, also der zweiten Erkenntnisquelle allgemeiner Rechtsgrundsätze nach Art. 6 Abs. 3 EUV, und in Übereinstimmung mit Art. 11 EMRK als der ersten Erkenntnisquelle sowie Art. 21 IPBPR (= Internationaler Pakt über bürgerliche und politische 13

---

[20] S. das „*Laepple*-Urteil" BGHSt 23, 46 (53 ff.).
[21] Erläuterungen zur Charta der Grundrechte, ABl. 2007 C 303, 2. Allgemein zu deren Bedeutung *Pache* in FK-EUV/GRC/AEUV EUV Art. 6 Rn. 24 f.; *Nowak* in FK-EUV/GRC/AEUV EUV Präambel Rn. 24.
[22] Details bei *Frowein* in Frowein/Peukert EMRK Art. 11 Rn. 1 ff.
[23] Diese Vorschriften nicht zum Anlass nehmend, die unionsrechtl. Seite eines angeblich rein national (unter Einschl. der EMRK) zu beurteilenden Parteiverbots zu prüfen, BVerfG 2 BvB 1/13, ECLI:DE: BVerfG:2017:bs20170117.2bvb000113 Rn. 627 ff. (630 ff.). – NPD-II.

Rechte)²⁴ als weiterer Erkenntnisquelle die **Zusammenkunft mehrerer Menschen** zu einem **gemeinsam** zu verfolgenden bestimmten **Zweck** voraus.²⁵ Es müssen hierbei **mindestens zwei** Personen anwesend sein.²⁶ Eine möglicherweise künstlerische Ein-Mann- bzw. -Frau-Demo wird also nicht allein über das Grundrecht auf Versammlungsfreiheit geschützt, es sei denn, die weitere Gruppe der Zuschauenden und ggf. Interagierenden wird mit hinzugerechnet.

14   An den verfolgten **Zweck** ist keine besondere Anforderung zu stellen: Er kann, muss aber nicht politischen oder nur öffentlichen Inhalts sein.²⁷ Art. 12 Abs. 1 Alt. 1 GRC nennt politische, gewerkschaftliche und zivilgesellschaftliche Bereiche auch nur als nicht abschließende Beispiele eines Versammlungszwecks („insbesondere"). Ein Teil der Literatur zur EMRK und zum IPBPR nimmt hingegen rein **gesellschaftliche Anlässe** aus dem Tatbestand des Grundrechts heraus oder verlangt einen zumindest beschränkt öffentlichen Bezug des Anlasses des Zusammenkommens. Diese Auffassung verkennt, dass auch Zusammenkünfte aus gesellschaftlichem Anlass im Einzelfall durchaus eine **meinungsbildende Funktion** aufweisen können. Sie schon tatbestandlich aus dem Grundrechtsschutz auszuscheiden, erscheint verfrüht. Hier gilt die allgemeine Vorsicht vor Banalitäts- und Trivialitätsvorbehalten (→ § 10 Rn. 5 ff.). Der Anlass kann demgegenüber in der Rechtfertigung eines etwaigen Eingriffs eine Rolle spielen. Ob das dazu führen kann, dass eine Versammlung ihren Schutz ganz verliert oder bspw. Abfallgebühren zu zahlen hat, darf indes eher bezweifelt werden.²⁸

15   Eine Versammlung erfordert nicht, dass die Zusammenkunft jedermann offensteht: Auch **private Versammlungen** sind vom Schutzbereich umfasst.²⁹ Fraglich ist, ob die Zusammenkunft erst dann als Versammlung anerkannt werden kann, wenn sie organisiert ist bzw. wenn sie einen Leiter hat. Eine solche tatbestandliche Engführung ist jedoch für das Unionsgrundrecht nicht anzunehmen: Auch nichtorganisierte, zunächst **spontane Versammlungen** werden geschützt.³⁰

16   **Anmeldepflichten** oder **Genehmigungserfordernisse** für Versammlungen auf **öffentlichen Straßen** sollen demgegenüber weder einen Eingriff in die Versammlungsfreiheit noch eine Einschränkung im Sinne des Art. 11 Abs. 2 EMRK darstellen.³¹ Den Sicherheitsbehörden soll diese Schutzbereichsbegrenzung es ermöglichen, Vorkehrungen für einen störungsfreien Ablauf zu treffen und Beeinträchtigungen des Straßenverkehrs möglichst gering zu halten.³² Diese tatbestandliche Engführung erklärt sich aus den hohen Anforderungen, welche Art. 11 Abs. 2 EMRK an eine Einschränkung stellt. Gleichwohl sollte für das Unionsgrundrecht davon abgesehen werden, eine solche schon tatbestandliche Einschränkung vorzunehmen: Denn auch hier lässt sich unter Zugrundelegung der Kautelen des Art. 11 Abs. 2 EMRK eine etwaige Rechtfertigungsprüfung vornehmen (→ Rn. 33).³³

17   **Zusammenfassend** lässt sich die **Versammlung** als Tatbestandsmerkmal des Unionsgrundrechts als private oder öffentliche, geplante oder spontane **Zusammenkunft von mindestens zwei Menschen** an einem beliebigen Ort **zu einem** gemeinsam verfolgten bestimmten **Zweck** deuten.³⁴ Weitere Beschränkungen im Schutzbereich sind nicht erforderlich.

---

[24] V. 19.12.1966 (BGBl. 1973 II 1533, BGBl. 1976 II 1068). Ausf. *Nowak*, CCPR, Art. 21 Rn. 1 ff.
[25] S. *Mann* → 1. Aufl. 2006, § 27 Rn. 9 mzN.
[26] Zu teilw. abweichenden mitgliedstaatl. Auffassungen vgl. *Mann* → 1. Aufl. 2006, § 27 Rn. 9 mwN.
[27] S. *Mann* → 1. Aufl. 2006, § 27 Rn. 9 mwN.
[28] So aber im einstweiligen Rechtsschutz BVerfG NJW 2001, 2459 (2460), betr. ua die *Love Parade*.
[29] Vgl. *Mann* → 1. Aufl. 2006, § 27 Rn. 11 mzN.
[30] S. *Mann* → 1. Aufl. 2006, § 27 Rn. 11 mwN.
[31] EKMR 10.10.1979 – 8191/78, EuGRZ 1980, 36 – Rassemblement jurassien und Unité jurassienne/Schweiz.
[32] Vgl. *Mann* → 1. Aufl. 2006, § 27 Rn. 13 mzN.
[33] S. *Mann* → 1. Aufl. 2006, § 27 Rn. 13 mzN.
[34] Ebenso *Mann* → 1. Aufl. 2006, § 27 Rn. 14.

2. Freiheit und Friedlichkeit der Versammlung.
Art. 12 Abs. 1 Alt. 1 GRC schützt 18 ausdrücklich nur freie und friedliche Versammlungen. Der Rekurs auf die **Freiheit der Versammlung** ist sicherlich zunächst ein Hinweis auf die in einzelnen Mitgliedstaaten nur historisch, dh vor dem Beitritt zur EU bekannten, staatlich organisierten Ansammlungen zu besonderen „Staatsfeierlichkeiten". Solche Veranstaltungen sind heute allen Mitgliedstaaten der EU fremd, sondern allenfalls etwa aus **Nordkorea** bekannt. Sie fallen nicht unter den grundrechtlichen Versammlungsbegriff im westlichen Sinne. Etwas anders gilt bspw. für Versammlungen aus Anlass von **Terroranschlägen,** die von Politikern in einer Gedenkveranstaltung unter weiterer Beteiligung von Opfern und der trauernden Bevölkerung in erster Reihe des Umzugs angestoßen bzw. begleitet werden. **Unfrei** dürften indes auch die von **privaten Dritten,** bspw. Gewerkschaften veranlassten Zusammenkünfte sein, je nach der Motivation der beteiligten Arbeitnehmer. Solche Konstellationen sind in ganz Europa bei der Verlagerung von Produktionsstätten bekannt geworden (**Blockade**-Fälle, → Rn. 5 f., 7, 24). Gerade bei **konkurrierenden Ansammlungen** stellt sich im Übrigen die Frage, welche als Versammlung Vorrang hat: Im Regelfall ist es die zeitlich erste Ansammlung, die auch polizeilich zu schützen ist und deren Teilnehmer ggf. von den Teilnehmern der anderen Ansammlung zu trennen sind.

Die **Friedlichkeit der Versammlung** entspricht den gemeinsamen Verfassungsüber- 19 lieferungen der Mitgliedstaaten und der EMRK sowie dem IPBPR.[35] Was unfriedlich ist, ist dabei indes alles andere als klar: Unfriedlich im Sinne der EMRK sind jedenfalls solche Versammlungen, die von Anfang an zur gewaltsamen Durchsetzung von Zielen geplant sind.[36] „Gewaltsam" meint in EMRK und IPBPR den Gebrauch von **Waffen,** im technischen wie untechnischen Sinne – etwa das Werfen von Wurfgeschossen aller Art.[37] **Passive Bewaffnungen** wie Helme oder Schutzpolster sollen die Versammlung im Sinne des IPBPR noch nicht zur unfriedlichen werden lassen.[38] Für die Unfriedlichkeit einer Versammlung reicht es aus, dass die Teilnehmer die **Waffen** lediglich **bei sich führen,** ohne sie einzusetzen.[39] Keinen Schutz soll derjenige erfahren, der sich einer bereits unfriedlichen Versammlung anschließt.[40] Unfriedlich ist eine Ansammlung im Sinne beider Menschenrechtspakte auch dann, wenn mit Hilfe der Sich-Ansammelnden eine **Blockade** – etwa eine **Verkehrs**blockade oder die **Abriegelung** eines Gebäudes zu Arbeitskampfzwecken – errichtet werden soll, wobei **Sitzblockaden,** deren Teilnehmer **rein passiv** bleiben und sich nicht aktiv gewalttätig verhalten, noch als **friedlich** und damit als Versammlung gelten.[41] In diesem Zusammenhang sind auch die typischen **Blockade-Fälle** aus dem unionsrechtlichen Zusammenhang zu sehen (→ Rn. 5 f., 7): Die gewalttätigen Straßenblockaden französischer Landwirte waren evident nicht grundrechtlich geschützt,[42] während die reine passive Blockade einer Autobahn[43] sehr wohl zu einer Grundrechtsprüfung führen kann. **Unfriedliche Ereignisse am Rande** einer Versammlung, der **Versuch von Extremisten, die Versammlung zu unterlaufen** oder **gewalttätige Gegendemonstrationen** machen die Versammlung hingegen noch nicht zu einer unfriedli-

---
[35] S. Mann → 1. Aufl. 2006, § 27 Rn. 15 mwN.
[36] EKMR 16.7.1980 – 8440/78, EuGRZ 1981, 216 (217) – Christians against Racism and Facism/VK; EGMR 2.10.2001 – 29221/95 u. 29225/95 Rn. 77, RJD 2001–IX, 273 – Stankov u. Vereinigte Mazedonische Organisation Ilinden/Bulgarien; Mann → 1. Aufl. 2006, § 27 Rn. 15 mzN.
[37] Vgl. Wachinger S. 97 f.; Nowak, CCPR, Art. 21 Rn. 9.
[38] S. Nowak, CCPR, Art. 21 Rn. 9.
[39] Vgl. Nowak, CCPR, Art. 21 Rn. 9; Wachinger S. 97 f.; Grabenwarter in Dolzer/Vogel/Graßhoff, Bonner GG-Kommentar, Bd. III, Nachbem. zu Art. 8 Rn. 2.
[40] S. EKMR 6.3.1989 – 13079/87, DR 60-A, 256 (260) – G./Deutschland; EKMR 19.1.1995 – 19601/92, DR 80-A, 46 (52) – Çiraklar/Türkei; Grabenwarter in Dolzer/Vogel/Graßhoff, Bonner GG-Kommentar, Bd. III, Nachbem. zu Art. 8 Rn. 4.
[41] Vgl. EKMR 6.3.1989 – 13079/87, DR 60-A, 256 (263) – G./Deutschland; Grabenwarter in Dolzer/Vogel/Graßhoff, Bonner GG-Kommentar, Bd. III, Nachbem. zu Art. 8 Rn. 3; Nowak, CCPR, Art. 21 Rn. 9; Weber, Menschenrechte, S. 510; Mann → 1. Aufl. 2006, § 27 Rn. 15.
[42] EuGH C-265/95, Slg. 1997, I-6959 Rn. 24 ff. – Kommission/Frankreich.
[43] EuGH C-112/00, Slg. 2003, I-5659 – Schmidberger („Brenner-Blockade").

chen.⁴⁴ Versammlungen sollen gerade mit Blick auf Art. 10 EMRK Mittel der *geistigen* Auseinandersetzung sein. Ihre besondere Wirkkraft im Meinungskampf verdanken sie aber notwendigerweise dem starken Aufmerksamkeitspotential, das mittels der gesteigerten physischen, realen im Gegensatz zur digitalen Präsenz und Aktivität durch die Vielzahl der *in realiter* versammelten Menschen hervorgerufen wird.⁴⁵

20 **3. Geschütztes Verhalten.** Geschützt werden nach den mitgliedstaatlichen Verfassungsüberlieferungen, nach der EMRK und nach dem IPBPR alle Handlungen und Unterlassungen in **Vorbereitung** und **Durchführung** einer Versammlung. Dies umfasst das Veranstalten, das Teilnehmen, das Leiten und das Ordnen.⁴⁶ Geschützt wird dabei auch die **negative Versammlungsfreiheit,** also das Recht, an einer Versammlung nicht teilzunehmen oder eine solche nicht zu veranstalten.⁴⁷ Es gibt hier also keine Abweichungen zur allgemeinen grundrechtlichen Dogmatik im Unionsrecht (→ § 8 Rn. 5).

II. Persönlicher Schutzbereich

21 **1. Natürliche Personen. Berechtigte der Unionsgrundrechte** sind grundsätzlich die **Unionsbürger.**⁴⁸ Aus Art. 12 Abs. 1 GRC folgt indes, dass „[j]ede Person" Grundrechtsträger ist, also auch **Drittstaatsangehörige** und **Staatenlose.** Dies gilt trotz der in einigen Mitgliedstaaten abweichenden Regelung zur Betonung des demokratisch-politischen Aspekts des Grundrechts (→ Rn. 1 f.), nämlich der Ausgestaltung als Bürgerrecht.⁴⁹ Demgegenüber ist die Versammlungsfreiheit nach der EMRK, dem IPBPR und den übrigen Mitgliedstaaten ein **Menschenrecht.** Das ist auch die jetzige Regelung nach der Grundrechtscharta. ⁵⁰

22 **2. Juristische Personen und Personenmehrheiten.** Der EuGH hat sich bisher nur in Einzelfällen geäußert, ob ein Grundrecht auch für juristische Personen des Privatrechts gewährleistet ist, und dabei häufig – allerdings ohne Begründung – die **Grundrechtsträgerschaft** bejaht.⁵¹ Es ist davon auszugehen, dass dies nur für solche Grundrechte in Betracht kommt, die wesensmäßig auch auf die juristische Person anwendbar sind.⁵² Grundrechtsträger dürften damit auch solche Personenmehrheiten sein, die ein **Mindestmaß an rechtlicher Organisation** aufweisen (nicht-rechtsfähige Personenvereinigungen). Die grundrechtstypische Gefährdungslage als Veranstalter ist für juristische Personen und natürliche Personen vergleichbar. Für das Einladen zu einer Versammlung und ihre Durchführung ist die Versammlungsfreiheit daher wesensmäßig auch auf **juristische Personen des Privatrechts** und **nicht-rechtsfähige Personenvereinigungen** anwendbar, zumal sich dieses Ergebnis im Übrigen mit dem Gewährleistungsgehalt von Art. 11 EMRK deckt.⁵³ Nicht geschützt werden grundsätzlich juristische Personen des öffentlichen Rechts.⁵⁴ Die Ver-

---

⁴⁴ EGMR 26.4.1991 – 11800/85, Series A no. 202 Rn. 39 ff. – Ezelin/Frankreich; EKMR 16.7.1980 – 8440/78, EuGRZ 1981, 216 (217) – Christians against Racism and Facism/VK; *Wachinger* S. 92 f.; *Seidel*, Handbuch, S. 117; *Grabenwarter* in Dolzer/Vogel/Graßhoff, Bonner GG-Kommentar, Bd. III, Nachbem. zu Art. 8 Rn. 3.
⁴⁵ S. *Mann* → 1. Aufl. 2006, § 27 Rn. 15 mwN.
⁴⁶ Vgl. *Wachinger* S. 66; *Grabenwarter* in Dolzer/Vogel/Graßhoff, Bonner GG-Kommentar, Bd. III, Nachbem. zu Art. 8 Rn. 3; *Nowak*, CCPR, Art. 21 Rn. 4.
⁴⁷ S. *Wachinger* S. 66; *Mann* → 1. Aufl. 2006, § 27 Rn. 16 mzN.
⁴⁸ Vgl. *Mann* → 1. Aufl. 2006, § 27 Rn. 17 mwN.
⁴⁹ Belgien, Deutschland, Griechenland, Irland, Italien, Litauen, Luxemburg, Portugal.
⁵⁰ So auch *Mann* → 1. Aufl. 2006, § 27 Rn. 17; *Bröhmer* in Dörr/Grote/Marauhn Kap. 19 Rn. 1.
⁵¹ Etwa: EuGH 11/70, Slg. 1970, 1125 Rn. 4 ff. – Internationale Handelsgesellschaft/EVSt Getreide; EuGH 265/87, Slg. 1989, 2237 Rn. 14 ff. – Schräder/Hauptzollamt Gronau.
⁵² Dazu und zum Folgenden *Mann* → 1. Aufl. 2006, § 27 Rn. 18 mzN.
⁵³ Vgl. EKMR 10.10.1979 – 8191/78, EuGRZ 1980, 36 – Rassemblement jurassien und Unité jurassienne/Schweiz; EKMR 16.7.1980 – 8440/78, EuGRZ 1981, 216 (217) – Christians against Racism and Facism/VK; EKMR 6.4.1995 – 25522/94, DR 81-A, 146 (147) – Rai, Allmond u. „Negotiate Now"/VK; Jarass EU-GR § 17 Rn. 9.
⁵⁴ Vgl. *Rengeling* S. 201.

sammlung selbst soll nicht Grundrechtsträger sein.[55] Das setzt natürlich voraus, dass man die veranstaltende Versammlung und die (nicht-) rechtsfähige Personenvereinigung auseinander halten kann. Bei einem *Flashmob* wird man daher grundsätzlich auf die Einzelmenschen abzustellen haben (→ Rn. 7).

III. Grundrechtsfunktionen

1. Abwehrrecht. Das Unionsgrundrecht der Versammlungsfreiheit ist zunächst ein **Abwehrrecht** (→ § 8 Rn. 1 ff.). Adressaten der Unionsgrundrechte sind die **Unionsorgane** sowie die **Mitgliedstaaten,** wenn diese Unionsrecht durchführen,[56] etwa in Grundfreiheiten eingreifen.[57] Die Freiheit des Sich-Versammelns richtet sich daher gegen Grundrechtseingriffe durch Akte oder Nicht-Akte der Unionsorgane, die auf Grundlage von EUV oder AEUV ergehen, sowie gegen die Maßnahmen oder Unterlassungen der Mitgliedstaaten im Anwendungsbereich des Unionsrechts. 23

2. Schutzpflicht. Grundrechtliche Schutzpflichten verpflichten die Union und/oder die Mitgliedstaaten, für den Schutz grundrechtsbewehrter **Rechtsgüter** und rechtlich geschützter Interessen des Einzelnen **aktiv Sorge** zu tragen (→ § 8 Rn. 7 ff.).[58] Sind etwa in den **Blockadefällen** (→ Rn. 5 f., 18 f.) gewaltsame Gegendemonstrationen zu befürchten, könnte die Ausübung der Versammlungsfreiheit gehemmt oder gar verhindert werden.[59] Art. 11 EMRK enthält daher die „positive Schutzpflicht" der Vertragsstaaten gegenüber den Grundrechtsträgern, für den Schutz von Demonstrationen zu sorgen.[60] Der Vertragsstaat muss Gewähr dafür tragen, dass im Einzelfall geeignete und angemessene Maßnahmen durch die Behörden getroffen werden können.[61] Der dem Vertragsstaat zustehende **Spielraum** kann sich auch im Einzelfall auf den Einsatz strafrechtlicher Gewalt verengen (zu diesen **Pönalisierungspflichten** → § 8 Rn. 19).[62] 24

C. Beeinträchtigung

Als Eingriffe in das Unionsgrundrecht der Versammlungsfreiheit kommen **Anmeldepflichten** und **Genehmigungserfordernisse, Auflagen, Verbote, Versammlungsauflösungen** sowie sonstige Beeinträchtigungen der Ausübung der Versammlungsfreiheit in Betracht. Insbesondere zählen hierzu auch repressive Maßnahmen wie **disziplinarische** und **strafrechtliche Sanktionen** wegen der Teilnahme an einer Demonstration.[63] Möglich ist indes auch ein bloßes **Nichtstun,** nämlich wenn es um zwei oder mehrere konkurrierende, ggf. einzeln gewalttätige Ansammlungen geht. 25

---

55 Vgl. Jarass EU-GR § 17 Rn. 9.
56 EuGH 12/86, Slg. 1987, 3719 Rn. 28 – Demirel/Stadt Schwäbisch Gmünd; EuGH C-260/89, Slg. 1991, I-2925 Rn. 43 – ERT/DEP.
57 EuGH C-260/89, Slg. 1991, I-2925 Rn. 43 – ERT/DEP; EuGH C-368/95, Slg. 1997, I-3689 Rn. 24 – Familiapress.
58 Vgl. nur *Unruh* S. 20 f.; *Rengeling/Szczekalla* Grundrechte in der EU § 18 Rn. 748; *Mann* → 1. Aufl. 2006, § 27 Rn. 20.
59 Vgl. EGMR 21.6.1988 – 10126/82, Series A no. 139 = EuGRZ 1989, 522 (524) – Plattform „Ärzte für das Leben"/Österreich.
60 EGMR 21.6.1988 – 10126/82, Series A no. 139 = EuGRZ 1989, 522 (524) – Plattform „Ärzte für das Leben"/Österreich; *Jörundsson* FS Nørgaard, 1998, 101 (101 f.); Jarass EU-GR § 17 Rn. 15.
61 EGMR 21.6.1988 – 10126/82, Series A no. 139 = EuGRZ 1989, 522 (524) – Plattform „Ärzte für das Leben"/Österreich; s. auch östVerfGH EuGRZ 1990, 550 (551).
62 AA zu den Schutzpflichten der Mitgliedstaaten *Mann* → 1. Aufl. 2006, § 27 Rn. 20. Wie hier *Rixen/Scharl* in Stern/Sachs GRCh Art. 12 Rn. 13 f.
63 Vgl. *Grabenwarter* in Dolzer/Vogel/Graßhoff, Bonner GG-Kommentar, Bd. III, Nachbem. zu Art. 8 Rn. 16. Zu Art. 11 EMRK s. EGMR 26.4.1991 – 11800/85, Series A no. 202 Rn. 39 ff. – Ezelin/Frankreich.

D. Rechtfertigung

I. Schranken

26 Die Schranken der unionsrechtlichen Versammlungsfreiheit hat der **EuGH bisher noch nicht** konturiert.[64] Die Verfassungen der Mitgliedstaaten und die Menschenrechtspakte haben die Einschränkbarkeit der Versammlungsfreiheit unterschiedlich ausgestaltet.[65] Das Grundrecht aus **Art. 12 Abs. 1 GRC** unterliegt gem. Art. **Art. 52 Abs. 3 GRC** den Schranken der EMRK, da der Anwendungsbereich auf Unionsebene ausgedehnt worden ist („auf allen Ebenen"). Diese Ausdehnung wäre aber an sich auch ohne eigene textliche Erwähnung anzunehmen gewesen (→ § 10 Rn. 81). Es gilt folglich **Art. 11 Abs. 2 EMRK:**[66] Danach darf die Ausübung des Rechts auf Versammlungsfreiheit nur Einschränkungen unterworfen werden, die **gesetzlich vorgesehen** sind (Gesetzesvorbehalt). Hinzu kommt die **Notwendigkeit in einer demokratischen Gesellschaft** für die nationale oder öffentliche **Sicherheit,** zur Aufrechterhaltung der **Ordnung** oder zur **Verhütung von Straftaten,** zum **Gesundheitsschutz,** dem Schutz der **Moral** oder zum Schutz der **Rechte** und Freiheiten **anderer.** Nach Art. 11 Abs. 2 S. 2 EMRK steht Art. 11 Abs. 1 EMRK nicht den rechtmäßigen Einschränkungen der Ausübung der Rechte für Angehörige der Streitkräfte, der Polizei oder der Staatsverwaltung entgegen.

27 Der **Gesetzesvorbehalt** verlangt die **Zugänglichkeit** und **Vorhersehbarkeit** der rechtlichen Regelung, die rechtsstaatlichen Anforderungen genügen muss, also insbesondere durch **Rechtsrat** verständlich zu sein hat.[67] Wegen des *Common Law* in Irland und im Vereinigten Königreich genügt als Rechtsgrundlage auch **ungeschriebenes Recht.**[68] Daran wird auch der **Brexit** nichts ändern, bleibt das Vereinigte Königreich doch Vertragsstaat der EMRK.

28 Der **EuGH** hat aus dem Bereich der Kommunikationsgrundrechte hinsichtlich der Meinungsfreiheit auf den mit Art. 11 Abs. 2 S. 1 EMRK von seiner Struktur her identischen Abs. 2 des **Art. 10 EMRK** unmittelbar zurückgegriffen.[69] Dieses Vorgehen kann wegen der wenig einheitlichen Verfassungslage in den Mitgliedstaaten auch für die Versammlungsfreiheit gelten,[70] zumal die Regelung der EMRK-Kompatibilität jetzt nach Art. 52 Abs. 3 GRC verbindlich gilt (→ § 10 Rn. 81).

29 Gemäß **Art. 11 Abs. 2 S. 2 EMRK** können für Angehörige der Streitkräfte, Polizei und der Staatsverwaltung Einschränkungen getroffen werden. Für die Mitglieder der Staatsverwaltung setzt die Einschränkbarkeit jedoch voraus, dass sie eine Tätigkeit ausüben, mit der sie derjenigen der Streitkräfte und der Polizei wenigstens nahekommen.[71] Des Weiteren

---

[64] Im Urteil in der Rs. EuGH C-112/00, Slg. 2003, I-5659 Rn. 79 ff. – Schmidberger („Brenner-Blockade"), zitiert der EuGH seine häufig gebrauchte allgemeine Schranken-Formel (Grundrecht einschränkbar, „sofern diese Beschränkungen tatsächlich dem Gemeinwohl dienenden Zielen der Gemeinschaft entsprechen"), will an dieser Stelle aber offenbar nicht die Schranken des Gemeinschafts- bzw. Unionsgrundrechts der Versammlungsfreiheit konturieren, sondern wohl vielmehr auf ihre grundsätzliche Einschränkbarkeit hinweisen.

[65] S. *Mann* → 1. Aufl. 2006, § 27 Rn. 22 ff. mzN.

[66] Dazu im einzelnen *Wachinger* S. 117 ff.; *Jörundsson* FS Nørgaard, 1998, 101 (102 ff.).

[67] EGMR 28.3.1990 – 10890/84, Series A no. 173, 25 Rn. 65 – Groppera Radio AG ua/Schweiz (zur vergleichbaren Anforderung nach Art. 10 Abs. 2 EMRK); EGMR 26.4.1991 – 11800/85, Series A no. 202 Rn. 45 – Ezelin/Frankreich; EKMR 5.6.1991 – 14223/88, DR 70-A, 218 (227) – Lavisse/Frankreich.

[68] Vgl. EGMR 26.4.1979 – 6538/74, Series A no. 30 Rn. 47 ff. = EuGRZ, 1979, 386 (388) – Sunday Times/VK (Nr. 1).

[69] EuGH C-219/91, Slg. 1992, I-5485 Rn. 38 – Ter Voort; EuGH C-368/95, Slg. 1997, I-3689 Rn. 26 – Familiapress.

[70] Vgl. *Grabenwarter* in Dolzer/Vogel/Graßhoff, Bonner GG-Kommentar, Bd. III, Nachbem. zu Art. 8 Rn. 17; *Mann* → 1. Aufl. 2006, § 27 Rn. 23.

[71] Vgl. EKMR 20.1.1987 – 11603/85, DR 50-A, 228 (255) – Council of Civil Service Unions; *Coussirat-Coustere* in Pettiti/Decaux/Imbert CEDH S. 432; für deutsche Lehrer im Beamtenverhältnis ausdrücklich offengelassen: EGMR 26.9.1995 – 17851/91, Series A no. 323 Rn. 57 ff. = EuGRZ 1995, 590 (599) – Vogt/Deutschland („Radikalen-Erlass").

muss die Schranke nach Art. 11 Abs. 2 S. 2 EMRK „gesetzlich"[72] ausgefüllt werden. Die Beschränkungen können hierbei bis zum Verbot jeglicher Ausübung der Versammlungsfreiheit während der Wahrnehmung der Funktionen gehen.[73] Ob man heute einen generellen **Beamtenvorbehalt** auf Art. 11 Abs. 2 S. 2 EMRK als Rechtserkenntnisquelle stützen kann, ist jedenfalls mehr als **zweifelhaft**.

Nach **Art. 16 EMRK** kann die **politische Betätigung von Ausländern** unter anderem auch im Rahmen der Versammlungsfreiheit eingeschränkt werden. Art. 16 EMRK findet auf Unionsbürger jedoch keine Anwendung mehr (→ § 3 Rn. 8).[74] Eine Art. 16 EMRK entsprechende Schranke des Unionsgrundrechts der Versammlungsfreiheit ist allerdings für Drittstaatenangehörige anzunehmen. Und unter Umständen gilt dies auch nach einem Austritt aus der EU wie bspw. im Fall des **Brexit**.

II. Schranken-Schranken

Eine Einschränkung im Sinne des Art. 11 Abs. 2 S. 1 EMRK ist nur dann zulässig, wenn sie zur Erreichung eines der dort benannten Zwecke **in einer demokratischen Gesellschaft notwendig** ist. Demokratisch in diesem Sinne ist diejenige Gesellschaft, die gewissen Mindestanforderungen an Pluralismus, Toleranz und Aufgeschlossenheit genügt.[75] In einer vergleichsweise strengen **Verhältnismäßigkeitsprüfung**[76] ist zunächst festzustellen, ob ein zwingendes soziales Bedürfnis die Einschränkung gerade durch das eingesetzte Mittel erforderlich macht.[77] Da nicht alle demokratischen Gesellschaften gleich geartet sind, können hierbei nicht für jedes Land dieselben Maßstäbe gelten.[78] Ob hier eine **unterschiedliche *margin of appreciation*** für alle Mitgliedstaaten gilt, ist gleichwohl **zweifelhaft**. Denn die Verpflichtung aus den beiden Verträgen zielt auf die prinzipielle Vergleichbarkeit jedes Mitgliedstaats mit einem anderen. Dem demokratisch gewählten Gesetzgeber kommt in dieser Hinsicht nur ein – in vollem Umfang überprüfbarer[79] – Beurteilungsspielraum zu.[80] Schließlich muss eine Abwägung zwischen der Schwere des Eingriffs in das Freiheitsrecht und der Bedeutung des Schutzguts zu einem angemessenen Ergebnis führen.[81] Neben dem Verhältnismäßigkeitsprinzip setzt auch die Unantastbarkeit des **Wesensgehalts** der betreffenden Freiheit einer Einschränkung Grenzen.[82]

---

[72] Mit Rücksicht auf das *Common Law* in Irland, Malta, Vereinigtem Königreich und Zypern genügt jede Norm; vgl. mit Hinweis auf den verbindlichen englischen Wortlaut *Guradze* EMRK Art. 11 S. 172 f. Nr. 20.

[73] Vgl. *Mann* → 1. Aufl. 2006, § 27 Rn. 24 mwN.

[74] S. EGMR 27.4.1995 – 15773/89 ua, Series A no. 314 Rn. 64 = InfAuslR 1996, 45 – Piermont/ Frankreich (Ausweisung und Einreiseverweigerung eines MdEP aus/in Frz.-Polynesien und Neukaledonien). Vgl. *Grabenwarter* in Dolzer/Vogel/Graßhoff, Bonner GG-Kommentar, Bd. III, Nachbem. zu Art. 8 Rn. 2, 20.

[75] EGMR 1.12.1976 – 5493/72, Series A no. 24 Rn. 49 = EuGRZ 1977, 38 (42) – Handyside/VK; EGMR 13.8.1981 – 7601/76 u. 7806/77, Series A no. 44 Rn. 63 = EuGRZ 1981, 559 (562) – Young, James u. Webster/VK; EGMR 8.7.1986 – 9815/82, Series A no. 103 Rn. 41 = EuGRZ 1986, 424 (428) – Lingens/Östereich; eingehend zu dieser Definition *Engel* ÖZöRV 37 (1986), 261 (265 ff.).

[76] S. *Mann* → 1. Aufl. 2006, § 27 Rn. 26.

[77] EGMR 1.12.1976 – 5493/72, Series A no. 24 Rn. 48 = EuGRZ 1977, 38 (41) – Handyside/VK; EGMR 26.4.1979 – 6538/74, Series A no. 30 Rn. 55 ff. = EuGRZ, 1979, 386 (391) – Sunday Times/ VK (Nr. 1); EGMR 22.10.1981 – 7525/76, Series A no. 45 Rn. 49 ff. = EuGRZ 1983, 488 (491) – Dudgeon/VK; EKMR 6.4.1995 – 25522/94, DR 81-A, 146 (153) – Rai, Allmond u. „Negotiate Now"/ VK.

[78] Vgl. EGMR 1.12.1976 – 5493/72, Series A no. 24 Rn. 48 = EuGRZ 1977, 38 (41) – Handyside/VK.

[79] EGMR 1.12.1976 – 5493/72, Series A no. 24 Rn. 48 = EuGRZ 1977, 38 (41) – Handyside/VK.

[80] Vgl. EGMR 1.12.1976 – 5493/72, Series A no. 24 Rn. 49 = EuGRZ 1977, 38 (41) – Handyside/VK; vgl. hierzu die Ausführungen bei *Engel* ÖZöRV 37 (1986), 261 (273 ff.).

[81] EGMR 1.12.1976 – 5493/72, Series A no. 24 Rn. 49 = EuGRZ 1977, 38 (42) – Handyside/VK; EGMR 13.8.1981 – 7601/76 u. 7806/77, Series A no. 44 Rn. 63 = EuGRZ 1981, 559 (562) – Young, James u. Webster/VK; EGMR 18.2.1991 – 12313/86, Series A no. 193 Rn. 43 ff. = EuGRZ 1993, 552 (554) – Moustaquim/Belgien.

[82] Vgl. *Jörundsson* FS Nørgaard, 1998, 101 (102 ff.); *Mann* → 1. Aufl. 2006, § 27 Rn. 26 f.

32 Hinsichtlich der Einschränkbarkeit der gemeinschaftsrechtlichen Meinungsfreiheit hat der **EuGH** schon recht früh aus Art. 10 Abs. 2 EMRK neben dem **Schrankenkatalog** ausdrücklich das **Notwendigkeitskriterium** übernommen.[83] Auch im Allgemeinen gehören **Verhältnismäßigkeitsprinzip**[84] und **Wesensgehaltsgarantie**[85] in der Rechtsprechung des EuGH zu den berücksichtigten Schranken-Schranken. Da sich zudem eine gemeinsame Verfassungstradition der Mitgliedstaaten im Bereich der Schranken-Schranken nicht feststellen lässt,[86] ist somit auch von der Anwendbarkeit der Schranken-Schranken-Regelung aus Art. 11 Abs. 2 S. 1 EMRK (und aus Art. 21 S. 2 IPBPR) im Rahmen der unionsrechtlichen Versammlung auszugehen.

33 Für die auf Ebene der EMRK eher unschön gelöste systematische Einordnung von **Anmeldepflichten** und **Genehmigungserfordernissen** folgt auch aus dem Erfordernis eines möglichst störungsfreien Ablaufs einer Versammlung keine Schutzbereichsverkürzung, sondern eine Prüfung im Rahmen der Rechtfertigung (→ Rn. 16). Eine Begründung durch die **Zwecke des Art. 11 Abs. 2 S. 1 EMRK** ist ohne Weiteres möglich. Die **gesetzliche Grundlage** wird im Regelfall gegeben sein, und die **Verhältnismäßigkeitsprüfung** wird in der Regel zu einer entsprechenden Angemessenheit kommen. Anmeldepflichten und Genehmigungserfordernisse auf Unionsebene sind damit als gerechtfertigte Eingriffe in die Versammlungsfreiheit anzusehen.[87] Der sachliche Schutzbereich soll nicht aus Schönheitsgründen abgeschnitten werden (→ § 10 Rn. 4 ff.).

E. Verhältnis zu anderen Bestimmungen

34 Im Verhältnis der Versammlungsfreiheit zu anderen Verbürgungen gilt im Rahmen der **EMRK** das Folgende: Für die **individuelle** und **kollektive Meinungsäußerung und -bildung** auf einer Versammlung ist die **Versammlungsfreiheit** das **speziellere Grundrecht,** weil sie diese besondere Form der Äußerung und Bildung von Meinungen schützt.[88] Dies gilt insbesondere auch im Rahmen von **Aufzügen.**[89] Soweit es sich um die Äußerung religiöser oder weltanschaulicher Ansichten auf einer Versammlung handelt, ist die Versammlungsfreiheit insoweit auch *lex specialis* zur **Religionsfreiheit.**[90] Schutzbereich und Schranken der Versammlungsfreiheit sind jedoch jeweils im Lichte von Meinungsfreiheit und Religionsfreiheit auszulegen.[91] Die Ausübung der Religion oder Weltanschauung, etwa durch Gottesdienste und religiöse Prozessionen, werden in der EMRK aber allein der Religionsfreiheit nach Art. 9 EMRK zugeordnet.[92]

35 Versammlungsfreiheit und **Vereinigungsfreiheit** haben gemein, dass sie jeweils eine **kollektive Freiheitsbetätigung** schützen: Sie gewährleisten beide das Recht, zu einem bestimmten Zweck zusammen zu kommen. Art. 11 EMRK und Art. 12 GRC enthalten jeweils beide Grundrechte in ein und demselben Artikel. Die EMRK unterwirft sie sogar

---

[83] EuGH C-219/91, Slg. 1992, I-5485 Rn. 38 – Ter Voort.
[84] Vgl. nur EuGH 44/79, Slg. 1979, 3727 Rn. 23 – Hauer/Rheinland-Pfalz.
[85] S. nur EuGH 4/73, Slg. 1974, 491 Rn. 14 – Nold/Kommission; EuGH 5/88, Slg. 1989, 2609 Rn. 18 – Wachauf/Bundesamt für Ernährung und Forstwirtschaft.
[86] Es sei aber insoweit wieder auf die mögliche Indizwirkung von Art. 52 Abs. 3 GRC verwiesen.
[87] So bereits gegen die hM *Mann* → 1. Aufl. 2006, § 27 Rn. 28.
[88] S. EGMR 26.9.1995 – 17851/91, Series A no. 323 Rn. 64 f. = EuGRZ 1995, 590 (599) – Vogt/Deutschland („Radikalen-Erlass"); *Grabenwarter* in Dolzer/Vogel/Graßhoff, Bonner GG-Kommentar, Bd. III, Nachbem. zu Art. 8 Rn. 4; *Mann* → 1. Aufl. 2006, § 27 Rn. 29 mwN.
[89] EKMR 19.1.1995 – 19601/92, DR 80-A, 46 (52) – Çiraklar/Türkei; EKMR 10.10.1979 – 8191/78, EuGRZ 1980, 36 – Rassemblement jurassien und Unité jurassienne/Schweiz; EKMR 16.7.1980 – 8440/78, EuGRZ 1981, 216 (217) – Christians against Racism and Facism/VK.
[90] Vgl. *Grabenwarter* in Dolzer/Vogel/Graßhoff, Bonner GG-Kommentar, Bd. III, Nachbem. zu Art. 8 Rn. 4.
[91] EGMR 26.9.1995 – 17851/91, Series A no. 323 Rn. 64 f. = EuGRZ 1995, 590 (599) – Vogt/Deutschland („Radikalen-Erlass"); EGMR 26.4.1991 – 11800/85, Series A no. 202 Rn. 37 – Ezelin/Frankreich; *Coussirat-Coustere* in Pettiti/Decaux/Imbert CEDH S. 431; *Grabenwarter* in Dolzer/Vogel/Graßhoff, Bonner GG-Kommentar, Bd. III, Nachbem. zu Art. 8 Rn. 4.
[92] S. *Mann* → 1. Aufl. 2006, § 27 Rn. 29 mzN.

derselben Schrankenregelung, was nach Art. 52 Abs. 3 GRC auch für das Unionsrecht gilt. Eine Versammlung kann sogar als ein **„Augenblicksverband"** bezeichnet werden, der nur kurzfristig auf ein gemeinsames Verhalten ausgerichtet ist, welches grundsätzlich unorganisiert bleibt, wie etwa bei einem *Flashmob*. Der (nicht-) rechtsfähige Verein oder eine sonstige juristische Person des Privatrechts ist hingegen auf relative Dauer angelegt und zeichnet sich durch organisiertes gemeinsames Handeln aus. Versammlungsfreiheit und Vereinigungsfreiheit stehen deshalb eigentlich im Verhältnis der Exklusivität. Dementsprechend hat der IPBPR denn auch die Versammlungsfreiheit getrennt von der Vereinigungsfreiheit geregelt. Hierdurch sollte ein unterschiedliches Schrankenkonzept ermöglicht werden.[93] Dieses Konzept scheidet indes für das Unionsgrundrecht in Anlehnung an die EMRK aus.

F. Zusammenfassende Bewertung und Ausblick

I. Vergleich zur Versammlungsfreiheit des deutschen Grundgesetzes

Wie bereits mehrfach betont, lassen sich Aussagen zu der konkreten Ausgestaltung des Unionsgrundrechts der Versammlungsfreiheit mangels einschlägiger Rechtsprechung des EuGH nur vorsichtig treffen. Jedenfalls ist der **sachliche Schutzbereich des Art. 12 Abs. 1 GRC weiter** als derjenige des Art. 8 GG. Die Anwendung der allgemeinen (→ § 10) und besonderen Grundrechtsdogmatik (→ Rn. 4 ff.) lässt jedenfalls keine bedeutsame grundrechtliche Lücke aufkommen. 36

II. Ausblick

Praktische Relevanz kann die Versammlungsfreiheit schon heute entfalten, wenn man die europäische Dimension als Grund für die **Eröffnung des Anwendungsbereichs des Unionsrechts** heranzieht: Jede Versammlung dürfte eigentlich auch vom unionsrechtlichem Schutz umfasst sein, ganz unabhängig davon, ob Unionsbürger aus verschiedenen Mitgliedstaaten tatsächlich an ihr teilnehmen.[94] Alle Themen, von der Umwelt bis hin zu den Flüchtlingen, haben einen unionalen Bezug. Und die vom EuGH bereits entschiedenen **Blockade-Fälle** haben bei einer möglichen dogmatischen Betrachtung bereits eine **Schutzfunktion der Warenverkehrsfreiheit**[95] und ein **Abwehrrecht der Versammlungsfreiheit**[96] zu Tage gebracht. Darauf (→ Rn. 4 ff., 18 f., 24) lässt sich aufbauen. Jedenfalls kann man in solchen Fällen nicht auf der schlichten Anwendung der nationalen Grundrechtsnorm beharren, sondern muss auch die unionale Garantie mit einbeziehen. 37

---

[93] Vgl. *Mann* → 1. Aufl. 2006, § 27 Rn. 30 mwN.
[94] AA *Mann* → 1. Aufl. 2006, § 27 Rn. 37, der die „[p]raktische Relevanz [...] primär in der politisch-demokratischen Auseinandersetzung innerhalb der Mitgliedstaaten" sieht.
[95] EuGH C-265/95, Slg. 1997, I-6959 Rn. 24 ff. – Kommission/Frankreich.
[96] EuGH C-112/00, Slg. 2003, I-5659 – Schmidberger („Brenner-Blockade").

§ 32 Vereinigungsfreiheit

Übersicht

	Rn.
A. Herkunft, Entwicklung und gegenwärtige Bedeutung der Vereinigungsfreiheit	1–12
I. Herkunft und Entwicklung der Vereinigungsfreiheit	1–6
II. Gegenwärtige Bedeutung der Vereinigungsfreiheit	7
III. Erläuterungen	8–12
B. Gewährleistungsgehalt	13–20
I. Sachlicher Schutzbereich	13–18
II. Persönlicher Schutzbereich	19, 20
C. Beeinträchtigung	21
D. Rechtfertigung	22–24
E. Verhältnis zu anderen Bestimmungen	25
F. Zusammenfassende Bewertung und Ausblick	26–28

Schrifttum:

Borenschulte/Grub/Löhr ua, Demokratie und Selbstverwaltung in Europa, FS für Dian Schefold zum 65. Geburtstag, 2001; *Davies,* The Right to Strike Versus Freedom of Establishment in EC Law, ILJ 35 (2006), 75; *Eklund,* The Laval Case, ILJ 35 (2006), 202; *Ermacora,* Grundriß der Menschenrechte in Österreich, 1988; *Halmai,* Ein neues Menschenrechtsverständnis in Ungarn am Beispiel der Vereinigungsfreiheit, JöR 39 (1990), 235; *Jörundsson,* The Case-Law of the Commission as Regards the Freedom of Assembly and Association, in de Salvia/Villiger, FS Nørgaard, 1998, S. 101; *Kluth,* Funktionale Selbstverwaltung, 1997; *Lagodinsky,* Europäer, vereinigt euch!, FAZ-Einspruch v. 29.8.2019; *Löwer,* Verfassungsdogmatische Grundprobleme der Pflichtmitgliedschaft in Industrie- und Handelskammern, GewArch 2000, 89; *Luchaire,* La protection constitutionnelle des droits et des libertés, 1987; *Marauhn,* Die wirtschaftliche Vereinigungsfreiheit zwischen menschenrechtlicher Gewährleistung und privatrechtlicher Ausgestaltung, RabelsZ 1999, 537; *Niedobitek,* Denationalisierung des Streikrechts – auch für Beamte? Tendenzen im europäischen und internationalen Recht, ZBR 2010, 361; *ders.,* Europarecht – Grundlagen der Union, 2014; *Rengeling,* Grundrechtsschutz in der EG, 1993; *Rivers,* Menschenrechtsschutz im Vereinigten Königreich, JZ 2001, 127; *Rogalla,* Dienstrecht der Europäischen Gemeinschaften, Handbuch des öffentlichen Dienstes, Band IV, Teil 1, 2. Aufl. 1992; *de Salvia/Villiger,* The Birth of European Human Rights Law. Liber Amicorum Carl Aage Nørgaard, 1998; *Scholz/Aulehner,* Die „3+2-Regel" und die Transferbestimmungen des Fußballsports im Lichte des europäischen Gemeinschaftsrechts, SpuRt 1996, 44; *Schröder,* Zwischenbilanz zum Streikrecht der Europäischen Beamten – zugleich ein Beitrag zu den Rechtsquellen des Europäischen Gemeinschaftsrechts, ZBR 1984, 1; *Tomuschat,* Freedom of Association, in Macdonald/Matscher/Petzold, Protection of Human Rights, S. 493; *Vandersanden,* Le droit de grève des fonctionnaires communautaires, RMC 1971, 466; *Weber,* Die Grundrechte im europäischen Beamtenrecht, ZBR 1978, 326; *ders.,* Die Europäische Grundrechtscharta – auf dem Weg zu einer europäischen Verfassung, NJW 2000, 537; *Widmaier/Alber,* Menschenrecht auf Streik auch für deutsche Beamte?, ZEuS 2012, 387; *Wildhaber,* Politische Parteien, Demokratie und Art. 11 EMRK, in Borenschulte/Grub/Löhr ua, FS Schefold, S. 257.

A. Herkunft, Entwicklung und gegenwärtige Bedeutung der Vereinigungsfreiheit

I. Herkunft und Entwicklung der Vereinigungsfreiheit

1 Die Vereinigungsfreiheit einschließlich ihres Sonderfalls der Koalitionsfreiheit sind **„späte Grundrechte"** aus dem **19. Jahrhundert**.[1] Heute hingegen steht die Vereinigungsfreiheit im Zentrum der Auseinandersetzung um Grund- und Menschenrechte auch in der Europäischen Union, etwa wenn es um **Blockade-Fälle** und Grundfreiheiten[2] oder zuletzt um das **Streikrecht für Beamte** nach Art. 11 EMRK[3] geht.

---

[1] *Mann* → 1. Aufl. 2006, § 28 Rn. 1 ff. unter Hinweis auf *Rinken* in AK-GG Art. 9 Abs. 1 Rn. 1.
[2] Vgl. EuGH C-341/05, Slg. 2007, I-11845 Rn. 90 ff. – Laval un Partneri. Dazu bspw im Vorfeld *Davies* ILJ 35 (2006), 75 (75 ff.); *Eklund* ILJ 35 (2006), 202 (202 ff.); s. auch noch *Rixen/Scharl* in Stern/Sachs GRCh Art. 12 Rn. 14 f.
[3] S. einerseits EGMR 12.11.2008 – 34503/97, Rep. 2008-V, 333 = NZA 2010, 1425 – Demir u. Baykara/Türkei, sowie andererseits BVerwGE 149, 117 Rn. 56 ff. (mit einer Aufforderung an den Gesetzgeber).

Heute ist die Vereinigungsfreiheit nicht nur in Art. 9 GG, sondern auch in den anderen **Mitgliedstaaten der EU** gewährleistet. In Belgien, Dänemark, Finnland, Griechenland, Irland, Italien, Lettland, Litauen, Luxemburg, den Niederlanden, Polen, Portugal, Schweden, Slowakei, Slowenien, Spanien, Tschechien und Ungarn[4] ist die Vereinigungsfreiheit als Grundrecht jeweils in der Verfassung verankert, wobei nur vereinzelt in derselben Vorschrift ausdrücklich auch die Koalitionsfreiheit[5] oder das Recht zur Bildung politischer Parteien[6] oder religiöser Vereinigungen[7] benannt wird. In Frankreich erwähnen die Präambel der Verfassung von 1946 und die Verfassung von 1958 (Art. 34) die Gewerkschaftsfreiheit und das Streikrecht, doch wurde die Vereinigungsfreiheit in Frankreich eindeutig erst durch die Entscheidung des *Conseil Constitutionnel* vom 16.7.1971[8] anerkannt, der das Gesetz über die Vereine vom 1. Juli 1901 zugrunde lag.[9] Im Vereinigten Königreich wird die Vereinigungsfreiheit seit dem *Human Rights Act* von 1998 ebenso wie die übrigen Rechte der EMRK als Individualrechtsverbürgung von „Verfassungsrang" garantiert.[10] In **Österreich** wird durch Art. 149 Bundes-Verfassungsgesetz das Staatsgrundgesetz (StGG) von 1867 inkorporiert, dessen Art. 12 das Vereinigungsrecht enthält. Die volle „Vereins- und Versammlungsfreiheit" wurde jedoch erst durch die Ziffer 3 des Beschlusses der Provisorischen Nationalversammlung vom 30.10.1918 konstituiert.[11] Auf internationaler Ebene findet sich die Vereinigungsfreiheit in **Art. 11 EMRK** und **Art. 22 IPBPR**[12], jeweils mit ausdrücklichem, aber unterschiedlichem Textbezug („sowie" in Art. 22 Abs. 1 IPBPR, „einschließlich des Rechts ..." in Art. 11 Abs. 1 EMRK) zur Koalitionsfreiheit.

Die Rechtsprechung des EuGH war auch beim Grundrecht auf Vereinigungsfreiheit von Anfang an eher spärlich gesät: Anfangs gab es ausschließlich Judikate zu den **Beamten und Bediensteten der Union.**[13] Zur damaligen Fassung von Art. 24a EU-BeamtStat aF (heute Art. 24b EU-BeamtStat)[14] hat der Gerichtshof ausgeführt, dass die dortige Vereinigungsfreiheit nicht nur bedeute, dass die Beamten und Bediensteten das Recht haben, freie Vereinigungen ihrer Wahl zu gründen, sondern auch, dass diese Vereinigungen sich zur Verteidigung der beruflichen Interessen ihrer Mitglieder jeder erlauben Tätigkeit widmen, insbesondere auch gerichtlich Klagen erheben können.[15] Immerhin sind hier schon zwei Teilbereiche des Schutzbereichs angesprochen, die **Gründungs-** und die **Betätigungsfreiheit.** Allerdings war dieses Urteil eher vom Sekundärrecht geprägt.

Angesichts dieses Befundes überrascht es nicht, dass auch der EuGH, der als Rechtserkenntnisquelle für das Vorhandensein und den Gewährleistungsgehalt eines Gemeinschaftsgrundrechts vornehmlich auf die EMRK und die gemeinsamen Verfassungsüberlieferungen der Mitgliedstaaten abstellte, erstmals im Jahre 1995 in der Rechtssache *Bosman* auch die Existenz eines (damaligen **Gemeinschafts-) Grundrechts** der Vereinigungsfreiheit anerkannt hat.[16] Die recht kargen Ausführungen zur Herleitung dieses Grundrechts

---

[3] Überblick ua bei *Arndt/Engels* in Karpenstein/Mayer EMRK Art. 11 Rn. 56; *Niedobitek* ZBR 2010, 361 (361 ff.); *Widmaier/Alber* ZEuS 2012, 387 (387 ff.).
[4] Vgl. *Halmai* JöR 39 (1990), 235 (235 ff.).
[5] Vgl. Art. 9 Abs. 3 GG; § 13 Abs. 2 S. 3 finVerf.
[6] Vgl. § 78 Abs. 4 dänVerf.; Art. 102 lettVerf.; Art. 35 litVerf.; Art. 29 Abs. 2 slowakVerf.
[7] Vgl. Art. 26 luxVerf.
[8] S. frzCC 16.7.1971, n° 71-44 DC, Rec. 1971, 29; vgl. dazu *Luchaire* S. 112.
[9] Ausführlich dazu *Itin,* Grundrechte in Frankreich, 1992, 2. Teil, H I 1, S. 118.
[10] Näher dazu *Rivers* JZ 2001, 127 (129), insbes. auch zu den Wirkungsmechanismen der §§ 3, 6 Human Rights Act.
[11] Siehe hierzu *Ermacora* Rn. 722.
[12] V. 19.12.1966 (BGBl. 1973 II 1533, BGBl. 1976 II 1068). Ausf. *Nowak,* CCPR, Art. 22 Rn. 1 ff.
[13] Vgl. *Rengeling* S. 62.
[14] Statut der Beamten der Europäischen Gemeinschaften vom 18. Dezember 1961, ABl. 1961 45, 1385, idF der VO (EWG, Euratom, EGKS) Nr. 259/68, ABl. 1968 L 56, 1, zuletzt geändert durch VO (EU) 2016/1611 der Kommission vom 7. Juli 2016, ABl. 2016 L 242, 1.
[15] Vgl. EuGH 175/73, Slg. 1974, 917 Rn. 17, 20 - Gewerkschaftsbund, Massa und Kortner/Rat.
[16] EuGH C-415/93, Slg. 1995, I-4921 Rn. 79 - Bosman; darauf nimmt später auch EuGH C-235/92 P, Slg. 1999, I-4539 Rn. 137 - Montecatini/Kommission, Bezug.

§ 32　　　　　　　　　　　　　　　　　　　6. Abschnitt. Kommunikationsgrundrechte

– der Gerichtshof verweist lediglich auf seine Rechtserkenntnisquellen – überraschen allerdings insofern, als der EuGH mit keinem Wort auf seine frühere Rechtsprechung zur Vereinigungsfreiheit aus dem Beamten- und Bedienstetenrecht eingeht.

5　In Entscheidungen früherer Jahre, die bereits ebenfalls thematischen Bezug zum Grundrecht der Vereinigungsfreiheit aufwiesen, hatte der EuGH nämlich noch auf eine grundrechtliche Fundierung dieses Rechts verzichtet und lediglich festgestellt, dass eine Vereinigungsfreiheit für Beamte **sekundärrechtlich** nach Art. 24a EU-BeamtStat aF[17] gewährleistet sei.[18] So legte der EuGH 1974 unter Rückgriff auf allgemeine Grundsätze des Arbeitsrechts Art. 24a EU-BeamtStat aF zugunsten einer effizienten Verwirklichung der Vereinigungsfreiheit aus.[19] Nach Maßgabe dieser Bestimmung stehe den Beamten eine Vereinigungsfreiheit zu, die insbesondere das Recht umfasse, Gewerkschaften oder Berufsverbänden angehören zu können. Indem den Beamtengewerkschaften Parteifähigkeit und Klagerechte vor dem Gerichtshof zugebilligt wurden, präzisierte der EuGH sogar eine spezielle Ausprägung der Vereinigungsfreiheit.[20] Ob auch die Ausübung des **Streikrechts** von der Vereinigungsfreiheit geschützt ist, hat der EuGH 1975 ausdrücklich offen gelassen[21] und sich auf die Feststellung beschränkt, dass der Abzug von **Dienstbezügen für Streiktage** rechtmäßig sei.[22] Zuletzt hatte der EuGH noch im Jahre 1990 die Vereinigungsfreiheit nicht als Grundrecht, sondern als einen **„allgemeinen Grundsatz des Arbeitsrechts"**[23] gewürdigt und betont, dass den Bediensteten der damaligen Gemeinschaft schon aufgrund dieser allgemeinen Grundsätze ein Recht auf Vereinigungsfreiheit zustehe. So folge aus Art. 24a EU-BeamtStat aF nicht nur, „dass die Beamten und Bediensteten das Recht haben, frei Vereinigungen ihrer Wahl zu gründen, sondern auch, dass diese Vereinigungen sich zur Verteidigung der beruflichen Interessen ihrer Mitglieder jeder erlaubten Tätigkeit widmen können"[24].

6　**Primärrechtliche Ansätze** für ein Grundrecht auf **Vereinigungsfreiheit im arbeitsrechtlichen Bereich** wurden in der Literatur den Art. 39 Abs. 2 EGV (Gleichbehandlung bei Beschäftigungsbedingungen), heute Art. 45 Abs. 2 AEUV, und 137 Abs. 3 EGV (kollektive Wahrnehmung der Arbeitnehmer- und Arbeitgeberinteressen), jetzt Art. 153 Abs. 3 AEUV, entnommen.[25] Im **Sekundärrecht** flankierte Art. 8 der VO (EWG) Nr. 1612/68[26] des Rates das Recht auf Koalitionsfreiheit, indem er bekräftigt, dass EU-Bürger, die als Arbeitnehmer in einem anderen Mitgliedstaat beschäftigt sind, hinsichtlich der Zugehörigkeit zu Gewerkschaften und der Ausübung gewerkschaftlicher Rechte einen Anspruch auf gleiche Behandlung wie inländische Arbeitnehmer haben. Zudem gewährt Art. 24b des **EU-BeamtStat** den europäischen Beamten das Recht, Gewerkschaften und Berufsverbänden anzugehören. Die Bestimmung umfasst die Gründungs- und Beitrittsfreiheit sowie die Freiheit, aus den Verbänden auszutreten oder ihnen fernzubleiben.[27]

---

[17] Statut der Beamten der Europäischen Gemeinschaften vom 18. Dezember 1961, ABl. 1961 45, 1385, idF der VO (EWG, Euratom, EGKS) Nr. 259/68, ABl. 1968 L 56, 1, zuletzt geändert durch VO (EU) 2016/1611 der Kommission vom 7. Juli 2016, ABl. 2016 L 242, 1.
[18] EuGH 175/73, Slg. 1974, 917 Rn. 17, 20 - Gewerkschaftsbund, Massa und Kortner/Rat; EuGH verb. Rs. 44, 46 u. 49/74, Slg. 1975, 383 Rn. 11, 16 – Acton/Kommission; EuGH verb. Rs. C-193/87 u. 194/87, Slg. 1990, I-95 Rn. 13 – Maurissen und Gewerkschaftsbund/Rechnungshof.
[19] EuGH 175/73, Slg. 1974, 917 Rn. 17, 20 - Gewerkschaftsbund, Massa und Kortner/Rat.
[20] Vgl. näher *Wetter*, Die Grundrechtscharta des EuGH, S. 172.
[21] EuGH verb. Rs. 44, 46 u. 49/74, Slg. 1975, 383 (394 Rn. 11, 16) – Acton/Kommission.
[22] Näher dazu *Wetter*, Die Grundrechtscharta des EuGH, S. 172 (173).
[23] EuGH verb. Rs. C-193/87 u. C-194/87, Slg. 1990, I-95 Rn. 13, 21 – Maurissen und Gewerkschaftsbund/Rechnungshof; vgl. auch *Maraubn* RabelsZ 63 (1999), 537 (557 ff.).
[24] EuGH 175/73, Slg. 1974, 917 Rn. 14, 16 - Gewerkschaftsbund, Massa und Kortner/Rat; EuGH 18/74, Slg. 1974, 933 Rn. 10, 12 – Allgemeine Gewerkschaft/Kommission; vgl. *Wetter*, Die Grundrechtscharta des EuGH, S. 172.
[25] So *Wetter*, Die Grundrechtscharta des EuGH, S. 171 unter zusätzlichem Hinweis auf Art. 48 EGKSV.
[26] VO (EWG) Nr. 1612/68 über die Freizügigkeit der Arbeitnehmer innerhalb der Gemeinschaft, ABl. 1968 L 257, 2, ber. ABl. L 295, 12 (Arbeitnehmerfreizügigkeits-VO 1968), zuletzt geändert durch Art. 41 ÄndVO (EU) Nr. 492/2011 vom 5. April 2011, ABl. 2011 L 141, 1.
[27] S. *Wetter*, Die Grundrechtscharta des EuGH, S. 171.

II. Gegenwärtige Bedeutung der Vereinigungsfreiheit

Nach der heute geltenden Grundrechtecharta ist die **Vereinigungsfreiheit** in **Art. 12 GRC** gewährleistet. Die gemeinsame Garantie der Versammlungsfreiheit in einem Absatz erkennt ausdrücklich auch das Recht jeder Person an, „zum Schutz ihrer Interessen **Gewerkschaften** zu gründen und Gewerkschaften beizutreten". Die Vereinigungsfreiheit nach Art. 12 GRC beinhaltet somit wesentliche Elemente der **Koalitionsfreiheit,** die in Art. 28 GRC eine zusätzliche Absicherung erfährt. Art. 12 Abs. 2 GRC betont die Rolle der **politischen Parteien** für den Willensbildungsprozess der Unionsbürger, was als normsystematischer Befund bereits die Annahme stützt, „Vereinigungen" im Sinne der Vereinigungsfreiheit des Art. 12 GRC könnten auch politische Parteien sein. 7

III. Erläuterungen

Die der Charta beigefügten **Erläuterungen** geben weiteren Anhalt für die Auslegung und Anwendung der Vereinigungsfreiheit.[28] Nach ihrer Nr. 1 entspricht Abs. 1 von Art. 12 GRC **Art. 11 EMRK,** wonach jede Person das Recht habe, sich frei und friedlich mit anderen zu versammeln und sich **frei mit anderen zusammenzuschließen.**[29] Dazu gehöre auch das Recht, zum Schutz seiner Interessen Gewerkschaften zu gründen und Gewerkschaften beizutreten (Abs. 1). Nach Abs. 2 von Art. 11 EMRK dürfe die Ausübung dieser Rechte nur **Einschränkungen** unterworfen werden, die **gesetzlich** vorgesehen und in einer **demokratisch**en Gesellschaft **notwendig** seien für die nationale oder öffentliche Sicherheit, zur Aufrechterhaltung der Ordnung oder zur Verhütung von Straftaten, zum Schutz der Gesundheit oder der Moral oder zum Schutz der Rechte und Freiheiten anderer. Dieser Artikel stehe rechtmäßigen Einschränkungen der Ausübung dieser Rechte für Angehörige der **Streitkräfte**, der **Polizei** oder der **Staatsverwaltung** nicht entgegen. 8

Die Bestimmungen des Abs. 1 von Art. 12 GRC haben die **gleiche Bedeutung** wie die Bestimmungen der **EMRK**. Sie können nach den Erläuterungen jedoch eine **größere Tragweite** haben, weil sie auf alle Ebenen, auch **auf der europäischen Ebene,** Anwendung finden können. 9

Nach **Art. 52 Abs. 3 GRC** dürfen die Einschränkungen dieses Rechts nicht über die Einschränkungen hinausgehen, die als mögliche rechtmäßige Einschränkungen im Sinne von **Art. 11 Abs. 2 EMRK** gelten. 10

Nach Nr. 2 der Erläuterungen stützt sich das Recht auch auf **Art. 11 SozGRCh (Gemeinschaftscharta** der sozialen Grundrechte der Arbeitnehmer): Die Arbeitgeber und Arbeitnehmer haben danach das Recht, sich zur Bildung beruflicher oder gewerkschaftlicher Vereinigungen ihrer Wahl frei zusammenzuschließen, um ihre wirtschaftlichen und sozialen Interessen zu vertreten (Abs. 1). Jedem Arbeitgeber und jedem Arbeitnehmer steht es frei, diesen Organisationen beizutreten oder fernzubleiben, ohne dass ihm daraus ein persönlicher oder beruflicher Nachteil erwachsen darf (Abs. 2). 11

Gemäß Nr. 3 der Erläuterungen entspricht die Bestimmung zu den politischen Parteien auf europäischer Ebene, **Art. 12 Abs. 2 GRC,** dem **Art. 10 Abs. 4 EUV.** Das deutsche BVerfG hat in seinem letzten Parteiverbotsverfahren angenommen, dass diese und andere Vorschriften keinen Anlass böten, die unionsrechtliche Seite seines angeblich rein national (unter Einschluss der EMRK) zu beurteilenden Falles zu prüfen.[30] Dass dieser Fall im Anwendungsbereich des Unionsrechts liegt, dürfte indes nicht zu bezweifeln sein. Dass die Prüfung vom Ergebnis her anders ausgegangen wäre, ist indes ebenso wenig anzunehmen. 12

---

[28] Erläuterungen zur Charta der Grundrechte, ABl. 2007 C 303, 2. Allgemein zu deren Bedeutung *Pache* in FK-EUV/GRC/AEUV EUV Art. 6 Rn. 24 f.; *Nowak* in FK-EUV/GRC/AEUV GRC Präambel Rn. 24.
[29] Details bei *Frowein* in Frowein/Peukert EMRK Art. 11 Rn. 1, 8 ff.
[30] BVerfG 2 BvB 1/13, ECLI:DE:BVerfG:2017:bs20170117.2bvb000113 Rn. 627 ff. (630 ff.) – NPD-II.

B. Gewährleistungsgehalt

I. Sachlicher Schutzbereich

13 Das Grundrecht der Vereinigungsfreiheit folgt dem Grundsatz der freien sozialen Gruppenbildung. Es gewährleistet die **positive Vereinigungsfreiheit**, also das Recht, sich mit anderen zur gemeinsamen Zweckverfolgung zusammenzuschließen oder einer bereits bestehenden Vereinigung beizutreten, sowie die Freiheit, aus einer privaten Vereinigung auszutreten oder ihr fernzubleiben **(negative Vereinigungsfreiheit).**[31]

14 Gewährleistet ist insbesondere auch die **Koalitionsfreiheit,** soweit sie das Recht umfasst, eine Gewerkschaft zu gründen oder ihr beizutreten.[32] Arbeitgeberverbände sind weder in Art. 11 Abs. 1 EMRK, noch in Art. 12 Abs. 1 GRC ausdrücklich angesprochen, doch weist deren Formulierung („einschließlich" bzw. „was das Recht jeder Person umfasst") die Koalitionsfreiheit als einen Unterfall der allgemeinen Vereinigungsfreiheit aus, weshalb die Bildung von Arbeitgeberverbänden zumindest durch die allgemeine Vereinigungsfreiheit geschützt ist.[33] Eine **unmittelbare Drittwirkung** wie die Koalitionsfreiheit nach Art. 9 Abs. 3 GG entfaltet die europäische Koalitionsfreiheit zwar nicht,[34] dem Staat kommt allerdings die Funktion zu, mittels Gesetzgebung Schutz gegen Beeinträchtigungen durch Dritte – wie etwa Sanktionen des Arbeitgebers bei Tätigkeit in einer Gewerkschaft – bieten zu müssen.[35] Soweit Art. 11 Abs. 1 EMRK, Art. 22 Abs. 1 IPBPR und Art. 12 Abs. 1 GRC das Recht garantieren, „zum Schutze ihrer/seiner Interessen" Gewerkschaften zu bilden, ergibt diese Gewährleistung nur Sinn, wenn über den bloßen Formalakt des Zusammenschlusses bzw. Beitritts zu einer **Gewerkschaft** hinaus auch die gewerkschaftliche Betätigung als solche dem Schutzbereich unterfällt.[36] Dies hat grundsätzlich auch für den Kern des **Streikrechts** zu gelten.[37]

15 Eine tiefgreifende Änderung deutete sich im deutschen Recht bei bestimmten **Beamten** an: Hier hatte das deutsche BVerwG[38] im Anschluss an die Rechtsprechung des EGMR[39] den Gesetzgeber zur Nachbesserung aufgefordert.[40] Die ursprünglich verschiedenen **Verfassungstraditionen** schienen sich deshalb jetzt einander anzunähern: Denn auch andere Mitgliedstaaten wie Frankreich, Italien oder Großbritannien gewähren ihren Beamten ein solches

---

[31] EGMR 30.6.1993 – 16130/90, Series A. no. 264 Rn. 35 – Sigurdur Sigurjónsson/Island; *Feger,* Grundrechte, S. 183; *Tomuschat* in Macdonald/Matscher/Petzold, Protection of Human Rights, S. 493 (502); *Weber,* Menschenrechte, S. 550; zu der im Konventionstext nicht *expressis verbis* erwähnten, gleichwohl garantierten negativen Vereinigungsfreiheit gem. Art. 11 EMRK vgl. *Jörundsson* FS Nørgaard, 1998, 101 (108).

[32] Vgl. EGMR 27.10.1975 – 4464/70, Series A no. 19 Rn. 38 f. = EuGRZ 1975, 562 – Nationale Belgische Polizeigewerkschaft/Belgien; EGMR 6.2.1976 – 5589/72, Series A no. 21 Rn. 36 = EuGRZ 1976, 68 (70) – Schmidt und Dahlström/Schweden; Jarass EU-GR § 17 Rn. 17.

[33] Unstreitig mit Blick auf Art. 11 EMRK, vgl. EGMR 25.4.1996 – 15573/89, Rep. 1996-II, 637 Rn. 42 – Gustafsson/Schweden; *Tomuschat* in Macdonald/Matscher/Petzold, Protection of Human Rights, S. 493 (494 f.); *Frowein* in Frowein/Peukert EMRK Art. 11 Rn. 1.

[34] S. *Mann* → 1. Aufl. 2006, § 28 Rn. 9 mwN. Für eine (unmittelbare) Drittwirkung von Art. 21 GRC aber EuGH C-414/16, ECLI:EU:C:2018:257 Rn. 71 ff. – *Egenberger,* EuGH C-193/17, ECLI:EU: C:2019:43 Rn. 71 ff. – Cresco. Für Art. 31 Abs. 2 GRC EuGH C-569/16 und C-570/16, ECLI:EU: C:2018:871 Rn. 51 ff. – Bauer und Broßonn.

[35] *Tomuschat* in Macdonald/Matscher/Petzold, Protection of Human Rights, S. 493 (504 f.).

[36] Vgl. insoweit EGMR 27.10.1975 – 4464/70, Series A no. 19 Rn. 38 f. = EuGRZ 1975, 562 – Nationale Belgische Polizeigewerkschaft/Belgien; zu Art. 9 Abs. 3 GG ebenso BVerfGE 84, 212 (224); BVerfGE 88, 103 (114); BVerfGE 92, 365 (393).

[37] EGMR 6.2.1976 – 5589/72, Series A no. 21 Rn. 36 = EuGRZ 1976, 68 (70) – Schmidt und Dahlström/Schweden; zustimmend, mit unterschiedlichen Begr.: *Rogalla* S. 239; *Weber* ZBR 1978, 326 (330); *Weber,* Menschenrechte, S. 549 mwN aus der Rspr.; *Vandersanden* RMC 1971, 466 (469); *Claudi,* Bindung der EWG an Grundrechte, S. 513; aA *Wetter,* Die Grundrechtscharta des EuGH, S. 174; *Schröder* ZBR 1984, 1 (1 f.); siehe auch hierzu differenzierend *Rengeling/Szczekalla* Grundrechte in der EU § 29 Rn. 1006.

[38] BVerwGE 149, 117 Rn. 56 ff.

[39] EGMR 12.11.2008 - 34503/97, Rep. 2008-V, 333 = NZA 2010, 1425 - Demir u. Baykara/Türkei.

[40] Überblick ua bei *Niedobitek* ZBR 2010, 361 (361 ff.); *Widmaier/Alber* ZEuS 2012, 387 (387 ff.).

Streikrecht. Die übrigen, neben Deutschland auch Dänemark, Luxemburg und die Niederlande, waren aufgefordert, ihre Rechtsordnung in Zukunft anpassen (Einzelheiten unter → § 39).[41] Diesem Nachbesserungswunsch hat das BVerfG indes seine Zustimmung versagt.[42]

Ob sich der dem Wortlaut der vorgenannten Bestimmungen zu entnehmende Gedanke auch auf die Vereinigungsfreiheit allgemein übertragen lässt, so dass auch außerhalb des Spezialfalls der Koalitionsfreiheit ein Tätigwerden der Vereinigungen geschützt ist,[43] sollte differenziert beantwortet werden: Der vereinssichernde Außenkontakt (Mitgliederwerbung, Selbstdarstellung oder sonstige funktionsgerechte Betätigung) dürfte von der Vereinigungsfreiheit umfasst sein.[44] Wird eine Vereinigung jedoch wie jedermann, insbesondere auch Einzelpersonen, im Rechtsverkehr tätig, um die Vereinigungszwecke zu realisieren (zB beim Erwerb von Grundstücken), sollte der Grundrechtsschutz nicht in der Vereinigungsfreiheit, sondern in den thematisch einschlägigen materiellen Grundrechten gesucht werden. 16

Anders als nach deutschem Recht,[45] aber in Übereinstimmung mit der Rechtsprechung zu Art. 11 EMRK,[46] wird man die Vereinigungsfreiheit auch auf die **Gründung politischer Parteien** erstrecken müssen.[47] Hierfür spricht bereits, dass auch Art. 12 Abs. 2 GRC die Bedeutung der Parteien für die politische Willensbildung der Unionsbürger im Kontext der Vereinigungs- und Versammlungsfreiheit betont.[48] Eindeutiger ergibt sich diese Konsequenz jedoch aus Art. 12 Abs. 1 GRC, wenngleich die deutsche Textfassung[49] sprachlich nicht eindeutig erkennen lässt, ob sich die Exemplifizierung zu Beginn der Gewährleistung (von „insbesondere" bis „Ebenen") allein auf die Versammlungsfreiheit bezieht, oder ob davon auch die Vereinigungsfreiheit umfasst ist. Demgegenüber lässt ein Blick auf andere, gleichermaßen verbindliche[50] Sprachfassungen, insbesondere auf die Satzstellung in der englischen und spanischen Version, erkennen, dass beide Gewährleistungen von diesem Vorspann erfasst sind. Somit gewährt auch Art. 12 Abs. 1 S. 1 GRC ein Recht, „sich insbesondere im politischen ... Bereich ... frei mit anderen zusammenzuschließen". Hier hätte das BVerfG in seiner letzten Entscheidung entsprechend prüfen können.[51] 17

Ebenso wie bei Art. 11 EMRK,[52] Art. 9 GG[53] und Art. 12 österr. StGG[54] ist die Gründung **öffentlich-rechtlicher Korporationen** und die Freiheit, diesen als Mitglied 18

---

41 Vgl. näher älteren Rechtslage *Rogalla* S. 238 f.; *Wetter*, Die Grundrechtscharta des EuGH, S. 174.
42 BVerfG 2 BvR 1738/12 ua, ECLI:DE:BVerfG:20180612.2bvr173812 Rn. 126 ff. (163 ff.): Das Streikverbot für Beamte stelle einen eigenständigen hergebrachten Grundsatz des Berufsbeamtentums dar, der mit Art. 11 EMRK übereinstimme.
43 Mit Blick auf Art. 9 Abs. 1 GG offengelassen etwa auch in BVerfGE 30, 227 (241 f.) – vgl. aber andererseits BVerfGE 70, 1 (25).
44 Vgl. auch *Scholz/Aulehner* SpuRt 1996, 44 (45).
45 Nach allg. Auffassung unterfällt die Freiheit zur Gründung von und Betätigung in politischen Parteien nicht Art. 9 Abs. 1 GG, sondern der qualifizierten Sondervorschrift des Art. 21 GG, vgl. nur BVerfGE 2, 1 (13); BVerfGE 25, 69 (78). WN bei *Mann* → 1. Aufl. 2006, § 28 Rn. 11.
46 EGMR 26.9.1995 – 17851/91, Series A no. 323 Rn. 62 ff. = EuGRZ 1995, 590 – Vogt/Deutschland („Radikalen-Erlass"); EGMR 30.1.1998 – 19392/92, Rep. 1998-I, 1 Rn. 46 – Vereinigte Kommunistische Partei der Türkei (ÖZDEP, TBKP)/Türkei; EGMR 13.2.2003 – 41340/98, 41342/98, 41343/98, 41344/98, Rep. 2003-II Rn. 80–83 = NJW 2004, 669 – Refah Partisi ua/Türkei; EGMR 9.4.2002 – 22723/93, 22724/93, 22725/93, Rep. 2002-II Rn. 56 f., 60 – Yazar ua/Türkei.
47 S. *Wildhaber* FS Schefold, 2001, 257 (257 ff.); *Tomuschat* in Macdonald/Matscher/Petzold, Protection of Human Rights, S. 493 (495); *Rengeling/Szczekalla* Grundrechte in der EU § 18 Rn. 747; *Jarass* EU-GR § 17 Rn. 18.
48 Der Wortlaut ist deutlich am Vorbild des Art. 191 S. 2 EGV angelehnt (heute Art. 10 Abs. 4 EUV).
49 „Jede Person hat das Recht, sich insbesondere im politischen, gewerkschaftlichen und zivilgesellschaftlichen Bereich auf allen Ebenen frei und friedlich mit anderen zu versammeln und frei mit anderen zusammenzuschließen, ...".
50 Allg. zu den Sprachfassungen *Mann* → 1. Aufl. 2006, § 28 Rn. 11 Fn. 42.
51 BVerfG 2 BvB 1/13, ECLI:DE:BVerfG:2017:bs20170117.2bvb000113 Rn. 627 ff. (630 ff.) – NPD-II.
52 EGMR 23.6.1981 – 6878/75 u. 7238/75, Series A no. 43 Rn. 65 = EuGRZ 1981, 551 – Le Compte, Van Leuven and De Meyere/Belgien.
53 BVerfGE 10, 89 (102); BVerfGE 38, 281 (297 f.); *Merten* in Isensee/Kirchhof HStR, Bd. VI, § 144 Rn. 58 ff. Zum Problem der Pflichtmitgliedschaft in wirtschaftlichen und freiberuflichen Kammern vgl. eingehend *Kluth* S. 275 ff.; *Löwer* GewArch 2000, 89 (89 ff.).
54 Vgl. östVerfGH Slg. 11065/1986; östVerfGH Slg. 13880/1994.

fernbleiben zu können, nicht vom Schutzbereich der europäischen Vereinigungsfreiheit erfasst.[55]

II. Persönlicher Schutzbereich

19 Da die EMRK auf den Schutz aller der staatlichen Hoheitsgewalt ausgesetzten Individuen angelegt ist (vgl. Art. 1 EMRK), überrascht es nicht, wenn die Vereinigungsfreiheit durch Art. 11 Abs. 1 EMRK nicht nach dem Vorbild des sog Deutschengrundrechts in Art. 9 Abs. 1 GG auf die Bürger der Vertragsstaaten beschränkt ist, sondern für **„alle Menschen"** gilt. Dass damit zugleich auch das Unionsgrundrecht der Vereinigungsfreiheit diesem Ansatz, der auch in Art. 22 Abs. 1 IPBPR („Jedermann") geteilt wird, verfolgen muss, ist dadurch fast schon präjudiziert. Nach Art. 12 Abs. 1 GRC steht das Recht „jeder Person" zu. Für Drittstaatsangehörige lässt sich dabei noch auf Art. 16 EMRK abstellen, der Beschränkungen zulässt. Die Vereinigungsfreiheit bleibt nach alledem jedenfalls ein **Menschenrecht**.[56]

20 In Entsprechung zu den überwiegenden mitgliedstaatlichen Rechtsordnungen[57] und der Rechtsprechung des EuGH[58] sind auch **juristische Personen und Personenvereinigungen** des Privatrechts Träger des Grundrechts der Vereinigungsfreiheit, dh auch sie besitzen das Recht, sich mit anderen juristischen oder natürlichen Personen zu einer weiteren Vereinigung zusammenzuschließen.

C. Beeinträchtigung

21 Beeinträchtigungen des Unionsgrundrechts auf Vereinigungsfreiheit sind denkbar bei Eingriffen durch die Unionsorgane oder durch Handlungen der Mitgliedsstaaten bei der Durchführung von EU-Recht. Eine systematische Eingriffsdogmatik hat der EuGH bislang nicht entwickelt, doch ist sein Vorgehen tendenziell von einem weiten Verständnis geprägt, so dass auch mittelbare Auswirkungen hoheitlicher Maßnahmen erfasst sein können.[59] Unter dem Aspekt positiver Vereinigungsfreiheit stellen insbesondere eine hoheitlich verfügte **Auflösung von Vereinigungen** oder das Verbot bestimmter Vereinsaktivitäten, insbesondere ein Ausschluss des Streikrechts, einen Eingriff dar.[60] Mit Blick auf die negative Vereinigungsfreiheit sind insoweit vor allem **Zwangsmitgliedschaften** in privatrechtlichen Vereinigungen zu nennen.[61] Mittelbare Eingriffe in die Vereinigungsfreiheit sind denkbar, wenn an die Mitgliedschaft in bestimmten Vereinigungen, insbesondere Gewerkschaften oder Parteien,[62] Nachteile geknüpft werden. Unter dem Aspekt der negativen Koalitionsfreiheit sind in der Spruchpraxis des EGMR Fälle des sog *closed-shop Systems* relevant geworden, wobei der Eingriffsakt mangels unmittelbarer Drittwirkung hier nicht in dem arbeitsrechtlichen Abschluss der Exklusivitätsvereinbarung, sondern in der staatli-

---

[55] Vgl. aber ausdrücklich anders Art. 12 Abs. 6 griechVerf.; kritisch *Weber*, Menschenrechte, S. 553.
[56] Jarass EU-GR § 17 Rn. 26; in diesem Sinne mit Blick auf alle Unionsgrundrechte *Ehlers* in Ehlers GuG § 14 Rn. 55.
[57] Vgl. etwa Art. 19 Abs. 3 GG; frzCC, Décision n° 71-44 DC v. 16.7.1971, Rec. 1971, S. 29.
[58] Ausdrücklich EuGH C-415/93, Slg. 1995, I-4921 Rn. 80 – Bosman: „Ausübung dieser Freiheit durch die genannten (Sport-)Verbände, die Vereine oder die Spieler". Mit Blick auf andere Grundrechte hat die kasuistische Rechtsprechung des EuGH ebenfalls eine Grundrechtsberechtigung juristischer Personen anerkannt, vgl. nur EuGH 11/70, Slg. 1970, 1125 Rn. 4 – Intern. Handelsgesellschaft; EuGH 136/79, Slg. 1980, 2033 Rn. 17 ff. – National Panasonic; EuGH 265/87, Slg. 1989, 2237 Rn. 15 – Schräder.
[59] Siehe dazu → § 10 sowie *Ehlers* in Ehlers GuG § 14 Rn. 98 unter Verweis auf ua EuGH C-84/95, Slg. 1996, I-3953 Rn. 22 f. – Bosphorus.
[60] Vgl. EGMR 30.1.1998 – 19392/92, Rep. 1998-I, 1 Rn. 27 – Vereinigte Kommunistische Partei der Türkei (ÖZDEP, TBKP)/Türkei; *Mann* → 1. Aufl. 2006, § 28 Rn. 15.
[61] Vgl. EGMR 30.6.1993 – 16130/90, Series A no. 264 Rn. 35 – Sigurdur Sigurjónsson; EGMR 29.4.1999 – 25088/94, 28331/95 u. 28443/95, Rep. 1999-III, 21 Rn. 100 ff. – Chassagnou/Frankreich; Jarass EU-GR § 17 Rn. 25.
[62] Vgl. insoweit EGMR 26.9.1995 – 17851/91, Series A no. 323 Rn. 44 = EuGRZ 1995, 590 – Vogt/Deutschland („Radikalen-Erlass").

chen Sanktionierung der wegen fehlender Gewerkschaftszugehörigkeit ausgesprochenen Kündigungen zu sehen ist.[63]

D. Rechtfertigung

Ebenso wie es der EuGH für andere Unionsgrundrechte festgestellt hat,[64] kann auch die Vereinigungsfreiheit grundsätzlich keine uneingeschränkte Geltung beanspruchen.[65] Immerhin gibt es auch bei den meisten EMRK-Grundrechten und nach Maßgabe des Art. 52 Abs. 1 GRC auch bei den in der Charta garantierten Grundrechten Beschränkungsmöglichkeiten. 22

Ausgehend von der Rechtsprechung des EuGH, nach der hoheitliche Eingriffe in die Sphäre privater Betätigung in allen Rechtsordnungen der Mitgliedstaaten einer Rechtsgrundlage bedürfen und „aus den gesetzlich vorgesehenen Gründen" gerechtfertigt sein müssen,[66] sowie dem Umstand, dass auch gemäß Art. 52 Abs. 1 S. 1 GRC Einschränkungen der in der Charta gewährten Rechte „gesetzlich vorgesehen" sein müssen, wird man für die europäische Vereinigungsfreiheit – ebenso wie für die EMRK-Vereinigungsfreiheit[67] – eine **Beeinträchtigung** nur **durch oder aufgrund Gesetzes** zulassen können. Bei Eingriffen durch die Unionsorgane kommt als „gesetzliche" Ermächtigung in erster Linie wohl eine primärrechtliche Eingriffsbefugnis oder eine Bestimmung einer EU-Verordnung in Betracht; durch Handlungen der Mitgliedstaaten bei der Durchführung von EU-Recht bewirkte Eingriffe müssen sich auf innerstaatliche Außenrechtssätze stützen,[68] wobei diese mit Blick auf den Common-Law-Rechtskreis „provided for by law" in Art. 52 Abs. 1 S. 1 GRC wohl auch ungeschriebenes Recht[69] sein können.[70] Zu den Einzelheiten der in Art. 11 Abs. 2 EMRK benannten legitimen Zwecke → § 31 Rn. 26 ff. 23

Auch grundsätzlich zulässige Beschränkungen der Vereinigungsfreiheit unterliegen ihrerseits den **Schranken-Schranken** der Wesensgehaltsgarantie, des Verhältnismäßigkeitsgrundsatzes sowie denen der Grundfreiheiten und sonstigen Primärrechtsbestimmungen.[71] Insoweit kann auf die Ausführungen zur Versammlungsfreiheit (→ § 31 Rn. 31 ff.) verwiesen werden. 24

E. Verhältnis zu anderen Bestimmungen

Vereinigungs- und Versammlungsfreiheit stehen zueinander in einem exklusiven Verhältnis (→ § 31 Rn. 35). Die nach wie vor auch in der Grundrechtscharta ungeregelte allgemeine Handlungsfreiheit greift als Auffanggrundrecht ein (→ § 22),[72] soweit die negative Vereinigungsfreiheit in öffentlich-rechtlichen Zwangsverbänden nicht dem Schutzbereich der Vereinigungsfreiheit unterfällt (→ Rn. 12). 25

---

63 Vgl. EGMR 13.8.1981 – 7601/76 u. 7806/77, Series A no. 44 Rn. 61 = EuGRZ 1981, 559 – Young, James u. Webster/VK; EGMR 20.4.1993 – 14327/88, Series A no. 258-A Rn. 29 – Sibson; sowie die zusammenfassenden Darstellungen bei *Tomuschat* in Macdonald/Matscher/Petzold, Protection of Human Rights, S. 493 (502 f.).
64 Aus der Rspr. des EuGH s. etwa EuGH 265/87, Slg. 1989, 2237 Rn. 15 – Schräder; EuGH 5/88, Slg. 1989, 2609 Rn. 18 – Wachauf; EuGH C-177/90, Slg. 1992, I-35 Rn. 16 – Kühn; EuGH C-280/93, Slg. 1994, I-4973 Rn. 18 – Deutschland/Rat.
65 *Schorkopf* in Ehlers GuG § 15 Rn. 13 ff., 28 ff., 40 f., 53 ff.
66 EuGH verb. Rs. 46/87 u. 227/88, Slg. 1989, 2859 Rn. 19 – Hoechst/Kommission: „allgemeiner Grundsatz des Gemeinschaftsrechts".
67 *Marauhn* in Ehlers GuG § 4 Rn. 80 f.
68 Vgl. EGMR 24.10.1983 – 5947/72, 6205/73, 7052/75, 7061/75, 7107/75, 7113/75, 7136/75 Rn. 86, EuGRZ 1984, 147 – Silver ua/Vereinigtes Königreich.
69 So EGMR 26.4.1979 – 6538/74, Series A no. 30 Rn. 47 = EuGRZ, 1979, 386 – Sunday Times/VK (Nr. 1).
70 Zu weiteren – allgemeinen – Anforderungen an den europäischen Gesetzesvorbehalt vgl. *Weber* NJW 2000, 537 (543); *Ehlers* in Ehlers GuG § 14 Rn. 103 ff. Näher dazu → § 10 Rn. 31 f.
71 Allgemein dazu *Ehlers* in Ehlers GuG § 14 Rn. 118, § 7 Rn. 107 ff. Näher dazu → § 10 Rn. 41 ff.
72 S. etwa *Kugelmann* in Niedobitek, Europarecht, § 4 Rn. 16.

F. Zusammenfassende Bewertung und Ausblick

26 Spätestens seit dem *Bosman*-Urteil[73] ist ein europäisches Grundrecht der Vereinigungsfreiheit anerkannt. Seine Konturen sind mangels einschlägiger weiterer Judikate allerdings noch nicht klar herausgearbeitet. Im Vergleich zur Vereinigungsfreiheit nach dem Grundgesetz lassen sich Extensionen sowohl im sachlichen als auch im personellen Schutzbereich feststellen: Einerseits umfasst die europäische Vereinigungsfreiheit mangels spezieller, Art. 21 GG vergleichbarer Bestimmungen auch die Gründung von Parteien (→ Rn. 12), andererseits ist die Gewährleistung nicht allein auf Unionsbürger beschränkt, sondern steht jeder Person offen. Partiell restriktiver als das deutsche Recht ist die europäische Gewährleistung der Koalitionsfreiheit, da ihr anders als der Koalitionsfreiheit nach Art. 9 Abs. 3 GG keine unmittelbare Drittwirkung zukommt. Ähnlich wie beim Grundrecht der Versammlungsfreiheit dürfte die zukünftige Relevanz der Vereinigungsfreiheit in der Rechtspraxis wohl eher beim mitgliedstaatlichen Vollzug von Unionsrecht denn bei Maßnahmen der Unionsorgane zu erwarten sein. Und auch hier gelten die **Blockade-Fälle,** die eine gewerkschaftliche Bau-Blockade zu Gunsten von Grundfreiheiten, zB der Dienstleistungsfreiheit aus Art. 56 AEUV, untersagen.[74]

27 Dass die Vereinigungsfreiheit in Gestalt der Koalitionsfreiheit auch in sonstigen, unionsrechtlich geregelten Fällen eine Rolle spielt, lässt sich an diversen Entscheidungen des **Verbraucherschutzrechts** (→ § 66), beispielsweise zu den **Fluggastrechten** belegen: Hier ist klar, dass nach Art. 5 Abs. 3 der Verordnung (EG) Nr. 261/2004 des Europäischen Parlaments und des Rates vom 11. Februar 2004 über eine gemeinsame Regelung für Ausgleichs- und Unterstützungsleistungen für Fluggäste im Fall der Nichtbeförderung und bei Annullierung oder großer Verspätung von Flügen und zur Aufhebung der Verordnung (EWG) Nr. 295/91[75] ein außergewöhnliches Ereignis dann vorliegt, wenn das eigene Personal eines Luftverkehrsunternehmens streikt, und zwar unabhängig von der arbeitsrechtlichen Zulässigkeit dieses **Streiks**[76] Es kommt indessen selten vor, dass solche Entscheidungen auch ausdrücklich auf Art. 12 GRC oder Art. 38 GRC abstellen. Dabei handelt es sich hier doch um einen eindeutigen Fall unionalen Grundrechtsschutzes, da es um die Auslegung einer EU-Verordnung geht.

28 In der **rechtspolitischen Praxis** deutet sich in der jüngeren Zeit ein Ungleichgewicht der zivilrechtlichen Gestaltungsmöglichkeiten an: Während es bei wirtschaftlichen Tätigkeiten eine Vielzahl europarechtlich möglicher Gesellschaftsformen gibt (zB die Societas Europaea [Europäische Gesellschaft]), sieht dies bei Vereinen und gemeinnützigen Organisationen anders aus. Hier wird gerade aufgrund der Erfahrungen mit Ungarn eine gesamteuropäische Lösung in Gestalt eines **EU-Vereins- und Gemeinnützigkeitsrechts** gefordert.[77]

---

[73] EuGH C-415/93, Slg. 1995, I-4921 insbes Rn. 79 ff. – Bosman; vgl. auch EuGH verb. Rs. C-51/96 u. C-191/97, Slg. 2000, I-2549 – Deliège; EuGH C-176/96, Slg. 2000, 2681 – Lehtonen und Castors Braine.
[74] Vgl. EuGH C-341/05, Slg. 2007, I-11845 Rn. 90 ff. – Laval un Partneri. Dazu bspw im Vorfeld *Davies* ILJ 35 (2006), 75 (75 ff.); *Eklund* ILJ 35 (2006), 202 (202 ff.); s. auch noch *Rixen/Scharl* in Stern/Sachs GRCh Art. 12 Rn. 14 f.
[75] ABl. 2004 L 46, 1 – FluggastrechteVO, s. insbes. Erwgr. 14.
[76] BGHZ 194, 258 Rn. 20; LG Frankfurt a. M. RRa 2017, 237 mit Besprechung *Boehe* RRa 2017, 210 ff.
[77] In diese Richtung die Forderung von *Lagodinsky*, Europäer, vereinigt euch!, FAZ-Einspruch v. 29.8.2019.

§ 33 Gedanken-, Gewissens- und Religionsfreiheit

Übersicht

	Rn.
A. Entwicklung und Bedeutung der Gedanken-, Gewissens- und Religionsfreiheit	1–3
I. Innerstaatlicher Entstehungskontext	1
II. Verankerung im Unionsrecht	2, 3
B. Gewährleistungsgehalt	4–25
I. Verfassungen der Mitgliedstaaten	4, 5
II. AEUV	6–12
1. Art. 10 AEUV und Art. 19 AEUV – Bekämpfung von Diskriminierungen	6–8
2. Art. 13 AEUV – Tierschutz und das Wohlergehen der Tiere	9
3. Art. 17 AEUV – Achtung und Nichtbeeinträchtigung	10–12
III. Charta der Grundrechte der Europäischen Union	13–25
1. Art. 10 Abs. 1 GRC – Gedanken-, Gewissens- und Religionsfreiheit	13–20
2. Art. 21 Abs. 1 GRC – Diskriminierungsverbot wegen der Religion oder Weltanschauung	21, 22
3. Art. 14 Abs. 3 GRC – Elternrecht auf religiöse Erziehung	23
4. Art. 22 GRC – Achtung der Vielfalt der Religionen	24, 25
C. Beeinträchtigung	26
D. Rechtfertigung	27–33
E. Verhältnis zu anderen Bestimmungen	34
F. Ausblick	35

Schrifttum:

Baer, Staatliche Neutralität und Toleranz in der „christlich-abendländischen Wertewelt", DÖV 2005, 243; *Bausback*, Religions- und Weltanschauungsfreiheit als Gemeinschaftsgrundrecht, EuR 2000, 261; *Bleckmann*, Von der individuellen Religionsfreiheit des Art. 9 EMRK zum Selbstbestimmungsrecht der Kirchen, 1995; *Blum*, Die Gedanken-, Gewissens- und Religionsfreiheit nach Art. 9 der Europäischen Menschenrechtskonvention, 1990; *Conring*, Korporative Religionsfreiheit in Europa, 1998; *Doe*, Towards a 'Common Law' on Religion in the European Union, Religion, State and Society, 37 (2009), 147; *Doehring*, Kriegsdienstverweigerung als Menschenrecht?, in v. Münch, Staatsrecht – Völkerrecht – Europarecht – FS für Hans-Jürgen Schlochauer, 1981, S. 45; *Droege*, Staatsleistungen an Religionsgemeinschaften im demokratischen Kultur- und Sozialstaat, 2004; *Finke*, The Equal Treatment Dimension of Contemporary Disputes over Religious Symbols in the Public Sphere, BLJ 2014, 46; *Frowein*, Die Bedeutung des die Gedanken-, Gewissens- und Religionsfreiheit garantierenden Artikels 9 der Europäischen Menschenrechtskonvention, in Die Einigung Europas und die Staat-Kirche-Ordnung, 27. Essener Gespräche zum Thema Staat und Kirche, 1993, S. 46; *ders.*, Freedom of Religion in the Practice of the European Commission and Court of Human Rights, ZaöRV 46 (1986), 249; *Ganz*, Das Tragen religiöser Symbole und Kleidung in der öffentlichen Schule in Deutschland, Frankreich und England, 2009; *Hartig*, Das Recht auf Wehrdienstverweigerung in den Mitgliedstaaten des Europarates, EuGRZ 1977, 481; *Heinig*, Art. 13 EGV und die korporative Religionsfreiheit nach dem Grundgesetz, in HJRSW, Religion und Weltanschauung im säkularen Staat, 2001, S. 215; *Herbolsheimer*, Gibt es ein Religionsrecht der Europäischen Union? Religionsrechtliche Kompetenzen der EU, KuR 2012, 81; *Hölscheidt/Mund*, Religionen und Kirchen im europäischen Verfassungsverbund, EuR 2003, 1083; *Isensee/Rees/Rüfner*, Dem Staate, was des Staates – der Kirche, was der Kirche ist – FS für Joseph Listl zum 70. Geburtstag, 1999; *Jochum*, Der neue Art. 13 EGV oder „political correctness" auf europäisch?, ZRP 1999, 279; Leustean, Religion, Politics and Law in the European Union, Religion, State and Society, 37 (2009), 3; *Matscher*, Gedanken-, Gewissens- und Religionsfreiheit – Internationale Aspekte in Matscher, Folterverbot sowie Religions- und Gewissensfreiheit im Rechtsvergleich, 1990, S. 43; *Mcrae*, Religion and the Public Order of the European Union, 2010; *Muckel*, Die Rechtsstellung der Kirchen und Religionsgemeinschaften nach dem Vertrag über eine Verfassung für Europa, DÖV 2005, 191; *Mückl*, Die Religions- und Weltanschauungsfreiheit im Europäischen Unions- und Gemeinschaftsrecht, in HJRSW, Religion- und Weltanschauung im säkularen Staat, 2001, S. 181; *Pei*, Unveiling Inequality: Burqa Bans and Nondiscrimination Jurisprudence at the European Court of Human Rights, Yale LJ 122 (2013), 1089; *Pernice*, Religionsrechtliche Aspekte im Europäischen Gemeinschaftsrecht, JZ 1977, 777; *Robbers*, Staat und Kirche in der Europäischen Union, 1995; *Rosenberger/Sauer*, Politics, Religion. Gender: Framing and Regulating the Veil, 2012; *Schnabel*, Der Dialog nach Art. 17 III AEUV, 2015; *Schrooten*, Gleichheitssatz und Religionsgemeinschaften, 2015; *Schuck*, Verwirklichungsformen der Religionsfreiheit in Europa, Zeitschrift für evangelische Ethik 2002, 270; *Schwarz,* Die karitative Tätigkeit der Kirchen im Spannungsfeld von nationalem Recht und Gemeinschaftsrecht, EuR 2002, 192; *Triebel,* Das europäische Religionsrecht am Beispiel der arbeitsrechtlichen Anti-Diskriminierungsrichtlinie 2000/78/EG, 2005; *v. Ungern-Sternburg,* Religionsfreiheit in Europa, 2008; *Vachek,* Das Religionsrecht der Europäischen Union im Spannungsfeld zwischen mitgliedstaatlichen Kompetenzreservaten und Art. 9 EMRK, 2000; *Weber,* Religionsrecht und Religionspolitik in der EU, NVwZ 2011, 1485.

A. Entwicklung und Bedeutung der Gedanken-, Gewissens- und Religionsfreiheit

I. Innerstaatlicher Entstehungskontext

1 Die Religionsfreiheit wird zum menschenrechtlichen Grundbestand gerechnet.[1] Ihr Ursprung ist jedoch kein individual-freiheitsrechtlicher, sondern bezog sich zunächst auf die Gewährleistung religiöser Toleranz.[2] Erst mit der Emanzipation des Individuums gewann die freiheitsrechtliche Dimension an Bedeutung und wurde um die Gedanken- und Gewissensfreiheit erweitert. Diese Entwicklung trifft heutzutage auf eine zunehmende gesellschaftliche Pluralisierung. Dementsprechend verändern sich auch die Auseinandersetzungen um die Bedingungen und Grenzen der Gedanken-, Gewissens- und Religionsfreiheit. Statt der primär abwehrrechtlichen Funktion rückt die Gewährleistung der Religionsfreiheit als notwendige Voraussetzung eines echten Pluralismus in den Vordergrund, der wiederum die Grundlage demokratischer Gesellschaften bildet bzw. Voraussetzung demokratischer Staatlichkeit ist.[3] Dies erfordert von Seiten des Staates zwangsläufig einen immer neu zu bewältigenden Ausgleich zwischen der Art und Weise wie Individuen und Gruppen von ihrer religiös-weltanschaulichen Freiheit Gebrauch machen. Auch wegen dieser Ausgleichsfunktion des Staates sowie der in Europa in weiten Teilen anzutreffenden Verwurzelung der Staaten im christlichen Glauben rücken zunehmend Fragen religiöser Gleichheit in den Fokus.[4] Neben dem Freiheits- und Gleichheitsbezug beinhaltet vor allem die Religionsfreiheit auch eine institutionelle Dimension in Form korporativer Verbürgungen zugunsten religiöser Gemeinschaften.

II. Verankerung im Unionsrecht

2 Ausgehend von diesem Entstehungszusammenhang und der primär wirtschaftlichen Ausrichtung des europäischen Integrationsprozesses, kam der Gedanken-, Gewissens- und Religionsfreiheit über einen langen Zeitraum auf Gemeinschafts- bzw. Unionsebene kaum praktische Bedeutung zu.[5] Sachverhalte mit religiösen Bezügen wurden im Kontext der Grundfreiheiten erörtert, so dass der EuGH die Religions- und Gewissensfreiheit im Gegensatz zu anderen Grundrechten auch nicht ausdrücklich als Gemeinschaftsgrundrecht anerkannte.[6] Eine ausdrückliche Erwähnung findet sich erstmals in der **Charta der Grundrechte der Europäischen Union,** die durch Art. 6 Abs. 1 EUV Rechtsverbindlichkeit erlangt hat. Ebenfalls durch den Vertrag von Lissabon eingefügt wurde Art. 17 AEUV und die darin enthaltenen Regelungen zu religiösen und weltanschaulichen Gemeinschaften. Dieser bildet zusammen mit der Religionsfreiheit in Art. 10 Abs. 1 GRC, den religiösen Diskriminierungsverboten in Art. 10 AEUV und Art. 19 AEUV und Art. 21 GRC, dem Gebot der Achtung der kulturellen und religiösen Vielfalt sowie den religiösen Bezugnahmen in der Präambel des EUV und der Grundrechtcharta das „Religionsverfassungsrecht der Europäischen Union" auf Ebene des Primärrechts.[7] Die primärrecht-

---

[1] *Waldhoff* in Calliess/Ruffert GRC Art. 10 GRC Rn. 2; *Bernsdorff* in NK-EuGRCh GRCh Art. 10 Rn. 1.
[2] *Walter* in Dörr/Grothe/Marauhn Kap. 17 Rn. 1 f.
[3] So die Charakterisierung des EGMR zur Bedeutung der Religionsfreiheit; vgl. ua EGMR 10.5.2005 (GK) – 44774/98, NVwZ 2006, 1389 – Leyla Şahin/Türkei.
[4] *Pei* S. 1990; *Finke* S. 47 ff.
[5] *Waldhoff* in Calliess/Ruffert GRC Art. 10 Rn. 6; *Schorkopf* in Ehlers GuG § 16 Rn. 62.
[6] *v. Ungern-Sternburg* S. 36 f. mit Nachweisen aus der Rechtsprechung.
[7] *Kraus* in von der Groeben/Schwarze/Hatje AEUV Art. 17 Rn. 1.

lichen Regelungen werden durch solche des Sekundärrechts ergänzt. Dem Projekt der wirtschaftlichen Integration entsprechend stehen dabei vor allem Diskriminierungsverbote im Vordergrund, die auch das Verbot der Diskriminierung aus Gründen der Religion erfassen. Diese sekundärrechtlichen Diskriminierungsverbote richten sich zunächst gegen die EU bzw. die frühere Europäische Gemeinschaft, dh sie finden ausschließlich im Verhältnis zwischen diesen und ihren Bediensteten Anwendung. Mit Erlass der Richtlinie 2000/78/EG wurde der Anwendungsbereich des religiösen Diskriminierungsverbots ausgeweitet, so dass dieses auch für die Mitgliedstaaten und im Privatrecht gilt, insbesondere im Rahmen privatrechtlicher Arbeitsverträge.[8]

Neben der Gedanken-, Gewissens- und Religionsfreiheit enthält Art. 10 Abs. 2 GRC außerdem das Recht auf **Wehrdienstverweigerung** aus Gewissensgründen. Dies wurde zunächst vom Präsidium des Verfassungskonvents zur Aufnahme in die Grundrechtecharta vorgeschlagen und aus Praktikabilitätsgründen sowie aufgrund der inhaltlichen Nähe zur Gewissensfreiheit durch einen weiteren Absatz dem Art. 10 GRC angegliedert.[9]   3

B. Gewährleistungsgehalt

I. Verfassungen der Mitgliedstaaten

Als ein auf dem Toleranzprinzip basierenden „Urgrundrecht"[10] wird die **Religionsfreiheit** in allen geschriebenen Verfassungen der Mitgliedstaaten garantiert. Die artverwandte **Freiheit der Gewissensentscheidung** wird hingegen seltener geschützt,[11] während die **Gedankenfreiheit** in den nationalen Verfassungen keine ausdrückliche Erwähnung findet.   4

Hinsichtlich der **Reichweite der Religionsfreiheit** sind erhebliche Unterschiede auszumachen.[12] Die Verfassungen Deutschlands, Finnlands, Portugals und Schwedens normieren die Religions- und Gewissensfreiheit **ohne ausformulierte Schranken**.[13] Die übrigen Verfassungen sehen hingegen **geschriebene Schranken** vor, allerdings in unterschiedlicher Ausgestaltung: In Frankreich existiert ein **allgemeiner Gesetzesvorbehalt**.[14] In Luxemburg und Belgien gilt ein **Vorbehalt für Strafgesetze**.[15] In Dänemark, Griechenland, Irland, Italien, den Niederlanden und Spanien ist die Religions- und Gewissensfreiheit unter den Vorbehalt des Einklangs mit der **öffentlichen Ordnung** und/oder den **guten Sitten** gestellt.[16]   5

II. AEUV

1. Art. 10 AEUV und Art. 19 AEUV – Bekämpfung von Diskriminierungen.

Art. 10 AEUV, der auf Art. III-118 VVE zurückgeht, und Art. 19 AEUV, der dem früheren Art. 13 EGV-Nizza entspricht, bilden die primärrechtlichen Grundlagen zur Bekämpfung von Diskriminierungen aus Gründen der Religion und Weltanschauung. Sie entsprechen vom Regelungsansatz dem unionsspezifischen Blickwinkel der Gleichbehandlung, dh sie haben keine klassisch abwehrrechtliche Dimension. Während es sich bei Art. 19 AEUV um eine **Rechtsgrundlage für den Erlass von Rechtsakten handelt**,   6

---

[8] v. Ungern-Sternburg S. 38.
[9] *Bernsdorff* in NK-EuGRCh GRCh Art. 10 Rn. 9.
[10] *Augsberg* in von der Groeben/Schwarze/Hatje GRC Art. 10 Rn. 1.
[11] § 11 finnVerf; Art. 4 Abs. 1 GG; Art. 44 Abs. 2 Nr. 1 irVerf; Art. 41 Abs. 1 portVerf.
[12] *Streinz* in Streinz AEUV Art. 10 Rn. 1; *Hölscheidt/Mund* S. 1084 f.; *Augsburg* in von der Groeben/Schwarze/Hatje GRC Art. 10 Rn. 1 mwN.
[13] § 11 finnVerf; Art. 4 Abs. 1 und 2 GG; Art. 41 Abs. 1–6 portVerf; Kap. 2 § 1 Abs. 1 Nr. 6 schwedVerf, § 2 S. 1 schwedVerf.
[14] In Frankreich allerdings nur als Meinungsfreiheit mit religiösem Inhalt, siehe Art. 10 der frz. Erklärung der Menschen- und Bürgerrechte v. 26.8.1789.
[15] Art. 19 luxVerf; Art. 19 belgVerf.
[16] § 67 Hs. 2 dänVerf; Art. 13 Abs. 2 S. 2 griechVerf; Art. 44 Abs. 2 Nr. 1 irVerf; Art. 19 italVerf; Art. 6 ndlVerf; Art. 16 spanVerf.

verpflichtet Art. 10 AEUV die Organe der EU (nicht aber die Mitgliedstaaten), bei all ihren Tätigkeiten Diskriminierungen zu bekämpfen. Weder Art. 10 AEUV noch Art. 19 AEUV verfolgen jedoch im Gegensatz zu Art. 21 GRC einen allgemeinen Gleichbehandlungsansatz. Vielmehr sind sie auf die in den Vorschriften genannten Diskriminierungsgründe beschränkt. Zu ihnen gehört auch die Diskriminierung aus Gründen der Religion und Weltanschauung.

7 Die in Art. 10 AEUV normierte Querschnittsaufgabe setzt einen entsprechenden Kompetenztitel der Union voraus. Von besonderer Relevanz ist diesbezüglich Art. 19 AEUV. Aber auch andere Politikbereichen, wie die Sozial- und Beschäftigungspolitik oder Maßnahmen im Bereich der Bildung, Jugend und Sport, können geeigneter Ansatzpunkt für Antidiskriminierungsmaßnahmen in Bezug auf Religion und Weltanschauung sein. Art. 10 AEUV beschränkt sich auf eine Verpflichtung zur Diskriminierungsbekämpfung und fordert, anders als Art. 8 AEUV, keine spezifische Förderung diskriminierter Gruppen. Umfassende sozialpolitische Regelungen zur Beseitigung der Diskriminierung aus Gründen der Religion und Weltanschauung können mithin nicht auf Art. 10 AEUV gestützt werden. Dies folgt auch aus dem Grundsatz der begrenzten Einzelermächtigung. Bei der Frage der Bekämpfung von Diskriminierungen aus Gründen der Religion und Weltanschauung kommt den Organen ein weiter politischer Beurteilungs- und Handlungsspielraum zu. Festzuhalten bleibt, dass Art. 10 AEUV keine subjektiven Rechte auf Vornahme bestimmter Handlungen zur Bekämpfung von Diskriminierungen entnommen werden können.

8 Auf Primärrechtsebene enthielt das Gemeinschaftsrecht zunächst nur Regelungen, die die Gedanken-, Gewissens- und Religionsfreiheit betreffen, ohne diese ausdrückliche zu gewährleisten. So ermächtigte Art. 13 EGV-Nizza, bei bestehender Gemeinschaftszuständigkeit geeignete Vorkehrungen zu treffen, um Diskriminierungen ua aufgrund der Religion oder der Weltanschauung zu bekämpfen. Die dadurch geschaffene **Rechtsgrundlage für den Erlass von Rechtsakten,** die auf die Verhinderung von Diskriminierungen aus abschließend aufgezählten Merkmalen abzielen, findet sich nunmehr in Art. 19 AEUV. Die unmittelbare Anwendbarkeit der Norm wird überwiegend abgelehnt, weil es sich lediglich um eine Kompetenz- und Ermessensvorschrift für den Erlass von Sekundärrechtsakten zur Bekämpfung von Diskriminierungen handelt.[17] Dass diese Verankerung unter dem **Blickwinkel der Gleichbehandlung** erfolgt, ist angesichts der grundlegenden Ausrichtung des Gemeinschaftsrechts auf die Harmonisierung und Angleichung der Rechtsordnungen verständlich und konsequent.[18]

9 **2. Art. 13 AEUV – Tierschutz und das Wohlergehen der Tiere.** Der Schutz der religiösen Entfaltung findet einen weiteren primärrechtlichen Niederschlag in Art. 13 AEUV. Dieser verpflichtet zunächst die Union und die Mitgliedstaaten dem Tierschutz in den näher bestimmten Politikbereichen, in vollem Umfang Rechnung zu tragen, wobei die Gepflogenheiten der Mitgliedstaaten insbesondere in Bezug auf religiöse Riten und das religiöse Erbe berücksichtigt werden. Als wichtigster Anwendungsfall in der Praxis dürfte das Schächten anzusehen sein, aber auch rituelle Handlungen an oder mit Tieren, wie Opferungen oder ähnliche Handlungen.[19] Die religiöse Entfaltung wird ausdrücklich angesprochen und geschützt. Allerdings kommt sie hier wiederum nur in sekundärer Funktion, nämlich als Ausnahme, zum Tragen.[20]

10 **3. Art. 17 AEUV – Achtung und Nichtbeeinträchtigung.** Art. 17 AEUV enthält eine dreifache Zusage: Achtung und Nichtbeeinträchtigung einerseits sowie Führung eines Dialogs andererseits. Diese primärrechtliche Verankerung status- und organisationsrechtlicher Aspekte eines europäischen Religionsrechts geht auf Erklärung 11 des Amsterdamer

---

[17] *Epiney* in Calliess/Ruffert AEUV Art. 19 Rn. 1; *Jochum* S. 280; *Holoubek* in Schwarze AEUV Art. 19 Rn. 3; *Khan* in Geiger/Khan/Kotzur AEUV Art. 19 Rn. 7; *Grabenwarter* in GHN AEUV Art. 19 Rn. 6.
[18] So auch *Robbers* FS Listl, 1999, 204 f.
[19] *Terhechte* in von der Groeben/Schwarze/Hatje AEUV Art. 13 Rn. 12.
[20] *Schmidt* in Schwarze AEUV Art. 13 Rn. 8.

Vertrages zum Status der Kirchen und weltanschaulichen Gemeinschaften zurück. Durch die Übernahme der Erklärung in den Vertragstext wird die Anerkennung von Kirchen, religiösen Vereinigungen und Weltanschauungsgemeinschaften im Verhältnis zu den Unionsorganen sowie ihre Rechtsstellung gestärkt. Dennoch handelt es sich bei Art. 17 AEUV nicht um ein „Kirchengrundrecht".[21] Zwar weist es Bezüge zur kooperativen Religionsfreiheit auf, die trotz anderslautender Forderungen keinen Eingang in Art. 10 GRC gefunden haben.[22] Dennoch bezieht sich die Norm zunächst auf das Verhältnis der EU zu den Mitgliedstaaten. So sind es die Rechtsvorschriften der Mitgliedstaaten und der durch sie gewährte Status die Bezugspunkte der Verpflichtung zur Achtung und Nichtbeeinträchtigung sind. Hintergrund sind die sehr unterschiedlichen mitgliedstaatlichen Regelungen in diesem Bereich, die wiederum vielfach Ausdruck der jeweiligen nationalen Identität sind.[23] Damit steht Art. 17 AEUV regelungstechnisch in einem unmittelbaren Zusammenhang mit Art. 4 Abs. 2 EUV, der die Union zur Achtung der nationalen Identitäten der Mitgliedstaaten verpflichtet.[24] Dennoch führt die primärrechtliche Verankerung nunmehr dazu, dass Art. 17 AEUV zum rechtlichen Maßstab für Sekundärrechtsakte wird. Führen diese zu einer Beeinträchtigung des Status, so wie er sich aus den Rechtsvorschriften der Mitgliedstaaten ergibt, ist die jeweilige Norm primärrechtswidrig.[25]

Bei den zentralen Begriffen der Norm handelt es sich um solche des Unionsrechts, dh **11** auch hier greift der Grundsatz der unionsautonomen Auslegung.[26] Dieser ist allerdings durch die Norm selbst insoweit eingeschränkt, als dass diese die nationalen Rechtsordnungen zum Bezugspunkt für den Status der Kirchen, der religiösen Vereinigungen und der weltanschaulichen Gemeinschaften macht. Dementsprechend muss sich auch die unionsrechtliche Konkretisierung der Begriffe daran orientieren. Obwohl der Wortlaut der Absätze 1 und 2 voneinander abweicht und in Bezug auf Kirchen und religiöse Vereinigungen Absatz 1 sowohl den Grundsatz der Achtung als auch der Nichtbeeinträchtigung statuiert, während Absatz 2 in Bezug auf Weltanschauungsgemeinschaften nur davon spricht, diese zu achten, ist es überzeugend, keinen Unterschied in Reichweite des Schutzes zu konstruieren.[27] Andernfalls würden Kirchen und religiöse Vereinigungen in ihrem Schutz bessergestellt werden als Weltanschauungsgemeinschaften, obwohl die Freiheit beider gleichwertig geschützt ist. Dementsprechend liegt in jeder Beeinträchtigung eine mangelnde Achtung, so dass auch Weltanschauungsgemeinschaften vor Beeinträchtigungen geschützt sind. Hinsichtlich der Reichweite des Schutzes ist zu beachten, dass dieser nicht absolut wirkt, dh nicht jede Regelung, die Kirchen, religiöse Vereinigungen und Weltanschauungsgemeinschaften in ihrer konkreten rechtlichen Situation betreffen, sind mit Art. 17 AEUV unvereinbar.[28] Vielmehr bietet die Norm nur einen Schutz vor ungerechtfertigten Eingriffen seitens der EU.[29] Außerdem können Sonder- und Ausnahmeregelungen zugunsten von Kirchen, religiösen Vereinigungen und Weltanschauungsgemeinschaften im Sekundärrecht, insbesondere im Fall von Harmonisierungsmaßnahmen, auf Art. 17 AEUV gestützt werden.

Auch in der Dialogzusage des Art. 17 Abs. 3 AEUV kommt zum Ausdruck, dass die EU **12** die Identität von Kirchen, religiösen Vereinigungen und Weltanschauungsgemeinschaften und ihren gesellschaftlichen Beitrag anerkennt. Normativ handelt es sich um einen Sonderfall des strukturierten Dialogs in Art. 11 EUV.[30] Der Dialog soll nicht nur transparent und

---

21 *Kraus* in von der Groeben/Schwarze/Hatje AEUV Art. 17 Rn. 10.
22 *Bernsdorff* in NK-EuGRCh GRCh Art. 10 Rn. 8.
23 *Classen* in GHN AEUV Art. 17 Rn. 9 f.
24 *Streinz* in Streinz AEUV Art. 19 Rn. 2.
25 *Kraus* in von der Groeben/Schwarze/Hatje AEUV Art. 17 Rn. 10.
26 Siehe hierzu *Riesenhuber*, Europäische Methodenlehre – Handbuch für Ausbildung und Praxis, 3. Aufl. 2015, S. 132 f.
27 *Classen* in GHN AEUV Art. 17 Rn. 33.
28 *Streinz* in Streinz AEUV Art. 17 Rn. 10.
29 *Kraus* in von der Groeben/Schwarze/Hatje AEUV Art. 17 Rn. 11.
30 *Waldhoff* in Calliess/Ruffert AEUV Art. 17 Rn. 19 mwN.

regelmäßig, sondern auch offen sein, dh an ihm können sich alle Kirchen, religiösen Vereinigungen und Weltanschauungsgemeinschaften beteiligen. Voraussetzung ist allerdings, dass sie den europäischen Werten verpflichtet sind.[31]

III. Charta der Grundrechte der Europäischen Union

1. Art. 10 Abs. 1 GRC – Gedanken-, Gewissens- und Religionsfreiheit. Art. 10 Abs. 1 GRC entspricht wörtlich dem Schutz der Gewissens- und Religionsfreiheit in Art. 9 Abs. 1 EMRK, so dass den Verbürgungen in der Grundrechtecharta gemäß Art. 52 Abs. 3 GRC eine der EMRK entsprechende Bedeutung und Tragweite zukommt.[32]

Auch wenn Art. 10 Abs. 1 GRC begrifflich zwischen der **Gedankenfreiheit,** der **Gewissensfreiheit** und der **Religionsfreiheit** unterscheidet, handelt es sich hierbei lediglich um Binnendifferenzierungen eines einheitlichen Grundrechtstatbestandes.[33] So ist es nicht möglich, die Gedanken-, die Gewissens- und die Religionsfreiheit klar voneinander abzugrenzen. Vielmehr bestehen zahlreiche wechselseitige inhaltliche Verknüpfungen.[34] Satz 2 konkretisiert die einheitliche Grundrechtsgewährleistung des Art. 10 Abs. 1 GRC hinsichtlich der Handlungen, mit denen die Religions- und Weltanschauungsfreiheit nach außen manifestiert wird. Neben der Freiheit des Wechsels der eigenen Religion bzw. Weltanschauung wird die Freiheit, sich durch Gottesdienste, Unterricht, Bräuche und Riten zu der eigenen Religion bzw. Weltanschauung zu bekennen, ausdrücklich genannt. Der Begriff „umfasst" legt nahe, dass die Aufzählung nicht abschließend ist,[35] sondern die erfassten Tätigkeiten nur exemplarisch hervorgehoben werden. Dennoch kommt Art. 10 Abs. 1 GRC nicht der Charakter einer allgemeinen religiösen Handlungsfreiheit zu. Dies folgt aber nicht so sehr aus der ausdrücklichen Nennung bestimmter Erscheinungsformen der Religions- und Weltanschauungsfreiheit,[36] sondern aus einem Vergleich zu Art. 9 EMRK. So verfolgt auch der EGMR eine einschränkende Auslegung, um den Schutzbereich nicht konturenlos werden zu lassen.[37] Diese Herangehensweise ist über Art. 52 Abs. 3 GRC auch bei der Auslegung von Art. 10 Abs. 1 S. 2 GRC zu berücksichtigen

Obwohl es sich um eine einheitliche Grundrechtsgewährleistung handelt, ist eine am Wortlaut orientierte Binnendifferenzierung angezeigt. Hierfür lässt sich u. auf die bekannte Unterscheidung zwischen *forum internum,* dh dem Schutz der inneren Überzeugung, und dem *forum externum,* dh der nach außen gerichteten Manifestierung dieser Überzeugung, zurückgreifen. So ist die **Gedankenfreiheit** aus systematischen Gründen vor der Gewissens- und der Religionsfreiheit aufgeführt, da ihr Schutzbereich dem *forum internum* zuzuordnen ist.[38] Da die Gedanken jedoch *per se* frei sind, der Schutz sich aber auf die Kontrolle und Überprüfung der Gedanken richtet, dürfte die praktische Bedeutung der Gedankenfreiheit gering sein und vor allem im Schutz vor Indoktrinierung und ideologischer Einflussnahme liegen.[39] Denn sobald der Einzelne diesen inneren Bereich verlässt, greifen speziellere Gewährleistungen ein, zB die Meinungsfreiheit oder die Gewissens- und Religionsfreiheit.

Die **Gewissensfreiheit** baut auf der Gedankenfreiheit auf. Sie schütz vor allem das Recht, Entscheidungen auf Grundlage einer inneren Überzeugung, die sich an den Kategorien „gut" und „böse" bzw. „richtig" und „falsch" orientiert, zu treffen und nach ihnen

---

[31] *Schmidt* in Schwarze AEUV Art. 17 Rn. 25.
[32] *Rengeling/Szczekalla* Grundrechte in der EU § 17 Rn. 691; Jarass GRCh Art. 10 Rn. 1; *Augsburg* in von der Groeben/Schwarze/Hatje GRC Art. 10 Rn. 3.
[33] *Waldhoff* in Calliess/Ruffert GRC Art. 10 Rn. 8; *Augsberg* in von der Groeben/Schwarze/Hatje GRC Art. 10 Rn. 2; aA *Streinz* in Streinz GRC Art. 10 Rn. 6; als „unerheblich" offengelassen von *Muckel* in Stern/Sachs GRCh Art. 10 Rn. 8.
[34] *Bernsdorff* in NK-EuGRCh GRCh Art. 10 Rn. 11.
[35] Jarass GRCh Art. 10 Rn. 7.
[36] So *Augsberg* in von der Groeben/Schwarze/Hatje GRC Art. 10 Rn. 8.
[37] Vgl. *Muckel* in Stern/Sachs GRCh Art. 10 Rn. 30.
[38] *Blum* S. 166.
[39] *Waldhoff* in Calliess/Ruffert GRC Art. 10 Rn. 9.

zu leben.⁴⁰ Damit ist, wie auch bei der Gedankenfreiheit, zunächst das *forum internum* erfasst. Da aber auch die Ausrichtung des eigenen Lebens nach diesen Grundsätzen in den Schutzbereich fällt und damit alle vom Gewissen geleiteten Handlungen, ist die Gewissensfreiheit auch auf das *forum externum* gerichtet. Einschränkungen des Schutzbereiches können sich allenfalls aus strengeren Anforderungen an die Darlegungslast ergeben, um einer Entgrenzung des Schutzbereichs entgegenzuwirken. Allerdings hat sich weder in der Praxis noch in der Literatur ein einheitlicher Maßstab durchsetzen können.⁴¹

Den Kern der grundrechtlichen Gewährleistung des Art. 10 Abs. 1 GRC bildet jedoch **17** die Freiheit des Glaubens, die sowohl dem Begriff der **Religionsfreiheit** als auch dem der **Weltanschauungsfreiheit** zu Grunde liegt.⁴² Erfasst ist aber nicht nur die positive, sondern auch die negative Ausprägung der Glaubensfreiheit und damit die Freiheit, nicht zu glauben, bzw. die des Unglaubens als **negative Religionsfreiheit.** Art. 10 Abs. 1 GRC schützt mithin auch „Atheisten, Agnostiker, Skeptiker und Unbeteiligte",⁴³ ohne dass sich aus diesem Schutz ein **Staatskirchenverbot** ableiten ließe. Dies folgt nicht nur aus Art. 9 EMRK iVm Art. 52 Abs. 3 GRC,⁴⁴ sondern unter systematischen Gesichtspunkten auch aus dem in Art. 17 AEUV statuierten Achtungsgebot (→ Rn. 10). Obwohl Staatskirchen mit Art. 10 Abs. 1 GRC vereinbar sind, dürfen Glaubensinhalte aus Gleichbehandlungsgründen (Art. 21 Abs. 1 GRC) jedoch weder vorgeschrieben noch privilegiert werden. Zentraler Bestandteil der Religionsfreiheit ist ferner die **Freiheit des Bekenntnisses und der Religionsausübung.** Insbesondere die in Abs. 1 S. 2 genannten Begrifflichkeiten „Bräuche" und „Riten" im Kontext der explizit erwähnten Weltanschauungsfreiheit verdeutlichen, dass nicht nur religiöse, sondern auch nichtreligiöse Bekenntnisformen von der Ausübungsfreiheit erfasst werden. Dies entspricht auch der Rechtsprechung zu Art. 9 EMRK.⁴⁵

Umstritten ist hingegen, inwieweit Art. 10 Abs. 1 GRC auch korporative Elemente der **18** Religionsfreiheit schützt. Davon abzugrenzen ist wiederum die **kollektive Religionsfreiheit,** dh zum einen die individuelle Freiheit, sich mit anderen zu einer Kirche oder Religionsgemeinschaft zusammenzuschließen, und zum anderen ein grundrechtlich gesicherter Freiheitsbereich für die Kirchen selbst. Obwohl der Verfassungskonvent, auf dessen Vorschlag die Formulierung von Art. 10 Abs. 1 GRC zurückgeht, Forderungen nach einer ausdrücklichen Verankerungen korporativer Gewährleistungen zurückgewiesen hat,⁴⁶ lassen sich solche unter Rückgriff auf Art. 9 EMRK begründen,⁴⁷ da der EGMR mittlerweile den Kern eines kirchlichen Selbstverwaltungsrechts, insbesondere in Bezug auf ihre innere Organisationshoheit, anerkennt.⁴⁸ Der Status der Kirchen wird jedoch vor allem durch die Mitgliedstaaten geregelt. Dementsprechend ist die Konfliktlage zwischen Europäischer Union, Mitgliedstaaten und Kirchen auch eine andere als im Fall der EMRK, die die Kirchen vor Übergriffen durch die Konventionsstaaten schützen soll. Diesem Umstand trägt

---

40 Diese Konkretisierung der Gewissensfreiheit basiert auf der Rechtsprechung des BVerfG zu Art. 4 Abs. 1 GG; vgl. BVerfGE 12, 45 (55), BVerfG NJW 1993, 455 – stRspr. Sie lässt sich jedoch auf Art. 10 Abs. 1 GRC übertragen; *Muckel* in Stern/Sachs GRCh Art. 10 Rn. 13.
41 Für erhöhte Anforderungen an die Darlegungslast plädieren *Waldhoff* in Calliess/Ruffert GRC Art. 10 Rn. 9; Jarass GRCh Art. 10 Rn. 12; weniger einschränkend demgegenüber *Walter* in Dörr/Grothe/Marauhn Kap. 17 Rn. 22, der davor warnt, überspannte Anforderungen zu stellen.
42 Zur Abgrenzung zwischen Religion und Weltanschauung siehe *Muckel* in Stern/Sachs GRCh Art. 10 Rn. 21.
43 EGMR 25.5.1993 – 14307/88 Rn. 31 – Kokkinakis/Griechenland; vgl. auch EGMR 15.2.2001 – 42393/98, NJW 2001, 2871 – Dahlab/ Schweiz.
44 Vgl. für Art. 9 EMRK zB EKMR 8.3.1976 – 7374/76, D. R. 5, 157 – X./Dänemark.
45 Aus der neueren Rspr. vgl. EGMR 27.6.2000 – 27417/95, RJD 2000 VII, 195 – Cha'are Shalom Ve Tsedek/Frankreich; EGMR 15.2.2001 – 42393/98, NJW 2001, 2871 – Dahlab/Schweiz.
46 Vgl. *Bernsdorff* in NK-EuGRCh GRCh Art. 10 Rn. 13; *Hölscheidt/Mund* S. 1089.
47 *Muckel* in Stern/Sachs GRCh Art. 10 Rn. 43 f.
48 EGMR 26.10.2000 (GK) – 30985/96 Rn. 60 ff. – Hasan und Chaush/Bulgarien; EGMR 13.2.2001 – 45701/99 Rn. 118 – Metropolitan Church of Bessarabia/Moldawien; EGMR 17.10.2002 – 50776/99 Rn 52 – Agga/Griechenland.

§ 33　6. Abschnitt. Kommunikationsgrundrechte

auch Art. 17 AEUV Rechnung, der die mitgliedstaatlichen Rechtsordnungen vor etwaigen Übergriffen durch das Unionsrecht schützt. Sollte die Union jedoch Rechtsakte erlassen, die den Kernbereich des Selbstbestimmungsrechts betreffen, so spricht im Lichte der Rechtsprechung des EGMR nichts dagegen, dass auch Art. 10 Abs. 1 GRC Grundrechtsschutz gewährleistet.

19　Das Grundrecht aus Art. 10 Abs. 1 GRC steht jeder natürlichen Person unabhängig von ihrer Staatsbürgerschaft zu. Die kollektive Religionsfreiheit berechtigt zudem **Personenvereinigungen,** vor allem **juristische Personen.** Wegen ihres ausschließlich individuellen Charakters sind die Gedanken- und Gewissensfreiheit hingegen auf natürliche Personen als Grundrechtsträger beschränkt[49] (näher zur Grundrechtsberechtigung → § 9 Rn. 2 ff.). Die Grundrechtsgewährleistung des Art. 10 Abs. 1 GRC hat in erster Linie die Funktion eines **Abwehrrechts**[50] (allg. zu dieser Funktion → § 8 Rn. 1 ff.). Darüber hinaus unterliegen die Adressaten einem **Rücksichtnahmegebot** und der Verpflichtung zur **Schaffung rechtlicher Sicherungen,** wenn das Grundrecht ansonsten nicht effektiv ausgeübt werden könnte.[51] Art. 10 GRC kann sich schließlich zu einer positiven Verpflichtung verdichten, gegen störende Dritte einzuschreiten[52] (zur Schutzpflichtendimension → § 8 Rn. 7 ff.). Diese positive Handlungspflicht ist jedoch im Lichte des durch Art. 10 Abs. 1 GRC zu gewährenden gesellschaftlichen Pluralismus auszulegen. Sie bietet keine Grundlage für Unterlassungsansprüche gegen Religionsausübungen, dh sie darf weder im Sinne eines umfassenden Laizismus in Stellung gebracht werden noch gegen als „fremd" empfundene Religionen und deren gesellschaftlicher Manifestationen, auch nicht mit dem Argument, den religiösen Frieden zu sichern, da „fremde" Religionsausübung – egal aus welcher Perspektive die Fremdheit bestimmt wird – zu tolerieren ist.[53]

20　Aufgrund der inhaltlichen Nähe zur Gewissensfreiheit wurde das **Recht auf Wehrdienstverweigerung aus Gewissensgründen** in Art. 10 Abs. 2 GRC angesiedelt. Weil diesem Grundrecht jedoch keine **materiell-rechtlichen Kompetenzen der Union** im Primärrecht gegenüberstehen, ist die praktische Relevanz als gering einzustufen.[54] So werden die Mitgliedstaaten durch Art. 10 Abs. 2 GRC in keiner Weise gebunden, da die Gewährleistung an sich sowie ihr Umfang sich nach den einzelstaatlichen Gesetzen richtet. Das Recht auf Wehrdienstverweigerung kann allenfalls im Zusammenhang mit militärischen Einsätzen der Union auf Grundlagen von Art. 42 Abs. 1 EUV-Lissabon relevant werden.[55]

21　**2. Art. 21 Abs. 1 GRC – Diskriminierungsverbot wegen der Religion oder Weltanschauung.** Die zunehmenden Auseinandersetzungen um religiöse Symbole – entweder in der Öffentlichkeit, im öffentlichen Dienst oder in privaten Arbeitsverhältnissen – führen zu einer Akzentverschiebung in der Auseinandersetzung um die Gewährleistung religiöser Freiheit als Voraussetzung eines echten gesellschaftlichen Pluralismus. Gerade die Auseinandersetzung um das Kruzifix in Klassenzimmern ließe sich zwar noch als Konflikt zwischen der positiven Religionsfreiheit einer christlich geprägten Gesellschaft, der negativen Religionsfreiheit derjenigen, die diesen Glauben ablehnen, und dem Umfang der Neutralitätspflicht des Staates konstruieren.[56] Der dahinterstehende Konflikt zwischen Christentum und Atheismus ist jedoch ein zweipoliger, der mittlerweile dadurch aufgebrochen wird, dass

---

[49] *Bernsdorff* in NK-EuGRCh GRCh Art. 10 Rn. 15.
[50] Dieses Abwehrrecht richtet sich allerdings nicht gegen die Kirche, auch nicht gegen eine Staatskirche, sondern gegen den Staat; siehe EKMR 8.3.1976 – 7374/76, D. R. 5, 8 – X./Dänemark.
[51] Jarass GRCh Art. 10 Rn. 18.
[52] Siehe EKMR 14.7.1980 – 8282/78, D. R. 21, 109 – Church of Scientology/Schweden; EKMR 6.9.1989 – 12242/86, D. R. 60, 272 – Rommelfanger/Deutschland.
[53] *Augsberg* in von der Groeben/Schwarze/Hatje GRC Art. 10 Rn. 11.
[54] Vgl. *Bernsdorff* in NK-EuGRCh GRCh Art. 10 Rn. 16, Art. 9 Rn. 7, Art. 14 Rn. 14.
[55] *Waldhoff* in Calliess/Ruffert GRC Art. 10 Rn. 15; *Folz* in HK-UnionsR GRC Art. 10 Rn. 5.
[56] So nicht nur der Ansatz des BVerfG im BVerfGE 93, 1 (15 ff.) („Kruzifix-Beschluss"), sondern auch des EGMR im Verfahren um Kruzifixe in italienischen Schulen vgl. EGMR 18.3.2011 (GK) – 30814/06 Rn. 59 ff., NVwZ 2011, 737 (739) – Lautsi ua/Italien.

auch andere Religionen, insbesondere der Islam, fester Bestandteil europäischer Gesellschaften werden. Dadurch werden auch die Fragen der Gleichbehandlung religiöser Symbole drängender. Diese Problematik manifestiert sich ua auch in den zahlreichen Auseinandersetzungen um das Tragen religiös motivierter Kopftücher und dem sog Burka-Verbot, dem ebenfalls eine Diskriminierungsdimension innewohnt, die sich auf die Religion bezieht.[57] Diese Gleichheitsdimension in Bezug auf die Symbole der in einer Gesellschaft vertretenen Religionen findet ihren grundrechtlichen Ausdruck in Art. 21 Abs. 1 GRC. Danach sind **Diskriminierungen wegen der Religion oder der Weltanschauung, der politischen oder sonstigen Anschauung** seitens der Union verboten (→ § 49 Rn. 61 ff.). Der für die Vorschrift zentrale Begriff der „Anschauung" ist weit zu verstehen. Neben dem Haben einer solchen Anschauung, ist auch die Äußerung erfasst. Das Verbot der Diskriminierung setzt eine solche Äußerung zwangsläufig voraus, da nur sie Anknüpfungspunkt für diskriminierende Reaktion sein kann.[58] **Grundrechtsträger** (näher dazu → § 9 Rn. 2 ff.) sind alle natürlichen Personen. Juristische Personen und Personenvereinigungen sind ebenfalls Grundrechtsträger im Falle von Diskriminierungen aufgrund der Religion, der Weltanschauung oder sonstiger Anschauungen.

Nach ständiger Rechtsprechung des EuGH liegt eine **Diskriminierung** vor, wenn 22 unterschiedliche Vorschriften auf gleiche Sachverhalte angewandt werden oder wenn dieselbe Vorschrift auf ungleiche Sachverhalte angewandt wird.[59] Das Verbot erfasst nicht nur unmittelbare, sondern auch mittelbare Diskriminierungen.[60] Das ist für das in Art. 19 AEUV niedergelegte Verbot der Diskriminierung aus Gründen der Staatsangehörigkeit anerkannt und trifft daher auch auf Art. 21 Abs. 2 GRC zu, der dieser Vorschrift entspricht.[61] Auch die im Kontext religiöser Freiheit relevante Antidiskriminierungsrichtlinie 2000/78/EG erfasst beide Diskriminierungsarten.

3. Art. 14 Abs. 3 GRC – Elternrecht auf religiöse Erziehung. Gemäß Art. 14 Abs. 3 23 GRC wird das Recht der Eltern, die Erziehung und den Unterricht ihrer Kinder entsprechend ihren eigenen religiösen und weltanschaulichen Überzeugungen sicherzustellen, nach den einzelstaatlichen Gesetzen geachtet, die die Ausübung regeln. Das Recht der Eltern, ihre Kinder zu erziehen und ihren Unterricht zu gestalten, ist ausdrücklich bezogen auf die religiösen und weltanschaulichen Überzeugungen. Sie haben jedoch keinen Anspruch darauf, dass die Union oder die Mitgliedstaaten einen Unterricht schaffen, der ihren Überzeugungen Rechnung trägt. Diese Garantie steht in engem Zusammenhang mit dem in Art. 24 Abs. 1 S. 3 GRC vorgesehenen Recht der Kinder. Nach dieser Vorschrift ist die **Meinung der Kinder** auch in religiösen und weltanschaulichen Angelegenheiten so zu berücksichtigen, wie es ihrem Alter und Reifegrad entspricht. Die Meinung der Kinder erlangt also mit zunehmendem Alter und Reifegrad eine immer größere Bedeutung im Verhältnis zum **Erziehungsrecht der Eltern.**

4. Art. 22 GRC – Achtung der Vielfalt der Religionen. Gemäß Art. 22 GRC achtet 24 die Union die Vielfalt der Kulturen, Religionen und Sprachen. Diese Formulierung hebt sich deutlich von den **Verfassungen der Mitgliedstaaten** ab, die nur in seltenen Fällen Aussagen mit einer Betonung der Vielfalt enthalten.[62] Die Wahl des Begriffs der „Vielfalt" der Kulturen, Religionen und Sprachen verdeutlicht, dass nicht der Schutz bestimmter

---

[57] Normalerweise werden Fragen der Diskriminierung im Kontext des sog „Burka-Verbots" in Bezug eine etwaige Diskriminierung der sich vollverschleiernden Frauen aus Gründen des Geschlechts diskutiert; vgl. *Schadendorf,* (Un-)Verschleierte Diskriminierung, 9.7.2014, abrufbar unter https://www.juwiss.de/88-2014/ (zuletzt besucht am: 17.8.2017). Der Auseinandersetzung liegt aber auch eine Gleichbehandlungsproblematik in Bezug auf religiöse Symbole zu Grunde: siehe hierzu und der dem „Kopftuchverbot" zu Grunde liegenden Gleichbehandlungsproblematik *Finke* S. 48 ff.
[58] *Hölscheidt* in NK-EuGRCh GRCh Art. 21 Rn. 38.
[59] EuGH C-411/96, Slg. 1998, I-6401 Rn. 39 – Boyle ua/Equal Opportunities Commission.
[60] Ausführlich zu diesen Begriffen *Hölscheidt* in NK-EuGRCh GRCh Art. 21 Rn. 28.
[61] *Grabenwarter* DVBl 2001, 1 (6).
[62] Siehe *Hölscheidt/Mund* S. 1091.

Kulturen, Religionen und Sprachen im Vordergrund steht, sondern die Bedeutung ihrer Unterschiedlichkeit herausgehoben werden soll. Hier wird der **pluralistische Ansatz** der Grundrechtecharta deutlich. Dieser Befund wird bestärkt durch die **Präambel der Grundrechtecharta,** die keinen Gottesbezug vorsieht, sondern sich auf einen Hinweis auf das „geistig-religiöse und sittliche Erbe der Union" beschränkt.

25 Das Gebot, die Vielfalt zu achten, beinhaltet die Rechtspflicht der Union, Beeinträchtigungen der Vielfalt zu unterlassen. Art. 22 GRC ist als **objektiv-rechtlicher Grundsatz** zu verstehen, der die Organe in ihrer Kompetenzausübung dahingehend beschränkt, dass sie sich im Zweifelsfalle für die Achtung der kulturellen, religiösen und sprachlichen Vielfalt zu entscheiden haben.[63] Aufgrund dieser Schutzrichtung, deren Kern die kulturelle Unterschiedlichkeit ist, lässt sich der Bestimmung **keine Minderheitenschutzklausel** entnehmen.[64] Subjektive Rechte für Angehörige nationaler Minderheiten können dem Artikel also nicht entnommen werden[65] (→ § 50 Rn. 60).

C. Beeinträchtigung

26 Die Gewissens- und Religionsfreiheit ist gem. Art. 51 Abs. 1 GRC sowohl gegenüber **Beeinträchtigungen der Gemeinschaftsorgane** als auch gegenüber **Handlungen der Mitgliedstaaten** bei der Durchführung des Unionsrechts gewährleistet. Der Begriff der Durchführung und damit die Bindung der Mitgliedstaaten an die GRC ist durch die Rechtsprechung des EuGH in *Åckerberg Fransson* jedoch extensiv ausgelegt worden.[66] Verbindet man diesen Ansatz mit den in der Rechtssache *Melloni* aufgestellten Grundsätzen,[67] würden alle nationalen Rechtsakte, die in den Kompetenzbereich der Union fallen, am Maßstab der GRC zu messen sein, wobei die nationalen Grundrechte keinen darüber hinausgehenden Grundrechtsschutz vermitteln dürften. Allerdings zeichnet sich ab, dass der EuGH seine Rechtsprechungslinie modifiziert[68] (näher zur Bindung auch der Mitgliedstaaten an die Gemeinschaftsgrundrechte → § 9 Rn. 24 ff.). Eine Beeinträchtigung des Gewährleistungsgehalts der Religionsfreiheit bzw. der Gewissensfreiheit erfolgt in der Regel durch **direkte und zielgerichtete Eingriffe.** In diesen Fällen werden die geschützten Verhaltensformen unmittelbar be- oder verhindert. Da die Union jedoch über keine Kompetenz im Bereich der Religionspolitik verfügt,[69] sind in Bezug auf die Religionsfreiheit **mittelbare Wirkungen** deutlich wahrscheinlicher, so etwa bei der Versagung von Arbeits- und Aufenthaltserlaubnissen, mit der (auch) das Ziel verfolgt wird, die Aktivität einer Glaubensgemeinschaft zu behindern.[70] Wird die freie Religionsausübung bewusst und zweckgerichtet eingeschränkt, wird man auch in solchen Fällen eine Beeinträchtigung nicht von der Hand weisen können. Den Eingriffscharakter wird man allenfalls bei unbeabsichtigten oder sogar unvorhersehbaren Folgewirkungen für die Gewissens- und Religionsfreiheit verneinen können.[71] Sehr viel häufiger werden Beeinträchtigungen sein, in denen das Verbot der Diskriminierung aus Gründen der Religion und Weltanschauung im

---

[63] *Kröll* in Holoubek/Lienbacher, GRC-Kommentar, GRC Art. 22 Rn. 9; *Hölscheidt* in NK-EuGRCh GRCh Art. 22 Rn. 17; aA *Rengeling/Szczekalla* Grundrechte in der EU § 27 Rn. 984, die zumindest ein subjektives Recht auf Vielfalt „in ganz weiten Grenzen" anerkennen wollen.
[64] Vgl. *Nettesheim* Integration 2002, 35 (39).
[65] *Grabenwarter* DVBl 2001, 1 (6); *Hölscheidt/Mund* S. 1091 f.
[66] EuGH C-617/10, ECLI:EU:C:2013:280 Rn 19 ff. – Åklagaren/Åkerberg Fransson.
[67] EuGH C-399/11, ECLI:EU:C:2013:107 Rn. 55 – Stefano Meloni/Ministerio Fiscal.
[68] EuGH C-206/13, ECLI:EU:C:2015:60 Rn. 20 ff. – Cruciano Siragusa/Regione Sicilia; EuGH C-117/14, ECLI:EU:C:2014:126 Rn. 31 ff. – Nisttahuz Poclava/Ariza Toledano; EuGH C-198/13, ECLI:EU: C:2014:2055 Rn. 33 f. – Victor Manuel Julian Hernández ua/Reino de España ua.
[69] *Weber* S. 1485; *Herbolsheimer* S. 91.
[70] Siehe etwa EKMR 17.12.1968 – 3798/68, Yearbook of the European Convention on Human Rights 12 (1969), 306 – Church of X./Vereinigtes Königreich; EKMR 19.3.1981 – 8118/77, D. R. 25, 105 – Omkaranda und Devine Light Zentrum/Schweiz (Ausweisung eines Sektenführers); siehe auch die Besprechung dieser Entscheidungen bei *Blum* S. 99 ff.
[71] *Blum* S. 99 f.

D. Rechtfertigung

Art. 52 GRC statuiert Anforderungen an die Rechtfertigungen von Eingriffen. In Bezug auf Garantien der Grundrechtecharta, die den in der EMRK niedergelegten Rechten entsprechen, gilt allerdings nicht Art. 52 Abs. 1 GRC. Vielmehr ist Art. 52 Abs. 3 GRC als *lex specialis* einschlägig, dh es gelten die Rechtfertigungsanforderungen der EMRK. Dies dient nicht nur der Verhinderung von Divergenzen zwischen inhaltlich gleichlautenden Grundrechtsgewährleistungen und damit drohender Inkohärenz des europäischen Menschenrechtsschutzes. Gleichzeitig soll ein Rückgriff auf Art. 52 Abs. 1 GRC für Fälle unterbunden werden, in denen die EMRK höhere Rechtfertigungsanforderungen aufstellt als dies in Art. 52 Abs. 1 GRC der Fall ist. 27

Soweit die Rechte aus Art. 10 GRC mit denen aus Art. 9 EMRK übereinstimmen, haben sie mithin nach der **Einschränkungsregel** des Art. 52 Abs. 3 GRC eine entsprechende Bedeutung und Tragweite. Eine solche Übereinstimmung besteht für die in Art. 10 Abs. 1 GRC garantierte Gedanken-, Gewissens- und Religionsfreiheit. Einschränkungen dieser Gewährleistungen müssen sich daher nach Art. 9 Abs. 2 EMRK richten. Diese Bestimmung enthält einen umfangreichen **Schrankenvorbehalt.** Die Beschränkung muss gesetzlich vorgesehen sein und sie muss zum Schutz eines der aufgelisteten Ziele „in einer demokratischen Gesellschaft notwendig sein."[72] Dieser Schrankenvorbehalt entspricht den Einschränkungen der Art. 8 Abs. 2 EMRK, Art. 10 Abs. 2 EMRK und Art. 11 Abs. 2 EMRK. Der aus Art. 9 Abs. 2 EMRK bestimmte Schrankenvorbehalt des Art. 10 Abs. 1 GRC bezieht sich allerdings nur auf die in Art. 10 Abs. 1 S. 2 GRC garantierte **Ausübungsfreiheit,** also das *forum externum.* Für Eingriffe in die Gedanken-, Gewissens- und Religionsfreiheit, soweit sie das *forum internum* betreffen, sowie das Recht, Religion oder Weltanschauung zu wechseln, enthält Art. 9 EMRK keine Vorgaben. Die „innere" Religionsfreiheit gilt also schrankenlos, die „äußere" ist dagegen beschränkbar.[73] 28

Art. 9 Abs. 2 EMRK formuliert **Eingriffsvoraussetzungen,** die auf den besonderen Schutzgegenstand, also die Ausübungsfreiheit, zugeschnitten sind. Ein entsprechender Eingriff ist nur dann gerechtfertigt, wenn er gesetzlich vorgesehen ist, einem der enumerativ aufgezählten **Eingriffszielen** dient („für die öffentliche Sicherheit, zum Schutz der öffentlichen Ordnung, Gesundheit oder Moral oder zum Schutz der Rechte und Freiheiten anderer") und einer **Verhältnismäßigkeitsprüfung** standhält („in einer demokratischen Gesellschaft notwendig").[74] 29

Erste Voraussetzung des Art. 9 Abs. 2 EMRK ist, dass die **Einschränkungen vom Gesetz vorgesehen** sind. Es muss also eine Ermächtigungsgrundlage vorhanden sein, die Art und Ausmaß des Eingriffs regelt.[75] Entscheidend ist, dass es sich um eine hinreichend bestimmte abstrakt-generelle Regelung handelt, wobei die EGMR-Rechtsprechung mit dem Kriterium der hinreichenden Bestimmtheit recht großzügig verfährt.[76] 30

Einschränkungen der Religionsfreiheit aufgrund eines Gesetzes sind zunächst im Interesse der **öffentlichen Sicherheit und Ordnung** zulässig. Diese Begriffe decken alle Maßnahmen ab, die zur Aufrechterhaltung der Rechtsordnung getroffen werden, auch solche, die der Aufdeckung und Verhinderung künftiger Straftaten dienen.[77] Der Schutz der **Gesundheit** ist nicht nur als ein kollektives Schutzgut zu verstehen, vielmehr dient es auch 31

---

[72] Siehe hierzu *Walter* in Dörr/Grothe/Marauhn Kap. 17 Rn. 129 ff.
[73] *Uerpmann-Wittzack* in Ehlers GuG § 3 Rn. 34.
[74] Auf die Bedeutung einer umfassenden Güter- und Interessenabwägung verweisen *Rengeling/Szczekalla* Grundrechte in der EU § 17 Rn. 698.
[75] Vgl. EGMR 25.3.1983 – Series A no. 61, S. 33 Rn. 86 = EuGRZ 1984, 147 (150) – Silver ua.
[76] *v. Ungern-Sternburg* in Karpenstein/Mayer EMRK Art. 10 Rn. 35.
[77] Siehe hierzu *v. Ungern-Sternburg* S. 65 ff.; *Walter* in Dörr/Grothe/Marauhn Kap. 17 Rn. 129 ff.

dem Schutz von Individualinteressen. In diesem Sinne hat die Europäische Kommission für Menschenrechte den Schutz der Gesundheit im Fall eines gläubigen Sikh, der sich aus religiösen Gründen weigerte, anstelle eines Turbans einen Motorradhelm zu tragen, zur Rechtfertigung der Helmtragepflicht von Motorradfahren herangezogen.[78] Noch schwieriger ist es, den Eingriffszweck der **Moral** angemessen zu erfassen. Der Europäische Gerichtshof für Menschenrechte räumt den Vertragsstaaten daher einen großen Beurteilungsspielraum bei der Bestimmung des Bereichs ein, der auf der Grundlage von Moralvorstellungen für schützenswert erachtet wird.[79] Der Eingriffsvorbehalt zum **Schutz der Rechte und Freiheiten anderer** bringt den Grundsatz Ausdruck, dass innerhalb einer Rechtsgemeinschaft Rechte des Einzelnen nicht grenzenlos gewährleistet werden können, sondern mit den Rechten und Freiheiten anderer in Einklang gebracht werden müssen.[80]

32 Mit Blick auf die sehr weit gefassten Eingriffsvorbehalte, die ein breites Spektrum möglicher Eingriffe abdecken, interpretieren die Konventionsorgane die Klausel „notwendig in einer demokratischen Gesellschaft" als Erfordernis der **Prüfung der Verhältnismäßigkeit.** Es muss ein „dringendes soziales Bedürfnis" bestehen, dass der Staat zur Verfolgung eines der Ziele des Schrankenkatalogs tätig wird.[81] Im Rahmen dieser Prüfung wird den staatlichen Stellen ein **Beurteilungsspielraum** eingeräumt, der wiederum durch den Grundsatz der Verhältnismäßigkeit beschränkt und korrigiert wird. Der Umfang des Beurteilungsspielraumes und die Strenge der Verhältnismäßigkeitsprüfung variieren, wobei insbesondere der Einheitlichkeit der Rechts- und Lebensverhältnisse in den Vertragsstaaten – auch als *common ground* bezeichnet – eine besondere Bedeutung zukommt.[82] Mit fortschreitender Vereinheitlichung der Rechtsverhältnisse in den Mitgliedstaaten dürfte es deshalb immer schwieriger werden, einzelne Standards, die vom gemeinsamen Standard abweichen, als notwendig in einer demokratischen Gesellschaft zu rechtfertigen.[83] In Bezug auf die Religionsfreiheit besteht allerdings insofern eine Besonderheit, als dass sich in den Mitgliedstaaten in vielen Aspekten gerade kein gemeinsamer Standard entwickelt hat. Dementsprechend zeichnet sich die Rechtsprechung des EGMR gerade in gesellschaftlich sensiblen Fragen dadurch aus, dass er den Konventionsstaaten einen sehr weitgehenden Beurteilungsspielraum hinsichtlich der Organisation des religiösen Lebens einräumt.[84] Dies steht zwar in einem Spannungsverhältnis zu der Aussage, dass Religionsfreiheit Voraussetzung für die Gewährleistung eines echten Pluralismus sei und dieser notwendige Bedingung für demokratische Staatlichkeit,[85] entspricht aber dem gegenwärtigen Stand der EMRK-Rechtsprechung. Ausgehend davon, ist die Forderung aufgestellt worden, dass auch der EuGH den Mitgliedstaaten im Rahmen des Art. 10 Abs. 1 GRC einen solchen Beurteilungsspielraum gewährt.[86] Dabei erscheint ein solcher aus systematischen Gründen zunächst nicht notwendig. Schließlich verpflichtet Art. 10 Abs. 1 GRC die Union und nicht unmittelbar die Mitgliedstaaten. Dementsprechend bedarf es auch keines Art. 9 EMRK entsprechenden Beurteilungsspielraums. Dies gilt auch dann, wenn die Mitgliedstaaten mittelbar über Art. 51 Abs. 1 S. 1 GRC bei der Durchführung des Rechts der Union die Gewährleistungen der GRC berücksichtigen müssen. Überlegungen zu einem

---

[78] EKMR 12.7.1978 – 7992/77, Yearbook of the European Convention on Human Rights 4 (1961), 198 (216) – X/Vereinigtes Königreich.
[79] EGMR 7.12.1976 – Series A no. 24 Rn. 48 = EuGRZ 1977, 38 (41) – Handyside/Vereinigtes Königreich; ausführlich dazu *Blum* S. 114 ff.
[80] *Blum* S. 118 f.
[81] EGMR 7.12.1976 – Series A no. 24 Rn. 48 = EuGRZ 1977, 38 (41) – Handyside/Vereinigtes Königreich.
[82] Zum Zusammenhang zwischen common ground und Beurteilungsspielraum siehe *Letsas* OJLS 26 (2006), 705 (724 ff.).
[83] So *Blum* S. 125.
[84] EGMR 10.5.2005 (GK) – 44774/98, NVwZ 2006, 1389 (1392) – Şahin/Türkei; EGMR 18.3.2011 (GK) – 30814/06 Rn. 68 ff. – Lautsi/Italien; EGMR 1.7.2014 (GK) – 43835/11 Rn. 156, NJW 2014, 2932 – S. A. S./Frankreich.
[85] *Finke* NVwZ 2010, 1127 (1129).
[86] *Augsburg* in von der Groeben/Schwarze/Hatje GRC Art. 10 Rn. 1.

Beurteilungsspielraum im Rahmen von Art. 10 Abs. 1 GRC sind erst dann angezeigt, wenn der EuGH an einer extensiven Auslegung des Merkmals „Durchführung" festhalten sollte und damit jegliches nationales Recht erfasst wird, das in den Anwendungsbereich der Unionsverträge fällt.

Da der Wehrdienstverweigerung keine materiell-rechtliche Kompetenz der Union im Primärrecht gegenübersteht, sind Eingriffe in Art. 10 Abs. 2 GRC durch die Union nach der derzeitigen Sach- und Rechtslage kaum möglich. Dementsprechend dürfte es faktisch nicht zu Situationen kommen, in denen Eingriffe durch die Union gerechtfertigt werden müssen. Unabhängig davon gilt systematisch Folgendes: Hat ein Mitgliedstaat eine solche Gewährleistung in seine Rechtsordnung aufgenommen, so unterwirft er diese auch der rechtlichen Ausgestaltung und damit Beschränkungen. Solche nationalen Schrankenvorbehalte treten zu der allgemeinen Grundrechtsschranke des Art. 52 Abs. 1 GRC hinzu. Da aber die EMRK das in Art. 10 Abs. 2 GRC niedergelegte Recht auf Wehrdienstverweigerung nicht kennt, finden Art. 52 Abs. 3 GRC und damit die Schranken und Negativdefinitionen der EMRK keine Anwendung.[87]

E. Verhältnis zu anderen Bestimmungen

Art. 10 GRC ist *lex specialis* zu den anderen Grundrechten mit kommunikativem Gehalt. Insbesondere im Verhältnis zu der in Art. 11 Abs. 1 GRC niedergelegten Freiheit der **Meinungsäußerung** (näher zu dieser Freiheit → § 27) ist Art. 10 GRC spezieller, soweit es um einen religiösen oder weltanschaulichen Zweck der jeweiligen Bestimmung geht.[88] Art. 10 GRC ist zudem Sondervorschrift gegenüber der in Art. 12 Abs. 1 GRC normierten **Versammlungs- und Vereinigungsfreiheit** (näher dazu → §§ 31 u. 32), wenn der mit der Vereinigung verfolgte gemeinsame Zweck religiös oder weltanschaulich bedingt ist.[89] Das elterliche Erziehungsrecht hat in Bezug auf den **schulischen Religionsunterricht** in Art. 14 Abs. 3 GRC eine Spezialregelung gefunden. Schließlich steht Art. 10 GRC auch in engem Zusammenhang mit der besonderen **Gleichheitsgarantie** des Art. 21 Abs. 1 GRC („Nichtdiskriminierung").

F. Ausblick

In der Vergangenheit kam der Religionsfreiheit eine nur geringe praktische Bedeutung zu.[90] Sachverhalte mit religiösen und weltanschaulichen Bezugspunkten wurden im Kontext der Grundfreiheiten erörtert und damit unionsrechtlich aus Gleichbehandlungsperspektive wahrgenommen. Mangels einer religionspolitischen Zuständigkeit der Union wird sich hieran aller Voraussicht nach auch in Zukunft nichts Grundlegendes ändern. Zwar werden aufgrund des zunehmenden religiösen Pluralismus insbesondere Auseinandersetzungen um religiöse Symbole wie zB das Kopftuch, das von muslimischen Frauen als Ausdruck ihres Glaubens getragen wird, zunehmen. Allerdings werden zumindest unionsrechtlich auch in diesem Zusammenhang die Gleichbehandlungsperspektive und damit das Diskriminierungsverbot der primäre rechtliche Ansatzpunkt sein. Dies zeigt sich ua in den Grundsatzentscheidungen des EuGH zur Frage eines „Kopftuchverbots" im Rahmen pri-

---

[87] Hier zeigt sich das grundsätzliche Problem in Bezug auf die Reichweite des Art. 52 Abs. 3 GRC. So enthielt die EMRK nach allgemeiner Ansicht kein Grundrecht auf Wehrdienstverweigerung, so dass die Schrankenregelung des Art. 52 Abs. 1 GRC Anwendung findet; vgl. *Waldhoff* in Calliess/Ruffert GRC Art. 10 Rn. 15. Mittlerweile bildet sich jedoch eine EMRK Judikatur heraus, die einen solches Recht anerkennt; vgl. *v. Ungern-Sternburg* in Karpenstein/Mayer EMRK Art. 10 Rn. 12. Dies hat wiederum in der Literatur dazu geführt, dass auf Art. 10 Abs. 2 GRC doch Art. 52 Abs. 3 GRC angewendet wird; *Bezemek/Blaunsteiner* in Holoubek/Lienbacher, GRC-Kommentar, GRC Art. 22 Rn. 9.
[88] *Rengeling/Szczekalla* Grundrechte in der EU § 17 Rn. 693.
[89] *Knecht* in Schwarze GRC Art. 10 Rn. 10; Jarass GRCh Art. 10 Rn. 5.
[90] *Waldhoff* in Calliess/Ruffert GRC Art. 10 Rn. 6; *Augsberg* in von der Groeben/Schwarze/Hatje GRC Art. 10 Rn. 5.

vater Arbeitsbeziehungen und dessen Vereinbarkeit mit Richtlinie 2000/78/EG und dem darin statuierten Diskriminierungsverbot aus religiösen Gründen.[91] In diesem Zusammenhang können zukünftig auch Fragen eines Beurteilungsspielraums relevant werden, der im Rahmen von Art. 9 EMRK regelmäßig Berücksichtigung findet (→ Rn. 32).

---

[91] In EuGH C-157/2015, ECLI:EU:C:2017:203 – Achbita ua/G4S Secure Solutions NV hat der EuGH in einer internen Neutralitätsregel eines Arbeitgebers, die unterschiedslos alle religiösen, philosophischen oder politischen Symbole erfasst, kein Verstoß gegen das Diskriminierungsverbot erkennen können, wobei es entscheidend darauf ankommt, dass eine solche Unternehmenspolitik auch kohärent und systematisch umgesetzt wird (Rn. 40). Zeitgleich hat der EuGH C-188/2015, ECLI:EU:C:2017:204 – Bougnaoui ua/Micropole SA entschieden. Gegenstand des Ausgangsverfahrens ist ebenfalls die Kündigung einer kopftuchtragenden Angestellten. Sie basiert jedoch, soweit ersichtlich, nicht auf einem Verstoß gegen eine unternehmensweite Neutralitätspolitik, sondern geht auf den ausdrücklichen Wunsch eines Auftraggebers zurück (Rn. 34). Die Kündigung stellt in diesem Fall nur dann keine Diskriminierung dar, wenn sie auf ein Merkmal gestützt wird, das eine wesentliche und entscheidende berufliche Anforderung an die ausgeübte Tätigkeit oder die Bedingungen ihrer Ausübung darstellt. Das Merkmal muss mit dem Grund, auf den die Ungleichbehandlung gestützt wird, im Zusammenhang stehen, ohne mit ihm identisch zu sein (Rn. 37). Im Grunde geht es um die Frage, ob der Wille eines Arbeitgebers, den Wünschen eines Kunden zu entsprechen, die Leistungen nicht mehr von einer Arbeitnehmerin ausführen zu lassen, die ein religiös motiviertes Kopftuch trägt, eine wesentliche berufliche Anforderung darstellt, wobei es sich um eine Anforderung handeln muss, die von der Art der Tätigkeit objektiv vorgegeben sein muss (Rn. 40).

7. Abschnitt. Wirtschaftliche Freiheiten

§ 34 Berufsfreiheit und das Recht zu arbeiten

Übersicht

	Rn.
A. Entwicklung und Bedeutung	1–32
I. Höchstrichterliche Anerkennung und Inhaltsbestimmung der wirtschaftsgrundrechtlichen Berufsfreiheit im Lichte der früheren EuGH-Rechtsprechung	2–4
II. Berufsfreiheit und das Recht auf Arbeit im Lichte der EMRK und sonstiger internationaler Menschenrechtsverbürgungen	5–9
III. Berufsfreiheit und das Recht auf Arbeit im Spiegel mitgliedstaatlicher Verfassungstraditionen	10–23
IV. Die unionsgrundrechtliche Berufsfreiheit und das Recht zu arbeiten nach Art. 15 GRC	24–27
V. Abgrenzung der in Art. 15 GRC niedergelegten berufsgrundrechtlichen Gewährleistungen von der unternehmerischen Freiheit nach Art. 16 GRC	28–32
B. Gewährleistungsgehalt	33–44
I. Sachlicher Gewährleistungsgehalt	34–41
1. Berufswahlfreiheit und Berufsausübungsfreiheit	35–38
2. Recht zu arbeiten	39, 40
3. Kein Recht auf Arbeit	41
II. Persönlicher Gewährleistungsgehalt	42–44
C. Beeinträchtigung	45–50
I. Unmittelbare Eingriffe in die Berufswahlfreiheit	46
II. Unmittelbare Eingriffe in die Berufsausübungsfreiheit	47
III. Problematik des mittelbaren Grundrechtseingriffs	48–50
D. Rechtfertigung	51–53
E. Verhältnis zu anderen Grundrechtsgewährleistungen und grundrechtsähnlichen Gewährleistungen	54–57
F. Zusammenfassende Bewertung und Ausblick	58, 59

Schrifttum:

Badura, „Recht auf Arbeit" in Deutschland und Europa, in Becker/Hatje/Potacs/Wunderlich, Verfassung und Verwaltung in Europa, FS für J. Schwarze zum 70. Geburtstag, 2014, S. 477; *Blanke,* The Economic Constitution of the European Union, in Blanke/Mangiameli, The European Union after Lisbon – Constitutional Basis, Economic Order and External Action, 2012, S. 369; *ders.,* Verfassungs- und unionsrechtliche Gewährleistung der Unternehmerfreiheit und ihre Schranken, in Gesellschaft für Rechtspolitik, Trier/Institut für Rechtspolitik an der Universität Trier, Bitburger Gespräche in München, Bd. 5: Die Unternehmerfreiheit im Würgegriff des Rechts?, 2015, S. 13; *Borrmann,* Der Schutz der Berufsfreiheit im deutschen Verfassungsrecht und im europäischen Gemeinschaftsrecht – Eine rechtsvergleichende Studie, 2002; *Crones,* Grundrechtlicher Schutz von juristischen Personen im europäischen Gemeinschaftsrecht – Eine rechtsvergleichende Untersuchung zum persönlichen Anwendungsbereich der Grundfreiheiten und der Gemeinschaftsgrundrechte, 2002; *Drechsler,* Der EuGH auf dem Weg zu einer Dogmatik der Wirtschaftsgrundrechte? – Anmerkung zum Urteil des EuGH vom 30. Juni 2016 in der Rechtssache Lidl (C-134/15), EuR 2016, 691; *Frenz,* Die europäische Berufsfreiheit, GewArch 2008, 465; *ders.,* Die Europäische Unternehmerfreiheit, GewArch 2009, 427; *Ganglbauer,* Das Grundrecht der unternehmerischen Freiheit gem. Art. 16 GRC, in Kahl/Raschauer/Storr, Grundsatzfragen der europäischen Grundrechtecharta, 2013, S. 203; *Grabenwarter,* Unternehmertum und unternehmerische Freiheit, in Grabenwarter/Pöcherstorfer/Rosenmayr-Klemenz, Die Grundrechte des Wirtschaftslebens nach dem Vertrag von Lissabon, 2012, S. 17; *Griller,* Wirtschaftsverfassung und Binnenmarkt, in Griller/Kneihs/Madner/Potacs, Wirtschaftsverfassung und Binnenmarkt, FS für H.-P. Rill zum 70. Geburtstag, 2010, S. 1; *Günter,* Berufsfreiheit und Eigentum in der Europäischen Union, 1998; *Gundel,* Der Schutz der unternehmerischen Freiheit durch die EU-Grundrechtecharta, ZHR 180 (2016), 323; *Hartmeyer,* Zum Verhältnis von Berufsfreiheit und Religionsfreiheit – Roma locuta, causa finita?, EuZA 2016, 97; *Jarass,* Berufs- und Unternehmensfreiheit im Unionsrecht. Zur Abgrenzung der Berufsfreiheit des Art. 15 GRCh und der Unternehmerischen Freiheit des Art. 16 GRCh, in Stumpf/Kainer/Baldus, Privatrecht, Wirtschaftsrecht, Verfassungsrecht, FS für P.-C. Müller-Graff, 2015, S. 1410; *Müller-Graff,* Das wirtschaftsverfassungsrechtliche Profil der EU nach Lissabon, in Fastenrath/Nowak, Der Lissabonner Reformvertrag – Änderungsimpulse in einzelnen Rechts- und Politikbereichen, 2009, S. 173; *Nehl,* Judicial Review of Complex Socio-Economic, Technical, and Scientific Assessments in the European Union, in Mendes, EU Executive Discretion and the Limits of Law, 2019, 157; *Notthoff,* Grundrechte in der Europäischen Gemeinschaft – Herleitung, Gewährleistungsintensität und Einschränkungsmöglichkeiten europäischer Grundrechte am Beispiel der Berufsfreiheit, RIW 1995, 541; *Nowak,* Konkurrentenschutz in der EG – Interdependenz des gemeinschaftlichen und mitgliedstaatlichen Rechtsschutzes von Konkurrenten, 1997; *ders.,* Wirtschaftsgrundrechte und Wirtschaftsverfassung in Deutschland und in der Europäischen Union, in Bruha/Nowak/Petzold, Grundrechtsschutz für Unternehmen im europäischen Binnenmarkt, 2004, S. 45; *ders.,* Binnenmarktziel und Wirtschaftsverfassung der Europäischen Union vor und nach dem Reformvertrag von Lissabon, EuR Beih. 1/2009, 129; *ders.,* Wettbewerb und soziale Marktwirtschaft in den Regeln des Lissabonner Vertrags, EuR Beih. 2/2011, 21; *O'Connell,* The Right to Work in the European Convention on Human Rights, EHRLR 2012, 176; *Penski/Elsner,* Eigentumsgewährleistung und Berufsfreiheit als Gemeinschaftsgrundrechte in der Rechtsprechung des Europäischen Gerichtshofs, DÖV 2001, 265; *Rengeling,* Die wirtschaftsbezogenen Grundrechte in der Europäischen Grundrechtecharta, DVBl 2004, 453; *Sarkin/Koenig,* Developing the Right to Work: Intersecting and Dialoguing Human Rights and Economic Policy, HRQ 33 (2011), 1; *Sasse,* Die Berufsfreiheit und das Recht zu arbeiten – Eine Analyse des Artikels 15 der Charta der Grundrechte der Europäischen Union, 2011; *ders.,* Die Grundrechtsberechtigung juristischer Personen durch die unternehmerische Freiheit gemäß Art. 16 der Europäischen Grundrechtecharta, EuR 2012, 628; *Schäfer,* Berufsrecht 2020 – Mit der Verhältnismäßigkeitsrichtlinie auf dem Weg zu einem modernen Regulierungsrecht?, EuZW 2018, 789; *Schmidt,* Die unternehmerische Freiheit im Unionsrecht, 2010; *Schöbener,* Die unternehmerische Freiheit in der Europäischen Grundrechtecharta – ein Wirtschaftsgrundrecht zwischen Formelkompromiss und Geltungseffizienz, in Ennuschat/Geerlings/Mann/Pielow, Wirtschaft und Gesellschaft im Staat der Gegenwart, GS P. J. Tettinger, 2007, S. 159; *Schwarze,* Der Grundrechtsschutz für Unternehmen in der Europäischen Grundrechtecharta, EuZW 2001, 517; *Schwier,* Der Schutz der „Unternehmerischen Freiheit" nach Artikel 16 der Charta der Grundrechte der Europäischen Union – Eine Darstellung der tatsächlichen Reichweite und Intensität der grundrechtlichen Gewährleistung aus rechtsvergleichender Perspektive, 2008; *Stadler,* Die Berufsfreiheit in der Europäischen Gemeinschaft, 1980; *Stöbener de Mora,* Eine unverhältnismäßige Verhältnismäßigkeitsprüfung, EuZW 2017, 287; *Stork,* Binnenmarktpolitik im Bereich der reglementierten Berufe, GewArch 2015, 236; *ders.,* Richtlinienentwurf zur Festlegung eines Notifizierungsverfahrens für dienstleistungsbezogene Genehmigungsregelungen und Anforderungen, EuZW 2017, 562; *Storr,* Das Grundrecht der unternehmerischen Freiheit und öffentliche Unternehmen in der Europäischen Union, in Feik/Winkler, FS für W. Berka, 2013, S. 219; *Terhechte,* Wandlungen der europäischen Wettbewerbsverfassung – Die Rolle des Vertrags von Lissabon und die Auswirkungen der globalen Wirtschaftskrise, in Fastenrath/Nowak, Der Lissabonner Reformvertrag – Änderungsimpulse in einzelnen Rechts- und Politikbereichen, 2009, S. 187; *Vögler,* Defizite beim Schutz der Berufsfreiheit durch BVerfG und EuGH – Ein Beitrag zur Auslegung von Art. 23 Absatz 1 Grundgesetz und zur Handhabung des Kooperationsverhältnisses beider Gerichte, 2001; *Vörös,* Wirtschaftliche Grundrechte in den Beitrittsstaaten: Das Beispiel Ungarns, in Bruha/Nowak/Petzold, Grundrechtsschutz für Unternehmen im europäischen Binnenmarkt, 2004, S. 169; *Wollenschläger,* Die unternehmerische Freiheit (Art. 16 GRCh) als grundrechtlicher Pfeiler der EU-Wirtschaftsverfassung – Konturen in der Charta-Rechtsprechung des EuGH, EuZW 2015, 285; *Wunderlich,* Das Grundrecht der Berufsfreiheit im Europäischen Gemeinschaftsrecht – Der Schutz der Wirtschaftsteilnehmer gegenüber Eingriffen der Gemeinschaft in ihre berufliche Freiheit, 2000; *dies.,* Das Grundrecht der Berufsfreiheit gemäß Artikel 15 der Grundrechtecharta, in Becker/Hatje/Potacs/Wunderlich, Verfassung und Verwaltung in Europa, FS für J. Schwarze zum 70. Geburtstag, 2014, S. 304.

A. Entwicklung und Bedeutung

1 Die wirtschaftsgrundrechtliche Berufsfreiheit, die im engen Verbund mit dem Unionsgrundrecht der unternehmerischen Freiheit (→ § 35) und der unionsgrundrechtlichen Eigentumsfreiheit (→ § 36) sowie mit den primärrechtlichen Grundfreiheiten (Art. 26 ff. AEUV) und Wettbewerbsregeln (Art. 101 ff. AEUV) den Kreis der maßgeblichen **Funktionsgarantien der europäischen Wirtschafts- und Wettbewerbsverfassung** bildet[1],

---

[1] Ausführlich zum Koordinatensystem der durch den am 1.12.2009 in Kraft getretenen Lissabonner Reformvertrag nur marginal veränderten europäischen Wettbewerbs- und Wirtschaftsverfassung, die seit geraumer Zeit maßgeblich durch das Leitbild der wettbewerbsfähigen sozialen Marktwirtschaft und den Grundsatz einer offenen Marktwirtschaft mit freiem Wettbewerb geprägt wird, sowie zu ihren grundfreiheitlichen, wettbewerbsrechtlichen und wirtschaftsgrundrechtlichen Funktionsgarantien vgl. Behrens, Europäisches Marktöffnungs- und Wettbewerbsrecht – Eine systematische Darstellung der Wirtschafts- und Wettbewerbsverfassung der EU, 2017, S. 4 ff.; *Blanke* in Blanke/Mangiameli S. 369 ff.; *Drexl* in v. Bogdandy/Bast Europ. VerfassungsR S. 855 ff.; *Griller* FS H.-P. Rill, 2010, 1 ff.; *Hatje* in v. Bogdandy/

ist vom EuGH bereits frühzeitig als ein allgemeiner – neben den klassischen Hauptgewährleistungen der Berufswahlfreiheit und der Berufsausübungsfreiheit zunächst auch die unternehmerische Freiheit einschließender – Rechtsgrundsatz iS des heutigen Art. 6 Abs. 3 EUV anerkannt worden (→ Rn. 2 ff.). Angesichts der langjährigen Existenz dieses Rechtsgrundsatzes, der durch diverse berufsgrundrechtliche Gewährleistungen in einigen internationalen Menschenrechtsverträgen (→ Rn. 5 ff.) und vor allem durch die berufsgrundrechtlichen Verfassungstraditionen der EU-Mitgliedstaaten (→ Rn. 10 ff.) getragen wird, vermag es nicht zu überraschen, dass dieses im Verbund mit der unternehmerischen Freiheit und der Eigentumsfreiheit die so genannte **Trias der wirtschaftsbezogenen Unionsgrundrechte**[2] bildende Wirtschaftsgrundrecht, dessen auch das Recht zu arbeiten einschließender Gewährleistungsgehalt und Schrankensystematik im weiteren Verlauf näher zu entfalten sein werden (→ Rn. 32 ff.), vor einigen Jahren Eingang in Art. 15 GRC gefunden hat (→ Rn. 24 ff.) und seitdem keineswegs leicht zu beantwortende Abgrenzungsfragen im Hinblick auf die in Art. 16 GRC eigenständig verankerte unternehmerische Freiheit aufwirft (→ Rn. 28 ff.).

I. Höchstrichterliche Anerkennung und Inhaltsbestimmung der wirtschaftsgrundrechtlichen Berufsfreiheit im Lichte der früheren EuGH-Rechtsprechung

Die Berufsfreiheit ist vom EuGH erstmals in seinem **Urteil vom 14.5.1974 in der Rechtssache** *Nold,* die eine Nichtigkeitsklage iS des heutigen Art. 263 AEUV aus Deutschland zum Gegenstand hatte, als ein ungeschriebenes Grundrecht in Form eines allgemeinen Rechtsgrundsatzes iS des heute geltenden Art. 6 Abs. 3 EUV anerkannt worden. In diesem für die weitere Grundrechtsrechtsprechung des EuGH im Allgemeinen und für die wirtschaftsgrundrechtliche Berufsfreiheit im Besonderen überaus wegweisenden Urteil wurde zunächst einmal daran erinnert, dass die Grundrechte zu den allgemeinen Rechtsgrundsätzen gehören, die der Gerichtshof zu wahren hat, dass er bei der Gewährleistung dieser Rechte von den gemeinsamen **Verfassungsüberlieferungen der Mitgliedstaaten** auszugehen hat, dass er keine Maßnahmen als rechtens anerkennen kann, die unvereinbar sind mit den von den Verfassungen dieser Staaten anerkannten und geschützten Grundrechten, und dass darüber hinaus auch **internationale Verträge über den Schutz der Menschenrechte,** an deren Abschluss die Mitgliedstaaten beteiligt waren oder denen sie beigetreten sind, Hinweise geben können, die im Rahmen des Gemeinschaftsrechts zu berücksichtigen sind.[3] Auf dieser Grundlage stellte der EuGH in seinem *Nold*-Urteil sodann das Folgende fest: „Es trifft zwar zu, dass die Verfassungsordnung aller Mitgliedstaaten das Eigentum schützt und in ähnlicher Weise die **Freiheit der Arbeit, des Handels und anderer Berufstätigkeiten** gewährleistet. Die so garantierten Rechte sind aber weit davon entfernt, uneingeschränkten Vorrang zu genießen; sie müssen im Hinblick auf die soziale Funktion der geschützten Rechtsgüter und Tätigkeiten gesehen werden. Aus diesem Grunde werden Rechte dieser Art in der Regel nur unter dem Vorbehalt von Einschränkungen geschützt, die im öffentlichen Interesse liegen. In der Gemeinschaftsrechtsordnung erscheint es weiterhin auch berechtigt, für diese Rechte bestimmte Begrenzungen vor-

---

Bast Europ. VerfassungsR S. 801 ff.; *Müller,* Wettbewerb und Unionsverfassung – Begründung und Begrenzung des Wettbewerbsprinzips in der europäischen Verfassung, 2014, S. 139 ff.; *Müller-Graff* in Fastenrath/Nowak S. 173 ff.; *Müller-Graff* in Hatje/Müller-Graff, EnzEuR Bd. 1, § 9 Rn. 1 ff.; *Nowak* in Bruha/Nowak/Petzold, Grundrechtsschutz, S. 45 ff.; *Nowak* EuR Beih. 1/2009, 129 ff.; *Nowak* EuR Beih. 2/2011, 21 ff.; *Terhechte* in Fastenrath/Nowak S. 187 ff.

[2] Zu dieser Einordnung vgl. auch *Frenz* GewArch 2009, 427 (427); *Kühling* in FK-EUV/GRC/AEUV GRC Art. 15 Rn. 1 („Trias der wirtschaftsbezogenen Grundrechte"); zur ähnlichen Charakterisierung der Berufsfreiheit, der unternehmerischen Freiheit und der Eigentumsfreiheit als die drei zentralen Wirtschaftsgrundrechte der EU vgl. etwa *Jarass* EU-GR § 21 Rn. 2; *Rengeling* DVBl 2004, 453 (455); *Schwarze* EuZW 2001, 517 (518).

[3] Vgl. EuGH 4/73, Slg. 1974, 491 Rn. 13 – Nold/Kommission.

§ 34 7. Abschnitt. Wirtschaftliche Freiheiten

zubehalten, die durch die dem allgemeinen Wohl dienenden Ziele der Gemeinschaft gerechtfertigt sind, solange die Rechte nicht in ihrem Wesen angetastet werden. Was insbesondere den **Schutz des Unternehmens** angeht, so kann er keinesfalls auf bloße kaufmännische Interessen oder Aussichten ausgedehnt werden, deren Ungewissheit zum Wesen wirtschaftlicher Tätigkeit gehört".[4]

3 In einigen nachfolgenden Urteilen, denen zunächst größtenteils aus Deutschland stammende Vorabentscheidungsersuchen iS des heutigen Art. 267 AEUV und Nichtigkeitsklagen iS des heutigen Art. 263 AEUV zugrunde lagen[5], wurden die vorgenannten – im *Nold*-Urteil (→ Rn. 2) enthaltenen – Ausführungen des EuGH mehrfach bestätigt und zugleich verdeutlicht, dass die ursprünglich zu den allgemeinen Rechtsgrundsätzen des damaligen Gemeinschaftsrechts gehörende Berufsfreiheit als primärrechtlicher Auslegungs- und Rechtmäßigkeitsmaßstab fungiert und dabei nicht nur die freie Wahl des Arbeitgebers einschließt[6], sondern vor allem auch das **Recht auf freie Berufswahl und das Recht auf freie Berufsausübung** umfasst[7]. Parallel dazu hat sich der EuGH in dieser Frühphase seiner wirtschaftsgrundrechtlichen Rechtsprechung zur wirtschaftlichen Handlungsfreiheit[8], zur wirtschaftlichen Betätigungsfreiheit[9] sowie zu den ebenfalls subjektivrechtlichen Grundsätzen der Handelsfreiheit[10], der Gewerbefreiheit[11] und der Vertragsfreiheit[12] geäußert und dabei mehrfach den Eindruck erweckt, als würde er in diesem Zusammenhang nicht von zusätzlichen Wirtschaftsgrundrechten wirklich eigenständiger Art, sondern vielmehr von verschiedenen Teilgewährleistungen der wirtschaftsgrundrechtlichen Berufsfreiheit sprechen[13] und auf diese Weise dafür sorgen, dass dieses Grundrecht, dem in dieser Zeit häufig eine gewisse Konturenarmut zugesprochen wurde[14], nicht auf die klassischen

---

[4] Vgl. EuGH 4/73, Slg. 1974, 491 Rn. 14 – Nold/Kommission.
[5] Vgl. EuGH 44/79, Slg. 1979, 3727 ff. – Hauer; EuGH 234/85, Slg. 1986, 2897 ff. – Keller; EuGH 265/87, Slg. 1989, 2237 ff. – Schräder; EuGH 5/88, Slg. 1989, 2609 ff. – Wachauf; EuGH verb. Rs. C-248/95 u. C-249/95, Slg. 1997, I-4475 ff. – SAM ua; EuGH C-280/93, Slg. 1994, I-4973 ff. – Deutschland/Rat.
[6] Vgl. nur EuGH verb. Rs. C-132/91, C-138/91 u. C-139/91, Slg. 1992, I-6577 Rn. 32 – Katsikas ua.
[7] Vgl. etwa EuGH 44/79, Slg. 1979, 3727 Rn. 32 – Hauer; EuGH 234/85, Slg. 1986, 2897 Rn. 8 f. – Keller; EuGH 116/82, Slg. 1986, 2519 Rn. 27 – Kommission/Deutschland; EuGH verb. Rs. C-248/95 u. C-249/95, Slg. 1997, I-4475 Rn. 72 – SAM ua; EuGH C-280/93, Slg. 1994, I-4973 Rn. 81 – Deutschland/Rat; EuGH C-122/95, Slg. 1998, I-973 Rn. 74 ff. – Deutschland/Rat; EuGH C-210/03, Slg. 2004, I-11893 Rn. 72 ff. – Swedish Match AB ua.
[8] So etwa in EuGH C-418/01, Slg. 2004, I-5039 Rn. 48 – IMS Health; zuvor bereits GA *Tesauro*, SchlA C-200/96, Slg. 1998, I-1956 Rn. 32 – Metronome Musik.
[9] Vgl. etwa EuGH verb. Rs. 63/84 u. 147/84, Slg. 1985, 2857 Rn. 23 f. – Finsider/Kommission; EuGH verb. Rs. C-143/88 u. C-92/89, Slg. 1991, I-415 Rn. 76 f. – Zuckerfabrik Süderdithmarschen ua; EuGH C-317/00 P (R), Slg. 2000 I-9541 Rn. 57 – „Invest" Import und Export ua; zum recht ähnlich formulierten „Recht auf freie Ausübung einer wirtschaftlichen Tätigkeit" vgl. etwa EuGH verb. Rs. C-154/04 u. C-155/04, Slg. 2005 I-6451 Rn. 126 – Alliance for Natural Health ua; zum „Recht auf freie wirtschaftliche Betätigung" vgl. EuGH C-359/89, Slg. 1991 I-1677 Rn. 15 – SAFA.
[10] Vgl. nur EuGH 4/73, Slg. 1974, 491 Rn. 14 – Nold/Kommission; EuGH 240/83, Slg. 1985, 531 Rn. 12 – ADBHU.
[11] Vgl. nur EuGH C-363/01, Slg. 2003, I-11893 Rn. 53 – Flughafen Hannover-Langenhagen; ferner von der Gewerbefreiheit sprechend vgl. GA *Kokott*, SchlA C-246/16, ECLI:EU:C:2017:440 Rn. 46 – Di Maura.
[12] So vgl. EuGH 151/78, Slg. 1979, 1 Rn. 20 – Sukkerfabriken Nykøbing; EuGH C-240/97, Slg. 1999, I-6571 Rn. 99 – Spanien/Kommission.
[13] Exempl. vgl. EuGH verb. Rs. C-90 u. 91/90, Slg. 1991, I-3617 Rn. 13 – Neu ua, wonach die „freie Berufsausübung [...] als einen besonderen Ausdruck die freie Wahl des Geschäftspartners umfasst"; sowie EuGH C-307/91, Slg. 1993, I-6835 Rn. 14 – Luxlait, wo „die freie Wahl des Geschäftspartners als besonderer Ausdruck der freien Berufsausübung" bezeichnet wird. Ferner vgl. EuG T-30/99, Slg. 2001, II-943 Rn. 69 ff. – Bocchi Food Trade International/Kommission, wo die von der Klägerin gerügte Verletzung des damaligen „Gemeinschaftsgrundrechts" der Gewerbefreiheit vom EuG unter dem Gesichtspunkt der Berufsausübungsfreiheit geprüft wird.
[14] Vgl. *Kokott* AöR 121 (1996), 599 (638); *Schilling* EuGRZ 2000, 3 (11); sowie *Wolf* in Bröhmer, Grundrechtsschutz, S. 9 (39), der die wirtschaftlichen Gemeinschafts- bzw. Unionsgrundrechte seinerzeit sogar insgesamt als „konturenlos" bezeichnete.

berufsgrundrechtlichen Kerngewährleistungen in Gestalt der Berufswahlfreiheit und der Berufsausübungsfreiheit reduziert werden kann, sondern im Sinne eines weitverstandenen Supergrundrechts der wirtschaftlichen Betätigungsfreiheit neben der Berufsfreiheit im engeren Sinne auch die **unternehmerische Freiheit einschließlich der Handels-, Wettbewerbs- und Vertragsfreiheit** einschließt.[15] Hundertprozentige Rechtssicherheit hat der EuGH in dieser Zeit diesbezüglich jedoch nicht hergestellt.[16] Dies hängt insbesondere mit solchen Urteilen zusammen, in denen ausgeführt wird, dass die freie Berufsausübung zu den allgemeinen Grundsätzen des Gemeinschaftsrechts gehört und dass dasselbe für die unternehmerische Freiheit gilt, die sich mit der Berufsausübungsfreiheit überschneidet[17]; dies deutet – anders als die weiter oben angesprochene Rechtsprechungslinie – darauf hin, dass der EuGH hier eher von der Eigenständigkeit sowohl der Berufsfreiheit als auch der unternehmerischen Freiheit ausgeht, ohne dabei zu verkennen, dass sich diese beiden Freiheiten bzw. Wirtschaftsgrundrechte kaum trennscharf voneinander abgrenzen lassen.

Insoweit lässt sich an dieser Stelle zunächst einmal festhalten, dass der EuGH in seiner früheren Grundrechtsrechtsprechung offenbar zwischen einer zunehmenden „Aufladung" der wirtschaftsgrundrechtlichen Berufsfreiheit mit Aspekten der unternehmerischen Freiheit einerseits und einer jeweils eigenständigen Betrachtung dieser beiden Freiheiten andererseits hin- und herschwankte (→ Rn. 2 f.), wozu insbesondere die nachfolgend etwas näher in den Blick zu nehmende **Ausgestaltung berufsgrundrechtlicher Gewährleistungen in internationalen Menschenrechtsverträgen** einschließlich der Europäischen Menschenrechtskonvention (EMRK) (→ Rn. 5 ff.) **und in den Verfassungsordnungen der EU-Mitgliedstaaten** (→ Rn. 10 ff.) beigetragen haben dürfte, in deren Licht die inhaltliche Konstruktion des Art. 15 GRC (→ Rn. 24 ff.) und die damit verbundene – schwierige Abgrenzungsfragen aufwerfende (→ Rn. 28 ff.) – Abkoppelung bzw. Verselbstständigung der in Art. 16 GRC niedergelegten unternehmerischen Freiheit zwar nicht als alternativlos, sehr wohl aber als zumindest akzeptabel bezeichnet werden müssen. 4

II. Berufsfreiheit und das Recht auf Arbeit im Lichte der EMRK und sonstiger internationaler Menschenrechtsverbürgungen

Anders als bei zahlreichen anderen Unionsgrundrechten nicht wirtschaftlicher Art konnte sich der EuGH bei der frühzeitig erfolgten Anerkennung und Inhaltsbestimmung der wirtschaftsgrundrechtlichen Berufsfreiheit (→ Rn. 2 f.) nur begrenzt auf die **EMRK** stützen. Dies hängt im Wesentlichen damit zusammen, dass das Grundrecht der Berufsfreiheit lediglich insoweit einen (indirekten) textlichen Eingang in diese Menschenrechtskonvention gefunden hat, als Art. 4 Abs. 2 EMRK – ähnlich wie einige mitgliedstaatliche Verfassungsbestimmungen[18] sowie Art. 8 Abs. 3 lit. a IPBPR und zwei universelle ILO- 5

---

[15] Zu dieser weitverbreiteten Deutung der vorgenannten EuGH-Rechtsprechung vgl. auch *Bezemek* in Holoubek/Lienbacher, GRC-Kommentar, GRC Art. 16 Rn. 3; *Blanke* in Gesellschaft für Rechtspolitik ua S. 13 (13 f., 19); *Frenz*, HdbEuR Bd. 4, Kap. 9 Rn. 2484 u. 2505; *Frenz* GewArch 2009, 427 (427); *Ganglbauer* in Kahl/Raschauer/Storr S. 203 (205 f.); *Grabenwarter* in Grabenwarter/Pöchstorfer/Rosenmayr-Klemenz S. 17 (26); *Hilf/Hörmann* NJW 2003, 1 (5); *Kühling* in FK-EUV/GRC/AEUV GRC Art. 16 Rn. 2; *Ruffert* in Ehlers GuG § 19 Rn. 10 ff.; *Sasse* EuR 2012, 628 (629); *Schmidt* S. 118 ff.; *Schöbener* GS P. J. Tettinger, 2007, 159 (165 f.); *Streinz* in Streinz GRC Art. 16 Rn. 4 u. 6; *Wunderlich* FS J. Schwarze, 2014, 304 (315).

[16] In diesem Sinne vgl. etwa auch *Jarass* FS P.-C. Müller-Graff, 2015, 1410 (1411), wonach es die (allerdings nicht weiter spezifizierten) Formulierungen des Gerichtshofs auch zulassen würden, diesbezüglich mehrere Grundrechte in diesem Bereich anzunehmen und klare Aussagen dazu nicht zu finden seien.

[17] So vgl. etwa EuGH verb. Rs. C-184/02 und C-223/02, Slg. 2004, I-7789 Rn. 51 – Spanien ua/EP u. Rat der EU.

[18] Vgl. Art. 48 Abs. 4 bulgVerf; Art. 12 Abs. 2 u. 3 GG (dtVerf); Art. 23 Abs. 2 kroatVerf; Art. 106 S. 2 lettVerf; Art. 48 Abs. 3 litVerf; Art. 39 Abs. 1 rumVerf; Art. 18 Abs. 1 slowakVerf; Art. 49 Abs. 4 slowenVerf; Art. 3 u. Art. 112 Abs. 1 tschechVerf iVm Art. 9 Abs. 1 tschechGR-Deklaration; Art. 10 Abs. 2 zyprVerf.

Übereinkommen[19] – ein **Verbot der Zwangs- oder Pflichtarbeit**[20] (→ § 17) enthält. Ein über diese negative Dimension der Berufsfreiheit und des Rechts zu arbeiten hinausgehendes Grundrecht der Berufsfreiheit eigenständiger Art findet sich in der EMRK zwar nicht. Gleichwohl besteht die Möglichkeit der indirekten **Ableitung berufsgrundrechtlicher Teilgewährleistungen aus verschiedenen Einzelbestimmungen der EMRK** (→ Rn. 6), wobei sich diese berufsgrundrechtlichen Teilgewährleistungen dann aber nicht immer trennscharf von der unternehmerischen Freiheit (→ § 35) abgrenzen lassen.

6 Die mögliche Ableitung berufsgrundrechtlicher Teilgewährleistungen aus der EMRK, die es nach einer im Schrifttum vertretenen Auffassung sogar rechtfertige, von der Existenz eines nicht in einem einzelnen EMRK-Artikel verankerten Konventionsgrundrechts der Berufsfreiheit zu sprechen[21], knüpft zunächst einmal an die in Art. 1 EMRKZusProt (Nr. 1) niedergelegte Eigentumsgarantie an[22], die nach allgemeiner Auffassung den Kundenstamm bzw. den *goodwill* **eines Unternehmens**[23] und möglicherweise sogar auch den sog. „eingerichteten und ausgeübten Gewerbebetrieb"[24] schützt. Ferner soll diese Eigentumsgarantie, der zum Teil auch Elemente der **Vertragsfreiheit** zugesprochen werden[25], auf staatliche Konzessionen zur Ausübung einer beruflichen Tätigkeit Anwendung finden, wenn deren Entziehung die Grundvoraussetzungen für die Entfaltung wirtschaftlicher Tätigkeiten betrifft.[26] Darüber hinaus lässt sich der Schutz bestimmter beruflicher Betätigungen in begrenzter Weise aus dem durch Art. 8 EMRK gewährleisteten **Schutz von Geschäftsräumen**[27] und zum Teil sogar auch aus dem in dieser Bestimmung ebenfalls verankerten **Recht auf Achtung des Privat- und Familienlebens**[28], aus der unter anderem den **Schutz bestimmter Werbemaßnahmen** bzw. Werbeäußerungen umfassenden Meinungs- und Medienfreiheit des Art. 10 EMRK[29], aus der **Vereinigungs- und Koalitionsfreiheit** nach Art. 11 EMRK[30] sowie aus dem in Art. 14 EMRK geregelten

---

[19] Vgl. Art. 1 ILO-Übereinkommen Nr. 29 über Zwangs- oder Pflichtarbeit v. 28.6.1930 (BGBl. 1956 II 641; BGBl. 1963 II 1136), dessen Anliegen es ist, „den Gebrauch der Zwangs- oder Pflichtarbeit in allen ihren Formen möglichst bald zu beseitigen"; weitergehend vgl. Art. 1 ILO-Übereinkommen Nr. 105 über die Abschaffung der Zwangsarbeit v. 25.6.1957 (BGBl. 1959 II 442), der die Mitgliedstaaten verpflichtet, die „Zwangs- oder Pflichtarbeit zu beseitigen und in keiner Form zu verwenden".

[20] Ausführlich dazu vgl. etwa *Marauhn* in Dörr/Grote/Marauhn Kap. 12 Rn. 15 ff.

[21] So vgl. Grabenwarter/Pabel EMRK § 25 Rn. 37.

[22] Zu dieser Möglichkeit vgl. etwa EGMR 6.2.2003 – 71630/01, EuGRZ 2003, 709 ff. – Wendenburg ua/Deutschland; EGMR 30.6.2005 – 45036/98, NJW 2006, 197 ff. – Bosphorus Hava Yollari Turizm ve Ticaret AS/Irland.

[23] Dazu vgl. jeweils mwN *Blanke* in Stern/Sachs GRCh Art. 15 Rn. 15; Grabenwarter/Pabel EMRK § 25 Rn. 5 u. 41; *Meyer-Ladewig/v. Raumer* in HK-EMRK ZP Nr. 1 Art. 1 Rn. 21; *Peukert* in Frowein/Peukert EMRK ZP 1 Art. 1 Rn. 7; *Schmidt* S. 67; *Wegener* in Ehlers GuG § 5 Rn. 11 f.; *Wunderlich* S. 65 f.

[24] Näher dazu vgl. *Cremer* in Dörr/Grote/Marauhn Kap. 22 Rn. 46 f.; sowie jeweils mwN *Peukert* in Frowein/Peukert EMRK ZP 1 Art. 1 Rn. 7; *Schilling*, Internationaler Menschenrechtsschutz, S. 225.

[25] So etwa (jeweils unter Bezugnahme auf das Urt. des EGMR v. 25.3.1999 – 31107/96, EuGRZ 1999, 316 ff. – Iatridis/Griechenland) von *Bernsdorff* in NK-EuGRCh GRCh Art. 16 Rn. 3; *Blanke* in Stern/Sachs GRCh Art. 15 Rn. 15.

[26] Vgl. nur EGMR 26.6.1986 – 8543/79, 8674/79, 8675/79 u. 8685/79, EuGRZ 1988, 35 (38) – van Marle ua/Niederlande; EGMR (1989), Series A no. 159 (Rn. 5) – Tre Traktörer Aktiebolag/Schweden; EGMR (1999), RJD 1999-II Rn. 54 – Iatridis/Griechenland.

[27] Näher dazu vgl. jeweils mwN *Marauhn/Thorn* in Dörr/Grote/Marauhn Kap. 16 Rn. 56; *Nowak* in LMRKM VerfVO Art. 20 Rn. 26.

[28] Vgl. etwa EGMR 28.5.2009 – 26713/05, NJW 2010, 3419 (3420) – Bigaeva/Griechenland; jeweils mwN vgl. *Blanke* in Stern/Sachs GRCh Art. 15 Rn. 16; *Hartmeyer* EuZA 2016, 97 (100 f.); *O'Connell* EHRLR 2012, 176 (181 f.); *Schneedorf* NJW 2019, 177 ff.; *Wollenschläger* in von der Groeben/Schwarze/Hatje GRC Art. 15 Rn. 5.

[29] Näher dazu vgl. jeweils mwN Grabenwarter ECHR Art. 10 Rn. 5; *Grote/Wenzel* in Dörr/Grote/Marauhn Kap. 18 Rn. 33; *Gundel* ZHR 180 (2016), 323 (355 ff.); *Marauhn* in Ehlers GuG § 4 Rn. 8; *Payandeh* JuS 2016, 690 (691); *Wunderlich* S. 59 ff.

[30] Näher dazu vgl. etwa *Bröhmer* in Dörr/Grote/Marauhn Kap. 19 Rn. 23 f.; *Frowein* in Frowein/Peukert EMRK Art. 11 Rn. 8 ff.; Grabenwarter ECHR Art. 11 Rn. 23 ff.; Peters/Altwicker EMRK § 16 Rn. 1 ff.

Diskriminierungsverbot[31] ableiten. Von besonderer wirtschaftsrechtlicher Bedeutung ist schließlich auch Art. 6 Abs. 1 S. 1 EMRK, wonach jede Person ein Recht darauf hat, „dass über Streitigkeiten in Bezug auf ihre zivilrechtlichen Ansprüche und Verpflichtungen oder über eine gegen sie erhobene strafrechtliche Anklage von einem unabhängigen und unparteiischen, auf Gesetz beruhenden Gericht in einem fairen Verfahren, öffentlich und innerhalb angemessener Frist verhandelt wird" (→ § 55 Rn. 13). Als „zivilrechtliche Streitigkeiten" im Sinne der vorgenannten Bestimmung sind vom EGMR beispielsweise solche Streitigkeiten angesehen worden, in denen es um **berufs- bzw. gewerberechtliche Genehmigungen, Zulassungen, Approbationen und/oder Erlaubnisse** ging.[32] Auch disziplinarrechtliche Berufsverbote können, sofern sie nicht nur vorübergehender Art sind, Strafdrohungen bzw. Maßnahmen darstellen, denen ein Gewicht zukommt, das die Anwendbarkeit des Art. 6 EMRK auf entsprechende Verfahren begründet.[33] Im Übrigen lässt sich aus Art. 6 EMRK ein Verbot der Selbstbezichtigung bzw. ein **Auskunftsverweigerungsrecht** ableiten, das auch juristischen Personen zusteht.[34]

Indem sich die EMRK – abgesehen von der skizzierten Möglichkeit der Ableitung 7 einiger berufsgrundrechtlicher Teilgewährleistungen aus Art. 6, 8, 10, 11 und 14 EMRK sowie aus Art. 1 EMRKZusProt (Nr. 1) (→ Rn. 6) – auf die Statuierung des Verbots der „Zwangs- oder Pflichtarbeit" beschränkt, bleibt sie zum einen hinter dem in **Art. 6 Abs. 1 IPWSKR** angesprochenen „Recht auf Arbeit" zurück, das allerdings nicht als ein einklagbares Individualrecht, sondern lediglich als ein Programmsatz bzw. als eine die Vertragsstaaten verpflichtende Zielnorm zu verstehen ist, „geeignete Schritte zur vollen Verwirklichung dieses Rechts" zu unternehmen. Zum anderen bleibt die EMRK diesbezüglich hinter **Art. 23 Abs. 1 und 2 AEMR** zurück, wonach jeder Mensch neben dem „Recht auf Arbeit" auch die Rechte auf freie Berufswahl, auf angemessene und befriedigende Arbeitsbedingungen, auf diskriminierungsfreie und gerechte Entlohnung sowie auf Schutz gegen Arbeitslosigkeit hat. Aufgrund des rechtlich unverbindlichen Charakters dieser Allgemeinen Menschenrechtserklärung kommt den in ihr enthaltenen Rechten primär eine politische Bedeutung zu. Gleiches gilt für die völkerrechtlich nicht verbindliche **EP-Entschließung zur Erklärung über die Grundrechte und Grundfreiheiten** vom 12.4.1989 (→ § 1 Rn. 49f.) sowie für die im ersten Satz des fünften Absatzes der GRC-Präambel in Bezug genommene **Gemeinschaftscharta der sozialen Grundrechte der Arbeitnehmer** (SozGRCh) vom 9.12.1989, die ebenfalls einige über die EMRK hinausgehende Regelungen im Zusammenhang mit der Freiheit der Berufs- und Arbeitsplatzwahl sowie der Berufsausübung enthalten.[35]

Die beiden vorgenannten Instrumente – dh die EP-Entschließung vom 12.4.1989 und 8 die SozGRCh – knüpfen wiederum an die ebenfalls im ersten Satz des fünften Absatzes der GRC-Präambel in Bezug genommene **Europäische Sozialcharta** (EUSozCh) vom 18.10.1961[36] an, die in Art. 1 EUSozCh ein „Recht auf Arbeit" verbürgt, in Art. 9 EUSozCh auf die Gewährleistung der wirksamen Ausübung des Rechts auf Berufsberatung

---

31 Näher dazu vgl. *O'Connell* EHRLR 2012, 176 (186 f.); *Peters/Altwicker* EMRK § 33 Rn. 1 ff.; *Peters/König* in Dörr/Grote/Marauhn Kap. 21 Rn. 31 ff.; *Grabenwarter/Pabel* EMRK § 26 Rn. 4 ff.; *Uerpmann-Wittzack* in Ehlers GuG § 3 Rn. 67 ff.; *Wegener* in Ehlers GuG § 5 Rn. 57.
32 Vgl. nur EGMR 28.6.1978 – 6232/73, EuGRZ 1978, 406 (415 f.) – König/Deutschland.
33 Vgl. EGMR 23.6.1981 – 6878/75 u. 7238/75, EuGRZ 1981, 551 (551–553) – Le Compte/Belgien; sowie jeweils mwN Grabenwarter ECHR Art. 6 Rn. 26; *Meyer-Ladewig/Harrendorf/König* in HK-EMRK EMRK Art. 6 Rn. 26; *O'Connell* EHRLR 2012, 176 (184 ff.); *Peukert* in Frowein/Peukert EMRK Art. 6 Rn. 25; *Villiger* HdBEMRK Rn. 381 u. 381 A.
34 Näher zur diesbezüglichen EGMR-Rechtsprechung vgl. mwN *Nowak* in LMRKM VerfVO Art. 20 Rn. 38.
35 Vgl. insbes. Art. 12 Abs. 1 EP-Entschließung (1989), wonach jeder das Recht hat, „seinen Beruf und seinen Arbeitsplatz frei zu wählen und seinen Beruf frei auszuüben"; sowie Nr. 4 SozGRCh: „Jeder hat das Recht auf freie Wahl und Ausübung seines Berufes nach den für den jeweiligen Beruf geltenden Vorschriften".
36 BGBl. 1964 II 1262, geändert durch die Änderungsbekanntmachung zur EUSozCh v. 3.9.2001, BGBl. 2001 II 970.

abzielt sowie in den Art. 10, 15 und 18 EUSozCh einige weitere Aspekte der beruflichen Ausbildung und der Berufsausübung regelt[37], ohne dabei allerdings echte durchsetzbare Individualrechte zu gewähren.[38] Die gleichwohl hohe politische Bedeutung dieser Sozialcharta kommt beispielsweise darin zum Ausdruck, dass sich Art. 15 Abs. 1 GRC nach den einschlägigen Erläuterungen des Präsidiums des Grundrechte-Konvents[39] nicht nur an die zurückliegende Rechtsprechung des EuGH zum Unionsgrundrecht der Berufsfreiheit und an Nr. 4 SozGRCh, sondern in maßgeblicher Weise auch an Art. 1 Abs. 2 EUSozCh anlehnt.

9   Dieser kursorische Überblick über die sowohl in einigen völkerrechtlichen Übereinkommen als auch in einigen „europäischen Instrumenten" enthaltenen Regelungen in Bezug auf die im Rahmen der EMRK nur ansatzweise und indirekt aus verschiedenen Artikeln ableitbare Berufsfreiheit zeigt zum einen, dass auf der internationalen Ebene ein recht enger **Zusammenhang zwischen der Berufsfreiheit und** bestimmten sozialen Gewährleistungen bzw. **sozialen Grundrechten** hergestellt wird, der den höchstpersönlichen Charakter dieser Freiheit unterstreicht. Zum anderen zeigt sich, dass die Berufswahlfreiheit und die Berufsausübungsfreiheit auf der internationalen Ebene zu den Hauptkomponenten bzw. Kerngewährleistungen der Berufsfreiheit gezählt werden, während bei der Anerkennung bzw. Kodifizierung eines „Rechts auf Arbeit" eher Zurückhaltung geübt wird. Dieser aus dem internationalen Recht ableitbare Befund deckt sich in weitem Umfang mit den nachfolgend in den Blick zu nehmenden berufsgrundrechtlichen Verfassungstraditionen der EU-Mitgliedstaaten (→ Rn. 10 ff.), die im Hinblick auf die Garantie und die Ausgestaltung der Berufsfreiheit und des Rechts „auf Arbeit" bzw. des Rechts „zu arbeiten" durch ein beachtliches Maß an Heterogenität gekennzeichnet sind.

III. Berufsfreiheit und das Recht auf Arbeit im Spiegel mitgliedstaatlicher Verfassungstraditionen

10 Die in Ansehung der Berufsfreiheit rechtswissenschaftlich bereits seit geraumer Zeit in Angriff genommene **wertende Rechtsvergleichung mitgliedstaatlicher Verfassungen**[40] zeigt, dass sich in fast allen EU-Mitgliedstaaten, die über eine geschriebene Verfassung verfügen, ein Grundrecht der Berufsfreiheit findet, welches in der Regel die klassischen Kerngehalte bzw. -gewährleistungen in Gestalt der Berufswahlfreiheit und/oder der Berufsausübungsfreiheit schützt[41] und teilweise auch in einem engen Zusammenhang mit dem in einigen mitgliedstaatlichen Verfassungen explizit angesprochenen – in der Regel aber eher programmatisch formulierten und nicht subjektivrechtlich ausgestalteten –

---

[37] Vgl. insbes. Art. 18 EUSozCh, wo es heißt: „Um die wirksame Ausübung des Rechtes auf Ausübung einer Erwerbstätigkeit im Hoheitsgebiet jeder anderen Vertragspartei zu gewährleisten, verpflichten sich die Vertragsparteien, 1. bestehende Vorschriften großzügig anzuwenden; 2. bestehende Formvorschriften zu vereinfachen und Verwaltungsgebühren und andere von ausländischen Arbeitnehmern oder ihren Arbeitgebern zu entrichtende Abgaben herabzusetzen oder abzuschaffen; 3. die Vorschriften über die Beschäftigung ausländischer Arbeitnehmer einzeln oder gemeinschaftlich zu liberalisieren; und anzuerkennen, 4. das Recht ihrer Staatsangehörigen, das Land zu verlassen, um im Hoheitsgebiet anderer Vertragsparteien eine Erwerbstätigkeit auszuüben".
[38] Zutr. *Notthoff* RIW 1995, 541 (544); *Wegener* in Ehlers GuG § 5 Rn. 63; näher zur Bedeutung dieser Charta im Recht der EU vgl. *de Schutter* RTDE 26 (2015), 259 ff.; zur Europäischen Sozialcharta insgesamt vgl. *Knospe* ZESAR 2015, 449 ff.
[39] ABl. 2007 C 303, 17 (23).
[40] Mit rechtsvergleichenden Überblicken über die Berufsfreiheit im Rahmen mitgliedstaatlicher Verfassungsordnungen vgl. insbes. *Blanke* in Stern/Sachs GRCh Art. 15 Rn. 18 ff.; *Borrmann* S. 107 ff.; *Günter* S. 50 ff.; *Sasse* S. 141 ff., 219 ff., 352 ff.; *Stadler* S. 213 ff.; *Weber*, Menschenrechte, S. 721 ff.; *Wunderlich* S. 25 ff.
[41] Vgl. Art. 23 Abs. 3 Nr. 1 belgVerf; Art. 48 Abs. 3 bulgVerf; § 74 dänVerf; Art. 29 Abs. 1 S. 1 estnVerf; § 18 Abs. 1 finnVerf; Art. 12 Abs. 1 GG (dtVerf); Art. 55 Abs. 2 kroatVerf; § 106 lettVerf; Art. 48 Abs. 1 litVerf; Art. 11 Abs. 6 luxVerf; Art. 19 Abs. 3 ndlVerf; Art. 18 östVerf (StGG); Art. 65 Abs. 1 polnVerf; Art. 47 Abs. 1 portVerf; Art. 38 Abs. 1 S. 2 rumVerf; Kap. 2 § 17 schwedVerf; Art. 35 Abs. 1 slowakVerf; Art. 49 Abs. 1–3 slowenVerf; Art. 35 Abs. 1 S. 1 spanVerf; Art. 3 u. Art. 112 Abs. 1 tschechVerf iVm Art. 26 Abs. 1 u. 3 tschechGR-Deklaration; Art. XII Abs. 1 ungVerf; Art. 25 Abs. 1 zyprVerf.

"Recht auf Arbeit"[42] steht. Im Einzelnen ergibt sich unter weitgehender Ausblendung der andernorts gesondert darzustellenden mitgliedstaatlichen Garantien der unternehmerischen Freiheit und der Wettbewerbsfreiheit (→ § 35 Rn. 8 ff.) das folgende Bild:

In **Deutschland** werden die klassischen Kerngehalte der Berufsfreiheit in Gestalt der freien Berufswahl und der freien Berufsausübung durch Art. 12 Abs. 1 GG garantiert, der durch verfassungsrechtliche Sonderregelungen für den öffentlichen Dienst im Sinne des Art. 33 Abs. 2–5 GG flankiert wird. Diese nach einhelliger Auffassung ein „einheitliches Grundrecht" darstellende Berufsfreiheit[43], die gemäß Art. 19 Abs. 3 GG grundsätzlich auch juristischen Personen des Privatrechts zusteht,[44] gewährt allen Deutschen[45] zum einen das Recht, den „Beruf" – dh jede der Schaffung und Erhaltung der Lebensgrundlage dienende und auf Dauer angelegte Tätigkeit – frei zu wählen und auszuüben.[46] Zum anderen umfasst der sachliche Schutzbereich des Art. 12 Abs. 1 GG, der neben der positiven Berufsfreiheit seit langer Zeit auch die negative Berufsfreiheit einschließt[47], die unternehmerische Freiheit und die Wettbewerbsfreiheit (→ § 35 Rn. 9 f.), weshalb dieses umfassende Grundrecht der Berufsfreiheit, das im Übrigen auch die freie Wahl der Ausbildungsstätte schützt[48] und sogar den Schutz von Betriebs- und Geschäftsgeheimnissen einschließt[49], hierzulande seit geraumer Zeit als „Hauptgrundrecht der freien wirtschaftlichen Betätigung" bezeichnet wird[50] und als eine wichtige (systemprägende) Funktionsgarantie der deutschen Wirtschaftsverfassung einzuordnen ist[51]. Ein Grundrecht auf Arbeit iS eines subjektivrechtlichen Arbeitsplatzverschaffungsanspruchs lässt sich indes nach allgemeiner Auffassung weder aus Art. 12 Abs. 1 GG noch aus einer sonstigen Bestimmung des Grundgesetzes ableiten.[52] Die Frage nach der möglichen Herleitung eines verfassungsrechtlichen Mindestschutzes gegen ungerechtfertigte Entlassungen aus Art. 12 Abs. 1 GG und/oder (subsidiär) aus Art. 2 Abs. 1 GG iVm Art. 1 Abs. 1 GG dürfte allerdings zu bejahen sein (→ § 41 Rn. 5).

In **Portugal** und **Spanien** sind die Berufswahlfreiheit, die Berufsausübungsfreiheit und die Freiheit wirtschaftlicher Tätigkeit bzw. die Freiheit der privaten Wirtschaftsinitiative

---

42   Vgl. Art. 23 Abs. 3 Nr. 1 belgVerf; Art. 48 Abs. 1 S. 1 bulgVerf; § 18 Abs. 1 u. 2 finnVerf; Art. 22 Abs. 1 griechVerf; Art. 4 Abs. 1 italVerf; Art. 55 Abs. 1 kroatVerf; Art. 11 Abs. 4 luxVerf; Art. 7 Abs. 1 iVm Art. 12 Abs. 1 maltVerf; Art. 58 Abs. 1 u. 2 portVerf; Art. 38 Abs. 1 S. 1 rumVerf; Kap. 1 § 2 Abs. 2 S. 2 schwedVerf; Art. 35 Abs. 3 S. 1 slowakVerf; Art. 35 Abs. 1 S. 1 spanVerf; Art. 3 u. Art. 112 Abs. 1 tschechVerf iVm Art. 26 Abs. 3 S. 1 tschechGR-Deklaration.
43   Zu diesem weitverbreiteten Verständnis des Art. 12 Abs. 1 GG vgl. nur *Kaiser* Jura 2008, 844 (845); *Kment/Fechter* JA 2016, 881 (881); *Mann/Worthmann* JuS 2013, 385 (387).
44   Nach BVerfGE 50, 290 (363), ist Art. 12 Abs. 1 GG gem. Art. 19 Abs. 3 GG auch auf juristische Personen anwendbar, soweit sie eine – Erwerbszwecken dienende – Tätigkeit ausüben, die ihrem Wesen und ihrer Art nach in gleicher Weise einer juristischen wie einer natürlichen Person offen steht. Nach ebenfalls ständiger Rechtsprechung des BVerfG zu Art. 19 Abs. 3 GG sei es grundsätzlich nur dann gerechtfertigt, juristische Personen in den persönlichen Schutzbereich bestimmter materieller Grundrechte (des GG) einzubeziehen, wenn ihre Bildung und Betätigung einer juristischen Person Ausdruck der freien Entfaltung natürlicher Personen sind und wenn insbes. der Durchblick auf die hinter der juristischen Person stehenden Menschen die Grundrechtsträgerschaft der juristischen Person als sinnvoll und erforderlich erscheinen lässt, vgl. nur BVerfGE 21, 362 (369); BVerfGE 45, 63 (80); BVerfGE 68, 193 (205 f.); BVerfGE 75, 192 (195 f.). Zur sog Anwendungserweiterung des Art. 19 Abs. 3 GG zu Gunsten EU-ausländischer juristischer Personen → § 9 Rn. 13.
45   Zur kontrovers diskutierten Frage der Einbeziehung aller Unionsbürger und ggf. auch juristischer Personen aus anderen EU-Mitgliedstaaten in den persönlichen Schutzbereich des Art. 12 Abs. 1 GG vgl. *Bauer/Kahl* JZ 1995, 1077 ff.; *Lücke* EuR 2001, 112 ff.; sowie jeweils mwN *Manssen* in v. Mangoldt/Klein/Starck GG Art. 12 Rn. 266 f.; *Wieland* in Dreier GG Art. 12 Rn. 58.
46   Vgl. etwa BVerfGE 7, 377 (397); BVerfGE 54, 301 (313); BVerfGE 68, 272 (281); BVerfGE 97, 228 (252 f.).
47   Vgl. nur BVerfGE 58, 358 (364 f.); *Papier* DVBl 1984, 801 (806).
48   Instruktiv dazu vgl. aus jüngerer Zeit BVerfG JZ 2018, 560 ff.
49   Vgl. nur BVerfGE 115, 205 (229 f.); BVerwG N&R 2014, 104 (105); VG Köln EnWZ 2016, 332 (334).
50   Vgl. nur *Ossenbühl* AöR 115 (1990), 1 (3); *Tettinger* DVBl 1999, 679 (684).
51   Näher dazu vgl. *Nowak* in Bruha/Nowak/Petzold, Grundrechtsschutz, S. 45 (49 ff.).
52   Vgl. BVerfGE 84, 133 (146); *Mann/Worthmann* JuS 2013, 385 (388); *Manssen* in v. Mangoldt/Klein/Starck GG Art. 12 Rn. 10 ff.; *Papier* DVBl 1984, 801 (810 f.); *Wieland* in Dreier GG Art. 12 Rn. 26; sowie → § 41 Rn. 6.

jeweils in getrennten Verfassungsbestimmungen geregelt: Während Art. 47 Abs. 1 portVerf in Ergänzung des in Art. 58 Abs. 1 portVerf verankerten Rechts auf Arbeit „allen" – unbeschadet gesetzlicher Einschränkungen, die im Interesse des Allgemeinwohls auferlegt werden oder sich aus der persönlichen Eignung ergeben – das auch die freie Berufsausübung einschließende subjektive Recht verleiht, „den Beruf oder die Art der Arbeit frei zu wählen"[53], garantiert Art. 61 Abs. 1 portVerf innerhalb des in dieser Verfassung und im Gesetz festgelegten Rahmens sowie unter Berücksichtigung des Allgemeininteresses die Freiheit der privaten Wirtschaftsinitiative (→ § 35 Rn. 11). Auch nach Art. 35 Abs. 1 spanVerf haben alle Spanier – neben einer in dieser Bestimmung angesprochenen Arbeitspflicht und einem dort ebenfalls genannten „Recht auf Arbeit" – das subjektive Recht „auf die freie Wahl des Berufs oder eines Amtes"[54], während die „Unternehmensfreiheit im Rahmen der Marktwirtschaft" gemäß Art. 38 Abs. 1 S. 1 spanVerf verfassungsrechtlich „anerkannt" wird (→ § 35 Rn. 11). Diese Rechte gehören in Spanien zur so genannten „zweiten Grundrechtsklasse", die im Vergleich zu den Grundrechten der ersten Klasse leichter eingeschränkt und schwerer durchgesetzt werden können.[55]

13 Kein subjektives Abwehrrecht soll hingegen der angeblich eher einen Programmsatz darstellende § 74 dänVerf begründen[56], wonach alle Beschränkungen des Rechts auf freie und gleiche Berufsausübung in **Dänemark** durch Gesetz aufgehoben werden sollen bzw. aufzuheben sind, soweit sie nicht durch Erfordernisse des Gemeinwohls begründet sind bzw. gerechtfertigt werden können.[57] Eine subjektivrechtliche Garantie der Berufsfreiheit mit Verfassungsrang lässt sich in **Schweden** indirekt aus Kap. 2 § 17 schwedVerf herleiten. Nach dieser Bestimmung dürfen nämlich Einschränkungen des – hier offenbar vorausgesetzten – Rechts, „Erwerb zu treiben oder einen Beruf auszuüben", nur vorgenommen werden, „um dringende öffentliche Interessen zu schützen und niemals zu dem einzigen Zweck, bestimmte Personen oder Unternehmen wirtschaftlich zu begünstigen". Darüber hinaus findet sich in Kap. 1 § 2 Abs. 2 S. 2 schwedVerf ein „Recht auf Arbeit", wobei es sich um einen bloßen Programmsatz handeln soll, der dem schwedischen Gesetzgeber keine unmittelbaren Verpflichtungen auferlegt.[58] Auch in **Finnland** soll die öffentliche Gewalt, die nach § 18 Abs. 1 S. 3 finnVerf für den Schutz der Arbeitskraft Sorge zu tragen hat, gemäß § 18 Abs. 2 finnVerf die Beschäftigung fördern und zugleich danach streben, „für jeden das Recht auf Arbeit zu sichern". Im Übrigen verleiht § 18 Abs. 1 finnVerf jedermann das „Recht", „sein Einkommen durch eine Arbeit, einen Beruf oder ein Gewerbe seiner Wahl gesetzlich zu erwerben".

14 In **Frankreich** ist die sowohl den Berufszugang *(libre accès)* als auch die freie Berufsausübung *(l'exercise d'une profession)* einschließende Berufsfreiheit im Sinne der *liberté professionelle* nach der Rechtsprechung des Conseil d'Etat von der Handels- und Gewerbefreiheit umfasst. Diese *liberté du commerce et de l'industrie,* die vom Conseil d'Etat als ein allgemeiner Rechtsgrundsatz ohne Verfassungsrang anerkannt wurde, ist in der Folge als ein auch die freie Berufswahl einschließendes Recht freier wirtschaftlicher Betätigung erweiternd ausgelegt worden[59] und insofern nicht leicht von der Unternehmerfreiheit im Sinne der *liberté*

---

[53] Näher dazu vgl. mwN *Günter* S. 150 ff.; ferner vgl. Art. 47 Abs. 2 portVerf, wonach alle Bürger auf der Grundlage der Gleichheit und Freiheit und im Regelfall vermittels Ausschreibung das Recht auf Zugang zum öffentlichen Dienst haben.
[54] Darüber hinaus verleiht Art. 35 Abs. 1 S. 1 spanVerf allen Spaniern das Recht „auf Fortkommen durch ihre Arbeit und auf eine Entlohnung, die zur Befriedigung ihrer Bedürfnisse und der ihrer Familie ausreicht"; zum subjektivrechtlichen Gehalt dieser Verfassungsnorm vgl. *Weber*, Menschenrechte, S. 751 f.
[55] Näher dazu vgl. *Prats-Canut* in Grabitz, Grundrechte, S. 651 (670 ff.); *Ibler* JZ 1999, 287 (289 ff.).
[56] Zum angeblich fehlenden subjektivrechtlichen Charakter dieser Norm, die eher als eine an den dänischen Gesetzgeber gerichtete Forderung programmatischer Art verstanden wird, vgl. *Borrmann* S. 109 f.
[57] Ergänzend vgl. § 75 Abs. 1 dänVerf, wonach zwecks Förderung des Gemeinwohls anzustreben ist, dass jeder arbeitsfähige Bürger die Möglichkeit hat, unter Bedingungen zu arbeiten, die sein Dasein sichern; zu Beamten können gem. § 27 Abs. 1 S. 2 dänVerf nur dänische Staatsangehörige ernannt werden.
[58] So vgl. etwa mwN *Günter* S. 202.
[59] Vgl. dazu grdlg. Conseil d'Etat (1951), Rec. Lebon 1951, 362 – Daudignac; näher dazu jeweils mwN *Borrmann* S. 114; *Günter* S. 75 ff.; *Weber*, Menschenrechte, S. 742 f.; *Wunderlich* S. 54 f.

d'entreprendre (→ § 35 Rn. 12) zu unterscheiden. In **Luxemburg** ergibt sich der verfassungsrechtliche Schutz der Berufsfreiheit und der Freiheit wirtschaftlicher Betätigung aus Art. 11 luxVerf. Während Abs. 4 dieser Vorschrift bestimmt, dass das Gesetz das „Recht auf Arbeit" gewährleistet und jedem Bürger die Ausübung dieses Rechts sichert, gewährleistet das Gesetz gemäß Art. 11 Abs. 6 luxVerf – vorbehaltlich der Einschränkungen, welche die gesetzgebende Gewalt festlegt – die „Freiheit des Handels und der Industrie" sowie die „Ausübung der freien Berufe und der landwirtschaftlichen Arbeit".[60]

In den **Niederlanden,** wo alle Niederländer gemäß Art. 3 ndlVerf „gleichermaßen Zugang zu öffentlichen Ämtern" haben, ist die „Schaffung von genügend Arbeitsplätzen" nach Art. 19 Abs. 1 ndlVerf „Gegenstand der Sorge des Staates und der anderen öffentlich-rechtlichen Körperschaften". Grundrechtscharakter im traditionellen Sinne wird sodann Art. 19 Abs. 3 ndlVerf zugesprochen, in dem – unbeschadet der Einschränkungen durch Gesetz oder kraft eines Gesetzes – das Recht eines jeden Niederländers auf freie Wahl der Arbeit anerkannt wird.[61] Im Wortlaut durchaus vergleichbar gewährleistet zwar auch Art. 23 Abs. 3 Nr. 1 belgVerf „das Recht auf Arbeit und auf freie Wahl der Berufstätigkeit im Rahmen einer allgemeinen Beschäftigungspolitik, die unter anderem darauf ausgerichtet ist, einen Beschäftigungsstand zu gewährleisten, der so stabil und hoch wie möglich ist". Hierbei handelt es sich jedoch weniger um ein subjektives Recht, sondern eher um eine programmatische Zielbestimmung, die in **Belgien** eine auf die Entstehung bzw. den Erlass beschäftigungspolitischer Gesetze abzielende politische Leit- bzw. Wertentscheidung darstellt.[62] Etwas unklar ist dabei allerdings, in welchem Verhältnis die vorgenannte Bestimmung zu der in Belgien rechtsgrundsätzlich anerkannten Freiheit der wirtschaftlichen Betätigung *(liberté du commerce et de l'industrie)* steht, die neben der Aufnahme von Handels- und Gewerbetätigkeiten (→ § 35 Rn. 12) auch die Wahl eines Berufes umfassen soll.[63]

In **Griechenland** lässt sich die dort nicht explizit verfassungsrechtlich geschützte Berufsfreiheit nach überwiegender Auffassung aus dem in Art. 5 Abs. 1 griechVerf geregelten Recht auf freie Persönlichkeitsentfaltung ableiten.[64] Nach dieser Bestimmung hat jeder nicht nur das Recht auf freie Entfaltung seiner Persönlichkeit, sondern auch auf die Teilnahme am gesellschaftlichen, wirtschaftlichen und politischen Leben des Landes, soweit er nicht gegen die Rechte anderer, die Verfassung oder die guten Sitten verstößt.[65] Für die Berufsfreiheit kommt dem Recht auf freie Persönlichkeitsentfaltung auch in **Irland** eine besondere Bedeutung insoweit zu, als der irische High Court aus dem allgemeinen Persönlichkeitsrecht des Art. 40 Abs. 3 irVerf das subjektivrechtliche *right to earn a livelihood* hergeleitet hat[66], das sowohl die Berufswahlfreiheit als auch die Berufsausübungsfreiheit umfasst.[67] Während sich aus diesem in Irland anerkannten *right to earn a livelihood* nach überwiegender Auffassung kein Recht auf Arbeit im Sinne eines Arbeitsplatzverschaffungsanspruchs, sondern lediglich ein *right to work* in dem Sinne ableiten lässt, dass es einem Bürger grundsätzlich möglich sein muss, eine von ihm gewählte Tätigkeit aufzunehmen[68], soll in **Großbritannien** zumindest umstritten sein, ob ein wie auch immer geartetes Recht

---

[60] Näher zu dieser Verfassungsbestimmung vgl. *Günter* S. 106 f. Zum fraglichen Grundrechtscharakter des Art. 11 Abs. 4–6 luxVerf vgl. *Pieters* in Grabitz, Grundrechte S. 437 (465 ff.).
[61] Zum Grundrechtscharakter dieser Bestimmung vgl. mwN *Borrmann* S. 111 f.
[62] In diesem Sinne vgl. *Borrmann* S. 112.
[63] Vgl. *Borrmann* S. 112 f.; relativierend vgl. indes *Günter* S. 100, wonach es angesichts tiefgreifender Einschränkungsmöglichkeiten des niederländischen Gesetzgebers in diesem Kontext schwerfalle, hinsichtlich des Art. 19 Abs. 3 ndlVerf von einem subjektiven Recht im eigentlichen Sinne des Wortes zu sprechen.
[64] Vgl. *Borrmann* S. 116; sowie *Günter* S. 92.
[65] Ergänzend vgl. Art. 22 Abs. 1 griechVerf, wonach die Arbeit ein Recht ist und unter dem Schutz des Staates steht, der für die Sicherung der Vollbeschäftigung und für die sittliche und materielle Förderung der arbeitenden ländlichen und städtischen Bevölkerung sorgt.
[66] Vgl. nur High Court (1972), Irish Reports 330 (335) – Murtagh Properties/Cleary; High Court (1984), Irish Law Report Monthly 373 (388 f.) – Attorney General ua/Paperlink; High Court (1985), Irish Reports 486 (493) – Cafolla/Attorney General.
[67] Näher dazu vgl. *Borrmann* S. 111; *Günter* S. 70 ff.
[68] So *Günter* S. 72 mwN; sowie *Grehan* in Grabitz, Grundrechte, S. 203 (219).

auf Arbeit zu den so genannten *civil liberties* zu zählen ist, die ihrerseits von den so genannten *fundamental rights* zu unterscheiden sind und lediglich die vom britischen Gesetzgeber noch nicht zulässigerweise eingeschränkten Freiheitssphären umschreiben.[69] Ähnliche Zweifel bestehen zwar auch im Hinblick auf die Frage, ob die Berufsfreiheit – wie etwa das Recht auf Eigentum – zu diesen *civil liberties* gehört; gleichwohl könnte die Berufsfreiheit in Großbritannien von der persönlichen Entfaltungsfreiheit mitumfasst sein, die teilweise als *freedom of the person to behave as he pleases* bzw. als *right to dispose of his capital or his labour as he will* verstanden wird.[70] Darüber hinaus bietet die in Großbritannien eine bedeutsame Rolle spielende Garantie eines fairen Verfahrens *(procedural fairness)* – ähnlich wie Art. 6 Abs. 1 S. 1 EMRK (→ Rn. 6) – insbesondere dann einen mittelbaren Schutz der Berufsfreiheit, wenn es beispielsweise um den hoheitlichen Entzug berufsbezogener Genehmigungen oder um die Versagung beruflicher Lizenzen geht.[71]

17 Auch in **Italien** gibt es zwar keine Verfassungsbestimmung, die sich explizit und umfassend mit den klassischen Kernkomponenten der Berufsfreiheit in Gestalt der freien Berufswahl und der freien Berufsausübung befasst.[72] Gleichwohl ist Italien gemäß Art. 1 Abs. 1 italVerf „eine auf die Arbeit gegründete Republik", in der sich der Verfassungsrang der Berufsfreiheit insbesondere aus der in Art. 41 Abs. 1 italVerf angesprochenen Freiheit privatwirtschaftlicher Initiative (→ § 35 Rn. 14) ableiten lässt. Im Übrigen gibt es in Italien ein weder einen Anspruch auf eine bezahlte Tätigkeit noch einen Anspruch auf die Erhaltung des Arbeitsplatzes gewährendes Recht auf Arbeit[73], das gemäß Art. 4 Abs. 2 italVerf von der Pflicht eines jeden Staatsbürgers flankiert wird, nach den eigenen Möglichkeiten und nach eigener Wahl eine Arbeit oder Tätigkeit auszuüben, die zum materiellen oder geistigen Fortschritt der Gesellschaft beiträgt. Zwei unterschiedliche Verfassungsbestimmungen regeln auch in **Österreich** zum einen die von einer beruflichen Ausbildungsfreiheit flankierte Berufswahlfreiheit natürlicher Personen (Art. 18 StGG), die nach allgemeiner Auffassung auch die Berufsausübungsfreiheit umfasst, und zum anderen das auch juristischen Personen eingeräumte Recht, „jeden Erwerbszweig" auszuüben (Art. 6 Abs. 1 StGG).[74] Darüber hinaus sind die öffentlichen Ämter gemäß Art. 3 StGG für alle Staatsbürger gleich zugänglich.

18 In den EU-Mitgliedstaaten des Baltikums, die kein verfassungsrechtlich fundiertes Recht auf Arbeit kennen, wird nur zum Teil hinreichend klar zwischen der Berufsfreiheit und der wirtschaftlichen Betätigungsfreiheit unterschieden: So gewährt in **Estland** zunächst einmal Art. 29 Abs. 1 S. 1 estnVerf – neben dem in Art. 31 S. 1 estnVerf geregelten Recht auf unternehmerische Tätigkeit (→ § 35 Rn. 15) – jedem Staatsangehörigen das Recht zur freien Wahl des Betätigungsfeldes, des Berufs und des Arbeitsplatzes, wobei die näheren Bedingungen und Verfahren für die Ausübung bzw. Wahrnehmung dieses Rechts durch den Gesetzgeber festgelegt werden können. In **Litauen**, dessen Wirtschaft gemäß Art. 46 litVerf auf Privateigentum und auf der Freiheit individueller wirtschaftlicher Aktivität und Initiative gegründet ist (→ § 35 Rn. 15), wird die klassische (subjektiv-rechtliche) Berufswahlfreiheit in Art. 48 Abs. 1 litVerf mit den zusätzlichen Rechten auf adäquate, sichere und gesunde Arbeitsbedingungen, auf angemessene Entlohnung für Arbeit sowie auf soziale

---

[69] Näher hierzu vgl. *Borrmann* S. 107 f.; *Günter* S. 50 ff.
[70] Vgl. mwN *Günter* S. 52.
[71] Näher dazu vgl. mwN *Wunderlich* S. 45 ff.
[72] Vgl. aber Art. 51 Abs. 1 italVerf, wonach alle Bürger beiderlei Geschlechts unter den gleichen Bedingungen gemäß den gesetzlich festgelegten Erfordernissen „Zugang zu den öffentlichen Ämtern" haben; ferner vgl. Art. 97 Abs. 3 italVerf, wonach der Zutritt zu den Stellen der öffentlichen Verwaltung – vorbehaltlich der durch Gesetz bestimmten Fälle – „durch Wettbewerb" erfolgt.
[73] Vgl. Art. 4 Abs. 1 italVerf, wonach die italienische Republik allen Staatsbürgern das Recht auf Arbeit zuerkennt und die Voraussetzungen bzw. Bedingungen für die Verwirklichung dieses Rechts fördert; mit Nachw. aus der einschlägigen Rspr. vgl. *Monaco* in Grabitz, Grundrechte, S. 363 (385). Daneben vgl. Art. 35 Abs. 1 u. Abs. 2 italVerf, wonach diese Republik „die Arbeit in allen ihren Formen und Anwendungen" schützt sowie für die „berufliche Schulung und Fortbildung der Arbeiter" sorgt.
[74] Näher zu Art. 6 StGG u. Art. 18 StGG vgl. *Borrmann* S. 118; *Günter* S. 122 ff.; *Weber*, Menschenrechte, S. 746.

Sicherheit im Falle der Arbeitslosigkeit kombiniert.[75] In **Lettland** ist die Berufsfreiheit in § 106 S. 1 lettVerf geregelt. Nach dieser Bestimmung, der im zweiten Satz ein Verbot der Zwangsarbeit folgt, hat jeder nach Maßgabe seiner Fähigkeiten und Qualifikationen das Recht auf freie Wahl seiner Beschäftigung und seines Arbeitsplatzes.[76]

Umfangreiche berufsbezogene und sonstige wirtschaftsrelevante Regelungen finden sich sodann in der polnischen Verfassung. Die Grundlage der wirtschaftlichen Ordnung in der Republik **Polen** bildet gemäß Art. 20 polnVerf zunächst einmal die auf der Freiheit der wirtschaftlichen Tätigkeit (→ § 35 Rn. 17), dem Privateigentum, der Solidarität, dem Dialog und der Zusammenarbeit der Sozialpartner basierende soziale Marktwirtschaft, in deren Rahmen die Arbeit gemäß Art. 24 S. 1 polnVerf unter staatlichem Schutz steht. Die zentrale berufsgrundrechtliche Regelung findet sich in Art. 65 Abs. 1 S. 1 polnVerf, wonach jedermann – vorbehaltlich der gemäß Art. 65 Abs. 1 S. 2 polnVerf gesetzlich zu regelnden Ausnahmen – das Recht auf freie Wahl und Ausübung des Berufes sowie auf freie Wahl des Arbeitsplatzes hat. Dieses Recht wird zum einen durch Art. 33 Abs. 2 polnVerf ergänzt, wonach Frauen und Männer das gleiche Recht auf Ausbildung, Beschäftigung, beruflichen Aufstieg, gleiche Entlohnung für gleichwertige Arbeit, soziale Sicherung sowie auf Ausübung der Ämter, Erfüllung von Funktionen und Erhalt öffentlicher Würden und Auszeichnungen haben; zum anderen gewährt Art. 60 polnVerf allen polnischen Staatsangehörigen, die die vollen bürgerlichen Rechte genießen, das Recht auf gleichen Zugang zum öffentlichen Dienst. **19**

In der **Slowakei,** die abweichend von der polnischen Verfassung ein in Art. 35 Abs. 3 S. 1 slowakVerf geregeltes – gemäß S. 3 dieser Norm gesetzlich auszugestaltendes – „Recht auf Arbeit" kennt[77], bildet Art. 35 Abs. 1 slowakVerf die bedeutsamste wirtschaftsverfassungsrechtliche Norm. Demnach hat jedermann das Recht auf freie Berufswahl und berufliche Ausbildung sowie das Recht, unternehmerisch tätig zu sein oder eine andere Erwerbstätigkeit auszuüben; etwaige „Bedingungen und Beschränkungen für die Ausübung bestimmter Berufe oder Tätigkeiten" können gemäß Art. 35 Abs. 2 slowakVerf „durch Gesetz" festgelegt werden. Ergänzend sieht Art. 30 Abs. 4 slowakVerf neben dem in Art. 18 Abs. 1 slowakVerf geregelten Verbot der Zwangsarbeit vor, dass die Bürger unter gleichen Bedingungen Zugang zu Wahlämtern und anderen öffentlichen Funktionen haben. Eine dem Art. 35 slowakVerf weitgehend entsprechende Vorschrift findet sich in der Verfassungsordnung der **Tschechischen Republik.** So hat nach Art. 3 und Art. 112 Abs. 1 tschechVerf iVm Art. 26 Abs. 1 tschechGR-Deklaration ebenfalls jedermann zum einen das Recht, sich frei seinen Beruf zu wählen[78] und sich für diesen ausbilden zu lassen, sowie das Recht, „zu unternehmen oder eine andere Wirtschaftstätigkeit auszuüben". Ferner sehen Art. 3 und Art. 112 Abs. 1 tschechVerf iVm Art. 26 Abs. 2 tschechGR-Deklaration vor, dass das Gesetz die „Bedingungen und Beschränkungen für die Ausübung bestimmter Berufe oder Tätigkeiten festlegen" kann. Anders als in der Slowakei und in der Tschechischen Republik ist die Berufsfreiheit und die unternehmerische Freiheit bzw. die Gewerbefreiheit in **Slowenien** in zwei unterschiedlichen Verfassungsbestimmungen geregelt. Während die Gewerbefreiheit bzw. die wirtschaftliche Betätigungsfreiheit in Art. 74 slowenVerf geregelt ist (→ § 35 Rn. 16), gewährleistet Art. 49 Abs. 1 slowenVerf zum einen die „Freiheit der Arbeit", die durch das in Art. 49 Abs. 4 slowenVerf niedergelegte **20**

---

[75] Näher zu dieser Bestimmung vgl. *Schmidt* S. 97 ff.; ferner vgl. Art. 48 Abs. 3 litVerf, wonach Zwangsarbeit verboten ist.

[76] Ferner vgl. § 101 S. 1 lettVerf, wonach jeder Staatsbürger Lettlands das Recht hat, sich in der gesetzlich vorgesehenen Weise an der Tätigkeit des Staates und der Selbstverwaltungen zu beteiligen sowie den Staatsdienst zu versehen.

[77] Ferner vgl. Art. 35 Abs. 3 S. 2 slowakVerf, wonach der Staat in angemessenem Maße diejenigen Bürger materiell unterstützt, die dieses Recht auf Arbeit ohne ihr Verschulden nicht ausüben können.

[78] Ergänzend vgl. Art. 3 u. Art. 112 Abs. 1 tschechVerf iVm Art. 26 Abs. 3 S. 1 tschechGR-Deklaration, wonach jedermann das Recht hat, „durch Arbeit Mittel für seinen Lebensunterhalt zu erwerben"; ferner vgl. Art. 3 u. Art. 112 Abs. 1 tschechVerf iVm Art. 9 Abs. 1 S. 1 tschechGR-Deklaration, wonach niemand zu Arbeit oder Dienstleistungen gezwungen werden darf.

Verbot der Zwangsarbeit flankiert wird. Zum anderen wählt jedermann nach Art. 49 Abs. 2 slowenVerf seine Beschäftigung frei, wobei jedermann nach Art. 49 Abs. 3 slowenVerf auch unter den gleichen Bedingungen jeder Arbeitsplatz zugänglich ist.

21 In **Ungarn** verleiht Art. XII Abs. 1 S. 1 ungVerf zunächst einmal jeder Person das Recht auf die freie Wahl von Arbeit und Beruf. Dieses Grundrecht der Arbeits- und Berufswahlfreiheit[79] wird durch die in Art. XIII Abs. 1 ungVerf gewährleistete Eigentumsgarantie sowie durch das in Art. XII Abs. 1 S. 1 ungVerf geregelte Recht auf unternehmerische Tätigkeit (→ § 35 Rn. 17) flankiert. Darüber hinaus wird in Art. M Abs. 1 ungVerf klargestellt, dass die Wirtschaft Ungarns auf der „Werte schaffenden Arbeit und der Freiheit der Unternehmung" beruht. In **Zypern** hat jede Person gemäß Art. 25 Abs. 1 zyprVerf ein Recht auf freie Berufsausübung, dessen Ausübung nach Art. 25 Abs. 2 zyprVerf Gegenstand gesetzlich geregelter Bedingungen und Beschränkungen sein kann. Flankiert wird diese Berufsausübungsfreiheit durch das in Art. 10 Abs. 2 zyprVerf geregelte Zwangsarbeitsverbot. In **Malta** schützt der Staat, der nach Art. 18 maltVerf die private wirtschaftliche Initiative fördern soll (→ § 35 Rn. 17), gemäß Art. 12 Abs. 1 maltVerf die Arbeit; ein dazugehöriges „Recht auf Arbeit" gewährleistet Art. 7 maltVerf.

22 Ähnliche Bestimmungen wirtschaftsverfassungsrechtlicher Art lassen sich schließlich auch in den Verfassungsordnungen derjenigen Mitgliedstaaten finden, die der EU zuletzt – dh in den Jahren 2007 (Bulgarien und Rumänien) und 2013 (Kroatien) – beigetreten sind. In der Republik **Bulgarien,** deren Wirtschaft sich gemäß Art. 19 Abs. 1 bulgVerf auf die freie wirtschaftliche Initiative gründet[80], wird die Arbeitsplatz- und Berufswahlfreiheit – neben der in Art. 19 Abs. 2 bulgVerf angesprochenen Freiheit der wirtschaftlichen Tätigkeit (→ § 35 Rn. 18) – durch Art. 48 Abs. 3 bulgVerf garantiert; Abs. 4 dieser Bestimmung enthält ein Zwangsarbeitsverbot. Ferner haben die Bürger gem. Art. 48 Abs. 1 bulgVerf ein „Recht auf Arbeit", wobei sich der Staat um die Schaffung entsprechender Voraussetzungen für die Verwirklichung dieses Rechts „bemüht". Im Übrigen ist die Arbeit nach Art. 16 bulgVerf gesetzlich zu garantieren und zu schützen. In der Republik **Rumänien,** deren Wirtschaft nach Art. 134 Abs. 1 rumVerf „eine Marktwirtschaft" ist, wird die freie Berufs- und Arbeitsplatzwahl durch Art. 38 Abs. 1 S. 2 rumVerf garantiert. In Art. 38 Abs. 1 S. 1 rumVerf heißt es, dass das „Recht auf Arbeit" nicht eingeschränkt werden kann. Im Übrigen enthält Art. 39 Abs. 1 rumVerf ein Verbot der Zwangsarbeit, während die staatlich zu gewährleistende Handelsfreiheit in Art. 134 Abs. 2 lit. a rumVerf erwähnt wird. In der Republik **Kroatien** schließlich, in der ausweislich des Art. 49 Abs. 1 kroatVerf die Unternehmensfreiheit (→ § 35 Rn. 18) und die Freiheit des Marktes die Grundlage der wirtschaftlichen Ordnung sind[81], stellt Art. 55 Abs. 1 kroatVerf sicher, dass jeder das Recht auf Arbeit und die Freiheit zu arbeiten hat. Im Übrigen sieht Art. 55 Abs. 2 kroatVerf vor, dass jeder den Beruf und die Beschäftigung frei wählt und dass allen jeder Arbeitsplatz und jede Funktion unter den gleichen Bedingungen zugänglich ist.

23 Der vorangegangene rechtsvergleichende Überblick (→ Rn. 10–22) zeigt zum einen, dass die Regelungs- bzw. Schutzintensität des in nahezu allen EU-Mitgliedstaaten meist ausdrücklich, teils aber auch nur implizit verfassungsrechtlich verbürgten Grundrechts der Berufsfreiheit, das häufig auch explizit juristischen Personen eingeräumt wird, in den einzelnen Mitgliedstaaten recht unterschiedlich ist. Aus dieser **Heterogenität berufsgrundrechtlicher Verfassungstraditionen der EU-Mitgliedstaaten,** die auch auf der hier nicht weiter zu vertiefenden Ebene der prozessualen Durchsetzung zu verzeichnen ist,

---

[79] Näher dazu vgl. *Vörös* in Bruha/Nowak/Petzold S. 169 ff.
[80] Ergänzend vgl. Art. 19 Abs. 2 bulgVerf, wonach das Gesetz jedem Bürger und jeder juristischen Person die gleichen rechtlichen Bedingungen für eine wirtschaftliche Tätigkeit schafft und gewährleistet, wobei es den Missbrauch einer Monopolstellung und unlauteren Wettbewerb verhindert und den Verbraucher schützt; sowie Art. 19 Abs. 3 bulgVerf, wonach die Investitionen und die wirtschaftliche Tätigkeit bulgarischer und ausländischer Bürger und juristischer Personen durch das Gesetz geschützt werden.
[81] Ergänzend vgl. Art. 49 Abs. 2 S. 1 u. 2 kroatVerf, wonach der Staat allen Unternehmen die gleiche rechtliche Stellung auf dem Markt zusichert und wonach Monopole verboten sind.

lässt sich immerhin ableiten, dass das nicht nur in Art. 15 GRC verankerte, sondern iS des Art. 6 Abs. 3 EUV auch durch eine Gesamtschau berufsgrundrechtlicher Verfassungstraditionen der EU-Mitgliedstaaten getragene Unionsgrundrecht der Berufsfreiheit sowohl die freie Berufswahl als auch die freie Berufsausübung schützen muss (→ Rn. 34 ff.), während sich die unionsrechtliche Anerkennung eines etwaigen (Grund-)„Rechts auf Arbeit" (→ Rn. 41) – anders als ein etwaiges „Recht zu arbeiten" (→ Rn. 39 f.) im Sinne des etwa in Irland gewährleisteten *right to earn a livelihood* (→ Rn. 16) – aus rechtsvergleichender Perspektive nicht gerade aufdrängt. Zum anderen verdeutlicht der vorangegangene Überblick, dass die beiden **Hauptkomponenten der Berufsfreiheit in Gestalt der Berufswahl- und der Berufsausübungsfreiheit** in den Mitgliedstaaten der EU nicht schrankenlos gewährleistet werden[82], sondern teilweise sogar recht weitreichenden Ausgestaltungsvorbehalten und Beschränkungsmöglichkeiten ausgesetzt sind. Bemerkenswert ist schließlich, dass die oftmals weitreichenden Schranken unterliegende Unternehmerfreiheit bzw. die wirtschaftliche Betätigungsfreiheit in einigen EU-Mitgliedstaaten – wie etwa in Deutschland – in großem Umfang unmittelbar aus dem Grundrecht der Berufsfreiheit abgleitet wird, während sie in anderen Mitgliedstaaten der EU teils eigenständig, teils nicht explizit gewährleistet wird (→ § 35 Rn. 8 ff.). Insoweit zeigt der obige Überblick über die wirtschaftsverfassungsrechtliche Verbürgung des Grundrechts der Berufsfreiheit in den EU-Mitgliedstaaten letztendlich auch, dass die nachfolgend in den Blick zu nehmende Ausgestaltung der wirtschaftsgrundrechtlichen **Berufsfreiheit in der EU-Grundrechtecharta** in der gewählten Form weder zwingend vorgegeben war noch den gemeinsamen Verfassungstraditionen der EU-Mitgliedstaaten eindeutig widerspricht.

IV. Die unionsgrundrechtliche Berufsfreiheit und das Recht zu arbeiten nach Art. 15 GRC

Aufgrund der frühzeitigen Anerkennung des damaligen „Gemeinschafts"-Grundrechts der Berufsfreiheit durch den EuGH (→ Rn. 1–4) und angesichts des Umstands, dass die Berufsfreiheit in der einen oder anderen Form in nahezu allen EU-Mitgliedstaaten geschützt ist bzw. gewährleistet wird (→ Rn. 10–23), kann es zunächst einmal nicht überraschen, dass das Unionsgrundrecht der Berufsfreiheit expliziten Eingang in die **Charta der Grundrechte der EU** gefunden hat (Art. 15 Abs. 1–3 GRC). Bemerkenswert ist jedoch, dass die beiden klassischen Kerngewährleistungen der unionsgrundrechtlichen Berufsfreiheit in Gestalt der Berufswahlfreiheit und der Berufsausübungsfreiheit einerseits sowie die in der früheren EuGH-Rechtsprechung anerkannten und herausgearbeiteten Teilgewährleistungen dieses Grundrechts etwa in Gestalt der wirtschaftlichen Betätigungs-, Vertrags- und Wettbewerbsfreiheit in dieser Charta in zwei getrennten Artikeln angesprochen werden. Konkret wird die in der früheren Grundrechtsrechtsprechung des EuGH erfolgte „Aufladung" des Grundrechts der Berufsfreiheit durch die speziellen Teilgewährleistungen der wirtschaftlichen Betätigungs-, Wettbewerbs-, Handels- und Vertragsfreiheit (→ Rn. 2–4) in dieser Charta insoweit modifiziert, als die klassischen **Kerngewährleistungen der unionsgrundrechtlichen Berufsfreiheit** in Gestalt der freien Berufswahl und der freien Berufsausübung – neben dem „Recht zu arbeiten" – nunmehr allein in Art. 15 Abs. 1 GRC geregelt sind, während die „unternehmerische Freiheit" in Art. 16 GRC eine gesonderte Regelung erfahren hat und gemäß dieser Norm „nach dem Unionsrecht und den einzelstaatlichen Rechtsvorschriften und Gepflogenheiten anerkannt" wird (→ § 35 Rn. 1 ff.).

Nach Art. 15 Abs. 1 GRC hat jede Person „das Recht, zu arbeiten und einen frei gewählten oder angenommenen Beruf auszuüben". Im Hinblick auf diese **einheitliche Freiheit der Arbeitsaufnahme, der Berufswahl und der Berufsausübung** (→ Rn. 34 ff.) wird in den aktualisierten Erläuterungen des Konvent-Präsidiums zu Art. 15

---

[82] Rechtsvergleichend dazu *Borrmann* S. 126 ff.; *Weber,* Menschenrechte, S. 758 ff.

GRC unter Bezugnahme auf die einschlägigen EuGH-Urteile in den Rechtssachen *Nold*, *Hauer* und *Keller* (→ Rn. 2 f.) darauf hingewiesen, dass die „in Artikel 15 Absatz 1 festgeschriebene Berufsfreiheit […] in der Rechtsprechung des Gerichtshofs anerkannt [ist]".[83] Darüber hinaus heißt es dort, dass sich dieser Absatz ferner an Art. 1 Abs. 2 der am 18.10.1961 unterzeichneten und von allen Mitgliedstaaten ratifizierten Europäischen Sozialcharta (→ Rn. 8) und an Nummer 4 der Gemeinschaftscharta der sozialen Grundrechte der Arbeitnehmer vom 9.12.1989 (→ Rn. 7) anlehnt; dieser Hinweis bezieht sich insbesondere auf das in Art. 15 Abs. 1 GRC angesprochene Recht zu arbeiten. Soweit an dieser Stelle der Erläuterungen schließlich festgehalten wird, dass der Ausdruck „Arbeitsbedingungen" iS des Art. 156 AEUV zu verstehen ist, vermag dies ein wenig zu überraschen, da dieser Ausdruck nicht bereits im ersten Absatz des Art. 15 GRC, sondern erst in Art. 15 Abs. 3 GRC zu finden ist (→ Rn. 27).

26 In Art. 15 Abs. 2 GRC heißt es sodann, dass alle Unionsbürgerinnen und Unionsbürger die Freiheit haben, in jedem Mitgliedstaat Arbeit zu suchen, sich niederzulassen oder Dienstleistungen zu erbringen. Damit werden die Kerngewährleistungen der unionsgrundrechtlichen Berufsfreiheit iS des Art. 15 Abs. 1 GRC in einen engen Zusammenhang mit den nicht grundrechtsgleichen **Grundfreiheiten** in Gestalt der im AEUV niedergelegten Arbeitnehmerfreizügigkeit, Niederlassungs- und Dienstleistungsfreiheit gestellt, ohne dass es für diese weitgehend bedeutungslose Regelung, die keinen eigenständigen grundrechtlichen Gehalt hat[84] und zudem redundant ist[85], eine vernünftige bzw. überzeugende Begründung gibt; eine solche liefern auch nicht die oben bereits angesprochenen Erläuterungen des Konvent-Präsidiums (→ Rn. 25) zu Art. 15 Abs. 2 GRC, der zufolge in Absatz 2 die drei Freiheiten aufgenommen wurden, die durch die Art. 26 und 45, 49 und 56 AEUV garantiert sind, dh die Freizügigkeit der Arbeitnehmer, die Niederlassungsfreiheit und der freie Dienstleistungsverkehr.

27 Im Übrigen begründet Art. 15 Abs. 3 GRC ein **spezielles Diskriminierungsverbot für legal beschäftigte Personen, die nicht die Unionsbürgerschaft besitzen.** Demnach haben die Staatsangehörigen dritter Länder, die im Hoheitsgebiet der Mitgliedstaaten arbeiten dürfen, einen Anspruch auf Arbeitsbedingungen[86], die denen der Unionsbürgerinnen und Unionsbürger entsprechen. Ein freizügigkeitsrechtlicher Anspruch auf Zugang zum Arbeitsmarkt lässt sich aus diesem Diskriminierungsverbot nach überwiegender Auffassung indes nicht ableiten.[87] Nach den aktualisierten Erläuterungen des Konvent-Präsidiums zu Art. 15 GRC[88] stützt sich die in Absatz 3 dieser Norm enthaltene Regelung auf Art. 153 Abs. 1 lit. g AEUV sowie auf Art. 19 Abs. 4 der am 18.10.1961 unterzeichneten und von allen Mitgliedstaaten ratifizierten Europäischen Sozialcharta (EUSozCh) (→ Rn. 8). Daraus wird in diesen Erläuterungen zum einen der Schluss gezogen, dass auf die in Art. 15 Abs. 3 GRC enthaltene Regelung somit Art. 52 Abs. 2 GRC Anwendung

---

[83] ABl. 2007 C 303, 17 (23).
[84] Zutr. *Blanke* in Stern/Sachs GRCh Art. 15 Rn. 55 f.
[85] Zutr. *Kühling* in FK-EUV/GRC/AEUV GRC Art. 15 Rn. 11; ferner vgl. in diesem Kontext EuGH C-233/12, ECLI:EU:C:2013:449 Rn. 39 – Gardella, wo es heißt: „Zu Art. 15 Abs. 2 der Charta ist auf Art. 52 Abs. 2 der Charta hinzuweisen, der vorsieht, dass die Ausübung der durch die Charta anerkannten Rechte, die in den Verträgen geregelt sind, im Rahmen der darin festgelegten Bedingungen und Grenzen erfolgt. Dies trifft auf Art. 15 Abs. 2 der Charta zu, der, wie in den Erläuterungen zu dieser Vorschrift bestätigt wird, u.a die durch Art. 45 AEUV verbürgte Arbeitnehmerfreizügigkeit wieder aufnimmt"; näher zum engen Verhältnis zwischen Art. 15 Abs. 2 GRC, Art. 49 AEUV und Art. 16 GRC vgl. zuletzt EuGH C-230/18, ECLI:EU:C:2019:383 Rn. 52 ff. – PI.
[86] Vgl. dazu *Streinz* in Streinz GRC Art. 15 Rn. 19, wonach dieser eng auszulegende Begriff nicht das Arbeitsentgelt erfasse, das zu den „Beschäftigungsbedingungen" gehöre; vgl. aber auch Rengeling/Szczekalla Grundrechte in der EU § 20 Rn. 777, wonach diese enge Auslegung des Begriffs „Arbeitsbedingungen" nicht zwingend sei. Näher zu diesem Begriff vgl. auch *Blanke* in Stern/Sachs GRCh Art. 15 Rn. 63; *Kühling* in FK-EUV/GRC/AEUV GRC Art. 15 Rn. 13.
[87] Vgl. nur *Bernsdorff* in NK-EuGRCh GRCh Art. 15 Rn. 10 f. iVm Rn. 21 f.; *Streinz* in Streinz GRC Art. 15 Rn. 15.
[88] ABl. 2007 C 303, 17 (23).

findet, wonach die Ausübung der durch diese Charta anerkannten Rechte, die in den Verträgen geregelt sind, im Rahmen der darin festgelegten Bedingungen und Grenzen erfolgt.[89] Zum anderen heißt es in den auf Art. 15 Abs. 3 GRC bezogenen Erläuterungen des Konvent-Präsidiums, dass die Frage der Anheuerung von Seeleuten, die Staatsangehörige von Drittstaaten sind, in der Besatzung von Schiffen unter der Flagge eines Mitgliedstaats der Union durch das Unionsrecht und die einzelstaatlichen Rechtsvorschriften und Gepflogenheiten geregelt wird. Dies dürfte dafür sprechen, dass das Präsidium des Grundrechtekonvents den berufsgrundrechtlichen Schutz dieser Personengruppe als weniger weitreichend ansehen wollte.[90]

V. Abgrenzung der in Art. 15 GRC niedergelegten berufsgrundrechtlichen Gewährleistungen von der unternehmerischen Freiheit nach Art. 16 GRC

Da die nach der früheren EuGH-Rechtsprechung sehr eng mit der wirtschaftsgrundrechtlichen Berufsfreiheit verbundene unternehmerische Freiheit (→ Rn. 2–4) keine textliche Erwähnung in Art. 15 GRC gefunden hat (→ Rn. 24–27), sondern in Art. 16 GRC einer eigenständigen Regelung zugeführt wurde und gemäß dieser Bestimmung „nach dem Unionsrecht und den einzelstaatlichen Rechtsvorschriften und Gepflogenheiten anerkannt" wird (→ § 35 Rn. 1 ff.), stellt sich die im einschlägigen Schrifttum nach wie vor kontrovers diskutierte und auch in der wirtschaftsgrundrechtlichen Rechtsprechung des Unionsrichters immer noch nicht abschließend beantwortete Frage nach dem zwischen Art. 15 GRC und Art. 16 GRC bestehenden Verhältnis.[91] Der jüngeren **Rechtsprechung des Unionsrichters** lassen sich diesbezüglich noch keine hinreichend klaren und gefestigten Antworten entnehmen, da es auf der einen Seite solche Urteile gibt, in denen die Art. 15 und 16 GRC als relevante Prüfungsmaßstäbe nebeneinander zur Anwendung gelangen, ohne dass sich der Unionsrichter dabei auch nur ansatzweise mit dem zwischen diesen beiden Unionsgrundrechten bestehenden Verhältnis auseinandersetzt.[92] Auf der anderen Seite gibt es aber auch Beispiele dafür, dass sich der Unionsrichter im Rahmen seiner Grundrechtsprüfung gelegentlich in offenbar bewusster Weise allein auf Art. 15 Abs. 1 GRC bezieht[93], hierbei aber durch die gelegentliche Erwähnung auch der unternehmerischen Freiheit[94] für gewisse Irritationen sorgt[95], und in anderen Fällen allein Art. 16 GRC zur Anwendung

28

---

[89] Ausführlich zu dieser bedeutsamen Kollisionsnorm vgl. mwN *Pache* in FK-EUV/GRC/AEUV GRC Art. 52 Rn. 38 ff.
[90] In diesem Sinne vgl. auch *Bernsdorff* in NK-EuGRCh GRCh Art. 15 Rn. 22.
[91] Ausführlich zu dieser überaus kontrovers und nuancenreich diskutierten Frage, die zu den wohl schwierigsten und umstrittensten Fragen im Kontext der EU-wirtschaftsgrundrechtlichen Betätigungsfreiheit gehört, vgl. etwa *Everson/Correia Gonçalves* in PHKW Fundamental Rights Rn. 16.11 ff.; *Frenz*, HdbEuR Bd. 4, Kap. 9 Rn. 2484 u. 2505 ff.; *Grabenwarter* in Grabenwarter, EnzEuR Bd. 2, § 13 Rn. 25 f.; *Jarass* FS P.-C. Müller-Graff*, 2015, 1410 (1415 ff.); *Kühling* in FK-EUV/GRC/AEUV GRC Art. 15 Rn. 25; *Sasse* S. 184 ff.; *Schwier* S. 140 ff.; *Wollenschläger* in von der Groeben/Schwarze/Hatje GRC Vor Art. 15–16 Rn. 3 ff.; sowie GA *Bobek*, SchlA C-134/15, ECLI:EU:C:2016:169 Rn. 19–30 – Lidl.
[92] Vgl. etwa EuGH C-1/11, ECLI:EU:C:2012:194 Rn. 43 – Interseroh Scrap and Metals Trading; EuGH C-544/10, ECLI:EU:C:2012:526 Rn. 44 ff. – Deutsches Weintor eG; EuG T-614/13, ECLI:EU:T:2014:835 Rn. 54 ff. – Romonta/Kommission. Ferner vgl. EuGH C-59/11, ECLI:EU:C:2012:447 Rn. 77 – Association Kokopelli, wo ohne Angabe der fraglichen Charta-Artikels vom dem „Recht auf freie Ausübung einer wirtschaftlichen Tätigkeit" die Rede ist, das auf Art. 16 GRC hindeutet, während in Rn. 78 dieses Urteils dann plötzlich die „freie Ausübung der beruflichen Tätigkeit" angesprochen wird, die eher an Art. 15 Abs. 1 GRC denken lässt. Zur parallelen Anwendung der Art. 15 Abs. 2 GRC, Art. 49 AEUV und Art. 16 GRC vgl. etwa EuGH C-230/18, ECLI:EU:C:2019:383 Rn. 52 ff. – PI.
[93] Vgl. etwa EuGH C-611/12 P, ECLI:EU:C:2014:2282 Rn. 47 ff. – Giordano/Kommission; EuGH C-190/16, ECLI:EU:C:2017:513 Rn. 70 ff. – Fries, jeweils mAnm *Franzen/Roth* EuZA 2018, 187 (190 f.); *Junker* RIW 2018, 19 (19 f.).
[94] Vgl. EuGH C-190/16, ECLI:EU:C:2017:513 Rn. 73 – Fries.
[95] Zu leichten Irritationen umgekehrter Art vgl. etwa EuG T-215/15, ECLI:EU:T:2017:479 Rn. 88 ff. – Azarov/Rat, wo sich der Unionsrichter im Schwerpunkt mit einer geltend gemachten Verletzung der unternehmerischen Freiheit nach Art. 16 GRC auseinandersetzt, dabei aber in Rn. 91 plötzlich anmerkt, dass eine restriktive Maßnahme im GASP-Bereich „erhebliche negative Folgen für das Berufsleben der betroffenen Person haben" könne; so auch EuG T-190/16, ECLI:EU:T:2018:232 Rn. 67 – Azarov/Rat.

bringt⁹⁶, wobei aber nicht immer ganz klar wird, ob sich der EuGH in den letztgenannten Fällen möglicherweise nur deshalb unter Ausblendung des Art. 15 Abs. 1 GRC allein mit Art. 16 GRC auseinandersetzt, weil sich die jeweilige Vorabentscheidungsfrage des vorlegenden nationalen Gerichts auf Art. 16 GRC und nicht auch auf Art. 15 GRC bezog. Deutlich klarer ist diesbezüglich insoweit zwar das **Vorabentscheidungsurteil des EuGH vom 30.6.2016 in der Rechtssache** *Lidl,* in dem unter Hinweise darauf, dass das vorlegende Gericht und die Parteien des Ausgangsverfahrens der Ansicht waren, die Gültigkeit der im vorliegenden Fall streitgegenständlichen Etikettierungspflicht sei im Hinblick auf Art. 15 und 16 GRC zu prüfen, festgestellt wird, dass diese Etikettierungspflicht die für jede Person bestehende Möglichkeit, im Sinne von Art. 15 GRC einen frei gewählten Beruf auszuüben, nicht einschränkt, diese Pflicht hingegen geeignet ist, die durch Art. 16 GRC gewährleistete unternehmerische Freiheit einzuschränken.⁹⁷ Dieses Vorabentscheidungsurteil, das einer zwischen Art. 15 und 16 GRC bestehenden Idealkonkurrenz eine Absage zu erteilen scheint⁹⁸ und die Einschlägigkeit eines dieser beiden Unionsgrundrechte im Einklang mit den dazugehörigen Schlussanträgen des Generalanwalts *Bobek*⁹⁹ und einem Teil der einschlägigen Literatur (→ Rn. 29) offenbar maßgeblich von dem Kriterium des Persönlichkeitsbezugs der jeweiligen wirtschaftlichen Tätigkeit abhängig macht¹⁰⁰, wirkt gegenwärtig jedoch noch in gewisser Weise wie eine „Ausreißer"-Entscheidung, die vom Unionsrichter – soweit ersichtlich – bislang noch nicht bestätigt bzw. durch andere Judikate konsolidiert wurde.

29 Trennscharf bzw. weitgehend überschneidungsfrei voneinander abgrenzen ließen sich die unterschiedlichen Gewährleistungsgehalte der Art. 15 und 16 GRC zunächst einmal dann, wenn sich mit einem Teil des einschlägigen Schrifttums sagen ließe, dass Art. 15 GRC die unselbstständige berufliche bzw. wirtschaftliche Betätigung schützt, während Art. 16 GRC die selbstständige berufliche bzw. wirtschaftliche Betätigung unter unionsgrundrechtlichen Schutz stellt.¹⁰¹ Die Möglichkeit einer solch klaren Differenzierung ist allerdings sehr zweifelhaft, da die jüngere EuGH-Rechtsprechung (→ Rn. 28) eher dagegen spricht¹⁰² und auch der Wortlaut des Art. 15 GRC (→ Rn. 24–27) hierfür keine Anhaltspunkte liefert¹⁰³, sondern mit der in Art. 15 Abs. 2 GRC enthaltenen Bezugnahme auf die Niederlassungs- und Dienstleistungsfreiheit sogar zwei Grundfreiheiten anspricht, die gerade wirtschaftliche Betätigungen selbstständiger Art erfassen. Insofern ist zwar auch der von Generalanwalt *Bobek* kürzlich vertretenen Auffassung, dass es „kein festumrissenes Kriterium" gäbe, „um die Anwendungsbereiche der beiden Artikel [hier: Art. 15 u. 16 GRC] etwa danach voneinander abzugrenzen, ob der Betroffene eine natürliche oder eine juristische Person ist oder um welche Art wirtschaftlicher Tätigkeit es geht",¹⁰⁴ durchaus zuzustimmen. Im Lichte der bisherigen Rechtsprechung des Unionsrichters unklar und im einschlägigen Schrifttum umstritten ist jedoch nach wie vor, ob bzw. inwieweit auch den weiteren

---

⁹⁶ Vgl. etwa EuGH C-283/11, ECLI:EU:C:2013:28 Rn. 41 ff. – Sky Österreich; EuGH C-12/11, ECLI: EU:C:2013:43 Rn. 36 ff. – McDonagh; EuGH C-101/12, ECLI:EU:C:2013:661 Rn. 24 ff. – Schaible; EuGH C-314/12, ECLI:EU:C:2014:192 Rn. 47 ff. – UPC Telekabel Wien; EuGH C-484/14, ECLI: EU:C:2016:689 Rn. 80 ff. – McFadden; EuGH C-534/16, ECLI:EU:C:2017:820 Rn. 34 ff. – BB construct; EuGH C-277/16, ECLI:EU:C:2017:989 Rn. 50 ff. – Polkomtel.
⁹⁷ Vgl. EuGH C-134/15, ECLI:EU:C:2016:498 Rn. 26 – Lidl, mAnm *Streinz* JuS 2017, 798 ff.
⁹⁸ Zu dieser Deutung vgl. etwa *Drechsler* EuR 2016, 691 (692).
⁹⁹ Vgl. dazu GA *Bobek,* SchlA C-134/15, ECLI:EU:C:2016:169 insbes. Rn. 26 – Lidl.
¹⁰⁰ Vgl. *Kühling* in FK-EUV/GRC/AEUV GRC Art. 15 Rn. 25.
¹⁰¹ Für eine solche Differenzierung vgl. etwa *Ruffert* in Calliess/Ruffert GRC Art. 15 Rn. 4 u. 7 iVm Art. 16 Rn. 1.
¹⁰² Zutr. *Ganglbauer* in Kahl/Raschauer/Storr S. 203 (222); *Wunderlich* FS J. Schwarze, 2014, 304 (315).
¹⁰³ Zutr. *Frenz,* HdbEuR Bd. 4, Kap. 9 Rn. 2516; *Jarass* FS P.-C. Müller-Graff, 2015, 1410 (1416 f.); *Wollenschläger* in von der Groeben/Schwarze/Hatje GRC Vor Art. 15–16 Rn. 4; sehr ähnlich vgl. auch *Gundel* ZHR 180 (2016), 323 (335); *Storr* FS W. Berka, 2013, 219 (223).
¹⁰⁴ So GA *Bobek,* SchlA C-134/15, ECLI:EU:C:2016:169 Rn. 25 – Lidl; recht ähnlich auch bereits GA *Wahl,* SchlA C-497/12, ECLI:EU:C:2015:168 Rn. 69 – Gullotta ua, wonach Art. 15 GRC allen im Binnenmarkt tätigen Arbeitnehmern und Unternehmen zustehe.

Ausführungen des Generalanwaltes *Bobek* zur denkbaren Abgrenzung zwischen Art. 15 GRC und Art. 16 GRC zu folgen bzw. zuzustimmen ist, die sich ebenfalls **in dessen Schlussanträgen in der Rs.** *Lidl* finden und auszugsweise wie folgt lauten:

„Auch wenn exakte Kriterien für die Abgrenzung zwischen Art. 15 Abs. 1 und Art. 16 der Charta fehlen, lassen sich doch zumindest einige ungefähre Leitlinien erkennen. Auf der einen Seite stehen bei Art. 15 Abs. 1 die Wahlfreiheit und die Eigenständigkeit der Person im Mittelpunkt, die eng mit den Persönlichkeitsrechten und ihrer Entfaltung verbunden sind. Mit der Bezugnahme auf ‚arbeiten' wird der Schwerpunkt stärker, wenn auch nicht ausschließlich, auf natürliche Personen und berufliche Rechtsverhältnisse gelegt. Die unternehmerische Freiheit nach Art. 16 weist dagegen einen engeren Bezug zur Unternehmertätigkeit auf und steht dem Eigentumsrecht näher. Der Anwendungsbereich von Art. 16 der Charta, wie er vom Gerichtshof schrittweise definiert wurde, ist somit mehr auf die wirtschaftlichen Aspekte der unternehmerischen Tätigkeit ausgerichtet. Er umfasst die Ausübung einer wirtschaftlichen oder geschäftlichen Tätigkeit, einschließlich der Vertragsfreiheit und des freien Wettbewerbs, der freien Wahl des Geschäftspartners sowie der Freiheit, den Preis für eine Leistung festzulegen. Die unternehmerische Freiheit umfasst außerdem das Recht jedes Unternehmens, frei über seine wirtschaftlichen, technischen und finanziellen Ressourcen zu verfügen.[105] Im Kern dürfte Art. 15 Abs. 1 der Charta somit eher auf Fälle anwendbar sein, in denen es um natürliche Personen und Fragen des Zugangs zu Arbeit und der Berufswahl geht. Umgekehrt ist Art. 16 der Charta eher einschlägig in Bezug auf juristische Personen und die Art und Weise, wie ein bestehendes Unternehmen oder ein bereits gewählter Beruf betrieben bzw. ausgeübt wird und geregelt ist".[106]

Im weitgehenden Einklang mit dem vorgenannten Abgrenzungsansatz, den sich der EuGH in seinem – gegenwärtig ohnehin noch wie eine „Ausreißer"-Entscheidung wirkenden (→ Rn. 28) – Vorabentscheidungsurteil in der Rs. *Lidl* allenfalls implizit zu Eigen gemacht hat[107], vertritt zwar auch ein durchaus beachtlicher Teil des einschlägigen Schrifttums die Auffassung, dass dem Art. 15 GRC die persönlichkeitsrechtlichen bzw. persönlichkeitsgebundenen (Teil-)Aspekte jedweder beruflichen Betätigung unterfielen und Art. 16 GRC demgegenüber die selbstständige unternehmerische Betätigung im Übrigen erfasse.[108] Da diese **maßgeblich mit dem Kriterium des Persönlichkeitsbezugs operierende Abgrenzungsvariante,** der noch weitere Unterspielarten hinzutreten[109], jedoch gewisse Probleme insoweit aufwirft, als sich nicht mit einhundertprozentiger Genauigkeit oder Sicherheit bestimmen lässt, welche Aspekte der beruflichen oder wirtschaftlichen Betätigung persönlichkeitsbezogen bzw. -gebunden sind und auf welche Aspekte der beruflichen oder wirtschaftlichen Betätigung dies nicht zutrifft[110], und insoweit auch nicht ausgeschlossen werden kann, dass es in bestimmten Einzelfällen nicht doch zu Überschneidungen zwischen Art. 15 Abs. 1 GRC und Art. 16 GRC sowie zu deren paralleler

---

[105] GA *Bobek*, SchlA C-134/15, ECLI:EU:C:2016:169 Rn. 26 – Lidl.
[106] GA *Bobek*, SchlA C-134/15, ECLI:EU:C:2016:169 Rn. 27 – Lidl.
[107] Vgl. EuGH C-134/15, ECLI:EU:C:2016:498 Rn. 26 – Lidl, mAnm *Streinz* JuS 2017, 798 ff.
[108] In diesem Sinne vgl. etwa *Bernsdorff* in NK-EuGRCh GRCh Art. 16 Rn. 10; *Kühling* in FK-EUV/GRC/AEUV GRC Art. 15 Rn. 25; ähnlich *Blanke* in Stern/Sachs GRCh Art. 15 Rn. 28.
[109] Exemplarisch vgl. *Grabenwarter* in Grabenwarter, EnzEuR Bd. 2, § 13 Rn. 25, wonach objektive Zulassungsvoraussetzungen wie Kontingentierungen oder Bedürfnisprüfungen am Maßstab der unternehmerischen Freiheit zu messen seien, während bei subjektiven Zulassungsvoraussetzungen, die sich auf persönliche Merkmale des Antrittswerbers beziehen, wie insbesondere Ausbildungsvorschriften, der Maßstab des Art. 15 GRC heranzuziehen sei; diesbzgl. zurecht skeptisch vgl. *Gundel* ZHR 180 (2016), 323 (336), der „eine eingängige Begründung für eine Trennung gerade an dieser Stelle" vermisst. Zur weiteren These, dass der zentrale Ansatzpunkt für eine Art. 15 und 16 GRC betreffende Differenzierung eher im persönlichen Schutzbereich liegen dürfte oder solle, da es für die unternehmerische Freiheit wesensimmanent sei, dass sich nur ein „Unternehmen" auf natürliche Personen berufen könne, vgl. *Schöbener* GS P.J. Tettinger, 2007, 159 (166); ähnlich vgl. *Ganglbauer* in Kahl/Raschauer/Storr S. 203 (226 f.), wonach es im Hinblick auf die hier in Rede stehende Abgrenzungsproblematik „zielführend" erscheine, „juristische Personen aufgrund der personalen Grundstruktur des Art. 15 GRC künftig ausschließlich unter den Schutz des Art. 16 GRC zu stellen, während selbstständig tätige, natürliche Personen sowohl in den Schutzbereich des Art. 15 GRC als auch des Art. 16 GRC fallen können".
[110] Näher dazu vgl. *Drechsler* EuR 2016, 691 (696 f.); *Jarass* FS P.-C. Müller-Graff, 2015, 1410 (1416); *Wollenschläger* in von der Groeben/Schwarze/Hatje GRC Vor Art. 15–16 Rn. 4.

Anwendung kommt,[111] vertritt ein wohl noch größerer Teil des einschlägigen Schrifttums die nicht minder gut vertretbare Auffassung, dass die in Art. 16 GRC geregelte unternehmerische Freiheit als *lex speciales* gegenüber Art. 15 GRC einzuordnen sei und/oder eine spezielle Ausprägung des Art. 15 Abs. 1 GRC darstelle[112] bzw. dass die in Art. 15 Abs. 1 GRC niedergelegte Berufsfreiheit „von dem spezielleren Grundrecht der unternehmerischen Freiheit in Art. 16 in dessen Anwendungsbereich verdrängt werden [dürfte]"[113]. Ebenso gut vertretbar wie die vorgenannte **Spezialität des Art. 16 GRC gegenüber Art. 15 Abs. 1 GRC** sei nach einer im einschlägigen Schrifttum sehr viel seltener vertretenen Auffassung schließlich die Annahme einer zwischen diesen beiden Charta-Bestimmungen bestehenden Idealkonkurrenz[114], die sich allerdings kaum mit dem Vorabentscheidungsurteil des EuGH vom 30.6.2016 in der Rs. *Lidl*[115] vereinbaren lässt (→ Rn. 28).

32 Jenseits der vorab erörterten Abgrenzungsfragen und -varianten (→ Rn. 28–31) besteht angesichts der durch die **Art. 15 und 16 GRC** bewirkten Verselbstständigung bzw. Abkoppelung der unternehmerischen Freiheit von der Berufsfreiheit weitgehende Einigkeit darin, dass es sich bei den in diesen beiden Charta-Bestimmungen niedergelegten Grundrechten um **zwei** nunmehr **jeweils eigenständige Unionsgrundrechte** handelt[116], ohne dass damit zwingend die wohl am meisten mit der früheren berufsgrundrechtlichen EuGH-Rechtsprechung (→ Rn. 2 f.) harmonierende Möglichkeit entfällt, diese Unionsgrundrechte als die beiden maßgeblichen Bestandteile eines einheitlichen Grundrechts der wirtschaftlichen Betätigungsfreiheit einzuordnen[117] oder die durch Art. 16 GRC geschützte unternehmerische Freiheit weiterhin als „Teilaspekt" bzw. „Teilgewährleistung der Berufsfreiheit" einzustufen[118]. In jedem Fall gilt aber, dass die Bedeutung der durch die Art. 15 und 16 GRC aufgeworfenen Abgrenzungsfragen nicht überschätzt werden darf, weil und solange die in Art. 15 Abs. 1 GRC niedergelegten Kerngewährleistungen der Berufsfreiheit und die in Art. 16 GRC geregelte unternehmerische Freiheit trotz einiger auf den ersten Blick in eine andere Richtung weisender Wortlautdivergenzen (→ Rn. 24 ff.; → § 35 Rn. 20 ff.) einer vollkommen gleichartigen oder jedenfalls weitgehend einheitlichen Schrankensystematik unterliegen (→ Rn. 51 ff.; → § 35 Rn. 43 ff.).

B. Gewährleistungsgehalt

33 Der Gewährleistungsgehalt bzw. Schutzbereich des Unionsgrundrechts der Berufsfreiheit, das nach Art. 51 Abs. 1 GRC sowohl die Organe, Einrichtungen und sonstigen Stellen der EU als auch die Mitgliedstaaten bindet (→ § 9 Rn. 22 ff.), lässt sich in sachlicher und

---

[111] In diesem Sinne vgl. auch GA *Bobek,* SchlA C-134/15, ECLI:EU:C:2016:169 Rn. 28 – Lidl, mit der weiteren These, wonach die für denkbar gehaltenen „Beispielsfälle, in denen beide Artikel zu prüfen sein können, [...] Regelungen [betreffen], die den Zugang zu einem Beruf durch Lizenzierungs- oder Genehmigungsanforderungen beschränken, oder die Auferlegung sehr belastender Anforderungen an ein Unternehmen".

[112] So oder sehr ähnlich vgl. etwa *Bezemek* in Holoubek/Lienbacher, GRC-Kommentar, GRC Art. 16 Rn. 7; *Blanke* in Stern/Sachs GRCh Art. 16 Rn. 20; *Frenz,* HdbEuR Bd. 4, Kap. 9 Rn. 2505; *Sasse* EuR 2012, 628 (629); *Shmatenko* ZfRV 2014, 4 (11); *Streinz* in Streinz GRC Art. 15 Rn. 7 u. Art. 16 Rn. 1; *Wollenschläger* EuZW 2015, 285 (287).

[113] So vgl. Jarass GRCh Art. 15 Rn. 4 u. 4a; *Jarass* FS P.-C. Müller-Graff, 2015, 1410 (1418).

[114] So vgl. etwa *Drechsler* EuR 2016, 691 (696 f.); ebenfalls von einer zwischen Art. 15 GRC und Art. 16 GRC bestehenden Idealkonkurrenz ausgehend vgl. *Rengeling/Szczekalla* Grundrechte in der EU § 20 Rn. 780. Stärker differenzierend vgl. *Grabenwarter* in Grabenwarter/Pöchstorfer/Rosenmayr-Klemenz S. 17 (20), wonach Art. 15 GRC und Art. 16 GRC in Bezug auf selbstständige Tätigkeiten in Teilbereichen in Idealkonkurrenz zueinander stünden und teilweise ein wechselseitiges (echtes) Spezialitätsverhältnis bestünde.

[115] Vgl. EuGH C-134/15, ECLI:EU:C:2016:498 Rn. 26 – Lidl, mAnm *Streinz* JuS 2017, 798 ff.

[116] In diesem Sinne vgl. etwa auch *Blanke* in Stern/Sachs GRCh Art. 16 Rn. 20; *Burgi* ZHR 181 (2017), 1 (5); *Ganglbauer* in Kahl/Raschauer/Storr S. 203 (206); Jarass GRCh Art. 16 Rn. 2 u. 4.

[117] Zu dieser Einordnung vgl. *Wollenschläger* in von der Groeben/Schwarze/Hatje GRC Vor Art. 15–16 Rn. 6.

[118] Zu dieser Einstufung vgl. *Blanke* in Stern/Sachs GRCh Art. 16 Rn. 16 u. 19.

personeller Hinsicht nur sehr begrenzt unter Rückgriff auf die EMRK und auf mitgliedstaatliche Verfassungstraditionen bestimmen, da dieses in der EMRK nicht explizit angesprochene Grundrecht (→ Rn. 5 f.) in den EU-Mitgliedstaaten sehr unterschiedlich gewährleistet wird bzw. ausgestaltet worden ist (→ Rn. 10 ff.). Vor diesem Hintergrund kann es kaum überraschen, dass sich der Unionsrichter mangels hinreichend klarer bzw. einheitlicher EMRK-rechtlicher und mitgliedstaatlicher Orientierungspunkte bei der abstrakten **Inhaltsbestimmung der unionsgrundrechtlichen Berufsfreiheit** bislang stark zurückgehalten hat.[119] Dennoch lassen sich dem Art. 15 GRC und der bisherigen berufsgrundrechtlichen Rechtsprechung des Unionsrichters zumindest einige Hinweise auf den Gewährleistungsgehalt und die Reichweite der unionsgrundrechtlichen Berufsfreiheit entnehmen, die für eine insgesamt großzügige Interpretation des sachlichen Schutzbereichs (→ Rn. 34 ff.) und des persönlichen Schutzbereichs (→ Rn. 42 ff.) dieses Unionsgrundrechts sprechen.

I. Sachlicher Gewährleistungsgehalt

Zu den unstreitigen Kerngewährleistungen des Unionsgrundrechts der Berufsfreiheit gehören zunächst einmal die freie Berufswahl und die freie Berufsausübung (→ Rn. 35 ff.). Ob das in Art. 15 Abs. 1 GRC ebenfalls explizit angesprochene „Recht, zu arbeiten", einen gegenüber den vorgenannten Kerngewährleistungen eigenständigen Regelungsgehalt hat, ist nach der bisherigen EuGH-Rechtsprechung weitgehend unklar und im einschlägigen Schrifttum nach wie vor umstritten (→ Rn. 39 f.). Ein darüber hinausgehendes Recht auf Arbeit lässt sich aus dem Unionsgrundrecht der Berufsfreiheit auf jeden Fall nicht ableiten (→ Rn. 41). Soweit die unionsgrundrechtliche Berufsfreiheit in der früheren EuGH-Rechtsprechung den maßgeblichen Anknüpfungspunkt für die richterrechtliche Anerkennung weiterer wirtschaftsgrundrechtlicher Teilgewährleistungen etwa in Gestalt der unternehmerischen Wirtschaftsfreiheit bzw. der wirtschaftlichen Betätigungs-, Handels-, Wettbewerbs- und Vertragsfreiheit bildete (→ Rn. 2 f.), ist an dieser Stelle schließlich darauf hinzuweisen, dass diese wirtschaftsgrundrechtlichen Teilgewährleistungen nunmehr dem sachlichen Schutz- bzw. Anwendungsbereich der unternehmerischen Freiheit nach Art. 16 GRC unterfallen (→ § 35 Rn. 27 ff.).

1. Berufswahlfreiheit und Berufsausübungsfreiheit. Das Unionsgrundrecht der Berufsfreiheit umfasst nach ständiger EuGH-Rechtsprechung und nach vorherrschender Auffassung im einschlägigen Schrifttum seit jeher sowohl das – die freie Wahl des Arbeitgebers einschließende[120] – Recht auf freie Berufswahl als auch das Recht auf freie Berufsausübung.[121] Anknüpfend daran gewährleistet nun auch Art. 15 Abs. 1 GRC in expliziter Weise jeder Person „das Recht, zu arbeiten und einen frei gewählten oder angenommenen Beruf auszuüben", wobei dieses Freiheitsrecht als Kehrseite auch die negative Berufsfreiheit einschließen dürfte[122], die in bestimmten Einzelfällen von dem spezielleren Zwangs- und Pflichtarbeitsverbot nach Art. 5 GRC verdrängt werden kann[123]. Der für die unionsgrundrechtliche Berufswahl- und Berufsausübungsfreiheit maßgebliche **Berufsbegriff,** der auf Grund des breiten bzw. umfangreichen Nachweises der Berufsfreiheit in den unterschiedli-

---

[119] Exemplarisch vgl. EuGH C-200/96, Slg. 1998, I-1935 Rn. 21 – Metronome Musik; EuGH C-544/10, ECLI:EU:C:2012:526 Rn. 54 – Deutsches Weintor eG.
[120] Vgl. nur EuGH verb. Rs. C-132/91, C-138/91 u. C-139/91, Slg. 1992, I-6577 Rn. 32 – Katsikas ua.
[121] Vgl. nur EuGH 44/79, Slg. 1979, 3727 Rn. 32 – Hauer; EuGH 116/82, Slg. 1986, 2519 Rn. 27 – Kommission/Deutschland; EuGH verb. Rs. C-248/95 u. C-249/95, Slg. 1997, I-4475 Rn. 72 – SAM Schiffahrt ua; *Frenz* GewArch 2008, 465 ff.; Jarass GRCh Art. 15 Rn. 8; *Wollenschläger* in von der Groeben/Schwarze/Hatje GRC Art. 15 Rn. 20; *Wunderlich* FS J. Schwarze, 2014, 304 (306).
[122] Dafür vgl. auch *Frenz,* HdbEuR Bd. 4, Kap. 9 Rn. 2561 ff.; Jarass GRCh Art. 15 Rn. 8; *Wollenschläger* in von der Groeben/Schwarze/Hatje GRC Art. 15 Rn. 24; dagegen bzw. aA vgl. etwa *Blanke* in Stern/Sachs GRCh Art. 15 Rn. 36; *Streinz* in Streinz GRC Art. 15 Rn. 10; stärker differenzierend vgl. *Bezemek* in Holoubek/Lienbacher, GRC-Kommentar, GRC Art. 15 Rn. 7.
[123] Zutr. vgl. *Frenz,* HdbEuR Bd. 4, Kap. 9 Rn. 2561; *Wollenschläger* in von der Groeben/Schwarze/Hatje GRC Art. 15 Rn. 24.

chen Verfassungsordnungen der Mitgliedstaaten (→ Rn. 10 ff.) nach Art. 52 Abs. 4 GRC soweit wie möglich im Einklang mit den gemeinsamen (berufsgrundrechtlichen) Verfassungsüberlieferungen der Mitgliedstaaten auszulegen ist bzw. ausgelegt werden sollte, ist zwar weder in der bisherigen Rechtsprechung der Unionsgerichte noch in der EU-Grundrechtecharta definiert worden. Gleichwohl dürfte im Einklang mit der überwiegenden Literaturmeinung davon auszugehen sein, dass dieser Berufsbegriff sowohl traditionelle als auch ganz neue bzw. neuartige Berufe erfasst[124] und dass sich die unionsgrundrechtlich geschützten Freiheiten der Berufswahl und der Berufsausübung in Anlehnung an die im AEUV niedergelegten Grundfreiheiten auf **alle selbstständigen und unselbstständigen Tätigkeiten mit Erwerbsabsicht** beziehen, **die in der Regel gegen Entgelt erbracht werden und einen Beitrag zum Lebensunterhalt leisten**.[125] Für eine Einbeziehung selbständiger und unselbständiger Tätigkeiten in den sachlichen Schutzbereich des Unionsgrundrechts der Berufsfreiheit wird in Anlehnung an die Rechtsprechung des BVerfG zu Art. 12 Abs. 1 GG ferner mehrheitlich verlangt, dass diese **Tätigkeiten von einer gewissen Dauer** sein müssen[126] und keinen derart geringen Umfang haben dürfen, dass sie sich als völlig untergeordnet und unwesentlich darstellen.[127]

36 Unerheblich bzw. irrelevant dürfte auf dieser Schutzbereichsebene – abweichend von der diesbezüglich nicht unumstrittenen Rechtsprechung des deutschen BVerfG und des BVerwG zu Art. 12 Abs. 1 GG[128] – im Grundsatz sein, ob es sich in den konkreten Einzelfällen um **erlaubte oder verbotene Tätigkeiten** handelt.[129] Gegen einen Ausschluss verbotener oder auch sittenwidriger bzw. „gemeinschädlicher" Tätigkeiten aus dem Schutzbereich der unionsgrundrechtlichen Berufsfreiheit spricht jedenfalls entscheidend, dass das Verbot einer beruflichen Tätigkeit einen massiven Eingriff in die Rechte des Einzelnen darstellt, der nicht dadurch immunisiert werden sollte, dass dem Einzelnen der Schutz der Berufsfreiheit bereits auf der Stufe des sachlichen Anwendungs- bzw. Schutzbereichs dieses Unionsgrundrechts verwehrt wird.[130] Insoweit sind einzelfallbezogene Überlegungen im Hinblick auf das Verbotensein sowie im Hinblick auf die etwaige Sitten- und/oder Sozialwidrigkeit bestimmter Tätigkeiten grundsätzlich nicht schon auf der Schutzbereichsebene, sondern primär im Rahmen der berufsgrundrechtlichen Rechtfertigungsprüfung (→ Rn. 51 ff.) anzustellen.[131] Ausnahmen von dieser Maxime sind insoweit

---

[124] Zutr. Jarass GRCh Art. 15 Rn. 7.
[125] Zutr. *Bormann* S. 159; *Frenz*, HdbEuR Bd. 4, Kap. 9 Rn. 2517 f.; *Frenz* GewArch 2008, 465 ff.; *Kühling* in FK-EUV/GRC/AEUV GRC Art. 15 Rn. 10; *Penski/Elsner* DÖV 2001, 265 (271); *Wunderlich* S. 105 u. 111; sehr ähnlich vgl. auch *Blanke* in Stern/Sachs GRCh Art. 15 Rn. 28; *Grabenwarter* in Grabenwarter, EnzEuR Bd. 2, § 13 Rn. 3; *Wollenschläger* in von der Groeben/Schwarze/Hatje GRC Art. 15 Rn. 22.
[126] So etwa auch *Bernsdorff* in NK-EuGRCh GRCh Art. 15 Rn. 17; *Bezemek* in Holoubek/Lienbacher, GRC-Kommentar, GRC Art. 15 Rn. 4; ferner vgl. *Ruffert* in Ehlers GuG § 19 Rn. 11, wonach bereits der Berufsbegriff „ein mehr als einmaliges oder kurzfristiges Tätigwerden" suggeriere. Auch in der Rspr. des BVerfG wird „Beruf" definiert als „jede auf Dauer angelegte, der Gewinnung des Lebensunterhalts dienende Beschäftigung", vgl. nur BVerfGE 78, 179 (193); auf „Dauer angelegt" ist dabei jede „auf Erwerb gerichtete Beschäftigung, die sich nicht in einem einmaligen Erwerbsakt erschöpft", vgl. nur BVerfGE 97, 228 (253).
[127] So auch vgl. *Frenz*, HdbEuR Bd. 4, Kap. 9 Rn. 2517; *Penski/Elsner* DÖV 2001, 265 (271); *Wunderlich* S. 105.
[128] Zum partiellen Ausschluss verbotener (dh „nicht erlaubter") bzw. „sozial unwertiger" oder „gemeinschädlicher" Berufe aus dem Schutzbereich des Art. 12 Abs. 1 GG vgl. nur BVerfGE 7, 377 (397); BVerfGE 14, 19 (22); BVerfGE 48, 376 (388); BVerfGE 68, 272 (281); BVerfGE 81, 70 (85); BVerwGE 2, 110 (111); BVerwGE 4, 295 (295 f.); BVerwGE 22, 286 (288 f.); BVerwGE 87, 37 (40 f.); sowie jeweils mwN *Kment/Fechter* JA 2016, 881 (882); *Mann/Worthmann* JuS 2013, 385 (387).
[129] So auch vgl. statt vieler *Bezemek* in Holoubek/Lienbacher, GRC-Kommentar, GRC Art. 15 Rn. 5; *Frenz*, HdbEuR Bd. 4, Kap. 9 Rn. 2522; *Grabenwarter* in Grabenwarter, EnzEuR Bd. 2, § 13 Rn. 3; Jarass GRCh Art. 15 Rn. 7; *Ruffert* in Calliess/Ruffert GRC Art. 15 Rn. 5; *Wollenschläger* in von der Groeben/Schwarze/Hatje GRC Art. 15 Rn. 23; *Wunderlich* FS J. Schwarze, 2014, 304 (310).
[130] Zutr. *Wunderlich* S. 118; sehr ähnlich in Bezug auf Art. 12 Abs. 1 GG vgl. *Manssen* in v. Mangoldt/Klein/Starck GG Art. 12 Rn. 43; *Wieland* in Dreier GG Art. 12 Rn. 43.
[131] So auch *Bezemek* in Holoubek/Lienbacher, GRC-Kommentar, GRC Art. 15 Rn. 5; *Grabenwarter* in Grabenwarter, EnzEuR Bd. 2, § 13 Rn. 3; *Penski/Elsner* DÖV 2001, 265 (271); *Ruffert* in Ehlers GuG § 19 Rn. 11.

nur dann diskutabel, wenn es um solche beruflichen Tätigkeiten geht, die zielgerichtet oder in eklatanter Weise zentrale unionsverfassungsrechtlich geschützte Rechtsgüter wie etwa die Menschenwürde, das Leben oder die Gesundheit anderer Grundrechtsträger verletzen bzw. gefährden[132] oder die in allen EU-Mitgliedstaaten gleichermaßen verboten sind.[133]

Als etwas unklar war vor vielen Jahren zunächst noch der **Einfluss gemeinsamer Marktorganisationen** bzw. Marktordnungen im Sinne des Art. 40 AEUV **auf den Schutzbereich der Berufsfreiheit** zu bezeichnen. Dies hing im Wesentlichen mit der früheren Rechtsprechung des EuGH zusammen, wonach der Einzelne „kein wohlerworbenes Recht auf Beibehaltung eines Vorteils" habe, „der ihm aus einer Marktorganisation in ihrer zu einem bestimmten Zeitpunkt bestehenden Form" erwachse; insofern könne die Beschneidung eines solchen Vorteils „nicht als Verletzung eines Grundrechts" betrachtet werden.[134] Gleichwohl hat der EuGH in seiner späteren *Bananenmarkt*-Entscheidung – wie auch in der Folge das EuG[135] – hinreichend deutlich gemacht, das sich die vorgenannte Aussage im Prinzip nur auf die Prüfung einer Verletzung der unionsgrundrechtlichen Eigentumsfreiheit beziehen sollte und dass die Einführung eines Zollkontingents und des Mechanismus seiner Aufteilung tatsächlich die Wettbewerbsstellung insbesondere der Wirtschaftsteilnehmer auf dem deutschen Markt ändert[136]; ein Umstand, der den EuGH in diesem Fall zur Annahme eines rechtfertigungsbedürftigen Eingriffs in die unionsgrundrechtliche Berufsfreiheit veranlasste.[137] Insoweit ist davon auszugehen, dass hoheitlich-interventionistische Maßnahmen im Bereich landwirtschaftlicher Marktorganisationen oder -ordnungen nicht von vornherein aus dem Schutzbereich des Unionsgrundrechts der Berufsfreiheit auszuklammern sind, sondern vielmehr unmittelbare oder mittelbare Eingriffe (→ Rn. 45) in die unionsgrundrechtliche Berufsfreiheit und/oder die unternehmerische Freiheit einschließlich der Wettbewerbsfreiheit (→ § 35) darstellen können, deren Rechtmäßigkeit bzw. Grundrechtskonformität dann nach Maßgabe der üblichen Verhältnismäßigkeitsprüfung (→ Rn. 51 ff.; → § 35 Rn. 43 ff.) zu überprüfen ist.[138]

Weitere **berufsgrundrechtliche Einzelaspekte und Detailfragen** etwa im Zusammenhang mit der schutzbereichsbezogenen Einbeziehung von Erst- und Zweitberufen, von haupt- und nebenamtlichen Tätigkeiten, von öffentlichen Ämtern und staatlich gebundenen Berufen sowie im Zusammenhang mit dem insbesondere in der berufsgrundrechtlichen Rechtsprechung des BVerfG hervorgehobenen Kriterium der „berufsregelnden Tendenz"[139] sind von den Unionsgerichten – soweit ersichtlich – bislang noch nicht behandelt oder geklärt worden. Dies gilt auch hinsichtlich des zwischen der Berufswahlfreiheit und der Berufsausübungsfreiheit bestehenden Verhältnisses. Seit dem Urteil des EuGH in der Rs. *Hauer*[140] wird zwar in der einschlägigen EuGH-Rechtsprechung grundsätzlich zwischen dem Recht auf freie Berufswahl einerseits und dem Recht auf freie Berufsausübung andererseits unterschieden.[141] Eine eindeutige Antwort auf die Frage, in welchem Verhältnis diese

---

[132] In diesem Sinne vgl. auch *Blanke* in Stern/Sachs GRCh Art. 15 Rn. 29.
[133] Näher dazu vgl. *Wunderlich* S. 70 ff., ua mit der These, dass der EuGH danach unterscheide, ob die jew. Tätigkeit in einem Mitgliedstaat oder in allen Mitgliedstaaten verboten ist.
[134] So etwa EuGH 230/78, Slg. 1979, 2749 Rn. 22 – Eridania ua; EuGH verb. Rs. 133 bis 136/85, Slg. 1987, 2289 Rn. 18 – Walter Rau Lebensmittelwerke ua; jeweils sehr ähnlich vgl. auch EuGH C-210/03, Slg. 2004, I-11893 Rn. 73 – Swedish Match AB ua; EuGH verb. Rs. C-154/04 u. C-155/04, Slg. 2005 I-6451 Rn. 128 – Alliance for Natural Health ua.
[135] EuG T-254/97, Slg. 1999, II-2743 Rn. 74 – Fruchthandelsgesellschaft mbH Chemnitz/Kommission.
[136] EuGH C-280/93, Slg. 1994, I-4973 Rn. 81 – Deutschland/Rat.
[137] Näher dazu *Nowak*, Konkurrentenschutz in der EG, S. 479 ff.
[138] So auch im Ergebnis *Crones* S. 114; *Günter* S. 20 ff.; *Wunderlich* S. 118.
[139] Vgl. nur BVerfGE 13, 181 (186); BVerfGE 16, 147 (162); BVerfGE 37, 1 (18); BVerfGE 95, 267 (302); BVerfGE 98, 218 (258), wonach der Schutzbereich des Art. 12 Abs. 1 GG nur dann berührt ist, wenn Normen, die zwar die Berufstätigkeit selbst unberührt lassen, aber Rahmenbedingungen der Berufsausübung verändern, infolge ihrer Gestaltung in einem engen Zusammenhang mit der Ausübung eines Berufs stehen und objektiv eine berufsregelnde Tendenz haben; mwN *Kment/Fechter* JA 2016, 881 (882 f.).
[140] Vgl. EuGH 44/79, Slg. 1979, 3727 ff. – Hauer.
[141] Vgl. nur EuGH 116/82, Slg. 1986, 2519 Rn. 27 – Kommission/Deutschland; EuGH C-306/93, Slg. 1994, I-5555 Rn. 24 – SMW Winzersekt.

beiden Kerngewährleistungen des Unionsgrundrechts der Berufsfreiheit genau zueinander stehen, haben die Unionsgerichte bislang jedoch noch nicht gegeben. Insofern lässt sich nach wie vor trefflich darüber streiten, ob die beiden vorgenannten Kerngewährleistungen der unionsgrundrechtlichen Berufsfreiheit in einem „Mittelbarkeitsverhältnis" zueinander stehen[142], in dessen Rahmen die Berufswahlfreiheit einen intensiveren Schutz genieße[143], oder ob die bisherige Rechtsprechung der Unionsgerichte eher dafür spricht, dass die freie Berufswahl und die freie Berufsausübung als zwei Teile eines einheitlichen Unionsgrundrechts der Berufsfreiheit zu qualifizieren sind.[144] Auf eine genaue Abgrenzung zwischen diesen beiden Teilen kommt es dabei aber ohnehin meist gar nicht an[145], weil die Unionsgerichte – anders als etwa das BVerfG in seiner durch die sog. **„Drei-Stufen-Theorie"** geprägten Rechtsprechung zu Art. 12 GG[146] – hoheitliche Eingriffe in die freie Berufswahl in schrankensystematischer Hinsicht grundsätzlich nicht anders behandeln als entsprechende Eingriffe in die Berufsausübungsfreiheit (→ Rn. 45 ff.). Gleichwohl ist darauf hinzuweisen, dass der EuGH seine im Zusammenhang mit einer urheberrechtlichen Streitigkeit vertretene Auffassung, wonach „der allgemeine Grundsatz der freien Berufsausübung nicht unabhängig von den allgemeinen Grundsätzen ausgelegt werden [kann], die sich auf den Schutz der Rechte an geistigem Eigentum und die in diesem Bereich von der Gemeinschaft und den Mitgliedstaaten eingegangenen **völkerrechtlichen Verpflichtungen** beziehen"[147], bislang – soweit ersichtlich – nur im Zusammenhang mit der Berufsausübungsfreiheit, nicht aber mit der Berufswahlfreiheit artikuliert hat. Ob diese völkerrechtlichen Verpflichtungen bereits auf der berufsgrundrechtlichen Schutzbereichsebene oder erst im Rahmen der Verhältnismäßigkeitsprüfung in Ansatz zu bringen sind, ist indes nach wie vor offen.

39 **2. Recht zu arbeiten.** In Art. 15 Abs. 1 GRC wird den beiden Kerngewährleistungen der Berufsfreiheit in konkreter Gestalt der Berufswahlfreiheit und der Berufsausübungsfreiheit (→ Rn. 35 ff.) ein Recht zu arbeiten (engl.: *to engage in work*; frz.: *le droit de travailler*) vorangestellt. Die daraus resultierende Frage, ob dieses auch im international- und EMRK-rechtlichen Kontext eine gewisse Rolle spielende Recht[148] einen gegenüber den beiden vorgenannten Kerngewährleistungen eigenständigen Regelungsgehalt hat oder sich ausschließlich in diesen beiden Kerngewährleistungen manifestiert bzw. entfaltet, ist in der bisherigen EuGH-Rechtsprechung erst ansatzweise geklärt worden und im einschlägigen Schrifttum nach wie vor umstritten. Erste Anhaltspunkte für einen eigenständigen Regelungsgehalt des in Art. 15 Abs. 1 GRC angesprochenen „Rechts, zu arbeiten", lassen sich zumindest der jüngeren **EuGH-Rechtsprechung zu altersbedingten Ruhestandsregelungen** entnehmen, wonach der Umstand, dass das in der Richtlinie 2000/78/EG[149] aufgestellte Verbot der Diskriminierung wegen des Alters im Lichte des in Art. 15 Abs. 1 GRC anerkannten Rechts, zu arbeiten, zu sehen sei, gefolgert werden müsse, dass „auf die Teilnahme älterer Arbeitnehmer am Berufsleben und damit am wirtschaftlichen, kulturellen und sozialen Leben besonderes Augenmerk zu richten ist".[150]

---

[142] So vgl. *Günter* S. 17.
[143] In diesem Sinne vgl. *Vögler* S. 172; ähnlich *Borrmann* S. 158.
[144] So etwa *Wunderlich* S. 112 f.
[145] Dem zustimmend vgl. etwa *Grabenwarter* in Grabenwarter, EnzEuR Bd. 2, § 13 Rn. 4.
[146] Näher zu der hier angesprochenen „Drei-Stufen-Theorie", nach der iR der Rechtfertigungsprüfung zwischen Berufsausübungsregelungen sowie subjektiven und objektiven Berufswahlregelungen zu unterscheiden ist, vgl. nur BVerfG EuGRZ 2004, 803 (Altersgrenze für Piloten); sowie jeweils mwN *Borrmann* S. 83 ff.; *Ipsen* JuS 1990, 634 ff.; *Kaiser* Jura 2008, 844 (846 ff.); *Kment/Fechter* JA 2016, 881 (883 f.); *Mann/ Worthmann* JuS 2013, 385 (390 f.); *Manssen* in v. Mangoldt/Klein/Starck GG Art. 12 Rn. 139; *Papier* DVBl 1984, 801 (804 f.); *Wieland* in Dreier GG Art. 12 Rn. 92 ff.
[147] Vgl. EuGH C-200/96, Slg. 1998, I-1953 Rn. 26 – Metronome Musik.
[148] Näher dazu vgl. *O'Connell* EHRLR 2012, 176 ff.; *Sarkin/Koenig* HRQ 33 (2011), 1 ff.
[149] RL 2000/78/EG des Rates v. 27. November 2000 zur Festlegung eines allgemeinen Rahmens für die Verwirklichung der Gleichbehandlung in Beschäftigung und Beruf, ABl. 2000 L 303, 16 ff.
[150] Vgl. EuGH verb. Rs. C-159/10 u. C-160/10, Slg. 2011, I-6919 Rn. 62 f. – Fuchs ua; EuGH C-141/11, ECLI:EU:C:2012:421 Rn. 37 – Hörnfeldt.

Im einschlägigen Schrifttum werden im Hinblick auf die Bedeutung und den Regelungsgehalt des vorgenannten „Rechts, zu arbeiten", die Ansichten vertreten, dass die Mitgliedstaaten iR der Durchführung des Unionsrechts iS des Art. 51 Abs. 1 GRC (→ § 9 Rn. 24 ff.) ebenso wie die Union keine aktiven Schritte unternehmen dürften, um Menschen an der Arbeitsaufnahme zu hindern[151], dass die vorgenannten Grundrechtsverpflichteten für die realen Möglichkeiten der Berufsausübung zu sorgen und das Ziel der Vollbeschäftigung anzustreben hätten[152] und dass Art. 15 Abs. 1 GRC mit dem „Recht, zu arbeiten", die **Berufsfreiheit der Arbeitnehmer im Sinne eines Grundrechts der unselbstständigen Arbeit** nenne, mit dem der Grundrechtekonvent eine grundrechtliche Asymmetrie beseitigt habe, die sich daraus ergeben hätte, dass die Berufsfreiheit der Selbstständigen, die durch die in Art. 15 Abs. 1 GRC verankerten Teilgewährleistungen der Berufswahlfreiheit und der Berufsausübungsfreiheit geschützt werde, durch die besondere Garantie der unternehmerischen Freiheit in Art. 16 GRC aufgewertet worden sei.[153] Nach dieser Lesart würde das in Art. 15 Abs. 1 GRC angesprochene „Recht, zu arbeiten", als Dimension der Berufsfreiheit die Freiheit der Arbeitswahl einschließlich ihres örtlichen und zeitlichen Bezuges sowie die Freiheit der Ausübung einer arbeitnehmerischen Tätigkeit umfassen, womit die abhängige Beschäftigung in den Phasen der Aufnahme, Fortsetzung und Beendigung geschützt sei.[154] Diese Auffassung ist zwar grundsätzlich gut vertretbar, aber insoweit **mit einer gewissen Vorsicht zu genießen,** als sich dafür bislang – soweit ersichtlich – zumindest keine durchgreifenden Anhaltspunkte in der berufsgrundrechtlichen EuGH-Rechtsprechung finden lassen. Insoweit vermag es auch nicht zu überraschen, dass im einschlägigen Schrifttum weitaus häufiger die der vorgenannten Literaturmeinung entgegentretende Auffassung vertreten wird, dass es – da auch der Arbeitnehmer einen Beruf hat und auch der Selbstständige arbeitet – wenig überzeugend wäre, das Recht, zu arbeiten, auf Arbeitnehmer und das Recht, einen Beruf auszuüben, allein auf Selbstständige zu beziehen.[155] Insofern wird mit guten Gründen vorgeschlagen, im Anwendungsbereich des Art. 15 Abs. 1 GRC nicht akribisch zwischen Arbeit und Beruf zu unterscheiden, sondern stattdessen von einem **einheitlichen (berufsgrundrechtlichen) Tatbestand** auszugehen sei[156], dessen im Recht zu arbeiten, in der Berufswahlfreiheit und in der Berufsausübungsfreiheit zum Ausdruck kommender Dreiklang alle Phasen des (selbstständigen und unselbstständigen) Arbeitens von der Qualifikation für einen Beruf, über dessen anschließende Wahl und Aufnahme bis hin zur Ausübung erfasse[157]. 40

3. Kein Recht auf Arbeit. Aus dem in Art. 15 Abs. 1 GRC angesprochenen „Recht, zu arbeiten", lässt sich kein über die vom EuGH anerkannte **„Freiheit der Arbeit"**[158] hinausgehendes Recht auf Arbeit iS eines subjektiven Leistungsrechts bzw. eines leistungsgrundrechtlichen Arbeitsplatzverschaffungsanspruchs ableiten.[159] Ein solches Recht auf Arbeit, das teils als soziales Grundrecht, teils als Programmsatz in einigen mitgliedstaatlichen Verfassungen enthalten ist (→ Rn. 10 ff.) und kaum erfüllbare Erwartungen weckt, hat 41

---

[151] So vgl. etwa *Blanke* in Stern/Sachs GRCh Art. 15 Rn. 25.
[152] So vgl. etwa *Ruffert* in Ehlers GuG § 19 Rn. 6.
[153] Vgl. *Bernsdorff* in NK-EuGRCh GRCh Art. 15 Rn. 13; in Bezug auf das in Art. 15 Abs. 1 GRC angesprochene „Recht, zu arbeiten", ebenfalls von der Berufsfreiheit der Arbeitnehmer sprechend vgl. *Bezemek* in Holoubek/Lienbacher, GRC-Kommentar, GRC Art. 15 Rn. 4; ähnlich *Sasse* S. 183 f.
[154] Vgl. *Bernsdorff* in NK-EuGRCh GRCh Art. 15 Rn. 14; ähnlich *Wunderlich* FS J. Schwarze, 2014, 304 (309); sowie iE auch *Streinz* in Streinz GRC Art. 15 Rn. 8, wonach „das Recht zu arbeiten [...] die Berufsfreiheit der Arbeitnehmer (unselbstständige Tätigkeit)" erfasse.
[155] So vgl. etwa *Grabenwarter* in Grabenwarter, EnzEuR Bd. 2, § 13 Rn. 5; Jarass GRCh Art. 15 Rn. 6.
[156] Vgl. *Grabenwarter* in Grabenwarter, EnzEuR Bd. 2, § 13 Rn. 5; ähnlich Jarass GRCh Art. 15 Rn. 6; *Kühling* in FK-EUV/GRC/AEUV GRC Art. 15 Rn. 8.
[157] In diesem Sinne vgl. *Kühling* in FK-EUV/GRC/AEUV GRC Art. 15 Rn. 8.
[158] Vgl. EuGH 4/73, Slg. 1974, 491 Rn. - Nold/Kommission.
[159] Zutr. *Badura* FS J. Schwarze, 2014, 477 (487); *Bezemek* in Holoubek/Lienbacher, GRC-Kommentar, GRC Art. 15 Rn. 6; *Frenz*, HdbEuR Bd. 4, Kap. 9 Rn. 2564 ff.; *Grabenwarter* in Grabenwarter, EnzEuR Bd. 2, § 13 Rn. 5; *Kühling* in FK-EUV/GRC/AEUV GRC Art. 15 Rn. 9; *Rengeling/Szczekalla* Grundrechte in der EU § 20 Rn. 788.

angesichts seiner mangelnden allgemeinen Akzeptanzfähigkeit[160] keinen Eingang in die EU-Grundrechtecharta gefunden. Das in Art. 15 Abs. 1 GRC angesprochene „Recht, zu arbeiten", begründet jedenfalls nach ganz überwiegender Auffassung **kein subjektives Recht auf Arbeit** bzw. auf einen Arbeitsplatz[161], sondern untersagt allenfalls hoheitliche Maßnahmen, die Menschen an der Arbeitsaufnahme hindern.[162] Zu beachten ist jedoch, dass Art. 30 GRC immerhin einen unionsgrundrechtlichen **Schutz bei ungerechtfertigter Entlassung** vorsieht (→ § 41); dieser Schutz lässt die Notwendigkeit entfallen, kündigungsschutzrechtliche Teilgewährleistungen aus dem Unionsgrundrecht der Berufsfreiheit abzuleiten.[163]

II. Persönlicher Gewährleistungsgehalt

42 Zu den Trägern des Uniongrundrechts der Berufsfreiheit gehören zunächst einmal alle **Unionsbürgerinnen und Unionsbürger**[164] (→ § 9 Rn. 4 ff.). Ob dies auch für Unionsbeamte und/oder für die in Art. 45 Abs. 4 AEUV und Art. 51 Abs. 1 AEUV angesprochenen Beschäftigten bzw. Angehörigen des öffentlichen Dienstes gilt[165] oder ob die letztgenannten Personen und/oder deren Betätigungen aus dem Schutzbereich der unionsgrundrechtlichen Berufsfreiheit auszuklammern sind[166], ist zwar von den Unionsgerichten – soweit ersichtlich – noch nicht klar entschieden worden. Nach ihrer bisherigen Rechtsprechung finden jedoch die Unionsgrundrechte grundsätzlich auch auf Beamte und auf den öffentlichen Dienst der damaligen Europäischen Gemeinschaften Anwendung.[167] Dies sollte – beispielsweise in Anlehnung an die zu Art. 12 Abs. 1 GG iVm Art. 33 Abs. 2–5 GG ergangene Rechtsprechung des Bundesverfassungsgerichts – im Interesse eines effektiven Grundrechtsschutzes auch für das Unionsgrundrecht der Berufsfreiheit gelten, das dann im Bedarfsfall unter Beachtung der berufsgrundrechtlichen Schrankensystematik (→ Rn. 51 ff.) insbesondere durch beamtenrechtliche Sonderregelungen auf supranationaler und gegebenenfalls auch auf mitgliedstaatlicher Ebene eingeschränkt werden kann[168].

43 Darüber hinaus erstreckt sich der persönliche Schutzbereich der unionsgrundrechtlichen Berufsfreiheit auf **juristische Personen des Privatrechts**[169], da die beiden Kerngewähr-

---

[160] Vgl. *Kingreen* EuGRZ 2004, 570 (571); *Weber* NJW 2000, 537 (541); zur Fragwürdigkeit eines solchen – kaum einlösbaren – Rechts auf Arbeit vgl. ferner *Nettesheim* EuR Beih. 1/2004, 7 (74); sowie *Pernice* DVBl 2000, 847 (853), wonach die Garantie eines Rechts auf einen Arbeitsplatz schon angesichts der nur geringen Koordinierungsbefugnisse der EG [jetzt EU] im Bereich der Beschäftigungspolitik fragwürdig sei.

[161] Zur fehlenden Möglichkeit, aus Art. 15 Abs. 1 GRC ein Recht auf Arbeit bzw. auf Schaffung eines Arbeitsplatzes abzuleiten, vgl. auch *Bernsdorff* in NK-EuGRCh GRCh Art. 15 Rn. 15; *Blanke* in Stern/Sachs GRCh Art. 15 Rn. 24; *Grabenwarter* DVBl 2001, 1 (5); *Kühling* in FK-EUV/GRC/AEUV GRC Art. 15 Rn. 9; *Philippi*, Charta der Grundrechte, S. 22; *Streinz* in Streinz GRCh Art. 15 Rn. 9; *Wunderlich* FS J. Schwarze, 2014, 304 (308 f.); zu entsprechenden Diskussionen im Vorfeld der Verkündung der EU-Grundrechtecharta vgl. auch *Meyer/Engels* ZRP 2000, 368 (369).

[162] In diesem Sinne vgl. *Philippi*, Charta der Grundrechte, S. 22.

[163] Zu dieser vereinzelt aus dem Schutzpflichtgedanken abgeleiteten Möglichkeit vgl. etwa *Rengeling/Szczekalla* Grundrechte in der EU § 20 Rn. 789.

[164] In diesem unstr. Sinne vgl. auch statt vieler *Blanke* in Stern/Sachs GRCh Art. 15 Rn. 39; *Ruffert* in Calliess/Ruffert GRC Art. 15 Rn. 7; *Ruffert* in Ehlers GuG § 19 Rn. 24.

[165] Dies bejahend vgl. etwa *Bezemek* in Holoubek/Lienbacher, GRC-Kommentar, GRC Art. 15 Rn. 10; *Frenz*, HdbEuR Bd. 4, Kap. 9 Rn. 2527 u. 2529; *Grabenwarter* in Grabenwarter, EnzEuR Bd. 2, § 13 Rn. 7; *Kühling* in FK-EUV/GRC/AEUV GRC Art. 15 Rn. 6; *Wollenschläger* in von der Groeben/Schwarze/Hatje GRCh Art. 15 Rn. 25; dies verneinend vgl. *Ruffert* in Ehlers GuG § 19 Rn. 24.

[166] So vgl. etwa *Bernsdorff* in NK-EuGRCh GRCh Art. 15 Rn. 19; *Blanke* in Stern/Sachs GRCh Art. 15 Rn. 39; dies könne nach Ansicht von *Streinz* in Streinz GRCh Art. 15 Rn. 11 aber nur insoweit zutreffen, als die Angehörigen des öffentlichen Dienstes der Mitgliedstaaten eben wegen der vorgenannten Bereichsausnahmen nicht von unionsrechtlich relevanten Eingriffsmaßnahmen berührt sein können.

[167] Vgl. EuGH C-100/88, Slg. 1989, 4285 Rn. 16 – Oyowe u. Traore/Kommission (Meinungsäußerungsfreiheit); EuG T-52/90, Slg. 1992, II-121 Rn. 29 – Volger/EP (Gleichbehandlungsgrundsatz).

[168] Näher dazu vgl. auch mwN *Frenz*, HdbEuR Bd. 4, Kap. 9 Rn. 2529.

[169] Dies zumindest implizit bestätigend vgl. etwa EuGH C-280/93, Slg. 1994, I-4973 Rn. 77 ff. – Deutschland/Rat (Bananenmarkt); EuGH verb. Rs. C-435/02 u. C-103/03, Slg. 2004, I-8663 Rn. 47 ff.

leistungen dieses Grundrechts in Gestalt der freien Berufswahl und der freien Berufsausübung (→ Rn. 34 ff.) ihrem Wesen bzw. ihrer Natur nach auf diese Personen anwendbar sind (→ § 9 Rn. 13 ff.). Ob sich darüber hinaus auch **juristische Personen des öffentlichen Rechts** und **gemischt-wirtschaftliche Unternehmen** auf die unionsgrundrechtliche Berufsfreiheit berufen können, ist von den Unionsgerichten noch nicht klar bzw. abschließend entschieden worden (→ § 9 Rn. 19 ff.) und nach wie vor umstritten.[170]

Bislang nicht explizit beantwortet haben die Unionsgerichte ferner die Frage, ob auch **Drittstaatsangehörige**, Staatenlose und juristische Personen des Privatrechts mit satzungsmäßigem Sitz außerhalb der EU in den persönlichen Schutzbereich des Unionsgrundrechts der Berufsfreiheit einzubeziehen sind (→ § 9 Rn. 8 ff., 18). Im Schrifttum wird insbesondere das Urteil in der Rs. *Bosphorus*[171] dahingehend interpretiert, dass der EuGH offenbar auch Drittstaatsangehörige grundsätzlich in den persönlichen Schutzbereich der unionsgrundrechtlichen Berufsfreiheit einbezogen wissen will.[172] Demgegenüber wird einer Öffnung der als Berufs-, Handels-, Niederlassungs- und/oder Gewerbefreiheit bzw. als Freiheit der unternehmerischen Betätigung bezeichneten Wirtschaftsgrundrechte zugunsten von Drittstaatsangehörigen teilweise mit Skepsis bzw. Ablehnung begegnet, da eine solche Öffnung faktisch zu einer personellen Ausweitung der den Unionsbürgern zukommenden Grundfreiheiten des AEUV führen würde.[173] Hiergegen dürfte jedoch in Ansehung der Berufsfreiheit nichts einzuwenden sein, wenn die betreffende Person legalen Zugang zum europäischen Binnen- und Arbeitsmarkt hat.[174] Diesem Aspekt trägt auch Art. 15 Abs. 3 GRC in Gestalt eines speziellen Diskriminierungsverbots Rechnung, das Staatsangehörigen dritter Länder, die im Hoheitsgebiet der Mitgliedstaaten arbeiten dürfen, einen Anspruch auf Arbeitsbedingungen verleiht, die denen der Unionsbürgerinnen und Unionsbürger entsprechen (→ Rn. 27).

C. Beeinträchtigung

Die mit dem Unionsgrundrecht der Berufsfreiheit verbundene **Eingriffsdogmatik**, die sowohl normative als auch nicht-normative Eingriffe einschließt bzw. erfasst[175], ist in der früheren Rechtsprechung der Unionsgerichte zunächst nur ansatzweise entwickelt worden. Dies hing insbesondere damit zusammen, dass sich die Unionsgerichte bei der Prüfung einer Verletzung dieses Grundrechts – wie etwa auch bei der Prüfung der unionsgrundrechtlichen Eigentumsfreiheit[176] – in der Regel nicht näher mit Schutzbereichs- und Eingriffsfragen befassten, sondern vielmehr in regelmäßiger Weise recht zügig auf die Rechtfertigungsebene zusteuerten[177], ohne vorab stets explizit klargestellt zu haben, ob es

---

Springer; EuGH C-544/10, ECLI:EU:C:2012:526 Rn. 54 ff. – Deutsches Weintor eG. Für eine Einbeziehung juristischer Personen des Privatrechts in den persönlichen Schutzbereich der unionsgrundrechtlichen Berufsfreiheit vgl. auch *Frenz*, HdbEuR Bd. 4, Kap. 9 Rn. 2534 f.; *Kühling* in FK-EUV/GRC/AEUV GRC Art. 15 Rn. 6; *Ruffert* in Ehlers GuG § 19 Rn. 25; *Wunderlich* FS J. Schwarze, 2014, 304 (316 f.).

[170] Näher zu dieser kontrovers diskutierten Frage vgl. jeweils mwN *Blanke* in Stern/Sachs GRCh Art. 16 Rn. 12; *Frenz*, HdbEuR Bd. 4, Kap. 9 Rn. 2537 f.; *Ruffert* in Ehlers GuG § 19 Rn. 26.
[171] EuGH C-84/95, Slg. 1996, I-3953 ff. – Bosphorus Hava Yollari Turizm ve Ticaret AS.
[172] Vgl. nur *Blanke* in Stern/Sachs GRCh Art. 15 Rn. 40; *Frenz*, HdbEuR Bd. 4, Kap. 9 Rn. 2525; *Wunderlich* S. 125; *Wunderlich* FS J. Schwarze, 2014, 304 (321 f.).
[173] So vgl. *Weber* NJW 2000, 537 (542); die Möglichkeit einer Einbeziehung von Drittstaatsangehörigen in den persönlichen Schutzbereich der unionsgrundrechtlichen Berufsfreiheit verneinend vgl. ferner *Kingreen/Störmer* EuR 1998, 263 (276); aA vgl. statt vieler *Kühling* in FK-EUV/GRC/AEUV GRC Art. 15 Rn. 6.
[174] In diesem Sinne vgl. auch *Bezemek* in Holoubek/Lienbacher, GRC-Kommentar, GRC Art. 15 Rn. 10; *Bernsdorff* in NK-EuGRCh GRCh Art. 15 Rn. 19; *Blanke* in Stern/Sachs GRCh Art. 15 Rn. 39; *Folz* in HK-UnionsR GRC Art. 15 Rn. 6; *Grabenwarter* in Grabenwarter, EnzEuR Bd. 2, § 13 Rn. 15; *Wollenschläger* in von der Groeben/Schwarze/Hatje GRC Art. 15 Rn. 18.
[175] Zutr. *Blanke* in Stern/Sachs GRCh Art. 15 Rn. 43; *Ruffert* in Ehlers GuG § 19 Rn. 29 f.; *Wollenschläger* in von der Groeben/Schwarze/Hatje GRC Art. 15 Rn. 28.
[176] Instruktiv dazu vgl. EuGH C-491/01, Slg. 2002, I-11453 Rn. 147 ff. – British American Tobacco ua.
[177] Instruktiv dazu vgl. EuGH C-210/03, Slg. 2004, I-11893 Rn. 73 – Swedish Match AB ua.

im konkreten Fall um einen unmittelbaren oder mittelbaren Eingriff in das Unionsgrundrecht der Berufsfreiheit ging. Eine Folge dieser Vorgehensweise war, dass im einschlägigen Schrifttum geraume Zeit darüber gestritten wurde, ob **mittelbare Eingriffe in das Unionsgrundrecht der Berufsfreiheit** überhaupt geeignet sind, den aus diesem Grundrecht abzuleitenden Abwehr- bzw. Schutzanspruch zu aktivieren. Bevor auf diese im Ergebnis zu bejahende Frage näher eingegangen wird (→ Rn. 48 ff.), soll vorab kurz erläutert werden, dass und warum es in der Rechtsprechung der Unionsgerichte meist nicht um **unmittelbare Eingriffe** der unionalen Hoheitsgewalt in die vom Unionsgrundrecht der Berufsfreiheit umfasste Berufswahlfreiheit geht (→ Rn. 46), sondern vornehmlich um unmittelbare Eingriffe der unionalen Hoheitsgewalt in die ebenfalls durch dieses Grundrecht geschützte Berufsausübungsfreiheit (→ Rn. 47).

I. Unmittelbare Eingriffe in die Berufswahlfreiheit

46 Hoheitliche Regelungen im Zusammenhang mit der Berufswahlfreiheit sind primär eine nationale Angelegenheit, da in erster Linie die Gesetzgeber und Gerichte in den Mitgliedstaaten – allerdings unter strikter Beachtung einschlägiger Vorgaben des primären und sekundären Unionsrechts[178] – darüber zu entscheiden haben, welche Berufstätigkeiten in dem jeweiligen Staat ausgeübt werden dürfen.[179] Der Unionsgesetzgeber wirkt in diesen Bereich bislang insbesondere durch berufsrelevante Rechtsangleichungsmaßnahmen hinein, die vornehmlich die gegenseitige **Anerkennung diverser Diplome und** sonstiger **beruflicher Befähigungsnachweise** zum Gegenstand haben.[180] Die vorgenannten Maßnahmen, denen jüngst einige weitere EU-Maßnahmen zur Beseitigung bestimmter Hindernisse für die grenzüberschreitende Dienstleistungserbringung und Niederlassung insbesondere bei freien Berufen – wie etwa die sog. Verhältnismäßigkeitsrichtlinie[181] – hinzugetreten sind[182], greifen indes nicht in die unionsgrundrechtliche Berufswahlfreiheit ein, sondern verstärken **im Wege der „positiven Integration"** gerade den Geltungsanspruch der primärrechtlichen Personenfreizügigkeitsregelungen, denen in Fällen mit grenzüberschreitendem Bezug eine – das Unionsgrundrecht der Berufsfreiheit ergänzende – berufswahlfreiheitssichernde Funktion zukommt.

II. Unmittelbare Eingriffe in die Berufsausübungsfreiheit

47 In der Mehrzahl ihrer bisherigen Entscheidungen zum Unionsgrundrecht der Berufsfreiheit hatten die Unionsgerichte über die Rechtmäßigkeit gemeinschaftlicher bzw. unionaler Rechtsakte zu befinden, die unmittelbar die Berufsausübungsfreiheit der jeweils betroffenen Grundrechtsträger beschränkten. Hierbei handelt es sich insbesondere um **Rechtsakte im Bereich der EU-Landwirtschaftspolitik,** die beispielsweise die Etikettierung von Weinen[183], die Bezeichnung und Aufmachung von Schaumweinen[184], die Einführung von Zollkontingenten für den Import bestimmter Agrarprodukte[185] und von Quotensystemen im Zusammenhang mit der Milchproduktion[186], die Kürzung von Refe-

---

[178] In diesem Zusammenhang vgl. etwa EuGH verb. Rs. C-193/97 u. C-194/97, Slg. 1998, I-6747 Rn. 23 – de Castro Freitas ua; EuGH C-58/98, Slg. 2000, I-7919 Rn. 31 – Corsten; EuGH C-108/96, Slg. 2001, I-837 Rn. 24 – Mac Quen ua; EuGH C-309/99, Slg. 2002, I-1577 Rn. 73 ff. – Wouters ua.
[179] Zutr. *Penski/Elsner* DÖV 2001, 265 (271).
[180] Zum aktuellen Regelungsstand in diesem Bereich vgl. etwa *Haltern/Stein* in FK-EUV/GRC/AEUV AEUV Art. 59 Rn. 27 ff.; *Stork* GewArch 2015, 236 ff.
[181] RL (EU) 2018/958 des EP und des Rates v. 28. Juni 2018 über eine Verhältnismäßigkeitsprüfung vor Erlass neuer Berufsreglementierungen, ABl. 2018 L 173, 25 ff.
[182] Näher dazu vgl. *Schäfer* EuZW 2018, 789 ff.; *Stöbener de Mora* EuZW 2017, 287 ff.; *Stöbener de Mora* EuZW 2018, 616; *Stöbener de Mora* EuZW 2018, 835; *Stork* EuZW 2017, 562 ff.
[183] Vgl. EuGH 234/85, Slg. 1986, 2897 ff. – Keller.
[184] Vgl. EuGH C-306/93, Slg. 1994, I-5555 ff. – SMW Winzersekt.
[185] Vgl. EuGH C-280/93, Slg. 1994, I-4973 ff. – Deutschland/Rat.
[186] Vgl. EuGH C-177/90, Slg. 1992, I-35 ff. – Kühn.

renzmengen[187] und/oder die Festsetzung bestimmter Abgaben[188] im Rahmen einer gemeinsamen Marktorganisation regeln oder aber bestimmte Vorschriften im Zusammenhang mit der Ausübung der Fischerei enthalten[189], die nunmehr in einem weiten Umfang von der in Art. 16 GRC eigenständig verankerten Unternehmerfreiheit erfasst werden (→ § 35 Rn. 1 ff.). Als unmittelbare Beschränkungen der Berufsausübungsfreiheit sind in der zurückliegenden EuGH-Rechtsprechung ferner einzelne Vermarktungsverbote für bestimmte Produkte oder Produktgruppen – wie etwa für Tabakerzeugnisse – qualifiziert worden[190], die nunmehr ebenfalls die unternehmerische Freiheit nach Art. 16 GRC berühren. Ähnliches gilt im Hinblick auf **unionale Umweltrechtsakte**.[191] Exemplarisch sei diesbezüglich nur auf die sog. „Emissionshandels"-RL[192] hingewiesen, welche die unionsgrundrechtlich geschützte Berufsfreiheit und/oder die unternehmerische Freiheit (→ § 35) partiell beschränkt[193] und insoweit komplexe Fragen nach ihrer Rechtfertigung aus Gründen des Umweltschutzes (→ § 64) aufwirft. Unmittelbare Eingriffe in die Berufsausübungsfreiheit, die eher nicht die unternehmerische Freiheit nach Art. 16 GRC tangieren, stellen schließlich **altersbedingte Ruhestandsregelungen** dar, die das durch den in Art. 25 GRC geregelten Schutz älterer Menschen[194] flankierte Recht älterer Arbeitnehmerinnen und/oder Arbeitnehmer, weiterhin am Berufsleben teilzunehmen, in direkter bzw. unmittelbarer Weise beschränken.[195]

III. Problematik des mittelbaren Grundrechtseingriffs

48 Nach der vorangehend erwähnten Rechtsprechung (→ Rn. 46 f.) besteht zwar kein Zweifel daran, dass unmittelbare und zielgerichtete Eingriffe der unionalen und/oder mitgliedstaatlichen Hoheitsgewalt in das Unionsgrundrecht der Berufsfreiheit geeignet sind, den aus diesem Grundrecht abzuleitenden Abwehr- bzw. Schutzanspruch zu aktivieren. Fraglich ist jedoch, ob auch ein mittelbarer, den Schutzbereich des Unionsgrundrechts der Berufsfreiheit nicht zielgerichtet, sondern lediglich indirekt bzw. faktisch beeinträchtigender EU-Rechtsakt als Grundrechtseingriff und damit als Auslöser der im konkreten Einzelfall vorzunehmenden Grundrechtsprüfung zu qualifizieren ist.[196] In der verfassungs- und verwaltungsrechtlichen Rechtsprechung deutscher Gerichte sowie in der deutschen Staatsrechtslehre hat sich jedenfalls längst ein **moderner Eingriffsbegriff** insoweit durchgesetzt, als dort nicht nur die den Schutzbereich der im deutschen Grundgesetz niedergelegten Grundrechte unmittelbar und zielgerichtet beeinträchtigenden Hoheitsakte, sondern selbst mittelbare und rein faktische Maßnahmen der deutschen Ho-

---

[187] Vgl. EuGH verb. Rs. C-90/90 u. 91/90, Slg. 1991, I-3617 ff. – Neu ua.
[188] Vgl. EuGH 265/87, Slg. 1989, 2237 ff. – Schräder; EuGH verb. Rs. C-143/88 u. C-92/89, Slg. 1991, I-415 ff. – Zuckerfabrik Süderdithmarschen AG ua.
[189] Vgl. EuGH C-370/88, Slg. 1990, I-4071 ff. – Marshall; EuGH C-44/94, Slg. 1995, I-3115 ff. – National Federation of Fishermen's Organisations ua.
[190] Vgl. nur EuGH C-210/03, Slg. 2004, I-11893 Rn. 73 – Swedish Match AB ua.
[191] Näher dazu vgl. etwa mwN *Frenz*, HdbEuR Bd. 4, Kap. 9 Rn. 2607 ff.
[192] RL 2003/87/EG über ein System für den Handel mit Treibhausgas-Emissionszertifikaten und zur Änderung der Richtlinie 96/61/EG, ABl. 2003 L 275, 32 ff.; näher zu dieser RL vgl. nur *Kreuter-Kirchhof* EuZW 2004, 711 ff.; *Mager* DÖV 2004, 561 ff.; *Reuter/Busch* EuZW 2003, 39 ff.
[193] Näher dazu vgl. etwa EuG T-614/13, ECLI:EU:T:2014:835 Rn. 54 ff. – Romonta/Kommission; sowie *Becker* EuR 2004, 857 (872 ff.); *Burgi* NJW 2003, 2486 ff.; *Frenz* VerwArch 2003, 345 ff.; *Reuter* RdE 2003, 262 ff.
[194] Ausf. zu diesem auf die Gewährleistung eines würdigen und unabhängigen Lebens älterer Menschen sowie deren Teilnahme am sozialen und kulturellen Leben abzielenden Schutz vgl. *Nowak* in FK-EUV/GRC/AEUV GRC Art. 25 Rn. 1 ff.
[195] Instruktiv dazu vgl. EuGH verb. Rs. C-159/10 u. C-160/10, Slg. 2011, I-6919 Rn. 62 ff. – Fuchs ua; EuGH C-190/16, ECLI:EU:C:2017:513 Rn. 70 ff. – Fries, jeweils mAnm *Franzen/Roth* EuZA 2018, 187 (190 f.); *Junker* RIW 2018, 19 (19 f.).
[196] Dies verneinend vgl. etwa *v. Dietze*, Verfahrensbeteiligung und Klagebefugnis im EG-Recht – Zur Dogmatik der Klagebefugnis verfahrensbeteiligter Dritter im Kartell-, Beihilfenaufsichts-, Fusionskontroll- und Außenhandelsrecht, 1995, S. 136 f.; bejahend vgl. *Nowak*, Konkurrentenschutz in der EG, S. 431 ff.; *Schwier* S. 139.

heitsgewalt – etwa in Gestalt staatlichen bzw. amtlichen Informationshandelns[197] – als Grundrechtseingriffe qualifiziert werden, sofern sich Letztere als besonders schwer und unerträglich darstellen oder im konkreten Fall besonders empfindliche Grundrechte betroffen sind[198] bzw. wenn diese Maßnahmen in ihrer jeweiligen Zielsetzung und ihren mittelbar-faktischen Wirkungen einem Grundrechtseingriff als „funktionales Äquivalent" gleichkommen.[199]

49 Anhaltspunkte für die zumindest **inzidente Anerkennung** der Figur **des mittelbaren Grundrechtseingriffs,** die sowohl normative als auch nicht-normative Eingriffe einschließt[200], finden sich aber auch **in der Rechtsprechung des EuGH.** Besondere Erwähnung verdient in diesem Zusammenhang ein Urteil vom 18.9.1986, in dem der EuGH nach Verneinung eines Eingriffs in den Wesensgehalt des damaligen „Gemeinschaftsgrundrechts" der Berufsfreiheit zunächst die Ansicht vertrat, dass sich die streitgegenständliche gemeinschaftsrechtliche Bestimmung nur mittelbar auf die Ausübung des Berufs der Weinerzeuger auswirke.[201] Nach einem weiteren Hinweis darauf, dass diese streitgegenständliche Bestimmung nach seiner Auffassung einem im Allgemeinwohlinteresse liegenden Ziel diene[202], stellte der EuGH abschließend fest, dass die mit der streitigen Vorschrift vorgenommene Beschränkung keinen unzulässigen Eingriff in die Ausübung von Grundrechten enthält.[203] Diese Feststellung impliziert, dass der EuGH entsprechend der deutschen Grundrechtslehre von der ausreichenden Eingriffsqualität mittelbarer Grundrechtseingriffe ausgeht; denn auf die vom EuGH geprüfte und dann bejahte Frage nach der Zulässigkeit der vorgenommenen Beschränkung wäre unter Zugrundelegung der unionsgrundrechtlichen Schrankensystematik (→ § 10 Rn. 28 ff.) ansonsten zu verzichten gewesen. Im Übrigen werden mittelbare Eingriffe auch nicht aus dem Anwendungs- bzw. Schutzbereich der im AEUV niedergelegten Grundfreiheiten und sonstiger vertraglicher Diskriminierungsverbote ausgeklammert[204]; Gründe dafür, dass dies bei den Unionsgrundrechten anders sein soll, sind nicht ersichtlich.[205]

50 Folgerichtig haben die Unionsgerichte auch bereits in einigen weiteren Urteilen angedeutet, dass nicht nur unmittelbare, sondern auch **mittelbare Eingriffe** der unionalen und/oder mitgliedstaatlichen Hoheitsgewalt **grundsätzlich am Maßstab des Unionsgrundrechts der Berufsfreiheit zu messen** sind.[206] Dies gilt insbesondere für die unzähligen EU-beihilfenkontrollrechtlichen Genehmigungsbeschlüsse der Kommission im An-

---

[197] Instruktiv zur Grundrechtsbindung aus Art. 12 Abs. 1 GG bei amtlichem Informationshandeln vgl. zuletzt insbes. BVerfG DVBl 2018, 1063 (1067).
[198] Vgl. nur BVerfGE 46, 120 (137); BVerwGE 30, 191 (197); BVerwGE 32, 173 (179); BVerwGE 36, 248 (249); BVerwG DVBl 1996, 152 ff.; näher dazu vgl. ferner *Borrmann* S. 76 f.; *Classen* NJW 1995, 2457 (2463); *Cremer*, Freiheitsgrundrechte, 2003, S. 147 ff.; *Huber*, Konkurrenzschutz im Verwaltungsrecht – Schutzanspruch und Rechtsschutz bei Lenkungs- und Verteilungsentscheidungen der öffentlichen Verwaltung, 1991, S. 234; *Wolf* JZ 1994, 1151 (1156 f.); sowie *Starke* DVBl 2018, 1469 ff.
[199] Vgl. nur BVerfG GewArch 2009, 26 (27); BVerfG DVBl 2018, 1063 (1067); *Starke* DVBl 2018, 1469 ff.
[200] Zutr. *Ruffert* in Ehlers GuG § 19 Rn. 29 f.; *Wollenschläger* in von der Groeben/Schwarze/Hatje GRC Art. 15 Rn. 28.
[201] EuGH 116/82, Slg. 1986, 2519 Rn. 27 – Kommission/Deutschland.
[202] EuGH 116/82, Slg. 1986, 2519 Rn. 28 – Kommission/Deutschland.
[203] EuGH 116/82, Slg. 1986, 2519 Rn. 29 – Kommission/Deutschland.
[204] Vgl. nur EuGH 8/74, Slg. 1974, 837 Rn. 5 – Dassonville; EuGH 16/78, Slg. 1978, 2293 Rn. 9 – Choquet; EuGH 22/80, Slg. 1980, 3427 Rn. 9 – Boussac Saint-Frères; EuGH 33/88, Slg. 1989, I-1591 Rn. 11 – Allué ua; EuGH C-175/88, Slg. 1990, I-1779 Rn. 13 – Biehl; EuGH C-27/91, Slg. 1991, I-5531 Rn. 10 – Société Hostellerie Le Manoir; EuGH C-43/93, Slg. 1994, I-3803 Rn. 14 f. – Vander Elst; EuGH C-457/93, Slg. 1996, I-243 Rn. 26 ff. – Lewark.
[205] Gegen eine Ausklammerung mittelbarer Eingriffe im vorliegenden Kontext vgl. auch *Kühling* in FK-EUV/GRC/AEUV GRC Art. 15 Rn. 16; *Wollenschläger* in von der Groeben/Schwarze/Hatje GRC Art. 15 Rn. 28.
[206] Vgl. EuGH C-84/95, Slg. 1996, I-3953 Rn. 22 – Bosphorus Hava Yollari Turizm ve Ticaret AS; EuG T-113/96, Slg. 1998, II-125 Rn. 75 – Édouard Dubois et Fils/Rat u. Kommission; näher hierzu vgl. auch *Crones* S. 112; *Wunderlich* S. 114 f.; ferner vgl. *Borrmann* S. 239, wonach der EuGH nunmehr „einen weiten Eingriffsbegriff zugrundelegt".

wendungsbereich der Art. 107–109 AEUV, die unter bestimmten Umständen als mittelbare Eingriffe in das den nicht subventionierten Unternehmen zustehende Unionsgrundrecht der unternehmerischen Freiheit einschließlich der Wettbewerbsfreiheit (→ § 35) zu qualifizieren sind[207], das in der früheren EuGH-Rechtsprechung als eine von mehreren speziellen Teilgewährleistungen der unionsgrundrechtlichen Berufsfreiheit anerkannt und eingestuft wurde (→ Rn. 2 f.).

D. Rechtfertigung

51 Nach der früheren Rechtsprechung der Unionsgerichte konnte die unionsgrundrechtliche Berufsfreiheit, die nach Auffassung des Unionsrichters „im Hinblick auf ihre gesellschaftliche Funktion gesehen werden" musste[208], „keine uneingeschränkte Geltung beanspruchen".[209] Aus diesem Grunde konnte das Unionsgrundrecht der Berufsfreiheit unter **Beachtung des unionsrechtlichen Gesetzesvorbehalts**[210] seit jeher „Beschränkungen unterworfen werden, sofern diese Beschränkungen tatsächlich dem Gemeinwohl dienenden Zielen der Union – wie etwa dem Umwelt-, Gesundheits- und Verbraucherschutz (→ §§ 63–65) oder bestimmten Sicherheitsbelangen[211] – entsprechen und nicht einen im Hinblick auf den verfolgten Zweck unverhältnismäßigen, nicht tragbaren Eingriff darstellen", der das so gewährleistete Recht in seinem **Wesensgehalt** antastet.[212] Diese Rechtsprechung hat nun auch weitgehenden Eingang in Art. 52 Abs. 1 GRC gefunden, an den sich der EuGH bei der schrankensystematischen Beurteilung hoheitlicher Eingriffe in die unionsgrundrechtliche Berufsfreiheit nunmehr regelmäßig orientiert[213] und ohne Frage

---

[207] So etwa *Nowak*, Konkurrentenschutz in der EG, S. 431 ff., 479 ff. u. 498 f.; *Nowak* DVBl 2000, 20 (21); *Staebe*, Rechtsschutz bei gemeinschaftswidrigen Beihilfen vor europäischen und deutschen Gerichten, 2001, S. 88 f.

[208] Vgl. EuGH C-177/90, Slg. 1992, I-35 Rn. 16 – Kühn; EuGH C-306/93, Slg. 1994, I-5555 Rn. 22 – SMW Winzersekt; EuGH C-183/95, Slg. 1997, I-4315 Rn. 42 – Affish; EuG T-13/99, Slg. 2002, II-3305 Rn. 457 – Pfizer Animal Health/Rat; EuGH verb. Rs. C-184/02 und C-223/02, Slg. 2004, I-7789 Rn. 52 – Spanien ua/EP u. Rat der EU; EuGH C-210/03, Slg. 2004, I-11893 Rn. 72 ff. – Swedish Match AB ua.

[209] So vgl. nur EuGH C-280/93, Slg. 1994, I-4973 Rn. 78 – Deutschland/Rat; sowie EuGH C-210/03, Slg. 2004, I-11893 Rn. 72 – Swedish Match AB ua.

[210] Grdlg. EuGH verb. Rs. 46/87 u. 227/88, Slg. 1989, 2859 Rn. 19 – Hoechst/Kommission; bestätigt ua in EuGH 85/87, Slg. 1989, 3137 Rn. 30 – Dow Benelux/Kommission.

[211] Exemplarisch zur Schaffung und Aufrechterhaltung eines einheitlichen, hohen Sicherheitsniveaus der Zivilluftfahrt in Europa als „eine dem Gemeinwohl dienende Zielsetzung" bzw. als höchstrichterlich anerkannter Rechtfertigungsgrund für hoheitliche Eingriffe in die unionsgrundrechtliche Berufsfreiheit vgl. EuGH C-190/16, ECLI:EU:C:2017:513 Rn. 76 – Fries; zur „Sicherheit im Straßenverkehr" als ein dem Gemeinwohl dienendes Ziel vgl. EuGH verb. Rs. C-184/02 und C-223/02, Slg. 2004, I-7789 Rn. 53 – Spanien ua/EP u. Rat der EU.

[212] So etwa EuGH 234/85, Slg. 1986, 2897 Rn. 8 – Keller; EuGH 265/87, Slg. 1989, 2237 Rn. 15 – Schräder; EuGH 5/88, Slg. 1989, 2609 Rn. 18 – Wachauf; EuGH C-370/88, Slg. 1990, I-4071 Rn. 27 – Marshall; EuGH verb. Rs. C-143/88 u. C-92/89, Slg. 1991, I-415 Rn. 73 – Zuckerfabrik Süderdithmarschen ua; EuGH C-177/90, Slg. 1992, I-35 Rn. 16 – Kühn; EuGH C-280/93, Slg. 1994, I-4973 Rn. 78 – Deutschland/Rat; EuGH C-44/94, Slg. 1995, I-3115 Rn. 55 – National Federation of Fishermen's Organisations ua; EuGH C-183/95, Slg. 1997, I-4315 Rn. 42 – Affish BV; EuGH verb. Rs. C-248/95 u. C-249/95, Slg. 1997, I-4475 Rn. 72 – SAM ua; EuGH C-293/97, Slg. 1999, I-2603 Rn. 54 – Standley ua; EuGH verb. Rs. C-37/02 u. C-38/02, Slg. 2004, I-6911 Rn. 82 – Di Leonardo Adriano Srl; EuGH C-210/03, Slg. 2004, I-11893 Rn. 72 – Swedish Match AB ua; EuG verb. Rs. T-466, 469, 473, 474 u. 479/93, Slg. 1995, II-2071 Rn. 98 – O'Dwyer ua/Rat; EuG T-390/94, Slg. 1997, II-504 Rn. 125 – Schröder ua/Kommission; EuG T-113/96, Slg. 1998, II-125 Rn. 74 – Édouard Dubois et Fils/Rat u. Kommission; EuG T-30/99, Slg. 2001, II-943 Rn. 80 – Bocchi Food Trade International GmbH/Kommission; EuGH verb. Rs. C-184/02 und C-223/02, Slg. 2004, I-7789 Rn. 52 – Spanien ua/EP u. Rat; EuG T-19/01, Slg. 2005 II-315 Rn. 220 – Chiquita Brands International Inc. ua/Kommission; EuGH C-544/10, ECLI:EU:C:2012:526 Rn. 54 – Deutsches Weintor eG.

[213] Exemplarisch vgl. EuGH C-611/12 P, ECLI:EU:C:2014:2282 Rn. 49 f. – Giordano/Kommission; EuGH C-190/16, ECLI:EU:C:2017:513 Rn. 72 ff. – Fries, jeweils mAnm *Franzen/Roth* EuZA 2018, 187 (190 f.); *Junker* RIW 2018, 19 (19 f.).

auch zu orientieren hat[214]. Nach Satz 1 dieser allgemeinen „horizontalen Schrankenregelung" muss jede Einschränkung der Ausübung der in dieser Charta anerkannten Rechte und Freiheiten – wie etwa das in Art. 15 GRC niedergelegte Unionsgrundrecht der Berufsfreiheit – gesetzlich vorgesehen sein[215] und den wesentlichen Gehalt dieser Rechte und Freiheiten achten[216]. Ergänzend heißt es in Satz 2 dieser Bestimmung, dass die vorgenannten Einschränkungen unter **Wahrung des Grundsatzes der Verhältnismäßigkeit** nur vorgenommen werden dürfen, wenn sie notwendig sind und den von der Union anerkannten – dem Gemeinwohl dienenden – Zielsetzungen oder den Erfordernissen des Schutzes dieser Rechte und Freiheiten anderer tatsächlich entsprechen. Hinsichtlich dieser Voraussetzungen, zu denen insbesondere die Beachtung des Gesetzesvorbehalts sowie die Wahrung der Schranken-Schranken in Gestalt des die Kriterien der Geeignetheit, der Erforderlichkeit und der Angemessenheit ieS einschließenden Verhältnismäßigkeitsgrundsatzes[217] und der Wesensgehaltsgarantie gehören, kann an dieser Stelle vollumfänglich auf die allgemeinen Ausführungen zur unionsgrundrechtlichen Schrankensystematik verwiesen werden (→ § 10 Rn. 28 ff.).

52 Besondere Erwähnung verdient an dieser Stelle allerdings zum einen der Umstand, dass eine **schrankensystematische Differenzierung zwischen** hoheitlichen Beschränkungen der **Berufswahlfreiheit** einerseits **und** der **Berufsausübungsfreiheit** andererseits in der Rechtsprechung der Unionsgerichte nach wie vor – wenn überhaupt – erst ansatzweise erkennbar ist.[218] Zentrale Bedeutung kommt in diesem Zusammenhang dem sog. *Winzersekt*-Urteil des EuGH zu, in dem hinsichtlich eines Bezeichnungsverbots für Schaumwein ausgeführt wird, dass dieses Verbot „nur die Modalitäten der Ausübung" des Berufs betreffe, „ohne dessen Bestand selbst zu gefährden".[219] Dieses Urteil wird teilweise dahingehend gedeutet, dass – analog zu der im Kontext des Art. 12 Abs. 1 GG vom BVerfG entwickelten „Drei-Stufen-Theorie" (→ Rn. 38), deren Vorbildfunktion für die Rechtsprechung der Unionsgerichte unterschiedlich beurteilt wird[220] – hoheitliche Eingriffe in die Berufsausübungsfreiheit auch im Rahmen des Unionsrechts leichter zu rechtfertigen seien als solche, die sich auf die Berufswahlfreiheit beziehen.[221] Unabhängig von der kontrovers diskutierten Nützlichkeit der Entwicklung einer „unionsgrundrechtlichen Drei-Stufen-Theorie" ist in diesem Kontext auf jeden Fall zu beachten, dass die Abgrenzung zwischen Berufswahl und Berufsausübung in manchen Fallkonstellationen durchaus schwierig sein kann[222] und dass

---

[214] Dies ist unstreitig, vgl. nur *Ashiagbor* in PHKW Fundamental Rights Rn. 15.35; *Blanke* in Stern/Sachs GRCh Art. 15 Rn. 44 ff.; Jarass GRCh Art. 15 Rn. 13 ff.; *Kühling* in FK-EUV/GRC/AEUV GRC Art. 15 Rn. 18 ff.; *Ruffert* in Calliess/Ruffert GRC Art. 15 Rn. 12 ff.; *Wollenschläger* in von der Groeben/Schwarze/Hatje GRC Art. 15 Rn. 34 ff.

[215] Zur Relevanz dieses Gesetzesvorbehalts iR der Schrankensystematik der unionsgrundrechtlichen Berufsfreiheit vgl. exemplarisch EuGH C-190/16, ECLI:EU:C:2017:513 Rn. 74 – Fries.

[216] Zur regelmäßigen Verneinung einer Verletzung dieser unionsverfassungsrechtlichen Wesensgehaltsgarantie im Kontext der unionsgrundrechtlichen Berufsfreiheit vgl. exemplarisch EuGH C-370/88, Slg. 1990, I-4071 Rn. 28 – Marshall; EuGH C-306/93, Slg. 1994, I-5555 Rn. 24 – SMW Winzersekt; EuGH C-44/94, Slg. 1995, I-3115 Rn. 56 – National Federation of Fishermen's Organisations ua; EuGH verb. Rs. C-37/02 u. C-38/02, Slg. 2004 I-6911 Rn. 85 – Di Leonardo Adriano ua; EuGH C-544/10, ECLI:EU:C:2012:526 Rn. 58 – Deutsches Weintor eG; EuGH C-190/16, ECLI:EU:C:2017:513 Rn. 75 – Fries.

[217] Als Beispiel dafür, dass die Anwendung des in Art. 52 Abs. 1 GRC angesprochenen Verhältnismäßigkeitsgrundsatzes auch iR der berufsgrundrechtlichen EuGH-Rechtsprechung nicht nur die Prüfung der Geeignetheit und der Erforderlichkeit, sondern auch die Prüfung der Proportionalität bzw. der Angemessenheit ieS umfasst, vgl. EuGH C-190/16, ECLI:EU:C:2017:513 Rn. 7 – Fries.

[218] Zutr. *Ruffert* in Ehlers GuG § 19 Rn. 29; *Wunderlich* S. 200 ff.

[219] EuGH C-306/93, Slg. 1994, I-5555 Rn. 24 – SMW Winzersekt; ähnlich EuGH 234/85, Slg. 1986, 2897 Rn. 9 – Keller.

[220] Für eine Orientierung der Unionsgerichte an dieser – aus rechtsvergleichender Sicht als „beste Lösung" bezeichnete – Theorie eintretend vgl. etwa *Notthoff* RIW 1995, 541 (543); von einer unkritischen Übernahme der bundesverfassungsgerichtlichen Drei-Stufen-Theorie im Kontext des Art. 15 GRC abratend vgl. *Kühling* in FK-EUV/GRC/AEUV GRC Art. 15 Rn. 24.

[221] So etwa *Wunderlich* S. 201.

[222] Instruktiv dazu vgl. EuGH C-177/90, Slg. 1992, I-35 Rn. 17 – Kühn, wonach eine bestimmte Milchquotenregelung „das Recht auf freie Berufsausübung nicht in ihrem Wesensgehalt antaste, da es den

eine solche Abgrenzung im Einzelfall unter Berücksichtigung der jeweiligen Interessenlagen vorgenommen werden muss.[223] Dem sollte durch eine **differenzierte Verhältnismäßigkeitsprüfung** Rechnung getragen werden[224], in deren Rahmen insbesondere zu beachten ist, inwieweit der jeweilige Grundrechtsträger durch eine bestimmte hoheitliche Maßnahme von der Ausübung eines bestimmten Berufs teilweise oder sogar gänzlich ausgeschlossen wird.[225] Ob die Unionsgerichte künftig zu einer differenzierteren berufsgrundrechtlichen Verhältnismäßigkeitsprüfung bereit sind, ist im Lichte der abschließend anzusprechenden Kritik an ihrer bisherigen Kontrolldichtekonzeption in diesem Bereich gegenwärtig schwer zu prognostizieren.

Die **Kontrolldichtekonzeption der Unionsgerichte** war vor einigen Jahren gerade in Ansehung des Unionsgrundrechts der Berufsfreiheit heftiger Kritik insbesondere von deutscher Seite ausgesetzt.[226] Im Vordergrund stand dabei zum einen der Vorwurf, dass der EuGH in dem Bestreben, interventionistische – mit dem Unionsgrundrecht der Berufsfreiheit kollidierende – Regelungen aus dem Bereich der Gemeinsamen Agrarpolitik aufrechtzuerhalten, potentielle Verstöße gegen dieses Grundrecht häufig nur kursorisch prüfe und dabei vor allem das grundrechtlich geschützte Individualinteresse im Rahmen der Verhältnismäßigkeitsprüfung nicht ausreichend berücksichtige.[227] Zum anderen erkennt der EuGH dem Unionsgesetzgeber in diesem Bereich einen überaus weiten Ermessens- und Prognosespielraum zu und leitet daraus ab, dass „die Rechtmäßigkeit einer in diesem Bereich erlassenen Maßnahme nur dann beeinträchtigt sein [kann], wenn diese Maßnahme zur Erreichung des Ziels, dass das zuständige Organ verfolgt, offensichtlich ungeeignet ist".[228] Dies gilt nach ständiger EuGH-Rechtsprechung auch in diversen anderen Teilbereichen des Unionsrechts, in denen der Unionsgesetzgeber politische, wirtschaftliche und/oder soziale Entscheidungen treffen und/oder komplexe Prüfungen bzw. Beurteilungen vornehmen muss.[229] Die insbesondere an dem vorgenannten „Evidenzmaßstab" bzw. Offensichtlichkeitskriterium ansetzende **Kritik an der mangelnden oder unzureichenden Berücksichtigung grundrechtlich geschützter Individualinteressen** ist grund-

---

betreffenden Wirtschaftsteilnehmern unbenommen bleibt, in dem fraglichen Betrieb etwas anderes als Milch zu erzeugen". Zur schwierigen Abgrenzung zwischen Berufswahl und Berufsausübung in Ansehung des EuGH-Urteils in der Rs. 4/73 – Nold vgl. *Vögler* S. 177 f.
[223] Zutr. *Stadler* S. 346.
[224] So auch *Ruffert* in Ehlers GuG § 19 Rn. 29; ähnlich *Kühling* in FK-EUV/GRC/AEUV GRC Art. 15 Rn. 24.
[225] Vgl. *Ruffert* in Ehlers GuG § 19 Rn. 29.
[226] Vgl. nur *Pache* EuR 2001, 475 (487 ff.); *Ritgen* ZRP 2000, 371 (372); *Schilling* EuGRZ 2000, 3 (11); *Selmer*, Die Gewährleistung der unabdingbaren Grundrechtsstandards durch den EuGH – Zum Kooperationsverhältnis zwischen BVerfG und EuGH am Beispiel des Rechtsschutzes gegen die Bananenmarkt-Verordnung, 1998, S. 170 f.; *Vögler* S. 193 ff.; *Wolf* in Bröhmer, Grundrechtsschutz, S. 9 (38 ff.).
[227] So etwa *Bernsdorff* in NK-EuGRCh GRCh Art. 15 Rn. 18; *Günter* S. 27 ff.; *Kokott* AöR 121 (1996), 599 (608); *Nettesheim* EuZW 1995, 106 ff.; *Pache* NVwZ 1999, 1033 (1040); *Penski/Elsner* DÖV 2001, 265 (273 f.); *Ruffert* in Ehlers GuG § 19 Rn. 38.
[228] So vgl. nur EuGH C-280/93, Slg. 1994, I-4973 Rn. 94 – Deutschland/Rat; EuGH C-306/93, Slg. 1994, I-5555 Rn. 21 – SMW Winzersekt GmbH; EuGH C-189/01, Slg. 2001, I-5689 Rn. 82 – Jippes ua; EuG T-158/03, Slg. 2005, II-2425 Rn. 136 – Industrias Químicas del Vallés SA/Kommission; EuGH C-59/11, ECLI:EU:C:2012:447 Rn. 39 – Association Kokopelli; mwN GA *Bobek*, SchlA C-134/15, ECLI:EU:C:2016:169 Rn. 38 ff. – Lidl. Zur vereinzelt propagierten – aus wirtschaftsverfassungsrechtlicher Perspektive recht bedenklichen – Übertragbarkeit des hier in Rede stehenden Offensichtlichkeitskriteriums auf die beiden anderen im Rahmen der Verhältnismäßigkeitsprüfung maßgeblichen Gesichtspunkte der Erforderlichkeit und der Angemessenheit ieS vgl. etwa GA *Kokott*, SchlA C-547/14, ECLI:EU:C:2015:853 Rn. 150 – Philip Morris Brands SARL ua; sowie GA *Kokott*, SchlA C-477/14, ECLI:EU:C:2015:854 Rn. 58 – Pillbox 38 (UK).
[229] Vgl. dazu etwa – jeweils in Bezug auf restriktive Maßnahmen im GASP-Bereich – EuGH C-348/12 P, ECLI:EU:C:2013:776 Rn. 120 – Rat/Manufacturing Support & Procurement Kala Naft; EuG T-720/14, ECLI:EU:T:2016:689 Rn. 179 – Rotenberg/Rat; EuGH C-72/15, ECLI:EU:C:2017:236 Rn. 146 – Rosneft; EuG T-732/14, ECLI:EU:T:2018:541 Rn. 147 – Sberbank of Russia OAO/Rat; EuGH C-225/17 P, ECLI:EU:C:2019:82 Rn. 103 – Islamic Republic of Iran Shipping Lines ua; entsprechend für die Bereiche des Verbraucher- und Gesundheitsschutzes vgl. EuGH C-296/16 P, ECLI:EU:C:2017:437 Rn. 50 – Dextro Energy/Kommission; mwN vgl. *Nehl* in Mendes S. 157 ff.

sätzlich berechtigt²³⁰ und auch ernst zu nehmen.²³¹ Gleichwohl darf die insbesondere aus Deutschland kommende Kritik an der auch auf eine weniger ausdifferenzierte Grundrechtsdogmatik anderer EU-Mitgliedstaaten zurückzuführenden²³² Kontrolldichtekonzeption der Unionsgerichte nicht übersehen, dass sich in Argumentation und Stil des EuGH unterschiedliche Traditionen aus ganz Europa verbinden und daher nicht die Dogmatik eines einzigen Mitgliedstaats oder gar des deutschen Bundesverfassungsgerichts ausschlaggebend sein kann²³³, das übrigens dem deutschen Gesetzgeber im wirtschaftsrechtlichen Bereich ebenfalls erhebliche Beurteilungs- und Gestaltungsspielräume zubilligt.²³⁴ Zum anderen lässt die jüngere Grundrechtsrechtsprechung des Unionsrichters eine zunehmend **intensiver werdende Verhältnismäßigkeitsprüfung** erkennen²³⁵, womit der vorgenannten Kritik ein gutes Stück weit entgegengewirkt wird. Letzteres ließe sich sogar noch steigern, wenn sich der Unionsrichter in seiner auf die EU-Wirtschaftsgrundrechte bezogenen Rechtsprechung sorgfältiger mit dem konkreten Grund und den Grenzen der oben angesprochenen Einschätzungs- und Beurteilungsspielräume auseinandersetzen würde²³⁶, die dem Unionsgesetzgeber in verschiedenen Teilbereichen des Unionsrechts im Zusammenhang mit politischen, wirtschaftlichen und/oder sozialen Entscheidungen sowie bei komplexen Prüfungen und Beurteilungen eingeräumt werden und den maßgeblichen Hintergrund für die sich im oben genannten Offensichtlichkeitskriterium manifestierende Reduktion der unionsgerichtlichen Kontrolldichte bilden.

E. Verhältnis zu anderen Grundrechtsgewährleistungen und grundrechtsähnlichen Gewährleistungen

54 Das Unionsgrundrecht der Berufsfreiheit (→ Rn. 1 ff.) und die unionsgrundrechtliche **Eigentumsfreiheit** (→ § 36), die in der zurückliegenden (auch jüngeren) Rechtsprechung der Unionsgerichte häufig parallel bzw. nebeneinander geprüft wurden²³⁷ und die hinsicht-

---

[230] Zutr. *Nehl*, Europäisches Verwaltungsverfahren und Gemeinschaftsverfassung – Eine Studie gemeinschaftsrechtlicher Verfahrensgrundsätze unter besonderer Berücksichtigung „mehrstufiger" Verwaltungsverfahren, 2002, S. 156; *Ruffert* in Ehlers GuG § 19 Rn. 39; *Schöbener* GS P.J. Tettinger, 2007, 159 (164 f.); *Wunderlich* S. 204 f.

[231] Zutr. vgl. statt vieler *Hirsch* FS F. Schockweiler, 1999, 177 (194).

[232] Zutr. *Pache* EuR 2001, 475 (488).

[233] Zutr. *Pernice* DVBl 2000, 847 (850); *Nehl*, Europäisches Verwaltungsverfahren und Gemeinschaftsverfassung – Eine Studie gemeinschaftsrechtlicher Verfahrensgrundsätze unter besonderer Berücksichtigung „mehrstufiger" Verwaltungsverfahren, 2002, S. 158; ähnlich *Müller-Graff* integration 2000, 34 (42); zu der gleichwohl in bestimmten Zusammenhängen erfolgenden Berücksichtigung der bundesverfassungsgerichtlichen Rechtsprechung zu Art. 12 GG durch den Unionsrichter vgl. etwa EuGH C-108/96, Slg. 2001, I-837 Rn. 36 – Mac Queen ua.

[234] Zutr. *Gundel* ZHR 180 (2016), 323 (340); *Ruffert* in Ehlers GuG § 19 Rn. 39; *Wollenschläger* EuZW 2015, 285 (288); *Wunderlich* S. 208; instruktiv dazu vgl. auch BVerfG GewArch 2009, 26 (27, 29); BVerfG DÖV 2009, 73 (76); BVerwG SächsVBl. 2017, 322 (327).

[235] Vgl. EuG T-13/99, Slg. 2002, II-3305 ff. – Pfizer Animal Health/Rat; EuG T-70/99, Slg. 2002, II-3495 ff. – Alpharma/Rat; zur detaillierter werdenden (schrankensystematischen) Kontrolldichte auch im Kontext der unternehmerischen Freiheit nach Art. 16 GRC vgl. EuGH C-283/11, ECLI:EU:C:2013:28 Rn. 45 ff. – Sky Österreich; EuGH C-101/12, ECLI:EU:C:2013:661 Rn. 27 ff. – Schaible; EuGH C-157/14, ECLI:EU:C:2015:823 Rn. 68 ff. – Neptune Distribution; EuG T-732/14, ECLI:EU:T:2018:541 Rn. 140 ff. – Sherbank of Russia OAO/Rat; sowie *Blanke* in Gesellschaft für Rechtspolitik ua S. 13 (38 ff.); entsprechend für die in Art. 17 GRC verankerte Eigentumsfreiheit vgl. etwa EuG T-256/11, ECLI:EU:T:2014:93 Rn. 194 ff. – Ezz ua/Rat; EuG T-720/14, ECLI:EU:T:2016:689 Rn. 166 ff. – Rotenberg/Rat; EuG T-247/17, ECLI:EU:T:2018:931 Rn. 47 ff. – Azarov/Rat.

[236] Mit dieser berechtigten Forderung vgl. auch *Wollenschläger* EuZW 2015, 285 (288).

[237] Vgl. nur EuGH C-177/90, Slg. 1992, I-35 Rn. 16 f. – Kühn; EuGH C-306/93, Slg. 1994, I-5555 Rn. 20 ff. – SMW Winzersekt GmbH; EuGH verb. Rs. C-248/95 u. C-249/95, Slg. 1997, I-4475 Rn. 72 – SAM ua; EuGH C-200/96, Slg. 1998, I-1953 Rn. 21 ff. – Metronome Musik; EuG T-254/97, Slg. 1999, II-2743 Rn. 74 f. – Fruchthandelsgesellschaft mbH Chemnitz/Kommission; EuG T-13/99, Slg. 2002, II-3305 Rn. 452 ff. – Pfizer Animal Health/Rat; EuGH C-210/03, Slg. 2004, I-11893 Rn. 72 ff. – Swedish Match AB ua; EuGH verb. Rs. C-154/04 u. C-155/04, Slg. 2005 I-6451 Rn. 126 ff. – Alliance for Natural Health ua; EuG T-614/13, ECLI:EU:T:2014:835 Rn. 54 ff. – Romonta/Kommission.

lich des Schutzes des Erwerbsvorgangs und des Erworbenen[238] durchaus komplementär sind, stehen nach ganz überwiegender Auffassung in Idealkonkurrenz zueinander.[239] Ähnliches gilt zwar auch im Hinblick auf **unionsverfassungsrechtliche Diskriminierungsverbote** bzw. Gleichbehandlungsgebote[240] sowie im Hinblick auf berufliche bzw. berufsbezogene Betätigungen im Anwendungsbereich spezieller Unionsgrundrechte, wie etwa der Religionsfreiheit (→ § 33), der Forschungsfreiheit (→ § 30), der Kommunikationsgrundrechte (→ §§ 27 f.) und/oder der Versammlungs- und Vereinigungsfreiheit (→ §§ 31 f.).[241] Auf das Verhältnis zwischen der Berufsfreiheit und der **unternehmerischen Freiheit** (→ § 35) sowie auf das Verhältnis zwischen der Berufsfreiheit und der **Wettbewerbsfreiheit** (→ § 35) lässt sich dies jedoch nicht übertragen; diesbezüglich ist eher davon auszugehen, dass die spezielleren Gewährleistungen der unternehmerischen Freiheit und der Wettbewerbsfreiheit nach Art. 16 GRC in ihrem jeweiligen Anwendungsbereich die in Art. 15 GRC verankerte Berufsfreiheit verdrängen bzw. dieser vorgehen (→ Rn. 28 ff.).

Im Verhältnis zu der in der EU-Grundrechtecharta nicht auffindbaren **allgemeinen** 55 **Handlungsfreiheit,** deren Existenz als Uniongrundrecht nach wie vor umstritten ist (→ § 9 Rn. 16; → § 22 Rn. 1 ff.), wäre das Unionsgrundrecht der Berufsfreiheit auf jeden Fall spezieller. Die im Schrifttum gelegentlich vertretene These, wonach die wirtschaftlichen Unionsgrundrechte nur „unselbständiger Ausdruck bestimmter Aspekte der allgemeinen Handlungsfreiheit" seien[242], vermag demgegenüber nicht zu überzeugen[243], da über die Existenz einer in der EU-Grundrechtecharta unerwähnt gebliebenen unionsrechtlichen Handlungsfreiheit allgemeiner Art nach der bisherigen Rechtsprechung nur spekuliert werden kann[244] (→ § 9 Rn. 16).

Berufsbezogene Hilfs- oder Zusatzrechte, wie etwa das in Art. 14 Abs. 1 GRC 56 angesprochene Recht auf Zugang zur beruflichen Aus- und Weiterbildung (→ § 43) sowie das in Art. 29 GRC niedergelegte Recht auf Zugang zu einem Arbeitsvermittlungsdienst (→ § 42) gehen dem Unionsgrundrecht der Berufsfreiheit aus Gründen der Spezialität vor.[245] Gleiches gilt in Ansehung der negativen Berufsfreiheit (→ Rn. 34) für das in Art. 5 GRC verankerte Zwangs- und Pflichtarbeitsverbot (→ § 17) sowie für das ebenfalls speziellere und in Art. 32 GRC niedergelegte Verbot der Kinderarbeit (→ § 45). Die schwierige Frage, ob Letzteres in Ansehung des Unionsgrundrechts der Berufsfreiheit auch für die

---

[238] Zu der im Schrifttum recht häufig verwendeten Abgrenzungsformel, wonach das Unionsgrundrecht der Berufsfreiheit die Erwerbstätigkeit bzw. den Erwerb schützt, während das Unionsgrundrecht der Eigentumsfreiheit den Schutz des Erworbenen garantiert, vgl. statt vieler *Bezemek* in Holoubek/Lienbacher, GRC-Kommentar, GRC Art. 15 Rn. 8; *Rengeling/Szczekalla* Grundrechte in der EU § 20 Rn. 781; *Streinz* in Streinz GRC Art. 15 Rn. 7 mwN.

[239] So etwa *Rengeling/Szczekalla* Grundrechte in der EU § 20 Rn. 781; *Ruffert* in Calliess/Ruffert GRC Art. 15 Rn. 20; *Wunderlich* S. 126.

[240] Exemplarisch dazu vgl. EuGH C-370/88, Slg. 1990, I-4071 Rn. 19 ff. – Marshall; EuGH C-359/89, Slg. 1991 I-1677 Rn. 15 ff. iVm Rn. 23 ff. – SAFA; EuGH C-177/90, Slg. 1992, I-35 Rn. 16 ff. – Kühn; EuGH C-306/93, Slg. 1994, I-5555 Rn. 20 ff. iVm Rn. 30 ff. – SMW Winzersekt; EuGH C-44/94, Slg. 1995, I-3115 Rn. 44 ff. iVm Rn. 55 ff. – National Federation of Fishermen's Organisations ua; sowie GA *Kokott,* SchlA C-246/16, ECLI:EU:C:2017:440 Rn. 45 ff. u. 56 ff. – Di Maura.

[241] Vgl. nur *Streinz* in Streinz GRC Art. 15 Rn. 7, wonach die vorgenannten Grundrechte neben das Unionsgrundrecht der Berufsfreiheit treten, soweit die jeweilige berufliche Tätigkeit auf einem dieser spezielleren Grundrechte basiert; näher zum Verhältnis zwischen dem Unionsgrundrecht der Berufsfreiheit und der bei Einschränkungen der Wirtschaftswerbung ebenfalls einschlägigen Meinungsfreiheit sowie zum Verhältnis zwischen dem Unionsgrundrecht der Berufsfreiheit und der unionsgrundrechtlichen Versammlungs- u. Vereinigungsfreiheit vgl. *Wunderlich* S. 128 ff.

[242] So etwa *Schilling* EuGRZ 2000, 3 (11 f. u. 37).

[243] So im Ergebnis auch *Ruffert* in Ehlers GuG § 19 Rn. 10.

[244] Zutr. insoweit nach wie vor *Szczekalla* DVBl 2005, 186 (187), wonach die Judikatur des EuGH für die Frage nach der Existenz einer allgemeinen Handlungsfreiheit im Unionsverfassungsrecht nicht besonders ergiebig ist.

[245] So auch *Rengeling/Szczekalla* Grundrechte in der EU § 20 Rn. 782.

nicht zu den Unionsgrundrechten im eigentlichen Sinne gehörenden **Grundfreiheiten des AEUV** gilt, wird überwiegend bejaht.²⁴⁶

57 Im Übrigen wird das Unionsgrundrecht der Berufsfreiheit von zahlreichen **Unionsgrundrechten kündigungsschutz- und urlausbezogener Art** flankiert. Diesbezüglich ist zum einen auf das in Art. 33 Abs. 2 GRC niedergelegte Recht einer jeden Person auf Schutz vor Entlassung aus einem mit der Mutterschaft zusammenhängenden Grund und auf die dort ebenfalls geregelten Ansprüche auf einen bezahlten Mutterschaftsurlaub sowie auf einen Elternurlaub nach der Geburt oder der Adoption eines Kindes hinzuweisen (→ § 41 Rn. 41; → §§ 23, 44), die sicherstellen sollen, dass das Familien- und Berufsleben besser miteinander in Einklang gebracht werden können. Zum anderen wird das Unionsgrundrecht der Berufsfreiheit von einer **Vielzahl arbeitnehmerschützender Begleitrechte** flankiert. Hierzu gehören die in Art. 27 GRC geregelten Unterrichtungs- und Anhörungsrechte der Arbeitnehmerinnen und Arbeitnehmer im Unternehmen (→ § 39 Rn. 17 ff.), das in Art. 28 GRC verankerte Recht auf Kollektivverhandlungen und Kollektivmaßnahmen (→ § 39 Rn. 35 ff.), der in Art. 30 GRC geregelte Entlassungsschutz (→ § 41) sowie das in Art. 31 GRC niedergelegte Recht auf gesunde, gerechte und angemessene Arbeitsbedingungen (→ § 40).

F. Zusammenfassende Bewertung und Ausblick

58 Die in nahezu allen Mitgliedstaaten der EU gewährleistete Verfassungsgarantie der Berufsfreiheit (→ Rn. 10 ff.) in konkreter Gestalt der freien Berufswahl und der freien Berufsausübung stellt sicher, dass sich natürliche Personen als „Marktbürger" und im weiten Umfang auch juristische Personen des Privatrechts am ökonomischen Geschehen beteiligen können. Diese Freiheit wird im weiten Einzugsbereich des europäischen Binnenmarktes unter anderem durch das primär abwehrrechtlich konzipierte **Unionsgrundrecht der Berufsfreiheit** nach Art. 15 GRC abgesichert, das **im engen Verbund mit der unternehmerischen Freiheit** nach Art. 16 GRC (→ § 35 Rn. 1 ff.) und mit den im AEUV niedergelegten Grundfreiheiten (→ Rn. 1, 56) sowohl die freie Berufswahl als auch die freie Ausübung selbständiger und unselbständiger Berufstätigkeiten (→ Rn. 34 ff.) vor unverhältnismäßigen Eingriffen (→ Rn. 51 ff.) der unionalen und mitgliedstaatlichen Hoheitsgewalt (→ § 9 Rn. 22 ff.) unabhängig davon schützt, ob es im konkreten Einzelfall um einen unmittelbaren oder um einen mittelbaren bzw. faktischen Eingriff in die unionsgrundrechtliche Berufsfreiheit geht (→ Rn. 45 ff.). Angesichts dessen und angesichts der sowohl in sachlicher als auch in personeller Hinsicht beachtlichen Weite des Schutzbereichs der unionsgrundrechtlichen Berufsfreiheit (→ Rn. 33 ff.), die abgesehen von ihrer vornehmlichen Abwehrfunktion auch Schutzpflichten der Union und ihrer Mitgliedstaaten begründen kann (→ § 8 Rn. 7 ff.) und im Falle einer möglichen Verletzung durch einen Grundrechtsverpflichteten (→ § 9 Rn. 22 ff.) den in Art. 47 GRC niedergelegten Anspruch auf einen effektiven gerichtlichen Rechtsschutz (→ § 55) aktiviert, muss der in der Literatur vereinzelt vertretenen Ansicht, dass das angeblich durch einen geringen Schutzgehalt gekennzeichnete Unionsgrundrecht der Berufsfreiheit aus sich heraus nicht geeignet sei, eine angemessene eigene Freiheitssphäre für die einzelnen Bürger zu schaf-

---

²⁴⁶ Vgl. nur *Bernsdorff* in NK-EuGRCh GRCh Art. 15 Rn. 20; *Hilf/Hörmann* NJW 2003, 1 (5); *Rengeling/Szczekalla* Grundrechte in der EU § 20 Rn. 784; *Wunderlich* S. 22 u. 104; *Wunderlich* FS J. Schwarze, 2014, 304 (319 f.); zu den diesbezüglichen Unklarheiten in der bisherigen EuGH-Rechtsprechung vgl. *Kühling* in FK-EUV/GRC/AEUV GRC Art. 15 Rn. 27. Näher zur Überlagerung der EU-Wirtschaftsgrundrechte durch die Grundfreiheiten vgl. auch *Grabenwarter* in Grabenwarter/Pöcherstorfer/Rosenmayr-Klemenz S. 17 (28 f.); *Gundel* ZHR 180 (2016), 323 (329 ff.). Zum „klassischen" Streit über den grundrechtsähnlichen oder -gleichen Charakter der Grundfreiheiten sowie zum Verhältnis bzw. zur funktionalen Unterscheidung zwischen den Grundfreiheiten und den Unionsgrundrechten vgl. nur *Frenz* EuR 2002, 603 ff.; *Kahl/Schwind* EuR 2014, 170 ff.; *Manger-Nestler/Noack* JuS 2013, 503 ff.; *Pache* in FK-EUV/GRC/AEUV EUV Art. 6 Rn. 13 ff.; *Szczekalla* in Bruha/Nowak/Petzold, Grundrechtsschutz, S. 79 ff.; *Tristenjak/Beysen* ELR 38 (2013), 293 ff.; sowie → § 7 Rn. 45 ff.

fen²⁴⁷, nach wie vor widersprochen werden, auch wenn diverse wirtschaftsgrundrechtliche Teilgewährleistungen, die – wie etwa die Gewerbe-, Handels- und Vertragsfreiheit – vor einigen Jahren noch der Berufsfreiheit zugeordnet werden konnten (→ Rn. 2 f.), jetzt vorrangig von der in Art. 16 GRC verankerten unternehmerischen Freiheit erfasst werden (→ § 35 Rn. 1 ff.).

Die durch Art. 16 GRC bewirkte Abkoppelung bzw. Trennung der unternehmerischen **59** Freiheit und der Wettbewerbsfreiheit von der unionsgrundrechtlichen Berufsfreiheit führt zwar dazu, dass das in Art. 15 GRC verankerte Unionsgrundrecht der Berufsfreiheit für sich allein nicht mehr oder jedenfalls kaum noch als „das" Hauptgrundrecht der wirtschaftlichen Betätigungsfreiheit eingeordnet werden. Dies ändert jedoch nichts daran, dass die **unionsgrundrechtliche Berufsfreiheit** auch weiterhin **als eine wichtige Funktionsgarantie der EU-Wirtschaftsverfassung** (→ Rn. 1) einzustufen ist, die den Unionsrichter zu einer hinreichend gründlichen und strengen Rechtfertigungsprüfung am Maßstab des Art. 52 Abs. 1 GRC (→ Rn. 51 ff.) veranlasst; die jüngere EuGH-Rechtsprechung weist im Hinblick auf die schrankensystematische Kontrolldichte insoweit durchaus in die richtige Richtung.²⁴⁸ Das zwischen Art. 15 GRC und Art. 16 GRC bestehende Verhältnis, das gegenwärtig noch stark umstritten und nicht hinreichend klar ist (→ Rn. 28 ff.), bedarf indes auch weiterhin der näheren Konkretisierung bzw. Konturierung insbesondere durch den EuGH. Ähnliches gilt in tatbestandlicher Hinsicht für das Verhältnis zwischen dem in Art. 15 Abs. 1 GRC angesprochenen – kein Recht auf Arbeit begründenden (→ Rn. 40) – „Recht, zu arbeiten", auf der einen Seite und den dort ebenfalls verankerten Kerngewährleistungen der unionsgrundrechtlichen Berufsfreiheit in konkreter Gestalt der Berufswahlfreiheit und der Berufsausübungsfreiheit (→ Rn. 35 ff.) auf der anderen Seite, die nach Art. 52 Abs. 4 GRC so weit wie möglich im Einklang mit den gemeinsamen (berufsgrundrechtlichen) Verfassungsüberlieferungen der EU-Mitgliedstaaten (→ Rn. 10 ff.) auszulegen sind.

---

²⁴⁷ So *Borrmann* S. 165 f., mit der weiteren These, dass dieses Grundrecht iS einer „Auffangfunktion" allenfalls als Ergänzung zu anderen Freiheitsgewährleistungen – wie etwa den Grundfreiheiten – betrachtet werden könne, die sich aus anderen Rechtsquellen ergeben müssen.
²⁴⁸ Exemplarisch vgl. EuGH C-190/16, ECLI:EU:C:2017:513 Rn. 70 ff. – *Fries*, jeweils mAnm *Franzen/ Roth* EuZA 2018, 187 (190 f.); *Junker* RIW 2018, 19 (19 f.).

§ 35 Unternehmerische Freiheit und Wettbewerbsfreiheit

Übersicht

	Rn.
A. Entwicklung und Bedeutung	1–26
I. Berufsgrundrechtliche Wurzeln der unternehmerischen Freiheit und der Wettbewerbsfreiheit im Lichte der früheren wirtschaftsgrundrechtlichen EuGH-Rechtsprechung	2, 3
II. Unternehmerische Freiheit und Wettbewerbsfreiheit im Lichte der EMRK, des IPWSKR und des WTO-Rechts	4–7
III. Unternehmerische Freiheit und Wettbewerbsfreiheit im Spiegel mitgliedstaatlicher Verfassungen	8–19
IV. Unternehmerische Freiheit und Wettbewerbsfreiheit gemäß Art. 16 GRC	20–26
B. Gewährleistungsgehalt	27–40
I. Sachlicher Gewährleistungsgehalt	28–38
1. Die Freiheit, eine Wirtschafts- oder Geschäftstätigkeit auszuüben, unter Einschluss diverser Werbe-, (Außen-)Handels-, Organisations- und Dispositionsfreiheiten	29–32
2. Vertragsfreiheit	33, 34
3. Wettbewerbsfreiheit	35, 36
4. Art. 16 GRC als denkbarer Anknüpfungspunkt für einen wirtschaftsgrundrechtlichen Schutz von Betriebs-, Berufs- und/oder Geschäftsgeheimnissen	37
5. Zur denkbaren Ableitung eines verfassungsunmittelbaren Informations-, Auskunfts- und/oder Dokumentenzugangsanspruchs aus der unionsgrundrechtlichen Unternehmer- und Wettbewerbsfreiheit	38
II. Persönlicher Gewährleistungsgehalt	39, 40
C. Beeinträchtigung	41, 42
D. Rechtfertigung	43–46
E. Verhältnis zu anderen Grundrechtsgewährleistungen und grundrechtsähnlichen Gewährleistungen	47, 48
F. Zusammenfassende Bewertung und Ausblick	49, 50

Schrifttum:

Babayev, Private Autonomy at Union Level: On Article 16 CFREU and Free Movement Rights, CMLR 53 (2016), 979; *Behrens,* Die private Durchsetzung von WTO-Recht, in Nowak/Cremer, Individualrechtsschutz in der EG und der WTO, 2002, S. 201; *Beyerbach,* Die geheime Unternehmensinformation – Grundrechtlich geschützte Betriebs- und Geschäftsgeheimnisse als Schranke einfachrechtlicher Informationsansprüche, 2012; *Blanke,* Verfassungs- und unionsrechtliche Gewährleistung der Unternehmerfreiheit und ihre Schranken, in Gesellschaft für Rechtspolitik, Trier/Institut für Rechtspolitik an der Universität Trier, Bitburger Gespräche in München, Bd. 5: Die Unternehmerfreiheit im Würgegriff des Rechts?, 2015, S. 13; *Borrmann,* Der Schutz der Berufsfreiheit im deutschen Verfassungsrecht und im europäischen Gemeinschaftsrecht – Eine rechtsvergleichende Studie, 2002; *Brauser-Jung,* Der Schutz des Wettbewerbs in der EU-Wirtschaftsverfassung – Ein Beitrag zum System des unverfälschten Wettbewerbs im primären Unions- und Gemeinschaftsrecht, in Kluth/Müller/Peilert, Wirtschaft – Verwaltung – Recht, FS R. Stober, 2008, 43; *Burgi,* Freiheitsgewinn durch Differenzierung: Zum Schutz der unternehmerischen Berufsausübung, ZHR 181 (2017), 1; *Ciacchi,* Party Autonomy as a Fundamental Right in the European Union, ERCL 2010, 303; *Crones,* Grundrechtlicher Schutz von juristischen Personen im Europäischen Gemeinschaftsrecht, 2002; *Everling,* Wirtschaftsfreiheit im europäischen Binnenmarkt – Anspruch und Realität, in Schwarze, Wirtschaftsverfassungsrechtliche Garantien für Unternehmen im europäischen Binnenmarkt, 2001, S. 11; *Frenz,* Die Europäische Unternehmerfreiheit, GewArch 2009, 427; *Ganglbauer,* Das Grundrecht der unternehmerischen Freiheit gem Art. 16 GRC, in Kahl/Raschauer/Storr, Grundsatzfragen der europäischen Grundrechtecharta, 2013, S. 203; *Grabenwarter,* Unternehmertum und unternehmerische Freiheit, in Grabenwarter/Pöcherstorfer/Rosenmayr-Klemenz, Die Grundrechte des Wirtschaftslebens nach dem Vertrag von Lissabon, 2012, S. 17; *Große Wentrup,* Die Europäische Grundrechtecharta im Spannungsfeld der Kompetenzverteilung zwischen Europäischer Union und Mitgliedstaaten – Eine Untersuchung am Beispiel von Art. 14 und Art. 16 EuGRC, 2003; *Günter,* Berufsfreiheit und Eigentum in der Europäischen Union, 1998; *Gundel,* Der Schutz der unternehmerischen Freiheit durch die EU-Grundrechtecharta, ZHR 180 (2016),

323; *Hilf/Hörmann,* Der Grundrechtsschutz von Unternehmen im europäischen Verfassungsverbund, NJW 2003, 1; *Jarass,* Die Gewährleistung der unternehmerischen Freiheit in der Grundrechtecharta, EuGRZ 2011, 360; *ders.,* Berufs- und Unternehmensfreiheit im Unionsrecht. Zur Abgrenzung der Berufsfreiheit des Art. 15 GRCh und der Unternehmerischen Freiheit des Art. 16 GRCh, in Stumpf/Kainer/Baldus, Privatrecht, Wirtschaftsrecht, Verfassungsrecht, FS für P.-C. Müller-Graff, 2015, S. 1410; *Klement,* Wettbewerbsfreiheit – Bausteine einer europäischen Grundrechtstheorie, 2015; *Kluth,* Die neue Freiheit der Freien Berufe – Eine Analyse der Einwirkungen des Europarechts auf das deutsche Wirtschaftsverwaltungsrecht am Beispiel des Rechts der Freien Berufe, in Kluth/Müller/Peilert, Wirtschaft – Verwaltung – Recht, FS R. Stober, 2008, S. 77; *Magiera,* Die Bedeutung der Grundrechtecharta für die Europäische Verfassungsordnung, in Scheuing, Europäische Verfassungsordnung, 2003, S. 117; *Mangold/Payandeh,* Diskriminierungsschutz und unternehmerische Freiheit im Unionsrecht – Anmerkungen zu den Urteilen des EuGH v. 14.3.2017 in den Rs. C-157/15 (Achbita) und C-188/15 (Bougnaoui), EuR 2017, 700; *Möllers,* Working with Legal Principles – demonstrated using Private Autonomy and Freedom of Contract as Examples, ERCL 14 (2018), 101; *Müller,* Wettbewerb und Unionsverfassung – Begründung und Begrenzung des Wettbewerbsprinzips in der europäischen Verfassung, 2014; *Nicolaysen,* Wirtschaftsfreiheit, in Bieber/Bleckmann/Capotorti ua, Das Europa der zweiten Generation, GS für C. Sasse, Bd. II, 1981, S. 651; *Nowak,* Konkurrentenschutz in der EG – Interdependenz des gemeinschaftlichen und mitgliedstaatlichen Rechtsschutzes von Konkurrenten, 1997 (zit.: *Nowak,* Konkurrentenschutz); *ders.,* Grundrechtlicher Drittschutz im EG-Beihilfenkontrollverfahren, DVBl 2000, 20; *ders.,* Wirtschaftsgrundrechte und Wirtschaftsverfassung in Deutschland und in der Europäischen Union, in Bruha/Nowak/Petzold, Grundrechtsschutz für Unternehmen im europäischen Binnenmarkt, 2004, S. 45; *ders.,* Grundrechtsschutz im Europäischen Wettbewerbsrecht, in Behrens/Braun/Nowak, Europäisches Wettbewerbsrecht im Umbruch, 2004, S. 23; *ders.,* Binnenmarktziel und Wirtschaftsverfassung der Europäischen Union vor und nach dem Reformvertrag von Lissabon, EuR Beih. 1/2009, 129; *ders.,* Wettbewerb und soziale Marktwirtschaft in den Regeln des Lissabonner Vertrags, EuR Beih. 2/2011, 21; *ders.,* Unionsgrundrechtliche Rechtfertigungsmöglichkeiten für Grundfreiheitseingriffe durch Private, in Stumpf/Kainer/Baldus, Privatrecht, Wirtschaftsrecht, Verfassungsrecht, FS für P.-C. Müller-Graff, 2015, S. 475; *Preis/Morgenbrodt,* Religiöse Symbole am Arbeitsplatz zwischen Gleichbehandlung und unternehmerischer Freiheit, ZESAR 2017, 309; *Rengeling,* Die wirtschaftsbezogenen Grundrechte in der Europäischen Grundrechtecharta, DVBl 2004, 453; *ders.,* Die wirtschaftsbezogenen Grundrechte in der Europäischen Grundrechtecharta, in Schwarze, Der Verfassungsentwurf des Europäische Konvents – Verfassungsrechtliche Grundstrukturen und wirtschaftsverfassungsrechtliches Konzept, 2004, S. 331; *Schwarze,* Der Grundrechtsschutz für Unternehmen in der Europäischen Grundrechtecharta, EuZW 2001, 517; *ders.,* Der Grundrechtsschutz für Unternehmen in der Europäischen Grundrechtecharta, in ders., Wirtschaftsverfassungsrechtliche Garantien für Unternehmen im europäischen Binnenmarkt, 2001, S. 99; *ders.,* Der Schutz der unternehmerischen Freiheit nach Art. 16 der Charta der Grundrechte der Europäischen Union, in Sachs/Siekmann, Der grundrechtgeprägte Verfassungsstaat, FS für K. Stern zum 80. Geburtstag, 2012, 945; *Sandhu,* Das EU-Antidiskriminierungsrecht zwischen ökonomischer und sozialer Integration: Zu den Grenzen der unternehmerischen Freiheit – Anmerkung zu EuGH, Rs. C-188/15 (Bougnaoui) und C-157/15 (Achbita), KJ 2017, 517; *Sasse,* Die Grundrechtsberechtigung juristischer Personen durch die unternehmerische Freiheit gemäß Art. 16 der Europäischen Grundrechtecharta, EuR 2012, 628; *Schmidt,* Die unternehmerische Freiheit im Unionsrecht, 2010; *Schöbener,* Die unternehmerische Freiheit in der Europäischen Grundrechtecharta – ein Wirtschaftsgrundrecht zwischen Formelkompromiss und Gewährleistungseffizienz, in Ennuschat/Geerlings/Mann/Pielow, Wirtschaft und Gesellschaft im Staat der Gegenwart, GS P.J. Tettinger, 2007, S. 159; *Schwier,* Der Schutz der „Unternehmerischen Freiheit" nach Artikel 16 der Charta der Grundrechte der Europäischen Union – Eine Darstellung der tatsächlichen Reichweite und Intensität der grundrechtlichen Gewährleistung aus rechtsvergleichender Perspektive, 2008; *Skouris,* Werbung und Grundrechte in Europa, EuZW 1995, 438; *ders.,* Der Schutz der Wirtschaftsfreiheiten von Unternehmen in der jüngeren Rechtsprechung des EuGH, in Schwarze, Wirtschaftsverfassungsrechtliche Garantien für Unternehmen im europäischen Binnenmarkt, 2001, S. 83; *Staebe,* Rechtsschutz bei gemeinschaftswidrigen Beihilfen vor europäischen und deutschen Gerichten, 2001; *Starck,* Außenhandelsfreiheit und Handelsembargo – Zur Auslegung des § 7 AWG, in Merten/Schmidt/Stettner, Der Verwaltungsstaat im Wandel, FS F. Knöpfle, 1996, 319; *Storr,* Das Grundrecht der unternehmerischen Freiheit und öffentliche Unternehmen in der Europäischen Union, in Feik/Winkler, FS für W. Berka, 2013, S. 219; *Uwer/Rademacher,* The New EU Tobacco Products Directive and European Fundamental Rights, ELR 40 (2015), 35; *Vörös,* Wirtschaftliche Grundrechte in den Beitrittsstaaten: Das Beispiel Ungarns, in Bruha/Nowak/Petzold, Grundrechtsschutz für Unternehmen im europäischen Binnenmarkt, 2004, S. 169; *Weatherill,* Use and Abuse of the EU's Charter of Fundamental Rights: on the improper veneration of 'freedom of contract' – Judgment of the Court of 18 July 2013: Case C-426/11, Mark Alemo-Herron and Others v Parkwood Leisure Ltd, ERCL 10 (2014), 167; *Wollenschläger,* Die unternehmerische Freiheit (Art. 16 GRCh) als grundrechtlicher Pfeiler der EU-Wirtschaftsverfassung – Konturen in der Charta-Rechtsprechung des EuGH, EuZW 2015, 285; *Wunderlich,* Das Grundrecht der Berufsfreiheit im Europäischen Gemeinschaftsrecht – Der Schutz der Wirtschaftsteilnehmer gegenüber der Gemeinschaft in ihre berufliche Freiheit, 2000; *dies.,* Das Grundrecht der Berufsfreiheit gemäß Artikel 15 der Grundrechtecharta, in Becker/Hatje/Potacs/Wunderlich, Verfassung und Verwaltung in Europa, FS für J. Schwarze zum 70. Geburtstag, 2014, S. 304.

A. Entwicklung und Bedeutung

1 Die unternehmerische Freiheit und die Wettbewerbsfreiheit, die in der früheren EuGH-Rechtsprechung als spezielle Teilgewährleistungen der gemeinschafts- bzw. unionsgrundrechtlichen Berufsfreiheit behandelt wurden (→ Rn. 2), gehören mit den beiden anderen EU-Wirtschaftsgrundrechten in Gestalt der Berufsfreiheit (→ § 34) und der Eigentumsfreiheit (→ § 36) sowie mit den im Vertrag über die Arbeitsweise der Europäischen Union (AEUV) niedergelegten Grundfreiheiten und den ebenfalls primärrechtlichen Wettbewerbsregeln zu den Kernbestandteilen bzw. zu den maßgeblichen **Funktionsgarantien der europäischen Wirtschafts- und Wettbewerbsverfassung** (→ § 34 Rn. 1), die im Sinne einer bewussten Systementscheidung für ein marktwirtschaftliches Modell, in dem soziale und ökologische Belange nicht zu kurz kommen dürfen, im Wesentlichen durch das in Art. 3 Abs. 3 UAbs. 1 S. 2 EUV niedergelegte Leitbild der wettbewerbsfähigen sozialen Marktwirtschaft sowie durch den in Art. 119 Abs. 1 und 2 AEUV und in Art. 120 S. 2 AEUV angesprochenen Grundsatz einer offenen Marktwirtschaft mit freiem Wettbewerb geprägt wird.[1] In einer auf dieser recht klaren und zugleich komplexen Systementscheidung beruhenden EU-Wirtschafts- und Wettbewerbsverfassung kommt der unternehmerischen Freiheit einschließlich der Wettbewerbsfreiheit nahezu naturgemäß ein erheblicher bzw. außerordentlich großer Stellenwert zu.[2] Diese in der Europäischen Menschenrechtskonvention (EMRK) nicht explizit angesprochenen (→ Rn. 4), dafür aber in einigen mitgliedstaatlichen Verfassungsordnungen ausdrücklich verbürgten (→ Rn. 8 ff.) Unternehmer- und Wettbewerbsfreiheiten haben in der EU-Grundrechtecharta nunmehr eine eigenständige – gegenüber der in Art. 15 GRC verankerten Berufsfreiheit vermutlich als *lex specialis* einzustufende (→ § 34 Rn. 28 ff.) – Regelung in Art. 16 GRC erfahren (→ Rn. 20 ff.), deren Gewährleistungsgehalt (→ Rn. 27 ff.), Eingriffsdogmatik (→ Rn. 41 f.) und Schrankensystematik (→ Rn. 43 ff.) nachfolgend näher zu entfalten sind.

I. Berufsgrundrechtliche Wurzeln der unternehmerischen Freiheit und der Wettbewerbsfreiheit im Lichte der früheren wirtschaftsgrundrechtlichen EuGH-Rechtsprechung

2 Im Lichte der früheren EuGH-Rechtsprechung ließ sich die von dem damaligen Gemeinschafts- bzw. Unionsrichter in recht uneinheitlicher Weise als wirtschaftliche Handlungsfreiheit[3], als unternehmerische Wirtschafts- bzw. wirtschaftliche Betätigungsfreiheit[4], als

---

[1] Näher dazu vgl. jeweils mwN *Nowak* EuR Beih. 1/2009, 129 ff.; *Nowak* EuR Beih. 2/2011, 21 ff.
[2] Durchaus ähnlich vgl. GA *Kokott*, SchlA C-157/15, ECLI:EU:C:2016:382 Rn. 134 – Achbita, wonach der unternehmerischen Freiheit in einer Union, die sich der sozialen Marktwirtschaft verpflichtet fühlt und dies unter Beachtung der Erfordernisse einer offenen Marktwirtschaft mit freiem Wettbewerb verwirklichen will, „ein nicht zu unterschätzender Stellenwert" zukomme. Zu der vom Unionsrichter beispielsweise aus dem oben genannten Grundsatz einer offenen Marktwirtschaft mit freiem Wettbewerb hergeleiteten Unverzichtbarkeit der von Art. 16 GRC umfassten Vertragsfreiheit vgl. EuG T-421/09 RENV, ECLI:EU:T:2016:748 Rn. 131 – DEI/Kommission. Ferner vgl. in diesem Kontext *Storr* FS W. Berka, 2013, 219, der zutr. darauf hinweist, dass ein Grundrecht der unternehmerischen Freiheit angesichts der EU-vertraglichen Zielsetzung einer in hohem Maße wettbewerbsfähigen sozialen Marktwirtschaft und des in den Art. 119 und 120 AEUV angesprochenen Grundsatzes einer offenen Marktwirtschaft mit freiem Wettbewerb konsequent ist. Zur unternehmerischen Freiheit als „Kernelement der Marktwirtschaft" vgl. auch *Schmidt* S. 61 ff.
[3] So EuGH C-418/01, Slg. 2004, I-5039 Rn. 48 – IMS Health; zuvor bereits GA *Tesauro*, SchlA C-200/96, Slg. 1998, I-1956 Rn. 32 – Metronome Musik; ob es darüber hinaus ein Unionsgrundrecht der allgemeinen Handlungsfreiheit gibt, das keinen Eingang in die EU-Grundrechtecharta gefunden hat, ist nach wie vor umstritten → § 9 Rn. 16; → § 22 Rn. 1 ff.
[4] Vgl. nur EuGH 230/78, Slg. 1979, 2749 Rn. 21 – Eridania ua; EuGH verb. Rs. 63 u. 147/84, Slg. 1985, 2857 Rn. 23 f. – Finsider/Kommission; EuGH verb. Rs. C-143/88 u. C-92/89, Slg. 1991, I-415 Rn. 76 – Zuckerfabrik Süderdithmarschen ua; EuGH C-359/89, Slg. 1991, I-1677 Rn. 14 ff. – SAFA; EuGH C-104/97 P, Slg. 1999, I-6983 Rn. 12 u. 47 – Atlanta AG/EG.

Recht auf freie Ausübung einer wirtschaftlichen Tätigkeit[5], als Recht auf freie wirtschaftliche Betätigung[6], als Gewerbefreiheit[7] und/oder als Handelsfreiheit[8] bezeichnete **unternehmerische Freiheit** zunächst nicht bzw. kaum als ein eigenständiges Unionsgrundrecht, sondern eher als eine spezielle Teilgewährleistung bzw. eine besondere Ausformung des Unionsgrundrechts der Berufsfreiheit einordnen[9] (→ § 34 Rn. 2 f.). Insoweit konnte lange Zeit auch die aus der unternehmerischen Freiheit herzuleitende Werbefreiheit (→ Rn. 30) – ähnlich wie die Vertragsfreiheit (→ Rn. 33 f.) und die **Wettbewerbsfreiheit** (→ Rn. 35 f.) – im weitesten Sinne als von der unionsgrundrechtlichen Berufsfreiheit umfasst angesehen werden.

Die **Grundrechtecharta der EU** bricht den ursprünglich äußerst engen Zusammenhang zwischen der unternehmerischen Freiheit und der Wettbewerbsfreiheit auf der einen Seite und dem Unionsgrundrecht der Berufsfreiheit auf der anderen Seite insoweit auf, als die klassischen Kerngewährleistungen der Berufsfreiheit in Gestalt der Berufswahlfreiheit und der Berufsausübungsfreiheit mit dem Recht, zu arbeiten, in Art. 15 Abs. 1 GRC garantiert werden, während die unternehmerische Freiheit einschließlich der Wettbewerbsfreiheit eine gesonderte Regelung in Art. 16 GRC gefunden hat (→ Rn. 20 ff.). Diese in der EU-Grundrechtecharta vorgenommene Trennung bzw. **Abkoppelung der unternehmerischen Freiheit von der Berufsfreiheit,** die augenscheinlich von der oben genannten Rechtsprechung der Unionsgerichte abweicht (→ Rn. 2), scheint zwar auf den ersten Blick nicht recht vernünftig zu sein, weil die unternehmerische Freiheit und die Berufsfreiheit so eng miteinander verbunden sind, dass eine Abgrenzung zwischen diesen beiden Freiheiten in vielen Fällen kaum möglich oder zumindest schwierig ist (→ § 34 Rn. 28 ff.). Diese Modifikation scheint aber immerhin vertretbar zu sein, da die in der EMRK nicht explizit angesprochenen Berufs- und Unternehmerfreiheiten (→ Rn. 4; → § 34 Rn. 5 f.) auch in zahlreichen EU-Mitgliedstaaten – anders als in Deutschland – mehr oder weniger strikt auseinandergehalten werden (→ Rn. 8 ff.).

II. Unternehmerische Freiheit und Wettbewerbsfreiheit im Lichte der EMRK, des IPWSKR und des WTO-Rechts

Die auch im Hinblick auf den Schutz der Berufsfreiheit recht lückenhafte EMRK (→ § 34 Rn. 5 f.) enthält in expliziter Form weder die unternehmerische Freiheit noch die Wettbewerbsfreiheit. Insoweit sind zwar die **unternehmerische Freiheit und** die **Wettbewerbsfreiheit durch die Konventionsgrundrechte größtenteils nicht geschützt.**[10] Teilaspekte dieser Freiheiten, wie etwa das Recht, ein Unternehmen zu betreiben, können aber mittelbar aus der in Art. 1 EMRKZusProt (Nr. 1) geregelten Eigentumsfreiheit hergeleitet werden[11] (→ § 34 Rn. 6). Die Relevanz der vorgenannten Bestimmung für die

---

[5] Vgl. etwa EuGH verb. Rs. C-154/04 u. C-155/04, Slg. 2005 I-6451 Rn. 126 – Alliance for Natural Health ua; EuGH verb. Rs. C-453/03, C–11/04, C–12/04 u. C–194/04, Slg. 2005 I-10423 Rn. 87 – ABNA ua.
[6] Vgl. etwa EuGH C-359/89, Slg. 1991 I-1677 Rn. 15 – SAFA.
[7] Vgl. nur EuGH C-363/01, Slg. 2003, I-11893 Rn. 53 – Flughafen Hannover-Langenhagen; ferner von der Gewerbefreiheit sprechend vgl. GA *Kokott*, SchlA C-246/16, ECLI:EU:C:2017:440 Rn. 46 – Di Maura.
[8] Vgl. nur EuGH 4/73, Slg. 1974, 491 Rn. 14 – Nold/Kommission; EuGH 240/83, Slg. 1985, 531 Rn. 9 ff. – ADBHU.
[9] Zu dieser weitverbreiteten Deutung der vorgenannten EuGH-Rechtsprechung vgl. auch *Bezemek* in Holoubek/Lienbacher, GRC-Kommentar, GRC Art. 16 Rn. 3; *Frenz*, HdbEuR Bd. 4, Kap. 9 Rn. 2484 u. 2505; *Hilf/Hörmann* NJW 2003, 1 (5); *Ruffert* in Ehlers GuG § 19 Rn. 10 ff.; *Wunderlich* FS J. Schwarze, 2014, 304 (315); für die Richtigkeit dieser Auffassung spricht – neben den vorgenannten Judikaten – beispielsweise auch EuG T-30/99, Slg. 2001, II-943 Rn. 69 ff. – Bocchi Food Trade International GmbH/Kommission, wo die von der Klägerin gerügte Verletzung der Gewerbefreiheit vom EuG unter dem Gesichtspunkt der Berufsausübungsfreiheit geprüft wird; sowie EuG T-521/93, Slg. 1996, II-1707 Rn. 62 – Atlanta ua/EG.
[10] Zutr. *Hilf/Hörmann* NJW 2003, 1 (7).
[11] Zutr. *Grabenwarter* DVBl 2001, 1 (5).

unternehmerische Freiheit veranschaulicht insbesondere auch die an diese Norm anknüpfende Rechtsprechung des EGMR zur **Vertragsfreiheit**[12], die auf der supranationalen Unionsebene bislang ebenfalls kein eigenständiges Unionsgrundrecht, sondern eine spezielle Teilgewährleistung der unternehmerischen Freiheit darstellt (→ Rn. 33 f.). Im Übrigen sind bestimmte Teilaspekte der unternehmerischen Freiheit, die wiederum sehr eng mit der Berufsfreiheit verbunden sind, durch Art. 6 Abs. 1 S. 1 EMRK und Art. 10 EMRK geschützt (→ § 34 Rn. 6).

5 Eine „gewisse Nähe" zur unternehmerischen bzw. wirtschaftlichen Freiheit könnte auf universeller Ebene sodann **Art. 6 Abs. 1 IPWSKR** aufweisen.[13] Bei dem in dieser Vorschrift geregelten „Recht des Einzelnen auf die Möglichkeit, seinen Lebensunterhalt durch frei gewählte Arbeit zu verdienen", handelt es sich aber nicht um ein individuelles Grundrecht, sondern um eine die Vertragsstaaten verpflichtende Zielbestimmung, „geeignete Schritte zur vollen Verwirklichung dieses Rechts zu unternehmen" (→ § 34 Rn. 7).

6 Auch das **WTO-Recht** stellt auf Grund des Art. 216 Abs. 2 AEUV einen im Unionsrecht zu beachtenden Anknüpfungspunkt für wirtschaftsvölkerrechtlich gewährleistete Elemente einer individuellen Wirtschaftsfreiheit dar. Über die Ableitung makroökonomischer Aspekte einer auf der internationalen Ebene gewährleisteten Wirtschaftsfreiheit[14] geht dies allerdings kaum hinaus, da das nach ständiger Rechtsprechung des EuGH im Grundsatz[15] keine unmittelbare Anwendbarkeit entfaltende WTO-Recht[16] dem Einzelnen bislang so gut wie **keine einklagbaren subjektiven Rechte** zur Verfügung stellt[17], um unternehmerische Marktöffnungsinteressen durchzusetzen. Gleichwohl sind in diesem WTO-rechtlichen Bereich **indirekte Möglichkeiten zur Durchsetzung von Marktöffnungsinteressen** zu beachten. Derartige Möglichkeiten werden Unternehmen insbesondere durch die so genannte Handelshemmnis-Verordnung[18] eröffnet, die immerhin sicherstellt, dass die zuständigen Unionsorgane auf Initiative einzelner EU-Mitgliedstaaten oder auf Antrag wirtschaftlich betroffener Unternehmen sorgfältige Ermittlungen einleiten und im Falle festgestellter WTO-rechtswidriger Handelspraktiken gegebenenfalls gegen andere WTO-Mitglieder auf völkerrechtlicher Ebene im Wege des WTO-Streitschlichtungsverfahrens vorgehen können.[19] Hinsichtlich eines solchen Vorgehens ist den zuständigen Unionsorganen zwar ein recht großer Ermessensspielraum zuzubilligen; dass die antragstellenden Unternehmen im Falle einer negativen Antrags- bzw. Beschwerdebescheidung durch die Kommission im Anwendungsbereich der **Handelshemmnis-Verordnung** jedoch immerhin über gewisse verwaltungsgerichtliche Rechtsschutzmöglich-

---

[12] Vgl. nur EGMR (1999), RJD 1999-II, 75 – Iatridis/Griechenland; sowie → § 34 Rn. 6.
[13] So vgl. *Bernsdorff* in NK-EuGRCh GRCh Art. 16 Rn. 3.
[14] Hierzu vgl. etwa auch *Calliess*, Rechtsstaat und Umweltstaat – Zugleich ein Beitrag zur Grundrechtsdogmatik im Rahmen mehrpoliger Verfassungsrechtsverhältnisse, 2001, S. 292.
[15] Zu den diesbzgl. Ausnahmen vgl. EuGH 70/87, Slg. 1989, 1781 Rn. 19 ff. – Fediol/Kommission; sowie insbes. EuGH 69/89, Slg. 1991, I-2069 Rn. 29 ff. – Nakajima All Precision Co. Ltd/Rat; *Bungenberg* in FK-EUV/GRC/AEUV AEUV Art. 207 Rn. 209.
[16] Vgl. nur – in Ansehung des GATT 1994 – EuGH C-149/96, Slg. 1999, I-8394 Rn. 34 ff. – Portugal/Rat; EuGH C-307/99, Slg. 2001, I-3159 Rn. 22 ff. – OGT Fruchthandelsgesellschaft mbH; EuG T-18/99, Slg. 2001, II-913 Rn. 46 ff. – Cordis Obst u. Gemüse Großhandel GmbH/Kommission; so auch bereits für das GATT 1947 grdlg. EuGH verb. Rs. 21–24/72, Slg. 1972, 1219 Rn. 19, 20 ff. – International Fruit Company NV ua; bestätigt etwa in EuGH C-280/93, Slg. 1994, I-4973 Rn. 106 ff. – Deutschland/Rat; EuGH C-469/93, Slg. 1995, I-4533 Rn. 37 – Chiquita Italia SpA.
[17] Ausführlich zu dieser (restriktiven) EuGH-Rechtsprechung vgl. jeweils mwN *Behrens* in Nowak/Cremer S. 201 ff.; *Bungenberg* in FK-EUV/GRC/AEUV AEUV Art. 207 Rn. 205 ff.
[18] VO (EU) 2015/1843 des EP und des Rates v. 6. Oktober 2015 zur Festlegung der Verfahren der Union im Bereich der gemeinsamen Handelspolitik zur Ausübung der Rechte der Union nach internationalen Handelsregeln, insbesondere den im Rahmen der Welthandelsorganisation vereinbarten Regeln, ABl. 2015 L 272, 1 ff.; näher zu dieser so genannten Trade-Barrier-Regulation vgl. mwN *Bungenberg* in FK-EUV/GRC/AEUV AEUV Art. 207 Rn. 131 ff.
[19] Näher dazu vgl. *Behrens* in Nowak/Cremer S. 201 (210 ff.); *Berrisch/Kamann* EuZW 1999, 101 ff.; *Prieß/Pitschas* EWS 2000, 185 ff.

keiten vor dem EuG verfügen, steht nicht erst seit dem Urteil des EuG in der Rs. *FICF*[20] außer Frage.[21]

Als eine weitere potentielle Möglichkeit der indirekten Durchsetzung von Marktöff- 7 nungsinteressen ist in diesem Bereich in eng begrenzten Fällen[22] schließlich die Erhebung von **Schadensersatzklagen gegen die WTO-rechtswidrig handelnde EU** in Betracht zu ziehen. Diese auch auf die effektive Durchsetzung WTO-rechtlicher Verpflichtungen abzielende Möglichkeit, die in den in der Rs. *Biret International* vorgelegten Schlussanträgen von GA *Alber* insbesondere unter Berufung auf das Unionsgrundrecht der wirtschaftlichen Betätigungsfreiheit befürwortet worden ist[23], scheint aber nur **theoretischer Natur** zu sein. Zwar hat der EuGH durch seine beiden Rechtsmittelentscheidungen in den Rs. *Biret International* und *Établissements Biret*[24] in weiten Teilen des Schrifttums die Hoffnung genährt, dass derartige Schadensersatzklagen jedenfalls dann erfolgreich sein könnten, wenn die jeweilige WTO-Rechtsverletzung durch die zuständigen WTO-Streitschlichtungsorgane positiv festgestellt worden ist.[25] Da aber die Unionsgerichte in ihrer Rechtsprechung deutlich gemacht haben, dass auch Entscheidungen des *Dispute Settlement Body* nach Ablauf der Umsetzungsfrist keine unmittelbare Wirkung in der Unionsrechtsordnung entfalten[26], ist diese Hoffnung bislang weitgehend enttäuscht worden.

III. Unternehmerische Freiheit und Wettbewerbsfreiheit im Spiegel mitgliedstaatlicher Verfassungen

Auf mitgliedstaatlicher Ebene wird die unternehmerische Freiheit größtenteils entweder 8 ausdrücklich in eigenständiger Form oder aber als Teilgewährleistung des Rechts auf freie Persönlichkeitsentfaltung bzw. – ähnlich wie das nur in wenigen Mitgliedstaaten explizit anerkannte Grundrecht der Wettbewerbsfreiheit – als spezielle Teilgewährleistung der Berufsausübungsfreiheit garantiert. Im Hinblick auf die **Verbürgung der unternehmerischen Freiheit und der Wettbewerbsfreiheit in den verschiedenen Verfassungsordnungen der EU-Mitgliedstaaten** ergibt sich unter Ausblendung der bereits andernorts dargestellten berufsgrundrechtlichen Verfassungstraditionen (→ § 34 Rn. 10 ff.) folgendes Bild:

In **Deutschland** fällt die im Grundgesetz an keiner Stelle explizit angesprochene unter- 9 nehmerische Freiheit, die häufig auch als **Unternehmerfreiheit und/oder** als **Gewerbefreiheit** bezeichnet wird[27], nach ständiger Rechtsprechung des BVerfG vornehmlich unter den Schutz der in Art. 12 Abs. 1 GG garantierten und zu den maßgeblichen Funktionsgarantien der deutschen Wirtschaftsverfassung gehörenden Berufsfreiheit (→ § 34 Rn. 11), soweit es sich um unternehmerische Tätigkeiten handelt, die den allgemeinen Voraussetzungen des Berufsbegriffs entsprechen.[28] Zu den im deutschen Verfassungsrecht von der unternehmerischen Freiheit umfassten Teilgewährleistungen gehören die unternehmeri-

---

[20] Vgl. EuG T-317/02, Slg. 2004, II-4325 Rn. 39 ff. – FICF/Kommission.
[21] Vgl. dazu jeweils mwN *Nowak* EuZW 2000, 453 ff.; *Bungenberg* in FK-EUV/GRC/AEUV AEUV Art. 207 Rn. 140.
[22] Zutr. *Weiß* EuR 2005, 277 ff.
[23] Vgl. GA *Alber*, SchlA C-93/02, Slg. 2003, I-10499 Rn. 92 – Biret International SA/Rat.
[24] Vgl. EuGH C-93/02 P, Slg. 2003, I-10497 Rn. 57 ff. – Biret International SA/Rat; EuGH C-94/02 P, Slg. 2003, I-10565 Rn. 60 ff. – Établissements Biret/Rat.
[25] Vgl. *Hörmann/Göttsche* RIW 2003, 689 ff.; *Reinisch* EuZW 2000, 42 ff.; *Schoißwohl* ZEuS 2001, 689 ff.; *Zonnekeyn* JIEL 6 (2003), 761 ff.
[26] Vgl. EuGH C-377/02, Slg. 2005, I-1465 Rn. 37 ff. – Léon Van Parys NV; sowie EuG verb. Rs. T-64/01 u. T-65/01, Slg. 2004, II-521 Rn. 139 ff. – Afrikanische Frucht-Compagnie GmbH ua/Rat; EuG T-19/01, Slg. 2005, II-315 Rn. 114 ff. – Chiquita Brands International Inc. ua/Kommission; näher dazu vgl. *Berg/Beck* RIW 2005, 401 ff.; *Lavranos* EWS 2004, 293 ff.; *Steinbach* EuZW 2005, 331 ff.
[27] Vgl. nur BVerfGE 7, 377 (399); *Dreier* in Dreier GG Art. 2 I Rn. 36; *Kluth* FS R. Stober, 2008, 77 (80); *Nowak* in Bruha/Nowak/Petzold, Grundrechtsschutz, S. 45 (52); *Schmidt* S. 75; *Schöbener* GS P.J. Tettinger, 2007, 159 (161 f.); *Schwier* S. 37 ff.
[28] Vgl. nur BVerfGE 50, 290 (363 f.); BVerfG NVwZ 2014, 1229 (1232).

schen **Organisations-, Dispositions-, Produktions-, Preis-, Entgelt-, Wachstums-, Investitions- und Werbefreiheiten**[29], denen in zusätzlicher Weise der ebenfalls durch Art. 12 Abs. 1 GG gewährleistete **Schutz von Betriebs- und Geschäftsgeheimnissen** hinzutritt[30]. Flankiert und zusätzlich abgesichert werden die vorgenannten Freiheiten durch die ebenfalls dem Art. 12 Abs. 1 GG zugeordnete Wettbewerbsfreiheit[31] (→ Rn. 10), durch den an Art. 13 Abs. 1 GG anknüpfenden Schutz von Arbeits-, Betriebs- und Geschäftsräumen[32], durch das in Art. 11 Abs. 1 GG niedergelegte Freizügigkeitsgrundrecht sowie durch die in Art. 9 Abs. 1 und 3 GG geschützte Vereinigungs- und Koalitionsfreiheit.[33] Von besonderer wirtschaftsverfassungsrechtlicher Bedeutung sind in Deutschland ferner der in Art. 3 Abs. 1 GG geregelte Gleichheitsgrundsatz[34], der aus dem Rechtsstaatsprinzip und zum Teil auch aus Art. 14 Abs. 1 GG abzuleitende Vertrauensschutz[35] sowie die subsidiär in Art. 2 Abs. 1 GG geschützte **allgemeine Handlungsfreiheit speziell auf wirtschaftlichem Gebiet**[36], die nach ständiger Rechtsprechung des BVerfG auch einzelne Aspekte der maßgeblich durch Art. 12 Abs. 1 GG geschützten Unternehmerfreiheit und der **Vertragsfreiheit** umfasst.[37]

10   Eng verbunden mit der aus Art. 12 Abs. 1 GG hergeleiteten unternehmerischen Freiheit ist die im Grundgesetz ebenfalls nicht explizit angesprochene – früher insbesondere aus Art. 2 Abs. 1 GG hergeleitete[38] – **grundrechtliche Wettbewerbsfreiheit,** die nach der Rechtsprechung des BVerfG vornehmlich als eine spezielle Teilgewährleistung der zutreffend als „Hauptgrundrecht der freien wirtschaftlichen Betätigung" bezeichneten[39] Berufsfreiheit in Gestalt der freien Berufsausübung zu qualifizieren ist.[40] Diese grundrechtlich

---

[29] Vgl. *Blanke* in Gesellschaft für Rechtspolitik ua S. 13 (24 f.); *Burgi* ZHR 181 (2017), 1 ff.; *Lepsius* WiVerw 2011, 206 (210); *Manssen* in v. Mangoldt/Klein/Starck GG Art. 12 Rn. 69 iVm Rn. 157 ff.; *Ossenbühl* AöR 115 (1990), 1 (3); *Sachs* JuS 2014, 1050 ff.; *Schmidt* S. 75 f.; *Schöbener* GS P. J. Tettinger, 2007, 159 (161 f.); *Tettinger* DVBl 1999, 679 (685); *Wieland* in Dreier GG Art. 12 Rn. 53; *Wunderlich* S. 28 f.

[30] Vgl. nur BVerfGE 115, 205 (229 f.); BVerwG N&R 2014, 104 (105); VG Köln EnWZ 2016, 332 (334).

[31] Näher zu dieser berufsgrundrechtlichen Teilgewährleistung vgl. BVerfGE 32, 311 (317); *Depenheuer/Froese* in v. Mangoldt/Klein/Starck GG Art. 14 Rn. 104; *Mann/Worthmann* JuS 2013, 385 (388); *Papier* DVBl 1984, 801 (809 f.); *Pieroth/Hartmann* DVBl 2002, 421 ff.; *Rixen* WiVerw 2011, 219 ff.; sowie jeweils mwN *Manssen* in v. Mangoldt/Klein/Starck GG Art. 12 Rn. 70 f. iVm Rn. 274; *Wieland* in Dreier GG Art. 2 I Rn. 36, 50 u. 98 iVm Art. 12 Rn. 53.

[32] Zur Einbeziehung von Geschäftsräumen in den Schutzbereich des in Art. 13 Abs. 1 GG geregelten Grundrechts auf Unverletzlichkeit der Wohnung vgl. BVerfGE 32, 54 (68 ff.); sowie jeweils mwN *Ennuschat* AöR 127 (2002), 252 ff.; *Gornig* in v. Mangoldt/Klein/Starck GG Art. 13 Rn. 21 ff.; *Hermes* in Dreier GG Art. 13 Rn. 23 ff.; *Hilf/Hörmann* NJW 2003, 1 (5); *Voßkuhle* DVBl 1994, 611 ff.

[33] Vgl. nur BVerfGE 10, 89 (102); BVerfGE 38, 281 (297 ff.); BVerfGE 50, 290 (353 ff.); BVerfGE 84, 212 (224 ff.).

[34] Instruktiv dazu vgl. *Lindner* DÖV 2003, 185 ff.; *Pünder* VerwArch 2004, 38 ff.

[35] Vgl. *Sommermann* in v. Mangoldt/Klein/Starck GG Art. 20 Rn. 292 ff.; *Wieland* in Dreier GG Art. 14 Rn. 148 ff.

[36] Zur allg. Handlungsfreiheit auf wirtschaftlichem Gebiet vgl. nur BVerfGE 13, 230 (235 f.); BVerfGE 27, 375 (384 f.); BVerfGE 50, 290 (366); BVerfGE 65, 196 (210); zur subsidiär aus Art. 2 Abs. 1 GG – dh vorrangig aus Art. 12 u. 14 GG – abzuleitenden Vertragsfreiheit vgl. etwa BVerfGE 12, 341 (347); näher zu den unterschiedlichen Anknüpfungspunkten für eine wirtschaftsgrundrechtliche Vertragsfreiheit vgl. auch jeweils mwN *Ciacchi* ERCL 2010, 303 (305 ff.); *Depenheuer/Froese* in v. Mangoldt/Klein/Starck GG Art. 14 Rn. 103; *Dreier* in Dreier GG Art. 2 I Rn. 35 f.; *Manssen* in v. Mangoldt/Klein/Starck GG Art. 12 Rn. 69; *Sachs* JuS 2014, 668 (669); *Starck* in v. Mangoldt/Klein/Starck GG Art. 2 Rn. 145 ff.

[37] Vgl. nur BVerfGE 8, 274 (329); BVerfGE 12, 341 (347); BVerfGE 65, 196 (210); BVerfGE 70, 115 (123); BVerfGE 74, 129 (151); BVerfGE 95, 267 (303); näher zur Einordnung der aus Art. 2 Abs. 1 GG abzuleitenden Vertragsfreiheit als ein „unbenanntes Freiheitsrecht" vgl. *Lorenz* FS H. Maurer, 2001, 213 ff.

[38] Zur früher dominierenden Ableitung der Wettbewerbsfreiheit aus Art. 2 Abs. 1 GG vgl. BVerfGE 6, 134 (141); BVerwGE 17, 306 (309); BVerwGE 60, 154 (159); BVerwGE 65, 167 (174); sowie BVerfGE 32, 311 (316); krit. dazu mit Blick auf den Vorrang spezieller Grundrechte *Nicolaysen* GS C. Sasse, 1981, 651 ff.

[39] So vgl. etwa *Ossenbühl* AöR 115 (1990), 1 (3); *Tettinger* DVBl 1999, 679 (684).

[40] Vgl. nur BVerfGE 32, 311 (317); BVerfGE 46, 120 (137); BVerfGE 82, 209 (223 f.); BVerfGE 105, 252 (265 f.); BVerwGE 71, 183 (189); mwN *Bäcker*, Wettbewerbsfreiheit als normgeprägtes Grundrecht – Eine dogmatische Neubestimmung am Beispiel des Abwehrrechts des Konkurrenten gegen eine Subvention, 2007, S. 124 ff. Zur heute überwiegenden Ableitung der grundrechtlichen Wettbewerbsfreiheit aus Art. 12 Abs. 1 GG und/oder zur Bedeutung dieses unbenannten Grundrechts vgl. jeweils mwN *Blanke* in

fundierte Wettbewerbsfreiheit schützt nicht vor Wettbewerb, sondern die Teilnahme am Wettbewerb und die Wettbewerbsstellung der Unternehmen auf dem Markt vor nicht zu rechtfertigenden Eingriffen des Staates in unternehmerisch erarbeitete Erwerbschancen.[41] Dementsprechend hat das BVerfG beispielsweise in seinem so genannten *Ökosteuer*-Urteil erneut bestätigt, dass Art. 12 Abs. 1 GG grundsätzlich nicht vor Veränderungen der Marktdaten und Rahmenbedingungen der unternehmerischen Entscheidungen schützt, sondern dass das Freiheitsrecht des Art. 12 Abs. 1 GG in der bestehenden Wirtschaftsordnung das berufsbezogene Verhalten der Unternehmen am Markt nach den Grundsätzen des Wettbewerbs umschließt, ohne den Marktteilnehmern einen grundrechtlichen Anspruch darauf zu geben, dass die Wettbewerbsbedingungen für sie gleich bleiben.[42] Als ein derartiger rechtfertigungsbedürftiger Eingriff in die durch Art. 12 Abs. 1 GG geschützte Wettbewerbsfreiheit kann unter bestimmten Umständen zum einen die **Vergabe von Beihilfen bzw. Subvention und von öffentlichen Aufträgen** qualifiziert werden.[43] Zum anderen können staatliche Informationstätigkeiten etwa in Gestalt produktbezogener Warnungen in diese grundrechtlich fundierte Wettbewerbsfreiheit eingreifen, wobei dies aber nach der überaus kontrovers diskutierten *Glycol*-Entscheidung des BVerfG nur dann der Fall sein soll, wenn die jeweiligen Informationen unzutreffend und unsachlich sind.[44]

In **Portugal** wird die Freiheit der Wirtschaftsinitiative – neben der in Art. 47 Abs. 1 portVerf geregelten Berufsfreiheit (→ § 34 Rn. 12) – durch Art. 61 Abs. 1 portVerf garantiert. Nach dieser grundrechtlichen Bestimmung, die sowohl die Freiheit der Unternehmensgründung als auch die freie wirtschaftliche Betätigung erfasst[45] und die neben dem Einzelnen auch bestimmte Gesellschaftsformen schützt[46], kann sich die Wirtschaftsinitiative von Privaten innerhalb des in der Verfassung und im Gesetz festgelegten Rahmens frei entfalten, solange dies unter Berücksichtigung des Allgemeininteresses geschieht. In **Spanien** wird die „Unternehmensfreiheit im Rahmen der Marktwirtschaft" gemäß Art. 38 S. 1 spanVerf „anerkannt". Dieses insoweit eigenständig gewährleistete Recht, das jede selbstständige unternehmerische Betätigung einschließt[47], gehört – ebenso wie die in

11

Gesellschaft für Rechtspolitik ua S. 13 (26 f.); *Borrmann* S. 73; *Hilf/Hörmann* NJW 2003, 1 (4); *Klement* S. 383 ff.; *Pieroth/Hartmann* DVBl 2002, 421 ff.; *Ossenbühl* AöR 115 (1990), 1 (22 ff.); *Rixen* WiVerw 2011, 219 ff.; *Veelken* WRP 2003, 207 (214); mwN → Rn. 9.

[41] Vgl. *Schliesky* NdsVBl. 2005, 113 (121).
[42] Vgl. BVerfG 1 BvR 1748/99, NVwZ 2004, 846 (846) – Ökologische Steuerreform.
[43] Näher dazu vgl. etwa *Bultmann*, Beihilfenrecht und Vergaberecht, 2004, S. 203 ff. u. 229 ff.; sowie BVerfGE 116, 135 (150 ff.); *Regler,* Das Vergaberecht zwischen öffentlichem und privatem Recht, 2007, S. 130 ff.
[44] Vgl. BVerfGE 105, 252 (Rn. 40 f.) – Glykol, wo es heißt: „In der bestehenden Wirtschaftsordnung betrifft das Freiheitsrecht des Art. 12 Abs. 1 GG insbesondere das berufsbezogene Verhalten einzelner Personen und Unternehmen [...]. Das Grundrecht schützt aber nicht vor der Verbreitung zutreffender und sachlich gehaltener Informationen am Markt, die für das wettbewerbliche Verhalten der Marktteilnehmer von Bedeutung sein können, selbst wenn die Inhalte sich auf einzelne Wettbewerbspositionen nachteilig auswirken. Erfolgt die unternehmerische Berufstätigkeit am Markt nach den Grundsätzen des Wettbewerbs, wird die Reichweite des Freiheitsschutzes auch durch die rechtlichen Regeln mitbestimmt, die den Wettbewerb ermöglichen und begrenzen. Art. 12 Abs. 1 GG sichert in diesem Rahmen die Teilnahme am Wettbewerb nach Maßgabe seiner Funktionsbedingungen"; näher und überwiegend kritisch zu dieser in grundrechtsdogmatischer Hinsicht nicht unproblematischen Schutzbereichsreduktion vgl. nur die Urteilsanmerkung von *Selmer* JuS 2003, 190 f.; sowie *Huber* JZ 2003, 290 ff.; *Lindner* DÖV 2003, 185 ff.; *Möllers* NJW 2005, 1973 (1975 f.); *Murswiek* NVwZ 2003, 1 ff.
[45] Vgl. dazu auch zu den weitreichenden Beschränkungsmöglichkeiten, die sich insbes. am Verhältnismäßigkeitsgrundsatz und an der Wesensgehaltsgarantie zu orientieren haben, *Günter* S. 152 u. 154 ff.; sowie *Schwier* S. 65 f. Allgemein zu den verfassungsrechtlichen Grundlagen des Wirtschaftsverwaltungsrechts in Portugal vgl. *De Sousa* FS R. Stober, 2008, 837 ff.
[46] Vgl. *Sasse* EuR 2012, 628 (633).
[47] Vgl. *Günter* S. 165 f. Zur diesbzgl. differenzierenden Rechtsanwendungspraxis des span. Verfassungsgerichts, derzufolge die Freiheit der Aufnahme einer Betätigung als Unternehmer als grundrechtliche Gewährleistung verstanden werde, während diese Vorschrift hinsichtlich der Vornahme unternehmerischer Handlungen nur als objektiv-institutionelle Garantie zur Anwendung gelange, vgl. *Schöbener* GS P. J. Tettinger, 2007, 159 (163).

Art. 35 spanVerf geregelte Berufsfreiheit (→ § 34 Rn. 12) – zur so genannten „zweiten Grundrechtsklasse", die im Vergleich zu den Grundrechten der ersten Klasse leichter eingeschränkt[48] und schwerer durchgesetzt werden können.[49]

12   In **Frankreich** kommt der dort rechtsgrundsätzlich anerkannten *liberté du commerce et de l'industrie*, die insbesondere die freie Berufswahl und die freie Berufsausübung einschließt (→ § 34 Rn. 14), zwar kein Verfassungsrang zu.[50] Einen solchen Verfassungsrang hat der französische Conseil Constitutionnel jedoch der aus dem allgemeinen Freiheitsrecht im Sinne des Art. 4 der französischen Menschen- und Bürgerrechtserklärung hergeleiteten Freiheit unternehmerischer Betätigung bzw. Tätigkeit *(liberté d'entreprendre)* zuerkannt[51], die sich auf selbständige Tätigkeiten bzw. Berufe bezieht[52] und partiell auch die Vertragsfreiheit erfasst[53]. Während die letztgenannte Freiheit auf verfassungsrechtlicher Grundlage das unter dem Vorbehalt nicht willkürlicher oder missbräuchlicher Einschränkungen[54] stehende Recht umfasst, alle relevanten unternehmerischen Entscheidungen zu treffen[55], ist der Anwendungsbereich der unterverfassungsrechtlichen *liberté du commerce et de l'industrie* insoweit weiter, als diese Freiheit neben dem allgemeinen Recht der freien wirtschaftlichen Betätigung auch den Schutz der privaten Wirtschaft vor staatlicher Konkurrenz bzw. vor einer Beeinflussung des Wettbewerbs durch Subventionen als Ausprägung eines allgemeinen Wettbewerbsgrundsatzes *(principe de la libre concurrence)* umfasst.[56] Ähnliches gilt in **Belgien,** wo die auf einfachgesetzlicher Ebene anerkannte Freiheit der wirtschaftlichen Betätigung *(liberté du commerce et de l'industrie)* ebenfalls nicht nur die freie Berufswahl (→ § 34 Rn. 15), sondern auch die Aufnahme von Handels- und Gewerbetätigkeiten sowie das Recht auf freie Konkurrenz *(liberté de la libre concurrence)* umfasst, welches allerdings recht weitreichenden Einschränkungen durch Gesetz oder aufgrund eines Gesetzes unterzogen werden kann.[57]

13   Während die unternehmerische Freiheit einschließlich der Wettbewerbsfreiheit weder in **Dänemark, Finnland** und **Schweden** noch im **Vereinigten Königreich** und in den **Niederlanden** eine eigenständige – den dortigen berufsgrundrechtlichen Regelungen (→ § 34 Rn. 13, 15 f.) hinzutretende – Regelung auf verfassungsrechtlicher Ebene gefunden hat[58], dürfte sich in **Griechenland** die dort ebenfalls nicht explizit geschützte Freiheit privatwirtschaftlicher Initiative und Betätigung – ähnlich wie die Berufsfreiheit im klassischen Sinne (→ § 34 Rn. 16) – aus Art. 5 Abs. 1 griechVerf ableiten lassen[59]. Demnach hat jeder nicht nur das Recht auf freie Entfaltung seiner Persönlichkeit, sondern auch auf die Teilnahme am gesellschaftlichen, wirtschaftlichen und politischen Leben des Landes, soweit er nicht gegen die Rechte anderer, die Verfassung oder die guten Sitten verstößt.[60] Dieses Recht schließt nach der griechischen Rechtsprechung auch die Vertragsfreiheit ein.[61]

---

[48]   Ausführlich zur Beschränkbarkeit dieser Unternehmer- bzw. Unternehmensfreiheit vgl. *Günter* S. 167 ff.
[49]   Näher dazu vgl. *Prats-Canut* in Grabitz, Grundrechte, S. 651 (670 ff.); *Ibler* JZ 1999, 287 (289 ff.); *Weber,* Menschenrechte, S. 743. Ausführlicher zu Art. 38 Abs. 1 spanVerf vgl. auch mwN *Schwier* S. 60 ff.
[50]   Vgl. *Borrmann* S. 114; *Günter* S. 76; *Weber,* Menschenrechte, S. 742.
[51]   Vgl. CC (1982), Rec. 1982, 18 ff.; CC (1988), AJDA 1988, 752 ff.; näher dazu vgl. *Günter* S. 76 f.; *Wunderlich* S. 52 ff.; mit weiteren Rechtsprechungsnachweisen vgl. *Savoie* in Grabitz, Grundrechte, S. 203 (219); *Weber,* Menschenrechte, S. 742 f.
[52]   Ausführlich dazu vgl. *Günter* S. 76 ff.; mwN vgl. *Schmidt* S. 85.
[53]   Dazu vgl. auch jeweils mwN *Blanke* in Gesellschaft für Rechtspolitik ua S. 13 (22); *Ciacchi* ERCL 2010, 303 (315 f.); *Schmidt* S. 85.
[54]   Zu den hier bestehenden weitreichenden Einschränkungsmöglichkeiten vgl. *Günter* S. 78 ff.
[55]   Etwas näher zum Schutzbereich dieses Rechts vgl. *Blanke* in Gesellschaft für Rechtspolitik ua S. 13 (23).
[56]   Vgl. dazu jeweils mwN *Günter* S. 77; *Schwier* S. 78 ff.; sowie *Blanke* in Gesellschaft für Rechtspolitik ua S. 13 (22).
[57]   Näher dazu vgl. *Günter* S. 91 ff.; *Borrmann* S. 112 f.
[58]   Zu der sowohl im dänischen, finnischen, schwedischen und niederländischen Verfassungsrecht als auch in den Rechtsordnungen Großbritanniens und Belgiens lediglich in mittelbarer Weise geschützten unternehmerischen Freiheit vgl. auch jeweils mwN *Schmidt* S. 88 f., 105 ff., 109 u. 111; *Schwier* S. 75 ff.
[59]   So auch *Schwier* S. 73 f.
[60]   Näher dazu vgl. *Borrmann* S. 116; *Günter* S. 179 ff.
[61]   Näher dazu vgl. *Ciacchi* ERCL 2010, 303 (310 f.).

Demgegenüber ergibt sich der verfassungsrechtliche Schutz der Freiheit wirtschaftlicher Betätigung in **Luxemburg** ausdrücklich aus Art. 11 Abs. 6 luxVerf. Nach dieser Bestimmung, die der in Art. 11 Abs. 4 luxVerf geregelten Berufsfreiheit (→ § 34 Rn. 14) hinzutritt, wird – vorbehaltlich der Einschränkungen, welche die gesetzgebende Gewalt festlegt – die Freiheit des Handels und der Industrie sowie die Ausübung der freien Berufe und der landwirtschaftlichen Arbeit gewährleistet.[62]

In **Italien** ist die Freiheit privatwirtschaftlicher Initiative explizit durch Art. 41 Abs. 1 italVerf geschützt. Dieses dort den klassischen berufsgrundrechtlichen Gewährleistungen (→ § 34 Rn. 17) gesondert hinzutretende Wirtschaftsgrundrecht, das neben juristischen Personen auch sonstige privatrechtlich verfasste Organisationsformen selbst nicht rechtsfähiger Art schützen soll[63], umfasst nicht nur Teilaspekte der Vertragsfreiheit[64] und die Freiheit darüber zu entscheiden, welches Gut in welchem Umfang und auf welche Weise produziert oder angeboten wird, sondern auch die Aufnahme und Ausübung selbständiger wirtschaftlicher Tätigkeiten sowie den freien Wettbewerb unter privaten Mitbewerbern.[65] Diesem recht weiten Schutzbereich stehen jedoch weitreichende Einschränkungsmöglichkeiten gegenüber. So darf die durch Art. 41 Abs. 1 italVerf geschützte Freiheit privatwirtschaftlicher Initiative gemäß Art. 41 Abs. 2 italVerf zum einen nicht im Gegensatz zum Gemeinwohl bzw. im Gegensatz zum Nutzen der Gesellschaft oder in einer Weise ausgeübt werden, dass die Sicherheit, die Freiheit und/oder die Würde des Menschen beeinträchtigt wird. Zum anderen bestimmt das Gesetz gemäß Art. 41 Abs. 3 italVerf Programme und zweckmäßige bzw. geeignete Kontrollen, um die öffentliche und private Wirtschaftstätigkeit nach dem Allgemeinwohl auszurichten und damit abzustimmen. In **Österreich** ist die unternehmerische Freiheit in Gestalt des in Art. 6 Abs. 1 StGG niedergelegten Grundrechts der Erwerbsfreiheit geschützt, das den „Staatsbürgern" vorbehalten ist. Dieses durch einige weitere berufsgrundrechtliche Regelungen (→ § 34 Rn. 17) flankierte Grundrecht, das offenbar auch juristischen Personen zusteht[66], umfasst gleichermaßen die Aufnahme und die Ausübung einer Erwerbstätigkeit unter Einschluss diverser Organisations-, Dispositions-, Investitions-, Produktions- und Absatzfreiheiten[67]; darüber hinaus werde im Rahmen der einschlägigen Verfassungsjudikatur[68] auch „der Kern unternehmerischer Freiheit in einer prinzipiell marktwirtschaftlich orientierten Wirtschaftsordnung" garantiert[69], wobei aber offen bleibt, ob dieser „Kern" auch die Wettbewerbsfreiheit einschließt.

In den drei EU-Mitgliedstaaten des Baltikums wird die wirtschaftliche Betätigungsfreiheit **15** bzw. die unternehmerische Freiheit in unterschiedlicher Weise garantiert: In **Estland** gewährt Art. 31 S. 1 estnVerf – neben der in Art. 29 Abs. 1 estnVerf geregelten Berufsfreiheit (→ § 34 Rn. 18) – den Staatsangehörigen die Freiheit wirtschaftlicher Betätigung[70]. Dieses Recht wird in **Litauen** zwar nicht mit gleicher Klarheit gewährleistet wie etwa die in Art. 48 Abs. 1 litVerf niedergelegte Berufswahlfreiheit (→ § 34 Rn. 18). Gleichwohl ist die litauische Wirtschaft gemäß Art. 46 Abs. 1 litVerf auf Privateigentum sowie auf der vermutlich objektiv-rechtlich zu verstehenden Freiheit und Initiative der Person bei der Wirtschaftstätigkeit gegründet[71], auf deren explizite verfassungsrechtliche Verbürgung in

---

[62] Näher dazu vgl. *Günter* S. 106 f.; *Pieters* in Grabitz, Grundrechte, S. 437 (465 ff.).
[63] Vgl. *Sasse* EuR 2012, 628 (633 f.).
[64] Näher dazu vgl. *Ciacchi* ERCL 2010, 303 (313 ff.).
[65] Vgl. nur CC (1983), Nr. 12 Foro It. 1983 I, 611 (Vertragsfreiheit); CC (1990), Nr. 241 Foro It. 1990 I, 2401 (Wettbewerbsfreiheit); CC (1991), Nr. 420 Foro It. 1992 I, 642 (Freiheit der wirtschaftlichen Initiative); sowie jeweils mwN *Günter* S. 135; *Schmidt* S. 86 f.; *Schöbener* GS P. J. Tettinger, 2007, 159 (163); *Schwier* S. 63 f.; *Weber*, Menschenrechte, S. 744.
[66] Vgl. *Günter* S. 123; *Schmidt* S. 109.
[67] In diesem Sinne vgl. auch mwN *Schwier* S. 71 ff.
[68] Vgl. etwa VfGH (1984), VfSlg. 10179 (Schrottlenkung); VfGH (1986), VfSlg. 10932 (Taxilizenz); VfGH (1987), VfSlg. 11494 = EuGRZ 1988, 163 (Postbeförderungsvorbehalt); VfGH (1987), EuGRZ 1988, 297 (Ladenschlusszeiten).
[69] So vgl. *Weber*, Menschenrechte, S. 746.
[70] Näher dazu vgl. *Schmidt* S. 93 ff.
[71] Näher dazu vgl. *Schmidt* S. 96 ff.

Lettland – abgesehen von der in § 106 lettVerf geregelten Berufsfreiheit (→ § 34 Rn. 18), die als „Jedermann"-Grundrecht möglicherweise für die Ableitung einer auch juristischen Personen des Privatrechts zustehenden unternehmerischen Freiheit fruchtbar gemacht werden kann – verzichtet wurde.

16 In der **Slowakei** findet sich die bedeutsamste wirtschaftsverfassungsrechtliche Regelung in Bezug auf die unternehmerische Freiheit in Art. 35 Abs. 1 slowakVerf. Nach dieser Bestimmung hat jedermann nicht nur das Recht auf freie Berufswahl (→ § 34 Rn. 20) und auf Ausbildung, sondern auch das Recht, unternehmerisch tätig zu sein oder eine andere Erwerbstätigkeit auszuüben; etwaige „Bedingungen und Beschränkungen für die Ausübung bestimmter Berufe oder Tätigkeiten" können gleichwohl gemäß Art. 35 Abs. 2 slowakVerf „durch Gesetz" festgelegt werden. Eine dem Art. 35 slowakVerf weitgehend entsprechende Vorschrift findet sich sodann in der Verfassungsordnung der **Tschechischen Republik.** So hat nach Art. 3 und Art. 112 Abs. 1 tschechVerf iVm Art. 26 Abs. 1 tschechGR-Deklaration ebenfalls jedermann neben dem Recht, sich frei seinen Beruf zu wählen und sich für diesen ausbilden zu lassen (→ § 34 Rn. 20), das etwas merkwürdig formulierte Recht, „zu unternehmen oder eine andere Wirtschaftstätigkeit auszuüben". Ferner sieht Art. 3 und Art. 112 Abs. 1 tschechVerf iVm Art. 26 Abs. 2 tschechGR-Deklaration vor, dass das Gesetz die „Bedingungen und Beschränkungen für die Ausübung bestimmter Berufe oder Tätigkeiten festlegen" kann. In **Slowenien** wird die ebenfalls von einigen berufsgrundrechtlichen Regelungen (→ § 34 Rn. 20) flankierte Gewerbefreiheit, die unter anderem auch die Vertragsfreiheit einschließt[72], durch Art. 74 Abs. 1 slowenVerf gewährleistet. Darüber hinaus ist in Art. 74 Abs. 2 S. 1 slowenVerf vorgesehen, dass die Bedingungen für die Gründung von Wirtschaftsorganisationen durch Gesetz geregelt werden. Während Art. 74 Abs. 2 S. 2 slowenVerf ergänzend klarstellt, dass eine wirtschaftliche Tätigkeit dem öffentlichen Wohl nicht widersprechen darf, statuiert Art. 74 Abs. 3 slowenVerf abschließend ein Verbot unlauteren Wettbewerbs sowie ein Verbot solcher Handlungen, „die gegen das Gesetz den Wettbewerb einschränken".

17 In **Polen** lässt sich die ebenfalls durch einige berufsgrundrechtliche Regelungen (→ § 34 Rn. 19) begleitete unternehmerische Freiheit auf wirtschaftsverfassungsrechtlicher Ebene aus Art. 20 polnVerf iVm Art. 22 polnVerf herleiten. Nach Art. 20 polnVerf basiert die soziale Marktwirtschaft in Polen nicht nur auf dem Privateigentum, der Solidarität, dem Dialog und der Zusammenarbeit der Sozialpartner, sondern auch auf der „Freiheit der wirtschaftlichen Tätigkeit". Diese subjektiv-rechtliche Freiheit[73], eine maßgeblich aus dem allgemeinen Persönlichkeitsrecht hergeleitete Vertragsfreiheit hinzutritt[74], darf gemäß Art. 22 polnVerf nur gesetzlich und nur wegen eines „wichtigen gesellschaftlichen Interesses" eingeschränkt werden. Ähnliches gilt in **Zypern** gemäß Art. 25 Abs. 1 und 2 zyprVerf, wobei Art. 26 Abs. 1 S. 1 zyprVerf in expliziter Weise zusätzlich die jeder Person zustehende Vertragsfreiheit gewährleistet. In der Republik **Ungarn** garantiert Art. XII Abs. 1 ungVerf das Recht auf wirtschaftliche Tätigkeit, das als *lex specialis* zu der in der gleichen Verfassungsbestimmung geregelten Berufswahlfreiheit (→ § 34 Rn. 21) angesehen wird und diese Freiheit insoweit konkretisiert, als die Unternehmerfreiheit sowohl natürlichen als auch juristischen Personen das Recht verleiht, unternehmerisch einen bestimmten Beruf oder eine bestimmte Tätigkeit auszuüben und Unternehmer zu werden.[75] In **Malta**, wo die Arbeit gemäß Art. 12 Abs. 1 maltVerf staatlich geschützt werden soll und wo zugleich ein in Art. 7 maltVerf geregeltes Recht auf Arbeit existiert (→ § 34 Rn. 21), soll der Staat gemäß Art. 18 maltVerf die private wirtschaftliche Initiative fördern bzw. unterstützen. Ähnliches gilt in **Irland,** da Art. 45 Abs. 3 S. 1 irVerf in Ergänzung einiger berufsgrundrechtlicher Vorkehrungen

---

72 Näher dazu vgl. *Ciacchi* ERCL 2010, 303 (308 ff.).
73 Vgl. *Schmidt* S. 100 ff.
74 Näher dazu vgl. *Ciacchi* ERCL 2010, 303 (317); sowie *Schmidt* S. 101.
75 Näher dazu, jeweils in Ansehung der relevanten Vorgängerbestimmungen des ungarischen Verfassungsrechts, vgl. *Schmidt* S. 102 ff.; *Vörös* in Bruha/Nowak/Petzold, Grundrechtsschutz, S. 169 (184 f.).

(→ § 34 Rn. 16) bestimmt, dass der Staat – sofern dies notwendig ist – die Privatinitiative in Industrie und Handel begünstigt und unterstützt.[76]

Weitere Bestimmungen ähnlicher Art lassen sich schließlich auch in den Verfassungsordnungen derjenigen Mitgliedstaaten finden, die der EU zuletzt – dh in den Jahren 2007 (Bulgarien und Rumänien) und 2013 (Kroatien) – beigetreten sind. In der Republik **Bulgarien,** deren Wirtschaft sich gemäß Art. 19 Abs. 1 bulgVerf auf die freie wirtschaftliche Initiative gründet, wird die Freiheit der wirtschaftlichen Tätigkeit – neben der in Art. 48 Abs. 3 bulgVerf geregelten Freiheit der Berufs- und Arbeitsplatzwahl (→ § 34 Rn. 22) – durch Art. 19 Abs. 2 bulgVerf garantiert. Nach dieser Norm schafft und gewährleistet das Gesetz jedem Bürger und jeder juristischen Person die gleichen rechtlichen Bedingungen für eine wirtschaftliche Tätigkeit, wobei es den Missbrauch einer Monopolstellung und unlauteren Wettbewerb unterbindet und den Verbraucher schützt.[77] In der Republik **Rumänien,** die sich in Art. 134 Abs. 1 rumVerf zur Marktwirtschaft bekennt, wird die Handelsfreiheit – neben der in Art. 38 Abs. 1 S. 2 rumVerf geregelten Freiheit der Berufs- und Arbeitsplatzwahl (→ § 34 Rn. 22) – in Art. 134 Abs. 2 lit. a rumVerf angesprochen. Im Hinblick auf die Republik **Kroatien** ist vor allem Art. 49 Abs. 1 kroatVerf von wirtschaftsverfassungsrechtlicher Relevanz insoweit, als diese Norm in Ergänzung zweier berufsgrundrechtlicher Verfassungsbestimmungen (→ § 34 Rn. 22) statuiert, dass die Unternehmensfreiheit und die Freiheit des Marktes die Grundlage der wirtschaftlichen Ordnung sind. Ergänzend ist an dieser Stelle schließlich auf Art. 49 Abs. 2 S. 1 u. 2 kroatVerf hinzuweisen, wonach der Staat allen Unternehmen die gleiche rechtliche Stellung auf dem Markt zusichert und wonach Monopole verboten sind.

Dieser kursorische rechtsvergleichende Überblick (→ Rn. 8–18) zeigt, dass die meist unter Beachtung des Verhältnismäßigkeitsgrundsatzes und/oder der Wesensgehaltsgarantie auf gesetzlicher Grundlage beschränkbare **unternehmerische Freiheit** in expliziter Form oder aber im Gewande der Gewerbe-, Erwerbs- oder Handelsfreiheit bzw. der freien wirtschaftlichen Tätigkeit und/oder Initiative in zahlreichen EU-Mitgliedstaaten geschützt wird.[78] Hinsichtlich der Frage, ob die unternehmerische Freiheit in eigenständiger Form garantiert ist oder aber unter Rückgriff auf berufsgrundrechtliche Regelungen bzw. auf das allgemeine Persönlichkeitsrecht hergeleitet werden soll, bestehen in den Mitgliedstaaten der EU indes unterschiedliche Vorstellungen und Verfassungstraditionen. Ähnliches ist im Hinblick auf die jeweilige Schutzintensität mitgliedstaatlicher Gewährleistungen der unternehmerischen Freiheit festzustellen, deren diesbezügliche Heterogenität dazu führt, dass dem Unionsrichter gerade bei der Inhaltsbestimmung des Art. 16 GRC einschließlich dessen Schrankensystematik ein recht weiter Spielraum eröffnet ist.[79] Die ausdrückliche Kodifizierung einer subjektivrechtlichen **Wettbewerbsfreiheit** als zusätzliche Funktionsgarantie der jeweiligen Wirtschaftsverfassung wird demgegenüber in den meisten EU-Mitgliedstaaten offenbar für entbehrlich gehalten; diese wird – soweit ersichtlich – lediglich bzw. immerhin in Deutschland und in Italien als eine aus Art. 12 Abs. 1 GG bzw. Art. 41 Abs. 1 italVerf herzuleitende Garantie mit grundrechtlichem Verfassungsrang anerkannt (→ Rn. 10, 14), während sie in Frankreich und Belgien als von der unterverfassungsrechtlichen *liberté du commerce et de l'industrie* umfasst angesehen wird (→ Rn. 12). Vor diesem Hintergrund ist festzustellen, dass die nachfolgend in den Blick zu nehmende eigenständige Regelung der unternehmerischen Freiheit in Art. 16 GRC zumindest nicht den gemeinsamen Verfassungstraditionen der EU-Mitgliedstaaten eindeutig widerspricht und dass die mangelnde ausdrückliche (textliche) Erwähnung der Wettbewerbsfreiheit in Art. 16 GRC sowie in sonstigen Bestimmungen dieser Charta, die in gewisser Weise durch die dazugehörigen Erläuterungen des Grundrechtekonvent-Präsidiums „geheilt" wird (→ Rn. 20,

---

[76] Näher dazu vgl. mwN *Schwier* S. 68 f.
[77] Näher dazu vgl. *Schmidt* S. 90 ff.
[78] Zur Auswertung mitgliedstaatlicher Gewährleistungen der unternehmerischen Freiheit vgl. auch *Schmidt* S. 116 ff.
[79] In einem recht ähnlichen Sinne vgl. *Schöbener* GS P. J. Tettinger, 2007, 159 (164).

35 f.), aus rechtsvergleichender Perspektive zumindest nachvollziehbar ist bzw. nicht sonderlich zu überraschen vermag.[80]

IV. Unternehmerische Freiheit und Wettbewerbsfreiheit gemäß Art. 16 GRC

20 Angesichts der Tatsache, dass das Unionsgrundrecht bzw. die einst berufsgrundrechtliche Teilgewährleistung der unternehmerischen Freiheit frühzeitige Anerkennung in der anfänglichen Grundrechtsrechtsprechung des EuGH gefunden hat (→ Rn. 2), und angesichts des Umstands, dass die in der EMRK nicht explizit angesprochene unternehmerische Freiheit (→ Rn. 4) in zahlreichen EU-Mitgliedstaaten explizit oder implizit anerkannt wird (→ Rn. 8 ff.), verwundert es kaum, dass die unternehmerische Freiheit nunmehr in eigenständiger Form expliziten Eingang in die **Charta der Grundrechte der EU** gefunden hat. Bemerkenswert ist dabei allerdings, dass die in der früheren EuGH-Rechtsprechung anerkannten und herausgearbeiteten Kern- und Teilgewährleistungen des Unionsgrundrechts der Berufsfreiheit in dieser Charta in zwei getrennten Artikeln angesprochen werden. Konkret wird die in der zurückliegenden Grundrechtsrechtsprechung des EuGH erfolgte „Aufladung" des Unionsgrundrechts der Berufsfreiheit durch die speziellen Teilgewährleistungen der wirtschaftlichen Betätigungs-, Wettbewerbs-, Handels- und Vertragsfreiheit (→ Rn. 2) in dieser Charta insoweit modifiziert, als die klassischen Kerngewährleistungen der unionsgrundrechtlichen Berufsfreiheit in Gestalt der freien Berufswahl und der freien Berufsausübung nunmehr in Art. 15 Abs. 1 GRC geregelt sind (→ 34 Rn. 1 ff.), während die **unternehmerische Freiheit** ohne eine zusätzliche (textlich explizite) Erwähnung der **Wettbewerbsfreiheit** in Art. 16 GRC eine gesonderte Regelung erfahren hat, um damit die unternehmerische Freiheit in absichtlicher Weise hervorzuheben[81]. Nach Art. 15 Abs. 1 GRC hat jede Person „das Recht, zu arbeiten und einen frei gewählten Beruf oder angenommenen Beruf auszuüben", während die in der EU-Grundrechtecharta nicht näher definierte „unternehmerische Freiheit" gemäß Art. 16 GRC „nach dem Unionsrecht und den einzelstaatlichen Rechtsvorschriften und Gepflogenheiten anerkannt" wird. In den auf Art. 16 GRC bezogenen (aktualisierten) **Erläuterungen des Grundrechtekonvent-Präsidiums**[82], die nach Art. 6 Abs. 1 UAbs. 3 EUV iVm Art. 52 Abs. 7 GRC bei der Auslegung der Charta-Grundrechte gebührend zu berücksichtigen sind, heißt es zum einen, dass sich diese Charta-Bestimmung auf die Rechtsprechung des Gerichtshofs, der die Freiheit, eine Wirtschafts- oder Geschäftstätigkeit auszuüben[83], und die Vertragsfreiheit[84] anerkannt hat, sowie auf Art. 119 Abs. 1 und 3 AEUV stützt, in dem der freie Wettbewerb anerkannt wird. Zum anderen wird in diesen auf Art. 16 GRC bezogenen Erläuterungen festgehalten, dass dieses Recht natürlich unter Einhaltung des Unionsrechts und der einzelstaatlichen Rechtsvorschriften ausgeübt wird und nach Art. 52 Abs. 1 GRC beschränkt werden kann.

21 Im Hinblick auf den **Sinn und Zweck der durch Art. 16 GRC bewirkten Hervorhebung der unternehmerischen Freiheit** (→ Rn. 20) werden im einschlägigen Schrifttum unterschiedliche Auffassungen vertreten. Zum einen wird diese vereinzelt auch als ein „Bekenntnis zur herausragenden Rolle unternehmerischer Tätigkeit für den euro-

---

[80] Ähnlich vgl. *Ganglbauer* in Kahl/Raschauer/Storr S. 203 (208), wonach die durch Art. 16 GRC bewirkte Abkoppelung der unternehmerischen Freiheit von der Berufsfreiheit „unter Berücksichtigung der Methode der wertenden Rechtsvergleichung zumindest vertretbar" sei. Dies sogar für „sinnvoll" haltend vgl. *Blanke* in Gesellschaft für Rechtspolitik ua S. 13 (22).

[81] Zu diesem der Entstehungsgeschichte des Art. 16 GRC ableitbaren Befund vgl. auch statt vieler *Wunderlich* FS J. Schwarze, 2014, 304 (316); sowie *Frenz* GewArch 2009, 427 (427).

[82] ABl. 2007 C 303, 17 (23).

[83] Diesbezüglich wird in den vorgenannten Erläuterungen auf die beiden folgenden Urteile Bezug genommen: EuGH 4/73, Slg. 1974, 491 Rn. 14 – Nold; EuGH 230/78, Slg. 1979, 2749 Rn. 20 u. 31 – SpA Eridania.

[84] Diesbezüglich wird in den vorgenannten Erläuterungen auf die beiden folgenden Urteile Bezug genommen: EuGH 151/78, Slg. 1979, 1 Rn. 19 – Sukkerfabriken Nykoebing; EuGH C-240/97, Slg. 1999, I-6571 Rn. 99 – Spanien/Kommission.

päischen Binnenmarkt" verstandene[85] Heraus- bzw. Hervorhebung damit erklärt, dass mit dem gesonderten Schutz der unternehmerischen Freiheit in Art. 16 GRC eine Balance zu der verhältnismäßig weitgehenden Aufnahme von Arbeitnehmergrundrechten (→ §§ 39–42) hergestellt bzw. ein „Kontrapunkt" oder „Gegengewicht" zu den in der Grundrechtecharta enthaltenen sozialen Grundrechten gesetzt werden sollte.[86] Zum anderen wird gelegentlich darauf hingewiesen, dass durch diese Hervorhebung keine Abkehr von der ständigen Rechtsprechung des EuGH erfolgen solle[87], der die unternehmerische Freiheit aus dem Gemeinschafts- bzw. Unionsgrundrecht der Berufsfreiheit entwickelt und die unternehmerische Freiheit lange Zeit als eine spezielle Teilgewährleistung der unionsgrundrechtlichen Berufsfreiheit angesehen hat (→ Rn. 2); demzufolge bliebe die vorgenannte Rechtsprechung auch weiterhin für Inhalt und Schranken der unternehmerischen Freiheit maßgeblich. Einer derartigen Kontinuität könnte jedoch der Wortlaut des Art. 16 GRC entgegenstehen, der in wesentlichen Punkten von der früheren EuGH-Rechtsprechung zur unternehmerischen Freiheit abweicht und insofern auch die Frage aufwirft, ob der Grundrechte-Konvent überhaupt ein dafür ausreichendes Mandat hatte[88].

Während der EuGH die unternehmerische Freiheit lange Zeit als Teilaspekt bzw. Teilgewährleistung der unionsgrundrechtlichen Berufsfreiheit verstanden (→ Rn. 2) und ihr ein gegenüber den sonstigen Ausprägungen dieses Grundrechts grundsätzlich gleichwertiges Schutzniveau eingeräumt hat[89], könnte der Wortlaut des Art. 16 GRC dafür sprechen, dass die in Art. 15 Abs. 1 GRC angesprochenen Kerngewährleistungen der unionsgrundrechtlichen Berufsfreiheit in Gestalt der freien Berufswahl und der freien Berufsausübung (→ § 34 Rn. 34 ff.) einerseits und die in Art. 16 GRC geregelte unternehmerische Freiheit andererseits in schrankensystematischer Hinsicht nicht mehr absolut gleichbehandelt werden sollen. Jedenfalls ist der in Art. 16 GRC gewählten Formulierung („[…] wird nach dem Unionsrecht und den einzelstaatlichen Rechtsvorschriften und Gepflogenheiten anerkannt") im einschlägigen Schrifttum die Fähigkeit zugesprochen worden, gewisse **Unsicherheiten über die sachliche Reichweite**[90] bzw. über den genauen Inhalt und Schutzumfang **der unternehmerischen Freiheit** zu schaffen, zumal die Formulierung „wird anerkannt" in der gewählten objektiven bzw. objektivrechtlichen Fassung den Schluss auf einen weniger weitreichenden Schutz als beim Grundrecht der Berufsfreiheit nahe legen könnte[91] und sogar die Frage aufwerfe, ob dem Art. 16 GRC möglicherweise kein Grundrechtscharakter, sondern lediglich der Charakter eines objektiv-rechtlichen Grundsatzes[92] iS des Art. 52 Abs. 5 GRC zuzusprechen ist.[93]

Diese Unsicherheiten werden durch die einschlägigen Erläuterungen des Präsidiums des Grundrechtekonvents zu Art. 16 GRC (→ Rn. 20) nicht vollständig beseitigt: Dort heißt es nur, dass sich dieser Artikel auf die Rechtsprechung des Gerichtshofs stützt, der die

---

[85] Vgl. *Frenz* GewArch 2009, 427 (427).
[86] In diesem Sinne vgl. auch statt vieler *Barriga*, Entstehung der GRC, S. 100 f.; *Ganglbauer* in Kahl/Raschauer/Storr S. 203 (207); *Gundel* ZHR 180 (2016), 323 (325); *Mayer* in GHN EUV nach Art. 6 Rn. 197; *Wollenschläger* EuZW 2015, 285 (285).
[87] So vgl. *Bernsdorff* in NK-EuGRCh GRCh Art. 16 Rn. 10; *Streinz* in Streinz GRC Art. 16 Rn. 6.
[88] Näher zu dieser Frage vgl. *Ganglbauer* in Kahl/Raschauer/Storr S. 203 (207 f.).
[89] Zutr. *Rengeling* in Schwarze S. 331 (350); *Schwarze* EuZW 2001, 517 (521).
[90] So vgl. *Rengeling* DVBl 2004, 453 (459); *Rengeling* in Schwarze S. 331 (349).
[91] So vgl. etwa *Grabenwarter* DVBl 2001, 1 (3): „Wenn ein Grundrecht die Ausübung unter den Vorbehalt einzelstaatlicher Gesetze oder gar Gepflogenheiten" stellt, Rechte nur achtet oder anerkennt, bedeutet das, „dass jenseits des Verhältnismäßigkeitskriteriums weitere Einschränkungen zulässig sind"; dies ebenfalls für möglich haltend *vgl. Crones* S. 157 f.; *Schwarze* EuZW 2001, 517 (521); krit. hierzu vgl. ferner *Wunderlich* S. 222; sowie *Nettesheim* EuR Beih. 1/2004, 7 (73), wonach es sich um einen „schwerwiegenden Mangel" der Grundrechtecharta handele, dass gerade die unternehmerische Freiheit nur iR des EG-Rechts [jetzt: Unionsrechts] und der einzelstaatlichen Rechtsvorschriften gewährleistet wird.
[92] Vgl. etwa *Mand* JZ 2010, 337 (341), wonach Art. 16 GRC „eher in Form einer objektiv-rechtlichen Garantie als subjektives Abwehrrecht formuliert" sei.
[93] Näher zu dieser negativ zu beantwortenden Frage vgl. nur *Everson/Correia Gonçalves* in PHKW Fundamental Rights Rn. 16.14 ff.; *Ganglbauer* in Kahl/Raschauer/Storr S. 203 (215); *Jarass* FS P.-C. Müller-Graff, 2015, 1410 (1412 f.); *Schmidt* S. 179 ff.

Freiheit, eine Wirtschafts- oder Geschäftstätigkeit auszuüben, und die Vertragsfreiheit anerkannt hat, und dieses nach Art. 52 Abs. 1 GRC beschränkbare „Recht" unter Einhaltung des Unionsrechts und der einzelstaatlichen Rechtsvorschriften ausgeübt wird. Insoweit ändert Art. 16 GRC zwar nichts am **Grundrechtscharakter der unternehmerischen Freiheit nach Art. 16 GRC** bzw. an der in der vorangegangenen EuGH-Rechtsprechung vorgenommenen *grundrechtlichen* Einordnung der wirtschaftlichen bzw. unternehmerischen Betätigungsfreiheit einschließlich der Vertragsfreiheit[94], an der der Unionsrichter auch in seiner jüngeren – explizit auf Art. 16 GRC bezogenen – Rechtsprechung ganz zu Recht festhält.[95] Gleichwohl ist der Umstand, dass die einst vom Unionsgrundrecht der Berufsfreiheit abgedeckten Teilgewährleistungen der wirtschaftlichen bzw. unternehmerischen Betätigungsfreiheit und der Vertragsfreiheit (→ Rn. 2) in der Grundrechtecharta nunmehr der in Art. 16 GRC geregelten unternehmerischen Freiheit „zugeschlagen" werden, durchaus bedeutsam, selbst wenn man der im Schrifttum vertretenen Ansicht zustimmen sollte, dass die Schaffung einer eigenständigen Regelung über die unternehmerische Freiheit keine Abkehr von der ständigen Rechtsprechung des EuGH bedeute (→ Rn. 21). Die gesonderte Regelung der unternehmerischen Freiheit in Art. 16 GRC ist jedenfalls insoweit von Bedeutung, als dieses Freiheitsrecht mit seinen vorgenannten Teilgewährleistungen etwa in Form der Handels-, Vertrags- und Wettbewerbsfreiheit – anders als die in Art. 15 Abs. 1 GRC geregelten (klassischen) Kerngewährleistungen der Berufsfreiheit in Gestalt der freien Berufswahl und der freien Berufsausübung – nicht allein der so genannten „horizontalen Schrankenregelung" im Sinne des Art. 52 Abs. 1 GRC unterfällt, sondern gemäß Art. 16 GRC auch unter dem Vorbehalt der Beachtung des Unionsrechts und einzelstaatlicher Rechtsvorschriften und Gepflogenheiten steht[96], ohne dass dabei hinreichend deutlich wird, was mit diesem Vorbehalt genau gemeint sein soll.[97]

24   Aus der Entstehungsgeschichte des Art. 16 GRC lässt sich diesbezüglich zunächst einmal ableiten, dass der vorgenannte **Vorbehalt der Beachtung des Unionsrechts und einzelstaatlicher Rechtsvorschriften und Gepflogenheiten,** der mehrheitlich restriktiv ausgelegt wird[98], offenbar ein Zugeständnis an diejenigen sein sollte, die sich ursprünglich gegen die Aufnahme einer eigenständigen unternehmerischen Freiheit in die EU-Grundrechtecharta ausgesprochen haben.[99] Was aber mit diesem Zugeständnis genau bewirkt werden sollte, ist weitgehend unklar: Vereinzelt wird der in Art. 16 GRC enthaltene Vorbehalt der Beachtung des Unionsrechts und einzelstaatlicher Rechtsvorschriften und Gepflogenheiten im Sinne einer Direktive zur inhaltlichen Ausgestaltung des sachlichen

---

[94] Für die heute weitgehend unstreitige Grundrechtsqualität des Art. 16 GRC vgl. auch statt vieler Jarass GRCh Art. 16 Rn. 1 f.; *Kühling* in FK-EUV/GRC/AEUV GRC Art. 16 Rn. 4; GA *Kokott*, SchlA C-157/15, ECLI:EU:C:2016:382 Rn. 81 u. 136 – Achbita; sowie *Sasse* EuR 2012, 628 ff.; *Schöbener* GS P. J. Tettinger, 2007, 159 (165); *Storr* FS W. Berka, 2013, 219 (224); *Wollenschläger* EuZW 2015, 285 ff.

[95] Eindeutig für die *grundrechtliche* Einordnung des Art. 16 GRC sprechend vgl. nur EuGH C-283/11, ECLI:EU:C:2013:28 Rn. 41 ff. - Sky Österreich; EuGH C-477/14, ECLI:EU:C:2016:324 Rn. 152 ff. – Pillbox 38 (UK); EuGH C-134/15, ECLI:EU:C:2016:498 Rn. 26 ff. – Lidl; EuGH C-72/15, ECLI:EU: C:2017:236 Rn. 148 – Rosneft.

[96] Vgl. in diesem Kontext auch Art. 52 Abs. 6 GRC, wonach den einzelstaatlichen Rechtsvorschriften und Gepflogenheiten, wie es in dieser Charta bestimmt ist, in vollem Umfang Rechnung zu tragen ist. Auf diese einzelstaatlichen Rechtsvorschriften und Gepflogenheiten wird nicht nur in Art. 16 GRC, sondern auch in Art. 27 GRC, Art. 28 GRC, Art. 30 GRC und Art. 34 Abs. 1, 2 u. 3 GRC verwiesen.

[97] Zutr. vgl. statt vieler *Zimmermann*, Die Charta der Grundrechte der Europäischen Union zwischen Gemeinschaftsrecht, Grundgesetz und EMRK – Entstehung, normative Bedeutung und Wirkung der EU-Grundrechtecharta im gesamteuropäischen Verfassungsraum, 2002, S. 37.

[98] Exemplarisch vgl. *Schwier* S. 256, wonach eine mitgliedstaatliche „Gepflogenheit" iS des Art. 16 GRC nur vorliege, „soweit sich durch eine dauerhafte und verlässliche hoheitliche Praxis (etwa in der Form ständiger höchstrichterlicher Rechtsprechung) ein für den Bürger erkennbarer Regelungsmechanismus einer bestimmten Materie entwickelt hat". Sogar eine vollkommene Ausblendung des in Art. 16 GRC geregelten Vorbehalts der Beachtung des Unionsrechts und einzelstaatlicher Rechtsvorschriften und Gepflogenheiten für angebracht haltend vgl. *Schöbener* GS P. J. Tettinger, 2007, 159 (175).

[99] Zutr. *Rengeling/Szczekalla* Grundrechte in der EU § 20 Rn. 797; ähnlich *Barriga*, Entstehung der GRC, S. 101; *Grabenwarter* in Grabenwarter, EnzEuR Bd. 2, § 13 Rn. 42; *Ruffert* in Calliess/Ruffert GRC Art. 16 Rn. 5; *Schöbener* GS P. J. Tettinger, 2007, 159 (170).

Schutzbereichs der unternehmerischen Freiheit verstanden[100], was aber – sollte dies tatsächlich gewollt gewesen sein – gerade bei diesem Wirtschaftsgrundrecht keinen rechten Sinn ergibt und insoweit abzulehnen ist.[101] Im Übrigen wird dieser Vorbehalt, der gelegentlich als „Durchlöcherung" bzw. als Durchbrechung der einheitlichen (horizontalen) Schrankenregelung des Art. 52 Abs. 1 GRC kritisiert wird[102], zum Teil dahingehend verstanden, dass die in Art. 16 GRC geregelte unternehmerische Freiheit – abgesehen von der in Art. 52 Abs. 1 GRC vorgesehenen (horizontalen) Schrankenregelung, die gleichermaßen für Art. 15 und 16 GRC gilt – weitergehenden Schranken unterliegen bzw. einen weniger weitreichenden Schutz gewährleisten könnte als die in Art. 15 GRC geregelte Berufswahl- und Berufsausübungsfreiheit.[103] Dem wird jedoch im Schrifttum zu Recht entgegengehalten, dass ein solches Verständnis nicht der Entstehungsgeschichte des Art. 16 GRC und dem darin zum Ausdruck kommenden Willen des Grundrechtekonvents entspricht[104] und dass der in Art. 16 GRC enthaltene Vorbehalt der Beachtung des Unionsrechts und einzelstaatlicher Rechtsvorschriften und Gepflogenheiten auch nicht bedeuten kann, dass das diesbezüglich zu berücksichtigende einzelstaatliche Recht selbständige Schranken bereithalte, die selbst nicht die Vorgaben des Art. 52 Abs. 1 GRC beachten müssten[105]; darüber hinaus ist dem in Art. 16 GRC enthaltenen Hinweis auf die mitgliedstaatlichen „Gepflogenheiten" schließlich auch nicht zu entnehmen, dass der Gesetzesvorbehalt gemäß Art. 52 Abs. 1 GRC für die Einschränkung der unternehmerischen Freiheit nicht gilt.[106] Insofern spricht einiges dafür, dass der in Art. 16 GRC enthaltene Vorbehalt der Beachtung des Unionsrechts und einzelstaatlicher Rechtsvorschriften und Gepflogenheiten eher deklaratorischer Natur ist und sich in der sprachlichen Genugtuung kritischer Stimmen erschöpft[107] bzw. der Beruhigung derjenigen dienen soll, die der durch Art. 16 GRC bewirkten Hervorhebung der unternehmerischen Freiheit (→ Rn. 21) seinerzeit kritisch und/oder sorgenvoll gegenüberstanden.[108] Diese Einschätzung deckt sich mit der jüngeren EuGH-Rechtsprechung zu Art. 16 GRC, die jenseits der vorgenannten Meinungsunterschiede im

---

[100] So etwa von *Große Wentrup* S. 90 ff.
[101] Ausführlich und überzeugend dazu vgl. nur *Ganglbauer* in Kahl/Raschauer/Storr S. 203 (217 f.); *Jarass* FS P.-C. Müller-Graff, 2015, 1410 (1413); *Schöbener* GS P. J. Tettinger, 2007, 159 (174 f.).
[102] So etwa von *Grabenwarter* DVBl 2001, 1 (5); ebenso *Philippi,* Charta der Grundrechte, S. 42, mit dem weiteren Hinweis, dass die häufigen Verweisungen auf nationales Recht bewirken, dass die Grundrechtecharta eines ihrer Hauptziele in Gestalt der Gewährleistung eines einheitlichen Grundrechtsschutzes auf Unionsebene nicht erreiche; so ähnlich *Magiera* in Scheuing S. 117 (125 f.), der in diesem Kontext zusätzlich auf „die Gefahr einer Renationalisierung des europäischen Grundrechtsschutzes" hinweist; dies relativierend vgl. *Rengeling* in Schwarze S. 331 (357 f.), wonach die nationalen Vorstellungen auch weiterhin primär in die Methode der wertenden Rechtsvergleichung Eingang finden sollen, sodass der einheitliche Schutzstandard auf Gemeinschaftsebene [jetzt: Unionsebene] nicht gefährdet werde.
[103] IdS vgl. *Schwarze* EuZW 2001, 517 (519); in eine ähnliche Richtung weisend vgl. GA *Bobek,* SchlA C-134/15, ECLI:EU:C:2016:169 Rn. 23 u. 25 – Lidl, wonach Art. 16 GRC im Vergleich mit Art. 15 GRC „einen größeren Regelungsspielraum für Bestimmungen" gewähre, „die in die unternehmerische Freiheit eingreifen", und somit „ohne Zweifel ein größeres Maß beschränkender staatlicher Eingriffe" zulasse als Art. 15 GRC.
[104] So vgl. *Schwarze* FS K. Stern, 2012, 945 (947 ff.); *Wunderlich* FS J. Schwarze, 2014, 304 (326).
[105] IdS vgl. *Bernsdorff* in NK-EuGRCh GRCh Art. 16 Rn. 15, wonach die einschlägigen „Begrenzungen nach Unions- und nationalem Recht" gleichermaßen die Vorgaben des Art. 52 Abs. 1 GRC beachten müssten; ähnlich *Frenz* GewArch 2009, 427 (427); *Grabenwarter* in Grabenwarter, EnzEuR Bd. 2, § 13 Rn. 43; *Rengeling* in Schwarze S. 331 (349); *Rengeling/Szczekalla* Grundrechte in der EU § 20 Rn. 797.
[106] Zutr. vgl. statt vieler *Wunderlich* FS J. Schwarze, 2014, 304 (326); sowie *Rengeling* DVBl 2004, 453 (459), der aber mit Blick auf den og Vorbehalt gleichwohl „Unsicherheiten" hinsichtlich der sachlichen Reichweite der unternehmerischen Freiheit konstatiert.
[107] So vgl. *Frenz* GewArch 2009, 427 (427); ähnlich *Schöbener* GS P. J. Tettinger, 2007, 159 (175 f.), wonach die in Art. 16 GRC enthaltene „Vertikalklausel" allenfalls als „Kompetenzwahrungsklausel mit Klarstellungsfunktion" zu verstehen sei. Zur allenfalls marginalen Bedeutung des in Art. 16 GRC enthaltenen „vertikalen Schrankenvorbehalts" vgl. *Ganglbauer* in Kahl/Raschauer/Storr S. 203 (219); *Grabenwarter* in Grabenwarter/Pöchstorfer/Rosenmayr-Klemenz S. 17 (25 ff.); *Schwier* S. 269; sowie *Kühling* in FK-EUV/GRC/AEUV GRC Art. 16 Rn. 8, wonach der vorgenannte Vorbehalt „letztlich ohne Relevanz" sei.
[108] Ähnlich vgl. *Grabenwarter* in Grabenwarter/Pöchstorfer/Rosenmayr-Klemenz S. 17 (26).

einschlägigen Schrifttum den aus EU-wirtschaftsverfassungsrechtlicher Perspektive durchaus beruhigenden Eindruck erweckt, als würde der Unionsrichter aus dem in dieser Norm enthaltenen Vorbehalt der Beachtung des Unionsrechts und einzelstaatlicher Rechtsvorschriften und Gepflogenheiten bislang keine das Schutzniveau der unternehmerischen Freiheit in negativer Weise beeinflussende Rechtsfolgen ableiten[109] und insofern auf eine **schrankensystematische Konvergenz zwischen dem in Art. 15 GRC verankerten Unionsgrundrecht der Berufsfreiheit und der unternehmerischen Freiheit nach Art. 16 GRC** hinwirken (→ Rn. 43 ff., insbes. → Rn. 45).

25 Im Übrigen ist an dieser Stelle darauf hinzuweisen, dass Art. 16 GRC **weitere Unklarheiten im Zusammenhang mit der Wettbewerbsfreiheit** (→ Rn. 35 f.) schafft. So wird in den oben genannten Erläuterungen des Präsidiums des Grundrechtskonvents (→ Rn. 20) in Bezug auf die einst ebenfalls vom Unionsgrundrecht der Berufsfreiheit abgedeckte Wettbewerbsfreiheit[110] lediglich ausgeführt, dass sich Art. 16 GRC auch auf Art. 119 Abs. 1 und 2 AEUV stützt, „in dem der freie Wettbewerb anerkannt wird". Da der hier in Bezug genommene und nicht nur in Art. 119 Abs. 1 und 3 AEUV, sondern auch in Art. 120 S. 2 AEUV niedergelegte „Grundsatz einer offenen Marktwirtschaft mit freiem Wettbewerb" nach der bisherigen Rechtsprechung des EuGH selbst keinen subjektivrechtlichen Charakter hat[111], könnte sich für die Wettbewerbsfreiheit möglicherweise die Anwendbarkeit des auf „Grundsätze" bezogenen Art. 52 Abs. 5 GRC und zugleich die Nichtanwendbarkeit der in Art. 52 Abs. 1 GRC enthaltenen Schrankenregelung sowie die Nichtanwendbarkeit der in Art. 52 Abs. 2 GRC niedergelegten Homogenitätsklausel ergeben, da sich diese Klausel ebenfalls nur auf vertraglich begründete „Rechte" bezieht.[112]

26 Insoweit könnte der in den vorgenannten Erläuterungen enthaltene Hinweis auf Art. 119 Abs. 1 und 3 AEUV durchaus den – durch die jüngere EuGH-Rechtsprechung zu Art. 16 GRC allerdings nicht bestätigten (→ Rn. 35 f.) – Eindruck erwecken, als solle Art. 16 GRC die Wettbewerbsfreiheit auf einen der früheren Rechtsprechung[113] entsprechenden objektivrechtlichen Grundsatz reduzieren und die erst in der späteren EuGH-Rechtsprechung erfolgte **„Versubjektivierung" der Wettbewerbsfreiheit**[114] wieder rückgängig machen bzw. korrigieren. Ob es sich hierbei um den Versuch einer bewussten und beabsichtigten Schwächung der europäischen Wirtschafts- und Wettbewerbsverfassung (→ Rn. 1) handelt, ist mit Blick auf die Entstehungsgeschichte der EU-Grundrechtecharta nicht eindeutig zu beantworten.[115] Vermutlich lässt sich die „stiefmütterliche" Behandlung der Wettbewerbsfreiheit in den vorgenannten Erläuterungen des Grundrechtekonvent-Präsidiums insbesondere darauf zurückzuführen, dass im einschlägigen Schrifttum seinerzeit kein Konsens hinsichtlich der Frage bestand, ob der EuGH die Wettbewerbsfreiheit rein objektivrechtlich oder auch subjektivrechtlich verstanden wissen wollte (→ Rn. 35 f.).

---

[109] Zutr. *Blanke* in Gesellschaft für Rechtspolitik ua S. 13 (43 f.); *Gundel* ZHR 180 (2016), 323 (342 f.).
[110] Zu der im Schrifttum vor einigen Jahren ganz überwiegend vertretenen Ansicht, dass die Wettbewerbsfreiheit eine spezielle Teilgewährleistung des Gemeinschafts- bzw. Unionsgrundrechts der Berufsfreiheit darstellt, vgl. etwa *Hilf/Hörmann* NJW 2003, 1 (5); *Nowak*, Konkurrentenschutz, S. 497; *Schwarze* EuZW 2001, 517 (518); *Staebe* S. 88.
[111] Vgl. EuGH C-9/99, Slg. 2000, I-8207 Rn. 25 – Échirolles Distribution.
[112] Vgl. Art. 52 Abs. 2 GRC, wonach die Ausübung der durch die Grundrechtecharta anerkannten Rechte, die in den Verträgen – dh im EUV und im AEUV – geregelt sind, im Rahmen der in den Verträgen festgelegten Bedingungen und Grenzen erfolgt.
[113] Vgl. EuGH 240/83, Slg. 1985, 531 Rn. 9 ff. – ADBHU; EuGH verb. Rs. 133 bis 136/85, Slg. 1987, 2289 Rn. 15 ff. – Walter Rau Lebensmittelwerke ua.
[114] Vgl. EuGH C-280/93, Slg. 1994, I-4973 Rn. 62 iVm Rn. 81 – Deutschland/Rat.
[115] Vgl. nur *Barriga*, Entstehung der GRC, S. 100 f.; *Bernsdorff* in NK-EuGRCh GRCh Art. 16 Rn. 4 ff., die beide den Eindruck vermitteln, als sei im Rahmen der Konventarbeiten im Zusammenhang mit Art. 16 GRC nicht oder jedenfalls so gut wie gar nicht über die Wettbewerbsfreiheit diskutiert worden.

B. Gewährleistungsgehalt

Der Gewährleistungsgehalt bzw. **Schutzbereich der unternehmerischen Freiheit,** die 27
nach Art. 51 Abs. 1 GRC sowohl die Organe, Einrichtungen und sonstigen Stellen der EU
als auch die Mitgliedstaaten bindet (→ § 9 Rn. 22 ff.), lässt sich in sachlicher und personeller Hinsicht nur sehr begrenzt unter Rückgriff auf die EMRK und mitgliedstaatliche
Verfassungstraditionen bestimmen, da mit dieser in der EMRK nicht explizit angesprochenen (→ Rn. 4) Grundrechtsgewährleistung in den einzelnen Verfassungsrechtsordnungen
der EU-Mitgliedstaaten recht unterschiedlich umgegangen wird (→ Rn. 8 ff.). Vor diesem
Hintergrund kann es kaum überraschen, dass sich die Unionsgerichte bei der abstrakten
Inhaltsbestimmung der unternehmerischen Freiheit, die vornehmlich als ein **Abwehrrecht**
in Erscheinung tritt[116], darüber hinaus aber auch für die Herleitung unionsgrundrechtlicher
Schutzpflichten (→ § 8 Rn. 7 ff.) sowie für die **Auslegung EU-sekundärrechtlicher
Bestimmungen** fruchtbar gemacht werden kann[117], lange Zeit recht stark zurückgehalten
haben.[118] Seit dem am 1.12.2009 erfolgten Inkrafttreten des Lissabonner Reformvertrags[119],
der unter anderem die Verbindlichkeit der EU-Grundrechtecharta im Allgemeinen und des
Art. 16 GRC im Besonderen herbeigeführt hat, lassen sich aber der einschlägigen Rechtsprechung des Unionsrichters, die in Bezug auf die unionsgrundrechtliche Gewährleistung
der unternehmerischen Freiheit einschließlich der Wettbewerbsfreiheit ein grundsätzlich
weites Schutzbereichsverständnis in sachlicher Hinsicht (→ Rn. 28 ff.) und in personeller
Hinsicht (→ Rn. 39 f.) zu erkennen gibt, deutlichere bzw. klarere Hinweise auf die durch
Art. 16 GRC geschützten Gewährleistungsgehalte und deren Reichweite entnehmen, auch
wenn manche Detailfragen immer noch offen sind.

I. Sachlicher Gewährleistungsgehalt

Seit dem Inkrafttreten des Lissabonner Reformvertrags (→ Rn. 27) orientiert sich der 28
Unionsrichter bei der Inhaltsbestimmung der durch Art. 16 GRC gewährleisteten unternehmerischen Freiheit recht häufig zunächst einmal an den auf diese Charta-Bestimmung
bezogenen Erläuterungen des Grundrechtekonvent-Präsidiums (→ Rn. 20), wenn er ausführt: „Der durch Art. 16 [GRC] gewährte Schutz umfasst die Freiheit, eine Wirtschafts-

---

[116] So auch *Bernsdorff* in NK-EuGRCh GRCh Art. 16 Rn. 9; Jarass GRCh Art. 16 Rn. 2; *Kühling* in FK-EUV/GRC/AEUV GRC Art. 16 Rn. 9; zum weitgehenden Fehlen leistungsrechtlicher Dimensionen des Art. 16 GRC vgl. *Ganglbauer* in Kahl/Raschauer/Storr S. 203 (214), die zutr. darauf hinweist, dass diese Charta-Bestimmung dem Einzelnen keinen Anspruch auf ein bestimmtes Geschäftsvolumen oder einen bestimmten Marktanteil verleiht; sowie → Rn. 29 in Bezug auf eine etwaige Mittelstandsförderungskomponente des Art. 16 GRC. Zum möglichen Bestehen eines aus Art. 16 GRC abzuleitenden (leistungsrechtlichen) Informations- bzw. Auskunfts- und/oder Dokumentenzugangsanspruchs → Rn. 38. Gegen die generelle Verneinung einer (auch) leistungsrechtlichen Dimension des Art. 16 GRC vgl. *Wollenschläger* in von der Groeben/Schwarze/Hatje GRC Art. 16 Rn. 9.

[117] Zur ergänzenden Schutzpflichtdimension des Art. 16 GRC vgl. auch *Frenz* GewArch 2009, 427 (434); *Grabenwarter* in Grabenwarter, EnzEuR Bd. 2, § 13 Rn. 48; zu der in praktischer Hinsicht deutlich relevanteren Heranziehung des Art. 16 GRC bei der Auslegung verschiedenster EU-sekundärrechtlicher Verordnungs- und/oder Richtlinienbestimmungen vgl. EuGH C-12/11, ECLI:EU:C:2013:43 Rn. 36 ff. – McDonagh; EuGH C-426/11, ECLI:EU:C:2013:521 Rn. 30 ff. – Alemo-Herron ua; EuGH verb. Rs. C-680/15 u. C-681/15, ECLI:EU:C:2017:317 Rn. 15 ff. – Asklepios Kliniken Langen-Seligenstadt ua, iVm GA *Bot*, SchlA verb. Rs. C-680/15 u. C-681/15, ECLI:EU:C:2017:330 Rn. 58 ff. – Asklepios Kliniken Langen-Seligenstadt ua; sowie EuGH C-277/16, ECLI:EU:C:2017:989 Rn. 41 ff. – Polkomtel, iVm GA *Tanchev*, SchlA C-277/16, ECLI:EU:C:2017:611 Rn. 50 ff. – Polkomtel.

[118] Exemplarisch dazu vgl. EuGH C-200/96, Slg. 1998, I-1935 Rn. 21 – Metronome Musik; EuGH verb. Rs. C-20/00 u. C-64/00, Slg. 2003, I-7411 Rn. 67 ff. – Booker Aquaculture ua; kritisch zur seinerzeit mangelnden Tatbestandsabgrenzung wirtschaftlicher Gemeinschafts- bzw. Unionsgrundrechte vgl. *Schilling* EuGRZ 2000, 3 (11).

[119] Vertrag von Lissabon zur Änderung des Vertrags über die Europäische Union und des Vertrags zur Gründung der Europäischen Gemeinschaft, ABl. 2007 C 306, 1 ff. Zu den vielfältigen materiell- und institutionell-rechtlichen Änderungen, die das Unionsrecht durch diesen Reformvertrag erfahren hat, vgl. jeweils mwN *Calliess,* Die neue Europäische Union nach dem Vertrag von Lissabon, 2010, S. 1 ff.; *Nowak,* Europarecht, S. 51 ff.; Streinz/Ohler/Herrmann Vertrag Lissabon S. 1 ff.

oder Geschäftstätigkeit auszuüben, die Vertragsfreiheit und den freien Wettbewerb, wie aus den Erläuterungen zu diesem Artikel hervorgeht, die gemäß Art. 6 Abs. 1 Unterabs. 3 EUV und Art. 52 Abs. 7 der Charta für deren Auslegung zu berücksichtigen sind".[120] Insoweit gehört zu den unstreitigen Kerngewährleistungen der unternehmerischen Freiheit nach Art. 16 GRC zunächst einmal die **Freiheit, eine Wirtschafts- und Geschäftstätigkeit auszuüben,** die in etwas abgekürzter Form auch als wirtschaftliche Betätigungsfreiheit bezeichnet werden kann und diverse Teilgewährleistungen etwa in Gestalt der Werbe-, (Außen-)Handels-, Organisations- und Dispositionsfreiheiten einschließt (→ Rn. 29 ff.). Eine ebenso unstreitige Kerngewährleistung der durch Art. 16 GRC geschützten unternehmerischen Freiheit stellt nach der vorgenannten EuGH-Rechtsprechung sodann die **Vertragsfreiheit** unter Einschluss der Preisfestlegungsfreiheit dar (→ Rn. 33 f.), der als eine weitere Kerngewährleistung dieser unternehmerischen Freiheit die in der bisherigen Rechtsprechung noch nicht hinreichend konturierte **Wettbewerbsfreiheit** (→ Rn. 35 f.) hinzutritt. Darüber hinaus spricht die jüngere EuGH-Rechtsprechung dafür, dass die unternehmerische Freiheit nach Art. 16 GRC – entweder allein oder im Verbund mit einigen anderen normativen Anknüpfungspunkten – auch den **Schutz von Betriebs-, Berufs- und/oder Geschäftsgeheimnissen** einschließt (→ Rn. 37). Weitgehend offen ist beim derzeitigen Entwicklungsstand des Unionsrechts indes, ob sich aus der in Art. 16 GRC verankerten unternehmerischen Freiheit – etwa in Anlehnung an die entsprechende Rechtsprechung des deutschen Bundesverwaltungsgerichts zu Art. 12 Abs. 1 GG[121] – auch ein unionsverfassungsunmittelbarer Informations- bzw. Dokumentenzugangsanspruch ableiten lässt (→ Rn. 38). Nicht von Art. 16 GRC erfasst wird indes der insbesondere bei der Wahrnehmung EU-wettbewerbsverfahrensrechtlicher Ermittlungsbefugnisse durch die Europäische Kommission relevant werdende Schutz von Geschäftsräumen, der von dem aus Art. 7 GRC iVm Art. 8 EMRK und Art. 52 Abs. 3 S. 1 EMRK ableitbaren Unionsgrundrecht der Unverletzlichkeit von Geschäftsräumen abgedeckt wird.[122]

29 1. **Die Freiheit, eine Wirtschafts- oder Geschäftstätigkeit auszuüben, unter Einschluss diverser Werbe-, (Außen-)Handels-, Organisations- und Dispositionsfreiheiten.** Die nach der nunmehr gefestigten Rechtsprechung des Unionsrichters zu den unstreitigen Kerngewährleistungen der unternehmerischen Freiheit nach Art. 16 GRC gehörende Freiheit, eine Wirtschafts- oder Geschäftstätigkeit auszuüben[123], entspricht offenbar gänzlich oder zumindest weitgehend der bereits in der früheren EuGH-Rechtsprechung anerkannten „wirtschaftlichen Betätigungsfreiheit".[124] Diese wirtschaftliche Betätigungsfreiheit bzw. die damit gleichzusetzende **Freiheit, eine Wirtschafts- oder Geschäftstätigkeit auszuüben**[125], die sich in Abgrenzung zu Art. 15 Abs. 1 GRC auf die

---

[120] So vgl. etwa EuGH C-283/11, ECLI:EU:C:2013:28 Rn. 42 – Sky Österreich, jeweils mAnm *Anagnostaras* ELR 39 (2014), 111 ff.; *Hins* CMLR 51 (2014), 665 ff.; *Ziegenhorn* EuZW 2013, 351 f.; EuGH C-101/12, ECLI:EU:C:2013:661 Rn. 24 – Schaible; EuG T-614/13, ECLI:EU:T:2014:835 Rn. 56 – Romonta/Kommission; EuG T-587/13, ECLI:EU:T:2015:37 Rn. 53 – Schwerdt/Harmonisierungsamt für den Binnenmarkt; EuGH C-477/14, ECLI:EU:C:2016:324 Rn. 155 – Pillbox 38 (UK).
[121] Vgl. etwa BVerwG NVwZ 2003, 2696 (2697).
[122] Näher dazu vgl. *Nowak* in LMRKM VerfVO Art. 20 Rn. 25 ff.; mwN → § 9 Rn. 17, → § 23 Rn. 24 ff.
[123] Vgl. etwa EuGH C-101/12, ECLI:EU:C:2013:661 Rn. 24 – Schaible; EuG T-614/13, ECLI:EU:T:2014:835 Rn. 56 – Romonta/Kommission; EuGH C-283/11, ECLI:EU:C:2013:28 Rn. 42 – Sky Österreich; EuGH C-477/14, ECLI:EU:C:2016:324 Rn. 155 – Pillbox 38 (UK); EuGH C-201/15, ECLI:EU:C:2016:972 Rn. 67 – AGET Iraklis; EuGH C-534/16, ECLI:EU:C:2017:820 Rn. 35 – BB construct; EuGH C-277/16, ECLI:EU:C:2017:989 Rn. 50 – Polkomtel; EuGH C-540/16, ECLI:EU:C:2018:565 Rn. 34 – Spika ua.
[124] Vgl. nur EuGH C-104/97 P, Slg. 1999, I-6983 Rn. 47 – Atlanta AG/EG; EuGH C-317/00 P (R), Slg. 2000, I-9541 Rn. 57 – „Invest" Import und Export GmbH ua/Kommission; ferner vgl. EuGH verb. Rs. C-143/88 u. C-92/89, Slg. 1991, I-415 Rn. 72–76 – Zuckerfabrik Süderdithmarschen ua, sowie EuGH verb. Rs. 63 u. 147/84, Slg. 1985, 2857 Rn. 23 f. – Finsider/Kommission, wo die Begriffe „Unternehmerfreiheit" und „wirtschaftliche Betätigungsfreiheit" synonym verwendet werden.
[125] Für eine Gleichsetzung dieser beiden Freiheiten, der auch *Bernsdorff* in NK-EuGRCh GRCh Art. 16 Rn. 11 zuzuneigen scheint, spricht ua auch EuG T-247/17, ECLI:EU:T:2018:931 Rn. 78 – Azarov/Rat,

selbstständige unternehmerische Ausübung dieser Tätigkeiten bezieht[126] und dabei alle Phasen der Gründung eines Unternehmens sowie der Aufnahme und Durchführung einer wirtschaftlichen oder geschäftlichen bzw. unternehmerischen Betätigung[127] unter Einschluss der Beendigung einer unternehmerischen Tätigkeit[128] schützt, setzt neben der vorgenannten **Selbstständigkeit** nach allgemeiner Auffassung auch eine gewisse **Dauerhaftigkeit** voraus.[129] Die Frage, ob es in diesem Kontext darüber hinaus zwingend auf eine Erwerbs- bzw. **Gewinnerzielungsabsicht** des jeweiligen Grundrechtsträgers ankommt, ist im einschlägigen Schrifttum zwar nach wie vor umstritten.[130] In vielen Fällen ist diese Frage jedoch nur von geringer Bedeutung, da das Vorliegen einer Erwerbs- bzw. Gewinnerzielungsabsicht im Kontext unternehmerischer Tätigkeiten den Regelfall darstellt. Die hier in Rede stehende Freiheit, eine Wirtschafts- oder Geschäftstätigkeit auszuüben, hat vornehmlich einen abwehrrechtlichen Charakter (→ Rn. 27). Die daran anknüpfende Detailfrage, ob mit dieser durch Art. 16 GRC geschützten Freiheit darüber hinaus eine – gewissermaßen leistungsrechtliche – Mittelstandsförderungskomponente verknüpft ist[131], hat der Unionsrichter bislang noch nicht beantworten müssen; die Entstehungsgeschichte der EU-Grundrechtecharta liefert im Hinblick auf diese Frage jedenfalls keine klaren Anhaltspunkte.[132] Nicht umfasst von der vornehmlich abwehrrechtlich konzipierten Kerngewährleistung der unternehmerischen Freiheit in Gestalt der wirtschaftlichen Betätigungsfreiheit bzw. der Freiheit, eine Wirtschafts- oder Geschäftstätigkeit auszuüben, ist zwar der Schutz bloßer kaufmännischer Interessen oder Aussichten, „deren Ungewissheit" nach ständiger Rechtsprechung der Unionsgerichte „zum Wesen wirtschaftlicher Tätigkeit gehört".[133] Dies ändert jedoch kaum etwas an der enormen Reichweite der Freiheit, eine Wirtschafts- oder Geschäftstätigkeit auszuüben, da diese in Anlehnung an die unionsgrundrechtliche Berufsfreiheit nicht zwischen erlaubten und verbotenen Tätigkeiten (→ § 34 Rn. 36) differenzierende[134] sowie

---

wo in Bezug auf Art. 16 GRC von der „Freiheit der Ausübung einer wirtschaftlichen Tätigkeit" die Rede ist.

[126] IdS vgl. auch *Bezemek* in Holoubek/Lienbacher, GRC-Kommentar, GRC Art. 16 Rn. 6; *Blanke* in Stern/Sachs GRCh Art. 16 Rn. 6; *Frenz* GewArch 2009, 427 (428); *Jarass* GRCh Art. 16 Rn. 7; *Kühling* in FK-EUV/GRC/AEUV GRC Art. 16 Rn. 6; *Storr* FS W. Berka, 2013, 219 (223 f.); *Wollenschläger* in von der Groeben/Schwarze/Hatje GRC Art. 16 Rn. 7; zur fraglichen Relevanz des im EU-Wettbewerbsrecht vorherrschenden funktionalen Unternehmensbegriffs für das in Art. 16 GRC enthaltene Tatbestandsmerkmal der „unternehmerischen" Freiheit → Rn. 40.

[127] Zu diesem grds. weiten Schutzbereichsverständnis vgl. statt vieler *Frenz* GewArch 2009, 427 (429); *Ganglbauer* in Kahl/Raschauer/Storr S. 203 (210); *Grabenwarter* in Grabenwarter/Pöcherstorfer/Rosenmayr-Klemenz S. 17 (21); *Jarass* GRCh Art. 16 Rn. 9; *Kühling* in FK-EUV/GRC/AEUV GRC Art. 16 Rn. 9; *Wollenschläger* EuZW 2015, 285 (287).

[128] Mit diesem Zusatz vgl. auch *Ganglbauer* in Kahl/Raschauer/Storr S. 203 (210); *Grabenwarter* in Grabenwarter/Pöcherstorfer/Rosenmayr-Klemenz S. 17 (21); *Jarass* GRCh Art. 16 Rn. 9; *Uwer/Rademacher* ELR 40 (2015), 35 (43); *Wollenschläger* in von der Groeben/Schwarze/Hatje GRC Art. 16 Rn. 8.

[129] Vgl. dazu statt vieler und jeweils mwN *Jarass* GRCh Art. 16 Rn. 7; *Jarass* EuGRZ 2011, 360 (361); *Kühling* in FK-EUV/GRC/AEUV GRC Art. 16 Rn. 6.

[130] Diese Frage bejahend vgl. etwa *Grabenwarter* in Grabenwarter, EnzEuR Bd. 2, § 13 Rn. 29; *Kühling* in FK-EUV/GRC/AEUV GRC Art. 16 Rn. 6; *Wollenschläger* in von der Groeben/Schwarze/Hatje GRC Art. 16 Rn. 7; etwas anders vgl. *Jarass* GRCh Art. 16 Rn. 7, wonach es in diesem Kontext nicht auf eine echte Gewinnerzielungsabsicht, wohl aber darauf ankomme, dass die fragliche Leistung gegen Entgelt erbracht wird.

[131] So vgl. etwa *Tettinger* NJW 2001, 1010 (1014); aA vgl. *Bernsdorff* in NK-EuGRCh GRCh Art. 16 Rn. 9; *Frenz* GewArch 2009, 427 (430).

[132] Vgl. dazu *Barriga*, Entstehung der GRC, S. 100 f.; *Bernsdorff* in NK-EuGRCh GRCh Art. 16 Rn. 4 ff., die beide den Eindruck vermitteln, als sei im Rahmen der Konventsarbeiten im Zusammenhang mit Art. 16 GRC über diese Frage nicht diskutiert worden.

[133] Grdlg. EuGH 4/73, Slg. 1974, 491 Rn. 14 – Nold/Kommission; so auch EuG T-521/93, Slg. 1996, II-1707 Rn. 62 – Atlanta ua/EG; im Ergebnis ua bestätigt in EuGH C-104/97 P, Slg. 1999, I-6983 ff. – Atlanta AG/EG.

[134] Zur allgemein angenommenen Unerheblichkeit der Frage, ob die jeweilige unternehmerische Tätigkeit erlaubt oder verboten ist, vgl. auch *Bezemek* in Holoubek/Lienbacher, GRC-Kommentar, GRC Art. 16 Rn. 6; *Bernsdorff* in NK-EuGRCh GRCh Art. 16 Rn. 10a; *Grabenwarter* in Grabenwarter/Pöcherstorfer/Rosenmayr-Klemenz S. 17 (21); *Jarass* GRCh Art. 16 Rn. 8.

grundsätzlich auf **alle gewerblichen, industriellen, kaufmännischen, handwerklichen und freiberuflichen Tätigkeiten in allen Sektoren** einschließlich der Warenherstellung, des Dienstleistungshandels und der Landwirtschaft Anwendung findende Freiheit[135] – ähnlich wie die Unternehmerfreiheit in Deutschland (→ Rn. 9 f.) – eine Reihe verschiedenster Teilgewährleistungen in konkreter Gestalt der nachfolgend anzusprechenden Werbe-, (Außen-)Handels-, Organisations- und Dispositionsfreiheiten einschließt.

30 Die von der wirtschaftsgrundrechtlichen Garantie der unternehmerischen Freiheit nach Art. 16 GRC umfasste Freiheit, eine Wirtschafts- oder Geschäftstätigkeit auszuüben (→ Rn. 29), schließt zunächst einmal auch die **Werbefreiheit bzw. die Freiheit der (Wirtschafts-)Werbung oder der kommerziellen Kommunikation** ein[136], die in weitem Umfang zusätzlich durch das Unionsgrundrecht der Meinungsäußerungsfreiheit nach Art. 11 Abs. 1 GRC (→ § 27) und in gewisser Weise auch durch einige der im AEUV niedergelegten Grundfreiheiten geschützt wird.[137] Diesbezüglich ist im einschlägigen Schrifttum bereits zutreffend darauf hingewiesen worden, dass in Ansehung der vorgenannten Werbefreiheit, die nach allgemeiner Auffassung auch das **Sponsoring** einschließt[138], wenig dagegen spreche, wirtschaftsgrundrechtliche Garantien insbesondere in Gestalt der unternehmerischen Freiheit einerseits und die Meinungsäußerungsfreiheit andererseits im Interesse der Gewährleistung eines effektiven Grundrechtsschutzes grundsätzlich nebeneinander anzuwenden bzw. bestehen zu lassen, wenn die jeweilige (Wirtschafts-)Werbung auch eine wertende Meinungsäußerung enthält bzw. ein kommunikatives Element aufweist.[139] Die aus der unternehmerischen Freiheit und der Meinungsäußerungsfreiheit ableitbare Werbefreiheit endet jedenfalls nach Auffassung des Unionsrichters dort, wo es um Informationen geht, die sich als unvollständig, mehrdeutig oder irreführend herausstellen und den Verbraucher insoweit in die Irre führen; solche Informationen können nach der einschlägigen EuGH-Rechtsprechung weder durch die unternehmerische Freiheit noch durch die Meinungsäußerungs- und Informationsfreiheiten geschützt sein.[140]

31 Neben der allgemeinen wirtschaftlichen Betätigungsfreiheit bzw. der Freiheit, eine Wirtschafts- oder Geschäftstätigkeit auszuüben (→ Rn. 29), und neben der Werbefreiheit (→ Rn. 30) stellt auch die einst aus der unionsgrundrechtlichen Berufsfreiheit hergeleitete **Handelsfreiheit** eine weitere spezielle Ausprägung der unternehmerischen Freiheit nach Art. 16 GRC dar.[141] In dieser Form ist die insoweit nicht als ein eigenständiges Unionsgrundrecht anzusehende Handelsfreiheit, die recht stark an die in Belgien und in Frankreich gewährleistete *liberté du commerce et de l'industrie* (→ Rn. 12) sowie an die in Art. 11 Abs. 6 luxVerf angesprochene „Freiheit des Handels" (→ Rn. 13) erinnert, zwar in einigen EuGH-Urteilen explizit anerkannt[142], jedoch weder in der bisherigen Rechtsprechung der

---

[135] Zur enormen Vielfalt der von der unternehmerischen Freiheit nach Art. 16 GRC erfassten Tätigkeitsbereiche und Sektoren vgl. auch *Grabenwarter* in Grabenwarter, EnzEuR Bd. 2, § 13 Rn. 29; *Kühling* in FK-EUV/GRC/AEUV GRC Art. 16 Rn. 10.

[136] IdS vgl. auch GA *Tanchev*, SchlA C-430/17, ECLI:EU:C:2018:759 Rn. 82 ff. – Walbusch Walter Busch; sowie *Frenz* GewArch 2009, 427 (430); *Ganglbauer* in Kahl/Raschauer/Storr S. 203 (210); *Gundel* ZHR 180 (2016), 323 (355 f.); Jarass GRCh Art. 16 Rn. 9; *Kühling* in FK-EUV/GRC/AEUV GRC Art. 16 Rn. 9; näher am Ganzen vgl. auch *Haratsch* ZEuS 2004, 559 (575 f.); *Perau*, Werbeverbote im Gemeinschaftsrecht – Gemeinschaftsrechtliche Grenzen nationaler und gemeinschaftsrechtlicher Werbebeschränkungen, 1997, S. 270 ff.; *Schwarze* in Schwarze, Werbung und Werbeverbote im Lichte des europäischen Gemeinschaftsrechts, 1999, S. 9 ff.; *Skouris* EuZW 1995, 438 ff.; *Wunderlich* S. 128 ff.

[137] Näher dazu vgl. jeweils mwN *Rengeling* in Schwarze S. 331 (335 u. 339); *Uwer/Rademacher* ELR 40 (2015), 35 (43 f.); sowie EuGH C-157/14, ECLI:EU:C:2015:823 Rn. 57 ff. – Neptune Distribution; EuGH C-547/14, ECLI:EU:C:2016:325 Rn. 147 – Philip Morris Brands.

[138] Vgl. nur Jarass GRCh Art. 16 Rn. 9; *Kühling* in FK-EUV/GRC/AEUV GRC Art. 16 Rn. 9.

[139] So vgl. mwN *Ruffert* in Ehlers GuG § 19 Rn. 15; *Kühling* in FK-EUV/GRC/AEUV GRC Art. 16 Rn. 9; ganz ähnlich vgl. auch *Crones* S. 123 ff.; *Gundel* ZHR 180 (2016), 323 (357); *Schmidt* S. 197 f.

[140] Vgl. mwN EuGH C-296/16 P, ECLI:EU:C:2017:437 Rn. 54 – Dextro Energy/Kommission.

[141] Zutr. vgl. statt vieler *Frenz* GewArch 2009, 427 (429); *Kühling* in FK-EUV/GRC/AEUV GRC Art. 16 Rn. 9.

[142] Vgl. EuGH 4/73, Slg. 1974, 491 Rn. 14 – Nold/Kommission; EuGH 240/83, Slg. 1985, 531 Rn. 9 ff. – ADBHU; ferner vgl. EuGH 11/70, Slg. 1970, 1125 Rn. 14 – Internationale Handelsgesellschaft mbH,

Unionsgerichte noch im einschlägigen Schrifttum näher entfaltet bzw. konturiert worden.[143] Weitgehend offen ist daher beispielsweise nach wie vor die mit guten Gründen im bejahenden Sinne zu beantwortende Frage, ob auch die in der EU-Grundrechtecharta nicht explizit angesprochene Außenwirtschafts- bzw. **Außenhandelsfreiheit** als Teilgewährleistung der unternehmerischen Freiheit nach Art. 16 GRC anzusehen ist.[144] Die Einbeziehung der Außenwirtschafts- bzw. Außenhandelsfreiheit in den sachlichen Schutzbereich des Art. 16 GRC ist durchaus sinnvoll, auch wenn diese gemäß Art. 51 Abs. 1 S. 1 GRC allein die Organe, Einrichtungen und sonstigen Stellen der Union sowie die Mitgliedstaaten bei der Durchführung des Unionsrechts verpflichtende (→ § 9 Rn. 22 ff.) Charta-Bestimmung die von der unternehmerischen Freiheit umfasste Außenwirtschafts- bzw. Außenhandelsfreiheit selbstverständlich nicht gegenüber einem Drittstaat gewährt.[145] Im Ergebnis verleiht diese Einbeziehung dem im Rahmen des EU-Außenwirtschaftsrechts sekundärrechtlich geregelten Grundsätzen der Ausfuhrfreiheit[146] und der Einfuhrfreiheit[147] eine unionsgrundrechtliche Dimension, die in Verbindung mit dem in Art. 47 GRC niedergelegten Unionsgrundrecht auf effektiven gerichtlichen Rechtsschutz (→ § 55) für eine Verbesserung der Rechtsstellung bzw. für eine Absicherung des gerichtlichen Rechtsschutzes von unternehmerisch tätigen Ein- und Ausführern sorgt.

Im Übrigen schließt die durch Art. 16 GRC geschützte Freiheit, eine Wirtschafts- oder Geschäftstätigkeit auszuüben, einige unter den Oberbegriff der **Organisations- und Dispositionsfreiheiten** zusammenfassbare Zusatzfreiheiten ein. Dies ergibt sich zunächst einmal aus der jüngeren EuGH-Rechtsprechung, wonach das Unionsgrundrecht der unternehmerischen Freiheit auch das Recht jedes Unternehmens umfasst, in den Grenzen seiner Verantwortlichkeit für seine eigenen Handlungen frei über seine

---

sowie EuGH 25/70, Slg. 1970, 1161 Rn. 30 – Köster, wo der EuGH immerhin auf den Einwand einging, „der Handel werde durch die [jeweilige] Kautionsstellung so übermäßig belastet, daß sogar Grundrechte verletzt würden". Zur Handelsfreiheit als ein (vom EuG hier allerdings nicht explizit bestätigter) Bestandteil der unternehmerischen Freiheit nach Art. 16 GRC vgl. auch EuG T-587/13, ECLI:EU:T:2015:37 Rn. 51 ff. – Schwerdt/Harmonisierungsamt für den Binnenmarkt.

[143] Zu der im einschlägigen Schrifttum erst ansatzweise erfolgten Konturierung der hier in Rede stehenden Handelsfreiheit vgl. etwa *Frenz* GewArch 2009, 427 (429), wonach diese Freiheit in Abgrenzung zur Erzeugung den Vertrieb von Wirtschaftsgütern beinhalte, während die Modalitäten des rechtlichen Austausches von Wirtschaftsgütern am Markt Gegenstand der Vertragsfreiheit (→ Rn. 33 f.) zwischen den Parteien seien, und wonach diese Freiheit somit vor generellen Beschränkungen oder Verboten des Ankaufs von Wirtschaftsgütern zum weiteren Vertrieb und vor Beschränkungen oder Verboten des Verkaufs solcher Güter schütze.

[144] Für die Einbeziehung der Außenhandelsfreiheit in den sachlichen Schutzbereich des Art. 16 GRC vgl. auch *Blanke* in Stern/Sachs GRCh Art. 16 Rn. 7; für die damit übereinstimmende Einstufung der Außenhandelsfreiheit als „Teil der allgemeinen Freiheit der wirtschaftlichen Betätigung" vgl. Grabitz/v. Bogdandy/Nettesheim, Europäisches Außenwirtschaftsrecht – Der Zugang zum Binnenmarkt: Primärrecht, Handelsschutzrecht und Außenaspekte der Binnenmarktharmonisierung, 1994, S. 74. Auch in Deutschland ist die Außenhandelsfreiheit nach allg. Auffassung von der – die unternehmerische Freiheit einschließenden – grundrechtlichen Berufsfreiheit (Art. 12 Abs. 1 GG) umfasst, vgl. dazu jeweils mwN *Manssen* in v. Mangoldt/Klein/Starck GG Art. 12 Rn. 222; *Starck* FS F. Knöpfle, 1996, 319 ff.

[145] Vgl. *Frenz* GewArch 2009, 427 (429).

[146] Vgl. dazu insbes. Art. 1 der VO (EU) 2015/479 des EP und des Rates v. 11. März 2015 über eine gemeinsame Ausfuhrregelung, ABl. 2015 L 83, 34 ff., wo es heißt: „Die Ausfuhren der Union nach dritten Ländern sind frei, dh keinen mengenmäßigen Beschränkungen unterworfen, mit Ausnahme derjenigen, die in Übereinstimmung mit dieser Verordnung Anwendung finden. Näher zu dieser allgemeinen Ausfuhrfreiheit sowie zu den dazugehörigen Beschränkungsmöglichkeiten vgl. *Bungenberg* in FK-EUV/GRC/AEUV AEUV Art. 207 Rn. 51 ff.

[147] Vgl. dazu insbes. Art. 1 Abs. 2 der VO (EU) 2015/478 des EP und des Rates v. 11. März 2015 über eine gemeinsame Einfuhrregelung, ABl. 2015 L 83, 16 ff., wo es heißt: „Die Einfuhr der in Absatz 1 genannten Waren in die Union ist frei und unterliegt mithin – unbeschadet etwaiger Schutzmaßnahmen gemäß Kapitel V – keinen mengenmäßigen Beschränkungen." Näher zu dieser allgemeinen Einfuhrfreiheit sowie zu den dazugehörigen Beschränkungsmöglichkeiten vgl. *Bungenberg* in FK-EUV/GRC/AEUV AEUV Art. 207 Rn. 78 ff.

wirtschaftlichen, technischen und finanziellen Ressourcen verfügen zu können.[148] Im Einklang damit hat der Unionsrichter ferner entschieden, dass auch die freie Nutzung der dem Grundrechtsträger zur Verfügung stehenden finanziellen Mittel in den sachlichen Schutzbereich des Art. 16 GRC fällt.[149] Darüber hinaus gehört auch der partiell mit der unionsgrundrechtlichen Religionsfreiheit bestimmter Arbeitnehmer oder Arbeitnehmerinnen kollidierende und als grundsätzlich rechtmäßig angesehene Wunsch eines Arbeitgebers, den Kunden ein Bild der Neutralität zu vermitteln, zur unternehmerischen Freiheit nach Art. 16 GRC, insbesondere dann, wenn der Arbeitgeber bei der Verfolgung dieses Ziels nur die Arbeitnehmer einbezieht, die mit seinen Kunden in Kontakt treten sollen.[150] Im Einklang damit hat auch Generalanwältin *Kokott* in ihren dazugehörigen Schlussanträgen in der Rs. *Achbita* die überzeugende Auffassung vertreten, dass es zu der durch Art. 16 GRC geschützten unternehmerischen Freiheit gehört, dass grundsätzlich der Unternehmer bestimmen darf, in welcher Art und Weise sowie unter welchen Bedingungen die im Betrieb anfallenden Arbeiten organisiert und erledigt werden sowie in welcher Form seine Produkte und Dienstleistungen angeboten werden.[151] Im Übrigen hat der EuGH in seinem Vorabentscheidungsurteil in der Rs. *Schaible* im Hinblick auf die von Art. 16 GRC umfassten Organisations- und Dispositionsfreiheiten entschieden, dass die im Ausgangsverfahren in Rede stehenden Bestimmungen der Verordnung (EG) Nr. 21/2004[152], die Schaf- und Ziegenhaltern bestimmte Verpflichtungen im Zusammenhang mit der elektronischen Einzeltierkennzeichnung und der Führung eines Bestandsregisters auferlegen, in Bezug auf Tierhalter, die zu geschäftlichen Zwecken tätig sind, als Beschränkung der unternehmerischen Freiheit eingestuft werden können.[153] Die im einschlägigen Schrifttum vertretenen Auffassungen, wonach die eigenverantwortliche Gestaltung und Organisation des Geschäftsmodells und der Betriebsabläufe ein Spezifikum der durch Art. 16 GRC geschützten unternehmerischen Freiheit sei[154] und wonach die in den sachlichen Schutzbereich des Art. 16 GRC fallenden Organisations- und Dispositionsfreiheiten in einem weiten Sinne das Selbstbestimmungsrecht über die eigene Produktion, den Inhalt der Unternehmenssatzung, die Verfahren der Willensbildung und die Führung der Geschäfte umfasse[155] und darüber hinaus die Freiheit zu Unternehmenszusammenschlüssen sowie die freie Wahl der Rechtsform einschließe[156], sind im Lichte der vorgenannten EuGH-Rechtsprechung durchaus plausibel und tragfähig.

33 **2. Vertragsfreiheit.** Nach den aktualisierten Erläuterungen des Grundrechtekonvent-Präsidiums zu Art. 16 GRC (→ Rn. 20), die der Unionsrichter nunmehr in regelmäßiger Weise heranzieht, um zu belegen, dass gerade auch die Vertragsfreiheit neben der Freiheit,

---

[148] Vgl. EuGH C-314/12, ECLI:EU:C:2014:192 Rn. 49 – UPC Telekabel Wien; EuGH C-134/15, ECLI:EU:C:2016:498 Rn. 27 – Lidl, mAnm *Streinz* JuS 2017, 798 ff.
[149] Vgl. EuGH C-534/16, ECLI:EU:C:2017:820 Rn. 38 – BB construct.
[150] Vgl. EuGH C-157/15, ECLI:EU:C:2017:203 Rn. 38 – Achbita; ausführlich zu dieser vieldiskutierten – auch nationale Kopftuchverbotsdebatten beeinflussenden – Entscheidung vgl. *Franzen/Roth* EuZA 2018, 187 (189 f.); *Germann* EuR 2018, 235 ff.; *Jacobs* RdA 2018, 263 (265 f.); *Junker* RIW 2018, 19 (21 f.); *Klein* NVwZ 2017, 920 ff.; *Mangold/Payandeh* EuR 2017, 700 ff.; *Preis/Morgenbrodt* ZESAR 2017, 309 ff.; *Sagan* EuZW 2017, 457 ff.; *Sandhu* KJ 2017, 517 ff.; *Wagner* EuR 2018, 724 ff.
[151] GA *Kokott*, SchlA C-157/15, ECLI:EU:C:2016:382 Rn. 81 – Achbita.
[152] VO (EG) Nr. 21/2004 des Rates v. 17. Dezember 2003 zur Einführung eines Systems zur Kennzeichnung und Registrierung von Schafen und Ziegen und zur Änderung der Verordnung (EG) Nr. 1782/2003 sowie der Richtlinien 92/102/EWG und 64/432/EWG (ABl. 2004 L 5, 8 ff.) in der durch die VO (EG) Nr. 933/2008 der Kommission v. 23. September 2008 (ABl. 2008 L 256, 5 ff.) geänderten Fassung.
[153] Vgl. EuGH C-101/12, ECLI:EU:C:2013:661 Rn. 26 – Schaible.
[154] So vgl. *Gundel* ZHR 180 (2016), 323 (350).
[155] So vgl. *Frenz* GewArch 2009, 427 (429); für ein ähnlich weites Verständnis der hier in Rede stehenden Organisations- und Dispositionsfreiheiten vgl. ferner *Blanke* in Stern/Sachs GRCh Art. 16 Rn. 10, der hierzu auch die Vertriebs-, Wachstums- und Niederlassungsfreiheiten zählt.
[156] So vgl. *Ganglbauer* in Kahl/Raschauer/Storr S. 203 (210); *Jarass* EuGRZ 2011, 360 (362).

eine Wirtschafts- oder Geschäftstätigkeit auszuüben (→ Rn. 29 ff.), und neben der Wettbewerbsfreiheit (→ Rn. 35 f.) zu den maßgebenden Kerngewährleistungen der durch Art. 16 GRC geschützten unternehmerische Freiheit gehört[157], schließt diese unternehmerische Freiheit auch die bereits in der früheren Rechtsprechung der Unionsgerichte anerkannte **Vertragsfreiheit**[158] ein, die mit ihrem zugleich die rechtsprinzipielle **Partei- und Privatautonomie**[159] konkretisierenden und schützenden Gehalt[160] zum Teil auch an die im AEUV niedergelegten Grundfreiheiten angebunden werden kann.[161] Den unionsgrundrechtlichen Hauptanknüpfungspunkt der Vertragsfreiheit stellt indes auch nach der jüngeren Rechtsprechung der Unionsgerichte unbezweifelbar Art. 16 GRC dar, mit dem die Vertragsfreiheit nach Auffassung des Unionsrichters untrennbar verbunden ist.[162] Dies gilt allerdings nur im Hinblick auf diejenigen Personen, die tatsächlich in den persönlichen Schutzbereich des Art. 16 GRC (→ Rn. 39 f.) fallen; für alle anderen Personen – wie etwa Arbeitnehmer oder Verbraucher – lässt sich die Vertragsfreiheit mit Blick auf die eigentumsrechtliche Rechtsprechung des EGMR (→ § 34 Rn. 6) iVm Art. 52 Abs. 3 GRC aus der in Art. 17 GRC niedergelegten Eigentumsfreiheit[163] (→ § 36) und möglicherweise auch aus der allgemeinen Handlungsfreiheit ableiten[164], sofern es die letztgenannte Freiheit, die in der EU-Grundrechtecharta bislang keine explizite Erwähnung gefunden hat, überhaupt gibt (→ § 9 Rn. 16). In der einschlägigen Literatur dominiert im Hinblick auf den Regelungs- bzw. Schutzgehalt der von Art. 16 GRC umfassten Vertragsfreiheit ein grundsätzlich weites Verständnis.[165] Ähnliches ist auch der jüngeren Rechtsprechung des Unionsrichters zu attestieren, wenn er beispielsweise ausführt, dass „Art. 16 [GRC ua] bedeutet, dass es einem Unternehmen möglich sein muss, im Rahmen eines zum Ver-

---

[157] Vgl. EuGH C-283/11, ECLI:EU:C:2013:28 Rn. 42 – Sky Österreich; EuGH C-426/11, ECLI:EU:C:2013:521 Rn. 32 – Alemo-Herron ua; EuGH C-101/12, ECLI:EU:C:2013:661 Rn. 24 – Schaible; EuG T-614/13, ECLI:EU:T:2014:835 Rn. 56 – Romonta/Kommission; EuGH C-477/14, ECLI:EU:C:2016:324 Rn. 155 – Pillbox 38 (UK); EuGH C-201/15, ECLI:EU:C:2016:972 Rn. 67 – AGET Iraklis; EuGH C-534/16, ECLI:EU:C:2017:820 Rn. 35 – BB construct; EuGH C-277/16, ECLI:EU:C:2017:989 Rn. 50 – Polkomtel; EuGH C-540/16, ECLI:EU:C:2018:565 Rn. 34 – Spika ua.

[158] Vgl. EuGH 151/78, Slg. 1979, 1 Rn. 20 – Sukkerfabriken Nykøbing; EuGH C-240/97, Slg. 1999, I-6571 Rn. 99 – Spanien/Kommission; mwN *Schwier* S. 104 ff.

[159] Näher zur Rechtsnatur, Begründung, Bedeutung und/oder Funktionsweise des überaus bedeutsamen Prinzips der Privatautonomie vgl. aus jüngerer Zeit und jeweils mwN *Bumke* in Bumke/Röthel, Autonomie im Recht: Gegenwartsdebatten über einen rechtlichen Grundbegriff, 2017, S. 69 ff.; *Möllers* ERCL 14 (2018), 101 ff.; *Riesenhuber* ZfPW 2018, 352 ff.; *Röthel* in Bumke/Röthel, Autonomie im Recht: Gegenwartsdebatten über einen rechtlichen Grundbegriff, 2017, S. 91 ff. Näher zu sich maßgeblich in der Vertragsfreiheit manifestierenden Parteiautonomie („Party Autonomy") als „Fundamental Right in the European Union" vgl. auch *Ciacchi* ERCL 2010, 303 ff.; *Möllers* 14 ERCL (2018), 101 ff. Instruktiv zur Unterscheidung von Privat- und Parteiautonomie vgl. *Coester-Waltjen* JZ 2017, 1073 ff.

[160] Zum Schutz der Privatautonomie als „Element der Unternehmerischen Freiheit" nach Art. 16 GRC vgl. *Herresthal* ZEuP 2014, 238 (265); näher zu dem zwischen Art. 16 GRC und dem Rechtsprinzip der Privatautonomie bestehenden Verhältnis vgl. *Babayev* CMLR 53 (2016), 979 ff.

[161] So vgl. mwN *Szczekalla* DVBl 2005, 286 (287); ferner vgl. in diesem Kontext *Schöbener* GS P. J. Tettinger, 2007, 159 (167), wonach die „Grundfreiheiten die Vertragsfreiheit zwingend" voraussetzen würden, „weil ohne sie eine Inanspruchnahme der daraus resultierenden Rechte gar nicht möglich wäre".

[162] So vgl. etwa EuG T-421/09 RENV, ECLI:EU:T:2016:748 Rn. 131 – DEI/Kommission.

[163] IdS vgl. etwa auch *Schmidt* S. 193 f.

[164] So vgl. *Schöbener* GS P. J. Tettinger, 2007, 159 (168).

[165] Exemplarisch vgl. *Grabenwarter* in Grabenwarter, EnzEuR Bd. 2, § 13 Rn. 31; sowie *Frenz* GewArch 2009, 427 (429), wonach von Art. 16 GRC umfasste Vertragsfreiheit nicht nur die freie Wahl des Geschäftspartners (→ Rn. 34), die Freiheit der Vertragsgestaltung und die Freiheit der Vertragsänderung, sondern auch die Freiheit einschließe, einen Vertrag nicht zu schließen; ebenso *Blanke* in Gesellschaft für Rechtspolitik ua S. 13 (29); für die Einbeziehung der Gestaltung und der Änderung des Vertragsinhalts in den sachlichen Schutzbereich der von Art. 16 GRC umfassten Vertragsfreiheit vgl. auch *Blanke* in Stern/Sachs GRCh Art. 16 Rn. 8; *Ganglbauer* in Kahl/Raschauer/Storr S. 203 (211); *Grabenwarter* in Grabenwarter/Pöcherstorfer/Rosenmayr-Klemenz Art. 16 (22). Für die Einbeziehung auch der Fixierung der weiteren *essentialia negotii* in den sachlichen Schutzbereich dieser Vertragsfreiheit vgl. *Kühling* in FK-EUV/GRC/AEUV GRC Art. 16 Rn. 9. Instruktiv zur Vertragsfreiheit und ihren Grenzen im deutschen Recht vgl. *Musielak* JuS 2017, 949 ff.

tragsabschluss führenden Verfahrens, an dem es beteiligt ist, seine Interessen wirksam geltend zu machen und die die Entwicklung der Arbeitsbedingungen seiner Arbeitnehmer bestimmenden Faktoren mit Blick auf seine künftige wirtschaftliche Tätigkeit auszuhandeln"[166], und dabei in der Regel zugleich deutlich macht, dass sogar der Wesensgehalt des Rechts auf unternehmerische Freiheit einschließlich der Vertragsfreiheit beeinträchtigt sein kann, wenn die vorgenannte Möglichkeit nicht gegeben ist oder durch eine bestimmte hoheitliche Maßnahmen beschränkt wird.[167]

34 In spezieller Ansehung der Vertragsfreiheit kann sich die in Art. 16 GRC eigenständig geregelte unternehmerische Freiheit insoweit mit dem Unionsgrundrecht der Berufsfreiheit (→ § 34) überschneiden, als der EuGH in seinen Urteilen in den Rs. *Neu* und *Luxlait* zunächst entschieden hatte, dass die Freiheit der Berufsausübung als einen besonderen Ausdruck die **„freie Wahl des Geschäftspartners"** gewährleistet[168], die der Unionsrichter in seiner jüngeren Rechtsprechung nunmehr der von Art. 16 GRC erfassten Vertragsfreiheit zuordnet.[169] Diese in den Schutzbereich des Art. 16 GRC fallende Vertragsfreiheit umfasst nicht nur die freie Wahl des Geschäftspartners, sondern auch die Freiheit, den Preis für eine Leistung festzulegen.[170] Insoweit stellt die vorgenannte **Preisfestlegungsfreiheit** einen integralen Bestandteil der Vertragsfreiheit als eine spezielle Ausprägung der unternehmerischen Freiheit nach Art. 16 GRC dar.

35 **3. Wettbewerbsfreiheit.** In den aktualisierten Erläuterungen des Grundrechtekonvent-Präsidiums zu Art. 16 GRC (→ Rn. 20) wird darauf hingewiesen, dass sich die vorgenannte Charta-Bestimmung unter anderem auch auf Art. 119 Abs. 1 und 3 AEUV stützt, in dem der freie Wettbewerb anerkannt wird. Hierauf stützt der Unionsrichter in seiner jüngeren Rechtsprechung nunmehr regelmäßig die Feststellung, dass der durch Art. 16 GRC gewährte Schutz nicht nur die Freiheit, eine Wirtschafts- oder Geschäftstätigkeit auszuüben (→ Rn. 29ff.), und die Vertragsfreiheit (→ Rn. 33f.), sondern auch den freien Wettbewerb umfasst.[171] Hinsichtlich der bereits in einigen früheren EuGH-Urteilen angesprochenen Wettbewerbsfreiheit[172], die zum Teil als ein lediglich objektivrechtlicher Grundsatz des damaligen Gemeinschafts- bzw. des heutigen Unionsrechts eingestuft wird[173], soll fraglich bzw. zweifelhaft sein, ob der EuGH die – möglicherweise vorrangig bzw. auch aus einer Gesamtschau grundfreiheitlicher und EU-wettbewerbsrechtlicher Einzelbestimmungen ab-

---

[166] Vgl. EuGH C-426/11, ECLI:EU:C:2013:521 Rn. 33 – Alemo-Herron ua, mAnm *Weatherill* 10 ERCL (2014), 167 ff.; EuGH C-201/15, ECLI:EU:C:2016:972 Rn. 68 – AGET Iraklis, jeweils mAnm *Franzen* EuZW 2017, 237 f.; *Kaufmann* ZESAR 2017, 300 ff.; *Klein/Leist* ZESAR 2017, 468 (469 ff.); *Rebhahn* EuZA 2017, 385 ff.; sowie EuGH verb. Rs. C-680/15 u. C-681/15, ECLI:EU:C:2017:317 Rn. 23 – Asklepios Kliniken Langen-Seligenstadt ua.
[167] Vgl. EuGH C-426/11, ECLI:EU:C:2013:521 Rn. 34 f. – Alemo-Herron ua; EuGH C-201/15, ECLI:EU:C:2016:972 Rn. 87 – AGET Iraklis.
[168] Vgl. EuGH verb. Rs. C-90/90 u. C-91/90, Slg. 1991, I-3617 Rn. 13 – Neu ua; EuGH C-307/91, Slg. 1993, I-6835 Rn. 14 – Luxlait.
[169] Vgl. EuGH C-283/11, ECLI:EU:C:2013:28 Rn. 43 – Sky Österreich; jeweils mAnm *Anagnostaras* ELR 39 (2014), 111 ff.; *Hins* CMLR 51 (2014), 665 ff.; *Ziegenhorn* EuZW 2013, 351 f.
[170] So vgl. EuGH C-277/16, ECLI:EU:C:2017:989 Rn. 50 – Polkomtel; sowie bereits EuGH C-283/11, ECLI:EU:C:2013:28 Rn. 43 – Sky Österreich, mit Verweis auf EuGH C-437/04, Slg. 2007, I-2513 Rn. 51 – Kommission/Belgien; EuGH C-213/10, ECLI:EU:C:2012:215 Rn. 45 – F-Tex.
[171] Vgl. nur EuGH C-101/12, ECLI:EU:C:2013:661 Rn. 24 – Schaible; EuG T-614/13, ECLI:EU:T:2014:835 Rn. 56 – Romonta/Kommission; EuGH C-283/11, ECLI:EU:C:2013:28 Rn. 42 – Sky Österreich; EuGH C-477/14, ECLI:EU:C:2016:324 Rn. 155 – Pillbox 38 (UK); EuGH C-201/15, ECLI:EU:C:2016:972 Rn. 67 – AGET Iraklis; EuGH C-534/16, ECLI:EU:C:2017:820 Rn. 35 – BB construct; EuGH C-277/16, ECLI:EU:C:2017:989 Rn. 50 – Polkomtel; EuGH C-540/16, ECLI:EU:C:2018:565 Rn. 34 – Spika ua.
[172] Vgl. etwa EuGH 240/83, Slg. 1985, 531 Rn. 9 ff. – ADBHU; EuGH verb. Rs. 133 bis 136/85, Slg. 1987, 2289 Rn. 15 ff. – Walter Rau Lebensmittelwerke ua; EuGH C-280/93, Slg. 1994, I-4973 Rn. 58 ff. – Deutschland/Rat.
[173] IdS vgl. mwN *Mayer* in GHN EUV nach Art. 6 Rn. 196, wonach der Grundsatz der Wettbewerbsfreiheit als „Leitprinzip der [...] Objektivierung individueller Handlungs- und Wirtschaftsfreiheit" ein „zentrales Ordnungsprinzip des Gemeinschaftsrechts" sei und wonach der EuGH bislang „keine Grundrechtsqualität der Wettbewerbsfreiheit" anerkannt habe.

zuleitende[174] – Wettbewerbsfreiheit als eine grundrechtliche Gewährleistung oder lediglich als einen objektivrechtlichen Grundsatz ansieht.[175] Richtig ist zwar, dass die Wettbewerbsfreiheit beim gegenwärtigen Entwicklungsstand des Unionsrechts kein eigenständiges Unionsgrundrecht darstellt[176], sondern im Unionsgrundrecht der unternehmerischen Freiheit nach Art. 16 GRC „mitschwingt". Auf einen rein objektivrechtlichen Grundsatz des Unionsrechts lässt sich diese Wettbewerbsfreiheit auf Grund ihrer mangelnden Eigenständigkeit jedoch nicht reduzieren, da der EuGH eine der unionalen Hoheitsgewalt zuzurechnende Änderung der Wettbewerbsstellung eines oder mehrerer Unternehmen längst als einen rechtfertigungsbedürftigen Eingriff in die freie Berufsausübung qualifiziert hat.[177] Insofern lässt sich die **subjektivrechtliche Seite bzw. Dimension des unionsrechtlichen Grundsatzes der Wettbewerbsfreiheit,** die sich früher aus dem Unionsgrundrecht der Berufsfreiheit ableiten ließ, heute aus der unionsgrundrechtlichen Garantie der unternehmerischen Freiheit generieren[178], die mit dieser speziellen Teilgewährleistung insbesondere bei der Genehmigung mitgliedstaatlicher Beihilfen durch die Europäische Kommission von erheblicher Bedeutung ist bzw. hinreichend ernst genommen werden sollte.[179] Im weitgehenden Einklang damit wird im einschlägigen Schrifttum zwar die Auffassung vertreten, dass die von Art. 16 GRC erfasste (subjektivrechtliche) **Wettbewerbsfreiheit und Wettbewerbsgleichheit** nicht nur das Recht jedes Unternehmens auf Zugang zu einem Markt und auf Verbleib, sondern auch davor schütze, dass Konkurrenten durch staatliche bzw. unionale Maßnahmen bevorteilt werden, sei es zB durch fördernde Beihilfen oder durch Strafen und Verbote, die dem Grundrechtsträger auferlegt werden, weil diese prinzipiell gleich vergeben oder ausgesprochen werden müssen, und wonach die grund-

---

[174] IdS vgl. etwa *Hilf/Hörmann* NJW 2003, 1 (5), wonach die Wettbewerbsfreiheit vorrangig durch die Grundfreiheiten als *leges speciales* zur Berufsfreiheit sowie durch die primärrechtlichen Wettbewerbsregeln gewährleistet werde.

[175] Zweifelnd insoweit *Bernsdorff* in NK-EuGRCh GRCh Art. 16 Rn. 14; *Grabenwarter* in Grabenwarter/Pöcherstorfer/Rosenmayr-Klemenz S. 17 (23); *Rengeling* DVBl 2004, 453 (459); *Streinz* in Streinz GRC Art. 16 Rn. 5f.; *Storr* FS W. Berka, 2013, 219 (224 f.); ferner vgl. *Rengeling/Szczekalla* Grundrechte in der EU § 20 Rn. 802, wonach der Grundsatz des unverfälschten Wettbewerbs vom EuGH bisher „eher objektiv-rechtlich geprüft worden" sei, was aber eine allmähliche Subjektivierung in Zukunft nicht ausschließe; sowie die Rechtsprechungsanalyse von *Klement* S. 397 ff. Ausführlich zum Wettbewerbsprinzip im Werte-, Ziel- und Grundsatzsystem der europäischen Verfassung vgl. *Müller* S. 140 ff.

[176] Die Existenz eines *eigenständigen* Gemeinschafts- bzw. Unionsgrundrechts der Wettbewerbsfreiheit verneinend vgl. nur *v. Dietze*, Verfahrensbeteiligung und Klagebefugnis im EG-Recht, 1995, S. 133 f.; *Nicolaysen* EuR 2003, 719 (741); *Nowak*, Konkurrentenschutz, S. 483 ff.; *Staebe* S. 78 ff.; aA *Crones* S. 111 f., ähnlich *Storr* Der Staat 37 (1997), 547 (557); diese Frage offen lassend vgl. etwa *Rengeling* DVBl 2004, 453 (461).

[177] Vgl. insbes. EuGH C-280/93, Slg. 1994, I-4973 Rn. 81 – Deutschland/Rat.

[178] IdS vgl. auch *Frenz* GewArch 2009, 427 (430); *Kühling* in FK-EUV/GRC/AEUV GRC Art. 16 Rn. 11; ähnlich *Ganglbauer* in Kahl/Raschauer/Storr S. 203 (213), wonach sich immerhin „eine allmähliche Verdichtung des Grundsatzes des freien Wettbewerbs im Anwendungsbereich des Art. 16 GRC zu einem subjektiven Recht konstatieren" lasse; durchaus ähnlich vgl. *Everson/Correia Gonçalves* in PHKW Fundamental Rights Rn. 16.28, die aus den beiden jüngeren EuGH-Entscheidungen in den Rechtssachen *Scarlet Extended* (C-70/10) und *Netlog* (C-360/10) ein „potential for the instituting of a subjective individual right to business equality and free competition within primary EU law" ableiten. Ferner vgl. *Grabenwarter* in Grabenwarter/Pöcherstorfer/Rosenmayr-Klemenz S. 17 (23), wonach „die Wettbewerbsfreiheit auch als eine Art Auffangtatbestand innerhalb der unternehmerischen Freiheit angesehen werden" könne. In eine gänzlich andere Richtung weisend vgl. indes *Blanke* in Gesellschaft für Rechtspolitik ua S. 13 (32), wonach der Begriff der Wettbewerbsfreiheit in der Unionsverfassung als ein Sammelbegriff für eine Vielzahl ineinandergreifender und sich teilweise überschneidender subjektiver Rechte aufzufassen sei, die (so auch *Müller* S. 341) „in der europäischen Grundrechtsordnung, in den Grundfreiheiten und im EU-Wettbewerbsprimärrecht verankert" seien.

[179] Näher dazu vgl. jeweils mwN *Nowak* DVBl 2000, 20 ff.; *Staebe* S. 78 ff. Darüber hinaus wird zT vertreten, dass auch „mit dem Ziel der Kontrolle geschaffene Ermittlungsbefugnisse und Sanktionsmöglichkeiten der Europäischen Kommission, etwa nach der Verordnung (EG) Nr. 1/2003 des Rates vom 16.12.2002 zur Durchführung der in den Artikeln 81 und 82 des Vertrags [jetzt: Art. 101 u. 102 AEUV] niedergelegten Wettbewerbsregeln [...] an Art. 16 zu messen sein [werden]"; dies hat sich aber in der bisherigen Praxis des EU-Wettbewerbsverfahrensrechts noch nicht durchgesetzt, vgl. *Nowak* in LMRKM VerfVO Art. 20 Rn. 1 ff. u. Art. 23 Rn. 1 ff.

rechtlich garantierte Gleichheit im Wettbewerb so gesehen eine konsequente Ausprägung bzw. Fortsetzung der durch die Grundfreiheiten und den Gleichheitssatz des Art. 20 GRC gewährten Gleichheit sei.[180] Andere Autoren sind hinsichtlich des konkreten Regelungs- bzw. Schutzgehalts und der Reichweite dieser subjektivrechtlichen Wettbewerbsfreiheit jedoch nach wie vor deutlich defensiver, soweit ausgeführt wird, dass die von Art. 16 GRC erfasste Wettbewerbsfreiheit als subjektives Recht nur die **Garantie einer allgemeinen wirtschaftlichen Handlungsfreiheit** umfassen könne und dass die Maßstabswirkung einer solchen Grundrechtsfacette letztlich nicht stärker sein dürfte als der durch Art. 20 GRC gewährleistete Gleichheitssatz, der breiten Raum für die Gestaltung von Marktbedingungen lasse.[181] Vor dem Hintergrund dieses Meinungsbilds wäre eine eigenständige Positionierung des Unionsrichters im Hinblick auf den konkreten Regelungs- bzw. Schutzgehalt der von Art. 16 GRC umfassten Wettbewerbsfreiheit, die bislang unterblieben ist, überaus wünschenswert.

36 Gegen die mit der deutschen Verfassungsrechtslage (→ Rn. 9 f.) weitgehend übereinstimmende Einbeziehung der subjektivrechtlich verstandenen Wettbewerbsfreiheit (→ Rn. 35) in die wirtschaftsgrundrechtliche Garantie der unternehmerischen Freiheit ist nichts einzuwenden[182], zumal die subjektivrechtliche Wettbewerbsfreiheit unter anderem auch in Belgien, Frankreich und Italien Anerkennung gefunden hat (→ Rn. 12, 14). Die im einschlägigen Schrifttum diskutierte Möglichkeit, aus einzelnen individualschützenden Wettbewerbsvorschriften des primären Unionsrechts[183] eine **subjektivrechtliche Garantie der Wettbewerbsfreiheit** abzuleiten[184], ist hingegen vom EuGH bislang nicht ausdrücklich bestätigt worden.[185] Gleiches gilt für die vereinzelt vertretene Auffassung, wonach der Rechtsprechung des EuGH angeblich entnommen werden könne, dass der seinerzeit geltende Art. 3 Abs. 1 lit. g EGV, dessen Regelungsgehalt durch den Lissabonner Reformvertrag in das gemäß Art. 51 EUV zum primären Unionsrecht gehörende Vertragsprotokoll Nr. 27 über den Binnenmarkt und den Wettbewerb[186] „ausgelagert" wurde[187], ein „subjektives Recht auf Wettbewerbsfreiheit" enthalte.[188] Auch dies hat der EuGH bislang weder explizit entschieden, noch gibt es dafür angesichts der in der Rechtsprechung des EuGH bereits vorgenommenen Verortung der subjektivrechtlichen Wettbewerbsfreiheit im Unionsgrundrecht der Berufsfreiheit bzw. der unternehmerischen Freiheit (→ Rn. 35) ein echtes Bedürfnis.

37 **4. Art. 16 GRC als denkbarer Anknüpfungspunkt für einen wirtschaftsgrundrechtlichen Schutz von Betriebs-, Berufs- und/oder Geschäftsgeheimnissen.** Weitgehende Einigkeit besteht im einschlägigen Schrifttum darüber, dass der Schutz von

---

[180] So vgl. *Storr* FS W. Berka, 2013, 219 (224 f.); in eine ähnliche Richtung weisend vgl. *Frenz* GewArch 2009, 427 (430), wonach Art. 16 GRC den Wettbewerb im Interesse unternehmerischer Entfaltungsfreiheit maßgeblich absichere und „einen Eckpfeiler zu seiner Durchsetzung über die Wettbewerbsregeln hinaus und damit auch umfassend gegen staatliche Eingriffe in die Gleichheit und Freiheit am Markt" schaffe.

[181] So vgl. *Gundel* ZHR 180 (2016), 323 (353); partiell ähnlich vgl. *Schmidt* S. 144; sowie *Schöbener* GS P.J. Tettinger, 2007, 159 (169), wonach mit dem „Grundrecht der Wettbewerbsfreiheit [...] keine Festlegung auf ein bestimmtes Wirtschafts- und Wettbewerbsmodell getroffen" werde und wonach „Wettbewerbsfreiheit eine grundsätzlich umfassende wirtschaftliche Handlungsfreiheit" bedeute, die nach Maßgabe des Art. 52 Abs. 1 GRC beschränkt werden könne.

[182] Zutr. *Wunderlich* S. 109.

[183] Zum individualschützenden Gehalt etwa des Art. 101 Abs. 1 AEUV vgl. nur EuGH C-453/99, Slg. 2001, I-6314 Rn. 19 ff. – Courage, jeweils mAnm *Nowak* EuZW 2001, 717 ff.; *Komninos* CMLR 39 (2002), 447 ff.; *Kremer* EuR 2003, 696 ff.; *Lettl* ZHR 167 (2003), 473 ff.; *Mäsch* EuR 2003, 825 ff.; *Reich* CMLR 42 (2005), 35 ff.; *Weyer* ZEuP 2003, 318 ff.

[184] Vgl. *Schubert*, Der Gemeinsame Markt als Rechtsbegriff – Die allgemeine Wirtschaftsfreiheit des EG-Vertrages, 1999, S. 220 ff.

[185] Vgl. dazu *Nowak* in Bruha/Nowak/Petzold, Grundrechtsschutz, S. 45 (68).

[186] ABl. 2012 C 326, 309.

[187] Näher zu dieser im Ergebnis weitgehend unschädlichen Modifikation des EU-wirtschaftsverfassungsrechtlichen Koordinatensystems, die nicht überbewertet werden sollte, vgl. jeweils mwN *Nowak* EuR Beih. 1/2009, 129 ff.; *Nowak* EuR Beih. 2/2011, 21 ff.; in eine andere Richtung weisend vgl. etwa *Brauser-Jung* FS R. Stober, 2008, 43 ff.

[188] So *Birk*, Das Prinzip des unverfälschten Wettbewerbs und seine Bedeutung im europäischen Gemeinschaftsrecht, 2000, S. 151 u. 168 f.; *Birk* EWS 2003, 159 (166).

Geschäftsgeheimnissen oder Geschäftsdaten ein weiteres eigenständiges Feld der unternehmerischen Freiheit nach Art. 16 GRC ist bzw. dass diese Charta-Bestimmung jedenfalls auch den **Schutz von Geschäfts-, Berufs- und/oder Betriebsgeheimnissen gegenüber bestimmten Offenlegungspflichten** umfasst.[189] Dass der Unionsrichter einen solchen Geheimnisschutz in seiner früheren Rechtsprechung gelegentlich mit dem Unionsgrundrecht der Berufsfreiheit in Verbindung gebracht hat[190], stellt die Möglichkeit, den beispielsweise in Deutschland durch Art. 12 Abs. 1 GG gewährleisteten Schutz von Geschäfts- und Betriebsgeheimnissen[191] nunmehr in Art. 16 GRC zu verorten, zwar nicht grundlegend in Frage, da auch einige andere wirtschaftsgrundrechtliche Teilgewährleistungen, die – wie etwa die Werbefreiheit (→ Rn. 30), die (Außen-)Handelsfreiheit (→ Rn. 31) und die Vertragsfreiheit (→ Rn. 33 f.) – in der früheren EuGH-Rechtsprechung der unionsgrundrechtlichen Berufsfreiheit zugeordnet worden sind (→ Rn. 2), durch Art. 16 GRC zwischenzeitlich eine Lokationsänderung erfahren haben. Gleichwohl bleibt zu beachten, dass sich der Unionsrichter hinsichtlich des zutreffenden wirtschaftsgrundrechtlichen Anknüpfungspunktes für einen subjektivrechtlichen Schutz von Betriebs-, Berufs- und/oder Geschäfts-geheimnissen[192] gerade auch in seiner jüngeren Rechtsprechung noch nicht hinreichend klar festgelegt hat[193] und es zudem nach wie vor für erforderlich hält, auf die weitere Möglichkeit der Ableitung eines Berufsgeheimnisschutzes aus Art. 339 AEUV, Art. 8 EMRK und Art. 7 GRC[194] sowie auf die **Zugehörigkeit des Schutzes von Geschäftsgeheimnissen zu den allgemeinen Grundsätzen des Unionsrechts** hinzuweisen.[195]

---

[189] Vgl. nur *Frenz* GewArch 2009, 427 (430); *Ganglbauer* in Kahl/Raschauer/Storr S. 203 (210); *Grabenwarter* in Grabenwarter, EnzEuR Bd. 2, § 13 Rn. 33; *Gundel* ZHR 180 (2016), 323 (353 f.); Jarass GRCh Art. 16 Rn. 9; *Kühling* in FK-EUV/GRC/AEUV GRC Art. 16 Rn. 9.

[190] Zur früheren Herleitung eines nicht weiter spezifizierten Geheimnisschutzes („Recht[s] eines Unternehmens, bestimmte potenziell sensible Daten geheim zu halten") aus der unionsgrundrechtlichen Berufsfreiheit vgl. EuGH verb. Rs. C-435/02 u. C-103/03, Slg. 2004, I-8663 Rn. 40 – Axel Springer.

[191] Vgl. etwa BVerfGE 115, 205 (229 f.); BVerwG N&R 2014, 104 (105); VG Köln EnWZ 2016, 332 (334); näher zur grundrechtlichen Fundierung des Schutzes von Betriebs- und Geschäftsgeheimnissen im deutschen Recht vgl. auch *Benedikt*, Geheimnisschutz im deutschen Verwaltungsprozess und im Verfahren vor der Unionsgerichtsbarkeit – Eine Untersuchung der Vorlage- und Auskunftspflichten staatlicher Stellen im gerichtlichen Verfahren, 2013, S. 17 ff.; *Beyerbach* S. 109 ff.; *Dietlein/Brandenberg* N&R 2006, 95 ff.; *Frank*, Der Schutz von Unternehmensgeheimnissen im Öffentlichen Recht, 2009, S. 171 ff.; *v. Danwitz* DVBl 2005, 597 ff.; *Wolff* NJW 1997, 98 ff.

[192] Zur Konkretisierung dieser Begriffe unter Einschluss des Berufsgeheimnis-Begriffes vgl. *Nowak* in FK-EUV/GRC/AEUV AEUV Art. 339 Rn. 5 ff.; sowie die RL (EU) 2016/943 des EP und des Rates v. 8. Juni 2016 über den Schutz vertraulichen Know-hows und vertraulicher Geschäftsinformationen (Geschäftsgeheimnisse) vor rechtswidrigem Erwerb sowie rechtswidriger Nutzung und Offenlegung, ABl. 2016 L 157, 1 ff.; näher zu dieser RL vgl. etwa *Graf von Bernstorff* AW-Prax 2016, 322 ff.

[193] Sich hinsichtlich eines möglichen Anknüpfungspunktes für den Schutz von Geschäftsgeheimnissen nicht auf Art. 15 GRC, Art. 16 GRC und/oder Art. 17 GRC festlegend vgl. EuGH C-1/11, ECLI:EU:C:2012:194 Rn. 41 ff. – Interseroh Scrap and Metals Trading; sowie EuG T-235/15, ECLI:EU:T:2018:65 Rn. 107 – Pari Pharma/Europäische Arzneimittelagentur (zur fehlenden Möglichkeit eines Unternehmens, im Falle der Gewährung eines Dokumentenzugangs zu Gunsten Dritter einen „Verstoß gegen Art. 339 AEUV, die Art. 7, 16 und 17 der Charta der Grundrechte und Art. 8 EMRK" mit Erfolg geltend zu machen, wenn die betreffenden Daten nicht vertraulich sind). Näher zum denkbaren Schutz von Betriebs- und Geschäftsgeheimnissen durch die in Art. 17 GRC niedergelegte Eigentumsfreiheit und die unternehmerische Freiheit nach Art. 16 GRC vgl. *Beyerbach* S. 295 ff. u. S. 303 ff.

[194] Vgl. etwa EuG T-462/12 R, ECLI:EU:T:2013:119 Rn. 45 – Pilkington Group/Kommission („[...] völlige Aushöhlung des Grundrechts der Antragstellerin auf Schutz ihres Berufsgeheimnisses gemäß Art. 339 AEUV, Art. 8 EMRK und Art. 7 der Grundrechtecharta zu erwarten"[...]); wortgleich vgl. auch bereits EuG T-341/12 R, ECLI:EU:T:2012:604 Rn. 28 – Evonik Degussa/Kommission, mAnm *Berrisch* EuZW 2013, 39 f.

[195] Zum Schutz von Geschäftsgeheimnissen als ein allgemeiner Grundsatz des Unionsrechts vgl. etwa EuGH C-450/06, Slg. 2008, I-581 Rn. 49 – Varec; EuGH C-1/11, ECLI:EU:C:2012:194 Rn. 43 – Interseroh Scrap and Metals Trading; EuGH C-15/16, ECLI:EU:C:2018:464 Rn. 53 – BaFin, mAnm *Kottmann* EuZW 2018, 700 ff.; sowie *Siebert*, Geheimnisschutz und Auskunftsansprüche im Recht des Geistigen Eigentums, 2011, S. 261 f.

38 **5. Zur denkbaren Ableitung eines verfassungsunmittelbaren Informations-, Auskunfts- und/oder Dokumentenzugangsanspruchs aus der unionsgrundrechtlichen Unternehmer- und Wettbewerbsfreiheit.** Weitgehend unbearbeitetes „Neuland" betritt auf der unionsgrundrechtlichen Schutzbereichsebene schließlich, wer sich – insbesondere inspiriert von der Rechtsprechung des deutschen Bundesverwaltungsgerichts[196] – mit der vom Unionsrichter bislang noch nicht geklärten Frage befasst, ob sich aus der unionsgrundrechtlichen Unternehmer- und/oder Wettbewerbsfreiheit nach Art. 16 GRC ein **unionsverfassungsunmittelbarer Informations- bzw. Auskunfts- und/oder Dokumentenzugangsanspruch** ableiten lässt. So hat das BVerwG für den deutschen Rechtsraum entschieden, dass das in weitem Umfang auch die Unternehmerfreiheit umfassende Grundrecht aus Art. 12 Abs. 1 GG (→ Rn. 9) es einer Behörde gebieten kann, bereits im Vorfeld eines Verwaltungsverfahrens (hier: Linienverkehrs-Genehmigungsverfahren) und damit unabhängig von einer verwaltungsverfahrensrechtlichen Beteiligtenstellung einem potenziellen Verfahrensbeteiligten bestimmte Informationen zur Verfügung zu stellen, welcher dieser bedarf, um sachgerecht die Frage prüfen und entscheiden zu können, ob und in welchem Umfang er sich um eine behördliche Genehmigung bzw. Konzession bewirbt.[197] In Deutschland macht die Anerkennung eines solchen wirtschaftsgrundrechtlich fundierten Informationsanspruches insbesondere deshalb Sinn, weil die Verwaltungsverfahrensgesetze des Bundes und der Länder – vorbehaltlich abweichender Sondervorgaben etwa in Gestalt der in der so genannten **Umweltinformationsrichtlinie 2003/4/EG**[198] enthaltenen Regelungen – im Grundsatz nur den „Beteiligten" eines bereits laufenden Verwaltungsverfahrens entsprechende Auskunfts- bzw. Informationsansprüche einräumen und weil sich der in Art. 5 Abs. 1 S. 1 GG geregelte Unterrichtungsanspruch lediglich auf „allgemein zugängliche Quellen" bezieht.[199] Auf der supranationalen Unionsebene besteht zwar kein ebenso großes Bedürfnis für die Anerkennung eines aus wirtschaftlichen Unionsgrundrechten abzuleitenden Informations-, Auskunfts- und/oder Dokumentenzugangsanspruchs, da der in Art. 42 GRC und in Art. 15 Abs. 3 UAbs. 1 AEUV niedergelegte Dokumentenzugangsanspruch ohnehin Grundrechtscharakter hat und alle Unionsbürger und Unionsbürgerinnen sowie alle natürlichen oder juristischen Personen mit Wohnsitz oder satzungsmäßigem Sitz in einem EU-Mitgliedstaat spätestens seit dem bereits vor recht langer Zeit erfolgten Inkrafttreten der sog. **„Transparenz"-Verordnung (EG) Nr. 1049/2001**[200] einen allgemeinen verfahrensunabhängigen Anspruch auf Zugang zu Dokumenten des Rates, des Parlaments und der Kommission haben. Ob sich allein damit die Herleitung eines EU-wirtschaftsgrundrechtlichen Informations-, Auskunfts- und/oder Dokumentenzugangsanspruchs erübrigt[201], ist jedoch fraglich, da nicht übersehen werden darf, dass sich der durch Art. 42 GRC und Art. 15 Abs. 3 UAbs. 1 AEUV iVm der Verordnung (EG) Nr. 1049/2001 garantierte Dokumentenzugangsanspruch nur auf die vorgenannten Uni-

---

[196] Vgl. BVerwG DÖV 2004, 73 ff.
[197] BVerwG NVwZ 2003, 2696 (2697).
[198] RL 2003/4/EG des EP und des Rates v. 28. Januar 2003 über den Zugang der Öffentlichkeit zu Umweltinformationen und zur Aufhebung der RL 90/313/EWG des Rates, ABl. 2003 L 41, 26 ff.
[199] Näher dazu vgl. nur *Schulze-Fielitz* in Dreier GG Art. 5 Rn. 77 ff.; *Starck/Paulus* in v. Mangoldt/Klein/ Starck GG Art. 5 Rn. 108 ff.
[200] VO (EG) Nr. 1049/2001 des EP und des Rates v. 30. Mai 2001 über den Zugang der Öffentlichkeit zu Dokumenten des Europäischen Parlaments, des Rates und der Kommission, ABl. 2001 L 145, 43 ff. Zur großen Bedeutung u. zur Auslegung dieser sog. Transparenz-Verordnung in der Rechtsprechungspraxis des Unionsrichters vgl. exemplarisch EuGH verb. Rs. C-39/05 P u. C-52/05 P, Slg. 2008, I-4723 Rn. 32 ff. – Turco ua/Rat; EuGH C-365/12 P, ECLI:EU:C:2014:112 Rn. 60 ff. – Kommission/EnBW ua, mAnm *Hempel* EuZW 2014, 297; EuG T-623/13, ECLI:EU:T:2015:268 Rn. 30 ff. – Unión de Almacenistas de Hierros de España/Kommission; sowie *Bartelt/Zeitler* EuR 2003, 487 ff.; *Boysen* Die Verwaltung 2009, 215 ff.; *Bretthauer* DÖV 2013, 677 ff.; *Diamandouros* EStAL 2008, 654 ff.; *Heliskoski/ Leino* CMLR 43 (2006), 735 ff.; *Klein* ZWeR 2007, 303 ff.; *Koppensteiner* EuR 2014, 594 ff.; *Lenaerts* NZKart 2013, 175 (178 ff.); *Nowak* DVBl 2004, 272 ff.; *Tietje/Nowrot* EWS 2006, 486 ff.; *v. d. Hout/ Firmenich* ZEuS 2011, 647 ff.
[201] So vgl. *Frenz* GewArch 2009, 427 (430); ähnlich *Kühling* in FK-EUV/GRC/AEUV GRC Art. 16 Rn. 9.

onsorgane bezieht, während neben allen Organen, Einrichtungen und sonstigen Stellen der Union gemäß Art. 51 Abs. 1 S. 1 GRC auch die Mitgliedstaaten bei der weit zu verstehenden Durchführung des Unionsrechts (→ § 9 Rn. 22 ff.) an Art. 16 GRC gebunden sind. Vor diesem Hintergrund könnte ein aus Art. 16 GRC hergeleiteter Informations-, Auskunfts- und/oder Dokumentenzugangsanspruch, der trotz der primär abwehrrechtlichen Dimension des Art. 16 GRC (→ Rn. 27) auch von anderen Autoren immerhin für denkbar gehalten wird[202], zumindest die Rechtsstellung natürlicher und juristischer Personen gegenüber den EU-Mitgliedstaaten und deren Untergliederungen verbessern.

II. Persönlicher Gewährleistungsgehalt

Der persönliche bzw. personelle Gewährleistungsgehalt oder Schutzbereich der durch Art. 16 GRC garantierten unternehmerischen Freiheit einschließlich der Wettbewerbsfreiheit bezieht sich im Sinne eines „Jedermann"-Grundrechts zunächst einmal auf natürliche Personen in konkreter Gestalt aller **Unionsbürgerinnen und Unionsbürger** (→ § 9 Rn. 4 ff.) sowie auf natürliche Personen aus Drittstaaten (→ § 9 Rn. 11) und Staatenlose, soweit sie unternehmerisch bzw. wirtschaftlich tätig sind.[203] Ferner erstreckt sich der persönliche Schutzbereich dieser Freiheiten im Einklang mit der Grundrechtsberechtigung juristischer Personen des Privatrechts im Kontext der unionsgrundrechtlichen Berufsfreiheit (→ § 34 Rn. 43) nach allgemeiner Auffassung auch auf **juristische Personen des Privatrechts**[204] (→ § 9 Rn. 13 ff.), und zwar selbst dann, wenn diese ihren satzungsmäßigen Sitz außerhalb der EU haben[205]. Gleiches wird vereinzelt auch für sonstige privatrechtlich verfasste Organisationsformen angenommen, die selbst im Falle einer fehlenden Voll- oder Teilrechtsfähigkeit in den persönlichen Schutzbereich des Art. 16 GRC fallen sollen.[206] Ob sich darüber hinaus auch **juristische Personen des öffentlichen Rechts** (→ § 9 Rn. 19 f.) und **gemischt-wirtschaftliche Unternehmen** auf die unternehmerische Freiheit einschließlich der Wettbewerbsfreiheit berufen können, ist von den Unionsgerichten noch nicht hinreichend klar entschieden worden, aber jedenfalls im Hinblick auf gemischt-wirtschaftliche Unternehmen sehr wahrscheinlich (→ § 9 Rn. 21).

Fraglich ist nach wie vor auch, ob es sich bei den vorgenannten natürlichen und juristischen Personen zwingend um **Unternehmen im Sinne des** in den verschiedenen Teilbereichen des Europäischen Wettbewerbsrechts vorherrschenden **funktionalen Unternehmensbegriffs** handeln muss, damit sie sich auf Art. 16 GRC berufen können.[207] Dies scheint mit Blick auf das in Art. 16 GRC enthaltene Tatbestandsmerkmal der *unternehmerischen* Freiheit zwar naheliegend zu sein. Die bisherige Rechtsprechung der Unionsgerichte

---

[202] Vgl. *Blanke* in Stern/Sachs GRCh Art. 16 Rn. 14; *Wollenschläger* in von der Groeben/Schwarze/Hatje GRC Art. 16 Rn. 9.

[203] Für eine Grundrechtsberechtigung aller natürlichen (selbstständig wirtschaftlich bzw. unternehmerisch tätigen) Personen im Kontext des Art. 16 GRC vgl. auch *Bernsdorff* in NK-EuGRCh GRCh Art. 16 Rn. 17; *Frenz* GewArch 2009, 427 (427); Jarass GRCh Art. 16 Rn. 10; *Kühling* in FK-EUV/GRC/AEUV GRC Art. 16 Rn. 5; *Ruffert* in Calliess/Ruffert GRC Art. 16 Rn. 3; *Storr* FS W. Berka, 2013, 219; *Wollenschläger* in von der Groeben/Schwarze/Hatje GRC Art. 16 Rn. 6; restriktiver vgl. indes *Streinz* in Streinz GRC Art. 16 Rn. 8, wonach Drittstaatsangehörige und Staatenlose die unternehmerische Freiheit nur nach Maßgabe der Grundfreiheiten genießen würden, die als solche den Unionsbürgern vorbehalten sind. Zur entsprechenden Diskussion in Bezug auf den persönlichen Schutzbereich der in Art. 15 GRC niedergelegten Berufsfreiheit → § 34 Rn. 44.

[204] Vgl. etwa *Bernsdorff* in NK-EuGRCh GRCh Art. 16 Rn. 16; *Blanke* in Stern/Sachs GRCh Art. 16 Rn. 11; *Frenz* GewArch 2009, 427 (428); *Gundel* ZHR 180 (2016), 323 (344); *Rengeling* in Schwarze S. 331 (338); *Schmidt* S. 171 f.; *Schwier* S. 199 ff.; *Storr* FS W. Berka, 2013, 219 (227); *Wunderlich* FS J. Schwarze, 2014, 304 (316 f.); GA *Bobek*, SchlA C-194/16, ECLI:EU:C:2017:554 Rn. 43 – Ilsjan; mwN zu der diese Auffassung stützenden Rechtsprechung des Unionsrichters → § 9 Rn. 14 ff.

[205] Vgl. nur EuG T-732/14, ECLI:EU:T:2018:541 Rn. 137 ff. – Sherbank of Russia OAO/Rat; mwN → § 9 Rn. 18.

[206] Ausführlich dazu vgl. *Sasse* EuR 2012, 628 ff.; dem folgend vgl. etwa Jarass GRCh Art. 16 Rn. 11.

[207] Dies bejahend vgl. etwa *Bernsdorff* in NK-EuGRCh GRCh Art. 16 Rn. 10a; *Ganglbauer* in Kahl/Raschauer/Storr S. 203 (209); *Schöbener* GS P.J. Tettinger, 2007, 159 (166); ähnlich vgl. *Blanke* in Stern/Sachs GRCh Art. 16 Rn. 6.

zu Art. 16 GRC ist diesbezüglich jedoch alles andere als eindeutig, da der Unionsrichter in seinen einschlägigen Urteilen regelmäßig nicht explizit prüft, ob es sich bei der im konkreten Einzelfall auf die unternehmerische Freiheit berufenden Person tatsächlich um ein Unternehmen iS dieses funktionalen Unternehmensbegriffs handelt, und in manchen Urteilen sogar von einer in Art. 16 GRC verankerten „wirtschaftlichen Freiheit" bzw. „liberté économique" spricht[208], womit möglicherweise eine bewusste Loslösung von dem Tatbestandsmerkmal der *unternehmerischen* Freiheit intendiert ist; Urteile des Unionsrichters, in denen Art. 16 GRC zur vollen Anwendung gekommen ist, ohne dass die sich auf das darin niedergelegte Unionsgrundrecht der unternehmerischen Freiheit berufene Person die Voraussetzungen des funktionalen Unternehmensbegriffs erfüllt hätte, gibt es allerdings – soweit ersichtlich – auch nicht. Als „Unternehmen" iS des auf den funktionalen Unternehmensbegriff abstellenden Europäischen Wettbewerbsrechts gilt nach der ständigen Rechtsprechung des Unionsrichters **jede eine wirtschaftliche Tätigkeit ausübende Einheit, unabhängig von ihrer Rechtsform und der Art ihrer Finanzierung.**[209] Eine wirtschaftliche Tätigkeit im vorgenannten Sinne ist jede Tätigkeit, die darin besteht, Güter oder Dienstleistungen auf einem bestimmten Markt anzubieten.[210] Diese den funktionalen Unternehmensbegriff des Europäischen Wettbewerbsrechts betreffende Rechtsprechung des Unionsrichters, die grundsätzlich alle privaten und öffentlichen Unternehmen mit allen ihren Produktionszweigen erfasst,[211] bezieht sich nicht nur auf die in Art. 101 Abs. 1 AEUV und Art. 102 AEUV niedergelegten Verbotstatbestände des EU-Kartellrechts,[212] sondern nach der ständigen Rechtsprechung des Unionsrichters auch auf den in Art. 107 Abs. 1 AEUV enthaltenen Unternehmensbegriff.[213] Dies gilt auch im Hinblick auf weitere höchstrichterliche Konkretisierungen der hier in Rede stehenden Rechtsprechung zum funktionalen Unternehmensbegriff, wonach Tätigkeiten, die in Ausübung hoheitlicher Befugnisse erfolgen oder die an die Ausübung hoheitlicher Befugnisse anknüpfen, keinen wirtschaftlichen Charakter haben, der die Anwendung der Wettbewerbsregeln des Vertrags rechtfertigen würde,[214] und wonach der Umstand, dass eine Einheit mit bestimmten im Allgemeininteresse liegenden Aufgaben betraut ist, nicht daran hindern kann, die fraglichen Tätigkeiten als wirtschaftliche Tätigkeiten anzusehen.[215] Im Übrigen ist darauf hinzuweisen, dass der funktionale Unternehmensbegriff des Europäischen Wettbewerbsrechts keine Gewinnerzielungsabsicht der betreffenden Einrichtung zwingend voraussetzt,[216] auch wenn eine solche Absicht das Vorliegen einer wirtschaftlichen bzw. unternehmerischen Tätigkeit

---

[208] Vgl. EuG T-155/15, ECLI:EU:T:2016:628 Rn. 120 f. – Kaddour/Rat; EuG T-154/15, ECLI:EU:T:2016:629 Rn. 122 f. – Jaber/Rat; EuG T-153/15, ECLI:EU:T:2016:630 Rn. 123 f. – Hamcho ua/Rat.

[209] Vgl. nur EuGH C-41/90, Slg. 1991, I-1979 Rn. 21 – Höfner u. Elser; EuGH verb. Rs. C-159/91 u. C-160/91, Slg. 1993, I-637 Rn. 17 – Poucet u. Pistre; EuGH C-244/94, Slg. 1995, I-4013 Rn. 14 – Fédération française des sociétés d'assurances ua.

[210] Vgl. nur EuGH C-180/98, Slg. 2000, I-6451 Rn. 75 – Pavlov ua; EuGH C-49/07, Slg. 2008, I-4863 Rn. 22 – MOTOE; EuGH C-437/09, Slg. 2011, I-973 Rn. 42 – AG2R Prévoyance.

[211] Vgl. nur EuGH C-387/92, Slg. 1994, I-877 Rn. 11 – Banco Exterior de España.

[212] Zur unstreitigen Maßgeblichkeit des funktionalen Unternehmensbegriffs im Anwendungsbereich des EU-Kartellrechts vgl. mwN *Brömmelmeyer* in FK-EUV/GRC/AEUV AEUV Art. 101 Rn. 38 ff.

[213] Vgl. EuG verb. Rs. T-231/06 u. T-237/06, Slg. 2010, II-5993 Rn. 92 – Niederlande ua/Kommission; EuG verb. Rs. T-443/08 u. T-455/08, Slg. 2011, II-1311 Rn. 88 ff. u. 128 – Freistaat Sachsen ua/Kommission; EuG T-347/09, ECLI:EU:T:2013:418 Rn. 24 ff. – Deutschland/Kommission; mwN *Nowak* in FK-EUV/GRC/AEUV AEUV Art. 107 Rn. 34 ff.

[214] Vgl. EuGH C-364/92, Slg. 1994, I-43 Rn. 30 – SAT Fluggesellschaft; EuGH C-113/07 P, Slg. 2009, I-2207 Rn. 70 – Selex Sistemi Integrati/Kommission ua; EuG verb. Rs. T-231/06 u. T-237/06, Slg. 2010, II-5993 Rn. 93 – Niederlande ua/Kommission; näher zu der insoweit erforderlichen Abgrenzung hoheitlicher und wirtschaftlicher Tätigkeiten im Europäischen Wettbewerbsrecht vgl. EuG T-347/09, ECLI:EU:T:2013:418 Rn. 28 f. – Deutschland/Kommission; *Kling/Dally* ZWeR 2014, 3 (6 ff.); *Krispenz*, Das Merkmal der wirtschaftlichen Tätigkeit im Unternehmensbegriff des Europäischen Kartellrechts, 2011, S. 68 ff.; *Pauer* WuW 2013, 1080 ff.

[215] Vgl. EuGH C-475/99, Slg. 2001, I-8089 Rn. 21 – Ambulanz Glöckner; EuGH C-237/04, Slg. 2006, I-2843 Rn. 34 – Enirisorse; EuG verb. Rs. T-231/06 u. T-237/06, Slg. 2010, II-5993 Rn. 94 – Niederlande ua/Kommission.

[216] Näher dazu vgl. mwN *Bungenberg* in NK-EuBeihilfenR Kap. 1 Rn. 30.

geradezu indiziert. Vor diesem Hintergrund sind manche Autoren, die im Anwendungsbereich des Art. 16 GRC mit dem funktionalen Unternehmensbegriff operieren[217], der im Grundsatz durchaus nachvollziehbaren Auffassung, dass der wettbewerbsrechtliche Unternehmensbegriff in diesem Kontext gerade auch aufgrund des engen Zusammenhangs zwischen der unternehmerischen Freiheit und der Berufsfreiheit um das Element der **Gewinn- bzw. Ertragserzielungsabsicht** zu ergänzen sei.[218]

C. Beeinträchtigung

Die mit der unternehmerischen Freiheit und der Wettbewerbsfreiheit verbundene **Eingriffsdogmatik** ist in der früheren wirtschaftsgrundrechtlichen EuGH-Rechtsprechung zunächst nur ansatzweise entwickelt worden. Dies hing insbesondere damit zusammen, dass sich der damalige Gemeinschaftsrichter bei der Prüfung einer Verletzung dieser Wirtschaftsgrundrechte – wie auch bei der Prüfung der Eigentumsfreiheit[219] – in der Regel nicht in detaillierter Weise mit Schutzbereichs- und Eingriffsfragen befasste, sondern regelmäßig recht zügig auf die Rechtfertigungsebene zusteuerte[220], ohne vorab stets explizit klargestellt zu haben, ob es im konkreten Fall um einen unmittelbaren oder mittelbaren Eingriff in das damalige Gemeinschaftsgrundrecht der Berufsfreiheit ging, das nach der früheren EuGH-Rechtsprechung auch die unternehmerische Freiheit einschließlich der wirtschaftlichen Betätigungs-, Werbe-, Handels-, Vertrags- und Wettbewerbsfreiheit umfasste (→ Rn. 2; → § 34 Rn. 2 f.). In der jüngeren Rechtsprechung der Unionsgerichte zu Art. 16 GRC, in der nunmehr regelmäßig betont wird, dass die **unternehmerische Freiheit einer Vielzahl von Eingriffen der öffentlichen Gewalt unterworfen** werden kann[221], ist diesbezüglich aber ein signifikanter Wandel erkennbar, da vor der Durchführung der Rechtfertigungsprüfung einschließlich der Verhältnismäßigkeitsprüfung iS des Art. 52 Abs. 1 GRC nunmehr regelmäßig das Vorliegen eines Eingriffs in die unternehmerische Freiheit geprüft bzw. thematisiert oder sogar festgestellt wird[222], der auf vielerlei Art und Weise bewirkt werden kann. Das Vorliegen derartiger Eingriffe in die unternehmerische Freiheit nach Art. 16 GRC hat der EuGH unter anderem bereits in Ansehung EU-sekundärrechtlicher Vorgaben für die Arbeitszeit selbstständiger Kraftfahrer[223], in Ansehung bestimmten Tierhaltern auferlegter Verpflichtungen im Zusammenhang mit der elektronischen Einzeltier-

---

[217] Vgl. etwa *Blanke* in Stern/Sachs GRCh Art. 16 Rn. 6; *Ganglbauer* in Kahl/Raschauer/Storr S. 203 (209).
[218] Exemplarisch vgl. *Bernsdorff* in NK-EuGRCh GRCh Art. 16 Rn. 10a; *Ganglbauer* in Kahl/Raschauer/Storr S. 203 (209); zu dem mit dem Kriterium der Gewinnerzielungsabsicht durchaus vergleichbaren Kriterium der Erwerbsabsicht iR des für Art. 15 GRC maßgeblichen Berufsbegriffs → § 34 Rn. 35. Auch *Grabenwarter* in Grabenwarter/Pöchestorfer/Rosenmayr-Klemenz S. 17 (20) ist der Ansicht, dass Art. 16 GRC für die Eröffnung des Schutzbereichs eine Erwerbsabsicht voraussetze, wobei es aber nur auf die bloße Absicht und nicht auf den tatsächlichen wirtschaftlichen Erfolg ankomme; so auch *Grabenwarter* in Grabenwarter, EnzEuR Bd. 2, § 13 Rn. 29.
[219] Vgl. EuGH C-491/01, Slg. 2002, I-11453 Rn. 147 ff. – British American Tobacco ua.
[220] Vgl. EuGH C-210/03, Slg. 2004, I-11893 Rn. 73 – Swedish Match AB ua.
[221] Vgl. etwa EuGH C-348/12 P, ECLI:EU:C:2013:776 Rn. 123 – Rat/Manufacturing Support & Procurement Kala Naft; EuGH C-477/14, ECLI:EU:C:2016:324 Rn. 158 – Pillbox 38 (UK); EuGH C-134/15, ECLI:EU:C:2016:498 Rn. 34 – Lidl; EuGH C-201/15, ECLI:EU:C:2016:972 Rn. 86 – AGET Iraklis; EuGH C-534/16, ECLI:EU:C:2017:820 Rn. 36 – BB construct; EuG T-215/15, ECLI:EU:T:2017:479 Rn. 92 – Azarov/Rat; EuG T-190/16, ECLI:EU:T:2018:232 Rn. 68 – Azarov/Rat; EuG T-247/17, ECLI:EU:T:2018:931 Rn. 78 – Azarov/Rat.
[222] Vgl. etwa EuGH C-101/12, ECLI:EU:C:2013:661 Rn. 26 – Schaible; EuGH C-134/15, ECLI:EU:C:2016:498 Rn. 29 – Lidl; EuGH C-201/15, ECLI:EU:C:2016:972 Rn. 69 – AGET Iraklis; EuGH C-534/16, ECLI:EU:C:2017:820 Rn. 38 – BB construct; EuGH C-277/16, ECLI:EU:C:2017:989 Rn. 51 – Polkomtel; EuGH C-380/16, ECLI:EU:C:2018:76 Rn. 64 – Kommission/Deutschland; EuG T-732/14, ECLI:EU:T:2018:541 Rn. 139 – Sherbank of Russia OAO/Rat; EuG T-247/17, ECLI:EU:T:2018:931 Rn. 76 f. – Azarov/Rat; diesbezüglich eher eine Ausnahme darstellend vgl. EuG T-190/16, ECLI:EU:T:2018:232 Rn. 69 – Azarov/Rat, wo die Frage, ob und inwieweit restriktive Maßnahmen im GASP-Bereich in die durch Art. 16 GRC geschützte unternehmerische Freiheit eingreifen, offen gelassen wird.
[223] Vgl. EuGH verb. Rs. C-184/02 u. C-223/02, Slg. 2004, I-7789 Rn. 51 ff. – Spanien ua/EP u. Rat.

kennzeichnung und der Führung eines Bestandsregisters[224] sowie in Ansehung einer EU-sekundärrechtlich begründeten Etikettierungspflicht[225], eines EU-sekundärrechtlich geregelten Verbots von kommerzieller Werbung[226] und eines EU-sekundärrechtlich geregelten Verbots festgestellt, auf Verpackungen und Etiketten natürlicher Mineralwässer und in der Werbung für diese Angaben oder Hinweise zu einem niedrigen Natriumgehalt dieser Wässer zu machen, die geeignet sind, den Verbraucher hinsichtlich dieses Gehalts irrezuführen[227]. Zum anderen hat der Unionsrichter bereits deutlich gemacht, dass Eingriffe in die unternehmerische Freiheit nach Art. 16 GRC auch durch die Wahrnehmung des unionsrechtlichen Umweltinformationsanspruchs[228], durch die Festlegung einer bestimmten Methode der Zuteilung von Fangmöglichkeiten[229], durch restriktive Maßnahmen im Bereich der GASP[230], durch die Schaffung einer Rahmenregelung für Massenentlassungen, mit der die Möglichkeit eines Unternehmens beschränkt wird, im Rahmen eines zum Vertragsschluss führenden Verfahrens, an dem es beteiligt ist, seine Interessen wirksam geltend zu machen und die die Entwicklung der Arbeitsbedingungen seiner Arbeitnehmer bestimmenden Faktoren mit Blick auf seine künftige wirtschaftliche Tätigkeit auszuhandeln[231], durch eine nationale (steuerrechtliche) Regelung, welche die Leistung einer die freie Nutzung der dem Steuerpflichtigen zur Verfügung stehenden finanziellen Mittel beschränkenden Sicherheit vorschreibt[232], sowie durch die einer nationalen Regulierungsbehörde eingeräumte Möglichkeit bewirkt werden können, von einem Betreiber zu verlangen, dass dieser seine Preise jährlich aktualisiert, und sie einer regelmäßigen Kontrolle zu unterwerfen[233]; einen abschließenden Charakter hat die vorangegangene **Auflistung einschlägiger Eingriffsbeispiele** nicht.[234]

42 Die im einschlägigen Schrifttum partiell umstrittene Frage, ob neben unmittelbaren Beeinträchtigungen auch **mittelbare Eingriffe** der unionalen und/oder mitgliedstaatlichen Hoheitsgewalt in den sachlichen Schutzbereich der unternehmerischen Freiheit einschließlich der Wettbewerbsfreiheit geeignet sind, die aus Art. 16 GRC abzuleitenden Abwehr- bzw. Schutzansprüche (→ Rn. 27) zu aktivieren[235], ist mit Blick auf die **berufsgrundrechtliche Eingriffsdogmatik** (→ § 34 Rn. 45 ff.) zu bejahen.

D. Rechtfertigung

43 Nach der früheren Rechtsprechung der Unionsgerichte konnte die seinerzeit aus der unionsgrundrechtlichen Berufsfreiheit hergeleitete unternehmerische Freiheit (→ Rn. 2) einschließlich der Wettbewerbsfreiheit „keine uneingeschränkte Geltung beanspruchen", zumal sie „im Hinblick auf ihre gesellschaftliche Funktion gesehen werden" müsse.[236] Aus

---

[224] Vgl. EuGH C-101/12, ECLI:EU:C:2013:661 Rn. 26 – Schaible.
[225] Vgl. EuGH C-134/15, ECLI:EU:C:2016:498 Rn. 26 u. 29 – Lidl.
[226] Vgl. EuGH C-477/14, ECLI:EU:C:2016:324 Rn. 156 – Pillbox 38 (UK).
[227] Vgl. EuGH C-157/14, ECLI:EU:C:2015:823 Rn. 67 – Neptune Distribution.
[228] Vgl. EuGH C-442/14, ECLI:EU:C:2016:890 Rn. 97 ff. – Bayer CropScience ua.
[229] Vgl. EuGH C-540/16, ECLI:EU:C:2018:565 Rn. 33 – Spika ua.
[230] Vgl. etwa EuG T-720/14, ECLI:EU:T:2016:689 Rn. 166 ff. – Rotenberg/Rat; EuGH C-72/15, ECLI:EU:C:2017:236 Rn. 143 ff. – Rosneft; EuG T-247/17, ECLI:EU:T:2018:931 Rn. 73 ff. – Azarov/Rat.
[231] Vgl. EuGH C-201/15, ECLI:EU:C:2016:972 Rn. 68 f. – AGET Iraklis.
[232] Vgl. EuGH C-534/16, ECLI:EU:C:2017:820 Rn. 38 – BB construct.
[233] Vgl. EuGH C-277/16, ECLI:EU:C:2017:989 Rn. 51 – Polkomtel.
[234] Exemplarisch zu der auf bestimmten verbraucherschützenden Informationspflichten beruhenden Beschränkung des in Art. 16 GRC verankerten Rechts des Grundrechtsträgers, frei über seine wirtschaftlichen, technischen und finanziellen Ressourcen verfügen zu können, vgl. GA *Tanchev*, SchlA C-430/17, ECLI:EU:C:2018:759 Rn. 83 – Walbusch Walter Busch; mit weiteren Eingriffsbeispielen vgl. Jarass GRCh Art. 16 Rn. 16 f.
[235] Diese Frage bejahend u. a. statt vieler *Kühling* in FK-EUV/GRC/AEUV GRC Art. 16 Rn. 12; *Storr* FS W. Berka, 2013, 219 (226); differenzierend dazu vgl. auch Jarass GRCh Art. 16 Rn. 13 f.
[236] So vgl. nur EuGH C-280/93, Slg. 1994, I-4973 Rn. 78 – Deutschland/Rat; EuGH verb. Rs. C-184/02 und C-223/02, Slg. 2004, I-7789 Rn. 52 – Spanien ua/EP u. Rat; EuGH C-210/03, Slg. 2004, I-11893 Rn. 72 – Swedish Match AB ua.

diesem Grunde konnten nach Ansicht des Unionsrichters auch die unionsgrundrechtlichen Garantien der unternehmerischen Freiheit und der Wettbewerbsfreiheit unter Beachtung des unionsrechtlichen Gesetzesvorbehalts[237] und des Verhältnismäßigkeitsgrundsatzes Beschränkungen unterworfen werden, sofern diese Beschränkungen tatsächlich dem Gemeinwohl dienenden Zielen der Union – wie etwa dem Umweltschutz (→ § 63), dem Gesundheitsschutz (→ § 64) und/oder dem Verbraucherschutz (→ § 65) – entsprachen und nicht einen im Hinblick auf den verfolgten Zweck unverhältnismäßigen, nicht tragbaren Eingriff darstellten, der das so gewährleistete Recht in seinem Wesensgehalt antastete.[238] Für die von der unternehmerischen Freiheit umfasste wirtschaftliche Betätigungsfreiheit (→ Rn. 29) wurden die **schrankensystematischen „Eckdaten" in der früheren EuGH-Rechtsprechung** beispielsweise wie folgt auf den Punkt gebracht: „Die wirtschaftliche Betätigungsfreiheit gehört nach ständiger Rechtsprechung zu den allgemeinen Grundsätzen des Gemeinschaftsrechts, sie kann jedoch keine uneingeschränkte Geltung beanspruchen und muss im Hinblick auf ihre soziale Funktion gesehen werden. Dies bedeutet, dass einem Wirtschaftsteilnehmer das Recht, seine Tätigkeit auszuüben, nicht willkürlich genommen werden darf; ein bestimmtes Geschäftsvolumen oder ein bestimmter Marktanteil werden ihm damit jedoch nicht garantiert. [...] Folglich kann die wirtschaftliche Betätigungsfreiheit namentlich im Rahmen einer gemeinsamen Marktorganisation Beschränkungen unterworfen werden, sofern diese Beschränkungen tatsächlich dem Gemeinwohl dienenden Zielen der Gemeinschaft entsprechen und keinen im Hinblick auf den verfolgten Zweck unverhältnismäßigen, nicht tragbaren Eingriff darstellen, der die so gewährleisteten Rechte in ihrem Wesensgehalt antastet".[239]

Die vorgenannte (damalige) EuGH-Rechtsprechung hat später in einem weiten Umfang Eingang in Art. 52 Abs. 1 GRC gefunden. Nach S. 1 dieser allgemeinen – auch auf die in Art. 16 GRC geregelte unternehmerische Freiheit einschließlich der Wettbewerbsfreiheit anwendbaren – horizontalen Schrankenregelung[240] muss jede Einschränkung der Ausübung der in dieser Charta anerkannten Rechte und Freiheiten gesetzlich vorgesehen sein **(Gesetzesvorbehalt)** und den wesentlichen Gehalt **(Wesensgehalt)** dieser Rechte und Freiheiten achten[241]. Ergänzend heißt es in Art. 52 Abs. 1 S. 2 GRC, dass die vorgenannten

44

---

[237] Grdlg. EuGH verb. Rs. 46/87 u. 227/88, Slg. 1989, 2859 Rn. 19 – Hoechst/Kommission; bestätigt zB in EuGH 85/87, Slg. 1989, 3137 Rn. 30 – Dow Benelux/Kommission.
[238] So etwa EuGH 265/87, Slg. 1989, 2237 Rn. 15 – Schräder; EuGH 5/88, Slg. 1989, 2609 Rn. 18 – Wachauf; EuGH C-370/88, Slg. 1990, I-4071 Rn. 27 – Marshall; EuGH verb. Rs. C-143/88 u. C-92/89, Slg. 1991, I-415 Rn. 73 – Zuckerfabrik Süderdithmarschen ua; EuGH C-280/93, Slg. 1994, I-4973 Rn. 78 – Deutschland/Rat; EuGH C-44/94, Slg. 1995, I-3115 Rn. 55 – National Federation of Fishermen's Organisations ua; EuGH C-183/95, Slg. 1997, I-4315 Rn. 42 – Affish BV; EuGH verb. Rs. C-248/95 u. C-249/95, Slg. 1997, I-4475 Rn. 72 – SAM ua; EuGH C-293/97, Slg. 1999, I-2603 Rn. 54 – Standley ua; EuG T-113/96, Slg. 1998, II-125 Rn. 74 – Édouard Dubois et Fils/Rat u. Kommission; EuG T-30/99, Slg. 2001, II-943 Rn. 80 – Bocchi Food Trade International GmbH/Kommission.
[239] Vgl. EuG T-521/93, Slg. 1996, II-1707 Rn. 62 – Atlanta ua/EG; im Ergebnis bestätigt durch EuGH C-104/97 P, Slg. 1999, I-6983 Rn. 41 ff. – Atlanta AG/EG.
[240] Zur unumstr. Maßgeblichkeit dieser Schrankenbestimmung auch für Art. 16 GRC vgl. etwa EuGH C-544/10, ECLI:EU:C:2012:526 Rn. 58 – Deutsches Weintor eG; EuGH C-101/12, ECLI:EU:C:2013:661 Rn. 27 ff. – Schaible; EuGH C-442/14, ECLI:EU:C:2016:890 Rn. 98 – Bayer CropScience ua; EuGH C-534/16, ECLI:EU:C:2017:820 Rn. 37 – BB construct; EuGH C-277/16, ECLI:EU:C:2017:989 Rn. 51 – Polkomtel; EuGH C-380/16, ECLI:EU:C:2018:76 Rn. 65 – Kommission/Deutschland; EuG T-732/14, ECLI:EU:T:2018:541 Rn. 140 ff. – Sberbank of Russia OAO/Rat; EuGH C-540/16, ECLI:EU:C:2018:565 Rn. 36 – Spika ua; EuG T-873/16, ECLI:EU:T:2018:904 Rn. 87 – Canal Plus/Kommission; GA *Bot*, SchlA C-283/11, ECLI:EU:C:2012:341 Rn. 38 ff. – Sky Österreich; GA *Wahl*, SchlA C-201/15, ECLI:EU:C:2016:429 Rn. 52 ff. – AGET Iraklis; GA *Tanchev*, SchlA C-430/17, ECLI:EU:C:2018:759 Rn. 85 – Walbusch Walter Busch; sowie *Bezemek* in Holoubek/Lienbacher, GRC-Kommentar, GRC Art. 16 Rn. 9; *Blanke* in Gesellschaft für Rechtspolitik ua S. 13 (38); *Folz* in HK-UnionsR GRC Art. 15 Rn. 5; *Frenz* GewArch 2009, 427 (431); *Grabenwarter* in Grabenwarter, EnzEuR Bd. 2, § 13 Rn. 45 ff.; *Jarass* GRCh Art. 16 Rn. 18 ff.; *Kühling* in FK-EUV/GRC/AEUV GRC Art. 16 Rn. 13; *Schwier* S. 215 ff.; *Storr* FS W. Berka, 2013, 219 (226); *Uwer/Rademacher* ELR 40 (2015), 35 (44 ff.); *Wunderlich* FS J. Schwarze, 2014, 304 (327).
[241] Zur regelmäßigen Verneinung einer Verletzung der unionsverfassungsrechtlichen Wesensgehaltsgarantie im Kontext der unternehmerischen Freiheit nach Art. 16 GRC vgl. exemplarisch EuGH C-544/10, ECLI:EU:C:2012:526 Rn. 58 – Deutsches Weintor eG; EuGH C-314/12, ECLI:EU:C:2014:192 Rn. 51

§ 35 7. Abschnitt. Wirtschaftliche Freiheiten

Einschränkungen unter **Wahrung des Grundsatzes der Verhältnismäßigkeit** nur vorgenommen werden dürfen, wenn sie notwendig sind und den von der Union anerkannten – dem Gemeinwohl dienenden – Zielsetzungen oder den Erfordernissen des Schutzes dieser Rechte und Freiheiten anderer tatsächlich entsprechen. Soweit der Unionsrichter seine regelmäßigen Hinweise auf die mangelnde Schrankenlosigkeit der durch Art. 16 GRC geschützten unternehmerischen Freiheit nach wie vor mit der aus seiner früheren Rechtsprechung[242] stammenden Zusatzinformation verbindet, dass diese **unternehmerische Freiheit im Zusammenhang mit ihrer gesellschaftlichen Funktion zu sehen ist**[243], hebt er sich zwar ein stückweit vom Wortlaut des Art. 52 Abs. 1 GRC ab, der keine in textlicher Hinsicht eindeutige Bezugnahme auf die „gesellschaftliche Funktion" bestimmter Rechte und/oder Freiheiten enthält; diese vom Wortlaut des Art. 52 Abs. 1 GRC abweichende Rechtsprechungspraxis ist aber weitgehend irrelevant und unschädlich, da der Unionsrichter dieser im Hinblick auf ihren konkreten Aussagegehalt etwas unklaren Zusatzinformation ohnehin keine signifikante Wirkung im Rahmen der Schrankensystematik des Art. 16 GRC verleiht.

45   Hinsichtlich der **Anwendung der** vorgenannten **schrankensystematischen Vorgaben des Art. 52 Abs. 1 GRC auf die durch Art. 16 GRC geschützte unternehmerische Freiheit** einschließlich der Wettbewerbsfreiheit und hinsichtlich der daran anknüpfenden – heute allerdings weniger als früher berechtigten – Kritik an der Kontrolldichtekonzeption der Unionsgerichte kann in einem sehr großen Umfang auf die andernorts zu findenden Ausführungen zur unionsgrundrechtlichen Schrankensystematik im Allgemeinen (→ § 10 Rn. 28 ff.) sowie zur berufsgrundrechtlichen Schrankensystematik im Besonderen (→ § 34 Rn. 51 ff.) verwiesen werden, die beim gegenwärtigen Entwicklungsstand des Unionsrechts und vor allem im Lichte der jüngeren EuGH-Rechtsprechung zu Art. 16 GRC beinahe „eins zu eins" auf die wirtschaftsgrundrechtlichen Teilgewährleistungen der unternehmerischen Freiheit und der Wettbewerbsfreiheit übertragbar sind. Letzteres gilt insbesondere deshalb, weil der Unionsrichter in seiner jüngeren Rechtsprechung zwar regelmäßig darauf hinweist, dass die durch Art. 16 GRC garantierte unternehmerische Freiheit angesichts des Wortlauts dieser Bestimmung einer Vielzahl von Eingriffen der öffentlichen Gewalt unterworfen werden kann, die im allgemeinen Interesse die Ausübung der wirtschaftlichen Tätigkeit beschränken können[244], hieraus aber zu Recht (→ Rn. 24) keine von der üblichen – in der jüngeren Vergangenheit zunehmend gründlicher gewordenen – Anwendung des Art. 52 Abs. 1 GRC[245] abweichenden Schlussfolgerungen zu Lasten des

---

– UPC Telekabel Wien. Eine Verletzung dieser Wesensgehaltsgarantie im Kontext des Art. 16 GRC gleichwohl für möglich haltend vgl. EuGH C-426/11, ECLI:EU:C:2013:521 Rn. 34 f. – Alemo-Herron ua; EuGH C-201/15, ECLI:EU:C:2016:972 Rn. 87 – AGET Iraklis.

[242] Vgl. nur EuGH C-280/93, Slg. 1994, I-4973 Rn. 78 – Deutschland/Rat; EuGH verb. Rs. C-184/02 u. C-223/02, Slg. 2004, I-7789 Rn. 52 – Spanien ua/EP u. Rat; EuGH C-210/03, Slg. 2004, I-11893 Rn. 72 – Swedish Match AB ua.

[243] Exemplarisch vgl. aus jüngerer Zeit EuGH C-283/11, ECLI:EU:C:2013:28 Rn. 45 – Sky Österreich; EuGH C-12/11, ECLI:EU:C:2013:43 Rn. 60 – McDonagh; EuGH C-157/14, ECLI:EU:C:2015:823 Rn. 66 – Neptune Distribution; EuGH C-201/15, ECLI:EU:C:2016:972 Rn. 85 – AGET Iraklis; EuGH C-277/16, ECLI:EU:C:2017:989 Rn. 50 – Polkomtel; EuG verb. Rs. T-429/13 u. T-451/13, ECLI:EU:T:2018:280 Rn. 586 – Bayer CropScience ua/Kommission; EuG T-873/16, ECLI:EU:T:2018:904 Rn. 87 – Canal Plus/Kommission.

[244] Vgl. etwa EuGH C-348/12 P, ECLI:EU:C:2013:776 Rn. 123 – Rat/Manufacturing Support & Procurement Kala Naft; EuG T-587/13, ECLI:EU:T:2015:37 Rn. 55 – Schwerdt/Harmonisierungsamt für den Binnenmarkt; EuGH C-477/14, ECLI:EU:C:2016:324 Rn. 158 – Pillbox 38 (UK); EuGH C-134/15, ECLI:EU:C:2016:498 Rn. 34 – Lidl; EuGH C-201/15, ECLI:EU:C:2016:972 Rn. 86 – AGET Iraklis; EuGH C-534/16, ECLI:EU:C:2017:820 Rn. 36 – BB construct; EuG T-215/15, ECLI:EU:T:2017:479 Rn. 92 – Azarov/Rat; EuGH C-380/16, ECLI:EU:C:2018:76 Rn. 64 – Kommission/Deutschland; EuG T-190/16, ECLI:EU:T:2018:232 Rn. 68 – Azarov/Rat; EuG T-247/17, ECLI:EU:T:2018:931 Rn. 78 – Azarov/Rat.

[245] Zu der im Vergleich zur früheren Rechtsprechungspraxis deutlich gründlicher gewordenen (unionsgerichtlichen) Kontrolle bzw. Überprüfung der Verhältnismäßigkeit hoheitlicher Eingriffe in den Schutzbereich des Art. 16 GRC vgl. etwa EuGH C-283/11, ECLI:EU:C:2013:28 Rn. 45 ff. – Sky Österreich;

durch Art. 16 GRC gewährleisteten Schutzniveaus ableitet[246], sondern im Gegenteil sogar vereinzelt eine Beschränkung des Wesensgehalts der unternehmerischen Freiheit befürchtet bzw. beklagt[247], was es in Ansehung der unionsgrundrechtlichen Berufsfreiheit bislang – soweit ersichtlich – noch nie gegeben hat, und insoweit ganz offenbar nicht gewillt zu sein scheint, dem in Art. 16 GRC enthaltenen Vorbehalt („[…] nach dem Unionsrecht und den einzelstaatlichen Rechtsvorschriften und Gepflogenheiten […]" → Rn. 23 f.) eine in schrankensystematischer Hinsicht bedeutsame Wirkung zu verleihen.[248]

Angesichts der vorgenannten Rechtsprechungsentwicklung kann es schließlich nicht **46** überraschen, dass sich die **unternehmerische Freiheit** nach Art. 16 GRC durchaus auch in solchen Fällen bzw. Konstellationen behaupten kann, in denen dieses Wirtschaftsgrundrecht **mit kollidierenden Grundrechten und/oder Freiheiten anderer Grundrechtsträger im Sinne der Herstellung praktischer Konkordanz zu einem möglichst schonenden Ausgleich** zu **bringen** ist. Dies verdeutlicht insbesondere die jüngere EuGH-Rechtsprechung zu bestimmten Spannungslagen zwischen Art. 16 GRC und der unionsgrundrechtlichen Religionsfreiheit[249], zum Spannungsverhältnis zwischen Art. 16 GRC und dem in Art. 30 GRC geregelten Arbeitnehmerschutz im Kontext von Massenentlassungen[250] sowie zu bestimmten Spannungslagen zwischen Art. 16 GRC und der in Art. 17 GRC verankerten Eigentumsfreiheit[251]. Deutlich eingeschränkt ist die Durchschlagskraft der durch Art. 16 GRC geschützten unternehmerischen Freiheit indes in solchen Fällen, in denen hoheitliche Eingriffe in dieses Wirtschaftsgrundrecht unter Rückgriff auf den insbesondere mit Blick auf Art. 114 Abs. 3 AEUV, Art. 168 AEUV, Art. 3 Abs. 1 GRC und Art. 35 GRC als überaus bedeutsam einzustufenden Allgemeinwohlbelang in Gestalt der öffentlichen Gesundheit bzw. des Schutzes der Gesundheit der Bevölkerung (→ § 64) gerechtfertigt werden, da der Unionsrichter dem **Schutz der Gesundheit der Bevölkerung vorrangige Bedeutung gegenüber wirtschaftlichen Erwägungen** zuspricht und auf dieser Grundlage zu der Schlussfolgerung gelangt, dass dieser Allgemeinwohlbelang sogar beträchtliche negative Folgen wirtschaftlicher Art für bestimmte Wirtschaftsteilnehmer rechtfertigen kann.[252] Ähnliches gilt schließlich auch in

---

EuGH C-201/15, ECLI:EU:C:2016:972 Rn. 79 ff. – AGET Iraklis; EuGH C-101/12, ECLI:EU:C:2013:661 Rn. 27 ff. – Schaible; EuG T-732/14, ECLI:EU:T:2018:541 Rn. 140 ff. – Sherbank of Russia OAO/Rat; EuGH C-540/16, ECLI:EU:C:2018:565 Rn. 36 ff. – Spika ua; entsprechend für andere Unionsgrundrechte vgl. mwN → § 34 Rn. 53.

[246] Zutr. *Gundel* ZHR 180 (2016), 323 (342 f.); *Wollenschläger* EuZW 2015, 285 (286 f.).

[247] Vgl. EuGH C-426/11, ECLI:EU:C:2013:521 Rn. 34 f. – Alemo-Herron ua, mAnm *Weatherill* ERCL 10 (2014), 167 ff.; EuGH C-201/15, ECLI:EU:C:2016:972 Rn. 87 – AGET Iraklis, jeweils mAnm *Franzen* EuZW 2017, 237 f.; *Kaufmann* ZESAR 2017, 300 ff.; *Klein/Leist* ZESAR 2017, 468 (469 ff.); *Rebhahn* EuZA 2017, 385 ff.

[248] Diese Einschätzung stützt sich ua auf EuGH C-134/15, ECLI:EU:C:2016:498 Rn. 30 ff. – Lidl; EuGH C-442/14, ECLI:EU:C:2016:890 Rn. 98 ff. – Bayer CropScience ua; EuGH C-534/16, ECLI:EU:C:2017:820 Rn. 34 ff. – BB construct.

[249] Zur Auflösung des Spannungsverhältnisses zwischen der unionsgrundrechtlichen Religionsfreiheit und dem in Art. 16 GRC verankerten Unionsgrundrecht der unternehmerischen Freiheit am Beispiel von Kopftuchverboten in Beschäftigungsverhältnissen vgl. EuGH C-157/15, ECLI:EU:C:2017:203 Rn. 22 ff. – Achbita ua, iVm GA *Kokott*, SchlA C-157/15, ECLI:EU:C:2016:382 Rn. 85 ff. – Achbita; EuGH C-188/15, ECLI:EU:C:2017:204 Rn. 25 ff. – Bougnaoui ua; ausführlicher zu diesen beiden vieldiskutierten Entscheidungen vgl. *Franzen/Roth* EuZA 2018, 187 (189 f.); *Germann* EuR 2018, 235 ff.; *Jacobs* RdA 2018, 263 (265 f.); *Junker* RIW 2018, 19 (21 f.); *Klein* NVwZ 2017, 920 ff.; *Mangold/Payandeh* EuR 2017, 700 ff.; *Preis/Morgenbrodt* ZESAR 2017, 309 ff.; *Sagan* EuZW 2017, 457 ff.; *Sandhu* KJ 2017, 517 ff.; *Wagner* EuR 2018, 724 ff.

[250] Instruktiv dazu vgl. etwa EuGH C-201/15, ECLI:EU:C:2016:972 Rn. 68 ff. – AGET Iraklis, jeweils mAnm *Franzen* EuZW 2017, 237 f.; *Kaufmann* ZESAR 2017, 300 ff.; *Klein/Leist* ZESAR 2017, 468 (469 ff.); *Rebhahn* EuZA 2017, 385 ff.; iVm GA *Wahl*, SchlA C-201/15, ECLI:EU:C:2016:429 Rn. 58 ff. – AGET Iraklis.

[251] Exemplarisch vgl. EuGH C-70/10, Slg. 2011, I-11959 Rn. 41 ff. – Scarlet Extended; EuGH C-360/10, ECLI:EU:C:2012:85 Rn. 41 ff. – SABAM.

[252] Vgl. EuG T-177/02, Slg. 2004, II-827 Rn. 54 – Malagutti-Vezinhet SA/Kommission; EuG T-475/07, Slg. 2011, II-5937 Rn. 143 – Dow AgroSciences ua/Kommission; EuG T-483/11, ECLI:EU:T:2013:407 Rn. 85 – Sepro Europe/Kommission; EuG T-269/11, ECLI:EU:T:2014:1069 Rn. 138 – Xeda Interna-

solchen Fällen, in denen die durch Art. 16 GRC geschützte unternehmerische Freiheit mit dem zu den bedeutsamsten Verfassungszielen der EU gehörenden Umweltschutz[253] in Konflikt gerät. Auch dies beruht insbesondere auf der jüngeren Rechtsprechung des Unionsrichters, der aus der Zugehörigkeit des Umweltschutzes zu den vorgenannten Verfassungszielen die Schlussfolgerung herleitet, dass auch der **Umweltschutz (→ § 63) beträchtliche negative Folgen wirtschaftlicher Art für bestimmte Wirtschaftsteilnehmer rechtfertigen kann.**[254]

E. Verhältnis zu anderen Grundrechtsgewährleistungen und grundrechtsähnlichen Gewährleistungen

47 Das in Art. 16 GRC verankerte – auch die Vertragsfreiheit und die Wettbewerbsfreiheit einschließende – Unionsgrundrecht der unternehmerischen Freiheit, das im Verhältnis zu der in Art. 15 GRC niedergelegten Berufsfreiheit als das speziellere Wirtschaftsgrundrecht einzustufen sein dürfte (→ § 34 Rn. 28 ff.), und die unionsgrundrechtliche **Eigentumsfreiheit** (→ § 36) stehen in Idealkonkurrenz zueinander.[255] Gleiches gilt in konkreter Ansehung der Werbefreiheit für das zwischen Art. 16 GRC und der in Art. 11 Abs. 1 GRC niedergelegten Meinungsäußerungsfreiheit (→ Rn. 30). Ergänzend ist an dieser Stelle zum einen auch darauf hinzuweisen, dass die in Art. 14 Abs. 3 GRC geregelte **Freiheit zur Gründung von Lehranstalten** einen speziellen Aspekt der unternehmerischen Freiheit erfasst[256] und insoweit dem Art. 16 GRC im Sinne der Spezialität vorgeht.[257] Zum anderen kann sich die unternehmerische Freiheit in zahlreichen Fällen mit dem allgemeinen unionsgrundrechtlichen **Gleichheitssatz** und sonstigen unionsverfassungsrechtlichen Diskriminierungsverboten (→ § 47 Rn. 1 ff.) überschneiden[258], auf deren Verletzung sich unstreitig auch Unternehmen berufen können.[259] Letzteres gilt schließlich auch in Ansehung der zahlreichen unionsgrundrechtlichen **Verfahrens- bzw. Verteidigungsrechte** (→ §§ 55 ff.), denen insbesondere in den verschiedenen Teilbereichen des Europäischen Wettbewerbsverfahrensrechts bislang eine sehr viel größere Bedeutung zukommt als den wirtschaftlichen Unionsgrundrechten materieller Art.[260]

48 Im Übrigen steht das Unionsgrundrecht der unternehmerischen Freiheit nach Art. 16 GRC im Rahmen der europäischen Wirtschafts- und Wettbewerbsverfassung (→ Rn. 1) in einer sehr engen Beziehung zu den im Vertrag über die Arbeitsweise der EU niedergelegten (grundrechtsähnlichen, nicht grundrechtsgleichen) **Grundfreiheiten**[261], die insoweit nicht

---

tional/Kommission; EuGH C-477/14, ECLI:EU:C:2016:324 Rn. 111 iVm Rn. 152 ff. – Pillbox 38 (UK), iVm mit der lesenswerten Kritik von *Nettesheim* EuZW 2016, 578 (580 f.).

[253] Näher zu diesem überaus bedeutsamen Verfassungsziel der EU vgl. *Nowak* in Nowak, Konsolidierung und Entwicklungsperspektiven des Europäischen Umweltrechts, 2015, S. 25 ff.

[254] Vgl. EuG T-483/11, ECLI:EU:T:2013:407 Rn. 85 – Sepro Europe/Kommission; EuG T-269/11, ECLI:EU:T:2014:1069 Rn. 138 – Xeda International/Kommission; EuG verb. Rs. T-429/13 u. T-451/13, ECLI:EU:T:2018:280 Rn. 587 – Bayer CropScience ua/Kommission.

[255] Exemplarisch dazu vgl. EuG T-215/15, ECLI:EU:T:2017:479 Rn. 72 ff. u. 88 ff. – Azarov/Rat; EuG verb. Rs. T-429/13 u. T-451/13, ECLI:EU:T:2018:280 Rn. 585 ff. – Bayer CropScience ua/Kommission.

[256] Zutr. *Bernsdorff* in NK-EuGRCh GRCh Art. 16 Rn. 9; *Streinz* in Streinz GRC Art. 16 Rn. 10.

[257] Zutr. *Blanke* in Stern/Sachs GRCh Art. 16 Rn. 20; so im Ergebnis auch *Rengeling/Szczekalla* Grundrechte in der EU § 20 Rn. 800; *Schmidt* S. 198 f.

[258] Instruktiv dazu vgl. nur EuGH C-306/93, Slg. 1994, I-5555 Rn. 30 ff. – SMW Winzersekt GmbH; EuGH C-134/15, ECLI:EU:C:2016:498 Rn. 26 ff. u. 42 ff. – Lidl; EuGH C-540/16, ECLI:EU:C:2018:565 Rn. 32 ff. – Spika ua.

[259] Vgl. nur EuGH 245/81, Slg. 1982, 2745 Rn. 11 ff. – Edeka Zentrale AG; EuGH 215/85, Slg. 1987, 1279 Rn. 23 ff. – Raiffeisen Hauptgenossenschaft eG; EuGH C-306/93, Slg. 1994, I-5555 Rn. 30 ff. – SMW Winzersekt GmbH; EuGH C-368/96, Slg. 1998, I-7967 Rn. 61 ff. – Generics (UK) ua.

[260] Näher dazu vgl. *Nowak* DVBl 2000, 20 ff.; *Nowak* in Bruha/Nowak/Petzold S. 23 ff., 45 ff.; *Nowak* in LMRKM VerfVO Art. 20 Rn. 1 ff. u. Art. 23 Rn. 1 ff.

[261] Das zwischen diesen Grundfreiheiten und Art. 16 GRC bestehende Verhältnis dürfte im Einzelnen dem zwischen den Grundfreiheiten und der in Art. 15 GRC niedergelegten Berufsfreiheit bestehenden Ver-

zu Unrecht bereits als „Grundpfeiler einer europäischen Gewerbefreiheit" bezeichnet wurden[262] und in bestimmten Konstellationen im Einklang mit Art. 16 GRC auszulegen sind[263]. Besonders deutlich wird dieser enge Zusammenhang zwischen der unionsgrundrechtlich fundierten unternehmerischen Freiheit und den nicht grundrechtsgleichen Grundfreiheiten zum einen in der jüngeren Rechtsprechung des EuGH zu der die Freiheit der Gründung von Haupt- und Zweigniederlassungen im Gebiet eines anderen EU-Mitgliedstaats einschließenden Niederlassungsfreiheit von Unternehmen im europäischen Binnenmarkt[264], die im einschlägigen Schrifttum insoweit zu Recht auch unter dem Aspekt des Schutzes gemeinschafts- bzw. unionsrechtlicher Wirtschaftsfreiheiten diskutiert wird[265], sowie in der jüngeren Rechtsprechung des EuGH zur „wirtschaftlichen Freiheit der Wirtschaftsteilnehmer", die der Unionsrichter sowohl in Art. 16 GRC als auch in Art. 49 AEUV verankert sieht.[266] Zum anderen manifestiert sich der enge Zusammenhang zwischen der unionsgrundrechtlichen Unternehmerfreiheit und den Grundfreiheiten darin, dass sich Private, die nach der zurückliegenden Rechtsprechung des Unionsrichters in einem weiten Umfang an die Grundfreiheiten gebunden sind (→ § 9 Rn. 41 f., 44), zur Rechtfertigung der ihnen jeweils vorgeworfenen Grundfreiheitseingriffe – insbesondere eines ihnen vorgeworfenen Eingriffs in den warenverkehrsfreiheitlichen Verbotstatbestand des Art. 34 AEUV und/oder in den arbeitnehmerfreizügigkeitsrechtlichen Verbotstatbestand des Art. 45 Abs. 1 und 2 AEUV – auf die Unionsgrundrechte im Allgemeinen und dabei vor allem auf das in Art. 16 GRC niedergelegte Unionsgrundrecht der unternehmerischen Freiheit im Speziellen berufen können.[267] Überaus eng ist schließlich auch das teils komplementäre, teils spannungsgeladene und insoweit ambivalente Dreiecksverhältnis zwischen der unionsgrundrechtlich fundierten Wettbewerbsfreiheit (→ Rn. 35 f.), den grundrechtsähnlichen Grundfreiheiten sowie den ebenfalls im AEUV niedergelegten **Wettbewerbsvorschriften**[268].

---

hältnis (→ § 34 Rn. 56) entsprechen; idS vgl. auch *Kühling* in FK-EUV/GRC/AEUV GRC Art. 16 Rn. 19; näher zum erstgenannten Verhältnis vgl. auch *Grabenwarter* in Grabenwarter, EnzEuR Bd. 2, § 13 Rn. 49 ff.; Jarass GRCh Art. 16 Rn. 6. Zum „klassischen" Streit über den grundrechtsähnlichen oder -gleichen Charakter der Grundfreiheiten sowie zum Verhältnis bzw. zur funktionalen Unterscheidung zwischen den Grundfreiheiten und den Unionsgrundrechten vgl. nur *Frenz* EuR 2002, 603 ff.; *Kahl/Schwind* EuR 2014, 170 ff.; *Manger-Nestler/Noack* JuS 2013, 503 ff.; *Pache* in FK-EUV/GRC/AEUV EUV Art. 6 Rn. 13 ff.; sowie → § 7 Rn. 45 ff.

[262] So etwa von *Kluth* FS R. Stober, 2008, 77 (80).
[263] Vgl. dazu nur GA *Wahl*, SchlA C-201/15, ECLI:EU:C:2016:429 Rn. 49 u. 81 – AGET Iraklis. Zur gebotenen Auslegung der Grundfreiheiten auch im Lichte des in Art. 47 GRC verankerten Unionsgrundrechts auf effektiven gerichtlichen Rechtsschutz (→ § 55 Rn. 1 ff.) vgl. exemplarisch EuGH C-685/15, ECLI:EU:C:2017:452 Rn. 47 ff. – Online Games ua.
[264] Vgl. EuGH C-212/97, Slg. 1999, I-1459 ff. – Centros; EuGH C-208/00, Slg. 2002, I-9919 ff. – Überseering; EuGH C-167/01, Slg. 2003, I-10155 ff. – Inspire Art.
[265] Instruktiv dazu vgl. *Skouris* in Schwarze, Wirtschaftsverfassungsrechtliche Garantien, S. 83 ff.
[266] Vgl. nur EuGH C-201/15, ECLI:EU:C:2016:972 Rn. 90 – AGET Iraklis; jeweils mAnm *Franzen* EuZW 2017, 237 f.; *Kaufmann* ZESAR 2017, 300 ff.; *Klein/Leist* ZESAR 2017, 468 (469 ff.); *Rebhahn* EuZA 2017, 385 ff.; näher zum engen Verhältnis zwischen Art. 16 GRC und Art. 49 AEUV vgl. zuletzt auch EuGH C-230/18, ECLI:EU:C:2019:383 Rn. 65 – PI.
[267] Näher dazu vgl. etwa *Babayev* CMLR 53 (2016), 979 ff.; *Nowak* FS Müller-Graff, 2015, 475 ff.; *Villotti* ZÖR 2016, 241 (254 f.); sowie *Ehlers* DVBl 2019, 397 (401); diesbezüglich zwischen Marktakteuren und nicht transaktionsbeteiligten Dritten differenzierend vgl. *Müller-Graff* ZÖR 2013, 685 (702 f.).
[268] Näher dazu vgl. *Nowak* EuR Beih. 3/2004, 77 ff. Zu der die unternehmerische Freiheit bzw. die Wirtschaftsfreiheit teils schützenden, teils beschränkenden Funktion der unionsrechtlichen Wettbewerbsregeln vgl. *Everling* in Schwarze S. 11 (24 ff.); *Nowak* in Behrens/Braun/Nowak S. 23 ff. Zu weiteren (eher indirekten) Verbindungslinien zwischen Art. 101 Abs. 1 AEUV und Art. 16 GRC vgl. ferner GA *Wahl*, SchlA C-230/16, ECLI:EU:C:2017:603 Rn. 47 – Coty Germany, wonach sich einige vertragliche Verpflichtungen, die bestimmten Einzelhändlern im Rahmen selektiver Vertriebssysteme auferlegt werden, potenziellen Wettbewerbsbeschränkungen gleichstellen ließen, da sie die unternehmerische Freiheit der betreffenden Händler beschränken.

F. Zusammenfassende Bewertung und Ausblick

49 Die in Art. 16 GRC verankerte unternehmerische Freiheit stellt ein primär abwehrrechtlich konzipiertes **Wirtschaftsgrundrecht** dar (→ Rn. 23, 27), das im Verbund mit der in Art. 15 GRC niedergelegten Berufsfreiheit und der Eigentumsfreiheit nach Art. 17 GRC die so genannte Trias der wirtschaftsbezogenen Unionsgrundrechte bildet (→ § 34 Rn. 1) und im Falle einer möglichen Verletzung durch einen Grundrechtsverpflichteten (→ § 9 Rn. 22 ff.) den in Art. 47 GRC niedergelegten Anspruch auf einen effektiven gerichtlichen Rechtsschutz (→ § 55) aktiviert. Zu den **Kerngewährleistungen** des in Art. 16 GRC verankerten Wirtschaftsgrundrechts der unternehmerischen Freiheit gehört zum einen das – verschiedene Werbe-, (Außen-)Handels-, Organisations- und Dispositionsfreiheiten einschließende – **Recht, eine Wirtschafts- oder Geschäftstätigkeit auszuüben** (→ Rn. 29 ff.). Zum anderen schließt die unternehmerische Freiheit nach Art. 16 GRC die sehr eng mit den Rechtsprinzipien der Privat- und Parteiautonomie zusammenhängende **Vertragsfreiheit** einschließlich der freien Geschäftspartnerwahl und der Preisfestlegungsfreiheit ein (→ Rn. 33). Die dritte Kerngewährleistung dieser unternehmerischen Freiheit bildet schließlich die ebenfalls subjektivrechtliche **Wettbewerbsfreiheit,** die hinsichtlich ihrer praktischen Bedeutung und ihres Schutzgehalts allerdings noch der näheren Konturierung durch den Unionsrichter bedarf (→ Rn. 35 f.). Ähnliches gilt last but not least für den von Art. 16 GRC partiell erfassten **Schutz von Betriebs-, Berufs- und/oder Geschäftsgeheimnissen** vor bestimmten Offenlegungspflichten (→ Rn. 37) sowie für die immerhin denkbare Ableitung eines unionsverfassungsunmittelbaren Informations-, Auskunfts- und/oder Dokumentenzugangsanspruchs aus der wirtschaftsgrundrechtlichen Garantie der unternehmerischen Freiheit (→ Rn. 38), deren **Reichweite im Hinblick auf den personellen Gewährleistungsgehalt** bzw. den persönlichen Schutzbereich nicht hinter dem personellen Gewährleistungsgehalt oder den persönlichen Schutzbereich der in Art. 15 GRC verankerten Berufsfreiheit zurückbleibt (→ Rn. 39 f.; → § 34 Rn. 42 ff.).

50 Die durch Art. 16 GRC bewirkte Abkoppelung bzw. Verselbstständigung der unternehmerischen Freiheit von der in Art. 15 GRC verankerten Berufsfreiheit ist sowohl im Lichte der früheren wirtschaftsgrundrechtlichen EuGH-Rechtsprechung (→ Rn. 2; → § 34 Rn. 2 f.) als auch im Lichte der bundesverfassungsgerichtlichen Rechtsprechung zu Art. 12 Abs. 1 GG (→ Rn. 9 f.) gerade aus deutscher Sicht etwas gewöhnungsbedürftig, aber mit Blick auf die hinsichtlich der Gewährleistung der unternehmerischen Freiheit und ihrem jeweiligen Verhältnis zur Berufsfreiheit recht heterogene Verfassungsrechtslage in allen EU-Mitgliedstaaten (→ Rn. 8 ff.) durchaus akzeptabel, zumal auch die EMRK ebenso wie sonstige internationale Menschenrechtstexte und wirtschaftsvölkerrechtliche Abkommen diesbezüglich keinerlei Schranken setzen (→ Rn. 4 ff.; → § 34 Rn. 5 ff.). Abgesehen von den durch Art. 15 GRC und Art. 16 GRC nach wie vor aufgeworfenen Abgrenzungsfragen und -problemen, deren Beantwortung und Klärung sich der Unionsrichter erst ansatzweise gestellt hat (→ § 34 Rn. 28 ff., 59), ist die durch Art. 16 GRC bewirkte Abkoppelung bzw. **Verselbstständigung der unternehmerischen Freiheit von der Berufsfreiheit** nach Art. 15 GRC speziell auch **aus EU-wirtschaftsverfassungsrechtlicher Perspektive weitgehend unschädlich,** weil und solange der Unionsrichter auf eine schrankensystematische Konvergenz zwischen Art. 15 GRC und Art. 16 GRC hinwirkt und davon absieht, dem in Art. 16 GRC enthaltenen Vorbehalt „der Beachtung des Unionsrechts und einzelstaatlicher Rechtsvorschriften und Gepflogenheiten" eine das Schutzniveau der unternehmerischen Freiheit negativ beeinträchtigende Wirkung zuzusprechen (→ Rn. 24, 43 ff.).

§ 36 Eigentumsgrundrecht

Übersicht

	Rn.
A. Bedeutung, Entwicklung und Quellen der Eigentumsfreiheit	1–27
I. Historische und philosophische Wurzeln	1–9
II. Bedeutung und Entwicklung in der EU	10–13
III. Rechtsquellen	14–27
1. Die Ausgestaltung der Eigentumsfreiheit in den Mitgliedstaaten	15–18
2. Die Ausgestaltung der Eigentumsfreiheit in der EMRK	19–23
3. Die Ausgestaltung der Eigentumsfreiheit in anderen internationalen Menschenrechtsverbürgungen	24–27
B. Gewährleistungsgehalt	28–57
I. Verhältnis zu den nationalen Eigentumsordnungen nach Art. 345 AEUV	28–30
II. Die Normstruktur des Grundrechts	31–33
III. Sachlicher Gewährleistungsbereich	34–51
1. Grundzüge	34–41
2. Ausgewählte Einzelfragen	42–51
IV. Persönlicher Gewährleistungsbereich	52, 53
V. Gewährleistungsdimensionen	54–57
C. Beeinträchtigungen	58, 59
D. Rechtfertigung	60–85
I. Enteignung	60–69
1. Definition und Kompetenz	60–63
2. Gesetzliche Grundlage	64
3. Öffentliches Interesse	65
4. Verhältnismäßigkeit	66
5. Entschädigung	67–69
II. Nutzungsbeschränkung	70–85
1. Inhalt und Bedeutung	70–72
2. Gesetzliche Grundlage	73
3. Öffentliches Interesse und die Rechte anderer	74–76
4. Verhältnismäßigkeit	77–83
5. Wesensgehaltsgarantie	84, 85
E. Verhältnis zu anderen Grundrechten	86
F. Zusammenfassende Bewertung und Ausblick	87–89

Schrifttum:

Aguilera Vaqués, Right of Property and Limits on its Regulation, in García Roca/Santolaya (Hrsg.), Europe of Rights. A Compendium on the European Convention of Human Rights, 2012, S. 537; *Alberton,* Le droit de propriété dans la jurisprudence communautaire, in Sudre/Labayle (Hrsg.), Réalité et perspectives du droit communautaire des droits fondamentaux, 2000, S. 339; *Baur/Pritzsche/Pooschke,* „Ownership unbundling" von Energienetzen und der europäische Schutz des Eigentums, DVBl 2008, 483; *Becker,* Market Regulation and the „Right to Property" in the European Economic Constitution, YEL 26 (2007), 255; *Beuttenmüller/Hüttner/Armini/Müller-Graff,* Ausgewählte Probleme des Europäischen Immaterialgüterrechts im Lichte der Europäischen Grundrechtecharta, GRUR 2011, 165; *Cremer,* Eigentumsschutz der Erben von Bodenreformland in der ehemaligen DDR, EuGRZ 2004, 134; *v. Danwitz,* Eigentumsschutz in Europa und im Wirtschaftsvölkerrecht; in ders./Depenheuer/Engel (Hrsg.), Bericht zur Lage des Eigentums, 2002, S. 215; *Dicke,* Zur Begründung eines Menschenrechts auf Eigentum, EuGRZ 1982, 361; *v. Drooghenbroeck,* Das Konzept des Eigentumsrechts in Art. 1 des Ersten Zusatzprotokolls der EMRK, EuLF 2000, 437; *Emsinghoff,* Entschädigung für Eigentumseingriffe infolge rechtmäßiger Rechtsetzungsakte der Europäischen Gemeinschaft, 2008; *Ensthaler/Block,* Verhältnis zwischen Kartellrecht und Immaterialgüterrecht am Beispiel der Essential-facility-Rechtsprechung von EuGH und EuG, GRUR 2009, 1; *Fechner,* Geistiges Eigentum und Verfassung. Schöpferische Leistungen unter dem Schutz des Grundgesetzes, 1999; *Fiedler,* Die Europäische Menschenrechtskonvention und der Schutz des Eigentums, EuGRZ 1996, 354; *Frowein,* The Protection of Property, in Macdonald/Matscher/Petzold (Hrsg.), The European System for the Protection of Human Rights, 1993, S. 523; *ders.,* Der Eigentumsschutz in der Europäischen Menschenrechtskonvention, FS Rowedder, 1994, 49; *Gelinsky,* Der Schutz des Eigentums gemäß

Art. 1 des Ersten Zusatzprotokolls zur Europäischen Menschenrechtskonvention. Eine Analyse der Rechtsprechung der Straßburger Organe, 1996; *Günter*, Berufsfreiheit und Eigentum in der Europäischen Union, 1998; *Hartwig*, Der Eigentumsschutz nach Art. 1 des 1. Zusatzprotokolls zur EMRK, RabelsZ 63 (1999), 561; *Heselhaus*, Schutz von Unternehmen durch das Eigentumsgrundrecht im Europäischen Gemeinschaftsrecht – unter besonderer Berücksichtigung von Abgabenregelungen, der Verwendung von Prüfnachweisen im Chemikalienrecht und der Einführung von Emissionsrechtelizenzen, in Bruha/Nowak/Petzold (Hrsg.), Grundrechtschutz für Unternehmen im europäischen Binnenmarkt, 2004, S. 97; *Hösch,* Eigentum und Freiheit. Ein Beitrag zur inhaltlichen Bestimmung der Gewährleistung des Eigentums durch Art. 14 Abs. 1 Satz 1 GG, 2000; *Jarass,* Der grundrechtliche Eigentumsschutz im EU-Recht, NVwZ 2006, 1089; *Kimminich* in Dolzer/Vogel/Graßhof, Kommentar zum Bonner Grundgesetz, Loseblatt, Stand 2006, Art. 14 GG; *Kingreen* in Calliess/Ruffert, EUV/EGV Kommentar, 3. Aufl. 2007, Art. 6 EUV; *Korioth,* Der Eigentumsschutz in den europäischen Verfassungsordnungen aus historischer Sicht, in Manssen/Banaszak (Hrsg.), Wandel der Eigentumsordnung in Mittel- und Osteuropa, 1998, S. 9; *Lucarelli* in Mock/Demuro (Hrsg.), Human Rights in Europe. Commentary on the Charter of Fundamental Rights of the European Union, 2010, Art. 17 – Right to Property; *Malzahn,* Bedeutung und Reichweite des Eigentumsschutzes in der Europäischen Menschenrechtskonvention, 2007; *McBride,* The Right to Property, EL Rev 21 (1996), 40; *Meyer/Bernsdorff,* Die Grundrechtecharta begründet keine Eigentumsrückgabeansprüche in Tschechien, EuZW 2009, 793; *v. Milczewski,* Der grundrechtliche Schutz des Eigentums im Europäischen Gemeinschaftsrecht, 1994; *Mittelberger,* Der Eigentumsschutz nach Art. 1 des Ersten Zusatzprotokolls zur EMRK im Lichte der Rechtsprechung der Strasbourger Organe, 2000; *ders.,* Die Rechtsprechung des ständigen Europäischen Gerichtshofs für Menschenrechte zum Eigentumsschutz, EuGRZ 2001, 364; *Müller-Michaels,* Grundrechtlicher Eigentumsschutz in der Europäischen Union, 1997; *Nettesheim,* Grundrechtliche Prüfdichte durch den EuGH, EuZW 1995, 106; *Pech,* Der Schutz öffentlichrechtlicher Ansprüche durch die Eigentumsgarantie des ersten Zusatzprotokolls, in Grabenwarter/Thienel (Hrsg.), Kontinuität und Wandel der EMRK, 1998, S. 233; *Pechstein,* Enteignung durch Unionsrecht, FS v. Brünneck, 2011, 198; *Penski/Elsner,* Eigentumsgewährleistung und Berufsfreiheit als Gemeinschaftsgrundrechte in der Rechtsprechung des Europäischen Gerichtshofs, DÖV 2001, 265; *Peukert,* Der Schutz des Eigentums nach Art. 1 des Ersten Zusatzprotokolls zur Europäischen Menschenrechtskonvention, EuGRZ 1981, 97; *Reininghaus,* Eingriffe in das Eigentumsrecht nach Artikel 1 des Zusatzprotokolls zur EMRK. Eingriffe in das Recht auf Achtung des Eigentums und ihre Zulässigkeitsvoraussetzungen, 2002; *Rengeling,* Die wirtschaftsbezogenen Grundrechte in der Europäischen Grundrechtecharta, DVBl 2004, 453; *Riedel,* Entschädigung für Eigentumsentzug nach Artikel 1 des Ersten Zusatzprotokolls zur Europäischen Menschenrechtskonvention – Zur Herausbildung eines gemeineuropäischen Standards, EuGRZ 1988, 333; *Rittstieg* in Wassermann (Hrsg.), Alternativkommentar zum GG, Bd. 1, 2. Aufl. 1989, Art. 14/15; *Rudolf,* Die Eigentumsgarantie nach der Europäischen Menschenrechtskonvention und ihre verfahrensrechtliche Dimension, EuGRZ 1996, 573; *Schilling,* Eigentum und Marktordnung nach Gemeinschafts- und nach deutschem Recht, EuGRZ 1998, 177; *ders.,* Der EuGH, das Eigentum und das deutsche Recht, EuZW 1991, 310; *Schwarze,* Der Schutz des geistigen Eigentums im europäischen Wettbewerbsrecht, EuZW 2002, 75; *ders.,* Das wirtschaftsverfassungsrechtliche Konzept des Verfassungsentwurfs des Europäischen Konvents – zugleich eine Untersuchung der Grundprobleme des europäischen Wirtschaftsrechts, EuZW 2004, 135; *Sonnevend* in Grabenwarter (Hrsg.), Europäischer Grundrechtsschutz, EnzEur Bd. 2, 2014, § 14 – Eigentumsgarantie; *Sturma* in EU Network of Independent Experts on Fundamental Rights (Hrsg.), Commentary of the Charter of Fundamental Rights of the European Union (http://cridho.uclouvain.be/documents/Download.Rep/NetworkCommentaryFinal.pdf, 2006), Art. 17 – Right to property; *Thiel,* Europa 1992: Grundrechtlicher Eigentumsschutz im EG-Recht, JuS 1991, 274; *Weber,* Menschenrechte. Texte und Fallpraxis, 2004, Kap. 10 – Eigentum; *Wildhaber,* Die neuere Rechtsprechung des Europäischen Gerichtshofs für Menschenrechte zum Eigentumsschutz, in Bauer ua (Hrsg.), Öffentliches Wirtschaftsrecht im Zeitalter der Globalisierung, 2012, S. 95; *Winter/Wagenknecht,* Gemeinschaftsverfassungsrechtliche Probleme der Neugestaltung der Vorlage von Prüfnachweisen im EG-Chemikalienrecht, DVBl 2003, 10.

A. Bedeutung, Entwicklung und Quellen der Eigentumsfreiheit

I. Historische und philosophische Wurzeln

1 Im Vergleich zu vielen anderen Grundrechtsgewährleistungen besteht ein besonderes Problem des Grundrechts auf Eigentum darin, dass es sich seines Gegenstandes, des Eigentums, nicht allein durch Anschauung vergewissern kann. Zudem ist die Bedeutung des **Begriffs** des Eigentums, obwohl dieser seit seinem ersten Auftreten immer auch ein Terminus **der Rechtssprache** gewesen ist,[1] nicht nur im Laufe der Zeit erheblichem **Wandel** unterworfen gewesen, sondern auch unter der Bedingung der Gleichzeitigkeit in unterschiedlichen Gesellschaften je verschieden interpretiert worden.[2] Bereits in der jüngeren Steinzeit (9./8.

---

[1] *Rabe* in Ritter, Historisches Wörterbuch der Philosophie, Bd. 2, 1972, S. 339.
[2] *Böckenförde* in Böckenförder, Staat, Gesellschaft, Freiheit. Studien zur Staatstheorie und zum Verfassungsrecht, 1976, S. 318 ff. Vgl. zum Folgenden *Cremer* in Dörr/Grote/Marauhn Kap. 22 Rn. 2 ff.

Jahrtausend v. Chr.) soll ein **Eigentum an beweglichen Sachen,** die für den persönlichen Gebrauch eine besondere Bedeutung hatten, wie Kleidung, Schmuck und Waffen, anerkannt gewesen sein.[3] Schon damals deutete sich die **Grundstruktur** des Eigentumsbegriffs an, der sowohl die **Beziehung** einer Person **zu** einer, nämlich **ihrer Sache** bezeichnet als auch das **Verhältnis zu anderen Personen** definiert. Eine Besonderheit dieses Rechtsbegriffes ist, dass letztere Personen beim (persönlichen Individual-)Eigentum vom Zugriff auf die Sache ohne die Zustimmung des Eigentümers ausgeschlossen sind. Besonders deutlich wird dies in der damaligen Tradition der Grabbeigaben zur Anschauung gebracht.

Ansätze eines **Grundeigentums** haben sich mit dem Übergang von der Weidewirtschaft zur Ackerbauwirtschaft und der damit verbundenen Sesshaftigkeit herausgebildet. Die besondere Bedeutung des Ackerbaus für die Ernährung der jeweiligen Gemeinschaft stellt einen dritten Aspekt des Eigentumsrechts heraus, der bis heute in einem Spannungsverhältnis zur grundsätzlichen Zuordnung zum Eigentümer steht: die **soziale Bindung.** Bereits im alten Israel gab es entsprechende Modifikationen des Privateigentums.[4] Die historische Entwicklung des Eigentumsbegriffs lässt ferner einen Nexus mit den wirtschaftlichen Gegebenheiten, später der **Wirtschaftsordnung,** deutlich werden. In der Antike brachte das **römische Recht** ein Verständnis des Eigentums als ein absolutes, allumfassendes, dingliches Vollrecht *(dominium, proprietas)* hervor.[5] Es gründete zunächst in der quiritischen Konzeption der Eigentumszuordnung aufgrund der Gewalt des Familienvaters. Die daraus resultierenden sozialen Spannungen führten schließlich zum bonitarischen Eigentumsverständnis, das den besonderen Bezug zu einer (beliebigen römischen) Person bezeichnete. Demgegenüber waren im **germanischen Rechtskreis** im Hinblick auf die Zuordnung von Grund und Boden neben dem Individualeigentum noch lange Zeit das Familieneigentum und das Gemeindeeigentum in Form der Allmende von wichtiger Bedeutung. Letzteres wurde erst durch den Übergang zur Dreifelderwirtschaft zurückgedrängt.[6] Im Mittelalter wurde in Europa im Rahmen des vorherrschenden **Lehnswesens** Grundeigentum streng hierarchisch vergeben, etwa in Form von **Ober- und Untereigentum.**[7] Daneben entwickelte sich das Eigentum in den Städten zu einem lehensfreien **Individualrecht.**

Die **Rechtfertigung des Eigentumsrechts** ist eine zentrale Aufgabe der Eigentumstheorien. Die seit *Cicero* bis ins Mittelalter vorherrschende **Okkupationstheorie** sah den Eigentumserwerb in einer ursprünglichen Besitznahme.[8] Eine ungleiche Güterverteilung wurde durch das Recht der Hilfsbedürftigen auf die Inanspruchnahme fremder Güter in Notsituationen relativiert.[9] Diese Ansätze konnten allerdings die zunehmend ungleiche Verteilung von Eigentum in der damaligen Gesellschaft kaum überzeugend begründen. Doch konnte die Akkumulation von Eigentum in den Händen weniger im Merkantilismus auf das politische Wohlwollen des finanzhungrigen **Absolutismus** bauen. Dieser achtete das Eigentumsrecht als umfassende Verfügungsbefugnis, behielt dem absoluten Herrscher aber ein Zugriffsrecht aus Erwägungen des öffentlichen Wohles vor, das nicht gerichtlich überprüft werden konnte.[10] Damit stand zwar eigentumsrechtlich ein Instrumentarium bereit, auf das sich der aufkommende Kapitalismus und die industrielle Revolution stützen

---

[3] *Kimminich* in Dolzer/Vogel/Graßhof, Bonner GG-Kommentar, GG Art. 14 Rn. 2.
[4] Im Sabbatjahr, jedem 7. Jahr, durften die Feldfrüchte von jedermann geerntet werden. Im Jubeljahr, nach 50 Jahren, fiel das Land an den ursprünglichen Eigentümer zurück, *Kimminich* in Dolzer/Vogel/Graßhof, Bonner GG-Kommentar, GG Art. 14 Rn. 3.
[5] Zum Folgenden *Kimminich* in Dolzer/Vogel/Graßhof, Bonner GG-Kommentar, GG Art. 14 Rn. 4 f.
[6] *Kimminich* in Dolzer/Vogel/Graßhof, Bonner GG-Kommentar, GG Art. 14 Rn. 5.
[7] *Rittstieg* in AK-GG GG Art. 14/15 Rn. 4. Das „dominium inferius" gewährte nur ein Nutzungsrecht.
[8] Bei *Cicero,* De officiis I, S. 20 ff. und *v. Aquin,* Summa Theologica II–II, q. 66, q. 98, wird die physische Aneignungshandlung („prima occupatio") zur rechtlichen Grundlage der Eigentumsordnung; *Grotius,* De iure belli ac pacis II, Kap. 2, stellt dazu zusätzlich auf einen vorstaatlichen, naturrechtlichen Vertrag ab.
[9] *v. Aquin,* Summa Theologica III, S. 320 ff.; näher dazu *Hösch* S. 85.
[10] *Tautscher* FS Wilburg, 1965, 205 (206). Vgl. *Hobbes,* Leviathan, Teil 2, Kap. 18 Nr. 8, Kap. 29 Nr. 5.

konnten. Um größere Rechtssicherheit zu erlangen, galt aber fortan das Bestreben, den Zugriff des Staates auf das Eigentum zu bändigen.

4   Erst *John Locke* lieferte mit seiner **Arbeitstheorie** des Eigentums[11] das (vernunft-)theoretische Fundament sowohl für eine Rechtfertigung der Akkumulation von Eigentum als auch der Begrenzung des hoheitlichen Zugriffs auf dasselbe. Nach ihm basiert der Eigentumserwerb auf dem Einsatz persönlicher Arbeit und Leistung. Da der Einzelne sich selbst gehöre, gehöre ihm auch, was er durch eigene Arbeit begründe. Die bearbeiteten Sachen würden so zu einem Teil seiner Person. Damit wurde das Eigentumsrecht in der Theorie unabhängig von der staatlichen Verleihung eines entsprechenden Rechts.

5   Im Zeitalter der **Aufklärung** wurde mit der Anerkennung des Privateigentums als **Menschenrecht** der staatliche Zugriff rechtstheoretisch weiter zurückgedrängt. Zugleich wurde dem Staat die Aufgabe zugewiesen, den Bestand des Eigentums zu sichern. *J. G. Fichte* und *G. W. F. Hegel* sahen im Aneignungsvorgang die Übertragung der Rechtsqualität einer mit Rechtpersönlichkeit ausgestatteten Person auf eine Sache.[12] Während *I. Kant* den Zusammenhang von Eigentum und persönlicher sowie politischer Freiheit herausstellte,[13] hielt *Hegel* Eigentum in einer Sphäre der äußeren persönlichen Freiheit für die Verwirklichung als geistig-sittliche Substanz erforderlich.[14] Die naturrechtliche Konzeption des Eigentums entrückte dieses in seinem Kern dem Zugriff des Herrschers. Diese Gedanken kommen deutlich in der französischen Erklärung der Menschen- und Bürgerrechte von 1789 zum Ausdruck, nach der das Eigentum zu den „**natürlichen** und **unveräußerlichen Rechten** des Menschen" zählt. In deren Art. 17, wonach es gar als „heiliges" Recht qualifiziert wird, ist das Verbot seines **Entzugs** außer für **gesetzlich** vorgesehene Gründe des **öffentlichen Wohls** und gegen eine gerechte **Entschädigung** niedergelegt.[15] Ähnliche Bestimmungen fanden sich in der Folgezeit in der *Bill of Rights* in den USA von 1791,[16] in deutschen Verfassungen aber erst in Art. 153 WRV von 1919.[17]

6   In deutlicher Abweichung von der allgemeinen Entwicklung des Grundrechts auf Eigentumsfreiheit wurde das Eigentumsrecht in der **nationalsozialistischen Herrschaftszeit** in Deutschland ausgestaltet. Zwar wurde das Privateigentum nicht gänzlich abgeschafft, verlor aber mit der rechtlichen Akzeptanz der Diskriminierung der Juden, nicht zuletzt durch ihre Vertreibung, im Grunde seinen menschenrechtlichen Charakter. Ferner konnte es bei pflichtwidrigem Verhalten verwirkt werden. Das Grundeigentum an Bauernhöfen wurde streng reglementiert, das Eigentum in der Wirtschaft aus politischen Gründen erheblich zentralisiert.[18]

7   In ganz anderer Richtung hatte bereits im 19. Jh. *Karl Marx* unter dem Eindruck der sozialen Auswirkungen der industriellen Revolution eine **fundamentale Kritik** des Privateigentums im Kapitalismus geübt. Er unterschied in der Analyse der damaligen Gesellschaft zwei Klassen: die Eigentümer und die eigentumslosen Arbeiter. In Anlehnung an die Arbeitstheorien des Eigentums führte *Marx* die Gewinnschöpfung unter den Bedingungen der kapitalistischen Produktionsweise auf den nur durch menschliche Arbeit zu erzeugenden „**Mehrwert**" einer bearbeiteten Sache zurück. Den „Mehrwert" eigneten sich die Eigentümer an den Produktionsmitteln zur Bearbeitung der Sachen fortlaufend an, ohne

---

[11] *Locke* in Euchner, Zwei Abhandlungen über die Regierung, 7. Aufl. 1998, S. 216 f. Näher hierzu *Hösch* S. 87.
[12] *Fichte* in Schottky, Rechtslehre, 2. Aufl. 1980, Teil 2, Kap. 3, S. 38 ff.; *Hegel* in Moldenhauer ua, Grundlinien der Philosophie des Rechts, in Werke Bd. 7, 4. Aufl. 1995, S. 102 ff.
[13] *Kant*, Metaphysik der Sitten, 1797, Rechtslehre § 5. Zum Zusammenhang von Eigentum und Demokratie aus heutiger Sicht *Weimer* in Weimer, The political economy of property rights, 1997, S. 1 (9).
[14] *Hegel* in Moldenhauer ua, Grundlinien der Philosophie des Rechts, in Werke Bd. 7, 4. Aufl. 1995, S. 102.
[15] Zur Entwicklung des frz. Eigentumsverständnisses *Augustin* FS Madiot, 2000, 137 ff.
[16] Art. V Bill of Rights.
[17] Vgl. § 164 der nie in Kraft getretenen Paulskirchenverfassung. Art. 9 der Preußischen Verfassung von 1850 liest sich zwar wie ein subjektives Recht des Einzelnen, hatte aber keinen Grundrechtscharakter, *Korioth* in Manssen/Banaszak, Wandel der Eigentumsordnung in Mittel- und Osteuropa, 1998, S. 9 (17).
[18] S. näher *Rittstieg* in AK-GG GG Art. 14/15 Rn. 16.

dass sie selbst dazu durch eigene Arbeit beitragen müssten. Diese als ungerecht empfundene Situation sollte sich nach *Marx'* geschichtsphilosophischen Vorstellungen erst mit dem Zusammenbruch des kapitalistischen Systems aufgrund seiner zyklischen Krisen ändern, wenn in der zukünftigen kommunistischen Gesellschaft das **Privateigentum aufgehoben** und damit die Trennung von Arbeit und Eigentum überwunden werden würde.[19] Die grundsätzliche **Ablehnung** von Privateigentum an Produktionsmitteln und Handelswaren seitens der **sozialistischen** Staaten hinderte bis zum Ende des Ost-West-Gegensatzes 1990 die Entwicklung gemeinsamer Rechtsvorstellungen in (Gesamt-)Europa.

Dagegen setzte sich in Industriestaaten die Anerkennung der **sozialen Funktion** des Eigentums durch, wie bspw. in Art. 153 Abs. 3 WRV. Der demokratische Gesetzgeber war danach aufgerufen, Spannungen zwischen Privateigentum und Allgemeininteresse auszugleichen. Dazu entwickelte die **liberale Eigentumslehre** den Gedanken der **Sozialpflichtigkeit** des Eigentums fort.[20] Einerseits kann die verfassungsrechtliche Anerkennung der sozialen Funktion das Verfügungsrecht des Eigentümers beschränken, andererseits erfüllt sie Funktionen des Eigentumsschutzes, weil dadurch auch die Regelung der Eigentumsnutzung dem Maßstab des Grundrechts unterworfen wird.[21] Die genaue Ausgestaltung erfolgte aber auch in den westlichen Industriestaaten so unterschiedlich, dass im Rahmen der Verhandlungen über die EMRK eine Einigung über die Eigentumsfreiheit erst mit dem 1. Zusatzprotokoll erzielt werden konnte. 8

In der **postmodernen Diskussion** wird einerseits ein **Bedeutungsverlust** des traditionellen Eigentumsverständnisses konstatiert,[22] wenn etwa zunehmend Manager ohne eigenes Eigentum an Produktionsmitteln die Geschicke großer Konzerne leiten oder wenn Konzepte einer „sharing economy"[23] entwickelt werden. Andererseits wird für eine **Ausweitung** des Eigentumsbegriffs auf ein Recht auf Zugang zu bestimmten Gemeinschaftsgütern,[24] wie der Wasserversorgung oder dem Internet, plädiert. Darin spiegelt sich nicht nur die soziale Grundrechtsfunktion wider, sondern auch Anklänge an das frühere Verständnis eines Gemeineigentums. Ist damit die weitere Entwicklung des Eigentumsbegriffs noch nicht in allen Facetten vorherzusehen, lassen sich derzeit aber durchaus die Konturen eines gemeineuropäischen Eigentumsverständnisses und seines grundrechtlichen Schutzes erkennen. In den Details der Rechtfertigung von Eingriffen bestehen allerdings Unterschiede zwischen den Mitgliedstaaten. 9

II. Bedeutung und Entwicklung in der EU

Erst seit dem Lissabonner Vertrag wird die Eigentumsfreiheit auf Unionsebene durch Art. 17 GRC ausdrücklich gewährleistet. Das damit gewährleistete Privateigentum hat eine fundamentale Bedeutung für die Konzeption der dezentralen marktwirtschaftlichen Wirtschaftsordnung der EU und wird neben der Berufsfreiheit nach Art. 15 GRC und der unternehmerischen Freiheit gemäß Art. 16 GRC zu den grundrechtlichen Eckpfeilern der EU-Wirtschaftsverfassung gerechnet.[25] Dass die ausdrückliche Erwähnung in einem zunächst deutlich auf die wirtschaftliche Zusammenarbeit fokussierten Integrationsprojekt erst relativ spät erfolgte, liegt daran, dass der erforderliche Schutz des Privateigentums **zunächst Sache der Mitgliedstaaten gewesen** ist: von Beginn an gestattete Art. 36 AEUV bzw. seine Vorgänger den Mitgliedstaaten Ausnahmen von der Warenverkehrsfreiheit zum 10

---

[19] *Marx*, Das Kapital, MEW 23, S. 589 f., 605 ff.
[20] Vgl. *Dräger* in Ritter/Gründer, Historisches Wörterbuch der Philosophie, Bd. 5, 1980, S. 264 f.
[21] Art. V Bill of Rights der USA enthielt zunächst nur ein Verbot der Enteignung, keine umfassende Eigentumsgarantie, näher dazu *Alexander* in McLean, Property and the Constitution, 1999, S. 88 (90 f.).
[22] S. den Überblick bei *Harris* in McLean, Property and the Constitution, 1999, S. 64 (72 ff.).
[23] Hierzu *Ludwigs* NVwZ 2017, 1646 ff.; *Solmecke/Lengersdorf* MMR 2015, 493 ff.
[24] *Rifkin*, The Age of Access. The New Culture of Hypercapitalism Where All Of Life Is a Paid-For Experience, 2000, S. 191 ff.; 236 ff.
[25] *Wollenschläger* in von der Groeben/Schwarze/Hatje GRC Art. 17 Rn. 1; vgl. *Calliess* in Calliess/Ruffert GRC Art. 17 Rn. 1.

Schutz des gewerblichen und kommerziellen Eigentums; nach Art. 345 AEUV (vgl. ex-Art. 83 EGKSV, Art. 91 EAGV) lässt der Vertrag bis heute „die **Eigentumsordnungen in den Mitgliedstaaten unberührt**". Nicht nur angesichts der Schwierigkeiten, sich international auf einen grundrechtlichen Standard des Eigentumsschutzes zu einigen (→ Rn. 19 ff., 24 ff.) – Frankreich hat erst 1974 die EMRK ratifiziert –, sondern auch im Hinblick auf die Eingriffe in das Eigentum an beweglichen Sachen im EGKS- und EAG-Vertrag mag es aus historischer Sicht nicht unverständlich erscheinen, dass der EuGH 1960 im Bereich des EGKS-Vertrages die Anerkennung eines entsprechenden ungeschriebenen Grundrechts auf der supranationalen Ebene **zunächst verweigert** hatte.[26]

11 Doch seit 1974 erkennt der EuGH ausdrücklich an, dass der **Schutz des Eigentums** im EU-Recht **grundrechtlich gewährleistet** ist.[27] Er zählt das Eigentumsrecht als Grundrecht zu den allgemeinen Grundsätzen des Unionsrechts.[28] Als Rechtserkenntnisquelle hat der Gerichtshof neben den gemeinsamen Verfassungsüberlieferungen der Mitgliedstaaten auch die internationalen Verträge über den Schutz der Menschenrechte, an denen die Mitgliedstaaten beteiligt waren, herangezogen[29] und in diesem Sinne später einen ausdrücklichen Hinweis auf Art. 1 EMRKZusProt gegeben,[30] welcher in der Folgezeit aber eher sporadisch bemüht worden ist.[31] Im Vergleich mit der unmittelbaren Berufung auf die EMRK bei anderen, nicht primär wirtschaftlichen Grundrechten[32] zeugte das Vorgehen des EuGH bei der Eigentumsfreiheit von einer gewissen **Reserviertheit gegenüber** einer deckungsgleichen Übernahme der Vorgaben des Art. 1 **EMRKZusProt**. Weder übernimmt er dessen Normstruktur noch zeichnet er dessen Schutzbereich eins zu eins nach (→ Rn. 31 ff.). Die dahinter stehende besondere Behandlung der Eigentumsfreiheit ist nicht nur vor dem eingangs analysierten Nexus von Eigentumsfreiheit und Wirtschaftsordnung[33] zu sehen, sondern auch vor den Besonderheiten der Eigentumsfreiheit in der EMRK (→ Rn. 19 ff.). Vorläufer der Gewährleistung war Art. 9 **Erklärung** der Grundrechte und Grundfreiheiten von 1989 durch das Europäische Parlament,[34] der neben der grundsätzlichen Gewährleistung des Eigentums nur die Enteignung ausdrücklich adressierte.

12 Es ist auffällig, dass angesichts zahlreicher auf das Eigentumsgrundrecht gestützter Klagen bisher lediglich fünf von diesen Erfolg gehabt haben. Die beiden Rs. *Kadi*[35] und *Hassan und Ayadi*[36] betrafen das Einfrieren von Vermögensgegenständen von Terrorverdächtigen gemäß den Vorgaben des UN-Sicherheitsrates ohne eine Möglichkeit für die Betroffenen, „ihr Anliegen den zuständigen Stellen vortragen" zu können.[37] Der Erfolg gründete hier auf dem Grundrechtsschutz durch Verfahren, nicht auf einer materiellen Bewertung. Darüber

---

[26] In EuGH 18/57, Slg. 1959, 89 (107, 113 ff.) – Nold wurde von der deutschen Klägerin der Verstoß gegen deutsche Grundrechte gerügt. Der EuGH brauchte diesem Vorbringen nicht nachzugehen, da die Klage bereits mit der Rüge unzureichender Begründung Erfolg hatte. In EuGH verb. Rs. 36, 37, 38, 40/59, Slg. 1960, 885 (920 f.) – Ruhrkohlen-Verkaufsgesellschaft wies er dann die Rügen eines Verstoßes sowohl gegen Art. 14 GG als auch gegen einen – seiner Meinung nach nicht existenten – ungeschriebenen Rechtsgrundsatz des Gemeinschaftsrechts „des Inhalts, dass ein erworbener Besitzstand nicht angetastet werden dürfe", als unzulässig zurück.
[27] EuGH 4/73, Slg. 1974, 491 Rn. 14 – Nold; s. auch EuGH 44/79, Slg. 1979, 3727 Rn. 17 – Hauer.
[28] EuGH C-491/01, Slg. 2002, I-11453 Rn. 149 – British American Tobacco; EuG T-390/94, Slg. 1997, II-501 (521) – Schröder; EuGH 5/88, Slg. 1989, 2609 Rn. 18 – Wachauf. Ausführlicher dazu Heselhaus in Bruha/Nowak/Petzold, Grundrechtsschutz, S. 97 (101 ff.).
[29] EuGH 4/73, Slg. 1974, 491 Rn. 14 – Nold.
[30] EuGH 44/79, Slg. 1979, 3727 Rn. 17 – Hauer.
[31] S. etwa einerseits EuGH verb. Rs. C-143/88, C-92/89, Slg. 1991, I-415 Rn. 72 ff. – Zuckerfabrik Süderdithmarschen und andererseits EuGH verb. Rs. C-153/94, C-204/94, Slg. 1996, I-2465 Rn. 111 – Faroe Seafood.
[32] Bspw. zur Meinungsfreiheit EuGH C-368/95, Slg. 1997, I-3689 Rn. 25 – Familiapress.
[33] → Rn. 2 ff. Nach EuGH 11/70, Slg. 1970, 1125 Rn. 4 – Internationale Handelsgesellschaft muss sich die Grundrechtsgewährleistung in die „Struktur und die Ziele der Gemeinschaft einfügen".
[34] ABl. 1989 C 120, 51.
[35] EuGH verb. Rs. C-402/05 P, C-415/05 P, ECLI:EU:C:2008:461 – Kadi I; EuGH C-584/10 P, ECLI:EU:C:2013:518 – Kadi II.
[36] EuGH verb. Rs. C-399/06 P und C-403/06 P, ECLI:EU:C:2009:748 – Hassan und Ayadi.
[37] EuGH verb. Rs. C-399/06 P und C-403/06 P, ECLI:EU:C:2009:748 Rn. 92 – Hassan und Ayadi.

hinaus lässt sich in vier Fällen indirekt nachweisen, dass auch das Eigentumsgrundrecht Betroffenen zum **Erfolg** zu verhelfen vermag. 1984 hat der EuGH die Prüfung einer Verletzung wohlerworbener Rechte und einer enteignenden Maßnahme nur nicht zu Ende geführt, weil er bereits bei der vorgezogenen Prüfung des Verhältnismäßigkeitsgrundsatzes[38] die Maßnahmen für rechtswidrig erklärte.[39] In der Rs. *Wachauf* hat der EuGH festgestellt, dass eine Regelung, nach der der Pächter nach Ablauf des Pachtverhältnisses „entschädigungslos um die Früchte seiner Arbeit und der von ihm in dem verpachteten Betrieb vorgenommenen Investitionen gebracht würde", nicht mit den Grundsätzen des Grundrechtsschutzes vereinbar sei.[40] Zwei Jahre später hat er in einem vergleichbaren Fall das einschlägige Grundrecht benannt: die Eigentumsfreiheit.[41] In der Rs. *T. Port* hielt er es 1996 für möglich, dass das Eigentumsgrundrecht – im Wege der grundrechtskonformen Interpretation – die Anerkennung von Härtefallklauseln gebieten könne.[42] Es gibt allerdings erfolgreiche Klagen in Fällen, die auch die Eigentumsfreiheit betreffen könnten, in denen aber lediglich der allgemeine Verhältnismäßigkeitsgrundsatz gerügt und geprüft worden, wie die Rs. *Nordzucker* von 2015. Der Eingriff lag dort in einer umstrittenen Auslegung des EU-Rechts durch die Mitgliedstaaten bei der Umsetzung.[43] Diese geringe Erfolgsquote ist jedenfalls in Teilen auch Defiziten im dogmatischen Ansatz des EuGH geschuldet (→ Rn. 13).

Die Bewertung der Rechtsprechung in Bezug auf das Eigentumsrecht ist umstritten. **13**
Gerade im deutschen Schrifttum wurde heftige **Kritik** an der Rechtsprechung geübt.[44] Anlass waren vor allem eine geringe **Prüfungsintensität** in der Verhältnismäßigkeitsprüfung[45] Ferner wird ein fehlende Abgrenzung zur Berufsfreiheit gerügt sowie eine mangelhafte Ausdifferenzierung der **Schrankensystematik**.[46] Zeitgleich mit einer gewissen Korrektur dieses Ansatzes des EuGH in der *T.-Port*-Entscheidung hat das BVerfG in seiner Bananenmarkt-Entscheidung festgestellt, dass das derzeitige **Schutzniveau** der Grundrechte in der EU nicht wesentlich im Sinne des Art. 23 Abs. 1 GG hinter dem vom Grundgesetz gewährleisteten Standard zurückbleibe.[47] Demgegenüber ist seit 2012 eine **ausdifferenziertere Grundrechtsprüfung** in zahlreichen wettbewerbsrechtlichen Fällen zu konstatieren.[48] Ob dies eine grundsätzliche Änderung der Rechtsprechung markiert,[49]

---

[38] Zum Verhältnis zwischen Grundrechten und allgemeinem Verhältnismäßigkeitsgrundsatz → § 7 Rn. 41 ff.; *Koch*, Der Grundsatz der Verhältnismäßigkeit in der Rechtsprechung des Gerichtshofs der Europäischen Gemeinschaften, 2002, S. 396 ff.
[39] EuGH 232/81, Slg. 1984, 3881 Rn. 12, 15–19 – Agricola Commerciale Olio.
[40] EuGH 5/88, Slg. 1989, 2609 Rn. 17 ff., insbes. Rn. 19 – Wachauf.
[41] EuGH C-44/89, Slg. 1991, I-5119 Rn. 28 – von Deetzen II.
[42] EuGH C-68/95, Slg. 1996, I-6065 Rn. 40, 42 – T. Port.
[43] EuGH C-148/14, ECLI:EU:C:2015:287 Rn. 41, 43 – Nordzucker.
[44] *Müller-Michaels* S. 53 zur Zeitspanne bis 1993. *Storr* STAAT 1997, 547 (570 f.) zweifelt, ob von einem dem deutschen Grundgesetz im wesentlichen vergleichbaren Grundrechtsschutz im Sinne des Art. 23 Abs. 1 GG gesprochen werden könne. *Zuleeg* NJW 1997, 1201 (1206) zufolge hat derjenige schlechte Karten, der in einem Prozess hauptsächlich auf die Eigentumsfreiheit setze. Doch würde das Grundrecht der Berufsfreiheit Lücken beim Schutz des Eigentums schließen.
[45] *Nettesheim* EuZW 1995, 106 ff.
[46] *Bernsdorff* in NK-EuGRCh Art. 17 Rn. 23.
[47] BVerfGE 102, 147 (162 f.). *Schilling* EuGRZ 1998, 177 (189 f.) sieht strukturelle Unterschiede zwischen beiden Grundrechtsgewährleistungsebenen, nicht aber generell einen qualitativ minderen Standard in der EU. *Schilling* EuZW 1991, 310 (312) meint, dass über den Grundsatz des Vertrauensschutzes im Ergebnis vergleichbare Lösungen erzielt würden. Demgegenüber loben *Jürgensen/Schlünder* AöR 121 (1996), 200 (202) den Standard des Grundrechtsschutzes des EuGH im Allgemeinen und attestieren ihm sogar eine Anhebung des „teilweise defizitären" Grundrechtsschutzes in Deutschland.
[48] EuGH C-360/10, ECLI:EU:C:2012:85 Rn. 40 ff. – SABAM zur Einrichtung von Filtersystemen durch Internetdienstleister; EuGH C-201/11 P, ECLI:EU:C:2013:519 Rn. 101 ff. – UEFA/Kommission zur Bedeutung von Free-TV-Listen; EuGH C-277/10, ECLI:EU:C:2012:65 Rn. 68 ff. – Luksan zur Aufteilung von Verwertungsrechten; EuGH C-283/11, ECLI:EU:C:2013:28 Rn. 34 ff. – Sky Österreich zum Kurzberichterstattungsrecht.
[49] So wohl *Kühling* in FK-EUV/GRC/AEUV GRC Art. 17 Rn. 3 f.; vgl. *Wollenschläger* in von der Groeben/Schwarze/Hatje GRC Art. 17 Rn. 1.

erscheint indes fraglich. Nach wie vor hält sich der EuGH in der Überprüfung von Fällen aus den gemeinsamen Marktorganisationen sowie dem Emissionshandelssystem, unter dem das EU-Recht Emissionskontingente zuweist, anhand der Eigentumsfreiheit (zu) stark zurück.[50] Es handelt sich dabei einem in Abweichung vom ansonsten eher wirtschaftsliberalen Ansatz der EU-Wettbewerbspolitik um weitgehend dirigistisch geregelte Wirtschaftsbereiche. Im Übrigen ist jedoch zu bedenken, dass die eher wirtschaftsliberale Orientierung der EU-Rechtsetzung bereits der Entstehung von Problemlagen entgegenwirkt.

III. Rechtsquellen

14 Rechtsquelle für das Eigentumsrecht in der EU ist unter dem Lissabonner Vertrag gemäß Art. 6 Abs. 1 EUV die ausdrückliche Verbürgung in **Art. 17 GRC**. Doch bleiben daneben nach Art. 6 Abs. 3 EUV auch die Grundrechte als **allgemeine Rechtsgrundsätze** relevant. Dazu wird auf die nationalen Verfassungsüberlieferungen, die EMRK und auf weitere internationale Verbürgungen verwiesen.[51] Die beiden letzteren sind nach Art. 53 GRC zudem für die Bestimmung eines Mindestschutzes in der EU von Bedeutung. Die genannten drei **Rechtserkenntnisquellen** werden nachfolgend erläutert.

15 **1. Die Ausgestaltung der Eigentumsfreiheit in den Mitgliedstaaten.** Aus dem Vergleich der grundrechtlichen Gewährleistung des Eigentums in den Mitgliedstaaten ergibt sich trotz vieler Unterschiede im Detail (→ Rn. 16 ff.) eine **übereinstimmende Grundstruktur**. Die Aussagen der Verfassungstexte sind regelmäßig knapp gehalten, nur in Ausnahmefällen erreichen sie fast epische Breite.[52] Eine Besonderheit gilt für Großbritannien, wo die Freiheit des Eigentums ungeschrieben als civil liberty anerkannt ist, für den aktuellen Schutzumfang aber nicht auf eine verfassungsrechtliche, über dem einfachen Gesetzesrecht stehende Norm, sondern nur auf die Quintessenz der Rechtsprechung abgestellt werden kann, die allerdings seit dem Human Rights Act 1998 eine EMRK-kompatible Auslegung soweit irgend möglich vorzunehmen hat.[53]

16 Allen Verfassungen der Mitgliedstaaten gemeinsam ist die grundsätzliche Gewährleistung des Eigentums als ein **subjektives Recht**.[54] Deutliche Unterschiede treten erst im Hinblick auf die Schutzintensität auf. So kommt dem Eigentumsgrundrecht in manchen Verfassungen eine im Vergleich mit anderen Grundrechten abgeschwächte Bedeutung zu.[55] Zum Teil wird es nicht zusammen mit den anderen Grundrechten erwähnt, sondern in andere

---

[50] *Bernsdorff* in NK-EuGRCh Art. 17 Rn. 23.
[51] Zum dreifachen Grundrechtsschutz nach Art. 6 EUV *Streinz* in Streinz EUV Art. 6 Rn. 35 f.
[52] Vgl. Art. 23 zypVerf und Art. 17 griechVerf, deren Inhalt stellenweise einer Norm des Verwaltungsrechts ähnelt, kritisch dazu *Weber* S. 784.
[53] *McEldowney*, Public Law, 4. Aufl. 2016, Kap. 16 Rn. 4 ff. Näher zum Eigentumsschutz in Großbritannien *Korioth* in Manssen/Banaszak, Wandel der Eigentumsordnung in Mittel- und Osteuropa, 1998, S. 9 (22 ff.).
[54] Art. 16 belgVerf; § 73 Abs. 1 S. 1 dänVerf; Art. 14 Abs. 1 S. 1 GG; § 15 S. 1 finnVerf; Art. 2 und 17 frzErklMR von 1789; Art. 17 Abs. 1 griechVerf; Art. 43 Abs. 1 irVerf; Art. 42 Abs. 2 italVerf; Art. 14 ndlVerf; Art. 5 Abs. 1 östStGG; Art. 62 Abs. 1 portVerf; Kap. 3 § 18 schwedVerf; Art. 33 Abs. 1 spanVerf; Art. 16 luxVerf erwähnt nur den Eigentumsentzug; Art. 32 Abs. 1 estnVerf; Art. 105 S. 1 lettVerf; Art. 23 Abs. 1 litVerf, näher dazu *Staugaitiene* in Manssen/Banaszak, Wandel der Eigentumsordnung in Mittel- und Osteuropa, 1998, S. 131 (133 f.); Art. 37 maltVerf; Art. 64 Abs. 1 polnVerf, zum Zusammenhang mit der Entscheidung für die soziale Marktwirtschaft in Art. 20 polnVerf *Vries* WGO-MfOR 2000, 173; Art. 20 slowakVerf; Art. 33 slowenVerf; Art. 11 Abs. 1 tschechGRC; Art. VIII Abs. 1 GGUngarn; Art. 23 zypVerf.
[55] Das spanische Verfassungsgericht bezeichnet die Eigentumsfreiheit nach Art. 33 spanVerf als ein „abgeschwächtes Recht", Tribunal Constitucional 2.12.1983 – STC 111/1983 Erwgr. 8 – Rumasa I; ähnlich ist die Qualifizierung nach der portVerf, die Eigentum nicht unmittelbar im Kapitel über die allgemeinen Freiheitsrechte aufführen, sondern erst im III. Kapitel unter den wirtschaftlichen, sozialen und kulturellen Rechten und Pflichten. Allerdings wird es als ein den Grundrechten analoges Recht nach Art. 17 portVerf verstanden, *Günter* S. 157 ff. In Italien wird Eigentum erst unter Titel 3 über die wirtschaftlichen Beziehungen erwähnt und unter einen umfangreichen Gesetzesvorbehalt gestellt, vgl. Corte Costituzionale 28.7.1983 – Sentenza 252/1983, Foro It. 1983, 2632, dazu *Weber* S. 788.

Zusammenhänge gestellt.[56] Demgegenüber zählt es etwa die französische Menschrechtserklärung zu den grundlegenden Freiheiten des Menschen (zu den historischen Gründen → Rn. 5 f.).[57] Manche Bestimmungen sehen für die Begründung von Grundeigentum Vorrechte bzw. die Einführung von Vorrechten von Staatsbürgern vor.[58] Allerdings wurden diese Vorschriften teilweise aus wirtschaftlichen Erwägungen zugunsten von ausländischen Investoren relativiert bzw. aufgehoben.[59] Im Übrigen gilt mit dem EU-Beitritt ein Diskriminierungsverbot gegenüber Unionsbürgerinnen und -bürgern.[60]

Ebenso allgemein anerkannt sind zwei Arten von zulässigen **Beeinträchtigungen** des Eigentums. Fast durchgängig ist die Möglichkeit der **Enteignung** ausdrücklich vorgesehen.[61] Ferner ist allgemein anerkannt, dass die **Nutzung** des Eigentums beschränkt werden kann, obwohl nicht alle Verfassungen eine ausdrückliche entsprechende Bestimmung enthalten.[62] Ihr Fehlen erklärt sich teilweise durch den Umstand, dass die soziale Funktion als maßgeblicher Rechtfertigungsgrund für **Nutzungsbeschränkungen** (→ Rn. 8) erst relativ spät verfassungsrechtliche Anerkennung gefunden hat. Diese „Verspätung" ist zwar mittlerweile durch die jeweilige Rechtsprechung „aufgeholt" worden,[63] sie ist aber ein Indiz für die im Vergleich zu Enteignungen abgeschwächte Gewährleistung der Eigentumsnutzung. Das gilt auch für Verfassungen, die ihrem Wortlaut nach dem Eigentumsschutz eine überpositive, naturrechtliche Stellung einzuräumen scheinen.[64] Hinzuweisen ist auf eine Tendenz der Rechtsprechung des deutschen Bundesverfassungsgerichts, die sich als Anerkennung einer dritten Rechtfertigungskategorie, der sog. Inhalts- und Schrankenbestimmung, interpretieren lässt.[65] Es handelt sich um eine Neubestimmung des Eigentums im Hinblick auf dessen Sozialpflichtigkeit durch den Gesetzgeber, die sich retrospektiv als Beeinträchtigung darstellt und verhältnismäßig sein muss. Jedoch ist damit nicht eine „Auffangkategorie"[66] für mittelbare oder faktische Eingriffe bzw. dogmatisch der Dichotomie von Enteignung und Nutzungsbeschränkung schwierig zuzuordnende Eingriffe eröffnet.

---

56 Art. 62 Abs. 1 portVerf steht im Abschnitt über wirtschaftliche Rechte und Pflichten, Art. 42 Abs. 2 italVerf im Titel über die wirtschaftlichen Beziehungen.
57 Art. 2 frzErklMR nennt es unter der Zusammenfassung der Menschenrechte: Freiheit, Eigentum, Sicherheit und Widerstand gegen Unterdrückung.
58 Art. 32 Abs. 3 estnVerf; Art. 47 Abs. 1 litVerf aF, diese Bestimmung wurde 2003 geändert, so dass grundsätzlich der Staat bestimmte Eigentumsrechte exklusiv erhält; Art. 20 Abs. 2 slowakVerf; Art. 68 slowenVerf; Art. 11 Abs. 2 tschechGRC; Art. 41 Abs. 1 und 2 rumVerf.
59 S. Art. 47 Abs. 2 litVerf von 1996, aufgehoben 2003. Näher dazu *Staugaitiene* in Manssen/Banaszak, Wandel der Eigentumsordnung in Mittel- und Osteuropa, 1998, S. 131 (132).
60 Vgl. Art. 18 Abs. 1 AEUV.
61 Art. 16 belgVerf; Art. 17 Abs. 5 bulgVerf; § 73 Abs. 1 S. 2, 3 dänVerf; Art. 14 Abs. 3 GG; § 32 Abs. 2 estnVerf; § 15 S. 2 finnVerf; Art. 17 frzErklMR von 1789; Art. 17 Abs. 2–7 griechVerf; Art. 43 Abs. 2 irVerf enthält interessanter Weise trotz der Betonung des Eigentumsrechts keine ausdrücklich auf die Enteignung bezogenen Bestimmungen; Art. 42 Abs. 3 italVerf; Art. 105 S. 3 lettVerf; Art. 16 luxVerf erwähnt nur den Eigentumsentzug; Art. 14 ndlVerf; Art. 5 S. 1 östStGG; Art. 21 Abs. 2 polnVerf; Art. 62 Abs. 1 portVerf; Art. 41 Abs. 3 und 5 rumVerf; Kap. 3 § 18 schwedVerf; Art. 33 Abs. 3 spanVerf; Art. 20 Abs. 2 slowakVerf; Art. 3 und Art. 112 Abs. 1 tschVerf iVm Art. 11 tschGR-Deklaration; Art. VIII Abs. 2 GGUngarn.
62 Art. 16 belgVerf; Art. 73 Abs. 1 S. 3 dänVerf; Art. 14 Abs. 1 S. 1 GG; § 32 S. 1 estnVerf; Art. 15 Abs. 3 finVerf; Art. 17 frzMRE; Art. 43 Abs. 2 irVerf; Art. 42 Abs. 2 S. 1 italVerf; Art. 16 luxVerf; Art. 4 Abs. 1 ndlVerf; Art. 5 S. 2 östStGG; Art. 20 Abs. 2 slowakVerf; Art. 3 und Art. 112 Abs. 1 tschVerf iVm Art. 11 Abs. 2 tschGR-Deklaration; Kap. 2 § 18 schwVerf; Art. 33 Abs. 2 spanVerf.
63 S. etwa für Österreich: VfGH (1989), VfSlg. 12227, Erwägungsgrund Nr. 2c; für Portugal: die allgemeinen Verfassungsschranken umfassen auch soziale verfassungsimmanente Schranken, *Weber* S. 807; zum finnischen Recht *Länsineva* in Pohjolainen, Constitutionalism in Finland, 1995, S. 48 (49 f.).
64 Art. 17 frzErklMR spricht von einem „geheiligten" Recht; vgl. dagegen ganz profan Conseil d'Etat 8.1.1991 – 90–283 DC, RJC-I, 418 Rn. 8–12 – Lutte contre le tabagisme; Art. 43 Abs. 1 irVerf spricht vom „natürlichen, über allen Gesetzen stehenden Recht auf Privateigentum", gleichwohl ist seine Nutzung nach Art. 43 Abs. 2 irVerf durch Gesetze beschränkbar.
65 S. BVerfGE 58, 300 (351 ff.), näher dazu *Koch/Rubel/Heselhaus*, Allgemeines Verwaltungsrecht, 3. Aufl. 2003, § 9 Rn. 103.
66 S. dazu EGMR 23.9.1982 – 7151, 7152/75 Rn. 61 – Sporrong und Lönnroth/Schweden.

§ 36   7. Abschnitt. Wirtschaftliche Freiheiten

18   Rechtsvergleichend lässt sich somit feststellen, dass **keine** der mitgliedstaatlichen Verfassungen originär eine **dritte Kategorie** rechtfertigbarer Eingriffe neben den Nutzungsbestimmungen und der Enteignung im Sinne der Literaturansichten zur Eigentumsverbürgung in der EU (→ Rn. 32 f.) vorsieht. Zudem werden an die Rechtfertigung einer Enteignung höhere Vorgaben gestellt als für Nutzungsbeschränkungen.

19   **2. Die Ausgestaltung der Eigentumsfreiheit in der EMRK.** Demgegenüber entnimmt der EGMR Art. 1 EMRKZusProt in ständiger Rechtsprechung **vier** unterschiedliche **Regelungen.** Erstens stellt Art. 1 Abs. 1 S. 1 EMRKZusProt den allgemeinen **Grundsatz der Achtung** des Eigentums auf.[67] Dabei verfolgt er einen weiten Ansatz, ua um das **Fehlen einer Berufsfreiheit** in der EMRK zumindest teilweise zu **kompensieren.**[68] Ein solches Bedürfnis besteht unter der Grundrechtecharta der EU nicht. Darüber hinaus ist zu konstatieren, dass der EGMR Schutzbereiche von Grundrechten tendenziell weit auslegt, auch um so zur materiellen Prüfung eines Sachverhalts am nach Art. 14 EMRK nur akzessorisch zu einer Beeinträchtigung des Schutzbereichs eines Freiheitsrechts gewährleisteten Diskriminierungsverbot zu gelangen.[69]

20   Dann erkennt zweitens Art. 1 Abs. 1 S. 2 EMRKZusProt die Möglichkeit einer **Enteignung** an und macht ihre Rechtmäßigkeit im Ansatz von der klassischen Trias abhängig: Sie muss vom öffentlichen Interesse verlangt werden, darf nur unter den durch Gesetz festgelegten Bedingungen erfolgen und muss gemäß der Rechtsprechung verhältnismäßig sein, wozu insbesondere eine angemessene Entschädigung gehört.[70]

21   Drittens lässt Art. 1 Abs. 2 EMRKZusProt **Regelungen der Nutzung** des Eigentums zu, wenn diese im Einklang mit dem Allgemeininteresse stehen. Der EGMR hat ergänzt, dass sie durch Gesetz erfolgen und verhältnismäßig sein müssen.[71] Letzteres leitet er aus dem zuerst erwähnten Grundsatz der Achtung des Eigentums nach Art. 1 Abs. 1 der Vorschrift ab, obwohl Absatz 2 vorgibt, dass Absatz 1 nicht das Recht(!) der Staaten zu Benutzungsregelungen „beeinträchtigt". Grundsätzlich hätte die Vorschrift also auch im Sinne einer relativ unbegrenzten Regelungsbefugnis, dh eines weiten Spielraums, für die Ausgestaltung der Sozialbindung gelesen werden können. Mit seinem dogmatischen Ansatz gleicht der Gerichtshof hingegen den Schutzumfang demjenigen in der überwiegenden Zahl der Mitgliedstaaten an.

22   Der EGMR sieht anders als die Mitliedstaaten viertens im allgemeinen Grundsatz nach Art. 1 Abs. 1 S. 1 EMRKZusProt auch einen **Auffangtatbestand.** Damit geht er von einer **dritten** Kategorie von rechtfertigbaren **Beeinträchtigungen** des Eigentums aus,[72] auf die er aus zwei Gründen zurückgreift. Zum einen kann diese zur Anwendung kommen, wenn die Zuordnung zu den Nutzungsregelungen umstritten ist, wie bei der Konfiszierung von Gegenständen. Der EGMR kann dann die **Abgrenzung** zwischen Enteignung und Benutzungsregelung **offenlassen.**[73] Das ist ihm dogmatisch möglich, weil er durch die Einbeziehung der Entschädigungsregelung in die Verhältnismäßigkeit die Struktur der Rechtfertigungsanforderungen bei allen Arten der Beeinträchtigungen der Eigentumsfrei-

---

[67] EGMR 28.11.2002 – 25701/94 Rn. 50 – ehem. König von Griechenland/Griechenland.
[68] EGMR 25.3.1999 – 31107/96 Rn. 55 – Iatridis/Griechenland bzgl. der Entziehung eines vom Bf. betriebenen, diesem aber nicht gehörenden Kinos.
[69] So etwa im Fall EGMR 18.7.1994 – 13580/88 – Schmidt/Deutschland hinsichtlich Art. 5 und 14 EMRK. Vgl. zum weiten Schutzbereich die Einbeziehung des Kaufpreises in EGMR 24.2.2005 – 46447/99 Rn. 79 ff. – Djidrovski und eines Schadenersatzanspruches in EGMR 6.7.2004 – 1513/03 Rn. 65 ff. – Draon.
[70] EGMR 28.11.2002 – 25701/94 Rn. 79, 83 – ehem. König von Griechenland; EGMR 23.9.1982 – 7151, 7152/75 Rn. 69 – Sporrong und Lönnroth.
[71] EGMR 23.2.1995 – 15375/89 Rn. 62 – Gasus Dosier- und Fördertechnik GmbH/Niederlande; EGMR 25.5.1999 – 37592/97 – Olbertz/Deutschland.
[72] S. *Meyer-Ladewig* in HK-EMRK Zusatzprotokoll zur EMRK Art. 1 Rn. 51 ff.; *Peukert* in Frowein/Peukert ZP 1 Art. 1 Rn. 39; Grabenwarter/Pabel EMRK § 25 Rn. 16; kritisch dazu *Gelinsky* S. 90 f.
[73] EGMR 23.9.1982 – 7151, 7152/75 Rn. 65 – Sporrong und Lönnroth bzgl. einer Genehmigung einer Enteignung als vorläufige Maßnahme; EGMR 23.4.1987 – 9816/82 Rn. 62 ff. – Poiss/Österreich bzgl. der vorläufigen Übertragung von Grundbesitz; dazu näher Grabenwarter/Pabel EMRK § 25 Rn. 16.

heit angeglichen hat.[74] Auch für Beeinträchtigungen von Art. 1 Abs. 1 S. 1 EMRKZusProt verlangt der EGMR eine verhältnismäßige Regelung durch Gesetz zum Wohle des Allgemeininteresses.[75] Dieses Vorgehen erscheint wegen der damit verbundenen dogmatischen Unklarheiten kritikwürdig.[76] Zum anderen aber wendet er diese Kategorie in Fällen von **Verstaatlichungen** an, die er sonst als Enteignung ohne Entschädigung für rechtswidrig erklären müsste.[77] Dafür besteht in der Grundrechtecharta kein Bedürfnis, weil die EU nach Art. 345 AEUV keine Verstaatlichungen vorschreiben darf (→ Rn. 28 ff.). Das wird in der Literatur häufig übersehen, wenn für eine Übernahme der dritten Kategorie auch in Art. 17 GRC plädiert wird (→ Rn. 32).

Dieses Vorgehen des EGMR mag im Hinblick auf einen möglichst weiten Grundrechtsschutz und zur Schließung von „Lücken" auf der Ebene der EMRK zu begrüßen sein, als Folie für den Eigentumsschutz in der EU ist es hingegen abzulehnen. Denn dort wird die Berufsfreiheit (→ § 34 Rn. 33 ff., → § 35 Rn. 27 ff.) garantiert und es bestehen eigenständige Diskriminierungsverbote (→ § 47 Rn. 12 ff.). Die Gegenansicht (→ Rn. 32) verkennt im Übrigen, dass der EGMR im Rahmen der von ihm verwendeten dritten Kategorie weder auf die Mittelbarkeit des Eingriffs noch auf dessen Faktizität abstellt.[78] 23

3. Die Ausgestaltung der Eigentumsfreiheit in anderen internationalen Menschenrechtsverbürgungen. Zwar erwähnt die **Erklärung der Menschenrechte** der UN von 1948 in Art. 17 auch das Recht auf Eigentum, doch ist der dort vorgesehene Schutz relativ gering. So wird in Art. 17 Abs. 1 AEMR jedem das Recht zugestanden, sowohl allein als auch in Gemeinschaft mit anderen Eigentum innezuhaben. Nach Abs. 2 darf niemand „willkürlich seines Eigentums beraubt" werden. Aus dem Text allein lässt sich weder eine umfassende Normstruktur ableiten, noch ein effektiver Schutzumfang. Zudem handelt es sich bei der Erklärung um eine die Mitgliedstaaten **rechtlich nicht bindende** Resolution der Generalversammlung.[79] 24

Völkergewohnheitsrechtlich wird ein **Mindeststandard** des Eigentums im **Fremdenrecht** geschützt.[80] Nur auf diese Weise kann die für Auslandsinvestitionen erforderliche Rechtssicherheit ausreichend gewährleistet werden. In diesem Sinne hat der EGMR den Verweis in Art. 1 EMRKZusProt auf die völkerrechtlichen Regeln als Vorgabe allein für die Entschädigung von Ausländern interpretiert.[81] 25

---

74 *Meyer-Ladewig* in HK-EMRK Zusatzprotokoll zur EMRK Art. 1 Rn. 43.
75 EGMR 23.9.1982 – 7151, 7152/75 Rn. 65 – Sporrong und Lönnroth bzgl. einer Genehmigung einer Enteignung als vorläufiger Maßnahme; EGMR 23.4.1987 – 9816/82 Rn. 62 ff. – Poiss/Österreich bzgl. der vorläufigen Übertragung von Grundbesitz.
76 Vgl. aber *Peukert* in Frowein/Peukert ZP 1 Art. 1 Rn. 40, demzufolge das Prinzip der Verhältnismäßigkeit der Eigentumsfreiheit „immanent" sei. Der EGMR lege bei Enteignungen „naturgemäß" einen strengeren Maßstab als bei Nutzungsbeschränkungen an, *Peukert* in Frowein/Peukert ZP 1 Art. 1 Rn. 53.
77 EGMR 1.9.1997 – 13092/87, 13984/88 – Heilige Klöster/Griechenland; EGMR 22.1.2004 (K) – 46720/99, 72203, 72552/01 – Jahn ua/Deutschland.
78 In EGMR 23.9.1982 – 7151, 7152/75 – Sporrong und Lönnroth ging es um ein jahrelang bestehendes Bauverbot. Dieses führte unmittelbar(!) zu einer Nutzungsbeschränkung. Der EGMR sah vielmehr ein Problem darin, dass die Maßnahme zur Vorbereitung einer Enteignung diente und damit nicht(!) auf eine Nutzungsbeschränkung gerichtet gewesen ist; so wohl auch Grabenwarter/Pabel EMRK § 25 Rn. 11. Ebenso wenig war für das Urteil entscheidend, dass der Eingriff „praktisch" wirkte, sondern dass er nicht zum völligen Entzug des Eigentums führte. Bei faktischen Eingriffen, wie dem Niederbrennen eines Hauses, lässt der EGMR die Zuordnung zu den Rechtfertigungskategorien regelmäßig offen, weil eine Rechtfertigung gar nicht ersichtlich ist, vgl. EGMR, Reports 1996-IV, 1192 (Rn. 88). Das verkennt Jarass EU-GR § 22 Rn. 37.
79 Dagegen sieht *Streinz* in Streinz GRC Art. 17 Rn. 3 eine völkergewohnheitsrechtliche Geltung der AEMR. Zum Beleg beruft er sich auf *Dolzer* in Graf Vitzthum, Völkerrecht, 2. Aufl. 2001, S. 469 f. (493 Rn. 42), der dort aber in Übereinstimmung mit der hM nur den Schutz fremden Eigentums völkergewohnheitsrechtlich verbürgt sieht. Dazu sogleich → Rn. 30.
80 *Dolzer* in Graf Vitzthum, Völkerrecht, 2. Aufl. 2001, S. 469 (493). S. zum völkerrechtlichen Mindeststandard EuG T-306/01, ECLI:EU:T:2005:331 Rn. 226 ff. – Yusuf und Al Barakaat, welcher dem EuGH C-295/03 P, ECLI:EU:C:2005:413 Rn. 233 ff. – Alessandrini ua folgt.
81 EGMR 21.2.1986 – 8793/79 Rn. 59 – James ua/Vereinigtes Königreich.

26 Die Schwierigkeiten einer Verständigung über den grundrechtlichen Schutz des Eigentums auf internationaler Ebene spiegeln sich auch im IPBPR und im IPWSKR wider, die beide keine ausdrückliche Unterschutzstellung des Eigentums kennen. Immerhin wird nach Art. 15 Abs. 1 lit. c **IPWSKR** von den Vertragsstaaten der **Schutz** der geistigen und immateriellen Interessen **der Urheber** von Werken in Wissenschaft, Literatur und Kunst anerkannt. Allerdings verpflichtet Art. 2 IPWSKR die Vertragsstaaten lediglich, diese Rechte nach und nach zu erreichen. Daneben gibt es Ansätze im UN-Menschenrechtsausschuss, durch eine extensive Interpretation des **Gleichheitssatzes** nach Art. 26 IPBPR einen gewissen Schutz zu gewähren.[82] Im Übrigen kommt das Eigentumsrecht im IPBPR nur als Schranke „der Rechte anderer" zur Geltung.[83]

27 Demgegenüber sehen sowohl die **Amerikanische Menschenrechtskonvention** von 1969 als auch die afrikanische **Banjul Charta der Menschenrechte und Rechte der Völker** von 1981 den Schutz des Eigentums als Menschenrecht vor. **In fast klassischer Weise** erkennt Art. 21 Abs. 1 AmerMRK das Recht des Einzelnen auf Eigentum an und lässt Nutzungsregelungen nur durch Gesetz und im Interesse der Gesellschaft zu. Auch für die Enteignung gilt nach Art. 21 Abs. 2 AmerMRK die klassische Schutztrias. Mit dem Verbot von Wucher und anderen Formen der Ausbeutung von Menschen in Abs. 3 der Vorschrift wird allerdings die Abgrenzung zur Berufsfreiheit fragwürdig. Demgegenüber gewährleistet Art. 14 **AfrMRC** in S. 1 zwar das Eigentum, sieht in S. 2 aber **nur rudimentäre Anforderungen** für eine Rechtfertigung von Beeinträchtigungen vor. Es wird nicht zwischen Benutzungsregelung und Enteignung unterschieden. Erforderlich ist ein öffentliches Interesse und dass die Vorschriften der Enteignungsgesetze eingehalten werden. Dieser relativ schwache Schutz vor Enteignungen ist vor dem wirtschaftlichen Hintergrund des Kontinents und den nicht selten vorgenommenen entschädigungslosen Enteignungen von Grundeigentum zusehen. Damit kann die Bezugnahme auf diese internationalen Verbürgungen keine über die Vergleichung der Verfassungsüberlieferungen in den Mitgliedstaaten hinausgehenden Erkenntnisse zeitigen.

B. Gewährleistungsgehalt

I. Verhältnis zu den nationalen Eigentumsordnungen nach Art. 345 AEUV

28 In Art. 34 AEUV, der Ausnahmen von der Warenverkehrsfreiheit ua zum Schutz des geistigen und kommerziellen Eigentums anerkennt, und in Art. 345 AEUV, wonach die Verträge „die **Eigentumsordnung in den verschiedenen Mitgliedstaaten unberührt"** lassen, kommt der Respekt des Unionsrechts vor den nationalen Eigentumsordnungen zum Ausdruck. Das hat den EuGH nicht gehindert, in ständiger Rechtsprechung ein ungeschriebenes Grundrecht auf Eigentum im Gemeinschaftsrecht anzuerkennen.[84] Konnte sich die Rechtsprechung lange darauf beschränken festzustellen, dass letztere Vorschrift jedenfalls nicht die Eigentumsordnung in den Mitgliedstaaten den „Grundprinzipien des Vertrages", insbesondere den Wettbewerbsregeln, entziehe,[85] hat der EuGH 2002 in der Rs. *British American Tobacco*[86] ohne nähere Begründung Art. 345 AEUV auch dann nicht

---

[82] *Nowak* CCPR Art. 26 Rn. 12 f., 48 ff.
[83] *Nowak* CCPR Art. 12 Rn. 45 f.; Art. 21 Rn. 30.
[84] S. EuGH 4/73, Slg. 1974, 491 Rn. 14 – Nold; EuGH 44/79, Slg. 1979, 3727 Rn. 17 – Hauer, in denen Art. 345 AEUV (ex-Art. 295 EGV) nicht erwähnt wird.
[85] EuGH 182/83, Slg. 1984, 3677 Rn. 7 – Fearon/Irish Land Commission; EuGH C-302/97, Slg. 1999, I-3099 Rn. 38 – Konle; EuGH C-503/99, Slg. 2002, I-4809 Rn. 44 – Kommission/Belgien; EuG verb. Rs. T-116/01, T-118/01, Slg. 2003, II-2957 Rn. 151 f. – P&O European Ferries (Vizcaya) und Diputación Foral de Vizcaya.
[86] EuGH C-491/01, Slg. 2002, I-11453 Rn. 147 ff. – British American Tobacco, formuliert unter Hinweise auf EuGH verb. Rs. 56/64, 58/64, Slg. 1966, 322 (394) – Consten und Grundig nebulös, dass die fragliche Richtlinie nicht die Eigentumsordnung „im Sinne des Art. 295 EGV" berühre. Mehrere Mitgliedstaaten hatten vorgebracht, dass Art. 295 EGV die EG nicht hindere, den Gebrauch des Eigentums zu regeln. Die Schlussanträge von GA *Geelhoed*, C-491/01, Slg. 2002, I-11453 Rn. 255 ff. lassen diese Problematik offen.

für einschlägig erachtet, wenn ein Sekundärrechtsakt auf die nationale Eigentumsordnung einwirkt. 2013 hat er aus Art. 345 AEUV ein Gebot der **Neutralität** gegenüber den mitgliedstaatlichen Eigentumsordnungen abgeleitet, dass es den Mitgliedstaaten unbenommen lasse, **Privatisierungen oder Verstaatlichungen** vorzunehmen.[87] Doch seien deren Eigentumsordnungen auch in jenen Situationen nicht den anderen Vertragsbestimmungen entzogen, wie den **Grundfreiheiten** und dem **Diskriminierungsverboten**.[88]

In Interpretation der Rechtsprechung unterscheiden Stimmen in der Literatur mit einer **29** griffigen Kurzformel zwischen Eigentumsordnung und Eigentumsrecht.[89] Erstere zu bestimmen sei Sache der Mitgliedstaaten, doch könne die EU das Eigentumsrecht in Art. 17 GRC konkretisieren. Das kann aber in dieser Allgemeinheit nicht überzeugen, da das EU-Eigentumsgrundrecht einen primärrechtlichen Eigentumsbegriff voraussetzt, der auf die Eigentumsordnung jedenfalls partiell einwirkt. Unabhängig davon wirkt die EU auf den Schutz des Eigentums in den Mitgliedstaaten aufgrund von EU-Sekundärrecht ein. Andere Stimmen weisen zutreffend darauf hin, dass das Unionsrecht zunehmend auch die Eigentumsordnung mitbestimmt.[90] In diesem Sinne hat das EU-Eigentumsgrundrecht durchaus einen **zunehmend gewichtigen Einfluss** auf die nationalen Eigentumsordnungen.[91] So gehen die EU-Regelungen heute über eine dritte Ansicht hinaus, die Art. 345 AEUV auf den Bestand des Eigentums begrenzen will, wohingegen eine Regelung der Eigentumsnutzung der EG durchaus offen stehen solle.[92] Noch enger wird ferner anknüpfend an die Genese der Vorschrift und historische Beispielsfälle vertreten, die Vorschrift stelle lediglich klar, dass das EU-Recht wirtschaftspolitisch motivierten Privatisierungs- oder Verstaatlichungsmaßnahmen der Mitgliedstaaten trotz des Bekenntnisses zu einer marktwirtschaftlichen Wirtschaftsordnung nicht entgegen stehe.[93]

Der systematische Vergleich mit Art. 91 EAGV ergibt, dass die Kernaussage von Art. 345 **30** AEUV in kompetenziellen Aussagen besteht. Zum einen darf sich die EU **nicht selbst Eigentum einseitig zueignen**.[94] Zum anderen behalten die Mitgliedstaaten die Kompetenz, **Privatisierungs- oder Nationalisierungsmaßnahmen** vorzunehmen.[95] Jedoch wird nicht die Befugnis der EU begrenzt, durch sekundärrechtliche Regelungen die Nutzung des Eigentums zu beschränken[96] oder einzelne Eigentumspositionen zu entziehen, denn solche Maßnahmen waren von Anfang an in der Gemeinsamen Agrarpolitik, insbesondere in den Gemeinsamen Marktorganisationen (GMO), und später in der Umweltpolitik primärrechtlich vorgesehen, ohne dass in Art. 345 AEUV eine wesentliche Begrenzung dieser Kompetenz gesehen worden wäre.[97] Zudem bringen es Änderungen der GMO mit sich, dass zugewiesene Eigentumspositionen auch wieder entzogen werden können.

---

[87] EuGH verb. Rs. C-105/12 bis C-107/12, ECLI:EU:C:2013:677 Rn. 29, 30 – Essent NV.
[88] EuGH verb. Rs. C-105/12 bis C-107/12, ECLI:EU:C:2013:677 Rn. 36 – Essent NV. Im konkreten Fall ging es um ein absolutes Privatisierungsverbot.
[89] *Calliess* in Ehlers GuG § 20 Rn. 4; *Calliess* in Calliess/Ruffert GRC Art. 17 Rn. 4; *Streinz* in Streinz GRC Art. 17 Rn. 4; Jarass GRCh Art. 17 Rn. 5.
[90] *Kühling* in FK-EUV/GRC/AEUV GRC Art. 17 Rn. 9 unter Hinweis auf die Unbundling-Vorgaben des EU-Rechts in der Energiewirtschaft und die umfassenden regeln zum Schutz des geistigen Eigentums.
[91] Das geht über eine Ergänzung hinaus. In der Tendenz bereits *Pernice*, Grundrechtsgehalte im Europäischen Gemeinschaftsrecht, 1979, S. 185; Vgl. Art. 83 des ehemaligen EGKS-Vertrages, der angesichts der Nutzungsbeschränkungen der Kohle in jenem Vertrag bestimmte, dass (nur) die „Ordnung des Eigentums an den Unternehmen" unberührt bleibt.
[92] Vgl. *Huth*, Die Sonderstellung der öffentlichen Hand in den Europäischen Gemeinschaften, 1965, S. 358.
[93] *v. Milczewski* S. 23 ff.; *Hatje* in Schwarze AEUV Art. 345 Rn. 3; ähnlich *Kingreen* in Calliess/Ruffert AEUV Art. 345 Rn. 11.
[94] Nach Art. 86 EAGV sind alle spaltbaren Stoffe Eigentum der Gemeinschaft; gemäß Art. 91 EAGV bleiben nur im Übrigen die nationalen Eigentumsordnungen maßgeblich.
[95] Art. 83 des ehemaligen EGKS-Vertrages begrenzte ausdrücklich die „Unberührtheit" der nationalen Eigentumsordnungen auf die Unternehmen in diesem Politikbereich. Ausführlich zur Auslegung *v. Milczewski* S. 15 ff.
[96] Ähnlich weitgehend wohl *Hatje* in Schwarze AEUV Art. 345 Rn. 8.
[97] *Schönberger* in Mansen/Banaszak, Wandel der Eigentumsordnung in Mittel- und Osteuropa, 1998, S. 149 (151).

Dies hat zur Folge, dass es unter Art. 17 GRC im Gegensatz zur EMRK kein Bedürfnis gibt, **Sozialisierungen** (Verstaatlichung) von Eigentum zu rechtfertigen. Jenseits dieses begrenzten Bereiches der Verstaatlichungen zeigt sich, dass das EU-Eigentumsgrundrecht seine **Normprägung** im Wesentlichen durch eine Eigentumsordnung im **Mehrebenensystem** erfährt. Wenn verschiedentlich erwogen wird, im Rahmen von Art. 17 GRC nicht auf eine Normprägung abzustellen sondern auf eine **naturrechtliche Sicht**,[98] wie sie angeblich der EGMR vornehme, so kann dies nicht überzeugen. Denn die Besonderheiten der weiten Auslegung des Eigentumsrechts unter der EMRK sind den dortigen Schutzlücken in Bezug auf die Berufsfreiheit geschuldet (→ Rn. 19), die in der Grundrechtecharta gerade nicht bestehen.

II. Die Normstruktur des Grundrechts

31 Die Normstruktur von Art. 17 Abs. 1 GRC enthält – nach zutreffender Ansicht – drei Elemente. Nach dem **Wortlaut** hat „jeder Mensch (…) das Recht, sein rechtmäßig erworbenes Eigentum zu besitzen, zu nutzen, darüber zu verfügen und es zu vererben. Niemandem darf sein Eigentum entzogen werden, es sei denn aus Gründen des öffentlichen Interesses in den Fällen und unter den Bedingungen, die in einem Gesetz vorgesehen sind, sowie gegen eine rechtzeitige und angemessene Entschädigung für den Verlust des Eigentums. Die Nutzung des Eigentums kann gesetzlich geregelt werden, soweit dies für das Wohl der Allgemeinheit erforderlich ist." Damit wird erstens die **Gewährleistung** des Eigentums festgelegt und **zwei Eingriffsarten**, die **Enteignung** sowie die **Nutzungsregelungen,** unterschieden. Dies entspricht der **Rechtsprechung** sowohl zu Art. 17 GRC als auch zum Eigentumsrecht als ungeschriebenem Grundrecht. Zwar gab es 1979, als der Gerichtshof in der Rs. *Hauer* das erste Mal (nur) Enteignung und Nutzungsregelungen als mögliche Beeinträchtigungsformen genannt hat,[99] noch keine Entscheidungen des EGMR zu einer weiteren Eingriffskategorie, doch hat der EuGH diese Linie auch später beibehalten.[100] Zur Herleitung des Grundrechts hat sich der EuGH dort nicht allein auf die EMRK, sondern auch auf die gemeinsamen Verfassungsüberlieferungen der Mitgliedstaaten bezogen. In neueren Entscheidungen beruft sich das EuG auf die beiden Eingriffsmöglichkeiten unter Art. 17 GRC auch in solchen Fällen, in denen der EGMR eine dritte Eingriffskategorie bejaht.[101]

32 Während die überwiegende Ansicht in der **Literatur** dementsprechend davon ausgeht, dass der EuGH bei den zulässigen Beeinträchtigungen die Dichotomie von **Nutzungsregelungen und Enteignungen** übernimmt,[102] wird dies von anderen mit zwei Argumenten in Zweifel gezogen, die eine Auslegung im Sinne von Art. 1 EMRKZusProt und damit die Anerkennung einer **dritten Eingriffskategorie** favorisieren.[103] Zunächst ist grundsätzlich darauf hinzuweisen, dass es mit der Frage nach einer dritte Eingriffskategorie auch um die Frage einer dritten Rechtfertigungsmöglichkeit geht. Daher stellen jene Ansichten keine Verstärkung des Eigentumsschutzes dar,[104] sondern eine Schwächung. Als erstes Argument wird auf Art. 52 Abs. 3 GRC und die Materialien verwiesen. In den Beratungen sei auf eine Auslegung in Übereinstimmung mit der EMRK hingewiesen worden.[105] Zudem müssten nach Art. 52 Abs. 3 GRC Grund-

---

[98] So *Michl* JZ 2013, 504 (505 ff.); in diese Richtung vorsichtig auch *Kühling* in FK-EUV/GRC/AEUV GRC Art. 17 Rn. 9.
[99] EuGH 44/79, Slg. 1979, 3727 Rn. 19 – Hauer.
[100] S. aber die gleiche Unterscheidung in EuGH 59/83, Slg. 1984, 4057 Rn. 22 – Biovilac.
[101] EuG T-107/17, ECLI:EU:T:2019:353 Rn. 94, 106 – Steinhoff ua/EZB.
[102] *Bernsdorff* in NK-EuGRCh Art. 17 Rn. 20 ff.; wohl auch *Streinz* in Streinz GRC Art. 17 Rn. 20 ff.; *Kingreen* in Calliess/Ruffert EUV Art. 6 Rn. 154; *Calliess* in Calliess/Ruffert GRC Art. 17 Rn. 24 und 27; *Calliess* in Ehlers GuG § 20 Rn. 27 ff., bzw. zusätzlich zu faktischen Eingriffen Jarass EU-GR § 22 Rn. 37.
[103] *Müller-Michaels* S. 47; Jarass GRCh Art. 17 Rn. 23 führt zum Beleg aber ausschließlich Rspr. des EGMR an; *Wollenschläger* in von der Groeben/Schwarze/Hatje GRC Art. 17 Rn. 29.
[104] So aber Jarass EU-GR § 22 Rn. 37.
[105] Zu den Beratungen ausführlich *Bernsdorff* in NK-EuGRCh Art. 17 Rn. 6 ff.

rechte, die solchen in der EMRK entsprechen, wie letztere ausgelegt werden.[106] Daher sei Art. 17 GRC „identisch"[107] bzw. zumindest in Konkordanz[108] auszulegen mit Art. 1 EMRKZusProt. Daraus wird dann eine **dritte Beschränkungsmöglichkeit** im Sinne der Rechtsprechung des EGMR gefolgert.[109] Diese Sicht verkennt erstens, dass Art. 52 Abs. 3 GRC **keine Identität** oder Konkordanz vorgibt, sondern ausdrücklich in seinem S. 2 darauf hinweist, dass die Charta weitergehenden Schutz gewähren kann. Mithin kommt der EMRK nur Bedeutung als ein **Mindeststandard** zu. Ferner verlangt Art. 52 Abs. 3 GRC keine **Übereinstimmung** in den Details, sondern die Achtung eines Mindestschutzes **im Ergebnis.** Nur so kann den Unterschieden zwischen beiden Rechtsinstrumenten Rechnung getragen werden. Für eine weite Auslegung im Sinne der EMRK besteht **kein rechtspolitisches Bedürfnis.** In diesem Sinne sind auch die Erläuterungen zur Grundrechtecharta zu verstehen. In der Konsequenz zieht der EuGH die Rechtsprechung des EGMR nicht als Autorität, sondern als Erkenntnisquelle heran.[110]

Das zweite Argument knüpft an behauptete **Lücken** in den Eingriffsregelungen an, insbesondere bei **faktischen Eingriffen,** die von der dritten Eingriffskategorie in der EMRK erfasst würden.[111] Dem ist aber entgegenzuhalten, dass die Mitgliedstaaten ebenfalls keine dritte Eingriffskategorie kennen und die behaupteten Lücken im Rahmen der Dichotomie von Enteignung und Nutzungsregelung schließen (→ Rn. 32). Zudem ist zu beachten, dass die dritte Kategorie dem EGMR auch die Möglichkeit eröffnet, Verstaatlichungen ohne Entschädigungen als rechtmäßig bewerten zu können (→ Rn. 22).[112] Dazu besteht aber aufgrund Art. 345 AEUV unter den EU-Verträgen kein Bedürfnis. Im Ergebnis ist daher eine dritte Eingriffskategorie abzulehnen. 33

III. Sachlicher Gewährleistungsbereich

1. Grundzüge. Die Gewährleistung des Eigentums nach Art. 17 GRC verlangt nach einer autonomen Definition des Eigentums auf EU-Ebene,[113] da sonst die Einheit des Unionsrechts in Frage stehen könnte. Unter der EMRK hat der EGMR die entsprechende Aufgabe bisher pragmatisch dergestalt gelöst, dass er mit einer weiten Interpretation des Schutzbereichs im Ergebnis jedenfalls keine in den Vertragsstaaten geschützten Rechtspositionen außer Acht lässt.[114] Diesen Weg ist der EuGH zwar nicht in gleicher Weise gegangen.[115] Er hat sich aber lange Zeit einen unter Aspekten der Rechtsklarheit fragwürdigen Spielraum durch eine **dogmatische Unschärfe** eröffnet. Sie beruht zu einem ganz wesentlichen Teil auf der Art und Weise der Abfassung der Entscheidungen. Neben der Kürze der Begründungen unterscheidet der EuGH oft zwar abstrakt zwischen den Schutzbereichen des Eigentumsgrundrechts und dem der Berufsfreiheit, überspringt dann aber in der Subsumtion Zwischenschritte oder lässt sie im Unklaren und stellt eindeutig erst das 34

---

[106] *Wollenschläger* in von der Groeben/Schwarze/Hatje GRC Art. 17 Rn. 3 ff. plädiert daher für eine „Konkordanzauslegung".
[107] So *Borowsky* in NK-EuGRCh Art. 52 Rn. 32, 44b mit Zitat; nur für die „Grundstruktur" *Bernsdorff* in NK-EuGRCh Art. 17 Rn. 14. Diese Ansicht stützt sich maßgeblich auf die Erläuterungen zur Grundrechtecharta, nach denen Art. 17 GRC Art. 1 EMRKZusProt entsprechen soll.
[108] So *Wollenschläger* in von der Groeben/Schwarze/Hatje GRC Art. 17 Rn. 3.
[109] *Bernsdorff* in NK-EuGRCh Art. 17 Rn. 20–22 spricht nur Nutzungsregelungen und Enteignungen an und relativiert damit seine eigene Aussage bezüglich der sog. Transferklausel. Vgl. *Wollenschläger* in von der Groeben/Schwarze/Hatje GRC Art. 17 Rn. 29.
[110] S. EuG T-107/17, ECLI:EU:T:2019:353 Rn. 94–115 – Steinhoff ua/EZB.
[111] Jarass GRCh Art. 17 Rn. 23.
[112] EGMR 1.9.1997 – 13092/87, 13984/88 – Heilige Klöster.
[113] *Bernsdorff* in NK-EuGRCh Art. 17 Rn. 15, Jarass GRCh Art. 17 Rn. 6; *Wollenschläger* in von der Groeben/Schwarze/Hatje GRC Art. 17 Rn. 10; teilweise abweichend *Frenz* HdbEuR Bd. 4 Rn. 2785 ff.
[114] Grabenwarter/Pabel EMRK § 25 Rn. 3 ff.; *Meyer-Ladewig* in HK-EMRK Zusatzprotokoll zur EMRK Art. 1 Rn. 5 ff., jeweils mwN.
[115] Zu den Differenzen etwa beim Schutz vor Abgaben → Rn. 53 ff.

abschließende Ergebnis fest.[116] So kann im Einzelfall offenbleiben, ob das Eigentumsrecht überhaupt berührt ist, wenn es im Ergebnis jedenfalls nicht verletzt ist.[117] Zum anderen wird die **Abgrenzung zu anderen Grundrechten,** wie der Berufsfreiheit, nicht immer deutlich vorgenommen.[118] Deshalb standen Aussagen zum Gewährleistungsbereich lange unter einem gewissen Vorbehalt. Allerdings ist die Rechtsprechung in den letzten Jahren deutlich präziser geworden.[119] Einen Eckpunkt markiert die *Sky-Österreich*-Entscheidung, in der der EuGH den Begriff auf „vermögenswerte Rechte, aus denen sich im Hinblick auf die Rechtsordnung eine gesicherte Rechtsposition ergibt, die eine selbständige Ausübung dieser Rechte durch und zugunsten ihres Inhabers ermöglicht".[120] Dementsprechend werden – in Übereinstimmung mit der EMRK[121] und den nationalen Verfassungsüberlieferungen[122] – auch **private Forderungsrechte** erfasst.[123] Offenbar hat die Absicherung über einen geschriebenen verbindlichen Grundrechtskatalog einen Präzisierungsschub ausgelöst.

35 Anders als in den Mitgliedstaaten und unter der EMRK schützt Art. 17 GRC nach seinem Wortlaut nur das „**rechtmäßig** erworbene" Eigentum. Die Rechtsprechung hat sich mit diesem Begriff noch nicht befassen müssen. In der Literatur wird überwiegend davon ausgegangen, dass der Begriff nicht strafrechtlich zu verstehen sei, sondern auf eine **wirksame Eigentumsbegründung** nach Zivilrecht bzw. öffentlichem Recht abstelle.[124] Die Gegenauffassung beruft sich auf den „klaren" Wortlaut.[125] Letzterem steht aber entgegen, dass diese Auslegung weder den Verfassungsüberlieferungen der Mitgliedstaaten[126] noch dem Schutzstandard nach Art. 1 EMRKZusProt,[127] der nach Art. 52 Abs. 3 GRC jedenfalls nicht unterschritten[128] werden darf, entspräche. Er findet auch in den Materialien zu den **Konventsberatungen** keine Stütze.[129] Auch unter der EMRK hat der EGMR im Fall Jahn ua/Deutschland betreffend die Bodenreformgrundstücke in der ehemaligen DDR deren möglicherweise rechtswidrige Erlangung für die Qualifizierung als Eigentum als unerheblich erachtet; sie ist erst im Rahmen der Abwägung von Bedeutung gewesen.[130]

---

[116] S. etwa EuGH C-293/97, Slg. 1999, I-2603 Rn. 54 ff. – Stanley. Ansätze für eine besser nachvollziehbare Begründung sind in EuGH C-491/01, Slg. 2002, I-11453 Rn. 147 ff. – British American Tobacco, zu erkennen. EuGH 11/70, Slg. 1970, 1125 Rn. 16, 20 – Internationale Handelsgesellschaft.
[117] So wird etwa in EuGH 11/70, Slg. 1970, 1125 Rn. 16, 20 – Internationale Handelsgesellschaft, ein „Eingriff"(!) in ein Grundrecht verneint, weil die Maßnahme ua „nicht übermäßig" gewesen sei.
[118] Vgl. EuGH 230/78, Slg. 1979, 2749 Rn. 22 – Eridania bzw. EuGH 11/70, Slg. 1970, 1125 Rn. 20 – Internationale Handelsgesellschaft.
[119] Das stellt zutreffend *Kühling* in FK-EUV/GRC/AEUV GRC Art. 17 Rn. 9 heraus.
[120] EuGH C-283/11, ECLI:EU:C:2013:28 Rn. 34 – Sky Österreich.
[121] S. etwa EGMR 23.11.1983 – 8919/80 Rn. 47 ff. – Van Mussele/Belgien.
[122] *Weber* S. 788 ff.; *Müller-Michaels* S. 151, 192 ff.; *v. Milczewski* S. 178 ff.
[123] *Kingreen* in Calliess/Ruffert EUV Art. 6 Rn. 143; *Calliess* in Ehlers GuG § 20 Rn. 18 jeweils mwN.
[124] *Kühling* in FK-EUV/GRC/AEUV GRC Art. 17 Rn. 13; *Wollenschläger* in von der Groeben/Schwarze/Hatje GRC Art. 17 Rn. 12; wohl auch Jarass GRCh Art. 17 Rn. 8, der zu Unrecht auf C-238/11 Rn. 38 ff. bezieht, weil es dort nicht um die Rechtswidrigkeit ging, sondern darum, dass die Ausübung des in Rede stehenden Übertragungsrechts bereits zuvor durch das EU-Recht begrenzt worden war. Auch in EuGH C-277/10, ECLI:EU:C:2012:65 Rn. 64 – Luksan ging es darum, dass das EU-Recht bereits vor der Zuweisung der Eigentumsposition die entsprechenden Befugnisse der Mitgliedstaaten begrenzt hatte.
[125] *Calliess* in Calliess/Ruffert GRC Art. 17 Rn. 7.
[126] S. die Übersicht bei *Weber* S. 788 ff.
[127] Soweit ersichtlich hat der EGMR bislang nur darauf abgestellt, ob der Beschwerdeführer rechtmäßiger Inhaber des behaupteten Rechts nach den zivilrechtlichen und öffentlich-rechtlichen nationalen Vorschriften gewesen ist, EGMR 4.7.1978 – 7742/76 – A.B./Deutschland; EGMR 2.3.1987 – 9267/81– Mathieu-Mohin und Clerfayt; EGMR 4.10.1984 – 9465/81 – M./Österreich; vgl. *Peukert* in Frowein/Peukert ZP 1 Art. 1 Rn. 4.
[128] Hierzu *Borowsky* in NK-EuGRCh Art. 52 Rn. 39 ff.
[129] Vgl. etwa die Änderungsanträge zu CONVENT 35 und CONVENT 28, dazu *Bernsdorff* in NK-EuGRCh Art. 17 Rn. 16 Fn. 409.
[130] EGMR 22.1.2004 (K) – 46720/99, 72203, 72552/01 Rn. 67 f., 89 f. – Jahn ua; vgl. dazu *Heselhaus* JA 2004, 601; *Cremer* EuGRZ 2004, 57 und 134 ff.; *Kämmerer* DVBl 2004, 365 ff. S. auch *Purps* NJ 2005, 145 ff.; *Appel* DVBl 2005, 340 ff. Im Grundsatz bestätigt durch EGMR (GK) 30.6.2005 – 46720/99 Rn. 78 ff., 106.

Sollte die Erlangung von Eigentum in Streit stehen, so ist für die Zulässigkeit zunächst jedenfalls von einer möglichen rechtmäßigen Erlangung auszugehen.[131] Wenn in Einzelfällen unter der EMRK nur „vorhandenes Eigentum" bzw. „berechtigte Hoffnungen" als geschützt angesehen werden und nicht die Hoffnung auf das Weiterbestehen eines früheren Eigentumsrechts, das über einen langen Zeitraum nicht wirksam ausgeübt werden konnte,[132] ist dies im Hinblick auf die Erfassung vor Vorgängen vor Geltung der EMRK zu sehen.

Der **Umfang** des Eigentums nach Art. 17 GRC ist **weit**. Die Rechtsprechung hat bisher **36** das **Sacheigentum** an **beweglichen** und **unbeweglichen** Sachen[133] sowie das **geistige Eigentum,** insbesondere in Form von Urheberrechten, Patentrechten, Warenzeichenrechten, Geschmacksmustern und Sortenschutzrechten[134] anerkannt.[135] Die ausdrückliche Einbeziehung des geistigen Eigentums in Art. 17 GRC[136] entspricht den Verfassungsüberlieferungen der Mitgliedstaaten[137] und der Praxis der Rechtsprechungsorgane der EMRK.[138] Die heute unter dem geistigen Eigentum zusammengefassten Positionen standen, anders als das sonstige Eigentum, von der Antike bis zur französischen Revolution nicht unter einem rechtlichen Schutzsystem. Zwar war das Plagiat gesellschaftlich geächtet, rechtlicher Schutz wurde aber nur durch staatlich zugewiesene Privilegien ermöglicht.[139] Auch später hinderten die tiefgreifenden Systemunterschiede zwischen den nationalen Vorschriften zum Schutz des geistigen Eigentums lange Zeit eine umfassende internationale Verbürgung. Im Wesentlichen verpflichteten sich die Staaten international nur zur Inländergleichbehandlung.[140] Die grundrechtliche Unterschutzstellung in einer supranationalen Union, wie der EU, stellt die Krönung eines langen Ringens um die Gleichstellung mit anderen Eigentumspositionen dar.

Die konkreten Eigentümerbefugnisse sind in den Mitgliedstaaten umfassend ausgestaltet **37** worden.[141] Angesichts dessen erscheint der in Abweichung von allen sonstigen Eigentumsgrundrechtsverbürgungen in Art. 17 GRC unternommene Versuch einer Aufzählung **einzelner Aspekte der Ausübung der Eigentumsfreiheit** („besitzen", „nutzen", verfügen") überflüssig. Zudem ist die Verwendung des Wortes „besitzen" statt des profanen „haben" unglücklich, weil Besitzrechte in manchen Rechtsordnungen vom Eigentumsrecht unterschieden werden.[142] Die Aufzählung hat nur den Sinn, den weiten Anwendungsbereich zu verdeutlichen, der grundsätzlich etwa auch Eigentum ohne konkrete Nutzung

---

[131] Ähnlich wohl *Rengeling/Szczekalla* Grundrechte in der EU Rn. 808; dagegen wenig überzeugend Jarass EU-GR § 22 Rn. 7, mit dem Hinweis, der Eigentumserwerb werde vom Eigentumsgrundrecht nicht geschützt. Das trifft nur für bloße Aussichten und Erwartungen zu, vgl. Jarass EU-GR Rn. 14 f., die aber nicht schon selbst den Eigentumserwerb markieren.
[132] EKMR 29.11.1995 – 18830/91 – Giovenco/Italien.
[133] EuGH 44/79, Slg. 1979, 3727 Rn. 17 f. – Hauer; s. auch *Kingreen* in Calliess/Ruffert EUV Art. 6 Rn. 144; *Müller-Michaels* S. 37.
[134] EuGH 15/74, Slg. 1974, 1147 Rn. 9 – Sterling; EuGH 16/74, Slg. 1974, 1183 Rn. 8 – Centrafarm; EuGH verb. Rs. 55/80, 57/80, Slg. 1981, 147 Rn. 11 f. – GEMA; EuGH 258/78, Slg. 1982, 2015 Rn. 35 – Nungesser; EuGH 144/81, Slg. 1982, 2853 Rn. 14 – Keurkoop; EuGH 403/85, Slg. 1987, 1747 Rn. 11 ff. – Basset/Société des auteurs; nicht erfasst werden rein tatsächliche Angaben, wie „Champagnerverfahren", EuGH C-306/93, Slg. 1994, I-5555 Rn. 23 – SMW Winzersekt.
[135] Vgl. übereinstimmend *Calliess* in Calliess/Ruffert GRC Art. 17 Rn. 6 ff.; *Wollenschläger* in von der Groeben/Schwarze/Hatje GRC Art. 17 Rn. 11 ff.
[136] S. EuGH 368/96, Slg. 1998, I-7967 Rn. 78 – Generios; kein Schutz geistigen Eigentums aber bei Bezeichnungen, die von jedem verwendet werden dürfen, EuGH 306/93, Slg. 1994, I-5555 Rn. 23 – SMW Winzersekt.
[137] *Weber* S. 788 ff.
[138] Zustimmend *Müller-Michaels* S. 65; *v. Milczewski* S. 127; *Gelinsky* S. 32; *Meyer-Ladewig* in HK-EMRK Zusatzprotokoll zur EMRK Art. 1 Rn. 21. Die Praxis der EKMR ist uneinheitlich gewesen: bejahend EKMR 4.10.1990 – 12633/87 – Smith Kline/Niederlande, ablehnend EGMR 20.11.1995 – 19589/92 Rn. 73 – British-American Tobacco.
[139] Ausführlich zur historischen Entwicklung *Fechner* S. 22–48.
[140] S. den Überblick bei *Fechner* S. 76 ff.
[141] Vgl. *Kühling* in FK-EUV/GRC/AEUV GRC Art. 17 Rn. 20.
[142] S. aber Art. 11 Abs. 1 S. 1 tschechGRC, der ebenfalls den „Besitz" erwähnt.

schützt.[143] Im Vergleich mit der EMRK ist zu berücksichtigen, dass die Rechtsprechung des EGMR oft in den Bereich der Berufsfreiheit hineingeht, um entsprechende Lücken im Grundrechtsschutz zu schließen.

38   Besondere Bedeutung kommt in Zukunft dagegen der ausdrücklichen Einbeziehung des Rechts, Eigentum „**vererben**", zu, das über die Gewährleistung in manchen nationalen Verfassungstexten hinausgeht. Die darin zum Ausdruck kommende Fokussierung auf den **Erblasser** entspricht der Rechtsprechung des EGMR.[144] Unter der EMRK verweist dieser zur Begründung darauf, dass nur bestehende Rechtspositionen, nicht aber die Chancen auf einen Eigentumserwerb geschützt sind.[145]

39   Mit einer vergleichbaren Begründung stellt der EuGH hinsichtlich der **Abgrenzung** der Eigentumsfreiheit von der **Berufsfreiheit** fest, dass erstere **nicht** „bloße kaufmännische **Interessen oder Aussichten**" erfasse, „deren Ungewissheit zum Wesen wirtschaftlicher Tätigkeit gehört".[146] Dementsprechend ist der Erwerb selbst noch nicht Teil des Eigentums des Erwerbers,[147] allerdings ist die Übertragung bei der Veräußerung Teil des Eigentumsrechts des Veräußerers. Ob man die Gewährleistung positiv mit dem Schutz des Bestandes[148] ausreichend umschreiben kann, erscheint zweifelhaft. Denn in ständiger Rechtsprechung hält der EuGH die Eigentumsfreiheit auch dann für einschlägig, wenn eine Maßnahme unmittelbar die **Nutzung von Produktionsanlagen** und -stätten eines Betriebes, wie etwa Quoten über die Erzeugung von Stahl[149] oder über die Milcherzeugung[150] oder die Nutzung eines Weinberges,[151] betrifft oder die Ausgestaltung von Produkten.[152] Dagegen beeinträchtigen Mindestpreisregelungen[153] oder die Begrenzung von Marktanteilen[154] per se nicht (unmittelbar) das Eigentum, sie können jedoch (mittelbar[155]) durchschlagen, wenn sie im Ergebnis zu einer **Stilllegung** des betreffenden Betriebes führen. Dem scheint eine wirtschaftliche Betrachtung des „Bestandes" des Erworbenen zugrunde zu liegen. Nach der Rechtsprechung sind sie insbesondere nicht geschützt, wenn mit Veränderungen der Marktsituation zu rechnen war.[156] In den einschlägigen Fällen ist aber zusätzlich zu beachten, dass die Marktanteile aufgrund öffentlich-rechtlicher Regelung zugewiesen worden waren.[157]

---

[143] Jarass GRCh Art. 17 Rn. 15 nennt auch die unentgeltliche Übertragung auf Dritte.
[144] EGMR 13.6.1979 – 6833/74 Rn. 63 – Marckx. Der Erbe kann sich auf das Eigentumsgrundrecht erst berufen, wenn er nachweisen kann, dass ihm ein Anteil am Erbe zusteht, EGMR 28.10.1987 – 8695/79 Rn. 38 – Inze; EKMR 13.5.1986 – 10961/84 – De Mot ua/Belgien.
[145] EGMR 13.6.1979 – 6833/74 Rn. 50 – Marckx.
[146] EuGH 4/73, Slg. 1974, 491 Rn. 14 – Nold; EuGH verb. Rs. 154, 205, 206, 226–228, 263, 264/78, Slg. 1980, 907 Rn. 89 – Valsabbia; EuGH C-2/92, Slg. 1994, I-955 Rn. 19 – Bostock.
[147] Allgemeiner *Kühling* in FK-EUV/GRC/AEUV GRC Art. 17 Rn. 10; *Wollenschläger* in von der Groeben/Schwarze/Hatje GRC Art. 17 Rn. 16 wendet insofern die Berufsfreiheit an.
[148] *Kingreen* in Calliess/Ruffert EUV Art. 6 Rn. 148.
[149] EuGH 258/81, Slg. 1982, 4261 Rn. 13 – Metallurgiki Halyps verwirft zwar recht pauschal eine „Verstoß" gegen die Eigentumsfreiheit, doch erst, nachdem zuvor (Rn. 11) erwähnt wird, dass ein Mechanismus für Härtefälle vorgesehen war; vgl. EuGH verb. Rs. 172/83, 226/83, Slg. 1985, 2831 Rn. 29 – Hoogovens; wie hier im Ergebnis *v. Milczewski* S. 66 f.; *Kingreen* in Calliess/Ruffert EUV Art. 6 Rn. 149.
[150] EuGH C-313/99, Slg. 2002, I-5719 Rn. 36 – Mulligan; EuGH C-22/94, Slg. 1997, I-1809 Rn. 29 – Irish Farmers Association; EuGH C-63/93, Slg. 1996, I-569 Rn. 30 – Duff; EuGH C-177/90, Slg. 1992, I-35 Rn. 17 – Kühn.
[151] EuGH 44/79, Slg. 1979, 3727 Rn. 19 – Hauer.
[152] Anforderungen an die Etikettierung von Tabakpackungen, EuGH C-491/01, Slg. 2002, I-11453 Rn. 150 – British American Tobacco.
[153] EuGH verb. Rs. 154, 205, 206, 226–228, 263, 264/78, 31, 39, 83, 85/79, Slg. 1980, 907 Rn. 90 – Valsabbia.
[154] EuGH C-68/95, Slg. 1996, I-6065 Rn. 42 – T. Port, hält es in einem obiter dictum bei Härtefällen für möglich, dass aufgrund des Eigentumsgrundrechts Ausnahmen zugelassen werden müssen, und relativiert damit EuGH C-280/93, Slg. 1994, I-4973 Rn. 79 – Deutschland/Rat.
[155] Vgl. EuGH 59/83, Slg. 1984, 4057 Rn. 22 – Biovilac sieht in den Auswirkungen von Mindestpreisregelungen auf einen Betrieb mittelbare Folgen.
[156] *Kühling* in FK-EUV/GRC/AEUV GRC Art. 17 Rn. 11; *Wollenschläger* in von der Groeben/Schwarze/Hatje GRC Art. 17 Rn. 14.
[157] So zutreffend der Hinweis bei Jarass GRCh Art. 17 Rn. 12.

Sowohl in manchen Mitgliedstaaten[158] als auch unter der EMRK[159] werden **Aspekte des** 40 **Vertrauensschutzes** im Rahmen der Eigentumsfreiheit beachtet. In ähnlicher Weise wird dem EU-Recht im deutschen Schrifttum vielfach ein gewisser **Dispositionsschutz** attestiert, wonach der Eigentümer auf den Fortbestand einer Rechtslage vertrauen kann, die ihm die bisherige Nutzung seines Eigentums ermöglicht hat.[160] Dem gegenüber prüft der EuGH Verstöße gegen den Grundsatz des Vertrauensschutzes (→ § 37 Rn. 5) getrennt von anderen Grundrechtsbeeinträchtigungen. Auswirkungen auf das Eigentum eines Betroffenen behandelt er häufig unter dem Stichwort der **„wohlerworbenen Rechte"**, deren genaue dogmatische Verortung er allerdings offenlässt. Diese ursprünglich aus dem Beamtenrecht herrührende Rechtsfigur,[161] wendet der EuGH separat von der Prüfung der Eigentumsfreiheit und des Grundsatzes des Vertrauensschutzes an.[162] Jedenfalls hält er sie wohl für **grundrechtlich gewährleistet**[163] und das EuG qualifiziert sie als einen „höherrangigen Rechtssatz" im Sinne der außervertraglichen Haftung der Gemeinschaft nach Art. 288 Abs. 2 EGV[164] und eine Verletzung derselben als eigenständigen Klagegrund.[165] Die Figur der wohlerworbenen Rechte bezeichnet demnach nicht den Vertrauensschutz als Aspekt eines Eingriffs in das Eigentumsgrundrecht, sondern lässt gerade offen, ob im Falle ihres Vorliegens ein Eingriff zugleich ein solcher in das Eigentumsgrundrecht wäre.[166]

Zu Recht wird in der Literatur kritisiert, dass nach Ansicht des EuGH **kein Vertrauens-** 41 **tatbestand** auf Beibehaltung einer konkreten Situation, insbesondere in den GMO, entstehen könne, die durch Entscheidungen der Unionsorgane im Rahmen ihres Ermessens verändert werden können.[167] Zwar werden solche Ermessensspielräume regelmäßig einem Anspruch auf die Beibehaltung gerade einer bestimmten Regelung entgegenstehen, doch wie groß auch immer die Spielräume sind, eine ermessensfehlerfreie Beachtung der betroffenen Grundrechte ist in jedem Fall geboten. Die Sicht des EuGH dürfte Ausdruck seiner zurückgenommenen Prüfungsdichte sein, die nicht offensichtliche Ermessensfehler übergeht (→ Rn. 34 ff.).

2. Ausgewählte Einzelfragen. a) Schutz des Unternehmens. Noch nicht abschlie- 42 ßend geklärt ist, ob das **Recht am eingerichteten und ausgeübten Gewerbebetrieb** einen Unterfall der Eigentumsfreiheit oder inwieweit es eine eigenständige Rechtsposition darstellt. Im Rahmen der EMRK wird ihm, soweit man darunter auch den good-will und

---

[158] In Deutschland wird das Prinzip des Vertrauensschutzes vorrangig als Schranken-Schranke betrachtet, *Wieland* in Dreier GG Art. 14 Rn. 148 ff. mwN.
[159] Ohne ausdrücklich einen Grundsatz des Vertrauensschutzes zu nennen, gehen EGMR 10.10.1985 – 10873/84 Rn. 61 – Tre Traktörer AB und EGMR 18.2.1991 – 12033/86 – Fredin/Schweden auf entsprechende Aspekte ein. Vgl. *Peukert* EuGRZ 1992, 1 ff.
[160] *v. Milczewski* S. 280 f.; *Rengeling*, Grundrechtsschutz in der Europäischen Gemeinschaft, 1993, S. 46.
[161] EuGH 56/75, Slg. 1976, 1097 Rn. 18, 20 – Elz.
[162] EuGH 230/78, Slg. 1979, 2749 Rn. 20 ff. – Eridania prüft die wohlerworbenen Rechte im Zusammenhang mit der Eigentumsfreiheit; EuGH 232/81, Slg. 1984, 3881 Rn. 12 ff. – Agricola Commerciale Olio prüft die wohlerworbenen Rechte im Zusammenhang mit dem Vorbringen einer Enteignung; nach Ansicht von GA *Lenz*, 232/81, Slg. 1984, 3881 (3911) sollen beide Rechte „zusammenhängen". EuGH C-280/93, Slg. 1994, I-4973 Rn. 79 f. – Deutschland/Rat, verneint zunächst einen Verstoß gegen die Eigentumsfreiheit, um dann die wohlerworbenen Rechte zu prüfen. EuGH 52/81, Slg. 1982, 3745 Rn. 26 f. – Faust verwendet die Formel „Beibehaltung einer bestehenden Situation" im Rahmen der Prüfung des Grundsatzes des Vertrauensschutzes. S. aber EuGH 59/83, Slg. 1984, 4057 Rn. 23 f. – Biovilac, wo die wohlerworbenen Rechte angeprüft werden, obgleich danach eine Berufung auf den Grundsatz des Vertrauensschutzes als unzulässiges neues Angriffsmittel zurückgewiesen wird. Zum Zusammenhang mit den Grundfreiheiten EuGH C-277/99, Slg. 2002, I-1261 Rn. 29 ff. – Kaske.
[163] EuGH 230/78, Slg. 1979, 2749 Rn. 22 f. – Eridania.
[164] EuG T-113/96, Slg. 1998, II-125 Rn. 62 f. – Dubois et Fils.
[165] EuG verb. Rs. T-194/97, T-83/98, Slg. 2000, II-69 Rn. 92 ff. – Eugénio Branco.
[166] AA *Calliess* in Calliess/Ruffert GRC Art. 17 Rn. 9, der die wohlerworbenen Rechte Art. 17 GRC zuordnet. Dagegen fallen die wohlerworbenen Rechte nach *Streinz* in Streinz GRC Art. 17 Rn. 10 unter den Grundsatz des Vertrauensschutzes.
[167] EuGH C-177/90, Slg. 1992, I-35 Rn. 27 – Kühn; EuGH 230/78, Slg. 1979, 2749 Rn. 22 – Eridania; EuGH C-280/93, Slg. 1994, I-4973 Rn. 79 – Deutschland/Rat. Kritisch dazu *Calliess* in Ehlers GuG § 20 Rn. 21; *Calliess* in Calliess/Ruffert GRC Art. 17 Rn. 34; *Streinz* in Streinz GRC Art. 17 Rn. 10.

den Kundenstamm eines Unternehmens versteht, eigentumsrechtlicher Schutz zuteil.[168] Für das Unionsrecht ist dies noch nicht gerichtlich eindeutig geklärt, von in der Literatur aber oft bejaht.[169] Die von jener Auffassung als Beleg herangezogene Rs. *Biovilac* ist aber keineswegs eindeutig. Dort wurde ein Verstoß gegen das Recht am eingerichteten und ausgeübten Gewerbebetrieb neben(!) der Eigentumsfreiheit gerügt, und der EuGH sah den Wesensgehalt „dieser Rechte" nicht angetastet. Damit hat er im Rahmen der Haftung der EU nach Art. 340 AEUV (ex-Art. 288 EGV) das Recht am eingerichteten und ausgeübten Gewerbebetrieb zwar als höherrangige Norm, die dem Schutz des Einzelnen dient,[170] anerkannt, dem Wortlaut nach aber vom Eigentum unterschieden. Allerdings hat er dann inhaltlich doch beide Aspekte zusammen geprüft, und zwar nur unter den klassischen eigentumsrechtlichen Aspekten der Entziehung oder Beschränkung der freien Nutzung des Eigentums.[171] Danach geht der **Schutz** jenes Rechtes jedenfalls **nicht weiter als** der des **Eigentums**[172] und setzt einen Eingriff in die **Substanz des Unternehmens** voraus.[173] Inhaltlich steht es dem Gedanken eines Eigentumseingriffs aufgrund völliger wirtschaftlicher Entwertung des Eigentums und seiner Nutzung nahe (→ Rn. 61). Das dürfte dem Ansatz des BVerfG ähneln, das in entsprechenden Fällen einen Substanzeingriff verlangt, im Übrigen den Kundenstamm aber nicht unter die Eigentumsfreiheit subsumiert.[174]

43 **b) Schutz öffentlich-rechtlicher Rechtspositionen.** Hinsichtlich der Einbeziehung von **Rechtspositionen öffentlich-rechtlicher Art** in den Schutzbereich der Eigentumsfreiheit sind Grundlinien in der Rechtsprechung erkennbar. Der Entzug von durch die EU öffentlich-rechtlich gewährten Rechtspositionen ist vor allem in den **Gemeinsamen Marktorganisationen** (GMO) in der Gemeinsamen Agrarpolitik virulent geworden. Dort verneint der EuGH den Schutz grundsätzlich für kommerzielle Vorteile von marktsteuernden Maßnahmen, wie der Zuteilung von Referenzmengen, weil sich darauf kein schutzwürdiges Vertrauen bei den Betroffenen bilden könne.[175] Jedoch ist nach seiner Auffassung die Eigentumsfreiheit berührt, wenn die Gewährung der Vorteile wenigstens **zum Teil aus dem Eigentum oder der Berufstätigkeit** herrührt, dh auf Eigenleistungen des Betreffenden (Arbeit oder Kapital) beruhen. Während er anfangs in diesem Zusammenhang auf den Schutz „**wohlerworbener Rechte**" abgestellt hat,[176] dessen dogmatische Einordnung nach wie vor ungeklärt ist (→ Rn. 40), hat er es in der Rs. *Wachauf* ohne Erwähnung eines spezifischen Grundrechts für mit dem Grundrechtsschutz unvereinbar gehalten, wenn

---

[168] Zum Kundenstamm eines Steuerberaters EGMR 25.5.1999 – 37592/97 – Olbertz; zur Mandantschaft eines Rechtsanwalts EGMR 9.11.1999 – 37595/97 – Döring/Deutschland; zum Kundenstamm für die Abwicklung eines Nachlasses EGMR 20.4.1999 – 33099/96 – Hoerner Bank/Deutschland; zum Kundenstamm eines Kinos EGMR 25.3.1999 – 31107/96 – Iatridis. In den genannten Fällen ging es allerdings immer um den gesamten Kundenstamm, so dass die Wirkungen wirtschaftlich einem Substanzeingriff vergleichbar waren.

[169] *Kühling* in FK-EUV/GRC/AEUV GRC Art. 17 Rn. 17; *Storr* STAAT 1997, 547 (557); *Thiel* JuS 1991, 274 (279); *Wetter*, Die Grundrechtscharta des Europäischen Gerichtshofes. Die Konkretisierung der gemeinschaftlichen Grundrechte durch die Rechtsprechung des EuGH zu den allgemeinen Rechtsgrundsätzen, 1998, S. 145 ff.; vgl. aber *Rengeling/Szczekalla* Grundrechte in der EU Rn. 809, die die Frage weiterhin für offenhalten.

[170] EuGH 59/83, Slg. 1984, 4057 Rn. 10 – Biovilac.

[171] EuGH 59/83, Slg. 1984, 4057 Rn. 22 – Biovilac.

[172] Im Ergebnis wie hier *Calliess* in Ehlers GuG § 20 Rn. 22; *Calliess* in Calliess/Ruffert GRC Art. 17 Rn. 9; vgl. BVerfGE 58, 300 (353).

[173] *Wollenschläger* in von der Groeben/Schwarze/Hatje GRC Art. 17 Rn. 16; EuGH 258/81, Slg. 1982, 4261 Rn. 13 – Metallurgiki Halyps verneint einen Eigentumseingriff, weil weder Rentabilität noch Substanz des Unternehmens beeinträchtigt waren; vgl. EuG T-16/04, Slg. 2010, II-211 Rn. 154 f.

[174] BVerfGE 13, 225 (229 f.); ablehnend bzgl. des Kundenstamms, BVerfGE 77, 84 (118). Die generelle Einbeziehung des Rechts am eingerichteten und ausgeübten Gewerbebetrieb in die Eigentumsfreiheit wird von BVerfG NJW 2000, 649 ausdrücklich offengelassen.

[175] EuGH C-44/89, Slg. 1991, I-5119 Rn. 27 – von Deetzen II; EuGH C-2/92, Slg. 1994, I-955 Rn. 19 – Bostock; EuGH C-38/94, Slg. 1995, I-3875 Rn. 14 – Country Landowners Association; EuG verb. Rs. T-466, 469, 473, 474, 477/93, Slg. 1995, II-2071 Rn. 99 – O'Dwyer ua.

[176] EuGH 230/78, Slg. 1979, 2749 Rn. 22 – Eridania.

jemand „entschädigungslos um die Früchte seiner Arbeit und der von ihm vorgenommenen Investitionen" gebracht würde.[177] Seitdem hat er im Rahmen der Eigentumsfreiheit (regelmäßig zusammen mit der Berufsfreiheit) immer wieder darauf abgestellt, ob ein Recht zur kommerziellen Verwertung eines Vorteils wie einer GMO weder **aus** dem **Eigentum** noch **aus** der **Berufstätigkeit** des Betroffenen herrühre.[178] Dieser Ansatz kann auf die klassische Herleitung des Eigentumsrechts bei *John Locke* (→ Rn. 4) verweisen.

In Bezug auf **sozialrechtliche Ansprüche** hat der EuGH die Einbeziehung unter den Eigentumsschutz im Fall von Ansprüchen auf Arbeitslosenleistungen für einen Wanderarbeitnehmer offengelassen.[179] Weitergehend plädiert der EGMR unter Art. 1 EMRK-ZusProt für eine Erfassung aller Sozialleistungen sowohl wenn sie durch Eigenleistung als auch durch Steuern finanziert werden.[180] Allerdings ist bereits auf die Tendenz des EGMR einer weiten Auslegung der Eigentumsfreiheit hingewiesen worden, um Schutzlücken in der EMRK zu schließen, die in der Charta nicht bestehen. Diesbezüglich wird in der Literatur zutreffend auf den Schutz von **beitragsunabhängigen Sozialleistungen** nach Art. 34 GRC hingewiesen, der dem Gesetzgeber einen weiten Spielraum bei der Ausgestaltung eröffnet.[181] In Parallele zur Rechtsprechung des EuGH zu öffentlich-rechtlichen Rechtspositionen und in Anbetracht der Gewährung von Eigentumsschutz in vielen Mitgliedstaaten[182] sind sozial-rechtliche Ansprüche von Art. 17 GRC geschützt, sofern sie **teilweise auf Eigenleistung** beruhen.[183]

44

Ebenfalls noch nicht abschließend geklärt ist, ob eine **öffentlich-rechtliche Genehmigung** auf Unionsebene eine geschützte Eigentumsposition darstellt. Während dies in den Mitgliedstaaten teilweise verneint[184] bzw. zurückhaltend erwogen wird[185], hat sich der EGMR – jedenfalls bei erheblichen Auswirkungen – für eine Einbeziehung in Art. 1 EMRKZusProt ausgesprochen[186]. Seine weite Auslegung scheint jedoch von dem Ziel geleitet zu sein, das Fehlen einer Berufsfreiheit – die in jedem Fall beim Entzug einer Genehmigung betroffen wäre – unter der EMRK zumindest in Ansätzen zu kompensieren. Der EuGH hat sich mit der Problematik noch nicht abschließend befasst. Der Rechtsprechungslinie zu den von der öffentlichen Hand verliehenen Vorteilen in den GMO folgend, dürfte erheblich sein, inwieweit der Erhalt einer Genehmigung auf **eigener**

45

---

[177] EuGH 5/88, Slg. 1989, 2609 Rn. 19 – Wachauf.

[178] EuGH 44/89, Slg. 1991, I-5119 Rn. 27 – von Deetzen II; EuGH 2/92, Slg. 1994, I-955 Rn. 19 – Bostock zum Verlust von Referenzmengen in der GMO-Milch.

[179] EuGH verb. Rs. 41, 121, 796/79, Slg. 1980, 1979 Rn. 29 – Tesla; ablehnend bzgl. Rentenansprüchen vor Eintritt in das Rentenalter von GA *Darmon*, SchlA C-227/89, Slg. 1991, I-323 (334) – Rönfeldt. Der EuGH musste zu der Frage nicht Stellung nehmen, da er in dem Verlust der Vergünstigungen der sozialen Sicherheit bereits einen Verstoß gegen die Grundfreiheiten erblickte, EuGH C-227/89, Slg. 1991, I-323 Rn. 29.

[180] EGMR 12.4.2006 – 65731, 65900/01 – Stec ua; zurückhaltend für die Charta Jarass GRCh Art. 17 Rn. 10; vgl. *Sonnevend* in Grabenwarter, EnzEur Bd. 2, § 14 Rn. 42, 51.

[181] *Wollenschläger* in von der Groeben/Schwarze/Hatje GRC Art. 17 Rn. 15.

[182] Grundlegend BVerfGE 53, 257 (292 f.). Anerkannt wird der Schutz zB in Irland, *Müller-Michaels* S. 195 mwN und in den Niederlanden, *Weber* S. 797. In Art. 38 italVerf ist eine Garantie staatlicher Sozialversicherung vorgegeben. Die Forderung von *Wieland* in Dreier GG Art. 14 Rn. 55, alle öffentlich-rechtlichen Ansprüche unabhängig von einer Eigenleistung zu erfassen, basiert auf der für das GG spezifischen Annahme, das ein Entzug durch den Gesetzgeber jedenfalls keine Enteignung sei, die aber so nicht auf das EU-Recht übertragbar ist.

[183] *Wollenschläger* in von der Groeben/Schwarze/Hatje GRC Art. 17 Rn. 15

[184] Zu Frankreich *v. Milczewski* S. 179 und der frz. Conseil constitutionnel 30.12.1982 – 82–150 DC S. 86; zur ebenfalls ablehnenden Ansicht in der italienischen Literatur *Müller-Michaels* S. 154.

[185] *Wieland* in Dreier GG Art. 14 Rn. 73 ff. differenziert zwischen der nicht geschützten reinen Zulassung und dem Eigentumsschutz dessen, was sich der Bürger aufgrund der Zulassung und durch eigene Leistung aufgebaut hat.

[186] Nach EGMR 26.6.1986 – 8543, 8674, 8675, 8685/79 Rn. 11, 41 – van Marle ua/Niederlande ist die staatliche Zulassung zu einem Beruf eine Eigentumsnutzungsregelung; so auch *Hartwig* RabelsZ 1999, 561 (565 f.). Der EGMR stellt aber auf die Auswirkungen auf den Kundenstamm ab. EGMR 10.10.1985 – 10873/84 Rn. 53 – Tre Traktörer argumentiert über den „goodwill" und den Wert eines Restaurants. EGMR 18.2.1991 – 12033/86 Rn. 46 f. – Fredin subsumiert den Entzug der Abbaugenehmigung als Nutzungsregelung; s. auch EGMR 29.11.1991 – 12742/87 Rn. 51 – Pine Valley Developments.

Leistung (berufliche Tätigkeit oder Kapital) beruht.[187] Ferner hat der EuGH bezüglich des **Wertverlustes von Investitionen** festgestellt, dass insbesondere das Grundrecht auf Eigentum einschränkbar sei.[188] Damit scheint er jedenfalls bei entsprechenden Auswirkungen auf das von dem Betroffenen Geleistete den Schutzbereich grundsätzlich für einschlägig zu halten und die Beeinträchtigung eher dem Bereich der **Eigentumsnutzungsbeschränkung** einzuordnen.[189] Allerdings betont der Gerichtshof in ständiger Rechtsprechung den Umstand, ob ein Unternehmer wissen musste, dass der Rahmen seiner Tätigkeit **ständigen Änderungen** unterliegt.[190] Dieses Elemente des Vertrauensschutzes enthaltende Kriterium dürfte jedenfalls bei Umweltbeeinträchtigungen erfüllt sein, da man immer mit neuen Entwicklungen rechnen muss, sei es in der Vermeidungstechnik oder bei den Nachweismethoden über das Ausmaß der Auswirkungen.

46   Überträgt man diese Erkenntnisse auf die Frage der Beurteilung von **Emissionsrechtezertifikaten** zum CO_2-Ausstoß in der Fassung von RL 2003/87/EG,[191] so erscheint die Ablösung der früheren Genehmigungen jedenfalls als verhältnismäßig, da ausreichend Zertifikate zur Verfügung gestellt wurden und eine lange Vorwarnzeit bestanden hatte.[192] Es spricht einiges dafür, dass die Zuteilung der Zertifikate zumindest teilweise auch auf eigener Leistung beruht. Zwar orientierte sie sich einerseits an der Einhaltung der gesetzlich vorgeschriebenen Emissionswerte, doch war andererseits der Umfang der bisherigen Tätigkeit – gemessen in CO_2-Ausstoß – maßgeblich.[193] Deutlicher erkennbar ist der Beitrag der eigenen Leistung an den handelbaren Zertifikaten. Denn Voraussetzung für den Handel ist, dass sie nicht mehr benötigt werden, der Unternehmer also regelmäßig bei gleichem Produktionsumfang in bessere Umweltschutzmaßnahmen **investiert** hat. Vergleichbar war die Berücksichtigung von erbrachten Vorleistungen bei der Bemessung der **Zuteilungsmenge an Zertifikaten**[194] eigentumsgrundrechtlich geboten. Grundsätzlich ist aber zu beachten, dass das Eigentum an den handelbaren Zertifikaten von vorneherein durch gesetzliche Vorgaben stark beschränkt ist. Insbesondere kann sich kein schützenswertes Vertrauen darauf bilden, dass niemals Entwertungen vorgenommen würden oder dass man Rechte an den Zertifikaten über die verschieden Zuteilungsperioden hinaus besäße.[195]

47   **c) Schutz von Geschäfts- und Betriebsdaten. Geschäfts- und Betriebsdaten** sind grundsätzlich dem jeweiligen Eigentümer zugeordnet und unterfallen, soweit sie einen

---

[187] EuG verb. Rs. T-446, 469, 473, 474, 477/93, Slg. 1995, II-2071 Rn. 101 – O'Dwyer betont, dass der Verlust einer Referenzmenge als solcher keine Verletzung des Eigentumsgrundrechts sei. Jarass GRCh Art. 17 Rn. 11 lässt eine Vermögensdisposition im Vertrauen auf die Genehmigung ausreichen.
[188] EuGH 44/89, Slg. 1991, I-5119 Rn. 28 – von Deetzen II.
[189] Vgl. EGMR 26.6.1986 – 8543, 8674, 8675, 8685/79 Rn. 11, 41 – van Marle ua.
[190] S. nur EuGH 59/83, Slg. 1984, 4057 Rn. 23 – Biovilac.
[191] RL 2003/87/EG, ABl. 2003 L 275, 32, zuletzt geändert durch RL (EU) 2018/410, ABl. 2018 L 76, 3. Dazu bzw. zu den Vorarbeiten *Rengeling* DVBl 2000, 1725 ff.; *Enders* DÖV 1998, 184 ff.; *Rehbinder/Schmalholz* UPR 2002, 1 ff.; *Epiney* DVBl 2002, 579 ff.; *Heselhaus* in Lange, Nachhaltigkeit im Recht. Eine Annäherung, 2003, S. 173 (191 ff.).
[192] Bei einer Entgeltlichkeit der Erstvergabe bejaht dies *Rengeling* DVBl 2000, 1725 (1731) mit einem Hinweis auf die angeblich gleich gelagerte Problematik bei Steuern; dagegen geht *Epiney* in Rengeling, Klimaschutz durch Emissionshandel, 2001, S. 207 (233) davon aus, dass Geldleistungspflichten gar nicht in den Schutzbereich der Eigentumsfreiheit eingreifen. S. zur differenzierenden Rspr. des EuGH → Rn. 50. Gleichwohl wich die von der EU beschlossene Regelung über ein System des Emissionsrechtehandels diesen Problemen aus, indem sie bei der Erstvergabe kostenlos vornahm und eine derart große Menge an Lizenzen ausgeben ließ, dass keine damals vorgenommene Nutzung eingeschränkt werden müsste, RL 2003/87/EG, ABl. 2003 L 275, 32. Ausführlich dazu *Heselhaus* in Lange, Nachhaltigkeit im Recht. Eine Annäherung, 2003, S. 173 (188 f.). Mittlerweile ist in der Fassung von RL (EU) 2018/410, ABl. 2018 L 76, 3 die kostenpflichtige Vergabe bzw. Versteigerung zum Regelfall geworden.
[193] S. Anhang III RL 2003/87/EG, ABl. 2003 L 275, 32; ohne nähere Begründung nimmt BVerwG NVwZ 2005, 1178 (1181 f.), eine Nutzungsregelung des Eigentums an.
[194] S. Ziff. 7 Anhang III RL 2003/87/EG, ABl. 2003 L 275, 32.
[195] Art. 190, 13 RL 2003/87/EG, ABl. 2003 L 275, 32; keine Bedenken an der Verhältnismäßigkeit hatte BVerwG NVwZ 2005, 1178 (1181 f.).

Personenbezug aufweisen, dem Grundrecht auf Datenschutz (→ § 25 Rn. 25 ff.).[196] Da sie aber nicht persönlichkeitsbezogen sind, ist ihr Schutz danach nur schwach ausgeprägt. Allerdings sind sie eng mit der Nutzung des betreffenden Eigentums verbunden, so dass sie in manchen Mitgliedstaaten, etwa in Deutschland,[197] zusätzlich dem **Schutz der Eigentumsfreiheit** unterstellt werden. In der EU ist diese Problematik im Rahmen der Novellierung des EU-Chemikalienrechts virulent geworden. Die Kommission plante, die **konsekutive Mehrfachvorlage** von Untersuchungsergebnissen zugunsten des Zweitanmelders auszuweiten, ua um Tests an Wirbeltieren einzudämmen.[198] Ob bei dieser Neuregelung der Verwertung der Unterlagen des Erstanmelders das Eigentumsgrundrecht auf EU-Ebene zu beachten ist, ist im Schrifttum umstritten.[199] Der EuGH hat diese Frage in der Rs. *Generics* im Grundsatz positiv beantwortet. Sperrfristen für eine Zweitverwertung dienen danach dem Eigentumsschutz und dem „Grundsatz des Innovationsschutzes".[200] Ihre Verkürzung führe jedenfalls nicht zu einer Verletzung des Wesensgehalts, wenn es den „Innovationsunternehmen dadurch nicht praktisch unmöglich gemacht wird, in der Herstellung und Entwicklung von Arzneimitteln tätig zu sein".[201] Dabei scheint der EuGH den **Schutzbereich** umfassend eröffnet zu sehen, nicht nur hinsichtlich eines Eingriffs in die wirtschaftliche Substanz des Betriebes.[202] In einer jüngeren Entscheidung hat der EuGH kumulativ die Eigentumsfreiheit, die Berufsfreiheit und die unternehmerische Freiheit als betroffen angesehen.[203]

Zutreffend eröffnet der EuGH den Schutzbereich,[204] da auch das **geistige Eigentum** 48 den Schutz der Eigentumsfreiheit genießt.[205] Das gilt jedenfalls für die Ergebnisse aufwendiger Analysen und Versuche,[206] denn sie beruhen auf eigener Leistung. Diese Rechtsposition wird auch jenseits eines Patentschutzes vom einfachen (Datenschutz-) Recht geschützt. Die bestehende Pflicht zur Ablieferung der Analyseergebnisse regelt daher die Nutzung des Eigentums. Der Umfang der Sperrfristen und die Begrenzung des Verwendungszwecks durch die Behörde bestimmen die Eingriffstiefe.[207] In der Verschärfung dieser Vorgaben liegt eine **Vertiefung des ursprünglichen Eingriffs,** die vor der Eigentumsfreiheit gerechtfertigt werden muss.[208]

Konsequenterweise könnte sich in einem aktuellen Rechtsstreit auch die Hersteller von 49 Futtermitteln hinsichtlich des Gebotes, die **Zusammensetzung ihres Tierfutters** anzugeben, grundsätzlich auf das Eigentumsrecht berufen.[209] Der EuGH hat in einer Vor-

---

[196] Aus deutscher Sicht BVerfGE 77, 1 (46).
[197] BVerfGE 77, 1 (46). S. auch *Berg* GewArch 1996, 177 (178).
[198] Ausführlich dazu *Winter/Wagenknecht* DVBl 2003, 10 (13 f.). Weitere Gründe sind die Vermeidung volkswirtschaftlicher Ineffizienz sowie die Erleichterung des Marktzugangs für kleinere und mittlere Unternehmen.
[199] *Winter/Wagenknecht* DVBl 2003, 10 (18) bejahen ein Eigentum an den Prüfnachweisen, aber nicht „an der Verwendungsweise in behördlichen Verfahren". Diese Formulierung ist schief, denn das Eigentum enthält natürlich das Recht, einen Gegenstand nur unter Beschränkung der weiteren Verwendungen zu übergeben (etwa die Miete). Zu den unterschiedlichen Ansichten s. den Tagungsbericht von *Szczekalla* DVBl 2003, 647 ff.
[200] EuGH C-368/96, Slg. 1998, I-7967 Rn. 78 – Generics.
[201] EuGH C-368/96, Slg. 1998, I-7967 Rn. 85 – Generics.
[202] Das lässt sich allerdings nicht zweifelsfrei nachweisen, da der EuGH C-368/96, Slg. 1998, I-7967 Rn. 66, 85 – Generics die Verhältnismäßigkeitsprüfung der Prüfung der Eigentumsfreiheit und eines Verstoßes gegen den Wesensgehalt separiert. Ablehnend *Wollenschläger* in von der Groeben/Schwarze/Hatje GRC Art. 17 Rn. 16, der für die Anwendung der Berufsfreiheit plädiert.
[203] EuGH C-1/11, ECLI:EU:C:2012:194 Rn. 43 – Interseroh Scrap and Metals Trading.
[204] Wie hier *Jarass* GRCh Art. 17 Rn. 10.
[205] EuGH 200/96, Slg. 1998, I-1953 Rn. 21 ff. – Metronome Musik/Music Point; *Günter* S. 34 ff.
[206] So auch *Winter/Wagenknecht* DVBl 2003, 10 (15).
[207] Sie sind also keine gnädig „gewährten Vergünstigungen", die der Gesetzgeber einfach wieder entziehen kann; so aber wohl *Winter/Wagenknecht* DVBl 2003, 10 (18). Vgl. zur hier vertretenen Ansicht *Breuer* in Isensee/Kirchhof HStR Bd. VI, 2. Aufl. 2001, § 148 Rn. 27.
[208] Zur Berücksichtigung des Amortisationsstandes *Breuer* in Isensee/Kirchhof HStR Bd. VI, 2. Aufl. 2001, § 148 Rn. 27. Auch auf europäischer Ebene ist der Wertverlust von Investitionen zu berücksichtigen, EuGH 44/89, Slg. 1991, I-5119 Rn. 28 – von Deetzen II.
[209] S. VO (EG) Nr. 767/2009, welche laut offiziellen Angaben „stillschweigend" RL 2002/2/EG, ABl. 2002 L 63, 23 aufhob.

lagefrage über die Verhältnismäßigkeit der Regelung entschieden, aber die Zuordnung zum Eigentumsgrundrecht offengelassen.[210]

50 **d) Schutz vor Abgabepflichten und des Vermögens.** Im Hinblick auf den eigentumsrechtlichen Schutz betroffener Unternehmen vor **Abgabenregelungen** beschreitet der EuGH einen differenzierten Weg. 1989 verneinte er in der Rs. *Schräder* eine Beeinträchtigung der Eigentumsfreiheit der betroffenen getreideverarbeitenden Unternehmen durch eine Mitverantwortungsabgabe im Getreidesektor, da sie dieselbe – wie rechtlich vorgesehen – vollständig auf die Getreideerzeuger abwälzen konnten.[211] 1991 hat er in der Verpflichtung, eine Tilgungsabgabe zu zahlen, unter ausdrücklicher Bezugnahme auf das Vorbringen der britischen Regierung, wonach eine Abgabenpflicht „niemals" einen „Verstoß" gegen das Eigentumsgrundrecht darstellen könne, und ohne weitere nähere Begründung keinen „Verstoß" gegen das Eigentumsgrundrecht gesehen.[212] Obwohl streng genommen damit noch nicht die Frage geklärt ist, ob bereits eine Beeinträchtigung der Eigentumsfreiheit zu verneinen gewesen ist, wurde und wird die Entscheidung weit verbreitet bis heute als eine grundsätzliche Absage an einen eigentumsrechtlichen Prüfungsmaßstab aufgefasst.[213] Jedoch hat der EuGH 1996 in Bezug auf die Nacherhebung von Eingangsabgaben die Möglichkeit einer Verletzung der Eigentumsfreiheit nicht grundsätzlich abgelehnt, sondern nur im Ergebnis verneint, weil die Nachforderung verhältnismäßig gewesen sei.[214] Ausdrücklich griff der Gerichtshof das Vorbringen der Klägerinnen auf, die sich auf Art. 1 Abs. 2 EMRKZusProt berufen hatten,[215] welcher nach Ansicht des EGMR auch Abgaben erfasst.[216] Die Rechtsprechung kann so gedeutet werden, dass der Schutzbereich des Eigentumsgrundrechts einschlägig ist, wenn die Abgabenregelung an die **Verwendung des Eigentums** anknüpft und sich damit auf dessen **Nutzung** auswirkt.[217] Das war bei der Tilgungsabgabe nicht der Fall, weil diese rückwirkend galt und somit eine reine Finanzierungsabgabe darstellte. Dagegen hatten die Abgabenregelungen in den beiden anderen Fällen vom Gesetzgeber intendierte Auswirkungen auf die Eigentumsnutzung.

51 Die bisherigen Entscheidungen des EuGH sprechen dafür, dass das **Vermögen** als solches **nicht** von der Eigentumsfreiheit **geschützt** wird.[218] Das wird in der Literatur teilweise unter Berufung auf die EMRK abgelehnt.[219] Denn der EGMR hat, sich der ständigen Praxis der früheren Kommission für Menschenrechte[220] anschließend, erstmals 1990 sogar eine Steuerpflicht als Eingriff in den Schutzbereich des Eigentumsgrundrechts qualifiziert[221] und gewährt heute in gefestigter Rechtsprechung aus Art. 1 EMRKZusProt **Schutz gegenüber Abgabepflichten**.[222] Doch diese Rechtsprechung ist nicht auf Art. 17 GRC

---

[210] EuGH verb. Rs. C-453/03, C-11, 12, 194/04, ECLI:EU:C:2005:741 Rn. 76 ff., 87 f. – ABNA ua.
[211] EuGH 265/87, Slg. 1989, 2237 Rn. 16 f. – Schräder.
[212] EuGH verb. Rs. C-143/88, C-92/89, Slg. 1991, I-415 Rn. 74 ff. – Zuckerfabrik Süderdithmarschen.
[213] *T. Schilling* EuZW 1991, 310 (310 f.); *Müller-Michaels* S. 42. AA aber *Heselhaus*, Abgabenhoheit der Europäischen Gemeinschaft in der Umweltpolitik, 2001, S. 193, ihm folgend *Rengeling/Szczekalla* Grundrechte in der EU Rn. 810.
[214] EuGH verb. Rs. C-153/94 und C-204/94, Slg. 1996, I-2465 Rn. 116 – Faroe Seafood.
[215] EuGH verb. Rs. C-153/94 und C-204/94, Slg. 1996, I-2465 Rn. 112 – Faroe Seafood.
[216] S. nur EGMR 23.10.1990 – 11581/85 Rn. 30 – Darby/Schweden; Grabenwarter/Pabel EMRK § 25 Rn. 5.
[217] Vgl. im Ergebnis *v. Danwitz* in v. Danwitz/Depenheuer/Engel S. 215 (268); *Jarass* GRCh Art. 17 Rn. 22 für „gravierende Belastungen".
[218] Im Ergebnis ebenso *Müller-Michaels*, S. 42; *Calliess* in Ehlers GuG § 20 Rn. 20.
[219] *Wollenschläger* in der Groeben/Schwarze/Hatje GRC Art. 17 Rn. 13; *Sonnevend* in Grabenwarter, EnzEur Bd. 2, § 14 Rn. 53.
[220] EKMR 18.12.1973 – 5763/72 – Mrs. X/Niederlande.
[221] EGMR 23.10.1990 – 11581/85 Rn. 30 – Darby/Schweden. Zur Begründung verweist der EGMR auf eine frühere Entscheidung, die sich allerdings mit dem Erbrecht befasst, EGMR 28.10.1987 – 8695/79 – Inze.
[222] Vgl. EGMR 16.4.2002 – 36677/97 Rn. 48 – Dangeville/Frankreich; EGMR 29.4.2008 – 13378/05 Rn. 59 – Burden/Vereinigtes Königreich; EGMR 20.9.2011 – 14902/04 Rn. 552 ff. – Yukos/Russland. Zustimmend *Peukert* in Frowein/Peukert ZP 1 Art. 1 Rn. 102 ff.; *Robertson*, Human Rights in Europe, 2. Aufl. 1977, S. 121 ff.; *Castberg*, The European Court of Human Rights, 1974, S. 177 f. mit Nachweisen

übertragbar, denn sie dient unter der EMRK dazu, den Gleichheitssatz nach Art. 14 EMRK, der akzessorisch zu einer Berührung eines anderen Menschenrechts in der EMRK ist, zu eröffnen.[223] Dazu besteht aber unter der Grundrechtecharta kein Bedürfnis. Eine Unterschreitung des Schutzstandards nach der EMRK ist dadurch nicht zu befürchten, da der EuGH eine **entsprechende Schutzintensität** durch die Überprüfung von Abgabepflichten am **Grundsatz der Verhältnismäßigkeit** erzielt. Ferner gebieten die mitgliedstaatlichen Verfassungen nicht zwingend, Abgabepflichten am Eigentumsgrundrecht zu messen.[224] Nicht zuletzt erschiene die Annahme einer grundrechtlichen Pflicht zur Entschädigung für den Entzug von Vermögen wenig plausibel.[225]

IV. Persönlicher Gewährleistungsbereich

Ausweislich des Wortlautes von Art. 17 GRC („Person") können sich sowohl **natürliche** als auch **juristische Personen** des Privatrechts auf die Eigentumsfreiheit berufen.[226] Dies entspricht auch dem Schutzstandard unter Art. 1 EMRKZusProt.[227] 52

Ob auch **juristischen Personen des öffentlichen Rechts** der Eigentumsschutz zuteil wird, hat der EuGH bisher noch nicht entscheiden müssen. Bejaht hat er die Frage jedenfalls für ausländische Unternehmen des öffentlichen Rechts.[228] Auch unter der EMRK ist noch keine klare Linie des EGMR erkennbar.[229] In der Literatur zeichnet sich in dieser Frage hinsichtlich gemischtwirtschaftlicher Unternehmen und juristischer Personen des öffentlichen Rechts eine vorsichtig bejahende Tendenz ab: zum Teil wird auf die Vergleichbarkeit der Gefährdungslage abgestellt,[230] teilweise darauf, ob Privatpersonen am Gesellschaftsvermögen beteiligt sind[231] oder durch die betroffene juristische Person hoheitliche Gewalt ausgeübt wird.[232] Zutreffender Ausgangspunkt ist die Vergleichbarkeit der Gefährdungslage,[233] wobei aber nicht die Mitgliedstaaten selbst, nur weil sie dem EU-Recht unterworfen sind, zu Grundrechtsträgern mutieren. Daher ist eine gewisse Distanz zum Staat zu verlangen, wie sie bei gemischtwirtschaftlichen Unternehmen oder selbständigen juristischen Personen des öffentlichen Rechts anzutreffen ist, die **nicht** befugt sind, **Hoheitsgewalt** auszuüben.[234] 53

---

auf die Entscheidungspraxis der EKMR; *Condorelli* in Pettiti/Decaux/Imbert CEDH Art. 1 Prot. 1, S. 994 hebt hervor, dass Art. 1 Abs. 2 EMRKZusProt wie ein Recht gelesen wird, obwohl er als Ausnahme formuliert worden ist. Kritisch auch *Frowein* FS Rowedder, 1994, 49 (67).

223 EGMR 23.10.1990 – 11581/85 Rn. 27 ff. – Darby/Schweden.
224 *Calliess* in Calliess/Ruffert GRC Art. 17 Rn. 5. Zu Ansätzen des BVerfG, über Art. 14 GG Schutz vor Abgaben zu gewähren BVerfGE 87, 153 (169); BVerfGE 93, 121 (136 ff.); näher dazu und zu der zunehmenden Tendenz zur Bejahung im deutschen Schrifttum *Wieland* in Dreier GG Art. 14 Rn. 65 ff. In Italien wird das Vermögen nicht von der Eigentumsfreiheit nach Art. 42 italVerf, sondern von Art. 23 italVerf geschützt. Steuern werden ferner nach Art. 53 italVerf auf einen Verstoß gegen das Willkürverbot überprüft, näher *Müller-Michaels* S. 154 mwN. Dagegen wird in Irland das Vermögen als vom der Eigentumsgarantie geschützt angesehen, *Müller-Michaels* S. 196 mwN. Zum Maßstab des Gleichheitssatzes in Frankreich *v. Milczewski* S. 180 mwN.
225 In der Sache ebenso *Rengeling/Szczekalla* Grundrechte in der EU Rn. 810, die eine solche Vorstellung für widersinnig halten.
226 So schon die frühere Rspr.: EuGH 44/79, Slg. 1979, 3727 Rn. 14 ff. – Hauer; EuGH verb. Rs. 154, 205, 206, 226–228, 263, 264/78, 31, 39, 83, 85/79, Slg. 1980, 907 Rn. 1, 88 ff. – Valsabbia; EuGH 59/83, Slg. 1984, 4057 Rn. 1, 21 ff. – Biovilac; EuGH 265/87, Slg. 1989, 2237 Rn. 2, 13 ff. – Schräder. Zustimmend *Wollenschläger* in von der Groeben/Schwarze/Hatje GRC Art. 17 Rn. 8; Jarass GRCh Art. 17 Rn. 17.
227 Wortlaut: „Jede natürliche oder juristische Person".
228 EuG T-494/10, ECLI:EU:2013:59 Rn. 33 ff. – Bank Saderat Iran.
229 Zwar fragt EGMR 28.11.2002 – 25701/94 Rn. 65 – ehem. König von Griechenland danach, ob privates oder öffentliches Eigentum vorliegt, doch dürfte dies eher im Hinblick auf die Beschwerdebefugnis des privaten Beschwerdeführers erfolgt sein.
230 *Müller-Michaels* S. 43.
231 *v. Milczewski* S. 279 f.
232 Jarass GRCh Art. 17 Rn. 17.
233 Grundsätzlich zu diesem Ansatz in Deutschland BVerfGE 61, 82 (105, 109); BayVerfGH BayVBl. 1976, 589.
234 So auch *Frenz* HdbEuR Bd. 4 Rn. 2808 f.; Jarass GRCh Art. 17 Rn. 17; *Müller-Michaels* S. 70 f.

V. Gewährleistungsdimensionen

54 Im bisherigen Fallrecht der Europäischen Gerichte zum Eigentumsgrundrecht stand die **abwehrrechtliche Funktion** im Mittelpunkt.[235] Eine Interpretation als **Leistungsrecht** oder **Teilhaberecht** im engeren Sinn wird für die EU soweit ersichtlich nicht vertreten.[236] Soweit grundsätzlich eine Leistungspflicht auf eine ausgewogene Eigentumsverteilung angedacht wird, kann zwar auf eine konstante Linie in der Entwicklung des Eigentumsrechts zurückgegriffen werden (→ Rn. 8), doch dürfte sich der darin enthaltene Auftrag eher an den Gesetzgeber im Rahmen der Sozialpolitik richten.[237]

55 Demgegenüber sind **positive Schutzpflichten** in Literatur und Rechtsprechung mittlerweile anerkannt.[238] Das liegt schon deshalb nahe, weil das Eigentumsgrundrecht ein normgeprägtes Recht (→ Rn. 1 ff.) ist. Ferner formuliert Art. 17 Abs. 2 GRC ausdrücklich: „Geistiges Eigentum wird geschützt". Darin ist ausweislich der Erläuterungen keine Besonderheit, sondern eine Bestätigung des grundsätzlichen Eigentumsschutzes zu sehen.[239] Ferner werden Schutzpflichten als Grundrechtsdimension auch unter der EMRK grundsätzlich anerkannt.[240]

56 Insbesondere in der Rs. Kadi hat der EuGH **verfahrensrechtliche Garantien** aus der Eigentumsfreiheit gefolgert.[241] Sie sprechen etwa im Fall der **FFH-Richtlinie** dafür, dass der eigentumsgrundrechtliche Schutz von der Kommission bei der endgültigen Festlegung der FFH-Naturschutzgebiete zu berücksichtigen ist.[242] Positive Schutzpflichten werden auch unter Art. 1 EMRKZusProt anerkannt.[243]

57 In den Mitgliedstaaten ist die Interpretation der Eigentumsfreiheit als **Institutsgarantie** nachweisbar.[244] Das wird im Hinblick auf die EU in der Literatur abgelehnt, weil die EU nach Art. 345 AEUV gerade nicht das Recht habe, auf die mitgliedstaatlichen Eigentumsordnungen einzuwirken.[245] Dahinter steht der oft geäußerte Gedanke einer Parallelität von Grundrechtsschutz und Kompetenzen.[246] Vergleichbar wird auch Art. 1 EMRKZusProt die Wirkung einer Institutsgarantie abgesprochen.[247] Allerdings wird man aus dem Blickwinkel des **europäischen Verfassungsverbundes** konstatieren müssen, dass Art. 345

---

[235] EuGH 4/73, Slg. 1974, 491 Rn. 14 – Nold; s. auch EuGH 44/79, Slg. 1979, 3727 Rn. 17 – Hauer; EuGH C-491/01, Slg. 2002, I-11453 Rn. 149 – British American Tobacco; EuG T-390/94, Slg. 1997, II-501 (521) – Schröder; EuGH 5/88, Slg. 1989, 2609 Rn. 18 – Wachauf. → Rn. 11 f.

[236] Kritisch zu beiden Grundrechtsfunktionen *Kingreen* in Calliess/Ruffert EUV Art. 6 Rn. 49 ff. Zur grundsätzlichen Bedeutung der Institutsgarantie in dieser Hinsicht, *Wieland* in Dreier GG Art. 14 Rn. 145.

[237] Näher dazu *Bryde* in v. Münch/Kunig GG Art. 14 Rn. 38.

[238] Jarass GRCh Art. 17 Rn. 24; *v. Milczewski* S. 247 f.; *Streinz* in Streinz GRC Art. 17 Rn. 18; *Wollenschläger* in von der Groeben/Schwarze/Hatje GRC Art. 17 Rn. 17; *Kühling* in FK-EUV/GRC/AEUV GRC Art. 17 Rn. 5 weist diesbezüglich auf die Rechtsprechung zum geistigen Eigentum hin. In EuGH C-296/93, Slg. 1996, I-828 Rn. 63 f. – Frankreich und Irland/Kommission wurde der Eingriff durch unterlassen Interventionskäufe nur verneint, weil diese der Substanz oder den Gebrauch des Eigentums nicht berührten.

[239] ABl. 2007 C 303, 17 (23); abgedruckt in *Bernsdorff/Borowsky* GRC S. 15 ff.

[240] Peukert in Frowein/Peukert ZP 1 Art. 1 Rn. 33 ff.

[241] EuGH verb. Rs. C-402/15 und C-415/05 P, ECLI:EU:C:2008:461 Rn. 368 ff. – Kadi I; EuGH C-399/06 P und C-403/06 P, ECLI:EU:C:2009:748 Rn. 92 f. – Hassan und Ayadi; EuG T-318/01, ECLI:EU:T:2009:187 Rn. 91 f. – Othman; vgl. zum deutschen Recht BVerfGE 46, 325 (334), BVerfGE 49, 220 (225); BVerfGE 49, 252 (257). Zustimmend Jarass GRCh Art. 17 Rn. 16; *Streinz* in Streinz GRC Art. 17 Rn. 8; *Wollenschläger* in von der Groeben/Schwarze/Hatje GRC Art. 17 Rn. 17.

[242] In der ersten Phase der Meldung der FFH-Gebiete durch die Mitgliedstaaten lässt der EuGH nur Erwägungen des Naturschutzes zu. Ausführlich dazu *Kerkmann*, Natura 2000: Verfahren und Rechtsschutz im Rahmen der FFH-Richtlinie, 2004, S. 44 ff., 127 ff., 142.

[243] EGMR 21.5.2002 – 28856/95 Rn. 45 – Jokela/Finnland; EGMR 25.7.2002 – 48553/99 Rn. 96 – Sovtransavto Holding/Ukraine; vgl. *v. Milczewski* S. 273 ff.

[244] Einen Überblick gibt *Weber* S. 785 ff. Zur Rechtslage in Frankreich und Deutschland s. *v. Milczewski* S. 248.

[245] Nach *v. Milczewski* S. 248 hat die Frage keine praktische Relevanz.

[246] *Pernice* DVBl 2000, 847 (852).

[247] Grabenwarter/Pabel EMRK § 25 Rn. 2.

C. Beeinträchtigungen

Nach dem Wortlaut von Art. 17 Abs. 1 GRC sind im Unionsrecht in Abweichung von der EMRK **zwei Kategorien** von zulässigen Beeinträchtigungen der Eigentumsfreiheit zu unterscheiden (→ Rn. 31): die **Entziehung** des Eigentums und die **Beschränkung seiner Nutzung**. Ihre nicht immer einfache Unterscheidung ist erforderlich, weil sie zwar ähnliche, aber doch unterschiedliche Rechtfertigungsvoraussetzungen aufweisen (→ Rn. 60 ff. und → Rn. 70 ff.). Für eine dritte Eingriffskategorie, wie unter der EMRK, besteht kein Bedürfnis. Erstens sind die dort anzusiedelnden Situationen der Verstaatlichung auf EU-Ebene aufgrund von Art. 345 AEUV nicht relevant (→ Rn. 28 ff.). Zweitens bedarf es auch nicht der Einführung einer Kategorie der Inhalts- und Schrankenbestimmung wie im deutschen Recht.[248] Art. 17 Abs. 1 S. 3 GRC spricht von der „**Regelung**" der Eigentumsnutzung und differenziert nicht weiter zwischen einerseits Inhalts- und andererseits Schrankenbestimmung. Eine **Inhaltsbestimmung** ist ebenfalls eine Regelung in diesem Sinn. Denn sie kann sich im Hinblick auf die Vergangenheit als Beschränkung darstellen. Auch wenn sie eigentumskonstituierend ist, wird sie dem Schutzbereich nicht generell entzogen, sondern muss die Institutsgarantie der Eigentumsfreiheit achten.[249] Nicht zuletzt ist zu bedenken, dass der Funktion, die die Inhalts- und Schrankenbestimmung in Deutschland in der Nassauskiesungsentscheidung des BVerfG erhalten hat, auf EU-Ebene wiederum Art. 345 AEUV entgegenstehen würde (→ Rn. 28 ff.). Drittens können die Zweifelsfragen faktischer oder mittelbarer Eingriffe angemessen über die Nutzungsbestimmungen gelöst werden (→ Rn. 58 f.).

Zum einen kann das Eigentumsgrundrecht **unmittelbar** durch Rechtsnormen oder durch Einzelfallregelungen beeinträchtigt werden.[250] Zum anderen sind auch **mittelbare** Beeinträchtigungen nicht grundsätzlich ausgeschlossen. Allerdings verlangt die Literatur zum Teil bei letzteren existenzgefährdende Auswirkungen.[251] Diese Ansicht stützt sich maßgeblich auf Entscheidungen des EuGH zu marktsteuernden Eingriffen in die GMO, in denen der EuGH jedenfalls einen Verstoß(!) dann für möglich gehalten hat, wenn deshalb die wirtschaftliche Tätigkeit unrentabel würde. Jedoch lehnt der EuGH dort nicht die Beeinträchtigung als solche, sondern eine Beeinträchtigung des Wesensgehaltes des Eigentumsgrundrechts ab.[252] Demgegenüber hat der EuGH die (mittelbaren) negativen Auswirkungen von Embargomaßnahmen als Eingriff in das Eigentumsgrundrecht der betroffenen Wirtschaftsteilnehmer angesehen.[253] Entscheidend ist demnach vielmehr, ob die **Wirkung** der betreffenden Lenkungsmaßnahmen einer unmittelbaren Nutzungsbeschränkung

---

[248] *Calliess* in Calliess/Ruffert GRC Art. 17 Rn. 12 spricht von „eigentumskonstituierenden und eigentumsbeeinträchtigenden Normen".

[249] So zum deutschen Recht *Wendt* in Sachs GG Art. 14 Rn. 55. Enger *Kingreen* in Calliess/Ruffert EUV Art. 6 Rn. 153.

[250] EuGH verb. Rs. C-20/00, 60/00, Slg. 2003, I-7411 Rn. 67 ff. – Booker Aquaculture prüft etwa einen Eingriff durch eine Richtlinie. Grundsätzlich zur Haftung für Rechtsetzungsakte oder für Verwaltungshandeln der Gemeinschaft EuG T-390/94, Slg. 1997, II-501 Rn. 51 ff. – Schröder.

[251] *Müller-Michaels* S. 47.

[252] EuGH 59/83, Slg. 1984, 4057 Rn. 22 – Biovilac; in EuGH 230/78, Slg. 1979, 2749 Rn. 22 – Eridania wird bereits das Vorliegen eines „wohlerworbenen Rechts", dh die Eröffnung des Schutzbereiches, abgelehnt. In EuGH 116/82, Slg. 1986, 2519 Rn. 27 – Kommission/Deutschland, wird ein mittelbarer Eingriff bejaht, allerdings nur in die Berufsausübungsfreiheit. Schließlich wird in EuGH 281/84, Slg. 1987, 49 Rn. 26 – Bedburg, ein Eingriff verneint, weil das Eigentumsgrundrecht nicht vor währungspolitisch bedingten Wertminderungen schützt.

[253] EuGH C-84/95, Slg. 1996, I-3953 Rn. 22 – Bosphorus. S. dazu EGMR 30.6.2005 (GK) – 45036/98 Rn. 136 ff. – Bosphorus, der eine Bindung der EU-Mitgliedstaaten an die EMRK jedenfalls bei der Durchführung des Gemeinschaftsrechts durch die nationale Verwaltung annimmt.

gleichkommt.²⁵⁴ Auch **faktische Eingriffe** durch Realakte werden über die **Enteignungs-** und **Nutzungsregelung** aufgrund der **positiven Schutzpflichten** ausreichend erfasst.²⁵⁵ Auch das deutsche Recht benötigt insofern keine dritte Eingriffskategorie.²⁵⁶

D. Rechtfertigung

I. Enteignung

60 **1. Definition und Kompetenz.** Art. 17 Abs. 1 S. 2 GRC nennt ausdrücklich den Entzug des Eigentums als eine Eingriffsart. Die Möglichkeit der **Enteignung** ist in den Mitgliedstaaten fast durchgängig vorgesehen,²⁵⁷ wie auch in Art. 1 Abs. 1 EMRKZusProt anerkannt.²⁵⁸ Nach übereinstimmender Ansicht wird damit zunächst die sog. **formelle Enteignung** erfasst, die dem Eigentümer **zielgerichtet** und **auf Dauer** das Eigentum **vollständig** entzieht.²⁵⁹ Bislang gibt es kaum Rechtsprechung des EuGH zur Problematik.²⁶⁰ Schon frühzeitig fragte der Gerichtshof danach, ob die Beeinträchtigung darauf gerichtet ist, dem Eigentümer sein Recht zu entziehen oder ob es ihm „unbenommen bleibt, über sein Gut zu verfügen und es jeder anderen, nicht untersagten Verwendung zuzuführen".²⁶¹ Damit ist die Qualifizierung einer nur **teilweisen** Entziehung als Enteignung nicht ausgeschlossen.

61 Umstritten ist, ob Art. 17 Abs. 1 S. 2 GRC auch eine **faktische Enteignung** erfasst.²⁶² Wegen des Rekurses auf den Zweck der Maßnahme wird dem EuGH in der Literatur teilweise ein **formales Verständnis** der Enteignung attestiert.²⁶³ Jedoch hat der EuGH zu erkennen gegeben, dass er Auswirkungen, die eine rentable Nutzung des Eigentums nicht mehr zulassen, besonderes Gewicht beimessen würde.²⁶⁴ Allerdings sind diese Äußerungen teilweise im Zusammenhang mit der Figur der „wohlerworbenen Rechte" ergangen, teilweise im Rahmen der Eigentumsfreiheit, jedoch ohne die Beeinträchtigung genauer zu qualifizieren. Deutlicher schließt das EuG einen **„faktischen"** Eigentumsentzug nicht von vornherein aus.²⁶⁵ Die Auswirkungen müssen aber so gravierend sein, dass keine sinnvolle Art der Nutzung mehr besteht.²⁶⁶ In der Rs. C-363/01 hat der EuGH eine Enteignung

---

²⁵⁴ Im Ergebnis wie hier *Kingreen* in Calliess/Ruffert EUV Art. 6 Rn. 151.
²⁵⁵ Vgl. *Sonnevend* in Grabenwarter, EnzEur Bd. 2, § 14 Rn. 56f. AA Jarass GRCh Art. 17 Rn. 23, der allerdings nicht angibt, wann sich Realakte „weder als Eigentumsentziehung noch als Nutzungsregelung qualifizieren lassen"; *Wollenschläger* in von der Groeben/Schwarze/Hatje GRC Art. 17 Rn. 29; Grabenwarter/Pabel EMRK § 25 Rn. 16.
²⁵⁶ *Wieland* in Dreier GG Art. 14 Rn. 90ff., insbes. 102; *Bryde* in v. Münch/Kunig GG Art. 14 Rn. 49ff., geht von einer „strikte[n] Trennung von Inhaltsbestimmung und Enteignung als je eigenen Instituten" aus; aA *Jarass* NJW 2000, 2841 ff.; *Jarass* in Jarass/Pieroth GG Art. 14 Rn. 49ff. Offengelassen von *Axer* in BeckOK GG GG Art. 14 Rn. 71.
²⁵⁷ → Rn. 15ff.
²⁵⁸ EGMR 23.9.1982 – 7151/75, 7152/75 Rn. 63 – Sporrong und Lönnroth.
²⁵⁹ EuGH C-277/10, ECLI:EU:C:2012:65 Rn. 70 – Luksan; EuGH C-347/03, ECLI:EU:C:2005:285 Rn. 123 – ERSA; vgl. Die Einschätzung bei *Calliess* in Calliess/Ruffert GRC Art. 17 Rn. 15; *Wollenschläger* in von der Groeben/Schwarze/Hatje GRC Art. 17 Rn. 24; *Kühling* in FK-EUV/GRC/AEUV GRC Art. 17 Rn. 22; Jarass GRCh Art. 17 Rn. 18.
²⁶⁰ *Calliess* in Calliess/Ruffert GRC Art. 17 Rn. 16; *Streinz* in Streinz GRC Art. 17 Rn. 12.
²⁶¹ EuGH 44/79, Slg. 1979, 3727 Rn. 19 – Hauer.
²⁶² Bejahend *Kühling* in FK-EUV/GRC/AEUV GRC Art. 17 Rn. 22; *Calliess* in Calliess/Ruffert GRC Art. 17 Rn. 19; Jarass GRCh Art. 17 Rn. 19; ablehnend wohl *Wollenschläger* in von der Groeben/Schwarze/Hatje GRC Art. 17 Rn. 28, der eine faktische Enteignung als „dritte Eingriffskategorie" ablehnt.
²⁶³ *Calliess* in Ehlers GuG § 20 Rn. 29. Nach *Calliess* in Calliess/Ruffert GRC Art. 17 Rn. 18 sind der Zweck und die Finalität, nicht die Wirkung entscheidend. Doch stellt der von ihm angeführte Fall EuGH C-347/03, ECLI:EU:C:2005:285 Rn. 122 – ERSA auf die Wirkung ab, dass nicht „jede sinnvolle Art der Vermarktung ausgeschlossen" wurde.
²⁶⁴ Vgl. EuGH 5/88, Slg. 1989, 2609 Rn. 17ff., insbes. Rn. 19 – Wachauf.
²⁶⁵ Die Rüge wird lediglich wegen fehlender Substantiierung nicht weiter untersucht, EuG T-390/94, Slg. 1997, II-501 Rn. 130 – Schröder.
²⁶⁶ *Calliess* in Calliess/Ruffert GRC Art. 17 Rn. 18.

verneint, weil der Eigentümer noch die Unterhaltskosten und eine „Gewinnspanne" erzielen konnte.[267] Für die Anerkennung von de-facto-Enteignungen spricht ferner, dass sie unter der EMRK[268] und in zahlreichen Mitgliedstaaten anerkannt sind.[269] Der EGMR verlangt diesbezüglich ein begründetes Vertrauen in die fortgesetzte Nutzung des Eigentums ohne Beeinträchtigung.[270]

Umstritten ist, wie die **Vernichtung von Eigentum** zu bewerten ist.[271] Der EuGH hat das Einfrieren von Konten im Rahmen der Terrorismusbekämpfung nicht als Enteignung qualifiziert, sondern als Nutzungsbeschränkung.[272] Auch in der hoheitlich angeordneten Vernichtung von verseuchten Fischbeständen hat er keine Enteignung gesehen.[273] Aus letzterer Entscheidung kann aber nicht gefolgert werden, dass eine Zerstörung nie als faktische Enteignung angesehen werden könnte. Denn diese Fälle betreffen die Beseitigung von Gefahren, die von Eigentum ausgehen, welche in Deutschland unter dem Stichwort der **Polizeipflichtigkeit** dem Enteignungsbegriff entzogen werden.[274] Sofern vereinzelt die faktische Enteignung grundsätzlich als Unterfall der Enteignung abgelehnt wird,[275] würde das gegen Art. 52 Abs. 3 GRC verstoßen, weil so – ohne Entschädigungspflicht – der Schutzstandard der EMRK unterschritten würde.[276] Unter Berücksichtigung der Rechtsprechung zur Charta und zur EMRK sind nicht finale Zerstörungen sowie Zerstörungen wegen polizeilicher Gefahren der Eigentumsnutzung zuzuordnen, andere hingegen als faktische Enteignung einzustufen.[277] Für die Annahme einer dritten Eingriffskategorie besteht diesbezüglich kein Bedürfnis.[278]

Während in der Literatur zum Teil bezweifelt wird, ob das Unionsrecht für **formale Enteignungen** überhaupt eine Kompetenz bereitstellt[279], wird von anderer Seite zutreffend darauf hingewiesen, dass die Union in vielen Politikbereichen über **weitreichende Kompetenzen** verfügt, die etwa in der Landwirtschafts- oder der Umweltpolitik jedenfalls den Grad faktischer Enteignungen erreichen können.[280] Der EuGH hat eine spezifische Unionsregelung einer Enteignung zwar nicht grundsätzlich ausgeschlossen, aber sybillinisch erklärt, dass die Maßnahmen in der Gemeinsamen Agrarpolitik die Eigentumsordnung unberührt ließen.[281]

2. Gesetzliche Grundlage. Art. 17 Abs. 2 S. 1 GRC fordert in Übereinstimmung mit Art. 1 Abs. 1 S. 2 EMRKZusProt und der überwiegenden Zahl der mitgliedstaatlichen Verfassungen[282] hinsichtlich der Rechtfertigung einer Enteignung eine **klassisch** zu nennende **Trias**: die Enteignung muss **durch Gesetz** vorgesehen sein, sie muss dem **Wohl der**

---

[267] EuGH C-363/01, Slg. 2003, I-11893 Rn. 55 – Flughafen Hannover-Langenhagen I.
[268] EGMR 28.10.1999 – 28342/95 Rn. 76 – Brumarescu/Rumänien; für weitere Nachweise s. *Meyer-Ladewig* in HK-EMRK Zusatzprotokoll zur EMRK Art. 1 Rn. 21.
[269] *Weber* S. 812 ff.
[270] EGMR 23.9.1982 – 7151/75, 7152/75 Rn. 70 ff. – Sporrong und Lönnroth. S. Grabenwarter/Pabel EMRK § 25 Rn. 9.
[271] Für Nutzungsbeschränkung *Calliess* in Calliess/Ruffert GRC Art. 17 Rn. 17; für eine faktische Enteignung bei Zerstörung *Jarass* GRCh Art. 17 Rn. 19.
[272] EuG T-187/11, ECLI.EU:T:2013:273 Rn. 76 – Trabelski.
[273] EuGH C-20/00, 64/00, Slg. 2003, I-7411 – Booker Aquaculture Ltd.
[274] Vielmehr wird die Polizeipflichtigkeit von der einen als Inhalts- und Schrankenbestimmung gemäß Art. 14 Abs. 1 S. 2 GG, von anderen als Ausdruck der Sozialbindung des Eigentums gemäß Art. 14 Abs. 2 GG sowie von einer vermittelnden Ansicht als Kombination aus beiden eingeordnet, näher dazu und zur möglichen Rechtfertigung eines solchen nicht-enteignenden Eingriffs *Lepsius*, Besitz und Sachherrschaft im öffentlichen Recht, 2002, S. 127 ff.
[275] So wohl *Wollenschläger* in von der Groeben/Schwarze/Hatje GRC Art. 17 Rn. 28.
[276] Das wird von *Wollenschläger* in von der Groeben/Schwarze/Hatje GRC Art. 17 Rn. 28 nicht näher problematisiert, obwohl er grundsätzlich sogar eine Konkordanzauslegung befürwortet.
[277] Vgl. EGMR 24.6.2003 – 35179/97 Rn. 50 – Allard/Schweden.
[278] AA Jarass GRCh Art. 17 Rn. 19, dort Fn. 90.
[279] *Müller-Michaels*, S. 46 f.
[280] *Calliess* in Calliess/Ruffert GRC Art. 17 Rn. 24; *v. Milczewski* S. 30; *Penski/Elsner* DÖV 2001, 265 (269).
[281] EuGH C-309/96, Slg. 1997, I-7493 Rn. 23 – Annibaldi.
[282] → Rn. 15 ff.

Allgemeinheit dienen und darf nur **gegen Entschädigung** erfolgen. Wenn Art. 17 Abs. 1 S. 2 GRC ausdrücklich bestimmt, dass eine Enteignung nur „in den Fällen und unter den Bedingungen, die in einem Gesetz vorgesehen sind", zugelassen ist, dann sind „Gesetz" in diesem Sinne nicht alle[283] in Art. 288 AEUV aufgeführten verbindlichen Rechtsakte, sondern nur jene, die **materiell** wie eine Verordnung die „Wirkung einer Handlung von allgemeiner Geltung" haben.[284] Eine Administrativenteignung ist nur auf Basis eines solchen Gesetzes zulässig.[285] Unter der EMRK muss die gesetzliche Grundlage „... für den Bürger zugänglich, nicht willkürlich, ausreichend bestimmt und in seiner Anwendung vorhersehbar sein".[286]

65 **3. Öffentliches Interesse.** Art. 17 Abs. 1 S. 2 GRC gestattet Enteignungen nur aus Gründen des öffentlichen Interesses.[287] Dies entspricht dem öffentlichen Interesse im Sinne von Art. 1 EMRKZusProt.[288] Nach der EMRK fallen darunter auch Enteignungen **zugunsten Privater,** soweit sie zugleich im öffentlichen Interesse, etwa der sozialen Gerechtigkeit, vorgenommen werden.[289]

66 **4. Verhältnismäßigkeit.** In Übereinstimmung mit der EMRK und den verfassungsrechtlichen Traditionen in den Mitgliedstaaten muss eine Enteignung im Einzelfall – auch ohne ausdrückliche Vorgaben in Art. 17 Abs. 1 S. 2 GRC – **verhältnismäßig** sein.[290] Dies folgt systematisch aus den allgemeinen Vorgaben des Art. 52 Abs. 1 S. 2 GRC. In Anlehnung an die EMRK dürfen den Betroffenen keine übermäßigen Lasten auferlegt werden.[291]

67 **5. Entschädigung.** War die Frage einer **zwingenden Entschädigungspflicht** bei einer Enteignung in der Rechtsprechung noch ungeklärt,[292] wird in Art. 17 Abs. 1 S. 2 GRC ausdrücklich angeordnet, dass die Enteignung nur „gegen eine rechtzeitige und angemessene Entschädigung für den Verlust des Eigentums" erfolgen darf. Unter Art. 1 EMRKZusProt lässt der EGMR in seltenen Ausnahmefällen eine Entschädigung für eine Enteignung entfallen.[293] Im Gegensatz dazu ist in den Verfassungen der Mitgliedstaaten eine Enteignung ohne Entschädigung ausgeschlossen.[294] Während der EuGH im Stahlsektor auch eine entschädigungslose Beeinträchtigung der Substanz eines Unternehmens nicht als einen Verstoß gegen die Eigentumsfreiheit werten wollte,[295] hat er im Hinblick auf die

---

[283] So aber *Calliess* in Calliess/Ruffert GRC Art. 17 Rn. 24.
[284] Vgl. EuG T-390/94, Slg. 1997, II-501 Rn. 51 ff., 56 – Schröder.
[285] Ohne diesen Zusatz *Wollenschläger* in von der Groeben/Schwarze/Hatje GRC Art. 17 Rn. 32.
[286] *Meyer-Ladewig* in HK-EMRK Zusatzprotokoll zur EMRK Art. 1 Rn. 35; vgl. Grabenwarter/Pabel EMRK § 25 Rn. 17, jeweils mwN.
[287] Vgl. zur weiten Interpretation des öffentlichen Interesses in Frankreich *Hostiou* AJDA 56 (2000), 290 (291 f.).
[288] *Calliess* in Calliess/Ruffert GRC Art. 17 Rn. 25.
[289] EGMR 21.2.1986 – 8793/79 Rn. 40 ff. – James ua.
[290] So auch Jarass GRCh Art. 17 Rn. 28.
[291] EGMR 23.9.1982 – 7151/75, 7152/75 Rn. 69 – Sporrong und Lönnroth; EGMR 20.11.1995 – 17849/91 Rn. 38 – Pressos Compania Naviera S. A./Belgien; EGMR 21.2.1986 – 8793/79 Rn. 40 ff. – James ua.
[292] EuG T-113/96, Slg. 1998, II-125 Rn. 57 – Dubois et Fils hatte 1998 sehr vorsichtig fur „vorstellbar" gehalten, dass „es einen allgemeinen [...] Rechtsgrundsatz gibt, dass die Gemeinschaft denjenigen zu entschädigen hat, gegen den eine enteignende Maßnahme oder eine Maßnahme ergangen ist, durch die seine Freiheit, von seinem Eigentum Gebrauch zu machen, eingeschränkt wird". Jedenfalls müsse die betreffende Maßnahme der Gemeinschaft zuzurechnen sein.
[293] EGMR 1.9.1997 – 13092/87, 13984/88 Rn. 71 – Heilige Klöster; EGMR 28.11.2002 – 25701/94 Rn. 89 – ehem. König von Griechenland; EGMR 22.1.2004 (K) – 46720/99, 72203/01, 72552/01 – Jahn ua. Der EGMR liest die Bezugnahme in Art. 1 EMRKZusProt auf die Grundsätze des Völkerrechts, nämlich des Fremdenrechts, als nur verbindlich für die Behandlung von Ausländern. Dagegen ist einzuwenden, dass Art. 14 EMRK die Gleichbehandlung von Personen verlangt, wenn der Schutzbereich eines anderen Grundrechts eröffnet ist, und dass das Fremdenrecht nur einen Mindeststandard anerkannt, der im Rahmen grundrechtlicher Gewährleistungen gegenüber Staatsbürgern erst recht einzuhalten ist. Diese Sicht wird grundsätzlich dadurch bestätigt, dass Art. 17 GRC eine Anleihe an der *Hull*-Formel aus dem völkerrechtlichen Fremdenrecht macht (→ Rn. 25).
[294] → Rn. 15 ff.

Referenzmengen im Milchsektor festgestellt, dass es unvereinbar mit dem Grundrechtsschutz sei, wenn eine Maßnahmen jemanden „entschädigungslos um die Früchte seiner Arbeit und der von ihm [...] vorgenommenen Investitionen bringt".[296] In den erstgenannten Fällen argumentierte der EuGH mit einem Vergleich mit der wirtschaftlichen Situation, die bei vielen Unternehmen zu Substanzeinbußen geführt hätte. Dahinter steht eine eher auf Gruppen denn auf Individuen abstellende Sicht, die mit dem Grundrechtsverständnis in den Mitgliedstaaten nicht zu vereinbaren ist und daher zu Recht in der Rs. *T. Port* auch aufgegeben worden sein dürfte (→ Rn. 13, 86).

Ob mit Art. 17 Abs. 1 S. 2 GRC eine **gesetzliche Regelung vor der Entschädigung** 68 zwingend vorgeschrieben werden sollte, ist zu verneinen,[297] denn die Aussage über die Entschädigung folgt („sowie") dem Gesetzesvorbehalt für die Regelung der Enteignung und ihrer Bedingungen nach. Unter den Mitgliedstaaten weist nur Art. 14 Abs. 3 GG eine ausdrückliche „Junktim-Klausel" auf. Soweit dies in der Literatur befürwortet wird, würde dies zu unterschiedlichen Anforderungen an die Rechtfertigung von formalen und faktischen Enteignungen führen.[298] Bei **faktischen Enteignungen** kann eine Entschädigung aufgrund von Art. 340 Abs. 2 AEUV geltend gemacht werden.[299]

Die Vorgabe nach Art. 17 Abs. 1 S. 2 GRC, dass die Entschädigung „**rechtzeitig und** 69 **angemessen**" erfolgen muss, entspricht der sog. *Hull*-Formel im Völkerrecht[300] und den meisten mitgliedstaatlichen Verfassungen.[301] Überwiegend sehen letztere grundsätzlich eine Entschädigung zum Verkehrswert vor, lassen im Einzelfall aber auch eine Reduzierung der Entschädigungssumme zu.[302] Die Rechtsprechung des EGMR zur EMRK bietet umfangreiches Anschauungsmaterial, insbesondere für rechtswidrige Verzögerungen bei der Entschädigungszahlung.[303]

II. Nutzungsbeschränkung

1. Inhalt und Bedeutung. Eine Nutzungsbeschränkung des Eigentums nach Art. 17 70 Abs. 1 S. 3 GRC ist **jede Beschränkung** der Verwendung, die nicht zu einem – auch nicht teilweisen – Entzug der Eigentumsposition bzw. seiner faktischen Ausübung führt.[304]

---

[295] EuGH 258/81, Slg. 1982, 4261 Rn. 13 – Metallurgiki Halyps; EuGH verb. Rs. 172/83, 226/83, Slg. 1985, 2831 Rn. 29 – Hoogovens.
[296] EuGH 5/88, Slg. 1989, 2609 Rn. 19 – Wachauf.
[297] *Frenz* HdbEuR Bd. 4 Rn. 2929 f.; Jarass GRCh Art. 17 Rn. 30; *Rengeling/Sczcekalla* Grundrechte in der EU Rn. 818; aA *Calliess* in Calliess/Ruffert GRC Art. 17 Rn. 25; *Depenheuer* in Tettinger/Stern GRC Art. 17 Rn. 70; *Wollenschläger* in von der Groeben/Schwarze/Hatje GRC Art. 17 Rn. 35.
[298] Daher differenzierend *Calliess* in Calliess/Ruffert GRC Art. 17 Rn. 25; für eine Anwendung ach auf faktische Enteignungen *Wollenschläger* in von der Groeben/Schwarze/Hatje GRC Art. 17 Rn. 35, wobei offenbleibt, wie nicht finale faktische Enteignungen im vorhinein eine Entschädigungsregelung vorsehen können.
[299] *Calliess* in Calliess/Ruffert GRC Art. 17 Rn. 26.
[300] Näher dazu *Oeter* in Ipsen VölkerR § 51 Rn. 34.
[301] Art. 16 belgVerf verlangt sogar eine vorherige Entschädigung; § 73 Abs. 1 S. 2, 3 dänVerf (vollständige Entschädigung); Art. 14 Abs. 3 GG (gerechte Abwägung); § 15 S. 2 finnVerf (volle Entschädigung); Art. 17 frzErklMR von 1789 (gerechte und vorherige Entschädigung); Art. 17 Abs. 2 griechVerf (volle Entschädigung); Art. 14 ndlVerf (Entschädigung im voraus); Art. 62 Abs. 1 portVerf (gerecht); Art. 33 Abs. 3 spanVerf (entsprechende Entschädigung); Art. 16 luxVerf (gerechte und vorherige Entschädigung). S. ferner Art. 32 Abs. 1 S. 2 estnVerf (gerecht und sofortig); Art. 105 S. 3 lettVerf (gerecht); Art. 23 Abs. 3 litVerf (gerecht); Art. 20 Abs. 4 slowakVerf (angemessen); Art. 13 Abs. 2 ungVerf (volle, bedingungslose und sofortige Entschädigung). Demgegenüber überantworten Art. 42 italVerf, Kap. 3 § 18 schwedVerf, Art. 69 slowenVerf, Art. 11 Abs. 4 tschechGRC; Art. 13 Abs. 4 und Art. 5 S. 1 östStGG die Einzelheiten dem Gesetzgeber.
[302] Nachweise bei *Weber* S. 826 ff.
[303] EGMR 21.2.1997 – 19632/92 Rn. 54 – Guillemin/Frankreich; EGMR 14.11.2000 – 36436/97 Rn. 44 ff. – Piron/Frankreich; EGMR 9.7.1997 – 19263/92 Rn. 29 – Akkus/Türkei; EGMR 5.1.2000 – 33202/96 Rn. 120 ff. – Beyerler/Italien.
[304] Vgl. *Calliess* in Calliess/Ruffert GRC Art. 17 Rn. 13.

71 Art. 17 Abs. 1 S. 3 GRC verlangt für eine Nutzungsbeschränkung eine **gesetzliche Grundlage** sowie die Ausrichtung auf das **Allgemeinwohl**. Ein Eingriff kann sowohl durch eine individuell-konkrete als auch durch eine abstrakt-generelle Regelung erfolgen.[305] Ferner werden auch **mittelbare Eingriffe** erfasst. Einen solchen hat der EuGH im Bereich der Veränderung von Wettbewerbssituationen in den GMO regelmäßig verneint,[306] bei den Auswirkungen von Sanktionsmaßnahmen hingegen bejaht.[307]

72 Über die allgemeine Vorgabe des Art. 52 Abs. 1 GRC sind die Beachtung der **Verhältnismäßigkeit** und des **Wesensgehalts** zu ergänzen. Schon vor dem Inkrafttreten der Charta hat der EuGH zum Eigentumsgrundrecht ausgeführt, dass dieses keinen uneingeschränkten Vorrang vor anderen Rechtsgütern genieße, sondern „im Hinblick auf die **soziale Funktion** der geschützten Rechtsgüter und Tätigkeiten gesehen werden" müsse.[308] Später hat er unter Hinweis auf Art. 1 Abs. 2 EMRKZusProt und die gemeinsamen Verfassungsüberlieferungen der Mitgliedstaaten festgestellt, dass die **Nutzung** des Eigentums im Einklang mit dem **Allgemeininteresse geregelt** werden kann.[309] Die Anerkennung der sozialen Funktion des Eigentums hat für die EU in den dirigistisch geregelten Bereichen der ehemaligen Montanunion und der GMO in der Landwirtschaft besondere Relevanz.

73 **2. Gesetzliche Grundlage.** Bereits 1979 in der Rs. *Hauer* hat der EuGH aufgrund rechtsvergleichender Überlegungen festgestellt, dass „es dem Gesetzgeber nach diesen Normen und der erwähnten Praxis gestattet ist, die Benutzung des Privateigentums im Allgemeininteresse zu regeln".[310] Diese Vorgabe ist nun ausdrücklich in Art. 17 Abs. 1 S. 3 GRC verankert. Dies entspricht sowohl den mitgliedstaatlichen Verfassungen (→ Rn. 15 ff.) als auch Art. 1 EMRKZusProt[311] für **Regelungen der Nutzung**. In Frage kommen dafür alle verbindlichen allgemeingültigen Rechtsinstrumente nach Art. 288 AEUV. Bei der konkreten Festlegung ist der **Bestimmtheitsgrundsatz** zu beachten.[312]

74 **3. Öffentliches Interesse und die Rechte anderer.** Das öffentliche Interesse an Beschränkungen der Eigentumsnutzung nach Art. 17 Abs. 1 S. 3 GRC wird weit ausgelegt.[313] Das entspricht den Vorgaben in den mitgliedstaatlichen Verfassungen[314] sowie der Rechtsprechung des EGMR zu Art. 1 Abs. 2 EMRKZusProt.[315] Außerdem geht das konform mit der allgemeinen Vorgabe der **„von der Union anerkannten dem Gemeinwohl dienenden Zielsetzungen"** in Art. 52 Abs. 1 GRC. Jene abweichende Formulierung will lediglich auf die Kompetenzgrenzen der EU hinweisen, wie die Beratungen im Konvent im Ergebnis zeigen.[316]

---

[305] *Calliess* in Calliess/Ruffert GRC Art. 17 Rn. 13
[306] EuGH 59/83, Slg. 1984, 4057 Rn. 22 – Biovilac.
[307] EuGH C-84/95, Slg. 1996, I-3953 Rn. 22 f. – Bosphorus; EuGH C-317/00, Slg. 2000, I-9541 Rn. 59 – Invest.
[308] EuGH 4/73, Slg. 1974, 491 Rn. 14 – Nold.
[309] EuGH 44/79, Slg. 1979, 3727 Rn. 19 f. – Hauer; zu den Verbürgungen in den Mitgliedstaaten → Rn. 15 ff. Wo eine ausdrückliche Regelung nicht in der Verfassung aufgeführt ist, ist sie aber in der Verfassungspraxis nachweisbar, *Weber* S. 800 ff.
[310] EuGH 44/79, Slg. 1979, 3727 Rn. 20 – Hauer.
[311] Nach *Meyer-Ladewig* in HK-EMRK Zusatzprotokoll zur EMRK Art. 1 Rn. 35 sollen auch Rechtsverordnungen ausreichen. Dem ist in dieser verkürzten Form nicht zuzustimmen. Vielmehr können von der Verwaltung erlassene Vorschriften nur ausreichen, wo die Verwaltung zum Erlass gesetzesgleicher Vorschriften ermächtigt ist, wie etwa in Frankreich, nicht aber wo Rechtsverordnungen nur aufgrund eines formellen Gesetzes ergehen dürfen, wie in Deutschland (s. Art. 80 Abs. 1 GG).
[312] Jarass GRCh Art. 17 Rn. 32.
[313] S. nur Jarass GRCh Art. 17 Rn. 33.
[314] *Weber* S. 800 ff.
[315] Zum diesbezüglichen Beurteilungsspielraum der staatlichen Behörden EGMR 28.11.2002 – 25701/94 Rn. 87 – ehem. König von Griechenland.
[316] *Borowsky* in NK-EuGRCh Art. 52 Rn. 6, 21; Die Fassung „andere legitime Interessen in einer demokratischen Gesellschaft" wurde in CONVENT 47 REV 1 ADD 1 fallengelassen.

Zu den Allgemeinwohlinteressen zählen etwa **seuchenpolizeiliche** Vorgaben einer **75**
Schlachtung von Tieren zum Schutz vor einer Ausbreitung von Krankheiten. Jene hat der
EuGH wohl als Nutzungsbeschränkung aufgefasst, wenn er darin einen Eingriff in die
„Ausübung" des Eigentumsrechts erblickt. Ferner anerkennt die Rechtsprechung zB
agrarmarktpolitische Zielsetzungen,[317] **völkerrechtliche Verpflichtungen**[318] der Gemeinschaft und der Mitgliedstaaten, den **Schutz des Friedens**[319] sowie **den Schutz von Urheberrechten**[320] als zulässige Ziele anerkannt. Des Weiteren sind dazu die in Art. 35, 37, 38 GRC besonders erwähnten Ziele des **Gesundheits-, Umwelt- und Verbraucherschutzes**[321] zu zählen.

In Übereinstimmung mit der EMRK und der Rechtsprechung in den Mitgliedstaaten **76**
kann schließlich auch der **Schutz der Rechte anderer** ein zulässiges Ziel sein.[322] Das ist in
Art. 52 Abs. 1 S. 2 GRC ausdrücklich erwähnt. Der weite Wortlaut („Rechte und Freiheiten anderer") spricht für die Einbeziehung aller primärrechtlich verbürgten subjektiven
Rechte.[323]

4. Verhältnismäßigkeit. a) Struktur der Prüfung. Die **Verhältnismäßigkeit** der Nut- **77**
zungsbeschränkung ist über Art. 52 Abs. 1 S. 2 GRC als Rechtfertigungsvoraussetzung
vorgegeben. Dies geschieht in Übereinstimmung sowohl mit den Mitgliedstaaten[324] als auch
der EMRK.[325] In Art. 52 GRC werden ferner die Elemente der Geeignetheit und Erforderlichkeit angesprochen. Insofern spiegelt die Charta weitgehend den im deutschen
Recht vertrauten Dreischritt von Geeignetheit, Erforderlichkeit und Angemessenheit wider. Zu Recht wird dies in der Literatur zu Art. 17 GRC übernommen,[326] denn auch der
EuGH lässt diese drei Schritte anklingen.[327]

Dieser Befund spiegelt sich auch in der in ständiger Rechtsprechung verwendeten **78**
Formel des EuGH wider, wonach Beschränkungen zulässig sind, „sofern diese (...) nicht
einen im Hinblick auf den verfolgten Zweck unverhältnismäßigen, nicht tragbaren Eingriff
darstellen (...)".[328] Allerdings verlieren die einzelnen Prüfungspunkte dadurch an Schärfe,
dass der EuGH die Prüfung des allgemeinen Grundsatzes der Verhältnismäßigkeit separat
von derjenigen des Grundrechts, in seltenen Fällen jener nachfolgend, erörtert.[329] Eine
enge Auslegung der Rechtsprechung durch GA *Maduro* kommt sogar zu dem Schluss, dass
sich die grundrechtliche Prüfung in der Prüfung des Wesensgehaltes erschöpfe, verstanden
als Erörterung der Geeignetheit und einer Beurteilung der Angemessenheit des Mittels im
Verhältnis zum Zweck, nicht aber die Frage nach einem milderen Mittel umfasse.[330] Dieser
Interpretation ist aber entgegenzuhalten, dass in der Formel des EuGH die Verhältnis-

---

[317] EuGH 113/88, Slg. 1989, 1991 Rn. 20 – Leukhardt/Hauptzollamt Reutlingen.
[318] EuGH C-200/96, Slg. 1998, I-1953 Rn. 25 – Metronome Musik/Music Point.
[319] EuGH C-84/95, Slg. 1996, I-3953 Rn. 25 – Bosphorus.
[320] EuGH C-200/96, Slg. 1998, I-1953 Rn. 21 ff. – Metronome Musik/Music Point.
[321] Zum Verbraucherschutz s. auch EuGH 306/93, Slg. 1994, I-5555 Rn. 20 – SMW Winzersekt; zum Umweltschutz EuGH C-416/10, ECLI:EU:C:2013:8 Rn. 114 – Krizan; EuGH C-293/97, Slg. 1999, I-2603 Rn. 56 – Nitratrichtlinie.
[322] EuG T-187/11, ECLI:EU:T:2013:273 Rn. 80 – Trabelski.
[323] Zu Kollisionen mit den Grundfreiheiten s. EuGH C-415/93, Slg. 1995, I-4921 Rn. 79 – Bosman; *Gramlich* DÖV 1996, 801 (805 ff.).
[324] *Weber* S. 800 ff. mwN.
[325] EGMR 23.2.1995 – 15375/89 Rn. 62 – Gasus Dosier- und Fördertechnik GmbH.
[326] *Caliess* in Calliess/Ruffert GRC Art. 17 Rn. 34; *Frenz* HdbEuR Bd. 4 Rn. 2981 f.; Jarass GRCh Art. 17 Rn. 34–36; unklar *Wollenschläger* in von der Groeben/Schwarze/Hatje GRC Art. 17 Rn. 36.
[327] S. zur Angemessenheit EuGH verb. Rs. C-402/05 P und C-415/05 P, ECLI:EU:C:2008:461 Rn. 360 – Kadi I; EuGH C-379/08, ECLI:EU:C:2010:127 Rn. 86 – ERG ua; EuG T-187/11, ECLI:EU: T:2013:273 Rn. 81 – Trabelsi.
[328] EuGH C-368/96, Slg. 1998, I-8001 Rn. 79 – Generics mwN.
[329] Der allgemeine Verhältnismäßigkeitsgrundsatz wird vorgezogen geprüft in EuGH C-368/96, Slg. 1998, I-7967 Rn. 66 ff., 77 ff. – Generics, nachfolgend in EuGH C-186/96, Slg. 1998, I-8529 Rn. 40 ff., 43 – Demand. Vorsichtig spricht *Calliess* in Ehlers GuG § 20 Rn. 44 f. von „Eckpunkten" in der Rechtsprechung.
[330] GA *Maduro*, SchlA C-327/02, ECLI:EU:C:2004:110 Rn. 43 f. – Panayotova ua.

mäßigkeit ausdrücklich angesprochen wird und deren grundsätzliche Konturen, nämlich auch im Sinne einer Erforderlichkeitsprüfung, aus der Prüfung des allgemeinen Verhältnismäßigkeitsgrundsatzes erkennbar sind.[331] Zudem nennt Art. 52 Abs. 1 GRC den Wesensgehalt getrennt von der Verhältnismäßigkeitsprüfung. So weisen auch neuere Entscheidungen durchaus **detailliertere** Verhältnismäßigkeitsprüfungen auf.[332] Unklar bleibt hingegen das Verhältnis zwischen Angemessenheit und Wesensgehaltsgarantie (→ Rn. 83 f.).

79 **b) Charakteristika der Rechtsprechung.** Generell wird in der Rechtsprechung die Bedeutung der **Unionsziele** sehr **hoch** angesetzt, selbst wenn sie nur Partikularinteressen unmittelbar nutzen.[333] Zudem findet durch die Separierung der Prüfung des allgemeinen Verhältnismäßigkeitsgrundsatzes von der Verhältnismäßigkeit des Eingriffs in die Eigentumsfreiheit, in welcher die Erforderlichkeit nicht neu im Verhältnis zum Grundrechtseingriff geprüft wird, keine besondere Gewichtung der grundrechtlich geschützten Interessen statt. Es werden lediglich die tatsächlichen Auswirkungen auf den Betroffenen berücksichtigt. Damit bleibt völlig offen, ob die Rechtsprechung das Eigentumsgrundrecht grundsätzlich als besonders gewichtig bewertet oder der abgeschwächten Bedeutung in einigen Verfassungen der Mitgliedstaaten[334] folgt.

80 Die Prüfung der **Geeignetheit** leidet wie die gesamte Verhältnismäßigkeitsprüfung darunter, dass der EuGH sich in komplexen Situationen – ein Topos, den er sehr großzügig anwendet – auf die Prüfung beschränkt, ob die Entscheidungen der Gemeinschaftsorgane **offensichtlich rechtswidrig** gewesen sind.[335] Diese zurückgenommene Prüfdichte des EuGH[336] ist im Bereich der Wirtschaftsgrundrechte besonders deutlich festzustellen.[337] Bezüglich anderer Akteure, insbesondere bei der Prüfung von Maßnahmen der Mitgliedstaaten,[338] fällt die Prüfung hingegen wesentlich strenger aus.

81 Die **Erforderlichkeitsprüfung,** sofern sie überhaupt durchgeführt wird, mutiert beim EuGH gelegentlich zu der Frage, ob das Ziel „besser" (im Sinne eines geeigneteren Mittels) hätte erreicht werden können.[339] Damit unterbleibt auch dort eine ausreichende Erörterung der Eingriffstiefe. Immerhin hat der EuGH seine ursprüngliche Sicht, dass in der Rechtfertigung auf eine typisierende Betrachtung abgestellt werden könne,[340] aufgegeben und sich einer Prüfung der individuellen Betroffenheit geöffnet.[341] Zu Recht ist gerade die Entscheidung zur Bananenmarktordnung auf Kritik gestoßen, denn während in vielen Fällen die Betroffenen in Wirtschaftsbereichen tätig waren, die ohne Unterstützung und Regelung durch die EU weltweit nicht wettbewerbsfähig wären und deshalb weniger schutzwürdig erscheinen mögen, haben die von der Bananenmarktordnung negativ betrof-

---

[331] Nachweise bei Jarass GRCh Art. 17 Rn. 34 ff.
[332] EuGH verb. Rs. C-402/05 P, 415/05 P, ECLI:EU:C:2008:461 Rn. 360 – Kadi I; EuGH C-379/08, ECLI:EU:C:2010:127 Rn. 86 – ERG ua; EuGH T-187/11, ECLI:EU:T:2013:273 Rn. 81 – Trabelsi; s. schon früher EuG T-13/99, Slg. 2002, II-3305 Rn. 458 f. – Pfizer; EuG T-390/94, Slg. 1997, II-501 Rn. 127 ff. – Schröder.
[333] So nutzte die Bananenmarktordnung in EuGH C-280/93, Slg. 1994, I-4973 – Deutschland/Rat, den Importeuren aus den AKP-Staaten.
[334] → Rn. 15 ff.
[335] Etwa in EuGH C-280/93, Slg. 1994, I-4973 Rn. 89 ff. – Deutschland/Rat; EuGH C-306/93, Slg. 1994, I-5555 Rn. 21 – SMW Winzersekt; EuGH 265/87, Slg. 1989, 2237 Rn. 21 – Schräder.
[336] *Penski/Elsner* DÖV 2001, 265 sprechen von einer abgeschwächten Rechtmäßigkeitskontrolle im Rahmen der Prüfung der Verhältnismäßigkeit; *Kokott* AöR 121 (1996), 599 (608 f.). Die mangelhafte Prüfdichte wurde prononciert von *Nettesheim* EuZW 1995, 106 ff. gerügt.
[337] *Koch,* Der Grundsatz der Verhältnismäßigkeit in der Rechtsprechung der Gerichtshofs der Europäischen Gemeinschaften, 2002, S. 399 ff.
[338] *Koch,* Der Grundsatz der Verhältnismäßigkeit in der Rechtsprechung des Gerichtshofs der Europäischen Gemeinschaften, 2002, S. 415 ff.
[339] EuGH 200/96, Slg. 1998, I-1953 Rn. 26 – Metronome Musik/Music Point.
[340] EuGH C-280/93, Slg. 1994, I-4973 Rn. 76, 79 – Deutschland/Rat, der auf „verschiedene Gruppen von Wirtschaftsteilnehmern" und „Eigentumsrecht der Vermarkter von Drittlandsbananen" im Allgemeinen abstellt.
[341] So zu individuellen Ausnahmeregelungen EuGH C-68/95, Slg. 1996, I-6065 Rn. 40 – T. Port; weitere Nachweise bei *Wollenschläger* in von der Groeben/Schwarze/Hatje GRC Art. 17 Rn. 36.

fenen Unternehmen gerade nicht zuvor von einer EU-Politik profitiert. Demgegenüber lässt das **EuG** die Bereitschaft erkennen, sich wesentlich **intensiver** mit der Eingriffstiefe auseinanderzusetzen.[342]

Die dargestellten Unterschiede in der Vorgehensweise von EuGH und EuG sind in 82 ähnlicher Weise auch im Rahmen der Erörterung der **Angemessenheit** anzutreffen. Beim Gerichtshof findet eine Angemessenheitsprüfung nur in Ansätzen statt, stattdessen geht er regelmäßig sogleich auf eine mögliche Verletzung des Wesensgehaltes ein (→ Rn. 83).[343] Zwar untersucht das EuG durchaus die konkreten Auswirkungen auf den Betroffenen, bleibt dabei aber oft einer tatsächlichen Betrachtungsweise verbunden und unterlässt eine spezifisch normative Betrachtung im Hinblick auf die Bedeutung eines bestimmten Grundrechts.[344] Allerdings ist in den letzten Jahren eine Tendenz zu einer vertieferten Prüfung zu verzeichnen.[345] In der Bewertung ist ferner zu beachten, dass die Prüfdichte der Gerichte bei der Verhältnismäßigkeit in anderen Mitgliedstaaten weniger stark als in Deutschland ausgeprägt ist. Nur wenige Mitgliedstaaten folgen dem deutschen dreistufigen Modell.[346] Dessen Vorgabe einer relativ strikten Prüfung wird rechtsvergleichend als „zwar nicht isoliert [...] jedoch in der Minderheit" beschrieben.[347] Das Spektrum der Kontrolldichte reicht bis zu einer Beschränkung auf ganz offensichtlich unverhältnismäßige Beurteilungsmängel.[348] In der Mehrzahl sind nationale Richter nicht bereit, die Eignung einer Maßnahme eingehend zu beurteilen oder alternative Handlungsmöglichkeiten aufzuzeigen.[349] Dieses breite Spektrum mag außerdem ein Grund dafür sein, warum auch der EGMR unter der EMRK den nationalen Behörden regelmäßig im Rahmen der Verhältnismäßigkeitsprüfung auch bei der Eigentumsfreiheit einen Beurteilungsspielraum *(margin of appreciation)* einräumt.[350]

Nach Ansicht des EuGH können Verhältnismäßigkeitserwägungen grundsätzlich dazu 83 führen, eine **Entschädigung** zu gewähren. In der Rs. *Wachauf* hat er dies im Zusammenhang mit der Figur der „wohlerworbenen Rechte" angenommen,[351] später deutlicher im Rahmen einer Eigentumsnutzungsregelung angesprochen.[352] Ferner können Härtefall- und Ausnahmeregelungen oder Übergangsklauseln zur Wahrung der Angemessenheit beitragen.[353]

5. Wesensgehaltsgarantie. Trotz der separaten Erwähnung in Art. 52 Abs. 1 GRC ist 84 nach wie vor das Verhältnis der **Wesensgehaltsgarantie** zur Verhältnismäßigkeitsprüfung

---

[342] EuG T-13/99, Slg. 2002, II-3305 Rn. 460 f. – Pfizer.
[343] EuGH C-402/05, Slg. 2008, I-6351 Rn. 360 – Kadi; EuGH verb. Rs. C-379/08 und C-380/08, ECLI:EU:C:2010:127 Rn. 86 – Raffinerie Mediterranee; EuG T-187/11 ECLI:EU:T:2013:273 Rn. 81 – Trabelsi; EuGH C-368/96, Slg. 1998, I-8001 Rn. 72, 85 – Generics. Damit wird nur eine letzte Grenze gezogen; vgl. *Frenz* HdbEuR Bd. 4 Rn. 2981 f.
[344] So erörtert EuG T-13/99, Slg. 2002, II-3305 Rn. 460 f. – Pfizer, die Angemessenheit für die Berufsfreiheit und die Eigentumsfreiheit zusammen und im Grunde nur anhand Ersterer. Auf die Eigentumsfreiheit wird dann lediglich in den Schlussfolgerungen eingegangen.
[345] EuGH verb. Rs. C-399/06 P und C-403/06 P, ECLI:EU:C:2009:748 Rn. 71 ff. – Hassan und Ayadi. Vgl. die positive Einschätzung bei *Kühling* in FK-EUV/GRC/AEUV GRC Art. 17 Rn. 3 mit weiteren Nachweisen.
[346] *Koch*, Der Grundsatz der Verhältnismäßigkeit in der Rechtsprechung des Gerichtshofs der Europäischen Gemeinschaften, 2002, S. 155, 49 ff. identifiziert eine dreistufige Prüfung nur noch in Portugal und Griechenland.
[347] *Huber* in v. Mangoldt/Klein/Starck GG Art. 19 Rn. 555.
[348] So in Großbritannien vor Einführung des Human Rights Act, s. *Koch*, Der Grundsatz der Verhältnismäßigkeit in der Rechtsprechung des Gerichtshofs der Europäischen Gemeinschaften, 2002, S. 156.
[349] *Koch*, Der Grundsatz der Verhältnismäßigkeit in der Rechtsprechung des Gerichtshofs der Europäischen Gemeinschaften, 2002, S. 156.
[350] Nachweise auf die Rspr. bei *Peukert* in Frowein/Peukert ZP 1 Art. 1 Rn. 68 ff.
[351] EuGH 5/88, Slg. 1989, 2609 Rn. 19 – Wachauf; vgl. auch EuG T-113/96, Slg. 1998, II-125 Rn. 63 – Dubois.
[352] EuGH verb. Rs. C-20/00 und C-60/00, Slg. 2003, I-7411 Rn. 70, 79, 85 f. – Booker Aquaculture. Vgl. EuG T-390/94, Slg. 1997, II-501 Rn. 115 ff. – Schröder.
[353] Jarass GRCh Art. 17 Rn. 39; EuGH C-347/03, ECLI:EU:C:2005:285 Rn. 133 – ERSA; EuGH verb. Rs. C-402/05 P und C-415/05 P, ECLI:EU:C:2008:461 Rn. 364 – Kadi I.

in der Rechtsprechung nicht völlig geklärt.[354] Der EuGH begnügt sich regelmäßig damit festzustellen, dass die Rechte der Betroffenen nicht völlig entwertet worden seien, weil sie ihr Eigentum noch anderweitig nutzen könnten.[355] In manchen Formulierungen scheint ein **relatives Verständnis** des Wesensgehaltes durch.[356] Das wird bestätigt in Fällen, in denen der EuGH danach fragt, ob der Wesensgehalt ohne Entschädigung angetastet wäre.[357] Denn daraus folgt, dass die entsprechende Beeinträchtigung jedenfalls bei einer Entschädigung noch zu rechtfertigen wäre. Manchmal scheint der EuGH einen Eingriff in den Wesensgehalt mit der Unverhältnismäßigkeit einer Maßnahme gleichzusetzen,[358] in anderen Entscheidungen fragt er diesbezüglich wenig präzise, ob „kein unverhältnismäßiger, nicht tragbarer Eingriff, der dieses Recht in seinem Wesensgehalt antastet" vorliege.[359]

85 Demgegenüber beruft sich die Literatur zu Recht überwiegend auf Art. 52 Abs. 1 S. 1 und 2 GRC, in denen der Wesensgehalt separat von der Verhältnismäßigkeit aufgeführt wird, und plädiert für eine separate Prüfung.[360] Zwar ist der Wortlaut trotz der separaten Aufführung nicht eindeutig, doch spricht die Auslegung nach dem effet utile dafür, dass der Begriff des Wesensgehalt eine eigenständige Bedeutung zur Schutzverstärkung bei den Grundrechten erhält.

E. Verhältnis zu anderen Grundrechten

86 Das Verhältnis zu anderen Grundrechten wirft keine besonderen Schwierigkeiten auf. Die Eigentumsfreiheit ist grundsätzlich **kumulativ** neben anderen Freiheitsverbürgungen anwendbar. Insbesondere prüft die Rechtsprechung die Eigentumsfreiheit häufig mit der **Berufsfreiheit** zusammen. Daraus ergeben sich einerseits Probleme für die Nachzeichnung des Schutzbereiches der Eigentumsfreiheit (→ Rn. 34). Andererseits kann der EuGH, solange er an der kritikwürdigen Praxis festhält, keine besondere Gewichtung der Eingriffe in spezifische Grundrechte vorzunehmen, nach seiner bisherigen Rechtsprechung jedenfalls für Nutzungsbeschränkungen des Eigentums Abgrenzungsfragen regelmäßig offenlassen, weil er mit dem Maßstab anderer einschlägiger Verbürgungen, etwa der Berufsfreiheit, des **Grundsatzes des Vertrauensschutzes** und der Figur der **wohlerworbenen Rechte** nicht notwendig zu anderen Ergebnissen kommt.

F. Zusammenfassende Bewertung und Ausblick

87 Grundsätzlich verdient die **Entwicklung** des Eigentumsgrundrechts durch den EuGH aus dem textualen „Nichts" der Gründungsverträge zunächst **Anerkennung**. Im Vergleich mit anderen Grundrechten gilt dies umso mehr, als sich der genaue Gewährleistungsbereich dieses Freiheitsrecht sowohl international als auch rechtsvergleichend auf nationaler Ebene weniger deutlich als bei anderen Grundrechten abzeichnet. Das Inkrafttreten der Grundrechtecharta hat mit den ausdrücklichen Vorgaben in Art. 17 GRC und in Art. 52 Abs. 1

---

[354] Bei *Koch,* Der Grundsatz der Verhältnismäßigkeit in der Rechtsprechung des Gerichtshofs der Europäischen Gemeinschaften, 2002, S. 399 ff. wird der Wesensgehalt als eigener Prüfungspunkt nicht weiter erörtert.
[355] EuGH C-368/96, Slg. 1998, I-7967 Rn. 85 – Generics: die betroffenen Unternehmen konnten weiterhin in ihrem Metier tätig sein. EuGH C-17/90, Slg. 1992, I-35 Rn. 17 – Kühn: die Betroffenen konnten mit ihren Betrieben etwas anderes erzeugen. EuGH 59/83, Slg. 1984, 4057 Rn. 22 – Biovilac: die Nutzung wurde nicht entzogen. EuGH C-22/94, Sg. 1997, I-1809 Rn. 29 – Irish Farmers Association: Erzeuger konnten ihre Tätigkeit fortsetzen.
[356] EuGH 44/79, Slg. 1979, 3727 Rn. 30 – Hauer.
[357] EuGH verb. Rs. C-20/00 und C-60/00, Slg. 2003, I-7411 Rn. 70 ff. – Booker Aquaculture.
[358] EuGH C-402/05, Slg. 2008, I-6351 Rn. 355 und 357 – Kadi.
[359] EuGH C-491/01, Slg. 2002, I-11453 Rn. 153 – British American Tobacco.
[360] Jarass GRCh Art. 17 Rn. 32a; *Borowsky* in NK-EuGRCh GRCh Art. 52 Rn. 19 erwähnt den Wesensgehalt neben den drei Schritten der (deutschen) Verhältnismäßigkeitsprüfung und verweist in diesem Zusammenhang auf die (nicht eindeutige) Formel des EuGH. Nach *Streinz* in Streinz GRC Art. 52 Rn. 1 lehnt sich die Formulierung an die Rechtsprechung an.

GRC die Basis für eine Optimierung der Rechtsprechung bereitgestellt. Zwar werden die weiteren offenen Abgrenzungsfragen dadurch weniger drängend, dass auf andere Gewährleistungen, sei es die Berufsfreiheit, den Grundsatz des Vertrauensschutzes, die dogmatisch noch nicht abschließend verorteten „wohlerworbenen Rechte" oder nicht zuletzt den allgemeinen Verhältnismäßigkeitsgrundsatz zurückgegriffen wird. Doch gerade Letzterer zeigt, dass dann von einer **grundrechtsspezifischen Dimension** des Schutzes des Einzelnen **nur in Ansätzen** gesprochen werden kann. So ist denn auch auf das Eigentumsgrundrecht gestützten Klagen bisher nur Erfolg beschieden gewesen, wenn die betreffenden Maßnahmen noch nicht einmal dem Maßstab des allgemeinen Verhältnismäßigkeitsgrundsatzes genügen konnten (→ Rn. 12) oder verfahrensrechtliche Sicherungen vermissen ließen.[361]

Ferner errichtet die noch teilweise anzutreffende Zurücknahme der Prüfungsdichte beim Verhältnismäßigkeitsgrundsatz durch den EuGH nur eine **letzte Grenze** für Beeinträchtigungen des Grundrechts, gibt aber kaum Anhaltspunkte für eine Feinsteuerung durch den EU-Gesetzgeber. Zur Begründung kann man nicht überzeugend auf die Praxis des EGMR verweisen, steht dieser doch vor der Aufgabe, Grundrechte für ein mit der Ausweitung der Vertragsstaaten der EMRK wenig homogenes Anwendungsgebiet zu effektuieren. Demgegenüber soll die Tätigkeit des EU-Gesetzgebers gerade **Homogenität** herbeiführen. So spricht insbesondere die Vorgabe der einheitlichen Geltung des EU-Rechts gegen eine Zurückhaltung in der Prüfungsdichte gegenüber den Mitgliedstaaten bei der Durchführung des Unionsrechts. Man könnte dem EGMR durchaus beipflichten, dass der Beurteilungsspielraum in bestimmten Politikbereichen, namentlich der Wirtschafts- und Sozialpolitik,[362] relativ weit sein muss. Demgegenüber verwendet der EuGH jedoch den amorphen Topos der **„komplexen Situation"**, der dringend einer Begrenzung, wenn nicht Ablösung bedarf. Allerdings ist zu konstatieren, dass die Mehrzahl der Entscheidungen des EuGH Wirtschaftsbereiche betraf, in denen eine wirtschaftliche Tätigkeit ohne Unterstützung durch die EU kaum sinnvoll möglich wäre und die deshalb einen größeren **sozialen Bezug** aufweisen, der auch in den Mitgliedstaaten zu einem geringeren Gewicht des Eigentumsgrundrechts in einem Konfliktfall führen würde.[363]

88

Das Vorgehen des EuGH mag – ähnlich wie in vielen Mitgliedstaaten[364] – von einer besonderen Zurückhaltung gegenüber dem Gesetzgeber geprägt sein. Zuzugeben ist ferner, dass auf EU-Ebene das **Dilemma** besteht, dass einmal gefundene, regelmäßig im Kompromiss ausgehandelte Rechtsetzungsakte einerseits Anliegen des Gemeinwohls häufig suboptimal erfüllen, andererseits aber eine erneute, optimierte Rechtsetzung nach einer kassatorischen Entscheidung nicht immer erwartet werden kann. Das rechtfertigt jedoch keinen minimalistischen Ansatz, denn das Bedürfnis für einen effektiven Grundrechtsschutz ist in der EU genauso groß wie in den Mitgliedstaaten. Praktisch ist das umso bedeutsamer, als der EGMR die Überprüfung von Durchführungsakten der nationalen Verwaltung von EG-Recht gegebenenfalls anhand von Art. 1 EMRKZusProt vornimmt.[365]

89

---

[361] EuGH verb. Rs. C-402/05 P, 415/05 P, ECLI:EU:C:2008:46 – Kadi I.
[362] EGMR 21.2.1986 – 8793/79 Rn. 46 – James ua.
[363] Vgl. BVerfGE 101, 54 (75 f.).
[364] *Koch*, Der Grundsatz der Verhältnismäßigkeit in der Rechtsprechung des Gerichtshofs der Europäischen Gemeinschaften, 2002, S. 156.
[365] EGMR 30.6.2005 (GK) – 45036/98 Rn. 135 ff. – Bosphorus.

§ 37 Vertrauensschutz

Übersicht

	Rn.
A. Entwicklung und Bedeutung	1–11
B. Voraussetzungen des Vertrauensschutzes	12–50
I. Bestehen einer Vertrauenslage	13–30
1. Gesicherte Rechtspositionen	14–16
2. Rechtserhebliche Erwartungen	17–28
3. Vertrauensbestätigung	29
4. Kausalität zwischen Vertrauenslage und Vertrauensbestätigung	30
II. Schutzwürdigkeit des Vertrauens	31–42
1. Gesicherte Rechtspositionen	35
2. Rechtserhebliche Erwartungen	36–41
3. Spekulationen	42
III. Interessenabwägung	43–46
IV. Folgen von Vertrauensschutz	47–50
1. Bestandsschutz	48
2. Erlass von Übergangsregelungen	49
3. Gewährung von Schadensersatz	50
C. Ausprägung des Vertrauensschutzgrundsatzes in Einzelbereichen	51–85
I. Verfassungsrechtliche Dimension: Das Rückwirkungsverbot	52–69
1. „Echte" Rückwirkung	56–59
2. „Unechte" Rückwirkung	60–65
3. Rückwirkung von Strafvorschriften: Nulla poena sine lege	66, 67
4. Ausnahme vom Rückwirkungsverbot	68
5. Rechtsfolgen eines Verstoßes gegen das Rückwirkungsverbot	69
II. Verwaltungsrechtliche Dimension	70–79
1. Widerruf	71, 72
2. Rücknahme	73–79
III. Vertrauensschutz und Rechtsprechung	80–85
D. Verhältnis zu anderen Grundrechtsgewährleistungen	86–88
E. Zusammenfassende Bewertung und Ausblick	89–92

Schrifttum:

Altmeyer, Vertrauensschutz im Recht der Europäischen Union und im deutschen Recht, 2003; *Berger*, Zulässigkeitsgrenzen der Rückwirkung von Gesetzen, 2002; *Borchardt*, Der Grundsatz des Vertrauensschutzes im Europäischen Gemeinschaftsrecht, 1988; *ders.*, Vertrauensschutz im Europäischen Gemeinschaftsrecht, EuGRZ 1988, 309; *Crones*, Selbstbindungen der Verwaltung im europäischen Gemeinschaftsrecht, 1997; *Düsterhaus*, Zwischen Rechts- und Vertrauensschutz: Die zeitlichen Wirkungen von Auslegungsurteilen des EuGH nach Artikel 267 AEUV, EuR 2017, 30; *Erichsen/Buchwald*, Die Aufhebung von gemeinschaftsrechtserheblichen Einzelfallentscheidungen durch Organe der EG und deren Behörden, Jura 1995, 84; *Frenz*, Grundrechtlicher Vertrauensschutz – nicht nur ein allgemeiner Rechtsgrundsatz, EuR 2008, 468; *Geurts*, Der Grundsatz des Vertrauensschutzes bei der Aufhebung von Verwaltungsakten im deutschen, französischen und europäischen Recht, 1997; *Gilsdorf*, Vertrauensschutz, Bestandsschutz und Rückwirkungsbegrenzung im Gemeinschaftsrecht, RIW 1983, 22; *Haratsch*, Zur Dogmatik von Rücknahme und Widerruf von Rechtsakten der Europäischen Gemeinschaft, EuR 1998, 387; *Heukels*, Die Rückwirkungsjudikatur des EuGH: Grundlagen und Tendenzen, 1992; *ders.*, Intertemporales Gemeinschaftsrecht: Rückwirkung, Sofortwirkung und Rechtsschutz in der Rechtsprechung des Gerichtshofes der Europäischen Gemeinschaften, 1990; *Karpenstein*, Das Vorabentscheidungsverfahren, in Leible/Terhechte, Europäisches Rechtsschutz- und Verfahrensrecht, Enzyklopädie Europarecht, Band 3, 2014, § 8; *Kokott*, Die Grundrechte des europäischen Gemeinschaftsrechts, AöR 1996, 599; *Kolb*, Good Faith in International Law, 2017; *Lecheler*, Der Europäische Gerichtshof und die allgemeinen Rechtsgrundsätze, 1971; *Lenz*, Vertrauensschutz im Gemeinschaftsrecht, in Europäisches Forum für Außenwirtschaft, Verbrauchsteuern und Zoll, Vertrauensschutz in der Europäischen Union, 1997, S. 19; *Lübbig*, Die Aufhebung (Rücknahme und Widerruf) von Verwaltungsakten der Gemeinschaftsorgane, EuZW 2003, 233; *Michels*, Vertrauensschutz beim Vollzug von Gemeinschaftsrecht und bei der Rückforderung rechtswidriger Beihilfen, 1997; *Müller*, Wettbewerb und Unionsverfassung, 2014; *Rosenkranz*, Die Beschränkung der Rückwirkung von Entscheidungen des Europäischen Gerichtshofs, 2015; *Schilling*, Bestand und allgemeine Lehren der bürgerschützenden allgemeinen Rechtsgrundsätze des Gemeinschaftsrechts, EuGRZ 2000, 3; *Schlockermann,* Rechtssicherheit als Vertrauensschutz in der Rechtsprechung des EuGH, 1984; *Schwarz, K.-A.,* Vertrauensschutz als Verfassungsprinzip, 2002; *ders.,* Das prozedurale binnenmarktrechtliche Beihilfeaufsichtsrecht, in Müller-Graff, Europäisches Wirtschaftsordnungsrecht, Enzyklopädie Europarecht, Band 4, 2014, § 14; *v. Milczewski,* Der grundrechtliche Schutz des Eigentums im Europäischen Gemeinschaftsrecht, 1994.

A. Entwicklung und Bedeutung

Der Grundsatz des Vertrauensschutzes findet in der Grundrechtecharta keine ausdrückliche Erwähnung.[1] Gleichwohl ist dieser in der Rechtsprechung des Gerichtshofs der Europäischen Union als wichtiger **Bestandteil des Unionsrechts** anerkannt.[2] Er wird als fundamentaler Grundsatz des Unionsrechts bezeichnet[3] und den Grundprinzipien des Unionsrechts zugeordnet.[4] Die von der Rechtsprechung verwendete Terminologie ist allerdings uneinheitlich. So spricht der Gerichtshof ua auch von „berechtigtem Vertrauen"[5], von einem „Anspruch auf Vertrauensschutz"[6], von einem „Recht auf Vertrauensschutz"[7] sowie von einem „Grundsatz der Rechtssicherheit, wonach das berechtigte Vertrauen der Betroffenen zu schützen ist."[8]

1

Als **Komponente des Freiheitsschutzes** gehört der Vertrauensschutz seiner rechtstheoretischen Natur zu den allgemeinen Rechtsgrundsätzen[9] und wurde seitens des EuGH im Wege der wertenden Rechtsvergleichung entwickelt.[10] Dabei leitet sich der Vertrauensschutzgrundsatz aus dem Grundsatz der Rechtssicherheit ab.[11] Beide Grundsätze wurzeln heute im Rechtsstaatsprinzip des Art. 2 EUV.[12] Durch die Einordnung des Vertrauensschutzes als allgemeinen Rechtsgrundsatz beinhaltet dieser Grundsatz **subjektive Abwehrrechte** gegen Eingriffe der öffentlichen (Unions-)Gewalt, wobei vor allem auf den künftigen Fortbestand der geltenden Rechtslage abgezielt wird.[13]

2

---

[1] Entsprechende Forderungen haben sich nicht durchsetzen können, vgl. *Schilling* EuGRZ 2000, 3 (42).
[2] Vgl. zB EuGH C-5/89, Slg. 1990, I-3437 Rn. 13 – Kommission/Deutschland; siehe auch die umfassenden Rechtsprechungsnachweise bei *Schwarz* S. 376 Fn. 1.
[3] EuGH C-104/97 P, Slg. 1999, I-6983 Rn. 55 – Atlanta/Kommission; EuGH C-37/02 u. C-38/02, Slg. 2004, I-6911 Rn. 70 – Di Lenardo ua; EuGH C-17/03, Slg. 2005, I-4983 – VEMV ua; EuG T-521/93, Slg. 1996, II-1707 Rn. 55 – Atlanta AG/Europäische Gemeinschaft; EuG T-177/10, ECLI:EU:T:2014:897 Rn. 60 – Alcoa Trasformazioni/Kommission.
[4] EuGH C-112/80, Slg. 1981, 1095 Rn. 48 – Dürbeck.
[5] EuGH C-5/89, Slg. 1990, I-3437 Rn. 13 – Kommission/Deutschland; EuGH C-143/88 u. C-92/89, Slg. 1991, I-415 Rn. 49 – Zuckerfabrik Süderdithmarschen ua; EuG T-171/02, Slg. 2005, II-2123 Rn. 64 – Sardegna/Kommission; EuG T-227/01 bis T-229/01, T-265/01, T-266/01 u. T-270/01, ECLI:EU:T:2009:315 Rn. 310 – Diputación Foral de Álava u. Gobierno Vasco/Kommission.
[6] EuGH C-111/63, Slg. 1965, 835 (911) – Lemmerz-Werke/Hohe Behörde; EuG T-244/93 u. T-486/93, Slg. 1995, II-2265 Rn. 73 – Textilwerke Deggendorf/Kommission; EuG T-485/93, T-491/93, T-494/93 u. T-61/98, Slg. 2000, II-3659 Rn. 85 – Dreyfus ua/Kommission; EuG T-444/07, Slg. 2009, II-2121 Rn. 126 – CPEM/Kommission; EuG T-177/10, ECLI:EU:T:2014:897 Rn. 60 – Alcoa Trasformazioni/Kommission.
[7] EuGH C-414/08 P, Slg. 2010, I-2559 Rn. 107 – Sviluppo Italia Basilicata/Kommission; EuGH C-221/09, Slg. 2011, I-1655 Rn. 71 – AJD Tuna; EuG T-347/03, Slg. 2005, II-2555 Rn. 102 – Branco/Kommission; EuG T-265/03, ECLI:EU:T:2012:434 Rn. 150 – EFRE; EuG T-387/09, ECLI:EU:T:2012:501 Rn. 58 – Applied Microengineering/Kommission; EuGÖD F-160/12, ECLI:EU:F:2014:33 Rn. 47 ff. – Montagut Viladot/Kommission.
[8] EuGH C-1/73, Slg. 1973, 723 Rn. 6 – Westzucker.
[9] *Lenz* S. 19 (20).
[10] *Altmeyer* S. 16; *Schwarz* S. 378 f.; *Borchardt* EuGRZ 1988, 309.
[11] EuGH C-1/73, Slg. 1973, 723 Rn. 6 – Westzucker; EuGH C-63/93, Slg. 1996, I-569 Rn. 20 – Duff; EuGH C-201/08, Slg. 2009, I-8343 Rn. 46 – Plantanol; EuGH C-362/12, ECLI:EU:C:2013:834 Rn. 44 – Test Claimants in the Franked Investment Income Group Ligitation; EuGH C-98/14, ECLI:EU:C:2015:386 Rn. 77 – Berlington Hungary.
[12] *Terhechte* in HdB-EUVerwR § 7 Rn. 24; siehe auch *Steiner,* Die außervertragliche Haftung der Europäischen Union nach Art. 340 Abs. 2 AEUV für rechtswidriges Verhalten, 2015, S. 51; vgl. *Classen* EuR-Beih. 3/2008, 7 (7 f.).
[13] EuGH C-201/08, Slg. 2009, I-8343 Rn. 42 ff. – Plantanol; EuGH C-98/14, ECLI:EU:C:2015:386 Rn. 78 ff. – Berlington Hungary; siehe auch *Latzel* EuR 2015, 415 (429).

§ 37   7. Abschnitt. Wirtschaftliche Freiheiten

3   Im Unionsrecht ist der Grundsatz in ein **Spannungsverhältnis** eingebettet, das durch die Notwendigkeit einer flexiblen Rechtsanpassung einerseits und schützenswertes Vertrauen andererseits determiniert ist. Das Erfordernis der Rechtssicherheit und die Berücksichtigung des Vertrauensschutzes erfordern – wie auch im nationalen Recht – eine **Verlässlichkeit der Rechtsordnung**.[14] Der einzelne Wirtschaftsteilnehmer muss Dispositionen treffen können, auf deren Bestand er vertrauen kann und deren rechtliche Grundlagen nicht beliebig durch die Unionsorgane oder die mit der Durchführung des Unionsrechts betrauten nationalen Behörden geändert werden können. Dennoch muss die Rechtsordnung auch **dynamisch auf neu eintretende Situationen reagieren** können.

4   Diese Spannungslage zwischen dem Sicherheitsbedürfnis des Einzelnen und der Gestaltungsfreiheit der Union bzw. ihrer Organe ist durch **wertende und abwägende Entscheidungen** über Prioritäten, durch Übergangsregelungen oder auch durch einen Ausgleich mittels Entschädigungsleistungen aufzulösen.[15] Dem Grundsatz des Vertrauensschutzes kommt damit im Unionsrecht eine primär individualschützende Funktion zu,[16] die in einer grundsätzlichen Anwendung dieses Rechtsgrundsatzes zugunsten jedes Einzelnen gegenüber dem Handeln der Unionsorgane zum Ausdruck kommt.[17] Er ist daher zum einen ein der Einzelfallgerechtigkeit dienendes Korrektiv,[18] zum anderen begrenzt er die Legislative in der Ausübung ihrer Hoheitsgewalt.[19] Er ist als allgemeiner Rechtsgrundsatz gemäß Art. 6 Abs. 3 EUV Teil der Unionsrechtsordnung und ist daher bei **jeder Anwendung des Unionsrechts** seitens aller mit der Anwendung und Vollziehung von Unionsrecht befassten Behörden, auch den mitgliedstaatlichen, zu beachten.[20] Rechtsakte der Union – Legislativakte ebenso wie Verwaltungshandeln – können folglich einer grundsätzlichen Rechtmäßigkeitskontrolle wegen Verstoßes gegen den Grundsatz des Vertrauensschutzes unterworfen werden.

5   Nach Art. 19 Abs. 1 UAbs. 1 S. 2 EUV sichert der Gerichtshof der Europäischen Union die Wahrung des Rechts bei der Auslegung und Anwendung der Verträge; hiervon umfasst ist die Schließung von Lücken durch die **Entwicklung ungeschriebener allgemeiner Rechtsgrundsätze** (→ § 4 Rn. 36 ff.).[21] Die den nationalen Rechtsordnungen immanenten Grundsätze werden als Erkenntnisquellen herangezogen. Der EuGH entnimmt den Vertrauensschutzgrundsatz im Wege wertender Rechtsvergleichung den Rechtsordnungen

---

[14]   Vgl. insoweit *Nicolaysen* Europarecht I S. 143.
[15]   So *Nicolaysen* Europarecht I S. 143; siehe auch EuGH C-74/74, Slg. 1976, 797 Rn. 40 ff. – CNTA/Kommission; EuGH C-97/76, Slg. 1977, 1063 Rn. 4 ff. – Merkur/Kommission; EuGH C-104/89 u. C-37/90, Slg. 1992, I-3061 Rn. 12 ff. – J. M. Mulder ua/Rat u. Kommission.
[16]   So *Lenz* S. 19 (21).
[17]   EuGH C-289/81, Slg. 1983, 1731 Rn. 21 – Mavridis.
[18]   Vgl. insoweit GA *Trabucchi*, SchlA C-5/75, Slg. 1975, 759 (778) – Deuka II; vgl. auch EuGH C-7/56, 3/57 bis 7/57, Slg. 1957, 81 – Algera; EuGH C-19/60, 21/60, 2/61 u. 3/61, Slg. 1961, 627 – Société Fives Lille Cail ua/Hohe Behörde; EuGH C-14/61, Slg. 1962, 485 – Kononklijke Nederlandsche Hoogovens en Staalfabrieken/Hohe Behörde; EuGH C-111/63, Slg. 1965, 835 – Lemmerz-Werke/Hohe Behörde; EuGH C-36/64, Slg. 1965, 425 – Sorema/Hohe Behörde; EuGH C-54/65, Slg. 1966, 265 – Forges de Chatillon; *Schwarz* S. 383.
[19]   Vgl. insoweit auch *Borchardt* S. 66 ff u. 130 ff.; *Schwarz* S. 383; *Schwarze*, EuVerwR, S. 1078 ff. jeweils mit weiteren Rechtsprechungsnachweisen.
[20]   EuGH C-316/86, Slg. 1988, 2213 Rn. 22 – Hauptzollamt Hamburg-Jonas/Krücken; siehe auch EuGH C-230/78, Slg. 1979, 2749 – Eridania; EuGH C-31/91 bis C-44/91, Slg. 1993, I-1761 Rn. 33 – Lageder ua; EuGH C-201/08, Slg. 2009, I-8343 Rn. 43 – Plantanol; GA *Kokott*, SchlA C-568/11, ECLI:EU:C:2013:35 Rn. 47 – Agroferm; GA *Wathelet*, SchlA C-362/12, ECLI:EU:C:2013:538 Rn. 59 – Test Claimants in the Franked Investment Income Group Ligitation; vgl. auch EuGH C-205/82 bis 215/82, Slg. 1983, 2633 Rn. 30 – Deutsche Milchkontor GmbH; EuGH C-381/97, Slg. 1998, I-8153 Rn. 26 – Belgocodex; EuGH C-376/02, Slg. 2005, I-3445 Rn. 32 – Goed Wonen; EuGH C-271/06, Slg. 2008, I-771 Rn. 18 – Netto Supermarkt; EuGH C-573/12, ECLI:EU:C:2014:2037 Rn. 125 – Alands Vindkraft; siehe zum Anwendungsbereich des Unionsrechts bspw. *Latzel* EuZW 2015, 658 (658 ff.).
[21]   *Mayer* in GHN EUV Art. 19 Rn. 32; grundlegend *Lecheler* S. 1 ff.; vgl auch *Schwarze* DVBl 2011, 721.

der Mitgliedstaaten, denen er gemein ist.[22] Hingegen greift der Gerichtshof bei der Ableitung des Vertrauensschutzgrundsatzes auch bis heute nicht auf die nach Art. 6 Abs. 1 UAbs. 1 EUV im Rang des Primärrechtes stehenden Unionsgrundrechte zurück. Vielmehr betrachtet er den Grundsatz isoliert und wendet ihn bei dem zu überprüfenden Unionshandeln als **selbständig zu beachtenden Rechtsgrundsatz** neben der Grundrechtecharta an,[23] was in der Literatur teilweise kritisiert wurde.[24] So seien ua Vertrauensschutzgesichtspunkte im Bereich der wirtschaftlichen Dispositionen auch im Rahmen der Grundrechte zu berücksichtigen; innerhalb des grundrechtlichen Rahmens könne der Grundsatz des Vertrauensschutzes dann in die Verhältnismäßigkeitsprüfung einfließen.[25] Ebenso wird für eine Ableitung des Vertrauensschutzgrundsatzes aus den Grundrechten plädiert.[26] Es ist zu erwarten, dass der EuGH bisherige Bestandteile des Vertrauensschutzes in den Anwendungsbereich des Eigentumsgrundrechtes verschieben wird (→ Rn. 9).

Erste Berücksichtigung hat der Vertrauensschutzgedanke in der Rechtssache „Algera"[27] aus dem Jahre 1957 gefunden. Hierin stellte der EuGH hinsichtlich der Frage der Zulässigkeit des Widerrufs von rechtswidrigen Verwaltungsakten, die individuelle Rechtspositionen begründen, fest, dass in dem Fall, in dem die Rechtsposition wirksam erworben worden ist, das Bedürfnis, das Vertrauen auf den **dauernden Fortbestand der geschaffenen Rechtsstellung** zu schützen, gegenüber dem Interesse der Verwaltungsbehörde an einer Rückgängigmachung ihrer Entscheidung überwiegt. In der Entscheidung „Lemmerz-Werke"[28] hatte der Gerichtshof ua zu prüfen, inwieweit die Klägerin des Ausgangsverfahrens auf die Rechtmäßigkeit und den Fortbestand einer Freistellungsentscheidung der Hohen Behörde vertrauen durfte. In seinem Urteil ging der EuGH davon aus, dass ein **„Anspruch der Klägerin auf Vertrauensschutz"** besteht und führte damit den Begriff des Vertrauensschutzes in seine Rechtsprechung ein.[29] Gleichzeitig erkannte der EuGH das Vertrauensschutzprinzip als einen Grundsatz des europäischen allgemeinen Verwaltungsrechts an und betonte wiederum die **subjektivrechtliche Komponente**.[30]

Mit der Entscheidung „Westzucker"[31] entwickelte der EuGH den Grundsatz des Vertrauensschutzes von einem verwaltungsrechtlichen zu einem **allgemeinen Grundsatz** des heutigen Unionsrechts weiter, indem er ihn zum **Gültigkeitsmaßstab für allgemeine Gesetze** erhob.[32] Zu entscheiden war, ob eine bestimmte Auslegung des damaligen Gemeinschaftsrechts gegen den Grundsatz der Rechtssicherheit verstößt, wonach das berechtigte Vertrauen der Betroffenen zu schützen ist. Seit diesem Urteil kann eine stetig steigende Anzahl von Verfahren nachgewiesen werden, in denen die Verletzung des unionsrechtlichen Vertrauensschutzgrundsatzes gerügt wird, wodurch dem EuGH auch die Möglichkeit gegeben wurde und wird, diesen Rechtsgrundsatz weiter zu konkretisieren.[33]

Mit der in der Rs. „Dürbeck"[34] erfolgten Qualifizierung des Vertrauensschutzgrundsatzes als eines der **Grundprinzipien der heutigen Union** wurde der Grundsatz endgültig auf

---

[22] Vgl. die rechtsvergleichenden Überblicke bei *Borchardt* S. 15 ff.; *Schwarz* S. 404 ff.; *Schwarze*, EuVerwR, S. 849 ff.; allgemein *Borchardt* in HdB-EuropaR § 15 Rn. 24; *Huber* in Streinz EUV Art. 19 Rn. 16; *Wegener* in Calliess/Ruffert EUV Art. 19 Rn. 37.
[23] Vgl. ua EuGH C-177/90, Slg. 1992, I-35 Rn. 13 u. 16 – Kühn; vgl. insoweit auch *Frenz* Rn. 3012; *Müller-Michaels*, Grundrechtlicher Eigentumsschutz in der Europäischen Union, 1997, S. 57 f.; *Ruffert* in Ehlers GuG § 19 Rn. 18; *Calliess* in Calliess/Ruffert EUV Art. 2 Rn. 26.
[24] Vgl. *Kingreen* in Calliess/Ruffert GRC Art. 52 Rn. 72; vgl. auch v. *Milczewski* S. 280 f.
[25] So *Kingreen* in Calliess/Ruffert GRC Art. 52 Rn. 72.
[26] *Frenz* Rn. 3004 ff.; *Frenz* EuR 2008, 468 (472 ff.); vgl. auch *Müller* S. 317.
[27] EuGH 7/56, 3/57 bis 7/57, Slg. 1957, 81 – Algera.
[28] EuGH C-111/63, Slg. 1965, 835 – Lemmerz-Werke/Hohe Behörde.
[29] Siehe EuGH C-111/63, Slg. 1965, 835 (911) – Lemmerz-Werke/Hohe Behörde.
[30] *Borchardt* EuGRZ 1988, 309 (310).
[31] EuGH C-1/73, Slg. 1973, 723 – Westzucker.
[32] *Schwarz* S. 386; *Lenz* S. 19 (20); vgl. auch *Fuhrmanns*, Vertrauensschutz im deutschen und österreichischen öffentlichen Recht, 2004, S. 187; *Michels* S. 8 f.; *Borchardt* EuGRZ 1988, 309 (310); *Rengeling* EuR 1984, 331 (337).
[33] *Borchardt* EuGRZ 1988, 309 (310).
[34] EuGH C-112/80, Slg. 1981, 1095 – Dürbeck.

§ 37

eine **verfassungsrechtliche Ebene** gehoben.[35] Damit ist der Vertrauensschutzgrundsatz Prüfungsmaßstab nicht nur gegenüber der Exekutive, sondern auch gegenüber der rechtssetzenden und rechtsprechenden Gewalt geworden.[36] Die folgenden Entscheidungen „Mulder"[37] und „von Deetzen"[38] setzten sich sodann intensiv mit den Auswirkungen eines gänzlich neuen Rechtsaktes auf eine zuvor durch die heutigen Unionsorgane geschaffene Vertrauenslage auseinander.

9 In der **Rechtsprechung des EGMR** ist der Vertrauensschutzgrundsatz lange Zeit nur indirekt zur Geltung gekommen.[39] Der EGMR ließ Vertrauensschutzgesichtspunkte nur implizit in die Interessenabwägung einfließen.[40] So spielte es bspw. eine Rolle, ob der Betroffene auf eine Weiterführung der bisherigen Rechtsprechung zur Nutzung des Eigentumsgrundrechtes vertrauen konnte.[41] Die **Europäische Kommission für Menschenrechte** hatte ebenfalls lediglich vereinzelt auf diesen Grundsatz ausdrücklich zurückgegriffen.[42] Gleichwohl ist die Tendenz zu beobachten, dass der EGMR die Abstützung des Vertrauensschutzaspekts über Art. 1 EMRKZusProt sucht, indem er berechtigte Erwartungen in dessen Schutzbereich miteinbezieht.[43] Dabei liegen solche Erwartungen dann vor, wenn sich diese auf eine ausreichende Grundlage im innerstaatlichen Recht oder im Unionsrecht stützen.[44] Da Art. 17 GRC nach den Erläuterungen zur Grundrechtecharta[45] Art. 1 des EMRKZusProt entspricht,[46] wobei die dynamische Auslegung der EMRK durch den EGMR ebenfalls umfasst ist,[47] sollten zukünftig Vertrauensschutzgesichtspunkte in der Rechtsprechung des EuGH stärker durch Art. 17 GRC beachtet werden.[48]

10 Der Grundsatz des Vertrauensschutzes findet sich auch im weiteren **Völkerrecht** in unterschiedlichen Erscheinungsformen, sowohl als ein allgemeiner Rechtsgrundsatz als auch im Rang von Völkergewohnheitsrecht und hat schließlich spezifischen Eingang auch in das Völkervertragsrecht gefunden.[49] Hierbei kommt ihm rechtshistorisch in Gestalt des Prinzips von **Treu und Glauben** *(good faith)*[50] oder auch *„estoppel"* als einem allgemeinen Rechtsgrundsatz besondere Bedeutung zu. Er hat aber auch in der **Wiener Vertrags-**

---

[35] *Borchardt* EuGRZ 1988, 309 (310).
[36] *Schwarz* S. 387.
[37] EuGH C-120/86, Slg. 1988, 2321 – Mulder.
[38] EuGH C-170/86, Slg. 1988, 2355 – von Deetzen.
[39] Zur Vernachlässigung von Vertrauensschutzgesichtspunkten in der Rechtsprechung des EGMR vgl. *Peukert* in Frowein/Peukert ZP 1 EMRK Art. 1 Rn. 56 ff.; *Peukert* EuGRZ 1992, 1 (1 ff.); die Rechtsprechung zusammenfassend vgl. *v. Milczewski* S. 151 f.
[40] Vgl. insoweit EGMR 7.6.1989 – 10873/84 Rn. 61 – Tre Traktörer Aktiebolag/Sweden; ferner vgl. EGMR 25.10.1989 – 10842/84 Rn. 59 ff. – Allan Jacobsson/Sweden; EGMR 21.2.1990 – 11855/85 Rn. 51 ff. – Hakansson and Sturesson/Sweden (beide bzgl. behördlicher Genehmigungen); hierzu zusammenfassend *v. Milczewski* S. 151 f.
[41] *v. Milczewski* S. 151 f.
[42] Vgl. EKMR 1.7.1986 – 10395/83 – N./Austria; EKMR 8.7.1986 – 11930/86 – B./United Kingdom; EKMR 7.5.1987 – 11723/85 – Chater/United Kingdom; vgl. auch EGMR 27.10.1994 – 12539/86 – Katte Klitsche de la Grange/Italy.
[43] EGMR 29.11.1991 – 12742/87 Rn. 51 – Pine Valley/Ireland; EGMR 6.10.2005 – 1513/03 Rn. 65 – Draon/France; siehe auch *Müller* S. 317; *Kaiser* in Karpenstein/Mayer EMRK, 1. Aufl. 2012, ZP 1 Art. 1 Rn. 19 f.; *Peukert* in Frowein/Peukert ZP 1 EMRK Art. 1 Rn. 14.
[44] EGMR 20.11.1995 – 17849/91 Rn. 31 – Pressos Compania Naviera S. A. and others/Belgium; EGMR 10.7.2002 – 39794/98 Rn. 73 – Gratzingerova/Czech Republic; EGMR 6.10.2005 – 11810/03 Rn. 63 ff. – Maurice/France; EGMR 23.10.2007 – 40117/02 Rn. 35 ff. – Cazacu/Moldiva; für eine Auflistung, wann das Vorliegen berechtigter Erwartungen bejaht bzw. verneint wurde, s. *Peukert* in Frowein/Peukert ZP 1 EMRK Art. 1 Rn. 15 f.; siehe auch *Kaiser* in Karpenstein/Mayer EMRK, 1. Aufl. 2012, ZP 1 Art. 1 Rn. 19 f.
[45] Erläuterungen zur Charta der Grundrechte, ABl. 2007 C 303, 2.
[46] S. die Erläuterungen zur Charta der Grundrechte, ABl. 2007 C 303, 2, zu Art. 17 u. 52 GRC.
[47] Jarass GRCh Art. 52 Rn. 65.
[48] *Müller* S. 317 f.
[49] Siehe instruktiv *Kolb* S. 3 ff. Grundlegend schon *J. P. Müller*, Vertrauensschutz im Völkerrecht, 1971.
[50] Hierzu im Überblick *Baumgartner/Ziegler* in Mitchell/Sornarajah/Voon, Good Faith in International Economic Law, 2015, S. 9 ff.

rechtskonvention (WVK) seinen Niederschlag gefunden, wie ua in Art. 18 WVK, welcher mit dem sog. **Frustrationsverbot** das Vertrauen des Vertragspartners schon vor der Ratifikation eines Abkommens schützt.[51] Unter den umfangreichen Einflüssen des Grundsatzes des Vertrauensschutzes in fast allen Bereichen des Völkerrechts sei hier insbesondere auf die völkervertragliche Verankerung im **internationalen Investitionsschutzrecht** hingewiesen.[52] Der Schutzstandard des *„Fair and Equitable Treatment"* (FET) umfasst als eines seiner Kernelemente den Schutz berechtigter Erwartungen *(legitimate expectations)* eines Investors vor Eingriffen des Gaststaates.[53] Ein Verhalten *bona fide* seitens des Gaststaates und die Berücksichtigung berechtigten und damit schutzwürdigen Vertrauens eines Investors ist folglich ein zentrales Anliegen von Investitionsschutzabkommen.

Ist der Grundsatz des Vertrauensschutzes somit im Völkerrecht insgesamt von grundlegender Bedeutung, so hat er gerade in der supranationalen Rechtsordnung der Europäischen Union einen spezifischen und ausdifferenzierten Niederschlag gefunden. 11

B. Voraussetzungen des Vertrauensschutzes

Die Voraussetzungen des Vertrauensschutzes werden bestimmt durch seine Funktion als Ausprägung der grundlegenden Freiheitsrechte, die der Betroffene gegenüber der Unionsgewalt sowie den Unionsrecht durchführenden Mitgliedstaaten innehat. Nach gefestigter Rechtsprechung ist die Gewährung von Vertrauensschutz an **drei kumulativ zu erfüllende Voraussetzungen** gebunden:[54] Zunächst muss die Unionsverwaltung dem Betroffenen präzise, nicht an Bedingungen geknüpfte und übereinstimmende Zusicherungen von zuständiger und zuverlässiger Seite gegeben und somit eine Vertrauenslage geschaffen haben.[55] Des Weiteren müssen diese Zusicherungen geeignet sein, beim Adressaten begründete Erwartungen zu wecken.[56] Zuletzt müssen die Zusicherungen den geltenden Vorschriften entsprechen.[57] Inwieweit ein solches Vertrauen schutzwürdig ist, hängt eng mit der geschaf- 12

---

[51] Hierzu *Kolb* S. 41 ff.
[52] *Kolb* S. 243 ff.; *Tudor*, The Fair and Equitable Treatment Standard in the International Law of Foreign Investment, 2008, S. 53 ff.
[53] *Kläger*, Fair and Equitable Treatment in International Investment Law, 2011, S. 164 ff.
[54] EuG T-347/03, Slg. 2005, II-2555 Rn. 102 – Branco/Kommission; EuG T-282/02, Slg. 2006, II-319 Rn. 77 – Cementbouw Handel & Industrie/Kommission; EuG T-444/07, Slg. 2009, II-2121 Rn. 126 – CPEM/Kommission; EuG T-265/08, ECLI:EU:T:2012:434 Rn. 147 u. 150 – EFRE/Kommission; EuG T-387/09, ECLI:EU:T:2012:501 Rn. 58 – Applied Microengineering/Kommission; EuG T-177/10, ECLI:EU:T:2014:897 Rn. 60 – Alcoa Trasformazioni/Kommission; EuGÖD F-160/12, ECLI:EU:F:2014:33 Rn. 47 ff. – Montagut Viladot/Kommission.
[55] EuGH C-221/09, Slg. 2011, I-1655 Rn. 71 f. – AJD Tuna; EuGH C-545/11, ECLI:EU:C:2013:169 Rn. 23 ff. – Agrargenossenschaft Neuzelle; EuG T-347/03, Slg. 2005, II-2555 Rn. 102 – Branco/Kommission; EuG T-282/02, Slg. 2006, II-319 Rn. 77 – Cementbouw Handel & Industrie/Kommission; EuG T-444/07, Slg. 2009, II-2121 Rn. 126 – CPEM/Kommission; EuG T-549/08, Slg. 2010, II-2477 Rn. 71 – Luxemburg/Kommission; EuG T-265/08, ECLI:EU:T:2012:434 Rn. 147 u. 150 – EFRE/Kommission; EuG T-387/09, ECLI:EU:T:2012:501 Rn. 57 f. – Applied Microengineering/Kommission; EuG T-177/10, ECLI:EU:T:2014:897 Rn. 60 – Alcoa Trasformazioni/Kommission; EuG T-79/13, ECLI:EU:T:2015:756 Rn. 75 – Accorinti/EZB; EuGÖD F-160/12, ECLI:EU:F:2014:33 Rn. 47 ff. – Montagut Viladot/Kommission.
[56] EuGH C-221/09, Slg. 2011, I-1655 Rn. 71 f. – AJD Tuna; EuGH C-545/11, ECLI:EU:C:2013:169 Rn. 23 ff. – Agrargenossenschaft Neuzelle; EuG T-347/03, Slg. 2005, II-2555 Rn. 102 – Branco/Kommission; EuG T-282/02, Slg. 2006, II-319 Rn. 77 – Cementbouw Handel & Industrie/Kommission; EuG T-444/07, Slg. 2009, II-2121 Rn. 126 – CPEM/Kommission; EuG T-549/08, Slg. 2010, II-2477 Rn. 71 – Luxemburg/Kommission; EuG T-265/08, ECLI:EU:T:2012:434 Rn. 147 u. 150 – EFRE/Kommission; EuG T-387/09, ECLI:EU:T:2012:501 Rn. 57 f. – Applied Microengineering/Kommission; EuG T-177/10, ECLI:EU:T:2014:897 Rn. 60 – Alcoa Trasformazioni/Kommission; EuG T-79/13, ECLI:EU:T:2015:756 Rn. 75 – Accorinti/EZB; EuGÖD F-160/12, ECLI:EU:F:2014:33 Rn. 47 ff. – Montagut Viladot/Kommission.
[57] EuGH C-221/09, Slg. 2011, I-1655 Rn. 71 f. – AJD Tuna; EuGH C-545/11, ECLI:EU:C:2013:169 Rn. 23 ff. – Agrargenossenschaft Neuzelle; EuG T-347/03, Slg. 2005, II-2555 Rn. 102 – Branco/Kommission; EuG T-282/02, Slg. 2006, II-319 Rn. 77 – Cementbouw Handel & Industrie/Kommission;

fenen Vertrauenslage zusammen: Je konkreter diese ist, desto eher ist auch entstandenes Vertrauen schutzwürdig.[58] Die Voraussetzungen des Vertrauensschutzes enthalten folglich sowohl eine **objektive (Vertrauenslage) als auch eine subjektive (Schutzwürdigkeit) Komponente.** Sind beide Komponenten erfüllt, so ist anschließend eine Interessenabwägung zwischen den Individualinteressen bzw. dem schutzwürdigen Vertrauen des Betroffenen und den Belangen der Union durchzuführen, die je nach Sachverhalt unterschiedliche Rechtsfolgen mit sich bringen kann.

I. Bestehen einer Vertrauenslage

13 Das Bestehen einer Vertrauenslage bildet die objektive Komponente des Vertrauensschutzes und setzt grundsätzlich ein **vertrauensbegründendes Verhalten der Unionsorgane** selbst voraus.[59] Hierfür kann jede den Unionsorganen zur Verfügung stehende Handlungsform die Grundlage bieten.[60] So kann die Vertrauensbildung sowohl durch aktives Handeln als auch durch ein qualifiziertes Unterlassen verursacht werden: Sie kann durch Erlass eines Verwaltungsaktes, unabhängig von dessen Rechtmäßigkeit, ständige Verwaltungspraxis, aus der eine Selbstbindung der Verwaltung erfolgen kann, durch Erklärungen oder Zusicherungen entstehen, ebenso wie auf Grund von Legislativakten oder auch der Duldung eines rechtswidrigen Zustandes.[61] Nach der Rechtsprechung sind ebenfalls klare, nicht an Bindungen geknüpfte und übereinstimmende Auskünfte, unabhängig von der Form ihrer Mitteilung, geeignet, eine Vertrauenslage zu begründen.[62] Durch solches Handeln bzw. Nichthandeln können gesicherte Rechtspositionen wie auch rechtserhebliche Erwartungen im Sinne einer begründeten Vertrauenslage entstehen.

14 **1. Gesicherte Rechtspositionen.** Vertrauensschutz wird insbesondere durch gesicherte Rechtspositionen, welche unmittelbar aus dem geltenden objektiven Recht abzuleiten sind,[63] eingeräumt. An deren Vorliegen stellt der EuGH jedoch strenge Anforderungen.[64] So räumen individuelle **Beschlüsse** (vormals: Entscheidungen) gemäß Art. 288 Abs. 4 AEUV solche Rechtspositionen ein, sofern diese rechtmäßig, vorbehaltlos und nicht nur vorübergehend gewährt werden.[65] Rechtswidrige Beschlüsse können folglich keine gesicherte Rechtspositionen einräumen, ebenso wie unter Auflagen oder Bedingungen erlasse-

---

EuG T-444/07, Slg. 2009, II-2121 Rn. 126 – CPEM/Kommission; EuG T-549/08, Slg. 2010, II-2477 Rn. 71 – Luxemburg/Kommission; EuG T-265/08, ECLI:EU:T:2012:434 Rn. 147 u. 150 – EFRE/Kommission; EuG T-387/09, ECLI:EU:T:2012:501 Rn. 57 f. – Applied Microengineering/Kommission; EuG T-177/10, ECLI:EU:T:2014:897 Rn. 60 – Alcoa Trasformazioni/Kommission; EuG T-79/13, ECLI:EU:T:2015:756 Rn. 75 – Accorinti/EZB; EuGÖD F-160/12, ECLI:EU:F:2014:33 Rn. 47 ff. – Montagut Viladot/Kommission.

[58] *Frenz* Rn. 3086.
[59] EuGH C-177/90, ECLI:EU:C:1992:2 Rn. 14 – Kühn; EuGH C-63/93, Slg. 1996, I-569 Rn. 20 – Duff; EuGH C-22/94, Slg. 1997, I-1809 Rn. 19 – Irish Farmers; vgl. auch EuGH C-265/85, Slg. 1987, 1155 Rn. 44 – Van den Bergh ua/Kommission; EuGH C-37/02 u. C-38/02, Slg. 2004, I-6911 Rn. 70 – Di Lenardo ua; EuGH C-506/03, ECLI:EU:C:2005:715 Rn. 41 – Deutschland/Kommission; EuGH C-213/06 P, Slg. 2007, I-6733 Rn. 33 – EAR; EuGH C-537/08 P, Slg. 2010, I-12917 Rn. 58 – Kahla/Kommission; EuGH C-630/11 P bis C-633/11 P, ECLI:EU:C:2013:387 Rn. 132 – HGA ua/Kommission; EuG T-145/06, Slg. 2009, II-145 Rn. 117 – Omya/Kommission; EuG T-309/12, ECLI:EU:T:2014:676 Rn. 230 – Zweckverband Tierkörperbeseitigung/Kommission.
[60] *Borchardt* S. 80.
[61] *Schwarz* S. 396.
[62] EuGH C-537/08 P, Slg. 2010, I-12917 Rn. 63 – Kahla/Kommission; EuGH C-630/11 P bis C-633/11 P, ECLI:EU:C:2013:387 Rn. 132 – HGA ua/Kommission; EuG T-333/03, Slg. 2006, II-4377 Rn. 119 – Masdar/Kommission; vgl. EuG T-66/96 u. T-221/97, ECLI:EU:T:1998:187 Rn. 107 – Mellet/Gerichtshof; siehe auch *Schmahl* in HdB-EuropaR § 6 Rn. 42.
[63] *Borchardt* S. 86; *Schwarz* S. 493.
[64] Vgl. *Borchardt* S. 98.
[65] EuGH C-7/56, 3/57 bis 7/57, Slg. 1957, 81 – Algera; siehe auch *Dingemann*, Vertrauensschutz im europäischen Verwaltungsverfahren, Berliner Online-Beiträge zum Europarecht Nr. 23, 2005, S. 16; *Frenz* Rn. 3088; *Schwarz* S. 491.

ne Beschlüsse.⁶⁶ Hier besteht jedoch die Möglichkeit des Hervorrufens rechtserheblicher Erwartungen (→ Rn. 17 ff.).⁶⁷

Verordnungen können gesicherte Rechtspositionen begründen, sofern sie entweder 15 konkrete und vorbehaltlose Rechtsansprüche begründen,⁶⁸ sich Wirtschaftsteilnehmer gegenüber der Union durch die Übernahme unwiderruflicher Verpflichtungen gegen Auswirkungen von Änderungen der Rechtslage abzusichern versuchen⁶⁹ oder alle in einer allgemeinen Regelung normierten Voraussetzungen für die Entstehung einer gesicherten Rechtsposition erfüllt sind.⁷⁰ Zu beachten ist bei letzteren allerdings, dass diese lediglich einen Schutz vor rückwirkenden Eingriffen und nicht vor in die Zukunft gerichteten Änderungen der rechtlichen Rahmenbedingungen bieten können.⁷¹ Für die Entstehung gesicherter Rechtspositionen durch die Übernahme unwiderruflicher Verpflichtungen sind zwei Voraussetzungen zu erfüllen: Zunächst muss die betreffende Vorschrift des Unionsrechts die Möglichkeit zur Eingehung unwiderruflicher Verpflichtungen enthalten.⁷² Ist eine solche Möglichkeit vorgesehen, so muss die Verpflichtungserklärung gegenüber der für den Verwaltungsvollzug zuständigen Behörde abgegeben worden sein.⁷³

Auch **Richtlinien** können eine gesicherte Rechtsposition begründen, sofern diese un- 16 mittelbar anwendbar sind.⁷⁴

2. Rechtserhebliche Erwartungen. Eine Vertrauenslage kann auch aufgrund rechts- 17 erheblicher Erwartungen durch unverbindliche Rechtsakte sowie schlichtes Handeln der Unionsorgane begründet werden.⁷⁵ Dabei ist die Beurteilung über das Bestehen einer Vertrauenslage bei rechtserheblichen Erwartungen mangels eines normativen Anknüpfungspunkts wesentlich schwieriger.⁷⁶ Bezugspunkt ist eine **durch das Unionshandeln eröffnete Handlungsmöglichkeit des Wirtschaftsteilnehmers.** Bei der Beurteilung, ob eine solche gegeben ist, ist auf den Empfängerhorizont abzustellen.⁷⁷

Zunächst können **Rechtssetzungsakte und individuelle Beschlüsse** rechtserhebliche 18 Erwartungen hervorrufen, bei denen gesicherte Rechtsposition aus rechtlichen oder tatsächlichen Gründen noch nicht gebildet worden sind, die aber gleichwohl beim Adressaten die Erwartung wecken, dass die allein gültigen Erwerbsvoraussetzungen nicht nachträglich verschärfend geändert werden.⁷⁸

So darf ein Wirtschaftsteilnehmer, der seine Produktion für eine bestimmte Zeit freiwillig 19 eingestellt hat, zwar nicht darauf vertrauen, dass er sie unter denselben Bedingungen wie

---

66 *Dingemann,* Vertrauensschutz im europäischen Verwaltungsverfahren, Berliner Online-Beiträge zum Europarecht Nr. 23, 2005, S. 16; *Schwarz* S. 491.
67 So auch *Schwarz* S. 491.
68 Hierzu und zum Folgenden ausführlich *Borchardt* S. 82 ff.; *Schwarz* S. 491 f.; vgl. ferner EuGH C-74/74, Slg. 1976, 797 Rn. 44 – CNTA/Kommission.
69 Vgl. zB EuGH C-74/74, Slg. 1976, 797 – CNTA/Kommission; EuGH C-68/77, Slg. 1978, 353 Rn. 7 f. – IFG/Kommission; EuGH C-90/77, Slg. 1978, 995 Rn. 6 – Stimming/Kommission; EuGH C-84/78, Slg. 1979, 1801 Rn. 20 – Tomadini; EuGH C-112/80, Slg. 1981, 1095 Rn. 47 ff. – Dürbeck; EuGH C-315/96, Slg. 1998, I-317 – Lopex.
70 EuGH C-78/74, Slg. 1975, 421 Rn. 11 ff. – Deuka I; EuGH C-5/75, Slg. 1975, 759 Rn. 7 ff. – Deuka II; EuGH C-92/77, Slg. 1978, 497 – An Bord Bainne Co-Operative; *Borchardt* S. 85 f.; *Gilsdorf* RIW 1983, 22 (24).
71 *Borchardt* S. 83; *Schwarz* S. 492.
72 EuGH C-68/77, Slg. 1978, 353 Rn. 8 – IFG/Kommission.
73 EuGH C-90/77, Slg. 1978, 995 Rn. 6 – Stimming/Kommission.
74 *Frenz* Rn. 3089; *Schwarz* S. 493.
75 EuGH C-120/86, Slg. 1988, 2321 Rn. 23 ff. – Mulder; EuGH C-170/86, Slg. 1988, 2355 Rn. 12 ff. – von Deetzen; EuGH C-177/90, Slg. 1992, I-35 Rn. 13 f. – Kühn; EuGH C-81/91, Slg. 1993, I-2455 Rn. 12 – Twijnstra; EuGH C-63/93, Slg. 1996, I-569 Rn. 20 – Duff; EuGH C-22/94, Slg. 1997, I-1809 Rn. 19 – Irish Farmers; EuG T-346/99, T-347/99 u. T-348/99, Slg. 2002, II-4259 Rn. 92 f. – Diputación Foral de Álava/Kommission; EuG T-273/06 u. T-297/06, Slg. 2009, II-2181 Rn. 134 – ISD Polska ua/Kommission.
76 *Schwarz* S. 493 f.
77 *Schwarz* S. 494.
78 *Fuß* FS Kutscher, 1981, 201 (206).

den vorher geltenden wiederaufnehmen kann und eventuell inzwischen erlassenen marktpolitischen oder strukturpolitischen Bestimmungen nicht unterworfen wird. Ein solcher Wirtschaftsteilnehmer darf, wenn er durch eine Handlung der Unionsorgane dazu veranlasst worden ist, die Vermarktung im Allgemeininteresse und gegen Zahlung einer Prämie für eine bestimmte Zeit einzustellen, aber darauf vertrauen, dass er nach dem Ende seiner Verpflichtungen nicht Beschränkungen unterworfen wird, die ihn gerade deswegen in besonderer Weise beeinträchtigen, weil er die von der Unionsregelung gebotenen Möglichkeiten in Anspruch genommen hat.[79]

20 Ähnliches gilt für Bestimmungen, die eine **Erwartung auf den unveränderten Fortbestand einer Rechtslage** begründen.[80] Zu beachten ist jedoch, dass die Beibehaltung einer Rechtslage nicht erwartet werden kann, wenn diese durch die Unionsorgane im Rahmen des ihnen zustehenden Ermessens geändert werden kann.[81] Ebenso ist eine Erwartung in den Fortbestand der Rechtslage abzulehnen, wenn in der betreffenden Regelung bereits Änderungen vorgesehen oder aufgrund des Gesamtzusammenhangs der Gesetzgebungsstrategie zu erwarten sind.[82] Auch in die Unveränderlichkeit der in **Leitlinien** niedergelegten Verwaltungspraxis kann grundsätzlich nicht vertraut werden.[83] Zuletzt kann auch keine rechtserhebliche Erwartung auf die **Beibehaltung einer Rechtsprechungslinie** des Gerichtshofs der Europäischen Union entstehen, da es diesem möglich sein muss, vergleichbare Sachverhalte neu zu beurteilen.[84]

21 Eine schutzwürdige Vertrauensposition im Sinne einer rechtserheblichen Erwartung kann aus **verbindlichen Zusagen bzw. Zusicherungen** der Unionsorgane resultieren.[85] Solche Zusicherungen stellen präzise, nicht an Bedingungen geknüpfte und übereinstimmende Auskünfte von zuständiger und zuverlässiger Seite dar, unabhängig von der Form ihrer Mitteilung.[86] Diese müssen entweder ein bestimmtes Verhalten ankündigen oder den Willen zum Ausdruck bringen, sich in bestimmter Hinsicht für ein zukünftiges Verhalten festzulegen.[87] Zudem müssen diese Erklärungen geeignet sein, rechtserhebliche Wirkungen zu erzeugen.[88] Voraussetzung[89] ist daher die Abgabe einer Erklärung der zuständigen Stelle im Rahmen ihrer Kompetenzen, ferner eine hinreichende Konkretisierung des Erklärungs-

---

[79] Vgl. ua die oben bereits angesprochenen Urteile EuGH C-120/86, Slg. 1988, 2321 – Mulder; EuGH C-170/86, Slg. 1988, 2355 – von Deetzen.
[80] Vgl. EuGH C-78/74, Slg. 1975, 421 Rn. 11 ff. – Deuka I; EuGH 5/75, Slg. 1975, 759 Rn. 7 ff. – Deuka II; *Schwarz* S. 494.
[81] EuGH C-245/81, Slg. 1982, 2745 Rn. 27 – Edeka; EuGH C-52/81, Slg. 1982, 3745 Rn. 27 – Faust; EuGH C-424/85 u. 425/85, Slg. 1987, 2755 Rn. 33 – Frico; EuGH C-350/88, Slg. 1990, I-395 Rn. 33 – Delacre ua/Kommission; EuGH C-258/90 u. C-259/90, Slg. 1992, I-2901 Rn. 34 – Pesquerias De Bermeo ua/Kommission; EuGH C-104/97, Slg. 1999, I-6983 Rn. 52 – Atlanta; EuGH C-37/02 u. C-38/02, Slg. 2004, I-6911 Rn. 70 – Di Lenardo ua; EuGH C-310/04, Slg. 2006, I-7285 Rn. 81 – Spanien/Rat; EuGH C-201/08, Slg. 2009, I-8343 Rn. 53 – Plantanol; EuGH C-221/09, Slg. 2011, I-1655 Rn. 73 – AJD Tuna; EuGH C-545/11, ECLI:EU:C:2013:169 Rn. 26 – Agrargenossenschaft Neuzelle; EuG T-415/03, Slg. 2005, I-3875 Rn. 78 – Cofradia de pescadores „San Pedro de Bermeo" ua/Rat; EuG T-79/13, ECLI:EU:T:2015:756 Rn. 76 – Acccorinti/EZB.
[82] *Frenz* Rn. 3096 ff.
[83] *Thomas* EuR 2009, 423 (429 ff.); kritisch hierzu *Müller* S. 290.
[84] *Lecheler* in Merten/Papier, HdbGR Bd. VI/1, § 158 Rn. 33.
[85] Aus der Rspr. vgl. zB EuG T-72/99, Slg. 2000, II-2521 Rn. 53 – Meyer/Kommission; insoweit vgl. auch *Borchardt* S. 87 ff.; *Crones* S. 138 ff.; *Schwarz* S. 495.
[86] EuGH C-537/08 P, Slg. 2010, I-12917Rn. 63 – Kahla Thüringen Porzellan/Kommission; EuGH C-221/09, Slg. 2011, I-1655 Rn. 72 – AJD Tuna; EuG T-273/01, Slg. 2003, II-1093 Rn. 26 – Innova Privat-Akademie/Kommission; EuG T-29/05, Slg. 2010, II-4077 Rn. 427 – Deltafina/Kommission; EuG T-286/09, ECLI:EU:T:2014:547 Rn. 161 – Intel/Kommission; EuG T-106/13, ECLI:EU:T:2015:860 Rn. 66 – Synergy Hellas Anonymi Emporiki Etaireia Parochis Ypiresion Pliroforikis/Kommission; EuG T-233/11, ECLI:EU:T:2015:948 Rn. 195 – Hellenische Republik/Kommission; EuG T-512/12, ECLI:EU:T:2015:953 Rn. 177 – Front Polisario/Rat; EuG T-242/12, ECLI:EU:T:2015:1003 Rn. 370 – SNCF/Kommission; GA *Mengozzi*, SchlA C-585/13 P, ECLI:EU:C:2014:2365 Rn. 77 – Europäisch-Iranische Handelsbank/Rat.
[87] *Schwarz* S. 495.
[88] *Schwarz* S. 495.
[89] Auflistung der Voraussetzungen nach *Schwarz* S. 495; ähnlich *Borchardt* S. 87 ff.

inhaltes[90] sowie die Erkennbarkeit eines Selbstbindungswillens.[91] Hat die Verwaltung jedoch keine bestimmten Zusagen erteilt, so kann eine Verletzung des Vertrauensschutzgrundsatzes nicht geltend gemacht werden.[92] Ebenso verneint der EuGH eine Vertrauenslage, wenn die Zusage von einer unzuständigen Stelle abgegeben wurde oder gegen zwingendes Unionsrecht verstößt.[93] Eine Begründung rechtserheblicher Erwartungen wird ebenfalls verneint, sofern diese nicht von der Kommission als Kollegialorgan begründet werden; das Verhalten eines einzelnen Kommissionsmitglieds oder gar eines einzelnen Kommissionsbeamten ist nicht ausreichend.[94]

Bei **Empfehlungen und Stellungnahmen** handelt es sich zwar gemäß Art. 288 Abs. 5 AEUV um unverbindliche Rechtsakte; hieraus folgt jedoch keine rechtliche Bedeutungslosigkeit.[95] Ein vertrauensbegründender Charakter ist daher nicht generell ausgeschlossen,[96] sofern ein Rechtsschein begründet wird, der einen tauglichen Anknüpfungspunkt für eine rechtserhebliche Erwartung bildet.[97] Empfehlungen und Stellungnahmen bilden zumeist die Vorstufe und Vorbedingung für den Erlass verbindlicher Rechtsakte und können ihren Verfasser selbst binden.[98] In einem solchen Fall kann eine rechtserhebliche Erwartung darin bestehen, dass das verfassende Unionsorgan nicht im Widerspruch zu seiner eigenen Empfehlung oder Stellungnahme stehende verbindliche Maßnahmen erlässt.[99] Ebenso kann zumindest eine gewisse Erwartung hinsichtlich der Rentabilität von Investitionen geweckt werden.[100] **22**

Auch **schlichtes Verwaltungshandeln** der Unionsorgane kann vertrauensschutzrelevante Erwartungen begründen.[101] Die Literatur unterscheidet zwischen den Anwendungsfällen der Auskunftserteilung, der längeren Verwaltungspraxis sowie der Duldung eines rechtswidrigen Zustandes.[102] **23**

Auskünfte sind rein informatorische Mitteilungen über tatsächliche Umstände oder rechtliche Verhältnisse, denen im Vergleich zu den oben genannten Zusicherungen der **24**

---

[90] Vgl. GA *Mancini*, SchlA C-252/81, Slg. 1983, 867 (884) – Macevicius/Parlament.
[91] EuGH C-303/81 u. C-312/81, Slg. 1983, 1507 Rn. 28 ff. – Klöckner/Kommission.
[92] EuGH C-82/98 P, Slg. 2000, I-3855 Rn. 33 – Kögler; EuGH C-506/03, ECLI:EU:C:2005:715 Rn. 58 – Deutschland/Kommission; EuGH C-182/03 u. C-217/03, Slg. 2006, I-5479 Rn. 147 – Belgien u. Forum 187/Kommission; EuGH C-213/06 P, Slg. 2007, I-6733 Rn. 33 – AER; EuGH C-47/07 P, Slg. 2008, I-9761 Rn. 81 – Masdar/Kommission; EuGH C-67/09 P, Slg. 2010, I-9811 Rn. 71 – Nuova Agricast u. Cofra/Kommission; EuGH C-221/09, Slg. 2011, I-1655 Rn. 72 – AJD Tuna; EuG T-571/93, Slg. 1995, II-2379 Rn. 72 – Lefebvre ua/Kommission; EuG T-290/97, Slg. 2000, II-15 Rn. 59 – Mehidas Dordtselaan/Kommission; EuG T-72/99, Slg. 2000, II-2521 Rn. 53 – Meyer; EuG T-273/01, Slg. 2003, II-1093 Rn. 26 – Innova Privat-Akademie/Kommission; EuG T-58/05, Slg. 2007, II-2523 Rn. 96 f. – Centeno Mediavilla ua/Kommission; EuG T-334/07, Slg. 2009, II-4205 Rn. 148 – Denka International/Kommission; EuG T-587/08, ECLI:EU:T:2013:129 Rn. 827 – Fresh Del Monte/Kommission; EuG T-146/09, ECLI:EU:T:2013:258 Rn. 217 – Parker ua/Kommission; EuG T-286/09, ECLI:EU:T:2014:547 Rn. 161 – Intel/Kommission; EuG T-104/14 P, ECLI:EU:T:2015:776 Rn. 165 – Kommission/Verile u. Gjergji; EuG T-512/12, ECLI:EU:T:2015:953 Rn. 177 – Front Polisario/Rat; GA *Kokott*, SchlA C-681/11, ECLI:EU:C:2013:126 Rn. 91 – Schenker; EuGH C-225/17, ECLI:EU:C:2019:82 Rn. 57 – Islamic Republic of Iran Shippinglines ua.
[93] EuGH C-303/81 u. C-312/81, Slg. 1983, 1507 Rn. 30 ff. – Klöckner/Kommission; Vgl. auch EuGH C-188/82, Slg. 1983, 3721 Rn. 11 – Thyssen/Kommission; GA *Warner*, SchlA C-71/74, Slg. 1975, 563 (593) – Frubo/Kommission ua.
[94] EuG T-129/96, Slg. 1998, II-609 Rn. 77 ff. – Preussag Stahl/Kommission.
[95] *Biervert* in Schwarze AEUV Art. 288 Rn. 37; *Nettesheim* in GHN AEUV Art. 288 Rn. 206; *Schroeder* in Streinz AEUV Art. 288 Rn. 143.
[96] EuGH C-63/84 u. C-147/84, Slg. 1985, 2857 Rn. 19 ff. – Finsider/Kommission, unter Aufgabe der bisherigen Rechtsprechung, nach der Stellungnahmen bloße Ratschläge darstellen, die die Entscheidungsfreiheit der Kommission unberührt lassen, s. EuGH 1/57 u. 14/57, ECLI:EU:C:1957:13 S. 236 – Usines à tubes de la Sarre/Hohe Behörde.
[97] *Borchardt* S. 91 ff.; *Crones* S. 153 ff.; *Schwarz* S. 496; *Schwarze*, EuVerwR, S. 1050 ff.
[98] *Biervert* in Schwarze AEUV Art. 288 Rn. 37.
[99] *Biervert* in Schwarze AEUV Art. 288 Rn. 37; *Schroeder* in Streinz AEUV Art. 288 Rn. 143.
[100] EuGH C-63/84 u. C-147/84, Slg. 1985, 2857 Rn. 14 ff. – Finsider/Kommission.
[101] Vgl. hierzu *Schwarz* S. 498 f. sowie *Borchardt* S. 93 ff., deren Aufgliederung des Verwaltungshandelns insofern gefolgt wird.
[102] Vgl. *Borchardt* S. 93 ff.; *Schwarz* S. 498 ff.

Selbstverpflichtungswille des handelnden Unionsorgans fehlt.[103] Dennoch können Auskünfte dispositionslenkend wirken und somit Erwartungen wecken, weshalb der EuGH die grundsätzliche Möglichkeit der Anerkennung von Vertrauensschutz bei bloßen behördlichen Erklärungen anerkannt hat.[104]

25 Das Entstehen einer Vertrauensschutzlage durch eine **länger währende Verwaltungspraxis** begründet sich mit der eintretenden **Selbstbindung der Verwaltung**,[105] entweder unmittelbar gegenüber dem Adressaten oder aber in vergleichbaren Fallgestaltungen gegenüber Dritten. Die hieraus entstehende Vertrauenslage fußt dabei auf einem Näheverhältnis zwischen dem Adressat und der Verwaltung.[106] Folglich ist die Herstellung einer Vertrauenslage im Fall der zweiten Alternative wesentlich schwieriger, da eine nähere Beziehung lediglich zwischen der Verwaltung und einem Dritten besteht.[107]

26 Die **bloße Untätigkeit der Unionsorgane,** insbesondere der Kommission,[108] schafft keinen Vertrauenstatbestand.[109] Jedenfalls können das bloße Auskunftsersuchen der Kommission und ihr Schweigen auf die Antwort nationaler Behörden kein berechtigtes Vertrauen begründen. Verhalten der Kommission, welches aus Sicht des Betroffenen allenfalls eine gewisse Verwirrung hervorruft und Fragen aufwirft, reicht nicht aus, um bei ihm ein wie auch immer geartetes berechtigtes Vertrauen zu erwecken.[110] Vielmehr muss ein **qualifiziertes Unterlassen** der Kommission oder der weiteren Unionsorgane vorliegen, welches beim Betroffenen den Eindruck erweckt, dass sie bzw. es auch in Zukunft untätig bleiben würde.[111] Auch die Duldung eines rechtswidrigen Zustandes kann grundsätzlich eine Vertrauenslage begründen, da ansonsten ein gutgläubig Handelnder schutzlos gestellt wäre.[112] Dabei kann eine Korrektur bzw. ein Ausschluss des Anspruchs eines Betroffenen, sich auf den Grundsatz des Vertrauensschutzes zu berufen, insoweit bei der Voraussetzung der Schutzwürdigkeit der Vertrauenslage erfolgen (→ Rn. 31 ff.).[113]

27 Grundsätzlich kann eine Vertrauenslage **nicht durch rechtswidriges Verhalten der Unionsorgane** oder einer für die Anwendung des Unionsrechts zuständigen innerstaatlichen Stelle entstehen.[114] Eine Ausnahme besteht jedoch für die Konstellation, in der der Betroffene die Rechtswidrigkeit des Handelns weder kannte noch kennen musste.[115] Diese ausnahmsweise Anerkennung kann damit begründet werden, dass der Betroffene sich grundsätzlich auf die Rechts- und Sachkenntnis der Verwaltung verlassen können muss.[116] Zudem darf das mit der Frage der Rechtmäßigkeit verbundene Risiko nicht einseitig zu Lasten des Betroffenen gehen, sondern ist entsprechend der jeweiligen Verantwortlichkeiten auf diesen und die Verwaltung zu verteilen.[117] Eine Vertrauenslage kann also grundsätzlich

---

[103] *Borchardt* S. 93.
[104] EuGH C-54/65, Slg. 1966, 265 (545) – Forges de Chatillon.
[105] Vgl. hierzu *Crones* S. 131 ff.; *Schwarz* S. 500 f.
[106] *Borchardt* S. 93 f.; *Schwarz* S. 500 f.
[107] *Borchardt* S. 94; *Schwarz* S. 501.
[108] Bspw. wenn ihr rechtswidrige Beihilfemaßnahmen bekannt sind, sie aber noch nicht tätig geworden ist.
[109] EuG T-346/99, T-347/99 u. T-348/99, Slg. 2002, II-4259 Rn. 95 – Diputación Foral de Álava/Kommission; bestätigend EuGH C-183/02 P u. C-187/02 P, Slg. 2004, I-10609 – Demesa u. Territorio Histórico de Álava/Kommission.
[110] EuG T-55/99, Slg. 2000, II-3207 Rn. 128 – CETM/Kommission; EuG T-62/08, Slg. 2010, II-3229 Rn. 282 f. – ThyssenKrupp/Kommission.
[111] *Borchardt* S. 79 f.; vgl. auch *Gornig/Trüe* JZ 2000, 501 (505).
[112] Offen gelassen in EuG T-346/99, T-347/99 u. T-348/99, Slg. 2002, II-4259 Rn. 94 f. – Diputación Foral de Álava/Kommission; andere Auffassung *Schwarz* S. 501 f.
[113] Ähnl. *Borchardt* S. 95 f.
[114] Vgl. zB EuGH C-316/86, Slg. 1988, 2213 Rn. 19 ff. – Hauptzollamt Hamburg-Jonas/Krücken; EuGH C-31/91 bis C-44/91, Slg. 1993, I-1761 Rn. 33 ff. – Lageder ua; EuGH C-94/05, Slg. 2006, I-2619 Rn. 31 – Emsland-Stärke; EuGH C-153/10, Slg. 2011, I-2775 Rn. 47 – Sony; vgl. auch *Borchardt* S. 96; *Kokott* AöR 1996, 599 (627).
[115] EuGH C-111/63, Slg. 1965, 835 (911) – Lemmerz-Werke/Hohe Behörde; EuGH C-112/77, Slg. 1978, 1019 Rn. 18 ff. – Töpfer/Kommission; EuGH C-67/84, Slg. 1985, 3983 Rn. 21 – Sideradria/Kommission.
[116] *Borchardt* S. 96.
[117] *Borchardt* S. 96.

dann nicht entstehen, wenn die Fehlerhaftigkeit der Vertrauenslage evident erkennbar war oder hätte erkennbar sein können.[118]

Zuletzt können auch **Kommissionsvorschläge** im Sinne von Art. 293 AEUV kein schutzwürdiges Vertrauen begründen.[119] Die Kommission kann einen solchen Vorschlag gemäß Art. 293 Abs. 2 AEUV jederzeit ändern und der Rat kann gemäß Art. 293 Abs. 1 AEUV Änderungen des Vorschlags jederzeit beschließen.[120] Der Aufbau einer Vertrauenslage ist aufgrund diesen jederzeitigen Änderungsmöglichkeiten nicht realisierbar.

3. **Vertrauensbestätigung.** Die Vertrauenslage ist durch den Betroffenen zu bestätigen, um einen wirksamen Schutz entfalten zu können.[121] Hierzu muss das sich in der **inneren Einstellung des Schutzsuchenden** niederschlagende Vertrauen „nach außen" hin bestätigt werden.[122] Eine solche Vertrauensbestätigung ist dann gegeben, wenn der Betroffene eine entsprechende Marktdisposition vornimmt.[123] Hierdurch wird sein Verhalten objektiviert.

4. **Kausalität zwischen Vertrauenslage und Vertrauensbestätigung.** Zwischen der „Vertrauensgrundlage" und der „Vertrauensbestätigung" muss ein **Kausalzusammenhang** bestehen. Die durch das Verhalten der Unionsorgane begründete Vertrauenslage muss **(mit-)ursächlich für bestimmte getroffene Dispositionen** gewesen sein. Die Kausalität ist etwa zu bejahen, wenn es dem Einzelnen bei Kenntnis der wahren Sachlage möglich gewesen wäre, einen spürbaren Nachteil zu vermeiden.[124] Hingegen ist ein Kausalzusammenhang zu verneinen, wenn die betreffende Disposition außerhalb der Zielrichtung des Vertrauens liegt und somit nicht vom Schutzbereich der Vertrauenslage erfasst wird.[125] Ein Kausalzusammenhang liegt ebenfalls nicht vor, wenn die Disposition vor dem vertrauensbildenden Verhalten der Unionsorgane getroffen wurde.[126] War die Rechtsänderung nicht ursächlich für den Nachteileintritt bzw. einen Schaden, so kann es sich auch ebenfalls nicht um einen Vertrauensschaden handeln.

II. Schutzwürdigkeit des Vertrauens

Liegt eine objektive Vertrauenslage vor, muss dieses Vertrauen auch schutzwürdig sein. Dabei ist die Schutzwürdigkeit entstandenen Vertrauens gegeben, wenn der Betroffene auf den Fortbestand der rechtlichen Rahmenbedingungen vertrauen durfte. Hierbei handelt es sich um den **subjektiven Vertrauenstatbestand**.[127] Bei der Frage der Schutzwürdigkeit ist insbesondere die **Nichtvorhersehbarkeit der späteren Änderung** von Bedeutung.[128]

Der Grundsatz des Vertrauensschutzes kann nicht von einem Unternehmen geltend gemacht werden, welches sich einer **offensichtlichen Verletzung der geltenden Bestimmungen** schuldig gemacht hat[129] bzw. die vertragsverletzende Maßnahme selbst ver-

---

[118] Vgl. EuGH C-228/84, Slg. 1985, 1969 Rn. 12 – Pauvert.
[119] EuGH C-95/74 bis C-98/74 u. C-100/75, Slg. 1975, 1615 Rn. 42, 46 – Coopératives agricoles de céréales/Kommission u. Rat; EuGH C-13/92, C-14/92, C-15/92 u. C-16/92, Slg. 1993, I-4751 Rn. 13 – Driessen ua; EuGH C-86/03, Slg. 2005, I-10979 Rn. 72 – Griechenland/Kommission.
[120] Ausf. hierzu *Krajewski/Rösslein* in GHN AEUV Art. 293 Rn. 1 ff.
[121] *Borchardt* S. 97 f.; siehe auch *Fuhrmanns*, Vertrauensschutz im deutschen und österreichischen öffentlichen Recht, 2004, S. 193; *P. König*, Vertrauensschutz in der europäischen Fusionskontrolle, 2012, S. 67; *Schwarz* S. 503.
[122] *Borchardt* S. 97.
[123] *Borchardt* S. 97.
[124] *Borchardt* S. 98.
[125] EuGH C-1/73, Slg. 1973, 723 Rn. 12 – Westzucker; EuGH C-125/77, Slg. 1978, 1991 Rn. 37, 41 – Koninklijke Scholten-Honig.
[126] *Borchardt* S. 97; *Weber-Dürler*, Vertrauensschutz im öffentlichen Recht, 1983, S. 103.
[127] *Crones* S. 112; *P. König*, Vertrauensschutz in der europäischen Fusionskontrolle, 2012, S. 69; *Schwarz* S. 504.
[128] EuGH 44/77 bis 51/77, Slg. 1978, 57 Rn. 34, 37 – Union Malt; siehe auch *Michels* S. 15.
[129] EuGH C-67/84, Slg. 1985, 3983 Rn. 21 – Sideradria/Kommission; EuGH C-18/03 P, ECLI:EU:C:2004:748 Rn. 17 ff. – Vela u. Tecnagrind/Kommission; EuGH C-383/06 bis C-385/06, Slg.

ursacht hat,¹³⁰ entweder, wenn Mitwirkungspflichten nicht erfüllt sind¹³¹ oder ein von dem Betroffenen verursachter rechtswidriger Zustand durch die Unionsorgane geduldet wurde.¹³²

33 Die **Kenntnis bzw. das Kennenmüssen einer fehlerhaften Vertrauenslage** schließt eine Schutzwürdigkeit ebenfalls grundsätzlich aus.¹³³ So wird ein schutzwürdiges Vertrauen dann verneint, wenn eine die Situation kennzeichnende Unsicherheit den interessierten Kreisen nicht verborgen bleiben konnte.¹³⁴ Gegen vorhersehbare Änderungen besteht daher kein Vertrauensschutz.¹³⁵ Dem Betroffenen müssen aber Maßnahmen, die sich auf ihre Investitionen auswirken, rechtzeitig mitgeteilt werden.¹³⁶

34 Bei Vertrauen auf den Fortbestand einer bestimmten Rechtslage ist auf die **Kenntnis eines besonnenen Wirtschaftsteilnehmers** abzustellen.¹³⁷ Auch insoweit hat sich eine umfangreiche Rechtsprechung entwickelt.¹³⁸ Die Beurteilung, ob eine Schutzwürdigkeit des Vertrauens gegeben ist, hängt wiederum davon ab, ob das Vertrauen auf einer gesicherten Rechtsposition, einer rechtserheblichen Erwartung oder Spekulationen basiert.

35 **1. Gesicherte Rechtspositionen.** Gesicherte Rechtspositionen sind subjektive Rechte und folglich bereits aufgrund ihres Anspruchscharakters als *per se* schutzwürdig anzusehen.¹³⁹ Eine Verdrängung durch höherrangige Unionsinteressen ist allerdings im Rahmen der Einzelfallabwägung möglich,¹⁴⁰ wobei in der Rechtsfolge ein Interessensausgleich zu erfolgen hat (→ Rn. 47 ff.).

36 **2. Rechtserhebliche Erwartungen.** Rechtserhebliche Erwartungen, in der Rechtsprechung des EuGHs auch als „bedingte Rechte" bezeichnet,¹⁴¹ sind nur in außergewöhnlichen Situationen schutzwürdig.¹⁴² Der EuGH nimmt bei der Frage der Schutzwürdigkeit eine Einzelfallbetrachtung vor, wobei er auf einen Wirtschaftsteilnehmer mit durchschnitt-

---

2008, I-1561 Rn. 56 – Vereniging Nationaal Overlegorgaan Sociale Werkvoorziening ua; EuG T-551/93 u. T-231/94 u. T-234/94, Slg. 1996, II-247 Rn. 76 – Industrias Pesqueras Campos ua/Kommission; EuG T-73/95, Slg. 1997, II-381 Rn. 28 – Oliveira/Kommission; EuG T-217/01, Slg. 2003, II-1563 Rn. 76 – Forum des migrants/Kommission; EuG T-549/08, Slg. 2010, II-2477 Rn. 73 – Luxemburg/Kommission; EuG T-260/11, ECLI:EU:T:2014:555 Rn. 88 – Spanien/Kommission.

¹³⁰ *Borchardt* S. 117 ff.; *Schwarz* S. 515 f.; *Schwarze*, EuVerwR, S. 982 f.; siehe auch EuGH C-90/95, Slg. 1997, I-1999 Rn. 37 – De Compte/Parlament.
¹³¹ EuGH C-42/59 u. C-49/59, Slg. 1961, 101 (173) – S. N. U. P. A. T.; vgl. auch EuGH 258/81, Slg. 1982, 4261 insbes. Rn. 19 – Metallurgiki Halyps/Kommission.
¹³² EuGH 1252/79, Slg. 1980, 3753 Rn. 8 f. – Lucchini/Kommission; vgl. auch EuGH C-67/84, Slg. 1985, 3983 Rn. 19 ff. – Sideradria/Kommission.
¹³³ EuGH C-111/63, Slg. 1965, 835 (911) – Lemmerz-Werke/Hohe Behörde; EuGH 169/73, Slg. 1975, 117 Rn. 28, 32 – Compagnie Continentale France/Rat; EuGH C-112/77, Slg. 1978, 1019 Rn. 20 – Töpfer/Kommission; EuGH C-248/89, Slg. 1991, I-2987 Rn. 22 – Cargill/Kommission.
¹³⁴ *Lenz* S. 19 (26); siehe auch EuGH C-248/89, Slg. 1991, I-2987 Rn. 22 – Cargill/Kommission.
¹³⁵ EuGH C-95/74 bis C-98/74, C-15/75 u. C-100/75, Slg. 1975, 1615 Rn. 52, 55 – Coopératives agricoles de céréales/Kommission u. Rat; EuGH C-350/88, Slg. 1990, I-395 Rn. 37 – Delacre ua/Kommission.
¹³⁶ EuGH C-372/96, Slg. 1998, I-5091 Rn. 25 – Pontillo; EuGH C-402/98, Slg. 2000, I-5501 Rn. 39 – ATB ua.
¹³⁷ *Lenz* S. 19 (26); s.a. EuGH C-248/89, Slg. 1991, I-2987 Rn. 22 – Cargill/Kommission.
¹³⁸ Nachweise bis 2000 bei *Schwarz* S. 504 Fn. 78 ff.; vgl. auch EuGH C-37/02 u. C-38/02, Slg. 2004, I-6911 Rn. 70 – Di Lenardo ua; EuGH C-310/04, Slg. 2006, I-7285 Rn. 81 – Spanien/Rat; EuGH C-201/08, Slg. 2009, I-8343 – Plantanol; EuGH C-194/09 P, Slg. 2011, I-6311 Rn. 71 – Alcoa Trasformazioni/Kommission; EuGH C-427/10, Slg. 2011, I-13377 Rn. 37 ff. – Banca Antoniana Popolare Veneta; EuGH C-545/11, ECLI:EU:C:2013:169 Rn. 26 – Agrargenossenschaft Neuzelle; EuGH C-129/12, ECLI:EU:C:2013:200 Rn. 47 – Magdeburger Mühlenwerke; EuGH C-585/13 P, ECLI:EU:C:2015:145 Rn. 95 – Europäisch-Iranische Handelsbank/Rat; EuGH C-427/14, ECLI:EU:C:2015:803 Rn. 39 – Veloserviss; EuG T-290/12, ECLI:EU:T:2015:221 Rn. 55 – Polen/Kommission; EuG T-79/13, ECLI:EU:T:2015:756 Rn. 76 – Accorinti/EZB; EuG T-499/12, ECLI:EU:T:2015:840 Rn. 94 – HSH/Kommission; GA *Wahl*, SchlA C-493/14, ECLI:EU:C:2016:174 Rn. 94 – Dilly's Wellnesshotel.
¹³⁹ *Borchardt* S. 120; *Schwarz* S. 504.
¹⁴⁰ Hierzu vgl. *Borchardt* S. 100; *Schwarz* S. 504.
¹⁴¹ EuGH 276/82, Slg. 1983, 3331 Rn. 20 – De beste Boter.
¹⁴² So ua auch *Borchardt* S. 100; *Schwarz* S. 504.

Im Rahmen der **Vorhersehbarkeit** ist zu entscheiden, ab welchem **Zeitpunkt** der 37
Betroffene mit einer Änderung der Rechtslage rechnen musste. Dabei ergibt sich die
Vorhersehbarkeit in erster Linie aus dem das Vertrauen begründende Verhalten. Dieses
Verhalten kann zB explizit oder implizit den Vorbehalt eines Widerrufs enthalten,[144] wobei
dieser Vorbehalt allerdings rechtmäßig und sachlich notwendig sein muss.[145] Auch ein
Vorbehalt der späteren Nachprüfung oder Neuregelung lässt die Schutzwürdigkeit des
Vertrauens aufgrund der damit verbundenen Unsicherheit entfallen.[146] Zuletzt schließt auch
der dispositive Charakter eines Verhaltens bzw. einer Regelung die Schutzwürdigkeit des
Vertrauens aus,[147] da die Erwartungen in den Fortbestand der bisherigen Rechtslage
allenfalls als risikobehaftete „bloße Hoffnungen" zu qualifizieren sind.[148] In allen Fällen ist
die Entstehung schutzwürdigen Vertrauens *a priori* ausgeschlossen.

Eine Vorhersehbarkeit der Änderung einer bestimmten Rechtslage ist auch in solchen 38
Politikbereichen gegeben, die sich durch eine **systemimmanente Unsicherheit** mit
dem Risiko hoheitlicher Eingriffe auszeichnen,[149] was insbesondere für das Gebiet der
gemeinsamen Marktorganisationen gilt.[150] Weiter entfällt die Schutzwürdigkeit des Vertrauens auch nach Ablauf einer zeitlich befristeten Maßnahme.[151] Innerhalb der Frist
braucht der Betroffene jedoch nicht mit einer Änderung zu rechnen und ist daher schutzwürdig.[152]

---

[143] So *Borchardt* EuGRZ 1988, 309 (312), mit Verweis auf EuGH C-99/78, Slg. 1979, 101 Rn. 8 – Decker u. EuGH C-98/78, Slg. 1979, 69 Rn. 20 – Racke; siehe auch *Schwarz* S. 504 Fn. 82 mit weiteren Nachweisen; EuGH C-37/02 u. C-38/02, Slg. 2004, I-6911 Rn. 70 – Di Lenardo ua; EuGH C-310/04, Slg. 2006, I-7285 Rn. 81 – Spanien/Rat; EuGH C-201/08, Slg. 2009, I-8343 Rn. 53 – Plantanol; EuGH C-194/09 P, ECLI:EU:C:2011:497 Rn. 71 – Alcoa Trasformazioni/Kommission; EuGH C-427/10, Slg. 2011, I-13377 Rn. 37 ff. – Banca Antoniana Popolare Veneta; EuGH C-545/11, ECLI:EU:C:2013:169 Rn. 26 – Agrargenossenschaft Neuzelle; EuGH C-129/12, ECLI:EU:C:2013:200 Rn. 47 – Magdeburger Mühlenwerke; EuGH C-585/13 P, ECLI:EU:C:2015:145 Rn. 95 – Europäisch-Iranische Handelsbank/Rat; EuGH C-427/14, ECLI:EU:C:2015:803 Rn. 39 – Veloserviss; EuG T-290/12, ECLI:EU:T:2015:221 Rn. 55 – Polen/Kommission; EuG T-79/13, ECLI:EU:T:2015:756 Rn. 76 – Accorinti/EZB; EuG T-499/12, ECLI:EU:T:2015:840 Rn. 94 – HSH/Kommission; GA *Wahl*, SchlA C-493/14, ECLI:EU:C:2016:174 Rn. 94 – Dilly's Wellnesshotel.
[144] EuGH C-54/65, Slg. 1966, 265 (545 f.) – Forges de Chatillon; *Borchardt* S. 101; *Schwarze*, EuVerwR, S. 979 ff.; *Borchardt* EuGRZ 1988, 309 (312).
[145] *Schwarz* S. 506.
[146] EuGH C-126/76, Slg. 1979, 2131 Rn. 9 – Dietz/Kommission; EuGH 276/82, Slg. 1983, 3331 Rn. 20 – De beste Boter; EuGH C-3/83, ECLI:EU:C:1985:283 Rn. 27 – Abrias/Kommission; EuGH C-258/90 u. C-259/90, Slg. 1992, I-2901 Rn. 34 ff. – Pesquerias De Bermeo ua/Kommission.
[147] EuGH C-1/73, Slg. 1973, 723 (730) – Westzucker; EuGH C-125/77, Slg. 1978, 1991 Rn. 37, 41 – Koninklijke Scholten-Honig ua.
[148] *Borchardt* S. 105; *Schlockermann* S. 130; siehe auch *Schwarz* S. 507.
[149] EuGH 169/73, Slg. 1975, 117 Rn. 28, 32 – Compagnie Continentale France/Rat; EuGH C-67/75 bis C-85/75, Slg. 1976, 391 Rn. 40, 43 – Lesieur Cotelle et Associés ua/Kommission; EuGH C-7/76, Slg. 1976, 1213 Rn. 23 f. – IRCA; EuGH C-97/76, Slg. 1977, 1063 Rn. 9 – Merkur/Kommission; EuGH C-126/76, Slg. 1979, 2131 Rn. 8 f. – Dietz/Kommission; EuGH C-96/77, Slg. 1978, 383 Rn. 54, 58 – Ancienne Maison Marcel Bauche ua/Kommission; EuGH C-92/77, Slg. 1978, 497 Rn. 26, 28 – An Bord Bainne Co-Operative; EuGH C-146/77, Slg. 1978, 1347 Rn. 13, 16 – British Beef; EuGH C-88/78, Slg. 1978, 2477 Rn. 13 – Kendermann; EuGH C-98/78, Slg. 1979, 69 Rn. 20 – Racke; EuGH C-99/78, Slg. 1979, 101 Rn. 8 – Decker; EuGH C-127/78, Slg. 1979, 171 Rn. 20 – Spitta; EuGH C-84/78, Slg. 1979, 1801 Rn. 26 – Tomadini; EuGH C-338/85, Slg. 1988, 2041 Rn. 25 – Fratelli Pardini; EuGH C-350/88, Slg. 1990, I-395 Rn. 36 f. – Delacre ua/Kommission.
[150] EuGH C-63/93, Slg. 1996, I-569 Rn. 20 – Duff; EuGH C-22/94, Slg. 1997, I-1809 Rn. 25 – Irish Farmers; EuGH C-104/97, Slg. 1999, I-6983 Rn. 52 – Atlanta; EuGH C-37/02 u. C-38/02, Slg. 2004, I-6911 Rn. 70 – Di Lenardo ua; EuGH C-310/04, Slg. 2006, I-7285 Rn. 81 ff. – Spanien/Rat; EuGH 335/07 P, ECLI:EU:C:2012:385 Rn. 180 – Polen/Kommission; EuG T-290/12, ECLI:EU:T:2015:221 Rn. 56 – Polen/Kommission.
[151] *Borchardt* S. 109; *Borchardt* EuGRZ 1988, 309 (312).
[152] *Borchardt* S. 109; *Schwarz* S. 508.

39 Eine Änderung der Rechtslage ist ebenfalls vorhersehbar, wenn der Betroffene rechtzeitig und umfassend **über die vorgesehene Neuregelung informiert** worden ist. Aufgrund dieser Information kann kein Vertrauen in die Unveränderlichkeit des Rechtsrahmens seiner Dispositionen mehr bestehen.[153] Dabei muss dem Betroffenen die Information nicht unmittelbar zugehen. Vielmehr ist nach der Rechtsprechung des EuGH auch ein Vorschlag der Kommission an den Rat[154] oder die Veröffentlichung im Amtsblatt der Europäischen Union[155] generell dazu geeignet, betroffenen Wirtschaftsteilnehmern die Kenntnisnahme einer Änderung der Rechtslage zu ermöglichen. Zudem sind hier die Veröffentlichung einer Mitteilung in den entsprechenden Pressediensten, der Aushang einer Mitteilung zur Kenntnisnahme sowie Mitteilungen an die zuständigen Verwaltungen der Mitgliedstaaten mit der Möglichkeit anschließender Kenntnisnahme zu nennen,[156] ebenfalls Auskünfte von privaten Organisationen.[157] Zuletzt sind auch in der einschlägigen Fachpresse veröffentliche Beiträge grundsätzlich zum Ausschluss der Schutzwürdigkeit des Vertrauens geeignet.[158]

40 Weiterhin hat ein umsichtig, besonnen und vorausschauend handelnder Wirtschaftsteilnehmer in **Krisensituationen oder bei ungewöhnlichen Marktentwicklungen** auf einem Wirtschaftssektor stets mit **gegensteuernden Maßnahmen der Union** oder dem Erlass von Schutzmaßnahmen durch die Mitgliedstaaten aufgrund vorheriger Ermächtigung durch die Union zu rechnen.[159] Dabei haben die Wirtschaftsteilnehmer die Marktentwicklung und alle diese bestimmende Faktoren genau zu beobachten.[160] Bei Zweifeln am Fortbestand einer für sie begünstigenden Rechtslage sind eigene Nachforschungen anzustellen.[161] Allerdings kann eine Schutzwürdigkeit bestehen, wenn ohne zwingende Gründe des Allgemeinwohls von einer Regelung Abstand genommen wird, ohne gleichzeitig durch Übergangsmaßnahmen dafür Sorge zu tragen, dass abgeschlossene Geschäfte, von denen nicht zurückgetreten werden kann, in ihrem Bestand geschützt werden.[162]

41 Es werden damit grundsätzlich **hohe Anforderungen** an den Wirtschaftsteilnehmer im Hinblick auf die Schutzwürdigkeit des Vertrauens gestellt;[163] ihm werden erhebliche Anstrengungen hinsichtlich Information und über Beobachtung des Marktgeschehens, der gesamtwirtschaftlichen Entwicklung wie auch der Rechtsentwicklung abverlangt,[164] was zu einer einseitigen Risikoverteilung zu dessen Lasten führen kann.[165]

---

[153] *Schwarz* S. 510.
[154] EuGH C-95/74 bis C-98/74, C-15/75 u. C-100/75, Slg. 1975, 1615 Rn. 42, 46 – Coopératives agricoles de céréales/Kommission; EuGH C-84/81, Slg. 1982, 1763 Rn. 15 – Staple Dairy Products.
[155] EuGH C-111/63, Slg. 1965, 835 (911 f.) – Lemmerz-Werke/Hohe Behörde; EuGH C-90/77, Slg. 1978, 995 Rn. 6 – Stimming/Kommission; EuGH C-98/78, Slg. 1979, 69 Rn. 20 – Racke; EuGH C-99/78, Slg. 1979, 101 Rn. 8 – Decker; EuGH C-84/81, Slg. 1982, 1763 Rn. 15 – Staple Dairy Products; EuGH C-245/81, Slg. 1982, 2745 Rn. 27 – Edeka; EuGH C-110/81, Slg. 1982, 3159 Rn. 16 – Roquette Frères/Rat; EuGH C-114/81, Slg. 1982, 3189 Rn. 15 – Tunnel Refineries Limited/Rat; EuGH 235/82, Slg. 1983, 3949 Rn. 11 – Ferriere San Carlo/Kommission.
[156] GA *Reischl,* SchlA C-98/78, Slg. 1979, 69 (98 f.) – Racke.
[157] EuGH C-146/77, Slg. 1978, 1347 Rn. 13, 16 – British Beef.
[158] EuGH C-13/92, C-14/92, C-15/92 u. C-16/92, Slg. 1993, I-4751 Rn. 34 – Driessen ua.
[159] Vgl. EuGH C-120/86, Slg. 1988, 2321 – Mulder; EuGH C-170/86, Slg. 1988, 2355 – von Deetzen; siehe auch EuGH 169/73, Slg. 1975, 117 Rn. 28, 32 – Compagnie Continentale France/Rat; EuGH 44/77 bis 51/77, Slg. 1978, 57 Rn. 34, 37 – Union Malt/Kommission; EuGH C-78/77, Slg. 1978, 196 Rn. 7 ff. – Lührs; EuGH C-90/77, Slg. 1978, 995 Rn. 7 – Stimming/Kommission; EuGH C-112/80, Slg. 1981, 1095 Rn. 48 ff. – Dürbeck.
[160] *Borchardt* S. 114.
[161] EuGH C-42/59 u. C-49/59, Slg. 1961, 101 (173) – S. N. U. P. A. T.
[162] EuGH C-74/74, Slg. 1976, 797 Rn. 41 ff. – CNTA/Kommission.
[163] Vgl. GA *van Gerven,* SchlA C-136/93, Slg. 1994, I-5757 Rn. 11 – Transáfrica.
[164] *Borchardt* S. 120; *Fuß* FS Kutscher, 1981, 201 (212).
[165] *Borchardt* S. 121.

3. Spekulationen. Bei Spekulationen handelt es sich um durch Wirtschaftsteilnehmer **42** freiwillig übernommene Risiken, die von vornherein keinen Schutz durch die Unionsrechtsordnung verdienen.[166]

III. Interessenabwägung

Ist das Vertrauen des Betroffenen nach den oben aufgeführten Voraussetzungen schutz- **43** würdig, so wird in einer dann eröffneten Abwägung zwischen dem **individuellen Vertrauensschutzinteresse** einerseits und dem **Änderungsinteresse,** das heißt dem Allgemeinwohl bzw. den Unionsinteressen, andererseits festgestellt, welchen Interessen der Vorrang einzuräumen ist. Die Rechtsprechung ist durch eine am konkreten Sachverhalt orientierte Abwägung gekennzeichnet,[167] wobei die Schwere der individuellen Belastung im Abwägungsvorgang zu berücksichtigen ist. Insofern ist auch eine Beachtung des **Verhältnismäßigkeitsgrundsatzes** als materieller Prüfungsmaßstab methodisch geboten.[168] Die Kriterien der Geeignetheit, Erforderlichkeit und des angemessenen Verhältnisses zwischen Mittel und Zweck sind daher angemessen zu berücksichtigen.[169] Der entstehende Vertrauensschaden darf im Verhältnis zu den verfolgten Interessen nicht außerhalb ebendiesem Verhältnis stehen bzw. übermäßig hoch sein.[170] Diese Prüfung eröffnet somit die Möglichkeit einer Wertungsentscheidung, welche durch primärrechtliche Vorgaben geprägt ist.[171] Folglich kann auch schutzwürdiges Vertrauen durch höherrangige Unionsinteressen verdrängt werden.[172] Der Verhältnismäßigkeitsgrundsatz wird zudem dadurch eingeschränkt, dass der EuGH den handelnden Unionsorganen einen **weiten Beurteilungs- und Gestaltungsspielraum** einräumt, wenn es sich „um ein Gebiet handelt, auf dem der Gesetzgeber sozialpolitische Entscheidungen und komplexe Abwägungen zu treffen hat. Die Ausübung einer solchen Befugnis kann daher gerichtlich nur daraufhin überprüft werden, ob ein offensichtlicher Irrtum oder ein Ermessensmissbrauch vorliegt oder ob das Organ die Grenzen seines Ermessens offenkundig überschritten hat."[173] Bis auf wenige Ausnahmefälle hat in der Rechtsprechung des EuGH das Unionsinteresse das Vertrauensschutzinteresse des Einzelnen überwogen.[174]

Das im Vertrauensschutz zum Ausdruck kommende **Individualinteresse** des Einzelnen **44** ist auf den Bestand einer betroffenen Rechtsposition gerichtet.[175] Dabei ist der Grad der Verfestigung ebendieser zugrundeliegenden Rechtsposition des Einzelnen bei einer bereits erworbenen und gesicherten Rechtsposition höherwertiger als bei einer bloßen Erwartung auf den Fortbestand einer Rechtslage.[176] Bei ersterer kann der Vertrauensschutz regelmäßig mit Bestandsschutz gleichgesetzt werden.[177] Bei einer bloßen Erwartung auf den Fort-

---

[166] EuGH C-2/75, Slg. 1975, 607 Rn. 4 – Mackprang; vgl. EuGH C-96/77, Slg. 1978, 383 Rn. 48, 51 – Bauche; EuGH C-127/78, Slg. 1979, 171 Rn. 9 – Spitta; EuGH 26/81, Slg. 1982, 3057 Rn. 22 ff. – Oleifici Mediterranei; EuGH C-62/83, Slg. 1984, 2295 Rn. 22 – Eximo/Kommission; vgl. insbesondere auch GA *Warner,* SchlA C-2/75, Slg. 1975, 607 (625) – Mackprang.
[167] So *Borchardt* S. 125.
[168] Vgl. hierzu insbesondere *Schwarz* S. 522 ff.
[169] Zum Verhältnismäßigkeitsgrundsatz vgl. mit weiteren Nachweisen *Keser* in Bruha/Nowak/Petzold, Grundrechtsschutz, S. 139 (139 ff.); Schmahl in HdB-EuropaR § 6 Rn. 43.
[170] Vgl. EuGH C-74/74, Slg. 1976, 797 Rn. 41 ff. – CNTA/Kommission; EuGH 44/77 bis 51/77, Slg. 1978, 57 Rn. 19 ff. – Union Malt/Kommission; EuGH C-84/78, Slg. 1979, 1801 Rn. 20 ff. – Tomadini; EuGH C-112/80, Slg. 1981, 1095 Rn. 48 ff. – Dürbeck.
[171] Vgl. *Schwarz* S. 520.
[172] Vgl. *Schwarz* S. 518.
[173] EuGH C-84/94, Slg. 1996, I-5755 Rn. 58 – Vereinigtes Königreich/Rat; vgl. EuGH C-233/94, Slg. 1997, I-2405 Rn. 55 f. – Deutschland/Parlament u. Rat.
[174] *Borchardt* S. 127; *Schmahl* in HdB-EuropaR § 6 Rn. 42; *Frenz* EuR 2008, 468 (486 f.); vgl. auch *Altmeyer* S. 46 f.; aus der Rechtsprechung siehe zB EuGH C-74/74, Slg. 1976, 797 – CNTA/Kommission; EuGH C-224/82, Slg. 1983, 2539 – Meiko.
[175] So *Michels* S. 26.
[176] *Borchardt* S. 123; *Michels* S. 26; *Schwarz* S. 518; *Borchardt* EuGRZ 1988, 309 (314).
[177] *Schwarz* S. 518.

§ 37 7. Abschnitt. Wirtschaftliche Freiheiten

bestand geschaffener Handlungsspielräume entsteht ein rechtlicher Wert hingegen erst durch zu ihrer Ausnutzung getroffenen Dispositionen.[178] Dabei liegt die Beweislast beim Vertrauenden.[179]

45 Zu den gegen die individuellen Rechtspositionen abzuwägenden **Unionsinteressen** gehören die Prinzipien der Sicherung der Funktionsfähigkeit der Union[180] sowie der Gesetzmäßigkeit der Verwaltung,[181] denen der EuGH einen **hohen Stellenwert** beimisst.[182] Der Gesetzgeber hat die Möglichkeit, die Rechtslage zu ändern, um seine Politik wechselnden wirtschaftlichen, industriellen und sozialen Verhältnissen anzupassen und durchzusetzen. Hierbei wurden in der Rechtsprechung des EuGH[183] ua die Notwendigkeit der Bekämpfung von Diskriminierung anderer Wirtschaftsteilnehmer,[184] die Bekämpfung der Inflation,[185] der Schutz vor schädigenden Vergeltungsmaßnahmen aus Drittländern im Bereich des gemeinsamen Agrarmarktes,[186] die Bekämpfung von Überproduktion,[187] die Wiederherstellung des Marktgleichgewichts,[188] die Vermeidung von Störungen des agromonetären Systems,[189] das Interesse an der Durchführung der Wettbewerbsprinzipien[190] sowie der Schutz der Union vor finanziellen Belastungen[191] als schützenswerte Positionen und damit als im Unionsinteresse liegend anerkannt.

46 Die verschiedenen in der Abwägung zu berücksichtigenden Unionsinteressen lassen sich auf die primärrechtliche Ausgestaltung der einzelnen Politiken in EUV und AEUV zurückführen, woraus sich die erhebliche **Gewichtung des Unionsinteresses** im Abwägungsvorgang erklärt.[192] Der Durchsetzung der unionsrechtlichen liberal-marktwirtschaftlichen Wirtschaftsverfassung mit gleichzeitigen interventionistischen Elementen, die ua einer Verbesserung der Wettbewerbsbedingungen dienen, wird große Bedeutung beigemessen.[193]

---

[178] So *Schwarz* S. 518; *Borchardt* EuGRZ 1988, 309 (314).
[179] *Schwarz* S. 518.
[180] *Borchardt* S. 124.
[181] Vgl. EuGH C-42/59 u. C-49/59, Slg. 1961, 101 (172) – S. N. U. P. A. T.; EuGH C-14/61, Slg. 1962, 485 (545 f.) – Koninklijke Nederlansche Hoogovens en Staalfabrieken/Hohe Behörde; EuGH C-14/81, Slg. 1982, 785 Rn. 31 – Alpha Steel/Kommission; EuGH C-15/85, Slg. 1987, 1005 Rn. 14 ff. – Consorzio Cooperative d'Abruzzo/Kommission; EuGH C-248/89, Slg. 1991, I-2987 Rn. 17 ff. – Cargill/Kommission; sowie *Borchardt* S. 123; *Lecheler* S. 56 ff.; *Schwarz* S. 518.
[182] Vgl. insoweit *Michels* S. 28 f.; *Streinz* DV 1990, 153 (166).
[183] Vgl. auch die Auflistungen bei *Borchardt* S. 125; *Schwarz* S. 519.
[184] EuGH C-42/59 u. C-49/59, Slg. 1961, 101 (173) – S. N. U. P. A. T.; EuGH C-14/61, Slg. 1962, 485 (545 f.) – Koninklijke Nederlansche Hoogovens en Staalfabrieken/Hohe Behörde; EuGH C-54/65, Slg. 1966, 265 (546) – Forges de Chatillon; EuGH C-112/77, Slg. 1978, 1019 Rn. 20 – Töpfer/Kommission; EuGH C-14/81, Slg. 1982, 785 Rn. 30 – Alpha Steel/Kommission; EuGH C-110/81, Slg. 1982, 3159 Rn. 13 – Roquette Frères/Rat; EuGH C-114/81, Slg. 1982, 3189 Rn. 7 – Tunnel Refineries/Rat.
[185] EuGH 44/77 bis 51/77, Slg. 1978, 57 Rn. 34 ff. – Union Malt/Kommission.
[186] EuGH 44/77 bis 51/77, Slg. 1978, 57 Rn. 33 – Union Malt/Kommission.
[187] EuGH C-44/79, Slg. 1979, 3727 Rn. 24 – Hauer.
[188] EuGH C-44/79, Slg. 1979, 3727 Rn. 24 – Hauer; EuGH C-112/80, Slg. 1981, 1095 Rn. 48 – Dürbeck; EuGH C-110/81, Slg. 1982, 3159 Rn. 14 – Roquette Frères/Rat; EuGH C-114/81, Slg. 1982, 3189 Rn. 6 – Tunnel Refineries/Rat; EuGH C-143/88 u. C-92/89, Slg. 1991 I-415 Rn. 51 – Zuckerfabrik Süderdithmarschen.
[189] EuGH C-2/75, Slg. 1975, 607 Rn. 4 – Mackprang; EuGH C-67/75 bis C-85/75, Slg. 1976, 391 Rn. 40, 43 – Lesieur Cotelle et Associés /Kommission; EuGH C-78/77, Slg. 1978, 196 Rn. 9 – Lührs; EuGH C-112/80, Slg. 1981, 1095 Rn. 50 – Dürbeck; EuGH C-84/81, Slg. 1982, 1763 Rn. 12 f. – Staple Dairy Products; EuGH C-337/88, Slg. 1990, I-1 Rn. 17 – Società agricola fattoria alimentare; EuGH C-143/88 u. C-92/89, Slg. 1991 I-415 Rn. 53 ff. – Zuckerfabrik Süderdithmarschen.
[190] EuGH C-14/61, Slg. 1962, 485 (545 f.) – Koninklijke Nederlansche Hoogovens en Staalfabrieken/Hohe Behörde; EuGH C-54/65, Slg. 1966, 265 (546) – Forges de Chatillon.
[191] EuGH C-112/77, Slg. 1978, 1019 Rn. 20 – Töpfer/Kommission; EuGH C-110/81, Slg. 1982, 3159 Rn. 7 f. – Roquette Frères/Rat; EuGH C-143/88 u. C-92/89, Slg. 1991 I-415 Rn. 53 ff. – Zuckerfabrik Süderdithmarschen.
[192] Vgl. hierzu *Schwarz* S. 520 f.
[193] Vgl. Oppermann/Classen/Nettesheim EuropaR S. 307 ff.

IV. Folgen von Vertrauensschutz

Die **Interessenabwägung** führt zu einem abgestuften Rechtsfolgensystem. Selbst ein überwiegendes Individualinteresse muss die Union aber nicht an einem entsprechenden Handeln hindern. So kann sich der Vertrauensschutz zu einem Bestandsschutz verdichten (→ Rn. 48), ihm kann durch Übergangsregelungen Rechnung getragen werden (→ Rn. 49) oder er kann zur Gewährung von Schadensersatz an den Schutzberechtigten führen (→ Rn. 50). Objektiv-rechtlich hat der Vertrauensschutzgrundsatz darüber hinaus in Gestalt eines allgemeinen Rechtsgrundsatzes als Auslegungsmaxime große rechtliche Relevanz.[194]

47

1. Bestandsschutz. Die Verdichtung des Vertrauensschutzes in seiner äußersten Form zu einem echten Bestandsschutz kann jede Rechtsänderung *per se* ausschließen.[195] Die Unionsorgane sind dann an die von ihnen geschaffenen Vertrauensgrundlagen gebunden.[196] Eine Veränderung bzw. Fortentwicklung der Rechtsordnung ist folglich nicht mehr möglich. Aus diesem Grund sind **besonders hohe Anforderungen** an den Vertrauensschutz in der Form des Bestandsschutzes zu stellen. Nur wenn Übergangsregelungen und Schadensersatz dem Einzelinteresse nicht gerecht werden können, kann es bei Gesetzgebungsvorhaben bzw. deren Anwendung zur Freistellung des Einzelnen von einer Regelung aus Gründen des Bestandsschutzes kommen.[197] Kommt eine solche Freistellung nicht in Betracht, so ist die betreffende Regelung mit Wirkung *erga omnes* für nichtig oder ungültig zu erklären, und zwar auch dann, wenn diese lediglich das schutzwürdige Vertrauen eines eng umgrenzten Wirtschaftskreises oder sogar nur eines einzelnen Normadressaten verletzt hat.[198]

48

2. Erlass von Übergangsregelungen. Durch den Erlass von Übergangsregelungen kann dem Vertrauensschutzgedanken als Interessensausgleich nach der Abwägung zwischen individuellen Bestandsinteressen und notwendiger Anpassung der Rechtslage am ehesten entsprochen werden, denn den Unionsorganen bleibt **notwendiger Handlungsspielraum** erhalten.[199] Übergangsregelungen sind dann erforderlich, wenn den vertrauensbegründenden Maßnahmen ein erhebliches Gewicht zukommt.[200] Dies kann bis zur Anerkennung von Bestandsschutz reichen, wenn Übergangsfristen so bemessen sind, dass sie den vollständigen Abschluss der unter der Geltung des alten Rechts vorgenommenen Disposition ermöglichen.[201]

49

3. Gewährung von Schadensersatz. Kommt der Erlass von Übergangsregelungen nicht in Betracht, weil zB eine sofortige Änderung der Rechtslage erforderlich ist[202] oder zwingende Gründe des Gemeinwohls einer Übergangsregelung entgegenstehen,[203] besteht eine **Ausgleichspflicht** durch die Gewährung von Schadensersatz an den Betroffenen.[204] Ein Anspruch auf Schadensersatz besteht, wenn ein Unionshandeln zu einer hinreichend

50

---

[194] *Borchardt* S. 128.
[195] Vgl. EuGH C-120/86, Slg. 1988, 2321 Rn. 24 ff. – Mulder; EuGH C-170/86, Slg. 1988, 2355 Rn. 13 ff. – von Deetzen; *Borchardt* S. 128 ff.; *Richter*, Rückforderung staatlicher Beihilfen nach §§ 48, 49 VwVfG bei Verstoß gegen Art. 92 ff. EGV, 1995, S. 43; *Schwarz* S. 398u 525.
[196] *Borchardt* S. 128.
[197] *Borchardt* S. 129; *Schwarz* S. 526.
[198] *Borchardt* S. 129; *Schwarz* S. 526; vgl. EuGH C-112/77, Slg. 1978, 1019 Rn. 18 ff. – Töpfer/Kommission; andere Auffassung *Gilsdorf* RIW 1983, 22 (27).
[199] *Borchardt* S. 130 ff.; vgl. auch EuGH C-78/74, Slg. 1975, 421 Rn. 11 ff. – Deuka; *Pieroth*, Rückwirkung und Übergangsrecht, Verfassungsrechtliche Maßstäbe für intertemporale Gesetzgebung, 1981, S. 149 ff.; *Schwarz* S. 398.
[200] *Schwarz* S. 527.
[201] So *Schwarz* S. 526; siehe auch *Borchardt* S. 131; aus der Rechtsprechung vgl. EuGH C-74/74, Slg. 1976, 797 Rn. 43 f. – CNTA/Kommission.
[202] *Borchardt* S. 132; vgl. auch EuGH C-97/76, Slg. 1977, 1063 Rn. 5 – Merkur/Kommission.
[203] EuGH C-74/74, Slg. 1976, 797 Rn. 44 – CNTA/Kommission; EuGH C-84/78, Slg. 1979, 1801 Rn. 20 – Tomadini; EuGH C-182/03 u. C-217/03, Slg. 2006, I-5479 Rn. 149 – Belgien u. Forum 187/Kommission.
[204] So EuGH C-74/74, Slg. 1976, 797 Rn. 43 ff. – CNTA/Kommission; sowie *Borchardt* S. 132; *Schwarz* S. 398.

qualifizierten Verletzung einer höherrangigen, dem Schutz des Einzelnen dienenden Rechtsnorm führt (Art. 340 Abs. 2 AEUV). Dabei stellt die Verletzung des Vertrauensschutzgrundsatzes aufgrund seiner Qualifizierung als allgemeiner Rechtsgrundsatz des Unionsrechts die **Verletzung einer höherrangigen Norm** dar.[205] Hinsichtlich des Vorliegens einer hinreichend qualifizierten Verletzung des Vertrauensschutzgrundsatzes präjudiziert bereits der Abwägungsvorgang das Ergebnis der haftungsbegründenden Voraussetzungen.[206] Der Umfang des zu ersetzenden Schadens ist jedoch auf den Ausgleich echter Verluste beschränkt.[207] Es werden also weder die auf den Fortbestand der früheren Rechtslage gestützten Gewinnerwartungen[208] noch immaterielle Schäden erfasst.[209] Der Betroffene soll nur vor den Nachteilen, die tatsächlich aufgrund des enttäuschten Vertrauens erlitten worden sind, geschützt werden.

C. Ausprägung des Vertrauensschutzgrundsatzes in Einzelbereichen

51 Als allgemeiner Rechtsgrundsatz findet der Vertrauensschutzgrundsatz auf der verfassungsrechtlichen Ebene beim Erlass von Legislativ- bzw. Sekundärrechtsakten in Form von Richtlinien und Verordnungen, im Rahmen der Verwaltungstätigkeit und in der Rechtsprechung Anwendung.[210]

I. Verfassungsrechtliche Dimension: Das Rückwirkungsverbot

52 Der Unionsgesetzgeber ist beim **Erlass von Legislativakten** an den Grundsatz des Vertrauensschutzes gebunden.[211] Vertrauensschutz im Verfassungsrecht beinhaltet das Problem der **zeitlichen Geltung von Rechtsnormen,** insbesondere von Verordnungen, da die Richtlinie noch eines Transformationsaktes bedarf.[212] Vorrangig stellt sich die Frage nach der Zulässigkeit der Rückwirkung von Rechtsakten.[213]

53 Es muss folglich als Grundvoraussetzung überhaupt eine Rechtsnorm gegeben sein, wobei die Qualifizierung insbesondere im Fall von geänderten Leitlinien der Kommission, die zu einer abweichenden Behördenpraxis im Bereich der Kartellverfahrensverordnung (jetzt VO (EG) Nr. 1/2003, KartellVerfO) führten, Gegenstand unionsgerichtlicher Verfahren war. Entschied das Gericht noch, die Kommission habe keine (rückwirkende) Rechtsnorm erlassen, sondern lediglich das ihr durch die KartellVerfVO eingeräumte Ermessen betätigt,[214] sah der EuGH in einer späteren Entscheidung auch durch die Leitlinien eine Beeinträchtigung des Rückwirkungsverbots als gegeben an.[215] So seien auch solche Leitlinien der Kommission „aufgrund ihrer Rechtswirkung und allgemeinen Geltung" als „Recht" im Sinne des Art. 7 Abs. 1 EMRK anzusehen, mithin sei eine Verletzung auch des unionalen Rückwirkungsverbotes möglich.[216]

54 **Erstmals** hatte der EuGH im Jahre 1973 in Ansehung von Normsetzungsakten auf den Vertrauensschutzgrundsatz rekurrierend herausgestellt, dass eine **Selbstbindung des Gesetzgebers** insoweit vorliegt, als dass dieser gehindert ist, seine Positionen kurzfristig zu

---

[205] EuGH C-74/74, Slg. 1976, 797 Rn. 44 – CNTA/Kommission; EuGH C-182/03 u. C-217/03, Slg. 2006, I-5479 Rn. 149 – Belgien u. Forum 187/Kommission.
[206] *Borchardt* S. 134; *Schwarz* S. 528; *Borchardt* EuGRZ 1988, 309 (315).
[207] EuGH C-74/74, Slg. 1976, 797 Rn. 45 f. – CNTA/Kommission.
[208] *Pernice*, Grundrechtsgehalte im europäischen Gemeinschaftsrecht, 1979, S. 193.
[209] *Schwarz* S. 528.
[210] Vgl. insoweit auch *Altmeyer* S. 55 ff.
[211] Vgl. EuGH C-81/72, Slg. 1973, 575 Rn. 9 f. – Kommission/Rat; EuGH C-112/80, Slg. 1981, 1095 Rn. 47 ff. – Dürbeck; siehe auch EuGH C-1/73, Slg. 1973, 723 Rn. 5 ff. – Westzucker; *Schwarz* S. 413.
[212] Vgl. *Altmeyer* S. 103.
[213] Dazu vgl. insbesondere *Altmeyer* S. 109 ff.; *Heukels*, Rückwirkungsjudikatur, S. 1 ff.; *Schwarz* S. 413 ff.; vgl. auch *Rosenkranz* S. 98 ff.
[214] EuG T-9/99, Slg. 2002, II-1487 Rn. 491 ff. – HFB ua/Kommission.
[215] EuGH C-189/02 P, Slg. 2005, I-5425 Rn. 222 ff. – Dansk Rørindustri ua/Kommission.
[216] EuGH C-189/02 P, Slg. 2005, I-5425 Rn. 223 – Dansk Rørindustri ua/Kommission.

ändern.²¹⁷ Hat ein Legislativorgan Rechtsetzungsakte mit zeitlich begrenzter Geltung erlassen, müssten schon außergewöhnliche Umstände dazu führen, eine Zerstörung der Vertrauensgrundlage während der Geltung der entsprechenden Bestimmung anzunehmen.²¹⁸

Die Unionsorgane sind frei in der Bestimmung des Zeitpunktes, zu dem ein Legislativakt 55 in Kraft treten soll (vgl. Art. 297 Abs. 2 S. 2 AEUV).²¹⁹ Gleichwohl ist ein **rückwirkendes Inkraftsetzen,** bei dem der Beginn der Geltungsdauer eines Rechtsakts auf einen vor dessen Veröffentlichung liegenden Zeitpunkt gelegt wird, aus Gründen der Rechtssicherheit und Rechtsstaatlichkeit **grundsätzlich ausgeschlossen.**²²⁰ Ein Rechtsakt kann den Unionsbürgern nicht entgegengehalten werden, bevor diese die Möglichkeit haben, von dem entsprechenden Rechtsakt Kenntnis zu nehmen.²²¹ Der Zeitpunkt des Inkrafttretens einer Verordnung oder einer Richtlinie darf daher grundsätzlich nicht vor deren Veröffentlichung liegen. Ein Inkrafttreten am Tag der Veröffentlichung ist jedoch möglich, sofern dieses sofortige Inkrafttreten nicht grundlos angeordnet wird.²²² Ab dem Zeitpunkt der Veröffentlichung und des Inkrafttretens ist der Unionsrechtsakt auf alle von seinem Anwendungsbereich erfassten Sachverhalte anwendbar, sofern deren Entstehungszeitpunkt nach dem Zeitpunkt des Inkrafttretens liegt.²²³ Lediglich in **Ausnahmefällen** ist eine Rückwirkung von Rechtsakten zulässig.²²⁴ Wie im deutschen Recht kann auch im Unionsrecht zwischen sog. „echter" Rückwirkung und „unechter" Rückwirkung unterschieden werden.²²⁵ Schließlich besteht mit dem Grundsatz *nulla poena sine lege* ein strafrechtliches Rückwirkungsverbot, wie es auch in Art. 7 EMRK niedergelegt ist. In allen Fällen der Rückwirkungsproblematik müssen die allgemeinen Voraussetzungen des Vertrauensschutzes vorliegen. Dabei ergibt sich die (Un-)Zulässigkeit von rückwirkenden Legislativakten mangels einer allgemeinen primärrechtlichen Regelung weiterhin allein aus der Rechtsprechung des EuGH zu den allgemeinen Rechtsgrundsätzen des Unionsrechts.²²⁶

1. **„Echte" Rückwirkung.** Wird das Inkrafttreten eines Rechtsaktes auf einen **Zeit-** 56 **punkt vor der Veröffentlichung** gelegt bzw. soll eine neue Rechtslage für bereits **abgeschlossene Sachverhalte** durch den Gesetzgeber eingeführt werden,²²⁷ so greift der Legislativakt nachträglich ändernd in abgewickelte, **der Vergangenheit angehörende Tatbestände** ein. Soweit der Gesetzgeber hieran nachträglich ungünstigere Rechtsfolgen anknüpft, mit denen der Bürger bei seinen Dispositionen nicht rechnen musste, wird der Bürger in seinem Vertrauen auf den Bestand der Rechtsordnung enttäuscht. Dieser Fall wird im deutschen Recht als „echte Rückwirkung" bezeichnet und ist als grundsätzlich unzulässig anzusehen.²²⁸ Im Unionsrecht wird dieser Fall zumeist entsprechend bezeichnet.²²⁹ Der EuGH spricht auch von Rückwirkung im eigentlichen Sinne.²³⁰

---

[217] EuGH C-81/72, Slg. 1973, 575 Rn. 9 – Kommission/Rat.
[218] Vgl. *Schwarz* S. 414.
[219] EuGH C-17/67, Slg. 1967, 571 (610 f.) – Neumann; EuGH 57/72, ECLI:EU:C:1973:30 Rn. 19 – Westzucker; *Schwarz* S. 416; *König* in HdB-EuropaR § 2 Rn. 115; *Gellermann* in Streinz AEUV Art. 297 Rn. 7; *Krajewski/Rösslein* in GHN AEUV Art. 297 Rn. 25; *Schoo* in Schwarze AEUV Art. 297 Rn. 13.
[220] EuGH C-98/78, Slg. 1979, 69 Rn. 20 – Racke; EuGH C-99/78, Slg. 1979, 101 Rn. 8 – Decker; *Berger* S. 204; *Rosenkranz* S. 98; *König* in HdB-EuropaR § 2 Rn. 115; *Krajewski/Rösslein* in GHN AEUV Art. 297 Rn. 26; *Schoo* in Schwarze AEUV Art. 297 Rn. 13.
[221] EuGH C-98/78, Slg. 1979, 69 Rn. 15 – Racke; EuGH C-161/06, Slg. 2007, I-10841 Rn. 37 – Skoma-Lux; EuGH C-410/09, Slg. 2011, I-3853 Rn. 23 – Polska Telefonia; EuGH C-146/11, ECLI:EU:C:2012:450 Rn. 33 – Pimix; EuG T-229/11 u. T-276/11, ECLI:EU:T:2013:127 Rn. 32 – Lord Inglewood/Parlament.
[222] EuGH C-17/67, Slg. 1967, 571 (610) – Neumann.
[223] So *Altmeyer* S. 103.
[224] Vgl. insoweit auch *Kokott* AöR 1996, 599 (628 f.).
[225] S. zur Rechtslage im deutschen Recht bspw. *Schwarz* JA 2013, 683 (683 ff.).
[226] *Rosenkranz* S. 98.
[227] EuGH C-98/78, Slg. 1979, 69 Rn. 20 – Racke; EuGH C-99/78, Slg. 1979, 101 Rn. 8 – Decker.
[228] BVerfGE 30, 392 (401) – Berlinhilfegesetz; BVerfGE 50, 177 (193).
[229] Siehe beispielsweise *Frenz* Rn. 3065 ff.; *Rosenkranz* S. 98 ff.; *Schwarz* S. 414 ff.
[230] EuGH C-74/74, Slg. 1976, 797 Rn. 29, 32 – CNTA/Kommission.

57 Die „echte Rückwirkung" ist nach überwiegender Auffassung der Literatur[231] sowie nach der ständigen Rechtsprechung des EuGH, welche sich mit den Rs. „Racke"[232], „Decker"[233] sowie den sog. „Isoglucose-Fällen"[234] entwickelte,[235] aus Gründen der Rechtssicherheit und des Vertrauensschutzes als grundsätzlich unzulässig anzusehen, wobei der EuGH von einem **Regel-Ausnahme-Verhältnis** ausgeht.[236] So führt der EuGH aus, dass der Grundsatz der Rechtssicherheit es verbietet, den Beginn der Geltungsdauer eines Rechtsaktes der Union auf einen Zeitpunkt vor dessen Veröffentlichung zu legen.[237] Gleichwohl lässt der EuGH Ausnahmen von diesem grundsätzlichen Rückwirkungsverbot zu, wenn zwingende Unionsinteressen eine derartige Rückwirkung erfordern und das berechtigte Vertrauen der Betroffenen gebührend berücksichtigt ist.[238] Diese sog. **„Racke-Formel"**[239] enthält folglich zwei kumulativ zu erfüllende Voraussetzungen.[240] Zum einen die Erforderlichkeit der Rückwirkung und zum anderen die ausreichende Beachtung des individuellen Vertrauensschutzes. Dabei ist die „Racke-Formel" auch dann anwendbar, wenn die Rückwirkung in dem betreffenden Rechtsakt selbst nicht ausdrücklich vorgesehen ist, sich aber aus seinem Inhalt ergibt.[241] Zuletzt ist zu beachten, dass die in Ausnahmefällen zulässige Rückwirkung von Rechtsakten besonders zu begründen ist.[242] Fehlt eine solche Begründung, ist der entsprechende Rechtsakt ungültig.[243]

---

[231] *Altmeyer* S. 109 ff.; *Berger* S. 204; *Rosenkranz* S. 98; *Schwarz* S. 417 ff.; *Krajewski/Rösslein* in GHN AEUV Art. 297 Rn. 26.
[232] EuGH C-98/78, Slg. 1979, 69 – Racke.
[233] EuGH C-99/78, Slg. 1979, 101 – Decker.
[234] EuGH C-108/81, Slg. 1982, 3107 – Amylum/Rat; EuGH C-114/81, Slg. 1982, 3189 – Tunnel Refineries/Rat; EuGH C-110/81, Slg. 1982, 3159 – Roquette Frères/Rat.
[235] *Altmeyer* S. 109.
[236] *Schwarz* S. 415.
[237] EuGH C-98/78, Slg. 1979, 69 Rn. 20 – Racke; EuGH C-99/78, Slg. 1979, 101 Rn. 8 – Decker; EuGH 212/80 bis 217/80, Slg. 1981, 2735 Rn. 10 – Meridionale Industria Salumi ua; EuGH C-108/81, Slg. 1982, 3107 Rn. 4 – Amylum/Rat; EuGH C-114/81, Slg. 1982, 3189 Rn. 4 – Tunnel Refineries/Rat; EuGH C-110/81, Slg. 1982, 3159 Rn. 5 – Roquette Frères/Rat; EuGH C-331/88, Slg. 1990, I-4023 Rn. 45 – Fedesa; EuGH C-368/89, Slg. 1991, I-3695 Rn. 17 – Crispoltoni; EuGH C-487/01 u. C-7/02, Slg. 2004, I-5337 Rn. 59 – Gemeente Leusden ua; EuGH C-376/02, Slg. 2005, I-3445 Rn. 33 – Goed Wonen; EuG T-357/02, Slg. 2011, II-5415 Rn. 95 – Sachsen/Kommission; EuG T-310/06, Slg. 2007, II-4619 Rn. 64 – Ungarn/Kommission; EuG T-348/04, Slg. 2008, II-625 Rn. 52 – SIDE/Kommission; EuG T-191/07, Slg. 2009, II-703 Rn. 75 – Anheuser-Busch/HABM; EuG T-471/11, ECLI:EU:T:2014:739 Rn. 102 – Jacob/Kommission.
[238] EuGH C-98/78, Slg. 1979, 69 Rn. 20 – Racke; EuGH C-99/78, Slg. 1979, 101 Rn. 8 – Decker; EuGH 212/80 bis 217/80, Slg. 1981, 2735 Rn. 10 – Meridionale Industria Salumi ua; EuGH C-108/81, Slg. 1982, 3107 Rn. 4 – Amylum/Rat; EuGH C-114/81, Slg. 1982, 3189 Rn. 4 – Tunnel Refineries/Rat; EuGH C-110/81, Slg. 1982, 3159 Rn. 5 – Roquette Frères/Rat; EuGH C-331/88, Slg. 1990, I-4023 Rn. 45 – Fedesa; EuGH C-368/89, Slg. 1991, I-3695 Rn. 17 – Crispoltoni; EuGH C-487/01 u. C-7/02, Slg. 2004, I-5337 Rn. 59 – Gemeente Leusden ua; EuGH C-376/02, Slg. 2005, I-3445 Rn. 33 – Goed Wonen; EuG T-357/02, Slg. 2011, II-5415 Rn. 95 – Sachsen/Kommission; EuG T-310/06, Slg. 2007, II-4619 Rn. 64 – Ungarn/Kommission; EuG T-348/04, Slg. 2008, II-625 Rn. 52 – SIDE/Kommission; EuG T-191/07, Slg. 2009, II-703 Rn. 75 – Anheuser-Busch/HABM; EuG T-471/11, ECLI:EU:T:2014:739 Rn. 102 – Jacob/Kommission.
[239] *Rosenkranz* S. 100.
[240] So hM, vgl. *Altmeyer* S. 111 f.; *Frenz* Rn. 3069 ff.; *Rosenkranz* S. 100; *Schlockermann* S. 78; *Schwarz* S. 420; *Schwarze*, EuVerwR, S. 1092 f.; *Günther* EuZW 2000, 329 (330 ff.); aA *Lamoureux* CMLR 1983, 269 (290 ff.).
[241] EuGH C-368/89, Slg. 1991, I-3695 Rn. 17 – Crispoltoni; EuGH C-487/01 u. C-7/02, Slg. 2004, I-5337 Rn. 59 – Gemeente Leusden ua; EuGH T-310/06, Slg. 2007, II-4619 Rn. 64 – Ungarn/Kommission; EuG T-357/02, Slg. 2011, II-5415 Rn. 95 – Sachsen/Kommission; EuG T-225/06, T-255/06, T-257/06 u. T-309/06, Slg. 2008, II-3555 Rn. 152 – Budvar/HABM; EuG T-191/07, Slg. 2009, II-703 Rn. 75 – Anheuser-Busch/HABM.
[242] EuGH 1/84 R, Slg. 1984, 423 Rn. 19 – Ilford/Kommission; EuGH C-260/91 u. C-261/91, ECLI:EU:C:1993:136 Rn. 10 ff. – Diversinte; EuG 15.11.2007 – T-310/06, Slg. 2007, II-4619 Rn. 83 – Ungarn/Kommission.
[243] EuGH C-260/91 u. C-261/91, ECLI:EU:C:1993:136 Rn. 10 ff. – Diversinte ua; siehe auch *Schmahl* in HdB-EuropaR § 6 Rn. 41 Fn. 143.

Bei der Prüfung der **Erforderlichkeit einer Rückwirkung** handelt es sich um eine 58
modifizierte Verhältnismäßigkeitsprüfung.[244] Dabei ist eine Rückwirkung immer dann
erforderlich, wenn das Ziel des Rechtsaktes nicht auf anderem Wege erreicht werden
kann.[245] Insofern bedarf es eines zwingenden öffentlichen Interesses bzw. zwingender
Gründe des Allgemeinwohls.[246] Als zulässige Ziele in der Rechtsprechung des Gerichtshofs wurden ua die Marktstabilisierung,[247] die Vermeidung eines Rechtsvakuums,[248] Maßnahmen zur Erhaltung des bestehenden agro-monetären Systems[249] und des
Systems der Währungsausgleichsbeträge,[250] die Vermeidung von Umgehungsmanövern auf
stark reglementierten Märkten[251] oder Antidumpingzölle[252] anerkannt.[253] Bloße Zweckmäßigkeitsüberlegungen sind nicht ausreichend.[254] Auch konnte nach Ansicht des EuGH
eine rückwirkende Verordnung zur Marktregulierung des Tabakanbaus innerhalb der damaligen EG ihre Ziele für das laufende Wirtschaftsjahr nicht erreichen, da sie erst nach dem
Zeitpunkt der Aussaat durch die anbauenden Tabakproduzenten veröffentlicht worden war
und damit weder eine Erhöhung des Tabakanbaus insgesamt, noch die Erzeugung absatzschwacher Sorten zu verhindern geeignet war.[255] Zu beachten ist jedoch, dass dem Unionsgesetzgeber eine Einschätzungsprärogative zusteht, die nur bei offenkundigem Überschreiten des gesetzgeberischen Ermessens verletzt ist.[256]

Weiterhin ist das **individuelle Vertrauen des Betroffenen** zu beachten, sofern dieses 59
schutzwürdig ist.[257] Die objektive Vertrauenslage wird dabei bereits durch die „echte"
Rückwirkung geschaffen und bedarf keines konkreten Verhaltens der Unionsorgane.[258]
Folglich ist auf den subjektiven Tatbestand der Schutzwürdigkeit des Vertrauens abzustellen,
wobei entscheidend ist, ob der Betroffene die Änderung der Rechtslage vorhersehen
konnte.[259] Ob eine solche Vorhersehbarkeit gegeben ist, bestimmt sich nach den oben
bereits genannten Kriterien, also insbesondere aus Sicht eines „umsichtigen und besonnenen Wirtschaftsteilnehmers"[260] (→ Rn. 36).[261]

2. „Unechte" Rückwirkung. Ein Rechtsakt kann auch Wirkungen für Sachverhalte 60
entfalten, die unter einem früheren Rechtszustand entstanden, aber bei Inkrafttreten der
neuen Regelung noch nicht abgeschlossen sind (sog. **Dauersachverhalte**).[262] Im deutschen Recht wird diese Problematik unter dem Begriff der „unechten Rückwirkung"
behandelt. Im Gegensatz zum BVerfG[263] benutzt der EuGH den Begriff aber nicht aus-

---

[244] *Berger* S. 189; *Heukels,* Intertemporales Gemeinschaftsrecht S. 264; *Heukels,* Rückwirkungsjudikatur, S. 25 f.; *Rosenkranz* S. 101; *Schmahl* in HdB-EuropaR § 6 Rn. 41; *Günther* EuZW 2000, 329 (330).
[245] *Rosenkranz* S. 101.
[246] *Berger* S. 188.
[247] EuGH C-108/81, Slg. 1982, 3107 – Amylum/Rat; EuGH C-143/88 u. C-92/89, Slg. 1991 I-415 Rn. 54 – Zuckerfabrik Süderdithmarschen.
[248] EuGH C-84/81, Slg. 1982, 1763 Rn. 13 ff. – Staple Dairy Products.
[249] EuGH C-84/81, Slg. 1982, 1763 Rn. 13 ff. – Staple Dairy Products; EuGH C-244/95, Slg. 1997, I-6441 Rn. 77 ff. – Moskof.
[250] EuGH C-98/78, Slg. 1979, 69 Rn. 6 – Racke; EuGH C-99/78, Slg. 1979, 101 Rn. 7 – Decker.
[251] EuGH 258/80, Slg. 1982, 487 – Rumi/Kommission; EuGH C-338/85, Slg. 1988, 2041 – Pardini.
[252] EuGH C-246/87, Slg. 1989, 1151 Rn. 16 – Continentale Produkten-Gesellschaft.
[253] Vgl. auch *Rosenkranz* S. 101.
[254] *Rosenkranz* S. 101; *Schwarz* S. 419.
[255] EuGH C-368/89, Slg. 1991, I-3695 Rn. 18 – Crispoltoni I.
[256] *Heukels,* Rückwirkungsjudikatur, S. 28 f.; sa *Rosenkranz* S. 101.
[257] *Rosenkranz* S. 101
[258] *Heukels,* Rückwirkungsjudikatur, S. 30.
[259] *Heukels,* Rückwirkungsjudikatur, S. 31; *v. Arnauld,* Rechtssicherheit, 2006, S. 518.
[260] EuGH C-324/96, ECLI:EU:C:1998:138 Rn. 51 – Petridi/Simou ua; EuGH C-246/87, Slg. 1989, 1151 Rn. 17 – Continentale Produkten-Gesellschaft.
[261] Vgl. *Rosenkranz* S. 102 f.
[262] So *Frenz* Rn. 3072; *Rosenkranz* S. 103; *Schwarz* S. 420; *Schmahl* in HdB-EuropaR § 6 Rn. 42; *Gilsdorf* RIW 1983, 22 (27); *Gilsdorf/Bardenhewer* EuZW 1992, 267.
[263] Vgl. zB BVerfG 11, 139 (145 f.) – Kostenrechtsnovelle; BVerfGE 30, 367 (386) – Bundesentschädigungsgesetz; BVerfGE 101, 239 (263) – Stichtagsregelung.

drücklich.²⁶⁴ Vielmehr spricht der EuGH von einer Problematik, die nichts mit einer Rückwirkung im eigentlichen Wortsinn zu tun hat.²⁶⁵ Daher gilt bei einer „unechten Rückwirkung" auch nicht das grundsätzliche Rückwirkungsverbot.²⁶⁶

61 Unter Bezugnahme auf den Grundsatz der **sofortigen Anwendbarkeit gesetzesändernder Unionsvorschriften** geht der Gerichtshof vielmehr von der generellen Zulässigkeit dieser Form der Rückwirkung aus.²⁶⁷ Dabei löst der EuGH das Spannungsverhältnis²⁶⁸ zwischen dem Vertrauensschutz des Individuums und einer prinzipiell weiten Dispositionsfreiheit des Gesetzgebers in ständiger Rechtsprechung nach dem anerkannten Grundsatz, dass Gesetzesänderungen, soweit nichts abweichendes bestimmt ist, auf die künftigen Auswirkungen unter dem alten Recht entstandener Sachverhalte anwendbar sind.²⁶⁹ Dieses **beschränkte Durchsetzungsvermögen des Vertrauensschutzes** gegenüber der sofortigen Anwendbarkeit gesetzesändernder Unionsvorschriften ist dadurch begründet, dass eine aus dem Vertrauensschutzgrundsatz in diesen Fällen abzuleitende Verpflichtung zum Erlass von Übergangsregelungen zur gleichzeitigen Anwendung unterschiedlichen Rechts führen und darüber hinaus in vielen Fällen die getroffenen Unionsmaßnahmen ihrer Wirksamkeit berauben würde.²⁷⁰ Etwas anderes gilt nur dann, wenn das als schutzwürdig angesehene Vertrauen des Einzelnen das Unionsinteresse überwiegt.²⁷¹

62 Ob ein **schutzwürdiges Vertrauen** vorliegt, entscheidet der EuGH insbesondere aufgrund der **Vorhersehbarkeit der Rechtsänderung.**²⁷² Dabei billigt der EuGH dem Betroffenen eine erhöhte Schutzwürdigkeit zu, soweit dieser gegenüber der Verwaltung bereits Verpflichtungen eingegangen ist.²⁷³ Eine Berufung auf Vertrauensschutz ist jedoch bei spekulativen Geschäften ebenso ausgeschlossen wie bei Kenntnis der Rechtswidrigkeit einer Rechtslage.²⁷⁴

---

²⁶⁴ *Schwarz* S. 420.
²⁶⁵ EuGH C-278/84, Slg. 1987, 1 Rn. 35 – Deutschland/Kommission; EuG T-76/11, ECLI:EU:T:2012:613 Rn. 38 – Spanien/Kommission; siehe auch GA *Trstenjak*, SchlA C-162/09, ECLI:EU:C:2010:266 Rn. 54 – Lassal; GA *Trstenjak*, SchlA C-482/09, Slg. 2011, I-8701 Rn. 106 – Budvar; vgl. aber auch GA *Roemer*, SchlA C-1/73, Slg. 1973, 723 (940) – Westzucker, der von einer unechten Rückwirkung spricht.
²⁶⁶ *Berger* S. 194.
²⁶⁷ So *Borchardt* EuGRZ 1988, 309 (311), unter Verweis auf EuGH C-44/65, Slg. 1965, 1191 (1276) – Hessische Knappschaft; EuGH C-17/67, Slg. 1967, 571 (611) – Neumann; EuGH C-68/69, Slg. 1970, 171 Rn. 24 – Bundesknappschaft; EuGH C-1/73, Slg. 1973, 723 Rn. 4 f. – Westzucker; vgl. auch EuGH C-112/80, Slg. 1981, 1095 Rn. 48 – Dürbeck; EuGH 278/84, Slg. 1987, 1 Rn. 36 – Deutschland/Kommission; EuGH 203/86, Slg. 1988, 4563 Rn. 19 – Spanien/Rat; EuGH C-60/98, Slg. 1999, I-3939 Rn. 25 – Butterfly Music; EuGH C-334/07 P, Slg. 2008, I-9465 Rn. 43 – Kommission/Sachsen; EuGH C-107/10, Slg. 2011, I-3873 Rn. 39 – Enel Maritsa Iztok.
²⁶⁸ *Schwarz* S. 420.
²⁶⁹ EuGH C-1/73, Slg. 1973, 723 Rn. 5 – Westzucker; EuGH 143/73, ECLI:EU:C:1973:145 Rn. 8 f. – SOPAD; EuGH C-96/77, Slg. 1978, 383 Rn. 48, 51 – Bauche; EuGH C-125/77, Slg. 1978, 1991 Rn. 37, 41 – Koninklijke Scholten-Honig ua; EuGH C-162/00, Slg. 2002, I-1049 Rn. 50 – Pokrzeptowicz-Meyer; EuGH C-441/08, Slg. 2009, I-10799 Rn. 32 – Elektrownia Patnów; EuGH C-357/09 PPU, Slg. 2009, I-11189 Rn. 38 – Huchbarov; EuGH C-226/08, Slg. 2010, I-131 Rn. 46 – Stadt Papenburg; EuGH C-395/08 u. C-396/08, Slg. 2010, I-5119 Rn. 53 – INPS ua; EuGH C-428/08, Slg. 2010, I-6765 Rn. 66 – Monsanto Technology; EuGH C-393/10, ECLI:EU:C:2012:110 Rn. 25 – O'Brien; EuGH C-614/11, ECLI:EU:C:2013:544 Rn. 25 – Kuso; EuGH C-297/12, ECLI:EU:C:2013:569 Rn. 40 – Filev ua; EuGH C-303/13 P, ECLI:EU:C:2015:647 Rn. 49 – Kommission/Andersen; EuG T-357/02, Slg. 2011, II-5415 Rn. 78 – Sachsen/Kommission; EuGH C-348/04, Slg. 2008, II-625 Rn. 42 – SIDE/Kommission; EuG T-116/04, ECLI:EU:T:2009:140 Rn. 130 – Wieland-Werke/Kommission; EuGÖD F-117/11, ECLI:EU:F:2013:196 Rn. 105 – Teughels/Kommission; EuGÖD F-130/11, ECLI:EU:F:2013:195 Rn. 99 – Verile/Kommission; siehe auch GA *Wathelet*, SchlA C-303/13 P, ECLI:EU:C:2015:340 Rn. 14 – Kommission/Andersen.
²⁷⁰ Vgl. bspw. EuG T-155/99, Slg. 2001, II-3143 Rn. 80 – Dieckmann & Hansen/Kommission.
²⁷¹ *Berger* S. 194; *Borchardt* S. 34; *Craig* CamLJ 1996, 289 (305).
²⁷² *Schwarz* S. 421.
²⁷³ Siehe EuGH C-84/78, Slg. 1979, 1801 Rn 20 ff. – Tomadini; siehe auch *Schwarz* S. 421.
²⁷⁴ *Schwarz* S. 421.

Entscheidend für das Vorliegen einer Vertrauenslage ist, ob der Betroffene auf den **Fort-** 63
bestand der Rechtslage vertrauen durfte.[275] Bei der sich anschließenden Frage der
Schutzwürdigkeit des Vertrauens sind die Art und der Verfestigungsgrad der jeweiligen
Dispositionen heranzuziehen.[276] Dabei ist das Vertrauen eines Betroffenen umso schutz-
würdiger, je konkreter und verbindlicher das Rechtsverhältnis zwischen ihm und den
Unionsorganen ist.[277] Zu beachten ist jedoch, dass das schutzwürdige Vertrauen von
Unionsinteressen überwogen werden kann.[278] Verfolgt das Unionsinteresse in diesem Fall
zwingende Allgemeinwohlinteressen, so ist der Erlass von Übergangsregelungen nicht
notwendig; fehlen jedoch diese zwingenden Interessen,[279] so müssen entsprechende Übergangsregelungen vorgesehen werden.[280]

Bei Dauersachverhalten erstreckt sich die Wirkung des Rechtsaktes nicht auf die vor 64
seinem Inkrafttreten definitiv **abgeschlossenen Teilsachverhalte**.[281] In diesem Falle liegt
wiederum eine **echte Rückwirkung** vor. Dabei ist für eine entsprechende Einordnung
entscheidend, ob die rechtsfolgenbegründenden Tatbestände vor oder nach Inkrafttreten
der Neuregelung liegen.[282]

Bei **Warenimporten aus Drittstaaten** in die EU sind Importeure berechtigt, darauf zu 65
vertrauen, dass diejenigen Waren, die bereits in der Union unterwegs sind, außer bei
unbestreitbarem öffentlichen Interesse nicht bei ihrer Ankunft im Unionsgebiet im Falle
einer Sekundärrechtsänderung zurückgewiesen werden.[283]

3. Rückwirkung von Strafvorschriften: *Nulla poena sine lege.* Eine Rückwirkung von 66
Strafvorschriften ist **ausnahmslos ausgeschlossen**.[284] Eine Anordnung von rückwirkenden strafrechtlichen Sanktionen darf weder von einem Unionsrechtsakt ausgehen, noch darf
dieser entsprechende nationale Regelungen hierzu legitimieren.[285] Dieses **absolute Rückwirkungsverbot** hat der EuGH aus den Rechtsordnungen der Mitgliedstaaten sowie
Art. 7 EMRK abgeleitet und es als einen allgemeinen Rechtsgrundsatz qualifiziert, dessen
Wahrung der Gerichtshof zu sichern habe.[286] Der Begriff der Strafen ist dabei weit zu
verstehen und erfasst neben Normen mit strafrechtlichem Charakter auch spezifische verwaltungsrechtliche Regelungen, die die Verhängung von Sanktionen durch die Verwaltung
vorschreiben oder gestatten.[287] Hierhin einzuordnen ist auch die oben angesprochene Entscheidung zur Rückwirkung geänderter Leitlinien der Kommission betreffend die Geldbu-
ßenpraxis im Rahmen der KartellVerfVO (→ Rn. 53). Überdies kann nach dem EuGH

---

[275] *Borchardt* S. 99; *Schwarz* S. 421.
[276] *Rosenkranz* S. 103.
[277] *Berger* S. 194 f.; vgl. auch *Craig* CamLJ 1996, 289 (307).
[278] Vgl. hierzu *Heukels*, Intertemporales Gemeinschaftsrecht, S. 192 ff.
[279] Dies ist beispielsweise der Fall, wenn reine Zweckmäßigkeitserwägungen verfolgt werden.
[280] Vgl. EuGH C-74/74, Slg. 1976, 797 – CNTA/Kommission; EuGH C-84/78, Slg. 1979, 1801 Rn. 20 – Tomadini; EuGH C-183/95, Slg. 1997, I-4315 Rn. 57 – Affish; EuG T-155/99, Slg. 2001, II-3143 Rn. 80 – Dieckmann & Hansen/Kommission.
[281] So *Altmeyer* S. 104; *Heukels*, Intertemporales Gemeinschaftsrecht, S. 46 ff.; siehe auch EuGH C-17/67, Slg. 1967, 571 (611) – Neumann.
[282] So *Altmeyer* S. 104; *Heukels*, Intertemporales Gemeinschaftsrecht, S. 106.
[283] EuGH C-152/88, Slg. 1992, I-153 Rn. 16 – Sofrimport/Kommission; EuGH C-183/95, Slg. 1997, I-4315 Rn. 57 – Affish; EuG T-94/00, T-110/00 u. T-159/00, Slg. 2002, II-4677 Rn. 222 – Rica Foods ua/Kommission.
[284] *Frenz* Rn. 3085; *Rosenkranz* S. 104; *Bieber/Schraff* in Bieber/de Gucht/Lenaerts/Weiler, Au nom des peuples européens, S. 263 (300 ff.) mit weiteren Nachweisen; siehe auch *Heukels*, Intertemporales Gemeinschaftsrecht, S. 232 ff. mit weiteren Nachweisen.
[285] EuGH C-331/88, Slg. 1990, I-4023 Rn. 43 f. – Fedesa; siehe auch EuGH C-550/09, Slg. 2010, I-6213 Rn. 59 – E. u. F.
[286] EuGH C-63/83, ECLI:EU:C:1984:255 Rn. 22 – Regina/Kirk; EuGH C-331/88, Slg. 1990, I-4023 Rn. 42 – Fedesa; sa EuGH C-14/81, Slg. 1982, 785 Rn. 29 – Alpha Steel/Kommission; EuGH C-459/02, Slg. 2004, I-7315 Rn. 35 – Gerekens; EuGH C-23/99, Slg. 2002, I-1705 – LR AF 1998/Kommission; EuG T-64/02, Slg. 2005, II-5137 Rn. 205 – Heubach/Kommission; *Kokott* AöR 1996, 599 (628).
[287] EuG T-69/04, Slg. 2008, II-2567 Rn. 29 – Schunk/Kommission; siehe auch *Albin/Eser* in NK-EuGRCh GRCh Art. 49 Rn. 28.

auch eine geänderte Rechtsprechung dann gegen den nulla poena Grundsatz verstoßen, wenn das Ergebnis der neuen richterlichen Auslegung zum Zeitpunkt der Begehung der Straftat „nicht hinreichend voraussehbar war."[288] Schließlich steht das Rückwirkungsverbot auch der Begründung einer strafrechtlichen Verantwortlichkeit alleine aus einer Richtlinie und damit ohne die notwendigen mitgliedstaatlichen Umsetzungsmaßnahmen entgegen.[289]

67 Mittlerweile ist das Rückwirkungsverbot von Strafvorschriften grundrechtlich in Art. 49 GRC verankert. Hierin wurde ebenso das vom EuGH als allgemeinen Rechtsgrundsatz qualifizierte **Gebot der milderen Strafe** kodifiziert,[290] wonach eine nach Tatbegehung abgemilderte Strafvorschrift zugrunde zu legen ist, sofern diese nicht aufgrund eines Verstoßes gegen das Unionsrecht unwirksam[291] ist oder die Sanktionsregelung von vorneherein befristet[292] war.[293]

68 **4. Ausnahme vom Rückwirkungsverbot.** Vom Rückwirkungsverbot gänzlich ausgenommen sind Vorschriften, die andere Rechtsakte lediglich klarstellen oder auslegen.[294] Ein solcher Fall wird auch als **„formale oder scheinbare Rückwirkung"** bezeichnet.[295]

69 **5. Rechtsfolgen eines Verstoßes gegen das Rückwirkungsverbot.** Bei einem Verstoß gegen das Rückwirkungsverbot ist der entsprechende Rechtsakt zwar grundsätzlich *ex tunc* nichtig, eine Ausnahme wird vom EuGH jedoch dann gemacht, wenn „zwei grundlegende Kriterien erfüllt sind, nämlich guter Glaube der Betroffenen und die Gefahr schwerwiegender Störungen".[296] Eine solche – nicht nur im vorliegenden Kontext mögliche – Einschränkung der Rückwirkung unionsgerichtlicher Entscheidungen rechtfertigt sich aus den allgemeinen Schwierigkeiten eines Eingriffs in zurückliegende Sachverhalte, mithin aus dem Grundsatz der Rechtssicherheit (→ Rn. 7).[297]

II. Verwaltungsrechtliche Dimension

70 Auf der verwaltungsrechtlichen Ebene kommt dem Vertrauensschutzgrundsatz in den Fällen des **Widerrufs** und der **Rücknahme** von individuellen Beschlüssen der Unionsorgane beim direkten Vollzug des Unionsrechts große Bedeutung zu.[298] Dabei begrenzt der Vertrauensschutzgrundsatz die Möglichkeiten der Abänderung und Aufhebung von Rechtsakten.[299]

71 **1. Widerruf.** Der **Widerruf eines rechtmäßigen individuellen Beschlusses,** welcher dem Einzelnen Rechte verleiht und damit begünstigend wirkt, mit Wirkung *ex tunc* aufgrund des Vertrauensschutzgrundsatzes ausgeschlossen.[300] In diesem Fall überwiegt die Schutzwürdigkeit des Vertrauens auf den dauernden Fortbestand der geschaffenen Rechtsstellung das Interesse der Verwaltung an einer Rückgängigmachung ihres Beschlusses.[301]

---

[288] EuGH C-189/02 P, Slg. 2005, I-5425 Rn. 218 – Dansk Rørindustri ua/Kommission.
[289] EuGH C-14/86, Slg. 1987, 2545 Rn. 19 f. – Pretore di Salò/X; EuGH C-387/02, C-381/02 u. C-403/02, Slg. 2005, I-3565 Rn. 74 ff. – Berlusconi.
[290] S. EuGH C-387/02, C-381/02 u. C-403/02, Slg. 2005, I-3565 Rn. 68 f. – Berlusconi ua.
[291] GA *Kokott,* SchlA C-387/02, C-391/02 u. C-403/02, Slg. 2005, I-3565 Rn. 162 u. 165 – Berlusconi.
[292] GA *Kokott,* SchlA C-387/02, C-391/02 u. C-403/02, Slg. 2005, I-3565 Rn. 160 – Berlusconi.
[293] Jarass GRCh Art. 49 Rn. 15.
[294] EuGH 183/73, Slg. 1974, 477 Rn. 8 – Osram.
[295] *Gilsdorf* RIW 1983, 22 (28).
[296] EuGH C-372/98, Slg. 2000, I-8683 Rn. 42 – Cooke.
[297] EuGH C-43/75, Slg. 1976, 455 Rn. 74 f. – Defrenne II.
[298] So *Borchardt* EuGRZ 1988, 309 (310), unter Verweis auf die nahezu einheitlichen Untersuchungen von *Schlockermann* S. 29 ff. u. *Püttner* EuR 1975, 219 (219 ff.).
[299] *Borchardt* EuGRZ 1988, 309 (310).
[300] EuGH C-7/56, 3/57 bis 7/57, Slg. 1957, 81 (117 ff.) – Algera; EuGH C-159/82, Slg. 1983, 2711 Rn. 8 ff. – Verli-Wallace/Kommission; EuG T-123/89, Slg. 1990, II-131 Rn. 34 – Chomel/Kommission; EuG T-197/99, ECLI:EU:T:2000:282 Rn. 53 – Gooch/Kommission; EuG T-251/00, Slg. 2004, II-4217 Rn. 139 – Lagadère/Kommission; siehe auch *Borchardt* S. 65; *Schlockermann* S. 30 ff.; *Borchardt* EuGRZ 1988, 309 (311); *Erichsen/Buchwald* S. 84 (85 f.); *Haratsch* EuR 1998, 387 (389).
[301] EuGH C-7/56, 3/57 bis 7/57, Slg. 1957, 81 (118) – Algera.

Für die Zukunft *(ex nunc)* sind rechtmäßige begünstigende Rechtsakte dann nicht widerruflich, wenn sie Rechte des Einzelnen begründen,[302] wobei unter Rückgriff auf die Rs. „Simon"[303] auch vertreten wird, dass der Widerruf eines solchen Beschlusses grundsätzlich zulässig ist, wenn aufgrund einer geänderten Sach- oder Rechtslage ein anderer Beschluss ergehen müsste.[304] Es erscheint jedoch zweifelhaft, ob dieses Urteil generalisiert werden kann.[305] Überzeugend ist jedoch die Ansicht, dass ein Widerruf für die Zukunft dann möglich ist, wenn der Adressat des betreffenden Beschlusses eine ihm in diesem Beschluss auferlegte Verpflichtung nicht erfüllt, da in diesem Fall nur ein eingeschränktes Vertrauen in den Fortbestand dieses Beschlusses bestehen kann.[306]

Der **Widerruf rechtmäßiger belastender Beschlüsse** mit Wirkung *ex tunc* oder *ex nunc* ist dagegen grundsätzlich möglich,[307] da ebendieser keine Beeinträchtigung für den Betroffenen darstellt, sondern vielmehr in dessen Sinne erfolgt.[308] Von dieser Beurteilung ist nur abzuweichen, sofern eine Verpflichtung zum Erlass des Beschlusses bestand[309] oder Rechte Dritter bzw. öffentliche Interessen einem solchen Widerruf entgegenstehen.[310]

2. Rücknahme. Bei der Rücknahme von rechtswidrigen Beschlüssen ist ebenfalls zwischen belastenden und begünstigenden Rechtsakten zu unterscheiden. Dabei bereitet die **Rücknahme belastender Beschlüsse** keine Probleme, da eine solche Rücknahme zum einen dem Grundsatz der Gesetzmäßigkeit der Verwaltung und zum anderen in aller Regel auch dem Individualinteresse entspricht.[311] Erwägungen des Vertrauensschutzes stehen folglich dem Unionsinteresse an einer Rücknahme regelmäßig nicht entgegen.[312] Ebenso stets möglich ist mangels entgegenstehenden berechtigten Vertrauens die **Rücknahme eines rechtswidrigen begünstigenden Beschlusses** mit Wirkung für die Zukunft.[313]

Die **Rücknahme rechtswidriger begünstigender Beschlüsse** mit Wirkung *ex tunc* unterliegt dagegen strengen Anforderungen.[314] In diesen Fällen ist ein berechtigtes Vertrauen der jeweils Betroffenen zu schützen. Der Vertrauensschutzgrundsatz stellt somit eine relative Schranke bei der Aufhebung *ex tunc* dar, die aber aufgrund einer umfassenden Interessenabwägung im Einzelfall zulässig ist. Dabei muss eine solche Rücknahme nach ständiger Rechtsprechung des EuGH innerhalb einer **angemessenen Frist** erfolgen, wobei jedoch das schutzwürdige Vertrauen des Betroffenen in die Rechtmäßigkeit des Beschlusses zu berücksichtigen ist.[315] Dabei bestimmt sich die Angemessenheit der Rück-

---

[302] *Nicolaysen* Europarecht I S. 143, unter Verweis auf EuGH C-7/56, 3/57 bis 7/57, Slg. 1957, 81 (117 ff.) – Algera.
[303] EuGH C-15/60, Slg. 1961, 225 insbes. S. 259 f. – Simon.
[304] *Schwarz* S. 433; siehe auch *Geurts* S. 224 f.; *Schwarze,* EuVerwR, S. 960; *Lübbig* EuZW 2003, 233 (236).
[305] *Frenz* Rn. 3042.
[306] *Lübbig* EuZW 2003, 233 (236).
[307] *Geurts* S. 232; *Huber,* Recht der europäischen Integration, S. 328; *Wiesner,* Der Widerruf individueller Entscheidungen der Hohen Behörde der EGKS, 1966, S. 20 f.; *Erichsen/Buchwald* S. 84 (86); *Haratsch* EuR 1998, 387 (391); *Lübbig* EuZW 2003, 233 (236).
[308] *Altmeyer* S. 60; *Oppermann/Classen/Nettesheim* EuropaR § 12 Rn. 14; *Schmahl* in HdB-EuropaR § 6 Rn. 42.
[309] EuGH 4/59 bis 13/59, Slg. 1960, 339 – Mannesmann; *Ipsen* S. 526; *Däubler* NJW 1965, 1646 (1650); *Erichsen/Buchwald* S. 84 (86); *Haratsch* EuR 1998, 387 (391).
[310] *Schmahl* in HdB-EuropaR § 6 Rn. 42.
[311] *Schwarz* S. 433; *Schmahl* in HdB-EuropaR § 6 Rn. 42; vgl. auch *Huber,* Recht der europäischen Integration, S. 328; *Däubler* NJW 1965, 1646 (1649); *Erichsen/Buchwald* S. 84 (86); *Haratsch* EuR 1998, 387 (391).
[312] EuG T-227/95, Slg. 1997, II-1185 Rn. 91 – AssiDomän Kraft Products/Kommission.
[313] EuGH C-7/56, 3/57 bis 7/57, Slg. 1957, 81 (119) – Algera; EuGH C-15/60, Slg. 1961, 225 (259 f.) – Simon; EuGH C-54/77, Slg. 1978, 585 Rn. 37, 41 – Herpels/Kommission; sa *Borchardt* EuGRZ 1988, 309 (311).
[314] EuGH C-54/77, Slg. 1978, 585 Rn. 37, 41 – Herpels/Kommission; EuGH C-90/95 P, Slg. 1997, I-1999 Rn. 35 – de Compte; EuG T-251/00, Slg. 2004, II-4217 Rn. 140 – Lagadère/Kommission; EuG T-376/05 u. T-383/05, Slg. 2006, II-205 Rn. 84 – TEA-CEGOS/Kommission; EuGÖD F-51/07, ECLI:EU:F:2008:112 Rn. 51 – Bui Van/Kommission.
[315] EuGH C-7/56, 3/57 bis 7/57, Slg. 1957, 81 (119) – Algera; EuGH C-14/61, Slg. 1962, 485 (549) – Koninklijke Nederlandsche Hoogovens en Staalfabrieken/Hohe Behörde; EuGH C-111/63, Slg. 1965,

nahmefrist anhand der rechtlichen und tatsächlichen Umstände des Einzelfalls, wobei insbesondere die für die Betroffenen auf dem Spiel stehenden Interessen, die Komplexität der Rechtssache sowie das Verhalten der Parteien herangezogen werden.³¹⁶ Fraglich ist aber, inwieweit sich hieraus, insbesondere im Hinblick auf den Grundsatz der Rechtssicherheit, eine für den Betroffenen klar erkennbare und eindeutige Frist ergeben kann. Vielmehr scheint diese „Formel" die Tür zu einer fast beliebigen Einzelfalljudikatur zu öffnen.³¹⁷

75 Im Rahmen des mitgliedstaatlichen dh **indirekten Vollzugs von Unionsrecht** durch nationale Behörden sind grundsätzlich die materiellen und formellen Bestimmungen des innerstaatlichen Rechts anzuwenden.³¹⁸ Die **Anwendung des nationalen Rechts** darf aber nicht dazu führen, dass die Verwirklichung des Unionsrechts praktisch unmöglich gemacht oder übermäßig erschwert wird **(Effektivitätsgrundsatz).**³¹⁹ Dabei ist das nationale Recht im Vergleich zu gleichgelagerten, rein nationalen Sachverhalten ohne Diskriminierung anzuwenden **(Äquivalenzgrundsatz).**³²⁰ Dem unionsrechtlichen Interesse an der Rücknahme ist in vollem Umfang Rechnung zu tragen.³²¹

76 Diese Grundsätze finden vor allem bei der Rückforderung von zu Unrecht gezahlten Beträgen in Form von staatlichen Beihilfen Anwendung.³²² **Die Rücknahme unionsrechtswidriger Beihilfenbescheide** richtet sich mangels einschlägiger Vorschriften auf unionaler Ebene nach nationalem Recht.³²³ In Deutschland richtet sich die Rücknahme

---

835 (910 f.). – Lemmerz-Werke/Hohe Behörde; EuGH C-14/81, Slg. 1982, 785 Rn. 10 – Alpha Steel/Kommission; EuGH C-15/85, Slg. 1987, 1005 Rn. 12 – Consorzio Cooperative d'Abruzzo/Kommission; EuGH C-248/89, Slg. 1991, I-2987 Rn. 20 – Cargill/Kommission; EuGH C-365/89, Slg. 1991, I-3045 Rn. 18 – Cargill; EuGH C-90/95 P, Slg. 1997, I-1999 Rn. 35 – de Compte; EuG T-251/00, Slg. 2004, II-4217 Rn. 140 – Lagardère/Kommission; EuG T-416/04, ECLI:EU:T:2006:281 Rn. 161 – Kontouli/Rat; EuGÖD F-51/07, ECLI:EU:F:2008:112 Rn. 51 – Bui Van/Kommission.

³¹⁶ EuGH C-238/ 99 P, C-244/99 P, C-245/99 P, C-247/99 P, C-250/99 P bis C-252/99 P u. C-254/99 P, Slg. 2002, I-8375 Rn. 187 – Limburgse Vinyl Maatschappij/Kommission; EuG T-144/02, Slg. 2007, II-2721 Rn. 66 – Eagle ua/Kommission; EuGÖD F-51/07, ECLI:EU:F:2008:112 Rn. 35 u. 67 – Bui Van/Kommission; vgl. auch EuGH C-185/95 P, Slg. 1998, I-8417 Rn. 29 – Baustahlgewebe/Kommission; EGMR 23.4.1987 – 9616/81 Rn. 66 – Erkner u Hofauer/Austria; EGMR 27.11.1991 – 12325/86, 14992/89 Rn. 60 – Kemmache/France; EGMR 23.4.1996 – 17869/91 Rn. 71 – Phocas/France; EGMR 24.9.1997 – 18996/91 Rn. 39 – Garyfallou Aebe/Greece.

³¹⁷ *Schwarz* S. 434 f.; vgl. auch *Geurts* S. 236 f.

³¹⁸ Vgl. bspw. EuGH C-201/02, Slg. 2004, I-723 Rn. 65 u. 67 – Wells; EuGH C-180/04, Slg. 2006, I-7251 Rn. 37 – Vassallo; EuGH C-55/06, Slg. 2008 I-2931 Rn. 170 – Arcor; vgl. auch *Altmeyer* S. 87 ff.; *Classen* in GHN AEUV Art. 197 Rn. 23; *Hatje* in Schwarze AEUV Art. 197 Rn. 1.

³¹⁹ EuGH C-366/95, Slg. 1998, I-2661 Rn. 15 – Steff-Houlberg Export; EuGH C-298/96, Slg. 1998, I-4767 Rn. 24 – Oelmühle Hamburg ua; EuGH C-231/96, Slg. 1998, I-4951 Rn. 34 – Edilizia Industriale Siderurgica; EuGH C-201/02, Slg. 2004, I-723 Rn. 67 – Wells; EuGH C-234/04, Slg. 2006, I-2585 Rn. 22 – Kapferer; EuGH C-295/04 bis C-298/04, Slg. 2006, I-6619 Rn. 64 – Manfredi; ausführlich zum Effektivitätsgrundsatz *Kulms*, Der Effektivitätsgrundsatz, 2013, S. 1 ff.

³²⁰ EuGH C-366/95, Slg. 1998, I-2661 Rn. 15 – Steff-Houlberg Export; EuGH C-298/96, Slg. 1998, I-4767 Rn. 24 – Oelmühle Hamburg ua; EuGH C-231/96, Slg. 1998, I-4951 Rn. 34 – Edilizia Industriale Siderurgica; EuGH C-201/02, Slg. 2004, I-723 Rn. 67 – Wells; EuGH C-234/04, Slg. 2006, I-2585 Rn. 22 – Kapferer; EuGH C-295/04 bis C-298/04, Slg. 2006, I-6619 Rn. 64 – Manfredi; ausführlich zu beiden Grundsätzen *J. König*, Der Äquivalenz- und Effektivitätsgrundsatz in der Rechtsprechung des Europäischen Gerichtshofes, 2011, S. 1 ff.; vgl. auch *Berninghausen*, Die Europäisierung des Vertrauensschutzes, 1998, S. 49 ff.

³²¹ EuGH C-205/82 bis 215/82, Slg. 1983, 2633 Rn. 32 f. – Deutsche Milchkontor GmbH; EuGH C-298/96, Slg. 1998, I-4767 Rn. 24 – Oelmühle Hamburg ua; EuGH C-80/99, C-81/99 u. C-82/99, Slg. 2001, I-7211 Rn. 61 – Flemmer ua; EuGH C-336/00, Slg. 2002, I-7699 Rn. 57 – Huber.

³²² Zur jüngeren einschlägigen Rechtsprechung in diesem Bereich siehe *Soltész* EuZW 2016, 87 (93 f.); *Soltész* EuZW 2015, 127 (133 f.); *Soltész* EuZW 2013, 134 (139); *Soltész* EuZW 2012, 174 (177 f.); *Soltész* EuZW 2011, 641 (646 ff.); siehe auch *Nowak* EuZW 2003, 389 (400 ff.); *Nowak* EuZW 2001, 293 (302 f.).

³²³ Vgl. Art. 16 Abs. 3 Verordnung (EU) 2015/1589 des Rates vom 13. Juli 2015 über besondere Vorschriften für die Anwendung von Artikel 108 des Vertrags über die Arbeitsweise der Europäischen Union, ABl. 2015 L 248, 9; vgl. auch EuGH C-205/82 bis 215/82, Slg. 1983, 2633 Rn. 19 – Deutsche Milchkontor GmbH; EuGH 94/87, Slg. 1989, 175 Rn. 12 – Kommission/Deutschland; EuGH C-24/95, Slg. 1997, I-1591 Rn. 24 – Alcan; EuGH C-382/99, ECLI:EU:C:2002:363 Rn. 90 – Niederlande/Kommission; EuG T-354/99, Slg. 2006, II-1475 Rn. 68 – Kuwait Petroleum/Kommission; aus der

wegen des Fehlens einer speziellen innerstaatlichen Ermächtigungsgrundlage nach § 48 VwVfG,³²⁴ wobei die nationale Vertrauensschutzregelung greift. Hier ist zwar grundsätzlich zulässig, dass auch das nationale Recht ein berechtigtes Vertrauen des begünstigten Beihilfenempfängers schützt. Allerdings steht der Gewährung von Vertrauensschutz das öffentliche Interesse an der Durchsetzung der unionsrechtlichen Wettbewerbsordnung im Rahmen der allgemeinen Abwägung (§ 48 Abs. 2 S. 1 VwVfG) entgegen. Zudem steht die nationale Vertrauensschutzregelung unter einem *„effet-utile"* **Vorbehalt,** der ebendieser Regelung zum größten Teil seine Wirkung nimmt.³²⁵

Ein Vertrauen in die Rechtmäßigkeit und den Fortbestand einer rechtswidrigen Beihilfe besteht grundsätzlich nicht.³²⁶ So kann sich der Empfänger einer rechtswidrigen Beihilfe nur unter außergewöhnlichen Umständen, aufgrund derer er auf die Ordnungsmäßigkeit dieser Beihilfe vertrauen durfte, auf den Vertrauensschutzgrundsatz berufen.³²⁷ Auf die Ordnungsmäßigkeit einer Beihilfe darf der Empfänger dann vertrauen, wenn diese unter Einhaltung des in **Art. 108 AEUV vorgeschriebenen Verfahrens** gewährt wurde,³²⁸ und das Unternehmen hinsichtlich der betreffenden Beihilfe in **gutem Glauben** war.³²⁹ Dabei ist es einem **sorgfältigen Gewerbetreibenden** regelmäßig möglich, sich zu vergewissern, ob alle verfahrensrechtlichen Vorgaben eingehalten worden sind.³³⁰ Dies gilt auch für kleinere und mittlere Unternehmen.³³¹ Zudem ist zu beachten, dass das Verfahren erst dann vollständig eingehalten worden ist, wenn der (Genehmigungs-)Beschluss der Kommission bestandskräftig wird.³³² Eine Berufung auf den Grundsatz des Vertrauensschutzes bei der Rückforderung von unionsrechtswidrigen Beihilfen dürfte folglich lediglich theoretisch möglich sein,³³³ da rechtswidrige Beihilfen in aller Regel gegen die Anmeldepflicht gem. Art. 108 Abs. 3 S. 1 AEUV oder das Durchführungsverbot des Art. 108 Abs. 3 S. 3 AEUV verstoßen und somit ein berechtigtes Vertrauen gar nicht erst entstehen kann.³³⁴

Literatur vgl. zudem *Soltész* in Müller-Graff § 15 Rn. 51 f.; *Ehlers* DVBl 2014, 1 (8); *Bartosch* in Bartosch VO 2015/1589 Art. 16 Rn. 15.

³²⁴ Vgl. BVerwGE 92, 81; *Soltész* in Müller-Graff § 15 Rn. 52; *Ehlers* GewArch 1999, 305 (308 mwN).
³²⁵ *Soltész* in Müller-Graff § 15 Rn. 57.
³²⁶ EuGH C-5/89, ECLI:EU:C:1990:320 Rn. 14 ff. – Kommission/Deutschland; EuG T-171/02, Slg. 2005 II-2123 Rn. 64 – Regione autonoma della Sardegna/Kommission.
³²⁷ EuGH C-183/91, Slg. 1993, I-3131 Rn. 18 – Kommission/Griechenland; EuGH C-183/02 P u. C-187/02 P, Slg. 2004, I-10609 Rn. 51 – Demesa u. Territorio Histórico de Álava/Kommission; EuG T-126/96 u. T-127/96, Slg. 1998, II-3437 Rn. 69 – BFM/Kommission; EuG T-158/96, Slg. 1999, II-3927 Rn. 84 – Acciaierie di Bolzano/Kommission; EuG T-62/08, Slg. 2010, II-3229 Rn. 271 – ThyssenKrupp/Kommission.
³²⁸ EuGH C-24/95, Slg. 1997, I-1591 Rn. 25 – Alcan; EuGH C-408/04 P, Slg. 2008, I-2767 Rn. 104 – Kommission/Salzgitter; EuGH C-334/07 P, Slg. 2008, I-9465 Rn. 45 – Kommission/Sachsen; EuG T-239/04 u. T-323/04, Slg. 2007, II-3265 Rn. 149 u. 154 – Italien/Kommission; EuG T-297/06, Slg. 2009, II-2181 Rn. 135 – ISD Polska/Kommission; EuG T-394/08, T-404/08, T-453/08 u. T-454/08, Slg. 2011, II-6255 Rn. 274 – Regione autonoma della Sardegna ua/Kommission; EuG T-620/11, ECLI:EU:T:2016:59 Rn. 188 – GFKL/Kommission; *Bartosch* in Bartosch VO 2015/1589 Art. 16 Rn. 8; *Bungenberg* in NK-EuBeihilfenR Kap. 2 Rn. 490.
³²⁹ EuGH C-298/96, Slg. 1998, I-4767 Rn. 29 – Oelmühle Hamburg ua; EuGH C-336/00, Slg. 2002, I-7699 Rn. 58 – Huber.
³³⁰ EuGH C-169/95, ECLI:EU:C:1997:10 Rn. 51 – Spanien/Kommission; EuGH C-24/95, Slg. 1997, I-1591 Rn. 25 – Alcan; EuGH C-278/00, ECLI:EU:C:2004:329 Rn. 104 – Griechenland/Kommission; EuGH C-183/02 P u. C-187/02 P, Slg. 2004, I-10609 Rn. 44 – Demesa u. Territorio Histórico de Álava/Kommission; EuGH C-148/04, ECLI:EU:C:2005:774 Rn. 104 – Unicredito Italiano; EuG T-239/04 u. T-323/04, Slg. 2007, II-3265 Rn. 149 u. 154 – Italien/Kommission; EuG T-273/06 u. T-297/06, Slg. 2009, II-2181 Rn. 135 – ISD Polska/Kommission; EuG T-394/08, T-404/08, T-453/08 u. T-454/08, Slg. 2011, II-6255 Rn. 274 – Regione autonoma della Sardegna ua/Kommission; EuG T-620/11, ECLI:EU:T:2016:59 Rn. 188 – GFKL/Kommission.
³³¹ EuGH C-298/00 P, Slg. 2004, I-4087 Rn. 88 – Italien/Kommission; EuG T-55/99, Slg. 2000, II-3207 Rn. 126 – CETM/Kommission.
³³² *Bungenberg* in NK-EuBeihilfenR Kap. 2 Rn. 490.
³³³ *Soltész* in Müller-Graff § 15 Rn. 57.
³³⁴ Vgl. *Müller* in BeckOK VwVfG, 31. Ed. 2016, VwVfG § 48 Rn 155.

78 Auch bei der Rückforderung von rechtswidrigen Beihilfen kann ein schutzwürdiges Vertrauen nur durch die **Unionsorgane** begründet werden. Ein **Fehlverhalten der nationalen Behörden** ist aufgrund der restriktiven Rechtsprechung kaum geeignet, schutzwürdiges Vertrauen aufzubauen.[335] So sind fehlerhafte Informationen, die dem Beihilfenempfänger seitens des Mitgliedstaates über eine nicht erforderliche Beihilfenanmeldung bei der Kommission gegeben werden, ebenso irrelevant für eine Schutzwürdigkeit des Vertrauens wie die Auskunft seitens der mitgliedstaatlichen Stellen, dass ein ordnungsgemäßes Verfahren stattgefunden hat.[336] Von den Mitgliedstaaten geweckte falsche Erwartungen sind somit nicht geeignet, einen Vertrauensschutztatbestand zu schaffen.[337] Dies gilt auch für ein rechtskräftiges Urteil eines mitgliedstaatlichen Gerichts.[338]

79 Im Lichte dieser Ausführungen erweist sich § 48 VwVfG bei der Rücknahme rechtswidriger Beihilfenbescheide daher nur noch als **formale Rechtsgrundlage,** die komplett durch unionsrechtliche Vorgaben überlagert wird.

III. Vertrauensschutz und Rechtsprechung

80 Eine bestehende Rechtslage kann sich auch durch den Wandel der Rechtsprechung ändern. So können Urteile des EuGH rückwirkenden Einfluss haben, wenn sie in eine – unter der streitgegenständlichen Norm – erworbene Rechtsposition oder vorgenommene Disposition eingreifen. Hier ist jedoch zwischen der **Nichtigkeitsklage** gemäß Art. 263 AEUV und dem **Vorabentscheidungsverfahren** nach Art. 267 AEUV zu differenzieren.

81 Ist eine **Nichtigkeitsklage** begründet, so erklärt das EuG/der EuGH die angefochtene Handlung gemäß Art. 264 Abs. 1 AEUV für nichtig, wobei die Nichtigkeitserklärung grundsätzlich *ex tunc* wirkt.[339] Nach Abs. 2 kann der EuGH jedoch bestimmte Wirkungen bzw. die komplette Wirkung eines nichtigen Rechtsaktes aufrechterhalten, soweit hierfür Gründe der Rechtssicherheit oder des Vertrauensschutzes, die Achtung von wohlerworbenen Rechten oder die Wahrung von überragenden öffentlichen Interessen sprechen.[340] Bei der Prüfung einer solchen zeitlichen Beschränkung kommt dem EuGH ein weiter Beurteilungsspielraum zu.[341] So kann ein für nichtig erklärter Rechtsakt nicht nur für die Zeit zwischen seinem Erlass und dem Nichtigkeitsurteil, sondern auch für die Zeit danach aufrecht erhalten werden.[342] Nach der bisherigen Rechtsprechung des EuGH kommt dabei die Aufrechterhaltung ohne jede Einschränkung bzw. Befristung,[343] mit einer konkreten Laufzeit,[344] bis zu einem bestimmten Zeitpunkt[345] oder einem bestimmten Ereig-

---

[335] Vgl. *Berninghausen,* Die Europäisierung des Vertrauensschutzes, 1998, S. 85; *Middendorf,* Amtshaftung und Gemeinschaftsrecht: Vertrauensschutz im Spannungsfeld von Gemeinschaftsrecht und nationalem Staatshaftungsrecht, 2001, S. 9 f.; *Bartosch* in Bartosch VO 2015/1589 Art. 16 Rn. 8.
[336] *Bungenberg* in NK-EuBeihilfenR Kap. 2 Rn. 498; so auch *Bartosch* in Bartosch VO 2015/1589 Art. 16 Rn. 8.
[337] EuG T-109/01, Slg. 2004, II-127 Rn. 143 – Fleuren Compost/Kommission; vgl. aber noch die gegenteilige Literatur, zB *Quardt* in Heidenhain EU-BeihilfenR-HdB § 51 Rn. 11.
[338] EuGH C-119/05, Slg. 2007, I-6199 Rn. 60 ff. – Lucchini; siehe auch *Hatje* EuR 2007, 654 (654 ff.).
[339] *Dörr* in GHN AEUV Art. 264 Rn. 10; *Ehricke* in Streinz AEUV Art. 264 Rn. 5; *Schwarze* in Schwarze AEUV Art. 264 Rn. 6.
[340] *Borchardt* in Lenz/Borchardt EU-Verträge AEUV Art. 264 Rn. 6; *Ehricke* in Streinz AEUV Art. 264 Rn. 6; *Schwarze* in Schwarze AEUV Art. 264 Rn. 9.
[341] *Dörr* in GHN AEUV Art. 264 Rn. 13; *Schwarze* in Schwarze AEUV Art. 264 Rn. 9.
[342] EuGH C-81/72, Slg. 1973, 575 Rn. 15 – Kommission/Rat; EuGH C-21/94, Slg. 1995, I-1827 Rn. 31 f. – Parlament/Rat; EuGH C-317/04 u. C-318/04, Slg. 2006, I-4721 Rn. 71 ff. – Parlament u. Kommission; EuGH C-402/05 P u. C-415/05 P, Slg. 2008, I-6351 Rn. 373 ff. – Kadi u. Al Barakaat/Rat u. Kommission.
[343] EuGH C-370/07, Slg. 2009, I-8917 Rn. 66 – Kommission/Rat.
[344] EuGH C-402/05 P u. C-415/05 P, Slg. 2008, I-6351 Rn. 376 – Kadi u. Al Barakaat/Rat u. Kommission; EuGH C-155/07, Slg. 2008, I-8103 Rn. 89 – Parlament/Rat; EuG T-562/10, Slg. 2011, II-8087 Rn. 43 – HTTS/Rat.
[345] EuGH C-317/04 u. C-318/04, Slg. 2006, I-4721 Rn. 74 – Parlament/Rat; EuGH C-414/04, Slg. 2006, I-11279 Rn. 59 – Parlament/Rat; EuGH C-14/06 u. C-295/06, Slg. 2008, I-1649 Rn. 86 – Parlament u. Dänemark/Kommission.

nis[346] sowie eine Fortwirkung, bis binnen angemessener Frist ein neuer Rechtsakt erlassen wird,[347] in Betracht.[348]

Bei Vorabentscheidungsurteilen ist nochmals zwischen **Auslegungsurteilen** gemäß Art. 267 Abs. 1 lit. a AEUV und Urteilen iSv Art. 267 Abs. 1 lit. b AEUV, die die **Gültigkeit des Unionsrechts** betreffen, zu unterscheiden. 82

Auslegungsurteile des EuGH gemäß Art. 267 Abs. 1 lit. a AEUV wirken *ex tunc*.[349] Lediglich in absoluten Ausnahmefällen kann aus zwingenden Gründen der Rechtssicherheit und des Vertrauensschutzes eine zeitliche Begrenzung der Rückwirkung von Auslegungsurteilen für alle Betroffenen geboten sein,[350] so dass sich die Entscheidung auf in gutem Glauben begründete Rechtsverhältnisse nicht auswirkt, sondern nur für die Zukunft gilt.[351] **Voraussetzung** hierfür ist zunächst, dass sich nicht bereits aus vorherigen Vorabentscheidungsverfahren auch anderer Mitgliedstaaten eine Unionsrechtswidrigkeit des betreffenden nationalen Rechtsakts ergibt.[352] Vielmehr muss sich die *ex nunc* Wirkung aus dem erbetenen Auslegungsurteil selbst ergeben.[353] Weiterhin muss sich durch die rückwirkende Anwendung die **Gefahr schwerwiegender Störungen** ergeben.[354] Der EuGH spricht auch von der Gefahr schwerwiegender wirtschaftlicher Auswirkungen, die insbesondere mit der großen Zahl von Rechtsverhältnissen zusammenhängen, die gutgläubig auf der Grundlage der als gültig betrachteten Regelung eingegangen worden waren.[355] Dabei erfasst der Begriff der wirtschaftlichen Auswirkungen alle in Geld messbaren (in-)direkten Folgen, die sich aus dem Auslegungsurteil für die Vergangenheit ergeben.[356] Die Auswirkungen müssen zudem existenzielle Ausmaße annehmen.[357] So sieht der EuGH selbst erhebliche Haushalts- 83

---

[346] EuG T-86/11, ECLI:EU:T:2011:260 Rn. 59 – Bamba/Rat; EuG T-439/10 u. T-440/10, ECLI:EU:T:2012:142 Rn. 107 – Fulmen/Rat; EuG T-509/10, ECLI:EU:T:2012:201 Rn. 130 – Kala Naft/Rat; EuG T-421/11, ECLI:EU:T:2012:646 Rn. 69 – Qualitest/Rat.

[347] EuGH C-178/03, Slg. 2006, I-107 Rn. 65 – Kommission/Parlament u. Rat; EuGH C-299/05, Slg. 2007, I-8695 Rn. 75 – Kommission/Parlament u. Rat; EuGH C-166/07, Slg. 2009, I-7135 Rn. 75 – Parlament/Rat; EuGH C-355/10, ECLI:EU:C:2012:516 Rn. 90 – Parlament/Rat; EuGH C-490/10, ECLI:EU:C:2012:525 Rn. 93 – Parlament/Rat.

[348] *Dörr* in GHN AEUV Art. 264 Rn. 15.

[349] EuGH C-61/79, Slg. 1980, 1205 Rn. 16 – Denkavit; EuGH C-197/94 u. C-252/94, Slg. 1996, I-505 Rn. 47 – Bautiaa ua; EuGH C-188/95, Slg. 1997, I-6783 Rn. 36 – Fantask; EuGH C-10/97 bis C-22/97, Slg. 1998, I-6307 Rn. 23 – IN. CO. GE.'90; *Kokott/Henze* NJW 2006, 177.

[350] EuGH C-43/75, Slg. 1976, 455 Rn. 69 ff. – Defrenne; EuGH C-61/79, Slg. 1980, 1205 Rn. 17 – Denkavit; EuGH C-177/99 u. C-181/99, Slg. 2000, I-7013 Rn. 66 – Ampafrance.

[351] EuGH C-24/86, Slg. 1988, 379 Rn. 28 – Blaizot; EuGH C-262/88, Slg. 1990, I-1889 Rn. 41 – Barber; EuGH C-163/90, Slg. 1992, I-4625 Rn. 30 – Legros; EuGH C-104/98, Slg. 2000, I-3625 Rn. 39 – Buchner ua; EuGH C-347/00, Slg. 2002, I-8191 Rn. 45 – Barreira Pérez; EuGH C-453/02 u. C-462/02, Slg. 2005, I-1131 Rn. 42 – Linneweber; EuGH C-292/04, Slg. 2007, I-1835 Rn. 35 – Meilicke; EuGH C-82/12, ECLI:EU:C:2014:108 Rn. 41 – Besora; EuGH C-190/12, ECLI:EU:C:2014:249 Rn. 109 – DFA Investment; EuGH C-562/12, ECLI:EU:C:2014:2229 Rn. 81 – Liivima Lihaveis; dazu *Düsterhaus* EuR 2017, 30 (30 ff.).

[352] EuGH C-292/04, Slg. 2007, I-1835 Rn. 38 ff. – Meilicke; *Karpenstein* in Leible/Terhechte § 8 Rn. 122; ausführlich *Rosenkranz* S. 136 ff.

[353] EuGH C-309/85, Slg. 1988, 355 Rn. 13 – Barra; EuGH C-24/86, Slg. 1988, 379 Rn. 28 – Blaizot; EuGH C-163/90, Slg. 1992, I-4625 Rn. 30 – Legros; EuGH C-415/93, Slg. 1995, I-4921 Rn. 142 – Bosman; EuGH C-292/04, Slg. 2007, I-1835 Rn. 36 – Meilicke.

[354] EuGH C-57/93, Slg. 1994, I-4541 Rn. 21 – Vroege; EuGH C-372/98, Slg. 2000, I-8683 Rn. 42 – Cooke; EuGH C-402/03, Slg. 2006, I-199 Rn. 51 – Skov u. Bilka; EuGH C-313/05, Slg. 2007, I-513 Rn. 56 – Brzezinski; EuGH C-92/11, ECLI:EU:C:2013:180 Rn. 59 – RWE Vertrieb; EuGH C-262/12, ECLI:EU:C:2013:851 Rn. 40 – Vent de Colère; EuGH C-82/12, ECLI:EU:C:2014:108 Rn. 41 – Besora; EuGH C-190/12, ECLI:EU:C:2014:249 Rn. 109 – DFA Investment; EuGH C-562/12, ECLI:EU:C:2014:2229 Rn. 81 – Liivima Lihaveis.

[355] EuGH C-184/99, Slg. 2001, I-6193 Rn. 53 – Grzelcyk; EuGH C-294/99, Slg. 2001, I-6797 Rn. 36 – Athinaiki Zythopoiia; EuGH C-366/99, Slg. 2001, I-9383 Rn. 76 – Griesmar; EuGH C-423/04, Slg. 2006, I-3585 Rn. 42 – Richards; EuGH C-313/05, Slg. 2007, I-513 Rn. 57 – Brzezinski; EuGH C-73/08, Slg. 2010, I-2735 Rn. 93 – Bressol; EuGH C-2/09, Slg. 2010, I-4939 Rn. 51 – Kalinchev.

[356] *Rosenkranz* S. 228.

[357] *Rosenkranz* S. 240; vgl. auch *Balmes/Ribbrock* BB 2006, 17 (19); *Bartosch* in Bartosch, passim; *Hey* GmbHR 2006, 113 (117).

risiken des betroffenen Mitgliedstaats nicht als ausreichend an.[358] Vielmehr muss das Finanzierungssystem rückwirkend in seinen Grundlagen erschüttert werden.[359] Zuletzt muss auch der **gute Glaube** der Betroffenen vorliegen.[360] Dieser liegt nach der Rechtsprechung des EuGH dann vor, wenn eine objektive bedeutende Unsicherheit hinsichtlich der Tragweite der unionsrechtlichen Bestimmungen bestand, zu der eventuell auch das Verhalten der Kommission oder anderer Mitgliedstaaten beigetragen hat.[361] Dabei liegt eine *objektive Unsicherheit* dann vor, wenn die Mitgliedstaaten sowie deren Gerichte von einer gegenteiligen Auslegung der betreffenden Rechtsnorm durch den EuGH ausgehen konnten.[362]

84   Eine **Unwirksamkeitsentscheidung** des EuGH iSd Art. 267 Abs. 1 lit. b AEUV wirkt ebenfalls grundsätzlich *ex tunc*.[363] Gleichwohl besteht auch in diesem Fällen die Möglichkeit einer zeitlichen Begrenzung der Rückwirkung mittels analoger Anwendung des Art. 264 Abs. 2 AEUV.[364] Dabei werden die relevanten öffentlichen und privaten Interessen unter dem Gesichtspunkt der Rechtssicherheit gegeneinander abgewogen.[365] Für den Bereich des Vertrauensschutzes ist die **Gültigkeitsvermutung** von entscheidender Bedeutung, da diese abstraktes Vertrauen schafft.[366] Da die Gültigkeitsvermutung jedoch für alle Unionsrechtsakte gilt, ist eine Verstärkung oder Erschütterung des Vertrauens durch andere Umstände notwendig,[367] die sich auf die Abwägung der widerstreitenden Interessen niederschlägt. Liegt ein Wandel der Rechtsprechung vor, so ist zu differenzieren. Die Gültigkeitsvermutung wird verstärkt, wenn ein ähnlicher Rechtsakt in einem ersten Verfahren nicht für ungültig erklärt wurde, jedoch in einem späteren Verfahren.[368] Wurde jedoch in einem früheren Verfahren ein Rechtsakt für unwirksam erklärt und ein ähnlicher Rechtsakt in einem späteren Verfahren aufgrund einer Rechtsprechungsänderung nicht, so kann nicht darauf vertraut werden, dass der spätere Rechtsakt auch rechtswidrig ist.[369] Vielmehr gilt die Gültigkeitsvermutung auch für den späteren Rechtsakt, woran sich die Betroffenen auszurichten haben.[370]

---

[358] Vgl. EuGH C-137/94, Slg. 1995, I-3407 Rn. 37 – Richardson; EuGH C-184/99, Slg. 2001, I-6193 Rn. 52 – Grzelczyk; EuGH C-453/02 u. C-462/02, Slg. 2005, I-1131 Rn. 44 – Linneweber; EuGH C-209/03, Slg. 2005, I-2119 Rn. 68 – Bidar; EuGH C-338/11 bis C-347/11, ECLI:EU:C:2012:286 Rn. 62 – Santander Asset Management; EuGH C-82/12, ECLI:EU:C:2014:108 Rn. 48 – Besora; EuGH C-190/12, ECLI:EU:C:2014:249 Rn. 111 – DFA Investment.
[359] EuGH C-437/97, Slg. 2000, I-1157 Rn. 59 – EKW u. Wein & Co; kritisch zu dieser Voraussetzung *Rosenkranz* S. 243 ff.
[360] EuGH C-57/93, Slg. 1994, I-4541 Rn. 21 – Vroege; EuGH C-372/98, Slg. 2000, I-8683 Rn. 42 – Cooke; EuGH C-402/03, Slg. 2006, I-199 Rn. 51 – Skov u. Bilka; EuGH C-313/05, Slg. 2007, I-513 Rn. 56 – Brzezinski; EuGH C-92/11, ECLI:EU:C:2013:180 Rn. 59 – RWE Vertrieb; EuGH C-262/12, ECLI:EU:C:2013:851 Rn. 40 – Vent de Colère; EuGH C-82/12, ECLI:EU:C:2014:108 Rn. 41 – Besora; EuGH C-190/12, ECLI:EU:C:2014:249 Rn. 109 – DFA Investment; EuGH C-562/12, ECLI:EU:C:2014:2229 Rn. 81 – Liivima Lihaveis.
[361] EuGH C-209/03, Slg. 2005, I-2119 Rn. 69 – Bidar; EuGH C-423/04, Slg. 2006, I-3585 Rn. 42 – Richards; EuGH C-313/05, Slg. 2007, I-513 Rn. 57 – Brzezinski; EuGH C-2/09, Slg. 2010, I-4939 Rn. 51 – Kalinchev; EuGH C-338/11 bis C-347/11, ECLI:EU:C:2012:286 Rn. 60 – Santander Asset Management; EuGH C-82/12, ECLI:EU:C:2014:108 Rn. 42 – Besora.
[362] *Karpenstein* in Leible/Terhechte § 8 Rn. 124; *Karpenstein* in GHN AEUV Art. 267 Rn. 115.
[363] EuGH C-228/92, Slg. 1994, I-1445 Rn. 17 – Roquette Frères; *Gaitanides* in von der Groeben/Schwarze/Hatje AEUV Art. 267 Rn. 94.
[364] EuGH 4/79, Slg. 1980, 2823 Rn. 44 ff. – Providence agricole de la champagne; EuGH 145/79, Slg. 1980, 2917 Rn. 51 ff. – Roquette; EuGH 109/79, Slg. 1980, 2883 Rn. 44 ff. – Maiseries de Beauce; *Karpenstein* in Leible/Terhechte § 8 Rn. 126.
[365] *Rosenkranz* S. 245 f.; *Karpenstein* in Leible/Terhechte § 8 Rn. 126; *Karpenstein* in GHN AEUV Art. 267 Rn. 117.
[366] *Rosenkranz* S. 248 f.
[367] *Rosenkranz* S. 249 ff.
[368] *Rosenkranz* S. 253.
[369] *Rosenkranz* S. 253.
[370] *Rosenkranz* S. 253.

Wird die Rückwirkung einer Entscheidung begrenzt, so können aber diejenigen, die 85
bereits **vor dem Urteil Rechtsmittel eingelegt** haben, auch Wirkungen und Leistungen
für die Vergangenheit verlangen.³⁷¹

D. Verhältnis zu anderen Grundrechtsgewährleistungen

Der EuGH betrachtet den Grundsatz des Vertrauensschutzes grundsätzlich als einen gegen- 86
über dem Eigentumsgrundrecht (→ § 36) und dem Grundrecht auf Berufsfreiheit (→ § 34)
eigenständigen Grundsatz. Eine Abgrenzung zwischen dem Schutz wohlerworbener
Rechte, dem Vertrauensschutz und dem Grundsatz der Rechtssicherheit ist nur schwer
möglich,³⁷² was die Zuordnung zum jeweiligen „Schutzbereich" vielfach als problematisch
erscheinen lässt. Gleiches gilt für die Abgrenzung zum Eigentumsschutz.³⁷³ Vielfach untersucht der EuGH einen Eingriff in diese Grundsätze gleichzeitig.³⁷⁴

Innerhalb des Schutzbereichs der Eigentumsfreiheit unterlässt es der EuGH zu prüfen, 87
inwieweit auf den Fortbestand einer bestimmten Situation vertraut werden darf. Vielmehr
knüpft das **unionsrechtliche Eigentumsgrundrecht** als normatives³⁷⁵ Grundrecht an
bestehende Regelungen an und vertraut auf den Fortbestand der Rechtslage, die die
Nutzung des Eigentums ermöglicht (→ § 36).³⁷⁶ Hierbei handelt es sich um die vom EuGH
als wohlerworbene Rechte³⁷⁷ bezeichneten vom Gesetzgeber anerkannten, individualisierten Rechtspositionen,³⁷⁸ welche einen auf Maßnahmen der Unionsorgane gegründeten
Vertrauenstatbestand voraussetzen.³⁷⁹ Nach dem Sinn und Zweck steht der Schutzbereich
des europäischen Eigentumsgrundrechtes daher in einem engen Zusammenhang mit Vertrauensschutzgesichtspunkten. **Vermögenswerte Rechte von substantieller Bedeutung**
dürften ebenfalls über das europäische Eigentumsgrundrecht geschützt werden.³⁸⁰ Fehlt
ihnen diese substantielle Bedeutung, so werden sie als gesicherte Rechtspositionen über
den allgemeinen Vertrauensschutzgrundsatz vor Entziehung und Beschränkung geschützt.
Es handelt sich insofern um einen Bestandsschutz.

Der **Grundsatz der Rechtssicherheit** wird ebenso wie der Vertrauensschutzgrundsatz 88
vom EuGH als eigenständig zu beachtender Maßstab für Handlungen der Unionsorgane
verstanden³⁸¹ und als wesentliches Strukturprinzip des Unionsrechts eingestuft.³⁸² Häufig

---

³⁷¹ EuGH C-262/88, Slg. 1990, I-1889 Rn. 45 – Barber; EuGH C-228/92, Slg. 1994, I-1445 Rn. 30 – Roquette Frères.
³⁷² Vgl. auch *v. Milczewski* S. 107.
³⁷³ Hierzu vgl. insbesondere *Heselhaus* in Bruha/Nowak/Petzold, Grundrechtsschutz, S. 97 (97 ff.).
³⁷⁴ Vgl. EuGH C-120/86, Slg. 1988, 2321 – Mulder; EuGH C-170/86, Slg. 1988, 2355 – von Deetzen.
³⁷⁵ Siehe auch *Bernsdorff* in NK-EuGRCh GRCh Art. 17 Rn. 15.
³⁷⁶ Vgl. hierzu *Frenz* Rn. 3006; *Calliess* in Ehlers GuG § 20 Rn. 21; *Calliess* in Calliess/Ruffert GRC Art. 17 Rn. 9.
³⁷⁷ EuGH 56/75, Slg. 1976, 1097 Rn. 18 u. 20 – Elz/Kommission; EuGH C-230/78, Slg. 1979, 2749 Rn. 22 – Eridania.
³⁷⁸ Vgl. *Calliess* in Ehlers GuG § 20 Rn. 21; *Calliess* in Calliess/Ruffert GRC Art. 17 Rn. 9; vgl. auch *Schwarz* S. 399; *Gilsdorf* RIW 1983, 22 (23).
³⁷⁹ EuGH C-177/90, Slg. 1992, I-35 Rn. 14 f. – Kühn; vgl. hierzu auch *Bernsdorff* in NK-EuGRCh GRCh Art. 17 Rn. 15.
³⁸⁰ *Bernsdorff* in NK-EuGRCh GRCh Art. 17 Rn. 15; Jarass GRCh Art. 17 Rn. 6; vgl. auch EGMR 11.1.2007 – 73049/01 Rn. 63 u. 76 – Anheuser-Busch/Portugal.
³⁸¹ Erstmals EuGH C-42/59 u. C-49/59, ECLI:EU:C:1961:5 S. 172 – S. N. U. P. A. T.; vgl. auch aus neuester Zeit EuGH C-341/13, ECLI:EU:C:2014:2230 Rn. 57 f. – Cruz & Companhia; EuGH C-335/13, ECLI:EU:C:2014:2343 Rn. 64 ff. – Feakins; EuGH C-447/13 P, ECLI:EU:C:2014:2372 Rn. 45 ff. – Nencini/Parlament; EuGH C-434/13 P, ECLI:EU:C:2014:2456 Rn. 51 ff. – Kommission/Parker Hannifin; EuGH C-662/13, ECLI:EU:C:2015:89 Rn. 28 – Surgicare; EuGH C-585/13 P, ECLI:EU:C:2015:145 Rn. 93 – Europäisch-Iranische Handelsbank/Rat; EuGH C-260/14 u. C-261/14, ECLI:EU:C:2016:360 Rn. 53 f. – Neamt ua; vgl. auch die umfassenden Rechtsprechungsnachweise zu diesem Grundsatz bei *Schwarz* S. 381 Fn. 25.
³⁸² Vgl. zB EuGH C-24/86, Slg. 1988, 379 Rn. 28 – Blaizot; EuGH C-72/03, ECLI:EU:C:2004:506 Rn. 37 – Carbotani Apuani; EuGH C-209/03, Slg. 2005, I-2119 Rn. 67 – Bidar; EuGH C-204/03, Slg. 2005, I-8389 Rn. 29 – Kommission/Spanien; EuGH C-228/05, Slg. 2006, I-8391 Rn. 72 – Stradasfalti;

rekurriert der EuGH gleichzeitig auf den Vertrauensschutzgrundsatz bzw. der Grundsatz der Rechtssicherheit wird ergänzend zum Vertrauensschutzgrundsatz herangezogen. Der Gedanke der Rechtssicherheit ist als Rechtsprinzip zu verstehen, welches sich primär an objektiven Kriterien ausrichtet.[383] In Abgrenzung hierzu ist der Vertrauensschutz eine Frage der Anerkennung subjektiver Rechte.[384]

E. Zusammenfassende Bewertung und Ausblick

89 Der EuGH stellt an die Annahme einer Vertrauenslage wie auch für die Schutzwürdigkeit hohe Anforderungen. Eine Berufung auf diesen Grundsatz ist nur dann möglich, wenn die Union selbst zuvor eine Situation geschaffen hat, die dieses berechtigte Vertrauen wecken kann. Es besteht zudem ein **Vorrang von Unionsinteressen** auf der Grundlage des *effet utile*-Grundsatzes, wohinter individuelle Vertrauensschutzerwägungen regelmäßig zurücktreten. Der Vertrauensschutzgrundsatz hat in der Rechtsprechung des EuGH dennoch eine wichtige ergänzende Funktion angesichts des im Vergleich zum deutschen Eigentumsgrundrecht verkürzten Schutzumfanges des unionsrechtlichen Eigentumsschutzes (→ § 36) wie auch der Berufsfreiheit (→ § 34). Eine Berücksichtigung dieser Tatsache ist bei der Abfassung der Grundrechtecharta unterblieben.

90 Der EuGH misst an dem selbständigen Vertrauensschutzgrundsatz Maßnahmen, die das BVerfG in vergleichbaren Konstellationen als Eingriffe in die Berufs- (Art. 12 GG) und Eigentumsfreiheit (Art. 14 GG) ansehen würde.[385] Bei einem **Vergleich des Schutzniveaus** ist darauf abzustellen, ob spezifische Handlungen und Rechtsprobleme vergleichbaren verfassungsrechtlichen Schutz auslösen. Angesichts der geringeren Substanz, die der Eigentumsgarantie im Unionsrecht zukommt, konnte der Grundsatz des Vertrauensschutzes bislang für einen Ausgleich und einen vergleichbaren Schutzstandard sorgen.[386] Wie das BVerfG gerade auch im Zusammenhang mit Art. 14 GG sowie dem Gebot des Vertrauensschutzes festgestellt hat, sind unterschiedliche (Einzel-)Standards unproblematisch, da nicht eine einzelne Ausprägung des Grundrechtsschutzes bzw. ein deckungsgleicher Schutz in den einzelnen Grundrechten erforderlich ist. Entscheidend ist vielmehr, ob der vom Grundgesetz als unabdingbar gebotene Grundrechtsschutz generell in Frage gestellt wird.[387] Art. 23 Abs. 1 S. 1 GG verlangt eben nur einen dem Grundgesetz „im wesentlichen vergleichbaren Grundrechtsschutz"[388].

91 Auch **nach Inkrafttreten der Grundrechtecharta** lässt der EuGH den nicht primärrechtlich festgeschriebenen Vertrauensschutzgrundsatz als einen allgemeinen Rechtsgrundsatz neben den ausdrücklich in der Charta niedergelegten Grundrechten der Berufsfreiheit und des Eigentumsschutzes zur Geltung gelangen. Gleichwohl ist aufgrund der Tatsache, dass Art. 17 GRC Art. 1 EMRKZusProt entspricht,[389] und der einschlägigen Rechtsprechung des EGMR (→ Rn. 9) zu erwarten, dass der EuGH den **sachlichen Schutzbereich des Art. 17 GRC um Vertrauensschutzgesichtspunkte anreichern** wird.[390] Wün-

---

EuGH C-262/12, ECLI:EU:C:2013:851 Rn. 40 – Vent de Colère; EuGH C-562/12, ECLI:EU: C:2014:2229 Rn. 81 – Liivima Lihaveis.
[383] *Schwarz* S. 391.
[384] So *Schwarz* S. 391; *Schwarze,* EuVerwR, S. 920.
[385] Vgl. EuGH C-120/86, ECLI:EU:C:1988:213 – Mulder; EuGH C-170/86, Slg. 1988, 2355 – von Deetzen.
[386] So auch *Schilling* EuGRZ 2000, 3 (21); die Unterschiede zwischen nationalem und unionsrechtlichem Schutzumfang herausstellend *Schilling* EuGRZ 1998, 177 (177 ff.); *Bungenberg* in Bruha/Nowak/Petzold, Grundrechtsschutz, S. 127 (136 f.).
[387] BVerfG NJW 2000, 2015.
[388] BVerfGE 102, 147 (61) – Bananenmarktordnung; vgl. hierzu auch *Hofmann* in FS Steinberger, 2002, 1207 (1207 ff.); *Nicolaysen//Nowak* NJW 2001, 1233 (1233 ff.).
[389] Siehe die Erläuterungen zur Charta der Grundrechte, ABl. 2007 C 303, 2, zu Art. 17 u. 52 GRC.
[390] Vgl. *Müller* S. 317 f.; vgl. auch EuGH C-283/11, ECLI:EU:C:2013:28 Rn. 34 – Sky Österreich; EuGH C-398/13 P, ECLI:EU:C:2015:535 Rn. 59 ff. – Inuit Tapiriit Kanatami ua/Kommission; GA *Kokott,* SchlA C-398/13 P, ECLI:EU:C:2015:190 Rn. 72 ff. – Inuit Tapiriit Kanatami ua/Kommission.

schenswert wäre es aus Transparenzgesichtspunkten und Gründen der Rechtssicherheit allerdings gewesen, den Vertrauensschutzgrundsatz ausdrücklich in der Grundrechtecharta zu erwähnen.[391]

Wie die **unterschiedliche Ausgestaltung** des und die Herangehensweise an den Schutz von Eigentum, wohlerworbenen Rechte und Vertrauen im nationalen Recht und im Europarecht zeigt, kann ein auf Einzelbereiche bezogener Vergleich zu unbefriedigenden, unzureichenden oder gar falschen Ergebnissen führen. Erst eine **zusammenfassende Betrachtung** dieser Bereiche kann zu tragbaren Vergleichsergebnissen bzgl. der Schutzgewährleistungen und Abwehrrechten von Wirtschaftsteilnehmern im Unionsrecht führen.[392] Dies hat sich auch nach dem Inkrafttreten der Grundrechtecharta nicht geändert.

92

---

[391] So auch bereits die Forderung von *Schilling* EuGRZ 2000, 3 (42).
[392] Vgl. insoweit insbesondere *Schilling* EuGRZ 1998, 177 (177 ff.).

§ 38 Zugang zu Dienstleistungen von allgemeinem wirtschaftlichem Interesse

Übersicht

	Rn.
A. Bedeutung der Bestimmung	1–3
B. Entstehungsgeschichte	4–7
C. Gewährleistungsgehalt	8–24
I. Rechtsnatur und Auswirkungen	8–12
II. Adressaten	13, 14
III. Begriffsbestimmungen	15–20
IV. Beeinträchtigungen	21, 22
V. Grenzen der Gewährleistung	23, 24
D. Verhältnis zu anderen Bestimmungen	25

Schrifttum:

Braibant, La Charte des droits fondamentaux de l'Union européenne, Article 36; *von Danwitz,* Dienste von allgemeinem wirtschaftlichem Interesse in der europäischen Wettbewerbsordnung, in Krautscheid, Die Daseinsvorsorge im Spannungsfeld von europäischem Wettbewerb und Gemeinwohl, 2009, S. 103 ff.; *Essebier,* Dienstleistungen von allgemeinem wirtschaftlichem Interesse und Wettbewerb, 2005; *Frenz,* Dienste von allgemeinem wirtschaftlichem Interesse, EuR 2000, 901; *Jarass,* Der Zugang zu Dienstleistungen von allgemeinem wirtschaftlichem Interesse, in Durner/Peine/Shirvani, Freiheit und Sicherheit in Deutschland und Europa, FS Papier, 2013; *Kämmerer,* Strategien zur Daseinsvorsorge, NVwZ 2004, 28; *Knauff,* Die Daseinsvorsorge im Vertrag von Lissabon, EuR 2010, 725; *Krajewski,* Grundstrukturen des Rechts öffentlicher Dienstleistungen, 2011; *Löwenberg,* Service public und öffentliche Dienstleistungen in Europa, 2001; *Lucarelli,* Article 36, in Mock, Human Rights in Europe, 2010; *Mann,* Das Recht auf Zugang zu Dienstleistungen von allgemeinem wirtschaftlichem Interesse, ZögU 28 (2005), 174; *Pöcherstorfer,* Zugang zu Dienstleistungen von allgemeinem wirtschaftlichem Interesse, in Grabenwarter/Pöcherstorfer/Rosenmayr-Klemenz, Die Grundrechte des Wirtschaftslebens nach dem Vertrag von Lissabon, 2012, S. 123 ff.; *Sagmeister,* Die Grundsatznormen in der Europäischen Grundrechtecharta, 2010; *Schmidt,* Die Grundsätze im Sinne der EU-Grundrechtecharta, 2010; *Waiz,* Daseinsvorsorge in der Europäischen Union, in Krautscheid, Die Daseinsvorsorge im Spannungsfeld von europäischem Wettbewerb und Gemeinwohl, 2009, S. 41 ff.; *Weiß,* Öffentliche Daseinsvorsorge und soziale Dienstleistungen: Europarechtliche Perspektiven, EuR 2013, 669.

A. Bedeutung der Bestimmung

1 Anders als der Wortlaut des Art. 36 GRC auf den ersten Blick vermuten lässt, liegt dessen **Bedeutung** nicht primär in der Gewährung von Rechten des Einzelnen, sondern vielmehr in einer Klarstellung zu **wirtschaftspolitischen Grundsätzen:** Wenngleich die EU wirtschaftlich grundsätzlich liberal verfasst ist, soll die Bereitstellung von **Dienstleistungen von allgemeinem wirtschaftlichem Interesse** durch staatliche oder staatlich geförderte Unternehmen im Sinne von *services publics*[1] möglich bleiben. Dies ist insbesondere wichtig für Mitgliedstaaten wie Frankreich mit einem traditionell großen Staatssektor.[2] Art. 36 GRC ist daher als das „Gegenstück zur Betonung des Wettbewerbs und des Marktprinzips im primären Recht" bezeichnet worden.[3] In Ergänzung, und noch präziser, könnte man die Vorschrift als **Pendent** zur Betonung der sozialen Komponente im Ziel, für eine

---

[1] Ausführlich zu diesem Begriff *Löwenberg* S. 65 ff.; zur Bedeutung im Kontext von Art. 36 GRC *Braibant* S. 202 f.; gegen eine unkritische Übernahme dieses französischen Begriffs im europarechtlichen Kontext *Essebier* S. 106 f.

[2] Siehe auch *Rudolf* in NK-EuGRCh GRCh Art. 36 Rn. 2; einen Überblick über die „Daseinsvorsorge" in den Mitgliedstaaten geben *Krajewski* S. 45 ff. sowie die Beiträge von *Lippert, Donati/Grasse, Knopp* und *Pürgy* in Krautscheid, Die Daseinsvorsorge im Spannungsfeld von europäischem Wettbewerb und Gemeinwohl, 2009.

[3] Jarass GRCh Art. 36 Rn. 2; ähnlich *Lembke* in von der Groeben/Schwarze/Hatje GRC Art. 36 Rn. 8; *Voet van Vormizeele* in Schwarze GRC Art. 36 Rn. 1; *Lucarelli* S. 223 f.; zu Art. 14 AEUV *Hatje* in Schwarze AEUV Art. 14 Rn. 1; *Müller-Graff* in HK-UnionsR AEUV Art. 14 Rn. 4; zu Art. 106 Abs. 2 AEUV *Wernicke* in GHN AEUV Art. 106 Rn. 3; zustimmend *Krajewski* in FK-EUV/GRC/AEUV AEUV Art. 106 Rn. 40 aE; ausführlich zu diesem Spannungsfeld *Essebier* S. 20 ff.; *Pöcherstorfer* S. 124 ff.

„wettbewerbsfähige und **soziale Marktwirtschaft**" nach Art. 3 Abs. 3 UAbs. 1 EUV zu sorgen, beschreiben. Letztlich geht es also um die „EU-rechtliche Ermöglichung nationaler Daseinsvorsorge" angesichts zunehmender Tendenzen, das EU-Wettbewerbsrecht auf soziale Dienstleistungen anzuwenden.[4]

Art. 36 GRC steht in engem Zusammenhang mit Art. 14 AEUV, wonach die Union und die Mitgliedstaaten im Rahmen ihrer Zuständigkeiten dafür Sorge zu tragen, dass Dienste von allgemeinem wirtschaftlichem Interesse ihren **Aufgaben nachkommen** können. Jene Vorschrift korrespondiert im Wettbewerbsrecht mit Art. 106 Abs. 2 AEUV, demzufolge auf die „Dienstleistungen von allgemeinem wirtschaftlichen Interesse" die **Wettbewerbsregeln** anwendbar sind, soweit sie „nicht die Erfüllung der ihnen übertragenen besonderen Aufgaben rechtlich oder tatsächlich verhindern".[5] Wie die Erläuterungen festhalten, steht Art. 36 GRC „vollauf im Einklang mit [Art. 14 AEUV] und begründet kein neues Recht".[6] Von Bedeutung ist ferner das Protokoll (Nr. 26) über Dienste von allgemeinem Interesse.[7]

Zu den Dienstleistungen von allgemeinem wirtschaftlichem Interesse findet sich keine explizite Regelung im **Sekundärrecht,** wenngleich eine Vielzahl von Sekundärrechtsakten **Bereiche der Daseinsvorsorge** (zB in der Energiewirtschaft) betreffen.[8] Die praktische Bedeutung von Art. 36 GRC ist bislang eher gering.[9] Zumindest enthält diese Bestimmung jedoch einen Grundsatz, wonach das Unionsrecht (und hier insbesondere das Wettbewerbsrecht) den besonderen **sozialen Aufgaben** der Dienstleistungen von allgemeinem wirtschaftlichem Interesse nicht entgegenstehen darf.[10] Trotz seiner beschränkten rechtlichen Wirkung (→ Rn. 8) ist Art. 36 GRC damit die zentrale Bestimmung in Bezug auf öffentliche Dienstleistungen in der Grundrechtecharta.[11] Der **EuGH** hat Art. 36 GRC, soweit ersichtlich, erst ein einziges Mal direkt erwähnt. Dabei hob er den „neuen Kontext", in den Dienstleistungen von allgemeinem wirtschaftlichem Interesse ua durch Nennung in der Charta gestellt worden seien, als Teil der **Begründung** hervor. Deshalb dürften Mitgliedstaaten den Preis von Erdgaslieferungen an Endverbraucher auch zur Stärkung des territorialen Zusammenhalts regulieren.[12]

B. Entstehungsgeschichte

Der Begriff der Dienstleistungen von allgemeinem wirtschaftlichem Interesse fand sich bereits in Art. 90 Abs. 2 EWGV (heute: Art. 106 Abs. 2 AEUV) im Zusammenhang mit dem **Wettbewerbsrecht.**[13] Später war Art. 14 AEUV auf **französischen Wunsch** in den Vertrag von Amsterdam[14] (als Art. 7d EGV bzw. Art. 16 EGV in der konsolidierten Fassung) aufgenommen worden.[15] Auch Art. 36 GRC ist letztlich auf eine **französische Initiative** zurückzuführen.[16]

---

[4] *Weiß* S. 669; zu diesen Tendenzen auch *Waiz* S. 47; *Lucarelli* S. 222 f.; *Braibant* S. 201.
[5] *Lucarelli* S. 222 f. hebt zudem den Zusammenhang mit Art. 93 und Art. 107 AEUV hervor.
[6] ABl. 2007 C 303, 17, 27.
[7] ABl. 2008 C 115, 308.
[8] *Lembke* in von der Groeben/Schwarze/Hatje GRC Art. 36 Rn. 2.
[9] *Lembke* in von der Groeben/Schwarze/Hatje GRC Art. 36 Rn. 9; deutlicher *Knauff* EuR 2010, 725 (728): kein Niederschlag in der europarechtlichen Praxis.
[10] *Weiß* S. 686.
[11] Vgl. *Krajewski* S. 520, der aus der Bestimmung darüber hinaus individuelle Rechte ableitet. Die Bedeutung dieses Zugangs ua für die Menschenwürde hebt *Braibant* S. 201 hervor.
[12] EuGH C-121/15, ECLI:EU:C:2016:637 Rn. 40 ff. – ANODE.
[13] Dazu *Krajewski* S. 78.
[14] ABl 1997 C 340, 1.
[15] *Rudolf* in NK-EuGRCh GRCh Art. 36 Rn. 2; *von Danwitz* S. 104; *Hatje* in Schwarze AEUV Art. 14 Rn. 1; vgl. auch *Krajewski* S. 46; *Frenz* EuR 2000, 901 (902 f.); ausführlich zur Entstehungsgeschichte des Art. 16 EGV *Löwenberg*, Service public und öffentliche Dienstleistungen in Europa, 2001, S. 186 ff., 294 ff.; siehe auch die Ausführungen zu den Aussagen des französischen Premiers aus dem Jahre 1995 bei *Essebier* S. 47. Eine „Akzentverschiebung" erblickt hierin *Pöcherstorfer* S. 129 f.
[16] *Braibant* S. 200 f.; *Damjanovic* in Holoubek/Lienbacher, GRC-Kommentar, GRC Art. 36 Rn. 1; *Mann* → 1. Aufl. 2006, § 34 Rn. 11 mwN. Kritisch dazu *Ruffert* in Calliess/Ruffert GRC Art. 36 Rn. 6.

§ 38   7. Abschnitt. Wirtschaftliche Freiheiten

5   Art. 36 GRC ist erst sehr spät im Grundrechtekonvent diskutiert worden[17] und wurde an der 15. Sitzung erstmals besprochen.[18] Auch erfolgte dies sehr überraschend, da in den vorab verteilten Dokumenten noch keinerlei inhaltliche Details erkennbar waren und der eigentliche Inhalt der Bestimmung erst an der Sitzung selbst bekanntgegeben wurde.[19] Die Bestimmung wurde zunächst als Art. 45a in die Diskussion eingeführt, dann – durch die sprachliche Bezugnahme auf Art. 14 AEUV präzisiert[20] – als Art. 34 bzw. Art. 35[21] weiterbehandelt und ging schließlich als Art. 36 in die Charta ein.[22] Sie war von Anfang an sehr **umstritten**,[23] vor allem da weder in den Verfassungen der Mitgliedstaaten noch in der EMRK ein Vorbild hierfür existierte.[24]

6   Die Befürworter der Vorschrift bezeichneten sie als essentielles „soziales Grundrecht", bei dessen Verweigerung der Zugang zu den Gerichten offen stehe müsse.[25] Die Gegner lehnten jedenfalls eine Aufnahme als **Grundrecht** ab; die Auswirkungen einer solchen Bestimmung seien schwer einschätzbar[26] und es bestünde die Gefahr einer Ausweitung der Zuständigkeit des EuGH.[27] Zudem wurde darauf verwiesen, dass auch Art. 14 AEUV nie ein Recht begründen sollte und sich dennoch als ausreichend erwiesen habe.[28] Betrachtet man die einzelnen Aussagen im Konvent, so fällt auf, dass die Bestimmung selbst aus skandinavischer Sicht nur schwer verständlich erschien.[29] Insgesamt hielten sich Zustimmung und Ablehnung die Waage.[30] Die Einführung der Bestimmung konnte letztlich nur durch die klare sprachliche bzw. in den Erläuterungen sogar **ausdrückliche Bezugnahme auf Art. 14 AEUV** und die damit verbundene Einschränkung ihrer rechtlichen Wirkungen gesichert werden.[31] Immerhin ist die Formulierung „achtet" im Verlauf des Konvents um das Wort „anerkennt" ergänzt worden.[32] Weitergehende Forderungen einzelner Konventsmitglieder, etwa nach einer Aufnahme einer Liste von betroffenen Sektoren der Daseinsvorsorge oder bestimmter Anforderungen an die Qualität, die Transparenz oder den gleichberechtigten Zugang, hatten von vornherein keine Erfolgsaussichten.[33]

7   Angesichts der vielfach geäußerten, teils fundamentalen Kritik[34] erscheint es im Ergebnis fast verwunderlich, dass Art. 36 GRC schließlich überhaupt Eingang in die Charta gefunden hat.[35] Insofern ist die Frage gestellt worden, ob bei der Suche nach einem gemeinsamen

---

[17] *Rudolf* in NK-EuGRCh GRCh Art. 36 Rn. 3; zu diesem „Überraschungscoup Frankreichs" *Essebier* S. 52 f.
[18] *Bernsdorff/Borowsky* GRC S. 343 ff.
[19] *Bernsdorff/Borowsky* GRC S. 343 f.
[20] *Rudolf* in NK-EuGRCh GRCh Art. 36 Rn. 4.
[21] So im Entwurf CHARTE 4470/00, S. 12.
[22] Siehe *Bernsdorff/Borowsky* GRC S. 343, 371; *Rudolf* in NK-EuGRCh GRCh Art. 36 Rn. 3.
[23] Deutlich die Worte von *Braibant* S. 200, dem eine maßgebliche Rolle bei der Einführung der Bestimmung zukam: „La bataille pour l'inscription [de l'article 36] a été l'une des plus rudes et des plus incertaines".
[24] *Rudolf* in NK-EuGRCh GRCh Art. 36 Rn. 2; vgl. auch *Voet van Vormizeele* in Schwarze GRC Art. 36 Rn. 2; unter Verweis hierauf *Krajewski* S. 520; *Krajewski* in FK-EUV/GRC/AEUV GRC Art. 36 Rn. 2: Novum, das keine Entsprechung in der EMRK oder den Verfassungsordnungen der Mitgliedstaaten hat; ebenso *Damjanovic* in Holoubek/Lienbacher, GRC-Kommentar, GRC Art. 36 Rn. 2; *Ruffert* in Calliess/Ruffert GRC Art. 36 Rn. 3 unter Verweis auf *Mann* → 1. Aufl. 2006, § 34 Rn. 2. Als „trojanisches Pferd in der [GRC]" bezeichnet Art. 36 GRC daher *Ruffert* in Calliess/Ruffert GRC Art. 36 Rn. 1, 6.
[25] *Rudolf* in NK-EuGRCh GRCh Art. 36 Rn. 3.
[26] *Pöcherstorfer* S. 131.
[27] *Bernsdorff/Borowsky* GRC S. 345 f.
[28] *Rudolf* in NK-EuGRCh GRCh Art. 36 Rn. 4.
[29] So das Votum von Magnussen, *Bernsdorff/Borowsky* GRC S. 372. Erstaunlicherweise war der Widerstand (neben dem Vereinigten Königreich und den Niederlanden) gerade aus Schweden besonders stark, siehe auch *Pöcherstorfer* S. 131.
[30] So die Zusammenfassung von O'Malley, *Bernsdorff/Borowsky* GRC S. 346.
[31] *Braibant* S. 202.
[32] Entwurf CHARTE 4470/00, S. 12; dazu *Mann* ZögU 2005 174 (182).
[33] *Braibant* S. 202 f.
[34] Siehe etwa das Votum von Hirsch Ballin, *Bernsdorff/Borowsky* GRC S. 373: Bestimmung erschließe sich nicht.
[35] Siehe auch *Essebier* S. 52: „Die Existenz dieses Artikels überrascht […]".

grundrechtsbezogenen Konsens eine Vorschrift haltbar sei, die teilweise vollständig (und nicht nur hinsichtlich der konkreten Formulierung) abgelehnt werde.[36] Zwar ist festzustellen, dass Aspekte der Daseinsvorsorge schon seit Längerem im Fokus der EU standen, etwa bei den Liberalisierungsschritten seit den 1990er Jahren.[37] Dennoch findet sich teilweise das Fazit, der Konvent habe mit der Aufnahme des Art. 36 in die Charta seine Befugnisse überschritten.[38] Diese Kritik spiegelt offensichtlich Enttäuschung wider, muss aber die juristische Realität de lege lata zur Kenntnis zu nehmen: und das ist die Aufnahme von Art. 36 GRC in die Charta mit einer **nicht bloß deklaratorischen Bedeutung,** die der Auslegung nach dem effet utile widersprechen würde.

C. Gewährleistungsgehalt

I. Rechtsnatur und Auswirkungen

Art. 36 GRC enthält nach hM **kein Grundrecht,**[39] sondern einen bloßen **Grundsatz** im Sinne von Art. 52 Abs. 5 GRC.[40] Die Gegenansicht geht dagegen davon aus, dass die Vorschrift ein subjektiv-öffentliches Recht auf Achtung und Anerkennung des Zugangs zu den Dienstleistungen vermittle,[41] bzw. dass sie jedenfalls als Abwehrgrundrecht Maßnahmen der Union entgegengehalten werden könne, die sich beschränkend auf den Zugang auswirken.[42] Daneben findet sich häufig die Aussage, Art. 36 GRC sei eine Zielbestimmung, wonach das Handeln der Union auf die ausreichende Bereitstellung der erwähnten Dienstleistungen auszurichten sei.[43]

8

Gegen die Annahme eines subjektiven Rechts sprechen zunächst die **Entstehungsgeschichte** (→ Rn. 4 ff.) und die **Erläuterungen,** denen zufolge **ausdrücklich** kein neues Recht begründet werden sollte (→ Rn. 6). Die Erläuterungen sind bei der Auslegung der Bestimmung gem. Art. 52 Abs. 7 GRC, Art. 6 Abs. 1 UAbs. 3 EUV „gebührend zu berücksichtigen".[44] Für dieses Ergebnis spricht auch der Vergleich des **Wortlauts** mit benachbarten Bestimmungen des IV. Titels: Während in Art. 34 Abs. 1 GRC und Art. 35 GRC vom „Recht auf Zugang" gesprochen wird, ist in Art. 36 GRC von einem „Recht"

9

---

36 Siehe die Ausführungen von Friedrich, *Bernsdorff/Borowsky* GRC S. 348.
37 Vgl. *Pöcherstorfer* S. 127 f.; *Kämmerer* NVwZ 2004, 28 (30 f.); *Mann* ZögU 2005 174 (175). Auf den Zusammenhang dieser Liberalisierungen mit Art. 14 AEUV (bzw. Art. 16 EGV) weist *Damjanovic* in Holoubek/Lienbacher, GRC-Kommentar, GRC Art. 36 Rn. 4, hin.
38 *Voet van Vormizeele* in Schwarze GRC Art. 36 Rn. 2 aE; *Ruffert* in Calliess/Ruffert GRC Art. 36 Rn. 6; *Mann* → 1. Aufl. 2006, § 34 Rn. 3; *Pöcherstorfer* S. 132 f.; siehe auch *Damjanovic* in Holoubek/Lienbacher, GRC-Kommentar, GRC Art. 36 Rn. 15 aE; *Mann* ZögU 2005, 174 (178 f.).
39 So auch *Pöcherstorfer* S. 133.
40 *Jarass* GRCh Art. 36 Rn. 3; *Jarass* S. 322 ff.; *Rudolf* in NK-EuGRCh GRCh Art. 36 Rn. 13; *Streinz* in Streinz GRC Art. 36 Rn. 1; *Voet van Vormizeele* in Schwarze GRC Art. 36 Rn. 4, 6; *Ruffert* in Calliess/Ruffert GRC Art. 36 Rn. 3; *Damjanovic* in Holoubek/Lienbacher, GRC-Kommentar, GRC Art. 36 Rn. 13; *Schmidt* S. 235; *Sagmeister* S. 375 ff.; *Mann* → 1. Aufl. 2006, § 34 Rn. 1; etwas unklar zunächst *Folz* in HK-UnionsR GRC Art. 36 Rn. 1 („beinhaltet ein Recht auf Zugang"), sodann aber dort Rn. 2 f. (kein neues Recht, lediglich Grundsatz).
41 *Lembke* in von der Groeben/Schwarze/Hatje GRC Art. 36 Rn. 4.
42 So im Ergebnis trotz gewisser Bedenken *Knauff* EuR 2010, 725 (738 f.) („Abwehrgrundrecht"), allerdings offenbar vor allem aufgrund Aufnahme in die GRC (dort aber gerade auch bloße Grundsätze geregelt; dies sieht auch Knauff selbst); ähnlich *Krajewski* S. 524, wonach sich Unionsbürger gegen Maßnahmen der Union und der Mitgliedstaaten wehren können, die ihren Zugang beeinträchtigen, dh es besteht nach dieser Ansicht zwar kein Leistungsrecht, aber ein Abwehranspruch, siehe dort S. 527; vgl. auch *Krajewski* in FK-EUV/GRC/AEUV GRC Art. 36 Rn. 4, 6 ff., der Art. 36 GRC in Rn. 13 auch ausdrücklich als „soziales Grundrecht" bezeichnet; gegen die Annahme eines Abwehrrechts (vor Inkrafttreten des Lissabon-Vertrags) *Essebier* S. 54 f.; so später auch *Damjanovic* in Holoubek/Lienbacher, GRC-Kommentar, GRC Art. 36 Rn. 14. Vgl. ferner *Sagmeister* S. 273 ff., nach dessen Ansicht zu bloßen Grundsätzen eine Abwehrfunktion zukomme. Zu einer möglichen Abwehrfunktion im Zusammenhang mit der Forderung nach einem hohen Niveau der Dienstleistungen → Rn. 24.
43 *Jarass* S. 322 ff.; *Jarass* GRCh Art. 36 Rn. 2; *Rudolf* in NK-EuGRCh GRCh Art. 36 Rn. 13; *Streinz* in Streinz GRC Art. 36 Rn. 24; *Voet van Vormizeele* in Schwarze GRC Art. 36 Rn. 4, 6; *Krajewski* S. 521.
44 Dazu auch *Jarass* S. 321 f., 324; *Pöcherstorfer* S. 133.

keine Rede. Dies fällt vor allem auf, wenn man die ansonsten fast identische Formulierung in Art. 34 Abs. 1 GRC betrachtet. Angesichts der Entstehungsgeschichte ist davon auszugehen, dass es sich hierbei um eine bewusste Abweichung handelt, da Art. 36 GRC gerade kein subjektives Recht vermitteln sollte. Zudem nennt Art. 36 GRC, anders als Art. 34 Abs. 2 GRC, Art. 35 GRC („jede Person") keine Personengruppe, die als Grundrechtsträger in Betracht käme. Art. 36 GRC enthält somit lediglich einen Grundsatz, der die inhaltsgleiche Bestimmung des Art. 14 AEUV durch Aufnahme in die Charta nochmals in ihrer Bedeutung betont. Damit ist insbesondere **keine Klage eines Einzelnen** auf Erlass eines mitgliedstaatlichen Umsetzungsakts statthaft, selbst wenn ein solcher geboten wäre.[45] Auch ein **Schadensersatzanspruch** bei Verletzung des Art. 36 GRC kommt nicht in Betracht.[46]

10   Ob Art. 52 Abs. 2 GRC auf Art. 36 GRC anwendbar ist,[47] ist letztlich irrelevant aufgrund des ausdrücklich in den Erläuterungen zur Charta[48] festgehaltenen **Gleichlaufs mit Art. 14 AEUV**.[49] Auch Art. 14 AEUV ist **nicht unmittelbar anwendbar,** da nicht hinreichend bestimmt.[50] Art. 14 AEUV begründet zudem ebenfalls **keine subjektiven Rechte**.[51] Die Bestimmung statuiert jedoch ein **Ziel** der EU, das demjenigen der Wettbewerbssicherung gleichrangig ist.[52]

11   Art. 36 GRC kann trotz der fehlenden Grundrechtseigenschaft **Bedeutung** für Rechtsstreitigkeiten entwickeln. Dies gilt insbesondere im Zusammenhang mit den **Gleichheitssätzen** (→ §§ 47 f.) und den **Diskriminierungsverboten** (→ §§ 49 f.). So dürfen etwa bestimmte Bevölkerungsgruppen nicht ohne Weiteres von einer bestimmten Dienstleistung ausgeschlossen werden.[53] Darüber hinaus ist auch eine **Inzidentprüfung** bestimmter Rechtsakte auf Vereinbarkeit mit dem in Art. 36 GRC geregelten Grundsatz möglich.[54] Dies folgt schon aus Art. 52 Abs. 5 GRC, wonach die Grundsätze ua bei der **Entscheidung über die Rechtmäßigkeit** von Rechtsakten der Union oder Durchführungsrechtsakten der Mitgliedstaaten herangezogen werden können. Insofern erscheint nicht völlig ausgeschlossen, dass sich der Gewährleistungsinhalt von Art. 36 GRC in Extremfällen, insbesondere im Zusammenspiel mit den Diskriminierungsverboten, **ausnahmsweise** zu einem **Anspruch** verdichten könnte. Praxisrelevanter dürfte jedoch die Herleitung von Individualrechten aus **Grundfreiheiten,** zB das Recht auf medizinische Behandlung im Ausland aus Art. 56 AEUV, sein.[55] Schließlich kann Art. 36 GRC bei der **Einschränkung von Grundfreiheiten** im Rahmen der Rechtfertigung berücksichtigt werden.[56]

12   Erhebliche Bedeutung kommt den in Art. 36 GRC enthaltenen **Wertentscheidungen** im Zusammenhang mit dem Wettbewerbsrecht zu. Deren Verhältnis regelt Art. 106 Abs. 2

---

[45] Jarass GRCh Art. 36 Rn. 3; *Jarass* S. 325.
[46] *Jarass* S. 325.
[47] Ablehnend Jarass GRCh Art. 36 Rn. 1 Fn. 1; *Jarass* S. 321, da Art. 36 GRC kein Recht enthält.
[48] ABl. 2007 C 303, 27.
[49] Vgl. auch *Jarass* S. 321 f.
[50] *Rudolf* in NK-EuGRCh GRCh Art. 36 Rn. 2; *Hatje* in Schwarze AEUV Art. 14 Rn. 9; siehe zudem *Krajewski* in FK-EUV/GRC/AEUV AEUV Art. 14 Rn. 18: bedarf weiterer Umsetzungsmaßnahmen.
[51] *Rudolf* in NK-EuGRCh GRCh Art. 36 Rn. 2; *Hatje* in Schwarze AEUV Art. 14 Rn. 9.
[52] So zu Art. 16 EGV *von Danwitz* S. 118; als „Gestaltungsauftrag" bezeichnet die Vorgängernorm *Frenz* EuR 2000, 901 (903, 918 ff.); eine Gewährleistungsverpflichtung sieht *Krajewski* in FK-EUV/GRC/AEUV AEUV Art. 14 Rn. 9.
[53] *Rudolf* in NK-EuGRCh GRCh Art. 36 Rn. 13; siehe auch *Lembke* in von der Groeben/Schwarze/Hatje GRC Art. 36 Rn. 7: „enthält […] insb. ein gleichheitsrechtliches Element"; vgl. ferner *Krajewski* S. 523; *Krajewski* in FK-EUV/GRC/AEUV GRC Art. 36 Rn. 7.
[54] Jarass GRCh Art. 36 Rn. 3; *Jarass* S. 325.
[55] Siehe die Nachweise zur Rspr. bei *Krajewski* S. 506 ff.
[56] Jarass GRCh Art. 36 Rn. 19; *Jarass* S. 331; *Krajewski* S. 524 mwN; vgl. auch *Voet van Vormizeele* in Schwarze GRC Art. 36 Rn. 4 aE: bei Auslegung zu berücksichtigen und in die Abwägung mit anderen Interessen einzubeziehen; zurückhaltender *Streinz* in Streinz GRC Art. 36 Rn. 1: „[…] Bedeutung der Dienstleistungen von allgemeinem wirtschaftlichem Interesse […] auch bei den Grundfreiheiten zu beachten […], ohne allerdings deren Vorgaben zu derogieren"); aA offenbar *Damjanovic* in Holoubek/Lienbacher, GRC-Kommentar, GRC Art. 36 Rn. 16 f. mwN zur hier vertretenen gegenteiligen Ansicht.

AEUV, wobei sich die dortige Ausnahme nicht auf das Wettbewerbsrecht beschränkt.[57] Danach finden die Vorschriften der Verträge keine Anwendung auf Unternehmen, die Dienstleistungen von allgemeinem wirtschaftlichem Interesse erbringen, wenn die Anwendung dieser Vorschriften die Erfüllung der ihnen übertragenen besonderen Aufgabe rechtlich oder tatsächlich verhindern würde. Somit sind zwar grundsätzlich auch solche Dienstleistungen wettbewerblich zu erbringen,[58] jedoch nur, soweit hierdurch die Aufgabenerfüllung nicht vereitelt wird.[59] Für die Anwendung der Ausnahme genügt nach der Rechtsprechung entgegen des engeren Wortlauts bereits eine **wesentliche Beeinträchtigung.**[60] Hiernach sind zB Quersubventionen zulässig, wenn hiermit die Mehrkosten ausgeglichen werden, welche auf der allgemeinwohlgebundenen Leistungserbringung beruhen.[61] Nach der Altmark-Trans-Entscheidung des EuGH liegt in solchen Fällen schon tatbestandlich **keine Beihilfe** vor.[62] Die Auslegeordnung der Kommission hierzu ist aus dem Beschluss über die Anwendung von Art. 106 Abs. 2 AEUV auf staatliche Beihilfen in Form von Ausgleichsleistungen zugunsten bestimmter Unternehmen, die mit der Erbringung von Dienstleistungen von allgemeinem wirtschaftlichem Interesse betraut sind,[63] ersichtlich.

II. Adressaten

Als Begünstigte kommen alle **natürlichen** und **juristischen Personen** in Betracht, die 13
Dienstleistungen von allgemeinem wirtschaftlichem Interesse in einem Mitgliedstaat in Anspruch nehmen wollen.[64] Auf die Staatsangehörigkeit kommt es somit nicht an.[65] Damit ist insbesondere auch **irrelevant,** ob die Begünstigten über die **Unionsbürgerschaft** verfügen. Fraglich – angesichts der beschränkten rechtlichen Wirkung aber wohl ohnehin praktisch kaum relevant – ist, ob auch die Anbieter der Dienstleistungen als Begünstigte in Betracht kommen.[66]

Als **Verpflichtete** nennt Art. 36 GRC die **Union,** die vorrangige Adressatin der 14
Norm ist.[67] Daneben sind aber angesichts des Gleichlaufs mit Art. 14 AEUV sowie

---

[57] So ausdrücklich der Wortlaut, siehe auch *Müller-Graff* in HK-UnionsR AEUV Art. 106 Rn. 22.
[58] EuGH C-265/08, ECLI:EU:C:2010:205 Rn. 27 – Federutility; siehe auch *Weiß* EuR 2013, 669 (677); *von Danwitz* S. 106; *Frenz* EuR 2000, 901 (915); vgl. auch *Müller-Graff* in HK-UnionsR AEUV Art. 106 Rn. 13.
[59] Zum Regel-Ausnahme-Verhältnis auch *Hatje* in Schwarze AEUV Art. 14 Rn. 2. Als allgemeinen „Service Public-Vorbehalt" bezeichnet Art. 106 Abs. 2 AEUV *Voet van Vormizeele* in Schwarze AEUV Art. 106 Rn. 55 mwN; ähnlich *Wernicke* in GHN AEUV Art. 106 Rn. 3 („Generalvorbehalt" unter Verweis auf dieselbe Formulierung in BVerfG NVwZ 2015, 52 (54 Rn. 39)).
[60] EuGH C-437/09, Slg. 2011, I-973 Rn. 76 AGZR: „Hierzu ergibt sich aus der Rechtsprechung, dass der Tatbestand des Art. 106 Abs. 2 AEUV nicht erst dann erfüllt ist, wenn das finanzielle Gleichgewicht oder das wirtschaftliche Überleben des mit einer Dienstleistung von allgemeinem wirtschaftlichem Interesse betrauten Unternehmens bedroht ist. Vielmehr genügt es, dass ohne die streitigen Rechte die Erfüllung der dem Unternehmen übertragenen besonderen Aufgaben gefährdet wäre, wie sie sich aus den ihm obliegenden Verpflichtungen und Beschränkungen ergeben, oder dass die Beibehaltung dieser Rechte erforderlich ist, um ihrem Inhaber die Erfüllung seiner im allgemeinen wirtschaftlichen Interesse liegenden Aufgaben zu wirtschaftlich tragbaren Bedingungen zu ermöglichen." Dazu *Weiß* EuR 2013, 669 (677); siehe auch *von Danwitz* S. 124 f.; *Frenz* EuR 2000, 901 (916); etwas einschränkend *Voet van Vormizeele* in Schwarze AEUV Art. 106 Rn. 70: Erschwerung bzw. Behinderung nicht ausreichend; für eine enge Auslegung der Ausnahme *Müller-Graff* in HK-UnionsR AEUV Art. 106 Rn. 20; so offenbar auch *Mann* ZögU 2005 174 (176); dagegen *Krajewski* in FK-EUV/GRC/AEUV AEUV Art. 106 Rn. 89 f.
[61] *Lembke* in von der Groeben/Schwarze/Hatje GRC Art. 36 Rn. 8.
[62] EuGH C-280/00, ECLI:EU:C:2003:415 Rn. 83 ff., 87 ff. – Altmark-Trans; dazu *Weiß* EuR 2013, 669 (676); *von Danwitz* S. 109; *Kämmerer* NVwZ 2004, 28 (31 ff.); zur Rechtsentwicklung im Nachgang zur Altmark-Trans-Entscheidung *Waiz* S. 50 ff., 59 ff.; ferner zu den Mehrkosten *Frenz* EuR 2000, 901 (911 f.); vgl. auch *Voet van Vormizeele* in Schwarze AEUV Art. 106 Rn. 71.
[63] ABl. 2012 L 7, 3. Dazu *Weiß* EuR 2013, 669 (682 f.).
[64] *Krajewski* in FK-EUV/GRC/AEUV GRC Art. 36 Rn. 11; ähnlich *Lembke* in von der Groeben/Schwarze/Hatje GRC Art. 36 Rn. 5.
[65] *Krajewski* in FK-EUV/GRC/AEUV GRC Art. 36 Rn. 11; *Jarass* S. 328.
[66] So offenbar *Damjanovic* in Holoubek/Lienbacher, GRC-Kommentar, GRC Art. 36 Rn. 18 („eventuell").
[67] *Jarass* GRCh Art. 36 Rn. 4; *Lembke* in von der Groeben/Schwarze/Hatje GRC Art. 36 Rn. 6.

aufgrund von Art. 51 Abs. 1 GRC auch die **Mitgliedstaaten** bei der Durchführung des Unionsrechts an die Vorgaben gebunden.[68] Damit schützt Art. 36 GRC jedoch nicht vor Beeinträchtigungen durch mitgliedstaatliche Maßnahmen, die nicht der Durchführung des Unionsrechts dienen.[69] Eine unmittelbare Bindung von **Privatpersonen** scheidet aus.[70]

III. Begriffsbestimmungen

15 Der **Begriff** der **Dienstleistungen von allgemeinem wirtschaftlichem Interesse** ist identisch wie in Art. 14 AEUV[71] und Art. 106 AEUV[72] auszulegen. Somit handelt es sich hierbei um „marktbezogene Tätigkeiten, die im Interesse der Allgemeinheit erbracht und von den Mitgliedstaaten mit besonderen Gemeinwohlverpflichtungen verbunden werden".[73] Nach der ausführlicheren aktuellen **Definition der Kommission**[74] sind Dienstleistungen von allgemeinem wirtschaftlichem Interesse *„wirtschaftliche Tätigkeiten, die dem Allgemeinwohl dienen und ohne staatliche Eingriffe am Markt überhaupt nicht oder in Bezug auf Qualität, Sicherheit, Bezahlbarkeit, Gleichbehandlung oder universaler Zugang nur zu anderen Standards durchgeführt würden. Die Gemeinwohlverpflichtung wird dem Leistungserbringer im Wege eines Auftrags auferlegt, der eine Gemeinwohlkomponente enthält, sodass sichergestellt ist, dass die Dienstleistung unter Bedingungen erbracht wird, die es dem Leistungserbringer ermöglichen, seinen Auftrag zu erfüllen".*[75] Unerheblich ist insbesondere, ob die Dienstleistung von öffentlichen oder privaten Stellen bzw. Unternehmen erbracht wird.[76] Entscheidender Unterschied zwischen diesen und sonstigen Dienstleistungen ist, dass sie nach Ansicht des Staates auch dann erbracht werden müssen, wenn hierfür auf dem freien Markt **keine ausreichenden wirtschaftlichen Anreize** bestehen.[77]

16 In der **Praxis** besteht ein Kanon anerkannter Dienstleistungen im allgemeinen wirtschaftlichen Interesse.[78] Hierzu gehören insbesondere **Infrastrukturdienstleistungen** und andere traditionell von staatlichen oder staatlich geförderten Betrieben erbrachte Leistungen wie solche im Straßen-, Schienen- und Luftverkehr[79], der Energieversorgung[80], dem Postwesen[81] sowie der Abfall- und Abwasserentsorgung.[82] Hierzu gehören auch Geschäftstätigkeiten, die mittlerweile liberalisiert, zugleich aber meist reguliert worden sind, wie neben den bereits genannten ua die **Telekommunikation,** und solche,

---

[68] Jarass GRCh Art. 36 Rn. 4; *Jarass* S. 327; *Krajewski* in FK-EUV/GRC/AEUV GRC Art. 36 Rn. 11 aE; *Damjanovic* in Holoubek/Lienbacher, GRC-Kommentar, GRC Art. 36 Rn. 24; vgl. auch *Krajewski* S. 522 f.; aA offenbar *Knauff* EuR 2010, 725 (739), der jedoch gerade auch auf Art. 51 Abs. 1 GRC hinweist, nach dem auch die Mitgliedstaaten bei der Durchführung des Unionsrechts gebunden sind.
[69] Siehe auch *Pöcherstorfer* S. 134.
[70] Jarass GRCh Art. 36 Rn. 5; *Jarass* S. 325; *Damjanovic* in Holoubek/Lienbacher, GRC-Kommentar, GRC Art. 36 Rn. 25.
[71] Jarass GRCh Art. 36 Rn. 7; *Lembke* in von der Groeben/Schwarze/Hatje GRC Art. 36 Rn. 7; *Voet van Vormizeele* in Schwarze GRC Art. 36 Rn. 5.
[72] *Voet van Vormizeele* in Schwarze AEUV Art. 106 Rn. 63.
[73] So schon die Mitteilung der Kommission „Daseinsvorsorge in Europa", ABl. 1996 C 281, 3; ebenso *Lembke* in von der Groeben/Schwarze/Hatje GRC Art. 36 Rn. 7 mwN; ähnlich *Waiz* S. 42 aE.
[74] Diese Definitionen der Kommission sind nicht rechtsverbindlich, *Mann* ZögU 2005, 174 (180).
[75] Mitteilung der Kommission „Ein Qualitätsrahmen für Dienstleistungen von allgemeinem Interesse in Europa", KOM(2011) 900 endgültig, 4.
[76] *Weiß* EuR 2013, 669 (671); vgl. auch *von Danwitz* S. 113.
[77] Mitteilung der Kommission „Leistungen der Daseinsvorsorge in Europa", ABl. 2011 C 17, 4 (7 Ziffer 14).
[78] Vgl. *Krajewski* S. 91 („Kernbestand").
[79] Vgl. *Krajewski* S. 81 f.
[80] EuGH C-393/92, ECLI:EU:C:1994:171 Rn. 47 ff. – Almelo; C-157/94, ECLI:EU:C:1997:499 Rn. 38 ff. – Kommission/Niederlande.
[81] EuGH C-320/91, ECLI:EU:C:1993:198 Rn. 15 – Corbeau; EuGH C-83/01 P ua, ECLI:EU:C:2003:388 Rn. 34 – Chronopost.
[82] Jarass GRCh Art. 36 Rn. 9; *Krajewski* S. 91. Weitere Bsp. aus der Rspr. finden sich bei *Voet van Vormizeele* in Schwarze AEUV Art. 106 Rn. 67; *Krajewski* in FK-EUV/GRC/AEUV AEUV Art. 106 Rn. 49 ff.

die in einer Art „Auffangverantwortung" teilweise von öffentlichen Betrieben erbracht werden, wie der **Rundfunk**.[83] Des Weiteren zu nennen sind je nach mitgliedstaatlicher Ausgestaltung die **Gesundheitsfürsorge**, ggf. auch durch die private Krankenversicherung[84], die Kinderbetreuung, die Pflege, das soziale Wohnungswesen[85], die Bildung bzw. Ausbildung[86] und die Arbeitsvermittlung[87]. Keine Dienstleistungen von allgemeinem wirtschaftlichem Interesse erbringen dagegen auf dem Prinzip der Solidarität beruhende Sozialversicherungssysteme.[88] Letztere, nicht-wirtschaftliche Dienstleistungen von allgemeinem Interesse unterfallen Art. 2 Protokoll Nr. 26 und werden daher von den Verträgen nicht berührt.[89] Keine Dienstleistungen von allgemeinem wirtschaftlichem Interesse sind nach dem EuGH bei der Urheberrechtsverwertung gegeben.[90] In der Rechtsprechung besteht eine Tendenz, unter den Begriff der Dienstleistungen von allgemeinem wirtschaftlichem Interesse zu subsumieren, ohne die einzelnen Begriffselemente zu analysieren.[91] Dennoch soll hier der Versuch unternommen werden, die einzelnen Elemente näher zu beleuchten:[92]

Der Begriff der **„Dienstleistungen"** ist weit zu verstehen und umfasst insbesondere auch die Lieferung von Waren. Somit geht der Begriff über denjenigen der Dienstleistungsfreiheit aus Art. 57 AEUV hinaus.[93] Die Begriffe „Dienste" in Art. 14 AEUV und „Dienstleistungen" in Art. 36 GRC, Art. 106 Abs. 2 AEUV sind identisch, zumal sich diese Unterscheidung nur in der deutschen Sprachfassung findet.[94] **17**

Welche Dienstleistungen von **„allgemeinem Interesse"** sind, ist im Wesentlichen durch die Mitgliedstaaten festzulegen.[95] Diese **Gestaltungsfreiheit** unterliegt lediglich einer Missbrauchskontrolle auf **offenkundige Fehler**.[96] Jedenfalls nicht erfasst sind Unternehmen, die ausschließlich die wirtschaftlichen Interessen Einzelner fördern.[97] Etwas zu eng erscheint dagegen die Beschreibung als „Leistungen […], auf die jeder Einzelne für seine Lebensführung typischerweise angewiesen ist".[98] Ein gewichtiges Indiz liegt vor, wenn durch den Staat ausschließliche Rechte an das Unternehmen verliehen werden, verbunden mit der Pflicht, teilweise auch unentgeltliche oder zumindest unrentable Leistungen zu erbringen.[99] Als Beispiel kann die Verpflichtung genannt werden, **18**

---

[83] Vgl. Jarass GRCh Art. 36 Rn. 9.
[84] EuG T-289/03, ECLI:EU:T:2008:29 Rn. 178 ff. – BUPA.
[85] Vgl. EuGH C-567/07, ECLI:EU:C:2009:593 – Servatius.
[86] Mitteilung der Kommission KOM(2011) 900 endgültig, 2.
[87] EuGH C-41/90, ECLI:EU:C:1991:161 Rn. 24 – Macrotron.
[88] *Weiß* EuR 2013, 669 (674).
[89] ABl. 2008 C 115, 308; dazu *Müller-Graff* in HK-UnionsR AEUV Art. 14 Rn. 12; *Krajewski* in FK-EUV/GRC/AEUV AEUV Art. 14 Rn. 46 f.
[90] EuGH 7/82, ECLI:EU:C:1983:52 Rn. 29 ff. – GVL; dazu *Krajewski* S. 87.
[91] *Krajewski* S. 88; *Krajewski* in FK-EUV/GRC/AEUV AEUV Art. 106 Rn. 62.
[92] Vgl. auch ausführlich *Krajewski* S. 92 ff. mwN.
[93] Jarass GRCh Art. 36 Rn. 8 mwN; *Jarass* S. 326; *Weiß* EuR 2013, 669 (672); *Pöchersdorfer* S. 135 f.; *Krajewski* S. 93, der jedoch Zweifel hat, ob auch die Produktion von Waren unter den Dienstleistungsbegriff fällt.
[94] *Krajewski* S. 79; *Krajewski* in FK-EUV/GRC/AEUV AEUV Art. 106 Rn. 47; *Jarass* S. 326; aA offenbar *Essebier* S. 109.
[95] EuGH C-265/08, ECLI:EU:C:2010:205 Rn 29 – Federutility; Jarass GRCh Art. 36 Rn. 8; *Lembke* in von der Groeben/Schwarze/Hatje GRC Art. 36 Rn. 8; *Weiß* EuR 2013, 669 (671, 675); deutlich KOM (2011) 900 endgültig, 3: „Dienstleistungen von allgemeinem Interesse sind solche, die von den Behörden der Mitgliedstaaten als im allgemeinen Interesse liegend eingestuft werden"; zum Gestaltungsspielraum der Mitgliedstaaten auch *Waiz* S. 43; *von Danwitz* S. 119 ff.; *Ruffert* in Calliess/Ruffert GRC Art. 36 Rn. 2; einschränkend *Müller-Graff* in HK-UnionsR AEUV Art. 14 Rn. 16.
[96] *Voet van Vormizeele* in Schwarze AEUV Art. 106 Rn. 64 aE mwN; *Krajewski* in FK-EUV/GRC/AEUV AEUV Art. 106 Rn. 65.
[97] Vgl. *Krajewski* S. 94; ähnlich *Frenz* EuR 2000, 901 (906): „überindividueller Zweck" verlangt; *Voet van Vormizeele* in Schwarze AEUV Art. 106 Rn. 65: „zumindest auch im öffentlichen Interesse"; so auch *Pöchersdorfer* S. 136; *Lucarelli* S. 226 („in the public interest"), der zudem verlangt, dass die Dienstleistung mit einer gewissen Regelmäßigkeit („regularity") erbracht wird.
[98] *Weiß* EuR 2013, 669 (672).
[99] EuGH C-147/97 und C-148/97, ECLI:EU:C:2000:74 Rn. 37 ff. – Deutsche Post; *Krajewski* S. 89; *Frenz* EuR 2000, 901 (906); *Pöchersdorfer* S. 136.

unrentable Fluglinien[100] bzw. Fährverbindungen[101] anzubieten.[102] Ein weiteres starkes **Indiz** ist somit ein **Kontrahierungs- und Leistungszwang** für das betroffene Unternehmen.[103]

19 Leicht missszuverstehen ist das Merkmal des „**wirtschaftlichen**" Interesses. Dem Merkmal kommt insofern Bedeutung zu, als hiermit zwischen den beiden Artikeln des **Protokolls (Nr. 26)** über Dienste von allgemeinem Interesse[104] unterschieden wird. Dessen Art. 1 nennt gemeinsame Werte der Union in Bezug auf die hier besprochenen Dienste von **allgemeinem wirtschaftlichem Interesse**. Hinsichtlich der **nicht-wirtschaftlichen Dienste** von allgemeinem Interesse[105] stellt Art. 2 des Protokolls klar, dass diese von den Mitgliedstaaten durch eigene Leistung oder Auftrag an Private zur Verfügung gestellt werden dürfen und die Verträge diese Zuständigkeit nicht berühren.[106] Die nicht-wirtschaftlichen Dienste umfassen insbesondere die auf dem Solidarprinzip beruhenden **Sozialversicherungssysteme** (→ Rn. 16).[107] Ebenfalls nicht von Art. 36 GRC erfasst sind die klassischen **hoheitlichen Aufgaben** zB im Bereich der Gefahrenabwehr, der Landesverteidigung und der Justiz.[108] Es ist also nicht das Interesse, das im Rahmen des Art. 36 GRC wirtschaftlicher Natur sein muss, sondern die **Art der Dienstleistung**.[109] Anstatt der „Dienstleistungen von allgemeinem wirtschaftlichem Interesse" hätte daher der Begriff „Wirtschaftliche Dienstleistungen von allgemeinem Interesse" näher gelegen. Da die Verpflichtung, auch unrentable Dienstleistungen zu erbringen, gerade ein wesentliches Merkmal dieser Dienstleistungen ist (→ Rn. 18), darf das Merkmal der „Wirtschaftlichkeit" auch keinesfalls dahin verstanden werden, dass nur wirtschaftlich profitable bzw. mit Gewinnerzielungsabsicht verfolgte Dienstleistungen erfasst sind.[110] Vielmehr ist häufig das Gegenteil der Fall, auch wenn zweifelhaft ist, ob die fehlende Erbringung auf dem freien Markt ein zwingendes Merkmal dieser Dienstleistungen ist.[111]

20 „**Zugang**" ist die Möglichkeit, die Dienstleistungen **in Anspruch zu nehmen**.[112] Hiermit ist nur die **allgemeine Verfügbarkeit** dieser Dienstleistungen gemeint;[113] es sollten gerade **keine Leistungsrechte** „gewährleistet" werden, weshalb auf dieses Wort auch bewusst verzichtet wurde.[114] Weiter aufteilen lässt sich der Begriff in die Verfügbarkeit im Sinne des (bloßen) **Vorhandenseins** entsprechender Dienstleistungen, die **tatsächliche Zugänglichkeit** (insbesondere auch zu einem erschwinglichen Preis) und die **Angemessenheit** in Bezug auf die Qualität der Dienstleistung.[115] Teilweise wird in Frage gestellt, inwiefern Art. 36 GRC auch den „**sozialen**" **Zugang,** dh den Zugang für Personen, die

---

[100] EuGH 66/86, ECLI:EU:C:1989:140 Rn. 55 – Ahmed Saeed Flugreisen.
[101] Vgl. EuG T-17/02, ECLI:EU:T:2005:218 Rn 218 – Fred Olsen.
[102] Zu beidem *Krajewski* S. 82.
[103] Jarass GRCh Art. 36 Rn. 8.
[104] ABl. 2008 C 115, 308.
[105] Siehe die ausführliche Kritik am Begriff der Dienstleistungen von allgemeinem Interesse bei *Krajewski* S. 99 ff.
[106] In diesem Bereich besteht von vornherein keine Kompetenz der Union, siehe *Krajewski* in FK-EUV/GRC/AEUV AEUV Art. 14 Rn. 46 f.
[107] *Weiß* EuR 2013, 669 (673 f.); *Krajewski* S. 93 aE; *Krajewski* in FK-EUV/GRC/AEUV Art. 106 Rn. 68.
[108] *Pöcherstorfer* S. 137. Siehe auch *Damjanovic* in Holoubek/Lienbacher, GRC-Kommentar, GRC Art. 36 Rn. 9.
[109] Vgl. auch *Krajewski* S. 95, wonach dieses Merkmal insofern irreführend ist. Kritisch zur Abgrenzungsleistung dieses Merkmals in der Praxis *Voet van Vormizeele* in Schwarze AEUV Art. 106 Rn. 66.
[110] Jarass GRCh Art. 36 Rn. 8; *Jarass* S. 326; vgl. auch *Krajewski* S. 95.
[111] So aber *Essebier* S. 114 f.; vgl. auch *Pöcherstorfer* S. 136.
[112] Jarass GRCh Art. 36 Rn. 12.
[113] Siehe auch *Pöcherstorfer* S. 138: „allgemeine Teilhabe".
[114] Ursprünglich war beabsichtigt, anstatt der Worte „anerkennt und achtet" von „gewährleisten" zu sprechen, *Voet van Vormizeele* in Schwarze GRC Art. 36 Rn. 4.
[115] *Krajewski* in FK-EUV/GRC/AEUV GRC Art. 36 Rn. 13 unter Bezugnahme auf die Dogmatik der sozialen Menschenrechte nach *Krennerich*, Soziale Menschenrechte, 2013. Diese Elemente klingen auch bei *Braibant* S. 201 an.

für die Dienstleistung nicht zahlen können, umfasst.[116] Jedenfalls steht es den **Mitgliedstaaten frei,** ggf. über den Gewährleistungsgehalt von Art. 36 GRC hinaus einen Zugang zu ermäßigten Tarifen für Bedürftige anzubieten.[117] Die Erwähnung des Zugangs ist der wesentliche sprachliche Unterschied zu Art. 14 AEUV, was teilweise als **rechtliche Aufwertung** verstanden wird.[118]

IV. Beeinträchtigungen

Eine **Beeinträchtigung** der Gewährleistung liegt vor, wenn Maßnahmen der EU oder der Mitgliedstaaten bei Ausführung des Unionsrechts (→ Rn. 14) den Zugang zu einer Dienstleistung von allgemeinem wirtschaftlichem Interesse **behindern.**[119] Dies kann insbesondere der Fall sein, wenn Maßnahmen der Union die von den Mitgliedstaaten eingerichteten Dienstleistungen beeinträchtigen.[120] In einem bloßen Unterlassen soll dagegen keine Beeinträchtigung des Art. 36 GRC gesehen werden können.[121] Dafür könnte sprechen, dass Art. 36 GRC ausdrücklich auf die „einzelstaatlichen Rechtsvorschriften und Gepflogenheiten" verweist. Doch ist die Vorschrift im Zusammenhang mit Art. 14 AEUV zu lesen, der insofern verlangt, dass die Union und die Mitgliedstaaten dafür Sorge tragen, dass die betreffenden „Dienste" ihren „Aufgaben nachkommen können". Wohl in diesem Sinn wird daher von anderer Seite vertreten, dass die Vorgabe „anerkennt" in Art. 36 GRC über ein bloßes „achtet" hinausgehe und verlange, dass die Union die Regelungen der Mitgliedstaaten „aktiv gutheißt und bestätigt".[122] Dabei werden zwar keine konkreten Rechtsfolgen genannt, doch könnte man dies als Auftrag sehen, auch mögliche indirekte Auswirkungen von – insbesondere wettbewerbsrechtlichen – Regelungen im Sekundärrecht auf Dienstleistungen von allgemeinem wirtschaftlichen Interesse in den Mitgliedstaaten zu berücksichtigen und ein für das Ausnutzen bestehender Freiräume durch die Mitgliedstaaten förderliches regulatorisches Umfeld zu schaffen.[123]

Nach Art. 1 Protokoll Nr. 26 wird für Dienstleistungen von allgemeinem wirtschaftlichem Interesse „ein hohes Niveau in Bezug auf Qualität, Sicherheit und Bezahlbarkeit, Gleichbehandlung und Förderung des universellen Zugangs und der Nutzerrechte" gefordert.[124] Hieraus könnte sich eine Art **Untermaßverbot** ergeben. So wäre es gegebenenfalls nicht mit Art. 36 GRC vereinbar, wenn durch das Unionsrecht eine Privatisierung forciert würde, aufgrund derer die betreffende Dienstleistung nicht mehr auf dem geforderten Niveau zugänglich ist.[125] Angesichts dieser Vorgabe im Protokoll Nr. 26 und der – wenn auch begrenzten – **positiven Verpflichtung** in Art. 14 AEUV erscheint es wenig überzeugend, wenn andernorts in der Literatur vertreten wird, dass selbst eine auf das absolute Untermaß beschränkte Abwehrfunktion ausgeschlossen sei[126] bzw. dass sich aus einem

---

[116] *Damjanovic* in Holoubek/Lienbacher, GRC-Kommentar, GRC Art. 36 Rn. 12 m. Fn. 27 meint hiermit also nicht nur den Zugang zu erschwinglichen Preisen, sondern für Personen, die auch diesen Preis nicht bezahlen können, einen ermäßigten oder kostenlosen Zugang.
[117] *Damjanovic* in Holoubek/Lienbacher, GRC-Kommentar, GRC Art. 36 Rn. 12.
[118] Siehe *Mann* ZögU 2005 174 (184).
[119] *Jarass* GRCh Art. 36 Rn. 13 mwN; *Jarass* S. 329; *Pöcherstorfer* S. 140; vgl. auch *Krajewski* in FK-EUV/GRC/AEUV GRC Art. 36 Rn. 16, nach dessen Ansicht hier zugleich eine Grundrechtsbeeinträchtigung vorliegt.
[120] *Jarass* GRCh Art. 36 Rn. 13. Vgl. aber *Pöcherstorfer* S. 140 f., wonach sich hieraus keine Abwehrposition des Mitgliedstaats ableiten lasse.
[121] *Pöcherstorfer* S. 140. So auch allgemein zu Grundsätzen *Sagmeister* S. 327, der die von den Grundrechten vertraute Eingriffsterminologie verwendet (zur terminologischen Diskussion dort S. 328 f.).
[122] So *Mann* → 1. Aufl. 2006, § 34 Rn. 26 aE; siehe auch *Mann* ZögU 2005 174 (183). Vgl. zu der Diskussion ferner *Jarass* GRCh Art. 36 Rn. 14.
[123] Auf die Bedeutung von Art. 14 AEUV weist *Jarass* GRCh Art. 36 Rn. 14 hin. AA hingegen *Ladenburger* in Stern/Sachs GRC Art. 52 Rn. 117, wohl auch *Pielow* in Stern/Sachs GRC Art. 36 Rn. 39.
[124] Hierauf weisen auch *Jarass* GRCh Art. 36 Rn. 10; *Jarass* S. 327; *Krajewski* in FK-EUV/GRC/AEUV AEUV Art. 14 Rn. 40 ff., hin.
[125] Als Grenze für Privatisierungen diskutiert Art. 36 GRC vor allem *Krajewski* S. 521 mwN; *Krajewski* in FK-EUV/GRC/AEUV GRC Art. 36 Rn. 17. Vgl. auch *Frenz* EuR 2000 901 (920 f.).
[126] *Damjanovic* in Holoubek/Lienbacher, GRC-Kommentar, GRC Art. 36 Rn. 14.

etwaigen Untermaßverbot keine positive Pflicht zum Erlass einer Maßnahme ableiten ließe.[127] Das geforderte hohe Niveau wird auch Bedeutung erlangen, wenn die Union von der (Rahmen-)**Rechtsetzungsbefugnis** aus Art. 14 S. 2 AEUV Gebrauch machen sollte.[128] Bislang wurden unionsrechtliche Vorgaben für Dienstleistungen von allgemeinem wirtschaftlichem Interesse, soweit ersichtlich, stattdessen auf Art. 106 Abs. 3 AEUV gestützt.[129] Dies hat auf die Anwendbarkeit des Art. 36 GRC jedoch keinen Einfluss, zumal die Begriffe in Art. 106 Abs. 2 AEUV und Art. 14 AEUV deckungsgleich sind (→ Rn. 2).

V. Grenzen der Gewährleistung

23 Die **Grenzen der Gewährleistung** aus Art. 36 GRC ergeben sich zunächst einmal aus dessen **Rechtsnatur**, wonach die Bestimmung lediglich einen **Grundsatz** im Sinne des Art. 52 Abs. 5 GRC enthält.[130] Individualrechte ergeben sich aus Art. 36 GRC somit nicht (→ Rn. 8 ff.). Zudem wird der Zugang zu den Dienstleistungen nur insofern geschützt, „wie er durch die einzelstaatlichen Rechtsvorschriften und Gepflogenheiten [...] geregelt ist". Es besteht also ein **erheblicher Spielraum der Mitgliedstaaten,** wie genau sie diesen Zugang gewährleisten.[131]

24 Schließlich besteht der Vorbehalt der mitgliedstaatlichen Regelung nur „im Einklang mit den Verträgen". Dies ist ein Hinweis darauf, dass es den Mitgliedstaaten untersagt ist, das von den Verträgen geforderte **Schutzniveau** zu unterschreiten. Wenn darüber hinaus vertreten wird, dass sich aus Art. 36 GRC kein **Verschlechterungsverbot** weder in Bezug auf die Unionsorgane noch die Mitgliedstaaten ergebe,[132] ist dem entgegenzuhalten, dass jedenfalls Art. 14 AEUV verlangt, dass die Funktionsfähigkeit bestehender Dienste durch den regulatorischen Rahmen gesichert werden muss. Allerdings ist der Verweis auf die Verträge in Art. 36 GRC ein Einfallstor für wettbewerbsrechtliche Vorgaben der Verträge, deren liberaler Ansatz häufig in Konflikt mit Anliegen der Daseinsvorsorge stehen dürfte.[133] Bei einem Konflikt tritt jedoch nicht einseitig Art. 36 GRC zurück, vielmehr kann diese Bestimmung gerade auch als **Rechtfertigungstopos** für Beeinträchtigungen etwa der Grundfreiheiten dienen.[134] Nach zutreffender Ansicht erstreckt sich der Vorbehalt der „Verträge" auch auf das **EU-Sekundärrecht**.[135] Das ist bei Art. 193 AEUV, der für umweltrechtliche Alleingänge denselben Wortlaut verwendet wie Art. 36 GRC, anerkannt.[136] Die Frage dürfte in vielen Fällen aufgrund des Anwendungsvorrangs des Sekundärrechts gegenüber dem nationalen Recht eine geringere praktische Bedeutung haben. Relevant könnte sie jedoch im Falle von entgegenstehendem Richtlinienbestimmungen werden, die nicht unmittelbar anwendbar sind.

D. Verhältnis zu anderen Bestimmungen

25 Die Art. 34 und 35 GRC gehen Art. 36 GRC als speziellere Bestimmungen vor.[137]

---

[127] Vgl. *Schmidt* S. 203 ff.
[128] *Pöcherstorfer* S. 144 ff.; *Knauff* EuR 2010, 725 (738 mwN).
[129] *Koenig/Paul* in Streinz AEUV Art. 14 Rn. 11.
[130] Siehe auch Jarass GRCh Art. 36 Rn. 15.
[131] Jarass GRCh Art. 36 Rn. 15; *Jarass* S. 330; *Pöcherstorfer* S. 138 f. Zum Gestaltungsspielraum der Mitgliedstaaten → Rn. 11.
[132] *Damjanovic* in Holoubek/Lienbacher, GRC-Kommentar, GRC Art. 36 Rn. 18, 20.
[133] Jarass GRCh Art. 36 Rn. 16; *Jarass* S. 330 f.; vgl. auch *Pöcherstorfer* S. 139.
[134] Jarass GRCh Art. 36 Rn. 17, 19.
[135] So *Jarass* S. 331.
[136] *Calliess* in Calliess/Ruffert AEUV Art. 193 Rn. 10 mwN.
[137] *Damjanovic* in Holoubek/Lienbacher, GRC-Kommentar, GRC Art. 36 Rn. 11; dem folgend Jarass GRCh Art. 36 Rn. 6.

8. Abschnitt. Arbeitsrechtliche Freiheiten und Schutzverbürgungen

§ 39 Rechte der Arbeitnehmerinnen und Arbeitnehmer

Übersicht

	Rn.
A. Entwicklung und Bedeutung der Rechte der Arbeitnehmerinnen und Arbeitnehmer	1–16
I. Vorbemerkung	1–6
II. Verfassungen der Mitgliedstaaten	7, 8
III. Unionsverträge und Sekundärrecht	9–11
IV. Europäische Sozialcharta (EUSozCh) und EMRK	12–14
V. Gemeinschaftscharta der Sozialen Grundrechte der Arbeitnehmer (SozGRCh)	15, 16
B. Grundrechtscharakter und Gewährleistungsgehalt	17–41
I. Recht auf Unterrichtung und Anhörung der Arbeitnehmer/innen im Unternehmen (Art. 27 GRC)	17–34
II. Recht auf Kollektivverhandlungen und -maßnahmen (Art. 28 GRC) als Teil der Koalitionsfreiheit	35–41
C. Beeinträchtigung	42, 43
D. Rechtfertigung	44–46
E. Verhältnis zu anderen Grundrechtsgewährleistungen	47, 48
F. Zusammenfassende Bewertung und Ausblick	49

Schrifttum:
Ashiagbor, Economic and Social Rights in the European Charter of Fundamental Rights, EHRLR 2004, 62; *Bercusson,* European Labour Law and the EU Charter of Fundamental Rights, 1. Aufl. 2006; *Bernsdorff,* Soziale Grundrechte in der Charta der Grundrechte der Europäischen Union, VSSR 2001, 1; *Biltgen,* Die Rechtsprechung des EuGH zu den Grundrechten des Arbeitslebens, NZA 2016, 1245; *Birk,* Vereinbarungen der Sozialpartner im Rahmen des Sozialen Dialogs und ihre Durchführung, EuZW 1997, 453; *Blanke,* Workers's right to information and consultation within the undertaking, in Bercusson, S. 255 ff.; *Bücker,* Die Rosella-Entscheidung des EuGH zu gewerkschaftlichen Maßnahmen gegen Standortverlagerungen: der Vorhang zu und viele Fragen offen, NZA 2008, 212; *Curtin/van Ooik,* The Sting is always in the Tail. The Personal Scope of Application of the EU Charter of Fundamental Rights, MJ 2001, 102; *Hilbrandt,* Arbeitsrechtliche Unionsgrundrechte und deren Dogmatik, demnächst in NZA 2019; *Krebber,* Soziale Rechte in der Gemeinschaftsordnung, RdA 2009, 224; *Krimphove,* Europäisches Arbeitsrecht, 2. Aufl. 2001; *Nußberger,* Auswirkungen der Rechtsprechung des Europäischen Gerichtshofs für Menschenrechte auf das deutsche Arbeitsrecht, RdA 2012, 270; *Pache,* Die Europäische Grundrechtscharta – ein Rückschritt für den Grundrechtsschutz in Europa?, EuR 2001, 475; *ders./Rösch,* Europäischer Grundrechtsschutz nach Lissabon – die Rolle der EMRK und der Grundrechtecharta in der EU, EuZW 2008, 519; *Rondorf/Wittrock,* Vor der Verwirklichung, BABl. 12/1992, 5; *Schlachter,* Stärkung sozialer Rechte durch Grundrechtsschutz im europäischen Mehr-Ebenen-System, EuR 2016, 478; *Thüsing,* Angleichung der Arbeitsbedingungen auf dem Wege des Fortschritts – Zur neueren arbeitsrechtlichen Rechtsprechung des EuGH, NZA 2003, Beil. zu Heft 16, 41; *ders./Traut,* Zur begrenzten Reichweite der Koalitionsfreiheit im Unionsrecht, RdA 2012, 65; *Veneziani,* Right of collective bargaining and action, in Bercusson, S. 291 ff.; *Zachert,* Auf dem Weg zu europäischen Arbeitnehmergrundrechten?, NZA 2000, 621; *ders.,* Die Arbeitnehmergrundrechte in einer Europäischen Grundrechtscharta, NZA 2001, 1041; *Zuleeg,* Zum Verhältnis nationaler und europäischer Grundrechte, EuGRZ 2000, 511.

A. Entwicklung und Bedeutung der Rechte der Arbeitnehmerinnen und Arbeitnehmer

I. Vorbemerkung

Das **Arbeitsrecht der Europäischen Union** hat bereits einen **hohen Stellenwert in** 1
den nationalen Rechtsordnungen der einzelnen Mitgliedstaaten erlangt. Insofern kann als *pars pro toto* auf die Bestimmungen im Vertrag über die Arbeitsweise der Europäi-

schen Union zur Arbeitnehmerfreizügigkeit (Art. 45 ff. AEUV) und auf den Grundsatz der Entgeltgleichheit für Männer und Frauen (Art. 157 AEUV) verwiesen werden. Weiteres signifikantes Beispiel sind die nationalen Regelungen im Zusammenhang mit einem Inhaberwechsel bei Unternehmens(teil)- oder Betriebs(teil)übergängen, die maßgeblich durch die frühere RL 177/87/EWG (nunmehr RL 2001/23/EG[1] vom 12. März 2001) und die dazu ergangene vielfältige Rechtsprechung des EuGH harmonisiert und inhaltlich weiterentwickelt wurden.[2] Außerdem wirkt mittlerweile eine nicht mehr überschaubare Anzahl an Richtlinien und Verordnungen auf das nationale Arbeitsrecht (einschließlich des technischen Arbeitsschutzrechts) ein. Dieser Teil des EU-Arbeitsrechts spielt im Bewusstsein der sich sonst meist mit nationalen Fragestellungen beschäftigenden Arbeitsrechtler zweifelsohne eine bedeutende Rolle.

2 Das Arbeitsrecht der EU ist jedoch sehr viel komplexer, was auf seine **Vielzahl verschiedener Rechtsquellen** zurückzuführen ist; zu diesen Rechtsquellen gehören das Völkerrecht, Richterrecht, Primär- und Sekundärrecht, zT wird darüber hinaus das europäische Gewohnheitsrecht als weitere Rechtsquelle gesehen.[3] Anders als in der Bundesrepublik Deutschland werden die arbeitsrechtlich relevanten Bestimmungen in der EU häufig unter dem Oberbegriff der Sozialpolitik zusammengefasst.[4] Völkerrechtliche Normen im vorbezeichneten Sinne sind völkerrechtliche Grundsätze, völkerrechtliches Gewohnheitsrecht und vertragliche Abkommen zwischen Mitgliedstaaten der EU bzw. Drittstaaten, wie zB die Europäische Menschenrechtskonvention vom 4.11.1950 (EMRK), die Europäische Sozialcharta vom 18.10.1961 (EUSozCh), der Internationale Pakt über wirtschaftliche, soziale und kulturelle Rechte vom 16.12.1966 (IPWSKR), der Internationale Pakt über bürgerliche und politische Rechte vom 16.12.1966 (IPBPR) und die Allgemeine Erklärung der Menschenrechte vom 10.12.1948 (AEMR).[5] Durch Richterrecht entstehen allgemeine Rechtsgrundsätze wie zB im *Francovich*-Urteil des EuGH,[6] wo das Rechtsinstitut des originär unionsrechtlichen (vormals gemeinschaftsrechtlichen) Schadenersatzanspruchs eines betroffenen Bürgers gegen den Mitgliedstaat wegen legislativen Unterlassens (Nichtumsetzung einer Richtlinie in nationales Recht) begründet wurde.

3 Das **Primärrecht** ist vor allem in den Unionsverträgen (EUV, AEUV) und der GRC, dessen Anhängen sowie den dazu gehörenden Protokollen und (angenommenen) Erklärungen geregelt. Unionsverträge und GRC sind rechtlich gleichrangig (Art. 6 Abs. 1 UAbs. 3 EUV). Das – das EU-Arbeitsrecht maßgeblich bestimmende – **Sekundärrecht** besteht im Wesentlichen aus Richtlinien und Verordnungen (Art. 288 AEUV); weitere Regelungsmöglichkeiten sind sog Beschlüsse, Empfehlungen oder Stellungnahmen. Während eine Richtlinie der konkreten Umsetzung der Mitgliedstaaten durch Schaffung eines nationalen Rechtsakts bedarf (Art. 288 Abs. 3 AEUV), ist eine Verordnung in allen ihren Teilen verbindlich, gilt unmittelbar in jedem Mitgliedstaat und hat allgemeine Geltung (Art. 288 Abs. 2 AEUV).

4 Vor Inkrafttreten der Charta der Grundrechte der Europäischen Union am 1.12.2009 bestand wenig Sensibilität für ein auch durch **verfassungsrechtliche Gesichtspunkte geprägtes Arbeitsrecht der EU**. Grund hierfür dürfte sein, dass die Gemeinschaftsgrundrechte (heutigen Unionsgrundrechte) zunächst ausschließlich auf Richterrecht beruhten

---

[1] ABl. 2001 L 82, 16.
[2] Exemplarisch für viele Urteile siehe EuGH C-392/92, Slg. 1994, I-1311 ff. – Christel Schmidt; EuGH C-13/95, Slg. 1997, I-1259 ff. – Ayse Süzen; EuGH C-340/01, Slg. 2003, I-14023 – Carlito Abler ua/Sodexho MM Catering; EuGH C-499/04, Slg. 2006, I-2397 Rn. 33 ff. – Werhof; EuGH C-426/11, ECLI:EU:C:2013:521 Rn. 30 ff. – Alemo-Herron; ferner dazu jeweils mwN *Willemsen/Hohenstatt/Schweibert/Seibt*, Umstrukturierung und Übertragung von Unternehmen, 5. Aufl. 2016, Teil G; *Willemsen* in Henssler/Willemsen/Kalb, Arbeitsrecht Kommentar, 8. Aufl. 2018, BGB § 613a Rn. 1 ff.; *Preis* in ErfK BGB § 613a Rn. 1 ff.
[3] *Krimphove* Rn. 88 u. 111.
[4] Vgl. zB den AEUV unter Titel X Sozialpolitik (Art. 151 ff. AEUV).
[5] *Krimphove* Rn. 90 mwN.
[6] EuGH verb. Rs. C-6/90 ua, Slg. 1991, I-5357 ff. – Francovich.

und vom EuGH in seiner nunmehr über vierzigjähriger Grundrechtsrechtsprechung als Bestandteil der sog „allgemeinen Rechtsgrundsätze" iSd damaligen Art. 6 Abs. 2 EUV entwickelt wurden (insbes. → § 1 Rn. 55 ff. u. → § 4 Rn. 84 ff.).

Zu diesen Unionsgrundrechten mit arbeitsrechtlichen Bezügen gehören ua das Recht auf **5** Schutz der **Menschenwürde** (→ § 13), die **Gleichbehandlungs- und Diskriminierungsverbote** (→ §§ 47–49), die **Vereinigungsfreiheit** (→ § 32), die Berufsfreiheit und das Recht zu arbeiten, einschließlich des **Rechts des Arbeitnehmers auf freie Wahl seines Arbeitgebers** (→ § 34), die **unternehmerische Freiheit** (→ § 35), Diskriminierungsverbote (Art. 21 GRC), Gleichheitsgebote (Art. 23 GRC), die berufliche Eingliederung von Menschen mit Behinderung (Art. 26 GRC), das Verbot von Kinderarbeit und Schutz der Jugendlichen am Arbeitsplatz (Art. 32 GRC), das Recht auf Schutz vor Entlassung aus einem mit der Mutterschaft zusammenhängenden Grund sowie der Anspruch auf bezahlten Mutterschafts- und Elternurlaub (Art. 32 Abs. 2 GRC), das Recht auf Zugang zu den Leistungen der sozialen Sicherheit und sozialen Dienste wie zB bei Verlust des Arbeitsplatzes (Art. 34 GRC) sowie die Rechte auf Freizügigkeit und Aufenthaltsfreiheit (Art. 45 GRC).

Diese Unionsgrundrechte sind nach der Rechtsprechung des EuGH auch von den nationalen Gerichten als Maßstab anzulegen, wenn die Mitgliedstaaten Unionsrecht vollziehen[7] (→ § 9 Rn. 30 ff.). In gleichem Maße sind die **arbeitsrechtlichen Grundfreiheiten und Schutzverbürgungen** im AEUV zu beachten (Art. 18 AEUV: Diskriminierungsverbot aus Gründen der Staatsangehörigkeit; Art. 45 ff. AEUV: Gewährleistung der Arbeitnehmerfreizügigkeit innerhalb der Union; Art. 157 AEUV: Gebot der Entgeltgleichheit zwischen Männer und Frauen bei gleicher oder gleichwertiger Arbeit; → §§ 47–49).

Kodifiziert durch die Art. 27–31 GRC wurden die arbeitsrechtlich relevanten Rechte auf **Unterrichtung und Anhörung der Arbeitnehmer**[8] **im Unternehmen, Kollektivverhandlungen und Kollektivmaßnahmen, Zugang zu einem Arbeitsvermittlungsdienst, gerechte und angemessene Arbeitsbedingungen** und der Anspruch auf **Schutz bei ungerechtfertigter Entlassung.**

Demnach ist, da das nationale Arbeitsrecht weitgehend auf unionsrechtlichen Vorgaben beruht, nicht nur eine unionsrechtskonforme Umsetzung (iSd jeweiligen Richtlinie) bzw. die unmittelbare Geltung der Verordnungen in den einzelnen Mitgliedstaaten zu beachten, sondern darüber hinaus auch die Geltung der Unionsgrundrechte der am Arbeitsleben beteiligten Grundrechtsträger (Arbeitnehmer, Arbeitgeber, Gewerkschaften, Arbeitgeberverbände etc) sowie der insofern zu beachtenden Grundsätze und Grundfreiheiten iR ihres jeweiligen Geltungsbereichs. Diese entsprechende Kontrolle ist eine immer noch recht neue Aufgabe und Herausforderung der nationalen Arbeitsgerichte im Zusammenwirken mit dem EuGH, in Form der unionsrechtskonformen Auslegung bzw. Restriktion nationaler Bestimmungen gemäß EuGH-Rechtsprechung bis hin zu deren Nichtanwendung, wenn sie gegen einen allgemeinen Grundsatz bzw. ein Grundrecht gemäß GRC verstoßen, auch im Rechtsstreit zwischen Privatrechtssubjekten. Dann handelt das nationale Gericht aus eigener (unionsrechtlicher) Kompetenz als „Unionsverfassungsgericht" ohne Pflicht zur vorherigen Anrufung des EuGH (bei unionsrechtlich durch den EuGH bereits geklärter Rechtslage) bzw. des BVerfG, welches nur für die Feststellung der Verfassungswidrigkeit nationalen, deutschen Rechts zuständig ist[9] – eine schwierige und im Einzelfall evtl. prekäre Situation für ein auf verfassungsrechtliche Fragen nicht spezialisiertes Fachgericht.

Die nachfolgenden Erläuterungen im Rahmen dieses Kapitels konzentrieren sich auf das **6 Recht der Arbeitnehmer auf Unterrichtung und Anhörung** (Art. 27 GRC) sowie

---

[7] *Zuleeg* EuGRZ 2000, 511 (511 f. mwN); *Schorkopf* in GHN AEUV Art. 153 Rn. 23.
[8] Soweit in → §§ 39–42 der Begriff „Arbeitnehmer" verwendet wird, geschieht dies in einem geschlechtsneutralen Sinn und umfasst sowohl weibliche als auch männliche Arbeitnehmer als auch intersexuelle Personen (sog. drittes Geschlecht).
[9] Vgl. ua EuGH C-441/14, ECLI:EU:C:2016:278 Rn. 30 u. 40 mwN – Dansk Industri vs. Nachlass des Karsten Eigil Rasmussen; EuGH C-555/07, ECLI:EU:C:2010:21 Rn. 50 ff. mwN – Kücükdeveci.

das **Recht auf Kollektivverhandlungen und Kollektivmaßnahmen** (Art. 28 GRC) als Teil der Koalitionsfreiheit (Art. 12 GRC). Die nachfolgenden → §§ 40–42 enthalten dann die Ausführungen zum Recht auf gesunde, sichere und würdige Arbeitsbedingungen (Art. 31 GRC → § 40), zum Anspruch auf Entlassungsschutz (Art. 30 GRC → § 41) und zum Recht auf Zugang zu einem unentgeltlichen Arbeitsvermittlungsdienst (Art. 29 GRC → § 42).

II. Verfassungen der Mitgliedstaaten

7   Die meisten Verfassungen der Mitgliedstaaten behandeln das Thema der **Unterrichtung und Anhörung der Arbeitnehmer** nicht ausdrücklich. Eine Ausnahme bildet insoweit zB Art. 23 belgVerf, wo unter dem Oberbegriff des Rechts auf ein menschenwürdiges Leben und im unmittelbaren systematischen Zusammenhang mit den Rechten auf Arbeit, freie Wahl der Berufstätigkeit im Rahmen der allgemeinen Beschäftigungspolitik, gerechte Arbeitsbedingungen und Entlohnung das Recht auf Information, Konsultation und kollektive Verhandlungen genannt wird.[10] Zu den Mitwirkungsrechten der Arbeitnehmer äußern sich auch Art. 19 Abs. 2 ndlVerf („Erlass von Vorschriften über die Mitbestimmung"), die Präambel der französischen Verfassung vom 27.10.1946 iVm der Präambel der Verfassung vom 4.10.1948 („Mitwirkung an der Verwaltung der Betriebe [durch Delegierte]"), Art. 46 italVerf („Mitwirkung an der Leitung des Unternehmens im Rahmen der gesetzlichen Bestimmungen") und Art. 54 portVerf („Mitwirkung in den Betrieben durch Arbeiterausschüsse, die Kontroll-, Organisations- und Mitwirkungsbefugnisse haben"). Im Übrigen beschränkt sich der Großteil der nationalen Verfassungen auf die Garantie der Berufswahl- und Berufsausübungsfreiheit bzw. des Rechts auf Arbeit[11] (→ § 34). In der Bundesrepublik Deutschland beruhen zB die Unterrichtungs- und Beratungsrechte des Betriebsrats iSd § 90 BetrVG (als Arbeitnehmervertreter) auf dem Grundgedanken der Achtung der Grundrechte in Form des Schutzes der Menschenwürde, der freien Entfaltung der Persönlichkeit und des Rechts auf körperliche Unversehrtheit.[12]

8   Die meisten nationalen Verfassungen der Mitgliedstaaten enthalten ein **Grundrecht auf Vereinigungsfreiheit bzw. Koalitionsfreiheit** einschließlich des Rechts auf kollektive Maßnahmen iSv Arbeitskämpfen, ausdrücklich oder im Wege der Auslegung.[13] Darüber

---

[10] Abgedruckt im Internet abrufbar unter www.verfassungen.eu/eu/index.htm (letzter Abruf: 16.8.2019), ebenso die weiteren im Text genannten Verfassungen.

[11] Vgl. zB Art. 48 Abs. 3 bulgVerf; § 74 dänVerf; § 29 Abs. 1 estnVerf; § 18 finnVerf; Art. 12 GG; Art. 22 griechVerf; Art. 4 italVerf; Art. 54 kroatVerf; Art. 106 lettVerf; Art. 48 litVerf; Art. 11 luxVerf; Art. 7 maltVerf; Art. 19 Abs. 3 ndlVerf; Art. 18 östStGG v. 21.12.1897; Art. 65 Abs. 1 polnVerf; Art. 58 Abs. 1 u. 2 portVerf; Kap. 1 § 2 S. 2 schwedVerf; Art. 38 Abs. 1 rumVerf; Art. 35 slowakVerf; Art. 49 Abs. 1 u. 2 slowenVerf; Art. 35 Abs. 1 spanVerf; Art. 3 tschechVerf iVm Art. 26 Abs. 1 Deklaration der Grundrechte und -freiheiten; Art. XII Abs. 1 ungVerf; Art. 25 Abs. 1 zypVerf.

[12] *Kania* in ErfK BetrVG § 90 Rn. 1 mwN.

[13] Vgl. zB Art. 23 Abs. 3 Nr. 1 belgVerf („Kollektive Verhandlungen"); Art. 49 u. 50 bulgVerf („Gewerkschaftliche Vereinigungsfreiheit einschließlich Streikrecht"); Art. 9 Abs. 3 GG („Vereinigungsfreiheit einschließlich Koalitionsfreiheit und Arbeitskampfrecht"); § 29 Abs. 5 estnVerf („Gewerkschaftliche Vereinigungsfreiheit einschließlich Streikrecht"); § 13 Abs. 2 finnVerf („Gewerkschaftliche Vereinigungsfreiheit"); Abs. 6 u. 7 Präambel frzVerf v. 27.10.1946 („Koalitionsfreiheit einschließlich Streikrecht"); Art. 22 u. 23 griechVerf („Ergänzung der durch Gesetz festgelegten allgemeinen Arbeitsbedingungen durch in freien Verhandlungen abgeschlossene Tarifverträge, bei deren Misslingen durch schiedsrichterlich gesetzte Regeln"; „Sicherung der Koalitionsfreiheit einschließlich Streikrecht"); Schedule 1 Part I Art. 11 britHuman Rights Act 1998 („freedom of assembly and association"); Art. 39 u. 40 italVerf („Freie Bildung von Gewerkschaften und Ausübung des Streikrechts im Rahmen der Gesetze"); Art. 59 u. 61 kroatVerf („Gewerkschaftliche Vereinigungsfreiheit einschließlich Streikrecht"); Art. 102 u. 108 lettVerf („Koalitionsfreiheit einschließlich Streikrecht"); Art. 50 u. 51 litVerf („Gewerkschaftliche Vereinigungsfreiheit einschließlich Streikrecht"); Art. 11 Abs. 4 luxVerf („Gewährleistung der gewerkschaftlichen Freiheiten"); Art. 42 Abs. 1 maltVerf („Vereinigungsfreiheit"); Art. 12 östStaatsGG v. 21.12.1967 („Vereinigungs- und Versammlungsfreiheit unter Hinweis auf Art. 11 EMRK"); Art. 58 u. 59 polnVerf („Gewerkschaftliche Vereinigungsfreiheit einschließlich Streikrecht"); Art. 55–57 portVerf („Koalitionsfreiheit, Tarifautonomie, Streikrecht"; durch Art. 57 Abs. 4 portVerf ausdrückliches Verbot der Aussperrung); Art. 37 u. 40 Abs. 1 rumVerf („Vereinigungsfreiheit einschließlich Streikrecht"); Kap. 1 § 17 schwedVerf („Gewerk-

hinaus ist zu berücksichtigen, dass Art. 11 EMRK für alle Mitgliedstaaten gilt und diese Vorschrift nach der Rechtsprechung des EGMR im Grundsatz das Recht auf Kollektivverhandlungen einschließlich des Streikrechts umfasst (→ Rn. 38 f.). In der Bundesrepublik Deutschland ist zB Art. 9 Abs. 3 GG die rechtliche Grundlage der Koalitionsfreiheit einschließlich des Arbeitskampfrechts. Aus diesem Grundrecht hat das BVerfG in ständiger Rechtsprechung verschiedene Ausformungen erschlossen. So wird neben dem individuellen Koalitionsrecht ein kollektives Koalitionsrecht anerkannt. Dieses kollektive Koalitionsrecht enthält eine **Bestandsgarantie** und eine **Betätigungsgarantie**.[14] Die Betätigungsgarantie sichert den Koalitionen den in Art. 9 Abs. 3 GG genannten Regelungsauftrag iSd Wahrung und Förderung der Arbeits- und Wirtschaftsbedingungen. Dazu bedürfen die Koalitionen entsprechender Mittel, die ihnen der Gesetzgeber bzw. an seiner Stelle der Richter von Verfassungs wegen zur Verfügung stellen muss. Im Rahmen dieses durch Art. 9 Abs. 3 GG gesicherten Rechts auf koalitionsspezifische Betätigung stehen den Koalitionen verschiedene Betätigungsbereiche zu, ua das Recht zur verbandsmäßigen Gestaltung der Arbeitsbedingungen. Insofern ist der Gesetzgeber verpflichtet, den Koalitionen ein **funktionierendes Tarifvertragssystem** zu überlassen. Zu diesen Funktionsbedingungen zählt auch die Einrichtung eines die Autonomie der Koalitionen grundsätzlich respektierenden Verfahrens der Konfliktbewältigung. Eine staatliche Zwangsschlichtung würde den Koalitionen lediglich eine Chance autonomer Selbstverwaltung eröffnen, die Garantie autonomer Selbstverwaltung letztlich aber versagen. Denn im Konfliktfall (Dissens) käme es nicht auf das Verhandlungsergebnis der Koalitionen an, sondern die Entscheidung einer dritten Stelle wäre maßgebend. Im Rahmen eines freiheitlichen Tarifvertragssystems ist somit die Lösung von (auf dem Verhandlungswege nicht überbrückbaren) Tarifkonflikten nur durch freiwillige Schlichtung oder als *ultima ratio* durch Arbeitskampf möglich. Die in Art. 9 Abs. 3 GG enthaltene **Einrichtungsgarantie eines freiheitlichen Tarifvertragssystems** impliziert damit zugleich die **verfassungsrechtliche Garantie eines funktionierenden Arbeitskampfsystems**.[15]

---

schaftliche Kampfmaßnahmen durch Arbeitnehmer-, Arbeitgebervereinigungen sowie Arbeitgeber"); Art. 37 slowakVerf („Gewerkschaftliche Vereinigungsfreiheit einschließlich Streikrecht"); Art. 76 u. 77 slowenVerf („Gewerkschaftliche Vereinigungsfreiheit einschließlich Streikrecht"); Art. 28 spanVerf („Koalitionsfreiheit einschließlich Streikrecht"); Art. 3 tschechVerf iVm Art. 27 Abs. 4 Deklaration der Grundrechte und -freiheiten („Gewerkschaftliche Vereinigungsfreiheit einschließlich Streikrecht"); Art. VIII Abs. 5 ungVerf („Vereinigungsfreiheit"); Art. 26 u. 27 zypVerf („Vereinigungsfreiheit einschließlich Streikrecht"); vgl. auch *Rebhahn/Reiner* in Schwarze AEUV Art. 151 Rn. 28 mwN, die insofern einen „gemeineuropäischen Kern" des Arbeitsrechts annehmen.

14 Vgl. zB BVerfG (1991) AP GG Art. 9 Nr. 117 Arbeitskampf (Grundlagen der Koalitionsfreiheit); BVerfG NZA 2014, 493 Rn. 22 mwN.

15 Grdlg. dazu BAG GS (1955), AP GG Art. 9 Nr. 1 Arbeitskampf (Allgemeine Arbeitskampfgrundsätze); BAG GS (1971), AP GG Art. 9 Nr. 43 Arbeitskampf (Allgemeine Arbeitskampfgrundsätze); BAG (1980), AP GG Art. 9 Nr. 70 u. Nr. 71 Arbeitskampf (Arbeitskampfrisikolehre); BAG (1985 u. 1988), AP GG Art. 9 Nr. 85 u. Nr. 90 Arbeitskampf (Sympathie- u. Solidaritätsstreik); BAG (1988), AP GG Art. 9 Nr. 101 Arbeitskampf (Aussperrung); BAG (1988), AP GG Art. 9 Nr. 106 Arbeitskampf („Wilder" Streik); BAG (1988), AP GG Art. 9 Nr. 107 Arbeitskampf (Aussperrung); BAG (1988), AP GG Art. 9 Nr. 108 Arbeitskampf (Warnstreik); BAG (1992), AP GG Art. 9 Nr. 124 Arbeitskampf (Kurzstreiks und Abwehraussperrungen); BVerfG (1993), AP GG Art. 9 Nr. 126 Arbeitskampf (Einsatz von Beamten auf bestreikten Arbeitsplätzen); BAG (1993), AP GG Art. 9 Nr. 127 Arbeitskampf (Streikbruchprämie u. Maßregelungsverbot); BAG (1994 u. 1995), AP GG Art. 9 Nr. 130 u. 135 Arbeitskampf (Betriebsstilllegung als Arbeitskampfmaßnahme); BVerfG (1995), AP AFG § 116 Nr. 4 (Kurzarbeitergeld u. Tarifautonomie); BAG (1998), AP GG Art. 9 Nr. 154 u. Nr. 155 Arbeitskampf (Arbeitskampfrisikolehre u. Wellenstreiks); BAG (2002), AP GG Art. 9 Nr. 162 Arbeitskampf (Streik um Firmentarifvertrag gegen verbandsangehörigen Arbeitgeber); BAG (2003), AP GG Art. 9 Nr. 163 Arbeitskampf (Streik um Verbandstarifvertrag gegen nichtverbandsangehörigen Arbeitgeber); BAG (2010), AP GG Art. 9 Nr. 140 (Aufgabe Grundsatz der Tarifeinheit); BAG (2011), AP GG Art. 9 Nr. 148 Arbeitskampf = ZTR 2011, 667 (Gewerkschaftlicher Beseitigungsanspruch bei tarifwidrigen betrieblichen Regelungen); BAG (2004), NZA 2004, 1399 (Schutzpflichtfunktion der Grundrechte und Grundrechtsbindung der Tarifpartner); BAG (2006) AP TVG § 2 Nr. 4 Tariffähigkeit (Tariffähigkeit einer Arbeitnehmervereinigung); BAG (2010) AP TVG § 2 Nr. 6 Tariffähigkeit (Tariffähigkeit einer Spitzenorganisation); BAG (2012) AP GG

III. Unionsverträge und Sekundärrecht

9 Die Unterrichtung und Anhörung der Arbeitnehmer hat in der Union einen besonderen Stellenwert, die Unionskompetenz ergibt sich aus Art. 153 Abs. 1 lit. e AEUV. Danach unterstützt und ergänzt die Union die Tätigkeit der Mitgliedstaaten zur Verwirklichung der Ziele des Art. 151 AEUV ua auf dem Gebiet der Unterrichtung und Anhörung der Arbeitnehmer. Art. 153 AEUV stellt dies in den Kontext („eingedenk") der sozialen Grundrechte gemäß EUSozCh und SozGRCh, und zwar hier der verfolgten Ziele des „sozialen Dialogs zwischen den Sozialpartnern"[16] und der „Verbesserung der Lebens- und Arbeitsbedingungen zwecks Angleichung auf dem Wege des Fortschritts".[17] Diese **„genuin sozialpolitische Kompetenz der Union zur Rechtsetzung"**[18] wurde durch den Amsterdamer Vertrag in den damaligen EGV eingefügt und unterstreicht ebenso wie der 3. Erwägungsgrund der Präambel zum AEUV (vormals. 4. und 7. Erwägungsgrund der Präambel zum EUV sowie Art. 2 erster Gedankenstrich EUV) die **„grundrechtliche Fundierung der Sozialpolitik".**[19] In den Erwägungsgründen nachfolgender, beispielhaft aufgezählter Richtlinien des Rates wird ausdrücklich auf die Vorgängerregelungen des Art. 151 AEUV (Art. 117 EGV-Maastricht/Art. 136 EGV-Nizza) sowie darüber hinaus zT auf die Nr. 7, 17 u. 18 SozGRCh Bezug genommen: RL 75/129/EG zur Angleichung der Rechtsvorschriften über Massenentlassungen[20]; RL 75/129/EWG zur Angleichung der Rechtsvorschriften der Mitgliedstaaten über die Wahrung von Ansprüchen der Arbeitnehmer beim Übergang von Unternehmen, Betrieben oder Betriebsteilen[21]; RL 2008/94/EG zur Angleichung der Rechtsvorschriften der Mitgliedstaaten über den Schutz der Arbeitnehmer bei Zahlungsunfähigkeit des Arbeitgebers[22]; RL 91/533/EWG über die Pflicht des Arbeitgebers zur Unterrichtung des Arbeitnehmers über die für seinen Arbeitsvertrag oder sein Arbeitsverhältnis geltenden Bedingungen[23]; RL 78/610/EWG zur Angleichung der Rechts- und Verwaltungsvorschriften der Mitgliedstaaten über den Schutz der Gesundheit von Arbeitnehmern, die Vinylchloridmonomer ausgesetzt sind[24]; RL 80/1107/EWG zum Schutz der Arbeitnehmer vor der Gefährdung durch chemische, physikalische und biologische Arbeitsstoffe bei der Arbeit.[25] Auch die RL 2009/38/EG über die Einsetzung eines Europäischen Betriebsrats oder die Schaffung eines Verfahrens zur Unterrichtung und Anhörung der Arbeitnehmer in gemeinschaftsweit operierenden Unternehmen und Unternehmensgruppen,[26] die die RL 94/45/EG inhaltlich geändert und neugefasst hat, stützt sich ua auf das Ziel des Art. 151 AEUV, den sozialen Dialog zu fördern, Ungleichbehandlungen hinsichtlich der Unterrichtung und Anhörung bei einer länderübergreifenden Unternehmensstruktur zu vermeiden sowie das Recht der Arbeitnehmer oder ihrer Vertreter aus Art. 27 GRC zu gewährleisten.[27] Die vorstehend genannten sekundärrechtlich

---

Art. 9 Nr. 179 Arbeitskampf (kein Streikrecht in kirchlichen Einrichtungen bei verbindlichen Mindestarbeitsbedingungen).

[16] So ausdrücklich der 1. Erwägungsgrund zur RL 2002/14/EG zur Festlegung eines allgemeinen Rahmens für die Unterrichtung und Anhörung der Arbeitnehmer in der Europäischen Gemeinschaft, ABl. 2002 L 80, 29.

[17] Nach dem 13. Erwägungsgrund zur RL 2002/14/EG ist der auf Gemeinschaftsebene (nunmehr Unionsebene) und auf nationaler Ebene bestehende Rechtsrahmen für die Unterrichtung und Anhörung der Arbeitnehmer häufig sehr stark ausgerichtet, Wandlungsprozesse im Nachhinein zu verarbeiten und stellt nicht wirklich auf eine „Antizipation" der Beschäftigungsentwicklung in Unternehmen oder auf eine „Prävention von Risiken" ab; ein Ziel der RL 2002/14/EG besteht darin, dem entgegen zu wirken.

[18] *Rebhahn/Reiner* in Schwarze AEUV Art. 151 Rn. 3.

[19] Oppermann/Classen/Nettesheim EuropaR Rn. 1636; ausführlich zum gesamten Kontext *Benecke* in GHN AEUV Art. 153 Rn. 1 ff.

[20] ABl. 1975 L 48, 29; abgelöst durch die RL 98/59/EG, ABl. 1998 L 225, 16.

[21] ABl. 1977 L 61, 21; abgelöst durch die RL 2001/23/EG, ABl. 2001 L 82, 16.

[22] ABl. 2008 L 283, 36.

[23] ABl. 1991 L 288, 32.

[24] ABl. 1978 L 197, 12; aufgehoben durch RL 1999/38/EG, ABl. 1999 L 138, 66.

[25] ABl. 1980 L 327, 8; ersetzt durch die RL 98/24/EG, ABl. 1998 L 131, 1.

[26] ABl. 2009 L 122, 28.

[27] Vgl. den 8., 11. u. 46. Erwägungsgrund der RL 2009/38/EG.

geregelten **Unterrichtungs- und Anhörungsrechte der Arbeitnehmer** beziehen sich also einerseits auf das Arbeitsverhältnis, dessen Arbeitsbedingungen und gravierende Veränderungen der Beschäftigungssituation des Unternehmens, andererseits auf die Risiken am Arbeitsplatz mit dem Ziel der Verbesserung der Sicherheit und des Gesundheitsschutzes, und zwar iSv **Prävention und Antizipation**.[28]

Das **Koalitions-, Streik- und Aussperrungsrecht** ist ausdrücklich aus der Regelungskompetenz der Union iSd Art. 153 AEUV ausgenommen worden (Abs. 5). Für diese Bereiche wird deshalb eine Alleinzuständigkeit der Mitgliedstaaten und gegebenenfalls der Tarifpartner angenommen.[29] Von besonderer Bedeutung ist daher, dass alle Mitgliedstaaten die EMRK ratifiziert haben und das Koalitions- und Streikrecht vom Schutzbereich des Art. 11 EMRK umfasst ist. Im Übrigen hat die Union nur die Möglichkeit, auf einer anderen Kompetenzgrundlage (zB Art. 115 AEUV bzw. Art. 352 Abs. 1 AEUV) tätig zu werden.[30] Allerdings wird die Wertung des Art. 153 Abs. 5 AEUV bei der Auslegung der anderen Ermächtigungsnormen zu berücksichtigen sein, woraus gefolgert wird, dass im Rahmen der Ermächtigungsgrundlage des Art. 115 AEUV nur bei einem engen Binnenmarktbezug Maßnahmen auch in den in Art. 153 Abs. 5 AEUV genannten Bereichen denkbar sein, zB die Beschränkung von Arbeitskämpfen, sofern sie den freien Warenverkehr behindern.[31] Klargestellt hat der EuGH zu Recht, dass es den Mitgliedstaaten in den Bereichen, für die die Union nicht zuständig ist, zwar grundsätzlich weiterhin freistehe, die Bedingungen für den Bestand der fraglichen Rechte und die Modalitäten ihrer Ausübung festzusetzen, dass sie aber gleichwohl gehalten seien, das Unionsrecht bei der Ausübung dieser Befugnis zu beachten; daher nehme der Umstand, dass Art. 153 AEUV das Koalitions-, Streik- und Aussperrungsrecht ausdrücklich aus der Regelungskompetenz der Union herausnimmt, eine kollektive Maßnahme wie zB einen Streik, der sich auf die (durch den AEUV gewährleisteten) Grundfreiheiten der Dienstleistungs-, Niederlassungsfreiheit oder des freien Warenverkehrs auswirke, nicht von der Anwendung dieser Grundfreiheit aus.[32] Umstritten ist ferner, ob der Union eine Rechtsetzungskompetenz hinsichtlich eines **Europäischen Tarifvertragsrechts** zusteht (→ Rn. 37 ff., 41).[33] Unabhängig davon wird dieser Meinungsstreit in der Praxis etwas dadurch entschärft, dass der Beschluss des Rates nach Art. 153 Abs. 2 AEUV Einstimmigkeit voraussetzt.

Ebenfalls von Bedeutung im Zusammenhang mit einem unionsrechtlichen Koalitions- und Tarifrecht sind die Art. 155 u. 156 AEUV. Nach Art. 155 Abs. 1 AEUV kann der **Dialog zwischen den Sozialpartnern auf Unionsebene,** falls sie es wünschen, zur Herstellung vertraglicher Beziehungen einschließlich des Abschlusses von Vereinbarungen führen. Die Durchführung der auf Unionsebene geschlossenen Vereinbarungen erfolgt entweder nach dem jeweiligen Verfahren und den Gepflogenheiten der Sozialpartner und der Mitgliedstaaten oder – in den durch Art. 153 AEUV erfassten Bereichen – auf gemeinsamen Antrag der Unterzeichnerparteien durch einen Beschluss des Rates auf Vorschlag der Kommission (Abs. 2). Sofern nicht die jeweilige Vereinbarung eine oder mehrere Bestimmungen enthält, die einen der in Art. 153 Abs. 1 AEUV genannten Bereiche betrifft und

---

[28] Vgl. 10. Erwägungsgrund der RL 2002/14/EG, ABl. 2002 L 80, 29; vgl. zB auch RL 2001/86/EG zur Ergänzung des Statuts der Europäischen Gesellschaft hinsichtlich der Beteiligung der Arbeitnehmer, ABl. 2001 L 294, 22, im 18. Erwägungsgrund: „Die Sicherung erworbener Rechte der Arbeitnehmer über ihre Beteiligung an Unternehmensentscheidungen ist fundamentaler Grundsatz".
[29] *Benecke* in GHN AEUV Art. 153 Rn. 101; *Coen* in Lenz/Borchardt EU-Verträge AEUV Art. 153 Rn. 47; aber auch → Rn. 41.
[30] *Benecke* in GHN AEUV Art. 153 Rn. 101; *Rebhahn/Reiner* in Schwarze AEUV Art. 153 Rn. 63.
[31] *Rebhahn/Reiner* in Schwarze AEUV Art. 153 Rn. 63; *Benecke* in GHN AEUV Art. 153 Rn. 101; vgl. dazu auch EuGH C-438/05, Slg. 2007, I-10779 Rn. 39 ff. – Viking Line; EuGH C-341/05, Slg. 2007, I-11767 Rn. 86 ff. – Laval.
[32] EuGH C-438/05, Slg. 2007, I-10779 Rn. 39 ff. – Viking Line; EuGH C-341/05, Slg. 2007, I-11767 Rn. 86 ff. – Laval.
[33] Bejahend jeweils unter Berufung auf Art. 153 Abs. 3 lit. f AEUV: *Rebhahn/Reiner* in Schwarze AEUV Art. 153 Rn. 53; *Benecke* in GHN AEUV Art. 153 Rn. 101; verneinend *Krebber* in Calliess/Ruffert AEUV Art. 153 Rn. 12.

somit einen einstimmigen Beschluss voraussetzt, beschließt der Rat mit qualifizierter Mehrheit (Abs. 2). Umstritten ist, ob diese Vereinbarungen der Sozialpartner lediglich schuldrechtliche Pflichten begründen können oder normativ wirken (→ Rn. 37 ff., 41). Des Weiteren sieht Art. 156 AEUV **Fördermaßnahmen der Kommission** insbesondere **auf dem Gebiet des Koalitionsrechts und der Kollektivverhandlungen** zwischen Arbeitgebern und Arbeitnehmern vor.[34] Die Rolle der Sozialpartner wird zudem durch Art. 154 AEUV gestärkt, insbesondere durch den Rechtsanspruch der Sozialpartner, auf der Unionsebene angehört zu werden (Art. 154 Abs. 2 u. 3 AEUV), und durch das Recht auf Mitteilung, selbst im Wege einer Vereinbarung gemäß Art. 155 Abs. 1 AEUV eine Regelung des in Aussicht genommenen Gegenstandes treffen zu wollen.[35]

IV. Europäische Sozialcharta (EUSozCh) und EMRK

12 Die EUSozCh enthält keine Regelungen über **Unterrichtungs- und Anhörungsrechte der Arbeitnehmer** im Unternehmen. Indes sind diese in die *European Social Charter (revised),* dh in Art. 21, 22 u. 29 der revidierten Fassung der Europäischen Sozialcharta von 1996 aufgenommen worden. Art. 21 EUSozChrev. sieht ein allgemeines Informations- und Anhörungsrecht der Arbeitnehmer vor („*right to information and consultation*"), wobei sich das Informationsrecht auf die ökonomische und finanzielle Lage des Unternehmens erstreckt, während das Anhörungsrecht auf beabsichtigte Entscheidungen beschränkt ist, die grundlegend die Interessen der Arbeitnehmer berühren können, insbes. solche mit bedeutsamen Auswirkungen auf die Beschäftigungssituation im Unternehmen. Speziell für den Fall der Massenentlassungen sieht Art. 29 EUSozChrev. die Verpflichtung der Mitgliedstaaten vor, entsprechende Informations- und Anhörungsrechte der Arbeitnehmervertreter zu gewährleisten („*right to information and consultation in collective redundancy procedure*"); hierbei handelt es sich nicht um ein eigenes Informations- und Anhörungsrecht der Arbeitnehmer, sondern nur ihrer Vertreter („*workers' representatives*"), wobei sich das unmittelbare Informations- und Anhörungsrecht der Arbeitnehmer ergänzend aus der allgemeinen Regelung des Art. 21 EUSozChrev. ableiten lässt, wenn es keine Arbeitnehmervertreter gibt, es sei denn, man versteht Art. 29 EUSozChrev. als *lex specialis*. Schließlich enthält Art. 22 EUSozChrev. die Verpflichtung der Mitgliedstaaten, Mitwirkungsrechte der Arbeitnehmer oder ihrer Vertreter – in Übereinstimmung mit der nationalen Rechtslage und Praxis – im Hinblick auf die Bestimmung und Verbesserung der Arbeitsbedingungen und Arbeitsumwelt zu schaffen und zu gewährleisten. Die revidierte Europäische Sozialcharta ist seit dem 1.7.1999 in Kraft und aktuell von 34 der 47 Staaten des Europarats ratifiziert worden, ua. aber nicht von Deutschland, Dänemark, Polen, Spanien und dem Vereinigten Königreich, die diesen Vertrag „nur" unterzeichnet haben.[36] In den (als Anleitung zur Auslegung gebührend zu berücksichtigenden, Art. 52 Abs. 7 GRC, Art. 6 Abs. 1 UAbs. 3 EUV) Erläuterungen zur GRC[37] wird insofern ausdrücklich (auch) auf die EUSozChrev. Bezug genommen, und zwar in Kenntnis der Kritik zu dieser Bezugnahme seit dem EU-Gipfel von Nizza am 7.12.2000 und der dort feierlich proklamierten Charta der Grundrechte der EU und den insofern inhaltlich gleichlautenden Erläuterungen.[38]

13 Die **Vereinigungsfreiheit** (Art. 5 EUSozCh) und das **Recht auf Kollektivverhandlungen** (Art. 6 EUSozCh) werden ausdrücklich in der Europäischen Sozialcharta genannt, und zwar in Form von Verpflichtungen der Mitgliedstaaten. Die Vereinigungsfreiheit

---

[34] S. dazu *Benecke* in GHN AEUV Art. 156 Rn. 1 ff.; *Coen* in Lenz/Borchardt EU-Verträge AEUV Art. 156 Rn. 2.
[35] Einzelheiten dazu bei *Benecke* in GHN AEUV Art. 154 Rn. 1 ff.
[36] Zum jew. aktuellen Stand vgl. https://www.coe.int/de/web/conventions/full-list/-/conventions/treaty/163/signatures?p_auth=S2mQlkZ1 (Stand der Angaben und letzter Abruf: 16.8.2019).
[37] ABl. 2007 C 303, 26.
[38] Zur damaligen Kritik s. ua *Rudolf* in NK-EuGRCh GRCh Vorb. Art. 28 Rn. 4 ff.; zur EUSozCh und EUSozChrev. als „Inspirationsquelle" für den EuGH *Biltgen* NZA 2016, 1245 (1245 ff.); nur einen „schwach ausgeprägten Einfluss" der EUSozCh annehmend *Schlachter* EuR 2016, 478 (486).

gemäß Art. 5 EUSozCh sieht die Verpflichtung der Vertragsparteien vor, die Freiheit der Arbeitnehmer und Arbeitgeber, örtliche, nationale oder internationale Organisationen zum Schutze ihrer wirtschaftlichen und sozialen Interessen zu bilden und diesen Organisationen beizutreten, zu gewährleisten, zu fördern und diese Freiheit weder durch das innerstaatliche Recht noch durch dessen Anwendung zu beeinträchtigen; etwaige Einschränkungen im Hinblick auf die Polizei und Mitglieder der Streitkräfte werden jedoch unter den Vorbehalt des innerstaatlichen Rechts gestellt. Das Recht auf Kollektivverhandlungen gemäß Art. 6 EUSozCh beinhaltet (1.) die Förderung gemeinsamer Beratungen zwischen Arbeitnehmern und Arbeitgebern; (2.) die Förderung der Verfahren für freiwillige Verhandlungen zwischen Arbeitgebern oder Arbeitgeberorganisationen einerseits und Arbeitnehmerorganisationen andererseits, soweit notwendig und zweckmäßig, mit dem Ziel, die Beschäftigungsbedingungen durch Gesamtarbeitsverträge zu regeln; (3.) die Förderung geeigneter Vermittlungs- und freiwilliger Schlichtungsverfahren zur Beilegung von Arbeitsrechtsstreitigkeiten; und (4.) die Anerkennung des Rechts der Arbeitnehmer und Arbeitgeber auf kollektive Maßnahmen einschließlich des Streikrechts im Fall von Interessenkonflikten vorbehaltlich etwaiger Verpflichtungen aus geltenden Gesamtarbeitsverträgen. Flankiert werden diese Rechte in der revidierten EUSozCh durch Art. 28 EUSozChrev. in Form des Schutzes der Arbeitnehmervertreter einschließlich des Schutzes gegen Kündigungen bei Ausübung ihres Amtes.

Die **EMRK** enthält zwar kein Recht der Arbeitnehmer auf Information und Anhörung **14** bei Maßnahmen des Arbeitgebers, jedoch in Art. 11 EMRK den Schutz der **Versammlungs- und Vereinigungsfreiheit** (→ §§ 31 u. 32). Diese Vorschrift gehört zum *acquis communautaire*.[39] Die Vereinigungsfreiheit umfasst nach ständiger Rechtsprechung des EGMR auch die **Koalitionsfreiheit**.[40] Ähnlich enthalten auch **Art. 7 IPBPR** ([everyone's] *right to freedom of association with others, including [...] to form and join trade unions for the protection of his interests*) und **Art. 8 IPWSKR** dieses Recht auf Koalitionsfreiheit (s. auch Art. 23 Abs. 4 AEMR).

V. Gemeinschaftscharta der Sozialen Grundrechte der Arbeitnehmer (SozGRCh)

Die SozGRCh enthält in Nr. 11–14 SozGRCh Bestimmungen zum Recht auf Koalitions- **15** freiheit und Tarifverhandlungen sowie in den Nr. 17 u. 18 SozGRCh das Recht der Arbeitnehmer auf Unterrichtung, Anhörung und Mitwirkung. Diese Rechte gehören gemäß dem Einleitungssatz der SozGRCh zu den **sozialen Grundrechten der Arbeitnehmer**. Darüber hinaus zählt die SozGRCh hierzu folgende Rechte: Freizügigkeit (Nr. 1–3 SozGRCh); Recht auf freie Berufswahl und -ausübung (Nr. 4 SozGRCh); Anspruch auf ein gerechtes Entgelt (Nr. 5 SozGRCh); Recht auf unentgeltliche Inanspruchnahme der Dienste der Arbeitsämter (Nr. 6 SozGRCh); Recht auf Verbesserung der Lebens- und Arbeitsbedingungen (Nr. 7 SozGRCh); Anspruch auf wöchentliche Ruhezeiten und bezahlten Jahresurlaub (Nr. 8 SozGRCh); Anspruch auf Regelung der Arbeitsbedingungen durch Gesetz, Tarifvertrag oder Arbeitsvertrag (Nr. 9 SozGRCh); Anspruch auf sozialen Schutz (Nr. 10 SozGRCh); Recht auf Berufsausbildung (Nr. 15 SozGRCh); Gleichbehandlungsanspruch von Frauen und Männern (Nr. 16 SozGRCh); Gesundheitsschutz und Sicherheit in der Arbeitsumwelt (Nr. 19 SozGRCh); Kinder- und Jugendschutz (Nr. 20–23 SozGRCh); Recht der Arbeitnehmer auf einen angemessenen Lebensstandard im Ruhestand (Nr. 24, 25 SozGRCh); berufliche und soziale Eingliederung Behinderter (Nr. 26 SozGRCh). Das allen diesen Rechten zugrunde liegende (gleichermaßen in Nr. 7 SozGRCh und Art. 151 Abs. 1 AEUV definierte) **Ziel der Verbesserung der Lebens- und Arbeitsbedingungen der Arbeitnehmer in der [Union] bei der Verwirklichung**

---

[39] *Rudolf* in NK-EuGRCh GRCh Art. 28 Rn. 24.
[40] Grdlg. ua EGMR 6.2.1976 – 5589/72, Series A no. 21 Rn. 34–36 – Schmidt u. Dahlström/Schweden; EGMR 13.8.1981 – 7601/76, 7806/77, Series A no. 44 = NJW 1982, 2717 Rn. 50 ff. – Young, James u. Webster/Großbritannien; ausführlicher dazu → Rn. 38 f. mwN.

des Binnenmarktes ist als „Prozess" definiert, der durch eine „Angleichung auf dem Wege des Fortschritts" stattzufinden hat.[41]

16 Auch wenn der SozGRCh **keine unmittelbare Rechtswirkung** zukommt, ist sie gleichwohl wegen der ausdrücklichen Inbezugnahme in Art. 151 Abs. 1 AEUV als **Orientierungsmaßstab** und bei der Auslegung von verbindlichen Rechtsakten zu berücksichtigen.[42] Sie besitzt in der Rechtsprechungspraxis des EuGH im Zusammenhang mit der Sozialpolitik, zu der das Arbeitsrecht gehört, eine erhebliche Bedeutung, wie zB die Urteile in den Rs. *BECTU* und *Jaeger* gezeigt haben (→ § 40 Rn. 24, 31 f.). Dort hat sich der EuGH jeweils ausdrücklich im Zusammenhang mit der Formulierung allgemeiner bzw. besonders wichtiger Grundsätze des Sozialrechts (dort: auf bezahlten Jahresurlaub, Erholung nach einer Arbeitsperiode und Begrenzung der wöchentlichen Höchstarbeitszeit) auf die SozGRCh bezogen.[43]

B. Grundrechtscharakter und Gewährleistungsgehalt

I. Recht auf Unterrichtung und Anhörung der Arbeitnehmer/innen im Unternehmen (Art. 27 GRC)

17 Art. 27 GRC enthält das Recht auf Unterrichtung und Anhörung der Arbeitnehmer im Unternehmen dergestalt, dass für die Arbeitnehmer oder ihre Vertreter auf den geeigneten Ebenen eine rechtzeitige Unterrichtung und Anhörung in den Fällen und unter den Voraussetzungen gewährleistet sein muss, die nach dem Unionsrecht und den einzelstaatlichen Rechtsvorschriften und Gepflogenheiten vorgesehen sind.[44] In den einschlägigen, gemäß Art. 52 Abs. 7 GRC und Art. 6 Abs. 1 UAbs. 3 EUV rechtlich unverbindlichen, jedoch Interpretationszwecken dienenden Erläuterungen[45] dazu heißt es, dass dieser Artikel in der EUSozChrev. (Art. 21 EUSozChrev.) und in der SozGRCh (Nr. 17 und 18 SozGRCh) enthalten sei. Er gelte unter den im Unionsrecht und in den Rechtsvorschriften der Mitgliedstaaten vorgesehenen Bedingungen. Die Bezugnahme auf die geeigneten Ebenen verweise auf die nach dem Unionsrecht und den einzelstaatlichen Rechtsvorschriften vorgesehenen Ebenen, was die europäische Ebene einschließen könne, wenn die Rechtsvorschriften der Union dies vorsehen. Die Union verfüge diesbezüglich über einen **beachtlichen Besitzstand:** die Art. 154 und 155 AEUV, die Richtlinien 2002/14/EG[46] (allgemeiner Rahmen für die Unterrichtung und Anhörung der Arbeitnehmer in der Europäischen Gemeinschaft), 98/59/EG[47] (Massenentlassungen), 2001/23/EG[48] (Übergang von Unternehmen) und 94/45/EG[49] (Europäischer Betriebsrat, nunmehr: 2009/38/EG[50]).

18 Mit **Unterrichtung** (*information/information*) ist insbes. in Anlehnung an die RL 2002/14/EG[51] und RL 2009/38/EG[52] gemeint: Übermittlung von Informationen durch den Arbeitgeber an die Arbeitnehmer oder ihre Vertreter, um ihnen Gelegenheit zur Kenntnisnahme und Prüfung der behandelten Frage zu geben (Art. 2 lit. f); mit **Anhörung**

---

[41] So ausdrücklich Art. 151 AEUV; vgl. zB auch EuGH 43/75, Slg. 1976, 455 Rn. 15 – Defrenne II.
[42] *Benecke* in GHN AEUV Art. 151 Rn. 18 mwN: wichtiger Impuls für die Gesetzgebung auf der Unionsebene; ausdrücklich für Empfehlungen vgl. EuGH C-222/88, Slg. 1998, I-4407 Rn. 18 f. – Grimaldi; *Eichenhofer* in Streinz AEUV Art. 151 Rn. 23; aA *Rebhahn/Reiner* in Schwarze AEUV Art. 151 Rn. 11 f. (nur Programmsätze, welche EU und Mitgliedstaaten bei deren Gestaltung anleiten sollen).
[43] EuGH C-173/99, Slg. 2001, I-4881 Rn. 39 – BECTU; EuGH C-151/02, Slg. 2003, I-8389 Rn. 47 – Jaeger.
[44] Zur Historie vgl. ua *Bernsdorff/Borowsky*, GRC, S. 212 f. und 323; *Rudolf* in NK-EuGRCh GRCh Art. 27 Rn. 10 ff.
[45] Erläuterungen zur Charta der Grundrechte (2007/C 303/02), ABl. 2007 C 303, 17.
[46] ABl. 2002 L 80, 29.
[47] ABl. 1998 L 225, 16.
[48] ABl. 2001 L 82, 16.
[49] ABl. 1994 L 254, 64.
[50] ABl. 2009 L 122, 28.
[51] Vgl. insbes. 1., 2., 10., 13. u. 22. Erwägungsgrund RL 2002/14/EG.
[52] Vgl. 8. u. 21. Erwägungsgrund RL 2009/38/EG.

(*consultation/consultation*) in Anlehnung an Art. 2 lit. g dieser beiden Richtlinien: die Durchführung eines Meinungsaustauschs und Dialogs zwischen Arbeitnehmervertretern und Arbeitgeber. Also handelt es sich nach deutschem (Arbeits-)Rechtsverständnis um **Formen der Mitwirkung,** nicht aber der Mitbestimmung.[53]

Art. 27 GRC *per se* verleiht dem Unterrichtungs- und Anhörungsrecht der Arbeitnehmer (oder ihrer Vertreter) noch nicht die Qualität eines Unionsgrundrechts.[54] Dies geschieht erst aus einer **wertenden Gesamtschau mit dem „Unionsrecht und einzelstaatlichen Rechtsvorschriften und Gepflogenheiten"**[55] (allgemein zur Dogmatik auch → § 40 Rn. 18), auf die in Art. 27 GRC verwiesen wird.[56] Diese Dogmatik ergibt sich im Allgemeinen aus dem 5. Erwägungsgrund und den Erläuterungen zur GRC, wonach die GRC unter Achtung der Zuständigkeiten und Aufgaben der Union und des Subsidiaritätsprinzips (nur) die Rechte „bekräftigt", die sich „vor allem aus den gemeinsamen Verfassungstraditionen und den gemeinsamen internationalen Verpflichtungen der Mitgliedstaaten, aus der Europäischen Konvention zum Schutz der Menschenrechte und Grundfreiheiten, aus den von der Union und dem Europarat beschlossenen Sozialchartas sowie aus der Rechtsprechung des Gerichtshofs der Europäischen Union und des Europäischen Gerichtshofs für Menschenrechte ergeben".[57] In Bezug auf Art. 27 GRC hat das einschlägige Primär- und Sekundärrecht einen Mindestschutz auf Unionsebene geschaffen, der über den nationalen Besitzstand hinausgeht und ausdrücklich auf der besonderen unionsrechtlichen (vormals: gemeinschaftsrechtlichen) Bedeutung der Unterrichtungs- und Anhörungsrechte beruht[58], ohne dass dies aber mit dem Inhalt des Art. 27 GRC gleich- **19**

---

[53] Jarass GRCh Art. 27 Rn. 7; *Rudolf* in NK-EuGRCh GRCh Art. 27 Rn. 22 ff., jew. mwN; *Krebber* in Calliess/Ruffert GRC Art. 27 Rn. 15; *Lembke* in von der Groeben/Schwarze/Hatje GRC Art. 27 Rn. 10; im EU-Sprachgebrauch wird ferner unterschieden zwischen indirekter und direkter Mitwirkung, also durch/über die Vertreter oder unmittelbar durch die Arbeitnehmer, vgl. zB 16. Erwägungsgrund RL 2002/14/EG, ABl. 2002 L 80, 29.
[54] EuGH C-176/12, ECLI:EU:C:2014:2 Rn. 41 ff. – Association de médiation sociale; daher kritisch (geringer eigenständiger Regelungsgehalt): *Pache* EuR 2001, 475 (481); *Pache/Rösch* EuZW 2008, 519 (520); zustimmend ua *Rudolf* in NK-EuGRCh GRCh Art. 27 Rn. 28, Art. 28 Rn. 27; *Streinz* in Streinz GRC Art. 27 Rn. 2, Art. 28 Rn. 4; *Lembke* in von der Groeben/Schwarze/Hatje GRC Art. 27 Rn. 12; *Krebber* in Calliess/Ruffert GRC Art. 27 Rn. 10 ff.; *C. Schubert* in Franzen/Gallner/Oetker, 1. Aufl. 2016, GRC Art. 27 Rn. 33 f.; aA *Heuschmid* EuZA 2014, 514 (519 ff.); wohl auch *Kocher* in FK-EUV/GRC/AEUV GRC Art. 27 Rn. 9 ff.
[55] Sog „Refrain" nach *Braibant* (F) im Grundrechtekonvent von 2000, vgl. Charte 4422/00 Convent 45 vom 28.7.2000; *Rudolf* in NK-EuGRCh GRCh Art. 27 Rn. 17; siehe auch *Ashiagbor* EHRLR 2004, 62 (68); lehrreiche Übersicht bei *Biltgen* NZA 2016, 1245 (1246 ff.); diese Dogmatik (ausführlicher → Rn. 20 ff.) wird in Teilen der deutschsprachigen Kommentarliteratur zu wenig beachtet, wo bei Auslegung des Art. 27 GRC unmittelbar bzw. zu stark mit dessen Wortlaut gearbeitet wird, statt dessen Inhalte aus einer wertenden Gesamtschau zu ermitteln, so zB *Kocher* in FK-EUV/GRC/AEUV GRC Art. 27 Rn. 15 ff.; *C. Schubert* in Franzen/Gallner/Oetker, 1. Aufl. 2016, GRC Art. 27 Rn. 23 ff.; insofern dürften sich die Besonderheiten in Bezug auf Polen, auf die *Kocher* in FK-EUV/GRC/AEUV GRC Art. 27 Rn. 6 f. hinweist, nicht maßgeblich auswirken (gilt entsprechend für das Vereinigte Königreich bis zum Zeitpunkt der Wirksamkeit des Austritts aus der EU); vgl. zu Art. 30 GRC: EuGH C-395/15, ECLI:EU: C:2016:917 Rn. 63 mwN – Daouidi; EuGH C-117/14, ECLI:EU:C:2015:60 Rn. 29 f. – Poclava; EuGH C-617/10, ECLI:EU:C:2013:105 Rn. 22 – Akerberg Fransson (in mittlerweile ständ. Rspr. klarstellend, dass Art. 30 GRC, wie generell die in der Unionsrechtsordnung garantierten Grundrechte, in allen unionsrechtlich geregelten Fallgestaltungen und nicht außerhalb derselben Anwendung finden, daher stets sorgfältig zu prüfen sei, ob die nationale Regelung eine Durchführung des Unionsrechts darstelle und die Bestimmungen der GRC als solche die Zuständigkeit des EuGH nicht begründen könnten).
[56] Kritisch zu diesem Ansatz *Krebber* RdA 2009, 224 (228 ff.) (aus Sicht noch vor Inkrafttreten der GRC); *Krebber* in Calliess/Ruffert GRC Art. 27 Rn. 10 ff.; *Krebber* EuZA 2016, 3 (9 ff.), wo indes bereits beim methodischen Ansatz der *aquis communautaire* vor Inkrafttreten der GRC und dem Art. 6 EUV zu wenig beachtet werden; im (gegenteiligen) Sinne eines „Begrenzungsvorbehalts" zB *Köchle* in Holoubek/Lienbacher, GRC-Kommentar, GRC Art. 27 Rn. 7 mwN.
[57] ABl. 2016 C 202, 389 (393).
[58] Ausgehend von Art. 151 Abs. 1 AEUV (ex-Art. 136 Abs. 1 EGV), der auf Nr. 17 u. 18 SozGRCh verweist, sowie Art. 153 Abs. 1 lit. e AEUV (ex-Art. 137 Abs. 1 lit. e EGV), der diese Rechte in den Kontext („eingedenk") der Unionsziele des „sozialen Dialogs" und der „Verbesserung der Lebens- und Arbeitsbedingungen im Rahmen der Angleichung auf dem Wege des Fortschritts" stellt.

zusetzen wäre. Die vielfältigen sekundärrechtlichen Aktivitäten des Gemeinschafts- bzw. Unionsgesetzgebers auf diesem Gebiet dokumentieren die besondere Bedeutung dieser Arbeitnehmerrechte iR der Rechtsharmonisierung in der EU; darüber hinaus nehmen die einschlägigen Richtlinien ausdrücklich auf die Nr. 17 u. 18 SozGRCh Bezug sowie auf Art. 151 AEUV bzw. dessen Vorgängerregelungen (Art. 136 EGV-Nizza bzw. Art. 117 EGV-Maastricht).[59] Es bedarf dennoch stets einer sorgfältigen Analyse und Herleitung, um die Frage zu beantworten, ob eine bestimmte Ausgestaltung des Unterrichtungs- und Anhörungsrechts Ausdruck dieses Unionsgrundrechts ist. Sowohl **Inhalt der Gewährleistung** als auch die jeweils „**geeignete/n Ebene/n**" sind auf diese Weise zu bestimmen.

20   Die (auf den ersten Blick eigenartig erscheinende) Regelungstechnik durch **Verweis auf Unionsrecht und einzelstaatliche Rechtsvorschriften und Gepflogenheiten** wird insbesondere darauf zurückgeführt, dass man bei Formulierung der GRC auf allzu große Details verzichtet habe, um die GRC leicht lesbar zu halten,[60] und die Union hinsichtlich dieser Arbeitnehmerrechte nur begrenzte Zuständigkeiten habe.[61] Andererseits lehnt sich dies an eine bekannte Regelungstechnik in der Union und die dazu ergangene EuGH-Rechtsprechung an, nämlich zur Wechselbeziehung zwischen unionsrechtlichem (allgemeinem bzw. besonders bedeutsamem) Grundsatz des Sozialrechts und mitgliedstaatlicher Zuständigkeit zur Ausübung bzw. Ausgestaltung dieses Grundsatzes.[62] Daher ist Art. 27 GRC nicht inhalts- und konturenlos, und war dies auch nicht im Zeitpunkt der Verabschiedung durch den Vertrag von Lissabon am 12.12.2007 bzw. der feierlichen Proklamation im Dezember 2000 in Nizza.[63] Denn dessen Inhalt ergibt sich kraft Auslegung aus dem **Besitzstand (*acquis communautaire*)** zum unionsgrundrechtlichen Kern des Unterrichtungs- und Anhörungsrechtes im Unternehmen in bestimmten Zusammenhängen sowie dessen Fortentwicklungen. Dagegen kommt dem Verweis auf die einzelstaatlichen Rechtsvorschriften und Gepflogenheiten gegenwärtig keine Bedeutung zu, woran sich in absehbarer Zukunft wahrscheinlich kaum etwas ändern wird. Denn dieser Verweis wäre nur dann relevant, wenn sich im Wege wertender Rechtsvergleichung als Teil des Unionsrechts eine entsprechende Grundrechtsgewährleistung auf Ebene der Mitgliedstaaten (Art. 6 Abs. 3 EUV) feststellen ließe, was aktuell nicht der Fall ist (→ Rn. 7).[64] Kon-

---

[59] RL 2002/14/EG zur Festlegung eines allgemeinen Rahmens für die Unterrichtung und Anhörung der Arbeitnehmer in der Europäischen Gemeinschaft (ABl. 2002 L 80, 29); RL 94/45/EG über die Einsetzung eines Europäischen Betriebsrats oder die Schaffung eines Verfahrens zur Unterrichtung und Anhörung der Arbeitnehmer in gemeinschaftsweit operierenden Unternehmen und Unternehmensgruppen (ABl. 1994 L 254, 64); RL 2001/23/EG zur Angleichung der Vorschriften der Mitgliedstaaten über die Wahrung von Ansprüchen der Arbeitnehmer beim Übergang von Unternehmen, Betrieben oder Unternehmens- oder Betriebsteilen (ABl. 2001 L 82, 16); RL 98/59/EG zur Angleichung der Rechtsvorschriften der Mitgliedstaaten über Massenentlassungen (ABl. 1998 L 225, 16); ferner → Rn. 9.
[60] *Rudolf* in NK-EuGRCh GRCh Art. 27 Rn. 3.
[61] *Ashiagbor* EHRLR 2004, 62 (68), der dies als Klarstellung in Bezug auf die beschränkten Unions-Gesetzgebungskompetenzen im Bereich der sozialen [Grund]Rechte versteht, so ausdrücklich zu Art. 30 GRC; *Streinz* in Streinz GRC Art. 28 Rn. 1; *Rudolf* in NK-EuGRCh GRCh Art. 28 Rn. 27 ff.; aber ferner → Rn. 26 ff.
[62] Vgl. zB EuGH C-267/06, Slg. 2008, I-1757 Rn. 59 – Maruko/VddB; EuGH C-444/05, Slg. 2007, I-13185 – Stamatelaki/NPDD OAEE; EuGH C-151/02, Slg. 2003, I-8389 Rn. 59 – Jaeger; EuGH C-84/94, Slg. 1996, I-5755 Rn. 45, 75 – Vereinigtes Königreich/Kommission; *Biltgen* NZA 2016, 1245 (1246 ff.); → § 40 Rn. 24 ff.
[63] Ebenso ua *Jarass* GRCh Art. 27 Rn. 1 u. 4a; *Rudolf* in NK-EuGRCh GRCh Art. 27 Rn. 2 ff.; *Streinz* in Streinz GRC Art. 27 Rn. 2, Art. 28 Rn. 4; *Zachert* NZA 2001, 1041 (1045); *Rengeling/Szczekalla* Grundrechte in der EU § 29 Rn. 1005 ff.; wohl auch *Kocher* in FK-EUV/GRC/AEUV GRC Art. 27 Rn. 9 ff.; aA zB *Krebber* in Calliess/Ruffert GRC Art. 27 Rn. 12 f.; *Lembke* in von der Groeben/Schwarze/Hatje GRC Art. 27 Rn. 12.
[64] Instruktiv dazu EuGH C-117/14, ECLI:EU:C:2015:60 Rn. 43 mwN – Poclava, wonach der EuGH nicht befugt ist, über die Auslegung völkerrechtlicher Bestimmungen zu entscheiden, die zwischen den Mitgliedstaaten Bindungen außerhalb des unionsrechtlichen Bereichs schaffen (dort bezogen auf Nr. 158 ILO-Übereinkommen über die Beendigung des Arbeitsverhältnisses durch den Arbeitgeber und die EUSozCh); anders zB wegen des ausdrücklichen Bezugs in der RL 2003/88/EG auf Nr. 132 ILO-Übereinkommen über den bezahlten Jahresurlaub: EuGH C-214/10, ECLI:EU:C:2011:761 Rn. 41 f. – KHS.

sequent weitergedacht gilt dies dann auch umgekehrt, dh bei Zweifeln an der Grundrechtsqualität auf Ebene des Unionsrechts und negativem Ergebnis der wertenden Rechtsvergleichung wäre eine unionsgrundrechtliche Qualität zu verneinen. Dabei ist jedoch zu beachten, dass nationale Rechtsvorschriften und Gepflogenheiten eines *einzelnen* Mitgliedstaates bei Durchführung von Unionsrecht ohne Aussagekraft für die Frage sind, ob und welche unionsgrundrechtliche Qualität dort dem insofern betroffenen Unterrichtungs- und Anhörungsrecht zukommt. Ebenfalls ist zu berücksichtigen, dass der EuGH in der Rs. *Jaeger* zur Auslegung der in der RL 93/104/EG enthaltenen Verweisung auf die einzelstaatlichen Rechtsvorschriften und/oder Gepflogenheiten entschieden hat, diese Verweisung im Rahmen der Definition des Begriffes „Arbeitszeit" im Sinne dieser RL bedeute nicht, dass die Mitgliedstaaten den Inhalt dieses Begriffes einseitig festlegen könnten; die Mitgliedstaaten dürfen diesen Anspruch auf ordnungsgemäße Berücksichtigung der Arbeitszeiten und Ruhezeiten keinerlei Bedingungen unterwerfen, da sich dieser Anspruch unmittelbar aus den Vorschriften dieser Richtlinie ergebe.[65] Dies entspricht der Rechtsprechung des EuGH im Zusammenhang mit allgemeinen Grundsätzen, nämlich dass die Mitgliedstaaten dann keine Kompetenz zur Begriffsdefinition haben. Dies dürfte auch iR des Art. 27 GRC gelten.

Offen ist, ob es sich bei diesem Recht der Arbeitnehmer auf Unterrichtung und Anhörung um ein **Recht oder** einen **Grundsatz** handelt[66] (zur Unterscheidung vgl. Art. 52 Abs. 4 u. 5 GRC), ob daraus ein subjektives Recht folgt und wenn ja, für wen und welchen Inhalts.[67] Vorrangig dürfte die Funktion von Art. 27 GRC zukünftig wahrscheinlich darin bestehen, Auslegungshilfe zu sein und iR von Abwägungsvorgängen bedeutsam zu werden, insbesondere entsprechend der bisherigen EuGH-Rechtsprechung zu besonderen Grundsätzen des Sozialrechts.[68] Das heißt zB, Ausnahmebestimmungen eng und den Anwendungsbereich des einschlägigen (sonstigen) Unionsrechts eher weit zu interpretieren[69] sowie eine Legitimationsgrundlage für Eingriffe in die unionsrechtlich ebenfalls geschützte Unternehmerfreiheit[70] und Grundfreiheiten zu bilden. Darüber hinaus ist aber nicht ausgeschlossen, dass aus Art. 27 GRC – unter Berücksichtigung der Wertungen des einschlägigen Primär- und Sekundärrechts – ein **subjektives Recht der Arbeitnehmer und/oder ihrer Vertreter** folgt. Ebenso kann sich ein solches subjektives, dann sogar horizontal wirkendes Recht weiterhin aus den hinter Art. 27 GRC stehenden **allgemeinen bzw. besonderen Grundsätzen des Sozialrechts** ergeben, was insbesondere für das

21

---

[65] EuGH C-151/02, Slg. 2003, I-8389 Rn. 59 – Jaeger; EuGH C-84/94, Slg. 1996, I-5755 Rn. 45, 75 – Vereinigtes Königreich/Kommission.
[66] Offen gelassen vom EuGH C-176/12, ECLI:EU:C:2014:2 – Association de médiation sociale/CGT ua, entgegen GA *Cruz Villalón* („Grundsatz"), SchlA C-176/12, ECLI:EU:C:2013:491 Rn. 43 ff.
[67] Vom EuGH verneint in Bezug auf Art. 27 GRC iVm Art. 3 Abs. 1 RL 2002/14/EG: C-176/12, ECLI:EU:C:2014:2 Rn. 41 ff., 49 – Association de médiation sociale/CGT ua; aA GA *Cruz Villalón*, SchlA C-176/12, ECLI:EU:C:2013:491 Rn. 57 ff., 80; vgl. auch den 46. Erwägungsgrund zur RL 2009/38/EG, der aufgrund der offenen, weiten Formulierung die Schlussfolgerung zulässt, dass der Unionsgesetzgeber selbst nicht sicher ist, ob es sich um ein Recht oder einen Grundsatz handelt.
[68] *Holoubek* in Schwarze GRC Art. 27 Rn. 16; Jarass GRCh Art. 27 Rn. 4; *Frenz*, HdbEuR Bd. 4, Rn. 3676, jew. mwN; *Hilbrandt* NZA 2019, erscheint demnächst; in Bezug auf Art. 31 GRC ebenso *Ashiagbor* EHRLR 2004, 62, (68): „*tool*" (Werkzeug) zur Auslegung des bestehenden Sozialrechts der Union.
[69] Vgl. zB EuGH verb. Rs. C-395/08 u. C-396/08, Slg. 2010, I-5119 – INPS/Bruno ua; EuGH C-450/93, Slg. 1995, I-3051 – Kalanke/Freie Hansestadt Bremen; zweifelhaft daher, ob die in der deutschen Arbeitsrechtsliteratur verbreitete Auffassung unionsgrundrechts- und richtlinienkonform ist, wonach die Ausnahmeregelung des § 23 Abs. 2 KSchG bei Massenkündigungen recht weit auszulegen sei und zu den ausgenommenen öffentlichen Betrieben ohne wirtschaftliche Zweckverfolgung, in denen nach nationalen Recht keine Konsultationspflicht der Arbeitnehmervertreter besteht, allgemein zB Sozialversicherungsträger, Universitäten und Einrichtungen der Wohlfahrtspflege gehören würden; so statt vieler *Bader* in Etzel/Bader/Fischermeier KSchG § 23 Rn. 71 f.; *Kiel* in ErfK KSchG § 23 Rn. 20, jew. mwN; → Rn. 24 und → § 41 Rn. 63.
[70] Vgl. insofern zB den 9. Erwägungsgrund der EBR-RL 2009/38/EG, wonach die Belastung der Unternehmen/Betriebe auf ein Mindestmaß begrenzt werden, zugleich aber auch die wirksame Ausübung der Unterrichtung und Anhörung gewährleistet sein soll.

Verhältnis Arbeitnehmer/Arbeitgeber von Bedeutung ist.[71] All dies wird man jeweils sorgfältig und dezidiert für jede Art der Unterrichtung/Anhörung herzuleiten haben, dabei ua unter Rückgriff auf die Erwägungsgründe des einschlägigen Primär- und Sekundärrechts sowie eine etwaige Bezugnahme auf andere Rechtsquellen.[72] Verallgemeinerungen verbieten sich, wie zB ein Blick auf die RL 2009/38/EG zum Europäischen Betriebsrat verdeutlicht: Die dort geregelten Unterrichtungs- und Anhörungsrechte dienen zwar der Förderung des „sozialen Dialogs" (8. Erwägungsrund RL 2009/38/EG) und der Achtung der Grundrechte sowie Wahrung insbesondere der Grundsätze gemäß GRC, vor allem der Gewährleistung des Rechts aus Art. 27 GRC (46. Erwägungsgrund RL 2009/38/EG); sie sind aber nicht obligatorisch, sondern fakultativ, dh das besondere Verhandlungsgremium der Belegschaften kann gänzlich auf die Installation eines Europäischen Betriebsrates verzichten, und damit auf die Unterrichtungs- und Anhörungsrechte der Arbeitnehmer (Art. 5 Abs. 5 RL 2009/38/EG). Dies wäre wohl mit einer Deutung dieser speziellen Ausgestaltung der Unterrichtungs- und Anhörungsrechte als originär subjektivem Grundrecht der Arbeitnehmer nicht vereinbar, es sei denn, man versteht es insofern als kollektives Grundrecht (evtl. sogar: ihrer Vertreter als originärem Grundrechtsträger) und lässt einen Grundrechtsverzicht durch die Arbeitnehmervertreter zu.[73]

22 **Grundrechtsverpflichtete** sind die Union (Organe, Einrichtungen und sonstige Stellen) sowie die Mitgliedstaaten, soweit jene Unionsrecht durchführen (Art. 51 Abs. 1 S. 1 GRC). Ob private Arbeitgeber/Unternehmen unmittelbar verpflichtet werden, dh dieses Unionsgrundrecht auch in einem Rechtsstreit zwischen Privaten relevant sein und zur Nichtanwendbarkeit einer (nicht richtlinienkonform auslegungsfähigen) nationalen Norm führen kann, ergibt sich (ebenfalls) aus der Gesamtschau mit dem jeweils einschlägigen Primär- und Sekundärrecht bzw. einzelstaatlichen Rechtsvorschriften und Gepflogenheiten.[74] Entsprechend dürfte dies auch für die Frage gelten, ob sich ein unmittelbarer (Leistungs-)Anspruch des einzelnen Arbeitnehmers gegen den Grundrechtsverpflichteten aus Art. 27 GRC iVm mit dem jeweiligen Primär- bzw. Sekundärrecht ableiten lässt.[75] In Bezug auf private Arbeitgeber wird sich im Rahmen der Anwendung und Auslegung des insofern einschlägigen Primär- und Sekundärrechts und der darauf beruhenden nationalen Regelungen die unionsgrundrechtliche Wertigkeit maßgeblich auswirken. Und soweit sich im Geltungsbereich des Art. 27 GRC hinreichend bestimmte und unbedingte allgemeine

---

[71] So ausdrücklich *GA Szpunar* in einem Impulsreferat auf der Jubiläumstagung der ERA (Europäische Rechtsakademie Trier) am 19./20.10.2017; s. dazu auch *Wißmann* in ErfK AEUV Vorb. Rn. 9 ff.; *Biltgen* NZA 2016, 1245 (1252); zu weitgehend iSd Horizontalwirkung von Art. 27 GRC: *Kocher* in FK-EUV/GRC/AEUV GRC Art. 27 Rn. 19; *Willemsen/Sagan* NZA 2011, 258 (261).

[72] Vgl. zB EuGH C-176/12, ECLI:EU:C:2014:2 Rn. 41 ff., 46 – Association de mediation sociale/CGT ua, dort auf diese Weise klärend, ob sich das Ge-/Verbot (auch) unmittelbar an Private wendet und Art. 27 GRC für sich genommen oder iVm den Bestimmungen der einschlägigen Richtlinie unmittelbar zwischen Privaten anwendbar ist, um ggf. die Anwendung der nicht richtlinienkonformen nationalen Bestimmung auszuschließen (sonst denkbar: Schadenersatzanspruch der geschädigten Partei gegen den Staat gemäß allgemeinen *Francovich*-Grundsätzen); vgl. auch den Hinweis/die Kritik von GA *Cruz Villalón*, SchlA C-176/12, ECLI:EU:C:2013:491 Rn. 53 – Association de médiation sociale/CGT ua, dass der Europäische Gesetzgeber seine „*Arbeit eingestellt hat*", als es darum ging, den sozialen Grundrechten einen Sinn zu geben.

[73] Ähnliche Thematik bei der RL 2001/86/EG zur Ergänzung des Statuts der Europäischen Gesellschaft hinsichtlich der Beteiligung der Arbeitnehmer, ABl. 2001 L 294, 22, wonach zwar die „Sicherung erworbener Rechte der Arbeitnehmer über ihre Beteiligung an Unternehmensentscheidungen [ein] fundamentaler Grundsatz" ist, indes die Beteiligungsrechte dispositiv sind, wenn das besondere Verhandlungsgremium mit qualifizierter Mehrheit beschließt, keine Verhandlungen aufzunehmen (Art. 3 Abs. 6 RL 2001/86/EG).

[74] EuGH C-176/12, ECLI:EU:C:2014:2 Rn. 41 ff. – Association de médiation sociale/CGT ua; ausführlich GA *Cruz Villalón*, SchlA C-176/12, ECLI:EU:C:2013:491 Rn. 28 ff. – Association de médiation sociale/CGT ua; *Curtin/van Ooik* MJ 2001, 102; verneinend *Holoubek* in Schwarze GRC Art. 27 Rn. 16; *Jarass* GRCh Art. 27 Rn. 4; *Rudolf* in NK-EuGRCh GRCh Art. 27 Rn. 29.

[75] Einen solchen (Leistungs-)Anspruch bejahend zB *Jarass* GRCh Art. 27 Rn. 3; *Rudolf* in NK-EuGRCh GRCh Art. 27 Rn. 29; verneinend zB *Frenz*, HdbEuR Bd. 4, Rn. 3676 f.; *C. Schubert* in Franzen/Gallner/Oetker*, 1. Aufl. 2016, GRC Art. 27 Rn. 11 f. mwN (nur „Grundsatz").

bzw. besondere Grundsätze des Sozialrechts feststellen lassen, können jene auch horizontal zwischen den Arbeitsvertragsparteien wirken (→ Rn. 21).[76] Nicht erfasst sind Informations- und Anhörungspflichten der Europäischen Kommission gegenüber den Sozialpartnern im Sinne der Art. 154 f. AEUV, wie sich aus der Beschränkung in der Überschrift auf „im Unternehmen" ergibt.[77]

Grundrechtsträger sind Arbeitnehmer im Unternehmen, unabhängig von einer Uni- 23 onsbürgerschaft.[78] Der Arbeitnehmerbegriff (*workers/travailleurs*) im Sinne des Art. 27 GRC dürfte – jedenfalls im Anwendungsbereich der MassenentlassungsRL 98/59/EG und in Anlehnung an die Judikatur zur Arbeitnehmerfreizügigkeit und zum Grundsatz gleichen Entgelts für Arbeitnehmer und Arbeitnehmerinnen – innerhalb der Unionsrechtsordnung einheitlich und autonom auszulegen sein; gemeint ist dann, dass „eine Person während einer bestimmten Zeit für eine andere nach deren Weisung oder unter deren Aufsicht Leistungen erbringt, in deren Betriebsorganisation sie eingegliedert ist[79] und für die sie als Gegenleistung eine Vergütung erhält" [besser: zu beanspruchen hat].[80] Darunter fallen auch Mitglieder von Leitungsorganen (wie in Deutschland üblicherweise GmbH-Fremdgeschäftsführer), die entgeltlich tätig sind und von einem anderen Organ der Gesellschaft bestellt werden, nach dessen Weisung oder unter dessen Aufsicht sie tätig werden und von dem sie jederzeit gegen ihren Willen vom Amt abberufen werden können;[81] ebenso leitende Angestellte wie zB Betriebsleiter, die zur selbständigen Einstellung und Entlassung berechtigt sind; und Auszubildende sowie gegen Entgelt beschäftigte Praktikanten.[82] Offen ist ferner, ob es sich um ein **individuelles oder kollektives Grundrecht** handelt, dh der einzelne Arbeitnehmer geschützt ist oder nur als Teil einer Belegschaft (eines Kollektivs). Des Weiteren ist ungeklärt, ob Grundrechtsträger auch die Arbeitnehmervertreter sind bzw. in bestimmten Konstellationen ausschließlich jene. Fraglich ist zudem, ob darunter auch unternehmensexterne Gewerkschaftsvertreter fallen sowie Arbeitnehmervertreter in Leitungsorganen des Unternehmens (Aufsichts- bzw. Verwaltungsrat, Vorstand, Geschäftsführung etc). Anders als in der Überschrift zu Art. 27 GRC bezieht sich das Recht auf Unterrichtung und Anhörung nach dem Wortlaut dieser Regelung auch auf die Arbeitnehmervertreter (...*oder ihre Vertreter/or their representatives/ou leurs représentants*), so dass denkbar ist, jene ebenfalls – oder in bestimmten Konstellationen ausschließlich – als Grundrechtsträger anzusehen.[83] Auch insofern wird man wegen der stets erforderlichen Gesamtschau

---

[76] So auch *GA Szpunar* in einem Impulsreferat auf der Jubiläumstagung der ERA (Europäische Rechtsakademie Trier) am 19./20.10.2017; s. ferner *Wißmann* in ErfK AEUV Vorb. Rn. 9 ff.; zu weitgehend iSd Horizontalwirkung des Art. 27 GRC: *Kocher* in FK-EUV/GRC/AEUV GRC Art. 27 Rn. 19; *Willemsen/Sagan* NZA 201, 258 (261).

[77] *Rudolf* in NK-EuGRCh GRCh Art. 27 Rn. 19; im Ergebnis ebenso Jarass GRCh Art. 27 Rn. 6 ff.; irreführend der Hinweis in den Erläuterungen zu Art. 27 GRC, wo insofern zum „Besitzstand" auch Art. 154 u. 155 AEUV gezählt werden; aA *C. Schubert* in Franzen/Gallner/Oetker, 1. Aufl. 2016, GRC Art. 27 Rn. 14.

[78] Jarass GRCh Art. 27 Rn. 5 mwN; *Rudolf* in NK-EuGRCh GRCh Art. 27 Rn. 20; *C. Schubert* in Franzen/Gallner/Oetker, 1. Aufl. 2016, GRC Art. 27 Rn. 16 ff.

[79] In Abgrenzung zB zum selbständigen Handwerker, der gegenüber dem Auftraggeber ebenfalls weisungsgebunden ist.

[80] Vgl. ua EuGH C-229/14, ECLI:EU:C:2015:455 Rn. 32 ff., 39 – Balkaya/KieselAbbruch; EuGH C-596/12, ECLI:EU:C:2014:77 Rn. 17 – Kommission/Italien; EuGH C-232/09, ECLI:EU:C:2010:674 Rn. 39 – Danosa; EuGH 66/85, Slg. 1986, 2121 Rn. 17 – Lawrie-Blum; ähnlich Jarass GRCh Art. 27 Rn. 5 mwN; *Rudolf* in NK-EuGRCh GRCh Art. 27 Rn. 20; s. dazu auch EuGH C-413/13, ECLI:EU:C:2014:2411 Rn. 36 – FNV mwN, wonach sich das Kriterium der Weisungsgebundenheit insbes. auf die Wahl von *Zeit, Ort und Inhalt der Arbeit* bezieht, es ferner auf das *Nichtvorhandensein der Beteiligung an den geschäftlichen Risiken* des Arbeitgebers sowie die *Bildung einer wirtschaftlichen Einheit während des Vertragsverhältnisses, als Folge der Eingliederung in ein fremdes Unternehmen*, ankommt.

[81] EuGH C-229/14, ECLI:EU:C:2015:455 Rn. 32 ff., 39 – Balkaya/Kiesel Abbruch; EuGH C-232/09, ECLI:EU:C:2010:674 Rn. 39 – Danosa.

[82] EuGH C-3/90, ECLI:EU:C:1992:89 Rn. 14 ff. – Bernini; *C. Schubert* in Franzen/Gallner/Oetker, 1. Aufl. 2016, GRC Art. 27 Rn. 21 mwN.

[83] Sowohl die RL 2002/14/EG (ABl. 2002 L 80, 29), Art. 2 lit. f u. g RL 2002/14/EG, als auch die Massenentlassungs-RL 98/14/EG (ABl. 1998 L 91, 1), Art. 2 RL 98/14/EG, indizieren, dass es sich eher

keine allgemeine Antwort geben, sondern dies nur aus dem einschlägigen Unionsrecht und einzelstaatlichen Rechtsvorschriften/Gepflogenheiten entwickeln können. Gleichfalls gilt dies für die Definition des Vertreterbegriffs, wobei insbesondere die RL 2002/14/EG und RL 98/59/EG gegen einen autonomen, unionsrechtlichen Vertreterbegriff sprechen und es daher auf den *acquis communautaire* iS einer wertenden Rechtsvergleichung der einzelstaatlichen Rechtsvorschriften und Gepflogenheiten ankommen dürfte. Im Zusammenhang mit der Allgemeinen Unterrichtungs-RL 2002/14/EG wird man indes berücksichtigen müssen, dass dort die Union von ihrer Gesetzgebungskompetenz insoweit keinen Gebrauch gemacht hat, sondern sich der Arbeitnehmerstatus nach den einzelstaatlichen Vorschriften der Mitgliedstaaten richtet (Art. 2 lit. d RL 2002/14/EG).

24   **Bezugsobjekt** ist das „Unternehmen", worunter in Anlehnung an Art. 2 lit. a RL 2002/14/EG, Art. 16 u. 101 AEUV jedes öffentliche und private Unternehmen fällt, das eine wirtschaftliche Tätigkeit ausübt, unabhängig davon, ob es einen Erwerbszweck ausübt oder nicht, und das im Hoheitsgebiet eines Mitgliedstaates ansässig ist. Erfasst werden also auch gemeinnützige Einrichtungen und solche, die rein soziale Zwecke verfolgen, sowie staatliche Einrichtungen, sofern jene eine wirtschaftliche Tätigkeit ausüben.[84] In Anlehnung an die EuGH-Rechtsprechung zum Unternehmensbegriff iSd RL 2005/29/EG[85] über unlautere Geschäftspraktiken von Unternehmen gegenüber Verbrauchern im Binnenmarkt wird man auch hier annehmen müssen, dass der Begriff des *öffentlichen, eine wirtschaftliche Tätigkeit ausübenden Unternehmens* einheitlich, autonom und weit zu verstehen ist, so dass darunter – unter Berücksichtigung des Regelungszusammenhangs und verfolgten Zwecks – ua Körperschaften des öffentlichen Rechts wie gesetzliche Krankenkassen fallen.[86]

25   Unterrichtung und Anhörung haben **rechtzeitig** (*in good time/en temps utile*) zu erfolgen, was (ebenfalls) im Rahmen der wertenden Gesamtschau durch Rückgriff auf das jeweils heranzuziehende Unionsrecht (bzw. ggf. einzelstaatliche Rechtsvorschriften und Gepflogenheiten) in den jeweils einschlägigen Sachzusammenhängen zu bestimmen ist. Abstrakt lässt sich insofern unter Berücksichtigung des Schutzzwecks (*Antizipation* und *Prävention*) sagen, dass dies bei der *Unterrichtung* bedeutet: vor Durchführung der Maßnahme, aber nicht zwangsläufig vor der Entscheidung, und noch so rechtzeitig, dass Gelegenheit zur Prüfung der behandelten Frage gegeben wird.[87] Und bei der *Anhörung*: im Planungsstadium und vor Endgültigkeit einer Entscheidung, so dass (auf Initiative der Arbeitnehmer bzw. Vertreter) iR eines Dialogs und Meinungsaustauschs deren gegenteilige Standpunkte und Interessen berücksichtigt werden können, verbunden mit der Möglichkeit des Abschlusses einer Vereinbarung.[88]

26   Zur Bestimmung der **Grundrechtsqualität und des Inhalts des Rechts der Arbeitnehmer auf Unterrichtung und Anhörung** lässt sich, gestützt auf die Erläuterungen zu Art. 27 GRC,[89] an den „Besitzstand" durch die RL 2002/14/EG (allgemeiner Rahmen

---

um ein kollektives Unionsgrundrecht handelt und die Arbeitnehmer nur mittelbar über ihre Vertreter geschützt werden; siehe dazu auch EuGH C-12/08, Slg. 2009, I-6653 Rn. 42 – Mono Car; GA *Mengozzi*, SchlA C-12/08, Slg. 2009, I-6653 Rn. 49 – Mono Car; *Rudolf* in NK-EuGRCh GRCh Art. 27 Rn. 29 f.

[84] Jarass GRCh Art. 27 Rn. 6; weitergehend: *Holoubek* in Schwarze GRC Art. 27 Rn. 14; *Rudolf* in NK-EuGRCh GRCh Art. 27 Rn. 25; ausschließlich auf den Arbeitnehmerbezug abstellend: *Lembke* in von der Groeben/Schwarze/Hatje GRC Art. 27 Rn. 8.

[85] ABl. 2005 L 149, 22.

[86] So zur RL 2005/29/EG: EuGH C-59/12, ECLI:EU:C:2013:634 Rn. 32, 37 – BKK Mobil Oil; entspr. im Ergebnis BGH I ZR 183/12, GRUR 2013, 1250 (1252 Rn. 10 ff.) zu § 34d GewO (*gewerbsmäßiger Vermittler*) iVm der Versicherungsvermittlungs-RL 2002/92/EG (ABl. 2003 L 9, 3).

[87] Vgl. Art. 2 lit. f RL 2002/14/EG, Art. 7 Abs. 1 UAbs. 2 u. 3 RL 2001/23/EG; zu weitgehend *Rudolf* in NK-EuGRCh GRCh Art. 27 Rn. 24 mwN, wonach auch bei der bloßen Unterrichtungspflicht darauf abgestellt werden soll, dass Auffassungen der Arbeitnehmervertreter im Entscheidungsfindungsprozess noch angemessen berücksichtigt werden können, was indes (nur) Bestandteil der Anhörungspflicht ist.

[88] Vgl. ua Art. 4 Abs. 3 u. 4 RL 2002/14/EG; Art. 7 Abs. 1 UAbs. 2 u. 3 RL 2001/23/EG; siehe dazu auch *Lembke* in von der Groeben/Schwarze/Hatje GRC Art. 27 Rn. 10 mwN.

[89] ABl. 2007 C 303, 26.

für die Unterrichtung und Anhörung der Arbeitnehmer in der EG), RL 98/59/EG (Massenentlassungen), RL 2001/23/EG (Übergang von Unternehmen, Betrieben oder Unternehmens- und Betriebsteilen) und RL 2009/38/EG (ex-RL 94/45/EG; Europäischer Betriebsrat) anknüpfen.[90] Durch eine solche methodische Vorgehensweise ist auch gewährleistet, dass der sachliche Anwendungsbereich beachtet wird (Art. 51 GRC, Art. 6 Abs. 1 UAbs. 2 EUV) und es wird vermieden, im Wege freier Rechtsschöpfung unzulässige Zuständigkeitserweiterungen vorzunehmen bzw. Inhalte hinein zu interpretieren (statt durch Auslegung zu ermitteln).

Sowohl die insofern einschlägige RL 2002/14/EG,[91] die im 1. u. 2. Erwägungsgrund auf Nr. 17 SozGRCh und Art. 153 AEUV (ex-Art. 137 EGV) verweist und von den Mitgliedstaaten unbeschadet der sonstigen Richtlinien zu Massenentlassungen, Betriebs(teil)- und Unternehmens(teil)-Übergängen etc spätestens bis zum 23.3.2005 umzusetzen war (Art. 11 RL 2002/14/EG), als auch die bereits in früheren Richtlinien bestimmten Informations- und Anhörungsrechte der Arbeitnehmer, die eine speziellere Ausgestaltung dieses allgemeinen Unterrichtungs- und Anhörungsrechts der Arbeitnehmer darstellen und deshalb als *lex specialis* vorgehen,[92] lassen erkennen, dass im Spannungsfeld von Unternehmerentscheidungen, die elementare Interessen der Arbeitnehmer berühren, dem **Unterrichtungs- und Anhörungsrecht** der Arbeitnehmer ein **besonderes Gewicht eingeräumt** wird. Denn da die dort geregelten Arbeitgeberpflichten über eine bloß formale Information der Arbeitnehmer hinausgehen, können sie in der Praxis zu einer erheblichen Beeinträchtigung der unionsgrundrechtlich geschützten Unternehmer- und Berufsfreiheit des Arbeitgebers führen. Die Aufnahme des Art. 27 GRC in die im Wesentlichen im Jahr 2000 entworfene Grundrechtecharta war dennoch überraschend, weil der EuGH in der Vergangenheit zur Frage des Grundrechtskerns dieser Unterrichtungs- und Anhörungsrechte keine Stellung genommen hatte.[93] Dies ist dann auch eine plausible Erklärung dafür, warum der originäre Inhalt von Art. 27 GRC so unbestimmt geblieben ist, und es nunmehr Rechtsprechung und Wissenschaft obliegt, durch eine wertende Gesamtschau diese klärenden Arbeiten zu leisten.[94]

In diesem Sinne lässt sich das Unterrichtungs- und Anhörungsrecht der Arbeitnehmer als ein **soziales Grundrecht in der Funktion eines Schutzgewährrechts** verstehen. Die unionsrechtliche Wertigkeit iS einer Grundrechtsverbürgung wird man bei der Auslegung des Primär- und Sekundärrechts zu berücksichtigen haben. Dieses Rechtsverständnis wird bestärkt durch einen Blick auf die RL 2002/14/EG zur Festlegung eines allgemeinen

---

[90] Für die Einbeziehung auch völkerrechtlicher Verpflichtungen aller Mitgliedstaaten, wie zB des ILO-Übereinkommens Nr. 135, zB *Holoubek* in Schwarze GRC Art. 27 Rn. 7; *Köchle* in Holoubek/Lienbacher, GRC-Kommentar, GRC Art. 27 Rn. 11; *Kocher* in FK-EUV/GRC/AEUV GRC Art. 27 Rn. 4, 32 f.; instruktiv dazu EuGH C-117/14, ECLI:EU:C:2015:60 Rn. 43 mwN – Poclava, wonach der EuGH nicht befugt ist, der Auslegung völkerrechtlicher Bestimmungen zu entscheiden, die zwischen den Mitgliedstaaten Bindungen außerhalb des unionsrechtlichen Bereichs schaffen (dort bezogen auf Nr. 158 ILO-Übereinkommen über die Beendigung des Arbeitsverhältnisses durch den Arbeitgeber und die EUSozCh); anders zB wegen des ausdrücklichen Bezugs in der RL 2003/88/EG auf Nr. 132 ILO-Übereinkommen über den bezahlten Jahresurlaub: EuGH C-214/10, ECLI:EU:C:2011:761 Rn. 41 f. – KHS.
[91] ABl. 2002 L 80, 29.
[92] Informations- und Konsultationsrechte im Fall von Unternehmens(teil)- oder Betriebs(teil)-Übergängen (Art. 7 RL 2001/23/EG, ABl. 2001 L 82, 16); Informations- und Konsultationsrechte der Arbeitnehmervertreter bei Massenentlassungen (Art. 2 RL 98/59/EG, ABl. 1998 L 225, 16); Unterrichtungs- und Anhörungsrechte der Arbeitnehmer bei der Einrichtung eines Europäischen Betriebsrats (RL 94/45/EG, ABl. 1994 L 254, 64, und RL 97/74/EG, ABl. 1998 L 10, 22); Auffangregelungen hinsichtlich der Unterrichtung und Anhörung der Arbeitnehmer in der Europäischen Gesellschaft (RL 2001/86/EG, ABl. 2001 L 294, 22) und in der Europäischen Genossenschaft (RL 2003/72/EG, ABl. 2003 L 186, 34).
[93] Vgl. zB EuGH verb. Rs. C-253/96 ua, Slg. 1997, I-6907 ff. – Kampelmann ua; EuGH C-350/99, Slg. 2001, I-1076 ff. – Lange; EuGH C-62/99, Slg. 2001, I-2579 ff. – Bofrost; EuGH C-440/00, Slg. 2004, I-787 – Kühne & Nagel; EuGH C-349/01, Slg. 2004, I-6803 ff. – ADS Anker.
[94] GA *Cruz Villalón*, SchlA C-176/12, ECLI:EU:C:2013:491 Rn. 53 – Association de médiation sociale/CGT ua meint, der Europäische Gesetzgeber habe seine Arbeit *eingestellt*, als es darum ging, den sozialen Grundrechten ihren Sinn zu geben.

Rahmens für die Unterrichtung und Anhörung der Arbeitnehmer in der EG.[95] Insbesondere aus dem 6., 13. u. 17. Erwägungsgrund der RL 2002/14/EG ist zu entnehmen, dass mit dem in dieser Richtlinie festgelegten allgemeinen Rechtsrahmen der Unterrichtung und Anhörung (mit dem Ziel, eine Vereinbarung zu erreichen; vgl. Art. 4 RL 2002/14/EG) ein Mindestschutz dergestalt bezweckt wird, auf Unionsebene – über den nationalen Besitzstand hinaus – die Arbeitnehmer (1.) frühzeitig (*antizipativ* und *präventiv*) über **Wandlungsprozesse** und die **Beschäftigungsentwicklung betreffende schwerwiegende Entscheidungen** zu informieren, (2.) sie an der Entscheidungsfindung durch die Möglichkeit der rechtzeitigen Abgabe einer Stellungnahme zu beteiligen und (3.) das Verfahren gegebenenfalls mit einer Vereinbarung abzuschließen. Diese Unterrichtungs- und Anhörungsrechte werden indes nicht von den einzelnen Arbeitnehmern wahrgenommen, sondern von ihren Arbeitnehmervertretern. Diesen hat der Arbeitgeber Informationen zu übermitteln, um ihnen Gelegenheit zur Kenntnisnahme und Prüfung der behandelten Fragen zu geben („Unterrichtung"), und anschließend zur Durchführung eines Meinungsaustauschs und Dialogs („Anhörung"; vgl. Art. 2. lit. f u. g RL 2002/14/EG); die Anhörung hat dann mit dem Ziel zu erfolgen, eine Vereinbarung zwischen dem Arbeitgeber und den Arbeitnehmervertretern zu erreichen (Art. 4 Abs. 4 lit. e RL 2002/14/EG). Darüber hinaus wird in der Kommentarliteratur „erwogen" bzw. vertreten, dass zu den unionsgrundrechtlichen Unterrichtungsgegenständen auch allgemeine Berichte zur wirtschaftlichen und finanziellen Lage gehören sollen.[96]

29   Im Geltungsbereich der **Massenentlassungs-RL** 98/59/EG[97] wird man wahrscheinlich ua. unter Rückgriff auf den 6. Erwägungsgrund der RL 98/59/EG und Nr. 7, 17 u. 18 SozGRCh (sowie als „Ur-Voraussetzung" die unmittelbare Wirkung des Art. 2 RL 98/59/EG[98]) das Unterrichtungs- und Beratungsrecht der Arbeitnehmervertreter (als solches) zum unionsgrundrechtlichen Kern zählen können; indes lässt sich diesen Erwägungsgründen *nicht* entnehmen, dass dies auch für die dort detailliert aufgelisteten, mitzuteilenden Gründe und ihre Schriftlichkeit gilt (Art. 2 Abs. 3 RL 98/59/EG), was für deren „bloß" sekundärrechtliche Natur spricht (unabhängig davon, dass auch diesen Inhalten unmittelbare Wirkung zukommt). Entsprechend müsste dies dann ebenfalls für das Unterrichtungs- und Beratungsrecht der Arbeitnehmervertreter bei Betriebs(teil)-/Unternehmens(teil)übergängen gemäß der RL 2001/23/EG gelten.[99] Ferner hat die politische Diskussion und der auf Unionsebene gefundene Kompromiss im Zusammenhang mit den Unternehmensmitbestimmungsrechten der Arbeitnehmer (RL 2001/86/EG[100] u. RL 2003/72/EG[101]) deutlich die gravierenden nationalen Unterschiede gezeigt (dh „herrschenden Gepflogenheiten" iSd SozGRCh bzw. „einzelstaatlichen Rechtsvorschriften und Gepflogenheiten" iSd GRC), was gegen deren unionsrechtliche Grundrechtsverbürgung spricht.[102] Dort, wo indes ein unionsgrundrechtlich geschütztes Unterrichtungs- und Beratungsrecht der Arbeitnehmervertreter besteht, sprechen gute Gründe (Regelungsziel und -zusammenhang

---

[95] ABl. 2002 L 80, 29.
[96] Zweifelhaft; so aber Jarass GRCh Art. 27 Rn. 9; *Rudolf* in NK-EuGRCh GRCh Art. 27 Rn. 24; *Holoubek* in Schwarze GRC Art. 27 Rn. 12; *Lembke* in von der Groeben/Schwarze/Hatje GRC Art. 27 Rn. 11.
[97] ABl. 1998 L 225, 16.
[98] Diese Bestimmung ist inhaltlich unbedingt und hinreichend bestimmt iSd allg. EuGH-Rspr., vgl. EuGH C-151/02, Slg. 2003, I-8389 – Jaeger; EuGH C-84/94, Slg. 1996, I-5755 Rn. 45, 75 – Vereinigtes Königreich/Kommission; EuGH C-41/74, Slg. 1974, 1337 Rn. 12 – van Duyn.
[99] Vgl. Art. 7 iVm dem 5. Erwägungsgrund der RL 2001/23/EG.
[100] ABl. 2001 L 294, 22.
[101] ABl. 2003 L 207, 25.
[102] Zwar wird die „Sicherung erworbener Rechte der Arbeitnehmer über ihre Beteiligung an Unternehmensentscheidungen" als *„fundamentaler Grundsatz"* bezeichnet (18. Erwägungsgrund RL 2001/86/EG; 21. Erwägungsgrund RL 2003/72/EG), aber weder, wie sonst üblich, der SozGRCh, EUSozCh, dem sozialen Dialog uÄ Bezug genommen noch Beteiligungs-/Mitbestimmungsrechte in den SE- bzw. SCE-Unternehmensorganen auf einem Mindestniveau inhaltlich unbedingt, dh zwingend festgelegt; s. dazu auch *Rengeling/Szczekalla* Grundrechte in der EU § 29 Rn. 1005 mwN.

sowie der Grundsatz des *effet utile*) dafür, hierin zugleich eine an die Mitgliedstaaten gerichtete Einrichtungsgarantie zu sehen, soweit im nationalen Recht ein Regelungsdefizit im Hinblick auf Arbeitnehmervertretungen besteht.[103]

Das Unterrichtungs- und Anhörungsrecht der Arbeitnehmer hat des Weiteren einen **30** besonderen Stellenwert im Zusammenhang mit dem **technischen Arbeitsschutz** innerhalb der Union. Von herausragender Bedeutung ist hier die RL 89/391/EWG[104] über die Durchführung von Maßnahmen zur Verbesserung der Sicherheit und des Gesundheitsschutzes der Arbeitnehmer bei der Arbeit, auf deren Grundlage eine Vielzahl von Einzelrichtlinien erlassen wurden.[105] Die RL 89/391/EWG ist als Rahmenrichtlinie ausgestaltet und gilt wegen ihrer Bedeutung als „Grundgesetz des Europäischen Arbeitsschutzes".[106] Die Einzelrichtlinien zur Rahmenrichtlinie enthalten zwingende Mindestvorschriften zur Verbesserung des Gesundheitsschutzes und der Arbeitssicherheit und sind als solche eine „unabdingbare Voraussetzung für die Sicherheit und den Gesundheitsschutz der Arbeitnehmer".[107] Insbesondere aus der Bezugnahme der Rahmenrichtlinie und der auf ihrer Grundlage erlassenen Einzelrichtlinien auf das Ziel der „Verbesserung der Arbeitsumwelt zwecks Schutzes der Sicherheit und Gesundheit der Arbeitnehmer" und den daraus resultierenden Unterrichtungs- und Anhörungsrechten[108] kann deren unionsgrundrechtliche Fundierung entnommen werden. Die Unterrichtungs- und Anhörungsrechte der Arbeitnehmer im Zusammenhang mit dem technischen Arbeitsschutz haben somit einen **unionsgrundrechtlichen Kern,** der auf dem Schutz der Sicherheit und Gesundheit der Arbeitnehmer beruht. Dieser Schutz lässt sich wiederum auf das anerkannte Unionsgrundrecht der **Menschenwürde** (Art. 1 GRC → § 13) einschließlich des allgemeinen Persönlichkeitsrechts zurückführen.

Um die unionsrechtliche Grundrechtsverbürgung der Unterrichtungs- und Anhörungs- **31** rechte der Arbeitnehmer zu verstehen, lässt sich zudem auf eine wertende Gesamtschau der (auch vor Inkrafttreten der GRC in der Rechtsprechung des EuGH anerkannten) Grundrechte der Arbeitnehmer auf **Berufsfreiheit** und Achtung der **Menschenwürde** (in deren Rahmen ebenfalls die Arbeitnehmerpersönlichkeit geschützt ist) sowie des auch innerhalb der Union geltenden **Demokratieprinzips** und **Sozialstaatsgebots** zurückgreifen. Insofern kann Art. 27 GRC als Konkretisierung dieser allgemeinen Unionsgrundrechte verstanden werden, die bereits vor Inkrafttreten der GRC anerkannt waren. Und insbesondere unter Rückgriff auf Art. 151 Abs. 1, 153 Abs. 1 lit. e AEUV iVm Nr. 17 u. 18 SozGRCh kann man festhalten, dass die rechtzeitige Unterrichtung und Anhörung der Arbeitnehmer (in geeigneter Weise unter Berücksichtigung der in den verschiedenen Mitgliedstaaten herrschenden Gepflogenheiten) zu den sozialen Grundrechten zählt und weiter zu entwickeln ist, insbesondere, wenngleich nicht abschließend für Unternehmen und Unternehmenszusammenschlüsse mit Betriebsstätten bzw. Unternehmen in mehreren EU-Mitgliedstaaten. Solche Unterrichtungs- und Anhörungspflichten bestehen vor allem (1.) bei der Einführung

---

[103] Gegen eine Pflicht aus Art. 27 GRC zur Einführung von Unterrichtungs- und Anhörungsrechten: *Krebber* in Calliess/Ruffert GRC Art. 27 Rn. 10; differenzierend *Frenz*, HdbEuR Bd. 4, Rn. 3669 ff., wonach Art. 27 GRC zwar keinen Gesetzgebungsauftrag hinsichtlich der Einführung von Unterrichtungs- und Anhörungsrechten enthalte, jedoch könne sich ein Anspruch auf Gewährung eines Mindeststandards an Unterrichtung und Anhörung aus Art. 1 GRC iVm Art. 27 GRC ergeben; generell bejahend *Jarass* GRCh Art. 27 Rn. 11, wonach Art. 27 GRC den Erlass von Vorschriften verlange.
[104] ABl. 1989 L 183, 1.
[105] S. dazu die Übersicht bei *Benecke* in GHN AEUV Art. 153 Rn. 29 ff., dort auch zu weiteren Richtlinien betreffend des technischen und sozialen Arbeitsschutzes.
[106] *Rondorf/Wittrock* BABl. 12/1992, 5 (8 ff.); *Benecke* in GHN AEUV Art. 153 Rn. 29.
[107] So ausdrücklich der 4. Erwägungsgrund der Fünfzehnten Einzelrichtlinie 1999/92/EG (ABl. 2000 L 134, 36).
[108] Vgl. zB die Erwägungsgründe 1 u. 11–13 der RL 89/391/EWG (ABl. 1989 L 183, 1); den 5. Erwägungsgrund der Ersten Einzelrichtlinie 89/654/EWG (ABl. 1991 L 59, 23); die Erwägungsgründe 5 u. 7 der Zweiten Einzelrichtlinie 89/655/EWG (ABl. 1989 L 393, 13); die Erwägungsgründe 3–5 der Vierzehnten Einzelrichtlinie 98/24/EG (ABl. 1998 L 131, 11); sowie die Erwägungsgründe 1, 3 u. 4 der Fünfzehnten Einzelrichtlinie 1999/92/EG (ABl. 2000 L 134, 36).

technologischer Veränderungen, die die Arbeitsbedingungen und Arbeitsorganisation der Arbeitnehmer einschneidend verändern; (2.) bei der Umstrukturierung oder Verschmelzung von Unternehmen, die die Beschäftigung der Arbeitnehmer berühren; (3.) bei Massenentlassungen; und (4.) bei Arbeitnehmern, insbesondere Grenzgängern, die von den Beschäftigungsmaßnahmen des Beschäftigungsunternehmens betroffen sind. In diesen und vergleichbaren Fällen zählt die SozGRCh also die Informations- und Anhörungsrechte der Arbeitnehmer zu den sozialen Grundrechten, was in Anbetracht der Bezugnahme in Art. 151 Abs. 1 AEUV für deren „Anerkennung" und Grundrechtsverbürgung iSd Art. 27 GRC spricht – und zwar **als Teil des (andauernden) Integrationsprozesses der Union im Sinn einer dynamischen,** nicht statischen **Interpretation** des Art. 27 GRC.

32 Offen ist, ob etwa der **Ausschluss bestimmter Arbeitnehmer** vom Unterrichtungs- und Anhörungsrecht gegen Art. 27 GRC verstoßen würde;[109] auch diese Frage lässt sich nur im jeweiligen Zusammenhang aus der gebotenen Gesamtschau mit dem einschlägigen Primär- und Sekundärrecht beantworten, so dass zB die Einschränkung des Anwendungsbereichs der RL 2002/14/EG durch Art. 3 RL 2002/14/EG (dh: nach Entscheidung der Mitgliedstaaten gilt diese Richtlinie nur für Unternehmen mit mind. 50 Arbeitnehmern oder für Betriebe mit mind. 20 Arbeitnehmern, jeweils bezogen auf einen Mitgliedstaat) nicht unverhältnismäßig im Sinne des Art. 27 GRC sein kann, sondern dessen Inhalt überhaupt erst konkretisiert.[110]

33 Ungeklärt ist ferner, ob und in welchem Umfang neben den Unterrichtungs- und Anhörungsrechten der Arbeitnehmer (weitere) **Formen der Mitwirkung** unionsgrundrechtlich geschützt sind. Nr. 17 u. 18 SozGRCh sprechen neben der Unterrichtung und Anhörung von der *Mitwirkung* der Arbeitnehmer, beziehen also (weitere) Mitwirkungsrechte der Arbeitnehmer in den Schutzbereich mit ein. Hierunter könnten daher zukünftig auch *Mitbestimmungsrechte* fallen. Indes müssten diese – ebenso wie die Unterrichtungs- und Anhörungsrechte – nur in geeigneter Weise unter Berücksichtigung der in den verschiedenen Mitgliedstaaten herrschenden Gepflogenheiten weiterentwickelt werden.

34 Zusammenfassend lässt sich feststellen, dass der **Schutzbereich** des Unionsgrundrechts auf Unterrichtung und Anhörung der Arbeitnehmer die **Wandlungsprozesse und** die **Beschäftigungsentwicklung betreffende schwerwiegende Entscheidungen im Unternehmen bzw. Betrieb** sowie die Risiken im Hinblick auf die **Sicherheit, Arbeitshygiene und** den **Gesundheitsschutz am Arbeitsplatz** umfasst. Insofern wird den Arbeitnehmern bzw. ihren Vertretern neben der Unterrichtung die Möglichkeit zur rechtzeitigen Abgabe einer Stellungnahme zwecks Beteiligung an der Entscheidungsfindung und ggf. mit dem Ziel des Abschlusses einer Vereinbarung gewährleistet („Anhörung"). Daran wird sich das nationale Recht messen lassen müssen, in Deutschland zB die §§ 90, 92 BetrVG bzw. die Bereichsausnahme des § 23 Abs. 2 S. 1 KSchG und deren Auslegung. Ein Verfahren, das die Unterrichtung zeitgleich mit der Umsetzung der Maßnahme bzw. die Anhörung erst mit oder nach der endgültigen Entscheidungsfindung vorsähe, würde diesem Schutzgewährrecht nicht gerecht; ebenfalls nicht die derzeit vorherrschende[111] Auslegung des § 23 Abs. 2 S. 1 KSchG, wonach zB Sozialversicherungsträger generell vom Konsultationsverfahren und von der Anzeigepflicht bei Massenentlassungen ausgenommen sein sollen. Eine nationale Regelung, die ein langwierigeres Einigungsverfahren vorsieht,[112] geht (jedenfalls aktuell) über das unionsgrundrechtlich gebotene Maß hinaus.

---

[109] *Rebhahn/Reiner* in Schwarze AEUV Art. 151 Rn. 13; *Rudolf* in NK-EuGRCh GRCh Art. 27 Rn. 28.
[110] Art. 27 GRC iVm der RL 2002/14/EG greift dann, wenn diese Schwelle je nach Entscheidung des Mitgliedstaats überschritten wurde und die betroffene Person Arbeitnehmer iSd nationalen Rechts ist, vgl. dazu EuGH C-176/12, ECLI:EU:C:2014:2 Rn. 30 ff. – Association de médiation sociale/CGT ua.
[111] Vgl. zB *Kiel* in ErfK KSchG § 23 Rn. 20 mwN.
[112] Vgl. § 111 BetrVG, wonach der Arbeitgeber vor Durchführung einer geplanten wesentlichen Betriebsänderung einen Interessenausgleich zu versuchen hat, der zunächst mit dem Betriebsrat mit dem ernsthaften Ziel der Verständigung zu verhandeln ist und bei Scheitern dieser Verhandlungen die Einigungsstelle angerufen werden muss, in der erneut Verhandlungen stattzufinden haben, die dann letztlich scheitern können.

II. Recht auf Kollektivverhandlungen und -maßnahmen (Art. 28 GRC) als Teil der Koalitionsfreiheit

Art. 28 GRC regelt unter Verweis auf das Unionsrecht und einzelstaatliche Rechtsvor- 35
schriften und Gepflogenheiten das Recht der Arbeitnehmer und Arbeitgeber oder ihrer jeweiligen Organisationen auf Kollektivverhandlungen und Kollektivmaßnahmen, dh **Tarifverträge auf den geeigneten Ebenen auszuhandeln und zu schließen** sowie **bei Interessenkonflikten kollektive Maßnahmen zur Verteidigung ihrer Interessen, einschließlich Streiks,** zu ergreifen. In den Interpretationszwecken dienenden[113] Erläuterungen zu Art. 28 GRC heißt es: „Dieser Artikel stützt sich auf Artikel 6 der Europäischen Sozialcharta sowie auf die Gemeinschaftscharta der Sozialen Grundrechte der Arbeitnehmer (Nummern 12 bis 14). Das Recht auf kollektive Maßnahmen wurde vom Europäischen Gerichtshof für Menschenrechte als einer der Bestandteile des gewerkschaftlichen Vereinigungsrechts anerkannt, das durch Artikel 11 EMRK festgeschrieben ist. Was die geeigneten Ebenen betrifft, auf denen die Tarifverhandlungen stattfinden können, so wird auf die Erläuterung zum vorhergehenden Artikel verwiesen. Die Modalitäten und Grenzen für die Durchführung von Konfliktmaßnahmen, darunter auch Streiks, werden durch die einzelstaatlichen Rechtsvorschriften und Gepflogenheiten geregelt; dies gilt auch für die Frage, ob diese Maßnahmen in mehreren Mitgliedstaaten parallel durchgeführt werden können."

Wegen des Verweises auf das Unionsrecht und einzelstaatliche Rechtsvorschriften und 36
Gepflogenheiten (sog Refrain) sind, entsprechend Art. 27 GRC, sowohl die Inhalte dieses Grundrechts, die geeigneten Ebenen als auch dessen Schranken durch eine **wertende Gesamtschau** des (jeweiligen) Besitzstands in **internationalen Rechtsakten,** an denen die Mitgliedstaaten mitgewirkt haben, des **Primär- und Sekundärrechts** sowie **einzelstaatlicher Rechtsvorschriften und Gepflogenheiten** zu bestimmen. Soweit sich daraus ein grundrechtlicher Schutz von Kollektivverhandlungen einschließlich Arbeitskampfmaßnahmen auf Unionsebene als Teil der Koalitionsfreiheit und Tarifautonomie ergibt, ist Art. 28 GRC *lex specialis* zu Art. 12 GRC (zur Vereinigungs- und Koalitionsfreiheit ausführlich → § 32). Gemäß Art. 51 Abs. 1 S. 1 GRC richtet dieser sich, hier verstanden als Zuständigkeits- und Aufgabenbegrenzung,[114] ausschließlich an die Organe, Einrichtungen und sonstigen Stellen der Union sowie die Mitgliedstaaten bei der Durchführung des Unionsrechts. Praktische Bedeutung hat dieses Unionsgrundrecht bislang insbesondere im Zusammenhang mit der (gerechtfertigten und ungerechtfertigten) Ungleichbehandlung wegen des Alters[115] bzw. des Geschlechts[116], der Koalitionsfreiheit der Unionsbeamten (damaligen EG-Beamten)[117], der Kartellwirkung von Tarifverträgen (Ausnahme vom Kartellverbot des Art. 101 Abs. 1 AEUV),[118] der Beeinträchtigung der Grundfreiheiten in Gestalt der Arbeitnehmerfreizügigkeit, Niederlassungs-, Dienstleistungs- und Warenverkehrsfreiheit[119] und dem Schutz der negativen Koalitionsfreiheit bei Betriebs(teil)- bzw.

---

[113] Vgl. Art. 52 Abs. 7 GRC; EuGH C-283/11, ECLI:EU:C:2013:28 Rn. 42 – Sky Österreich („Anleitung für die Auslegung").
[114] In diesem Sinne: GA *Cruz Villalón,* SchlA C-176/12, ECLI:EU:C:2013:491 Rn. 28 ff. – Association de médiation sociale/CGT ua.
[115] EuGH C-411/05, ECLI:EU:C:2007:604 Rn. 68, 74 – Palacios de la Villa; EuGH C-297/10 u. C-298/10, ECLI:EU:C:2011:560 Rn. 92 – Hennigs u. Mai; EuGH C-45/09, ECLI:EU:C:2010:601 Rn. 67 – Rosenbladt mwN; s. dazu auch *Biltgen* NZA 2016, 1245 (1250 f.).
[116] EuGH C-236/09, ECLI:EU:C:2011:100 Rn. 32 – Association belge des Consommateurs Test-Achats ua.
[117] EuGH 18/74, Slg. 1974, 933 Rn. 5, 9 – Allgemeine Gewerkschaft der Beamten/Kommission; EuGH 175/73, Slg. 1974, 917 Rn. 9, 13 – Gewerkschaftsbund.
[118] EuGH verb. Rs. C-115/97 ua., Slg. 1999, I-6025 Rn. 56 ff. – Brentjen's Handelsonderneming BV/Stichting Bedrijfspensioenfonds voor de Handel in Bouwmaterialien; EuGH C-67/96, Slg. 1999, I-5751 Rn. 52 ff., 60 ff. – Albany; bestätigt im Rahmen eines *obiter dictum* in EuGH C-438/05, Slg. 2007, I-10779 Rn. 49 f. – Viking Line.
[119] EuGH C-438/05, Slg. 2007, I-10779 Rn. 44 – Viking Line; EuGH C-341/05, Slg. 2007, I-11767 Rn. 91 – Laval; s. dazu auch *Biltgen* NZA 2016, 1245 (1247 ff.).

Unternehmens(teil)übergängen[120] erlangt. Bereits vor Inkrafttreten der GRC war die Vereinigungs- und Koalitionsfreiheit als Gemeinschaftsgrundrecht vom EuGH anerkannt[121] und im Beamtenrecht der (damaligen) EG die vormals in Art. 24a (nunmehr Art. 24b EU-BeamtStat) Beamtenstatut anerkannte Vereinigungsfreiheit im Sinne des Rechts auf Koalitionsfreiheit gedeutet worden, dh als Recht auf Zugehörigkeit von europäischen Beamten zu Gewerkschaften oder Berufsverbänden.[122] Unter Berufung auf die **„allgemeinen Grundsätze des Arbeitsrechts"** hatte der EuGH diese Koalitionsfreiheit dahingehend ausgelegt, dass diese Beamten und Bediensteten nicht nur das Recht hätten, freie Vereinigungen ihrer Wahl zu gründen, sondern auch, dass diese Vereinigungen sich zur Verteidigung der beruflichen Interessen ihrer Mitglieder jeder erlaubten Tätigkeit widmen könnten.[123] Die Koalitionsfreiheit der Unionsbeamten genießt somit einen Grundrechtsschutz sowohl im Rahmen der **Bestandsgarantie** als auch der **Betätigungsgarantie**. 2007 hat der EuGH in den Urteilen *Viking Line* und *Laval* „das Recht auf Durchführung einer kollektiven Maßnahme einschließlich des Streikrechts als Grundrecht [anerkannt], das fester Bestandteil **der allgemeinen Grundsätze des Gemeinschaftsrechts** ist, deren Beachtung der EuGH sicherstellt", dessen Ausübung jedoch bestimmten Beschränkungen unterworfen werden kann.[124] Unter der EMRK sieht der EGMR ebenfalls seit langem das Koalitionsrecht (im Sinne des Rechts auf Gründung und Beitritt zu einer Gewerkschaft) als Bestandteil des Grundrechts auf Vereinigungsfreiheit im Rahmen des Art. 11 EMRK für alle Arbeitnehmer an.[125] In der Rs. *Demir u. Baykara/Türkei* (2008) hat der EGMR ausdrücklich auch das Recht auf Durchführung von Kollektivverhandlungen[126] und in der Rs. *Enerji Yapi-Yol Sen/Türkei* (2009) das Streikrecht unter Art. 11 EMRK gefasst.[127]

37 In der **Literatur** wird teils ein unionsrechtlicher Grundrechtsschutz der Koalitionsfreiheit und Tarifautonomie abgelehnt.[128] Begründet wird diese Auffassung insbesondere mit der Bereichsausnahme des Art. 153 Abs. 5 AEUV und dem Wortlaut des Art. 155 Abs. 1 AEUV („Vereinbarungen" anstelle von „Tarifverträgen", woraus eine bloß schuldrechtliche Wirkung dieser Vereinbarungen entnommen wird). Indes ist der Tatbestand des Art. 153 Abs. 5 AEUV wegen des Ausnahmecharakters dieser Vorschrift eng auszulegen.[129] Der Zuständigkeitsausschluss hinsichtlich des Koalitionsrechts bezieht sich einerseits auf diejenigen inneren Aspekte, die die Gründung und innere Organisation der Koalition und die Mitgliedschaft in ihr betreffen, und soll sich darüber hinaus nach verbreiteter Auffassung nur auf

---

[120] EuGH C-499/04, Slg. 2006, I-2397 Rn. 33 ff. – Werhof; EuGH C-426/11, ECLI:EU:C:2013:521 Rn. 30 ff. – Alemo-Herron.
[121] EuGH C-415/93, Slg. 1995, I-4921 Rn. 79 – Bosman; EuGH C-235/92, Slg. 1999, I-4539 Rn. 137 – Montecatini.
[122] EuGH 18/74, Slg. 1974, 933 Rn. 5, 9 – Allgemeine Gewerkschaft der Beamten/Kommission; EuGH 175/73, Slg. 1974, 917 Rn. 9, 13 – Gewerkschaftsbund.
[123] EuGH 18/74, Slg. 1974, 933 Rn. 10, 12 – Allgemeine Gewerkschaft der Beamten/Kommission; EuGH 175/73, Slg. 1974, 917 Rn. 14, 16 – Gewerkschaftsbund; in EuGH verb. Rs. 44/74 ua, Slg. 1975, 383 Rn. 11, 16 – Acton, hat der EuGH eine Stellungnahme zum Bestehen eines Streikrechts der Beamten oder zu seinen etwaigen Ausübungsmodalitäten vermieden, indes wegen der Besonderheiten bei Beamten bzw. Teilen des öffentlichen Dienstes.
[124] EuGH C-438/05, Slg. 2007, I-10779 Rn. 44 – Viking Line; EuGH C-341/05, Slg. 2007, I-11767 Rn. 91 – Laval.
[125] EGMR 13.8.1981 – 7601/76, 7806/77, Series A no. 44 = NJW 1982, 2717 Rn. 52 mwN – Young, James u. Webster/Großbritannien.
[126] EGMR 12.11.2008 – 34503/97 Rn. 147, NZA 2010, 1425 – Demir u. Baykara/Türkei.
[127] EGMR 21.4.2009 – 68959/01 Rn. 24, NZA 2010, 1423 – Enerji Yapi-Yol Sen/Türkei; s. ferner EGMR 8.4.2014 – 31045/10, RJD 2014-II Rn. 84 ff. – National Union of Rail, Maritime and Transport Workers (RTM)/UK; EGMR 2.10.2014 – 48408/12 Rn. 78 – Tymoshenko/Ukraine; instruktive Übersicht zur historischen Entwicklung bei *Nußberger* RdA 2012, 270 (272); s. auch *Daiber* in HK-EMRK EMRK Art. 11 Rn. 22.
[128] So *Birk* EuZW 1997, 453 (455); *Krebber* in Calliess/Ruffert AEUV Art. 153 Rn. 12; *Krebber* EuZA 2016, 3 (6 ff.), jedoch mit Einschränkungen (19 f.); *Krimphove* Rn. 600.
[129] EuGH C-268/06, Slg. 2008, I-2483 Rn. 122 – Impact; *Benecke* in GHN AEUV Art. 153 Rn. 103; *Rebhahn/Reiner* in Schwarze AEUV Art. 153 Rn. 63; *Biltgen* NZA 2016, 1245 (1246); *Langer* in von der Groeben/Schwarze/Hatje AEUV Art. 153 Rn. 45.

die Betätigung der Koalition nach außen erstrecken, soweit sie sich der Mittel des Streiks und/oder der Aussperrung bedient.[130] Hingegen erfasst der Zuständigkeitsausschluss nicht die sonstige Betätigung der Koalition nach außen, dh die Vertretung und Wahrnehmung der Arbeitnehmer- und Arbeitgeberinteressen einschließlich der Mitbestimmung im Rahmen des sozialen Dialogs; dies ergibt sich aus einer Zusammenschau des Art. 153 Abs. 3 lit. e AEUV und Art. 153 Abs. 5 AEUV.[131] Art. 153 Abs. 5 AEUV kann deshalb zweifelsfrei auch nur entnommen werden, dass die Union nicht aus eigener Kompetenz Regelungen bezüglich der Gründung, der inneren Organisation und der Mitgliedschaft in der Koalition sowie des Arbeitskampfrechts erlassen kann. Jedoch sind die Union und der EuGH unabhängig davon an das supranationale Recht gebunden, wie es sich gemäß Art. 6 Abs. 3 EUV aus Art. 11 EMRK und den gemeinsamen Verfassungsüberlieferungen der Mitgliedstaaten ergibt.

Anknüpfungspunkt ist daher insbesondere **Art. 11 EMRK**, dem der allgemeine Grund- **38** satz zu entnehmen ist, dass die Vereinigungs- und Koalitionsfreiheit einschließlich des Rechts auf Kollektivverhandlungen und Kollektivmaßnahmen zu den Unionsgrundrechten gehört.[132] Es ist deshalb zu differenzieren: Die Koalitionsfreiheit im Sinne des Rechts des Einzelnen, eine Koalition zum Schutz der Arbeitnehmer- bzw. Arbeitgeberinteressen zu gründen, ihr beizutreten oder ihr fernzubleiben, ist im Umfang des Art. 11 EMRK auch auf Unionsebene grundrechtlich geschützt **(individuelle Koalitionsfreiheit)**. Dies umfasst das Recht des Einzelnen zur Gründung und zum Beitritt zur Koalition.[133] Hierbei handelt es sich begrifflich um die **positive Koalitionsfreiheit**. Auch die individuelle Freiheit, einer Koalition fernzubleiben (sog **negative Koalitionsfreiheit**), dh ihr nicht beizutreten, wird umfassend von Art. 11 EMRK geschützt.[134] Unter den Schutzbereich der Koalitionsfreiheit iSd Art. 11 Abs. 1 EMRK fällt nach dem Wortlaut „jede Person", also auch Drittstaatsangehörige und ebenso Angehörige der Streitkräfte, der Polizei oder der Staatsverwaltung, bei denen aber Besonderheiten bezüglich der rechtmäßigen Einschränkung der Ausübung dieser Rechte gelten (Art. 11 Abs. 2 S. 2 EMRK).[135] Nach dem Wortlaut des Art. 28 GRC erstreckt sich der persönliche Anwendungsbereich (nur) auf **„Arbeitnehmer/innen, Arbeitgeber/innen oder ihre jeweiligen Organisationen"**; offen ist daher, ob darunter auch **Beamte** fallen (iSv Unionsbeamten bzw. Beamten der Mitgliedstaaten). Andernfalls würden für Unionsbeamte (weiterhin) die fortgeltenden allgemeinen Rechtsgrundsätze als *lex specialis* gelten.[136] Und für Beamte iSd nationalen Rechts

---

[130] *Oetker* in MHdB ArbR § 10 Rn. 12; *Benecke* in GHN AEUV Art. 153 Rn. 104 mwN; *Langer* in von der Groeben/Schwarze/Hatje AEUV Art. 153 Rn. 47.
[131] *Oetker* in MHdB ArbR § 10 Rn. 12; *Benecke* in GHN AEUV Art. 153 Rn. 104 mwN.
[132] Anknüpfungspunkte des EuGH vor Inkrafttreten der GRC waren dagegen: EUSozCh u. SozGRCh, jew. iVm Art. 136 EGV-Nizza (heutiger Art. 151 AEUV), Übereinkommen 87 der Internationalen Arbeitsorganisation (ILO) vom 9.7.1948 sowie die Proklamation der Charta der Grundrechte der EU am 7.12.2000 in Nizza, vgl. EuGH C-438/05, Slg. 2007, I-10779 Rn. 43 – Viking Line; EuGH C-341/05, Slg. 2007, I-11767 Rn. 90 – Laval; indes: Dass dort Art. 11 EMRK nicht erwähnt wurde, kann man damit erklären, dass diese Urteile Ende 2007, also vor den EGMR-Urteilen in den Rs. *Demir u. Baykara/Türkei* und *Enerji Yapi-Yol Sen/Türkei* ergingen; s. zur Problematik des Rekurses auf die EUSozCh und SozGRCh im Allgemeinen und aus Sicht der Republik Österreich im Besonderen sowie zu Art. 11 EMRK *Brameshuber* EuZA 2016, 46 (50); ferner zu bestimmten, von allen Mitgliedstaaten unterzeichneten ILO-Übereinkommen als weitere Rechtsquellen zB *Holoubek* in Schwarze GRC Art. 28 Rn. 8 (insbes. Nr. 154); *Kocher* in FK-EUV/GRC/AEUV GRC Art. 28 Rn. 4 (Nr. 87 u. 98); *Köchle* in Holoubek/Lienbacher, GRC-Kommentar, GRC Art. 27 Rn. 11. Grundlegend kritisch zu der bisherigen Art der Rechtsfortbildung des EuGH: *Krebber* RdA 2009, 224 (228); *Krebber* EuZA 2016, 3 (6 ff.).
[133] EGMR 13.8.1981 – 7601/76, 7806/77, Series A no. 44 = NJW 1982, 2717 Rn. 52 – Young, James u. Webster/Großbritannien.
[134] EGMR 13.8.1981 – 7601/76, 7806/77, Series A no. 44 = NJW 1982, 2717 Rn. 55 – Young, James u. Webster/Großbritannien; EGMR 11.1.2006 – 52562/99, 52620/99, 52562/99 u. 52620/99 Rn. 54 ff., BB 2006, 378 – Sørensen u. Rasmussen/Dänemark; EGMR 24.4.2010 – 20161/06 Rn. 45 f. – Vordur Olafsson/Island; EuGH C-499/04, Slg. 2006 I-2397 Rn. 33 ff. – Werhof; EuGH C-426/11, ECLI:EU:C:2013:521 Rn. 30 ff. – Alemo-Herron; s. ferner *Daiber* in HK-EMRK EMRK Art. 11 Rn. 15.
[135] EGMR 20.5.1999 – 25390/94 Rn. 55 ff., NVwZ 2000, 421 – Rekvényi/Ungarn.
[136] Bejahend *Jarass* GRCh Art. 28 Rn. 10; *Holoubek* in Schwarze GRC Art. 28 Rn. 13; *Thüsing/Traut* RdA 2012, 65 (71); *Rudolf* in NK-EuGRCh GRCh Art. 28 Rn. 26.

würde jedenfalls kraft Art. 6 Abs. 3 EUV die insofern einschlägige EGMR-Rechtsprechung zu beachten sein, sofern ein Fall im Anwendungsbereich der GRC gemäß Art. 51 GRC, Art. 6 Abs. 1 UAbs. 2 EUV zu beurteilen ist.[137] Die Grundrechtsträgerschaft ist demnach jedenfalls unabhängig von einer Unionsbürgerschaft.

39 Weiterer Bestandteil der Koalitionsfreiheit im Sinne einer **kollektiven Koalitionsfreiheit** ist die Gewährleistung der Freiheit von Gewerkschaften, die Arbeitnehmerinteressen ihrer Mitglieder zu schützen.[138] Insofern wird den Sozialpartnern, dh Tarifpartnern, bei der inhaltlichen Gestaltung der Kollektivvereinbarungen vom EuGH ein weiter Gestaltungs- und Ermessensspielraum eingeräumt, entsprechend demjenigen der nationalen Mitgliedstaaten, bei der Entscheidung, welches konkrete Ziel von mehreren aus dem Bereich der Arbeits- und Sozialpolitik sie verfolgen wollen, und bei der Festlegung der Maßnahmen zur Erreichung dieser Ziele; dafür sprechen neben der Notwendigkeit, einen Ausgleich zwischen den jeweiligen widerstreitenden Interessen finden zu müssen (wobei der EuGH insoweit einen Unterschied zum Gesetz- und Verordnungsgeber annimmt, der indes jedenfalls auf nationaler Ebene bei regierenden Koalitionspartnern meist nicht wirklich besteht), die Möglichkeit, dass die Tarifverträge von dem anderen Tarifpartner gekündigt werden können, und die Annahme, dass die speziellen Merkmale der jeweiligen Arbeitsverhältnisse von den Sozialpartnern gebührend berücksichtigt würden (dieser Gestaltungs- und Ermessensspielraum wirkt sich ua im Rahmen der richterlichen Rechtmäßigkeitskontrolle aus).[139] Teilweise wurde im Schrifttum unter Berufung auf das EGMR-Urteil *UNISON/Großbritannien* allerdings angenommen, dass von Art. 11 EMRK weder das Streikrecht noch das Recht auf Abschluss eines Tarifvertrages als solche konventionsrechtlich geschützt seien.[140] Indes ließ sich diese Schlussfolgerung jenem Urteil nicht zwingend entnehmen. Stattdessen hatte der EGMR dort konkret die Rechtfertigung für das gegenüber der Gewerkschaft ausgesprochene Streikverbot geprüft, die er im Ergebnis im Hinblick auf das Fehlen konkreter Nachteile für die Mitglieder und die zukünftige Möglichkeit der Mitglieder, beim tatsächlichen Eintritt von Nachteilen zu streiken, als „angemessen" und „notwendig zum Schutze der Rechte Dritter in einer demokratischen Gesellschaft" bejahte.[141] Diese Prüfungsfolge setzte also logisch voraus, dass der EGMR (bereits damals) das Streikrecht als Teil der Koalitionsfreiheit, dh als von ihrem Schutzbereich umfasst, verstand.[142] Ausdrücklich anerkannt ist das Streikrecht nunmehr seit dem Urteil in der Rs. *Enerji Yapi-Yol Sen/Türkei*[143] und das Recht auf Durchführung von Kollektivverhandlungen seit der Rs. *Demir u. Baykara/Türkei*.[144] Da als Kollektivmaßnahmen in Art. 28 GRC Streiks beispielhaft, also nicht abschließend genannt sind, fallen unter Rückgriff auf den „Refrain" weitere Maßnahmen darunter wie zB Blockaden und Boykotte,[145] wahrscheinlich arbeitgeberseits auch Aussperrungen,[146] vorübergehende Betriebsstilllegungen

---

[137] EGMR 21.4.2009 – 68959/01 Rn. 24, NZA 2010, 1423 – Enerji Yapi-Yol Sen/Türkei; EGMR 12.11.2008 – 34503/97 Rn. 147, NZA 2010, 1425 – Demir u. Baykara/Türkei; zum Verhältnis von Art. 11 EMRK zu Art. 9 Abs. 3 GG s. auch: BVerfG NVwZ 2007, 1396; BVerwG NVwZ 2014, 736 mAnm *Schaks;* OVG Münster NVwZ 2012, 890; s. auch Übersicht bei *Nußberger* RdA 2012, 270 (272); hierzu auch *Linsenmaier* in ErfK GG Art. 9 Rn. 190 mwN.
[138] EGMR 10.1.2002 – 53574/99, ÖJZ 2003, 276 – UNISON/Großbritannien.
[139] EuGH C-411/05, ECLI:EU:C:2007:604 Rn. 68, 74 – Palacios de la Villa; EuGH C-297/10 u. C-298/10, ECLI:EU:C:2011:560 Rn. 92, 98 – Hennigs u. Mai; EuGH C-45/09, ECLI:EU:C:2010:601 Rn. 41, 67 – Rosenbladt mwN.
[140] *Rengeling/Szczekalla* Grundrechte in der EU § 29 Rn. 1006 mwN.
[141] EGMR 10.1.2002 – 53574/99, ÖJZ 2003, 276 – UNISON/Großbritannien.
[142] So bereits *Hilbrandt* → 1. Aufl. 2006, § 35 Rn. 34.
[143] EGMR 21.4.2009 – 68959/01 Rn. 24, NZA 2010, 1423 – Enerji Yapi-Yol Sen/Türkei; zum Solidaritätsstreik, EGMR 8.4.2014 – 31045/10, RJD 2014-II Rn. 84 ff. – National Union of Rail, Maritime and Transport Workers (RTM)/UK; instruktive Übersicht zur historischen Entwicklung bei *Nußberger* RdA 2012, 270 (272); s. auch *Daiber* in HK-EMRK EMRK Art. 11 Rn. 22.
[144] EGMR 12.11.2008 – 34503/97 Rn. 147, NZA 2010, 1425 – Demir u. Baykara/Türkei.
[145] EuGH C-341/05, Slg. 2007, I-11767 Rn. 51 – Laval; EuGH 112/00, Slg. 2003, I-5659 Rn. 64 – Schmidberger.
[146] *Holoubek* in Schwarze GRC Art. 28 Rn. 20.

ua. Diverse weitere Fragen sind offen, zB (wenngleich nicht abschließend), ob Kollektivmaßnahmen (funktionsbezogen) nur auf den Abschluss eines Tarifvertrages gerichtet sein dürfen (wofür der Wortlaut sprechen könnte) oder auch auf andere Ziele[147] (Stichworte ua: nicht gewerkschaftlich organisierter Streik, politischer Streik, etc); offen ist ebenfalls, ob andere Arten von Kollektivverträgen bzw. Kollektivverhandlungen anderer Arbeitnehmervertreter (zB durch ein Arbeitnehmerkollektiv, betriebsinterne Vertrauensleute, Betriebsräte, Gewerkschaftsvertreter im Betrieb, etc) hierüber (oder über Art. 27 GRC) geschützt sind.

Grundrechtsträger sind demnach Arbeitnehmer[148] und Arbeitgeber als Individuen sowie deren Organisationen (insbesondere Gewerkschaften und Arbeitgeberverbände) bei der Durchführung von Kollektivverhandlungen und -maßnahmen. **Grundrechtsverpflichtete** sind die Union und ihre Stellen/Einrichtungen sowie die Mitgliedstaaten bei der Durchführung von Unionsrecht (Art. 51 Abs. 1 S. 1 GRC). Auch insofern ist indes eine der noch offenen Fragen, ob sich Private im Verhältnis zueinander unmittelbar auf dieses Unionsgrundrecht berufen können, zB wegen entsprechender Übertragbarkeit der Rechtsprechung des EuGH zu den aus den Grundfreiheiten resultierenden Verboten, die sich zwar förmlich an die Mitgliedstaaten richten, auf kollektive Regelungen/Verträge zur abhängigen Erwerbstätigkeit aber unmittelbar anwendbar sind,[149] oder als Ergebnis einer wertenden Rechtsvergleichung der einzelstaatlichen Rechtsvorschriften und Gepflogenheiten in den Mitgliedstaaten. 40

Sofern die **Sozialpartner auf europäischer Ebene** die Legitimation seitens ihrer Mitgliedsverbände zur Durchführung von **Tarifvertragsverhandlungen** mit dem Ziel des Abschlusses eines europäischen Tarifvertrages mit normativer Wirkung erhielten und dieses Mandat das Führen von **Arbeitskämpfen** einschließen würde, wäre dies von Art. 28 GRC erfasst (in diesem Sinne ausdrücklich Art. 8 Abs. 1b IPWSKR). Denn es ist unwahrscheinlich, dass der EGMR seine einschlägige Rechtsprechung[150] nicht entsprechend auf diese Fallkonstellation übertragen würde (losgelöst von der Frage, ob der EGMR Unionsakte vor einem Vollzug des in Art. 6 Abs. 2 EUV geregelten Beitritts zur EMRK auf Übereinstimmung mit Art. 11 EMRK überprüfen dürfte oder [mittelbar] nur die Akte der Mitgliedstaaten).[151] Die Beschränkung des Art. 155 Abs. 2 AEUV iVm Art. 153 Abs. 5 AEUV, die die Durchführung einer Vereinbarung der Sozialpartner durch Ratsbeschluss im Rahmen der Kompetenzen gemäß Art. 153 AEUV vorsehen,[152] ist deshalb auf diese Fallkonstellation nicht anwendbar.[153] Grundlage für die **Anerkennung eines Tarifvertrags-** 41

---

[147] Vgl. zB *Rixen* in Tettinger/Stern GRC Art. 28 Rn. 13 (kein Verbot politischer Streiks); Jarass GRCh Art. 28 Rn. 7 (Streikverbot für allgemeinpolitische Ziele); *Holoubek* in Schwarze GRC Art. 28 Rn. 18.
[148] Zum Arbeitnehmerbegriff s. insbes. EuGH C-413/13, EaCLI:EU:C:2014:2411 Rn. 36 – FNV mwN (und → Rn. 23), dh inkl. „Scheinselbstständiger" (solche tätigen Personen, die tatsächlich als Arbeitnehmer einzuordnen sind), dagegen nicht Selbstständiger inkl. sog arbeitnehmerähnlichen Personen (zum Begriff im deutschen Kontext vgl. § 12a TVG), wie der EuGH in seinem Urteil FNV in den Rn. 27 f., 31, 36 ausgeführt hat (dort mwN); ebenso *C. Schubert* in Franzen/Gallner/Oetker, 1. Aufl. 2016, GRC Art. 28 Rn. 89; aA *Kocher* in FK-EUV/GRC/AEUV GRC Art. 28 Rn. 15, die insoweit die EuGH-Rspr missversteht.
[149] EuGH C-438/05, Slg. 2007, I-10779 Rn. 58 – Viking Line; EuGH C-43/75, Slg. 1976, 455 Rn. 31, 39 – Defrenne; → Rn. 22.
[150] Grdlg. dazu ua EGMR 6.2.1976 – 5589/72, Series A no. 21 Rn. 34 ff. – Schmidt u. Dahlström/Schweden; EGMR 13.8.1981 – 7601/76, 7806/77, Series A no. 44 = NJW 1982, 2717 Rn. 50 ff. – Young, James u. Webster/Großbritannien; EGMR 30.6.1993 – 16130/90, Series A no. 264 Rn. 29 ff. – Sigurdur Sigurjónsson/Island; EGMR 20.4.1993 – 14327/88, Series A no. 258-A – Sibson/Großbritannien; EGMR 25.4.1996 – 15573/89, Rep. 1996-II, 637 Rn. 40 ff. = AuR 1997, 408 mAnm *Lörcher* – Gustafsson/Schweden; EGMR 12.11.2008 – 34503/97 Rn. 147, NZA 2010, 1425 – Demir u. Baykara/Türkei; EGMR 21.4.2009 – 68959/01 Rn. 24, NZA 2010; 1423 – Enerji Yapi-Yol/Türkei; jeweils mwN; zum Verhältnis unionsrechtlicher Grundrechtsschutz/EuGH und EMRK/EGMR: *Daiber* in HK-EMRK EMRK Art. 11 Rn. 18 f.; ausführlich zum EGMR: Urt. 6. Rn. 46 f. mwN; *Schlachter* EuR 2016, 478 (484 ff.); ausführlich ferner → § 2 Rn. 2, 10 u. 17.
[151] S. dazu ua *Bücker* NZA 2008, 212 (215 mwN); *Schlachter* EuR 2016, 478 (482 ff.).
[152] Vgl. dazu *Benecke* in GHN AEUV Art. 155 Rn. 10 f.
[153] Vgl. *Benecke* in GHN AEUV Art. 154 Rn. 2; *Krebber* in Calliess/Ruffert AEUV Art. 154 Rn. 23.

§ 39 8. Abschnitt. Arbeitsrechtliche Freiheiten und Schutzverbürgungen

und **Koalitionsrechts auf Unionsebene** ist eine entsprechende Rechtsfortbildung des Unionsrechts, die sich, nunmehr vermittelt durch Art. 28 GRC, insbesondere auf Art. 6 Abs. 3 EUV, Art. 11 EMRK, internationale Rechtsakte (zB Art. 6 EUSozCh, Nr. 11–14 SozGRCh, Art. 8 Abs. 1b IPWSKR) sowie die gemeinsamen Verfassungsüberlieferungen der Mitgliedstaaten stützen kann. Die Anerkennung der kollektiven Koalitionsfreiheit beinhaltet das Recht zur verbandsmäßigen Gestaltung der Arbeitsbedingungen. Hieraus ergibt sich die Verpflichtung, den Koalitionen ein funktionierendes Tarifvertragssystem zu überlassen. Dies impliziert im Rahmen der Autonomie der Koalitionen sowohl die **Einrichtungsgarantie eines freiheitlichen Tarifvertragssystems** als auch die **verfassungsrechtliche Garantie eines funktionierenden Arbeitskampfsystems**.[154] In diesem Sinne ist die Koalitionsfreiheit als Unionsgrundrecht ein Abwehr- und Freiheitsrecht.

C. Beeinträchtigung

42 Die unionsgrundrechtlich geschützten **Unterrichtungs- und Anhörungsrechte** der Arbeitnehmer oder ihrer Vertreter werden zB beeinträchtigt, wenn ein Mitgliedstaat eine nationale Regelung erlässt, nach der Personen, die **nach nationalem Recht Arbeitnehmer** sind, bei der Berechnung der **Schwellenwerte nicht mitgerechnet** würden und daher das Unternehmen bzw. der Betrieb nicht den Unterrichtungs- und Anhörungspflichten gemäß dieser Richtlinie unterläge. Zwar überlässt es Art. 3 Abs. 1 RL 2002/14/EG der Entscheidung der Mitgliedstaaten, festzulegen, ob Unternehmen, die weniger als 50 Arbeitnehmer, oder Betriebe, die weniger als 20 Arbeitnehmer in einem Mitgliedstaat beschäftigen, nicht unter die allgemeinen Unterrichtungs- und Anhörungspflichten gemäß dieser Richtlinie fallen; insofern wird es den Mitgliedstaaten aber nicht überlassen, Arbeitnehmer im Sinne des nationalen Rechts bei dieser Berechnung unberücksichtigt zu lassen.[155] Hierauf kann sich der Arbeitnehmer gemäß EuGH zwar nicht gegenüber dem privaten Arbeitgeber berufen, wenn das nationale Recht keine andere Auslegung zulässt (andernfalls: unionsrechts- bzw. unionsgrundrechtskonforme Auslegung, ggf. im Wege der Restriktion bzw. Extension); seitens des Arbeitnehmers besteht dann aber ein Schadensersatzanspruch gegen den Staat gemäß den Grundsätzen der Rs. *Francovich*,[156] was indes einen Schadenseintritt voraussetzt.

43 Das unionsgrundrechtlich geschützte **Recht auf Kollektivverhandlungen und -maßnahmen** wird insbesondere beeinträchtigt bei einer Kollision mit den **Grundfreiheiten** (Arbeitnehmerfreizügigkeit, Dienstleistungs-, Niederlassungs-, Waren- und Kapitalverkehrsfreiheit). Eine Beeinträchtigung wäre bei unionsrechtlichem Bezug zB auch ein **Verbot zur Gründung einer Koalition**[157] oder ein **Streikverbot**.[158]

D. Rechtfertigung

44 Die Rechtfertigung einer Maßnahme, die das unionsgrundrechtlich geschützte **Unterrichtungs- und Anhörungsrecht** der Arbeitnehmer beeinträchtigt, ergibt sich aus der „Gemengelage" der hier „flankierend" zu Art. 27 GRC zu berücksichtigenden Unionsgrundrechte auf Arbeitnehmerseite, nämlich der Berufsfreiheit (Art. 15 GRC → § 34), des Schutzes des Persönlichkeitsrechts (als Teil der Menschenwürde, Art. 1 GRC → § 13) und des Demokratie- und Sozialstaatsgebots, so dass sich als Auffanggrundrechte deren **Schran-**

---

[154] Insofern zB zur deutschen Rechtslage → Rn. 8.
[155] EuGH C-176/12, ECLI:EU:C:2014:2 Rn. 24 ff. – Association de médiation sociale/CGT ua; vgl. dazu auch GA *Cruz Villalón*, SchlA C-176/12, ECLI:EU:C:2013:491 Rn. 28 ff., 95 – Association de médiation sociale/CGT ua.
[156] EuGH C-176/12, ECLI:EU:C:2014:2 Rn. 41 ff., 50 – Association de médiation sociale/CGT ua.
[157] Vgl. zB EGMR 10.7.1998 – 26695/95, Rep. 1998-IV Rn. 32 ff., insbes. Rn. 43 ff. – Hristos Sidiropoulos ua/Griechenland (zur Unzulässigkeit des Verbots einer Vereinigung durch eine nationale Behörde).
[158] EGMR 10.1.2002 – 53574/99, ÖJZ 2003, 276 – UNISON/Großbritannien (Streikverbot).

ken und **Schranken-Schranken** auch auf Art. 27 GRC auswirken (allgemein zur Schrankensystematik → § 10). Ua aus diesem Grund (ferner → Rn. 21) dürfte bei Art. 27 GRC der Art. 52 Abs. 1 GRC (und nicht: Abs. 5) einschlägig sein, dh die Einschränkung muss auf **gesetzlicher Grundlage** beruhen, den **Wesensgehalt** achten und den Grundsatz der **Verhältnismäßigkeit** wahren (dh erforderlich sein und den Unions-Zielsetzungen oder Erfordernissen des Schutzes der Rechte und Freiheiten anderer tatsächlich entsprechen). **Kollisionen** können sich aus der unionsgrundrechtlich ebenfalls geschützten Berufsfreiheit des Arbeitgebers bzw. seiner Unternehmerfreiheit (Art. 16 GRC) ergeben (→ §§ 34 u. 35). Die kollidierenden Grundrechtspositionen sind dann im Wege der **praktischen Konkordanz** und unter Berücksichtigung der **Einschätzungsprärogative** des Unionsgesetzgebers gegeneinander abzuwägen.[159]

Eingriffe in die **Vereinigungs- und Koalitionsfreiheit einschließlich** des **Rechts auf** 45 **Kollektivmaßnahmen** im Sinne von Einschränkungen zur Ausübung dieser Rechte werden vom EGMR im Rahmen eines **dreistufigen Prüfungsaufbaus** auf ihre Rechtfertigung untersucht.[160] Dies ergibt sich aus Art. 11 Abs. 2 S. 1 EMRK und ist entsprechend auf Art. 28 GRC iVm Art. 51 Abs. 1 GRC übertragbar. Danach gilt zunächst ein **Gesetzesvorbehalt,** dh die Einschränkungen müssen auf einem Gesetz beruhen. Ferner muss die Einschränkung den **in Art. 11 Abs. 2 S. 1 EMRK genannten Zielsetzungen dienen** (Schutz der nationalen oder öffentlichen Sicherheit, Aufrechterhaltung der Ordnung oder Verhütung von Straftaten, Schutz der Gesundheit oder Moral, Schutz der Rechte und Freiheiten anderer). Schließlich muss die Einschränkung **notwendig** zur Gewährleistung der vorbezeichneten Zielsetzungen sein. Bei Einschränkungen der Koalitionsfreiheit für Angehörige der **Streitkräfte,** der **Polizei** oder der **Staatsverwaltung** richtet sich die Rechtfertigung ausschließlich nach der Schranke des Art. 11 Abs. 2 S. 2 EMRK; der EGMR versteht diese Schranke dahingehend, dass die Einschränkung „rechtmäßig" im Sinne einer Übereinstimmung mit dem nationalen Recht sein müsse und nicht gegen das Willkürverbot verstoßen dürfe (*prohibition of arbitrariness*).[161] Darüber hinaus ist bei **Beeinträchtigung einer der Grundfreiheiten** zum freien Waren-, Personen-, Dienstleistungs- und Kapitalverkehr sowie der Arbeitnehmerfreizügigkeit zu beachten, dass nach dem EuGH eine **Abwägung** dieser Einschränkungen **gegen die mit der Sozialpolitik verfolgten Ziele** stattzufinden hat; eine Beschränkung dieser Freiheiten ist nur zulässig, wenn mit ihr ein **berechtigtes und mit dem Vertrag zu vereinbarendes Ziel** verfolgt und sie durch **zwingende Gründe des Allgemeininteresses** gerechtfertigt wird, soweit sie in einem solchen Fall geeignet ist, die Erreichung des verfolgten Ziels zu gewährleisten, und nicht über das hinausgeht, was zur Erreichung dieses Ziels erforderlich ist.[162] Das Recht auf Durchführung einer kollektiven Maßnahme, die den Schutz der Arbeitnehmer zum Ziel hat, stellt danach ein berechtigtes Interesse dar, das grundsätzlich eine Beschränkung dieser Grundfreiheiten rechtfertigen kann; der Schutz der Arbeitnehmer zählt zu den vom EuGH anerkannten zwingenden Gründen des Allgemeininteresses.[163] Tarifliche Regelungen, die zB mit einer Ungleichbehandlung wegen des Alters oder Geschlechts verbunden sind, werden an den allgemeinen Rechtmäßigkeitskriterien gemessen (dh ob sie (i) objektiv und angemessen sind, (ii) im Rahmen des nationalen Rechts durch ein legitimes Ziel, insbesondere aus den Bereichen Beschäftigungspolitik, Arbeitsmarkt und berufliche Bildung gerechtfertigt werden, und (iii) die Mittel zur Erreichung

---

[159] EuGH C-274/99, Slg. 2001, I-1611 Rn. 37 ff. – Conolly/Kommission.
[160] EGMR 13.8.1981 – 7601/76, 7806/77, Series A no. 44 = NJW 1982, 2717 Rn. 59 ff. – Young, James u. Webster/Großbritannien; EGMR 10.7.1998 – 26695/95, Rep. 1998-IV Rn. 32 ff., insbes. Rn. 43 ff. – Hristos Sidiropoulos ua/Griechenland; EGMR 10.1.2002 – 53574/99, ÖJZ 2003, 276 – UNISON/Großbritannien.
[161] EGMR 20.5.1999 – 25390/94 Rn. 61 ff., NVwZ 2000, 421 – Rekvényi/Ungarn.
[162] EuGH C-341/05, Slg. 2007, I-11767 Rn. 101 – Laval; EuGH C-438/05, Slg. 2007, I-10779 Rn. 75 ff. – Viking Line; jeweils mwN.
[163] EuGH C-341/05, Slg. 2007, I-11767 Rn. 103 f. – Laval; EuGH C-438/05, Slg. 2007, I-10779 Rn. 77 f. – Viking Line; jeweils mwN.

dieses Ziels angemessen und erforderlich sind), unter Berücksichtigung des weiten Gestaltungs- und Ermessensspielraums der Sozialpartner, und im Rahmen der Angemessenheitsprüfung der eingesetzten Mittel auf die Prüfung beschränkt, ob die Auffassung der Sozialpartner „nicht unvernünftig" ist.[164]

46 Generell ist darüber hinaus gemäß **Art. 151, 153 AEUV** zu beachten, dass (1.) die Rechtsetzungskompetenz der Union auf den Erlass von Mindestvorschriften in Form von RL beschränkt ist (Art. 153 Abs. 2 lit. b AEUV); (2.) diese Mindestvorschriften eine schrittweise Anwendung iSd Angleichung der unterschiedlichen Standards auf dem Wege des Fortschritts vorzusehen haben (Art. 153 Abs. 2 lit. b AEUV iVm Art. 151 Abs. 2 AEUV); (3.) die RL keine verwaltungsmäßigen, finanziellen oder rechtlichen Auflagen vorschreiben dürfen, die der Gründung und Entwicklung von kleinen und mittleren Unternehmen entgegenstehen würden (Art. 153 Abs. 2 lit. b AEUV); (4.) die RL die in den einzelnen Mitgliedstaaten bestehenden Bedingungen und technischen Regelungen zu berücksichtigen haben und der Vielfalt der einzelstaatlichen Gepflogenheiten, insbes. der vertraglichen Beziehungen, sowie der Notwendigkeit, die Wettbewerbsfähigkeit der Wirtschaft der Union zu erhalten, Rechnung tragen müssen (Art. 153 Abs. 2 lit. b AEUV iVm Art. 151 Abs. 2 AEUV); und (5.) das Subsidiaritätsprinzip im Sinne der lediglich unterstützenden und ergänzenden Funktion der Union (Art. 5 EUV) zu beachten ist. Die Bevorzugung kleiner und mittlerer Unternehmen (vorstehende 3. Schranke) müsste durch Besonderheiten gerechtfertigt sein, welche kleine und mittlere Unternehmen von Großunternehmen unterscheiden.[165] Die beiden Schranken zu (2.) und (4.) lassen sich als Anforderung an die Union deuten, die Überforderung wirtschaftlich schwächerer Regionen zu vermeiden, indem diese ggf. durch entsprechende Übergangsregelungen schrittweise an das Mindestschutzniveau der Union herangeführt werden.[166] Indes wird damit kein Gebot für Maßnahmen der Union formuliert, dass jene grundsätzlich von einem niedrigen Schutzniveau auszugehen habe. Letzteres widerspräche der Zielsetzung des Art. 151 Abs. 1 AEUV iS einer „Verbesserung und Angleichung der Lebens- und Arbeitsbedingungen auf dem Wege des Fortschritts".[167]

E. Verhältnis zu anderen Grundrechtsgewährleistungen

47 Nach der hier vertretenen Auffassung ergibt sich die Grundrechtsqualität der **Unterrichtungs- und Anhörungsrechte** der Arbeitnehmer aus einer wertenden Gesamtschau unter Berücksichtigung ua der allgemeinen Unionsgrundrechte der Berufsfreiheit, des Schutzes der Menschenwürde (einschließlich des Persönlichkeitsrechts) und des Demokratie- und Sozialstaatsgebots. Dies könnte bezüglich der hier relevanten Teilbereiche für Idealkonkurrenz sprechen. Indes legt Art. 27 GRC nahe, diese Bestimmung als *lex specialis* zu den vorbezeichneten Unionsgrundrechten anzusehen. Mit den Unterrichtungs- und Anhörungsrechten der Arbeitnehmer kollidieren das Unionsgrundrecht des Arbeitgebers auf Schutz seiner Berufsfreiheit und Unternehmerfreiheit (jeweils den Erwerbsvorgang schützend) sowie der Eigentumsfreiheit (im Sinne des Schutzes des Erworbenen).[168]

---

[164] EuGH C-297/10 u. C-298/10, ECLI:EU:C:2011:560 Rn. 61 ff. – Hennigs u. Mai; EuGH C-45/09, ECLI:EU:C:2010:601 Rn. 38 ff. – Rosenbladt; EuGH C-411/05, ECLI:EU:C:2007:604 Rn. 52 ff. – Palacios de la Villa (jeweils zur Ungleichbehandlung wegen des Alters); EuGH C-236/09, ECLI:EU:C:2011:100 Rn. 32 – Association belge des Consommateurs Test-Achats ua (zur Ungleichbehandlung wegen des Geschlechts).

[165] *Benecke* in GHN AEUV Art. 153 Rn. 11 mwN; *Langer* in von der Groeben/Schwarze/Hatje AEUV Art. 153 Rn. 59; *Krebber* in Calliess/Ruffert AEUV Art. 153 Rn. 32.

[166] *Benecke* in GHN AEUV Art. 153 Rn. 10; *Krebber* in Calliess/Ruffert AEUV Art. 153 Rn. 31; *Coen* in Lenz/Borchardt EU-Verträge AEUV Art. 153 Rn. 11; *Langer* in von der Groeben/Schwarze/Hatje AEUV Art. 153 Rn. 58.

[167] *Benecke* in GHN AEUV Art. 153 Rn. 10 mwN; *Langer* in von der Groeben/Schwarze/Hatje AEUV Art. 151 Rn. 69; *Krebber* in Calliess/Ruffert AEUV Art. 153 Rn. 31.

[168] Zur Abgrenzung zwischen der Berufsfreiheit bzw. der unternehmerischen Freiheit des Arbeitgebers und der Eigentumsfreiheit → § 34 Rn. 58; ferner *Rengeling/Szczekalla* Grundrechte in der EU § 20

Das Unionsgrundrecht auf Durchführung von **Kollektivverhandlungen und -maß-** 48
nahmen als Teil der **Koalitionsfreiheit** ist *lex specialis* zur allgemeinen Handlungsfreiheit
(→ § 22) und in seinem Geltungsbereich auch spezieller gegenüber Art. 12 Abs. 1 GRC
(→ §§ 31 u. 32). Es kann mit der individuellen negativen Koalitionsfreiheit von Personen
kollidieren, die nicht der Koalition beitreten wollen. Im Verhältnis zum Unternehmer/
Arbeitgeber kollidiert dieses Unionsgrundrecht der Arbeitnehmer meist mit dessen unionsrechtlich geschützter **Berufsfreiheit** und **Unternehmerfreiheit** (→ §§ 34 u. 35). Auf
primärrechtlicher Ebene kann die Tarifautonomie zu zulässigen Kartellwirkungen führen,
die dann nicht unter Art. 101 Abs. 1 AEUV fallen.[169]

F. Zusammenfassende Bewertung und Ausblick

Die Rechtslage zu den Inhalten der arbeitsrechtsbezogenen Unionsgrundrechte ist ange- 49
sichts der insofern nur rudimentären Arbeiten des Unionsgesetzgebers nebulös. Die Rechtsprechung steht erst am Anfang ihrer durch Rechtsfortbildung zu leistenden (enormen)
Aufgaben. Dies setzt entsprechende geeignete Fälle voraus. Eine Dogmatik wird sich vor
diesem Hintergrund erst im Laufe der Zeit präziser entwickeln lassen. Das als Teil der
Koalitionsfreiheit geschützte Recht auf Kollektivverhandlungen und Kollektivmaßnahmen
sieht sich zudem mit der (skurrilen) Besonderheit konfrontiert, dass dessen Voraussetzungen
und Grenzen wegen Art. 153 Abs. 5 AEUV im Wesentlichen nicht von den Unionsorganen bestimmt werden (dürfen), sondern vom EGMR. Maßgeblichen Einfluss auf
diesen Grundrechtsschutz auf Unionsebene hat somit die Rechtsprechung des EGMR zu
Art. 11 EMRK.

Rn. 780 ff.; Jarass GRCh Art. 17 Rn. 12; *Wollenschläger* in von der Groeben/Schwarze/Hatje GRC
Art. 15 Rn. 11.
[169] EuGH C-67/96, Slg. 1999, I-5751 Rn. 52 ff., 60 ff. – Albany; EuGH verb. Rs. C-115/97 ua, Slg. 1999,
I-6025 Rn. 56 ff. – Brentjen's; EuGH C-438/05, Slg. 2007 I-10779 Rn. 49 f. – Viking Line; EuGH
C-413/13, ECLI:EU:C:2014:2411 Rn. 22 f. – FNV mwN; *Rengeling/Szczekalla* Grundrechte in der
EU § 29 Rn. 1007.

§ 40 Recht auf gesunde, sichere und würdige Arbeitsbedingungen

Übersicht

	Rn.
A. Entwicklung und Bedeutung des Rechts auf gesunde, sichere und würdige Arbeitsbedingungen	1–16
I. Vorbemerkungen	1
II. Verfassungen der Mitgliedstaaten	2–6
III. Unionsverträge und Sekundärrecht	7–11
IV. Europäische Sozialcharta (EuSozCh) und EMRK	12–14
V. Gemeinschaftscharta der Sozialen Grundrechte der Arbeitnehmer (SozGRCh)	15, 16
B. Grundrechtscharakter und Gewährleistungsgehalt des Art. 31 GRC	17–42
I. Bezahlter Jahresurlaub von vier Wochen	24–30
II. Ausreichende tägliche und wöchentliche Ruhezeiten sowie Begrenzung der wöchentlichen Höchstarbeitszeit	31–34
III. Gesundheitsschutz bei Nachtarbeit und Anpassung der Arbeitsgestaltung an die menschlichen Anforderungen	35, 36
IV. Technischer Arbeitsschutz	37
V. Mindestentgelt	38
VI. Diskriminierungsverbote wegen Alters, Geschlechts etc	39
VII. Leiharbeit, befristete Arbeitsverträge, sexuelle Belästigung, Mobbing	40–42
C. Beeinträchtigung	43
D. Rechtfertigung	44, 45
E. Verhältnis zu anderen Grundrechtsgewährleistungen	46
F. Zusammenfassende Bewertung und Ausblick	47–49

Schrifttum:

Ales in ders./*Jaspers/Lorber/Sachs-Durand/Wendeling-Schröder,* Fundamental Social Rights in Europe, 2009, S. 47; *Ashiagbor,* Economic and Social Rights in the European Charter of Fundamental Rights, EHRLR 2004, 62; *Badura,* Persönlichkeitsrechtliche Schutzpflichten des Staates im Arbeitsrecht, in Gamillscheg/Rüthers/Stahlhacke, FS Molitor, S. 1 ff.; *Biltgen,* Die Rechtsprechung des EuGH zu den Grundrechten des Arbeitslebens, NZA 2016, 1245; *Blanke,* Fair and just working conditions, in Bercusson, European Labour Law and the EU Charter of Fundamental Rights, 2006, S. 357 ff.; v. *Bogdandy,* Grundrechtsgemeinschaft als Integrationsziel? Grundrechte und das Wesen der Europäischen Union, JZ 2001, 157; *Brechmann,* Die richtlinienkonforme Auslegung, 1994; *Dendrinos,* Rechtsprobleme der Direktwirkung von EWG-Richtlinien, 1989; *Gamillscheg/Rüthers/Stahlhacke,* Sozialpartnerschaft in der Bewährung, FS für Karl Molitor zum 60. Geburtstag, 1988; *Götz,* Europäische Gesetzgebung durch Richtlinien – Zusammenwirken von Staat und Gemeinschaft, NJW 1992, 1849; *Grabenwarter,* Die Charta der Grundrechte für die Europäische Union, DVBl 2001, 1; *Grundmann,* Richtlinienkonforme Auslegung im Bereich des Privatrechts, ZEuP 1996, 399; *Hanau,* Die Europäische Grundrechtecharta – Schein und Wirklichkeit im Arbeitsrecht, NZA 2010, 1; *Henssler,* Arbeitsrecht der Europäischen Union, in Henssler/Braun, S. 1 ff.; *Henssler/Braun,* Arbeitsrecht in Europa, 3. Aufl. 2011; *Hilbrandt,* Arbeitsrechtliche Unionsgrundrechte und deren Dogmatik, NZA 2019, N. N.; *Müller,* Wettbewerb und Unionsverfassung, 2014; *Nußberger,* Auswirkungen der Rechtsprechung des Europäischen Gerichtshofs für Menschenrechte auf das deutsche Arbeitsrecht, RdA 2012, 270; *Petersen,* Der Schutz sozialer Grundrechte in der Europäischen Union. Unter besonderer Berücksichtigung der Einbeziehung der Grundrechtecharta in den Europäischen Verfassungsvertrag, 2006; *Rondorf/Wittrock,* Vor der Verwirklichung, BABl. 12/1992, 5; *Schmidt,* Das Arbeitsrecht der Europäischen Gemeinschaft, 2001; *Schwarze,* Der Grundrechtsschutz für Unternehmen in der Europäischen Grundrechtecharta, EuZW 2001, 517; *Thüsing,* Europäisches Arbeitsrecht, 3. Aufl. 2017; *Willemsen/Sagan,* Die Auswirkungen der europäischen Grundrechtecharta auf das deutsche Arbeitsrecht, NZA 2011, 258; *Wlotzke,* EG-Binnenmarkt und Arbeitsrechtsordnung – Eine Orientierung, NZA 1990, 417; *Zachert,* Die Arbeitnehmergrundrechte in einer Europäischen Grundrechtscharta, NZA 2001, 1041; *Zuleeg,* Zum Verhältnis nationaler und europäischer Grundrechte. Funktionen einer EU-Charta der Grundrechte, EuGRZ 2000, 511.

A. Entwicklung und Bedeutung des Rechts auf gesunde, sichere und würdige Arbeitsbedingungen

I. Vorbemerkungen

Art. 31 GRC („Gerechte und angemessene Arbeitsbedingungen") enthält das Grundrecht 1 der (weiblichen und männlichen) Arbeitnehmer[1] auf gesunde, sichere und würdige Arbeitsbedingungen (Abs. 1) sowie auf eine Begrenzung der Höchstarbeitszeit, auf tägliche und wöchentliche Ruhezeiten und bezahlten Jahresurlaub (Abs. 2). Der Wortlaut ist, wie bei vergleichbaren Grundrechtsbestimmungen der Mitgliedstaaten, auf das Grundsätzliche konzentriert. Daher sind zur Erschließung der Bedeutung, des Inhalts und der Schranken dieses Grundrechts die Ausführungen unter → Rn. 2 ff. von Relevanz. Unter → Rn. 17 ff. finden sich detaillierte Überlegungen zu den Inhalten und Schranken dieses Grundrechts. Das Verhältnis zu anderen Grundrechtsgewährleistungen (→ Rn. 46) und die Zusammenfassung mit Ausblick (→ Rn. 47 f.) sollen das Bild abrunden.

II. Verfassungen der Mitgliedstaaten

Die nationalen Verfassungsbestimmungen haben für den Grundrechtsschutz auf der Unionsebene insoweit Bedeutung, als in **Art. 6 Abs. 3 EUV** die Union verpflichtet wird, die Grundrechte zu achten, wie sie sich ua aus den *gemeinsamen Verfassungsüberlieferungen* der Mitgliedstaaten als allgemeine Grundsätze des Unionsrechts ergeben. Auch vor Inkrafttreten des Vertrags von Lissabon hatte der EuGH im Rahmen seiner allgemeinen Grundrechtsrechtsprechung auf diese gemeinsamen Verfassungsüberlieferungen in Gestalt allgemeiner Grundsätze der Mitgliedstaaten zurückgegriffen.[2] Die nationalen Verfassungen der EU-Mitgliedstaaten messen diesen Rechten als Bestandteil der sozialen Grundrechte teilweise ausdrücklich eine entsprechende Grundrechtsqualität bei, teilweise kann dies aus dem Sachzusammenhang entnommen werden.

Einige Verfassungen der Mitgliedstaaten zählen ausdrücklich zu den Grundrechten das 3 Recht auf *Mindestentlohnung, bezahlten Jahresurlaub, Erholung nach der Arbeit, Begrenzung der Höchstarbeitszeit* sowie *Sicherheit und Hygiene am Arbeitsplatz*. So regelt zB die **italienische Verfassung**[3] in den Art. 36 und 37 italVerf ausdrücklich und allgemein das Recht „jedes Arbeitenden" auf eine – dem Umfang und der Qualität der Arbeit entsprechende sowie zur Daseinssicherung ausreichende – Entlohnung sowie das unverzichtbare Recht auf einen wöchentlichen Ruhetag und auf bezahlten Jahresurlaub; die Höchstdauer eines Arbeitstages und das Mindestalter für Lohnarbeit sind danach kraft Gesetzes festzulegen. Ferner ist dort geregelt, dass arbeitende Frauen einen Anspruch auf die gleichen Rechte und die gleiche Vergütung bei gleicher Arbeit wie der arbeitende Mann haben sowie die Arbeitsbedingungen arbeitender Frauen die Erfüllung ihrer wesentlichen Aufgaben in der Familie ermöglichen und Mutter und Kind einen besonderen angemessenen Schutz gewährleisten müssen. Ähnliche Bestimmungen enthalten beispielsweise die **spanische und belgische Verfassung**.[4] Nach Art. 35 Abs. 1 spanVerf haben „alle Spanier" ua ein Recht auf Arbeit, auf ein Fortkommen durch ihre Arbeit und auf eine Entlohnung, die zur Befriedigung ihrer Bedürfnisse und der ihrer Familie ausreichen müsse. Darüber hinaus hat die öffentliche Gewalt nach Art. 40 Abs. 2 spanVerf die Sicherheit und Hygiene am Arbeitsplatz zu überwachen, die erforderliche Erholung durch Begrenzung der Arbeitszeit, regelmäßigen

---

[1] Soweit im vorliegenden Beitrag der Begriff „Arbeitnehmer" verwendet wird, geschieht dies in einem geschlechtneutralen Sinn und umfasst sowohl weibliche als auch männliche als auch intersexuelle Personen (sog. drittes Geschlecht).
[2] *Zuleeg* EuGRZ 2000, 511 (511 mwN).
[3] Veröffentlicht im Internet abrufbar unter www.verfassungen.eu/eu/index.htm (letzter Abruf: 16.8.2019), ebenso wie die nachfolgenden Verfassungsbestimmungen.
[4] So auch: Art. 38 rumVerf; Art. 48 bulgVerf; Art. 24, 66 polnVerf; Art. 48, 49 litVerf; Art. 36, 38, 41 slowakVerf, Art. XVII, XX ungVerf.

bezahlten Urlaub sowie die Förderung geeigneter Erholungsstätten zu gewährleisten. Diese Überwachungs- und Gewährleistungspflicht ist jedenfalls nach dem Wortlaut nicht auf Spanier beschränkt. Auch in der belgischen Verfassung (Art. 23 belgVerf) ist bestimmt, dass das Recht eines „Jeden", ein menschenwürdiges Leben zu führen, ua das Recht auf gerechte Arbeitsbedingungen und gerechte Entlohnung umfasse.

4   Allgemeiner formulieren dies die meisten anderen Verfassungen der Mitgliedstaaten. Beispielsweise enthält die **finnische Verfassung** unter § 18 finnVerf („Recht auf Arbeit und Gewerbefreiheit") ua die Regelung, dass die öffentliche Gewalt für den „Schutz der Arbeitskraft Sorge zu tragen"[5] habe. Nach **§ 75 Abs. 1 dänVerf** hat der Staat zwecks Förderung des Gemeinwohls anzustreben, dass „jeder arbeitsfähige Bürger die Möglichkeit hat, unter Bedingungen zu arbeiten, die sein Dasein sichern". Die **griechische Verfassung** bestimmt in Art. 22 griechVerf ua, dass die Arbeit ein Recht sei und unter dem Schutz des Staates stehe, der für die „Sicherung der Vollbeschäftigung" und für die „sittliche und materielle Förderung der arbeitenden ländlichen und städtischen Bevölkerung zu sorgen" habe; die allgemeinen Arbeitsbedingungen sind danach durch Gesetze festzulegen und durch die in freien Verhandlungen abgeschlossenen Tarifverträge zu ergänzen, letztere ggf. in Form von schiedsrichterlich festgesetzten Regelungen. Auch die **irische Verfassung** enthält in Art. 45 irVerf ua das verfassungsrechtliche Gebot, die „Politik des Staates darauf auszurichten, dass die Bürger durch ihre Beschäftigung die Mittel erlangen, um in vernünftiger Weise für ihre häuslichen Bedürfnisse zu sorgen"; danach wird sich der Staat bemühen, sicherzustellen, dass die „Kraft und Gesundheit der männlichen und weiblichen Arbeitskräfte sowie Kinder im zarten Alter" nicht missbraucht sowie die Bürger nicht aus wirtschaftlicher Not gezwungen würden, Berufe auszuüben, für die sie ihrem Geschlecht, ihrem Alter oder ihren Kräften nach ungeeignet seien. Die **niederländische und luxemburgische Verfassung** enthalten die allgemeine Bestimmung, dass „Arbeitnehmervorschriften über den Arbeitsschutz durch Gesetz zu erlassen" seien (Art. 19 Abs. 2 ndlVerf) bzw. das Gesetz „Vorsorge für die soziale Sicherheit, den Schutz der Gesundheit sowie die Erholung der Arbeiter" treffe (Art. 11 luxVerf).

5   Auch wenn das **deutsche Grundgesetz** eine vergleichbare ausdrückliche Bestimmung nicht enthält, wird aus dem allgemeinen Persönlichkeitsrecht (Art. 2 Abs. 1 GG iVm Art. 1 Abs. 1 GG) eine sog „**Schutzpflicht des Staates**" bezüglich der Wahrung und Förderung der Arbeitnehmerpersönlichkeit bei Anbahnung, Begründung und Durchführung des Arbeitsverhältnisses" entnommen[6]; außerdem wird dem Recht auf Leben und körperliche Unversehrtheit (Art. 2 Abs. 1 S. 1 GG) eine „Schutzpflicht bezüglich des Gesundheitsschutzes der Arbeitnehmer" (Arbeitsschutz im engeren Sinn, zB Arbeits- und Ruhezeiten, Nachtarbeit etc) zugerechnet.[7] Und das Gesetz zur Stärkung der Tarifautonomie (Tarifautonomiestärkungsgesetz)[8] vom 11.8.2014, mit dem in Deutschland der allgemeine gesetzliche Mindestlohn eingeführt wurde, beruht auf dem tragenden Gedanken, dass verhindert werden soll, Arbeitnehmer zu Arbeitsentgelten zu beschäftigen, die unangemessen sind und den in Art. 2 Abs. 1 GG und Art. 20 Abs. 1 GG zum Ausdruck kommenden elementaren Gerechtigkeitsanforderungen nicht genügen.[9] Darüber hinaus enthält Art. 6 Abs. 4 GG ausdrücklich einen speziellen grundrechtlichen Mutterschutz des Inhalts, dass „jede Mutter Anspruch auf den Schutz und die Fürsorge der Gemeinschaft" hat. Diese Vorschrift als sog „Quelle der familiären Schutzbereiche" verstärkt deren Schutzfunktion durch einen bindenden, auch verfassungsgerichtlich durchsetzbaren Gesetzgebungsauftrag.[10] Insofern be-

---

5   Ähnlich § 29 estVerf: „Die Arbeitsbedingungen stehen unter staatlicher Kontrolle".
6   *Badura* FS Molitor, 1988, 1 ff.; *Schmidt* in ErfK GG Art. 2 Rn. 53 f. mit zahlr. weiteren Beispielen und Nachw.
7   BVerfGE 85, 191 (212 f.) = AP AZO § 19 Nr. 2; BVerfGE 87, 363 (386) = AP BAZG § 5 Nr. 13 (Nachtbackverbot); *Schmidt* in ErfK GG Art. 2 Rn. 118 ff.
8   BGBl. 2014 I 1348.
9   BT-Drs. 18/1558, 28.
10 BVerfGE 32, 273 = AP MuSchG § 9 Nr. 1; *Schmidt* in ErfK GG Art. 6 Rn. 18.

steht die Schutzfunktion bzw. der Gesetzgebungsauftrag darin, dass der Staat die besonderen Belastungen der Mutterschaft (ab der Schwangerschaft, aber unabhängig von familiären Bezügen, also auch für Ersatz- oder Leihmütter, verheiratete oder unverheiratete) abmildern und die damit verbundenen Lasten angemessen ausgleichen muss.[11] Hierbei hat er gemäß den allgemeinen nationalen Grundsätzen einen Ermessensspielraum, der ua nach oben durch das sog **Übermaßverbot** und nach unten durch das sog **Untermaßverbot** begrenzt ist.[12] Im Übrigen enthält Art. 20 Abs. 1 GG das allgemeine Gebot der Konstituierung der Bundesrepublik Deutschland als „sozialer" Bundesstaat; diese Bestimmung hat zwar bisher in der Praxis wenig Bedeutung im Zusammenhang mit dem Arbeitsschutzrecht erlangt, zuletzt jedoch im Zusammenhang mit dem Mindestlohngesetz.[13]

Im Rahmen einer **wertenden Gesamtbetrachtung** lässt sich also festhalten, dass die hier einschlägigen Verfassungsbestimmungen der Mitgliedstaaten inhaltlich unterschiedlich sind, ihnen jedoch als gemeinsame Idee innewohnt, dass der **Schutz der Arbeitskraft und Gesundheit grundrechtlich verbürgt** ist und dazu insbesondere Regelungen (im Sinne von Mindestarbeitsbedingungen) gehören, die die **Daseinssicherung, Erholung, Höchstarbeitszeit** und den **bezahlten Jahresurlaub** betreffen. 6

III. Unionsverträge und Sekundärrecht

Eine deutliche Stärkung der gemeinschaftlichen Handlungsbefugnisse im sozialpolitischen Bereich erfolgte durch den Amsterdamer Vertrag; denn dieser löste die Sozialpolitik aus dem engen Verbund mit der Wettbewerbspolitik und dem Funktionieren des Gemeinsamen Marktes und begründete eine „genuin sozialpolitische Kompetenz der [damaligen] EG zur Rechtsetzung".[14] Seitdem werden die sozialen Grundrechte in den **Art. 151, 153 AEUV** (ex-Art. 136, 137 EGV-Amsterdam) erwähnt. Die Hauptverantwortung für die Ausgestaltung und damit die Kompetenz hinsichtlich der Sozialpolitik liegt in erster Linie bei den Mitgliedstaaten. Es besteht **keine allgemeine Kompetenz der Union zur Gestaltung einer Sozialpolitik**.[15] Nach Art. 151 AEUV, der im Wesentlichen programmatischen Charakter hat, verfolgen die Union und die Mitgliedstaaten *eingedenk der sozialen Grundrechte,* wie sie *in der EuSozCh und in der SozGRCh* festgelegt sind, ua die Ziele der Verbesserung der Lebens- und Arbeitsbedingungen zwecks Angleichung auf dem Wege des Fortschritts, eines angemessenen sozialen Schutzes, der Entwicklung des Arbeitskräftepotentials im Hinblick auf ein dauerhaft hohes Beschäftigungsniveau und Bekämpfung von Ausgrenzungen. Art. 151 AEUV schafft allein keine Zuständigkeiten für die Union, sondern diese ergeben sich hier insbesondere aus den Art. 153, 156 und 157 Abs. 3 AEUV.[16] Nach Art. 153 Abs. 1 AEUV, der zentralen Kompetenzvorschrift für Maßnahmen der Union auf dem Gebiet der Sozialpolitik, *unterstützt und ergänzt* die Union durch Richtlinien die Tätigkeit der Mitgliedstaaten zur Verwirklichung der Ziele des Art. 151 AEUV, ua und insbesondere auf dem Gebiet der **Verbesserung der Arbeitsumwelt, zum Schutz der Gesundheit und Sicherheit der Arbeitnehmer** sowie auf dem Gebiet der **Arbeitsbedingungen.** Umgekehrt haben die Mitgliedstaaten auf **wirtschaftspolitischem Gebiet** ua zur Verwirklichung der in Art. 3 Abs. 3 EUV genannten sozialpolitischen Ziele der Union beizutragen (Art. 120 AEUV); insofern ist es ua Aufgabe der Union, durch die Errichtung eines Binnenmarktes auf eine in hohem Maße wettbewerbsfähige *soziale* Markt- 7

---

[11] *Schmidt* in ErfK GG Art. 6 Rn. 20 mwN.
[12] *Schmidt* in ErfK GG Art. 6 Rn. 22 ff. mwN und Bsp. zum Arbeitsplatzschutz, speziellen Diskriminierungsverbot bei mit der Mutterschaft verbundenen besonderen Belastungen bzw. Behinderungen und zur Entgeltsicherung.
[13] BT-Drs. 18/1558, 28.
[14] *Rebhahn/Reiner* in Schwarze AEUV Art. 151 Rn. 10; *Müller* S. 351; *Langenfeld/Benecke* in GHN AEUV Art. 151 Rn. 10.
[15] EuGH verb. Rs. 281, 283 bis 285 u. 287/85, Slg. 1987, 3203 Rn. 12 ff. – Bundesrepublik Deutschland ua/Kommission; *Langenfeld/Benecke* in GHN AEUV Art. 151 Rn. 10.
[16] *Langenfeld/Benecke* in GHN AEUV Art. 151 Rn. 29 mwN.

wirtschaft, die auf Vollbeschäftigung und sozialen Fortschritt abzielt, hinzuwirken, und soziale Gerechtigkeit und sozialen Schutz sowie den wirtschaftlichen, sozialen und territorialen Zusammenhalt und die Solidarität zwischen den Mitgliedstaaten zu fördern. Aus dieser sozialpolitischen Kompetenz hatte man bereits vor Inkrafttreten der GRC eine „grundrechtliche Fundierung der Sozialpolitik" entnommen.[17] Der EuGH vermied indes damals stets eine entsprechende Aussage (→ Rn. 23 ff.).

8   In diesem Kontext regelt **Art. 174 AEUV**, dass die Union weiterhin ihre Politik zur Stärkung ihres wirtschaftlichen, sozialen und territorialen Zusammenhalts entwickelt und verfolgt, zwecks Förderung einer harmonischen Entwicklung der Union als Ganzes. Zwar lässt sich eine Stärkung des sozialen Zusammenhalts bzw. Verringerung der Abstände zu den benachteiligten Gebieten theoretisch in beide Richtungen annehmen (Anpassung von unten nach oben oder umgekehrt). Dagegen spricht jedoch die Zweckbestimmung des Art. 174 AEUV, wonach die Wettbewerbsfähigkeit der Union, innerhalb der Union und international, in allen Bereichen der Wirtschafts- und Sozialpolitik gesteigert bzw. gesichert werden und zu einem möglichst hohen Lebensstandard innerhalb der Union beitragen soll.[18] Gestützt wird dieses Verständnis durch das in Art. 151 AEUV und der Rechtsprechung des EuGH[19] wiederzufindende Postulat der **„Angleichung auf dem Wege des Fortschritts"**.

9   Ebenfalls zu berücksichtigen sind die **allgemeinen Handlungsermächtigungen** (Art. 115 u. 352 AEUV),[20] die **speziellen Handlungsermächtigungen** aus Art. 45–48 AEUV, die Regelung des Art. 39 Abs. 1 lit. b AEUV (Gewährleistung einer **angemessenen Lebenshaltung der in der Landwirtschaft tätigen Personen** als eines der Ziele der gemeinsamen Agrarpolitik) sowie Art. 91 Abs. 2 AEUV (besondere Berücksichtigung der **Auswirkungen der gemeinsamen Verkehrspolitik auf** die Lebenshaltung und **Beschäftigungslage**).

10 Die Zuständigkeit der Union im **Bereich des Gesundheitsschutzes** ist in Art. 168 AEUV geregelt, ebenfalls beschränkt auf die Ergänzung der mitgliedstaatlichen Maßnahmen (Art. 168 Abs. 2 AEUV). In ihrem Weißbuch zur Europäischen Sozialpolitik hat die Kommission auf den „wesentlichen Zusammenhang zwischen öffentlicher Gesundheit und Sozial- und Umweltpolitik" hingewiesen.[21]

11 Auf Ebene des **Sekundärrechts** sind insbesondere die in den Erläuterungen zu Art. 31 GRC genannten RL 89/391/EWG über die Durchführung von Maßnahmen zur Verbesserung der Sicherheit und des Gesundheitsschutzes der Arbeitnehmer am Arbeitsplatz (→ Rn. 35 f.) sowie die RL 2003/88/EG über bestimmte Aspekte der Arbeitszeitgestaltung von Bedeutung. Darüber hinaus die RL 2006/54/EG zur Verwirklichung des Grundsatzes der Chancengleichheit und Gleichbehandlung von Männern und Frauen in Arbeits- und Beschäftigungsfragen (bezüglich des Schutzes vor Diskriminierung und sexueller Belästigung am Arbeitsplatz) (→ Rn. 42), der Grundsatz der Entgeltgleichheit unabhängig vom Geschlecht (Art. 157 AEUV, Art. 23 Abs. 1 GRC, Gleichbehandlungs-RL 2006/54/EG), die Leiharbeits-RL 2008/104/EG (→ Rn. 40) und die RL 1999/70/EG des Rates zu der EGB-UNICE-CEEP-Rahmenvereinbarung über befristete Arbeitsverträge, (→ Rn. 41).

IV. Europäische Sozialcharta (EuSozCh) und EMRK

12 Art. 3 EuSozCh, auf den sich Art. 31 Abs. 1 GRC ausweislich der Erläuterungen zur GRC[22] stützt, enthält zur Gewährleistung der wirksamen Ausübung des Rechts auf **sichere**

---

[17] Oppermann/Classen/Nettesheim EuropaR § 30 Rn. 7 f.; *Langenfeld/Benecke* in GHN AEUV Art. 151 Rn. 2; *Hilbrandt* → 1. Aufl. 2006, § 36 Rn. 22 ff.
[18] *Langenfeld/Benecke* in GHN AEUV Art. 151 Rn. 8.
[19] So zB EuGH 43/75, Slg. 1976, 455 Rn. 15 – Defrenne II.
[20] *Langenfeld/Benecke* in GHN AEUV Art. 151 Rn. 29 mwN.
[21] KOM(94) 333, 58.
[22] Erläuterungen zur Charta der Grundrechte (2007/C 303/02), ABl. 2007 C 303, 17 (26); lehrreiche Übersicht bei *Biltgen* NZA 2016, 1245 (1246 ff.) zur „Inspirationsquelle" der EuSozCh und EuSozChrev. für den EuGH.

und gesunde Arbeitsbedingungen die Verpflichtung der Vertragsparteien, (1.) Sicherheits- und Gesundheitsvorschriften zu erlassen, (2.) für Kontrollmaßnahmen zur Einhaltung dieser Vorschriften zu sorgen und (3.) die Arbeitgeber- und Arbeitnehmerorganisationen in geeigneten Fällen bei Maßnahmen zu Rate zu ziehen, die auf eine Verbesserung der Sicherheit und der Gesundheit bei der Arbeit gerichtet sind. Systematisch fallen unter dieses Recht im Sinne sicherer und würdiger Arbeitsbedingungen auch das Recht auf ein **gerechtes Arbeitsentgelt** (Art. 4 EuSozCh), die **Rechte der Kinder und Jugendlichen auf Schutz bei und vor einer Beschäftigung** (Art. 7 EuSozCh) und die **Schutzrechte der Arbeitnehmerinnen** (Art. 8 EuSozCh). Hinsichtlich des in Art. 31 Abs. 1 GRC enthaltenen Rechts auf Würde am Arbeitsplatz lehnt sich diese Bestimmung an **Art. 26 EuSozChrev.** an.[23]

In **Art. 2 EuSozCh,** auf den sich Art. 31 Abs. 2 GRC stützt, haben sich die Vertragsparteien verpflichtet, zur Gewährleistung der wirksamen Ausübung des Rechtes auf **gerechte Arbeitsbedingungen** (1.) für eine angemessene tägliche und wöchentliche Arbeitszeit zu sorgen und die Arbeitswoche fortschreitend zu verkürzen, soweit die Produktivitätssteigerung und andere mitwirkende Faktoren dies gestatten; (2.) bezahlte öffentliche Feiertage vorzusehen; (3.) die Gewährung eines bezahlten Jahresurlaubs von mindestens zwei Wochen sicherzustellen; (4.) für die Gewährung zusätzlicher bezahlter Urlaubstage oder einer verkürzten Arbeitszeit für Arbeitnehmer zu sorgen, die mit bestimmten gefährlichen oder gesundheitsschädlichen Arbeiten beschäftigt sind; und (5.) eine wöchentliche Ruhezeit sicherzustellen, die – soweit möglich – mit dem Tag zusammenfällt, der in dem betreffenden Land durch Herkommen oder Brauch als Ruhetag anerkannt ist. 13

Mit ähnlichem Inhalt erkennt **Art. 7 IPWSKR** dieses Recht als Menschenrecht an, abgeleitet aus der Würde des Menschen. Auch die **AEMR** enthält in Art. 23 u. 24 AEMR entsprechende Bestimmungen. Dagegen enthält die **EMRK** keine entsprechenden Bestimmungen über ein soziales Grundrecht auf gesunde, sichere und würdige Arbeitsbedingungen, was indes damit erklärt werden kann, dass in die EMRK kaum soziale Grundrechte aufgenommen wurden, sondern jene im Wesentlichen Gegenstand der EuSozCh geworden sind.[24] 14

V. Gemeinschaftscharta der Sozialen Grundrechte der Arbeitnehmer (SozGRCh)

Die SozGRCh[25] war bereits vor Inkrafttreten der GRC in der Rechtsprechung des EuGH zu „sozialen Grundrechten" von **erheblicher Bedeutung,** wenngleich jeweils „nur" zur Begründung *besonders wichtiger Grundsätze des Sozialrechts* bzw. *allgemeiner Grundsätze*.[26] Die Erläuterungen zu Art. 31 GRC nehmen ausdrücklich auf Art. 19 GRC (zu Abs. 1) und Nr. 8 SozGRCh (zu Abs. 2) Bezug.[27] 15

Nr. 8 SozGRCh enthält den Anspruch eines jeden Arbeitnehmers in der EG (nunmehr Union) auf eine **wöchentliche Ruhezeit** und **bezahlten Jahresurlaub,** deren Dauer gemäß den einzelstaatlichen Gepflogenheiten auf dem Wege des Fortschritts in den einzelnen Staaten einander anzunähern sei. Nach Nr. 19 SozGRCh muss **jeder Arbeitnehmer in seiner Arbeitsumwelt zufriedenstellende Bedingungen für Gesundheitsschutz und Sicherheit vorfinden;** dazu sind geeignete Maßnahmen zu ergreifen, um die Harmonisierung der auf diesem Gebiet bestehenden Bedingungen auf dem Wege des Fortschritts weiterzuführen; bei diesen Maßnahmen sind die Notwendigkeit einer Ausbildung, Unterrichtung, Anhörung sowie ausgewogene Mitwirkung der Arbeitnehmer hinsichtlich der Risiken, denen sie unterliegen, und der Maßnahmen zur Beseitigung oder Verringe- 16

---

[23] Erläuterungen zur Charta der Grundrechte (2007/C 303/02), ABl. 2007 C 303, 17 (26).
[24] *Nußberger* RdA 2012, 270 (271).
[25] KOM(89) 248 endg.
[26] EuGH C-173/99, Slg. 2001, I-4881 Rn. 39 – BECTU; EuGH C-151/02, Slg. 2003, I-8389 Rn. 47 – Jaeger.
[27] Erläuterungen zur Charta der Grundrechte (2007/C 303/02), ABl. 2007 C 303, 17 (26).

rung dieser Risiken zu berücksichtigen; und die Vorschriften über die Verwirklichung des Binnenmarktes haben zu diesem Schutz beizutragen. Darüber hinaus nennt die SozGRCh weitere Rechte, die im semantischen Zusammenhang mit einem Grundrecht auf gesunde, sichere und würdige Arbeitsbedingungen stehen, nämlich: Anspruch auf gerechtes Arbeitsentgelt (Nr. 5 SozGRCh); **Verbesserung der Lebens- und Arbeitsbedingungen** (Nr. 7 SozGRCh); Regelung der **Arbeitsbedingungen durch Gesetz, Tarifvertrag oder Arbeitsvertrag** (Nr. 9 SozGRCh). Namentlich werden in Nr. 7 SozGRCh als (im Wege der Angleichung) zu verbessernde Arbeitsbedingungen genannt: Arbeitszeit, Arbeitszeitgestaltung und andere Arbeitsformen als das unbefristete Arbeitsverhältnis (zB befristete Arbeitsverhältnisse, Teilzeitarbeit, Leiharbeit und Saisonarbeit).

B. Grundrechtscharakter und Gewährleistungsgehalt des Art. 31 GRC

17 Nach Art. 31 Abs. 1 GRC hat jeder (männliche und weibliche) Arbeitnehmer das „Recht auf gesunde, sichere und würdige Arbeitsbedingungen", und gemäß Abs. 2 „auf eine Begrenzung der Höchstarbeitszeit, auf tägliche und wöchentliche Ruhezeiten sowie auf bezahlten Jahresurlaub", was man bei sinnhafter Auslegung als Präzisierung zu Abs. 1 verstehen kann. Die Überschrift spricht – verkürzt – (nur) von „gerechte[n] und angemessene[n] Arbeitsbedingungen" (*fair and just working conditions; conditions de travail justes et équitables*). Durch die ausdrückliche Verweisung der GRC-Erläuterungen zu Abs. 1 auf die **RL 89/391/EWG** (Verbesserung der Sicherheit und des Gesundheitsschutzes der Arbeitnehmer am Arbeitsplatz) wird deren bisherige grundlegende Bedeutung gestärkt. Jene ist als Rahmenrichtlinie im Bereich des technischen Arbeitsschutzes ausgestaltet und bildet den Allgemeinen Teil des Europäischen Arbeitsschutzrechts, auf deren Basis bisher eine Vielzahl von Einzelrichtlinien erlassen wurden.[28] Deshalb wird sie in der einschlägigen Kommentarliteratur seit langem als **„Grundgesetz des europäischen (betrieblichen) Arbeitsschutzes"**[29] bezeichnet (→ § 39 Rn. 30). Dies bedeutet aber nicht, dass ihr tatsächlich bisher eine unionsgrundrechtliche Bedeutung beigemessen wurde. Abs. 2 stützt sich nach den Erläuterungen auf die RL 93/104/EG[30] über bestimmte Aspekte der Arbeitszeitgestaltung sowie auf Art. 2 EuSozCh und Nr. 8 SozGRCh. Regelungsziele sind demnach der Schutz der Gesundheit, Sicherheit und Würde des Arbeitnehmers und der damit zusammenhängenden Arbeitsfaktoren.[31]

18 Obwohl Art. 31 GRC keinen Verweis (wie etwa Art. 27 und 28 GRC) auf (sonstiges) Unionsrecht und einzelstaatliche Rechtsvorschriften und Gepflogenheiten enthält, dürfte auch bei Art. 31 GRC, wie allgemein bei den Unionsgrundrechten mit arbeits- und sozialrechtlichem Bezug, **methodisch/dogmatisch angezeigt** sein, **an den „Besitzstand" anzuknüpfen** (in einem dynamischen, nicht statischen Sinn), um diesem Unionsgrundrecht inhaltlich klarere Konturen zu verleihen, insbes. durch Auslegung anhand der in den RL-Erwägungsgründen, internationalen Abkommen und gemeinsamen Verfassungsüberlieferungen zum Ausdruck kommenden Wertungen zum unionsgrundrechtlichen Kern der dieses Unionsgrundrecht konkretisierenden Regeln (→ § 39 Rn. 19 ff.). Denn diese Dogmatik ergibt sich im Allgemeinen aus dem 5. Erwägungsgrund und den Erläuterungen zur GRC, wonach die GRC unter Achtung der Zuständigkeiten und Aufgaben der Union und des Subsidiaritätsprinzips (nur) die Rechte „bekräftigt", die sich „vor allem aus den

---

[28] Übersicht zB bei *Langenfeld/Benecke* in GHN AEUV Art. 153 Rn. 31; *Lembke* in von der Groeben/Schwarze/Hatje GRC Art. 31 Rn. 6.
[29] S. dazu (jeweils auch mwN) *Langenfeld/Benecke* in GHN AEUV Art. 153 Rn. 29; *Birk* in MHdB ArbR, 3. Aufl. 2009, § 19 Rn. 398; *Schmidt* S. 54 (Rn. 6); geprägt wurde diese Bezeichnung wohl ursprünglich von *Wlotzke* NZA 1990, 417 (419).
[30] Nunmehr: RL 2003/88/EG, ABl. 2003 L 299, 9.
[31] Nach GA *Ruiz-Jarabo Colomer*, SchlA C-428/04, Slg. 2006, I-3325 Rn. 3 – Kommission/Österreich, ist der Schutz der Unversehrtheit im Arbeitsumfeld nicht nur ein soziales Ziel, sondern zugleich eine unumgängliche Maßnahme wirtschaftlicher Natur, die aufgrund der damit verbundenen Beeinflussung der Produktionskosten gleichartige Anforderungen in allen Mitgliedstaaten nahelegt.

gemeinsamen Verfassungstraditionen und den gemeinsamen internationalen Verpflichtungen der Mitgliedstaaten, aus der Europäischen Konvention zum Schutz der Menschenrechte und Grundfreiheiten, aus den von der Union und dem Europarat beschlossenen Sozialchartas sowie aus der Rechtsprechung des Gerichtshofs der Europäischen Union und des Europäischen Gerichtshofs für Menschenrechte ergeben".[32] Und nur auf diese Weise lässt sich gewährleisten, dass insbes. keine unzulässigen Zuständigkeitserweiterungen im Wege freier Rechtschöpfung vorgenommen bzw. Inhalte in Art. 31 GRC hinein interpretiert, statt durch Auslegung ermittelt werden. Zudem wird durch eine solche „Binnensicht" der Anwendungsbereich des Art. 51 Abs. 1 GRC beachtet. Diese Dogmatik entspricht auch am ehesten der bisherigen Vorgehensweise des EuGH bei der Entwicklung der Unionsgrundrechte sowie allgemeiner Grundsätze bzw. besonderer Grundsätze des Sozialrechts. Dadurch werden keine Richtlinien (als Sekundärrecht) zu einem Grundrecht erhoben, wie dies irrtümlich in Teilen der deutschsprachigen Literatur angenommen wird, sondern es ist eine dezidierte Ableitung der gesetzgeberischen Wertungen aus dem sonstigen Unionsrecht (Primär- und Sekundärrecht, wobei die Unionsverträge und GRC gem. Art. 6 Abs. 1 UAbs. 1 GRC rechtlich gleichrangig sind). Die dogmatische Herangehensweise besteht darin, ua unter Rückgriff auf die Erwägungsgründe, internationale Abkommen und Verweise im Unionsrecht (wie zB im 5. Erwägungsgrund zur GRC auf die „von der Union und dem Europarat beschlossenen Sozialchartas", dh der EuSozCh, EuSozChrev. und SozGRCh) auf die Grundrechtsqualität eines Ge- bzw. Verbots zu schließen. Dieses Ge- bzw. Verbot liegt dann den Richtlinienbestimmungen zugrunde und findet seine besondere Ausprägung bzw. Ausgestaltung in diesen Richtlinienbestimmungen, ohne dass dadurch die weiteren Details der Richtlinienbestimmungen zum Inhalt des Grundrechts erhoben würden.[33]

Grundrechtsverpflichtete sind in erster Linie die Union (Organe, Einrichtungen und **19** sonstige Stellen) sowie die Mitgliedstaaten, soweit jene Unionsrecht durchführen (Art. 51 Abs. 1 S. 1 GRC). Ob darüber hinaus private Arbeitgeber/Unternehmen unmittelbar verpflichtet werden, wird man auch hier, wie allgemein bei den Art. 27 ff. GRC, nur in der Gesamtschau mit dem jeweils einschlägigen Unionsrecht (Primär- und Sekundärrecht) in Bezug auf das jeweilige Recht iRd Art. 31 GRC beantworten können und müssen (→ § 39 Rn. 22). So ist zB nicht ausgeschlossen, dass aus den Mindestbedingungen der RL 2003/88/EG (sog Arbeitszeit-RL; vormals RL 93/104 EG), soweit diese die Qualität eines allgemeinen Grundsatzes bzw. besonderen Grundsatzes des Sozialrechts haben, iVm Art. 31 GRC ein sog **derivatives Teilhaberecht** des einzelnen Arbeitnehmers im Rechtsverhältnis zu seinem privaten Arbeitgeber hergeleitet werden könnte, indem sich der in der nationalen Rechtsordnung benachteiligte Arbeitnehmer auf die (im nationalen Recht richtlinienkonform) umgesetzte Berechtigung einer vergleichbaren Gruppe unter dem Blickwinkel des Gleichheitssatzes beruft. Dann könnte dies einen entsprechenden unmittelbaren Leistungsanspruch des Einzelnen im Zivilrecht zur Folge haben, der sich entweder im Wege der **mittelbaren Drittwirkung** über die nationalen zivilrechtlichen Generalklauseln (zB §§ 138, 242 BGB) oder im Wege der **unmittelbaren Drittwirkung** ergibt, wobei letztere Konstruktion im Zusammenhang mit Verstößen gegen das unionsrechtliche Diskriminierungsverbot anerkannt ist (→ Rn. 38, 41 u. → § 9 Rn. 55 ff.). Vorzugswürdig wäre hier aber aus dogmatischen Gründen die Annahme einer mittelbaren Drittwirkung mit der Maßgabe, dass Zurückhaltung bei der Herleitung eines unmittelbaren Leistungsanspruchs im Zivilrecht geboten ist.[34] Darüber hinaus gibt es nach der Rechtsprechung des

---

[32] ABl. 2016 C 202, 389 (393).
[33] Instruktiv EuGH C-555/07, ECLI:EU:C:2010:21 Rn. 20 f., 50 mwN – Kücükdeveci, wonach der Grundsatz der Gleichbehandlung in Beschäftigung und Beruf in der Richtlinie 2000/78/EG nicht verankert ist, sondern dort nur konkretisiert wird, und zum anderen, dass das Verbot der Diskriminierung wegen des Alters ein allgemeiner Grundsatz des Unionsrechts ist; vgl. andererseits zB EuGH C-176/12, ECLI:EU:C:2014:2 Rn. 41 ff., 47 – Association de médiation sociale; gute Übersicht zu Entwicklungen in der EuGH-Rspr. bei *Biltgen* NZA 2016, 1245 (1246 ff.).
[34] Zustimmend zB *Lembke* in von der Groeben/Schwarze/Hatje GRC Art. 31 Rn. 8 mwN.

Gerichtshofs im hiesigen Kontext diverse allgemeine bzw. besondere Grundsätze des Sozialrechts (→ Rn. 24 ff., 38, 41), die (bei unzureichender Umsetzung durch einen Mitgliedstaat) unmittelbar auch zwischen privaten Rechtssubjekten gelten (sog Horizontalwirkung).

20 **Grundrechtsträger** sind Arbeitnehmer (*worker/travailleur*), unabhängig von einer Unionsbürgerschaft (vgl. Art. 15 Abs. 3 GRC).[35] Der Arbeitnehmerbegriff ist, wenngleich stets im Rahmen der gebotenen Gesamtschau im jeweils konkreten Zusammenhang und unter Berücksichtigung des jeweiligen Regelungsziels und Schutzzwecks, autonom auszulegen, dh er hat eine eigenständige unionsrechtliche Bedeutung (→ § 39 Rn. 23).[36] So ist als Arbeitnehmer iSd Art. 31 Abs. 2 GRC jeder anzusehen, der „eine tatsächliche und echte Tätigkeit ausübt, wobei Tätigkeiten außer Betracht bleiben, die einen so geringen Umfang haben, dass sie sich als völlig untergeordnet und unwesentlich darstellen. Das wesentliche Merkmal des Arbeitsverhältnisses besteht darin, dass jemand während einer bestimmten Zeit für einen anderen nach dessen Weisung Leistungen erbringt, für die er als Gegenleistung eine Vergütung erhält".[37] Unerheblich ist, wie hoch die Produktivität der jeweiligen Person ist, woher die Mittel für seine Entlohnung stammen und ob die Entlohnung eine eingeschränkte Höhe aufweist; keine „tatsächliche und echte Tätigkeit" im vorangehenden Sinne sind solche der ausschließlichen Rehabilitation und Wiedereingliederung des Betroffenen in das Arbeitsleben, wobei diese Ausnahme eng auszulegen ist.[38] Dieser Arbeitnehmerbegriff ist weit gefasst, so dass auch Beschäftigte der Kommission bzw. Beamte der Mitgliedstaaten, soweit Unionsrecht durchgeführt wird, erfasst werden.[39] Offen ist, ob sich auch illegal in der Union aufhaltende Arbeitnehmer auf Art. 31 GRC berufen können.[40] Insbesondere der hinter Art. 31 GRC stehende Schutz der Menschenwürde des Arbeitnehmers spricht für die Anwendung auch auf illegal beschäftigte Arbeitnehmer.

21 Der Ausdruck „**Arbeitsbedingungen**" ist gemäß den Erläuterungen zu Art. 31 GRC im Sinne des Art. 156 AEUV zu verstehen. Zweifelsfrei wird davon der technische Arbeitsschutz (allgemeine Gesundheitsschutz) umfasst.[41] Soweit im Hinblick auf Art. 153 AEUV (Abs. 1 lit. b vs. Abs. 5) angenommen wird, das **Arbeitsentgelt** sei generell nicht unter die *Arbeitsbedingungen* iSd Art. 31 Abs. 1 GRC zu fassen,[42] ist diese Schlussfolgerung in An-

---

[35] Lehrreich zu besonderen Nuancen des Arbeitnehmerbegriffs zB EuGH C-316/13, ECLI:EU:C:2015:200 Rn. 25 ff. – Fenoll (zu Art. 31 Abs. 2 GRC und Art. 7 RL 2003/88/EG); EuGH C-176/12, ECLI:EU:C:2014:2 Rn. 24 – Association de médiation sociale; s. ferner *Wollenschläger* in von der Groeben/Schwarze/Hatje GRC Art. 15 Rn. 17 f.; *Lembke* in von der Groeben/Schwarze/Hatje GRC Art. 31 Rn. 9; *Jarass* GRCh Art. 15 Rn. 26.

[36] *Lembke* in von der Groeben/Schwarze/Hatje GRC Art. 31 Rn. 9; *Rudolf* in NK-EuGRCh GRCh Art. 31 Rn. 12; *Jarass* GRCh Art. 31 Rn. 5, Art. 27 Rn. 5.; *Lang* in Stern/Sachs GRCh Art. 31 Rn. 9; *C. Schubert* in Franzen/Gallner/Oetker GRC Art. 31 Rn. 7; *Thüsing/Pötters/Siebert* RdA 2012, 281 (286); *Buschmann* AuR 2012, 260 (262); *Kröll* in Holoubek/Lienbacher, GRC-Kommentar, GRC Art. 31 Rn. 17 f.

[37] EuGH C-316/13, ECLI:EU:C:2015:200 Rn. 27 – Fenoll; EuGH C-428/09, ECLI:EU:C:2010:612 Rn. 28 – Union syndicale Solidaires Isère; EuGH C-337/10, ECLI:EU:C:2012:263 Rn. 23 – Neidel.

[38] EuGH C-316/13, ECLI:EU:C:2015:200 Rn. 38 ff. – Fenoll; EuGH 344/87, ECLI:EU:C:1989:226 Rn. 17 – Bettray; EuGH C-456/02, ECLI:EU:C:2004:488 Rn. 19 – Trojani.

[39] EuGH C-337/10, ECLI:EU:C:2012:263 Rn. 23 f. – Neidel; *Lembke* in von der Groeben/Schwarze/Hatje GRC Art. 31 Rn. 9 Fn. 13; für die Herausnahme von Hausangestellten aus dem Arbeitnehmerbegriff in Anlehnung an Art. 3 RL 89/391/EWG: *Jarass* GRCh Art. 31 Rn. 5; *Rudolf* in NK-EuGRCh GRCh Art. 31 Rn. 12.; *Kröll* in Holoubek/Lienbacher, GRC-Kommentar, GRC Art. 31 Rn. 18.

[40] S. dazu ua *Kröll* in Holoubek/Lienbacher, GRC-Kommentar, GRC Art. 31 Rn. 19 ff. mit ausführlicher Darstellung zum Meinungsstand, aber – wg. des andersartigen Sachzusammenhangs von Art. 31 GRC dogmatisch zweifelhaften – Rückgriffs auf Art. 45 AEUV (Arbeitnehmerfreizügigkeit) iRd gebotenen unionsrechtlichen „Binnensicht"; *Lang* in Stern/Sachs GRCh Art. 31 Rn. 40; *C. Schubert* in Franzen/Gallner/Oetker GRC Art. 31 Rn. 8; jew mwN.

[41] *Krebber* in Calliess/Ruffert GRC Art. 31 Rn. 3.

[42] So *Ashiagbor* EHRLR 2004, 62 (69); *Frenz*, HdbEuR Bd. 4, Rn. 3896; *Jarass* GRCh Art. 31 Rn. 6; *Lang* in Tettinger/Stern GRC Art. 31 Rn. 7; *Kröll* in Holoubek/Lienbacher, GRC-Kommentar, GRC Art. 31 Rn. 26; *C. Schubert* in Franzen/Gallner/Oetker GRC Art. 31 Rn. 10 mwN; aA *Giorgis* in Mock/Demuro, Human Rights in Europe – Commentary of the Charter of Fundamental Rights of the European Union, 2016, S. 194 f.; *Hilbrandt* NZA 2019, N. N.; *Lembke* in von der Groeben/Schwarze/Hatje GRC Art. 31 Rn. 11.; offen *Lang* in Stern/Sachs GRCh Art. 31 Rn. 13 mwN

betracht des Impact-Urteils[43] nicht zwingend. Darüber hinaus kann sich bei Durchführung von Unionsrecht der unionsgrundrechtliche Kern auch auf Ebene der Mitgliedstaaten bilden, insbes. wenn gemeinsame Verfassungsüberlieferungen auf Unionsebene die Quelle eines Unionsgrundrechts bilden (Art. 6 Abs. 3 EUV); dann agieren ggf. die Mitgliedstaaten bei Durchführung von Unionsrecht im Rahmen eines Regelungsauftrags zur Verwirklichung dieses Unionsgrundrechts. Zudem enthält Art. 31 Abs. 2 GRC mit dem Recht auf *bezahlten* Jahresurlaub ausdrücklich einen Unterfall des Rechts auf Arbeitsentgelt (als Teil der Arbeitsbedingungen iS von Abs. 1, sofern man, wie hier (→ Rn. 17), Abs. 2 als Konkretisierung des Abs. 1 versteht). Dem können Äußerungen im Konvent nicht entgegenstehen, unabhängig davon, ob solche Äußerungen im Ergebnis tatsächlich Eingang in die GRC gefunden haben.[44]

Auch bei diesem Grundrecht gibt es Zweifel, ob es sich um ein **Recht** oder einen **Grundsatz** handelt,[45] so dass diese Frage gleichfalls vorrangig unter Rückgriff auf das (sonstige) einschlägige Unionsrecht und internationale Abkommen sowie die dort zum Ausdruck kommenden Wertungen zu beantworten sein wird. Der bisherige „Besitzstand" lässt den Schluss zu, dass insofern ein subjektives Recht der Arbeitnehmer begründet wird (→ Rn. 29 f., 34, 35 f. u. 37).[46] Andernfalls würde sich das subjektive Recht des Arbeitnehmers aus den – dann daneben anwendbaren – *allgemeinen* oder *besonders wichtigen Grundsätzen des Sozialrechts* ergeben. In Verbindung mit den Mindestbedingungen der Arbeitszeit-RL[47] erhält dieses Recht insofern sogar einen konkreten Inhalt, als diese Richtlinie in den Grenzen ihres persönlichen und sachlichen Anwendungsbereichs unbedingt und inhaltlich hinreichend bestimmt die Mindestbedingungen an die und in den Mitgliedstaaten regelt; kein Mitgliedstaat darf hinter diesen Bedingungen zurückbleiben.[48] Der EuGH hat so in der Rs. *Jaeger* zur Auslegung der in der RL 93/104/EG enthaltenen **„Verweisung auf die einzelstaatlichen Rechtsvorschriften und/oder Gepflogenheiten"** entschieden, dass jene Verweisung im Rahmen der Definition des Begriffes „Arbeitszeit" iSd Richtlinie nicht bedeute, die Mitgliedstaaten könnten den Inhalt dieses Begriffes einseitig festlegen.[49] Die Mitgliedstaaten dürfen danach den Anspruch des Arbeitnehmers auf ordnungsgemäße Berücksichtigung der Arbeitszeiten und dementsprechend der Ruhezeiten keinerlei Bedingungen unterwerfen. Denn dieser Anspruch ergibt sich unmittelbar aus den Vorschriften dieser Richtlinie.[50] Dies ist schlüssig und entspricht der Rechtsprechung des Gerichtshofs in anderen Zusammenhängen, nämlich dass die Mitgliedstaaten keine Kompetenz zur Begriffsdefinition haben, wenn hierdurch allgemeine Grundsätze berührt werden.

Auch wenn der EuGH nach Proklamation der GRC, aber vor deren Inkrafttreten, in den Rs. *Bowden*,[51] *BECTU*,[52] *Jaeger*[53] und *Pfeiffer*[54] die Gelegenheit hatte, zu einzelnen Aspekten

---

[43] EuGH C-268/06, ECLI:EU:C:2008:223 Rn. 112 ff. – Impact; s. dazu auch *Biltgen* NZA 2016, 1245 (1246).
[44] Stärker auf die Diskussionen im Konvent abstellend ua *C. Schubert* in Franzen/Gallner/Oetker GRC Art. 31 Rn. 10 mwN.
[45] Vgl. Erläuterungen zu Art. 52 GRC (ABl. 2007 C 303, 17), wonach „Grundsätze" insbes. im Bereich des Sozialrechts zu finden seien, andererseits aber in der beispielhaften Aufzählung keiner der hier relevanten Art. 27–31 GRC genannt wird.
[46] Ebenso ua *Grabenwarter* DVBl 2001, 1 (10); *Kocher* in FK-EUV/GRC/AEUV GRC Art. 31 Rn. 8; *Kröll* in Holoubek/Lienbacher, GRC-Kommentar, GRC Art. 31 Rn. 11; *Lang* in Tettinger/Stern GRC Art. 31 Rn. 3; *Lang* in Stern/Sachs GRCh Art. 31 Rn. 3; *Lembke* in von der Groeben/Schwarze/Hatje GRC Art. 31 Rn. 8; *Petersen* S. 86; *C. Schubert* in Franzen/Gallner/Oetker GRC Art. 31 Rn. 2; aA *Krebber* in Calliess/Ruffert GRC Art. 31 Rn. 2.
[47] Zum Mindeststandard: *Henssler* in Henssler/Braun Rn. 69 ff.; *Thüsing* § 7 Rn. 3 ff.
[48] So nunmehr ausdrücklich in Bezug auf Art. 31 Abs. 2 GRC EuGH C-55/18, ECLI:EU:C:2019:402 Rn. 30 ff. mwN – Federación de Servicios de Comisiones Obreras (CCOO)/Dt. Bank.
[49] EuGH C-151/02, Slg. 2003, I-8389 Rn. 59 – Jaeger.
[50] EuGH C-151/02, Slg. 2003, I-8389 Rn. 59 – Jaeger; EuGH C-84/94, Slg. 1996, I-5755 Rn. 45 u. 75 – Vereinigtes Königreich/Kommission.
[51] EuGH C-133/00, Slg. 2001, I-7031 ff. – Bowden ua.
[52] EuGH C-173/99, Slg. 2001, I-4881 ff. – BECTU.
[53] EuGH C-151/02, Slg. 2003, I-8389 Rn. 43 ff. – Jaeger.
[54] EuGH verb. Rs. C-397/01 ua, Slg. 2004, I-8835 insbes. Rn. 102 ff. – Pfeiffer ua.

dieses sozialen Grundrechts Stellung zu nehmen (insbes. da der damalige GA *Tizzano*, heutiger Kammervorsitzender beim EuGH, in den Rs. *Bowden* und *BECTU* jeweils den Anspruch auf bezahlten Mindest-Jahresurlaub ausdrücklich und mit detaillierter Begründung als soziales Grundrecht bewertet hatte[55]), hat der Gerichtshof dies damals vermieden. Stattdessen hat er das Recht eines Arbeitnehmers auf bezahlten Jahresurlaub als **besonders wichtigen Grundsatz des Sozialrechts der Gemeinschaft** sowie die Rechte auf regelmäßige Erholung (Ablösung einer Arbeitsperiode von einer Ruheperiode) und Einhaltung einer wöchentlichen Höchstarbeitszeit (durchschnittlich 48 Stunden pro Siebentageszeitraum einschließlich Überstunden) als **allgemeine Grundsätze** bezeichnet. Diese allgemeinen bzw. besonders wichtigen Grundsätze gelten neben Art. 31 GRC fort.[56] Darüber hinaus ist kein sachlicher Grund ersichtlich, der der Annahme entgegenstehen würde, dass diese Grundsätze des Sozialrechts durch Art. 31 GRC im Verhältnis Grundrechtsträger zu Grundrechtsverpflichtetem zu dessen Inhalten gemacht wurden;[57] hierauf wird in → Rn. 24 ff. bei Erörterung des **Schutzbereichs** des Art. 31 GRC näher eingegangen.

I. Bezahlter Jahresurlaub von vier Wochen

24   In der **Rs.** *BECTU* entschied der EUGH in einem Vorabentscheidungsverfahren (Art. 267 AEUV), dass eine britische Rechtsvorschrift nicht europarechtskonform war, nach der ein Arbeitnehmer nur dann einen bezahlten Urlaubsanspruch erwerben konnte, wenn er eine ununterbrochene Beschäftigungszeit von mindestens dreizehn Wochen bei demselben Arbeitgeber zurückgelegt hatte (Regulation 13 *Working Time Regulations* 1998). Gegen die Wirksamkeit der vorbezeichneten Vorschrift hatte die britische Gewerkschaft *BECTU* (Broadcasting, Entertainment, Cinematography and Theatre Union), eine Gewerkschaft mit damals etwa 30.000 Mitgliedern aus den Bereichen Rundfunk, Fernsehen, Film, Theater uä (Toningenieure, Kameramänner, Cutter, Techniker für Spezialeffekte etc) vor dem *High Court of Justice/Queen's Bench Division* geklagt mit dem Ziel der Nichtigerklärung. Typischerweise erfolgte die Beschäftigung hier aufgrund kurzfristiger Verträge, so dass die Mehrzahl der Gewerkschaftsmitglieder die zeitliche Voraussetzung der Regulation 13 Section 7 *Working Time Regulations* 1998 nicht erfüllten und insofern keinen Anspruch auf bezahlten Jahresurlaub erwarben. Auf das Vorabentscheidungsersuchen des *High Court of Justice* entschied der EuGH, dass Art. 7 Abs. 1 der damaligen RL 93/104/EG einem Mitgliedstaat nicht erlauben würde, eine nationale Regelung zu erlassen, nach der ein Arbeitnehmer einen Anspruch auf bezahlten Jahresurlaub erst dann erwerbe, wenn er eine ununterbrochene Mindestbeschäftigungszeit von dreizehn Wochen bei demselben Arbeitgeber zurückgelegt habe. Dazu stellte der EuGH fest, dass der in der RL 93/104/EG geregelte bezahlte **Mindestjahresurlaubsanspruch** von drei bzw. vier Wochen ein „soziales Recht" sei, „welches jedem Arbeitnehmer unmittelbar durch die RL als ein für den Schutz seiner Sicherheit und seiner Gesundheit erforderlicher Mindestanspruch eingeräumt worden ist".[58]

25   GA *Tizzano* hatte in seinen Schlussanträgen zu dieser Rs. den Anspruch des einzelnen Arbeitnehmers auf **Gewährung eines bezahlten Jahresurlaubs von vier Wochen** ausdrücklich in den Gesamtzusammenhang der sozialen Grundrechte gestellt und diesen – unter Rückgriff auf Art. 24 AEMR, Art. 2 Abs. 3 EuSozCh, Art. 7 lit. d IPWSKR, Nr. 8 SozGRCh und Art. 31 Abs. 2 GRC – zu den Grundrechten der Arbeitnehmer gezählt (in

---

[55]   In der engl. Fassung: „fundamental social right"; vgl. GA *Tizzano*, SchlA C-133/00, Slg. 2001, I-7031 Rn. 27 ff., insbes. Rn. 31 – Bowden ua; sowie GA *Tizzano*, SchlA C-173/99, Slg. 2001, I-4881 Rn. 22 ff., insbes. Rn. 29 – BECTU.
[56]   So nun mehr ausdrücklich EuGH C-55/18, ECLI:EU:C:2019:402 Rn. 30 – Federación de Servicios de Comisiones Obreras (CCOO)/Dt. Bank, s. dort auch Rn. 31 ff., wonach die weiteren Vorschriften der RL 2003/88/EG dieses Grundrecht zwar konkretisieren, aber dadurch nicht zu dessen Inhalten werden; dazu *Hilbrandt* NZA 2019, N. N.
[57]   Ebenda.
[58]   EuGH C-173/99, Slg. 2001, I-4881 Rn. 47 – BECTU.

der englischen Fassung: *fundamental social right;* in der französischen Fassung: *droit social fondamental*).[59] Dagegen hat der EuGH in seinem Urteil lediglich auf Art. 118a EGV aF (nunmehr: Art. 153 AEUV) sowie auf die SozGRCh (dort Nr. 8 u. 19 Abs. 1 SozGRCh) verwiesen und den Anspruch jedes Arbeitnehmers auf bezahlten Jahresurlaub nicht ausdrücklich als Grundrecht, sondern als einen **„besonders wichtigen Grundsatz des Sozialrechts der Gemeinschaft"** bezeichnet (in der englischen Fassung: *particularly important principle of Community social law;* in der französischen Fassung: *règle du droit social communautaire revêtant une importance particulière*).[60]

Eine Auseinandersetzung der Kammer mit der Argumentation von GA *Tizzano* zur etwaigen **Grundrechtsqualität dieses Anspruchs** erfolgte nicht. Deshalb legte diese Reaktion auf die weitergehende Argumentation von GA *Tizzano* die Schlussfolgerung nahe, dass der EuGH bereits damals diesen Rechten zwar einen hohen Stellenwert einräumte, sie aber (noch) nicht als Bestandteil eines sozialen Unionsgrundrechts ansah.[61] Indes konnte die Bewertung als allgemeiner bzw. besonders wichtiger Grundsatz auch vor Inkrafttreten der GRC die unmittelbare Vorstufe zur Feststellung einer unionsrechtlichen Grundrechtsverbürgung sein.[62]

In der **Rs. *Bowden*[63]** befasste sich der EuGH mit der Rechtsfrage, ob Art. 1 Abs. 3 der Arbeitszeit-Gestaltungsrichtlinie dahingehend zu verstehen war, dass alle im Bereich Straßenverkehr beschäftigten Arbeitnehmer einschließlich des Büropersonals vom Anwendungsbereich der Richtlinie ausgeschlossen würden. Anders als der EuGH hatte GA *Tizzano* in seinen Schlussanträgen auch hier (wie vorher in der Rs. *BECTU*) auf die **Grundrechtsqualität** hingewiesen, nämlich diesmal im Zusammenhang mit der Frage, ob der betreffende Ausschluss wegen Beschränkung eines sozialen Grundrechts (Recht auf bezahlten Jahresurlaub) rechtswidrig sein könne,[64] und dies mit der Begründung verneint, dass die Beschränkung „nicht jeglicher vernünftigen Rechtfertigung" entbehre; insbesondere ergebe sich der Anschein, als dass die Entscheidung des Gemeinschaftsgesetzgebers diesen Vorwurf angesichts der möglichen Besonderheiten der ausgeschlossenen Sektoren nicht verdiene und der Notwendigkeit entsprechender Sonderregelungen nicht bestritten worden sei.[65] Diese Sichtweise nimmt offensichtlich eine recht weitgehende **Einschätzungsprärogative des Unionsgesetzgebers** an. Der EuGH ging indes hierauf mit keinem einzigen Wort ein.

Die Bedeutung dieses Rechts auf bezahlten Jahresurlaub als Grundrecht iSd Art. 31 Abs. 2 GRC und „besonders wichtigen Grundsatzes des Sozialrechts der Union" wird dadurch unterstrichen, dass seit dem 1.8.2003 die vorbezeichneten Restriktionen nicht mehr gelten. Seitdem findet die Arbeitszeit-RL unbeschadet ihrer Art. 14 Arbeitszeit-RL und Art. 17–19 Arbeitszeit-RL auf **alle privaten oder öffentlichen Tätigkeitsbereiche** im Sinne des Art. 2 RL 89/391/EWG Anwendung (Art. 1 Abs. 3 UAbs. 1 Arbeitszeit-RL); sie gilt lediglich nicht (unbeschadet ihres Art. 2 Nr. 8 Arbeitszeit-RL) für Seeleute gemäß der Definition in der RL 1999/63/EG[66] (Art. 1 Abs. 3 UAbs. 2 Arbeitszeit-RL),

---

[59] GA *Tizzano*, SchlA C-173/99, Slg. 2001, I-4881 Rn. 22 ff., insbes. Rn. 29 – BECTU.
[60] EuGH C-173/99, Slg. 2001, I-4881 Rn. 37, 39, 43 – BECTU; s. dazu ua *Henssler* in Henssler/Braun Rn. 85 mwN; bemerkenswert ist indes, dass in EuGH C-316/13, ECLI:EU:C:2015:200 Rn. 45, 48 – Fenoll die 1. Kammer unter dem Vorsitz des (ehemaligen GA) *Tizzano* auf diesen Aspekt mit keinem Wort eingeht, sondern meint, es genüge festzustellen, dass Art. 31 Abs. 2 GRC in zeitlicher Hinsicht auf den dortigen Fall nicht anwendbar sei.
[61] *Hilbrandt* → 1. Aufl. 2006, § 36 Rn. 24; bestätigt durch EuGH C-316/13, ECLI:EU:C:2015:200 Rn. 45, 48 – Fenoll; s. nunmehr aber in Bezug auf Höchstarbeitszeiten u. Ruhezeiten als Inhalte des Art. 31 Abs. 2 GRC: EuGH C-55/18, ECLI:EU:C:2019:402 Rn. 30 mwN – Federación de Servicios de Comisiones Obreras (CCOO)/Dt. Bank.
[62] Allgemein dazu *v. Bogdandy* JZ 2001, 157 (167); *Mayer* in GHN EUV nach Art. 6 Rn. 1 ff.; *Zuleeg* EuGRZ 2000, 511 mwN.
[63] EuGH C-133/00, Slg. 2001, I-7031 ff. – Bowden ua.
[64] GA *Tizzano*, SchlA C-133/00, Slg. 2001, I-7031 Rn. 27 ff., 31 ff. – Bowden ua.
[65] GA *Tizzano*, SchlA C-133/00, Slg. 2001, I-7031 Rn. 27 ff. – Bowden ua.
[66] RL 1999/63/EG zu der vom Verband der Reeder in der Europäischen Gemeinschaft (European Community Shipowners' Association ECSA) und dem Verband der Verkehrsgewerkschaften in der Europäi-

für die jene Richtlinie spezieller ist. Die Ausnahmeregelungen der Art. 17–19 Arbeitszeit-RL erfassen nicht den Anspruch eines jeden Arbeitnehmers auf bezahlten Mindestjahresurlaub von vier Wochen im Sinne des Art. 7 Arbeitszeit-RL, so dass die Mitgliedstaaten hieran im Sinne des Mindestschutzniveaus gebunden sind.

29 Darüber hinaus ist zu berücksichtigen, dass die Erläuterungen zu Art. 31 Abs. 2 GRC ausdrücklich auf die Arbeitszeit-RL verweisen und in den Kontext von Art. 2 EuSozCh und Art. 8 SozGRCh stellen. Art. 7 Arbeitszeit-RL ist **Ausdruck eines besonders bedeutsamen Grundsatzes der Union** und als dessen Ausprägung **inhaltlich hinreichend bestimmt und unbedingt,** so dass er im Fall unzureichender Umsetzung **unmittelbare Wirkung im Verhältnis Bürger/Staat** entfaltet (indes nach ständiger EuGH-Rechtsprechung nicht im sog Horizontalverhältnis zwischen Privatrechtssubjekten). Die gemeinsamen Verfassungsüberlieferungen der Mitgliedstaaten (→ Rn. 2 ff.) lassen ebenfalls den Schluss zu, dass Art. 31 Abs. 2 GRC das Grundrecht auf bezahlten Jahresurlaub umfasst, dh vier Wochen bei üblichem Arbeitsentgelt, und jener – außer bei Beendigung des Arbeitsverhältnisses – nicht durch eine finanzielle Vergütung ersetzt werden darf.[67] Eine nationale Regelung, die dem entgegenstehen würde, müsste vom nationalen Gericht unangewendet gelassen werden, auch im Rechtsstreit zwischen Privatrechtssubjekten.

30 Verstärkt werden die vorstehenden Erwägungen dadurch, dass der EuGH nach Inkraftsetzung der GRC im Zusammenhang mit dem Verfall von Urlaubsansprüchen ausdrücklich entschieden hat, eine nationale Regelung, die einen **ausnahmslosen Verfall von Urlaubsansprüchen auch bei durchgängig bestehender Arbeitsunfähigkeit** vorsieht, sei wegen Verstoßes gegen einen besonders bedeutsamen Grundsatz des Sozialrechts der Gemeinschaft (heutigen Union), wie er in Art. 7 Abs. 1 RL 2003/88/EG seine Ausprägung findet, nicht anwendbar.[68] Im gleichen Kontext hat der EuGH anschließend diese Rechtsprechung dahingehend „nuanciert", dass ein Verfall in einzelstaatlichen Rechtsvorschriften oder Gepflogenheiten (wie etwa Tarifverträgen) nach Ablauf eines Übertragungszeitraums von 15 Monaten für einen während mehrerer Bezugszeiträume in Folge arbeitsunfähigen Arbeitnehmer ua im Hinblick auf Art. 31 Abs. 2 GRC und das im 6. Erwägungsgrund der RL 2003/88/EG genannte Übereinkommen Nr. 132 der Internationalen Arbeitsorganisation vom 24. Juni 1970 unionsrechtskonform sei.[69] Diese Rechtsprechung ist für das Verständnis des Art. 31 Abs. 2 GRC von elementarer Bedeutung.

II. Ausreichende tägliche und wöchentliche Ruhezeiten sowie Begrenzung der wöchentlichen Höchstarbeitszeit

31 In der Rs. *Jaeger* hatte es der EuGH in der Vergangenheit erneut vermieden, Fragen im Zusammenhang mit Arbeitszeitregelungen, insbes. hinsichtlich bestimmter **Mindestruhezeiten** und **maximaler Wochenarbeitszeiten,** in den Gesamtzusammenhang eines Grundrechts auf gesunde, sichere und würdige Arbeitsbedingungen zu stellen.[70] Dort befasste sich der EuGH im Rahmen eines Vorabentscheidungsverfahrens mit den Fragen,

---

schen Union (Federation of Transport Workers' Unions in the European Union FST) getroffenen Vereinbarung über die Regelung der Arbeitszeit von Seeleuten, ABl. 1999 L 167, 33.

[67] EuGH verb. Rs. C-131/04 u. C-257/04, Slg. 2006, I-2560 insbes. Rn. 48 ff., 55 ff., 60 – Robinson-Steele ua; *Hilbrandt* NZA 2019, N. N.; *Willemsen/Sagan* NZA 2011, 258 (260).

[68] EuGH verb. Rs. C-350/06, C-520/06, ECLI:EU:C:2009:18 Rn. 29 ff., 43 ff. – Schultz-Hoff ua; EuGH C-277/08, ECLI:EU:C:2009:542 Rn. 18 ff. – Vicente Pereda.

[69] EuGH C-214/10, ECLI:EU:C:2011:761 Rn. 37 – KHS (Tarifregelung zum Übertragungszeitraum von 15 Monaten, nach dessen Ablauf der Anspruch auf bezahlten Jahresurlaub bei über mehrere Bezugszeiträume fortbestehender Arbeitsunfähigkeit erlischt); s. ferner mit Bezug auf Art. 31 Abs. 2 GRC: EuGH C-337/10, ECLI:EU:C:2012:263 Rn. 40 – Neidel; EuGH C-78/11, ECLI:EU:C:2012:372 Rn. 17 – Anged (zur Verschiebung bei Erkrankung im Urlaub); EuGH C-194/12, ECLI:EU:C:2013:102 Rn. 16 – Maestre Garcia; zu weiteren Details *Lembke* in von der Groeben/Schwarze/Hatje GRC Art. 31 Rn. 13 mwN.

[70] EuGH C-151/02, Slg. 2003, I-8389 Rn. 43 ff. – Jaeger.

ob (1.) **Bereitschaftsdienst,** den ein Arzt **in Form persönlicher Anwesenheit** im Krankenhaus leisten muss, in vollem Umfang Arbeitszeit iSd RL 93/104/EG ist, und (2.) ob die RL 93/104/EG (nunmehr: RL 2003/88/EG) dahin ausgelegt werden muss, dass sie der Regelung eines Mitgliedstaates entgegensteht, die (ggf. über einen Tarifvertrag oder über eine aufgrund eines Tarifvertrags getroffene Betriebsvereinbarung) eine Kürzung der **täglichen Ruhezeit von elf Stunden** in der Gestalt zulässt, dass Zeiten der Inanspruchnahme während des Bereitschaftsdienstes zu anderen Zeiten ausgeglichen werden können. Im Ergebnis hat der EuGH diese Vorlagefragen bejaht.

In diesem Zusammenhang hat der EuGH ua erneut auf die Nr. 8 u. 19 Abs. 1 SozGRCh zurückgegriffen, wonach „jeder Arbeitnehmer in der Europäischen Gemeinschaft in seiner Arbeitsumwelt zufriedenstellende Bedingungen für Gesundheitsschutz und Sicherheit vorfinden muss und er [ua] Anspruch auf eine wöchentliche Ruhezeit hat, deren Dauer gemäß den einzelstaatlichen Gepflogenheiten auf dem Wege des Fortschritts in den einzelnen Staaten einander anzunähern ist".[71] Er hat dabei ausdrücklich **zwei weitere „allgemeine Grundsätze"** aufgestellt (in der englischen Übersetzung: *general rule;* in der französischen Übersetzung: *règle générale*): Der eine Grundsatz lautet, dass eine **Arbeitsperiode regelmäßig von einer Ruheperiode abgelöst** werden müsse,[72] dh sich der Arbeitnehmer für eine bestimmte Anzahl von Stunden, die nicht nur zusammenhängen, sondern sich auch unmittelbar an eine Arbeitsperiode anschließen müssen, aus seiner Arbeitsumgebung zurückziehen können muss, zwecks Entspannung und um sich von der mit der Wahrnehmung seiner Aufgaben verbundenen Ermüdung zu erholen.[73] Dieser Grundsatz steht sachlich im Zusammenhang mit dem **„Recht auf tägliche Ruhezeiten" iSd Art. 31 Abs. 2 GRC** und kann als dessen besondere Ausprägung verstanden werden.

32

Der zweite Grundsatz lautet, dass die – durch die Arbeitszeit-RL unter bestimmten Umständen und bei Einhaltung verschiedener Voraussetzungen zugelassene – Kürzung der täglichen Ruhezeit von elf zusammenhängenden Stunden in keinem Fall zu einer Überschreitung der (in Art. 6 der Arbeitszeit-RL festgesetzten) **Höchstdauer der wöchentlichen Arbeitszeit von durchschnittlich 48 Stunden pro Siebentageszeitraum einschließlich Überstunden** führen dürfe, selbst wenn hierunter Bereitschaftsdienst mit Zeiträumen fällt, in denen der Arbeitnehmer zwar an seinem Arbeitsplatz verfügbar ist, jedoch nicht tatsächlich berufliche Tätigkeiten ausübt.[74] Dieser Grundsatz erfasst das **Recht auf „Begrenzung der (wöchentlichen) Höchstarbeitszeit"** und das **Recht auf „wöchentliche Ruhezeiten" iSd Art. 31 Abs. 2 GRC** und lässt sich als dessen besondere Ausprägung deuten. Entsprechend hat der EuGH in der Rs. *Pfeiffer* entschieden, dass die Obergrenze von 48 Stunden für die durchschnittliche Wochenarbeitszeit einschließlich der Überstunden in Anbetracht sowohl des Wortlauts des Art. 6 Nr. 2 Arbeitszeit-RL als auch des Zieles und der Systematik dieser RL eine *besonders wichtige Regel des Sozialrechts der Gemeinschaft (rule of Community social law of particular importance; règle du droit social communautaire revêtant une importance particulière)* sei, die jedem Arbeitnehmer als ein zum Schutz seiner Sicherheit und Gesundheit bestimmter Mindestanspruch zu Gute kommen müsse.[75] Eine weitergehende Aussage des Inhalts, dass diese besonders wichtige Regel des Sozialrechts auch unionsgrundrechtlich verbürgt sei, wurde damals vor Inkrafttreten der GRC nicht getroffen. Auch im Zusammenhang mit dem dort konkretisierten (AEUV-immanenten) „Gebot der unionsrechtskonformen Auslegung des nationalen Rechts" fehlt es an einem entsprechenden Hinweis, dh insbesondere ob sich aus der besonderen Wertigkeit dieses

33

---

[71] EuGH C-151/02, Slg. 2003, I-8389 Rn. 47 – Jaeger.
[72] EuGH C-151/02, Slg. 2003, I-8389 Rn. 95 – Jaeger.
[73] EuGH C-151/02, Slg. 2003, I-8389 Rn. 95 – Jaeger.
[74] EuGH C-151/02, Slg. 2003, I-8389 Rn. 100 – Jaeger.
[75] EuGH verb. Rs. C-397/01 ua, Slg. 2004, I-8835 Rn. 100 – Pfeiffer ua, dort ausdrücklich auch mit Hinweis auf EuGH C-173/99, Slg. 2001, I-4881 Rn. 43 u. 47 – BECTU; s. nunmehr auch EuGH C-14/04, Slg. 2005, I-10253 – Dellas ua.

sozialen Rechtes besondere Anforderungen an die unionsrechtskonforme Auslegung ergeben können (zB iS einer unions[grund]rechtskonformen Restriktion).[76]

34 Aus den gleichen Gründen wie → Rn. 29 f. lassen sich diese *allgemeinen Grundsätze* nunmehr als besondere Ausprägung des Art. 31 Abs. 2 GRC verstehen und konkretisieren dessen Inhalt. Bestätigt wurde dies kürzlich vom EuGH in der Rs. CCOO/Dt. Bank.[77]

III. Gesundheitsschutz bei Nachtarbeit und Anpassung der Arbeitsgestaltung an die menschlichen Anforderungen

35 Zum sozialen Unionsgrundrecht des Art. 31 Abs. 1 GRC auf gesunde, sichere und würdige Arbeitsbedingungen gehören als besondere Ausprägung der **Schutz des Gesundheitszustandes bei Nachtarbeit** und die **Anpassung der Arbeitsgestaltung (Arbeitsrhythmus) an die menschlichen Anforderungen** (zur Erhaltung der Sicherheit und Gesundheit, zB bei Schichtarbeit, und insbes. im Hinblick auf die Verringerung der eintönigen Arbeit und des maschinenbestimmten Arbeitsrhythmus). Denn auch zu den beiden letztgenannten Aspekten enthält die Arbeitszeit-RL in den Art. 9–13 Arbeitszeit-RL verbindliche Mindestbestimmungen,[78] die wiederum auf Nr. 7 u. 19 SozGRCh zurückzuführen sind. Die Verbindlichkeit als Mindestbedingungen ergibt sich aus den Art. 17–19 Arbeitszeit-RL, die abschließend diejenigen Vorschriften der Richtlinie aufzählen, von denen die Mitgliedstaaten bzw. Sozialpartner unter Beachtung der allgemeinen Grundsätze des Schutzes der Sicherheit und Gesundheit der Arbeitnehmer abweichen dürfen;[79] die Art. 9–13 des Dritten Abschnitts der Arbeitszeit-RL über den Sicherheits- und Gesundheitsschutz bei Nachtarbeit sowie den Arbeitsrhythmus gehören nicht zu diesen Vorschriften, von denen abgewichen werden darf.

36 Bedeutsam ist auch und insbesondere, dass Art. 13 Arbeitszeit-RL die *„Anpassung der Arbeitsgestaltung an die menschlichen Anforderungen"* ausdrücklich den **„allgemeinen Grundsätzen"** zurechnet, **speziell** im Hinblick auf die **Verringerung der eintönigen Arbeit und des maschinenbestimmten Arbeitsrhythmus,** nach Maßgabe der Art der Tätigkeit und der Erfordernisse der Sicherheit und des Gesundheitsschutzes, insbes. was die **Pausen** betrifft. Somit enthält auch der Wortlaut der Arbeitszeit-RL Anhaltspunkte für den besonderen Stellenwert des Gebots der Anpassung der Arbeitsgestaltung an die menschlichen Anforderungen, der über die Rechtsqualität einer bloßen Richtlinienbestimmung hinausgeht. Dazu kann dann aus den vorgenannten Gründen auch der Gesundheitsschutz des Arbeitnehmers bei Nachtarbeit gerechnet werden. Diese beiden Rechte sind weitere Unterfälle der auf dem „Wege des Fortschritts anzugleichenden Lebens- und Arbeitsbedingungen" (Nr. 7 SozGRCh). Sie gehören als besondere Ausprägung des sozialen Grundrechts des Art. 31 Abs. 1 GRC zu dem „Anspruch jedes Arbeitnehmers, in seiner Arbeitsumwelt zufriedenstellende Bedingungen für Gesundheitsschutz und Sicherheit vorzufinden" (Nr. 19 SozGRCh). Bestätigt wird dies durch die Erläuterungen zu Art. 31 Abs. 1 GRC und die dortige Bezugnahme auf Nr. 19 SozGRCh, Art. 2 EuSozCh und die RL 89/391/EWG.

IV. Technischer Arbeitsschutz

37 Von herausragender Bedeutung im Zusammenhang mit dem technischen Arbeitsschutz ist die **RL 89/391/EWG** über die Durchführung von Maßnahmen zur Verbesserung der

---

[76] EuGH verb. Rs. C-397/01 ua, Slg. 2004, I-8835 Rn. 112 ff. – Pfeiffer ua; zur unionsrechtskonformen Restriktion vgl. Anm. *Hilbrandt* zur Rs. *Draehmpaehl* EzA BGB § 611a Nr. 12 unter Ziff. IV; andere Autoren befürworten dagegen eine „richtlinienkonforme Auslegung contra legem", so zB *Grundmann* ZEuP 1996, 399 (412); *Götz* NJW 1992, 1849 (1854); *Dendrinos* S. 290; *Brechmann* S. 160 ff., insbes. S. 163; zur Rspr. in anderen Mitgliedstaaten vgl. GA *Ruiz-Jarabo Colomer*, SchlA verb. Rs. C-397/01, Slg. 2004, I-8835 Rn. 25 ff. und Fn. 16 – Pfeiffer ua mwN.
[77] ECLI:EU:C:2018:2019:402 Rn. 30; s. dazu *Hilbrandt* NZA 2019, N. N.
[78] S. ausführlich *Thüsing* § 7 Rn. 28 ff.
[79] S. dazu die entspr. Überlegungen in EuGH C-173/99, Slg. 2001, I-4881 Rn. 36 ff. – BECTU.

Sicherheit und des Gesundheitsschutzes der Arbeitnehmer bei der Arbeit,[80] auf deren Grundlage eine Vielzahl von Einzelrichtlinien erlassen wurden.[81] Die RL 89/391/EWG ist als Rahmenrichtlinie ausgestaltet und wird wegen ihrer Bedeutung als *„Grundgesetz des Europäischen Arbeitsschutzes"* bezeichnet.[82] Insbesondere aus der Tatsache, dass die Rahmenrichtlinie und die auf ihrer Grundlage erlassenen Einzelrichtlinien auf das Ziel der „Verbesserung der Arbeitsumwelt zwecks Schutzes der Sicherheit und Gesundheit der Arbeitnehmer" ausdrücklich Bezug nehmen,[83] kann auf deren besondere unionsrechtliche Wertigkeit geschlossen werden. Die Einzelrichtlinien zur Rahmenrichtlinie enthalten zwingende Mindestvorschriften zur Verbesserung des Gesundheitsschutzes und der Arbeitssicherheit und sind „unabdingbare Voraussetzung für die Sicherheit und den Gesundheitsschutz der Arbeitnehmer".[84] Sie haben einen **unionsgrundrechtlichen Kern,** der auf dem Schutz der Sicherheit und Gesundheit der Arbeitnehmer beruht und allgemein, vor Inkrafttreten des Art. 31 GRC, vom bereits damals anerkannten Unionsgrundrecht auf Schutz der **Menschenwürde** (Art. 1 GRC → § 13) einschließlich des (Arbeitnehmer-)Persönlichkeitsrechts umfasst wurde. **Art. 31 Abs. 1 GRC** enthält dies nunmehr als **speziellere Regelung** gegenüber dem Auffanggrundrecht des Art. 1 GRC.

V. Mindestentgelt

Offen ist, ob das Recht auf ein **angemessenes Mindest-Arbeitsentgelt** unter Art. 31 Abs. 1 GRC iS *würdiger Arbeitsbedingungen* zu fassen ist.[85] Anknüpfungspunkte dafür können (nur) diejenigen Bereiche sein, in denen die Union ihre Regelungskompetenzen wahrgenommen hat (→ Rn. 11 u. → Rn. 41).[86] Dort wird sorgfältig zu analysieren sein, ob und inwiefern sich daraus besondere Ausprägungen eines Grundrechts iSd Art. 31 Abs. 1 GRC auf ein angemessenes Mindest-Arbeitsentgelt ergeben, insbesondere in Verbindung mit Nr. 19 SozGRCh, Art. 4 EuSozCh, Art. 7 IPWSKR und den gemeinsamen Verfassungsüberlieferungen der Mitgliedstaaten (→ Rn. 2 ff.). Im Impact-Urteil[87] hat zB der EuGH ausdrücklich im Zusammenhang mit Art. 4 der RL 1999/70/EG des Rates zu der EGB-UNICE-CEEP-Rahmenvereinbarung über befristete Arbeitsverträge[88], den es als **„Ausdruck eines Grundsatzes des Sozialrechts der Gemeinschaft"** (heutigen Union) versteht, das **Recht aller** (im dortigen Fall befristet beschäftigten) **Arbeitnehmer auf ein gerechtes Arbeitsentgelt, das ihnen und ihren Familien einen angemessenen Lebensstandard sichert,** genannt (→ Rn. 41); danach steht dieser Auslegung die Be-

38

---

80 ABl. 1989 L 183, 1.
81 Siehe dazu die Übersicht bei *Benecke* in GHN AEUV Art. 153 Rn. 31 ff., dort auch zu weiteren Richtlinien betr. den technischen und sozialen Arbeitsschutz; *Lembke* in von der Groeben/Schwarze/Hatje GRC Art. 31 Rn. 6.
82 *Rondorf/Wittrock* BABl. 12/1992, 5 (8 ff.); *Benecke* in GHN AEUV Art. 153 Rn. 29.
83 Vgl. zB die Erwägungsgründe 1 und 11–13 der RL 89/391/EWG, ABl. 1989 L 183, 1; den 5. Erwägungsgrund der Ersten Einzelrichtlinie 89/654/EWG, ABl. 1991 L 393, 1; die Erwägungsgründe 5 u. 7 der Zweiten Einzelrichtlinie 89/655/EWG, ABl. 1989 L 393, 13; die Erwägungsgründe 3–5 der Vierzehnten Einzelrichtlinie 98/24/EG, ABl. 1998 L 131, 11; sowie die Erwägungsgründe 1, 3 u. 4 der Fünfzehnten Einzelrichtlinie 1999/92/EG, ABl. 2000 L 134, 36.
84 So ausdrücklich der 4. Erwägungsgrund der Fünfzehnten Einzelrichtlinie 1999/92/EG, ABl. 2000 L 23, 57.
85 *Hanau* NZA 2010, 1 (2); s. dazu auch *Hilbrandt* NZA 2019, N. N.
86 Nach mittlerweile ständiger Rspr. des EuGH ist zu beachten, dass die in der Unionsrechtsordnung garantierten Grundrechte (nur) in allen unionsrechtlich geregelten Fallgestaltungen und nicht außerhalb derselben Anwendung finden, daher stets sorgfältig zu prüfen sei, ob die nationale Regelung eine Durchführung des Unionsrechts darstelle und die Bestimmungen der GRC als solche die Zuständigkeit des EuGH nicht begründen könnten: EuGH C-395/15, ECLI:EU:C:2016:917 Rn. 63 mwN – Daouidi; EuGH C-117/14, ECLI:EU:C:2015:60 Rn. 29 f. – Poclava; EuGH C-617/10, ECLI:EU:C:2013:105 Rn. 22 – Akerberg Fransson (jew. konkret im Zusammenhang mit Art. 30 GRC); s. auch *Biltgen* NZA 2016, 1245 (1246 unter 1.d) u. 1249 unter 3.c.bb)).
87 EuGH C-268/06, ECLI:EU:C:2008:223 Rn. 112 ff. – Impact; s. dazu auch *Biltgen* NZA 2016, 1245 (1246).
88 ABl. 1999 L 175, 43, geändert durch Art. 1 ÄndB 2007/882/EG, ABl. 2007 L 346, 19.

§ 40　　　8. Abschnitt. Arbeitsrechtliche Freiheiten und Schutzverbürgungen

reichsausnahme des Art. 153 Abs. 5 AEUV nicht entgegen. Dieses Grundrecht des Art. 31 Abs. 1 GRC richtet sich dann im Sinne eines Regelungsauftrags vorrangig nicht nur an die Mitgliedstaaten, sondern auch an die Sozialpartner (Tarifvertragsparteien) iSd Art. 28 GRC, dh iSd Rechts auf Kollektivverhandlungen und Kollektivmaßnahmen.

VI. Diskriminierungsverbote wegen Alters, Geschlechts etc

39　Auch die unionsrechtlichen Diskriminierungsverbote wegen Alters, Geschlechts etc lassen sich unter das Recht auf *würdige* Arbeitsbedingungen iSd Art. 31 Abs. 1 GRC fassen.[89] Ausführliche Erläuterungen dazu bei den spezielleren Art. 20 u. 21 GRC sowie → § 49 Rn. 43 ff.

VII. Leiharbeit, befristete Arbeitsverträge, sexuelle Belästigung, Mobbing

40　Die **RL 2008/104/EG über Leiharbeit**[90] steht ausweislich ihres ersten Erwägungsgrundes im Einklang mit den Grundrechten und befolgt die in der GRC anerkannten Prinzipien; sie soll insbesondere die uneingeschränkte Einhaltung von Art. 31 GRC gewährleisten. Darüber hinaus bezieht sie sich ausdrücklich auf Nr. 7 SozGRCh (2. Erwägungsgrund RL 2008/104/EG) und die RL 91/383/EWG[91] (13. Erwägungsgrund RL 2008/104/EG). Der in der Zielbestimmung des Art. 2 RL 2008/104/EG angesprochene *angemessene Rahmen für den Einsatz von Leiharbeit, um wirksam zur Schaffung von Arbeitsplätzen und zur Entwicklung flexibler Arbeitsformen beizutragen*, lässt sich also als besondere Ausprägung dieses Unionsgrundrechts auf gesunde, sichere und würdige Arbeitsbedingungen auffassen, insbes. bezogen auf den **Grundsatz der Gleichbehandlung in Gestalt des Diskriminierungsschutzes** gemäß Art. 5 Abs. 1 RL 2008/104/EG.[92]

41　Entsprechend dürfte dies für die **RL 1999/70/EG** des Rates zu der EGB-UNICE-CEEP-Rahmenvereinbarung **über befristete Arbeitsverträge**[93] gelten.[94] Regelungsziel der Rahmenvereinbarung ist nach deren § 1 (im Anhang zur RL) die Verbesserung der Qualität befristeter Arbeitsverhältnisse durch Anwendung des Grundsatzes der **Nichtdiskriminierung** (lit. a) und die **Verhinderung des Missbrauchs** durch aufeinanderfolgende befristete Arbeitsverträge oder -verhältnisse (lit. b).[95] Dadurch soll die *Prekarisierung der Lage [dieser] Beschäftigten* verhindert werden.[96] Der Gerichtshof hat in seinem Impact-Urteil[97] den

---

[89] *Kocher* in FK-EUV/GRC/AEUV GRC Art. 31 Rn. 28; *Knecht* in Schwarz GRC Art. 30 Rn. 3, 5; Jarass GRCh Art. 31 Rn. 4; *Kröll* in Holoubek/Lienbacher, GRC-Kommentar, GRC Art. 31 Rn. 13.
[90] ABl. 2008 L 327, 9; andeutungsweise ebenso *Lang* in Stern/Sachs GRCh Art. 31 Rn. 17 mwN; aA *C. Schubert* in Franzen/Gallner/Oetker GRC Art. 31 Rn. 11.
[91] S. zum Inhalt: *Henssler* in Henssler/Braun Rn. 52.
[92] S. aber auch EuGH C-533/13, ECLI:EU:C:2015:173 – AKT zur Gesamtschau des Art. 4 Abs. 1 RL 2008/104/EG und zum Ergebnis des Nichtbestehens einer Pflicht der nationalen Gerichte, alle Bestimmungen des nationalen Rechts unangewendet zu lassen, die Verbote oder Einschränkungen des Einsatzes von Leiharbeit enthalten, die nicht aus Gründen des Allgemeininteresses iSd Art. 4 Abs. 1 RL 2008/104/EG gerechtfertigt sind (dort kein Hinweis auf bzw. Auseinandersetzung mit Art. 31 GRC); entsprechend wird man diese Erwägungen ua wohl auf Art. 5 Abs. 2 RL 2008/104/EG (Equal pay) übertragen können.
[93] ABl. 1999 L 175, 43, geändert durch Art. 1 ÄndB 2007/882/EG, ABl. 2007 L 346, 19.
[94] Verweis auf das Abkommen über die Sozialpolitik gemäß Vertrag von Amsterdam (1. Erwägungsgrund RL 1999/70/EG), Nr. 7 SozGRCh (3. Erwägungsgrund RL 1999/70/EG), Entschließung des Rates vom 9.2.1999 zu den beschäftigungspolitischen Leitlinien für 1999 iS eines ausgewogenen Verhältnisses zwischen Anpassungsfähigkeit und Sicherheit (6. Erwägungsgrund RL 1999/70/EG), Entschließung des Rates vom 6.12.1994 zu bestimmten Perspektiven einer Sozialpolitik zwecks Beitrags zur wirtschaftlichen und sozialen Konvergenz in der Union (11. Erwägungsgrund RL 1999/70/EG), Anwendung des Grundsatzes der Nichtdiskriminierung zur Verbesserung der Qualität befristeter Arbeitsverhältnisse (14. Erwägungsgrund RL 1999/70/EG), und ausweislich der Präambel: weiterer Beitrag auf dem Weg zu einem besseren Gleichgewicht zwischen „Flexibilität der Arbeitszeit und Sicherheit der Arbeitnehmer" (sog Flexicurity).
[95] S. dazu *Henssler* in Henssler/Braun Rn. 53.
[96] EuGH C-586/10, ECLI:EU:C:2012:39 Rn. 25 mwN – Kücük, aber ohne ausdrücklichen Bezug zu einem unionsgrundrechtlichen Kern.
[97] EuGH C-268/06, ECLI:EU:C:2008:223 Rn. 112 ff. – Impact; s. dazu auch *Biltgen* NZA 2016, 1245 (1246).

§ 4 dieser Rahmenvereinbarung als **„Ausdruck eines Grundsatzes des Sozialrechts der Gemeinschaft" (heutigen Union)** bezeichnet, und zwar unter Rückgriff auf dessen „Zweck, der zu den grundlegenden Zielen gehört, die in Art. 136 Abs. 1 EG sowie im dritten Absatz der Präambel des EG-Vertrags und in den Nr. 7 und 10 erster Gedankenstrich der Gemeinschaftscharta der sozialen Grundrechte der Arbeitnehmer, auf die die vorgenannte Vorschrift des EG-Vertrags verweist, verankert sind und die Verbesserung der Lebens- und Arbeitsbedingungen sowie das Bestehen eines angemessenen sozialen Schutzes für Arbeitnehmer – im vorliegenden Fall für befristet beschäftigte Arbeitnehmer – betreffen". Ferner heißt es dort: „Im Übrigen verweist Art. 136 Abs. 1 EG, der die Ziele festlegt, zu deren Verwirklichung der Rat in den durch Art. 137 EG erfassten Bereichen die von den Sozialpartnern auf Gemeinschaftsebene geschlossenen Vereinbarungen gemäß Art. 139 EG durchführen kann, auf die am 18. Oktober 1961 in Turin unterzeichnete Europäische Sozialcharta; diese nennt in ihrem Teil I Nr. 4 unter den Zielen, zu deren Erreichung sich die Vertragsparteien laut Art. 20 in Teil III dieser Charta verpflichtet haben, das Recht aller Arbeitnehmer auf ein ‚gerechtes Arbeitsentgelt, das ihnen und ihren Familien einen angemessenen Lebensstandard sichert'"[98]

Des Weiteren wird vertreten, dass von Art. 31 Abs. 1 GRC auch der **Schutz vor (sexueller) Belästigung am Arbeitsplatz** sowie die **Verhinderung eines feindseligen Arbeitsumfeldes** (Mobbing) umfasst werde (so ausdrücklich Art. 26 EuSozChrev. in Verb. mit dem Recht auf Würde am Arbeitsplatz (*right to dignity at work*)).[99]

C. Beeinträchtigung

Eine Beeinträchtigung des Unionsgrundrechts auf gesunde, sichere und würdige Arbeitsbedingungen würde zB darin bestehen, dass ein Mitgliedstaat es unterlässt, arbeitsrechtliche Bestimmungen zur Gewährleistung eines bezahlten (Mindest-)Jahresurlaubs, von ausreichenden täglichen und wöchentlichen Ruhezeiten nach Beendigung einer Arbeitsperiode oder zur Einhaltung der Obergrenze einer durchschnittlichen Wochenarbeitszeit von 48 Stunden einschließlich Überstunden zu erlassen,[100] inkl. unterlassener Verpflichtung der Arbeitgeber zur Einrichtung eines geeigneten Messsystems, oder von weiteren Voraussetzungen abhängig macht. Dies gilt, wenn man – wie hier – dieses Unionsgrundrecht iS eines Schutzgewährrechts versteht.[101] Darüber hinaus ist eine Vielzahl weiterer Beeinträchtigungen der Gesundheit und Sicherheit der Arbeitnehmer denkbar (zB durch fehlende oder nicht hinreichende Bestimmungen zur Sicherheit und Hygiene am Arbeitsplatz). Handlungen Privater, insbesondere eines privaten Arbeitgebers, könnten den Gewährleistungsgehalt dieses Unionsgrundrechts unmittelbar nur berühren, wenn ihm eine **unmittelbare Drittwirkung** zukäme; mittelbar wirkt sich der Gewährleistungsgehalt jedenfalls durch entsprechende Auslegung bzw. Nicht-Anwendung des einfachgesetzlichen nationalen Rechts aus (→ Rn. 19).[102] Und unmittelbar wirken sich weiterhin in den Privatrechtsbezeichnungen die insofern relevanten allgemeinen bzw. besonderen Grundsätze aus, sofern ein Mitgliedstaat die hinreichend bestimmten Richtlinienbestimmungen unzureichend umgesetzt hat. Öffentliche Arbeitgeber werden als Träger staatlicher Gewalt durch Art. 31 GRC unmittelbar verpflichtet, so dass bei einem entsprechenden Verstoß eine Grundrechtsbeeinträchtigung vorliegen würde, auf die sich der betroffene Arbeitnehmer unmittel-

---

[98] EuGH C-268/06, ECLI:EU:C:2008:223 Rn. 113 – Impact.
[99] *Lembke* in von der Groeben/Schwarze/Hatje GRC Art. 31 Rn. 14 mwN; *Frenz*, HdbEuR Bd. 4, Rn. 3902; Jarass GRCh Art. 31 Rn. 7; *Lang* in Tettinger/Stern GRC Art. 31 Rn. 9; *Petersen* S. 86; *Kröll* in Holoubek/Lienbacher, GRC-Kommentar, GRC Art. 31 Rn. 31; *C. Schubert* in Franzen/Gallner/Oetker GRC Art. 31 Rn. 13 mwN.
[100] So nunmehr ausdrücklich GA *Trstenjak*, SchlA C-282/10, ECLI:EU:C:2011:559 Rn. 82 ff. – Maribel Dominguez/CiCOA ua; zustimmend *Frenz*, HdbEuR Bd. 4, Rn. 3909; Jarass GRCh Art. 31 Rn. 8 f.; aktuelles, konkretes Beispiel EuGH C-55/18, ECLI:EU:C:2019:402 Rn. 30 ff. – CCOO/Dt. Bank.
[101] So auch EuGH C-55/18, ECLI:EU:C:2019:402 Rn. 40 ff., 63, 68 – CCOO/Dt. Bank.
[102] Ebenso zB *Schwarze* EuZW 2001, 517 (520).

bar gegenüber diesem Arbeitgeber berufen könnte.[103] Offen ist derzeit, ob der Grundrechtsschutz nur **unmittelbare staatliche Eingriffe** oder auch **mittelbare Eingriffe** erfasst (→ § 10 Rn. 23 ff., → § 34 Rn. 51 ff.).

D. Rechtfertigung

44 Die Schranken und Schrankenschranken des Unionsgrundrechts auf gesunde, sichere und würdige Arbeitsbedingungen ergeben sich aus Art. 52 Abs. 1 GRC **(Gesetzesvorbehalt, Wesenheitsgarantie** und **Verhältnismäßigkeitsgrundsatz;** grundsätzlich dazu → § 10 Rn. 31 ff.) und den kollidierenden Grundrechten der anderen Rechtsträger, also klassisch der Unternehmerfreiheit[104] und Berufsfreiheit des Arbeitgebers (→ §§ 34 u. 35), aber auch der Koalitionsfreiheit/Tarifautonomie.[105] Grundrechtskollisionen wären im Wege der sog **praktischen Konkordanz** zu lösen.[106] In der Praxis haben diese Schranken und Schrankenschranken im Zusammenhang mit dem Recht auf gesunde, sichere und würdige Arbeitsbedingungen noch keine Relevanz erlangt, auch nicht im Zusammenhang mit dem insoweit vom EuGH zur Arbeitszeit-RL formulierten „allgemeinen bzw. besonders wichtigen Grundsätzen des Sozialrechts der Gemeinschaft".[107] Ebenfalls einer Abwägung bedarf es bei Konflikten mit den **Grundfreiheiten.**[108]

45 Im Hinblick auf die Herausnahme der **Hausangestellten** aus dem persönlichen Geltungsbereich der Arbeitszeit-RL stellt sich die Frage, ob diese Regelung unionsgrundrechtskonform ist, dh insbesondere von der Einschätzungsprärogative des Unionsgesetzgebers bzw. einem berechtigten Interesse des Arbeitgebers iRd Unternehmerfreiheit gedeckt ist und dem Verhältnismäßigkeitsgrundsatz entspricht, was wohl im Ergebnis wegen der tatsächlichen Besonderheiten dieser Arbeitsverhältnisse bejaht werden kann.[109]

E. Verhältnis zu anderen Grundrechtsgewährleistungen

46 Das Unionsgrundrecht auf gesunde, sichere und würdige Arbeitsbedingungen des Art. 31 GRC ist *lex specialis* zum Schutz der **Menschenwürde** (Art. 1 GRC) und ggf. das Recht auf Unversehrtheit (Art. 3 GRC).[110] Kollisionen ergeben sich insbes. zum **Grundrecht des Arbeitgebers auf Schutz seiner Berufsfreiheit und Unternehmerfreiheit** (die Vertragsfreiheit und den Erwerbsvorgang schützend) sowie der **Eigentumsfreiheit** im Sinne des Schutzes des Erworbenen.[111] Soweit Kollisionen im Zusammenhang mit Kündigungen gegenüber schwangeren Arbeitnehmerinnen auftreten,[112] bei sonstigen das Recht auf Schutz vor Entlassung aus einem mit der Mutterschaft zusammenhängenden Grund betreffenden Fällen und dem Anspruch auf bezahlten Mutterschaftsurlaub bzw. Eltern-

---

[103] Jarass GRCh Art. 31 Rn. 10 mwN.
[104] Art. 16 GRCh umfasst ua die Vertragsfreiheit des Unternehmers: EuGH C-426/11, ECLI:EU: C:2013:521 Rn. 31 ff. – Alemo-Herron.
[105] *Lembke* in von der Groeben/Schwarze/Hatje GRC Art. 31 Rn. 16; *Willemsen/Sagan* NZA 2011, 258 (260).
[106] EuGH C-274/99, Slg. 2001, I-1611 Rn. 37 ff. – Conolly/Kommission; *Borowsky* in NK-EuGRCh GRCh Art. 53 Rn. 20; *Willemsen/Sagan* NZA 2011, 258 (260)
[107] Anders GA *Tizzano*, SchlA C-133/00, Slg. 2001, I-7031 Rn. 27 ff., 31 ff. – Bowden ua; s. dazu und zu erledigten Vorlagefragen an den EuGH auch *Lembke* in von der Groeben/Schwarze/Hatje GRC Art. 31 Rn. 16 mwN.
[108] GA *Cruz Villalón*, SchlA C-515/08, Slg. 2010, I-9133 Rn. 52 f. – Vítor Manuel dos Santos Palhota ua; Jarass GRCh Art. 31 Rn. 11.
[109] AA *C. Schubert* in Franzen/Gallner/Oetker GRC Art. 31 Rn. 25; im Ergebnis wie hier, wenngleich durch Herausnahme aus dem persönlichen Geltungsbereich zB *Kröll* in Holoubek/Lienbacher, GRC-Kommentar, GRC Art. 31, Rn. 18.
[110] Letzteres bejahend zB *Kröll* in Holoubek/Lienbacher, GRC-Kommentar, GRC Art. 31 Rn. 13; *C. Schubert* in Franzen/Gallner/Oetker GRC Art. 31 Rn. 6.
[111] Zur Abgrenzung zwischen der Berufsfreiheit bzw. unternehmerischen Freiheit des Arbeitgebers und der Eigentumsfreiheit → § 34 Rn. 58; ferner: *Rengeling/Szczekalla* Grundrechte in der EU § 20 Rn. 780 ff.
[112] S. dazu EuGH C-232/09, Slg. 2010, I-11405 Rn. 57 ff. – Danosa.

urlaub, tritt Art. 31 GRC als Auffanggrundrecht **hinter Art. 33 Abs. 2 GRC** zurück. Im Hinblick auf den in Art. 32 GRC geregelten Schutz von Kindern und Jugendlichen ist Art. 31 GRC ebenfalls *lex generalis*.[113] Ebenfalls gilt dies bei Diskriminierungen oder Mobbing am Arbeitsplatz im Hinblick auf Art. 20 oder 21 GRC.[114] Des Weiteren ist Art. 31 GRC Auffanggrundrecht gegenüber den spezielleren Regelungen aus Art. 27 GRC (Unterrichtungs- und Anhörungsrechte der Arbeitnehmer), Art. 30 GRC (Schutz vor ungerechtfertigten Entlassungen) und Art. 32 GRC (Verbot der Kinderarbeit und Schutz der Jugendlichen an einem Arbeitsplatz).

F. Zusammenfassende Bewertung und Ausblick

Der EuGH hatte vor Inkrafttreten der GRC kein mit Grundrechtsqualität versehenes Recht auf gesunde, sichere und würdige Arbeitsbedingungen anerkannt. Indes veranlasst Art. 31 Abs. 2 GRC zu der Annahme, dass die in den Rs. *Bowden, BECTU, Jaeger* und *Pfeiffer* (→ Rn. 23 ff.) entwickelten *besonders wichtigen Grundsätze des Sozialrechts* bzw. *allgemeinen Grundsätze* konkretisierende Bestandteile bzw. besondere Ausprägungen dieses sozialen Grundrechts geworden sind, also (1.) der Anspruch auf **bezahlten Jahresurlaub im Umfang von mindestens vier Wochen,** (2.) **ausreichende tägliche und wöchentliche Ruhezeiten** dergestalt, dass sich unmittelbar an eine Arbeitsperiode eine **Ruheperiode außerhalb der Arbeitsumgebung zwecks Entspannung** anschließen muss und (3.) eine Begrenzung der **Höchstarbeitszeit iSv durchschnittlich 48 Wochenstunden einschließlich Überstunden.** Im Hinblick auf (2.) und (3.) wurde dies nunmehr vom EuGH ausdrücklich bestätigt. 47

Darüber hinaus dürfte von Art. 31 Abs. 1 GRC der **Schutz des Gesundheitszustandes bei Nachtarbeit** und die **Anpassung der Arbeitsgestaltung (Arbeitsrhythmus) an die menschlichen Anforderungen** zur Erhaltung der Sicherheit und Gesundheit des Arbeitnehmers (zB bei Schichtarbeit) umfasst sein. 48

Methodisch ist (auch) bei Art. 31 GRC stets eine **Auslegung** iS einer wertenden Gesamtschau **unter sorgfältiger Berücksichtigung des jeweils einschlägigen sonstigen Unionsrechts** (Primär- und Sekundärrechts einschließlich der Erwägungsgründe), **internationaler Abkommen und gemeinsamer Verfassungsüberlieferungen der Mitgliedstaaten** angezeigt, einschl. der Erläuterungen zur GRC. Bei solchem dogmatischen Vorgehen hat Art. 31 GRC einen sehr viel detaillierteren Inhalt, als dies auf den ersten Blick den Anschein hat. Insofern begrenzt dieses Grundrecht den Gestaltungsspielraum der einzelnen Mitgliedstaaten und beinhaltet ein Schutzgewährrecht bzw. Regelungsauftrag. Ein allgemeines Grundrecht auf gerechte und angemessene Arbeitsbedingungen, wie es die Überschrift vermuten lassen könnte, enthält Art. 31 GRC indes nicht. 49

---

[113] *Kröll* in Holoubek/Lienbacher, GRC-Kommentar, GRC Art. 31, Rn. 13; *C. Schubert* in Franzen/Gallner/Oetker GRC Art. 31 Rn. 6 mwN.
[114] *Kocher* in FK-EUV/GRC/AEUV GRC Art. 31 Rn. 28 mwN; wohl auch *Kröll* in Holoubek/Lienbacher, GRC-Kommentar, GRC Art. 31 Rn. 13.

§ 41 Schutz bei ungerechtfertigter Entlassung

Übersicht

	Rn.
A. Entwicklung und Bedeutung des Schutzes bei ungerechtfertigter Entlassung	1–16
I. Vorbemerkungen	1, 2
II. Verfassungen der Mitgliedstaaten	3–6
III. Unionsverträge und Sekundärrecht	7–9
IV. Europäische Sozialcharta (EuSozCh) und EMRK	10–14
V. Gemeinschaftscharta der Sozialen Grundrechte der Arbeitnehmer (SozGRCh)	15, 16
B. Grundrechtscharakter und Gewährleistungsgehalt des Art. 30 GRC	17–71
I. Allgemeines Diskriminierungsverbot aus Gründen der Staatsangehörigkeit	25
II. Besondere Diskriminierungsverbote	26–39
1. Arbeitnehmerfreizügigkeit gemäß Art. 45 AEUV	26–30
2. Entgeltgleichheit gemäß Art. 157 AEUV	31–37
3. Weitere besondere Diskriminierungsverbote	38, 39
III. Schutz besonderer Personengruppen	40–51
1. Schwangere Arbeitnehmerinnen	41–47
2. Elternurlaub	48
3. Transsexuelle Arbeitnehmer	49
4. Behinderte Arbeitnehmer	50
5. Leiharbeitnehmer	51
IV. Schutz bei Unternehmens(teil)- bzw. Betriebs(teil)übergängen	52–56
V. Schutz bei Massenentlassungen	57–63
VI. Schutz bei Zahlungsunfähigkeit des Arbeitgebers	64–67
VII. Befristete Arbeitsverhältnisse	68
VIII. Allgemeiner Kündigungsschutz, Kündigungsfristen, Verfahrensregeln	69, 70
IX. Rechtsfolgen bei ungerechtfertigter Entlassung	71
C. Beeinträchtigung	72
D. Rechtfertigung	73
E. Verhältnis zu anderen Grundrechtsgewährleistungen	74
F. Zusammenfassende Bewertung und Ausblick	75, 76

Schrifttum:

Bercusson, European Labour Law and the EU Charter of Fundamental Rights, 2006; *Bruun,* Protection against unjustified dismissal, in Bercusson, S. 337 ff.; *Grabenwarter,* Die Charta der Grundrechte für die Europäische Union, DVBl 2001, 1; *Hanau,* Verfassungsrechtlicher Kündigungsschutz, in Hanau/Heither/Kühling, FS Dieterich, S. 201 ff.; *Hanau/Heither/Kühling,* Richterliches Arbeitsrecht. FS für Thomas Dieterich zum 65. Geburtstag, 1999; *Henssler,* Arbeitsrecht der Europäischen Union, in Henssler/Braun, S. 1 ff.; *Henssler/Braun,* Arbeitsrecht in Europa, 3. Aufl. 2011; *Hilbrandt,* Arbeitsrechtliche Unionsgrundrechte und deren Dogmatik, demnächst in NZA 2019; *Hirsch,* Die Grundrechte in der Europäischen Union, RdA 1998, 194; *Kampmeyer,* Protokoll und Abkommen über die Sozialpolitik der Europäischen Union, 1998; *Krimphove,* Europäisches Arbeitsrecht, 2. Aufl. 2001; *Lingemann/Grothe,* Betriebsbedingte Kündigung im öffentlichen Dienst, NZA 1999, 1072; *Nicolai,* Neue Regeln für Massenentlassungen?, NZA 2005, 206; *Oetker,* Arbeitsrechtlicher Bestandsschutz und Grundrechtsordnung, RdA 1997, 9; *Osnabrügge,* Massenentlassungen – Kein russisches Roulette für Arbeitgeber, NJW 2005, 1093; *Seifert,* Die horizontale Wirkung von Grundrechten, Europarechtliche und rechtsvergleichende Überlegungen, EuZW 2011, 696; *Thüsing,* Europäisches Arbeitsrecht, 2. Aufl. 2011; *Zachert,* Auf dem Weg zu europäischen Arbeitnehmergrundrechten?, NZA 2000, 621.

A. Entwicklung und Bedeutung des Schutzes bei ungerechtfertigter Entlassung

I. Vorbemerkungen

1 Der unionsrechtliche Schutz vor ungerechtfertigten Entlassungen unterscheidet sich grundlegend in seiner Struktur von demjenigen in den nationalen Mitgliedstaaten. Der **unions-**

rechtliche Entlassungsschutz, der maßgeblich in den Unionsverträgen und in verschiedenen Richtlinien verankert ist (ausführlich → Rn. 24 ff.), richtete sich bisher im Wesentlichen auf den Schutz **vor bestimmten Formen unzulässiger Diskriminierungen** sowie vor Beeinträchtigungen **im Zusammenhang mit bestimmten Massenphänomenen** (Massenentlassungen, Unternehmens[teil]-/Betriebs[teil]übergängen, Zahlungsunfähigkeit des Arbeitgebers). Dagegen hat sich in den Mitgliedstaaten auf einfachgesetzlicher Ebene ein allgemeiner Kündigungsschutz etabliert, der je nach Dauer des Arbeitsverhältnisses und/oder der Betriebs- bzw. Unternehmensgröße besondere Anforderungen an Kündigungen aus betriebsbedingten Gründen (*economic reasons/operational requirements*), verhaltensbedingten (*conduct*) oder personenbedingten (*capacity*) Gründen stellt.[1]

Der unionsrechtliche Entlassungsschutz basiert auf der „Idee des Kampfes gegen alle Formen der Diskriminierung, insbesondere aufgrund des Geschlechts, der Hautfarbe, Rasse, Meinung oder des Glaubens".[2] Ferner dient er dem „Ziel der Verbesserung der Lebens- und Arbeitsbedingungen der Arbeitnehmer in der [Union] im Rahmen der Verwirklichung des Binnenmarktes", wobei diese Verbesserungen zB die Verfahren bei Massenentlassungen, Insolvenzen und Übergängen von Unternehmen und Betrieben (bzw. Teilen davon) erfassen sollen; insofern werden als besonders bedeutsam die **Unterrichtung, Anhörung und Mitwirkung der Arbeitnehmer** (in geeigneter Weise und unter Berücksichtigung der in den verschiedenen Mitgliedstaaten herrschenden Gepflogenheiten) angesehen.[3] Als **Sanktionen** kommen sowohl auf der unionsrechtlichen als auch auf den nationalen Ebenen regelmäßig zwei Formen in Betracht, nämlich einerseits der Bestandsschutz durch Unwirksamkeit der Kündigung und Weiterbeschäftigung, andererseits der Kompensationsschutz durch Anspruch auf Entschädigung und/oder Wiedergutmachung (Schadensersatz).

II. Verfassungen der Mitgliedstaaten

Vereinzelt sehen die Verfassungen der EU-Mitgliedstaaten einen **verfassungsrechtlichen Entlassungsschutz** vor.[4] So wird zB nach **Art. 53 portVerf** den Arbeitern ausdrücklich die Sicherung des Arbeitsplatzes garantiert; Entlassungen ohne rechtfertigenden Grund oder aus politischen oder ideologischen Gründen sind danach unzulässig. Nach **Art. 36 slowenVerf** ist Arbeitnehmern der Schutz vor ungerechtfertigten Entlassungen aus einem Arbeitsverhältnis durch Gesetz zu gewährleisten. Ähnlich bestimmt **§ 18 finnVerf** unter der Überschrift „Recht auf Arbeit und Gewerbefreiheit", dass niemand ohne gesetzliche Grundlage aus seiner Arbeit entlassen werden dürfe, die öffentliche Gewalt die Beschäftigung zu

---

[1] (Ältere) Übersichten zum Kündigungsschutz in den Mitgliedstaaten zB *Europ. Kommission,* Termination of Employment Relationships. Legal Situation in the Member States of the European Union, 2006, im Internet abrufbar unter http://ec.europa.eu/social/BlobServlet?docId=4623&langId=en (letzter Abruf: 16.8.2019); *Europ. Kommission,* Termination of Employment Relationships. Legal Situation in the following Member States of the European Union: Bulgaria, Cyprus, the Czech Republic, Estonia, Hungary, Latvia, Lithuania, Malta, Poland, Romania, Slovakia and Slovenia, 2007, im Internet unter http://ec.europa.eu/social/BlobServlet?docId=4624&langId=en (letzter Abruf: 16.8.2019); s. auch *Bruun* in Bercusson S. 337 (348 ff.).

[2] Vgl. zB den 9. Erwägungsgrund zur RL 2001/23/EG zur Angleichung der Rechtsvorschriften der Mitgliedstaaten über die Wahrung von Ansprüchen der Arbeitnehmer beim Übergang von Unternehmen, Betrieben oder Unternehmens- oder Betriebsteilen („Betriebsübergangs-RL"), ABl. 2001 L 82, 16; sowie die Erwägungsgründe 1–11 zur RL 2000/78/EG zur Festlegung eines allgemeinen Rahmens für die Verwirklichung der Gleichbehandlung in Beschäftigung und Beruf („Gleichbehandlungsrahmen-RL"), ABl. 2000 L 303, 16.

[3] Siehe dazu Nr. 7, 17 u. 18 SozGRCh; ausdrückliche Bezugnahme hierauf zB im 5. Erwägungsgrund zur Betriebsübergangs-RL 2001/23/EG sowie im 2. Erwägungsgrund zur RL 2002/14/EG zur Festlegung eines allgemeinen Rahmens für die Unterrichtung und Anhörung der Arbeitnehmer in der EG, ABl. 2002 L 80, 29.

[4] Die Verfassungen sind im Internet abgedruckt unter: www.verfassungen.eu/eu/index.htm (letzter Abruf: 16.8.2019); s. dazu u. zum nationalen Recht der Mitgliedstaaten auch *Bruun* in Bercusson S. 337 (347 ff.); *Europ. Kommission,* 2006 u. 2007 im Internet abrufbar unter http://ec.europa.eu/social/BlobServlet?docId=LangId=en (letzter Abruf: 5.12.2018).

fördern und danach zu streben habe, für jeden das Recht auf Arbeit zu sichern; außerdem, dass jeder das Recht habe, sein Einkommen durch eine Arbeit, einen Beruf oder ein Gewerbe seiner Wahl gesetzlich zu erzielen. Nach **Art. 22 Abs. 1 griechVerf** ist die Arbeit ein „Recht", das unter dem Schutz des Staates steht, der für die Sicherung der Vollbeschäftigung und für die sittliche und materielle Förderung der arbeitenden ländlichen und städtischen Bevölkerung zu sorgen habe; ferner sind nach dessen Abs. 2 die allgemeinen Arbeitsbedingungen durch Gesetz festzulegen, wobei diese durch die in freien Verhandlungen abgeschlossenen Tarifverträge ergänzt werden, bei deren Misslingen schiedsrichterlich gesetzte Regeln vorgesehen sind.

4 Die Verfassungen der meisten anderen Mitgliedstaaten enthalten zwar keine entsprechenden ausdrücklichen Vorschriften zum Entlassungsschutz, sehen jedoch zumindest teilweise das ausdrückliche **Recht auf Arbeit** vor (→ § 34 Rn. 44). So ist zB in **Kapitel 1 § 2 schwedVerf** bestimmt, dass die Sicherung des Rechts auf Arbeit dem Gemeinwesen obliege. **Art. 23 belgVerf** zählt ausdrücklich zum Recht auf Führung eines menschenwürdigen Lebens das Recht auf Arbeit im Rahmen einer allgemeinen Beschäftigungspolitik, die ua darauf ausgerichtet sein soll, einen Beschäftigungsstand zu gewährleisten, der so stabil und hoch wie möglich sei. **Art. 11 luxVerf** bestimmt, dass das Gesetz das Recht auf Arbeit gewährleiste und jedem Bürger die Ausübung dieses Rechtes sichere. Nach **Art. 35 spanVerf** haben alle Spanier die Pflicht zu arbeiten und das Recht auf Arbeit, auf freie Wahl des Berufes oder eines Amtes, auf Fortkommen durch ihre Arbeit und auf eine Entlohnung, die zur Befriedigung ihrer Bedürfnisse und der ihrer Familie ausreicht; ausdrücklich wird in diesem Zusammenhang eine Diskriminierung wegen des Geschlechts für unzulässig erklärt und die Regelung eines Arbeitnehmerstatuts durch Gesetz vorgesehen. Sehr viel allgemeiner bestimmt **§ 75 Abs. 1 dänVerf,** dass es zwecks Förderung des Gemeinwohls anzustreben sei, dass jeder arbeitsfähige Bürger die Möglichkeit habe, unter Bedingungen zu arbeiten, die sein Dasein sichern. Nach **Art. 19 ndlVerf** ist die Schaffung von genügend Arbeitsplätzen Gegenstand der Sorge des Staates und der anderen öffentlich-rechtlichen Körperschaften; Vorschriften über die Rechtsstellung derjenigen, die Arbeit verrichten, über den Arbeitsschutz und über die Mitbestimmung werden danach durch Gesetz erlassen. Nach **Art. 36 slowakVerf** haben Beschäftigte das Recht auf gerechte und zufriedenstellende Arbeitsbedingungen; durch Gesetz wird ihnen ua der Schutz vor ungerechtfertigter Entlassung gewährleistet.

5 In der **Bundesrepublik Deutschland** fehlt zwar gleichfalls ein ausdrückliches Grundrecht auf Schutz vor ungerechtfertigten Entlassungen bzw. ein Recht auf Arbeit bzw. zu arbeiten. Dennoch hat auch hier der einfachgesetzliche Schutz vor ungerechtfertigten Entlassungen eine allgemeine verfassungsrechtliche Basis, nämlich durch die in Art. 12 GG geregelte Berufs(wahl- und ausübungs)freiheit;[5] außerdem durch die allgemeine Handlungsfreiheit (Art. 2 Abs. 1 GG) iVm der Unantastbarkeit der Menschenwürde (Art. 1 Abs. 1 GG), die als sog Auffanggrundrechte zum Tragen kommen, wenn kein spezielles Freiheitsrecht einschlägig ist (so zB bei ausländischen Staatsangehörigen, für die Art. 12 GG nicht gilt; str., → § 9 Rn. 8) und hinsichtlich derer die Rechtsprechung des BVerfG praktisch zu identischen Ergebnissen gelangt ist wie bei Art. 12 GG.[6] Art. 12 Abs. 1 GG bzw. (subsidiär) Art. 2 Abs. 1 GG iVm Art. 1 Abs. 1 GG gewährleisten einen **verfassungsrechtlichen Mindestschutz gegen ungerechtfertigte Entlassungen.** Dieser verfassungsrechtlich gebotene Mindestschutz des Arbeitsplatzes vor Verlust durch private Disposition umfasst vor allem den **Schutz vor willkürlichen oder auf sachfremden Motiven beruhenden Kündigungen** (wie zB infolge von Diskriminierungen iSd Art. 3 Abs. 3 GG oder bei Verstoß gegen das aus dem Sozialstaatsprinzip hergeleitete „Gebot an sozialer Rücksichtnahme"), wobei es Aufgabe der Arbeitsgerichtsbarkeit sei, zu entscheiden, wie weit dieser Schutz im Einzelnen reiche.[7] Details zu diesem Mindeststandard sind

---

[5] Zum Schutzbereich und zu den Schranken vgl. zB BAG NZA 2005, 627 (630 ff. mwN).
[6] Vgl. dazu zB *Schmidt* in ErfK GG Art. 12 Rn. 10 mwN.
[7] BVerfGE 97, 169 = AP KSchG 1969 § 23 Nr. 17 unter B I 3b) cc) der Gründe; zur Unwirksamkeit einer altersdiskriminierenden Kündigung im „Kleinbetrieb" BAG 6 AZR 457/14, NZA 2015, 1380.

weiterhin offen.[8] Hierfür werden ua die zivilrechtlichen Generalklauseln der §§ 138 und 242 BGB herangezogen.[9] Weitere verfassungsrechtliche Grundlagen sind die Diskriminierungsverbote des Art. 3 GG, die Glaubens- und Gewissensfreiheit (Art. 4 GG), die Meinungsfreiheit (Art. 5 GG), der Schutz der Familie (Art. 6 GG) und die Vereinigungs- und Koalitionsfreiheit (Art. 9 Abs. 3 GG; zB Unzulässigkeit der Kündigung wegen Gewerkschaftszugehörigkeit mit der Maßgabe einer unmittelbaren Drittwirkung dieses grundrechtlichen Verbots).

Darüber hinaus hat die Rechtsprechung des BVerfG über einen Zeitraum von mehr als 30 Jahren die **sozialstaatliche Substanz des Art. 12 Abs. 1 GG** breit entfaltet, ausgehend von dem sog *Numerus clausus*-Urteil[10] (Herleitung eines „Teilhaberechts" aus Art. 12 Abs. 1 GG), über den sog *Handelsvertreter*-Beschluss[11] (Begründung einer grundrechtlichen Schutzpflicht des Gesetzgebers und der Gerichte, dh der Staat muss aktiv schützend tätig werden, wo Teilnehmer des Arbeitslebens offensichtlich außerstande sind, ihre Berufsfreiheit wahrzunehmen), bis hin zur ausdrücklichen Anerkennung des Arbeitsplatzschutzes im sog *Warteschleifen*-Urteil[12] (dh Beibehaltung der konkreten Beschäftigungsmöglichkeit im Rahmen der freien Wahl des Arbeitsplatzes durch Begründung einer grundrechtlichen Schutzpflicht). Aus alledem ergibt sich in Deutschland jedoch **kein (Grund)Recht zu arbeiten;** der Einzelne hat kein subjektives Recht auf Verschaffung eines Arbeitsplatzes oder auf eine entsprechende Bestandsgarantie.[13] Unabhängig davon besteht eine Verpflichtung des Staates zu arbeitsmarktpolitischer Aktivität im Rahmen seiner Haushaltswirtschaft, die jedoch nicht aus einem Grundrecht, sondern aus Art. 109 Abs. 2 GG hergeleitet wird.[14]

III. Unionsverträge und Sekundärrecht

Nach Art. 151 AEUV gehört die **Verbesserung der Lebens- und Arbeitsbedingungen** zwecks Angleichung auf dem Wege des Fortschritts und ein angemessener sozialer Schutz zu den Zielen, die die Union und die Mitgliedstaaten eingedenk der sozialen Grundrechte verfolgen, wie sie in der EuSozCh und SozGRCh festgelegt worden sind. Diese programmatische Zielsetzung wird gestärkt durch die **Richtlinienkompetenz** gemäß Art. 153 Abs. 1 lit. d, Abs. 2 AEUV, wonach der Rat **im Bereich des Schutzes der Arbeitnehmer bei Beendigung des Arbeitsvertrags** einstimmig auf Vorschlag der Kommission nach Anhörung des Europäischen Parlaments und des Wirtschafts- und Sozialausschusses sowie des Ausschusses der Regionen beschließt. Davon werden alle Gründe erfasst, die zu einer Beendigung des Arbeitsverhältnisses führen können; streitig ist lediglich, ob sich das Einstimmigkeit voraussetzende Verfahren nach Art. 153 Abs. 2 AEUV auch auf den Kündigungsschutz bestimmter (besonders schutzbedürftiger) Arbeitnehmergruppen bezieht[15] oder dieser Kündigungsschutz unter das Verfahren nach Art. 294 AEUV fällt.[16]

---

[8] Zum „Kündigungsschutz zweiter Klasse" durch die Generalklauseln vgl. *Hanau* FS Dieterich, 1999, 201 (207); ferner *Oetker* RdA 1997, 9 (19); *Schmidt* in ErfK GG Art. 12 Rn. 36 ff., demzufolge das Bestandsschutzinteresse des Arbeitnehmers, die besonderen Gefährdungslagen und – bei betrieblichen Gründen – das Gebot an sozialer Rücksichtnahme bei der Rechtfertigung einer Entlassung nicht völlig vernachlässigt werden dürfen; zudem sei das Über- und Untermaßverbot zu beachten.
[9] BVerfGE 97, 169 = AP KSchG 1969 § 23 Nr. 17; *Schmidt* in ErfK GG Art. 12 Rn. 38 mwN.
[10] BVerfGE 33, 301 ff.
[11] BVerfGE 81, 242 = AP GG Art. 12 Nr. 65.
[12] BVerfGE 84, 133 (146 f.) = AP GG Art. 12 Nr. 70.
[13] BVerfGE 84, 133 (146) = AP GG Art. 12 Nr. 70 unter C III 1 der Gründe.
[14] *Schmidt* in ErfK GG Art. 12 Rn. 5 mwN.
[15] So *Kampmeyer* S. 65 ff.; differenzierend *Benecke* in GHN AEUV Art. 153 Rn. 74, wonach maßgebend sein soll, ob der Schwerpunkt der betreffenden Maßnahme auf den in Art. 153 Abs. 1 AEUV genannten Gebieten liegt (zB Mutterschutz als Teil der Arbeitssicherheit) oder keinem der dort genannten Gebiete zugeordnet werden kann.
[16] So *Krebber* in Calliess/Ruffert AEUV Art. 153 Rn. 19; *Eichenhofer* in Streinz AEUV Art. 153 Rn. 16.

8 Da die Union die Tätigkeit der Mitgliedstaaten nach Art. 153 Abs. 1 AEUV lediglich unterstützt und ergänzt, besteht keine allgemeine Unionskompetenz zur Gestaltung einer Sozialpolitik.[17] Die **Hauptverantwortung** liegt weiterhin in erster Linie bei den **Mitgliedstaaten** (sog Subsidiarität der Union).

9 Spezielle Rechtsgrundlage für den **Entlassungsschutz gegenüber Diskriminierungen aufgrund des Geschlechts** ist Art. 157 Abs. 3 AEUV. Insbesondere gestützt auf deren Vorgängerregelung (ex-Art. 141 Abs. 3 EGV) wurde zB die Gleichbehandlungs-RL 2006/54/EG[18] erlassen. Nach **Art. 19 AEUV** kann der Rat, unbeschadet der sonstigen Bestimmungen der Verträge, im Rahmen der durch die Verträge auf die Union übertragenen Zuständigkeiten gemäß einem besonderen Gesetzgebungsverfahren und nach Zustimmung des Europäischen Parlaments einstimmig geeignete Vorkehrungen treffen, um **Diskriminierungen aus Gründen des Geschlechts,** der **Rasse,** der **ethnischen Herkunft,** der **Religion** oder der **Weltanschauung,** einer **Behinderung, des Alters** oder der **sexuellen Ausrichtung** zu bekämpfen. Insbesondere auf diese Rechtsgrundlage ist zB die Gleichbehandlungsrahmen-RL 2000/78/EG gestützt.[19]

IV. Europäische Sozialcharta (EuSozCh) und EMRK

10 Die EuSozCh vom 18.10.1961, auf die Art. 151 AEUV verweist, enthält im Zusammenhang mit dem unionsrechtlichen Entlassungsschutz unter Art. 8 Nr. 2 EuSozCh die spezielle Verpflichtung der Vertragsparteien, es zur **Gewährleistung eines wirksamen Schutzes der Arbeitnehmerinnen** „als ungesetzlich zu betrachten, dass ein Arbeitgeber einer Frau während ihrer Abwesenheit in Folge Mutterschaftsurlaubs oder so kündigt, dass die Kündigungsfrist während einer solchen Abwesenheit abläuft". Darüber hinaus verpflichtet Art. 4 Nr. 4 EuSozCh die Vertragsparteien, das Recht aller Arbeitnehmer auf eine **angemessene Kündigungsfrist** im Fall der Beendigung des Arbeitsverhältnisses anzuerkennen. Einen darüber hinausgehenden allgemeinen Schutz vor bzw. bei ungerechtfertigter Entlassung sieht die EuSozCh indes nicht vor. Die **EMRK** enthält überhaupt keine ausdrücklichen Bestimmungen zum Entlassungsschutz, sondern dies wurde vom Europarat in die EuSozCh „ausgelagert".

11 Weitergehende Bestimmungen zum allgemeinen Entlassungsschutz finden sich in der **revidierten Fassung der EuSozCh von 1996** (*European Social Charter [revised]*), nämlich in Art. 24 EuSozChrev., an die sich Art. 30 GRC gemäß der Erläuterungen zur GRC[20] „anlehnt".[21] Art. 24 EuSozChrev., der auf dem **ILO-Abkommen Nr. 158 (Termination of Employment Convention)**[22] aufsetzt, regelt das **Recht eines Arbeitnehmers auf Schutz bei Beendigung des Arbeitsverhältnisses** (*the right to protection in cases of termination of employment*). Insofern verpflichten sich die Vertragsparteien mit Blick auf die Gewährleistung einer wirksamen Ausübung dieses Rechts, es zu unternehmen, (1) das Recht eines jeden Arbeitnehmers anzuerkennen, dass sein Arbeitsverhältnis nicht ohne gültigen Grund arbeitgeberseitig[23] beendet wird, sofern diese Beendigung auf der Eignung, dem Verhalten oder betriebsbedingten Gründen des Unternehmens oder Betriebes beruht; (2) das Recht des Arbeitnehmers auf angemessene Kompensation oder andere geeignete

---

[17] *Benecke* in GHN AEUV Art. 153 Rn. 1 mwN; *Krebber* in Calliess/Ruffert AEUV Art. 153 Rn. 3; *Langer* in von der Groeben/Schwarze/Hatje AEUV Art. 153 Rn. 7; auch → § 36 Rn. 7 ff.
[18] RL 2006/54/EG zur Verwirklichung des Grundsatzes der Chancengleichheit und Gleichbehandlung von Männern und Frauen in Arbeits- und Beschäftigungsfragen, ABl. 2006 L 204, 23.
[19] RL 2000/78/EG des Rates zur Festlegung eines allgemeinen Rahmens für die Verwirklichung der Gleichbehandlung in Beschäftigung und Beruf, ABl. 2000 L 303, 16.
[20] ABl. 2007 C 303, 17.
[21] Ausführlicher zur EuSozChrev. → § 39 Rn. 12.
[22] Im Internet abrufbar unter http://www.ilo.org/dyn/normlex/en/f?p=NORMLEXPUB:12100:0::NO::P12100_ILO_CODE:C158 (letzter Abruf: 16.8.2019).
[23] Im Appendix zur EuSozChrev., der unmittelbarer Bestandteil der Sozialcharta ist, wird zu Art. 24 EuSozChrev. (unter Ziff. 1) klargestellt, dass unter *termination of employment* und *terminated* die „Beendigung des Arbeitsverhältnisses auf Initiative des Arbeitgebers" zu verstehen ist.

Wiedergutmachung anzuerkennen, dessen Arbeitsverhältnis ohne gültigen Grund beendet wurde.[24] In diesem Zusammenhang besteht auch die Verpflichtung der Vertragsparteien, entsprechende Vorkehrungen zu treffen, dass die von derartigen ungerechtfertigten Entlassungen betroffenen Arbeitnehmer entsprechenden **Rechtsschutz bei einer neutralen Instanz** beanspruchen können.

Der **persönliche Anwendungsbereich** erstreckt sich zwar grundsätzlich auf alle Arbeitnehmer (*workers*), es wird jedoch den einzelnen Vertragsstaaten ausdrücklich die Möglichkeit eröffnet, einzelne oder sämtliche Arbeitnehmer bestimmter Beschäftigungskategorien vom Entlassungsschutz auszunehmen; dies sind[25] (a) Arbeitnehmer auf Basis eines befristeten Arbeitsvertrages oder bei Einstellung für eine spezielle Aufgabe (*engaged under a contract of employment for a specified period of time or a specified task*); (b) Arbeitnehmer während einer im Voraus vereinbarten, angemessenen Probezeit oder berufsqualifizierenden Beschäftigung (*period of probation or a qualifying period of employment, provided that this is determined in advance and is of a reasonable duration*), und (c) Arbeitnehmer, die nur kurzzeitig und vorübergehend eingestellt worden sind (*engaged on a casual basis for a short period*). 12

Als **ungültige Gründe** („*...not constitute valid reasons for termination...*") für eine Entlassung werden insbesondere genannt:[26] (a) Mitgliedschaft in einer Gewerkschaft oder Teilnahme an gewerkschaftlichen Aktionen außerhalb der Arbeitszeit bzw. innerhalb der Arbeitszeit mit der Maßgabe des Einverständnisses des Arbeitgebers; (b) Bewerbung um das Mandat eines Arbeitnehmervertreters bzw. Handlungen bei Ausübung dieses Mandates („*seeking office as, acting or having acted in the capacity of a workers' representative*"); (c) Klagen gegen den Arbeitgeber oder Teilnahme an Verfahren gegen den Arbeitgeber, die behauptete Rechtsverstöße betreffen; (d) Entlassungen aus Gründen der Rasse, Hautfarbe, des Geschlechts, Familienstatus („*marital status*"), familiären Pflichten („*family responsibility*"), Schwangerschaft, Religion, politischer Meinungen, nationaler Abstammung oder sozialer Herkunft; (e) Mutterschaftsurlaub oder Elternzeit („*maternity or parental leave*"); und (f) zeitweilige krankheits- oder unfallbedingte Abwesenheiten. 13

Schließlich wird im Annex zu Art. 24 Ziff. 4 EuSozChrev. klargestellt, dass sich die Regeln über die Entschädigung oder andere geeignete Abhilfemaßnahmen („*compensation or other appropriate relief*") bei einer Entlassung ohne gültigen Grund nach den entsprechenden Bestimmungen des nationalen Rechts, Kollektivverträgen oder anderen entsprechenden nationalen Regelungen zu richten haben („*determined by national laws or regulations, collective agreements or other means appropriate to national conditions*"). Weitere Regelungen im Zusammenhang mit dem Entlassungsschutz enthalten Art. 4 Ziff. 4 EuSozChrev. (**angemessene Kündigungsfrist** [*reasonable period of notice for termination of employment*]), Art. 20 lit. a EuSozChrev. (Entlassungsschutz [*dismissal*] gegenüber **Diskriminierungen aufgrund des Geschlechts**), Art. 25 EuSozChrev. (Schutz bei **Zahlungsunfähigkeit des Arbeitgebers**), Art. 27 Ziff. 3 EuSozChrev. (Unzulässigkeit der Kündigung des Arbeitsverhältnisses wegen **Wahrnehmung familiärer Pflichten** [*family responsibilities*]) und Art. 28 lit. a EuSozChrev. (Entlassungsschutz [*dismissal*] der **Arbeitnehmervertreter**). 14

---

[24] Wörtlich lautet Art. 24 EuSozChrev. in der amtlichen englischen Fassung: „The right to protection in cases of termination of employment: With a view to ensuring the effective exercise of the right of workers to protection in cases of termination of employment, the Parties undertake to recognize: (a) the right of all workers not to have the employment terminated without valid reasons for such termination connected with their capacity or conduct or based on the operational requirements of the undertaking, establishment or service; (b) the right of workers whose employment is terminated without a valid reason to adequate compensation or other appropriate relief. To this end the Parties undertake to ensure that a worker who considers that his employment has been terminated without a valid reason shall have the right to appeal to an impartial body.".
[25] Vgl. Annex zu Art. 24 Ziff. 2 EuSozChrev.
[26] Vgl. Annex zu Art. 24 Ziff. 3 EuSozChrev.

V. Gemeinschaftscharta der Sozialen Grundrechte der Arbeitnehmer (SozGRCh)

15 Nach Nr. 7 SozGRCh muss die Verwirklichung des Binnenmarktes zu einer Verbesserung der Lebens- und Arbeitsbedingungen der Arbeitnehmer in der EG (nunmehr: Union) führen, namentlich im Rahmen einer Angleichung dieser Bedingungen auf dem Wege des Fortschritts und, soweit nötig, unter Ausgestaltung bestimmter Bereiche des Arbeitsrechts wie der Verfahren bei **Massenentlassungen** oder bei **Konkursen (Insolvenzen);** ausdrücklich werden in diesen Schutz neben **unbefristeten Arbeitsverhältnissen** andere Arbeitsformen wie **befristete Arbeitsverhältnisse, Teilzeitarbeit, Leiharbeit** und **Saisonarbeit** einbezogen. Ergänzend dazu regeln Nr. 17 u. 18 SozGRCh, dass die **Unterrichtung, Anhörung und Mitwirkung der Arbeitnehmer** in geeigneter Weise unter Berücksichtigung der in den verschiedenen Mitgliedstaaten herrschenden Gepflogenheiten weiterentwickelt werden müssen, insbes., jedoch nicht ausschließlich, für Unternehmen und Unternehmenszusammenschlüsse mit Betriebsstätten bzw. Unternehmen in mehreren Staaten der EG (nunmehr: Union), wobei die rechtzeitige Unterrichtung, Anhörung und Mitwirkung vor allem bei Einführung technologischer Veränderungen in den Unternehmen, verbunden mit einschneidenden Veränderungen in den Arbeitsbedingungen und der Arbeitsorganisation der Arbeitnehmer, erforderlich ist; bei der Umstrukturierung oder Verschmelzung von Unternehmen, sofern dadurch die Beschäftigung der Arbeitnehmer berührt wird. Dies gilt ebenfalls auch bei Massenentlassungen und im Falle von sog Grenzgängern. Die zentrale Bedeutung dieser Bestimmungen der SozGRCh als Bestandteil (auch) des Arbeitnehmerschutzes bei ungerechtfertigten Entlassungen wird zB in den Erwägungsgründen 3–5 der Betriebsübergangs-RL 2001/23/EG[27] deutlich, wo ausdrücklich zur Begründung des Arbeitnehmerschutzes bei einem Inhaberwechsel auf die Nr. 17 u. 18 SozGRCh Bezug genommen wird. Ferner ergibt sich aus dem 9. Erwägungsgrund der Betriebsübergangs-RL 2001/23/EG die Bedeutung der SozGRCh beim „**Kampf gegen alle Formen der Diskriminierung,** insbesondere aufgrund von Geschlecht, Hautfarbe, Rasse, Meinung oder Glauben".

16 Aus Nr. 2 SozGRCh als *lex specialis* ergibt sich zB, dass es unzulässig wäre, einen sog **Grenzgänger** oder **Arbeitnehmer aus einem anderen Mitgliedstaat** allein wegen dieser Tatsache vom Kündigungsschutz im Aufnahmeland auszunehmen. Gemäß Nr. 10 SozGRCh hat **jeder Arbeitnehmer der EG (nunmehr: Union)** entsprechend den Gegebenheiten der einzelnen Mitgliedstaaten **Anspruch auf einen angemessenen sozialen Schutz,** was nach dem weiten Wortlaut den Entlassungsschutz mit umfasst. Nr. 11 S. 2 SozGRCh bestimmt, dass es jedem Arbeitgeber und jedem Arbeitnehmer frei steht, **beruflichen oder gewerkschaftlichen Vereinigungen** beizutreten oder nicht, ohne dass ihm daraus ein persönlicher oder beruflicher Nachteil erwachsen dürfe; eine Kündigung des Arbeitsverhältnisses zB wegen Gewerkschaftszugehörigkeit wäre ein solcher unzulässiger Nachteil. Nr. 16 SozGRCh regelt die Gewährleistung der **Gleichbehandlung von Männern und Frauen,** den weiteren Ausbau der Chancengleichheit und Verstärkung der erforderlichen Maßnahmen, mit denen die Verwirklichung der Gleichheit von Männern und Frauen vor allem im Hinblick auf den Zugang zur Beschäftigung, sozialen Schutz etc sichergestellt werden; ferner den Ausbau von Maßnahmen, die es Männern und Frauen ermöglichen, ihre beruflichen und familiären Pflichten besser miteinander in Einklang zu bringen. Hieraus könnten zB Schutzpflichten im Zusammenhang mit Kündigungen wegen Mutterschaftsurlaubs, Elternzeit/Elternurlaubs oder bei Teilzeit wegen familiärer Pflichten folgen.

B. Grundrechtscharakter und Gewährleistungsgehalt des Art. 30 GRC

17 Nach Art. 30 GRC (*Schutz bei ungerechtfertigter Entlassung/Protection in the event of unjustified dismissals/Protection en cas de licenciement injustifié*) hat „jede Arbeitnehmerin und jeder

---

[27] ABl. 2001 L 82, 16.

Arbeitnehmer[28] nach dem Unionsrecht und den einzelstaatlichen Rechtsvorschriften und Gepflogenheiten Anspruch auf Schutz *vor*[29] ungerechtfertigter Entlassung". Gemäß den Interpretationszwecken dienenden (Art. 52 Abs. 7 GRC) Erläuterungen zur GRC[30] „lehnt sich" dieser Artikel an Art. 24 EuSozChrev. „an" und verweist (wörtlich: „Siehe auch ...") auf die Betriebsübergangs-RL 2001/23/EG[31] und die Insolvenzschutz-RL (ex-RL 80/987/EWG; nunmehr: RL 2008/94/EG).[32] Indes hat sich der EuGH bislang mit den Inhalten des Art. 30 GRC nicht befassen müssen.[33] Auch die Generalanwälte hatten bisher, soweit ersichtlich, keinen Anlass, inhaltlich mit Art. 30 GRC zu argumentieren. Indes gibt es ein breites Spektrum zum unionsrechtlichen Entlassungsschutz und zu dessen unionsgrundrechtlichen Bezügen (→ Rn. 25 ff.).

Offen ist, ob es sich bei dem Grundrecht des Art. 30 GRC um ein **Recht oder** einen **Grundsatz** handelt[34] (zur Unterscheidung vgl. Art. 52 Abs. 4 und 5 GRC), ob daraus ein subjektives Recht folgt und wenn ja, für und gegen wen sowie welchen Inhalts[35] (zur Methodik → § 39 Rn. 21). Aus den Materialen zum *Herzog*-Konvent[36] ergibt sich, dass die Formulierung „jede Arbeitnehmerin [...] hat Schutz vor ungerechtfertigter Entlassung" bewusst im Sinne einer positiven Formulierung in den Text aufgenommen wurde.[37] Daraus wird im Schrifttum entnommen, dass Art. 30 GRC ein **Individualrecht** formulieren und **Schutzansprüche** vermitteln soll.[38] Ob dies iS eines sog Schutzgewährrechts zu verstehen ist und einen entsprechenden Gesetzgebungsauftrag auch an die Mitgliedstaaten beinhaltet,[39] ist nach dem derzeitigen Erkenntnisstand jedoch unklar. Zurückhaltung ist hier, zusätzlich zu den grundsätzlichen Bedenken, im Hinblick auf eine Argumentation mit dem Wortlaut angezeigt, da die Diskussionen im *Herzog*-Konvent, wie den Materialien zu

18

---

[28] Soweit der Begriff „Arbeitnehmer" in diesem § 41 verwendet wird, geschieht dies in einem geschlechtsneutralen Sinn und umfasst sowohl weibliche als auch männliche als auch intersexuelle Personen (sog. drittes Geschlecht).

[29] Also *vor* und nicht, entgegen der missverständlichen Überschrift, „bei"; so auch die englische Fassung: *protection against unjustified dismissal* und französische Fassung: *protection contre tout licenciement injustifié*.

[30] ABl. 2007 C 303, 17.

[31] ABl. 2001 L 82, 16.

[32] ABl. 2008 L 283, 36.

[33] Stand: 8.12.2017; vgl. zB EuGH C-395/15, ECLI:EU:C:2016:917 Rn. 63 mwN – Daouidi; EuGH C-117/14, ECLI:EU:C:2015:60 Rn. 29 f. – Poclava; EuGH C-617/10, ECLI:EU:C:2013:105 Rn. 22 – Akerberg Fransson (in mittlerweile stRspr klarstellend, dass Art. 30 GRC, wie generell die in der Unionsrechtsordnung garantierten Grundrechte, in allen unionsrechtlich geregelten Fallgestaltungen und nicht außerhalb derselben Anwendung finden, daher stets sorgfältig zu prüfen sei, ob die nationale Regelung eine Durchführung des Unionsrechts darstelle und die Bestimmungen der GRC als solche die Zuständigkeit des EuGH nicht begründen könnten).

[34] Für ein Grundrecht *Jarass* GRCh Art. 30 Rn. 2; *Lembke* in von der Groeben/Schwarze/Hatje GRC Art. 30 Rn. 8; *Kröll* in Holoubek/Linbacher, GRC-Kommentar, GRC Art. 30 Rn. 8 mwN; *Lang* in Stern/Sachs GRCh Art. 30 Rn. 5; *C. Schubert* in Franzen/Gallner/Oetker GRC Art. 30 Rn. 2; ablehnend *Krebber* in Calliess/Ruffert GRC Art. 30 Rn. 1; *Knecht* in Schwarze GRC Art. 30 Rn. 4; *Streinz* in Streinz GRC Art. 30 Rn. 3; instruktiv auch, wenngleich zu Art. 27 GRC: EuGH C-176/12, ECLI:EU:C:2014:2 – Association de médiation sociale/CGT ua; ebenso GA *Cruz Villalón*, SchlA C-176/12, ECLI:EU:C:2013:491 Rn. 43 ff. – Association de médiation sociale/CGT ua.

[35] Für ein Individualrecht *Lembke* in von der Groeben/Schwarze/Hatje GRC Art. 30 Rn. 8; *Frenz*, HdBEuR Bd. 4, Rn. 3820 f., wonach jeder Arbeitnehmer einen einklagbaren Anspruch auf Schutz vor ungerechtfertigter Entlassung hat; *Jarass* GRCh Art. 30 Rn. 9; *Kröll* in Holoubek/Linbacher, GRC-Kommentar, GRC Art. 30 Rn. 8 mwN; *Lang* in Stern/Sachs GRCh Art. 30 Rn. 5; *C. Schubert* in Franzen/Gallner/Oetker GRC Art. 30 Rn. 2; aA *Krebber* in Calliess/Ruffert GRC Art. 30 Rn. 2.

[36] Instruktiv dazu die zusammenfassende Darstellung bei *Rudolf* in NK-EuGRCh GRCh Art. 30 Rn. 6 ff.; ausführlich *Bernsdorff/Borowsky*, GRC, S. 222 ff.

[37] *Rudolf* in NK-EuGRCh GRCh Art. 30 Rn. 9 mwN.

[38] *Frenz*, HdBEuR Bd. 4, Rn. 3818 ff.; *Grabenwarter* DVBl 2001, 1 (9 f.); *Jarass* GRCh Art. 30 Rn. 2; *Lembke* in von der Groeben/Schwarze/Hatje GRC Art. 30 Rn. 8; *Rudolf* in NK-EuGRCh GRCh Vorb. zu Art. 27 ff. Rn. 33. *Kröll* in Holoubek/Lienbacher, GRC-Kommentar, GRC Art. 30 Rn. 8 mwN; *Lang* in Stern/Sachs GRCh Art. 30 Rn. 5; *C. Schubert* in Franzen/Gallner/Oetker GRC Art. 30 Rn. 2.

[39] So zB *Kröll* in Holoubek/Lienbacher, GRC-Kommentar, GRC Art. 30 Rn. 10 (derart weitgehend, dass jeder einzelne Mitgliedstaat dieses Grundrecht unterschiedlich ausgestalten könne); *Lang* in Stern/Sachs GRCh Art. 30 Rn. 12; *C. Schubert* in Franzen/Gallner/Oetker GRC Art. 30 Rn. 2.

entnehmen ist, deutlich gezeigt haben, dass dort über Details keine Einigkeit bestand.[40] Dies gilt ebenso für eine allzu starke „Anlehnung" an Art. 24 EuSozChrev. aufgrund der Erläuterungen zur GRC, ohne dafür weitere Anhaltspunkte im sonstigen Unionsrecht zu haben oder die EuSozChrev. von allen Mitgliedstaaten ratifiziert wurde (→ § 39 Rn. 12).[41] Und es kann deshalb in diesem Zusammenhang auch nur mit beschränktem Erkenntniswert auf die Äußerung des Präsidenten *Herzog* in der 7. Sitzung dieses Konvents zurückgegriffen werden, wonach sich eine deutliche Mehrheit für die Aufnahme sozialer Rechte in die Grundrechtecharta ausgesprochen habe und sich dies vor allem auf solche Materien beziehe, die bereits durch das „Sekundärrecht der EG abgesichert" seien.[42] Diese Äußerung darf zudem nicht zu der (falschen) Schlussfolgerung verleiten, mit Art. 30 GRC werde Sekundärrecht in den Rang eines sozialen Grundrechts gehoben. Dies wird weithin zu Recht in der einschlägigen Literatur auch nicht vertreten, sondern vielmehr, dass das Sekundärrecht nur zur Auslegung dieses Grundrechts herangezogen werden könne, soweit dort Anhaltspunkte für das Verständnis eines Unionsgrundrechts im Sinne des Art. 30 GRC enthalten seien.[43] Wohl zu Unrecht wird vereinzelt angenommen, mit Art. 30 GRC werde jedenfalls teilweise neues Recht geschaffen.[44] Dieses Verständnis kann sich aus den vorstehenden Gründen weder auf den Gesetzeswortlaut noch die Entstehungsgeschichte stützen. Zur Bestimmung der Grundrechtsqualität, des Inhalts und der Schranken dieses Grundrechts ist folglich gemäß der einschlägigen Dogmatik (→ § 39 Rn. 19 f.) auf den „Besitzstand" zum unionsgrundrechtlichen Schutz bei ungerechtfertigter Entlassung zurückzugreifen (→ Rn. 25 ff.).

19 Zum sog Refrain **„nach dem Unionsrecht und den einzelstaatlichen Rechtsvorschriften und Gepflogenheiten"** sowie zur daraus abzuleitenden **wertenden Gesamtschau** → § 39 Rn. 19 f. Dies gilt sowohl für die Bestimmung des Umfangs des Schutzbereichs als auch die Rechtsfolgen.

20 Der Schutz besteht vor einer **ungerechtfertigten Entlassung** (*unjustified dismissal/ licenciement injustifié*). Unter den Begriff der Entlassung (*dismissal; licenciement*) fällt zweifelsfrei eine (ordentliche wie außerordentliche) Arbeitgeber-Kündigung des Arbeitsverhältnisses, unabhängig davon, ob dies auf betrieblichen/wirtschaftlichen (*kollektiven*) oder verhaltens-/personenbedingten (*individuellen*) Gründen beruht.[45] Ob unter den Schutzbereich indes auch ein arbeitgeberseitig veranlasster Aufhebungsvertrag bzw. eine Arbeitnehmerkündigung als Folge zB sexueller Belästigung oder Mobbings, die arbeitgeberseitige Anfechtung des Arbeitsvertrages, andere Beendigungsformen wie zB Altersgrenzen, (sonstige) Befristungen, „automatische" Beendigungen etc fallen, ist offen[46] und wird sich nur unter Rückgriff auf den *acquis communautaire* bzw. die gemeinsamen Verfassungsüberlieferungen der Mitgliedstaaten, den (unterschiedlichen) Wortlaut der verschiedenen Sprachfassungen des Art. 30 GRC[47], dessen Regelungsziel und den Grundsatz des *effet utile* beantworten lassen.

21 **Grundrechtsverpflichtete** sind die Union (Organe, Einrichtungen und sonstige Stellen) sowie die Mitgliedstaaten, soweit jene Unionsrecht durchführen (Art. 51 Abs. 1 S. 1

---

[40] Instruktiv dazu die zusammenfassende Darstellung bei *Rudolf* in NK-EuGRCh GRCh Art. 30 Rn. 6 ff.; ausführlich *Bernsdorff/Borowsky*, GRC, S. 222 ff.
[41] So aber *Riedel* in NK-EuGRCh, 1. Aufl. 2003, GRCh Art. 30 Rn. 11 ff., der die „Liste der typischerweise ungerechtfertigten Entlassungsgründe" im Sinne des Art. 24 EuSozChrev. zum „Maßstab bei der Auslegung" des Art. 30 GRC genommen hat (Rn. 15).
[42] *Bernsdorff/Borowski*, GRC, S. 223; *Rudolf* in NK-EuGRCh GRCh Art. 30 Rn. 9 f.
[43] So zB *Rudolf* in NK-EuGRCh GRCh Art. 30 Rn. 11.
[44] So *Rudolf* in NK-EuGRCh GRCh Art. 30 Rn. 11.
[45] *Bruun* in Bercusson S. 337 (348); *Jarass* GRCh Art. 30 Rn. 6; *Lembke* in von der Groeben/Schwarze/ Hatje GRC Art. 30 Rn. 11 mwN.
[46] S. dazu *Bruun* in Bercusson S. 337 (348) (weite Auslegung); ebenso zB *Jarass* GRCh Art. 30 Rn. 6; aA *Lembke* in von der Groeben/Schwarze/Hatje GRC Art. 30 Rn. 11 mwN (Arbeitnehmer-Kündigung und Aufhebungsvertrag generell ausschließend).
[47] Zum englischen Begriff *dismissal* in Abgrenzung zu *termination of employment*: *Bruun* in Bercusson S. 337 (342).

GRC). Zur offenen Frage, ob bzw. in welchem Umfang privatrechtliche Arbeitgeber/ Unternehmen unmittelbar oder mittelbar verpflichtet werden → § 39 Rn. 22 u. → § 40 Rn. 19.[48]

Grundrechtsträger sind Arbeitnehmer/innen (*worker/travailleur*) im Unternehmen, un- 22 abhängig von einer Unionsbürgerschaft (zu Einzelheiten des Arbeitnehmerbegriffs → § 39 Rn. 23).[49] Insofern muss man hier aber als Besonderheit berücksichtigen, dass in zwei wesentlichen Richtlinien als Teil des insofern maßgeblichen Unionsrechts auf den Arbeitnehmerbegriff iSd nationalen Rechts der Mitgliedstaaten Bezug genommen wird (→ Rn. 56).[50] Und Art. 45 AEUV nimmt *Beschäftigte im öffentlichen Dienst* im engeren Sinne (einschließlich der Beamten) von dessen Anwendungsbereich aus (→ Rn. 30). Etwaige Ausschlüsse vom Entlassungsschutz (und wenn ja, in welchen Zusammenhängen; zB unionsgrundrechtlich unzulässig wäre dies: bei Schwangerschaft oder Altersdiskriminierung), sind (ebenfalls) im Rahmen der gebotenen *wertenden Gesamtschau* zu bewerten.

Bezugsobjekt ist aufgrund des sachlichen Zusammenhangs der *Arbeitgeber* iSd **Vertrags-** 23 **partners des Arbeitnehmers.** Gegen eine entsprechende Anlehnung an den engeren Begriff des *Unternehmens* iSd Art. 2 lit. a RL 2002/14/EG[51], Art. 16 u. 101 AEUV (dh jedes öffentlich- und privatrechtliche Unternehmen, das eine wirtschaftliche Tätigkeit ausübt, unabhängig davon, ob es einen Erwerbszweck verfolgt oder nicht)[52] spricht, dass die hier als Teil des relevanten Unionsrechts wesentlichen **Richtlinien zum Betriebsübergang RL 2001/23/EG**[53] (Art. 2 RL 2001/23/EG) **und zum Insolvenzschutz RL 2008/94/EG** (Art. 2 Abs. 2 RL 2008/94/EG) den Arbeitgeberbegriff nicht definieren, sondern dort ist dies logisch stets der **Vertragspartner des Arbeitnehmers.** Als solcher kann zB, bei der Existenz einer zentralen Personenführungsgesellschaft, welche konzernintern den Arbeitnehmer dauerhaft in einen Konzernteil entsendet, auch derjenige gelten, der für die wirtschaftliche Tätigkeit der übertragenen Einheit verantwortlich ist und in dieser Eigenschaft Arbeitsverhältnisse mit den Arbeitnehmern begründet.[54]

In der Unionsgesetzgebung und dazu einschlägigen Rechtsprechung des EuGH kann 24 man den unionsrechtlichen Arbeitnehmerschutz gegen ungerechtfertigte Entlassungen systematisch unterteilen in bestimmte unionsweit relevante Phänomene wie Diskriminierungen, Massenentlassungen, Unternehmens(teil)- bzw. Betriebs(teil)übergänge sowie den Schutz besonderer Personengruppen und – im weiteren Sinne des Entlassungsschutzes – die Zahlungsunfähigkeit des Arbeitgebers. Unionsgrundrechtlich lässt sich dieser Entlassungsschutz im Kern und historisch zT auf den **Grundrechtsschutz vor Diskriminierungen** zurückführen (zB Diskriminierungsverbote aufgrund der Staatsangehörigkeit, wegen des Geschlechts, Alters, einer Schwangerschaft, Transsexualität etc), zT auf das **Grundrecht auf Berufsfreiheit** (zB Entlassungsschutz bei Unternehmens[teil]- bzw. Betriebs [teil]übergängen), zT auf den unionsgrundrechtlichen **Schutz der Familie** (zB Arbeitnehmer/innen im Elternurlaub) und zT auf die **Achtung der Menschenwürde** (zB Entlassungsschutz behinderter Arbeitnehmer; Unterrichtung und Anhörung vor Ausspruch

---

[48] Ferner: Jarass GRCh Art. 51 Rn. 27; *Lembke* in von der Groeben/Schwarze/Hatje GRC Art. 30 Rn. 10; *Borowsky* in NK-EuGRCh GRCh Art. 51 Rn. 31, *Kingreen* in Calliess/Ruffert GRC Art. 51 Rn. 18; *Seifert* EuZW 2011, 696 (701), jew. mwN.
[49] Jarass GRCh Art. 27 Rn. 5 mwN; *Rudolf* in NK-EuGRCh GRCh Art. 27 Rn. 20.
[50] Vgl. Art. 2 Abs. 1d Betriebsübergangs-RL u. Art. 2 Abs. 2 Zahlungsunfähigkeits-RL.
[51] ABl. 2002 L 80, 29.
[52] Jarass GRCh Art. 27 Rn. 6; weitergehend: *Holoubek* in Schwarze GRC Art. 27 Rn. 14; *Rudolf* in NK-EuGRCh GRCh Art. 27 Rn. 25; ausschließlich auf den Arbeitnehmerbezug abstellend: *Lembke* in von der Groeben/Schwarze/Hatje GRC Art. 27 Rn. 8; *Kröll* in Holoubek/Lienbacher, GRC-Kommentar, GRC Art. 30 Rn. 10 ff.; *Lang* in Stern/Sachs GRCh Art. 30 Rn. 6 f.; *C. Schubert* in Franzen/Gallner/ Oetker GRC Art. 30 Rn. 7 f.
[53] Richtlinie 2001/23/EG des Rates vom 12. März 2001 zur Angleichung der Rechtsvorschriften der Mitgliedstaaten über die Wahrung von Ansprüchen der Arbeitnehmer beim Übergang von Unternehmen, Betrieben oder Unternehmens- oder Betriebsteilen, ABl. 2001 L 82, 16.
[54] Vgl. insofern die Konzern-Rspr. des EuGH zum Veräußererbegriff bei Zeitarbeit: EuGH C-242/09, Slg. 2010, I-10309 Rn. 31 – Albron Catering.

von Kündigungen; evtl. weitere Grundsätze eines fairen Verfahrens). Indes fehlen klare Konturen in der EuGH-Rechtsprechung für diese Feststellungen.

I. Allgemeines Diskriminierungsverbot aus Gründen der Staatsangehörigkeit

25 Nach den inhaltlich gleichlautenden Art. 21 Abs. 2 GRC und Art. 18 AEUV ist, unbeschadet besonderer Bestimmungen der Unionsverträge, in ihrem Anwendungsbereich jede Diskriminierung aus Gründen der Staatsangehörigkeit verboten. Dieses sog **allgemeine Diskriminierungsverbot** gilt also nur „unbeschadet besonderer Bestimmungen der Unionsverträge", dh dieses Diskriminierungsverbot ist gegenüber anderen in den Verträgen geregelten Diskriminierungsverboten subsidiär.[55] Das allgemeine Diskriminierungsverbot aus Gründen der Staatsangehörigkeit war bereits vor Inkrafttreten der GRC als **Unionsgrundrecht** anerkannt (ausführlich → § 49 Rn. 4 ff.). Im Hinblick auf den unionsrechtlichen Entlassungsschutz hat dieses Grundrecht bisher Grenzen bei der **Befristung** von Arbeitsverhältnissen gesetzt. Im Zusammenhang mit der – vom EuGH bejahten – Frage einer unzulässigen mittelbaren Diskriminierung von ausländischen Fremdsprachenlektoren an Universitäten, die im Gegensatz zu sonstigen Lehrkräften grundsätzlich nur in einem befristeten Arbeitsverhältnis beschäftigt wurden,[56] ging es um einen Unterfall des Entlassungsschutzes von Arbeitnehmern wegen Diskriminierung aufgrund ihrer Staatsangehörigkeit. In den beiden Ausgangsverfahren *Allué* und *Spotti* wurden die – an deutschen und italienischen Universitäten tätigen – ausländischen Fremdsprachenlektoren grundsätzlich nur aufgrund eines befristeten Arbeitsverhältnisses beschäftigt, während dies bei den übrigen Lehrkräften nur in besonderen Fällen (zB aufgrund eines sachlichen Grundes) geschah und zulässig war. Der EuGH hat dabei geprüft, ob die in der Befristung bestehende **mittelbare Diskriminierung aus Gründen der Staatsangehörigkeit** im jeweiligen Einzelfall gerechtfertigt war und dies im Ergebnis verneint; in der Rs. *Allué* unter Hinweis auf andere – bei den übrigen Lehrkräften praktizierte – Möglichkeiten der Befähigungsprüfung und darüber hinaus in beiden Rechtssachen mit der grundlegenden Feststellung, dass das Erfordernis der Sicherung eines aktualitätsbezogenen Unterrichts die Befristung nicht rechtfertigen könne.[57] Grundsätzlich also hat das unionsgrundrechtliche Diskriminierungsverbot aus Gründen der Staatsangehörigkeit Einfluss auf den Inhalt und die Grenzen des unionsrechtlichen Entlassungsschutzes. Ob dieser Entlassungsschutz nunmehr unter Art. 30 GRC fällt (neben oder anstelle von Art. 21 Abs. 2 GRC bzw. Art. 18 AEUV) ist offen; nach diesseitigem Verständnis ergibt es sich aus einer Gesamtschau dieser Bestimmungen in den Unionsverträgen iSd „Refrain" des Art. 30 GRC.

II. Besondere Diskriminierungsverbote

26 **1. Arbeitnehmerfreizügigkeit gemäß Art. 45 AEUV.** Aus der Arbeitnehmerfreizügigkeit des Art. 45 AEUV ergibt sich ein unionsrechtlicher Entlassungsschutz in dem Sinne, dass Arbeitnehmer, die aus einem anderen Mitgliedstaat stammen, im Vergleich **mit** ihren **inländischen Kollegen/innen bei der Beendigung des Arbeitsverhältnisses gleichbehandelt** werden müssen.[58] Dies betrifft die Beendigung durch Kündigung oder Aufhebungsvertrag. Zudem kann sich der Arbeitgeber bei Ausspruch einer Kündigung wegen des Verdachts einer vorgetäuschten Arbeitsunfähigkeit nicht auf eine Beweiserleichterung oder Beweislastumkehr berufen, wenn er Zweifel an der Integrität einer Arbeitsunfähig-

---

[55] EuGH 305/87, Slg. 1989, 1461 Rn. 12 f. – Kommission/Griechenland; EuGH 334/94, Slg. 1996, I-1307 Rn. 13 – Kommission/Frankreich; ausführlich → § 49 Rn. 4 ff.
[56] EuGH 33/88, Slg. 1989, 1591 Rn. 10 ff. – Allué ua; EuGH C-272/92, Slg. 1993, I-5185 Rn. 13 ff. – Spotti.
[57] EuGH 33/88, Slg. 1989, 1591 Rn. 14 – Allué ua; EuGH C-272/92, Slg. 1993, I-5185 Rn. 20 – Spotti.
[58] EuGH C-351/90, Slg. 1992, I-3945 – Kommission/Luxemburg; EuGH verb. Rs. C-259/91 ua, Slg. 1993, I-4309 – Allué ua (jeweils bezüglich Einstellungen); EuGH 44/72, Slg. 1972, 1243 – Peter Marsmann (bezüglich Abfindungszahlungen); *Krimphove* Rn. 238; *Henssler* in Henssler/Braun S. 18.

keitsbescheinigung hat, die in einem anderen Mitgliedstaat ausgestellt wurde.[59] Auf diesen unionsrechtlichen Entlassungsschutz können sich alle bei einem privat- und öffentlich-rechtlichen Arbeitgeber beschäftigten Arbeitnehmer berufen. **Ausgenommen** hiervon sind lediglich **Personen im öffentlichen Dienst,** die **mit spezifisch hoheitlichen Aufgaben** betraut sind (Art. 45 Abs. 4 AEUV).[60]

Das aus der Arbeitnehmerfreizügigkeit des Art. 45 AEUV hergeleitete **unionsrechtliche** 27 **Gleichbehandlungsgebot bzw. Diskriminierungsverbot** begründet die **Verpflichtung jedes** einzelnen **Arbeitgebers** (im Sinne einer unmittelbaren Drittwirkung → § 9 Rn. 51 ff.), Arbeitnehmer im Vergleich mit ihren inländischen Kollegen in jedem Teilaspekt des Arbeitsverhältnisses von dessen Begründung und Berechnung der Betriebszugehörigkeit über Fragen des Urlaubs- und Entgeltfortzahlungsrechtes, allgemein gewährten Zulagen sowie Trennungsentschädigungen bis hin zur Beendigung des Arbeitsverhältnisses (durch **Kündigung** oder **Aufhebungsvertrag**) gleich zu behandeln.[61] Dies betrifft auch **Abfindungszahlungen.**[62] Bei der Berechnung der Betriebszugehörigkeit eines Arbeitnehmers (zB im Geltungsbereich des deutschen Arbeitsplatzschutzgesetzes) sind zB Wehrdienstzeiten, die in einem anderen Mitgliedstaat abgeleistet wurden, anzurechnen.[63] Die generelle Anerkennung des in einem Mitgliedstaat geleisteten Wehrdienstes in jedem anderen Mitgliedstaat aus Gründen der Arbeitnehmerfreizügigkeit iSd Art. 45 AEUV hat der EuGH in der Rs. *Romero* ausdrücklich für das Europäische Sozialrecht vollzogen.[64]

Seit dem *Bosman*-Urteil steht zudem fest, dass es ein **Grundrecht auf freien Zugang** 28 **zur Beschäftigung** gibt, welches der EuGH aus der Arbeitnehmerfreizügigkeit des Art. 45 AEUV (ex-Art. 39 EGV) abgeleitet hat.[65] Hierbei handelt es sich nach der Rechtsprechung des Gerichtshof um ein individuelles Grundrecht,[66] welches **unmittelbar auch in Rechtsbeziehungen Privater** gelte (also auch gegenüber dem Arbeitgeber).[67] Insofern wird man jedoch dogmatisch kein eigenständiges Recht annehmen müssen, sondern dieses kann als Bestandteil des Grundrechts auf Berufsfreiheit und zu arbeiten (Art. 15 GRC → § 34 Rn. 1 ff.) verstanden werden; und die unmittelbare Wirkung im Rahmen der Rechtsbeziehungen privater Rechtsobjekte ergibt sich aus der Grundfreiheit, und somit nicht zwangsläufig aus dem Grundrecht.

Die **Tragweite der Arbeitnehmerfreizügigkeit** für an sich andere Bereiche des Ar- 29 beitsrechts wird zB auch durch die *Paletta I*- und *Paletta II*-Entscheidungen des EuGH deutlich. Diese Grundsätze sind im Zusammenhang mit dem unionsrechtlichen Entlassungsschutz bedeutsam, insbes. wenn ein Arbeitgeber eine verhaltensbedingte Kündigung wegen des Verdachts oder des Vorliegens einer vorgetäuschten Arbeitsunfähigkeit ausspricht. In der Rs. *Paletta I* hatte der EuGH entschieden, dass die **VO (EWG) Nr. 1408/71** unmittelbar auch auf private Arbeitgeber anzuwenden sei, da er die gesetzlich begründete Entgeltfortzahlungspflicht des Arbeitgebers gegenüber dem einzelnen Arbeitnehmer im Krankheitsfall zu den „Systemen der sozialen Sicherheit" und den Arbeitgeber als „Träger" iSd Verordnung zählt. Im Rahmen der Auslegung des Art. 18 VO (EWG) Nr. 574/72, dh der Durchführungs-VO zur VO (EWG) Nr. 1408/71, hatte der Gerichtshof unter maßgeblichem Rückgriff auf die „größtmögliche Förderung der Freizügigkeit" entschieden,

---

[59] EuGH C-206/94, Slg. 1996, I-2357 Rn. 26 – Paletta II.
[60] Vgl. mwN EuGH 66/85, Slg. 1986, 2121 Rn. 16 ff., 27 – Lawrie Blum.
[61] EuGH C-351/90, Slg. 1992, I-3945 – Kommission/Luxemburg; EuGH verb. Rs. C-259/91 ua, Slg. 1993, I-4309 – Allué ua (jeweils bezüglich Einstellungen); EuGH 44/72, Slg. 1972, 1243 – Peter Marsmann (bezüglich Abfindungszahlungen); *Krimphove* Rn. 238; *Henssler* in Henssler/Braun S. 18.
[62] EuGH 44/72, Slg. 1972, 1243 – Peter Marsmann.
[63] EuGH 15/69, Slg. 1969, 363 – Ugliola.
[64] EuGH C-131/96, Slg. 1997, I-3659 – Romero.
[65] EuGH C-415/93, Slg. 1995, I-4921 Rn. 129 – Bosman; s. auch EuGH C-416/96, Slg. 1999, I-1209 Rn. 45 – El-Yasini.
[66] *Zachert* NZA 2000, 621 (624 mwN) versteht dieses individuelle Recht als Grundrecht.
[67] Streitig ist indes, ob sich diese unmittelbare Drittwirkung nur auf die Grundfreiheit des Art. 45 AEUV bezieht oder auch auf das Grundrecht; allg. dazu → § 9 Rn. 49 ff.

dass Arbeitsunfähigkeitsbescheinigungen in tatsächlicher und rechtlicher Hinsicht vom Arbeitgeber anzuerkennen seien, die bei Erkrankung des Arbeitnehmers in einem anderen Mitgliedstaat erstellt wurden, es sei denn, der Arbeitgeber lässt die betreffende Person von einem Arzt seiner Wahl untersuchen, wozu ihn Art. 18 Abs. 5 dieser VO ermächtigt.[68] In dem vier Jahre später ergangenen Urteil *Paletta II* hat der EuGH sogar in die nationalen zivilprozessualen Darlegungs- und Beweislastregeln eingegriffen, indem er es abgelehnt hat, dass im nationalen Recht eine **Beweislastumkehr oder Beweiserleichterung** zu Gunsten des Arbeitgebers im Zusammenhang mit der Darlegung etwaiger Zweifel an der Integrität der Arbeitsunfähigkeitsbescheinigung begründet werde; auch dies wurde ua mit den Zielen des Art. 19 VO (EWG) Nr. 574/72, dh dem umfassenden Schutz der Arbeitnehmerfreizügigkeit, begründet.[69] In beiden Urteilen hat also der EuGH dem Schutz des Arbeitgebers vor ungerechtfertigten Entgeltfortzahlungen in Folge unzutreffender Arbeitsunfähigkeitsbescheinigungen offensichtlich wenig Gewicht beigemessen und insofern den Schutz der Arbeitnehmerfreizügigkeit höher als den Schutz der Unternehmerfreiheit bewertet, ohne indes diesen Aspekt näher zu beleuchten bzw. zu problematisieren. Da Fragen des Beweiswertes von in anderen Mitgliedstaaten ausgestellten Arbeitsunfähigkeitsbescheinigungen in der Praxis häufig mit dem Kündigungsgrund einer vorgetäuschten Arbeitsunfähigkeit zusammenhängen, handelt es sich um maßgebliche Aspekte des Entlassungsschutzes im Sinne des Art. 30 GRC, die im Verhältnis des Arbeitnehmers (als Grundrechtsträger) zum Grundrechtsverpflichteten (dh Union und Mitgliedstaaten bei der Durchführung von Unionsrecht, Art. 51 Abs. 1 S. 1 GRC) zu den Inhalten des Entlassungsschutzes iSd Art. 30 GRC gerechnet werden können. Im Verhältnis der Privatrechtssubjekte untereinander (dh Arbeitnehmer und Arbeitgeber) sind dafür weiterhin die Grundsätze zur Arbeitnehmerfreizügigkeit (Art. 45 AEUV) heranzuziehen.

30   Unklar war, ob diese Rechte aus Art. 45 AEUV (ex-Art. 39 EGV) auch **Beschäftigten im öffentlichen Dienst einschließlich Beamten** zustehen. Nach dem Wortlaut des Art. 45 Abs. 4 AEUV findet nämlich dieser Artikel keine Anwendung auf die „Beschäftigung in der öffentlichen Verwaltung". Indes ist Art. 45 Abs. 4 AEUV nach der Rechtsprechung des EuGH als Ausnahme vom Grundprinzip der Freizügigkeit und der Nichtdiskriminierung der Arbeitnehmer in der Union so (restriktiv) auszulegen, dass sich seine Tragweite auf das beschränkt, was zur Wahrung der Interessen, die diese Bestimmung den Mitgliedstaaten zu schützen erlaubt, unbedingt erforderlich ist.[70] Der Zugang zu einigen Stellen kann danach nicht deshalb eingeschränkt werden, weil in einem bestimmten Mitgliedstaat die Personen, die diese Stellen annehmen können, in das Beamtenverhältnis berufen werden; würde man nämlich die Anwendung des Art. 45 Abs. 4 AEUV von der Rechtsnatur des Verhältnisses zwischen dem Arbeitnehmer und der Verwaltung abhängig machen, so gäbe man damit den Mitgliedstaaten die Möglichkeit, nach Belieben die Stellen zu bestimmen, die unter diese Ausnahmebestimmung fallen. Unter die Beschäftigung in der öffentlichen Verwaltung im Sinne von Art. 45 Abs. 4 AEUV fallen deshalb nach der Rechtsprechung des EuGH nur diejenigen Stellen, die eine unmittelbare oder mittelbare Teilnahme an der **Ausübung hoheitlicher Befugnisse** und an der Wahrnehmung solcher Aufgaben mit sich bringen, die auf die Wahrung der allgemeinen Belange des Staates oder anderer öffentlicher Körperschaften gerichtet sind und die deshalb ein Verhältnis besonderer Verbundenheit des jeweiligen Stelleninhabers zum Staat sowie die Gegenseitigkeit von Rechten und Pflichten voraussetzen, die dem **Staatsangehörigkeitsband** zugrunde liegen; ausgenommen sind nur die Stellen, die in Anbetracht der mit ihnen verbundenen Aufgaben und Verantwortlichkeiten die Merkmale der spezifischen Tätigkeiten der Verwaltung auf den genannten Gebieten aufweisen können. Diese sehr engen Voraussetzungen sind nach Ansicht des EuGH zB im Falle eines Studienreferendars nicht erfüllt, der sich

---

[68] EuGH 45/90, Slg. 1992, I-3423 Rn. 24 – Paletta I.
[69] EuGH C-206/94, Slg. 1996, I-2357 Rn. 26 – Paletta II.
[70] Näher dazu jeweils mwN EuGH 66/85, Slg. 1986, 2121 Rn. 16 ff., 27 – Lawrie Blum; *Krimphove* Rn. 169 ff., 239 u. 269 ff.; *Henssler* in Henssler/Braun S. 19; sowie → § 19 Rn. 12 ff.

deshalb auf Art. 45 AEUV (ex-Art. 39 EGV) berufen kann.[71] Somit ergibt sich ein allgemeiner unionsrechtlicher Schutz vor ungerechtfertigten Entlassungen aus dem Gleichbehandlungsgebot bzw. Diskriminierungsverbot des Art. 45 AEUV, der lediglich nicht für die im öffentlichen Dienst Tätigen gilt, die mit spezifisch hoheitlichen Aufgaben betraut sind (in der Bundesrepublik Deutschland sind diese Stellen grundsätzlich mit Beamten besetzt, die ohnehin weitgehend aufgrund ihres besonderen Rechtsstatus vor Entlassungen geschützt sind).[72]

2. Entgeltgleichheit gemäß Art. 157 AEUV. Aus Art. 157 AEUV ergibt sich der fundamentale **Grundsatz des gleichen Entgelts für Männer und Frauen bei gleicher oder gleichwertiger Arbeit,** der ebenfalls im Zusammenhang mit dem unions(grund)rechtlichen Entlassungsschutz von Bedeutung sein kann (so zB in der Rs. *Marshall I* → Rn. 33 f.). Das EuG hat diesen Grundsatz in der Rs. *Speybrouck* ausdrücklich als „zu den Grundrechten gehör[end]" (engl.: *part of the fundamental rights; franz. (verbindl. Sprachfassung): fait partie intégrante des droits fondamentaux)* bezeichnet.[73] Ähnlich hat der EuGH in der Rs. *Defrenne III* festgestellt, dass „die Wahrung der Grundrechte des Menschen Bestandteil der allgemeinen Grundsätze des Gemeinschaftsrechts ist, deren Einhaltung er zu sichern hat. Es lässt sich nicht bezweifeln, dass die Beseitigung der auf dem Geschlecht beruhenden Diskriminierungen zu diesen Grundrechten gehört".[74] Indes ist in der Literatur umstritten, ob dem Grundsatz auf gleiches Entgelt für Männer und Frauen bei gleicher oder gleichwertiger Arbeit im Sinne des Art. 157 AEUV (ex-Art. 141 EGV) die Qualität eines Grundrechts oder lediglich diejenige eines Primärrechts bzw. allgemeinen arbeitsrechtlichen Gleichbehandlungsgebots zukommt (→ § 48 Rn. 32 f.). Für eine **Grundrechtsqualität** (als Bestandteil des Grundrechts auf Gleichheit und Nichtdiskriminierung wegen des Geschlechts[75]) sprechen insbesondere Nr. 16 SozGRCh, Art. 4 Nr. 3 EuSozCh (worauf auch der EuGH in der Rs. *Defrenne III* hinwies) und die fundamentale Bedeutung, die der EuGH diesem Grundsatz in seiner bisherigen Rechtsprechung bzw. den darauf beruhenden Richtlinien eingeräumt hat. Unter anderem gestützt auf Art. 157 Abs. 3 AEUV (ex-Art. 141 Abs. 3 EGV) wurde die RL 2002/73/EG zur Änderung der RL 76/207/EWG zur Verwirklichung des Grundsatzes der Gleichbehandlung von Männern und Frauen hinsichtlich des Zugangs zur Beschäftigung, zur Berufsbildung und zum beruflichen Aufstieg sowie in Bezug auf die Arbeitsbedingungen[76] erlassen.

Arbeitnehmer iSd Art. 157 AEUV (→ § 39 Rn. 23 ff.) haben nicht nur einen unmittelbaren Anspruch gegen jeden Mitgliedstaat und seine Institutionen auf Beseitigung und Unterlassung aller Maßnahmen, insbesondere Maßnahmen der Gesetzgebung, die eine ungerechtfertigte Ungleichbehandlung von Frauen und Männern hinsichtlich der Höhe ihres Arbeitsentgelts bewirken (sog **vertikale Wirkung**).[77] Gleichfalls wirkt der Grundsatz der Entgeltgleichheit unmittelbar und direkt auch im Verhältnis zwischen Arbeitgeber und Arbeitnehmer (sog **horizontale Wirkung**).[78] Da Art. 157 AEUV und seine Vorgängerregelungen ausschließlich Tatbestände der Entgeltgleichheit bei gleicher oder gleichwertiger Arbeit erfass(t)en, hat sich der europäische Gesetzgeber verstärkt seit den 70er Jahren in zahlreichen Verordnungen und Richtlinien dem Thema der universellen Gleichbehandlung von Männern und Frauen im Arbeits- und Berufsleben der EG bzw. Union angenommen. Ein gesetzgeberisches Motiv dieser Gleichbehandlung im europäischen Arbeitsleben ist die **Vermeidung von Wettbewerbsvorteilen** derjenigen Mitgliedstaaten, die keine entspre-

---

[71] EuGH 66/85, Slg. 1986, 2121 Rn. 27 f. – Lawrie Blum.
[72] Eine ausführlichere Darstellung zum Inhalt und zu den Schranken der Arbeitnehmerfreizügigkeit gemäß Art. 45 AEUV → § 19 Rn. 12 ff.
[73] EuG T-45/90, Slg. 1992, II-33 Rn. 47 – Speybrouck/EP.
[74] EuGH 149/77, Slg. 1978, 1365 Rn. 27 – Defrenne III.
[75] Vgl. insofern zB auch EuGH C-442/00, Slg. 2002, I-11915 Rn. 32 mwN – Rodriguez Caballero.
[76] ABl. 2002 L 269, 15.
[77] EuGH 43/75, Slg. 1976, 455 – Defrenne II; *Krimphove* Rn. 291 mwN; *Henssler* in Henssler/Braun S. 22.
[78] EuGH C-262/88, Slg. 1990, I-1889 – Barber; *Krimphove* Rn. 291; *Henssler* in Henssler/Braun S. 22.

chende rechtliche Gleichbehandlung auf nationaler Ebene eingeführt haben.[79] Das Diskriminierungsverbot gilt sowohl für **unmittelbare** als auch für **mittelbare Diskriminierungen** (→ § 48 Rn. 41 ff.). In der Rs. *Newstead* hat der EuGH verdeutlicht, dass er etwaige Ungleichbehandlungen von Arbeitnehmern (dort bei Zahlung eigener Sozialversicherungsbeiträge an einen Pensionsfonds für Witwen) nicht an einem allgemeinen Diskriminierungsverbot misst, sondern an den speziellen Diskriminierungsverboten (Grundsatz der Entgeltgleichheit).[80]

33 Das Gebot der Entgeltgleichheit bei gleicher oder gleichwertiger Arbeit verbietet zB die **Kündigung einer Arbeitnehmerin,** wenn diese darauf gestützt wird, dass die Arbeitnehmerin ein rentenfähiges Alter erreicht hat und der Arbeitgeber eine Personalpolitik verfolgt, nach der Arbeitnehmer nach Erreichen ihres jeweiligen rentenfähigen Alters nicht mehr beschäftigt werden, sofern die **Höhe des rentenfähigen Alters im nationalen Recht für Männer und Frauen unterschiedlich** festgelegt ist.[81] Dies hat der EuGH in der Rs. *Marshall I* klargestellt; dort war Frau *Marshall* von ihrem Arbeitgeber im Alter von 62 Jahren entlassen worden.

34 Grund dieser Entlassung war allein das Alter, da der Arbeitgeber eine Personalpolitik verfolgt hatte, nach der Arbeitnehmer nach Erreichen ihres rentenfähigen Alters nicht mehr beschäftigt werden sollten. Nach dem nationalen Recht konnten Männer bei Vollendung des 65. Lebensjahres Rente beziehen, Frauen dagegen bereits ab dem 60. Lebensjahr. Frau *Marshall* hatte die Fortsetzung ihres Arbeitsverhältnisses beantragt, da ihr durch den Bezug einer Altersrente finanzielle Einbußen entstanden wären und sie ihre Berufstätigkeit auch aus „Freude an der Arbeit" nicht aufgeben wollte. Der EuGH urteilte im Hinblick auf die dennoch ausgesprochene Kündigung, dass die **vom Arbeitgeber betriebene Entlassungspolitik eine durch die RL 76/207/EWG verbotene Diskriminierung aufgrund des Geschlechts** darstelle und sich die einzelne Arbeitnehmerin bzw. der einzelne Arbeitnehmer auf Art. 5 Abs. 1 RL 76/207/EWG gegenüber einer (als Arbeitgeber handelnden) staatlichen Stelle berufen könne, um die Anwendung jeder nationalen Bestimmung auszuschließen, die nicht diesem Artikel entspreche.[82] Zugleich hob der EuGH erneut die **fundamentale Bedeutung des Grundsatzes der Gleichbehandlung** hervor und folgerte hieraus, dass die in Art. 1 Abs. 2 RL 76/207/EWG vorgesehenen **Ausnahmen für das Gebiet der sozialen Sicherheit eng auszulegen** seien.[83]

35 In zwei weiteren Urteilen hatte sich der EuGH in der Vergangenheit auch mit der Frage zu beschäftigen, ob der **Ausschluss von weiblichen Arbeitnehmern aus dem einzelstaatlichen Kündigungsschutz gegen ordentliche Kündigungen** eine mittelbare Diskriminierung wegen des Geschlechts iSd Art. 157 AEUV (ex-Art. 141 EGV) und der RL 76/207/EWG bedeuten könne. In beiden Fällen hat dies der EuGH verneint. In der Rs. *Kirsammer-Hack*[84] hatte eine Arbeitnehmerin Kündigungsschutzklage gegen ihre Kündigung wegen nicht ausreichender Arbeitsleistung erhoben und sich im Rahmen dieses Rechtsstreits ua darauf berufen, dass es eine **indirekte Frauendiskriminierung** bedeute, dass das deutsche Kündigungsschutzgesetz in der damals geltenden Fassung Kleinbetriebe bis zu fünf Arbeitnehmern vom Geltungsbereich des Kündigungsschutzgesetzes ausnehme, wobei Arbeitnehmer, die weniger als zehn Stunden wöchentlich tätig seien, nicht als Arbeitnehmer im Sinne dieses Gesetzes gelten. Frau *Kirsammer-Hack* war in einer Zahnarztpraxis beschäftigt, in der ausschließlich Arbeitnehmerinnen arbeiteten, davon zwei Vollzeitbeschäftigte, eine in Teilzeitarbeit über zehn Stunden wöchentlich und vier Teilzeitbeschäftigte unter zehn Wochenstunden. Der EuGH verneinte eine mittelbare Frauendiskriminierung, da die Herausnahme von Arbeitnehmern aus dem Geltungsbereich des

---

[79] *Krimphove* Rn. 296 mwN.
[80] EuGH 192/85, Slg. 1987, 4753 – Newstead; vgl. dazu auch *Krimphove* Rn. 315.
[81] EuGH 152/84, Slg. 1986, 723 – Marshall I.
[82] EuGH 152/84, Slg. 1986, 723 Ls. 1 u. 2 – Marshall I.
[83] EuGH 152/84, Slg. 1986, 723 Rn. 36 – Marshall I.
[84] EuGH C-189/91, Slg. 1993, I-6185 – Kirsammer-Hack.

Kündigungsschutzgesetzes aufgrund der Betriebsgröße nicht spezifisch Frauen betreffe. Eine mittelbare Diskriminierung könne nur dann angenommen werden, wenn erwiesen wäre, dass gerade Kleinbetriebe erheblich mehr Frauen als Männer beschäftigen würden. Insofern konnte auch dahingestellt bleiben, ob tatsächlich in Deutschland nahezu 90% aller Teilzeitbeschäftigten Frauen sind.[85]

Ähnlich entschied der EuGH in der Rs. *Seymour-Smith*.[86] Dort hatten Frau *Seymour-Smith* **36** und Frau *Perez* Kündigungsschutzklage gegen ihren Arbeitgeber erhoben, obwohl nach damaligem englischem Recht eine Klage gegen eine ungerechtfertigte Kündigung *(unfair dismissal)* voraussetzte, dass der Kläger bzw. die Klägerin zuvor mindestens zwei Jahre[87] beim Arbeitgeber tätig gewesen war. Dies war weder bei Frau *Seymour-Smith* noch bei Frau *Perez* der Fall. Hierin sahen beide eine mittelbare Diskriminierung gegenüber ihren männlichen Kollegen. Insofern trugen sie vor, dass die Voraussetzungen einer **zweijährigen Beschäftigungsdauer** zwar **77,4% aller männlichen Arbeitnehmer**, jedoch nur **68,9% der weiblichen Beschäftigten** erfüllen würden. Der EuGH sah in diesem Zahlenverhältnis keinen Hinweis, dass „erheblich" weniger weibliche als männliche Arbeitnehmer die Voraussetzungen einer zweijährigen Beschäftigungsdauer erfüllen würden, und ließ recht deutlich erkennen, dass hier **kein Fall der mittelbaren Diskriminierung** vorliege. Indes stellte er klar, dass es Sache der nationalen Gerichte sei, das Vorliegen einer etwaigen mittelbaren Diskriminierung (iSd Auslegungsgrundsätze des EuGH) anhand der verfügbaren statistischen Daten zu ermitteln und eine eventuelle objektive Rechtfertigung zu bewerten. Dazu gab der Gerichtshof in diesem Urteil sachdienliche Auslegungshinweise.[88] Folglich ist es nicht ausgeschlossen, dass sich ein Arbeitnehmer auf den allgemeinen Kündigungsschutz berufen könnte, wenn der Ausschluss eine (mittelbare oder unmittelbare) Diskriminierung wegen des Geschlechts im Sinne des Art. 157 AEUV bedeutet. Dieses Argument hätte dann zugleich Grundrechtsqualität wegen des unionsrechtlichen Gleichbehandlungsgebots und Verbots der Geschlechtsdiskriminierung in Verbindung mit dem unionsgrundrechtlichen Entlassungsschutz gem. Art. 30 GRC. In der Praxis ist, soweit ersichtlich, aber bisher kein Fall einer solchen geschlechtsbezogenen Diskriminierung festgestellt worden.

In der Rs. *Marshall II* hatte sich der EuGH darüber hinaus mit der überaus bedeutsamen **37** Folgefrage zu beschäftigen, nämlich welche unionsrechtlichen Anforderungen der Grundsatz der Entgeltgleichheit (Art. 157 AEUV) bzw. die darauf beruhende RL 76/207/EWG an eine **Sanktion** bei entsprechendem Verstoß stellen. Insofern hat der EuGH klargestellt, dass es den Mitgliedstaaten obliege, Maßnahmen zur „Schaffung tatsächlicher Chancengleichheit" zu ergreifen, wobei ihnen die Freiheit der Wahl unter den verschiedenen, zur Verwirklichung des Ziels der RL 76/207/EWG geeigneten Lösungen bleibe. Diese Maßnahmen müssten jedoch einen „**tatsächlichen und wirksamen Rechtsschutz**" gewährleisten, eine „**wirklich abschreckende Wirkung**" haben und „**nach ähnlichen sachlichen und verfahrensrechtlichen Regeln** geahndet werden, **wie** nach Art und Schwere **gleichartige Verstöße gegen das nationale Recht**.[89] Diese Grundsätze beschränken

---

[85] EuGH C-189/91, Slg. 1993, I-6185 Rn. 20 ff. – Kirsammer-Hack.
[86] EuGH C-167/97, Slg. 1999, I-623 – Seymour-Smith.
[87] Aktuell nur noch ein Jahr gemäß section 92 (3b) des Employment Rights Act 1996, veröffentlicht unter http://www.legislation.gov.uk/ukpga/1996/18/section/92 (letzter Abruf: 19.8.2019).
[88] EuGH C-167/97, Slg. 1999, I-623 Rn. 51 ff. – Seymour-Smith.
[89] EuGH C-271/91, Slg. 1993, I-4367 Rn. 17 ff. – Marshall II; zur entsprechenden Anwendbarkeit dieser Grundsätze bei der Einstellung vgl. EuGH 14/83, Slg. 1984, 1891 Rn. 18 u. 23 f. – von Colson u. Kamann; EuGH C-180/95, Slg. 1997, I-2195 Rn. 24 f. – Draehmpaehl, mAnm *Hilbrandt* in EzA BGB § 611a Nr. 12, insbesondere zur Notwendigkeit der Differenzierung zwischen materiellem und immateriellem Schaden, zur Kritik an der nicht sachgerechten Differenzierung des EuGH, eine Haftungsobergrenze im Hinblick auf Bewerberinnen anzuerkennen, die auch bei diskriminierungsfreier Auswahl nicht eingestellt worden wären, sowie zum (durch die nationalen Gerichte und den EuGH gleichermaßen zu beachtenden) Zuständigkeitsvorbehalt des Art. 234 EGV (nunmehr Art. 267 AEUV) bei Vorabentscheidungsverfahren, der in der Rs. *Draehmpaehl* offensichtlich verletzt wurde und als Grundsatz eines geordneten und fairen Verfahrens iSd Rechtsstaatsprinzips und als Ausdruck der Gewaltenteilung auch auf der (heutigen) Unionsebene zu beachten ist.

somit zwingend die Regelungsfreiheit der Mitgliedstaaten im Sinne einer Schrankensystematik. Für den Fall einer diskriminierenden Entlassung hat der EuGH ebenfalls in der Rs. *Marshall II* die vorbezeichneten Schranken dahingehend konkretisiert, dass die Gleichheit „ohne **Wiedereinstellung der diskriminierten Person** oder aber **finanzielle Wiedergutmachung des ihr entstandenen Schadens** nicht wiederhergestellt werden" könne.[90] Bei einem Anspruch auf finanzielle Wiedergutmachung muss dieser im Sinne der Angemessenheit so ausgestaltet sein, dass er den durch die diskriminierende Entlassung tatsächlich entstandenen Schaden gemäß den anwendbaren staatlichen Regeln in vollem Umfang ausgleicht.[91] Hieraus folgert der EuGH, dass eine im Voraus festgelegte Haftungsobergrenze (wie zB einst im britischen *Sex Discrimination Act* 1975 auf 6.250 GBP) unzulässig sei.[92] Diese Grundsätze sind nunmehr im Verhältnis zur Union bzw. den Mitgliedstaaten bei der Durchführung von Unionsrecht Bestandteil des Entlassungsschutzes gem. Art. 30 GRC.

38   **3. Weitere besondere Diskriminierungsverbote.** Weitere besondere Diskriminierungsverbote, die bei Entlassungen zu berücksichtigen sind, bestehen gemäß Art. 21 Abs. 1 GRC im Hinblick auf **Diskriminierungen** insbesondere wegen des **Geschlechts**, der **Rasse, Hautfarbe**, der **ethnischen oder sozialen Herkunft**, **genetischer Merkmale**, **Sprache**, der **Religion oder Weltanschauung**, der **politischen oder sonstigen Anschauung**, der Zugehörigkeit zu einer **nationalen Minderheit**, des **Vermögens**, der **Geburt**, einer **Behinderung**, des **Alters** oder der **sexuellen Ausrichtung** (→ § 49 Rn. 1 ff.; speziell zum Entlassungsschutz von Schwangeren → Rn. 41 ff.; von Transsexuellen → Rn. 49; von Behinderten → Rn. 50).

39   Auf der Ermächtigungsgrundlage des insofern relevanten Art. 19 AEUV (ex-Art. 13 EGV) wurden die RL 2000/43/EG zur Anwendung des Gleichbehandlungsgrundsatzes ohne Unterschied der Rasse oder der ethnischen Herkunft[93] und die RL 2000/78/EG zur Festlegung eines allgemeinen Rahmens für die Verwirklichung der Gleichbehandlung in Beschäftigung und Beruf[94] erlassen. In Deutschland finden sich die einschlägigen Regelungen dazu insbesondere im **AGG** und im **SGB IX**.

III. Schutz besonderer Personengruppen

40   Einen unionsrechtlichen Entlassungsschutz genießen weibliche Arbeitnehmer bei Schwangerschaft und bis zum Ende des Mutterschaftsurlaubs, weibliche und männliche Arbeitnehmer im Elternurlaub, Transsexuelle sowie Behinderte. Dieser Entlassungsschutz lässt sich aufgrund der folgenden Erwägungen im Kern seit Inkrafttreten der GRC ua auf Art. 30 GRC stützen (vorher: auf damit im Zusammenhang stehende, allgemeine unionsgrundrechtliche Überlegungen iSd *acquis communautaire*).

41   **1. Schwangere Arbeitnehmerinnen.** In der Rs. *Webb* hat der EuGH in der **arbeitgeberseitigen Kündigung** einer Arbeitnehmerin **wegen Schwangerschaft,** die als Schwangerschaftsvertretung für eine Kollegin aufgrund eines unbefristeten Arbeitsvertrages eingestellt worden war und wenige Wochen nach Arbeitsantritt ihrem Arbeitgeber ihre eigene Schwangerschaft mitteilte, einen Verstoß gegen das Verbot der unmittelbaren geschlechtsbezogenen Diskriminierung gesehen, obwohl der Arbeitgeber bei der Einstellung darauf hingewiesen hatte, dass das Arbeitsverhältnis nur begründet werde, um eine Kollegin während deren Schwangerschaft zu vertreten.[95]

---

[90] EuGH C-271/91, Slg. 1993, I-4367 Rn. 25 – Marshall II.
[91] EuGH C-271/91, Slg. 1993, I-4367 Rn. 26 – Marshall II.
[92] EuGH C-271/91, Slg. 1993, I-4367 Rn. 30 – Marshall II.
[93] ABl. 2000 L 180, 22.
[94] ABl. 2000 L 303, 16.
[95] EuGH C-32/93, Slg. 1994, I-3567 – Webb.

In der Rs. *Habermann-Beltermann* hat der EuGH geurteilt, dass die Beendigung des 42 Arbeitsverhältnisses einer schwangeren Arbeitnehmerin, die sich auf ausdrücklichen eigenen Wunsch zur Nachtarbeit verpflichtet hatte, jedoch diese Tätigkeit wegen des Nachtarbeitsverbots für werdende Mütter tatsächlich gar nicht erbringen konnte, woraufhin sich der Arbeitgeber auf die Nichtigkeit des Arbeitsvertrages (§ 134 BGB) bzw. Anfechtung wegen Irrtums über wesentliche Eigenschaften berief, unverhältnismäßig sei und daher eine unzulässige Geschlechterdiskriminierung bedeute.[96] Im Wesentlichen hat der Gerichtshof dies damit begründet, dass das Nachtarbeitsverbot für werdende Mütter zwar zum Schutz der Frau und ihres Kindes zu Recht bestehe, dieses **Nachtarbeitsverbot** aber nur zeitlich beschränkt sei (nämlich für die Dauer der Schwangerschaft und Stillzeit). Angesichts dieser zeitlichen Beschränkung sei es unverhältnismäßig, ein bestehendes unbefristetes Arbeitsverhältnis für nichtig zu erklären bzw. anzufechten. Dies liefe dem Schutzzweck des Art. 2 Abs. 3 RL 76/207/EWG[97] zuwider, nämlich in Bezug auf die Verwirklichung des Gleichheitsgrundsatzes die körperliche Verfassung während und nach der Schwangerschaft sowie die besondere Beziehung zwischen der Mutter und ihrem Kind während der Zeit zu schützen, die an die Schwangerschaft und Entbindung anschließt.[98]

In der Rs. *Busch* hat der EuGH die Regelung des Art. 2 Abs. 1 RL 76/207/EWG 43 dahingehend ausgelegt, dass **keine Verpflichtung** der Arbeitnehmerin zur **Mitteilung über ihre Schwangerschaft** gegenüber ihrem Arbeitgeber bestehe, wenn sie vor dem Ende ihres Erziehungsurlaubs mit Zustimmung ihres Arbeitgebers an ihren Arbeitsplatz zurückkehren möchte, jedoch wegen eines gesetzlichen Beschäftigungsverbots hinsichtlich der erneuten Schwangerschaft ihre Tätigkeit nicht in vollem Umfang ausüben könne. Diesen Schutz fasst der EuGH derart weit, dass nicht einmal die Absicht der Arbeitnehmerin, mit ihrem Antrag auf Rückkehr im Wesentlichen nur das Mutterschaftsgeld und den vom Arbeitgeber zu zahlenden Zuschuss zum Mutterschaftsgeld zu erhalten, das höher als das Erziehungsgeld ist, eine Diskriminierung aufgrund des Geschlechts hinsichtlich der Arbeitsbedingungen rechtfertigen könne.[99] Dabei geht der EuGH von seiner ständigen Rechtsprechung aus, wonach es eine unmittelbare Diskriminierung aufgrund des Geschlechts darstellt, wenn ein Arbeitgeber die Schwangerschaft einer Arbeitnehmerin als Grund für die Ablehnung ihrer Rückkehr an ihren Arbeitsplatz vor dem Ende des Erziehungsurlaubs berücksichtigt.[100] Der EuGH hat diese Rechtsprechung in der Rs. *Jiménez Melgar* auf die **Nichterneuerung eines befristeten Vertrages** ausgedehnt.[101]

Dieser **äußerst weitgehende Schutz schwangerer Arbeitnehmerinnen** durch die 44 Rechtsprechung des EuGH in der Form, dass die berechtigten Interessen des Arbeitgebers, den Arbeitsplatz aufgrund Beschäftigungsbedarfs (in der Rs. *Webb* als Schwangerschaftsvertretung, in der Rs. *Busch* aufgrund dringenden Personalbedarfs im stationären Pflegedienst) kurzfristig neu zu besetzen, keine Berücksichtigung finden und hinter den Schutz Schwangerer aufgrund des Diskriminierungsverbots wegen des Geschlechts zurücktreten müssen, lässt sich dogmatisch am ehesten mit einer **Grundrechtsqualität** des Diskriminierungsverbots wegen des Geschlechts rechtfertigen. Denn hier kollidiert das Interesse der Schwangeren offensichtlich in erheblicher Weise mit der unionsgrundrechtlich ebenfalls geschützten **unternehmerischen Freiheit bzw. Berufsfreiheit des Arbeitgebers.** Dass der Gerichtshof aber derart weit geht, die mit der Rückkehr in das Arbeitsverhältnis verfolgte Absicht einer schwangeren Arbeitnehmerin, im Wesentlichen nicht arbeiten zu wollen, sondern ein – gegenüber dem Erziehungsgeld höheres – Mutterschaftsgeld und den

---

[96] EuGH C-421/92, Slg. 1994, I-1657 – Habermann-Beltermann.
[97] ABl. 1976 L 39, 40.
[98] EuGH C-421/92, Slg. 1994, I-1657 Rn. 21 – Habermann-Beltermann.
[99] EuGH C-320/01, Slg. 2003, I-2041 Rn. 46 – Busch.
[100] EuGH C-320/01, Slg. 2003, I-2041 Rn. 39 – Busch; zur Verweigerung der Einstellung vgl. EuGH C-177/88, Slg. 1990, I-3941 Rn. 12 – Dekker; EuGH C-207/98, Slg. 2000, I-549 Rn. 29 – Mahlburg; zur Entlassung vgl. EuGH C-109/00, Slg. 2001, I-6993 Rn. 30 – Tele Danmark.
[101] EuGH C-438/99, Slg. 2001, I-6915 Rn. 47 – Jiménez Melgar.

vom Arbeitgeber zu zahlenden Zuschuss zu erhalten, als höherwertiges Schutzgut anzuerkennen, ist bedenklich und im Ergebnis nicht überzeugend. Hier (wie auch in den übrigen Fällen) wäre es geboten gewesen, diese beiden Grundrechtspositionen im Wege der **praktischen Konkordanz**[102] sorgfältig gegeneinander abzuwägen. Insofern hätte das Ergebnis nahegelegen, diese Fallkonstellation nicht mehr als ungerechtfertigte Diskriminierung aufgrund des Geschlechts anzusehen, insbes. da in dieser besonderen Fallkonstellation die unternehmerische Freiheit bzw. Berufsfreiheit des Arbeitgebers zumindest in gleicher Weise schutzwürdig ist und deshalb dem Arbeitgeber die Finanzierung Schwangerer nur iRd Zweckbestimmungen des Arbeitsverhältnisses zumutbar ist. Die nur scheinbar gewollte Rückkehr in das Arbeitsverhältnis mit dem vorrangigen Ziel, ein höheres Mutterschaftsgeld nebst Arbeitgeberzuschuss zu erhalten, ist davon jedenfalls nicht mehr gedeckt, wenn nicht sogar rechtsmissbräuchlich.

45 Im Fall *Hertz* hielt der EuGH eine krankheitsbedingte Kündigung für mit Unionsrecht vereinbar, die nach einer Schwangerschaft und Ablauf des Mutterschaftsurlaubs gegenüber einer Arbeitnehmerin aufgrund Fortbestehens der Erkrankung erklärt worden war, wobei die fortbestehende Erkrankung ihren Grund in der komplizierten Schwangerschaft hatte (Arbeitsunfähigkeit von ca. 100 Tagen innerhalb eines halben Jahres nach Arbeitsaufnahme). Begründet hatte der EuGH dies ua. damit, dass nach Art. 10 RL 92/85/EG[103] ein **Kündigungsverbot während der Schwangerschaft nur bis zum Ende des Mutterschaftsurlaubes** bestehe. Darüber hinaus entschied der EuGH, dass die RL 76/201/EWG nicht den Fall der krankheitsbedingten Entlassung beträfe, selbst wenn die Krankheit ihre Ursache in einer Schwangerschaft habe.[104] Zum Verständnis dieser Rechtsprechung muss man die Rs. *Mary Brown* in die Betrachtung mit einbeziehen.

46 In der Rs. *Mary Brown* hat der EuGH in der **Entlassung einer Arbeitnehmerin aufgrund schwangerschaftsbedingter Fehlzeiten** eine **unmittelbare Diskriminierung** von Frauen gesehen. Dort war im Arbeitsvertrag mit der (schwangeren) Arbeitnehmerin geregelt worden, dass das Arbeitsverhältnis enden würde, wenn der Arbeitnehmer mehr als 26 Wochen ununterbrochen krankheitsbedingt der Arbeit fernbleibe. Da die Arbeitnehmerin vor Beginn ihrer Schwangerschaft nicht zwei Jahre beschäftigt gewesen war, entsprach diese Regelung grundsätzlich der damaligen englischen Rechtslage (Section 33 *Employment Protection [Consolidation] Act*). Als die Arbeitnehmerin aufgrund ihrer – auf der Schwangerschaft beruhenden, gesundheitlichen und ärztlich attestierten – Probleme insgesamt mehr als 26 Wochen ununterbrochen krankheitsbedingt der Arbeit ferngeblieben war, entließ sie der Arbeitgeber aufgrund dieser Regelung. Der EuGH hat insofern klargestellt, dass der entscheidende Unterschied zu der Rs. *Hertz* in dem Zeitpunkt der Entlassung bestand. Während in der Rs. *Mary Brown* eine **Entlassung während der Schwangerschaft** vorlag, die eine unmittelbare Diskriminierung darstellt, erfolgte die Entlassung in der Rs. *Hertz* wegen der – nach dem Mutterschaftsurlaub – eingetretenen Fehlzeiten und bedeutete somit keine Diskriminierung.[105] Gegen diese Differenzierung wird zu Unrecht eingewandt, dass der Verweis des EuGH im Fall *Hertz* auf nationales Recht wegen einer bestehenden Regelungslücke der RL 76/201/EWG gegen höherrangiges Unionsrecht verstoße, nämlich gegen Art. 157 AEUV (ex-Art. 141 EGV).[106] Dies würde jedoch voraussetzen, dass Art. 157 AEUV einen unionsrechtlichen Schutz gegen sämtliche mittelbaren Folgen beinhaltet, die mit einer früheren Schwangerschaft in Verbindung stehen. Eine derart weitgehende Interpretation würde zu Recht vom EuGH nicht vorgenommen.

47 Auch **nach Beendigung des Arbeitsverhältnisses** – zB durch einen gerichtlichen Vergleich nach unzulässiger Kündigung einer Schwangeren – darf der Arbeitgeber durch

---

[102] EuGH C-274/99, Slg. 2001, I-1611 Rn. 37 ff. – Conolly/Kommission; *Beutler* in von der Groeben/Schwarze/Hatje EUV Art. 6 Rn. 64.
[103] ABl. 1992 L 348, 1.
[104] EuGH C-179/88, Slg. 1990, I-3979 Rn. 14 f. – Hertz.
[105] EuGH C-394/96, Slg. 1998, I-4185 Rn. 26 – Mary Brown.
[106] *Krimphove* Rn. 336.

Versagung der **Zeugniserstellung** die Schwangere nicht gegenüber anderen Arbeitnehmern benachteiligen. Dies hat der EuGH in der Rs. *Coote* festgestellt und dies ua mit dem „grundlegenden Ziel der **Gleichbehandlung von Männern und Frauen,** das nach ständiger Rechtsprechung **eines der Grundrechte des Menschen** darstellt, deren Einhaltung der EuGH zu sichern habe", begründet.[107] Außerdem hat er hier auf den Anspruch auf Gewährung effektiven Rechtsschutzes (→ § 55) durch ein zuständiges Gericht zurückgegriffen, als Ausdruck eines allgemeinen Rechtsgrundsatzes, der den gemeinsamen Verfassungstraditionen der Mitgliedstaaten zugrunde liege und auch in Art. 6 EMRK verankert sei.[108] Dagegen bedeutet es keine unzulässige Diskriminierung aufgrund des Geschlechts, wenn ein Arbeitgeber eine geringere **Abfindung** an Arbeitnehmer auszahlt, die aus Kinderbetreuungsgründen ihren Arbeitsplatz aufgeben, verglichen mit denjenigen, die aus unmittelbar arbeitsbezogenen Gründen ausscheiden.[109] Dezidierte EuGH-Rechtsprechung zum Schutz schwangerer Arbeitnehmerinnen (→ Rn. 41–47) beruht somit auf unionsgrundrechtlichen Erwägungen und wird daher seit Inkrafttreten der GRC, als Teil des bis dahin bestehenden Besitzstands im Zusammenhang mit dem unionsgrundrechtlichen Entlassungsschutz, von Art. 30 GRC erfasst.

2. Elternurlaub. Die Gewährung von **Elternurlaub** nach der Geburt oder Adoption **48** eines Kindes und der **Rückkehranspruch des beurlaubten Elternteils** sind inhaltlich eng mit dem unionsgrundrechtlichen Entlassungsschutz bei/nach Schwangerschaft verbunden. Diese Ansprüche enthält die **Elternurlaub-RL 2010/18/EU**[110] (ex-RL 96/34/EG) in § 2 und § 5 des Anhangs, einschließlich des Schutzes gegen Benachteiligung oder Kündigung aufgrund der Beantragung oder Inanspruchnahme des Elternurlaubs (§ 5 Abs. 4 Anh. zur RL 2010/18/EU). Nach dieser verbindlichen und (bis zum 8.3.2012, bei Verlängerung höchstens ein Jahr später, mit Ausnahme von Mayotte als Unionsgebiet in äußerster Randlage) in nationales Recht umzusetzenden Rahmenvereinbarung der Sozialpartner haben weibliche und männliche Arbeitnehmer einen individuellen Anspruch auf einen mindestens **viermonatigen Erziehungsurlaub,** der zwar nicht übertragbar ist, jedoch von **Frauen und Männern** gleichermaßen beansprucht werden kann. Der Anspruch besteht bei Geburt oder Adoption eines Kindes. Die Mitgliedstaaten und/oder Sozialpartner sind veranlasst, einen Rückkehranspruch des beurlaubten Elternteils zum vormaligen Arbeitsplatz oder, sofern dies nicht mehr möglich ist, zu einem adäquaten Arbeitsplatz zu gewährleisten (§ 5 Abs. 1 Anh. zur RL 2010/18/EU) sowie erforderliche Maßnahmen zur Beantragung von Arbeitszeitänderungen und/oder Arbeitsarrangements zu treffen. Darüber hinaus sind notwendige Maßnahmen in Bezug auf **Freistellungsansprüche wegen dringender familiärer Gründe bei Krankheiten oder Unfällen** zu regeln, sofern die sofortige Anwesenheit des Arbeitnehmers erforderlich ist (§ 7 Anh. zur RL 2010/18/EU). Insbesondere aus dem 1. u. 8. Erwägungsgrund zur RL 2010/18/EU und dem 3. Erwägungsgrund zur Rahmenvereinbarung über Elternurlaub ist zu entnehmen, dass diese **RL auf den grundlegenden Unionszielen der Chancengleichheit von Männern und Frauen auf dem Arbeitsmarkt,** der **Gleichbehandlung am Arbeitsplatz** sowie den **Art. 23 u. 33 GRC beruht.** Somit konkretisiert diese RL das Unionsgrundrecht auf Schutz vor ungerechtfertigter Entlassung, wobei Art. 30 GRC (aufgrund der Hinweise in den vorstehend zitierten Erwägungsgründen) als *lex generalis* hinter die spezielleren Art. 23 u. 33 GRC zurücktritt.

3. Transsexuelle Arbeitnehmer. Transsexuelle genießen einen besonderen unionsgrund- **49** rechtlichen Entlassungsschutz insoweit, als sie wegen ihrer Transsexualität nicht diskrimi-

---

[107] EuGH C-185/97, Slg. 1998, I-5199 Rn. 23 mwN – Coote.
[108] EuGH C-185/97, Slg. 1998, I-5199 Rn. 20 ff. mwN – Coote.
[109] EuGH C-249/97, Slg. 1999, I-5295 Rn. 35 – Gruber.
[110] RL des Rates v. 8. März 2010 zur Durchführung der von BUSINESSEUROPE, UEAPME, CEEP und EGB geschlossenen überarbeiteten Rahmenvereinbarung über den Elternurlaub und zur Aufhebung der RL 96/34/EG, ABl. 2010 L 68, 13, geändert d. Änd.-RL 2013/62/EU, ABl. 2013 L 353, 7.

niert werden dürfen. Dies ist seit Inkrafttreten der GRC Teil des Art. 30 GRC iVm Art. 21 Abs. 1 GRC. Der EuGH versteht unter Berufung auf den EGMR unter „Transsexuellen" solche Personen, die, „obwohl sie körperlich dem einen Geschlecht angehören, das Gefühl haben, sie gehörten dem anderen Geschlecht an; sie versuchen häufig, zu einer kohärenteren und weniger zweifelhaften Identität zu gelangen, indem sie sich einer ärztlichen Behandlung und chirurgischen Eingriffen unterziehen, um ihre körperlichen Merkmale ihrer Psyche anzupassen".[111] Die Entlassung eines Transsexuellen, weil er bzw. sie beabsichtigt, sich einer Geschlechtsumwandlung zu unterziehen oder sich einer solchen bereits unterzogen hat, stellt eine **Diskriminierung wegen des Geschlechts** dar, es sei denn, das Geschlecht ist unabdingbare Voraussetzung für die berufliche Tätigkeit oder die Ausbildung (zudem dann mit Art. 5 Abs. 1 RL 76/207/EWG unvereinbar).[112] Ausdrücklich stellte der Gerichtshof dabei darauf ab, dass die RL 76/207/EWG eine Ausprägung des Gleichheitsgrundsatzes sei, der eines der Grundprinzipien des Gemeinschaftsrechts (heutigen Unionsrechts) darstelle; außerdem sei das Recht, nicht aufgrund des Geschlechts diskriminiert zu werden, eines der **Grundrechte des Menschen** (in der englischen Fassung: *one of the fundamental human rights*; im Französischen: *les droits fondamentaux de la personne humaine*), deren Einhaltung er zu sichern habe.[113] Im Hinblick darauf hat der EuGH entschieden, dass der RL-Anwendungsbereich nicht auf Diskriminierungen beschränkt werden könne, die sich aus der Zugehörigkeit zu dem einen oder dem anderen Geschlecht ergeben, sondern in Anbetracht ihres Gegenstands und der Natur der Rechte, die sie schützen solle, auch für Diskriminierungen zu gelten habe, die ihre Ursachen in der Geschlechtsumwandlung des Betroffenen haben.[114] Im Rahmen der **Gleichbehandlungsrahmen-RL 2000/78/EG** zur Festlegung eines allgemeinen Rahmens für die Verwirklichung der Gleichbehandlung in Beschäftigung und Beruf[115] wird nunmehr ausdrücklich auch der Schutz vor Diskriminierungen wegen der sexuellen Ausrichtung in Beschäftigung und Beruf zur Verwirklichung des Grundsatzes der Gleichbehandlung in den Mitgliedstaaten gewährleistet (Art. 1 RL 2000/78/EG). Diese konkretisierende Gewährleistung beruht aus unionsgrundrechtlicher Sicht ua auf der Achtung der Menschenwürde, den anerkannten allgemeinen Menschenrechten, dem ILO-Übereinkommen Nr. 111 und den grundlegenden Zielen des (heutigen) Art. 151 AEUV (1., 4. u. 11. Erwägungsgrund der RL 2000/78/EG). Entsprechend gelten diese Überlegungen für intersexuelle Personen.[116]

50 **4. Behinderte Arbeitnehmer.** Obwohl die wirtschaftliche und berufliche Integration von Behinderten (seit langem) in Nr. 26 SozGRCh aufgeführt und die Integration Behinderter bereits in Kapitel 13 des Aktionsprogrammes zur Anwendung der SozGRCh eingefordert wurde, fehlten über einen erheblichen Zeitraum entsprechende unionsrechtliche Maßnahmen.[117] Erst als Teil der **Gleichbehandlungsrahmen-RL 2000/78/EG** wurde der **Schutz von behinderten Menschen vor Diskriminierungen in Beschäftigung und Beruf** sekundärrechtlich umgesetzt.[118] Dies beinhaltet Gewährleistungen im nationa-

---

[111] EuGH C-13/94, Slg. 1996, I-2143 Rn. 16 – P./S. u. Cornwall County Council.
[112] EuGH C-13/94, Slg. 1996, I-2143 Rn. 20 ff. – P./S. u. Cornwall County Council; etwas anderes würde nur gelten, wenn die Entlassung im Einzelfall gemäß Art. 2 Abs. 2 der RL 76/207/EWG gerechtfertigt werden könnte, dh das Geschlecht eine unabdingbare Voraussetzung für die berufliche Tätigkeit und ggf. die dazu jeweils erforderliche Ausbildung darstellt, wofür im Ausgangsfall jedoch keine Anhaltspunkte vorlagen.
[113] EuGH C-13/94, Slg. 1996, I-2143 Rn. 18 f. – P./S. u. Cornwall County Council, unter Hinweis auf EuGH 149/77, Slg. 1978, 1365 Rn. 26 f. – Defrenne; EuGH verb. Rs. 75/82 ua, Slg. 1984, 1509 Rn. 16 – Razzouk u. Beydoun/Kommission.
[114] EuGH C-13/94, Slg. 1996, I-2143 Rn. 20 – P./S. u. Cornwall County Council.
[115] ABl. 2000 L 303, 16.
[116] BVG-Beschluss 1 BvR 2019/16.
[117] Zur Vorgeschichte ua *Krimphove* Rn. 507; *Thüsing* § 3 Rn. 63; *Hilbrandt* → 1. Aufl. 2006, § 37 Rn. 50.
[118] Vgl. zB Art. 5 RL 2000/78/EG, ABl. 2000 L 303, 16 ff.; diese RL war von den Mitgliedstaaten spätestens zum 2.12.2003 in nationales Recht umzusetzen, bzw. bei Verlängerung bis zum 2.12.2006 (Art. 18 RL 2000/78/EG); zum auf Diskriminierungen beschränkten Schutzbereich der RL: EuGH C-13/05,

len Recht der Mitgliedstaaten, die Menschen mit Behinderung den Zugang zur Beschäftigung und die Ausübung eines Berufes ermöglichen müssen, es sei denn, diese Maßnahmen würden den Arbeitgeber unverhältnismäßig belasten, was indes generell nicht der Fall ist, wenn diese Belastung durch geltende Maßnahmen iRd nationalen Beschäftigungspolitik ausgeglichen wird (Art. 5 RL 2000/78/EG). Die Bezugnahme in den Erwägungsgründen dieser RL insbesondere auf die Achtung der Menschenwürde (Erwägungsgrund Nr. 1 RL 2000/78/EG), die allgemeinen Menschenrechte, wie diese insbesondere in der AEMR, im IPBPR, im IPWSKR sowie in der EMRK anerkannt sind (Erwägungsgrund Nr. 4 RL 2000/78/EG), auf die SozGRCh (Erwägungsgrund Nr. 6 RL 2000/78/EG), auf die vom Europäischen Rat in Helsinki vereinbarten beschäftigungspolitischen Leitlinien für 2000 (Erwägungsgrund Nr. 8 RL 2000/78/EG) und die grundlegenden Ziele des (damaligen) EGV selbst, nunmehr Art. 151 AEUV (Erwägungsgrund Nr. 11 RL 2000/78/EG), lassen deutlich erkennen, dass diese konkretisierenden Bestimmungen der RL auf einem entsprechenden Grundrecht beruhen. Dieses ist im Hinblick auf den Entlassungsschutz behinderter Arbeitnehmer seit Inkrafttreten der GRC in Art. 30 GRC iVm den Art. 21 Abs. 1 GRC und Art. 26 GRC verankert. Relevant ist insofern zudem das **Übereinkommen der Vereinten Nationen über die Rechte von Menschen mit Behinderungen,** welches 2007 von allen Mitgliedstaaten und der Union unterzeichnet wurde.[119] Dieses Übereinkommen legt fest, dass die Vertragsstaaten alle Menschenrechte und Grundfreiheiten von Menschen mit Behinderungen zu schützen und zu fördern haben. Es ist gemäß Art. 216 Abs. 2 AEUV für die Unions-Organe und Mitgliedstaaten bindendes Recht. Der **Begriff „Menschen mit Behinderung"** (*disabled persons/personnes handicapées*) iSd RL 2000/78/EG wird dort nicht definiert, ist aber nach inzwischen gefestigter EuGH-Rechtsprechung (in Übereinstimmung mit dem vorgenannten VN-Übereinkommen) so zu verstehen, dass er Menschen mit einer *[langfristigen] Einschränkung erfasst, die insbesondere auf physische, geistige oder psychische Beeinträchtigungen zurückzuführen ist, die in Wechselwirkung mit verschiedenen Barrieren den Betreffenden an der vollen und wirksamen Teilhabe am Berufsleben, gleichberechtigt mit den anderen Arbeitnehmern, hindern können*.[120] Dieser Begriff wird im Zusammenhang mit dem Entlassungsschutz behinderter Arbeitnehmer auch für Art. 30 GRC maßgebend sein. An diesem Maßstab ist das relevante nationale Recht zu messen, so zB der persönliche Anwendungsbereich und die Bereichsausnahmen des deutschen Sonderkündigungsschutzes schwerbehinderter und gleichgestellter Arbeitnehmer (§§ 2, 68 Abs. 1, 85, 90 SGB IX) sowie die Sonderregel des dänischen Gesetzes über das Rechtsverhältnis zwischen Arbeitgebern und Arbeitnehmern (§ 5 Abs. 2 Funktionærlov).[121]

5. Leiharbeitnehmer. Der Schutz von Leiharbeitnehmern, der unionsrechtlich in der RL 2008/104/EG[122] umgesetzt ist, lässt sich insbes. im Zusammenhang mit dem **Unterrichtungsgebot über offene Stellen** im entleihenden Unternehmen (Art. 6 Abs. 1 RL 2008/104/EG), dem **Klauselverbot**, ein **Arbeitsverhältnis** nach Abschluss des leihweisen Einsatzes **mit dem entleihenden Unternehmen nicht zu begründen** (Art. 6 Abs. 2 RL 2008/104/EG), und dem **Verbot eines entsprechenden Entgeltverlangens** gegenüber einem Leiharbeitnehmer (Art. 6 Abs. 3 RL 2008/104/EG) sachlich dem Entlassungsschutz zuordnen. Im Kern beruhen diese Regelungen ausweislich der Erwägungsgründe 1, 2, 8 ff., 12 f. RL 2008/104/EG auf dem Einklang mit der GRC, insbesondere Art. 31 GRC, der Nr. 7 SozGRCh (Verbesserung der Lebens- und Arbeitsbedingungen

51

Slg. 2006, I-6467 Rn. 48 – Chacón Navas; bestätigt in EuGH verb. Rs. C-335/11 u. 337/11, ECLI:EU:C:2013:222 Rn. 71 – HK Danmark/Dansk Arbejdsgiverforening ua.
[119] In Deutschland am 26.3.2009 in Kraft getreten, BGBl. 2008 II 1419 ff. und im Namen der (damaligen) EG genehmigt gemäß Beschluss 2010/48/EG des Rates vom 26. November 2009, ABl. 2010 L 23, 35.
[120] EuGH verb. Rs. C-335/11 u. 337/11, ECLI:EU:C:2013:222 Rn. 36, 38 – HK Danmark/Dansk Arbejdsgiverforening ua.
[121] EuGH verb. Rs. C-335/11 u. 337/11, ECLI:EU:C:2013:222 Rn. 38 ff. – HK Danmark/Dansk Arbejdsgiverforening ua.
[122] ABl. 2008 L 327, 9.

auf dem Wege des Fortschritts), der Stärkung des sog europäischen Sozialmodells iRd Flexicurity-Grundsätze und dem diskriminierungsfreien, transparenten und verhältnismäßigen Schutz auf Basis der Akzeptanz des unbefristeten Arbeitsvertrages als üblichem Beschäftigungsverhältnis. Auch wenn Art. 30 GRC neben Art. 31 GRC nicht explizit erwähnt wird, ist die Aufzählung nicht abschließend („insbesondere"), so dass bei Sachverhalten, die mit dem Entlassungsschutz enger verknüpft sind, im Kern auf Art. 30 GRC als *lex spezialis* zurückgegriffen werden kann.

IV. Schutz bei Unternehmens(teil)- bzw. Betriebs(teil)übergängen

52 Es existiert eine umfassende Rechtsprechung des EuGH zum Schutz der Arbeitnehmerrechte bei Übergang eines Unternehmens(teils) oder Betriebs(teils) auf einen anderen Inhaber durch vertragliche Übertragung oder Verschmelzung.[123] Diese Rechtsprechung steht unmittelbar im Zusammenhang mit der insoweit einst einschlägigen RL 77/187/EG und deren jetziger Nachfolgeregelung, der RL 2001/23/EG[124] vom 12. März 2001. Geprägt wurde und wird diese Rechtsprechung durch die Tatsache, dass die wirtschaftliche Entwicklung auf einzelstaatlicher und Unionsebene zu Änderungen in den Unternehmensstrukturen führt, die sich ua aus dem Übergang von Unternehmen, Betrieben oder Teilen davon auf einen anderen Inhaber durch vertragliche Übertragung oder Verschmelzung ergeben.[125] Insofern werden Bestimmungen als notwendig erachtet, die die betroffenen Arbeitnehmer bei einem derartigen Inhaberwechsel schützen und insbesondere die **Wahrung ihrer Ansprüche** gewährleisten sollen.[126] Ferner ist die Verringerung der Unterschiede zwischen den einzelnen Mitgliedstaaten in Bezug auf den Umfang des Arbeitnehmerschutzes auf diesem Gebiet bezweckt.[127] In jüngerer Zeit hat der Gerichtshof herausgearbeitet, dass die Betriebsübergangs-RL nicht nur dem Schutz der Arbeitnehmerinteressen bei einem Betriebs- bzw. Unternehmensübergang diene, sondern auch einen **gerechten Ausgleich zwischen den Interessen der Arbeitnehmer einerseits und denen des Erwerbers andererseits** gewährleisten solle, insbes. indem der Erwerber in der Lage sein müsse, die für die Fortsetzung seiner Tätigkeit erforderlichen Anpassungen vorzunehmen.[128] Der unionsrechtliche Entlassungsschutz besteht insbesondere in dem **Kündigungsverbot** „wegen" des Betriebs- bzw. Unternehmen(teil)sübergangs (Art. 4 RL 2001/23/EG) und dem (im Grundsatz statischen → Rn. 53) **Übergang der Rechte und Pflichten** des zum Zeitpunkt des Übergangs bestehenden Arbeitsvertrags oder Arbeitsverhältnisses **auf den Erwerber** (Art. 3 RL 2001/23/EG).

53 So dezidiert die Rechtsprechung des EuGH auch hinsichtlich der Voraussetzungen und Rechtsfolgen eines Unternehmens(teil)- bzw. Betriebs(teil)übergangs im Sinne dieser RL ist, so offen ist sie nach wie vor bezüglich der **verfassungsrechtlichen Grundlagen** dieses Arbeitnehmerschutzes. Im Verhältnis zur unternehmerischen Freiheit (Art. 16 GRC) – in Gestalt der Vertragsfreiheit – hat der Gerichtshof diesen Arbeitnehmerschutz dahingehend abgegrenzt, dass im Rahmen der Umsetzung der Betriebsübergangs-RL weder der Unions-

---

[123] Exemplarisch vgl. EuGH C-392/92, Slg. 1994, I-1311 – Christel Schmidt; EuGH C-13/95, Slg. 1997, I-1259 ff. – Ayse Süzen; EuGH C-340/01, Slg. 2003, I-14023 – Carlito Abler ua/Sodexho MM Catering; EuGH C-478/03, Slg. 2005, I-4389 – Celtec Ltd./John Astley ua; EuGH C-499/04, Slg. 2006, I-2397 Rn. 33 ff. – Werhof; EuGH C-426/11, ECLI:EU:C:2013:521 Rn. 30 ff. – Alemo-Herron; *Willemsen/Hohenstatt/Schweibert/Seibt*, 5. Aufl. 2016; *Willemsen* in Henssler/Willemsen/Kalb, Arbeitsrecht Kommentar, 8. Aufl. 2018, BGB § 613a Rn. 1 ff.; *Preis* in ErfK BGB § 613a Rn. 1 ff.
[124] RL 2001/23/EG zur Angleichung der Rechtsvorschriften der Mitgliedstaaten über die Wahrung von Ansprüchen der Arbeitnehmer beim Übergang von Unternehmen, Betrieben oder Unternehmens- oder Betriebsteilen, ABl. 2001 L 82, 16.
[125] Vgl. 2. Erwägungsgrund zur RL 2001/23/EG, ABl. 2001 L 82, 16.
[126] Vgl. 3. Erwägungsgrund zur RL 2001/23/EG, ABl. 2001 L 82, 16; EuGH C-478/03, Slg. 2005, I-4389 – Celtec Ltd./John Astley ua.
[127] Vgl. 4. Erwägungsgrund zur RL 2001/23/EG, ABl. 2001 L 82, 16.
[128] EuGH C-499/04, Slg. 2006, I-2397 Rn. 31 – Werhof; EuGH C-426/11, ECLI:EU:C:2013:521 Rn. 25 – Alemo-Herron.

gesetzgeber noch die Mitgliedstaaten in den **Wesensgehalt der unternehmerischen Freiheit** eingreifen dürfen.[129] Dies ist danach der Fall, wenn ein Betriebserwerber dynamisch an einen Kollektivvertrag (Tarifvertrag) gebunden wäre, ohne die Möglichkeit zu haben, auf dessen zukünftige inhaltliche Gestaltung/Entwicklung Einfluss zu nehmen, zB durch Mitwirkung in dem Tarifverhandlungsorgan.[130] Im Verhältnis zur **negativen Vereinigungsfreiheit** des Erwerbers (Art. 11 EMRK) hat der Gerichtshof festgestellt, dass insofern die „dynamische" Auslegung einer Vertragsklausel (zB bezüglich Vergütungen) dann das Grundrecht der negativen Vereinigungsfreiheit des Erwerbers beeinträchtigt, wenn künftige Kollektivverträge für ihn gelten würden, obwohl er dem Kollektivvertrag nicht angehört;[131] dagegen werde dies durch eine **„statische" Auslegung** dieser Klausel vermieden und hierdurch das Recht des Erwerbers auf negative Vereinigungsfreiheit umfassend gewährleistet, so dass ein Arbeitnehmer nicht geltend machen könne, eine Klausel in einem Individualarbeitsvertrag, die auf die in einer bestimmten Branche geschlossenen Tarifverträge verweise, habe zwingend „dynamischen" Charakter.[132] Vorher hatte der EuGH bisher nur im Zusammenhang mit der Frage, ob Art. 3 Abs. 1 RL 77/187/EG (nunmehr Art. 3 Abs. 1 RL 2001/23/EG) einem **Widerspruchsrecht des Arbeitnehmers** entgegensteht, dh ihm verwehrt, dem Übergang seines Arbeitsverhältnisses auf den Erwerber zu widersprechen, mit dem **Grundrecht des Arbeitnehmers** (in der englischen Übersetzung: *fundamental rights of the employee*; im Französischen: *les droits fondamentaux du travailleur*) **auf freie Wahl seines Arbeitgebers** argumentiert; insofern könne der Arbeitnehmer nicht verpflichtet werden, für einen Arbeitgeber zu arbeiten, den er nicht frei gewählt habe, dh eine Verpflichtung des betroffenen Arbeitnehmers, sein Arbeitsverhältnis auch gegen seinen Willen mit dem Erwerber fortzusetzen, würde gegen dieses Grundrecht verstoßen.[133] Sache der Mitgliedstaaten bleibt es aber, zu bestimmen, was mit dem Arbeitsvertrag oder -verhältnis zwischen dem Arbeitnehmer und dem Veräußerer geschehe; die RL verpflichtet die Mitgliedstaaten nicht, die Aufrechterhaltung des Arbeitsvertrages oder des Arbeitsverhältnisses mit dem Veräußerer vorzusehen, noch steht sie dem entgegen, sofern der Arbeitnehmer sich frei dafür entscheidet, den Arbeitsvertrag oder das Arbeitsverhältnis nicht mit dem Erwerber fortzusetzen.[134] Eine Aussage darüber, ob auch der **Entlassungsschutz** iSd Art. 3 u. 4 RL 2001/23/EG auf dieses Grundrecht zurückzuführen ist, kann dieser Rechtsprechung zweifelsfrei indes nicht entnommen werden. Erschwerend kommt hinzu, dass – wie so oft in der Rechtsprechung des EuGH – eine dogmatische Herleitung dieses Grundrechts auf freie Wahl des Arbeitgebers fehlt und es stattdessen nur mit einem Satz in den Urteilsgründen „festgestellt" wird. Auch in den vorangegangenen Urteilen zum Betriebs(teil)- bzw. Unternehmens(teil)übergang hatte sich der EuGH ausschließlich darauf beschränkt, festzustellen, dass es der Schutzzweck der RL (Aufrechterhaltung der Rechte der Arbeitnehmer bei einem Inhaberwechsel) gebiete, den Arbeitnehmern die Möglichkeit einzuräumen, ihr Arbeitsverhältnis mit dem neuen Arbeitgeber zu denselben Bedingungen fortzusetzen, wie sie mit dem Veräußerer vereinbart waren, nicht jedoch eine Fortsetzung des Arbeitsvertrags oder -verhältnisses auch für den Fall vorzuschreiben, dass die in dem Unternehmen beschäftigten Arbeitnehmer ihre Tätigkeit aus freiem Entschluss nicht mit dem Erwerber fortsetzen wollten.[135] Einen deutlichen Hinweis, dass dem eine Grundrechtsqualität zukommen würde, enthielten diese vorangegangenen Entscheidungen nicht.

---

[129] EuGH C-426/11, ECLI:EU:C:2013:521 Rn. 35 – Alemo-Herron.
[130] EuGH C-426/11, ECLI:EU:C:2013:521 Rn. 33 f. – Alemo-Herron.
[131] EuGH C-499/04, Slg. 2006, I-2397 Rn. 34 – Werhof.
[132] EuGH C-499/04, Slg. 2006, I-2397 Rn. 35 ff. – Werhof.
[133] EuGH verb. Rs. C-132/91 ua, Slg. 1992, I-6577 Rn. 32 – Katsikas ua; s. dazu ua auch *Hirsch* RdA 1998, 194 (195): „spezifisches Arbeitnehmergrundrecht"; *Zachert* NZA 2000, 621 (624): „Ableitung aus dem Persönlichkeitsrecht des Arbeitnehmers".
[134] EuGH verb. Rs. C-132/91 ua, Slg. 1992, I-6577 Rn. 37 – Katsikas ua.
[135] EuGH 105/84, Slg. 1985, 2639 Rn. 15 f. – Mikkelsen; EuGH 324/86, Slg. 1988, 739 Rn. 14 – Daddy's Dance Hall; EuGH verb. Rs. 144/87 ua, Slg. 1988, 2559 Rn. 12 – Berg ua; EuGH C-362/89, Slg. 1991, I-4105 Rn. 9 ff. – D'Urso ua.

Dort kann man dies rückblickend allenfalls in der Rs. *Abels*[136] aus dem (wiederholten) Hinweis auf das **Ziel der Verbesserung der Lebens- und Arbeitsbedingungen der Arbeitnehmer** iSd damaligen Art. 136 Abs. 1 EGV (nunmehr Art. 151 Abs. 1 AEUV) und des Nr. 7 SozGRCh „erahnen".

54 Ausdrücklich nimmt der 5. Erwägungsgrund zur RL 2001/23/EG auf Nr. 7, 17 u. 18 SozGRCh Bezug. Dies erlaubt die Schlussfolgerung, dass der Arbeitnehmerschutz insoweit bei Betriebs(teil)- und Unternehmens(teil)übergängen im Kern Bestandteil des Art. 30 GRC ist, nämlich iSd dort im „Refrain" in Bezug genommenen *Unionsrechts*. Insofern dürfte es wahrscheinlich zumindest einen **Gesetzgebungsauftrag** dahingehend geben, Mindeststandards festzulegen, die die betroffenen Arbeitnehmer bei einem derartigen Inhaberwechsel gem. den vorangehend dargestellen Grundsätzen schützen und insbes. die Wahrung ihrer Ansprüche in einem (jedenfalls) statischen Sinn gewährleisten.[137]

55 Auf der Grundlage eines derartigen verfassungsrechtlichen Verständnisses lässt sich auch erklären, weshalb der EuGH in der Rs. *D'Urso* dem zutreffenden Einwand der Beklagten und der italienischen Regierung, die RL im Sinne der Auslegung durch den EuGH beeinträchtige die **unternehmerische Freiheit**, lapidar mit dem Hinweis begegnet ist, diese Beeinträchtigung gehöre gerade zur Zweckbestimmung der RL, die darauf abziele, im Interesse der Arbeitnehmer die sich aus den Arbeitsverträgen oder -verhältnissen ergebenden Verpflichtungen auf den Erwerber zu übertragen.[138] Entsprechend gilt dies für den dort erhobenen Einwand, dass die Auslegung des EuGH im Widerspruch zu den mit den Gewerkschaften abgeschlossenen Vereinbarungen über die Modalitäten des Übergangs und der Zahl der zu übernehmenden Arbeitnehmer stehen könnte,[139] dh in diesem Fall eine **Beeinträchtigung der Koalitionsfreiheit und Tarifautonomie iSd Rechts auf Kollektivverhandlungen (Art. 28 GRC)** bedeuten würde; auch insofern hat der EuGH damals lediglich festgestellt, dass die Bestimmungen der RL für jedermann verbindlich seien, einschließlich der gewerkschaftlichen Vertreter der Arbeitnehmer, die davon nicht durch mit dem Veräußerer und dem Erwerber getroffene Vereinbarungen abweichen könnten.[140] Kritisch ist daher anzumerken, dass der Gerichtshof diese Feststellungen ohne hinreichende Begründung und ohne eine angemessene Grundrechtsabwägung getroffen hat.

56 In der Rs. *Mikkelsen* hat der EuGH geurteilt, dass der **Begriff des Arbeitnehmers** iSd Betriebsübergangs-RL keine unionsrechtliche Bedeutung habe, sondern sich nach den Rechtsvorschriften des betreffenden Mitgliedstaats richte; nur Personen, die auf die eine oder andere Weise nach den Rechtsvorschriften des betreffenden Mitgliedstaats als Arbeitnehmer geschützt seien, könnten sich auf diese RL berufen mit der Folge, dass die RL in diesem Fall sicherstelle, dass ihre Rechte aus dem Arbeitsvertrag oder dem Arbeitsverhältnis nicht durch den Übergang geschmälert würden.[141] Ob sich dies auf den Arbeitnehmerbegriff iSd Art. 30 GRC auswirkt (oder umgekehrt: diese „Delegation" an Art. 30 GRC zu messen ist), wird abzuwarten bleiben (→ Rn. 22). Denkbar und wahrscheinlich ist zudem, dass sich in diesem Zusammenhang aus den „einzelstaatlichen Rechtsvorschriften und Gepflogenheiten" iSd **gemeinsamen Verfassungsüberlieferungen der Mitgliedstaaten** ein **Mindeststandard** hinsichtlich des Arbeitnehmerbegriffs iSd Art. 30 GRC herleiten lässt. Merkwürdig erscheint es nämlich, dem *einzelnen* Mitgliedstaat, soweit es den unionsgrundrechtlichen Kern des Entlassungsschutzes bei Unternehmens(teil)- bzw. Betriebs(teil)übergängen betrifft, die Zuständigkeit zur Definition des Arbeitnehmerbegriffs (und damit des persönlichen Geltungsbereichs) des Art. 30 GRC zu übertragen. Denn dann gebietet an sich der Grundsatz der Rechtstaatlichkeit, zumindest die äußeren Grenzen

---

[136] EuGH 135/83, Slg. 1985, 469 Rn. 16, 18 u. 23 – Abels.
[137] So 3. Erwägungsgrund zur RL 2001/23/EG.
[138] EuGH C-362/89, Slg. 1991, I-4105 Rn. 14 f. – D'Urso.
[139] EuGH C-362/89, Slg. 1991, I-4105 Rn. 16 – D'Urso.
[140] EuGH C-362/89, Slg. 1991, I-4105 Rn. 17 – D'Urso.
[141] EuGH 105/84, Slg. 1985, 2639 Rn. 27 – Mikkelsen.

einer solchen mitgliedstaatlichen Ermächtigung festzulegen. Dies korrespondiert auch mit der EuGH-Rspr. zu allgemeinen Grundsätzen des Sozialrechts (→ § 39 Rn. 20).

V. Schutz bei Massenentlassungen

Der unionsrechtliche Schutz der Arbeitnehmer im Zusammenhang mit sog Massenentlassungen (*collective redundancies/licenciements collectifs*) ist in der RL 98/59/EG („Massenentlassungs-RL")[142] ausgestaltet. Der Schutz der Arbeitnehmer bei Massenentlassungen besteht danach materiell im Wesentlichen aus dem **Konsultationsverfahren** (Unterrichtungs- und Beratungspflicht) des Arbeitgebers mit den Arbeitnehmervertretern (Art. 2 Massenentlassungs-RL), der **Anzeigepflicht** gegenüber der zuständigen Behörde (Art. 3 Massenentlassungs-RL) und der **Entlassungssperre** (Art. 4 Massenentlassungs-RL). Die Konsultationspflicht des Arbeitgebers mit den Arbeitnehmervertretern bei (dh vor) beabsichtigten Massenentlassungen hat sich zumindest auf die Möglichkeit zu erstrecken, Massenentlassungen zu vermeiden oder zu beschränken, sowie auf die Möglichkeit, ihre Folgen durch soziale Begleitmaßnahmen zu mildern, die insbes. Hilfen für eine anderweitige Verwendung oder Umschulung der entlassenen Arbeitnehmer zum Ziel haben sollen (Art. 2 Abs. 2 Massenentlassungs-RL). 57

Mit der Anzeigepflicht des Arbeitgebers korrespondiert die **Entlassungssperre** des Art. 4 Massenentlassungs-RL. Danach werden die der national zuständigen Behörde angezeigten, beabsichtigten Massenentlassungen grundsätzlich frühestens 30 Tage nach Eingang der Massenentlassungsanzeige wirksam. Hieraus ergibt sich ein Mindestschutz bei Massenentlassungen iSd **Grundsatzes auf Zahlung eines letzten Monatsgehalts**.[143] Die Mitgliedstaaten können zwar der zuständigen Behörde die Möglichkeit einräumen, diese Frist zu verkürzen oder zu verlängern (Art. 4 Abs. 1 UAbs. 2, Abs. 3 UAbs. 2 Massenentlassungs-RL). Ob dies aber die Prüfung einer Rechtfertigung anhand des Art. 52 Abs. 1 GRC voraussetzt, hängt davon ab, ob dieser *Grundsatz* nunmehr von Art. 30 GRC umfasst wird (jedenfalls bedeutet eine Verlängerung eine Beeinträchtigung des arbeitgeberseitigen Grundrechts auf unternehmerische Freiheit bzw. Berufsfreiheit, eine Verkürzung eventuell eine Beeinträchtigung des Art. 30 GRC). Unabhängig davon bleiben die für die Kündigungsfrist der Einzelkündigung geltenden Bestimmungen unberührt (Art. 4 Abs. 1 Hs. 2 Massenentlassungs-RL), und die Kündigungserklärungen darf der Arbeitgeber erst nach Erfüllung der Anzeigepflicht (Art. 3 Massenentlassungs-RL) aussprechen.[144] 58

Ungeklärt ist, welche **Rechtsfolgen** ein solcher Verstoß hat, zB ob ein Verstoß gegen die Konsultations- oder Anzeigepflicht die Unwirksamkeit der Kündigungserklärung zur Folge haben muss. Das BAG hat im Jahr 2003 – quasi vorweg – die Auffassung vertreten, dass die nach deutschem Recht geltende Entlassungssperre (§ 18 Abs. 1 KSchG) eine **hinreichend wirksame, verhältnismäßige und abschreckende Sanktion** für einen Verstoß gegen die Konsultations- oder Anzeigepflicht darstelle, insbes da Art. 6 Massenentlassungs-RL die Mitgliedstaaten lediglich verpflichte, dafür zu sorgen, dass den Arbeitnehmervertretern und/oder den Arbeitnehmern Verfahren zur Durchsetzung der Verpflichtungen gemäß dieser RL zur Verfügung stünden; eine besondere Sanktion sei dort nicht vorgeschrieben.[145] Dies ist zutreffend, da die Entlassungssperre nach deutschem Recht dazu führt, dass das Arbeitsverhältnis vor Ablauf der Entlassungssperre nicht wirksam endet und der Arbeitgeber zur Fortzahlung der vertragsgemäßen Vergütung sowie im Grundsatz zur Beschäftigung des Arbeitnehmers verpflichtet bleibt.[146] Die Kündigung ist in diesem Sinne bis zum Ablauf der Entlassungssperre schwebend unwirksam. Die Rechtsfolge der 59

---

[142] ABl. 1998 L 225, 16.
[143] So ausdrücklich GA *Tizzano*, SchlA C-55/02, Slg. 2004, I-9387 Rn. 54 ff. – Kommission/Portugiesische Republik.
[144] EuGH C-188/03, Slg. 2005, I-885 Rn. 40 ff. – Junk; näher dazu zB *Osnabrügge* NJW 2005, 1093 ff.
[145] BAG NZA 2004, 375 (381 f.); s. dazu auch *Nicolai* NZA 2005, 206 ff.
[146] So BAG NZA 2004, 375 (381 f.).

absoluten Unwirksamkeit der Kündigung würde stattdessen zu einer unverhältnismäßigen Beeinträchtigung der unionsrechtlichen Grundrechtsposition des Arbeitgebers führen, insbes. da das Ziel dieser RL mit einem milderen Mittel erreicht werden kann.

60 Die **verfassungsrechtliche Grundlage des unionsrechtlichen Arbeitnehmerschutzes bei Massenentlassungen** lässt sich aus dem Verweis in den Erwägungsgründen der RL 98/59/EG auf Art. 151 AEUV (ex-Art. 136 EGV) und die Nr. 7, 17 u. 18 SozGRCh herleiten (6. u. 7. Erwägungsgrund der RL 98/59/EG).[147] Gemäß dem 2. Erwägungsgrund der RL 98/59/EG ist es zudem unter Berücksichtigung der Notwendigkeit einer ausgewogenen wirtschaftlichen und sozialen Entwicklung in der Union wichtig, den Schutz der Arbeitnehmer bei Massenentlassungen zu verstärken, ua da sich die trotz konvergierender Entwicklungen bestehenden Unterschiede zwischen den Mitgliedstaaten unmittelbar auf das Funktionieren des Binnenmarktes auswirken können.[148]

61 Die **bisherige Rechtsprechung des EuGH** enthält zwar keine ausdrücklichen Feststellungen, dass und in welchem Umfang der Arbeitnehmerschutz bei Massenentlassungen Grundrechtsqualität auf Unionsebene hat.[149] Der EuGH hat aber wiederholt die Ziele dieser RL als *grundlegende Ziele* bezeichnet, so in der Rs. *Lauge* das im 1. Erwägungsgrund der RL 75/129/EWG (nunmehr 2. Erwägungsgrund der RL 98/59/EG) definierte Ziel des „Schutzes der Arbeitnehmer im Fall von Entlassungen", um daraus die enge Auslegung einer Ausnahmebestimmung zu folgern.[150] Entsprechend hat er in der Rs. *Kommission/ Italienische Republik* unter Rückgriff auf den 2. Erwägungsgrund der RL 98/59/EG einen Verstoß der italienischen Republik gegen ihre Verpflichtungen aus dieser RL bejaht, da jene hinsichtlich der Arbeitgeber, die im Rahmen ihrer Tätigkeit keinen Erwerbszweck verfolgen, nicht die erforderlichen Vorschriften im Fall von Massenentlassungen erlassen hatte.[151] Darüber hinaus spricht für eine unionsrechtliche Grundrechtsverbürgung dieses Massenentlassungsschutzes, dass die Massenentlassungs-RL und deren Auslegung durch den EuGH erheblich in die unionsrechtlich geschützte Grundrechtsposition des Arbeitgebers eingreift (unternehmerische Freiheit, Art. 16 GRC, Berufsfreiheit, Art. 15 GRC; → §§ 34 u. 35), was einer entsprechenden Rechtfertigung bedarf.

62 Soweit man darüber hinaus **Parallelen zur EuGH-Rechtsprechung bei Betriebs(teil)-/ Unternehmens(teil)übergängen** in dem Sinne zieht, dass dort das Recht des Arbeitnehmers, frei über die Fortsetzung des Arbeitsvertrages bzw. Arbeitsverhältnisses mit dem Erwerber zu entscheiden, ebenfalls zunächst nur mit der Verwirklichung der Ziele des damaligen Art. 117 EWGV (nunmehr: Art. 151 Abs. 1 AEUV) und einer engen Auslegung iS dieser Zielsetzung begründet wurde,[152] um anschließend ohne weitere Begründung das Arbeitnehmer-Widerspruchsrecht auf dessen „Grundrecht auf freie Wahl seines Arbeitsplatzes" zu stützen (→ Rn. 53),[153] kann dies als weiteres **Indiz für eine unionsrechtliche Grundrechtsverbürgung** (auch) des Massenentlassungsschutzes im vorausgehend dargestellten Sinn gedeutet werden.

63 Im Hinblick auf den grundrechtlichen Kern und das grundlegende Ziel des Arbeitnehmerschutzes bei Massenentlassungen (als Bestandteil des Unionsgrundrechts aus Art. 30 GRC sowie des Ziels der Verbesserung der Lebens- und Arbeitsbedingungen iSd Art. 151 Abs. 1 AEUV, Nr. 7, 17, 18 SozGRCh) erscheint es fragwürdig, wie sich die **generelle Ausnahme der öffentlichen Verwaltungen und Einrichtungen des öffentlichen**

---

[147] Vgl. EuGH C-55/02, Slg. 2004, I-9387 Rn. 48 u. 52 – Kommission/Portugiesische Republik, ohne aber auf den damaligen Art. 136 EGV (nunmehr Art. 151 AEUV) bzw. die SozGRCh ausdrücklich Bezug zu nehmen.
[148] Vgl. 3. u. 4. Erwägungsgrund der RL 98/59/EG; vgl. auch EuGH C-55/02, Slg. 2004, I-9387 Rn. 48 u. 52 – Kommission/Portugiesische Republik.
[149] EuGH C-188/03, Slg. 2005, I-885 Rn. 26 ff. – Junk; EuGH C-55/02, Slg. 2004, I-9387 Rn. 43 ff. – Kommission/Portugiesische Republik.
[150] EuGH C-250/97, Slg. 1998, I-8737 Rn. 19 – Lauge ua.
[151] EuGH C-32/02, Slg. 1998, I-8737 Rn. 26 – Kommission/Italienische Republik.
[152] EuGH 135/83, Slg. 1985, 469 Rn. 16, 18 u. 23 – Abels.
[153] EuGH verb. Rs. C-132/91 ua, Slg. 1992, I-6577 Rn. 32 – Katsikas ua.

Rechts (bzw. ggf. gleichwertiger Stellen) vom Anwendungsbereich der Massenentlassungs-RL rechtfertigen lässt. Denn nach Art. 1 Abs. 2 lit. b RL 98/59/EG findet die RL keine Anwendung auf Arbeitnehmer öffentlicher Verwaltungen oder von Einrichtungen des öffentlichen Rechts (oder bei Mitgliedstaaten, die diesen Begriff nicht kennen, von gleichwertigen Stellen). Gerade hinsichtlich des weiterhin aktuellen unionsweiten Phänomens knapper öffentlicher Haushalte der Mitgliedstaaten und entsprechender Sparzwänge ist nicht evident, weshalb Arbeitnehmer in solchen Arbeitsverhältnissen nicht ein vergleichbares Schutzbedürfnis bei Massenentlassungen haben, wie Arbeitnehmer bei privatrechtlichen Arbeitgebern. Hier stellt sich also die Frage, ob diese Bereichsausnahme mit dem unionsrechtlichen Grundrechtsstandard beim Massenentlassungsschutz vereinbar ist; zudem ergibt sich ein Gleichheitsproblem auf Arbeitgeberseite (unbeschadet des Umstands, dass die „Sonderrechte" bestimmter Teil der öffentlichen Verwaltung zunehmend kritischer betrachtet werden – und dort zT verneint wurde[154]). Die vorstehenden Erwägungen legen daher die Annahme nahe, dass auch diese **Ausnahmebestimmung eng auszulegen** ist und nur diejenigen Stellen erfasst werden, die eine (unmittelbare oder mittelbare) Teilnahme an der Ausübung hoheitlicher Befugnisse mit sich bringen (→ Rn. 30).[155] Soweit ersichtlich, hat sich der EuGH (auch) mit dieser Fragestellung bisher nicht befassen müssen.

VI. Schutz bei Zahlungsunfähigkeit des Arbeitgebers

Bei Zahlungsunfähigkeit des Arbeitgebers kommt es häufig im Rahmen des Insolvenzverfahrens zu betriebsbedingten Kündigungen und Massenentlassungen. Neben dem Entlassungsschutz ist dann die Sicherung der **Arbeitsentgeltansprüche der Arbeitnehmer** von besonderer praktischer Bedeutung. Der Arbeitnehmerschutz bei Zahlungsunfähigkeit des Arbeitgebers wird unionsrechtlich durch die **RL 2008/94/EG**[156] (ex-RL 80/987/EWG) über den Schutz der Arbeitnehmer bei Zahlungsunfähigkeit des Arbeitgebers geregelt. Hierdurch wird dem Umstand Rechnung getragen, dass Arbeitnehmer in der Regel immer dann besonders schutzwürdig sind, wenn ihr Arbeitgeber zahlungsunfähig wird. Ohne einen besonderen gesetzlichen Schutz fielen Arbeitnehmerforderungen auf Gehaltszahlung mit den Forderungen anderer Gläubiger gleichberechtigt zusammen, so dass die Realisierung der Arbeitsentgeltforderungen in diesen Fällen meist aussichtslos wäre. Dies ist zwar als ein unionsrechtliches Phänomen anerkannt worden. Gleichwohl sieht die RL 2008/94/EG nicht die Bevorrechtigung der Arbeitnehmerforderungen gegenüber sonstigen Forderungen im Fall der Zahlungsunfähigkeit des Arbeitgebers vor, sondern verpflichtet die Mitgliedstaaten zur **Errichtung sog „Garantieeinrichtungen".**[157] Dass dieser Schutz der wirtschaftlichen Interessen der Arbeitnehmer Bestandteil des Art. 30 GRC sein soll, lassen dessen Erläuterungen (vorsichtig) erahnen (→ Rn. 17).[158]

64

Diese Garantieeinrichtungen haben die **Zahlung noch ausstehender Arbeitnehmerforderungen im Fall der Zahlungsunfähigkeit des Arbeitgebers** zu übernehmen

65

---

[154] So zB EuGH C-59/12, ECLI:EU:C:2013:634 Rn. 32, 37 – BKK Mobil Oil im Hinblick auf Krankenkassen als Unternehmen iSd sog Richtlinie über unlautere Geschäftspraktiken; ähnlich unter gemeinschaftsrechtlichen Aspekten BGH I ZR 183/12, GRUR 2013, 1250 (1252 Rn. 19), zur Erlaubnispflicht von Krankenkassen gemäß § 34d GewO, wenn sie Krankenzusatzversicherungen iRd Kooperation mit einem privaten Versicherungsunternehmen vermitteln und – so die Schlussfolgerung des BGH – daher nicht innerhalb ihres öffentlich-rechtlichen Versorgungsauftrags handeln.

[155] Ebenso: *Frenz*, HdbEuR Bd. 1, Rn. 1640 ff.; *Frenz*, HdbEuR Bd. 4, Rn. 2528 mwN; aA *Bader* in Etzel/Bader/Fischermeier ua, KR, Gemeinschaftskommentar zum Kündigungsschutzgesetz, 11. Aufl. 2016, KSchG § 23 Rn. 76 mwN; *Spinner* in Löwisch/Spinner/Wertheimer, Kommentar Kündigungsschutzgesetz, 10. Aufl. 2013, KSchG § 23 Rn. 52; *Lingemann/Grothe* NZA 1999, 1072 (1078); wie hier zu Art. 45 Abs. 4 AEUV: *Kreuschitz* in von der Groeben/Schwarze/Hatje AEUV Art. 45 Rn. 160; *Forsthoff* in GHN AEUV Art. 45 Rn. 424 ff., jew. mwN; ähnlich *Brechmann* in Calliess/Ruffert AEUV Art. 45 Rn. 103 ff. (auch Teile der Leistungsverwaltung erfasst).

[156] ABl. 2008 L 283, 36.

[157] Nach *Krimphove* Rn. 582, regeln aber die Vorschriften einiger Mitgliedsländer die Bevorrechtigung der Arbeitnehmerforderungen; *Henssler* in Henssler/Braun S. 38.

[158] ABl. 2007 C 303, 26; s. auch *Bruun* in Bercusson S. 337 (344).

(Art. 3 RL 2008/94/EG). Dabei können die Mitgliedstaaten die Zahlungen des Arbeitgebers an die gesetzlichen Sozialversicherungssysteme aus dem Anwendungsbereich der RL ausschließen, dh sie müssen insoweit keine Garantieeinrichtung bilden, wobei die Mitgliedstaaten in diesen Fällen Maßnahmen zu ergreifen haben, die verhindern, dass den Arbeitnehmern aus der Nichtzahlung von Sozialversicherungsbeiträgen durch den Arbeitgeber Nachteile entstehen (Art. 6–8 RL 2008/94/EG). Die Garantieeinrichtungen werden finanziell **aus Beiträgen der Arbeitgeber sowie von der öffentlichen Hand** finanziert (Art. 5 RL 2008/94/EG). Die Bestimmung der Begriffe „Arbeitnehmer", „Arbeitgeber", „Arbeitsentgelt", „erworbenes Recht" und „Anwartschaftsrecht" bleibt den nationalen Rechtsordnungen vorbehalten (Art. 2 Abs. 2 RL 2008/94/EG), wobei die Mitgliedstaaten Teilzeitarbeitnehmer iSd RL 97/81/EG, Arbeitnehmer mit befristetem Arbeitsvertrag iSd RL 1999/70/EG und Arbeitnehmer im Leiharbeitsverhältnis iSv Art. 1 Nr. 2 RL 91/383/EWG vom Anwendungsbereich der RL nicht ausnehmen dürfen (Art. 2 Abs. 2 S. 2 RL 2008/94/EG). Auch darf der Schutz bei Zahlungsunfähigkeit des Arbeitgebers iSd RL nicht von einer Mindestdauer des Arbeitsvertrags oder Arbeitsverhältnisses abhängig gemacht werden.[159]

66 Einen Hinweis auf eine **Grundrechtsqualität,** dh unionsgrundrechtlichen Kern **des Arbeitnehmerschutzes bei Zahlungsunfähigkeit des Arbeitgebers,** enthält **Nr. 7 SozGRCh,** wonach das Ziel der Verbesserung der Lebens- und Arbeitsbedingungen der Arbeitnehmer in der EG (heutigen Union) namentlich dazu führen muss, dass das Verfahren bei Konkursen ausgestaltet werde. Hierauf verweist auch die RL 2008/94/EG in ihrem 2. Erwägungsgrund.[160] Indes findet sich – soweit ersichtlich – in der einschlägigen Rechtsprechung des EuGH kein Hinweis auf einen unionsgrundrechtlichen Hintergrund dieses Arbeitnehmerschutzes. Stattdessen wird ausschließlich mit den Zielen und Zweckbestimmungen der RL sowie der Ausgestaltung des Verfahrens argumentiert, ohne dass man daraus Parallelen zur Rechtsprechung des EuGH zur Betriebsübergangsrichtlinie herleiten könnte.[161]

67 Am Maßstab der **Grundrechte „insbesondere des allgemeinen Grundsatzes der Gleichheit und der Nichtdiskriminierung"**[162] hat der EuGH in der Rs. *Rodriguez Caballero* die Frage beurteilt, ob ein Mitgliedstaat **unterschiedliche Regelungen im Hinblick auf gekündigte Arbeitnehmer im Fall der Zahlungsunfähigkeit** des Arbeitgebers treffen darf, indem er durch die Garantieeinrichtung nur die Erfüllung derjenigen Ansprüche auf Entschädigung (*salarios de tramitación*) sicherstellt, die durch gerichtliche Entscheidung festgesetzt wurden. Im Ergebnis wurde diese **Ungleichbehandlung als objektiv nicht überzeugend gerechtfertigt** und daher als unzulässig angesehen.[163] Die Befugnis des Mitgliedstaats, im nationalen Recht festzulegen, welche Leistungen zu Lasten der Garantieeinrichtung gehen, unterliege nicht nationalen Anforderungen, sondern die Grundrechte gehörten „zu den allgemeinen Rechtsgrundsätzen [...], deren Wahrung der EuGH zu sichern habe", und die Mitgliedstaaten müssten „bei der Durchführung der gemeinschaftsrechtlichen Regelungen die Erfordernisse des Grundrechtsschutzes in der Gemeinschaftsrechtsordnung beachten"; sie haben diese deshalb soweit wie möglich in Übereinstimmung mit diesen Erfordernissen anzuwenden[164] (näher → § 9 Rn. 30 ff.). Da in der Rs. *Rodriguez Caballero* eine unzulässige Ungleichbehandlung vorlag, urteilte der EuGH, dass ein nationales Gericht eine innerstaatliche Regelung außer Anwendung zu lassen habe, die unter Verstoß gegen den Gleichheitssatz Ansprüche auf Entschädigung

---

[159] Vgl. Art. 2 Abs. 3 RL 80/987/EWG.
[160] ABl. 2002 L 270, 10.
[161] EuGH C-373/95, Slg. 1997, I-4051 Rn. 33 ff. – Maso ua; EuGH C-319/94, Slg. 1998, I-1061 Rn. 18 ff., insbes. Rn. 25 u. 28 – Dethier Èquipement; EuGH C-442/00, Slg. 2002, I-11915 Rn. 29 ff. – Rodriguez Caballero; EuGH verb. Rs. C-19/01, C-50/01 u. C-84/01, Slg. 2004, I-2005 Rn. 34 ff. – INPS/Barsotti ua.
[162] EuGH C-442/00, Slg. 2002, I-11915 Rn. 32 mwN – Rodriguez Caballero.
[163] EuGH C-442/00, Slg. 2002, I-11915 Rn. 33 ff. – Rodriguez Caballero.
[164] EuGH C-442/00, Slg. 2002, I-11915 Rn. 30 mwN – Rodriguez Caballero.

ausnehme; insoweit müsse es auf die Mitglieder der durch diese diskriminierende Unterscheidung benachteiligten Gruppe die auf Beschäftigte im Lohn- oder Gehaltsverhältnis anwendbare Regelung anwenden, deren Ansprüche gleicher Art nach der nationalen Definition des Begriffes Arbeitsentgelt in den Anwendungsbereich der RL fielen.[165] Insgesamt fällt es demnach schwer einen genaueren Inhalt des unionsgrundrechtlichen Entlassungsschutzes bei Zahlungsunfähigkeit des Arbeitgebers festzustellen; lediglich die Erläuterungen zur GRC auf die Insolvenzschutz RL (→ Rn. 17) und Nr. 7 SozGRCh deuten darauf hin, dass es einen Schutz vor ungerechtfertigter Entlassung auch in den Insolvenzverfahren des Arbeitgebers geben soll. Da es in einem solchen Kontext zu Massenentlassungen kommen kann (→ Rn. 57 ff.), aber auch zu Betriebs-(teil) bzw. Unternehmens-(teil)übergängen (→ Rn. 52 ff.) ist der unionsgrundrechtliche Entlassungsschutz bei Insolvenzverfahren am Ehesten in diesem Kontext zu bestimmen.

VII. Befristete Arbeitsverhältnisse

Derzeitiger Stand in der Union ist, dass Befristungen am **Grundsatz der Nichtdiskriminierung** gemessen werden,[166] aber nicht am Recht auf Schutz vor ungerechtfertigter Entlassung iSd Art. 30 GRC. Maßgeblich lässt sich dies damit erklären, dass der EuGH insofern die Frage der Rechtmäßigkeit/Rechtswidrigkeit der Befristungsabrede *beim Abschluss des Arbeitsvertrages* in den Vordergrund rückt[167] und *nicht,* wie es an sich näherliegen würde, auf die *Beendigung des Arbeitsverhältnisses durch eine rechtmäßig oder rechtswidrig zustande gekommene Befristungsabrede.*[168] Letzteres würde mit den grundlegenden Zielen des Befristungsschutzes iSd ausgewogenen Verhältnisses zwischen Anpassungsfähigkeit und Sicherheit, der Nr. 7 SozGRCh, der Anwendung des Grundsatzes der Nichtdiskriminierung und einem besseren Gleichgewicht zwischen „Flexibilität der Arbeitszeit und Sicherheit der Arbeitnehmer" (ebenfalls) übereinstimmen[169]. Ferner würde es sich mit dem Grundsatz des *effét utile* besser vertragen.

68

VIII. Allgemeiner Kündigungsschutz, Kündigungsfristen, Verfahrensregeln

Die „Anlehnung" von Art. 30 GRC (gemäß Erläuterungen) an Art. 24 EuSozChrev. könnte nahe legen, dass auch der **allgemeine Kündigungsschutz iSv Art. 24 lit. b EuSozChrev.** (gültiger Beendigungsgrund bei arbeitgeberseits veranlassten Beendigungen in Bezug auf fehlende Eignung, Verhalten oder betrieblichem/unternehmensbezogenem Erfordernis; → Rn. 11 ff.) vom Schutzbereich des Art. 30 GRC umfasst ist. Indes existiert hierzu bisher generell kein Unionsrecht iSd Art. 51 Abs. 1 S. 1 GRC; lediglich für den unionsrechtlich geregelten Bereich der Betriebs(teil)- bzw. Unternehmens(teil)übergänge könnte man überlegen, ob sich aus Art. 30 GRC iVm Art. 4 Abs. 1 S. 2 Betriebsübergangs-RL (im Umkehrschluss) die Regel entnehmen lässt, in derartigen Konstellationen müsse eine Kündigung auf wirtschaftlichen, technischen oder organisatorischen Gründen beruhen, andernfalls sei diese als Kündigung wegen des Übergangs iSv S. 1 zu werten. Und (auch) ein genereller Rückgriff auf die *einzelstaatlichen Rechtsvorschriften und Gepflogenheiten*

69

---

[165] EuGH C-442/00, Slg. 2002, I-11915 Rn. 41 ff. mwN – Rodriguez Caballero.
[166] 14. Erwägungsgrund der RL 1999/70/EG, ABl. 1999 L 175, 43, geändert durch Art. 1 ÄndB 2007/882/EG, ABl. 2007 L 346, 19; EuGH C-361/12, ECLI:EU:C:2013:830 Rn. 40 – Carmela Carratú/Poste Italiane SpA; s. zu einer Bestandsaufnahme und Verbesserungsvorschlägen hinsichtlich unionsrechtlichen Mindeststandards bei Kettenbefristungen, indes ohne unionsgrundrechtlichen Bezug Kamanabrou.
[167] EuGH C-361/12, ECLI:EU:C:2013:830 Rn. 44 – Carmela Carratú/Poste Italiane SpA.
[168] Auf diesen letzten Zeitpunkt (Beendigung des Arbeitsverhältnisses durch das Befristungsende) und den Unterfall als Teil der Entlassungen knüpft, soweit ersichtlich, der Rechtsschutz in den Mitgliedstaaten an, nämlich im Zusammenhang mit der Angreifbarkeit der Befristung; vgl. zB § 17 TzBfG u. Art. 32 Abs. 3 des ital. Gesetzes Nr. 183/2010, Letzteres zitiert nach EuGH C-361/12, ECLI:EU:C:2013:830 Rn. 4 – Carmela Carratú/Poste Italiane SpA.
[169] 3., 6., 14. Erwägungsgrund RL 1999/70/EG u. in deren Anhang in Abs. 2 der Präambel zur Rahmenvereinbarung über befristete Arbeitsverträge; ferner § 1 lit. b dieser Rahmenvereinbarung.

würde nach Art. 51 GRC und der Dogmatik des EuGH voraussetzen, dass die Union insofern von ihrer Gesetzgebungskompetenz Gebrauch gemacht hat,[170] was allein mit Art. 30 GRC wegen des dortigen *Refrains* nicht zu begründen ist. Entsprechend gilt dies für eine allgemeine Regel der Gewährung **angemessener Kündigungsfristen** (unbeschadet der *Entlassungssperre* bei Massenentlassungen gemäß Art. 4 RL 98/59/EG → Rn. 58).

70 Generelle verfahrensrechtliche Regeln im Zusammenhang mit dem Entlassungsschutz des Art. 30 GRC lassen sich im Kern aus der Unterrichtungs- und AnhörungsRL 2002/14/EG[171] ableiten, nämlich das Erfordernis einer **rechtzeitigen vorherigen Unterrichtung und Beratung** zur wahrscheinlichen Beschäftigungsentwicklung und ggf. antizipativer Maßnahmen, insbes. bei Bedrohung der Beschäftigung, sowie zu wesentlichen Veränderungen der Arbeitsorganisation oder -verträge (Art. 4 Abs. 2 RL 2002/14/EG; ausführlich → § 39 Rn. 17 ff.).[172] Als *lex specialis* gehen die Unterrichtungs- und Anhörungsrechte der BetriebsübergangsRL (→ Rn. 52 ff.) und MassenentlassungsRL (→ Rn. 57 ff.) vor.

IX. Rechtsfolgen bei ungerechtfertigter Entlassung

71 Welche Rechtsfolgen eine ungerechtfertigte Entlassung auslöst, ergibt sich in erster Linie im Sinne des *Refrains* aus den einzelstaatlichen Rechtsvorschriften und Gepflogenheiten. Dabei haben aber die Mitgliedstaaten als **allgemeinen Grundsatz des Unionsrechts** zu beachten, dass Verstöße gegen das Unionsrecht gemäß der ständigen Rechtsprechung des EuGH „nach **ähnlichen sachlichen und verfahrensrechtlichen Regeln geahndet werden müssen, wie** nach Art und Schwere **gleichartige Verstöße gegen das nationale Recht**".[173] Außerdem müssen die Rechtsfolgen einen „**tatsächlichen und wirksamen Rechtsschutz** gewährleisten" und eine „**wirklich abschreckende Wirkung**" haben,[174] so also auch bei einer ungerechtfertigten Entlassung. Insofern kommt als Rechtsfolge der Bestandteil (Weiterbeschäftigung) oder Kompensationsschutz (finanzielle Wiedergutmachung des Schadens und ggf. darüber hinausgehend Entschädigung) in Betracht. Dabei würde eine rein symbolische Entschädigung dem verfassungsrechtlichen Gesetzgebungsauftrag ebenso wenig gerecht wie eine Haftungsobergrenze.[175] Dies ist nunmehr als *acquis communautaire* im Rahmen des Art. 30 GRC zu beachten.

C. Beeinträchtigung

72 Da der unionsgrundrechtliche Entlassungsschutz breit gefächert ist und aus einer Vielzahl von unterschiedlichen Lebenssachverhalten besteht (wie bereits die vorangehende Übersicht zeigt), ist in jedem Einzelfall sorgfältig zu prüfen, wie weit der **Schutzbereich** innerhalb des Geltungsbereichs des Unionsrechts reicht; erst im Anschluss daran lässt sich feststellen, ob eine Beeinträchtigung dieses Schutzbereichs vorliegt. Dies ist zB (ggf. mittelbar) bei Kündigung einer Schwangeren während der **Schwangerschaftsphase** aufgrund

---

[170] S. zB EuGH C-147/08, Slg. 2011, I-3591 Rn. 60 ff. mwN – Jürgen Römer, im Gegensatz zu GA *Jääskinen*, SchlA C-147/08, Slg. 2011, I-3591 Rn. 146 f.
[171] ABl. 2002 L 80, 29.
[172] S. dazu auch *Bruun* in Bercusson S. 337 (346, 352).
[173] EuGH 68/88, Slg. 1989, 2965 Rn. 24 – Kommission/Griechenland.
[174] EuGH 14/83, Slg. 1984, 1891 Rn. 18 u. 23 f. – von Colson u. Kamann; EuGH C-271/91, Slg. 1993, I-4367 Rn. 17 ff. – Marshall II; EuGH C-180/95, Slg. 1997, I-2195 Rn. 24 f. – Draehmpaehl, mAnm *Hilbrandt* in EzA BGB § 611a Nr. 12.
[175] EuGH 14/83, Slg. 1984, 1891 Rn. 18 u. 23 f. – von Colson u. Kamann; EuGH C-271/91, Slg. 1993, I-4367 Rn. 17 ff. – Marshall II; EuGH C-180/95, Slg. 1997, I-2195 Rn. 24 f. – Draehmpaehl, mAnm *Hilbrandt* in EzA BGB § 611a Nr. 12; Art. 30 GRC als rechtsfolgenleer betrachtend: *Kröll* in Holoubek/Linbacher, GRC-Kommentar, GRC Art. 30 Rn. 22; iS eines nicht näher bestimmten Mindestschutzes: *Lang* in Stern/Sachs GRCh Art. 30 Rn. 12; aA *C. Schubert* in Franzen/Gallner/Oetker GRC Art. 30 Rn. 14 f.

von Umständen, die mit der Schwangerschaft zusammenhängen, und bei Kündigung eines Transsexuellen aus objektiv ungerechtfertigten Gründen, die mit der **Transsexualität** (dh sexuellen Ausrichtung) zusammenhängen, zu bejahen. Ebenfalls würde dies zB zutreffen, wenn ein Mitgliedstaat Arbeitnehmer unterhalb bestimmter *Schwellenwerte* („Probezeit", Arbeitnehmermindestzahl des Arbeitgebers, etc) generell vom Entlassungsschutz ausnehmen würde, also zB auch gegenüber **diskriminierenden Kündigungen**, bei **Massenentlassungen** oder **Betriebs(teil)-/Unternehmens(teil)übergängen;** indes nicht in Bezug auf den „allgemeinen" Kündigungsschutz (betriebliches Erfordernis etc). Weitere Einzelheiten dazu im Zusammenhang mit den vorstehenden Ausführungen → Rn. 25 ff.

D. Rechtfertigung

Die Schranken und Schrankenschranken dieses Unionsgrundrechts sind gemäß Art. 52 Abs. 1 GRC: **Gesetzesvorbehalt, Wesenheitsgarantie** und **Verhältnismäßigkeitsgrundsatz** (→ § 39 Rn. 44). Grundrechtskollisionen sind im Wege der sog praktischen Konkordanz zu lösen.[176] Da sich der EuGH allgemein noch nicht zu diesem Unionsgrundrecht geäußert hat, gilt dies naturgemäß auch für dessen Schrankensystematik. Aus den Rs. *D'Urso, Werhof* u. *Alemo-Herron* kann man ableiten, dass eine solche Grundrechtskollision insbes. zur **unternehmerischen Freiheit des Arbeitgebers** besteht.[177] **73**

E. Verhältnis zu anderen Grundrechtsgewährleistungen

Gegenüber Art. 30 GRC erscheint der Entlassungsschutz gemäß **Art. 33 Abs. 2 GRC** (aus mit der Mutterschaft zusammenhängenden Gründen) spezieller.[178] Bei diskriminierenden Entlassungen sind gleichfalls die **Art. 20 ff. GRC** betroffen, die Teil des gemäß *Refrain* heranzuziehenden Unionsrechts sind, so dass jeweils beide Artikel in der Verbindung heranzuziehen sind.[179] Zwischen Art. 30 GRC und dem Recht auf Unterrichtung und Anhörung **(Art. 27 GRC)** besteht insbesondere bei Massenentlassungen und Betriebs(teil-) bzw. Unternehmens(teil)übergängen ein enger sachlicher Zusammenhang,[180] ohne klar ein Rangverhältnis erkennen zu können, so dass Idealkonkurrenz denkbar ist. **Art. 15 GRC** tritt bei Entlassungen als *lex generalis* zurück.[181] **Art. 32 GRC** enthält ausdrücklich keinen Entlassungsschutz, so dass Art. 30 GRC insofern *lex specialis* ist.[182] Dies dürfte auch für das Verhältnis zu **Art. 12 Abs. 1 GRC** gelten.[183] **74**

---

[176] EuGH C-274/99, Slg. 2001, I-1611 Rn. 37 ff. – Conolly/Kommission; *Terhechte* in von der Groeben/Schwarze/Hatje GRC Art. 53 Rn. 11; *Borowksy* in NK-EuGRCh GRCh Vorb. Art. 51 Rn. 30.

[177] EuGH C-362/89, Slg. 1991, I-4105 Rn. 14 – D'Urso ua; in diesem speziellen Fall sogar zusätzlich ein Konflikt mit dem mit den Gewerkschaften getroffenen Vereinbarungen (Rn. 16 f.), also nunmehr mit Art. 28 GRC; EuGH C-499/04, Slg. 2006, I-2397 Rn. 31 – Werhof; EuGH C-426/11, ECLI:EU:C:2013:521 Rn. 25 – Alemo-Herron.

[178] *Bruun* in Bercusson S. 337 (340); *Jarass* GRCh Art. 30 Rn. 4 mwN; *Lembke* in von der Groeben/Schwarze/Hatje GRC Art. 30 Rn. 4; *Kocher* in FK-EUV/GRC/AEUV GRC Art. 30 Rn. 20; *Kröll* in Holoubek/Lienbacher, GRC-Kommentar, GRC Art. 30 Rn. 12; *Lang* in Stern/Sachs GRCh Art. 30 Rn. 5; *C. Schubert* in Franzen/Gallner/Oetker GRC Art. 30 Rn. 6.

[179] Anders *Jarass* GRCh Art. 30 Rn. 4 mwN; *Lembke* in von der Groeben/Schwarze/Hatje GRC Art. 30 Rn. 4: Art. 20 ff. GRC *lex specialis;* wie hier: *Bruun* in Bercusson S. 337 (340); iErg ebenso: *Kocher* in FK-EUV/GRC/AEUV GRC Art. 30 Rn. 20; *Kröll* in Holoubek/Lienbacher, GRC-Kommentar, GRC Art. 30 Rn. 12; *Lang* in Stern/Sachs GRCh Art. 30 Rn. 5; *C. Schubert* in Franzen/Gallner/Oetker GRC Art. 30 Rn. 6.

[180] *Bruun* in Bercusson S. 337 (340); für Vorrang des Art. 27 GRC: *Kocher* in FK-EUV/GRC/AEUV GRC Art. 30 Rn. 20.

[181] *Jarass* GRCh Art. 30 Rn. 4; *Lembke* in von der Groeben/Schwarze/Hatje GRC Art. 30 Rn. 4; *Kröll* in Holoubek/Lienbacher, GRC-Kommentar, GRC Art. 30 Rn. 12; *C. Schubert* in Franzen/Gallner/Oetker GRC Art. 30 Rn. 6; jew. mwN.

[182] *Kröll* in Holoubek/Lienbacher, GRC-Kommentar, GRC Art. 30 Rn. 12; aA *Lang* in Stern/Sachs GRCh Art. 30 Rn. 5; *Kocher* in FK-EUV/GRC/AEUV GRC Art. 30 Rn. 20.

[183] AA *Kocher* in FK-EUV/GRC/AEUV GRC Art. 30 Rn. 20.

F. Zusammenfassende Bewertung und Ausblick

75 Zum **Arbeitnehmerschutz gegen ungerechtfertigte Entlassungen** gibt es bereits einen **beachtlichen unionsgrundrechtlichen Besitzstand**. Er ist konturenreicher, als es häufig (jedenfalls in der deutschsprachigen Literatur) angenommen wird. Dieser unionsgrundrechtliche Entlassungsschutz umfasst insbes. bestimmte „unionsweite Phänomene" wie Diskriminierungen, Massenentlassungen, Unternehmens(teil)- bzw. Betriebs(teil)übergänge, Zahlungsunfähigkeit des Arbeitgebers und den Schutz besonderer Personengruppen. Soweit es nicht Diskriminierungen betrifft, ist die Feststellung eines unionsgrundrechtlichen Kerns dieses Entlassungsschutzes indes nicht offensichtlich. Naheliegend ist, den Schutz schwangerer Arbeitnehmerinnen sowie von Arbeitnehmern/innen im Elternurlaub außerhalb der Diskriminierungsfälle auf die unionsrechtliche Grundrechtsverbürgung der Familie zurückzuführen,[184] was durch Art. 33 Abs. 2 GRC verstärkt wird. Bei Massenentlassungen und Unternehmens(teil)-/Betriebs(teil)übergängen lässt sich unionsgrundrechtlich der dort garantierte Entlassungsschutz als speziellere Ausgestaltung des Grundrechts auf Berufs(wahl)-freiheit verstehen (ggf. ergänzt durch das Recht auf Achtung und Schutz der Menschenwürde, inkl. des Arbeitnehmer-Persönlichkeitsrechts, und das Sozialstaatsprinzip).

76 Unbeschadet des auf Unionsebene detailliert ausgestalteten Entlassungsschutzes vor Diskriminierungen kann man Art. 30 GRC iS eines **Schutzgewährrechts und Gesetzgebungsauftrags** an die einzelnen Mitgliedstaaten im Zuständigkeitsbereich der Union verstehen, den Schutz vor ungerechtfertigten Entlassungen zu regeln und dabei den *acquis communautaire* zu beachten. Dies gilt also in denjenigen Bereichen, in dem die Union ihre Gesetzgebungskompetenz wahrgenommen hat. Soweit der *acquis communautaire* vom einzelnen Mitgliedstaat beachtet wird, dürfte der nach allgemeinen Regeln bestehende weite Beurteilungs- und Gestaltungsspielraum des nationalen Gesetzgebers seine **äußeren Grenzen (nur) im Übermaß- und Untermaßverbot** finden; dh wenn den Arbeitnehmern zB in den oben genannten Fallkonstellationen nur ein ineffektiver Schutz vor ungerechtfertigter Entlassung eingeräumt würde, wäre dies mit großer Wahrscheinlichkeit ein Verstoß gegen das Untermaßverbot, und andererseits könnte ein zu starker Entlassungsschutz gegenüber der Unternehmerfreiheit und Berufs(ausübungs)freiheit des Arbeitgebers (Art. 15, 16 GRC) unverhältnismäßig sein (Übermaßverbot). Wagt man eine Prognose für die Zukunft, dürfte eine weitere Rechtsharmonisierung seitens der Union beim Entlassungsschutz wohl eher bei bestimmten Verfahrensregeln (zB faires Verfahren, Mitteilung des Kündigungsgrundes, formaler Rechtsschutz etc) zu erwarten sein als in Bezug auf neue materiell-rechtliche Regeln.[185]

---

[184] S. dazu Nr. 16 SozGRCh und ausführlich → §§ 23, 24 u. 44.
[185] S. aber auch *Bruun* in Bercusson S. 337 (354 f.).

§ 42 Recht auf Zugang zu einem Arbeitsvermittlungsdienst

Übersicht

	Rn.
A. Entwicklung und Bedeutung des Rechts auf Zugang zu einem Arbeitsvermittlungsdienst	1–9
I. Vorbemerkungen	1
II. Verfassungen der Mitgliedstaaten	2
III. Unionsverträge und Sekundärrecht	3–7
IV. Europäische Sozialcharta (EuSozCh) und EMRK	8
V. Gemeinschaftscharta der Sozialen Grundrechte der Arbeitnehmer (SozGRCh)	9
B. Grundrechtscharakter und Gewährleistungsgehalt des Art. 29 GRC	10–17
I. Persönlicher Gewährleistungsgehalt	13, 14
II. Sachlicher Gewährleistungsgehalt	15–17
C. Beeinträchtigung	18, 19
D. Rechtfertigung	20
E. Verhältnis zu anderen Grundrechtsgewährleistungen	21
F. Zusammenfassende Bewertung und Ausblick	22, 23

Schrifttum:

Blanke, Fair and just working conditions, in Bercusson, European Labour Law and the EU Charter of Fundamental Rights, 2006, S. 357 ff.; *Henssler/Braun,* Arbeitsrecht in Europa, 3. Aufl. 2011; *Hilbrandt,* Arbeitsrechtliche Unionsgrundrechte und deren Dogmatik, demnächst in NZA 2019; *Krimphove,* Europäisches Arbeitsrecht, 2. Aufl. 2001; *Langer* in Fuchs, Kommentar zum Europäischen Sozialrecht, 6. Aufl. 2013, Art. 45 AEUV; *Meyer/Engels,* Die Charta der Grundrechte der Europäischen Union, 2001; *Pache,* Die Europäische Grundrechtecharta – ein Rückschritt für den Grundrechtsschutz in Europa?, EuR 2001, 475.

A. Entwicklung und Bedeutung des Rechts auf Zugang zu einem Arbeitsvermittlungsdienst

I. Vorbemerkungen

In Zeiten hoher Arbeitslosigkeit kommt der Arbeitsvermittlung eine gesteigerte Bedeutung zu. Dies kam zB in der Bundesrepublik Deutschland durch die Arbeitsmarktreformen zum Ausdruck (sog *Hartz*-Gesetze).[1] Maßnahmen zur **Bekämpfung der seit Jahrzehnten stetig zunehmenden Arbeitslosigkeit** bzw. zur Steigerung der Erwerbstätigenzahl sind kein nationales Anliegen mehr; dies wurde bereits in den Art. 2, 136 Abs. 1 EGV und nunmehr in den Art. 3 Abs. 3 EUV und Art. 151 AEUV deutlich. Auch der Rat und die EU-Kommission fordern aufgrund ihrer Sorge zur Beschäftigungslage und sozialen Situation in ihrem gemeinsamen Beschäftigungsbericht die Durchführung und Fortsetzung von Reformen, die das Funktionieren des Arbeitsmarktes betreffen.[2] Die besondere, gesteigerte rechtliche Wertigkeit dieses Anliegens ergibt sich zudem aus der Bezugnahme in Art. 151 AEUV auf den Status als **soziales Grundrecht iSd Europäischen Sozialcharta (EuSozCh)** (→ Rn. 8) **und der Gemeinschaftscharta der Sozialen Grundrechte der Arbeitnehmer (SozGRCh)** (→ Rn. 9). Ausdrücklich werden dort die Förderung der Beschäftigung und ein dauerhaft hohes Beschäftigungsniveau als Unionsziele genannt sowie die Auffassung der Union und Mitgliedstaaten, dass sich eine Abstimmung der Sozialordnungen als begünstigendes Wirken des Binnenmarkts ergeben wird. In diesem Kontext

1

---

[1] ZB das Dritte und Vierte Gesetz für moderne Dienstleistungen am Arbeitsmarkt (Hartz III und IV) v. 23. u. 24.12.2003, BGBl. 2003 I 2848 (2954).
[2] Entwurf des Gemeinsamen Beschäftigungsberichts der Kommission und des Rates/Begleitunterlage zur Mitteilung der Kommission zum Jahreswachstumsbericht 2015, 28.11.2014, COM(2014) 906 final; vgl. auch Mitteilung der Kommission Maßnahmen für Stabilität, Wachstum und Beschäftigung, 30.5.2012, COM(2012) 299 final.

ist das seit dem Vertrag von Lissabon in Art. 29 GRC geregelte Recht auf Zugang zu einem unentgeltlichen Arbeitsvermittlungsdienst zu lesen.

II. Verfassungen der Mitgliedstaaten

2 Nur in der estnischen Verfassung (§ 29 estVerf) ist ein Grundrecht auf Zugang zu einem unentgeltlichen Arbeitsvermittlungsdienst ausdrücklich geregelt, ansonsten in keiner Verfassung der Mitgliedstaaten.[3] Allerdings finden sich in manchen Mitgliedstaaten konkrete Bestimmungen über ein **Recht auf Arbeit**.[4] In anderen Mitgliedstaaten ist allgemein die **Berufsfreiheit** (in Form der Berufswahlfreiheit) geschützt[5] (→ § 34). Aus diesen Grundrechten und dem Sozialstaatsgebot ergibt sich zumindest ein inhaltlicher Zusammenhang zum Recht auf Zugang zu einem Arbeitsvermittlungsdienst.[6] Denn die Berufswahlfreiheit, die in unserer arbeitszentrierten Welt ein wesentliches Grundrecht ist, setzt in einem Sozialstaat voraus, dass der Staat die Voraussetzungen für dessen Ausübung durch die Arbeitnehmer als Grundrechtsträger schafft, dh ihnen ua den Zugang zu einem Arbeitsvermittlungsdienst gewährt. Dies entbindet den Arbeitnehmer aber nicht von seiner Obliegenheit, sich persönlich um die Arbeitsuche zu kümmern und sich dabei intensiv zu engagieren. Der Staat hat jedoch die Grundlagen dafür zu schaffen, dass ein solches Engagement bei der Arbeitssuche auch möglich ist. In diesem Sinne obliegt ihm eine **Schutzgewährpflicht**.

III. Unionsverträge und Sekundärrecht

3 Zur Herstellung und Gewährleistung der **Arbeitnehmerfreizügigkeit iSd Art. 45 AEUV** ist eine effektive Arbeitsvermittlung innerhalb der Union erforderlich. Nach Art. 46 AEUV hat der Rat gemäß dem Verfahren des Art. 294 AEUV und nach Anhörung des Wirtschafts- und Sozialausschusses durch Richtlinien oder Verordnungen alle erforderlichen Maßnahmen zu treffen, um die Freizügigkeit der Arbeitnehmer im Sinne des Art. 45 AEUV herzustellen, insbes. durch Sicherstellung einer engen Zusammenarbeit zwischen den einzelstaatlichen Arbeitsverwaltungen und durch Schaffung geeigneter Verfahren für die Zusammenführung und den Ausgleich von Angebot und Nachfrage auf dem Arbeitsmarkt. Hierdurch wird das Recht der Arbeitnehmer iSd Art. 45 AEUV flankiert, sich – vorbehaltlich der aus Gründen der öffentlichen Ordnung, Sicherheit und Gesundheit gerechtfertigten Beschränkungen – um tatsächlich angebotene Stellen zu bewerben und sich zu diesem Zweck im Hoheitsgebiet der Mitgliedstaaten frei zu bewegen. Es ist offensichtlich, dass eine effektive Wahrnehmung des Rechts auf Arbeitnehmerfreizügigkeit maßgeblich mit dem Recht auf Zugang zur Arbeitsvermittlung korrespondiert, maW mit diesem Recht steht und fällt. Folglich bedarf es sowohl eines Rechts auf Zugang zum Arbeitsvermittlungsdienst des anderen Mitgliedstaats als auch auf Inanspruchnahme der den

---

[3] Vgl. die Verfassungstexte im Internet unter www.verfassungen.eu/eu/index.htm (letzter Abruf: 19.8.2019); s. dazu auch *Rudolf* in NK-EuGRCh GRCh Art. 29 Rn. 2; *Streinz* in Streinz GRC Art. 29 Rn. 2.

[4] Art. 23 Nr. 1 belgVerf; § 75 dänVerf; § 18 finnVerf; Art. 22 Abs. 1 griechVerf; Art. 4 italVerf; Art. 54 kroatVerf; Art. 11 Abs. 2 luxVerf; Kap. II Abschnitt 7 maltVerf; Art. 58 Abs. 1 portVerf; Art. 38 Abs. 1 rumVerf; Kap. 1 § 2 schwedVerf; Art. 35 Abs. 3 slowakVerf; Art. 35 Abs. 1 spanVerf; anklingend in Art. 19 Abs. 1 ndlVerf („Die Schaffung von genügend Arbeitsplätzen ist Gegenstand der Sorge des Staates"); s. zum Überblick auch *Rudolf* in NK-EuGRCh GRCh Art. 29 Rn. 2.

[5] So in § 74 dänVerf; Art. 12 Abs. 1 GG; Art. 4 italVerf; Art. 54 kroatVerf; Art. 106 lettVerf; Art. 48 litVerf; Art. 11 luxVerf; Art. 7 maltVerf; Art. 19 Abs. 3 ndlVerf; Art. 18 östStGG; Art. 65 Abs. 1 polnVerf; Art. 58 Abs. 2 portVerf; Art. 38 Abs. 1 rumVerf; Art. 35 Abs. 1 slowakVerf; Art. 49 slowenVerf; Art. 35 Abs. 1 spanVerf; Art. 3 tschechVerf iVm Art. 26 Abs. 1 Deklaration der Grundrechte- und Freiheiten; Art. XII Abs. 1 ungVerf; Art. 25 zypVerf; ansatzweise lässt sich die Unterscheidung zwischen Berufswahl und -ausübung auch in der EuGH-Rspr. feststellen, vgl. EuGH 44/79, Slg. 1979, 3727 Rn. 31 ff. – Hauer/Land Rheinland-Pfalz; EuGH C-306/93, Slg. 1994, I-5555 Rn. 20 ff. mwN – SMW Winzersekt/Land Rheinland-Pfalz.

[6] So auch *Rudolf* in NK-EuGRCh GRCh Art. 29 Rn. 7; *Lembke* in von der Groeben/Schwarze/Hatje GRC Art. 29 Rn. 3; ohne Aussage dazu *Streinz* in Streinz GRC Art. 29 Rn. 2.

Inländern gewährten Leistungen dieses Arbeitsvermittlungsdienstes. Darüber hinausgehend sieht Art. 48 AEUV die Einführung eines Systems vor, welches aus- und einwandernden Arbeitnehmern und deren anspruchsberechtigten Angehörigen soziale Leistungen und Vergünstigungen wie Inländern gewährt.[7]

Sekundärrechtlich wird die Arbeitnehmerfreizügigkeit iSd Art. 45 AEUV in der **VO (EU) Nr. 492/2011**[8] über die Freizügigkeit der Arbeitnehmer innerhalb der Union ausgestaltet; ferner in der **RL 2004/38/EG**[9] über das Recht der Unionsbürger und ihrer Familienangehörigen, sich im Hoheitsgebiet der Mitgliedstaaten frei zu bewegen und aufzuhalten. Flankiert wird sie durch ein Ausreise-, Einreise- und Aufenthaltsrecht[10] sowie durch Ansprüche auf bestimmte soziale Leistungen (**VO (EG) Nr. 883/2004**[11] zur Koordinierung der Systeme der sozialen Sicherheit iVm **VO (EG) Nr. 987/2009**[12] zur Festlegung der Modalitäten für die Durchführung der VO (EG) Nr. 883/2004 über die Koordinierung der Systeme der sozialen Sicherheit) und steuerliche Vergünstigungen. 4

Nach der VO (EU) Nr. 492/2011 hat jeder Staatsangehörige eines Mitgliedstaats ungeachtet seiner Nationalität und seines Wohnortes das gleiche Recht auf **Zugang zum Arbeitsmarkt nach den für die Arbeitnehmer dieses Staates geltenden Rechts- und Verwaltungsvorschriften** (Art. 1 Abs. 1 VO (EU) Nr. 492/2011). Insbesondere hat er dazu im Hoheitsgebiet jedes anderen Mitgliedstaats mit dem gleichen Vorrang Anspruch auf Zugang zu den verfügbaren Stellen wie die Staatsangehörigen dieses Staates (Art. 1 Abs. 2 VO (EU) Nr. 492/2011). Zu diesem Zweck dürfen Arbeitnehmer wie auch Arbeitgeber ihre Bewerbungen bzw. Stellenangebote europaweit ausschreiben (Art. 2 VO (EU) Nr. 492/2011). Die Mitgliedstaaten sind grundsätzlich nicht berechtigt, durch ihre Rechts- oder Verwaltungsvorschriften und -praktiken dieses Recht auf freien Zugang zum Arbeitsmarkt zu beschränken (Art. 3 VO (EU) Nr. 492/2011); verboten sind danach insbesondere ein besonderes, erschwerendes Verfahren für die Anwerbung ausländischer Arbeitnehmer, die Einschränkung der Veröffentlichung von Stellenangeboten und die Quotierung von fremden Arbeitnehmern auf einzelne Wirtschaftszweige oder -gebiete.[13] 5

Das **Recht auf freien Zugang zum Arbeitsmarkt** iSd Art. 29 GRC ist vom Auffanggrundrecht der **Berufsfreiheit in Gestalt der Freiheit aller Unionsbürger/innen, in jedem Mitgliedstaat Arbeit zu suchen** (Art. 15 Abs. 2 GRC), mit umfasst (→ § 34).[14] Ein wesentliches Element ist das Recht eines jeden Staatsangehörigen eines Mitgliedstaates, der im Hoheitsgebiet eines anderen Mitgliedstaates eine Beschäftigung sucht, dort die gleiche Hilfe zu erhalten, wie sie die Arbeitsagenturen oder ähnliche Stellen dieses Staates den eigenen arbeitsuchenden Staatsangehörigen gewähren (Art. 5 VO (EU) Nr. 492/2011). Hieraus ergibt sich ein **Recht auf gleichberechtigte Arbeitsvermittlung**, welches eine spezielle Ausgestaltung des allgemeinen Gleichbehandlungsgebots ist, das in Art. 7 VO (EU) Nr. 492/2011 seinen Niederschlag gefunden hat.[15] 6

---

[7] Ausführliche Darstellung zu Art. 39 ff. EGV bei *Krimphove* Rn. 185 ff.; *Schneider/Wunderlich* in Schwarze AEUV Art. 45 Rn. 78 ff.; *Becker* in Schwarze AEUV Art. 48 Rn. 36 ff.; *Langer* in NK-EuSozR AEUV Art. 45 Rn. 20 ff.; nunmehr ebenfalls diesen Kontext bejahend ua: *Kocher* in FK-EUV/GRC/AEUV GRC Art. 29 Rn. 2 ff.; dagegen maßgeblich auf das Ziel der Bekämpfung der Arbeitslosigkeit in der EU abstellend *Lang* in Stern/Sachs GRCh Art. 29 Rn. 5 ff.
[8] ABl. 2011 L 141, 1.
[9] ABl. 2004 L 158, 77, berichtigt durch ABl. 2004 L 229, 48, in Kraft seit dem 30.4.2004, jedoch erst mit Wirkung ab dem 30.4.2006.
[10] *Langer* in NK-EuSozR AEUV Art. 45 Rn. 13 ff.; *Schneider/Wunderlich* in Schwarze AEUV Art. 45 Rn. 76 f.
[11] ABl. 2004 L 166, 1.
[12] ABl. 2009 L 284, 1; s. dazu *Langer* in NK-EuSozR AEUV Art. 45 Rn. 18 ff.
[13] Grundsätzlich dazu EuGH 107/83, Slg. 1984, 2971 Rn. 19 – Klopp; EuGH C-106/91, Slg. 1992, I-3351 Rn. 20 ff. – Ramrath; EuGH C-351/90, Slg. 1992, I-3945 Rn. 11 ff. – Kommission/Großherzogtum Luxemburg; vgl. auch *Krimphove* Rn. 185 ff.; *Henssler* in Henssler/Braun § 18.
[14] EuGH C-280/93, Slg. 1994, I-4973 Rn. 81 – Deutschland/Rat; EuGH C-306/93, Slg. 1994, I-555 Rn. 24 – SMW Winzersekt/Land Rheinland-Pfalz; *Krimphove* Rn. 186.
[15] Zur Vorgänger-VO (EWG) Nr. 1612/68: *Krimphove* Rn. 231.

7 Die **fundamentale Bedeutung der Arbeitsuche** (und damit mittelbar der Arbeitsvermittlung) kommt in Art. 14 Abs. 4 lit. b RL 2004/38/EG zum Ausdruck, da danach – abweichend von den allgemeinen Bestimmungen – **keine Ausweisung** verfügt werden darf, wenn ein Unionsbürger in das Hoheitsgebiet des Aufnahmemitgliedstaates eingereist ist, um dort Arbeit zu suchen; in diesem Fall dürfen der Unionsbürger und seine Familienangehörigen nicht ausgewiesen werden, so lange der betroffene Unionsbürger nachweisen kann, dass er weiterhin Arbeit sucht und eine begründete Aussicht hat, eingestellt zu werden.

IV. Europäische Sozialcharta (EuSozCh) und EMRK

8 Nach Art. 1 Nr. 3 EuSozCh haben sich die Mitgliedstaaten zur Gewährleistung der wirksamen Ausübung des Rechtes auf Arbeit verpflichtet, **unentgeltliche Arbeitsvermittlungsdienste** für alle Arbeitnehmer einzurichten oder aufrecht zu erhalten. Sowohl aus dem Einleitungssatz als auch der Überschrift („das Recht auf Arbeit" / engl. Fassung: „the right to work") wird deutlich, dass diese Verpflichtung **Bestandteil eines Rechts auf Arbeit** ist.[16] Art. 1 Nr. 3 EuSozCh enthält somit als Bestandteil des Rechts auf Arbeit eine Verpflichtung der Vertragsparteien, unentgeltliche Arbeitsvermittlungsdienste für alle Arbeitnehmer einzurichten und aufrecht zu erhalten. Die EuSozCh, die als vertragliches Abkommen nur diejenigen Mitgliedstaaten bindet, die sie unterzeichnet und ratifiziert haben,[17] bindet zwar nicht unmittelbar die EU,[18] sie hat jedoch insbes. aufgrund der ausdrücklichen Inbezugnahme in Art. 151 AEUV („eingedenk der sozialen Grundrechte, wie sie in der [EuSozCh] und in der [SozGRCh] festgelegt sind") im Zusammenhang mit dem Ziel der „Förderung der Beschäftigung" und der „Entwicklung des Arbeitskräftepotenzials im Hinblick auf ein dauerhaft hohes Beschäftigungsniveau" sowie über die Präambel zum EUV auch unionsrechtlich eine erhebliche Bedeutung.

V. Gemeinschaftscharta der Sozialen Grundrechte der Arbeitnehmer (SozGRCh)

9 Nach Nr. 6 SozGRCh gehört zu den sozialen Grundrechten der Arbeitnehmer das „Jedermann-Recht", die **Dienste der Arbeitsämter unentgeltlich in Anspruch nehmen zu können.** Auch wenn der SozGRCh keine unmittelbare Rechtswirkung zukommt,[19] ist sie wegen der ausdrücklichen Inbezugnahme in Art. 151 AEUV bei der Auslegung von unionsrechtlichen Rechtsakten als Auslegungshilfe und Orientierungsmaßstab (auch für die Wertigkeit des Rechts) zu berücksichtigen, wie dies vom EuGH bereits für Empfehlungen bejaht wurde und im Zusammenhang mit allgemeinen bzw. besonders wichtigen Grundsätzen des Sozialrechts praktiziert wird.[20]

B. Grundrechtscharakter und Gewährleistungsgehalt des Art. 29 GRC

10 Art. 29 GRC (Recht auf Zugang zu einem Arbeitsvermittlungsdienst) bestimmt, dass jede Person (in der deutschen Fassung: *jeder Mensch*) das Recht auf Zugang zu einem unentgeltlichen Arbeitsvermittlungsdienst hat. In den **Interpretationszwecken dienenden Erläuterungen**[21] hierzu wird lediglich darauf verwiesen, dass sich diese Bestimmung auf Art. 1 EuSozCh und Nr. 13 SozGRCh stützt. Bei dem Hinweis auf Nr. 13 SozGRCh

---

[16] In der engl. Fassung lautet Art. 1 Nr. 3 EuSozCh: „The right to work: With a view to ensuring the effective exercise of the right to work, the Contracting Parties undertake: [...] 3. to establish or maintain free employment services for all workers [...]".
[17] Für die Bundesrepublik Deutschland: BGBl. 1964 II 1262.
[18] So aber *Rudolf* in NK-EuGRCh GRCh Art. 29 Rn. 1.
[19] *Benecke* in GHN AEUV Art. 151 Rn. 18; *Krimphove* Rn. 593.
[20] Ausführlich → § 39 Rn. 16; ferner *Benecke* in GHN AEUV Art. 151 Rn. 18; zu Empfehlungen vgl. EuGH C-322/88, Slg. 1989, 4407 Rn. 18 f. – Grimaldi.
[21] ABl. 2007 C 303, 2.

handelt es sich offensichtlich um ein Redaktionsversehen.[22] Denn dieser Artikel betrifft das Streikrecht bei Interessenkonflikten sowie die erleichterte Anwendung von Vermittlungs-, Schlichtungs- und Schiedsverfahren. Richtigerweise müsste in den Erläuterungen auf **Nr. 6 SozGRCh** Bezug genommen werden; denn dort heißt es: „Jeder muss die Dienste der Arbeitsämter unentgeltlich in Anspruch nehmen können". Es ist daher davon auszugehen, dass sich das Konventpräsidium im Rahmen der Erläuterungen nicht auf Nr. 13 SozGRCh, sondern auf Nr. 6 SozGRCh berufen wollte.[23]

Art. 29 GRC wird als „echtes internationales Novum" angesehen.[24] Indes zeigen die **11** vorangehenden Ausführungen, dass die **Arbeitsvermittlung innerhalb der Union** einen **zentralen Bestandteil der Arbeitnehmerfreizügigkeit und des Grundrechts auf Berufsfreiheit** bildet. Aus der Zielbestimmung des Art. 3 Abs. 3 EUV und aus Art. 151 AEUV ist zu entnehmen, dass die „Förderung eines hohen Beschäftigungsniveaus" unter Berücksichtigung der sozialen Grundrechte der EuSozCh und SozGRCh zu erfolgen hat und somit unionsgrundrechtlich fundiert ist. Aus Art. 29 GRC iVm Art. 1 Nr. 3 EuSozCh und Nr. 6 SozGRCh ergibt sich die **Verpflichtung der Mitgliedstaaten**, unentgeltliche Arbeitsvermittlungsdienste für alle Arbeitnehmer einzurichten und aufrecht zu erhalten, sowie das Recht, diese Dienste unentgeltlich in Anspruch nehmen zu können. Art. 1 Nr. 3 EuSozCh bestimmt ferner, dass es sich hierbei um die Gewährleistung der wirksamen Ausübung des Rechtes auf Arbeit handelt. Dieses Recht auf Arbeit ist Bestandteil der Verfassungen einer erheblichen Anzahl der Mitgliedstaaten[25], und kann in den meisten anderen Mitgliedstaaten – soweit es das hier relevante Recht auf Zugang zu einem unentgeltlichen Arbeitsvermittlungsdienst betrifft – über das Grundrecht auf Berufsfreiheit mit erfasst werden. Auch der EuGH hat bereits vor langer Zeit die Freiheit der Arbeit als Grundrecht bezeichnet,[26] die als eine besondere Ausprägung der Berufsfreiheit anzusehen ist.[27] Aus der Grundfreiheit der Arbeitnehmerfreizügigkeit hat der EuGH recht früh das **Gebot auf Gleichbehandlung bei der Stellensuche** abgeleitet, als besondere Ausprägung des Rechts auf Zugang zur Beschäftigung (neben den Rechten auf Einreise und Aufenthalt), und entschieden, dass die Benachteiligung eines Arbeitsuchenden auch darin liegt, einem von ihm eingeschalteten privaten Arbeitsvermittler aus öffentlichen Mitteln (Vermittlungsgutscheine der deutschen Bundesagentur für Arbeit in 2003) nur dann zu bezahlen, wenn das neue Arbeitsverhältnis im Inland liegt.[28] Da die GRC keine neuen sozialen Grundrechte schaffen soll, sondern im Wesentlichen einer Bekräftigung der bestehenden Grundrechte und ihrer Weiterentwicklung dient,[29] liegt es nahe, das Recht auf Zugang zu einem unentgeltlichen Arbeitsvermittlungsdienst im entsprechenden Kontext auszulegen. Dies betrifft sowohl den persönlichen als auch sachlichen Gewährleistungsgehalt, indem wie auch bei Art. 27 GRC und Art. 28 GRC der Gewährleistungsgehalt durch eine „Binnensicht" auf das einschlägige Unionsrecht ermittelt wird, also durch eine wertende Gesamtschau aus dem einschlägigen Unionsrecht (inkl. verfassungsrechtlicher

---

[22] Ebenso zB *Lembke* in von der Groeben/Schwarze/Hatje GRC Art. 29 Rn. 1; *Rudolf* in NK-EuGRCh GRCh Art. 29 Rn. 6; *Streinz* in Streinz GRC Art. 29 Rn. 1; *Rengeling/Szczekalla* Grundrechte in der EU § 29 Rn. 1009; Jarass GRCh Art. 29 Rn. 1.

[23] So die ganz hM, vgl. zB *Rudolf* in NK-EuGRCh GRCh Art. 29 Rn. 6; *Streinz* in Streinz GRC Art. 29 Rn. 1; *Rengeling/Szczekalla* Grundrechte in der EU § 29 Rn. 1009.

[24] *Rudolf* in NK-EuGRCh GRCh Art. 29 Rn. 6; *Krebber* in Calliess/Ruffert GRC Art. 29 Rn. 1; ohne Aussage dazu *Streinz* in Streinz GRC Art. 29 Rn. 2 f.; *Lembke* in von der Groeben/Schwarze/Hatje GRC Art. 29 Rn. 1.

[25] ZB Belgien, Dänemark, Deutschland, Estland, Finnland, Griechenland, Italien, Kroatien, Lettland, Litauen, Luxemburg, Malta, Niederlande, Österreich, Polen, Portugal, Rumänien, Schweden, Slowakei, Slowenien, Spanien, Tschechien, Ungarn und Zypern, abrufbar unter www.verfassungen.eu/eu/index.htm (letzter Abruf: 16.8.2019).

[26] EuGH 4/73, Slg. 1974, 491 Rn. 14 – Nold/Kommission.

[27] Ebenso *Bernsdorff* in NK-EuGRCh GRCh Art. 15 Rn. 14; *Frenz*, HdbEuR Bd. 4, Rn. 2483.

[28] EuGH C-208/05, ECLI:EU:C:2007:16 Rn. 35 f. – ITC; *Langer* in NK-EuSozR AEUV Art. 45 Rn. 35; *Mair* ZESAR 2007, 292 ff.; *Schneider/Wunderlich* in Schwarze AEUV Art. 45 Rn. 47 f.

[29] So ausdrücklich in der Präambel zu den Erläuterungen, ABl. 2007 C 303, 17.

Gemeinsamkeiten der Mitgliedstaaten) entsprechend bedeutsame Grundsätze bzw. Ge-/ Verbote abgeleitet werden, die dieses Grundrecht „aufladen"; und dabei (quasi automatisch) der Anwendungsbereich des Art. 51 GRC beachtet wird. Dieses Recht auf Zugang zu einem unentgeltlichen Arbeitsvermittlungsdienst ist also kein eigenständiges neues Grundrecht, sondern ergibt sich aus der Verbindung der anerkannten Unionsgrundrechte auf Berufsfreiheit und Gleichbehandlung sowie der Grundfreiheit der Arbeitnehmerfreizügigkeit (Art. 45 AEUV) unter Berücksichtigung (Art. 151 AEUV) der sozialen Grundrechte der Arbeitnehmer gemäß Nr. 6 SozGRCh und Art. 1 Nr. 3 EuSozCh.

12 Ausdrückliche Aussagen in der **Rechtsprechung des EuGH,** dass das Recht auf Zugang zu einem Arbeitsvermittlungsdienst ein Grundrecht bildete, gab es indes vor Inkrafttreten der GRC nicht. Auch in den einschlägigen Kommentierungen wurde dazu vorher nicht konkret Stellung genommen.[30] Der unzutreffende Hinweis auf Nr. 13 SozGRCh (anstelle von Nr. 6 SozGRCh) in den Erläuterungen (→ Rn. 10) verdeutlicht, dass sich weder das Präsidium des *Herzog-Konvents* noch dasjenige des *Europäischen Verfassungskonvents* intensiv mit diesem Grundrecht befasst haben.[31]

I. Persönlicher Gewährleistungsgehalt

13 Das Zugangsrecht des Art. 29 GRC hat nach dem Wortlaut zB der deutschen Fassung *jeder Mensch,* der englischen Fassung *everyone,* der französischen *toute personne,* der spanischen *toda persona* und nach der italienischen Fassung *ogni persona.* Indes legt der systematische Anknüpfungspunkt an die Arbeitnehmerfreizügigkeit (Art. 45 ff. AEUV) und die Berufsfreiheit in der besonderen Ausprägung der Freiheit aller Unionsbürger/innen, in jedem Mitgliedstaat Arbeit zu suchen (Art. 15 Abs. 2 GRC), die Annahme nahe, dass entgegen Art. 1 Nr. 3 EuSozCh und Nr. 6 SozGRCh der persönliche Gewährleistungsgehalt auf **Unionsbürger/innen** iSv Art. 20 Abs. 1 S. 2 AEUV beschränkt ist, allenfalls erweitert auf **Drittstaatsangehörige mit gleichwertigem Status** (derzeit Staatsangehörige aus Vertragsstaaten des Abkommens über den Europäischen Wirtschaftsraum (EWR), dh Norwegen, Island und Liechtenstein, sowie Schweizer Staatsangehörige nach den aktuell noch bestehenden bilateralen Abkommen[32]). Zwar wird überwiegend in der einschlägigen deutschsprachigen Kommentarliteratur zu Art. 29 GRC unter Berufung auf den Wortlaut vertreten, dass es sich um ein sog „Jedermann-Recht" handeln würde.[33] Der Wortlaut des Art. 29 GRC ist jedoch aus den oben genannten Gründen (→ Rn. 10 f. und → Rn. 13 am Anfang) zweideutig und muss daher ausgelegt werden. Aus historischen und systematischen Gründen liegt die Schlussfolgerung nahe, dass der Wortlaut zu weit gefasst wurde. Denn wenn man das Zugangsrecht des Art. 29 GRC maßgeblich aus dem bereits bei dessen Inkrafttreten **anerkannten Recht auf Gleichbehandlung bei der Stellensuche** (als Bestandteil des Rechts auf Zugang zur Beschäftigung, welches in der Grundfreiheit auf

---

[30] Siehe dazu *Hilbrandt* → 1. Aufl. 2006, § 38 Rn. 12 mwN.
[31] Instruktiv dazu *Rudolf* in NK-EuGRCh GRCh Art. 29 Rn. 3 ff. sowie (allgemein) Art. 30 Rn. 6 ff.
[32] Zum persönlichen Anwendungsbereich der Art. 45 AEUV: *Kreuschitz* in von der Groeben/Schwarze/ Hatje AEUV Vorb. Art. 45–48 Rn. 48 ff., auch zum etwaigen Einschluss von Drittstaatsangehörigen; *Langer* in NK-EuSozR AEUV Art. 45 Rn. 8; *Schneider/Wunderlich* in Schwarze AEUV Art. 45 Rn. 23 ff.; jew. mwN; s. zum Verhältnis EU/Schweiz auch: Kurzdarstellungen zur EU des Europ. Parlaments unter http://www.europarl.europa.eu/factsheets/de/sheet/169/der-europaische-wirtschaftsraum-ewr-die-schweiz-und-der-norden (letzter Abruf: 16.8.2019).
[33] Vgl. ua *Rudolf* in NK-EuGRCh GRCh Art. 29 Rn. 6; Jarass GRCh Art. 29 Rn. 6; *Lang* in Stern/Sachs GRCh Art. 29 Rn. 10 (auch sich illegal in der EU aufhaltende Personen); *Ross* in Schwarze GRC Art. 29 Rn. 4; jew. mwN; differenzierend, mit ähnlicher Dogmatik wie hier: *Kröll* in Holoubek/ Lienbacher, GRC-Kommentar, GRC Art. 29 Rn. 16 f. mit Ausnahmen für Drittstaatsangehörige im Rahmen von Assoziierungsabkommen, bei abgeleitetem Freizügigkeitsrecht und als langfristig Aufenthaltsberechtigte; indes gewährt der EuGH zB Familienangehörigen sog Wanderarbeitnehmern kein originäres Freizügigkeitsrecht, sondern deren (eingeschränktes) Recht auf Ausübung einer Tätigkeit im Lohn-/Gehaltsgefüge dient dem Wanderarbeitnehmer (C-10/05, ECLI:EU:C:2006:220 Rn. 25 – Cikotic ua), was wiederum gegen eine Grundrechtsträgerschaft von Drittstaatsangehörigen in solch einem Fall spricht.

Arbeitnehmerfreizügigkeit verankert ist[34]) ableitet, liegt es nahe, den persönlichen Gewährleistungsgehalt des Art. 29 GRC im gleichen Sinne zu bestimmen. Hierfür spricht auch, wie weithin anerkannt, dass Art. 29 GRC im Zusammenhang mit dem „Recht zu arbeiten" (Art. 15 GRC) steht,[35] dessen persönlicher Gewährleistungsgehalt hinsichtlich der Freiheit, in jedem Mitgliedstaat ua Arbeit zu suchen, auf „alle Unionsbürger/innen" beschränkt ist (Art. 15 Abs. 2 GRC), dh nur bei jenen ist diese Freiheit grundrechtlich geschützt. Das Zugangsrecht des Art. 29 GRC steht also nicht jeder Person zu, sondern im Wege einer **teleologischen Reduktion** nur Personen, wenn sie Unionsbürger/innen sind; darüber hinaus werden evtl. Staatsangehörige mit einem (nach Inhalt und Gewicht) gleichwertigen Freizügigkeitsstatus erfasst, was aktuell EWR- und Schweizer Staatsangehörige wären. Dieses Auslegungsergebnis stimmt damit mit dem unionsrechtlichen Besitzstand überein, der durch Inkrafttreten des Art. 29 GRC zunächst nur bestärkt werden sollte. Für eine solche Auslegung spricht schließlich auch die „**EG-Drittstaatsangehörige-Gleichbehandlungs-VO** (EU) Nr. 1231/2010[36] [...] zur Ausdehnung der VO (EG) Nr. 883/2004 und der VO (EG) Nr. 987/2009 auf Drittstaatsangehörige, die ausschließlich aufgrund ihrer Staatsangehörigkeit nicht bereits unter diese Verordnungen fallen". Denn ausdrücklich berechtigt dessen Anwendung Drittstaatsangehörige mit rechtmäßigem Wohnsitz in einem Mitgliedstaat nicht dazu, in einen anderen Mitgliedstaat einzureisen und dort eine Arbeit aufzunehmen (10. Erwägungsgrund der VO (EU) Nr. 1231/2010), so dass sich insofern in der Union kein allgemeiner Mindeststandard bezüglich Drittstaatsangehöriger mit rechtmäßigem Aufenthalt in einem Mitgliedstaat und einer Arbeitsuche bei „Berührung" von mehr als einem Mitgliedstaat feststellen lässt (im Übrigen sind allgemein Dänemark und das Vereinigte Königreich an diese VO nicht gebunden, vgl. 18. u. 19. Erwägungsgrund der VO (EU) Nr. 1231/2010 sowie Art. 2 VO (EU) Nr. 1231/2010). Es wäre widersprüchlich, dies im Rahmen der Auslegung des Art. 29 GRC nicht entsprechend zu berücksichtigen.

Nach ganz überwiegender Auffassung im deutschsprachigen Schrifttum erfasst der persönliche Schutzbereich nicht den Arbeitgeber. Arbeitgeber sind teils *natürliche* und teils *juristische Personen*. Als natürliche Person fallen sie zweifelsfrei unter den Wortlaut des Art. 29 GRC, auch der deutschen Fassung (*jeder Mensch;* im Spanischen: *toda persona;* im Italienischen: *ogni persona*). Darüber hinaus werden nach den (weitergehenden) Fassungen im Englischen (*everyone*) und im Französischen (*toute personne*) auch juristische Personen erfasst. Da alle 24 Sprachfassungen gleichberechtigt sind, ist der Wortlaut also nicht eindeutig. Aufgrund der sachlichen und systematischen Nähe insbes. zu Art. 45 AEUV ist anzunehmen, dass sich auf das Zugangsrecht zu einem unentgeltlichen Arbeitsvermittlungsdienst nicht nur der betroffene Arbeitnehmer stützen kann, sondern **auch der Arbeitgeber,** der den Arbeitnehmer eines Mitgliedstaats einstellen möchte; auch insofern geht es um Arbeitsvermittlung und den Versuch der Begründung von Arbeitsverhältnissen.[37] Sofern nur „natürliche" Arbeitgeber erfasst wären (wogegen insbes. die englische und französische Fassung sprechen), wäre iRd gebotenen Auslegung insbes. angesichts des Regelungsziels, des sachlichen und systematischen Zusammenhangs sowie des Grundsatzes des *effet*

14

---

[34] EuGH 75/63, ECLI:EU:C:1964:19, S. 379, 397 f. – *Unger; Schneider/Wunderlich* in Schwarze AEUV Art. 45 Rn. 48.
[35] So zB *Rudolf* in NK-EuGRCh GRCh Art. 29 Rn. 6; *Kocher* in FK-EUV/GRC/AEUV GRC Art. 29 Rn 2; *Kröll* in Holoubek/Lienbacher, GRC-Kommentar, GRC Art. 29 Rn. 11; *Lang* in Stern/Sachs GRCh Art. 29 Rn. 7.
[36] ABl. 2010 L 344, 1.
[37] Zu Art. 39 EGV s. EuGH C-350/96, Slg. 1998, I-2521 Rn. 19 ff. – Clean Car Autoservice/Landeshauptmann von Wien; EuGH C-208/05, Slg. 2007, I-181 Rn. 23 – ITC; *Schneider/Wunderlich* in Schwarze AEUV Art. 45 Rn. 22; *Kreuschitz* in von der Groeben/Schwarze/Hatje AEUV Art. 45 Rn. 4 mwN; aA zu Art. 29 GRC ua: *Kocher* in FK-EUV/GRC/AEUV GRC Art. 29 Rn 11; *Kröll* in Holoubek/Lienbacher, GRC-Kommentar, GRC Art. 29 Rn. 14; *Lang* in Stern/Sachs GRCh Art. 29 Rn. 11; *Ross* in Schwarze GRC Art. 29 Rn. 4; jew. mwN; s. dazu aber auch *Krebber* in Calliess/Ruffert GRC Art. 29 Rn. 3.

utile eine analoge (extensive) Anwendung auf juristische Personen in Arbeitgeberfunktion geboten. Andernfalls wird man zu einem entsprechenden Ergebnis meist über die Dienstleistungsfreiheit (Art. 56 ff. AEUV) gelangen, die die Tätigkeit der Vermittlung von Arbeitskräften umfasst.[38]

II. Sachlicher Gewährleistungsgehalt

15 Zugang zu einem unentgeltlichen Arbeitsvermittlungsdienst iSd Art. 29 GRC bedeutet die Möglichkeit zur **Inanspruchnahme von Arbeitsvermittlungsstellen bei einer Arbeitsuche mit „Berührung" von mehr als einem Mitgliedstaat, ohne** dass hierfür eine **Gegenleistung** zu erbringen ist. Aus dem inhaltlichen und systematischen Bezug zur Arbeitnehmerfreizügigkeit folgt, dass die Arbeitsuche auf die **Aufnahme einer abhängigen Beschäftigung gerichtet** sein muss, unabhängig ob dies aus der Arbeitslosigkeit oder einem Arbeits- bzw. selbstständigen Dienstverhältnis heraus geschieht.[39] Nach dem Wortlaut des Art. 29 GRC muss es sich **nicht zwingend** um einen **staatlichen Vermittlungsdienst** handeln. Denn diese Bestimmungen enthalten keine Einschränkung im Hinblick auf die Organisationsform.[40] Auch mit deren Schutzzweck bzw. dem aktuellen unionsrechtlichen Besitzstand wäre es vereinbar, wenn die Arbeitsvermittlung in einzelnen Mitgliedstaaten privat organisiert würde, dh anstelle der staatlichen Arbeitsvermittlung. Voraussetzung ist dann jedoch, dass die **private Arbeitsvermittlung unentgeltlich** erbracht wird, dh der Mitgliedstaat muss gewährleisten, dass die Vermittlungsleistung für den Arbeitsuchenden unentgeltlich in Anspruch genommen werden kann. Dies steht im Spannungsverhältnis zu der Tatsache, dass private Unternehmen im Regelfall zu Erwerbszwecken mit Gewinnerzielungsabsicht tätig werden. Von praktischer Bedeutung ist deshalb die Frage, ob mit der Erhebung eines Entgelts gegenüber dem Arbeitgeber, der den Arbeitnehmer einstellen möchte, gegen den Gewährleistungsgehalt verstoßen würde. Sofern man der hier vertretenen Auffassung folgt, dass sich auch der Arbeitgeber eines Mitgliedstaates auf das Recht auf Zugang zu einem unentgeltlichen Arbeitsvermittlungsdienst berufen kann (→ Rn. 14), ist dies zu bejahen. Dann wird private Arbeitsvermittlung als Alternative zur staatlichen Arbeitsvermittlung wahrscheinlich nur bei einer entsprechenden Subventionierung durch den jeweiligen Mitgliedstaat in Betracht kommen. Bei einer derartigen **Subventionierung privater Arbeitsvermittlungsdienste zwecks Gewährleistung der Unentgeltlichkeit** wären im Verhältnis zu privaten Anbietern aus anderen Mitgliedstaaten die Vertragsbestimmungen zu staatlichen Beihilfen zu beachten (Art. 106 AEUV iVm Art. 14 AEUV).[41] Falls ein Mitgliedstaat durch staatliche Vermittlungsstellen unentgeltliche Arbeitsvermittlung zur Arbeitsuche in einem anderen Mitgliedstaat zur Verfügung stellt, werden allein dadurch weder private Arbeitsvermittler noch die Grundrechtsträger des Art. 29 GRC (mittelbar oder unmittelbar) in ihren Rechten verletzt. Denn sowohl das Spannungsverhältnis zu privaten entgeltlichen Arbeitsvermittlern als auch zur Möglichkeit der Inanspruchnahme entgeltlicher privater Arbeitsvermittler (anstelle unentgeltlicher staatlicher Arbeitsvermittlungsstellen) durch einen Grundrechtsträger folgt unmittelbar aus Art. 29 GRC und dem zugrundeliegenden Unionsrecht. Daher müssten weitere Umstände hinzukommen, um eine Unzulässigkeit zu begründen (zB → Rn. 11).

16 **Unklarheit** besteht ferner darüber, ob es sich bei dem Recht auf Zugang zu einem unentgeltlichen Arbeitsvermittlungsdienst um ein **reines Abwehrrecht** handelt, um ein **Schutzgewährrecht** oder um ein **Leistungsrecht** („Einrichtungsgarantie"). Unter Berufung auf den Wortlaut des Art. 29 GRC, der nur von „Zugang" zu einem Arbeitsvermitt-

---

[38] Vgl. in diesem Zusammenhang zB EuGH C-208/05, ECLI:EU:C:2007:16 Rn. 54 ff. mwN – ITC.
[39] Zur Arbeitnehmerfreizügigkeit: EuGH 75/63, ECLI:EU:C:1964:19 S. 379, 397 f. – Unger; s. dazu auch *Schneider/Wunderlich* in Schwarze AEUV Art. 45 Rn. 48.
[40] Ebenso ua *Rudolf* in NK-EuGRCh GRCh Art. 29 Rn. 8; *Streinz* in Streinz GRC Art. 29 Rn. 3.
[41] *Streinz* in Streinz GRC Art. 29 Rn. 3; s. auch *Kocher* in FK-EUV/GRC/AEUV GRC Art. 29 Rn. 6 (Wettbewerbs- und Dienstleistungsfreiheit zu beachten).

lungsdienst spricht, wird dieses teilweise als reines Abwehrrecht verstanden.[42] Dann wäre die Funktion darauf beschränkt, zu verhindern, dass die Union Maßnahmen ergreift, welche die von den Mitgliedstaaten autonom organisierten unentgeltlichen Arbeitsvermittlungsdienste gefährden könnten.[43] Dagegen wird unter Berufung auf entsprechende Formulierungen in anderen internationalen Abkommen eingewandt, dass mit der Formulierung „Recht auf Zugang zu" sowohl eine Respektierungs- als auch eine Schutzverpflichtung normiert werde; der Staat dürfe den Zugang zu solchen Diensten nicht versagen und seine Schutzpflicht erstrecke sich auf die Sicherung diskriminierungsfreien Zugangs zu solchen Diensten.[44] Eine darüber hinausgehende „echte Leistungspflicht", dh ein Anspruch des einzelnen Unionsbürgers auf tatsächliche und unentgeltliche Zurverfügungstellung der Arbeitsvermittlungsdienste durch den Staat („Einrichtungsgarantie"), wird dagegen unter Hinweis darauf, dass die GRC lediglich die Abwehrrechts- und Schutzverpflichtung thematisiert habe, abgelehnt – im Unterschied zum Regelfall im internationalen Menschenrechtskontext, wo die drei Dimensionen „respect, protect, fulfill (promote, inform, provide)" fast stets kumulativ gewährleistet werden.[45] Sofern man anerkennt, dass das Zugangsrecht zu einem unentgeltlichen Arbeitsvermittlungsdienst ua ein besonderer Ausdruck der Grundfreiheit auf Arbeitnehmerfreizügigkeit (Art. 45 AEUV) sowie des Grundrechts auf Berufsfreiheit in der besonderen Ausprägung als Freiheit, in jedem Mitgliedstaat Arbeit zu suchen (Art. 15 Abs. 2 GRC), ist, liegt es in der Tat auf der Hand, diesem Grundrechtsschutz sowohl eine **Abwehrfunktion als auch** eine **Schutzgewährverpflichtung** beizumessen. Denn die zur Arbeitnehmerfreizügigkeit einschlägige Rechtsprechung des EuGH geht regelmäßig von dem Ansatz aus, dass die Arbeitnehmerfreizügigkeit den Staatsangehörigen anderer Mitgliedstaaten dieselben Zugangsmöglichkeiten zu sozialen Institutionen und Vergünstigungen gewähren soll, wie sie im Aufnahmeland den Inländern gewährt werden.[46] Eine darüber hinausgehende Einrichtungsgarantie wird man nach derzeitigem Stand des Unionsrechts daraus nicht ableiten können.[47]

17 Wegen Art. 51 GRC ist der sachliche Anwendungsbereich des Zugangsrechts dahingehend eingeschränkt, dass Art. 29 GRC ausschließlich bei der Durchführung von Unionsrecht gilt.[48] In diesem Sinne bindet Art. 29 GRC die Organe, Einrichtungen und Stellen der Union unter Einhaltung des Subsidiaritätsprinzips und die Mitgliedstaaten bei der Durchführung des Rechts der Union. Ein Sachverhalt, der ausschließlich einen Inlandsbezug aufweist, fällt somit nicht unter dieses Unionsgrundrecht. Dieses Ergebnis geht konform mit der hier vertretenen Auffassung, dass das Zugangsrecht bereits vor Inkrafttreten der GRC Bestandteil der Arbeitnehmerfreizügigkeit und der Berufsfreiheit war, daher in einem engen Zusammenhang damit steht und in diesem Kontext iRd „Binnensicht" (→ Rn. 11) auszulegen ist.

C. Beeinträchtigung

18 Eine Beeinträchtigung des unionsgrundrechtlichen Rechts auf Zugang zu einem unentgeltlichen Arbeitsvermittlungsdienst würde zB darin bestehen, dass ein Mitgliedstaat von den arbeitsuchenden Unionsbürgern eines anderen Mitgliedstaats ein Entgelt für die Arbeitsvermittlung verlangt; ebenfalls im umgekehrten Fall analog zum Urteil ITC

---

[42] *Meyer/Engels* S. 26.
[43] So auch *Rudolf* in NK-EuGRCh GRCh Art. 29 Rn. 7.
[44] *Rudolf* in NK-EuGRCh GRCh Art. 29 Rn. 7; Jarass GRCh Art. 29 Rn. 7; offengelassen von *Streinz* in Streinz GRC Art. 29 Rn. 3.
[45] *Rudolf* in NK-EuGRCh GRCh Art. 29 Rn. 7 mwN.
[46] Vgl. zB Art. 7 Abs. 2 VO (EU) Nr. 492/2011; EuGH 305/87, Slg. 1989, 1461 ff. – Kommission/Griechische Republik; *Frenz*, HdbEuR Bd. 1, Rn. 1622 ff.; ausführliche Darstellung und Übersicht zur Vorgänger-VO (EWG) Nr. 1612/68 bei *Krimphove* Rn. 245 ff.; *Henssler* in Henssler/Braun Rn. 11.
[47] *Kröll* in Holoubek/Lienbacher, GRC-Kommentar, GRC Art. 29 Rn. 10; *Lang* in Stern/Sachs GRCh Art. 29 Rn. 7; jew mwN; aA *Kocher* in FK-EUV/GRC/AEUV GRC Art. 29 Rn 14.
[48] *Rudolf* in NK-EuGRCh GRCh Art. 29 Rn. 8; *Streinz* in Streinz GRC Art. 29 Rn. 3.

(→ Rn. 11), wenn die Unentgeltlichkeit nur bei Arbeitsvermittlung ins Inland gewährt wird. Sofern man – wie hier – auch Arbeitgeber eines Mitgliedstaats, die Arbeitnehmer eines anderen Mitgliedstaats einstellen möchten, als vom Schutzbereich mit umfasst ansieht (→ Rn. 14), würde dies ebenfalls bei entsprechender Entgeltpflicht für diese Arbeitgeber gelten (sonst als Beeinträchtigung der Dienstleistungs- oder Niederlassungsfreiheit zu prüfen). Bei privater Organisation der Arbeitsvermittlung (anstelle einer staatlichen Arbeitsvermittlung) wird man eine **unmittelbare Drittwirkung** dieses Gemeinschaftsgrundrechts annehmen können (allgemein → § 9 Rn. 49 ff.); andernfalls wäre zu prüfen, ob ein allgemeiner, hinreichend bestimmter (Rechts-)Grundsatz des Unionsrechts oder die Regelungen zu den Grundfreiheiten der Arbeitnehmerfreizügigkeit, Dienstleistungs- und Niederlassungsfreiheit einschlägig sind. Ferner wird vertreten, Sanktionen im Zusammenhang mit der Nichtinanspruchnahme von Arbeitsvermittlungsdiensten (Nachteile bei Entgeltersatzleistungen bei Arbeitslosigkeit) bedeuteten eine Beeinträchtigung (iSd Rechts, Arbeitsvermittlungsdienste nicht in Anspruch zu nehmen, als *negative Dimension*);[49] indes ist zu differenzieren zwischen dem Zugangsrecht zu Arbeitsvermittlungsdiensten und einem etwaigen Anspruch auf Entgeltersatzleistungen während einer bestimmten Dauer der Arbeitsuche.[50]

19 Fraglich ist, ob dieser Grundrechtsschutz nur **unmittelbare staatliche Eingriffe** oder auch **mittelbare Eingriffe** erfasst (→ Rn. 18 zu Entgeltersatzleistungen und allg. → § 10 Rn. 19 ff.). Unter der Annahme, dass das Recht auf Zugang zu einem unentgeltlichen Arbeitsvermittlungsdienst ein Abwehr- und Schutzgewährrecht ist, würde es keine Beeinträchtigung darstellen, wenn ein Mitgliedstaat überhaupt keine Arbeitsvermittlung zur Verfügung stellt.[51] Ebenso wenig könnte sich ein Arbeitnehmer auf dieses Unionsgrundrecht gegenüber einem privaten Arbeitsvermittlungsdienst berufen, der nicht anstelle, sondern neben der bzw. in Konkurrenz zur staatlichen Arbeitsvermittlung tätig würde. Denn die unmittelbare Drittwirkung dieses Unionsgrundrechts bezieht sich nur auf private Arbeitsvermittler, die anstelle bzw. im Auftrag einer staatlichen Arbeitsvermittlung tätig werden.

D. Rechtfertigung

20 Die Schranken und Schranken-Schranken dieses Unionsgrundrechts ergeben sich aus Art. 52 Abs. 1 GRC; ferner der „Gemengelage" mit den Unionsgrundrechten der **Berufsfreiheit/Recht zu arbeiten** (Art. 15 GRC), den **speziellen Gleichbehandlungsrechten** (Art. 21, 23 GRC), dem **allgemeinen Gleichheitssatz** (Art. 20 GRC) und der **grundfreiheitlichen Arbeitnehmerfreizügigkeit** (Art. 45 AEUV). Insofern gilt, dass die Grundrechtseinschränkungen dem **Gesetzesvorbehalt** unterliegen, **verhältnismäßig** sein und dem **Gemeinwohl** entsprechen müssen sowie den **Wesensgehalt** nicht verletzen dürfen.[52]

E. Verhältnis zu anderen Grundrechtsgewährleistungen

21 Art. 29 GRC ist *lex specialis* zu den Unionsgrundrechten auf Berufsfreiheit/Recht zu arbeiten, den speziellen Gleichbehandlungsgeboten, dem allgemeinen Gleichheitsgebot

---

[49] *Frenz*, HdbEuR Bd. 4, Rn. 3795; *Lang* in Tettinger/Stern GRCh Art. 29 Rn. 7; *Lembke* in von der Groeben/Schwarze/Hatje GRC Art. 29 Rn. 8 mwN.

[50] Instruktiv im Zusammenhang mit Letzterem (dort aber: Hartz-IV-Leistungen iSv Sozialleistungen nach unionsrechtlichem Verständnis): EuGH C-67/14, ECLI:EU:C:2015:597 insbes. Rn. 46, 53 ff. mwN – Alimanovic.

[51] Vgl. ua *Kröll* in Holoubek/Lienbacher, GRC-Kommentar, GRC Art. 29 Rn. 10; *Lang* in Stern/Sachs GRCh Art. 29 Rn. 7; jew mwN; aA *Kocher* in FK-EUV/GRC/AEUV GRC Art. 29 Rn. 14 (Einrichtungsgarantie).

[52] Grds. dazu zB EuGH C-280/93, Slg. 1994, I-4973 Rn. 93 ff. – Deutschland/Rat (Bananenmarktordnung); *Beutler* in von der Groeben/Schwarze/Hatje EUV Art. 6 Rn. 72 ff. u. 81; *Langer* in NK-EuSozR AEUV Art. 45 Rn. 36 ff.

und der Menschenwürde[53] sowie zT im Verhältnis zur grundfreiheitlichen Arbeitnehmerfreizügigkeit. Als *lex specialis* geht sie auch der allgemeinen Handlungsfreiheit (→ § 22) vor. **Kollisionen** dieses Unionsgrundrechts sind denkbar mit der Unternehmerfreiheit bzw. Berufsfreiheit (→ §§ 34 u. 35) sowie mit der Dienstleistungs- und Niederlassungsfreiheit eines konkurrierenden privaten Arbeitsvermittlungsdienstes. Derartige Grundrechtskollisionen sind im Wege der **praktischen Konkordanz** aufzulösen.[54]

F. Zusammenfassende Bewertung und Ausblick

Inhaltlich ließ sich das Recht eines Unionsbürgers auf Zugang zu einem unentgeltlichen Arbeitsvermittlungsdienst bereits vor Inkrafttreten der GRC aus einer **Zusammenschau** der grundfreiheitlichen **Arbeitnehmerfreizügigkeit** (Art. 45 AEUV), der Unionsgrundrechte auf **Berufsfreiheit** und **Gleichbehandlung,** sowie des Art. 1 Nr. 3 EuSozCh und Nr. 6 SozGRCh herleiten. Indes muss man lange in der Rechtsprechung des EuGH suchen, um entsprechende Anknüpfungspunkte zu finden. Deshalb überrascht der Wortlaut des Art. 29 GRC auf den ersten Blick.[55] Dennoch ist lediglich neu und überraschend, dass dieses Recht in der GRC eine eigenständige Grundrechtsnorm unter dem Titel „Solidarität" bildet. Sofern man berücksichtigt, dass die GRC nicht beabsichtigt, neue soziale Grundrechte zu schaffen, sondern im Wesentlichen einer Bekräftigung der bestehenden Grundrechte und ihrer Weiterentwicklung dient,[56] liegt es nahe, das Recht auf Zugang zu einem unentgeltlichen Arbeitsvermittlungsdienst im **entsprechenden Kontext auszulegen.**

22

Sekundärrechtlich umgesetzt wurde dieses Recht in der RL 2004/38/EG und der Freizügigkeits-VO (EU) Nr. 492/2011. Dessen **fundamentale Bedeutung** wurde mittelbar **durch** das **Ausweisungsverbot bei Arbeitsuche** eines Unionsbürgers in einem Mitgliedstaat (Art. 14 Abs. 4 lit. b RL 2004/38/EG) **verstärkt.** Die europäischen Gerichte hat dieses Unionsgrundrecht bisher aber nicht beschäftigt.

23

---

[53] Zum grundrechtlichen Zusammenhang zwischen Arbeitsuche, Freizügigkeit und Menschenwürde: 4., 6. u. 9. Erwägungsgrund der VO (EU) Nr. 492/2011.
[54] EuGH C-274/99, Slg. 2001, I-1611 Rn. 37 ff. – Conolly/Kommission; *Terhechte* in von der Groeben/Schwarze/Hatje GRC Art. 53 Rn. 11.
[55] *Rudolf* in NK-EuGRCh GRCh Art. 29 Rn. 6 („echtes internationales Novum").
[56] So ausdrücklich in der Präambel zu den Erläuterungen, ABl. 2007 C 303, 17.

§ 43 Recht auf Bildung

Übersicht

	Rn.
A. Bedeutung des Rechts auf Bildung	1–3
B. Bildungsrelevantes Primär- bzw. Sekundärrecht	4–17
I. Primärrecht	4–10
1. Präambel AEUV	4
2. Art. 6 lit. e AEUV	5
3. Art. 9 AEUV	6
4. Art. 165, 166 AEUV	7, 8
5. Sonstige Bestimmungen	9, 10
II. Sekundärrecht	11–13
1. Sekundärrecht auf der Grundlage der Art. 165, 166 AEUV	11
2. Sekundärrecht zur Verwirklichung der Grundfreiheiten	12
3. Sekundärrecht zur Verwirklichung des Diskriminierungsverbotes und der Unionsbürgerschaft	13
III. Rechtsprechung des EuGH	14, 15
IV. Ergebnis	16, 17
C. Grundrechtsdimensionen nach Art. 6 EUV	18–30
I. Grundrechtecharta (Art. 6 Abs. 1 EUV)	19
II. EMRK (Art. 6 Abs. 2 EUV)	20, 21
III. Allgemeine Grundsätze des Unionsrechts (Art. 6 Abs. 3 EUV)	22–27
1. Von den Mitgliedstaaten ratifizierte völkerrechtliche Verträge	22–25
2. Verfassungsnormen der Mitgliedstaaten	26, 27
IV. Ergebnis	28–30
D. Das Recht auf Bildung	31–52
I. Gewährleistungsgehalt	32–44
1. Grundrechtsadressaten	32
2. Grundrechtsträger	33–35
3. Erfasster Lebensbereich	36–44
II. Eingriffe	45, 46
III. Rechtfertigung	47, 48
IV. Verhältnis zu anderen Bestimmungen	49–52
E. Zusammenfassende Bewertung und Ausblick	53–58

Schrifttum:

Bode, Europarechtliche Gleichbehandlungsansprüche Studierender und ihre Auswirkungen in den Mitgliedstaaten. Zur Reichweite des Diskriminierungsverbots im Hochschulbereich unter besonderer Berücksichtigung der Unionsbürgerschaft, 2005; *Caspar,* Die EU-Charta der Grundrechte und das Bildungsrecht, RdJB 2001, 165; *von der Decken,* Bildung, Kultur, Forschung und technologische Entwicklung, in Niedobitek, Europarecht, 2. Aufl. 2020, § 20; *Fürst,* Die bildungspolitischen Kompetenzen der Gemeinschaft. Umfang und Entwicklungsmöglichkeiten, 1999; *Gori,* Towards an EU right to education, 2001; *Günther,* Die Auslegung des Rechts auf Bildung in der europäischen Grundrechtsordnung, 2007; *Grzeszick,* § 9 Kultur- und Bildungspolitik, in Wegener, EnzEuR Bd. 8; *Große Wentrup,* Die Europäische Grundrechtecharta im Spannungsfeld der Kompetenzverteilung zwischen Europäischer Union und Mitgliedstaaten. Eine Untersuchung am Beispiel von Art. 14 und Art. 16 EuGRC, 2003; *Langenfeld,* Das Recht auf Bildung in der Europäischen Menschenrechtskonvention, RdJB 2007, 412; *Mächtle,* Bildungsspezifische Implikationen des allgemeinen Diskriminierungsverbots und der Freizügigkeit, 2010; *Odendahl,* Europäische (Bildungs-)Union?, 2011.

A. Bedeutung des Rechts auf Bildung

1 Das „Recht auf Bildung" ist ein schillernder Begriff. Seine genauen Konturen sind schwer festzumachen. Deutlich ist jedoch eins: Es handelt sich nicht um ein einzelnes Recht, das als echtes soziales Grundrecht[1] einzustufen wäre, sondern um eine Zusammenfassung

---

[1] Zu den sozialen Grundrechten auf EU-Ebene insgesamt vgl. *Bernsdorff* VSSR 2001, 1 ff.; *Meyer/Engels* ZRP 2000, 368 ff.

mehrerer bildungsbezogener Rechte.² Wie ein Blick in Art. 14 GRC, in die EMRK und in andere völkerrechtliche Verträge sowie in die mitgliedstaatlichen Verfassungen zeigt, lassen sich **fünf verschiedene Ausprägungen** des Rechts auf Bildung unterscheiden: das Recht auf (Schul-)Bildung, auf unentgeltliche Teilnahme am Pflichtschulunterricht, auf Zugang zu Einrichtungen der beruflichen Aus- und Weiterbildung, die Freiheit zur Gründung von Lehranstalten sowie das Recht der Eltern, bei der Erziehung ihrer Kinder ihre religiösen und weltanschaulichen Überzeugungen zu wahren. Es ist daher falsch, pauschal von „dem" Recht auf Bildung zu sprechen. Vielmehr ist präzise nach seinen Ausprägungen zu differenzieren.

Die Annahme eines EU-Grundrechts auf Bildung sieht sich mit dem Problem der 2 begrenzten EU-Bildungskompetenzen konfrontiert.³ Grundsätzlich besteht eine **Parallelität von Kompetenzen und Grundrechtsschutz:** Grundrechte binden denjenigen Hoheitsträger, der über die entsprechenden Kompetenzen verfügt. Dementsprechend umstritten war die Aufnahme des Rechts auf Bildung in die Grundrechtecharta.⁴ Zum Teil wurde sogar befürchtet, die Aufnahme des Rechts auf Bildung entspräche einer Art „weiser Voraussicht" für den Fall, dass eines Tages den Verträgen oder der Rechtsprechung des EuGH weitergehende EU-Bildungskompetenzen zu entnehmen sein sollten.⁵

Die **Untersuchung** des Rechts auf Bildung erfordert daher zunächst eine Herausarbei- 3 tung des bildungsrelevanten Primär- und Sekundärrechts und der sich daraus ergebenden EU-Bildungskompetenzen. In einem zweiten Schritt ist die Grundrechtsdimension des Rechts auf Bildung nach Art. 6 EUV zu bestimmen, um abschließend auf die inhaltlichen Aspekte einzugehen.

B. Bildungsrelevantes Primär- bzw. Sekundärrecht

I. Primärrecht⁶

1. Präambel AEUV. Gemäß der Präambel des AEUV (9. Erwägungsgrund AEUV) sind 4 die Mitgliedstaaten entschlossen, durch umfassenden Zugang zur Bildung und durch ständige Weiterbildung auf einen möglichst hohen Wissensstand ihrer Völker hinzuwirken. An dieser durch den Vertrag von Amsterdam eingefügten Formulierung lassen sich die hochgesteckten Ziele des EU-Bildungsrechts erkennen.

2. Art. 6 lit. e AEUV. Im Zuge der Neuordnung und Klarstellung der Zuständigkeiten 5 der EU durch den Vertrag von Lissabon wurde der Bildungsbereich in Art. 6 lit. e AEUV integriert. Demnach hat die EU im Bildungsbereich Unterstützungs-, Koordinierungs- und Ergänzungskompetenzen inne.

3. Art. 9 AEUV. Durch den Vertrag von Lissabon fand die Bildung auch Aufnahme in die 6 neue Querschnittsklausel des Art. 9 AEUV. Die EU muss bei Durchführung ihrer sonstigen Politiken den Erfordernissen für ein hohes Niveau der allgemeinen und beruflichen Bildung Rechnung tragen.

4. Art. 165, 166 AEUV. Der Vertrag von Maastricht schuf mit Art. 126, 127 EGV- 7 Maastricht (jetzt Art. 165, 166 AEUV) eine **ausdrückliche,** wenn auch **begrenzte Zuständigkeit** der EU für Bildungsfragen.⁷ Die beiden Normen traten an die Stelle des

---

[2] So auch *Bernsdorff* in NK-EuGRCh GRCh Art. 14 Rn. 11.
[3] Vgl. *Pernice* DVBl 2000, 847 (852 f.). Speziell zum Recht auf Bildung *Bernsdorff* VSSR 2001, 1 (20); *Caspar* RdJB 2001, 165 (179); *Große Wentrup* S. 133 ff.
[4] Vgl. *Bernsdorff* in NK-EuGRCh GRCh Art. 14 Rn. 5 ff.; *Meyer/Engels* in Deutscher Bundestag, Die Charta der Grundrechte der Europäischen Union, 2001, S. 7 (21). Trotzdem stark dafür plädierend *Häfner/Strawe/Zuegg* ZRP 2000, 365 (367).
[5] Eine entsprechende Befürchtung äußert etwa *Bernsdorff* VSSR 2001, 1 (20 f.).
[6] Zur Entwicklung des Primärrechts vgl. *von der Decken* in Niedobitek Rn. 4 ff. Einen Überblick über das geltende Primärrecht bietet *Grzeszick* in Wegener, EnzEuR Bd. 8, Rn. 89 ff.
[7] Zur historischen Entwicklung vgl. *Odendahl* in FK-EUV/GRC/AEUV AEUV Art. 165 Rn. 4 ff.

Art. 128 EWGV, der den Rat ermächtigte, allgemeine Grundsätze zur Durchführung einer gemeinsamen Politik im Bereich der Berufsausbildung aufzustellen. Durch dessen extensive Auslegung war es bereits vor Existenz einer echten Kompetenzgrundlage zur Schaffung der ersten Bildungsförderprogramme der Gemeinschaft gekommen.[8]

8 Mit Inkorporierung der beiden Kompetenznormen trat Ruhe in die zuvor teilweise heftig geführte Debatte um die Bildungszuständigkeiten der Gemeinschaft (nunmehr Union) ein. Die beiden ähnlich aufgebauten Bestimmungen der Art. 165 AEUV (allgemeine Bildung) und Art. 166 AEUV (berufliche Bildung) basieren auf der strikten **Beachtung der Verantwortung der Mitgliedstaaten** für Inhalt und Gestaltung der Bildungssysteme. Die EU tritt lediglich fördernd, unterstützend und ergänzend unter Ausschluss jeglicher Harmonisierungsvorschriften hinzu. Unter „allgemeiner Bildung" ist dabei sowohl die Schul- als auch, in der Regel,[9] die Hochschulbildung zu verstehen, während sich die „berufliche Bildung" auf die Aus- und Weiterbildung sowie Umschulung im berufsbildenden Bereich erstreckt.[10] Art. 165 und 166 AEUV sind **Ermächtigungsnormen,** auf deren Grundlage die EU bildungsrelevantes Sekundärrecht erlassen kann. Konkrete Pflichten der Mitgliedstaaten lassen sich aus ihnen nicht ableiten.

9 **5. Sonstige Bestimmungen.** Über mehrere Politikbereiche verstreut sind weitere Bildungskompetenzen der EU zu finden, die bislang allerdings von wenig praktischer Relevanz waren. Es handelt sich dabei vor allem um die der EU übertragene Befugnis zum Erlass flankierender bildungspolitischer Maßnahmen im Bereich der **Agrar-** (Art. 41 lit. a AEUV), **Beschäftigungs-** (Art. 145 AEUV), **Forschungs-** (Art. 180 lit. d AEUV) und **Atompolitik** (Art. 4 und 9 EAGV). In der **Sozialpolitik** darf die EU nicht nur flankierende Maßnahmen erlassen (Art. 156 UAbs. 1 dritter Gedankenstrich AEUV), sondern verfügt auch über die Kompetenz für die berufliche Eingliederung der aus dem Arbeitsmarkt ausgegrenzten Personen (Art. 153 Abs. 1 lit. h AEUV).[11]

10 Eine wichtige finanzielle Berufsbildungsförderung betreibt die Kommission mit Hilfe der Strukturfonds. Der bedeutsamste ist der **Europäische Sozialfonds,** dessen ausdrücklich in Art. 162 AEUV verankertes Ziel es ist, insbesondere durch berufliche Bildung und Umschulung die berufliche Verwendbarkeit sowie die örtliche und berufliche Mobilität der Arbeitskräfte zu fördern.

II. Sekundärrecht

11 **1. Sekundärrecht auf der Grundlage der Art. 165, 166 AEUV.** Die EU ist auf der Grundlage der Art. 165, 166 AEUV in mannigfacher Weise tätig geworden.[12] Am bedeutsamsten sind ihre **Förderprogramme.** Derzeit läuft das Programm „ERASMUS +",[13] das für den Zeitraum von 2014 bis 2020 über ein Budget in Höhe von rund 14,7 Milliarden Euro verfügt. Erasmus+ führt sieben, ehemals selbständige EU-Programme (zu denen ua Erasmus, Grundtvig, Leonardo und Comenius gehörten) zu einem einzigen Programm zusammen. Dieses besteht aus drei Schlüsselaktionen: Mobilität für Einzelpersonen, Strategischen Partnerschaften und Politikunterstützung. Hinzu kommen vor allem **Empfehlungen** der EU, wie etwa zum Europäischen Qualifikationsrahmen für lebens-

---

[8] Ausf. zur Tätigkeit der Gemeinschaft auf Basis des Art. 128 EWGV *Bode* S. 38 ff.; *Fürst* S. 9 ff.; *Staudenmayer* BayVBl. 1995, 321 (322 f.); *Weber,* Die Bildung im Europäischen Gemeinschaftsrecht und die Kulturhoheit der deutschen Bundesländer, 1993, S. 39 ff.
[9] Näher zu den Einzelheiten der Differenzierung *von der Decken* in Niedobitek Rn. 10.
[10] Vgl. statt vieler *Ruffert* in Calliess/Ruffert AEUV Art. 165 Rn. 11; *Grzeszick* in Wegener, EnzEuR Bd. 8, Rn. 99; *Hablitzel,* Subsidiaritätsprinzip und Bildungskompetenzen im Vertrag über die Europäische Union, 1994, S. 21; Oppermann/Classen/Nettesheim EuropaR § 34 Rn. 17; ähnlich *Fürst* S. 262 ff.; *Seidel/Beck* Jura 1997, 393 (397); *Staudenmayer* BayVBl. 1995, 321 (326); *Caspar* RdJB 2001, 165 (176).
[11] Für weitere Einzelbereiche vgl. *von der Decken* in Niedobitek Rn. 37.
[12] Zur historischen Entwicklung vgl. *Gori* S. 105 ff. Einen aktuellen Überblick bietet *Simm* in Schwarze AEUV Art. 165, 166 Rn. 29 ff.
[13] VO (EU) Nr. 1288/2013.

langes Lernen[14] oder für die Qualitätssicherung in der beruflichen Aus- und Weiterbildung[15]. Den Empfehlungen kommt eine geringere Relevanz als den finanzstarken Fördermaßnahmen zu.

2. Sekundärrecht zur Verwirklichung der Grundfreiheiten. Zur Verwirklichung insbesondere der Arbeitnehmerfreizügigkeit und der Niederlassungsfreiheit hat die EU zahlreiche sekundärrechtliche Normen erlassen, die sich indirekt auf das Bildungswesen auswirken. Einen Schwerpunkt bildet die **Anerkennung beruflicher Befähigungsnachweise.**[16] Im Zentrum steht die Richtlinie über die Anerkennung von Berufsqualifikationen aus dem Jahr 2005,[17] die an die Stelle zahlreicher sektorieller Richtlinien trat. Sie regelt die gegenseitige Anerkennung von fast[18] allen beruflichen Qualifikationen. Einen weiteren Schwerpunkt stellen **Bildungsrechte der Kinder von Wanderarbeitnehmern** dar. Die entsprechenden Verordnungen und Richtlinien beinhalten ua ihren gleichberechtigten Zugang zu den Bildungseinrichtungen[19] und zu den sozialen Vergünstigungen der Aufnahmestaaten[20] sowie ihre schulische Betreuung.[21]

3. Sekundärrecht zur Verwirklichung des Diskriminierungsverbotes und der Unionsbürgerschaft. Die Unionsbürgerschaft und das darin enthaltene allgemeine Freizügigkeitsrecht nach Art. 21 Abs. 1 AEUV hat iVm dem allgemeinen Diskriminierungsverbot aus Gründen der Staatsangehörigkeit nach Art. 18 UAbs. 1 AEUV zu einer erheblichen Ausweitung der Rechte der Unionsbürger geführt. Dies geschah auch auf sekundärrechtlichem Wege. Bedeutsam für das Bildungswesen ist vor allem die **Freizügigkeitsrichtlinie** aus dem Jahr 2004.[22] Die auch für Studierende geltende Norm verpflichtet die Mitgliedstaaten, jedem Unionsbürger ein Recht auf Einreise und Aufenthalt unter drei Monaten zu gewähren. Darüber hinaus enthält die Richtlinie ein Recht auf Aufenthalt für mehr als drei Monate, wenn der betreffende Unionsbürger für sich und seine Familienangehörigen über ausreichende Existenzmittel verfügt. Zusätzlich muss ein umfassender Krankenversicherungsschutz im Aufnahmemitgliedstaat gewährleistet sein oder eine Einschreibung an einer Bildungseinrichtung des Aufnahmemitgliedstaates vorliegen.

III. Rechtsprechung des EuGH

Die Rechtsprechung des Gerichtshofs hat sich erheblich auf den Inhalt des EU-Bildungsrechts ausgewirkt.[23] Dabei ging es schwerpunktmäßig nicht um die Bildungskompetenzen nach Art. 165, 166 AEUV, sondern um das mittelbar bildungsrelevante Primärrecht. So dehnt der Gerichtshof etwa in stRspr den Anwendungsbereich der **Grundfreiheiten,** insbesondere der Freizügigkeit, bis in die vorgelagerte Ausbildungsphase aus.[24] Dies führt zusammen mit einem weit verstandenen (Aus-)Bildungsbegriff dazu, dass Bildungsfragen seit jeher vom EuGH unter den Anwendungsbereich des Vertrages und damit unter das **allgemeine Diskriminierungsverbot aus Gründen der Staatsangehörigkeit nach**

---

[14] Empfehlung des EP und des Rates v. 23.4.2008 (2008/C 111/01). Näher dazu *Herdegen* RdJB 2011, 226 ff. Die Kommission schlägt eine Aufhebung der Empfehlung von 2008 und den Erlass einer neuen Empfehlung des EP und des Rates vor, vgl. Vorschlag der Kommission des Rates v. 10.6.2016, COM(2016) 383.
[15] Empfehlung des EP und des Rates v. 19.6.2009 (2009/C 155/01).
[16] Näher dazu *Becker-Dittrich* in Odendahl S. 287 ff.; *Garben* in Kellerbauer/Klamert/Tomkin, EU Commentary, TFEU Art. 165 Rn. 5.
[17] RL 2005/36/EG.
[18] Weiterhin in speziellen Richtlinien sind der Handel mit Giftstoffen (RL 74/557/EWG) sowie die Berufe der selbständigen Handelsvertreter (RL 86/653/EWG) und des Rechtsanwalts (RL 98/5/EG) geregelt.
[19] Art. 10 VO (EU) Nr. 492/2011.
[20] Art. 7 Abs. 2 VO (EU) Nr. 492/2011.
[21] RL 77/486/EWG.
[22] RL 2004/38/EG. Sie trat ua an die Stelle der sog Studierendenrichtlinie von 1993 (RL 93/96/EWG).
[23] Überblicke bieten ua *Kohler/Görlitz* IJELP 2008, 92 ff.; *Jørgensen* CML Rev 2009, 1567 ff.; *Hilpold* in Odendahl S. 147 ff.; *Gori* in PHKW Fundamental Rights Rn. 14.02 ff.; *Garben* in Kellerbauer/Klamert/Tomkin, EU Commentary, TFEU Art. 165 Rn. 3; *Simm* in Schwarze AEUV Art. 165, 166 Rn. 7 ff.
[24] EuGH 293/83, Slg. 1985, 593 Rn. 24 – Gravier; EuGH 66/85, Slg. 1986, 2121 Rn. 22 – Lawrie-Blum.

Art. 18 UAbs. 1 AEUV gefasst werden.[25] Folge ist nicht nur die vom EuGH entwickelte Gleichwertigkeit aller in anderen Mitgliedstaaten erworbenen Sekundarschulabschlüsse beim Zugang zum Hochschul- und Universitätsstudium[26], ein Verbot von Abgaben, Studien- und Einschreibegebühren allein für Ausländer[27] und ein grundsätzliches Verbot von Zulassungsbeschränkungen für nicht-ansässige Studierende[28], sondern auch die Bejahung eines Anspruchs auf Ausbildungsförderung, die ein Mitgliedstaat seinen eigenen Staatsangehörigen zur Deckung von Einschreibe- oder anderen Studiengebühren gewährt.[29] Eine Ausbildungsförderung für Unionsangehörige kann dabei nicht nur für Ausbildungen im Aufnahmemitgliedstaat, sondern auch für solche in einem anderen[30] oder gar in dem eigenen Mitgliedstaat[31] beansprucht werden. Grundsätzlich erkennt der EuGH darüber hinaus einen Anspruch auf Studienbeihilfe in einem anderen Mitgliedstaat an, wenn die entsprechende Person vorher Arbeitnehmer war und eine Kontinuität zwischen der früheren Berufstätigkeit und dem durchgeführten Studium besteht oder aber der Arbeitnehmer unfreiwillig arbeitslos geworden ist und zu einer beruflichen Umschulung gezwungen ist.[32] Schließlich bejaht der Gerichtshof ein allgemeines Aufenthaltsrecht für die Dauer der Ausbildung.[33] Den **Zugang zu Bildungseinrichtungen** inklusive einer dazugehörenden finanziellen Förderung versteht der EuGH demnach als **Begleitrecht der Grundfreiheiten**.

15 Von Bedeutung ist darüber hinaus die Judikatur des Gerichtshofs zum Lebensunterhalt. Hatte er lange Jahre Leistungen für den Lebensunterhalt ausdrücklich vom Anspruch auf Ausbildungsförderung ausgenommen[34], so änderte er diese Haltung im Jahre 2001. Unter Hinweis auf die neuen Bildungskompetenzen der EG und die eingeführte **Unionsbürgerschaft** stellte er fest, dass ein Student während seiner Ausbildung unabhängig von einer Arbeitnehmereigenschaft im Aufnahmemitgliedstaat genauso Anspruch auf Sozialhilfe hat wie ein Inländer.[35] Dasselbe gilt für den grundsätzlichen Anspruch mittelloser, sich rechtmäßig im Aufnahmemitgliedstaat aufhaltender Studierender auf Gleichbehandlung bei der Vergabe von Beihilfen zum Lebensunterhalt,[36] bei der Gewährung von Unterhaltsstipendien[37] und von Fahrpreisermäßigungen.[38] In der Regel verlangt der EuGH dabei einen gewissen Integrationsgrad des Antragstellers.[39] Die Verbindung von Unionsbürgerschaft

---

[25] EuGH 152/82, Slg. 1983, 2323 Rn. 17 f. – Forcheri; EuGH 309/85, Slg. 1988, 355 Rn. 21 – Barra; EuGH 389/87 und 390/87, Slg. 1989, 723 Rn. 28 f. – Echternach, EuGH C-65/03, Slg. 2004, I-6427 Rn. 27 – Kommission/Belgien. Ausf. zur Bedeutung des Diskriminierungsverbots in Bildungsfragen *Fechner* RdJB 2002, 339 (342 ff.).
[26] EuGH C-147/03, Slg. 2005, I-5969 Rn. 59 ff. – Kommission/Österreich. Besprechung ua von *Hilpold* EuZW 2005, 647.
[27] EuGH 293/83, Slg. 1985, 593 Rn. 26 – Gravier.
[28] EuGH C-73/08, Slg. 2010, I-2735 Rn. 28 f. – Bressol.
[29] EuGH 39/86, Slg. 1988, 3161 Rn. 13 ff. – Lair; EuGH 197/86, Slg. 1988, 3205 Rn. 19 – Brown.
[30] EuGH 235/87, Slg. 1988, 5589 Rn. 23 – Matteucci; EuGH C-11/06 und C-12/06, Slg. 2007, I-9161 Rn. 22 ff. – Morgan.
[31] EuGH C-308/89, Slg. 1990, I-4185 Rn. 12 ff. – Di Leo; EuGH C-3/90, Slg. 1992, I-1071 Rn. 20 f. – Bernini.
[32] EuGH C-413/01, Slg. 2003, I-13187 Rn. 35 – Ninni-Orasche.
[33] EuGH C-357/89, Slg. 1992, I-1027 Rn. 34 – Raulin; EuGH C-295/90, Slg. 1992, I-4193 Rn. 15 – EP/Rat.
[34] EuGH 39/86, Slg. 1988, 3161 Rn. 13 ff. – Lair; EuGH 197/86, Slg. 1988, 3205 Rn. 19 – Brown.
[35] EuGH C-184/99, Slg. 2001, I-6193 Rn. 27 ff. – Grzelczyk. Näher zu dem Urteil und seinen Folgen *Ruhs* ÖJZ 2002, 281 ff.; *Rossi* JZ 2002, 351 ff.; *Cremer* WissR 2003, 128 ff.
[36] EuGH C-209/03, Slg. 2005, I-2119 – Bidar. Besprechungen ua von *Bode* EuZW 2005, 279 ff.; *Düsterhaus* EuZW 2005, 325 ff.; *Niedobitek* RdJB 2006, 105 ff.
[37] EuGH C-158/07, Slg. 2008, I-8507 Rn. 34 ff., 58 – Förster. Eine Urteilsbesprechung bietet *Hilpold* EuZW 2009, 40.
[38] EuGH C-75/11, DÖV 2013, 34 Rn. 59 ff. – Kommission/Österreich; EuGH C-233/14, NVwZ 2016, 1076 Rn. 73 ff.
[39] Der Integrationsgrad kann dabei anhand der Dauer des Aufenthalts im Aufnahmestaat, vgl. EuGH C-542/09, NVwZ-RR 2012, 697 Rn. 79 ff. – Kommission/Niederlande, oder aber auf andere Art und Weise festgestellt werden, vgl. EuGH C-523/11 und C-585/11, NJW 2013, 2879 Rn. 36 ff. – Prinz und Seeberger. Näher dazu *Magiera* in NK-EuGRCh GRCh Art. 14 Rn. 16.

und Diskriminierungsverbot führt zu einer **Loslösung der Bildungsrechte von den Grundfreiheiten**.[40] Der EuGH geht von einem umfassenden, auch die Lebensumstände miteinbeziehenden **Recht jedes Unionsbürgers auf gleichen Zugang zu den Bildungseinrichtungen der Mitgliedstaaten** aus.[41]

IV. Ergebnis

Trotz begrenzter Zuständigkeiten stellt sich die EU durch ihre Fördertätigkeit sowie die Ausgestaltung anderer Rechtsbereiche als bedeutende bildungspolitische Akteurin dar. De facto hat eine „Europäisierung" der nationalen Bildungssysteme stattgefunden.[42] Die **begrenzten Kompetenzen** der EU im Bildungsbereich stellen daher als solche, selbst unter Beachtung des Grundsatzes der Parallelität von Kompetenzen und Grundrechtsschutz (→ Rn. 2), **kein Argument für die Ablehnung einer grundrechtlichen Bindung** dar.[43] Beeinträchtigungen der verschiedenen Ausprägungen des Rechts auf Bildung durch EU-Rechtsakte sind grundsätzlich möglich. 16

Die sekundärrechtliche Ausgestaltung der Grundfreiheiten und des allgemeinen Diskriminierungsverbots des Art. 18 UAbs. 1 AEUV haben zusammen mit der Rechtsprechung des EuGH zur Unionsbürgerschaft eine Reihe **primär- bzw. sekundärrechtlicher Rechte** entstehen lassen, deren Kern das Recht des Einzelnen auf Zugang zu den nationalen Bildungseinrichtungen ist. Diese in der Praxis sehr bedeutsamen[44] Rechte stellen aufgrund ihres auf die Mitgliedstaaten beschränkten Adressatenkreises keine EU-Grundrechte dar.[45] Durch ihre Verknüpfung mit der Unionsbürgerschaft kommt ihnen jedoch eine wichtige Indizwirkung für die Ausgestaltung entsprechender Rechte auf EU-Ebene zu. 17

C. Grundrechtsdimensionen nach Art. 6 EUV

Gemäß Art. 6 EUV basiert der Grundrechtsschutz in der EU auf **drei Fundamenten:** den in der Grundrechtecharta verankerten Grundrechten (Abs. 1), den Menschenrechten in der EMRK, der die EU beitreten wird (Abs. 2) sowie den Grundrechten, die sich aus den gemeinsamen Verfassungsüberlieferungen der Mitgliedstaaten ergeben (Abs. 3). Das Recht auf Bildung ist in allen drei Grundrechtsdimensionen enthalten. 18

I. Grundrechtecharta (Art. 6 Abs. 1 EUV)

Art. 14 GRC[46] inkorporiert die **fünf Ausprägungen des Rechts auf Bildung** (→ Rn. 1): das Recht auf (Schul-) Bildung und auf Zugang zur beruflichen Aus- und Weiterbildung (Abs. 1), das Recht auf unentgeltliche Teilnahme am Pflichtschulunterricht (Abs. 2) sowie die Freiheit zur Gründung von Lehranstalten und die Erziehungsrechte der Eltern (Abs. 3). Die Bestimmung basiert im Wesentlichen auf Art. 2 EMRKZusProt (→ Rn. 20 f.) sowie auf Art. 10 EuSozCh (→ Rn. 25) und auf Nr. 15 SozGRCh (→ Rn. 25).[47] 19

---

[40] So auch *Frenz*, HdbEuR Bd. 4, Rn. 2392.
[41] Ähnlich bereits *Staudenmayer* WissR 1994, 249 (254). Vgl. auch *Fechner* RdJB 2002, 339 (348). Zu den Auswirkungen des „Brexit" auf den Hochschulzugang vgl. *Bode* EuR 2017, 401 ff.
[42] Ausf. zu weiteren Einflüssen über die offene Methode der Koordinierung und über völkerrechtliches soft law (Bologna- und Kopenhagen-Prozesse) vgl. *von der Decken* in Niedobitek Rn. 38 ff. Vgl. auch die Beiträge in *Odendahl*.
[43] So auch *Große Wentrup* S. 168 f.; *Borowsky* in NK-EuGRCh GRCh Art. 51 Rn. 40 ff.
[44] Vgl. *Ruhs* ÖJZ 2002, 281 (290 ff.); *Fechner* RdJB 2002, 339 (344 ff.); *Bode* S. 143 ff.
[45] So auch ausdr. *Bode* S. 293 ff.
[46] Zur Genese der Vorschrift vgl. *Barriga*, Entstehung der GRC, S. 94 ff.; *Bernsdorff* in NK-EuGRCh GRCh Art. 14 Rn. 5 ff.
[47] Vgl. die Erläuterungen des Präsidiums zu Art. 14 GRC.

II. EMRK (Art. 6 Abs. 2 EUV)

20 In der EMRK selbst ist das Recht auf Bildung nicht verankert, wohl aber in Art. 2 EMRK-ZusProt.[48] Gemäß dem Entwurf der Beitrittsübereinkunft von 2013[49] soll die EU der EMRK, dem EMRKZusProt und dem 6. EMRK-Prot, dh denjenigen Protokollen, die von allen EU-Mitgliedstaaten ratifiziert worden sind, beitreten. Art. 2 EMRKZusProt nimmt einige der fünf Ausprägungen des Rechts auf Bildung auf. Satz 1 enthält die Kernaussage in negativer Formulierung: Das **Recht auf Bildung** dürfe niemandem verwehrt werden. Ableiten lässt sich aus dieser Wortwahl, dass das Recht nicht als Leistungs-, sondern **als Teilhaberecht** zu verstehen ist.[50] Die Vertragsparteien haben den Zugang zu den öffentlichen Bildungseinrichtungen jeder Stufe (inkl. den Hochschulen[51]) zu gewähren und diese in ausreichendem Ausmaß zur Verfügung zu stellen.[52] Recht auf Zugang bedeutet allerdings nicht, dass keine Zulassungsbeschränkungen eingeführt werden dürfen.[53] Als bloßes Teilhaberecht beinhaltet das Recht auf Bildung kein subjektives Recht auf Schaffung von öffentlichen Bildungseinrichtungen in bestimmter Quantität oder Qualität. Neben dem Zugangsrecht hat der Einzelne einen Anspruch auf amtliche Anerkennung der abgeschlossenen Ausbildung.[54]

21 Satz 2 enthält das **Recht der Eltern,** die Erziehung und den Unterricht entsprechend ihren eigenen religiösen und weltanschaulichen Überzeugungen sicherzustellen. Demnach dürfen im staatlichen Unterricht zwar religiöse und weltanschauliche Themen behandelt werden; sie sind aber in einer objektiven, kritischen und pluralistischen Weise vorzutragen.[55] Aus dem Erziehungsrecht der Eltern leitete die Europäische Menschenrechtskommission darüber hinaus das **Recht zur Gründung von Privatschulen** ab.[56]

III. Allgemeine Grundsätze des Unionsrechts (Art. 6 Abs. 3 EUV)

22 **1. Von den Mitgliedstaaten ratifizierte völkerrechtliche Verträge.** Die von den Mitgliedstaaten ratifizierten sonstigen völkerrechtlichen Verträge zum Menschenrechtsschutz können als gemeinsamer Rechtsbestand die Existenz allgemeiner Rechtsgrundsätze indizieren.[57] Für das Recht auf Bildung sind fünf völkerrechtliche Verträge relevant[58]:

---

[48] Näher zu den Hintergründen *Langenfeld* RdJB 2007, 412 ff.

[49] Art. 1 Abs. 1 Draft revised agreement on the accession of the European Union to the Convention for the Protection of Human Rights and Fundamental Freedoms, Final Report of the CDDH, 47+1(2013) 008rev2, 10.6.2013, Appendix I. Der Entwurf wurde vom EuGH am 18.12.2014 allerdings für nicht vereinbar mit den Verträgen erklärt, vgl. EuGH Gutachten 2/13.

[50] Vgl. EGMR 23.7.1986 – 1474/62, 1677/62, 1691/62, 1769/63, 1994/63, 2126/64 Rn. 3 – Belgischer Sprachenstreit. Näher dazu *Langenfeld* RdJB 2007, 412 (415); Grabenwarter/Pabel EMRK § 22 Rn. 81; *Wildhaber* in Pabel/Schmahl EMRK 1. ZP Art. 2 Rn. 26 ff.; *Villiger* HdbEMRK § 31 Rn. 676; *Frowein* in Frowein/Peukert EMRK 1. ZP Art. 2 Rn. 2. Deutlich wird die Beschränkung auf ein Teilhaberecht auch aus den zahlreichen Vorbehalten und Erklärungen der Staaten, vgl. *Dröge/Marauhn* in Bundesministerium für Arbeit und Sozialordnung et al., Soziale Grundrechte in der Europäischen Union, 2001, 77 (86 f. mwN).

[51] Vgl. EGMR 10.11.2005 – 44774/98 (2) Rn. 137–142, NVwZ 2006, 1389 – Sahin mwN zur älteren Rspr. sowie EGMR 7.2.2006 – 60856/00 Rn. 41 – Mürsel Eren. Näher dazu Grabenwarter ECHR ZP1 Art. 2 Rn. 5.

[52] Vgl. Grabenwarter/Pabel EMRK § 22 Rn. 84 ff.; *Bitter* in Karpenstein/Mayer EMRK ZP I Art. 1 Rn. 10.

[53] Vgl. EGMR 2.4.2013 – 25851/09, 29284/09, 64090/09 Rn. 44 ff. – Tarantino; Grabenwarter ECHR ZP1 Art. 2 Rn. 10. Zur älteren Rspr. vgl. *Wildhaber* in Pabel/Schmahl EMRK 1. ZP Art. 2 Rn. 53 ff. mwN.

[54] Vgl. EGMR 23.7.1986 – 1474/62, 1677/62, 1691/62, 1769/63, 1994/63, 2126/64 Rn. 4 – Belgischer Sprachenstreit. Näher dazu *Dupuy/Boisson de Charzounes* in Pettiti/Decaux/Imbert CEDH-Comm Art. 2 ZP I, S. 1001.

[55] EGMR 7.12.1976 – 5095/71, 5920/72, 5926/72 Rn. 50 ff., NJW 1977, 487 – Kjeldsen, Busk Madsen u. Pedersen. Ausf. *Wildhaber* in Pabel/Schmahl EMRK 1. ZP Art. 2 Rn. 79 ff. sowie *Bitter* in Karpenstein/Mayer EMRK ZP I Art. 1 Rn. 25 mwN.

[56] EKMR 21.3.1975 – 5095/71, 5920/72, 5926/72 Rn. 153 – Kjeldsen, Busk Madsen u. Pedersen.

[57] EuGH 4/73, Slg. 1974, 491 Rn. 13 – Nold/Kommission; EuGH 44/79, Slg. 1979, 3727 Rn. 15 – Hauer. Ausf. zur Thematik *Haratsch* MRM 2002, 29 ff.

[58] Ausf. zu den völkerrechtlichen Vorgaben und deren Umsetzung in Deutschland *Mahler/Weiß* RdJB 2007, 430 ff.

Am umfassendsten ist der von allen Mitgliedstaaten ratifizierte **Art. 13 IPWSKR**[59]. 23
Neben einem positiv formulierten Recht auf Bildung werden die Ziele desselben (insbes. volle Entfaltung der menschlichen Persönlichkeit) festgelegt. Der Grundschulunterricht muss für jeden verpflichtend und unentgeltlich, der Zugang zur höheren Bildung so weit wie möglich frei verfügbar sein. Das Recht der Eltern auf Wahl anderer als öffentlicher Schulen sowie auf Sicherstellung ihrer religiösen und sittlichen Überzeugungen bei der Erziehung ihrer Kinder wird gewährleistet. Ebenso besteht Freiheit zur Gründung privater Schulen solange diese die genannten Bildungsziele beachten. Der IPWSKR enthält also alle fünf Ausprägungen des Rechts auf Bildung. Hinzu kommt **Art. 18 Abs. 4 IPBPR**, der ebenfalls das Recht der Eltern, ihre religiösen und sittlichen Überzeugungen bei der Erziehung ihrer Kinder zu wahren, gewährt. Auch der IPBPR ist von allen EU-Mitgliedstaaten ratifiziert worden.

Ähnlich detailliert wie Art. 13 IPWSKR sind **Art. 28, 29 der UN-Konvention über** 24 **die Rechte des Kindes** formuliert. Der Vertrag ist ebenfalls für alle Mitgliedstaaten verbindlich. Hier finden sich alle Ausprägungen des Rechts auf Bildung bis auf die Erziehungsrechte der Eltern. Angesichts der Zielsetzung des Abkommens ist dies jedoch nur folgerichtig: Es dient den Rechten der Kinder, nicht denen der Eltern.

Nur auf die **berufliche Ausbildung** zugeschnitten sind hingegen Art. 10 EuSozCh, 25 Art. 10 EuSozChrev. und Nr. 15 SozGRCh. Die von allen Mitgliedstaaten ratifizierte **Europäische Sozialcharta** ist gemäß ihres Art. 20 EuSozCh ein sog „Menüvertrag": Die Vertragsstaaten sind nur verpflichtet, eine bestimmte Zahl der Artikel als verbindlich anzunehmen. Zu den auszuwählenden Gewährleistungen zählt auch das in Art. 10 EuSozCh verankerte Recht auf berufliche Ausbildung, das sich sowohl auf die Erstausbildung als auch auf Umschulungs- und Weiterbildungsmaßnahmen erstreckt. Formuliert ist es als Recht auf Zugang, also wie in der EMRK nur als Teilhaberecht. Dasselbe gilt für Art. 10 **EuSozChrev.** Der nicht von allen Mitgliedstaaten ratifizierte Vertrag[60] ist gemäß seines Art. A ebenfalls ein „Menüvertrag", so dass die in ihm verankerten Rechte nicht alle Vertragsparteien binden. Die Gewährleistung in der **Gemeinschaftscharta der sozialen Grundrechte der Arbeitnehmer** entspricht inhaltlich der EuSozCh, nennt aber in Nr. 15 SozGRCh zusätzlich das Verbot der Diskriminierung aus Gründen der Staatsangehörigkeit. Als (nicht bindende) Erklärung der Staats- und Regierungschefs der Mitgliedstaaten[61] berücksichtigt die SozGRCh also zusätzlich den grenzüberschreitenden Aspekt.

2. Verfassungsnormen der Mitgliedstaaten. Während die völkerrechtlichen Verträge 26 und Erklärungen relativ umfassend ausgestaltet sind, bietet sich beim Blick auf die Verfassungsnormen der Mitgliedstaaten ein differenzierteres Bild:

Das Recht auf Bildung in den Verfassungen der Mitgliedstaaten[62]:

---

[59] Ausf. dazu *Gebert*, Das Recht auf Bildung nach Art. 13 des UNO-Paktes über wirtschaftliche, soziale und kulturelle Rechte unter besondere Auswirkungen auf das schweizerische Bildungswesen, 1996; *Dohmes-Ockenfels*, Die Rechte auf Arbeit und Bildung der Asylbewerber in der Europäischen Union, 1999, S. 112 ff.

[60] Die EuSozChrev. wurde von folgenden Mitgliedstaaten ratifiziert: Belgien, Bulgarien, Estland, Finnland, Frankreich, Griechenland, Irland, Italien, Lettland, Litauen, Malta, Niederlande, Österreich, Portugal, Rumänien, Schweden, Slowakei, Slowenien, Ungarn und Zypern (Stand: 20.8.2019).

[61] Die SozGRCh wurde am 9.12.1989 von allen damaligen EG-Mitgliedstaaten außer dem Vereinigten Königreich unterzeichnet. Sie ist rechtlich nicht verbindliche Erklärung und kann als ein politisches Instrument zur Gewährleistung der Einhaltung bestimmter sozialer Rechte in den Unterzeichnerstaaten betrachtet werden.

[62] AT = Österreich; BE = Belgien; BG = Bulgarien; CY = Zypern; CZ = Tschechische Republik; DE = Deutschland; DK = Dänemark; EE = Estland; EL = Griechenland; ES = Spanien; FI = Finnland; FR = Frankreich; HR = Kroatien; HU = Ungarn; IE = Irland; IT = Italien; LT = Litauen; LU = Luxemburg; LV = Lettland; MT = Malta; NL = Niederlande; PL = Polen; PT = Portugal; RO = Rumänien; SE = Schweden; SI = Slowenien; SK = Slowakei; UK = Großbritannien. Eine ältere Bestandsaufnahme auf dem Stand von 2001 bietet *Gori* S. 313 ff.

	AT	BE	BG	CY	CZ	DE	DK	EE	EL	ES	FI	FR	HR	HU
Recht auf Bildung			x	x	x			x	(x)[63]	(x)[64]			(x)[65]	(x)[66]
Recht, unentgeltlich am Pflichtschulunterricht teilzunehmen		x	x	x	x		x	x	x[67]	x	x	x	x	x
Zugang zur beruflichen Aus- und Weiterbildung		(x)[68]	x		x						x	x		x
Freiheit zur Gründung von Lehranstalten	x		x			x	x		x	(x)[69]	x		x	
Recht der Eltern, Erziehung und Unterricht der Kinder entspr. ihren eigenen religiösen, weltanschaulichen u. erzieherischen Überzeugungen sicherzustellen		x		x	(x)[70]		(x)[71]			x			(x)[72]	(x)[73]

Quelle: eigene Zusammenstellung

Das Recht auf Bildung in den Verfassungen der Mitgliedstaaten (Fortsetzung):

	IE	IT	LT	LU	LV	MT	NL	PL	PT	RO	SE	SI	SK	UK
Recht auf Bildung			x					(x)[74]	x	(x)[75]	(x)[76]		x	x
Recht, unentgeltlich am Pflichtschulunterricht teilzunehmen	x	x	x	x	x	x		x	x	x	x	x	x	
Zugang zur beruflichen Aus- und Weiterbildung			x	x		x			x		x	x	x	
Freiheit zur Gründung von Lehranstalten	x	x	x			x	x						x	x

---

[63] Grundaufgabe des Staates.
[64] Recht auf Erziehung.
[65] Zugang zu Bildung.
[66] Nur für ungarische Staatsangehörige.
[67] Gilt für alle Bildungsstufen.
[68] Der Staat schafft die entsprechenden Voraussetzungen.
[69] Außer Gründung von Hochschulen.
[70] Nur religiös.
[71] Eltern dürfen über die Bildungsform ihrer Kinder entscheiden.
[72] Recht, über die Erziehung der Kinder zu entscheiden.
[73] Eltern dürfen über die Bildungsform ihrer Kinder entscheiden.
[74] Recht auf Schulunterricht.
[75] Recht auf Unterricht.
[76] Recht auf Ausbildung.

	IE	IT	LT	LU	LV	MT	NL	PL	PT	RO	SE	SI	SK	UK
Recht der Eltern, Erziehung und Unterricht der Kinder entspr. ihren eigenen religiösen, weltanschaulichen u. erzieherischen Überzeugungen sicherzustellen	x	x					x[77]	x				x		x

Quelle: eigene Zusammenstellung

Ein ausdrückliches und umfassendes **Recht auf Bildung** kennen demnach nur Bulgarien, Zypern, die Tschechische Republik, Estland, Lettland, Portugal, die Slowakei und Großbritannien. In eingeschränkter Form ist es in die Verfassungen Griechenlands, Spaniens, Kroatiens, Ungarns, Polens, Rumäniens und Schwedens aufgenommen worden. Das **Recht auf unentgeltliche Teilnahme am Pflichtschulunterricht** ist hingegen in fast allen Mitgliedstaaten gewährleistet. Die **übrigen drei Elemente des Rechts auf Bildung** (der freie Zugang zur beruflichen Bildung, die Freiheit zur Gründung von Bildungseinrichtungen sowie die Erziehungsrechte der Eltern) sind jeweils in etwa einem Drittel der Mitgliedstaaten verfassungsrechtlich verankert. Die Freiheit zur Gründung von Lehranstalten wird dabei regelmäßig auf die Gründung privater Einrichtungen begrenzt.

IV. Ergebnis

Die Übersicht zeigt, dass das Recht auf unentgeltliche Teilnahme am Pflichtschulunterricht eine gemeinsame Verfassungsüberlieferung der Mitgliedstaaten darstellt. Der freie Zugang zur beruflichen Bildung, die Freiheit zur Gründung von privaten Lehranstalten sowie die Erziehungsrechte der Eltern sind hingegen auf mitgliedstaatlicher Ebene nicht so häufig verankert, dass ihnen die Qualität einer gemeinsamen Verfassungsüberlieferung zugesprochen werden könnte. Wohl aber sind diese drei Grundrechtsausprägungen, genauso wie das Recht auf unentgeltliche Teilnahme am Pflichtschulunterricht und das Recht auf schulische Bildung, in der EMRK und den übrigen völkerrechtlichen Verträgen zum Menschenrechtsschutz umfassend verankert. Die **verschiedenen Ausprägungen des Rechts auf Bildung** lassen sich also zum Teil über die nationalen, zum Teil über die völkerrechtlichen Bestimmungen als **Allgemeine Grundsätze des Unionsrechts** herleiten.[78]

Zu **verneinen** ist hingegen die Existenz eines Rechts auf Bildung im Sinne eines **Leistungsrechts**. Ein solches findet sich weder auf mitgliedstaatlicher noch auf völkerrechtlicher Ebene. Verstanden werden kann das Recht auf Bildung also lediglich als **Teilhaberecht**.[79] Diesem Ergebnis entspricht nicht nur die Formulierung der Ziele der Union in der Präambel des AEUV, in der von einem umfassenden Zugang zur Bildung die Rede ist (→ Rn. 4). Auch die systematische Stellung des Rechts auf Bildung in der Grundrechtecharta spricht für die Existenz eines bloßen Teilhaberechts. Das Grundrecht ist nicht, wie man vielleicht vermuten könnte, im Kapitel IV (Solidarität), sondern im Kapitel II (Freiheiten) zu finden. Diese Einordnung, von zahlreichen Autoren als systemwidrig eingestuft[80], ist so zu deuten, dass Leistungsansprüche von vornherein ausgeschlossen sein sollen,

---

[77] Eltern und Kinder.
[78] Ähnlich *Bernsdorff* in NK-EuGRCh GRCh Art. 14 Rn. 2, der das Recht auf Bildung als festen Bestandteil kontinentaleuropäischer Verfassungstradition einstuft.
[79] So auch *Pernice* DVBl 2000, 847 (853): ein als Leistungsrecht verstandenes Gemeinschaftsgrundrecht auf Bildung sei „sachfremd".
[80] Vgl. *Grabenwarter* DVBl 2001, 1 (5); *Pache* EuR 2001, 475 (480); *Calliess* EuZW 2001, 261 (264).

also lediglich von einem Recht auf Zugang zu bestehenden Bildungseinrichtungen auszugehen ist.[81]

30 Die Existenz eines Grundrechts auf Bildung lässt die **Alleinverantwortung der Mitgliedstaaten für die Qualität und Quantität des Bildungswesens** unberührt.[82] Diesen bleibt die Ausgestaltung des Bildungssystems überlassen.

D. Das Recht auf Bildung

31 Inhalt und Grenzen des Rechts auf Bildung lassen sich bislang nur grob umreißen. Zurückzuführen ist dies zum einen auf das Fehlen einer unmittelbar einschlägigen EuGH-Rechtsprechung.[83] Zum anderen lässt sich auch die nationale Ebene nur bedingt heranziehen, ist doch das Recht auf Bildung in den Verfassungen der Mitgliedstaaten unterschiedlich intensiv verankert. Erkenntnisse über Inhalt und Grenzen des Rechts auf Bildung bieten daher in erster Linie die entsprechenden Bestimmungen völkerrechtlicher Verträge, insbes. Art. 2 EMRKZusProt, sowie die Formulierung des Grundrechts in Art. 14 GRC. Die EuGH-Rechtsprechung und das nationale Verfassungsrecht sind ergänzend heranzuziehen.

I. Gewährleistungsgehalt

32 **1. Grundrechtsadressaten.** Grundrechtsadressaten sind die **Union** und die **Mitgliedstaaten** bei der Durchführung von Unionsrecht (Art. 51 Abs. 1 GRC). Nicht gebunden sind also die Mitgliedstaaten, wenn sie sich außerhalb des Unionsrechts, im rein innerstaatlichen Rechtsbereich bewegen. Die EU-Kompetenzen beschränken sich im Wesentlichen auf Förderaspekte (→ Rn. 7 f.). Allerdings hat die EU zahlreiches Sekundärrecht mit bildungsrelevantem Inhalt erlassen, und der EuGH hat die Anwendung des Unionsrechts auf immer mehr Bildungsbereiche ausgedehnt (→ Rn. 11 ff., 14 f.). Insofern sind die Mitgliedstaaten bei der Ausgestaltung ihres Bildungswesens vielfach an das EU-Grundrecht gebunden. Darüber hinaus ist ihr Handeln am jeweiligen nationalen Verfassungsrecht sowie an den mittelbar bildungsrelevanten primär- wie sekundärrechtlichen Rechten, die sich insbesondere aus dem Diskriminierungsverbot und der Unionsbürgerschaft ergeben, (→ Rn. 13 ff.) zu messen.[84]

33 **2. Grundrechtsträger.** Grundrechtsträger sind, den allgemeinen Grundsätzen folgend (→ § 9), alle **natürlichen Personen**. Dabei ist bei den einzelnen Ausprägungen des Rechts auf Bildung zum Teil zu differenzieren. Die Rechte auf Zugang zu Bildungseinrichtungen stehen grundsätzlich dem Bildungswilligen, im Schulalter also in der Regel dem Kinde zu.[85] In dieser Bildungsphase treten aber die den Eltern zustehenden Rechte, insbes. dasjenige auf Wahrung der religiösen und anderen Überzeugungen, hinzu. Die Freiheit zur Gründung von Lehranstalten kann auch von **juristischen Personen** in Anspruch genommen werden.[86]

34 Fraglich ist, ob das Recht auf Bildung auf die **Unionsbürger** beschränkt ist. Beim mittelbar bildungsrelevanten Primär- und Sekundärrecht (→ Rn. 11 ff.) ist dies der Fall. Die Beschränkung auf Unionsbürger resultiert in diesem Bereich aus dem Umstand, dass

---

[81] Vgl. *Hector* in Bröhmer, Der Grundrechtsschutz in Europa, 2002, S. 180 (197); *Bernsdorff* in NK-EuGRCh GRCh Art. 14 Rn. Rn. 13.
[82] Vgl. *Bernsdorff* in NK-EuGRCh GRCh Art. 14 Rn. 13; *Große Wentrup* S. 143 f.
[83] Zum Grundrecht auf Bildung hat sich der Gerichtshof noch nicht geäußert. Das bislang einzige Verfahren, in dem Art. 14 GRC thematisiert wurde, war ein Vorabentscheidungsverfahren. Allerdings enthielt das Ersuchen keine hinreichende Begründung zur Entscheidungserheblichkeit des Art. 14 GRC, so dass der EuGH zu dieser Frage keine Ausführungen machte, vgl. EuGH C-523/12 Rn. 15 – Dirextra Alta Formazione.
[84] So auch *Bode* S. 298 f.
[85] Vgl. *Wolffgang* in Lenz/Borchardt EU-Verträge GRC Art. 14 Rn. 6.
[86] Vgl. *Kingreen* in Calliess/Ruffert GRC Art. 14 Rn. 12; *Frenz*, HdbEuR Bd. 4, Rn. 2450; *Wolffgang* in Lenz/Borchardt EU-Verträge GRC Art. 14 Rn. 9.

die relevanten Pflichten der Mitgliedstaaten vom EuGH aus den Grundfreiheiten, dem allgemeinen Diskriminierungsverbot des Art. 18 UAbs. 1 AEUV und der Unionsbürgerschaft abgeleitet worden sind. Es fragt sich, ob dieser Ausschluss von Drittstaatsangehörigen auch beim Grundrecht auf Bildung vorzunehmen ist.

Dem Wortlaut der Grundrechtecharta, der EMRK, der meisten Bestimmungen in den völkerrechtlichen Verträgen und in den Verfassungen der Mitgliedstaaten lässt sich eine solche Beschränkung des Kreises der Grundrechtsträger nicht entnehmen. **Drittstaatsangehörige** gehören demnach auch zu den Grundrechtsträgern. Ihnen ist lediglich grundsätzlich die Berufung auf das Diskriminierungsverbot aus Gründen der Staatsangehörigkeit verwehrt. Konkret wirkt sich das etwa beim Recht auf Zugang zu den Bildungseinrichtungen aus. Der Zugang darf begrenzt werden, solange dies ohne Diskriminierung erfolgt.[87] Der Kreis der erfassten Diskriminierungstatbestände ist dabei für Unionsbürger wie für Drittstaatsangehörige gleich – mit Ausnahme der Diskriminierung aus Gründen der Staatsangehörigkeit, die nur gegenüber Unionsbürgern untersagt ist.[88] Zugangsrechte (nicht aber andere Bildungsrechte, wie etwa das elterliche Erziehungsrecht) sind demnach für Drittstaatsangehörige im Ergebnis weniger umfassend ausgestaltet. Zurückzuführen ist dies jedoch auf rechtssystematische Gründe, die außerhalb des Rechts auf Bildung angesiedelt sind. 35

3. Erfasster Lebensbereich.[89] Die verschiedenen **Ausprägungen** des Rechts auf Bildung haben **alle** Aufnahme **in Art. 14 GRC** gefunden. Es bietet sich daher an, der Untersuchung die dort vorgenommene Reihenfolge zugrunde zu legen. 36

a) Recht auf Bildung und Zugang zur beruflichen Aus- und Weiterbildung. Art. 14 Abs. 1 GRC enthält **zwei Rechte,** die sich jedoch von ihrem Inhalt her im Wesentlichen nur hinsichtlich der von ihnen erfassten Bildungsbereiche unterscheiden[90]: allgemeine Bildung (inklusive Hochschulbildung[91]) auf der einen und berufliche Bildung auf der anderen Seite. Die begriffliche Trennung entspricht dabei den Unterschieden zwischen Art. 2 EMRKZusProt (allgemeine Bildung) auf der einen und Art. 10 EuSozCh sowie Art. 10 EuSozChrev. (berufliche Bildung) auf der anderen Seite. Beide Rechte wurden in Art. 14 Abs. 1 GRC miteinander kombiniert.[92] 37

Sie beinhalten beide ein Recht auf Bildung iS eines **Teilhaberechts,** eines Rechts auf Zugang zu bestehenden Bildungseinrichtungen.[93] Die Existenz eines Teilhaberechts schließt nicht aus, dass der Zugang zu Bildungseinrichtungen quantitativ oder qualitativ 38

---

[87] Vgl. *Wildhaber* in Pabel/Schmahl EMRK 1. ZP Art. 2 Rn. 53 ff. mwN.
[88] Dieser Grundsatz kennt allerdings drei Ausnahmen: Die erste liegt vor, wenn das Diskriminierungsverbot aus Gründen der Staatsangehörigkeit in einem Assoziierungsabkommen verankert ist. So hat etwa der EuGH einen gleichberechtigten Zugang türkischer Staatsangehöriger zu Bildungseinrichtungen in den EU-Mitgliedstaaten bejaht, vgl. EuGH C-374/03, Slg. 2005, I-6199 – Gürol sowie die Besprechung von *Ruspekhofer* ELR 2005, 341. Die zweite Ausnahme gilt für diejenigen EU-Mitgliedstaaten, die das UNESCO-Übereinkommen gegen die Diskriminierung im Unterrichtswesen vom 14. Dezember 1960, BGBl. 1968 II 387, ratifiziert haben. Gemäß seines Art. 3 lit. e verpflichten sich die Vertragsstaaten, den in ihrem Hoheitsgebiet ansässigen ausländischen Staatsangehörigen denselben Zugang zum Unterricht wie ihren eigenen Staatsangehörigen zu gewähren. Die dritte Ausnahme ergibt sich aus Art. 22 der Genfer Flüchtlingskonvention, BGBl. 1953 II 559 und BGBl. 1969 II 1294. Demnach sind die anerkannten Flüchtlinge in Bezug auf den Unterricht in Volksschulen genauso zu behandeln wie Inländer.
[89] Ausf. dazu *Günther*.
[90] Vgl. *Caspar* RdJB 2001, 165 (167); *Bernsdorff* in NK-EuGRCh GRCh Art. 14 Rn. 12 ff. sowie die Erläuterungen des Präsidiums zu Art. 14 GRC.
[91] So auch *Frenz*, HdbEuR Bd. 4, Rn. 2375, 2397 ff. AA *Kingreen* in Calliess/Ruffert GRC Art. 14 Rn. 3; *Bernsdorff* in NK-EuGRCh GRCh Art. 14 Rn. 12. Hauptargument ist der Hinweis in den Erläuterungen des Präsidiums, dass Art. 14 GRC sich an Art. 2 EMRKZusProt anlehne, der nicht die Hochschulbildung umfasse. Diese Aussage ist jedoch überholt. Seit 2005 fasst der EGMR auch die Hochschulbildung unter Art. 2 EMRKZusProt, vgl. EGMR 10.11.2005 – 44774/98 (2) Rn. 137–142, NVwZ 2006, 1389 – Sahin mwN zur vorhergehenden Rspr. sowie EGMR 7.2.2006 – 60856/00 Rn. 41 – Mürsel Eren, vgl. statt vieler *Bitter* in Karpenstein/Mayer EMRK ZP I Art. 1 Rn. 11.
[92] Vgl. die Erläuterungen des Präsidiums zu Art. 14 GRC.
[93] Vgl. *Jarass* GRCh Art. 14 Rn. 10; *Langenfeld* in Dörr/Grote/Marauhn Kap. 23 Rn. 29; *Thiele* in FK-EUV/GRC/AEUV GRC Art. 14 Rn. 11.

beschränkt wird; Beschränkungen sind möglich, solange sie ohne Diskriminierung erfolgen.[94] Insofern beinhaltet das Recht auf Zugang auch **gleichheitsrechtliche Elemente**.[95] Die Intensität der rechtlichen Gewährleistung ist bei beiden Zugangsrechten allerdings nicht identisch. Wie schon die Formulierung verdeutlicht (Recht auf bzw. Zugang zu), ist das Recht auf allgemeine, insbes. auf Schulbildung, stärker ausgestaltet als das Recht auf Zugang zu beruflichen Bildungseinrichtungen.[96] Dementsprechend wird auch die Existenz eines von den Mitgliedstaaten sicherzustellenden Schulbildungswesens vorausgesetzt.[97]

39 Wie die Rechtsprechung zu den mittelbar bildungsrelevanten primär- und sekundärrechtlichen Rechten verdeutlicht, wirkt sich das Recht auf Zugang auch und gerade im **grenzüberschreitenden Bereich** aus (→ Rn. 14 f.). Das Recht auf Bildung als gemeinschaftsweit geltendes Teilhaberecht bildet den Kern des Grundrechts.

40 Ein **negatives Recht** auf Bildung idS, dass der Einzelne vor der Anordnung einer Schulpflicht geschützt wäre, ist zumindest für den Bereich der Elementarbildung ausgeschlossen.[98]

41 **b) Unentgeltlichkeit des Pflichtschulunterrichts.** Die in Art. 14 Abs. 2 GRC verankerte **Unentgeltlichkeit** des Pflichtschulunterrichts ist eng mit dem Recht auf (schulische) Bildung in Art. 14 Abs. 1 GRC verknüpft. Mit dem Gebot der Unentgeltlichkeit sollen die aus der Schulpflicht resultierenden finanziellen Nachteile kompensiert werden.[99] Insofern ist das Recht auf schulische Bildung nicht nur durch seine höhere Intensität (→ Rn. 38), sondern auch durch die Unentgeltlichkeit des Pflichtschulunterrichts im Vergleich zum Recht auf sonstige Bildung ein besonderes Teilhaberecht.[100] Das in Art. 14 Abs. 2 GRC verankerte Gebot bedeutet nicht, dass alle, insbes. auch die privaten Pflichtschulen, unentgeltlich sein müssen. Gewährleistet ist allein, dass jedes Kind die **Möglichkeit** haben muss, unentgeltlich am Pflichtschulunterricht teilzunehmen.[101]

42 **c) Freiheit zur Gründung von Lehranstalten.** Die **in Art 14 Abs. 3 GRC genannten Rechte** (Freiheit zur Gründung von Lehranstalten sowie die Erziehungsrechte der Eltern) unterscheiden sich von denen in Abs. 1 und 2 in zweifacher Hinsicht: Zum einen sind sie Freiheitsrechte, zum anderen stellen sie Gegengewichte zu den staatlichen Gestaltungsrechten im Bildungsbereich dar.[102]

43 Die Freiheit zur Gründung von Lehranstalten (Art. 14 Abs. 3 Alt. 1 GRC) ist von ihrer Formulierung her **nicht auf die Gründung privater Bildungseinrichtungen beschränkt**. Damit geht die Grundrechtecharta über die in den völkerrechtlichen Verträgen und den meisten Verfassungen der Mitgliedstaaten gewährleisteten Rechte (→ Rn. 22 ff.) hinaus. In dieser Hinsicht gewährt also die Grundrechtecharta ein weiter gefasstes Recht als die übrigen Rechtsgrundlagen. Die größte praktische Bedeutung wird das Freiheitsrecht jedoch weiterhin für private Bildungseinrichtungen entfalten.[103] Eine Pflicht des Staates zur

---

[94] Vgl. *Wildhaber* in Pabel/Schmahl EMRK 1. ZP Art. 2 Rn. 53 ff. mwN.
[95] Ähnlich *Caspar* RdJB 2001, 165 (167).
[96] Vgl. *Towara* in Odendahl S. 75 (94).
[97] Vgl. *Bernsdorff* in NK-EuGRCh GRCh Art. 14 Rn. 13; *Frowein* in Frowein/Peukert EMRK 1. ZP Art. 2 Rn. 1.
[98] Vgl. *Villiger* HdbEMRK § 31 Rn. 677; *Frowein* in Frowein/Peukert EMRK 1. ZP Art. 2 Rn. 2; *Langenfeld* RdJB 2007, 412 (419).
[99] Vgl. die Erläuterungen des Präsidiums zu Art. 14 GRC.
[100] So *Caspar* RdJB 2001, 165 (169).
[101] Vgl. die Erläuterungen des Präsidiums zu Art. 14 GRC.
[102] Vgl. *Bernsdorff* in NK-EuGRCh GRCh Art. 14 Rn. 18.
[103] Vgl. *Caspar* RdJB 2001, 165 (170). Im Februar 2018 verklagte die Kommission Ungarn ua wegen Verstoßes gegen Art. 14 GRC. Hintergrund ist der Erlass des Hochschulgesetzes, das ua gegen die private „Central European University" gerichtet ist, vgl. EuGH C-66/18.

Subventionierung privater Bildungseinrichtungen lässt sich aus der Freiheit zu ihrer Gründung nicht ableiten.[104]

d) Erziehungsrechte der Eltern. Die Rechte der Eltern auf Wahrung ihrer religiösen und weltanschaulichen Überzeugungen hinsichtlich der Erziehung ihrer Kinder (Art. 14 Abs. 3 Alt. 2 GRC) sind von ihrem Anwendungsbereich her allein **auf die schulische Bildung beschränkt.** Die Rechte bestehen, solange die Kinder nicht in der Lage sind, wichtige bildungsrelevante Entscheidungen selbst zu treffen. Insofern sichern sie als „Recht auf Bildung unter elterlichem Einfluss" im Kern die Bildungsfreiheit des Kindes.[105] Daher darf die Ausübung der Elternrechte auch nicht dem Recht des Kindes auf Bildung widersprechen.[106] In dem Maße, in dem das Kind selbständig über seine religiöse und weltanschauliche Bildung zu entscheiden vermag, tritt das Recht der Eltern zurück.[107] Im Verhältnis zum Staat steht den Eltern ein primäres Erziehungsrecht zu. Dieses schließt jedoch die Behandlung religiöser und weltanschaulicher Themen im staatlichen Unterricht nicht aus – erforderlich ist allein, dass diese in einer objektiven, kritischen und pluralistischen Weise vorgetragen werden.[108]

II. Eingriffe

Ein Eingriff in die unterschiedlichen Ausprägungen des Rechts auf Bildung liegt grundsätzlich dann vor, wenn die geschützten Handlungen, also der Zugang zu Bildungseinrichtungen, der kostenlose Besuch des Pflichtschulunterrichts, die Gründung von Lehranstalten etc, erschwert oder unmöglich gemacht werden.[109] Das bedeutet allerdings nicht, dass die Ausübung der gewährten Rechte nicht von fachlichen Qualifikationen oder anderen subjektiven Voraussetzungen abhängig gemacht werden dürfte.[110] Eingriffe unmittelbar durch **Organe und Einrichtungen der Union** werden angesichts der begrenzten EU-Bildungskompetenzen in der Praxis nur selten vorkommen. Denkbar wäre lediglich, dass die EU im Rahmen ihrer Fördertätigkeit oder eines anderen Politikbereiches Rechtsakte erlässt, welche durch ihre Auswirkungen in eine der Ausprägungen des Grundrechts auf Bildung eingreifen.[111] Ein Eingriff durch ein EU-Programm (etwa durch Förderung allein von entgeltlichen Pflichtschulen) erscheint dabei noch am unwahrscheinlichsten. Angesichts der einseitig begünstigenden Dimension derartiger Anreizstrukturen wäre bereits fraglich, ob überhaupt ein Eingriff vorliegt.[112]

Die Ausgestaltung der Bildungssysteme bleibt weiterhin der Alleinverantwortung der Mitgliedstaaten überlassen. Demnach sind Eingriffe durch die **Mitgliedstaaten** wahrscheinlicher. An Art. 14 GRC sind sie allerdings nur bei der Durchführung von Unionsrecht gebunden.

---

[104] Vgl. *Villiger* HdbEMRK § 31 Rn. 676; *Frowein* in Frowein/Peukert EMRK 1. ZP Art. 2 Rn. 1, 9; *Bernsdorff* in NK-EuGRCh GRCh Art. 14 Rn. 19.
[105] So die Formulierung bei *Bernsdorff* in NK-EuGRCh GRCh Art. 14 Rn. 18.
[106] EGMR 25.2.1982 – 7511/76, 7743/76 Rn. 36 – Campbell and Cosans; EGMR 25.3.1993 – 13134/87 Rn. 27 – Costello-Roberts; *Langenfeld* S. 415 f.; *Frowein* in Frowein/Peukert EMRK 1. ZP Art. 2 Rn. 5; *Villiger* HdbEMRK § 31 Rn. 677; *Thiele* in FK-EUV/GRC/AEUV GRC Art. 14 Rn. 18.
[107] Vgl. *Bernsdorff* in NK-EuGRCh GRCh Art. 14 Rn. 20; *Wolffgang* in Lenz/Borchardt EU-Verträge GRC Art. 14 Rn. 12.
[108] EGMR 7.12.1976 – 5095/71, 5920/72, 5926/72 Rn. 50 ff., NJW 1977, 487 – Kjeldsen, Busk Madsen u. Pedersen. Ausf. *Wildhaber* in Pabel/Schmahl EMRK 1. ZP Art. 2 Rn. 79 ff.
[109] Vgl. statt vieler *Wolffgang* in Lenz/Borchardt EU-Verträge GRC Art. 14 Rn. 7, 10; *Kingreen* in Calliess/Ruffert GRC Art. 14 Rn. 7, 13; *Towara* in Odendahl S. 75 (91).
[110] Vgl. *Wolffgang* in Lenz/Borchardt EU-Verträge GRC Art. 14 Rn. 7; *Kingreen* in Calliess/Ruffert GRC Art. 14 Rn. 7.
[111] Vgl. *Frenz*, HdbEuR Bd. 4, Rn. 2462 ff. Zu den Handlungen der EU im Bildungsbereich auf der Basis ihrer diversen Kompetenzen vgl. ausf. *von der Decken* in Niedobitek Rn. 25–46.
[112] Vgl. *Caspar* RdJB 2001, 165 (179).

III. Rechtfertigung

47 Mangels Beispielsfällen aus der EU-Praxis ist die Frage der Rechtfertigung nach den **allgemeinen Regeln** zu beantworten. **Art. 52 Abs. 3 S. 1 GRC** folgend unterliegen diejenigen Ausprägungen des Rechts auf Bildung, die Art. 2 EMRKZusProt entsprechen, den dort zugelassenen Einschränkungen.[113] Zu prüfen ist also insbesondere die Verfolgung eines legitimen Zwecks, die Wahrung des Wesensgehalts und die Verhältnismäßigkeit.[114] Zu den Rechten, die unter diese Regelung fallen, gehören das Recht auf (Schul-)Bildung als Teilhaberecht, die Erziehungsrechte der Eltern sowie, folgt man der Ansicht der Europäischen Menschenrechtskommission, auch das Recht zur Gründung von Privatschulen (→ Rn. 21).[115] Die übrigen Ausprägungen des Rechts, also die Unentgeltlichkeit des Pflichtschulunterrichts sowie die Teilhaberechte im Bereich der beruflichen Bildung, unterliegen der allgemeinen Schrankenregelung des **Art. 52 Abs. 1 GRC**.[116] Demnach sind Einschränkungen möglich, wenn sie gesetzlich vorgesehen sind und den Wesensgehalt des Rechts auf Bildung achten. Darüber hinaus müssen die Einschränkungen verhältnismäßig sein sowie den von der Union anerkannten dem Gemeinwohl dienenden Zielsetzungen oder den Erfordernissen des Schutzes der Rechte und Freiheiten anderer tatsächlich entsprechen.[117]

48 Daneben sieht **Art. 14 Abs. 3 GRC** für die dort enthaltenen Bildungsgrundrechte zusätzliche, also „doppelte" Schranken vor.[118] Sowohl die Freiheit zur Gründung von Lehranstalten als auch die Erziehungsrechte der Eltern werden nur nach Maßgabe der jeweiligen einzelstaatlichen Gesetze gewährt.[119] Die Freiheit zur Gründung von Lehranstalten hat darüber hinaus unter Achtung der demokratischen Grundsätze zu erfolgen.[120]

IV. Verhältnis zu anderen Bestimmungen

49 Das Recht auf Bildung steht in seinen verschiedenen Ausprägungen mit **mehreren anderen Grundrechten** in einem engen inhaltlichen Zusammenhang: Die Gedanken-, Gewissens- und Religionsfreiheit (→ § 33) schlägt sich in dem Erziehungsrecht der Eltern nieder. Als Konkretisierung der Kunst-, Forschungs- und akademischen (→ §§ 29, 30) sowie der unternehmerischen Freiheit (→ § 35) stellt sich die Gründung von Lehranstalten dar. Mit diesen Freiheitsrechten bestehen also **Überschneidungsbereiche.** In bildungsrelevanten Fragen gehen jedoch die Erziehungsrechte der Eltern sowie die Freiheit zur Gründung von Lehranstalten als **spezielle Rechte** vor.[121] Dasselbe gilt für das Verhältnis zwischen dem Recht auf Bildung als gleiches Recht auf Zugang und den Diskriminierungsverboten (→ § 49). Einschränkungen des gleichen Rechts auf Zugang sind möglich, wenn diese ohne Diskriminierung erfolgen. Das Recht auf Bildung stellt demnach eine Konkretisierung der Diskriminierungsverbote im Bildungsbereich dar und geht diesen als Spezialrecht vor.

50 **Keine Überschneidungen** bestehen trotz sachlicher Nähe zwischen dem Recht auf Bildung und der Berufsfreiheit bzw. dem Recht zu arbeiten (→ § 34). Für diese beiden Grundrechte bildet das Recht auf Bildung die wesentliche Grundlage einer effektiven

---

[113] Vgl. *Bernsdorff* in NK-EuGRCh GRCh Art. 14 Rn. 16; *Frenz*, HdbEuR Bd. 4, Rn. 2404; *Thiele* in FK-EUV/GRC/AEUV GRC Art. 14 Rn. 21.

[114] Vgl. EGMR 18.12.1996 – 24095/94 Rn. 28 ff. – Efstratiou; EGMR 18.12.1996 – 21787/93 Rn. 27 ff. – Valsamis. Speziell zu den Beschränkungen des Rechts auf Bildung *van der Schyff* IJELP 2006, 153 ff.

[115] Eine andere Einordnung der Freiheit zur Gründung von Privatschulen nimmt *Bernsdorff* in NK-EuGRCh GRCh Art. 14 Rn. 21 vor.

[116] Vgl. *Frenz*, HdbEuR Bd. 4, Rn. 2467; *Bernsdorff* in NK-EuGRCh GRCh Art. 14 Rn. 16. AA *Kingreen* in Calliess/Ruffert GRC Art. 14 Rn. 9, der alle Ausprägungen des Rechts auf Bildung dem Rechtfertigungsmaßstab des Art. 51 Abs. 1 GRC unterwerfen möchte.

[117] So auch *Borowsky* in NK-EuGRCh GRCh Art. 52 Rn. 20 ff.

[118] Zum Begriff vgl. *Borowsky* in NK-EuGRCh GRCh Art. 52 Rn. 16.

[119] Kritisch zur Einbeziehung der Erziehungsrechte der Eltern in diese Regelung *Bernsdorff* in NK-EuGRCh GRCh Art. 14 Rn. 21.

[120] Näher dazu *Jarass* GRCh Art. 14 Rn. 26.

[121] Vgl. *Jarass* GRCh Art. 14 Rn. 19, 29.

Grundrechtsausübung. Als Voraussetzung für die Inanspruchnahme eines anderen Grundrechts ist es den beiden jedoch in zeitlicher Perspektive vorgelagert.

Daneben gibt es Grundrechte, die dem Recht auf Bildung **Grenzen** setzen: die Rechte 51 des Kindes (→ § 45). Diese gehen allen Ausprägungen des Rechts auf Bildung, insbes. den Erziehungsrechten der Eltern, vor.[122]

Im Verhältnis zu den mittelbar bildungsrelevanten **primär- bzw. sekundärrechtlichen** 52 **Rechten,** die sich insbes. aus der Freizügigkeit und dem allgemeinen Diskriminierungsverbot aus Gründen der Staatsangehörigkeit ergeben (→ Rn. 11 ff.), besteht ein Nebeneinander. Die voneinander abweichenden Adressatenkreise führen dazu, dass beide Rechtsgewährleistungen parallel gelten und sich ergänzen. Geht es um einen Rechtsakt der Union bzw. eines Mitgliedstaates bei Durchführung von unionsrechtlichem Bildungsrecht, ist das EU-Grundrecht einschlägig. Handelt hingegen ein Mitgliedstaat außerhalb der Umsetzung unionsrechtlicher Bildungsvorgaben sind die mittelbar bildungsrelevanten primär- bzw. sekundärrechtlichen Rechte, etwa im Bereich der Freizügigkeit und des allgemeinen Diskriminierungsverbots aus Gründen der Staatsangehörigkeit, heranzuziehen.

E. Zusammenfassende Bewertung und Ausblick

Unter dem „Recht auf Bildung" ist die **Zusammenfassung mehrerer Bildungsgrund-** 53 **rechte** zu verstehen. Den Kern bilden die als Teilhaberechte ausgestalteten Rechte auf Zugang zu allgemeinen und zu beruflichen Bildungseinrichtungen. Im Bereich der schulischen Bildung ist dieses Recht am intensivsten ausgestaltet und dementsprechend mit einem Unentgeltlichkeitsgebot gekoppelt. Ergänzend treten Freiheitsrechte im elterlichen Erziehungs- und im Privatschulbereich hinzu, die ein Gegengewicht zu den staatlichen Gestaltungsrechten bilden.

Die Aufnahme eines Rechts auf Bildung in die Grundrechtecharta war angesichts der nur 54 begrenzten EU-Bildungskompetenzen ausgesprochen umstritten. Trotzdem hat ein entsprechendes **Grundrecht auf EU-Ebene seine Berechtigung** – nicht nur, weil die EU auch über die Regelung anderer Politikbereiche in Bildungsbelange eingreift, sondern weil einem solchen Unionsgrundrecht darüber hinaus eine Vorbild- und Anreizfunktion für die mitgliedstaatlichen Verfassungen zukommt.[123] Das zeigt sich insbesondere bei einem Vergleich mit dem Grundrechtsstandard im **deutschen Recht:**

Übereinstimmung herrscht bei der **Freiheit zur Gründung von privaten Lehranstal-** 55 **ten.** Das Grundgesetz enthält in Art. 7 Abs. 1 S. 1 GG eine entsprechende Gewährleistung, die vom BVerfG zu einer institutionellen Garantie der Privatschule weiterentwickelt worden ist.[124] Zahlreiche Landesverfassungen haben darüber hinaus das Freiheitsrecht aufgenommen oder verweisen auf das Grundgesetz.[125] Eine tatsächliche, nicht aber eine rechtliche Gleichwertigkeit besteht hinsichtlich der **Unentgeltlichkeit des Pflichtschulunterrichts.** Zwar ist diese in der gesamten Bundesrepublik verwirklicht. Sie ist jedoch weder im Grundgesetz noch in allen Landesverfassungen verankert[126], sondern hat in erster Linie Aufnahme in die Landesschulgesetze gefunden[127]. Die Unentgeltlichkeit des Pflichtschul-

---

[122] Vgl. die Erläuterungen des Präsidiums zu Art. 14 GRC.
[123] Zustimmend *Towara* in Odendahl S. 75 (104 f.).
[124] Vgl. BVerfGE 6, 309 (355); BVerfGE 27, 195 (200).
[125] Vgl. Bayern (Art. 134 BV), Brandenburg (Art. 30 Abs. 6 BbgVerf), Hamburg (Art. 29 Hmb Verf), Hessen (Art. 61 HV), Niedersachsen (Art. 4 Abs. 3 NDSVerf), Nordrhein-Westfalen (Art. 8 Abs. 4 NRW Verf), Rheinland-Pfalz (Art. 30 Abs. 1 RhPfVerf), Saarland (Art. 28 SLVerf), Sachsen (Art. 102 Abs. 3 SaVerf), Sachsen-Anhalt (Art. 28 Abs. 1 S. 1 LSAVerf), Thüringen (Art. 26 Abs. 1 ThürVerf).
[126] Vgl. Baden-Württemberg (Art. 14 Abs. 2 LV), Bayern (Art. 129 Abs. 2 BV), Brandenburg (Art. 30 Abs. 5 BbgVerf), Hamburg (Art. 31 Abs. 2, 3 HmbVerf), Hessen (Art. 59 Abs. 1 HV), Nordrhein-Westfalen (Art. 9 Abs. 1 NRW Verf), Sachsen (Art. 102 Abs. 4 S. 1 SaVerf), Sachsen-Anhalt (Art. 26 Abs. 4 LSAVerf), Thüringen (Art. 24 Abs. 3 S. 1 ThürVerf).
[127] Vgl. *Caspar* RdJB 2001, 165 (170).

unterrichts hat damit in der Bundesrepublik überwiegend keinen Verfassungs- sondern nur einfachen Gesetzesrang.

56 Die **Erziehungsrechte der Eltern** sind auf EU-Ebene deutlich weiter gefasst als in der Bundesrepublik. Art. 7 Abs. 2 GG enthält nur ein Entscheidungsrecht der Eltern über die Teilnahme des Kindes am Religionsunterricht. Weder sind weltanschauliche Aspekte aufgenommen, noch geht es um die auch inhaltliche Fragen umfassende Wahrung der Überzeugungen der Eltern. Auf Ebene der Bundesländer gibt es lediglich eine Verfassungsbestimmung, die der Formulierung in der Grundrechtecharta entspricht.[128] Die meisten Landesverfassungen stellen bloß fest, dass es das natürliche Recht der Eltern ist, die Erziehung und Bildung ihrer Kinder mitzubestimmen.[129]

57 Hinsichtlich eines **Rechts auf allgemeine und berufliche Bildung** wird die größere Reichweite des EU-Grundrechts noch deutlicher. Das Grundgesetz enthält in dem allein auf das Schulwesen beschränkten[130] Art. 7 GG kein Recht auf Bildung. Auch das BVerfG hat ein solches noch nicht entwickelt. Es hat lediglich festgestellt, dass es zu den Zielen der staatlichen Schulaufsicht nach Art. 7 Abs. 1 GG gehörte, ein Schulsystem zu gewährleisten, das allen jungen Bürgern gemäß ihren Fähigkeiten die dem heutigen gesellschaftlichen Leben entsprechenden Bildungsmöglichkeiten eröffnet.[131] Ein ausdrückliches Recht auf Bildung findet sich nur in einzelnen Landesverfassungen.[132] Zahlreiche Länder haben ähnliche, allerdings in ihrer Reichweite beschränkte Bestimmungen in ihre Verfassungen inkorporiert: Jedes Kind habe Anspruch auf Bildung und Erziehung[133], alle Bürger haben das Recht auf gleichen Zugang zu den Bildungseinrichtungen[134] bzw. jeder habe ohne Rücksicht auf Herkunft oder wirtschaftliche Lage das Recht auf eine seiner Begabung entsprechende Erziehung und Ausbildung[135].

58 Der Überblick zeigt, dass das EU-Grundrecht **weitergehende Rechtsgewährleistungen** beinhaltet als die Bildungsrechte im deutschen Recht. Darüber hinaus führt die Kompetenzverteilung zwischen Bund und Ländern zu einer uneinheitlichen Ausgestaltung der Bildungsrechte, während die Rechtslage auf EU-Ebene eindeutig zu bestimmen ist. Insofern könnten von dem EU-Grundrecht auf Bildung wichtige Impulse für die deutsche Rechtsordnung ausgehen.

---

[128] Vgl. Hessen (Art. 56 Abs. 6 HV).
[129] Vgl. Baden-Württemberg (Art. 15 Abs. 3 LV), Nordrhein-Westfalen (Art. 8 Abs. 1 S. 2 NRW Verf), Rheinland-Pfalz (Art. 27 Abs. 1 RhPfVerf), Saarland (Art. 26 Abs. 1 S. 2 SLVerf), Sachsen (Art. 101 Abs. 2 S. 1 SaVerf), Sachsen-Anhalt (Art. 26 Abs. 3 LSAVerf), Thüringen (Art. 21 ThürVerf).
[130] Vgl. statt vieler *Hemmrich* in v. Münch/Kunig GG Art. 7 Rn. 5.
[131] Vgl. BVerfGE 26, 228 (238).
[132] Vgl. Berlin (Art. 20 Abs. 1 S. 1 BLNVerf), Brandenburg (Art. 29 Abs. 1 BbgVerf), Hamburg (Art. 27 Abs. 1 Hmb Verf), Niedersachsen (Art. 4 Abs. 1 NDSVerf), Thüringen (Art. 20 S. 1 ThürVerf).
[133] Vgl. Nordrhein-Westfalen (Art. 8 Abs. 1 S. 1 NRW Verf), Schleswig-Holstein (Art. 10 Abs. 3 SHVerf).
[134] Vgl. Sachsen (Art. 29 Abs. 2 SaVerf).
[135] Vgl. die sich ähnelnden Formulierungen in Baden-Württemberg (Art. 11 Abs. 1 LV), Bayern (Art. 128 Abs. 1 BV), Mecklenburg-Vorpommern (Art. 8 MVVerf), Sachsen-Anhalt (Art. 25 Abs. 1 LSAVerf).

9. Abschnitt. Besonders geschützte Menschen

§ 44 Schutz der Familie

Übersicht

	Rn.
A. Entwicklung und Bedeutung des verfassungs- und menschenrechtlichen Schutzes der sozioökonomischen Rahmenbedingungen der Familie	1–10
I. Verfassungs- und völkerrechtliche Entwicklungen	3–6
II. Europäisches Primär- und Sekundärrecht	7–9
III. Entstehung und Bedeutung des Art. 33 GRC	10
B. Gewährleistungsgehalt	11–20
I. Sachlicher Schutzbereich	12–17
1. Schutz der sozioökonomischen Rahmenbedingungen des Familienlebens (Art. 33 Abs. 1 GRC)	12–15
2. Vereinbarkeit von Familie und Beruf (Art. 33 Abs. 2 GRC)	16, 17
II. Persönlicher Schutzbereich	18, 19
III. Gewährleistungsdimensionen	20
C. Beeinträchtigung	21
D. Rechtfertigung	22
E. Verhältnis zu anderen Bestimmungen	23
F. Zusammenfassende Bewertung und Ausblick	24

Schrifttum:
Butterwegge, Kinder-Armut, Blätter für deutsche und internationale Politik 2001, 923; *Caroni* in Marauhn, Internationaler Kinderschutz – Politische Rhetorik oder effektives Recht?, 2005, S. 43; *Churchill/Khaliq*, The collective complaints system of the European Social Charter. An effective mechanism for ensuring compliance with economic and social rights?, EJIL 2004, 417 ff.; *Engler*, Strukturelle Diskriminierung und substantielle Chancengleichheit, 2005; Europarat, The family. Organisation and protection within the European Social Charter, 1995; *Fahrenhorst*, Familienrecht und Europäische Menschenrechtskonvention, 1994; *Fortunato*, Internationaler Schutz der Familie am Beispiel der Europäischen Sozialcharta, EuR 2008, 27; *Förster*, Familienarmut und Sozialpolitik. Eine vergleichende Studie von 14 OECD-Ländern, 1994; *Novak*, Das Problem der sozialen Grundrechte, 1972; *Oberleitner*, Developing social rights in Europe further, FS Ginther, 1999, S. 637; *Polakiewicz*, Soziale Grundrechte und Staatszielbestimmungen in den Verfassungsordnungen Italiens, Portugals und Spaniens, ZaöRV 54 (1994), 340; *Renwick*, Poverty and single parent families. A study of minimal subsistence household budgets, 1998; *Schulz*, Ehe und Familie in Europa, ZRP 2001, 477; *Tettinger/Geerlings*, Ehe und Familie in der europäischen Grundrechtsordnung, EuR 2005, 419; *Thenner* in Dingeldey, Erwerbstätigkeit und Familie in Steuer- und Sozialversicherungssystemen, 2000, S. 95.

A. Entwicklung und Bedeutung des verfassungs- und menschenrechtlichen Schutzes der sozioökonomischen Rahmenbedingungen der Familie

Die Grundrechtecharta der EU widmet sich mit einer bemerkenswerten Intensität dem Schutz der Familie. Neben dem Schutz des Privat- und Familienlebens (Art. 7 GRC; → § 23) und der Eheschließungs- und Familiengründungsfreiheit (Art. 9 GRC; → § 24) wird der **Schutz der sozioökonomischen Rahmenbedingungen des Familienlebens** in Art. 33 GRC grund- und menschenrechtlich unterfüttert. Grundsätzlich ist die Europäische Union auf dem Gebiet des Familienrechts mit keinen besonderen Kompetenzen ausgestattet. Allerdings lassen sich bei Art. 33 GRC Bezüge zum sonstigen Primärrecht und auch zum Sekundärrecht ausmachen. So kritisch mancher Kommentator das gesamte Kapitel über Solidarität und damit auch den hier zu erörternden besonderen sozioökonomischen Schutz des Familienlebens aus grundrechtlicher Perspektive bewerten mag,[1] die

1

---
[1] Vgl. etwa *Knöll* NVwZ 2001, 392 (394).

Thematik liegt der Europäischen Union näher als die in Anlehnung an Art. 8 und 12 EMRK formulierten überkommenen Gewährleistungen zum Schutz des Ehe- und Familienlebens.

2   Jenseits dieser rechtsimmanenten Überlegungen trägt Art. 33 GRC der Tatsache Rechnung, dass die Familie als „natürliche Kernzelle der Gesellschaft"[2] heute weniger durch staatliche Eingriffe in die Begründung und Ausgestaltung des Familienlebens gefährdet ist, sondern vielmehr durch vergleichsweise **schlechte soziale und wirtschaftliche Rahmenbedingungen.** Diese bedrohen den Fortbestand der ohnehin starken gesellschaftlichen Veränderungen unterworfenen familiären Gemeinschaft. Nach der Ablösung der Großfamilie als sozioökonomischer Einheit ist heute eine wachsende Zahl von *single parent families* (alleinerziehende Eltern)[3] auszumachen. Allerdings wird deren spezifischen Bedürfnissen längst nicht in ausreichendem Maße von der Gesellschaft, geschweige denn von staatlichen Organen der Mitgliedstaaten oder gar Organen und Einrichtungen der Union Rechnung getragen. Trotz intensiver Debatten über Familienpolitik ist nicht zu verkennen, dass sich in zahlreichen Mitgliedstaaten die wirtschaftliche Lage der Familien verschlechtert hat und es häufig an praktischen Hilfestellungen beispielsweise zur Erleichterung der Vereinbarkeit von Familie und Beruf fehlt. Familienpolitik degeneriert oft zum *„window dressing"* in Wahlkampfzeiten und tritt in den Hintergrund, wenn sie mit finanziellen Belastungen der (staatlich organisierten) Gemeinschaft verbunden ist. **Kinder- und Familienarmut**[4] sind vor diesem Hintergrund zu einem Phänomen geworden, das auch in der Europäischen Union nicht ignoriert werden kann. Insoweit begegnet Art. 33 GRC einem gesellschaftlichen Problem mit einer grund- und menschenrechtlichen Norm.

I. Verfassungs- und völkerrechtliche Entwicklungen

3   Art. 33 GRC fußt zunächst weniger auf den verfassungsrechtlichen Traditionen der Mitgliedstaaten[5] als vielmehr auf zwei **Bestimmungen der Europäischen Sozialcharta (EuSozCh)**[6].[7] Art. 8 EuSozCh gewährt Arbeitnehmerinnen einen besonderen Schutz vor und nach der Geburt eines Kindes. In Art. 16 EuSozCh verpflichten sich die Vertragsparteien dazu, „den wirtschaftlichen, gesetzlichen und sozialen Schutz des Familienlebens zu fördern", um – wie es dort wörtlich heißt – „die erforderlichen Voraussetzungen für die Entfaltung der Familie als einer Grundeinheit der Gesellschaft zu schaffen". Art. 33 Abs. 1 GRC entspricht fast wörtlich der Überschrift von Art. 16 EuSozCh, ohne jedoch dessen nicht abschließende Aufzählung von Förderungsmöglichkeiten aufzunehmen.[8] Art. 33 Abs. 2 GRC adaptiert Art. 8 EuSozCh in den Grundzügen, allerdings ohne die in Art. 8 Abs. 4 EuSozCh enthaltenen Regelungen über die Arbeitsbedingungen für Frauen.[9] Die Rückführung von Art. 33 GRC auf Bestimmungen der EuSozCh als „ungleicher Schwester"[10] der EMRK macht deutlich, dass es immerhin seit 1961 jedenfalls auf der Ebene des

---

[2]   Art. 10 Nr. 1 IPWSKR, BGBl. 1973 II 1569.
[3]   Zu den Armutsimplikationen alleinerziehender Eltern vgl. die eindrucksvolle Studie von *Renwick.*
[4]   Dazu statt aller *Förster,* und *Butterwegge* S. 923 ff. Auf den demographischen Faktor verweisen *Tettinger/Geerlings* EuR 2005, 419 (420).
[5]   *Rudolf* in NK-EuGRCh GRCh Art. 33 Rn. 3 macht deutlich, dass den mitgliedstaatlichen Verfassungen allenfalls die grundsätzliche Anerkennung eines umfassenden Schutzes der Familie gemein ist, dass aber im Übrigen kaum von einer gemeinsamen Verfassungstradition gesprochen werden kann.
[6]   BGBl. 1964 II 1262.
[7]   Siehe die Erläuterung zu Art. 33 GRC, ABl. 2007 C 303, 17 (27).
[8]   Art. 16 EuSozCh nennt in einer nicht abschließenden Aufzählung „Sozial- und Familienleistungen, steuerliche Maßnahmen, Förderung des Baues familiengerechter Wohnungen, Hilfen für junge Eheleute und andere geeignete Mittel jeglicher Art".
[9]   Vgl. *Rudolf* in NK-EuGRCh GRCh Art. 33 Rn. 2. Art. 8 Abs. 4 EuSozCh erwähnt Nachtarbeit, Untertagearbeiten in Bergwerken und sonstige gefährliche, gesundheitsschädliche oder beschwerliche Arbeiten.
[10] *Novak* S. 10.

regionalen (europäischen) Völkerrechts eine grundrechtliche Dimension des sozioökonomischen Schutzes der Familie gibt, auch wenn die Art. 8 und 16 EuSozCh weder im selben Maße verbindlich[11] noch in vergleichbarer Weise durchsetzbar wie Bestimmungen der EMRK sind.[12]

1996 wurde die Europäische Sozialcharta grundlegend revidiert.[13] Art. 33 Abs. 2 GRC lehnt sich an Art. 27 der revidierten Sozialcharta (EuSozChrev.) an.[14] Er hat insoweit – wie auch die anderen in Bezug genommenen Bestimmungen – als Rechtserkenntnisquelle[15] ebenfalls Bedeutung für Art. 33 GRC. Die insbesondere in Art. 27 EuSozChrev. enthaltenen **Weiterungen** in Bezug auf Familienpflichten, Gleichbehandlungsgrundsätze und vieles mehr, lassen sich deshalb heranziehen, um die grundrechtliche Dimension des sozioökonomischen Familienschutzes in der Europäischen Union de lege lata zu eruieren (→ § 4). 4

Die **verfassungsvergleichende Analyse** macht einerseits deutlich, dass Familien grundsätzlich durch die Verfassungen der Mitgliedstaaten geschützt sind. Andererseits gibt es **große Unterschiede** hinsichtlich der Intensität des verfassungsrechtlichen Schutzes insbesondere zwischen solchen Mitgliedstaaten, deren Bevölkerung stärker katholisch ausgerichtet ist, und anderen, eher laizistisch oder protestantisch dominierten Mitgliedstaaten.[16] Deutliche Parallelen zu Art. 33 Abs. 1 GRC zeigt Art. 39 Abs. 1 spanVerf, die allerdings – ebenso wie einige andere südeuropäische Verfassungen – ohnehin eine stark grundrechtlich überformte soziale Ausrichtung aufweist.[17] Auch zu Art. 33 Abs. 2 GRC gibt es verfassungsrechtliche Parallelen auf mitgliedstaatlicher Ebene. Zahlreiche Verfassungen beinhalten besondere Gewährleistungen im Zusammenhang mit Geburt und Kindererziehung, regelmäßig allerdings geschlechts- und nicht elternspezifisch. Italien,[18] Irland[19] und Portugal[20] gewährleisten einen besonderen wirtschaftlichen und arbeitsrechtlichen Schutz für Frauen, und sowohl die slowakische[21] wie auch die tschechische[22] Verfassung enthalten spezifische Gesetzgebungsaufträge im Hinblick auf die besonderen Arbeitsbedingungen für Frauen.[23] Art. 6 Abs. 4 GG spricht der Mutter generell einen Anspruch auf Schutz und Fürsorge zu.[24] Insgesamt reflektieren die einschlägigen Verfassungsbestimmungen zum Schutz von Geburt und Kindererziehung ein eher **paternalistisches Familienbild,** „das den heutigen Schutzbedürfnissen nicht länger voll entspricht".[25] 5

Der verfassungsvergleichende und völkerrechtliche Befund lässt de lege lata lediglich die Schlussfolgerung zu, dass die Mitgliedstaaten der Europäischen Union die besondere sozioökonomische **Schutzbedürftigkeit** von Familien weitgehend verfassungsrechtlich **anerkennen, ohne** sich allerdings in ihrer Mehrheit auf **spezifische Rechte** festzulegen. Das Familienbild der meisten Verfassungsordnungen ist ein traditionelles, so dass Väter im Zusammenhang mit Geburt und Kindererziehung nur eingeschränkt in den Genuss be- 6

---

[11] Zum à la carte-Ansatz der Europäischen Sozialcharta vgl. Teil III, Art. 20 EuSozCh.
[12] Das Kollektivbeschwerdeverfahren nach der Europäischen Sozialcharta evaluieren Churchill/Khaliq EJIL 2004, 417 ff.
[13] ETS Nr. 163; vgl. dazu Oberleitner S. 637 ff.
[14] Siehe die Erläuterung zu Art. 33 GRC, ABl. 2007 C 303, 17 (27).
[15] Dies dürfte aus Art. 52 Abs. 7 GRC folgen. Vgl. Jarass GRCh Art. 33 Rn. 10 und Art. 52 Rn. 82 („Werden andere Regelungen in den Erläuterungen angeführt, wie etwa Regelungen der Europäischen Sozialcharta [EuSozCh] oder der Gemeinschaftscharta der sozialen Grundrechte der Arbeitnehmer [SozGRCh], bilden diese ihrerseits eine Rechtserkenntnisquelle, unabhängig davon, ob und für wen sie verbindlich sind.").
[16] Dazu Rudolf in NK-EuGRCh GRCh Art. 33 Rn. 3.
[17] Eingehend Polakiewicz ZaöRV 54 (1994), 340 ff.
[18] Art. 37 italVerf.
[19] Art. 41 Abs. 2 Nr. 2 irVerf.
[20] Art. 68 Abs. 3 portVerf.
[21] Art. 38 Abs. 3 slowakVerf.
[22] Art. 3, 112 Abs. 1 tschechVerf iVm Art. 29 Abs. 3 tschechGR-Deklaration.
[23] Beide Bestimmungen sind allerdings arbeitsrechtlich und nicht mutterschutzrechtlich ausgerichtet.
[24] Art. 6 Abs. 4 GG bedarf nach der bundesverfassungsgerichtlichen Rspr. der gesetzgeberischen Umsetzung; vgl. statt aller BVerfGE 82, 60 (85), und BVerfGE 84, 133 (156).
[25] Rudolf in NK-EuGRCh GRCh Art. 33 Rn. 4.

sonderer Schutzbestimmungen kommen können. Eine grundrechtliche Ausrichtung des sozioökonomischen Schutzes von Familien lässt sich kaum ausmachen. Allenfalls vermittelt die Europäische Sozialcharta zaghafte grundrechtliche Ansatzpunkte.

II. Europäisches Primär- und Sekundärrecht

7   Abgesehen von Art. 33 GRC nimmt das Primärrecht den rechtlichen, wirtschaftlichen und sozialen Schutz der Familien insoweit auf, als **Art. 151 AEUV**[26] und die **Präambel des EU-Vertrages** die Europäische Sozialcharta[27] rezipieren. Zwar ist diese Bezugnahme auf die Sozialcharta insgesamt bemerkenswert. Sie dürfte jedoch wegen der restriktiven Formulierungen („in Bestätigung der Bedeutung, die sie den sozialen Grundrechten beimessen") nicht über die grundsätzliche Anerkennung der sozioökonomischen Schutzbedürftigkeit der Familie hinausgehen.

8   Weiterführend ist dagegen der **sekundärrechtliche Befund**. Dies gilt weniger für den allgemeinen Familienschutz als vielmehr für die **besondere Schutzbedürftigkeit** von Eltern im Zusammenhang mit **Geburt und Kindererziehung.** Zu nennen sind in erster Linie die **Richtlinie 92/85/EWG**[28] zur Verbesserung der Sicherheit und des Gesundheitsschutzes von schwangeren Arbeitnehmerinnen, Wöchnerinnen und stillenden Arbeitnehmerinnen am Arbeitsplatz sowie die **Richtlinie 96/34/EG**[29] zur Rahmenvereinbarung über den Elternurlaub, inzwischen abgelöst durch die **Richtlinie 2010/18/EU**[30].[31] Die letztgenannte Richtlinie bezieht sich im Anhang in Nr. 3 ihrer allgemeinen Erwägungsgründe ausdrücklich unter anderem auf Art. 33 GRC und legt Mindestvorschriften fest, um erwerbstätigen Eltern die Vereinbarkeit von beruflichen und elterlichen Pflichten zu ermöglichen. Paragraf 3 des Anhangs der Richtlinie normiert die Modalitäten für die Inanspruchnahme des Elternurlaubs und Paragraf 5 des Anhangs der Richtlinie legt Einzelheiten in Bezug auf Arbeitnehmerrechte und Nichtdiskriminierung, wie zum Beispiel das Recht, an den früheren Arbeitsplatz zurückzukehren, fest. Zu beachten ist, dass es sich in beiden Fällen um Richtlinien handelt, die den Mitgliedstaaten eine relativ große Bandbreite an Umsetzungsmöglichkeiten einräumen,[32] so dass vom Grundsatz her jedenfalls keine unionsrechtliche Gewährleistung subjektiver Rechte gegeben ist, auch wenn in Einzelfällen qua Auslegung ein solches Ergebnis zu erzielen ist.

Zum zweiten darf nicht verkannt werden, dass beide Richtlinien mit der Regelung der spezifischen Bedürfnisse junger Mütter und dem Elternurlaub zwar zwei zentrale Aspekte aufgreifen, von denen aber einer, nämlich die Arbeitsbedingungen für Frauen, gar nicht in Art. 33 Abs. 2 GRC übernommen worden ist. Insgesamt fällt damit auch der sekundärrechtliche Befund *de lege lata* eher bescheiden aus. Andere Richtlinien, die sich auf den Schutz vor Diskriminierung aufgrund des Geschlechts beziehen, greifen ebenfalls spezielle Aspekte von Eltern in Bezug auf Geburt und Kindererziehung auf, indem sie beispielsweise Rahmenbedingungen hinsichtlich ausreichender Mutterschaftsleistungen für selbständig erwerbstätige Frauen aufstellen (Art. 8 der Richtlinie 2010/41/EU[33]) oder den Anspruch auf Erhalt des früheren Arbeitsplatzes nach Rückkehr aus dem Mutterschaftsurlaub regeln (Art. 15 der Richtlinie 2006/54/EG[34]).[35]

---

[26] Dazu *Eichenhofer* in Streinz AEUV Art. 151 Rn. 9 und 22 ff.
[27] Vgl. *Streinz* in Streinz EUV Präambel Rn. 8.
[28] ABl. 1992 L 348, 1.
[29] ABl. 1996 L 145, 4; hierzu *Stöckli* in Forstmoser, Der Einfluss des europäischen Rechts auf die Schweiz, 1999, S. 607 ff.
[30] ABl. 2010 L 68, 13
[31] Art. 33 Abs. 2 GRC lehnt sich laut der Erläuterung an beide Richtlinien an, vgl. ABl. 2007 C 303, 17 (27).
[32] Dies betont *Rudolf* in NK-EuGRCh GRCh Art. 33 Rn. 17.
[33] ABl. 2010 L 180, 1.
[34] ABl. 2006 L 204, 23.
[35] Vgl. hierzu *Lembke* in von der Groeben/Schwarze/Hatje GRC Art. 33 Rn. 6.

So verdeutlichen die primär- und sekundärrechtlichen Rahmenbedingungen, dass die 9
Union im Bereich des sozioökonomischen Familienschutzes über begrenzte Kompetenzen
verfügt und diese auch wahrgenommen hat – mit der Folge, dass der „gemeinschaftsgrundrechtliche [...] Zugriff" im Prinzip gerechtfertigt werden kann.[36]

III. Entstehung und Bedeutung des Art. 33 GRC

Grundsätzlich bestand im Konvent Einigkeit darüber, dass Ehe und Familie ein möglichst 10
hohes Maß an Schutz zuteil werden sollte. Dabei spielte auch Art. 7 der Erklärung des
Europäischen Parlaments über Grundrechte und Grundfreiheiten vom 12. April 1989 mit
der Gewährleistung eines allgemeinen rechtlichen, wirtschaftlichen und sozialen Schutzes
eine Rolle.[37] Streitig waren allerdings sowohl die genaue **Ausgestaltung** eines solchen
Schutzes als auch der **Standort** einer oder mehrerer einschlägiger Bestimmungen in der
Charta.[38] Nicht zuletzt ging es bei dieser Auseinandersetzung auch um grundsätzliche
Unterschiede der Konventsmitglieder in ihren politischen Auffassungen im Hinblick auf
das Solidaritätskapitel der Grundrechtecharta.[39] Man konnte sich schließlich auf einen
relativ allgemein gehaltenen Wortlaut verständigen, wobei bemerkenswert ist, dass sich im
Rahmen der Diskussionen um die Formulierung die Mehrheit dafür aussprach, Art. 33
GRC nicht nur **geschlechtsneutral** zu formulieren, sondern auch den Arbeitnehmerbegriff durch den allgemeiner gehaltenen Begriff der „Person" zu ersetzen.[40] Schließlich
findet sich in der aktuellen deutschen Fassung des Art. 33 Abs. 2 GRC der Begriff
„**Mensch**". Letztlich dokumentiert auch der Diskussionsprozess im Konvent, dass über das
Ziel eines sozioökonomischen Schutzes der Familie relativ leicht Einverständnis zu erzielen
ist, die Modalitäten aber von den jeweiligen sozial- und gesellschaftspolitischen Prioritäten
abhängen.[41] Daher ist es nicht erstaunlich, dass Art. 33 GRC letztlich doch knapp gehalten
wurde und insoweit auslegungsfähig und -bedürftig sowie auf eine Implementierung durch
unionales Sekundärrecht und mitgliedstaatliches Recht gleichermaßen angewiesen ist.[42]

B. Gewährleistungsgehalt

Im Hinblick auf die Gewährleistungsgehalte ist vor allem zwischen dem Schutz der sozio- 11
ökonomischen Rahmenbedingungen des Familienlebens und der grundrechtlichen Verortung der Vereinbarkeit von Familie und Beruf zu unterscheiden.

I. Sachlicher Schutzbereich

1. Schutz der sozioökonomischen Rahmenbedingungen des Familienlebens 12
(Art. 33 Abs. 1 GRC). In Anbetracht der eingangs aufgezeigten Bedrohung der Familie
durch Veränderungen in ihrem sozialen und wirtschaftlichen Umfeld (→ Rn. 2) stellt sich
die Frage, inwieweit der Familie ein gemeineuropäischer sozioökonomischer Schutz zuteil
wird. Art. 16 EuSozCh spricht vom „wirtschaftlichen, gesetzlichen und sozialen Schutz des
Familienlebens" und zielt unter anderem auf „Sozial- und Familienleistungen" sowie
andere von staatlichen Organen geschaffene Rahmenbedingungen zur Schaffung der Voraussetzungen „für die Entfaltung der Familie als einer Grundeinheit der Gesellschaft".
Art. 33 Abs. 1 GRC spricht demgegenüber nur ganz allgemein von der Gewährleistung
des rechtlichen, wirtschaftlichen und sozialen Schutzes der Familie.

---

[36] So *Rengeling/Szczekalla* Grundrechte in der EU § 29 Rn. 1002.
[37] Dazu auch *Bernsdorff* in NK-EuGRCh GRCh Art. 9 Rn. 6.
[38] Vgl. *Rudolf* in NK-EuGRCh GRCh Art. 33 Rn. 7.
[39] *Rudolf* in NK-EuGRCh GRCh Art. 33 Rn. 12.
[40] *Rudolf* in NK-EuGRCh GRCh Art. 33 Rn. 12.
[41] Allgemein *Schulz* ZRP 2001, 477 ff.
[42] Vgl. dazu *Rengeling/Szczekalla* Grundrechte in der EU § 29 Rn. 1002.

13 Zunächst ist die Frage nach dem maßgeblichen **Familienbegriff** zu klären. Da die meisten mitgliedstaatlichen Verfassungen diesen Begriff nicht definieren,[43] die verfassungsgerichtliche Spruchpraxis der Mitgliedstaaten (→ § 24 Rn. 3) aber ebenso wie Art. 16 EuSozCh eher von einem traditionellen Familienbegriff ausgehen[44] und sich die Erläuterung zur GRC zudem im Zusammenhang mit Art. 33 GRC nicht auf den Annex zu Art. 16 EuSozChrev.[45] bezieht, liegt es zunächst nahe, *de lege lata* auch für den unionalen Grundrechtsschutz vom überkommenen, **an der ehelichen Lebensgemeinschaft ausgerichteten Familienbegriff,** auszugehen.[46] Ob darüber hinaus auch andere Lebensformen in den Schutzbereich fallen, lässt sich auch unter Berücksichtigung des Sekundärrechts auf Unionsebene nicht positiv beantworten, denn den beiden einschlägigen Richtlinien[47] liegt auch eher das traditionelle Familienbild zugrunde. Unter Berücksichtigung von Art. 8 EMRK ist jedoch zumindest im Hinblick auf das Zusammenleben zwischen Kindern und ihren Eltern oder auch nur einem Elternteil von einem insoweit **weiten Familienbegriff** auszugehen.[48] Zwar verweist die – im Übrigen unverbindliche – Erläuterung zu Art. 33 GRC auch nicht auf Art. 8 EMRK oder Art. 12 EMRK. Allerdings scheint es bereits vor dem Hintergrund der Formulierung in Art. 33 Abs. 2 GRC, wo von „jeder Mensch" die Rede ist, nicht richtig zu sein, den Familienbegriff an dieser Stelle eng auszulegen.[49] Überdies sprechen auch die Entwicklungen im Rahmen der Art. 7 und 9 GRC gegen eine restriktive Auslegung.[50] Der sozioökonomische Schutz – und dies dürfte gerade mit Blick auf **alleinerziehende Eltern** sowie **gleichgeschlechtliche Partnerschaften** von großer Bedeutung sein – erstreckt sich damit in jedem Fall auf die gesamte Bandbreite jedenfalls der Kernfamilie, wohl aber nicht der Großfamilie. Es ist daher insoweit unerheblich, dass erst die revidierte Sozialcharta ausdrücklich auch von *single parent families* spricht und diese ausdrücklich den sonstigen Familien gleichstellt.[51] Diese Gleichstellung bedarf in Anbetracht der Straßburger Spruchpraxis keiner weiteren Positivierung.[52] Dies gilt umso mehr als in Art. 16 EuSozCh und in Art. 8 EMRK gleichermaßen vom Familienleben und nicht nur von der Familie die Rede ist.

14 Der Tatsache, dass der sozioökonomische Schutz der Familie in der Regel **gesetzgeberischer Maßnahmen** bedarf, tragen Art. 16 EuSozCh und Art. 33 GRC gleichermaßen Rechnung, indem sie vom „rechtlichen" bzw. „gesetzlichen" Schutz der Familie sprechen. Auch wenn somit beide Vorschriften – wie regelmäßig ebenso das mitgliedstaatliche Verfassungsrecht[53] – eine zentrale Rolle des Gesetzgebers anerkennen, geht die Gewährleistung des sozioökonomischen Schutzes letztlich über einen Gesetzgebungsauftrag hinaus und stellt ein echtes Grundrecht dar.[54] Zwar erwähnt die Erläuterung zu Art. 52 GRC, dass Art. 33 GRC sowohl Elemente eines Grundsatzes als auch eines

---

[43] Vgl. aber Art. 18 polnVerf.
[44] Instruktiv: Europarat, The family. Organisation and protection within the European Social Charter, 1995; vgl. aber auch *Fortunato* EuR 2008, 27 (30 ff.).
[45] Dort wird ausdrücklich von „single-parent families" gesprochen.
[46] So *Knecht* in Schwarze GRC Art. 33 Rn. 3; anders zB *Rudolf* in NK-EuGRCh GRCh Art. 33 Rn. 13, wo von einem weiten Begriff ausgegangen wird.
[47] Vgl. ABl. 1992 L 348, 1; ABl. 2010 L 68, 13.
[48] Der EGMR spricht von der „famille naturelle"; vgl. dazu *Frowein* in Frowein/Peukert EMRK Art. 8 Rn. 17, unter Hinweis auf EGMR 13.6.1979 – 6833/74, EuGRZ 1979, 454 (455) – Marckx/Belgien; EGMR 18.12.1986 – 9697/82, EuGRZ 1987, 313 (317) – Johnston ua/Irland.
[49] Vgl. nur *Rudolf* in NK-EuGRCh GRCh Art. 33 Rn. 13; *Lembke* in von der Groeben/Schwarze/Hatje GRC Art. 9, wo jedoch auf Art. 52 Abs. 3 GRC hingewiesen wird: „Davon abgesehen, dass in den Mitgliedstaaten schon keine Einigkeit über den Begriff der Ehe besteht, [...] auf welchem der Familienbegriff beruhen soll, ist eine Unterschreitung des von der EMRK garantierten Standards bereits nach Art. 52 Abs. 3 der Charta ausgeschlossen."
[50] *Tettinger/Muckel* in Stern/Sachs GRCh Art. 33 Rn. 7.
[51] Anhang zu Art. 16 EuSozChrev.
[52] Vgl. zum Ganzen *Rudolf* in NK-EuGRCh GRCh Art. 33 Rn. 14 f. Siehe hierzu auch *Fortunato* EuR 2008, 27 (30 ff.).
[53] Statt aller BVerfGE 82, 60 (85) und BVerfGE 84, 133 (156).
[54] So auch *Rudolf* in NK-EuGRCh GRCh Art. 33 Rn. 13 und 18.

Grundrechts enthält.⁵⁵ Allein der Wortlaut des Art. 33 Abs. 1 GRC spricht jedoch bereits für ein Grundrecht, wenn von „gewährleistet" die Rede ist.⁵⁶

Was genau der zu gewährleistende **sozioökonomische Mindeststandard** ist, lässt sich 15 weder unter Rückgriff auf das europäische Sekundärrecht noch unter Bezugnahme auf mitgliedstaatliches Verfassungsrecht bestimmen, zumal es beim Schutz der Familie nicht um einen absoluten Normbestandsschutz außerhalb eines menschenwürdebezogenen Kerngehalts, geschweige denn um die Konstitutionalisierung mühsam gefundener Kompromisse der Rechts- und Sozialpolitik geht.⁵⁷ Letztlich gewährleistet der europäische Grundrechtsschutz *de lege lata* in erster Linie ein **relatives Recht** des Einzelnen auf einen unter Bezugnahme auf das Unionsrecht, das mitgliedstaatliche Sozialrecht und die jeweils an den spezifischen Lebensumständen der Familie ausgerichtete Bedürfnisstruktur zu ermittelnden sozioökonomischen Rahmen, der die Familie in ihrer konkreten Existenz nicht bedroht. In erster Linie dürfte es darum gehen, Kinderarmut und vergleichbare soziale Randlagen zu vermeiden, denn sonst kann die Familie in der Tat nicht der auch in Art. 10 Nr. 1 IPWSKR in Bezug genommenen Funktion als „natürliche Kernzelle der Gesellschaft" gerecht werden.

2. Vereinbarkeit von Familie und Beruf (Art. 33 Abs. 2 GRC). Die Vereinbarkeit 16 von Familie und Beruf gehört heute ohne Zweifel zu den gemeineuropäischen **Zielen der Familienpolitik** sowohl aller Mitgliedstaaten als auch der Europäischen Union.⁵⁸ Damit hat sie zwar einerseits (Staats- bzw. Unions-)Zielcharakter, ist aber auch als Grundrecht zu qualifizieren.⁵⁹ Es bedarf allerdings einer **Konkretisierung,** wie sie ansatzweise sowohl in Art. 8 EuSozCh als auch im Sekundärrecht niedergelegt ist, insbesondere im Hinblick auf die Definitionen der Begriffe „Mutterschaft" sowie „Mutterschaftsurlaub".

Zunächst ist *de lege lata* für die europäische Ebene festzuhalten, dass es keine subjektiv- 17 rechtlichen Ansprüche gegen die Union und ihre Organe oder die Mitgliedstaaten (auch nicht in der Beschränkung auf die Ausführung von Unionsrecht⁶⁰) gibt, die Vereinbarkeit von Familie und Beruf **über** das in Art. 8 EuSozCh und den einschlägigen Richtlinien niedergelegte Mindestmaß hinaus sicher zu stellen. Innerhalb dieses Kernbereichs gewähren die einschlägigen Rechtsakte der Union aber schon heute grundrechtlich einen Diskriminierungsschutz⁶¹ von Frauen aufgrund des Geschlechts, indem sie der Entlassung von Frauen allein wegen der Mutterschaft entgegenstehen und die Rückkehr schwangerer Frauen in das Berufsleben erleichtern. Die Richtlinien 92/85/EWG und 2010/18/EU gewährleisten dementsprechend bezahlten Mutterschaftsurlaub und bezahlten Elternurlaub nach Geburt oder Adoption eines Kindes, auch wenn letztere eine Rahmenrichtlinie ist, bei der den Mitgliedstaaten sehr viel einzelstaatlicher Gestaltungsspielraum verbleibt.⁶² So hat der EuGH im Zusammenhang mit einer Zwillingsgeburt festgestellt, dass in solchen Fällen kein Anspruch auf doppelten Elternurlaub nach § 2 Nr. 1 der Vorgängerrichtlinie 96/34/EG zur Richtlinie 2010/18/EU besteht und den mitgliedstaatlichen Ermessensspielraum hinsichtlich der Dauer – unter Beachtung der Mindestdauer gemäß der Richtlinie –, der Voraussetzungen sowie der Modalitäten des Elternurlaubs betont.⁶³ Im Zusammenhang mit der Richtlinie 92/85/EWG hat der EuGH entschieden, dass kein Anspruch

---

⁵⁵ ABl. 2007 C 303, 17 (35).
⁵⁶ Für eine eingehende Begründung in Bezug auf die Einordnung des Art. 33 Abs. 1 GRC als Grundrecht siehe *Kingreen* in Calliess/Ruffert GRC Art. 33 Rn. 2.
⁵⁷ Dazu *Rengeling/Szczekalla* Grundrechte in der EU § 29 Rn. 1001.
⁵⁸ Vgl. beispielsweise *Thenner* S. 95 ff.; *Engler*.
⁵⁹ Zur Unterscheidung von Grundrechten und Staatszielbestimmungen statt aller *Sommermann,* Staatsziele und Staatszielbestimmungen, 1997, S. 415 ff.
⁶⁰ Zu den Verpflichteten der Unionsgrundrechte vgl. *Ehlers* in Ehlers GuG § 14 Rn. 59 ff.
⁶¹ *Rudolf* in NK-EuGRCh GRCh Art. 33 Rn. 17.
⁶² Dies betont *Rudolf* in NK-EuGRCh GRCh Art. 33 Rn. 17 aE.
⁶³ EuGH C-149/10, Slg. 2010, I-8489 Rn. 69 ff. – Chatzi/Ypourgos Oikonomikon.

auf Fortzahlung sämtlicher Vergütungen und Zulagen während des Mutterschaftsurlaubs besteht und hat sich somit zur Frage des Umfangs des Anspruchs einer Arbeitnehmerin auf Leistungen während des Mutterschaftsurlaubs geäußert.[64] Auch das Recht, im Anschluss an den Elternurlaub an den früheren Arbeitsplatz zurückzukehren, war Gegenstand einer Entscheidung des EuGH, in der es unter anderem um die Auslegung des im Anhang der Richtlinie 2010/18/EU enthaltenen Paragrafen 5 der Rahmenvereinbarung über den Elternurlaub ging. Der Gerichtshof stellte fest, dass Beamte, die sich im Rahmen der vorgeschriebenen Probezeit in Elternzeit befinden, anschließend auf ihre Beförderungsstelle oder auf eine gleichwertige Stelle zurückkehren können müssen.[65] Er führte aus, dass die betreffende Bestimmung des einschlägigen Landesbeamtengesetzes gegen Paragraf 5 Nr. 1 und Nr. 2 der Rahmenvereinbarung verstoße, da sie keine Probezeitverlängerung für den Fall eines Elternurlaubs vorsehe. Jenseits dieser **Mindeststandards** dürfte Art. 33 GRC allerdings ein erhebliches Entwicklungspotenzial aufweisen, auf das noch zurückzukommen ist (→ Rn. 24).

II. Persönlicher Schutzbereich

18 Nach überkommenem Grundrechtsstandard steht die Grundrechtsträgerschaft des allgemeinen Rechts auf Schutz der sozioökonomischen Rahmenbedingungen des Familienlebens allen Familienangehörigen, also **natürlichen Personen** zu. Nicht eindeutig zu beantworten ist die Frage nach der Erstreckung des persönlichen Schutzbereichs auch auf **Drittstaatsangehörige** und **Staatenlose** (→ § 9 Rn. 8 ff.). Einerseits dürfte für den Familienschutz insoweit nichts Anderes gelten als für die Eheschließungs- und Familiengründungsfreiheit (→ § 24 Rn. 24) und den allgemeinen Schutz des Privat- und Familienlebens (→ § 23 Rn. 32). Andererseits geht es zumindest partiell auch um Ansprüche auf Leistung, deren Inanspruchnahme die Unionsbürgerschaft vorauszusetzen scheint. Jenseits dieser Solidargemeinschaft[66] wird die Inanspruchnahme von Leistungen jedenfalls auf die Gewährleistung eines an der Menschenwürde orientierten Mindeststandards zu beschränken sein.[67]

19 Im Hinblick auf die Vereinbarkeit von Familie und Beruf greifen die aufgezeigten sekundärrechtlichen Präzisierungen dahingehend, dass es in erster Linie die Mütter sind, denen diese Ansprüche zustehen. Allerdings sieht schon die Richtlinie 2010/18/EU einen **Eltern**urlaub vor,[68] so dass sich trotz des Wortlauts von Art. 8 EuSozCh eine erweiternde Interpretation durchaus vertreten lassen dürfte. Für eine solche Tendenz spricht nicht zuletzt auch die neutrale Formulierung „jeder Mensch" in Art. 33 Abs. 2 GRC.[69] Der EuGH hat vor diesem Hintergrund entschieden, dass eine nationale Maßnahme, wonach Arbeitnehmerinnen mit einem Kind während der ersten neun Monate nach der Geburt Urlaub beanspruchen können, Arbeitnehmer allerdings derartigen Urlaub nur beanspruchen können, wenn die Mutter des Kindes im Angestelltenverhältnis erwerbstätig ist, gegen Unionsrecht verstößt.[70] Somit wurde klargestellt, dass Väter einen eigenen und nicht nur einen von den Müttern abgeleiteten Anspruch auf Betreuungszeiten besitzen. Allerdings ist

---

[64] EuGH C-194/08, Slg. 2010, I-6281 – Gassmayr/Bundesminister für Wissenschaft und Forschung.
[65] EuGH 7.9.2017 – C-174/16, NJW 2017, 3357 Rn. 63 – H/Berlin.
[66] Immer noch lesenswert die Ausführungen zum Bürgerstatus und zur Solidarität bei *Marshall* in Marshall, Bürgerrechte und soziale Klassen. Zur Soziologie des Wohlfahrtsstaates, 1992, S. 33 ff. (Vorlesung aus dem Jahr 1949, erstmals veröffentlicht in: *Marshall*, Citizenship and Social Class – and other Essays [1950]); dazu auch *Bulmer/Rees*, Citizenship today: The Contemporary Relevance of T. H. Marshall, 1996.
[67] Anders *Lembke* in von der Groeben/Schwarze/Hatje GRC Art. 33 Rn. 13, wo der „Schutz der Familie, Mutterschutz und [das] Recht auf Elternzeit [als] Menschenrechte und unabhängig von der Staatsbürgerschaft" angesehen werden.
[68] Näher dazu insbesondere Ziffer 15 und § 2 der Rahmenvereinbarung, auf die sich die Richtlinie bezieht (vgl. ABl. 2010 L 68, 13).
[69] *Rudolf* in NK-EuGRCh GRCh Art. 33 Rn. 13, 16 f.
[70] EuGH C-104/09, Slg. 2010, I-8661 Rn. 39 – Roca Álvarez/Sesa Start España ETT SA.

jedenfalls die Arbeitnehmereigenschaft Voraussetzung für die Geltendmachung des Rechts aus Art. 33 Abs. 2 GRC,[71] wobei sich auch Selbständige auf dieses Grundrecht berufen können.[72]

III. Gewährleistungsdimensionen

Der sozioökonomische Schutz der Familie entfaltet **abwehrrechtliche** wie **leistungsrechtliche** Dimensionen und unterfüttert darüber hinaus den **Diskriminierungsschutz** des Art. 21 GRC. Die abwehrrechtliche Dimension untersagt in erster Linie staatliche Belastungen des Familienlebens. Leistungsrechtliche Dimensionen können sich sowohl im Hinblick auf tatsächliche Fürsorgeleistungen als auch im Zusammenhang mit Mutterschutz und Elternurlaub ergeben. Dem Diskriminierungsschutz von Frauen trägt der Schutz der Familie dadurch Rechnung, dass er spezifische mit der Mutterschaft verbundene Nachteile für das Berufsleben ausschließt. 20

C. Beeinträchtigung

Das Recht auf sozioökonomischen Familienschutz kann insbesondere durch eine familienunfreundliche bis familienfeindliche Politik und daraus resultierende Einzelmaßnahmen beeinträchtigt werden. Diese können nicht nur aus dem Arbeits-, Sozial- und Steuerrecht resultieren, sondern auch staatlicher Untätigkeit zuzurechnen sein. Dieser **weite Eingriffsbegriff**[73] hängt mit der Mehrdimensionalität des Grundrechts zusammen, stehen doch trotz der zurückhaltenden Formulierung des Art. 33 GRC in erheblichem Maße Ansprüche auf positives Tun zur Diskussion. 21

D. Rechtfertigung

Die Rechtfertigung von Eingriffen in die abwehrrechtliche Dimension wie auch in das Diskriminierungsmoment des Familienschutzes ist anhand der **üblichen Maßstäbe** zu überprüfen, insbesondere unter Beachtung des **Verhältnismäßigkeitsgrundsatzes** (Art. 52 Abs. 1 S. 2 GRC) (→ § 10 Rn. 28 ff.). Im Übrigen ist auf die **Querschnittsklausel** der Art. 51 Abs. 2 GRC und Art. 52 GRC und den materiell-rechtlichen Verweis auf die einzelstaatlichen Regelungen hinzuweisen, durch die der Anwendungsbereich der in Art. 33 GRC enthaltenen Positivierung des Familienschutzes stark reduziert wird.[74] 22

E. Verhältnis zu anderen Bestimmungen

Der sozioökonomische Familienschutz rundet die **familienbezogenen Rechte** der Eheschließungs- und Familiengründungsfreiheit (→ § 24) sowie die Achtung des Privat- und Familienlebens (→ § 23) ab, indem er den Blick auf die tatsächlichen Realisierungsmöglichkeiten des Familienlebens richtet. Damit stehen nicht in erster Linie Beeinträchtigungen des Familienlebens durch staatliche Maßnahmen zur Diskussion, sondern positive Pflichten des Staates zur Schaffung von Rahmenbedingungen, die der Familie tatsächlich die Rolle als „natürliche Kernzelle der Gesellschaft" ermöglichen. Innerhalb des Solidaritätskapitels der Grundrechtecharta ist zu beachten, dass sich Art. 33 GRC nicht mit den Arbeitsbedingungen von Frauen auseinandersetzt.[75] Gleichwohl stellt Art. 33 Abs. 2 GRC in Bezug auf die Gewährung von Mutterschafts- oder Elternurlaub gegenüber Art. 31 GRC, der angemessene und gerechte Arbeitsbedingungen gewährleistet, die speziellere Vorschrift 23

---

[71] *Frenz*, HdbEuR Bd. 4, Rn. 4017.
[72] *Tettinger/Muckel* in Stern/Sachs GRCh Art. 33 Rn. 12; *Frenz*, HdbEuR Bd. 4, Rn. 4018 mwN.
[73] Generell zum Eingriffsbegriff der Charta *Rengeling/Szczekalla* Grundrechte in der EU § 7 Rn. 513 ff.
[74] Zutreffend *Rudolf* in NK-EuGRCh GRCh Art. 33 Rn. 18.
[75] Vgl. *Rudolf* in NK-EuGRCh GRCh Art. 33 Rn. 2.

dar.⁷⁶ Auch ist Art. 33 GRC gegenüber Art. 30 GRC bei Entlassungen aus Gründen der Mutterschaft als eine Spezialvorschrift anzusehen.⁷⁷ Schließlich ist Art. 33 Abs. 2 GRC in seiner spezifischen Ausgestaltung gegenüber den **Diskriminierungsverboten** des Art. 21 GRC (→ § 49 Rn. 61 ff.) vorrangig. Beide stehen jedoch in einem Wechselwirkungsverhältnis zueinander, was sich auf die Auslegung jeder der beiden Rechte auswirken kann. Allerdings sind Art. 23 GRC und Art. 33 Abs. 2 GRC nebeneinander anwendbar.⁷⁸ Im Verhältnis zueinander ist Abs. 2 gegenüber Abs. 1 die speziellere Bestimmung.⁷⁹

F. Zusammenfassende Bewertung und Ausblick

24 Auch wenn der sozioökonomische Schutz der Familie in seiner grundrechtlichen Ausprägung aufgrund der Querschnittsklauseln der Art. 51 Abs. 2 GRC und Art. 52 GRC Einschränkungen unterliegt, wie es im Übrigen auch bei Art. 33 Abs. 2 GRC der Fall ist, so ist doch nicht zu verkennen, dass es auf der Grundlage des unionsrechtlichen Sekundärrechts, der Europäischen Sozialcharta und des mitgliedstaatlichen Verfassungsrechts möglich ist, die grundrechtliche Perspektive weiterzuentwickeln, welche die Spielräume der Organe und Einrichtungen der Union wie auch der Mitgliedstaaten bei Maßnahmen mit familienpolitischen Implikationen jedenfalls rudimentär eingrenzen. Insoweit dürfte Art. 33 GRC aus einer Reihe von Gründen für den europäischen Grundrechtsschutz einige **Entwicklungsperspektiven** eröffnen.⁸⁰ Dies gilt zum einen im Hinblick darauf, dass Art. 33 GRC weniger Gewicht auf geschlechtsspezifische Rechte legt als vielmehr dem neuen Familienbild, in dem Männer und Frauen mehr oder weniger austauschbare Elternfunktionen wahrnehmen, Rechnung trägt. Der fortschreitende gesellschaftspolitische Wandel des Familienlebens führt damit nicht zur Auflösung der Familie, sondern eröffnet adäquate Chancen eines modernen Familienlebens. In Anbetracht der weiten Formulierungen des Art. 33 GRC dürfte genau hierin allerdings wiederum eine erhebliche Schwierigkeit liegen, wenn es um die Entwicklung eines einheitlichen Grundrechtsstandards geht, verbleibt doch die Kompetenz zu weiterführenden gesetzlichen Maßnahmen in der Regel bei den Mitgliedstaaten.

---

76 Jarass GRCh Art. 33 Rn. 13.
77 Jarass GRCh Art. 33 Rn. 13.
78 Jarass GRCh Art. 33 Rn. 13.
79 *Knecht* in Schwarze GRC Art. 33 Rn. 9.
80 Eine positive Bewertung von Art. 33 GRC nehmen *Tettinger/Geerlings* EuR 2005, 419 (427), vor: „Trotzdem darf man die in dieser Vorschrift enthaltenen Gedanken nicht unterschätzen, die [...] gerade auch im Kontext sozialer Grundsätze einen spezifischen Stellenwert für das Institut Familie zum Ausdruck bringt."

§ 45 Schutz des Kindes und Jugendlicher

Übersicht

	Rn.
A. Entwicklung und Bedeutung der verfassungs- und menschenrechtlichen Gewährleistung der Rechte von Kindern und Jugendlichen	1–14
I. Verfassungs- und völkerrechtliche Entwicklungen	4–8
II. Europäisches Primär- und Sekundärrecht	9, 10
III. Entstehung und Bedeutung der Art. 24 und 32 GRC	11–14
B. Gewährleistungsgehalte	15–22
I. Sachlicher Schutzbereich	16–19
1. Schutz- und Fürsorgeanspruch (Art. 24 Abs. 1 S. 1 GRC)	16
2. Meinungsäußerungsfreiheit oder Partizipationsrecht? (Art. 24 Abs. 1 S. 2 und 3 GRC)	17
3. Kindeswohl (Art. 24 Abs. 2 GRC) und Anspruch auf persönliche Beziehungen (Art. 24 Abs. 3 GRC)	18
4. Verbot der Kinderarbeit und Schutz der Jugendlichen am Arbeitsplatz (Art. 32 GRC)	19
II. Persönlicher Schutzbereich	20, 21
III. Gewährleistungsdimensionen	22
C. Beeinträchtigung	23
D. Rechtfertigung	24
E. Verhältnis zu anderen Bestimmungen	25
F. Zusammenfassende Bewertung und Ausblick	26

Schrifttum:

Busch, Schutzmaßnahmen für Kinder und der Begriff der „elterlichen Verantwortung" im internationalen und europäischen Recht, IPRax 2003, 218; *Dethloff/Maschwitz,* Kinderrechte in Europa – Wo stehen wir?, FPR 2012, 190; *Ende,* Kulturelle Identität als notwendige Ergänzung des gemeinschaftsrechtlichen Gleichheitssatzes – Die UN-Kinderkonvention im Kontext der Unionsbürgerschaft, IPRax 1998, 244; *Fritzsch,* Neue Bleiberechte aufgrund der UN-Kinderrechtskonvention oder der EU-Grundrechtecharta?, ZAR 2014, 137; *Haverkate/Huster,* Europäisches Sozialrecht, 1999; *Marauhn,* Internationaler Kinderschutz, 2005; *Schulz,* Der Europäische Gerichtshof für Menschenrechte, das Haager Kindesentführungsübereinkommen und das Sorge- und Umgangsrecht, IPrax 2001, 91; *Schulz,* Die Stärkung des Haager Kindesentführungsübereinkommens durch den Europäischen Gerichtshof für Menschenrechte, FamRZ 2001, 1420; *Steindorff-Classen,* Europäischer Kinderrechtsschutz nach dem EU-Reformvertrag von Lissabon, EuR 2011, 19; *Tomuschat,* Mehr Schutz für die Schutzlosen. Die beiden Fakultativprotokolle zu dem Übereinkommen über die Rechte des Kindes, VN 2002, 89.

A. Entwicklung und Bedeutung der verfassungs- und menschenrechtlichen Gewährleistung der Rechte von Kindern und Jugendlichen

Die verfassungs- und menschenrechtliche Gewährleistung spezifischer Rechte von Kindern und Jugendlichen ist eine **relativ neue Entwicklung.** Traditionelle Verfassungstexte anerkennen allenfalls eine besondere verfassungsrechtliche Schutzbedürftigkeit von Kindern und Jugendlichen, räumen diesen aber regelmäßig keine besonderen Rechte ein.[1] Historisch werden Kinder und Jugendliche von der staatlichen Rechts- und Verfassungsordnung nur eingeschränkt als selbständige Rechtssubjekte wahrgenommen. Sie sind Objekt, weniger Subjekt verfassungsrechtlicher Gewährleistungen.[2] Subjektstatus kommt ihnen allenfalls insoweit zu, als sie Grundrechtsträger wie erwachsene Personen auch sind.[3] Jenseits dieser allgemeinen menschenrechtlichen Verbürgungen obliegt danach der Familie, zu- 1

---

[1] Vgl. bspw. Art. 6 Abs. 2 und 3 GG sowie Art. 42 irVerf.
[2] *Hölscheidt* in NK-EuGRCh GRCh Art. 24 Rn. 6.
[3] Zur Grundrechtsmündigkeit vgl. *Sachs* in Sachs GG vor Art. 1 Rn. 75 f.; *v. Coelln* in Sachs GG Art. 6 Rn. 73. Im Kontext der Charta unter Bezugnahme auf Art. 24 Abs. 1 S. 3 GRC *Rengeling/Szczekalla* Grundrechte in der EU § 26 Rn. 958 f.

nächst als Groß-, später als Kleinfamilie, der Schutz von Kindern und Jugendlichen.[4] Allenfalls in Ausnahmesituationen, etwa im Fall von Waisenkindern, ging schon früher diese Verantwortung auf die Gemeinschaft oder den Staat über.[5]

2   Moderne verfassungs- und menschenrechtliche Bestimmungen zum Schutz von Kindern und Jugendlichen tragen den unterschiedlichsten sozialen, wirtschaftlichen und politischen Entwicklungen Rechnung. So ist die Familie selbst einem erheblichen **sozialen Wandel** unterworfen.[6] Die reduzierte Stabilität und eingeschränkte Dauerhaftigkeit zwischenmenschlicher Beziehungen wirken sich unmittelbar auf den Kindern und Jugendlichen zur Verfügung stehenden familiären Rahmen aus. Damit gegebenenfalls zusammenhängende kindschaftsrechtliche Auseinandersetzungen werden auch durch die zunehmende Zahl grenzüberschreitender Partnerschaften komplexer.[7] Zu daraus resultierenden negativen Begleiterscheinungen gehören auch grenzüberschreitende Kindesentführungen.[8] Die Schutzbedürftigkeit von Kindern und Jugendlichen hat aber noch aus weiteren, insbesondere **grenzüberschreitenden** Gründen zugenommen, darunter die Gefahr sexueller[9] und ökonomischer[10] Ausbeutung. Innerstaatlich sind die zahlreichen Facetten der **Kinderarmut**[11] ein wichtiger Aspekt, die bei der verfassungs- und menschenrechtlichen Normierung von Schutzansprüchen zugunsten von Kindern und Jugendlichen zu berücksichtigen sein werden.

3   Trotz der Rechtsverbindlichkeit der Grundrechtecharta und somit der Art. 24 und 32 GRC kommen den mitgliedstaatlichen Verfassungen, sofern eine gemeinsame Verfassungsüberlieferung festgestellt werden kann, und der EMRK eine besondere Bedeutung als allgemeine Grundsätze zu, da sie Teil des Unionsrechts sind (Art. 6 Abs. 3 EUV).[12] Wie allerdings zu zeigen sein wird, ist die verfassungsrechtliche Stellung von Kindern und Jugendlichen auf der mitgliedstaatlichen Ebene *de lege lata* allenfalls rudimentär ausgestaltet, so dass Konkretisierungen des Art. 24 GRC insbesondere solchen völkerrechtlichen Instrumenten zu entnehmen sind, an die sich dieser Artikel anlehnt.[13] Für die nähere Ausgestaltung des Art. 32 GRC ist insbesondere auf unionsrechtliches Sekundärrecht sowie auf Normen der Europäischen Sozialcharta und der Gemeinschaftscharta der Sozialen Grundrechte zurückzugreifen.[14]

I. Verfassungs- und völkerrechtliche Entwicklungen

4   In den meisten **mitgliedstaatlichen Verfassungen** werden die Rechte von Kindern und Jugendlichen auch heute noch allenfalls **fragmentarisch** behandelt.[15] Dies gilt selbst für das Verbot der Kinderarbeit und für den Jugendarbeitsschutz. Von wenigen, zumeist eher

---

[4]   Kritisiert wird heute zum Teil die Tendenz zur „Verrechtlichung" von Familienbeziehungen als Folge der stärkeren Betonung von Kinderrechten; vgl. etwa *Schwab* FamRZ 1995, 513. Exemplarisch verdeutlichen etwa § 1666 BGB (gerichtliche Maßnahmen bei Gefährdung des Kindeswohls) und § 1666a BGB (Grundsatz der Verhältnismäßigkeit; Vorrang öffentlicher Hilfen) idF des Gesetzes zur Erleichterung familiengerichtlicher Maßnahmen bei Gefährdung des Kindeswohls (BGBl. 2008 I 1188) und idF des Gesetzes zur weiteren Verbesserung von Kinderrechten (BGBl. 2002 I 1239) diese Entwicklung.
[5]   Vgl. statt aller *Eisenbach*, Zuchthäuser, Armenanstalten und Waisenhäuser in Nassau, 1994, passim.
[6]   Dazu auch schon *Campenhausen/Steiger* VVDStRL 45 (1987), 7 ff. und 55 ff.
[7]   Siehe dazu nur die Beiträge in dem Band von *Koeppel*, Kindschaftsrecht und Völkerrecht im europäischen Kontext, 1996.
[8]   Statt aller *Lowe* in Marauhn S. 73 ff.
[9]   Vgl. *Wilkitzki* in Marauhn S. 127 ff.
[10] Statt aller *Noguchi* in Marauhn S. 21 ff.
[11] Vgl. *Butterwegge* Soziale Sicherheit 54 (2005), 159 ff.
[12] *Ehlers* in Ehlers GuG § 14 Rn. 10.
[13] Vgl. hierzu die Erläuterung zu Art. 24 GRC, ABl. 2007 C 303, 17 (25), wonach sich Art. 24 GRC insbesondere auf Art. 3, 9, 12 und 13 des Übereinkommens der UN über die Rechte des Kindes stützt.
[14] Siehe hierzu die Erläuterung zu Art. 32 GRC, ABl. 2007 C 303, 17 (26): „Dieser Artikel stützt sich auf die Richtlinie 94/33/EG über den Jugendarbeitsschutz sowie auf Artikel 7 der Europäischen Sozialcharta und auf die Nummern 20 bis 23 der Gemeinschaftscharta der sozialen Grundrechte der Arbeitnehmer".
[15] So die zutreffende Feststellung von *Hölscheidt* in NK-EuGRCh GRCh Art. 24 Rn. 1 mwN in den sich anschließenden Rn.

allgemein und **vage** gehaltenen verfassungsrechtlichen Bestimmungen abgesehen, regeln die meisten Mitgliedstaaten die Probleme der Kinderarbeit einfachgesetzlich.[16] Kennzeichnend vor allem für die meisten westeuropäischen Verfassungen ist, dass Kinder, wenn überhaupt, in erster Linie als „Objekt (sozial-)staatlicher Fürsorge"[17] oder als „Annex" elterlicher Grundrechte wahrgenommen werden. Sie normieren einen staatlichen Schutzauftrag, der gegebenenfalls gegenüber dem Erziehungsrecht der Eltern und dem Schutz der Familie subsidiär ist.[18] Konzeptionell gelangt staatliche Fürsorge über die Eltern, gleichsam gefiltert, an das Kind. Allenfalls im Bereich der schulischen Erziehung tritt das Elternrecht in den Hintergrund, häufig aber auch dort im Sinne einer Beschränkung des elterlichen Rechts.[19] Einige Verfassungen beinhalten einen speziellen Gleichheitssatz in Bezug auf eheliche und nichteheliche Kinder.[20] Demgegenüber formulieren die finnische Verfassung und einige Verfassungen der neuen mittel- und osteuropäischen Mitgliedstaaten **weitergehende Rechte** von Kindern und Jugendlichen, die deren Gleichheit, aber auch deren Eigenständigkeit besonders betonen.[21] Letztlich tragen diese Verfassungen einer völkerrechtlichen Entwicklung Rechnung, die sich jedenfalls materiell-rechtlich als Motor des rechtlichen Schutzes von Kindern und Jugendlichen erwiesen hat.[22]

Auf der **universellen Ebene** lassen sich zahlreiche rechtliche Instrumente ausmachen, 5 die auf die grenzüberschreitenden Beeinträchtigungen des Wohls von Kindern und Jugendlichen reagieren. Im Hinblick auf grenzüberschreitende Sorgerechtsauseinandersetzungen kommt dem **Haager Übereinkommen** über die zivilrechtlichen Aspekte internationaler Kindesentführung von 1980[23] zentrale Bedeutung zu, wenn auch mit einer unterschiedlichen Praxisrelevanz in den Mitgliedstaaten.[24] Das Übereinkommen will dem Kindeswohl vor allem auch durch die Herstellung von Rechtsfrieden Rechnung tragen. Einen umfassenderen Ansatz verfolgt das **Übereinkommen der Vereinten Nationen über die Rechte des Kindes,**[25] das für alle Mitgliedstaaten in Kraft ist. Dieses Übereinkommen verpflichtet die Vertragsparteien, den Kindern (und Jugendlichen)[26] nicht nur besonderen Schutz angedeihen zu lassen, sondern ihnen auch eigenständige Rechte einzuräumen. Zumindest in Teilen ist dieses Übereinkommen unmittelbar anwendbar.[27] Es bleibt zu hoffen, dass das mit dem am 14.4.2014 in Kraft getretenen **3. Fakultativprotokoll**[28]

---

[16] Vgl. nur Art. 45 Abs. 4 S. 2 irVerf und Art. 59 Abs. 2 lit. c portVerf; näher *Rudolf* in NK-EuGRCh GRCh Art. 32 Rn. 3.
[17] Treffend *Hölscheidt* in NK-EuGRCh GRCh Art. 24 Rn. 6.
[18] Neben Art. 6 Abs. 2 und 3 GG sind bspw. Art. 30 Abs. 1 und 2 italVerf sowie Art. 36 Abs. 5 und 6 portVerf zu nennen.
[19] Charakteristisch insoweit auch die Kommentierung bei *v. Coelln* in Sachs GG Art. 6 Rn. 59 f., der die Rechte des Kindes systematisch als Grenzen und Beschränkungen des Elternrechts behandelt.
[20] Vgl. neben Art. 6 Abs. 5 GG etwa Art. 39 Abs. 2 und 3 spanVerf.
[21] Siehe etwa § 6 Abs. 3 finVerf und Art. 72 polnVerf.
[22] Zum Übereinkommen der Vereinten Nationen über die Rechte des Kindes *Maywald* APuZ 38/2010, 8 ff.; *Lorz* APuZ 17–18/2000, 30 ff.; *Tomuschat* VN 2002, 89 ff.
[23] BGBl. 1990 II 206.
[24] Vgl. dazu *Lowe* in Marauhn S. 86 ff., insbes. die britische und deutsche Praxis vergleichend.
[25] Kinderrechtskonvention (KRK); BGBl. 1992 II 122. Siehe hierzu auch *Dethloff/Maschwitz* FPR 2012, 190 (191).
[26] Nach Art. 1 des Übereinkommens „ist ein Kind jeder Mensch, der das achtzehnte Lebensjahr noch nicht vollendet hat, soweit die Volljährigkeit nach dem auf das Kind anzuwendenden Recht nicht früher eintritt".
[27] Siehe hierzu *Hölscheidt* in NK-EuGRCh GRCh Art. 24 Rn. 1. Ursprünglich hatte die Bundesrepublik Deutschland bei Hinterlegung der Ratifikationsurkunde beim Generalsekretär der Vereinten Nationen im Jahre 1992 ua erklärt, „[...] dass das Übereinkommen keine unmittelbare Anwendung findet. Es begründet völkerrechtliche Staatenverpflichtungen, die die Bundesrepublik Deutschland nach näherer Bestimmung ihres mit dem Übereinkommen übereinstimmenden innerstaatlichen Rechts erfüllt" (BGBl. 1992 II 990). Am 15.7.2010 hat sie die Rücknahme ihrer Vorbehalte zum Übereinkommen erklärt, vgl. hierzu *Bundesministerium für Familie, Senioren, Frauen und Jugend*, Übereinkommen über die Rechte des Kindes: VN-Kinderrechtskonvention im Wortlaut mit Materialien, 5. Aufl. 2014.
[28] Fakultativprotokoll zum Übereinkommen über die Rechte des Kindes betreffend ein Mitteilungsverfahren, UN Generalversammlung, Resolution 66/138, A/RES/66/138 (27.1.2012). Vgl. zum aktuellen

eingerichtete Individualbeschwerde- und Untersuchungsverfahren seine Wirksamkeit auf der internationalen Ebene erhöhen wird.[29] Die beiden anderen **Fakultativprotokolle** aus dem Jahr 2000 zielen darauf, den Schutz von Kindern punktuell zu verbessern, insbesondere im Hinblick auf ihre Beteiligung an bewaffneten Konflikten (grundsätzlich soll nach dem 1. Fakultativprotokoll die 18-Jahres-Grenze greifen)[30] und im Hinblick auf den Kinderhandel, die Kinderprostitution und die Kinderpornographie (2. Fakultativprotokoll).[31] Als drittes universelles Instrument ist das **Übereinkommen** der Internationalen Arbeitsorganisation **Nr. 182** über das Verbot und unverzügliche Maßnahmen zur Beseitigung der schlimmsten Formen der **Kinderarbeit** von 1999[32] samt seiner Vorläufer[33] zu nennen. Dieses Übereinkommen und das von der Internationalen Arbeitsorganisation entwickelte Programm zur Bekämpfung von Kinderarbeit[34] sollen vor allem der ökonomischen Ausbeutung von Kindern entgegenwirken.

6   **Regionales (europäisches) Völkerrecht** unterfüttert die genannten universellen Instrumente jedenfalls partiell. Dies gilt zunächst für das **Europäische Sorgerechtsübereinkommen** von 1980,[35] aber auch für das Europarats-**Übereinkommen über die persönlichen Beziehungen zu Kindern** vom Mai 2003.[36]

7   Jenseits spezifisch kindschaftsrechtlich ausgerichteter völkerrechtlicher Verträge kommt der **EMRK** besondere Bedeutung zu,[37] auch wenn sie selbst keine explizit auf Kinder und Jugendliche zugeschnittenen Gewährleistungen beinhaltet. Die Spruchpraxis der Straßburger Organe hat, wenngleich eher punktuell, immer wieder zur Rechtsstellung von Kindern und Jugendlichen Stellung nehmen müssen. Anknüpfend an **Art. 3 und 8 EMRK** hat der EGMR die Mitgliedstaaten zum Schutz von Kindern vor Prügelstrafen,[38] sexuellen Übergriffen[39] und vergleichbaren körperlichen und seelischen Misshandlungen[40] verpflichtet. Eine schwierige Gratwanderung ergibt sich für mitgliedstaatliche Behörden aus der Pflicht, auch in familiären Missbrauchsfällen einzuschreiten,[41] zugleich aber die Familie zu schützen, insbesondere unberechtigte Trennungen zu

---

Stand der Ratifikation im Internet unter: http://www.ohchr.org/EN/HRBodies/CRC/Pages/CRCIndex.aspx (zuletzt abgerufen am 1.8.2019).

[29] Der nach Art. 43 CRC eingesetzte Ausschuss für die Rechte des Kindes prüfte vor der Einführung der Individualbeschwerde lediglich die nach Art. 44 CRC von den Vertragsparteien vorzulegenden Staatenberichte. Vgl. zur Lage vor Inkrafttreten des 3. Fakultativprotokolls *Weiß* MRM 2001, 85 ff. und *Geißler* HuV-I 2001, 148 ff.

[30] BGBl. 2004 II 1355. Gegenwärtig greift für die meisten Staaten nach Art. 77 Abs. 2 des ersten und Art. 4 Abs. 3 lit. c des zweiten Zusatzprotokolls von 1977 zu den Genfer Abkommen von 1949 eine Altersgrenze von 15 Jahren. Dieser Standard wurde durch Art. 38 CRC bestätigt. Das 1. Fakultativprotokoll zum Kinderrechtsübereinkommen, das am 12.2.2002 in Kraft getreten ist, hebt die Altersgrenze auf 18 Jahre an; vgl. *Marauhn* HuV-I 1995, 64 ff.; *Harvey* in Marauhn S. 1 (8 f.).

[31] Deutscher Text in: VN 2000, 148 ff. Das 2. Fakultativprotokoll trat am 18.1.2002 in Kraft. Vgl. dazu *Tomuschat* VN 2002, 89 (91 ff.).

[32] BGBl. 2001 II 1291; vgl. dazu *Düwell* NZA 2000, 308 ff.

[33] Hierzu gehören insbes. das Übereinkommen Nr. 138 der Internationalen Arbeitsorganisation (zum Übereinkommen eingehend *Noguchi* in Marauhn S. 23 ff.), aber auch Art. 32 des Übereinkommens über die Kinderrechte.

[34] International Programme on the Elimination of Child Labour; im Internet abrufbar unter: http://www.ilo.org/public/english/standards/ipec/ (zuletzt abgerufen am 1.8.2019).

[35] BGBl. 1990 II 220.

[36] Übereinkommen vom 15.5.2003, in Kraft getreten am 1.9.2005 (ETS Nr. 192).

[37] Zum folgenden auch *Rengeling/Szczekalla* Grundrechte in der EU § 26 Rn. 951 ff.

[38] EGMR 25.4.1978 – 5856/72, EuGRZ 1979, 162 – Tyrer/Vereinigtes Königreich; EGMR 23.9.1998 – 25599/94, ÖJZ 1999, 617 – A./Vereinigtes Königreich; vgl. dazu auch *Ovey/White,* Jacobs & White European Convention on Human Rights, 3. Aufl. 2002, S. 86 f.

[39] EGMR 22.10.1996 – 22083/93 und 22095/93, ÖJZ 1997, 436 – Stubbings ua/Vereinigtes Königreich; EGMR 10.10.2002 – 38719/97 – D. P. und J. C./Vereinigtes Königreich; ggfs. unter Einschluss einer Pflicht zum Schutz durch Strafrecht, EGMR 26.3.1985 – 8978/80, NJW 1985, 2075 – X und Y/Niederlande.

[40] EGMR 10.5.2001 – 29392/95, HRLJ 2001, 417 – Z ua/Vereinigtes Königreich.

[41] EGMR 10.10.2002 – 38719/97 – D. P. und J. C./Vereinigtes Königreich; EGMR 26.11.2002 – 33218/96 – E. ua/Vereinigtes Königreich.

unterlassen.[42] Auch im Rahmen des in **Art. 2 S. 2 EMRKZusProt** niedergelegten elterlichen Erziehungsrechts haben die Straßburger Organe zu Kinderrechten Stellung genommen.[43] Anders als die Verortung der Kinderrechte in Titel III. der Grundrechtecharta („Gleichheit") nahe legt, haben Gleichheitsprobleme – und damit auch das Diskriminierungsverbot aus **Art. 14 EMRK** – für die Rechte von Kindern und Jugendlichen in der Straßburger Spruchpraxis kaum eine Rolle gespielt.[44]

Die **Europäische Sozialcharta**[45] als „ungleiche Schwester"[46] der EMRK eröffnet trotz ihres *à la carte*-Ansatzes[47] Möglichkeiten, den sozialen Bedürfnissen von Kindern und Jugendlichen in besonderer Weise Rechnung zu tragen, einerseits im Hinblick auf Bildung, Erziehung und soziale Fürsorge,[48] andererseits im Bereich des Jugendarbeitsschutzes.[49] **8**

II. Europäisches Primär- und Sekundärrecht

Auf der Ebene der **Europäischen Union** sind die Rechte von Kindern und Jugendlichen – jedenfalls in der durch Art. 24 GRC und Art. 32 GRC geregelten Form – im Wesentlichen eine **Neuerung**. Bereits die Zielbestimmungen in Art. 3 Abs. 3 und Abs. 5 EUV enthalten Bezüge zum „Schutz der Rechte des Kindes", was dem besonderen Stellenwert dieser Rechte in der Union Ausdruck verleiht. Anknüpfungspunkte zu kinderspezifischen Fragen der sozialen Sicherheit bot zwar schon die Gemeinschaftscharta der sozialen Grundrechte der Arbeitnehmer von 1989 (SozGRCh),[50] insbesondere die Nr. 20–23 SozGRCh. Abgesehen davon, dass die Gemeinschaftscharta in erster Linie politische Impulse gesetzt hat, zielen die genannten Vorschriften zum Kinder- und Jugendschutz „auf einen Schutz durch Setzung von rechtlichen Standards und Verfahren".[51] Besonders der **Jugendarbeitsschutz** war allerdings auch darüber hinaus durch grundrechtliche Elemente geprägt. So ist Nr. 20 SozGRCh im Zusammenhang mit Art. 7 der Europäischen Sozialcharta (EuSozCh) zu sehen. Beide werden von der Präambel des EU-Vertrags und insbesondere von Art. 151 AEUV in Bezug genommen: „[...] eingedenk der sozialen Grundrechte, wie sie in der am 18. Oktober 1961 in Turin unterzeichneten Europäischen Sozialcharta und in der Gemeinschaftscharta der sozialen Grundrechte der Arbeitnehmer von 1989 festgelegt sind [...]". Zwar ist es nicht unproblematisch, die rechtlich verbindliche Europäische Sozialcharta so **9**

---

[42] EGMR 17.12.2002 – 35731/97, ÖJZ 2004, 275 – Venema/Niederlande; EGMR 8.4.2004 – 11057/02 – Haase/Deutschland; vgl. konkret zu einer auf der Grundlage einer ärztlichen Fehldiagnose ergangenen Fürsorgeentscheidung zB EGMR 30.9.2008 – 38000/05 – R. K. und A. K./Vereinigtes Königreich. Zum Anspruch auf ein gemeinsames Leben der Familienmitglieder vgl. *Fahrenhorst*, Familienrecht und Europäische Menschenrechtskonvention, 1994, S. 282; Grabenwarter/Pabel EMRK § 22 Rn. 46 ff.; *Meyer-Ladewig/Nettesheim* in HK-EMRK EMRK Art. 8 Rn. 70; Der EGMR betont, dass Maßnahmen zur Zusammenführung der Familie ergriffen werden müssen, wenn das Kind zuvor in öffentliche Fürsorge genommen wurde; EGMR 22.6.1989 – 11373/85 – Eriksson/Schweden.

[43] So ist der Staat grundsätzlich verpflichtet, die öffentlichen Schulen so zu gestalten, dass Eltern ihre Kinder auf die für jedermann in erster Linie in Betracht kommenden staatlichen Schulen schicken können; *Frowein* in Frowein/Peukert EMRK 1. ZP Art. 2 Rn. 8; vgl. dazu insbes. EGMR 7.12.1976 – 5095/71, 5920/72 und 5926/72, EuGRZ 1976, 478 – Kjeldsen ua/Dänemark.

[44] Lediglich am Rande spielt der so genannte Belgische Sprachenfall eine Rolle; EGMR 23.7.1968 – 1474/62, 1677/62, 1691/62 ua, EuGRZ 1975, 298 – Case „Relating to Certain Aspects of the Laws on the Use of Languages in Education in Belgium"/Belgium.

[45] Die in der Bundesrepublik Deutschland immer noch maßgebliche Ausgangsfassung ist auffindbar in BGBl. 1964 II 1262. Die 1998 angenommene revidierte Fassung (ETS Nr. 163) ist für die Bundesrepublik Deutschland nicht verbindlich, vgl. hierzu Deutscher Bundestag, Ausschuss für die Angelegenheiten der EU, Ausschussdrucksache 18(21)0055, 38. Sitzung, 10.6.2015, Öffentliche Anhörung zur Europäischen Sozialcharta am 10.6.2015.

[46] *Novak*, Das Problem der sozialen Grundrechte, 1972, S. 10.

[47] Vgl. Teil III, Art. 20 EuSozCh.

[48] Dabei geht es vor allem um berufliche Bildung und Ausbildung (Teil II, Art. 9 und 10 EuSozCh) und um das Recht „auf sozialen und wirtschaftlichen Schutz" (Teil II, Art. 17 EuSozCh).

[49] Insbesondere Teil II, Art. 7 EuSozCh.

[50] KOM(89) 248 endg. Allgemein zur Gemeinschaftscharta *Heinze* FS O. Wlotzke, 1996, 696 ff.; im Überblick auch *Haverkate/Huster* S. 377 f. (Rn. 652).

[51] *Haverkate/Huster* S. 378 (Rn. 652).

mit der unverbindlichen Gemeinschaftscharta der sozialen Grundrechte auf eine Stufe zu stellen[52] (→ § 4 Rn. 29). Andererseits sollte die Bedeutung des europarechtlichen *„soft law"* jedoch nicht unterschätzt werden,[53] ist es doch Bestandteil eines gegebenenfalls zu positivierten oder von der Rechtsprechung herausgefilterten Rechtsnormen führenden Entwicklungsprozesses, der in einem offenen System wie dem der Union von zentraler Bedeutung ist. Dies wird auch daran deutlich, dass Art. 32 GRC den Regelungsgehalt von Nr. 20–23 SozGRCh und Art. 7 EuSozCh weitgehend aufnimmt. Art. 7 EuSozCh untersagt die Kinderarbeit (mit einer Altersgrenze von 15 Jahren, von der allerdings unter bestimmten Umständen abgewichen werden darf) und enthält zahlreiche Bestimmungen des Jugendarbeitsschutzes. Diese Vorgaben werden für das Unionsrecht von der Richtlinie 94/33/EG über den Jugendarbeitsschutz[54] ergänzt.

10   Spezifisch grundrechtlich hat sich auch der **EuGH** bislang verhältnismäßig wenig zu besonderen Rechten von Kindern und Jugendlichen geäußert. Allerdings gibt es – zumeist **sekundärrechtlich** fundierte – Rechtsprechung unter anderem zu kinderbezogenen sozialen Leistungen und zu den Belangen von Kindern im Zusammenhang mit **Grundfreiheiten.**[55] In den erstgenannten Fällen kommt der Gleichheitsgedanke zum Tragen, wenn der EuGH im Ergebnis mittelbare Diskriminierungen wegen der Staatsangehörigkeit etwa für Beihilfen zur häuslichen Kinderbetreuung[56] ausschließt oder zur Gleichstellung von Flüchtlingen und Staatenlosen im Hinblick auf Kinder- und Erziehungsgeld auf der Grundlage der Wanderarbeitnehmer-Sozialkoordinierungs-Verordnung gelangt.[57] Im Zusammenhang mit den Grundfreiheiten hat der EuGH unter anderem auch deren aufenthaltsrechtliche Folgewirkungen thematisiert und so beispielsweise Bildungschancen von Kindern in den Blick genommen.[58]

III. Entstehung und Bedeutung der Art. 24 und 32 GRC

11   Auch wenn die vom Präsidium des Konvents zu Beginn der Verhandlungen vorgelegte Liste kein spezifisches Kinder- oder Jugendgrundrecht beinhaltete,[59] bestand jedenfalls im Kontext wirtschaftlicher und sozialer Rechte von Anbeginn der **Arbeiten des Konvents** ein Bewusstsein für den diesbezüglich erforderlichen Schutz von Kindern und Heranwachsen-

---

[52] Vgl. allgemein zur Rechtsnatur und zu den Rechtswirkungen der Gemeinschaftscharta der sozialen Grundrechte *Riesenhuber,* Europäisches Arbeitsrecht, 2009, S. 56 ff. Siehe an dieser Stelle auch *Franzen* in Franzen/Gallner/Oetker AEUV Art. 151 Rn. 6 („Die Gemeinschaftscharta der sozialen Grundrechte ist als solche rechtlich unverbindlich und verpflichtet weder Union noch Mitgliedstaaten. Davon geht auch die Charta selbst aus: In Titel II über die Anwendung der Charta stellen die Signatarstaaten fest, dass für die Gewährleistung der sozialen Grundrechte der Charta und die Durchführung der notwendigen Sozialmaßnahmen die Mitgliedstaaten zuständig sind [...]."). Differenzierend *Heinze* in Leinemann, Kasseler Handbuch zum Arbeitsrecht, 1997, § 11 Rn. 6. *Hailbronner* in HKMM, HdKomm. EUV, Art. 117 Rn. 6, geht von einer bindenden Wirkung der Gemeinschaftscharta gegenüber den Mitgliedstaaten aus.
[53] So auch *Haverkate/Huster* S. 379 (Rn. 656). Siehe auch *Franzen* in Franzen/Gallner/Oetker AEUV Art. 151 Rn. 19 hinsichtlich der Bedeutung der Gemeinschaftscharta in der Rechtsprechung des EuGH („Ungeachtet der rechtlichen Unverbindlichkeit der Gemeinschaftscharta hat der EuGH in einigen Entscheidungen auf die Gemeinschaftscharta hingewiesen, um dadurch die Bedeutung des jeweiligen Sekundärrechtsakts zu unterstreichen.").
[54] ABl. 1994 L 216, 12.
[55] So hat der EuGH betont, dass „der Schutz des Kindes ein berechtigtes Interesse darstellt, das grundsätzlich geeignet ist, eine Beschränkung einer [...] gewährleisteten Grundfreiheit [...] zu rechtfertigen", siehe EuGH C-244/06, Slg. 2008, I-505 Rn. 42 – Dynamic Medien Vertriebs GmbH/Avides Media AG. Vgl. in diesem Zusammenhang allgemein *Rengeling/Szczekalla* Grundrechte in der EU § 26 Rn. 942 ff. und 945.
[56] Plastisch die Entscheidung des EuGH zur Kinderbetreuung in einem anderen Mitgliedstaat als dem Leistungsstaat, EuGH C-333/00, Slg. 2002, I-10087 – Maaheimo. Vgl. auch zum Unterhaltsvorschuss als exportpflichtige Familienleistung EuGH C-255/99, Slg. 2002, I-1205 – Anna Humer.
[57] Vgl. nur EuGH verb. Rs. C-95/99 bis C-98/99, C-180/99, Slg. 2001, I-7413 – Khalil ua/Bundesanstalt für Arbeit; sowie BVerwGE 112, 100 ff.
[58] Vgl. einerseits EuGH C-33/99, Slg. 2001, I-2415 – Fahmi ua/Bestuur van de Sociale verzekeringsbank, andererseits EuGH C-413/99 Slg. 2002, I-7091 – Baumbast und R/Secretary of State for the Home Department, mAnm *Bode* EuZW 2002, 761 ff.
[59] Dazu *Hölscheidt* in NK-EuGRCh GRCh Art. 24 Rn. 10.

den. Auch ein allgemeines Kinder- und Jugendgrundrecht wurde, zunächst unter der Überschrift „Familienleben",[60] alsbald Bestandteil der Diskussionen. Dabei spielte interessanterweise von Anfang an der Schutz der eigenständigen Persönlichkeit von Kindern eine zentrale Rolle. Dieses Element blieb auch in den folgenden, zum Teil nur spärlichen Diskussionen, konstant und wurde durch die spezifische Bezugnahme der Meinungsäußerungsfreiheit von Kindern verstärkt. Daneben wurde im Laufe der Diskussionen allerdings das stärker individualistisch ausgerichtete „Interesse" des Kindes durch die aus verfassungsrechtlichen Texten der Mitgliedstaaten und einschlägigen völkerrechtlichen Verträgen bekannte Wendung vom „Kindeswohl", also einer objektivierten, verfassungsrechtlichen, aber auch gesellschaftspolitischen Wertungen zugänglichen Formulierung, ersetzt.[61] Erst in der letzten Phase der Konventsarbeiten wurde Art. 24 GRC durch den Anspruch des Kindes „auf regelmäßige persönliche Beziehungen und direkte Kontakte zu beiden Elternteilen" ergänzt,[62] einem Recht, das sich im Übrigen erst schrittweise im Zusammenhang mit grenzüberschreitenden Kindschaftsauseinandersetzungen und der Anerkennung und Vollstreckung von Gerichtsentscheidungen entwickelt hat und im regionalen Völkerrecht heute Bestandteil des Europarats-Übereinkommens vom Mai 2003 ist (→ Rn. 6).

Jenseits des konventsspezifischen Erörterungsprozesses ist auffällig, dass alle drei Absätze 12 des Art. 24 GRC sich an Bestimmungen des Übereinkommens über die Rechte des Kindes orientieren.[63] Nach Art. 3 Abs. 2 KRK verpflichten sich die Vertragsstaaten, „dem Kind unter Berücksichtigung der Rechte und Pflichten seiner Eltern, seines Vormunds oder anderer für das Kind gesetzlich verantwortlicher Personen den Schutz und die Fürsorge zu gewährleisten, die zu seinem Wohlergehen notwendig sind; zu diesem Zweck treffen sie alle geeigneten Gesetzgebungs- und Verwaltungsmaßnahmen" (vgl. Art. 24 Abs. 1 S. 1 GRC). Der vorgängige Art. 3 Abs. 1 KRK, wonach „[b]ei allen Maßnahmen, die Kinder betreffen, gleichviel ob sie von öffentlichen oder privaten Einrichtungen der sozialen Fürsorge, Gerichten, Verwaltungsbehörden oder Gesetzgebungsorganen getroffen werden, [...] das Wohl des Kindes ein Gesichtspunkt [ist], der vorrangig zu berücksichtigen ist", spiegelt sich in Art. 24 Abs. 2 GRC wider. Die in Art. 12 KRK normierte Pflicht der Vertragsstaaten zur Berücksichtigung des Kindeswillens und die kindspezifische Ausformung der Meinungs- und Informationsfreiheit in Art. 13 KRK standen Pate für Art. 24 Abs. 1 S. 2 und 3 KRK. Selbst Art. 24 Abs. 3 GRC lässt sich zu Art. 9 Abs. 1 und 3 KRK in Beziehung setzen. Insgesamt wird hieran deutlich, dass weniger die Verfassungsordnungen der Mitgliedstaaten als vielmehr die **neueren völkerrechtlichen Entwicklungen** für die Konturierung des Schutzes von Kindern und Jugendlichen in der Europäischen Union relevant waren und sind. Es ist insoweit der innovative Gehalt des Völkerrechts, der zum Teil auch auf die mitgliedstaatlichen Verfassungen durchgeschlagen hat.[64]

Der spezifische arbeits- und sozialrechtliche Schutz von Kindern war von Anfang an ein 13 Thema des Konvents. Zunächst wollte sich das Präsidium auf die Festlegung eines Mindestalters für den Eintritt in das Arbeitsleben beschränken, der Konvent bezog jedoch auch die Arbeitsbedingungen für Jugendliche in seine Diskussionen ein.[65] Bemerkenswert ist auch im Hinblick auf Art. 32 GRC, dass zwar primär- und sekundärrechtliche Bestimmungen des Unionsrechts Eingang in die Beratungen fanden,[66] dass aber auch hier die Standards des Übereinkommens über die Rechte des Kindes berücksichtigt wurden. Auch die genannten Instrumente der Internationalen Arbeitsorganisation (→ Rn. 5) wurden vom Konvent in die Überlegungen einbezogen.

---

[60] *Hölscheidt* in NK-EuGRCh GRCh Art. 24 Rn. 10.
[61] *Hölscheidt* in NK-EuGRCh GRCh Art. 24 Rn. 12 f., jeweils mwN.
[62] *Hölscheidt* in NK-EuGRCh GRCh Art. 24 Rn. 14.
[63] Das macht auch *Hölscheidt* in NK-EuGRCh GRCh Art. 24 Rn. 2–5, deutlich.
[64] Bemerkenswert insoweit bspw. Art. 72 polnVerf.
[65] Vgl. *Rudolf* in NK-EuGRCh GRCh Art. 32 Rn. 6.
[66] Neben Art. 151 AEUV mit den Bezugnahmen auf die Gemeinschaftscharta und die Sozialcharta ist insbes. die Richtlinie 94/33/EG zu nennen.

14 Auffällig ist, dass die beiden Vorschriften über die **Rechte von Kindern und Jugendlichen in unterschiedlichen Kapiteln der Charta** enthalten sind. Die schillernden[67] Gehalte des Art. 24 GRC mit den allgemeinen Rechten des Kindes finden sich im Kapitel über die Gleichheit, während die Vorschrift über das Verbot der Kinderarbeit und den Schutz von Jugendlichen am Arbeitsplatz dem Kapitel über Solidarität zugeordnet ist. Diese unterschiedliche systematische Einordnung kann kritisch bewertet werden, vor allem, weil Art. 24 GRC mit dem „Anspruch auf [...] Schutz und [...] Fürsorge" dem Kapitel über Solidarität näherstet als dem über Gleichheit. Allerdings nimmt die Zuordnung den europarechtlichen Hintergrund beider Bestimmungen auf. So unterfüttert Art. 24 GRC die Diskriminierungsverbote des Primär- und Sekundärrechts (→ Rn. 9 f.) im Hinblick auf Kinder und Jugendliche grund- und menschenrechtlich und dient als Auslegungshilfe für einschlägige unionsrechtliche Normen.[68] Art. 32 GRC steht hingegen in der Tradition des europäischen Arbeitsrechts und lässt sich auf dieser Grundlage ohne weiteres dem Kapitel „Solidarität" eingliedern.

B. Gewährleistungsgehalte

15 Der grund- und menschenrechtliche Kinder- und Jugendschutz der Grundrechtecharta ist in der Tat schillernd und lässt sich weitgehend nur entstehungsgeschichtlich erklären. Er speist sich inhaltlich zunächst aus der dem Unionsrecht und dem mitgliedstaatlichen Recht geläufigen Schutzbedürftigkeit von Kindern und Jugendlichen in sozialer und ökonomischer Hinsicht. Daneben stehen die Schutzbedürftigkeit Minderjähriger im Fall von Sorge- und Umgangsrechtsstreitigkeiten und die Orientierung am Kindeswohl. Zum zweiten nimmt die Charta einen partizipatorischen Aspekt[69] auf, indem sie die Einflussmöglichkeiten von Kindern und Jugendlichen betont. Drittens wird dem Kindeswohl eine für Grundrechtskataloge eher atypische Verpflichtungswirkung nicht nur im Hinblick auf öffentliche, sondern auch private Einrichtungen beigemessen. Viertens schließlich werden das Verbot der Kinderarbeit und der Schutz Jugendlicher am Arbeitsplatz grund- und menschenrechtlich aufgewertet. Vor dem Hintergrund der ausführlichen Darlegungen zur Entwicklung und Bedeutung der grund- und menschenrechtlichen Gewährleistung der Rechte von Kindern und Jugendlichen ist im Folgenden der sachliche Schutzbereich jeweils nur knapp zu umreißen.

I. Sachlicher Schutzbereich

16 1. **Schutz- und Fürsorgeanspruch (Art. 24 Abs. 1 S. 1 GRC).** Den meisten mitgliedstaatlichen Verfassungen wie auch dem Unionsrecht ist die Pflicht des Staates zum Schutz von Kindern und Jugendlichen, wie sie in Art. 24 Abs. 1 S. 1 GRC statuiert wird, nicht fremd (→ Rn. 4 und 9 f.). Allerdings sind es nur wenige Verfassungen, darunter vor allem die neueren Verfassungsdokumente der mittel- und osteuropäischen Mitgliedstaaten, die über eine objektive staatliche Schutzpflicht hinausgehen.[70] Nach wie vor wird in den

---

[67] So *Grabenwarter* DVBl 2001, 1 (6).
[68] *Rengeling/Szczekalla* Grundrechte in der EU § 26 Rn. 941. Siehe zB EuGH C-221/17, ECLI:EU:C:2019:189 – Tjebbes ua zur Auslegung des Art. 20 AEUV im Lichte ua des Art. 24 GRC.
[69] Zur Partizipation *Dethloff/Maschwitz* FPR 2012, 190 (193).
[70] Siehe insbes. § 6 Abs. 3 finVerf („Children shall be treated equally and as individuals and they shall be allowed to influence matters pertaining to themselves to a degree according to their level of development") und Art. 72 polnVerf („(1) The Republic of Poland shall ensure protection of the rights of the child. Everyone shall have the right to demand of organs of public authority that they defend children against violence, cruelty, exploitation and actions which undermine their moral sense. (2) A child deprived of parental care shall have the right to care and assistance provided by public authorities. (3) Organs of public authority and persons responsible for children, in the course of establishing the rights of a child, shall consider and, insofar as possible, give priority to the views of the child. (4) The competence and procedure for appointment of the Commissioner for Children's Rights shall be specified by statute."). Diese beiden Bestimmungen bringen zum Ausdruck, dass Kinder als Persönlichkeiten respektiert werden sollen und ihnen gegenüber staatlichen und anderen Einrichtungen eine Subjektstellung zukommt.

meisten Mitgliedstaaten eine Subjektivierung spezifischer Rechte des Kindes vermieden, zumindest aber über die Familie gefiltert. Hiervon weicht die Charta ab und eröffnet vom Wortlaut her eine **klare Anspruchsperspektive**. Sie bietet damit die Grundlage für eine Subjektivierung vorhandener objektivrechtlicher Standards des Primär- und Sekundärrechts auf Unionsebene. Das Regelungsziel ist ohne Zweifel gemeineuropäisch verankert und völkerrechtlich (→ Rn. 5 ff.) unterfüttert, die subjektiv-rechtliche Formulierung der Grundrechtecharta geht allerdings deutlich über bloße staatliche Pflichten und über die Entfaltung des Kinder- und Jugendschutzes als Schranke anderer Grundrechte,[71] beispielsweise der Medienfreiheit,[72] hinaus. Dies trägt der besonderen Schutzbedürftigkeit von Kindern Rechnung, die eindeutig über die Schutzbedürftigkeit anderer Personengruppen hinausgeht.[73]

2. Meinungsäußerungsfreiheit oder Partizipationsrecht? (Art. 24 Abs. 1 S. 2 und 3 GRC). 17 Ungewöhnlich und in Anbetracht der Gewährleistung des Rechts auf freie Meinungsäußerung auf der Grundlage von Art. 11 Abs. 1 S. 1 GRC[74] prima facie zunächst nicht unbedingt erforderlich[75] scheint die spezifische Verankerung der Meinungsäußerungsfreiheit von Kindern in Art. 24 Abs. 1 S. 2 und 3 GRC. Liest man die Meinungsäußerungsfreiheit zusammen mit der in Satz 3 verankerten Berücksichtigungspflicht, so wird aber deutlich, dass es hier nicht um die Freiheit der Meinungsäußerung im überkommen Sinne geht, sondern dass die **Partizipation von Kindern** an sie betreffenden Entscheidungsprozessen **das eigentliche Anliegen** dieser Vorschrift ist. Auch das geltende Unionsrecht differenziert bei der Meinungsäußerungsfreiheit nicht grundlegend zwischen Minderjährigen und Volljährigen. Hingegen kennt es zahlreiche partizipatorische Elemente. Ein solches Partizipationsmoment ist – auch in der Charta – zutreffend auf Angelegenheiten begrenzt, die Kinder betreffen. So verstanden lässt sich den Sätzen 2 und 3 ein eigenständiger und zusammenhängender Sinngehalt entnehmen, der sich auch vor dem Hintergrund der Entstehungsgeschichte deutlich besser einordnen lässt als die Annahme einer Bestimmung über die Grundrechtsmündigkeit im Hinblick auf die Meinungsäußerungsfreiheit der Kinder.[76] Alter und Reifegrad stehen in Art. 24 GRC im Übrigen nicht im Zusammenhang mit der aktiven Meinungsäußerung, sondern mit der Berücksichtigungspflicht.[77] Eine solche Ausrichtung macht dann Sinn, wenn es tatsächlich um mehr geht als um die auch anderen Grundrechtsträgern zustehenden Rechte, hinsichtlich derer die Grundrechtsinterpretation der meisten Mitgliedstaaten differenzierende Lösungen für Kinder gefunden hat.[78]

3. Kindeswohl (Art. 24 Abs. 2 GRC) und Anspruch auf persönliche Beziehungen 18 **(Art. 24 Abs. 3 GRC).** Nach Art. 24 Abs. 2 GRC muss bei allen Maßnahmen öffentlicher Stellen oder privater Einrichtungen, die Kinder betreffen, das Wohl des Kindes eine vorrangige Erwägung sein. Vom Begriff „öffentliche Stellen und private Einrichtungen" werden sämtliche Einrichtungen im Sinne des Art. 3 Abs. 1 KRK erfasst,[79] worunter

---

71 Diese Funktion betonen *Rengeling/Szczekalla* Grundrechte in der EU § 26 Rn. 957.
72 Ausdrücklich verankert ist der Jugendschutz etwa in Art. 5 Abs. 2 GG und in Art. 20 Abs. 4 spanVerf.
73 Vgl. an dieser Stelle *Hölscheidt* in NK-EuGRCh GRCh Art. 24.
74 Vgl. im Zusammenhang mit der Rechtslage vor dem Inkrafttreten des Vertrags von Lissabon die umfassende rechtsvergleichende Analyse bei *Kühling*, Die Kommunikationsfreiheit als europäisches Gemeinschaftsgrundrecht, 1999, S. 207 ff.; Rechtsprechungsnachweise bei *Bernsdorff* in NK-EuGRCh GRCh Art. 11 Rn. 11 ff.
75 So die nicht in jeder Hinsicht überzeugende Einschätzung bei *Hölscheidt* in NK-EuGRCh GRCh Art. 24 Rn. 24.
76 So aber *Rengeling/Szczekalla* Grundrechte in der EU § 26 Rn. 958.
77 „[...] in einer ihrem Alter und ihrem Reifegrad entsprechenden Weise berücksichtigt".
78 Für das GG knüpft *Sachs* in Sachs GG vor Art. 1 Rn. 76, an gesetzliche Altersgrenzen an, betont aber zugleich überzeugend, dass sich im GG für „eine Grundrechtsmündigkeit als [...] Fähigkeit, eine grundrechtliche Berechtigung selbst wahrzunehmen" keine (sic!) Grundlage findet (*Sachs* in Sachs GG vor Art. 1 Rn. 75).
79 Art. 3 Abs. 1 KRK hat folgenden Wortlaut: „In all actions concerning children, whether undertaken by public or private social welfare institutions, courts of law, administrative authorities or legislative bodies,

beispielsweise Kindergärten, Schulen sowie Jugendschutzbehörden fallen können.[80] Hinsichtlich der Bindungswirkung ist anzumerken, dass sie im Ergebnis „einer Pflicht zur verstärkten Berücksichtigung"[81] entsprechen dürfte. Praktisch bedeutsam wurde Art. 24 Abs. 2 GRC bisher vor allem im Zusammenhang mit der Auslegung von EU-Sekundärrecht.[82] So stellte der EuGH beispielsweise in einem Fall unter Berücksichtigung des Art. 7 GRC iVm Art. 24 Abs. 2 GRC unter anderem fest, dass Art. 21 AEUV sowie die Richtlinie 2004/38/EG[83] einer nationalen Regelung entgegenstehen, die einem Drittstaatsangehörigen, der Elternteil eines minderjährigen Unionsbürgers ist, dem er Unterhalt gewährt und mit dem er im Aufnahmemitgliedstaat lebt, allein wegen des Vorliegens von Vorstrafen eine Aufenthaltserlaubnis automatisch verweigert.[84] Gleichermaßen stellte der Gerichtshof auch einen Verstoß gegen Art. 20 AEUV fest, sofern die Verweigerung der Aufenthaltserlaubnis zur Folge hat, dass die Kinder das Unionsgebiet verlassen müssen.[85] Auch im Zusammenhang mit der Auslegung der Verordnung (EG) Nr. 2201/2003 entschied der EuGH, dass die gerichtliche Anhörung eines Kindes keine absolute Verpflichtung darstellt, sondern im Einklang mit Art. 24 Abs. 2 GRC Gegenstand einer Einzelfallbeurteilung anhand der mit dem Kindeswohl zusammenhängenden Erfordernisse sein muss.[86] In einer weiteren Entscheidung hat der Gerichtshof klargestellt, dass im Rahmen eines Verfahrens zur Vollstreckung des Europäischen Haftbefehls die Achtung bestimmter spezifischer Verfahrensrechte von Minderjährigen zu gewährleisten ist, um im Sinne der Richtlinie (EU) 2016/800[87] sicherzustellen, dass das Wohl des Kindes, gegen das ein Europäischer Haftbefehl ergangen ist, gemäß Art. 24 Abs. 2 GRC immer eine vorrangige Erwägung ist.[88]

Die kindschafts- und insbesondere sorgerechtlichen Auseinandersetzungen nimmt Art. 24 Abs. 3 GRC in Anlehnung an Art. 9 Abs. 3 KRK auf und gewährleistet einen

---

the best interests of the child shall be a primary consideration." Vgl. *Hölscheidt* in NK-EuGRCh GRCh Art. 24 Rn. 29.
[80] Siehe beispielsweise *Hölscheidt* in NK-EuGRCh GRCh Art. 24 Rn. 29; *Ennuschat* in Stern/Sachs GRCh Art. 24 Rn. 18.
[81] *Ennuschat* in Stern/Sachs GRCh Art. 24 Rn. 18.
[82] Siehe hierzu auch *Ennuschat* in Stern/Sachs GRCh Art. 24 Rn. 18.
[83] Richtlinie 2004/38/EG des Europäischen Parlaments und des Rates vom 29. April 2004 über das Recht der Unionsbürger und ihrer Familienangehörigen, sich im Hoheitsgebiet der Mitgliedstaaten frei zu bewegen und aufzuhalten, zur Änderung der Verordnung (EWG) Nr. 1612/68 und zur Aufhebung der Richtlinien 64/221/EWG, 68/360/EWG, 72/194/EWG, 73/148/EWG, 75/34/EWG, 75/35/EWG, 90/364/EWG, 90/365/EWG und 93/96/EWG (ABl. 2004 L 158, 77, berichtigt im ABl. 2004 L 229, 35).
[84] EuGH C-165/14 Rn. 66 f. – Alfredo Rendón Marín/Administración del Estado.
[85] EuGH C-165/14 Rn. 87 – Alfredo Rendón Marín/Administración del Estado. Vgl. auch EuGH C-304/14 Rn. 36 – Secretary of State for the Home Department/CS („*Zur Möglichkeit der Einschränkung eines aus Art. 20 AEUV abgeleiteten Aufenthaltsrechts* […] Dazu ist festzustellen, dass Art. 20 AEUV die Möglichkeit der Mitgliedstaaten unberührt lässt, sich ua auf die Ausnahme wegen der Aufrechterhaltung der öffentlichen Ordnung oder Sicherheit zu berufen. Da die Situation von CS aber dem Unionsrecht unterliegt, ist bei ihrer Beurteilung das Recht auf Achtung des Privat- und Familienlebens gemäß Art. 7 der Charta der Grundrechte der Europäischen Union […] zu berücksichtigen, wobei dieser Artikel im Zusammenhang mit der Verpflichtung zu sehen ist, das Wohl des Kindes, wie es in Art. 24 Abs. 2 der Charta anerkannt ist, zu berücksichtigen […]" [Hervorhebung im Original]).
[86] EuGH C-491/10 PPU, Slg. 2010, I-14247 Rn. 64 ff. – Aguirre Zarraga (Rn. 65: „Folglich verlangt das in Art. 24 Abs. 2 der Charta der Grundrechte und in Art. 42 Abs. 2 Unterabs. 1 Buchst. a der Verordnung Nr. 2201/2003 vorgesehene Recht des Kindes, gehört zu werden, nicht zwingend die Durchführung einer Anhörung vor dem Gericht des Ursprungsmitgliedstaats, sondern gebietet es, dass dem Kind die rechtlichen Verfahren und Bedingungen zur Verfügung gestellt werden, die es ihm ermöglichen, seine Meinung frei zu äußern, und dass das Gericht diese Meinung einholt.").
[87] Vgl. den achten Erwägungsgrund der Richtlinie (EU) 2016/800 des Europäischen Parlaments und des Rates vom 11. Mai 2016 über Verfahrensgarantien in Strafverfahren für Kinder, die Verdächtige oder beschuldigte Personen in Strafverfahren sind (ABl. 2016 L 132, 1): „Wenn Kinder Verdächtige oder beschuldigte Personen in Strafverfahren oder Personen sind, gegen die ein Verfahren zur Vollstreckung des Europäischen Haftbefehls auf der Grundlage des Rahmenbeschlusses 2002/584/JI […] eingeleitet wurde, sollten die Mitgliedstaaten sicherstellen, dass das Kindeswohl gemäß Artikel 24 Absatz 2 der Charta der Grundrechte der Europäischen Union […] immer eine vorrangige Erwägung ist."
[88] EuGH C-367/16, ECLI:EU:C:2018:27 Rn. 37 – Piotrowski.

„Anspruch auf regelmäßige persönliche Beziehungen und direkte Kontakte zu beiden Elternteilen". Die einzige Kompetenz, die die Union im Bereich insbesondere des Umgangsrechts mit grenzüberschreitenden Bezügen besitzt, ist in Art. 81 Abs. 3 AEUV verankert.[89] Damit wird eine eigentlich der justiziellen Zusammenarbeit zuzuordnende Fragestellung[90] wegen der besonderen Schutzbedürftigkeit Minderjähriger grundrechtlich aufgewertet. Die grundrechtliche Überformung der zwischenstaatlichen Zusammenarbeit ist europa- und völkerrechtlich zwar nicht die Regel, durchaus aber kein Einzelfall. So haben Gerichte,[91] auch der EGMR,[92] im Hinblick auf staatlich autorisierte, aber völkerrechtswidrige Entführungen Verdächtiger zur Sicherstellung der innerstaatlichen Strafverfolgung neben der Beeinträchtigung der Souveränität des Aufenthaltsstaats des Verdächtigen auch eine menschenrechtliche Dimension des Entführten herausgearbeitet, die punktuell zu berücksichtigen ist.[93] Die zwischenstaatliche, auch innereuropäische Kooperation unterliegt damit nicht nur den zugunsten der Mitgliedstaaten geschaffenen Schutznormen, sondern in zunehmendem Maße auch individualrechtlichen Bestimmungen, die verhindern, dass die betroffenen Personen – sei es der entführte Verdächtige oder das im Rahmen von kindschaftsrechtlichen Auseinandersetzungen entführte minderjährige Kind[94] – zum bloßen Objekt der Auseinandersetzung werden. Der in Art. 24 Abs. 3 GRC formulierte Anspruch des Kindes auf persönliche Beziehungen zu seinen Eltern spielt vor allem auch bei der Auslegung des Sekundärrechts, wie zum Beispiel der Verordnung (EG) Nr. 2201/2003 (sog. Brüssel IIa-VO)[95] eine besondere Rolle.[96] Im Zusammenhang mit der Familienzusammenführung minderjähriger Kinder von Drittstaatsangehörigen hat der EuGH entschieden, dass sich aus Art. 24 Abs. 3 iVm Abs. 2 GRC und Art. 7 GRC jedenfalls kein subjektives Recht für Mitglieder einer Familie auf Aufnahme im Hoheitsgebiet eines Staates herleiten lässt und diese Bestimmungen auch nicht dahingehend ausgelegt werden können, dass den Staaten im Rahmen der Überprüfung von Anträgen auf Familienzusammenführung kein Ermessensspielraum verbliebe.[97]

4. Verbot der Kinderarbeit und Schutz der Jugendlichen am Arbeitsplatz (Art. 32 19 **GRC).** Die schon genannte Jugendarbeitsschutz-RL 94/33/EG[98] beinhaltet differenzierte sekundärrechtliche Regelungen zum **Schutz der Jugendlichen am Arbeitsplatz**.[99] Sie wird im Wesentlichen durch die Nr. 20–23 SozGRCh und Art. 7 EuSozCh ausgestaltet.

---

[89] Vgl. hierzu die Erläuterung zu Art. 24 GRC, ABl. 2007 C 303, 17 (25): „Mit Absatz 3 wird der Umstand berücksichtigt, dass als Teil der Errichtung des Raums der Freiheit, der Sicherheit und des Rechts die Gesetzgebung der Union in Bereichen des Zivilrechts mit grenzüberschreitenden Bezügen – für die in Artikel 81 des Vertrags über die Arbeitsweise der Europäischen Union die entsprechende Zuständigkeit vorgesehen ist – insbesondere auch das Umgangsrecht umfassen kann, mit dem sichergestellt wird, dass Kinder regelmäßige persönliche Beziehungen und direkte Kontakte zu beiden Elternteilen unterhalten können."
[90] Die einschlägigen Übereinkommen betreffen ebenso wie die VO (EG) Nr. 2201/2003 über die Zuständigkeit und die Anerkennung und Vollstreckung von Entscheidungen in Ehesachen und in Verfahren betreffend die elterliche Verantwortung und zur Aufhebung der Verordnung (EG) Nr. 1347/2000 (ABl. 2003 L 338, 1, sog. Brüssel IIa-Verordnung) die Zusammenarbeit zwischen den Gerichten verschiedener Staaten in kindschafts- und sorgerechtlichen Auseinandersetzungen.
[91] Vgl. etwa den südafrikanischen Fall S. v. Ebrahim, The South African Law Reports 1991 (2), 553–585.
[92] EGMR 19.3.1991 – 11755/85 – Stocké/Deutschland.
[93] Siehe dazu *Marauhn* in Bernhardt, EPIL, Bd. 3, 1997, S. 82 (83); vgl. auch *Wilske* in Wolfrum, The Max Planck Encyclopedia of Public International Law, 2012, abrufbar unter: opil.ouplaw.com/home/EPIL.
[94] Vgl. insoweit nur *Schulz* IPRax 2001, 91 ff.
[95] ABl. 2003 L 338, 1.
[96] *Hölscheidt* in NK-EuGRCh GRCh Art. 24 Rn. 38. Vgl. aber auch EuGH C-491/10 PPU, Slg. 2010, I-14247 – Aguirre Zarraga, wo es um die Auslegung von Art. 42 der Verordnung (EG) Nr. 2201/2003 im Lichte des Art. 24 Abs. 1 und Abs. 2 GRC ging.
[97] EuGH C-540/03, Slg. 2006, I-5769 – Europäisches Parlament/Rat der EU. Vgl. allgemein in diesem Zusammenhang auch *Fritzsch* ZAR 2014, 137 (138).
[98] ABl. 1994 L 216, 12.
[99] Zu den Einzelheiten siehe die Kommentierung zur RL 94/33/EG bei *Kolbe* in Franzen/Gallner/Oetker mwN.

Wenig plakativ ist insbesondere das gleichsam in den vorhandenen Regelungen versteckte **Verbot der Kinderarbeit.** Dennoch dienen sie als Rechtserkenntnisquellen, auf die sich die Regelungen des Art. 32 GRC stützen.[100] Auf der anderen Seite bewegen sich das gemeineuropäische und das Unionsrecht gegenwärtig materiell- und verfahrensrechtlich insoweit auf einem relativ hohen Niveau. Somit fehlt es allenfalls an einer spezifisch grundrechtlichen Wirkungsrichtung und der damit verbundenen Möglichkeit einer individualrechtlichen Geltendmachung. Auch wenn das Verbot der Kinderarbeit Gegenstand kollektiver Beschwerdeverfahren im Rahmen der Sozialcharta sein kann,[101] so ist es aus menschenrechtlicher Perspektive kaum im Bewusstsein der Union, was sich insbesondere in der fehlenden Rechtsprechung beispielsweise zu Fragen der Kinderarbeit äußert. Die entsprechende – entgegen der im Schrifttum teilweise vertretenen Ansicht, dass Art. 32 GRC lediglich Grundsätze enthalte[102] – grundrechtliche Verstärkung durch Art. 32 GRC,[103] der die Altersgrenzen des Sekundärrechts sinnvoll aufnimmt,[104] eröffnet vor allem Zukunftsperspektiven im Hinblick auf das Verhältnis zu Drittstaaten. Grundrechtlich verstärkt bringt die Union dann auch plakativ die Standards des Übereinkommens Nr. 182 der Internationalen Arbeitsorganisation und des Art. 32 des Übereinkommens über die Rechte des Kindes zum Ausdruck und kann diese in den Außenbeziehungen deutlicher instrumentalisieren als dies bislang im Rahmen von Assoziationsverträgen und bei Verhandlungen in der WTO der Fall ist.[105]

II. Persönlicher Schutzbereich

20 Spezifische grund- und menschenrechtliche Gewährleistungen zugunsten von Kindern oder Jugendlichen werfen die Frage nach den Kriterien der **Grundrechtsträgerschaft** auf. In Ermangelung klar definierter Altersgrenzen und in Anbetracht der Tatsache, dass die besondere Schutzbedürftigkeit Grundlage des Individualrechts ist, kann die Grundrechtsträgerschaft grundsätzlich nur unter Berücksichtigung eben dieser Schutzbedürftigkeit konkretisiert werden. Negativ auszugrenzen sind zunächst volljährige Personen, bei denen unterstellt wird, dass sie nicht in besonderer Weise schutzwürdig sind, auch wenn Beeinträchtigungen der Einsichtsfähigkeit weder auf Kinder beschränkt sind noch notwendig bei diesen auftreten.[106] In Anknüpfung an differenzierte Lösungen in einzelnen mitgliedstaatlichen Verfassungsordnungen[107] könnte man eine Differenzierung innerhalb der Gruppe der Minderjährigen in Erwägung ziehen. Eine solche Differenzierung, die sich an der Einsichtsfähigkeit orientiert, ist jedoch in der Grenzziehung ebenfalls problematisch und nicht unbedingt überzeugend.[108] Allenfalls bei Grundrechtskollisionen – etwa im Verhältnis zwischen Eltern und Kindern – sollte insoweit differenziert werden. Bieten also weder die mitgliedstaatlichen Verfassungsordnungen noch das Primär- oder Sekundärrecht auf Unionsebene überzeugende Differenzierungen an, so liegt zur Bestimmung des Begriffs „Kind" im Sinne des Art. 24 GRC eine Orientierung an dem Übereinkommen über die Rechte des Kindes nahe, das in seinem Art. 1 die Grundrechtsträger einheitlich definiert als Menschen, die das 18. Lebensjahr noch nicht vollendet haben, es sei denn, die Volljährigkeit tritt nach dem auf den konkreten Fall anzuwendenden Recht früher ein. Unabhängig davon können die besonderen Altersgrenzen der Jugendarbeitsschutzrichtlinie für die Auslegung von Art. 32 GRC, wo der Begriff des Kindes im Gegensatz zu Art. 24

---

[100] Vgl. hierzu Jarass GRCh Art. 32 Rn. 1.
[101] Beschwerde Nr. 1/1998. Vgl. an dieser Stelle auch *Lembke* in von der Groeben/Schwarze/Hatje GRC Art. 32 Rn. 4.
[102] Siehe hierzu *Lembke* in von der Groeben/Schwarze/Hatje GRC Art. 32 Rn. 7 f. mwN.
[103] Eingehend dazu *Rudolf* in NK-EuGRCh GRCh Art. 32 Rn. 11 ff.
[104] Vgl. dazu mwN *Rengeling/Szczekalla* Grundrechte in der EU § 29 Rn. 1018.
[105] Ambivalent insoweit *Samida* DenvJILP 33 (2005), 411 ff.
[106] Darauf weisen *Rengeling/Szczekalla* Grundrechte in der EU § 26 Rn. 959 zutreffend hin.
[107] Vgl. dazu die Hinweise zum deutschen Verfassungsrecht bei *Dreier* in Dreier GG Vorb. Rn. 112 ff.
[108] Zur Diskussion darüber Stern StaatsR III/1 S. 1064 ff.

GRC enger ist, da zwischen Kindern und Jugendlichen unterschieden wird,[109] herangezogen werden.[110]

Im Hinblick auf den **Grundrechtsadressaten** ist zunächst unproblematisch, dass neben der Union im Zusammenhang mit der Durchführung des Unionsrechts in jedem Fall auch die Mitgliedstaaten Adressaten der einschlägigen Kinderrechte sind (Art. 51 Abs. 1 S. 1 GRC). Art. 24 Abs. 2 GRC mit der Erwähnung der „privaten Einrichtungen" legt allerdings eine unmittelbare Drittwirkung nicht nur nahe,[111] sondern sieht diese in der Tat vor.[112] Das ist auch nicht erstaunlich, wenn man bedenkt, dass die oben skizzierten sozialen Veränderungen im Bereich der Familie zum Teil dazu führen, dass private und gesellschaftliche Einrichtungen an die Stelle der Familie, aber auch staatlicher Organisationseinheiten treten. Zudem sind Kindertagesstätten und Schulen in zahlreichen Mitgliedstaaten auch privat organisiert. Primär ist es zwar Aufgabe des Staates, diese Einrichtungen zugunsten des Kindeswohls in die Pflicht zu nehmen. Soweit dies aber nicht erfolgt ist, kann hier von einer unmittelbaren Drittwirkung ausgegangen werden. Weniger intensiv ausgestaltet ist in dieser Hinsicht Art. 24 Abs. 3 GRC, weshalb hier eine unmittelbare Drittwirkung im Ergebnis abzulehnen ist.[113] Diese Vorschrift wehrt in erster Linie staatliche Eingriffe in den familiären Zusammenhalt ab und nimmt auch in kindschaftsrechtlichen Auseinandersetzungen den Staat in die Pflicht. Unzweifelhaft – und beispielsweise vom deutschen Bundesverfassungsgericht bestätigt – lässt sich der Kindesumgang (ebenso wenig wie die Elternliebe) von Seiten des Kindes nicht gegenüber dem den Kontakt ablehnenden Elternteil erzwingen.[114] Hier stößt das Recht an seine Grenzen. Auch im Hinblick auf Art. 32 GRC ist eine unmittelbare Drittwirkung abzulehnen.[115]

III. Gewährleistungsdimensionen

Kinderrechte sind *ipso facto* nicht nur Abwehrrechte. Sie lassen sich nur in einer Kombination und Verschränkung der unterschiedlichen Gewährleistungsdimensionen konstruieren und implementieren, also unter Berücksichtigung **sowohl** der **Schutz-** **als auch** der **Leistungsdimension**. Dem tragen die verfassungs- und völkerrechtlichen Instrumente ebenso wie Art. 24 und 32 GRC Rechnung. Ob es um Partizipation oder um Schutz geht, in jedem Fall ist der Grundrechtsschutz mehrdimensional. Dies ergibt sich zwangsläufig aus der *ratio* spezifischer Kinderrechte, nämlich der besonderen Schutzbedürftigkeit dieser Personengruppe.

C. Beeinträchtigung

Entsprechend ihrer Mehrdimensionalität sind Kinderrechte nicht nur klassischen Eingriffen ausgesetzt. Vielmehr dürfte in zahlreichen Konstellationen gerade die Nichtgewährung von Schutz (beispielsweise vor wirtschaftlicher oder sexueller Ausbeutung) ebenso wie die Verweigerung spezifischer Fürsorgeleistungen eine Beeinträchtigung der Rechte von Kindern

---

[109] Vgl. zum Ganzen *Lemke* in von der Groeben/Schwarze/Hatje GRC Art. 24 Rn. 10.
[110] So *Rudolf* in NK-EuGRCh GRCh Art. 32 Rn. 15; *Rengeling/Szczekalla* Grundrechte in der EU § 29 Rn. 1018.
[111] Zu restriktiv *Rengeling/Szczekalla* Grundrechte in der EU § 26 Rn. 960.
[112] Zutreffend insoweit *Steindorff-Classen* EuR 2011, 19 (33); siehe auch *Tettinger* NJW 2001, 1010 (1013), wo von einer „Horizontalwirkung" gesprochen wird; *Schmitz* JZ 2001, 840 ff. Von einer mittelbaren Drittwirkung ausgehend: *Hölscheidt* in NK-EuGRCh GRCh Art. 24 Rn. 19; vgl. auch *Kingreen* in Calliess/Ruffert GRC Art. 24 Rn. 8 mwN.
[113] So zB auch *Kingreen* in Calliess/Ruffert GRC Art. 24 Rn. 11. Nicht ganz überzeugend ist die sowohl von *Steindorff-Classen* EuR 2011, 19 (33) angenommene als auch von *Rengeling/Szczekalla* Grundrechte in der EU § 26 Rn. 961, befürchtete Drittwirkung. Art. 24 Abs. 3 GRC unterscheidet sich vom Wortlaut her doch deutlich von Art. 24 Abs. 2 GRC.
[114] BVerfG NJW 2002, 1863.
[115] Vgl. hierzu *Lembke* in von der Groeben/Schwarze/Hatje GRC Art. 32 Rn. 10 mwN; *Rudolf* in NK-EuGRCh GRCh Art. 32 Rn. 12.

und Jugendlichen darstellen. Maßgeblich für die Beurteilung von Beeinträchtigungen ist daher ein weiter Eingriffsbegriff, der jede Verkürzung des Schutzbereichs erfasst.[116]

D. Rechtfertigung

24 Entsprechende Beeinträchtigungen sind anhand der allgemeinen Maßstäbe, wie sie in Art. 52 GRC niedergelegt sind, zu messen. Dabei ist darauf zu achten, dass diese Rechtfertigungsnotwendigkeit nicht dadurch umgangen wird, dass der Grundrechtsschutz von Kindern und Jugendlichen über die Figur der Grundrechtsmündigkeit reduziert wird. Zwar vermag diese Rechtsfigur Konfliktkonstellationen – beispielsweise das Aufeinandertreffen grundrechtlicher Positionen der Kinder und ihrer Eltern – zu lösen. Dies bedarf aber eines durch den Verhältnismäßigkeitsgrundsatz strukturierten Abwägungsprozesses. Ferner ist darauf hinzuweisen, dass im Rahmen von Art. 24 Abs. 3 GRC, wie auch der Wortlaut nahelegt, lediglich das Kindeswohl als Einschränkungsgrund in Betracht gezogen werden kann.[117] Im Übrigen kommt eine Rechtfertigung von Eingriffen in Art. 24 GRC durch objektive Erwägungen in Betracht,[118] wobei zu beachten ist, dass nach Art. 24 Abs. 2 GRC das Kindeswohl eine vorrangige Erwägung sein muss. So hat der EuGH im Zusammenhang mit einer gerichtlichen Anhörung entschieden, dass es im Einzelfall im Interesse des Kindeswohls auch gerechtfertigt sein kann, dass ein Gericht, das über die Rückgabe eines Kindes zu entscheiden hat, von einer Anhörung des betroffenen Kindes im Rahmen eines Sorgerechtsverfahrens absieht.[119]

E. Verhältnis zu anderen Bestimmungen

25 Kindern und Jugendlichen stehen selbstverständlich nicht nur die spezifischen Gewährleistungen des Übereinkommens der Rechte des Kindes oder der einschlägigen Bestimmungen der Grundrechtecharta zu. Vielmehr treten diese neben und verstärken die grundrechtlichen Gewährleistungen, die Kindern und Jugendlichen kraft ihres Menschseins zukommen. Diese **Verstärkungswirkung besonderer Schutzbestimmungen** zugunsten schwächerer Personengruppen ist nicht zuletzt ein besonderes Charakteristikum zahlreicher Entscheidungen des EGMR zu kinderrechtlichen Fragen (→ Rn. 7). Wie dargelegt, fehlt in der EMRK eine spezifische Gewährleistung von Kinderrechten, so dass die Schutzverstärkung jeweils von den Spruchorganen entwickelt werden musste. Daraus hat sich in der Regel zugleich eine Beschränkung der Gewährleistungen anderer Grundrechtsträger ergeben, insbesondere im Kontext der Medienfreiheiten.[120] Im Verhältnis von Art. 24 GRC und Art. 32 GRC untereinander ist Art. 32 GRC als die speziellere Bestimmung anzusehen.[121] Art. 24 Abs. 3 GRC ist in seinem speziellen Anwendungsbereich gegenüber Art. 7 GRC vorrangig, im Übrigen steht Art. 24 GRC im Verhältnis zu Art 7 GRC in Idealkonkurrenz.[122]

F. Zusammenfassende Bewertung und Ausblick

26 Dem gemeineuropäischen Schutz von Kindern und Jugendlichen durch objektivrechtliche Verfassungsnormen und einfaches Gesetzesrecht kommt gegenwärtig noch eine entscheidende Rolle zu. Mit dem Übereinkommen über die Rechte des Kindes hat allerdings ein

---

[116] Zu den verschiedenen Eingriffsmodalitäten bei Art. 24 GRC vgl. *Lemke* in von der Groeben/Schwarze/Hatje GRC Art. 24 Rn. 11 ff.; zu Art. 32 GRC vgl. Jarass GRCh Art. 32 Rn. 10 f., jeweils mwN.
[117] Siehe hierzu *Lemke* in von der Groeben/Schwarze/Hatje GRC Art. 24 Rn. 16.
[118] *Lemke* in von der Groeben/Schwarze/Hatje GRC Art. 24 Rn. 16.
[119] EuGH C-491/10 PPU, Slg. 2010, I-14247 Rn. 63 f. – Aguirre Zarraga.
[120] Nachweise bei *Rengeling/Szczekalla* Grundrechte in der EU § 26 Rn. 957.
[121] Siehe hierzu auch *Lembke* in von der Groeben/Schwarze/Hatje GRC Art. 32 Rn. 4.
[122] Jarass GRCh Art. 24 Rn. 8, jeweils mwN.

Prozess der verfassungsrechtlichen Aufwertung einschlägiger Schutznormen und der Subjektivierung eingesetzt, dem neuere Verfassungstexte in den Mitgliedstaaten, die Spruchpraxis des Straßburger und des Luxemburger Gerichtshofs sowie – nicht zuletzt – Art. 24 und 32 GRC Rechnung tragen. Zum einen ist in der Folge damit zu rechnen, dass für Kinder und Jugendliche besonders sensible Sachfragen stärker aus deren Perspektive rechtlich aufgearbeitet werden können. Dies gilt insbesondere für kindschafts- und sorgerechtliche Auseinandersetzungen, aber auch für Teile des Jugendarbeitsrechts. Zum zweiten ist zu erwarten, dass die persönliche Eigenständigkeit von Kindern und Jugendlichen im Sinne von Partizipation an sie betreffenden Entscheidungsprozessen gestärkt wird. Letztlich bedeutet dies, dass Kinder nicht nur Objekte, sondern zunehmend auch Subjekte des europäischen Integrationsprozesses werden können, auch durch eine **„kinderfreundliche" Auslegung sonstiger primärrechtlicher sowie sekundärrechtlicher Bestimmungen.** Die Grundrechtecharta kann so dazu beitragen, dass Kinder in den Status europäischer Bürger hineinwachsen.

§ 46 Rechte älterer und behinderter Menschen

Übersicht

	Rn.
A. Entwicklung und Bedeutung der verfassungs- und menschenrechtlichen Gewährleistung der Rechte älterer und behinderter Menschen	1–14
I. Verfassungs- und völkerrechtliche Entwicklungen	5–10
II. Europäisches Primär- und Sekundärrecht	11–13
III. Entstehung und Bedeutung der Art. 25 und 26 GRC	14
B. Gewährleistungsgehalte	15–24
I. Sachlicher Schutzbereich	15–19
1. Rechte älterer Menschen	15–17
2. Rechte behinderter Menschen	18, 19
II. Persönlicher Schutzbereich	20, 21
III. Gewährleistungsdimensionen	22–24
C. Beeinträchtigung	25
D. Rechtfertigung	26
E. Verhältnis zu anderen Bestimmungen	27
F. Zusammenfassende Bewertung und Ausblick	28

Schrifttum:

Bausback, 50 Jahre Allgemeine Erklärung der Menschenrechte – Politisches Dokument mit rechtsgestaltender Wirkung?, BayVBl. 1999, 705; *Bell,* The New Article 13: A Sound Basis for European Anti-Discrimination Law?, MJ 1999, 5; *Beyerlin,* Schulische Integration und der Handlungsauftrag des Staates aus Art. 3 Abs. 3 Satz 2 GG, Recht der Jugend und des Bildungswesens 1999, 157; *Britz,* Diskriminierungsschutz und Privatautonomie, VVDStRL 64 (2005), 355; *Erzmann,* Konstitutive Elemente einer Allgemeinen (integrativen) Pädagogik und eines veränderten Verständnisses von Behinderung, 2003; *Feuser,* Integration heute – Perspektiven ihrer Weiterentwicklung in Theorie und Praxis, 2003; *Hailbronner,* Die Antidiskriminierungsrichtlinien der EU, ZAR 2001, 254; *Häußling,* Soziale Grundrechte in der portugiesischen Verfassung von 1976. Verfassung und soziale Wirklichkeit, 1997, S. 125; *Jürgens,* Grundrecht für Behinderte, NVwZ 1995, 452; *Oberleitner,* Developing social rights in Europe further, FS K. Ginther, 1999, S. 63; *Olk* in Müller, Soziale Arbeit: gesellschaftliche Bedingungen und professionelle Perspektiven, 2000, S. 98; *Oppermann,* Europäische und nationale Strategien zur Integration behinderter Menschen in den Arbeitsmarkt, Zeitschrift für europäisches Sozial- und Arbeitsrecht 2004, 284 ff.; *Schadendorf,* Die UN-Menschenrechtsverträge im Grundrechtsgefüge der Europäischen Union, EuR 2015, 28; *Schulte,* Behindertenrecht und Behindertenpolitik in der Europäischen Union, APuZ (2003) B 8, 46; *Waddington,* The European Union and the United Nations Convention on the Rights of Persons with Disabilities: A Story of Exclusive and Shared Competences, Maastricht Journal of European and Comparative Law 2011, 431.

A. Entwicklung und Bedeutung der verfassungs- und menschenrechtlichen Gewährleistung der Rechte älterer und behinderter Menschen

1 Ganz ähnlich wie die verfassungs- und menschenrechtliche Gewährleistung spezifischer Rechte von Kindern und Jugendlichen (→ § 45 Rn. 1 ff.) ist auch die einschlägige Gewährleistung von besonderen Rechten älterer und behinderter Menschen eine **relativ neue Entwicklung.** Generell ist diesen beiden besonders schutzbedürftigen Gruppen von Menschen erst in jüngerer Zeit gesellschaftspolitische und staatliche Aufmerksamkeit zuteil geworden.

2 **Ältere Menschen** wurden über lange Zeit in erster Linie als Bestandteil familiärer Strukturen wahrgenommen. Staatliche Fürsorge wurde allenfalls solchen Personen zuteil, die nicht oder nicht mehr auf eine familiäre Gemeinschaft mit Kindern, Enkelkindern und Anverwandten zurückgreifen konnten. Mit der Veränderung der familiären Strukturen von der Groß- zur Kleinfamilie und in Folge der häufig ausbildungs- und arbeitsplatzbedingten Auflösung räumlicher Nähe, aber auch aufgrund der verbesserten Gesundheitsversorgung, die zu einer deutlich höheren Lebenserwartung geführt hat, ist ein neues Bewusstsein für die Schutz- und Fürsorgebedürftigkeit älterer Menschen entstanden. Dabei hat auch die gleichberechtigte Teilnahme älterer Menschen am gesellschaftlichen und politischen Leben an Gewicht gewonnen.[1]

Menschen mit Behinderungen wurden über lange Zeit eher als Objekt gesellschaftlicher und staatlicher Fürsorge denn als Subjekt der Gemeinschaft wahrgenommen. Stärker noch als bei der Gruppe älterer Menschen steht deshalb hier die Beseitigung von Integrationshemmnissen im Vordergrund, um Lebenschancen zu verbessern und die gleichberechtigte Teilnahme am öffentlichen Leben zu ermöglichen.[2] In diesem Zusammenhang kommen auch neuere sozialwissenschaftliche Erkenntnisse zum Tragen, was etwa an der gesellschaftspolitischen Debatte über und den Modellen zur integrierten Beschulung behinderter und nicht behinderter Kinder deutlich wird.[3]

Den politischen und rechtlichen Entwicklungen im Hinblick auf beide Personengruppen ist gemeinsam, dass es darum geht, **Ausgrenzung zu vermeiden** und **Integration zu fördern**. Die Schaffung grund- und menschenrechtlicher Standards verstärkt diese Tendenz gerade dadurch, dass es nicht mehr nur um eine staatliche Aufgabe gegenüber diesen Personengruppen, sondern um individuelle Berechtigungen geht. Darin kommen die Würde und der Eigenwert jedes Mitglieds einer schutzwürdigen Gruppe zum Ausdruck, nicht nur im Sinne eines Anspruchs auf Schutz und Fürsorge, sondern auch als eigenverantwortliche Lebensgestaltung.

I. Verfassungs- und völkerrechtliche Entwicklungen

Während spezifische Bestimmungen über die Rechte von Behinderten vereinzelt Bestandteil **mitgliedstaatlicher Verfassungen** sind, gibt es dort dem Art. 25 GRC vergleichbare Gewährleistungen des Rechts „älterer Menschen auf ein würdiges und unabhängiges Leben und auf Teilnahme am sozialen und kulturellen Leben" nicht. Regelmäßig wird der Gruppe der älteren Menschen noch nicht einmal reflexartig über die Rechte von Angehörigen ein besonderer verfassungsrechtlicher Schutz zuteil.

Einige wenige Verfassungstexte anerkennen die besondere Schutzbedürftigkeit von Menschen mit Behinderungen. Dabei ist auffällig, dass manche Verfassungen – ähnlich wie Art. 26 GRC – den **Gleichheitsgedanken** in den Vordergrund stellen. So wie die Union in Art. 26 GRC „den Anspruch von Menschen mit Behinderung auf Maßnahmen zur Gewährleistung ihrer Eigenständigkeit, ihrer sozialen und beruflichen Eingliederung und ihrer Teilnahme am Leben der Gemeinschaft" anerkennt und achtet, schützen sowohl Art. 3 Abs. 3 S. 2 GG als auch Art. 7 Abs. 1 S. 3 östVerf Behinderte mit einem besonderen **Diskriminierungsverbot** gegen Benachteiligung. Ein solches Diskriminierungsverbot („wegen […] einer Behinderung") lässt sich schon Art. 21 Abs. 1 GRC entnehmen, so dass sowohl im Hinblick auf verfassungs- und völkerrechtliche Entwicklungen als auch für die Grundrechtecharta die Frage zu beantworten ist, inwieweit das spezifische Integrationsanliegen im Hinblick auf Menschen mit Behinderung über ein reines Diskriminierungsverbot hinausgeht. Instruktiv ist insoweit die Diskussion über Art. 3 Abs. 3 S. 2 GG. Nach wohl überwiegender Auffassung konkretisiert und verstärkt diese Bestimmung des Grundgesetzes den „Förderungs- und Integrationsauftrag des Sozialstaatsprinzips"[4] und ergänzt ihn um ein Benachteiligungsverbot, das vor allem im Bereich der allgemeinen Schulpflicht abwehrrechtliche Bedeutung entfaltet.[5] Anders als das allgemeine Diskriminierungsverbot des Art. 3 Abs. 3 S. 1 GG enthält Satz 2 kein Bevorzugungsverbot.[6] Originäre subjektive Leistungsansprüche lassen sich Art. 3 Abs. 3 S. 2 GG kaum entnehmen,[7] und auch bei den

---

[1] Vgl. hierzu im größeren Zusammenhang *Olk* in Müller S. 98 ff.
[2] Im europäischen Kontext *Oppermann* S. 284 ff.
[3] Eingehend *Feuser; Erzmann*.
[4] Vgl. *Heun* in Dreier GG Art. 3 Rn. 135 mwN; *Dürig/Scholz* in Maunz/Dürig GG Art. 3 Abs. 3 Rn. 174, spricht von einer „speziellen) Facette sozialgrundrechtlicher Schutzgewährung".
[5] *Jürgens* NVwZ 1995, 452 (453); weitergehend *Beyerlin* S. 157 ff.
[6] *Dürig/Scholz* in Maunz/Dürig GG Art. 3 Abs. 3 Rn. 133 ff.
[7] *Osterloh/Nußberger* in Sachs GG Art. 3 Rn. 305 mwN.

derivativen Teilhabe- und Leistungsrechten sind Literatur und Rechtsprechung zurückhaltend.[8] Das Bundesverfassungsgericht hat lediglich die Verweigerung des „tatsächlich möglichen" Zugangs zu öffentlichen Einrichtungen wegen einer Behinderung als unzulässige Benachteiligung angesehen.[9] Wie ein Vergleich mit Art. 3 Abs. 2 S. 2 GG deutlich macht, dürfte sich auch eine generelle objektiv-rechtliche Schutzpflicht zugunsten von Behinderten gerade nicht begründen lassen, so dass der grundgesetzlichen Norm jenseits der genannten grundrechtlichen Gehalte vor allem Staatszielcharakter zukommt.[10] Auswirkungen dürfte dies vor allem dahingehend haben, dass weder die Nähe von Menschen mit Behinderungen als schadensersatzfähige Beeinträchtigung des Reisegenusses[11] angesehen noch die möglicherweise ungewöhnlichen Kommunikationsgeräusche geistig Schwerbehinderter den üblichen Kategorien des Immissionsschutzrechts[12] zugeordnet werden können.

7 Im Unterschied zum näher ausgeführten grundgesetzlichen Regelungsansatz lassen sich beispielsweise der portugiesischen[13] und der spanischen[14] Verfassung **staatliche Handlungspflichten**[15] entnehmen, einschließlich der Unterstützung von Behindertenorganisationen,[16] der Verpflichtung auf eine „Politik der Vorsorge und Behandlung, der Rehabilitation und Resozialisierung"[17] und eines staatlichen Erziehungsauftrags gegenüber der Allgemeinheit.[18] Einen handlungsorientierten[19] Ansatz wählt auch Art. 38 der Verfassung von Sachsen-Anhalt (LSAVerf). Diese staatlichen Handlungspflichten einiger weniger Verfassungen werden ergänzt durch spezifische Gleichheitsrechte zugunsten behinderter Menschen,[20] so dass auch hier die subjektive grundrechtliche Dimension zum Tragen kommt. Weitergehende verfassungsrechtliche Gewährleistungen, beispielsweise im Hinblick auf die Verwendung von Zeichensprache oder anderen Kommunikationshilfen, sind die Ausnahme.[21]

8 Noch magerer fällt der **rechtsvergleichende Befund** im Hinblick auf die **Rechte älterer Menschen** aus. Eine umfassende grundrechtliche Gewährleistung in Anbetracht der spezifischen Schutzbedürftigkeit dieser Gruppe enthält keine der mitgliedstaatlichen Verfassungen. Lediglich die bulgVerf. greift zumindest die wirtschaftliche Absicherung alter Menschen ohne Angehörige auf, die sich nicht aus ihrem Vermögen unterhalten können, indem sie unter einen besonderen staatlichen Schutz sowie den Schutz der Gesellschaft gestellt werden.[22] Vereinzelt lassen sich Staatszielbestimmungen nachweisen, die den Staat in die Pflicht nehmen, um insbesondere die „gleichwertige Teilnahme" älterer Menschen am Leben in der Gemeinschaft zu fördern.[23] Im Übrigen genießen ältere Menschen aus verfassungsrechtlicher Perspektive eher im Kontext des Gesundheitsschutzes und der Teilnahme am Arbeitsleben spezifischen Schutz. Dabei steht dann die wirtschaftliche und soziale Absicherung im Vordergrund, die partiell von Art. 34 Abs. 1 GRC aufgenommen wird. Nur wenige Verfassungen kennen altersspezifische Diskriminierungsverbote.[24]

9 Völkerrechtlich kennt der **universelle Menschenrechtsschutz** nur in sehr eingeschränktem Maße besondere Rechte älterer und behinderter Menschen. So beinhaltet der

---

[8] *Osterloh/Nußberger* in Sachs GG Art. 3 Rn. 306 mwN.
[9] BVerfGE 96, 288 (303).
[10] Vgl. dazu nur *Jarass* in Jarass/Pieroth GG Art. 3 Rn. 113, 160, 167.
[11] Statt aller AG Flensburg NJW 1993, 272.
[12] So aber OLG Köln NJW 1998, 763 (765).
[13] Art. 71 portVerf.
[14] Art. 49 spanVerf.
[15] So zutreffend *Hölscheidt* in NK-EuGRCh GRCh Art. 26 Rn. 6.
[16] Art. 71 Abs. 3 portVerf.
[17] Art. 71 Abs. 2 portVerf. und ähnlich auch Art. 49 S. 1 spanVerf.
[18] Art. 71 Abs. 2 portVerf.
[19] Vgl. hierzu *Hölscheidt* in NK-EuGRCh GRCh Art. 26 Rn. 3 ff.
[20] Insbesondere Art. 3 Abs. 3 S. 2 GG und Art. 7 Abs. 1 S. 3 östVerf.
[21] Eher ungewöhnlich § 17 Abs. 3 S. 3 finnVerf.
[22] Art. 51 Abs. 3 bulgVerf.; vgl. hierzu auch *Hölscheidt* in NK-EuGRCh GRCh Art. 25 Rn. 3.
[23] Art. 38 LSAVerf.
[24] Vgl. § 6 Abs. 2 finnVerf und Art. 59 Abs. 1 portVerf.

ohnehin nicht *eo ipso* verbindliche[25] **Art. 25 AEMR** lediglich ein „Recht auf Sicherheit im Falle von [...] Krankheit, Invalidität, Verwitwung, Alter" und hat dabei vor allem den Verlust von Unterhaltsmitteln im Blick. Die beiden Menschenrechtspakte hatten diesen Schutz zunächst nicht weiterentwickelt. Allerdings hat sich der **Ausschuss für wirtschaftliche, soziale und kulturelle Rechte** mit beiden Personengruppen in zwei allgemeinen Stellungnahmen aus den Jahren 1994[26] und 1995[27] befasst. Diese so genannten *General Comments* entfalten zwar keine unmittelbaren Rechtswirkungen und sind insbesondere keine verbindliche Interpretation der Gewährleistungen des Paktes über wirtschaftliche, soziale und kulturelle Rechte. Sie bringen aber die Auffassungen des Ausschusses zum Ausdruck und genießen als Referenzdokumente ein hohes Maß an Autorität.[28] Insofern können sie einen Beitrag zur weiteren Völkerrechtsentwicklung leisten. In den Jahren 1971,[29] 1975[30] und 1993[31] verabschiedete die Generalversammlung der Vereinten Nationen die Erklärungen über die Rechte behinderter Menschen, im Jahre 1992 eine Erklärung über das Altern,[32] ohne damit mehr als politische Empfehlungen zu geben. Schließlich trat am 3.5.2008 das Übereinkommen der Vereinten Nationen über die Rechte von Menschen mit Behinderungen völkerrechtlich in Kraft.[33] Die Europäische Union ratifizierte am 23.12.2010 dieses Übereinkommen, nachdem es mit Beschluss 2010/48/EG des Rates vom 26. November 2009[34] genehmigt worden war und wurde somit erstmals Partei eines Menschenrechtsübereinkommens.[35] Für die Auslegung und Anwendung des Unionsrechts mit spezifischem Bezug auf behinderte Menschen werden zukünftig insbesondere die *General Comments* des UN-Ausschusses für die Rechte von Personen mit Behinderungen von Bedeutung sein.[36] Darüber hinaus wurde im Rahmen der **Internationalen Arbeitsorganisation** 1983 ein Übereinkommen ua über die Beschäftigung von Behinderten angenommen.[37] Der besonderen Verwundbarkeit und Schutzbedürftigkeit beider Personengruppen wurde zuletzt vor allem bei der Weiterentwicklung des Rechts im bewaffneten Konflikt und der Bereitstellung der nötigen Infrastruktur im Zusammenhang mit bewaffneten Konflikten mehr Aufmerksamkeit zuteil.[38]

Spezifischer ist der Befund auf der regionalen Ebene. Von zentraler Bedeutung für die Entwicklung der Art. 25 und 26 GRC ist der völkerrechtliche Menschenrechtsschutz auf

---

[25] Die Bestimmungen der AEMR sind als solche nicht verbindlich. Allerdings gelten sie heute in weitem Umfang gewohnheitsrechtlich. Vgl. statt aller *Bausback* BayVBl. 1999, 705 ff. Ob dies auch für Art. 25 AEMR gilt, mag man allerdings bezweifeln.
[26] General Comment 5 (1994), Persons with disabilities, UN Doc. E/1995/22, 19.
[27] General Comment 6 (1995), The economic, social and cultural rights of older persons, UN Doc. E/1996/22, 20.
[28] Statt aller *Klein* FS D. Rauschning, 2001, 301 ff.
[29] GA Res. 2856 (XXVI).
[30] GA Res. 3447 (XXX).
[31] GA Res. 48/96.
[32] GA Res. 47/5, Anl.
[33] Siehe das Gesetz zu dem Übereinkommen der Vereinten Nationen vom 13. Dezember 2006 über die Rechte von Menschen mit Behinderungen sowie zu dem Fakultativprotokoll vom 13. Dezember 2006 zu diesem Übereinkommen, BGBl. 2008 II 1419. Für Deutschland ist dieses Übereinkommen seit 26.3.2009 in Kraft.
[34] ABl. 2010 L 23, 35.
[35] Vgl. allgemein *Waddington* Maastricht Journal of European and Comparative Law 2011, 431. Mittlerweile gibt es einen Abschlussbericht des UN-Ausschusses für die Rechte von Menschen mit Behinderungen (CRPD/C/EU/CO/1 [2 October 2015]) als Reaktion auf den ersten von der EU als Vetragspartei eingereichten Bericht, welcher erste Empfehlungen zur besseren Gewährleistung der in der UN-Behindertenrechtskonvention niedergelegten Rechte ausspricht.
[36] Vgl. hierzu *Rust* in von der Groeben/Schwarze/Hatje AEUV Art. 9 Rn. 129.
[37] BGBl. 1989 II 2.
[38] Vgl. dazu die Äußerungen von *Françoise Krill*, ICRC Deputy Director of operations, in Helsinki im September 1999, abrufbar unter https://www.icrc.org/eng/resources/documents/misc/57jqx9.htm; vgl. auch die Pressemitteilung 11/248 „International Day of Persons with Disabilities: Dignity is the Ulitmate Aim", abrufbar unter https://www.icrc.org/eng/resources/documents/news-release/2011/disabled-day-news-2011-12-02.htm (jeweils zuletzt abgerufen am 1.8.2019).

europäischer Ebene. Die einschlägigen regionalen Standards sind von der Charta intensiv rezipiert worden.[39] Dies gilt weniger für die EMRK als vielmehr für ihre „ungleiche Schwester",[40] die **Europäische Sozialcharta**.[41] In ihrer 1998 angenommenen revidierten Fassung,[42] die allerdings für die Bundesrepublik Deutschland nicht verbindlich ist,[43] verpflichten sich die Vertragsparteien, geeignete Maßnahmen zu ergreifen oder zu fördern, um die wirksame Ausübung des Rechts älterer Menschen auf sozialen Schutz zu gewährleisten. Ältere Menschen sollen die Möglichkeit haben, möglichst lange am Leben der Gemeinschaft in vollem Umfang teilzunehmen, insbesondere durch ausreichende Mittel, die ihnen ein menschenwürdiges Leben ermöglichen.[44] Schon die 1961 verabschiedete Fassung der Sozialcharta, die für alle Mitgliedstaaten der Union verbindlich ist, enthält eine Verpflichtung der Vertragsparteien im Hinblick auf die Bereitstellung von Ausbildungsmöglichkeiten für die Vermittlung Behinderter auf Arbeitsplätze.[45] Die revidierte Sozialcharta enthält insofern keine weitergehenden Aussagen. Mit der Europäischen Sozialcharta gibt es jedenfalls rechtsverbindliche menschenrechtliche Eckpunkte für einen Schutz älterer und behinderter Menschen. Ausgesprochen zurückhaltend ist bislang die mit der EMRK befasste Straßburger Spruchpraxis gewesen. Zwar anerkennt der Menschenrechtsgerichtshof grundsätzlich eine besondere Schutzbedürftigkeit bei besonderer Verwundbarkeit. Gerade im Bereich des Behindertenschutzes hat er den Staaten aber einen großen Beurteilungsspielraum belassen, sowohl im Hinblick auf den Zugang zu bestimmten Einrichtungen[46] als auch im Kontext der spezifischen Wohnbedürfnisse.[47]

II. Europäisches Primär- und Sekundärrecht

11 Abgesehen von Art. 25 und 26 GRC nimmt das Unionsrecht die Gruppe der älteren sowie diejenige der behinderten Menschen primärrechtlich nur rudimentär in den Blick. Ansatzpunkte bieten allenfalls Art. 3 Abs. 3 UAbs. 2 EUV,[48] Art. 10 AEUV, Art. 19 AEUV, Art. 153 Abs. 1 lit. h AEUV sowie die von den Verträgen in Bezug genommene **Gemeinschaftscharta der sozialen Grundrechte der Arbeitnehmer (SozGRCh)**.[49] Nr. 24 und 25 SozGRCh enthalten arbeitnehmerspezifische Regelungen, die sicher stellen sollen, dass beim Eintritt in den Ruhestand ein angemessener Lebensstandard erhalten werden kann, und dass für denjenigen, der weder Rentenanspruch noch sonst ausreichende Unterhaltsmittel hat, ausreichende Zuwendungen zur Verfügung stehen, die seinen spezifischen Bedürfnissen angemessen sind.[50] Im Hinblick auf behinderte Menschen legt Nr. 26 SozGRCh fest, dass sie unabhängig von Ursache und Art ihrer Behinderung durch konkrete Maßnahmen bei ihrer beruflichen und sozialen Eingliederung zu fördern sind.[51]

---

[39] Art. 25 GRC lehnt sich ua an Art. 23 der revidierten Sozialcharta (EuSozChrev.) an, vgl. die Erläuterung zu Art. 25 GRC in ABl. 2007 C 303, 17 (25). Art. 26 GRC stützt sich auch auf Art. 15 der Europäischen Sozialcharta (EuSozCh), siehe die Erläuterung zu Art. 26 GRC in ABl. 2007 C 303, 17 (25).
[40] *Novak,* Das Problem der sozialen Grundrechte, 1972, S. 10.
[41] Die in der Bundesrepublik Deutschland immer noch maßgebliche Ausgangsfassung ist auffindbar in BGBl. 1964 II 1262.
[42] ETS Nr. 163; vgl. dazu *Oberleitner* S. 637 ff.
[43] Vgl. hierzu Deutscher Bundestag, Ausschuss für die Angelegenheiten der EU, Ausschussdrucksache 18(21) 0055, 38. Sitzung, 10.6.2015, Öffentliche Anhörung zur Europäischen Sozialcharta am 10.6.2015.
[44] Art. 23 EuSozChrev.
[45] Art. 15 EuSozCh.
[46] EGMR 24.2.1998 – 21439/93, ÖJZ 1999, 76 – Botta/Italien.
[47] EGMR 4.5.1999 – 36448/97 – Marzari/Italien (nicht veröffentlicht).
[48] Nach dieser Vorschrift „bekämpft [die Union] soziale Ausgrenzung und Diskriminierungen und fördert soziale Gerechtigkeit und sozialen Schutz, die Gleichstellung von Frauen und Männern, die Solidarität zwischen den Generationen und den Schutz der Rechte des Kindes."
[49] KOM(89) 248. Art. 25 GRC lehnt sich im Übrigen an Nr. 24 und 25 SozGRCh an, vgl. die Erläuterung zu Art. 25 GRC in ABl. 2007 C 303, 17 (25). Art. 26 GRC lehnt sich ferner an Nr. 26 SozGRCh an, vgl. die Erläuterung zu Art. 26 GRC, ABl. 2007 C 303, 17 (25).
[50] Vgl. dazu auch *Rengeling/Szczekalla* Grundrechte in der EU § 26 Rn. 964.
[51] Siehe auch *Hölscheidt* in NK-EuGRCh GRCh Art. 26 Rn. 1.

Von besonderer Bedeutung im Rahmen des Primärrechts ist darüber hinaus Art. 19 **12**
AEUV. Diese ursprünglich durch den Amsterdamer Vertrag eingeführte Bestimmung[52] ermöglicht dem Rat die Entwicklung einer speziellen Antidiskriminierungspolitik, nicht nur in den bekannten Bereichen, sondern auch im Hinblick auf eine Behinderung und das Alter, die beide ausdrücklich genannt werden. Unabhängig davon, ob Art. 19 AEUV eine subsidiäre Kompetenzgrundlage darstellt[53] oder kumulativ neben andere Ermächtigungen des Vertrages tritt,[54] eröffnet der Vertrag den Organen der Union mit dieser Norm einen umfassenderen Blick auf einschlägige Politikfelder als dies bislang der Fall war. Anerkannt wird von den meisten Kommentatoren, dass die Einbeziehung einer Behinderung und des Alters zu Abstimmungsbedarf mit den unionsrechtlichen Vorgaben für das Sozialrecht führt.[55] Mangels unmittelbarer Wirkung[56] hält sich die aktuelle **Bedeutung von Art. 19 AEUV** allerdings in Grenzen. Dies gilt allerdings nicht für die bislang auf Art. 19 AEUV gestützten Richtlinien,[57] wobei im vorliegenden Zusammenhang nur die Richtlinie 2000/78/EG zu berücksichtigen ist, die einen allgemeinen Rahmen für die Verwirklichung der Gleichbehandlung in Beschäftigung und Beruf festlegt. Sie erfasst Ungleichbehandlungen aufgrund verschiedener Kriterien, ist aber vom Sachbereich her auf Fragen der Beschäftigung und des Berufslebens beschränkt.[58] Auf der Grundlage einer Legaldefinition des Diskriminierungsbegriffs in Art. 2 Richtlinie 2000/78/EG formuliert sie einzelne Diskriminierungsverbote, deren Brisanz vor allem auch darin liegt, dass sie sowohl in den Beziehungen zwischen Staat und Bürger als auch zwischen den Bürgern untereinander gelten. Genau diese Einwirkungen auf die Privatautonomie haben vor allem in Deutschland zu erheblichen Diskussionen bei der Umsetzung in nationales Recht geführt.[59] Erwähnenswert ist an dieser Stelle, dass der EuGH im Zusammenhang mit dieser Richtlinie festgestellt hat, dass das darin vorgesehene Verbot der unmittelbaren Diskriminierung nicht auf Personen beschränkt ist, die selbst behindert sind. Vielmehr erstreckt es sich auch auf Arbeitnehmer mit einem behinderten Kind, also auf Arbeitnehmer, die selbst nicht behindert sind, aber eine weniger günstige Behandlung durch ihren Arbeitgeber erfahren, als sie ein Arbeitnehmer in einer vergleichbaren Situation erfährt, erfahren würde oder erfahren hat.[60] Es muss allerdings nachgewiesen werden, dass die in Rede stehende Benachteiligung wegen der Behinderung des Kindes erfolgt ist, für das der Arbeitnehmer die Pflegeleistungen erbringt.[61]

Dem Unionsrecht lässt sich im Übrigen im Hinblick auf ältere und behinderte Menschen **13** allenfalls ein **„flankierender Diskriminierungsschutz"**[62] entnehmen. Zumeist besteht insoweit ein enger Zusammenhang mit dem Arbeits- und Sozialrecht, wenn es etwa um Altersteilzeitsysteme,[63] die Anerkennung von Kindererziehungszeiten[64] oder Leistungen der Pflegeversicherung[65] geht. Mangels Harmonisierung im Bereich der sozialen Sicherheit

---

52 Zur Entstehungsgeschichte *Bell* MJ 1999, 5 (6 ff.).
53 So *Streinz* in Streinz AEUV Art. 19 Rn. 5; und *Epiney* in Calliess/Ruffert AEUV Art. 19 Rn. 3.
54 So *Holoubek* in Schwarze AEUV Art. 19 Rn. 6 ff.
55 *Streinz* in Streinz AEUV Art. 19 Rn. 8.
56 Vgl. dazu *Epiney* in Calliess/Ruffert AEUV Art. 19 Rn. 1 mwN; vgl. auch bereits die Erklärung Nr. 22 der Schlussakte des Amsterdamer Vertrages zu „Personen mit einer Behinderung", ABl. 1997 C 340, 1 (135).
57 RL 2000/43/EG zur Anwendung des Gleichbehandlungsgrundsatzes ohne Unterschied der Rasse oder der ethnischen Herkunft, ABl. 2000 L 180, 22; RL 2000/78/EG zur Festlegung eines allgemeinen Rahmens für die Verwirklichung der Gleichbehandlung in Beschäftigung und Beruf, ABl. 2000 L 303, 16; RL 2004/113/EG zur Verwirklichung des Grundsatzes der Gleichbehandlung von Männern und Frauen beim Zugang und bei der Versorgung mit Gütern und Dienstleistungen, ABl. 2004 L 373, 37. Zu den ersten beiden Richtlinien *Hailbronner* ZAR 2001, 254 ff.
58 *Streinz* in Streinz AEUV Art. 19 Rn. 23 ff.
59 Dazu mwN *Britz* VVDStRL 64 (2005), 355 (357).
60 EuGH C-303/06, Slg. 2008, I-5603 Rn. 56 – S. Coleman/Attridge Law ua.
61 EuGH C-303/06, Slg. 2008, I-5603 Rn. 56 – S. Coleman/Attridge Law ua.
62 So die treffende Formulierung bei *Rengeling/Szczekalla* Grundrechte in der EU § 26 Rn. 946 ff.
63 EuGH C-187/00, Slg. 2003, I-2741 – Kutz-Bauer/Freie und Hansestadt Hamburg.
64 EuGH C-366/99, Slg. 2001, I-9383 – Griesmar.
65 EuGH C-160/96, Slg. 1998, I-843 – Molenaar/AOK Baden-Württemberg.

verbleiben hier große Unterschiede zwischen den Mitgliedstaaten. Das bisher im Wesentlichen auf die Koordinierung der nationalen Vorschriften beschränkte europäische Sozialrecht lässt es daher auch zu, dass beitragsunabhängige Sonderleistungen auch im Bereich des Schutzes behinderter Menschen allein nach den Rechtsvorschriften des Wohnsitzstaates und zu dessen Lasten gewährt werden.[66] Das Sekundärrecht enthält damit allenfalls Teilaspekte eines spezifischen Schutzes älterer und behinderter Menschen.

III. Entstehung und Bedeutung der Art. 25 und 26 GRC

14 Keine Besonderheiten weist die eigentliche Entstehungsgeschichte der beiden einschlägigen Bestimmungen der Grundrechtecharta auf. Allerdings ist zu betonen, dass die Rechte behinderter Menschen von Anfang an als wichtiger Bestandteil der Charta wahrgenommen wurden,[67] wohl auch im Hinblick auf verfassungsrechtliche Entwicklungen in einer Reihe von Mitgliedstaaten. Demgegenüber wurde ein spezifischer Schutz älterer Menschen erst im Laufe der **Arbeiten des Konvents** thematisiert. Auch wenn er dem Grunde nach keine kontroversen Debatten auslöste, gehörte er nicht zu den zentralen Anliegen, was auch daran deutlich wird, dass Art. 25 GRC vom Präsidium erst in den endgültigen Entwurf eines vollständigen Textes der Charta aufgenommen und wortgleich ohne erneute Diskussion vom Konvent angenommen wurde.[68]

B. Gewährleistungsgehalte

I. Sachlicher Schutzbereich

15 **1. Rechte älterer Menschen.** Primär- und Sekundärrecht der Union wollen ebenso wie das mitgliedstaatliche Arbeits- und Sozialrecht sicherstellen, dass älteren Menschen eine solide **wirtschaftliche Grundlage für die Lebensgestaltung im Alter** zur Verfügung steht, sei es in Anknüpfung an das Arbeitseinkommen über den Rentenanspruch oder im Übrigen über Fürsorgeleistungen. Auch wenn dies in einfachgesetzlichen und sekundärrechtlichen Regelungen nicht unbedingt zum Ausdruck kommt, ist die Sicherung der ökonomischen Lebensgrundlage für ältere Menschen eine Anerkennung ihrer Lebensleistung und Ausdruck der Menschenwürde.[69] Mit der Veränderung familiärer Strukturen wird damit älteren Menschen nach dem Ausscheiden aus dem Berufsleben (bzw. mit dem Eintritt in das Rentenalter) ein unabhängiges Leben ermöglicht. Diese Zielsetzung nimmt Art. 25 GRC in seinem ersten Teil auf, wie sie allerdings auch schon in Art. 23 EuSozChrev. und den Nr. 24 und 25 SozGRCh zum Ausdruck kommt.

16 Bemerkenswert ist in diesem Zusammenhang, dass Art. 25 GRC das Recht auf ein würdiges und unabhängiges Leben nicht einräumt oder gewährt, sondern **achtet und anerkennt**.[70] Vor diesem Hintergrund verleiht Art. 25 GRC kein subjektives Recht, sondern beinhaltet nur einen Grundsatz.[71] Dies ist aber auch unerheblich, denn jedenfalls überführt die Union damit die Kernbestandteile des einfachgesetzlichen und sekundärrechtlichen Altersschutzes in den europäischen Grundrechtskatalog, wertet sie primärrechtlich auf und verankert damit zumindest einen gewissen Abwehrgehalt gegenüber Maßnahmen der Union, die dieses Recht beeinträchtigen, sowie gewisse Leistungs- und Teilhaberechte.[72]

---

[66] EuGH C-20/96, Slg. 1997, I-6057 – Snares/Adjudication Officer.
[67] *Hölscheidt* in NK-EuGRCh GRCh Art. 26 Rn. 9 ff.
[68] *Hölscheidt* in NK-EuGRCh GRCh Art. 25 Rn. 6 ff.
[69] Diesen Zusammenhang stellt auch *Hölscheidt* in NK-EuGRCh GRCh Art. 25 Rn. 12, her.
[70] Eingehend zu dieser Formulierung *Hölscheidt* in NK-EuGRCh GRCh Art. 25 Rn. 17 f.
[71] Vgl. Jarass GRCh Art. 25 Rn. 3; *Hölscheidt* in NK-EuGRCh GRCh Art. 25 Rn. 10 und 14 mwN. Siehe an dieser Stelle auch die – unverbindliche – Erläuterung zu Art. 52 GRC in ABl. 2007 C 303, 17 (35), wonach zu den in der Charta anerkannten Grundsätzen auch Art. 25 gehört.
[72] Siehe hierzu *Lemke* in von der Groeben/Schwarze/Hatje GRC Art. 25 Rn. 3.

Kaum Anhaltspunkte lassen sich dem geltenden Recht im Hinblick auf eine zweite, in 17
Art. 25 GRC enthaltene Komponente des Rechts älterer Menschen entnehmen, nämlich
hinsichtlich des Rechts „auf **Teilnahme am sozialen und kulturellen Leben**". Weder
das Völker- noch das geltende Europarecht und nur zu einem geringen Maße das mitgliedstaatliche Recht konkretisieren diese wichtige soziale Facette hinreichend. Allerdings lässt sich kaum bestreiten, dass Alterssicherungs- und Seniorenpolitik auf der mitgliedstaatlichen wie auch der europäischen Ebene genau dieses Ziel verfolgen. Mit der Charta wird das Ziel zu einem Recht aufgewertet, einem Recht auf „Teilnahme an fremdem Leben",[73] wie es zutreffend beschrieben worden ist und soll jedenfalls die Teilnahme am politischen Leben umfassen.[74] Soweit sich diese Komponente überkommen Diskriminierungsverboten zuordnen lässt, ist es keine grundlegende Neuerung. Allerdings macht das Diskriminierungsverbot des Art. 21 Abs. 1 GRC deutlich, dass Art. 25 GRC darüber hinausgeht. Es wird genau zu beobachten sein, ob und gegebenenfalls wie diese rechtliche Unterfütterung politischer Zielsetzungen das unionale und das mitgliedstaatliche Recht prägen wird.

2. Rechte behinderter Menschen. Bislang ist der europäische Grundrechtsschutz zu- 18
gunsten behinderter Menschen im Wesentlichen **Schutz vor Diskriminierung.** Dies gilt
– von wenigen Ausnahmen abgesehen – sowohl für das mitgliedstaatliche Recht als auch
für das Recht der Union. Auf dieser Linie liegt es auch, dass der Grundrechte-Konvent im
Zusammenhang mit der Erörterung von Art. 26 GRC die Formulierung eines Auftrags
ablehnte, Maßnahmen zugunsten von Behinderten vorzunehmen oder zu gewährleisten.
Mit der Formulierung „anerkennt und achtet" bringt die Grundrechtecharta demgegenüber zum Ausdruck, dass die Union auf der grundrechtlichen Ebene gesetzliche und sekundärrechtliche Regelungen respektieren muss, auch wenn diese eine Bevorzugung behinderter Menschen zum Gegenstand haben.[75] Letztlich wird damit anknüpfend an Regelungen, wie sie beispielsweise in Art. 3 Abs. 3 S. 2 GG enthalten sind, eine Ungleichbehandlung zugunsten behinderter Menschen gerechtfertigt, aber nicht gefordert. Die berufliche Eingliederung als Bestandteil steht in engem Zusammenhang mit Art. 5 der schon genannten Gleichbehandlungs-Richtlinie (→ Rn. 12) für die berufliche Eingliederung aus dem Jahr 2000.[76]

Die „Teilnahme am Leben der Gemeinschaft", wie Art. 26 GRC formuliert, ist wie im 19
Zusammenhang mit Art. 25 GRC als „das Recht, an fremdem Leben teilzunehmen" zu
verstehen[77] und ist somit umfassend angelegt. Hierfür spricht, dass der möglichst ungehinderte Zugang von behinderten Menschen zu allen Facetten des gesellschaftlichen Lebens möglich sein sollte. Auch wenn Art. 26 GRC insgesamt – wie Art. 25 GRC – lediglich einen Grundsatz und kein subjektives Recht verankert,[78] so beinhaltet er doch ein Achtungsgebot,[79] das die bestehenden Rechte, wie sie sich insbesondere aus den mitgliedstaatlichen Rechtsordnungen sowie aus der UN-Konvention über die Rechte von Menschen mit Behinderung ergeben, vor Beeinträchtigungen durch die Union schützen.[80] Die Mitgliedstaaten und die Union sollten sich allerdings auch darauf einstellen, dass Art. 26

---

[73] *Frenz*, HdbEuR Bd. 4, Rn. 3503; *Hölscheidt* in NK-EuGRCh GRCh Art. 25 Rn. 10.
[74] Erläuterung zu Art. 52 GRC, ABl. 2007 C 303, 17 (25).
[75] Auf die Auslassung des Bevorzugungsverbots in Art. 3 Abs. 3 S. 2 GG weist *Heun* in Dreier GG Art. 3 Rn. 135, besonders hin.
[76] Das betont auch *Hölscheidt* in NK-EuGRCh GRCh Art. 26 Rn. 22.
[77] *Ross* in Schwarze GRC Art. 26 Rn. 8.
[78] EuGH 22.5.2014 – C-356/12 Rn. 78 – Glatzel: „Obwohl Art. 26 der Charta demnach verlangt, dass die Union den Anspruch von Menschen mit Behinderung auf Maßnahmen zur Integration anerkennt und achtet, führt der in diesem Artikel niedergelegte Grundsatz jedoch nicht dazu, dass der Unionsgesetzgeber diese oder jene besondere Maßnahme erlassen müsste. Damit dieser Artikel seine volle Wirksamkeit entfaltet, muss er nämlich durch Bestimmungen des Unionsrechts oder des nationalen Rechts konkretisiert werden. Er kann für sich allein dem Einzelnen kein subjektives Recht verleihen, das als solches geltend gemacht werden kann [...]."
[79] *Hölscheidt* in NK-EuGRCh GRCh Art. 26 Rn. 21 ff.
[80] *Ross* in Schwarze GRC Art. 26 Rn. 3 f.

GRC jedenfalls das Potenzial besitzt, vor allem vorhandene Normen des Sekundärrechts aufzuwerten und weiter zu entwickeln.[81]

II. Persönlicher Schutzbereich

20 Der Begriff „älterer Menschen", wie er sich in Art. 25 GRC findet, lässt sich nicht ohne weiteres exakt definieren. Ausschließen lassen sich jedenfalls Kinder, da diese einen besonderen Grundrechtsschutz genießen.[82] Im Übrigen lassen sich nur relative Maßstäbe finden. So kann man unter Bezugnahme auf die Europäische Sozialcharta und vor allem auf die Gemeinschaftscharta der sozialen Grundrechte der Arbeitnehmer das Rentenalter als einen möglichen – vielleicht den spätesten – Zeitpunkt heranziehen, in dem Sinne, dass jedenfalls mit Erreichen des Rentenalters, das in den Mitgliedstaaten nicht einheitlich geregelt ist, der persönliche Schutzbereich eröffnet ist. In zeitlich vorgelagerten Bereichen sollte man auf die Schutzbedürftigkeit wegen besonderer Verwundbarkeit abstellen, etwa im Hinblick darauf, dass die Wiedereingliederung in das Erwerbsleben für ältere Arbeitslose ein besonderes Problem darstellt. Es besteht also hier die **Notwendigkeit der Differenzierung.** Abgesehen von den groben Eckpunkten, zu denen auch gehören dürfte, dass man einen Menschen vor Beginn des 40. Lebensjahres im Rechtssinne schwerlich als „älter" bezeichnen kann, hängt der persönliche Schutzbereich damit von der Schutzbedürftigkeit ab, gemessen am sachlichen Gewährleistungsgehalt der jeweiligen Rechte (würdiges, unabhängiges Leben, Teilnahme am sozialen und kulturellen Leben).

21 Nicht weniger komplex ist die präzise Bestimmung dessen, was unter einem „Menschen mit Behinderung" zu verstehen ist. Anhaltspunkte können zunächst die mitgliedstaatlichen Rechtssysteme und das Sekundärrecht geben, wobei zu bedenken ist, dass einfachgesetzliche Regelungen an den Grundrechtsstandards zu messen sind, der europäische Grundrechtsschutz also nicht zur Disposition des Unions- oder gar des mitgliedstaatlichen Gesetzgebers gestellt werden kann. Allerdings greift man auch in Deutschland unter anderem auf einfachgesetzliche Normen zurück, die eine Definition enthalten, die auch im Behindertenbericht der Bundesregierung verwendet wird.[83] Danach sind Behinderungen „die Auswirkungen einer nicht nur vorübergehenden Funktionsbeeinträchtigung […], die auf einem von dem für das jeweilige Lebensalter typischen Zustand abweichenden körperlichen, geistigen oder seelischen Zustand beruht". Ähnlich werden auch in der Definition der Weltgesundheitsorganisation[84] drei Elemente miteinander verknüpft: Schädigung, Aktivitätsbeeinträchtigung und Partizipationseinschränkung. Danach werden sowohl **leichte als auch schwere Behinderungen** erfasst, und es genügen **auch mittelbare Benachteiligungen.** Schließlich ist noch Art. 1 Abs. 2 UN-Behindertenrechtskonvention zu erwähnen, der eine Umschreibung der Menschen mit Behinderungen enthält. Zu diesen zählen Menschen, welche langfristige körperliche, seelische, geistige oder Sinnesbeeinträchtigungen haben, die geeignet sind, sie in Wechselwirkung mit unterschiedlichen Barrieren an der vollen, wirksamen und gleichberechtigten Teilhabe an der Gesellschaft zu hindern.[85] Der EuGH hat ua vor dem Hintergrund dieser Definition den Begriff der Behinderung im Sinne der Richtlinie 2000/78/EG konkretisiert und festgestellt, „dass der Begriff […] dahin auszulegen ist, dass er einen Zustand einschließt, der durch eine ärztlich

---

[81] Ausgangspunkt dieser Weiterentwicklung ist die aktuell geltende Rechtslage und die in diesem Rahmen verfolgte Politik der Europäischen Union; dazu *Schulte* APuZ (2003) B 8, 46 ff.
[82] So zutreffend *Hölscheidt* in NK-EuGRCh GRCh Art. 25 Rn. 16.
[83] Vgl. BT-Drs. 13/9514, Ziff. 1.2; zu § 3 Abs. 1 S. 1 des inzwischen außer Kraft getretenen Schwerbehindertengesetzes vgl. BSGE 48, 82. Siehe zum aktuellen Bericht der Bundesregierung auch *Hölscheidt* in NK-EuGRCh GRCh Art. 26 Rn. 19.
[84] „International classification of functioning, disability and health" (ICF), angenommen von der Weltgesundheitsorganisation am 22.5.2001 mit Res. WHA54.21; Volltext der Richtlinien abrufbar im Internet unter: http://www.who.int/classifications/icf/en/ (zuletzt abgerufen am 1.8.2019).
[85] Vgl. zum Hintergrund dieser Umschreibung *Banafsche* in SWK-BehindertenR Behindertenrechtskonvention Rn. 11 f.

diagnostizierte heilbare oder unheilbare Krankheit verursacht wird, wenn diese Krankheit eine Einschränkung mit sich bringt, die insbesondere auf physische, geistige oder psychische Beeinträchtigungen zurückzuführen ist, die in Wechselwirkung mit verschiedenen Barrieren den Betreffenden an der vollen und wirksamen Teilhabe am Berufsleben, gleichberechtigt mit den anderen Arbeitnehmern, hindern können, und wenn diese Einschränkung von langer Dauer ist."[86] In diesem Sinne fällt nach einer neueren Entscheidung des EuGH beispielsweise auch die Adipositas eines Arbeitnehmers unter den Begriff „Behinderung" im Sinne der Richtlinie 2000/78/EG, wenn sie unter bestimmten Umständen eine Einschränkung mit sich bringt.[87]

Diese Auslegung dehnt den Begriff der Behinderung gegenüber dem in der früheren Rechtsprechung des EuGH vorherrschenden Begriff deutlich aus, indem soziale Aspekte stärker in den Vordergrund gerückt werden und kann in der Zukunft zu einer Stärkung des Unionsrechts insgesamt in diesem Bereich beitragen.[88] Der persönliche Schutzbereich steht davon abgesehen allen natürlichen Personen zu, unabhängig von Art, Ursache und Ausmaß der Behinderung.[89]

III. Gewährleistungsdimensionen

In erster Linie lassen sich beiden Vorschriften Achtungsgebote entnehmen.[90] Weiterhin können **Abwehrgehalte** identifiziert werden,[91] die Eingriffe von Institutionen der Union in den geschützten Bereich abwehren. Auch wenn dies kein generelles Verschlechterungsverbot im Hinblick auf mitgliedstaatliches Recht und unionales Sekundärrecht bedeutet, so sind durch die Formulierung „anerkennt und achtet" Bezugspunkte außerhalb der Grundrechtecharta aufgegriffen worden, nämlich die Sozialcharta, die Gemeinschaftscharta, die UN-Behindertenrechtskonvention und das mitgliedstaatliche Recht. 22

Originäre **Teilhabe- und Leistungsrechte** lassen sich weder dem geltenden Recht allgemein noch den Formulierungen der Art. 25 und 26 GRC ohne weiteres entnehmen. Immerhin deuten auch die Beratungen im Konvent darauf hin, dass mit großer Vorsicht vermieden wurde, Maßnahmen zugunsten von Behinderten in die Charta aufzunehmen.[92] Immer wieder wurde auch generell betont, dass die Charta nicht dazu dienen sollte, der Union grundlegend neue Kompetenzen zu verschaffen.[93] 23

Eine solche Besorgnis greift allerdings nicht im Fall derivativer Teilhabe- und Leistungsrechte.[94] Dabei ist zunächst festzuhalten, dass die Grundrechtecharta von Teilnahme und nicht von Teilhabe spricht.[95] Der Begriff unterscheidet sich somit offensichtlich von der dogmatischen Konstruktion, wie sie vor allem aus der deutschen Verfassungsrechtsdogmatik bekannt ist. Während es bei der Teilhabe um gleichberechtigten Zugang zu staatlichen oder staatlich zur Verfügung gestellten Leistungen geht, zielt Teilnahme auf die Integration in das gesellschaftliche Leben. Gemeinsam ist beiden das **Gleichheitsmoment.** So dienen derivative Teilhabe- und Leistungsrechte insbesondere in Fällen struktureller Benachteiligung letztlich der Gleichbehandlung und Gleichstellung besonders schutzbedürftiger Gruppen.[96] 24

---

[86] EuGH verb. Rs. C-335/11 und C-337/11 Rn. 47 – HK Danmark/Dansk almennyttigt Boligselskab ua. Siehe hierzu auch *Hölscheidt* in NK-EuGRCh GRCh Art. 26 Rn. 20.
[87] EuGH C-354/13 Rn. 59 – FOA.
[88] Vgl. hierzu *Schadendorf* EuR 2015, 28 (31).
[89] Vgl. *Hölscheidt* in NK-EuGRCh GRCh Art. 26 Rn. 18.
[90] *Hölscheidt* in NK-EuGRCh GRCh Art. 25 Rn. 17 und Art. 26 Rn. 24; *Weber* in Stern/Sachs GRCh Art. 25 Rn. 3 und *Mann/Ennuschat* in Stern/Sachs GRCh Art. 26 Rn. 24.
[91] *Lemke* in von der Groeben/Schwarze/Hatje GRC Art. 25 Rn. 3 und Art. 26 Rn. 3.
[92] Zu den Hintergründen vgl. *Hölscheidt* in NK-EuGRCh GRCh Art. 26 Rn. 9 und 11 f.
[93] So auch ausdrücklich Art. 51 Abs. 2 GRC.
[94] Auch *Kingreen* in Ehlers GuG § 21 Rn. 59, ordnet den Schutz älterer und behinderter Menschen den derivativen Teilhaberechten zu.
[95] Das betonen zu Recht *Rengeling/Szczekalla* Grundrechte in der EU § 26 Rn. 962.
[96] Zur Unterscheidung zwischen derivativen Teilhabe- und originären Leistungsrechten vgl. *Mursiwek* in Isensee/Kirchhof HStR Bd. IX, § 192 Rn. 5 ff.

Eine Anerkennung solcher Teilhabe- und Leistungsrechte trägt letztlich auch der Einordnung von Art. 25 und 26 GRC in das Kapitel „Gleichheit" Rechnung und reflektiert, dass die Rechte behinderter und älterer Menschen als Benachteiligungsverbote gepaart sind mit der immanenten Rechtfertigung einer einfachgesetzlichen Bevorzugung dieser schutzbedürftigen Gruppen.

C. Beeinträchtigung

25 Unter Bezugnahme auf die Ausführungen zu den Gewährleistungsdimensionen ist zunächst festzustellen, dass die europäischen Organe keine Maßnahmen ergreifen dürfen, die das Recht auf ein „würdiges und unabhängiges Leben" sowie die „Eigenständigkeit" behinderter Menschen beeinträchtigen. Derartige Maßnahmen bedürften einer spezifischen Rechtfertigung. Auf der anderen Seite ist zu betonen, dass die **Einschätzungsprärogative** der Organe – wie auch der Mitgliedstaaten – in diesem Bereich grundsätzlich zu respektieren ist, insbesondere werden auf europäischer Ebene keine Verschlechterungsverbote für ältere und behinderte Menschen gewährleistet.[97] Weder der *status quo* des Sekundärrechts noch der des mitgliedstaatlichen Rechts wird durch diese Gewährleistungen sakrosankt. Insoweit kann auf die einschlägigen Debatten über ein dem grundgesetzlichen Sozialstaatsprinzip von manchen Autoren zugeordnetes Verschlechterungsverbot oder Verbot des sozialen Rückschritts verwiesen werden.[98] Dem Grundsatzcharakter der Art. 25 und 26 GRC ist immanent, dass die Union **keine Pflicht zur aktiven Förderung** dieser beiden besonders geschützten Personengruppen trifft (vgl. Art. 52 Abs. 5 GRC).[99] Zwar sprechen beide Normen ausdrücklich lediglich von der „Union". Allerdings sind im Einklang mit Art. 51 Abs. 1 GRC richtigerweise auch die Mitgliedstaaten als „Verpflichtete" anzusehen, soweit diese Unionsrecht durchführen.[100]

D. Rechtfertigung

26 Der jeweils in Art. 25 und 26 GRC niedergelegte Grundsatz steht unter dem Vorbehalt konkurrierender Rechtsgüter.[101] Sind somit Beeinträchtigungen der Rechte älterer und behinderter Menschen denkbar, sind doch zwei Aspekte besonders zu berücksichtigen: Zum einen bringen beide Gewährleistungen in besonderer Weise **Aspekte der Menschenwürde** zum Ausdruck. Das bedeutet, dass rein ökonomische Erwägungen im Rahmen der Rechtfertigung regelmäßig gegenüber dem Würdeschutz in den Hintergrund treten und damit nachrangig sein dürften. Zum zweiten weisen sie in der Tat **gleichheitsrechtliche Dimensionen auf,** bei denen nicht die Verschlechterung der Rechtsposition des Betroffenen im Vordergrund steht, sondern seine im Vergleich zu anderen mit einem möglicherweise geringeren Schutzbedürfnis unterschiedliche Behandlung. Dabei sind insbesondere die Zielsetzungen der einschlägigen Gewährleistungen zu berücksichtigen.

---

[97] Bemerkenswert allerdings ist, dass das portugiesische Verfassungsgericht dem Prinzip eines sozialen Verschlechterungsverbots Eingang in seine Rechtsprechung verschafft hat; vgl. *Häußling* S. 125 ff., unter Hinweis auf das grundlegende Urteil des Verfassungsgerichts zum nationalen Gesundheitsdienst vom 11.4.1984, AcTC 39/84. *Häußling* weist darauf hin, dass das „Verbot des sozialen Rückschritts […] angesichts des ansonsten eher schwachen Schutzes der sozialen Grundrechte ein notwendiges Schutzelement" darstellt, und ist der Auffassung, dass das „Vertrauen in die einmal konkretisierten sozialen Grundrechte […] besonderen Schutz" verdiene.
[98] Eingehend *Schlenker*, Soziales Rückschrittsverbot und Grundgesetz, 1986; vgl. auch *Bieback*, Verfassungsrechtlicher Schutz gegen Abbau und Umstrukturierungen von Sozialleistungen, 1997, S. 23 ff., 31 ff., wo sich dieser dezidiert gegen eine Anwendung von Art. 14 GG und für eine Berücksichtigung anderer grundrechtlicher Schutz- und Förderpflichten im Sozialrecht ausspricht.
[99] *Ross* in Schwarze GRC Art. 25 Rn. 3 und Art. 26 Rn. 4.
[100] So auch Jarass GRCh Art. 25 Rn. 4 und Art. 26 Rn. 4.
[101] *Ross* in Schwarze GRC Art. 25 Rn. 3 und Art. 26 Rn. 4.

E. Verhältnis zu anderen Bestimmungen

Die besonderen Gewährleistungen zugunsten von älteren und behinderten Menschen treten zunächst neben die einschlägigen Diskriminierungsverbote des Art. 21 GRC, das – anders als Art. 25 und 26 GRC – ein Grundrecht gewährt.[102] Außerdem ist für beide Personengruppen das in Art. 34 Abs. 1 GRC verankerte Recht auf soziale Sicherheit und Unterstützung von besonderer Bedeutung. Letztlich erhöhen Art. 25 und 26 GRC jedenfalls den durch die allgemeinen Diskriminierungsverbote gewährleisteten Mindestschutz, indem sie – in engen Grenzen – einerseits positive Diskriminierungen (also Bevorzugungen) rechtfertigen können und andererseits als derivative Teilhabe- und Leistungsrechte ein staatliches Handeln erforderlich machen. 27

F. Zusammenfassende Bewertung und Ausblick

Insgesamt trägt die Aufnahme besonderer Rechte älterer und behinderter Menschen in die Grundrechtecharta neueren, vor allem gesellschaftspolitischen Entwicklungen Rechnung. Grund- und menschenrechtlich wird weitgehend Neuland betreten, das allerdings sekundärrechtlich – insbesondere im Bereich des Arbeits- und Sozialrechts – zahlreiche Anknüpfungspunkte vorfindet.[103] Letztlich werden damit **vorhandene Standards des Arbeits- und Sozialrechts primärrechtlich aufgewertet.** Dies darf nicht dahingehend missverstanden werden, dass ein einmal erreichter Schutzstandard unhintergehbar geworden ist. Ein solches Verständnis würde dem gleichheitsrechtlichen Charakter beider Gewährleistungen nicht gerecht. Andererseits erfahren die vor allem auf Art. 19 AEUV gestützten Bemühungen der Union durch die Art. 25 und 26 GRC eine wichtige Unterfütterung, die den Schutz besonders verwundbarer Gruppen in Europa deutlicher als bisher legitimiert. Politik zugunsten älterer und behinderter Menschen reflektiert damit in Zukunft in besonderer Weise die primärrechtlich geschützte Würde beider Personengruppen. 28

---

[102] Siehe hierzu auch *Lemke* in von der Groeben/Schwarze/Hatje GRC Art. 25 Rn. 2 und Art. 26 Rn. 2.
[103] Skeptisch zurückhaltend *Rengeling/Szczekalla* Grundrechte in der EU § 26 Rn. 963: „Ob Art. 25 GRC aber darüber hinaus einen echten Mehrwert zeitigt, wird erst die künftige Anwendung erweisen".

10. Abschnitt. Gleichheitsgrundrechte

§ 47 Gleichheit vor dem Gesetz

Übersicht

	Rn.
A. Entwicklung und Bedeutung des allgemeinen Gleichheitssatzes	1–11
I. Normstruktur der Gleichheitsrechte	3–7
II. Verankerung und Herleitung als Grundrecht nach Art. 6 EUV	8–11
B. Gewährleistungsgehalt	12–18
I. Grundrechtsadressaten	12, 13
II. Grundrechtsträger	14–17
III. Erfasster Lebensbereich	18
C. Beeinträchtigung	19–27
I. Vergleichbarkeit	20–24
II. Ungleich- bzw. Gleichbehandlung	25–27
D. Objektive Rechtfertigung	28–32
E. Verhältnismäßigkeit	33–36
F. Rechtsfolgen eines Verstoßes	37–40
G. Verhältnis zu anderen Bestimmungen	41, 42
H. Zusammenfassende Bewertung und Ausblick	43–46

Schrifttum:

Fuchs, Das Gleichbehandlungsverbot im Unionsrecht: Herleitung eines dogmatischen Modells des Verbots der Gleichbehandlung nicht vergleichbarer Sachverhalte und seine Überprüfung anhand der Rechtsprechung des EuGH zum allgemeinen Gleichheitssatz und zum Diskriminierungsverbot aus Gründen der Staatsangehörigkeit, 2015; *Glock,* Der Gleichheitssatz im Europäischen Recht – Eine rechtsvergleichende Analyse unter Berücksichtigung der Rechtsprechung in ausgewählten Mitgliedstaaten der Europäischen Union, des EGMR und des EuGH, 2007; *Huster,* Gleichheit im Mehrebenensystem: Die Gleichheitsrechte der Europäischen Union in systematischer und kompetenzrechtlicher Hinsicht, EuR 2010, 325; *Kischel,* Zur Dogmatik des Gleichheitssatzes in der Europäischen Union, EuGRZ 1997, 1; *Mohn,* Der Gleichheitssatz im Gemeinschaftsrecht. Differenzierungen im europäischen Gemeinschaftsrecht und ihre Vereinbarkeit mit dem Gleichheitssatz, 1990; *Rossi/Casolari,* The Principle of Equality in EU Law, 2017; *Wahle,* Der allgemeine Gleichheitssatz in der Europäischen Union. Neuere Entwicklungen und Perspektiven unter Berücksichtigung der Europäischen Menschenrechtskonvention (EMRK) sowie der Rechtsordnungen Deutschlands, Frankreichs und Großbritanniens, 2002.

A. Entwicklung und Bedeutung des allgemeinen Gleichheitssatzes

1 Der allgemeine Gleichheitssatz gehört zu den ältesten Grundrechten auf Unionsebene. Bereits Anfang der 1970er Jahre erwähnte der EuGH in seinen Urteilen mehrfach den Gleichbehandlungsgrundsatz bzw. das Gleichbehandlungsgebot als Grundprinzip des Gemeinschaftsrechts, ohne allerdings auf seinen Inhalt und seine Voraussetzungen näher einzugehen.[1] Ausdrücklich anerkannt hat der Gerichtshof den **allgemeinen Gleichheitssatz** im Jahre 1977.[2] Er führte aus, dass nach diesem zu den Grundprinzipien des Gemeinschaftsrechts zählenden Grundsatz vergleichbare Sachverhalte nicht unterschiedlich behandelt werden dürfen, es sei denn, eine Differenzierung wäre objektiv gerechtfertigt.[3] In zahlrei-

---

[1] EuGH 48/70, Slg. 1971, 175 Rn. 25, 27 – Bernardi/EP (beschränkt auf den öffentlichen Dienst); EuGH 1/72, Slg. 1972, 457 Rn. 19 – Frilli; EuGH 131/73, Slg. 1973, 1555 Rn. 8 – Grosoli; EuGH 21/74, Slg. 1975, 221 Rn. 9, 12 – Airola/Kommission. Näher zu diesen Entscheidungen *Mohn* S. 19 ff., 24 f. Vgl. auch EuGH verb. Rs. 17 u. 20/61, Slg. 1962, 655 (692) – Klöckner-Werke AG/Hohe Behörde, wo zwar nicht der Gleichheitssatz erwähnt, wohl aber die entsprechende Formel verwendet wird. Zur Historie vgl. *Wahle* S. 36 ff.; *Heselhaus* in FK-EUV/GRC/AEUV GRC Art. 20 Rn. 7 ff.
[2] EuGH verb. Rs. 117/76 u. 16/77, Slg. 1977, 1753 ff. – Ruckdeschel.
[3] EuGH verb. Rs. 117/76 u. 16/77, Slg. 1977, 1753 Rn. 7 – Ruckdeschel.

chen nachfolgenden Entscheidungen hat der EuGH den allgemeinen Gleichheitssatz konkretisiert und näher ausgestaltet. In seiner Grundrechtsjudikatur, wo er als Grundsatz der Gleichbehandlung,[4] allgemeiner Gleichheitssatz[5], allgemeiner Gleichheitsgrundsatz[6], allgemeines Diskriminierungsverbot[7] oder schlicht als Diskriminierungsverbot[8] bezeichnet wird, spielt der allgemeine Gleichheitssatz eine herausragende Rolle.

Zum allgemeinen Gleichheitssatz treten zahlreiche **besondere Gleichheitssätze**[9] 2 (→ §§ 48 und 49) hinzu. Allgemeine und besondere Gleichheitssätze bilden zusammen die Gruppe der Gleichheitsrechte. Im Vergleich zur Gruppe der Freiheitsrechte weisen die Gleichheitsrechte eine Reihe von Besonderheiten auf, die sich auf die Normstruktur und den Prüfungsaufbau auswirken. Vor Darstellung des allgemeinen Gleichheitssatzes ist daher auf diese, alle Gleichheitsrechte betreffenden Besonderheiten einzugehen.

I. Normstruktur der Gleichheitsrechte

Anders als die Freiheitsrechte, die lediglich das vertikale Verhältnis zwischen Bürger und 3 Hoheitsträger zum Gegenstand haben, beziehen die Gleichheitsrechte auch die horizontale Beziehung zwischen den Bürgern in ihren Anwendungsbereich mit ein.[10] Es kommt nicht (nur) darauf an, wie intensiv eine hoheitliche Belastung ist. Entscheidend ist, ob sie den Bürgern zu Unrecht gleich bzw. ungleich auferlegt wurde. Während die Freiheitsrechte zweipolig ausgestaltet sind, liegt die Besonderheit der Gleichheitsrechte also in ihrer **Dreipoligkeit**.

Die im deutschen Verfassungsrecht übliche zweistufige Prüfung eines Gleichheitsverstoßes (Ungleichbehandlung und verfassungsrechtliche Rechtfertigung)[11] kann auf das Unionsrecht nicht unverändert übertragen werden.[12] Zwar verfügen die Gleichheitsrechte auf Unionsebene, wie diejenigen auf nationaler Ebene, als „modale" Grundrechte nicht über einen sachlich abgegrenzten Schutzbereich wie die Freiheitsrechte. Wohl aber bedingen das Mehrebenensystem des Unionsrechts sowie die Ausgestaltung der Gleichheitsrechte durch den EuGH einige strukturelle Besonderheiten.

Für alle subjektiven Rechte auf Unionsebene gilt, dass zwei potentiell gebundene Ho- 5 heitsträger (die Union bzw. die Mitgliedstaaten) existieren. Je nachdem, wer primär gebunden ist, handelt es sich entweder um ein **EU-Grundrecht** (Bindung primär der Einrichtungen und Organe der EU sowie ggf. Bindung der Mitgliedstaaten, allerdings ausschließlich bei der Durchführung von Unionsrecht[13]) oder um ein **primär- bzw. sekundärrechtliches Recht** (Bindung allein der Mitgliedstaaten auch außerhalb konkreter Umsetzungsakte).[14] Die Gleichheitsrechte bilden eine ausgesprochen heterogene Gruppe von Rechten, die sich nicht nur hinsichtlich ihres sachlichen Anwendungsbereiches, sondern auch hinsichtlich ihres Verpflichtetenkreises unterscheiden. Daher ist bei den Gleichheitsrechten auf Unionsebene – anders als im nationalen Bereich – vor Prüfung einer

---

[4] Etwa in EuGH C-306/93, Slg. 1994, I-5555 Rn. 30 – SMW Winzersekt.
[5] Etwa in EuGH C-122/95, Slg. 1998, I-973 Rn. 62 – Deutschland/Rat.
[6] Etwa in EuGH C-15/95, Slg. 1997, I-1961 Rn. 35 – EARL de Kerlast.
[7] Etwa in EuGH C-122/95, Slg. 1998, I-973 Rn. 54 – Deutschland/Rat.
[8] Etwa in EuGH C-354/95, Slg. 1997, I-4559 Rn. 61 – National Farmers' Union.
[9] Vgl. statt vieler *Hölscheidt* in NK-EuGRCh GRCh Art. 20 Rn. 11. Anders zur Systematisierung *Huster* EuR 2010, 325 (331 ff.).
[10] So besonders deutlich *Kingreen* in Ehlers GuG § 21 Rn. 7.
[11] Vgl. dazu statt vieler *Kingreen/Poscher*, Grundrechte, 34. Aufl. 2018, Rn. 514 ff.; *Mülder/Weitensteiner* Jura 2019, 51 (53 ff.).
[12] So auch *Kingreen* in Ehlers GuG § 21 Rn. 9. Anders *Quasdorf*, Dogmatik der Grundrechte der EU, S. 210 ff.
[13] Vgl. Art. 51 Abs. 1 GRC. So auch nach ausf. Analyse *Große Wentrup*, Die Europäische Grundrechtecharta im Spannungsfeld der Kompetenzverteilung zwischen Europäischer Union und Mitgliedstaaten, 2003, S. 70 f.; *Epiney/Freiermuth Abt*, Das Recht der Gleichstellung von Mann und Frau in der EU, 2003, S. 109 f.; *Langenfeld* in GHN AEUV Art. 157 Rn. 6; *Nicolaysen* EuR 2003, 719 (720 f.). Zur weitergehenden ERT-Rspr. ausf. → § 6 Rn. 31 ff. sowie → § 9 Rn. 40 ff.
[14] Ausf. dazu *Schmahl* in Grabenwarter, EnzEur Bd. 2, § 15 Rn. 17 ff.

§ 47

Ungleichbehandlung und einer möglichen Rechtfertigung der Verpflichtetenkreis zu untersuchen. Aber auch der Berechtigtenkreis ist vorab zu bestimmen, insbes. wenn es um die Frage einer möglichen Drittwirkung geht.

6   Hinzu kommt der Umstand, dass die besonderen Gleichheitssätze nur auf bestimmte Lebensbereiche zugeschnitten sind bzw. Gleichheit nur nach bestimmten Kriterien gewähren.[15] Der auf diese Weise erfasste Lebensbereich ist, genauso wie der Berechtigten- und Verpflichtetenkreis, am Anfang zu prüfen. Vor Feststellung einer **Ungleichbehandlung** und Prüfung einer **objektiven Rechtfertigung** ist daher auf den **Gewährleistungsgehalt** des Gleichheitsrechts einzugehen, der aus dem Berechtigten- und Verpflichtetenkreis sowie dem erfassten Lebensbereich besteht.[16] Dieser Prüfungspunkt ist vor allem bei den besonderen Gleichheitssätzen von Bedeutung (→ § 48 Rn. 7 ff., 83 ff. sowie → § 49 Rn. 12 ff., 80 ff.).

7   Zu klären ist darüber hinaus die Frage nach der Rolle der **Verhältnismäßigkeit** im Rahmen der Gleichheitsprüfung. Hier ist umstritten, ob sie integraler Bestandteil der Gleichheitsrechte ist oder einen separaten Prüfungspunkt darstellt (→ Rn. 33 ff.). Im Ergebnis läuft es daher bei den EU-Gleichheitsrechten auf eine **drei- bis vierstufige Prüfung** hinaus (Gewährleistungsgehalt, Ungleichbehandlung, objektive Rechtfertigung sowie ggf. Verhältnismäßigkeit; zu letzterem → § 10 Rn. 41 ff.).

II. Verankerung und Herleitung als Grundrecht nach Art. 6 EUV

8   Der allgemeine Gleichheitssatz ist in **Art. 20 GRC** verankert. Demnach stellt er gemäß **Art. 6 Abs. 1 EUV** ein Grundrecht dar.

9   In der **EMRK,** der die Union gemäß **Art. 6 Abs. 2 EUV** beizutreten beabsichtigt,[17] fehlt er hingegen. Diese enthält in Art. 14 EMRK zwar mehrere Diskriminierungsverbote, nicht aber einen allgemeinen Gleichheitssatz. Darüber hinaus gilt Art. 14 EMRK nur im Anwendungsbereich der übrigen EMRK-Rechte, ist also lediglich akzessorischer Natur.[18] Daneben kommt Art. 1 **12. EMRKProt** Bedeutung zu. Er schafft, anders als Art. 14 EMRK, keine akzessorischen, sondern selbständige Rechte. Die Norm enthält aber, wie Art. 14 EMRK, lediglich Diskriminierungsverbote und keinen allgemeinen Gleichheitssatz. Dementsprechend kann auch die Rspr. des EGMR für die Auslegung des Art. 20 GRC nicht herangezogen werden.[19]

10 Wendet man sich schließlich **Art. 6 Abs. 3 EUV** zu, so kann der allgemeine Gleichheitssatz auch als **allgemeiner Grundsatz** Teil des Unionsrechts sein. Zur Herleitung der allgemeinen Grundsätze ist auf die Verfassungsüberlieferungen der Mitgliedstaaten, auf die EMRK (→ Rn. 9), sowie auf weitere, von den EU-Mitgliedstaaten ratifizierten völkerrechtlichen Menschenrechtsverträge zurück zu greifen.[20] Analysiert man dementsprechend die **Verfassungen der Mitgliedstaaten,** so ist das Ergebnis eindeutig. Der allgemeine Gleichheitssatz ist in seiner Formulierung „Alle Personen sind vor dem Gesetz gleich" Bestandteil fast aller Verfassungen der Mitgliedstaaten.[21] Zieht man weitere **völkerrechtliche Menschenrechtsverträge und -dokumente** heran, so zeigt sich, dass der allgemeine Gleichheitssatz darüber hinaus in Art. 26 **IPBPR** sowie in Art. 7 **AEMR** verankert ist. Beide sind für alle EU-Mitgliedstaaten bindend. Dementsprechend ist der allgemeine Gleichheitssatz, obwohl er nicht Bestandteil der EMRK ist, dank seiner Verankerung in Art. 20 GRC und seiner Eigenschaft als allgemeiner Grundsatz des Unionsrechts ein Grundrecht.

---

15 Vgl. *Kingreen* in Ehlers GuG § 21 Rn. 5.
16 Ähnlich *Kingreen* in Ehlers GuG § 21 Rn. 9.
17 Die Kommission legte dem EuGH zuletzt 2013 die Frage vor, ob der zu dem Zeitpunkt vorliegende Entwurf eines Beitrittsvertrages zur EMRK mit dem Unionsrecht vereinbar sei. Der EuGH beantwortete diese Frage am 18.12.2014 ablehnend, vgl. EuGH Gutachten 2/13, ECLI:EU:C:2014:2454 – EMRK-Beitritt.
18 Vgl. statt vieler *von Arnauld,* Völkerrecht, 4. Aufl. 2019, Rn. 725.
19 So ausdr. *Kugelmann* in Merten/Papier, HdbGR Bd. VI/1, § 160 Rn. 21.
20 Vgl. *Kingreen* in Ehlers GuG § 21 Rn. 3 ff.
21 Vgl. die Aufarbeitung bei *Hölscheidt* in NK-EuGRCh GRCh Art. 20 Rn. 3 sowie die ausf. Zusammenstellung bei *Glock* S. 123 ff.

Bis zum Inkrafttreten der GRC wendete der EuGH eine im Vergleich zur sonstigen 11
Grundrechtsjudikatur ungewöhnliche Methode zur **Herleitung** des allgemeinen Gleichheitssatzes an. Statt auf die klassischen Grundrechts-Rechtserkenntnisquellen (völkerrechtliche Verträge, insbes. die EMRK, sowie die gemeinsamen Verfassungsüberlieferungen der Mitgliedstaaten)[22] zurückzugreifen, entwickelte er den allgemeinen Gleichheitssatz in Anlehnung an die in den Verträgen verankerten Diskriminierungsverbote, insbes. Art. 40 Abs. 2 UAbs. 2 AEUV[23], die er als Ausdruck des allgemeinen Gleichheitssatzes interpretierte.[24] Zurückzuführen war diese Instrumentalisierung des agrarrechtlichen Diskriminierungsverbots wohl auf zwei Umstände: Zum einen betraf die Mehrheit der Entscheidungen zum Gleichheitssatz den landwirtschaftlichen Bereich. Zum anderen stellte Art. 40 Abs. 2 UAbs. 2 AEUV das einzige Diskriminierungsverbot dar, das sich ausdrücklich an die Union wendete, während alle übrigen Diskriminierungsverbote die Mitgliedstaaten als primäre Adressaten hatten. In den Urteilsbegründungen blieb oft unklar, ob der Gerichtshof den allgemeinen Gleichheitssatz oder Art. 40 Abs. 2 UAbs. 2 AEUV prüfte.[25] **Seit dem Inkrafttreten der GRC** bezeichnet der EuGH den allgemeinen Gleichheitssatz, wenn er seine Herleitung überhaupt begründet, schlicht als allgemeinen Grundsatz des Unionsrechts, der in Art. 20 GRC niedergelegt ist.[26] Die **EuGH-Rspr. bleibt die wichtigste Erkenntnisquelle für den Inhalt** des allgemeinen Gleichheitssatzes. Der Gerichtshof hat sich in einer Vielzahl von Entscheidungen mit den diversen Aspekten des allgemeinen Gleichheitssatzes auseinandergesetzt und auf diese Weise die Konturen des Grundrechts relativ präzise umrissen. Die vom EuGH entwickelte dogmatische Grundstruktur des allgemeinen Gleichheitssatzes ist durch die Formulierung des Art. 20 GRC auch nicht verändert worden, so dass die bis zum Inkrafttreten der GRC ergangene Rspr. des Gerichtshofs weiterhin anzuwenden bleibt.[27]

B. Gewährleistungsgehalt

I. Grundrechtsadressaten

Der allgemeine Gleichheitssatz bindet als EU-Grundrecht in erster Linie die **Organe und** 12
Einrichtungen der Union. Den allgemeinen Grundsätzen (→ § 9 Rn. 30 ff.) sowie

---

[22] Zu den Rechtserkenntnisquellen im Bereich der Unionsgrundrechte vgl. *Kingreen* in Ehlers GuG § 21 Rn. 3 ff.
[23] Vgl. *Mohn* S. 16; *Wetter,* Die Grundrechtscharta des EuGH, S. 197.
[24] Vgl. ausf. *Glock* S. 163 ff.
[25] Vgl. etwa EuGH verb. Rs. 117/76 u. 16/77, Slg. 1977, 1753 ff. – Ruckdeschel; EuGH verb. Rs. 124/76 u. 20/77, Slg. 1977, 1795 Rn. 14, 17 – Moulins Pont-à-Mousson; EuGH 125/77, Slg. 1978, 1991 Rn. 25, 27 – Koninklijke Scholten-Honig; EuGH verb. Rs. 103 u. 145/77, Slg. 1978, 2037 Rn. 17, 27 – Royal Scholten-Honig; EuGH 245/81, Slg. 1982, 2745 Rn. 11 – Edeka; EuGH 59/83, Slg. 1984, 4057 Rn. 19 – Biovilac; EuGH verb. Rs. 201 u. 202/85, Slg. 1986, 3477 Rn. 9 – Klensch; EuGH verb. Rs. 424 u. 425/85, Slg. 1987, 2755 Rn. 11 – Frico; EuGH 84/87, Slg. 1988, 2647 Rn. 29 – Erpelding; EuGH verb. Rs. C-267 bis C-285/88, Slg. 1990, I-435 Rn. 13 – Wuidart; EuGH C-85/90, Slg. 1992, I-5305 Rn. 21 – Dowling; EuGH C-98/91, Slg. 1994, I-223 Rn. 27 – Herbrink; EuGH C-2/92, Slg. 1994, I-955 Rn. 23 – Bostock; EuGH C-280/93, Slg. 1994, I-4973 Rn. 67 – Deutschland/Rat; EuGH C-56/94, Slg. 1995, I-1769 Rn. 27 – SCAC; EuGH verb. Rs. C-296 u. 307/93, Slg. 1996, I-795 Rn. 49 – Frankreich u. Irland/Kommission; EuGH C-15/95, Slg. 1997, I-1961 Rn. 35 – EARL de Kerlast; EuGH C-309/96, Slg. 1997, I-7493 Rn. 18 – Annibaldi; EuGH C-122/95, Slg. 1998, I-973 Rn. 62 – Deutschland/Rat; EuGH verb. Rs. C-364/95 u. C-365/95, Slg. 1998, I-1023 Rn. 81 – T.Port; EuGH C-292/97, Slg. 2000, I-2737 Rn. 39 – Karlsson. So auch *Rossi* in Calliess/Ruffert GRC Art. 20 Rn. 2.
[26] EuGH C-356/12, ECLI:EU:C:2014:350 Rn. 43 – Glatzel. Vgl. auch EuGH C-208/09, Slg. 2010, I-13693 Rn. 89 – Sayn-Wittgenstein; EuGH C-364/11, ECLI:EU:C:2012:826 Rn. 78 – Mostafa Abed El Karem El Kott; EuGH C-101/12, ECLI:EU:C:2013:661 Rn. 76 – Schaible; EuGH C-463/12, ECLI:EU:C:2015:144 Rn. 31 – Copydan Båndkopi; EuGH C-528/13, ECLI:EU:C:2015:288 Rn. 48 – Léger; EuGH C-1/14, ECLI:EU:C:2015:378 Rn. 49 – Base; EuGH C-416/14, ECLI:EU:C:2015:617 Rn. 53 – Fratelli De Pra; EuGH C-440/14 P, ECLI:EU:C:2016:128 Rn. 24 – National Iranian Oil Company.
[27] Vgl. *Hölscheidt* in NK-EuGRCh GRCh Art. 20 Rn. 13; *Kugelmann* in Merten/Papier, HdbGR Bd. VI/1, § 160 Rn. 14, 24.

Art. 51 Abs. 1 GRC folgend erstreckt sich seine Bindungswirkung auch auf die **Mitgliedstaaten,** sobald und soweit sie Unionsrecht durchführen (aber → § 6 Rn. 31 ff.). Diese Bestimmung der Grundrechtsadressaten wird für das Gleichbehandlungsgebot zu recht als Selbstverständlichkeit angesehen.[28]

13 Eine **Drittwirkung** des allgemeinen Gleichheitssatzes mit der Folge einer Bindung von Privatpersonen ist vom EuGH bislang nicht anerkannt worden (→ § 9 Rn. 49 ff.). Seitens der Literatur wird vereinzelt versucht, die bei einigen besonderen Gleichheitssätzen des Primärrechts anerkannte Drittwirkung (→ § 48 Rn. 10 ff. sowie → § 49 Rn. 13 ff.) auf den allgemeinen Gleichheitssatz auszudehnen.[29] Anknüpfungspunkt ist insbes. die vom EuGH angenommene Drittwirkung des Diskriminierungsverbotes aus Gründen der Staatsangehörigkeit bei Maßnahmen, die eine kollektive Regelung im Arbeits- und Dienstleistungsbereich beinhalten. Nach stRspr[30] ist die Drittwirkung dieses primärrechtlichen Diskriminierungsverbotes mittlerweile sogar umfassend zu verstehen (→ § 49 Rn. 15). Eine Ausdehnung der Drittwirkung auf den allgemeinen Gleichheitssatz als EU-Grundrecht ist jedoch aus zwei Gründen **abzulehnen:** Zum einen muss zwischen primär- bzw. sekundärrechtlichen Rechten auf der einen und EU-Grundrechten auf der anderen Seite differenziert werden (→ Rn. 5). Die Fälle anerkannter Drittwirkung beziehen sich nur auf besondere Diskriminierungsverbote des Primärrechts. Bei den primär- bzw. sekundärrechtlichen Rechten sind Durchbrechungen des eigentlichen Adressatenkreises seit langem anerkannt und möglich – man denke nur etwa an die unmittelbare Wirkung von Richtlinien.[31] Anders sieht es bei den EU-Grundrechten aus. Diese erfassen primär das Handeln der Organe und Einrichtungen der Union. Der Kreis der Grundrechtsverpflichteten ist dementsprechend auch in Art. 51 Abs. 1 GRC in aller Deutlichkeit definiert: Privatpersonen fallen nicht darunter. Zum anderen ist aus inhaltlicher Sicht darauf hinzuweisen, dass die Besonderheiten des im Arbeitsrecht typischen Machtgefälles nicht auf alle übrigen Beziehungen zwischen privaten Rechtssubjekten übertragen werden können.[32] Der allgemeine Gleichheitssatz entfaltet daher keine Drittwirkung.[33]

II. Grundrechtsträger

14 Grundrechtsträger sind gemäß den allgemeinen Grundsätzen (→ § 9 Rn. 3 ff.) alle **natürlichen und juristischen** Personen des Privatrechts.[34] Grundsätzlich wendet der EuGH den allgemeinen Gleichheitssatz auch auf juristische **Personen des öffentlichen Rechts** an:[35] In der Entscheidung über die Rechtmäßigkeit der Transparenzrichtlinie, die von einigen Mitgliedstaaten als nichtig angesehen wurde, weil sie ua die öffentlichen Unternehmen

---

[28] Vgl. *Mohn* S. 41 ff.; *Kischel* S. 6; *Kingreen* in Ehlers GuG § 21 Rn. 11; *Wahle* S. 39 ff.; *Beutler* in von der Groeben/Schwarze/Hatje EUV Art. 6 Rn. 26.

[29] Am weitesten gehen *Toth*, The Oxford Encyclopedia of European Community Law, Vol. 1, 1990, S. 193 und *Kischel* S. 8. Vorsichtiger *Mohn* S. 45; *Roth* FS Everling II, 1995, 1231 (1240 f.). Grundsätzlich einer solchen Erweiterung positiv gegenüber steht *Graser* in Schwarze GRC Art. 20 Rn. 10 ff.

[30] Vgl. EuGH C-281/98, Slg. 2000, I-4139 Rn. 29 ff., 36 – Angonese; EuGH C-411/98, Slg. 2000, I-8081 Rn. 50 – Ferlini; EuGH C-309/99, Slg. 2002, I-1577 Rn. 120 – Wouters; EuGH C-438/05, Slg. 2007, I-10779 Rn. 33 f., 57 – International Transport Workers' Federation; EuGH C-94/07, Slg. 2008, I-5939 Rn. 42 ff. – Raccanelli.

[31] Vgl. dazu statt vieler Herdegen EuropaR § 8 Rn. 51 ff.

[32] Ähnlich *Kischel* S 7 f.

[33] Vgl. *Hölscheidt* in NK-EuGRCh GRCh Art. 20 Rn. 15; *Rossi* in Calliess/Ruffert GRC Art. 20 Rn. 12; Jarass GRCh Art. 20 Rn. 3; *Sachs* in Tettinger/Stern GRC Art. 20 Rn. 19; *Kugelmann* in Merten/Papier, HdbGR Bd. VI/1, § 160 Rn. 30. Ähnlich *Mohn* S. 45, die jedoch eine Drittwirkung der speziellen Ausprägungen des allgemeinen Gleichheitssatzes annimmt. Ihr folgend *Wahle* S. 44.

[34] Vgl. *Sachs* in Tettinger/Stern GRC Art. 20 Rn. 6; *Graser* in Schwarze GRC Art. 20 Rn. 7 f.; *Rossi* in Calliess/Ruffert GRC Art. 20 Rn. 4 f.; *Kugelmann* in Merten/Papier, HdbGR Bd. VI/1, § 160 Rn. 29; *Bell* in PHKW Fundamental Rights Art. 20 Rn. 20.17.

[35] Zustimmend *Graser* in Schwarze GRC Art. 20 Rn. 8; *Graser/Reiter* in Schwarze GRC Art. 20 Rn. 8; *Heselhaus* in FK-EUV/GRC/AEUV GRC Art. 20 Rn. 32; aA *Rossi* in Calliess/Ruffert GRC Art. 20 Rn. 6.

gegenüber den privaten schlechter stelle, prüfte der EuGH den allgemeinen Gleichheitsgrundsatz. Er kam jedoch im konkreten Fall zu dem Schluss, dass sich öffentliche und private Unternehmen nicht in einer vergleichbaren Lage befänden und daher keine Verletzung des Gleichheitssatzes vorliege.[36] Insofern ist das Grundrecht von seinem Anwendungsbereich her umfassend ausgestaltet. Es stellt sich jedoch die Frage, ob damit der Kreis der Grundrechtsträger geschlossen ist.

Da die Unionsorgane auch gegenüber den **Mitgliedstaaten** zu hoheitlichen Handlungen befugt sind, könnten sich letztere möglicherweise ebenso auf das grundrechtliche Gleichbehandlungsgebot berufen.[37] Der EuGH hat in mehreren Entscheidungen die Gleichheit der Mitgliedstaaten vor dem Unionsrecht thematisiert, ohne sich dabei allerdings auf eine bestimmte Position festzulegen. Die entsprechenden EuGH-Urteile lassen sich in zwei Fallgruppen aufteilen. In der ersten Gruppe ging es um die fehlende Umsetzung von sekundärem Unionsrecht.[38] Der Gerichtshof führte dazu aus, dass eine nicht rechtzeitige bzw. nicht ordnungsgemäße Vollziehung sekundärrechtlicher Normen die Gleichheit der Mitgliedstaaten in Frage stellen und einen Verstoß gegen Unionsrecht darstellen würde. Mit einer solchen Formulierung werden aber nicht die Mitgliedstaaten zu Grundrechtsträgern erklärt, sondern nur der Grundsatz bekräftigt, dass die Mitgliedstaaten das Unionsrecht gleichzeitig und einheitlich anzuwenden haben. Eine zweite Gruppe von Urteilen betraf die Gleichheit zwischen den Marktbürgern und die Verhinderung von Wettbewerbsverzerrungen zwischen den Mitgliedstaaten.[39] Auch hier war jedoch die einheitliche Durchführung des Unionsrechts wesentliche Entscheidungsgrundlage. Darüber hinaus prüfte der Gerichtshof zwar den Gleichheitsgrundsatz, er bezog ihn aber auf die betroffenen Unternehmen und nicht auf die Mitgliedstaaten. 15

Nur vereinzelt hat der EuGH in Gleichheitsfragen ausdrücklich auf die Mitgliedstaaten abgestellt. So erklärte er bspw. 1963 (also 14 Jahre vor Anerkennung des allgemeinen Gleichheitssatzes als Grundrecht, → Rn. 1) eine Entscheidung der Kommission, in der Schutzmaßnahmen Frankreichs, die ausschließlich gegen italienische Produkte gerichtet waren, genehmigt wurden, für rechtmäßig. Eine Differenzierung nach Ländern sei zulässig, wenn „sachliche Gründe dies geboten erscheinen lassen".[40] Darüber hinaus stellte der Gerichtshof einmal die Diskriminierung eines Mitgliedstaates fest, obwohl er primär auf die Ungleichbehandlung einzelner Erzeuger dieses Staates abgestellt hatte.[41] Einzelne Stimmen aus der Literatur leiten aus diesen beiden Urteilen und den umfassenden Klagemöglichkeiten der Art. 259 und 263 AEUV die Schlussfolgerung ab, dass der allgemeine Gleichheitssatz auch im Verhältnis der Union zu den Mitgliedstaaten Anwendung finde und damit die Mitgliedstaaten vor möglicher Willkür der rechtsetzenden Unionsorgane geschützt seien.[42] 16

Eine solche Ausdehnung des Kreises der Grundrechtsträger ist jedoch aus mehreren Gründen **abzulehnen**.[43] Zum einen ist sie mit dem fundamentalen Wesen der Grundrechte als Abwehrrechte des Einzelnen gegen die Hoheitsgewalt nicht vereinbar. Zum anderen 17

---

[36] EuGH verb. Rs. 188 bis 190/80, Slg. 1982, 2545 Rn. 21 – Frankreich, Italien u. Vereinigtes Königreich/Kommission.
[37] Zu der verwandten Idee „föderaler Grundrechte" der Mitgliedstaaten vgl. *Pernice* DVBl 2000, 847 (857 f.).
[38] EuGH 39/72, Slg. 1973, 101 Rn. 24 – Kommission/Italien; EuGH 128/78, Slg. 1979, 419 Rn. 12 – Kommission/Vereinigtes Königreich; EuGH 231/78, Slg. 1979, 1447 Rn. 9 – Kommission/Vereinigtes Königreich.
[39] EuGH 39/72, Slg. 1973, 101 Rn. 24 – Kommission/Italien; EuGH 11/76, Slg. 1979, 245 Rn. 9 – Niederlande/Kommission; EuGH verb. Rs. 15 u. 16/76, Slg. 1979, 321 Rn. 31 – Frankreich/Kommission; EuGH 128/78, Slg. 1979, 419 Rn. 12 – Kommission/Vereinigtes Königreich; EuGH 55/83, Slg. 1985, 683 Rn. 31 – Italien/Kommission; EuGH 56/83, Slg. 1985, 703 Rn. 31 – Italien/Kommission.
[40] EuGH 13/63, Slg. 1963, 357 (384 f.) – Italien/Kommission.
[41] EuGH 192/83, Slg. 1985, 2791 Rn. 34 – Griechenland/Kommission.
[42] So *Mohn* S. 40 f. Ihr folgend *Wahle* S. 46 ff., die ausdrücklich von dem „Grundrecht der Gleichbehandlung der Mitgliedstaaten" spricht.
[43] So auch *Hölscheidt* in NK-EuGRCh GRCh Art. 20 Rn. 14.

stünde einer solchen Interpretation der Wortlaut des Art. 20 GRC entgegen, in dem von „Personen" und nicht allgemein von „Rechtssubjekten" die Rede ist. Schließlich ist ein solcher Schritt auch aus Rechtsschutzgründen nicht erforderlich. Selbstverständlich gilt – wie der Gerichtshof mehrfach festgestellt hat – der Grundsatz der Gleichheit der Mitgliedstaaten vor dem Unionsrecht. Diese Gleichheit stellt jedoch kein Grundrecht, sondern eines der fundamentalen objektiven Prinzipien der supranationalen Rechtsordnung dar.[44] Mittlerweile ist es auch ausdrücklich in Art. 4 Abs. 2 S. 1 EUV verankert.[45] Die Missachtung des Grundsatzes wäre ein Verstoß gegen Unionsrecht, der eine Anrufung des EuGH erlauben würde. Ein Grundrecht ist die Gleichheit der Mitgliedstaaten dadurch aber noch nicht.[46]

III. Erfasster Lebensbereich

18 Der vom allgemeinen Gleichheitssatz erfasste Lebensbereich ist unbeschränkt. Das Grundrecht ist auf jedes menschliche Verhalten anwendbar. Im Laufe der Jahre haben sich allerdings in der EuGH-Rspr. thematische Schwerpunkte herausgebildet. Die wohl größte Zahl von Verfahren findet sich im Bereich der Landwirtschaft[47] und im europäischen Dienstrecht[48]. Weitere Schwerpunkte sind die Gleichbehandlung der Marktbürger[49] sowie die Gleichbehandlung im System der Finanzvorschriften[50]. Nach und nach werden jedoch fast alle Bereiche des Unionsrechts von der Rspr. erfasst.[51]

---

[44] Ausf. *Schwarze*, EuVerwR Bd. I, S. 642 ff.
[45] Ausf. zur historischen Entwicklung und den heutigen Ausprägungen *Rossi* in Rossi/Casolari S. 3 ff.
[46] Im deutschen Verfassungsrecht gilt eine vergleichbare Rechtslage: Der Gleichheitsgrundsatz gilt auch im Verhältnis der Hoheitsträger untereinander – allerdings nicht als Grundrecht, sondern als Ausfluss des Rechtsstaatsgebots, vgl. BVerfGE 83, 363 (393) – Krankenhausumlage.
[47] Vgl. etwa EuGH verb. Rs. 117/76 u. 16/77, Slg. 1977, 1753 Rn. 7 ff. – Ruckdeschel; EuGH verb. Rs. 124/76 u. 20/77, Slg. 1977, 1795 Rn. 14, 17 – Moulins Pont-à-Mousson; EuGH 125/77, Slg. 1978, 1991 Rn. 25, 27 – Koninklijke Scholten-Honig; EuGH verb. Rs. 103 u. 145/77, Slg. 1978, 2037 Rn. 25, 27 – Royal Scholten-Honig; EuGH 245/81, Slg. 1982, 2745 Rn. 11 – Edeka; EuGH 59/83, Slg. 1984, 4057 Rn. 19 – Biovilac; EuGH verb. Rs. 201 u. 202/85, Slg. 1986, 3477 Rn. 9 – Klensch; EuGH verb. Rs. 424 u. 425/85, Slg. 1987, 2755 Rn. 11 – Frico; EuGH 84/87, Slg. 1988, 2647 Rn. 29 – Erpelding; EuGH verb. Rs. C-267 bis C-285/88, Slg. 1990, I-435 Rn. 13 – Wuidart; EuGH C-85/90, Slg. 1992, I-5305 Rn. 21 – Dowling; EuGH C-98/91, Slg. 1994, I-223 Rn. 27 – Herbrink; EuGH C-2/92, Slg. 1994, I-955 Rn. 23 – Bostock; EuGH C-280/93, Slg. 1994, I-4973 Rn. 67 – Deutschland/Rat; EuGH C-56/94, Slg. 1995, I-1769 Rn. 27 – SCAC; EuGH verb. Rs. C-296 u. 307/93; Slg. 1996, I-795 Rn. 30 – Frankreich u. Irland/Kommission; EuGH C-15/95, Slg. 1997, I-1961 Rn. 35 – Earl de Kerlast; EuGH C-309/96, Slg. 1997, I-7493 Rn. 18 – Annibaldi; EuGH C-122/95, Slg. 1998, I-973 Rn. 62 – Deutschland/Rat; EuGH verb. Rs. C-364 u. -365/95, Slg. 1998, I-1023 Rn. 81 – T.Port; EuGH C-292/97, Slg. 2000, I-2737 Rn. 39 – Karlsson; Schaible; EuGH C-248/04, Slg. 2006, I-10211 – Royal Cosun. Zur Fischerei vgl. EuGH verb. Rs. C-87/03 u. C-100/03, Slg. 2006, I-2915 – Spanien/Rat; EuGH C-540/16, ECLI:EU:C:2018:565 – Spika ua.
[48] Vgl. etwa EuGH 48/70, Slg. 1971, 175 Rn. 25, 27 – Bernardi/EP; EuGH verb. Rs. 63 bis 75/70, Slg. 1971, 549 Rn. 7 ff. – Bode/Kommission; EuGH 130/75, Slg. 1976, 1589 Rn. 12, 19 – Prais/Rat; EuGH 147/79, Slg. 1980, 3005 Rn. 7 – Hochstrass/Gerichtshof; EuGH 1322/79, Slg. 1981, 127 Rn. 10 – Vutera/Kommission; EuGH 817/79, Slg. 1982, 245 Rn. 29 – Buyl/Kommission; EuGH 828/79, Slg. 1982, 269 Rn. 39 – Adam/Kommission; EuGH 1253/79, Slg. 1982, 297 Rn. 37 – Battaglia/Kommission; EuGH verb. Rs. 198 bis 202/81, Slg. 1982, 4145 Rn. 5 – Micheli/Kommission; EuGH verb. Rs. 152, 158, 162, 166, 170, 173, 175, 177 bis 179, 182 u. 186/81, Slg. 1983, 2357 Rn. 7 – Ferrario/Kommission; EuGH verb. Rs. 118 bis 123/82, Slg. 1983, 2995 Rn. 22 – Celant/Kommission; EuGH 188/83, Slg. 1984, 3465 Rn. 13 – Witte/EP; EuGH verb. Rs. 129 u. 274/82, Slg. 1984, 4127 Rn. 19 f. – Lux/Rechnungshof; EuGH 134/84, Slg. 1985, 2225 Rn. 5 ff. – Williams/Rechnungshof.
[49] Vgl. etwa EuGH 39/72, Slg. 1973, 101 Rn. 24 – Kommission/Italien; EuGH 11/76, Slg. 1979, 245 Rn. 9 – Niederlande/Kommission; EuGH verb. Rs. 15 u. 16/76, Slg. 1979, 321 Rn. 31 – Frankreich/Kommission; EuGH 128/78, Slg. 1979, 419 Rn. 12 – Kommission/Vereinigtes Königreich; EuGH 55/83, Slg. 1985, 683 Rn. 31 – Italien/Kommission; EuGH 56/83, Slg. 1985, 703 Rn. 31 – Italien/Kommission.
[50] Vgl. etwa EuGH 265/78, Slg. 1980, 617 Rn. 7 f. – Ferwerda; EuGH verb. Rs. 66, 127 u. 128/79, Slg. 1980, 1237 Rn. 14 f. – Salumi; EuGH C-85/97, Slg. 1998, I-7447 Rn. 30 ff. – SFI; EuG T-57/17, ECLI:EU:T:2018:425 – Pegasus.
[51] EuGH C-208/09, Slg. 2010, I-13693 – Sayn-Wittgenstein (Freizügigkeit); EuGH C-356/12, ECLI:EU:C:2014:350 – Glatzel (Verkehr); EuGH C-390/06, Slg. 2008, I-2577 – Nuova Agricast (Beihilfen); EuGH C-3/13, ECLI:EU:C:2014:2227 – Baltic Agro (Antidumpingzölle); EuGH C-463/12, ECLI:EU:

C. Beeinträchtigung

Eine Beeinträchtigung des allgemeinen Gleichheitssatzes liegt vor, wenn entweder gleiche 19 Sachverhalte ungleich oder ungleiche Sachverhalte gleich behandelt werden.[52] Dabei ist, wie im innerstaatlichen Bereich[53], mit der Formulierung „Gleichheit vor dem Gesetz" sowohl die Gleichbehandlung bei Durchführung einer Norm (Rechtsanwendungsgleichheit) als auch bei ihrer Formulierung (Rechtsetzungsgleichheit) gemeint. Das gilt auch für Art. 20 GRC.[54] Ausdrücklich hat der EuGH die Erstreckung des Gleichheitssatzes auf Rechtsanwendungs- und Rechtsetzungsgleichheit, soweit ersichtlich, bisher noch nicht festgestellt. Die Reichweite des allgemeinen Gleichheitssatzes lässt sich jedoch seiner Rspr. entnehmen: Er prüft sowohl die Anwendung einer Norm, also Einzelakte[55], als auch den Inhalt von Normen[56] unter gleichheitsrechtlichen Gesichtspunkten.

I. Vergleichbarkeit

Voraussetzung einer Ungleich- bzw. Gleichbehandlung ist die Vergleichbarkeit der jeweiligen Sachverhalte. Diese Feststellung lässt sich nur anhand der **Bildung von Vergleichsgruppen** treffen.[57] Der EuGH scheint diesem Prüfungspunkt keine besondere Bedeutung beizumessen.[58] Regelmäßig betrifft der Schwerpunkt seiner Entscheidungsgründe die objektive Rechtfertigung einer Ungleichbehandlung (→ Rn. 28 ff.). Trotzdem zeigen Urteile, in denen die Anwendbarkeit des allgemeinen Gleichheitssatzes am Fehlen vergleichbarer Sachverhalte scheiterte[59], dass die Vergleichbarkeit eine entscheidende Anwendungsvoraussetzung ist. Bestimmt wird sie objektiv:[60] Zwei Gruppen sind miteinander vergleichbar,

---

C:2015:144 – Copydan Båndkopi und EuGH verb. Rs. C-457/11 bis C-460/11, ECLI:EU:C:2013:426 – VG Wort (geistiges Eigentum); EuGH C-528/13, ECLI:EU:C:2015:288 – Léger (öffentliche Gesundheit); EuGH C-1/14, ECLI:EU:C:2015:378 – Base; EuGH C-416/14 R, ECLI:EU:C:2015:617 – Fratelli De Pra (Telekommunikation); EuGH C-364/11, ECLI:EU:C:2012:826 – Abed (Flüchtlingsrecht); EuGH C-440/14 P, ECLI:EU:C:2016:128 – National Iranian Oil Company (EU-Sanktionen); EuGH C-272/15, ECLI:EU:C:2016:993 – Suiss International Airlines (Abgabe von Treibhausgasemissionszertifikaten); EuGH C-637/13 P, ECLI:EU:C:2017:51 – Laufen Austria (Festsetzung von Geldbußen).

[52] Vgl. etwa EuGH 817/79, Slg. 1982, 245 Rn. 29 – Buyl/Kommission; EuGH 8/82, Slg. 1983, 371 Rn. 18 – Wagner; EuGH 283/83, Slg. 1984, 3791 Rn. 7 – Racke; EuGH 58/86, Slg 1987, 1525 Rn. 15 – Coopérative agricole d'approvisionnement des Avirons; EuGH C-217/91, Slg. 1993, I-3923 Rn. 37 – Spanien/Kommission; EuGH C-306/93, Slg. 1994, I-5555 Rn. 30 – SMW Winzersekt; EuGH C-15/95, Slg. 1997, I-1961 Rn. 35 – Earl de Kerlast; EuGH C-354/95, Slg. 1997, I-4559 Rn. 61 – National Farmers' Union; EuGH C-292/97, Slg. 2000, I-2737 Rn. 39 – Karlsson; EuGH C-14/01, Slg. 2003, I-2279 Rn. 49 – Niemann; EuGH C-137/00, Slg. 2003, I-7975 Rn. 126 – National Farmers' Union; EuGH verb. Rs. C-87/03 u. C-100/03, Slg. 2006, I-2915 Rn. 48 – Spanien/Rat; EuGH C-248/04, Slg. 2006, I-10211 Rn. 72 – Royal Cosun; EuGH C-390/06, Slg. 2008, I-2577 Rn. 66 – Nuova Agricast; EuGH C-127/07, Slg. 2008, I-9895 Rn. 31 – Arcelor Atlantique; EuGH C-176/09, Slg. 2011, I-3727 Rn. 31 – Luxemburg/Parlament und Rat; EuGH C-356/12, ECLI:EU:C:2014:350 Rn. 43 – Glatzel. Ausf. zur Gleichbehandlung von Ungleichem *Fuchs*.
[53] Zum deutschen Recht vgl. statt vieler *Manssen*, Staatsrecht II, Grundrechte, 16. Aufl. 2019, Rn. 839.
[54] Vgl. *Hölscheidt* in NK-EuGRCh GRCh Art. 20 Rn. 17; *Kugelmann* in Merten/Papier, HdbGR Bd. VI/1, § 160 Rn. 31; *Graser* in Schwarze GRC Art. 20 Rn. 9; *Streinz* in Streinz GRC Art. 20 Rn. 7.
[55] Vgl. etwa EuGH 56/83, Slg. 1985, 703 Rn. 41 – Italien/Kommission.
[56] Vgl. etwa EuGH verb. Rs. 117/76 u. 16/77, Slg. 1977, 1753 Rn. 13 – Ruckdeschel.
[57] Vgl. statt vieler *Zuleeg* FS Börner, 1992, 473 (477 ff.); *Borchardt*, Die rechtlichen Grundlagen der EU, Rn. 246; *Kingreen* in Ehlers GuG § 21 Rn. 12. Aus der Rspr. EuGH C-292/97, Slg. 2000, I-2737 Rn. 40 – Karlsson.
[58] So auch der Hinweis von *Mohn* S. 48 und *Wahle* S. 75.
[59] Etwa EuGH 20/68, Slg. 1969, 235 Rn. 18 – Pasetti/Kommission; EuGH 6/71, Slg. 1971, 823 Rn. 16 – Rheinmühlen; EuGH 112/80, Slg. 1981, 1095 Rn. 54 – Dürbeck; EuGH 188 bis 190/80, Slg. 1982, 2545 Rn. 21 – Frankreich, Italien u. Vereinigtes Königreich/Kommission; EuGH 8/82, Slg. 1983, 371 Rn. 22 – Wagner; EuGH 283/83, Slg. 1984, 3791 Rn. 10 – Racke; EuGH C-217/91, Slg. 1993, I-3923 Rn. 38 f. – Spanien/Kommission; EuGH C-280/93, Slg. 1994, I-4973 Rn. 72 u. 75 – Deutschland/Rat; EuG T-150/89, Slg. 1995, II-1165 Rn. 57 f. – Martinelli/Kommission; EuGH C-127/07, Slg. 2008, I-9895 Rn. 25 – Arcelor Atlantique; EuGH C-176/09, Slg. 2011, I-3727 Rn. 32 – Luxemburg/Parlament und Rat.
[60] EuGH 16/61, Slg. 1962, 583 (615) – Acciaierie Ferriere e Fonderie di Modena/Hohe Behörde.

wenn zwischen ihnen zwar Unterschiede bestehen, sie aber in wesentlichen Merkmalen übereinstimmen.[61] Die Kriterien bestimmt der EuGH anhand des jeweiligen Einzelfalls:

21 Eine Vergleichbarkeit von **Produkten** etwa hat er dann bejaht, wenn sie untereinander austauschbar sind.[62] Entscheidend ist dabei die Sicht des Verbrauchers; die Produkte müssen in seinen Augen „gleiche Eigenschaften haben und denselben Bedürfnissen dienen".[63] Den Begriff der gleichen Eigenschaften legt der Gerichtshof weit aus. Es geht nicht um eine strenge Identität, sondern um eine gleiche oder vergleichbare Verwendung, wofür sämtliche objektiven typischen Merkmale der beiden Gruppen heranzuziehen sind.[64] Gelegentlich stellt der EuGH bei der Vergleichbarkeit von Produkten auch auf den eng mit der Austauschbarkeit zusammenhängenden Aspekt des Wettbewerbs zwischen ihnen ab.[65] In anderen Urteilen zieht er konkrete Produkteigenschaften, wie etwa die Herstellungsart bei Schaumweinen[66], heran.

22 Bei der Vergleichbarkeit von öffentlichen und privaten **Unternehmen** macht der Gerichtshof die Beziehungen zwischen der öffentlichen Hand und dem jeweiligen Unternehmen zum Maßstab.[67] Sonstige Unternehmen vergleicht er anhand ihrer Gesellschaftsform[68], der Wirtschaftsbedingungen in den einzelnen Mitgliedstaaten[69], der Produktionsverhältnisse, der rechtlichen Strukturen und der Wettbewerbsfähigkeit[70], der Absatzmärkte[71] oder des Kapazitätsüberhangs[72]. Gelegentlich stellt er aber einfach auch nur fest, dass sich die Unternehmen „nicht in der gleichen Situation" befänden.[73] Daneben gibt es nicht verallgemeinerungsfähige Entscheidungen, in denen der EuGH bzw. das EuG stark fallbezogen argumentierten.[74]

23 Eine umfangreiche Kasuistik besteht für die Vergleichbarkeit von **Personen,** vor allem im europäischen Dienstrecht.[75] Sie wirkt sich auf Laufbahn (Bewerbungs-, Auswahl-, Einstellungs- und Beförderungsverfahren), Besoldung sowie Versorgung der Beamten aus. Trotz der Vielzahl der Fallkonstellationen lassen sich für die Vergleichbarkeit von Beamten bestimmte Grundmuster erkennen: Grundsätzlich schließen objektiv unterschiedliche Bedin-

---

[61] EuGH C-127/07, Slg. 2008, I-9895 Rn. 25 – Arcelor Atlantique; EuGH C-176/09, Slg. 2011, I-3727 Rn. 32 – Luxemburg/Parlament und Rat. Vgl. auch *Kingreen* in Ehlers GuG § 21 Rn. 14.
[62] Vgl. etwa EuGH verb. Rs. 117/76 u. 16/77, Slg. 1977, 1753 Rn. 8 – Ruckdeschel; EuGH verb. Rs. 124/76 u. 20/77, Slg. 1977, 1795 Rn. 18 – Moulins Pont-à-Mousson; EuGH 125/77, Slg. 1978, 1991 Rn. 28, 32 – Koninklijke Scholten-Honig; EuGH 103 u. 145/77, Slg. 1978, 2037 Rn. 28, 32 – Royal Scholten-Honig.
[63] EuGH 45/75, Slg. 1976, 181 Rn. 12 – Rewe; EuGH 168/78, Slg. 1980, 347 Rn. 5 – Kommission/Frankreich; EuGH 169/78, Slg. 1980, 385 Rn. 5 – Kommission/Italien; EuGH 140/79, Slg. 1981, 1 Rn. 10 – Chemial Farmaceutici.
[64] EuGH 168/78, Slg. 1980, 347 Rn. 5 – Kommission/Frankreich; EuGH 216/81, Slg. 1982, 2701 Rn. 7 – Cogis; EuGH 243/84, Slg. 1986, 875 Rn. 11 – Walker.
[65] EuGH 8/78, Slg. 1978, 1721 Rn. 26 – Milac; EuGH 125/77, Slg. 1978, 1991 Rn. 28, 32 – Koninklijke Scholten-Honig; EuGH 103 u. 145/77, Slg. 1978, 2037 Rn. 28, 32 – Royal Scholten-Honig; EuGH C-280/93, Slg. 1994, I-4973 Rn. 69 ff. – Deutschland/Rat. Kritisch zu diesem Vergleichskriterium *Mohn* S. 54.
[66] EuGH C-309/89, Slg. 1994, I-1853 Rn. 27 f. – Codorniu/Rat.
[67] EuGH 188 bis 190/80, Slg. 1982, 2545 Rn. 21 – Frankreich, Italien u. Vereinigtes Königreich/Kommission.
[68] EuGH C-15/95, Slg. 1997, I-1961 Rn. 37 f. – Earl de Kerlast.
[69] EuGH 230/78, Slg. 1979, 2749 Rn. 18 – Eridania; EuGH 139/80, Slg. 1980, 3393 Rn. 28 – Maizena/Rat. Allerdings wird in diesen Fällen nicht ganz deutlich, ob der Gerichtshof die Vergleichbarkeit verneint oder eine Rechtfertigung bejaht.
[70] EuGH verb. Rs. 17 u. 20/61, Slg. 1962, 655 (692) – Klöckner-Werke AG/Hohe Behörde; EuGH 19/61, Slg. 1962, 719 (755) – Mannesmann/Hohe Behörde; EuGH 250/83, Slg. 1985, 131 Rn. 8 ff. – Finsider/Kommission.
[71] EuGH C-149/96, Slg. 1999, I-8395 Rn. 92 f. – Portugal/Rat.
[72] EuGH C-248 u. 249/95, Slg. 1997, I-4475 Rn. 55 – SAM Schiffahrt.
[73] EuGH C-98/91, Slg. 1994, I-223 Rn. 28 – Herbrink.
[74] EuGH C-368/96, Slg. 1998, I-7967 Rn. 63 f. – Generics; EuG T-106/96, Slg. 1999, II-2155 Rn. 104 – Wirtschaftsvereinigung Stahl/Kommission; EuGH C-127/07, Slg. 2008, I-9895 Rn. 25 ff. – Arcelor Atlantique.
[75] Vgl. dazu ausf. *Lindemann*, Allgemeine Rechtsgrundsätze und europäischer öffentlicher Dienst, 1986, S. 81 ff.; *Mohn* S. 54 f.

gungen oder Gegebenheiten, unter denen die Betroffenen zu leben haben[76], oder objektive Unterschiede von Verhältnissen und Situationen[77] die Vergleichbarkeit aus. Gelegentlich berücksichtigt der EuGH aber auch die jeweilige subjektive Situation, etwa wenn es um den Grad der sozialen Eingliederung bei der Gewährung von Auslandszulagen geht.[78]

Bei **sonstigen Vergleichsgruppen** stellt der Gerichtshof ebenfalls primär auf objektive Gegebenheiten und Eigenschaften, wie etwa die Möglichkeit der Kenntnisnahme beim Vergleich zwischen der Mehrwertsteuerverwaltung und dem Steuerpflichtigen,[79] den Informationsstand bei der Verbreitung von Tierkrankheiten in zwei Mitgliedstaaten[80] oder die Beziehung zu den Nutzern bei der Vergleichbarkeit von Flughäfen[81] ab.

II. Ungleich- bzw. Gleichbehandlung

Liegen vergleichbare Gruppen vor, so ist zu prüfen, ob eine Ungleichbehandlung bzw. bei nicht vergleichbaren Gruppen eine Gleichbehandlung vorliegt.[82] Entscheidend ist dabei **allein das Ergebnis** einer Verhaltensweise/einer Norm der Unionsorgane oder der Mitgliedstaaten.[83] Es kommt nicht darauf an, ob sich die Ungleich- bzw. Gleichbehandlung bereits dem Wortlaut der Norm selbst entnehmen lässt. Möglich ist auch, dass eine neutral formulierte Regelung aufgrund von Begleitumständen, die eine Differenzierung erforderlich machen, zu einer Ungleich- bzw. Gleichbehandlung führt.[84]

Bestimmte Formen von Ungleich- bzw. Gleichbehandlungen werden **nicht** vom allgemeinen Gleichheitssatz erfasst: So gibt es **keine Gleichheit im Unrecht.** Die Berufung auf die fehlerhafte Rechtsanwendung zugunsten eines anderen ist ausgeschlossen.[85] Darüber hinaus gilt das Gleichbehandlungsgebot nur innerhalb der Union. Es gibt keinen allgemeinen Grundsatz, auf den sich der Einzelne berufen könnte, wonach die Union verpflichtet wäre, in ihren Außenbeziehungen nach dem Gleichheitsgrundsatz zu handeln.[86] Eine Pflicht zur **Gleichbehandlung von Drittstaaten,** die sich insbes. auf die Beziehungen zwischen Marktbürgern und außerhalb der Union ansässigen Unternehmen auswirken würde, besteht also – anders als etwa im WTO-Recht – im Unionsrecht nicht. Grundrechtlich ohne Bedeutung sind schließlich Differenzierungen, die sich aus Unterschieden in den nationalen Rechtsordnungen ergeben. Wird ein Sachverhalt in einem Mitgliedstaat einheitlich für alle Grundrechtsträger geregelt und dadurch eine unterschiedliche Behandlung im Vergleich zur Rechtslage in anderen Mitgliedstaaten herbeigeführt, liegt keine relevante Ungleichbehandlung vor.[87] Der allgemeine Gleichheitssatz führt also nicht zu einer **Gleichbehandlung durch verschiedene Mitgliedstaaten.** Eine nationale Rege-

---

[76] Vgl. EuGH 147/79, Slg. 1980, 3005 Rn. 7 – Hochstrass/Gerichtshof.
[77] Vgl. EuGH verb. Rs. 152, 158, 162, 166, 170, 173, 175, 177 bis 179, 182 u. 186/81, Slg. 1983, 2357 Rn. 7 – Ferrario/Kommission; EuGH 273/83, Slg. 1985, 347 Rn. 25 Michel/Kommission. Nicht ganz deutlich wird allerdings, ob der EuGH die Vergleichbarkeit oder die Rechtfertigung prüft.
[78] Vgl. EuGH 246/83, Slg. 1985, 1253 Rn. 13 – De Angelis/Kommission.
[79] EuGH C-85/97, Slg. 1998, I-7447 Rn. 32 – SFI.
[80] EuG T-390/94, Slg. 1997, II-501 Rn. 79 ff. – Schröder/Kommission; EuGH C-180/96, Slg. 1998, I-2265 Rn. 115 f. – Vereinigtes Königreich/Kommission.
[81] EuGH C-176/09, Slg. 2011, I-3727 Rn. 41 – Luxemburg/Parlament und Rat.
[82] Vgl. *Rossi* in Calliess/Ruffert GRC Art. 20 Rn. 22 f.
[83] So auch der Hinweis von *Mohn* S. 103.
[84] Vgl. etwa EuGH verb. Rs. 63 bis 69/72, Slg. 1973, 1229 Rn. 17 – Wehrhahn/Rat.
[85] EuGH 34/80, Slg. 1981, 665 Rn. 23 – Authie/Kommission; EuGH 188/83, Slg. 1984, 3465 Rn. 15 – Witte/EP; EuGH 134/84, Slg. 1985, 2225 Rn. 14 – Williams/Rechnungshof; EuGH C-89, 104, 114, 116, 117 u. 125 bis 129/85, Slg. 1993, I-1307 Rn. 197 – Ahlstroem Osakeyhtioe/Kommission; EuG T-8/93, Slg. 1994, II-103 Rn. 44 – Huet/Rechnungshof. Zustimmend *Hölscheidt* in NK-EuGRCh GRCh Art. 20 Rn. 29; *Mayer* in GHN EUV nach Art. 6 Rn. 229; *Rossi* in Calliess/Ruffert GRC Art. 20 Rn. 16; Jarass GRCh Art. 20 Rn. 10; *Streinz* in Streinz GRC Art. 20 Rn. 12.
[86] EuGH 55/75, Slg. 1976, 19 Rn. 14 – Balkan-Import-Export; EuGH 245/81, Slg. 1982, 2745 Rn. 19 – Edeka. Ausf. *Schwarze,* EuVerwR Bd. I, S. 629 ff.
[87] Vgl. etwa EuGH 14/68, Slg. 1969, 1 Rn. 13 – Wilhelm; EuGH verb. Rs. 185 bis 204/78, Slg. 1979, 2345 Rn. 10 f. – van Dam; EuGH 826/79, Slg. 1980, 2559 Rn. 15 – Mireco; EuGH 308/86, Slg. 1988, 4369 Rn. 22 – Lambert. Ausf. *Schwarze,* EuVerwR Bd. I, S. 633 ff.

lung verstößt nicht schon deshalb gegen den Gleichbehandlungsgrundsatz, weil andere Mitgliedstaaten weniger strenge Vorschriften erlassen haben. Dies gilt allerdings nur so lange, wie das betreffende Rechtsgebiet nicht in den Anwendungsbereich des Vertrages fällt[88] oder noch nicht vom Unionsrecht einheitlich geregelt ist.[89]

27 Die spezielle Problematik der **Inländerdiskriminierung** fällt rechtssystematisch nicht unter den allgemeinen Gleichheitssatz, sondern unter das Verbot der Diskriminierung aus Gründen der Staatsangehörigkeit (→ § 49 Rn. 20, 23).[90]

D. Objektive Rechtfertigung

28 Eine Ungleichbehandlung vergleichbarer bzw. eine Gleichbehandlung nicht vergleichbarer Gruppen ist nach stRspr nur rechtswidrig und verboten, wenn eine solche Behandlung nicht objektiv gerechtfertigt ist.[91] Gelegentlich verwendet der EuGH auch eine andere Formulierung: Eine unterschiedliche Behandlung sei nur verboten, wenn sie sich als willkürlich darstelle oder, wie es in anderen Urteilen heißt, nicht hinreichend gerechtfertigt und nicht auf objektive Gründe gestützt sei.[92] Welche Anforderungen an das Vorliegen eines objektiven Grundes zu stellen sind bzw. was unter Willkür zu verstehen ist, konkretisiert der EuGH nicht. Die Handhabung der Formel ist **uneinheitlich;** sie variiert je nach betroffenem Gebiet. Auffallend ist jedoch, dass der Gerichtshof den Begriff der Willkür in jüngeren Urteilen nicht mehr verwendet, sondern nur nach objektiven Rechtfertigungsgründen fragt.[93]

29 In der **Agrarpolitik** räumt der EuGH dem Unionsgesetzgeber dabei grds. einen weiten Ermessensspielraum ein.[94] Sei dieser genötigt, die künftigen Auswirkungen einer Regelung zu beurteilen, und ließen sich diese Auswirkungen nicht genau vorhersehen, so könne seine Beurteilung nur dann beanstandet werden, wenn sie im Hinblick auf die Erkenntnisse, über die er im Zeitpunkt des Erlasses der Regelung verfügte, offensichtlich irrig erscheine.[95] Der Gerichtshof überprüft also lediglich, ob der Unionsgesetzgeber die Grenzen seines Ermessens offensichtlich und erheblich überschritten hat.[96] Gelegentlich stellt er jedoch auch für diesen Bereich konkretere Prüfungsmaßstäbe auf: So dürfen etwa Maßnahmen im Rahmen der gemeinsamen Marktorganisation, namentlich deren Interventionsmechanismen, „nur aufgrund objektiver Kriterien, die eine ausgewogene Verteilung der Vor- und Nachteile auf die Betroffenen gewährleisten, nach Regionen und sonstigen Produktions- oder Verbrauchsbedingungen differenzieren, ohne nach dem Hoheitsgebiet der Mitgliedstaaten zu unterscheiden"[97], getroffen werden. Bei einer vorübergehenden Aussetzung eines Teils der

---

[88] Besonders deutlich in EuGH 826/79, Slg. 1980, 2559 Rn. 15 – Mireco; EuGH 355/85, Slg. 1986, 3231 Rn. 11 – Cognet.
[89] Besonders deutlich in EuGH verb. Rs. 185 bis 204/78, Slg. 1979, 2345 Rn. 10 – van Dam.
[90] Vgl. *Rossi* in Calliess/Ruffert GRC Art. 20 Rn. 15; *Mayer* in GHN EUV nach Art. 6 Rn. 228.
[91] Vgl. statt vieler EuGH verb. Rs. 117/76 u. 16/77, Slg. 1977, 1753 Rn. 7 – Ruckdeschel; EuGH 265/78, Slg. 1980, 617 Rn. 7 – Ferwerda; EuGH C-85/90, Slg. 1992, I-5305 Rn. 21 – Dowling; EuGH C-15/95, Slg. 1997, I-1961 Rn. 35 – Earl de Kerlast; EuGH C-292/97, Slg. 2000, I-2737 Rn. 39 – Karlsson; EuGH C-14/01, Slg. 2003, I-2279 Rn. 49 – Niemann; EuGH C-137/00, Slg. 2003, I-7975 Rn. 126 – National Farmers' Union; EuGH verb. Rs. C-87/03 u. C-100/03, Slg. 2006, I-2915 Rn. 48 – Spanien/Rat; EuGH C-248/04, Slg. 2006, I-10211 Rn. 72 – Royal Cosun; EuGH C-390/06, Slg. 2008, I-2577 Rn. 66 – Nuova Agricast; EuGH C-176/09, Slg. 2011, I-3727 Rn. 31 – Luxemburg/Parlament und Rat; EuGH C-356/12 Rn. 43 – Glatzel.
[92] EuGH 106/81, Slg, 1982, 2885 Rn. 22 – Kind/EWG.
[93] So auch die Analyse von *Wahle* S. 94. Vgl. im Übrigen die in den folgenden Fußnoten genannten Urteile aus den 1990er Jahren.
[94] EuGH 106/81, Slg. 1982, 2885 Rn. 24 – Kind/EWG; EuGH 58/86, Slg. 1987, 1525 Rn. 17 – Coopérative agricole d'approvisionnement des Avirons; EuGH C-4/96, Slg. 1998, I-681 Rn. 58 ff. – NIFPO; EuG T-267/94, Slg. 1997, II-1239 Rn. 46 – Oleifici Italiani Spa/Kommission; EuGH C-56/99, Slg. 2000, I-3079 Rn. 38 – Gascogne.
[95] EuGH verb. Rs. C-267 bis C-285/88, Slg. 1990, I-435 Rn. 14 – Wuidart.
[96] EuG T-472/93, Slg. 1995, II-421 Rn. 92 – Campo Ebro Industrial/Rat; EuG T-390/94, Slg. 1997, II-501 Rn. 104 – Schröder/Kommission.
[97] EuGH 203/86, Slg. 1988, 4563 Rn. 25 – Spanien/Rat.

von der Zusatzabgabe befreiten Milchmengen ist eine objektive Rechtfertigung gegeben, wenn die Regelung „so ausgestaltet ist, dass die ausgesetzten Mengen im Verhältnis zu den Referenzmengen stehen und letztere wiederum so festgesetzt sind, dass ihre Gesamthöhe die jeweilige Gesamtgarantiemenge der einzelnen Mitgliedstaaten nicht überschreitet"[98].

Ansonsten ist die EuGH-Rspr. vielschichtig und auf den Einzelfall zugeschnitten. So stellt er bspw. auf **objektive Merkmale** der verglichenen Produkte ab und untersucht, ob eine Ungleichbehandlung auf diese gestützt werden kann.[99] Eine Rechtfertigung kann auch aus objektiven, sich aus der jeweiligen **Wirtschaftslage** ergebenden Unterschieden resultieren.[100] Ein weiterer wichtiger Grund, der zur objektiven Rechtfertigung einer Ungleichbehandlung führt, ist die **Wiederherstellung der Wettbewerbsgleichheit** zwischen Gruppen von Wirtschaftsteilnehmern.[101] Als zulässig sieht der Gerichtshof schließlich Ungleichbehandlungen an, die **dem Schutz der Interessen Dritter**[102] oder der Verfolgung von **Zielen der Union** dienen.[103] Problematisch ist dieser letzte Rechtfertigungsgrund insofern, als das Unionsinteresse höher gewertet wird als der Gleichheitsgrundsatz, Integration also vor Gleichbehandlung steht.[104] 30

Auf keinen Fall als objektive Rechtfertigung dienen alle Umstände, die gemäß der **besonderen Gleichheitssätze** (→ §§ 48 und 49) als Anknüpfungspunkt für Differenzierungen verboten sind.[105] 31

Insgesamt betrachtet ist die EuGH-Rspr. zur Rechtfertigung von Ungleichbehandlungen nicht nur aufgrund der fehlenden Konkretisierung zentraler Begriffe wie „objektive Gründe" oder „Willkür" **schwer handhabbar.** Sie ist auch nicht immer dogmatisch konsequent. Vor allem bleibt oft unklar, ob der Gerichtshof die Vergleichbarkeit der Sachverhalte oder die Rechtfertigung der Ungleichbehandlung prüft.[106] 32

E. Verhältnismäßigkeit

Die Bedeutung des Grundsatzes der Verhältnismäßigkeit im Rahmen der Prüfung des allgemeinen Gleichheitssatzes ist **umstritten.** Folgt man Teilen der Literatur, so ergibt sich aus der Rspr. des Gerichtshofs, dass die Verhältnismäßigkeitsprüfung Teil des allgemeinen Gleichheitssatzes ist.[107] Andere Stimmen lehnen eine solche dogmatische Einordnung ab und stufen die Verhältnismäßigkeit als eigenständigen Prüfungspunkt ein.[108] 33

---

[98] EuGH C-311/90, Slg. 1992, I-2061 Rn. 19 – Hierl.
[99] EuGH C-309/89, Slg. 1994, I-1853 Rn. 29 ff. – Codorniu/Rat; EuGH C-306/93, Slg. 1994, I-5555 Rn. 31 – SMW Winzersekt.
[100] EuGH 230/78, Slg. 1979, 2749 Rn. 18 f. – Eridania.
[101] EuGH verb. Rs. C-364 u. C-365/95, Slg. 1998, I-1023 Rn. 81 ff. – T.Port.
[102] EuGH verb. Rs. C-435/02 und C-103/03, Slg. 2004, I-8663 – Axel Springer AG.
[103] EuGH 106/81, Slg. 1982, 2885 Rn. 24 – Kind/EWG (Verwirklichung eines einheitlichen Marktes); EuGH 167/88, Slg. 1989, 1653 Rn. 24 ff. – AGPB (Gemeinsame Marktordnung); EuGH C-351/92, Slg. 1994, I-3361 Rn. 20 u. 26 – Graff (Begrenzung der gemeinschaftlichen Milcherzeugung); EuGH C-56/94, Slg. 1995, I-1769 Rn. 28 ff. – SCAC (Vermeidung von Marktverzerrungen); EuGH C-292/97, Slg. 2000, I-2737 Rn. 48 ff. – Karlsson (agrarpolitische Ziele im Milchsektor).
[104] So der zutreffende Hinweis von *Mohn* S. 152 f.
[105] Vgl. *Wetter*, Die Grundrechtscharta des EuGH, S. 203 f.; *Quasdorf*, Dogmatik der Grundrechte der EU, S. 221.
[106] Vgl. statt vieler EuGH 230/78, Slg. 1979, 2749 Rn. 18 f. – Eridania; EuGH 139/80, Slg. 1980, 3393 Rn. 28 – Maizena/Rat; EuGH 119/83, Slg. 1985, 2423 Rn. 34 – Appelbaum/Kommission. Siehe auch die Rechtsprechungsanalyse von *Glock* S. 197 ff.
[107] Vgl. *Borchardt*, Die rechtlichen Grundlagen der EU, Rn. 196; *Huber* EuZW 1997, 517 (520); *Hölscheidt* in NK-EuGRCh GRCh Art. 20 Rn. 23; *Rossi* in Calliess/Ruffert GRC Art. 20 Rn. 27. Stark plädierend für eine Verhältnismäßigkeitsprüfung im Rahmen der Gleichheitsrechte *Quasdorf*, Dogmatik der Grundrechte der EU, S. 222 ff. Offen gelassen von *Graser* in Schwarze GRC Art. 20 Rn. 6.
[108] So insbes. *Kingreen* in Ehlers GuG § 21 Rn. 15; *Wahle* S. 110; *Graser/Reiter* in Schwarze GRC Art. 20 Rn. 6. Vgl. auch *Kühling* in v. Bogdandy/Bast Europ. VerfassungsR S. 657 (692). Differenzierend *Mohn* S. 115. Ihr folgend *Wetter*, Die Grundrechtscharta des EuGH, S. 205. Vorsichtig *Mayer* in GHN EUV nach Art. 6 Rn. 224.

34 Analysiert man die **Urteile des EuGH,** in denen bei Fragen des allgemeinen Gleichheitssatzes auf die Verhältnismäßigkeit eingegangen wird, so ist augenfällig, dass die betreffenden Urteile **nicht immer eine konsequente Terminologie** beinhalten. So untersuchte der EuGH in einer frühen Entscheidung das Kriterium der Willkür der Ungleichbehandlung, indem er darauf abstellte, ob die getroffene Maßnahme in einem angemessenen Verhältnis zu den Erfordernissen des Marktes der Union stand.[109] Der Gerichtshof wog also offenbar die Differenzierung mit den zur Rechtfertigung herangezogenen Umständen ab und integrierte die Prüfung der Verhältnismäßigkeit in den Gleichheitssatz. Nur wenige Absätze später wird allerdings deutlich, dass er das Verhältnismäßigkeitsprinzip doch als eigenständigen Prüfungspunkt begriff: Er verneinte einen Verstoß gegen das Gleichbehandlungsgebot und prüfte anschließend die Einhaltung des Verhältnismäßigkeitsgrundsatzes.[110] Irritierend, wenn auch für die Frage der dogmatischen Einordnung der Verhältnismäßigkeit folgenlos, waren Äußerungen des EuG, dass zur Rechtfertigung objektive Umstände „von einigem Gewicht" vorliegen müssten.[111]

35 In den meisten Urteilen wird hingegen die **Trennung zwischen Gleichheits- und Verhältnismäßigkeitsgrundsatz** deutlich: Der Gerichtshof prüft zunächst, ob ein Verstoß gegen das Gleichbehandlungsgebot vorliegt, und danach, ob auch der Verhältnismäßigkeitsgrundsatz beachtet ist.[112] Gelegentlich stellt er klar, dass beide Prüfungspunkte im konkreten Fall eng miteinander verbunden und daher zusammen zu prüfen sind.[113] Das bedeutet aber nicht, dass die Verhältnismäßigkeit Teil des Gleichheitssatzes ist. Es wird im Gegenteil deutlich, dass es sich beim Gleichheits- und dem Verhältnismäßigkeitsgrundsatz um zwei separate Prüfungspunkte handelt.[114] In der weitaus größten Zahl seiner Urteile, in denen die Verhältnismäßigkeit offenbar unproblematisch zu bejahen ist, geht der EuGH dementsprechend nach Bejahung einer objektiven Rechtfertigung auch nicht mehr auf die Verhältnismäßigkeit ein.

36 Betrachtet man diesen Regelfall und bedenkt man, dass der EuGH trotz mancherlei terminologischer Unklarheiten letztlich doch Gleichheitssatz und Verhältnismäßigkeitsgrundsatz unabhängig voneinander prüft, so dürfte allein die Schlussfolgerung richtig sein, dass der Verhältnismäßigkeitsgrundsatz **kein integraler Bestandteil des Gleichheitssatzes** ist, sondern einen **eigenständigen Prüfungspunkt** darstellt, der dann zu thematisieren ist, wenn er möglicherweise einschlägig ist. Der Gerichtshof hat in keinem seiner Urteile ausdrücklich erklärt, dass die Verhältnismäßigkeit Bestandteil des Gleichheitssatzes sei. Das Ergebnis ist auch insofern dogmatisch konsequent, als sich das Verhältnismäßigkeitsprinzip als materielles Gerechtigkeitskriterium von dem formellen Gerechtigkeitskriterium der Gleichheit unterscheidet.[115] Darüber hinaus stellt das Verhältnismäßigkeitsprinzip nach stRspr einen allgemeinen Grundsatz des Unionsrechts dar, der für jede Maßnahme der Union gilt (→ § 10 Rn. 41 ff.). Dementsprechend ist der Verhältnismäßigkeitsgrundsatz auch bei Verstößen gegen den allgemeinen Gleichheitssatz ggf. zu prüfen, und zwar als eigenständiger Prüfungspunkt wie bei jedem anderen Grundrecht.

---

[109] EuGH 245/81, Slg. 1982, 2745 Rn. 13 – Edeka.
[110] EuGH 245/81, Slg. 1982, 2745 Rn. 20 f. – Edeka.
[111] EuG T-106/96, Slg. 1999, II-2155 Rn. 103 – Wirtschaftsvereinigung Stahl/Kommission.
[112] EuGH verb. Rs. 63 bis 69/72, Slg. 1973, 1229 Rn. 14 ff. – Wehrhahn/Rat; EuGH 114/76, Slg. 1977, 1211 Rn. 5 ff. – Bela-Mühle; EuGH 116/76, Slg. 1977, 1247 Rn. 15, 16 ff. – Granaria; EuGH 119 u. 120/76, Slg. 1977, 1269 Rn. 5 ff. – Ölmühle; EuG, T-8/93, Slg. 1994, II-103 Rn. 45 – Huet/Rechnungshof; EuGH C-56/94, Slg. 1995, I-1769 Rn. 26, 31 – SCAC; EuGH C-176/09, Slg. 2011, I-3727 Rn. 61 – Luxemburg/Parlament und Rat.
[113] EuGH 114/76, Slg. 1977, 1211 Rn. 5 – Bela-Mühle.
[114] Vgl. EuGH C-354/95, Slg. 1997, I-4559 Rn. 47 ff. – National Farmers' Union; EuGH C-4/96, Slg. 1998, I-681 Rn. 55 ff. – NIFPO, wo der EuGH beide Grundsätze zusammen prüft, jedoch sowohl terminologisch als auch prüfungstechnisch zwischen ihnen unterschieden. In EuG T-618/15, ECLI:EU:T:2016:115 Rn. 48 f. stellt das EuG fest, dass der Grundsatz der Verhältnismäßigkeit einen eigenständigen Charakter habe, aber auch Betandteile des Gleichbehandlungsgrundsatzes sein könne.
[115] Zu den beiden Gerechtigkeitskriterien vgl. Ipsen StaatsR II Rn. 821 sowie *Heun* in Dreier GG Art. 3 Rn. 28.

F. Rechtsfolgen eines Verstoßes

Die Rechtsfolgen eines Verstoßes gegen Gleichheitsrechte unterscheiden sich grundlegend von denen gegen ein Freiheitsrecht. Während bei letzteren die Aufhebung bzw. Nichtigkeitserklärung der Maßnahme, also das Abstellen des Eingriffs, genügt, stehen bei einem Verstoß gegen ein Gleichheitsrecht, wie im nationalen Bereich[116], **verschiedene Lösungen** zur Verfügung. Zu differenzieren ist dabei zwischen einer gleichheitswidrigen Belastung und einer gleichheitswidrigen Begünstigung. Im ersten Fall genügt die Ungültigkeits- bzw. Nichtigkeitserklärung zur Behebung der Grundrechtsverletzung. Im zweiten Fall kann auf drei verschiedenen Wegen Gleichheit wiederhergestellt werden: Die benachteiligte Gruppe kann wie die begünstigte Gruppe, die begünstigte Gruppe kann wie die benachteiligte Gruppe, oder beide Gruppen können auf eine neue, dritte Weise behandelt werden.[117]

Dieser Grundlinie folgt auch die Rspr. des Gerichtshofs. Bei einer **gleichheitswidrigen Benachteiligung** erklärt er die Bestimmung der jeweiligen Norm je nach Verfahren, in dem er angerufen wird, entweder für nichtig oder für ungültig.[118] Einzelakte der Union hebt er auf.[119]

Bei einer **gleichheitswidrigen Begünstigung** erklärt er im Rahmen von Vorabentscheidungsverfahren eine unionsrechtliche Maßnahme bzw. Norm nicht für ungültig, sondern verpflichtet die Union, den Gleichheitsverstoß zu beheben.[120] Die für die Wahl unter den verschiedenen Möglichkeiten erforderliche Beurteilung der wirtschaftlichen und politischen Gesichtspunkte überlässt er ausdrücklich dem zuständigen Unionsorgan. Wird der EuGH im Wege der Nichtigkeitsklage angerufen, greift er auf die Möglichkeit des Art. 264 Abs. 2 AEUV zurück. Er erklärt dann die Bestimmung der Verordnung für nichtig, legt aber bis zum Tätigwerden des Unionsgesetzgebers fest, welche Wirkungen als fortgeltend zu betrachten sind.[121] Auffallend ist dabei, dass er grds. anordnet, die Begünstigung weiter anzuwenden und sie auf die benachteiligte Gruppe auszudehnen. Geht es um einen Einzelakt der Union, wie es vor allem bei beamtenrechtlichen Streitigkeiten der Fall ist, hebt der Gerichtshof diesen auf und verweist die Sache an die Union zurück, die gemäß Art. 266 AEUV die sich aus dem Urteil ergebenden Maßnahmen zu ergreifen hat.[122]

Zu den Rechtsfolgen eines Verstoßes gegen den Gleichheitssatz gehört aber nicht nur das rechtliche Schicksal der betroffenen Norm bzw. Einzelmaßnahme selbst. Mit einzubeziehen sind auch die mittelbaren Folgen in Form der **Begründung von Haftungsansprüchen** gegen die Union. Eine solche Haftung stellte der Gerichtshof bereits zwei Jahre nach der Entscheidung *Ruckdeschel* fest: Nachdem er dem Unionsgesetzgeber aufgegeben hatte, die gleichheitswidrige Begünstigung von Maisstärke gegenüber Quellmehl abzustellen[123], erließ der Rat eine neue Verordnung, mit der die Erstattung für Quellmehl wieder eingeführt wurde, allerdings nur rückwirkend bis zum Erlass des Urteils in der Sache *Ruckdeschel*.[124] Betroffene Quellmehl-Hersteller machten daraufhin den Schaden geltend, der ihnen zwi-

---

[116] Zur Lage im deutschen Recht vgl. statt vieler *Schlaich/Korioth,* Das Bundesverfassungsgericht, 11. Aufl. 2018, Rn. 401 ff.
[117] Vgl. *Hölscheidt* in NK-EuGRCh GRCh Art. 20 Rn. 33; *Rossi* in Calliess/Ruffert GRC Art. 20 Rn. 18, 29.
[118] Vgl. etwa EuGH 116/76, Slg. 1977, 1247 Rn. 21, 25 f. – Granaria; EuGH 119 u. 120/76, Slg. 1977, 1269 Rn. 7 f. – Ölmühle; EuGH verb. Rs. C-364 u. C-365/95, Slg. 1998, I-1023 Rn. 89 – T.Port.
[119] Vgl. etwa EuGH 55/83, Slg. 1985, 683 Rn. 39 – Italien/Kommission; EuGH 56/83, Slg. 1985, 703 Rn. 41 – Italien/Kommission; EuGH C-122/95, Slg. 1998, I-973 Rn. 62 ff., 82 – Deutschland/Rat.
[120] Vgl. etwa EuGH verb. Rs. 117/76 u. 16/77, Slg. 1977, 1753 Rn. 13 – Ruckdeschel; EuGH verb. Rs. 124/76 u. 20/77, Slg. 1977, 1795 Rn. 27, 29 – Moulins Pont-à-Mousson.
[121] Vgl. etwa EuGH 300/86, Slg. 1988, 3443 Rn. 24 – van Landschoot.
[122] Vgl. etwa EuGH verb. Rs. 129 u. 274/82, Slg. 1984, 4127 Rn. 23 – Lux/Rechnungshof; EuGH 119/83, Slg. 1985, 2423 Rn. 36 – Appelbaum/Kommission.
[123] EuGH verb. Rs. 117/76 u. 16/77, Slg. 1977, 1753 Rn. 13 – Ruckdeschel.
[124] VO (EWG) Nr. 1125/78, ABl. 1979 L 142, 21; VO (EWG) Nr. 1127/78, ABl. 1979 L 142, 24; Durchführungsverordnung: VO (EWG) Nr. 1570/78, ABl. 1979 L 185, 22.

schen der Abschaffung und der Wiedereinführung der Erstattung entstanden war. Der EuGH stellte fest, dass die bloße Rechtswidrigkeit eines Rechtsaktes der Union nicht ausreiche, um eine Haftung zu begründen. Es müsse vielmehr eine hinreichend qualifizierte Verletzung einer höherrangigen, den Einzelnen schützenden Rechtsnorm vorliegen. Ein Verstoß gegen den Gleichheitssatz stelle, nicht zuletzt aufgrund dessen „besonderer Bedeutung", eine solche haftungsbegründende qualifizierte Rechtsverletzung dar.[125] Liegen demnach die übrigen Haftungsvoraussetzungen nach Art. 340 Abs. 2 AEUV vor, löst ein Verstoß der Union gegen den allgemeinen Gleichheitssatz Schadensersatzansprüche aus.[126]

G. Verhältnis zu anderen Bestimmungen

41 Das Verhältnis zwischen dem allgemeinen Gleichheitssatz und den **Freiheitsrechten** ist einfach zu bestimmen und entspricht in weiten Teilen der aus dem deutschen Recht bekannten Systematik.[127] Beide Typen von Grundrechten bestehen nebeneinander und verdrängen sich aufgrund ihrer unterschiedlichen Schutzrichtungen auch nicht.

42 Das Verhältnis zu den **besonderen Gleichheitssätzen** gleicht ebenfalls der deutschen Grundrechtsdogmatik und ist rechtssystematisch klar, wird aber vom EuGH in seinen Urteilen nicht immer mit aller Deutlichkeit ausgeführt. Im Hinblick auf die besonderen Gleichheitssätze tritt der allgemeine Gleichheitssatz als subsidiäre Norm zurück; ihm kommt die Rolle eines Auffangtatbestandes zu.[128] Die besonderen Gleichheitssätze, zugeschnitten auf bestimmte Lebensbereiche bzw. Differenzierungskriterien, gehen als *leges speciales* dem allgemeinen Gleichheitssatz vor.[129]

H. Zusammenfassende Bewertung und Ausblick

43 Der allgemeine Gleichheitssatz ist wohl das in der EuGH-Rspr. am häufigsten thematisierte Grundrecht. Dementsprechend detailliert ist es in Teilen ausgestaltet. In weiten Bereichen entspricht seine Systematik den aus dem **deutschen Recht bekannten Strukturen.** Zu nennen sind insbes. die Prüfungsformel (Gleiches darf nicht ungleich und Ungleiches darf nicht gleich behandelt werden, es sei denn, es gibt dafür eine objektive Rechtfertigung), die Rechtsfolgen eines Verstoßes sowie das Verhältnis zu anderen Grundrechten. **Notwendige Abweichungen** ergeben sich aus dem Mehrebenensystem des Unionsrechts, das nicht nur zwei (Staat und Bürger), sondern drei Akteure (Union, Staat und Bürger) kennt. Schwerpunktmäßig davon betroffen ist der Aufbau der Gleichheitsrechte. Eine zweistufige Prüfung (Ungleichbehandlung und Rechtfertigung) reicht nicht aus. Zuvor ist der Gewährleistungsgehalt in Form der Verpflichteten und Berechtigten sowie des erfassten Lebensbereichs zu prüfen. Beim allgemeinen Gleichheitssatz ergeben sich in dieser Hinsicht nur wenige Besonderheiten. Besondere Bedeutung kommt der Prüfung des Gewährleistungsgehalts als erstem Prüfungspunkt erst bei den besonderen Gleichheitssätzen zu (→ § 48 Rn. 7 ff., 83 ff. sowie → § 49 Rn. 12 ff., 80 ff.). Darüber hinaus ist nach der EuGH-Rspr. ggf. auf die Verhältnismäßigkeit einzugehen.

44 Die meisten Schwierigkeiten ergeben sich aus der **nicht immer sauberen Dogmatik** des Gerichtshofes. Besonders davon betroffen sind Abgrenzungsfragen. So bleibt oft unklar,

---

[125] EuGH 238/78, Slg. 1979, 2955 Rn. 11 – Ireks-Arkady/Rat u. Kommission; EuGH verb. Rs. 241, 242, 245 bis 250/78, Slg. 1979, 3017 Rn. 11 – DGV/Rat u. Kommission; EuGH verb. Rs. 261 u. 162/78, Slg. 1979, 3045 Rn. 14 – Interquell/Rat u. Kommission; EuGH verb. Rs. 64 u. 113/76, 167 u. 239/78, 27, 28 u. 45/79, Slg. 1979, 3091 Rn. 11 – Dumortier Frères/Rat.
[126] So auch noch einmal ausdrücklich EuG T-390/94, Slg. 1997, II-501 Rn. 78 f. – Schröder/Kommission.
[127] Zum deutschen Recht vgl. statt vieler *Manssen*, Staatsrecht II, Grundrechte, 16. Aufl. 2019, Rn. 37.
[128] Vgl. *Mohn* S. 46; *Wetter*, Die Grundrechtscharta des EuGH, S. 198; *Kingreen* in Ehlers GuG § 21 Rn. 17; *Hölscheidt* in NK-EuGRCh GRCh Art. 20 Rn. 11; *Jarass* GRCh Art. 20 Rn. 5; *Rossi* in Calliess/Ruffert GRC Art. 20 Rn. 17; *Bell* in PHKW Fundamental Rights Art. 20 Rn. 20.04 ff.
[129] *Sachs* in Tettinger/Stern GRCh Art. 20 Rn. 16; *Kugelmann* in Merten/Papier, HdbGR Bd. VI/1, § 160 Rn. 25; *Glock* S. 178 nach Analyse der EuGH-Rspr.

ob der EuGH den allgemeinen oder einen besonderen Gleichheitssatz prüft. Dasselbe gilt für die Ungleichbehandlung und die objektive Rechtfertigung, wobei hier noch die Schwierigkeit hinzukommt, dass der Prüfungsmaßstab bei beiden Punkten offenbar keinem einheitlichen Muster folgt. Die umstrittene Frage, ob die Verhältnismäßigkeit integraler Bestandteil des Gleichheitssatzes ist, konnte verneint werden. Sie stellt einen zusätzlichen Prüfungspunkt dar, der wie bei anderen Grundrechten dann zu prüfen ist, wenn er möglicherweise einschlägig ist (→ Rn. 33 ff.). Der Streit ist letztlich auf die unsaubere Terminologie in der Sprache des Gerichtshofs zurück zu führen.

Trotz der berechtigten Kritik von Teilen der Literatur an der Konturenlosigkeit des Grundrechts[130] erweist sich die Ausgestaltung des allgemeinen Gleichheitssatzes auf Unionsebene als **materiell** jedoch in jeder Hinsicht mit dem Grundrechtsschutz in der Bundesrepublik **vergleichbar**. Im Ergebnis führt die Methodik des EuGH zu einer ähnlichen Prüfungsdichte wie bei Anwendung der verschiedenen, im Laufe der Jahre vom BVerfG entwickelten Formeln im Rahmen des Art. 3 Abs. 1 GG. In gewisser Weise ist die Rspr. des EuGH sogar eindeutiger. Während nämlich die beiden Senate des BVerfG die Rechtfertigung nicht einheitlich prüfen,[131] so dass die Frage nach der „richtigen" anzuwendenden Formel im deutschen Recht entsprechend umstritten ist[132], stellt sich die Verhältnismäßigkeit im Rahmen des Unionsrechts als regulärer, zusätzlicher Prüfungspunkt dar. Ein Bereich, in dem der EuGH eindeutig stärker zugunsten der Grundrechtsträger judiziert als das BVerfG, ist seine Haltung gegenüber gleichheitswidrigen Begünstigungen. Hier tendiert er dazu, die Ausweitung der Begünstigung auf die benachteiligte Gruppe anzuordnen, während das BVerfG einen solchen Schritt nur geht, wenn ein entsprechendes Verfassungsgebot oder die Systematik der Regelungsmaterie und des Regelungswillens dies verlangen.[133] **45**

Sollte der Gerichtshof den allgemeinen Gleichheitssatz nicht mehr nur als allgemeinen Grundsatz des Unionsrechts bezeichnen, der in Art. 20 GRC niedergelegt ist (→ Rn. 11), sondern, wie bei den übrigen Grundrechten, auf die völkerrechtlichen Verträge und die gemeinsamen Verfassungsüberlieferungen der Mitgliedstaaten zurückgreifen, könnte sich möglicherweise eine **Fortentwicklung seines Inhalts** ergeben. Die EMRK und ihr 12. EMRKProt bleiben als Rechtserkenntnisquelle ohne Bedeutung, da sie keinen allgemeinen Gleichheitssatz, sondern nur Diskriminierungsverbote enthalten (→ Rn. 9). Mögliche Impulse könnten jedoch von Art. 26 IPBPR ausgehen.[134] Nach stRspr des EuGH ist nicht nur die EMRK heranzuziehen; auch die von den Mitgliedstaaten geschlossenen völkerrechtlichen Verträge über den Schutz der Menschenrechte können Hinweise geben, die im Rahmen des Unionsrechts zu berücksichtigen sind (→ § 4).[135] Der IPBPR ist von allen 28 EU-Mitgliedstaaten sowie den Beitrittskandidaten Albanien, Bosnien-Herzegowina, Serbien und Montenegro sowie Mazedonien ratifiziert worden. Auch die Türkei hat den IPBPR ratifiziert. Art. 26 IPBPR enthält nach seinem Wortlaut eine – allerdings umstrittene[136] – Schutzpflicht der Staaten. Daraus ließe sich möglicherweise **46**

---

[130] Vgl. etwa *Kingreen/Störner* EuR 1998, 263 (284 f.). Positiver *Huber* EuZW 1997, 517 (520).
[131] Nach Ansicht des *Zweiten Senats* ergeben sich aus dem allgemeinen Gleichheitssatz „je nach Regelungsgegenstand und Differenzierungsmerkmal unterschiedliche Grenzen, die vom bloßen Willkürverbot bis zu einer strengen Bindung an Verhältnismäßigkeitserfordernisse reichen", vgl. zuletzt BVerfGE 131, 239 (255 f.). Der *Erste Senat* ist lange dieser Rspr. gefolgt, vgl. zuletzt BVerfGE 126, 400 (416). Seit 2011 verwendet er jedoch eine abgewandelte Formel. Demnach gilt „ein stufenloser am Grundsatz der Verhältnismäßigkeit orientierter verfassungsrechtlicher Prüfungsmaßstab, dessen Inhalt und Grenzen sich nicht abstrakt, sondern nur nach den jeweils betroffenen unterschiedlichen Sach- und Regelungsbereichen bestimmen lassen", vgl. BVerfGE 129, 49 (69); BVerfGE 130, 131 (142). Vgl. dazu *Britz* NJW 2014, 346 ff.
[132] Vgl. nur exemplarisch die unterschiedlichen Prüfungshinweise bei *Kingreen/Poscher*, Grundrechte, 34. Aufl. 2018, Rn. 527 und Hufen StaatsR II, 7. Aufl. 2018, § 39 Rn. 14 ff.
[133] Vgl. *Kingreen/Poscher*, Grundrechte, 34. Aufl. 2018, Rn. 579 ff.
[134] Vgl. den Hinweis von *Kischel* S. 11.
[135] Erstmals in EuGH 4/73, Slg. 1974, 491 Rn. 13 – Nold/Kommission. Ausf. *Haratsch* MRM 2002, 29 ff.
[136] Vgl. *Nowak*, CCPR, Art. 26 Rn. 16 ff. AA *Tomuschat* FS Schlochauer, 1981, 691 (708 ff.).

sowohl eine positive Handlungspflicht als auch ein Verbot der Ungleichbehandlung durch Private, also eine Drittwirkung des allgemeinen Gleichheitssatzes, ableiten. Bedenkt man, dass in den Beratungen des Konvents betont wurde, dass sich aus dem Begriff der „Gleichheit" – anders als aus dem der „Nichtdiskriminierung" – eine Handlungsaufforderung zur Förderung der tatsächlichen Gleichstellung ergeben könnte[137], hätte eine Änderung des dogmatischen Ansatzes des Gerichtshofs möglicherweise eine erhebliche Steigerung des Schutzniveaus auf Unionsebene zur Folge.

---

[137] Vgl. das entsprechende Sitzungsprotokoll bei *Bernsdorff/Borowsky*, GRC, S. 198.

§ 48 Gleichheit von Männern und Frauen

Übersicht

	Rn.
A. Entwicklung und Bedeutung der Gleichheit von Männern und Frauen	1, 2
B. Gleichheit von Männern und Frauen im Erwerbsleben als primär- bzw. sekundärrechtliches Recht	3–75
I. Verankerung	3–6
II. Gewährleistungsgehalt	7–33
1. Verpflichtete	8–14
2. Berechtigte	15–19
3. Erfasster Lebensbereich	20–31
4. Grundrechtsqualität?	32, 33
III. Ungleich- bzw. Gleichbehandlung	34–51
1. Vergleichbarkeit	35–39
2. Diskriminierung aufgrund des Geschlechts	40–51
IV. Objektive Rechtfertigung	52–66
1. Rechtfertigung unmittelbarer Diskriminierungen	54–57
2. Rechtfertigung mittelbarer Diskriminierungen	58–60
3. Rechtfertigung positiver Diskriminierungen	61–66
V. Verhältnismäßigkeit	67–70
VI. Rechtsfolgen eines Verstoßes	71–75
C. Umfassende Gleichheit von Männern und Frauen als Grundrecht	76–91
I. Verankerung und Herleitung nach Art. 6 EUV	77–82
II. Gewährleistungsgehalt	83–86
1. Grundrechtsadressaten	83, 84
2. Grundrechtsträger	85
3. Erfasster Lebensbereich	86
III. Diskriminierung aufgrund des Geschlechts	87, 88
IV. Objektive Rechtfertigung	89
V. Verhältnismäßigkeit	90
VI. Rechtsfolgen eines Verstoßes	91
D. Verhältnis untereinander und zu anderen Bestimmungen	92–94
E. Zusammenfassende Bewertung	95–97

Schrifttum:

Barnard, Gender Equality in the EU: A Balance Sheet, in Alston/Bustelo/Heenan, The EU and Human Rights, 1999, 215; *Bieback,* Die mittelbare Diskriminierung wegen des Geschlechts, 1997; *Ellis/Watson,* EU Anti-Discrimination Law, 2nd edition, 2012; *Epiney/Freiermuth Abt,* Das Recht der Gleichstellung von Mann und Frau in der EU, 2003; *Göddeke,* Die mittelbare Diskriminierung im System der Gleichbehandlung, 1998; *Hantel,* Europäisches Arbeitsrecht: Mit zahlreichen Beispielsfällen aus der Rechtsprechung des EuGH, 2. Aufl. 2019; *Kischel,* Zur Dogmatik des Gleichheitssatzes in der Europäischen Union, EuGRZ 1997, 1; *Langenfeld,* Die Gleichbehandlung von Mann und Frau im Europäischen Gemeinschaftsrecht, 1990; *dies.,* Der EuGH als Motor für die Gleichberechtigung von Mann und Frau in Europa, in Giegerich/Zimmermann, Gender und Internationales Recht, 2007, 109; *Nishihara,* Das Recht auf geschlechtsneutrale Behandlung nach dem EGV und GG, 2002; *Puissochet,* Die Rechtsprechung des Europäischen Gerichtshofs über die Anwendung des Grundsatzes der Gleichbehandlung von Männern und Frauen, FS Oppermann, 2001, 243; *Rolfs/Wessel,* Aktuelle Rechtsprechung und Praxisfragen zur Benachteiligung wegen des Geschlechts, NJW 2009, 3329; *Sattler,* Allgemeiner Gleichheitssatz und spezielle Gleichheitssätze in der Rechtsprechung des EuGH, FS Rauschning, 2001, 51; *Stampe,* Das Verbot der indirekten Diskriminierung wegen des Geschlechts, 2001.

A. Entwicklung und Bedeutung der Gleichheit von Männern und Frauen

Die Gleichheit von Männern und Frauen ist einer der zahlreichen **besonderen Gleich-** 1 **heitssätze** des Unionsrechts (→ § 47 Rn. 2). Innerhalb der besonderen Gleichheitsrechte kommt ihr alleine schon deshalb eine eminente Bedeutung zu, weil sie neben dem allgemeinen Gleichheitssatz das Gleichheitsrecht darstellt, mit dem sich der EuGH am intensivsten auseinandergesetzt hat. Verankerung wie Struktur von allgemeinem Gleichheitssatz und Gleichheit der Geschlechter **unterscheiden sich jedoch wesentlich.** Während der allgemeine Gleichheitssatz lediglich in Art. 20 GRC ausdrücklich Aufnahme gefunden hat (→ § 47 Rn. 8), ist die Gleichheit von Männern und Frauen mehrfach im EU-Recht zu finden, und zwar sowohl auf primär- als auch auf sekundärrechtlicher Ebene. Die Gleichheit von Männern und Frauen im Erwerbsleben basiert auf dem durch Sekundärrecht stark ausgestalteten Art. 157 AEUV. Die umfassende Gleichheit der Geschlechter ist in Art. 2 S. 2 EUV und Art. 3 Abs. 3 UAbs. 2 EUV, Art. 8 AEUV, Art. 10 AEUV und Art. 19 Abs. 1 AEUV sowie in Art. 21 Abs. 1 und 23 GRC verankert (zu den notwendigen Differenzierungen innerhalb dieser primärrechtlichen Verankerungen → Rn. 79).

2 Anders als beim allgemeinen Gleichheitssatz ist bei der Gleichheit von Mann und Frau daher auch **strikt zwischen zwei unterschiedlichen Rechtsgewährleistungen zu differenzieren.**[1] Die auf Art. 157 AEUV aufbauende **Gleichheit im Erwerbsleben** (→ Rn. 3 ff.) hat die Mitgliedstaaten als Adressaten und betrifft deren Handeln im innerstaatlichen Bereich. Es handelt sich um ein **primär- bzw. sekundärrechtliches Recht.** Die **umfassende, für alle Lebensbereiche geltende Gleichheit** von Mann und Frau (→ Rn. 76 ff.) hingegen bindet primär die Einrichtungen und Organe der Union und wirkt sich auf Ebene der Union aus. Es handelt sich um ein **EU-Grundrecht**, das gemäß Art. 51 Abs. 1 GRC die Mitgliedstaaten ausschließlich bei der Durchführung von Unionsrecht bindet (zur Unterscheidung zwischen EU-Grundrecht und primär- bzw. sekundärrechtlichem Recht → § 7 Rn. 30 ff., → § 47 Rn. 5). Von größerer praktischer Relevanz ist die Gleichheit der Geschlechter im Erwerbsleben.[2] Sie wurde nicht nur durch Sekundärrecht und EuGH-Rspr.[3] detailliert ausgestaltet und vielfach erweitert, sondern wirkte sich auch erheblich auf den Inhalt der umfassenden Gleichheit von Mann und Frau aus. Sie ist daher an erster Stelle zu behandeln.

B. Gleichheit von Männern und Frauen im Erwerbsleben als primär- bzw. sekundärrechtliches Recht

I. Verankerung

3 Zentrale Norm für die Gleichheit von Männern und Frauen im Erwerbsleben ist **Art. 157 AEUV.** Er war als Art. 119 EWGV (später Art. 141 EGV-Maastricht) bereits Bestandteil der Gründungsverträge. Seine Inkorporierung war in erster Linie wettbewerbspolitisch motiviert[4] und ist auf das Betreiben Frankreichs zurückzuführen, das eine entsprechende Regelung bereits kannte und daher eine Benachteiligung französischer Unternehmen in einem Gemeinsamen Markt befürchtete.[5] Die in ihrer ursprünglichen Fassung nur aus zwei Absätzen bestehende Norm schuf den Grundsatz der **Entgeltgleichheit** für Männer und Frauen bei gleicher Arbeit. Schon bald jedoch wurde die primärrechtliche Regelung, die nur als Grundsatz ausgestaltet war und lediglich das „Entgelt" für „gleiche Arbeit" erfasste, als unzureichend empfunden. Wesentliche Impulse gingen dabei vom sozialpolitischen Aktionsprogramm[6] und von den drei *Defrenne*-Urteilen des EuGH[7] aus.

---

[1] Vgl. *Kingreen* in Ehlers GuG § 21 Rn. 25; *Epiney/Freiermuth* Abt S. 49 ff., 107 ff.; *Nishihara* S. 24 ff.; *Langenfeld* S. 45 ff.; *Barnard* S. 232 ff.; *Kischel* S. 6; *Streinz* EuropaR Rn. 1181; Jarass/Kment EU-GR § 26 Rn. 6; *Schmahl* in Grabenwarter, EnzEur Bd. 2, § 15 Rn. 31.
[2] Vgl. beispielhaft die unterschiedlich intensive Behandlung bzw. die Reihenfolge der beiden Rechtspositionen bei *Epiney/Freiermuth* Abt S. 49 ff., 107 ff.; *Schmahl* in Grabenwarter, EnzEur Bd. 2, § 15 Rn. 31 ff., 53 ff.
[3] Ausf. zur EuGH-Rspr. *Hantel*.
[4] Vgl. GA *de Lamothe*, SchlA 80/70, Slg. 1971, 454 (455 f.) – Defrenne I.
[5] Vgl. *Puissochet* S. 242 mwN.
[6] Entschließung des Rates vom 21. Januar 1974 über ein sozialpolitisches Aktionsprogramm, ABl. 1974 C 13, 1.
[7] EuGH 80/70, Slg. 1971, 445 – Defrenne I; EuGH 43/75, Slg. 1976, 455 – Defrenne II; EuGH 149/77, Slg. 1978, 1365 – Defrenne III.

Auf Basis insbes. der Ermächtigungsgrundlage der Art. 100 bzw. 235 EWGV (später auf **4** der Basis von Art. 141 Abs. 3 EGV-Amsterdam, heute Art. 157 Abs. 3 AEUV) schuf die Gemeinschaft ab den 1970er Jahren daher ein umfassendes **System von Richtlinien** zur Gleichstellung von Männern und Frauen im **gesamten Erwerbsleben**.[8] Die wichtigsten von ihnen wurden 2006 in einer einzigen Richtlinie, der RL 2006/54/EG zu Arbeits- und Beschäftigungsfragen,[9] zusammengeführt. Sie regelt sowohl die Entgeltgleichheit (konkretisiert also die Reichweite der primärrechtlichen Regelung) als auch sonstige Erwerbsbedingungen, in Form weiterer Arbeitsbedingungen, des Zugangs zur Beschäftigung einschließlich der betrieblichen Systeme der sozialen Sicherheit sowie der Beweislastfragen bei Diskriminierungen. Daneben erließ die Gemeinschaft bzw. die Union weitere Richtlinien zu sonstigen Erwerbsbedingungen, wie etwa die RL 79/7/EWG[10] zur sozialen Sicherheit, die RL 92/85/EWG[11] zum Mutterschutz, die RL 97/81/EG[12] zur Teilzeitarbeit, die RL 2010/18/EU[13] zum Elternurlaub und die RL 2010/41/EU[14] zur selbständigen Erwerbstätigkeit. Hinzu kommen zahlreiche **unverbindliche Normen** wie Empfehlungen, Aktionsprogramme, Weißbücher, Leitlinien und Rahmenstrategien.[15] Mit Hilfe des Sekundärrechts wurde also die Gleichstellung der Geschlechter, die sich primärrechtlich (Art. 157 AEUV) nur auf das Entgelt für gleiche Arbeit bezog, auf andere Bereiche des Erwerbslebens ausgeweitet.

Der **Gerichtshof** hat in seiner Rspr. allerdings nicht immer strikt zwischen Primär- und **5** Sekundärrecht differenziert[16] und einige Richtlinien als inhaltliche Konkretisierung des Grundsatzes der Entgeltgleichheit nach Art. 157 Abs. 1, 2 AEUV interpretiert. Dies führte zu einer ständigen Ausweitung des Entgeltbegriffs des Art. 157 Abs. 2 AEUV (→ Rn. 20 ff.) mit entsprechenden Auswirkungen auf den Berechtigten- und Verpflichtetenkreis.

Der **Vertrag von Amsterdam** vollzog die zwischenzeitliche Entwicklung nach, indem **6** er Art. 141 EGV-Maastricht änderte und erweiterte. Die in Abs. 1 enthaltene Entgeltgleichheit, ursprünglich begrenzt auf gleiche Arbeit, wurde um den Tatbestand der gleichwertigen Arbeit ergänzt. Darüber hinaus wurden der Norm eine Ermächtigungsgrundlage zum Erlass von Sekundärrecht (Abs. 3) sowie eine Öffnungsklausel zur Beibehaltung bzw. Einführung positiver Diskriminierungen (Abs. 4) beigefügt. Der inhaltlichen Konzeption der erlassenen Richtlinien folgend waren die hinzugefügten Absätze auch weiter gefasst. Sie bezogen sich, anders als Abs. 1 und 2, nicht mehr allein auf die Entgeltgleichheit, sondern hatten die Gleichheit in „Arbeits- und Beschäftigungsfragen" bzw. im „Arbeitsleben" zum Gegenstand. Die inhaltliche Aufteilung zwischen Primär- und Sekundärrecht wurde also durch den Vertrag von Amsterdam festgeschrieben. Primärrechtlich verankert in Abs. 1 und 2 ist allein die Entgeltgleichheit. Die Gleichheit in sonstigen Erwerbsbedingungen inkl. Maßnahmen zur positiven Diskriminierung wird über Abs. 3 und 4 auf die sekundärrechtliche bzw. mitgliedstaatliche Ebene verlagert.[17] Die **Verträge von Nizza und Lissabon** veränderten den Wortlaut des Art. 141 EGV (heute Art. 157 AEUV) nicht.

---

[8] Eine ausf. Darstellung der einzelnen Richtlinien bieten *Langenfeld* in GHN AEUV Art. 157 Rn. 93 ff.; *Coen* in Lenz/Borchardt EU-Verträge AEUV Art. 157 Rn. 34 ff.; *Kotzur* in Geiger/Khan/Kotzur AEUV Art. 157 Rn. 14 ff.; *Epiney/Freiermuth* Abt S. 118 ff. Vgl. überblicksartig die Vorauflage dieses Beitrages, Rn. 4.
[9] RL 2006/54/EG, ABl. 2006 L 204, 23. Sie ersetzte die RL 75/117/EWG, RL 76/207/EWG, RL 86/378/EWG und RL 97/80/EG.
[10] RL 79/7/EWG, ABl. 1979 L 6, 24.
[11] RL 92/85/EWG, ABl. 1992 L 348, 1.
[12] RL 97/81/EG, ABl. 1998 L 14, 9.
[13] RL 2010/18/EU, ABl. 2010 L 68, 13. Sie ersetzte die RL 96/34/EG.
[14] RL 2010/41/EU, ABl. 2010 L 180, 1. Sie ersetzte die RL 86/613/EWG.
[15] Vgl. die Zusammenstellung bei *Langenfeld* in GHN AEUV Art. 157 Rn. 15 ff.
[16] Vgl. *Krebber* in Calliess/Ruffert AEUV Art. 157 Rn. 9.
[17] Die sekundärrechtliche Ausgestaltung der Gleichheit von Mann und Frau außerhalb des Erwerbslebens erfolgt über Art. 19 AEUV → § 49 Rn. 50.

II. Gewährleistungsgehalt

7 Von „der" Gleichheit im Erwerbsleben kann angesichts der zahlreichen verschiedenen Rechtsgrundlagen nicht die Rede sein. Eine **Differenzierung,** insbes. zwischen der primärrechtlich verankerten Entgeltgleichheit und der sekundärrechtlich gewährleisteten Gleichheit in sonstigen Erwerbsbedingungen, ist vonnöten.

8 1. Verpflichtete. a) Union. Die **Union** selbst ist **nicht Adressat** der primär- und sekundärrechtlichen Pflicht zur Gleichbehandlung der Geschlechter im Erwerbsleben. Die Normen richten sich von Wortlaut und Zweck her allein an die Mitgliedstaaten. Eine Beachtung der Gleichheit im Erwerbsleben durch die Unionsorgane erfolgt nicht über Art. 157 AEUV und das dazugehörende Sekundärrecht, sondern über das Grundrecht der Gleichheit von Mann und Frau (→ Rn. 83, 86).[18]

9 b) Mitgliedstaaten. Art. 157 AEUV und die dazugehörenden Richtlinien sind an die Mitgliedstaaten adressiert. Diese Bindung steht völlig außer Zweifel. Daraus folgt zum einen, dass die Mitgliedstaaten die normierten Gleichstellungspflichten **innerstaatlich umzusetzen** haben. Darüber hinaus sind aber auch die **Mitgliedstaaten als Arbeitgeber** unmittelbar selbst gebunden.[19] Das gilt sowohl für die Entgeltgleichheit im Rahmen des Art. 157 Abs. 1, 2 AEUV[20] als auch für die rein sekundärrechtlich geregelten[21] sonstigen Bereiche des Erwerbslebens.

10 c) Privatpersonen. Einige Zeit umstritten, mittlerweile aber geklärt, ist die Frage nach der Drittwirkung, also nach der Bindung von Privatpersonen im Rahmen des Art. 157 AEUV.

11 aa) Entgeltgleichheit. Die Drittwirkung der Entgeltgleichheit bei **gleicher Arbeit** ist anerkannt. Dem Wortlaut des Art. 157 Abs. 1, 2 AEUV lässt sich dies nicht entnehmen, wohl aber der EuGH-Rspr. Im *Defrenne II*-Urteil stellte der Gerichtshof klar, dass das Gebot der Entgeltgleichheit auch unmittelbar zwischen Arbeitnehmern und Arbeitgebern gilt.[22] Zur Begründung führte er an, dass Art. 119 EWGV (heute Art. 157 AEUV) den Staaten eine Ergebnispflicht auferlege. Diese würde in ihrer Wirksamkeit beeinträchtigt, wenn die Verwirklichung der Entgeltgleichheit allein von einer entsprechenden Umsetzung der Mitgliedstaaten abhinge. Nachfolgende Urteile bestätigten die Drittwirkung der Entgeltgleichheit für alle Arten von Diskriminierungen, die sich schon anhand der in der Vorschrift verwendeten Merkmale gleiche Arbeit und gleiches Entgelt allein feststellen lassen, ohne dass unionsrechtliche oder innerstaatliche Maßnahmen zur Bestimmung der Kriterien für deren Anwendung erforderlich wären.[23] Mit Hilfe dieser Formel bezieht der Gerichtshof inzwischen auch mittelbare Diskriminierungen in die Drittwirkung mit ein,[24] nachdem er sich im *Defrenne II*-Urteil in dieser Hinsicht noch zurückhaltend gezeigt hatte.[25]

12 Nicht ausdrücklich Gegenstand der EuGH-Rspr. war bislang die Frage, ob sich die Drittwirkung auch auf **gleichwertige Arbeit** erstreckt. Bis zum Vertrag von Amsterdam (→ Rn. 6) war dieses Problem von besonderer dogmatischer Brisanz. Teilweise wird die

---

[18] Vgl. *Langenfeld* S. 45 ff.; *Kingreen* in Ehlers GuG § 21 Rn. 24, 39; *Barnard* S. 232 ff.; *Kischel* EuGRZ 1997, 1 (6); *Streinz* EuropaR Rn. 1181; *Epiney/Freiermuth Abt* S. 55.
[19] Vgl. *Schmahl* in Grabenwarter, EnzEur Bd. 2, § 15 Rn. 35.
[20] EuGH 43/75, Slg. 1976, 455 Rn. 21, 24 – Defrenne II; EuGH C-1/95, Slg. 1997, I-5253 Rn. 18 f. – Gerster.
[21] EuGH 222/84, Slg. 1986, 1651 Rn. 27 f. – Johnston; EuGH C-273/97, Slg. 1999, I-7403 Rn. 15 ff. – Sirdar; EuGH C-285/98, Slg. 2000, I-69 Rn. 15 ff. – Kreil.
[22] EuGH 43/75, Slg. 1976, 455 Rn. 30, 34 – Defrenne II. Seitdem stRspr vgl. etwa EuGH C-33/89, Slg. 1990, I-2591 Rn. 12 – Kowalska; EuGH C-184/89, Slg. 1991, I-297 Rn. 11 – Nimz; EuGH C-381/99, Slg. 2001, I-4961 Rn. 32 – Brunnhofer.
[23] EuGH 129/79, Slg. 1980, 1275 Rn. 10 – Macarthys; EuGH 69/80, Slg. 1981, 767 Rn. 23 – Worringham.
[24] EuGH 96/80, Slg. 1981, 911 Rn. 18 – Jenkins (Anknüpfung an das Teilzeitkriterium).
[25] EuGH 43/75, Slg. 1976, 455 Rn. 16, 20 – Defrenne II.

Drittwirkung insbes. unter Hinweis auf ein fehlendes unionsrechtliches Konzept der Gleichwertigkeit und die diesbezüglichen Unterschiede in den Mitgliedstaaten abgelehnt.[26] Analysiert man die Rspr. des Gerichtshofs, so fällt zwar auf, dass er die Bestimmung der Gleichwertigkeit den nationalen Gerichten überlässt.[27] Offenbar hat er jedoch keine Probleme damit, auch bei gleichwertiger Arbeit von einer grds. möglichen Drittwirkung auszugehen.[28] Die Drittwirkung der Entgeltgleichheit gilt daher sowohl bei gleicher als auch bei gleichwertiger Arbeit.[29]

Der **Kreis der verpflichteten Privaten** wird dabei vom EuGH weit gezogen. An die Entgeltgleichheit gebunden ist nicht nur der Arbeitgeber. Entscheidend und ausreichend ist, dass der Anspruch „aufgrund" des Beschäftigungsverhältnisses[30] entstanden ist, dort also seinen Ursprung hat. So erstreckt sich die Bindung etwa auch auf Dritte, die als Verwalter eines Betriebsrentensystems mit der Erfüllung von Arbeitgeberverpflichtungen betraut sind.[31] 13

bb) Sonstige Erwerbsbedingungen. Die Drittwirkung erstreckt sich **nicht** auf die sonstigen, sekundärrechtlich geregelten Bereiche des Erwerbslebens.[32] Alle ausschließlich in Richtlinien verankerten Pflichten, die nicht unter die Entgeltgleichheit fallen, richten sich ausschließlich an die Mitgliedstaaten. Einer Drittwirkung dieser Gleichbehandlungsgebote steht das Verbot der horizontalen Wirkung von Richtlinien[33] entgegen. Der EuGH hat dies klargestellt: Im *Defrenne III*-Urteil beschränkte er die Drittwirkung ausdrücklich auf die Entgeltgleichheit des Art. 157 Abs. 1, 2 AEUV und lehnte eine Ausdehnung auf die Gleichheit der übrigen Arbeitsbedingungen ab.[34] Art. 157 Abs. 1, 2 AEUV sei eine auf das Problem der Lohndiskriminierung beschränkte Sonderbestimmung, die nicht auf andere, sekundärrechtlich geregelte Aspekte des Beschäftigungsverhältnisses ausgedehnt werden könne. 14

2. Berechtigte. Eine Berechtigung Einzelner aus Primär- oder Sekundärrecht ist nur dann gegeben, wenn dieses unmittelbar anwendbar (Primärrecht) bzw. unmittelbar wirksam (Sekundärrecht) ist, sich der Einzelne also vor den innerstaatlichen Behörden und Gerichten unmittelbar auf die Norm berufen kann. Unter dem „Einzelnen" sind bei der Gleichheit der Geschlechter notwendigerweise nur natürliche, keine juristischen Personen zu verstehen. 15

a) Entgeltgleichheit. Die in Art. 157 Abs. 1, 2 AEUV verankerte Entgeltgleichheit ist unmittelbar anwendbares Primärrecht.[35] Diese vom EuGH sehr früh anerkannte Rechtswirkung[36] lässt zusammen mit der Drittwirkung des Art. 157 Abs. 1, 2 AEUV einen **Entgeltgleichheitsanspruch** des Einzelnen entstehen, unabhängig davon, ob die Un- 16

---

26 So *Krebber* in Calliess/Ruffert AEUV Art. 157 Rn. 6. Zweifelnd auch *Schmahl* in Grabenwarter, EnzEur Bd. 2, § 15 Rn. 36.
27 EuGH C-400/93, Slg. 1995, I-1275 Rn. 42 – Royal Copenhagen; EuGH 236/98, Slg. 2000, I-2189 Rn. 48 – Jämställdhetsombudsmannen; EuGH C-381/99, Slg. 2001, I-4961 Rn. 49 – Brunnhofer; EuGH C-427/11, ECLI:EU:C:2013:122 Rn. 26 – Kenny et al.
28 EuGH 236/98, Slg. 2000, I-2189 Rn. 47 ff. – Jämställdhetsombudsmannen; EuGH C-381/99, Slg. 2001, I-4961 Rn. 42 f. – Brunnhofer.
29 So auch *Rebhahn* in Schwarze AEUV Art. 157 Rn. 16.
30 Beispielhaft EuGH C-109/91, Slg. 1993, I-4879 Rn. 13 – Ten Över.
31 EuGH 262/88, Slg. 1990, I-1889 Rn. 29 f. – Barber; EuGH C-200/91, Slg. 1994, I-4389 Rn. 24 – Coloroll Pension Trustees; EuGH C-128/93, Slg. 1994, I-5483 Rn. 31 f. – Fisscher; EuGH C-435/93, Slg. 1996, I-5223 Rn. 29 ff. – Dietz.
32 Vgl. *Schmahl* in Grabenwarter, EnzEur Bd. 2, § 15 Rn. 37.
33 Vgl. *Ruffert* in Calliess/Ruffert AEUV Art. 288 Rn. 57 sowie EuGH 152/84, Slg. 1986, 723 Rn. 48 – Marshall; EuGH C-91/92, Slg. 1994, I-3325 Rn. 20 – Faccini Dori.
34 EuGH 149/77, Slg. 1978, 1365 Rn. 19, 23 f. – Defrenne III.
35 Vgl. *Schmahl* in Grabenwarter, EnzEur Bd. 2, § 15 Rn. 39; *Coen* in Lenz/Borchardt EU-Verträge AEUV Art. 157 Rn. 2; *Eichenhofer* in Streinz AEUV Art. 157 Rn. 7.
36 Grundlegend EuGH 43/75, Slg. 1976 Rn. 4, 6 ff. – Defrenne II.

gleichbehandlung durch den Arbeitgeber, die Tarifvertragsparteien, betriebliche Partner oder den Mitgliedstaat verursacht worden ist.[37]

17 Vom Gewährleistungsgehalt des Art. 157 Abs. 1, 2 AEUV ist dabei jeder Arbeitnehmer erfasst. Der **Begriff des Arbeitnehmers** ist primärrechtlich nicht definiert. Wohl aber hat ihm der EuGH im Urteil *Allonby* aus dem Jahre 2004 zum ersten Mal engere Konturen verliehen:[38] Demnach kann der Begriff des Arbeitnehmers nicht durch Verweisung auf die Rechtsvorschriften der Mitgliedstaaten definiert werden, sondern hat eine unionsrechtliche Bedeutung und ist weit auszulegen. Arbeitnehmer iSd Art. 157 AEUV ist demnach, wer während einer bestimmten Zeit für einen anderen nach dessen Weisung Leistungen erbringt, für die er als Gegenleistung eine Vergütung erhält. Der selbständige Erbringer von Dienstleistungen fällt nicht darunter. Da jedoch die Frage des Unterordnungsverhältnisses im Einzelfall zu bewerten ist, kann auch uU ein nach innerstaatlichem Recht Selbständiger als Arbeitnehmer iSd Art. 157 AEUV einzustufen sein, wenn seine Selbständigkeit nur fiktiv ist. Weitere Aussagen zum Arbeitnehmerbegriff lassen sich der sonstigen EuGH-Judikatur sowie der Literatur entnehmen. So zählen etwa auch Beamte zu den Arbeitnehmern iSd Unionsrechts.[39] Zuzustimmen ist darüber hinaus der Ansicht, dass der Arbeitnehmerbegriff nicht auf Unionsbürger beschränkt ist, sondern sich auf alle in der Union tätigen Personen erstreckt.[40] Ähnlich wie bei den Verpflichteten (→ Rn. 13) ist auch der Kreis der Berechtigten weit zu ziehen. So können sich in bestimmten Fällen auch anspruchsberechtigte Angehörige auf die Entgeltgleichheit berufen. Wesentlich ist allein, dass der Entgeltanspruch seinen Ursprung im Arbeitsverhältnis hat. Insbes. damit erfasst ist der Bereich der Rentenversicherung.[41]

18 b) **Sonstige Erwerbsbedingungen.** Bei der sekundärrechtlich geregelten Gleichheit bei sonstigen Erwerbsbedingungen ist hinsichtlich der unmittelbaren Wirkung zu **differenzieren**. Der stRspr des Gerichtshofs folgend ist zu prüfen, ob die Umsetzungsfrist der jeweiligen Richtlinie abgelaufen ist, sie Rechte des Einzelnen enthält und die Bestimmung inhaltlich als unbedingt sowie hinreichend genau erscheint.[42] In Anwendung dieser Grundsätze sprach der EuGH bisher Art. 5 Abs. 1 der RL 76/207/EWG,[43] Art. 2 Abs. 1 der RL 76/207/EWG, Art. 3 Abs. 1 der RL 76/207/EWG, Art. 4 der RL 76/207/EWG[44] und Art. 6[45] der RL 76/207/EWG (diese entsprechen heute Art. 14 Abs. 1 lit. a der RL 2006/54/EG, Art. 14 Abs. 1 lit. c der RL 2006/54/EG,[46] Art. 17 der RL 2006/54/EG, Art. 23 lit. a der RL 2006/54/EG), Art. 4 Abs. 1 der RL 79/7/EWG,[47] Art. 10 der RL 92/85/EWG[48] sowie Art. 15 RL 2006/54/EG[49] eine unmittelbare Wirkung zu.

---

[37] Vgl. *Krebber* in Calliess/Ruffert AEUV Art. 157 Rn. 12.
[38] EuGH C-256/01, Slg. 2004, I-873 Rn. 66 ff.
[39] EuGH C-7/93, Slg. 1994, I-4471 Rn. 42 ff. – Bestuur; EuGH C-1/95, Slg. 1997, I-5253 Rn. 22 – Gerster.
[40] So *Langenfeld* S. 43 ff.; *Schmahl* in Grabenwarter, EnzEur Bd. 2, § 15 Rn. 39 sowie *Hailbronner*, Immigration and Asylum Law and Policy of the European Union, 2000, S. 311.
[41] EuGH C-109/91, Slg. 1993, I-4879 Rn. 13 – Ten Över; EuGH C-200/91, Slg. 1994, I-4389 Rn. 24 – Coloroll Pension Trustees.
[42] Vgl. exemplarisch EuGH 152/84, Slg. 1986, 723 Rn. 39 ff. – Marshall I.
[43] EuGH 152/84, Slg. 1986, 723 Rn. 52 – Marshall I; EuGH C-188/89, Slg. 1990, I-3313 Rn. 18 ff. – Foster.
[44] EuGH 222/84, Slg. 1986, 1651 Rn. 57 – Johnston.
[45] EuGH 222/84, Slg. 1986, 1651 Rn. 59 – Johnston; EuGH C-271/91, Slg. 1993, I-4367 Rn. 38 – Marshall II.
[46] Die unmittelbare Wirkung von Art. 14 Abs. 1 lit. c RL 2006/54/EG wurde noch einmal bestätigt durch EuGH C-595/12 Rn. 51 – Napoli.
[47] EuGH 71/85, Slg. 1986, 3855 Rn. 23 – FNV; EuGH 286/85, Slg. 1987, 1453 Rn. 17 – Mc Dermott; EuGH 384/85, Slg. 1987, 2865 Rn. 9 – Clarke; EuGH 102/88, Slg. 1989, 4311 Rn. 19 – Ruzius-Wilbrink; EuGH verb. Rs. C-87 bis 89/90, Slg. 1991, I-3757 Rn. 16 – Verholen; EuGH C-154/92, Slg. 1993, I-3811 Rn. 18 – van Cant; EuGH C-343/92, Slg. 1994, I-571 Rn. 43 – Roks.
[48] EuGH C-438/99, Slg. 2001, I-6915 Rn. 34 – Jiménez Melgar.
[49] EuGH C-595/12, ECLI:EU:C:2014:128 Rn. 51 – Napoli.

Gleichheit von Männern und Frauen § 48

Der **Berechtigtenkreis** ergibt sich aus dem Anwendungsbereich der jeweiligen Richt- 19
linie. Auch hier tendiert der EuGH zu einer weiten Auslegung. So erklärte er etwa, dass die
RL 76/207/EWG auch für den öffentlichen Dienst gelte.[50] Diese Rspr. wurde mittlerweile
ausdrücklich in Art. 14 Abs. 1 der RL 2006/54/EG übernommen. Darüber hinaus führt
der von Art. 157 Abs. 1 und 2 AEUV abweichende Anwendungsbereich einiger Richtlinien dazu, dass sich bestimmte Personenkreise, für welche die Entgeltgleichheit nach
Art. 157 Abs. 1 und 2 AEUV nicht gilt, auf Richtlinien berufen können. So beziehen sich
bspw. die gesamte RL 2010/41/EU, Art. 6 der RL 2006/54/EG sowie die Art. 14 ff. der
RL 2006/54/EG auf Selbständige.

3. Erfasster Lebensbereich. a) Entgelt. Art. 157 Abs. 2 AEUV definiert den Begriff des 20
Entgelts in einem weiten Sinne.[51] Erfasst sind zum einen die **üblichen Grund- oder
Mindestlöhne.** Darunter ist das Arbeitsentgelt zu verstehen, das als unmittelbare Gegen-
leistung für die geleistete Arbeit gezahlt wird.[52] Dieser Kernbereich des Entgelts bereitet
von seinem Inhalt und seiner Reichweite her keine Schwierigkeiten und spielt in der
EuGH-Rspr. keine nennenswerte Rolle.

Den Schwerpunkt der Problematik zur Entgeltgleichheit bilden die **sonstigen Vergütun-** 21
gen, die der Arbeitgeber dem Arbeitnehmer aufgrund des Arbeitsverhältnisses unmittelbar
oder mittelbar in bar oder in Sachleistungen zahlt. Eine etablierte Definition dieses Begriffs
sucht man in den Urteilen des EuGH und in der Literatur vergeblich. Der weit gefächerten
Rspr. des Gerichtshofs zu Art. 157 AEUV lassen sich jedoch die Grundlinien des Entgeltbegriffs entnehmen. So bedarf es eines „engen Zusammenhangs zwischen der Art der
Arbeitsleistung und der Höhe des Arbeitsentgelts".[53] Das Entgelt kann sich dabei aus dem
Arbeitsvertrag selbst, aus Rechtsvorschriften oder aus Kollektivvereinbarungen ergeben[54]
bzw. auf Freiwilligkeit basieren.[55] Erfasst werden auch künftige Leistungen.[56] Zieht man ein
Fazit, so umfasst der **Begriff des Entgelts** alle gegenwärtigen oder künftigen in bar oder in
Sachleistungen gewährten Leistungen, die der Arbeitgeber dem Arbeitnehmer wenigstens
mittelbar aufgrund des Dienstverhältnisses gewährt, unabhängig davon, ob sie aufgrund eines
Arbeitsvertrags, kraft einer Rechtsvorschrift oder freiwillig gewährt werden.[57]

Auf der Suche nach Fallbeispielen kristallisieren sich zwei große Gruppen von Urteilen 22
heraus. Die erste Gruppe konkretisiert den Entgeltbegriff anhand des **Zusammenspiels von
Art. 157 Abs. 1, 2 AEUV und der RL 75/117/EWG bzw. des an ihre Stelle getretenen
Art. 4 der RL 2006/54/EG.** Nach Ansicht des EuGH präzisierte die Richtlinie 75/117/
EWG die materielle Tragweite der primärrechtlichen Norm;[58] Art. 4 der RL 2006/54/EG
dient der Durchführung von Art. 157 AEUV.[59] Zumeist geht der Gerichtshof nicht näher auf
die Richtlinie ein, sondern arbeitet nach deren kurzer Erwähnung nur noch mit Art. 157
Abs. 1, 2 AEUV. Zu den auf diese Weise dem Entgelt zuzurechnenden Leistungen gehören
etwa die Entgeltfortzahlung im Krankheitsfall,[60] das Übergangsgeld,[61] die Fortzahlung des

---

[50] EuGH 222/84, Slg. 1986, 1651 Rn. 27 f. – Johnston; EuGH C-273/97, Slg. 1999, I-7403 Rn. 15 ff. – Sirdar; EuGH C-285/98, Slg. 2000, I-69 Rn. 15 ff. – Kreil.
[51] Vgl. die Übersichten bei *Puissochet* S. 242 (245 ff.); sowie *Ellis/Watson* S. 180.
[52] Vgl. *Krebber* in Calliess/Ruffert AEUV Art. 157 Rn. 21.
[53] EuGH 149/77, Slg. 1978, 1365 Rn. 19, 23 – Defrenne III; EuGH C-167/97, Slg. 1999, I-623 Rn. 34 – Seymour-Smith.
[54] EuGH 43/75, Slg. 1976, 455 Rn. 40 – Defrenne II; EuGH C-281/97, Slg. 1999, I-5127 Rn. 17 – Krüger.
[55] EuGH 12/81, Slg. 1982, 359 Rn. 4, 10 – Garland.
[56] EuGH 80/70, Slg. 1971, 445 Rn. 5 f. – Defrenne I.
[57] So insbes. die Zusammenschau aus EuGH C-281/97, Slg. 1999, I-5127 Rn. 15 – Krüger und EuGH C-333/97, Slg. 1999, I-7243 Rn. 19 – Lewen. Seitdem stRspr., vgl. etwa EuGH C-381/99, Slg. 2001, I-4961 Rn. 33 – Brunnhofer; EuGH C-476/12, ECLI:EU:C:2014:2332 Rn. 16 – Österreichischer Gewerk-schaftsbund. Zustimmend *Coen* in Lenz/Borchardt EU-Verträge AEUV Art. 157 Rn. 6. Ausf. zum Ent-geltbegriff *Epiney/Freiermuth Abt* S. 56 ff.; *Kocher* in FK-EUV/GRC/AEUV AEUV Art. 157 Rn. 30 ff.
[58] EuGH 43/75, Slg. 1976, 455 Rn. 53, 55 – Defrenne II.
[59] EuGH C-385/11, ECLI:EU:C:2012:746 Rn. 25 – Moreno.
[60] EuGH 171/88, Slg. 1989, 2743 Rn. 8, 12 – Rinner-Kühn.
[61] EuGH C-33/89, Slg. 1990, I-2591 Rn. 5, 11 – Kowalska.

Entgeltes während Betriebs-[62] oder Personalratsschulungen,[63] Leistungen während[64] oder bei Antritt[65] des Mutterschaftsurlaubes sowie Vergünstigungen im Reiseverkehr mit der Bahn.[66]

23 Die zweite Gruppe betrifft **Abgrenzungsfragen** zwischen Art. 157 Abs. 1, 2 AEUV und den Richtlinien zur Gleichheit bei sonstigen Erwerbsbedingungen. Die Entscheidung für die eine oder andere Zuordnung ist angesichts der fehlenden Drittwirkung der Richtlinien (→ Rn. 14) von zumeist essentieller Bedeutung. Vergleichsweise unproblematisch ist die Abgrenzung zu Richtlinien mit einem engen Anwendungsbereich, wie etwa zur **RL 92/85/EWG.** So fällt das Weihnachtsgeld unter Art. 157 Abs. 1, 2 AEUV und nicht unter das im Falle einer Schwangerschaft nach Art. 11 Nr. 2 lit. b der RL 92/85/EWG fortzuzahlende Arbeitsentgelt.[67]

24 Zahlreiche Urteile betreffen die Abgrenzung zu den sonstigen Arbeitsbedingungen iSd **RL 76/207/EWG (heute Art. 14 ff. der RL 2006/54/EG).** Der für Art. 157 Abs. 1, 2 AEUV erforderliche „enge Zusammenhang" zwischen Arbeitsleistung und Entgelt ist gegeben, wenn sich eine Arbeitsbedingung „quasiautomatisch" auf die Höhe des Entgeltes auswirkt, was bei einer Einstufung in eine höhere Vergütungsgruppe der Fall ist.[68] Auch Abfindungs- und Entschädigungsleistungen bei Beendigung des Arbeitsverhältnisses fallen unter Art. 157 Abs. 1, 2 AEUV und nicht unter die RL 76/207/EWG bzw. heute unter Art. 14 ff. der RL 2006/54/EG.[69]

25 Große praktische wie dogmatische Schwierigkeiten bereitet die Abgrenzung zur **RL 79/7/EWG.** Da auch Leistungen, die dem Arbeitgeber mittelbar zuzurechnen sind, unter den Entgeltbegriff fallen, tauchen insbes. bei den Altersversorgungssystemen erhebliche Zuordnungsprobleme auf. Der EuGH fasst nur die betrieblichen Altersversorgungssysteme unter Art. 157 Abs. 1, 2 AEUV, während er für die allgemeinen Systeme der sozialen Sicherheit, also insbes. für die soziale Rentenversicherung, die RL 79/7/EWG zur Anwendung gelangen lässt. Die Abgrenzung ist nicht nur wegen der fehlenden Drittwirkung der Richtlinie von Bedeutung. Weitere Unterschiede resultieren aus dem Protokoll Nr. 8 zum EG-Vertrag, der die Leistungen aufgrund eines betrieblichen Versorgungssystems, die auf Beschäftigungszeiten vor dem 17. Mai 1990 basieren, vom Entgeltbegriff ausnimmt,[70] sowie aus der in Art. 7 der Richtlinie enthaltenen Öffnungsklausel, die es den Mitgliedstaaten ermöglicht, gewisse Regelungsfelder aus dem Anwendungsbereich der Richtlinie herauszunehmen.[71] Entscheidend für die Zuordnung zu Art. 157 Abs. 1, 2 AEUV ist der **betriebliche Bezug** der Versorgungsleistung. Dabei kommt es nicht darauf an, ob die Leistung auf Gesetz oder vertraglicher bzw. Betriebsvereinbarung beruht, obwohl die gesetzliche Regelung ein wichtiges Indiz für die Anwendbarkeit der RL 79/7/EWG sein kann.[72] Eine betriebliche Altersversorgung ist auch nicht auf die Privatwirtschaft beschränkt, sondern kann den öffentlichen Dienst erfassen, wenn die Rente nur für eine besondere Gruppe von Bediensteten gilt, sie unmittelbar von der geleisteten Dienstzeit abhängt und ihre Höhe aufgrund der letzten Bezüge des Bediensteten berechnet wird.[73]

---

[62] EuGH C-360/90, Slg. 1992, I-3589 Rn. 10, 13 f. – Bötel; EuGH C-457/93, Slg. 1996, I-243 Rn. 22 – Lewark.
[63] EuGH C-278/93, Slg. 1996, I-1165 Rn. 29 – Freers.
[64] EuGH C-342/93, Slg. 1996, I-475 Rn. 14 – Gillespie.
[65] EuGH C-218/98, Slg. 1999, I-5723 Rn. 14 – Abdoulaye.
[66] EuGH 12/81, Slg. 1982, 359 Rn. 1, 9 – Garland.
[67] EuGH C-333/97, Slg. 1999, I-7243 Rn. 24 – Lewen.
[68] EuGH C-184/89, Slg. 1991, I-297 Rn. 9 f. – Nimz.
[69] EuGH C-173/91, Slg. 1993, I-673 Rn. 7 f., 22 – Kommission/Belgien; EuGH C-167/97, Slg. 1999, I-623 Rn. 41 – Seymour-Smith; EuGH C-19/02, Slg. 2004, I-11491 Rn. 37 – Hlozek.
[70] Das Protokoll ist die Folge des Barber-Urteils (EuGH C-262/88, Slg. 1990, I-1889 ff.), vgl. die Erläuterungen in EuGH C-7/93, Slg. 1994, I-4471 Rn. 61 – Beune.
[71] So auch der Hinweis von *Kingreen* in Ehlers GuG § 21 Rn. 36.
[72] EuGH C-7/93, Slg. 1994, I-4471 Rn. 24 ff. – Beune.
[73] Näher zu diesen drei Kriterien EuGH C-7/93, Slg. 1994, I-4471 Rn. 45 – Beune; EuGH C-366/99, Slg. 2001, I-9383 Rn. 30 – Griesmar; EuGH C-351/00, Slg. 2002, I-7007 Rn. 47 – Niemi; EuGH verb. Rs. C-4/02 u. C-5/02, Slg. 2003, I-12575 Rn. 58 – Schönheit.

Wesentlich ist, ob und in welchem Umfang das Versorgungssystem vom Arbeitgeber allein oder von diesem und den Arbeitnehmern gemeinsam finanziert wird und ob für das System eigene Regelungen gelten. Von Bedeutung ist darüber hinaus, ob das System lediglich die Arbeitnehmer bestimmter Unternehmen erfasst.[74] Die Anwendung von Art. 157 Abs. 1, 2 AEUV wird nicht dadurch ausgeschlossen, dass die entrichteten Beiträge und gewährten Leistungen teilweise an die Stelle der Beiträge und Leistungen des allgemeinen gesetzlichen Systems treten.[75] Dem weiten Kreis der Berechtigten entsprechend fallen auch betriebliche Hinterbliebenenrenten unter die Entgeltgleichheit.[76] Aus deutscher Sicht ist diese EuGH-Rspr. nicht unproblematisch. In der Bundesrepublik sind die gesetzlichen und betrieblichen Altersversorgungssysteme verzahnt. Nach der EuGH-Rspr. gelten jedoch für betriebliche und gesetzliche Systeme unterschiedliche Regelungen. Kaum lösbare Systembrüche sind die Folge.[77]

Den Kriterien des EuGH folgend dürften, neben den genannten Fällen, folgende 26 Leistungen als Entgelt zu qualifizieren sein:[78] Überstunden- und Feiertagszuschläge, Schichtzulagen, Gratifikationen, Boni, Investivlöhne, Werk- oder Dienstwohnungen, privat nutzbare Dienstfahrzeuge sowie Sport- und Freizeitangebote.

b) Sonstige Erwerbsbedingungen. Der vom EuGH geschaffene weite Begriff des Ent- 27 gelts führt dazu, dass für die sekundärrechtlich geregelten sonstigen Erwerbsbedingungen **nur noch bedingt Raum** bleibt:

Einigen Richtlinienbestimmungen kommt **keine eigenständige Bedeutung** zu. Das 28 gilt insbes. für wichtige Bestandteile der RL 2006/54/EG. Art. 4 RL 2006/54/EG, der die Entgeltgleichheit konkretisiert, dient laut EuGH lediglich der Durchführung des Art. 157 Abs. 1 und 2 AEUV.[79] Ähnliches, wenn auch aus anderen Gründen, gilt für Art. 5 ff. RL 2006/54/EG zu den betrieblichen Systemen der sozialen Sicherheit. Dadurch, dass diese laut Rspr. des EuGH unter den Entgeltbegriff fallen (→ Rn. 25), sind die Inhalte der Art. 5 ff. RL 2006/54/EG im Wesentlichen nur noch für betriebliche Systeme für Selbständige nach Art. 10 RL 2006/54/EG sowie für freiwillige Arbeitnehmerbeiträge bedeutsam.

Breiten Raum, auch in der Rspr., nehmen hingegen die **RL 76/207/EWG** bzw. ihre 29 Nachfolgeregelung, **Art. 14 ff. RL 2006/54/EG** ein. Sie regeln den Zugang zur Beschäftigung. In ihren Anwendungsbereich fallen etwa der Anspruch auf Wiedereingliederung oder Wiedereinstellung nach einer sozial ungerechtfertigten Entlassung,[80] die Aufnahme in eine Beförderungsliste und damit Schaffung der Möglichkeit einer Beförderung,[81] Altersgrenzen für das Ausscheiden aus der aktiven beruflichen Tätigkeit, soweit es nicht um die Frage der Altersversorgungsansprüche geht,[82] Quotenregelungen im öffentlichen Dienst[83]

---

[74] Grundlegend zu den Zuordnungskriterien EuGH C-262/88, Slg. 1990, I-1889 Rn. 22 ff. – Barber. Vgl. auch bereits EuGH 80/70, Slg. 1971, 445 Rn. 7, 12 – Defrenne I.
[75] EuGH C-262/88, Slg. 1990, I-1889 Rn. 27 – Barber; EuGH C-7/93, Slg. 1994, I-4471 Rn. 30 – Beune.
[76] EuGH C-109/91, Slg.1993, I-4879 Rn. 12 – Ten Över; EuGH 147/95, Slg. 1997, I-2057 Rn. 22 – Evrenopoulos; EuGH C-50/99, Slg. 2000, I-4039 Rn. 23 ff. – Podesta; EuGH C-117/01, Slg. 2004, I-541 Rn. 27 – K. B.
[77] Ausf. dazu *Krebber* in Calliess/Ruffert AEUV Art. 157 Rn. 69.
[78] Vgl. *Krebber* in Calliess/Ruffert AEUV Art. 157 Rn. 25; *Kingreen* in Ehlers GuG § 21 Rn. 32 f. *Kocher* in FK-EUV/GRC/AEUV AEUV Art. 157 Rn. 41 ff.
[79] EuGH C-385/11, ECLI:EU:C:2012:746 Rn. 25 – Moreno.
[80] EuGH C-167/97, Slg. 1999, I-623 Rn. 41 – Seymour-Smith.
[81] EuGH C-1/95, Slg. 1997, I-5253 Rn. 24 – Gerster.
[82] EuGH 152/84, Slg. 1986, 723 Rn. 36 – Marshall; EuGH 262/84, Slg. 1986, 773 Rn. 38 – Beets-Proper; EuGH 188/89, Slg. 1990, I-3313 Rn. 10 – Foster.
[83] EuGH C-450/93, Slg. 1995, I-3051 Rn. 12 ff. – Kalanke; EuGH C-409/95, Slg. 1997, I-6363 Rn. 21 ff. – Marschall; EuGH C-158/97, Slg. 2000, I-1875 Rn. 13 ff. – Badeck; EuGH C-407/98, Slg. 2000, I-5539 Rn. 41 ff. – Abrahamsson.

sowie die Beschränkung des Zugangs von Frauen zum Dienst mit der Waffe in der Bundeswehr.[84]

30 **Grundlegende Bedeutung** kommt darüber hinaus der **RL 79/7/EWG**[85] zu, die sich auf die allgemeinen Systeme der sozialen Sicherheit bezieht (zur Abgrenzung von den betrieblichen Versorgungssystemen → Rn. 25). Sozialversicherungssysteme oder -leistungen, insbes. Altersrenten, die unmittelbar durch Gesetz geregelt sind, keinerlei vertragliche Vereinbarungen innerhalb des Unternehmens oder des betroffenen Gewerbezweigs zulassen und zwingend für allgemein umschriebene Gruppen von Arbeitnehmern gelten, werden von ihr erfasst.[86] Dabei fallen nicht nur die Renten als solche, sondern auch Zuschüsse, etwa zu den Heizkosten,[87] in den Anwendungsbereich der Richtlinie.

31 Die übrigen Richtlinien sind von ihrem **Anwendungsbereich** her deutlich **enger** gefasst und führen kaum zu Abgrenzungsschwierigkeiten. Ziel der **RL 2010/41/EU** ist es, die Gleichbehandlung von Selbständigen in allen von den RL 2006/54/EG und RL 79/7/EWG nicht erfassten Bereichen zu verwirklichen. Auf noch engere Anwendungsbereiche begrenzt sind die **RL 92/85/EWG** zum Mutterschutz, die **RL 97/81/EG** zur Teilzeitarbeit sowie die **RL 2010/18/EU** zum Elternurlaub.

32 **4. Grundrechtsqualität?** Mit Art. 157 AEUV und den dazugehörenden Richtlinien hat die Union ein umfassendes normatives System geschaffen, das vom EuGH immer weiter ausgebaut worden ist. Die Frage, ob diese primär- bzw. sekundärrechtliche Verankerung der Gleichheit von Männern und Frauen im Erwerbsleben ein EU-Grundrecht darstellt, war bis zum Inkrafttreten des Vertrags von Lissabon und, damit einhergehend, der Grundrechtecharta umstritten.[88] Heute allerdings dürfte die **Frage geklärt** sein:

33 Die Grundrechtecharta enthält in Art. 23 S. 1 GRC das EU-Grundrecht der Gleichheit von Frauen und Männern (→ Rn. 76 ff.). Dieses erstreckt sich auf alle Bereiche, „einschließlich der Beschäftigung der Arbeit und des Arbeitsentgelts". Das bedeutet, dass **auch die EU** sowie die Mitgliedstaaten bei der Durchführung von Unionsrecht **an die Gleichheit der Geschlechter im Erwerbsleben gebunden** sind. Diese Bindung resultiert aber nicht unmittelbar oder mittelbar aus Art. 157 AEUV und seinen sekundärrechtlichen Konkretisierungen bzw. Erweiterungen, sondern aus **Art. 23 S. 1 GRC**.[89] Dieses Ergebnis entspricht auch der Rspr. des EuGH, der konsequent und deutlich zwischen beiden Rechtspositionen unterscheidet.[90] In der Literatur findet sich diese dogmatische Differenzierung allerdings nicht immer. Vereinzelt wird Art. 157 AEUV bzw. die Gleichheit von Männern und Frauen im Erwerbsleben schlicht als Grundrecht bezeichnet,[91] oder aber es ist von ihrem „Grundrechtscharakter" die Rede.[92] Folgt man der dogmatischen Trennung zwischen Primär- und Sekundärrecht auf der einen sowie EU-Grundrechten auf der anderen Seite, so ist eine solche Vermischung von Rechtspositionen allerdings abzulehnen.

---

[84] EuGH C-285/98, Slg. 2000, I-69 Rn. 10 ff. – Kreil.
[85] RL 79/7/EWG, ABl. 1979 L 6, 24.
[86] EuGH C-262/88, Slg. 1990, I-1889 Rn. 22 – Barber.
[87] EuGH C-382/98, Slg. 1999, I-8955 Rn. 26 – Taylor.
[88] Vgl. dazu ausf. *Odendahl* → 1. Aufl. 2006, § 44 Rn. 32–37.
[89] Vgl. *Schmahl* in Grabenwarter, EnzEur Bd. 2, § 21 Rn. 6, 25; *Kugelmann* in Merten/Papier, HdbGR Bd. VI/1, § 160 Rn. 71; *Barnard* S. 232 ff.; *Kischel* S. 6.
[90] Vgl. EuGH 149/77, Slg. 1978, 1365 Rn. 26, 29 – Defrenne III; EuGH 75 u. 117/82, Slg. 1984, 1509 Rn. 16 ff. – Razzouk u. Beydoun/Kommission; EuGH C-13/94, Slg. 1996, I-2143 Rn. 19 – Cornwall County Council; EuGH C-50/96, Slg. 2000, I-743 Rn. 57 – Deutsche Telekom AG; EuGH verb. Rs. 270 u. 271/97, Slg. 2000, I-929 Rn. 56 – Sievers. Besonders deutlich EuGH C-25/02, Slg. 2003, I-8349 Rn. 24 ff. – Rinke, wo der EuGH ausdrücklich erklärt, dass das in Umsetzung des damaligen Art. 141 EGV erlassene Sekundärrecht selbst kein EU-Grundrecht darstelle, dass es aber daneben eine Bindung der Union an die Gleichheit von Mann und Frau gebe.
[91] Vgl. etwa *Coen* in Lenz/Borchardt EU-Verträge AEUV Art. 157 Rn. 3.
[92] Vgl. etwa *Rebhahn* in Schwarze AEUV Art. 157 Rn. 1; *Kucsko-Stadlmayer/Kuras* in Mayer/Stöger, EUV/AEUV, AEUV Art. 157 Rn. 28.

III. Ungleich- bzw. Gleichbehandlung

Eine Ungleichbehandlung von Männern und Frauen im Erwerbsleben liegt vor, wenn 34
Arbeitnehmer und Arbeitnehmerinnen sowie anspruchsberechtigte Dritte in einer vergleichbaren Lage ungleich bzw. in einer nicht vergleichbaren Lage gleich behandelt werden. Die Ungleich- bzw. Gleichbehandlung muss dabei auf eine Differenzierung zwischen den Geschlechtern zurückzuführen sein (Diskriminierung aufgrund des Geschlechts).

1. Vergleichbarkeit. Zu vergleichen sind Gruppen von Arbeitnehmern. Je nachdem, um 35
welche Art von Regelung es geht, ist der **Vergleichsrahmen** unterschiedlich weit. Bei gesetzlichen Maßnahmen ist die Gesamtheit der Arbeitnehmer, bei Tarifverträgen sind alle Tarifgebundenen und bei Regelungen des Arbeitgebers dessen Arbeitnehmer einzubeziehen.[93] Die Wahl des **Vergleichskriteriums** hängt davon ab, ob die Entgeltgleichheit oder die Gleichheit in sonstigen Bereichen des Erwerbslebens betroffen ist.

a) Gleiche oder gleichwertige Arbeit. Bei Art. 157 Abs. 1, 2 AEUV ist das Vorliegen 36
einer gleichen oder gleichwertigen Arbeit Vergleichskriterium. Der EuGH bejaht eine **gleiche Arbeit,** wenn Arbeitnehmer unter Zugrundelegung einer Gesamtheit von Faktoren, wie Art der Arbeit, Ausbildungsanforderungen und Arbeitsbedingungen, als in einer vergleichbaren Situation befindlich angesehen werden können.[94] Die Identität des Berufes ist nicht maßgeblich; selbst bei anscheinend identischen Tätigkeiten kann eine ungleiche Arbeit vorliegen, wenn die unterschiedliche Berufsausbildung zu einer anderen Berufsberechtigung und Art der Berufsausübung führt.[95]

Die Entscheidung, ob eine **gleichwertige Arbeit** vorliegt, überlässt der Gerichtshof den 37
nationalen Gerichten.[96] Insofern fehlt ein unionsrechtliches Konzept.[97] Trotzdem bleibt der Begriff nicht völlig konturenlos. Der EuGH stellte im Jahre 2001 klar, dass sowohl der Begriff „gleiche" als auch der Begriff „gleichwertige" Arbeit eine rein qualitative Bedeutung haben, da sie ausschließlich mit der Art der Arbeit zusammenhängen.[98] Im Anschluss daran führte er aus, dass zur Feststellung einer gleichen oder gleichwertigen Arbeit zu prüfen sei, „ob diese Arbeitnehmer unter Zugrundelegung einer Gesamtheit von Faktoren, wie Art der Arbeit, Ausbildungsanforderungen und Arbeitsbedingungen, als in einer vergleichbaren Situation befindlich angesehen werden können".[99] Der EuGH verwendete also nicht nur dieselbe Formel wie bei der Bestimmung einer gleichen Arbeit. Er zog darüber hinaus als Beleg für seine Aussage Urteile heran, die allein die gleiche Arbeit zum Gegenstand hatten. Die Entscheidungskriterien sind demnach in beiden Fällen dieselben. Der EuGH geht lediglich davon aus, dass die Feststellung der Gleichwertigkeit eine solch umfangreiche Tatsachenprüfung erfordert, dass sie allein von den nationalen Gerichten vorgenommen werden kann.

Von Bedeutung ist schließlich, dass die Entgeltgleichheit auch bei einer **höherwertigen** 38
Arbeit verletzt sein kann. Sofern nachgewiesen ist, dass die Ungleichheit des Entgelts auf

---

[93] Vgl. *Rebhahn* in Schwarze AEUV Art. 157 Rn. 25. Zur Beschränkung auf die eigenen Arbeitnehmer bei Regelungen des Arbeitgebers vgl. EuGH 129/79, Slg. 1980, 1275 Rn. 14 f. – Macarthys. Der EuGH verwendet den Begriff der „einheitlichen Quelle" der Unterschiede in der Behandlung, vgl. EuGH C-256/01, Slg. 2004, I-873 Rn. 83 – Allonby.
[94] EuGH C-309/97, Slg. 1999, I-2865 Rn. 17 – Wiener Gebietskrankenkasse. Ähnlich bereits EuGH C-400/93, Slg. 1995, I-1275 Rn. 32 ff. – Royal Copenhagen. Aus der neueren Rspr. EuGH C-427/11 Rn. 27 – Kenny et al.
[95] EuGH C-309/97, Slg. 1999, I-2865 Rn. 20 f. – Wiener Gebietskrankenkasse (Psychotherapeuten, die Ärzte bzw. Psychologen sind).
[96] EuGH C-400/93, Slg. 1995, I-1275 Rn. 42 – Royal Copenhagen; EuGH 236/98, Slg. 2000, I-2189 Rn. 48 – Jämställdhetsombudsmannen; EuGH C-381/99, Slg. 2001, I-4961 Rn. 49 – Brunnhofer; EuGH C-427/11, ECLI:EU:C:2013:122 Rn. 26 – Kenny et al.
[97] So insbes. die Kritik von *Krebber* in Calliess/Ruffert AEUV Art. 157 Rn. 6, 55.
[98] EuGH C-381/99, Slg. 2001, I-4961 Rn. 42 – Brunnhofer.
[99] EuGH C-381/99, Slg. 2001, I-4961 Rn. 43 – Brunnhofer; EuGH C-427/11, ECLI:EU:C:2013:122 Rn. 27 – Kenny et al.

einer Diskriminierung aufgrund des Geschlechts beruht, kann sich auch ein Arbeitnehmer, der eine höherwertige Arbeit verrichtet als die Vergleichsperson, auf Art. 157 Abs. 1 AEUV berufen.[100]

39 **b) Sonstige Erwerbsbedingungen.** Das Vergleichskriterium bei den sonstigen, sekundärrechtlich geregelten Erwerbsbedingungen ist nach dem Inhalt der jeweiligen Richtlinie zu bestimmen. Zu fragen ist also etwa nach der Vergleichbarkeit beim Zugang zu einem Beruf, bei Inanspruchnahme einer Leistung der sozialen Sicherheit oder der Ausübung einer selbständigen Tätigkeit.

40 **2. Diskriminierung aufgrund des Geschlechts.** Eine relevante Ungleichbehandlung liegt nur vor, wenn diese auf einer Unterscheidung nach Geschlechtern beruht. Dabei ist eine solche Diskriminierung aufgrund des Geschlechts **objektiv** zu bestimmen. Auf eine Benachteiligungsabsicht kommt es also nicht an; entscheidend ist allein die Wirkung einer Norm bzw. Maßnahme.[101] Für den Bereich der sonstigen Erwerbsbedingungen ist nunmehr ausdrücklich festgelegt, dass auch Belästigungen und sexuelle Belästigungen iSd Art. 2 Abs. 1 RL 2006/54/EG eine Diskriminierung aufgrund des Geschlechts darstellen.

41 **a) Unmittelbare Diskriminierung.** Eine unmittelbare Diskriminierung liegt vor, wenn die unterschiedliche Behandlung **unmittelbar an das Geschlecht anknüpft.** Diese von der Literatur anhand der EuGH-Rspr. entwickelte Definition[102] hat auch in das Sekundärrecht Eingang gefunden (heute: Art. 2 Abs. 1 lit. a RL 2006/54/EG). Unter den **Begriff des Geschlechts** fällt die biologische Eigenschaft des Mann- bzw. Frauseins, nicht jedoch die sexuelle Orientierung.[103] Zur biologischen Eigenschaft des Mann- bzw. Frauseins zählt dabei nicht nur die von Geburt an gegebene Zugehörigkeit zu einem Geschlecht, sondern auch die Geschlechtsumwandlung. Eine Benachteiligung Transsexueller, etwa die Entlassung aufgrund einer vorgenommenen Geschlechtsumwandlung, stellt demnach eine unmittelbare Diskriminierung aufgrund des Geschlechts dar.[104]

42 Zu einer Diskriminierung unmittelbar aufgrund des Geschlechts zählt der EuGH auch Benachteiligungen (etwa Kündigung, Verweigerung der Einstellung, Nichterneuerung eines befristeten Vertrages oder Rückkehr an den Arbeitsplatz) aufgrund einer **Schwangerschaft oder Geburt**[105] sowie aufgrund der Situation als **stillende Frau,**[106] da in allen diesen Fällen nur Frauen betroffen sein können. Keine unmittelbare Diskriminierung stellen hingegen mutterschaftsbedingte berufliche Nachteile dar. So stuft der Gerichtshof eine Entlassung aufgrund schwangerschaftsbedingter Krankheit nach Ablauf der Mutterschutzfrist,[107] die Gewährung einer Arbeitgeberleistung allein an Arbeitnehmer in einem

---

[100] EuGH 157/86, Slg. 1988, 673 Rn. 6 ff. – Murphy.
[101] EuGH 170/84, Slg. 1986, 1607 Rn. 35 – Bilka-Kaufhaus.
[102] Vgl. *Rebhahn* in Schwarze AEUV Art. 157 Rn. 20; *Langenfeld* in GHN AEUV Art. 157 Rn. 24; *Krebber* in Calliess/Ruffert AEUV Art. 157 Rn. 37; *Epiney/Freiermuth Abt* S. 73; *Ellis/Watson* S. 143 ff.
[103] EuGH C-249/96, Slg. 1998, I-621 Rn. 47 – Grant.
[104] EuGH C-13/94, Slg. 1996 I-2143 Rn. 17 ff. – P; EuGH C-451/16, ECLI:EU:C:2018:492 – MB.
[105] EuGH 177/88, Slg. 1990, I-3941 Rn. 12 – Dekker; EuGH 45/90, Slg. 1992, II-33 Rn. 47 ff. – Speybrouck/EP; EuGH C-394/96, Slg. 1998, I-4185 Rn. 18 – Brown; EuGH C-66/96, Slg. 1998, I-7327 Rn. 35 – Pedersen; EuGH C-438/99, Slg. 2001, I-6915 Rn. 47 – Jiménez Melgar; EuGH C-109/00, Slg. 2001, I-6993 Rn. 31 – Tele Danmark A/S; EuGH C-320/01, Slg. 2003, I-2041 Rn. 39 – Busch; EuGH C-294/04, Slg. 2006, I-1513 – Herrero; EuGH C-506/06, Slg. 2008, I-1017 Rn. 46 – Mayr. In der zuletzt genannten Entscheidung ging es um eine Arbeitnehmerin, die sich einer *in vitro*-Fertilisation unterzogen hatte und der gekündigt wurde, nachdem eine künstliche Befruchtung der Eizelle stattgefunden hatte, aber bevor die Eizellen in die Gebärmutter eingesetzt worden waren. Der EuGH verneinte einen Kündigungsschutz nach Art. 10 Nr. 1 der RL 92/85/EWG, da deren Wortlaut und Ziel erfordern, dass die Schwangerschaft bereits begonnen hat (Rn. 37). Er bejahte aber einen Kündigungsschutz nach Art. 2 Abs. 1, 5 Abs. 1 der RL 76/207/EWG (jetzt Art. 14 Abs. 1 RL 2006/54/EG), wenn die Tatsache, dass sich die Arbeitnehmerin dem Fertilisationsprozess unterzogen hatte, der hauptsächliche Grund für die Kündigung war (Rn. 47).
[106] EuGH C-531/15, ECLI:EU:C:2017:789 Rn. 59 f. – Otero Ramos.
[107] EuGH 179/88, Slg. 1990, I-3979 Rn. 14 ff. – Hertz.

aktiven Beschäftigungsverhältnis und damit Ausschluss der in Mutterschutz befindlichen Personen,[108] die Auszahlung einer geringeren Abfindung an Personen, die aus Kinderbetreuungsgründen ihren Arbeitsplatz aufgeben, als an diejenigen, die aus unmittelbar arbeitsbezogenen Gründen ausscheiden,[109] sowie den Ausschluss einer Beamtenanwärterin von einer Beförderung, da sie durch Mutterschaftsurlaub einen obligatorischen Ausbildungskurs versäumt hatte,[110] nicht als unmittelbare Diskriminierung ein. Entsprechendes gilt für Begünstigungen, wie etwa die Zahlung einer pauschalen Beihilfe allein an Arbeitnehmerinnen, die Mutterschaftsurlaub antreten, sofern diese Beihilfe dazu bestimmt ist, deren beruflichen Nachteile auszugleichen.[111] In diesen Fällen wird nicht an die Schwangerschaft, sondern an die beruflichen Risiken von Schwangerschaft und Mutterschaft angeknüpft, die gesellschaftlich (fehlende Kinderbetreuungsmöglichkeiten) oder persönlich (allgemeines Krankheitsrisiko), nicht aber geschlechtlich bedingt sind.[112]

Unmittelbare Diskriminierungen spielen auch bei **Betriebsrenten** eine wichtige Rolle. Betroffen waren bislang allein Männer. Der EuGH qualifizierte bspw. ein höheres Rentenantrittsalter für Männer,[113] die Benachteiligung von Witwern im Vergleich zu Witwen[114] sowie das allein Beamtinnen gewährte Recht auf Versetzung in den Ruhestand mit sofortigem Pensionsanspruch, wenn der Ehegatte eine Behinderung oder eine unheilbare Krankheit hat,[115] als verbotene unmittelbare Diskriminierungen. Schlechterstellungen in Bezug auf das **laufende Entgelt** sind in der Praxis nur noch in Ausnahmefällen anzutreffen.[116] **Weitere Beispielsfälle** aus der Rspr. sind die Gewährung des Elternurlaubs an Väter nur dann, wenn die Mütter berufstätig sind,[117] das Nachtarbeitsverbot für Frauen[118] und der Ausschluss von Frauen von speziellen Kampfeinheiten bei den Streitkräften[119] bzw. vom Dienst mit der Waffe.[120] Ob die Wehrpflicht nur für Männer eine unmittelbare Diskriminierung darstellt, hat der EuGH hingegen unter Hinweis auf eine fehlende Unionskompetenz offen gelassen.[121] 43

b) Mittelbare Diskriminierung. Der Begriff der mittelbaren Diskriminierung findet sich in fast allen Gleichstellungs-Richtlinien.[122] Nach stRspr des EuGH sind mittelbare Diskriminierungen jedoch auch bei der primärrechtlichen Entgeltgleichheit möglich.[123] Der Gerichtshof entwickelte eine **Definition** der mittelbaren Diskriminierung, die mittlerweile Eingang in das Sekundärrecht gefunden hat[124] und vom Schrifttum angenommen worden ist.[125] Demnach müssen zwei Voraussetzungen erfüllt sein: (1) Es handelt sich um neutrale, 44

---

[108] EuGH C-333/97, Slg. 1999, I-7243 Rn. 44 – Lewen (anders jedoch, wenn nicht an ein aktives Beschäftigungsverhältnis angeknüpft, sondern lediglich die Berechnung von Beschäftigungszeiten zugrunde gelegt wird, vgl. EuGH C-333/97, Slg. 1999, I-7243 Rn. 42).
[109] EuGH C-249/97, Slg. 1999, I-5295 Rn. 35 – Gruber (hier jedoch offenbar unter dem Gesichtspunkt einer mittelbaren Diskriminierung untersucht).
[110] EuGH C-595/12, ECLI:EU:C:2014:128 Rn. 31 ff. – Napoli.
[111] EuGH C-218/98, Slg. 1999, I-5723 Rn. 22 – Abdoulaye.
[112] Zustimmend *Langenfeld* in GHN AEUV Art. 157 Rn. 27.
[113] EuGH C-262/88, Slg. 1990, I-1889 Rn. 32 – Barber.
[114] EuGH C-50/99, Slg. 2000, I-4039 Rn. 42 ff. – Podesta.
[115] EuGH C-206/00, Slg. 2001, I-10201 Rn. 31 – Mouflin.
[116] Vgl. etwa EuGH C-187/98, Slg. 1999, I-7713 Rn. 44 – Kommission/Griechenland (Familien- und Verheiratetenzulagen).
[117] EuGH C-222/14, ECLI:EU:C:2015:473 Rn. 49 ff. – Maïstrellis.
[118] EuGH C-345/89, Slg. 1991, I-4047 Rn. 20 – Stoeckel; EuGH C-13/93, Slg. 1994, I-371 Rn. 19 – Minne.
[119] EuGH C-273/97, Slg. 1999, I-7403 Rn. 21 – Sirdar.
[120] EuGH C-285/98, Slg. 2000, I-69 Rn. 20 ff. – Kreil.
[121] EuGH C-186/01, Slg. 2003, I-2479 Rn. 41 – Dory. Vgl. Anm. *Köhler* ELF 2003, 100 f.
[122] (Art. 4 Abs. 4 RL 79/7/EWG), (Art. 3 RL 86/613/EWG), (Art. 2 Abs. 1 lit. b RL 2006/54/EG).
[123] Vgl. exemplarisch EuGH C-33/89, Slg. 1990, I-2591 Rn. 13 – Kowalska; EuGH C-184/89, Slg. 1991, I-297 Rn. 22 – Nimz.
[124] (Art. 2 Abs. 1 lit. b RL 2006/54/EG).
[125] Vgl. *Langenfeld* S. 211 ff.; *Epiney/Freiermuth Abt* S. 75 ff.; *Bieback* S. 75 ff.; *Göddeke* S. 81 ff.; *Coen* in Lenz/Borchardt EU-Verträge AEUV Art. 157 Rn. 19; *Ellis/Watson* S. 148 ff. Eine ausf. Darstellung der „leading cases" des EuGH bietet *Stampe* S. 87 ff.

geschlechtsunspezifisch formulierte Vorschriften, Kriterien oder Verfahren, die nicht unmittelbar an das Geschlecht anknüpfen, und (2) sie benachteiligen tatsächlich erheblich mehr Angehörige eines Geschlechts[126] (zu dem weiteren, in der Rspr. und im Sekundärrecht scheinbar als zusätzliche Voraussetzung genannten Kriterium der Rechtfertigung → Rn. 52 ff.). In der Literatur wird zT angenommen, es müsse noch eine dritte Voraussetzung vorliegen: (3) Die Benachteiligung kann nicht mit anderen Gründen als denen des Geschlechts bzw. der Geschlechterrolle erklärt werden (zusätzliche Kausalitätsprüfung).[127]

45   Eine **neutrale Maßnahme** kann sowohl eine Regelung des Arbeitgebers,[128] der Tarifvertragsparteien[129] oder des Staates[130] sein. Entscheidend ist, dass die von ihr vorgenommene Differenzierung nicht an das Geschlecht, sondern an andere Merkmale, wie etwa an die Dauer der Betriebszugehörigkeit, an die Teilzeitarbeit oder an eine geringfügige Beschäftigung anknüpft. Die **tatsächliche Benachteiligung eines Geschlechts** führt zur Einbeziehung einer statistischen Komponente.[131] Entscheidend für die Feststellung, dass erheblich mehr Angehörige eines Geschlechts benachteiligt werden, sind nicht absolute Zahlen, sondern die proportionale Betroffenheit. Verglichen wird das Geschlechterverhältnis in der benachteiligten Gruppe mit dem Geschlechterverhältnis in der bevorzugten Gruppe.[132] Ab wann von einer „erheblichen" Benachteiligung gesprochen werden kann, hat der EuGH bislang zahlenmäßig offen gelassen.

46   Die Umstrittenheit der **zusätzlichen Kausalitätsprüfung** resultiert im Wesentlichen aus der unterschiedlichen Interpretation einzelner EuGH-Urteile. Der Gerichtshof hat mehrfach ausgeführt, dass ein Verstoß gegen Art. 157 Abs. 1, 2 AEUV vorliegt, wenn die unterschiedliche Behandlung nicht durch objektive Faktoren gerechtfertigt ist, die nichts mit einer Diskriminierung aufgrund des Geschlechts zu tun haben.[133] Diese Aussage bezieht sich jedoch erst auf die Rechtfertigung; sie hat nicht das Vorliegen der Diskriminierung zum Gegenstand. Der EuGH hat folgerichtig eine zusätzliche Kausalitätsprüfung ausdrücklich abgelehnt.[134] Ein solcher Schritt würde auch die Konstruktion der mittelbaren Diskriminierung, die allein faktische Gegebenheiten zum Maßstab macht, aushebeln. Bedenkt man darüber hinaus, dass die Erheblichkeit der Benachteiligung bereits eine geschlechtsspezifische Begründbarkeit indiziert, ist angesichts der nur geringen Relevanz einer zusätzlichen Kausalitätsprüfung diese nicht nur aus dogmatischen, sondern auch aus praktischen Erwägungen abzulehnen.

47   Aus der EuGH-Rspr. seien einige **Beispiele für mittelbare Diskriminierungen** genannt: geringere Stundensätze für Teilzeitbeschäftigte[135] sowie deren Ausschluss von der Betriebsrente,[136] nur ein Geschlecht begünstigende Ausgestaltung eines beruflichen Ein-

---

[126] StRspr, vgl. etwa EuGH C-1/95, Slg. 1997, I-5253 Rn. 30 – Gerster; EuGH C-123/10, Slg. 2011, I-10003 Rn. 56 – Brachner; EuGH C-7/12, ECLI:EU:C:2013:410 Rn. 39 – Riežniece.
[127] So etwa *Pfarr* NZA 1986, 585 (586); *Hanau/Preis* ZfA 1988, 177 (188 ff.); *Rating*, Mittelbare Diskriminierung der Frau im Erwerbsleben nach europäischem Gemeinschaftsrecht, 1994, S. 105 f.; *Göddeke* S. 91 ff.; *Langenfeld* in GHN AEUV Art. 157 Rn. 36; *Langenfeld* S. 215; *Langenfeld* in Giegerich/Zimmermann S. 109 (117). Ablehnend ua *Schlachter* NZA 1995, 393 (397); *Bieback* S. 88 ff.; *Biermann*, Die Gleichbehandlung von Teilzeitbeschäftigten bei entgeltlichen Ansprüchen, 2000, S. 175; *Krebber* in Calliess/Ruffert AEUV Art. 157 Rn. 41; *Stampe* S. 164 f.
[128] Vgl. etwa EuGH 170/84, Slg. 1986, 1607 Rn. 31 – Bilka-Kaufhaus.
[129] Vgl. etwa EuGH C-184/89, Slg. 1991, I-297 Rn. 11 – Nimz; EuGH verb. Rs. C-399/92, C-409/92, C-425/92, C-34/93, C-50/93 u. C-78/93, Slg. 1994, I-5727 Rn. 12 – Stadt Lengerich; EuGH C-281/97, Slg. 1999, I-5127 Rn. 20 – Krüger; EuGH C-187/00, Slg. 2003, I-2741 Rn. 63 – Kutz-Bauer.
[130] Vgl. etwa EuGH 171/88, Slg. 1989, 2743 Rn. 7 ff. – Rinner-Kühn; EuGH C-285/02, Slg. 2004, I-5861 Rn. 19 – Elsner-Lakeberg.
[131] Vgl. exemplarisch EuGH C-300/06, Slg. 2007, I-10573 Rn. 38 ff. – Voß.
[132] Vgl. das Beispiel bei *Langenfeld* in GHN AEUV Art. 157 Rn. 33.
[133] EuGH 170/84, Slg. 1986, 1607 Rn. 31 – Bilka-Kaufhaus; EuGH C-33/89, Slg. 1990, I-2591 Rn. 13 – Kowalska; EuGH C-184/89, Slg. 1991, I-297 Rn. 12 – Nimz.
[134] EuGH 229/89, Slg. 1991, I-2205 Rn. 17 ff. – Kommission/Belgien.
[135] EuGH 96/80, Slg. 1981, 911 Rn. 13 – Jenkins; EuGH C-300/06, Slg. 2007, I-10573 Rn. 44 – Voß.
[136] EuGH 170/84, Slg. 1986, 1607 Rn. 31 – Bilka-Kaufhaus; EuGH C-50/96, Slg. 2000, I-743 Rn. 29 – Deutsche Telekom AG.

stufungssystems,[137] keine Lohnfortzahlung im Krankheitsfall an geringfügig Beschäftigte,[138] keine Zahlung von Übergangsgeld an Teilzeitbeschäftigte,[139] Lohnzuschläge für Flexibilität, Berufsausbildung oder Anciennität,[140] die unterschiedliche Wertung der Arbeitszeit für den Aufstieg in eine höhere Vergütungsgruppe,[141] die Bezahlung von Mehrarbeit erst ab einer bestimmten, für Voll- und Teilzeitbeschäftigte gleich hohen Stundenzahl,[142] die Bevorzugung von Bewerbern, die einen Wehr- oder Ersatzdienst geleistet haben,[143] das Erfordernis einer Minimalkörperhöhe für die Zulassung zum Auswahlverfahren für die Polizeischule[144] sowie Regelungen zur Altersteilzeitarbeit, welche diese nur bis zu dem Zeitpunkt für zulässig erklären, an dem erstmals eine ungekürzte Rente aus der gesetzlichen Altersversorgung in Anspruch genommen werden kann,[145] bzw. die vor Beginn der Altersteilzeit eine mindestens dreijährige Vollzeitbeschäftigung verlangen.[146] In der Regel werden Frauen mittelbar diskriminiert. Die umgekehrte Fallkonstellation gibt es aber auch. Ein Beispiel ist die Verbesserung der Pension und Möglichkeit des früheren Ruhestands, wenn die berufliche Tätigkeit für die Kinderbetreuung unterbrochen wurde.[147] Eine mittelbare Diskriminierung Transsexueller liegt vor, wenn diese nicht miteinander die Ehe eingehen können und daher von der nur verheirateten Partnern gewährten Hinterbliebenenrente ausgeschlossen sind.[148] Als weitere Fallkonstellationen kommen in Betracht:[149] unterbrochene Beschäftigung, befristete Arbeitsverhältnisse, Zweitberufe, Heim- und Telearbeit, Sonderregelungen für gehobene Angestellte, Familienernährer, Unterhaltszahlende sowie für Überstunden- und Versetzungsbereitschaft.

c) Positive Diskriminierung. Unter einer positiven Diskriminierung sind Maßnahmen zu verstehen, mit denen **Angehörige eines Geschlechts gezielt gefördert** werden.[150] Klassisches Beispiel sind die sog Quotenregelungen, nach denen bei gleicher Qualifikation der Angehörige eines bestimmten Geschlechts bevorzugt wird.[151] Eine positive Diskriminierung liegt darüber hinaus dann vor, wenn selbst bei geringerer Qualifikation eine geschlechtsspezifische Bevorzugung stattfindet[152] oder die Altersgrenze für den Eintritt in den öffentlichen Dienst zwar für verwitwete Frauen, nicht aber für verwitwete Männer aufgehoben wird.[153] In der Regel waren bislang Frauen diejenigen, die von einer positiven Diskriminierung profitierten. Möglich ist aber auch die umgekehrte Fallkonstellation. Eine positive Diskriminierung stellt **immer auch eine unmittelbare Diskriminierung** der Angehörigen des anderen Geschlechts dar. Ausgeschlossen wird also nicht der Tatbestand einer Diskriminierung. Es werden nur andere Wege einer objektiven Rechtfertigung eröffnet.[154]

48

---

[137] EuGH 237/85, Slg. 1986, 2101 Rn. 17 – Rummler.
[138] EuGH 171/88, Slg. 1989, 2743 Rn. 16 – Rinner-Kühn.
[139] EuGH C-33/89, Slg. 1990, I-2591 Rn. 13 – Kowalska.
[140] EuGH 109/88, Slg. 1989, 3199 Rn. 17 ff. – Danfoss.
[141] EuGH C-184/89, Slg. 1991, I-297 Rn. 15 – Nimz.
[142] EuGH C-285/02, Slg. 2004, I-5861 Rn. 19 – Elsner-Lakeberg.
[143] EuGH C-79/99, Slg. 2000, I-10997 Rn. 35 ff. – Schnorbus.
[144] EuGH C-409/16, ECLI:EU:C:2017:767 Rn. 32 – Kalliri.
[145] EuGH C-187/00, Slg. 2003, I-2741 Rn. 63 – Kutz-Bauer.
[146] EuGH C-77/02, Slg. 2003, I-9027 Rn. 53 ff. – Steinicke.
[147] EuGH C-173/13, ECLI:EU:C:2014:2090 Rn. 44 ff. – Leone.
[148] EuGH C-117/01, Slg. 2004, I-541 Rn. 28 ff. – K. B.
[149] Vgl. *Hanau/Preis* ZfA 1988, 177 (193 ff.); *Bieback* S. 76; *Krebber* in Calliess/Ruffert AEUV Art. 157 Rn. 42.
[150] Ähnlich *Rebhahn* in Schwarze AEUV Art. 157 Rn. 50.
[151] EuGH C-450/93, Slg. 1995, I-3051 – Kalanke; EuGH C-409/95, Slg. 1997, I-6363 – Marschall; EuGH C-158/97, Slg. 2000, I-1875 – Badeck.
[152] EuGH C-407/98, Slg. 2000, I-5539 Rn. 45 – Abrahamsson.
[153] EuGH C-319/03, Slg. 2004, I-8807 – Briheche.
[154] In diesem Sinne auch *Krebber* in Calliess/Ruffert AEUV Art. 157 Rn. 74; *Langenfeld* in GHN AEUV Art. 157 Rn. 85. Abgelehnt wurde die Rechtfertigung einer positiven Diskriminierung von Frauen etwa im Fall EuGH C-319/03, Slg. 2004, I-8807 – Briheche.

49 Art. 157 AEUV und die einschlägigen Sekundärnormen schaffen **keine Pflicht** zur Förderung des benachteiligten Geschlechts und auch keinen entsprechenden Anspruch. Der insoweit primär einschlägige Art. 157 Abs. 4 AEUV stellt lediglich eine an die Mitgliedstaaten gerichtete Ermächtigung dar, die als Rechtfertigungsgrund heranzuziehen ist (→ Rn. 65 f.).

50 **d) Beweisfragen.** Für den Nachweis einer Diskriminierung hat der EuGH erhebliche **Beweiserleichterungen** entwickelt.[155] Aussagekräftige Tatsachen und statistisches Material genügen. Im Falle einer mittelbaren Diskriminierung reicht es bspw. aus, auf der Grundlage einer relativ großen Zahl von Arbeitnehmern zu belegen, dass das durchschnittliche Entgelt der Arbeitnehmer des einen Geschlechts niedriger ist als das der Arbeitnehmer des anderen Geschlechts.[156] Es ist dann Sache des Beklagten, den Nachweis zu erbringen, dass entweder keine Diskriminierung vorliegt oder die unterschiedliche Behandlung sachlich gerechtfertigt ist.[157]

51 Diese vom Gerichtshof entwickelten Grundsätze wurden für den Bereich des **Arbeitsrechts** in das Sekundärrecht aufgenommen (heute: Art. 19 RL 2006/54/EG). Sie gelten für den Anwendungsbereich des Art. 157 AEUV sowie für die RL 92/85/EWG zum Mutterschutz[158] und die RL 2010/18/EU zum Elternurlaub.[159] Für den Bereich des **Sozialrechts** ist weiterhin die EuGH-Rspr. maßgeblich.[160]

IV. Objektive Rechtfertigung

52 Eine Ungleichbehandlung von Männern oder Frauen ist **nicht *per se* verboten**. Sie ist es nur dann, wenn es keine objektive Rechtfertigung für sie gibt. Die entsprechende Prüfung überlässt der EuGH den nationalen Gerichten, die für die Beurteilung des Sachverhalts und die Auslegung des innerstaatlichen Rechts allein zuständig sind.[161] Häufig nimmt der Gerichtshof trotzdem Stellung zu den in Frage kommenden Differenzierungskriterien,[162] ohne dass sich daraus jedoch ein abschließender Katalog zulässiger Rechtfertigungsgründe ableiten ließe.

53 Nach der vom Gerichtshof verwendeten **Standardformel** muss die Maßnahme oder Regelung durch objektive Faktoren gerechtfertigt sein, die nichts mit einer Diskriminierung aufgrund des Geschlechts zu tun haben. Das ist dann der Fall, wenn die gewählten Mittel einen legitimen Zweck verfolgen und zur Erreichung dieses Ziels geeignet und erforderlich sind.[163] Die Formel wendet der Gerichtshof sowohl bei Verstößen gegen die Entgeltgleichheit als auch bei Verstößen gegen die sekundärrechtlich geregelten sonstigen Erwerbsbedingungen an.[164]

54 **1. Rechtfertigung unmittelbarer Diskriminierungen.** Ob eine unmittelbare Diskriminierung überhaupt rechtfertigungsfähig ist, war lange Zeit **umstritten**. Hauptgrund für die Auseinandersetzungen war das Fehlen einer entsprechenden Judikatur des

---

[155] Näher dazu *Bieback* S. 114 ff.; *Barnard* S. 253 f.
[156] EuGH 109/88, Slg. 1989, 3199 Rn. 16 – Danfoss.
[157] EuGH C-127/92, Slg. 1993, I-5535 Rn. 19 – Enderby.
[158] Vgl. Art. 19 Abs. 4 RL 2006/54/EG. Zum Mutterschutz gehört dabei auch die Situation als stillende Frau, vgl. EuGH C-531/15, ECLI:EU:C:2017:789 Rn. 66 ff. – Otero Ramos.
[159] Vgl. Art. 19 Abs. 4 RL 2006/54/EG iVm Art. 4 RL 2010/18/EU.
[160] Vgl. *Schlachter* RdA 1998, 321 (323 f.).
[161] StRspr, vgl. etwa EuGH 170/84, Slg. 1986, 1607 Rn. 36 – Bilka-Kaufhaus; EuGH C-1/95, Slg. 1997, I-5253 Rn. 35 – Gerster. Kritisch *Krebber* in Calliess/Ruffert AEUV Art. 157 Rn. 59.
[162] EuGH C-381/99, Slg. 2001, I-4961 Rn. 65 – Brunnhofer; EuGH C-187/00, Slg. 2003, I-2741 Rn. 52 ff. – Kutz-Bauer; EuGH C-77/02, DVBl 2003, 1514 Rn. 59 ff. – Steinicke; EuGH verb. Rs. C-4/02 u. C-5/02, Slg. 2003, I-12575 Rn. 83 ff. – Schönheit.
[163] StRspr, vgl. etwa EuGH 171/88, Slg. 1989, 2743 Rn. 12, 14 – Rinner-Kühn; EuGH C-444/93, Slg. 1995, I-4741 Rn. 24 – Megner; EuGH C-280/94, Slg. 1996, I-179 Rn. 19 – van Damme; EuGH C-381/99, Slg. 2001, I-4961 Rn. 66 f. – Brunnhofer; EuGH C-17/05, Slg. 2006 I-9583 Rn. 32 – Cadman; EuGH C-427/11, ECLI:EU:C:2013:122 Rn. 36 f. – Kenny et al.; EuGH C-173/13, ECLI:EU:C:2014:2090 Rn. 40 – Leone.
[164] Vgl. zu letzteren exemplarisch EuGH C-79/99, Slg. 2000, I-10997 Rn. 44 f. – Schnorbus.

EuGH[165] sowie ein scheinbar eindeutiger Unterschied in der Definition der unmittelbaren und der mittelbaren Diskriminierung. Sowohl nach der Formulierung des Gerichtshofs als auch des damaligen Sekundärrechts[166] schien die Rechtfertigung Bestandteil der mittelbaren, nicht aber der unmittelbaren Diskriminierung zu sein. Teile des Schrifttums zogen daraus den Schluss, dass eine unmittelbare Diskriminierung überhaupt nicht[167] bzw. nur in Ausnahmefällen[168] zu rechtfertigen sei. Andere verneinten eine solche Haltung entschieden.[169]

Dieser Streit **erledigte** sich mit dem Urteil *Brunnhofer* aus dem Jahre 2001. Der EuGH 55 prüfte bei einer unmittelbaren Diskriminierung wie selbstverständlich die Rechtfertigung nach demselben Muster wie bei mittelbaren Diskriminierungen.[170] Allerdings werden unmittelbare Diskriminierungen nur selten rechtfertigungsfähig sein. Bei mittelbaren Diskriminierungen hingegen kommt der Rechtfertigungsprüfung als notwendiges Korrektiv einer bloß statistischen Ungleichbehandlung eine essentielle Bedeutung zu (was auch der Grund dafür sein dürfte, dass sie regelmäßig in einem Atemzug mit den Merkmalen einer mittelbaren Diskriminierung genannt wird).[171]

Urteile, in denen der EuGH näher auf die Rechtfertigung einer unmittelbaren Dis- 56 kriminierung im Rahmen der **Entgeltgleichheit** eingegangen wäre, fehlen bislang. Angesichts der Tatsache, dass Art. 157 AEUV keinerlei Ausnahmen für unmittelbare Diskriminierungen vorsieht, ist dies allerdings nachvollziehbar.

Anders sieht es im Bereich der **sonstigen Erwerbsbedingungen** aus, wo Art. 14 Abs. 2 57 RL 2006/54/EG, Art. 15 RL 2006/54/EG und Art. 28 Abs. 1 RL 2006/54/EG[172] Bedeutung entfalten. Demnach sind Ausnahmen vom Grundsatz der Gleichbehandlung zum einen möglich, wenn das Geschlecht eine unabdingbare Voraussetzung für die Art der Tätigkeit bzw. Ausbildung ist (Art. 14 Abs. 2 RL 2006/54/EG).[173] Dies hat der EuGH etwa beim Einsatz von Polizisten in einer durch innere Unruhen gekennzeichneten Situation[174] sowie beim Ausschluss von Frauen von speziellen Kampfeinheiten[175] bejaht. Nicht für zulässig hat er den generellen Ausschluss von Frauen vom Dienst mit der Waffe erklärt.[176] Zum anderen sind Ausnahmen zum Schutz der Frau, insbes. bei Schwangerschaft und Mutterschaft (Art. 15 RL 2006/54/EG, Art. 28 Abs. 1 RL 2006/54/EG)[177] erlaubt. Konkretisiert wird diese Regelung durch die RL 92/85/EWG. Nach stRspr dient diese zweite Ausnahmevorschrift dem Schutz sowohl der körperlichen Verfassung der Frau als auch der besonderen Beziehung zwischen Mutter und Kind nach Schwangerschaft und Entbindung.[178] Für dementsprechend zulässig hält der EuGH etwa ein für Schwangere,[179] nicht jedoch ein für alle weiblichen Beschäftigten[180] geltendes Nachtarbeitsverbot. Seine frühere

---

[165] Vgl. *Sattler* S. 262.
[166] (Art. 2 Abs. 2 RL 97/80/EG) sowie (Art. 2 Abs. 2 zweiter Gedankenstrich RL 76/207/EWG idF der RL 2002/73/EG).
[167] So etwa *Classen* JZ 1996, 921 (924); *Barnard* S. 241 f.
[168] So etwa *Rebhahn* in Schwarze AEUV Art. 157 Rn. 20, 22. Ähnlich *Langenfeld* in GHN AEUV Art. 157 Rn. 29.
[169] So etwa *Kingreen* in Ehlers GuG § 21 Rn. 50; *Kischel* EuGRZ 1997, 1 (4 f.); *Epiney/Freiermuth Abt* S. 86 ff. Offen gelassen von *Curall* in GTE EGV Art. 119 Rn. 68.
[170] EuGH C-381/99, Slg. 2001, I-4961 Rn. 63 ff. – Brunnhofer.
[171] Vgl. *Krebber* in Calliess/Ruffert AEUV Art. 157 Rn 58.
[172] Vormals Art. 2 Abs. 6 und 7 RL 76/207/EWG idF der RL 2002/73/EG.
[173] Vormals Art. 2 Abs. 6 RL 76/207/EWG idF der RL 2002/73/EG.
[174] EuGH 222/84, Slg. 1986, 1651 Rn. 40 – Johnston. Zu den zahlreichen abgelehnten Fallkonstellationen vgl. *Langenfeld* in GHN AEUV Art. 157 Rn. 109.
[175] EuGH C-273/97, Slg. 1999, I-7403 Rn. 32 – Sirdar.
[176] EuGH C-285/98, Slg. 2000, I-69 Rn. 31 – Kreil. Näher zum Urteil und dessen Umsetzung in deutsches Recht *Heselhaus/Schmidt-De Caluwe* NJW 2001, 263 ff.
[177] Vormals Art. 2 Abs. 7 RL 76/207/EWG idF der RL 2002/73/EG.
[178] EuGH 184/83, Slg. 1984, 3047 Rn. 25 – Hofmann; EuGH 222/84, Slg. 1986, 1651 Rn. 44 – Johnston.
[179] EuGH C-421/92, Slg. 1994, I-1657 Rn. 18 – Habermann-Beltermann.
[180] EuGH C-345/89, Slg. 1991, I-4047 Rn. 15 – Stoeckel; EuGH C-13/93, Slg. 1994, I-371 Rn. 19 – Minne.

Ansicht, dass ein ausschließlich Frauen vorbehaltener Mutterschafts-[181] oder Adoptionsurlaub[182] rechtmäßig sei, hat der Gerichtshof mittlerweile aufgegeben.[183]

58 **2. Rechtfertigung mittelbarer Diskriminierungen.** Rechtfertigungen **mittelbarer Diskriminierungen** prüft der EuGH nach der Standardformel (→ Rn. 53), unabhängig davon, ob die Entgeltgleichheit oder die sonstigen Erwerbsbedingungen betroffen sind.[184] Er differenziert bei der Entscheidung über zulässige Rechtfertigungsgründe jedoch **nach den Verursachern** der Diskriminierung.

59 Erfolgt die mittelbare Diskriminierung durch eine Regelung oder Maßnahme eines **Mitgliedstaates**, kommt eine Rechtfertigung insbes. in Betracht, wenn die Regelung der Verfolgung eines legitimen sozialpolitischen Ziels dient. Dies gilt sowohl für Gesetze[185] als auch für Tarifverträge.[186] Mögliche Rechtfertigungsgründe sind etwa die Entlastung von Kleinbetrieben beim Kündigungsschutz[187] oder die Erleichterung geringfügiger Beschäftigung für die Herausnahme aus der Sozialversicherungspflicht,[188] nicht aber für den Ausschluss von einem Sonderzuwendungen gewährenden Tarifvertrag.[189] Außerhalb des Sozialrechts finden sich weitere, wenn auch weniger Urteile. Objektiv gerechtfertigt ist etwa die Bevorzugung von Bewerbern, die einen Wehr- oder Ersatzdienst abgeleistet hatten, da eine solche Regelung allein dazu dient, Verzögerungen in der Ausbildung auszugleichen.[190] Ein rechtmäßiges Ziel, das eine mittelbare Diskriminierung rechtfertigen kann, ist die Gewährleistung der Einsatzbereitschaft und des ordnungsgemäßen Funktionierens der Polizei. Allerdings müssen die dafür ergriffenen Maßnahmen auch verhältnismäßig sein.[191]

60 Verursacht der **Arbeitgeber** die Diskriminierung, so kann diese sogar lediglich auf einer Praxis oder einseitigen Handlung des Arbeitgebers beruhen.[192] Als Rechtfertigungsgrund kann jedoch nur ein „wirkliches Bedürfnis des Unternehmers" dienen.[193] Zulässig in diesem Sinne können etwa sein: eine Personalpolitik, deren Ziel es ist, möglichst wenig Teilzeitkräfte zu beschäftigen, wenn dies Auswirkungen auf das Funktionieren des Betriebes hat[194] sowie Lohnzuschläge für Flexibilität, Berufsausbildung oder Ancienität, wenn diese Faktoren für die Ausführung der Aufgaben des Arbeitnehmers von Bedeutung sind.[195] Das „Interesse an guten Arbeitsbeziehungen" allein reicht als Rechtfertigungsgrund nicht aus; es kann aber neben anderen Umständen berücksichtigt werden.[196]

61 **3. Rechtfertigung positiver Diskriminierungen.** Über Jahrzehnte hinweg fand sich der wichtigste Rechtfertigungsgrund für positive Diskriminierungen in **Art. 2 Abs. 4 der RL 76/207/EWG aF**: Die Richtlinie stand Maßnahmen zur Förderung der Chancen-

---

[181] EuGH 184/83, Slg. 1984, 3047 Rn. 28 – Hofmann.
[182] EuGH 163/82, Slg. 1983, 3273 Rn. 16 – Kommission/Italien.
[183] EuGH C-104/09, Slg. 2010, I-8661 Rn. 28 ff. – Alvarez.
[184] Näher zur Rechtfertigung mittelbarer Diskriminierungen *Langenfeld* S. 216 ff.; *Bieback* S. 95 ff.; *Göddeke* S. 99 ff.
[185] EuGH 171/88, Slg. 1989, 2743 Rn. 14 – Rinner-Kühn; EuGH C-343/92, Slg. 1994, I-571 Rn. 34 – Roks; EuGH C-444/93, Slg. 1995, I-4741 Rn. 24 – Megner; EuGH C-280/94, Slg. 1996, I-179 Rn. 24 – van Damme; EuGH C-278/93, Slg. 1996, I-1165 Rn. 28 – Freers.
[186] EuGH C-281/97, Slg. 1999, I-5127 Rn. 24 ff. – Krüger; EuGH C-427/11, ECLI:EU:C:2013:122 Rn. 40 – Kenny et al.
[187] EuGH C-189/91, Slg. 1993, I-6185 Rn. 35 – Kirsammer-Hack.
[188] EuGH C-317/93, Slg. 1995, I-4625 Rn. 36 – Nolte. Weitere Beispiele bieten *Epiney/Freiermuth Abt* S. 94 f.
[189] EuGH C-281/97, Slg. 1999, I-5127 Rn. 29 f. – Krüger.
[190] EuGH C-79/99, Slg. 2000, I-10997 Rn. 44 – Schnorbus.
[191] EuGH C-409/16, ECLI:EU:C:2017:767 Rn. 36 ff. – Kalliri.
[192] EuGH C-427/11, ECLI:EU:C:2013:122 Rn. 40 – Kenny et al.
[193] EuGH 170/84, Slg. 1986, 1607 Rn. 37 – Bilka-Kaufhaus; EuGH C-381/99, Slg. 2001, I-4961 Rn. 67 – Brunnhofer; EuGH C-427/11, ECLI:EU:C:2013:122 Rn. 46 – Kenny et al. Ausf. *Epiney/Freiermuth Abt* S. 97 f.
[194] EuGH 170/84, Slg. 1986, 1607 Rn. 37 – Bilka-Kaufhaus.
[195] EuGH 109/88, Slg. 1989, 3199 Rn. 25 – Danfoss; EuGH C-17/05, Slg. 2006 I-9583 Rn. 33 ff. – Cadman.
[196] EuGH C-427/11, ECLI:EU:C:2013:122 Rn. 48 ff. – Kenny et al.

gleichheit für Männer und Frauen, insbes. durch Beseitigung tatsächlich bestehender Ungleichheiten, nicht entgegen.

Im Rahmen dieser Norm ergingen die berühmten Urteile zur Zulässigkeit von **Quoten-** **regelungen im öffentlichen Dienst,** wonach bei gleicher Qualifikation die Angehörigen des unterrepräsentierten Geschlechts bevorzugt werden. Je nach Ausgestaltung sind Quotenregelungen entweder zulässig oder verboten. Als Verstoß gegen die RL 76/207/EWG aF wertete der EuGH das Bremer Landesgleichstellungsgesetz, das bei gleicher Qualifikation eines Mannes und einer Frau letzterer automatisch den Vorrang einräumte.[197] Anders beurteilte der Gerichtshof die Regelung des nordrhein-westfälischen Beamtengesetzes. Dieses sah keine automatische Bevorzugung vor, sondern enthielt eine Öffnungsklausel iS einer Einzelfallprüfung, um besondere Gründe, die für den männlichen Bewerber sprechen, berücksichtigen zu können. Eine solche Norm stufte der EuGH als rechtmäßig ein.[198] Genauso urteilte er im Falle des hessischen Gleichberechtigungsgesetzes, das eine flexible Ergebnisquote vorsah (bestimmter Geschlechterproporz unter Zulassung von Ausnahmekategorien).[199] Entscheidend für die Rechtswidrigkeit von Quotenregelungen ist also ihre Absolutheit.[200] 62

Ob unter diesen Voraussetzungen auch geschlechtsspezifische **Bevorzugungen bei** **geringerer Qualifikation** rechtmäßig sind, hat der EuGH bislang offen gelassen. In der einzigen zu dieser Frage ergangenen Entscheidung ließ er eine entsprechende schwedische Regelung an ihrer Unverhältnismäßigkeit und Absolutheit scheitern, äußerte sich jedoch nicht ausdrücklich zur grundsätzlichen Rechtmäßigkeit einer Bevorzugung trotz geringerer Qualifikation.[201] 63

Das Kriterium der Absolutheit ist auch für die Zulässigkeit **sonstiger positiver Dis-** **kriminierungen** im Rahmen der RL 76/207/EWG aF entscheidend. Erlaubt ist nach der EuGH-Rspr. etwa, den Anspruch auf einen Kindertagesstättenplatz weiblichen Beamten vorzubehalten. Das gilt allerdings nur, wenn alleinerziehende männliche Beamte den weiblichen Beamten gleichgestellt werden.[202] 64

Mittlerweile spielt das Sekundärrecht für die Rechtfertigung von positiven Diskriminierungen keine Rolle mehr. Die nunmehr geltende RL 2006/54/EG enthält keine Bestimmung, die Art. 2 Abs. 4 der RL 76/207/EWG aF entspricht. Stattdessen verweist sie in Art. 3 RL 2006/54/EG auf **Art. 157 Abs. 4 AEUV.** Dieser enthält eine sog **Öffnungsklausel,** die es den Mitgliedstaaten ermöglicht, spezifische Vergünstigungen zugunsten des benachteiligten Geschlechts im Arbeitsleben beizubehalten oder zu beschließen. Die Klausel gilt für beide Geschlechter und erfasst das „Arbeitsleben"; sie erstreckt sich also auf die gesamte primär- wie sekundärrechtlich geregelte Gleichheit von Männern und Frauen im Erwerbsleben.[203] Positive Diskriminierungen sind heute nur noch an Art. 157 Abs. 4 AEUV zu messen. 65

Bislang hatte der EuGH noch nicht Gelegenheit, sich intensiv mit der Vorschrift auseinanderzusetzen.[204] Dennoch lassen sich wichtige Konturen der Norm herausarbeiten.[205] 66

---

[197] EuGH C-450/93, Slg. 1995, I-3051 Rn. 24 – Kalanke.
[198] EuGH C-409/95, Slg. 1997, I-6363 Rn. 35 – Marschall.
[199] EuGH C-158/97, Slg. 2000, I-1875 Rn. 26 ff. – Badeck.
[200] Ähnlich *Suhr* EuGRZ 1998, 121 (128); *Barnard* S. 228. Zur Frage nach der Vereinbarkeit von Quotenregelungen mit deutschem Verfassungsrecht vgl. *Berger-Kerkhoff* in Kokott/Rudolf, Gesellschaftsgestaltung unter dem Einfluss von Grund- und Menschenrechten, 2001, S. 183 (191 ff.).
[201] EuGH C-407/98, Slg. 2000, I-5539 Rn. 55 – Abrahamsson. Anders sieht es in den USA aus. Dort umfasst die „affirmative action" auch Bevorzugungen benachteiligter Gruppen bei geringerer Qualifikation. Diese Praxis wurde am 23.6.2003 vom Supreme Court für grds. rechtmäßig erklärt, vgl. *Rüb,* FAZ v. 25.6.2003, S. 6; *Mejias,* FAZ v. 25.6.2003, S. 33.
[202] EuGH C-476/99, Slg. 2002, I-2891 Rn. 50 – Lommers.
[203] Vgl. *Krebber* in Calliess/Ruffert AEUV Art. 157 Rn. 73; *Langenfeld* in GHN AEUV Art. 157 Rn. 84: Erfasst sei der Bereich des Arbeitsrechts und der Sozialpolitik. Offenbar enger *Rebhahn* in Schwarze AEUV Art. 157 Rn. 50.
[204] Die einzige ersichtliche Ausnahme stellt EuGH C-407/98, Slg. 2000, I-5539 Rn. 55 – Abrahamsson dar. Hier stellte der EuGH jedoch lediglich fest, dass Art. 157 Abs. 4 AEUV unter keinen Umständen, wie im

Sie erlaubt nur positive Diskriminierungen seitens der Mitgliedstaaten. Dem Normzweck entsprechend sind allein vorübergehende Maßnahmen bis zur Herstellung der Chancengleichheit erlaubt. Der EuGH-Rspr. lässt sich darüber hinaus entnehmen, dass Art. 157 Abs. 4 AEUV weitergehende positive Diskriminierungen zulässt als dies die RL 76/207/EWG aF tat.[206] Dafür spricht ua der unterschiedliche Wortlaut („effektive Gewährleistung" statt „Förderung" der Chancengleichheit). Die bisherige Rspr. wird also weiterhin von wesentlicher Bedeutung sein.[207] Art. 157 Abs. 4 AEUV wird jedoch weitergehende Maßnahmen zulassen.[208]

V. Verhältnismäßigkeit

67 Ähnlich wie beim allgemeinen Gleichheitssatz (→ § 47 Rn. 33 ff.) stellt sich auch bei der Gleichheit der Geschlechter im Erwerbsleben die Frage nach einer Verhältnismäßigkeitsprüfung. Sie ist hier jedoch einfacher zu beantworten. Art. 2 Abs. 1 lit. b der RL 2006/54/EG erwähnt die Verhältnismäßigkeit ausdrücklich bei der Definition der mittelbaren Diskriminierung. Auch der EuGH und die Literatur[209] gehen durchgängig auf sie ein. Zu fragen ist lediglich, ob sie integraler Bestandteil des besonderen Gleichheitssatzes ist oder einen selbständigen Prüfungspunkt darstellt.

68 Für eine Einbeziehung in die Gleichheitsprüfung spricht der Wortlaut der RL 2006/54/EG und die vom EuGH verwendete Standardformel für Rechtfertigungen (→ Rn. 53). Demnach ist die Verhältnismäßigkeit scheinbar Teil der Rechtfertigungsprüfung. Dieser Linie folgen offenbar auch Teile des Schrifttums.[210] Analysiert man jedoch die Urteile des EuGH, so nimmt dieser – trotz Bezugnahme auf seine Standardformel – in der eigentlichen Prüfung eine **Trennung zwischen Gleichheits- und Verhältnismäßigkeitsgrundsatz** vor.[211] Er geht zunächst auf die objektive Rechtfertigung und danach, in einem zweiten Schritt, auf die Verhältnismäßigkeit ein. Eine solche Trennung beider Prüfungspunkte ist auch dogmatisch konsequent, ist doch das Verhältnismäßigkeitsprinzip ein allgemeiner Rechtsgrundsatz des Unionsrechts.[212] Als solcher ist er auf alle unionsrechtlich relevanten Maßnahmen anzuwenden und stellt keine Besonderheit der Gleichheitsrechte dar.

69 Bei besonderen Gleichheitssätzen, welche die Verwendung bestimmter Differenzierungskriterien (in diesem Fall des Geschlechts) ausdrücklich verbieten, unterliegt die Rechtfertigung allerdings strengeren Anforderungen als beim allgemeinen Gleichheitssatz. Insofern kommt der Verhältnismäßigkeitsprüfung bei besonderen Gleichheitssätzen eine entscheidende Bedeutung zu. Die Verhältnismäßigkeit ist nach der EuGH-Rspr. in solchen Fällen **immer,** beim allgemeinen Gleichheitssatz hingegen nur dann zu prüfen, wenn die Verhältnismäßigkeit möglicherweise problematisch sein könnte (→ § 47 Rn. 35 f.).

Ausgangsverfahren geschehen, unverhältnismäßige Maßnahmen zulasse. Dieselbe Aussage findet sich in EuGH C-319/03, Slg. 2004, I-8807 Rn. 31 – Briheche.
[205] Einzelheiten bei *Langenfeld* in GHN AEUV Art. 157 Rn. 83 ff.; *Rebhahn* in Schwarze AEUV Art. 157 Rn. 49 ff.
[206] Ebenso *Krebber* in Calliess/Ruffert AEUV Art. 157 Rn. 75. AA *Rebhahn* in Schwarze AEUV Art. 157 Rn. 52.
[207] Vgl. *Suhr* EuGRZ 1998, 121 (128).
[208] Weitergehend *Krebber* in Calliess/Ruffert AEUV Art. 157 Rn. 75: Die Grundsätze der Kalanke- und Marschall-Entscheidungen seien, soweit Art. 157 Abs. 4 AEUV weitergehende Möglichkeiten eröffnet, überholt.
[209] Vgl. statt vieler *Bieback* S. 103 ff.
[210] Vgl. *Kingreen* in Ehlers GuG § 21 Rn. 51; *Langenfeld* in GHN AEUV Art. 157 Rn. 41.
[211] EuGH 222/84, Slg. 1986, 1651 Rn. 37 ff. – Johnston; EuGH C-273/97, Slg. 1999, I-7403 Rn. 26 – Sirdar; EuGH C-79/99, Slg. 2000, I-10997 Rn. 44 ff. – Schnorbus; EuGH C-381/99, Slg. 2001, I-4961 Rn. 80 dritter Gedankenstrich – Brunnhofer. Ähnlich auch die Einschätzung von *Epiney/Freiermuth Abt* S. 101: „zusätzliche" Angemessenheitsprüfung.
[212] EuGH 222/84, Slg. 1986, 1651 Rn. 38 – Johnston.

Was die konkrete Handhabung des Verhältnismäßigkeitsgrundsatzes bei der Gleichheit im Erwerbsleben betrifft, so fehlen bislang inhaltliche Vorgaben des Gerichtshofs.[213] Deutlich ist jedoch, dass er für **alle Arten von Verstößen** eine Verhältnismäßigkeitsprüfung verlangt: sowohl für mittelbare als auch für unmittelbare Diskriminierungen, und zwar sowohl im Rahmen der primär- als auch der sekundärrechtlichen Gewährleistung. Grundsätzlich überlässt der EuGH die Prüfung der Verhältnismäßigkeit dabei den nationalen Gerichten.[214] Eine Ausnahme gilt nur für die Verhältnismäßigkeit positiver Diskriminierungen.[215] Über diese entscheidet der EuGH selbst. Der Gerichtshof macht diesen Schritt bei Prüfung der Öffnungsklauseln (damals Art. 2 Abs. 4 der RL 76/207/EWG aF; heute Art. 157 Abs. 4 AEUV), die nur verhältnismäßige Vergünstigungen des benachteiligten Geschlechts erlauben.[216] 70

VI. Rechtsfolgen eines Verstoßes

Gegenstand der Urteile zur Gleichheit der Geschlechter im Erwerbsleben nach Art. 157 AEUV ist allein die Vereinbarkeit nationalen Rechts mit unionsrechtlichen Vorgaben. Der Anwendungsvorrang des Unionsrechts führt dazu, dass mitgliedstaatliche Regelungen/Maßnahmen, die gegen die Gleichheit im Erwerbsleben verstoßen, **nicht anzuwenden** sind.[217] 71

Bis zum Inkrafttreten einer neuen Regelung sind bei unmittelbaren Diskriminierungen die Angehörigen des benachteiligten Geschlechts so zu stellen wie diejenigen des bevorzugten Geschlechts.[218] Im Falle einer mittelbaren Diskriminierung muss die gesamte benachteiligte Arbeitnehmergruppe (also etwa alle Teilzeitbeschäftigten und nicht nur die teilzeitbeschäftigten Frauen) die günstigere Behandlung erfahren.[219] 72

Die festgestellten Ansprüche, bspw. auf höheres Entgelt, richten sich auch auf **in der Vergangenheit liegende Arbeitszeiten,** es sei denn, der EuGH begrenzt die zeitliche Wirkung seines Urteils. Eine Begrenzung auf die Zeit nach der Urteilsverkündung nimmt der Gerichtshof insbes. dann vor, wenn eine Rückwirkung unabsehbare finanzielle Folgen hätte. So hat er im *Defrenne II*-Urteil rückwirkende Ansprüche auf gleiches Entgelt auf die Zeit nach dem 8.4.1976,[220] im *Barber*-Urteil Ansprüche auf gleiche Betriebsrenten auf die Zeit nach dem 17.5.1990[221] begrenzt. Ausnahmen galten nur für die Personen, die rechtzeitig Schritte zur Wahrung ihrer Rechte unternommen hatten. Diese Rspr. fand Eingang in Art. 12 Abs. 1 der RL 2006/54/EG, der das vom EuGH festgesetzte Datum verbindlich für alle betrieblichen Systeme der sozialen Sicherheit vorschreibt.[222] Ein weiterer Grund für eine zeitliche Begrenzung der Urteilswirkung ist der Geltungszeitpunkt einer Norm in dem betreffenden Mitgliedstaat.[223] Es gibt aber auch Entscheidungen, in denen der Gerichtshof eine Einschränkung der zeitlichen Wirkung ausdrücklich ablehnt.[224] 73

---

[213] So deutlich *Krebber* in Calliess/Ruffert AEUV Art. 157 Rn. 59.
[214] StRspr, vgl. etwa EuGH 170/84, Slg. 1986, 1607 Rn. 36 – Bilka-Kaufhaus; EuGH C-1/95, Slg. 1997, I-5253 Rn. 40 – Gerster.
[215] EuGH C-407/98, Slg. 2000, I-5539 Rn. 55 – Abrahamsson; EuGH C-319/03, ECLI:EU:C:2004:574 Rn. 31 – Briheche.
[216] Vgl. *Langenfeld* in GHN AEUV Art. 157 Rn. 85.
[217] Vgl. statt vieler *Epiney/Freiermuth Abt* S. 102 sowie EuGH 256/01, Slg. 2004, I-873 Rn. 77 – Allonby.
[218] StRspr seit EuGH 43/75, Slg. 1976, 455 Rn. 14 f. – Defrenne II, vgl. EuGH C-33/89, Slg. 1990, I-2591 Rn. 20 – Kowalska; EuGH C-184/89, Slg. 1991, I-297 Rn. 18 – Nimz; EuGH C-200/91, Slg. 1994, I-4389 Rn. 32 – Coloroll Pension Trustees; EuGH C-408/92, Slg. 1994, I-4435 Rn. 17 – Avdel Systems; EuGH C-28/93, Slg. 1994, I-4527 Rn. 15 ff. – van den Akker; EuGH verb. Rs. C-399/92, C-409/92, C-425/92, C-34/93, C-50/93 u. C-78/93, Slg. 1994, I-5727 Rn. 13 – Stadt Lengerich; EuGH 147/95, Slg. 1997, I-2057 Rn. 44 – Evrenopoulos. Näher dazu *Nicolai* ZfA 1996, 481 (485 ff.).
[219] Vgl. *Rebhahn* in Schwarze AEUV Art. 157 Rn. 35; *Krebber* in Calliess/Ruffert AEUV Art. 157 Rn. 65.
[220] EuGH 43/75, Slg. 1976, 455 Rn. 74 f. – Defrenne II.
[221] EuGH 262/88, Slg. 1990, I-1889 Rn. 40 ff. – Barber.
[222] Vgl. die Erläuterungen in EuGH C-7/93, Slg. 1994, I-4471 Rn. 55 ff. – Beune. Zu den Folgen dieser Regelung auf das System der sozialen Sicherheit vgl. *Langenfeld* in GHN AEUV Art. 157 Rn. 75 ff.; *Krebber* in Calliess/Ruffert AEUV Art. 157 Rn. 71; *Rebhahn* in Schwarze AEUV Art. 157 Rn. 37.
[223] EuGH C-351/00, Slg. 2002, I-7007 Rn. 54 f. – Niemi.
[224] EuGH 69/80, Slg. 1981, 767 Rn. 31 ff. – Worrigham; EuGH C-104/98, Slg. 2000, I-3625 Rn. 42 – Buchner.

74 Die **Ausgestaltung der Neuregelung** überlässt der EuGH dem Verursacher der Diskriminierung. Gemäß den bei Verstößen gegen den allgemeinen Gleichheitssatz geltenden Grundsätzen (→ § 47 Rn. 37 ff.) kann also die günstigere Regelung auf das benachteiligte Geschlecht ausgedehnt, die Vergünstigungen des bis dahin bevorzugten Geschlechts eingeschränkt[225] oder aber eine völlig neue Regelung für beide geschaffen werden.

75 Den Mitgliedstaaten steht es frei, Verstöße gegen die Gleichheit von Mann und Frau im Erwerbsleben mit **Sanktionen** zu belegen (vgl. etwa §§ 15, 21 AGG). Greifen sie zu diesem Mittel, so hat die zu zahlende Entschädigung allerdings in einem angemessenen Verhältnis zu dem erlittenen Schaden zu stehen und darf sich nicht auf einen symbolischen Schadensersatz, wie etwa die bloße Erstattung der Bewerbungskosten, beschränken.[226]

C. Umfassende Gleichheit von Männern und Frauen als Grundrecht

76 Neben der an die Mitgliedstaaten gerichteten primär- wie sekundärrechtlich ausgestalteten Gleichheit der Geschlechter im Erwerbsleben (→ Rn. 3 ff.) existiert ein die Union bindendes, inhaltlich umfassendes Grundrecht der Gleichheit von Männern und Frauen.

I. Verankerung und Herleitung nach Art. 6 EUV

77 Lange Zeit enthielten die Verträge, mit Ausnahme von Art. 157 AEUV, keine Bestimmungen zur Gleichheit der Geschlechter. Das **primärrechtliche Schweigen** hinderte den EuGH jedoch nicht daran, in seiner insbes. zum europäischen Dienstrecht ergangenen Rspr., die Gleichheit von Mann und Frau als ein die Union bindendes Grundrecht anzuerkennen. Im Beamtenrecht findet sich kein Gleichheitsgrundsatz, wohl aber ein Diskriminierungsverbot (Art. 1d EU-BeamtStat[227]), demzufolge die Beamten ohne Rücksicht auf bestimmte Eigenschaften, zu denen auch das Geschlecht gehört, auszuwählen sind. War der Gerichtshof zunächst vorsichtig in seinen Formulierungen (Benachteiligungen von weiblichen Beamten bezeichnete er nur als verbotene „willkürliche Ungleichbehandlung von Beamten"),[228] wurde er später deutlicher. So stellte er die Existenz des allgemeinen Grundsatzes fest, wonach Beamte nicht unterschiedlich behandelt werden dürfen, je nachdem, ob sie männlichen oder weiblichen Geschlechts sind.[229] Erst im *Defrenne III*-Urteil erklärte der **EuGH** jedoch die Beseitigung der auf dem Geschlecht beruhenden Diskriminierungen explizit zu einem der **Grundrechte**, deren Einhaltung er zu sichern hat.[230] Diese Feststellung gehört seitdem zu seiner stRspr.[231]

78 Ausdrücklich führte der EuGH aus, dass sich der **Anwendungsbereich des Grundrechts** dabei nicht auf den Inhalt des Art. 157 AEUV und des auf seiner Grundlage erlassenen Sekundärrechts, also lediglich auf das Erwerbsleben beschränkt, sondern darüber hinausgeht.[232] Der **Inhalt** der Gleichheit der Geschlechter im Erwerbsleben, nicht das

---

[225] EuGH C-200/91, Slg. 1994, I-4389 Rn. 33 – Coloroll Pension Trustees; EuGH C-408/92, Slg. 1994, I-4435 Rn. 21 – Avdel Systems; EuGH C-28/93, Slg. 1994, I-4527 Rn. 19 – van den Akker.
[226] EuGH 14/83, Slg. 1984, 1891 Rn. 28 – von Colson; EuGH 79/83, Slg. 1984, 1921 Rn. 28 – Harz. Zu weiteren Anforderungen an mögliche Entschädigungszahlungen vgl. EuGH C-180/95, Slg. 1997, I-2195 – Draehmpaehl.
[227] VO Nr. 31 (EWG) 11 (EAG), ABl. 45/1385; zuletzt geändert durch VO (EU) Nr. 1416/2013, ABl. 2013 L 353, 24.
[228] EuGH 20/71, Slg. 1972, 345 Rn. 11, 13 – Sabbatini-Bertoni/EP; EuGH 32/71, Slg. 1972, 363 Rn. 11, 13 – Bauduin-Chollet/Kommission.
[229] EuGH 21/74, Slg. 1975, 221 Rn. 9, 12 – Airola/Kommission; EuGH 257/78, Slg. 1979, 3767 Rn. 9 – Kenny-Levick/Kommission.
[230] EuGH 149/77, Slg. 1978, 1365 Rn. 26, 29 – Defrenne III.
[231] Vgl. etwa EuGH verb. Rs. 75 u. 117/82, Slg. 1984, 1509 Rn. 16 – Razzouk u. Beydoun/Kommission; EuGH C-13/94, Slg. 1996, I-2143 Rn. 19 – Cornwall County Council; EuGH C-50/96, Slg. 2000, I-743 Rn. 56 – Deutsche Telekom AG; EuGH verb. Rs. 270 u. 271/97, Slg. 2000, I-929 Rn. 56 – Sievers; EuGH C-25/02, Slg. 2003, I-8349 Rn. 25 – Rinke; EuG T-181/01, ECLI:EU:T:2003:13 Rn. 4 – Hectors/Rat; EuGöD F-125/15, ECLI:EU:F:2016:164 Rn. 74 – HB/Kommission.
[232] EuGH verb. Rs. 75 u. 117/82, Slg. 1984, 1509 Rn. 17 – Razzouk u. Beydoun/Kommission.

primär- bzw. sekundärrechtliche Recht als solches (→ Rn. 33), wird also vom Gerichtshof als Bestandteil des Grundrechts verstanden. Seine Rspr. zu Art. 157 AEUV und den Gleichstellungsrichtlinien lässt sich also, sofern sie sich in die Struktur eines EU-Grundrechts einfügt, auf das Grundrecht der Gleichheit von Mann und Frau übertragen.[233]

Heute ist die Gleichheit der Geschlechter in **zahlreichen primärrechtlichen Bestimmungen** verankert: Art. 2 S. 2 EUV und Art. 3 Abs. 3 UAbs. 2 EUV, Art. 8 AEUV, Art. 10 AEUV und Art. 19 Abs. 1 AEUV sowie Art. 21 Abs. 1 GRC und Art. 23 GRC. Dabei ist allerdings eine präzise **Differenzierung** vonnöten. Einige der Bestimmungen beziehen sich auf die Gleichheit von Männern und Frauen, andere lediglich auf das Verbot der Diskriminierung aus Gründen des Geschlechts. „Gleichheit" und „Diskriminierungsverbot" sind nicht dasselbe. Die Gleichheit der Geschlechter besteht nicht nur aus einem (abwehrenden) Diskriminierungsverbot, sondern zusätzlich aus einer (positiven) Gleichstellung von Mann und Frau.[234] Das Diskriminierungsverbot ist also ein Teil der umfassenderen Gleichheit. Legt man diese Unterscheidung zugrunde, so lassen sich die genannten Bestimmungen zwei Gruppen zuordnen. Die Gleichheit der Geschlechter ist in Art. 2 S. 2 EUV und Art. 3 Abs. 3 UAbs. 2 EUV, in Art. 8 AEUV und in Art. 23 GRC verankert, das Diskriminierungsverbot aus Gründen des Geschlechts findet sich in Art. 10 AEUV und Art. 19 Abs. 1 AEUV sowie in Art. 21 Abs. 1 GRC (→ § 49 Rn. 2, 50). Relevant für die **Gleichheit der Geschlechter als Grundrecht** ist allein **Art. 23 GRC**.[235] Da die Gleichheit der Geschlechter ausdrücklich in der GRC verankert ist, stellt sie gemäß **Art. 6 Abs. 1 EUV** ein die Union bindendes Grundrecht dar. 79

In der **EMRK,** der die EU gemäß **Art. 6 Abs. 2 EUV** beizutreten beabsichtigt, ist die Gleichheit der Geschlechter nicht als Menschenrecht verankert. Die EMRK enthält in Art. 14 EMRK lediglich ein Diskriminierungsverbot aus Gründen des Geschlechts, das darüber hinaus nur im Anwendungsbereich der übrigen EMRK-Rechte gilt, also lediglich akzessorischer Natur ist.[236] Art. 1 12. EMRKProt beinhaltet ein selbständiges Diskriminierungsverbot aus Gründen des Geschlechts, nicht jedoch ein allgemeines Gebot der Gleichheit von Männern und Frauen. Darüber hinaus ist zu berücksichtigen, dass nach dem jetzigen Stand die EU zwar der EMRK nicht aber dem 12. EMRKProt beitreten möchte, da dieses nicht von allen Mitgliedstaaten ratifiziert worden ist.[237] Dementsprechend kann auch die Rspr. des EGMR nicht für die Auslegung des Art. 23 GRC herangezogen werden. 80

Gemäß **Art. 6 Abs. 3 EUV** sind schließlich die Grundrechte als **allgemeine Grundsätze** Teil des Unionsrechts. Zu ihrer Herleitung ist auf die Verfassungsüberlieferungen der Mitgliedstaaten, auf die EMRK (→ Rn. 80) sowie auf weitere, von den EU-Mitgliedstaaten ratifizierten völkerrechtlichen Menschenrechtsverträge zurück zu greifen.[238] Analysiert man die **Verfassungen der Mitgliedstaaten,** so bietet sich ein buntes Bild (→ § 49 Rn. 64 f.). Zehn von ihnen enthalten die Gleichstellung von Männern und Frauen. In 20 Verfassungen findet sich (teils zusätzlich, teils ausschließlich) ein Diskriminierungsverbot aus Gründen des Geschlechts. In drei Mitgliedstaaten fehlt eine ausdrückliche verfassungsrechtliche Verankerung. Allerdings ist dort die Gleichstellung von Mann und Frau indirekt aus der 81

---

[233] Diesen engen Zusammenhang zwischen der primär- bzw. sekundärrechtlichen Rechtsposition und dem Unionsgrundrecht hebt insbes. *Nishihara* S. 33 ff. hervor.
[234] Vgl. *Stalder* S. 206; *Hölscheidt* in NK-EuGRCh GRCh Art. 21 Rn. 40.
[235] Art. 2 S. 2 EUV stuft die Gleichheit von Männern und Frauen als Merkmal der europäischen Gesellschaften ein. Art. 3 Abs. 3 UAbs. 2 EUV erklärt die Gleichstellung zum Ziel der EU. Art. 8 AEUV stellt eine Querschnittsklausel dar, welche die EU verpflichtet, bei allen ihren Tätigkeiten die Gleichstellung von Männern und Frauen zu fördern. Diese drei Bestimmungen enthalten keine Grundrechtsgewährleistung.
[236] Vgl. statt vieler *von Arnauld*, Völkerrecht, 4. Aufl. 2019, Rn. 725.
[237] Gemäß dem Entwurf der Beitrittsübereinkunft von 2013 (Art. 1 Abs. 1 Draft revised agreement on the accession of the European Union to the Convention for the Protection of Human Rights and Fundamental Freedoms, Final Report of the CDDH, 47+1(2013)008rev2, 10.6.2013, Appendix I. Der Entwurf wurde vom EuGH am 18.12.12014 allerdings für nicht vereinbar mit den Verträgen erklärt, vgl. EuGH Gutachten 2/13 soll die EU nur der EMRK, dem EMRKZusProt und dem 6. EMRK-Prot beitreten.
[238] Vgl. *Kingreen* in Ehlers GuG § 21 Rn. 3 ff.

Verfassung ableitbar (über ein allgemein formuliertes Diskriminierungsverbot, das alle Arten von Diskriminierungen verbietet, oder über den allgemeinen Gleichheitssatz) und darüber hinaus gesetzlich verankert.[239] Die Gleichheit der Geschlechter findet sich schließlich in zahlreichen **völkerrechtlichen Verträgen,** die von allen (Art. 3 IPBPR; Art. 3 IPWSKR, Art. 7 lit. a Ziff. i IPWSKR; Art. 2 ILO-Übereinkommen Nr. 100, Übereinkommen zur Beseitigung jeder Form von Diskriminierung der Frau) bzw. zahlreichen Mitgliedstaaten (Art. 20 EuSozChrev.[240]) ratifiziert worden sind. Zu erwähnen sind darüber hinaus unverbindliche Unionsdokumente wie Nr. 16 Gemeinschaftscharta der sozialen Grundrechte der Arbeitnehmer.[241]

82 Die Zusammenschau ergibt, dass die inhaltlich umfassende Gleichheit von Mann und Frau, obwohl sie keine Aufnahme in die EMRK gefunden hat, sowohl in Art. 23 GRC verankert ist als auch nach der Rechtsprechung des EuGH sowie unter Heranziehung der Rechtserkenntnisquellen des Art. 6 Abs. 3 EUV ein **Grundrecht** darstellt. Das Schrifttum folgt diesem Ergebnis durchgängig.[242]

II. Gewährleistungsgehalt

83 **1. Grundrechtsadressaten.** Wie bei jedem Grundrecht sind in erster Linie die **Organe und Einrichtungen der EU** und in zweiter Linie die **Mitgliedstaaten,** wenn und soweit sie Unionsrecht ausführen (→ § 9 Rn. 31 ff.), an die Gleichbehandlung der Geschlechter gebunden.

84 Die Frage nach einer **Drittwirkung** hat sich dem EuGH, soweit ersichtlich, bislang noch nicht gestellt. Im Bereich der Entgeltgleichheit auf Ebene der Mitgliedstaaten nach Art. 157 Abs. 1, 2 AEUV ist die Drittwirkung anerkannt (→ Rn. 10 ff.). Ihre Geltung auch für das Grundrecht der Gleichheit von Männern und Frauen ist jedoch zu **verneinen.**[243] Die vom EuGH entwickelte Drittwirkung bezieht sich auf ein primärrechtliches Recht. Die Drittwirkung primärrechtlicher Rechte lässt sich jedoch nicht auf Grundrechte übertragen (grds. dazu → § 9 Rn. 49 ff. sowie → § 47 Rn. 13). Diese sind, wie auch Art. 51 Abs. 1 GRC in aller Deutlichkeit formuliert, gerade nicht an Privatpersonen gerichtet. Die Drittwirkung der Entgeltgleichheit nach Art. 157 Abs. 1, 2 AEUV ist daher unabhängig von der zu verneinenden Drittwirkung des Grundrechts der Gleichheit von Mann und Frau.

85 **2. Grundrechtsträger.** Grundrechtsträger sind alle **natürlichen Personen.**[244] Juristische Personen kommen schon der Natur der Sache nach nicht als Berechtigte in Frage.

86 **3. Erfasster Lebensbereich.** Das Grundrecht der Gleichheit von Mann und Frau erfasst **alle Lebensbereiche.**[245] Dazu gehören auch Fragen der Gleichheit im Erwerbsleben auf

---

[239] Vgl. Dänemark: Gesetz Nr. 161 vom 4.12.1978, Lovtidende A, 1978, Nr. 19, S. 490; Irland: Employment Equality Act 1998, Gesetz Nr. 21 aus 1998; Luxemburg: Loi relative à l'égalité de traitement entre hommes et femmes, Mémorial A, Nr. 91 vom 16.12.1981, S. 2194.

[240] Die Europäische Sozialcharta (revidiert) ist am 1.7.1999 in Kraft getreten und wurde von folgenden Mitgliedstaaten ratifiziert: Belgien, Bulgarien, Estland, Finnland, Frankreich, Griechenland, Irland, Italien, Lettland, Litauen, Malta, Niederlande, Österreich, Portugal, Rumänien, Schweden, Slowakei, Slowenien, Ungarn und Zypern (Stand: 27.8.2019).

[241] Die Gemeinschaftscharta wurde am 9.12.1989 in Straßburg vom Europäischen Rat (mit Ausnahme des Vertreters des Vereinigten Königreichs) angenommen. Sie ist eine rechtlich nicht verbindliche Erklärung und kann als politisches Instrument zur Gewährleistung der Einhaltung bestimmter sozialer Rechte in den Unterzeichnerstaaten betrachtet werden.

[242] Vgl. statt vieler *Langenfeld* S. 116 ff.; *Langenfeld* in GHN AEUV Art. 157 Rn. 5; *Epiney/Freiermuth Abt* S. 107 ff.; *Kingreen* in Ehlers GuG § 21 Rn. 25; *Wetter,* Die Grundrechtscharta des EuGH, 1998, S. 224; *Hölscheidt* in NK-EuGRCh GRCh Art. 23 Rn. 17.

[243] So auch Jarass GRCh Art. 23 Rn. 6; Jarass/Kment EU-GR § 26 Rn. 4. Vgl. auch *Graser/Reiter* in Schwarze GRC Art. 23 Rn. 1.

[244] Vgl. Jarass GRCh Art. 23 Rn. 9.

[245] Vgl. *Krebber* in Calliess/Ruffert GRC Art. 23 Rn. 3; *Graser/Reiter* in Schwarze GRC Art. 23 Rn. 1; Jarass GRCh Art. 23 Rn. 10.

europäischer Ebene (→ Rn. 33). In der Praxis bislang am bedeutsamsten waren **beamtenrechtliche Konstellationen.** In den Urteilen zum europäischen Dienstrecht spielen Gleichbehandlungsfragen seit jeher eine große Rolle. In der Regel geht es dabei allerdings um Fragen, die unter den allgemeinen Gleichheitssatz fallen. Der Anteil der Entscheidungen, welche die Gleichheit von Mann und Frau zum Gegenstand haben, ist verhältnismäßig gering.[246] Daneben gibt es einzelne Entscheidungen zu anderen Bereichen, wie etwa zur Bindung der Unionsorgane an die Gleichheit von Mann und Frau beim **Erlass von Sekundärrecht.**[247]

III. Diskriminierung aufgrund des Geschlechts

Bisher spielten in der Rspr. vor allem Fälle von **unmittelbarer Diskriminierung** (zum Begriff → Rn. 41) eine Rolle: In den meisten Entscheidungen ging es um Zulagen bzw. Rentenansprüche für EU-Beamte, die Differenzierungen enthielten, welche unmittelbar an das Geschlecht anknüpften.[248] Aber auch sekundärrechtliche Bestimmungen, die eine unterschiedliche Behandlung von Geschlechtern erlauben, wurden vom EuGH als mit dem EU-Grundrecht der Gleichheit von Mann und Frau nicht vereinbar erklärt.[249] Daneben hat der EuGH **mittelbare Diskriminierungen** durch EU-Organe festgestellt.[250] Die dabei von ihm verwendete Definition entspricht derjenigen im Rahmen von Art. 157 AEUV und dem dazugehörenden Sekundärrecht (→ Rn. 44): Es muss sich um eine scheinbar neutrale Regelung handeln, die faktisch erheblich mehr Angehörige eines Geschlechts benachteiligt. 87

Mit **positiven Diskriminierungen** hat sich der EuGH, soweit ersichtlich, im Rahmen der grundrechtlichen Gewährleistung noch nicht beschäftigen müssen. Sie wären jedoch, wie bei der Gleichheit im Erwerbsleben, grds. möglich und als unmittelbare Diskriminierungen des bisher bevorzugten Geschlechts rechtfertigungsbedürftig. Die ausdr. in Art. 23 S. 2 GRC verankerte Möglichkeit positiver Diskriminierungsmaßnahmen lässt sich auch Art. 8 AEUV entnehmen, der die Förderung der Gleichstellung zum Ziel der Union macht.[251] Die Norm macht deutlich, dass die der Union obliegende Aufgabe nicht nur in der Abwehr von Diskriminierungen, sondern auch in der Durchführung positiver Fördermaßnahmen liegt.[252] Ein entsprechender Anspruch des Einzelnen besteht jedoch nicht. 88

IV. Objektive Rechtfertigung

Der Gerichtshof folgt im Rahmen der objektiven Rechtfertigung demselben Grundmuster wie bei den anderen Gleichheitsrechten. In früheren Urteilen prüfte er, ob die Ungleichbehandlung grundlos[253] bzw. ohne Vorliegen eines objektiven Grundes erfolgt.[254] In seiner jüngeren Rspr. verwendet er die **Standardformel,** die er für die Gleichheit von Männern und Frauen im Erwerbsleben als primär- bzw. sekundärrechtliches Recht entwickelt hat (→ Rn. 53): Die Maßnahme bzw. Regelung müsse durch objektive Faktoren gerechtfertigt 89

---

[246] Vgl. die Analyse von *Lindemann,* Allgemeine Rechtsgrundsätze und europäischer öffentlicher Dienst, 1986, S. 81 ff., 87 sowie *Mohn,* Der Gleichheitssatz im Gemeinschaftsrecht, 1990, S. 24 ff. sowie die Angaben in den folgenden Fußnoten.
[247] EuGH C-25/02, Slg. 2003, I-8349 – Rinke; EuGH C-236/09, ECLI:EU:C:2011:100 – Test-Achats.
[248] Vgl. EuGH 20/71, Slg. 1972, 345 Rn. 4, 7 – Sabbatini-Bertoni/EP; EuGH 32/71, Slg. 1972, 363 Rn. 4, 7 – Bauduin-Chollet/Kommission; EuGH 21/74, Slg. 1975, 221 Rn. 9, 12 – Airola/Kommission; EuGH verb. Rs. 75 u. 117/82, Slg. 1984, 1509 Rn. 15 – Razzouk u. Beydoun/Kommission; EuG T-67/02, ECLI:EU:T:2004:82 Rn. 84 – Radauer/Rat; EuGH C-227/04 P, Slg. 2007, I-6767 Rn. 50 ff. – Lindorfer/Rat.
[249] EuGH C-236/09, ECLI:EU:C:2011:100 Rn. 32 ff. – Test-Achats.
[250] Vgl. EuGH C-25/02, Slg. 2003, I-8349 Rn. 32 ff. – Rinke.
[251] Vgl. *Rossi* in Calliess/Ruffert AEUV Art. 8 Rn. 4; *Holoubek* in Schwarze AEUV Art. 8 Rn. 3.
[252] Vgl. *Rossi* in Calliess/Ruffert AEUV Art. 8 Rn. 4; *Holoubek* in Schwarze AEUV Art. 8 Rn. 5.
[253] EuGH 21/74, Slg. 1975, 221 Rn. 9, 12 – Airola/Kommission.
[254] EuGH 257/78, Slg. 1979, 3767 Rn. 9 – Kenny-Levick/Kommission.

sein, die nichts mit einer Diskriminierung aufgrund des Geschlechts zu tun haben.[255] Da der Anwendungsbereich des Grundrechts nicht auf ein bestimmtes Themengebiet beschränkt ist, nimmt der EuGH folgerichtig auch keine Eingrenzung der möglichen Rechtfertigungsgründe vor. Als objektiv gerechtfertigt stufte er etwa die Regelung der RL 86/457/EWG[256] ein, die für die Ausbildung zum praktischen Arzt eine teilweise Vollzeitbeschäftigung verlangte, da diese Bestimmung sowohl zu einem höheren Gesundheitsschutzniveau in der Union beitrage als auch die Freizügigkeit der Ärzte erleichtere.[257] Bei der Rechtfertigung positiver Diskriminierungen ist zu berücksichtigen, dass den Unionsorganen ein weiter Beurteilungsspielraum zusteht, der auch vom EuGH zu beachten ist.[258]

V. Verhältnismäßigkeit

90   In den meisten EuGH-Urteilen zur Gleichheit von Mann und Frau als Grundrecht war eine Prüfung der Verhältnismäßigkeit im konkreten Fall nicht erforderlich: Entweder war der Tatbestand der Diskriminierung nicht erfüllt,[259] oder es lag kein objektiver Rechtfertigungsgrund vor.[260] In den seltenen Fällen, in denen der Gerichtshof eine Verhältnismäßigkeitsprüfung vornehmen musste, verfuhr er dabei wie bei der Gleichheit von Mann und Frau im Erwerbsleben als primär- bzw. sekundärrechtliches Recht (→ Rn. 67 ff.): Nach Herausarbeitung eines objektiven Rechtfertigungsgrundes fragte er in einem zweiten Schritt, ob die entsprechende Regelung bzw. Maßnahme geeignet und erforderlich war.[261]

VI. Rechtsfolgen eines Verstoßes

91   Die sich aus einem Verstoß gegen den allgemeinen Gleichheitssatz ergebenden Rechtsfolgen (→ § 47 Rn. 37 ff.) gelten auch für die Gleichheit von Mann und Frau.[262] Im Falle einer gleichheitswidrigen **Benachteiligung** hebt der EuGH die Maßnahme des Unionsorgans auf.[263] Liegt eine gleichheitswidrige **Begünstigung** vor, gibt er dem Unionsgesetzgeber auf, eine neue, nichtdiskriminierende Regelung zu erlassen, und legt fest, dass bis dahin die günstigere Regelung auf das bisher benachteiligte Geschlecht anzuwenden ist.[264]

D. Verhältnis untereinander und zu anderen Bestimmungen

92   Das Verhältnis der beiden Gewährleistungen der Gleichheit von Mann und Frau (Gleichheit im Erwerbsleben und umfassende Gleichheit) **untereinander** ist durch eine **Parallelität** gekennzeichnet: Die umfassende, für alle Lebensbereiche geltende Gleichheit der Geschlechter stellt ein EU-Grundrecht dar, das die Union sowie die Mitgliedstaaten bei Ausführung von Unionsrecht bindet. Die Gleichheit im Erwerbsleben hingegen ist ein thema-

---

[255] EuGH C-25/02, Slg. 2003, I-8349 Rn. 36 – Rinke; EuG T-67/02, ECLI:EU:T:2004:82 Rn. 84 – Radauer.
[256] RL 86/457/EWG, ABl. 1986 L 267, 26.
[257] EuGH C-25/02, Slg. 2003, I-8349 Rn. 38 – Rinke. Vgl. auch Jarass/Kment EU-GR § 26 Rn. 14 ff. mit weiteren Beispielen gerechtfertigter Ungleichbehandlungen.
[258] Vgl. *Rossi* in Calliess/Ruffert AEUV Art. 8 Rn. 5.
[259] EuGH 37/74, Slg. 1975, 235 Rn. 13, 16 – van den Broeck/Kommission; EuGH 257/78, Slg. 1979, 3767 Rn. 12 – Kenny-Levick/Kommission.
[260] EuGH 20/71, Slg. 1972, 345 Rn. 11, 13 – Sabbatini-Bertoni/EP; EuGH 32/71, Slg. 1972, 363 Rn. 11, 13 – Bauduin-Chollet/Kommission; EuGH 21/74, Slg. 1975, 221 Rn. 9, 12 – Airola/Kommission; EuGH verb. Rs. 75 u. 117/82, Slg. 1984, 1509 Rn. 15 f. – Razzouk u. Beydoun/Kommission.
[261] EuGH C-25/02, Slg. 2003, I-8349 Rn. 38 – Rinke: objektiver Rechtfertigungsgrund, Rn. 40 f.: Verhältnismäßigkeit.
[262] Vgl. Jarass/Kment EU-GR § 26 Rn. 5.
[263] EuGH 20/71, Slg. 1972, 345 Rn. 14 – Sabbatini-Bertoni/EP; EuGH 32/71, Slg. 1972, 363 Rn. 14 – Bauduin-Chollet/Kommission; EuGH 21/74, Slg. 1975, 221 Rn. 13, 16 – Airola/Kommission.
[264] EuGH verb. Rs. 75 u. 117/82, Slg. 1984, 1509 Rn. 19 – Razzouk u. Beydoun/Kommission. Vgl. auch *Nishihara* S. 167 f.

tisch begrenztes, primär- bzw. sekundärrechtlich verankertes Recht, das an die Mitgliedstaaten als Verpflichtete gerichtet ist. Beide Gleichheitsgewährleistungen stehen wegen ihrer unterschiedlichen Adressatenkreise und Anwendungsebenen nebeneinander und ergänzen sich. In gewisser Weise **schließt** die aus **Art. 157 AEUV** folgende Gleichheit im Erwerbsleben **die Lücke,** die das Grundrecht **der umfassenden Gleichheit** offenlässt: Letztere erfasst zwar auch das Erwerbsleben, aber eben nur soweit die Organe und Einrichtungen der Union bzw. die Mitgliedstaaten in Ausführung von Unionsrecht handeln. Der verbleibende Bereich, die Erwerbstätigkeit auf Ebene der Mitgliedstaaten außerhalb konkreter unionsrechtlicher Umsetzungsakte,[265] ist an der Erwerbsgleichheit des Art. 157 AEUV zu messen. Ihr kommt, trotz ihres fehlenden Grundrechtscharakters, eine in der Praxis weitaus größere Bedeutung zu, da sie den wesentlichen Bereich abdeckt, in denen Fragen der Gleichstellung der Geschlechter relevant werden: das Erwerbsleben in den Mitgliedstaaten.

Das **Verhältnis zum allgemeinen Gleichheitssatz** wird vom EuGH nicht immer klar herausgearbeitet. In einigen Urteilen scheint er die primär- und sekundärrechtliche Gleichheit im Erwerbsleben als Ausdruck des Grundrechts der Gleichbehandlung der Geschlechter zu verstehen.[266] In anderen wiederum bezeichnet er sie ausdrücklich als spezifischen Ausdruck bzw. als spezifische Ausformung des allgemeinen Gleichheitssatzes.[267] Das Verhältnis des Grundrechts der Gleichheit von Mann und Frau zum allgemeinen Gleichheitssatz thematisiert er bislang nicht. Er erklärt lediglich, dass es zu den Grundrechten gehört, deren Wahrung er zu sichern hat.[268] Trotz dieses etwas diffusen Bildes wird aber deutlich, dass beide Ausprägungen der Gleichheit der Geschlechter die spezielleren Normen darstellen, die dem allgemeinen Gleichheitssatz vorgehen. 93

Die Abgrenzung zu den **übrigen besonderen Gleichheitssätzen,** den zahlreichen Diskriminierungsverboten (→ § 49), ist insofern eindeutig, als letztere jeweils an andere Differenzierungskriterien anknüpfen und daher nicht miteinander kollidieren, eventuell sogar gleichzeitig anwendbar sein können (etwa wenn sowohl eine Diskriminierung aufgrund des Geschlechts als auch aufgrund der Rasse in Frage kommen). Das **Diskriminierungsverbot aufgrund des Geschlechts** (→ § 49 Rn. 2, 50) ist Teil der Gleichheit von Mann und Frau.[269] Letztere ist insofern weiter, als sie nicht nur die Bekämpfung verbotener Ungleichbehandlungen, sondern auch die Durchführung positiver Fördermaßnahmen umfasst. 94

E. Zusammenfassende Bewertung

Der EuGH hat mit seiner fortschrittlichen Rspr. zur Gleichheit von Mann und Frau im Erwerbsleben nach Art. 157 AEUV das **deutsche Recht erheblich beeinflusst.**[270] Das gilt zum einen für die zahlreichen notwendig gewordenen Änderungen deutscher Normen, deren Gleichheitswidrigkeit sich im Rahmen von Vorabentscheidungsverfahren herausstellte. Wohl prominenteste Beispiele dürften die Urteile *Kalanke* (Unionsrechtswidrigkeit einer Quotenregelung mit automatischer Bevorzugung von Frauen)[271] und *Kreil* (Unionsrechtswidrigkeit des Ausschlusses von Frauen vom Dienst mit der Waffe in der Bundeswehr) sein.[272] Das gilt zum anderen für Vorabentscheidungsverfahren, die andere nationale Nor- 95

---

[265] Vgl. *Kingreen* in Ehlers GuG § 21 Rn. 6, der darauf hinweist, dass Art. 157 AEUV, anders als das Grundrecht des Art. 23 GRC, nicht das Handeln der Union und auch nicht die Unionsrecht durchführenden Maßnahmen der Mitgliedstaaten betrifft.
[266] EuGH verb. Rs. 270 u. 271/97, Slg. 2000, I-929 Rn. 56 f. – Sievers; unklar in: EuGH C-132/92, Slg. 1993, I-5579 Rn. 17 – Birds Eye Walls; EuGH 256/01, Slg. 2004, I-873 Rn. 65 – Allonby: Art. 157 AEUV als besondere Ausprägung des Diskriminierungsverbots.
[267] EuGH C-13/94, Slg. 1996, I-2143 Rn. 18 – Cornwall County Council; EuGH C-381/99, Slg. 2001, I-4961 Rn. 28 – Brunnhofer; EuGH C-206/00, Slg. 2001, I-10201 Rn. 28 – Mouflin.
[268] EuGH 149/77, Slg. 1978, 1365 Rn. 26, 29 – Defrenne III; EuGH verb. Rs. 75 u. 117/82, Slg. 1984, 1509 Rn. 16 – Razzouk u. Beydoun/Kommission.
[269] EuGH C-13/94, Slg. 1996, I-2143 Rn. 17 – P.
[270] Vgl. statt vieler *Langenfeld* in Giegerich/Zimmermann S. 109 (121 ff.).
[271] EuGH C-450/93, Slg. 1995, I-3051 Rn. 24 – Kalanke.
[272] EuGH C-285/98, Slg. 2000, I-69 – Kreil. Näher dazu *Heselhaus/Schmidt-De Caluwe* NJW 2001, 263 ff.

men betrafen, sich im Ergebnis allerdings auch auf die deutsche Rechtsordnung auswirkten. Exemplarisch sei das Urteil *Test-Achats* genannt (Unionsrechtswidrigkeit von nicht geschlechtsneutralen Versicherungsprämien).[273] Beeinflusst wurde darüber hinaus die Rspr. So erkennt das BVerfG die Möglichkeit mittelbarer Diskriminierungen an,[274] nachdem es diese zunächst ausdrücklich abgelehnt hatte.[275] Die entsprechende Kehrtwende im Nachtarbeitsurteil fand bezeichnenderweise kurz nach Erlass des EuGH-Urteils zum gleichen Thema statt.[276] Allerdings geht das BVerfG mit der neuen Rechtsfigur im Vergleich zum EuGH wohl noch immer etwas vorsichtiger um.[277] Das BAG hingegen orientiert sich enger an der Rspr. des Gerichtshofs, insbes. auch in Fragen der Drittwirkung.[278]

96 **Einzelne Unterschiede** bestehen weiterhin. So führen die Anordnungen des EuGH, bis zum Erlass einer Neuregelung den Angehörigen des benachteiligten Geschlechts dieselbe Behandlung zukommen zu lassen wie denen des bevorzugten Geschlechts, zu einer weitaus größeren Wirksamkeit des Gleichstellungsgebots.[279] Kaum Unterschiede sind hingegen im Bereich positiver Diskriminierungen festzustellen. Sowohl auf deutscher wie EU-Ebene besteht ein entsprechender Auftrag, der jedoch nicht mit einem individuellen Anspruch gekoppelt ist.[280]

97 Die Struktur der Gleichheit von Mann und Frau erscheint durch die Trennung zwischen der Gleichheit im Erwerbsleben auf mitgliedstaatlicher Ebene (als primär- bzw. sekundärrechtliches Recht) und der umfassenden Gleichheit der Geschlechter auf Unionsebene (als EU-Grundrecht) relativ **kompliziert.** Tatsächlich ist sie jedoch die rechtssystematisch korrekte Antwort auf die Besonderheiten eines Mehrebenensystems. EU-Grundrechte binden, wie Art. 51 Abs. 1 GRC ausdrücklich erklärt, nur die Union bzw. die Mitgliedstaaten ausschließlich bei der Durchführung von Unionsrecht. Nicht erfasst wird das Handeln der Mitgliedstaaten außerhalb konkreter unionsrechtlicher Umsetzungsakte.[281] Dieser Bereich, der ansonsten dem nationalen Recht überlassen bliebe, fällt nicht in den Schutzbereich eines EU-Grundrechts, wohl aber in den Schutzbereich eines primär- bzw. sekundärrechtlichen Rechts. Diesen Weg ist der Unionsgesetzgeber über Art. 157 AEUV und das dazugehörende Sekundärrecht gegangen. Im Ergebnis wird also erst durch die Parallelität der beiden Gleichheitsgewährleistungen eine alle Ebenen umfassende Gleichstellung der Geschlechter erreicht.

---

[273] EuGH C-236/09, ECLI:EU:C:2011:100 Rn. 32 ff. – Test-Achats. Näher dazu *Lüttringhaus* EuZW 2011, 296; *Purnhagen* EuR 2011, 690; *Temming* BetrAV 2012, 391 ff.
[274] Vgl. BVerfGE 85, 191 (206) – Nachtarbeitsverbot; BVerfGE 97, 186 (197) – Kleinbetriebsklausel II; BVerfGE 121, 241 Rn. 49 f., 57, 66 – Versorgungsabschlag für teilzeitbeschäftigte Beamte; BVerfGE 126, 29 Rn. 65 f. – Reinigungskräfte.
[275] Vgl. BVerfGE 75, 40 (70) – Privatschulfinanzierung.
[276] Darauf weist insbes. *Kokott* NJW 1995, 1049 (1051 Fn. 26) hin.
[277] Vgl. *Kokott* FS 50 Jahre Bundesverfassungsgericht II, 2001, 127 (153 f. mwN); *Langenfeld* in Maunz/Dürig GG Art. 3 Abs. 2 Rn. 26 ff.; *Boysen* in v. Münch/Kunig GG Art. 3 Rn. 144. Von einer festen Verankerung der mittelbaren Diskriminierung in der Rspr. des BVerfG gehen hingegen aus: *Heun* in Dreier GG Art. 3 Rn. 109; *Krieger* in Schmidt-Bleibtreu/Hofmann/Henneke, Grundgesetz, 14. Aufl. 2017, GG Art. 3 Rn. 70; *Jarass* in Jarass/Pieroth GG Art. 3 Rn. 78; *Osterloh* in Sachs GG Art. 3 Rn. 255, 260.
[278] Unmittelbare Vergleiche zwischen der Rechtsprechung beider Gerichte bietet *Göddeke* S. 23 ff.
[279] So auch der Hinweis von *Zuleeg* EuGRZ 2000, 511 (513).
[280] Das in Art. 3 Abs. 2 S. 2 GG verankerte Gleichstellungsgebot begründet eine öffentlich-rechtliche Verpflichtung des Staates, nicht jedoch subjektive Rechte der einzelnen, vgl. statt vieler *Langenfeld* in Maunz/Dürig GG Art. 3 Abs. 2 Rn. 79. Zur entsprechenden Regel auf EU-Ebene → Rn. 88.
[281] Vgl. statt vieler *Kingreen* in Ehlers GuG § 21 Rn. 6, 25.

§ 49 Diskriminierungsverbote

Übersicht

	Rn.
A. Entwicklung und Systematisierung	1, 2
B. Diskriminierungsverbot in der Landwirtschaft	3
C. Diskriminierungsverbot aus Gründen der Staatsangehörigkeit	4–41
I. Primärrechtliches Recht (Art. 18 Abs. 1 AEUV)	5–32
1. Primärrechtliche spezielle Diskriminierungsverbote	6–11
2. Gewährleistungsgehalt	12–24
3. Diskriminierung	25–27
4. Objektive Rechtfertigung	28–30
5. Verhältnismäßigkeit	31
6. Rechtsfolgen eines Verstoßes	32
II. Ermächtigungsnorm (Art. 18 Abs. 2 AEUV)	33
III. Grundrecht	34–41
1. Verankerung und Herleitung nach Art. 6 EUV	34–39
2. Inhalt	40, 41
D. Weitere Diskriminierungsverbote	42–89
I. Geschlecht, Rasse, ethnische Herkunft, Religion, Weltanschauung, Behinderung, Alter und sexuelle Ausrichtung	43–68
1. Ermächtigungsnorm (Art. 19 AEUV)	43–48
2. Sekundärrechtliche Ausgestaltung	49–59
3. Querschnittsklausel (Art. 10 AEUV)	60
4. Verankerung und Herleitung als Grundrechte nach Art. 6 EUV	61–68
II. Hautfarbe, soziale Herkunft, genetische Merkmale, Sprache, politische oder sonstige Anschauung, Zugehörigkeit zu einer nationalen Minderheit, Vermögen und Geburt	69–78
1. Nichtaufnahme in Art. 19 AEUV und Art. 10 AEUV	70
2. Verankerung und Herleitung als Grundrechte nach Art. 6 EUV	71–78
III. Prüfung	79–89
1. Gewährleistungsgehalt	80–83
2. Diskriminierung	84, 85
3. Objektive Rechtfertigung	86, 87
4. Verhältnismäßigkeit	88
5. Rechtsfolgen eines Verstoßes	89
E. Verhältnis untereinander und zu anderen Bestimmungen	90–93
F. Zusammenfassende Bewertung und Ausblick	94–97

Schrifttum:

Chen, Die speziellen Diskriminierungsverbote der Charta der Grundrechte der Europäischen Union: eine Strukturanalyse unter besonderer Berücksichtigung des Verbots der Altersdiskriminierung, 2011; *de Beco*, Is Obesity a Disability: The Definition of Disability by the Court of Justice of the European Union and its Consequences for the Application of EU Anti-Discrimination Law, 22 Colum. J. Eur. L. 381 (2016); *von Diest*, Änderungen im Diskriminierungsschutz durch die Europäische Grundrechtecharta, 2016; *Ellis/Watson*, EU Anti-Discrimination Law, 2nd edition 2012; *Epiney*, Umgekehrte Diskriminierungen. Zulässigkeit und Grenzen der discrimination à rebours nach europäischem Gemeinschaftsrecht und nationalem Verfassungsrecht, 1995; *Hammerl*, Inländerdiskriminierung, 1997; *Hantel*, Europäisches Arbeitsrecht: Mit zahlreichen Beispielsfällen aus der Rechtsprechung des EuGH, 2. Aufl. 2019; *Haratsch*, Die Antidiskriminierungspolitik der EU – Neue Impulse durch Art. 13 EGV?, in Klein, Rassische Diskriminierung – Erscheinungsformen und Bekämpfungsmöglichkeiten, 2002, S. 195; *Hintersteiniger*, Binnenmarkt und Diskriminierungsverbot. Unter besonderer Berücksichtigung der Situation nicht-staatlicher Handlungseinheiten, 1999; *Jochum*, Der neue Art. 13 EGV oder „political correctness" auf Europäisch?, ZRP 1999, 279; *Jochum*, Das Antidiskriminierungsrecht der Europäischen Union in FS Hailbronner, 2013, 459; *Kischel*, Zur Dogmatik des Gleichheitssatzes in der Europäischen Union, EuGRZ 1997, 1; *Neuvonen*, Equal Citizenship and Its Limits in EU Law, 2016; *Plötscher*, Der Begriff der Diskriminierung im Europäischen Gemeinschaftsrecht, 2003; *Rossi*, Das Diskriminierungsverbot nach Art. 12 EGV, EuR 2000, 197; *Rossi/Casolari*, The Principle of Equality in EU Law, 2017; *Sattler*, Allgemeiner Gleichheitssatz und spezielle Gleichheitssätze in der Rechtsprechung des

EuGH in FS Rauschning, 2001, 51; *Schweitzer*, Art. 12 EGV – Auf dem Weg zum „allgemeinen" Gleichheitssatz? in FS Rudolf, 2001, 189; *Stalder*, Antidiskriminierungsmaßnahmen der Europäischen Gemeinschaft nach Art. 13 EG-Vertrag – unter besonderer Berücksichtigung der Rassismusbekämpfung und des Minderheitenschutzes, 2001; *Suk*, New Directions for European Race Equality Law, 40 FILJ 1211 (2017); *Temming*, Altersdiskriminierung im Arbeitsleben. Eine rechtsmethodische Analyse, 2008.

A. Entwicklung und Systematisierung

1 Diskriminierungsverbote stellen **besondere Gleichheitssätze** (→ § 47 Rn. 2) dar. **Bis 1997** fanden sich in den Verträgen nur zwei von ihnen verankert: das Verbot der Diskriminierung zwischen Erzeugern oder Verbrauchern im Bereich der Landwirtschaft und das Diskriminierungsverbot aus Gründen der Staatsangehörigkeit. Der **Vertrag von Amsterdam** führte acht weitere Diskriminierungstatbestände ein: solche aus Gründen des Geschlechts, der Rasse, der ethnischen Herkunft, der Religion oder der Weltanschauung, einer Behinderung, des Alters und der sexuellen Ausrichtung (Art. 13 EGV-Amsterdam). Der **Vertrag von Lissabon** ließ die Norm unberührt: Art. 19 Abs. 1 AEUV enthält dieselben acht Diskriminierungsverbote. Diese wurden aber parallel dazu in die neue Querschnittsklausel des Art. 10 AEUV aufgenommen. Vor allem jedoch erweiterte der Vertrag von Lissabon die Zahl verbotener Diskriminierungen beträchtlich. Der seitdem verbindliche Art. 21 Abs. 1 GRC enthält weitere neun Diskriminierungsverbote: solche aus Gründen der Hautfarbe, der sozialen Herkunft, der genetischen Merkmale, der Sprache, der politischen oder sonstigen Anschauung, der Zugehörigkeit zu einer nationalen Minderheit, des Vermögens und der Geburt. Insgesamt finden sich damit **19 Diskriminierungsverbote** in verschiedenen Unionsrechtsnormen verstreut.

2 Die unionsrechtlichen Diskriminierungsverbote stellen eine **äußerst heterogene Gruppe** dar. Sie unterscheiden sich in ihrer rechtlichen Verankerung, ihrem Adressaten- und Berechtigtenkreis, ihrem Anwendungsbereich und zT in ihrem grundrechtlichen Charakter. Ihre Systematisierung erschließt sich am besten unter Berücksichtigung der skizzierten historischen Entwicklung. Das Verbot der Diskriminierung zwischen **Erzeugern oder Verbrauchern im Bereich der Landwirtschaft** ist in Art. 40 Abs. 2 UAbs. 2 AEUV verankert. Es richtete und richtet sich ausschließlich an die Union. Der EuGH hat es im Wesentlichen zur Herleitung des allgemeinen Gleichheitssatzes herangezogen (→ Rn. 3 sowie → § 47 Rn. 11). Das Diskriminierungsverbot aus Gründen der **Staatsangehörigkeit** war ursprünglich und ist auch heute noch in erster Linie ein an die Mitgliedstaaten gerichtetes Verbot, das durch Sekundärrecht näher ausgestaltet werden kann (Art. 18 AEUV). Als unmittelbar anwendbares Primärrecht räumt es dem Einzelnen ein an die Mitgliedstaaten gerichtetes primärrechtliches Recht ein. Seit dem Vertrag von Lissabon ist es gleichzeitig ein in erster Linie die Union bindendes EU-Grundrecht (Art. 21 Abs. 2 GRC). In ähnlicher, allerdings abgeschwächter Form gilt dies für acht weitere Diskriminierungsverbote **(Geschlecht, Rasse, ethnische Herkunft, Religion, Weltanschauung, Behinderung, Alter und sexuelle Ausrichtung).** Sie sind in Art. 19 Abs. 1 AEUV verankert. Damit sind sie zwar nicht, wie das in Art. 18 AEUV statuierte Verbot der Diskriminierung aus Gründen der Staatsangehörigkeit, unmittelbar anwendbares Primärrecht. Sie sind aber ebenfalls in eine Ermächtigungsnorm eingebettet: Der Rat kann Vorkehrungen zur Bekämpfung der genannten acht Diskriminierungen treffen. Verstärkt wird deren Bedeutung durch ihre Aufnahme in die Querschnittsklausel des Art. 10 AEUV. Darüber hinaus sind sie in Art. 21 Abs. 1 GRC verankert, so dass sie parallel dazu primär an die Union gerichtete EU-Grundrechte darstellen. Eine Sonderposition nimmt das Diskriminierungsverbot aus Gründen des **Geschlechts** ein: Es ist weitestgehend in der umfassenderen Gleichheit von Mann und Frau aufgegangen (→ § 48 Rn. 79). Weitere neun Diskriminierungsverbote **(Hautfarbe, soziale Herkunft, genetische Merkmale, Sprache, politische oder sonstige Anschauung, Zugehörigkeit zu einer nationalen Minderheit, Vermögen und Geburt)** sind „nur" in Art. 21 Abs. 1 GRC aufgelistet. Sie

stellen EU-Grundrechte dar. Damit haben neun von insgesamt 19 unionsrechtlichen Diskriminierungsverboten eine **„Doppel- oder gar Dreifachnatur"**. Die folgenden Ausführungen sind so gegliedert, dass sie diesen Besonderheiten Rechnung tragen.

B. Diskriminierungsverbot in der Landwirtschaft

Das in Art. 40 Abs. 2 UAbs. 2 AEUV verankerte Verbot der Diskriminierung zwischen **3** Erzeugern oder Verbrauchern im Bereich der gemeinsamen Organisation der Agrarmärkte[1] ist das einzige Diskriminierungsverbot, das sich ausdrücklich **an die Union** und **nicht an die Mitgliedstaaten richtet.** Das ist wohl auch der Grund, weshalb der EuGH es als Grundlage für die Herleitung des allgemeinen Gleichheitssatzes herangezogen hat. Er stuft Art. 40 Abs. 2 UAbs. 2 AEUV lediglich als dessen Ausdruck ein.[2] Aufgrund dieser rechtlichen Konstruktion wird in seinen Urteilen daher auch nicht immer deutlich, ob er eine Verletzung des Art. 40 Abs. 2 UAbs. 2 AEUV oder des allgemeinen Gleichheitssatzes prüft (→ § 47 Rn. 11). Die Formel ist auf jeden Fall für beide Tatbestände identisch[3], so dass Art. 40 Abs. 2 UAbs. 2 AEUV mittlerweile keine eigenständige dogmatische Bedeutung mehr zukommt. Insofern ist für Verletzungen des Art. 40 Abs. 2 UAbs. 2 AEUV auf die Ausführungen zum allgemeinen Gleichheitssatz zu verweisen (→ § 47).

C. Diskriminierungsverbot aus Gründen der Staatsangehörigkeit

Das Verbot der Diskriminierung aus Gründen der Staatsangehörigkeit gehört, wie die **4** Entgeltgleichheit von Mann und Frau (→ § 48 Rn. 3), zu den Bestimmungen, die von Beginn an Bestandteil des EG-Vertrages waren. Seine Verankerung zunächst in Art. 7 EWGV, dann in Art. 6 EGV-Maastricht, Art. 12 EGV-Amsterdam und seit Lissabon in Art. 18 AEUV ist bis heute inhaltlich unverändert geblieben. Art. 18 Abs. 1 AEUV stellt unmittelbar anwendbares Primärrecht dar, während Absatz 2 eine Ermächtigungsnorm an den Unionsgesetzgeber ist. Darüber hinaus hat das Diskriminierungsverbot aus Gründen der Staatsangehörigkeit Aufnahme in Art. 21 Abs. 2 GRC gefunden. Ähnlich wie bei der Gleichheit von Männern und Frauen (→ § 48 Rn. 2) ist zwischen diesen **unterschiedlichen rechtlichen Gewährleistungen** strikt zu differenzieren.[4]

I. Primärrechtliches Recht (Art. 18 Abs. 1 AEUV)

Das in Art. 18 Abs. 1 AEUV verankerte Verbot der Diskriminierung aus Gründen der **5** Staatsangehörigkeit gehört zu den „Leitmotiven" des materiellen Unionsrechts.[5] Es prägt Systematik, Funktionsweise sowie Ausgestaltung der Verträge[6] und wird vom EuGH regelmäßig als Auslegungsgrundsatz[7] herangezogen. Seine Verankerung in Art. 18 Abs. 1 AEUV macht das Diskriminierungsverbot zu einem **primärrechtlichen Recht,** nicht zu einem EU-Grundrecht (zur Unterscheidung zwischen EU-Grundrecht und primär- bzw. sekundärrechlichem Recht → § 7 Rn. 30 ff., → § 47 Rn. 5, → § 48 Rn. 2). Das entsprechende EU-Grundrecht ist in Art. 21 Abs. 2 GRC verankert (→ Rn. 34 ff.).

---

[1] Ausf. zum landwirtschaftlichen Diskriminierungsverbot *Plötscher* S. 83 ff.
[2] EuGH verb. Rs. 117/76 u. 16/77, Slg. 1977, 1753 Rn. 7 – Ruckdeschel; EuGH verb. Rs. 124/76 u. 20/77, Slg. 1977, 1795 Rn. 16 – Moulins Pont-à-Mousson; EuGH 125/77, Slg. 1978, 1991 Rn. 26 – Koninklijke Scholten-Honig; EuGH verb. Rs. 103 u. 145/77, Slg. 1978, 2037 Rn. 26 – Royal Scholten-Honig; EuGH C-122/95, Slg. 1998, I-973 Rn. 62 – Deutschland/Rat.
[3] Besonders deutlich in EuGH C-180/96, Slg. 1998, I-2265 Rn. 114 – Vereinigtes Königreich/Kommission. Siehe auch die Zusammenstellung von *Sattler* S. 263 f.
[4] Vgl. *Schmahl* in Grabenwarter, EnzEur Bd. 2, § 15 Rn. 60; *Neuvonen* S. 15 ff.
[5] Vgl. *v. Bogdandy* in GHN AEUV Art. 18 Rn. 1; *Schweitzer* S. 189; *Lenz* in Lenz/Borchardt EU-Verträge AEUV Art. 18 Rn. 1; *Epiney* in Calliess/Ruffert AEUV Art. 18 Rn. 1.
[6] Vgl. *Epiney* in Calliess/Ruffert AEUV Art. 18 Rn. 1.
[7] Vgl. EuGH 8/77, Slg. 1977, 1495 Rn. 9 ff. – Sagulo; EuGH 136/78, Slg. 1979, 437 Rn. 15 ff. – Auer.

§ 49 10. Abschnitt. Gleichheitsgrundrechte

6 **1. Primärrechtliche spezielle Diskriminierungsverbote.** Art. 18 Abs. 1 AEUV gilt allerdings nur „**unbeschadet besonderer Bestimmungen dieser Verträge**". Das Diskriminierungsverbot aus Gründen der Staatsangehörigkeit ist also gegenüber anderen primärrechtlich geregelten Diskriminierungsverboten subsidiär. Diese finden sich insbes., aber nicht ausschließlich, im Bereich **der Grundfreiheiten.**

7 Die in diesem Zusammenhang in der Literatur[8] genannten Tatbestände lassen sich in **zwei Gruppen** einteilen. Es gibt welche, die wie Art. 18 Abs. 1 AEUV an das Merkmal der Staatsangehörigkeit anknüpfen. Zu dieser Gruppe gehören Art. 45 Abs. 2 AEUV (Freizügigkeit), Art. 49 Abs. 1 AEUV (Niederlassungsfreiheit), Art. 56 Abs. 1 AEUV, Art. 57 Abs. 3 AEUV (Dienstleistungsfreiheit), Art. 37 Abs. 1 AEUV (Staatliche Handelsmonopole) und Art. 22 Abs. 1 S. 1 AEUV (Kommunalwahlen). Daneben gibt es Diskriminierungsverbote, die mittelbar auf die Staatsangehörigkeit zurückgreifen, indem sie auf die Herkunft abstellen. Diese Normen finden sich in Art. 34, 35 AEUV (Verbot mengenmäßiger Ein- bzw. Ausfuhrbeschränkungen), Art. 63 Abs. 1 AEUV (Freier Kapitalverkehr), Art. 107 Abs. 2 lit. a AEUV (soziale Beihilfen an Verbraucher) und Art. 110 AEUV (Abgabengleichheit).

8 Das **Verhältnis** zwischen **Art. 18 Abs. 1 AEUV** und den **besonderen Diskriminierungsverboten** war nicht immer eindeutig zu bestimmen. In seiner frühen Rspr. zog der EuGH Art. 18 Abs. 1 AEUV und die besonderen Diskriminierungsverbote zumeist parallel heran bzw. sah diese kumulativ verletzt.[9] Später verfestigte sich allerdings seine Tendenz, nur noch auf die speziellen Diskriminierungsverbote zurückzugreifen. Das gilt für die Freizügigkeit[10], die Niederlassungs-[11] und die Dienstleistungsfreiheit[12]. Der EuGH führt dazu aus, dass Art. 18 Abs. 1 AEUV durch die genannten Grundfreiheiten in besonderen Bereichen umgesetzt bzw. konkretisiert worden ist[13], so dass jeder Verstoß gegen diese Bestimmungen oder das sie ausführende Sekundärrecht[14] auch zu einer Unvereinbarkeit mit Art. 18 Abs. 1 AEUV führe.[15] Die Norm fände nur auf solche Fallgestaltungen Anwendung, für die der Vertrag keine besonderen Diskriminierungsverbote vorsähe.[16] Der Gerichtshof prüft Art. 18 Abs. 1 AEUV also nur, wenn keine der genannten Grundfreiheiten einschlägig ist.[17]

---

[8] Ausf. statt vieler *Hintersteiniger* S. 21 ff.
[9] So etwa in EuGH 175/78, Slg. 1979, 1129 Rn. 8 ff. – Saunders; EuGH 1/78, Slg. 1978, 1489 Rn. 10, 12 – Kenny; EuGH 59/85, Slg. 1986, 1283 Rn. 15 – Reed; EuGH C-45/93, Slg. 1994, I-911 Rn. 10 – Kommission/Spanien; EuGH C-203/98, Slg. 1999, I-4899 Rn. 15 – Kommission/Belgien.
[10] EuGH 305/87, Slg. 1989, 1461 Rn. 12 f., 19 – Kommission/Griechenland; EuGH 175/8, Slg. 1990, I-1779 Rn. 9 ff., 19 – Biehl; EuGH C-10/90, Slg. 1991, I-1119 Rn. 12 f., 24 – Masgio; EuGH C-213/90, Slg. 1991, I-3507 Rn. 10 – Asti; EuGH C-419/92, Slg. 1994, I-505 Rn. 6 – Scholz; EuGH C-24/97, Slg. 1998, I-2133 Rn. 11, 15 – Kommission/Deutschland; EuGH C-411/98, Slg. 2000, I-8081 Rn. 39 f. – Ferlini.
[11] EuGH 305/87, Slg. 1989, 1461 Rn. 12 f., 23 – Kommission/Griechenland; EuGH C-177/94, Slg. 1996, I-161 Rn. 14 f. – Perfili; EuGH C-193/94, Slg. 1996, I-929 Rn. 20 f., 28 – Skanavi; EuGH C-24/97, Slg. 1998, I-2133 Rn. 11, 15 – Kommission/Deutschland.
[12] EuGH 305/87, Slg. 1989, 1461 Rn. 12 f., 27 – Kommission/Griechenland; EuGH C-20/92, Slg. 1993, I-3777 Rn. 10 – Hubbard; EuGH C-18/93, Slg. 1994, I-1783 Rn. 19 f., 37 – Corsica Ferries Italia; EuGH C-177/94, Slg. 1996, I-161 Rn. 14 f. – Perfili; EuGH C-24/97, Slg. 1998, I-2133 Rn. 11, 15 – Kommission/Deutschland.
[13] EuGH 305/87, Slg. 1989, 1461 Rn. 12 – Kommission/Griechenland; EuGH 186/87, Slg. 1989, 195 Rn. 14 – Cowan; EuGH C-20/92, Slg. 1993, I-3777 Rn. 10 – Hubbard; EuGH C-193/94, Slg. 1996, I-929 Rn. 21 – Skanavi.
[14] Vgl. etwa EuGH 13/76, Slg. 1976, 1333 Rn. 6/7 – Dona; EuGH C-10/90, Slg. 1991, I-1119 Rn. 13 – Masgio.
[15] EuGH 305/87, Slg. 1989, 1461 Rn. 12 – Kommission/Griechenland; EuGH C-334/94, Slg. 1996, I-1307 Rn. 13 – Kommission/Frankreich.
[16] EuGH 305/87, Slg. 1989, 1461 Rn. 13 – Kommission/Griechenland; EuGH C-10/90, Slg. 1991, I-1119 Rn. 12 – Masgio; EuGH C-213/90, Slg. 1991, I-3507 Rn. 10 – Asti; EuGH C-193/94, Slg. 1996, I-929 Rn. 20 – Skanavi; EuGH C-411/98, Slg. 2000, I-8081 Rn. 39 – Ferlini.
[17] EuGH 305/87, Slg. 1989, 1461 Rn. 28 – Kommission/Griechenland; EuGH C-213/90, Slg. 1991, I-3507 Rn. 10 – Asti; EuGH C-419/92, Slg. 1994, I-505 Rn. 6 – Scholz; EuGH C-411/98, Slg. 2000, I-8081 Rn. 46 f. – Ferlini.

Der EuGH nimmt allerdings eine Subsidiarität nur gegenüber denjenigen Diskriminierungsverboten an, die **unmittelbar an die Staatsangehörigkeit** anknüpfen. Bei denjenigen, die auf die Herkunft abstellen, zieht er weiterhin Art. 18 Abs. 1 AEUV als Prüfungsmaßstab heran.[18] Die Subsidiarität des Art. 18 Abs. 1 AEUV gilt also nur gegenüber besonderen Diskriminierungsverboten, die unmittelbar an das Merkmal der Staatsangehörigkeit anknüpfen.[19]

9

Keine „besonderen Bestimmungen" iSd Art. 18 Abs. 1 AEUV sind demnach solche, die entweder nur mittelbar auf die Staatsangehörigkeit abstellen oder aber gänzlich andere Differenzierungskriterien zugrunde legen.[20] Zu letzterer Fallgruppe gehören insbes. Art. 157 Abs. 1, 2 AEUV und Art. 40 Abs. 2 UAbs. 2 AEUV, die an das Geschlecht bzw. an das Verhältnis zwischen Erzeugern und Verbrauchern in der Landwirtschaft anknüpfen.[21] Staatsangehörigkeitsfragen spielen bei ihnen keine Rolle, so dass sie auch nicht Art. 18 Abs. 1 AEUV vorgehen können. Dasselbe gilt für Art. 96 Abs. 1 AEUV, der Diskriminierungen zugunsten bestimmter Unternehmen oder Industriezweige zum Gegenstand hat.

10

Art. 18 Abs. 1 AEUV beinhaltet demnach ein Diskriminierungsverbot aus einem bestimmten Grund, der Staatsangehörigkeit. Es tritt nur hinter solche Diskriminierungsverbote zurück, die in Sonderbereichen unmittelbar an die Staatsangehörigkeit anknüpfen. Art. 18 Abs. 1 AEUV stellt also ein **allgemeines Diskriminierungsverbot aus Gründen der Staatsangehörigkeit**[22] dar.

11

2. Gewährleistungsgehalt. a) Verpflichtete. Die Formulierung des Art. 18 Abs. 1 AEUV ist in Bezug auf die Verpflichteten offen. Von seiner Zielsetzung her richtet er sich jedoch, wie seine Konkretisierungen im Bereich der Grundfreiheiten, in erster Linie an die **Mitgliedstaaten**. Eine Diskriminierung aus Gründen der Staatsangehörigkeit wird am ehesten durch nationale Normen erfolgen. Diese Bindung steht in der EuGH-Rspr.[23] sowie im Schrifttum[24] außer Zweifel. Ohne Bedeutung ist dabei die Handlungsform, derer sich der Staat bedient; diese kann öffentlich- wie privatrechtlicher Natur sein.[25] Genauso unproblematisch gestaltete sich lange Zeit die Einbeziehung der **Gemeinschaftsorgane** in den Kreis der Verpflichteten. Der Gerichtshof zog regelmäßig das Diskriminierungsverbot aus Gründen der Staatsangehörigkeit als Prüfungsmaßstab für sekundärrechtliche Bestimmungen heran.[26] Darüber hinaus prüfte er, ob die Gemeinschaft das Verbot auch gegenüber ihren eigenen Bediensteten beachtete.[27] Die Literatur folgte dem EuGH.[28] Mit der Inkorporierung des Diskriminierungsverbots aus Gründen der Staatsangehörigkeit in Art. 21 Abs. 2 GRC dürfte sich diese rechtliche Konstruktion

12

---

[18] EuGH C-323/95, Slg. 1997, I-1711 Rn. 11 ff. – Hayes; EuGH C-122/96, Slg. 1997, I-5325 Rn. 16 ff. – Saldanha.
[19] Ebenso *Wahle*, Der allgemeine Gleichheitssatz in der Europäischen Union, 2002, S. 25, *Plötscher* S. 104 sowie, mit anderer Begründung, *Epiney* in Calliess/Ruffert AEUV Art. 18 Rn. 6. Ihr folgend *Kingreen* in Ehlers GuG § 13 Rn. 2. Wie selbstverständlich angenommen von *Sattler* S. 260; *Holoubek* in Schwarze AEUV Art. 18 Rn. 49; wohl auch *Schweitzer* S. 190.
[20] Zustimmend *Schmahl* in Grabenwarter, EnzEur Bd. 2, § 15 Rn. 65.
[21] So auch *v. Bogdandy* in GHN AEUV Art. 18 Rn. 58; *Holoubek* in Schwarze AEUV Art. 18 Rn. 51; *Kingreen* in Ehlers GuG § 13 Rn. 2; *Wahle*, Der allgemeine Gleichheitssatz in der Europäischen Union, 2002, S. 25.
[22] So auch *Bieber/Epiney/Haag/Kotzur* Europäische Union § 10 Rn. 4. Misslungen ist hingegen der Begriff des „allgemeinen Diskriminierungsverbotes", vgl. etwa *Frenz*, HdbEuR Bd. 1, 2. Aufl. 2012, Rn. 3901.
[23] StRspr seit EuGH 14/68, Slg. 1969, 1 Rn. 13 – Wilhelm.
[24] Vgl. statt vieler *Epiney* in Calliess/Ruffert AEUV Art. 18 Rn. 44; *Rust* in von der Groeben/Schwarze/Hatje AEUV Art. 18 Rn. 39; *Holoubek* in Schwarze AEUV Art. 18 Rn. 40; *Hintersteininger* S. 78 ff.
[25] Vgl. EuGH 249/81, Slg. 1982, 4005 Rn. 6 ff. – Kommission/Irland.
[26] EuGH 167/88, Slg. 1989, 1653 Rn. 22 – AGPB; EuGH C-71/90, Slg. 1992, I-5175 Rn. 25 ff. – Spanien/Rat; EuGH C-73/90, Slg. 1992, I-5191 Rn. 31 ff. – Spanien/Rat.
[27] EuGH 147/79, Slg. 1980, 3005 Rn. 6 ff. – Hochstrass/EP.
[28] Vgl. *v. Bogdandy* in GHN AEUV Art. 18 Rn. 25; *Khan/Heinrich* in Geiger/Khan/Kotzur AEUV Art. 18 Rn. 3; *Holoubek* in Schwarze AEUV Art. 18 Rn. 39; *Hintersteininger* S. 107 ff.; *Rust* in von der Groeben/Schwarze/Hatje AEUV Art. 18 Rn. 39.

allerdings erledigt haben.[29] Die Union ist nun unmittelbar an ein entsprechendes Grundrecht gebunden (→ Rn. 34 ff.).

13 Schwierigkeiten zeigen sich hingegen bei der Bindung von **Privatpersonen**. Eine solche wäre nur gegeben, wenn Art. 18 Abs. 1 AEUV unmittelbare Drittwirkung entfaltete. Lange Zeit herrschte in dieser Hinsicht ein buntes Meinungsspektrum im Schrifttum,[30] das insbes. auf das Fehlen einschlägiger Entscheidungen des EuGH zurückzuführen war. In drei Urteilen zur Rechtmäßigkeit von Sportverbandssatzungen hatte sich der Gerichtshof mit der unmittelbaren Drittwirkung des Diskriminierungsverbots aus Gründen der Staatsangehörigkeit auseinandergesetzt. Einschlägig war nicht Art. 18 Abs. 1 AEUV, sondern die besonderen Diskriminierungsverbote im Bereich der Freizügigkeit und der Dienstleistungsfreiheit, die Art. 18 Abs. 1 AEUV in der Anwendung vorgehen (→ Rn. 9). Diese Normen wandte der EuGH auch auf Privatpersonen an, wenn die Diskriminierung aufgrund kollektiver Regelungen im Arbeits- und Dienstleistungsbereich erfolgte.[31]

14 Im Jahre 2000 **erweiterte** der Gerichtshof im *Angonese*-Urteil dann jedoch ausdrücklich die **Reichweite der unmittelbaren Drittwirkung.** Unter Bezugnahme auf seine Rspr. zu den Sportverbandssatzungen sowie auf das *Defrenne II*-Urteil, in dem er die unmittelbare Drittwirkung des Art. 157 Abs. 1 AEUV anerkannt hatte (→ § 48 Rn. 11), erklärte er, dass das im Bereich der Freizügigkeit geltende Diskriminierungsverbot aus Gründen der Staatsangehörigkeit auch Privatpersonen binde.[32] Noch weiter ging er in dem kurz danach ergangenen *Ferlini*-Urteil. In Fortentwicklung seiner bisherigen Rspr. erklärte er, dass Art. 18 Abs. 1 AEUV auch in Fällen gelte, in denen eine Gruppe oder Organisation gegenüber Einzelpersonen bestimmte Befugnisse ausüben und sie Bedingungen unterwerfen könne, welche die Wahrnehmung der Grundfreiheiten beeinträchtigten.[33]

15 Der EuGH hat mit diesen beiden Urteilen in einem ersten Schritt die bisher auf den kollektiven Arbeitsrechtsbereich beschränkte Drittwirkung der speziellen Diskriminierungsverbote auf alle privatrechtlichen Beziehungen erstreckt und in einem zweiten Schritt diese Rspr. auf Art. 18 Abs. 1 AEUV übertragen. Dass er im letzten Urteil nicht ausdrücklich eine Bindung aller Privatpersonen, sondern nur bestimmter Gruppen festgestellt hat, hängt mit der konkreten Fallkonstellation zusammen. Die Vorgehensweise des Gerichtshofs und seine Argumentation verdeutlichen jedoch, dass er von einer umfassenden **unmittelbaren Drittwirkung des Art. 18 Abs. 1 AEUV** ausgeht:[34] Die Erwägungen in Bezug auf Art. 157 AEUV müssten erst recht für Art. 45 AEUV gelten, in dem eine Grundfreiheit formuliert werde und der eine spezifische Anwendung des Art. 18 Abs. 1 AEUV darstelle. Die Diskriminierung aus Gründen der Staatsangehörigkeit solle ebenso wie Art. 157 AEUV eine nichtdiskriminierende Behandlung auf dem Arbeitsmarkt gewährleisten.[35] Seit dem Jahr 2000 besteht demnach für die Praxis Klarheit.[36] Der EuGH hat seine Judikatur in mehreren nachfolgenden Urteilen bestätigt.[37]

---

[29] AA offenbar *Schmahl* in Grabenwarter, EnzEur Bd. 2, § 15 Rn. 66.
[30] Ausf. zur Rechtslage bis 1999 (Rspr. und Literatur) *Hintersteiniger* S. 114 ff., 140 ff.
[31] EuGH 36/74, Slg. 1974, 1405 Rn. 16, 19 ff. – Walrave; EuGH 13/76, Slg. 1976, 1333 Rn. 17 f. – Dona; EuGH C-415/93, Slg. 1995, I-4921 Rn. 82 ff. – Bosman.
[32] EuGH C-281/98, Slg. 2000, I-4139 Rn. 29 ff., 36 – Angonese.
[33] EuGH C-411/98, Slg. 2000, I-8081 Rn. 50 – Ferlini.
[34] So auch *v. Bogdandy* in GHN AEUV Art. 18 Rn. 28.
[35] EuGH C-281/98, Slg. 2000, I-4139 Rn. 34 f. – Angonese.
[36] Trotzdem gibt es immer noch kritische Stimmen in der Literatur. Zustimmend etwa *Schmahl* in Grabenwarter, EnzEur Bd. 2, § 15 Rn. 67; *v. Bogdandy* in GHN AEUV Art. 18 Rn. 28; *Lenz* in Lenz/Borchardt EU-Verträge AEUV Art. 18 Rn. 10 (soweit Private Macht ausüben); zweifelnd hingegen *Epiney* in Calliess/Ruffert AEUV Art. 18 Rn. 44; *Holoubek* in Schwarze AEUV Art. 18 Rn. 44 f.; *Streinz* in Streinz AEUV Art. 18 Rn. 43; *Körber* EuR 2000, 932 (945 ff.) sowie *Wolf* in Bröhmer, Der Grundrechtsschutz in Europa, 2002, S. 9 (26 f.).
[37] Vgl. EuGH C-94/07, Slg. 2008, I-5939 Rn. 41 ff. – Racanelli; EuGH C-172/11, ECLI:EU:C:2014:157 Rn. 36 – Erny/Daimler.

b) Berechtigte. Art. 18 Abs. 1 AEUV ist nach stRspr **unmittelbar anwendbar.**[38] Er **16** bindet also alle nationalen Stellen, ohne dass es eines Umsetzungsaktes bedarf. Dem Einzelnen verleiht Art. 18 Abs. 1 AEUV ein primärrechtliches Recht auf Nichtdiskriminierung aus Gründen der Staatsangehörigkeit, das er gegenüber nationalen Behörden und Gerichten geltend machen kann.

Berechtigt sind zum einen alle **natürlichen Personen,** welche die **Staatsangehörigkeit** **17** **eines Mitgliedstaates** besitzen, dh alle Unionsbürger.[39] Das Kriterium der Staatsangehörigkeit richtet sich dabei nach dem jeweiligen nationalen Recht.[40] Eine mehrfache Staatsbürgerschaft führt nicht zum Verlust der Berechtigung. So kann sich etwa der Staatsangehörige eines Mitgliedstaates, der gleichzeitig die Staatsbürgerschaft eines Drittstaates besitzt, selbst dann auf Art. 18 Abs. 1 AEUV berufen, wenn er seinen ständigen Wohnsitz im Drittstaat hat.[41]

Erfasst sind darüber hinaus **juristische Personen,** welche die **Staatszugehörigkeit** **18** **eines Mitgliedstaates** besitzen. Eine Einbeziehung auch juristischer Personen scheint aus der Sicht des deutschen Rechts, das den Begriff der Staatsangehörigkeit nicht für juristische Personen verwendet[42], problematisch. Zugrunde zu legen sind jedoch Systematik und Begrifflichkeiten des Unionsrechts. Die meisten Stimmen in der Literatur greifen auf Art. 54 AEUV sowie auf teleologische Interpretationsansätze zurück, um eine Einbeziehung juristischer Personen zu begründen.[43] Überzeugender dürfte der Hinweis auf Art. 199 Nr. 4 AEUV sein, in dem von natürlichen und juristischen Personen, welche die „Staatsangehörigkeit" der Mitgliedstaaten besitzen, die Rede ist.[44] Der EuGH problematisiert die Frage nicht, sondern geht offenbar selbstverständlich von einer Berechtigung auch juristischer Personen aus.[45]

Umstritten und vom Gerichtshof bisher noch nicht entschieden ist die Frage, ob sich **19** auch **Drittstaatsangehörige** auf Art. 18 Abs. 1 AEUV berufen können. Die herrschende Ansicht im Schrifttum geht zu Recht davon aus, dass Zielsetzung und Zweck der Norm eine Einbeziehung von Nicht-Unionsbürgern ausschließen, Drittstaatsangehörige sich also allein auf spezielle, insbes. sekundärrechtliche Diskriminierungsverbote berufen können.[46] Das Ergebnis ist insofern schlüssig, als die Erstreckung subjektiver Marktrechte auf Drittstaatsangehörige über Assoziierungsabkommen nach Art. 217 AEUV erfolgt.[47]

Eigene Staatsangehörige gehören als Unionsbürger grundsätzlich zu dem berechtigten **20** Personenkreis. Ob sie sich im konkreten Fall auf Art. 18 Abs. 1 AEUV berufen können (Problematik der Inländerdiskriminierung) ist keine Frage der subjektiven Berechtigung, sondern des erfassten Lebensbereiches (→ Rn. 23).

---

[38] EuGH 186/87, Slg. 1989, 195 Rn. 11 – Cowan; EuGH verb. Rs. C-92/92 u. C-326/92, Slg. 1993, I-5145 Rn. 34 – Phil Collins; EuGH C-85/96, Slg. 1998, I-2691 Rn. 62 f. – Sala; EuGH C-274/96, Slg. 1998, I-7637 Rn. 16 – Bickel.
[39] EuGH C-85/96, Slg. 1998, I-2691 Rn. 62 – Sala; EuGH C-333/13, ECLI:EU:C:2014:2358 Rn. 59 – Dano mwN.
[40] Vgl. statt vieler *Kluth* in Calliess/Ruffert AEUV Art. 20 Rn. 8; *Rust* in von der Groeben/Schwarze/Hatje AEUV Art. 18 Rn. 39.
[41] EuGH C-122/96, Slg. 1997, I-5325 Rn. 15 – Saldanha. Vgl. auch EuGH C-369/90, Slg. 1992, I-4239 Rn. 15 – Micheletti (zur Niederlassungsfreiheit).
[42] So ausdrücklich OLG Düsseldorf NJW 1993, 2447.
[43] Vgl. *Hintersteiniger* S. 43 ff.; *v. Bogdandy* in GHN AEUV Art. 18 Rn. 29; *Holoubek* in Schwarze AEUV Art. 18 Rn. 34; *Plötscher* S. 100; *Rossi* EuR 2000, 197 (200 f.).
[44] So besonders deutlich *Schweitzer* FS Rudolf, 2001, 189 (192). Siehe auch *Rust* in von der Groeben/Schwarze/Hatje AEUV Art. 18 Rn. 46.
[45] EuGH verb. Rs. C-92/92 u. C-326/92, Slg. 1993, I-5145 Rn. 30 – Phil Collins; EuGH C-398/92, Slg. 1994, I-467 Rn. 16 – Mund & Fester.
[46] Vgl. *Rust* in von der Groeben/Schwarze/Hatje AEUV Art. 18 Rn. 45; *Holoubek* in Schwarze AEUV Art. 18 Rn. 36 f.; *Hintersteiniger* S. 57; *Lenz* in Lenz/Borchardt EU-Verträge AEUV Art. 18 Rn. 2; *Plötscher* S. 107; *Schweitzer* S. 189 (192). Differenzierend *v. Bogdandy* in GHN AEUV Art. 18 Rn. 30 ff.
[47] Ein solches Diskriminierungsverbot enthält etwa Art. 9 des Assoziierungsabkommens von 1963 mit der Türkei. Zur unmittelbaren Wirkung dieser Vorschrift vgl. EuGH 262/96, Slg. 1999, I-2685 ff. – Sürül sowie EuGH verb. Rs. C-102/98 u. C-211/98, Slg. 2000, I-1287 ff. – Kocak.

21 **c) Erfasster Lebensbereich.** Das allgemeine Diskriminierungsverbot aus Gründen der Staatsangehörigkeit gilt nur „**im Anwendungsbereich des Vertrages**". Die genauen Umrisse des Begriffes sind in der **Literatur** umstritten.[48]

22 Der **Gerichtshof** hat bislang noch keine abstrakte Umschreibung des Begriffs „im Anwendungsbereich des Vertrages", wohl aber Fallgruppen[49] entwickelt. Deutlich ist, dass er eine großzügige Auslegung zugrunde legt.[50] Kein Kriterium stellen allein die Kompetenzen dar. Ausdrücklich hat der EuGH in einem Fall die Anwendung des Art. 18 Abs. 1 AEUV bejaht, obwohl die in Frage kommende Materie nicht in die positive Rechtsetzungskompetenz der Union fiel. Maßgeblich sei, dass der Regelungsgegenstand nicht außerhalb des Unionsrechts stehe.[51] Entscheidend sind also nicht Kompetenzverteilungsfragen, sondern die Rechtswirkungen mitgliedstaatlicher Regelungen. In diesem Sinne lässt es der Gerichtshof ausreichen, dass eine unionsrechtlich geregelte Situation vorliegt.[52] Oder er sucht nach Berührungspunkten mit einem der Sachverhalte, auf die das Unionsrecht abstellt.[53] Auch genügen ihm nur mittelbare Auswirkungen auf den Austausch von Gütern und Dienstleistungen innerhalb der Union[54] bzw. die Grundfreiheiten insgesamt[55]. Die einzige ersichtliche Einschränkung besteht in der Berücksichtigung des „gegenwärtigen Entwicklungsstandes des Gemeinschaftsrechts".[56] Bedenkt man jedoch, wie sehr der Anwendungsbereich des Vertrages im Laufe der Zeit ausgeweitet worden ist – von Bedeutung sind insbes. die aus der Unionsbürgerschaft folgenden Rechte auf Freizügigkeit[57] – wird es wohl kaum noch Fälle geben, die nach der EuGH-Rspr. nicht in den Anwendungsbereich des Vertrages fallen.[58] Insofern ist zu schlussfolgern, dass grundsätzlich jede Materie unter Art. 18 Abs. 1 AEUV fällt, es sei denn, es gibt eine ausdrücklich vertraglich verankerte Ausnahme.

23 Nicht in den Anwendungsbereich des Vertrages und damit des Art. 18 Abs. 1 AEUV fällt grundsätzlich die **Inländerdiskriminierung** (oder umgekehrte Diskriminierung[59]). Sie entsteht, wenn ein Mitgliedstaat für innerstaatliche Sachverhalte strengere Normen aufstellt als für solche mit Auslandsbezug. In der Regel geschieht dies, weil das Unionsrecht, insbes. die Grundfreiheiten, zu notwendigen Änderungen der Normen für grenzüberschreitende Sachverhalte führen.[60] Der EuGH verneint in stRspr die Anwendbarkeit sowohl der besonderen Diskriminierungsverbote der Grundfreiheiten als auch des Art. 18 Abs. 1 AEUV auf rein innerstaatliche Sachverhalte.[61] Sobald allerdings ein Unionsbürger von den ihm vertraglich gewährten Rechten, insbes. seinen Grundfreiheiten, Gebrauch macht, fällt

---

[48] Vgl. *Epiney* in Calliess/Ruffert AEUV Art. 18 Rn. 21 ff. mwN.
[49] Vgl. *Bieber/Epiney/Haag* Die Europäische Union § 10 Rn. 7; *Schmahl* in Grabenwarter, EnzEur Bd. 2, § 15 Rn. 69.
[50] Kritisch dazu *Schmahl* in Grabenwarter, EnzEur Bd. 2, § 15 Rn. 70.
[51] EuGH 293/83, Slg. 1985, 593 Rn. 19 – Gravier.
[52] EuGH 186/87, Slg. 1989, 195 Rn. 10 – Cowan.
[53] EuGH 35 u. 36/82, Slg. 1982, 3723 Rn. 16 – Morson.
[54] EuGH C-43/95, Slg. 1996, I-4661 Rn. 15 – Data Delecta; EuGH C-323/95, Slg. 1997, I-1711 Rn. 17 – Hayes.
[55] EuGH C-122/96, Slg. 1997, I-5325 Rn. 17 – Saldanha.
[56] EuGH 39/86, Slg. 1988, 3161 Rn. 15 – Lair; EuGH 197/86, Slg. 1988, 3205 Rn. 18 – Brown.
[57] Vgl. EuGH C-85/96, Slg. 1998, I-2691 Rn. 57, 62 ff. – Martínez Sala; EuGH C-184/99, Slg. 2001, I-6193 Rn. 30 ff. – Grzelczyk; EuGH C-148/03 Slg. 2003, I-11613 Rn. 22 f. – Garcia Arello; EuGH C-209/03, ECLI:EU:C:2005:69 Rn. 31 ff. – Bidar; EuGH C-182/15, ECLI:EU:C:2016:630 Rn. 29 ff. – Petruhhin.
[58] So auch *Holoubek* in Schwarze AEUV Art. 18 Rn. 26. Ähnlich *Epiney* NVwZ 2017, 846 (848 f.).
[59] Den Begriff der umgekehrten Diskriminierung verwendet vor allem *Epiney* S. 33 f. Vgl. darüber hinaus *Hammerl* S. 28 f. und *Plötscher* S. 74 ff. mwN zur Terminologie.
[60] Vgl. *Hintersteiniger* S. 61 ff.; *Hammerl* S. 29 f.
[61] Aus der umfangreichen Rspr. vgl. exemplarisch EuGH 44/84, Slg. 1986, 29 Rn. 55 – Hurd; EuGH 355/85, Slg. 1986, 3231 Rn. 11 – Driancourt; EuGH 168/86, Slg. 1987, 995 Rn. 7 – Rousseau; EuGH 20/87, Slg. 1987, 4879 Rn. 10 ff. – Gauchard; EuGH 223/86, Slg. 1988, 83 Rn. 20 f. – Pesca Valentia; EuGH verb. Rs. 54/88, 91/88 u. C-14/89, Slg. 1990, I-3537 Rn. 11 f. – Nino; EuGH verb. Rs. C-29/94, C-30/94, C-31/94, C-32/94, C-33/94, C-34/94 u. C-35/94, Slg. 1995, I-301 Rn. 9 ff. – Aubertin; EuGH verb. Rs. C-22/08 u. C-23/08, ECLI:EU:C:2009:344 Rn. 53 – Vatsouras und Koupatantze.

sein Verhalten in den Anwendungsbereich des Unionsrechts.[62] In einem solchen Fall kann er sich auch gegenüber seinem eigenen Staat auf das Diskriminierungsverbot aus Gründen der Staatsangehörigkeit berufen. Das gilt etwa, wenn er nach Ausübung des Freizügigkeitsrechts wieder in seinen Heimatstaat zurückkehrt[63], wenn es um die Anerkennung eines im Ausland erworbenen Diploms[64] oder um die Ausübung der Dienstleistungsfreiheit vom eigenen Staatsgebiet aus geht[65]. Die Literatur folgt dem Gerichtshof weitestgehend.[66] Durch die Koppelung von Unionsbürgerschaft und Art. 18 AEUV in der EuGH-Rspr. ist tendenziell von einer Ausweitung des Anwendungsbereiches des Vertrages und damit auch von der zunehmenden Erfassung der Inländerdiskriminierung durch Art. 18 AEUV auszugehen.[67]

Die EuGH-Rspr. ist in sich schlüssig und dogmatisch konsequent. Richtigerweise trennt **24** der Gerichtshof strikt zwischen dem Anwendungsbereich des nationalen und des Unionsrechts. Die Frage, wie rein innerstaatliche Sachverhalte geregelt werden, und ob eine daraus folgende Schlechterstellung von Inländern rechtmäßig ist, stellt eine allein nach **nationalem Recht** (in Deutschland insbes. nach Art. 3 Abs. 1 GG[68]) zu beurteilende Frage dar.

3. Diskriminierung. Eine Diskriminierung aus Gründen der Staatsangehörigkeit liegt **25** vor, wenn eine Ungleichbehandlung an das Kriterium der Staatsangehörigkeit anknüpft. Erfasst sind nur Ungleichbehandlungen **durch ein und denselben Hoheitsträger.** Wird der gleiche Sachverhalt in verschiedenen Mitgliedstaaten unterschiedlich geregelt, scheidet Art. 18 Abs. 1 AEUV aus.[69]

Nach stRspr. und vom Schrifttum nicht in Frage gestellt, sind sowohl unmittelbare als **26** auch mittelbare Diskriminierungen untersagt. Das gilt für alle Diskriminierungsverbote, also sowohl für die im Bereich der Grundfreiheiten normierten als auch für Art. 18 Abs. 1 AEUV. Eine **unmittelbare (oder offene) Diskriminierung** liegt vor, wenn eine Regelung oder Maßnahme ausdrücklich an die Staatsangehörigkeit anknüpft, um eine Ungleichbehandlung herbeizuführen. Beispiele sind die allein von anderen Staatsangehörigen erhobenen Einschreibe- oder Studiengebühren,[70] das nur für Staatsangehörige anderer Mitgliedstaaten geltende Erfordernis, Prozesskostensicherheit zu leisten,[71] die Auslieferung nur von Staatsangehörigen anderer Mitgliedstaaten an einen Drittstaat,[72] die Erhebung von Museumseintrittsgeld nur von ausländischen Bürgern über 21 Jahre[73] oder die Beschränkung des kostenlosen Zugangs zu Museen nur auf eigene Staatsbürger über 60 Jahre.[74]

Als **mittelbare (oder verdeckte) Diskriminierungen** definiert der EuGH Ungleich- **27** behandlungen, „die durch die Anwendung anderer Unterscheidungsmerkmale tatsächlich

---

[62] Vgl. ausf. *v. Bogdandy* in GHN AEUV Art. 18 Rn. 51 ff.
[63] EuGH C-370/90, Slg. 1992, I-4265 Rn. 13 ff. – Singh.
[64] EuGH 136/78, Slg. 1979, 437 Rn. 19 ff. – Auer.
[65] EuGH C-384/93, Slg. 1995, I-1141 Rn. 30 – Alpine Investments.
[66] Vgl. *Lenz* in Lenz/Borchardt EU-Verträge AEUV Art. 18 Rn. 3; *Schmahl* in Grabenwarter, EnzEur Bd. 2, § 15 Rn. 71; *Kugelmann* in Merten/Papier, HdbGR Bd. VI/1, § 160 Rn. 49; *Holoubek* in Schwarze AEUV Art. 18 Rn. 28 ff. Differenzierend *Epiney* in Calliess/Ruffert AEUV Art. 18 Rn. 35 ff. Kritisch *v. Bogdandy* in GHN AEUV Art. 18 Rn. 50.
[67] So auch *v. Bogdandy* in GHN AEUV Art. 18 Rn. 52; *Holoubek* in Schwarze AEUV Art. 18 Rn. 28; ausf. zu dieser EuGH-Rspr. *Ambrosini* in Rossi/Casolari S. 255 ff.
[68] Näher dazu *Kirchhof* in Maunz/Dürig GG Art. 3 Abs. 1 Rn. 179, 275; *Jarass* in Jarass/Pieroth GG Art. 3 Rn. 97; *Osterloh* in Sachs GG Art. 3 Rn. 71; *Boysen* in v. Münch/Kunig GG Art. 3 Rn. 98; *Wollenschläger* in v. Mangoldt/Klein/Starck GG Art. 3 Abs. 1 Rn. 220.
[69] EuGH 14/68, Slg. 1969, 1 Rn. 13 – Wilhelm; EuGH 1/78, Slg. 1978, 1489 Rn. 18, 20 – Kenny; EuGH 223/86, Slg. 1988, 83 Rn. 18 – Pesca Valentia; EuGH C-50/96, Slg. 2000, I-743 Rn. 52 – Deutsche Telekom AG.
[70] EuGH 293/83, Slg. 1985, 593 Rn. 26 – Gravier; EuGH C-47/93, Slg. 1994, I-1593 Rn. 19 – Kommission/Belgien.
[71] EuGH C-122/96, Slg. 1997, I-5325 Rn. 26 ff. – Saldanha; EuGH C-323/95, Slg. 1997, I-1711 Rn. 25 – Hayes.
[72] EuGH C-182/15, ECLI:EU:C:2016:630 Rn. 32 – Petruhhin.
[73] EuGH C-45/93, Slg. 1994, I-911 Rn. 10 – Kommission/Spanien.
[74] EuGH C-388/01, Slg. 2003, I-721 Rn. 28 – Kommission/Italien.

zu dem gleichen Ergebnis führen".[75] Es muss also ein Kriterium herangezogen werden, von dem in der Regel nur Staatsangehörige anderer Mitgliedstaaten betroffen sind. Typische Beispiele sind Wohnsitz- oder Niederlassungserfordernisse[76] sowie die Anknüpfung an den Zulassungsort eines Kfz.[77] Mittelbar diskriminierend können aber auch das Erfordernis einer förmlichen Aufenthaltserlaubnis statt eines bloßen Wohnsitzes,[78] die grundsätzliche Befristung von Arbeitsverträgen mit Fremdsprachenlektoren,[79] die Zugehörigkeit zu einem nationalen System der sozialen Sicherheit, wenn ausländische Bürger in der Regel privat versichert sind,[80] oder die Größe und Maschinenstärke von Schiffen sein, wenn dadurch allein Teile der Fischereiflotten anderer Mitgliedstaaten von den eigenen Fischereizonen ausgeschlossen werden.[81]

28   **4. Objektive Rechtfertigung.** Bei der Frage, ob eine Diskriminierung aus Gründen der Staatsangehörigkeit objektiv rechtfertigungsfähig ist, wurde lange Zeit zwischen mittelbaren und unmittelbaren Diskriminierungen differenziert. Für **mittelbare Diskriminierungen** war die Möglichkeit einer objektiven Rechtfertigung weitestgehend anerkannt. Der EuGH prüft von jeher, ob sich für die Ungleichbehandlung objektive Gründe bzw. Erwägungen finden lassen, die von der Staatsangehörigkeit der Betroffenen unabhängig sind.[82] Teile des Schrifttums zogen daraus den Schluss, dass mittelbare Diskriminierungen einem relativen, also rechtfertigungsfähigen Verbot unterlägen, unmittelbare Diskriminierungen hingegen absolut verboten seien.[83] Andere Autoren plädierten bei beiden Diskriminierungsformen für ein absolutes Verbot.[84] Die EuGH-Rspr. sei so zu interpretieren, dass nicht eine Rechtfertigung gegeben sei, sondern der Tatbestand der Diskriminierung ausgeschlossen werde. Nur wenige Stimmen bejahten die Möglichkeit einer Rechtfertigung bei allen Arten von Diskriminierungen.[85]

29   Blickt man auf die Rspr., so schien in der Tat vieles dafür zu sprechen, bei **unmittelbaren Diskriminierungen** von einem absoluten Verbot auszugehen. Der Gerichtshof ging in der Regel auf eine mögliche Rechtfertigung nicht ein.[86] Allerdings gab es auch deutliche Ausnahmen.[87] Mit der Entscheidung *Saldanha* aus dem Jahre 1997 dürfte in dieser Hinsicht nunmehr Klarheit bestehen. Der Gerichtshof prüfte, nachdem er im *Hayes*-Urteil bereits darauf hingewiesen hatte, dass auch unmittelbare Diskriminierungen objektiv rechtfertigungsfähig sein könnten,[88] wie selbstverständlich, ob für eine unmittelbare Dis-

---

[75] EuGH 152/73, Slg. 1974, 153 Rn. 11 – Sotgiu; EuGH 22/80, Slg. 1980, 3427 Rn. 9 – Boussac; EuGH 41/84, Slg. 1986, Rn. 23 – Pinna; EuGH C-398/92, Slg. 1994, I-467 Rn. 14 – Mund & Fester; EuGH C-29/95, Slg. 1997, I-285 Rn. 16 – Pastoors; EuGH C-411/98, Slg. 2000, I-8081 Rn. 57 – Ferlini; EuGH C-628/11, ECLI:EU:C:2014:171 Rn. 64 – International Jet Management mwN. Näher zur mittelbaren Diskriminierung aufgrund der Staatsangehörigkeit *Stampe*, Das Verbot der indirekten Diskriminierung wegen des Geschlechts, 2001, S. 76 ff.
[76] EuGH 152/73, Slg. 1974, 153 Rn. 11 – Sotgiu; EuGH C-111/91, Slg. 1993, I-817 Rn. 9 f. – Kommission/Luxemburg; EuGH 279/93, Slg. 1995, I-225 Rn. 27 ff. – Schumacker; EuGH C-29/95, Slg. 1997, I-285 Rn. 17 – Pastoors; EuGH C-388/01, Slg. 2003, I-721 Rn. 14 – Kommission/Italien.
[77] EuGH C-224/00, Slg. 2002, I-2965 Rn. 19 – Kommission/Italien.
[78] EuGH C-85/96, Slg. 1998, I-2691 Rn. 65 – Sala.
[79] EuGH C-272/92, Slg. 1993, I-5185 Rn. 21 – Spotti.
[80] EuGH C-411/98, Slg. 2000, I-8081 Rn. 58 – Ferlini.
[81] EuGH 61/77, Slg. 1978, 417 Rn. 78, 80 – Kommission/Irland.
[82] EuGH C-398/92, Slg. 1994, I-467 Rn. 17 – Mund & Fester; EuGH C-29/95, Slg. 1997, I-285 Rn. 19 – Pastoors; EuGH C-15/96, Slg. 1998, I-47 Rn. 21 – Schöning-Kougebetopoulou; EuGH C-274/96, Slg. 1998, I-7637 Rn. 27 – Bickel; EuGH C-411/98, Slg. 2000, I-8081 Rn. 59 – Ferlini.
[83] So etwa *v. Borries* EuZW 1994, 474 (475).
[84] So *Reitmaier*, Inländerdiskriminierungen nach dem EWG-Vertrag, 1984, S. 36 f.; *Mohn*, Der Gleichheitssatz im Gemeinschaftsrecht, 1990, S. 10.
[85] *Zuleeg* in GTE EGV Art. 6 Rn. 3; *Epiney* S. 94 ff., 99 f.
[86] Vgl. etwa EuGH 293/83, Slg. 1985, 593 Rn. 15 ff. – Gravier; EuGH C-43/95, Slg. 1996, I-4661 Rn. 17 ff. – Data Delecta; EuGH C-184/99, Slg. 2001, I-6193 Rn. 29 ff. – Grzelczyk.
[87] EuGH 13/76, Slg. 1976, 1333 Rn. 14, 16 – Donà; EuGH 147/79, Slg. 1980, 3005 Rn. 7 ff. – Hochstrass/EP.
[88] EuGH C-323/95, Slg. 1997, I-1711 Rn. 24 – Hayes: Da die unmittelbare Diskriminierung auf jeden Fall unverhältnismäßig sei, müsse eine objektive Rechtfertigung nicht geprüft werden.

kriminierung objektive Rechtfertigungsgründe in Betracht kämen.[89] In nachfolgenden Urteilen behielt der EuGH diese Linie bei.[90] Angesichts dieser Entwicklungen bejahen mittlerweile die meisten Stimmen in der Literatur die Möglichkeit einer objektiven Rechtfertigung auch bei unmittelbaren Diskriminierungen.[91]

Dieser Ansicht ist zuzustimmen. Ob eine Diskriminierung unmittelbar oder mittelbar erfolgt, ist für den Betroffenen im Ergebnis irrelevant. Entscheidend für die Rechtswidrigkeit einer Ungleichbehandlung ist nicht ihre offene oder versteckte Erscheinungsweise, sondern die Gründe, auf die sie zurückzuführen ist. Sind diese objektiver Natur, ist eine Rechtfertigung gegeben – bei **jeder Form von Diskriminierung.** Deutlich ist allerdings, dass bei mittelbaren Diskriminierungen, denen gerade „neutrale" Differenzierungskriterien zugrunde liegen, eine objektive Rechtfertigung weitaus häufiger in Betracht kommen wird als bei unmittelbaren Diskriminierungen. Das erklärt auch, weshalb Rechtfertigungsaspekte bei letzterer Gruppe nur in Ausnahmefällen eine Rolle gespielt haben und spielen werden. 30

5. Verhältnismäßigkeit. Der EuGH prüft, falls sich Anhaltspunkte im Sachverhalt ergeben, nach der objektiven Rechtfertigung noch als **zusätzlichen Prüfungspunkt** die Verhältnismäßigkeit. Das gilt für mittelbare[92] wie für unmittelbare[93] Diskriminierungen. In der Literatur entspricht das Meinungsbild zur Verhältnismäßigkeitsprüfung demjenigen zur Möglichkeit einer objektiven Rechtfertigung: Wird die Möglichkeit einer objektiven Rechtfertigung bejaht, so wird auch im Anschluss die Frage der Verhältnismäßigkeit geprüft.[94] Diese Sichtweise entspricht der Praxis. Nachdem der Gerichtshof klargestellt hat, dass sowohl mittelbare als auch unmittelbare Diskriminierungen rechtfertigungsfähig sind (→ Rn. 29), ist bei **jeder Diskriminierung** aus Gründen der Staatsangehörigkeit die Verhältnismäßigkeit der Ungleichbehandlung zu prüfen. 31

6. Rechtsfolgen eines Verstoßes. Verstößt eine **innerstaatliche Norm oder Maßnahme** gegen Art. 18 Abs. 1 AEUV, führt der Anwendungsvorrang des Unionsrechts zu ihrer Nichtanwendung. Unmittelbare Folge ist, dass Staatsangehörige anderer Mitgliedstaaten die gleiche Behandlung wie eigene Staatsangehörige erfahren. Das Ergebnis korrespondiert mit dem vom EuGH aus der unmittelbaren Anwendbarkeit abgeleiteten Anspruch eines jeden Unionsbürgers, genauso behandelt zu werden wie die Staatsangehörigen des betreffenden Mitgliedstaates.[95] Das bedeutet jedoch nicht, dass der Mitgliedstaat die so 32

---

[89] EuGH C-122/96, Slg. 1997, I-5325 Rn. 26 ff. – Saldanha.
[90] Vgl. etwa EuGH C-360/00, Slg. 2002, I-5089 Rn. 32 f. – Ricordi & Co.; EuGH C-165/07, Slg. 2008, I-4143 Rn. 13 f. – Wood; EuGH C-524/06, Slg. 2008, I-9705 Rn. 76 ff. – Huber.
[91] So *Schweitzer* S. 195 f.; *v. Bogdandy* in GHN AEUV Art. 18 Rn. 23; *Streinz* in Streinz AEUV Art. 18 Rn. 58 ff.; *Epiney* in Calliess/Ruffert AEUV Art. 18 Rn. 41; *Kingreen* in Ehlers GuG § 13 Rn. 25; *Rossi* EuR 2000, 197 (211 ff.); *Wahle* EuZW 1999, 84 (85); *Schmahl* in Grabenwarter, EnzEur Bd. 2, § 15 Rn. 78. Anders *Holoubek* in Schwarze AEUV Art. 18 Rn. 21 ff.; *Sattler* S. 261, die weiterhin von einem absoluten Verbot der unmittelbaren Diskriminierung ausgehen und die neueren EuGH-Entscheidungen so verstehen, dass der Gerichtshof einen möglichen Ausschluss des Tatbestandes der Diskriminierung prüfe.
[92] EuGH C-237/94, Slg. 1996, I-2617 Rn. 17 ff. – O'Flynn; EuGH C-29/95, Slg. 1997, I-285 Rn. 18 f., 22 ff., 28 – Pastoors; EuGH C-15/96, Slg. 1998, I-47 Rn. 21 – Schöning-Kougebetopoulou; EuGH C-274/96, Slg. 1998, I-7637 Rn. 27 – Bickel; EuGH C-411/98, Slg. 2000, I-8081 Rn. 59 – Ferlini; EuGH C-224/00, Slg. 2002, I-2965 Rn. 20 – Kommission/Italien; EuGH C-628/11, ECLI:EU: C:2014:171 Rn. 64 f. – International Jet Management mwN.
[93] EuGH C-323/95, Slg. 1997, I-1711 Rn. 24 – Hayes. Zwar nicht ausdrücklich, aber der Sache nach bereits in EuGH 13/76, Slg. 1976, 1333 Rn. 14, 16 – Dona: Die Beschränkung dürfe nicht weitergehen, als ihr Zweck dies erfordert.
[94] Eine Verhältnismäßigkeitsprüfung bejahen dementsprechend bspw. *Schweitzer* S. 195; *Bieber/Epiney/Haag/Kotzur* Die Europäische Union § 10 Rn. 8; *Streinz* in Streinz AEUV Art. 18 Rn. 62; *Kingreen* in Ehlers GuG § 13 Rn. 24 f.; *Rossi* EuR 2000, 197 (214 f.); *Schmahl* in Grabenwarter, EnzEur Bd. 2, § 15 Rn. 79. Eine Verhältnismäßigkeitsprüfung nur für mittelbare Diskriminierungen, da bei unmittelbaren ein absolutes Verbot angenommen wird, vertreten *Holoubek* in Schwarze AEUV Art. 18 Rn. 21 ff. und *Sattler* S. 261.
[95] EuGH 186/87, Slg. 1989, 195 Rn. 10 – Cowan; EuGH verb. Rs. C-92/92 u. C-326/92, Slg. 1993, I-5145 Rn. 34 – Phil Collins.

entstehende Rechtslage nicht mehr ändern dürfte. Selbst wenn der EuGH mangels entsprechender Notwendigkeit dies bislang noch nicht ausdrücklich festgestellt haben sollte, gilt bei Verstößen des nationalen Rechts gegen Art. 18 Abs. 1 AEUV nichts Anderes als bei Verstößen gegen sonstige Gleichheitsgebote: Der Staat kann gemäß der bei Gleichheitsrechten üblichen Entscheidungstrias (→ § 47 Rn. 37 sowie → § 48 Rn. 74) eine Neuregelung erlassen, in der die benachteiligte Gruppe wie die begünstigte Gruppe, die begünstigte Gruppe wie die benachteiligte Gruppe oder beide Gruppen auf eine neue, dritte Weise behandelt werden.[96]

II. Ermächtigungsnorm (Art. 18 Abs. 2 AEUV)

33 Art. 18 Abs. 2 AEUV ermächtigt Parlament und Rat, Regelungen für das Diskriminierungsverbot aus Gründen der Staatsangehörigkeit zu treffen. Ermöglicht wird also eine sekundärrechtliche Konkretisierung und Ausformung des Verbots. Insofern liegt eine Parallele zur Gleichheit der Geschlechter im Erwerbsleben vor (→ § 48 Rn. 3 ff., 7 ff.). Allerdings kommt der sekundärrechtlichen Ausgestaltungsmöglichkeit beim Diskriminierungsverbot aus Gründen der Staatsangehörigkeit – anders als bei der Gleichheit der Geschlechter im Erwerbsleben – bislang **keine wesentliche praktische** Bedeutung zu. Es sind nur vereinzelt sekundärrechtliche Normen auf seiner Basis erlassen worden.[97] Nicht zu vernachlässigen ist allerdings sein **Potential**.[98] Laut EuGH haben sich die nach Art. 18 Abs. 2 AEUV erlassenen Rechtsakte nicht auf die Regelung der sich aus Art. 18 Abs. 1 AEUV ergebenden Rechte zu beschränken; „sie können sich vielmehr auch auf Gesichtspunkte beziehen, deren Regelung notwendig erscheint, damit diese Rechte wirksam ausgeübt werden können." [99]

III. Grundrecht

34 **1. Verankerung und Herleitung nach Art. 6 EUV.** Das Diskriminierungsverbot aus Gründen der Staatsangehörigkeit hat Aufnahme in Art. 21 Abs. 2 GRC gefunden. Damit stellt es gemäß **Art. 6 Abs. 1 EUV** ein EU-Grundrecht dar.

35 In der **EMRK,** der die EU gemäß **Art. 6 Abs. 2 EUV** beizutreten beabsichtigt, ist das Diskriminierungsverbot aus Gründen der Staatsangehörigkeit nicht als Menschenrecht verankert. Es findet sich in Art. 14 EMRK lediglich ein akzessorisches,[100] dh ein auf die Konventionsrechte beschränktes Diskriminierungsverbot aus Gründen der nationalen Herkunft. Insofern kann die EGMR-Rspr. nicht unmittelbar herangezogen werden.

36 Gemäß **Art. 6 Abs. 3 EUV** sind schließlich die Grundrechte als **allgemeine Grundsätze** Teil des Unionsrechts. Zu ihrer Herleitung ist auf die Verfassungsüberlieferungen der Mitgliedstaaten, auf die EMRK (→ Rn. 35) sowie auf weitere, von den EU-Mitgliedstaaten ratifizierte völkerrechtliche Menschenrechtsverträge zurück zu greifen.[101] Analysiert man die **Verfassungen der Mitgliedstaaten,** so enthalten nur die bulgarische (Art. 6 Abs. 2 S. 2 bulgVerf), die estnische (§ 12 Abs. 1 S. 1 estVerf), die griechische (Art. 5 Abs. 2 griechVerf), die litauische (Art. 29 Abs. 2 litVerf) und die slowenische Verfassung (Art. 14 Abs. 1 slowenVerf) ein Diskriminierungsverbot aus Gründen der Nationalität. Eine gemeinsame Verfassungsüberlieferung des Inhalts, dass Diskriminierungen aus Gründen der Staatsangehörigkeit verboten wären, existiert also nicht. Dieses Ergebnis entspricht dem Grundsatz der Personalhoheit, der es den Staaten erlaubt, eigene und fremde Staatsangehörige unterschiedlich zu behandeln. Dementsprechend gibt es auch keine **völkerrecht-**

---

[96] So auch *Kischel* EuGRZ 1997, 1 (9); *Kingreen* in Ehlers GuG § 13 Rn. 26.
[97] Die RL 2004/38/EG wurde bspw. auf der Basis von Art. 46, 50, 59, 18 und 21 AEUV erlassen.
[98] Vgl. *Epiney* in Calliess/Ruffert AEUV Art. 18 Rn. 49; *Streinz* in Streinz AEUV Art. 18 Rn. 71.
[99] Vgl. EuGH C-295/90, Slg. 1992, I-4193 Rn. 18 – Parlament/Rat.
[100] Vgl. statt vieler *Sauer* in Karpenstein/Mayer EMRK Art. 14 Rn. 14 ff.
[101] Vgl. *Kingreen* in Ehlers GuG § 21 Rn. 3 ff.

lichen Menschenrechtsverträge, die ein Diskriminierungsverbot aus Gründen der Staatsangehörigkeit enthalten.

Wohl aber finden sich – ähnlich wie bei der EMRK (→ Rn. 35) – sowohl in den **37** Verfassungen als auch in völkerrechtlichen Verträgen **andere Diskriminierungsverbote** (→ Rn. 66, 76), die sich mit dem Diskriminierungsverbot aus Gründen der Staatsangehörigkeit **gleichsetzen** lassen. Neun **Verfassungen** enthalten entsprechende Bestimmungen. Die portugiesische (Art. 13 Abs. 2 portVerf) Verfassung verbietet eine Diskriminierung aus Gründen des Herkunftsterritoriums. Die maltesische (Art. 45 maltVerf) Verfassung untersagt Diskriminierungen aus Gründen des Herkunftsortes. Die britische (Art. 1 § 1 lit. b brit Human Rights Act v. 1998 iVm Art. 14 EMRK), die slowakische (Art. 12 Abs. 2 slowakVerf), die tschechische (Art. 10 tschechVerf iVm Art. 14 EMRK), die ungarische (Art. XV Abs. 2 ungVerf), die zypriotische (Art. 28 Abs. 2 zypVerf) und die kroatische (Art. 14 Abs. 1 kroVerf) verbieten Diskriminierungen aus Gründen der nationalen Herkunft. Das Grundgesetz (Art. 3 Abs. 3 GG) enthält ein Diskriminierungsverbot aus Gründen der Heimat und Herkunft. Untersucht man die einschlägigen, von allen Mitgliedstaaten ratifizierten **völkerrechtlichen Menschenrechtsverträge,** so findet sich im IPBPR (Art. 26 S. 2 IPBPR) und der UN-Konvention über die Rechte des Kindes (Art. 2 Abs. 1 CRC) jeweils ein Diskriminierungsverbot aus Gründen der nationalen Herkunft. Dasselbe gilt für die rechtlich unverbindliche AEMR (Art. 2 Abs. 1 AEMR). Das ILO-Übereinkommen Nr. 111 verwendet in Art. 2 iVm Art. 1 den Begriff der nationalen Abstammung. Die Begriffe Heimat, Herkunft, Herkunftsland, nationale Herkunft bzw. nationale Abstammung sind nicht mit der Staatsangehörigkeit identisch.[102] Letztere ist eine rechtliche Bindung, während Heimat, Herkunft und Abstammung tatsächliche, insbes. biologische und emotionale Bindungen darstellen. Trotzdem stehen die Begriffe nicht völlig beziehungslos nebeneinander. Häufig entspricht die Staatsangehörigkeit der nationalen Herkunft oder Abstammung.

Darüber hinaus weisen die Verfassungen der Mitgliedstaaten in zwei Punkten deutliche **38** Parallelen auf:[103] Der erste betrifft die **Grundrechtsgewährleistungen für Ausländer.** Alle Verfassungen kennen Grundrechte, die nicht nur für die eigenen Staatsangehörigen gelten, sondern auch für Ausländer und Staatenlose.[104] Belgien, Portugal sowie, differenzierend, Schweden[105] bspw. gewähren allen Personen, die sich im Inland aufhalten, dieselben Grundrechte und unterstellen sie lediglich einem Gesetzesvorbehalt. Der zweite Punkt bezieht sich auf die **Gleichbehandlung in föderal organisierten Staaten.** Diese stellen die Gleichbehandlung ihrer Staatsangehörigen in allen Gliedstaaten durch die Verfassung sicher.[106] Das dem Diskriminierungsverbot aus Gründen der Staatsangehörigkeit zugrunde liegende Prinzip, in einem Zusammenschluss von Staaten alle dazugehörenden Staatsangehörigen gleich zu behandeln, ist also ein im innerstaatlichen Recht bekannter Grundsatz.

Als Ergebnis ist daher festzuhalten, dass es sich bei dem Diskriminierungsverbot aus **39** Gründen der Staatsangehörigkeit **nicht nur um ein primärrechtliches Recht** nach Art. 18 Abs. 1 AEUV, sondern darüber hinaus auch gemäß der Herleitung nach Art. 6 EUV um ein **Grundrecht** handelt.

2. Inhalt. Anders als bei der Gleichheit von Männern und Frauen, wo sich das primär- **40** rechtliche Recht und das Grundrecht von ihrer inhaltlichen Reichweite her unterscheiden

---

[102] Für den IPBPR vgl. ausdrücklich *Nowak* CCPR Art. 26 Rn. 33 mwN. Die Bezeichnung „Heimat" im Grundgesetz etwa umfasst die emotional besetzte örtliche Herkunft eines Menschen nach Geburt oder Ansässigkeit, vgl. BVerfGE 102, 41 (53) – Kriegsopferentschädigung. Der Begriff „Abstammung" bezeichnet die natürlichen biologischen Beziehungen eines Menschen zu seinen Vorfahren; mit „Herkunft" ist die von den Vorfahren hergeleitete sozialstandesmäßige Verwurzelung gemeint, zu beiden vgl. BVerfGE 9, 124 (128 f.) – Armenrecht.
[103] Auf diese beiden Punkte macht *Hölscheidt* in NK-EuGRCh GRCh Art. 21 Rn. 20 ff. aufmerksam.
[104] Vgl. *Hölscheidt* in NK-EuGRCh GRCh Art. 21 Rn. 21 mwN.
[105] Art. 191 belgVerf, Art. 15 portVerf, Kap. 2 § 22 schwedVerf.
[106] Art. 33 Abs. 1 GG, Art. 139 Abs. 1 spanVerf, Art. 10 Abs. 2 belgVerf.

(→ § 48 Rn. 2, 78, 86), ist das Diskriminierungsverbot aus Gründen der Staatsangehörigkeit als Grundrecht (Art. 21 Abs. 2 GRC) **inhaltlich identisch** mit dem Diskriminierungsverbot aus Gründen der Staatsangehörigkeit als primärrechtlichem Recht (Art. 18 Abs. 1 AEUV).[107] Insofern kann auf die oben gemachten Ausführungen (→ Rn. 12 ff.) verwiesen werden.

41 Es gibt nur **zwei Ausnahmen,** die beide den Verpflichtetenkreis betreffen. Als EU-Grundrecht bindet das Diskriminierungsverbot zum einen in erster Linie die **Organe und Einrichtungen der EU** und nur in zweiter Linie die Mitgliedstaaten, wenn und soweit sie Unionsrecht ausführen (→ § 9 Rn. 31 ff.). Zum anderen ist die unmittelbare Drittwirkung, also die **Bindung von Privatpersonen** anders zu beurteilen. Wie oben dargelegt (→ § 47 Rn. 13 sowie → § 48 Rn. 84) können zwar primärrechtliche Rechte, nicht aber EU-Grundrechte eine unmittelbare Drittwirkung entfalten (aber → § 9 Rn. 55 ff.). Diese sind, wie auch Art. 51 Abs. 1 GRC in aller Deutlichkeit formuliert, gerade nicht an Privatpersonen gerichtet. Privatpersonen sind daher zwar an das Diskriminierungsverbot aus Gründen der Staatsangehörigkeit gebunden; diese Bindung erfolgt aber nicht über das EU-Grundrecht, sondern über das primärrechtliche Recht des Art. 18 Abs. 1 AEUV. In der Literatur wird vereinzelt noch eine dritte Ausnahme vertreten: Die Verankerung des Diskriminierungsverbotes aus Gründen der Staatsangehörigkeit in Art. 21 Abs. 2 GRC führe dazu, dass sich auch **Drittstaatsangehörige** darauf berufen könnten.[108] Eine solche Ansicht ist abzulehnen. Art. 21 Abs. 2 GRC enthält kein allgemeines Menschenrecht, sondern ein Unionsbürgergrundrecht.[109]

D. Weitere Diskriminierungsverbote

42 Zu dem Diskriminierungsverbot aus Gründen der Staatsangehörigkeit tritt eine Reihe **weiterer Diskriminierungsverbote** hinzu. Sie finden sich in insgesamt drei Normen verankert: Art. 19 AEUV und Art. 10 AEUV (Diskriminierungsverbot aus Gründen des Geschlechts, der Rasse, der ethnischen Herkunft, der Religion oder der Weltanschauung, einer Behinderung, des Alters und der sexuellen Ausrichtung) sowie Art. 21 Abs. 1 GRC (zusätzlich Diskriminierungsverbote aus Gründen der Hautfarbe, der sozialen Herkunft, der genetischen Merkmale, der Sprache, der politischen oder sonstigen Anschauung, der Zugehörigkeit zu einer nationalen Minderheit, des Vermögens und der Geburt). Wegen ihrer Doppel- bzw. Dreifachnatur ist die erste Gruppe getrennt von der zweiten Gruppe zu behandeln.

I. Geschlecht, Rasse, ethnische Herkunft, Religion, Weltanschauung, Behinderung, Alter und sexuelle Ausrichtung

43 **1. Ermächtigungsnorm (Art. 19 AEUV).** Der Vertrag von Amsterdam fügte dem Primärrecht eine neue Bestimmung, Art. 13 EGV-Amsterdam, hinzu, in welcher der Rat ermächtigt wird, im Rahmen der Zuständigkeiten der Union einstimmig Vorkehrungen zur Bekämpfung von Diskriminierungen aus Gründen des **Geschlechts,** der **Rasse,** der **ethnischen Herkunft,** der **Religion** oder der **Weltanschauung,** einer **Behinderung,** des **Alters** oder der **sexuellen Ausrichtung** zu treffen.[110] Durch den Vertrag von Nizza

---

[107] Vgl. Erläuterungen des Präsidiums zu Art. 21 GRC; *Schmahl* in Grabenwarter, EnzEur Bd. 2, § 15 Rn. 60; *Kugelmann* in Merten/Papier, HdbGR Bd. VI/1, § 160 Rn. 51; *Rossi* in Calliess/Ruffert GRC Art. 21 Rn. 11; *Streinz* in Streinz GRC Art. 21 Rn. 8. Ähnlich *Epiney* in Calliess/Ruffert AEUV Art. 18 Rn. 2. Die ausführlichen Kommentierungen von Art. 21 GRC entsprechen inhaltlich auch den Ausführungen zu Art. 18 Abs. 1 AEUV, vgl. etwa Jarass GRCh Art. 21 Rn. 34 ff. Zur Frage, ob mit dem Diskriminierungsverbot auch tatsächlich eine Gleichheit aller Unionsbürger verwirklicht ist, vgl. *McDonell* in Rossi/Casolari S. 199 ff.
[108] So *Kugelmann* in Merten/Papier, HdbGR Bd. VI/1, § 160 Rn. 52.
[109] So auch *Schmahl* in Grabenwarter, EnzEur Bd. 2, § 15 Rn. 63, 80; *Hölscheidt* in NK-EuGRCh GRCh Art. 21 Rn. 58; *Michl* in FK-EUV/GRC/AEUV GRC Art. 21 Rn. 15.
[110] Zur Entstehungsgeschichte vgl. *Stalder* S. 2 ff.

wurde Art. 13 EGV-Amsterdam um Abs. 2 erweitert, der für Maßnahmen, mit denen das Handeln der Mitgliedstaaten zur Verwirklichung der Diskriminierungsverbote unter Ausschluss jeglicher Harmonisierung der Rechts- und Verwaltungsvorschriften gefördert wird, das Verfahren der Mitentscheidung vorsieht. Seit dem Vertrag von Lissabon findet sich die Norm fast vollständig inhaltsgleich in Art. 19 AEUV.

Art. 19 AEUV stellt eine **Ermächtigungsnorm**[111] dar. Während sich Abs. 1 auf Maßnahmen zur Bekämpfung von Diskriminierungen auf mitgliedstaatlicher Ebene richtet, hat Abs. 2 Maßnahmen zur Förderung entsprechenden mitgliedstaatlichen Handelns ohne Harmonisierung nationaler Normen zum Gegenstand. Konsequenterweise ist das Entscheidungsverfahren im ersten Fall strenger ausgestaltet als im zweiten. Art. 19 AEUV kommt – anders als der Ermächtigungsnorm des Art. 18 Abs. 2 AEUV (→ Rn. 33) – erhebliche praktische Bedeutung zu (→ Rn. 49 ff.). 44

a) **Reichweite.** Maßnahmen zur Diskriminierungsbekämpfung sind nur „**unbeschadet der sonstigen Bestimmungen dieses Vertrages**" zulässig. Die von Art. 18 Abs. 1 AEUV abweichende Formulierung (unbeschadet der besonderen Bestimmungen) erklärt sich damit, dass es zwar besondere Diskriminierungsverbote aus Gründen der Staatsangehörigkeit, nicht aber besondere Diskriminierungsverbote aus den in Art. 19 Abs. 1 AEUV genannten Gründen gibt. Die Formel in Art. 19 Abs. 1 AEUV ist demnach so zu verstehen, dass die Norm subsidiärer Natur ist: Sie gelangt nur zur Anwendung, wenn sonstige Ermächtigungsnormen nicht herangezogen werden können.[112] Die Ansicht, nach der Art. 19 AEUV kumulativ neben andere Ermächtigungsgrundlagen tritt,[113] führt nicht nur zu Inkompatibilitäten mit dem Wortlaut der Norm („unbeschadet" bedeutet Subsidiarität), sondern sieht sich auch mit der Schwierigkeit konfrontiert, dass eine Maßnahme nur dann auf mehrere Rechtsgrundlagen gestützt werden kann, wenn diese das gleiche Rechtsetzungsverfahren vorschreiben.[114] Einigkeit herrscht allerdings hinsichtlich des Verhältnisses zu Art. 352 AEUV:[115] Dieser tritt hinter Art. 19 AEUV zurück. 45

Geschaffen wurde mit Art. 19 AEUV keine umfassende **Kompetenz** zur Diskriminierungsbekämpfung, sondern nur eine solche „**im Rahmen der** durch den Vertrag auf die Union **übertragenen Zuständigkeiten**". Es herrscht Uneinigkeit im Schrifttum über die Frage, was unter dieser Formulierung zu verstehen ist. Inhaltlich am weitesten geht der Vorschlag, die entsprechende Judikatur zu Art. 18 Abs. 1 AEUV (→ Rn. 22) auf Art. 19 AEUV zu übertragen.[116] Ausreichend wäre also das Vorliegen einer unionsrechtlich geregelten Situation bzw. eines Berührungspunktes mit einem Sachverhalt, auf den das Unionsrecht abstellt. Andere Autoren nehmen eine zuständigkeitsbegrenzende Auslegung vor und verlangen das Vorliegen selbständiger Rechtsetzungskompetenzen der Union.[117] Eine vermittelnde Ansicht stellt auf die materiellen Zuständigkeiten ab, erweitert die zweite 46

---

[111] Das ist auch im Schrifttum, soweit ersichtlich, unbestritten, vgl. *Epiney* in Calliess/Ruffert AEUV Art. 19 Rn. 1; *Grabenwarter* in GHN AEUV Art. 19 Rn. 6; *Khan/Heinrich* in Geiger/Khan/Kotzur AEUV Art. 19 Rn. 2; *Lenz* in Lenz/Borchardt EU-Verträge AEUV Art. 19 Rn. 21; *Holoubek* in Schwarze AEUV Art. 19 Rn. 1; *Plötscher* S. 260; *Haratsch* S. 209; *Dieball* EuR 2000, 274 (278); *Jochum* FS Hailbronner, 2013, 459 (461).
[112] Vgl. *Epiney* in Calliess/Ruffert AEUV Art. 19 Rn. 4; *Grabenwarter* in GHN AEUV Art. 19 Rn. 18; *Jochum* FS Hailbronner, 2013, 459 (463); *Haratsch* in Klein S. 206 ff. Eine Untersuchung der in Betracht kommenden übrigen Ermächtigungsnormen bietet *Stalder* S. 93 ff.
[113] So *Holoubek* in Schwarze AEUV Art. 19 Rn. 7.
[114] So der richtige Hinweis von *Haratsch* in Klein S. 207. Vgl. EuGH C-300/89, Slg. 1991, I-2867 Rn. 17 ff. – Kommission/Rat.
[115] Vgl. *Grabenwarter* in GHN AEUV Art. 19 Rn. 21; *Epiney* in Calliess/Ruffert AEUV Art. 19 Rn. 4; *Holoubek* in Schwarze AEUV Art. 19 Rn. 10; *Lenz* in Lenz/Borchardt EU-Verträge AEUV Art. 19 Rn. 10; *Jochum* FS Hailbronner, 2013, 459 (461); *Plötscher* S. 261; *Stalder* S. 95; *Haratsch* in Klein S. 208.
[116] Vgl. *Haratsch* in Klein S. 208 f.; Thun-Hohenstein Amsterdam-Vertrag S. 26; *Geiger* in Geiger/Khan/Kotzur AEUV Art. 19 Rn. 8.
[117] Vgl. *Jochum* ZRP 1999, 279 (280); *Holoubek* in Schwarze AEUV Art. 19 Rn. 9 f.; *Schmidt am Busch* BayVBl. 2000, 737 (741).

Ansicht also insofern, als sie bspw. auch die Bereiche miteinbezieht, in denen die Union nur unter Ausschluss von Harmonisierungsmaßnahmen tätig werden darf.[118]

47 Eine Übertragung des Anwendungsbereiches von Art. 18 Abs. 1 AEUV auf Art. 19 AEUV begegnet nicht nur aufgrund des unterschiedlichen Wortlauts (Anwendungsbereich des Vertrages *versus* auf die Union übertragene Zuständigkeiten) Bedenken.[119] In Betracht zu ziehen ist darüber hinaus die unterschiedliche Bedeutung der erfassten Diskriminierungsverbote. Das Diskriminierungsverbot aus Gründen der Staatsangehörigkeit gehört zu den Leitmotiven des materiellen Unionsrechts; es ist mit der Verwirklichung des Binnenmarktes sowie den Grundfreiheiten untrennbar verknüpft. Dementsprechend folgerichtig ist eine weite Auslegung seines Anwendungsbereiches. Dies gilt jedoch nicht für die Diskriminierungsverbote des Art. 19 Abs. 1 AEUV. Sie sind „lediglich" wünschenswerte Ergänzungen, nicht aber unabdingbarer Bestandteil des Binnenmarktes, so dass sie nicht über die der Union ausdrücklich übertragenen Zuständigkeiten hinausgehen können. Hinzuweisen ist schließlich darauf, dass eine Definition wie in Art. 18 Abs. 1 AEUV, die an die Rechtswirkungen nationaler Maßnahmen und nicht an die Kompetenzverteilung anknüpft, mit dem Wortlaut des Art. 19 AEUV unvereinbar ist. Eine Beschränkung des Anwendungsbereichs allein auf die Kompetenzen, in denen die Union selbst Recht setzen kann, erscheint wiederum zu eng, stellt sich dann doch die Frage, welche Bereiche für Art. 19 AEUV angesichts der Existenz anderer Kompetenznormen noch übrigbleiben sollen. Zuzustimmen ist daher der vermittelnden, auf die **materiellen Zuständigkeiten** abstellenden Ansicht. Das folgt nicht nur aus dem Wortlaut („Zuständigkeiten" sind auch solche, in denen die Union lediglich fördernd tätig werden kann), sondern auch aus Abs. 2. Dieser verdeutlicht, dass auch im Bereich „weicher" Kompetenzen, ja sogar zur Verwirklichung nur der Ziele der Union,[120] der Rat diskriminierungsbekämpfend tätig werden darf.

48 **b) Unmittelbare Anwendbarkeit?** Als bloße Ermächtigungsnorm enthält Art. 19 AEUV **keine unmittelbar anwendbaren Diskriminierungsverbote.**[121] Das Argument, dass eine Ermächtigung zum Erlass diskriminierungsbekämpfender Maßnahmen die Existenz entsprechender Diskriminierungsverbote voraussetze[122] (→ § 50 Rn. 33), ist nicht ganz von der Hand zu weisen. Sonst könnte man möglicherweise zu dem unbefriedigenden Ergebnis gelangen, dass bis zum Erlass von Sekundärrecht die genannten Diskriminierungen erlaubt sein sollen. Allerdings führt die Annahme einer unmittelbaren Anwendbarkeit zur Aushebelung der in Art. 19 AEUV vorgesehenen Verfahren.[123] Die genannten Diskriminierungsverbote sollen gerade erst sekundärrechtlich geregelt werden und nicht bereits primärrechtlich gelten. Darüber hinaus unterscheiden sich der Wortlaut des Art. 18 Abs. 1 AEUV (dessen unmittelbare Anwendbarkeit anerkannt ist → Rn. 16) und der Wortlaut des Art. 19 AEUV erheblich. Schließlich ist darauf hinzuweisen, dass sich das Problem des soeben erwähnten möglicherweise unbefriedigenden Ergebnisses mit der Rechtsverbindlichkeit des Art. 21 GRC weitestgehend erledigt haben dürfte.[124] Art. 19 AEUV selbst enthält demnach keine Diskriminierungsverbote, welche die Union, die Mitgliedstaaten oder Privatpersonen unmittelbar binden. Dementsprechend kann der Einzelne keine Ansprüche aus

---

[118] Vgl. *Epiney* in Calliess/Ruffert AEUV Art. 19 Rn. 6; *Grabenwarter* in GHN AEUV Art. 19 Rn. 12; *Jochum* FS Hailbronner, 2013, 459 (461f.); *Schmahl* in Grabenwarter, EnzEur Bd. 2, § 15 Rn. 161. Ähnlich *Stalder* S. 52 f.
[119] So auch *Grabenwarter* in GHN AEUV Art. 19 Rn. 11 f.
[120] Vgl. RL 2000/43/EG, ABl. 2000 L 180, 22 (Präambel, Erwägungsgrund Nr. 9); RL 2000/78/EG, ABl. 2000 L 303, 16 (Präambel, Erwägungsgrund Nr. 11).
[121] Vgl. *Haratsch* in Klein S. 204; *Jochum* FS Hailbronner, 2013, 459 (646 f.); *Grabenwarter* in GHN AEUV Art. 19 Rn. 6; *Epiney* in Calliess/Ruffert AEUV Art. 19 Rn. 1; *Khan/Heinrich* in Geiger/Khan/Kotzur AEUV Art. 19 Rn. 2; *Lenz* in Lenz/Borchardt EU-Verträge AEUV Art. 19 Rn. 21; *Dieball* EuR 2000, 274 (278); *Stalder* S. 87; Thun-Hohenstein Amsterdam-Vertrag S. 26.
[122] So *Holoubek* in Schwarze AEUV Art. 19 Rn. 4; *Cirkel* NJW 1998, 3332 (3333). Im Ergebnis auch *Stalder* S. 99 f.
[123] So der richtige Hinweis von *Epiney* in Calliess/Ruffert AEUV Art. 19 Rn. 1.
[124] Ähnlich *Jochum* FS Hailbronner, 2013, 459 (465).

der Norm ableiten. Es gibt **keinen Kreis von unmittelbar Berechtigten,** die sich auf Art. 19 AEUV berufen könnten.[125]

2. Sekundärrechtliche Ausgestaltung. Art. 19 Abs. 1 AEUV enthält eine abschließende Aufzählung von acht Diskriminierungstatbeständen, die durch Sekundärrecht näher ausgeformt worden sind. Die sekundärrechtliche Ausgestaltung führt dazu, dass die Diskriminierungsverbote in drei Gruppen einzuteilen sind.

a) Geschlecht. Die Diskriminierung aufgrund des Geschlechts ist für den Bereich des Erwerbslebens sekundärrechtlich bereits weitgehend geregelt. Art. 157 AEUV und die ihn konkretisierenden bzw. ergänzenden Richtlinien haben ein umfassendes normatives System zur Gleichstellung von Männern und Frauen geschaffen, das nicht nur Diskriminierungen verbietet, sondern auch positive Gleichstellungsmaßnahmen zulässt bzw. fordert (→ § 48 Rn. 3 ff.). Art. 19 AEUV kommt als Ermächtigungsgrundlage für weitere sekundärrechtliche Normen daher nur noch in den Bereichen zur Anwendung, die **nicht von der erwerbsrechtlichen Gleichheit der Geschlechter nach Art. 157 AEUV** erfasst werden, dh insbes. in den außerhalb des Erwerbslebens stehenden Materien.[126] So diente Art. 19 Abs. 1 AEUV insbes. als Grundlage für die **RL 2004/113/EG** (Gleichbehandlungsrichtlinie für die Versorgung mit Gütern und Dienstleistungen).[127]

b) Rasse oder ethnische Herkunft. Die Diskriminierungsverbote aus Gründen der Rasse oder der ethnischen Herkunft waren die ersten Tatbestände, die basierend auf Art. 19 Abs. 1 AEUV sekundärrechtlich geregelt wurden. Die **RL 2000/43/EG**[128] schafft ein **umfassendes, von den Mitgliedstaaten umzusetzendes Diskriminierungsverbot,** das in erster Linie auf die Gleichstellung im Erwerbsleben zugeschnitten ist (Zugang zu Erwerbstätigkeit und Berufsausbildung, Arbeitsbedingungen), aber auch andere Bereiche (soziale Sicherungssysteme, Bildung, Zugang zu und Versorgung mit Gütern und Dienstleistungen, einschließlich Wohnraum) erfasst. Es gilt sowohl im öffentlichen als auch im privaten Bereich und verbietet unmittelbare wie mittelbare Diskriminierungen. Darüber hinaus bezieht es auch Nicht-Unionsbürger ein, erlaubt positive Diskriminierungen, nennt einzelne Rechtfertigungsgründe und verlangt die Schaffung entsprechender Rechtsschutzverfahren. Eine Definition der beiden Tatbestände fehlt. Bedeutsam ist jedoch, dass sich die Union in der Präambel (Erwägungsgrund Nr. 6 RL 2000/43/EG) ausdrücklich von Theorien distanziert, welche die Existenz verschiedener Rassen zu belegen versuchen. Zu verstehen ist dies wohl so, dass Rassendiskriminierungen unabhängig davon verboten sein sollen, ob sie sich auf einen wissenschaftlichen oder pseudowissenschaftlichen Rassebegriff stützen.[129]

Die RL 2000/43/EG ist durch die **EuGH-Rspr.**[130] näher konkretisiert worden. Das betrifft insbes. den **Begriff der „ethnischen Herkunft".** Unter Bezugnahme auf die EGMR-Rspr. erklärte der Gerichtshof, dass der Begriff gesellschaftliche Gruppen umfasse, die insbes. durch eine gemeinsame Staatsangehörigkeit, Religion, Sprache, kulturelle und traditionelle Herkunft und Lebensumgebung gekennzeichnet seien.[131] Zu einer solchen Gruppe würden ua die Roma gehören.[132] Entscheidend ist, dass eine ethnische Herkunft erst dann zu bejahen ist, wenn ein Bündel von Indizien vorliegt; einzelne Merkmale reichen nicht aus.[133] Des Weiteren konkretisierte er, **wann eine Diskriminierung vorliegt.** So ist

---

[125] Vgl. *Epiney* in Calliess/Ruffert AEUV Art. 19 Rn. 1; *Rossi* EuR 2000, 197.
[126] Vgl. *Lenz* in Lenz/Borchardt EU-Verträge AEUV Art. 19 Rn. 8; *Stalder* S. 206 unter Hinweis auf die entsprechende Ansicht der Kommission.
[127] RL 2004/113/EG, ABl. 2004 L 373, 37.
[128] RL 2000/43/EG, ABl. 2000 L 180, 22. Näher zur Richtlinie *Ellis/Watson* S. 362 f.
[129] Vgl. *Haratsch* in Klein S. 216.
[130] Näher dazu *Zaccaroni* in Rossi/Casolari S. 167 (176 ff.).
[131] Vgl. EuGH C-83/14, ECLI:EU:C:2015:480 Rn. 46 – CHEZ. Eine Besprechung des Urteils findet sich bei *Suk* 40 FILJ 1211 (2017).
[132] Vgl. EuGH C-83/14, ECLI:EU:C:2015:480 Rn. 46 – CHEZ.
[133] EuGH C-668/15, ECLI:EU:C:2017:278 Rn. 17 ff. – Finans; EuG T-618/15, ECLI:EU:T:2017:821 Rn. 76 ff. – Voigt/Parlament.

es nicht erforderlich, dass Personen aus der geschützten Gruppe diskriminiert werden. Es reicht aus, wenn ein Einzelner von einer gegen eine andere Gruppe gerichteten diskriminierenden Maßnahme betroffen ist.[134] Nicht erforderlich ist auch, dass eine konkrete identifizierbare Person diskriminiert wird. So reicht bspw. eine „öffentliche Äußerung eines Arbeitgebers, er werde keine Arbeitnehmer einer bestimmten ethnischen Herkunft oder Rasse einstellen" für das Vorliegen einer unmittelbaren Diskriminierung aus.[135]

53 **c) Religion oder Weltanschauung, Behinderung, Alter und sexuelle Ausrichtung.** Kurz nach der RL 2000/43/EG wurde die **RL 2000/78/EG**[136] erlassen, welche die übrigen Diskriminierungsverbote des Art. 19 AEUV, diejenigen aus Gründen der Religion oder Weltanschauung, Behinderung, des Alters oder der sexuellen Ausrichtung, sekundärrechtlich für die Mitgliedstaaten verbindlich macht. In Konzeption, Reichweite und Inhalt stimmt sie im Wesentlichen mit der Vorgängerrichtlinie überein. Sie weist nur einen insofern engeren Anwendungsbereich auf, als sie **allein Diskriminierungen im Erwerbsleben** verbietet. Die Einbeziehung weiterer, in der RL 2000/34/EG berücksichtigter Felder (soziale Sicherung, Bildung sowie Zugang zu und Versorgung mit Gütern und Dienstleistungen), fehlt. Zurückzuführen ist die besonders intensive Ausgestaltung der Diskriminierungsverbote aufgrund der Rasse und der ethnischen Herkunft wohl auf die anhaltenden Bemühungen der Union zur Bekämpfung von Rassismus und Fremdenfeindlichkeit, die letztlich auch zur Schaffung des Art. 19 AEUV geführt hatten.[137]

54 In der **EuGH-Rspr.** haben die einzelnen Diskriminierungsverbote einen unterschiedlichen Niederschlag gefunden.[138] Die einzelnen Diskriminierungsverbote werden dabei vom EuGH separat geprüft; eine Kombination mehrerer Diskriminierungstatbestände ist nicht möglich.[139]

54a Diskriminierungen aus Gründen der Religion und der Weltanschauung haben lange Zeit keine Rolle in der EuGH-Rspr. gespielt. Für Diskriminierungen aus Gründen der **Weltanschauung** gilt dies weiterhin. Anders ist dies für Diskriminierungen aus Gründen der **Religion**.[140] Die seit 2017 ergangenen Urteile des EuGH befassen sich mit dem Verbot des Tragens von islamischen Kopftüchern in der Privatwirtschaft[141] sowie mit kirchlichen Einrichtungen als Arbeitgebern.[142] Den **Begriff** der Religion definiert der EuGH unter Rückgriff auf die EMRK und die gemeinsamen Verfassungsüberlieferungen der Mitgliedstaaten in einem weiten Sinne: Religion umfasse „sowohl das forum internum, dh den Umstand, Überzeugungen zu haben, als auch das forum externum, dh die Bekundung des religiösen Glaubens in der Öffentlichkeit".[143] Breiten Raum nimmt in der Rspr. die Frage ein, ob religionsrelevante Anforderungen des Arbeitgebers eine wesentliche berufliche **Anforderung iSd Art. 4 Abs. 1 (alle Berufe) bzw. Abs. 2 (kirchliche Berufe)** der

---

134 Vgl. EuGH C-83/14, ECLI:EU:C:2015:480 Rn. 60 – CHEZ.
135 Vgl. EuGH C-54/07, Slg. 2008, I-5187 Rn. 28 – Feryn.
136 RL 2000/78/EG, ABl. 2000 L 303, 16. Ausf. zum Inhalt und den Wirkungen der Richtlinie *Mohr*, Schutz vor Diskriminierungen im Europäischen Arbeitsrecht. Die Rahmenrichtlinie 2000/78/EG vom 27. November 2000, 2004. Vgl. auch *Ellis/Watson* S. 366 ff.
137 Zur Entstehungsgeschichte des Art. 19 AEUV vgl. *Holoubek* in Schwarze AEUV Art. 19 Rn. 1.
138 Analysen der wichtigsten Urteile bieten *Zaccaroni* in Rossi/Casolari S. 167 ff. sowie *Benoît-Rohmer* in Rossi/Casolari S. 151 ff.
139 EuGH C-443/15, ECLI:EU:C:2016:897 Rn. 79 ff. – Parris.
140 Obwohl die Urteile Diskriminierungen aus Gründen der Religion zum Gegenstand hatten, können zahlreiche der dort gemachten Ausführungen – mit Ausnahme derjenigen zur Begriffsbestimmung der Religion – auch auf Diskriminierungen aus Gründen der Weltanschauung übertragen werden, vgl. den Wortlaut der Urteile, die insbes. bei der Frage des Vorliegens einer Diskriminierung und möglicher Rechtfertigungsgründe auf beide Diskriminierungstatbestände eingehen.
141 EuGH C-157/15, ECLI:EU:C:2017:203 – Achbita; EuGH C-188/15, ECLI:EU:C:2017:204 – Bougnaoui. Zu den zahlreichen Urteilsbesprechungen gehören ua *Mangold/Payandeh* EuR 2017, 700 ff. und *Sandhu* KJ 2017, 517 ff. (Fn. 30 mit Hinweisen zu weiteren Urteilsbesprechungen).
142 EuGH C-414/16, ECLI:EU:C:2018:257 – Egenberger; EuGH C-68/17, ECLI:EU:C:2018:696 – IR.
143 EuGH C-157/15, ECLI:EU:C:2017:203 Rn. 28 – Achbita; EuGH C-188/15, ECLI:EU:C:2017:204 Rn. 30 – Bougnaoui.

RL 2000/78/EG darstellen, die nach nationalem Recht als Nicht-Diskriminierung eingestuft werden können. Der Wunsch des Arbeitgebers, besonderen Kundenwünschen zu entsprechen, stellt keine wesentliche und entscheidende berufliche Anforderung nach Art. 4 Abs. 1 der RL 2000/78/EG dar.[144] Ob die von Kirchen aufgestellten Anforderungen unter Art. 4 Abs. 2 der RL 2000/78/EG fallen, ist gerichtlich überprüfbar.[145] Die Akzeptanz des katholischen Eheverständnisses ist für einen Chefarztposten an einem von der römisch-katholischen Kirche getragenen Krankenhaus grundsätzlich nicht als wesentliche berufliche Anforderung anzusehen.[146]

Eine unmittelbare **Diskriminierung aus Gründen der Religion** stellt die Ablehnung einer Bewerbung bei einer Kirche aufgrund Konfessionslosigkeit dar.[147] Keine unmittelbare Diskriminierung liegt hingegen bei einer unternehmensinternen Regelung vor, die das Tragen sichtbarer Zeichen politischer, philosophischer oder religiöser Überzeugungen verbietet; mit einer solchen Regelung werden alle Unternehmensangehörigen gleich behandelt, da allen vorgeschrieben wird, sich neutral zu kleiden.[148] Allerdings kann – je nach Fallkonstellation – eine mittelbare Diskriminierung gegeben sein.[149] Als mögliche **Rechtfertigungsgründe** nennt der EuGH die Verfolgung einer Politik der politischen, philosophischen und religiösen Neutralität durch den Arbeitgeber im Verhältnis zu seinen Kunden – eine Haltung, die unter die unternehmerische Freiheit nach Art. 16 GRC fällt.[150] Von **dogmatischer Bedeutung** ist die Einstufung des Verbots der Diskriminierung aus Gründen der Religion oder der Weltanschauung als allgemeiner Grundsatz des Unionsrechts und der Verweis auf seine Verankerung in Art. 21 GRC; dies hat ua zur Folge, dass nationales Recht im Fall einer Kollision unangewendet bleiben muss.[151] Der EuGH behandelt damit Diskriminierungen aus Gründen der Religion oder der Weltanschauung dogmatisch ähnlich wie solche aus Gründen des Alters (→ Rn. 58). 54b

Zu Diskriminierungen aus Gründen einer **Behinderung** hat sich der EuGH ebenfalls mehrfach geäußert. Mangels Definition in der Richtlinie hat der EuGH den **Begriff** unter Rückgriff auf die UN-Behindertenrechtskonvention[152] definiert. Demnach ist darunter ein Zustand zu verstehen, „der durch eine ärztlich diagnostizierte heilbare oder unheilbare Krankheit verursacht wird, wenn diese Krankheit eine Einschränkung mit sich bringt, die insbesondere auf physische, geistige oder psychische Beeinträchtigungen zurückzuführen ist, die in Wechselwirkung mit verschiedenen Barrieren den Betreffenden an der vollen und wirksamen Teilhabe am Berufsleben, gleichberechtigt mit den anderen Arbeitnehmern, hindern können, und wenn diese Einschränkung von langer Dauer ist."[153] Eine Adipositas kann eine solche Behinderung sein.[154] Als **Beispiele für eine Diskriminierung** aus Gründen der Behinderung nannte der EuGH die Zahlung eines Abfindungsbetrags bei betriebsbedingter Kündigung an einen schwerbehinderten Arbeitnehmer, der geringer ist 55

---

[144] Vgl. EuGH C-188/15, ECLI:EU:C:2017:204 Rn. 40 – Bougnaoui.
[145] Vgl. EuGH C-414/16, ECLI:EU:C:2018:257 Rn. 59, 65 ff. – Egenberger; EuGH C-68/17, ECLI:EU: C:2018:696 Rn. 43 f., 50 ff. – IR.
[146] Vgl. EuGH C-68/17, ECLI:EU:C:2018:696 Rn. 58 ff. – IR.
[147] Vgl. EuGH C-414/16, ECLI:EU:C:2018:257 Rn. 43 – Egenberger.
[148] Vgl. EuGH C-157/15, ECLI:EU:C:2017:203 Rn. 29 ff. – Achbita.
[149] Vgl. EuGH C-157/15, ECLI:EU:C:2017:203 Rn. 29 ff. – Achbita; EuGH C-188/15, ECLI:EU: C:2017:204 Rn. 30 – Bougnaoui.
[150] Vgl. EuGH C-157/15, ECLI:EU:C:2017:203 Rn. 37 f. – Achbita.
[151] Vgl. EuGH C-414/16, ECLI:EU:C:2018:257 Rn. 76 ff. – Egenberger; EuGH C-68/17, ECLI:EU: C:2018:696 Rn. 69 f. – IR.
[152] Übereinkommen über die Rechte von Menschen mit Behinderungen, vom 13.12.2006, BGBl. 2008 II 1420.
[153] Vgl. EuGH verb. Rs. C-335/11 u. C-337/11, ECLI:EU:C:2013:22 Rn. 47 – HK Danmark; EuGH C-363/12, ECLI:EU:C:2014:159 Rn. 76 ff. – Z gegen A Government department. Zur Frage der Langfristigkeit speziell im Fall eines Arbeitsunfalls vgl. EuGH C-395/15, ECLI:EU:C:2016:917 Rn. 37 ff. – Daouidi.
[154] Vgl. EuGH C-354/13, ECLI:EU:C:2014:2463 Rn. 59 f. – FOA; EuGH C-270/16, ECLI:EU:C:2018:17 Rn. 29 – Ruiz Conejero. Ausf. zu Adipositas als Behinderung *de Beco* 22 Colum. J. Eur. L. 381 (2016).

als die Abfindung an einen nichtbehinderten Arbeitnehmer[155] sowie die Kündigungsmöglichkeit bei wiederkehrender Abwesenheit vom Arbeitsplatz.[156] Eine unmittelbare Diskriminierung wegen einer Behinderung hat er auch bei Benachteiligung eines Arbeitnehmers wegen der Behinderung seines Kindes angenommen; eine unmittelbare Diskriminierung ist also nicht auf Personen beschränkt, die selbst behindert sind.[157] Der Gerichtshof bejahte damit erstmals eine **drittbezogene bzw. vermittelnde Diskriminierung.**[158]

56 In Bezug auf Diskriminierungen aus Gründen der **sexuellen Ausrichtung** hat der EuGH insbes. Ausführungen zu der Frage gemacht, wann eine **Diskriminierung** vorliegt. Bejaht hat er dies im Fall des Ausschlusses eines eingetragenen Lebenspartners von der Hinterbliebenenversorgung,[159] niedrigerer Zusatzversorgungsbezüge für einen in eingetragener Lebenspartnerschaft lebenden Versorgungsempfänger gegenüber einem verheirateten Empfänger[160] sowie bei ungünstigerer Behandlung eines „zivilen Solidaritätspakts" (vergleichbar mit der eingetragenen Lebenspartnerschaft) bei Sonderurlaubstagen und Eheschließungsprämien.[161]

57 Am umfangreichsten ist die EuGH-Rspr. zur Diskriminierung aus Gründen des **Alters.**[162] Die entsprechenden Urteile haben auch in der Literatur großes Echo gefunden.[163] Die meisten befassen sich mit der Europarechtskonformität **einzelner arbeits- und sozialrechtlicher Maßnahmen,** die an das Alter anknüpfen und damit unmittelbare Diskriminierungen darstellen. Der EuGH prüft für jede von ihnen, ob und unter welchen Bedingungen diese zu rechtfertigen sind, weil sie ein legitimes Ziel verfolgen und verhältnismäßig sind. Bislang befasst hat er sich mit Ruhestandaltersgrenzen,[164] Hinterbliebenenversorgungsaltersgrenzen,[165] Einstellungsaltershöchstgrenzen,[166] Entlas-

---

[155] Vgl. EuGH C-152/11, ECLI:EU:C:2012:772 Rn. 55 ff. – Odar.
[156] EuGH C-270/16, ECLI:EU:C:2018:17 Rn. 39 – Ruiz Conejero.
[157] Vgl. EuGH C-303/06, Slg. 2008, I-5603 Rn. 56 – Coleman.
[158] So der Ausdruck von *Schmahl* in Grabenwarter, EnzEur Bd. 2, § 15 Rn. 151.
[159] EuGH C-267/06, Slg. 2008, I-1757 Rn. 73 – Maruko. Allerdings bleiben die einzelstaatlichen Rechtsvorschriften über den Familienstand und davon abhängige Leistungen unberührt, vgl. EuGH C-267/06, Slg. 2008, I-1757 Rn. 59 – Maruko; EuGH C-443/15, ECLI:EU:C:2016:897 Rn. 58 ff. – Parris.
[160] Vgl. EuGH C-147/08, Slg. 2011, I-3591 Rn. 52 – Römer.
[161] Vgl. EuGH C-267/12, ECLI:EU:C:2013:823 Rn. 47 – Hay.
[162] EuGH C-144/04, Slg. 2005, I-9981 – Mangold; EuGH C-540/03, Slg. 2006, I-5769 – Parlament/Rat; EuGH C-411/05, Slg. 2007, I-8566 – Palacios; EuGH C-427/06, Slg. 2008, I-7245 – Bartsch; EuGH C-388/07, Slg. 2009, I-1569 – Age Concern England; EuGH C-88/08, Slg. 2009, I-5325 – Hütter; EuGH C-229/08, Slg. 2010, I-1 – Wolf; EuGH C-341/08, Slg. 2010, I-47 – Petersen; EuGH C-555/07, Slg. 2010, I-365 – Kücükdeveci; EuGH C-499/08, Slg. 2010, I-9343 – Andersen; EuGH C-45/09, Slg. 2010, I-9391 – Rosenbladt; EuGH verb. Rs. C-250/09 u. C-268/09, Slg. 2010, I-11869 – Georgiev; EuGH verb. Rs. C-159/10 u. C-160/10, Slg. 2011, I-6919 – Fuchs und Köhler; EuGH verb. Rs. C-297/10 u. C-298/10, Slg. 2011, I-7965 – Hennigs; EuGH C-447/09, Slg. 2011, I-8003 – Prigge; EuGH C-132/11, ECLI:EU:C:2012:329 – Tyrolean Airways; EuGH C-141/11, ECLI:EU:C:2012:421 – Hörnfeldt; EuGH C-286/12, ECLI:EU:C:2012:687 – Kommission gegen Ungarn; EuGH C-152/11, ECLI:EU:C:2012:772 – Odar; EuGH C-546/11, ECLI:EU:C:2013:603 – Toftgaard; EuGH C-476/11, ECLI:EU:C:2013:590 – Kristensen; EuGH verb. Rs. C-501 bis 506/12, C-540/12 u. C-541/12, ECLI:EU:C:2014:2005 – Specht et al.; EuGH C-530/13, ECLI:EU:C:2014:2359 – Schmitzer; EuGH C-416/13, ECLI:EU:C:2014:2371 – Pérez; EuGH C-529/13, ECLI:EU:C:2015:20 – Felber; EuGH C-417/13, ECLI:EU:C:2015:38 – Starjakob; EuGH C-20/13, ECLI:EU:C:2015:561 – Unland; EuGH C-432/14, ECLI:EU:C:2015:643 – Bio Philippe Auguste; EuGH C-441/14, ECLI:EU:C:2016:278 – Rasmussen.
[163] Vgl. etwa *Temming; Chen; Engel,* Der Schutz vor Diskriminierungen in der Europäischen Union nach der Richtlinie 2000/78/EG am Beispiel des Verbotes der Altersdiskriminierung, 2012; *Preis* NZA 2010, 1323; *Brors* RdA 2012, 346; *Nettesheim* EuZW 2013, 48; *Kaiser* ZESAR 2014, 473.
[164] EuGH C-411/05, Slg. 2007, I-8566 – Palacios; EuGH C-388/07, Slg. 2009, I-1569 – Age Concern England; EuGH C-341/08, Slg. 2010, I-47 – Petersen; EuGH C-45/09, Slg. 2010, I-9391 – Rosenbladt; EuGH verb. Rs. C-250/09 u. C-268/09, Slg. 2010, I-11869 – Georgiev; EuGH verb. Rs. C-159/10 u. C-160/10, Slg. 2011, I-6919 – Fuchs und Köhler; EuGH C-447/09, Slg. 2011, I-8003 – Prigge; EuGH C-141/11, ECLI:EU:C:2012:421 – Hörnfeldt; EuGH C-286/12, ECLI:EU:C:2012:687 – Kommission gegen Ungarn.
[165] EuGH C-443/15, ECLI:EU:C:2016:897 Rn. 63 ff. – Parris.
[166] EuGH C-229/08, Slg. 2010, I-1 – Wolf; EuGH C-416/13, ECLI:EU:C:2014:2371 – Pérez.

sungsabfindungen,[167] der Berücksichtigung von Ausbildungs- und Beschäftigungszeiten,[168] altersbezogenen Gehaltseinstufungen,[169] Altersgrenzen für die Gültigkeit von Pilotenlizenzen im gewerblichen Luftverkehr[170] sowie einzelnen weiteren Ungleichbehandlungen.[171]

Dogmatisch von besonderer Bedeutung sind allerdings seine zT grundlegenden Ausführungen. So erklärte er, dass das Verbot der Altersdiskriminierung einen **allgemeinen Grundsatz des Unionsrechts** darstelle.[172] Folge sei, dass im Fall einer Kollision das nationale Recht unanwendbar sei.[173] Später hat er diese Aussage konkretisiert, indem er klarstellte, dass der Grundsatz nur im Anwendungsbereich des Unionsrechts gelte, und dass er durch die RL 2000/78/EG im Bereich von Beschäftigung und Beruf konkretisiert werde.[174] Darüber hinaus erwähnte er Art. 21 Abs. 2 GRC als (mittlerweile) zusätzliche Rechtsquelle für das Verbot der Diskriminierung aus Gründen des Alters.[175] Diese Linie hat der EuGH beibehalten. Er stuft die **Richtlinie als Konkretisierung** des Diskriminierungsverbotes aus Gründen des Alters ein, der sowohl einen allgemeinen Grundsatz des Unionsrechts (nach Art. 6 Abs. 3 EUV) als auch gemäß Art. 21 Abs. 1 GRC ein Grundrecht (nach Art. 6 Abs. 1 EUV) darstelle.[176] Die eigentliche Prüfung beschränkt er dann jedoch auf die das primärrechtliche Diskriminierungsverbot konkretisierende Richtlinie.[177] Die **Richtlinie gibt also nach Ansicht des Gerichtshofs den Inhalt des Verbots der Altersdiskriminierung wieder – zumindest im Bereich von Beschäftigung und Beruf.**

Eine **unmittelbare Drittwirkung,** dh eine Bindung Privater an das Verbot der Altersdiskriminierung als solches, hat er bislang nicht festgestellt.[178] Zwar vermitteln einzelne Urteile einen solchen Eindruck.[179] Da der EuGH allerdings nicht das Altersdiskriminierungsverbot als solches, sondern die RL 2000/78/EG prüfte, die gemäß ihres Art. 3 Abs. 1 ausdrücklich auch auf privatrechtliche Verhältnisse Anwendung findet, sind die Urteile nicht so zu interpretieren, dass sie eine unmittelbare Drittwirkung des Diskriminierungsverbotes statuieren.

3. Querschnittsklausel (Art. 10 AEUV). Die durch den Vertrag von Lissabon neu eingefügte Querschnittsklausel des Art. 10 EUV verpflichtet die EU, bei allen ihren Tätigkeiten Diskriminierungen aus den acht bereits in Art. 19 AEUV genannten Gründen zu

---

[167] EuGH C-499/08, Slg. 2010, I-9343 – Andersen; EuGH C-152/11, ECLI:EU:C:2012:772 – Odar; EuGH C-546/11, ECLI:EU:C:2013:603 – Toftgaard; EuGH C-432/14, ECLI:EU:C:2015:643 – Bio Philippe Auguste; EuGH C-441/14, ECLI:EU:C:2016:278 – Rasmussen.
[168] EuGH C-88/08, Slg. 2009, I-5325 – Hütter; EuGH C-555/07, Slg. 2010, I-365 – Kücükdeveci; EuGH C-132/11, ECLI:EU:C:2012:329 – Tyrolean Airways; EuGH C-530/13, ECLI:EU:C:2014:2359 – Schmitzer; EuGH C-529/13, ECLI:EU:C:2015:20 – Felber; EuGH C-417/13, ECLI:EU:C:2015:38 – Starjakob.
[169] EuGH verb. Rs. C-297/10 u. C-298/10, Slg. 2011, I-7965 – Hennigs; EuGH verb. Rs. C-501 bis 506/12, C-540/12 u. C-541/12, ECLI:EU:C:2014:2005 – Specht et al.; EuGH C-20/13, ECLI:EU:C:2015:561 – Unland.
[170] EuGH C-190/16, ECLI:EU:C:2017:513 Rn. 31 ff. – Fries.
[171] EuGH C-144/04, Slg. 2005, I-9981 – Mangold; EuGH C-540/03, Slg. 2006, I-5769 – Parlament/Rat; EuGH C-476/11, ECLI:EU:C:2013:590 – Kristensen; EuGH C-548/15, ECLI:EU:C:2016:850 – de Lange.
[172] EuGH C-144/04, Slg. 2005, I-9981 Rn. 75 – Mangold.
[173] EuGH C-144/04, Slg. 2005, I-9981 Rn. 77 – Mangold.
[174] EuGH C-555/07, Slg. 2010, I-365 Rn. 20 ff., 32 – Kücükdeveci.
[175] EuGH C-555/07, Slg. 2010, I-365 Rn. 22 – Kücükdeveci.
[176] EuGH verb. Rs. C-297/10 u. C-298/10, Slg. 2011, I-7965 Rn. 46 f. – Hennigs; EuGH C-447/09, Slg. 2011, I-8003 Rn. 38 – Prigge; EuGH C-132/11, ECLI:EU:C:2012:329 Rn. 22 – Tyrolean Airways; EuGH C-530/13, ECLI:EU:C:2014:2359 Rn. 22 – Schmitzer; EuGH C-416/13, ECLI:EU:C:2014:2371 Rn. 23 ff. – Pérez; EuGH C-529/13, ECLI:EU:C:2015:20 Rn. 15 ff. – Felber; EuGH C-432/14, ECLI:EU:C:2015:643 Rn. 21 – Bio Philippe Auguste; EuGH C-441/14, ECLI:EU:C:2016:278 Rn. 21 ff. – Rasmussen.
[177] Vgl. ausdr. etwa EuGH C-416/13, ECLI:EU:C:2014:2371 Rn. 25 – Pérez.
[178] Vgl. *Schmahl* in Grabenwarter, EnzEur Bd. 2, § 15 Rn. 112.; *v. Danwitz* JZ 2007, 697 (704). AA *Grabenwarter* in GHN AEUV Art. 19 Rn. 7.
[179] Vgl. etwa EuGH C-441/14, ECLI:EU:C:2016:278 Rn. 21 ff., 27 – Rasmussen.

bekämpfen. Art. 10 AEUV **ergänzt die Ermächtigungsnorm des Art. 19 EUV.**[180] Die Union ist nicht nur ermächtigt, Sekundärrecht zur Bekämpfung der genannten Diskriminierungen zu erlassen, das in erster Linie die Mitgliedstaaten bindet (Art. 19 AEUV), sondern sie hat bei ihren **eigenen Tätigkeiten** in allen Politikbereichen für die Diskriminierungsbekämpfung zu sorgen (Art. 10 EUV). Die allein an die Union gerichtete Norm[181] erweitert also den Anwendungsbereich der acht Diskriminierungsverbote[182] und schafft eine zusätzliche Verpflichtung der EU. Subjektive Rechte des Einzelnen enthält sie nicht.[183]

61 **4. Verankerung und Herleitung als Grundrechte nach Art. 6 EUV.** Die acht Diskriminierungsverbote aus Gründen des Geschlechts, der Rasse, der ethnischen Herkunft, der Religion, der Weltanschauung, einer Behinderung, des Alters und der sexuellen Ausrichtung haben Aufnahme in Art. 21 Abs. 1 GRC gefunden.[184] Damit stellen sie gemäß **Art. 6 Abs. 1 EUV** Grundrechte dar.

62 In der **EMRK,** der die Union gemäß **Art. 6 Abs. 2 EUV** beizutreten beabsichtigt, findet sich lediglich ein akzessorisches (→ Rn. 35) Diskriminierungsverbot in Art. 14 EMRK. Ein selbständiges Diskriminierungsverbot gleichen Wortlauts fand Aufnahme in Art. 1 12. EMRKProt. Dieses ist allerdings nicht von allen Mitgliedstaaten ratifiziert worden. Dementsprechend ist nach derzeitigem Stand auch kein Beitritt der EU zum 12. EMRKProt vorgesehen.[185] Insgesamt ist daher die Rspr. des EGMR nur mit Einschränkungen übertragbar.[186] Ausdrücklich aufgeführt in Art. 14 EMRK sind Diskriminierungen aus Gründen des Geschlechts, der Rasse, der Religion und der (sonstigen) Anschauung. Vier der Diskriminierungsverbote (ethnische Herkunft, Behinderung, Alter und sexuelle Ausrichtung) fehlen. Sie lassen sich aber über die Auffangformulierung des „sonstigen" Status begründen.

63 Gemäß **Art. 6 Abs. 3 EUV** sind schließlich die Grundrechte als **allgemeine Grundsätze** Teil des Unionsrechts. Zu ihrer Herleitung ist neben der EMRK (→ Rn. 62) auf die Verfassungsüberlieferungen der Mitgliedstaaten und auf die von den EU-Mitgliedstaaten ratifizierten völkerrechtlichen Menschenrechtsverträge zurück zu greifen (→ Rn. 36). Eine Analyse ergibt folgendes Bild:[187]

64 Diskriminierungsverbote[188] (der Art. 19 und 10 AEUV) in den Verfassungen der Mitgliedstaaten[189]:

---

[180] Vgl. *Rossi* in Calliess/Ruffert AEUV Art. 10 Rn. 1; *Schorkopf* in GHN AEUV Art. 10 Rn. 10.
[181] Vgl. *Schorkopf* in GHN AEUV Art. 10 Rn. 15; *Rebhahn* in Schwarze AEUV Art. 10 Rn. 2.
[182] Vgl. *Rossi* in Calliess/Ruffert AEUV Art. 10 Rn. 4.
[183] Vgl. *Streinz* in Streinz AEUV Art. 10 Rn. 1; *Rossi* in Calliess/Ruffert AEUV Art. 10 Rn. 6.
[184] Zur Auslegung der einzelnen verbotenen Diskriminierungsgründe in Art. 21 Abs. 1 GRC vgl. *von Diest* S. 225 ff.
[185] Gemäß dem Entwurf der Beitrittsübereinkunft von 2013 (Art. 1 Abs. 1 Draft revised agreement on the accession of the European Union to the Convention for the Protection of Human Rights and Fundamental Freedoms, Final Report of the CDDH, 47+1(2013)008rev2, 10.6.2013, Appendix I. Der Entwurf wurde vom EuGH mit 18.12.12014 allerdings für nicht vereinbar mit den Verträgen erklärt, vgl. EuGH Gutachten 2/13 soll die EU nur der EMRK, dem EMRKZusProt und dem 6. EMRK-Prot beitreten.
[186] Wegen der Akzessorietät des Art 14 EMRK ist eine Übertragung in allen Bereichen, die nicht von der ERK erfasst sind, ausgeschlossen, vgl. *Schmahl* in Grabenwarter, EnzEur Bd. 2, § 15 Rn. 2, 161.
[187] Eigene Zusammenstellung.
[188] B = Bekenntnis; G = Gleichheit von Mann und Frau; GL = Glaube; H = Herkunft; N = Nationalität; NH = Nationale Herkunft.
[189] AT = Österreich; BE = Belgien; BG = Bulgarien; CY = Zypern; CZ = Tschechische Republik; DE = Deutschland; DK = Dänemark; EE = Estland; EL = Griechenland; ES = Spanien; FI = Finnland; FR = Frankreich; HR = Kroatien; HU = Ungarn; IE = Irland; IT = Italien; LT = Litauen; LU = Luxemburg; LV = Lettland; MT = Malta; NL = Niederlande; PL = Polen; PT = Portugal; RO = Rumänien; SE = Schweden; SI = Slowenien; SK = Slowakei; UK = Großbritannien. In den hellgrau unterlegten Mitgliedstaaten finden sich keine speziellen Diskriminierungsverbote. Die entsprechenden Verfassungen enthalten jedoch entweder ein allgemein formuliertes Diskriminierungsverbot, das alle Arten von Diskriminierungen verbietet, oder lassen den allgemeinen Gleichheitssatz zur Anwendung gelangen.

	AT	BE	BG	CY	CZ	DE	DK	EE	EL	ES	FI	FR	HR	HU
Geschlecht	x G	x G	x	x	x	x G		x	(G)[190]	x	x (G)[191]	G	x	x G
Rasse			x	x	x	x		x	x	x		x	x	x
ethnische Herkunft			(x)[192]	NH	NH	(H)[193]		H	N			H	NH	NH
Religion	B		x	x	x GL	GL			GL	x	x	x	GL	x
Weltanschauung	B				GL	GL			GL			x	x	GL	GL
Behinderung	x				x						x			x
Alter											x			
sexuelle Ausrichtung														

Diskriminierungsverbote (der Art. 19 und 10 AEUV) in den Verfassungen der Mitglied- 65
staaten (Fortsetzung):

	IE	IT	LT	LU	LV	MT	NL	PL	PT	RO	SE	SI	SK	UK
Geschlecht		x	x			x G	x	x G	x G	x	x G	x	x	x
Rasse		x	x			x	x		x	x		x	x	x
ethnische Herkunft			N			(H)[194]		(H)[195]		x	x	NH	NH	NH
Religion		x	GL			GL	x		x	x	x	GL	x GL	x
Weltanschauung		GL	x			GL	x		x			x	GL	
Behinderung										x				
Alter										x				
sexuelle Ausrichtung									x	x				

[190] Gleichheit von Griechen und Griechinnen.
[191] Gleichheit von Mann und Frau im Erwerbsleben.
[192] Ethnische Identität.
[193] Heimat/Herkunft.
[194] Herkunftsort.
[195] Herkunftsland.

66 Diskriminierungsverbote (der Art. 19 und 10 AEUV) in völkerrechtlichen Verträgen[196] und Dokumenten:

	AEMR	IBBPR	IPWSKR	Kinderkonvention (CRC)	ILO Nr. 111	Übereink Diskriminierung Frau	Übereink Rassendiskrimin.	Übereink MRe und Biomedizin
Geschlecht	x	x G	x G	x	x	x G		
Rasse	x	x	x	x	x		x	
ethnische Herkunft	NH	NH	NH	x	N[197]		N[198]	
Religion	x	x	x	x	G			
Weltanschauung					G			
Behinderung				x				
Alter								
sexuelle Ausrichtung								
weitere Gründe	x	x	x	x	x			

67 Demnach sind drei der acht Diskriminierungsverbote gemeinsame Verfassungsüberlieferungen der Mitgliedstaaten sowie fester Bestandteil völkerrechtlicher Verträge: diejenigen aus Gründen des Geschlechts, der Rasse und der Religion. Nicht ganz eindeutig, aber letztlich zu bejahen ist dies auch für das Diskriminierungsverbot aufgrund der ethnischen Herkunft. Schwieriger gestaltet sich die Antwort bei den Tatbeständen der Weltanschauung, der Behinderung und des Alters. Sie finden sich nur in einzelnen völkerrechtlichen Verträgen, fallen jedoch als personenbezogene Merkmale unter den in der EMRK und anderen Verträgen erwähnten „sonstigen Status"[199] bzw. die anderen vertraglichen Auffangtatbestände. Bei der Weltanschauung kommt verstärkend seine Aufnahme in zahlreiche Verfassungen hinzu. Dementsprechend ist auch bei diesen drei Merkmalen letztlich die Erfüllung der Anforderungen des Art. 6 Abs. 3 EUV zu bejahen. Im Ergebnis handelt es sich bei insgesamt **sieben von acht in Art. 19 und Art. 10 AEUV genannten Diskriminierungsverboten** um **Grundsätze des Unionsrechts** und damit um Grundrechte gemäß Art. 6 Abs. 3 EUV. **Nicht** darunter fällt allerdings das Diskriminierungsverbot aus Gründen der **sexuellen Ausrichtung.** Es findet sich nur noch in dem mangels ausreichender Ratifikationen nicht zu berücksichtigenden Übereinkommen über Menschenrechte und Biomedizin sowie in Art. 1d EU-BeamtStat. Dieses Ergebnis entspricht auch den Beratungen des Konvents: Hauptargument für die Aufnahme der sexuellen Ausrichtung in Art. 21 Abs. 1 GRC war die

---

[196] Alle im Folgenden genannten Verträge wurden von sämtlichen EU-Mitgliedstaaten ratifiziert mit Ausnahme des Übereinkommens über Menschenrechte und Biomedizin von 1997. Dieses ist zwar am 1.12.1999 in Kraft getreten. Von den Mitgliedstaaten haben es aber nur 17 ratifiziert (Bulgarien, Dänemark, Estland, Finnland, Frankreich, Griechenland, Kroatien, Lettland, Litauen, Portugal, Rumänien, Slowakei, Slowenien, Spanien, Tschechien, Ungarn und Zypern) und fünf unterzeichnet (Italien, Luxemburg, die Niederlande, Polen, Schweden) (Stand: 27.8.2019). Zur Berücksichtigung völkerrechtlicher Verträge, die nicht von allen Mitgliedstaaten ratifiziert worden sind → § 4 Rn. 26 ff.
[197] Nationale Abstammung.
[198] Nationaler Ursprung.
[199] Zur EMRK vgl. *Peukert* in Frowein/Peukert EMRK Art. 14 Rn. 33.

gewollte Zukunftsgerichtetheit der Charta, die auch „neue", erforderliche Grundrechte enthalten sollte.[200]

Zu prüfen ist jedoch, ob sich die EuGH-Rspr. zum Diskriminierungsverbot aus Gründen **68** des Alters auf alle Diskriminierungsverbote, und damit auch auf dasjenige aus Gründen der sexuellen Ausrichtung übertragen lässt. Im Jahr 2005 hat der EuGH nur das Altersdiskriminierungsverbot zum Grundsatz des Unionsrechts erklärt (→ Rn. 58). Allerdings hat er dies insbes. damit begründet, dass dieses Diskriminierungsverbot eine besondere Ausprägung des allgemeinen Grundsatzes der Gleichbehandlung sei.[201] Wendet man diesen Gedanken konsequent an, so müssten alle Diskriminierungsverbote eine solche Ausprägung darstellen und dementsprechend als Grundsatz des Unionsrechts zu qualifizieren sein.[202] Dies hat der EuGH im Jahr 2014 getan. Er erklärte, dass der Grundsatz der Gleichbehandlung ein allgemeiner Grundsatz des Unionsrechts sei, der in Art. 20 GRC niedergelegt sei. Das Diskriminierungsverbot des Art. 21 Abs. 1 GRC stelle eine besondere Ausprägung dieses Grundsatzes dar.[203] Diese Aussage hat er 2015 in Bezug auf das Diskriminierungsverbot aus Gründen der sexuellen Ausrichtung wiederholt.[204] Das bedeutet, dass nach Auffassung des EuGH **alle Diskriminierungsverbote Grundsätze des Unionsrechts und damit Grundrechte gemäß Art. 6 Abs. 3 EUV** sind – obwohl sie, wie gerade am Beispiel der sexuellen Ausrichtung deutlich wurde, nach der in Art. 6 Abs. 3 EUV verankerten Methode (noch) nicht so eingestuft werden können. **Der EuGH löst sich also offenbar von der traditionellen Methode zur Herleitung von Grundsätzen des Unionsrechts.** Er leitet sie nicht aus den Verfassungsüberlieferungen der Mitgliedstaaten und den von ihnen geschlossenen Verträgen, sondern rechtsdogmatisch aus anderen bestehenden Grundsätzen ab.

II. Hautfarbe, soziale Herkunft, genetische Merkmale, Sprache, politische oder sonstige Anschauung, Zugehörigkeit zu einer nationalen Minderheit, Vermögen und Geburt

Art. 21 Abs. 1 GRC enthält – neben den bereits in Art. 19 AEUV enthaltenen acht **69** Diskriminierungsverboten – **weitere neun personengebundene Merkmale,** an die eine Ungleichbehandlung grundsätzlich nicht anknüpfen darf: Hautfarbe, soziale Herkunft, genetische Merkmale, Sprache, politische oder sonstige Anschauung, Zugehörigkeit zu einer nationalen Minderheit, Vermögen sowie Geburt.[205] Die Aufzählung ist nicht abschließend; sie beginnt mit dem Wort „insbesondere".

1. Nichtaufnahme in Art. 19 AEUV und Art. 10 AEUV. Es stellt sich die Frage, **70** warum diese neun Diskriminierungsverbote zwar Aufnahme in Art. 21 GRC **nicht** aber **in Art. 19 AEUV und Art. 10 AEUV** gefunden haben. Als Gründe werden Befürchtungen der Mitgliedstaaten um Einhaltung des Prinzips der begrenzten Einzelermächtigung genannt.[206] Der Entstehungsgeschichte ließe sich zudem entnehmen, dass die Mitgliedstaaten zwar damit einverstanden waren, dass die Union an die in Art. 21 Abs. 1 GRC aufgelisteten 17 Diskriminierungsverbote gebunden sein sollte. Ein solch umfassender Dis-

---

[200] Vgl. *Hölscheidt* in NK-EuGRCh GRCh Art. 21 Rn. 28, 41, 45.
[201] So auch der ausdr. Hinweis ua von *Schmahl* in Grabenwarter, EnzEur Bd. 2, § 15 Rn. 112.
[202] So offenbar *Epiney* in Calliess/Ruffert AEUV Art. 19 Rn. 2. Zurückhaltender *Grabenwarter* in GHN AEUV Art. 19 Rn. 7: Der EuGH habe dies angedeutet.
[203] Vgl. EuGH C-356/12, ECLI:EU:C:2014:350 Rn. 43 – Glatzel. Ähnlich (der Grundsatz der Gleichbehandlung sei ein allgemeiner Grundsatz des Unionsrechts, der in den Art. 20 und 21 der GRC verankert sei), EuGH C-550/07 P, Slg. 2010, I-8301 Rn. 54 – Akzo; EuG T-543/08, ECLI:EU:T:2014:627 Rn. 153 – RWE; EuG T-541/08, ECLI:EU:T:2014:628 Rn. 181 – Sasol; EuG T-79/13, ECLI:EU: T:2018:365 Rn. 87 – Accorinti.
[204] Vgl. EuGH C-528/13, ECLI:EU:C:2015:288 Rn. 48 – Léger.
[205] Zur Auslegung der einzelnen verbotenen Diskriminierungsgründe in Art. 21 Abs. 1 GRC vgl. *von Diest* S. 225 ff.
[206] So *Rossi* in Calliess/Ruffert AEUV Art. 10 Rn. 4.

kriminierungsschutz sollte aber nicht auch die Mitgliedstaaten und deren Handeln betreffen.[207] Nach Ansicht anderer zeige die Nichtaufnahme dieser Diskriminierungsverbote in Art. 19 und 10 AEUV, dass sie offenbar für nicht so wichtig erachtet wurden wie die zuerst behandelten acht Diskriminierungsverbote.[208] Aus welchen Gründen auch immer die neun Diskriminierungsverbote nur Aufnahme in Art. 21 Abs. 1 GRC gefunden haben, so ist dieser Tatsache insbes. beim Umfang der rechtlichen Bindung der einzelnen Diskriminierungsverbote Rechnung zu tragen (→ Rn. 80 ff.).

71 **2. Verankerung und Herleitung als Grundrecht nach Art. 6 EUV.** Die neun Diskriminierungsverbote aus Gründen der Hautfarbe, der sozialen Herkunft, der genetischen Merkmale, der Sprache, der politischen oder sonstigen Anschauung, der Zugehörigkeit zu einer nationalen Minderheit, des Vermögens sowie der Geburt sind in Art. 21 Abs. 1 GRC verankert. Damit stellen sie gemäß **Art. 6 Abs. 1 EUV** Grundrechte dar.

72 Die **EMRK**, die im Rahmen von **Art. 6 Abs. 2 EUV** Bedeutung erlangt, enthält lediglich ein akzessorisches Diskriminierungsverbot in Art. 14 EMRK (→ Rn. 35). Von den neun Diskriminierungsverboten sind acht in Art. 14 EMRK zu finden – es fehlen allein die genetischen Merkmale, die allerdings unter den „sonstigen Statuts" fallen.

73 Gemäß **Art. 6 Abs. 3 EUV** können die Grundrechte schließlich als **allgemeine Grundsätze** Teil des Unionsrechts sein. Dazu muss neben der soeben erwähnten EMRK auf die Verfassungsüberlieferungen der Mitgliedstaaten und auf weitere, von den EU-Mitgliedstaaten ratifizierten völkerrechtlichen Menschenrechtsverträge zurück gegriffen werden (→ Rn. 36). Eine Analyse ergibt folgendes Bild:[209]

74 Sonstige Diskriminierungsverbote[210] in den Verfassungen der Mitgliedstaaten:

	AT	BE	BG	CY	CZ	DE	DK	EE	EL	ES	FI	FR	HR	HU
Hautfarbe				x	x			x					x	x
soziale Herkunft	(x)[211]	(x)[212]	H	x	x	H		H			H		x	x
genetische Merkmale														
Sprache				x	x	x		x	x		x		x	x
politische Anschauung			PZ	x	x	x		x	x	(x)[213]	(x)[214]		x	x
sonstige Anschauung				x	x			x	x	(x)[215]	(x)[216]		x	x
nationale Minderheit					x									
Vermögen			x	x	x			(x)[217]					x	x

---

[207] So *Schorkopf* in GHN AEUV Art. 10 Rn. 23.
[208] So *Rebhahn* in Schwarze AEUV Art. 10 Rn. 2.
[209] Eigene Zusammenstellung.
[210] H = Herkunft; PZ = Politische Zugehörigkeit; SV = Soziale Verhältnisse. In den hellgrau unterlegten Mitgliedstaaten finden sich keine speziellen Diskriminierungsverbote. Die entsprechenden Verfassungen enthalten jedoch entweder ein allgemein formuliertes Diskriminierungsverbot, das alle Arten von Diskriminierungen verbietet, oder lassen den allgemeinen Gleichheitssatz zur Anwendung gelangen.
[211] Stand/Klasse.
[212] Stand.
[213] Anschauungen.
[214] Anschauung.
[215] Anschauungen.
[216] Anschauung.
[217] Materieller Stand.

	AT	BE	BG	CY	CZ	DE	DK	EE	EL	ES	FI	FR	HR	HU
Geburt	x			x	x	(x)[218]				(x)[219]	(x)[220]		x	x
weitere Gründe		x	x	x	x			x		x	x		x	x

Sonstige Diskriminierungsverbote den Verfassungen der Mitgliedstaaten (Fortsetzung): 75

	IE	IT	LT	LU	LV	MT	NL	PL	PT	RO	SE	SI	SK	UK
Hautfarbe						x					x		x	x
soziale Herkunft	SV	(x)[221]							H[222]	x			x	x
genetische Merkmale														
Sprache		x	x					x	x			x	x	x
politische Anschauung		x	x		x	x		x	PZ			x	x	x
sonstige Anschauung		x			x			x				x	x	x
nationale Minderheit											x		x[223]	x
Vermögen	SV	(x)[224]							(x)[225]	x			x	x
Geburt		(x)[226]							(x)[227]				x	x
weitere Gründe						x	x						x	x

Sonstige Diskriminierungsverbote in völkerrechtlichen Verträgen und Dokumenten: 76

	AEMR	IPBPR	IPWSKR	Kinderkonvention (CRC)	ILO Nr. 111	Übereink Diskriminierung Frau	Übereink Rassendiskrimin.	Übereink MRe und Biomedizin
Hautfarbe	x	x	x	x	x		x	
soziale Herkunft	x	x	x	x	x			
genetische Merkmale								x
Sprache	x	x	x	x				

---

[218] Abstammung.
[219] Abstammung.
[220] Abstammung.
[221] Soziale Lage.
[222] Familie.
[223] Zusätzlich: nationale oder ethnische Gruppe.
[224] Soziale Lage.
[225] Wirtschaftliche Situation.
[226] Abstammung.
[227] Abstammung.

	AEMR	IPBPR	IPWSKR	Kinder-konvention (CRC)	ILO Nr. 111	Übereink Diskrimi-nierung Frau	Übereink Rassen-diskrimin.	Übereink MRe und Biomedi-zin
politische Anschauung	x	x	x	x	x			
sonstige An-schauung	x	x	x	x	x			
nationale Minderheit								
Vermögen	(x) [228]	x	x	x				
Geburt	x	x	x	x				
Weitere Gründe	x	x	x	x	x			

77 Aus der Übersicht ergibt sich, dass drei Diskriminierungsverbote gemeinsame Verfassungsüberlieferungen und fester Bestandteil völkerrechtlicher Verträge sind: die Verbote der Diskriminierung aus Gründen der Sprache sowie der politischen oder sonstigen Anschauung. Letztlich zu bejahen ist dies auch für die Diskriminierungsverbote aufgrund der Hautfarbe, der sozialen Herkunft, der Zugehörigkeit zu einer nationalen Minderheit, des Vermögens und der Geburt. Kein Grundrechtsstatus nach Art. 6 Abs. 3 EUV kommt hingegen dem Diskriminierungsverbot aus Gründen der **genetischen Merkmale** zu. Es findet sich nur in dem mangels ausreichender Ratifikationen nicht zu berücksichtigenden Übereinkommen über Menschenrechte und Biomedizin von 1997 sowie in der völkerrechtliche Verträge inkorporierenden tschechischen Verfassung. Dementsprechend wurde es vom Konvent, wie das Diskriminierungsverbot aus Gründen der sexuellen Ausrichtung, als „neues" Grundrecht eingestuft (→ Rn. 67). Allerdings ist auch in diesem Fall die neue EuGH-Rspr. zu berücksichtigen: Selbst wenn sich einzelne Diskriminierungsverbote nicht über Art. 6 Abs. 3 EUV als Grundsätze des Unionsrechts begründen lassen, so sind sie doch als Ausprägung des allgemeinen Gleichheitssatzes als Grundsätze des Unionsrechts einzustufen (→ Rn. 68).

78 Der **EuGH** hat sich zum Inhalt der neun genannten Diskriminierungstatbestände erst **ansatzweise** geäußert. Soweit ersichtlich war er bislang lediglich mit dem Diskriminierungsverbot aus Gründen der **Sprache** näher befasst. In allen Fällen ging es um (potentielle) Diskriminierungen durch EU-Organe in Bezug auf Veröffentlichungen von Ausschreibungen in nicht allen Amtssprachen der EU[229] sowie um Sprachkenntnisse von EU-Beamten.[230]

III. Prüfung

79 Die Prüfung eines Verstoßes gegen ein Diskriminierungsverbot – sei es als Grundrecht, primärrechtliches oder sekundärrechtliches Recht ausgestaltet[231] – folgt im Wesentlichen den aus der Gleichstellung der Geschlechter (→ § 48 Rn. 40 ff., 87 f.) und dem Diskriminierungsverbot aus Gründen der Staatsangehörigkeit (→ Rn. 25 ff.) **bekannten Regeln**. Zu fragen ist, ob eine Diskriminierung vorliegt, ob sich diese objektiv rechtfertigen lässt und ob sie verhältnismäßig ist.

---

[228] Eigentum.
[229] Vgl. EuGH C-566/10 P, ECLI:EU:C:2012:752 Rn. 73 ff. – Italien/Kommission II; EuG T-185/05, Slg. 2008 II-3207 Rn. 127 ff. – Italien/Kommission I.
[230] Vgl. EuGöD F-29/11, ECLI:EU:F:2012:172 Rn. 88 ff. – BA/Kommission.
[231] Vgl. den Prüfungsaufbau bei *Schmahl* in Grabenwarter, EnzEur Bd. 2, § 15 Rn. 140 ff.

1. Gewährleistungsgehalt. a) Verpflichtete. Alle 17 in **Art. 21 Abs. 1 GRC** genannten Diskriminierungsverbote binden als EU-Grundrechte gemäß Art. 51 Abs. 2 GRC die Organe und Einrichtungen der EU sowie die Mitgliedstaaten bei Ausführung von Unionsrecht. Nicht an die EU-Grundrechte gebunden sind Privatpersonen (aA → § 9 Rn. 40 ff. sowie → § 47 Rn. 13).[232] **Art. 19 AEUV** ermächtigt die EU zum Erlass von Sekundärrecht zur Bekämpfung von acht der 17 Diskriminierungsverbote.[233] Dieses Sekundärrecht verpflichtet sowohl die Mitgliedstaaten als auch Privatpersonen. Das bedeutet aber nicht, dass Art. 19 AEUV (→ Rn. 48) oder das Sekundärrecht (→ Rn. 59) unmittelbare Drittwirkung entfalten würden.[234] Die Mitgliedstaaten sind lediglich gemäß den Richtlinien verpflichtet, nationales Recht zu erlassen, das auch Privatpersonen an die genannten acht Diskriminierungsverbote bindet. 80

b) Berechtigte. Die in Art. 21 Abs. 1 GRC und Art. 19 AEUV aufgeführten Merkmale sind so gefasst, dass sie **sowohl auf Unionsbürger als auch auf Nicht-Unionsbürger anwendbar** sind.[235] **Juristische Personen** können grundsätzlich nicht Begünstigte eines Diskriminierungsverbotes sein – mit Ausnahme des Diskriminierungsverbotes aus Gründen der Religion, der Weltanschauung oder des Vermögens.[236] 81

Auf das Grundrecht des **Art. 21 Abs. 1 GRC** kann sich der Einzelne unmittelbar berufen. Ob das auch in Bezug auf die in **Art. 19 AEUV und Art. 10 AEUV** genannten und sekundärrechtlich ausgestalteten Diskriminierungsverbote möglich ist, hängt davon ab ob, die Normen unmittelbar anwendbar (Primärrecht) bzw. unmittelbar wirksam (Sekundärrecht) sind. Die unmittelbare Anwendbarkeit des Art. 19 Abs. 1 AEUV ist abzulehnen (→ Rn. 48). Die unmittelbare Wirksamkeit der RL 2004/113/EG, RL 2000/43/EG und RL 2000/78/EG hat der EuGH bislang nicht bejaht – wohl aber das BVerwG in Bezug auf die RL 2000/78/EG.[237] Verallgemeinert man diese Rspr., so kann sich der Einzelne auf acht der 17 Diskriminierungsverbote berufen – allerdings nicht unter Rückgriff auf Art. 19 Abs. 1 AEUV, sondern auf die Richtlinien. 82

c) Erfasste personenbezogene Merkmale. Die 17 in Art. 21 GRC aufgeführten verbotenen Diskriminierungstatbestände, die zT auch in Art. 19 AEUV und Art. 10 AEUV aufgenommen wurden, sind **vom EuGH nur ansatzweise inhaltlich näher erläutert** worden. Eine Definition hat er bspw. für den Begriff der „Behinderung" entwickelt (→ Rn. 55). Weitere personenbezogene Merkmale, wie Sprache oder Alter, dürften selbsterklärend sein. Für alle anderen ist bis auf Weiteres auf die Literatur und auf die von ihr – häufig unter Heranziehung des innerstaatlichen Rechts und der völkerrechtlichen Verträge – entwickelten Definitionen zurück zu greifen.[238] 83

2. Diskriminierung. Der unionsrechtliche Diskriminierungsbegriff erfasst **sowohl unmittelbare als auch mittelbare Diskriminierungen.**[239] Das gilt nicht nur im Rahmen 84

---

[232] Ausdr. für Art. 21 GRC *Chen* S. 44 ff. AA speziell für das Arbeitsrecht *von Diest* S. 151 f., 191.
[233] Im Rahmen der Klage der Bürgerinitiative „Minority Safe Pack" berief sich die Kommission ua auf den Unterschied zwischen Art. 21 Abs. 1 GRC und Art. 19 AEUV, um zu begründen, dass die EU kein Sekundärrecht zum Schutz von Minderheiten erlassen könne, vgl. EuG T-646/13, ECLI:EU:T:2017:59 Rn. 19 f. – Minority Safe Pack.
[234] Vgl. *Schmahl* in Grabenwarter, EnzEur Bd. 2, § 15 Rn. 169.
[235] Vgl. *Holoubek* in Schwarze AEUV Art. 19 Rn. 11; *Grabenwarter* in GHN AEUV Art. 19 Rn. 25; *Schmahl* in Grabenwarter, EnzEur Bd. 2, § 15 Rn. 163; *Chen* S. 60 f. Aus der Rspr. vgl. etwa EuG T-618/15, ECLI:EU:T:2017:821 Rn. 69 ff. – Voigt/Parlament.
[236] Vgl. *Hölscheidt* in NK-EuGRCh GRCh Art. 21 Rn. 33; *Grabenwarter* in GHN AEUV Art. 19 Rn. 24; *Schmahl* in Grabenwarter, EnzEur Bd. 2, § 15 Rn. 162.
[237] Vgl. BVerwG 2 C 47/09 Rn. 17 ff.; BVerwG 2 C 52/09 Rn. 16 ff.
[238] Vgl. statt vieler *Schmahl* in Grabenwarter, EnzEur Bd. 2, § 15 Rn. 83 ff., 91, 127, 136; *Grabenwarter* in GHN AEUV Art. 19 Rn. 29 ff. sowie die Kommentierungen zu Art. 19 AEUV und Art. 21 Abs. 1 GRC.
[239] Vgl. statt vieler *Epiney* in Calliess/Ruffert AEUV Art. 19 Rn. 7; *Hölscheidt* in NK-EuGRCh GRCh Art. 21 Rn. 36; *Schmahl* in Grabenwarter, EnzEur Bd. 2, § 15 Rn. 146 f. *Kugelmann* in Merten/Papier, HdbGR Bd. VI/1, § 160 Rn. 44.

des Art. 19 AEUV, wo dies ausdrücklich in die RL 2000/43/EG[240], RL 2000/78/EG[241] und RL 2004/113/EG[242] aufgenommen wurde, sondern auch für die grundrechtlichen Diskriminierungsverbote des Art. 21 Abs. 1 GRC.[243] Da der EuGH Verstöße gegen Diskriminierungsverbote in der Regel unter Heranziehung der Richtlinien prüft, die er als Ausgestaltung derselben einstuft (→ Rn. 58), sind seine entsprechenden Aussagen verallgemeinerbar und auch auf die Diskriminierungsverbote als Grundrechte übertragbar. Wendet man diese Regel an, so sind auch **drittbezogene oder vermittelnde Diskriminierungen**[244] als unmittelbare Diskriminierungen einzustufen.[245] Dasselbe gilt für **abstrakte oder „transindividualisierte"** [246] **Diskriminierungen;** es bedarf also keines individualisierten Opfers, um eine unmittelbare Diskriminierung zu bejahen. [247]

85 Nicht ganz eindeutig stellt sich die Lage hinsichtlich **positiver Diskriminierungen** dar. Hierbei ist allerdings zu differenzieren. Positive Diskriminierungen seitens der **Mitgliedstaaten** sind zulässig. Sowohl die nach Art. 19 Abs. 1 AEUV erlassenen Richtlinien als auch Art. 19 Abs. 2 AEUV erklären positive Maßnahmen der Mitgliedstaaten ausdrücklich für zulässig. Ungeklärt ist, ob auch die in Art. 21 GRC verankerten Diskriminierungsverbote positive Diskriminierungen durch die **Unionsorgane** zulassen. Dafür spricht die Ausgestaltung der Gleichheit von Mann und Frau, für deren Verwirklichung positive Diskriminierungsmaßnahmen zulässig sind (→ § 48 Rn. 48 f., 61 ff., 88). Dagegen spricht, dass „Gleichheit" und „Diskriminierungsverbot" nicht dasselbe sind. Die Gleichheit der Geschlechter besteht nicht nur aus einem (abwehrenden) Diskriminierungsverbot, sondern zusätzlich aus einer (positiven) Gleichstellung von Mann und Frau. Es ist diese Gleichstellungspflicht, die zur Zulässigkeit positiver Diskriminierungen führt. Nimmt man den Unterschied zwischen Diskriminierungsverbot und Gleichheit ernst, muss man bei bloßen Diskriminierungsverboten – und nur solche finden sich in Art. 21 GRC – die Zulässigkeit positiver Maßnahmen verneinen.

86 **3. Objektive Rechtfertigung.** Wie bei den übrigen EU-Gleichheitsrechten (→ § 47 Rn. 28 ff., → § 48 Rn. 52 ff., 89 sowie → Rn. 28 ff.) und den entsprechenden Gewährleistungen in Art. 14 EMRK[248] ist auch bei den Diskriminierungsverboten nicht jede Ungleichbehandlung verboten, sondern nur diejenige, die nicht objektiv gerechtfertigt ist. Das gilt sowohl für mittelbare wie für unmittelbare Diskriminierungen. [249] Fragen werfen lediglich die beiden RL 2000/43/EG und RL 2000/78/EG auf, die in ihrem Art. 4 bzw. Art. 4 und 6 begrenzte Rechtfertigungsmöglichkeiten für bestimmte Diskriminierungstatbestände normieren. Daraus könnte geschlossen werden, dass die übrigen Diskriminierungen einem absoluten Verbot unterliegen. Dagegen sprechen allerdings die oben dargestellten allgemeinen Rechtfertigungsregeln für Gleichheitsrechte. Demnach ist bei **jeder Diskriminierung** zu prüfen, ob diese nicht objektiv gerechtfertigt ist.[250]

---

[240] RL 2000/43/EG, ABl. 2000 L 180, 22.
[241] RL 2000/78/EG, ABl. 2000 L 303, 16.
[242] RL 2004/113/EG, ABl. 2004 L 373, 37.
[243] Vgl. Jarass GRCh Art. 21 Rn. 11; *Hölscheidt* in NK-EuGRCh GRCh Art. 21 Rn. 36 f.
[244] Benachteiligung eines Arbeitnehmers wegen der Behinderung seines Kindes, EuGH C-303/06, Slg. 2008, I-5603 Rn. 56 – Coleman (→ Rn. 55).
[245] So ausdr. *Schmahl* in Grabenwarter, EnzEur Bd. 2, § 15 Rn. 151 f.
[246] Begriff *Lindner* NJW 2008, 986 (990).
[247] So ausdr. *Schmahl* in Grabenwarter, EnzEur Bd. 2, § 15 Rn. 151 f. Eine solche Diskriminierung liegt bei öffentlichen Äußerungen vor, man werde keine Arbeitnehmer einer bestimmten ethnischen Herkunft oder Rasse (EuGH C-54/07, Slg. 2008, I-5187 Rn. 28 – Feryn) oder aber Homosexuelle (EuGH C-81/12, ECLI:EU:C:2013:275 Rn. 35 f., 51 ff.) einstellen.
[248] Vgl. *Peukert* in Frowein/Peukert EMRK Art. 14 Rn. 12; *Villiger* HdbEMRK § 30 Rn. 664 f.; EGMR 13.6.1979 – 6833/74 Rn. 41 – Marckx; EGMR 28.11.1984 – 8777/79 Rn. 40 – Rasmussen; EGMR 28.10.1987 – 8695/79 Rn. 41 – Inze; EGMR 23.6.1993 – 12875/87 Rn. 33 – Hoffmann.
[249] Vgl. *Hölscheidt* in NK-EuGRCh GRCh Art. 21 Rn. 52; *Kugelmann* in Merten/Papier, HdbGR Bd. VI/1, § 160 Rn. 46; *Chen* S. 73 ff.
[250] Vgl. *Kugelmann* in Merten/Papier, HdbGR Bd. VI/1, § 160 Rn. 46; Jarass GRCh Art. 21 Rn. 26 ff.

Die **Kriterien** entsprechen denjenigen bei den anderen Gleichheitsrechten: Zu fragen 87
ist, ob der Ungleichbehandlung objektive Gründe bzw. Erwägungen zugrunde liegen, die
einen legitimen Zweck verfolgen und nichts mit dem jeweiligen Diskriminierungstatbestand zu tun haben.[251]

4. Verhältnismäßigkeit. Im Anschluss ist, wie bei den anderen Gleichheitsrechten 88
(→ § 47 Rn. 33 ff., → § 48 Rn. 67 ff., 90 sowie → Rn. 31) und Art. 14 EMRK[252] die
Verhältnismäßigkeit als **zusätzlicher** Prüfungspunkt zu berücksichtigen.[253] Die Schwere
der Benachteiligung muss in einem vernünftigen Verhältnis zum verfolgten Ziel stehen. Die
Prüfung bei den Diskriminierungsverboten wirft dabei im Verhältnis zu derjenigen bei
anderen Gleichheitsrechten keine Besonderheiten auf.

5. Rechtsfolgen eines Verstoßes. Die Rechtsfolgen eines Verstoßes entsprechen denje- 89
nigen bei den übrigen Gleichheitsrechten.[254] Gleichheitswidrige Benachteiligungen werden
vom EuGH für nicht anwendbar bzw. ungültig erklärt. Die Union bzw. der Mitgliedstaat
muss bzw. kann im Anschluss eine in seinem Ermessen stehende Neuregelung treffen. Für
die Gleichheit von Mann und Frau im Erwerbsleben sowie für das Diskriminierungsverbot
aus Gründen der Staatsangehörigkeit hat der EuGH entschieden, dass für die Übergangszeit
die begünstigende Norm auf die benachteiligten Personen anzuwenden ist (→ § 47 Rn. 39,
→ § 48 Rn. 72, 91 sowie → Rn. 32). Es ist davon auszugehen, dass diese Regel auch auf
die übrigen Diskriminierungsverbote übertragbar ist.

E. Verhältnis untereinander und zu anderen Bestimmungen

Die Diskriminierungsverbote gehen als besondere Gleichheitsrechte dem **allgemeinen** 90
Gleichheitssatz vor.[255] Sie stellen spezielle Ausformungen desselben dar[256], indem sie
Merkmale benennen, auf die eine Ungleichbehandlung nicht gestützt werden darf, und/
oder die nur für bestimmte Personengruppen gelten.

Das Verhältnis der **Diskriminierungsverbote untereinander** ist durch eine potentielle 91
Parallelität gekennzeichnet. Eine Diskriminierung kann auf mehrere Gründe zurückzuführen
sein. Zu beachten ist jedoch, dass nicht alle Diskriminierungsverbote als besondere Gleichheitssätze auf einer Stufe stehen. Das als primärrechtliches Recht ausgestaltete Diskriminierungsverbot aufgrund der Staatsangehörigkeit setzt sich aus einem allgemeinen (Art. 18
Abs. 1 AEUV) und drei besonderen (Freizügigkeit, Niederlassungs- und Dienstleistungsfreiheit) Diskriminierungsverboten zusammen. Letztere sind „Konkretisierungen" des
Art. 18 Abs. 1 AEUV und gehen ihm wiederum als spezielle Ausformungen vor (→ Rn. 9).

Im Verhältnis zum **Sekundärrecht** sind die primärrechtlich verankerten Diskrimi- 92
nierungsverbote subsidiär. Alle in Art. 18 Abs. 1 AEUV und Art. 19 Abs. 1 AEUV verankerten Diskriminierungsverbote können sekundärrechtlich ausgestaltet werden. Ist dies der
Fall, gehen diese Normen in der Anwendung vor.[257]

---

[251] Vgl. *Schmahl* in Grabenwarter, EnzEur Bd. 2, § 15 Rn. 144; *Graser/Reiter* in Schwarze GRC Art. 21 Rn. 7; EuGH C-152/11, ECLI:EU:C:2012:772 Rn. 67 mwN – Odar.
[252] Vgl. *Villiger* HdbEMRK § 30 Rn. 666; *Peukert* in Frowein/Peukert EMRK Art. 14 Rn. 12; EGMR 23.7.1968 – 1474/62, 1677/62, 1691/62, 1769/63, 1994/63, 2126/64 Rn. 10 – Belgischer Sprachenstreit; EGMR 27.10.1975 – 4464/70 Rn. 49 – Nationale Belgische Polizeigewerkschaft; EGMR 28.10.1987 – 8695/79 Rn. 41 – Inze; EGMR 23.6.1993 – 12875/87 Rn. 33 – Hoffmann.
[253] Vgl. *Schmahl* in Grabenwarter, EnzEur Bd. 2, § 15 Rn. 144, 169; *Grabenwarter* in GHN AEUV Art. 19 Rn. 28; *Rossi* in Calliess/Ruffert GRC Art. 21 Rn. 7; *Jarass* GRCh Art. 21 Rn. 28; *Chen* S. 79 ff.
[254] Vgl. *Schmahl* in Grabenwarter, EnzEur Bd. 2, § 15 Rn. 172.
[255] Vgl. statt vieler *Schmahl* in Grabenwarter, EnzEur Bd. 2, § 15 Rn. 142.
[256] Für das Verhältnis zwischen Art. 18 Abs. 1 AEUV und dem allgemeinen Gleichheitssatz vgl. EuGH 147/79, Slg. 1980, 3005 Rn. 7 – Hochstrass/EP; EuGH C-29/95, Slg. 1997, I-285 Rn. 14 – Pastoors. Für das Verhältnis zwischen den übrigen Diskriminierungsverboten und dem allgemeinen Gleichheitssatz vgl. EuGH C-356/12, ECLI:EU:C:2014:350 Rn. 43 – Glatzel; EuGH C-528/13, ECLI:EU:C:2015:288 Rn. 48 – Léger.
[257] Vgl. exemplarisch EuGH C-131/96, Slg. 1997, I-3659 Rn. 11 ff. – Romero.

von der Decken

93   Was das Verhältnis zwischen den Diskriminierungsverboten **als EU-Grundrechte und als primär- bzw. sekundärrechtliche Rechte** betrifft, so ist zwischen ihnen zu differenzieren: EU-Grundrechte binden die Union sowie die Mitgliedstaaten bei Ausführung von Unionsrecht. Die primär- bzw. sekundärrechtlich verankerten Rechte haben die Mitgliedstaaten als Adressaten und gelten auch dann, wenn diese außerhalb konkreter Umsetzungsakte handeln. Das Sekundärrecht enthält teilweise nicht nur für die Mitgliedstaaten, sondern auch für Privatpersonen geltende Diskriminierungsverbote. Die verschiedenen Rechtsformen der Diskriminierungsverbote stehen wegen ihrer divergierenden Adressatenkreise und Anwendungsebenen nebeneinander und ergänzen sich. Allerdings stuft der EuGH das Sekundärrecht als Konkretisierung der Diskriminierungsverbote in den vom Sekundärrecht erfassten Bereich ein. Seine Aussagen zum Sekundärrecht sind daher auf die als Grundrecht ausgestalteten Diskriminierungsverbote übertragbar.

F. Zusammenfassende Bewertung und Ausblick

94   Die insgesamt 19 EU-Diskriminierungsverbote stellen eine heterogene Gruppe besonderer Gleichheitssätze dar, die sich hinsichtlich ihrer rechtlichen Verankerung und ihrer praktischen Relevanz teilweise erheblich voneinander unterscheiden. Das **agrarrechtliche Diskriminierungsverbot** des Art. 40 Abs. 2 UAbs. 2 AEUV ist weitestgehend im allgemeinen Gleichheitssatz aufgegangen und entfaltet keine eigenständige Bedeutung mehr. Das **Diskriminierungsverbot aufgrund des Geschlechts** ist ein Grundrecht. Ihm kommt jedoch im Verhältnis zum weiter gefassten Grundrecht der Gleichheit von Mann und Frau nur noch eine Auffangfunktion für die von der Gleichheit der Geschlechter nicht erfassten Tatbestände zu. 17 weitere Diskriminierungsverbote sind in Art. 21 Abs. 1 und 2 GRC verankert und haben damit Grundrechtsstatus. Gemäß EuGH-Rspr. sind die in Art. 21 Abs. 1 GRC genannten Diskriminierungsverbote aber gleichzeitig auch Grundsätze des Unionsrechts und damit nicht nur gemäß Art. 6 Abs. 1 EUV, sondern auch gemäß Art. 6 Abs. 3 EUV Grundrechte.

95   Neun der 19 Diskriminierungsverbote sind zusätzlich als **primär- bzw.- sekundärrechtliche Rechte** ausgestaltet. Es handelt sich dabei zum einen um das auch unmittelbare Drittwirkung entfaltende, in Art. 18 Abs. 1 AEUV verankerte Verbot der Diskriminierung aus Gründen der Staatsangehörigkeit, zum anderen um die acht in Art. 19 Abs. 1 AEUV aufgenommenen Diskriminierungstatbestände. Das Diskriminierungsverbot des Art. 18 Abs. 1 AEUV ist an die Mitgliedstaaten gerichtet und kann darüber hinaus gemäß Art. 18 Abs. 2 AEUV sekundärrechtlich ausgestaltet werden. Die in der Ermächtigungsnorm des Art. 19 Abs. 1 AEUV genannten Diskriminierungsverbote hingegen binden die Mitgliedstaaten erst nach Erlass des entsprechenden Sekundärrechts. Dieses verpflichtet die Mitgliedstaaten auch zum Erlass von Diskriminierungsverboten, die Privatpersonen binden.

96   Vergleicht man die grundrechtlichen sowie primär- und sekundärrechtlich verankerten Diskriminierungsverbote auf EU-Ebene mit Art. 3 Abs. 3 GG, so ist deren Gewährleistung deutlich umfangreicher als im **deutschen Recht**. Dem Grundgesetz fremd sind nicht nur das (als Primärrecht unmittelbare Drittwirkung entfaltende) Verbot der Diskriminierung aus Gründen der Staatsangehörigkeit, sondern auch die Diskriminierungsverbote aufgrund der Hautfarbe, des Alters, der sexuellen Ausrichtung, des Vermögens oder der Zugehörigkeit zu einer nationalen Minderheit. Die Auswirkungen auf das deutsche Rechtssystem sind erheblich. Das gilt insbes. für das Sekundärrecht[258] und die EuGH-Rspr.[259]

---

[258] Die RL 2000/43/EG und RL 2000/78/EG sind durch das Allgemeines Gleichbehandlungsgesetz vom 14. August 2006 (BGBl. 2006 I 1897) umgesetzt worden.
[259] Vgl. exemplarisch *Schmidt,* Von „Mangold" bis „Maruko": Die Judikatur des EuGH zur Gleichbehandlungsrahmenrichtlinie und ihr Einfluss auf die deutsche Rechtsordnung, 2014; *Scheufler,* Auswirkungen des Verbots der Altersdiskriminierung auf die betriebliche Altersversorgung, 2015; *Reuter,* Die Auswirkungen des unionsrechtlichen Altersdiskriminierungsverbots auf das deutsche Beamtenrecht, 2015.

Von ihrer **Bedeutung und Intensität** her sind die Diskriminierungsverbote allerdings 97 nicht mit der Gleichheit der Geschlechter vergleichbar. Die Europäische Union hat die Gleichstellung von Mann und Frau zu fördern (Art. 8 AEUV), während sie Diskriminierungen lediglich zu bekämpfen hat (Art. 10 AEUV). Entsprechend sind positive Diskriminierungen bei den Diskriminierungsverboten – anders als bei der Gleichheit der Geschlechter – nur sekundärrechtlich vorgesehen und das auch nur für die in Art. 19 Abs. 1 AEUV genannten Merkmale.

§ 50 Minderheitenschutz und Vielfalt der Kulturen, Religionen und Sprachen

Übersicht

	Rn.
A. Grundlagen und Entwicklung	1–36
I. Minderheiten und europäische Integration	1–3
II. Vielfalt und Einheit: verfassungstheoretische Grundlagen des Minderheitenschutzes	4–16
1. Geringer Konsens unter den Mitgliedstaaten	4–6
2. Verfassungstheoretische Grundlagen	7–16
III. Entwicklung und Überblick	17–36
1. Völkerrechtliche Schutzkonzepte: „undefiniert" zwischen Diskriminierungsverboten und materieller Gleichstellung	17–25
2. Entwicklung im europäischen Rahmen	26–30
3. Entwicklung in der EU	31–36
B. Gewährleistungsgehalte	37–75
I. Diskriminierungsverbote	37–57
1. Grundlagen und Umfang	37–42
2. Nationale Minderheit nach Art. 21 Abs. 1 GRC	43–55
3. Rechtfertigung von Ungleichbehandlungen	56, 57
II. Achtung der Vielfalt der Kulturen, Religionen und Sprachen	58–75
1. Grundlagen	58–64
2. Spezifische Aufträge zur Achtung der Kulturen, Religionen und Sprachen	65–75
C. Verhältnis zu anderen Bestimmungen	76
D. Bewertung und Ausblick	77, 88

Schrifttum:

Åkermark, Justifications of Minority Protection in International Law, 1997; *v. Arnauld*, Minderheitenschutz im Recht der Europäischen Union, AVR 42 (2004), 111; *Arzoz*, The protection of linguistic diversity through Article 22 of the Charter of Fundmental Rights, in ders. (Hrsg.), Respecting linguistic diversity in the European Union, 2008, S. 145; *Benoît-Rohmer*, The Minority Question in Europe: Towards a Coherent System of Protection of National Minorities, 1996; *dies.*, Le Conseil de l'Europe et les Minorités Nationales, in Malfliet/Laenen (Hrsg.), Minority Policy in Central and Eastern Europe: The Link between Domestic Policy, Foreign Policy and European Integration, 1998, S. 146; *Blumenwitz/Gornig/Murswiek* (Hrsg.), Rechtsanspruch und Rechtswirklichkeit des europäischen Minderheitenschutzes, 1998; *v. d. Bogaert*, State Duty Towards Minorities: Positive or Negative?, ZaöRV 64 (2004), 37; *Brusis*, The European Union and Interethnic Power-sharing Arrangements in Accession Countries, JEMIE 1/2003; *Concil of Europe*, The protection of national minorities by their kin-state, 2002; *Delpévíc*, L'Europe et les minorités, ZEuS 2001, 559; *De Witte*, Politics versus Law in the EU's Approach to Ethnic Minorities, EUI Working Paper 2000/04; *De Varennes*, To Speak or not to Speak. The Rights of Persons Belonging to Linguistic Minorities, Working Paper, UN Doc. E/CN.4/Sub.2/Ac.5/1997/WP.6; *Dujmovits*, Der Schutz religiöser Minderheiten nach der EMRK, in Grabenwarter/Thienel (Hrsg.), Kontinuität und Wandel der EMRK – Studien zur Europäischen Menschenrechtskonvention, 1998, S. 139; *Eide*, Comprehensive Examination of the Thematic Issues Relating to Racism, Xenophobia, Minorities and Migrant Workers, Working Paper, UN Doc. E/CN.4/Sub.2/1996/30, 7; *Fenet*, Diversité linguistique et construction européenne, RTDE 37 (2001), 235; *Franke/Hofmann*, Nationale Minderheiten – ein Thema für das Grundgesetz?, EuGRZ 1992, 401; *Frowein/Hofmann/Oeter* (Hrsg.), Das Minderheitenrecht europäischer Staaten – Teil 1, 1993; – Teil 2, 1994; *Gál*, The Council of Europe Framework Convention for the Protection of National Minorities and its Impact on Central and Eastern Europe, JEMIE 1/2000; *Gilbert*, Autonomy and Minority Groups: A Right in International Law?, Cornell ILJ 35 (2001/2), 307; *Hannikainen*, The European Commission against Racism and Intolerance (ECRI), in ders./Nykänen (Hrsg.), New Trends in Discrimination Law – International Perspectives 1999, S. 177; *Henrard*, Devising an Adequate System of Minority Protection. Individual Human Rights, Minority Rights and the Right to Self-Determination, 2000; *dies.*, The Interrelationship between Individual Human Rights, Minority Rights and the Right to Self-Determination and Its Importance for the Adequate Protection of Linguistic Minorities, Ethnopolitics 1/1 (2001/2), 41; *Hilpold*, Minderheiten im Unionsrecht, AVR 39 (2001), 432; *ders.*, Modernes Minderheitenrecht. Eine rechtsvergleichende Untersuchung des Minderheitenrechtes in Österreich und in Italien unter besonderer Berücksichtigung völkerrechtlicher Aspekte, 2001; *ders.*, Neue Minderheiten im Völkerrecht und im Europarecht, AVR 42 (2004), 1; *Hofmann*, Minderheitenschutz in Europa. Überblick über die völker- und staatsrechtliche Lage, ZaöRV 52 (1992), 1; *ders.*, National Minorities and European Community Law, Baltic YIL 2 (2002), 159; *Hughes/Sasse,* Monitoring the Monitors: EU Enlargement Conditionality and Minority Protection in the CEECs, JEMIE 1/2003; *Kugelmann,* Minderheitenschutz als Menschenrechtsschutz. Die Zuordnung kollektiver und individueller Gehalte des Minderheitenschutzes, AVR 39 (2001), 233; *Kymlicka,* Multicultural Citizenship – A Liberal Theory of Minority Rights, 1995; *Mahler/Toivanen,* Die Erweiterung der Europäischen Union: Eine Chance für nationale und ethnische Minderheiten?, MRM 2004, 63; *Marti,* Sprachenpolitik in Grenzregionen, 1996; *Martin Estébanez,* The Protection of National or Ethic, Religions and Linguistic Minorities, in Neuwahl/Rosas (Hrsg.), The European Union and Human Rights, 1995, S. 133; *Myntti,* The Prevention of Discrimination v. Protection of Minorities – With Particular Reference to „Special Measures", Baltic YIL 2 (2002), 199; *Oellers-Frahm,* Der Status der Minderheitensprachen vor Behörden und Gerichten, in Frowein/Hofmann/Oeter (Hrsg.), S. 383; *Oeter,* Minderheitenschutz in internationalen Abkommen, in Forschungsinst. d. Friedrich-Ebert-Stiftung (Hrsg.), Minderheiten und Antidiskriminierungspolitik: Alternative zur Integration?, 1994, S. 27; *Palermo,* The Use of Minority Languages: Recent Developments in EC Law and Judgments of the ECJ, MJ 8 (2001), 299; *Partsch,* Gedanken zum Schutz ethnischer und sprachlicher Minderheiten, GS Geck, 1989, 581; *Pauly,* Majorität und Minorität, in Georg Jellinek (Hrsg., einl. ders.), Das Recht der Minoritäten (1898), 1996, S. VII; *Pentassugila,* Minorities in international law. An introductory study, 2002; *ders.,* The EU and the Protection of Minorities: The Case of Eastern Europe, EJIL 12 (2001), 3; *Rehman,* The Weaknesses in the International Protection of Minority Rights, 2000; *ders.,* International Human Rights Law. A practical approach, 2003; *Sändig/Baumgartner,* Beitrittsvoraussetzungen der Europäischen Union (Kopenhagener Verfahren) in Bezug auf die Situation der Roma und anderer Minderheiten in den südeuropäischen Kandidatenländern, MRM 2003, 161; *Scheinin/Toivanen* (Hrsg.), Rethinking Non-Discrimination and Minority Rights, 2004; *Shaw,* The Definition of Minorities in International Law, in Dinstein/Tabory (Hrsg.), The Protection of Minorities and Human Rights, 1992, S. 26; *Thornberry/Martín Estébanez,* Minority Rights in Europe. A review of the work and standards of the Council of Europe, 2004; *Tomuschat,* Protection of Minorities under Article 27 of the International Covenant on Civil and Political Rights, FS Mosler, 1983, 960; *Wolfrum,* The Emergence of New Minorities as a Result of Migration, in Brolmann ua (Hrsg.), Peoples and Minorities in International Law, 1993, S. 160; *ders.,* Der völkerrechtliche Schutz religiöser Minderheiten und ihrer Mitglieder, in Grote/Marauhn (Hrsg.), Religionsfreiheit zwischen individueller Selbstbestimmung, Minderheitenschutz und Staatskirchenrecht – Völker- und verfassungsrechtliche Perspektiven, 2001, S. 53.

A. Grundlagen und Entwicklung

I. Minderheiten und europäische Integration

Im internationalen Maßstab gibt es kaum Staaten, deren Bevölkerung sich ethnisch völlig **1** homogen zusammensetzt.[1] Deshalb muss das Auftreten von **Minderheiten,** traditionell als religiöse, sprachliche und ethnische bzw. nationale Minderheiten verstanden, in einem Staat als **der Normalfall** angesehen werden. Die EU zeichnet sich durch einen besonders hohen Anteil an Minderheiten aus. Formal gesehen stellen auch die Staatsvölker der **Mitgliedstaaten** in der EU jeweils **strukturelle Minderheiten** dar.[2] Spiegelbildlich gibt es in der EU aber weder eine nationale, ethnische, religiöse noch sprachliche absolute Mehrheit. Zudem haben die Mitgliedstaaten ihre Souveränität behalten und haben einer möglichen Diskriminierung ihrer Staatsangehörigen in vielfacher Weise in den Verträgen einen Riegel vorgeschoben. Diskriminierungen aus Gründen der Staatsangehörigkeit sind im Anwendungsbereich der Verträge (Art. 18 AEUV) und insbesondere im Rahmen der Grundfreiheiten (s. bspw. Art. 56 Abs. 1 AEUV) ausdrücklich verboten. Ferner erkennt die EU in Art. 21 GRC und 24 AEUV die **offiziellen Sprachen der Mitgliedstaaten** an. Daher ist die Situation der Staatsangehörigen eines Mitgliedstaats in der EU nicht mit derjenigen von Minderheiten in den Mitgliedstaaten vergleichbar.

Grundsätzlich ist das Verhältnis des EU-Rechts Minderheiten gegenüber **ambivalent.** **2** Auf der einen Seite integriert die EU **nationale Minderheiten,** indem sie diese als Unionsbürgerinnen und -bürger, vermittelt über die Staatsangehörigkeit in den Mitglied-

---

[1] *Kymlicka* S. 128.
[2] Das ist nach der Definition nicht ausgeschlossen, da der Minderheitenbegriff (→ Rn. 36 ff.) nicht notwendig voraussetzt, dass die übrige Bevölkerung eine homogene Mehrheit darstellt. Die Voraussetzungen einer auf die Staatsangehörigkeit rekurrierenden Minderheitsdefinition sind bei der EU seit Zuerkennung einer EU-Staatsbürgerschaft formal erfüllt. Allerdings können sich die Völker der Mitgliedstaaten zugleich nach einhelliger Auffassung auf das Selbstbestimmungsrecht berufen, vgl. *Wallace,* Education, multiculturalism and the EU Charter of Rights, ConWEB 2002 no. 5, S. 16. Zur Beteiligung s. *Wheatley* EJIL 2003, 507 ff.

staaten, anerkennt. Auf der anderen Seite übt sie zugleich, wenn auch nicht final, so doch unmittelbar oder mittelbar rechtlichen Druck auf den mitgliedstaatlichen Schutz und Förderung von nationalen Minderheiten aus.[3] Staatliche finanzielle Zuwendungen an Minderheiten sind am EU-Beihilfenrecht zu messen.[4] Beispielhaft ist ferner die Auseinandersetzung um die maßgeblich von Frankreich favorisierten Zugeständnisse zugunsten von Kontingenten für die Sendung von Musik in der Landessprache in der Fernseh-Richtlinie.[5] Die zur Erreichung des **Binnenmarktes** erforderliche Rechtsharmonisierung kann weitere Schranken für eine staatliche Förderpolitik errichten und ebnet tendenziell den Weg für **wirtschaftliche Unitarisierungstendenzen,** die Minderheiten einem **faktischen Assimilierungsdruck** aussetzen.

3   Trotz der erheblichen Berührungspunkte mit dem Minderheitenschutz enthielten die Verträge bis zum Vertrag von Lissabon **keine ausdrückliche** Bestimmung über **spezifische Rechte von Minderheiten.** Hauptgrund für die zögerliche Befassung mit EU-internen Minderheitenrechten sind die unterschiedlichen Auffassungen in den Mitgliedstaaten über den für sie akzeptablen Minderheitenschutz.[6] Diese Unterschiede[7] lassen sich auf unterschiedliche verfassungstheoretische Konzepte von Minderheiten zurückführen.

II. Vielfalt und Einheit: verfassungstheoretische Grundlagen des Minderheitenschutzes

4   **1. Geringer Konsens unter den Mitgliedstaaten. Vielfalt** ist ein umfassender Begriff, der heutzutage vielfach **positiv besetzt** ist; er weist insbesondere Konnotationen mit Nachhaltigkeit,[8] Chancen und Flexibilität[9] auf. Da Minderheiten zur Vielfalt beitragen, wird ihnen oft ein positiver (Eigen-)Wert beigemessen.[10] In Art. 3 Abs. 3 UAbs. 4 EUV wird die kulturelle und sprachliche Vielfalt in der Union als „Reichtum" bezeichnet. Verfassungstheoretisch ist grundlegend zu fragen, ob und welche Gerechtigkeitsvorstellungen für einen solchen Schutz streiten. Dabei ist nicht nur das **Verhältnis zur Mehrheit** in den Blick zu nehmen, die die „Multikulturalität" einer Gesellschaft durchaus kritisch bewerten kann,[11] sondern auch **zu anderen Gruppen,** denen der Genuss entsprechender Minderheitenrechte vorenthalten wird:[12] religiösen Sekten oder Subkulturen, Menschen mit Behinderungen

---

[3]   S. etwa zur Lebensmitteletikettierung EuGH C-366/98, Slg. 2000, I-6579 – Geffroy v. Casino France. Zum Kulturbereich *Nettesheim* JZ 2002, 157 (158). Zum Begriff der Minderheit → Rn. 36 ff.

[4]   Nach Art. 107 Abs. 3 lit. d AEUV können Beihilfen zur Förderung der Kultur und der Erhaltung des kulturellen Erbes mit dem Binnenmarkt vereinbar sein, näher dazu *Hilpold* AVR 2001, 432 (441).

[5]   RL 89/552/EWG, ABl. 1989 L 298, 23; aufgehoben und ersetzt durch die „AVM-Richtlinie" RL 2010/13/EU, ABl. 2010 L 95, 1; s. dazu *Hailbronner/Weber* DÖV 1997, 561 ff.

[6]   *Schwellnus,* „Much ado about nothing?" Minority Protection and the EU Charter of Fundamental Rights, ConWEB 2001 no. 5, S. 10 weist darauf hin, dass alle Vorschläge für spezifische Minderheitenrechte im Grundrechtekonvent am Widerstand Frankreichs scheiterten.

[7]   Vgl. die äußerst diversen Regelungen zu Minderheitenschutz, kultureller, sprachlicher und religiöser Vielfalt sowie Diskriminierungsverboten in den Verfassungen der EU-Mitgliedstaaten: Art. 2, Art. 3, Art. 115 ff., Art. 127 ff. belgVerf; Art. 3 Abs. 3 GG; § 37, §§ 49 ff. estnVerf; Art. 17 finnVerf; Art. 1 frzVerf; Art. 3, 4 griechVerf; Art. 3, Art. 8, Art. 44 irVerf; Art. 5, Art. 6 italVerf; § 114 lettVerf; Art. 8, Art. 14 Abs. 6 östB-VG, Art. 19 östStGG; Art. 27 polnVerf; Art. 11, Art. 41–43, Art. 73–79 portVerf; Kap 1 § 2 Abs. 4, Kap. 2 § 1 schwedVerf; Art. 3, Art. 9 Abs. 2, Art. 20 Abs. 3, Art. 44, Art. 46, Art. 48, Art. 50, Art. 143 spanVerf; Art. 6 tschechVerf; Art. 68, Art. XV, XXXIX ungVerf; Art. 1 Brit Human Rights Act (1998) iVm Art. 14 EMRK.

[8]   Die Biodiversitäts-Konvention, die die Bewahrung der biologischen Vielfalt der Erde zum Ziel hat, wurde im Rahmen der Agenda 21 und der sog. Rio-Deklaration zu einem Konzept der Nachhaltigen Entwicklung beschlossen, *Epiney/Scheyli,* Strukturprinzipien des Umweltvölkerrechts, 1998, S. 30 f.

[9]   Vgl. *Kohler-Koch* PVS Sonderheft 29/1998. Vgl. aber *Joppke* BJS 55 (2004), 237 ff.

[10]   Zur sprachlichen Vielfalt *Henrard* Ethnopolitics 2001, 41 (45).

[11]   Einen Überblick aus einer kritischen Perspektive über Ansichten von Gegnern einer Multikulturalität gibt *Hull,* Mishmash. Religious Education in Multi-Cultural Britain. A Study in Metaphor, 1991. Kritisch zu den Reizwörtern „Überfremdung" und „multikulturelle Gesellschaft" s. *Oeter* in Friedrich-Ebert-Stiftung S. 27.

[12]   Hervorgehoben wird dieser Aspekt im Dokument des Kopenhagener Treffens der Konferenz über die Menschliche Dimension („Kopenhagener Dokument") der (damaligen) KSZE vom 29.6.1990, Nr. 33,

oder mit besonderer sexueller Orientierung[13] bzw. den sog. neuen Minderheiten, wie Migranten.[14]

Die historischen und tatsächlichen Unterschiede der Situation von Minderheiten in den Staaten haben zu den rechtsvergleichend erkennbaren **erheblichen Unterschieden** zwischen den nationalen Rechtssystemen bei der Behandlung der Stellung von Minderheiten geführt.[15] Die Unterschiede sind so vielschichtig, dass **keine klare Korrelation** zwischen den ihnen zuerkannten Rechten und einer von ihnen eventuell ausgehenden Bedrohung der Einheit eines Staates festgestellt werden kann. Wird die Einheit nicht bedroht, kann es zu weitgehender Anerkennung von Minderheitenrechten kommen.[16] Ihre Bedürfnisse können aber auch, wie bei den sog. neuen Minderheiten, wie Migranten, weitgehend ignoriert werden. Bestehen dagegen Gefahren, etwa in Form der Sezession,[17] so sind insbesondere in der Vergangenheit oft ethnische, sprachliche oder religiöse Minderheiten verfolgt und unterdrückt worden. Doch zeigen die Beispiele der Schweiz, Spaniens und Belgiens, dass das Bestehen großer Minderheiten, die erhebliche Zentrifugalkräfte freisetzen könnten, durchaus zu erheblichen rechtlichen Zugeständnissen führen kann, gerade um die staatliche Einheit zu wahren. 5

Jenseits der Diskriminierungsverbote lassen die über Art. 6 Abs. 3 EUV zu beachtenden **gemeinsamen Überlieferungen der Verfassungen** der Mitgliedstaaten zwar **Diskriminierungsverbote,** aber **kein Recht** von Minderheiten **auf positive Leistungen** erkennen; zu unterschiedlich sind die jeweiligen Regelungsansätze.[18] Im Vordergrund der vorhandenen Bestimmungen stehen Regelungen der Sprachen und des entsprechenden Schulunterrichts. Dabei reicht die Spannweite von der bloßen Anerkennung sprachlicher „Besonderheiten" und damit der Negierung entsprechender Minderheiten in Frankreich[19] 6

---

abrufbar unter https://www.osce.org/de/odihr/elections/14304?download=true, und in Art. 20 Rahmenübereinkommen des Europarats zum Schutz nationaler Minderheiten vom 1.2.1995, BGBl. 1997 II 1408. In Abhandlungen über Minderheitenrechte erscheint er oft nur am Rande, vgl. etwa *v. d. Bogaert* ZaöRV 2004, 37 ff. S. hingegen *Schwellnus,* „Much ado about nothing?" Minority Protection and the EU Charter of Fundamental Rights, ConWEB 2001 no. 5, S. 5; *Wolfrum* in Grote/Marauhn S. 53 (58 f.), zur besonderen Bedeutung religiöser Minderheiten. Näher dazu → Rn. 77 ff. Grundlegend zu dieser Problematik *Kymlicka* S. 19.

[13] Vgl. die entsprechenden Diskriminierungsverbote in Art. 21 Abs. 1 GRC und die Erwähnung in Art. 13 EGV. Rn. 10 der Resolution des Europäischen Parlaments über Menschenrechte in der Union (1997), ABl. 1999 C 98, 279, erwähnt ausdrücklich homosexuelle Minderheiten. Zur sexuellen Orientierung s. auch EuGH C-249/96, Slg. 1998, I-621 Rn. 46 – Grant.

[14] Näher dazu *Hilpold* AVR 2004, 1 ff., *Hilpold* AVR 2001, 432 (433, 438). Nach *Marti* S. 43 gründet die unterschiedliche Behandlung von Migranten im Vergleich zu traditionellen Minderheiten darauf, dass sie zu erheblichen Anpassungsleistungen bereit seien. Damit wird aber nicht das bei Fehlen einer solchen Bereitschaft auftretende rechtliche Problem gelöst.

[15] In Europa zählt *Hofmann* ZaöRV 1992, 1 (14), fünf Staaten zu einer notorischen Ablehnungsfront gegenüber weitgehenden Minderheitenrechten: Bulgarien, Rumänien, Frankreich, Griechenland und die Türkei. Die drei Letzteren haben Befürchtungen hinsichtlich einer Abspaltung von Teilen des Territoriums: Korsika, Mazedonien bzw. die kurdischen Gebiete in der Türkei. Die beiden Ersteren haben seit den durch den Versailler Vertrag erzwungenen Gebietsveränderungen erhebliche Minderheiten, jedoch erscheint eine Separation bzw. Sezession nicht aktuell als Bedrohung. Wenn *Hofmann* ZaöRV 1992, 1 (17), auch Belgien zu dieser „unheiligen" Allianz rechnet, ist darauf hinzuweisen, dass Belgien mit einem differenzierten territorialen Konzept eine angemessene Berücksichtigung der französisch-, flämisch- und deutschsprachigen Bevölkerungsgruppen zu gewährleisten versucht, was aber zu Restriktionen von anderen Minderheiten in den jeweiligen Territorien führt; vgl. EGMR 23.7.1968 – 1474/62 ua, deutsche Übersetzung in EuGRZ 1975, 298 – belgischer Sprachenstreit. Die konkreten Umstände des Einzelfalls hebt *Henrard* S. 13 hervor.

[16] Etwa in Deutschland gegenüber den Sorben, festgelegt in Ziff. 14 des Einigungsvertrages, oder der dänischen Minderheit in Schleswig-Holstein, vgl. Art. 6 der Verfassung von Schleswig-Holstein. Die Schwerpunktsetzung in der EU auf Sinti und Roma führen *Hughes/Sasse* JEMIE 2003, 1 (17) auf die geringen politischen Aktivitäten dieser Minderheiten zurück.

[17] Dazu *Rehman* 2000, S. 194.

[18] S. den Überblick bei *Hofmann* GYIL 40 (1997), 356 (363 ff.). Zu Autonomieregelungen in den Mitgliedstaaten *Kovács,* International Law and Minority Protection. Rigths of Minorites or Law of Minorities?, 2000, S. 53 ff.

[19] *Hofmann* ZaöRV 1992, 1 (39 ff.). Zum Folgenden s. auch *Hofmann* GYIL 1997, 356 ff.

über personelle Ansätze, etwa in Dänemark hinsichtlich der deutschsprachigen Minderheit,[20] bis zu territorialen Ansätzen, die von einer begrenzten funktionalen Autonomie in Finnland[21] oder in Belgien, im letzteren Fall allerdings verbunden mit der weitgehenden Negierung von Rechten der Minderheiten in den jeweils anderen Territorien,[22] bis zu relativ weitgehenden Autonomiebestimmungen in Spanien[23] reichen. Deutschland räumt der dänischen Minderheit besondere Rechte bei Wahlen ein.[24] Allerdings war die deutsche Situation vor Einführung der doppelten Staatsbürgerschaft in der Gesamtbetrachtung davon gekennzeichnet, dass die größte ethnische Gruppe, die Türken, rechtlich nicht als Minderheit aufgefasst wurde, soweit ihren Angehörigen die deutsche Staatsangehörigkeit fehlte. Zusätzlich zu diesen erheblichen Unterschieden in den Minderheitskonzepten und Regelungsansätzen kommt hinzu, dass die Verfassungen idR nur wenige Aussagen treffen, oftmals Öffnungsklauseln enthalten, die der Ausfüllung bedürfen, und daher die **Ausgestaltung** im Wesentlichen **auf einfach-gesetzlicher Ebene** stattfindet.[25] Daraus lässt sich aber nur schwer eine gemeinsame Verfassungsüberlieferung in der EU konstruieren.

7   **2. Verfassungstheoretische Grundlagen.** In liberalen Staaten wird Vielfalt zunächst und zuvörderst durch die **(individuellen) Menschenrechte** gesichert: In ihrer **abwehrrechtlichen Funktion** sind **Grundrechte** zwar nicht die einzigen, aber die wohl wichtigsten Garanten für die Vielfalt individueller Lebensentwürfe in einer Gesellschaft.[26] Ein effektiver Grundrechtsschutz bietet jedenfalls rechtlichen Schutz vor den schlimmsten Auswüchsen von Verfolgungen, denen Minderheiten ausgesetzt waren und sein können. Zudem können sie über individualrechtliche **Diskriminierungsverbote** den Angehörigen der Mehrheit gleichgestellt werden. Darüber hinaus gehende mögliche **Gruppenrechte** für Minderheiten fordern hingegen den Staat heraus.

8   Mit der **staatlichen Einheit** kann sich die Mehrheit auf einen rechtlich akzeptierten Gegenpol zur Vielfalt berufen.[27] Folgenschwerer ist die Nationalstaatsidee als Kind der französischen Revolution gewesen, deren Bild eines „homogenen Volkskörpers" keine „polyethnische Nation" zulässt. Allein durch ihre Existenz weisen aber Minderheiten darauf hin, dass die „Nation" ein Kunstprodukt ist, ein nirgends völlig gelungenes „Artefakt" sogar.[28] Im Übrigen geht es im weiteren Sinn um den inneren Zusammenhalt der Gesellschaft in einem Staat. Dieser steht einem Verzicht auf jegliche Integration entgegen,[29] erfordert vielmehr ein gewisses Maß an Solidarität.[30] Im engeren Sinn kann die territoriale

---

[20] *Hofmann* ZaöRV 1992, 1 (30 f.).
[21] *Hofmann* ZaöRV 1992, 1 (34 ff.).
[22] *Hofmann* ZaöRV 1992, 1 (28 ff.).
[23] *Hofmann* ZaöRV 1992, 1 (56 ff.).
[24] *Hofmann* ZaöRV 1992, 1 (31 ff.).
[25] S. die Übersicht bei *Hofmann* ZaöRV 1992, 1 (28 ff.).
[26] Das wird besonders deutlich bei der Religionsfreiheit (s. zur EMRK etwa EGMR 26.9.1996 – 18748/91 Rn. 47 – Manoussakis ua/Griechenland; EGMR 25.5.1993, 14307/88 Rn. 49 – Kokkinakis/Griechenland; EGMR 23.6.1993, 12875/87, deutsche Übersetzung in EuGRZ 1996, 648 – Hoffmann/Österreich; EGMR 10.5.2001 – 25781/94 – Zypern/Türkei), der Kunstfreiheit, der Meinungsfreiheit oder der Versammlungs- und Vereinigungsfreiheit, gilt aber auch für alle anderen grundrechtlichen Verbürgungen. Zugleich sind die Freiheitsrechte damit eine Voraussetzung für die Inklusion der Betreffenden in die jeweilige Gesellschaft und dienen somit auch der Legitimation der Herrschaftsausübung ihnen gegenüber. Die von ihnen geforderte Akzeptanz und Respektierung von Vielfalt hat demnach mittelbar auch einen unitarisierenden Effekt (→ § 6 Rn. 41 ff.).
[27] Vgl. die Sicherung der territorialen Unversehrtheit nach Art. 22 Rahmenübereinkommen (Fn. 12) und die Erwähnung der Unteilbarkeit der Republik in Art. 1 frzVerf. In Deutschland legt Art. 72 GG die „Herstellung einheitlicher Lebensverhältnisse" und die „Wahrung der Rechts- oder Wirtschaftseinheit" als zulässige Ziele der Bundespolitik fest. Allerdings kann eine föderale Ordnung regionalen Besonderheiten besonders Rechnung tragen und eine gewisse Vielfalt garantieren. Vgl. aber auch das Spannungsverhältnis zwischen dem Selbstbestimmungsrecht der Völker nach Art. 1 Nr. 1 und dem Interventionsverbot nach Art. 2 Nr. 7 UN-Charta, dazu *Kymlicka* S. 27.
[28] *Oeter* in Friedrich-Ebert-Stiftung S. 27 (39).
[29] *Marti* S. 44; vgl. *Merle* Ratio Juris 11 (1998), 259 ff.
[30] *Kymlicka* S. 173.

Einheit des Staates auf dem Spiel stehen.[31] Das hat sich im **Vorschlag einer Definition der Minderheiten** durch den UN-Menschenrechtsausschuss 1950 niedergeschlagen, wonach „the members of such minorities must be loyal to the State of which they are nationals".[32] Allerdings wurde in der Folge auf diesen Aspekt im Rahmen der Definition zu Recht **verzichtet,** weil der Begriff „loyal" zu unbestimmt ist und der Mehrheit einen wesentlichen Einfluss auf die grundsätzliche Schutzgewährung eingeräumt hätte. Aus Sicht der Rationalisierungsfunktion des Rechts ist es überzeugender, dieses Element als Rechtfertigungskriterium für Beeinträchtigungen aufzufassen.[33]

Das **internationale Recht** des Minderheitenschutzes hat sich in Schüben vor allem nach 9 dem Ende von Kriegen, die zu Veränderungen von Grenzen geführt haben, entwickelt: nach dem 1. Weltkrieg im Völkerbund und über bilaterale Verträge, nach dem 2. Weltkrieg in der UNO insbesondere über Diskriminierungsverbote und nach dem Ende des „Kalten Krieges" in Europa durch die Auflösung alter und (Wieder-)Entstehung von Staaten im Rahmen von OSZE, Europarat und EU.[34] Die **Friedenssicherung** ist in der Praxis zwar ein gewichtiges Argument für einen hohen Minderheitenschutz, es beruht aber rechtsdogmatisch nicht unmittelbar auf einem menschenrechtlichen Ansatz. So schützt es in jenen Situationen denn auch nur einen sehr begrenzten Kreis von Minderheiten, nämlich solche, die einmal zu einem anderen Staatsvolk gehörten.

Im internationalen Recht werden eine Autonomie oder Sezession im Zusammenhang mit 10 dem in Art. 1 Nr. 2 UN-Charta anerkannten **Selbstbestimmungsrecht der Völker** diskutiert.[35] Dabei handelt es sich um sog. **Volksgruppenrechte.** Dass Minderheiten besondere Rechte, wie eine **Autonomie,**[36] dh Selbstverwaltung, zustehen sollen, wird nach einer Ansicht nur für gerechtfertigt gehalten, wenn sie historisch **gegen ihren Willen** Angehörige des Staates, in dem sie aktuell leben, geworden sind.[37] Aus dieser Sicht kämen entsprechende Rechte für die sog. neuen Minderheiten, wie Zuwanderer, nicht in Betracht, weil ihre Anwesenheit auf ihrem eigenen Entschluss beruht.[38] Wenn andere hingegen die Minderheitenrechte in die Nähe eines Rechts auf **nation-building** rücken,[39] schließen sie kleinere Minderheiten jedenfalls aus. Zudem versuchen sie ein subjektives Recht in einem Kontext zu begründen, der in besonderer Weise die staatliche Einheit berührt.[40]

Zugleich wirft die Selbstverwaltung durch eine Minderheit die Frage auf, wie diese sich 11 gegenüber anderen Minderheiten in dem von ihr verwalteten Gebiet zu verhalten hat. Minderheiten sind keineswegs davor gefeit, repressiv gegen **„lokale Minderheiten"**, etwa auch Teile der Mehrheitsbevölkerung, vorzugehen.[41]

Auf historische Argumente greift jene Ansicht zurück, die den besonderen Schutz mit 12 einer **größeren Verletzbarkeit** der traditionellen Minderheiten begründet.[42] Dem ist aber

---

[31] *Kugelmann* AVR 2001, 233; *Henrard* S. 221.
[32] UN Doc. E/CN.4/385.
[33] Vgl. Kopenhagener Dokument (Fn. 12) Nr. 37 (→ Rn. 58).
[34] Vgl. *Hofmann* ZaöRV 1992, 1 (4 ff.) und *Hannikainen* in Hannikainen/Nykänen S. 177 (180).
[35] Vgl. *Raday* Fordham ILJ 26 (2002/03), 453 (454 ff.). Näher dazu *Rehman*, The Weaknesses, S. 165 ff. Vgl. dagegen die sehr positive Einschätzung von *Henrard* S. 222, wonach ein effektiver Minderheitenschutz immer zur Friedenssicherung beitrage.
[36] Ausführlich dazu *Oeter* in Blumenwitz/Gornig/Murswiek, Der Beitritt der Staaten Ostmitteleuropas zur Europäischen Union und die Rechte der deutschen Volksgruppen und Minderheiten sowie der Vertriebenen, 1997, S. 163 ff.
[37] *Kymlicka* S. 11, 15, 19, 181 ff. Er unterscheidet auf S. 17 in der Folge zwischen multinationalen und polyethnischen Staaten.
[38] *Kymlicka* S. 26 ff.
[39] *Kymlicka* in Kymlicka/Opalski, Can Liberal Pluralism be Exported? Western Political Theory and Ethnic Relations in Eastern Europe, S. 347 (360 ff.). Vgl. die sehr positive Sicht bei *Henrard* S. 222.
[40] *Rehman*, International Human Rights Law, S. 298, weist auf die substanzielle Gefahr solcher Minderheiten für die territoriale Integrität von Staaten hin.
[41] Näher dazu aus Sicht der sprachlichen Minderheiten *Marti* S. 56.
[42] So *v. d. Bogaert* ZaöRV 2004, 37 (49) mwN. Zwar kann man die Pflege der Religion oder der ethnischen und sprachlichen Kultur nicht leicht verbergen, wie etwa die sexuelle Orientierung, das trifft aber nicht auf Behinderungen zu.

§ 50

zunächst entgegenzuhalten, dass auch andere Gruppen historisch haben unter Verfolgung leiden müssen.[43] Zudem wäre diesbezüglich ein Schutz bereits über die individuellen Grundrechte und entsprechende Diskriminierungsverbote ausreichend.[44]

13 Aspekte des **Demokratieprinzips** vermögen zwar eine besondere Berücksichtigung von Minderheiten gegenüber der Mehrheit zu erklären, nicht aber deren Bevorzugung gegenüber bestimmten anderen Gruppen. Grundsätzlich weist die Staatsform der **Demokratie** ein ambivalentes Verhältnis zur Vielfalt auf. Als **Mehrheitsherrschaft** belohnt sie politische Konzentrationsprozesse. Nicht selten wird in repräsentativ-parlamentarischen Systemen über das Mehrheitswahlrecht oder Prozentklauseln im Verhältniswahlrecht eine größtmögliche Vielfalt im Parlament im Namen der Regierungsfähigkeit, der Effektivität, verhindert.[45] Zudem setzt Demokratie ein gewisses Maß an Gemeinschaftsgefühl voraus, da die Minderheit bereit sein muss, die Mehrheitsherrschaft zu akzeptieren.[46] Dahinter steht die demokratietheoretische Überzeugung, dass eine Minderheit die **Chance** haben muss, einmal **Mehrheit werden** zu können. Gerade das ist aber bei sprachlichen, religiösen und ethnischen Minderheiten regelmäßig nicht der Fall: Oft sind ihnen politische Überzeugungen eigen, die sie zu **strukturellen Minderheiten** machen.[47] Darauf stützen sich Forderungen nach staatlicher Unterstützung und Förderung entsprechender Minderheiten, die bis zur Gewährung institutioneller Vorrechte, etwa einer weitreichenden Autonomie, gehen können.[48] Allerdings bleibt zu begründen, warum nicht auch andere strukturelle Minderheiten (iwS) gefördert werden sollen.[49]

14 Des Weiteren wird auf den **Ausgleich für rechtliche Nachteile** verwiesen, die einer Minderheit unter der Mehrheitsherrschaft in der Regel zugemutet werden.[50] Bspw. orientieren sich Regelungen über Feiertage meistens an den vorherrschenden Religionen und Konfessionen und können damit Nachteile für die Angehörigen anderer Glaubensrichtungen schaffen. Augenfällig sind Nachteile auch bei der Bestimmung einer staatlichen Amtssprache;[51] faktisch werden Angehörige nicht berücksichtigter Sprachen dadurch zum Erlernen einer zweiten Sprache verpflichtet. Ferner wird im staatlichen Schulunterricht primär die Amtssprache vermittelt. Allerdings ist zu beachten, dass Förderungen zum Teil erhebliche Finanzierungskosten verursachen und zB eine Freistellung vom staatlichen Unterricht den allgemeinen staatlichen Ordnungsvorstellungen zuwiderlaufen kann.[52]

15 Auch auf **kulturellem Gebiet** greift der Staat insbesondere durch inhaltliche Vorgaben für den Schulunterricht oder durch die Gewährung staatlicher Subventionen, die oft der Mehrheit zugute kommen, ein. Ein möglicher Ausgleich dafür kommt in der Praxis aber

---

[43] So wurden etwa auch Homosexuelle im Nationalsozialismus verfolgt. Im Übrigen wird das Lebensbedrohungspotenzial für nationale, ethnische, rassische oder religiöse Minderheiten (und Mehrheiten) schon von der Völkermord-Konvention angesprochen, s. dazu *Kugelmann* AVR 2001, 233 (244 f.).

[44] Gerade beim „historischen Argument", warum Minderheiten zu Partnern von Mehrheiten wurden, können adäquate Lösungen über die abwehrrechtliche Dimension der Grundrechte gefunden werden, *Kymlicka* S. 118.

[45] § 6 BWahlG, vgl. aber auch die Ausnahmen für Parteien „nationaler Minderheiten" in § 6 Abs. 3 BWahlG und § 3 Abs. 1 S. 2 LWahlG Schleswig-Holstein.

[46] Zur Bedeutung einer einheitlichen Sprache für eine demokratische Öffentlichkeit und damit für die demokratische Mehrheitsbildung in der EU BVerfGE 89, 155 – Maastricht. Kritisch zur Rspr. des BVerfG *Groß* in Redaktion Kritische Justiz, Demokratie und Grundgesetz, 2000, S. 93 ff. Zwar erscheint die Schweiz mit ihren vier Amtssprachen als ein Gegenentwurf zu den Bedenken des BVerfG, doch verfügt gerade sie über spezifische Arrangements zur Beachtung struktureller Minderheiten, die zur Kennzeichnung als Konsensusdemokratie geführt haben.

[47] Vgl. *Kymlicka* S. 109.

[48] *Kymlicka* S. 31 ff.

[49] Soweit *Kymlicka* S. 15 ff., darauf hinweist, Immigranten würden eher die Akzeptanz im Mainstream suchen, ist keinesfalls ausgemacht, ob diese Gruppen nach erfolgter Akzeptanz nicht doch ihre besonderen Unterschiede gegenüber dem Mainstream pflegen wollen.

[50] *v. d. Bogaert* ZaöRV 2004, 37 (50 f.). Häufig geschieht dies über verfassungsrechtliche Bestimmungen, die gegenüber einem verfassungsrechtlichen Diskriminierungsverbot als Spezialregelungen erscheinen, wie die Festlegung einer Amtssprache.

[51] Dazu *Kymlicka* S. 111, 115.

[52] *Kymlicka* S. 31. Aus Sicht sprachlicher Minderheiten dazu *Marti* S. 47, 49 f.

nur für zahlenmäßig relevante Minderheiten in Betracht. Überdies treffen jene Nachteile auch andere Gruppen, Sekten, Dialektsprechende, die traditionell nicht zu den schützenswerten Minderheiten gerechnet werden.

So bestehen vielfältige Gründe, die eine besondere Beachtung der Bedürfnisse von Minderheiten gegenüber der Mehrheit in einem Staat rechtfertigen können. Darin liegt eine Ursache für die Vielfalt der Konzepte des Minderheitenschutzes. Unter diesen hat ein **Konzept der Vielfalt,**[53] wie in der EU, einen besonderen Charme: In Kombination mit einem menschenrechtlichen Ansatz können Grundbedürfnisse anerkannt werden, ohne dass von vornherein bestimmte Gruppen ausgeschlossen werden.

III. Entwicklung und Überblick

1. Völkerrechtliche Schutzkonzepte: „undefiniert" zwischen Diskriminierungsverboten und materieller Gleichstellung. Die **erheblichen Divergenzen** bei der Behandlung von Minderheiten haben bislang auf internationaler Ebene keine Einigung auf eine allgemein anerkannte Definition der Minderheit (→ Rn. 18 ff.), geschweige denn auf ein bestimmtes Schutzkonzept zugelassen. So behilft sich die Praxis mittlerweile mit einem pragmatischen Ansatz: Sie verwendet den Begriff der „nationalen Minderheit", verzichtet aber auf eine **Definition.**[54] Die materiellen Ansätze kann man nach der Schutzintensität unterscheiden. Zunächst können die **Diskriminierungsverbote** materiell aufgefasst werden, so dass sie den Ausgleich auch von rechtlichen Ungleichbehandlungen aufgrund von Verfassungsentscheidungen, wie etwa der Festlegung einer Amtssprache, gebieten können. Weitergehend wird eine Auslegung der Diskriminierungsverbote als **Teilhaberrechte** vertreten, welche den gleichberechtigten Zugang zu staatlichen Zuwendungen eröffnen sollen.[55] Soweit darüber hinaus eine Pflicht zu aktivem Handeln angenommen wird,[56] kann zwischen einem horizontalen Ansatz, der die **Drittwirkung** zur Verhinderung der Diskriminierung durch Private umfasst, und einem vertikalen differenziert werden. Letzterer reicht von finanziellen Unterstützungen über Gleichstellungsaufträge, die sich etwa in Quotenregelungen niederschlagen können, bis zu institutionellen Vorkehrungen, wie der Sicherung von Repräsentation oder gar der Gewährung weitergehender Autonomie. Ferner kann nach den Grundrechtsdimensionen differenziert werden, ob Angehörigen von Minderheiten subjektive Rechte oder den Minderheiten als solche **Gruppenrechte** zuerkannt werden oder dem Hoheitsträger objektiv-rechtliche Pflichten auferlegt werden. In der internationalen Entwicklung hat sich bislang kein einheitliches Konzept durchsetzen können; in Europa herrscht ein „Mischsystem" vor, in dem aber Grundtendenzen erkennbar sind (→ Rn. 32, 55, 63, 70).

Ein besonderes **Schutzkonzept** bezüglich Minderheiten wurde im Völkerrecht erstmals nach dem 1. Weltkrieg verfolgt, als die durch den Versailler Vertrag bedingten **Grenzveränderungen** die Minderheitenproblematik erheblich verschärften.[57] Lösungen wurden überwiegend in bilateralen Verträgen gesucht; in der Sache kam es zu einigen bemerkenswerten **Autonomieregelungen,** wie bspw. für die Freie Stadt Danzig. Das Gesamtkonzept scheiterte jedoch am fehlenden Durchsetzungswillen des Völkerbundes bzw. der Staaten.[58]

---

53 Vgl. Art. 22 GRC.
54 S. die Kopenhagener Dokument der KSZE von 1990 (Fn. 12), die Kopenhagener Kriterien der EU von 1993 und das Rahmenübereinkommen (Fn. 12) (→ Rn. 56, 58, 60). Zu diesem pragmatischen Ansatz *Henrard* S. 29 ff.
55 *Tomuschat* FS Mosler, 1983, 970; *Nowak,* CCPR, Art. 27 Rn. 47.
56 *Capotorti,* Study on the Rights of Persons Belonging to Ethnic, Religious or Linguistic Minorities, UN Doc. E/CN.4/Sub.2/384/Rev.1, 1979, Rn. 588.
57 *Hofmann* ZaöRV 1992, 1 (4); zur Entwicklung davor s. *Erler,* Das Recht der nationalen Minderheiten, S. 72 ff.
58 *Capotorti* in Bernhardt, EPIL, Bd. III, 1. Aufl. 1985, S. 387 f. Dagegen schätzt *Hofmann* in Bernhardt, EPIL, Bd. III, 2. Aufl. 1997, S. 410 (412 f.) das Minderheitenschutzsystem des Völkerbundes als organisch und strukturiert.

19 Der heutige Grundansatz des Schutzes von Minderheiten über individual-rechtliche Diskriminierungsverbote wurde nach dem 2. Weltkrieg durch das UN-System etabliert. Der ursprüngliche **Schutz vor Diskriminierungen** aus Gründen der Rasse, des Geschlechts, der Sprache und der Religion ist später auf die Kriterien Hautfarbe, politische Ansicht, nationale und soziale Herkunft oder anderer Status ausgedehnt worden,[59] so dass auch Angehörige anderer Minderheiten nicht ausgeschlossen werden.

20 Diesem ersten Standbein des Minderheitenschutzes wird in der Literatur teilweise ein zweites hinzugefügt, die Zuerkennung **spezifischer Minderheitenrechte**, die notwendig für ein „umfassendes" Schutzkonzept seien.[60] Dieser Ansatz vermag in dieser Simplifizierung indes nicht zu überzeugen. Erstens lässt er regelmäßig die Rechtfertigungsbedürftigkeit der Zuerkennung spezifischer Rechte gegenüber anderen ebenfalls in der Minderheit befindlichen Gruppen außer Acht. Zweitens ist die Bandbreite möglicher positiver Maßnahmen so groß, dass weitere Differenzierungen sinnvoll erscheinen. Daher kann drittens auch nicht aus möglichen Schwächen der Diskriminierungsverbote sogleich auf die Erforderlichkeit weitgehender positiver Verpflichtungen geschlossen werden. Als ein Hauptargument bemüht diese Meinung das Gutachten des früheren **StIGH** zu Schulen in Armenien. Dieser führte aus, dass es erstens nicht auf eine formale Gleichheit ankomme, sondern auf eine „perfekte", also substanzielle Gleichheit mit der Mehrheit. Zweitens sei es notwendig „to ensure for the minority elements suitable means for the preservation of their [...] peculiarities".[61] Beide Voraussetzungen seien eng miteinander verbunden. Zwar scheinen diese Formulierungen sehr weit zu gehen, doch hat der StIGH in der Sache viel zurückhaltender darauf abgestellt, dass einer Minderheit nicht ihre eigenen Mittel genommen werden dürften, um ihre Charakteristika zu pflegen.[62] Einen solchen Schutz könnte man aber auch aus einem weit verstandenen Diskriminierungsverbot folgern. Festzuhalten bleibt aber, dass der StIGH einem rein formalen Ansatz, der zuweilen noch immer vertreten wird,[63] eine Absage erteilt hat.

21 Auch **internationale Instrumente** zum Minderheitenschutz lassen **kein einheitliches Konzept** erkennen, doch kann ihnen immerhin eine Grundtendenz entnommen werden.[64] In der UN-Charta werden Minderheiten zwar nicht als Völkerrechtssubjekte adressiert, aber ihr Schutz anerkannt. So wurde bereits 1947 im Rahmen der Menschenrechtskommission des ECOSOC eine Unterkommission über die Verhinderung von Diskriminierungen und den Schutz von Minderheiten eingerichtet. Erste Schritte in Richtung spezifischer Maßnahmen zum Schutz von Minderheiten machte die **Konvention über die Verhinderung aller Formen von rassischer Diskriminierung** von 1965. Sie umfasst auch Diskriminierungen aus Gründen der nationalen oder ethnischen Herkunft und verlangt Maßnahmen, um die Entwicklung der geschützten Gruppen zu sichern, „wenn es die Umstände erfordern".[65] Weiter geht die **UN-Resolution 47/135** von **1992** der Generalversammlung, die ausgehend von den Diskriminierungsverboten[66] auf positive Fördermaßnahmen und Partizipationsrechte abzielt, die in der Nähe zum Autonomie-Konzept stehen.[67] Daneben sollen Staaten „günstige Bedingungen" für die Ausübung der Charakteristika der Minderheiten schaffen und insbesondere adäquate Möglichkeiten für das Er-

---

[59] S. Art. 1 Nr. 3 UN-Charta nennt Rasse, Geschlecht, Sprache und Religion. S. auch das Diskriminierungsverbot nach Art. 26 IPBPR.
[60] *Henrard* Ethnopolitics 2001, 41 (43 f.); *v. d. Bogaert* ZaöRV 2004, 37 (44 f.).
[61] PICJ, Advisory Opinion, Series A/B, no. 64, 1935, S. 17 – Minority Schools in Albania.
[62] PICJ, Advisory Opinion, Series A/B, no. 64, 1935, S. 17 – Minority Schools in Albania betrifft die eigenen Schulen der Minderheit. Darauf weist auch *Myntti* Baltic YIL 2002, 199 (202 f.) hin.
[63] So etwa die frz. Sicht, *Hofmann* ZaöRV 1992, 1 (39 ff.).
[64] Vgl. *Ahtisaari/Frowein/Oreja*, Bericht über die Situation von Minderheiten, Flüchtlingen und Einwanderern in Österreich, 2008, S. 3 ff., abrufbar unter http://www.MPIL.de/de/Bericht-EU/bericht.pdf.
[65] Art. 1 Abs. 1 und Art. 2 Abs. 2 der Konvention.
[66] S. Art. 55 lit. c, 56 UN-Charta; näher dazu *Myntti* Baltic YIL 2002, 199 (203); *Kugelmann* AVR 2001, 233 (243).
[67] S. Art. 2 Abs. 1 und Abs. 2–4, UN Doc A/Res/47/135.

lernen der eigenen Sprache bieten.[68] Allerdings ist die Resolution **rechtlich nicht verbindlich**. Ferner ist eine ausdrückliche Aufnahme eines Rechts auf Selbstbestimmung oder auf Selbstverwaltung abgelehnt worden.[69] Darüber hinaus werden alle weitgehenden Ansätze dadurch relativiert, dass sie vage formuliert sind[70] oder unter Vorbehalten („wherever possible", „when appropriate") stehen.[71]

Für einen besonders sensiblen Bereich hat die **UNESCO** bereits **1960** eine **Konvention gegen Diskriminierung in der Bildung** verabschiedet, deren Inhalt allerdings relativ vage gehalten ist.[72] Zwar wurde dort vereinbart, Minderheiten unter bestimmten Bedingungen einen **eigenen Unterricht** zu gestatten, doch steht dies unter dem **Vorbehalt** der nationalen Erziehungspolitik und der nationalen Souveränität.[73] Immerhin enthält die Konvention die wichtige Feststellung, dass die Zulassung separater Bildungseinrichtungen selbst keine Diskriminierung darstellt.[74] Ausländern soll der Zugang zu Bildungseinrichtungen in gleicher Weise wie Staatsangehörigen offenstehen.[75] Für den Bereich der Arbeitsbeziehungen bestimmt Art. 5 Abs. 1 der **ILO-Konvention Nr. 111 über Diskriminierungen (Beschäftigung und Ausbildung)** von **1958**, dass spezifische Fördermaßnahmen nach anderen Konventionen keine Diskriminierung darstellen.[76]

22

Positive Förderungspflichten könnten **Art. 27 IPBPR** zu entnehmen sein, der von allen EU-Mitgliedstaaten ratifiziert worden ist.[77] Der Menschenrechtsausschuss hat dazu in seiner Entscheidungspraxis noch nicht Stellung genommen.[78] Obwohl die **Entstehungsgeschichte** eindeutig **gegen** eine **solche Auslegung** spricht,[79] verweisen die Befürworter erstens darauf, dass ansonsten der Schutz weitgehend leerliefe. Denn vor allem eine kulturelle Entwicklung erfordere einen hohen finanziellen Einsatz, den eine Minderheit kaum leisten könne.[80] Allerdings erscheint ein solcher Ansatz bei einem internationalen Vertrag, der wie der IPBPR auch multi-ethnischen Staaten mit über 100 linguistischen oder ethnischen Minderheiten offenstehen soll, kontraproduktiv.[81] Zweitens wird ein Vergleich mit den Rechten unter dem Internationalen Pakt über wirtschaftliche, soziale und kulturelle Rechte (IPWSKR) bemüht.[82] Allerdings müsste die Vorschrift dann kon-

23

---

68 Art. 4 UN Doc A/Res/47/135.
69 *Rehman*, International Human Rights Law, S. 317.
70 *Benoît-Rohmer*, The Minority Question in Europe, S. 23, *Eide*, UN Doc. E/CN.4/Sub.2/1996/30, S. 7.
71 *De Varennes* S. 4.
72 UNTS 429 (1962), S. 94; *Kugelmann* AVR 2001, 233 (246).
73 Art. 5 Abs. 1 lit. c Konvention gegen Diskriminierungen in der Bildung.
74 *Henrard* Ethnopolitics 2001, 41 (55).
75 Art. 3 lit. e Konvention gegen Diskriminierungen in der Bildung.
76 Vgl. auch Konvention Nr. 107 der ILO über den Schutz und die Eingliederung von eingeborenen Völkern und anderen Stammes- und stammesähnlichen Völkern in unabhängigen Staaten, UNTS 328 (1959), S. 248; dazu *Kugelmann* AVR 2001, 233 (246).
77 Allerdings besteht ein französischer Vorbehalt im Hinblick auf die Unteilbarkeit der frz. Republik nach der frz. Verfassung. Zu der interessanten Frage, ob dies einer mittelbaren Bindung der EU an Art. 27 IPBPR hindert, → § 4 Rn. 55 f. Dabei könnte erheblich sein, dass Frankreich das Rahmenübereinkommen (Fn. 12) zumindest unterzeichnet hat.
78 Menschenrechtsausschuss, (1981) Communication no. 24/1977, UN Doc. Supplement no. 40 (A/36/40), S. 166 – Lovelace/Kanada, und Menschenrechtsausschuss, (1988) Communication no. 197/1985, UN Doc. Supplement no. 40 (A/36/40), S. 221 – Kitok/Schweden, betrafen die Einschränkung von Rechten der Angehörigen von Minderheiten durch eben diese Minderheiten; Menschenrechtsausschuss, (1991) Communication no. 205/1986, UN Doc. CCPR/C43/D/205/1986 – Marshall/Kanada, befasste sich zwar mit der Frage einer angemessenen Partizipation, war aber auf Art. 25 lit. a IPBPR gestützt; Menschenrechtsausschuss, (1994) Communication no. 511/1992, UN Doc. CCPR/C/52/D/511/1992, – Länsman ua/Finnland (I) und Menschenrechtsausschuss, (1996) Communication no. 671/1995, UN Doc. CCPR/C/58/D/671/1995 – Länsman ua/Finnland (II), befassten sich mit der Verdrängung der Rentiere durch wirtschaftliche Tätigkeit und den daraus folgenden Einwirkungen auf die Grundlagen der Ausübung der Kultur der Sami.
79 Ausführlich zu den travaux préparatoires, *Åkermark* S. 123 ff.
80 *Capotorti* (Fn. 56) S. 36 Rn. 213.
81 *Tomuschat* FS Mosler, 1983, 960 (969 f.).
82 *Thornberry* Texas ILJ 1980, 449 f.

sequenterweise wie die wesentlichen Bestimmungen des **IPWSKR** auf einen programmatischen Charakter reduziert werden. Das erschiene im Rahmen des IPBPR aber systemfremd.

24 Nach anderer Ansicht soll Art. 27 IPBPR immerhin dann ein **Teilhaberecht** zu entnehmen sein, wenn ein Staat einer Minderheit positive Förderung zuteil werden lässt, anderen aber nicht,[83] oder wenn er die Mehrheit in Bereichen fördert, die unter Art. 27 IPBPR fallen.[84] Diese Ansätze zielen auf eine **abgestufte Gleichheit**.[85] Sie werfen zunächst erhebliche Abgrenzungsschwierigkeiten bezüglich der Frage auf, wann eine Förderung in den Bereich der Vorschrift fällt.[86] Letztendlich steht aber beiden Interpretationsvarianten entgegen, dass eine vergleichbare Förderung idR einer Minderheit als solcher gewährt werden müsste. Dazu wäre aber die Anerkennung von Gruppenrechten Voraussetzung, denen Art. 27 IPBPR jedoch eine Absage erteilt, indem er seinen Schutz „persons belonging to such minorities" vorbehält.[87]

25 Schließlich wird vereinzelt die Herleitung positiver Verpflichtungen aus Art. 27 IPBPR in horizontaler Hinsicht für möglich gehalten, also zum **Schutz vor Diskriminierungen seitens Privater,** sofern in Extremsituationen der Bestand einer Minderheit gefährdet wäre.[88] Für diese Auffassung spricht, dass in solchen Extremfällen die Minderheit ihre Rechte gar nicht mehr ausüben könnte und die Versagung eines staatlichen Schutzes sie faktisch diskriminieren würde. Eine solche eng begrenzte Auslegung dürfte mit dem **französischen Vorbehalt** gegenüber Art. 27 IPBPR, der auf die Unteilbarkeit der Republik nach Art. 2 der Verfassung von 1958 hinweist,[89] zu vereinbaren sein. Denn die Gefahren, die von Dritten ausgehen, sind gerade nicht Ausdruck einer einheitlichen Politik der Republik.[90]

26 **2. Entwicklung im europäischen Rahmen.** Weiter ist die Entwicklung auf regionaler Ebene gegangen. Zuzüglich zu der in der Art. 14 EMRK gelegten Basis der **Diskriminierungsverbote,**[91] soll nach Art. 1 des 2005 in Kraft getretenen **12. EMRKProt** der Genuss eines **jeden Rechts** ohne Diskriminierung gesichert („secure") werden. Im erläuternden Bericht wird dazu ausgeführt, dass die Vorschrift zwar vorrangig die „negative Verpflichtung" enthalte, Diskriminierungen zu unterlassen. Sie verfolge aber auch einen „ausgewogenen" Ansatz zu **positiven Verpflichtungen.** Zwar werden **keine Fördermaßnahmen** angesprochen, doch könnten sich – unter Hinweis auf den Wortlaut („secure") – Handlungspflichten in Fällen von lückenhaftem Schutz oder einem völlig unzureichenden **Schutz in horizontaler Hinsicht,** dh in deutscher Rechtsterminologie in Fällen einer Drittwirkung, ergeben.[92] Es ist nicht ausgeschlossen, dass bereits dieser Ansatz einer extensiveren Interpretation der Grund dafür ist, dass bisher wenige EU-Mitgliedstaaten das Zu-

---

[83] *Nowak,* CCPR, Art. 27 Rn. 47.
[84] *Tomuschat* FS Mosler, 1983, 960 (970).
[85] Zu den sog. sliding-scale-Ansätzen *De Varennes,* Language, Minorities and Human Rights, 1997, S. 140; *Gilbert* NYIL 1992, 67 (89); *Ramaga* HRQ 1993, 575 (577).
[86] Zu klären wäre etwa, ob jede Förderung des Schulunterrichts erfasst wäre oder nur eine solche des Unterrichts über die Sprache und Kultur der Mehrheit.
[87] Wie hier *Kugelmann* AVR 2001, 233 (241).
[88] *Nowak,* CCPR, Art. 27 Rn. 47; der General Comment des UN-Menschenrechtsausschusses betrifft lediglich die Auswirkungen auf Frauen. Menschenrechtsausschuss, (1988) Communication no. 197/1985, UN Doc. Supplement no. 40 (A/36/40), S. 221 – Kitok/Schweden, behandelte die Auswirkungen eines Gesetzes und knüpfte damit an staatliches Handeln an.
[89] Seit 1996 ist die Vorschrift zum gleichlautenden Art. 1 frzVerf geworden.
[90] Daher stellt sich das Problem der Bindung der EU an internationale Verträge trotz Vorbehalte von Mitgliedstaaten nicht (dazu → § 4 Rn. 55 f.).
[91] S. Art. 14 EMRK, der akzessorisch zur Einschlägigkeit des Schutzbereichs eines Freiheitsrechtes ist, und Art. 1 12. EMRKProt. Zu Ersterem *Henrard* Ethnopolitics 2001, 41 (52 mwN). S. auch *Myntti* Baltic YIL 2002, 199 (207 f.).
[92] Explanatory Report to the Protocol No. 12 to the Convention for the Protection of Human Rights and Fundamental Freedoms, abrufbar unter https://rm.coe.int/16800cce48, Rn. 25 ff. S. dazu *Myntti* Baltic YIL 2002, 199 (221).

satzprotokoll ratifiziert haben.⁹³ Demgegenüber ist Art. 14 EMRK zwar hinsichtlich der erfassten Diskriminierungsgründe umfassend,⁹⁴ doch muss stets ein anderes Recht der EMRK zumindest in seinem Schutzbereich betroffen sein, damit Art. 14 EMRK als „annexmäßige" Absicherung anwendbar ist (→ Rn. 56).⁹⁵

Einer mittelbaren Bindung der EU über Art. 6 Abs. 3 EUV⁹⁶ an das **Rahmenüber-** 27 **einkommen des Europarats zum Schutz nationaler Minderheiten** und die darin enthaltenen, allerdings eher programmatisch gefassten Vorgaben steht entgegen, dass nach wie vor eine größere Anzahl von Mitgliedstaaten das Abkommen **nicht ratifiziert** hat,⁹⁷ obwohl man die Definition der behandelten nationalen Minderheiten offengelassen hat. Das **1998** in Kraft getretene Übereinkommen adressiert fünf Themengebiete.⁹⁸ Es bestätigt die Diskriminierungsverbote und den Grundsatz der Gleichbehandlung und behandelt dann die sensiblen Themen der Verwendung der eigenen Sprache, der Bildung und Erziehung.⁹⁹ Positive Verpflichtungen werden allerdings nicht als Rechte formuliert, sondern **eher** als **programmatische Aussagen,** vergleichbar dem Ansatz des IPWSKR.¹⁰⁰ Noch zurückhaltender wird bezüglich der effektiven Partizipation von Minderheiten lediglich ein Bemühen um eine solche im kulturellen, sozialen und wirtschaftlichen Leben gefordert.¹⁰¹ Ebenso restriktiv wird die Frage grenzüberschreitender Kontakte angesprochen.¹⁰² Es ist hervorzuheben, dass in diesem einzigen verbindlichen und umfassenden Rechtsinstrument über den Schutz von Minderheiten ausdrücklich vorgegeben wird, dass die eingeräumten Rechte **nicht** die Mehrheit oder andere Minderheiten **diskriminieren** dürfen und dass die territoriale Unversehrtheit der Staaten zu achten ist.¹⁰³

Einen ähnlichen Ansatz hat die **Europäische Charta der Regional- oder Minderhei-** 28 **tensprachen** von **1992** gewählt.¹⁰⁴ Sie adressiert nicht einzelne Personen oder Gruppen, sondern Sprachen. Für deren Förderung stellt sie ein Menü zusammen, aus dem die Vertragsstaaten wiederum à la carte auswählen können.¹⁰⁵ Die Charta behandelt zwar die wichtigsten Aspekte der Nutzung einer Sprache – vom Erlernen bis zur Verwendung, insbesondere in den Medien oder im Verkehr mit Behörden –, doch stellt sie jeweils Varianten zur Verfügung, die von sehr schwachen bis zu erheblichen Förderungen rei-

---

[93] Finnland, Kroatien, Luxemburg, Malta, Niederlande, Portugal, Rumänien, Slowenien, Spanien und Zypern, neben den Nicht-EU-Mitgliedstaaten Albanien, Armenien, Serbien, Montenegro, Georgien, San Marino, und Bosnien/Herzegowina.
[94] S. EGMR 21.12.1999 – 33290/96 – Salgueiro da Silva Mouta/Portugal; so auch Explanatory Report ZP 12 (Fn. 92) Rn. 20.
[95] Vgl. *Meyer-Ladewig/Lehner* in NK-EuGRCh GRCh Art. 14 Rn. 12 ff.
[96] Zu den Voraussetzungen einer Bindung nach der Rechtsprechung des EuGH → § 4 Rn. 18 ff.
[97] Rahmenübereinkommen des Europarats zum Schutz nationaler Minderheiten vom 1.2.1995, BGBl. 1997 II 1408. Ratifiziert haben: Österreich, Bulgarien, Kroatien, Zypern, Tschechien, Dänemark, Estland, Finnland, Deutschland, Ungarn, Italien, Lettland, Litauen, Malta, die Niederlande, Polen, Portugal, Rumänien, die Slowakei, Slowenien, Spanien, Schweden und das Vereinigte Königreich; nicht ratifiziert haben neben den notorisch zurückhaltenden (→ Rn. 32) Staaten Belgien und Frankreich, Griechenland und Luxemburg.
[98] Näher dazu *Kugelmann* AVR 2001, 233 (250).
[99] Ausführlich *Thornberry/Martín Estébanez* S. 89 ff.; *Gál* JEMIE 2000, 1 (4 ff.); *Hofmann* GYIL 44 (2001), 237 ff. S. ferner *Hofmann* ZEuS 1999, 379 ff.
[100] *Rehman,* International Human Rights Law, S. 320. S. Art. 10 Abs. 1 und die Abs. 2 und 3, sowie Art. 11 Abs. 1 und die Abs. 2 und 3 sowie Erwgr. 6 des Rahmenübereinkommens (Fn. 12). Nach Explanatory Report on the Framework Convention for the Protection of National Minorities, Rn. 13, 31, abrufbar unter http://www.scania.org/ssf/human/1101expl.htm, werden keine Gruppenrechte gewährt, nach Rn. 11 haben die Vorschriften einen programmatischen Charakter.
[101] Art. 15 Rahmenübereinkommen (Fn. 12) bleibt insofern hinter der von den Vertragsstaaten allerdings nicht angenommenen Empfehlung der Parlamentarischen Versammlung des Europarates 1201 (1993) zurück.
[102] Art. 17 und 18 Rahmenübereinkommen (Fn. 12).
[103] Art. 20 und 21 Rahmenübereinkommen (Fn. 12).
[104] Vom 5.11.1992, BGBl. 1998 II 1315.
[105] Ausführlich *Thornberry/Martín Estébanez* S. 137 ff. Deutschland erkennt fünf Sprachen offiziell an: Sorbisch, Dänisch, Friesisch, Romanes (Sinti und Roma) und das Niederdeutsche als Regionalsprache.

chen.[106] Die Charta ist zwar 1998 in Kraft getreten, bislang aber nicht von allen EU-Mitgliedstaaten ratifiziert worden.[107]

29 Als Vorläufer des Rahmenübereinkommens kann das bereits **1990** von den Vertragsstaaten der **KSZE** (jetzt OSZE) beschlossene, **rechtlich** aber **nicht verbindliche** sog. **Kopenhagener Dokument** angesehen werden.[108] Darin bekennen sich die OSZE-Staaten ua zu der Gewährleistung „voller Gleichheit",[109] einer Absage an erzwungene Assimilierung,[110] einer Berücksichtigung im staatlichen Unterricht[111] und der Schaffung von „Bedingungen für die Förderung" der Minderheiten.[112] Ferner werden die Staaten Maßnahmen im Hinblick auf den Schutz vor Gewalt wegen „nationaler, rassischer, ethnischer oder religiöser Diskriminierung" einschließlich Antisemitismus, Feindseligkeiten und Hass ergreifen[113] und nehmen die Möglichkeit der Einrichtung von lokaler oder autonomer Verwaltung zur Kenntnis.[114] In der **Charta von Paris** forderte die OSZE, dass „peace, justice, stability and democracy, require that the ethnic, cultural, linguistic and religious identity of national minorities be protected and **conditions for the promotion of that identity be created**".[115] Seit 1992 verfügt die OSZE über einen **Hohen Kommissar für nationale Minderheiten,** der mittels Berichten im Wesentlichen eine Frühwarnfunktion wahrnimmt.[116]

30 Diesem kursorischen Überblick lässt sich eine Tendenz im internationalen (regionalen) Recht zum Minderheitenschutz entnehmen: Als **Mindeststandard** werden Diskriminierungsverbote anerkannt, die zunehmend im Sinne umfassender faktischer Gleichbehandlung verstanden werden. **Positive Verpflichtungen** werden hingegen nur bei Gewährung eines **weiten Ermessensspielraumes** akzeptiert, weshalb sie eher in den Bereich von objektiv-rechtlichen Programmsätzen rücken. Gleichwohl ist erkennbar, dass ein Schutz über Diskriminierungsverbote allein nicht für ausreichend erachtet wird, sondern mindestens „**günstige Bedingungen**" (→ Rn. 21), dh wohl eine möglichst ungehinderte Entfaltung, zu gewährleisten sind.

31 **3. Entwicklung in der EU.** Schon relativ früh hatte der EuGH die Förderung von Sprachen und 1998 ausdrücklich **den Schutz von Minderheiten** als legitime Ziele anerkannt, die Einschränkungen der EU-Grundfreiheiten rechtfertigen können.[117] Einen Meilenstein der Entwicklung stellte der Amsterdamer Vertrag dar, in dem der individualrechtliche Ansatz über den Schutz von Einzelnen durch **Diskriminierungsverbote** seinen Niederschlag gefunden hat. Art. 12 EGV (heute Art. 18 AEUV) untersagte – inhaltlich übereinstimmend mit Art. 21 Abs. 2 GRC – jede Diskriminierung aus Gründen der (EU-) Staatsangehörigkeit. Art. 13 EGV (heute erweitert in Art. 19 AEUV) stellte eine **Kompetenz zur Bekämpfung von Diskriminierungen** aus Gründen des Geschlechts, der Rasse, der ethnischen Herkunft, der Religion oder der Weltanschauung, einer Behin-

---

[106] *Benoît-Rohmer* in Malfliet/Laenen S. 146.
[107] Nicht ratifiziert haben bislang Belgien, Bulgarien, Estland, Frankreich, Griechenland, Irland, Italien, Lettland, Litauen, Malta und Portugal.
[108] S. Kopenhagener Dokument (Fn. 12). Zur fehlenden rechtlichen Bindungswirkung *Oeter* in Friedrich-Ebert-Stiftung S. 27 (34). Nach *Kugelmann* AVR 2001, 233 (247) stellt dies das in Europa erreichbare Maximum im internationalen Minderheitenschutz dar.
[109] Kopenhagener Dokument (Fn. 12) Nr. 31.
[110] Kopenhagener Dokument (Fn. 12) Nr. 32.
[111] Kopenhagener Dokument (Fn. 12) Nr. 34.
[112] Kopenhagener Dokument (Fn. 12) Nr. 33.
[113] Kopenhagener Dokument (Fn. 12) Nr. 40.1.
[114] Kopenhagener Dokument (Fn. 12) Nr. 35.
[115] Charta von Paris für ein neues Europa der damaligen KSZE vom 21.11.1990, abrufbar unter http://www.osce.org/docs/english/1990–1999/summit/paris90e.htm_Anchor-Huma-3228. Näher dazu *Hughes/Sasse* JEMIE 2003, 1 (8).
[116] Näher dazu *Wheatley* EHRLR 1 (1996), 583 (589).
[117] EuGH C-379/87, Slg. 1989, I-3967 Rn. 20 f. – Anita Groener/Minister for Education bzw. EuGH C-274/96, Slg. 1998, I-7637 Rn. 29 – Horst Bickel und Ulrich Franz; näher dazu *Palermo* MJ 2001, 299 (303 ff.).

derung, des Alters oder der sexuellen Ausrichtung bereit. In diesem Zusammenhang ist ferner auf die Richtlinie 2000/43/EG über die Gleichbehandlung von Personen unabhängig ihrer Rasse oder ethnischen Herkunft hinzuweisen, die **auch** eine Diskriminierung **von privater Seite** untersagt.[118]

Während die EU in den **Beziehungen zu Drittstaaten** schon frühzeitig den Schutz von Minderheiten zu fördern versuchte,[119] wurde sie intern mit der Situation nationaler Minderheiten stärker erst im Zuge der Beitrittsverhandlungen mit den mittel- und osteuropäischen Staaten konfrontiert.[120] Angesichts der konfliktreichen Situation in Bezug auf Minderheiten in Mittel-, Ost und Südosteuropa einigte sich der **Europäische Rat 1993** auf die sog. **Kopenhagener Kriterien,**[121] die von den Beitrittsstaaten zu erfüllen waren und die über die bis dahin eher zurückhaltenden EU-internen Regelungen über das Verhältnis zu Minderheiten hinausgingen.[122] In diesem Zusammenhang wurde eine **Europäische Stelle zur Beobachtung von Rassismus und Fremdenfeindlichkeit** eingerichtet,[123] die 2007 von der **Agentur für die Grundrechte** abgelöst wurde.[124] Allerdings war der genaue **Inhalt** der Kopenhagener Kriterien umstritten. Die eher allgemein gehaltene Vorgabe von **„respect for and protection of minorities"**[125] wurde im Beitrittsprozess über Stellungnahmen und Forderungen in den Fortschrittsberichten, über Beitrittspartnerschaften oder Resolutionen des Europäischen Parlaments insbesondere in Richtung einer Ratifizierung des Rahmenübereinkommens zum Schutz nationaler Minderheiten (→ Rn. 27) konkretisiert.[126] Auffallend im Vergleich mit der Charta von Paris war der Verzicht auf den dortigen Zusatz „conditions for the promotion of that identity be created". Teilweise wird vertreten, dass die EU sogar die Zuerkennung von **Gruppenrechten** gefordert habe,[127] insbesondere weil sie das Selbstbestimmungsrecht der Völker in unmittelbare Nähe zu den Minderheitenrechten gebracht habe.[128] Doch ist demgegenüber darauf hinzuweisen, dass zwischen beiden Ansätzen fundamentale dogmatische Unterschiede bestehen[129] und etwa die *Badinter*-Kommission beide Konzepte zwar nebeneinander erwähnt, nicht aber miteinander vermengt.[130] Gerade in den mittel- und osteuropäischen Staaten traten sehr unterschiedliche Situationen auf, denen teils über Minderheitenrechte,[131] teils über das Selbstbestimmungsrecht der Völker[132] und auch über neuere Ansätze[133] begegnet werden musste. Zudem wurde in den Kopenhagener Kriterien von 1993 anders als im KSZE-Dokument von Kopenhagen von 1990 (→ Rn. 29) keine positive Förderungspflicht erwähnt. So haben die Slowakei und Rumänien in bilateralen Vereinbarungen zwar die Einhaltung der Kopenhagener Kriterien garantiert, jedoch unter dem Verständnis, dass diese keine subjektiven (Gruppen-) Rechte enthalten.[134] Lettland ist trotz

32

---

[118] Richtlinie zur Anwendung des Gleichbehandlungsgrundsatzes ohne Unterschied der Rasse oder der ethnischen Herkunft („Antirassismusrichtlinie") RL 2000/43/EG, ABl. 2000 L 180, 22.
[119] Ausführlich *Hilpold* AVR 2001, 432 (444 ff.).
[120] Ausführlich *Hofmann* Baltic YIL 2002, 159 (161).
[121] S. Ziff. 7 iii) der Schlussfolgerungen des Europäischen Rates von 1993, abrufbar unter http://www.europarl.eu.int/enlargement_new/europeancouncil/pdf/cop_de.pdf.
[122] Vgl. *Brusis* JEMIE 2003.
[123] VO (EG) Nr. 1035/97, ABl. 1997 L 151, 1.
[124] VO (EG) Nr. 168/2007, ABl. 2007 L 53, 1; vgl. KOM(2005) 280.
[125] S. dazu *De Witte* S. 137 ff.
[126] S. die Nachweise bei *Brusis* JEMIE 2003, 1 (6).
[127] *Riedel*, Minderheitenpolitik im Prozeß der EU-Erweiterung, Osteuropa 51, S. 1262 ff.; *Hughes/Sasse* JEMIE 2003, 1 (8).
[128] *Hughes/Sasse* JEMIE 2003, 1 (8).
[129] So gilt das Selbstbestimmungsrecht der Völker insbesondere für Bevölkerungsmehrheiten, also gerade nicht primär für Minderheiten, → Rn. 10.
[130] Zu den Gutachten der *Badinter*-Kommission *Pellet* EJIL 1992, 178 ff.; s. auch *Henrard* S. 295 f.
[131] Etwa ungarische Minderheiten in der Slowakei.
[132] S. den Fall der Dissolution der ČSFR.
[133] Vgl. die Forderung an die baltischen Staaten, der russischen Minderheit die Staatsangehörigkeit zu gewähren (→ Rn. 50).
[134] S. *Gilbert* Cornell ILJ 2001/02, 307 (323).

damals fehlender Ratifizierung des Rahmenübereinkommens der Beitritt zur EU gestattet worden. Dabei muss aber beachtet werden, dass von Lettland mit der Forderung nach Einbürgerung der russischen Minderheit politisch mehr verlangt worden ist, als sich die alten Mitgliedstaaten der EU selbst zumuten.[135] Zudem hatte Lettland das Rahmenübereinkommen immerhin unterzeichnet, durfte also aufgrund des völkerrechtlichen Frustrationsverbots nicht die Erreichung seiner Ziele verhindern. Die Ratifizierung holte Lettland 2005 nach.

33 Die Aussagen in den Berichten über die Fortschritte in den (ehemaligen) Beitrittsstaaten lassen zwar **keine** völlig **kohärente Politik** erkennen, sie orientieren sich aber deutlich an fünf Referenzpunkten: erstens die **Diskriminierungsverbote** einschließlich der Richtlinie 2000/43/EG;[136] zweitens die Zuerkennung der **Staatsbürgerschaft** für Minderheiten, die lange Zeit in einem Staat wie Staatsbürger gewohnt haben;[137] drittens die **Ratifikation des Rahmenübereinkommens** über den Schutz nationaler Minderheiten als internationaler Standard;[138] viertens die Beachtung der **Fortschritte** im Rahmen **der OSZE** und des Hohen Kommissars für nationale Minderheiten; fünftens die Bestimmungen der nationalen Verfassungen und Gesetze. Daraus ergeben sich zwar keine strikten Detailvorgaben,[139] aber **ein Programm mit grundsätzlichen Vorgaben,** die im Kern dem Rahmenübereinkommen des Europarates und den Vorgaben der OSZE entsprechen.[140]

34 Die Aufnahme eines ausdrücklichen **Minderheitenschutzrechts** in die Grundrechtecharta konnte sich 2000 im Konvent nicht durchsetzen, obwohl sie zunächst vehement gefordert worden war.[141] Geeinigt hat man sich schließlich auf die Einbeziehung „nationaler Minderheiten" in das Diskriminierungsverbot nach Art. 21 GRC und auf die relativ vage Formulierung des Art. 22 GRC, demzufolge die EU die **Vielfalt der Religionen, Kulturen und Sprachen achtet.** Beide Vorschriften sind erst **2009** unter dem Lissabonner Vertrag in das **Primärrecht** aufgenommen worden.

35 Im Übrigen bestehen **objektivrechtliche Verpflichtungen,** die Vielfalt zu achten. Abs. 6 Präambel EUV drückt den „Wunsch" aus, dass die Kulturen und Traditionen der Völker in der EU gestärkt werden. Seit dem Lissabonner Vertrag sind in Art. 2 EUV über die Werte der Union und der Mitgliedstaaten ausdrücklich die „Rechte der **Personen, die Minderheiten angehören**" aufgenommen worden. Die in Anlehnung an Art. 27 IPBPR erfolgte Formulierung unterstreicht zum einen, dass jedenfalls in Bezug auf den **individualrechtlichen Ansatz** von Minderheitenrechten ein Konsens zwischen den Mitgliedstaaten besteht. Hervorzuheben ist, dass dabei die Beschränkung auf „nationale" Minderheiten entfallen ist. Ferner wird in Art. 3 Abs. 1 EUV die Förderung der Werte als Ziel der EU festgelegt. Zwar wird in der Erklärung Nr. 41 zum Vertrag von Lissabon eingeschränkt, dass sich die Kompetenzabrundung nach Art. 352 AEUV nur auf die Ziele ab Art. 3 Abs. 2 EUV, also gerade nicht auf den ersten Absatz, bezieht (→ § 12 Rn. 29).[142] Damit wird aber lediglich eine Einschränkung in Bezug auf die zur Zielerreichung einzusetzenden **Rechts-**

---

[135] Zu den Besonderheiten in Estland und Lettland s. *Hughes/Sasse* JEMIE 2003, 1 (14) und *Thiele,* The Criterion for Citizenship for Minorities: The Example of Estonia, ECMI Working Paper no. 5, 1999, S. 16 f.

[136] RL 2000/43/EG = „Antirassismusrichtlinie" ABl. 2000 L 180, 22. Zum Folgenden s. *Brusis* JEMIE 2003, 1 (2 ff.).

[137] Das betrifft die Russen in den baltischen Staaten, hierzu *Thiele,* The Criterion for Citizenship for Minorities: The Example of Estonia, ECMI Working Paper no. 5, 1999, S. 16 f., aber auch die soziale Integration der Roma.

[138] Die Kommission hat das nicht ausdrücklich verlangt, aber die Beitrittskandidaten gedrängt, dies zu tun.

[139] Für die Anwendung der sog. offenen Koordinierungsmethode und der Gewährung funktionaler Autonomie in Zukunft plädiert *Brusis* JEMIE 2003, 1 (16).

[140] Ähnlich *Brusis* JEMIE 2003, 1 (6).

[141] Ausführlich dazu *Schwellnus,* „Much ado about nothing?" Minority Protection and the EU Charter of Fundamental Rights, ConWEB 2001 no. 5, S. 7 ff. *Bernsdorff/Borowsky,* GRC, S. 243; *Hölscheidt* in NK-EuGRCh GRCh Art. 22 Rn. 9.

[142] *Streinz* in Streinz AEUV Art. 352 Rn. 28.

grundlagen gemacht, nicht aber das **Ziel** selbst in Frage gestellt. Daher bestätigt Art. 3 Abs. 1 EUV die hier vertretene Ansicht, dass die Rechte von Minderheiten nicht nur nicht behindert, sondern gefördert werden sollen. Die besondere Erwähnung der **Förderung** der Gleichstellung von Frauen und Männern in Art. 3 Abs. 3 UAbs. 2 EUV ist im Hinblick auf den möglichen Einsatz diesbezüglich von Art. 352 AEUV zu sehen. Schließlich wertet Art. 3 Abs. 3 UAbs. 4 EUV die kulturelle und sprachliche **Vielfalt positiv** als einen „Reichtum" der EU. Schon seit dem Maastricht Vertrag wird ferner die Pflicht zur Achtung der nationalen Identität der Mitgliedstaaten statuiert, heute in Art. 4 Abs. 2 EUV.[143] Ob darüber hinaus auch das Subsidiaritätsprinzip nach Art. 5 Abs. 3 EUV eine Beachtung regionaler Ebenen gebietet, ist umstritten.[144]

Des Weiteren bestehen vereinzelt spezifische objektivrechtliche Vorgaben. So verpflichtet 36 Art. 167 Abs. 1 AEUV die Union bei der Rechtsetzung im **Kulturbereich** auf die Wahrung nicht nur der nationalen, sondern auch der **„regionalen Vielfalt"**. Das verlangt auch eine Berücksichtigung der Belange entsprechender Minderheiten. Ferner soll die Gemeinschaft gemäß der Querschnittsklausel des Art. 167 Abs. 4 AEUV im Rahmen ihrer übrigen Politiken der „Wahrung und Förderung der Vielfalt ihrer Kulturen Rechnung tragen". Bezüglich religiöser und Weltanschauungsgemeinschaften ist die früher in Erklärung Nr. 11 zum Amsterdamer Vertrag enthaltene Verpflichtung der EU zur Achtung des Status jener Gemeinschaften im Lissabonner Vertrag in Art. 17 AEUV übernommen worden. In Bezug auf die Sprachen wird über Art. 24 Abs. 4 AEUV das Recht auf Korrespondenz in einer der Amtssprachen der EU gewährleistet (→ § 61 Rn. 94 ff.).

B. Gewährleistungsgehalte

I. Diskriminierungsverbote

1. Grundlagen und Umfang. Art. 21 Abs. 1 GRC enthält ein **Diskriminierungsver-** 37 **bot**, das ausdrücklich auch die „Zugehörigkeit zu einer **nationalen Minderheit**" umfasst. Es ist **nicht abschließend** (die Aufzählung verschiedener Merkmale erfolgt „insbesondere") und umfasst ua weitere Merkmale, wie „ethnische Herkunft", „Sprache" und „Religion oder Weltanschauung", die typisch für **weitere Minderheiten** sind. Aufgrund der unbedingten Formulierung („sind verboten") stellt die Vorschrift nach einhelliger Ansicht ein **Grundrecht** und nicht nur einen Grundsatz nach Art. 52 Abs. 5 GRC dar.[145] Sie ist mithin **unmittelbar anwendbar** und vermittelt **individuell-rechtliche Positionen.**

Im AEU-Vertrag korrespondiert mit Art. 21 GRC zum einen das **ausdrückliche Dis-** 38 **kriminierungsverbot** nach **Art. 18 AEUV** (inhaltlich übereinstimmend mit Art. 21 Abs. 2 GRC), das jede Diskriminierung aus Gründen der (EU-)Staatsangehörigkeit untersagt.[146] Zum anderen steht in Art. 19 AEUV eine **Rechtsetzungskompetenz zur Bekämpfung von Diskriminierungen** aus Gründen des Geschlechts, der Rasse, der ethnischen Herkunft, der Religion oder der Weltanschauung, einer Behinderung, des Alters oder der sexuellen Ausrichtung bereit, von der insbesondere religiöse bzw. weltanschauliche oder ethnische Minderheiten profitieren können. In dieser ihrem Wortlaut nach **abschließenden Vorschrift** werden nicht ausdrücklich Diskriminierungen aus sprachlichen oder (sonstigen) kulturellen Gründen erfasst. Regelmäßig werden entsprechende Eigenarten einer Bevölkerungsgruppe aber eine ethnische Minderheit kennzeichnen, so dass der Umfang sich an Art. 21 Abs. 1 GRC annähert. Dafür spricht des Weiteren, dass bei sprachlichen und kulturellen Gründen in **Art. 14 EMRK** ebenfalls Schutz vor solchen

---

[143] Vgl. Art. f Abs. 1 EUV idF von Maastricht.
[144] Zum Streitstand *Stumpf* in Schwarze EUV Art. 1 Rn. 49.
[145] *Lemke* in von der Groeben/Schwarze/Hatje GRC Art. 21 Rn. 1.
[146] Ausführlich *Holoubek* in Schwarze EGV Art. 12 Rn. 19 mwN. Gegen die Einbeziehung von EU-Ausländern sprechen EuGH 52/81, Slg. 1982, 3745 Rn. 25 – Faust; EuGH C-122/95, Slg. 1998, I-973 Rn. 56 – Deutschland/Kommission; vgl. EuGH verb. Rs. C-64, 65/96, Slg. 1997, I-3171 Rn. 16 ff. – Uecker und Jacquet.

39 Nach weit verbreiteter Ansicht erlaubt Art. 19 AEUV auch die Beseitigung sog. **faktischer Diskriminierungen.**[147] Dafür spricht nicht nur der Wortlaut („bekämpfen"), der nicht auf ein bloßes Verbot beschränkt ist. Auch kann der Zweck einer effektiven Bekämpfung uU Maßnahmen **positiver Diskriminierung** erfordern.[148] Ferner ist „bekämpfen" in Übereinstimmung mit Art. 3 Abs. 3 UAbs. 2 EUV weit auszulegen.[149] Beim Erlass entsprechenden Sekundärrechts steht dem Rat allerdings ein **weiter Ermessensspielraum** zu. In diesem Zusammenhang ist auf die Richtlinie 2000/43/EG über die Gleichbehandlung von Personen unabhängig ihrer Rasse oder ethnischen Herkunft hinzuweisen, die auch eine **Diskriminierung von privater Seite** untersagt.[150] Eine Grenze besteht allerdings bei Fördermaßnahmen, bei denen Art. 19 Abs. 2 AEUV die Union auf die Festlegung von Grundprinzipien zur Unterstützung der Maßnahmen der Mitgliedstaaten beschränkt.[151]

Diskriminierungen gewährt wird. Zwar geht es hier vordergründig um die Auslegung einer **Kompetenznorm** und nicht eines Grundrechts im Sinne des Art. 6 Abs. 3 EUV, doch kann ein **effektiver Grundrechtsschutz** auch ein Tätigwerden des Unionsgesetzgebers verlangen. Alternativ stünde eine Kompetenz nach Art. 352 AEUV iVm Art. 67 ff. AEUV bereit.

40 Mit der Aufnahme der **Sprache** in das Diskriminierungsverbot nach Art. 21 Abs. 2 GRC wird hinsichtlich von Diskriminierungen die bisherige Beschränkung des Schutzes auf die offiziellen Sprachen nach Art. 24 Abs. 4 AEUV iVm Art. 342 AEUV und Art. 55 EUV teilweise aufgegeben. Allerdings bleibt mit den letztgenannten Vorschriften im Primärrecht eine besondere Stellung der offiziellen Sprachen bestehen.

41 Mit der Rechtsverbindlichkeit von Art. 21 Abs. 2 GRC hat sich die frühere Streitfrage, ob die **unmittelbare Anwendbarkeit** von **Art. 19 AEUV** – und damit dessen Grundrechtscharakter – bejaht werden kann,[152] erledigt. Jedoch hat sich nunmehr ein Streit darüber ergeben, ob Art. 21 Abs. 2 GRC nicht aufgrund der Vorgabe des Art. 52 GRC, dass Gewährleistungen in der Charta, die auf Bestimmungen des AEU-Vertrages verweisen, nicht über jene hinausgehen, wie Art. 19 AEUV keine unmittelbare Wirkung zukommen könne. Das ist mit der überwiegenden Ansicht zu verneinen. Denn Art. 21 Abs. 2 GRC verweist gerade nicht auf Art. 19 AEUV, sondern geht zum einen inhaltlich in der Frage der erfassten Diskriminierungen über jenen hinaus. Zum anderen handelt es sich auch um Normen mit verschiedenen Funktionen, denn Art. 19 AEUV stellt eine Kompetenznorm[153] dar.

42 Nach zutreffender Ansicht steht das (formale) Diskriminierungsverbot nach Art. 21 Abs. 1 GRC keinen **Fördermaßnahmen,** die auf eine Gleichstellung abzielen, entgegen. Denn Art. 14 EMRK sowie das Diskriminierungsverbot in Art. 1 12. EMRKProt verbieten nach der Rechtsprechung des EGMR jedenfalls keine solche Maßnahmen.[154] Dieser Schutzstandard kann nach Art. 52 GRC nicht unterschritten werden. Darüber hinaus ist Art. 19 Abs. 2 AEUV zu entnehmen, dass aktive Fördermaßnahmen zulässig sind.[155]

---

[147] *Jochum* ZRP 1999, 279 (280); *Holoubek* in Schwarze EGV Art. 13 Rn. 12; *Epiney* in Calliess/Ruffert EGV Art. 13 Rn. 6.
[148] *Holoubek* in Schwarze EGV Art. 13 Rn. 12; vgl. Art. 5 RL 2000/43/EG.
[149] AA *Hartmann* EuZA 2019, 24 (41), der aus der Zielbestimmung Art. 3 Abs. 3 UAbs. 2 EUV vielmehr ableitet, dass die EU auf die Kompetenzergänzungsklausel des Art. 352 AEUV iVm derselben abstellen könne. Art. 19 AEUV sei nämlich keine abschließende Kompetenznorm, sodass auch auf andere Normen zur Bekämpfung von Diskriminierungen abgestellt werden könne.
[150] RL 2000/43/EG = „Antirassismusrichtlinie", ABl. 2000 L 180, 22.
[151] *Grabenwarter* in GHN AEUV Art. 19 Rn. 51.
[152] Ablehnend *Lenz* in Lenz/Borchardt EU-Verträge EGV Art. 13 Rn. 11; *Rossi* EuR 2000, 197; *Epiney* in Calliess/Ruffert EGV Art. 13 Rn. 1. AA *Heselhaus* → 1. Aufl. 2006, § 46 S. 33; *Holoubek* in Schwarze EGV Art. 13 Rn. 9.
[153] *Grabenwarter* in GHN AEUV Art. 19 Rn. 6.
[154] Oder können solche Maßnahmen sogar gebieten; hierzu *Meyer-Ladewig/Lehner* in NK-EuGRCh GRCh Art. 14 Rn. 15; *Sauer* in Karpenstein/Mayer EMRK Art. 14 Rn. 48.
[155] Im Rahmen von Abs. 1 und 2 umstritten; zum Streitstand *Grabenwarter* in GHN AEUV Art. 19 Rn. 47 f.

2. Nationale Minderheit nach Art. 21 Abs. 1 GRC. a) Definition. Die **Bedeutung** 43
des Merkmals „nationale Minderheit" ist **umstritten.** Seine Aufnahme in Art. 21 GRC
war auch im Konvent Gegenstand erheblicher Auseinandersetzungen.[156] Inhaltlich lehnt
sich die Formulierung an Art. 14 EMRK an, wie es die Erläuterungen des Konvents
ausdrücklich hervorheben. Jedoch bietet jener Art. 14 EMRK weder eine Legaldefinition
an, noch konnte die Spruchpraxis der Straßburger Organe den Inhalt bislang näher
bestimmen.[157] Im belgischen Sprachenstreit akzeptierte der EGMR die Rüge der klageführenden Eltern einer Diskriminierung aus Gründen der Sprache, also nicht wegen ihrer
Zugehörigkeit zu einer nationalen Minderheit.[158] Auch in den Erläuterungen zum allgemeinen Diskriminierungsverbot nach Art. 1 des 2005 in Kraft getretenen 12. EMRK-
Prot wird der Begriff nicht näher bestimmt.[159]

Ausgangspunkt für eine Definition ist zunächst der **Begriff der Minderheit.** Bereits 44
dieser ist im internationalen Recht umstritten. Gleichwohl kommt ein normatives Konzept
wie der Minderheitenschutz nicht umhin, seine Bezugspunkte – sei es als Subjekte oder als
Objekte – zu definieren.[160] In der Literatur wird angeführt, der StIGH habe festgestellt, dass
das Vorliegen einer Minderheit eine Frage der Fakten und nicht des Rechts sei.[161] Damit
hat der StIGH aber nur ausgeschlossen, dass die Definition zur Disposition des nationalen
Gesetzgebers steht: in concreto ging es um einen rechtlich vorgeschriebenen Sprachtest zu
einem bestimmten Zeitpunkt. Auch wenn man ihn nicht bestand, konnte man später zu
der sprachlichen Minderheit zu zählen sein, nachdem man die Sprache besser erlernt
hatte.[162] Dieses faktische Element stellt aber die Notwendigkeit einer Definition der Minderheit nicht in Frage. In dieser Hinsicht ist allen Ansätzen gemein, dass sie **objektive und
subjektive Kriterien** enthalten.[163]

Bei den **objektiven Kriterien** besteht weitgehend Einigkeit darüber, dass die **Größe** 45
einer Minderheit geringer sein muss als die der übrigen Bevölkerung.[164] Im Hinblick auf
die Mindestgröße wird zum Teil pragmatisch darauf abgestellt, dass die Zahl **ausreichend**
für die Ausübung der entsprechenden Tätigkeiten sein müsse,[165] teilweise eine ausreichende
Repräsentativität[166] gefordert und von dritter Seite eine Mindestzahl von zwei Personen für
ausreichend erachtet.[167] Eine weite Definition ist vorzugswürdig, weil sie Fragen nach der
Vergleichbarkeit mit anderen Gruppen/Minderheiten nicht bereits auf der Definitionsebene
ausblendet.

---

[156] *Hölscheidt* in NK-EuGRCh GRCh Art. 21 Rn. 22. In Rn. 39 scheint *Hölscheidt* von einem engen Verständnis im Sinne einer Minderheit, die früher einmal die Staatsangehörigkeit eines Nachbarstaats besessen hatte, auszugehen, wenn er lediglich das Beispiel der dänischen Minderheit in Deutschland erwähnt.
[157] So die explizite Weigerung des EGMR 20.12.2001 (K) – 44158/98 Rn. 62 – Gorzelik ua/Polen: „The Court observes that it is not its task to express an opinion on whether or not the Silesians are a ‚national minority', let alone to formulate a definition of that concept. Indeed, the formulation of such a definition would have presented a most difficult task, given that no international treaty – not even the Council of Europe's Framework Convention for the Protection of National Minorities – defines the notion of ‚national minority'." Bestätigt durch Urteil der GK in derselben Sache vom 17.2.2004, Rn. 67.
[158] S. den Hinweis auf „inter alia, of language" in EGMR 23.7.1968 – 1474/62 ua Rn. 8 – belgischer Sprachenstreit, in den Entscheidungsgründen.
[159] Explanatory Report ZP 12 (Fn. 92) Rn. 20 ff.
[160] Nicht jeder verfügt über die Fähigkeiten des Hohen Kommissars für nationale Minderheiten *van der Stoel*, der meint, er könne eine Minderheit zwar nicht definieren, aber er wisse es, wenn er eine sehe, s. http://www.osce.org/hcnm/mandate/.
[161] Nachweise bei *Benoît-Rohmer*, The Minority Question in Europe, S. 15.
[162] PCIJ, Advisory Opinion, Series A/B no. 40, 1931, S. 16 ff. – Access to German Minority Schools in Upper Silesia.
[163] *Henrard* Ethnopolitics 2001, 41 mwN.
[164] Einer dominierten Mehrheit stehen hingegen das über den Minderheitenschutz hinausgehende Recht auf Selbstbestimmung und Selbstregierung zu, *Capotorti* (Fn. 56) S. 12, 96; *Thornberry* in Phillips/Rosas, UN Declaration on Minorities, 1993, S. 11.
[165] Lit. b des Definitionsvorschlags der UN-Minderheitenkommission von 1950, UN Doc. E/CN.4/385.
[166] Empfehlung 1201 (1993) der Parlamentarischen Versammlung des Europarates.
[167] *Henrard* Ethnopolitics 2001, 41; *v. d. Bogaert* ZaöRV 2004, 37 (40).

46 Ferner ist allgemein anerkannt, dass die Minderheit **nicht politisch dominierend** sein darf, da sie dann keines besonderen Schutzes bedarf.[168] Allerdings kann eine Mehrheit regional/lokal in der Minderheit sein. Für einen solchen Fall hat die UN-Menschenrechtskommission den Minderheitenschutz verneint.[169] Demgegenüber weist die Literatur zu Recht darauf hin, dass das Vorliegen einer Minderheit davon abhängig sein müsse, ob die zuständige von der regionalen Mehrheit gestellte regionale „Regierung" über eine ausreichende Autonomie und Kompetenzen verfüge, die für die Betroffenen und die einschlägigen Minderheitenrechte relevant sein können.[170]

47 Zu den objektiven Kriterien zählen ferner die **Charakteristika** der betreffenden Minderheiten. Traditionell werden religiöse und sprachliche Merkmale anerkannt.[171] Darüber hinaus ist umstritten, ob Minderheiten nach ethnischen, kulturellen oder nationalen Merkmalen bestimmt werden sollen. „Kulturell" wird zuweilen als Oberbegriff verwendet, weil alle Charakteristika mit der Ausübung einer eigenen Kultur in Zusammenhang stehen.[172] Dann stellt sich aber verschärft die Frage nach der Abgrenzung gegenüber anderen (evtl. auch Sub-Kulturen in einer Gesellschaft. Ferner wäre fraglich, ob davon auch „Traditionen", die nach weit verbreiteter Ansicht schützenswert sind,[173] erfasst würden. Insbesondere aus diesen Gründen setzt sich zunehmend der Begriff „ethnisch" durch, der in der Sache auf den Schutz der Tradition bzw. Kultur der ethnischen Minderheiten ausgerichtet ist.[174] Es bestehen zumindest Parallelen zum – problematischen – Charakteristikum der Rasse.[175] Da aber Art. 21 GRC den Schutz bezüglich der ethnischen Herkunft ausdrücklich neben dem der nationalen Minderheiten erwähnt, ist „ethnisch" als Oberbegriff für Minderheiten jedenfalls in dieser Vorschrift abzulehnen.

48 Hinsichtlich des Begriffs der **nationalen Minderheit** können theoretisch drei Bedeutungsvarianten unterschieden werden: erstens eine enge auf solche Minderheiten beschränkte Sicht, die historisch die Staatsangehörigkeit eines anderen Staates hatten, aber durch veränderte Grenzen sich nun als Minderheit in einem anderen Staat wieder finden; zweitens begrenzt auf Staatsangehörige des Aufenthaltsstaates; drittens ohne Erfordernis der Staatsangehörigkeit für alle, die sich in einem Staat aufhalten.

49 Die erste Variante liegt nahe, wenn wie in der UN-Erklärung von 1992 nationale Minderheiten den religiösen, sprachlichen oder ethnischen Minderheiten gegenübergestellt werden.[176] Demgegenüber verzichtet aber gerade Art. 27 IPBPR auf dieses Merkmal ganz.

---

[168] *Capotorti* (Fn. 56) S. 12, 96; *Ramaga* HRQ 1992, 104.
[169] Menschenrechtsausschuss, Communication nos. 359 und 385/1989, UN Doc. CCPR/C47/D/359/1989 und 385/1989/Rev.1 – Ballantyne ua/Kanada. Dagegen plädiert *Potier* JEMIE 2/2001.
[170] *Ramaga* HRQ 1992, 104 (109); *Varady* HRQ 1997, 9 (13f.). Vgl. aber EGMR 23.7.1968 – 1474/62 ua – belgischer Sprachenstreit.
[171] Alternativ oder kumulativ, s. *Hornburg*, Transnationales Minderheitenrecht im Lichte des gemeinschaftsrechtlichen Diskriminierungsverbots, 2009, S. 17. In Deutschland sind (via landesverfassungsrechtlichem Schutz) anerkannte sprachliche Minderheiten zB die Dänen (vgl. *Hölscheidt* in NK-EuGRCh GRCh Art. 21 Rn. 48) und Sorben sowie (via Körperschaftsstatus auf Bundes- und Landeseben) anerkannte religiöse Minderheiten zB die jüdischen Gemeinschaften.
[172] *v. d.Bogaert* ZaöRV 2004, 37 (40); *Henrard* S. 51.
[173] Näher zur Problematik *Kugelmann* AVR 2001, 233 (257).
[174] Der Definitionsvorschlag der UN-Minderheitenkommission von 1950 (Fn. 32) stellt auf „ethnic" ab, lässt aber weitere Charakteristika und damit wohl auch „kulturell" zu. Der Definitionsvorschlag von *Capotorti* (Fn. 56) S. 96, verzichtet ganz auf den Begriff „kulturell". Demgegenüber erwähnt die von den Mitgliedstaaten nicht angenommene Empfehlung 1201 (1993) der Parlamentarischen Versammlung des Europarates „cultural" neben „ethnic" bzw. „culture" neben „traditions". Die 1995 eingesetzte Arbeitsgruppe der Unterkommission für die Förderung der Menschenrechte des ECOSOC verzichtet auf „cultural" und spricht von „national or ethnic". Hinzuweisen ist auf die besondere Situation der indigenen Völker, die zwar die Kriterien der ethnischen Minderheit erfüllen, aber zum einen selbst das Recht auf Selbstbestimmung in Anspruch nehmen und zum anderen als spezifisch entwickelte Kultur besonders verletzbar sind, näher *Rehman*, International Human Rights Law, S. 332 mwN.
[175] Nach *Hofmann* in Bernhardt S. 410 (415), umfasst der Begriff sowohl rassische Minderheiten als auch nationale.
[176] Report of the Working Group on Minorities, E/CN.4/Sub.2/1999/21, Rn. 19; *Rehman*, International Human Rights Law, S. 302.

Ein sowjetischer Vorschlag zu seiner Aufnahme fand seinerzeit keine Mehrheit, weil man den Schutz nicht zu sehr auf bestimmte Gruppen einengen wollte. Bei allen Unsicherheiten in der genauen Begriffsbestimmung schien der Begriff enger gemeint gewesen zu sein als „ethnische" Minderheit.[177] Auch bliebe die Begrenzung eines Schutzes auf ehemalige Angehörige anderer Staaten einem Ansatz der Sicherung und Wahrung des Friedens zwischen Staaten verhaftet. Die Aufnahme des Merkmals „national" in Art. 21 GRC spricht aber für einen **menschenrechtlichen Ansatz.** Zudem werden im europäischen Rahmen zunehmend unter „national" noch andere Unterkategorien nach Merkmalen unterschieden.[178]

Die zweite Variante würde die überwiegende Ansicht, derzufolge Minderheitenrechte nur **eigenen Staatsangehörigen** zuzuerkennen sind, bestätigen.[179] Allerdings verlangt **Art. 27 IPBPR** nur, dass die betreffende Minderheit seit langer Zeit in einem Staat existiert, weshalb eine wachsende Meinung in der Literatur und der Menschenrechtsausschuss für eine Öffnung dieser Vorschrift **auch für Ausländer** plädieren.[180] Sie kann sich auf den Wortlaut der Vorschrift berufen, doch deuten die travaux préparatoires in eine andere Richtung.[181] Auch der Wortlaut von Art. 21 GRC spricht eher für eine Orientierung an der **Staatsangehörigkeit.** Die Rechtsprechung des **StIGH** steht dem nicht entgegen. Im Gutachten über den Zugang zu den Schulen der deutschen Minderheit in Oberschlesien ging es um die Auslegung des speziellen Völkervertragsrechts;[182] im Gutachten zu Schulen in Albanien stand die Staatsangehörigkeit der Minderheit außer Frage.[183] Immerhin besteht die Gefahr, dass in Staaten mit einem relativ restriktiven Staatsangehörigkeitsrecht auch zahlenmäßig erhebliche Gruppen aus der Definition herausfallen, obwohl ihr subjektives Schutzinteresse dem von anerkannten Minderheiten vergleichbar sein kann.[184] Bei der damit aufgeworfenen Problematik der Behandlung von Zuwanderern, den sog. **neuen Minderheiten,** ist zu beachten, dass sie sich im Unterschied zu manch anderen Minderheiten oft freiwillig der Rechtsordnung des Aufenthaltsstaates unterworfen haben.[185] Auch könnte ihnen kaum überzeugend ein umfassender Schutz im Sinne von Autonomieregelungen zuerkannt werden, da Ausländer traditionell kein allgemeines Wahlrecht im Aufenthaltsstaat haben.[186] Dem widerspricht auch nicht die **Staatenpraxis** in Europa: Ein Präzedenzfall scheint zwar mit den Russen in den baltischen Staaten zu bestehen, die anfangs von den baltischen Staaten als sog. „Nicht-Staatsbürger mit Daueraufenthaltsrecht" eingeordnet wurden. Nach Ansicht der alten EU-Mitgliedstaaten sollte ihnen nämlich die jeweilige baltische Staatsangehörigkeit verliehen werden,[187] damit sie im Ergebnis in den Genuss von Minderheitenrechten kommen konnten. Allerdings ist zu beachten, dass jene Russen zu Zeiten der Sowjetunion in diesem Gebiet als Staatsangehörige galten. Insofern ergeben sich Parallelen zum Grundfall von Minderheiten, die durch Staatsgebietsveränderungen ohne ihr Zutun eine andere, frühere Staatsangehörigkeit verloren haben. Außerdem existiert in Lettland sowie Estland noch immer die Kategorie der „Nichtbürger" ohne

---

[177] *Nowak*, CCPR, Art. 27 Rn. 24 mwN.
[178] *Franke/Hofmann* EuGRZ 1992, 401 (402).
[179] *Capotorti* (Fn. 56) S. 12; *Thornberry*, International Law and the Rights of Minorities, 1991, S. 171; weitere Nachweise auf internationale Abkommen und Entwürfe bei *Oeter* in Friedrich-Ebert-Stiftung S. 27 (29).
[180] *Shaw* in Dinstein/Tabory S. 26, *Tomuschat* FS Mosler, 1983, 960 ff.; *Wolfrum* in Brölmann ua, Peoples and Minorities in International Law, S. 160 ff., UN-Menschenrechtsausschuss, General Comment no. 23, Report of the Human Rights Committee 1 GAOR 49th Session, Supp. No. (A/49/40) S. 107 ff.
[181] UN Doc. A/C.3/SR.1104, Rn. 7, 17.
[182] PCIJ, Advisory Opinion, Series A/B no. 40, 1931, S. 16 ff. – Access to German Minority Schools in Upper Silesia.
[183] PCIJ, Advisory Opinion, Series A/B no. 64, 1935, S. 5 – Minority Schools in Albany.
[184] Vgl. *Franke/Hofmann* EuGRZ 1992, 401 (402). Zur Situation der früher sog. Gastarbeiter und der Kurden *Partsch* GS Geck, 1989, 581 (586, 588).
[185] Dazu *Kymlicka* S. 15 ff.
[186] Dagegen verfügen Unionsbürger im EU-Ausland über besondere Rechte.
[187] Vgl. *Brusis* JEMIE 2003, 1 (3); *Thiele*, The Criterion for Citizenship for Minorities: The Example of Estonia, ECMI Working Paper no. 5, 1999, S. 16 f.

lettischen bzw. estnischen Pass, wovon weiterhin eine große Zahl an ethnischen Russen und Russischsprachigen betroffen ist.

51 Zwar verwendet die **Rahmenkonvention über den Schutz „nationaler Minderheiten"** eben diesen Begriff sogar in ihrem Titel, doch enthält sie sich pragmatisch einer **Definition**, weil sich die Vertragsstaaten darauf nicht einigen konnten.[188] Damit wird in pragmatischer Weise einerseits Staaten, die ein enges Verständnis befürworten, der Beitritt zu den Instrumenten ermöglicht, andererseits besteht ausreichend Flexibilität, auch Probleme von Minderheiten nach einem anderen Verständnis zu adressieren. So ist etwa im Rahmen der OSZE die Sorge für die Sinti und Roma ausdrücklich als Aufgabe des Hohen Kommissars für Nationale Minderheiten festgelegt worden.[189] Auf diese Weise erzielt man in der Praxis die gewünschten Resultate, während rechtlich offen bleiben kann, ob es sich um eine Konkretisierung oder eine Ergänzung des Begriffs „national" handelt. In den einzelnen Vorschriften des Rahmenübereinkommens sind allerdings Aspekte des Schutzes sowohl religiöser als auch sprachlicher oder ethnischer Minderheiten aufgenommen worden (→ Rn. 27). Daraus ist zu folgern, dass der Begriff der nationalen Minderheit eben diese Aspekte umfasst.

52 Angesichts dieser Differenzen im Begriffsverständnis, insbesondere auch unter den Mitgliedstaaten der EU, ist es nicht überzeugend, im Rahmen des supranationalen Unionsrechts das weiteste Verständnis zugrunde zu legen. Daher ist im Ergebnis der Begriff „nationale Minderheit" in Art. 21 GRC auf solche Minderheiten zu begrenzen, die die **Staatsangehörigkeit** eines Mitgliedstaates besitzen und sich im Übrigen nach den traditionellen Charakteristika „religiös", „sprachlich" oder „ethnisch" von der Mehrheit unterscheiden.[190] Zur Bestimmung des Merkmals **„Religion"** kann die Spruchpraxis der EMRK-Organe herangezogen werden.[191] Probleme stellen dabei vor allem die Einbeziehung von Sekten und die Abgrenzung zur politischen oder wirtschaftlichen Betätigung dar. Hinsichtlich des Merkmals **„sprachlich"** dringt erst langsam die Problematik der (Nicht-)Einbeziehung von Dialekten in das öffentliche Bewusstsein vor.[192]

53 Eine Öffnung des Minderheitenbegriffs für **weitere Charakteristika** hat sich international **nicht durchsetzen** können,[193] so dass die Problematik der Gleichbehandlung mit anderen Gruppen jedenfalls in diesen Definitionsansätzen ausgeblendet wird. Der Schutz ihrer Angehörigen wird aber in der EU nicht völlig vernachlässigt, denn Art. 21 Abs. 1 GRC ist **nicht abschließend** im Hinblick auf weitere Merkmale („insbesondere" und „sonstiger Status", vgl. Art. 14 EMRK). Daran werden sich Rechtfertigungen von Privilegierungen anderer Minderheiten[194] messen lassen müssen.

54 Schließlich wird auf der **subjektiven** Seite der **Wille** gefordert, die **Charakteristika** der Minderheit **zu bewahren**.[195] In erster Linie wird damit klargestellt, dass Einzelne nicht gegen ihren Willen zu einer Minderheit gerechnet werden können und nicht Minderheiten erfasst werden, die sich assimilieren wollen.[196] Allerdings sollen die Anforderungen für eine

---

[188] S. das Rahmenübereinkommen zum Schutz „nationaler Minderheiten" (Fn. 12), den Titel eines Hohen Kommissars für „Nationale Minderheiten" und den Schutz „nationaler Minderheiten" in Art. 21 GRC.
[189] S. die Homepage des OSCE High Commissioner on National Minorities, http://www.osce.org/hcnm/mandate/.
[190] Ähnlich *Henrard* S. 53.
[191] S. insbesondere zur Abgrenzung religiöser und politischer Äußerungen EKMR, (1978) DR 19, S. 19 (Rn. 71 f.) – Arrowsmith/Vereinigtes Königreich; EKMR, (1979), DR 16, S. 72 (Rn. 4) – Scientology. Näher dazu *Dujmovits* in Grabenwarter/Thienel S. 139 ff.
[192] Vgl. die Auseinandersetzung in Spanien zwischen Katalanen und Valenciern über die Eigenständigkeit der Sprache letzterer im Zusammenhang mit Hinterlegung einer Übersetzung des Verfassungsvertrages in den Sprachen beider Gebiete in Brüssel durch die spanische Regierung.
[193] 1950 schlug die UN-Minderheitenkommission (Fn. 32) vor, neben den Kriterien „ethnic", „religious" und „linguistic" weitere „characteristics markedly different from those of the rest of the population" vorzusehen.
[194] Zu diesem Erfordernis Art. 20 Rahmenübereinkommen (Fn. 12).
[195] *v. d.Bogaert* ZaöRV 2004, 37 (40).
[196] *Thornberry*, International Law and the Rights of Minorities, 1991, S. 165. *Laponce*, The Protection of Minorities, 1960, S. 12 f. weist auf das Problem der „minorities by force" hin, denen die Assimilation gerade verwehrt wird. Das wird in Art. 33 des Rahmenübereinkommens (Fn. 12) dergestalt gelöst, dass

entsprechende Willensäußerung nicht zu hoch angesetzt werden, da Passivität auch durch staatliche Repression erzwungen worden sein könnte.

b) Schutzumfang. Nach einhelliger Ansicht verbietet Art. 21 GRC **formelle und faktische Diskriminierungen.**[197] Ob darüber hinaus auch eine materielle Gleichstellung von Minderheiten verlangt ist, ist klärungsbedürftig. Jedenfalls sind **keine Autonomierechte** erfasst, weil die Vorschrift **keine Gruppenrechte** gewährt. Dies folgt aus dem Wortlaut, der mit der Formulierung „Zugehörigkeit zu einer Minderheit" auf einen **individualrechtlichen Ansatz** hinweist. Des Weiteren umfasst nicht einmal Art. 1 12. EMRKProt solche Gruppenrechte, der bereits einen so weitgehenden Schutz enthält, dass einige Staaten zögern, dieses Zusatzprotokoll zu ratifizieren.[198] Ferner wird man dem Diskriminierungsverbot **keine** Verpflichtung zu einer weitergehenden **aktiven Förderung** bzw. gar **Gleichstellung** von Personen entnehmen können. Denn der Wortlaut beschränkt sich auf das Verbot und greift nicht die ansonsten naheliegende Formulierung „secure" in Art. 1 12. EMRKProt auf. Allerdings folgt aus der Aufnahme des Merkmals „nationale Minderheiten", dass solche auch untereinander gleich zu behandeln sind. Daraus ist ein **Recht auf Teilhabe** an solcher staatlichen Förderung zu folgern, die anderen Minderheiten in kultureller, ethnischer, sprachlicher oder religiöser Hinsicht gewährt wird, sofern vergleichbare Situationen vorliegen. Jedoch kommt der EU im Hinblick auf die Förderung von Kultur, Sprache und Religion nur eine komplementäre Rolle zu (→ Rn. 63). 55

3. Rechtfertigung von Ungleichbehandlungen. Ungleichbehandlungen stellen nur dann verbotene Diskriminierungen dar, wenn sie nicht **gerechtfertigt** werden können. Nach ständiger Rechtsprechung des EuGH muss die Ungleichbehandlung ein **legitimes Ziel** verfolgen und zwischen dem Ziel und den eingesetzten Mitteln muss ein **angemessenes Verhältnis** bestehen.[199] Hinsichtlich des Rechtfertigungsmaßstabes ist die Rechtsprechung in Europa inklusive der Mitgliedstaaten von einem abgestuften Prüfprogramm geprägt, das vom strict-scrutiny-Test des US-Supreme Court beeinflusst ist.[200] Danach gewährt zwar der allgemeine Gleichheitssatz einen relativ weiten **Ermessensspielraum,** der aber enger wird, wenn es um eine Ungleichbehandlung im Rahmen der Freiheitsrechte bzw. um die ausdrücklich aufgeführten besonders verletzbaren Minderheiten geht.[201] Unter der EMRK stellt der EGMR zwar auf den Einzelfall ab,[202] doch gilt für Art. 14 EMRK grundsätzlich kein weites Ermessen, da sich die dortigen Ungleichbehandlungen tatbestandsmäßig bereits zwingend im Rahmen von Freiheitsrechten auswirken müssen.[203] Der EuGH nimmt für die Unionsorgane regelmäßig eine weiten Ermessensspielraum bei **komplexen Entscheidungen** im Wirtschaftsleben an.[204] Für die ausdrücklichen Diskriminierungsverbote sollte aber aber ein strenger Maßstab greifen.[205] 56

---

die Angehörigen einer Minderheit frei wählen dürfen, ob sie als solche behandelt werden wollen; vgl. Explanatory Report RÜ (Fn. 100) Rn. 33.
[197] *Hölscheidt* in NK-EuGRCh GRCh Art. 21 Rn. 36 f.
[198] Vgl. zu Art. 27 IPBPR *Kugelmann* AVR 2001, 233 (241).
[199] EuGH C-122/96, Slg. 1997, I-5325 Rn. 26 ff. – Saldanha. Vgl. EGMR 28.5.1985 – 9214/80 ua Rn. 72 – Abdulaziz ua/Vereingtes Königreich.
[200] S. bereits *Maaß* NVwZ 1988, 14 (21).
[201] Zu ersterem *Heselhaus* in FK-EUV/GRC/AEUV GRC Art. 20 Rn. 23 unter Verweis auf BVerfGE 82, 126 (146). Zu letzterem *Heun* in Dreier GG Art. 3 Rn. 100.
[202] EGMR 28.11.1984 – 8777/79 Rn. 40 – Rasmussen/Dänemark.
[203] Im Wortlaut: „Der Genuß der in dieser Konvention anerkannten Rechte und Freiheiten ist ohne Diskriminierung [...] zu gewährleisten". Vgl. Grabenwarter/Pabel EMRK § 26 Rn. 16, laut denen die „Überprüfung der Rechtfertigung von Ungleichbehandlungen [...] nach den Differenzierungsgründen, aber auch nach den Umständen und dem Hintergrund des Einzelfalls" variiere.
[204] Besonders deutlich insoweit EuGH C-280/93, Slg. 1994, I-4973 Rn. 90 f. – Deutschland/Rat. S. auch EuGH 113/88, Slg. 1989, 1991 Rn. 20 – Leuckhardt/Hauptzollamt Reutlingen; EuGH C-306/93, Slg. 1994, I-5555 Rn. 21 f. – SMW Winzersekt/Land Rheinland-Pfalz; EuGH C-233/94, Slg. 1997, I-2405 Rn. 56 f. – Deutschland/Rat und EP.
[205] So *Heselhaus* in FK-EUV/GRC/AEUV GRC Art. 20 Rn. 23 unter Verweis auf BVerfGE 82, 126 (146).

57 Für die Rechtfertigung von Differenzierungen, die den Anspruch auf **Teilhabe an Leistungen** berühren, ist in vielen Fällen ebenfalls eine strenge Prüfung zu fordern. Zum einen kann mit Bezug zur EMRK als Mindeststandard nach Art. 52 GRC gefolgert werden, dass auch Differenzierungen bei Leistungen im Bereich der **Freiheitsrechte streng** zu prüfen sind. Zum andern ist analog unter der Charta dieser strenge Prüfungsmaßstab auf alle Leistungen im Bereich der **in der Charta enthaltenen Grundrechte und Grundsätze** auszudehnen.[206] Eine Begrenzung auf eine Teilhabe **proportional** zur Stärke und Bedeutung der Minderheit kann Ausdruck von **Verhältnismäßigkeitserwägungen** im Vergleich mit anderen Minderheiten bzw. mit der Mehrheit sein.[207]

II. Achtung der Vielfalt der Kulturen, Religionen und Sprachen

58 **1. Grundlagen.** In der Grundrechtecharta ist in Art. 22 GRC ausdrücklich ein **Gebot der Achtung der Vielfalt** der Kulturen, Religionen und Sprachen aufgenommen worden. Der im Grundrechtekonvent eingebrachte Entwurf der Vorschrift wurde letztlich unverändert angenommen.[208] Diskussionsbedarf für eine stärkere Betonung der Minderheiten in der Vorschrift ergab sich nur daraus, dass umstritten war, ob ein Diskriminierungsverbot zum Schutz von Minderheiten in Art. 21 GRC aufgenommen werden sollte.[209] Daraus wird deutlich, dass der Vorschrift eine Art. 21 GRC **ergänzende Funktion** zukommt. In diesem Sinn wird die Vorschrift überzeugend auch als **Schutzaufgabe und Zielbestimmung** gedeutet.[210]

59 Nach dem Wortlaut von Art. 22 GRC ist nur die Union Normadressat und wird zur Achtung der Vielfalt verpflichtet. Doch werden die Mitgliedstaaten über die allgemeine Vorschrift des Art. 51 Abs. 1 GRC bei der Durchführung des Unionsrechts ebenfalls gebunden.[211]

60 Ferner ist die Vorschrift in ihrem Wortlaut stärker objektiv-rechtlich abgefasst und unterscheidet sich damit sowohl von den Grundrechten als auch von den meisten anderen Grundsätzen. Sie ähnelt den Vorgaben zur Achtung des Umweltschutzes bzw. Verbraucherschutzes in Art. 37 und 38 GRC. Aufgrund der systematischen Aufnahme in die Charta und der unmittelbaren Nähe zum Diskriminierungsverbot nach Art. 21 GRC ist davon auszugehen, dass diese Verpflichtung jedenfalls **auch im Interesse des Einzelnen** besteht. Nach der überwiegenden Auffassung enthält Art. 22 GRC jedoch **kein Grundrecht**.[212] Dafür spricht, dass sich die Norm eines ausdrücklichen Hinweises – anders als bei den Grundrechten – auf ein „Recht" enthält. Mit der Verbindlichkeit von Art. 21 GRC besteht auch kein teleologisches Bedürfnis mehr für eine Aufwertung der Vorschrift, um den Mindestschutzstandard der EMRK im Rahmen der Charta abzubilden.[213]

---

[206] Dem kann nicht die Differenzierung bei sozialen Grundrechten zwischen „Kernverpflichtungen" und „weiteren Verpflichtungsgehalten", näher dazu *Rudolf* in NK-EuGRCh GRCh Vorbem. IV Rn. 42, entgegengehalten werden, weil bei der Teilhabe der Staat sein mögliches Ermessen bereits aktiviert hat. Der Staat kann entscheiden, ob er Leistungen gewähren will, er darf diese aber nicht diskriminierend gewähren.

[207] Zur Bedeutung des Verhältnismäßigkeitsprinzips s. Oslo Recommendations regarding the Linguistic Rights of National Minorities, 1998, S. 26 f., 29.

[208] Entwurf der Charta der Grundrechte der Europäischen Union, Korrigendum 1 zum Vermerk des Präsidiums, CHARTE 4470/00 COR 1 CONVENT 47 vom 20.9.2000, *Hölscheidt* in NK-EuGRCh GRCh Art. 22 Rn. 10.

[209] Entwurf der Charta der Grundrechte der Europäischen Union, Vermerk des Präsidiums, CHARTE 4284/00 CONVENT 28 vom 5.5.2000, dazu *Bernsdorff/Borowsky*, GRC, Art. 22 Rn. 308 f.; *Hölscheidt* in NK-EuGRCh GRCh Art. Rn. 12.

[210] *Kingreen* in Calliess/Ruffert EUV Art. 6 Rn. 173.

[211] Enger wohl *Thiele* in FK-EUV/GRC/AEUV GRC Art. 22 Rn. 13; *Hölscheidt* in NK-EuGRCh GRCh Art. 22 Rn. 19.

[212] So *Grabenwarter* DVBl 2001, 6; *Philippi*, Charta der Grundrechte, S. 24; *Hölscheidt* in NK-EuGRCh GRCh Art. 22 Rn. 16; *Jarass* EU-GR § 25 Rn. 44; missverständlich *Rengeling/Szczekalla* Grundrechte in der EU Rn. 984, die den Grundrechtscharakter nur in „weiten" Grenzen bejahen wollen, aber wohl enge Grenzen meinen.

[213] In diese Richtung *Heselhaus*, 1. Aufl. 2006, → § 46 Rn. 94.

Vielmehr wird die Vorschrift nach überwiegender Ansicht als sog. **Grundsatz** nach 61
Art. 52 Abs. 5 GRC qualifiziert.[214] Als solcher ist sie durch die EU oder die Mitgliedstaaten in Ausübung ihrer jeweiligen Zuständigkeiten **umzusetzen**. Die Grundsätze sind **nicht unmittelbar anwendbar** vor Gericht. Sofern aber eine Umsetzung in der Rechtsetzung erfolgt ist, haben die damit vermittelten Rechte über Art. 22 GRC ein hohes Gewicht. Aufgrund der systematischen Verortung in der Nähe von Art. 21 GRC und dem funktionalen Bezug auf jene Vorschrift ist davon auszugehen, dass Art. 22 GRC im Wege der systematischen Auslegung eine Stärkung individual-rechtlicher Aspekte in Bezug auf die dort erwähnten Merkmale von Minderheiten unterstützt. So kann der Einzelnen im Rahmen einer Nichtigkeitsklage nach Art. 263 Abs. 4 und 5 AEUV mögliche Verstöße gegen Art. 22 GRC rügen. Des Weiteren kann der Aufnahme von Art. 22 GRC in die Grundrechtecharta Bedeutung für das Merkmal der individuellen Betroffenheit im Sinne der **Zulässigkeitsvoraussetzung** einer Nichtigkeitsklage zukommen.[215]

Der Wortlaut von Art. 22 GRC enthält keine ausdrückliche Bezugnahme auf Minderheiten. Dies dürfte dem anhaltenden französischen Widerstand geschuldet sein, der eine Kompromissfindung zwischen den verschiedenen nationalen Auffassungen zum Minderheitenschutz im Konvent erschwert hat.[216] Doch adressiert der Dreiklang von Kultur, Religion und Sprache in der Praxis wichtige Bedürfnisse von Minderheiten.[217] Sie sind auch in Art. 27 IPBPR beim Minderheitenschutz auf internationaler Ebene nachweisbar.[218] Daraus ist zu folgern, dass auch Art. 22 GRC in der Sache insbesondere den **Schutz von entsprechenden Minderheiten** betrifft.[219] Der jeweilige Schutzinhalt ergibt sich für die drei aufgeführten Merkmale aus der systematischen Interpretation des Primärrechts (→ Rn. 65 ff.). 62

Der Umfang der Gewährleistung ist durch Auslegung des Auftrages „achten" zu ermitteln. Dieser stellt zunächst **Behinderungen** eines Minderheitenschutzes unter Rechtfertigungsvorbehalt. Dies gilt sowohl für Maßnahmen der EU, die eine Förderung entsprechender Minderheiten durch die Mitgliedstaaten behindern,[220] als auch bei sonstigen Behinderungen auf Ebene des Unionsrechts.[221] Nach hier vertretener Auffassung werden auch mitgliedstaatliche Maßnahmen zur Durchführung des Unionsrechts erfasst (→ Rn. 59). Darüber hinaus enthält die Vorschrift auch einen **Auftrag zur Förderung**.[222] Zwar meidet der Wortlaut den Begriff „fördern", doch ergibt sich dies aus der systematischen Zusammenschau mit Art. 19 Abs. 2 AEUV, der solche Fördermaßnahmen der EU zulässt und sogar die frühere Einstimmigkeitsregel im Lissaboner Vertrag durch das Mehrheitserfordernis im ordentlichen Gesetzgebungsverfahren ersetzt hat. Zudem würde sonst der ergänzenden Funktion gegenüber Art. 21 GRC zu wenig Rechnung getragen werden. Nicht zuletzt entspricht dies dem Rahmenübereinkommen über den Schutz nationaler Minderheiten (→ Rn. 27) und dem Förderauftrag in Art. 3 Abs. 1 EUV (→ Rn. 35). 63

---

[214] *Hölscheidt* in NK-EuGRCh GRCh Art. 22 Rn. 17.
[215] Zum Einfluss der Grundrechte auf diese Kriterien *Cremer* in Nowak/Cremer, Individualrechtsschutz in der EG und der WTO, 2002, S. 27 (45).
[216] Vgl. *Schwellnus* (Fn. 6) S. 10.
[217] Vgl. *Thiele* in FK-EUV/GRC/AEUV GRC Art. 22 Rn. 4.
[218] Im Wortlaut: „In Staaten mit ethnischen, religiösen oder sprachlichen Minderheiten darf Angehörigen solcher Minderheiten nicht das Recht vorenthalten werden, […] ihr eigenes kulturelles Leben zu pflegen, ihre eigene Religion zu bekennen und auszuüben oder sich ihrer eigenen Sprache zu bedienen."
[219] So *Arzoz* in Arzoz S. 152 ff., zurückhaltend *Jarass* GRCh Art. 22 Rn. 2 f.; *Kingreen* in Calliess/Ruffert GRC Art. 22 Rn. 2; *Rengeling/Szczekalla* Grundrechte in der EU § 27 Rn. 970. Gegen eine Lesart als Minderheitenschutzbestimmung *Ennuschat* in Tettinger/Stern GRC Art. 22 Rn. 7; *Hölscheidt* in NK-EuGRCh GRCh Art. 22 Rn. 20.
[220] *Thiele* in FK-EUV/GRC/AEUV GRC Art. 22 Rn. 13.
[221] *Jarass* GRCh Art. 22 Rn. 8.
[222] AA bzw. einschränkend *Hölscheidt* in NK-EuGRCh GRCh Art. 22 Rn. 30, der eine Förderung nur für zulässig, nicht aber für geboten bzw. verpflichtend hält.

64 **Beeinträchtigungen** von Art. 22 GRC sind **rechtfertigungsbedürftig.** Zutreffend wird in der Literatur eine **Verhältnismäßigkeitsprüfung** gefordert.[223] Dafür spricht unter dem hier vertretenen Ansatz die Nähe zum Minderheitenschutz (→ Rn. 58) und die Förderung individualrechtlicher Ansätze durch die Vorschrift (→ Rn. 60). In der Abwägung ist zu beachten, dass über Art. 22 GRC der Pluralität von Kulturen, Religionen und Sprachen normativ ein **Eigenwert** beigemessen wird. Grundsätzlich besteht bei Fördermaßnahmen ein **Ermessensspielraum** für die Rechtsetzungsorgane. Bedenkt man aber, dass die Vorschrift als „Ersatz" für den Verzicht auf ein explizites Minderheitenrecht in die Grundrechtecharta eingefügt worden ist, und ihre systematische Einordnung neben den Diskriminierungsverboten,[224] so ist daraus auch im Hinblick auf fördernde Maßnahmen zu folgern, dass der Ermessensspielraum der Rechtsetzungsorgane durchaus Einschränkungen unterliegt. In diese Richtung deuten auch Charakterisierungen der Vorschrift als Schutzaufgabe und Zielbestimmung.[225] Im Rahmen der **Verhältnismäßigkeit** ist auch ein Vergleich mit der Behandlung der Mehrheit oder anderer Gruppen vorzunehmen.[226]

65 **2. Spezifische Aufträge zur Achtung der Kulturen, Religionen und Sprachen. a) Kulturen.** Die in Art. 22 GRC angesprochene **Achtung der Kulturen** steht systematisch im Zusammenhang mit der Regelung über die Kultur in Art. 167 AEUV. Nicht zufällig verweisen die **Erläuterungen** zu Art. 22 GRC bezüglich des Kulturbegriffs auf jenen in Art. 167 AEUV.[227] Nach zutreffender Auffassung ist der **Begriff** in Art. 22 GRC **weit** auszulegen.[228] Denn es handelt sich wie bei der Querschnittsklausel nach Art. 167 Abs. 4 AEUV um einen Begriff, der **funktional** alle Kompetenzvorschriften der EU berührt. Demgegenüber ist der Kulturbegriff in Art. 167 Abs. 1 AEUV enger gefasst, weil er eine besondere **Kompetenzgrundlage** zur Verfügung stellt, die neben anderen Rechtsetzungskompetenzen zur Anwendung kommt, die ebenfalls die Kultur betreffen können. Daher sind z. B. auch **bildungspolitische Aspekte** der Kultur in Art. 22 GRC erfasst. Der **Begriff der Kultur** bezieht sich auf das komplexe Gepräge der Kulturen der Mitgliedstaaten in seiner dynamischen Entwicklung.[229] Er umfasst die Gesamtheit der ideellen und schöpferischen Ausdrücke sozialer Gemeinwesen.[230] Im gewöhnlichen Sprachgebrauch zählen dazu neben Traditionen und Geschichte auch Sprache und Religion. Aufgrund der ausdrücklichen Gegenüberstellung von Kulturen einerseits und **Religion und Sprache** andererseits in Art. 22 GRC sind die letztgenannten beiden Aspekte aber vom Kulturbegriff in Art. 22 GRC formal zu trennen. **Inhaltlich** überlappen sich jedoch die Gewährleistungen und sind vielfältig aufeinander bezogen. Die Ausdrucksformen von Kultur werden ebenfalls weit gefasst. Sie umfassen nicht nur die klassischen künstlerischen Bereiche, wie Literatur, Musik, Kunst, Architektur, sondern auch die Alltagskultur.[231]

66 Der **Achtungsauftrag** in Art. 22 GRC umfasst sowohl die Kulturen der Mitgliedstaaten, dh der jeweiligen Mehrheit dort, als auch der Minderheiten in der EU. Dies folgt aus der Bezugnahme auf Art. 167 AEUV in den Erläuterungen. Art. 167 Abs. 1 AEUV adressiert sowohl die nationale als auch die „regionalen Vielfalt" sowie das gemeinsame

---

[223] *Thiele* in FK-EUV/GRC/AEUV GRC Art. 22 Rn. 14; *Hölscheidt* in NK-EuGRCh GRCh Art. 22 Rn. 29.
[224] Dafür spricht nach *Kingreen* in Calliess/Ruffert EUV Art. 6 Rn. 173; *Zimmerling* in Lenz/Borchardt EU-Verträge EUV Art. 6 Rn. 67, die Bedeutung für die Sicherung von Vielfalt.
[225] *Kingreen* in Calliess/Ruffert EUV Art. 6 Rn. 173.
[226] → Rn. 31 zu den Vorgaben im Rahmenübereinkommen (Fn. 12).
[227] Erläuterungen zu Art. 22 der Charta der Grundrechte vom 14.12.2007, ABl. 2007 C 303, 17 (25); *Jarass* GRCh Art. 22 Rn. 5.
[228] *Hölscheidt* in NK-EuGRCh GRCh Art. 22 Rn. 21; *Rossi* in Schwarze GRC Art. 22 Rn. 4.
[229] *Hochbaum* BayVBl. 1997, 680 (685). Vgl. auch *Nettesheim* JZ 2002, 157 (162); *Blanke* in Calliess/Ruffert EGV Art. 151 Rn. 2. AA *Fischer* in Lenz/Borchardt EU-Verträge EGV Art. 151 Rn. 4, aber wohl nur im Hinblick auf die erforderliche Abgrenzung zu anderen Kompetenzen. Vgl. auch das Rahmenübereinkommen des Europarates über den Wert des kulturellen Erbes für die Gesellschaft vom 27.10.2005.
[230] Vgl. *Ennuschat* in Tettinger/Stern GRC Art. 22 Rn. 17.
[231] *Thiele* in FK-EUV/GRC/AEUV GRC Art. 22 Rn. 9.

kulturelle Erbe. Damit ist der EU auch die Förderung einer europäischen Identität gestattet.[232] Die Zielrichtung spricht für eine Einbeziehung auch **lokaler** Kulturen.[233] Die Auslegung nach dem Grundsatz des effet utile gebietet, in Art. 22 GRC nicht lediglich eine Repetition jener Bestimmungen zu sehen. Wie Art. 167 AEUV spricht die Vorschrift die Pluralität, dh **sowohl Mehrheits- als auch Minderheitskulturen** inklusive einer gemeineuropäischen Kultur, an. Insofern wird eine weite Schutzausrichtung vorgegeben, deren Einzelaspekte miteinander in Konflikt geraten können. Doch zeigt die ausdrückliche Erwähnung der Charakteristika der traditionell anerkannten Minderheiten und die systematische Stellung neben Art. 21 GRC, dass der Minderheitenschutz im Vordergrund steht. Der Schutz der nationalen Kulturen wird bereits in Abs. 6 Präambel EUV mit dem „Wunsch, die Solidarität zwischen ihren Völkern unter Achtung ihrer Geschichte, ihrer Kultur und Traditionen zu stärken" thematisiert und im Rahmen der Achtung der nationalen Identität in Art. 4 Abs. 2 EUV.

Aus Art. 22 GRC folgt zwar ausdrücklich kein „Bestandsschutz" für konkrete einzelne Kulturen, doch handelt es sich insofern um eine **Minderheitenschutzklausel**,[234] als ohne Minderheiten keine Pluralität gegeben wäre. Sie untersagt jedenfalls, die Vielfalt durch „kulturelle Einfalt" zu ersetzen.[235] Art. 167 Abs. 4 AEUV nennt neben der Wahrung ausdrücklich die Förderung der Kulturen. Dies spricht nach den Erläuterungen zu Art. 22 GRC dafür, dass der Begriff „achten" in Art. 22 GRC auch „fördern" umfasst (→ Rn. 39). Allerdings ist zu beachten, dass Art. 167 AEUV inhaltlich der Vielfalt der Kulturen das **gemeinsame kulturelle Erbe** als **gleichrangig** gegenüberstellt. Schon aus grundsätzlichen Erwägungen wird klar, dass die einzelnen Kulturen nicht jedem Anpassungsdruck entzogen werden können: Jede Verbreitung von Wissen um (andere) Kulturen, sei es dezentral zunehmend über elektronische Medien oder gezielt durch eine staatliche plurale Förderpolitik, öffnet diese zugleich für Veränderungen. Insofern kann eine Konservierung nicht Ziel der Vorschrift sein.[236] Vielmehr werden entsprechende Veränderungen positiv im Sinne einer identitäts- und friedensstiftenden Wirkung bewertet. Im Einzelfall ist es den EU-Organen aufgegeben, zwischen den verschiedenen Aspekten abzuwägen. Dabei kommt ihnen ein **großer Beurteilungsspielraum** zu, der trotz grundsätzlich zu bejahender Justiziabilität einer richterlichen Überprüfung Grenzen setzt.[237] Gleichwohl käme dem drohenden Untergang einer Kultur in der Abwägung ein hohes Gewicht zu. Ob darüber hinaus der Vorschrift ein **Grundsatz bestmöglicher Kulturentfaltung** in Anlehnung an die Querschnittsklausel zugunsten des Umweltschutzes in Art. 11 AEUV entnommen werden kann,[238] erscheint **zweifelhaft**, da gleichrangig auch die Förderung einer europäischen Identität gestattet ist.[239]

b) Religionen. Systematisch bestehen Bezüge zwischen der Achtung der Vielfalt der Religionen in Art. 22 GRC und dem **Schutz** vor Diskriminierung aus Gründen **der Religion und Weltanschauung** in Art. 21 GRC sowie der Kompetenzgrundlage zur Bekämpfung von Diskriminierungen nach Art. 19 Abs. 1 AEUV in Bezug auf „Religion

---

[232] *Sparr* in Schwarze, 2. Aufl. 2009, EGV Art. 151 Rn. 19. Näher dazu *Nettesheim* JZ 2002, 157 (163 ff.) und *Wallace* (Fn. 2) S. 16.
[233] Zögernd *Sparr* in Schwarze, 2. Aufl. 2009, EGV Art. 151 Rn. 15.
[234] Vgl. *Mahlmann* ZEuS 2000, 419 (430), aA *Nettesheim* integration 2002, 35 (39); *Philippi*, Charta der Grundrechte, S. 24; ihnen folgend *Hölscheidt* in NK-EuGRCh GRCh Art. 22 Rn. 16.
[235] *Hölscheidt* in NK-EuGRCh GRCh Art. 22 Rn. 20; *Nettesheim* JZ 2002, 157 (165). Vgl. aber die Einschätzung des Art. 22 GRC bei *Wallace* (Fn. 2) S. 15 als „schwache" Bestimmung.
[236] Ausführlich *Sparr* in Schwarze, 2. Aufl. 2009, EGV Art. 151 Rn. 20.
[237] Vgl. zu Art. 167 AEUV *Fischer* in Lenz/Borchardt EU-Verträge EGV Art. 151 Rn. 13.
[238] *Fischer* in Lenz/Borchardt EU-Verträge EGV Art. 151 Rn. 13; *Ress/Ukrow* in GHN EGV Art. 151 Rn. 76; *Wemmer*, Die neuen Kulturklauseln des EG-Vertrages. Eine Analyse der Art. 128 EGV und Art. 92 Abs. 3 lit. d EGV, 1996, S. 119.
[239] So halten auch *Ress/Ukrow* in GHN EGV Art. 151 Rn. 76 nur schwerwiegende Beeinträchtigungen der Entfaltungen der Kulturen für unzulässig. Das steht tendenziell im Widerspruch zu ihrer eigenen Forderung nach einem „bestmöglichen" Schutz.

oder Weltanschauung". Die frühere Erklärung Nr. 11 zum Amsterdamer Vertrag ist nunmehr in Art. 17 AEUV aufgenommen worden.

69 Die Begrenzung des Wortlauts von Art. 22 GRC auf Religionen und die fehlende Erwähnung der **Weltanschauungsgemeinschaften** ist missglückt. In allen korrespondierenden Vorschriften werden beide Aspekte in gleicher Weise geschützt.[240] Denn obgleich auch Weltanschauungsgemeinschaften in ähnlicher Weise wie Religionen in der Vergangenheit der Verfolgung und Diskriminierung ausgesetzt waren, wird bei der näheren Bezeichnung von Minderheiten weit verbreitet nur auf die Adjektive „ethnische, religiöse und sprachliche" Minderheiten zurückgegriffen.[241] In den Beratungen im Konvent ist ein Ausschluss der Weltanschauungsgemeinschaften soweit ersichtlich jedoch nicht diskutiert worden. Die Formulierung ist wohl auf den Zusammenhang mit der Diskussion um die Einführung eines speziellen Minderheitengrundrechtes zurückzuführen, ohne dass damit Minderheiten aufgrund der Weltanschauung ausgeschlossen wären.[242] Nach dem Sinn der Vorschrift und dem systematischen Zusammenhang ist daher die Achtung der Vielfalt der Weltanschauungen in Art. 22 GRC interpretativ zu ergänzen.[243]

70 Für eine **Definition** von **Religion** und **Weltanschauungsgemeinschaft** kann auf die Ausführungen zu Art. 10 GRC (→ § 33 Rn. 14 f.) verwiesen werden. Art. 22 GRC schließt nicht jede **Beeinträchtigung** aus; ihr ist auch nur eine begrenzte **Pflicht zur Förderung** von Vielfalt zu entnehmen (→ Rn. 63). Eine Privilegierung einzelner Religionen oder Weltanschauungsgemeinschaften bedarf der Rechtfertigung. In einem gewissen Spannungsverhältnis dazu steht die Anerkennung des „Status" von religiösen Gemeinschaften in den Mitgliedstaaten nach Art. 17 Abs. 1 AEUV. Denn insoweit werden nationale Besonderheiten, die auch in der Bevorzugung einer Religion liegen und damit theoretisch der Vielfalt der Religionen entgegenlaufen können, geschützt. Dem Wortlaut von Art. 17 AEUV zufolge wird jede nachteilige Beeinträchtigung abgewehrt, also nicht nur einem Rechtfertigungszwang unterworfen. Allerdings richtet sich diese Vorgabe an die EU und trifft dort vor allem die Rechtsetzungsorgane, nicht aber die Geltung der übrigen primärrechtlichen Vorschriften, so dass die nationalen Bestimmungen über die Religionsgemeinschaften durchaus an den Grundfreiheiten des Vertrages zu messen sind. Der EuGH hat den **Grundfreiheiten** der EU nur im Hinblick auf Auswirkungen auf den **Ritus** von Religionsgemeinschaften **Grenzen** gezogen.[244]

71 c) **Sprachen.** Historisch stand in der EU in Bezug auf Sprachen primär die gleichberechtigte Achtung der **Amtssprachen** der Mitgliedstaaten auf der Agenda. Dieser Ansatz wurzelt eher in der souveränen Gleichheit der Mitgliedstaaten als in einem Minderheitenschutzansatz. Dementsprechend werden Regelungen der Sprachenfrage nach Art. 342 AEUV nur einstimmig beschlossen. Im Primärrecht wird zunächst das Recht, sich in einer **Sprache der Mitgliedstaaten** an die EU-Organe und -Institutionen zu wenden, garantiert.[245] Demgegenüber wird durch Art. 21 Abs. 1 GRC, der jede **Diskriminierung aus Gründen der Sprache** ohne Begrenzung auf eine nationale Amtssprache verbietet, der Schutz der Sprache erstmals auf die Ebene unterhalb der Amtssprachen der Mitgliedstaaten ausgedehnt. Aus dem systematischen Zusammenhang und dem Wortlaut ist zu folgern, dass auch der nachfolgende Art. 22 GRC, der die Union zur **Achtung der Vielfalt der Sprachen** in der EU verpflichtet, nicht auf die offiziellen Verfassungssprachen beschränkt ist.[246]

---

[240] Vgl. Erklärung Nr. 11 zum Amsterdamer Vertrag, Art. 10 Abs. 1 GRC und Art. 21 Abs. 1 GRC.
[241] So auch im Grundrechte-Konvent, s. *Hölscheidt* in NK-EuGRCh GRCh Art. 22 Rn. 10.
[242] So wohl *Wolfrum* in Grote/Marauhn S. 53 (66), der den Inhalt von Art. 27 IPBPR über eine Referenz zu Art. 18 der AEMR bestimmt, welche ausdrücklich die Weltanschauungsgemeinschaften erwähnt. Enger wohl *Nowak*, CCPR, Art. 27 Rn. 23.
[243] Ebenso *Hölscheidt* in NK-EuGRCh GRCh Art. 22 Rn. 22.
[244] EuGH 196/87, Slg. 1988, 6159 – Steymann/Staatsecretaris van Justitie, zu wirtschaftlichen Aktivitäten der Bhagwan-Sekte.
[245] Art. 24 Abs. 4 AEUV und Art. 42 Abs. 4 GRC.
[246] *Thiele* in FK-EUV/GRC/AEUV GRC Art. 22 Rn. 12.

Für die Einbeziehung auch regionaler Sprachen spricht, dass Sprache eine wesentliche, **72** wenn nicht die Voraussetzung für den Austausch mit anderen Menschen ist.[247] Die Verwendung der eigenen Sprache steht daher in einem unauflöslichen **Zusammenhang mit** der Entwicklung einer eigenen **Kultur**.[248] Darüber hinaus ist sie **Grundlage für** die Wahrnehmung vieler anderer **Grundrechte** und nicht zuletzt der Einflussnahme auf die politische Willensbildung. Relativ häufig definieren sich Minderheiten (auch) über eine eigene Sprache. In keiner Verfassung der Mitgliedstaaten wird ein ausdrücklicher Schutz der Verwendung der eigenen Sprache der Menschen für notwendig gehalten: Er ergibt sich aber regelmäßig aus der **Meinungsäußerungsfreiheit,** die gerade nicht auf bestimmte Kommunikationsmittel begrenzt ist (→ § 27 Rn. 18 ff.).[249] So stellt der Extremfall des Verbotes des Gebrauchs der Sprache einen Verstoß gegen jenes Freiheitsrecht dar.[250] Die Forderungen von sprachlichen Minderheiten reichen aber weiter: Vom Gebrauch ihrer Sprache beim Kontakt mit Behörden oder im Unterricht bis in den Medien.[251] In diesem Sinne wird in manchen Staaten die Verwendung von nichtamtlichen Sprachen ermöglicht bzw. zusätzlich, etwa auf Ortsschildern, zugelassen.

Allerdings bedarf es dazu nicht unerheblicher finanzieller Förderungen bzw. einer Rück- **73** nahme staatlicher Ordnungsvorstellungen. Überdies ist zu beachten, dass die Beherrschung der Mehrheitssprache eine wichtige Voraussetzung für die politische Partizipation der Minderheit ist. Jenseits dieser Probleme bei der Suche nach einer Lösung im Sinne praktischer Konkordanz wird dagegen bspw. in Frankreich die Sprache von Minderheiten als Gefahr für die nationale Einheit aufgefasst und eine Förderung abgelehnt.[252] Vor diesem Hintergrund wird verständlich, warum man sich nicht auf die ausdrückliche Aufnahme eines Aspekts der „Förderung" in Art. 22 GRC einigen konnte. Im Vergleich betreffen Art. 9–11 Rahmenübereinkommen zum Schutz nationaler Minderheiten keine mit finanziellen Leistungen verbundenen Förderungsvorgaben. Diese Reserviertheit gegenüber der Förderung sprachlicher Minderheiten hat sich auch in Art. 19 Abs. 1 AEUV niedergeschlagen, der der EU weiterhin nicht ausdrücklich die Bekämpfung von Diskriminierungen aus Gründen der Sprache zur Aufgabe macht. Vor dem Hintergrund, dass Art. 22 GRC keine Kompetenzgrundlage zur Verfügung stellt, ist diese Zurückhaltung wenig überzeugend. Systematisch wie bei den Kulturen und Religionen ist auch eine Förderung in Art. 22 GRC erfasst.[253]

So hatte die Rechtslage vor Verbindlichkeit der Charta die EU-Kommission nicht daran **74** gehindert, im Rahmen der begrenzten Bildungskompetenzen der EU – etwa im Sokrates-Programm – die Mehrsprachigkeit zu fördern. Dabei hat sie ihren Ausgangspunkt beim Binnenmarkt genommen, denn Fremdsprachenkenntnisse erleichtern die Wahrnehmung der Grundfreiheiten, um dann aber auch Regionalsprachen einzubeziehen und für eine Beachtung der Prinzipien der Europäischen Charta über regionale und Minderheiten-

---

[247] Das gilt auch für die Gebärden- oder Zeichensprache.
[248] „Ohne Freiheit der Muttersprache ist eine wirkliche Freiheit des Geistes undenkbar", Schweizer Bundesrat 1937, zitiert nach *Kägi-Diener* AJP 1995, 442 (444). Zur Verbindung zur Kultur s. *Palermo* MJ 2001, 299 (318).
[249] Insofern ist die Vorschrift des Art. 22 GRC nicht essentiell für die abwehrrechtliche Schutzdimension; vgl. aber *Tettinger* NJW 2001, 1010 (1012).
[250] So etwa lange Zeit die Türkei im Verhältnis zur kurdischen Sprache. In der EU sind soweit ersichtlich noch keine Fälle bekannt geworden.
[251] *Henrard* Ethnopolitics 2001, 41 (45). Weitere Elemente finden sich in den Oslo Recommendations regarding the Linguistic Rigths of National Minorities, 1998, S. 3 ff.: Namen, kommunales Leben, NGOs, öffentlicher Dienst, unabhängige Institutionen und Umgang mit Gerichten. Zwar betreffen die Oslo Recommendations zunächst die Sprachen nationaler Minderheiten, sie halten aber auch die Anwendung auf andere Minderheiten für möglich. Vgl. auch Kopenhagener Dokument (Fn. 12) Nr. 34, der vor allem den Unterricht und die Korrespondenz mit Behörden in der eigenen Sprache herausstellt.
[252] Das trifft insbesondere auf die frz. Sicht zu, vgl. den Vorbehalt zu Art. 27 IPBPR im Hinblick auf die Unteilbarkeit der Republik und deren Sprache Französisch.
[253] Einschränkend *Hölscheidt* in NK-EuGRCh GRCh Art. 22 Rn. 30, der eine Förderung nur für zulässig, nicht aber für geboten bzw. verpflichtend hält.

sprachen zu werben.²⁵⁴ Das geht über die Ansätze des Rates zur Beachtung von Sprachen im Rahmen der Grundfreiheiten hinaus.²⁵⁵ Noch weitergehend hat das Parlament seit 1981 die Anerkennung der Rechte sprachlicher Minderheiten gefordert.²⁵⁶

75 Umstritten ist, ob auch die Sprachen von Zuwanderern geschützt werden.²⁵⁷ Das ist zu bejahen, weil Art. 22 GRC insofern keine Beschränkung aufweist und der systematisch nahestehende Art. 21 GRC menschenrechtlich ausgestaltet ist, dh keine Privilegierung von Unionsbürgerinnen und -bürgern kennt. Zudem widerspräche die Gegenauffassung der Entwicklung der Minderheitenrechte, die oft auch auf die Situation von Zuwanderern reagieren. Allerdings ist zu beachten, dass bei Zuwanderern insbesondere auch gegenläufige Ziele zu beachten sind, wie die Integration in die Union, die ein Erlernen gerade einer der Amtssprachen der Union verlangt.

C. Verhältnis zu anderen Bestimmungen

76 Soweit Minderheitenschutz in der EU über Diskriminierungsverbote gewährleistet wird, die nach hier vertretener Auffassung im Einzelfall auch ein **Recht auf Teilhabe** begründen (werden) können, kommen diese neben den **Freiheitsrechten** zur Anwendung.²⁵⁸ Aufgrund ihrer unterschiedlichen Schutzrichtungen verdrängen sich die beiden Grundrechtstypen nicht. Die besonderen Diskriminierungsverbote gehen als *leges speciales* dem **allgemeinen Gleichheitssatz** vor (→ § 47 Rn. 42),²⁵⁹ da sie auf bestimmte Lebensbereiche bzw. Differenzierungskriterien zugeschnitten sind. Die **objektiv-rechtliche Pflicht** zur Beachtung von Vielfalt, insbesondere der Grundsatz nach Art. 22 GRC, weist bezüglich des Minderheitenschutzes einen Überschneidungsbereich mit den Diskriminierungsverboten auf, kann aber inhaltlich im Einzelfall weitergehen, so dass kein Spezialitätsverhältnis anzunehmen ist, sondern beide Vorschriften nebeneinander zur Anwendung kommen.

D. Bewertung und Ausblick

77 Das Niveau des Minderheitenschutzes auf EU-Ebene spiegelt die Lage im internationalen Recht wider, die dadurch gekennzeichnet ist, dass man sich **pragmatisch** auf die Beseitigung von Missständen einigen kann, nicht aber generell über die Art und Weise der rechtlichen Verpflichtung. Als **Mindeststandard** fungieren individualrechtliche Diskriminierungsverbote. Im Lissabonner Vertrag erfolgte eine überfällige Aufwertung des Schutzes

---

²⁵⁴ Mitteilung der Kommission, Promoting Language Learning and Linguistic Diversity: An Action Plan 2004–2006, KOM(2003) 449, insbes. S. 3 und 12. Dagegen wurden mit dem LINGUA-Programm nur die offiziellen Sprachen in den Mitgliedstaaten gefördert, s. *Oppermann*, Europarecht, Rn. 1931, 1933; kritisch dazu auch *Hilpold* AVR 2001, 432 (439). Vgl. ferner die Errichtung des European Bureau for the lesser used Languages (EBLUL) 1982. Weitere Nachweise bei *Palermo* MJ 2001, 299 (300). In Deutschland werden fünf Sprachen offiziell anerkannt: Sorbisch, Dänisch, Friesisch, Romanes und die Niederdeutsche. Dennoch kam die Studie von Euromasaic 1996 zu dem Ergebnis, dass einige Sprachen in Europa vom Aussterben bedroht seien, http://europa.eu.int/comm/education/policies/lang/langmin/euromosaic_en.html.
²⁵⁵ Vgl. Richtlinie 77/486/EWG, ABl. 1977 L 199, 32 über die Ausbildung von Kindern von Wanderarbeitnehmern in ihrer Muttersprache.
²⁵⁶ S. die Resolution über eine Gemeinschaftscharta regionaler Sprachen und einer Charta der Rechte ethnischer Minderheiten, ABl. 1981 C 287, 106; Resolution über Maßnahmen zugunsten von sprachlichen und kulturellen Minderheiten, ABl. 1983 C 68, 103; Resolution über die Sprachen und Kulturen von regionalen und ethnischen Minderheiten in der Europäischen Gemeinschaft, ABl. 1987 C 318, 160; Resolution über sprachliche Minderheiten in der Europäischen Gemeinschaft, ABl. 1994 C 61, 110. S. ferner Rn. 20–26 der Resolution über Menschenrechte in der Welt in 1997 und 1998 und die Menschenrechtspolitik der Europäischen Union, ABl. 1999 C 98, 270. S. ferner den Überblick über die Aktivitäten der EU bei *Hilpold* AVR 2001, 432 (462 ff.).
²⁵⁷ Bejahend *Rossi* in Schwarze GRC Art. 22 Rn. 6; ablehnend *Ennuschat* in Tettinger/Stern GRC Art. 22 Rn. 22.
²⁵⁸ Vgl. zur EMRK *Dujmovits* in Grabenwarter/Thienel S. 139 (162 ff.). Zum deutschen Recht vgl. statt vieler *Manssen*, Staatsrecht II. Grundrechte, 2. Aufl. 2002, Rn. 25.
²⁵⁹ Vgl. *Kingreen* in Ehlers GuG § 17 Rn. 16.

sprachlicher Minderheiten. Einen **weitergehenden Schutz** gewährt die EU über **objektiv-rechtliche Zielvorgaben**. Ausreichende Rechtsetzungskompetenzen stellt der EU-Vertrag diesbezüglich bereit. Grundsätzlich scheint der im internationalen Recht eher aus der Not geborene pragmatische Ansatz für die Union auch in der Sache überzeugender zu sein als der Versuch, trotz der vielfältig unterschiedlichen Situationen von Minderheiten in den einzelnen Mitgliedstaaten und den darauf zugeschnittenen nationalen Antworten alle Staaten in das Prokrustesbett eines ausdifferenzierten Gruppenrechtes zwingen zu wollen.[260] Die Engführung in Art. 21 GRC auf nationale Minderheiten wird durch die weiteren Merkmale der ethnischen Herkunft, der Sprache und der Religion sowie durch die zusätzliche Absicherung in Art. 22 GRC zu einem erheblichen Teil kompensiert. Zur Sicherung eines effektiven Minderheitenschutzes steht ua die Europäische Grundrechteagentur bereit, deren Tätigkeiten allerdings primär auf die Mitgliedstaaten ausgerichtet sind (→ § 12 Rn. 27).

Im Vergleich mit dem **Schutzstandard in den Mitgliedstaaten** wird man der EU seit dem Lissabonner Vertrag ein positiveres Zeugnis ausstellen können. Darin liegt aber nur dann eine Aussage für die Zukunft, wenn sich die EU weiterhin den inhaltlichen Vorgaben des Rahmenübereinkommens über nationale Minderheiten verpflichtet weiß.[261] Für die Gewährung weitergehender politischer Autonomie oder anderweitiger konstitutioneller Arrangements sind primär die Mitgliedstaaten zuständig. Auf EU-Ebene wäre anzuregen, eine Partizipation jedenfalls größerer Minderheiten über die beratenden Einrichtungen, den Ausschuss der Regionen und den Wirtschafts- und Sozialausschuss, im Rechtsetzungsprozess zu ermöglichen. **78**

---

[260] Zu den vielfältigen Zwischenstufen bei der Lösung von Konflikten zwischen Minderheiten und Mehrheiten *Marti* S. 58. *Kugelmann* AVR 2001, 233 (265), plädiert für eine Verwirklichung von Gruppenrechten auf der politischen Ebene.

[261] Eher pessimistisch wegen der Widerstände in einzelnen Mitgliedstaaten *Hilpold* AVR 2001, 432 (471).

11. Abschnitt. Besondere Unionsbürgerrechte

§ 51 Wahlrechte. Aktives und passives Europawahlrecht und Kommunalwahlrecht

Übersicht

	Rn.
A. Entwicklung und Bedeutung	1–24
I. Wahlrecht zum Europäischen Parlament	1–7
II. Rechtsgrundlagen des Wahlrechts zum Europäischen Parlament	8–13
III. Kommunalwahlrecht	14–21
IV. Rechtsgrundlagen des Kommunalwahlrechts	22–24
B. Gewährleistungsgehalte	25–59
I. Wahlrecht zum Europäischen Parlament	25–49
1. Der persönliche Gewährleistungsgehalt	25–27
2. Der sachliche Gewährleistungsgehalt	28–45
3. Bedingungen für die Wahlrechtsausübung	46, 47
4. Ausnahmeregelungen	48, 49
II. Kommunalwahlrecht	50–59
1. Der persönliche Gewährleistungsgehalt	50
2. Der sachliche Gewährleistungsgehalt	51–54
3. Bedingungen für die Wahlrechtsausübung	55, 56
4. Ausnahmeregelungen	57–59
C. Verhältnis zu anderen Bestimmungen	60–62
I. Wahlrecht zum Europäischen Parlament	60
II. Kommunalwahlrecht	61, 62
D. Zusammenfassende Bewertung und Ausblick	63–65
I. Wahlrecht zum Europäischen Parlament	63, 64
II. Kommunalwahlrecht	65

Schrifttum:

Europawahlrecht: *Aust,* Von Unionsbürgern und anderen Wählern – Der Europäische Gerichtshof und das Wahlrecht zum Europäischen Parlament, ZEuS 2008, 253; *Bleckmann,* Nochmals: Europawahlgesetz verfassungskonform?, DÖV 1979, 503; *Degen,* Die Unionsbürgerschaft nach dem Vertrag über die Europäische Union unter besonderer Berücksichtigung des Wahlrechts, DÖV 1993, 749; *Dürig,* Das neue Wahlrecht für Unionsbürger bei den Wahlen zum Europäischen Parlament, NVwZ 1994, 1180; *Felten,* Durfte das Bundesverfassungsgericht die Drei-Prozent-Hürde bei der Europawahl überprüfen?, EuR 2014, 298; *Fischer,* Die Unionsbürgerschaft, EuZW 1992, 566; *Frenz,* Die Verfassungskonformität der 3-Prozent-Klausel für Europawahlen, NVwZ 2013, 1059; *Giegerich,* Die Verflechtungsfalle des Europawahlrechts: Nationale Ratifikationen des geänderten EU-Direktwahlakts mit obligatorischer Sperrklausel und ihre rechtlichen Hürden, ZEuS 2018, 145; *Haag,* Unionsbürgerschaft und Europäisches Wahlrecht, in Epiney/Haag/Heinemann, Die Herausforderungen von Grenzen, FS Roland Bieber, 2007, 137; *Hahlen,* Europawahlgesetz verfassungskonform, DÖV 1979, 282; *ders.,* Schlußwort, DÖV 1979, 505; *Haratsch,* Das Bundesverfassungsgericht und die Sperrklauseln bei Europawahlen – Europarechtsfreundlichkeit, Unionstreue und der kategorische Imperativ, EuGRZ 2019, 177; *Lenz,* Ein einheitliches Verfahren für die Wahl des Europäischen Parlaments, 1995; *Lukan,* Europawahlen vom Wohnzimmer aus? Rechtlicher Rahmen für Distanzwahlen durch Blockchain- und andere E-Votingverfahren bei den Wahlen zum Europäischen Parlament in Deutschland und Österreich, EuR 2019, 222; *Murswiek,* Die Verfassungswidrigkeit der 5 %-Sperrklausel im Europawahlgesetz, JZ 1979, 48; *Peuker,* Das Wahlrecht zum Europäischen Parlament als Achillesferse der europäischen Demokratie, ZEuS 2008, 453; *Roßner,* Verfassungswidrigkeit der Fünf-Prozent-Sperrklausel im Europawahlrecht, NVwZ 2012, 22; *Rupp,* Wahlrechtsgleichheit bei der Verteilung der Sitze im Europäischen Parlament auf die Mitgliedstaaten, NJW 1995, 2210; *Will,* Nichtigkeit der Drei-Prozent-Sperrklausel bei Europawahlen, NJW 2014, 1421.

Kommunalwahlrecht: *Barley,* Das Kommunalwahlrecht für Ausländer nach der Neuordnung des Art. 28 Abs. 1 S. 3 GG, 1999; *Burkholz,* Teilnahme von Unionsbürgern an kommunalen Bürgerentscheiden? – Zur Zulässigkeit einer Erweiterung landesrechtlicher Partizipationsrechte nach der Änderung des Art. 28 Abs. 1 GG, DÖV 1995, 816; *Degen,* Die Unionsbürgerschaft nach dem Vertrag über die Europäische Union unter besonderer Berücksichtigung des Wahlrechts, DÖV 1993, 749; *Engelken,* Einbeziehung der Unionsbürger in kommunale Abstimmungen (Bürgerentscheide, Bürgerbegehren)?, NVwZ 1995, 432; *ders.,* Nochmals: Teilnahme von Unionsbürgern an kommunalen Bürgerentscheiden?, DÖV 1996, 737; *Fischer,* Kommunalwahlrecht für Unionsbürger, NVwZ 1995, 455; *Gundel,* Probleme der Umsetzung des EG-Kommunalwahlrechts und ihrer gerichtlichen Kontrolle in Frankreich und Deutschland, DÖV 1999, 353; *Hasselbach,* Europäisches Kommunalwahlrecht, ZG 1997, 49; *Kaufmann,* Kommunales Unionsbürgerwahlrecht und demokratischer Staatsaufbau, ZG 1998, 25; *Meyer-Teschendorf/Hofmann,* Teilnahme von Unionsbürgern nicht nur an Kommunalwahlen, sondern auch an kommunalen Plebisziten?, ZRP 1995, 290; *Oliver,* Electoral Rights under Article 8B of the Treaty of Rome, CMLR 1996, 473; *Pieroth/Schmülling,* Die Umsetzung der Richtlinie des Rates zum Kommunalwahlrecht der Unionsbürger in den deutschen Ländern, DVBl 1998, 365; *Röger,* Der neue Artikel 28 Absatz 1 Satz 3 GG: Vorläufiger Abschluß der langjährigen Diskussion um ein Kommunalwahlrecht für Ausländer, VR 1993, 138; *Schrapper,* Die Richtlinie 94/80/EG zum aktiven und passiven Kommunalwahlrecht für Unionsbürger, DVBl 1995, 1167; *Wollenschläger/Schraml,* Kommunalwahlrecht für nichtdeutsche Unionsbürger. Die EG-Richtlinie 94/80 und ihre Umsetzung in Bayern, BayVBl. 1995, 385.

A. Entwicklung und Bedeutung

I. Wahlrecht zum Europäischen Parlament

Die Abgeordneten des ursprünglich in den Gründungsverträgen als „Versammlung" bezeichneten Europäischen Parlaments[1] wurden zunächst von den jeweiligen nationalen Parlamenten aus ihrer Mitte ernannt.[2] Zwar hatte es der EGKS-Vertrag zunächst den Mitgliedstaaten überlassen, ob sie ihre Delegation direkt wählen oder aus der Mitte des jeweiligen nationalen Parlaments entsenden lassen wollten, diese Wahlmöglichkeit wurde jedoch durch Art. 2 des (Fusions-)Abkommens über gemeinsame Organe für die Europäischen Gemeinschaften vom 25. März 1957[3] zugunsten des Systems der **Entsendung aus den nationalen Parlamenten** beseitigt. Erst nach langjährigem Drängen des Europäischen Parlaments[4] beschloss der Rat auf der Grundlage des damaligen Art. 138 Abs. 3 EWGV (jetzt Art. 223 Abs. 1 AEUV) am 20. September 1976 die Direktwahl der Abgeordneten. Der von ihm beschlossene **„Akt zur Einführung allgemeiner unmittelbarer Wahlen der Abgeordneten des Europäischen Parlaments"**[5], den er den Mitgliedstaaten vertragsgemäß zur Annahme gemäß ihren verfassungsmäßigen Vorschriften empfahl, folgte im Wesentlichen einem Entwurf des Europäischen Parlaments vom 14. Januar 1975.[6] Der Direktwahlakt (DWA) ist am 1. Juli 1978 in Kraft getreten.[7] Die ersten Wahlen wurden vom 7. bis 10. Juni 1979 durchgeführt[8] und finden seither im Fünfjahresrhythmus der Wahlperioden (vgl. Art. 14 Abs. 3 EUV) statt.

Das Parlament besteht gemäß Art. 14 Abs. 2 EUV iVm Art. 3 des Beschlusses 2013/312/EU[9] und Art. 3 Abs. 2 UAbs. 1 des Beschlusses (EU) 2018/937[10] in der Wahlperiode 2019 bis 2024, solange das Vereinigte Königreich noch Mitglied der Europäischen Union ist, aus 751 Abgeordneten. Jedem Mitgliedstaat ist ein bestimmtes **Kontingent an Sitzen im Europäischen Parlament zugewiesen.** Die Zahl der in jedem Mitgliedstaat zu wählenden Abgeordneten ist derzeit wie folgt festgelegt: Deutschland 96, Frankreich 74, Italien, Vereinigtes Königreich je 73, Spanien 54, Polen 51, Rumänien 32, Niederlande 26, Belgien, Griechenland, Portugal, Tschechien, Ungarn je 21, Schweden 20, Österreich 18, Bulgarien 17, Dänemark, Finnland, Slowakei je 13, Irland, Kroatien, Litauen je 11, Lettland, Slowenien je 8, Estland, Luxemburg, Malta, Zypern je 6. Vor dem Hintergrund des vermeintlich unmittelbar bevorstehenden Ausscheidens des Vereinigten Königreichs aus der

---

[1] Dazu *Haratsch/Koenig/Pechstein* EuropaR Rn. 224.
[2] Vgl. Art. 138 Abs. 1 EWGV aF.
[3] BGBl. 1957 II 1156.
[4] Vgl. bereits den Entwurf eines Abkommens betreffend die Wahl des Europäischen Parlaments in allgemeiner unmittelbarer Wahl v. 17.5.1960, ABl. 1960, 834 ff.
[5] ABl. 1976 L 278, 1.
[6] ABl. 1975 C 32, 15.
[7] BGBl. 1978 II 1003.
[8] Vgl. ABl. 1978 L 205, 75.
[9] ABl. 2013 L 181, 57.
[10] ABl. 2018 L 165 I, 1.

Europäischen Union (sog „**Brexit**") hatte der Europäische Rat im Juni 2018 zwar die Sitzkontingente der Mitgliedstaaten für die Wahlperiode 2019 bis 2024 neu festgelegt.[11] Das Parlament soll nach dem Austritt Großbritanniens aus der Union – nur noch über 705 Abgeordnete verfügen. Diese verteilen sich wie folgt: Deutschland 96, Frankreich 79, Italien 76, Spanien 59, Polen 52, Rumänien 53, Niederlande 29, Belgien, Griechenland, Portugal, Schweden, Tschechien, Ungarn je 21, Österreich 19, Bulgarien 17, Dänemark, Finnland, Slowakei je 14, Irland 13, Kroatien 12, Litauen 11, Lettland, Slowenien je 8, Estland 7, Luxemburg, Malta, Zypern je 6. Da Großbritannien aber an den Europawahlen 2019 noch teilgenommen hat, gelangt die neue Sitzverteilung gemäß Art. 3 Abs. 2 UAbs. 2 des Beschlusses (EU) 2018/937 erst mit dem Wirksamwerden des Austritts Großbritanniens zur Anwendung. Die britischen Abgeordneten verlieren dann ihre Mandate; Abgeordnete aus anderen Mitgliedstaaten, denen nach der neuen Sitzverteilung eine größere Zahl von Sitzen zusteht, rücken dann aus den Wahllisten nach. Diese Sitzkontingente im Europäischen Parlament spiegeln in jedem Fall nicht exakt die jeweilige Anzahl der Wahlberechtigten in den Mitgliedstaaten wider. Die Stimmen der in Deutschland wahlberechtigten Unionsbürger haben dabei einen geringeren Erfolgswert als die Stimmen der in kleineren Mitgliedstaaten Wahlberechtigten. Umstritten ist in diesem Zusammenhang, ob der Grundsatz der Gleichheit der Wahl bei Wahlen zum Europäischen Parlament überhaupt Geltung besitzt und ob die Kontingentierung der Sitze mit diesem Grundsatz vereinbar ist (→ Rn. 37 ff.).

3 Nach Einführung der Direktwahlen enthielten zunächst weder der Direktwahlakt noch die Verträge Bestimmungen über das aktive und passive Wahlrecht der Unionsbürger in den Mitgliedstaaten, deren Staatsangehörigkeit sie nicht besitzen. Die Regelung des Wahlrechts, insbesondere die Frage, ob Staatsangehörige anderer Mitgliedstaaten das Wahlrecht im Wohnsitzstaat besitzen sollen, blieb **bis zum Inkrafttreten des Vertrags von Maastricht den Mitgliedstaaten überlassen.** So war das aktive Wahlrecht in acht der damals zwölf Mitgliedstaaten auf die eigenen Staatsangehörigen beschränkt. In Irland, in den Niederlanden und in Belgien besaßen auch die dort ansässigen Angehörigen anderer Mitgliedstaaten das Wahlrecht, wobei diese Regelung in den Niederlanden und Belgien nur galt, sofern diese Personen andernfalls vom Wahlrecht ausgeschlossen gewesen wären. In Großbritannien wurde nur den dort ansässigen Iren das Wahlrecht eingeräumt. Das passive Wahlrecht war mit Ausnahme Italiens den Staatsangehörigen des jeweiligen Mitgliedstaates vorbehalten.[12]

4 Mit dem **Vertrag von Maastricht** vom 7. Februar 1992[13] ist auf europarechtlicher Ebene das aktive und passive Wahlrecht der Unionsbürger in ihren Wohnsitzstaaten, deren Staatsangehörigkeit sie nicht besitzen, als Teil der neu geschaffenen **Unionsbürgerschaft** in Art. 8b Abs. 2 EGV-Maastricht (nunmehr Art. 22 Abs. 2 AEUV) geschaffen worden.[14] Die Regelung geht zurück auf Vorschläge des Europäischen Parlaments[15], der Kommission[16] sowie der Regierung Spaniens[17], die das Wahlrecht der Unionsbürger aus anderen Mitgliedstaaten allerdings – anders als Art. 22 Abs. 2 AEUV – an eine Mindestwohndauer im Wohnsitzstaat knüpfen wollten.

5 Das Europawahlrecht der Unionsbürger ist – materiell-rechtlich unverändert – auch in die **Grundrechte-Charta** aufgenommen worden.[18] Es ist dort in Art. 39 GRC niedergelegt. Die Grundrechte-Charta, die mit Inkrafttreten des Vertrags von Lissabon Rechts-

---

[11] Art. 3 Abs. 1 des Beschlusses (EU) 2018/937 des Europäischen Rates v. 28. Juni .2018 über die Zusammensetzung des Europäischen Parlaments, ABl. 2018 L 165 I, 1.
[12] Vgl. Bericht der Kommission, KOM(97) 230, 8; *Haag* in von der Groeben/Schwarze/Hatje AEUV Art. 22 Rn. 14.
[13] Vertrag über die Europäische Union 7.2.1992, ABl. 1992 C 191, 1.
[14] Vgl. dazu *Fischer* EuZW 1992, 566 (568 f.).
[15] Entschließung v. 11.7.1990, ABl. 1990 C 231, 97.
[16] Stellungnahme der Kommission v. 21.10.1991, Bull.EG Beil. 2/1991, S. 69 (91).
[17] Memorandum der spanischen Delegation v. 21.2.1991, abgedruckt in *Marias,* European Citizenship, 1994, S. 141 (143).
[18] Zu den Diskussionen im Konvent vgl. *Magiera* in NK-EuGRCh GRCh Art. 39 Rn. 3 ff.

verbindlichkeit erlangt hat, steht gemäß Art. 6 Abs. 1 UAbs. 1 EUV rechtlich gleichrangig neben dem primären Vertragsrecht. Das Unionsrecht enthält damit zwei nahezu gleichlautende Gewährleistungen des Wahlrechts der Unionsbürgerinnen und -bürger bei Wahlen zum Europäischen Parlament in Art. 22 Abs. 2 AEUV und in Art. 39 GRC.

Das Europawahlrecht der Unionsbürger ist **Ausdruck eines rechtsordnungsübergreifenden Demokratieprinzips.** Neben die durch die mitgliedstaatlichen Parlamente über den Europäischen Rat und den Rat vermittelte demokratische Legitimation (Art. 10 Abs. 2 UAbs. 2 EUV) tritt die **Legitimation der Unionsgewalt durch das Europäische Parlament** (Art. 10 Abs. 2 UAbs. 1 EUV).[19] Zwar handelt es sich bei der demokratischen Legitimation des Europäischen Parlaments nach wie vor um eine „mosaikhaft" zusammengesetzte, nicht um eine gesamthafte Legitimation, da das Parlament nicht aus Vertretern eines „Europäischen Volkes" besteht, sondern gemäß aus den Vertretern der „Völker Europas", von denen Art. 1 Abs. 2 EUV spricht.[20] Art. 14 Abs. 2 UAbs. 1 S. 1 EUV stellt gleichwohl einen ersten normativen **Ansatz zur Herausbildung eines einheitlichen europäischen Wahlvolks** dar, indem er bestimmt, dass sich das Europäische Parlament aus den Vertretern der Unionsbürgerinnen und Unionsbürger zusammensetzt. Da ausländische Unionsbürger an der Wahl der Repräsentanten eines anderen Staatsvolks mitwirken, wird die exklusive Verbindung zwischen Staatsangehörigkeit und Wahlrecht im jeweiligen Staat aufgebrochen.[21] 6

Das Unionsbürgerwahlrecht bei Europawahlen stellt sicher, dass der in der EU lebende Unionsbürger sein Wahlrecht nicht dadurch verliert, dass er von seinem unionsrechtlich garantierten Freizügigkeits- und Aufenthaltsrecht in anderen Mitgliedstaaten der Union Gebrauch macht. Das Europawahlrecht ist eine besondere Ausprägung des Grundsatzes der **Gleichheit und Nichtdiskriminierung** zwischen in- und ausländischen Unionsbürgern **aus Gründen der Staatsangehörigkeit.**[22] 7

II. Rechtsgrundlagen des Wahlrechts zum Europäischen Parlament

Das aktive und passive **Wahlrecht der Staatsangehörigen** der Mitgliedstaaten der EU **in ihrem Heimatstaat,** der zugleich Wohnsitzstaat ist, ist in Art. 22 Abs. 2 S. 1 AEUV nicht ausdrücklich enthalten, da dort nur das Wahlrecht in dem Wohnsitzmitgliedstaat geregelt wird, dessen Staatsangehörigkeit ein Unionsbürger nicht besitzt. Art. 39 Abs. 1 Hs. 1 GRC lässt sich zwar so lesen, dass er allen Unionsbürgern das Wahlrecht in ihrem Wohnsitzstaat zuspricht, ohne nach Herkunftsmitgliedstaaten zu differenzieren. Im 2. Halbsatz der Bestimmung wird jedoch deutlich, dass auch hier nur die Staatsangehörigen aus anderen Unionsstaaten gemeint sein können, da den Unionsbürgern das Wahlrecht unter denselben Bedingungen wie den Angehörigen des betreffenden Mitgliedstaats zuerkannt wird. Das Wahlrecht der eigenen Staatsangehörigen wird sowohl von Art. 22 Abs. 1 AEUV als auch von Art. 39 Abs. 1 GRC erkennbar vorausgesetzt.[23] 8

Das aktive und passive **Wahlrecht der Unionsbürger in ihrem Wohnsitzstaat, dessen Staatsangehörigkeit sie nicht besitzen,** ist in Art. 22 Abs. 2 AEUV und Art. 39 Abs. 1 GRC ausdrücklich verankert. Diese Bestimmungen erweitern den – im Übrigen durch das nationale Recht festgelegten – Kreis der Wahlberechtigten um die ausländischen Unionsbürger. 9

Das aktive und passive **Wahlrecht der Unionsbürger,** die ihren **Wohnsitz in einem Drittstaat** haben, ist bislang nicht unionsrechtlich geregelt.[24] Im Juli 2018 hat der Rat 10

---

[19] BVerfGE 89, 155 (185 f.).
[20] Vgl. auch die Präambeln des EU- und des AEU-Vertrages. Dies ist auch die Sicht des BVerfG, vgl. BVerfGE 123, 267 (371) – Lissabon.
[21] Kritisch dazu *Dürig* NVwZ 1994, 1180 (1182).
[22] *Magiera* in NK-EuGRCh GRCh Art. 39 Rn. 9 f.
[23] *Magiera* in NK-EuGRCh GRCh Art. 39 Rn. 11; *Magiera* ZRP 1987, 331 (333).
[24] Vgl. etwa die Entscheidung zum Wahlrecht von Unionsbürgern, die in einem der überseeischen Gebiete eines Mitgliedstaates ihren Wohnsitz haben, EuGH C-300/04, Slg. 2006, I-8055 Rn. 32 ff. – Eman und Sevinger.

allerdings eine Ergänzung des Direktwahlakts beschlossen, wonach die Mitgliedstaaten ihren Staatsangehörigen, die ihren Wohnsitz in einem Drittstaat haben, das Recht einräumen können, an der Wahl zum Europäischen Parlament teilzunehmen.[25] Der Beschluss bedarf, um in Kraft zu treten, jedoch noch der Zustimmung durch die Mitgliedstaaten.

11   Das Europawahlrecht der Unionsbürger besteht gemäß Art. 14 Abs. 2 S. 2 AEUV vorbehaltlich der Einzelheiten, die vom Rat einstimmig gemäß einem besonderen Gesetzgebungsverfahren und nach Anhörung des Europäischen Parlaments festgelegt werden. Von der Ermächtigung des Art. 14 Abs. 2 S. 2 AEUV hat der Rat mit dem Erlass der **Richtlinie 93/109/EG vom 6. Dezember 1993** über die Einzelheiten der Ausübung des aktiven und passiven Wahlrechts bei den Wahlen zum Europäischen Parlament für die Unionsbürger mit Wohnsitz in einem Mitgliedstaat, dessen Staatsangehörigkeit sie nicht besitzen[26], Gebrauch gemacht. Die Richtlinie war gemäß ihrem Art. 17 Abs. 1 bis spätestens zum 1. Februar 1994 in nationales Recht umzusetzen.[27] Die RL 93/109/EG bezieht sich nur auf die Wahl im Wohnsitzstaat für die Kandidatenliste dieses Mitgliedstaats. Sofern einige Mitgliedstaaten ihren in anderen Mitgliedstaaten ansässigen Staatsangehörigen das Recht einräumen, ihre Stimme für Listen des Herkunftslands abzugeben, bestimmt sich dieses Recht ausschließlich nach den einzelstaatlichen Rechtsvorschriften des Herkunftsmitgliedstaats.[28]

12   Bis zur Schaffung eines einheitlichen europäischen **Wahlverfahrens** (vgl. Art. 223 Abs. 1 AEUV) gilt bei den Wahlen zum Europäischen Parlament das **jeweilige Wahlrecht der Mitgliedstaaten** (Art. 8 Abs. 1 DWA).[29] Die Unionsverträge enthalten in Art. 223 Abs. 1 AEUV bislang nur Vorgaben für künftige unionsrechtliche Regelungen über das Wahlverfahren bei Europawahlen. Danach erarbeitet das Europäische Parlament entweder ein einheitliches Wahlverfahren oder ein auf gemeinsamen Grundsätzen der Mitgliedstaaten beruhendes – gleichwohl je nach Mitgliedstaat unterschiedliches – Wahlverfahren. Erste Ansätze eines einheitlichen Wahlverfahrens enthält der Direktwahlakt in Art. 1 Abs. 1 DWA, wonach die Mitglieder des Europäischen Parlaments in jedem Mitgliedstaat nach dem **Verhältniswahlsystem** auf der Grundlage von Listen oder von übertragbaren Einzelstimmen zu wählen sind. Die Mitgliedstaaten können dabei Vorzugsstimmen auf der Grundlage von Listen nach den von ihnen festgelegten Modalitäten zulassen (Art. 1 Abs. 2 DWA). Sie sind im Übrigen frei, das Wahlverfahren nach eigenen Regeln zu gestalten. Die innerstaatlichen Vorschriften, die gegebenenfalls den Besonderheiten in den Mitgliedstaaten Rechnung tragen können, dürfen das Verhältniswahlsystem insgesamt jedoch nicht in Frage stellen (Art. 8 Abs. 2 DWA). Die Schaffung eines einheitlichen Wahlverfahrens in allen Mitgliedstaaten wäre für die **Verwirklichung des Grundsatzes der Wahlrechtsgleichheit auf europäischer Ebene** von eminenter Bedeutung. Trotz mehrfacher Anläufe des Europäischen Parlaments[30] ist es bislang nicht gelungen, ein einheitliches Verfahren einzuführen.[31] Die vom Rat im Juli 2018 beschlossene Änderung des Direktwahlakts[32] macht den Mitgliedstaaten zwar weitere Vorgaben;

---

[25] Beschluss (EU, Euratom) 2018/994 des Rates v. 13. Juli 2018 zur Änderung des dem Beschluss 76/787/ EGKS, EWG, Euratom des Rates v. 20. September 1976 beigefügten Akts zur Einführung allgemeiner unmittelbarer Wahlen der Mitglieder des Europäischen Parlaments, ABl. 2018 L 178, 1.
[26] ABl. 1993 L 329, 34.
[27] Vgl. Art. 17 Abs. 1 RL 93/109/EG.
[28] Vgl. Mitteilung der Kommission an das Europäische Parlament und den Rat über Maßnahmen der Mitgliedstaaten zur Sicherstellung der Beteiligung aller Unionsbürger an den Wahlen zum Europäischen Parlament im Jahre 2004 in einer erweiterten Union v. 8.4.2003, KOM(2003) 174, 2 (dort Fn. 5).
[29] Zu den Unterschieden der nationalen Wahlrechtsregelungen vgl. die Übersicht bei *Hölscheidt* in GHN AEUV Art. 223 Rn. 56.
[30] Vgl. etwa die Entschließung des Europäischen Parlaments vom 10.3.1982 zu einem Entwurf eines einheitlichen Wahlverfahrens für die Wahl der Mitglieder des Parlaments, ABl. 1982 C 87, 64; dazu *Schoo* in Schwarze AEUV Art. 223 Rn. 3.
[31] Eine Untätigkeitsklage der britischen Liberaldemokraten gegen das Europäische Parlament ist im Hinblick auf die dem Parlament unterbreiteten Vorschläge erfolglos geblieben; vgl. EuGH C-41/92, Slg. 1993, I-3153 Rn. 4 – The Liberal Democrats/Parlament.
[32] Beschluss (EU, Euratom) 2018/994 des Rates v. 13. Juli 2018 zur Änderung des dem Beschluss 76/787/ EGKS.EWG, Euratom des Rates v. 20. September 1976 beigefügten Akts zur Einführung allgemeiner unmittelbarer Wahlen der Mitglieder des Europäischen Parlaments, ABl. 2018 L 178, 1.

ein einheitliches Wahlverfahren wird damit aber nicht verwirklicht. So sollen Mitgliedsaaten, in denen eine Listenwahl stattfindet und die mindestens 35 Abgeordnete in das Europäische Parlament entsenden, eine Sperrklausel für die Sitzvergabe festlegen müssen, die zwischen 2 % und 5 % der abgegebenen Stimmen beträgt. Ebenso werden Vorgaben hinsichtlich der Frist für die Einreichung von Bewerbungen für die Wahl gemacht. Die Änderungen treten allerdings erst nach Zustimmung durch die Mitgliedstaaten in Kraft.

In Deutschland bestimmt sich das Verfahren bei Wahlen zum Europäischen Parlament **13** nach dem **Europawahlgesetz** (EuWG).[33] Die weiteren Einzelheiten des Wahlverfahrens bestimmen sich nach der **Europawahlordnung** (EuWO).[34] Danach werden die 96 von Deutschland entsandten Parlamentarier in allgemeiner, unmittelbarer, freier, gleicher und geheimer Wahl gewählt (§ 1 Abs. 1 EuWG). In einigen Mitgliedstaaten hat das Europawahlrecht sogar Aufnahme in die nationale Verfassung gefunden.[35]

III. Kommunalwahlrecht

Seit Anfang der siebziger Jahre des vergangenen Jahrhunderts wurde auf europäischer Ebene **14** die Einführung eines Kommunalwahlrechts für die Bürger der Mitgliedstaaten mit Wohnsitz in einem anderen Mitgliedstaat erörtert. Nachdem bereits auf der **Gipfelkonferenz von Paris im Oktober 1972** auf der Grundlage von Vorschlägen Belgiens und Italiens die Möglichkeit der Einführung des Kommunalwahlrechts diskutiert worden war[36], hatte der **Europäische Rat im Dezember 1974** die Schaffung „besonderer Rechte" für die Bürger der Gemeinschaft angeregt.[37] Im Juli 1975 schlug daraufhin die Kommission in einem Bericht über die „Zuerkennung besonderer Rechte" vor, den Bürgern der Mitgliedstaaten das aktive und passive Wahlrecht auf kommunaler Ebene einzuräumen.[38]

Im Anschluss an die Arbeiten des sog *Adonnino*-Ausschusses im Jahr 1985[39] sowie auf **15** Veranlassung des Europäischen Parlaments legte die Kommission im Jahr 1986[40] einen ausführlichen Bericht über das kommunale Wahlrecht vor, in dem sie sich erneut für dessen Einführung einsetzte.[41] Im Juni 1988 einigte sich die Kommission schließlich auf einen **Vorschlag** für eine auf Art. 308 EGV (jetzt Art. 352 AEUV) gestützte **Richtlinie über das Wahlrecht der Staatsangehörigen der Mitgliedstaaten bei Kommunalwahlen im Aufenthaltsstaat**.[42] Im Hinblick auf die Verhandlungen der Regierungskonferenz über die Gründung der EU und die Revision der Gemeinschaftsverträge, die eine Aufnahme des Unionsbürgerwahlrechts in das Primärrecht behandelten, wurden die Beratungen im Rat jedoch nicht abgeschlossen.

Im Rahmen der Regierungskonferenz standen Vorschläge der Kommission sowie der **16** spanischen Regierung zur Diskussion, die schließlich zur vertraglichen Gewährleistung des Kommunalwahlrechts in Art. 8b Abs. 1 EGV-Maastricht (nunmehr Art. 22 Abs. 1 AEUV) als Teil der mit dem **Vertrag von Maastricht**[43] neu geschaffenen **Unionsbürgerschaft**

---

[33] Gesetz über die Wahl der Abgeordneten des Europäischen Parlaments aus der Bundesrepublik Deutschland (Europawahlgesetz – EuWG) idF der Bek. v. 8.3.1994, BGBl. 1994 I 424, ber. BGBl. 1994 I 555; zuletzt geänd. durch Art. 3 des Gesetzes v. 10.7.2018, BGBl. 2018 I 1116.
[34] Europawahlordnung idF der Bek. v. 2.5.1994, BGBl. 1994 I 957; zuletzt geänd. durch Art. 1 der Verordnung v. 16.5.2018, BGBl. 2018 I 570.
[35] Art. 8 Abs. 3 belgVerf; Art. 23a und Art. 23b österB-VG; Art. 15 Abs. 5 portVerf.
[36] Vgl. *Haag* in von der Groeben/Schwarze/Hatje AEUV Art. 22 Rn. 3.
[37] Kommuniqué zum Treffen der Staats- und Regierungschefs der Europäischen Gemeinschaften, Paris, 9./10.12.1974, in 8. Gesamtbericht, 1974, S. 337 ff., Ziff. 11.
[38] Bericht der Kommission v. 3.7.1975, Bull.EG, Beil. 7/1975, S. 23 ff., 29 ff.
[39] Bericht des Ad-hoc-Ausschusses „Europa der Bürger", Bull.EG, Beil. 7/1985, S. 9 ff., 21.
[40] Vgl. die Entschließungen vom 14.11.1985, ABl. 1985 C 345, 82 f. – Vgl. später auch die Entschließung des Europäischen Parlaments v. 15.12.1987, ABl. 1988 C 13, 33.
[41] Das Wahlrecht der Bürger der Mitgliedstaaten der Gemeinschaft bei Kommunalwahlen, Bericht der Kommission an das Europäische Parlament, Bull.EG, Beil. 7/1986.
[42] ABl. 1988 C 246, 3; vgl. auch den geänderten Vorschlag der Kommission, ABl. 1989 C 290, 4. – Dazu *Magiera* EA 1988, 475; *Scholl* ZAR 1989, 62.
[43] Vertrag über die Europäische Union 7.2.1992, ABl. 1992 C 191, 1.

führten. Das Kommunalwahlrecht der Unionsbürger hat in Art. 40 GRC materiell-rechtlich unverändert **Aufnahme in die Europäische Grundrechte-Charta** gefunden.[44]

17 Das Kommunalwahlrecht der Unionsbürger stellt eine Anwendung des Grundsatzes der **Gleichheit und Nichtdiskriminierung** zwischen in- und ausländischen Unionsbürgern dar und ist eine **Ergänzung des Rechts auf Freizügigkeit und freien Aufenthalt** in den Mitgliedstaaten der EU gemäß Art. 18 AEUV. Die Nachteile, die mit der Entscheidung für einen Auslandswohnsitz innerhalb der EU verbunden sein können, sollen weitgehend vermieden werden.[45] Mit der Wohnsitznahme in einem Mitgliedstaat – etwa unter Ausübung von unionsrechtlich garantierten Grundfreiheiten – war vor der Gewährleistung der Unionsbürgerrechte für die Bürger der Mitgliedstaaten regelmäßig der Verlust des kommunalen Wahlrechts an ihrem bisherigen Wohnsitz verbunden. Nur wenige Mitgliedstaaten hatten bereits vor der europarechtlichen Einführung des Kommunalwahlrechts für Unionsbürger ein allgemeines Wahlrecht für Ausländer im innerstaatlichen Recht verankert.[46]

18 Das Kommunalwahlrecht der Unionsbürger ist **Ausdruck eines rechtsordnungsübergreifenden Demokratieprinzips,** das die Legitimation von Hoheitsgewalt innerhalb der Mitgliedstaaten der EU von der exklusiven Verknüpfung mit den jeweils eigenen Staatsangehörigen löst und zugunsten der Unionsbürger anderer Mitgliedstaaten öffnet. Zudem dient das Kommunalwahlrecht der **politischen Integration** der Unionsbürger, indem es ihnen die aktive Beteiligung am politischen Leben im Staat ihres Wohnsitzes erleichtert.[47]

19 Das Kommunalwahlrecht von Staatsangehörigen aus anderen Mitgliedstaaten der Europäischen Union steht in einem **Spannungsverhältnis** zu der dem tradierten **Demokratieprinzip** innewohnenden Souveränität des jeweiligen Staatsvolks. Art. 20 Abs. 2 S. 1 GG bestimmt, dass alle Staatsgewalt vom deutschen Volk ausgeht.[48] Da gemäß dem Homogenitätsgebot des Art. 28 Abs. 1 S. 1 und 2 GG die verfassungsmäßige Ordnung in den Ländern und damit auch in den Kommunen den Grundsätzen des demokratischen Rechtsstaats entsprechen muss, müsste auch die von den Ländern und in den Ländern, dh von Kreisen, Städten und Gemeinden, ausgeübte Hoheitsgewalt vom (deutschen) Volk ausgehen.[49] Das Kommunalwahlrecht der Unionsbürger ermöglicht aber auch den Angehörigen anderer Staaten, die Beteiligung an der Ausübung demokratisch legitimierter Hoheitsgewalt in Deutschland. Dieses Spannungsverhältnis ist vor Inkrafttreten der europarechtlichen Bestimmungen über die Unionsbürgerschaft durch die **Aufnahme von Art. 28 Abs. 1 S. 3 in das Grundgesetz** gelöst worden.[50] Danach sind in Deutschland auch Personen, welche die Staatsangehörigkeit eines anderen Mitgliedstaats der EG besitzen, bei Wahlen in Kreisen und Gemeinden nach Maßgabe des Rechts der EG wahlberechtigt und wählbar.[51]

20 Dabei stellt sich freilich die Frage, in welcher Weise die Einfügung von Art. 28 Abs. 1 S. 3 GG in das Grundgesetz **mit Art. 79 Abs. 3 GG in Einklang** gebracht werden kann. Nach Art. 79 Abs. 3 GG, der gemäß Art. 23 Abs. 1 S. 3 GG auch für die Übertragung von Hoheitsrechten auf die EU gilt, gehören die in Art. 20 GG niedergelegten Grundsätze und damit auch das Demokratieprinzip zu den **unaufgebbaren Essentialia der verfassten**

---

[44] Zu den Diskussionen im Konvent vgl. *Magiera* in NK-EuGRCh GRCh Art. 40 Rn. 4 ff.
[45] *Kadelbach* in Ehlers GuG § 26 Rn. 49; *Degen* DÖV 1993, 749 (753).
[46] Vor Einführung des Kommunalwahlrechts der Unionsbürger waren dies: Dänemark, Irland und die Niederlande, sowie, auf der Grundlage der Gegenseitigkeit: Portugal und Spanien; vgl. *Kluth* in Calliess/Ruffert AEUV Art. 22 Rn. 3 Fn. 8; *Hobe* Der Staat 32 (1993), 245 (249).
[47] *Magiera* in Streinz AEUV Art. 22 Rn. 8.
[48] Vgl. BVerfGE 83, 37 (50 f.) – Ausländerwahlrecht.
[49] BVerfGE 83, 37 (53) – Ausländerwahlrecht; *Huber* DÖV 1989, 531 (533); *Jestaedt* Der Staat 32 (1993), 29 (54 f.); *Karpen* NJW 1989, 1012 (1016); *Röger* VR 1993, 137 (138); aA *Bryde* JZ 1989, 257 (261).
[50] BGBl. 1992 I 2086.
[51] Da die Europäische Gemeinschaft, von der Art. 28 Abs. 1 S. 3 GG noch spricht, durch den Vertrag von Lissabon aufgelöst worden ist und die Europäische Union ihre Rechtsnachfolge angetreten hat (Art. 1 Abs. 3 S. 3 EUV), bezieht sich Art. 28 Abs. 1 S. 3 GG seither auf die EU.

deutschen Staatlichkeit. In der Beteiligung von ausländischen Unionsbürgern an der kommunalen Selbstverwaltung in Deutschland liegt eine Öffnung des Demokratieprinzips zugunsten neuer Legitimationssubjekte, nämlich nichtdeutscher Unionsbürger. Dies entspricht der Logik der vom Grundgesetz selbst befürworteten EU-Integration und ist nach der allgemeinen Rechtsprechung des BVerfG zu Art. 79 Abs. 3 GG als „systemimmanente Modifikation"[52] des Demokratieprinzips mit dem Grundgesetz vereinbar.[53]

In der Verleihung des kommunalen Wahlrechts an Unionsbürger anderer Mitgliedstaaten liegt **keine Beeinträchtigung von Grundrechten** oder grundrechtsgleichen Rechten der eigenen Staatsangehörigen, etwa des Grundsatzes des gleichen Wahlrechts.[54]

IV. Rechtsgrundlagen des Kommunalwahlrechts

Seit der Aufnahme der Bestimmungen über die **Unionsbürgerschaft** in das europäische Primärrecht durch den **Vertrag von Maastricht** gewährleistet das Europäische Unionsrecht das kommunale Unionsbürgerwahlrecht. Art. 22 Abs. 1 S. 1 AEUV verleiht jedem Unionsbürger mit Wohnsitz in einem Mitgliedstaat, dessen Staatsangehörigkeit er nicht besitzt, das aktive Wahlrecht und das passive Wahlrecht bei Kommunalwahlen in seinem Wohnsitzstaat zu denselben Bedingungen wie den Angehörigen des betreffenden Staates. Eine entsprechende Garantie enthält Art. 40 GRC. Das Unionsrecht gebietet somit die wahlrechtliche Gleichbehandlung von ausländischen Unionsbürgern mit den eigenen Staatsangehörigen bei Kommunalwahlen.

Dieses Kommunalwahlrecht der Unionsbürger besteht nach Art. 22 Abs. 1 S. 2 AEUV vorbehaltlich der Einzelheiten, die vom Rat einstimmig gemäß einem besonderen Gesetzgebungsverfahren und nach Anhörung des Europäischen Parlaments festgelegt werden. Eine entsprechende Regelung hat der Rat mit der **Richtlinie 94/80/EG vom 19. Dezember 1994** über die Einzelheiten der Ausübung des aktiven und passiven Wahlrechts bei den Kommunalwahlen für Unionsbürger mit Wohnsitz in einem Mitgliedstaat, dessen Staatsangehörigkeit sie nicht besitzen[55], getroffen. Die Richtlinie enthält eine Umsetzungsfrist bis zum 1. Januar 1996.[56] Erst seit Ablauf dieser Frist begründet das europäische Recht für den einzelnen Unionsbürger einen einklagbaren Rechtsanspruch auf Teilnahme an Kommunalwahlen.[57] Die konkrete innerstaatliche Umsetzung der Richtlinie obliegt in der Bundesrepublik Deutschland den Ländern, die dieser Pflicht, teilweise unter Änderung ihrer Landesverfassungen, nachgekommen sind.[58]

Da Art. 22 Abs. 1 S. 1 AEUV und Art. 40 GRC vorschreiben, dass das Wahlrecht gemäß den für die eigenen Staatsangehörigen geltenden Bedingungen ausgeübt wird, ermächtigen diese Bestimmungen nicht zu einer Harmonisierung der Wahlsysteme und Kommunalverfassungen in den Mitgliedstaaten.[59] Da die EU zudem zur **Achtung der nationalen Identität der Mitgliedstaaten** verpflichtet ist (Art. 4 Abs. 2 S. 1 EUV), müssen bei der Ausformung des kommunalen Wahlrechts die jeweiligen Wahlrechtsordnungen der Mitgliedstaaten berücksichtigt werden, die aus unterschiedlichen politischen und wahlrechtlichen Traditionen hervorgegangen sind. Ein „Überstülpen" einer einheitlichen, europäischen Kommunalwahlrechtsordnung kommt nicht in Betracht.[60] Durch die Einräumung kommunaler Ausländerwahlrechte wird die nationale Identität der Mitgliedstaaten regel-

---

52 Vgl. BVerfGE 30, 1 (29) – Abhörurteil.
53 *Röger* VR 1993, 137 (139 f.); *Hobe* Der Staat 32 (1993), 245 (260 ff.); vgl. bereits BVerfGE 83, 37 (59) – Ausländerwahlrecht. – Kritisch, im Ergebnis aber zustimmend *Kaufmann* ZG 1998, 25 (42 ff.).
54 BVerfG (K) NVwZ 1998, 52 (53).
55 ABl. 1994 L 368, 38; zuletzt geänd. ABl. 2013 L 158, 213.
56 Art. 14 Abs. 1 RL 94/80/EG; zur verspäteten Umsetzung durch Belgien vgl. EuGH C-323/97, Slg. 1998, I-4281 – Kommission/Belgien.
57 *Haratsch/Koenig/Pechstein* EuropaR Rn. 811.
58 Vgl. dazu *Hasselbach* ZG 1997, 49 (60 ff.); *Hatje* in Schwarze AEUV Art. 22 Rn. 15.
59 *Hatje* in Schwarze AEUV Art. 22 Rn. 9; *Wollenschläger/Schraml* BayVBl. 1995, 385 (386).
60 *Haratsch/Koenig/Pechstein* EuropaR Rn. 815.

mäßig nicht berührt.⁶¹ Dies wird durch die Tatsache belegt, dass eine Reihe von Mitgliedstaaten, wie etwa Dänemark, Irland und die Niederlande, kommunales Ausländerwahlrecht bereits vor Einführung der Unionsbürgerschaft kannten.⁶² Der Wahrung der nationalen Identität dient zudem, dass das Kommunalwahlrecht der Unionsbürger nur unter denselben Bedingungen gewährleistet wird, die auch für die Angehörigen des betreffenden Mitgliedstaats gelten. Wenn in einem Mitgliedstaat gleichwohl Probleme aufgrund eines besonders hohen Anteils von Unionsbürgern aus anderen Mitgliedstaaten auftreten, ermöglicht Art. 22 Abs. 1 AEUV Ausnahmeregelungen (→ Rn. 59 f.).

B. Gewährleistungsgehalte

I. Wahlrecht zum Europäischen Parlament

25 **1. Der persönliche Gewährleistungsgehalt.** Der **persönliche Anwendungsbereich** des Europawahlrechts erstreckt sich auf die **Unionsbürger** im Sinne von Art. 20 Abs. 1 S. 2 AEUV, wobei das Wahlrecht der **eigenen Staatsangehörigen** von Art. 22 Abs. 2 AEUV und Art. 39 Abs. 1 GRC vorausgesetzt wird (→ Rn. 8). Nach § 6 Abs. 1 EuWG sind alle Deutschen im Sinne des Art. 116 Abs. 1 GG wahlberechtigt, die am Wahltag das achtzehnte Lebensjahr vollendet haben und seit mindestens drei Monaten in der Bundesrepublik Deutschland oder in den übrigen Mitgliedstaaten der EU eine Wohnung innehaben oder sich sonst gewöhnlich aufhalten. Wählbar ist nach § 6b Abs. 1 EuWG, wer am Wahltag Deutscher im Sinne des Art. 116 Abs. 1 GG ist und das achtzehnte Lebensjahr vollendet hat.

26 Das Wahlrecht der **Unionsbürger im Wohnsitzmitgliedstaat, dessen Staatsangehörigkeit sie nicht besitzen,** ergibt sich aus Art. 22 Abs. 2 S. 1 AEUV und Art. 39 Abs. 1 GRC. Das Unionsrecht erkennt den Unionsbürgern im Wohnsitzmitgliedstaat das aktive und passive Wahlrecht zu denselben Bedingungen zu, die für die Angehörigen des betreffenden Mitgliedstaates gelten. Nicht erfasst sind Familienangehörige eines Unionsbürgers mit Wohnsitz in einem Mitgliedstaat, die Staatsangehörige eines Drittstaates sind.⁶³ In Deutschland wahlberechtigt sind neben den deutschen Staatsangehörigen daher nach § 6 Abs. 3 EuWG alle Staatsangehörigen der übrigen Mitgliedstaaten der EU, die in der Bundesrepublik Deutschland eine Wohnung innehaben oder sich sonst gewöhnlich aufhalten und die am Wahltag das achtzehnte Lebensjahr vollendet haben und seit mindestens drei Monaten in der Bundesrepublik Deutschland oder in den übrigen Mitgliedstaaten der EU eine Wohnung innehaben oder sich sonst gewöhnlich aufhalten. Wählbar sind nach § 6b Abs. 2 EuWG neben deutschen Staatsangehörigen auch Unionsbürger, die in der Bundesrepublik Deutschland eine Wohnung innehaben oder sich sonst gewöhnlich aufhalten und die am Wahltag die Staatsangehörigkeit eines Mitgliedstaates der EU besitzen und das achtzehnte Lebensjahr vollendet haben. Art. 22 Abs. 2 S. 2 AEUV hindert die Mitgliedstaaten nicht, das Europawahlrecht auch Drittstaatsangehörigen zuzuerkennen, die eine enge Verbindung zu einem Mitgliedstaat aufweisen, aber nicht Unionsbürger sind.⁶⁴

27 Der **Begriff des Wohnsitzes** ist im Zusammenhang mit dem Europawahlrecht unionsrechtlich nicht definiert.⁶⁵ Die Mitgliedstaaten besitzen insoweit einen Gestaltungsspielraum und können die Anforderungen selbst bestimmen, sofern dabei nicht zwischen eigenen Staatsangehörigen und Staatsangehörigen anderer Mitgliedstaaten unterschieden wird und an Angehörige anderer Mitgliedstaaten keine höheren Anforderungen gestellt werden als an eigene Staatsangehörige.⁶⁶

---

⁶¹ *Haag* in von der Groeben/Schwarze/Hatje AEUV Art. 22 Rn. 8; *Magiera* in Streinz AEUV Art. 22 Rn. 10.
⁶² *Haag* in von der Groeben/Schwarze/Hatje AEUV Art. 22 Rn. 8.
⁶³ *Fischer* NVwZ 1995, 455 (456).
⁶⁴ EuGH C-145/04, Slg. 2006, I-7961 Rn. 76 – Spanien/Vereinigtes Königreich; dazu auch *Aust* ZEuS 2008, 253 (261 ff.).
⁶⁵ *Degen* DÖV 1993, 749 (758).
⁶⁶ *Heindl/Tobisch* in Holoubek/Lienbacher, GRC-Kommentar, GRC Art. 39 Rn. 27.

2. Der sachliche Gewährleistungsgehalt. a) Aktives und passives Wahlrecht. Der 28
sachliche Anwendungsbereichs des Europawahlrechts erfasst sowohl das **aktive Wahlrecht**,
dh das Recht zur Stimmabgabe (Wahlberechtigung)[67], als auch das **passive Wahlrecht**, dh
das Recht, sich als Kandidat aufstellen und wählen zu lassen (Wählbarkeit).[68] Bezüglich des
aktiven Wahlrechts müssen die Mitgliedstaaten gewährleisten, dass die übrigen Unionsbürger beginnend mit der Bekanntmachung der Wahl bis zur Stimmabgabe den Inländern
gleichgestellt werden. Der Schutz des passiven Wahlrechts erfasst auch Tätigkeiten, die für
die wirksame Ausübung dieses Rechts erforderlich sind, wie etwa die diskriminierungsfreie
Durchführung eines Wahlkampfes und das Recht, sich einer Partei anschließen zu können.[69] Auch die Mandatsausübung ist von Art. 22 Abs. 2 S. 1 AEUV und Art. 39 Abs. 1
GRC geschützt.[70]

b) Die Wahlrechtsgrundsätze. Art. 14 Abs. 3 EUV, Art. 39 Abs. 2 GRC sowie Art. 1 29
Abs. 3 DWA normieren ausdrücklich nur die **Grundsätze der allgemeinen, unmittel-
baren, freien und geheimen Wahl.** Diese Grundsätze lassen sich auch aus allgemeinen
Rechtsgrundsätzen des Europäischen Unionsrechts, die den Rechtsordnungen der Mit-
gliedstaaten gemeinsam sind, herleiten.[71] Dabei kann insbesondere auf Art. 3 EMRK-
ZusProt zurückgegriffen werden, worin die Staaten sich verpflichten, freie und geheime
Wahlen abzuhalten. **Umstritten** ist die Geltung des Grundsatzes der **Gleichheit der
Wahl,** der weder in den Unionsverträgen noch in der Grundrechtecharta ausdrücklich
genannt wird (→ Rn. 37 ff.).

Das **deutsche Recht** nimmt die unionsrechtlichen Vorgaben auf und ergänzt sie um eine 30
ausdrückliche Normierung der Wahlrechtsgleichheit. Nach § 1 Abs. 1 EuWG werden die
96 von Deutschland entsandten Abgeordneten in allgemeiner, unmittelbarer, freier, gleicher
und geheimer Wahl gewählt. Das Gebot der Wahlgleichheit gemäß § 1 Abs. 1 EuWG
beschränkt sich dabei auf die Ausfüllung des deutschen Sitzkontingentes und erstreckt sich
nicht auf die Gesamtheit der Parlamentssitze.[72]

aa) Die Allgemeinheit der Wahl. Der Grundsatz der **Allgemeinheit der Wahl garan-** 31
tiert jedem Unionsbürger im gesamten Gebiet der EU das **Wahlrecht.**[73] Der Grundsatz
verbietet, bestimmte Personen oder Personengruppen aus politischen, wirtschaftlichen oder
sozialen Gründen von der Ausübung des Wahlrechts auszuschließen und fordert, dass jeder
sein Wahlrecht in möglichst gleicher Weise soll ausüben können.[74] Das schließt Regelungen
über die Wahlmündigkeit, die Verwirkung des Wahlrechts oder die Fähigkeit, öffentliche
Ämter zu bekleiden, jedoch nicht aus.[75]

Einen **Verstoß gegen den Grundsatz der Allgemeinheit der Wahl** stellte der Aus- 32
schluss der britischen Einwohner von Gibraltar von den Wahlen zum Europäischen Parlament dar. In diesem Ausschluss lag nicht nur ein Verstoß gegen den europarechtlichen
Grundsatz der Allgemeinheit der Wahl, sondern daneben auch, wie der **EGMR** in seiner
Matthews-Entscheidung festgestellt hat, ein Verstoß gegen Art. 3 EMRKZusProt.[76] Diese
Bestimmung garantiert das Recht aller Bürger der Vertragsstaaten der EMRK, an freien
und geheimen Wahlen zu gesetzgebenden Körperschaften teilzunehmen. Der Direktwahlakt hatte in seinem Anhang II das Wahlrecht für die Wahlen zum Europäischen Parlament

---

67 Dazu *Dürig* NVwZ 1994, 1180 (1180 f.).
68 Dazu *Dürig* NVwZ 1994, 1180 (1181).
69 *Heindl/Tobisch* in Holoubek/Lienbacher, GRC-Kommentar, GRC Art. 39 Rn. 19.
70 *Magiera* in NK-EuGRCh GRCh Art. 39 Rn. 14.
71 *Magiera* in NK-EuGRCh GRCh Art. 39 Rn. 22.
72 *Haratsch/Koenig/Pechstein* EuropaR Rn. 235.
73 *Huber* in Streinz EUV Art. 14 Rn. 68; *Kaufmann-Bühler* in Lenz/Borchardt EU-Verträge EUV Art. 14
Rn. 24.
74 *Magiera* in NK-EuGRCh GRCh Art. 39 Rn. 24.
75 *Schoo* in Schwarze EUV Art. 14 Rn. 49.
76 EGMR 18.2.1999 – 24833/94 – Matthews/Vereinigtes Königreich.

auf das Vereinigte Königreich beschränkt[77], dessen Bestandteil Gibraltar nicht ist, obwohl dessen Einwohner britische Staatsangehörige und damit Unionsbürger sind. Der EGMR qualifiziert dabei das Europäische Parlament als gesetzgebende Körperschaft im Sinne von Art. 3 EMRKZusProt, da es in den Gesetzgebungsprozess der EU „hinreichend miteingebunden" sei.[78] Folglich sei Großbritannien dafür verantwortlich, dass die in Art. 3 EMRKZusProt garantierten Rechte in Gibraltar gewährleistet werden, wobei unbeachtlich sei, ob es sich um rein innerstaatliche Wahlen oder solche auf europäischer Ebene handle.[79]

33 **bb) Die Unmittelbarkeit der Wahl.** Der **Grundsatz der unmittelbaren Wahl** besagt, dass die Abgeordneten des Europäischen Parlaments direkt, dh ohne Einschaltung Dritter, bestimmt werden. Er **verbietet die Zwischenschaltung eines Wahlgremiums** ebenso wie eine Entsendung von Abgeordneten durch die nationalen Parlamente.[80] Damit wird der bis 1979 geübten Praxis, die Abgeordneten des Europäischen Parlaments durch die nationalen Parlamente bestimmen zu lassen, eine eindeutige Absage erteilt.

34 Eine **zulässige Durchbrechung** hat der Grundsatz der unmittelbaren Wahl auch beim **Beitritt neuer Mitgliedstaaten** erfahren.[81] In einigen Beitrittsverträgen war vorgesehen[82], dass die neu beigetretenen Staaten Abgeordnete aus ihren nationalen Parlamenten delegieren, die nicht aus unmittelbaren Wahlen zum Europäischen Parlament hervorgegangen sind. Diese Vorschriften erlaubten eine solche Ausnahme aber nur für eine beschränkte **Übergangszeit bis zur Abhaltung von Direktwahlen** zum Europäischen Parlament in den neuen Mitgliedstaaten.

35 **cc) Die Freiheit der Wahl.** Die **Freiheit der Wahl** bedeutet, dass der **Akt der Stimmabgabe und die Wahlkandidatur frei von Zwang und unzulässigem Druck** bleiben.[83] Diese Freiheit ist auch vor und nach der Wahl zu gewährleisten. Sie schützt vor allen Maßnahmen, die geeignet sind, die Entscheidungsfreiheit ernstlich zu beeinträchtigen. Zur Wahlfreiheit gehören ein freies Wahlvorschlagsrecht für alle Wahlberechtigten und eine freie Kandidatenaufstellung. Die Entscheidungsfreiheit garantiert die Auswahlmöglichkeit zwischen verschiedenen Wahlvorschlägen.

Eine durch das nationale Recht normierte **Wahlpflicht**[84] bei Wahlen zum Europäischen Parlament ist mit dem unionsrechtlichen Grundsatz der Freiheit der Wahl vereinbar.[85] Die RL 93/109/EG anerkennt ausdrücklich die Möglichkeit der Mitgliedstaaten, eine Wahlpflicht einzuführen oder beizubehalten. Nach Art. 8 Abs. 2 RL 93/109/EG gilt eine in einem Wohnsitzmitgliedstaat bestehende Wahlpflicht auch für die aktiv Wahlberechtigten Unionsbürger, die nicht die Staatsangehörigkeit des Wohnsitzmitgliedstaates besitzen und die den Wunsch geäußert haben, das aktive Wahlrecht an ihrem Wohnsitz auszuüben.

---

[77] Der damalige Anhang II DWA ist mittlerweile Anhang I DWA und lautet: „Das Vereinigte Königreich wird die Vorschriften dieses Akts nur auf das Vereinigte Königreich anwenden."
[78] EGMR 18.2.1999 – 24833/94 Rn. 54 – Matthews/Vereinigtes Königreich.
[79] EGMR 18.2.1999 – 24833/94 Rn. 35 – Matthews/Vereinigtes Königreich.
[80] *Kaufmann-Bühler* in Lenz/Borchardt EU-Verträge EUV Art. 14 Rn. 25; *Huber* in Streinz EUV Art. 14 Rn. 72; *Magiera* in NK-EuGRCh GRCh Art. 39 Rn. 25; *Geiger* in Geiger/Khan/Kotzur EUV Art. 14 Rn. 23.
[81] *Magiera* in NK-EuGRCh GRCh Art. 39 Rn. 26.
[82] Vgl. etwa Art. 23 Abs. 2 der Akte über die Bedingungen des Beitritts der Republik Griechenland und die Anpassungen der Verträge, ABl. 1979 L 291, 17 (21); Art. 28 Abs. 2 der Akte über die Bedingungen des Beitritts des Königreichs Spanien und der Portugiesischen Republik und die Anpassungen der Verträge, ABl. 1985 L 302, 23 (28); Art. 31 Abs. 2 der Akte über die Bedingungen des Beitritts des Königreichs Norwegen, der Republik Österreich, der Republik Finnland und des Königreichs Schweden und die Anpassungen der die Europäische Union begründenden Verträge, ABl. 1994 C 241, 21 (27).
[83] *Magiera* in NK-EuGRCh GRCh Art. 39 Rn. 27; *Bieber* in von der Groeben/Schwarze/Hatje EUV Art. 14 Rn. 63; *Hölscheid* in GHN EUV Art. 14 Rn. 72.
[84] Eine Wahlpflicht besteht in Belgien, Luxemburg, Griechenland und Zypern; vgl. die Übersicht bei *Hölscheid* in GHN AEUV Art. 223 Rn. 56.
[85] Abweichend aber *Magiera* in NK-EuGRCh GRCh Art. 39 Rn. 27; *Hölscheid* in GHN EUV Art. 14 Rn. 72; *Augsberg* in von der Groeben/Schwarze/Hatje GRC Art. 39 Rn. 11.

dd) Die Geheimheit der Wahl. Der **Grundsatz der geheimen Wahl** umfasst den **36 Schutz vor der Offenbarung der Wahlentscheidung.**[86] Er beschränkt sich nicht auf den Vorgang der Stimmabgabe, sondern erstreckt sich auch auf die Wahlvorbereitungen, die notwendig zur Verwirklichung des Wahlrechts gehören.[87] Die geheime Wahl dient insbesondere dem Schutz der Freiheit der Wahlentscheidung.[88] Vereinbar mit dem Grundsatz der Wahlgeheimhaltung ist die freiwillige Preisgabe der Wahlentscheidung durch den Wähler vor oder nach der geheimen Stimmabgabe, nicht jedoch eine staatliche Maßnahme, die darauf gerichtet ist, einen Wähler zur Offenlegung zu bewegen.[89]

ee) Die Gleichheit der Wahl. Der Grundsatz der **Gleichheit der Wahl** gebietet, dass alle **37** Wählerinnen und Wähler ihr **Wahlrecht in formal gleicher Weise ausüben** können. Der Grundsatz umfasst die Zählwertgleichheit der Stimmen, beim Verhältniswahlrecht auch die Erfolgswertgleichheit der Stimmen.

Die **Gleichheit des Zählwerts der Stimmen** bei Wahlen zum Europäischen Parlament **38** ist gewährleistet. Art. 9 DWA schreibt vor, dass jeder Wähler nur einmal wählen kann. Die RL 93/109/EG bestimmt in ihrem Art. 4, dass jeder Wahlberechtigte, dem auch in seinem Herkunftsmitgliedstaat ein Wahlrecht zusteht, entscheiden kann, ob er dort oder im Mitgliedstaat seines Wohnsitzes wählen will (Abs. 1), und dass niemand in mehr als einem Mitgliedstaat als Kandidat aufgestellt werden darf (Abs. 2). Das deutsche Recht nimmt diese unionsrechtliche Vorgabe in § 6c EuWG auf. Um eine doppelte Ausübung des Wahlrechts zu verhindern, tauschen die Mitgliedstaaten Informationen, insbesondere über die Wählerverzeichnisse aus.[90]

Die beim Verhältniswahlsystem vom Grundsatz der Gleichheit der Wahl geforderte **39 Gleichheit des Erfolgswerts der Stimmen,** wonach jede Stimme den gleichen Einfluss auf das Wahlergebnis haben muss, ist im Europäischen Unionsrecht **nicht verwirklicht.** Die Sitzkontingente der Mitgliedstaaten im Europäischen Parlament spiegeln nicht exakt die Zahlen der Wahlberechtigten in den Mitgliedstaaten wider.[91] Daher haben die Stimmen der in Deutschland wahlberechtigten Unionsbürger bei Wahlen zum Europäischen Parlament einen geringeren Erfolgswert als zB die Stimmen der in Luxemburg Wahlberechtigten. Zudem stehen die von Mitgliedstaat zu Mitgliedstaat unterschiedlichen Wahlsysteme der strikten Verwirklichung des Grundsatzes der Wahlgleichheit entgegen.

Fraglich ist allerdings, ob der Grundsatz der Wahlgleichheit im Rahmen des Europä- **40** ischen Unionsrechts überhaupt Geltung besitzt. Der Grundsatz der Wahlrechtsgleichheit ist in Art. 14 Abs. 3 EUV und in Art. 1 DWA **nicht ausdrücklich vertraglich normiert.** Dem von den deutschen Ländern[92] und der Bundesregierung[93] im Zuge der Erarbeitung der Grundrechte-Charta geäußerten Ansinnen, den Grundsatz der Wahlgleichheit in die Charta ausdrücklich aufzunehmen, ist nicht gefolgt worden.[94]

Es könnte sich gleichwohl um einen ungeschriebenen **allgemeinen Rechtsgrundsatz 41 des Europäischen Unionsrechts** handeln, da dieser Wahlgrundsatz in allen Mitgliedstaaten bei innerstaatlichen Wahlen in der jeweiligen nationalen Rechtsordnung anerkannt und zumeist sogar verfassungsrechtlich verankert ist.[95] Auch der IPBPR, der von allen

---

[86] *Bieber* in von der Groeben/Schwarze/Hatje EUV Art. 14 Rn. 65; *Magiera* in NK-EuGRCh GRCh Art. 39 Rn. 28; *Lukan* EuR 2019, 222 (237).
[87] Vgl. zum innerstaatlichen Recht BVerfGE 4, 375 (386 f.); BVerfGE 12, 33 (35 f.); BVerfGE 12, 135 (139).
[88] *Bieber* in von der Groeben/Schwarze/Hatje EUV Art. 14 Rn. 65; *Magiera* in NK-EuGRCh GRCh Art. 39 Rn. 28.
[89] *Magiera* in NK-EuGRCh GRCh Art. 39 Rn. 28.
[90] Vgl. Art. 13 RL 93/109/EG.
[91] *Rupp* NJW 1995, 2210 (2210 f.); *Kluth* in Calliess/Ruffert EUV Art. 14 Rn. 24; *Nicolaysen* Europarecht I S. 215; *Peuker* ZEuS 2008, 453 (461).
[92] CHARTE 4203/00 v. 4.4.2000.
[93] CHARTE 4281/00 v. 5.5.2000.
[94] Dazu *Bernsdorff/Borowsky,* GRC, S. 192 ff., 200, 310 ff., 314.
[95] Vgl. Art. 28 Abs. 1 S. 2, 38 Abs. 1 S. 1 GG; Art. 60 Abs. 1 S. 3 estnVerf; Art. 3 Abs. 3 S. 2 frzVerf; Art. 48 Abs. 2 S. 1 italVerf; Art. 6 lettVerf; Art. 55 Abs. 1, Art. 78 Abs. 2 litVerf; Art. 26 Abs. 1 S. 1,

Mitgliedstaaten ratifiziert worden ist, gewährleistet in Art. 25 lit. c IPBPR das Recht auf Teilnahme an gleichen Wahlen mit gleichem Zählwert und gleicher Erfolgschance aller Stimmen.[96] In Art. 3 EMRKZusProt ist der Grundsatz der Gleichheit der Wahl zwar nicht ausdrücklich genannt, jedoch muss das gewährleistete Wahlrecht in Verbindung mit dem Diskriminierungsverbot des Art. 14 EMRK interpretiert werden.[97] Aus Art. 3 EMRKZusProt folgt daher immerhin eine Minimalgarantie im Hinblick auf die Wahlrechtsgleichheit,[98] auch wenn der EGMR bislang weder eine Erfolgswertgleichheit aller Stimmen noch eine Erfolgschancengleichheit aller Kandidaten abgeleitet hat.[99] Aufgrund der innerstaatlichen und völkerrechtlichen Verankerung der Wahlrechtsgleichheit wird vertreten, der Grundsatz der Gleichheit der Wahl stelle einen allgemeinen Rechtsgrundsatz dar.[100] Die beim derzeitigen Stand des Unionsrechts zu verzeichnenden Abweichungen von der Wahlrechtsgleichheit aufgrund der lediglich angemessenen, nicht gleichen Vertretung der Völker der in der Union zusammengeschlossenen Staaten sowie aufgrund der unterschiedlichen innerstaatlichen Wahlsysteme sind dieser Auffassung zufolge allerdings gerechtfertigt, da sie den spezifischen Konstitutionsbedingungen eines auf fortschreitende Integration ausgerichteten Zusammenschlusses von Staaten von unterschiedlicher Größe und mit unterschiedlichen Wahlrechtstraditionen Rechnung tragen.[101]

42 Voraussetzung für die Herleitung eines allgemeinen Rechtsgrundsatzes innerhalb des Unionsrechts ist nicht nur, dass es sich um eine Regelung handelt, die den Rechtsordnungen der Mitgliedstaaten gemeinsam ist. Die Regelung muss zudem auf die europäische Ebene übertragbar sein[102] und sich **in Struktur und Ziele der Union einfügen**.[103] Dies erscheint für den Grundsatz der Wahlrechtsgleichheit zweifelhaft. Die EU wird nicht ausschließlich von den Unionsbürgern, sondern auch und gerade von den Mitgliedstaaten getragen. Aus diesem Grund machen die Wahlen zum Europäischen Parlament eine **Konzession an den völkerrechtlichen Grundsatz der formalen, souveränen Gleichheit der Staaten.**[104] Die Verteilung der Sitze im Europäischen Parlament stellt einen Kompromiss zwischen dem Prinzip der Gleichheit der Mitgliedstaaten und dem demokratischen Postulat eines gleichen Wahlrechts dar.[105] In einem Verfassungsbeschwerdeverfahren gegen das deutsche Zustimmungsgesetz zum Maastrichter Vertrag wegen der dort gebilligten Stimmenponderierung bei Wahlen zum Europäischen Parlament hat das BVerfG diese Linie bestätigt. Die Ausübung der hoheitlichen Befugnisse der EU wird zuvörderst über die nationalen Parlamente der in ihr zusammengeschlossenen demokratischen Staaten von deren Staatsvölkern legitimiert. Die Gleichheit des diese Legitimation sichernden Wahlrechts wird nach Auffassung des BVerfG durch das Wahlrecht zu den nationalen Parlamenten gewährleistet.[106]

[ ] Art. 60 Abs. 1 S. 1, Art. 95 Abs. 1 S. 1, Art. 117 Abs. 2 S. 1 östB-VG; Art. 96 Abs. 2, Art. 97 Abs. 2, Art. 127 Abs. 1, Art. 169 Abs. 2 polnVerf; Art. 10 Abs. 1 portVerf; Art. 1 Abs. 2 S. 1 schwedVerf; Art. 30 Abs. 3 S. 1, Art. 69 Abs. 2 S. 2, Abs. 3 S. 1, Art. 74 Abs. 1 slowakVerf; Art. 43 Abs. 1, Art. 80 Abs. 1 S. 2 slowenVerf; Art. 68 Abs. 1, Art. 69 Abs. 2, Art. 140 S. 3 spanVerf; Art. 18 Abs. 1 u. 2, Art. 102 Abs. 1 tschechVerf; Art. 71 Abs. 1 ungarVerf; vgl. auch eingehend *Lenz* S. 176 ff.
[96] *Lenz* S. 190 f.
[97] EGMR 2.3.1987 – 9267/81 Rn. 54 – Mathieu-Mohin u. Clerfayt/Belgien; EKMR 18.12.1980 – 8765/79, DR 21, 221 (224) – Liberal Party/Vereinigtes Königreich.
[98] *Huber* in Streinz EUV Art. 14 Rn. 77; *Lenz* S. 192.
[99] EGMR 2.3.1987 – 9267/81 Rn. 54 – Mathieu-Mohin u. Clerfayt/Belgien; EGMR 8.7.2008 (GK) – 10226/03 Rn. 112 – Yumak u. Sadak/Türkei; vgl. auch Grabenwarter/Pabel EMRK § 23 Rn. 108; *Frowein* in Frowein/Peukert EMRK ZP 1 Art. 3 Rn. 4; *Lenz* S. 189; aA Peters/Altwicker EMRK § 17 Rn. 4.
[100] Vgl. etwa *Lenz* S. 192 ff.; *Haag* FS Bieber, 2007, 137 (139); ebenso BVerfGE 123, 267 (373) – Lissabon.
[101] *Magiera* in NK-EuGRCh GRCh Art. 39 Rn. 22, 31 f.; aA *Lenz* S. 243.
[102] *E. Klein* in HKMM, HdKomm. EUV, EGV Art. 215 Rn. 9 u. EUV Art. F Rn. 9; *Haratsch* MRM 2002, 29 (30 f.).
[103] EuGH 11/70, Slg. 1970, 1125 Rn. 4 – Internationale Handelsgesellschaft.
[104] So auch *Hölscheid* in GHN EUV Art. 14 Rn. 53; *Rengeling/Szczekalla* Grundrechte in der EU Rn. 1077.
[105] *Huber* in Streinz EUV Art. 14 Rn. 75.
[106] BVerfG (K) NJW 1995, 2216.

Diese Überlegungen verdeutlichen, dass der Grundsatz der Gleichheit der Wahl zwar **43** grundsätzlich **Geltung als allgemeiner Rechtsgrundsatz** besitzt. Daraus folgt, dass die Mitgliedstaaten – vorbehaltlich zulässiger Ausnahmeregelungen (→ Rn. 48) – in ihren **innerstaatlichen Regelungen** hinsichtlich des Wahlverfahrens für Wahlen zum Europäischen Parlament die **Zähl- und Erfolgswertgleichheit gewährleisten müssen**. Der Wahlgleichheitsgrundsatz erfährt jedoch **auf europäischer Ebene eine bewusste Durchbrechung**.[107] Das Unionsrecht verlangt keine gleiche Repräsentation, sondern bestimmt in Art. 14 Abs. 2 UAbs. 1 S. 2 EUV, dass die europäischen Bürgerinnen und Bürger im Europäischen Parlament degressiv proportional vertreten sein müssen. Art. 1 zweiter Gedankenstrich des Beschlusses (EU) 2018/937 des Europäischen Rates[108] definiert den Begriff der „**degressiven Proportionalität**". Danach muss das Verhältnis zwischen der Bevölkerungsgröße und der Zahl von Sitzen jedes Mitgliedstaats vor Auf- oder Abrunden auf ganze Zahlen in Abhängigkeit von der jeweiligen Bevölkerungsgröße variieren. Jedes Mitglied des Europäischen Parlaments aus einem bevölkerungsreicheren Mitgliedstaat muss mehr Bürger vertreten als jedes Mitglied des Europäischen Parlaments aus einem bevölkerungsärmeren Mitgliedstaat. Zudem ist der Anspruch eines Mitgliedstaats auf eine große Zahl von Sitzen im Europäischen Parlament umso größer, je bevölkerungsreicher er ist. Jeder Mitgliedstaat muss dabei über mindestens sechs Sitze verfügen (Art. 14 Abs. 2 UAbs. 1 S. 3 EUV). Kein Mitgliedstaat darf mehr als 96 Sitze erhalten (Art. 14 Abs. 2 UAbs. 1 S. 4 EUV).

Aus dem unionsrechtlichen Demokratieprinzip ergeben sich gegen diese Durch- **44** brechung der Wahlrechtsgleichheit **keine Bedenken**.[109] Das Demokratieprinzip ist als allgemeiner Rechtsgrundsatz Bestandteil der Unionsrechtsordnung[110], was durch Art. 2 EUV und Art. 10 Abs. 1 EUV bestätigt wird. Das Prinzip parlamentarisch-repräsentativer Demokratie ist in den Verfassungsordnungen aller Mitgliedstaaten verwirklicht.[111] EuGH und EuG haben bereits mehrfach die Geltung des demokratischen Prinzips auf Unionsebene betont.[112] Gleichwohl umfasst das Demokratieprinzip auf Unionsebene nicht den Grundsatz der Wahlrechtsgleichheit in der Ausprägung der Erfolgswertgleichheit der Stimmen. Ein gleiches und einheitliches Wahlrecht zum Europäischen Parlament würde zwar die legitimatorische Wirkung des Europäischen Parlaments stärken[113], kann aber für die EU nicht zwingend gefordert werden.[114] Im Verbund großer und kleiner Einheiten muss den kleineren Einheiten ein, gemessen an ihrer Bevölkerungszahl, überproportionaler Einfluss gesichert bleiben.[115] Derartige Durchbrechungen erfährt das Prinzip der demokratischen Gleichheit auch im föderativen Staat durch die Einschaltung einer zweiten Kammer in das Gesetzgebungsverfahren. Im deutschen Bundesrat entspricht die Stimmgewichtung der einzelnen Ländern gemäß Art. 51 Abs. 2 GG nur annäherungsweise deren Anteil an der Bevölkerung des Gesamtstaates.[116] Auch garantierte Sitzkontingente in Parlamenten für

---

[107] Vgl. *Hahlen* DÖV 1979, 505 (506); *Kaufmann-Bühler* in Lenz/Borchardt EU-Verträge EUV Art. 14 Rn. 16 f.; *Dürig* NVwZ 1994, 1180 (1182).
[108] ABl. 2018 L 165 I, 1.
[109] Anders *Bleckmann* DÖV 1979, 503 (503 f.).
[110] *Bleckmann* JZ 2001, 53 (53); *Huber* Jahrbuch zur Staats- und Verwaltungswissenschaft, Bd. 6 (1992/93), 179 (180 f.); *Rummer* ZEuS 1999, 249 (251); *Zuleeg* Der Staat 17 (1978), 27 (44 f.); *Zuleeg* JZ 1993, 1069 (1070); *Brosius-Gersdorf* EuR 1999, 133 (163).
[111] Vgl. *Kaufmann*, Europäische Integration und Demokratieprinzip, 1997, S. 90; *Cremer* EuR 1995, 21 (37); *Bleckmann* JZ 2001, 53 (54); *Rummer* ZEuS 1999, 249 (252).
[112] EuGH 138/79, Slg. 1980, 3333 Rn. 33 – Roquette Frères/Rat; EuGH 139/79, Slg. 1980, 3393 Rn. 34 – Maizena/Rat; EuGH C-300/89, Slg. 1991, I-2867 Rn. 20 – Kommission/Rat; EuG T-135/96, Slg. 1998, II-2335 Rn. 88 – UEAPME/Rat; EuG T-222, 327, 329/99, Slg. 2001, II-2823 Rn. 200 – Martinez ua/Parlament.
[113] Vgl. BVerfGE 89, 155 (186) – Maastricht; *Classen* AöR 119 (1994), 238 (249).
[114] *Classen* AöR 119 (1994), 238 (248).
[115] *Klein* FS Remmers, 1995, 195 (205); *Bieber* FS Heymanns Verlag, 1995, 291 (303); *Suski*, Das Europäische Parlament – Volksvertretung ohne Volk und Macht?, 1996, S. 81.
[116] *Klein* FS Remmers, 1995, 195 (205); *Oeter* ZaöRV 59 (1999), 901 (907). – Zur demokratischen Legitimation des Bundesrates vgl. *Möllers* in Aulehner ua, Föderalismus – Auflösung oder Zukunft der Staatlichkeit?, 1997, 81 (102 ff. mwN).

bestimmte Volksgruppen sind dem Wahlrecht durchaus nicht fremd. Verwiesen sei etwa auf Klauseln, die nationalen Minderheiten eine Mindestrepräsentation in Parlamenten garantieren.[117] Eine vollständige Übertragung innerstaatlicher demokratischer Strukturen auf die EU, die auch die Geltung des Grundsatzes der gleichen Wahl einschließt, wird von Art. 2 EUV nicht gefordert.[118] Die Eingliederung in einen Zusammenschluss mit anderen Mitgliedstaaten kann nur im Wege des gegenseitigen Ausgleichs und der Anpassung erfolgen. Aufgrund der besonderen supranationalen Struktur der Unionsrechtsordnung kann daher das demokratische Prinzip auf Unionsebene durchaus andere Erscheinungsformen annehmen als auf der Ebene der Mitgliedstaaten.[119]

45 Das in § 1 Abs. 1 EuWG normierte Gebot der Wahlgleichheit erfasst nur die Ausfüllung des deutschen Sitzkontingentes und erstreckt sich nicht auf die Gesamtheit der Parlamentssitze. Die früheren innerstaatlichen Regelungen des EuWG, wonach bei der Verteilung der Sitze auf die Wahlvorschläge nur Wahlvorschläge berücksichtigt werden, die einen bestimmten Mindestanteil der im Wahlgebiet abgegebenen gültigen Stimmen erhalten haben, stellten eine **Einschränkung der innerstaatlichen Wahlrechtsgleichheit** bei Europawahlen dar. Nach Einführung der Direktwahlen zum Europäischen Parlament war umstritten, ob die im EuWG niedergelegte damalige **5 %-Sperrklausel** mit dem Grundsatz der Gleichheit der Wahl vereinbar war. In einer Entscheidung vom 22. Mai 1979 hatte das BVerfG diese Sperrklausel noch für verfassungskonform erachtet, da sie durch besondere, zwingende Gründe gerechtfertigt sei, um einer übermäßigen Parteienzersplitterung im Europäischen Parlament entgegenzuwirken[120] An dieser Rechtsprechung hat das BVerfG nicht festgehalten. In zwei Entscheidungen hat es Sperrklauseln für mit dem Grundsatz der Gleichheit der Wahl nicht vereinbar erklärt, zunächst in einer Entscheidung vom 9. November 2011 die damalige 5 %-Klausel[121] und später in einer Entscheidung vom 26. Februar 2014 die auf die erste Entscheidung hin gesetzlich erniedrigte **3 %-Sperrklausel.**[122] Es sei, so das BVerfG, nicht erkennbar, dass die Funktionsfähigkeit des Europäischen Parlaments ohne die (deutsche) Sperrklausel beeinträchtigt sei.[123] Die jüngeren Entscheidungen verkennen freilich, dass das Gebot der Unionstreue gemäß Art. 4 Abs. 3 AEUV jeden einzelnen Mitgliedstaat dazu verpflichtet, seine innerstaatliche Regelungen an der Überlegung zu orientieren, ob die Funktionsfähigkeit des Europäischen Parlaments beeinträchtigt wäre, wenn alle Mitgliedstaaten der Union ihre jeweiligen Sperrregelungen aufhöben.[124] Eine innerstaatliche Regelung, die – in Anlehnung an den Kantschen kategorischen Imperativ – so ausgestaltet ist, dass sie zugleich als **Maxime für die Wahl des gesamten Europäischen Parlaments,** und nicht nur der deutschen Abgeordneten, dienen könnte, muss daher als verfassungsrechtlich gerechtfertigt angesehen werden.[125] Gestützt wird diese Sicht durch den Direktwahlakt, der in Art. 3 DWA ausdrücklich bestimmt, dass die Mitgliedstaaten für die Sitzvergabe eine Mindestschwelle festlegen können, die landesweit nicht mehr als 5 % der abgegebenen Stimmen betragen darf. Der Rat hat im Juli 2018 beschlossen, den Direktwahlakt zu ändern und den Mitgliedstaaten, in denen eine Listenwahl stattfindet und die mindestens 35 Abgeordnete in das Europäische

---

[117] Vgl. *Blumenwitz*, Volksgruppen und Minderheiten, 1995, 129 ff.
[118] *Schwarze* JZ 1999, 637 (640).
[119] *Bleckmann* JZ 2001, 53 (54); *Bleckmann* in Bleckmann, Studien zum Europäischen Gemeinschaftsrecht, 1986, 159 (161); *Randelzhofer* in Hommelhoff/Kirchhof, Der Staatenverbund der Europäischen Union, 1994, 39 (51); *Schuppert* FS Rauschning, 2001, 201 (211 f.); *Schuppert* in Heyde/Schaber, Demokratisches Regieren in Europa?, 2000, 65 (73 ff.); *Läufer* GS Grabitz, 1995, 355 (365).
[120] Für die Vereinbarkeit mit dem Grundsatz der Gleichheit der Wahl: BVerfGE 51, 222 (233 ff.); *Hahlen* DÖV 1979, 282 (284 f.); dagegen: *Murswiek* JZ 1979, 48 (52); *Bleckmann* DÖV 1979, 503 (505).
[121] BVerfGE 129, 300 (316 ff.), 324 ff.).
[122] BVerfGE 135, 259 (280 ff., 291 ff.).
[123] BVerfGE 129, 300 (327); 135, 259 (295); zustimmend *Roßner* NVwZ 2012, 22 (24); *Will* NJW 2014, 1421 (1423 f.); kritisch *Frenz* NVwZ 2013, 1059 (1062); *Felten* EuR 2014, 298 (306 ff.).
[124] *Haratsch* EuGRZ 2019, 177 (182 f.).
[125] So zutreffend abw. Meinung der Richter *Di Fabio* und *Mellinghoff*, BVerfGE 129, 300 (346, 352); abw. Meinung des Richters *Müller*, BVerfGE 135, 259 (299, 306).

Parlament entsenden, die Einführung einer Sperrklausel, die zwischen 2 und 5 % liegen soll, aufzugeben.[126] Die Änderung tritt allerdings erst nach Zustimmung durch die Mitgliedstaaten in Kraft.[127]

3. Bedingungen für die Wahlrechtsausübung. Das Wahlrecht der ausländischen Unionsbürger steht gemäß Art. 22 Abs. 2 S. 1 und 2 AEUV unter dem Vorbehalt einer sekundärrechtlichen Durchführungsregelung des Rates. Mit dem Erlass der RL 93/109/EG hat der Rat entsprechende Regelungen getroffen. Die weiteren Voraussetzungen für die Ausübung des Europawahlrechts bestimmen sich gemäß Art. 22 Abs. 2 S. 1 AEUV und Art. 8 Abs. 1 DWA nach dem nationalen Recht. Außer vom Wohnsitzerfordernis kann die Ausübung des Wahlrechts der Unionsbürger von weiteren **allgemeinen Voraussetzungen** abhängig gemacht werden, sofern dabei die **Gleichbehandlung der ausländischen Unionsbürger** mit den eigenen Staatsangehörigen des betreffenden Mitgliedstaates sichergestellt ist. Das aktive und passive Wahlrecht kann von einer Mindestwohndauer im Gebiet des betreffenden Mitgliedstaates abhängig gemacht werden, wobei diese Voraussetzung bei ausländischen Unionsbürgern auch erfüllt ist, wenn sie in anderen Mitgliedstaaten für die gleiche Dauer einen Wohnsitz hatten.[128] Weitere Voraussetzungen können etwa ein bestimmtes Mindestalter, die Eintragung in eine Wählerliste oder die Erbringung von bestimmten Nachweisen für eine Kandidatur[129] sein.

Aufgrund der **Akzessorietät des Europawahlrechts im Wohnsitzstaat zum Wahlrecht im Herkunftsstaat** führt ein Verlust des passiven Wahlrechts im Herkunfts- oder im Wohnsitzmitgliedstaat infolge einer zivil- oder strafrechtlichen Einzelfallentscheidung gemäß Art. 6 Abs. 1 RL 93/109/EG zu einem Ausschluss des betreffenden Unionsbürgers von der Ausübung dieses Rechts bei den Wahlen zum Europäischen Parlament im Wohnsitzmitgliedstaat. Besitzt ein Unionsbürger im Herkunftsmitgliedstaat kein aktives Wahlrecht, ist er gemäß Art. 7 RL 93/109/EG auch im Wohnsitzstaat nicht wahlberechtigt.

4. Ausnahmeregelungen. Art. 22 Abs. 2 S. 2 AEUV iVm Art. 52 Abs. 2 GRC ermächtigt den Rat, Ausnahmeregelungen zu treffen, wenn dies **aufgrund besonderer Probleme eines Mitgliedstaates** gerechtfertigt ist. Ausnahmsweise kann das Wahlrecht von ausländischen Unionsbürgern an höhere Voraussetzungen geknüpft werden als das Wahlrecht der eigenen Staatsangehörigen. Darin liegt eine primärrechtliche Ermächtigung an den Unionsgesetzgeber, **Abweichungen vom Grundsatz der Gleichheit der Wahl** (→ Rn. 37 ff.) in einzelnen Mitgliedstaaten bei Wahlen zum Europäischen Parlament vorzusehen. Derartige Ausnahmeregelungen müssen mit dem **Grundsatz der Verhältnismäßigkeit** vereinbar sein und dürfen nicht zu einem völligen Ausschluss ausländischer Unionsbürger vom Europawahlrecht führen.[130]

Von der Ermächtigung des Art. 22 Abs. 2 S. 2 AEUV hat der Rat in Art. 14 RL 93/109/EG Gebrauch gemacht. Danach bestehen Ausnahmeregelungen für Staaten, in denen der Anteil der Unionsbürger im Wahlalter, die ihren Wohnsitz in diesem Mitgliedstaat haben, ohne dessen Staatsangehörigkeit zu besitzen, 20 % überschreitet. Luxemburg – derzeit einziger Mitgliedstaat mit einem Anteil von **über 20 % an ausländischen Unionsbürgern**[131] – kann daher die Ausübung des aktiven und des passiven Wahlrechts an weitere Kriterien knüpfen, wie an das Erfordernis, dass ein Wahlberechtigter seit einer bestimmten Mindestzeit seinen Wohnsitz in diesem Staat hat.[132] Für die Ausübung des aktiven Wahl-

---

[126] Beschluss (EU, Euratom) 2018/994 des Rates v. 13. Juli 2018 zur Änderung des dem Beschluss 76/787/EGKS, EWG, Euratom und des Rates v. 20. September 1976 beigefügten Akts zur Einführung allgemeiner unmittelbarer Wahlen der Mitglieder des Europäischen Parlaments, ABl. 2018 L 178, 1.
[127] Dazu *Haratsch* EuGRZ 2019, 177 (183 ff.); *Giegerich* ZEuS 2018, 145 (153 ff.).
[128] Art. 5 S. 1 RL 93/109/EG.
[129] Vgl. Art. 9 und 6 Abs. 2 RL 93/109/EG iVm Art. 10 RL 93/109/EG.
[130] Vgl. *Folz* in HK-UnionsR GRC Art. 39 Rn. 7.
[131] Vgl. die Berichte der Kommission, KOM(1999) 597 und KOM(2002) 260.
[132] Art. 14 Abs. 1 RL 93/109/EG.

rechts darf die geforderte Wohnsitzdauer höchstens fünf Jahre betragen, für die Ausübung des passiven Wahlrechts darf sie zehn Jahre nicht überschreiten.

II. Kommunalwahlrecht

50 **1. Der persönliche Gewährleistungsgehalt.** Der **persönliche Anwendungsbereich** des Kommunalwahlrechts erstreckt sich auf die **Unionsbürger** gemäß Art. 20 Abs. 1 S. 2 AEUV, die ihren Wohnsitz in einem Mitgliedstaat haben, dessen Staatsangehörigkeit sie nicht besitzen.[133] Nicht erfasst sind Familienangehörige eines Unionsbürgers mit Wohnsitz in einem anderen Mitgliedstaat, die Staatsangehörige eines Drittstaates sind.[134] Der **Begriff des Wohnsitzes** ist weder in Art. 22 Abs. 1 AEUV noch in den hierzu erlassenen Richtlinien definiert. Die Mitgliedstaaten besitzen einen Gestaltungsspielraum und können die Anforderungen selbst bestimmen, sofern dabei nicht zwischen eigenen Staatsangehörigen und Staatsangehörigen anderer Mitgliedstaaten unterschieden wird und an Angehörige anderer Mitgliedstaaten keine höheren Anforderungen gestellt werden als an eigene Staatsangehörige, denen das kommunale Wahlrecht aufgrund des Wohnsitzes erteilt wird.[135] Art. 22 Abs. 1 S. 2 AEUV hindert die Mitgliedstaaten nicht, das Kommunalwahlrecht auch Drittstaatsangehörigen zuzuerkennen, die eine enge Verbindung zu einem Mitgliedstaat aufweisen, aber nicht Unionsbürger sind.[136]

51 **2. Der sachliche Gewährleistungsgehalt.** Der **sachliche Anwendungsbereich** erstreckt sich sowohl auf das **aktive Wahlrecht,** dh das Recht zur Stimmabgabe (Wahlberechtigung), als auch auf das **passive Wahlrecht,** also das Recht, sich als Kandidat aufstellen und wählen zu lassen (Wählbarkeit). Im Hinblick auf das aktive Wahlrecht müssen die Mitgliedstaaten gewährleisten, dass die Unionsbürger beginnend mit der Bekanntmachung der Wahl bis zur Stimmabgabe den Inländern gleichgestellt werden. Im Zusammenhang mit dem passiven Wahlrecht sind auch Tätigkeiten geschützt, die für die wirksame Ausübung dieses Rechts erforderlich sind, wie etwa die diskriminierungsfreie Durchführung eines Wahlkampfes und das Recht, sich einer Partei anschließen zu können.[137] Ohne das Recht, das übertragene Mandat wahrnehmen zu können, wäre das Wahlrecht faktisch entwertet, so dass auch die Mandatsausübung von Art. 22 Abs. 1 S. 1 AEUV und Art. 40 GRC geschützt wird.[138] Das Unionsrecht vermittelt **kein subjektives Recht auf Durchführung von Kommunalwahlen,** sondern lediglich ein Recht auf Teilnahme an Wahlen, die in einem Mitgliedstaat durchgeführt werden. Besteht in einem Mitgliedstaat eine **Wahlpflicht,** so ist es kein Widerspruch zu Art. 22 Abs. 1 S. 1 AEUV und Art. 40 GRC, wenn Unionsbürger mit Wohnsitz in diesem Staat, die ihre Absicht erklärt haben, dort wählen zu wollen, ebenfalls der Wahlpflicht unterworfen werden.[139]

52 **Kommunalwahlen** sind die allgemeinen, unmittelbaren Wahlen, die darauf abzielen, die Mitglieder der Vertretungskörperschaft (zB Stadtrat) und gegebenenfalls den Leiter (zB Oberbürgermeister) und die Mitglieder des Exekutivorgans einer lokalen Gebietskörperschaft zu bestimmen, die für die Verwaltung örtlicher Angelegenheiten unter eigener

---

[133] Vgl. Art. 3 RL 94/80/EG.
[134] *Fischer* NVwZ 1995, 455 (456).
[135] *Oliver* CMLR 1996, 473 (482 f., 493); *Haag* in von der Groeben/Schwarze/Hatje AEUV Art. 22 Rn. 17; *Hatje* in Schwarze AEUV Art. 22 Rn. 7; aA *Degen* DÖV 1993, 749 (756), der auf den steuerrechtlichen Wohnsitzbegriff aus der Rechtsprechung des EuGH C-297/89, Slg. 1991, I-1943 Rn. 28 – Rigsadvokaten/Ryborg, zurückgreifen will.
[136] EuGH C-145/04, Slg. 2006, I-7961 Rn. 76 – Spanien/Vereinigtes Königreich.
[137] *Kotalakidis,* Von der nationalen Staatsangehörigkeit zur Unionsbürgerschaft, 2000, S. 184 f.; *Hatje* in Schwarze AEUV Art. 22 Rn. 5.
[138] *Hatje* in Schwarze AEUV Art. 22 Rn. 13; *Heindl/Tobisch* in Holoubek/Lienbacher, GRC-Kommentar, GRC Art. 40 Rn. 21.
[139] Art. 7 Abs. 2 RL 94/80/EG. – Vgl. *Magiera* in NK-EuGRCh GRCh. Art. 40 Rn. 12; *Kaufmann-Bühler* in Lenz/Borchardt EU-Verträge AEUV Art. 22 Rn. 7; *Haag* in von der Groeben/Schwarze/Hatje AEUV Art. 22 Rn. 10; *Hasselbach* ZG 1997, 49 (53 f.).

Verantwortung zuständig sind.[140] Im Anhang der RL 94/80/EG sind die Arten der „lokalen Gebietskörperschaften der Grundstufe", die vom Kommunalwahlrecht umfasst werden, für jeden Mitgliedstaat aufgelistet. In Deutschland betrifft das Kommunalwahlrecht die Wahlen in kreisfreien Städten, Stadtkreisen, Kreisen, in Gemeinden, in den Bezirken in der Freien und Hansestadt Hamburg und im Land Berlin, in der Stadtgemeinde Bremen, in der Freien Hansestadt Bremen[141] sowie in Stadt-, Gemeinde- oder Ortsbezirken bzw. Ortschaften.[142] Da diese Liste keinen abschließenden Charakter hat, umfasst das Kommunalwahlrecht der Unionsbürger aber auch Wahlen in rheinland-pfälzischen und sachsen-anhaltischen Verbandsgemeinden und niedersächsischen Samtgemeinden, obwohl diese im Anhang der RL 94/80/EG keine ausdrückliche Erwähnung finden.[143]

Erfasst werden nur **Wahlen,** dh Entscheidungen über Personen für die Besetzung von **53** Wahlämtern, **nicht auch Abstimmungen über Sachfragen.**[144] Die Beteiligung ausländischer Unionsbürger an Bürgerentscheiden oder Bürgerbegehren bleibt damit dem innerstaatlichen Recht der Mitgliedstaaten überlassen. Sie wird durch Art. 22 Abs. 1 AEUV, Art. 40 GRC und das dazu ergangene Sekundärrecht nicht ausgeschlossen, aber auch nicht vorgeschrieben.[145]

Das Unionsrecht belässt dem Unionsbürger die Entscheidungsfreiheit, wo er sein Wahl- **54** recht ausüben will, dh in seinem Wohnsitzmitgliedstaat oder in seinem Herkunftsmitgliedstaat.[146] Eine Auslegung, die das Unionsbürgerwahlrecht auf das Wahlrecht am Wohnsitz beschränken wollte, stünde im Widerspruch zu der von der Unionsbürgerschaft angestrebten Ausweitung der subjektiven Rechtsstellung der Unionsbürger.[147] Art. 22 Abs. 1 S. 1 AEUV schließt daher eine **mehrfache Ausübung** des Kommunalwahlrechts in verschiedenen Gemeinden nicht aus, soweit ein Unionsbürger die Voraussetzungen für die Teilnahme an der Wahl in mehreren Gemeinden erfüllt.[148] Auch die RL 94/80/EG enthält beim aktiven Wahlrecht keine Beschränkung auf eine einmalige Stimmabgabe. Es ist jedem Mitgliedstaat überlassen, ob er – etwa bei doppeltem Wohnsitz – das Kommunalwahlrecht zusätzlich im Heimatstaat zulässt oder ausschließt.[149] In Frankreich und Spanien haben Staatsangehörige mit Wohnsitz im Ausland das volle Wahlrecht in ihrem Heimatstaat.[150] Sofern allerdings nach nationalem Recht eine mehrfache Ausübung des Kommunalwahlrechts im Wohnsitz- und im Heimatstaat ausgeschlossen ist, können Vorkehrungen gegen eine missbräuchliche doppelte Stimmabgabe getroffen werden.[151]

3. Bedingungen für die Wahlrechtsausübung. Die näheren Voraussetzungen für die **55** Ausübung des Kommunalwahlrechts bestimmen sich gemäß Art. 22 Abs. 1 S. 1 AEUV nach dem Recht des Wohnsitzstaates. Außer vom Wohnsitzerfordernis kann die Ausübung des Wahlrechts der Unionsbürger durchaus von weiteren **allgemeinen Voraussetzungen** abhängig gemacht werden, sofern dabei die **Gleichbehandlung der ausländischen Unionsbürger** mit den eigenen Staatsangehörigen des betreffenden Mitgliedstaates sicher-

---

[140] Vgl. Art. 2 Abs. 1 lit. a und b RL 94/80/EG.
[141] Vgl. dazu StGH Bremen DVBl 2000, 1797.
[142] Vgl. auch *Degen* DÖV 1993, 749 (755f.); *Hasselbach* ZG 1997, 49 (52f.); *Schrapper* DVBl 1995, 1167 (1169f.); *Wollenschläger/Schraml* BayVBl. 1995, 385 (386f.); *Pieroth/Schmülling* DVBl 1998, 365 (366).
[143] *Hasselbach* ZG 1997, 49 (52); *Barley* S. 81; *Kluth* in Calliess/Ruffert AEUV Art. 22 Rn. 10.
[144] *Schrapper* DVBl 1995, 1167 (1170); *Hatje* in Schwarze AEUV Art. 22 Rn. 4; *Magiera* in Streinz AEUV Art. 22 Rn. 18; *Kluth* in Calliess/Ruffert AEUV Art. 22 Rn. 11; *Burkholz* DÖV 1995, 816 (817); *Meyer-Teschendorf/Hofmann* ZRP 1995, 290 (291f.).
[145] *Haag* in von der Groeben/Schwarze/Hatje AEUV Art. 22 Rn. 10; *Barley* S. 72f.; *Engelken* NVwZ 1995, 432 (435); *Engelken* DÖV 1996, 737 (740).
[146] Vgl. Erwgr. 6 und Art. 7 Abs. 1 RL 94/80/EG; dazu *Kaufmann-Bühler* in Lenz/Borchardt EU-Verträge AEUV Art. 22 Rn. 2; *Fischer* NVwZ 1995, 455 (456).
[147] *Kaufmann-Bühler* in Lenz/Borchardt EU-Verträge AEUV Art. 22 Rn. 2.
[148] *Haag* in von der Groeben/Schwarze/Hatje AEUV Art. 22 Rn. 9; *Degen* DÖV 1993, 749 (756).
[149] *Kaufmann-Bühler* in Lenz/Borchardt EU-Verträge AEUV Art. 22 Rn. 3; *Degen* DÖV 1993, 749 (756).
[150] Vgl. Bericht der Kommission, KOM(97) 230, 8.
[151] Vgl. Art. 10 Abs. 1 RL 94/80/EG; vgl. dazu *Hatje* in Schwarze AEUV Art. 22 Rn. 12; *Kaufmann-Bühler* in Lenz/Borchardt EU-Verträge AEUV Art. 22 Rn. 3.

gestellt ist. Voraussetzungen können etwa ein bestimmtes Mindestalter, die Eintragung in eine Wählerliste oder die Erbringung von bestimmten Nachweisen für eine Kandidatur[152] sein. Eine Mindestwohndauer im Gebiet der betreffenden Gebietskörperschaft oder in einem Teilgebiet des Mitgliedstaates, zB einem Bundesland, kann zur Voraussetzung gemacht werden, sofern diese Anforderungen auch die eigenen Staatsangehörigen treffen.[153] Gleiches gilt für das Erfordernis einer bestimmten Mindestwohndauer im Wohnsitzmitgliedstaat, wobei es jedoch ausreicht, wenn der Unionsbürger seinen Wohnsitz für die gleiche Dauer in anderen Mitgliedstaaten hatte.[154] Können die Staatsangehörigen des Wohnsitzmitgliedstaats nach dessen Rechtsvorschriften nur in lokalen Gebietskörperschaften wählen oder gewählt werden, in der sie ihren Hauptwohnsitz haben, so unterliegen auch die Unionsbürger aus anderen Mitgliedstaaten dieser Bedingung.[155] Ebenso können Unvereinbarkeitsregelungen für bestimmte Wahlämter aufgestellt werden.[156]

56   Bei einem **Verlust des passiven Wahlrechts des Herkunftsmitgliedstaats** infolge einer zivilrechtlichen Einzelfallentscheidung oder einer strafrechtlichen Entscheidung kann ein Wohnsitzmitgliedstaat gemäß Art. 5 Abs. 1 RL 94/80/EG bestimmen, dass der betreffende Unionsbürger von der Ausübung dieses Rechts bei den Kommunalwahlen auch im Wohnsitzstaat ausgeschlossen ist.

57   **4. Ausnahmeregelungen.** Art. 22 Abs. 1 S. 2 AEUV iVm Art. 52 Abs. 2 GRC ermächtigt den Rat, **Ausnahmeregelungen** zu treffen, wenn dies **aufgrund besonderer Probleme eines Mitgliedstaates** gerechtfertigt ist. Insofern darf das Wahlrecht von ausländischen Unionsbürgern ausnahmsweise an höhere Voraussetzungen geknüpft werden als das Wahlrecht der eigenen Staatsangehörigen.[157] Von dieser Möglichkeit zu Ausnahmeregelungen darf allerdings nur unter Wahrung des **Grundsatzes der Verhältnismäßigkeit** Gebrauch gemacht werden.[158] Keinesfalls dürfen diese Ausnahmen zu einem völligen Ausschluss ausländischer Unionsbürger vom Wahlrecht führen.

58   Von dieser Ermächtigung hat der Rat in Art. 12 RL 94/80/EG Gebrauch gemacht. Danach bestehen Ausnahmeregelungen für Staaten, in denen der Anteil der Unionsbürger im Wahlalter, die ihren Wohnsitz in diesem Mitgliedstaat haben, ohne dessen Staatsangehörigkeit zu besitzen, 20 % überschreitet. Luxemburg, einziger Mitgliedstaat mit einem Anteil von **über 20 % an ausländischen Unionsbürgern**[159], kann auf dieser Grundlage die Ausübung des aktiven und des passiven Wahlrechts an weitere Kriterien knüpfen, wie an das Erfordernis, dass ein Wahlberechtigter seit einer bestimmten Mindestzeit seinen Wohnsitz in diesem Staat hat.[160] Für die Ausübung des aktiven Wahlrechts darf die geforderte Wohnsitzdauer höchstens die Dauer einer Amtszeit betragen, für die Ausübung des passiven Wahlrechts darf sie zwei Amtszeiten nicht überschreiten. In Belgien kann gemäß Art. 12 Abs. 2 RL 94/80/EG eine entsprechende Regelung für eine begrenzte Anzahl von Gemeinden getroffen werden, deren Anteil an ausländischen Unionsbürgern über 20 % liegt. Diese Ausnahmeregelung greift allerdings nur, sofern diese Gemeinden der Kommission mindestens ein Jahr vor der Kommunalwahl mitgeteilt werden.

59   Ausnahmen können gemäß Art. 5 Abs. 3 RL 94/80/EG zudem für das passive Wahlrecht vorgesehen werden bei der **Wahl von Amtsträgern, die staatliche Exekutivgewalt ausüben.** So können die Mitgliedstaaten bestimmen, dass nur eigene Staatsangehörige in die Ämter des Leiters des Exekutivorgans (zB Bürgermeister, Landrat), seines Vertreters oder eines Mitglieds des leitenden kollegialen Exekutivorgans einer kommunalen Gebiets-

---

[152] Vgl. Art. 5 Abs. 2 RL 94/80/EG iVm Art. 9 RL 94/80/EG.
[153] Art. 4 Abs. 3 RL 94/80/EG.
[154] Art. 4 Abs. 1 RL 94/80/EG.
[155] Art. 4 Abs. 2 RL 94/80/EG.
[156] Art. 6 RL 94/80/EG.
[157] *Heindl/Tobisch* in Holoubek/Lienbacher, GRC-Kommentar, GRC Art. 40 Rn. 18.
[158] *Haag* in von der Groeben/Schwarze/Hatje AEUV Art. 22 Rn. 13.
[159] Vgl. die Berichte der Kommission, KOM(1999) 597 und KOM(2002) 260.
[160] Art. 12 Abs. 1 RL 94/80/EG.

körperschaft wählbar sind. Von dieser Möglichkeit hat in Deutschland etwa das Land Bayern Gebrauch gemacht.[161] Die Vereinbarkeit einer solchen Ausnahme mit Art. 22 Abs. 1 S. 2 AEUV als Ermächtigungsgrundlage der RL 94/80/EG wird teilweise in Zweifel gezogen, da nur Ausnahmen wegen besonderer Probleme eines Mitgliedstaates zulässig sein sollen.[162] Diese Auffassung übersieht allerdings, dass das Kommunalwahlrecht der Unionsbürger gemäß Art. 22 Abs. 1 S. 2 AEUV vorbehaltlich der Einzelheiten ausgeübt wird, die vom Rat festgelegt werden. Art. 5 Abs. 3 RL 94/80/EG kann daher auf diese Ermächtigungsgrundlage gestützt werden.[163]

C. Verhältnis zu anderen Bestimmungen

I. Wahlrecht zum Europäischen Parlament

Das europawahlrechtliche Recht auf Gleichbehandlung ist *lex specialis* zum allgemeinen Diskriminierungsverbot aus Gründen der Staatsangehörigkeit gemäß Art. 18 Abs. 1 AEUV. 60

II. Kommunalwahlrecht

Auch das kommunalwahlrechtliche Recht auf Gleichbehandlung stellt eine **gegenüber dem allgemeinen Diskriminierungsverbot** aus Gründen der Staatsangehörigkeit gemäß Art. 18 Abs. 1 AEUV **speziellere Regelung** dar. 61

Art. 5 Abs. 3 RL 94/80/EG nimmt Rücksicht auf **Art. 45 Abs. 4 AEUV und Art. 51 Abs. 1 AEUV** (gegebenenfalls iVm Art. 62 AEUV), wonach die Ausübung staatlicher Hoheitsgewalt den eigenen Staatsangehörigen vorbehalten werden kann. 62

D. Zusammenfassende Bewertung und Ausblick

I. Wahlrecht zum Europäischen Parlament

Das Europawahlrecht, das nicht nur eigenen Staatsangehörigen, sondern nach Art. 22 Abs. 2 S. 1 AEUV und Art. 39 Abs. 1 GRC auch ausländischen Unionsbürgern in ihrem Wohnsitzstaat zukommt, besitzt eminente Bedeutung bei der **Herausbildung eines einheitlichen europäischen Wahlvolks.** Das mit der Unionsbürgerschaft verbundene Europawahlrecht ist nicht mehr staats-, sondern unionsbezogen.[164] Derzeit bewirkt das Unionsrecht über das Unionsbürgerwahlrecht bei Wahlen zum Europäischen Parlament bereits eine Modifikation des innerstaatlichen Demokratieprinzips, da ausländische Unionsbürger an der Wahl der Repräsentanten eines anderen Staatsvolks mitwirken. Die exklusive Verbindung zwischen Staatsangehörigkeit und Wahlrecht im jeweiligen Staat wird damit aufgebrochen.[165] 63

Ein **Desiderat** im Hinblick auf das Europawahlrecht bleibt ein **europaweit einheitliches Wahlrecht** bei Wahlen zum Europäischen Parlament auf der Grundlage von Art. 223 Abs. 4 AEUV, das die Legitimationsfunktion des Parlaments stärkt. Zudem erscheint bei sich vertiefender Integration die unionsrechtliche **explizite Festschreibung des Grundsatzes der Gleichheit der Wahl** in Form der europaweiten Erfolgswertgleichheit der Stimmen unausweichlich. Diese Forderung liegt auf der Linie der *Maastricht*-Entscheidung des BVerfG. Danach ist die Weiterentwicklung der EU davon abhängig, dass die demokratischen Grundlagen der Union schritthaltend mit der Integration ausgebaut werden.[166] 64

---

[161] Vgl. Art. 39 Abs. 1 bayGLKrWG, GVBl. 2006, 834; zuletzt geänd. GVBl. 2015, 178; hierzu *Wollenschläger/Schraml* BayVBl. 1995, 385.
[162] *Pieroth/Schmülling* DVBl 1998, 365 (367 f.); *Hasselbach* ZG 1997, 49 (56 f.); *Wollenschläger/Schraml* BayVBl. 1995, 385 (387).
[163] BVerfG (K) NVwZ 1999, 293; BayVerfGH BayVBl. 1997, 495 (497); VG Ansbach DÖV 1998, 560 (561); zustimmend *Gundel* DÖV 1999, 353 (357 ff.).
[164] *Kluth* in Calliess/Ruffert AEUV Art. 20 Rn. 6; *Häberle* FS Heckel, 1999, 725 (735).
[165] *Häberle* FS Heckel, 1999, 725 (735).
[166] BVerfGE 89, 155 (213) – Maastricht.

II. Kommunalwahlrecht

65 Wie das Unionsbürgerwahlrecht bei Wahlen zum Europäischen Parlament stellt auch das Kommunalwahlrecht ausländischer Unionsbürger in ihrem Wohnsitzmitgliedstaat einen Ansatz zur **Herausbildung eines europäischen Wahlvolks** dar und ist Ausdruck eines **rechtsordnungsübergreifenden demokratischen Prinzips.** Das Kommunalwahlrecht der Unionsbürger ermöglicht den Angehörigen der übrigen Mitgliedstaaten der Union, die nicht dem deutschen Staatsvolk angehören, die Beteiligung an der Ausübung demokratisch legitimierter Hoheitsgewalt in Deutschland. Freilich ist darauf zu achten, dass die kommunale und regionale Vielfalt sowie die nationale Identität der Mitgliedstaaten geachtet werden. Die Unionsbürgerschaft und als eines ihrer Kernelemente das Kommunalwahlrecht der Unionsbürger bewirken einen Paradigmenwechsel in Bezug auf das Individuum. Die Einzelnen sind nicht länger nur Angehörige ihrer Mitgliedstaaten, sondern **selbstbestimmte Bürger in einer sie umfassenden und durch sie (mit-)konstituierten Integrationsordnung.**[167]

---

[167] Vgl. *Häberle* FS Heckel, 1999, 725 (733, 735 ff.); *Pernice* in Bauer ua, Ius Publicum im Umbruch, 2000, S. 25 (35).

§ 52 Diplomatischer und konsularischer Schutz

Übersicht

	Rn.
A. Entwicklung und Bedeutung	1–14
B. Schutz durch Vertretungen anderer Mitgliedstaaten in Drittstaaten	15–40
I. Allgemeines	15
II. Voraussetzungen	16–24
1. Unionsbürgerschaft	16–18
2. Verletzungshandlung	19
3. Keine eigene Vertretung	20
4. Aufenthalt im Hoheitsgebiet des Drittlandes	21
5. Zustimmung des Drittstaates	22, 23
6. Local remedies rule	24
III. Gewährleistungsgehalt	25–35
1. Unionsrechtlicher Gleichbehandlungsanspruch	25–29
2. Konsularischer Schutz	30–32
3. Diplomatischer Schutz	33, 34
4. Schutz in Krisenfällen	35
IV. Schadensersatz und Entschädigung bei Schutzversagung	36, 37
V. Verpflichtung notwendige Vorkehrungen zu treffen und internationale Verhandlungen aufzunehmen	38–40
C. Schutzgewährung durch Vertretungen der Europäischen Union	41–51
I. Schutz für EU-Beamte	42
II. Schutz für Unionsangehörige und -zugehörige	43–51
D. Verhältnis zu anderen Grundrechtsgewährleistungen	52
E. Zusammenfassende Bewertung und Ausblick	53–55

Schrifttum:

Behrens in Nowak/Cremer, Individualrechtsschutz in der EG und der WTO, 2002; *Bleckmann,* Anspruch auf diplomatischen Schutz vor dem EuGH, EWS 1995, 213; *Bohn,* Die Ausübung diplomatischen Schutzes zugunsten staatsfremder Personen – Staatliche Befugnisse und individuelle Ansprüche, 2010; *Busse,* Enthält Art. 20 S. 1 EGV-Amsterdam einen unmittelbaren Anspruch auf diplomatischen und konsularischen Schutz?, Europablätter 1999, 92; *Closa,* The concept of citizenship in the Treaty on European Union, CMLR 1992, 1137; *Crawford,* Brownlie's Principles of Public International Law, 8. Aufl. 2012, 7; *ders./Grant,* Local Remedies, Exhaustion of in Planck Encyclopedia of Public International Law, 2007; *Czubik/Szwedo,* Consular Functions in Planck Encyclopedia of Public International Law, 2013; *Dahm,* Die Subsidiarität des internationalen Rechtsschutzes bei völkerrechtswidriger Verletzung von Privatpersonen, in v. Caemmerer/Nikisch/Zweigert, Vom Deutschen zum Europäischen Recht, FS Dölle 1963, Band II, S. 3; *Doehring,* Handelt es sich bei einem Recht, das durch diplomatischen Schutz eingefordert wird, um ein solches, das dem die Protektion ausübenden Staat zusteht, oder geht es um die Erzwingung von Rechten des betroffenen Individuums?, in Ress/Stein, Der diplomatische Schutz im Völker- und Europarecht, 1996, 13; *ders.,* Die allgemeinen Regeln des Fremdenrechts und das deutsche Verfassungsrecht, 1963; *ders.,* Die Pflicht des Staates zur Gewährung diplomatischen Schutzes, 1959; *Dugard,* Diplomatic Protection in Planck Encyclopedia of Public International Law, 2009; *Ehlers,* Die Weiterentwicklung des Staatshaftungsrechts durch das Europäische Gemeinschaftsrecht, JZ 1996, 776; *Fischer,* Die Unionsbürgerschaft: Ein neues Konzept im Völker- und Europarecht, in Raschauer, Beiträge zum Verfassungs- und Wirtschaftsrecht, FS Winkler 1997, 237; *Geck,* Die Ausweitung von Individualrechten durch völkerrechtliche Verträge und der diplomatische Schutz, in Börner/Jahrreiß, Einigkeit und Recht und Freiheit, FS Carstens, 1984, 338; *ders.,* Der Anspruch des Staatsbürgers auf Schutz gegenüber dem Ausland nach deutschem Recht, ZaöRV 57 (2016), 476; *Giegerich,* Verantwortlichkeit und Haftung für Akte internationaler und supranationaler Organisationen, ZVglRWiss 2005, 163; *Hailbronner,* Diplomatischer Schutz bei mehrfacher Staatsangehörigkeit, in Ress/Stein, Der diplomatische Schutz im Völker- und Europarecht, 1996, S. 27; *Heintze,* Diplomatische und konsularische Beziehungen, in Ipsen, Völkerrecht, 6. Aufl. 2014, S. 511; *Herdegen,* Diplomatischer Schutz und die Erschöpfung von Rechtsbehelfen, in Ress/Stein, Der diplomatische Schutz im Völker- und Europarecht, 1996, 63; *Hofmann,* Grundrechte und grenzüberschreitende Sachverhalte, 1994; *Huber,* Unionsbürgerschaft, EuR 2013, 637; *Kau,* Der Staat und der Einzelne als Völkerrechtssubjekte, in Vitzthum/Proelß, Völkerrecht, 7. Aufl. 2016, S. 133; *Klein,* Anspruch auf diplomatischen Schutz?, in Ress/Stein, Der diplomatische Schutz im Völker- und Europarecht, 1996, S. 125; *Kleinlein/Rabenschlag,* Auslandsschutz und Staatsangehörigkeit, ZaöRV 2007, 1277; *Kokott,* Zum Spannungsverhältnis zwischen nationality rule und Menschenrechtsschutz bei der Ausübung diplomatischer Protektion, in Ress/Stein, Der diplomatische Schutz im Völker- und Europarecht, 1996, S. 45; *Kovar/Simon,* La citoyenneté européenne, CDE 1993, 285; *Lee,* Consular Law and Practice, 2. Aufl. 1991, S. 124; *Kruse,* Diplomatischer und konsularischer Schutz für Unionsbürger, 2009; *Laursen,* The Intergovernmental Conference on Political Union, 1992; *Lippott,* Trotz Richtlinie weiterhin intergouvermental – Neues zum konsularischen Schutz der Unionsbürger in Drittstaaten, DÖV 2017, 217; *Moraru,* Protection of EU citizens abroad: A legal assessment of the EU citizen's right to consular and diplomatic protection, Perspectives on Federalism, Vol 3. Issue 2, S. E-67 (http://www.on-federalism.eu/attachments/100_download.pdf, zuletzt abgerufen am 3.8.2017); *Nowak,* Der Rechtsschutz von Beschwerdeführern im EG-Wettbewerbsrecht und EG-Außenwirtschaftsrecht, EuZW 2000, 453; *Oellers-Frahm,* Die Entscheidung des IGH im Fall LaGrand – Eine Stärkung der internationale Gerichtsbarkeit und der Rolle des Individuums im Völkerrecht, EuGRZ 2001, 265; *Oberthür,* Der Anspruch des deutschen Staatsangehörigen auf diplomatischen und konsularischen Schutz gegenüber anderen Staaten, 1985; *Obwexer,* Das Recht der Unionsbürger auf diplomatischen und konsularischen Schutz, exolex 1996, 323; *O'Leary,* The Evolving Concept of Community Citizenship, 1996; *Peters,* Verhältnismäßigkeit als globales Verfassungsprinzip, in Baade/Ehricht/Fink/Frau/Möldner/Risini/Stirner, Verhältnismäßigkeit im Völkerrecht, 2016, S. 1; *Prieß/Pitschas,* Die Abwehr sonstiger unlauterer Handelspraktiken – Trade Barriers Regulation, EWS 2000, 185; *Reich,* Bürgerrechte in der Europäischen Union, 1999; *Ress,* Mangelhafte diplomatische Protektion und Staatshaftung, ZaöRV 32 (1972), 420; *ders.,* Diplomatischer Schutz und völkerrechtliche Verträge, in ders./Stein, Der diplomatische Schutz im Völker- und Europarecht, 1996, 83; *Ruffert,* Diplomatischer und konsularischer Schutz zwischen Völker- und Europarecht, AVR 35 (1997), 459; *ders./Walter,* Institutionalisiertes Völkerrecht, 2. Aufl. 2015; *Schmalenbach,* Die Delegationen der Europäischen Union in Drittländern und bei internationalen Organisationen, EuR Beih. 2012, 205; *Schneider,* Die Rechte- und Pflichtenstellung des Unionsbürgers, 2000; *Schöbener* (Hrsg.), Völkerrecht: Lexikon zentraler Begriffe und Themen, 2013; *Seidl-Hohenveldern,* Die Entwicklung der diplomatischen Protektion für juristische Personen, Vorträge, Reden und Berichte aus dem Europa-Institut, 1991, S. 1; *ders.,* Der diplomatische Schutz für juristische Personen und Aktionäre, in Ress/Stein, Der diplomatische Schutz im Völker- und Europarecht, 1996, S. 115; *ders.,* Internationale Organisationen, 7. Aufl. 2000; *Shirvani,* Haftungsprobleme im Europäischen Verwaltungsverbund, EuR 2011, 619; *Stein,* Die Regelung des diplomatischen Schutzes im Vertrag über die Europäische Union, in Ress/Stein, Der diplomatische Schutz im Völker- und Europarecht, 1996, S. 97; *ders.,* Interim Report on Diplomatic Protection under the European Union Treaty, in International Law Association, New Dheli Conference (2002), Committee on Diplomatic Protection of Persons and Property, Second Report, ILA New Delhi Conference (2002), S. 32; *Storost,* Diplomatischer Schutz durch EG und EU? Die Berücksichtigung von Individualinteressen in der europäischen Außenpolitik, 2005; *ders.,* Die Einbindung individueller Schutzinteressen in die europäische Außenpolitik: Neue Herausforderungen an EG und EU, EuR 2004, 972; *Stein/v. Buttlar/Kotzur,* Völkerrecht, 14. Aufl. 2017; *Szczekalla,* Die Pflicht der Gemeinschaft und der Mitgliedstaaten zum diplomatischen und konsularischen Schutz, EuR 1999, 325; *Tichy-Fisslberger,* Der Schutz der EU-Bürger durch die diplomatischen und konsularischen Vertretungsbehörden, EuR Beih. 2012, 217; *v. Arnauld,* Völkerrecht, 3. Aufl. 2016; *v. Danwitz,* Die gemeinschaftsrechtliche Staatshaftung der Mitgliedstaaten, DVBl 1999, 1; *Vedder/Folz,* A Survey of the European Court of Justice Decisions pertaining to International Law in 1995, EJIL 7 (1997), 508; *Verdross/Simma,* Universelles Völkerrecht, 3. Aufl. 1984; *Vigni,* Diplomatic and Consular Protection in EU Law: Misleading Combination or Creative Solution?, EUI Working Papers Law 2010/11; *Weyland,* La protection diplomatique et consulaire des citoyens de l'Union européenne, in Marias, European Citizenship, 1999, 63.

A. Entwicklung und Bedeutung

1 Einhergehend mit der Einführung der **Unionsbürgerschaft**[1] durch den Vertrag von Maastricht in Art. 8c EGV-Maastricht (jetzt Art. 9 EUV, Art. 23 Abs. 1 AEUV) wurde auf Unionsebene erstmals ein Anspruch auf **Schutz durch die Vertretungen anderer EU-Mitgliedstaaten** festgeschrieben,[2] wenn der eigene Heimatstaat in einem Drittstaat nicht vertreten ist (→ Rn. 15). Herkömmlich gewähren Staaten nur ihren eigenen staatsangehörigen natürlichen Personen bzw. staatszugehörigen juristischen Personen diplomatischen und konsularischen Schutz gegenüber anderen Staaten. Auch ohne eine explizite Festschreibung kommt der **EU** die Befugnis zur Ausübung konsularischer und diplomatischer **Schutzrechte für ihre Bediensteten** wie auch für sonstige Unionsangehörige im Rahmen der von ihr ausgeübten Kompetenzen zu (→ Rn. 41–51).

---

[1] Hierzu umfassend *Reich* S. 1 ff.; kürzere Darstellung bei: *Huber* EuR 2013, 637 (637 ff.).
[2] Vgl. Art. 8c EGV-Maastricht idF des Vertrages über die Gründung der Europäischen Union v. 7.2.1992, ABl. 1992 C 191, 1; Art. 20 EGV-Nizza, ABl. 2001 C 80, 1.

Bei dem im primären Unionsrecht festgelegten Schutz handelt es sich um einen **Fall der** **2** **völkerrechtlichen Vertretung.** Ein EU-Mitgliedstaat, der zu einem Drittstaat diplomatische Beziehungen unterhält, beauftragt einen anderen EU-Mitgliedstaat mit der Wahrnehmung seiner Interessen gegenüber diesem Drittstaat. Darüber hinaus besteht ein vom Willen des eigenen Heimatstaates unabhängiger **Anspruch des Unionsangehörigen** gegenüber dem im Drittstaat vertretenen EU-Mitgliedstaat. In der Substanz handelt es sich dabei um ein unmittelbar anwendbares **Gleichbehandlungsrecht,** denn der schutzsuchende Staatsbürger eines anderen EU-Staates ist genau so zu behandeln, wie Staatsbürger des Entsendestaates der jeweiligen Mission.[3] Diesen unionsrechtlichen Schutzrechten kommt aber nur eine **Auffangfunktion** zu, sofern nationaler Schutz nicht erlangt werden kann. Den Vorgaben des Art. 23 AEUV, Verhandlungen mit Drittstaaten zu führen, wird inzwischen nachgegangen.[4] Daher beschränkt sich der unionsrechtliche Schutzumfang derzeit lediglich auf die Ausübung konsularischen Schutzes (→ Rn. 30).

Unter diplomatischem und konsularischem Schutz wird im Völkerrecht herkömmlich **3** das Recht des Heimatstaates verstanden, auf die Behandlung eigener Staatsangehöriger durch einen Drittstaat zu reagieren, soweit durch diese Behandlung ein Schaden entstanden ist[5] oder zu entstehen droht. Dabei umfasst der **diplomatische Schutz** die Maßnahmen, mit denen ein Staat auf **völkerrechtliches Unrecht** reagiert, das seinen Staatsangehörigen durch einen anderen Staat zugeführt wird.[6] Hierbei handelt es sich in der Regel um einen repressiven Schutz auf der Sekundärebene mit häufig deliktsrechtlichem Charakter bei rechtswidriger Inhaftierung, Folter, entschädigungsloser Enteignung etc.[7] Zu den Mitteln des diplomatischen Schutzes gehören ua der Protest, die Retorsion („unfreundliches" Verhalten) und die Repressalie (eine an sich völkerrechtswidrige, aber als verhältnismäßige Reaktion gerechtfertigte Gegenmaßnahme, zB die Nichterfüllung vertraglicher Verpflichtungen). Soll der Anspruch eines dritten Staates geltend gemacht werden, zB ein Schadensersatzanspruch, so ist das Einverständnis des „Schädigerstaates" erforderlich.[8] Der **konsularische Schutz** beinhaltet die **allgemeine Unterstützung und Förderung von Interessen** der eigenen Staatsangehörigen auf dem Gebiet eines anderen Staates durch die diplomatischen und konsularischen Vertretungen des Heimatstaates im Ausland im Rahmen der zulässigen Grenzen.[9] Dies ist in erster Linie präventiver Schutz auf der Primärebene.[10] Hierzu zählen etwa die Erledigung von Angelegenheiten des Pass- und Personenstandswesens, die Erteilung von Auskünften, Beratung sowie Hilfe und Beistand in Notfällen, insbesondere bei Strafverfolgungsmaßnahmen.[11] Dieser Schutz kann gegenüber der fremden Staatsgewalt wie auch gegenüber Privatpersonen erfolgen.

Nach klassischem Völkerrecht wird bei völkerrechtswidriger Verletzung einer Person **4** durch einen anderen Staat oder diesem zuzurechnende Organe oder Stellen der Heimatstaat des betroffenen Staatsbürgers in der Person seines Staatsangehörigen bzw. seiner Staatszugehörigen (bei juristischen Personen) in seinen Rechten verletzt.[12] Es handelt sich daher bei der Ausübung von diplomatischem und konsularischem Schutz um ein **Recht des**

---

[3] So *Ruffert* AVR 35 (1997), 459 (472); *Hatje* in Schwarze AEUV Art. 23 Rn. 8; *Magiera* in Streinz AEUV Art. 23 Rn. 12; aA: *Giegerich* in HdB-EuropaR § 9 Rn. 106.
[4] Kommission, Bericht über die Unionsbürgerschaft 2017 – Stärkung der Bürgerrechte in einer Union des demokratischen Wandels, 2017, S. 32, Ziffer 5.1.2.
[5] *Verdross/Simma* § 1228.
[6] Vgl. Art. 3 Abs. 1 WÜK, BGBl. 1969 II 1587; hierzu auch *Stein/v. Buttlar/Kotzur* VölkerR Rn. 495; *Kau* in Vitzthum/Proelß S. 133 (180 Rn. 117 f.).
[7] *Crawford* führt insofern beispielhaft die brutale Anwendung von Gewalt durch Polizeibeamte des Gaststaates gegen einen Fremden an, s. *Crawford* S. 611; vgl. auch *Ruffert* AVR 35 (1997), 459 (461).
[8] IGH, ICJ-Reports 1970 3 (47) – Belgien/Spanien (Barcelona Traction, 2nd phase).
[9] Vgl. *Czubik/Szwedo* Rn. 6 ff.; *Kruse* S. 19; *v. Arnauld* Rn. 548.
[10] *Ruffert* AVR 35 (1997), 459 (341).
[11] Siehe insoweit auch die Präzisierungen in Art. 5 WÜK.
[12] IGH, ICJ-Reports 1955 4 (23) – Liechtenstein/Guatemala (Nottebohm-Fall, 2nd phase); *Heintze* in Ipsen VölkerR § 29 Rn. 49; *Kau* in Vitzthum/Proelß S. 133 (180) Rn. 117; *Stein/v. Buttlar/Kotzur* VölkerR Rn. 495; *Ruffert* AVR 35 (1997), 459 (468).

§ 52 11. Abschnitt. Besondere Unionsbürgerrechte

schutzgewährenden Staates.[13] Grundlegend für den diplomatischen Schutz hat der StIGH bereits 1924 dargelegt: „Es ist ein Grundprinzip des Völkerrechts, dass der Staat ermächtigt ist, seine Staatsangehörigen zu beschützen, die durch völkerrechtswidrige Handlungen eines anderen Staates, von dem sie über den ordentlichen Rechtsweg keine Befriedigung erlangen konnten, geschädigt worden sind. Indem ein Staat für einen der seinen Partei ergreift und zu dessen Gunsten ein diplomatisches oder ein internationales gerichtliches Verfahren einleitet, macht dieser sein eigenes Recht geltend, wonach das Völkerrecht in der Person seiner Staatsangehörigen zu achten ist."[14]

5   Die Entwicklung von Individualrechten und die fortschreitende Anerkennung des Individuums als Völkerrechtssubjekt gestatten dem Staat neuerdings die Geltendmachung von Ansprüchen seiner Staatsangehörigen im Wege einer Prozessstandschaft, weshalb der Staat neben eigenen Rechten uU gleichzeitig **Rechte seiner Staatsangehörigen** wahrnimmt.[15] In der *LaGrand*-Entscheidung hat der IGH festgestellt, dass aus der Konsularrechtskonvention resultierende Individualrechte verletzt worden seien, die nun im Wege diplomatischen Schutzes geltend gemacht würden.[16]

6   Die völkerrechtliche Ausübung diplomatischen und konsularischen Schutzes ist teilweise in der **Wiener Konvention über diplomatische Beziehungen** vom 18. April 1961[17] sowie in der **Wiener Konvention über konsularische Beziehungen** vom 24. April 1963[18] geregelt. Zudem beruht die Ausgestaltung des diplomatischen Schutzes auf **Völkergewohnheitsrecht**.[19] Im Jahr 2006 nahm die *International Law Commission* zudem die **Draft Articles on Diplomatic Protection** an, welche im Rahmen der *Diallo-Rechtsprechung* des IGH erstmalig angewendet wurden.[20]

7   Mit der Aufnahme des Rechtsinstituts des diplomatischen und konsularischen Schutzes durch andere Mitgliedstaaten ist folglich die **Inkorporierung einer völkerrechtlichen Rechtsfigur** in das Unionsrecht erfolgt,[21] die auf den Zweiten Bericht der *Adonnino*-Gruppe aus dem Jahre 1985 zurück geht.[22] In diesem Bericht war vorgesehen, Bürgern auf Reisen außerhalb der ehemaligen Europäischen Gemeinschaft die Hilfe der örtlichen konsularischen Vertretung eines anderen Mitgliedstaates zukommen zu lassen, wenn der Heimatstaat in dem Drittstaat nicht mit einem Konsulat oder einer Botschaft vertreten ist. Auch eine Intensivierung der konsularischen Zusammenarbeit wurde empfohlen.[23] Im Rahmen der Regierungskonferenz über die Politische Union 1990/91 legten die Kommission[24] und die spanische Regierung[25] noch weitergehende Vorschläge vor. Außer der Erweiterung des Schutzes der Unionsbürger durch die Mitgliedstaaten sollte auch ein unmittelbarer Schutz durch die Union eingeführt werden,[26] was aber schließlich keinen

---

[13] Vgl. StIGH, P.C.I.J.-Reports 1924, Series A no. 2 7 (12 ff.) – The Mavrommatis Palestine Concessions; ausführl. dazu mwN *Doehring* in Ress/Stein S. 13 (13 ff.).
[14] StIGH, P.C.I.J.-Reports 1924 Series A no. 2 7 (21) – The Mavrommatis Palestine Concessions.
[15] *Kau* in Vitzthum/Proelß S. 133 (144) Rn. 16; *Stein/v. Buttlar/Kotzur* VölkerR Rn. 495; *Schöbener* in Schöbener S. 61 (62 f.).
[16] IGH, ICJ Reports 2001 466 (515) – Deutschland/USA (LaGrand-Fall); hierzu auch *Oellers-Frahm* EuGRZ 2001, 265 (265 ff.).
[17] BGBl. 1964 II 959.
[18] BGBl. 1969 II 1587.
[19] StIGH, P.C.I.J.-Reports 1924 Series A no. 2 7 (12) – The Mavrommatis Palestine Concessions; IGH, ICJ-Reports 1970 3 (33) – Belgien/Spanien (Barcelona Traction, 2nd phase); *Verdross/Simma* § 1226; *Kau* in Vitzthum/Proelß S. 133 (181 Rn. 120 f.).
[20] IGH, Reports of Judgements, Advisory Opinions and Orders 2007 (39) – Guinea/Demokratische Republik Kongo (Ahmadou Sadio Diallo).
[21] *Ruffert* AVR 35 (1997), 459 (459).
[22] Kommission, Europa der Bürger – Berichte des Ad-hoc-Ausschlusses EG-Bulletin Beilage 7/1985 S. 22.
[23] Kommission, Europa der Bürger – Berichte des Ad-hoc-Ausschlusses EG-Bulletin Beilage 7/1985 S. 22.
[24] Kommission, EG-Bulletin Beilage 2/1991 S. 91.
[25] Spanish Delegation, Intergovernmental Conference on Political Union – European Citizenship (21 February 1991), abgedr. in *Laursen* S. 325 (325 ff.).
[26] Kommission, Kommissionsvorschlag v. 21.10.1990, Regierungskonferenzen: Beiträge der Kommission, EG-Bulletin Beilage 2/1991 S. 75 ff.

Eingang in das Primärrecht gefunden hat. Auch die Einrichtung gemeinsamer ständiger Missionen mehrerer EU-Staaten mit alternierender Leitung war ursprünglich – vor Verabschiedung des Maastrichter Vertragswerks – beabsichtigt.[27]

Die **Kooperation diplomatischer und konsularischer Vertretungen** gehört zur Gemeinsamen Außen- und Sicherheitspolitik der EU (Art. 35 EUV).[28] Hiermit wird die **gemeinsame Verantwortung der Mitgliedstaaten für alle Unionsbürger** zum Ausdruck gebracht[29] und das Unionsziel verfolgt, die europäische Identität und Solidarität auch im Außenbereich zu festigen.[30]   8

Die notwendigen Vorkehrungen sollen zwischen den Mitgliedstaaten gem. Art. 23 Abs. 1 S. 2 AEUV getroffen werden. Der Wortlaut des Art. 23 Abs. 1 S. 2 Var. 1 AEUV weicht insofern vom Wortlaut des Art. 20 S. 2 Var. 1 EGV-Nizza ab, welcher vorsah, dass die notwendigen Regeln zu vereinbaren waren.[31] Dabei handelte es sich in der Vergangenheit um völkerrechtliche Vereinbarungen,[32] wohingegen die neue Formulierung eine Grundlage für unionale Sekundärrechtsakte geschaffen hat.[33]   9

Art. 23 Abs. 1 S. 2 Var. 2 AEUV hingegen bleibt in seinem Wortlaut dem Art. 20 S. 2 Var. 2 EGV-Nizza gleich und fordert die Mitgliedstaaten weiterhin zur Einleitung der erforderlichen internationalen Verhandlungen auf. Die Vorschrift ist im Kontext mit den völkerrechtlichen Regeln betreffend den diplomatischen bzw. konsularischen Schutzes zu lesen. Für die Ausübung diplomatischen Schutzes eines fremden Staatsangehörigen durch einen Drittstaat gegenüber einem Gaststaat verlangt Art. 46 WÜD die vorherige Zustimmung des Gaststaates. Für die Ausübung konsularischen Schutzes reicht gem. Art. 8 WÜK die „angemessene Notifikation".   10

Ferner legt nunmehr Art. 35 Abs. 1 EUV fest, dass die Mitgliedstaaten ihre Zusammenarbeit durch Informationsaustausch und gemeinsame Bewertungen intensivieren müssen. Praktische Bedeutung erlangt diese Regelung vor dem Hintergrund, dass alle Mitgliedstaaten nur in vier Drittstaaten (China, Indien, Russland und USA) vertreten sind.[34]   11

Der Rechtsanspruch auf diplomatischen und konsularischen Schutz findet sich in unterschiedlichen materiell-rechtlichen Umfängen in der **Grundrechtecharta**[35] sowie in EUV und AEUV. Nach den Erläuterungen des Präsidiums handelte es sich bei Art. 20 S. 1 EGV-Nizza und Art. 46 GRC bzw. Art. II-106 VVE jeweils um dasselbe Recht.[36] Auch in Art. 35 EUV sowie Art. 20 Abs. 2 lit. c AEUV und Art. 23 AEUV wird ein Schutz der Unionsbürger durch diplomatische und konsularische Vertretungen festgeschrieben. Die Grundrechtecharta, der Verfassungsvertrag wie auch der Lissabonner Vertrag haben aber die   12

---

[27] Vgl. *Stein* in Ress/Stein S. 97 (100).
[28] Vgl. *Magiera* in Streinz AEUV Art. 23 Rn. 3.
[29] *Kadelbach* in v. Bogdandy/Bast Europ. VerfassungsR, S. 611 (633); *Hatje* in Schwarze AEUV Art. 23 Rn. 29.
[30] *Giegerich* in HdB-EuropaR § 77 Rn. 101; *Magiera* in Streinz AEUV Art. 23 Rn. 14.
[31] *Magiera* in Streinz AEUV Art. 23 Rn. 4.
[32] So *Giegerich* in HdB-EuropaR § 77 Rn. 107; *Closa* CMLR 1992, 1137 (1164).
[33] Und hierzu auch genutzt wird, vgl. die Präambel der Richtlinie 2015/637/EU des Rates vom 20. April 2015 über Koordinierungs- und Kooperationsmaßnahmen zur Erleichterung des konsularischen Schutzes von nicht vertretenen Unionsbürgern in Drittländern und zur Aufhebung des Beschlusses 95/553/EG, ABl. 2015 L 106, 1.
[34] European Commission, Reinforced Consular Protection for European citizens outside the EU, 2015. Bestätigung dieses Wertes auf Anfrage durch: Europäische Kommission, Generaldirektion Justiz, Direktion D.3 (Stand: 8/2017).
[35] Ein erster Vorschlag bzgl. einer Bestimmung über den diplomatischen und konsularischen Schutz erschien – auf Anregung von Konventsmitgliedern – in dem Charta-Entwurf des Präsidiums v. 14.6.2000; vgl. DRAFT CHARTER ON FUNDAMENTAL RIGHTS OF THE EUROPEAN UNION, CHARTE 4360/00 v. 14.6.2000, Vorschlag des Präsidiums zu Art. 26a; vgl. auch *Bernsdorff/Borowsky*, GRC, S. 310 ff. (insbes. S. 315).
[36] DRAFT CHARTER ON FUNDAMENTAL RIGHTS OF THE EUROPEAN UNION, CHARTE 4473/00 v. 11.10.2000, Erläuterungen des Präsidiums zu Art. 46; dies entspricht auch dem Auftrag des Europäischen Rates von Köln, nach dem die auf Unionsebene geltenden Rechte durch die Charta lediglich zusammengefasst, nicht aber verändert werden sollten, vgl. Kommission, EG-Bulletin 6/1999 S. 14.

früheren umfassenderen Forderungen der Festschreibung eines Schutzes durch die EU nicht wieder aufgegriffen. Sowohl Art. 35 EUV sowie Art. 20 Abs. 2 lit. c AEUV und Art. 23 Abs. 1 AEUV und Art. 46 GRC sind insoweit „Minimallösungen"[37], als dass sie nur auf den Schutz durch andere Mitgliedstaaten, nicht aber die EU selbst, abstellen.

13   Der **deutsche Wortlaut** der entsprechenden Bestimmungen über den diplomatischen und konsularischen Schutz in Art. I-10 Abs. 2 lit. c VVE und Art. II-106 VVE wich zum Teil erheblich von Art. 20 EGV-Nizza ab. So sprachen Art. I-10 Abs. 2 lit. c VVE und Art. II-106 VVE das „[...] Recht auf Schutz durch die diplomatischen und konsularischen Behörden [...]" an und gaben damit die damalige Formulierung des Art. 20 EGV-Nizza ua in der englischen und französischen Sprachfassung wieder. Hierüber ging der Wortlaut der Konkretisierung in Art. III-127 VVE hinaus, indem hier wiederum die deutsche Formulierung des damaligen Art. 20 EGV-Nizza („[...] den diplomatischen und konsularischen Schutz [...]") verwendet wurde, womit auch der diplomatische Schutz umfasst war.[38] Eine dem Art. 20 S. 2 EGV-Nizza entsprechende Bestimmung mit der Verpflichtung zur Vereinbarung der notwendigen Regeln zwischen den EU-Mitgliedstaaten wurde ebenfalls in Art. III-127 VVE aufgenommen. Ferner wurde die Verpflichtung ausgesprochen, „die für diesen" – dh den diplomatischen und konsularischen – „Schutz erforderlichen Verhandlungen" einzuleiten.

14   Mit Scheitern des Verfassungsvertrages für Europa gehen diese Regelungen nun in Art. 23 Abs. 1 S. 1 AEUV und Art. 46 GRC auf. Beiden Vorschriften kommt hierbei der gleiche Rechtsgehalt zu.[39]

B. Schutz durch Vertretungen anderer Mitgliedstaaten in Drittstaaten

I. Allgemeines

15   Nach dem Wortlaut des Art. 23 AEUV kommt der diplomatische und konsularische Schutz nur im Verhältnis zu solchen Staaten in Frage, die nicht EU-Mitglied sind (Drittstaaten). Der unionsrechtliche Anspruch auf diplomatischen und konsularischen Schutz findet also **zwischen den einzelnen Mitgliedstaaten** der EU keine Anwendung.[40] **Adressaten** des Anspruchs auf diplomatischen und konsularischen Schutz gem. Art. 23 AEUV sind nur die Mitgliedstaaten. Zweifelsfragen zu Auslegung, Umfang und Wirkung des diplomatischen und konsularischen Schutzes durch andere EU-Mitgliedstaaten können dem EuGH im Wege des Vorabentscheidungsverfahrens gem. Art. 267 AEUV vorgelegt werden.[41]

II. Voraussetzungen

16   **1. Unionsbürgerschaft.** In den „Genuss" diplomatischen und konsularischen Schutzes kommen alle Unionsbürger, dh alle **Staatsangehörigen der EU-Mitgliedstaaten,**[42] soweit sie im Zeitpunkt der Schädigung oder der drohenden Schädigung die Staatsangehörigkeit eines EU-Mitgliedstaates haben und diese auch im Zeitpunkt der Anspruchserhebung noch besitzen.

17   Nach dem Wortlaut der verschiedenen Bezugnahmen auf den diplomatischen und konsularischen Schutz im EUV, im AEUV sowie in der Grundrechtecharta sind nur natürliche Personen („Unionsbürger") vom Anwendungsbereich erfasst. Eine Ausdehnung auf **juris-**

---

[37] So *Ruffert* AVR 35 (1997), 459 (463) bzgl. Art. 8c EGV-Maastricht.
[38] Zum Problem des gemeinschaftsrechtlichen Schutzumfanges → Rn. 41 ff. sowie *Rengeling/Szczekalla* Grundrechte in der EU § 42 Rn. 1145.
[39] Zwar unterscheidet sich der Wortlaut von Art. 23 Abs. 1 S. 1 AEUV und Art. 46 GRC, allerdings erklären die Erläuterungen zur Charta der Grundrechte den Inhalt von Art. 23 AEUV und Art. 46 GRC zu demselben Recht, vgl. die Erläuterungen zur Charta der Grundrechte vom 14.12.2007, ABl. 2007 C 303, 29.
[40] Vgl. *Schneider* S. 85; *Magiera* in Streinz AEUV Art. 23 Rn. 9.
[41] So ua auch *Kadelbach* in Ehlers GuG § 26 Rn. 86.
[42] Vgl. insoweit Art. 9 EUV und Art. 20 Abs. 1 S. 2 AEUV.

tische Personen erscheint aber notwendig.⁴³ Die Zulässigkeit der Gewährung von diplomatischem und konsularischem Schutz für juristische Personen ist völkerrechtlich grundsätzlich anerkannt.⁴⁴ Innerunional sind die Grundfreiheiten auch auf juristische Personen anwendbar.⁴⁵ Auch aus teleologischen Gründen sollten juristische Personen angesichts potentiell großer Gefährdungslagen einbezogen werden, was auch dem Ziel entspricht, ergänzende Verantwortlichkeiten anderer Mitgliedstaaten zu schaffen.⁴⁶ Bei Gesellschaften sind grundsätzlich die Staaten, denen die Gesellschaft zugehörig ist, zur Ausübung diplomatischen Schutzes berechtigt.⁴⁷ Die **Staatszugehörigkeit** richtet sich entweder nach dem Sitz der Hauptverwaltung (Sitztheorie) oder nach dem Recht ihrer Unternehmensgründung (Gründungstheorie).⁴⁸ Nur in Ausnahmefällen kommt trotz der juristischen Verselbständigung eines Unternehmens die Anknüpfung des diplomatischen Schutzes an die Staatsangehörigkeit der das Unternehmen kontrollierenden Gesellschafter in Betracht (Kontrolltheorie).⁴⁹ Eine Erweiterung der Anknüpfungspunkte mag sich innerhalb des sich neu entwickelnden unionalen Investitionsschutzrechtes und der Möglichkeit von Staat-Staat- bzw. EU-Staat-Streitschlichtung ergeben.

Besitzt ein Unionsbürger auch die Staatsangehörigkeit eines Drittstaates **(doppelte** 18 **Staatsangehörigkeit),** so kann er sich diesem gegenüber dann nicht auf diplomatischen oder konsularischen Schutz durch einen anderen Mitgliedstaat berufen, wenn die Drittstaatsangehörigkeit effektiver ist als die Mitgliedstaatsangehörigkeit.⁵⁰ Zum sich entwickelnden menschenrechtlichen Mindeststandard gehört bei der Feststellung dieser *effective nationality,* dass der Wille des Schutzsuchenden dahingehend zu berücksichtigen ist, in welche Richtung der Betroffene sich selbst wenden möchte („*Carnevaro*-Prinzip"), sofern seine Zuwendung durch objektive und legitime Kriterien gestützt wird.⁵¹ Der EuGH hat festgestellt, dass bei Staatsangehörigen eines Mitgliedstaates, die gleichzeitig die Staatsangehörigkeit eines anderen Mitgliedstaates besitzen, die anderen Mitgliedstaaten die Anerkennung der Eigenschaft als Unionsangehöriger von einer Voraussetzung wie dem gewöhnlichen Aufenthalt des Betroffenen im Hoheitsgebiet des ersten Staates nicht abhängig machen dürfen.⁵² Die nur in Fällen der Doppel- oder Mehrfachstaatlichkeit bzw. die bei dem Versuch des Missbrauchs einer Staatsangehörigkeit überzeugende Notwendigkeit des Erfordernisses der Effektivität der Staatsangehörigkeit bzw. eines *genuine link* zwischen Staatsangehörigen und Mitgliedstaat findet daher nur begrenzten Eingang in das

---

⁴³ So im Ergebnis auch *Obwexer* ecolex 1996, 323 (326); *Szczekalla* EuR 1999, 325 (326); *Haag* in von der Groeben/Schwarze/Hatje AEUV Art. 23 Rn. 9; *Kaufmann-Bühler* in Lenz/Borchardt EU-Verträge AEUV Art. 23 Rn. 4; *Kluth* in Calliess/Ruffert AEUV Art. 23 Rn. 20; aA: *Fischer* FS Winkler, 1997, 237 (264); *Hatje* in Schwarze AEUV Art. 23 Rn. 4; *Magiera* in Streinz AEUV Art. 23 Rn. 7; *Nettesheim* in GHN AEUV Art. 23 Rn. 8.
⁴⁴ Vgl. hierzu ua *Seidl-Hohenveldern* S. 1; *Seidl-Hohenveldern* in Ress/Stein S. 115 (115 ff.).
⁴⁵ Vgl. *Rengeling/Szczekalla* Grundrechte in der EU § 42 Rn. 1145.
⁴⁶ So *Rengeling/Szczekalla* Grundrechte in der EU § 42 Rn. 1145.
⁴⁷ Hierzu grds. *Seidl-Hohenveldern* in Ress/Stein S. 115 (115 ff.).
⁴⁸ In IGH, ICJ-Reports 1970, 3 (3 ff.) – Belgien/Spanien (Barcelona Traction, 2nd phase) hatte sich der IGH auf Klage Belgiens gegen Spanien mit konkursrechtlichen Maßnahmen gegen eine in Spanien tätige Aktiengesellschaft zu befassen. Die Gesellschaft war nach kanadischem Recht gegründet worden, während die Aktienmehrheit bei belgischen Staatsangehörigen lag. Der IGH sprach Belgien das Recht zum diplomatischen Schutz zu Gunsten der belgischen Aktionäre ab: angesichts der rechtlichen Verselbständigung der Gesellschaft könne ohne besondere Umstände (wie die Handlungsunfähigkeit der Gesellschaft) die bloße Kontrolle durch belgische Aktionäre völkerrechtlichen Schutz durch den Heimatstaat nicht begründen.
⁴⁹ IGH, ICJ-Reports 1989 15 (15) – USA/Italien (ELSI-Fall). Bei Maßnahmen gegen eine Gesellschaft ist diplomatischer Schutz durch den Heimatstaat von Mehrheitsaktionären dann zulässig, wenn sich ein völkerrechtlicher Vertrag zum Schutz von Staatsangehörigen der Vertragsstaaten auch auf Anteilsrechte an Gesellschaften erstreckt.
⁵⁰ Vgl. für die völkerrechtliche Situation im Verhältnis Heimatstaat/Drittstaat *Hailbronner* in Ress/Stein S. 29 (29 ff.); *Haag* in von der Groeben/Schwarze/Hatje AEUV Art. 23 Rn. 8; *Nettesheim* in GHN AEUV Art. 23 Rn. 16.
⁵¹ *Hailbronner* in Ress/Stein S. 29 (29 ff.).
⁵² EuGH C-369/90, Slg. 1992, I-4240 Rn. 11 – Micheletti.

Unionsrecht.⁵³ Allerdings braucht der Drittstaat die Ausübung diplomatischen Schutzes nur zu dulden, wenn der Einzelne zu dem ausübenden Staat über eine effektive Staatsangehörigkeit verbunden ist, weshalb in Fällen der Schutzausübung im Sinne des Art. 23 AEUV regelmäßig die Zustimmung des Drittstaates erforderlich ist. Bei der Ausübung diplomatischen Schutzes in Fällen schwerwiegender Menschenrechtsverletzungen ist jeder Staat zum Handeln befugt (Durchsetzung von *erga omnes* Verpflichtungen).⁵⁴

19 **2. Verletzungshandlung.** Die Ausübung diplomatischen Schutzes setzt ein **völkerrechtswidriges Verhalten** eines anderen Staates gegenüber dem Unionsbürger bzw. der juristischen Person voraus. Dies kann von allen **Organen des Schädigerstaates** begangen werden und in einem Tun wie auch in einem Unterlassen bestehen, das völkervertragliche Verpflichtungen oder auch von Völkergewohnheitsrecht, etwa im Bereich des Fremdenrechts, verletzt.⁵⁵ Der konsularische Schutz ist dagegen primär für akute Notlagen gedacht und erfasst daneben auch routinemäßige konsularische Betreuung. Eine Verletzungshandlung ist nicht erforderlich.

20 **3. Keine eigene Vertretung.** Der eigene Heimatstaat darf über keine eigene Vertretung in dem jeweiligen Drittstaat verfügen. Im Sinne einer **funktionalen Interpretation** ist ein Staat auch dann als „nicht vertreten" anzusehen, wenn keine funktionsfähige oder nach den konkreten Umständen – etwa aus geographischen Gründen – keine rechtzeitig erreichbare Vertretung des eigenen Mitgliedstaates existiert.⁵⁶ Diese Regelung wird mit der Richtlinie (EU) 2015/637 sekundärrechtlich ausgeführt.⁵⁷ Schon die erreichbare Vertretung des eigenen Staates durch einen Honorarkonsul kann aus Subsidiaritätsgesichtspunkten einen Schutz durch Vertretungen anderer Mitgliedstaaten ausschließen;⁵⁸ die unterschiedliche Effektivität der einzelnen Auslandsvertretungen darf nicht zu einem Wahlrecht des Betroffenen zwischen der Vertretung des eigenen Heimatstaates und der Vertretung eines anderen Mitgliedstaates führen.⁵⁹

21 **4. Aufenthalt im Hoheitsgebiet des Drittlandes.** Der Unionsbürger muss sich im Hoheitsgebiet des Staates **tatsächlich aufhalten,** in dem sein Heimatstaat keine eigene Vertretung unterhält, wobei unerheblich ist, ob es sich um einen dauernden oder einen vorübergehenden Aufenthalt handelt bzw. in welcher Eigenschaft er sich dort aufhält.⁶⁰

22 **5. Zustimmung des Drittstaates.** Die konkrete Ausgestaltung des diplomatischen Schutzes durch andere EU-Mitgliedstaaten bestimmt sich nach **völkerrechtlichen Vereinbarungen** zwischen den Mitgliedstaaten und den Drittstaaten. Der Drittstaat darf eine solche Stellvertretung zwar nicht grundsätzlich ausschließen, er ist aber nicht verpflichtet, jeden beliebigen Staat als „**Schutzstaat**" anzuerkennen.⁶¹ Deshalb sind für den stellvertretenden diplomatischen Schutz solche völkerrechtlichen Vereinbarungen stets erforderlich.⁶² Entsprechende Verhandlungen sind mit Drittstaaten, soweit ersichtlich, von den EU-

---

⁵³ Zum *genuine link*-Erfordernis zwischen Staatsangehörigen und schutzgewährendem Staat vgl. IGH, ICJ-Reports 1955 4 (23) – Liechtenstein/Guatemala (Nottebohm-Fall, 2ⁿᵈ phase).
⁵⁴ IGH, ICJ-Reports 1970 3 (33) – Belgien/Spanien (Barcelona Traction, 2ⁿᵈ phase); *Kokott* in Ress/Stein S. 45 (49); aA *Bohn* S. 251.
⁵⁵ Vgl. dazu ua auch *Doehring* S. 68 ff.
⁵⁶ So auch *Haag* in von der Groeben/Schwarze/Hatje AEUV Art. 23 Rn. 10; *Hatje* in Schwarze AEUV Art. 23 Rn. 7.
⁵⁷ Erwgr. 8 Richtlinie (EU) 2015/637 und Art. 6 Richtlinie (EU) 2015/637 des Rates vom 20. April 2015 über Koordinierungs- und Kooperationsmaßnahmen zur Erleichterung des konsularischen Schutzes von nicht vertretenen Unionsbürgern in Drittländern und zur Aufhebung des Beschlusses 95/553/EG, ABl. 2015 L 106, 1 (2 u. 6). Gem. Art. 20 RL (EU) 2015/637 am 14.5.2015 in Kraft getreten.
⁵⁸ *Nettesheim* in GHN AEUV Art. 23 Rn. 18.
⁵⁹ *Hatje* in Schwarze AEUV Art. 23 Rn. 7.
⁶⁰ Vgl. *Haag* in von der Groeben/Schwarze/Hatje AEUV Art. 23 Rn. 10.
⁶¹ *Verdross/Simma* § 933.
⁶² Vgl. Art. 46 WÜD.

Mitgliedstaaten bislang nicht geführt worden. In Art. 23 Abs. 1 S. 2 AEUV wird nochmals ausdrücklich hervorgehoben, dass diese internationalen Verhandlungen einzuleiten sind.

Bei der Ausübung konsularischen Schutzes für einen anderen EU-Mitgliedstaat ist 23 dagegen eine **vorherige Notifizierung der Vertretung** ausreichend, sofern der Drittstaat gegen die Stellvertretung keinen Einspruch erhebt.[63] Internationale Verhandlungen sind nicht erforderlich.[64] Damit besteht bis heute nur die Möglichkeit stellvertretenden konsularischen Schutzes, nicht aber der von vorherigen Verhandlungen und Vereinbarungen mit Drittstaaten abhängige diplomatische Schutz durch einen anderen EU-Mitgliedstaat als den eigenen. Die Kommission vertritt die Auffassung, dass eine solche Notifikation durch sämtlich Mitgliedstaaten durchzuführen ist, und um dies zu erleichtern, künftig in bilaterale Abkommen der Mitgliedstaaten eine Klausel aufzunehmen ist, wonach der Drittstaat der Wahrnehmung konsularischer Aufgaben durch sämtliche EU-Mitgliedstaaten zustimmt.[65]

6. Local remedies rule. Die Geltendmachung einer Völkerrechtswidrigkeit im Wege 24 diplomatischen Schutzes durch den Heimatstaat bzw. einen anderen EU-Mitgliedstaat hat in der Vergangenheit grundsätzlich die **Erschöpfung aller innerstaatlichen Rechtsbehelfe** vor Behörden und Gerichten im fremden Staat vorausgesetzt, die Erfolg und wirksame Abhilfe versprechen *(local remedies rule).*[66] Hierbei handelt es sich um eine **völkerrechtlich begründete zusätzliche (Verfahrens-)**[67] **Voraussetzung;**[68] dem fremden Staat soll ermöglicht werden, der Verletzung schon auf innerstaatlicher Ebene abzuhelfen. Auf die Einwendung, dem Erfordernis der innerstaatlichen Erschöpfung des Rechtsweges sei nicht genügt worden, kann der Drittstaat verzichten. Die Ausschöpfung des innerstaatlichen Rechtsweges ist dann nicht erforderlich, wenn nachgewiesen werden kann, dass dies zwecklos wäre oder faktisch keine Rechtsmittel zur Verfügung stehen.[69] Der Ausländer und Unionsbürger kann sich dann in Drittstaaten direkt an eine Auslandsvertretung wenden. Bei der Ausübung konsularischen Schutzes hat die *local remedies rule* dagegen keinerlei Bedeutung

III. Gewährleistungsgehalt

1. Unionsrechtlicher Gleichbehandlungsanspruch. Soweit die oben genannten Vo- 25 raussetzungen (→ Rn. 16–24) vorliegen, entsteht eine Pflicht der jeweiligen Vertretung, dem betroffenen Unionsbürger in demselben Umfang wie den eigenen Staatsangehörigen Schutz zu gewähren. Dabei handelt es sich um eine **Konkretisierung des allgemeinen unionsrechtlichen Gleichheitssatzes** gegenüber Unionsbürgern, der in Beziehung zu den Betroffen **Direktwirkung** entfaltet, dh unmittelbar anwendbar ist:[70] Den Unionsbürgern steht ein Recht auf Inländerbehandlung zu, dh auf Gleichbehandlung mit den Staatsangehörigen des Staates, dessen Mission bzw. konsularische Vertretung den Schutz ausüben soll. Folglich entsteht ein unionsrechtlicher Anspruch des Einzelnen „dem Grunde nach".[71] Dass die Mitgliedstaaten die notwendigen Durchführungsregeln noch treffen

---

[63] Vgl. Art. 8 WÜK.
[64] So ua *Magiera* in NK-EuGRCh GRCh Art. 46 Rn. 17.
[65] Kommission, Mitteilung, Konsularischer Schutz der EU-Bürger in Drittstaaten: Sachstand und Entwicklungsperspektiven, KOM(2011) 149 endgültig, 9.
[66] StIGH, P. C. I. J.-Reports 1924 Series A no. 2 7 (12) – The Mavrommatis Palestine Concessions; IGH, ICJ-Reports 1959 6 (27) – Interhandel-Fall; *Dahm* FS Dölle, 1963, 3 ff.; *Crawford/Grant* Rn. 3.
[67] Vgl. hierzu *Herdegen* in Ress/Stein S. 63 ff.
[68] Für eine Berücksichtigung der *Local Remedies Rule* auch *Kaufmann-Bühler* in Lenz/Borchardt EU-Verträge AEUV Art. 23 Rn. 2; aA *Nettesheim* in GHN AEUV Art. 23 Rn. 21.
[69] Art. 15 (a) ILC Draft Articles on Diplomatic Protection 2006; *Bohn* S. 70.
[70] Ebenso *Ruffert* AVR 35 (1997), 459 (471); *Haag* in von der Groeben/Schwarze/Hatje AEUV Art. 23 Rn. 12; *Hatje* in Schwarze AEUV Art. 23 Rn. 12; *Magiera* in Streinz AEUV Art. 23 Rn. 12; aA *Busse* Europablätter 1999, 92 (93); *Kaufmann-Bühler* in Lenz/Borchardt EU-Verträge AEUV Art. 23 Rn. 3; *Heselhaus* in FK-EUV/GRC/AEUV AEUV Art. 23 Rn. 23.
[71] *Hatje* in Schwarze AEUV Art. 23 Rn. 8; *Magiera* in Streinz AEUV Art. 23 Rn. 12.

müssen, steht dem nicht im Wege.[72] Die Weigerungsmöglichkeit von Drittstaaten, die Übernahme von Schutzaufgaben im Rahmen von diplomatischem Schutz zugunsten fremder Staatsangehöriger zu dulden, stellt für den ersuchten Mitgliedstaat lediglich einen sachlich gerechtfertigten Grund dar, von einer Gleichbehandlung mit eigenen Staatsangehörigen abzusehen.[73] Aus pragmatischen Überlegungen hat sich die Kommission 2007 dafür ausgesprochen,[74] den Wortlaut von Art. 23 S. 1 AEUV in allen nach dem 1.7.2009 ausgestellten Reisepässen abzudrucken.[75]

26 Es steht **im Ermessen des jeweiligen Staates,** ob überhaupt Schutz gewährt wird. Dieses Ermessen ist nicht eingeschränkt. Die Rechtsordnungen der Mitgliedstaaten erkennen ihren eigenen Staatsangehörigen, die als Vergleichsgruppe für die aus anderen Mitgliedstaaten stammenden und Schutz suchenden Unionsbürger dienen, **im Umfang unterschiedlichen oder auch gar keinen Schutz** zu.[76] Ob es sich hier also um einen gerichtlich überprüfbaren Anspruch handelt, ist von der Rechtslage in dem Mitgliedstaat abhängig, welcher im Drittstaat vertreten ist. Der Schutzstandard kann daher von demjenigen des eigenen Heimatstaates abweichen.

27 Während in **Deutschland** die Reichsverfassung von 1871 und die Weimarer Reichsverfassung von 1919 ausdrücklich ein Schutzrecht der Reichsangehörigen kodifiziert hatten, enthält das Grundgesetz diesbezüglich keine ausdrückliche Regelung.[77] Dennoch obliegt den Organen der Bundesrepublik Deutschland eine **Pflicht zum Schutz deutscher Staatsangehöriger** und ihrer Interessen gegenüber fremden Staaten.[78] Den Staatsorganen kommt allerdings ein Handlungsspielraum zu. Es besteht daher lediglich ein Anspruch des Bürgers auf fehlerfreie Ausübung dieses Handlungsermessens bei der Ausübung des diplomatischen Schutzes.[79] Ein Anspruch auf fehlerfreie Ermessensausübung ergibt sich damit auch auf Grund des Gleichbehandlungsgebotes für alle Unionsbürger; das deutsche Konsulargesetz[80] ist an diese Rechtslage noch nicht angepasst worden.[81]

28 In **anderen Mitgliedstaaten** wird ein vergleichbarer Anspruch nicht immer anerkannt.[82] In Frankreich existiert weder ein einklagbares Recht auf diplomatischen Schutz noch ein Anspruch auf Ausgleich der durch die betreffende Völkerrechtsverletzung entstandenen Schäden.[83] In Großbritannien wird jedem britischen Staatsangehörigen ein einklagbares Recht auf ermessensfehlerfreie Berücksichtigung seiner individuellen diplomatischen Schutzbelange zuerkannt,[84] ebenso in den Niederlanden.[85] Im Jahr 2012 bestand in 20 EU-Mitgliedstaaten ein Rechtsanspruch der Bürger auf konsularischen Schutz.[86] Alle Mitgliedstaaten müssen aber die Möglichkeit eröffnen, die Beachtung des Gleichbehand-

---

[72] So auch *Hatje* in Schwarze AEUV Art. 23 Rn. 12.
[73] Vgl. *Hatje* in Schwarze AEUV Art. 23 Rn. 12.
[74] Kommission, Der Beitrag der Europäischen Union zur Gewährleistung eines wirksamen konsularischen Schutzes in Drittländern – Aktionsplan 2007–2009, KOM(2007) 767 endgültig, 6.
[75] Hierzu *Tichy-Fisslberger* EuR Beih. 2012, 217 (220).
[76] Vgl. die rechtsvergleichende Darstellung bei *Lee* S. 124 ff.
[77] Art. 3 Abs. 6 Reichsverfassung (1871) lautete: „Dem Auslande gegenüber haben alle Deutschen gleichmäßig Anspruch auf den Schutz des Reiches."; Art. 112 Abs. 2 Weimarer Reichsverfassung lautete: „Dem Auslande gegenüber haben alle Reichsangehörigen inner- und außerhalb des Reichsgebietes Anspruch auf den Schutz des Reiches.".
[78] BVerfGE 55, 349 (364) – Heß; s. auch *Klein* in Ress/Stein S. 125 (125 ff.).
[79] Vgl. BVerfGE 40, 141 (177 f.) – Ostverträge; BVerfGE 41, 126 (182) – Reparationsschäden; BVerfGE 46, 160 (162) – Schleyer; BVerfGE 55, 349 (364 f.) – Heß; BVerfG NJW 1992, 3222 (3223) – Deutschpolnischer Grenzvertrag; ferner BVerfGE 62, 11 (14) – Heß; hierzu auch *Hofmann* S. 107 ff.
[80] Gesetz über die Konsularbeamten, ihre Aufgaben und Befugnisse v. 11.9.1974, BGBl. 1974 I 2317.
[81] Vgl. insofern auch die Nichtumsetzung der europarechtlichen Vorgaben durch Art. 2 des Gesetzes zum Internationalen Erbrecht und zur Änderung der Vorschriften zum Erbschein sowie sonstiger Vorschriften v. 29.6.2015, BGBl. 2015 I 1042.
[82] Siehe die Einzeldarstellungen bei *Storost* S. 187.
[83] Zur Rechtslage in Frankreich vgl. ua *Kovar/Simon* CDE 1993, 285 (314); *Ress* ZaöRV 32 (1972), 420 (420 ff.).
[84] Court of Appeal 2002 ILM 42 (2003), 358.
[85] Court of Appeal of the Hague 1983 ILR 1994, 342 (345); hierzu *Storost* S. 165.
[86] Hierzu *Tichy-Fisslberger* EuR Beih. 2012, 217 (218).

lungsgrundsatzes zwischen eigenen Staatsangehörigen und solchen anderer EU-Mitgliedstaaten gerichtlich kontrollieren zu lassen.[87] Eine Angleichung des mitgliedstaatlichen Schutzumfanges wird vom Unionsrecht hingegen nicht verlangt, ist aber auch nicht ausgeschlossen.[88] Auch ein **Mindestschutzstandard,** der von den Mitgliedstaaten gewährleistet werden muss, ist dem Unionsrecht nicht unmittelbar zu entnehmen, kann aber im Rahmen von völkerrechtlichen Vereinbarungen der Mitgliedstaaten untereinander festgelegt werden. Das EuG hat dem Unionsrecht allerdings originäre Ansprüche auf diplomatischen Schutz unabhängig davon entnommen, ob das jeweilige staatliche Schutzsystem diesbezüglich Berechtigungen vorsieht.[89]

Bei der Ausübung des Schutzrechts müssen die den Schutz ausübenden Vertretungen auch die **Interessen des Mitgliedstaates** berücksichtigen, dessen Angehöriger der betroffene Unionsbürger ist. Der Heimatstaat muss grundsätzlich informiert und konsultiert werden.[90]

2. Konsularischer Schutz. Dem Unionsbürger steht es – soweit keine anderslautenden Vorkehrungen zwischen den EU-Mitgliedstaaten getroffen worden sind (→ Rn. 38) – frei, sich die ihm **am vorteilhaftesten erscheinende Vertretung** auszusuchen um konsularischen Schutz in Anspruch zu nehmen, wenn mehrere Mitgliedstaaten in dem jeweiligen Drittstaat vertreten sind. Insofern muss allerdings die Subsidiarität des Schutzes durch andere Mitgliedstaaten beachtet werden (→ Rn. 20). Schutz durch diplomatische Vertretungen kann auch konsularischer Schutz sein.[91] Gegenüber **Honorarkonsuln** anderer Mitgliedstaaten besteht allerdings kein Anspruch auf Schutz.[92]

Der konsularische Schutz umfasst primär Hilfe bei akuter Notlage und in Katastrophenfällen.[93] Sämtliche konsularische „Leistungen" im Sinne des Art. 5 WÜK, die ein Staat seinen eigenen Staatsangehörigen zur Verfügung stellt, können auch von Unionsbürgern, die sich an diese Vertretung wenden, in Anspruch genommen werden.[94] Eine – allerdings zu enge – „Konkretisierung" ist zunächst durch den Beschluss 95/553/EG der im Rat vereinigten Vertreter der Mitgliedstaaten[95] erfolgt. Der vorgenannte Beschluss wird mit der **Richtlinie (EU) 2015/637** aufgehoben und durch sie ersetzt.[96] Hiernach fallen in den Bereich des konsularischen Schutzes nur Hilfe bei Todesfällen, bei schweren Erkrankungen und Unfällen, bei Festnahme und Haft, sowie Hilfe für Opfer von Straftaten. In Fällen schwerer Not soll auch eine Rückführung in das Heimatland dazugehören. Bei Bedarf soll ein Rückkehrausweis ausgestellt werden.[97]

Nach zunächst einem Beschluss der im Rat vereinigten Vertreter der Regierungen der Mitgliedstaaten zur Ausarbeitung eines **Rückkehrausweises**[98] ist die Ausstellung eines solchen Ausweises im Sinne eines *European Travel Document* (ETD) vorgesehen, um einem Unionsbürger in einer Notlage nach Verlust oder Diebstahl seines Reisepasses die Rückkehr in sein Heimatland zu ermöglichen. Am 18.6.2019 wurde die Richtlinie (EU) 2019/997 zur Festlegung eines EU-Rückkehrausweises verabschiedet.[99]

---

[87] *Ruffert* AVR 35 (1997), 459 (471); *Hatje* in Schwarze AEUV Art. 23 Rn. 13.
[88] *Magiera* in Streinz AEUV Art. 23 Rn. 10.
[89] So *Kleinlein/Rabenschlag* ZaöRV 2007, 1277 (1306); unter Verweis auf EuG T-253/02, Slg. 2006 II-2139 – Ayadi.
[90] Vgl. *Haag* in von der Groeben/Schwarze/Hatje AEUV Art. 23 Rn. 13.
[91] Vgl. Art. 3 S. 2 WÜK.
[92] Siehe Art. 7 sowie Erwgr. 12 RL (EU) 2015/637; vgl. auch *Hatje* in Schwarze AEUV Art. 23 Rn. 17; *Kaufmann-Bühler* in Lenz/Borchardt EU-Verträge AEUV Art. 23 Rn. 8.
[93] Vgl. insoweit auch den durch Art. 5 WÜK vorgegebenen Rahmen.
[94] *Ruffert* AVR 35 (1997), 459 (463).
[95] Rat, Beschluss 95/553/EG der im Rat vereinigten Vertreter der Regierungen der Mitgliedstaaten v. 19. Dezember 1995 über den Schutz der Bürger der EU durch die diplomatischen und konsularischen Vertretungen, ABl. 1995 L 314, 73.
[96] Gem. Art. 18 RL (EU) 2015/637 allerdings erst mit Wirkung vom 1.5.2018.
[97] Art. 2 Abs. 1 RL (EU) 2015/637 u. Art. 9 f. RL (EU) 2015/637.
[98] Rat, Beschluss 96/409/GASP der im Rat vereinigten Vertreter der Regierungen der Mitgliedstaaten vom 25. Juni 1996 zur Ausarbeitung eines Rückkehrerausweises, ABl. 1996 L 168, 4.
[99] ABl. 2019 L 163, 1 ff.

33 **3. Diplomatischer Schutz.** Die Gleichbehandlungspflicht erstreckt sich nach Art. 23 Abs. 1 S. 1 AEUV und Art. 46 GRC („genießen den Schutz durch die diplomatischen und konsularischen Behörden eines jeden Mitgliedstaats unter denselben Bedingungen wie Staatsangehörige dieses Staates [...]")[100] auch auf die Gewährung von diplomatischem Schutz. Hier ist nunmehr mit dem Lissabonner Vertrag eine teilweise Anpassung an andere Sprachfassungen erfolgt, die auch zuvor schon nur die Institutionen, die den erforderlichen Schutz leisten sollen („[...] protection by the diplomatic and consular authorities [...]" bzw. „[...] protection de la part des autorités diplomatiques et consulaires [...]"), nennen. Aus dieser **Bezugnahme auf die den Schutz ausübende Institution** wurde in der Literatur[101] teilweise gefolgert, dass es hierbei allein um die Ausübung konsularischen Schutzes geht. Auch die Ausführungen der Kommission deuten darauf hin, dass sie lediglich den **konsularischen Schutz** als erfasst ansieht.[102] Dieser restriktive Ansatz ist abzulehnen. Den angeführten deutschen, englischen und französischen Sprachfassungen ist keine Einschränkung des Schutzumfanges zu entnehmen. Vielmehr sieht gerade auch Art. 23 AEUV weiterhin explizit den diplomatischen Schutz vor – und nicht nur die Ausübung konsularischen Schutzes durch diplomatische Stellen; auch die deutsche Sprachfassung ist insoweit gem. Art. 358 AEUV iVm Art. 55 EUV verbindlich.[103] Das Konzept der Unionsbürgerschaft wie die in Art. 23 Abs. 1 S. 2 AEUV ansonsten überflüssige Forderung internationaler Verhandlungen sprechen ebenfalls für eine weite Auslegung im Sinne der **Einbeziehung auch des diplomatischen Schutzes**.[104] Es ist nicht ersichtlich, warum gerade der Schutz vor einem völkerrechtswidrigen Verhalten eines Drittstaats ausgeklammert bleiben soll.[105] Solange keine weiteren – für die Ausübung diplomatischen Schutzes jedoch erforderlichen – Vereinbarungen mit Drittstaaten getroffen werden, ist die Ausübung diplomatischen Schutzes durch einen anderen Staat als den Heimatstaat aber noch nicht möglich.[106] Auch Art. 3 Abs. 5 EUV sieht allgemein vor, dass die Union zum Schutz ihrer Bürgerinnen und Bürger beiträgt, an keiner Stelle ist die Ausübung diplomatischen Schutzes ausgeschlossen.[107] Teilweise wird allerdings ein Anspruch auf Gleichbehandlung bei der diplomatischen Schutzgewährung nach Art. 46 GRC nur insoweit als erfasst angesehen, als dieser Schutz notwendig durch die diplomatische Vertretung vor Ort ausgeübt werden muss.[108]

34 Soweit die erforderlichen Abkommen abgeschlossen werden, sind die **möglichen Schutzmaßnahmen** im Rahmen der Gewährung diplomatischen Schutzes vielfältig: in

---

[100] Insofern unterscheidet sich der Wortlaut von Art. 23 Abs. 1 S. 1 AEUV und Art. 46 GRC, allerdings erklären die Erläuterungen zur Charta der Grundrechte den Inhalt von Art. 23 AEUV und Art. 46 GRC zu demselben Recht; vgl. die Erläuterungen zur Charta der Grundrechte vom 14.12.2007, ABl. 2007 C 303, 29.
[101] So ua *Lippott* DÖV 2017, 217 (222); *Vigni* S. 18; *Kadelbach* in Ehlers GuG § 26 Rn. 81 ff.; *Kluth* in Calliess/Ruffert AEUV Art. 23 Rn. 7; insofern weist *Moraru* jedoch auf die ebenfalls den „diplomatischen und konsularischen" Schutz umfassenden polnischen, finnischen und tschechischen Sprachfassungen hin, vgl. *Moraru* Perspectives on Federalism, Vol 3. 2011, E-67 (E-83).
[102] Kommission, Bericht der Kommission über die Unionsbürgerschaft, KOM(93) 702 endg., 7; Kommission, Zweiter Bericht der Kommission über die Unionsbürgerschaft, KOM(97) 230 endg., 12; Kommission, Dritter Bericht der Kommission über die Unionsbürgschaft, KOM(2001) 506 endgültig, 19; Kommission, Grünbuch – Der diplomatische und konsularische Schutz des Unionsbürgers in Drittländern, KOM(2006) 712 endgültig, Rn. 1.1; Kommission, Der Beitrag der Europäischen Kommission zur Gewährleistung eines wirksamen konsularischen Schutzes in Drittländern – Aktionsplan 2007–2009, KOM(2007) 767 endgültig; Kommission, Konsularischer Schutz der EU-Bürger in Drittstaaten: Sachstand und Entwicklungsperspektiven, KOM(2011) 149 endgültig; KOM(2011) 881 endgültig, 2 Ziff. 1.2; ebenso betreibt die Kommission eine Informations-Website zum Thema „Konsularischer Schutz", s. http://ec.europa.eu/justice/citizen/consular-protection/index_de.htm, zuletzt abgerufen am 22.8.2018.
[103] Vgl. insoweit auch *Hobe* in Stern/Sachs GRCh Art. 46 Rn. 19.
[104] *Heselhaus* in FK-EUV/GRC/AEUV AEUV Art. 23 Rn. 15; *Hatje* in Schwarze AEUV Art. 23 Rn. 8; *Magiera* in Streinz AEUV Art. 23 Rn. 6; *Stein* in Ress/Stein S. 98 f.
[105] *Hatje* in Schwarze AEUV Art. 23 Rn. 10.
[106] Vgl. Art. 46 WÜD.
[107] *Moraru* Perspectives on Federalism Vol. 3 (2011), E-7 (E-83).
[108] So *Hobe* in Stern/Sachs GRCh Art. 46 Rn. 22.

Betracht kommen Ersuchen um Untersuchung von Vorkommnissen sowie um Aufklärung eines Sachverhalts in tatsächlicher und rechtlicher Hinsicht; Beschwerden, Proteste und die Geltendmachung von Entschädigungsforderungen; Retorsionen und Repressalien; die Streichung finanzieller Hilfen; Interventionen und die Gewährung von Asyl.[109] Die zulässigen Mittel werden durch den **Verhältnismäßigkeitsgrundsatz** begrenzt (zu diesem Grundsatz s. → § 10 Rn. 41 ff.).[110]

4. Schutz in Krisenfällen. Auf Grund der Art. 32 und 35 EUV haben die Mitgliedstaaten 35 Vereinbarungen zur Krisenvorsorge und zur aktuellen Krisenbewältigung getroffen. Diese Regeln sehen ua die Erfassung der Unionsbürger in Drittstaaten, die Übertragung der Leitfunktion auf einen Mitgliedstaat mit besonderer Stellung im Empfangsstaat, die Herausgabe von Reisewarnungen, die Entsendungen von Ärzten und Psychiatern sowie den bestmöglichen Einsatz ziviler Flugzeuge für die Unionsbürger aus allen Mitgliedstaaten vor.[111]

IV. Schadensersatz und Entschädigung bei Schutzversagung

Ein grundsätzlicher Schadensersatzanspruch gegen Mitgliedstaaten besteht bei einer **rechts-** 36 **widrigen Schutzversagung:** Bei Nichtgewährung von konsularischem Schutz im gleichen Umfang wie zugunsten der eigenen Staatsangehörigen kann zumindest ein Schadensersatzanspruch im Sinne des unionsrechtlichen Staatshaftungsanspruches gegen den jeweiligen den Schutz verweigernden Mitgliedstaat wegen einer Verletzung des Unionsrechts entstehen.[112] Auch eine im Einzelfall (ermessens-)fehlerhafte und damit rechtswidrige Unterlassung von Schutzmaßnahmen oder Fehler bei der Gewährung des Schutzes können Schadenersatzansprüche auslösen.[113] Die Einzelheiten der Anspruchsvoraussetzungen ergeben sich aus dem jeweils einschlägigen nationalen Recht unter Berücksichtigung der durch den EuGH aufgestellten Grundsätze zur Staatshaftung auf Grund der Verletzung von Unionsrecht.[114]

Die Möglichkeit einer Entschädigung bei **rechtmäßiger Schutzversagung** richtet sich 37 nach der einschlägigen nationalen Rechtsordnung des Staates, der den Schutz versagt hat. Ein aus dem Unionsrecht abgeleiteter „Aufopferungsanspruch" gegen Mitgliedstaaten existiert auch bei besonderer Schwere nicht. In Deutschland wurde in diesen Fällen seitens des BVerfG ein Anspruch aus Aufopferung abgelehnt.[115] In der Literatur wird dagegen bei einer entsprechenden Schwere oder im Falle eines Sonderopfers eine angemessene Entschädigung für erforderlich gehalten. Die Aufopferung privater Rechtspositionen im Allgemeininteresse soll die Pflicht zur Leistung einer angemessenen Entschädigung auslösen.[116]

V. Verpflichtung notwendige Vorkehrungen zu treffen und internationale Verhandlungen aufzunehmen

Die Mitgliedstaaten müssen untereinander Vorkehrungen zur wirksamen Wahrnehmung 38 des diplomatischen und konsularischen Schutzes treffen.[117] Gleichzeitig sind sie auf Grund

---

[109] Vgl. insofern *Schöbener* in Schöbener S. 61 (67).
[110] So bspw. als von den „Kulturvölkern anerkannter allgemeiner Rechtsgrundsatz" iSd Art. 38 IGH-Statut *Peters* in Baade et al. S. 1 (6).
[111] Vgl. *Kaufmann-Bühler* in Lenz/Borchardt EU-Verträge AEUV Art. 23 Rn. 9.
[112] So ua *Ruffert* AVR 35 (1997), 459 (474).
[113] *Szczekalla* EuR (1999), 325 (330).
[114] Siehe ua EuGH C-6 u. 9/90, Slg. 1991, I-5357 Rn. 31 ff. – Francovich ua; EuGH C-46/93 u. C-48/93, Slg. 1996, I-1029 Rn. 17 ff. – Brasserie du Pêcheur; vgl. hierzu ua *Ehlers* JZ 1996, 776 (776 ff.); *Shirvani* EuR 2011, 619 (626); *v. Danwitz* DVBl 1997, 1 (1 ff.).
[115] Vgl. hierzu *Szczekalla* EuR 1999, 325 (329), unter Verweis auf eine Kammerentscheidung des Bundesverfassungsgerichts, BVerfG 8.9.1993 – 2 BvR 2121/92, IFLA 1994, 11 – deutsch-polnischer Nachbarschaftsvertrag II.
[116] So *Szczekalla* EuR 1999, 325 (329 ff.).
[117] Vgl. insoweit Art. 23 Abs. 1 S. 2 Var. 1 AEUV.

des primären Unionsrechts zur Aufnahme völkerrechtlicher Verhandlungen mit Drittstaaten verpflichtet. Für die Durchführungsbestimmungen sind die Vorgaben des Art. 23 Abs. 1 AEUV zu beachten.[118] Im Vorgriff auf den mit dem Maastrichter Vertrag eingeführten Art. 8c EGV-Maastricht[119] (nunmehr Art. 23 AEUV) hatten sich die Mitgliedstaaten bereits vor dessen Inkrafttreten im Rahmen der EPZ auf politische Leitlinien zur Gewährung von Schutz an Unionsbürger in Notlagen geeinigt, die seit dem 1.7.1993 angewendet werden.[120] Die in diesem Zusammenhang erlassenen Maßnahmen wurden in der Gruppe „Konsulatsangelegenheiten" des Rates erörtert.[121]

39 Die in der Vergangenheit getroffenen **völkerrechtlichen Vereinbarungen** zwischen den Mitgliedstaaten[122] wurden, mit Inkrafttreten des Lissabon-Vertrages, um unionale Rechtsakte erweitert. Wie die zuvor getroffenen Maßnahmen, umfassen auch diese lediglich den konsularischen Schutz in Notfällen.[123] Damit ist der von Art. 23 Abs. 1 S. 1 AEUV anvisierte Schutzbereich nicht vollständig durch Sekundärrecht ausgeschöpft worden. Es fehlt insofern die Ausweitung des Schutzbereiches auf den, gem. dem Wortlaut, ebenfalls erfassten diplomatischen Schutz.[124]

40 Die EU-Mitgliedstaaten sind verpflichtet, **internationale Verhandlungen mit Drittstaaten** aufzunehmen, um die für die Ausübung von diplomatischem Schutz zu Gunsten von Angehörigen anderer EU-Mitgliedstaaten erforderlichen Voraussetzungen im Außenverhältnis zu erfüllen. Für die Ausübung diplomatischen Schutzes ist eine solche vorherige internationale Vereinbarung grundsätzlich erforderlich.[125] Soweit ersichtlich, wurden entsprechende Verhandlungen mit Drittstaaten bislang nicht aufgenommen. Eine völkerrechtliche Vereinbarung ist auch notwendig, wenn Drittstaaten gegen konsularische Schutzmaßnahmen der EU-Mitgliedstaaten zu Gunsten solcher Personen Einwände erheben, deren Heimatstaaten nicht in dem jeweiligen Drittstaat vertreten sind.[126]

C. Schutzgewährung durch Vertretungen der Europäischen Union

41 Auch die EU kann Adressat eines Anspruchs auf diplomatischen und/oder konsularischen Schutz sein. Dieser Anspruch ist allerdings im Primärrecht nicht ausdrücklich geregelt.[127]

---

[118] Vgl. *Haag* in von der Groeben/Schwarze/Hatje AEUV Art. 23 Rn. 14; *Magiera* in Streinz AEUV Art. 23 Rn. 13.
[119] Dann Art. 20 EGV-Nizza.
[120] Vgl. Kommission, Bericht über die Unionsbürgerschaft, KOM(93) 702 endg., Ziff. IV/E.
[121] Vgl. Kommission, Gesamtbericht über die Tätigkeit der Europäischen Union 1999, SEK(99) 1000 endg., Ziff. 12; Kommission, Gesamtbericht über die Tätigkeit der Europäischen Union 2000, SEK(2000) 100 endg., Ziff. 490.
[122] Vgl. Rat, Beschluss 95/553/EG. Ebenso sieht der Beschluss 96/409/GASP der im Rat vereinigten Vertreter der Regierungen der Mitgliedstaaten v. 25. Juni 1996 die Ausarbeitung eines Rückkehrausweises vor, ABl. 1996 L 168, 4.
[123] Erwgr. 2 RL (EU) 2015/637 und Art. 13 RL (EU) 2015/637.
[124] Kommission, Bericht der Kommission über die Unionsbürgerschaft, KOM(93) 702 endg., 7; Kommission, Zweiter Bericht der Kommission über die Unionsbürgerschaft, KOM(97) 230 endg., 12; Kommission, Dritter Bericht der Kommission über die Unionsbürgerschaft, KOM(2001) 506 endgültig, 19; Kommission, Grünbuch – Der diplomatische und konsularische Schutz des Unionsbürgers in Drittländern, KOM(2006) 712 endgültig, Rn. 1.1; Kommission, Der Beitrag der Europäischen Kommission zur Gewährleistung eines wirksamen konsularischen Schutzes in Drittländern – Aktionsplan 2007–2009, KOM(2007) 767 endgültig; Kommission, Konsularischer Schutz der EU-Bürger in Drittstaaten: Sachstand und Entwicklungsperspektiven, KOM(2011) 149 endgültig; ebenso betreibt die Kommission eine Informations-Website zum Thema „Konsularischer Schutz", s. http://ec.europa.eu/justice/citizen/consular-protection/index_de.htm, zuletzt abgerufen am 22.8.2018.
[125] Vgl. Art. 46 WÜD.
[126] Vgl. Art. 8 WÜK.
[127] Eine andere Ansicht vertritt hier *Heselhaus*. Demnach ergibt sich aus Art. 35 Abs. 3 EUV, dass die Delegationen der Union zur Verwirklichung des Rechts aus Art. 23 AEUV „beitragen". Folglich ist die EU nicht rechtlich verpflichtet iSd Art. 23 AEUV, jedoch kann sie im Rahmen einer Kooperationspflicht auf Grund des Art. 35 EUV ihre Dienste anbieten. Vgl. *Heselhaus* in FK-EUV/GRC/AEUV AEUV Art. 23 Rn. 40.

Die EU unterhält derzeit 139 sog. Delegationen bei Drittstaaten und internationalen Organisationen.[128] Hierbei konzentriert sich der Aufgabenbereich von acht Delegationen[129] auf die ausschließliche Beziehungspflege zu Internationalen Organisationen.[130] Das Netz der Auslandsvertretungen der EU steht damit hinsichtlich seiner Dichte im Vergleich zu den Mitgliedstaaten an fünfter Stelle nach den diplomatischen Diensten Frankreichs, Deutschlands, Großbritanniens und Italiens.[131]

I. Schutz für EU-Beamte

Die Europäische Union kann auf völkerrechtlicher Ebene diplomatischen Schutz für ihre Bediensteten, dh Beamte und Angestellten, ausüben.[132] Der Beamte soll in seiner Bereitschaft, sich für die Ziele der EU einzusetzen, nicht durch den Zweifel gehemmt werden, ob sein Heimatstaat im Falle eines im Dienst der Organisation erlittenen Schadens bereit wäre, Schadensersatzansprüche geltend zu machen.[133] Im *Bernadotte*-Fall[134] hat der IGH ein eigenständiges funktionales Schutzrecht internationaler Organisationen, in diesem Fall der UNO, anerkannt, für ihre Beamten, die in Ausübung ihres Dienstes geschädigt wurden, **Entschädigungsansprüche gegenüber dem Schädigerstaat** geltend zu machen. Dieses Recht besteht auch gegenüber dem Heimatstaat der Bediensteten.[135] Grundlage dieses Schutzrechtes ist das Recht der internationalen Organisation zur Verteidigung ihrer Funktionsfähigkeit, nicht aber die Staatsangehörigkeit des verletzten Mitarbeiters.[136] Insoweit kann auch die EU zu Gunsten ihrer Bediensteten zumindest gegenüber denjenigen Staaten diplomatischen Schutz ausüben, von denen sie völkerrechtlich anerkannt worden ist.[137] Dabei spielt es keine Rolle, ob der betroffene Bedienstete Unionsbürger oder Drittstaatsangehöriger ist.[138] In der Praxis macht die EU von diesen Schutzrechten auch regelmäßig Gebrauch.[139]

42

---

[128] Website des Europäischen Auswärtigen Dienstes, s. http://www.eeas.europa.eu, zuletzt abgerufen am 22.8.2018.
[129] Addis Abeba: Afrikanische Union (http://eeas.europa.eu/delegations/african_union/index_en.htm, zuletzt abgerufen am 22.8.2018); New York: UN (http://eu-un.europa.eu/, zuletzt abgerufen am 22.8.2018): Genf, UN, WTO ua (http://eeas.europa.eu/delegations/wto/index_en.htm, zuletzt abgerufen am 22.8.2018); Wien: UN, UNIDO, IAEA, OSZE (http://eeas.europa.eu/delegations/vienna/index_en.htm, zuletzt abgerufen am 22.8.2018); Paris: OECD, UNESCO (http://eeas.europa.eu/delegations/oecd_unesco/index_en.htm, zuletzt abgerufen am 22.8.2018); Rom: FAO, Heiliger Stuhl, Souveräner Malteser Orden (http://eeas.europa.eu/delegations/rome/index_en.htm, zuletzt abgerufen am 22.8.2018); Straßburg: Europarat (http://eeas.europa.eu/delegations/council_europe/index_en.htm, zuletzt abgerufen am 22.8.2018).
[130] Hierzu vgl. *Schmalenbach* EuR-Beih. 2012, 205 (205 ff.).
[131] Soweit ersichtlich ergeben sich nach den Internetauftritten der Außenministerien Frankreichs, Deutschlands, des Vereinigten Königreich und Italiens folgende Zahlen: Frankreich: 272 Auslandsvertretungen (http://www.diplomatie.gouv.fr/fr/de/vorstellung-des-ministeriums-fur-auswartige-angelegenheiten-und-internationale/infografik-zahlen-zum-ministerium-fur-auswartige-angelegenheiten-und/, zuletzt abgerufen am 22.8.2018); Deutschland: rund 230 Auslandsvertretungen (http://www.auswaertiges-amt.de/DE/AAmt/AuswDienst/Aufgaben_node.html, zuletzt abgerufen am 22.8.2018); Vereinigtes Königreich: 229 Auslandsvertretungen (https://www.gov.uk/government/world, zuletzt abgerufen am 22.8.2018); Italien: 187 Auslandsvertretungen (http://www.esteri.it/mae/en/ministero/laretediplomatica/, zuletzt abgerufen am 22.8.2018).
[132] Vgl. *Dörr* in GHN AEUV Art. 47 Rn. 71.
[133] So *Seidl-Hohenveldern* S. 137 Rn. 1050.
[134] IGH, ICJ-Reports 1949, 174 (186) – Reparation for Injuries Suffered in the Service of the United Nations (Bernadotte-Fall); *Ruffert/Walter* S. 66 Rn. 173.
[135] Vgl. IGH, ICJ-Reports 1989, 177 (177 ff.) – Mazilu.
[136] IGH, ICJ-Reports 1949, 174 (186) – Reparation for Injuries Suffered in the Service of the United Nations (Bernadotte-Fall).
[137] Allgemein für internationale Organisationen: *Ruffert/Walter* S. 66 Rn. 173; *Schöbener* in Schöbener S. 67.
[138] Hierzu vgl. *Storost* S. 40.
[139] Nachweise bei *Storost* S. 40 f.

II. Schutz für Unionsangehörige und -zugehörige

43 In der Praxis der Unionsorgane lassen sich mittlerweile eine Vielzahl von Handlungen nachweisen, die als die tatsächliche Ausübung diplomatischen oder konsularischen Schutzes für Unionsangehörige und -zugehörige zu werten sind:[140] Das Europäische Parlament hat eine Reihe dem Individualrechtsschutz dienender Entschließungen verabschiedet, in denen Drittstaaten kritisiert und zu spezifischem Handeln aufgefordert werden.[141] Vielfach werden auch Kommission und Rat tätig und machen von den wirtschaftlichen und politischen Druckmitteln der EU Gebrauch.[142] Das EuG hat ebenfalls in einer Entscheidung die Pflicht der EG zum diplomatischen Schutz bestätigt.[143] Richtlinie (EU) 2015/637 sieht in ihrem Art. 11 vor, dass die Delegationen der EU eng mit den Botschaften und Konsulaten der Mitgliedstaaten zusammenarbeiten und sich mit ihnen abstimmen, um zur Kooperation vor Ort und in Krisensituationen beizutragen, insbesondere indem sie logistische Unterstützung leisten.

44 Eine Verpflichtung der EU bzw. ihrer Vertretungen zur Gewährung diplomatischen und konsularischen Schutzes für Unionsbürger ist zwar trotz eines in diese Richtung zielenden Vorschlags der Kommission[144] weder in Art. 23 AEUV noch in den EUV oder die Grundrechtecharta aufgenommen worden. Die Unionsbürgerschaft und die „*implied-powers*-Lehre" indizieren jedoch ein Recht der EU zur Ausübung diplomatischen und konsularischen Schutzes für die Unionsbürger und für die der EU zuzurechnenden juristischen Personen:[145] Die EU ist hiernach über die ausdrücklich für den Bereich des Außenhandels festgelegten Kompetenzen zu völkerrechtlichem Tätigwerden insoweit berechtigt, als bestimmte Instrumente erforderlich sind, um die ihr zugewiesenen Befugnisse effektiv zu nutzen[146] und zu schützen. Zu verfolgen ist insoweit die Frage eines möglicherweise bestehenden allgemeinen Rechtsgrundsatzes, der die EU zur Schutzgewährung verpflichten könnte; das EuG hat insoweit ein individuelles Recht auf diplomatischen Schutz angenommen.[147] Der Umfang des von der EU auszuübenden diplomatischen Schutzes richtet sich danach, inwieweit mit den Außenkompetenzen der EU in Zusammenhang stehende Rechte juristischer und natürlicher Personen durch Völkerrechtsverletzungen dritter Staaten betroffen sind.

45 Eine vorrangige **Zuständigkeit der Union zur Ausübung diplomatischen Schutzes** für natürliche und juristische Personen kann sich in dem Rahmen ergeben, in dem die EU mit eigener Rechtspersönlichkeit ausgestattet, auf Grund ihrer (teilweise (zB handelsrechtlichen) sogar ausschließlichen)[148] Kompetenzen am völkerrechtlichen Verkehr teilnimmt und in diesem Zusammenhang **Verträge mit Drittstaaten** abgeschlossen hat.[149] Wenn Drittstaaten aus völkerrechtlichen Verträgen mit der EU resultierenden Pflichten nicht nachkommen und hierdurch Rechte der EU und uU von Unionsbürgern bzw. den EU-Mitgliedstaaten zugehörigen juristischen Personen verletzen, besteht unionsintern auf

---

[140] Umfassend hierzu *Storost* S. 84 ff.; *Storost* EuR 2004, 972 (973 f.).
[141] Vgl. zB Europäisches Parlament, Entschließung zur Verhaftung von Dr. Munawar A. Halepota, ABl. 1996 C 17, 204; Europäisches Parlament, Entschließung zur Inhaftierung einer französischen Staatsbürgerin in Honduras, ABl. 1991 C 72, 135.
[142] Vgl. insoweit *Storost* EuR 2004, 972 (974).
[143] EuG T-572/93, Slg. 1995, II-2025 Rn. 77 u. 85 – Odigitria AAE/Rat u. Kommission.
[144] Kommission, Regierungskonferenzen: Beiträge der Kommission, Textentwurf „Die Unionsbürgerschaft" mit Erläuterungen, EG-Bulletin 2/1991 S. 91 ff.
[145] Ähnlich *Stein* S. 31 (37 f.); dies ablehnend *Hobe* in Stern/Sachs GRCh Art. 46 Rn. 33.
[146] So *Storost* S. 74 ff.; *Storost* EuR 2004, 972 (973 f.).
[147] EuG T-253/02, Slg. 2006, II-2139 Rn. 149 – Ayadi; hierzu auch *Kleinlein/Rabenschlag* ZaöRV 2007, 1277 (1306 f.); *Hobe* in Stern/Sachs GRCh Art. 46 Rn. 33.
[148] Art. 3 Abs. 1 lit. e AEUV.
[149] EuG T-572/93, Slg. 1995, II-2025 Rn. 63 ff. – Odigitria/Rat u. Kommission; vgl. insoweit auch *Vedder/Folz* EJIL 3 (1997), 508 (521 ff.); grds. ablehnend *Hatje* in Schwarze AEUV Art. 23 Rn. 6; einer Schutzpflicht der EU stehe entgegen, dass es sich um typische Staatenverpflichtungen handelt, die Ausdruck des rechtlichen Bandes sind, das die Staatsangehörigkeit begründet; die Unionsbürgerschaft sei jedoch kein gleichwertiger Status.

Grund der von den Mitgliedstaaten auf die EU übergegangenen Kompetenzen die Befugnis und auch die Pflicht zur Ausübung konsularischen und diplomatischen Schutzes.[150] Im *Odigitria*-Urteil hat das EuG insoweit festgestellt, „dass die Delegation der Kommission [...] ihre Pflicht zum diplomatischen Schutz gegenüber [...] erfüllt hat."[151] Die Drittstaaten haben dieser Änderung implizit bereits durch den Abschluss des jeweiligen Vertrages mit der EU zugestimmt und können daher der Ausübung diplomatischen Schutzes im Regelungsbereich des jeweiligen Vertrages nicht ausweichen. Die Heimatstaaten können in diesen Fällen der übergegangenen Kompetenzen nur noch nach Abstimmung mit der Kommission tätig werden.

Die Befugnis zur Ausübung entsprechenden Schutzes gilt auch für den Bereich des **46 Welthandelsrechts**. Der Einzelne ist auf diplomatischen Schutz durch die EU angewiesen, da die WTO-Übereinkommen – wie der EuGH ausführt – wegen ihrer Natur und ihrer Struktur nicht zu den vor den Unionsgerichten unmittelbar anwendbaren Vorschriften gehören (→ § 31 Rn. 7).[152] Im Bereich des Welthandelsrechts werden die völkerrechtlichen Anforderungen an die Ausübung diplomatischen Schutzes unionsintern durch Sekundärrecht zu Gunsten der Wirtschaftsteilnehmer ergänzt. Bereits unter der Geltung des GATT 1947 hatte der EuGH in der Rs. *Fediol III*[153] bestätigt, dass das **Neue Handelspolitische Instrument von 1984**[154] es der EU ermöglichen soll, gegen unerlaubte Handelspraktiken von Drittstaaten vorzugehen. Diese Unerlaubtheit sei gemäß Art. 2 VO (EWG) Nr. 2641/84 ausdrücklich nach den „Regeln des Völkerrechts", also insbesondere des GATT, zu beurteilen. Da hiermit den betroffenen Wirtschaftsteilnehmern das Recht verliehen sei, sich in dem von ihnen bei der Kommission eingereichten Antrag auf die Unvereinbarkeit handelspolitischer Praktiken von Drittstaaten mit dem GATT zu berufen, um darzulegen, dass diese Praktiken unerlaubt sind, müsse es ihnen auch möglich sein, die Anwendung des GATT durch die Kommission vom EuGH überprüfen zu lassen.

Die **Handelshemmnis-VO** bzw. *Trade Barrier Regulation* (TBR)[155] hat das Neue **47** Handelspolitische Instrument abgelöst. Sie beinhaltet nunmehr die unionsinternen Rechtsschutzmöglichkeiten von juristischen und natürlichen Personen für das Vorgehen gegen WTO-widrige Handelsmaßnahmen von Drittstaaten. Ziel ist die Gewährleistung der effektiven Ausübung der Rechte der Union nach internationalen Handelsregeln.[156] Durch die *Trade Barrier Regulation* kann die Kommission zur Einleitung eines **Streitschlichtungsverfahrens** gegen andere WTO-Mitgliedstaaten vor den Instanzen der WTO veranlasst werden. Eine Maßnahme der EU kann nach den internationalen Handelsregeln gegen ein von einem Drittstaat eingeführtes Handelshemmnis ergriffen werden, wenn drei Bedingungen kumulativ erfüllt sind: das Vorliegen eines Handelshemmnisses, daraus folgende handelsschädigende Auswirkungen und die Erforderlichkeit einer Maßnahme im Interesse der Gemeinschaft. Die Beurteilung des Unionsinteresses erfordert eine Abwägung zwischen den Interessen der verschiedenen betroffenen Beteiligten und dem allgemeinen **Unionsinteresse**. Kommt die Kommission nach einer Prüfung des Sachverhalts zu dem Ergebnis, dass hier ein Tätigwerden gegenüber dem Drittstaat nicht im Unionsinteresse liegt, kann sie

---

[150] Insofern differenzierend *Dörr* in GHN EUV Art. 47 Rn. 73 f.
[151] EuG T-572/93, Slg. 1995, II-2025 Rn. 77 u. 85 – Odigitria/Rat u. Kommission.
[152] EuG C-149/96, Slg. 1999, I-395 Rn. 34 ff. – Portugal/Rat.
[153] EuGH 70/87, Slg. 1989, 1781 Rn. 18 ff. – Fediol/Kommission.
[154] VO (EG) Nr. 2641/84 des Rates zur Stärkung der gemeinsamen Handelspolitik und insbesondere des Schutzes gegen unerlaubte Handelspraktiken, ABl. 1984 L 252, 1.
[155] Ehemals: VO (EG) Nr. 3286/94 des Rates zur Festlegung der Verfahren der Gemeinschaft im Bereich der gemeinsamen Handelspolitik zur Ausübung der Rechte der Gemeinschaft nach internationalen Handelsregeln, insbesondere den im Rahmen der Welthandelsorganisation vereinbarten Regeln, ABl. 1994 L 349, 71; jetzt: VO (EU) 2015/1843 des Europäischen Parlamentes und des Rates zur Festlegung der Verfahren der Union im Bereich der gemeinsamen Handelspolitik zur Ausübung der Rechte der Union nach internationalen Handelsregeln, insbesondere den im Rahmen der Welthandelsorganisation vereinbarten Regeln, ABl. 2015 L 272, 1; hierzu vgl. ua *Bungenberg* in v. Arnauld § 12 Rn. 94 ff.; *Prieß/Pitschas* EWS 2000, 185 ff.
[156] Hierzu im Überblick *Behrens* in Nowak/Cremer S. 201 (210 ff.).

§ 52 11. Abschnitt. Besondere Unionsbürgerrechte

von der Einleitung eines WTO-Streitschlichtungsverfahrens absehen und informiert hierüber den Geschädigten. Solche ablehnenden Bescheide sind vor dem EuG mit der Nichtigkeitsklage angreifbar.[157] Die zuständigen Unionsorgane behalten dabei jedoch immer einen Beurteilungsspielraum, weshalb diese „indirekte" Rechtsschutzmöglichkeit nur sehr begrenzt wirksam ist.[158]

48 Auch **außerhalb der von der EU völkervertraglich begründeten Rechtsverhältnisse** finden sich Ansatzpunkte für eine Ausübung diplomatischen Schutzes durch die damalige EG. Im sog. „Fischereistreit" – Kanada hatte im März 1995 zum Schutz von Heilbuttbeständen zwei spanische Trawler in internationalen Gewässern aufgebracht – hatte die EG neben Spanien Vergeltungsmaßnahmen ergriffen und ua den Abschluss eines Wissenschaftsabkommens mit Kanada ausgesetzt. Die gemeinschaftsinterne Kompetenz zur Ausübung des diplomatischen Schutzes folgte damals aus der (ausschließlichen) Zuständigkeit der Gemeinschaft für die Fischereipolitik. Der Streit wurde durch ein Übereinkommen zwischen der EG und Kanada beigelegt. Im Vorfeld hatte das Europäische Parlament die Kommission und den Rat aufgefordert, die Grundsätze des Seerechts zu verteidigen und die „Rechte der Fischereiflotte der Gemeinschaft" aufrechtzuerhalten.[159]

49 **Außerhalb des „unionalen" Bereichs** und hieraus resultierender unionaler Schutzrechte und -pflichten der Union bleiben die Mitgliedstaaten zwar Anspruchsträger, allerdings bleibt es ihnen unbenommen, die EU im Wege eines Gemeinsamen Standpunktes oder einer Gemeinsamen Aktion (Art. 25 EUV) zu unterstützenden Schutzbemühungen aufzufordern.[160]

50 Schutzansprüche verschiedener Mitgliedstaaten und der EU können grundsätzlich nebeneinander treten, etwa im Bereich des Menschenrechtsschutzes. Um ein kohärentes Auftreten nach außen sicherzustellen, werden die Mechanismen der **GASP** zunehmend dazu genutzt, mitgliedstaatliche und unionale Schutzbemühungen untereinander zu koordinieren **(Koordinierungsfunktion)**.[161] Die Verständigung im Rahmen der GASP dient aber allein der materiellen Koordination, sie legitimiert nicht die unionalen Maßnahmen und ersetzt auch nicht die internen unionsrechtlichen Entscheidungsverfahren.[162] **Gemeinsame Schutzaktivitäten** im Rahmen der EU müssen vom Rat nach Art. 24 Abs. 1 UAbs. 2 S. 2 EUV einstimmig verabschiedet werden, was im Regelfall durch einen „einfachen Beschluss" geschieht und in den verschiedenen Arbeitsgruppen des Rates vorbereitet wird.[163] Zwar hat das EuG in der Rs. *Odigitria* festgestellt, dass seitens der Kommission eine Pflicht zur Ausübung diplomatischen Schutzes besteht.[164] Wie auch in anderen Bereichen – etwa dem Vertrauensschutz oder der Verhältnismäßigkeit staatlicher Maßnahmen – sind dem aus den Unionsgarantien resultierenden Schutz von Individualinteressen aber die Unionsinteressen gegenüberzustellen (→ § 1 Rn. 23). Den durch einen Völkerrechtsverstoß in diesen Garantien betroffenen natürlichen und juristischen Personen kann daher nur ein **Anspruch auf eine umfassende Berücksichtigung und ermessensfehlerfreie Bescheidung ihres Schutzbegehrens** zustehen.[165]

51 **Schadensersatzansprüche nach Art. 340 Abs. 2 AEUV** bestehen in dem Bereich des diplomatischen Schutzes durch die EU nur im Ausnahmefall.[166] In einem Rechtsgebiet, welches durch ein weites Ermessen gekennzeichnet ist, kann eine Haftung der Union nur

---

[157] Näher dazu *Nowak* EuZW 2000, 453 (455 f.).
[158] Vgl. hierzu EuG T-317/02, Slg. 2004 II-4325 – FICF/Kommission.
[159] Vgl. Europäisches Parlament, Entschließung zum illegalen Aufbringen des spanischen Fischereifahrzeuges „Estai", ABl. 1995 C 89, 162.
[160] Insoweit vgl. *Storost* EuR 2004, 972 (978).
[161] Hierzu vgl. *Storost* S. 129 ff.
[162] Vgl. *Storost* EuR 2004, 972 (979).
[163] Vgl. *Storost* EuR 2004, 972 (979).
[164] EuG T-572/93, Slg. 1995, II-2025 Rn. 77 u. 85 – Odigitria/Rat u. Kommission („[...] dass die Delegation der Kommission [...] ihre Pflicht zum diplomatischen Schutz gegenüber [...] erfüllt hat.").
[165] So auch *Storost* EuR 2004, 972 (981).
[166] Hierzu ausführlich *Giegerich* ZVglRWiss 104 (2005), 163 (163 ff.).

ausgelöst werden, wenn das handelnde Organ die Grenzen seiner Befugnisse offenkundig und erheblich überschritten hat.[167] Bei **rechtmäßigem Unterlassen** von Maßnahmen diplomatischen und konsularischen Schutzes aus Gründen des Allgemeininteresses kommt ausnahmsweise ein Entschädigungsanspruch gegen die EU in Betracht, soweit dem Einzelnen hierdurch **Sonderopfer** abverlangt werden oder besondere Schäden entstehen.[168] Grundsätzlich werden seitens des EuGH aber sehr hohe Voraussetzungen aufgestellt, die den Nachweis einer anspruchsbegründenden Schädigung erschweren.[169]

D. Verhältnis zu anderen Grundrechtsgewährleistungen

Der in Art. 23 AEUV und Art. 46 GRC geregelte Rechtsanspruch auf diplomatischen und konsularischen Schutz steht zwar in einem engen Zusammenhang mit den Vorschriften über die **GASP** und den Vorschriften über die **Unionsbürgerschaft,** beinhaltet aber eine unmittelbare Verpflichtung ausschließlich der Mitgliedstaaten. Letztere werden ausdrücklich zu einem Ausbau des diplomatischen und konsularischen Schutzes für Angehörige anderer EU-Mitgliedstaaten verpflichtet, weshalb in Art. 23 AEUV eine bereichsbezogene Konkretisierung von **Art. 4 Abs. 3 EUV** zu sehen ist. Die Anerkennung eines Schutzrechtes der EU selbst stellt das Pendant zu von den EU-Mitgliedstaaten übergegangenen Kompetenzen dar. Insbesondere im Außenhandelsbereich bedeutet diese Verpflichtung die Abrundung der Schutzpflichtendimension der Berufsfreiheit (→ § 34) unter dem Aspekt der **Außenhandelsfreiheit.** 52

E. Zusammenfassende Bewertung und Ausblick

Der Bereich des diplomatischen und konsularischen Schutzes bleibt im Blickpunkt, denn auch mehr als zwanzig Jahre nach In-Kraft-Treten des **Art. 8c EGV-Maastricht** und nach Einführung der Unionsbürgerschaft haben die Mitgliedstaaten der Vorschrift **noch keine volle Wirksamkeit verliehen.** Das unmittelbar anwendbare unionale Schutzrecht darf nicht auf rudimentären konsularischen Schutz begrenzt werden. Die Mitgliedstaaten sind bislang ihren unionalen Verpflichtungen nicht nachgekommen und haben weder untereinander noch mit Drittstaaten alle erforderlichen Vereinbarungen getroffen. Abzuwarten bleibt, ob über das Unionsrecht ein Mindeststandard an diplomatischem und konsularischem Schutz begründet werden kann, um dieses spezielle Gleichbehandlungsgebot in Hinblick auf die Schutzausübung nicht in Einzelfällen durch das Verhalten einzelner Mitgliedstaaten leer laufen zu lassen. 53

Der praktische **Nutzen der gegenseitigen oder gemeinsamen Vertretungen** kann sich aus Effizienzgesichtspunkten und aus Synergieeffekten angesichts fiskalischer Probleme als bedeutend erweisen. Zudem wird der Vertretung von Individualinteressen durch eine gemeinsame Vertretung größere politische Wirkung beikommen, insbesondere wenn Unionsbürger betroffen sind, die aus kleineren Mitgliedstaaten stammen. 54

Mit der **primärrechtlichen Verankerung** eines Anspruches auf konsularischen und diplomatischen Schutz durch Vertretungen anderer Mitgliedstaaten ist ein wichtiger Schritt unternommen worden, auf internationaler Ebene die Konsequenzen aus der Unionsbürgerschaft zu ziehen. In verschiedener Hinsicht bedarf es hier der **Ergänzung,** um der Rolle der EU im internationalen Wirtschaftsverkehr gerecht zu werden und die Kompetenz- 55

---

[167] Vgl. EuG T-572/93, Slg. 1995, II-2025 Rn. 34 – Odigitria/Rat u. Kommission.
[168] Allg. zur Haftung bei rechtmäßigem Handeln der Gemeinschaft vgl. EuG T-184/95, Slg. 1998, II-670 – Dorsch Consult.
[169] So sah das EuG in der grundlegenden Rs. *Dorsch Consult* vor, dass für eine Haftung der Union ein Handeln dieser vorliegen müsse, durch dieses ein tatsächlicher Schaden entstanden sein muss und ein ursächlicher Zusammenhang zwischen dem Schaden und dem Handeln der Union vorliegt. Weiterhin müsste der geltend gemachte Schaden außergewöhnlich sein und die Grenzen der üblichen wirtschaftlichen Risiken überschritten haben. Vgl. EuG T-184/95, Slg. 1998, II-670 insbes. Rn. 59, 80 u. 85 – Dorsch Consult.

verteilung zwischen Gemeinschaft und Mitgliedstaaten auf der völkerrechtlichen Ebene hinsichtlich der völkerrechtlichen Vertretung angemessen zu berücksichtigen. Wünschenswert bleibt die explizite Festschreibung der Befugnis zur Ausübung diplomatischen und konsularischen Schutzes **in den der EU übertragenen Kompetenzbereichen.** In einer auch Wirtschaftsunion, die vielfach versucht, Unternehmen aus der Union den Marktzutritt in Drittstaaten zu ermöglichen, ist es zudem notwendig, juristische Personen in den persönlichen Anwendungsbereich dieses doppelten Schutzrechtes ausdrücklich einzubeziehen.

§ 53 Petitionsrecht zum Europäischen Parlament

Übersicht

	Rn.
A. Entwicklung und Bedeutung des Petitionsrechts	1–11
I. Entwicklung	1, 2
II. Begriff	3, 4
III. Funktionen	5–8
IV. Praktische Bedeutung	9
V. Gewährleistungsgehalte	10, 11
B. Petitionsarten	12, 13
C. Voraussetzungen des Petitionsrechts	14–27
I. Petitionsberechtigte	14–18
II. Petitionsadressat	19
III. Petitionsgegenstand	20–22
IV. Petitionsinteresse	23
V. Weitere Zulässigkeitsanforderungen?	24–27
D. Petitionsbehandlung	28–38
I. Übersicht	28
II. Registrierung und Zulässigkeitsfeststellung	29, 30
III. Prüfung der Petitionen	31–35
IV. Erledigung	36–38
E. Rechtsschutz	39
F. Verhältnis zu Art. 228 AEUV	40

Schrifttum:

Barth, Bürgerbeauftragter und Petitionsrecht im Prozess der europäischen Verfassungsgebung, 2004; *Bauer,* Petitionsrecht, in Merten/Papier, Handbuch der Grundrechte in Deutschland und Europa, Bd. 5, 2013, § 117 Rn. 52 ff.; *Beckedorf,* Das Untersuchungsrecht des Europäischen Parlaments, 1995; *Betz,* Petitionsrecht und Petitionsverfahren – Eine vergleichende Darstellung der Rechtslage in Deutschland und der Europäischen Gemeinschaft, in Aderhold/Lipstein/Stücking/Stürner, FS Hanisch, 1994, S. 13 ff.; *Guckelberger,* Das Petitionsrecht zum Europäischen Parlament sowie das Recht zur Anrufung des Europäischen Bürgerbeauftragten im Europa der Bürger, DÖV 2003, 829; *dies.,* Der Europäische Bürgerbeauftragte und die Petitionen zum Europäischen Parlament, 2004; *Gundel,* Anmerkung, EuZW 2013, 360; *Hamers,* Der Petitionsausschuß des Europäischen Parlaments und der Europäische Bürgerbeauftragte, 1999; *Harden,* When Europeans Complain – The Work of the European Ombudsman, in Cambridge Yearbook of European Legal Studies 2000, S. 199; *Hartley,* The Foundations of European Law, 2010, 17; *Haug,* Begriffs- und Zulässigkeitsvoraussetzungen einer EU-Petition, JZ 2015, 1042; *Hofmann/Rowe/Türk,* Administrative Law and Policy of the European Union, 2011, S. 773; *Hölscheidt,* Die Ausgestaltung des Petitionsrechts in der EU-Grundrechtecharta, EuR 2002, 440; *Kovar/Simon,* La citoyenneté européenne, CDE 1993, 285; *Lindtfelt* in Peers/Hervey/Kenner/Ward, The EU Charter of Fundamental Rights, 2014, Article 44; *Mader,* Bürgerinitiative, Petitionsrecht, Beschwerde zum Bürgerbeauftragten, EuR 2013, 348; *ders.,* Petitionsgrundrecht light – Wie viel Schutz braucht das Parlament vor dem Bürger?, EuZW 2015, 41; *Marias,* The Right to Petition the European Parliament after Maastricht, ELR 1994, 169; *ders.,* Mechanisms of Protection of Union Citizens' Rights, in Rosas/Antola, A Citizens' Europe – In Search of a New Order, 1995, S. 207; *Meese,* Das Petitionsrecht beim Europäischen Parlament und das Beschwerderecht beim Europäische Bürgerbeauftragten der Europäischen Union, 2000; *Neuenreither,* Der Beitrag des Europäischen Parlaments zu einem Europa der Bürger, in Hrbek, Bürger und Europa, 1994, S. 85; *Obwexer,* Petitions- und Beschwerderecht in der EU, ecolex 1995, 772; *Ott,* Die Kontrollfunktion des Europäischen Parlaments gegenüber der Europäischen Kommission, ZEuS 1999, 231; *Pliakos,* Les Conditions d'Exercice du Droit de Pétition, CDE 1993, 317; *Riehm/Böhle/Lindner,* Elektronische Petitionssysteme, 2013; *Schick,* Petitionen – Von der Untertanenbitte zum Bürgerrecht, 3. Aufl. 1996; *Schlette,* Europäischer Menschenrechtsschutz nach der Reform der EMRK, JZ 1999, 219; *Schneider,* Petitionen zum Europäischen Parlament mit Berücksichtigung des Bürgerbeauftragten, 2009; *Surrel,* Le droit de pétition au Parlament européen, RMC 1990, 219; *Graf Vitzthum/März,* Das Grundrecht der Petitionsfreiheit, JZ 1985, 809.

A. Entwicklung und Bedeutung des Petitionsrechts

I. Entwicklung

1 Aus grundrechtlicher Sicht zählt das Petitionsrecht zu den „alten klassischen Grundrechten".[1] Weil die Gründungsverträge zur Zeit ihres Abschlusses als gewöhnliche völkerrechtliche Verträge eingestuft wurden, fehlte in ihnen eine Regelung zum Petitionsrecht.[2] Bereits die Gemeinsame Versammlung für Kohle und Stahl und später das Europäische Parlament hielten sich aber von Anfang an zur Aufnahme von Regelungen zum Petitionswesen in ihren Geschäftsordnungen kraft ihres **parlamentarischen Beratungs- und Selbstorganisationsrechts** für berechtigt.[3] Nach der ersten Direktwahl des Europäischen Parlaments brachte es in Art. 108 Abs. 1 GO-EP 1981 (heute Art. 226 Abs. 1 GO-EP) seiner Geschäftsordnung (nachfolgend GO-EP) klar zum Ausdruck, dass jedem Bürger das *Recht* zusteht, sich einzeln oder in Gemeinschaft mit anderen schriftlich mit Bitten und Beschwerden (Petitionen) an es zu wenden.[4] 1987 hat das Parlament erstmals einen speziellen Petitionsausschuss eingesetzt.[5] 1989 wertete der Abschluss einer interinstitutionellen Vereinbarung, in welcher sich Kommission und Rat zur Unterstützung des Parlaments bei der Petitionsbehandlung verpflichteten, das Petitionsrecht auf.[6] Der **Vertrag von Maastricht** (1993) verankerte das Petitionsrecht **im Primärrecht** und unterstrich hierdurch sowohl dessen Existenz als auch dessen Bedeutung.[7] Dies stärkte die Stellung der Petitionsberechtigten und des Parlaments.[8] Letzteres muss aber infolgedessen bei der Ausgestaltung des Petitionswesens die primärrechtlichen Vorgaben einhalten.[9]

2 Während in Deutschland das Petitionsrecht in einer zentralen Schlüsselnorm (Art. 17 GG) konzentriert ist, gibt es auf Unionsebene im Primärrecht gleich mehrere Bestimmungen dazu.[10] Es wird am Anfang des AEUV innerhalb der **Vorschriften über die Unionsbürgerschaft** in **Art. 20 Abs. 2 S. 2 lit. d AEUV, Art. 24 AEUV** sowie bei den **Vorschriften über das Europäische Parlament** in **Art. 227 AEUV** geregelt. Nach der zuletzt genannten Norm sowie **Art. 44 GRC** steht das Petitionsrecht auch natürlichen und juristischen Personen mit Wohn- oder satzungsmäßigem Sitz in einem Mitgliedstaat zu. Auf den ersten Blick enthält Art. 44 GRC weniger Einschränkungen und scheint daher gegenüber Art. 227 AEUV weiter zu sein. Allerdings folgt aus **Art. 52 Abs. 2 GRC**, dass die Ausübung der in der Charta anerkannten Rechte, die – wie das Petitionsrecht – in den Verträgen geregelt sind, im Rahmen der dort festgelegten Bedingungen und Grenzen erfolgt. Im Zuge seines **parlamentarischen Selbstbestimmungsrechts** hat das Parlament in **Art. 226–229 GO-EP** die Behandlung der Petitionen näher ausgestaltet.[11] Darüber hinaus hat sich der Petitionsausschuss im Dezember 2015 auf **Guidelines** zur Behandlung von Petitionen verständigt, die unverbindlich sind und als living instrument gehandhabt werden.[12] Ausweislich des Jahresberichts 2016 sorgen diese für mehr Klarheit und Struktur in der Arbeit des Ausschusses und bei der Bearbeitung der Petitionen.[13]

---

[1] *Krings* in Tettinger/Stern GRC Art. 44 Rn. 3; zur Genealogie des Petitionsrechts *Graf Vitzthum* Petitionsrecht und Volksvertretung, 1985, S. 19 ff. Dazu, dass das Petitionsrecht zu den ältesten politischen Rechten gehört, Achievments of the committee on petitions during the 2014–2019 parliamentary term and challenges for the future, study requested by the PETI Committee, July 2019. PE 621.917, S. 5.
[2] *Guckelberger* S. 23.
[3] *Gaitanides* → 1. Aufl. 2006, § 49 Rn. 1; eingehend mit Nachweisen *Guckelberger* S. 23 ff.
[4] ABl. 1981 C 90, 79; näher dazu *Guckelberger* S. 25 ff.
[5] ABl. 1987 C 46, 37; dazu *Guckelberger* S. 27.
[6] ABl. 1989 C 120, 90; dazu *Guckelberger* S. 27 f.; *Meese* S. 41 ff.
[7] *Guckelberger* S. 28 f.
[8] *Guckelberger* S. 28.
[9] *Guckelberger* S. 28.
[10] *Bauer* in Merten/Papier, HdbGR Bd. 5, § 117 Rn. 52.
[11] *Meese* S. 47.
[12] Guidelines Committee on Petitions, December 2015, Update January 2018, PE575.044v02-00.
[13] Bericht über die Tätigkeiten des Petitionsausschusses 2016 (Berichterstatter: *Marias*), EP Dok. A8–0387/2017, S. 7 (unter Z. AA).

II. Begriff

Das Primärrecht umschreibt im Unterschied zu Art. 17 GG Petitionen nicht als „Bitten oder Beschwerden."[14] Etymologisch geht das Wort „Petition" auf den lateinischen Begriff *petitio* zurück, worunter man Ersuchen, Bitten, Begehren, Anliegen versteht.[14] Ohne offizielle Festlegung versteht der Petitionsausschuss unter einer Petition eine „Aufforderung zum Tätigwerden, zur Änderung [der] Politik [des Parlaments] oder zur Abgabe einer Stellungnahme".[15] Da die Grenzen zwischen Bitten und Beschwerden fließend sind und der Petitionsgegenstand den Petenten unmittelbar betreffen muss, kann auch eine Beschwerde eine Petition enthalten.[16] Weil der Petitionsbegriff nach dem Primärrecht **ausschließlich auf das Europäische Parlament** bezogen wird (s. Art. 20 Abs. 2 S. 2 lit. d AEUV, Art. 24 Abs. 2 AEUV, Art. 227 AEUV, Art. 44 GRC),[17] stellen Ersuchen an andere Stellen, zB die Kommission (s. Art. 24 Abs. 4 AEUV),[18] oder Beschwerden an den Europäischen Bürgerbeauftragten keine Petitionen dar. Angesichts des Sinn und Zwecks des Petitionsrechts (→ Rn. 5 ff.) ist der Petitionsbegriff extensiv auszulegen.[19] Wegen des angestrebten niederschwelligen Zugangs zum Parlament müssen die an es gerichteten Ersuchen nicht explizit als „Petition" bezeichnet sein.[20]

3

Es genügt, wenn sich durch **Auslegung** des jeweiligen Anliegens der Wille zur Einlegung einer Petition ergibt. Deshalb kann ein fälschlicherweise an einen Abgeordneten, den Präsidenten oder einen Ausschuss des Parlaments gerichtetes Ersuchen eine Petition sein.[21] Keine Petition liegt vor, wenn die Person dem Parlament nur ihre Meinung kundtut, aber keine Antwort erwirken möchte.[22] Deshalb sind nach den Internethinweisen des Parlaments allgemeine Kommentare zur Unionspolitik zutreffend keine Petitionen. Auch Auskunftsersuchen sollen keine Petitionen sein, obwohl das Parlament darin zum Tätigwerden aufgefordert wird.[23] Diese Haltung kann man allenfalls damit erklären, dass der Sinn und Zweck des Petitionsrechts – außergerichtlicher Rechtsschutz und/oder Teilnahme an der europäischen Willensbildung – auf Auskunftsersuchen nicht zutrifft.[24]

4

III. Funktionen

Dem Petitionsrecht werden **mehrere Funktionen** zugeschrieben: Stärker als bei Art. 17 GG wird beim europäischen Petitionsrecht seine **demokratische Bedeutung** betont. Dies ist angesichts seiner Verortung bei der Unionsbürgerschaft in Art. 20 Abs. 2 S. 2 lit. d AEUV, da in dessen Buchstabe b das aktive und passive Wahlrecht zum Europäischen Parlament erwähnt werden, sowie seiner Erwähnung neben der in Art. 24 Abs. 1 AEUV genannten Europäischen Bürgerinitiative konsequent. Dem Petitionsrecht wird eine **Integrationsfunktion** beigemessen: Es rückt die Bürger mehr in den Mittelpunkt und soll zum Abbau der Bürgerferne und des Demokratiedefizits der Union beitragen.[25] Mit den Worten des EuGH ist das Petitionsrecht „ein Instrument zur Teilhabe der Bürger am

5

---

[14] *Guckelberger* S. 30; GA *Jääskinen*, SchlA C-261/13 P Rn. 30 – Schönberger/Parlament verweist auf den Zusammenhang zum lateinischen „*petere*" – ersuchen.
[15] ABl. 1997 C 200, 26 (unter Nr. 3); s. auch GA *Jääskinen*, SchlA C-261/13 P Rn. 32 – Schönberger/Parlament mit Nachweisen zu weiteren Umschreibungen.
[16] *Guckelberger* S. 30 f.; *Schneider* S. 66. Eingehend *Haug* JZ 2015, 1042 (1044).
[17] *Haag* in von der Groeben/Schwarze/Hatje AEUV Art. 227 Rn. 12.
[18] *Gaitanides* → 1. Aufl. 2006, § 49 Rn. 5.
[19] *Krings* in Tettinger/Stern GRC Art. 44 Rn. 16; *Schonard* in Lenz/Borchardt EU-Verträge GRC Art. 44 Rn. 3.
[20] *Guckelberger* S. 32. Dieser Ansicht steht auch nicht Art. 226 Nr. 3 GO-EP entgegen, da dort nicht auf die Bezeichnung, sondern darauf abgestellt wird, dass Texte „eindeutig nicht als Petition vorgelegt worden sind".
[21] *Guckelberger* S. 64; *Haag* in von der Groeben/Schwarze/Hatje AEUV Art. 227 Rn. 12; *Schneider* S. 117 f.
[22] *Guckelberger* S. 32; *Haug* JZ 2015, 1042 (1044).
[23] Für das Vorliegen einer Petition *Krings* in Tettinger/Stern GRC Art. 44 Rn. 16.
[24] *Guckelberger* S. 32.
[25] *Schneider* S. 58.

demokratischen Leben der Union".²⁶ GA *Jääskinen* sieht in ihm ein „zentrales Instrument für die Mitwirkung und die demokratische Aufsicht seitens der Bürger".²⁷ Es ermöglicht einen direkten Dialog bzw. eine Interaktion zwischen den Unionsbürgern und dem von ihnen gewählten, ihnen am nächsten stehenden Organ.²⁸

6   Darüber hinaus fördern Petitionen die **parlamentarische Kontrolle.** Denn die Petitionsanliegen ermöglichen dem Parlament, innerhalb des durch sie eröffneten Sachbereichs Organe und Einrichtungen zu überwachen und zu kontrollieren.²⁹ Dafür spricht auch seine Verortung in Art. 227 AEUV unmittelbar im Anschluss an Art. 226 AEUV über die Untersuchungsausschüsse.³⁰

7   Schließlich stellt das Petitionsrecht bei Beschwerden eine **außergerichtliche Rechtsschutzmöglichkeit** dar.³¹ Zwar kann das Parlament im Unterschied zu Gerichten Entscheidungen anderer Stellen nicht kassieren, sondern immer nur politisch agieren. Dies schließt es aber nicht aus, dass andere Stellen angesichts der herausragenden Stellung des Parlaments ihre Haltung ändern.³² Petitionen können zur Rechtsstaatlichkeit und als Nebeneffekt zur Entlastung der Gerichte beitragen,³³ aber auch zur Schließung von Lücken im europäischen Rechtsschutzsystem.³⁴ Sie kommen Personen entgegen, die die Strapazen eines Gerichtsverfahrens einschließlich des damit verbundenen Kostenrisikos nicht auf sich nehmen wollen,³⁵ oder die Zulässigkeitskriterien für eine Inanspruchnahme der Gerichte, etwa infolge des Verstreichens einer Rechtsbehelfsfrist, nicht erfüllen.³⁶ Auch trägt das Petitionsrecht dem Umstand Rechnung, dass nicht alle Probleme verrechtlicht sind.³⁷

8   Angesichts der **Multifunktionalität** des Petitionsrechts wurde es nicht nur den Unionsbürgern eingeräumt.³⁸ Es hängt vom einzelnen Petitionsanliegen ab, welche der verschiedenen Petitionsfunktionen erfüllt sind oder im Vordergrund stehen. Anhand des Tätigkeitsberichts des Petitionsausschusses von 2018 wird deutlich, dass er sich der verschiedenen Funktionen von Petitionen bewusst ist. Er betont die Wichtigkeit für die parlamentarischen Gremien, „besser auf die Anliegen der Bürger und Einwohner der Europäischen Union einzugehen".³⁹ Petitionen würden oftmals wertvolle Erkenntnisse nicht nur für den Petitionsausschuss, sondern auch für andere Ausschüsse hervorbringen.⁴⁰ Petitionen könnten Interaktionen zwischen dem Parlament und den Bürgern sowie Einwohnern der Union verbessern und sowohl auf Unions- als auch nationaler Ebene wertvolle Hinweise, insbesondere auf eine unzulängliche Umsetzung des Unionsrechts, liefern.⁴¹

---

[26] EuGH EuZW 2015, 59 (60 Rn. 17) – Schönberger/Parlament. S. auch den Bericht über die Ergebnisse der Beratungen des Petitionsausschusses im Jahr 2018, A8-0024/2019, S. 3 unter lit. A „offener, demokratischer und transparenter Mechanismus" und unter lit. E „äußerst wichtiges Instrument der direkten und partizipativen Demokratie".
[27] GA *Jääskinen*, SchlA C-261/13 P Rn. 31 – Schönberger/Parlament.
[28] EuGH EuZW 2015, 59 (60); *Schneider* S. 58 f.
[29] *Gaitanides* → 1. Aufl. 2006, § 49 Rn. 8.
[30] *Guckelberger* S. 35 f.; *Schneider* S. 76.
[31] GA *Jääskinen*, SchlA C-261/13 P Rn. 31 – Schönberger/Parlament; s. auch *Haug* JZ 2015, 1042 (1043). In diese Richtung auch der Bericht über die Ergebnisse der Beratungen des Petitionsausschusses im Jahr 2018, A8-0024/2019, S. 3 unter lit. A.
[32] *Schneider* S. 55 f.
[33] *Mader* EuR 2013, 348 (360); *Schneider* S. 56 ff.
[34] *Mader* EuR 2013, 348 (360).
[35] *Schneider* S. 56 f.
[36] *Kaufmann-Bühler* in Lenz/Borchardt EU-Verträge AEUV Art. 227 Rn. 3; *Schneider* S. 57.
[37] *Schneider* S. 58.
[38] Allgemein zu den Funktionen des Petitionsrechts *Schneider* S. 72 ff.; zu den Petitionsberechtigten → Rn. 14 ff.
[39] Bericht über die Ergebnisse der Beratungen des Petitionsausschusses im Jahr 2018, A8-0024/2019, S. 3 unter lit. B.
[40] Bericht über die Ergebnisse der Beratungen des Petitionsausschusses im Jahr 2018, A8-0024/2019, S. 4 f. unter lit. L.
[41] Bericht über die Ergebnisse der Beratungen des Petitionsausschusses im Jahr 2018, A8-0024/2019, S. 5 unter lit. L.

IV. Praktische Bedeutung

In der 8. Legislaturperiode des Europäischen Parlaments ist die Zahl der Petitionen von 2.714 im Jahr 2014 auf 1.220 im Jahr 2018 zurückgegangen, dh sie hat sich mehr um die Hälfte verringert.[42] Dies ist im Vergleich zu den jährlich beim Bundestag eingehenden Petitionen sehr gering und mutet auch nach Angaben des Petitionsausschusses „im Vergleich zur Bevölkerungszahl der Europäischen Union eher bescheiden an [...]".[43] Erklären lässt sich diese **geringe praktische Bedeutung** der Petitionen[44] zum Europäischen Parlament möglicherweise damit, dass es auf Unionsebene ein Beschwerderecht zum Europäischen Bürgerbeauftragten gibt, mit der nach wie vor gegebenen Bürgerferne der Union und den im Vergleich zum Petitionsausschuss des Bundestages eher gering ausgeprägten Unterstützungspflichten anderer Stellen bei der Petitionsbehandlung. Eher unbefriedigend ist die Erklärung in einer Studie für den Petitionsausschuss, dass es sich dabei wahrscheinlich um eine Konsequenz der Einführung des Webportals für Petitionen handle, das die Nutzerfreundlichkeit steigern soll.[45] Thematisch sind die Petitionen breit gestreut.[46] Im Jahr 2018 standen Themen aus dem Bereich der Umwelt an erster Stelle, gefolgt von den Grundrechten, persönlichen Problemen, Justiz, Gesundheit, Beschäftigung und dem Binnenmarkt.[47] Eine große Anzahl von Petitionen ist unzulässig.[48]

9

V. Gewährleistungsgehalte

Im Zuge eines Rechtsstreits vor dem EuGH sprach GA *Jääskinen* dem Petitionsrecht die Eigenschaft eines subjektiven Rechts ab. Es erzeuge gegenüber den Petenten keine Rechtswirkungen, sondern sei nur ein politisches Mittel zur Teilnahme am demokratischen Leben. Manche Rechte der GRC hätten bloß den Status von Grundsätzen (s. Art. 52 Abs. 5 GRC), auch halte er das in einigen Mitgliedstaaten maßgebliche Petitionsmodell für die Union nicht für aussagekräftig. Das Europäische Parlament behandle die Petitionen in seiner Eigenschaft als politisches Organ, dessen Verhalten die Bürger bei den nächsten Wahlen kontrollieren und sanktionieren könnten. Die Antwort des Petitionsausschusses als Teil eines politischen Repräsentativorgans sei etwas anderes als ein ablehnender Behördenbescheid.[49] Demgegenüber stufte der EuGH das Petitionsrecht ohne weitere Begründung als ein zu den Grundrechten gehörendes **Recht** ein.[50] Dafür sprechen ua seine Aufzählung bei den Unionsbürgerrechten,[51] seine Bezeichnung als „Recht" in Art. 20 Abs. 2 S. 2 lit. d AEUV und in Art. 44 GRC sowie der Umstand, dass auch die anderen Rechte im Umfeld des Art. 44 GRC für ihre Berechtigten subjektive Rechte enthalten.[52]

10

Das Petitionsrecht vermittelt seinen Berechtigten ein **Abwehrrecht**. Sie dürfen nicht an der Einreichung einer Petition gehindert werden oder infolgedessen Nachteile erleiden.[53] Dies gilt für alle Stellen auf europäischer Ebene, wird aber ebenso auf der Ebene der

11

---

[42] Achievments of the committee on petitions during the 2014–2019 parliamentary term and challenges for the future, study requested by the PETI Committee, July 2019. PE 621.917, S. 47
[43] Bericht über die Tätigkeiten des Petitionsausschusses 2013 (Berichterstatter: *Wałęsa*), EP Dok. A7–0131/2014, S. 3 (unter B).
[44] Dazu *Hölscheidt* in GHN AEUV Art. 227 Rn. 24.
[45] Achievments of the committee on petitions during the 2014–2019 parliamentary term and challenges for the future, study requested by the PETI Committee, July 2019. PE 621.917, unter Summary.
[46] Unklar bleibt, ob die Unterstützungen anderer Petitionen unberücksichtigt bleiben.
[47] Achievments of the committee on petitions during the 2014–2019 parliamentary term and challenges for the future, study requested by the PETI Committee, July 2019. PE 621.917, S. 47.
[48] Achievments of the committee on petitions during the 2014–2019 parliamentary term and challenges for the future, study requested by the PETI Committee, July 2019. PE 621.917, S. 48 (33,5 % unzulässige Petitionen).
[49] GA *Jääskinen*, SchlA C-261/13 P Rn. 77 ff. – Schönberger/Parlament.
[50] EuGH EuZW 2015, 59.
[51] *Schneider* S. 52.
[52] *Schneider* S. 54; s. auch *Heselhaus* in FK-EUV/GRC/AEUV GRC Art. 44 Rn. 9.
[53] *Guckelberger* S. 37; *Krings* in Tettinger/Stern GRC Art. 44 Rn. 15; *Schneider* S. 103.

Mitgliedstaaten relevant.[54] Damit sich das Petitionsrecht von Meinungsäußerungen unterscheidet, vertreten deutschsprachige Autoren regelmäßig, dass das Parlament bzw. sein Petitionsausschuss die **Petition entgegennehmen, prüfen und verbescheiden** müsse, wobei der Petent keinen Anspruch auf Erfüllung seines Anliegens hat.[55] Dem entspricht mit Modifizierungen die Rechtsprechung des EuGH, wonach die Feststellung der Unzulässigkeit einer Petition durch das Parlament gerichtlich überprüfbar ist. „Das Gleiche gilt für eine Entscheidung, mit der sich das Parlament [...] weigerte oder davon absähe, sich mit einer bei ihm eingereichten Petition zu befassen und damit zu prüfen, ob diese die in Art. 227 AEUV genannten Voraussetzungen erfüllt".[56] Der Umgang des Parlaments mit einer für zulässig erachteten Petition wird dagegen wegen des weiten politischen Ermessens des Parlaments als gerichtlich nicht überprüfbar eingestuft.[57] Denn es gibt keine Unionsrechtsnorm, welche das Parlament zur Ergreifung einer für den Petenten vorteilhaften Maßnahme verpflichtet.[58] Aus der objektiven Seite des Petitionsrechts folgt die Notwendigkeit **organisations- und verfahrensrechtlicher Vorkehrungen,** damit die Petenten von diesem Recht wirksam Gebrauch machen können.[59] Auch der Petitionsausschuss sprach sich 2013 für eine effiziente, transparente, unparteiische Ausgestaltung des Petitionsverfahrens unter Wahrung der Rechte seiner Mitglieder aus.[60] Laut dem Tätigkeitsbericht für das Jahr 2018 verfügt das Europäische Parlament über das offenste und transparenteste Petitionsverfahren in Europa und ermöglicht den Petenten eine aktive Beteiligung an seinem Wirken.[61]

B. Petitionsarten

12 Art. 227 AEUV ermöglicht es den Petitionsberechtigten, ihre Petition alleine (sog **Individualpetition**) oder zusammen mit anderen (sog **Kollektivpetition**) an das Europäische Parlament zu richten. Auch wenn diese Petitionsarten gleichgestellt sind und somit bei der Behandlung keine Unterschiede erfahren dürfen, kann ein von mehreren Personen unterstütztes Anliegen faktisch mehr Nachdruck entfalten.[62] Letzteres ist vor allem bei Petitionskampagnen der Fall, die von vielen zur Erreichung eines bestimmten politischen Zieles unterzeichnet werden.[63] Gem. Art. 226 Abs. 4 GO-EP hat eine von mehreren Personen unterzeichnete Petition einen Vertreter und dessen Stellvertreter zu benennen, der für die Zwecke dieses Titels als Petent gilt. Ohne eine solche Benennung wird der erste Unterzeichner oder eine andere geeignete Person als Petent angesehen. Dies soll die Petitionsbearbeitung erleichtern. Da es sich nur um eine „Vertretung" handelt, verändert dies nicht den Petentenstatus aller Unterzeichner.

13 Einzelne Mitgliedstaaten haben in den letzten Jahren erhebliche Anstrengungen zur Modernisierung des Petitionswesens unternommen.[64] Nach den Grundsätzen des Petitionsausschusses des Deutschen Bundestages sind zB öffentliche Petitionen Bitten und Beschwerden von allgemeinem Interesse, die im Einvernehmen mit dem Petenten auf der Internetseite des Petitionsausschusses veröffentlicht werden, bei denen weitere Personen über das Internet einen Diskussionsbeitrag dazu abgeben oder die Petition mitzeichnen

---

54 *Guckelberger* S. 37; *Krings* in Tettinger/Stern GRC Art. 44 Rn. 15; *Schneider* S. 103.
55 ZB *Guckelberger* S. 38; *Schneider* S. 103.
56 EuGH EuZW 2015, 59 (60 Rn. 22).
57 EuGH EuZW 2015, 59 (60).
58 EuGH EuZW 2013, 358 (359); kritisch *Mader* EuZW 2015, 41 f.
59 *Guckelberger* S. 39.
60 Bericht über die Tätigkeiten des Petitionsausschusses 2013 (Berichterstatter: *Wałęsa*), EP Dok. A7–0131/2014, S. 6 (unter R).
61 Bericht über die Ergebnisse der Beratungen des Petitionsausschusses im Jahr 2018, A8-0024/2019, S. 4 unter lit. I.
62 Dazu *Guckelberger* S. 33; s. auch *Bauer* in Merten/Papier, HdbGR Bd. 5, § 117 Rn. 61; *Schneider* S. 69.
63 *Bauer* in Merten/Papier, HdbGR Bd. 5, § 117 Rn. 61 auch zu weiteren Petitionsarten; dazu auch *Guckelberger* S. 33 f.
64 Dazu *Riehm/Böhle/Lindner* S. 181 ff.; The Right to Petition, study for the peti committee 2015, S. 8 ff.

können.⁶⁵ Das Europäische Parlament hat seit dem **20.11.2014 ein neues elektronisches Petitionsportal**. Nach **Art. 226 Abs. 7 Alt. 2 GO-EP** können Petitionen über das Petitionsportal eingereicht werden, das über die Website des Parlaments zugänglich ist. Nach Art. 226 Abs. 12 S. 1 GO-EP werden die Petitionen nach ihrer Registrierung zu öffentlichen Dokumenten und können die Namen der Petenten, möglicher Mitunterzeichner und möglicher Unterstützer sowie der Inhalt der Petition aus Gründen der Transparenz veröffentlicht werden. Das Portal ermöglicht es den Petenten, ein Benutzerkonto anzulegen, Petitionen einzureichen, Nachweisunterlagen hochzuladen und den Status ihrer Petition abzufragen. Außerdem können Personen bereits bestehende Petitionen unterstützen oder diesen beitreten.⁶⁶ Zur Vermeidung unzulässiger Petitionen müssen einige Fragen richtig beantwortet werden. Für die elektronische Einreichung oder Unterstützung einer Petition muss zunächst ein Registrierungsformular mit Angaben zu Name, Altersgruppe, Staatsangehörigkeit und Adresse ausgefüllt werden. Bei diesen Kriterien überrascht zB die Altersangabe, da das Alter für das Petitionsrecht unerheblich ist und wohl nur aus Gründen der Statistik erhoben wird. Aufgrund der Abfrage personenbezogener Daten ist sorgfältig zu prüfen, ob die damit einhergehenden Beeinträchtigungen den unionsrechtlichen Vorgaben zur Einschränkung der Art. 7, 8 GRC genügen. Das Petitionsportal trägt zu einem Mehr an Transparenz bei. Jeder kann sehen, welche Petitionen an das Parlament gerichtet werden und welchen Status diese haben (zB unzulässig, offen für Unterstützung, abgeschlossen). 2016 wurden 68 % der eingegangenen Petitionen über das Internetportal eingereicht.⁶⁷ 2018 wurden 70,8 % der eingegangenen Petitionen über das Internetportal eingereicht.⁶⁸ Außerdem wurde in diesem Jahr das Internetportal des Petitionsausschusses nutzerfreundlicher und für die Bürger zugänglicher gestaltet, indem bei den Suchfunktionen die Zahl der angezeigten Ergebnisse und die Möglichkeiten zum Auffinden von Petitionen über Schlüsselwörter in ihrem Titel und der Zusammenfassung verbessert sowie spezifischere Benachrichtigungen für die Nutzer in ihrer Sprache eingeführt wurden.⁶⁹ Für die 9. Legislaturperiode betont der Petitionsausschuss den Anpassungsbedarf des Petitonsportals an die Website des Parlaments, zur Erhöhung seiner Sichtbarkeit und seiner Zugänglichkeit insbesondere für Menschen mit Behinderung.⁷⁰

C. Voraussetzungen des Petitionsrechts

I. Petitionsberechtigte

Nach Art. 20 Abs. 2 S. 2 lit. d AEUV, Art. 227 AEUV und Art. 44 GRC steht das **14** Petitionsrecht **Unionsbürgerinnen und Unionsbürgern** zu. Unionsbürger ist, wer die **Staatsangehörigkeit eines Mitgliedstaats** besitzt (Art. 20 Abs. 1 S. 2 AEUV, Art. 9 S. 2 EUV). In der Erklärung Nr. 2 zur Schlussakte zum EUV von 1992 bekräftigten die Mitgliedstaaten, dass sich die Frage der Staatsangehörigkeit einer Person zu einem Mitgliedstaat nach innerstaatlichem Recht bestimmt.⁷¹ Allerdings ist diese Definitionsmacht der

---

⁶⁵ Punkt 2.2. der Grundsätze für die Behandlung von Bitten und Beschwerden, erlassen aufgrund des § 110 Abs. 1 GO-BT, abrufbar unter: https://www.bundestag.de/ausschuesse/ausschuesse18/a02_18/grundsaetze/verfahrensgrundsaetze/260564, zuletzt geprüft am 19.2.2018; dazu auch *Bauer* in Merten/Papier, HdbGR Bd. 5, § 117 Rn. 31; *Guckelberger*, Aktuelle Entwicklungen des parlamentarischen Petitionswesens, 2011, S. 44 ff.
⁶⁶ Achievments of the committee on petitions during the 2014–2019 parliamentary term and challenges for the future, study requested by the PETI Committee, July 2019. PE 621.917, S. 8.
⁶⁷ Bericht über die Tätigkeiten des Petitionsausschusses 2016 (Berichterstatter: *Marias*), EP Dok. A8-0387/2017, S. 5 (unter T).
⁶⁸ Bericht über die Tätigkeiten des Petitionsausschusses 2016 (Berichterstatter: *Marias*), EP Dok. A8-0387/2017, S. 5 unter lit. T.
⁶⁹ Bericht über die Ergebnisse der Beratungen des Petitionsausschusses im Jahr 2018, A8-0024/2019, S. 5 unter lit. P.
⁷⁰ Bericht über die Ergebnisse der Beratungen des Petitionsausschusses im Jahr 2018, A8-0024/2019, S. 10 unter Nr. 22.
⁷¹ ABl. 1992 C 191, 98; s. auch *Wollenschläger* in Hatje/Müller-Graff, Europäisches Organisations- und Verfassungsrecht, Enzyklopädie Europarecht, Bd. 1, 2014, § 8 Rn. 127.

Mitgliedstaaten angesichts ihrer Auswirkungen auf die Unionsbürgerschaft nicht grenzenlos.[72] Die in Art. 227 AEUV und Art. 44 GRC genannten Unionsbürger sind **unabhängig von ihrem Wohnort petitionsberechtigt**.[73] Sie sollen zur Stärkung ihres Zugehörigkeitsgefühls zur Union losgelöst von ihrem Wohnort über bestimmte Rechte verfügen.[74] Da diese Personen vermehrt mit dem Unionsrecht in Berührung kommen, würde es befremdlich anmuten, wenn sie zwar wohnsitzunabhängig vor den Unionsgerichten klagen könnten, Petitionen als außergerichtliches Rechtsschutzinstrument aber vom Wohnort abhängen würden.[75] Abgesehen von dem Wohnortkriterium unterscheidet sich der Gehalt des Petitionsrechts der Unionsbürger nicht von dem der Gemeinschaftsansässigen ohne Unionsbürgerschaft.[76] Da nach Art. 227 AEUV „jeder" Unionsbürger petitionsberechtigt ist, können auch Bedienstete der Union[77] oder die Abgeordneten des EU-Parlaments Petitionen an dieses richten.[78]

15 **Drittstaatsangehörige** können sich als natürliche Personen mit Petitionen an das Europäische Parlament wenden, wenn sie ihren **Wohnort** (so Art. 227 AEUV) bzw. ihren **Wohnsitz** (so Art. 44 GRC) **in einem Mitgliedstaat** haben.[79] Im Interesse einer im gesamten Unionsgebiet einheitlichen Petitionsberechtigung bestimmt sich das Vorliegen eines Wohnortes bzw. Wohnsitzes nicht nach den Meldevorschriften der einzelnen Mitgliedstaaten.[80] Petitionsberechtigt ist vielmehr, wer sich in einem Mitgliedstaat nicht nur vorübergehend aufhält.[81] In Anlehnung an Art. 156 GO-EP 1995 wird teilweise für das Petitionsrecht ein rechtmäßiger Aufenthalt in der Union verlangt.[82] Diese Ansicht ist abzulehnen, da diese Einschränkung weder in Art. 44 GRC noch in Art. 227 AEUV enthalten und das Petitionsrecht weit konzipiert ist („jede natürliche Person"). Auch der Sinn und Zweck des Petitionsrechts streiten dafür, dass sich das Parlament zB mit Problemen bei der Einwanderungs- und Asylpolitik befassen können soll.[83]

16 Die Petitionsberechtigung natürlicher Personen ist an kein Mindestalter geknüpft.[84] **Minderjährige** können selbständig Petitionen einlegen, soweit sie ihre Anliegen nachvollziehbar formulieren können.[85] Andernfalls können ihre gesetzlichen Vertreter für sie Petitionen einlegen.[86]

17 Aus Art. 227 AEUV, Art. 44 GRC ergibt sich ausdrücklich, dass **juristische Personen** petitionsberechtigt sind, wenn sie ihren **satzungsmäßigen Sitz in einem Mitgliedstaat** haben. Damit ist der formelle, in der Organisationssatzung bestimmte Sitz gemeint.[87] Alle diese juristischen Personen sind petitionsberechtigt, insbesondere müssen sie keinen Erwerbszweck verfolgen.[88] Ihre Einbeziehung in den Petentenkreis lässt sich mit der Durchgriffsthese auf die hinter ihnen stehenden natürlichen Personen erklären, der Ausrichtung

---

[72] Dazu *Wollenschläger* in Hatje/Müller-Graff, Europäisches Organisations- und Verfassungsrecht, Enzyklopädie Europarecht, Bd. 1, 2014, § 8 Rn. 128 mwN.
[73] *Schoo/Görlitz* in Schwarze AEUV Art. 227 Rn. 4.
[74] *Schneider* S. 108; ähnlich *Huber* in Streinz AEUV Art. 227 Rn. 7, wonach die Demokratie nicht auf der sprichwörtlichen Identität von Regierenden und Regierten beruht.
[75] *Guckelberger* S. 41; *Schneider* S. 108 f.
[76] *Gaitanides* → 1. Aufl. 2006, § 49 Rn. 11.
[77] Dazu *Guckelberger* S. 41.
[78] Eingehend zum Streit um das Petitionsrecht der Abgeordneten *Guckelberger* S. 41 f.; wie hier *Hölscheidt* in GHN AEUV Art. 227 Rn. 8; *Schneider* S. 108 f.
[79] In anderen Sprachfassungen sind die Wortlaute identisch.
[80] *Guckelberger* S. 42.
[81] *Guckelberger* S. 42; zur Maßgeblichkeit der tatsächlichen Verhältnisse *Haag* in von der Groeben/Schwarze/Hatje AEUV Art. 227 Rn. 10.
[82] ABl. 1995 L 293, 48; *Schoo/Görlitz* in Schwarze AEUV Art. 227 Rn. 4.
[83] *Guckelberger* S. 42 f.; *Schneider* S. 112; aA *Lehnert* Frontex und operative Maßnahmen an den europäischen Außengrenzen, 2014, S. 483 f.
[84] *Gaitanides* → 1. Aufl. 2006, § 49 Rn. 12.
[85] *Gaitanides* → 1. Aufl. 2006, § 49 Rn. 12; *Schneider* S. 108.
[86] *Schneider* S. 108.
[87] *Guckelberger* S. 43; *Schneider* S. 112.
[88] *Schneider* S. 112 f.

der Union ua auf das Wirtschaftsleben sowie den ihnen gewährten Rechten mit Rechtsschutzmöglichkeiten.[89] Weil das Petitionsrecht „jeder" juristischen Person zusteht, können auf Unionsebene auch **juristische Personen des öffentlichen Rechts** Petitionen an das Europäische Parlament richten.[90] Die Mitgliedstaaten sind dagegen keine Träger des Petitionsrechts.[91]

Personen, die weder Unionsbürger noch gebietsansässig sind, wird kein Petitionsrecht eingeräumt.[92] Dies kann dazu führen, dass ausländische Betroffene auf der Grundlage des Unionsrechts zwar ihre Positionen gerichtlich geltend machen, sie sich aber nicht auf das Petitionsrecht als „schwächeres" Recht der Interessenvertretung berufen können.[93] Zur Abmilderung dieser Diskrepanz bestimmt Art. 226 Abs. 15 GO-EP, dass **Petitionen von Nichtberechtigten** getrennt erfasst und abgelegt werden. Monatlich übermittelt der Präsident den Mitgliedern des Petitionsausschusses ein Verzeichnis der im Vormonat eingegangenen Petitionen unter Angabe des Gegenstands. So kann der Ausschuss diejenigen Petitionen anfordern, deren Prüfung er für angebracht hält. Daraus erwächst diesen Personen aber kein Anspruch auf Prüfung ihrer Petition.[94]

II. Petitionsadressat

Adressat der primärrechtlichen Petitionsregelungen (Art. 20 Abs. 2 S. 2 lit. d AEUV, Art. 24 Abs. 2 AEUV, Art. 227 AEUV und Art. 44 GRC) ist allein das **Europäische Parlament** (→ Rn. 3).[95] Mangels entsprechender Vorgaben im Primärrecht muss das Parlament die Petitionsbehandlung selbst organisieren.[96] Es darf die Entscheidung über Petitionen an einen Ausschuss delegieren, sofern ihm dieser in Abständen über sein Wirken berichtet.[97] Nach Art. 206 GO-EP iVm Anlage VI Nr. XX ist der **Petitionsausschuss** zuständig.

III. Petitionsgegenstand

Wegen des Grundsatzes der begrenzten Einzelermächtigung (Art. 5 Abs. 1 S. 1, Abs. 2 EUV)[98] bezieht sich das Petitionsrecht nur auf **Angelegenheiten, die in die Tätigkeitsbereiche der Union** fallen. Die Tätigkeitsbereiche der Union ergeben sich aus Art. 4 EUV sowie Art. 2–6 AEUV.[99] Infolge der Änderung des Vertragstexts bezieht sich das Petitionsrecht heute auch auf die Gemeinsame Sicherheits- und Außenpolitik sowie die polizeiliche und justizielle Zusammenarbeit in Strafsachen.[100] Wegen der Zuständigkeit des Europäischen Parlaments für die Fortentwicklung des Unions- und Primärrechts können Petitionen auch derartige Themen betreffen.[101] Zutreffend wird jedoch betont, dass sich letztlich immer erst mit Blick auf den jeweiligen Einzelfall feststellen lässt, ob der notwendige Bezug einer Petition zu diesem Tätigkeitsbereich und dem Unionsrecht vorliegt.[102]

Äußerst umstritten ist, ob Petitionen zum Europäischen Parlament das **Verhalten der Mitgliedstaaten** beim Vollzug des Unionsrechts zum Gegenstand haben können. Die

---

[89] *Schneider* S. 113.
[90] *Guckelberger* S. 43 f.
[91] *Guckelberger* S. 44; *Schneider* S. 114.
[92] *Gaitanides* → 1. Aufl. 2006, § 49 Rn. 9.
[93] *Gaitanides* → 1. Aufl. 2006, § 49 Rn. 16; *Meese* S. 77.
[94] Eingehend dazu *Guckelberger* S. 46 f.; *Schneider* S. 114 ff.
[95] *Haag* in von der Groeben/Schwarze/Hatje AEUV Art. 227 Rn. 12; zur Adressierung an das Gesamtparlament oder den Petitionsausschuss *Haug* JZ 2015, 1042 (1045).
[96] *Schneider* S. 116.
[97] *Krings* in Tettinger/Stern GRC Art. 44 Rn. 11; *Schneider* S. 117.
[98] *Guckelberger* S. 48; *Huber* in Streinz AEUV Art. 227 Rn. 12; *Schneider* S. 118.
[99] *Hölscheidt* in GHN AEUV Art. 227 Rn. 12.
[100] *Haag* in von der Groeben/Schwarze/Hatje AEUV Art. 227 Rn. 13; *Heselhaus* in FK-EUV/GRC/AEUV GRC Art. 44 Rn. 13.
[101] *Guckelberger* S. 48; *Haag* in von der Groeben/Schwarze/Hatje AEUV Art. 227 Rn. 14.
[102] *Haug* JZ 2015, 1042 (1045).

Meinung, für derartige Petitionen seien ausschließlich die nationalen Parlamente zuständig[103] und eine Petition zum Europäischen Parlament könne allenfalls das Nichteinschreiten der Kommission gegenüber dem Mitgliedstaat zum Gegenstand haben,[104] ist abzulehnen. Im Gegensatz zum Beschwerderecht zum Europäischen Bürgerbeauftragten in Art. 228 Abs. 1 AEUV hat man in Art. 227 AEUV von einer Beschränkung des Petitionsrechts auf die Tätigkeit der Organe, Einrichtungen oder sonstigen Stellen der Union abgesehen.[105] Nur mit rein innerstaatlichen Angelegenheiten ohne Bezug zum Unionsrecht darf sich das Europäische Parlament nicht befassen. Die hier vertretene petitionsfreundliche Auslegung[106] fördert die Wirksamkeit des Unionsrechts.[107] GA *Jääskinen* hält Petitionen für eine wertvolle Informationsquelle zur Aufdeckung von Unionsrechtsverstößen.[108] Aus Gründen des institutionellen Gleichgewichts und zum Schutz der richterlichen Unabhängigkeit dürfen Petitionen nicht die **Rechtsprechungstätigkeit** betreffen.[109] Zulässig sind dagegen Petitionen, die eine Gerichtsentscheidung als Anlass für eine Änderung des Unionsrechts nehmen[110] oder sich auf die Gerichtsverwaltung beziehen.[111]

22 Damit beurteilt werden kann, ob sich eine Petition auf eine Angelegenheit im Rahmen der Tätigkeitsbereiche der Union bezieht, muss das Ersuchen hinreichend klar und präzise sein. Dies verneinte das EuG bei einem aus sechzehn Zeilen bestehenden, total konfusen Text. Allein die Zitierung einer Unionsrechtsnorm reicht für die Eröffnung des Anwendungsbereichs des unionsrechtlichen Petitionsrechts nicht aus.[112]

IV. Petitionsinteresse

23 Das Petitionsrecht besteht nach Art. 227 AEUV nur in Angelegenheiten, die den Petenten oder die Petentin **unmittelbar betreffen.** Der **Begriff der unmittelbaren Betroffenheit** ist hier weiter auszulegen als bei der Nichtigkeitsklage in Art. 263 Abs. 4 AEUV.[113] Art. 227 AEUV setzt weder ein rechtliches Interesse des Petenten noch seine Betroffenheit in eigenen Rechten voraus.[114] Ein Vergleich zur Nichtigkeitsklage überzeugt schon deshalb nicht, weil man beim Petitionsrecht zur Ermöglichung von Legislativpetitionen bewusst von einer individuellen Betroffenheit absah.[115] Außerdem kann der Petitionsausschuss Entscheidungen der seiner Kontrolle unterliegenden Stellen nicht wie die Gerichte kassieren.[116] Seine Einwirkungsmöglichkeiten beschränken sich auf politische Maßnahmen.[117] Auch die mit dem Petitionsrecht angestrebte Verringerung der Bürgerferne der Union und ihres Demokratiedefizits sprechen für eine großzügige Auslegung.[118] Daher genügt es, wenn das Petitionsanliegen für den Petenten in objektiver und nachvollziehbarer Weise von

---

[103] *Huber* in Streinz AEUV Art. 227 Rn. 14; *Kaufmann-Bühler* in Lenz/Borchardt EU-Verträge AEUV Art. 227 Rn. 11.
[104] *Kaufmann-Bühler* in Lenz/Borchardt EU-Verträge AEUV Art. 227 Rn. 11.
[105] *Guckelberger* S. 52; *Haug* JZ 2015, 1042 (1045).
[106] So zB auch Bericht über die Tätigkeiten des Petitionsausschusses 2013 (Berichterstatter: *Wałęsa*), EP Dok. A7–0131/2014, S. 3 (unter D), S. 7 (unter Y); *Bauer* in Merten/Papier, HdbGR Bd. 5, § 117 Rn. 61; *Haag* in von der Groeben/Schwarze/Hatje AEUV Art. 227 Rn. 14; *Haug* JZ 2015, 1042 (1044 f.); Jarass GRCh Art. 44 Rn. 5.
[107] *Guckelberger* S. 51 f.
[108] GA *Jääskinen*, SchlA C-261/13 P Rn. 37; s. auch *Haug* JZ 2015, 1042 (1044).
[109] *Bauer* in Merten/Papier, HdbGR Bd. 5, § 117 Rn. 61; *Guckelberger* S. 53; *Haug* JZ 2015, 1042 (1046).
[110] *Guckelberger* S. 53; *Schneider* S. 120 f.
[111] *Guckelberger* S. 53; *Huber* in Streinz AEUV Art. 227 Rn. 13; *Schneider* S. 120 f.
[112] EuG 30.5.2013 – T-280/09 Rn. 40 ff. – Morte Navarro/Parlament.
[113] *Gaitanides* → 1. Aufl. 2006, § 49 Rn. 22; *Heselhaus* in FK-EUV/GRC/AEUV GRC Art. 44 Rn. 14; zur Auslegung des Art. 263 Abs. 4 AEUV EuGH 25/62, Slg. 1963, 217 – Plaumann/Kommission; EuGH 4.6.2015 – C-682/13P Rn. 25 ff. – Andechser Molkerei Steitz/Kommission; EuGH 28.4.2015 – C-456/13 P Rn. 61 ff. – T & L Sugars und Sidul Açúcares/Kommission.
[114] *Bauer* in Merten/Papier, HdbGR Bd. 5, § 117 Rn. 62; *Guckelberger* S. 58 f.
[115] *Guckelberger* S. 56 f.
[116] *Gaitanides* → 1. Aufl. 2006, § 49 Rn. 22.
[117] *Gaitanides* → 1. Aufl. 2006, § 49 Rn. 22.
[118] *Guckelberger* S. 57; *Schneider* S. 131.

nicht unerheblicher Bedeutung ist.[119] Andere Autoren verlangen einen persönlichen Bezug des Petenten zur vorgetragenen Angelegenheit, die für ihn von Bedeutung sein muss.[120] Der Petitionsausschuss des Europäischen Parlaments bejahte das Petitionsinteresse bei einer ernst zu nehmenden und tatsächlichen Besorgnis des Petenten hinsichtlich des Petitionsgegenstands.[121] Die Einlegung einer Petition setzt **keine vorherige Ausschöpfung anderer Rechtsbehelfsmöglichkeiten** voraus. Weder Art. 227 AEUV noch die GO-EP verlangen dies.[122] Eine solche Zulässigkeitsanforderung würde dem Zweck des Petitionsrechts nicht gerecht.[123]

V. Weitere Zulässigkeitsanforderungen?

Obwohl sich aus Art. 227 AEUV keine weiteren Zulässigkeitsanforderungen an Petitionen ergeben, stellt die GO-EP einige weitere auf. Mit den Worten des EuGH „hat das Parlament in Art. 215 dieser Geschäftsordnung verschiedene zusätzliche Regelungen zu den Formerfordernissen und der Sprache, in der eine Petition eingereicht werden kann, sowie zum Erfordernis der Benennung eines Vertreters durch die Petenten im Fall einer Sammelpetition getroffen".[124] Obwohl nach dem EuGH Entscheidungen des Parlaments zur Unzulässigkeit einer Petition im Hinblick auf Art. 227 AEUV überprüfbar sind, hat er dazu nicht Stellung bezogen. Wegen der Einbettung des Petitionsrechts in das übrige Primärrecht ist nicht ausgeschlossen, dass sich daraus unter Beachtung des Wesensgehalts des Petitionsrechts und der Verhältnismäßigkeit weitere Anforderungen an dieses rechtfertigen lassen. 24

Zwar lässt sich aus Art. 226 GO-EP nicht explizit der Grundsatz der **Schriftlichkeit** entnehmen. Allerdings muss nach Art. 226 Abs. 4 GO-EP die Petition **unterzeichnet** sein. Nach Art. 226 Abs. 6 S. 2 GO-EP ist bei Petitionen, die nicht in einer Amtssprache verfasst sind, eine Übersetzung beizufügen und Satz 3 erwähnt sodann den „Schriftwechsel des Parlaments mit den Petenten". Im Grundsatz wird deshalb von der schriftlichen Einlegung einer Petition ausgegangen. Dass die Schriftlichkeit nicht explizit erwähnt wird, mag mit den Online-Petitionen zusammenhängen. Schriftlichkeit dürfte daher iSd Verwendung von Schriftzeichen zu verstehen sein. Das **Unterzeichnungserfordernis** gibt Auskunft über die Urheberschaft der Petition. Da nach dem Primärrecht nicht jedermann petitionsberechtigt ist, bestehen an der Zulässigkeit dieses leicht zu erfüllenden Kriteriums an und für sich keine Bedenken.[125] Nach Art. 226 Abs. 7 GO-EP können Petitionen auf dem **Postweg** oder über das **Petitionsportal** eingereicht werden. In der Antwort auf Frage 7 der aktuellen FAQs heißt es daher, dass Petitionen **per Fax, per E-Mail oder auf anderem Wege** nicht bearbeitet werden. Diese Einschränkungen kann man angesichts der gewollten Niederschwelligkeit des Petitionsrechts kritisch hinterfragen. Rechtfergen lassen sich diese Einschränkungen allenfalls mit dem Bedürfnis, die Petitionen für das Europäische Parlament handelbar und effizient bearbeitbar zu machen. 25

Anders fällt dagegen die Antwort auf die Frage 7 der aktuellen FAQs des Europäischen Parlaments aus, was sich möglicherweise mit der mangelnden Zugangseröffnung – es wird keine E-Mail-Adresse für die Einreichung angegeben – erklären lässt. Wegen der weiten Formulierung des Art. 227 AEUV werden vielfach auch **mündliche Petitionen** an das 26

---

[119] *Haag* in von der Groeben/Schwarze/Hatje AEUV Art. 227 Rn. 15; *Schneider* S. 133. S. a. *Heselhaus* in FK-EUV/GRC/AEUV GRC Art. 44 Rn. 14. Nach *Haug* JZ 2015, 1042 (1045) muss das Petitionsanliegen für den Petenten in objektiv nachvollziehbarer Weise von Bedeutung sein, wobei die Betroffenheit individueller oder politisch-kollektiver Natur sein kann.
[120] *Magiera* in NK-EuGRCh GRCh Art. 44 Rn. 11.
[121] Siehe Entschließung des EP zu den Beratungen des Petitionsausschusses 1994-95, ABl. 1995 C 249, 73 (Nr. 3); vgl. auch *Betz* FS Hanisch, 1994, 13 (18 f.); *Mader* EuR 2013, 348 (361).
[122] *Guckelberger* S. 59 f.; *Schneider* S. 133.
[123] *Guckelberger* S. 60.
[124] EuGH EuZW 2015, 59 (60 Rn. 19).
[125] *Guckelberger* S. 63 f.

Europäische Parlament für möglich gehalten.[126] Nach zutreffender Ansicht kann das Parlament jedoch aus Gründen effektiver Petitionsbehandlung eine Fixierung des Petitionsanliegens in Schriftzeichen verlangen. Der hinter Art. 24 Abs. 4 AEUV stehende Gedanke, wonach sich jeder Unionsbürger „schriftlich" an jedes Organ in dem vorliegenden Artikel wenden kann, trifft auf Petitionen von Nicht-Unionsbürgern gleichermaßen zu.[127]

27 Zur Feststellung der primärrechtlichen Petitionsberechtigung müssen die Petitionen an das Parlament mit Namen und Wohnsitz des Petenten versehen sein (Art. 226 Abs. 2 GO-EP). Nur bei Angabe von Name und Adresse kann das Parlament auf die Petition antworten.[128] Nach Art. 226 Abs. 6 S. 1 GO-EP muss die Petition **in einer Amtssprache der Union** abgefasst sein. Auch hier lässt sich der hinter Art. 24 Abs. 4 AEUV[129] stehende Gedanke einer effektiven Bearbeitung auf Petitionen von Nichtunionsbürgern übertragen,[130] zumal sie ihrer Petition eine Übersetzung beifügen können.

D. Petitionsbehandlung

I. Übersicht

28 Anders als beim Bürgerbeauftragten macht Art. 227 AEUV keine weiteren Vorgaben zur Petitionsbehandlung und enthält auch keine Befugnis zum Erlass von Durchführungsbestimmungen.[131] Dem Parlament obliegt die Ausgestaltung der Petitionsbehandlung selbst.[132] Dazu hat es in den Art. 226–229 GO-EP detaillierte Regelungen erlassen. Die Petitionen werden vom **Petitionsausschuss des Europäischen Parlaments** behandelt und abschließend bearbeitet.[133] Die **Petitionsbehandlung** lässt sich in drei Phasen unterteilen. Zunächst wird die Zulässigkeit der Petition geprüft. Anschließend werden die Fakten und die Rechtslage einer Petition untersucht bzw. festgestellt.[134] Bei einem Verstoß gegen das Unionsrecht oder Handlungsbedarf aus anderen Gründen wird der Petitionsausschuss mit den ihm zustehenden Mitteln reagieren.[135]

II. Registrierung und Zulässigkeitsfeststellung

29 Petitionen **ohne Angabe von Name und Wohnsitz des Petenten,** die also die Voraussetzungen der sog **formalen Zulässigkeit** nicht erfüllen,[136] werden gem. Art. 226 Abs. 9 S. 2 GO-EP abgelegt. Zugleich wird dem Petenten die Begründung dafür mitgeteilt. Dadurch wird ihnen die Gelegenheit eröffnet, ggf. eine neue, den formellen Anforderungen entsprechende Petition einzulegen.[137] Petitionen, welche die **Anforderungen des Art. 226 Abs. 2 GO-EP erfüllen,** werden in der Reihenfolge ihres Eingangs **in ein Register eingetragen** (Art. 226 Abs. 9 S. 1 GO-EP). Anschließend **überweist** sie der Präsident **an den Petitionsausschuss zur Feststellung ihrer (Un-)Zulässigkeit.** Besteht im Ausschuss kein Konsens hinsichtlich der Zulässigkeit, wird eine Petition gem. Art. 226 Abs. 10 S. 2 GO-EP für zulässig erklärt, wenn mindestens ein Drittel der Ausschussmitglieder dies beantragt hat. Die vom Ausschuss für unzulässig qualifizierten Petitionen werden abgelegt. Die Petenten werden hierüber unter Angabe der Gründe unterrichtet

---

[126] *Bauer* in Merten/Papier, HdbGR Bd. 5, § 117 Rn. 63; *Krings* in Tettinger/Stern GRC Art. 44 Rn. 17.
[127] *Guckelberger* S. 62; aA *Kaufmann-Bühler* in Lenz/Borchardt EU-Verträge AEUV Art. 24 Rn. 6; kritisch zur Beschränkung auf Unionsbürger *Haag* in von der Groeben/Schwarze/Hatje AEUV Art. 24 Rn. 10.
[128] *Guckelberger* S. 60.
[129] Art. 24 Abs. 4 AEUV knüpft in dieser Hinsicht an Art. 55 EUV, Art. 358 AEUV an.
[130] *Guckelberger* S. 61; *Schneider* S. 134; ähnlich auch die Argumentation von *Haug* JZ 2015, 1042 (1046).
[131] *Schneider* S. 137.
[132] *Guckelberger* S. 64; *Schneider* S. 137.
[133] *Gaitanides* → 1. Aufl. 2006, § 49 Rn. 26.
[134] *Gaitanides* → 1. Aufl. 2006, § 49 Rn. 27.
[135] *Gaitanides* → 1. Aufl. 2006, § 49 Rn. 27.
[136] S. die Bezeichnung bei GA *Jääskinen*, SchlA C-261/13 P Rn. 39 f. – Schönberger/Parlament.
[137] *Schneider* S. 139.

und, soweit möglich, auf andere Rechtsbehelfe hingewiesen (Art. 226 Abs. 11 GO-EP). Indem der Petent bei einer unzulässigen Petition eine Antwort mit Begründung erhält, kann er deren Vereinbarkeit mit dem Primärrecht prüfen und ggf. die Gerichte um Rechtsschutz ersuchen (→ Rn. 39). Mit den Worten des EuGH muss die ablehnende Entscheidung „so begründet sein, dass der Petent zu erkennen vermag, welche dieser Voraussetzungen in seinem Fall nicht erfüllt ist".[138] Hierfür kann auch eine knappe Begründung genügen.[139]

Nach Art. 226 Abs. 12 GO-EP werden Petitionen mit ihrer Registrierung **in der Regel** **30** **zu öffentlichen Dokumenten** und das Parlament kann den Inhalt der Petition mit Namen des Petenten aus Transparenzgründen veröffentlichen. Zum Schutz der in Art. 7, 8 GRC garantierten Privatsphäre hat das Parlament jedoch auf Antrag die Namen der Petenten, Mitunterzeichner oder Unterstützer geheim zu halten (Art. 226 Abs. 13 S. 1 GO-EP). Lässt sich trotz Nichtbenennung des Namens aufgrund des Petitionsinhalts ihr Urheber ausmachen, können zum Grundrechtsschutz bei Petitionen mit sensiblem Inhalt weitergehende Geheimhaltungsmaßnahmen geboten sein. Darüber hinaus kann das Parlament aus eigener Initiative oder auf Antrag des betroffenen Dritten eine Petition und/ oder darin enthaltene Informationen anonymisieren, sofern es dies für erforderlich erachtet (Art. 226 Abs. 14 GO-EP). Weil das Parlament an die GRC gebunden ist, muss es bei der Anwendung dieser Regelung auf die Herstellung einer grundrechtskonformen Lage achten. Nach dem EuGH müssen „sich die Ausnahmen und Einschränkungen in Bezug auf den Schutz der personenbezogenen Daten auf das absolut Notwendige beschränken".[140] Schließlich kann sich aus der Verordnung (EG) Nr. 1049/2001 eine Verpflichtung des Parlaments zur Offenlegung personenbezogener Daten ergeben.

III. Prüfung der Petitionen

Anders als die Regelung zum Bürgerbeauftragten in Art. 228 AEUV (näher dazu → § 54) **31** lassen sich Art. 227 AEUV mit Ausnahme der Pflicht des Parlaments zur Entgegennahme der Petitionen keine weiteren Befugnisse zu ihrer Prüfung oder Erledigung entnehmen. Daher muss das Parlament die Petition mit den ihm ohnehin zustehenden Befugnissen bearbeiten.[141] Angesichts der fehlenden primärrechtlichen Vorgaben verfügt das Parlament über ein „weites politisches Ermessen" bei der Behandlung zulässiger Petitionen.[142] Im Hinblick auf den Sinn und Zweck des Petitionsrechts ist eine effektive und zügige Prüfung einschließlich Erledigung der Petitionen anzustreben.[143] Im Jahresbericht 2016 heißt es dazu, jeder Petent habe das Recht auf eine Antwort des Petitionsausschusses, in der die aufgeworfenen Fragen in Übereinstimmung mit dem in Art. 41 GRC verankerten Recht auf gute Verwaltung behandelt werden.[144]

Nach Art. 227 Abs. 1 GO-EP prüft der Ausschuss „im Verlauf seiner normalen Tätig- **32** keit" zulässige Petitionen entweder im Rahmen einer **ordentlichen Sitzung** oder **im** **schriftlichen Verfahren**. Die Petenten können – auch auf ihren Antrag – zur Teilnahme an derartigen, in der Regel einmal pro Monat stattfindenden und per Webstream übertragenen[145] Sitzungen eingeladen werden, wobei der Ausschussvorsitzende nach seinem

---

[138] EuGH EuZW 2015, 59 (60 Rn. 23).
[139] EuGH EuZW 2015, 59 (60).
[140] EuGH EuZW 2010, 939 (943 Rn. 77).
[141] *Gaitanides* → 1. Aufl. 2006, § 49 Rn. 30; *Haag* in von der Groeben/Schwarze/Hatje AEUV Art. 227 Rn. 18.
[142] EuGH EuZW 2015, 59 (60 Rn. 24).
[143] S. auch den Bericht über die Tätigkeiten des Petitionsausschusses 2014 (Berichterstatter: *de Oedenberg*), EP Dok. A8–0361/2015, S. 5 (unter O), andererseits auf S. 10 unter 4 zur schlechten Personalausstattung des Sekretariats des Ausschusses.
[144] Bericht über die Tätigkeiten des Petitionsausschusses 2016 (Berichterstatter: *Marias*), EP Dok. A8–0387/ 2017, S. 4 f. (unter M).
[145] So unter Frage 11 der aktuellen FAQs des Europäischen Parlaments, abrufbar unter: https://petiport.secure. europarl.europa.eu/petitions/de/faq#_Toc457571696, zuletzt geprüft am 12.9.2018.

Ermessen über die Worterteilung entscheidet. Diese **Anhörungsbefugnis,** deren Einführung nicht unumstritten war (unterschiedlich lange Wege der Petenten zum Parlament, gerichtsähnliches Verfahren, Zeitaufwand), liegt auf der Linie des Petitionsrechts, das die Bürgernähe der Union fördern soll.[146] Laut dem Tätigkeitsbericht für das Jahr 2018 haben in diesem Jahr 187 Petenten aktiv an den Beratungen des Ausschusses teilgenommen.[147] Aus den primärrechtlichen Bestimmungen selbst folgt keine Pflicht zur Anhörung der Petenten. Der Petitionsausschuss und sein Vorsitzender sind jedoch an die Grundrechte, insbesondere den Gleichbehandlungsgrundsatz (Art. 20 GRC), gebunden.

33 Mit den Worten von GA *Jääskinen* sind die Befugnisse des Petitionsausschusses bei der Petitionsbearbeitung „in Wirklichkeit ziemlich beschränkt".[148] Das Parlament muss sich bei der Petitionsbearbeitung seiner Instrumente bedienen und kann mit den Regelungen in seiner GO immer nur sich selbst, nicht aber andere Organe und Einrichtungen rechtlich binden.[149] So kann der Petitionsausschuss zur Einschätzung der Sach- und Rechtslage den **Informationsdienst oder juristischen Dienst des Parlaments** um Unterstützung ersuchen.[150] In der 8. Wahlperiode hat sich der Petitionsausschuss vermehrt die Expertise der **Abteilung für Bürgerrechte und konstitutionelle Angelegenheiten** für Studien und Workshops zunutze gemacht.[151] Zwar lassen sich **allgemeine Bitten,** die in der Regel politische Anliegen beinhalten, mit den parlamentarischen Mitteln gut bearbeiten.[152] Beabsichtigt der Petitionsausschuss die Ausarbeitung eines Initiativberichts gem. Art. 54 Abs. 1 GO-EP und betrifft dieser insbesondere die Anwendung oder Auslegung des Unionsrechts oder Vorschläge zu dessen Änderung, wird gem. Art. 227 Abs. 3 S. 1 GO-EP der in der Sache zuständige **Fachausschuss** gem. Art. 56, 57 GO-EP assoziiert. Die Fachausschüsse sind eine wichtige Informationsquelle für den Petitionsausschuss, da sie ihm den nötigen fachlichen Hintergrund des jeweiligen Anliegens aufzeigen können.[153] Weitere Angaben zur Zusammenarbeit der parlamentarischen Ausschüsse sowie die Einrichtung eines Petitionsnetzwerks finden sich in Nr. 8 der Guidelines.[154] Auf diese Weise soll der Petitionsausschuss für die Arbeit der anderen Ausschüsse sichtbarer und relevanter gemacht werden.[155] Die verstärkte Zusammenarbeit zwischen den verschiedenen Parlamentsausschüssen fördert den Austausch von Informationen und bewährter Verfahren.[156]

34 **Beschwerden** bedürfen dagegen oftmals einer eingehenderen Prüfung der Sach- und/ oder Rechtslage. Nach Art. 228 Abs. 1 S. 1 GO-EP kann der Petitionsausschuss zur Prüfung von Petitionen, der Tatsachenfeststellung oder Ermittlung von Lösungen **Informationsbesuche** in dem Mitgliedstaat oder der Region durchführen, auf den sich die Petition bezieht.[157] Allerdings bestimmt Satz 2, dass derartige Besuche „in der Regel" Themen betreffen, die in mehreren Petitionen vorgebracht wurden. Diese Informationsreisen erlauben es, Informationen zu komplexen Themen durch verschiedene Interessengruppen vor Ort zu sammeln. Als Nebeneffekt kann den Bürgern in den verschiedenen

---

[146] Dazu *Schneider* S. 141 f.
[147] Bericht über die Ergebnisse der Beratungen des Petitionsausschusses im Jahr 2018, A8-0024/2019, S. 4 unter lit. E.
[148] GA *Jääskinen,* SchlA C-261/13 P ECLI:EU:C:2014:2107 Rn. 43.
[149] *Guckelberger* S. 67; *Schneider* S. 144.
[150] *Schneider* S. 141.
[151] Achievments of the committee on petitions during the 2014–2019 parliamentary term and challenges for the future, study requested by the PETI Committee, July 2019, PE 621.917, S. 11.
[152] *Gaitanides* → 1. Aufl. 2006, § 49 Rn. 31.
[153] *Schneider* S. 141.
[154] S. Guidelines Committee on Petitions, December 2015, PE575.044v02-00; s. auch Bericht über die Tätigkeiten des Petitionsausschusses 2016 (Berichterstatter: *Marias*), EP Dok. A8–0387/2017, S. 10 (unter Nr. 16).
[155] Bericht über die Ergebnisse der Beratungen des Petitionsausschusses im Jahr 2018, A8-0024/2019, S. 7 unter Nr. 11.
[156] Bericht über die Ergebnisse der Beratungen des Petitionsausschusses im Jahr 2018, A8-0024/2019, S. 7 unter Nr. 11.
[157] Näher dazu *Schneider* S. 143.

Teilen Europas die Arbeit des Europäischen Parlaments sichtbar gemacht werden.[158] Auch kann der Petitionsausschuss nach Art. 227 Abs. 6 S. 1 GO-EP die **Kommission um Unterstützung bitten,** insbesondere durch Klarstellungen zur Anwendung oder Einhaltung des Unionsrechts und Übermittlung sämtlicher Informationen zum Petitionsgegenstand. Nach S. 2 kann ein Vertreter der Kommission zu den Ausschusssitzungen eingeladen werden. Letztlich hängt aber der Erfolg derartiger Anfragen stark von der Mitwirkungsbereitschaft der anderen Einrichtungen ab.[159] Mangels ausdrücklicher Ermächtigungsgrundlage gilt Entsprechendes für Bitten um Auskunftserteilung oder Aktenvorlage an andere Organe oder nationale Behörden.[160] Zwar gibt es seit 1989 eine interinstitutionelle Vereinbarung zwischen dem Parlament und der Kommission sowie dem Rat zur Petitionsbehandlung, angesichts ihrer beschränkten Reichweite ist es aber nicht verwunderlich, dass das EU-Parlament seit Jahren auf eine Verbesserung seiner Befugnisse bei der Petitionsbearbeitung drängt.[161] Dementsprechend wurden im Tätigkeitsbericht 2014 Verbesserungsmöglichkeiten aufgezeigt und die Wichtigkeit einer ausführlichen, proaktiven und zügigen Reaktion der Kommission auf alle Petitionen hervorgehoben.[162] Auch im Tätigkeitsbericht 2018 wird vom Petitionsausschuss an erster Stelle an die Verpflichtung zur Zusammenarbeit der Kommission sowie der mitgliedstaatlichen Behörden mit dem Petitionsausschuss erinnert, insbesondere was den Austausch relevanter Informationen anbetrifft.[163] Wegen der primärrechtlichen Verankerung des Petitionsrechts sowie des Grundsatzes der Rechtsstaatlichkeit (s. Art. 2 EUV) leitet das deutsche Schrifttum unter Rekurs auf die *Implied-Powers*-Lehre unmittelbar aus dem Primärrecht ein – allerdings durch andere Primärrechtsvorgaben, wie den Verhältnismäßigkeitsgrundsatz – **begrenztes Petitionsinformationsrecht** des Parlaments ab.[164] Die korrespondierenden Unterstützungs- und Mitwirkungspflichten folgen aus dem **Grundsatz der Organtreue** bzw. für die Mitgliedstaaten aus der Pflicht **zur loyalen Zusammenarbeit** (Art. 4 Abs. 3 EUV).[165]

Ein Großteil der beim Europäischen Parlament eingehenden Petitionen hat vermeintliche **Vertragsverletzungen der Mitgliedstaaten** zum Gegenstand.[166] Laut von GA *Jääskinen* zitierten Statistiken sollen „ein Viertel oder sogar ein Drittel der Petitionen im Zusammenhang mit Vertragsverletzungsverfahren erfolgen oder dazu führen".[167] Wegen der Rolle der Kommission als ‚Hüterin der Verträge' (s. Art. 17 Abs. 1 EUV) erfolgt die Untersuchung der entsprechenden Petitionen in Kooperation zwischen ihr und dem Petitionsausschuss.[168] In der Praxis überweist der Ausschuss materiell für zulässig erklärte Petitionen an die Kommission, die dem Sachverhalt nachgeht und zur Petition rechtlich Stellung bezieht.[169] Diese ist bei der Untersuchung des vorgetragenen Sachverhalts zur Einholung von Auskünften und zur Nachprüfung befugt soweit dies zur Erfüllung ihrer Aufgaben erforderlich ist.[170] Die Mitgliedstaaten müssen ihr auf Anfrage entsprechende

35

---

[158] Bericht über die Beratungen des Petitionsausschusses 2016 (Berichterstatter: *Marias*), EP Dok. A8–0387/2017, S. 5 (unter V).
[159] *Schneider* S. 144.
[160] *Gaitanides* → 1. Aufl. 2006, § 49 Rn. 31; *Schoo/Görlitz* in Schwarze AEUV Art. 227 Rn. 9.
[161] *Guckelberger* S. 67 ff.; *Schneider* S. 144 m.w.N.; dazu, dass die Kommission teilweise dahinter zurückbleibt, Bericht des Petitionsausschusses im Jahr 2012 (Berichterstatter: *Wałęsa*), EP Dok. A7–0299/2013, S. 5 (unter N).
[162] Bericht über die Tätigkeiten des Petitionsausschusses 2014 (Berichterstatter: *de Oedenberg*), EP Dok. A8–0361/2015, S. 10 f.
[163] Bericht über die Ergebnisse der Beratungen des Petitionsausschusses im Jahr 2018 (Berichterstatterin: *Wikström*), A8–0024/2019, S. 5 unter Nr. 1.
[164] *Guckelberger* S. 70 ff.; *Schneider* S. 148 f.
[165] Vgl. *Schneider* S. 149.
[166] *Gaitanides* → 1. Aufl. 2006, § 49 Rn. 32; s. auch GA *Jääskinen*, SchlA C-261/13 P, ECLI:EU:C:2014:2107 Rn. 37 – Schönberger/Parlament.
[167] GA *Jääskinen*, SchlA C-261/13 P, ECLI:EU:C:2014:2107 Rn. 37 – Schönberger/Parlament.
[168] *Gaitanides* → 1. Aufl. 2006, § 49 Rn. 32.
[169] *Gaitanides* → 1. Aufl. 2006, § 49 Rn. 32.
[170] *Gaitanides* → 1. Aufl. 2006, § 49 Rn. 32.

Auskünfte erteilen (Art. 4 Abs. 3 EUV).[171] Nach Art. 227 Abs. 6 GO-EP kann der Ausschuss den Parlamentspräsidenten zur Übermittlung seiner Stellungnahme oder Empfehlung an die Kommission ersuchen und damit politischen Druck hinsichtlich eines Vertragsverletzungsverfahrens ausüben. Ausweislich des Tätigkeitsberichts 2018 bieten Petitionsverfahren im Vergleich zu einer direkt bei der Kommission eingelegten Beschwerde durch die Einbindung des Parlaments eine zusätzliche Garantie, weil sie eine bessere Kontrolle und Erörterung des Sachverhalts im Beisein der Petenten von Mitgliedern des Parlaments, Vertretern der Kommission sowie ggf. anderen tangierten Stellen ermöglichen.[172] Eine seltene, wenn auch in der Praxis schon vorgekommene Reaktionsmöglichkeit des Parlaments auf eine Petition stellt die Einsetzung eines **Untersuchungsausschusses** dar.[173]

IV. Erledigung

36 Anders als der Petitionsausschuss des Bundestages[174] schließt der Petitionsausschuss des Europäischen Parlaments das Petitionsverfahren meistens ohne eine Beteiligung oder Abstimmung des Plenums ab.[175] Wie die nationalen Parlamente verfügt auch das Europäische Parlament samt Petitionsausschuss über **keinerlei Kassationsbefugnisse.**[176] Der Petitionsausschuss kann weder wie ein Gericht rechtsverbindlich über Recht oder Unrecht eines Falles oder die Unionsrechtswidrigkeit des Verhaltens eines Mitgliedstaats entscheiden noch verfügt er über Vollstreckungsbefugnisse.[177] Vielmehr zielt das Petitionsrecht darauf ab, berechtigten Petitionen im Wege **politischer Reaktion** hilfreiche Wirkungen beizulegen.[178] Mangels konkreter Vorgaben in Art. 227 AEUV verfügt das Parlament nach dem EuGH „über ein weites politisches Ermessen" hinsichtlich der Petitionserledigung.[179] Schon im eigenen Interesse sollte es sich dabei von den Zielen des Petitionsrechts leiten lassen und seinem Wesensgehalt Rechnung tragen.

37 Der Petitionsausschuss verfügt über **diverse Reaktionsmöglichkeiten.** Wie es für außergerichtliche Rechtsbehelfe typisch ist, kann der Petitionsausschuss versuchen, im schlichtenden Dialog mit der Stelle, auf die sich das Petitionsanliegen bezieht, **auf unkonventionellem Weg eine Lösung des Problems** zu erarbeiten.[180] Der Petitionsausschuss kann die **Ausarbeitung eines Initiativberichts gem. Art. 54 Abs. 1 GO-EP** beschließen und kann dem Parlament einen **kurzen Entschließungsantrag** dazu vorlegen, falls die Konferenz der Präsidenten nicht widerspricht (Art. 227 Abs. 3 Alt. 1 GO-EP). Insbesondere wenn der Bericht die Anwendung oder Auslegung des Unionsrechts oder Vorschläge *de lege ferenda* enthält, wird die Zusammenarbeit mit anderen Ausschüssen vorgeschrieben (Art. 227 Abs. 3 Alt. 2 GO-EP). Derartige Berichte, in denen zB eine Unionseinrichtung oder ein Mitgliedstaat öffentlich kritisiert werden, können insbesondere bei Entfachung einer grenzüberschreitenden öffentlichen Diskussion erhebliche Durchschlagskraft entfalten.[181] In der Praxis werden sie vom Petitionsausschuss vor allem bei Petitionen eingesetzt, denen er grundsätzliche Bedeutung oder eine besondere Wichtigkeit beimisst.[182] Weil dieses Vorgehen sehr aufwändig ist, äußert der Petitionsausschuss seine

---

[171] *Gaitanides* → 1. Aufl. 2006, § 49 Rn. 32.
[172] Bericht über die Ergebnisse der Beratungen des Petitionsausschusses im Jahr 2018 (Berichterstatterin: *Wikström*), A8-0024/2019, S. 4 unter lit. G.
[173] *Schoo/Görlitz* in Schwarze AEUV Art. 227 Rn. 15.
[174] Siehe Art. 112 GO-BT.
[175] *Guckelberger* S. 76; zur Vereinbarkeit dieser Praxis mit Art. 194 EGV siehe *Meese* S. 91.
[176] *Guckelberger* S. 74; *Schneider* S. 152.
[177] GA *Jääskinen*, SchlA C-261/13 P Rn. 43 – Schönberger/Parlament; s. auch *Guckelberger* S. 74.
[178] *Gaitanides* → 1. Aufl. 2006, § 49 Rn. 35; *Guckelberger* S. 73; *Schneider* S. 152.
[179] EuGH EuZW 2015, 59 (60 Rn. 24).
[180] *Guckelberger* S. 73 f.; *Schneider* S. 153.
[181] *Schneider* S. 153 f.
[182] *Guckelberger* S. 74 f.; *Schneider* S. 154.

Kritik meistens auf andere Weise.¹⁸³ Nach Art. 227 Abs. 6 GO-EP kann er den Parlamentspräsidenten ersuchen, eine von ihm gefasste **Stellungnahme oder Empfehlung** an die Kommission, den Rat oder eine nationale Behörde zur Erwirkung eines Tätigwerdens oder einer Antwort zu übermitteln. Darüber hinaus hat sich in der Praxis des Petitionsausschusses die **Weiterleitung** der Petition an Fachausschüsse oder Delegationen **zur Kenntnisnahme oder zur Veranlassung** herausgebildet.¹⁸⁴ Diese Weiterleitung ist nicht ganz unbedenklich, denn es besteht die Gefahr, dass der Petitionsausschuss allein aus Erledigungsgründen zu diesem Mittel greift. Andererseits kann es durchaus Konstellationen geben, in denen die Stelle, welcher die Petition zugleitet wird, mehr als der Petitionsausschuss bewirken kann. Angesichts des weiten politischen Entscheidungsspielraums bei der Petitionserledigung ist diese Reaktion nicht gerichtlich überprüfbar. Dies gilt „unabhängig davon, ob das Parlament mit einer solchen Entscheidung selbst die angegebenen Maßnahmen ergreift oder ob es sich hierzu nicht im Stande sieht und die Petition dem zuständigen Organ oder der zuständigen Dienststelle übermittelt, damit dieses Organ oder diese Dienststelle die entsprechenden Maßnahmen ergreift".¹⁸⁵ Ist nach Meinung des Parlaments weder eine Verletzung des Unionsrechts noch ein legislativer Handlungsbedarf zu verzeichnen, oder konnte dem Anliegen der Petition entsprochen werden, bedarf es keines Tätigwerdens.¹⁸⁶

Da die primärrechtliche Petitionseinräumung nur Sinn macht, wenn der Petent anders als bei einer Meinungsäußerung eine **Antwort** auf sein Ersuchen erhält, werden die Petenten über die Beschlüsse des Ausschusses und deren Begründung unterrichtet (Art. 227 Abs. 8 GO-EP).¹⁸⁷ Nach Art. 229 Abs. 2 GO-EP werden bei den in das Register nach Art. 226 Abs. 9 GO-EP eingetragenen Petitionen der Titel mit Zusammenfassung sowie die im Zuge der Petitionsbehandlung übermittelten Stellungnahmen sowie wichtigsten Beschlüsse öffentlich zugänglich gemacht. Außerdem erstattet der Petitionsausschuss dem Parlament jährlich über die Ergebnisse seiner Beratungen Bericht, ua über Maßnahmen, die der Rat oder die Kommission hinsichtlich vom Parlament übermittelter Petitionen ergriffen haben (Art. 227 Abs. 7 GO-EP). Daher legt der Petitionsausschuss am Ende der Sitzungsperiode jeweils **Jahresberichte** auf dem Petitionsportal vor.¹⁸⁸ Auf dessen Grundlage nimmt das Europäische Parlament in einer Entschließung zu den Arbeiten des Petitionsausschusses Stellung und vermittelt seinem Wirken zusätzliche Publizität.¹⁸⁹

38

E. Rechtsschutz

Das primärrechtliche Petitionsrecht verleiht dem Petenten ein **subjektives Recht** (→ Rn. 10 f.). Aus diesem Grund kann der Einzelne die Unionsgerichte bei seiner Verletzung um Rechtsschutz ersuchen. Der Petent kann gegen die Abweisung seiner Petition als unzulässig vor dem Gericht erster Instanz (EuG) eine **Nichtigkeitsklage** gemäß Art. 263 Abs. 4 AEUV erheben, da er durch diese Entscheidung in seinem Petitionsrecht unmittelbar und individuell betroffen sein kann.¹⁹⁰ Bei Untätigkeit des Parlaments, also der Nichtbeantwortung der Petition, kann der Petent vor dem EuG eine **Untätigkeitsklage** gemäß Art. 265 AEUV erheben, denn bei der Unterlassung der Petitionsbescheidung handelt es sich um einen verbindlichen Akt, der im Falle seines Erlasses Gegenstand einer Nichtigkeitsklage hätte sein können.¹⁹¹ Hat der Petitionsausschuss dagegen eine **Petition**

39

---
¹⁸³ *Schneider* S. 154.
¹⁸⁴ *Schneider* S. 154 f.
¹⁸⁵ EuGH EuZW 2015, 59 (60 Rn. 24).
¹⁸⁶ *Gaitanides* → 1. Aufl. 2006, § 49 Rn. 36.
¹⁸⁷ *Haag* in von der Groeben/Schwarze/Hatje AEUV Art. 227 Rn. 8; *Krings* in Tettinger/Stern GRC Art. 44 Rn. 13; s. zur Sprache Art. 215 Abs. 5 UAbs. 2, 3 GO-EP.
¹⁸⁸ *Guckelberger* S. 76; *Schneider* S. 155 f.
¹⁸⁹ *Guckelberger* S. 76; *Schneider* S. 156.
¹⁹⁰ EuGH EuZW 2015, 59.
¹⁹¹ *Hölscheidt* in GHN AEUV Art. 227 Rn. 23.

für zulässig erachtet und ist der Petent nur mit der **Reaktion auf seine Petition nicht zufrieden,** bleiben Klagen vor den Unionsgerichten ohne Erfolg. Wegen des **politischen und parlamentarischen Beurteilungsspielraums** sind **diese Entscheidungen gerichtlich nicht überprüfbar.**[192]

F. Verhältnis zu Art. 228 AEUV

40 Mit den Worten des Petitionsausschusses ergänzt das Petitionsverfahren andere europäische Instrumente für die (Unions)Bürger, wie etwa die Möglichkeit zur Erhebung einer Beschwerde bei der EU-Kommission oder beim Europäischen Bürgerbeauftragten.[193] Insbesondere zu Letzterem steht das primärrechtlich gewährleistete Petitionsrecht in engem Zusammenhang, wie auch an der systematischen Verortung der Vorschriften deutlich wird (Art. 228 AEUV, Art. 43 GRC; → § 54). Während Petitionen Bitten und Beschwerden an das Europäische Parlament enthalten und auch das Verhalten der Mitgliedstaaten bei einem Unionsrechtsbezug betreffen können, ist der Tätigkeitsbereich des Bürgerbeauftragten auf Missstände bei den Tätigkeiten der Organe, Einrichtungen und sonstigen Stellen der Union beschränkt.[194] Soweit sowohl die Voraussetzungen des Petitionsrechts als auch des Beschwerderechts zum Bürgerbeauftragten eröffnet sind, sollte sich die betreffende Person überlegen, wie sie vorgehen will. Wer entscheidet über die Beschwerde (politisch besetztes Kollegialorgan oder spezialisierte Ombudsperson), wie fallen die Untersuchungsbefugnisse und Reaktionsmöglichkeiten dieser beiden Beschwerdeadressaten aus?[195] (S. näher zu diesem Verhältnis → § 54 Rn. 35.) Die Vorzüge des Petitionsrechts gegenüber der **Europäischen Bürgerinitiative (Art. 11 Abs. 4 EUV)** liegen darin, dass das Petitionsrecht nicht von einer bestimmten Anzahl an Unterstützern abhängt, deren Anzahl mindestens eine Million Unionsbürger betragen und bei denen es sich um Staatsangehörige einer erheblichen Zahl von Mitgliedstaaten handeln muss. Das EuG hält den Petitionsmechanismus mit dem der EBI für nicht miteinander vergleichbar. Während Petitionen lediglich auf ihre Zulässigkeit hin überprüft werden, deren weitere Behandlung sodann im Ermessen des Parlaments steht, muss eine zulässige EBI nach ihrer Registrierung zudem weitere von der Kommission zu prüfende Voraussetzungen erfüllen und zudem enthält die Verordnung (EU) Nr. 211/2011 Vorschriften, die nach dem EuG als Verfahrensgarantien zugunsten der Organisatoren eingestuft werden können.[196] Zudem sind auch Nicht-Unionsbürger bei (Wohn-)Sitz in der Union petitionsberechtigt. Es wird angenommen, dass das Vorhandensein der Europäischen Bürgerinitiativen in politischer Hinsicht positive Nebenwirkungen mit sich bringt, indem es zur Ausbildung eines zunehmenden Bewusstseins für das Petitionswesen führen könnte.[197]

---

[192] EuGH EuZW 2015, 59; kritisch *Mader* EuZW 2015, 41 (42).
[193] Bericht über die Tätigkeit des Petitionsausschusses im Jahr 2012 (Berichterstatter: *Wałęsa*), EP Dok. A7–0299/2013, S. 6 (unter Q).
[194] *Guckelberger* S. 148 f.; s. auch *Schneider* S. 218 ff.; zum unterschiedlichen Anwendungsbereich sowie Verfahren Bericht über die Tätigkeit des Petitionsausschusses im Jahr 2012 (Berichterstatter: *Wałęsa*), EP Dok. A7–0299/2013, S. 6 (unter S).
[195] *Guckelberger* S. 151 f.
[196] EuG Urt. v. 23.4.2018 – T-561/14 Rn. 95 ff., juris.
[197] The right to petition the European Parliament, Briefing June 2015, abrufbar unter: http://www.europarl.europa.eu/RegData/etudes/BRIE/2015/559514/EPRS_BRI%282015%29559514_EN.pdf, zuletzt geprüft am 19.2.2018.

§ 54 Eingaben an den Bürgerbeauftragten

Übersicht

	Rn.
A. Entwicklung und Bedeutung des Beschwerderechts	1–11
I. Entwicklung	1–5
II. Begriff und Funktionen	6–11
B. Rechtsstellung des Bürgerbeauftragten	12, 13
C. Gewährleistungsgehalt	14–33
I. Recht des Beschwerdeführers	14
II. Voraussetzungen der Beschwerde	15–24
1. Beschwerdeberechtigte	15
2. Beschwerdegegenstand	16–20
3. Kein Beschwerdeinteresse	21, 22
4. Beschwerdeform und -frist	23, 24
III. Wirkung der Beschwerde	25
IV. Prüfungsrecht des Bürgerbeauftragten	26–33
1. Vorprüfung	26
2. Untersuchung von Missständen	27–30
3. Fast Track-Verfahren für den Zugang zu EU-Dokumenten	31
4. Erledigung und Jahresbericht	32, 33
D. Rechtsschutz	34, 35
E. Verhältnis zu anderen Bestimmungen	36, 37

Schrifttum:

Barth, Bürgerbeauftragter und Petitionsrecht im Prozess der europäischen Verfassungsgebung, 2004; *Bauer,* Petitionsrecht, in Merten/Papier, Handbuch der Grundrechte in Deutschland und Europa, Bd. 5, 2013, § 117 Rn. 71 ff.; *Bonnor,* The European Ombudsman: a Novel Source of Soft Law in the European Union, ELR 2000, 39; *Craig,* EU administrative law, 2012, S. 739; *Eckhardt,* Die Akteure außergerichtlichen Grundrechtsschutzes in der Europäischen Union, 2010; *Diamandouros,* From maladministration to good administration: retrospective reflections on a ten-year journey, in Hofmann/Ziller, Accountability in the EU, The Role of the European Ombudsman, 2017, S. 217; *Dragos/Neamtu,* Advancing transparency in the European Union: the role of the European Ombudsman, in Hofmann/Ziller, Accountability in the EU, The Role of the European Ombudsman, 2017, S. 94; *Erhard,* Der Europäische Bürgerbeauftragte – ausgewählte Rechtsfragen, JRP 1997, 278; *González Vázquez,* The Community Ombudsman's Paradox: A Comparative Analysis, 1996; *Gosalbo Bono,* Maastricht et les citoyens: Médiateur européen, RFAP 1992, 639; *Guckelberger,* Das Petitionsrecht zum Europäischen Parlament sowie das Recht zur Anrufung des Europäischen Bürgerbeauftragten im Europa der Bürger, DÖV 2003, 829; *dies.,* Der Europäische Bürgerbeauftragte und die Petitionen zum Europäischen Parlament, 2004; *dies.,* Argumente für und gegen einen parlamentarischen Ombudsmann aus heutiger Sicht, DÖV 2013, 613; *Gundel,* Die Stellung des Europäischen Bürgerbeauftragten im Rechtsschutzsystem der EU, FS Würtenberger zum 70. Geburtstag, 2013, S. 497; *Haas,* Der Ombudsmann als Institution des Europäischen Verwaltungsrechts – Zur Neubestimmung der Rolle des Ombudsmanns als Organ der Verwaltungskontrolle auf der Grundlage europäischer Ombudsmann-Einrichtungen, 2012; *Hager,* Der europäische Bürgerbeauftragte als effizientes Mittel zur Durchsetzung der Rechte der Unionsbürger im Vergleich zur österreichischen Volksanwartschaft, 1998; *Hamers,* Der Petitionsausschuss des Europäischen Parlaments und der Europäische Bürgerbeauftragte, 1999; *Harden,* When Europeans Complain – The Work of the European Ombudsman, in Cambridge Yearbook of European Legal Studies 2000, S. 199; *ders.,* The European Ombudsman's role in promoting good governance, in Hofmann/Ziller, Accountability in the EU, The Role of the European Ombudsman, 2017 S. 198; *Hede,* Enhancing the Accountability of Community Institutions and Bodies: The Role of the European Ombudsman, EPL 1997, 587; *Hertogh,* The European Ombudsman: Different Roles in a Demanding Context, European Yearbook of Comparative Government and Public Administration 1996, 337; *Hofmann,* The Developing Role of the European Ombudsman, in Hofmann/Ziller, Accountability in the EU – The Role of the European Ombudsman, 2017, S. 1, *Kempf/Mille,* Rolle und Funktion des Ombudsmannes – zur personalisierten parlamentarischen Verwaltungskontrolle in 48 Staaten, ZParl 1992, 29; *Kovar/Simon,* La citoyenneté européenne, CDE 1993, 285; *Kucsko-Stadlmayer,* Europäische Ombudsman-Institutionen, 2008; *Lindtfelt* in Peers/Hervey/Kenner/Ward, The EU Charter of Fundamental Rights, 2014, Article 43; *Mader,* Bürgerinitiative, Petitionsrecht, Beschwerde zum Bürgerbeauftragten, EuR 2013, 348; *Magliveras,* Best Intentions but Empty Words: The European Ombudsman, ELR 1995, 401; *Marias,* Mechanisms of Protection of Union Citizens' Rights, in Rosas/Antola, A Citizens' Europe – In Search of a New Order, 1995, S. 207; Mastroianni, New perspectives for the European Ombudsman opened by the Lisbon Treaty, in Hofmann/Ziller, Accountability in the EU, The Role of the European Ombudsman, 2017, S. 178, *Mauerer,* Die parlamentarischen Ombudsmann-Einrichtungen in den Mitgliedstaaten des Europarates, in Matscher, Ombudsmann in Europa – Institutioneller Vergleich, 1994, S. 123; *Meese,* Das Petitionsrecht beim Europäischen Parlament und das Beschwerderecht beim Bürgerbeauftragten der Europäischen Union, 2000; *Mendes,* Discretion and law in the EU administration: where the courts do not enter, in Hofmann/Ziller, Accountability in the EU, The Role of the European Ombudsman, 2017, S. 144; *Neuhold,* „Monitoring the law and independent from politics?" The relationship between the European Ombudsman and the European Parliament, in Hofmann/Ziller, Accountability in the EU, The Role of the European Ombudsman, 2017, S. 53, *Obwexer,* Petitions- und Beschwerderecht in der EU, ecolex 1995, 772; *Pierucci,* Le médiateur européen, RMC 1993, 818; *Pliakos,* Le Médiateur de l'Union européenne, CDE 1994, 563; *Puchta,* Funktion und Rolle des Ombudsmans in den parlamentarischen Demokratien, in Kempf, Ein deutscher Ombudsman, 1986, 119; *Schneider,* Petitionen zum Europäischen Parlament mit Berücksichtigung des Bürgerbeauftragten, 2009; *Silvestro,* Le médiateur européen face au Parlement Européen, RMC 1999, 53; *Söderman,* A Thousand and One Complaints: The European Ombudsman en Route, EPL 1997, 351; *Soltész,* Der Ombudsmann im Wettbewerbsrecht, EuZW 2015, 409; *Stöberner/de Mora,* Mehr Transparenz im EU-Trilog-Verfahren, EuZW 2016, 721; *Strempel,* Ombudsman für Europa, DÖV 1996, 241; *Thierney,* European Citizenship in Practice?, The First Annual Report of the European Ombudsman, EPL 1996, 517, *Tridimas/Tridimas,* Public Awareness of EU rights and the functions of the European Ombudsman: some unpleasant findings, in Hofmann/Ziller, Accountability in the EU, The Role of the European Ombudsman, 2017, S. 74; *Trondal/Wille,* The European Ombudsman: a resilient institution in a turbulent, evolving administrative order, in Hofmann/Ziller, Accountability in the EU – The Role of the European Ombudsman, 2017, S. 28; *Vogiatzis,* The European Ombudsman and Good Administration in the European Union, 2018; *Ziller,* Variations around the O-word: the European Ombudsman from Médiateur to Garante? Some concluding remarks, in Hofmann/Ziller, Accountability in the EU, The Role of the European Ombudsman, 2017, S. 259.

A. Entwicklung und Bedeutung des Beschwerderechts

I. Entwicklung

1 Die Figur des Europäischen Bürgerbeauftragten baut auf der **Idee einer Ombudsperson** auf und wird heute als eine Institution des europäischen öffentlichen Rechts eingeschätzt.[1] Sie geht in ihren Ursprüngen insbesondere auf den 1809 in **Schweden** geschaffenen Justitieombudsman zurück,[2] der über die Einhaltung von Gesetzen durch Beamte und Richter wacht.[3] 1919 wurde eine Ombudseinrichtung in der **finnischen Verfassung**[4] und 1953 in der **dänischen Verfassung** verankert.[5] Zwischenzeitlich hat diese Rechtsfigur, die ua der Europarat sehr forciert,[6] in einer Vielzahl von Rechtskulturen Verbreitung gefunden.[7] Es verwundert daher nicht, dass deren Ausgestaltung je nach Rechtsordnung unterschiedlich ist. Nach der Studie von *Haas* handelt es sich bei einem Ombudsmann klassischer Prägung um einen unabhängigen, vorzugsweise dem Parlament verantwortlichen Amtsträger.[8] Dieser soll in neutraler Amtsführung Beschwerden entgegennehmen und möglicherweise auch Untersuchungen aus eigener Initiative durchführen.[9] Momentan verfügen **26 der 28 EU-Mitgliedstaaten** über **nationale Ombudsstellen**.[10] **Keinen Bürgerbeauftragten** gibt es auf gesamtstaatlicher Ebene **in Italien**.[11] Vor allem wegen Bedenken im Hinblick auf das Petitionsrecht konnte man sich **in Deutschland** auf Bundesebene – sieht man von dem Wehrbeauftragten des Bundestages ab (Art. 45b GG) – sowie in der Mehrzahl der Bundesländer nicht auf eine solche Einrichtung verständigen.[12] 1974 hat

---

[1] *Guckelberger* DÖV 2013, 613 (616); *Haas* S. 1.
[2] Dazu *Haas* S. 1, 35 ff.
[3] *Gaitanides* → 1. Aufl. 2006, § 50 Rn. 2.
[4] *Haas* S. 2, 59 ff.
[5] *Franke* Ein Ombudsmann für Deutschland?, 1999, S. 27 ff.; *Haas* S. 2, 61 ff.
[6] Council of Europe Committee of Ministers, Recommendation No R (85) 13; Recommendation 1615 (2003) 1.
[7] *Guckelberger* DÖV 2013, 613 (616).
[8] *Haas* S. 106, 459.
[9] *Haas* S. 106.
[10] *Guckelberger* DÖV 2013, 613 (614); *Hofmann* in Hofmann/Ziller S. 1 (2).
[11] *Haas* S. 2, 84; *Kucsko-Stadlmayer* S. 2, 18.
[12] Eingehend *Guckelberger* DÖV 2013, 613 ff.

Rheinland-Pfalz erstmals durch einfaches Gesetz die Einrichtung des Bürgerbeauftragten geschaffen.[13] Auch die Bundesländer **Baden-Württemberg,**[14] **Mecklenburg-Vorpommern**[15] und **Thüringen**[16] haben zwischenzeitlich ein derartiges Amt eingerichtet. In **Schleswig-Holstein** beschränkt sich der Tätigkeitsbereich der Ombudsperson auf soziale Angelegenheiten.[17]

Erste Ansätze zur Etablierung eines **Europäischen Bürgerbeauftragten** gab es schon 2 Anfang der 1970er Jahre,[18] die von Seiten des Europäischen Parlaments aufgegriffen und auch kritisch erörtert wurden.[19] Der vom Europäischen Rat im Juni 1985 in Fontainebleau eingesetzte *Adonnino*-Ausschuss legte dem Parlament die Prüfung der Einführung einer Ombudsmann-Institution nahe.[20] Das Parlament befürwortete jedoch eine Stärkung des Petitionsrechts und hegte Zweifel an der Übertragbarkeit der Erfahrungen mit den nationalen Ombudsstellen auf die Gemeinschaftsebene.[21] Auch im Rahmen der Regierungskonferenz über die Europäische Union (1990–1991) lehnte es zunächst eine solche Einrichtung ab, weil es eine Schwächung seiner Befugnisse befürchtete und meinte, eine weitere Einrichtung werde nur die Unübersichtlichkeit und Schwerfälligkeit der Gemeinschaft erhöhen.[22] Erst nach Anbindung des Europäischen Bürgerbeauftragten an das Parlament und der Abstimmung dieser neuen Einrichtung mit dem Petitionsrecht sprach es sich für diese Einrichtung aus.[23]

Der **Vertrag von Maastricht** (1993) verankerte das Petitionsrecht im Primärrecht 3 (→ § 53) und schuf mit dem Beschwerderecht zum Europäischen Bürgerbeauftragten ein neues Recht und ein bis dahin auf Gemeinschaftsebene nicht vorhandenes neues Amt.[24] Mit den Worten von *Haas* ist der Europäische Bürgerbeauftragte „in seiner Funktion als informelle Beschwerdeinstanz und Instrument der externen Verwaltungskontrolle im supranationalen Institutionengefüge der Europäischen Union das einzige Beispiel eines ‚vollwertigen' Ombudsmanns auf internationaler Ebene".[25] Dieser kann möglicherweise wiederum Vorbildfunktion für die nationale Ebene entfalten.[26] Das Recht zur Anrufung des Europäischen Bürgerbeauftragten wird im **Abschnitt über die Unionsbürgerschaft** in Art. 20 Abs. 2 S. 2 lit. d AEUV und Art. 24 Abs. 3 AEUV genannt und stellt nach dem EuG „eines der grundlegenden Elemente der […] Unionsbürgerschaft" dar.[27] Deutlich ausführlicher als das Petitionsrecht wird die Einrichtung des Europäischen Bürgerbeauftragten im **Abschnitt über das Europäische Parlament** in Art. 228 AEUV in vier

---

[13] Landesgesetz über den Bürgerbeauftragten des Landes Rheinland-Pfalz und den Beauftragten für die Landespolizei v. 3.5.1974, RPGVBl. 1974, 187, zul. geänd. durch Gesetz v. 8.7.2014, RPGVBl. 2014, 116; *Matthes*, Der Bürgerbeauftragte, 1981.

[14] Gesetz über die Bürgerbeauftragte oder den Bürgerbeauftragten für das Land Baden-Württemberg, BWGBl. 2016, 151; s. dazu *Haug/Hirzel* VBlBW 2016, 492 ff.

[15] §§ 5 ff. Gesetz zur Behandlung von Vorschlägen, Bitten und Beschwerden der Bürger sowie über den Bürgerbeauftragten des Landes Mecklenburg-Vorpommern v. 5.4.1995, GVOBl. M-V 1995, 190.

[16] Thüringer Gesetz über den Bürgerbeauftragten v. 15.5.2007, ThürGVBl. 2007, 54, zul. geänd. durch Gesetz v. 18.7.2014, ThürGVBl. 2014, 406 (415).

[17] § 1 Gesetz über die Bürgerbeauftragte oder den Bürgerbeauftragten für soziale Angelegenheiten des Landes Schleswig-Holstein v. 15.1.1992, GVOBl. S-H 1992, 42, zul. geänd. durch Gesetz v. 1.9.2016, GVOBl. S-H 682.

[18] Ausführlich dazu *Meese* S. 141 ff.

[19] S. *Guckelberger* S. 79 ff.

[20] Vgl. Ad-hoc-Ausschuss „Europa der Bürger", Zweiter Bericht, Bull. EG, Beil. 7/85, S. 21; dazu auch *Guckelberger* S. 80.

[21] Entschließung des EP v. 14.6.1985 zur Stärkung des Rechts der Bürger, beim Europäischen Parlament Petitionen einzureichen, ABl. 1985 C 175, 274; dazu auch *Guckelberger* S. 80 f.

[22] ABl. 1991 C 183, 449 (unter 11), *Guckelberger* S. 82.

[23] Entschließung des EP v. 7.4.1992 zu den Ergebnissen der Regierungskonferenzen, ABl. 1992 C 125, 81 (84); *Guckelberger* S. 82 f.

[24] *Gaitanides* → 1. Aufl. 2006, § 50 Rn. 1; zu den unterschiedlichen Motivationen Dänemarks und Spaniens bei der Forcierung dieses Amts *G. und T. Tridimas* in Hofmann/Ziller S. 74, 75 f.

[25] *Haas* S. 237.

[26] *Haas* S. 238.

[27] EuG T-209/00, Slg. 2002, II-2210 Rn. 50 – Lamberts/Bürgerbeauftragter.

§ 54 11. Abschnitt. Besondere Unionsbürgerrechte

Absätzen geregelt. Danach ist der vom Europäischen Parlament gewählte Europäische Bürgerbeauftragte befugt, Beschwerden von jedem Bürger der Union oder von jeder natürlichen und juristischen Person mit Wohnort oder satzungsmäßigem Sitz in einem Mitgliedstaat über Missstände bei der Tätigkeit der Organe, Einrichtungen oder sonstigen Stellen der Union entgegenzunehmen. Ausgenommen ist der Gerichtshof der Europäischen Union in Ausübung seiner Rechtsprechungsbefugnisse (Art. 228 Abs. 1 S. 1 AEUV). Dieses Anrufungsrecht des Bürgerbeauftragten ergibt sich auch aus **Art. 43 GRC,** dessen Ausübung jedoch nach Art. 52 Abs. 2 GRC im Rahmen der in den Verträgen festgelegten Bedingungen und Grenzen, dh des Art. 228 AEUV, erfolgt. Weitere Bestimmungen zum Bürgerbeauftragten finden sich in dem – künftig aufgrund von Art. 228 Abs. 4 AEUV als Verordnung zu verabschiedenden – Beschluss des Europäischen Parlaments über die Regelungen und allgemeinen Bedingungen für die Ausübung der Aufgaben des Bürgerbeauftragten[28] (nachfolgend: **EG-Bürgerbeauftragten-Beschluss**). Der im Januar 2019 vom Ausschuss des Europäischen Parlaments für konstitutionelle Fragen vorgelegte Entwurf für die Anpassung des Statuts an die aktuellen rechtlichen Rahmenbedingungen[29] wurde vom Europäischen Parlament angenommen, bedarf aber noch der Zustimmung des Rates. Weitere Vorschriften finden sich im Beschluss des Europäischen Bürgerbeauftragten über die Annahme von **Durchführungsbestimmungen** (nachfolgend: DV EB)[30] sowie in **Art. 231–233 GO-EP (= Geschäftsordnung des Europäischen Parlaments).**

4 Inzwischen kann die Einrichtung des Europäischen Bürgerbeauftragten auf eine über **zwanzigjährige Tradition** zurückblicken. Von 1995 bis 2015 wurden 48.840 Beschwerden bearbeitet.[31] Alleine im Jahr 2018 erhielten 17.996 Personen Unterstützung durch den Bürgerbeauftragten: 14.596 Unionsbürgern konnte durch Empfehlungen, welche auf dem interaktiven Leitfaden auf der Website des Bürgerbeauftragten basierten, geholfen werden und 2.180 Beschwerden wurden bearbeitet.[32] Das Amt des Europäischen Bürgerbeauftragten wurde von 1995–2003 durch *Jacob Söderman* und 2003–2013 durch *Nikiforos Diamandouros* ausgeübt. Seit 2013 übt dieses Amt erstmals eine Ombudsfrau, *Emily O'Reilly,* aus.[33] Es zeigte sich, dass jeder der bisherigen Amtsinhaber die verschiedenen Facetten seines Amtes unterschiedlich akzentuiert hat.[34] Die aktuelle Bürgerbeauftragte sieht ihre Aufgabe darin, die Interessen der Bürger gegenüber der Unionsverwaltung zu vertreten und das unausgewogene Kräfteverhältnis auszugleichen.[35] Sie möchte darauf hinwirken, dass die Verwaltung die Bürger als Individuen behandelt. Innerhalb des vorgegebenen Rahmens soll die Verwaltung flexibel agieren, ihre Ermessensspielräume zugunsten der Bürger nutzen. Das Verhältnis zwischen Bürger und Verwaltung soll durch einen „respektvollen und höflichen Umgang miteinander" geprägt sein.[36] Es ist ihr ein wichtiges Anliegen, mittels strategischer Eigeninitiativuntersuchungen die Transparenz- und Verwaltungsstandards innerhalb der öffentlichen Stellen der EU zu verbessern.[37] Diesbezüglich fanden im Jahr 2018 insbesondere strategische Untersuchungen zu mehr Transparenz des Rates der EU bei

---

[28] ABl. 1994 L 113, 15, geänd. durch ABl. 2002 L 92, 13 und durch ABl. 2008 L 189, 25.
[29] Parliament laying down the regulations and general conditions governing the performance of the Ombudsman's duties (Statute of the European Ombudsman) and repealing Decision 94/262/ECSC, EC, Euratom, 2018/2080(INL) – 2019/0900 (APP), P8_TA-Prov(2019)0080.
[30] ABl. 2016 C 321, 1.
[31] Der Europäische Bürgerbeauftragte, Jahresbericht 2015, S. 4, abrufbar unter: https://www.ombudsman.europa.eu/de/annual/de/67667, zuletzt geprüft am 12.9.2018.
[32] Der Europäische Bürgerbeauftragte, Jahresbericht 2018, S. 31, abrufbar unter: https://www.ombudsman.europa.eu/de/annual/de/113728, zuletzt geprüft am 9.8.2019.
[33] *Hofmann* in Hofmann/Ziller S. 1 (3 ff).
[34] Näher dazu *Hofmann* in Hofmann/Ziller S. 1 (3 ff.); s. auch *Diamandouros* in Hofmann/Ziller S. 217 ff.
[35] Gute Verwaltungspraxis: Die Entscheidungen der Europäischen Bürgerbeauftragten 2013, S. 2, abrufbar unter: http://www.ombudsman.europa.eu/de/annual/de/56331, zuletzt geprüft am 10.9.2018.
[36] Gute Verwaltungspraxis: Die Entscheidungen der Europäischen Bürgerbeauftragten 2013, S. 2.
[37] Der Europäische Bürgerbeauftragte, Jahresbericht 2015, S. 4, abrufbar unter: http://www.ombudsman.europa.eu/showResource?resourceId=1470909496307_AnnualReport2015_DE_web_final.pdf&type=pdf&download=true&lang=de, zuletzt geprüft am 19.2.2018.

seiner legislativen Tätigkeit sowie zur Lobbytransparenz in Bezug auf den sog. Drehtüreffekt statt, der aus dem Wechsel von EU-Beamten in den Privatsektor und vice versa folgt.[38]

Im Vergleich zu den Petitionen des deutschen Bundestags ist die **Zahl der Beschwerden** **5** zum Europäischen Bürgerbeauftragten **gering.** 2018 lagen 880 von ihnen innerhalb und 1.300 außerhalb seines Mandats.[39] 2018 wurden 490 Untersuchungen eingeleitet und 545 abgeschlossen.[40] In 40,6 % der Fälle wurde der Streit durch die Verwaltung selbst oder eine einvernehmliche Lösung beigelegt, in 46,6 % kein und in 5,3 % ein Missstand festgestellt.[41] Die durchschnittliche Bearbeitungsdauer lag bei weniger als 8,5 Monaten.[42] Schwerpunktmäßig betreffen die an den Bürgerbeauftragten gerichteten Ersuchen die Transparenz, institutionelle und politische Aspekte, die Kommission als Hüterin der Verträge, die Auftragsausführung, Vergabe von Aufträgen und Zuschüssen, Personalangelegenheiten sowie Auswahl- und Ausleseverfahren.[43] Der Europäische Bürgerbeauftragte hat sich vor allem durch die Erarbeitung von allgemeinen Standards für gutes Verwaltungshandeln verdient gemacht. Hier sind insbesondere die Erarbeitung des **Europäischen Kodex für gute Verwaltungspraxis**[44] sowie der **Grundsätze des öffentlichen Dienstes für EU-Beamte**[45] zu nennen. Er hat sich massiv für die Aufnahme des Grundrechts auf gute Verwaltung (Art. 41 GRC) eingesetzt.[46] Im Jahr 2016 führte die Bürgerbeauftragte einen Preis für gute Verwaltungspraxis ein, bei welchem die Preisträger in verschiedenen Kategorien, zB für Transparenz und Ethik oder für hervorragende Leistungen im Bereich Kommunikation, geehrt werden.[47] Auch wenn nach dem Unionsrecht nicht alles die Bürger Interessierende in ihrer **Sprache** verfasst sein muss, soll nach der Bürgerbeauftragten die EU-Verwaltung Informationen für die Bürger soweit wie möglich in ihrer Muttersprache sowie die Startseiten ihrer Websites mit Informationen über Aufgaben und Sprachenregelung in allen Amtssprachen zur Verfügung stellen.[48]

II. Begriff und Funktionen

Der Europäische Bürgerbeauftragte ist nach Maßgabe des Art. 228 AEUV ein mit besonde- **6** ren Untersuchungsbefugnissen ausgestatteter Ermittler.[49] Ihm obliegt es, auf Beschwerden oder aus eigener Initiative Missstände bei der Tätigkeit der Organe, Einrichtungen oder sonstigen Stellen der Union festzustellen und auf Abhilfe durch diese zu drängen. Das ihm zustehende weite Ermessen hinsichtlich der Durchführung etwaiger Untersuchungen erlaubt es ihm, Schwerpunkte zu bestimmen und dabei die Möglichkeiten seines Amts zu berücksichtigen.[50] Der Bürgerbeauftragte selbst verfügt über keine eigene Rechtspersönlichkeit.[51] Nicht zuletzt aus der engen Verortung des Anrufungsrechts des Bürgerbeauftragten beim Petitionsrecht folgt, dass seine Erledigungsentscheidungen und Berichte an das

---

[38] Der Europäische Bürgerbeauftragte, Jahresbericht 2018, S. 8 ff.
[39] Der Europäische Bürgerbeauftragte, Jahresbericht 2018, S. 35.
[40] Der Europäische Bürgerbeauftragte, Jahresbericht 2018, S. 31.
[41] Der Europäische Bürgerbeauftragte, Jahresbericht 2018, S. 39.
[42] Der Europäische Bürgerbeauftragte, Jahresbericht 2018, S. 40.
[43] Gute Verwaltungspraxis: Die Entscheidungen der Europäischen Bürgerbeauftragten 2013, S. 3. Zu den Themen der 2018 abgeschlossenen Untersuchungen, Jahresbericht 2018, S. 37.
[44] Abrufbar unter: https://www.ombudsman.europa.eu/de/publication/de/3510, zuletzt geprüft am 10.9.2018; zu dessen mangelnder Rechtsverbindlichkeit EuG T-217/11, ECLI:EU:T:2015:238 Rn. 263 f. – Staelen/Bürgerbeauftragter.
[45] Grundsätze des öffentlichen Dienstes für EU-Beamte, abrufbar unter: https://www.ombudsman.europa.eu/de/press-release/de/11659, zuletzt geprüft am 10.9.2018.
[46] *Guckelberger* S. 89 f. mwN.
[47] Der Europäische Bürgerbeauftragte, Jahresbericht 2016, S. 22.
[48] Gute Verwaltungspraxis: Die Entscheidungen der Europäischen Bürgerbeauftragten 2013, S. 5; s. auch die Konsultation zur Verwendung der Sprachen in Der Europäische Bürgerbeauftragte, Jahresbericht 2018, S. 16.
[49] *Gaitanides* → 1. Aufl. 2006, § 50 Rn. 8.
[50] *Gaitanides* → 1. Aufl. 2006, § 50 Rn. 8.
[51] EuG T-209/00, Slg. 2002, II-2210 Rn. 48 – Lamberts/Bürgerbeauftragter.

Parlament **keine rechtsverbindliche Wirkung** haben.⁵² Es handelt sich somit um eine Institution, die vor allem von der eigenen Überzeugungswirkung lebt.⁵³ Seine Argumentation kann von anderen Einrichtungen aufgegriffen werden. So untermauerte GA *Wathelet* die Notwendigkeit einer Folgenabschätzung vor Abschluss eines internationalen Abkommens für die Menschenrechte unter Heranziehung von Entscheidungen des Bürgerbeauftragten.⁵⁴

7 Die Einrichtung des Bürgerbeauftragten soll die **Bürgerferne der Union** reduzieren,⁵⁵ zumal diese zunehmend das Leben der Bürgerinnen und Bürger bestimmt.⁵⁶ Zwischen der Unionsverwaltung und den einzelnen Bürgern besteht geographisch sowie kulturell eine beträchtliche Distanz.⁵⁷ Außerdem können viele die Vorgänge auf Unionsebene aufgrund ihrer Komplexität nur schwer nachvollziehen.⁵⁸ Die Institution des Bürgerbeauftragten soll das Vertrauen der Bürger in die Unionsverwaltung verbessern.⁵⁹ Wie man in der Verortung des Beschwerderechts bei den Unionsbürgerrechten erkennen kann, soll so die **demokratische Legitimität** der Unionsorgane gestärkt werden.⁶⁰ Indem der Bürgerbeauftragte Missständen entgegentritt, trägt er zur **Rechtsstaatlichkeit** der Union bei.⁶¹ Da – wie noch zu zeigen sein wird – der Begriff des Missstands über die Rechtmäßigkeit hinausgeht, „fördert [seine Tätigkeit] die **Dienstleistungskultur und Leistungsfähigkeit des öffentlichen Dienstes**".⁶²

8 Wie die Bezeichnung „Europäischer Bürgerbeauftragter" vermuten lässt, soll diese Einrichtung dem **Schutz der Rechte und Interessen der (Unions-)Bürger** dienen.⁶³ Indem die Beschwerdeberechtigten den Bürgerbeauftragten bei einem Missstand anrufen können, wird ihnen entsprechend der skandinavischen Tradition eine kostengünstige, niederschwellige **außergerichtliche Möglichkeit der (Verwaltungs-)Kontrolle** eröffnet.⁶⁴ Ausweislich der Handlungsstrategie für 2019 **stärkt diese Einrichtung die Handlungskompetenz der Bürger,** da sie diese bei der Geltendmachung ihrer Grundrechte, aber zB auch von Zugangsansprüchen zu Dokumenten der Union, unterstützt.⁶⁵ Da der Bürgerbeauftragte keine Untersuchungen vornehmen darf, wenn die behaupteten Sachverhalte Gegenstand eines Gerichtsverfahrens waren oder sind (Art. 228 Abs. 1 UAbs. 1 S. 1 Hs. 2 AEUV, s. auch Art. 6 Abs. 4 DB EB), eröffnet dieses Anrufungsrecht **regelmäßig** eine gegenüber der Inanspruchnahme der Unionsgerichte **alternative Rechtsschutzmöglichkeit,** die spezifischen Kriterien unterliegt und nicht notwendig dasselbe Ziel wie die gerichtlichen Rechtsbehelfe verfolgen muss.⁶⁶ Der Bürgerbeauftragte kann insoweit zur Entlastung der Gerichte beitragen.⁶⁷ Da die Verfahren vor dem Bürgerbeauftragten auf die Bedürfnisse der Bürger Rücksicht nehmen, insbesondere von ihnen keine

---

52 EuG T-196/08, BeckRS 2013, 80671 Rn. 11 – Srinivasan/Bürgerbeauftragter; EuG T-217/11 ECLI:EU:T:2015:238 Rn. 285 – Staelen/Bürgerbeauftragter.
53 So aber für den regionalen Landesbürgerbeauftragten *Volgger* The Role of the Regional Ombudsman in Europe, 2012, S. 9. Über die hohen Befolgungsquoten gibt der jährlich erscheinende Bericht des Bürgerbeauftragten mit dem Titel „Putting it Right?" Auskunft.
54 GA *Wathelet*, SchlA C-104/16 ECLI:EU:C:2016:677 Rn. 264 (266) – Rat/Front Polisario.
55 *Meese* S. 157.
56 Strategien der Europäischen Bürgerbeauftragten, „Die nächsten Schritte bis 2019", S. 2.
57 Gute Verwaltungspraxis: Die Entscheidungen der Europäischen Bürgerbeauftragten 2013, S. 3.
58 Gute Verwaltungspraxis: Die Entscheidungen der Europäischen Bürgerbeauftragten 2013, S. 3.
59 Gute Verwaltungspraxis: Die Entscheidungen der Europäischen Bürgerbeauftragten 2013, S. 2 f.
60 Strategien der Europäischen Bürgerbeauftragten, „Die nächsten Schritte bis 2019", S. 2; Jarass GRCh, 2013, Art. 43 Rn. 2.
61 Strategien der Europäischen Bürgerbeauftragten, „Die nächsten Schritte bis 2019", S. 2; *Haas* S. 267 f.
62 Strategien der Europäischen Bürgerbeauftragten, „Die nächsten Schritte bis 2019", S. 3.
63 *Guckelberger* S. 85 f.; *Haas* S. 239; *Schneider* S. 77.
64 *Gaitanides* → 1. Aufl. 2006, § 50 Rn. 10.
65 Strategien der Europäischen Bürgerbeauftragten, „Die nächsten Schritte bis 2019", S. 3.
66 EuG T-294/04, Slg. 2005, II-2719 Rn. 26 – Internationaler Hilfsfonds/Kommission; s. auch *Hofmann* in Hofmann/Ziller S. 1 (7 f.); *Saurer* Der Einzelne im europäischen Verwaltungsrecht, 2014, S. 192.
67 EuGH C-331/05 P, Slg. 2007, I-5475 Rn. 26 f. – Internationaler Hilfsfonds/Kommission; zu diesem Nebeneffekt *Guckelberger* S. 87.

rechtliche Argumentation verlangt wird, brauchen sie sich beim Bürgerbeauftragten nicht durch einen Anwalt vertreten lassen und müssen für derartige Kosten selbst aufkommen.[68] Weil der Bürgerbeauftragte unabhängig von einer Betroffenheit angerufen und **eigeninitiativ tätig werden kann**, ist er zugleich ein **Instrument der objektiven Kontrolle** der Tätigkeit der Unionsorgane, -einrichtungen und -stellen.[69] Er kann dadurch auch in solchen Verwaltungsbereichen auf Verbesserungen hinwirken, in denen es keine oder nur selten individuelle Beschwerden gibt.[70] Plakativ wird der/die Bürgerbeauftragte auch als „Hüter guter Verwaltungspraxis" umschrieben.[71]

Nach Stimmen im Schrifttum soll der Bürgerbeauftragte Teil der **parlamentarischen Kontrolle** sein.[72] In dieser Hinsicht ist jedoch Vorsicht geboten. Zwar besteht zwischen dem Europäischen Parlament und dem Europäischen Bürgerbeauftragten eine enge Verbindung. Aufgrund der vertraglich garantierten Unabhängigkeit übt der/die Bürgerbeauftragte dieses Amt jedoch ohne Ansehung der politischen Mehrheiten im Parlament aus.[73] Aufgrund des beschränkten Mandats lässt der/die Bürgerbeauftragte in politischen Fragen und Sachverhalten Zurückhaltung walten.[74] In Konstellationen, in denen ein Missstand festgestellt wird, berichtet er/sie dem Parlament darüber. Dies kann das Parlament dazu veranlassen, seine Kontrolltätigkeit aufzunehmen oder sich für eine Änderung bzw. Verbesserung des Unionsrechts einzusetzen.[75] Der/die Bürgerbeauftragte nimmt also eine **Ermittlerfunktion** wahr, ohne über eigene Sanktionsmöglichkeiten zu verfügen.[76]

9

Durch die **Personifizierung** des/der Bürgerbeauftragten in Gestalt einer Einzelperson können sich die anrufungsberechtigten Personen mit dieser Einrichtung besser identifizieren.[77] Dies wirkt sich positiv auf etwaige Dialoge mit den Beschwerdeführern aus.[78] Bei ungerechtfertigten Vorwürfen obliegt es dem/der Bürgerbeauftragten, den Beschwerdeführern das europäische Verwaltungshandeln zu erläutern.[79] In echten Konfliktfällen übernimmt er/sie angesichts seiner/ihrer Unabhängigkeit die **Funktion eines Mittlers** zwischen Beschwerdeführer und Unionseinrichtungen.[80] Nach Art. 3 Abs. 5 EG-Bürgerbeauftragten-Beschluss bemüht sich der/die Bürgerbeauftragte zusammen mit dem betroffenen Organ bzw. der betroffenen Einrichtung um eine Lösung zur Beseitigung des Missstandes (s. auch Art. 5 DB EB).

10

Der/die Bürgerbeauftragte kann schließlich angesichts seines weiterreichenden Blickwinkels, insbesondere infolge eingeleiteter Initiativuntersuchungen und aufgrund seiner allgemeinen Berichterstattungspflicht Verbesserungen der Rechtsordnung bzw. der Rechtsanwendung vorschlagen und auf diese Weise **Reformen initiieren.**[81] Indem die Bürgerbeauftragte im Februar 2015 für ihre Einrichtung einen Verhaltenskodex annahm, verleiht sie ihrem Bekenntnis zu Transparenz und ethischem Verhalten Nachdruck[82] und fungiert erneut als Vorbild für andere Unionsstellen.

11

---

68 EuGH C-331/05 P, Slg. 2007, I-5475 Rn. 26 – Internationaler Hilfsfonds/Kommission; s. auch EuG T-294/04, Slg. 2005, II-2719 Rn. 51 f. – Internationaler Hilfsfonds/Kommission.
69 *Guckelberger* S. 86; *Heselhaus* in FK-EUV/GRC/AEUV GRC Art. 43 Rn 4.
70 *Hofmann/Ziller* S. 1 (9).
71 *Schneider* S. 81.
72 Siehe zB *Beckedorf* Das Untersuchungsrecht des Europäischen Parlaments, 1995, S. 135.
73 Siehe Art. 228 Abs. 3 AEUV.
74 *Gaitanides* → 1. Aufl. 2006, § 50 Rn. 11; eingehend zum Verhältnis zwischen Europäischem Bürgerbeauftragtem und Europäischem Parlament *Neuhold* in Hofmann/Ziller S. 53 ff.
75 *Guckelberger* S. 86 f.
76 *Gaitanides* → 1. Aufl. 2006, § 50 Rn. 12.
77 S. auch *Schneider* S. 77 f., 87.
78 *Schneider* S. 87.
79 *Gaitanides* → 1. Aufl. 2006, § 50 Rn. 13; *Schneider* S. 88.
80 *Gaitanides* → 1. Aufl. 2006, § 50 Rn. 13.
81 *Gaitanides* → 1. Aufl. 2006, § 50 Rn. 14; eingehend *Guckelberger* S. 87 ff.
82 Bürgerbeauftragte: Ethik und Verhalten, abrufbar unter: https://www.ombudsman.europa.eu/de/emily-oreilly/ethics-and-conduct, zuletzt geprüft am 10.9.2018.

B. Rechtsstellung des Bürgerbeauftragten

12 Der Bürgerbeauftragte wird vom **Europäischen Parlament für die Dauer der Wahlperiode gewählt,** wobei eine Wiederwahl möglich ist (Art. 228 Abs. 2 UAbs. 1 AEUV, Art. 6 Abs. 1 EG-Bürgerbeauftragten-Beschluss). Bürgerbeauftragter kann werden, wer Unionsbürger ist, die bürgerlichen Ehrenrechte besitzt, Gewähr für Unabhängigkeit bietet und in seinem Mitgliedstaat entweder die Voraussetzungen für die höchsten richterlichen Ämter erfüllt oder anerkanntermaßen über die Erfahrung und Befähigung zur Wahrnehmung dieses Amtes verfügt (Art. 6 Abs. 2 EG-Bürgerbeauftragten-Beschluss). Der im Amtsblatt der Union veröffentlichte Aufruf des Parlamentspräsidenten zur Einreichung von Bewerbungen (Art. 231 Abs. 1 GO-EP) kann mangels individueller Betroffenheit nicht mit der Nichtigkeitsklage (Art. 263 AEUV) angefochten werden.[83] Der vereidigte[84] Bürgerbeauftragte übt sein Amt **in völliger Unabhängigkeit** aus, darf von keiner Regierung, keinem Organ, keiner sonstigen Stelle Weisungen einholen und entgegennehmen (Art. 228 Abs. 3 S. 1, 2 AEUV, Art. 9 Abs. 1 EG-Bürgerbeauftragten-Beschluss).[85] Er darf während seiner Amtszeit keine andere entgeltliche oder unentgeltliche Berufstätigkeit ausüben sowie keine politischen oder administrativen Ämter übernehmen (Art. 228 Abs. 3 S. 3 AEUV, Art. 10 Abs. 1 EG-Bürgerbeauftragten-Beschluss). In seinen Bezügen ist er einem EuGH-Richter gleichgestellt (Art. 10 Abs. 2 EG-Bürgerbeauftragten-Beschluss). Ihm kommt die Personalhoheit über seine Bediensteten zu (Art. 11 EG-Bürgerbeauftragten-Beschluss). Durch die Unabhängigkeit soll einerseits die **objektive und neutrale Behandlung** der Beschwerden gewährleistet werden. Anderseits soll sie dazu beitragen, dass Bürger und Unionseinrichtungen den Entscheidungen des Bürgerbeauftragten das nötige **Vertrauen** entgegenbringen.[86] Seines Amtes kann der Bürgerbeauftragte nur infolge einer auf Antrag des Parlaments ergangenen Entscheidung des Gerichtshofs enthoben werden, wenn er die Voraussetzungen dafür nicht mehr erfüllt oder eine schwere Verfehlung begangen hat (Art. 228 Abs. 2 UAbs. 2 AEUV, Art. 233 GO-EP).

13 Angesichts dieser Unabhängigkeit, der Möglichkeit von Eigeninitiativuntersuchungen sowie des Umstands, dass sich die Tätigkeit des Bürgerbeauftragten auch auf das Europäische Parlament erstrecken kann, ist der Bürgerbeauftragte nach zutreffender Ansicht **kein Hilfsorgan des Parlaments.**[87] Mit den Worten des EuG sind die Verbindungen des Bürgerbeauftragten zum Parlament „organisatorischer und nicht funktioneller Natur, [… denn sie] ermöglichen es [ihm] nämlich nicht, die Vorgehensweise des Bürgerbeauftragten in Bezug auf die Behandlung einer bestimmten, bei diesem […] eingereichten Beschwerde zu beeinflussen".[88]

C. Gewährleistungsgehalt

I. Recht des Beschwerdeführers

14 Da Art. 43 GRC das „Recht" zur Anrufung des/der Bürgerbeauftragten regelt und dieses auch bei der Aufzählung der Unionsbürgerrechte in Art. 20 Abs. 2 S. 2 lit. d AEUV als „Recht" bezeichnet wird, besteht ein **Recht** der einzelnen Personen zur Anrufung dieser Ombudseinrichtung.[89] Dieses hat insofern einen leistungsrechtlichen Gehalt, als der/die Bürgerbeauftragte die Beschwerde entgegennehmen, prüfen und dem Beschwerdeführer

---

[83] EuG T-146/95, Slg. 1996, II-769 Rn. 33 f. – Bernardi/Parlament.
[84] S. Art. 9 Abs. 2 EG-Bürgerbeauftragten-Beschluss; Art. 219 Abs. 7 GO-EP.
[85] Zum in dieser Hinsicht schwierigen Verhältnis zum Parlament vgl. *Vogiatzis* S. 29, 79 f.
[86] *Guckelberger* S. 93; *Haas* S. 249; *Schneider* S. 96.
[87] *Guckelberger* S. 95 f.; *Haas* S. 250 ff.; *Schneider* S. 100; aA *Hölscheidt* in GHN AEUV Art. 228 Rn. 32.
[88] EuG T-209/00, Slg. 2001, II-765 Rn. 18 – Lamberts/Bürgerbeauftragter.
[89] EuG T-209/00, Slg. 2002, II-2203 Rn. 56 – Lamberts/Bürgerbeauftragter; *Heselhaus* in FK-EUV/GRC/AEUV GRC Art. 43 Rn. 9; *Schneider* S. 156.

antworten muss.⁹⁰ Art. 228 Abs. 1 UAbs. 2 S. 4 AEUV normiert ausdrücklich eine **Unterrichtungspflicht** des Beschwerdeführers über die Ergebnisse der Untersuchung des Bürgerbeauftragten. Sofern keine speziellen Fristvorgaben bestehen, folgte aus dem Sinn und Zweck des Beschwerderechts sowie Art. 41 Abs. 1 GRC aE, dass der Bürgerbeauftragte seine Befugnisse innerhalb angemessener Zeit wahrzunehmen hat, wobei sich die Angemessenheit der Zeitdauer nach den Umständen des Einzelfalls richtet.⁹¹ Dem Beschwerdeführer steht aber angesichts des weiten Ermessens des Bürgerbeauftragten kein Recht auf Durchführung einer Untersuchung oder gar eine bestimmte Reaktionsweise des Bürgerbeauftragten zu.⁹² Allerdings darf kein Beschwerdeführer auf mitgliedstaatlicher sowie Unionsebene an der Einlegung einer Beschwerde zum Bürgerbeauftragten gehindert werden; Benachteiligungen infolge des Gebrauchs dieses Rechts sind verboten.⁹³

II. Voraussetzungen der Beschwerde

1. Beschwerdeberechtigte. Beschwerdeberechtigt sind zum einen **alle Unionsbürger.** 15
Zum anderen ist **jede natürliche Person mit Wohnort bzw. jede juristische Person mit satzungsmäßigem Sitz in einem Mitgliedstaat** beschwerdebefugt. Da diese Voraussetzungen mit dem Petitionsrecht des Art. 227 AEUV übereinstimmen, kann auf die dortigen Ausführungen Bezug genommen werden (→ § 53 Rn. 14 ff.). In seiner bisherigen Praxis legt der Bürgerbeauftragte das **Kriterium des Wohnorts** extensiv aus und stellt dabei auf die physische Präsenz unabhängig von der Legalität des Aufenthalts ab (dazu auch → § 53 Rn. 15).⁹⁴ Auch wenn nichtberechtigte Personen über kein subjektives Anrufungsrecht verfügen, kann der Bürgerbeauftragte ihrem Anliegen im Rahmen von Eigeninitiativuntersuchungen nachgehen.⁹⁵ In der Praxis kommt nur ein Bruchteil der in der Union ansässigen Personen mit der der Kontrolle des Bürgerbeauftragten unterliegenden Unionsverwaltung in Berührung. Zu nennen sind insbesondere Beschwerden hinsichtlich des Arbeitsverhältnisses von Unionsbediensteten (s. Art. 2 Abs. 8 EG-Bürgerbeauftragten-Beschluss) sowie Unternehmen, Nichtregierungsorganisationen, Hochschulen, Forschungseinrichtungen und Kommunalverwaltungen, die direkt mit der Union zu tun haben.⁹⁶

2. Beschwerdegegenstand. Als mögliche Gegenstände von Beschwerden kommen nach 16
Art. 228 Abs. 1 S. 1 AEUV nur **Missstände bei der Tätigkeit der Organe, Einrichtungen oder sonstigen Stellen der Union** in Betracht. Heute unterfallen auch die Tätigkeiten im Bereich der GASP der Bürgerbeauftragtenkontrolle.⁹⁷ Obwohl der Vollzug des Unionsrechts vielmals durch die Mitgliedstaaten erfolgt, unterliegen diese nicht dem Mandat des Bürgerbeauftragten. Sie werden durch die nationalen Ombudsstellen und Petitionsausschüsse kontrolliert.⁹⁸ Beschwerden, die das Verhalten der für die Vertragsverletzungsverfahren gegen Mitgliedstaaten zuständigen Kommission betreffen, kann der/die Bürgerbeauftragte dagegen nachgehen, wobei jedoch das Kommissionsverhalten im Fokus steht.⁹⁹ Um Kontrolllücken insbesondere in der europäischen Verbundverwaltung zu schließen, für einen einheitlichen Vollzug des Unionsrechts und für ausreichende Bekanntheit

---

⁹⁰ *Gaitanides* → 1. Aufl. 2006, § 50 Rn. 15; *Guckelberger* S. 91; EuG T-209/00, Slg. 2002, II-2203 Rn. 56 – Lamberts/Bürgerbeauftragter spricht von einem Anspruch, „über das Ergebnis der vom Bürgerbeauftragten hierzu unternommenen Untersuchungen gemäß den im Beschluss 94/262 und den Durchführungsbestimmungen vorgesehenen Bedingungen unterrichtet zu werden".
⁹¹ GA *Wahl*, SchlA C-337/15 ECLI:EU:C:2016:823 Rn. 96 ff.; s. auch EuG T-217/11 ECLI:EU:T:2015:238 Rn. 263 ff. – Staelen/Bürgerbeauftragter, wonach die Verletzung der Fristen im Kodex für gute Verwaltungspraxis mangels Rechtswirkung keine außervertragliche Haftung auslösen.
⁹² *Guckelberger* S. 91; *Schneider* S. 159.
⁹³ *Schneider* S. 157 f.
⁹⁴ *Haas* S. 270.
⁹⁵ *Guckelberger* S. 98.
⁹⁶ *Gundel* FS Würtenberger, 2013, 497 (499).
⁹⁷ *Haas* S. 246.
⁹⁸ *Guckelberger* S. 102; *Schneider* S. 168.
⁹⁹ *Schneider* S. 169 f.; s. auch *Haas* S. 256.

des Bürgerbeauftragtenmodells in der Europäischen Union zu sorgen, hat sich der Europäische Bürgerbeauftragte mit den mitgliedstaatlichen Pendants in einem **Netzwerk** zusammengeschlossen.[100]

17 **Organe der Union** sind nach Art. 13 Abs. 1 S. 2 EUV das Europäische Parlament, der Europäische Rat, der Rat, die Europäische Kommission, der Gerichtshof der Europäischen Union, der nach Art. 19 Abs. 1 S. 1 EUV neben dem EuGH das Gericht und die Fachgerichte umfasst, die Europäische Zentralbank sowie der Rechnungshof.[101] Die Beschwerden können sich darüber hinaus auf alle **aufgrund der Verträge oder des Sekundärrechts geschaffenen Einrichtungen oder Stellen** beziehen, etwa die EU-Agenturen, das Amt für Europäische Personalauswahl, den Europäischen Auswärtigen Dienst oder das Europäische Amt für Betrugsbekämpfung (OLAF).[102] Weil die Kommission die meisten Entscheidungen mit direkten Auswirkungen auf Bürger, Unternehmen und Verbände trifft, bezieht sich der Großteil der Beschwerden auf sie.[103] Richtet sich eine Beschwerde gegen das Verhalten eines einzelnen Unionsbediensteten, wird diese dahingehend ausgelegt, dass der Umgang der jeweiligen Einrichtung mit dem gemeldeten Problem untersucht werden soll.[104]

18 Die Beschwerde muss sich auf einen **Missstand** bei der Tätigkeit dieser Organe, Einrichtungen oder Stellen beziehen. Es handelt sich hierbei einerseits um ein Zulässigkeitskriterium und andererseits um den vom Bürgerbeauftragten anzuwendenden Kontrollmaßstab.[105] Nach einer Umschreibung des Bürgerbeauftragten liegt ein Missstand vor, „wenn eine öffentliche Einrichtung nicht im Einklang mit für sie verbindlichen Regeln oder Grundsätzen handelt".[106] Ausweislich des aktuellen Leitfadens kann ein Missstand bei der Verletzung von Grundrechten, Rechtsvorschriften oder Rechtsgrundsätzen sowie der Grundsätze guter Verwaltungspraxis festgestellt werden.[107] Der Bürgerbeauftragte kontrolliert die **Rechtmäßigkeit** des Verhaltens der Einrichtungen, das in einem Tun oder Unterlassen bestehen kann.[108] Er/sie prüft die Einhaltung des Primärrechts sowie der sekundärrechtlichen Anforderungen.[109] Nach Inkrafttreten der UN-Behindertenrechtskonvention auf Unionsebene prüft die Bürgerbeauftragte auch die Einhaltung dieses Abkommens durch die Organe und Einrichtungen der Union.[110]

19 Im Unterschied zur deutschen Sprachfassung des Art. 228 AEUV ist im Englischen von „*maladministration*" und im Französischen von „*mauvaise administration*" die Rede. Daher kann der/die Bürgerbeauftragte auch die Einhaltung der **Grundsätze einer guten Verwaltung** (→ § 57) kontrollieren.[111] Einige der Anforderungen an gutes Verwaltungshandeln sind nunmehr in dem **Grundrecht auf eine gute Verwaltung in Art. 41 GRC** niedergelegt. Weitere Grundsätze sind dem **Europäischen Kodex für gute Verwaltungspraxis** zu entnehmen, der zB in Art. 9 Vorgaben zur Höflichkeit oder in Art. 12 zur Empfangsbestätigung und Angabe des zuständigen Beamten enthält.

---

[100] Instruktiv *Hofmann* in Hofmann/Ziller S. 1 (21 ff.).
[101] Zur Frage, ob der Bürgerbeauftragte selbst als Organ iSd Art. 13 EUV angesehen werden kann, s. *Vogiatzis* S. 279.
[102] Der Europäische Bürgerbeauftragte, Jahresbericht 2015, S. 25.
[103] Der Europäische Bürgerbeauftragte, Jahresbericht 2015, S. 24.
[104] Leitfaden für Beschwerden beim Europäischen Bürgerbeauftragten, 2011, S. 7, abrufbar unter: https://www.ombudsman.europa.eu/en/publication/de/11469, zuletzt geprüft am 10.9.2018.
[105] *Haas* S. 260.
[106] Der Europäische Bürgerbeauftragte, Jahresbericht 1997, S. 26, abrufbar unter: https://www.ombudsman.europa.eu/de/annual/de/3447, zuletzt geprüft am 10.9.2018; Jahresbericht 2001, S. 18, abrufbar unter: https://www.ombudsman.europa.eu/de/annual/de/3438, zuletzt geprüft am 12.9.2018; s. auch *Guckelberger* S. 105 f.
[107] Leitfaden für Beschwerden beim Europäischen Bürgerbeauftragten, 2011, S. 7.
[108] *Haas* S. 257, 262; *Meese* S. 184.
[109] *Haas* S. 262.
[110] Der Europäische Bürgerbeauftragte, Jahresbericht 2015, S. 26, s. auch den Beschluss des Rates v. 26.11.2009, ABl. 2010 C 23, 35.
[111] *Mader* EuR 2013, 348 (365); *Kluth* in Calliess/Ruffert AEUV Art. 228 Rn. 7; zu ethischen Standards etwa *Mastroiani* in Hofmann/Ziller S. 178 (189); *Diamandouros* in Hofmann/Ziller S. 217 (227).

Der Kodex ist nicht abschließend.[112] Seine Nichteinhaltung kann nur gegenüber denjenigen Einrichtungen beanstandet werden, die ihn für sich als verpflichtend anerkennen.[113] Stellen, die diesen modifiziert oder einen eigenen Kodex erlassen haben, können nur anhand dieser Maßstäbe beurteilt werden, sofern sich nicht die Verbindlichkeit der Anforderung an das gute Verwaltungshandeln aus anderen Rechtsquellen ergibt.[114] Der Petitionsausschuss trat dafür ein, den aktuellen Kodex in den Rang einer verbindlichen Verordnung zu erheben.[115] Der/die Europäische Bürgerbeauftragte kann die **Einhaltung von** – insbesondere in einem Gerichtsverfahren nicht justiziablen – **Verfahrensstandards** prüfen.[116]

Unzulässig sind Beschwerden hinsichtlich der **Ausübung der Rechtsprechungsbefugnisse von EuG, EuGH und Fachgerichten** (Art. 228 Abs. 1 S. 1 letzter Hs. AEUV). Dadurch wird die richterliche Unabhängigkeit und Rechtssicherheit geschützt.[117] Etwas anderes gilt dagegen für die administrative Tätigkeit der Gerichte.[118] Innerhalb der Mandatsgrenzen darf der Rechnungshof kontrolliert werden.[119] Der Bürgerbeauftragte befasst sich **nicht mit der politischen Arbeit des Europäischen Parlaments.**[120] Dies wird mit einem vergleichenden Blick auf viele nationale Ombudspersonen,[121] der politischen Unabhängigkeit der Parlamentsmitglieder[122] sowie den kaum festzustellenden Verantwortlichkeiten begründet.[123] Geht es nur um die Einhaltung der Verfahrensstandards, etwa des Petitionsausschusses, bei denen kein politisches Ermessen besteht, kann man dies auch anders sehen.[124] Bislang wird im deutschen Schrifttum überwiegend von der Ausklammerung der **Gesetzgebung** aus dem Mandat des Bürgerbeauftragten ausgegangen.[125] Nach neueren Jahresberichten werden die **materiellrechtlichen** Aspekte der Gesetzgebung nicht kontrolliert.[126] Der/die Bürgerbeauftragte hält sich aber sehr wohl zur Prüfung der Einhaltung vorgeschriebener Verfahrensschritte befugt.[127] Dafür spricht, dass die Rechtsetzung nicht komplett von seiner Zuständigkeit ausgenommen wurde.[128] Die Europäische Bürgerbeauftragte tritt für mehr Transparenz bei den Rechtsetzungsvorhaben ein. So richtete sie an den Rat der Europäischen Union eine Reihe von Empfehlungen zur besseren Verfolgung des Rechtsetzungsprozesses, etwa durch Erfassung der Standpunkte der Mitgliedstaaten in den vorbereitenden Gremien sowie die Erarbeitung klarer Maßstäbe für Dokumente, die nur für den Dienstgebrauch bestimmt sein sollen.[129] Zuvor hatte sie sich dem sog Trilog-Verfahren angenommen. Insbesondere soweit es um die Bekanntgabe der

---

112 *Guckelberger* S. 116; *Schneider* S. 174.
113 *Schneider* S. 174.
114 *Haas* S. 266.
115 Petitionsausschuss, Jahresbericht 2016, S. 13, abrufbar unter: http://www.europarl.europa.eu/sides/getDoc.do?pubRef=-//EP//NONSGML+REPORT+A8-2017-0387+0+DOC+PDF+V0//DE, zuletzt geprüft am 10.9.2018.
116 *Guckelberger* S. 114 f.; *Haas* S. 268.
117 *Haas* S. 276; *Schneider* S. 181.
118 *Schneider* S. 183.
119 *Guckelberger* S. 105; *Haas* S. 260; *Schneider* S. 183.
120 Gute Verwaltungspraxis: Die Entscheidungen der Europäischen Bürgerbeauftragten 2013, S. 16.
121 Der Europäische Bürgerbeauftragte Jahresbericht 1997, S. 30; s. auch *Guckelberger* S. 104; eingehend zum Verhältnis zum Europäischen Parlament *Harden* in Hofmann/Ziller S. 198 (203); *Neuhold* in Hofmann/Ziller S. 53 ff.
122 *Kluth* in Calliess/Ruffert AEUV Art. 228 Rn. 6.
123 *Haas* S. 259.
124 *Guckelberger* S. 105; s. auch *Schneider* S. 178 ff.
125 *Haas* S. 259; *Heselhaus* in FK-EUV/GRC/AEUV GRC Art. 43 Rn. 12; *Hölscheidt* in GHN AEUV Art. 228 Rn. 13; *Schneider* S. 177.
126 Gute Verwaltungspraxis: Die Entscheidungen der Europäischen Bürgerbeauftragten 2013, S. 16; ebenso *Vogiatzis* S. 21.
127 Gute Verwaltungspraxis: Die Entscheidungen der Europäischen Bürgerbeauftragten 2013, S. 16; kritisch *Mastroianni* in Hofmann/Ziller S. 178 (190).
128 *Kofler* in Kucsko-Stadlmayer, Europäische Ombudsman-Institutionen, 2008, S. 161 (163 f.); s. auch *Rengeling/Szczekalla* Grundrechte in der EU Rn. 1118; *Vogiatzis* S. 244.
129 Der Europäische Bürgerbeauftragte, Jahresbericht 2018, S. 8.

Sitzungstermine, der teilnehmenden Personen oder vorbereitenden Dokumente geht,[130] zählen diese nicht zum genuin politischen Bereich.

21 3. **Kein Beschwerdeinteresse.** Im Unterschied zum Petitionsrecht ist für die Anrufung des Bürgerbeauftragten **keine unmittelbare Betroffenheit** des Beschwerdeführers erforderlich.[131] Somit kann sich eine Person auch deshalb beschweren, weil die jeweilige Einrichtung nur im Allgemeininteresse liegende Vorschriften nicht eingehalten oder sich gegenüber einer anderen Person nicht korrekt verhalten hat. Wird eine Beschwerde gegen den Willen des eigentlich Tangierten eingelegt, ist streitig, ob dieser ohne weiteres nachgegangen werden darf oder der Bürgerbeauftragte deren Interessen bei der Ausübung seines späteren Untersuchungsermessens einzustellen hat.[132]

22 Nach Art. 2 Abs. 4 S. 2 EG-Bürgerbeauftragten-Beschluss muss der Beschwerdeführer zunächst einen **Abhilfeversuch** bei dem betroffenen Organ bzw. der betroffenen Einrichtung vorgenommen haben. Dies ermöglicht ihnen eine Selbstkorrektur und dient der Entlastung des Bürgerbeauftragten.[133] Dieses zusätzliche Erfordernis ist angesichts der Ermächtigung in Art. 228 Abs. 4 AEUV sowie unter den Aspekten von Verhältnismäßigkeit und institutionellem Gleichgewicht legitim.[134] Beschwerden, die das Beschäftigungsverhältnis von Unionsbediensteten betreffen, müssen die dort vorgesehenen internen Antrags- und Beschwerdemöglichkeiten, insbesondere nach **Art. 90 Abs. 1, 2 EU-BeamtStat**, vorausgegangen sein. Im Falle betrügerischer Praktiken muss ein Bediensteter vor Anrufung des Bürgerbeauftragten erst die in **Art. 22a EU-BeamtStat** vorgeschriebenen Schritte unternommen haben. Im Übrigen lässt es der Bürgerbeauftragte genügen, wenn sich der Beschwerdeführer mit betroffenen Stellen schriftlich oder mündlich zur Erreichung einer Abhilfe in Verbindung gesetzt hat.[135]

23 4. **Beschwerdeform und -frist.** Der Bürgerbeauftragte soll sich auf die **Prüfung aktueller Missstände** konzentrieren.[136] Nach Art. 2 Abs. 4 S. 1 EG-Bürgerbeauftragten-Beschluss muss eine Beschwerde innerhalb von **zwei Jahren** ab dem Zeitpunkt eingelegt werden, zu dem der Beschwerdeführer Kenntnis von dem der Beschwerde zugrundeliegenden Sachverhalt erhalten hat. Viele halten dieses Fristerfordernis angesichts der Ermächtigung in Art. 228 Abs. 4 AEUV sowie der damit angestrebten Rechtssicherheit für unionsrechtskonform.[137] Letzteres überzeugt aber schon deshalb nicht, weil für Untersuchungen aus eigener Initiative kein Fristerfordernis besteht.[138] Die besseren Argumente sprechen deshalb dafür, hierin nur eine nicht strikt bindende Ordnungsvorschrift zu sehen, wobei die verstrichene Zeit bei der Entscheidung über die Untersuchungseinleitung berücksichtigt werden kann.[139]

24 Nach Art. 2 Abs. 3 Hs. 1 EG-Bürgerbeauftragten-Beschluss muss die Beschwerde neben dem Beschwerdegegenstand **die Person des Beschwerdeführers** benennen. Zur Prüfung der Beschwerdeberechtigung, aber auch zur Antwort an den Beschwerdeführer werden Angaben zu Name, Adresse, Nationalität, Wohnort bzw. satzungsmäßigem Sitz benötigt.[140] Nach Art. 2 Abs. 1 DB EB werden Beschwerden, die in elektronischer Form oder Papierform eingereicht werden können, entgegengenommen, wobei besondere Maßnahmen zur Unterstützung von Menschen mit Behinderung unternommen werden. Laut den aktuellen

---

[130] Der Europäische Bürgerbeauftragte, Jahresbericht 2015, S. 9 f.; s. auch *Stöbener de Mora* EuZW 2016, 721 f.
[131] *Guckelberger* S. 120 f.; *Haas* S. 271 f.
[132] Dazu *Haas* S. 272.
[133] *Guckelberger* S. 121; *Haas* S. 275 f.; *Schneider* S. 186.
[134] *Guckelberger* S. 121; *Haas* S. 275.
[135] Der Europäische Bürgerbeauftragte, Jahresbericht 1995, S. 12, abrufbar unter: https://www.ombudsman.europa.eu/de/annual/de/3468, zuletzt geprüft am 10.9.2018; Jahresbericht 2001, S. 20, abrufbar unter: https://www.ombudsman.europa.eu/de/annual/de/3438, zuletzt geprüft am 10.9.2018; *Haas* S. 275.
[136] *Gaitanides* → 1. Aufl. 2006, § 50 Rn. 25; *Schneider* S. 185.
[137] *Hölscheidt* in GHN AEUV Art. 228 Rn. 16; *Kaufmann-Bühler* in Lenz/Borchardt EU-Verträge AEUV Art. 228 Rn. 11.
[138] *Guckelberger* S. 120; iE auch *Krings* in Tettinger/Stern GRC Art. 43 Rn. 21.
[139] *Guckelberger* S. 120; *Heselhaus* in FK-EUV/GRC/AEUV GRC Art. 43 Rn. 20; *Schneider* S. 185.
[140] *Gaitanides* → 1. Aufl. 2006, § 50 Rn. 26.

Internethinweisen des Bürgerbeauftragten können Beschwerden online, per Post (auf der Homepage wird ein Beschwerdeformular angeboten) und auch per Fax eingereicht werden.[141] Aus denselben Erwägungen wie beim Petitionsrecht (→ § 53 Rn. 26) wird keine mündliche oder telefonische Beschwerdemöglichkeit eröffnet.[142] Wie beim Petitionsrecht (→ § 53 Rn. 27) enthält Art. 13 Abs. 1 DB EB die Voraussetzung, dass die Beschwerde **in einer der Vertragssprachen** einzureichen ist. Obwohl nicht in Art. 228 AEUV explizit benannt, sind auch **Sammelbeschwerden** möglich.[143] Die Beschwerde kann **unmittelbar an den Bürgerbeauftragten** gerichtet werden oder ihm „**über ein Mitglied des Europäischen Parlaments zugehen**" (Art. 228 Abs. 1 UAbs. 2 S. 1 AEUV).

III. Wirkung der Beschwerde

Eine Beschwerde beim Bürgerbeauftragten **unterbricht nicht die Fristen in gerichtlichen oder verwaltungsrechtlichen Verfahren** (Art. 2 Abs. 6 EG-Bürgerbeauftragten-Beschluss). Da die Bearbeitung einer Beschwerde einige Zeit dauert, kann eine spätere Inanspruchnahme der Gerichte am Zeitablauf scheitern. Nach Art. 2 Abs. 7 EG-Bürgerbeauftragten-Beschluss beendet der Bürgerbeauftragte seine Tätigkeit, wenn die Beschwerdeangelegenheit Gegenstand eines Gerichtsverfahrens ist. Da nach dem Unionsrecht eine parallele Befassung des Bürgerbeauftragten und eines Unionsgerichts nicht möglich ist, hat der Beschwerdeführer sorgfältig **abzuwägen,** welche der beiden Rechtsschutzmöglichkeiten seinen Interessen besser gerecht wird.[144] Es ist dem Bürgerbeauftragten **freigestellt,** den Bürger über die ihm zur Durchsetzung seiner Interessen möglichen Instrumente einschließlich der daran anknüpfenden Folgen zu informieren. **Mangels Rechtsvorschriften**, die zur Information über andere sich bietende Rechtsbehelfe samt Fristen oder zur Empfehlung eines bestimmten Rechtsbehelfs verpflichten, macht er sich bei einem Unterlassen nicht schadensersatzpflichtig.[145] Auf der Website des Bürgerbeauftragten befinden sich Hinweise auf weitere Stellen, an die sich Personen wenden können, bei deren Anliegen der Bürgerbeauftragte nicht weiterhelfen kann.[146]

25

IV. Prüfungsrecht des Bürgerbeauftragten

1. Vorprüfung. Nach Art. 3 DB EB prüft der Bürgerbeauftragte zunächst die Zulässigkeit der Beschwerde. Bei Bedarf kann er den Beschwerdeführer zur Beibringung weiterer Informationen oder Dokumente auffordern. Bei einer unzulässigen Beschwerde schließt der Bürgerbeauftragte die Beschwerdeakte ab. Er unterrichtet den Beschwerdeführer über seine Entscheidung und die Gründe dafür.

26

2. Untersuchung von Missständen. Nach Art. 228 Abs. 1 UAbs. 2 S. 1 AEUV führt der Bürgerbeauftragte entweder **auf eigene Initiative** oder aufgrund von **Beschwerden** Untersuchungen durch, „die er für gerechtfertigt hält". Entsprechend dieser Formulierung verfügt er über ein **weites Ermessen** hinsichtlich der Durchführung von Untersuchungen.[147] Gem. Art. 4 Abs. 1 DB EB entscheidet der Bürgerbeauftragte, ob es **ausreichende Gründe** für eine Untersuchungseinleitung gibt. Hieran fehlt es bei Sachverhalten, die bereits Gegenstand eines Gerichtsverfahrens sind oder waren (Art. 228 Abs. 1 UAbs. 2 S. 1 Hs. 2 AEUV). In der Praxis verneint der Bürgerbeauftragte derartige Gründe, wenn der Beschwerdeführer keinen konkreten Missstand der gerügten Einrichtung benennen kann oder keine Beweisunterlagen vorlegt, obwohl er dies tun könnte.[148] Die **Nachweisan-**

27

---

[141] https://www.ombudsman.europa.eu/de/make-a-complaint, zuletzt geprüft am 12.8.2019.
[142] Dazu auch *Guckelberger* S. 118.
[143] *Gaitanides* → 1. Aufl. 2006, § 50 Rn. 26; *Guckelberger* S. 119.
[144] EuG T-209/00, Slg. 2002, II-2203 Rn. 66 – Lamberts/Bürgerbeauftragter.
[145] EuGH C-234/02 P, Slg. 2004, I-2803 Rn. 80 f. – Bürgerbeauftragter/Lamberts.
[146] https://www.ombudsman.europa.eu/de/who-else-can-help-you/de, zuletzt geprüft am 12.8.2019.
[147] EuG T-209/00, Slg. 2002, II-2203 Rn. 57 – Lamberts/Bürgerbeauftragter; *Guckelberger* S. 124.
[148] *Guckelberger* S. 124.

forderungen dürfen allerdings nicht hoch angesetzt werden. Darauf weist der Wortlaut von Art. 228 Abs. 1 UAbs. 2 S. 1 AEUV („behaupteten Sachverhalte") sowie von Art. 3 Abs. 1 EG-Bürgerbeauftragten-Beschluss („vermuteten Missstands") hin. Es genügt, wenn der Beschwerdeführer Anhaltspunkte für einen **„Anfangsverdacht"** beibringt.[149] Aus Gründen der Rechtsstaatlichkeit der Union obliegt es dem Bürgerbeauftragten, alle relevanten Gesichtspunkte **sorgfältig und unparteiisch** zu untersuchen, wobei sich die Grenzen seiner Ermittlungspflicht stets mit Blick auf die tatsächlichen Umstände des Einzelfalls unter Einschluss rechtlicher Erwägungen bestimmen.[150] Auch wenn der Sachverhalt bereits vom Petitionsausschuss oder von einem Untersuchungsausschuss geprüft wurde, erfolgt außer beim Vortrag neuer Argumente keine weitere Untersuchung.[151]

28 Bei genügend Anlass für eine Untersuchung leitet der Bürgerbeauftragte das Untersuchungsverfahren ein. Wenn ihm eine schnelle Lösung des Problems möglich erscheint, nutzt er mit Zustimmung und in Zusammenarbeit mit der betreffenden Institution eine wenig förmliche Verfahrensweise.[152] Bei einer **schriftlichen Untersuchung** wird eine Kopie der Beschwerde an die jeweilige Einrichtung mit der Aufforderung übermittelt, dazu innerhalb einer bestimmten Frist von regelmäßig nicht mehr als drei Monaten Stellung zu beziehen (Art. 4 Abs. 4 DB EB). Der Bürgerbeauftragte kann den Beschwerdeführer oder Dritte um die Einreichung oder Erläuterung von Dokumenten und Informationen ersuchen sowie eine Sitzung mit dem Beschwerdeführer anberaumen (Art. 4 Abs. 10 DB EB). Vielfach ist der Bürgerbeauftragte zur Ausübung seiner Untersuchungstätigkeit auf die Unterstützung von Unionseinrichtungen oder mitgliedstaatlichen Behörden angewiesen. Idealerweise sollte das Verhältnis zwischen ihm und der Verwaltung von gegenseitigem Respekt und Kooperation geprägt sein.[153] **Allgemeine Kooperationspflichten** für diese lassen sich bereits aus Art. 228 AEUV und für die Mitgliedstaaten ergänzend aus dem Grundsatz der loyalen Zusammenarbeit (Art. 4 Abs. 3 EUV) entnehmen.[154] Diese **Mitwirkungspflichten** werden sodann im **EG-Bürgerbeauftragten-Beschluss** konkretisiert.

29 Gem. Art. 3 Abs. 2 EG-Bürgerbeauftragten-Beschluss müssen die **Organe und Institutionen der Union** dem Bürgerbeauftragten Auskünfte erteilen und ihm den Zugang zu Dokumenten gewähren. Zugang zu **Verschlusssachen** wird jedoch nur bei Einhaltung der Sicherheitsvorschriften der jeweiligen Einrichtung gewährt. Zugang zu Dokumenten der Mitgliedstaaten wird, wenn sie aufgrund von Rechts- oder Verwaltungsvorschriften der Geheimhaltung unterliegen, nach Einholung ihrer Zustimmung, in allen anderen Fällen nach Benachrichtigung des Mitgliedstaats gewährt. Darüber hinaus unterliegen die Unionsbediensteten der Zeugnispflicht gegenüber dem Bürgerbeauftragten – allerdings unter Bindung an die einschlägigen Bestimmungen des EG-Bürgerbeauftragten-Beschlusses, insbesondere zur Wahrung des Dienstgeheimnisses. Nach Art. 3 Abs. 3 EG-Bürgerbeauftragten-Beschluss müssen die Behörden der **Mitgliedstaaten** alle Informationen, die zur Klärung des Missstandes beitragen können, zur Verfügung stellen, wobei auch hier wieder Besonderheiten bei Einschlägigkeit von Geheimhaltungsvorschriften gelten. Unter Wahrung des geltenden nationalen Rechts kann der Bürgerbeauftragte mit den Mitgliedstaaten zusammenarbeiten (Art. 5 EG-Bürgerbeauftragten-Beschluss). Gem. Art. 4 Abs. 11 DB EB kann er **Studien oder Sachverständigenberichte** in Auftrag geben. Auskünfte und Dokumente, von denen der Bürgerbeauftragte und sein Personal Kenntnis erhalten haben, sind **vertraulich** zu behandeln.[155] Bei disziplinarrechtlich relevanten Sachverhalten kann

---

[149] *Gaitanides* → 1. Aufl. 2006, § 50 Rn. 30; *Meese* S. 222 f.
[150] GA *Wahl*, SchlA C-337/15 ECLI:EU:C:2016:823 Rn. 24 ff.; s. auch EuG T-217/11 ECLI:EU: T:2015:238 Rn. 83 ff. – Staelen/Bürgerbeauftragter.
[151] *Guckelberger* S. 124; *Haas* S. 277 f.
[152] Leitfaden für Beschwerden beim Europäischen Bürgerbeauftragten, 2011, S. 8.
[153] *Volgger* The Role of the Regional Ombudsman in Europe, 2012, S. 9.
[154] *Gaitanides* in Heselhaus/Nowak EU-Grundrechte-HdB, 1. Aufl. 2006, § 50 Rn. 32; s. auch EuG 29.4.2015 – T-217/11 Rn. 83 – Staelen/Bürgerbeauftragter.
[155] Art. 4 Abs. 1 EG-Bürgerbeauftragten-Beschluss.

der Bürgerbeauftragte die zuständigen Stellen informieren, bei strafrechtlich relevanten Sachverhalten muss er die zuständigen Stellen einschalten.[156]

Bei triftigen Gründen dafür dass eine erteilte Antwort unvollständig oder nicht wahrheitsgemäß ist, wird der Bürgerbeauftragte seine Untersuchung fortsetzen.[157] Wird die erbetene **Unterstützung nicht geleistet,** ist das Parlament davon in Kenntnis zu setzen, damit es geeignete Schritte unternehmen kann (Art. 3 Abs. 4 EG-Bürgerbeauftragten-Beschluss, Art. 4 Abs. 9 DB EB). Während nach einem Teil des Schrifttums der Bürgerbeauftragte als *ultima ratio* die notwendige Kooperation selbst gerichtlich einfordern können soll,[158] lehnen andere dies unter Verweis auf die Handlungsmöglichkeiten des Parlaments und die negativen Effekte auf das Verhältnis zu den Unionseinrichtungen ab.[159]

3. Fast Track-Verfahren für den Zugang zu EU-Dokumenten. Seit 2018 werden Beschwerden hinsichtlich der **Ablehnung von Anträgen auf Zugang zu EU-Dokumenten** durch EU-Einrichtungen von dem Bürgerbeauftragten in einem **beschleunigten Verfahren** bearbeitet.[160] In diesen Fällen wird binnen fünf Tagen entschieden, ob der Fall untersucht werden kann, und der Bürgerbeauftragte bemüht sich um die Fällung einer Entscheidung innerhalb von vierzig Tagen.[161]

4. Erledigung und Jahresbericht. Der Bürgerbeauftragte verfügt über ein **weites Ermessen** hinsichtlich der Begründetheit von Beschwerden und der sich daran anschließenden Maßnahmen, insbesondere ist er nicht zur Erzielung eines bestimmten Ergebnisses verpflichtet.[162] Liegen keine ausreichenden Gründe für eine Untersuchung vor oder kann der Bürgerbeauftragte keinen Missstand feststellen oder hat die betreffende Einrichtung den Konflikt von sich aus gelöst, schließt der Bürgerbeauftragte den Fall ab und unterrichtet die betroffene Einrichtung sowie den Beschwerdeführer, letzteren mit einer begründeten Entscheidung.[163] Gem. Art. 9 Abs. 9 DB EB kann der Bürgerbeauftragte eine Untersuchung auf Ersuchen des Beschwerdeführers einstellen, ohne dass ihn dies daran hindert, eine Eigeninitiativuntersuchung zum Beschwerdegegenstand einzuleiten. Bei der Ausübung seines diesbezüglichen Ermessens wird er sich am öffentlichen Interessen orientieren. Dabei hat er auch die Haltung der jeweiligen Person gegenüber einer solchen zu berücksichtigen, wobei diese jedoch nicht über das öffentliche Interesse disponieren kann.[164]

Bei **Feststellung eines Missstands** bemüht sich der Bürgerbeauftragte zunächst um eine **gütliche Lösung.**[165] Gelingt dies nicht, verfasst der Bürgerbeauftragte zunächst einen Bericht oder Entwurf einer Empfehlung, wozu die betroffene Einrichtung binnen drei Monaten Stellung nehmen soll.[166] Nach einer Analyse der Stellungnahme des betreffenden Organs einschließlich etwaiger Kommentare des Beschwerdeführers schließt der Bürgerbeauftragte die Untersuchung mit einer **endgültigen Feststellung** ab (Art. 7 Abs. 1 DB EB); zugleich werden die betroffene Einrichtung und der Beschwerdeführer sowie das Europäische Parlament unterrichtet.[167] Beispielsweise hat die Bürgerbeauftragte im Zusammenhang mit der Ernennung des Generalsekretärs der Europäischen Kommission im Februar 2018 vier Verwaltungsmissstände identifiziert und zugleich die Entwicklung eines neuen

---

[156] Art. 4 Abs. 2 EG-Bürgerbeauftragten-Beschluss.
[157] GA *Wahl*, SchlA C-337/15 Rn. 83 – Bürgerbeauftragter/Staelen.
[158] *Guckelberger* S. 133; *Haas* S. 286 ff.
[159] *Kluth* in Calliess/Ruffert AEUV Art. 228 Rn. 11; *Schneider* S. 202.
[160] Der Europäische Bürgerbeauftragte, Jahresbericht 2018, S. 30.
[161] Der Europäische Bürgerbeauftragte, Jahresbericht 2018, S. 10.
[162] EuGH C-234/02 P, Slg. 2004, I-2803 Rn. 52 – Bürgerbeauftragter/Lamberts.
[163] Art. 6 Abs. 2 DB EB.
[164] EuG T-217/11 ECLI:EU:T:2015:238 Rn. 156 ff. – Bürgerbeauftragter/Staelen; s. auch GA *Wahl*, SchlA C-337/15 ECLI:EU:C:2016:823 Rn. 81 – Staelen/Bürgerbeauftragter.
[165] Art. 3 Abs. 5 EG-Bürgerbeauftragten-Beschluss; Art. 5 DB EB.
[166] Art. 228 Abs. 1 UAbs. 2 S. 2 AEUV; Art. 3 Abs. 6 EG-Bürgerbeauftragten-Beschluss, Art. 6 Abs. 3 DB EB.
[167] Art. 228 Abs. 1 UAbs. 2 S. 3, 4 AEUV; Art. 3 Abs. 7 EG-Bürgerbeauftragten-Beschluss; Art. 6 Abs. 2 DB EB.

Verfahrens zur Besetzung dieses Postens gefordert.[168] Neben dem **Jahresbericht** an das Parlament **über die Ergebnisse seiner Untersuchungen**[169] fertigt er **Sonderberichte** an, wenn ein Verwaltungsmissstand ermittelt wurde oder eine Untersuchung nach Ansicht des Bürgerbeauftragten von erheblichem öffentlichen Interesse ist (Art. 7 Abs. 3 DB EB).[170] Das Parlament hat sodann selbstständig über seine an die Berichterstattung anknüpfende Reaktion zu entscheiden.[171] Auf diese Weise kann das Parlament seine Kontrolle über die Arbeitsweise der Unionsorgane ausüben und erforderlichenfalls die aus seiner Sicht gebotenen Schritte ergreifen.[172] Wie beim Petitionsrecht kommt den Entscheidungen des Bürgerbeauftragten im Anschluss an eine Untersuchung **keine rechtsverbindliche Wirkung** zu.[173] In dem jährlich erscheinenden Bericht „Putting it Right?" zeigt der Bürgerbeauftragte auf, inwieweit seine Vorschläge von den Organen und Einrichtungen der Europäischen Union befolgt wurden. Bezogen auf das Jahr 2017 war dies in 81 % der Fall. Während bei acht von 14 Organen eine 100 %ige Befolgung festgestellt werden konnte, lag die Befolgungsquote der Europäischen Kommission bei 76 %.[174] Die Sonderberichte enthalten nur Empfehlungen an das Parlament.[175] Gleiches gilt für seine Jahresberichte.[176]

D. Rechtsschutz

34 Art. 10 Abs. 1 DB EB verleiht dem Beschwerdeführer das **Recht, eine Überprüfung** der nach Art. 3 Abs. 2, 3 DB EB getroffenen Entscheidungen sowie von Feststellungen zum Abschluss einer Untersuchung mit Ausnahme derjenigen eines Verwaltungsmissstands **durch den Bürgerbeauftragten zu beantragen.** Weil weder AEUV noch EG-Bürgerbeauftragten-Beschluss eine **Klagemöglichkeit gegen Entscheidungen des Bürgerbeauftragten** vorsehen, wurde diese im Schrifttum häufig verneint. Der Beschwerdeführer könne sich nur an das Parlament wenden, das Kritik an dem Bürgerbeauftragten üben und bei schweren Verfehlungen ein Amtsenthebungsverfahren nach Art. 228 Abs. 2 UAbs. 2 AEUV initiieren kann.[177] Inzwischen hat jedoch der EuGH die Erhebung einer **Schadensersatzklage** (Art. 340 AEUV iVm Art. 268 AEUV) anerkannt. Seine Berichtspflicht gegenüber dem Parlament sei nicht so zu verstehen, dass dem Parlament infolgedessen die Kontrolle obliege, ob der Bürgerbeauftragte seine Aufgaben bei der Behandlung einzelner Beschwerden ordnungsgemäß wahrgenommen hat. Das Verfahren der Amtsenthebung basiere auf einer Gesamtwürdigung seiner Tätigkeit. Jedenfalls würden die parlamentarischen Befugnisse gegenüber dem Bürgerbeauftragten der gerichtlichen Kontrollbefugnis nicht gleichkommen.[178] Schadensersatz wird nur bei einem **hinreichend qualifizierten Rechtsverstoß** gewährt. Dabei ist das **weite Ermessen** des Bürgerbeauftragten bei der Begründetheit der Beschwerde und seiner Reaktionen zu berücksichtigen. Es ist jedoch nicht ausgeschlossen, dass ein Bürger unter ganz außerordentlichen Umständen einen

---

[168] https://www.ombudsman.europa.eu/de/recommendation/en/102651, Rn. 101 ff., zuletzt geprüft am 12.8.2019; s. a. Der europäische Bürgerbeauftragte, Jahresbericht 2018, S. 9.
[169] Art. 228 Abs. 1 UAbs. 3 AEUV; Art. 3 Abs. 8 EG-Bürgerbeauftragten-Beschluss, Art. 7 Abs. 2 DB EB.
[170] Dazu *Haas* S. 293.
[171] EuG T-196/08, BeckRS 2013, 80671 Rn. 11 – Srinivasan/Bürgerbeauftragter; *Guckelberger* S. 136 f.
[172] Bericht institutioneller Ausschuss über die Stellung des europäischen Bürgerbeauftragten und die Bedingungen für die Ausübung seiner Aufgaben (Berichterstatter: *Bindi*), EP Dok. A3–298/92, S. 16 (Ziff. 7); der Beschlussfassung ein Bericht des Petitionsausschusses voraus, s. Art. 220 Abs. 3 GO-EP.
[173] *Guckelberger* S. 134; GA *Jääskinen*, SchlA C-261/13 ECLI:EU:C:2014:2107 Rn. 71 – Schönberger/Parlament; EuG T-217/11 ECLI:EU:T:2015:238 Rn. 285 – Staelen/Bürgerbeauftragter; dafür, dass der Bürgerbeauftragte de lege ferenda gewisse Fälle vor Gericht bringen können sollte, *Vogiatzis* S. 191 ff.
[174] Der Europäische Bürgerbeauftragte, Jahresbericht 2018, S. 41.
[175] EuG T-196/08, BeckRS 2013, 80671 Rn. 11 – Srinivasan/Bürgerbeauftragter.
[176] EuG T-196/08, BeckRS 2013, 80671 Rn. 11 – Srinivasan/Bürgerbeauftragter.
[177] So *Meese* S. 178; kritisch mit Hinweisen zur Konstruktion von Rechtsschutzmöglichkeiten *Heselhaus* in FK-EUV/GRC/AEUV GRC Art. 43 Rn. 23.
[178] EuGH C-234/02 P, Slg. 2004, I-2803 Rn. 44 ff. – Bürgerbeauftragter/Lamberts, vgl. auch EuGH C-337/15P, BeckRS 2017, 105868 – Staelen.

solchen Verstoß nachweisen kann.[179] Bei der Beurteilung, ob ihm ein hinreichend qualifizierter Rechtsverstoß unterlaufen ist, sind alle Umstände der betreffenden Situation einzustellen, die Offenkundigkeit der mangelnden Sorgfalt, ihre Entschuldbarkeit oder die Unangemessenheit oder Unvertretbarkeit gezogener Schlussfolgerungen.[180] Gibt der Bürgerbeauftragte zur Untermauerung seiner Schlussfolgerung den Inhalt eines ihm vorgelegten Dokuments wieder, verfügt er insoweit allenfalls über ein geringes, wenn nicht gar auf null reduziertes Ermessen.[181] Bejaht wurde die Schadensersatzpflicht in einem Fall, in dem der Bürgerbeauftragte eine Person auf seiner Homepage in einer nicht den Einschränkungen des Persönlichkeitsrechts genügenden Weise namentlich benannt hatte.[182]

Ferner ist der für die Schadensersatzklage erforderliche **Kausalzusammenhang** zwischen dem Verhalten des Bürgerbeauftragten und dem geltend gemachten Schaden sehr sorgfältig zu prüfen, da seine Entscheidungen keine verbindliche Wirkung haben und sich daraus kein Anspruch des Einzelnen auf Einstellung durch das zuständige Unionsorgan ergibt.[183] Auch wenn das Vertrauen in den Bürgerbeauftragten hinsichtlich der gründlichen und unparteiischen Untersuchung von Missständen wichtig ist, kann der Geschädigte allein wegen der Beeinträchtigung seines Vertrauens in die Einrichtung des Bürgerbeauftragten keinen immateriellen Schadensersatz verlangen.[184]

Unsicherheiten sind hinsichtlich der **Nichtigkeits- oder Untätigkeitsklage** gegen den 35 Bürgerbeauftragten zu verzeichnen. Teilweise werden diese im Hinblick auf seine Unabhängigkeit[185] oder wegen fehlender Passivlegitimation des Bürgerbeauftragten[186] verneint. Letzteres vermag jedoch nicht zu überzeugen, da er unter die in Art. 263 Abs. 1 S. 2 AEUV genannten sonstigen Stellen subsumiert werden kann.[187] Allerdings knüpfen diese Klagen an **rechtsverbindliche Entscheidungen** an. Daran wird es in den allermeisten Fällen fehlen, da der Bürgerbeauftragte über ein weites Ermessen im Umgang mit den Beschwerden einschließlich der anknüpfenden Reaktionen verfügt (→ Rn. 31).[188] Etwas anderes gilt jedoch für Entscheidungen, die klaren rechtlichen Regeln ohne Spielräume unterliegen, wie die Zurückweisung der Beschwerde als unzulässig[189] oder deren gänzliche Nichtbehandlung[190] oder die Ablehnung des Dokumentenzugangs.[191] Entscheidet ein Unionsorgan unter Würdigung der Bewertung einer Angelegenheit durch den Bürgerbeauftragten erneut, kann dies zu einer neuen, gerichtlich angreifbaren Maßnahme führen.[192]

---

[179] EuGH C-234/02 P, Slg. 2004, I-2803 Rn. 52 – Bürgerbeauftragter/Lamberts; EuGH C-337/15, BeckRS 2017, 105868 Rn. 32 f., 38 – Staelen; eingehend dazu *Gundel* in Leible/Terhechte, Europäisches Rechtsschutz- und Verfahrensrecht, EnzEuR Band 3, 2014, § 32 Rn. 55 ff.
[180] EuGH C-337/15, BeckRS 2017, 105868 Rn. 41 – Staelen.
[181] EuGH C-337/15, BeckRS 2017, 105868 Rn. 57 – Staelen.
[182] EuG T-412/05, Slg. 2008, II-197 Rn. 118 ff. – M/Bürgerbeauftragter; *Gundel* FS Würtenberger, 2013, 497 (506); s. auch *Guckelberger* S. 146.
[183] EuGH C-217/11 ECLI:EU:T:2015:238 Rn. 275 ff. – Staelen/Bürgerbeauftragter; s. auch GA *Wahl*, SchlA C-337/15 ECLI:EU:C:2016:823 Rn. 107 ff. – Bürgerbeauftragter/Staelen.
[184] EuGH C-337/15, BeckRS 2017, 105868 Rn. 92 ff. – Staelen; zu Recht restriktiv GA *Wahl*, SchlA C-337/15 ECLI:EU:C:2016:823 Rn. 108 ff. – Bürgerbeauftragter/Staelen; großzügiger EuG T-217/11 ECLI:EU:T:2051:238 Rn. 288 ff. – Staelen/Bürgerbeauftragter.
[185] *Schneider* S. 162.
[186] *Kaufmann-Bühler* in Lenz/Borchardt EU-Verträge AEUV Art. 228 Rn. 4.
[187] *Gundel* FS Würtenberger, 2013, 497 (506); *Haas* S. 307; *Magiera* in NK-EuGRCh GRCh Art. 43 Rn. 18.
[188] *Gundel* FS Würtenberger, 2013, 497 (506); deswegen ablehnend *Hölscheidt* in GHN AEUV Art. 228 Rn. 27; *Magiera* in NK-EuGRCh GRCh Art. 43 Rn. 18.
[189] *Gundel* in Leible/Terhechte, Europäisches Rechtsschutz- und Verfahrensrecht, EnzEuR Band 3, 2014, § 32 Rn. 58; *Guckelberger* S. 143; weitergehend auch hinsichtlich einzelner Entscheidungen zur Begründetheit *Mader* EuR 2013, 348 (367 f.).
[190] *Gundel* in Leible/Terhechte, Europäisches Rechtsschutz- und Verfahrensrecht, EnzEuR Band 3, 2014, § 32 Rn. 58.
[191] EuG T-300/10 ECLI:EU:T:2012:247 Rn. 64 ff. – Internationaler Hilfsfonds/Kommission; *Gundel* in Leible/Terhechte, Europäisches Rechtsschutz- und Verfahrensrecht, EnzEuR Band 3, 2014, § 32 Rn. 58; *Haas* S. 307.
[192] Die Klage richtet sich dann aber gegen die entscheidende Stelle; s. EuG T-166/08, Slg. 2009, II-190 Rn. 67 ff. – Ivanov/Kommission; GA *Mengozzi*, SchlA C-362/08 ECLI:EU:C:2009:553 Rn. 176 –

E. Verhältnis zu anderen Bestimmungen

36 Das **Petitionsrecht zum Europäischen Parlament** (→ § 53) steht, das sieht man auch an seiner Verortung (Art. 20 Abs. 2 S. 2 lit. d AEUV, Art. 24 Abs. 2 AEUV, Art. 227 AEUV, Art. 44 GRC), gleichberechtigt neben dem Recht zur Anrufung des Bürgerbeauftragten. Es reicht über das Mandat der Bürgerbeauftragten hinaus, da sich die Ersuchen an das Parlament nicht auf Missstände beschränken und sich das Parlament auch mit dem Verhalten der Mitgliedstaaten befassen kann.[193] Soweit sich die beiden Instrumente überschneiden, sollten sich die Berechtigten Gedanken machen, welches Instrument ihren Interessen besser gerecht wird. Über Petitionen entscheidet der aus Parlamentsmitgliedern bestehende Petitionsausschuss, der einmal monatlich tagt. Beim Bürgerbeauftragten handelt es sich dagegen um eine monokratische Einrichtung, deren Hauptaufgabe in der Prüfung von Beschwerden liegt. Der Bürgerbeauftragte verfügt über weitergehende Untersuchungsbefugnisse und bemüht sich vor allem um gütliche Lösungen.[194] Wegen der primärrechtlichen Gewährleistung beider Rechte regelt Art. 2 Abs. 3 DB EB, dass eine vom Parlament mit Zustimmung des Petenten an den Bürgerbeauftragten übermittelte Petition wie eine Beschwerde behandelt wird. Umgekehrt kann der Bürgerbeauftragte in geeigneten Fällen mit Zustimmung des Beschwerdeführers eine Beschwerde an das Europäische Parlament weiterleiten, damit sie als Petition behandelt wird (Art. 2 Abs. 4 DB EB).[195] Da die beiden Rechte nicht in einem Alternativverhältnis zueinander stehen, ist es nicht zu beanstanden, wenn beide Einrichtungen angesichts ihres weiten Ermessens bei der Behandlung der Anliegen Vorkehrungen im Hinblick auf Mehrfachuntersuchungen treffen und sich der Bürgerbeauftragte mit Petitionen, deren Gegenstand zuvor vom Petitionsausschuss geprüft wurde, nur bei neuen Argumenten inhaltlich befasst.[196]

37 Nimmt der Bürgerbeauftragte eine Rechtmäßigkeitskontrolle vor, wendet er die Rechtsvorschriften iS ihrer Auslegung durch die **Unionsgerichte** an.[197] Weil der Bürgerbeauftragte nur Missstände und nicht das Verhalten der Mitgliedstaaten kontrollieren kann, reichen die gerichtlichen Rechtsschutzmöglichkeiten gegenüber dem Beschwerderecht zum Bürgerbeauftragten oft weiter.[198] Im Überschneidungsbereich besteht regelmäßig ein **Alternativverhältnis** zwischen diesen beiden Rechtsbehelfen, da sich der Bürgerbeauftragte nicht mit der Ausübung der Rechtsprechungsbefugnisse befassen darf (Art. 228 Abs. 1 UAbs. 1 S. 1 AEUV) und keine Untersuchungen durchführt, wenn die behaupteten Sachverhalte Gegenstand eines Gerichtsverfahrens sind oder waren, Art. 228 Abs. 1 UAbs. 2 S. 1 AEUV). Der Einzelne muss daher prüfen, welcher der Rechtsbehelfe seinen Interessen besser gerecht wird (Kostenfreiheit des Bürgerbeauftragten versus Unverbindlichkeit seiner Entscheidungen).[199] Eine gestaffelte Nutzung der beiden Rechtsbehelfe ist in Fällen der Einschaltung des Bürgerbeauftragten vor Ergehen einer verbindlichen Verwaltungsentscheidung, etwa in Wettbewerbsangelegenheiten vor der Kommission, oder bei erneuten Entscheidungen in abgeschlossenen Fällen nach Feststellung eines Missstands durch den Bürgerbeauftragten möglich.[200]

Internationaler Hilfsfonds/Kommission; *Gundel* in Leible/Terhechte, Europäisches Rechtsschutz- und Verfahrensrecht, EnzEuR Band 3, 2014, § 32 Rn. 58.
[193] *Guckelberger* S. 148 f.; *Haas* S. 301 ff.
[194] Näher zum Verhältnis dieser Einrichtungen *Guckelberger* S. 147 ff.; *Haas* S. 302 ff.; *Schneider* S. 212 ff.
[195] Dazu *Guckelberger* S. 151.
[196] *Haas* S. 303 f.
[197] Dazu *Guckelberger* S. 147.
[198] *Gundel* FS Würtenberger, 2013, 497 (498 f.), der auf S. 501 aber zutreffend darauf hinweist, dass der Bürgerbeauftragte andererseits auch unangemessene Verwaltungspraktiken unterhalb der Schwelle eines Rechtsverstoßes beanstanden kann.
[199] *Gundel* FS Würtenberger, 2013, 497 (501).
[200] *Gundel* FS Würtenberger, 2013, 497 (507 ff.), der auf S. 513 ff. auch auf die parallele Beschreitung beider Wege durch verschiedene Kläger bzw. Beschwerdeführer aufmerksam macht. Zur Bedeutung im Wettbewerbsrecht auch *Soltész* EuZW 2015, 409 (410).

12. Abschnitt. Justizielle Grundrechte und Verfahrensgarantien

§ 55 Recht auf effektiven gerichtlichen Rechtsschutz

Übersicht

	Rn.
A. Entwicklung und Bedeutung	1–26
I. Vorbemerkungen	1–5
II. Frühzeitige Anerkennung des seinerzeit ungeschriebenen Gemeinschaftsgrundrechts auf effektiven gerichtlichen Rechtsschutz durch den damaligen Gemeinschaftsrichter	6, 7
III. Maßgebliche Rechtserkenntnisquellen	8–19
1. Effektiver Rechtsschutz im Spiegel mitgliedstaatlicher Verfassungstraditionen	9–12
2. Effektiver Rechtsschutz im Lichte der EMRK und sonstiger internationaler Übereinkommen	13–19
IV. Verankerung des Unionsgrundrechts auf effektiven gerichtlichen Rechtsschutz in Art. 47 GRC	20–22
V. Grundsätzliche Bedeutung, Verpflichtete und Funktionen des in Art. 47 GRC niedergelegten Unionsgrundrechts auf effektiven gerichtlichen Rechtsschutz	23–26
B. Gewährleistungsgehalt	27–44
I. Persönlicher Gewährleistungsgehalt bzw. Schutzbereich	28
II. Sachlicher Gewährleistungsgehalt bzw. Schutzbereich	29–44
1. Rechtsweggarantie und Recht auf einen wirksamen Rechtsbehelf	30–32
2. Anspruch auf Prozesskostenhilfe	33
3. Einstweiliger bzw. vorläufiger Rechtsschutz	34
4. Anspruch auf zeitnahen Rechtsschutz in angemessener Frist	35
5. Anforderungen an die gerichtliche Kontrolldichte	36–39
6. Begründung verfahrensabschließender Beschlüsse und sonstiger Rechtsakte	40–42
7. Grundsatz des kontradiktorischen Verfahrens	43
8. Gebote der Rechtswegklarheit und der Kohärenz	44
C. Beeinträchtigung	45–47
D. Rechtfertigung	48–51
I. Schrankensystematische Ausgangslage	48
II. Einschlägige Rechtfertigungsgründe	49, 50
III. Maßgebliche Schranken-Schranken	51
E. Verhältnis zu anderen Grundrechtsgewährleistungen	52, 53
F. Zusammenfassende Bewertung und Ausblick	54–58

Schrifttum:

Abazi/Eckes, Closed Evidence in EU Courts: Security, Secrets and Access to Justice, CMLR 55 (2018), 753; *Abetz,* Justizgrundrechte in der Europäischen Union, 2005; *Arnold,* Rechtsstaat und Normenkontrolle in Europa, in Baur/Müller-Graff/Zuleeg, FS B. Börner, 1992, S. 7; *Barents,* EU Procedural Law and Effective Legal Protection, CMLR 51 (2014), 1437; *Baumeister,* Effektiver Individualrechtsschutz im Gemeinschaftsrecht, EuR 2005, 1; *Berger,* Unionsrechtliche Anforderungen an einen effektiven gerichtlichen Rechtsschutz für die Grundrechtsträger, ZÖR 2013, 563; *Brenner,* Allgemeine Prinzipien des verwaltungsgerichtlichen Rechtsschutzes in Europa, DV 31 (1998), 1; *Brinker,* Der Effektivitätsgrundsatz und seine Grenzen – dargestellt am Beispiel des europäischen Wettbewerbsrechts, in Becker/Hatje/Potacs/Wunderlich, Verfassung und Verwaltung in Europa, FS J. Schwarze, 2014, S. 536; *Buchwald,* Zur Rechtsstaatlichkeit der Europäischen Union, Der Staat 37 (1998), 189; *Calliess,* Kohärenz und Konvergenz beim europäischen Individualrechtsschutz – Der Zugang zum Gericht im Lichte des Grundrechts auf effektiven Rechtsschutz, NJW 2002, 3577; *ders.,* Der deutsche Individualrechtsschutz im Wandel – Gemeinschaftsrechtliche Vorgaben und Möglichkeiten ihrer Rezeption im Verwaltungsprozeßrecht, in Nowak/Cremer, Individualrechtsschutz in der EG und der WTO – Der zentrale und dezentrale Rechtsschutz natürlicher und juristischer Personen in der Europäischen Gemeinschaft und in der Welthandelsorganisation, 2002, S. 81; *Chirulli/De Lucia,* Specialised Adjudication in

EU Administrative Law: The Boards of Appeal of EU Agencies, ELR 40 (2015), 832; *Classen,* Effektive und kohärente Justizgewährleistung im europäischen Rechtsschutzverbund, JZ 2006, 157; *ders.,* Rechtsstaatlichkeit als Primärrechtsgebot in der Europäischen Union – Vertragsrechtliche Grundlagen und Rechtsprechung der Gemeinschaftsgerichte, EuR Beih. 3/2008, 7; *Cremer,* Der gemeinschaftsrechtliche Grundsatz effektiven Rechtsschutzes vor mitgliedstaatlichen Gerichten, in Bruha/Nowak/Petzold, Grundrechtsschutz für Unternehmen im europäischen Binnenmarkt, 2004, S. 229; *v. Danwitz,* Die Garantie effektiven Rechtsschutzes im Recht der Europäischen Gemeinschaft, NJW 1993, 1108; *Dörr,* Der europäisierte Rechtsschutzauftrag deutscher Gerichte, 2003; *Giegerich/Lauer,* Der Justizgewährleistungsanspruch in Europa: Art. 47 GRCh, Art. 19 Abs. 1 UAbs. 2 EUV und das deutsche Verwaltungsprozessrecht, ZEuS 2014, 461; *Groussot,* The EC System of legal Remedies and Effective Judicial Protection: Does the System Really Need Reform?, LIEI 30 (2003), 221; *Grzybek,* Prozessuale Grundrechte im Europäischen Gemeinschaftsrecht, 1993; *Gundel,* Neue Anforderungen des EGMR an die Ausgestaltung des nationalen Rechtsschutzsystems – Die Schaffung effektiver Rechtsbehelfe gegen überlange Verfahrensdauer, DVBl 2004, 17; *Häberle,* Die Verfassungsgerichtsbarkeit auf der heutigen Entwicklungsstufe des Verfassungsstaates, EuGRZ 2004, 117; *Harlow,* Towards a theory of access for the European Court of Justice, YEL 1992, 213; *dies.,* Access to Justice as a Human Right, in Alston/Bustelo/Heenan, The EU and Human Rights, 1999, S. 187; *Hoffmann-Riem,* Das Ringen um die verfassungsgerichtliche Normenkontrolle in den USA und Europa, JZ 2003, 269; *Hofmann,* Rechtsstaatsprinzip und Europäisches Gemeinschaftsrecht, in ders./Marko/Merli/Wiederin, Rechtsstaatlichkeit in Europa, 1996, S. 321; *Jacobs,* Access to justice as a fundamental right in European law, in Rodríguez Iglesias/Due/Schintgen/Elsen, FS F. Schockweiler, 1999, S. 197; *Jantscher,* Einstweiliger Rechtsschutz in der Verwaltungsgerichtsbarkeit im Lichte von Art. 47 GRC, in Kahl/Raschauer/Storr, Grundsatzfragen der europäischen Grundrechtecharta, 2013, S. 43; *Jarass,* Schutz durch rechtsstaatliche Grundsätze des Unionsrechts, DVBl 2018, 1249; *Kadelbach,* Verwaltungskontrollen im Mehrebenen-System der Europäischen Gemeinschaft, in Schmidt-Aßmann/Hoffmann-Riem, Verwaltungskontrolle, 2001, S. 205; *ders.,* Die rechtsstaatliche Einbindung der europäischen Wirtschaftsverwaltung, EuR Beih. 2/2002, 7; *Kahl,* Grundrechtsschutz durch Verfahren in Deutschland und in der EU, VerwArch 2004, 1; *Kley-Struller,* Art. 6 EMRK als Rechtsschutzgarantie gegen die öffentliche Gewalt – Die aktuelle Praxis der Konventionsorgane zur Anwendung des Art. 6 EMRK in der Verwaltungsrechtspflege – Analysen und Perspektiven, 1993; *Knapp,* Die Garantie des effektiven Rechtsschutzes durch den EuGH im „Raum der Freiheit, der Sicherheit und des Rechts", DÖV 2001, 12; *Last,* Garantie wirksamen Rechtsschutzes gegen Maßnahmen der Europäischen Union – Zum Verhältnis von Art. 47 Abs. 1, 2 GRCh und Art. 263 ff. AEUV, 2008; *Lenaerts,* The Legal Protection of Private Parties under the EC Treaty: A Coherent and Complete System of Judicial Review?, in Seminario Giuridico della Universitá die Bologna, FS G. F. Mancini, 1998, S. 591; *Mader,* Erleichterter Rechtsschutz bei Grundrechtsverletzungen? Zur Entwicklung einer prozessualen Grundrechtssystematik anhand des zulässigen Gegenstands einer Nichtigkeitsklage nach Art. 263 AEUV, EuR 2018, 339; *Maurer,* Rechtsstaatliches Prozessrecht, in Badura/Dreier, FS 50 Jahre BVerfG, 2001, S. 467; *Munding,* Das Grundrecht auf effektiven Rechtsschutz im Rechtssystem der Europäischen Union – Überlegungen zur Rechtsnatur und Quellenhermeneutik der unionalen Rechtsschutzgarantie sowie zur Wirksamkeit des Systems primären Individualrechtsschutzes gegen normative EG-Rechtsakte, 2010; *Nehl,* Das EU-Rechtsschutzsystem, in Fastenrath/Nowak, Der Lissabonner Reformvertrag – Änderungsimpulse in einzelnen Rechts- und Politikbereichen, 2009, S. 149; *ders.,* Kontrolle kartellrechtlicher Sanktionsentscheidungen der Kommission durch die Unionsgerichte, in Immenga/Körber, Die Kommission zwischen Gestaltungsmacht und Rechtsbindung, 2012, S. 113; *ders.,* Judicial Review of Complex Socio-Economic, Technical, and Scientific Assessments in the European Union, in Mendes, EU Executive Discretion and the Limits of Law, 2019, 157; *Nettesheim,* Effektive Rechtsschutzgewährleistung im arbeitsteiligen System europäischen Rechtsschutzes, JZ 2002, 928; *Nicolaysen,* Entwicklungslinien und Perspektiven des Grundrechtsschutzes in der EU, in Bruha/Nowak/Petzold, Grundrechtsschutz für Unternehmen im europäischen Binnenmarkt, 2004, S. 15; *Nowak,* Das Verhältnis zwischen zentralem und dezentralem Individualrechtsschutz im Europäischen Gemeinschaftsrecht – Verwirrspiel zwischen Wechselwirkung und Beziehungslosigkeit, EuR 2000, 724; *ders.,* Grundrechtlicher Drittschutz im EG-Beihilfenkontrollverfahren, DVBl 2000, 20; *ders.,* Zentraler und dezentraler Rechtsschutz in der EG im Lichte des gemeinschaftsrechtlichen Rechtsgrundsatzes effektiven Rechtsschutzes, in Nowak/Cremer, Individualrechtsschutz in der EG und der WTO, 2002, S. 47; *ders.,* Rechtsschutz von Beschwerdeführern im Europäischen Wettbewerbsrecht, in Behrens/Braun/Nowak, Europäisches Wettbewerbsrecht nach der Reform, 2006, S. 165; *ders./Behrend,* Kein zentraler Individualrechtsschutz gegen Gesetzgebungsakte der Europäischen Union? – Anmerkung zur Rechtsmittelentscheidung des EuGH vom 3.10.2013 in der Rs. C-583/11 P (Inuit Tapiriit Kanatami ua/ Europäisches Parlament und Rat der EU), EuR 2014, 86; *Ottaviano,* Der Anspruch auf rechtzeitigen Rechtsschutz im Gemeinschaftsprozessrecht, 2009; *Pache,* Der Grundsatz des fairen Verfahrens auf europäischer Ebene, EuGRZ 2001, 601; *ders.,* Tatbestandliche Abwägung und Beurteilungsspielraum, 2001; *ders.,* Rechtsschutzdefizite im europäischen Grundrechtsschutz?, in Bruha/Nowak/Petzold, Grundrechtsschutz für Unternehmen im europäischen Binnenmarkt, 2004, S. 193; *Pechstein,* EU-Prozessrecht, 4. Aufl. 2011; *Pastor-Merchante,* The Protection of Competitors under State Aid Law, EStAL 2016, 527; *Potacs,* Zum effektiven gerichtlichen Rechtsschutz beim Vollzug von EU-Recht durch die Mitgliedstaaten, in Becker/Hatje/Potacs/Wunderlich, Verfassung und Verwaltung in Europa, FS für J. Schwarze zum 70. Geburtstag, 2014, S. 717; *Rademacher,* Rechtsschutzgarantien des Unionsrechts, JuS 2018, 337; *Rengeling,* Effektiver Rechtsschutz in der Europäischen Union, in Becker/Hatje/Potacs/Wunderlich, Verfassung und Verwaltung in Europa, FS für J. Schwarze zum 70. Geburtstag, 2014, S. 735; *Römling,* Zum Verhältnis von Art. 47 Grundrechtecharta und

Art. 9 Aarhus-Konvention in der jüngeren Rechtsprechung des Europäischen Gerichtshofs, ZEuS 2019, 147; *Saurer,* Der Einzelne im europäischen Verwaltungsrecht – Die institutionelle Ausdifferenzierung der Verwaltungsorganisation der Europäischen Union in individueller Perspektive, 2014; *Scheuing,* Der Grundsatz der Rechtsstaatlichkeit im Recht der Europäischen Union, in Schwarze, Bestand und Perspektiven des Europäischen Verwaltungsrechts – Rechtsvergleichende Analysen, 2008, S. 45; *ders.,* Der erweiterte Individualrechtsschutz gegen EU-Rechtsetzungsakte auf dem Prüfstand, in Stumpf/Kainer/Baldus, Privatrecht, Wirtschaftsrecht, Verfassungsrecht – Privatinitiative und Gemeinwohlhorizonte in der europäischen Integration, FS für P.-C. Müller-Graff zum 70. Geb., 2015, S. 1137; *Schlette,* Der Anspruch auf Rechtsschutz innerhalb angemessener Frist – Ein neues Prozessgrundrecht auf EG-Ebene, EuGRZ 1999, 369; *Schmidt-Aßmann,* Europäische Rechtsschutzgarantien – Auf dem Wege zu einem kohärenten Verwaltungsrechtsschutz in Europa, in Beyerlin/Bothe/Hofmann/Petersmann, Recht zwischen Umbruch und Bewahrung, FS R. Bernhardt, 1995, S. 1283; *ders.,* Kohärenz und Konsistenz des Verwaltungsrechtsschutzes – Herausforderungen angesichts vernetzter Verwaltungen und Rechtsordnungen, 2015; *Schnapp,* Rechtsschutzgewährleistung und Rechtsschutzsystem in der polnischen Verfassung, DÖV 2004, 322; *Sommermann,* Der vorläufige Rechtsschutz zwischen europäischer Anpassung und staatlicher Verschlankung – Zur Zukunft des Grundsatzes der aufschiebenden Wirkung, in Grupp/Ronellenfitsch, Planung – Recht – Rechtsschutz, FS für W. Blümel, 1999, S. 523; *Stotz,* Effektiver Rechtsschutz in der Europäischen Union, ZEW (Vorträge u. Berichte) Nr. 206, 2013; *Streckert,* Verwaltungsinterner Unionsrechtsschutz – Kohärenter Rechtsschutz durch Einführung eines Widerspruchskammermodells für die Europäische Kommission, 2016; *Streinz,* Primär- und Sekundärrechtsschutz im Öffentlichen Recht, VVDStRL 61 (2002), 300; *Tatham,* Protection of Community Rights in National Courts: Judicial Review of administrative action in comparative analysis, ZfRV 1995, 14; *Thiele, A.,* Europäisches Prozessrecht, 2. Aufl. 2014; *Thiele, C.,* Das Recht auf einen wirksamen Rechtsbehelf in vergleichender europäischer Perspektive (Art. 47 GRC, Artt. 6 und 13 EMRK), ERA-Forum – Journal of the Academy of European Law 16 (2015), 511; *Tonne,* Effektiver Rechtsschutz durch staatliche Gerichte als Forderung des europäischen Gemeinschaftsrechts, 1997; *Voet van Vormizeele,* Die Kontrolldichte bei der Würdigung komplexer wirtschaftlicher Sachverhalte durch die europäischen Gerichte – zugleich eine kritische Analyse zur Effektivität des Rechtsschutzes in der europäischen Fusionskontrolle, in Becker/Hatje/Potacs/Wunderlich, Verfassung und Verwaltung in Europa, FS für J. Schwarze zum 70. Geburtstag, 2014, S. 771; *Wägenbaur,* EuGH VerfO – Satzung und Verfahrensordnungen EuGH/EuG – Kommentar, 2. Aufl. 2017; *Weiß,* Rechtsschutz von Unternehmen im EU-Beihilferecht, ZHR 180 (2016), 80; *Wiater,* Effektiver Rechtsschutz im Unionsrecht – Geheimhaltung von Informationen im Antiterrorkampf als Sonderfall, JuS 2015, 788; *Wittinger,* Das Rechtsstaatsprinzip – vom nationalen Verfassungsprinzip zum Rechtsprinzip der europäischen und der internationalen Gemeinschaft? – Verfassungsrechtliche, europarechtliche und völkerrechtliche Betrachtungen, JöR 57 (2009), 427; *Zemánek,* Gerichtlicher Grundrechtsschutz in den Beitrittsstaaten am Beispiel Tschechiens, in Bruha/Nowak/Petzold, Grundrechtsschutz für Unternehmen im europäischen Binnenmarkt, 2004, S. 255.

A. Entwicklung und Bedeutung

I. Vorbemerkungen

Die **Gewährleistung eines effektiven gerichtlichen Rechtsschutzes gegen die öffentliche Gewalt,** mit der als Kehrseite des hoheitlichen Gewaltmonopols insbesondere der möglichst wirksame Schutz von Freiheits- und Gleichheitsrechten sichergestellt wird, bildet nicht nur den Schlusspunkt der Ausbildung des modernen Rechtsstaats[1], sondern auch einen gelegentlich als **Schlussstein im Gewölbe des Rechtsstaats**[2], als dessen Krönung[3] oder Vollendung[4] bzw. als struktureller Eckpfeiler der Rechtsstaatlichkeit[5] be-

---

[1] Näher dazu vgl. *Schmidt-Aßmann* in Maunz/Dürig GG, 79. EL (12/2016), Art. 19 Abs. 4 Rn. 1 ff.; mit instruktiven entwicklungsgeschichtlichen Bezügen vgl. ferner *Häberle* EuGRZ 2004, 117 ff.; *Hoffmann-Riem* JZ 2003, 269 ff.; *Schulze-Fielitz* in Dreier GG Art. 19 IV Rn. 1 ff.

[2] Diese besonders schöne Bezeichnung stammt in Bezug auf Art. 19 Abs. 4 S. 1 GG (→ Rn. 10) – soweit ersichtlich – von *Thoma* in Wandersleb, Recht – Staat – Wirtschaft, Bd. III, 1951, S. 9 ff.; zur recht häufigen Rezeption dieser Bezeichnung vgl. statt vieler *Schmidt-Jortzig* NJW 1994, 2569 (2571); *Giegerich/Lauer* ZEuS 2014, 461 (462).

[3] So etwa *Ebers* FS W. Laforet, 1952, 269 (271); später auch *Weber-Fas,* Rechtsstaat und Grundgesetz, 1977, S. 29; ähnlich *Weber-Fas,* Der Verfassungsstaat des Grundgesetzes, 2002, S. 133 f., wonach Art. 19 Abs. 4 S. 1 GG einer „prozessualen Krönung des geltenden Rechtsstaatsprinzips gleichkommt"; ferner vgl. *Jellinek* VVDStRL 8 (1950), 3, der den Art. 19 Abs. 4 GG zu den „königlichen Artikeln des Grundgesetzes" zählt; dem zustimmend vgl. nur *Lerche,* Ordentlicher Rechtsweg und Verwaltungsrechtsweg, 1953, S. 28; sowie *Bachof* DRZ 1950, 245 (246); *Habscheid* FS E. Bötticher, 1969, 159 (159); von *Klein* JZ 1963, 591 (592), wo diesbezüglich von einem „rocher de bronze der staatsbürgerlichen Freiheit" die Rede ist.

[4] So etwa *Klein* VVDStRL 8 (1950), 67 (77 f., 123).

[5] So etwa *Schmidt-Jortzig* NJW 1994, 2569 (2569).

zeichneten Kernbestandteil der in Art. 2 S. 1 EUV angesprochenen Rechtsstaatlichkeit.[6] In diesem Sinne hat der damalige Gemeinschaftsrichter bereits den Vertrag zur Gründung der Europäischen Gemeinschaft, aus dem im Zuge des am 1.12.2009 erfolgten Inkrafttretens des Lissabonner Reformvertrags[7] der Vertrag über die Arbeitsweise der EU (AEUV) hervorgegangen ist, als „Verfassungsurkunde einer Rechtsgemeinschaft" bezeichnet, in der weder die Mitgliedstaaten noch die Gemeinschaftsorgane der Kontrolle darüber entzogen sind, ob ihre Handlungen im Einklang mit dieser Verfassungsurkunde stehen.[8] Im Einklang damit hat später auch der Unionsrichter bspw. in seinem vieldiskutierten *Kadi I*-Urteil zur unionsgrundrechtlich gebotenen Justiziabilität völkerrechtsdeterminierter EU-Sekundärrechtsakte, die er später ua in seinem *Kadi II*-Urteil bestätigte[9], mit aller Deutlichkeit festgestellt, dass die Kontrolle der Gültigkeit einer jeden Handlung der supranationalen Hoheitsgewalt im Hinblick auf die Grundrechte durch den Gerichtshof als Ausdruck einer sich aus dem EG-Vertrag als autonomem Rechtssystem ergebenden Verfassungsgarantie in einer Rechtsgemeinschaft zu betrachten ist.[10] Zum Teil wird die gleiche Forderung nach derartigen Kontrollmöglichkeiten vom Unionsrichter auch unmittelbar auf den in Art. 2 S. 1 EUV niedergelegten Grundsatz der Rechtsstaatlichkeit gestützt, wenn er ausführt, dass das **Vorhandensein einer wirksamen,** zur Gewährleistung der Einhaltung des Unionsrechts dienenden **gerichtlichen Kontrolle dem Wesen eines Rechtsstaats inhärent** ist.[11] Die vom EuGH somit aus dem Konzept der Rechtsgemeinschaft und/oder der Rechtsstaatlichkeit hergeleitete Schlussfolgerung, dass weder die Mitgliedstaaten noch die Gemeinschaftsorgane der Kontrolle darüber entzogen sind, ob ihre Handlungen im Einklang mit dem primären Gemeinschaftsrecht stehen, ist auf die heutige EU als Rechtsnachfolgerin der EG (Art. 1 Abs. 3 S. 3 EUV), die vom Unionsrichter seit dem Inkrafttreten des Lissabonner Reformvertrags nicht mehr als „Rechtsgemeinschaft", sondern nunmehr regelmäßig als „Rechtsunion" bezeichnet wird[12], dahingehend zu übertragen, dass die

---

[6] In diesem Sinne vgl. auch *Borowski* EuR 2004, 879 (894); *Giegerich/Lauer* ZEuS 2014, 461 (462); *Rengeling* FS J. Schwarze, 2014, 735 (735); *Schmahl* in HdB-EuropaR § 6 Rn. 24 u. 54 ff. Zum Grundsatz der Rechtsstaatlichkeit als gemeineuropäisches Verfassungsprinzip vgl. *Brenner* DV 31 (1998), 1 ff.; *Wittinger* JöR 57 (2009), 427 ff.

[7] Vertrag von Lissabon zur Änderung des Vertrags über die Europäische Union und des Vertrags zur Gründung der Europäischen Gemeinschaft, ABl. 2007 C 306, 1 ff. Zu den vielfältigen materiell- und institutionell-rechtlichen Änderungen, die das Unionsrecht durch diesen Reformvertrag erfahren hat, vgl. jeweils mwN *Calliess*, Die neue Europäische Union nach dem Vertrag von Lissabon, 2010, S. 1 ff.; *Nowak*, Europarecht, S. 51 ff.; Streinz/Ohler/Herrmann Vertrag Lissabon S. 1 ff.

[8] Grdlg. EuGH 294/83, Slg. 1986, 1339 Rn. 23 – Parti écologiste „Les Verts"/EP; ua bestätigt in EuGH 314/85, Slg. 1987, 4199 Rn. 16 – Foto-Frost; EuGH C-2/88 Imm., Slg. 1990, I-3365 Rn. 16 – Zwartfeld ua; EuGH C-314/91, Slg. 1993, I-1093 Rn. 8 – Weber/EP; EuG T-17/00 R, Slg. 2000, II-2085 Rn. 54 – Rothley ua/EP; EuG T-177/01, Slg. 2002, II-2365 Rn. 41 – Jégo-Quéré/Kommission; EuG T-141/03, Slg. 2005, II-1197 Rn. 39 – Sniace SA/Kommission; sehr ähnlich vgl. auch EuG verb. Rs. T-377/00, T-379/00, T-380/00, T-260/01 u. T-272/01, Slg. 2003, II-1 Rn. 121 – Philip Morris International ua/Kommission, wonach der Zugang zu den Gerichten einer der wesentlichen Bestandteile einer Rechtsgemeinschaft ist.

[9] Vgl. EuGH verb. Rs. C-584/10 P, C-593/10 P u. C-595/10 P, ECLI:EU:C:2013:518 Rn. 65 ff. – Kommission ua/Kadi; näher zu dieser Entscheidung vgl. *Al-Rikabi* EHRLR 2013, 631 ff.; *Cuyvers* CMLR 51 (2014), 1759 ff.; *Hooper* EPL 20 (2014), 409 ff.; *Streinz* JuS 2014, 376 ff.; *Weiß* EuR 2014, 231 ff.; *Tamblé* EuR 2016, 666 ff.; *Zündorf* Jura 2014, 616 ff.

[10] Vgl. EuGH verb. Rs. C-402/05 P u. C-415/05 P, Slg. 2008, I-6351 Rn. 316 – Kadi u. Al Barakaat/Rat u. Kommission; näher zu diesem bemerkenswerten Urteil vgl. etwa *Kämmerer* EuR 2009, 114 ff.; *Kokott/Sobotta* EJIL 23 (2012), 1015 ff.; *Neudorfer* ZaöRV 69 (2009), 979 (992 ff.); *Schmalenbach* JZ 2009, 35 ff.; *Scholz* NVwZ 2009, 287 ff.; *Wiater* JuS 2015, 788 ff.

[11] So vgl. etwa EuGH C-354/04 P, Slg. 2007, I-1579 Rn. 51 – Gestoras Pro Amnistía ua/Rat; EuGH C-355/04 P, Slg. 2007, I-1657 Rn. 51 – Segi ua/Rat; EuGH C-72/15, ECLI:EU:C:2017:236 Rn. 73 – Rosneft; EuGH C-64/16, ECLI:EU:C:2018:117 Rn. 36 – Associação Sindical dos Juízes Portugueses; EuGH C-216/18 PPU, ECLI:EU:C:2018:586 Rn. 51 – LM; ähnlich in Bezug auf Art. 13 EMRK (→ Rn. 13 ff.) vgl. EGMR 5.7.2016 – 29094/09, EHRR 67 (2018), 713 (731) – AM/Niederlande.

[12] Zu der in der jüngeren Rspr. des Unionsrichters erfolgten und mit der Auflösung der damaligen EG durch den Lissabonner Reformvertrag zusammenhängenden Ersetzung des erstgenannten Begriffs der „Rechtsgemeinschaft" durch den zweitgenannten Begriff der „Rechtsunion" vgl. etwa EuGH C-64/16, ECLI:

Kontrolle der Gültigkeit einer jeden Handlung der supranationalen Hoheitsgewalt im Hinblick auf die Grundrechte durch den Gerichtshof als Ausdruck einer sich aus dem EUV und aus dem AEUV als autonomem Rechtssystem ergebenden **Verfassungsgarantie in einer Rechtsunion** zu betrachten ist und dass folglich weder die EU-Mitgliedstaaten und deren Untergliederungen noch die Organe, Einrichtungen und sonstigen Stellen der EU der gerichtlichen Kontrolle darüber entzogen sind, ob ihre Handlungen und/oder Unterlassungen im Einklang mit dem primären Unionsrecht – insbes. mit den Verträgen, den allgemeinen Rechtsgrundsätzen und den Grundrechten – im Einklang stehen.[13]

Die aus der vorgenannten EuGH-Rspr. abzuleitende **Einordnung des primären Unionsrechts als Verfassungsurkunde der supranationalen Rechtsunion bringt** treffend zum Ausdruck, dass sich in der geltenden Unionsrechtsordnung sowohl die wesentlichen Bestandteile einer Verfassung im materiellen Sinne[14] als auch die Kernelemente des Rechtsstaatsprinzips nachweisen lassen.[15] Zu den elementaren Bestandteilen des unionsrechtlichen Grundsatzes der Rechtsstaatlichkeit bzw. der europäischen Rechtsunion gehört vor allem die Bindung der Unionsorgane sowie sonstiger Einrichtungen und Stellen der EU an die materiellen Unionsgrundrechte (→ § 9 Rn. 22 f.), die sich in bestimmten Konstellationen auch auf die EU-Mitgliedstaaten und deren Untergliederungen erstreckt (→ § 9 Rn. 24 ff.). Um zu verhindern, dass diese in rechtsstaatlicher bzw. „rechtsunionaler" Hinsicht außerordentlich bedeutsame Grundrechtsbindung weitgehend wirkungslos bleibt, bedarf es geeigneter **Vorkehrungen zur Sicherstellung der prozessualen Durchsetzung materieller Unionsgrundrechte und sonstiger subjektiver Unionsrechte**[16], die es sowohl auf der EU-sekundärrechtlichen Ebene als auch auf unionsverfassungsrechtlicher Ebene gibt: 2

Auf der Ebene des EU-Sekundärrechts wird die prozessuale Durchsetzung materieller Unionsgrundrechte und sonstiger subjektiver Unionsrechte durch zahlreiche **unterverfassungsrechtliche Rechtsschutzansprüche und/oder Rechtsschutzgewährleistungsaufträge bzw. -gebote** abgesichert, die der supranationale Gesetzgeber seit langer Zeit in verschiedenste Verordnungen und Richtlinien implantiert. Als ein erstes einschlägiges Beispiel soll an dieser Stelle zunächst einmal Art. 6 RL 76/207/EWG[17] angeführt 3

EU:C:2018:117 Rn. 31 – Associação Sindical dos Juízes Portugueses; EuGH C-216/18 PPU, ECLI:EU:C:2018:586 Rn. 49 – LM; sowie mwN → § 9 Rn. 1.

[13] So auch – aber aus fallspezifischen Gründen jeweils nur auf die Unionsorgane und deren Handlungen bezogen – vgl. etwa EuGH verb. Rs. C-584/10 P, C-593/10 P u. C-595/10 P, ECLI:EU:C:2013:518 Rn. 66 – Kommission ua/Kadi; EuGH C-583/11 P, ECLI:EU:C:2013:625 Rn. 91 – Inuit Tapiriit Kanatami ua/EP u. Rat, mAnm *Nowak/Behrend* EuR 2014, 86 ff.; EuGH C-426/16, ECLI:EU:C:2018:335 Rn. 38 – Liga van Moskeeën en Islamitische Organisaties Provincie Antwerpen ua; entsprechend für die EU-Mitgliedstaaten und deren Handlungen vgl. EuGH C-216/18 PPU, ECLI:EU:C:2018:586 Rn. 49 – LM, wonach der Union eine „Rechtsunion" ist, „in der den Einzelnen das Recht zusteht, die Rechtmäßigkeit nationaler Entscheidungen oder jeder anderen nationalen Handlung, mit der eine Handlung der Union auf sie angewandt wird, gerichtlich anzufechten".

[14] Vgl. *Nowak*, Europarecht, S. 78 ff.; zur „Verfassungsstruktur der Union" vgl. auch EuGH Gutachten 2/13, ECLI:EU:C:2014:2454 Rn. 165 – EMRK-Beitritt der EU; EuGH C-284/16, ECLI:EU:C:2018:158 Rn. 33 – Slowakische Republik/Achmea.

[15] Näher dazu vgl. statt vieler *Arnold* FS B. Börner, 1992, 7 ff.; *Brenner* DV 31 (1998), 1 ff.; *Buchwald* Der Staat 37 (1998), 189 ff.; *Classen* EuR Beih. 3/2008, 7 ff.; *Hofmann* in Hofmann/Marko/Merli/Wiederin S. 321 ff.; *Kadelbach* EuR Beih. 2/2002, 7 ff.; *Nicolaysen* in Bruha/Nowak/Petzold, Grundrechtsschutz, S. 15 ff.; *Nowak*, Europarecht, S. 81 f.; *Scheuing* in Schwarze S. 45 ff.; *Schmahl* in HdB-EuropaR § 6 Rn. 1 ff.; *Wittinger* JöR 57 (2009), 427 ff.

[16] Zur Vielfalt, Herleitung u. Typologie der dem Einzelnen aus der Unionsrechtsordnung zufließenden subjektiven Rechte vgl. etwa *Beljin* Der Staat 46 (2008), 489 ff.; *Classen* VerwArch 1997, 645 ff.; *v. Danwitz* DÖV 1996, 481 ff.; *Frenz* VerwArch 2011, 134 ff.; *Kingreen/Störmer* EuR 1998, 263 ff.; *Ruffert* CMLR 34 (1997), 307 ff.; *Ruffert* DVBl 1998, 69 ff.; *Sagmeister* ZEuS 2011, 1 ff.; *Saurer* S. 67 ff.; *Stüber* Jura 2001, 798 ff.

[17] RL 76/207/EWG des Rates v. 9. Februar 1976 zur Verwirklichung des Grundsatzes der Gleichbehandlung von Männern und Frauen hinsichtlich des Zugangs zur Beschäftigung, zur Berufsbildung und zum beruflichen Aufstieg sowie in Bezug auf die Arbeitsbedingungen, ABl. 1976 L 39, 40 ff.

werden, wonach die Mitgliedstaaten schon damals die innerstaatlichen Vorschriften zu erlassen hatten, „die notwendig sind, damit jeder, der sich wegen Nichtanwendung des Grundsatzes der Gleichbehandlung im Sinne der Art. 3, 4 und 5 [dieser RL] auf seine Person für beschwert hält, [...] seine Rechte gerichtlich geltend machen kann".[18] Ähnliche Regelungen finden sich in Bezug auf einzelne Ausprägungen und Aspekte des Gleichbehandlungsgrundsatzes in Art. 2 RL 75/117/EWG[19], Art. 6 RL 79/7/EWG[20], Art. 10 RL 86/378/EWG[21], Art. 9 RL 86/613/EWG[22], Art. 7 RL 2000/43/EG[23] und in Art. 9 RL 2000/78/EG[24]. Weitere unterverfassungsrechtliche Rechtsschutzansprüche und/oder Rechtsschutzgewährleistungsaufträge bzw. -gebote sehr ähnlicher Art lassen sich ua auch in verschiedenen EU-Umweltrichtlinien[25] sowie für verschiedenste weitere Teilbereiche des Unionsrechts im Zollkodex[26], in Art. 5a Abs. 3 RL 90/387/EWG[27], Art. 39 RL 2005/85/EG[28], Art. 43 Abs. 1 VO (EG) Nr. 44/2001[29], Art. 21 Abs. 1 RL 2003/9/EG,[30] Art. 19 Abs. 2 S. 3 VO (EG) Nr. 343/2003[31], Art. 31 Abs. 1 RL 2004/38/EG[32],

---

[18] Instruktiv dazu vgl. EuGH C-380/01, Slg. 2004, I-1389 Rn. 24 – Schneider.

[19] RL 75/117/EWG des Rates v. 10. Februar 1975 zur Angleichung der Rechtsvorschriften der Mitgliedstaaten über die Anwendung des Grundsatzes des gleichen Entgelts für Männer und Frauen, ABl. 1975 L 45, 19f.

[20] RL 79/7/EWG des Rates v. 19. Dezember 1978 zur schrittweisen Verwirklichung des Grundsatzes der Gleichbehandlung von Männern und Frauen im Bereich der sozialen Sicherheit, ABl. 1979 L 6, 24f.

[21] RL 86/378/EWG des Rates v. 24. Juli 1986 zur Verwirklichung des Grundsatzes der Gleichbehandlung von Männern und Frauen bei den betrieblichen Systemen der sozialen Sicherheit, ABl. 1986 L 225, 40ff.

[22] RL 86/613/EWG des Rates v. 11. Dezember 1986 zur Verwirklichung des Grundsatzes der Gleichbehandlung von Männern und Frauen, die eine selbständige Erwerbstätigkeit – auch in der Landwirtschaft – ausüben, sowie über den Mutterschutz, ABl. 1986 L 359, 56ff.

[23] RL 2000/43/EG des Rates v. 29. Juni 2000 zur Anwendung des Gleichbehandlungsgrundsatzes ohne Unterschied der Rasse oder der ethnischen Herkunft, ABl. 2000 L 180, 22ff.

[24] RL 2000/78/EG des Rates v. 27. November 2000 zur Festlegung eines allgemeinen Rahmens für die Verwirklichung der Gleichbehandlung in Beschäftigung und Beruf, ABl. 2000 L 303, 16ff.

[25] Vgl. etwa Art. 6 RL 2003/4/EG des EP und des Rates v. 28. Januar 2003 über den Zugang der Öffentlichkeit zu Umweltinformationen und zur Aufhebung der RL 90/313/EWG des Rates, ABl. 2003 L 41, 26ff.; sowie Art. 10a der Richtlinie 84/337/EWG des Rates von 27. Juni 1985 über die Umweltverträglichkeitsprüfung bei bestimmten öffentlichen und privaten Projekten in der durch die Richtlinie 2003/35/EG des EP u. des Rates v. 26. Mai 2003 über die Beteiligung der Öffentlichkeit bei der Ausarbeitung bestimmter umweltbezogener Pläne und Programme und zur Änderung der Richtlinien 85/337/EWG und 96/61/EG des Rates in Bezug auf die Öffentlichkeitsbeteiligung und den Zugang zu den Gerichten (ABl. 2003 L 156, 17ff.) geänderten Fassung.

[26] Vgl. Art. 44f. der VO (EU) Nr. 952/2013 des EP u. des Rates v. 9. Oktober 2013 zur Festlegung des Zollkodex der Union, ABl. 2013 L 269, 1ff.

[27] RL 90/387/EWG zur Verwirklichung des Binnenmarktes für Telekommunikationsdienste durch Einführung eines offenen Netzzugangs (Open Network Provision), ABl. 1990 L 192, 1ff., geändert durch die RL 97/51/EG, ABl. 1997 L 295, 23ff.; zur praktischen Relevanz der hier in Rede stehenden Norm vgl. nur EuGH C-462/99, Slg. 2003, I-5197 Rn. 36ff. – Connect Austria.

[28] RL 2005/85/EG des Rates v. 1. Dezember 2005 über Mindestnormen für Verfahren in den Mitgliedstaaten zur Zuerkennung und Aberkennung der Flüchtlingseigenschaft, ABl. 2005 L 326, 13ff.; näher zu dem hier in Rede stehenden Art. 39 RL 2005/85/EG vgl. etwa EuGH C-239/14, ECLI:EU:C:2015:824 Rn. 39ff. – Tall.

[29] VO (EG) Nr. 44/2001 des Rates v. 22. Dezember 2000 über die gerichtliche Zuständigkeit und die Anerkennung und Vollstreckung von Entscheidungen in Zivil- und Handelssachen, ABl. 2001 L 12, 1ff.

[30] RL 2003/9/EG des Rates v. 27. Januar 2003 zur Festlegung von Mindestnormen für die Aufnahme von Asylbewerbern in den Mitgliedstaaten, ABl. 2003 L 31, 18ff.

[31] VO (EG) Nr. 343/2003 des Rates v. 18. Februar 2003 zur Festlegung der Kriterien und Verfahren zur Bestimmung des Mitgliedstaats, der für die Prüfung eines von einem Drittstaatsangehörigen in einem Mitgliedstaat gestellten Asylantrags zuständig ist, ABl. 2003 L 50, 1ff.

[32] RL 2004/38/EG des EP u. des Rates v. 29. April 2004 über das Recht der Unionsbürger und ihrer Familienangehörigen, sich im Hoheitsgebiet der Mitgliedstaaten frei zu bewegen und aufzuhalten, zur Änderung der Verordnung (EWG) Nr. 1612/68 und zur Aufhebung der Richtlinien 64/221/EWG [...], ABl. 2004 L 229, 35ff.; näher zu der hier in Rede stehenden Norm vgl. etwa EuGH C-300/11, ECLI:EU:C:2013:363 Rn. 47ff. – ZZ, mAnm *Pfersich* ZAR 2014, 31f.; *Streinz* JuS 2014, 282ff.

Art. 27 Abs. 1 der sog. Dublin-III-VO (EU) Nr. 604/2013[33] sowie im EU-Vergaberecht[34] finden.

Die sekundärrechtlichen Rechtsschutzansprüche und/oder Rechtsschutzgewährleistungsaufträge bzw. -gebote der vorgenannten Art finden auf der unionsverfassungsrechtlichen Ebene zunächst einmal insoweit eine gewisse Parallele, als Art. 215 Abs. 3 AEUV in Bezug auf unionale Wirtschaftssanktionen bestimmt, dass in den auf der Grundlage des Art. 215 Abs. 1 und 2 AEUV erlassenen Rechtsakten über die Aussetzung, Einschränkung oder vollständige Einstellung der Wirtschafts- und Finanzbeziehungen zu einem oder mehreren Drittländern und/oder über restriktive Maßnahmen gegen natürliche oder juristische Personen sowie Gruppierungen oder nichtstaatliche Einheiten „die erforderlichen Bestimmungen über den Rechtsschutz vorgesehen sein [müssen]". Darüber hinaus ist an dieser Stelle – was **unionsverfassungsrechtliche Vorkehrungen zur Gewährleistung eines effektiven Rechtsschutzes** betrifft – auf den durch den Lissabonner Reformvertrag (→ Rn. 1) in das primäre Unionsrecht integrierten Art. 19 Abs. 1 UAbs. 2 EUV hinzuweisen, wonach die „Mitgliedstaaten [...] die erforderlichen Rechtsbehelfe [schaffen]" bzw. zu schaffen haben, „damit ein wirksamer Rechtsschutz in den vom Unionsrecht erfassten Bereichen gewährleistet ist".[35] Diese Bestimmung, die der besonderen Struktur des maßgeblich durch ein **arbeitsteiliges Zusammenwirken der Unionsgerichte und mitgliedstaatlicher Gerichte** geprägten EU-Rechtsschutzsystems[36] Rechnung trägt, ist in maßgeblicher Weise der zurückliegenden EuGH-Rspr. geschuldet, nach der es jenseits der im primären Unionsrecht enthaltenen Bestimmungen über verschiedene Klage- und Verfahrensarten etwa in Gestalt der Nichtigkeitsklage nach Art. 263 AEUV, der Untätigkeitsklage nach Art. 265 AEUV und des Art. 267 AEUV geregelten Vorabentscheidungsverfahrens (auch) „Sache der Mitgliedstaaten [ist], ein System von Rechtsbehelfen und Verfahren vorzusehen, mit dem die Einhaltung des Rechts auf effektiven gerichtlichen Rechtsschutz gewährleistet werden kann".[37]

Mit dem vorgenannten „Recht" ist das nachfolgend im Vordergrund stehende **Unionsgrundrecht auf effektiven gerichtlichen Rechtsschutz** gemeint, welches der damalige Gemeinschaftsrichter in Gestalt eines seinerzeit ungeschriebenen Rechtsgrundsatzes des Gemeinschaftsrechts bereits Mitte der 80er Jahre des vorigen Jahrhunderts unter expliziter Berücksichtigung verfassungsrechtlicher Garantien effektiven Rechtsschutzes in den Mitgliedstaaten und in der EMRK anerkannt hat (→ Rn. 6 ff.). Angesichts dieser Rspr. ist es keineswegs überraschend, dass das Unionsgrundrecht auf effektiven gerichtlichen Rechtsschutz später auch in der EU-Grundrechtecharta (Art. 47 GRC) verankert worden ist (→ Rn. 20 ff.). Am Ende dieses ersten Hauptabschnitts werden sodann die grundsätzliche Bedeutung, die Verpflichteten und die Funktionen dieses Unionsgrundrechts im Rahmen

---

[33] VO (EU) Nr. 604/2013 des EP u. des Rates v. 26. Juni 2013 zur Festlegung der Kriterien und Verfahren zur Bestimmung des Mitgliedstaats, der für die Prüfung eines von einem Drittstaatsangehörigen oder Staatenlosen in einem Mitgliedstaat gestellten Antrags auf internationalen Schutz zuständig ist, ABl. 2013 L 180, 31 ff.; näher zu der hier in Rede stehenden Norm vgl. etwa EuGH C-647/16, ECLI:EU: C:2018:368 Rn. 58 ff. – *Hassan*, mAnm *Hruschka* NVwZ 2018, 1384 f.; sowie EuGH C-63/15, ECLI: EU:C:2016:409 Rn. 29 ff. – *Ghezelbash*; EuGH C-155/15, ECLI:EU:C:2016:410 Rn. 19 ff. – *Karim*; näher zu den beiden vorgenannten Urteilen vgl. etwa *den Heijer* CMLR 54 (2017), 859 ff.; *Kleinlein* DÖV 2016, 1032 ff.

[34] Näher dazu vgl. *Nowak* in HK-VergabeR, 3. Aufl. 2018, GWB § 160 Rn. 13 ff.

[35] Näher zu dieser einen mitgliedstaatlichen Rechtsschutzauftrag bzw. eine rechtsschutzeffektuierende Vertragsverpflichtung der Mitgliedstaaten begründenden Bestimmung vgl. etwa *Pechstein/Kubicki* in FK-EUV/GRC/AEUV EUV Art. 19 Rn. 57; *Schwarze* in Schwarze EUV Art. 19 Rn. 47 ff.; *Wegener* in Calliess/Ruffert EUV Art. 19 Rn. 43 ff.; sowie EuGH C-64/16, ECLI:EU:C:2018:117 Rn. 32 ff. – *Associação Sindical dos Juízes Portugueses*, mAnm *Pech/Platon* CMLR 55 (2018), 1827 ff.; EuGH C-619/18, ECLI:EU:C:2019:531 Rn. 47 ff. – Kommission/Polen mAnm *Klatt* NVwZ 2019, 1117 f.

[36] Näher dazu vgl. *Nettesheim* JZ 2002, 928 ff.; *Nowak* in HdB-EUVerwR, 2. Aufl. (iErsch), § 13 Rn. 35 ff.; *Thiele*, Europäisches Prozessrecht, § 2 Rn. 1 ff.; sowie → § 11 Rn. 8 ff.

[37] Vgl. EuGH C-50/00 P, Slg. 2002, I-6677 Rn. 41 – Union Pequenos Agricultores/Rat der EU; ua bestätigt in EuGH C-583/11 P, ECLI:EU:C:2013:625 Rn. 100 – Inuit Tapiriit Kanatami ua/EP u. Rat, mAnm *Nowak/Behrend* EuR 2014, 86 ff.

des EU-Rechtsschutzsystems skizziert (→ Rn. 23 ff.), bevor im weiteren Verlauf dieses Kapitels dann auf dessen Gewährleistungsgehalt (→ Rn. 27 ff.), Beeinträchtigung (→ Rn. 45 ff.) und Schrankensystematik (→ Rn. 48 ff.) sowie auf dessen Verhältnis zu anderen unionsverfassungsrechtlichen Grundrechtsgewährleistungen (→ Rn. 52 f.) näher eingegangen wird.

II. Frühzeitige Anerkennung des seinerzeit ungeschriebenen Gemeinschaftsgrundrechts auf effektiven gerichtlichen Rechtsschutz durch den damaligen Gemeinschaftsrichter

6 Das nunmehr bereits seit einigen Jahren in Art. 47 GRC verankerte Grundrecht auf effektiven gerichtlichen Rechtsschutz (→ Rn. 20 ff.) gehört zu den Unionsgrundrechten, die bereits existierten, bevor die EU-Grundrechtecharta infolge des Inkrafttretens des Lissabonner Reformvertrags (→ Rn. 1) rechtsverbindlich wurde. Dies ist der bereits Mitte der 1980er Jahre höchstrichterlich erfolgten Anerkennung des in den damaligen Gründungsverträgen der Europäischen Gemeinschaften nicht explizit angesprochenen und insoweit seinerzeit ungeschriebenen Gemeinschaftsgrundrechts auf effektiven gerichtlichen Rechtsschutz zu verdanken, das sich mit seinen objektivrechtlichen und subjektiv- bzw. grundrechtlichen Dimensionen in der Rspr. des damaligen Gemeinschaftsrichters sukzessive herausgebildet hat. Einen ersten Meilenstein bzw. den diesbezüglichen Auftakt stellt die erstmals und insoweit in grundlegender Weise im **Les Verts-Urteil des EuGH vom 23.4.1986** vorgenommene Qualifizierung des damaligen EG-Vertrags als „Verfassungsurkunde einer Rechtsgemeinschaft" dar, „in der weder die Mitgliedstaaten noch die Gemeinschaftsorgane der Kontrolle darüber entzogen sind, ob ihre Handlungen im Einklang mit dieser Verfassungsurkunde stehen"[38] bzw. „in der die Handlungen ihrer Organe daraufhin kontrolliert werden, ob sie mit dem EG-Vertrag und den allgemeinen Rechtsgrundsätzen, zu denen auch die Grundrechte gehören, vereinbar sind"[39].

7 Diesem in der Folge mehrfach höchstrichterlich bestätigten[40] Erfordernis der gerichtlichen Überprüfbarkeit der Primärrechtskonformität unionalen und mitgliedstaatlichen Handelns hat der damalige Gemeinschaftsrichter wenig später eine subjektiv- bzw. grundrechtliche Dimension verliehen, indem er erstmals in seinem Aufsehen erregenden **Vorabentscheidungsurteil vom 15.5.1986 in der Rechtssache Johnston** feststellte, dass der in Art. 6 RL 76/207/EWG (→ Rn. 3) „vorgeschriebene gerichtliche Rechtsschutz [...] Ausdruck eines allgemeinen Rechtsgrundsatzes [ist], der den gemeinsamen Verfassungstraditionen der Mitgliedstaaten zugrunde liegt", und dass dieser Grundsatz „auch in den Artikeln 6 und 13 der Konvention zum Schutze der Menschenrechte und der Grundfreiheiten vom 4.11.1950 verankert [ist]".[41] Dass es sich bei dieser grundrechtlichen Fundierung des Rechtsgrundsatzes effektiven bzw. wirksamen gerichtlichen Rechtsschutzes nicht um eine „Ausreißer"-Entscheidung handelt, verdeutlichte der EuGH bereits wenig später in seinem **Heylens-Urteil vom 15.10.1987**[42] sowie in zahlreichen weiteren **Folgeentscheidungen,** in denen der Grundrechtscharakter bzw. Grundrechtsrang dieses Rechtsgrundsatzes ausdrücklich bestätigt und darüber hinaus verdeutlicht wurde, dass es sich bei dem in der vorgenannten EuGH-Rspr. anerkannten und mehrfach bekräftigten Rechtsgrundsatz effektiven gerichtlichen Rechtsschutzes tatsächlich um ein Grund-„Recht" bzw. um einen verfassungsrechtlichen „Anspruch" auf effektiven bzw. wirksamen

---

[38] EuGH 294/83, Slg. 1986, 1339 Rn. 23 – Parti écologiste „Les Verts"/EP.
[39] So vgl. etwa EuGH C-50/00 P, Slg. 2002, I-6677 Rn. 38 – Unión de Pequeños Agricultores/Rat der EU.
[40] So ua in EuGH 314/85, Slg. 1987, 4199 Rn. 16 – Foto-Frost; EuGH C-2/88 Imm., Slg. 1990, I-3365 Rn. 16 – Zwartfeld ua; EuGH C-314/91, Slg. 1993, I-1093 Rn. 8 – Weber/EP; EuGH T-17/00 R, Slg. 2000, II-2085 Rn. 54 – Rothley ua/EP; EuGH T-177/01, Slg. 2002, II-2365 Rn. 41 – Jégo-Quéré/Kommission; EuGH T-141/03, Slg. 2005, II-1197 Rn. 39 – Sniace SA/Kommission.
[41] EuGH 222/84, Slg. 1986, 1651 Rn. 18 – Johnston.
[42] EuGH 222/86, Slg. 1987, 4087 Rn. 14 – Heylens ua.

und umfassenden gerichtlichen Rechtsschutz von „fundamentaler" Bedeutung[43] handelt.[44] Angesichts dieser Rspr. verwundert es nicht, dass der **Grundrechtscharakter des** richterrechtlich aus den rechtsschutzbezogenen Verfassungstraditionen der Mitgliedstaaten und der EMRK hergeleiteten (gemeinschafts- bzw. unionsrechtlichen) **Rechtsgrundsatzes effektiven gerichtlichen Rechtsschutzes** bereits einige Jahre vor der durch den Lissabonner Reformvertrag bewirkten Verbindlichkeit des Art. 47 GRC weitgehend unstreitig war.[45] Letzteres verdeutlichen im Übrigen auch die aktualisierten Erläuterungen des Konvent-Präsidiums zu Art. 47 GRC, in denen ua darauf hingewiesen wird, dass der Gerichtshof das „Recht auf einen wirksamen Rechtsbehelf bei einem Gericht" in seinem og *Johnston*-Urteil vom 15.5.1986 „als allgemeinen Grundsatz des Unionsrechts festgeschrieben" hat.[46]

III. Maßgebliche Rechtserkenntnisquellen

Der EuGH hat die Zugehörigkeit des Anspruchs bzw. Rechts auf einen effektiven bzw. **8** wirksamen und umfassenden gerichtlichen Rechtsschutz zu den gemeinschafts- bzw. unionsrechtlichen Rechtsgrundsätzen in seinem *Johnston*-Urteil und in der damit übereinstimmenden Folgerechtsprechung (→ Rn. 7) in zumindest impliziter Anwendung der sog. Methode der wertenden Rechtsvergleichung (→ § 1 Rn. 62; → § 2 Rn. 2) maßgeblich damit begründet, dass dieser Grundsatz sowohl den **gemeinsamen Verfassungstraditionen der Mitgliedstaaten** zugrunde liegt als auch in den Art. 6 und 13 der Europäischen Konvention zum Schutze der Menschenrechte und der Grundfreiheiten vom 4.11.1950 (EMRK) verankert ist. Dies zeigt, dass die nachfolgend näher in den Blick zu nehmenden verfassungsrechtlichen Garantien effektiven Rechtsschutzes in den Mitgliedstaaten (→ Rn. 9 ff.) sowie die **Art. 6 und 13 EMRK** im Verbund mit bestimmten rechtsschutzrelevanten Gewährleistungen in einigen weiteren internationalen Übereinkünften (→ Rn. 13 ff.) im Hinblick auf die Anerkennung und Inhaltsbestimmung des gemeinschafts- bzw. unionsrechtlichen Grundrechts auf einen effektiven gerichtlichen Rechtsschutz als die maßgeblichen Rechtserkenntnisquellen einzuordnen sind.

1. Effektiver Rechtsschutz im Spiegel mitgliedstaatlicher Verfassungstraditionen. 9

Zu den rechtsschutzbezogenen Verfassungstraditionen der EU-Mitgliedstaaten gehört zunächst einmal die in fast allen dieser Staaten erfolgte Anerkennung der meist verfassungsrechtlich verbürgten Garantie effektiven gerichtlichen Rechtsschutzes iS einer **Rechtsweggarantie**.[47] Die insoweit einschlägigen Verfassungsbestimmungen der Mitgliedstaaten

---

[43] Vgl. nur EuGH C-399/95 R, Slg. 1996, I-2441 Rn. 47 – Deutschland/Kommission; EuGH C-239/14, ECLI:EU:C:2015:824 Rn. 44 – Tall.
[44] Vgl. nur EuGH C-97/91, Slg. 1992, I-6313 Rn. 14 – Oleificio Borelli/Kommission; EuGH C-1/99, Slg. 2001, I-207 Rn. 46 – Kofisa Italia Srl; EuGH C-226/99, Slg. 2001, I-277 Rn. 17 – Siples Srl; EuGH C-424/99, Slg. 2001, I-9285 Rn. 45 – Kommission/Österreich; EuGH C-50/00 P, Slg. 2002, I-6677 Rn. 39 – Unión de Pequeños Agricultores/Rat der EU; EuGH C-263/02 P, Slg. 2004, I-3425 Rn. 29 – Jégo-Quéré/Kommission; EuGH C-327/02, Slg. 2004, I-11055 Rn. 27 – Panayotova ua; EuG verb. Rs. T-377/00, T-379/00, T-380/00, T-260/01 u. T-272/01, Slg. 2003, II-1 Rn. 121 – Philip Morris International ua/Kommission; EuGH verb. Rs. C-584/10 P, C-593/10 P u. C-595/10 P, ECLI:EU:C:2013:518 Rn. 98 – Kommission/Kadi.
[45] Diesbezüglich von einem echten Gemeinschafts- bzw. Unionsgrundrecht ausgehend vgl. etwa statt vieler GA *Kokott*, SchlA C-186/04, ECLI:EU:C:2005:70 Rn. 31 f. u. 37 – Housieaux; *Calliess* NJW 2002, 3577 ff.; *Dörr* S. 45; *Groussot* LIEI 30 (2003), 221 ff.; *Munding* S. 129 ff.; *Wolf* in Bröhmer, Grundrechtsschutz, S. 9 (51); ähnlich *Buchwald* Der Staat 1998, 189 (200); diesbezüglich von einer „Garantie" effektiven u. umfassenden Rechtsschutzes sprechend vgl. *Baumeister* EuR 2005, 1 (8); *v. Danwitz* NJW 1993, 1108 ff.; von einem gemeinschaftsverfassungsrechtlichen „(Rechts-)Prinzip" sprechend vgl. *Jacobs* FS F. Schockweiler, 1999, 197 (208); *Knapp* DÖV 2001, 12 (19).
[46] ABl. 2007 C 303, 17 (29).
[47] Eine Rechtsweggarantie bzw. einen Anspruch auf effektiven gerichtlichen Rechtsschutz gewährleistend vgl. Art. 31 Abs. 1 iVm Art. 56 iVm Art. 117 Abs. 1–3 u. Art. 120 Abs. 2 bulgVerf; Art. 15 Abs. 1 estnVerf; § 21 Abs. 1 finnVerf; Art. 19 Abs. 4 u. Art. 93 Nr. 4a GG; Art. 20 Abs. 1 griechVerf; Art. 24 Abs. 1 iVm Art. 113 italVerf; Art. 19 Abs. 1 u. Art. 29 Abs. 1 kroatVerf; Art. 92 S. 1 lettVerf; Art. 30 Abs. 1 litVerf; Art. 46 Abs. 1 maltVerf; Art. 132 Abs. 1 östVerf; Art. 77 Abs. 2 iVm Art. 79 Abs. 1 polnVerf; Art. 20 Abs. 1 u. Art. 32 Abs. 1 portVerf; Art. 21 Abs. 1 u. 2 iVm Art. 48 Abs. 1 u. 2 rumVerf;

formulieren darüber hinaus idR bestimmte **Anforderungen an** die meist als unabhängig, auf Gesetz beruhend und unparteiisch bezeichneten **Gerichte und/oder an die** den Grundsätzen der Öffentlichkeit und der Fairness bzw. Waffengleichheit verpflichtete Verhandlungs- bzw. **Verfahrensdurchführung.**[48] Im Übrigen finden sich in einigen mitgliedstaatlichen Verfassungsordnungen weitere rechtsschutzbezogene Regelungen, mit denen ergänzende Ansprüche auf einen effektiven gerichtlichen **Rechtsschutz in angemessener Zeit** bzw. ohne unbegründete Verzögerung[49], auf **Berufungs- bzw. Revisionsmöglichkeiten**[50], auf **Schadensersatzmöglichkeiten**[51], auf den **gesetzlichen Richter**[52] sowie auf **Verteidigung** meist iVm einem Recht auf Rechtshilfe und auf anwaltlichen Beistand bzw. auf anwaltliche Vertretung[53] verfassungsrechtlich fundiert werden.

10 Einige der vorgenannten Verfassungsbestimmungen sind in der jeweiligen mitgliedstaatlichen Rechtsordnung von herausragender Bedeutung und mit einem zum Teil weit über ihren Wortlaut hinausgehenden Gewährleistungsgehalt versehen. Dies verdeutlicht insbes. die zurückliegende Rspr. des deutschen Bundesverfassungsgerichts (BVerfG) zu **Art. 19 Abs. 4 S. 1 GG,** der nicht nur einen zentralen Mosaikstein für die Begründung einer gemeinsamen Verfassungstradition der Mitgliedstaaten auf dem Gebiet des effektiven gerichtlichen Rechtsschutzes darstellt[54], sondern im gleichberechtigten Zusammenwirken mit den vorgenannten Rechtsschutzgarantien anderer Mitgliedstaaten (→ Rn. 9) auch für die Inhaltsbestimmung bzw. Auslegung des in Art. 47 GRC niedergelegten Unionsgrundrechts auf effektiven Rechtsschutz von Bedeutung ist[55] und bekanntlich den folgenden Wortlaut hat: „Wird jemand durch die öffentliche Gewalt in seinen Rechten verletzt, so steht ihm der Rechtsweg offen". Auf den ersten Blick erweckt diese Formulierung zwar den Eindruck, als würde sich Art. 19 Abs. 4 S. 1 GG auf die Gewährleistung einer verfassungsrechtlichen bzw. grundrechtlichen Rechtsweggarantie beschränken. Letzteres ist jedoch nicht der Fall, da Art. 19 Abs. 4 S. 1 GG nach stRspr des BVerfG ein die vorgenannte

---

Kap. 2 § 9 Abs. 1 schwedVerf; Art. 46 Abs. 1, 2 u. 4 slowakVerf; Art. 23 Abs. 1 slowenVerf; Art. 24 Abs. 1 spanVerf; Art. 3 u. Art. 112 Abs. 1 tschechVerf iVm Art. 36 Abs. 1 u. 2 tschechGR-Deklaration; indirekt auch Art. XXVIII Abs. 7 ungVerf; Art. 30 Abs. 1 zyprVerf; näher zu einzelnen der vorgenannten Bestimmungen vgl. *Classen*, Die Europäisierung der Verwaltungsgerichtsbarkeit, 1996, S. 14 ff.; *Schmidt-Aßmann* in Beyerlin/Bothe/Hofmann/Petersmann S. 1283 ff.; *Schnapp* DÖV 2004, 322 ff.; *Tonne* S. 47 ff.; *Weber*, Menschenrechte, S. 1010 ff.; *Zemánek* in Bruha/Nowak/Petzold, Grundrechtsschutz, S. 255 ff.

[48] In diesem Sinne vgl. Art. 117 Abs. 2 iVm Art. 121 Abs. 1 u. 3 bulgVerf; Art. 24 Abs. 3 estnVerf; § 21 Abs. 1 u. 2 finnVerf; Art. 103 Abs. 1 GG; Art. 111 italVerf; Art. 29 kroatVerf; Art. 92 lettVerf; Art. 31 Abs. 1 litVerf; Art. 39 Abs. 1 maltVerf; Art. 87 Abs. 1 u. Art. 90 Abs. 1 östVerf; Art. 45 Abs. 1 polnVerf; Art. 20 Abs. 3 u. 4 portVerf; Kap. 1 § 9 u. Kap. 2 §§ 9–11 schwedVerf; Art. 46–50 slowakVerf; Art. 23 f. slowenVerf; Art. 53 Abs. 2 spanVerf; Art. 3 u. Art. 112 Abs. 1 tschechVerf iVm Art. 36 Abs. 1 u. Art. 38 Abs. 2 tschechGR-Deklaration; Art. XXVIII Abs. 1 ungVerf; Art. 30 Abs. 2 u. 3 zyprVerf.

[49] Vgl. § 21 Abs. 1 finnVerf; Art. 39 Abs. 1 maltVerf; Art. 45 Abs. 1 polnVerf; Art. 20 Abs. 4 u. 5 portVerf; Art. 3 u. Art. 112 Abs. 1 tschechVerf iVm Art. 38 Abs. 2 tschechGR-Deklaration; Art. XXVIII Abs. 1 ungVerf.

[50] Vgl. Art. 24 Abs. 5 estnVerf; § 21 Abs. 2 finnVerf; Art. 18 Abs. 1 u. 2 kroatVerf; Art. 133 Abs. 4 östVerf; Art. 78 polnVerf; Art. 25 slowenVerf; Art. XXVIII Abs. 7 ungVerf.

[51] Vgl. Art. 7 bulgVerf; Art. 25 estnVerf; Art. 92 S. 3 lettVerf; Art. 30 Abs. 2 litVerf; Art. 77 Abs. 1 polnVerf; Art. 48 Abs. 1 u. 2 rumVerf; Art. 46 Abs. 3 slowakVerf; Art. 26 iVm Art. 30 slowenVerf; Art. 3 u. Art. 112 Abs. 1 tschechVerf iVm Art. 36 Abs. 3 tschechGR-Deklaration.

[52] Vgl. Art. 13 belgVerf; Art. 24 Abs. 1 estnVerf; Art. 101 Abs. 1 S. 2 GG; Art. 8 S. 1 griechVerf; Art. 25 Abs. 1 italVerf; Art. 13 luxVerf; Art. 17 ndlVerf; Art. 83 Abs. 2 östVerf; Art. 48 Abs. 1 slowakVerf; Art. 23 Abs. 2 slowenVerf; Art. 3 u. Art. 112 Abs. 1 tschechVerf iVm Art. 38 Abs. 1 tschechGR-Deklaration.

[53] Vgl. Art. 56 iVm Art. 122 Abs. 1 u. 2 bulgVerf; Art. 24 Abs. 2 u. 3 iVm Art. 111 italVerf; Art. 92 S. 4 lettVerf; Art. 18 Abs. 1 u. 2 ndlVerf; Art. 42 Abs. 2 polnVerf; Art. 32 Abs. 3 portVerf; Art. 24 Abs. 1 u. 2 rumVerf; Art. 50 Abs. 3 slowakVerf; Art. 24 Abs. 2 spanVerf; Art. 3 u. Art. 112 Abs. 1 tschechVerf iVm Art. 37 Abs. 2 tschechGR-Deklaration; Art. XXVIII Abs. 3 ungVerf; Art. 30 Abs. 3 lit. d zyprVerf.

[54] Zu dieser zutr. Funktion des Art. 19 Abs. 4 S. 1 GG vgl. mwN *Schulze-Fielitz* in Dreier GG Art. 19 IV Rn. 28.

[55] Siehe dazu insbes. auch Art. 52 Abs. 4 GRC, wo es heißt: „Soweit in dieser Charta Grundrechte anerkannt werden, wie sie sich aus den gemeinsamen Verfassungsüberlieferungen der Mitgliedstaaten ergeben, werden sie im Einklang mit diesen Überlieferungen ausgelegt."

Rechtsweggarantie einschließendes **Grundrecht auf einen wirkungsvollen bzw. effektiven und möglichst lückenlosen Rechtsschutz** gegen Akte der öffentlichen Gewalt gewährleistet[56], sofern es nicht lediglich um eine Verletzung bloßer Interessen, sondern um eine möglicherweise bereits eingetretene oder erst drohende[57] Verletzung von Grundrechten, grundrechtsgleichen Rechten und/oder durch Gesetz begründeter subjektiver Rechte geht.[58] Dieses gegenüber dem allgemeinen rechtsstaatlichen **Justizgewährungsanspruch**[59] tatbestandlich verselbstständigte Grundrecht, das für den Rechtsschutz gegen die öffentliche Gewalt das grundgesetzliche Rechtsstaatsprinzip konkretisiert und „versubjektiviert"[60], umfasst zunächst einmal den effektiven und möglichst lückenlosen bzw. wirkungsvollen Rechtsschutz richterlicher bzw. gerichtlicher Art, dh den im Bedarfsfall zusätzlich durch einen **Anspruch auf Prozesskostenhilfe**[61] abgesicherten **Zugang zu den Gerichten** sowie die Prüfung des jeweiligen Streitbegehrens in einem förmlichen Verfahren und die verbindliche gerichtliche Entscheidung.[62] Nach stRspr des BVerfG gewährleistet Art. 19 Abs. 4 S. 1 GG zwar keinen Anspruch auf die Einrichtung eines bestimmten Rechtszuges[63]; hat aber der Gesetzgeber mehrere Instanzen geschaffen, darf der Zugang zu ihnen nicht in unzumutbarer und durch Sachgründe nicht mehr zu rechtfertigender Weise erschwert werden.[64] Dies bedeutet bspw. für die Anwendung des § 124 Abs. 2 VwGO, dass die Anforderungen an die Begründung eines Zulassungsantrags nicht überspannt werden dürfen, so dass die Möglichkeit, die Zulassung eines Rechtsmittels zu erstreiten, für den Rechtsmittelführer leer läuft.[65] Im Übrigen kommt dem in Art. 19 Abs. 4 S. 1 GG niedergelegten Grundrecht auf effektiven gerichtlichen Rechtsschutz auch entscheidende Bedeutung bei der Bestimmung des für die Zulässigkeit der bei den Fachgerichten einzureichenden Klagen relevanten Rechtsschutzinteresses bzw. Rechtsschutzbedürfnisses[66] sowie bei der Bestimmung der hierbei an die **Klage-, Beschwerde- und/oder Antragsbefugnis** zu stellenden Anforderungen zu.[67] Diese auf Art. 19 Abs. 4 S. 1 GG basierenden und in

---

[56] Vgl. etwa BVerfGE 8, 274 (326); BVerfGE 67, 43 (58); BVerfGE 96, 27 (39); BVerfGE 104, 220 (231); zum unumstrittenen Grundrechtscharakter des Art. 19 Abs. 4 S. 1 GG vgl. nur BVerfG EuGRZ 2005, 178 (180); BVerfG NVwZ 2017, 305 (305), mAnm *Heinickel* NVwZ 2017, 311 ff.; sowie mwN *Schulze-Fielitz* in Dreier GG Art. 19 IV Rn. 39 f.

[57] Ob es tatsächlich zu einer Grundrechtsverletzung gekommen ist, ist nach der auch hier geltenden „Möglichkeitstheorie" irrelevant, vgl. nur BVerfGE 31, 364 (368); zur Erstreckung dieser Rechtsweggarantie auch auf „drohende" Grundrechtsverletzungen bzw. Rechtsgutsgefährdungen vgl. mwN *Schulze-Fielitz* in Dreier GG Art. 19 IV Rn. 74.

[58] So BVerfG EuGRZ 2005, 387 (Abs.-Nr. 105) – Europäischer Haftbefehl; aA *Pestalozza* NVwZ 1999, 140 ff.; ferner vgl. BVerfGE 81, 138 (140), und VerfGH Berlin JR 2005, 233 (234), wonach es das Gebot des effektiven Rechtsschutzes in Fällen besonders tiefgreifender u. folgenschwerer Grundrechtseingriffe gebietet, dass der Betroffene Gelegenheit erhält, die Berechtigung auch des tatsächlich nicht mehr fortwirkenden Grundrechtsverstoßes gerichtlich klären zu lassen.

[59] Näher zu diesem allgemeinen – oft auch als Justizgewährleistungs- und/oder Justizgewähranspruch bezeichneten – Justizgewährungsanspruch, der in der Rspr. vornehmlich aus Art. 2 Abs. 1 GG iVm dem Rechtsstaatsprinzip hergeleitet wird und der sich insbes. auf bürgerlich-rechtliche Streitigkeiten bezieht, vgl. nur BVerfG NJW 2001, 744 f.; BVerfG NJW 2001, 961 f.; BVerfG NJW 2003, 1924 ff.; sowie jeweils mwN *Maurer* in Badura/Dreier S. 467 (491 ff.); *Sachs* JuS 2018, 1114 f.; *Voßkuhle/Kaiser* JuS 2014, 312 ff.

[60] Vgl. BFH NJW 1999, 2614 ff.

[61] Vgl. nur BVerfGE 81, 347 (356), wonach es im Lichte des rechtsstaatlichen Gebots der Rechtsschutzgleichheit geboten ist, Vorkehrungen zu treffen, die auch „Unbemittelten" einen weitgehend gleichen Zugang zu Gericht ermöglichen.

[62] Vgl. BVerfGE 107, 395 (401); sowie BVerfG EuGRZ 2005, 387 (Abs.-Nr. 103) – Europäischer Haftbefehl, mit dem weiteren Hinweis, dass der Bürger insoweit „einen substantiellen Anspruch auf eine möglichst wirksame gerichtliche Kontrolle" hat.

[63] Vgl. nur BVerfGE 92, 365 (410); BVerfGE 104, 220 (231).

[64] Vgl. nur BVerfGE 77, 275 (284); BVerfGE 78, 88 (99); BVerfGE 104, 220 (232); BVerfG NVwZ 2018, 1549 (1551).

[65] Vgl. nur BVerfG NVwZ 2005, 1176 (1177); BVerfG NVwZ 2009, 515 (516).

[66] Vgl. nur BVerfG EuGRZ 2005, 178 (180); BVerfG NJW 2017, 545 (546).

[67] Zum letztgenannten Aspekt speziell im vergaberechtlichen Kontext vgl. insbes. BVerfG NZBau 2004, 564 ff.; sowie *Bultmann/Hölzl* NZBau 2004, 651 ff.; *Nowak* in HK-VergabeR, 3. Aufl. 2018, GWB § 160 Rn. 16.

den einzelnen Fachgerichtsordnungen einfachgesetzlich näher ausgestalteten Rechtsbehelfe vor deutschen Fachgerichten müssen vom Einzelnen voll ausgeschöpft werden, damit ihm im Verfassungsbeschwerdeverfahren nicht die mangelnde Erfüllung des verfassungsprozessualen Erfordernisses der Rechtswegerschöpfung entgegengehalten wird.[68]

11 Nach der einschlägigen Rspr. des BVerfG verlangt der Rechtsschutz, den Art. 19 Abs. 4 S. 1 GG dem Einzelnen im Hinblick auf die Wahrung bzw. Durchsetzung seiner subjektiven Rechte gewährt, ferner, dass der Gesetzgeber im Falle von **Hoheitsrechtsübertragungen auf zwischenstaatliche Einrichtungen** oder internationale Organisationen auf die Sicherstellung eines wirkungsvollen Rechtsschutzes achtet[69] und dass die Gerichte das jeweilige Verfahrensrecht so anwenden, dass den erkennbaren Interessen des rechtsschutzsuchenden Bürgers bestmöglich Rechnung getragen wird[70]. Darüber hinaus gebietet Art. 19 Abs. 4 S. 1 GG nach stRspr des BVerfG eine **tatsächlich wirksame gerichtliche Kontrolle**.[71] Insoweit gehört zu dieser Gewährleistung eines wirksamen bzw. effektiven gerichtlichen Rechtsschutzes vor allem, dass dem Richter eine hinreichende Prüfungsbefugnis hinsichtlich der tatsächlichen und rechtlichen Seite eines Streitfalls zukommt, damit er eine drohende Rechtsverletzung abwenden bzw. eine erfolgte Rechtsverletzung beheben kann.[72] Gleichwohl schließt dieses Gebot effektiven Rechtsschutzes es nicht aus, dass je nach Art der zu prüfenden Maßnahme wegen der **Einräumung von Gestaltungs-, Ermessens- und Beurteilungsspielräumen** eine unterschiedliche Kontrolldichte angezeigt sein kann.[73]

12 Zu der von Art. 19 Abs. 4 S. 1 GG gewährleisteten Effektivität des gerichtlichen Rechtsschutzes gehören nach stRspr des BVerfG nicht nur das formelle Recht, die Gerichte anzurufen (→ Rn. 10), und eine wirksame gerichtliche Kontrolle (→ Rn. 11), sondern auch der **Anspruch auf zeitgerechten Rechtsschutz**. Insoweit verlangt Art. 19 Abs. 4 S. 1 GG, dass dem Rechtsschutzsuchenden in bestimmten Fällen einstweiliger oder vorläufiger Rechtsschutz bzw. **fachgerichtlicher Eilrechtsschutz** zur Verfügung steht[74] und dass der gerichtliche Rechtsschutz auch sonst innerhalb angemessener Zeit gewährt wird[75], wobei die Angemessenheit der jeweiligen Verfahrensdauer von den Umständen des Einzelfalles abhängt.[76] Folglich steht das in Art. 19 Abs. 4 S. 1 GG niedergelegte Grundrecht auf einen effektiven zeitnahen Rechtsschutz in einem engen **Zusammenhang mit dem verfassungsrechtlichen Beschleunigungsgebot,** das sich insbes. aus dem in Art. 19 GG iVm Art. 20 Abs. 2 S. 2 und Abs. 3 GG niedergelegten Rechtsstaatsprinzip[77] sowie aus der in Art. 2 Abs. 2 S. 2 GG garantierten Freiheit der Person[78] ableiten lässt. Im Übrigen ist

---

[68] Zu diesem Erfordernis vgl. nur BVerfG EuGRZ 2005, 161 (164).
[69] Vgl. BVerfG NVwZ 2018, 1549 ff. = EuGRZ 2018, 567 ff.; näher zu diesem Beschluss vgl. *Gärditz* EuGRZ 2018, 530 ff.
[70] So vgl. etwa – in spezieller Ansehung der §§ 86 Abs. 2, 88 VwGO – BVerfG NVwZ 2016, 238 (241); jeweils mAnm *Hufen* JuS 2016, 574 ff.; *Weidemann* NVwZ 2016, 243 f.
[71] Vgl. nur BVerfGE 84, 34 (49); BVerfG EuGRZ 2000, 167 (172); BVerfG NVwZ 2016, 238 (240).
[72] So etwa BVerfGE 61, 82 (111); BVerfG EuGRZ 2000 167 (172); BVerfG NVwZ 2017, 305 (305).
[73] Vgl. BVerfGE 61, 82 (111); BVerfGE 84, 34 (53 ff.); *Pache* S. 11 ff.; *Schulze-Fielitz* in Dreier GG Art. 19 IV Rn. 117 ff.
[74] Vgl. BVerfG NJW 1995, 2477 (2477 f.); BVerfG NVwZ 2010, 1285 (1288); BVerfG NJW 2017, 3142 (3143); BVerfG JA 2017, 797 f.
[75] Vgl. BVerfGE 88, 118 (124); BVerfG EuGRZ 2005, 266 (267); BFH NJW 1999, 2614 ff.; ThürVerfGH NJW 2001, 2708 ff.; BVerwG SächsVBl. 2016, 252 (254).
[76] Vgl. BVerfGE 55, 349 (369); BVerfGE 93, 1 (13); nach BVerfG EuGRZ 2005, 266 (267), hängt die Angemessenheit der Verfahrensdauer insbes. von der Bedeutung der Sache, den Auswirkungen einer langen Verfahrensdauer für die Beteiligten, der Schwierigkeit des Falles und dem Verhalten der Beteiligten ab; näher dazu vgl. auch BVerwG SächsVBl. 2016, 252 (253 ff.).
[77] Vgl. BVerfG EuGRZ 2003, 307 (311).
[78] Vgl. BVerfG EuGRZ 2005, 168 (170), wonach in diesem Grundrecht das in Haftsachen geltende verfassungsrechtliche Beschleunigungsgebot angesiedelt ist, welches das gesamte Strafverfahren erfasst und seine „Wurzel" auch im Rechtsstaatsprinzip des Grundgesetzes findet; und nach BVerfG NJW 2001, 2707 f., gewährleistet Art. 2 Abs. 2 S. 2 GG iVm dem Rechtsstaatsprinzip einen Anspruch auf angemessene Beschleunigung des mit einer Freiheitsentziehung verbundenen gerichtlichen Verfahrens.

darauf hinzuweisen, dass sich nicht nur aus Art. 19 Abs. 4 S. 1 GG, sondern uU auch aus materiellen Grundrechten des Grundgesetzes – wie etwa Art. 14 Abs. 1 S. 1 GG – die Gewährleistung effektiven Rechtsschutzes und bestimmte Anforderungen an das gerichtliche Verfahren ableiten lassen[79]; dies ist aber nach stRspr des BVerfG grds. nur dann der Fall, wenn es um besondere oder zusätzliche Maßgaben geht, die gerade im Interesse einer bestimmten verfassungsrechtlichen Freiheitsgarantie erforderlich sind.[80]

2. Effektiver Rechtsschutz im Lichte der EMRK und sonstiger internationaler Übereinkommen. Der EuGH hat das ungeschriebene Gemeinschafts- bzw. Unionsgrundrecht auf effektiven gerichtlichen Rechtsschutz seinerzeit insbes. unter Rückgriff auf Art. 6 EMRK und Art. 13 EMRK anerkannt (→ Rn. 7), die zu den bedeutendsten **rechtsschutzrelevanten Gewährleistungen der EMRK** gehören.[81] Nach Art. 6 Abs. 1 EMRK hat jedermann „Anspruch darauf, dass seine Sache in billiger Weise öffentlich und innerhalb einer angemessenen Frist gehört wird, und zwar von einem unabhängigen und unparteiischen, auf Gesetz beruhenden Gericht, das über zivilrechtliche Ansprüche und Verpflichtungen oder über die Stichhaltigkeit der gegen ihn erhobenen strafrechtlichen Anklage zu entscheiden hat". Insoweit enthält Art. 6 Abs. 1 EMRK, der für sich genommen keinen bestimmten Inhalt der „zivilrechtlichen Ansprüche und Verpflichtungen" im Recht der Konventionsstaaten garantiert und es dem EGMR nach eigener Auffassung nicht gestattet, im Wege der Auslegung dieser Vorschrift materielles Recht zu begründen,[82] eine umfassende, unterschiedliche prozedurale Garantien zusammenfassende Gewährleistung, die den – durch einen im Bedarfsfall durch staatliche Unterstützungen[83] zusätzlich abgesicherten – **Zugang zu Gericht** und eine den Grundsätzen der Fairness[84] und der Öffentlichkeit entsprechende Ausgestaltung des gerichtlichen Verfahrens garantieren soll, sofern es nicht um steuer- und zollrechtliche Streitigkeiten[85] oder um andere Streitigkeiten geht, die Kernbereiche des öffentlichen Rechts betreffen[86]. Im Unterschied zu der in Art. 6 Abs. 1

---

[79] Vgl. BVerfGE 39, 276 (294); BVerfGE 51, 150 (156); BVerfGE 52, 391 (406 ff.); sowie BVerfG DÖV 2014, 242 (247), wonach die Gewährleistung effektiven Rechtsschutzes ein wesentliches Element der Eigentumsgarantie aus Art. 14 Abs. 1 S. 1 GG darstellt; exemplarisch zur Ableitung des Anspruchs „auf Gewährung wirkungsvollen Rechtsschutzes" aus Art. 2 Abs. 1 GG iVm dem Rechtsstaatsprinzip vgl. BGH NJW 2004, 367 (368); näher zu diesem sog. „grundrechtsunmittelbaren Rechtsschutz" vgl. *Schulze-Fielitz* in Dreier GG Art. 19 IV Rn. 148 ff.; *Schmidt-Aßmann* in Maunz/Dürig GG Art. 19 Abs. 4 Rn. 23.

[80] Vgl. nur BVerfGE 46, 325 (335 f.); BVerfG EuGRZ 2000, 167 (172).

[81] Daneben vgl. aber zum einen aus Art. 5 Abs. 4 EMRK mit seiner speziellen Gewährleistung eines gerichtlichen Verfahrens im Zusammenhang mit der Überprüfung freiheitsentziehender staatlicher Maßnahmen; näher dazu vgl. *Grabenwarter/Struth* in Ehlers GuG § 6 Rn. 30 ff.; *Meyer-Ladewig/Harrendorf/König* in HK-EMRK EMRK Art. 5 Rn. 94 ff.; *Peters/Altwicker* § 18 Rn. 31 ff.; *Peukert* in Frowein/Peukert EMRK Art. 5 Rn. 124 ff.; zum anderen vgl. Art. 2 Abs. 1 S. 1 des 7. EMRKProt, wonach derjenige, der von einem Gericht wegen einer strafbaren Handlung verurteilt worden ist, vorbehaltlich der in Abs. 2 dieser Bestimmung angesprochenen Ausnahmen das Recht hat, das Urteil von einem übergeordneten Gericht nachprüfen zu lassen; näher dazu vgl. *Frowein* in Frowein/Peukert 7. ZP Art. 2 Rn. 1 ff.; Grabenwarter ECHR P7 – 2 Rn. 1 ff.

[82] Vgl. EGMR 14.9.2017 – 56665/09, EuZW 2018, 461 (463) – Nagy/Ungarn, mAnm *Wienbracke* EuZW 2018, 464 f.

[83] Vgl. nur EGMR 9.10.1979 – 6289/73, EuGRZ 1979, 626 (626) – Airey/Irland, wonach aus Art. 6 Abs. 1 EMRK – wenngleich er keinen klaren Anspruch auf Prozesskostenhilfe garantiert – im Einzelfall die Verpflichtung des Staates folgen kann, dem Rechtsuchenden unentgeltlich die Hilfe eines Anwalts zur Verfügung zu stellen, wenn dies unerlässlich ist, um den wirksamen Zugang (zu Gericht) zu gewährleisten; mwN Grabenwarter/Pabel EMRK § 24 Rn. 56, 129.

[84] Ausführlicher zur unumstr. Ableitung des Rechts auf ein faires Verfahren aus Art. 6 Abs. 1 EMRK, welches auch den Anspruch auf bzw. den Grundsatz der Waffengleichheit einschließt, vgl. jeweils mwN Grabenwarter/Pabel EMRK § 24 Rn. 66 ff.; *Meyer-Ladewig/Harrendorf/König* in HK-EMRK EMRK Art. 6 Rn. 87 ff.; *Peukert* in Frowein/Peukert EMRK Art. 6 Rn. 112 ff. sowie → § 57 Rn. 5.

[85] Vgl. EGMR 13.1.2005 – 62023/00, EuGRZ 2005, 234 ff. – Emesa Sugar NV/Niederlande, wonach steuerrechtliche Streitigkeiten, zu denen auch Streitigkeiten über Zölle gehören, trotz ihrer finanziellen Auswirkungen auf den Steuerzahler keine „zivilrechtlichen Ansprüche und Verpflichtungen" iSd Art. 6 Abs. 1 EMRK betreffen.

[86] Näher zu den nicht von Art. 6 Abs. 1 EMRK erfassten Streitigkeiten, die Kernbereiche des öffentlichen Rechts betreffen, vgl. jeweils mwN Grabenwarter/Pabel EMRK § 24 Rn. 14 f.; *Meyer-Ladewig/Harren-*

EMRK niedergelegten **Rechtsweggarantie**[87] verleiht Art. 13 EMRK, der nach der einschlägigen EGMR-Rspr. einen verbindlichen Garantiecharakter hat[88], dem Einzelnen ein **Beschwerderecht** für den Fall, dass die in dieser Konvention festgelegten Rechte und Freiheiten verletzt worden sind; unter dieser Voraussetzung gibt Art. 13 EMRK dem Einzelnen konkret „das Recht, eine wirksame Beschwerde bei einer nationalen Instanz einzulegen, selbst wenn die Verletzung von Personen begangen worden ist, die in amtlicher Eigenschaft gehandelt haben".[89] Das durch Art. 13 EMRK gewährleistete – in erster Linie gegen die Exekutive der Konventionsstaaten gerichtete – Beschwerderecht muss nicht zwingend als Rechtsweg zu einem Gericht ausgestaltet sein, da die in dieser Norm angesprochene Beschwerdeinstanz unstreitig auch eine Verwaltungsbehörde oder ein anderes Kontrollgremium sein kann.[90]

14 Art. 6 EMRK ist die EMRK-Vorschrift mit der größten praktischen Relevanz[91], da Verletzungen dieser Bestimmung vor dem EGMR seit jeher und auch nach wie vor recht oft und deutlich häufiger als Verletzungen anderer EMRK-Artikel gerügt werden.[92] Viele dieser Rügen beziehen sich bspw. auf den nach stRspr des EGMR aus Art. 6 Abs. 1 EMRK abzuleitenden **Anspruch auf eine angemessene Verfahrensdauer,** deren Berechnung nach den besonderen Umständen des jeweiligen Einzelfalls und unter Berücksichtigung verschiedener Kriterien – wie etwa der Schwierigkeit bzw. der Komplexität des Falles, des Verhaltens des Beschwerdeführers und/oder der zuständigen Behörden sowie der Tragweite dessen, was für den Beschwerdeführer bei dem Rechtsstreit auf dem Spiel stand – vorzunehmen ist.[93] Nach der einschlägigen Rspr. des EGMR verpflichtet Art. 6 Abs. 1 EMRK, der auch auf solche Verfahren Anwendung findet, die vor den Verfassungsgerichten der Konventionsstaaten stattfinden[94], diese Staaten zwar nicht dazu, Berufungs- oder Revisions- bzw. Kassationsgerichte einzurichten.[95] Wenn es aber um den aus Art. 6 Abs. 1 EMRK abzuleitenden **Anspruch auf eine Verhandlung innerhalb angemessener Frist** geht, garantiert Art. 13 EMRK immerhin eine wirksame Beschwerde zu einer innerstaatli-

---

dorf/König in HK-EMRK EMRK Art. 6 Rn. 13; Peters/Altwicker EMRK § 19 Rn. 9; *Rodgers* ELR 40 (2015), 563 ff.

[87] Zur (zu Recht) vorherrschenden Auffassung, wonach Art. 6 Abs. 1 EMRK ua auch als Rechtsweggarantie zu verstehen ist, vgl. nur *Dörr* S. 52 f.; Peters/Altwicker EMRK § 19 Rn. 33; *Schulze-Fielitz* in Dreier GG Art. 19 IV Rn. 15.

[88] Zum verbindlichen Garantiecharakter des Art. 13 EMRK als Konsequenz der „rule of law, one of the fundamental principles of a democratic society, which is inherent in all articles of the Convention", vgl. EGMR 5.7.2016 – 29094/09, EHRR 67 (2018), 713 (731) – AM/Niederlande.

[89] Ausführlich zu diesem Recht vgl. *Richter* in Dörr/Grote/Marauhn Kap. 20 Rn. 19 ff.

[90] Vgl. nur *Frowein* in Frowein/Peukert EMRK Art. 13 Rn. 5; Grabenwarter ECHR Art. 13 Rn. 20 f.; *Meyer-Ladewig/Renger* in HK-EMRK EMRK Art. 13 Rn. 13; *Schmidt-Aßmann* in Beyerlin/Bothe/Hofmann/Petersmann S. 1283 (1293).

[91] Zutr. *Meyer-Ladewig/Harrendorf/König* in HK-EMRK EMRK Art. 6 Rn. 1.

[92] Vgl. *Thiele* ERA-Forum – Journal of the Academy of European Law 16 (2015), 511 (514); *Peukert* in Frowein/Peukert EMRK Art. 6 Rn. 3.

[93] Vgl. etwa EGMR 26.10.2000 – 30210/96, NJW 2001, 2694 (2697 f.) – Kudla/Polen; EGMR 31.5.2001 – 37591/97, EuGRZ 2001, 299 (300 f.) – Metzger/Deutschland; EGMR 18.10.2001 – 42505/98, EuGRZ 2002, 585 (587) – Mianowicz/Deutschland; EGMR 20.1.2005 – 64387/01, EuGRZ 2005, 121 (123) – Uhl/Deutschland; mwN *Meyer-Ladewig/Harrendorf/König* in HK-EMRK EMRK Art. 6 Rn. 199 ff.

[94] Vgl. nur EGMR 1.7.1997 – 17820/91, EuGRZ 1997, 310 (314) – Pammel/Deutschland; EGMR 1.7.1997 – 20950/92, EuGRZ 1997, 405 (408) – Probstmeier/Deutschland; EGMR 18.10.2001 – 42505/98, EuGRZ 2002, 585 (586) – Mianowicz/Deutschland, wonach Art. 6 Abs. 1 EMRK selbst auf solche Verfahren Anwendung findet, die vor den Verfassungsgerichten der Konventionsstaaten stattfinden, sofern ihr Ausgang für die zivilrechtlichen Ansprüche und Verpflichtungen von entscheidender Bedeutung sind.

[95] So etwa EGMR 26.10.2000 – 30210/96, NJW 2001, 2694 (2697) – Kudla/Polen; EGMR 11.10.2001 – 31871/96, EuGRZ 2002, 588 (593) – Sommerfeld/Deutschland; EGMR 20.1.2015 – 16563/11, NVwZ 2016, 519 (520) – Arribas Antón/Spanien; jeweils mit dem weiteren Hinweis, dass aber Art. 6 Abs. 1 EMRK dann zu beachten und auf Berufungs- und Revisionsgerichte anwendbar ist, sofern der jeweilige Konventionsstaat solche Gerichte eingerichtet hat.

chen Instanz wegen einer behaupteten Verletzung der Verpflichtung zu einer Verhandlung innerhalb angemessener Frist.[96]

Während Art. 6 EMRK und Art. 13 EMRK auf die Schaffung effektiver Rechtsbehelfe **15** in den Konventionsstaaten abzielen, enthält die EMRK ferner rechtsschutzrelevante Gewährleistungen zu Gunsten des Einzelnen, die den Zugang zum Europäischen Gerichtshof für Menschenrechte (EGMR) in Straßburg selbst betreffen. Diesbezüglich ist insbes. auf die in Art. 34 EMRK geregelte **Individualbeschwerde** hinzuweisen, die seit dem am 1.11.1998 erfolgten Inkrafttreten des 11. Zusatzprotokolls zur EMRK nicht mehr – wie dies einst in Art. 25 EMRK aF vorgesehen war – bei der früheren Europäischen Kommission für Menschenrechte (EKMR), sondern unter Beachtung der einschlägigen Bestimmungen seiner Verfahrensordnungen[97] direkt und unmittelbar beim EGMR einzureichen ist, dem auf dem Gebiet des Menschenrechtsschutz verfassungsgerichtliche Funktionen zuzusprechen sind[98]. Konkret bestimmt Art. 34 EMRK, dass jedermann eine Beschwerde beim EGMR einreichen kann, der sich durch eine Behörde in seinen Konventionsrechten verletzt fühlt.[99] Hierbei sind vom Beschwerdeführer eine Reihe von **Zulässigkeitsvoraussetzungen**[100] etwa in Gestalt der Partei- und Prozessfähigkeit sowie der Beschwer zu erfüllen, zu denen im Übrigen auch die Erschöpfung des – maßgeblich durch die Art. 6 und 13 EMRK beeinflussten – innerstaatlichen Rechtswegs gehört. IdS bestimmt Art. 35 Abs. 1 EMRK, dass sich der EGMR mit einer Angelegenheit erst nach Erschöpfung aller innerstaatlichen Rechtsbehelfe in Übereinstimmung mit den allgemein anerkannten Grundsätzen des Völkerrechts und nur innerhalb einer Frist von sechs Monaten nach der endgültigen innerstaatlichen Entscheidung befassen kann.[101]

Sinn und Zweck der von Art. 35 Abs. 1 EMRK verlangten **Rechtswegerschöpfung** **16** sowie dessen Verhältnis zu Art. 6 Abs. 1 EMRK sind ua im *Tomé Mota*-Urteil verdeutlicht worden, in dem der EGMR zunächst daran erinnerte, dass der Beschwerdeführer dem verantwortlichen Konventionsstaat Gelegenheit gegeben haben muss, behaupteten Konventionsverstößen abzuhelfen, indem er die gerichtlichen Mittel ergreift, welche die Gesetzgebung dieses Staates zur Verfügung stellt, vorausgesetzt, sie erweisen sich als wirksam und ausreichend.[102] Die hierbei zu beachtende **Beweislastverteilung** lässt sich wie folgt skizzieren: Zunächst einmal ist es Sache der Regierung, die sich auf „Nichterschöpfung" beruft, den EGMR davon zu überzeugen, dass der Rechtsbehelf theoretisch und praktisch zur Zeit der fraglichen Tatsachen wirksam war und zur Verfügung stand, dh dass er zugänglich und geeignet war, der Beschwer des Beschwerdeführers abzuhelfen, und dass er

---

[96] So EGMR 26.10.2000 – 30210/96, NJW 2001, 2694 (2700) – Kudla/Polen; näher zu dieser vieldiskutierten Entscheidung vgl. *Bien/Guillaumont* EuGRZ 2004, 451 ff.; *Gundel* DVBl 2004, 17 ff.; *Meyer-Ladewig* NJW 2001, 2679 f. Näher zum Verhältnis von Art. 6 Abs. 1 EMRK zu Art. 13 EMRK vgl. *Thiele* ERA-Forum – Journal of the Academy of European Law 16 (2015), 511 (514 f.).
[97] Näher zu den hier angesprochenen „Rules of Court" v. 1.7.2013 vgl. Grabenwarter ECHR S. 483 ff.
[98] Instruktiv zur Verfassungsgerichtsbarkeit des EGMR vgl. *Keller/Kühne* ZaöRV 76 (2016), 245 ff.
[99] Ausführlich zu diesem Individualbeschwerderecht vor dem EGMR vgl. etwa *Ehlers* in Ehlers GuG § 2 Rn. 87 ff.; Grabenwarter/Pabel EMRK § 9 Rn. 1 ff.; Peukert in Frowein/Peukert EMRK Art. 34 Rn. 1 ff.; *Schilling*, Internationaler Menschenrechtsschutz, S. 338 ff.
[100] Näher dazu vgl. Grabenwarter/Pabel EMRK § 13 Rn. 5 ff.; *Meyer-Ladewig/Kulick* in HK-EMRK EMRK Art. 34 Rn. 4 ff.; Peters/Altwicker EMRK § 35 Rn. 5 ff.; Peukert in Frowein/Peukert EMRK Art. 34 Rn. 12 ff.; *Schilling*, Internationaler Menschenrechtsschutz, S. 338 ff.; Villiger HdbEMRK § 5 Rn. 89 ff.
[101] Ausführlich zu dieser besonders wichtigen Zulässigkeitsvoraussetzung vgl. etwa Grabenwarter/Pabel EMRK § 13 Rn. 24 ff.; *Meyer-Ladewig/Peters* in HK-EMRK EMRK Art. 35 Rn. 8 ff.; Peters/Altwicker EMRK § 35 Rn. 37 ff.; *Peukert* in Frowein/Peukert EMRK Art. 35 Rn. 3 ff. Ergänzend vgl. Art. 35 Abs. 2 EMRK, wonach sich der EGMR nicht mit einer nach Art. 34 EMRK erhobenen Individualbeschwerde befasst, „die a) anonym ist oder b) im Wesentlichen mit einer schon vorher vom Gerichtshof geprüften Beschwerde übereinstimmt oder schon einer anderen internationalen Untersuchungs- oder Vergleichsinstanz unterbreitet worden ist und keine neuen Tatsachen enthält".
[102] So EGMR 2.12.1999 – 32082/96, NJW 2001, 2692 (2693) – Tomé Mota/Portugal, mit dem weiteren Hinweis, dass diese Rechtsbehelfe mit hinreichender Gewissheit bestehen müssen, und zwar nicht nur theoretisch, sondern auch in der Praxis; andernfalls fehle ihnen die erforderliche Wirksamkeit und Zugänglichkeit.

angemessene Erfolgsaussichten hatte; ist dies dargetan, so ist es Sache des Beschwerdeführers zu beweisen, dass er den von der Regierung geltend gemachten Rechtsbehelf eingelegt hat oder aber dass der Rechtsbehelf aus irgendeinem Grund angesichts der Umstände des Falles weder angemessen noch wirksam war oder auch dass ihn bestimmte besondere Umstände von dieser Verpflichtung befreien.[103] Zu diesen Rechtsbehelfen, die ausgeschöpft werden müssen, gehört bspw. auch ein vor innerstaatlichen Ministerien und/oder Gerichten geltend zu machender bzw. zu verfolgender Anspruch auf Schadensersatz wegen unangemessener – und insoweit gegen Art. 6 Abs. 1 EMRK verstoßender – Verfahrensdauer.[104]

17 Die vorgenannten rechtsschutzrelevanten Gewährleistungen der EMRK werden auf völkerrechtlicher Ebene durch eine Reihe weiterer rechtsschutzrelevanter Gewährleistungen teils verbindlicher, teils unverbindlicher Art ergänzt. Inhaltlich recht weitgehende völkerrechtliche Gewährleistungen wirksamen Individualrechtsschutzes enthält zum einen die am 10. Dezember 1948 von der Vollversammlung der Vereinten Nationen beschlossene **Allgemeine Erklärung der Menschenrechte** (AEMR). So hat nach Art. 8 AEMR jeder einen Anspruch „auf einen wirksamen Rechtsbehelf bei den zuständigen innerstaatlichen Gerichten gegen Handlungen, die seine nach der Verfassung oder nach dem Gesetz zustehenden Grundrechte verletzen". Darüber hinaus hat jeder gemäß Art. 10 AEMR „in voller Gleichberechtigung Anspruch darauf, dass über seine Ansprüche und Verpflichtungen und über jede gegen ihn erhobene strafrechtliche Anklage durch ein unabhängiges und unparteiisches Gericht in billiger Weise und öffentlich verhandelt wird". Damit enthält diese Menschenrechtserklärung eine zweifache Garantie gerichtlichen Rechtsschutzes, deren völkerrechtliche Verbindlichkeit indes nach wie vor umstritten ist.[105]

18 Völkerrechtlich verbindlich sind dagegen ohne Zweifel die rechtsschutzbezogenen **Regelungen des Internationalen Paktes über bürgerliche und politische Rechte** vom 12. Dezember 1966 (IPBPR), der die einzelnen Rechte der Allgemeinen Erklärung der Menschenrechte inhaltlich näher ausgeformt, in die Form eines völkerrechtlich bindenden Vertrags gebracht und mit einem internationalen Durchsetzungsinstrumentarium versehen hat.[106] Besondere Erwähnung verdient in diesem Zusammenhang der dem Art. 13 EMRK (→ Rn. 13) sehr ähnliche Art. 2 Abs. 3 lit. a IPBPR, wonach sich die Vertragsstaaten verpflichten, „dafür Sorge zu tragen, dass jeder, der in seinen in diesem Pakt anerkannten Rechten oder Freiheiten verletzt worden ist, das Recht hat, eine wirksame Beschwerde einzulegen, selbst wenn die Verletzung von Personen begangen worden ist, die in amtlicher Eigenschaft gehandelt haben".[107] Neben dieser allein auf die Durchsetzung der Rechte und Freiheiten des IPBPR bezogenen Rechtsschutzgewährleistung findet sich in Art. 14 Abs. 1 IPBPR ein allgemeines „Jedermann"-Recht auf ein gerichtliches Verfahren, das – ähnlich wie Art. 6 Abs. 1 EMRK (→ Rn. 13) und in Anlehnung an Art. 10 AEMR (→ Rn. 17) – unter Hervorhebung bestimmter prozessualer Mindestgarantien wie folgt formuliert worden ist: „Jedermann hat Anspruch darauf, dass über eine gegen ihn erhobene strafrechtliche Anklage oder seine zivilrechtlichen Ansprüche und Verpflichtungen durch ein zuständiges, unabhängiges, unparteiisches und auf Gesetz beruhendes Gericht in billiger Weise und öffentlich verhandelt wird".

19 Abgesehen von der zu den **allgemeinen Regeln des Völkerrechts** iS des Art. 25 GG gehörenden Pflicht des Aufenthaltsstaats, Fremden angemessenen Rechtsschutz zu gewährleisten[108], und abgesehen von weiteren rechtsschutzrelevanten Gewährleistungen und Bekenntnissen, die sich bspw. in dem auf die Einführung eines Individualbeschwerdeverfahrens abzielenden und am 17.6.2011 angenommenen 3. Fakultativprotokoll zur sog. **Kin-**

---

[103] Vgl. EGMR 2.12.1999 – 32082/96, NJW 2001, 2692 (2693) – Tomé Mota/Portugal.
[104] Vgl. EGMR 5.10.1999 – 39521/96, NJW 2001, 2691 f. – Gonzalez Marin/Spanien.
[105] Näher dazu vgl. *Pache* S. 243.
[106] Ausführlicher dazu vgl. *Pache* S. 243 ff.
[107] Ausführlich zu diesem Beschwerderecht vgl. etwa *Hruschka/Motz* ASYL 2014, 3 ff.; *Richter* in Dörr/Grote/Marauhn Kap. 20 Rn. 6.
[108] Näher dazu vgl. mwN *Schmidt-Aßmann* in Maunz/Dürig GG Art. 19 Abs. 4 Rn. 36.

derrechtskonvention[109], im Internationalen Übereinkommen zum Schutz der Rechte aller Wanderarbeitnehmer und ihrer Familienangehörigen vom 18. Dezember 1990[110], in einigen **Menschenrechtserklärungen auf der Ebene des regionalen Völkerrechts**[111] sowie in diversen **KSZE-Dokumenten**[112] finden, ist an dieser Stelle schließlich auch auf die am 30.10.2001 in Kraft getretene sog. „**Århus-Konvention**" hinzuweisen[113], die die Vertragsparteien nicht nur zur Gewährleistung der Rechte auf Zugang zu Informationen und Öffentlichkeitsbeteiligung an Entscheidungsverfahren, sondern auch auf Zugang zu Gerichten in Umweltangelegenheiten verpflichtet und sowohl auf supranationaler Ebene als auch auf der Ebene der EU-Mitgliedstaaten von großer Bedeutung ist[114].

IV. Verankerung des Unionsgrundrechts auf effektiven gerichtlichen Rechtsschutz in Art. 47 GRC

Angesichts der früheren Rspr. der Gemeinschafts- und Unionsgerichte zum seinerzeit 20 ungeschriebenen Gemeinschafts- bzw. Unionsgrundrecht auf effektiven gerichtlichen Rechtsschutz (→ Rn. 6 f.) und wegen des recht breiten Nachweises entsprechender und/ oder ähnlicher Rechtsschutzgewährleistungen in der EMRK (→ Rn. 13 ff.), im sonstigen Völkerrecht (→ Rn. 17 ff.) sowie in den mitgliedstaatlichen Verfassungsordnungen (→ Rn. 9 ff.) ist es nicht verwunderlich, dass der effektive gerichtliche Rechtsschutz auch in Art. 47 GRC als Unionsgrundrecht aufgeführt wird. Nach Abs. 1 dieser Bestimmung hat zunächst einmal jede Person, deren durch das Unionsrecht garantierte Rechte oder Freiheiten verletzt worden sind, „das Recht, nach Maßgabe der in diesem Artikel vorgesehenen Bedingungen bei einem Gericht einen wirksamen Rechtsbehelf einzulegen". Nach den einschlägigen (aktualisierten) **Erläuterungen des Präsidiums des Grundrechtekonvents**[115] stützt sich Art. 47 Abs. 1 GRC zwar maßgeblich auf Art. 13 EMRK. Der durch Art. 47 Abs. 1 GRC gewährleistete Schutzumfang geht jedoch über Art. 13 EMRK zum einen insoweit hinaus, als Art. 47 Abs. 1 GRC im Einklang mit der früheren EuGH-Rspr. zum seinerzeit ungeschriebenen Rechtsgrundsatz effektiven Rechtsschutzes (→ Rn. 6 f.) das **Unionsgrundrecht auf einen wirksamen Rechtsbehelf bei einem Gericht** garantiert, während dem in Art. 13 EMRK geregelten Beschwerderecht schon dann genügt wird, wenn die Konventionsstaaten dafür sorgen, dass sich der Einzelne im Falle einer Verletzung seiner Konventionsrechte bei der jeweils zuständigen Verwaltungsbehörde oder bei einer sonstigen nationalen Instanz beschweren kann (→ Rn. 13). Zum anderen differenziert Art. 47 Abs. 1 GRC nicht zwischen angreifbaren Akten der Exekutive und der Legislative, während Akte der Exekutive das eigentliche Anwendungsfeld des Art. 13 EMRK sind (→ Rn. 13). Im Übrigen verlangt das in Art. 13 EMRK geregelte Beschwerderecht eine Verletzung von Konventionsrechten, während sich die in Art. 47 Abs. 1 GRC niedergelegte Rechtsweg- und Rechtsschutzgarantie (→ Rn. 30 ff.) sowohl auf Grundrechtsverletzungen als auch auf die Verletzung sonstiger durch das Unionsrecht

---

[109] Näher zu diesem Individualbeschwerdeverfahren vgl. *Löhr* MRM 2011, 115 ff.
[110] Vgl. insbes. Art. 18 Abs. 1 dieses Übereinkommens, der wie folgt lautet: „Wanderarbeitnehmer und ihre Familienangehörigen haben vor den Gerichten die gleichen Rechte wie die Staatsangehörigen des betreffenden Staates. Sie haben Anspruch darauf, dass über eine gegen sie erhobene strafrechtliche Anklage oder ihre zivilrechtlichen Ansprüche und Verpflichtungen durch ein zuständiges, unabhängiges, unparteiisches und auf dem Gesetz beruhendes Gericht in billiger Weise und öffentlich verhandelt wird."
[111] Exemplarisch vgl. Art. 7 AfrMRC, näher dazu vgl. *Bortfeld*, Der Afrikanische Gerichtshof für Menschenrechte – Eine Untersuchung des Zusatzprotokolls zur Afrikanischen Charta für die Menschenrechte und die Rechte der Völker, 2005, S. 139 ff.
[112] Näher dazu vgl. mwN *Pache* S. 248 ff.
[113] UN/ECE-Konvention über den Zugang zu Informationen, die Öffentlichkeitsbeteiligung an Entscheidungsverfahren und den Zugang zu Gerichten in Umweltangelegenheiten vom 2.6.1998 („Århus-Konvention", NVwZ-Beil. 3/2001).
[114] Näher dazu vgl. mwN *Nowak* in HdB-EUVerwR, 2. Aufl. (iErsch), § 12 Rn. 83 f.; sowie → § 63 Rn. 48 f.
[115] ABl. 2007 C 303, 17 (32).

garantierter Rechte und/oder Freiheiten erstreckt; von einer Beschränkung der in Art. 47 Abs. 1 GRC niedergelegten Rechtsweggarantie auf Fälle der Verletzung der in der Grundrechtecharta enthaltenen Grundrechte ist insoweit nicht auszugehen.[116]

21 Neben der in Art. 47 Abs. 1 GRC niedergelegten Rechtsweg- und Rechtsschutzgarantie hat „jede Person" gemäß Abs. 2 dieser Bestimmung ferner „ein Recht darauf, dass ihre Sache von einem unabhängigen, unparteiischen und zuvor durch Gesetz errichteten Gericht in einem fairen Verfahren, öffentlich und innerhalb angemessener Frist verhandelt wird. Jede Person kann sich beraten, verteidigen und vertreten lassen". Diese nicht den Zugang zu Gericht, sondern das Gericht selbst sowie die gerichtliche Verhandlungs- bzw. Verfahrensdurchführung betreffende Bestimmung, die partiell zu erheblichen **Abgrenzungsschwierigkeiten zwischen dem** in Art. 47 GRC niedergelegten **Unionsgrundrecht auf effektiven gerichtlichen Rechtsschutz und dem** davon zu trennenden **Unionsgrundrecht auf ein faires Verfahren** beiträgt (→ Rn. 58; → § 57 Rn. 1 ff.), entspricht zwar nach den einschlägigen Erläuterungen des Konvent-Präsidiums (→ Rn. 20) dem Regelungsgehalt des Art. 6 Abs. 1 EMRK. Gleichwohl geht Art. 47 Abs. 2 GRC insoweit über Art. 6 Abs. 1 EMRK hinaus, als sich die letztgenannte Vorschrift „nur" auf Streitigkeiten im Zusammenhang mit „zivilrechtlichen Ansprüchen und Verpflichtungen" bezieht, während sich diese Beschränkung in Art. 47 Abs. 2 GRC nicht wiederfindet. Letzteres wird in den vorgenannten Erläuterungen des Konvent-Präsidiums in überzeugender Weise mit der Tatsache begründet, dass die Union „eine Rechtsgemeinschaft ist", die der Unionsrichter allerdings seit geraumer Zeit als „Rechtsunion" bezeichnet (→ Rn. 1).

22 Im Übrigen sieht Art. 47 Abs. 3 GRC im weitgehenden Einklang mit der Rspr. des deutschen BVerfG (→ Rn. 10) und des EGMR (→ Rn. 13) vor, dass solchen Personen, die nicht über ausreichende Mittel verfügen, **Prozesskostenhilfe** bewilligt wird, soweit diese Hilfe erforderlich ist, um den Zugang zu den Gerichten wirksam zu gewährleisten. Im Hinblick auf diesen als eine spezielle **Teilgewährleistung des Unionsgrundrechts auf effektiven gerichtlichen Rechtsschutz** einzuordnenden Prozesskostenhilfeanspruch nach Art. 47 Abs. 3 GRC (→ Rn. 33) wird in den einschlägigen Erläuterungen des Konvent-Präsidiums (→ Rn. 20) insbes. auf die Existenz eines Prozesskostenhilfesystems für die beim Gerichtshof der EU anhängigen Rechtssachen hingewiesen, welches mit seinen einzelnen Elementen eine besondere Ausformung des unionsgrundrechtlichen Anspruchs auf Prozesskostenhilfe und der dadurch sichergestellten **Rechtsschutzgleichheit** darstellt.

V. Grundsätzliche Bedeutung, Verpflichtete und Funktionen des in Art. 47 GRC niedergelegten Unionsgrundrechts auf effektiven gerichtlichen Rechtsschutz

23 Das gleichermaßen leistungs-, teilhabe- und abwehrrechtliche Funktionen vereinigende Unionsgrundrecht auf effektiven gerichtlichen Rechtsschutz (→ Rn. 51), das seinen Geltungsgrund sowohl aus Art. 6 Abs. 1 EUV iVm Art. 47 GRC als auch aus Art. 6 Abs. 3 EUV bezieht (→ Rn. 7, 20 ff.), hat in der Rechtsordnung der Europäischen Union, die der Unionsrichter als eine rechtsstaatlichen Grundsätzen und damit auch den Grundrechten verpflichtete Rechtsunion einordnet (→ Rn. 1 f.), eine ganz herausragende Bedeutung, der die mit seiner Wahrung beauftragten Gerichte – dh den Gerichtshof der EU und die mitgliedstaatlichen Gerichte als Unionsgerichte im funktionalen Sinne[117] – im Interesse der Wahrung der rechtsstaatlichen Legitimation dieser Union und ihrer Akzeptanz durch die Unionsbürger und Unionsbürgerinnen in arbeitsteiliger Weise gebührend Rechnung zu tragen haben.[118] Da dieses eigenständige Unionsgrundrecht, das auch als **EU-Prozess- und/oder Verfahrensgrundrecht** bezeichnet werden kann, im engen Verbund mit dem

---

[116] Dies ist heute, soweit ersichtlich, unstreitig, vgl. nur *Eser* in NK-EuGRCh GRCh Art. 47 Rn. 16; *Jarass* GRCh Art. 47 Rn. 6; *Philippi*, Die Charta der Grundrechte der Europäischen Union, 2002, S. 24 f.; *Thiele* ERA-Forum – Journal of the Academy of European Law 16 (2015), 511 (515 f.).
[117] Näher dazu vgl. mwN *Nowak* in HdB-EUVerwR, 2. Aufl. (iErsch), § 12 Rn. 12 ff.
[118] In diesem Sinne vgl. etwa auch *Munding* S. 593; *Nehl* in FK-EUV/GRC/AEUV GRC Art. 47 Rn. 1

in Art. 19 Abs. 1 UAbs. 2 EUV geregelten Rechtsschutzauftrag die bedeutsamste unionsverfassungsrechtliche Vorkehrung zur Sicherstellung der prozessualen Durchsetzung materieller Unionsgrundrechte und sonstiger subjektiver Unionsrechte darstellt (→ Rn. 4) und auf der Ebene des sachlichen Schutzbereichs recht viele Teilgewährleistungen in sich vereinigt (→ Rn. 29 ff.), ist es durchaus überzeugend oder jedenfalls nachvollziehbar, dass der Unionsrichter das Unionsgrundrecht auf effektiven gerichtlichen Rechtsschutz zu den Unionsgrundrechten **von fundamentaler Bedeutung** zählt[119] und dass dieses Grundrecht in Teilen der einschlägigen Literatur sogar als „Supergrundrecht" prozessualer Art bezeichnet[120] bzw. Art. 47 GRC als die vielleicht wichtigste Vorschrift der EU-Grundrechtecharta eingeordnet wird.[121] Da dieses Unionsgrundrecht auf effektiven gerichtlichen Rechtsschutz nicht nur an die Organe, Einrichtungen und sonstigen Stellen der EU adressiert ist (→ § 9 Rn. 22 f.), sondern auch die EU-Mitgliedstaaten und deren Untergliederungen bei ihrem Handeln im weiten Anwendungsbereich des Unionsrechts bindet (→ § 9 Rn. 24 ff.), versteht es sich nahezu von selbst, dass diesem Unionsgrundrecht sowohl auf der Ebene des zentralen Individualrechtsschutzes als auch auf der damit eng verbundenen Ebene des dezentralen Individualrechtsschutzes[122] hinreichend Rechnung getragen werden muss:

Soweit es um die durchaus noch ausbaufähige **Bedeutung des Unionsgrundrechts auf** 24 **effektiven gerichtlichen Rechtsschutz auf der Ebene des zentralen Individualrechtsschutzes** geht, ist zum einen auf die zurückliegende Rspr. des Unionsrichters hinzuweisen, wonach die primärrechtlich einst in Art. 230 Abs. 4 EGV und nunmehr in Art. 263 Abs. 4 AEUV geregelte Zulässigkeitsvoraussetzung der individuellen Betroffenheit „im Licht des Grundsatzes eines effektiven gerichtlichen Rechtsschutzes […] auszulegen" ist.[123] Damit wird zwar inzident der in der früheren Rspr. des EuG zu findenden Aussage widersprochen, wonach das Vorliegen eines Verstoßes gegen Gemeinschafts- bzw. Unionsgrundrechte bei der Beurteilung der Zulässigkeit einer Nichtigkeitsklage „unerheblich" sein soll.[124] Eine den zentralen Individualrechtsschutz effektuierende Wirkung entfaltete diese EuGH-Rspr. zur unionsgrundrechtskonformen **Auslegung des in Art. 263 Abs. 4 AEUV enthaltenen Tatbestandsmerkmals der individuellen Betroffenheit** in der Praxis bislang jedoch nicht, da der EuGH nach wie vor nicht bereit ist, den in der Rs. *Jégo-Quéré* vom EuG entwickelten Neuansatz bei der Bestimmung der individuellen Betroffenheit iS des Art. 263 Abs. 4 AEUV zu folgen.[125] In dieser Rechtssache hatte das EuG in Abkehr von seiner früheren (restriktiven) Rspr. zur individuellen Betroffenheit iS des Art. 263 Abs. 4 AEUV[126] entschieden, dass eine natürliche oder juristische Person im

---

[119] Vgl. nur EuGH C-399/95 R, Slg. 1996, I-2441 Rn. 47 – Deutschland/Kommission.
[120] So vgl. *Nehl* in FK-EUV/GRC/AEUV GRC Art. 47 Rn. 3.
[121] Zur letztgenannten Einordnung vgl. *Shelton* in PHKW Fundamental Rights Rn. 47.42.
[122] Näher zu diesen beiden Rechtsschutzebenen sowie zu den zwischen ihnen bestehenden Wechselwirkungen und Interdependenzen vgl. *Nowak* EuR 2000, 724 ff.; *Nowak* in HdB-EUVerwR, 2. Aufl. (iErsch), § 12 Rn. 26 ff., 80 ff.; sowie → § 11 Rn. 8 ff.
[123] So EuGH C-50/00 P, Slg. 2002, I-6677 Rn. 44 – Unión de Pequeños Agricultores/Rat der EU; EuG T-142/03, Slg. 2005, II-589 Rn. 77 ff. – Fost Plus VZW/Kommission; EuG T-108/03, Slg. 2005, II-655 Rn. 53 – v. Pezold/Kommission.
[124] So EuG T-13/94, Slg. 1994, II-431 Rn. 15 – Century Oils Hellas/Kommission.
[125] Zur diesbzgl. Kontroverse zw. EuGH, GA Jacobs und EuG vgl. etwa *Baumeister* EuR 2005, 1 ff.; *Braun/Kettner* DÖV 2003, 58 ff.; *van den Broek* LIEI 30 (2003), 61 ff.; *Dittert* EuR 2002, 708 ff.; *Groussot* LIEI 30 (2003), 221 ff.; *Köngeter* NJW 2002, 2216 ff.; *Lenz/Staeglich* NVwZ 2004, 1421 ff.; *Ragolle* ELR 28 (2003), 90 ff.; *Röhl* Jura 2003, 830 ff.; *Temple Lang* ELR 28 (2003), 102 ff.; *Thiele*, Europäisches Prozessrecht, § 7 Rn. 71 ff.; *Wölker* DÖV 2003, 570 ff.; sowie → § 11 Rn. 51 ff.
[126] Vgl. nur EuG T-173/98, Slg. 1999, II-3357 Rn. 62 – Unión de Pequeños Agricultores/Rat der EU, wo das EuG unter Bezugnahme auf die von der Klägerin erhobenen Rügen des Fehlens innerstaatlicher Rechtsschutzmöglichkeiten und des insoweit im Falle der Verneinung ihrer individuellen Betroffenheit zu beklagenden Mangels an einem effektiven gerichtlichen Rechtsschutz entgegnete, dass der „Grundsatz der Gleichheit aller Rechtsbürger hinsichtlich der Voraussetzungen des Zugangs zum Gemeinschaftsrichter im Wege der Nichtigkeitsklage" es verbiete, „diese Voraussetzungen von der besonderen Ausgestaltung des Gerichtssystems jedes Mitgliedstaats abhängig zu machen; ähnlich EuG T-138/98, Slg. 2000, II-341 Rn. 68 – ACAV ua/Rat der EU; ferner vgl. EuGH C-73/97 P, Slg. 1999, I-185 Rn. 40 – Comafrica SpA ua, wonach die Versagung zentralen Rechtsschutzes gegen eine Verordnung einen „effektiven

Interesse der Gewährleistung eines wirksamen gerichtlichen Rechtsschutzes „als von einer allgemein geltenden Gemeinschaftsbestimmung, die sie unmittelbar betrifft, individuell betroffen anzusehen [ist], wenn diese Bestimmung ihre Rechtsposition unzweifelhaft und gegenwärtig beeinträchtigt, indem sie ihre Rechte einschränkt oder ihr Pflichten auferlegt".[127] Diesem Neuansatz hat der EuGH, der vor allem die Mitgliedstaaten für verpflichtet hält, ein vollständiges System von Rechtsbehelfen und Verfahren vorzusehen, das die Gewährleistung des Anspruchs auf einen effektiven gerichtlichen Rechtsschutz sicherstellen kann[128], in seinem kurze Zeit später ergangenen Urteil in der Rs. *Unión de Pequeños Agricultores* eine deutliche Absage mit dem Hinweis darauf erteilt, dass eine solche Auslegung nicht, ohne dass die den Unionsgerichten durch den Vertrag verliehenen Befugnisse überschritten würden, zum Wegfall der fraglichen Voraussetzung (hier: der individuellen Betroffenheit iS des heutigen Art. 263 Abs. 4 AEUV) führen kann; insoweit sei es „Sache der Mitgliedstaaten, das derzeit geltende System gegebenenfalls gemäß Artikel 48 EU[V] zu reformieren".[129] In seiner Rechtsmittelentscheidung in der Rs. *Jégo-Quéré* fügte der EuGH dann ergänzend hinzu, dass eine am Grundsatz effektiven Rechtsschutzes orientierte Auslegung des damaligen Art. 230 Abs. 4 EGV [jetzt Art. 263 Abs. 4 AEUV] auch deshalb nicht zu einem „Wegfall" der Zulässigkeitsvoraussetzung in Gestalt der „individuellen Betroffenheit" führen dürfe, weil die Gemeinschafts- bzw. Unionsgerichte andernfalls „die ihnen durch den Vertrag verliehenen Befugnisse überschreiten" würden.[130]

25 Eine weitere Gelegenheit zur unionsgrundrechtskonformen Auslegung des Art. 263 Abs. 4 AEUV hat der EuGH schließlich auch im Zusammenhang mit der durch den Lissabonner Reformvertrag (→ Rn. 1) neugefassten dritten Alternative dieser Bestimmung verstreichen lassen, die bekanntlich keine eindeutige Antwort auf die Frage gibt, welche Handlungen der Organe, Einrichtungen und sonstigen Stellen der EU als anfechtbare „Rechtsakte mit Verordnungscharakter" anzusehen sind. Insoweit verwundert es auch nicht, dass im Hinblick auf die zutreffende **Auslegung des in Art. 263 Abs. 4 Alt. 3 AEUV enthaltenen Tatbestandsmerkmals „Rechtsakte mit Verordnungscharakter"** lange Zeit nahezu alle denkbaren Meinungen vertreten wurden: Während manche Autoren etwa die Ansicht vertraten, dass echte Gesetzgebungsakte aus dem Kreis der Rechtsakte mit Verordnungscharakter herausfielen und dass die im neugefassten Art. 263 Abs. 4 AEUV angesprochenen Rechtsakte mit Verordnungscharakter lediglich untergesetzliche Rechtsnormen bzw. reine Durchführungsmaßnahmen sein könnten,[131] zählten andere Autoren auch die in einem Gesetzgebungsverfahren zustande gekommenen Ver-

---

Rechtsschutz" grds. unberührt lasse, da die verfahrensbeteiligten Gesellschaften die Gültigkeit der fraglichen Verordnung auf der dezentralen Ebene vor mitgliedstaatlichen Gerichten in Frage stellen könnten.

[127] EuG T-177/01, Slg. 2002, II-2365 Rn. 51 – Jégo-Quéré/Kommission.
[128] Vgl. nur EuGH C-50/00 P, Slg. 2002, I-6677 Rn. 41 – Unión de Pequeños Agricultores/Rat der EU; sowie EuGH C-263/02 P, Slg. 2004, I-3425 Rn. 31 – Jégo-Quéré/Kommission; EuG T-108/03, Slg. 2005, II-655 Rn. 52 – v. Pezold/Kommission.
[129] EuGH C-50/00 P, Slg. 2002, I-6677 Rn. 45 – Unión de Pequeños Agricultores/Rat der EU.
[130] EuGH C-263/02 P, Slg. 2004, I-3425 Rn. 36 – Jégo-Quéré; mAnm *Brown/Morijn* CMLR 41 (2004), 1639 ff. Das EuG hat sich in der Folge mit dieser höchstrichterlichen Maßregelung bzw. Zurechtweisung abgefunden, vgl. nur EuG T-321/02, Slg. 2003, II-1997 Rn. 30 – Paul Vannieuwenhuyze-Morin/EP u. Rat der EU; EuG T-142/03, Slg. 2005, II-589 Rn. 74 ff. – Fost Plus VZW/Kommission; EuGH T-108/03, Slg. 2005, II-655 Rn. 52 ff. – v. Pezold/Kommission; ferner vgl. in einem etwas anderen Kontext EuG verb. Rs. T-377/00, T-379/00, T-380/00, T-260/01 u. T-272/01, Slg. 2003, II-1 Rn. 124 – Philip Morris International ua/Kommission, wonach es „nicht Sache des Gemeinschaftsrichters [ist], sich an die Stelle der verfassungsgebenden Gewalt der Gemeinschaft zu setzen, um eine Änderung des im Vertrag geregelten Systems von Rechtsbehelfen und Verfahren vorzunehmen".
[131] So etwa *Cremer* DÖV 2010, 58 (60 ff.); sowie *Ehlers* Jura 2009, 31 (36), der diesbzgl. von „Durchführungsbestimmungen" der Kommission bzw. von tertiären Rechtsetzungsakten spricht; ähnlich *Hatje/Kindt* NJW 2008, 1761 (1767), die hier an „ausführende Verordnungen" denken; sowie *Schröder* DÖV 2009, 61 (63), der in diesem Kontext von „untergesetzlichen Verordnungen" spricht; ähnlich *Thiele* EuR 2010, 30 (44); *Pötters/Werrmeister/Traut* EuR 2012, 546 ff.; sowie *Dörr* DVBl 2008, 1401 (1404), der hierbei an die von der Kommission gemäß Art. 290 Abs. 1 AEUV zu erlassenden „Rechtsakte ohne Gesetzescharakter mit allgemeiner Geltung" denkt.

ordnungen im Sinne des Art. 288 Abs. 2 AEUV dazu,[132] soweit sie unmittelbar in den Mitgliedstaaten gelten.[133] Diese Kontroverse hat der Gerichtshof zu einem vorläufigen Ende geführt, indem er in seiner vieldiskutierten Rechtsmittelentscheidung vom 3.10.2013 in der Rechtssache *Inuit* im Einklang mit der erstinstanzlichen Entscheidung des Gerichts[134] entschied, dass echte Gesetzgebungsakte nicht von dem in Art. 263 Abs. 4 (Alt. 3) AEUV enthaltenen Tatbestandsmerkmal „Rechtsakte mit Verordnungscharakter" erfasst würden.[135] Mit einer am Unionsgrundrecht auf effektiven Rechtsschutz ausgerichteten Auslegung der in Art. 263 Abs. 4 AEUV enthaltenen Tatbestandsmerkmale, die der Gerichtshof grds. für geboten hält (→ Rn. 24), hat dies relativ wenig zu tun.[136] Wichtiger zu sein scheint dem EuGH in diesem Kontext vielmehr, seine Position als EU-Verfassungsgericht abzusichern, indem er dafür Sorge trägt, dass nur er und nicht das EuG unionale Sekundärrechtsakte mit Gesetzgebungscharakter für nichtig erklären kann.[137] Im Übrigen bleibt die vorgenannte EuGH-Rspr., wonach Art. 263 Abs. 4 AEUV im Lichte des in Art. 47 GRC niedergelegten Unionsgrundrechts auf effektiven Rechtsschutz auszulegen ist, ohnehin weitgehend folgenlos, solange der Unionsrichter an der recht defensiven – gleichwohl aber einen recht starken Rückhalt in Art. 19 Abs. 1 UAbs. 2 EUV findenden (→ Rn. 4) – Auffassung festhält, „dass Art. 47 der Charta nicht darauf abzielt, das in den Verträgen vorgesehene Rechtsschutzsystem und insbes. die Bestimmungen über die Zulässigkeit direkter Klagen bei den Gerichten der Union zu ändern".[138] Hiervon hebt sich allerdings in gewisser Weise das Urteil des Unionsrichters in der weit weniger bekannten Rechtssache *Masdar* ab, in dem bemerkenswerter Weise entschieden wurde, dass eine **Auslegung der** in Art. 268 AEUV iVm Art. 340 Abs. 2 und 3 AEUV geregelten **Amtshaftungsklage im Bereich der außervertraglichen Haftung,** welche die Möglichkeit, eine auf ungerechtfertigte Bereicherung gestützte Klage gegen die Gemeinschaft [jetzt: Union] zu erheben, verwehren würde, dem in Art. 47 GRC verankerten Grundsatz bzw. Unionsgrundrecht auf effektiven gerichtlichen Rechtsschutz widerspräche.[139]

Auf der Ebene des dezentralen Individualrechtsschutzes, auf der das Unionsgrundrecht 26 auf effektiven gerichtlichen Rechtsschutz vornehmlich von den mitgliedstaatlichen Behörden und Gerichten zu beachten ist,[140] zeichnet sich hingegen ein permanent zunehmender Bedeutungszuwachs des Art. 47 GRC ab. Die **zunehmende Bedeutung des** die EU-Mitgliedstaaten und deren Untergliederungen nicht nur bei der Durchführung des Unionsrechts ieS, sondern bei jeglichem Handeln im Anwendungsbereich des Unionsrechts bindenden (→ § 9 Rn. 24 ff.) **Unionsgrundrechts auf effektiven gerichtlichen Rechtsschutz auf der dezentralen Rechtsschutzebene** manifestiert sich in maßgeblicher Weise zum einen darin, dass sich das Unionsgrundrecht auf effektiven gerichtlichen

---

[132] Vgl. etwa *Balthasar* ELR 35 (2010), 542 ff.; *Everling* EuR Beih. 1/2009, 71 (74); *Frenz,* HdbEuR Bd. 5, Kap. 16 § 9 Rn. 2934; *Frenz/Distelrath* NVwZ 2010, 162 (165).
[133] Vgl. nur *Nehl* in Fastenrath/Nowak S. 149 (164).
[134] EuG T-18/10, Slg. 2011, II-5599 Rn. 56 – Inuit Tapiriit Kanatami ua/EP u. Rat; näher dazu vgl. etwa *Creus* CDE 2011, 659 (666 ff.); *Everling* EuZW 2012, 376 ff.; *Gundel* EWS 2012, 65 ff.; *Petzold* EuR 2012, 443 ff.; *Streinz* EuZW 2014, 17 ff.
[135] EuGH C-583/11 P, ECLI:EU:C:2013:625 Rn. 50 ff., insbes. Rn. 61 – Inuit Tapiriit Kanatami ua/EP u. Rat, mAnm *Guretzki* EuZW 2014, 58 f.; *Ogorek* JA 2014, 236 ff.; ausführlicher und kontroverser dazu vgl. *Dauses* EuZW 2014, 121 f.; *Kornezov* ELR 39 (2014), 251 ff.; *Leeb* ZfRV 2015, 4 ff.; *Nowak/Behrend* EuR 2014, 86 ff.; *Petzold* EuZW 2014, 289 f.; *Scheuing* FS P.-C. Müller-Graff, 2015, 1137 ff.; *Streinz* EuZW 2014, 17 (20 f.); *Waelbroeck/Bombois* CDE 2014, 21 ff.; *Van Malleghem/Baeten* CMLR 51 (2014), 1187 ff.
[136] Krit. dazu vgl. *Nowak/Behrend* EuR 2014, 86 ff.; *Scheuing* FS P.-C. Müller-Graff, 2015, 1137 ff.; sowie → § 11 Rn. 64 f.
[137] In diesem Sinne vgl. auch *Nehl* in FK-EUV/GRC/AEUV GRC Art. 47 Rn. 36.
[138] So etwa EuGH C-682/13 P, ECLI:EU:C:2015:356 Rn. 68 – Andechser Molkerei Scheitz/Kommission; EuGH C-599/15 P, ECLI:EU:C:2017:801 Rn. 68 – Rumänien/Kommission; EuGH C-205/16 P, ECLI:EU:C:2017:840 Rn. 67 – Solar World/Rat.
[139] Vgl. EuGH C-47/07 P, Slg. 2008, I-9761 Rn. 50 – Masdar/Kommission.
[140] Exemplarisch vgl. nur EuGH 222/84, Slg. 1986, 1651 Rn. 18 ff. – Johnston; EuGH 222/86, Slg. 1987, 4087 Rn. 14 ff. – Heylens ua; EuGH C-459/99, Slg. 2002, I-6591 Rn. 101 – Mouvement contre le racisme, l'antisémitisme et la xénophobie ASBL; EuGH C-226/99, Slg. 2001, I-277 Rn. 17 – Siples.

§ 55   12. Abschnitt. Justizielle Grundrechte und Verfahrensgarantien

Rechtsschutz mehr und mehr mit dem zu den maßgeblichen Schranken der sog. Verfahrensautonomie der EU-Mitgliedstaaten gehörenden Effektivitätsgrundsatz überschneidet (→ § 9 Rn. 34 f.), der in den vergangenen Jahren zu einer weitreichenden **Europäisierung mitgliedstaatlichen Verwaltungs(prozess)rechts** beigetragen hat. Dies bezieht sich sowohl auf innerstaatlich geregelte Verjährungs-, Klage- bzw. Ausschlussfristen und Beweisregelungen,[141] auf innerstaatliche Zuständigkeitsregelungen[142] und bestimmte staatsorganisationsrechtliche Fragen[143], auf das Verhältnis zwischen privater und administrativer Rechtsdurchsetzung,[144] auf die Rückforderung unionsrechtswidriger staatlicher Beihilfen[145] bzw. der aus bestimmten Strukturfonds gezahlten Zuschüsse,[146] auf nationale Unbeachtlichkeits-, Heilungs- und Präklusionsvorschriften,[147] auf innerstaatliche Sanktionen für Verstöße gegen gemeinschafts- bzw. unionsrechtliche Verpflichtungen,[148] auf Gerichtsstandsvereinbarungen[149] sowie auf das Bestehen, den Umfang, die Ausgestaltung und Durchsetzung von Schadensersatzansprüchen[150] als auch auf die Bestandskraft nationaler Verwaltungsentscheidungen,[151] die gerichtliche Überprüfbarkeit behördlicher Entscheidungen,[152] die verwaltungsgerichtliche Klagebefugnis[153] mit dazugehörigen Modifikationen der deutschen Schutznormtheorie bzw. -lehre,[154] auf die Ausgestaltung des einstweiligen bzw. vorläufigen Rechtsschutzes vor mitgliedstaatlichen Verwaltungsgerichten[155] sowie auf die Rechtskraft

---

[141] Vgl. etwa EuGH 199/82, Slg. 1983, 3595 Rn. 14 – San Giorgio; EuGH verb. Rs. 331, 376 u. 378/85, Slg. 1988, 1099 Rn. 12 – Les Fils de Jules Bianco ua; EuGH C-78/98, Slg. 2000, I-3201 Rn. 32 ff. – Preston; EuGH C-473/00, Slg. 2002, I-10875 Rn. 32 ff. – Codifis; EuGH C-470/99, Slg. 2002, I-11617 Rn. 79 – Universale Bau ua; EuGH C-327/00, Slg. 2003, I-1877 Rn. 57 ff. – Santex; EuGH C-276/01, Slg. 2003, I-3735 Rn. 60 ff. – Steffensen; EuGH C-30/02, Slg. 2004, I-6051 Rn. 18 ff. – Recheio; EuGH C-445/06, Slg. 2009, I-2119 Rn. 32 ff. – Danske Slagterier; EuGH C-406/08, Slg. 2010, I-817 Rn. 25 ff. – Uniplex; EuGH C-362/12, ECLI:EU:C:2013:834 Rn. 33 ff. – Test Claimants in the Franked Investment Income Group Litigation; EuGH C-8/14, ECLI:EU:C:2015:731 Rn. 16 ff. – BBVA; EuGH C-500/16, ECLI:EU:C:2017:996 Rn. 37 ff. – Caterpillar Financial Services; EuGH C-572/16, ECLI:EU:C:2018:100 Rn. 24 ff. – INFOS Köln.
[142] Vgl. nur EuGH C-268/06, Slg. 2008, I-2483 Rn. 42 ff. – Impact.
[143] Vgl. nur EuGH C-518/07, Slg. 2010, I-1885 Rn. 17 ff. – Kommission/Deutschland.
[144] Vgl. nur EuGH verb. Rs. C-145/15 u. C-146/15, ECLI:EU:C:2016:187 Rn. 27 ff. – Ruijssenaars ua; mAnm *Franck* CMLR 54 (2017), 1867 ff.; instruktiv dazu auch, in spezieller Ansehung der dezentralen Durchsetzung des EU-Kartellrechts, vgl. *Brinker* FS J. Schwarze, 2014, 536 ff.
[145] Vgl. nur EuGH C-24/95, Slg. 1997, I-1591 ff. – Alcan; näher hierzu vgl. *Scholz* DÖV 1998, 261 ff.; *Winkler* DÖV 1999, 148 ff.; mwN zur diesbzgl. EuGH-Rspr. vgl. *Bungenberg/Motzkus* in NK-EuBeihilfenR Kap. 5 Rn. 96 ff.
[146] Vgl. nur EuGH verb. Rs. C-383/06 bis C-385/06, Slg. 2008, I-1561 Rn. 48 ff. – Vereniging Nationaal Overlegorgaan Sociale Werkvoorziening.
[147] Vgl. EuGH C-137/14, ECLI:EU:C:2015:683 Rn. 75 ff. – Kommission/Deutschland; mwN *Kment* EuR 2006, 201 ff. Näher zur vorgenannten Entscheidung vgl. *Lee* EurUP 2017, 62 ff.; *Schlacke*, Jahrbuch des Umwelt- und Technikrechts 2016, S. 173 ff.
[148] Vgl. nur EuGH 14/83, Slg. 1984, 1891 Rn. 15 ff. – Colson u. Kamann.
[149] Vgl. EuGH verb. Rs. C-240/98 u. C-244/98, Slg. 2000, I-4941 Rn. 20 ff. – Océano Grupo Editorial.
[150] Vgl. etwa EuGH C-271/91, Slg. 1993, I-4367 Rn. 26 ff. – Marshall; EuGH verb. Rs. C-46/93 u. C-48/93, Slg. 1996, I-1029 Rn. 82 ff. – Brasserie du pêcheur; EuGH C-261/95, Slg. 1997, I-4025 Rn. 26 – Palmisani; EuGH C-453/99, Slg. 2001, I-6297 Rn. 26 ff. – Courage; EuGH verb. Rs. C-295/04 bis C-298/04, Slg. 2006, I-6619 Rn. 39 iVm Rn. 58 f. – Manfredi ua; mwN *Piekenbrock* GPR 2012, 7 ff.; *Roth* WRP 2013, 257 (261 f.); *Terhechte* in FK-EUV/GRC/AEUV AEUV Art. 340 Rn. 45 ff.
[151] Vgl. EuGH C-453/00, Slg. 2004, I-837 Rn. 23 ff. – Kühne & Heitz; EuGH C-2/06, Slg. 2008, I-411 Rn. 34 ff. – Kempter; näher zu diesem Komplex vgl. *Franzius* in FK-EUV/GRC/AEUV EUV Art. 4 Rn. 130 ff.; *Kanitz/Wendel* EuZW 2008, 231 ff.
[152] Vgl. EuGH C-120/97, Slg. 1999, I-223 Rn. 33 ff. – Upjohn.
[153] Ausführlicher dazu vgl. *Calliess* in Nowak/Cremer S. 81 ff.; *Frenz* VerwArch 2011, 134 (151 ff.); *Gärditz* JuS 2009, 385 (389 f.); *Glavanovits/Eliantonio* EPL 17 (2011), 51 ff.; *Haller* VBlBW 2017, 133 ff.; *Hofmann* DV 50 (2017), 247 (248 ff.); *Mangold/Wahl* DV 48 (2015), 1 ff.; *Rennert* DVBl 2017, 69 (71 f.); *Schlacke* DVBl 2015, 929 ff.; *Skouris* DVBl 2016, 937 ff.; *Winkler/Schaub* AL 2017, 111 ff.; *Ziekow* NVwZ 2010, 793 ff.
[154] Exempl. dazu vgl. EuGH C-237/07, Slg. 2008, I-6221 Rn. 34 ff. – Janecek; näher dazu vgl. *Faßbender* EuR 2009, 400 ff.; *Ziekow* NVwZ 2010, 793 (793 f.); ausführlicher zu dem hier in Rede stehenden Gesamtkomplex vgl. *Frenz* VerwArch 2011, 134 ff.; *Mangold/Wahl* DV 48 (2015), 1 ff.; *Schmidt-Aßmann* EurUP 2016, 360 (366); *Steiger* VerwArch 2009, 497 (508 ff.).
[155] Vgl. etwa EuGH C-217/88, Slg. 1990, I-2879 Rn. 26 ff. – Kommission/Deutschland; EuGH verb. Rs. C-143/88 u. C-92/89, Slg. 1991, I-415 Rn. 14 ff. – Zuckerfabrik Süderdithmarschen; EuGH C-465/93,

nationaler Gerichtsentscheidungen.[156] Zum anderen ist die zunehmende Bedeutung des Unionsgrundrechts auf effektiven gerichtlichen Rechtsschutz auf der dezentralen Rechtsschutzebene in weitem Umfang darauf zurückführen, dass die vom Unionsgesetzgeber in zahlreicher Weise geschaffenen Rechtsschutzansprüche und/oder **Rechtsschutzgewährleistungsaufträge bzw. -gebote sekundärrechtlicher Art (→ Rn. 3) nach ständiger EuGH-Rspr. im Lichte des in Art. 47 GRC verankerten Unionsgrundrechts auf effektiven gerichtlichen Rechtsschutz auszulegen sind**.[157] Im Lichte des Art. 47 GRC auszulegen sind nach der jüngeren Rspr. des Unionsrichters ferner die im AEUV niedergelegten Grundfreiheiten[158], denen aufgrund ihrer unmittelbaren Anwendbarkeit bzw. Wirkung eine enorme Bedeutung vor mitgliedstaatlichen Gerichten zukommt. Eine folgenreiche (auslegungsleitende) Bedeutung wird dem in Art. 47 GRC niedergelegten Unionsgrundrecht auf effektiven gerichtlichen Rechtsschutz schließlich dann zugesprochen, wenn der Unionsrichter feststellt, dass Art. 9 Abs. 3 des Übereinkommens von Åarhus, der als solcher keine unmittelbare Wirkung im Unionsrecht hat, iVm Art. 47 GRC die Mitgliedstaaten dazu verpflichtet, einen wirksamen gerichtlichen Schutz der durch das Recht der Union garantierten Rechte, insbes. der Vorschriften des Umweltrechts, zu gewährleisten.[159]

B. Gewährleistungsgehalt

Das vom EuGH frühzeitig anerkannte (→ Rn. 6 ff.) und nunmehr in Art. 47 GRC verankerte (→ Rn. 20 ff.) **Unionsgrundrecht auf effektiven gerichtlichen Rechtsschutz** ist insoweit **akzessorischer Art,** als es an eine Verletzung anderer subjektiver Unionsrechte anknüpft. In diesem Zusammenhang ist unter Berücksichtigung der Rspr. des EGMR[160] und mitgliedstaatlicher Verfassungsgerichte[161] iS einer unionsrechtlichen „Möglichkeitstheorie" davon auszugehen, dass es auch nach der inneren Logik dieses Unionsgrundrechts 27

Slg. 1995, I-3761 Rn. 19 ff. – Atlanta; EuGH C-68/95, Slg. 1996, I-6065 Rn. 46 ff. – T. Port; näher zu den in diesen Urteilen entwickelten Vorgaben vgl. statt vieler *Buchheister* DVBl 2017, 610 (611); *Dörr* DVBl 2008, 1401 ff.; *Haibach* DÖV 1996, 60 ff.; *Jannasch* NVwZ 1999, 495 ff.; *Jantscher* in Kahl/Raschauer/Storr S. 43 ff.; *Schoch* DVBl 1997, 289 ff.; *Sommermann* FS W. Blümel, 1999, 523 ff.

[156] EuGH C-234/04, Slg. 2006, I-2585 ff. – Kapferer; EuGH C-119/05, Slg. 2007, I-6199 ff. – Lucchini; EuGH C-2/08, Slg. 2009, I-7501 ff. – Fallimento Olimpiclub; EuGH C-505/14, ECLI:EU:C:2015:742 Rn. 40 ff. – Klausner Holz Niedersachsen; EuGH C-69/14, ECLI:EU:C:2015:662 Rn. 28 ff. – Târşia; ausführlicher zu dieser Rspr.-Linie vgl. etwa *Gundel* EWS 2016, 2 ff.; *Kremer* EuR 2007, 470 ff.; *Kühling/Schwendinger* EWS 2015, 1 ff.; *Laukemann* ZZP 2017, 439 ff.; *Schmahl/Köber* EuZW 2010, 927 ff.; *Schneider* EuR 2017, 433 ff.; *Sowery* CMLR 53 (2016), 1705 ff.; *Wagner* ZEuS 2014, 211 ff.

[157] Vgl. etwa EuGH C-300/11, ECLI:EU:C:2013:363 Rn. 50 ff. – ZZ; EuGH C-112/13, ECLI:EU:C:2014:2195 Rn. 51 ff. – A/B; EuGH C-562/13 ECLI:EU:C:2014:2453 Rn. 44 f. – Abdida; EuGH C-61/14, ECLI:EU:C:2015:655 Rn. 49 – Orizzonte Salute; EuGH C-239/14, ECLI:EU:C:2015:824 Rn. 51 – Tall; EuGH C-181/16, ECLI:EU:C:2018:465 Rn. 52 – Gnandi; EuGH C-300/17, ECLI:EU:C:2018:635 Rn. 58 – Hochtief; EuGH C-180/17, ECLI:EU:C:2018:775 Rn. 27 ff. – X ua.

[158] Vgl. EuGH C-685/15, ECLI:EU:C:2017:452 Rn. 47 ff. – Online Games ua.

[159] So vgl. insbes. EuGH C-664/15, ECLI:EU:C:2017:987 Rn. 45 – Protect Natur-, Arten- und Landschaftsschutz Umweltorganisation; jeweils mAnm *Klinger* NVwZ 2018, 231 f.; *Sobotta* EuZW 2018, 165 f.; *Wegener* ZUR 2018, 217 ff.; näher zu diesem Urteil und dessen Folgen vgl. auch *Franzius* NVwZ 2018, 219 ff.; *Römling* ZEuS 2019, 147 ff.

[160] Zu der nach der Rspr. des EGMR auch in den Anwendungsbereichen der Art. 13 EMRK (→ Rn. 13 f.) und Art. 34 EMRK (→ Rn. 15) genügenden Möglichkeit einer Verletzung von Konventionsrechten, die iS eines „arguable claim" in vertretbarer Weise behauptet werden muss, vgl. nur EGMR 28.10.1979 – 28396/95, NJW 2001, 1195 (1199) – Wille/Lichtenstein; sowie jeweils mwN *Meyer-Ladewig/Renger* in HK-EMRK EMRK Art. 13 Rn. 6 ff. u. Art. 34 Rn. 29; *Villiger* HdbEMRK § 9 Rn. 146 ff. u. § 29 Rn. 648.

[161] Auch nach der Rspr. des BVerfG kommt es für die in Art. 19 Abs. 4 S. 1 GG niedergelegte Rechtsweg- und Rechtsschutzgarantie (→ Rn. 10–12) nur auf die Möglichkeit bzw. auf die schlüssige Behauptung einer eingetretenen oder drohenden Rechtsverletzung an, vgl. BVerfGE 31, 364 (368); BVerfGE 57, 9 (25 f.); BVerfGE 83, 182 (196); BVerfGE 100, 313 (364); alles andere wäre mit der Logik des Art. 19 Abs. 4 GG nicht zu vereinbaren, ähnlich vgl. *Huber* in v. Mangoldt/Klein/Starck GG Art. 19 Abs. 4 Rn. 417; *Schulze-Fielitz* in Dreier GG Art. 19 IV Rn. 75.

irrelevant ist, ob die beklagte **Verletzung eines subjektiven Unionsrechts tatsächlich eingetretener, möglicher oder drohender Art** ist; von entscheidender Bedeutung ist vielmehr, dass eine derartige Verletzung „in vertretbarer Weise behauptet" wird bzw. möglich ist.[162] Dieser akzessorische Charakter des Unionsgrundrechts auf effektiven gerichtlichen Rechtsschutz ist insbes. für die Bestimmung seines persönlichen Gewährleistungsgehalts bzw. Schutzbereichs (→ Rn. 28) von Bedeutung, dem sich sodann ein recht weiter sachlicher Gewährleistungsgehalt bzw. Schutzbereich (→ Rn. 29 ff.) anschließt.

I. Persönlicher Gewährleistungsgehalt bzw. Schutzbereich

28 Da das Unionsgrundrecht auf effektiven gerichtlichen Rechtsschutz an eine Verletzung anderer subjektiver Unionsrechte anknüpft (→ Rn. 27), bedarf es an dieser Stelle sicherlich keiner ausführlicheren Begründung dafür, dass sich auf dieses Unionsgrundrecht **grds. alle natürlichen und juristischen Personen** berufen können, sofern es im konkreten Einzelfall um die Verletzung eines sie berechtigenden oder ihnen zustehenden subjektiven Unionsrechts geht[163] (ausführlich zur Grundrechtsträgerschaft natürlicher und juristischer Personen → § 9 Rn. 2 ff.); dies schließt in einem gewissen Umfang auch Drittstaatsangehörige und juristische Personen des Privatrechts mit Sitz außerhalb der EU ein (→ § 9 Rn. 8 ff., 18). Da sich zudem auch juristische Personen des öffentlichen Rechts auf einige Unionsgrundrechte berufen können (→ § 9 Rn. 19 f.), lässt sich der persönliche Schutzbereich des Unionsgrundrechts auf effektiven gerichtlichen Rechtsschutz im Übrigen nicht *per se* auf juristische Personen des Privatrechts und auf natürliche Personen beschränken.

II. Sachlicher Gewährleistungsgehalt bzw. Schutzbereich

29 Das Unionsgrundrecht auf effektiven gerichtlichen Rechtsschutz knüpft – ganz ähnlich wie die Rechtsweg- und Rechtsschutzgarantie des Art. 19 Abs. 4 S. 1 GG (→ Rn. 10 ff.) – an eine mögliche Verletzung subjektiver Rechte an; insoweit stellt es ein EU-Annexgrundrecht mit diversen sachlichen Teilgewährleistungen dar, das nur dann aktiviert werden kann, wenn eine Verletzung anderer subjektiver Unionsrechte möglich ist bzw. in vertretbarer und/oder schlüssiger Weise behauptet werden kann (→ Rn. 27). In diesem Fall fungiert das Unionsgrundrecht auf effektiven gerichtlichen Rechtsschutz, dessen vorgenannter Annexcharakter nichts daran ändert, dass sich dieses Grundrecht im Rahmen der Unionsrechtsordnung zunehmend zu einem außerordentlich bedeutsamen Supergrundrecht prozessualer Art entwickelt (→ Rn. 23), zunächst einmal als eine **unionsverfassungsrechtliche Rechtsweggarantie,** die natürlichen und juristischen Personen (→ Rn. 28) zugleich ein Recht auf einen wirksamen bzw. wirkungsvollen gerichtlichen Rechtsbehelf verleiht (→ Rn. 30 ff.). Hierauf lässt sich der sachliche Gewährleistungsgehalt bzw. Schutzbereich dieses Unionsgrundrechts jedoch nicht reduzieren, da es darüber hinaus noch eine **Anzahl weiterer Teilgewährleistungen** einschließt, indem es bestimmten Personen zum einen den unionsverfassungsrechtlichen Anspruch auf Prozesskostenhilfe verleiht (→ Rn. 33), die Gewährleistung einstweiligen bzw. vorläufigen Rechtsschutzes verlangt (→ Rn. 34) und zugleich den unionsverfassungsrechtlichen Anspruch auf zeitnahen Rechtsschutz in angemessener Frist begründet (→ Rn. 35). Zum anderen stellt das Unionsgrundrecht auf effektiven gerichtlichen Rechtsschutz bestimmte Anforderungen an die gerichtliche Kontrolldichte (→ Rn. 36 ff.) sowie an die Begründung verfahrensabschließender Entscheidungen bzw. Beschlüsse und anderer Rechtsakte (→ Rn. 40 ff.). Im Übrigen lässt sich das Unionsgrundrecht auf effektiven gerichtlichen Rechtsschutz vermutlich für die Herleitung

---

[162] In diesem Sinne vgl. auch *Alber* in Stern/Sachs GRCh Art. 47 Rn. 32 f.; *Eser* in NK-EuGRCh GRCh Art. 47 Rn. 17; *Pabel* in Grabenwarter, EnzEur Bd. 2, § 19 Rn. 30.
[163] So auch *Alber* in Stern/Sachs GRCh Art. 47 Rn. 18 f.; *Blanke* in Calliess/Ruffert GRC Art. 47 Rn. 5; Jarass GRCh Art. 47 Rn. 12; *Giegerich/Lauer* ZEuS 2014, 461 (465); *Lemke* in von der Groeben/Schwarze/Hatje GRC Art. 47 Rn. 11; *Nehl* in FK-EUV/GRC/AEUV GRC Art. 47 Rn. 15; *Raschauer/Sander/Schlögl* in Holoubek/Lienbacher, GRC-Kommentar, GRC Art. 47 Rn. 24.

des Grundsatzes des kontradiktorischen Verfahrens (→ Rn. 43) und zweier ebenfalls wichtiger Gebote fruchtbar machen, die auf die Herstellung von Rechtswegklarheit und Kohärenz abzielen (→ Rn. 44).

1. Rechtsweggarantie und Recht auf einen wirksamen Rechtsbehelf. Das zu den 30 allgemeinen Rechtsgrundsätzen der EU iS des Art. 6 Abs. 3 EUV gehörende und zugleich in Art. 47 GRC verankerte Unionsgrundrecht auf effektiven gerichtlichen Rechtsschutz schließt nach der stRspr des Unionsrichters zunächst einmal – ebenso wie Art. 19 Abs. 4 S. 1 GG (→ Rn. 10) und Art. 6 Abs. 1 EMRK (→ Rn. 13) – eine **Rechtsweggarantie iS eines Anspruchs auf Zugang zu dem jeweils zuständigen Gericht** einschließlich eines Rechts auf einen wirksamen Rechtsbehelf ein,[164] welches allerdings nicht mit einer Erfolgsgarantie in der Sache verwechselt werden darf[165] und dem Einzelnen nach stRspr des Unionsrichters auch keinen Anspruch auf Erhalt einer Rechtsbehelfsbelehrung verleiht[166]. Darüber hinaus ist in diesem Zusammenhang anzumerken, dass der unionsverfassungsrechtliche Grundsatz des effektiven gerichtlichen Rechtsschutzes einschließlich der in Art. 47 Abs. 1 GRC verankerten Rechtsweggarantie nach der einschlägigen Rspr. des Unionsrichters **kein Recht auf Zugang zu zwei Gerichtsinstanzen** umfasst.[167] Die gleichwohl überaus bedeutsame Teilgewährleistung des Unionsgrundrechts auf effektiven gerichtlichen Rechtsschutz in Gestalt der Rechtsweggarantie bezieht sich nicht allein auf den gegen Hoheitsakte der Unionsorgane oder Handlungen anderer unionaler Einrichtungen und Stellen gerichteten Rechtsschutz. Vielmehr greift sie auch bei solchen Rechtsverletzungen oder Rechtsbeeinträchtigungen, die einen mitgliedstaatlichen Ursprung haben. Dies verdeutlicht insbes. die Rspr. des Gerichtshofs zu der zunehmend bedeutsamer werdenden Rolle des Art. 47 GRC im Rahmen der mitgliedstaatlichen Verfahrensautonomie (→ Rn. 26; → § 9 Rn. 34 f.) sowie zu den primärrechtlichen Grundfreiheiten, aus der sich ergibt, dass mitgliedstaatliche Maßnahmen, die diese den Binnenmarkt konstituierenden Freiheiten beschränken, im Einklang mit dem Unionsgrundrecht auf effektiven Rechtsschutz grds. immer der gerichtlichen Überprüfung zugänglich sein müssen.[168]

---

[164] Vgl. EuGH 222/84, Slg. 1986, 1651 Rn. 18 – Johnston; EuGH 222/86, Slg. 1987, 4087 Rn. 14 – Heylens ua; EuGH C-97/91, Slg. 1992, I-6313 Rn. 14 – Borelli/Kommission; EuGH C-6/99, Slg. 2000, I-1651 Rn. 54 – Greenpeace France; EuGH C-1/99, Slg. 2001, I-207 Rn. 46 – Kofisa; EuGH C-226/99, Slg. 2001, I-277 Rn. 17 – Siples; EuGH C-424/99, Slg. 2001 I-9285, Rn. 45 – Kommission/Österreich; EuGH C-50/00 P, Slg. 2002, I-6677 Rn. 39 – Unión de Pequeños Agricultores/Rat; EuGH T-177/01, Slg. 2002, II-2365 Rn. 41 – Jégo-Quéré/Kommission; EuGH C-13/01, Slg. 2003, I-8679 Rn. 56 – Safalero; EuG verb. Rs. T-377/00, T-379/00, T-380/00, T-260/01 u. T-272/01, Slg. 2003, II-1 Rn. 121 – Philip Morris/Kommission; EuGH C-327/02, Slg. 2004, I-11055 Rn. 27 – Panayotova ua; EuGH C-198/07 P, Slg. 2008, I-10701 Rn. 45 – Gordon/Kommission; EuGH C-362/06 P, Slg. 2009, I-2903 Rn. 43 – Sahlstedt ua/Kommission; EuGH C-156/12, ECLI:EU:C:2012:342 Rn. 36 – GREP.

[165] In diesem zutr. Sinne vgl. statt vieler *Streinz* in Streinz GRC Art. 47 Rn. 7; sowie EuGH C-93/11 P, ECLI:EU:C:2011:429 Rn. 31 – Verein Deutsche Sprache/Rat, wonach die Wirksamkeit eines Rechtsbehelfs nicht davon abhängt, dass er für den Kläger positiv ausgeht.

[166] Zum Fehlen einer unionsverfassungsrechtlichen Verpflichtung, belastende Entscheidungen mit einer Rechtsbehelfsbelehrung zu versehen, vgl. EuG T-275/97, Slg. 1998, II-253 Rn. 20 – Guérin automobiles EURL/Kommission; bestätigt durch EuGH C-153/98 P, Slg. 1999, I-1441 Rn. 13 ff. – Guérin automobiles EURL/Kommission; sowie EuG T-145/98, Slg. 2000, II-387 Rn. 210 – ADT Projekt Gesellschaft der Arbeitsgemeinschaft Deutscher Tierzüchter mbH/Kommission.

[167] Vgl. EuGH C-169/14, ECLI:EU:C:2014:2099 Rn. 36 – Sánchez Morcillo; EuGH C-181/16, ECLI:EU:C:2018:465 Rn. 57 – Gnandi; EuGH C-180/17, ECLI:EU:C:2018:775 Rn. 30 – X ua; ähnlich bereits EuGH C-69/10, ECLI:EU:C:2011:524 Rn. 69 – Diouf. Zum Tatbestandsmerkmal „Gericht" → Rn. 32.

[168] Vgl. EuGH C-340/89, Slg. 1991, I-2357 Rn. 22 – Vlassopoulou; EuGH C-18/88, Slg. 1991, I-5941 Rn. 34 f. – GB-Inno-BM; EuGH C-19/92, Slg. 1993, I-1663 Rn. 40 – Kraus; EuGH C-387/93, Slg. 1995, I-4663 Rn. 58 – Banchero; EuGH C-54/99, Slg. 2000, I-1335 Rn. 17 – Association Église de scientologie de Paris ua; EuGH C-205/99, Slg. 2001, I-1271 Rn. 38 – Analir ua; EuGH C-157/99, Slg. 2001, I-5473 Rn. 90 – Smits ua; EuGH C-385/99, Slg. 2003, I-4509 Rn. 85 ff. – Müller-Fauré ua; EuGH C-463/00, Slg. 2003, I-4581 Rn. 69 – Kommission/Spanien; EuGH C-95/01, Slg. 2004, I-1333 Rn. 35 – Greenham ua; EuGH C-138/02, Slg. 2004, I-2703 Rn. 72 – Collins; EuGH C-244/06, Slg. 2008, I-505 Rn. 50 – Dynamic Medien; EuGH C-46/08, Slg. 2010, I-8149 Rn. 87 – Carmen Media Group; EuGH C-64/08, Slg. 2010, I-8219 Rn. 55 – Engelmann; EuGH verb. Rs. C-372/09 u. C-373/

§ 55

31   Da Art. 47 GRC auf die **Gewährleistung eines effektiven** *gerichtlichen* **Rechtsschutzes** ausgerichtet ist und Verwaltungsstellen in aller Regel nicht als „Gericht" eingestuft werden können[169], könnte ein etwaiges gesetzgeberisches Angebot ausschließlich behördlicher bzw. verwaltungsinterner Rechtsbehelfe den Anforderungen dieser Bestimmung nicht gerecht werden.[170] Insofern kann dem Art. 47 GRC auch keine Verpflichtung zur **Einführung verwaltungsinterner Rechtsbehelfe** entnommen werden, zu denen bspw. das sog. Beschwerde- bzw. Widerspruchskammermodell im Rahmen des dem EU-Eigenverwaltungsrecht zuzuordnenden EU-Agentursystems[171] gehört.[172] Gegen die Einführung verwaltungsinterner Rechtsbehelfe lässt sich diese Bestimmung jedoch auch nicht ins Feld führen, solange die Inanspruchnahme des gerichtlichen Rechtsschutzes nicht durch derartige Rechtsbehelfe verwaltungsinterner Art in unzulässiger Weise beeinträchtigt bzw. erschwert wird.[173] Dies entspricht nicht nur weitgehend der jüngeren Rspr. des Unionsrichters zum Erfordernis eines außergerichtlichen Streitbeilegungsverfahrens als Zulässigkeitsvoraussetzung einer gerichtlichen Klage[174] und zum **Erfordernis eines Mediationsverfahrens als Zulässigkeitsvoraussetzung einer gerichtlichen Klage**[175], sondern korrespondiert in gewisser Weise zugleich mit der insoweit gefestigten Rechtsprechung des BVerfG, wonach das verwaltungsinterne Widerspruchsverfahren nicht zum gerichtlichen Rechtsschutz gehört, sondern ein rechtfertigungsbedürftiges Hindernis auf dem Weg zum Verwaltungsgericht darstellt.[176]

32   Die durch das Unionsgrundrecht auf effektiven gerichtlichen Rechtsschutz gewährleistete Rechtsweggarantie bezieht sich auf den Zugang zu Gerichten, die den in Art. 47 Abs. 2 GRC geregelten Vorgaben entsprechen. Demnach bezieht sich die hier in Rede stehende Rechtsweg- und Rechtsschutzgarantie zunächst einmal auf Unionsgerichte und mitgliedstaatliche Gerichte, die – im Einklang mit dem Unionsgrundrecht auf ein faires Verfahren (→ § 57) – unabhängig[177], unparteiisch und zuvor durch Gesetz errichtet[178]

09, Slg. 2011, I-1785 Rn. 62 f. – Peñarroja Fa; EuGH C-203/08, Slg. 2011, I-4695 Rn. 50 – Sporting Exchange; EuGH C-244/11, ECLI:EU:C:2012:694 Rn. 35 – Kommission/Griechenland.

[169] Zur mangelnden Gerichtsqualität der Europäischen Kommission vgl. etwa EuG T-441/14, ECLI:EU:T:2018:453 Rn. 40 – Brugg Kabel ua/Kommission. Zu der allerdings insbes. auch für die Vorlageberechtigung iS des Art. 267 AEUV relevanten Bejahung der Gerichtsqualität deutscher Vergabekammern, die an sich der Exekutive zuzuordnen sind, vgl. EuGH C-315/01, Slg. 2003, I-6351 Rn. 25 ff. – GAT; EuGH C-292/15, ECLI:EU:C:2016:817 Rn. 28 ff. – Hörmann Reisen; sowie mwN *Nowak* in HK-VergabeR, 3. Aufl. 2018, GWB § 160 Rn. 4.

[170] Dies ist unstreitig, vgl. nur *Giegerich/Lauer* ZEuS 2014, 461 (466).

[171] Näher zu diesem System vgl. mwN *Nowak* in Leible/Terhechte, EnzEuR Bd. 3, § 3 Rn. 28 ff.

[172] Näher dazu vgl. *Chirulli/De Lucia* ELR 40 (2015), 832 ff.; *Dammann*, Die Beschwerdekammern der europäischen Agenturen, 2004, S. 21 ff.; *Krämer*, Rechtsschutz im EG-Eigenverwaltungsrecht zwischen Einheitlichkeit und sektorieller Ausdifferenzierung – Eine Untersuchung unter besonderer Berücksichtigung des Gemeinschaftsmarkenrechts, 2007, S. 103 ff.; *Meyer* in Leible/Terhechte, EnzEuR Bd. 3, § 38 Rn. 42 ff.; *Siegel* EuZW 2008, 141 ff.; *Streckert*, Verwaltungsinterner Unionsrechtsschutz – Kohärenter Rechtsschutz durch Einführung eines Widerspruchkammermodells für die Europäische Kommission, 2016, S. 44 ff., 86 f.; *Sydow/Neidhardt*, Verwaltungsinterner Rechtsschutz – Möglichkeiten und Grenzen in rechtsvergleichender Perspektive, 2007, S. 123 ff.; *Tišler* ZEuS 2014, 377 (391, 404).

[173] Ähnlich *Eser* in NK-EuGRCh GRCh Art. 47 Rn. 11; *Potacs* FS J. Schwarze, 2014, 717 (720 ff.). Zu der weiteren Frage, unter welchen genauen Voraussetzungen eine in den Schutzbereich des Art. 47 GRC eingreifende Regelung, die als eine Vorbedingung für die Erhebung einer Klage die Pflicht zur Ausschöpfung verfügbarer Verwaltungsrechtsbehelfe vorsieht, im Lichte des Art. 52 Abs. 1 GRC als rechtmäßig einzustufen ist, vgl. EuGH C-73/16, ECLI:EU:C:2017:725 Rn. 54 ff. – Puškár, mAnm *Ellingsen* CMLR 55 (2018), 1879 ff. Näher zur Schrankensystematik des Unionsgrundrechts auf effektiven gerichtlichen Rechtsschutz → Rn. 48 ff.

[174] Vgl. EuGH verb. Rs. C-317/08 bis C-320/08, Slg. 2010, I-2213 Rn. 52 ff. – Alassini.

[175] Vgl. EuGH C-75/16, ECLI:EU:C:2017:457 Rn. 61 – Menini ua; mAnm *Kramme* GPR 2018, 83 ff.

[176] Vgl. BVerfGE 35, 65 (73); BVerfGE 60, 253 (290 f).

[177] Instruktiv zur herausragenden Bedeutung der hier in Rede stehenden Unabhängigkeit im Rechtsschutzkontext vgl. EuGH C-64/16, ECLI:EU:C:2018:117 Rn. 41 ff. – Associação Sindical dos Juízes Portugueses, mAnm *Pech/Platon* CMLR 55 (2018), 1827 ff.; sowie → § 57 Rn. 32 f.

[178] Zu der bereits seit geraumer Zeit und auch nach wie vor kontrovers diskutierten Frage, ob sich aus dieser Bestimmung oder aus anderen Rechtsquellen ein dem Art. 101 Abs. 1 S. 2 GG vergleichbares oder ähnliches Unionsgrundrecht auf den gesetzlichen Richter herleiten lässt, vgl. *Grzybek* S. 84 ff.; *Gundel* EuR Beih. 3/

worden sind[179] und im Übrigen den auf den hier in Rede stehenden **„Gerichts"-Begriff** bezogenen Kriterien (gesetzliche Grundlage der Einrichtung; ständiger Charakter; obligatorische Gerichtsbarkeit; streitiges Verfahren; Anwendung von Rechtsnormen durch die Einrichtung sowie deren Unabhängigkeit) entsprechen müssen, die der Unionsrichter in Anlehnung an seine etablierte Rspr. zu den vorlageberechtigten und vorlageverpflichteten Gerichten iS des Art. 267 AEUV[180] auch für die von dem Unionsgrundrecht auf effektiven gerichtlichen Rechtsschutz erfasste Rechtsweg- und Rechtsschutzgarantie festgelegt hat.[181] Darüber hinaus bezieht sich die durch das Unionsgrundrecht auf effektiven gerichtlichen Rechtsschutz gewährleistete Rechtsweg- und Rechtsschutzgarantie nicht nur auf den maßnahmespezifischen **Primärrechtsschutz,** sondern auch auf den **Sekundärrechtsschutz** in Gestalt der Durchsetzung unionsrechtlich und/oder innerstaatlich begründeter Schadensersatzansprüche.[182] Den engen Zusammenhang zwischen dem Unionsgrundrecht auf effektiven gerichtlichen Rechtsschutz und dem Sekundärrechtsschutz verdeutlicht insbes. das *Köbler*-Urteil des EuGH,[183] in dem es um den seinerzeit im *Francovich*-Urteil[184] anerkannten und in zahlreichen nachfolgenden Urteilen konkretisierten und fortentwickelten Staatshaftungsanspruch[185] geht, der dann greift, wenn ein Mitgliedstaat in hinreichend qualifizierter Weise gegen eine Unionsrechtsnorm verstoßen hat, die bezweckt, dem Einzelnen Rechte zu verleihen, und wenn zwischen diesem Verstoß und dem einem Einzelnen entstandenen Schaden ein unmittelbarer Kausalzusammenhang besteht.[186] In diesem *Köbler*-Urteil stellte der Gerichtshof nämlich fest, dass der Schutz der Rechte des Einzelnen, der sich auf das Gemeinschafts- bzw. Unionsrecht beruft, zwingend verlangt, dass diesem das Recht zustehen muss, vor einem nationalen Gericht den Ersatz des Schadens zu verlangen, der auf die Verletzung seiner Rechte durch eine Entscheidung eines letztinstanzlichen Gerichts zurückzuführen ist.[187] Insoweit kann der grds. verschuldensunabhängige **Staatshaftungsanspruch iS der *Francovich*-Rechtsprechung** durchaus als eine spezielle Teilgewährleistung des Unionsgrundrechts auf effektiven Rechtsschutz eingeordnet werden,[188] während die gegen unionsrechtswidrige Handlungen und/oder Unter-

---

2008, 23 (32); *Kern* ZZP 130 (2017), 91 (114 f.); *Nehl* in FK-EUV/GRC/AEUV GRC Art. 47 Rn. 59; *Pechstein,* EU-Prozessrecht, S. 59; *Puttler* EuR Beih. 3/2008, 133 (146 f.); *Schmid* ZÖR 2015, 541 ff.

[179] Zutr. *Schmidt-Aßmann,* Kohärenz und Konsistenz des Verwaltungsrechtsschutzes, S. 52; näher zu den hier in Rede stehenden Anforderungen an die entscheidende Instanz → § 57 Rn. 32 f.

[180] Vgl. dazu etwa EuGH C-210/06, Slg. 2008, I-9641 Rn. 54 ff. – Cartesio; EuGH C-92/00, Slg. 2002, I-5553 Rn. 25 – Hospital Ingenieure Krankenhaustechnik Planungs-Gesellschaft/Stadt; EuGH C-555/13, ECLI:EU:C:2014:92 Rn. 15 ff. – Merck Canada; zu diesem dbzgl. Vorgaben des Gerichtshofs vgl. *Pechstein/Görlitz* in FK-EUV/GRC/AEUV AEUV Art. 267 Rn. 37 ff.

[181] Grdlg. dazu vgl. EuGH C-506/04, Slg. 2006, I-8613 Rn. 47 ff. – Wilson.

[182] In diesem Sinne vgl. auch *Rengeling* FS J. Schwarze, 2014, 735 (743).

[183] EuGH C-224/01, Slg. 2003, I-10239 ff. – Köbler; näher zum Urteil vgl. *Classen* CMLR 41 (2004), 813 ff.; *Davies* ICLQ 61 (2012), 585 (595 ff.); *Gundel* EWS 2004, 8 ff.; *Kluth* DVBl 2004, 393 ff.; *Storr* DÖV 2004, 545 ff.; *Streinz* JuS 2004, 425 ff.; *Wegener* EuR 2004, 84 ff.; das *Köbler*-Urt. bestätigend vgl. etwa EuGH C-173/03, Slg. 2006, I-5177 Rn. 24 ff. – Traghetti del Mediterraneo; mAnm *Lindner* BayVBl. 2006, 696 f.; *Seegers* EuZW 2006, 564 ff.; *Streinz* JuS 2007, 68 ff.

[184] EuGH verb. Rs. C-6/90 u. C-9/90, Slg. 1991, I-5357 ff. – Francovich ua.

[185] Vgl. etwa EuGH verb. Rs. C-46/93, C-48/93, Slg. 1996, I-1029 ff. – Brasserie du pêcheur ua; EuGH C-392/93, Slg. 1996, I-1631 ff. – British Telecommunications; EuGH C-5/94, Slg. 1996, I-2553 ff. – Hedley Lomas; EuGH verb. Rs. C-178/94, C-179/94, C-188/94, C-189/94 u. C-190/94, Slg. 1996, I-4845 ff. – Dillenkofer ua; EuGH C-127/95, Slg. 1998, I-1531 ff. – Norbrook Laboratories; EuGH C-302/97, Slg. 1999, I-3099 ff. – Konle; EuGH C-424/97, Slg. 2000, I-5123 ff. – Haim; EuGH C-173/03, Slg. 2006, I-5177 Rn. 46 – Traghetti del Mediterraneo; EuGH C-452/06, Slg. 2008, I-7681 Rn. 35 ff. – Synthon; jew. mwN *Armbrüster/Kämmerer* NJW 2009, 3601 ff.; *Frenz/Götzkes* JA 2009, 759 ff.; *Terhechte* in FK-EUV/GRC/AEUV AEUV Art. 340 Rn. 45 ff.

[186] Vgl. nur EuGH C-224/01, Slg. 2003, I-10239 Rn. 30 ff. – Köbler; sowie BGH 22.1.2009 – III ZR 233/07, EuZW 2009, 787 (788), mit dem zutr. Hinweis, dass die Feststellung, ob diese Voraussetzungen vorliegen, unter Beachtung der vom EuGH entwickelten Leitlinien den nationalen Gerichten obliegt.

[187] Vgl. etwa EuGH C-224/01, Slg. 2003, I-10239 Rn. 36 – Köbler.

[188] So auch *Rengeling* FS J. Schwarze, 2014, 735 (743); ähnlich vgl. GA *Léger,* SchlA C-224/01, Slg. 2003, I-10239 Rn. 35 – Köbler; sowie *Hofmann,* Rechtsschutz und Haftung im Europäischen Verwaltungsverbund, 2004, S. 351.

lassungen gerichtete **außervertragliche Haftung** iS der Art. 268 AEUV iVm Art. 340 Abs. 2 AEUV gemäß Art. 41 Abs. 3 GRC vom Unionsgrundrecht auf eine gute Verwaltung (→ § 61) erfasst wird. Gleichwohl ist die Gewährleistung eines möglichst effektiven Sekundärrechtsschutzes gegen bestimmte Handlungen oder Unterlassungen der Unionsorgane zugleich auch eine bedeutsame **Teilgewährleistung des Unionsgrundrechts auf effektiven Rechtsschutz.** Dies verdeutlicht bspw. das Urteil des Unionsrichters in der Rechtssache *Masdar,* in dem entschieden wurde, dass eine Auslegung oder Handhabung der in Art. 268 AEUV iVm Art. 340 Abs. 2 und 3 AEUV geregelten Amtshaftungsklage, welche die Möglichkeit, eine auf ungerechtfertigte Bereicherung gestützte Klage gegen die Gemeinschaft [jetzt: Union] zu erheben, verwehren würde, dem in Art. 47 GRC verankerten Unionsgrundrecht auf effektiven gerichtlichen Rechtsschutz widerspräche.[189]

33 **2. Anspruch auf Prozesskostenhilfe.** Die durch das Unionsgrundrecht auf effektiven gerichtlichen Rechtsschutz gewährleistete Rechtsweg- und Rechtsschutzgarantie (→ Rn. 30–32) wird zusätzlich durch den in Art. 47 Abs. 3 GRC explizit angesprochenen Anspruch auf Prozesskostenhilfe abgesichert. Dies ist aus sozialen und rechtsstaatlichen Gründen nur zu begrüßen, da ein solcher Anspruch im Bedarfsfall eine **unverzichtbare unionsverfassungsrechtliche Absicherung des tatsächlichen Zugangs zu Gericht** ist. Dies sieht der Unionsrichter im Prinzip genauso, wenn er etwa ausführt, dass die Einreichung eines Antrags auf Prozesskostenhilfe eine Vorbedingung für die Gewährleistung eines effektiven Zugangs zu den Gerichten darstellt.[190] Die Aufnahme des Prozesskostenhilfeanspruchs in die EU-Grundrechtecharta, der als Annexgewährleistung und/oder als spezifische Ausprägung der in Art. 47 Abs. 1 GRC verankerten Rechtsweggarantie einschließlich des Anspruchs auf einen wirksamen gerichtlichen Rechtsbehelf eingestuft werden kann,[191] vermag nicht zu überraschen, da auch einige mitgliedstaatliche Verfassungsordnungen entsprechende Ansprüche kennen[192] und der Straßburger EGMR bereits entschieden hat, dass aus Art. 6 Abs. 1 EMRK im Einzelfall die Verpflichtung des Staates folgen kann, dem Rechtsschutzsuchenden unentgeltlich die Hilfe eines Anwalts zur Verfügung zu stellen, wenn dies unerlässlich ist, um einen wirksamen Zugang zu Gericht zu gewährleisten.[193] Vor diesem Hintergrund können die in den Verfahrensordnungen des EuGH und des EuG enthaltenen Regelungen betreffend die Prozesskostenhilfe[194] ähnlich wie auch die in der Richtlinie 2003/8/EG enthaltenen Mindestvorschriften für die Prozesskostenhilfe in Zivil- und Handelssachen[195] und die in der weiteren Prozesskostenhilfe-

---

[189] Vgl. EuGH C-47/07 P, Slg. 2008, I-9761 Rn. 50 – Masdar/Kommission.
[190] So vgl. etwa EuGH C-670/15, ECLI:EU:C:2017:594 Rn. 35 – Šalplachta.
[191] In diesem Sinne vgl. auch EuGH C-156/12, ECLI:EU:C:2012:342 Rn. 37 – GREP; sowie *Nehl* in FK-EUV/GRC/AEUV GRC Art. 47 Rn. 14; *Rengeling* FS J. Schwarze, 2014, 735 (744).
[192] Für das deutsche Verfassungsrecht vgl. etwa BVerfGE 81, 347 (356 f.), wonach es im Lichte des aus Art. 3 Abs. 1 GG iVm dem Rechtsstaatsprinzip abzuleitenden Gebots der Rechtsschutzgleichheit geboten ist, Vorkehrungen zu treffen, die auch „Unbemittelten" einen weitgehend gleichen Zugang zu Gericht ermöglichen; so auch oder sehr ähnlich vgl. BVerfGE 50, 217 (231); BVerfGE 51, 295 (302); BVerfGE 92, 122 (124), BVerfGE NJW 2000, 1936 (1937); BVerfGE NJW 2005, 3489 (3490); zur früher vorherrschenden Herleitung dieses Gebots der Rechtsschutzgleichheit aus Art. 3 Abs. 1 GG iVm dem Sozialstaatsprinzip vgl. BVerfGE 9, 124 (131); BVerfGE 22, 83 (86); BVerfGE 63, 380 (394); BVerfGE 78, 104 (117 f.).
[193] Vgl. nur EGMR 9.101979 – 6289/73, EuGRZ 1979, 626 (626) – Airey/Irland; EGMR 15.2.2005 – 68416/01, NJW 2006, 1255 (1256) – Steel u. Morris/Vereinigtes Königreich.
[194] Vgl. die Art. 115–118 u. 185–189 der Verfahrensordnung des Gerichtshofes (EuGHVfO) idF v. 25.9.2012 (ABl. 2012 L 265, 1 ff.); sowie die Art. 146–150 der Verfahrensordnung des Gerichts (EuGVfO) vom 4.3.2015 (ABl. 2015 L 105, 1 ff.); näher zu diesen Bestimmungen vgl. *Wägenbaur* S. 236 ff., 323 ff. u. 571 ff.
[195] RL 2003/8/EG des Rates v. 27. Januar 2003 zur Verbesserung des Zugangs zum Recht bei Streitsachen mit grenzüberschreitendem Bezug durch Festlegung gemeinsamer Mindestvorschriften für die Prozesskostenhilfe in derartigen Streitsachen, ABl. 2003 L 26, 41 ff., berichtigt in ABl. 2003 L 32, 15; zur Auslegung maßgeblicher Bestimmungen dieser Richtlinie vgl. etwa EuGH C-670/15, ECLI:EU:C:2017:594 Rn. 24 ff. – Šalplachta.

Richtlinie (EU) 2016/1919[196] enthaltenen Regelungen durchaus als „unterfassungsrechtliche" Konkretisierungen und/oder als **sekundärrechtliche Ausformungen des unionsgrundrechtlichen Anspruchs auf Prozesskostenhilfe** und der dadurch sichergestellten Rechtsschutzgleichheit angesehen werden.[197]

3. Einstweiliger bzw. vorläufiger Rechtsschutz. Nach stRspr der Unionsgerichte und nach vorherrschender Auffassung im einschlägigen Schrifttum schließt die unionsgrundrechtliche Rechtsweg- und Rechtsschutzgarantie – ähnlich wie Art. 19 Abs. 4 S. 1 GG – die sowohl auf der Ebene des zentralen Individualrechtsschutzes als auch auf der Ebene des dezentralen Individualrechtsschutzes[198] zu beachtende Gewährleistung einstweiligen bzw. vorläufigen Rechtsschutzes ein.[199] Auf der **Ebene des zentralen Individualrechtsschutzes** vor den Unionsgerichten ieS wird diese aus dem Unionsgrundrecht auf effektiven Rechtsschutz abzuleitende Gewährleistung durch drei verschiedene Verfahren des einstweiligen bzw. vorläufigen Rechtsschutzes realisiert, die sich auf die vorläufige Aussetzung eines Hoheitsaktes auf der Grundlage des Art. 278 AEUV, auf den Erlass einstweiliger Anordnungen gemäß Art. 279 AEUV sowie auf die vorläufige Aussetzung der Zwangsvollstreckung iS des Art. 299 Abs. 4 AEUV beziehen. Auf der **Ebene des dezentralen Individualrechtsschutzes** vor mitgliedstaatlichen Gerichten richten sich die Möglichkeiten und Grenzen des einstweiligen Rechtsschutzes hingegen nach den einschlägigen innerstaatlichen Bestimmungen, die allerdings unter Beachtung unionsrechtlicher Vorgaben in rechtsschutzeffektuierender Weise anzuwenden und auszulegen sind (→ Rn. 26), sofern dem keine gegenläufigen und gleichrangigen Belange der Union entgegenstehen.[200] Im

---

[196] RL (EU) 2016/1919 des EP und des Rates v. 26. Oktober 2016 über Prozesskostenhilfe für Verdächtige und beschuldigte Personen im Strafverfahren sowie für gesuchte Personen in Verfahren zur Vollstreckung eines Europäischen Haftbefehls, ABl. 2016 L 297, 1 ff.

[197] In diesem Sinne vgl. auch den 5. Erwägungsgrund der RL 2003/8/EG des Rates v. 27. Januar 2003 zur Verbesserung des Zugangs zum Recht bei Streitsachen mit grenzüberschreitendem Bezug durch Festlegung gemeinsamer Mindestvorschriften für die Prozesskostenhilfe in derartigen Streitsachen (ABl. 2003 L 26, 41 ff., berichtigt in ABl. 2003 L 32, 15), wo es heißt: „Diese Richtlinie zielt darauf ab, die Anwendung der Prozesskostenhilfe in Streitsachen mit grenzüberschreitendem Bezug für Personen zu fördern, die nicht über ausreichende Mittel verfügen, soweit diese Hilfe erforderlich ist, um den Zugang zu den Gerichten wirksam zu gewährleisten. Das allgemein anerkannte Recht auf Zugang zu den Gerichten wird auch in Artikel 47 [GRC] bestätigt"; speziell auf Art. 47 Abs. 3 GRC Bezug nehmend vgl. den 3. Erwägungsgrund der RL (EU) 2016/1919 des EP und des Rates v. 26. Oktober 2016 über Prozesskostenhilfe für Verdächtige und beschuldigte Personen im Strafverfahren sowie für gesuchte Personen in Verfahren zur Vollstreckung eines Europäischen Haftbefehls, ABl. 2016 L 297, 1 ff.

[198] Näher zu diesen beiden Rechtsschutzebenen sowie zu den zwischen ihnen bestehenden Wechselwirkungen und Interdependenzen vgl. *Nowak* EuR 2000, 724 ff.; *Nowak* in HdB-EUVerwR, 2. Aufl. (iErsch), § 12 Rn. 26 ff., 80 ff.; sowie → § 11 Rn. 8 ff.

[199] Zu der vom EuGH aus dem Unionsgrundrecht auf effektiven gerichtlichen Rechtsschutz abgeleiteten Notwendigkeit, dem Einzelnen auf der Ebene des zentralen Individualrechtsschutzes vorläufigen Rechtsschutz zu gewähren, vgl. nur EuGH C-399/95 P, Slg. 1996, I-2441 Rn. 46 – Deutschland/Kommission; EuGH C-393/96 P, Slg. 1997, I-441 Rn. 36 – Antonissen/Rat ua; zu der aus diesem Unionsgrundrecht ebenfalls abzuleitenden Notwendigkeit der Gewährleistung einstweiligen Rechtsschutzes auf der dezentralen Rechtsschutzebene vgl. EuGH C-213/89, Slg. 1990, I-2433 Rn. 21 f. – Factortame ua; EuGH C-1/99, Slg. 2001, I-207 Rn. 48 – Kofisa. Dass diese unionsverfassungsrechtliche Rechtsschutzgarantie nach der EuGH-Rspr. auch die Gewährleistung vorläufigen bzw. einstweiligen Rechtsschutzes umfasst, ist im Schrifttum weitgehend unstreitig, vgl. nur *Dörr* DVBl 2006, 1088 (1089); *Jantscher* in Kahl/Raschauer/Storr S. 43 ff.; *Kadelbach* in Schmidt-Aßmann/Hoffmann-Riem S. 205 (240); *Potacs* FS J. Schwarze, 2014, 717 (732); *Rengeling* FS J. Schwarze, 2014, 735 (744 f.); *Schmidt-Aßmann*, Kohärenz und Konsistenz des Verwaltungsrechtsschutzes, S. 54; *Classen* in HdB-EuropaR § 4 Rn. 82, der den einstweiligen Rechtsschutz im europarechtlichen Kontext ebenfalls als ein „Grundelement effektiven Rechtsschutzes" begreift; zum einstweiligen Rechtsschutz als Teilgewährleistung auch des Art. 19 Abs. 4 S. 1 GG vgl. etwa BVerfGE 37, 150 (152 f.); BVerfGE 40, 237 (257); BVerfGE 51, 268 (284 f.); BVerfGE 67, 43 (58); BVerfGE 79, 69 (74); BVerfGE 93, 1 (13 f.); BVerfG JA 2017, 952 f.

[200] Zu diesen unionsverfassungsrechtlichen Vorgaben für die Ausgestaltung des einstweiligen Rechtsschutzes auf der dezentralen Ebene vor mitgliedstaatlichen Gerichten vgl. insbes. EuGH C-217/88, Slg. 1990, I-2879 Rn. 26 ff. – Kommission/Deutschland; EuGH verb. Rs. C-143/88 u. C-92/89, Slg. 1991, I-415 Rn. 23 ff. – Zuckerfabrik Süderdithmarschen ua; EuGH C-465/93, Slg. 1995, I-3761 Rn. 27 ff. – Atlanta

Übrigen müssen die mitgliedstaatlichen Gerichte in diesem Kontext beachten, dass sich aus sekundärrechtlich geregelten Rechtsschutzansprüchen und/oder Rechtsschutzgewährleistungsaufträgen bzw. -geboten (→ Rn. 3) iVm dem in Art. 47 GRC verankerten Unionsgrundrecht auf effektiven gerichtlichen Rechtsschutz, in dessen Licht die vorgenannten Ansprüche, Aufträge und Gebote auszulegen sind (→ Rn. 26), in bestimmten Konstellationen sogar ableiten lässt, dass ein Rechtsbehelf notwendigerweise **aufschiebende Wirkung** haben muss. Dies gilt nach Auffassung des Unionsrichters bspw. dann, wenn der Rechtsbehelf gegen eine auf dem Gebiet des Asylrechts oder Flüchtlingsrechts erlassene Rückkehrentscheidung gerichtet ist, deren Vollzug geeignet ist, den betroffenen Drittstaatsangehörigen einer ernsthaften Gefahr der Todesstrafe, der Folter oder einer anderen unmenschlichen oder erniedrigenden Behandlung oder Strafe auszusetzen.[201]

35 **4. Anspruch auf zeitnahen Rechtsschutz in angemessener Frist.** Das Unionsgrundrecht auf effektiven Rechtsschutz schließt nach der stRspr der Unionsgerichte den auch in zahlreichen mitgliedstaatlichen Verfassungsordnungen anerkannten Anspruch auf zeitnahen gerichtlichen Rechtsschutz bzw. auf gerichtlichen Rechtsschutz in angemessener Frist ein,[202] wobei die angemessene Dauer eines Verfahrens in Anlehnung an die einschlägige EGMR-Rechtsprechung zu dem in Art. 6 Abs. 1 EMRK niedergelegten Anspruch auf eine gerichtliche Entscheidung in angemessener Frist[203] nach den „Umständen jeder einzelnen Rechtssache" – dh insbes. nach den Interessen der Beteiligten, der Komplexität der Rechtssache und dem Verhalten der Parteien – zu bestimmen ist. Eine Verletzung dieses explizit auch in Art. 47 Abs. 2 GRC angesprochenen Rechts, das als eine **zeitdimensionale Teilgewährleistung des Unionsgrundrechts auf effektiven gerichtlichen Rechtsschutz** eingeordnet werden kann, begründet eine außervertragliche Haftung der Europäischen Union, sofern auch alle anderen Anspruchsvoraussetzungen erfüllt sind, von denen die Begründetheit der in Art. 268 AEUV iVm Art. 340 Abs. 2 und 3 AEUV geregelten Amtshaftungsklage abhängt.[204] Diese zeitdimensionale Teilgewährleistung des Unionsgrundrechts auf effektiven Rechtsschutz, der auf der verwaltungsverfahrensrechtlichen Ebene ua durch das relativ junge Vergleichsverfahren bzw. „settlement procedure" in Kartellsachen[205] sowie auf der verwaltungs- bzw. strafgerichtlichen Ebene durch das Eilvor-

---

Fruchthandelsgesellschaft; EuGH C-68/95, Slg. 1996, I-6065 Rn. 46 ff. – T. Port; näher zu diesem Komplex vgl. auch mwN *Jantscher* in Kahl/Raschauer/Storr S. 43 ff.
[201] Vgl. EuGH C-239/14, ECLI:EU:C:2015:824 Rn. 58 – Tall; EuGH C-181/16 ECLI:EU:C:2018:465 Rn. 54 ff. – Gnandi; EuGH C-180/17, ECLI:EU:C:2018:775 Rn. 28 f. – X ua.
[202] Grdlg. EuGH C-185/95 P, Slg. 1998, I-8417 Rn. 26 ff. – Baustahlgewebe/Kommission; ua bestätigt in EuGH C-270/99 P, Slg. 2001, I-9197 Rn. 24 f. – Z/EP; EuGH verb. Rs. C-238/99 P, C-244/99 P, C-245/99 P, C-247/99 P, C-250/99 P, C-251/99 P, C-252/99 P u. C-254/99 P, Slg. 2002, I-8375 Rn. 207 – Limburgse Vinyl Maatschappij ua/Kommission; näher zu dieser Rspr. vgl. etwa *Abetz* S. 75; *Dörr* EuGRZ 2008, 349 (350); *Schlette* EuGRZ 1999, 369 ff.; *Ottaviano* S. 23 ff; zu dem auch durch Art. 19 Abs. 4 S. 1 GG gewährleisteten (zeitnahen) Rechtsschutz in angemessener Frist vgl. etwa BVerfGE 35, 382 (405); BVerfGE 93, 1 (13); BVerfG NJW 2001, 216; BVerfG EuGRZ 2005, 266 (267).
[203] Vgl. etwa EGMR 26.10.2000 – 30210/96, NJW 2001, 2694 (2697) – Kudla/Polen; EGMR 18.10.2001 – 42505/98, EuGRZ 2002, 585 (587) – Mianowicz/Deutschland; EGMR 8.1.2004 – 47169/99, NJW 2005, 41 (43) – Voggenreiter/Deutschland; EGMR 20.1.2005 – 64387/01, EuGRZ 2005, 121 (123) – Uhl/Deutschland; EGMR 26.11.2009 – 54215/08, EuGRZ 2009, 563 (565) – Abduvalieva/Deutschland; EGMR 2.9.2010 – 46344/06, EuGRZ 2010, 700 (702 f.) – Rumpf/Deutschland.
[204] Zur außervertraglichen Haftung der EU wegen überlanger Verfahrensdauer vgl. EuGH C-40/12 P, ECLI:EU:C:2013:768 Rn. 89 f. – Gascogne Sack Deutschland/Kommission; EuGH C-608/13 P, ECLI:EU:T:2016:414 Rn. 64 ff. – CEPSA/Kommission; EuGH C-519/15 P, ECLI:EU:T:2016:682 Rn. 59 ff. – Trafilerie Meridionali/Kommission; EuG T-577/14, ECLI:EU:T:2017:1 Rn. 59 ff. – Gascogne Sack Deutschland ua/EU; EuGH C-85/15 P, ECLI:EU:C:2017:709 Rn. 54 – Feralpi Holding/Kommission.
[205] Näher dazu vgl. die Verordnung (EG) Nr. 622/2008 der Kommission v. 30. Juni 2008 zur Änderung der Verordnung (EG) Nr. 773/2004 hinsichtlich der Durchführung von Vergleichsverfahren in Kartellfällen, ABl. 2008 L 171, 3 ff.; sowie *Horányi* ZEuS 2008, 663 ff.; *Frenz/Bresges* EWS 2012, 72 ff.; *Köster* EuZW 2015, 575 ff.

abentscheidungsverfahren nach Art. 267 Abs. 4 AEUV[206] iVm Art. 23a EuGH-Satzung iVm Art. 107 ff. EuGHVfO sowie durch das im EU-Prozessrecht ebenfalls zur Verfügung stehende beschleunigte Verfahren nach Art. 23a EuGH-Satzung iVm Art. 105 f. EuGHVfO[207] Rechnung getragen wird, entspricht auf der verwaltungsverfahrensrechtlichen Ebene der von den Unionsgerichten ebenfalls anerkannte **Grundsatz der zügigen Verfahrensdurchführung,** aus dem sich ergibt, dass die von der Europäischen Kommission durchgeführten Verwaltungsverfahren bspw. im Anwendungsbereich des EU-Wettbewerbsverfahrensrechts eine von den Besonderheiten des Einzelfalls abhängige angemessene Dauer nicht überschreiten dürfen.[208]

5. Anforderungen an die gerichtliche Kontrolldichte. Während das BVerfG bereits in zahlreichen Entscheidungen deutlich machen konnte, dass die in Art. 19 Abs. 4 S. 1 GG niedergelegte Rechtsweg- und Rechtsschutzgarantie ua eine grds. vollständige gerichtliche Nachprüfung von Maßnahmen der öffentlichen Gewalt in tatsächlicher und rechtlicher Hinsicht gebietet,[209] sind Entscheidungen, in denen die Unionsgerichte explizit zu den aus dem Unionsgrundrecht auf effektiven gerichtlichen Rechtsschutz ableitbaren Kontrolldichteanforderungen[210] an die mitgliedstaatlichen Gerichte und an sich selbst Stellung genommen haben, zunächst selten geblieben. Gleichwohl lässt sich aus einigen jüngeren Urteilen der Unionsgerichte immerhin bereits ableiten, dass die von der unionsgrundrechtlichen Rechtsweg- und Rechtsschutzgarantie angesprochenen Gerichte der EU und ihrer Mitgliedstaaten auf der zentralen und dezentralen Rechtsschutzebene grds. die Befugnis haben müssen, alle für die bei ihnen anhängigen Streitigkeiten relevanten Tatsachen und Rechtsfragen zu prüfen[211] bzw. alle rechtlichen und tatsächlichen Gesichtspunkte zu überprüfen, die für das Vorliegen einer das Unionsgrundrecht auf effektiven gerichtlichen Rechtsschutz aktivierenden Verletzung subjektiver Unionsrechte (→ Rn. 27) maßgeblich sind.[212] Aus dieser Rspr. sowie aus einigen anderen für die **Existenz eines unionsrechtlichen Grundsatzes der möglichst umfassenden bzw. unbeschränkten gerichtlichen Überprüfung unionsrechtsbezogenen Handelns** sprechenden Urteilen[213] dürfte sich zunächst

36

---

[206] Nach dieser Norm hat der EuGH im Rahmen des Vorabentscheidungsverfahrens innerhalb kürzester Frist zu entscheiden, wenn ihn ein einzelstaatliches Gericht in einem Verfahren befragt, das eine inhaftierte Person betrifft.

[207] Näher zu den hier angesprochenen Eil- und Beschleunigungsverfahren vgl. jeweils mwN *Barbier de la Serre* CMLR 43 (2006), 783 ff.; *Bartolini* EPL 24 (2018), 213 ff.; *Dörr* EuGRZ 2008, 349 (352 ff.); *Frenz*, HdbEuR Bd. 5, Rn. 2505 ff.; *Lumma* EuGRZ 2008, 381 ff.; *Pechstein/Görlitz* in FK-EUV/GRC/AEUV AEUV Art. 267 Rn. 107 ff.; *Sladič* EuZW 2005, 712 ff. Zur Praxisrelevanz des beschleunigten Vorabentscheidungsverfahrens vgl. exemplarisch EuGH C-670/16, ECLI:EU:C:2017:120 – Mengesteab, mAnm *Huber* NVwZ 2017, 870 f.; *Thym* CMLR 55 (2018), 549 ff.

[208] Vgl. EuG verb. Rs. T-213/95 u. T-18/96, Slg. 1997, II-1739 Rn. 53 ff. – SCK u. FNK/Kommission; EuGH C-185/95 P, Slg. 1998, I-8417 Rn. 21 – Baustahlgewebe/Kommission; EuGH C-105/04 P, Slg. 2006, I-8725 Rn. 35 ff. – Nederlandse Federatieve Vereniging voor de Groothandel op Elektrotechnisch Gebied ua/Kommission; EuGH C-113/04 P, Slg. 2006, I-8831 Rn. 40 ff. – Technische Unie BV/Kommission; EuGH C-167/04 P, Slg. 2006, I-8935 Rn. 60 ff. – JCB Service/Kommission; EuG T-52/03, Slg. 2008, II-115 Rn. 478 ff. – Knauf Gips KG/Kommission; EuG T-475/14, ECLI:EU:T:2018:448 Rn. 80 ff. – Prysmian ua/Kommission.

[209] Vgl. etwa BVerfGE 15, 275 (282); BVerfGE 31, 113 (117); BVerfGE 35, 263 (274); BVerfGE 51, 268 (284); BVerfGE 51, 304 (312); BVerfGE 67, 43 (58); BVerfGE 73, 339 (373); BVerfGE 84, 34 (49); BVerfGE 84, 59 (77); BVerfGE 101, 106 (123); BVerfGE 103, 142 (156); BVerfG DVBl 2019, 42 (45); näher zu dieser gefestigten Rspr.-linie vgl. statt vieler *Schulze-Fielitz* in Dreier GG Art. 19 IV Rn. 116.

[210] Näher zu den aus dem Unionsgrundrecht auf effektiven gerichtlichen Rechtsschutz ableitbaren Kontrolldichteanforderungen vgl. auch *Frenz*, HdbEuR Bd. 4, Rn. 5054 f.; *Jarass* GRCh Art. 47 Rn. 30; *Nehl* in FK-EUV/GRC/AEUV GRC Art. 47 Rn. 39 ff.; *Rademacher* JuS 2018, 337 (340); *Rengeling* FS J. Schwarze, 2014, 735 (746).

[211] In diesem Sinne vgl. EuGH C-199/11, ECLI:EU:C:2012:684 Rn. 49 – Otis ua; EuGH C-501/11 P, ECLI:EU:C:2013:522 Rn. 37 f. – Schindler Holding ua; EuGH C-300/14, ECLI:EU:C:2015:825 Rn. 38 – Imtech Marine Belgium.

[212] Vgl. EuGH 222/84, Slg. 1986, 1651 Rn. 13 ff. – Johnston.

[213] Exemplarisch vgl. EuGH 222/86, Slg. 1987, 4097 Rn. 14 ff. – Heylens ua; EuGH C-99/17 P, ECLI:EU:C:2018:773 Rn. 1945 – Infineon Technologies/Kommission.

einmal herleiten lassen, dass weder tatsächliche noch rechtliche Fragen, die für die Verwirklichung einer unionsrechtlichen Rechtsposition maßgeblich sind, einer gerichtlich nicht überprüfbaren Entscheidung der Verwaltung überlassen bleiben dürfen, sofern dies nicht im Unionsrecht ausdrücklich vorgesehen ist.[214]

37 Weitgehende Einigkeit besteht ferner darin, dass sich die gerichtliche Kontrolle immer dann, wenn es – wie etwa im Anwendungsbereich des in den Art. 107 ff. AEUV geregelten Beihilfenkontrollrechts und wie in anderen wettbewerbs- und/oder außenwirtschaftsrechtlichen Teilbereichen des europäischen Verwaltungsrechts – um die **Würdigung komplexer, wirtschaftlicher, technischer und/oder sozialer Sachverhalte** geht, in einer von den Unionsgerichten als mit dem Unionsgrundrecht auf effektiven gerichtlichen Rechtsschutz für vereinbar angesehenen Weise auf die Prüfung beschränken darf, ob die Verfahrens- und Begründungsvorschriften eingehalten wurden, ob die Kommission von einem korrekten Sachverhalt ausgegangen ist, ob sie den Sachverhalt evident fehlerhaft gewürdigt hat oder ob kein Ermessensmissbrauch bzw. kein offensichtlicher Beurteilungsfehler festzustellen ist.[215] Dies bedeutet aber in solchen Fällen nicht, dass das behördliche Ermessen der gerichtlichen Kontrolle entzogen ist[216] oder dass der Unionsrichter eine Kontrolle der Auslegung von Wirtschaftsdaten durch die Kommission unterlassen darf bzw. zu unterlassen hat.[217] Vielmehr gilt in diesen Fällen, dass der Unionsrichter sowohl die sachliche Richtigkeit der angeführten Beweise, ihr Zuverlässigkeit und ihre Kohärenz prüfen als auch kontrollieren muss, ob diese Beweise alle relevanten Daten darstellen, die bei der Beurteilung einer komplexen Situation heranzuziehen waren, und ob sie die aus ihnen gezogenen Schlüsse untermauern können bzw. zu stützen vermögen.[218] Auf eine reine Willkürkontrolle darf sich der Umfang der gerichtlichen Kontrolle ebenfalls nicht beschränken.[219] Dieses **Verbot einer reinen Willkürkontrolle** ist nach dem Urteil des EuGH in der Rechtssache *Roquette Frères*[220] auch von mitgliedstaatlichen Gerichten zu beachten, die nicht nur über die Willkürfreiheit, sondern bspw. auch über die Verhältnismäßigkeit wettbewerbsverfahrensrechtlicher Nachprüfungsmaßnahmen der Kommission zu befinden haben.[221]

38 Besondere Erwähnung verdient im vorliegenden Zusammenhang schließlich auch die durch Art. 261 AEUV explizit eröffnete Möglichkeit, dem Unionsrichter im Hinblick auf die gerichtliche Überprüfung bestimmter Zwangsmaßnahmen eine über Art. 263 AEUV hinausgehende Zuständigkeit zu übertragen. Konkret sieht Art. 261 AEUV vor, dass die auf Grund der Verträge vom Europäischen Parlament und vom Rat gemeinsam oder vom Rat erlassenen Verordnungen hinsichtlich der darin vorgesehenen Zwangsmaßnahmen dem Gerichtshof der EU eine Zuständigkeit übertragen können, welche die Sonderbefugnis des Unionsrichters zu unbeschränkter Ermessensnachprüfung und zur Änderung oder Ver-

---

[214] Zutr. *Pache* S. 369 f., 407 ff.; ähnlich *Wiater* JuS 2015, 788 (790).
[215] Vgl. etwa EuGH C-156/98, Slg. 2000, I-6857 Rn. 67 ff. – Deutschland/Kommission; EuG T-67/94, Slg. 1998, II-1 Rn. 148 – Ladbroke Racing/Kommission; EuG T-110/97, Slg. 1999, II-2881 Rn. 46 – Kneissl Dachstein Sportartikel/Kommission; EuG T-177/04, Slg. 2006, II-1931 Rn. 44 – easyJet/Kommission; EuGH verb. Rs. C-341/06 P u. C-342/06 P, Slg. 2008, I-4777 Rn. 143 – Chronopost ua/Kommission; EuGH C-333/07, Slg. 2008, I-10807 Rn. 78 – Société Régie Networks; EuG T-461/07, Slg. 2011, II-1729 Rn. 70 – Visa Europe ua/Kommission; EuGH C-510/11 P, ECLI:EU:C:2013:696 Rn. 26 f. – Kone ua/Kommission; EuGH C-143/14, ECLI:EU:C:2015:236 Rn. 34 ff. – TMK Europe; krit. zu dieser Rspr.-Linie in spezieller Ansehung der gerichtlichen Kontrolldichte im Anwendungsbereich des EU-Fusionskontrollrechts vgl. *Voet van Vormizeele* FS J. Schwarze, 2014, 771 ff.; näher zum Ganzen s. 157 ff.; sowie *Leonelli* CMLR 2018, 1217 ff.
[216] Vgl. nur EuGH C-691/15 P, ECLI:EU:C:2017:882 Rn. 35 – Kommission/Bilbaína; instruktiv zu dieser bemerkenswerten Rechtsmittelentscheidung vgl. *Leonelli* CMLR 55 (2018), 1217 ff.
[217] Vgl. nur EuGH C-199/11, ECLI:EU:C:2012:684 Rn. 59 – EG/Otis ua.
[218] So vgl. EuGH C-386/10 P, Slg. 2011, I-13085 Rn. 54 – Chalkor/Kommission; EuGH C-199/11, ECLI:EU:C:2012:684 Rn. 59 – EG/Otis ua.
[219] Vgl. nur EuGH C-92/00 Slg. 2002, I-5553 Rn. 63 – Hospital Ingenieure Krankenhaustechnik; sowie *Schmidt-Aßmann*, Kohärenz und Konsistenz des Verwaltungsrechtsschutzes, S. 54 f.
[220] Vgl. insbes. EuGH C-94/00, Slg. 2002, I-9011 ff. – Roquette Frères.
[221] Näher dazu vgl. etwa *Brei* ZWeR 2004, 107 ff.; *Nowak* in LMRKM VerfVO Art. 20 Rn. 88 ff.

hängung bestimmter Sanktions- und Zwangsmaßnahmen umfasst. Diese ua auf EU-kartellverfahrensrechtliche Geldbußen und Zwangsmaßnahmen iS des Art. 103 Abs. 2 lit. a AEUV bezogene **Sonderbefugnis des Unionsrichters zu unbeschränkter Ermessensnachprüfung** ist wichtig und sachgerecht, da sich die aus dem in Art. 47 GRC niedergelegten Unionsgrundrecht auf effektiven gerichtlichen Rechtsschutz abzuleitenden Kontrolldichteanforderungen (→ Rn. 36 f.) bei der unionsgerichtlichen Überprüfung von Kommissionsbeschlüssen, die sich durch eine überaus starke Eingriffsintensität auszeichnen, zwangsläufig erhöhen[222]. Vor diesem Hintergrund ist es erfreulich, dass der Unionsgesetzgeber seinem aus Art. 103 Abs. 2 lit. d AEUV iVm Art. 261 AEUV und Art. 47 GRC herzuleitenden Regelungsauftrag bereits in umfassender Weise gerecht geworden ist, indem er etwa in Bezug auf die der Kommission **im Anwendungsbereich des EU-Kartellverfahrensrechts** durch die Art. 23 und 24 VO (EG) Nr. 1/2003[223] ermöglichte Festsetzung von Geldbußen und Zwangsgeldern die in Art. 31 dieser Verordnung enthaltene Regelung geschaffen hat, wonach der Gerichtshof bei Klagen gegen Entscheidungen bzw. gegen Beschlüsse, mit denen die Kommission eine Geldbuße oder ein Zwangsgeld festgesetzt hat, die Befugnis zu unbeschränkter Nachprüfung der Entscheidung bzw. des Beschlusses hat und wonach er die festgesetzte Geldbuße oder das festgesetzte Zwangsgeld aufheben, herabsetzen oder erhöhen kann.[224] Entsprechendes gilt nach Art. 16 VO (EG) Nr. 139/2004[225] und Art. 8 Abs. 6 VO (EU) 2015/1589[226] **in den Anwendungsbereichen des EU-Beihilfen- und Fusionskontrollrechts** im Hinblick auf solche Geldbußen und Zwangsgelder, die von der Kommission auf der Grundlage des Art. 8 VO (EU) 2015/1589 oder auf der Grundlage der Art. 14 und 15 VO (EG) Nr. 139/2004 festgesetzt werden können.

Die in den vorgenannten Verordnungsbestimmungen geregelten Befugnisse zu unbeschränkter Nachprüfung ermächtigen den Unionsrichter über die reine Kontrolle der Rechtmäßigkeit der jeweiligen Zwangs- oder Sanktionsmaßnahme hinaus nicht nur zur Aufhebung, Herabsetzung oder Erhöhung der von der Kommission verhängten Zwangs- und/oder Sanktionsmaßnahme (→ Rn. 38), sondern auch dazu, die diesbezügliche Beurteilung der Kommission durch seine eigene Beurteilung zu ersetzen.[227] Dies ist insbes. deshalb bemerkenswert, weil der Unionsrichter der Kommission hinsichtlich der Beurteilung und Bewertung komplexer wirtschaftlicher Zusammenhänge normalerweise ein recht weites Ermessen zugesteht und daraus ableitet, dass sich die unionsgerichtliche Überprüfung der Beurteilung komplexer wirtschaftlicher Sachverhalte oder Gegebenheiten durch die Kommission idR darauf beschränken muss, ob die Verfahrensregeln und die

39

---

[222] Vgl. nur EuGH C-386/10 P, Slg. 2011, I-13085 Rn. 62 – Chalkor/Kommission; EuGH C-501/11 P, ECLI:EU:C:2013:522 Rn. 155 – Schindler Holding ua/Kommission; EuGH verb. Rs. C-239/11 P, C-489/11 P u. C-498/11 P, ECLI:EU:C:2013:866 Rn. 333 ff. – Siemens AG ua/Kommission; sowie *Frenz* EWS 2013, 123 ff.
[223] VO (EG) Nr. 1/2003 des Rates v. 16. Dezember 2002 zur Durchführung der in den Artikeln 81 und 82 des Vertrags [jetzt: Art. 101 und 102 AEUV] niedergelegten Wettbewerbsregeln, ABl. 2003 L 1, 1 ff.
[224] Ausführlicher zu den durch diese Norm aufgeworfenen Rechtsfragen und zur enormen Bedeutung dieser Norm in der Rechtsprechungspraxis des Unionsrichters vgl. *v. Alemann* EuZW 2006, 487 ff.; *de Bronett* EWS 2013, 449 ff.; *de Bronett* EWS 2014, 5 ff.; *Frenz* EWS 2013, 123 ff.; *Hauger/Palzer* World Competition 36 (2013), 565 (575 ff.); *Nehl* in Immenga/Körber S. 113 ff.; *Polzin* WuW 2011, 454 ff.; *Schmidt*, Die Befugnis des Gemeinschaftsrichters zu unbeschränkter Ermessensnachprüfung – Die „pleine juridiction" im europäischen Gemeinschaftsrecht unter besonderer Berücksichtigung des Bußgeldverfahrens im Kartellrecht, 2004, S. 84 ff.
[225] VO (EG) Nr. 139/2004 des Rates v. 20. Januar 2004 über die Kontrolle von Unternehmenszusammenschlüssen, ABl. 2004 L 24, 1 ff.
[226] VO (EU) 2015/1589 des Rates v. 13. Juli 2015 über besondere Vorschriften für die Anwendung von Artikel 108 des Vertrags über die Arbeitsweise der Europäischen Union, ABl. 2015 L 248, 9 ff.
[227] Vgl. EuGH C-389/10 P, Slg. 2011, I-12789 Rn. 130 – KME Germany ua/Kommission; EuG T-364/10, ECLI:EU:T:2013:477 Rn. 42 – Duravit/Kommission; EuGH C-510/11 P, ECLI:EU:C:2013:696 Rn. 26 ff. – Kone ua/Kommission; EuGH C-580/12 P, ECLI:EU:C:2014:2363 Rn. 78 – Guardian Industries ua/Kommission; EuGH C-469/15 P, ECLI:EU:C:2017:308 Rn. 74 – FSL ua/Kommission; EuGH C-123/16 P, ECLI:EU:C:2018:590 Rn. 106 – Orange Polska/Kommission.

§ 55   12. Abschnitt. Justizielle Grundrechte und Verfahrensgarantien

Vorschriften über die nach Art. 296 Abs. 2 AEUV erforderliche Begründung eingehalten wurden, ob der Sachverhalt zutreffend festgestellt wurde, ob der Kommission kein offensichtlicher Beurteilungsfehler unterlaufen ist und ob kein Ermessensmissbrauch vorliegt (→ Rn. 37). Diese Rechtsprechungslinie wird in Art. 31 VO (EG) Nr. 1/2003, Art. 16 VO (EG) Nr. 139/2004 und Art. 8 Abs. 6 VO (EU) 2015/1589 (→ Rn. 38) partiell durchbrochen, um den gegen EU-wettbewerbsverfahrensrechtliche Geldbußen und Zwangsgelder gerichteten Individualrechtsschutz so gut wie möglich mit dem hier in Rede stehenden Unionsgrundrecht auf effektiven gerichtlichen Rechtsschutz in Einklang zu bringen. Dies unterstreicht auch die stRspr des Gerichtshofs, wonach es das in Art. 47 GRC verankerte Unionsgrundrecht auf effektiven gerichtlichen Rechtsschutz gebiete, dass der Unionsrichter im Rahmen der Ausübung seiner Befugnis zu unbeschränkter Nachprüfung alle Tatsachen- und Rechtsfragen prüfen kann, die für die bei ihm anhängige Streitigkeit relevant sind.[228] Diesbezüglich ist aber auch zu beachten, dass die dem Unionsrichter obliegende **Ausübung der Befugnis zu unbeschränkter Nachprüfung,** deren Umfang – im Unterschied zu der in Art. 263 AEUV vorgesehenen Rechtmäßigkeitskontrolle – strikt auf die Festsetzung des Betrags der Geldbuße beschränkt ist[229], seiner gefestigten Rspr. nach **nicht einer Prüfung von Amts wegen entspricht** und dass es mit Ausnahme der Gründe zwingenden Rechts, die der Richter von Amts wegen zu berücksichtigen hat, folglich Sache des Klägers ist, gegen die angefochtene Entscheidung Klagegründe vorzubringen und Beweise zu ihrer Stützung zu liefern bzw. beizubringen.[230]

40 6. Begründung verfahrensabschließender Beschlüsse und sonstiger Rechtsakte.
Eine weitere bedeutsame Teilgewährleistung des Unionsgrundrechts auf effektiven gerichtlichen Rechtsschutz stellt die an der Schnittstelle zwischen dem verwaltungsverfahrensrechtlichen und dem verwaltungsgerichtlichen Rechtsschutz angesiedelte – und von der aus dem Unionsgrundrecht auf ein faires Verfahren abzuleitenden Verpflichtung zur hinreichenden Begründung gerichtlicher Entscheidungen (→ § 57 Rn. 53 f.) zu unterscheidenden – Verpflichtung der Kommission und mitgliedstaatlicher Behörden dar, verfahrensabschließende Entscheidungen bzw. Beschlüsse im Anwendungsbereich des Unionsrechts hinreichend zu begründen.[231] Diese in Art. 41 Abs. 2 lit. c GRC dem Unionsgrundrecht auf eine gute Verwaltung (→ § 61) zugeordnete Verpflichtung, die sich für die Unionsorgane bereits aus Art. 296 Abs. 2 AEUV ergibt und vom Unionsrichter vereinzelt auch mit dem Grundsatz der Beachtung der Verteidigungsrechte in Zusammenhang gebracht wird[232], lässt sich speziell für mitgliedstaatliche Behörden insoweit aus dem Unionsgrundrecht auf effektiven gerichtlichen Rechtsschutz ableiten,[233] als der Gerichtshof in zahlrei-

---

[228] Vgl. EuGH C-501/11 P, ECLI:EU:C:2013:522 Rn. 35 ff. – Schindler Holding ua/Kommission; EuGH C-523/15 P, ECLI:EU:C:2016:541 Rn. 44 – Westfälische Drahtindustrie ua/Kommission.
[229] Vgl. EuGH C-603/13 P, ECLI:EU:C:2016:38 Rn. 76 – Galp Energía España ua/Kommission; EuGH C-616/13 P, ECLI:EU:C:2016:415 Rn. 44 – PROAS/Kommission.
[230] Vgl. EuGH C-386/10 P, ECLI:EU:C:2011:815 Rn. 64 – Chalkor/Kommission; EuGH C-90/15 P, ECLI:EU:C:2017:123 Rn. 25 – Hansen & Rosenthal KG ua/Kommission; EuGH C-469/15 P, ECLI:EU:C:2017:308 Rn. 80 – FSL ua/Kommission; EuGH C-99/17 P, ECLI:EU:C:2018:773 Rn. 194 – Infineon Technologies/Kommission.
[231] Zur möglichen und/oder gebotenen Ableitung dieser Begründungspflicht aus dem Unionsrecht auf effektiven Rechtsschutz vgl. auch *Alber* in Stern/Sachs GRCh Art. 47 Rn. 63 ff.; *Hofmann*, Rechtsschutz und Haftung im Europäischen Verwaltungsverbund, 2004, S. 198; *Nehl* in FK-EUV/GRC/AEUV GRC Art. 47 Rn. 42; *Rengeling* FS J. Schwarze, 2014, 735 (747); *Streinz* in Streinz GRC Art. 47 Rn. 6.
[232] Vgl. etwa EuG T-320/09, ECLI:EU:T:2015:223 Rn. 77 – Planet AE/Kommission, wo von einer Pflicht zur Begründung eines beschwerenden Rechtsakts die Rede ist, die aus dem Grundsatz der Beachtung der Verteidigungsrechte folge; ähnlich vgl. zuletzt auch EuGH C-230/18, ECLI:EU:C:2019:383 Rn. 57 – PI.
[233] Zum engen Zusammenhang zwischen dem Unionsgrundrecht auf effektiven gerichtlichen Rechtsschutz und dem von mitgliedstaatlichen Behörden einzuhaltenden Begründungserfordernis vgl. exemplarisch EuGH 222/86, Slg. 1987, 4097 Rn. 15 f. – Heylens ua; EuGH C-340/89, Slg. 1991, I-2357 Rn. 22 – Vlassopoulou; EuGH C-104/91, Slg. 1992, I-3003 Rn. 15 – Borell ua; EuGH C-19/92, Slg. 1993, I-1663 Rn. 40 – Kraus; EuGH C-75/08, Slg. 2009, I-3799 Rn. 59 – Mellor.

chen Urteilen deutlich gemacht hat, dass die Begründung anfechtbarer Rechtsakte die dahinterstehenden Überlegungen derjenigen Stelle, die den jeweiligen Rechtsakt erlassen hat, so klar und eindeutig zum Ausdruck bringen muss, dass die Betroffenen ihr die Gründe für die erlassene Maßnahme entnehmen können und dass das zuständige Gericht seine Kontrollaufgabe wahrnehmen kann.[234] Dem entsprechen zahlreiche andere Urteile des Unionsrichters, in denen ausgeführt wird, dass das in Art. 47 GRC bekräftigte Recht auf effektiven gerichtlichen Rechtsschutz verlangt, dass der Betroffene Kenntnis von den Gründen, auf denen die ihm gegenüber ergangene Entscheidung beruht, erlangen kann, entweder durch das Studium der Entscheidung selbst oder durch eine auf seinen Antrag hin erfolgte **Mitteilung dieser Gründe,** unbeschadet der Befugnis des zuständigen Gerichts, von der betreffenden Behörde die Übermittlung dieser Gründe zu verlangen, damit der Betroffene seine Rechte unter den bestmöglichen Bedingungen verteidigen und in Kenntnis aller Umstände entscheiden kann, ob es angebracht ist, das zuständige Gericht anzurufen, und damit dieses umfassend in die Lage versetzt wird, die Rechtmäßigkeit der fraglichen Entscheidung zu überprüfen.[235] In anderen Urteilen spricht der Unionsrichter in ganz ähnlicher Weise davon, dass es für die **Wirksamkeit der durch Art. 47 GRC gewährleisteten gerichtlichen Kontrolle** erforderlich ist, dass der Betroffene Kenntnis von den Gründen, auf denen die ihm gegenüber ergangene Entscheidung beruht, erlangen kann, um es ihm zu ermöglichen, seine Rechte unter den bestmöglichen Bedingungen zu verteidigen und in Kenntnis aller Umstände zu entscheiden, ob es für ihn von Nutzen ist, das zuständige Gericht anzurufen, und um dieses vollständig in die Lage zu versetzen, die Kontrolle der Rechtmäßigkeit der fraglichen Entscheidung auszuüben.[236] Demnach sind also unionale Sekundärrechtsakte – insbes. administrative Einzelfallentscheidungen bzw. verfahrensabschließende Beschlüsse der Kommission – so zu begründen, dass der jeweils Betroffene erkennen kann, ob die Entscheidung begründet oder eventuell mit einem Mangel behaftet ist, der sie anfechtbar macht.[237] Zu den „Betroffenen" im vorgenannten Sinne gehören neben den Entscheidungs- bzw. Beschlussadressaten folglich auch diejenigen, die von der jeweiligen Entscheidung unmittelbar und individuell betroffen sind – die also gegen diesen Rechtsakt gemäß Art. 263 Abs. 4 AEUV klagen könnten und somit ein entsprechendes Interesse an näheren Erläuterungen bzw. Begründungen haben.[238]

Nach stRspr der Unionsgerichte muss zwar die Kommission stets die Tatsachen und rechtlichen Erwägungen anführen, denen nach dem Aufbau der Entscheidung wesentliche Bedeutung zukommt.[239] Der konkrete **Umfang der Begründungspflicht** ist jedoch von Fall zu Fall unterschiedlich bzw. variabel,[240] da die Frage, ob die Begründung eines Rechtsakts den Erfordernissen des Art. 296 Abs. 2 AEUV bzw. des Unionsgrundrechts auf

---

[234] Vgl. etwa EuGH C-310/99, Slg. 2002, I-2289 Rn. 48 – Italien/Kommission; EuGH C-482/99, Slg. 2002, I-4397 Rn. 41 – Frankreich/Kommission; EuGH T-348/94, Slg. 1998, II-1875 Rn. 109 – Enso Española/Kommission; EuG T-43/02, Slg. 2006, II-3435 Rn. 100 – Jungbunzlauer/Kommission; EuG T-95/15, ECLI:EU:T:2016:722 Rn. 44 – Printeos ua/Kommission.
[235] So vgl. nur EuG T-732/14, ECLI:EU:T:2018:541 Rn. 112 – Sherbank of Russia OAO/Rat; jeweils sehr ähnlich vgl. EuG verb. Rs. T-423/13 u. T-64/14, ECLI:EU:T:2016:308 Rn. 50 – Good Luck Shipping/Rat; EuG T-155/15, ECLI:EU:T:2016:628 Rn. 112 f. – Kaddour/Rat; EuG T-153/15, ECLI:EU:T:2016:630 Rn. 116 f. – Hamcho/Rat.
[236] So oder sehr ähnlich vgl. EuGH verb. Rs. C-402/05 P u. C-415/05 P, Slg. 2008, I-6351 Rn. 336 f. – Kadi u. Al Barakaat/Rat u. Kommission; EuGH C-300/11, ECLI:EU:C:2013:363 Rn. 53 – ZZ; EuGH verb. Rs. C-584/10 P, C-593/10 P u. C-595/10 P, ECLI:EU:C:2013:518 Rn. 100 – Kommission ua/Kadi.
[237] So vgl. nur EuG T-339/04, Slg. 2007, II-521 Rn. 105 – France Télécom/Kommission; EuG T-95/15, ECLI:EU:T:2016:722 Rn. 44 – Printeos ua/Kommission.
[238] Vgl. EuG verb. Rs. T-371/94 u. T-394/94, Slg. 1998, II-2405 Rn. 90 – British Airways ua/Kommission; EuGH C-333/07, Slg. 2008, I-10807 Rn. 63 – Société Régie Networks; näher zu den in Art. 263 Abs. 4 AEUV enthaltenen Tatbestandsmerkmalen der unmittelbaren und individuellen Betroffenheit vgl. Pechstein/Görlitz in FK-EUV/GRC/AEUV AEUV Art. 263 Rn. 96 ff.; sowie → § 11 Rn. 47 ff.
[239] Vgl. nur EuG T-187/99, Slg. 2001, II-1587 Rn. 84 – Agrana Zucker u. Stärke AG/Kommission.
[240] Vgl. EuGH verb. Rs. C-341/06 P u. C-342/06 P, Slg. 2008, I-4777 Rn. 88 – Chronopost ua/Kommission; sowie mwN *Nowak* EStAL 2008, 718 (721 ff.).

effektiven gerichtlichen Rechtsschutz genügt, nach stRspr der Unionsgerichte nicht nur anhand ihres Wortlauts zu beurteilen ist, sondern auch anhand ihres Kontextes sowie sämtlicher Rechtsvorschriften auf dem betreffenden Gebiet.[241] Die **Variabilität des** von der Kommission zu leistenden **Begründungsaufwandes** wird insbes. durch solche Urteile unterstrichen, in denen eine lediglich summarische Begründung als ausreichend erachtet wird, wenn die angefochtene Entscheidung in einem dem jeweiligen Mitgliedstaat wohl bekannten Kontext ergangen ist und eine ständige Entscheidungspraxis der Kommission fortsetzt.[242] Im Übrigen kann sich der Umfang der Begründungspflicht in bestimmten Fällen aus Gründen der Sicherheit des Staates reduzieren, wobei das zuständige Gericht dann aber nach der einschlägigen Rechtsprechung des Unionsrichters – gewissermaßen kompensatorisch – „verfahrensrechtliche Techniken und Regeln zu seiner Verfügung haben und anwenden [muss], die es ermöglichen, die legitimen Erwägungen der Sicherheit des Staates in Bezug auf die Art und die Quellen der Informationen, die beim Erlass der betreffenden Entscheidung berücksichtigt worden sind, auf der einen Seite und das Erfordernis, dem Einzelnen seine Verfahrensrechte wie das Recht, gehört zu werden, und den Grundsatz des kontradiktorischen Verfahrens hinreichend zu gewährleisten, auf der anderen Seite zum Ausgleich zu bringen".[243] Diesem Gedanken wird nunmehr auch in Art. 105 der geltenden Verfahrensordnung des Gerichts in ihrer Neufassung vom 4.3.2015[244] Rechnung getragen, der entsprechende Regelungen zur gerichtlichen Behandlung von Auskünften oder Unterlagen enthält, die die Sicherheit der Union oder eines oder mehrerer ihrer Mitgliedstaaten oder die Gestaltung der internationalen Beziehungen berühren.[245]

42   Die Erfüllung der hier in Rede stehenden **Begründungspflicht,** die stets von der Stichhaltigkeit bzw. von der sachlichen Richtigkeit der Begründung zu unterscheiden ist, welche zur materiellen Rechtmäßigkeit des streitigen Rechtsakts gehört,[246] stellt nach stRspr der Unionsgerichte **ein wesentliches Formerfordernis** dar,[247] dessen etwaige Missachtung bzw. Verletzung, die von den Unionsgerichten von Amts wegen geprüft werden darf[248] und im gerichtlichen Verfahren grds. nicht mehr zu heilen ist,[249] zur Nichtigerklärung verfahrensabschließender Kommissionsbeschlüsse führen kann.[250] Besondere Erwähnung verdient in diesem Kontext vor allem der Umstand, dass die unionsgerichtliche Kontrolle verfahrensabschließender Kommissionsbeschlüsse im Interesse effektiven Rechtsschutzes gerade über den Umweg der Überprüfung der Einhaltung der vorgenannten Begründungspflicht zulasten der Kommission auch in solchen unionsrechtlichen

---

[241] Vgl. etwa EuGH C-56/93, Slg. 1996, I-723 Rn. 86 – Belgien/Kommission; EuGH C-17/99, Slg. 2001, I-2481 Rn. 36 – Frankreich/Kommission; EuGH C-310/99, Slg. 2002, I-2289 Rn. 48 – Italien/Kommission; EuG T-43/02, Slg. 2006, II-3435 Rn. 74 – Jungbunzlauer/Kommission; EuG T-95/15, ECLI:EU:T:2016:722 Rn. 45 – Printeos ua/Kommission.

[242] Vgl. nur EuGH C-156/98, Slg. 2000, I-6857 Rn. 105 – Deutschland/Kommission.

[243] Vgl. EuGH C-300/11, ECLI:EU:C:2013:363 Rn. 57 – ZZ; mAnm *de Boer* CMLR 51 (2014), 1235 ff.; *Pfersich* ZAR 2014, 31 f.; *Streinz* JuS 2014, 282 ff.; EuGH verb. Rs. C-584/10 P, C-593/10 P u. C-595/10 P, ECLI:EU:C:2013:518 Rn. 125 – Kommission ua/Kadi; näher zu diesem Aspekt vgl. auch *Schmidt-Aßmann*, Kohärenz und Konsistenz des Verwaltungsrechtsschutzes, S. 261 ff.; *Wiater* JuS 2015, 788 (791 f.).

[244] EuGVfO v. 4.3.2015, ABl. 2015 L 105, 1 ff.

[245] Näher zu diesen Regelungen vgl. *Abazi/Eckes* CMLR 55 (2018), 753 ff.; *Wägenbaur* S. 491 ff.

[246] So vgl. etwa EuGH C-114/00, Slg. 2002, I-7657 Rn. 62 – Spanien/Kommission; EuG T-95/15, ECLI:EU:T:2016:722 Rn. 44 – Printeos ua/Kommission.

[247] Vgl. EuG T-203/01, Slg. 2003, II-4071 Rn. 280 – Michelin/Kommission; EuG T-166/01, Slg. 2006, II-2875 Rn. 144 – Lucchini/Kommission; EuG T-410/03, Slg. 2008, II-881 Rn. 257 – Hoechst/Kommission; EuG T-95/15, ECLI:EU:T:2016:722 Rn. 44 – Printeos ua/Kommission; EuG T-58/14, ECLI:EU:T:2018:474 Rn. 313 – Stührk Delikatessen Import/Kommission.

[248] Vgl. etwa EuGH C-351/98, Slg. 2002, I-8031 Rn. 76 – Spanien/Kommission; EuG verb. Rs. T-50/06, T-56/06, T-60/06, T-62/06 u. T-69/06, Slg. 2007, I-172 Rn. 47 – Irland ua/Kommission.

[249] Vgl. etwa EuGH C-351/98, Slg. 2002, I-8031 Rn. 84 – Spanien/Kommission; EuG T-95/15, ECLI:EU:T:2016:722 Rn. 46 – Printeos ua/Kommission; EuG T-58/14, ECLI:EU:T:2018:474 Rn. 315 – Stührk Delikatessen Import/Kommission.

[250] EuGH C-204/97, Slg. 2001, I-3175 Rn. 50 f. – Portugal/Kommission; EuG verb. Rs. T-228/99 u. T-233/99, Slg. 2003, II-435 Rn. 140 ff. – Westdeutsche Landesbank Girozentrale ua/Kommission.

Bereichen zunehmend schärfer bzw. intensiver wird,[251] in denen der Kommission – wie etwa in einzelnen Teilbereichen des Europäischen Wettbewerbsrechts, in denen es vielfach um die Beurteilung, Bewertung und Würdigung komplexer wirtschaftlicher Zusammenhänge geht (→ Rn. 37) – idR ein recht weiter Ermessens- bzw. Beurteilungsspielraum zugebilligt wird.

7. Grundsatz des kontradiktorischen Verfahrens. Nach Auffassung des Unionsrichters 43 lässt sich aus dem in Art. 47 GRC verankerten Unionsgrundrecht auf effektiven gerichtlichen Rechtsschutz ferner der Grundsatz des kontradiktorischen Verfahrens ableiten. Dies ergibt sich aus der mittlerweile gefestigten EuGH-Rspr., wonach der Grundsatz des kontradiktorischen Verfahrens **Bestandteil der Verteidigungsrechte nach Art. 47 GRC ist**[252] und wonach die Einhaltung des Grundsatzes des kontradiktorischen Verfahrens zu den Erfordernissen gehört, die mit dem Recht auf effektiven gerichtlichen Rechtsschutz verbunden sind[253]. Angesichts dieses Grundsatzes, der im einschlägigen Schrifttum zum Teil auch mit dem Unionsgrundrecht auf ein faires Verfahren (→ § 57) in Verbindung gebracht wird[254], müssen die Verfahrensbeteiligten bei einem gerichtlichen Verfahren das Recht darauf haben, von allen beim Gericht eingereichten Schriftstücken oder Erklärungen Kenntnis zu nehmen, um diese erörtern und die Entscheidung des Gerichts beeinflussen zu können[255]; es würde nämlich gegen das **Grundrecht auf einen wirksamen gerichtlichen Rechtsbehelf** verstoßen, wenn eine gerichtliche Entscheidung auf Tatsachen und Schriftstücke gegründet würde, von denen die Parteien – oder eine von ihnen – keine Kenntnis nehmen und zu denen sie daher auch nicht Stellung nehmen konnten.[256] Dieser Gedanke findet sich positivrechtlich auch in Art. 64 der Verfahrensordnung des Gerichts in ihrer Neufassung vom 4.3.2015 (EuGVfO)[257], wonach das Gericht im Grundsatz nur Verfahrensschriftstücke und Unterlagen berücksichtigt, von denen die Vertreter der Parteien Kenntnis nehmen konnten und zu denen sie Stellung nehmen konnten. Hierbei handelt es sich um einen für die **Behandlung vertraulicher Auskünfte und Unterlagen** durch Art. 103 EuGVfO verfeinerten Grundsatz, der – abgesehen von den auf Art. 64 EuGVfO bezogenen Ausnahmeregelungen in Art. 68 Abs. 4 EuGVfO und Art. 144 Abs. 7 EuGVfO – maßgeblich durch die in den Art. 104 und 105 EuGVfO geregelten Ausnahmen relativiert wird, die sich auf Schriftstücke, in die ein Organ die Einsicht verweigert hat, sowie auf Auskünfte und Unterlagen beziehen, welche die Sicherheit der Union oder eines oder mehrerer ihrer Mitgliedstaaten oder die Gestaltung ihrer internationalen Beziehungen berühren.[258]

8. Gebote der Rechtswegklarheit und der Kohärenz. Ein effektiver gerichtlicher 44 Individualrechtsschutz setzt nicht nur voraus, dass der Zugang zu dem jeweils zuständigen

---

[251] Instruktiv dazu vgl. etwa EuGH verb. Rs. C-15/98 u. C-105/99, Slg. 2000, I-8855 Rn. 65 ff. – Italien u. Sardegna Lines/Kommission; EuG verb. Rs. T-371/94 u. T-394/94, Slg. 1998, II-2405 Rn. 84–120 u. 238–280 iVm Rn. 454 – British Airways plc ua/Kommission; EuG T-342/99, Slg. 2002, II-2585 Rn. 69 ff. – Airtours/Kommission; EuG verb. Rs. T-228/99 u. T-233/99, Slg. 2003, II-435 Rn. 286 ff. – Westdeutsche Landesbank Girozentrale ua/Kommission; EuG verb. Rs. T-50/06, T-56/06, T-60/06, T-62/06 u. T-69/06, Slg. 2007, I-172 Rn. 46 ff. – Irland ua/Kommission; EuG T-95/15, ECLI:EU:T:2016:722 Rn. 43 ff. – Printeos/Kommission.
[252] So vgl. EuGH C-300/11, ECLI:EU:C:2013:363 Rn. 55 – ZZ; mAnm *de Boer* CMLR 51 (2014), 1235 ff.; *Pfersich* ZAR 2014, 31 f.; *Streinz* JuS 2014, 282 ff.; sowie EuGH C-437/13, ECLI:EU:C:2014:2318 Rn. 21 – Unitrading.
[253] So vgl. EuGH verb. Rs. C-584/10 P, C-593/10 P u. C-595/10 P, ECLI:EU:C:2013:518 Rn. 128 – Kommission ua/Kadi; zur Möglichkeit, den Grundsatz des kontradiktorischen Verfahrens auch oder allein dem Unionsgrundrecht auf ein faires Verfahren zuzuordnen vgl. § 57 Rn. 27 ff.
[254] Vgl. etwa *Berger* ZÖR 2013, 563 (572); *Nehl* in FK-EUV/GRC/AEUV GRC Art. 47 Rn. 61.
[255] Vgl. EuGH C-300/11, ECLI:EU:C:2013:363 Rn. 55 – ZZ.
[256] Vgl. EuGH C-437/13, ECLI:EU:C:2014:2318 Rn. 21 – Unitrading.
[257] EuGVfO v. 4.3.2015, ABl. 2015 L 105, 1 ff.
[258] Näher dazu vgl. etwa *Abazi/Eckes* CMLR 55 (2018), 753 ff.; *Wägenbaur* S. 488 ff. Instruktiv zu dem zwischen den EuG/EuGH-Verfahrensordnungen und Art. 47 GRC bestehenden Verhältnis vgl. auch *Barents* CMLR 51 (2014), 1437 ff.

Gericht abstrakt gewährleistet ist, sondern erfordert darüber hinaus, dass der einzuschlagende Rechtsweg auch hinreichend klar bestimmt ist.[259] Da das hiermit angesprochene Gebot der Rechtswegklarheit in Deutschland einen verfassungsrechtlichen Rang einnimmt[260] und auch sogar der EMRK immanent ist,[261] könnte dieses Gebot durchaus eine weitere Teilgewährleistung des Unionsgrundrechts auf effektiven gerichtlichen Rechtsschutz darstellen, selbst wenn es sowohl in Art. 47 GRC als auch in der bisherigen Rspr. der Unionsgerichte unerwähnt geblieben ist. Für die **Integration des Gebots der Rechtswegklarheit** in die Unionsrechtsordnung bzw. **in den sachlichen Gewährleistungsgehalt** oder Schutzbereich **des Unionsgrundrechts auf effektiven gerichtlichen Rechtsschutz** spricht, dass es im Rahmen des einem höchstrichterlich anerkannten Kohärenzgebot unterliegenden EU-Rechtsschutzsystems[262] besonders wichtig ist. Dies hängt vor allem damit zusammen, dass dieses System dem Einzelnen zentrale und dezentrale Rechtsschutzmöglichkeiten – also zwei iS der **Kohärenz** möglichst sinnvoll aufeinander abzustimmende Rechtsschutzwege – zur Verfügung stellt, um sich mit Hilfe der Unionsgerichte ieS und mitgliedstaatlicher Gerichte als „funktionale Unionsgerichte" gegen etwaige Verletzungen subjektiver Unionsrechte durch Unionsorgane, Mitgliedstaaten und/oder Private zur Wehr zu setzen (→ Rn. 23 ff.). Von herausragender Bedeutung ist das Gebot der Rechtswegklarheit im Rahmen des EU-Rechtsschutzsystems insbes. dann, wenn die Nichteinlegung bestimmter Rechtsbehelfe auf der einen Ebene mit rechtsschutzbeschränkenden **Präklusionsfolgen** auf der jeweils anderen Rechtsschutzebene einhergeht, wie dies etwa die sog. *Deggendorf*-Doktrin vorsieht (→ Rn. 46 f.). Im Übrigen kommt dem Gebot der Rechtswegklarheit besondere Bedeutung in den regelmäßig durch eine ausgelagerte Aufgabenwahrnehmung gekennzeichneten Bereichen der mittelbaren Unionsverwaltung[263] sowie beim **Rechtsschutz gegenüber der Europäischen Verbundverwaltung**[264] bzw. in den vielfältigen Bereichen des kooperativen Verwaltungsvollzugs[265] zu, in denen der Einzelne einem oftmals komplexen und gelegentlich undurchsichtigen bzw. nicht leicht durchschaubaren Beziehungsgeflecht mitgliedstaatlicher und supranationaler Entscheidungsbefugnisse im Rahmen mehrstufiger bzw. gestufter Verwaltungsverfahren ausgesetzt ist.[266]

---

[259] In diesem Sinne vgl. auch *Rengeling* FS J. Schwarze, 2014, 735 (748); *Schmidt-Aßmann*, Kohärenz und Konsistenz des Verwaltungsrechtsschutzes, S. 55.

[260] In Deutschland ist die Ableitung des Gebots der Rechtsweg- und Rechtsmittelklarheit aus dem Grundsatz effektiven Rechtsschutzes bzw. dem Rechtsstaatsprinzip weitgehend unstreitig, vgl. nur BVerfGE 54, 277 (292 f.); *Huber* in v. Mangoldt/Klein/Starck GG Art. 19 Abs. 4 Rn. 461; *Schmidt-Aßmann* in Maunz/Dürig GG Art. 19 Abs. 4 Rn. 230 ff.; *Schulze-Fielitz* in Dreier GG Art. 19 IV Rn. 91, 95.

[261] Zur Geltung des Gebots der Rechtswegklarheit auf der EMRK-Ebene vgl. EGMR (1992), Series A 253-B, §§ 37 ff. – Geouffre de la Pradelle/Frankreich; mwN *Hofmann*, Rechtsschutz und Haftung im Europäischen Verwaltungsverbund, 2004, S. 206.

[262] Zu der vom EuGH für notwendig befundenen „Kohärenz des vom Vertrag geschaffenen Rechtsschutzsystems" vgl. EuGH 314/85, Slg. 1987, 4199 Rn. 16 – Foto Frost; EuGH C-461/03, Slg. 2005, I-10513 Rn. 22 – Gaston Schul; EuGH C-72/15, ECLI:EU:C:2017:236 Rn. 78 – Rosneft; sowie *Calliess* NJW 2002, 3577 ff.; *Classen* JZ 2006, 157 ff.; *Frenz*, Verwaltungsgerichtlicher Rechtsschutz in Konkurrenzsituationen, 1999, S. 34 ff.; *Lenaerts* in Seminario Giuridico della Universitá di Bologna, S. 591 ff.; *Schmidt-Aßmann* in Beyerlin/Bothe/Hofmann/Petersmann, S. 1283 (1300 f.); *Schmidt-Aßmann*, Kohärenz und Konsistenz des Verwaltungsrechtsschutzes, S. 87 ff.; *Streckert* S. 52 ff.; *Streinz* VVDStRL 61 (2002), 300 (337 ff.).

[263] Näher dazu vgl. etwa *Koch* EuZW 2005, 455 ff.

[264] Vgl. *Schmidt-Aßmann*, Kohärenz und Konsistenz des Verwaltungsrechtsschutzes, S. 55 iVm S. 74 ff.

[265] Näher dazu vgl. *Nowak* in Leible/Terhechte, EnzEuR Bd. 3, § 34 Rn. 1 ff.

[266] Ausführlicher zu dieser in verschiedenen Teilbereichen des europäischen Verwaltungsrechts zu verarbeitenden Problematik vgl. etwa *Bastos* CMLR 55 (2018), 101 ff.; *Ewer* NuR 2000, 361 ff.; *Holleben/Scheidmann* EuZW 2004, 262 ff.; *Kahl* DVBl 2012, 602 ff.; *Kahl/Gärditz* NuR 2005, 555 ff.; *Kerkmann* BauR 2006, 794 ff.; *Nehl*, Europäisches Verwaltungsverfahren und Gemeinschaftsverfassung – Eine Studie gemeinschaftsrechtlicher Verfahrensgrundsätze unter besonderer Berücksichtigung „mehrstufiger" Verwaltungsverfahren, 2002, S. 39 ff.; *Nies/Schröder* AgrarR 2002, 172 ff.; *Nowak* in Leible/Terhechte, EnzEuR Bd. 3, § 34 Rn. 50 ff.; *Petzold*, Individualrechtsschutz an der Schnittstelle zwischen deutschem und Gemeinschaftsrecht, 2008, S. 87 ff.; *Shirvani* NVwZ 2005, 868 ff.; *Sydow*, Verwaltungskooperation in der Europäischen Union – Zur horizontalen und vertikalen Zusammenarbeit der europäischen Verwaltungen am Beispiel des Produktzulassungsrechts, 2004, S. 253 ff.

C. Beeinträchtigung

Zu den typischen Beeinträchtigungen oder Beschränkungen des Unionsgrundrechts auf effektiven gerichtlichen Rechtsschutz gehören zunächst einmal **prozessuale Zulässigkeitsvoraussetzungen,** welche – wie bspw. die bei bestimmten Individualnichtigkeitsklagen erforderliche unmittelbare und individuelle Betroffenheit iS des Art. 263 Abs. 4 (Alt. 2) AEUV[267] sowie das in diesem Bereich von den Unionsgerichten ebenfalls für erforderlich gehaltene Rechtsschutzinteresse bzw. Rechtsschutzbedürfnis[268] – ihrerseits im Lichte dieses Unionsgrundrechts auszulegen sind (→ Rn. 24). Zu weiteren Beeinträchtigungen des Unionsgrundrechts auf effektiven gerichtlichen Rechtsschutz kann es im Einzelfall durch **überlange Verfahren** (→ Rn. 35), durch die Einführung bestimmter **Rechtsbehelfe verwaltungsinterner Art** (→ Rn. 31) bzw. durch eine vor Klageerhebung zu erfüllenden Pflicht zur Ausschöpfung verfügbarer Verwaltungsrechtsbehelfe[269], durch **unzureichende Entscheidungs- und/oder Gesetzesbegründungen** (→ Rn. 40 ff.), durch die Verneinung der Rechtsaktsqualität bestimmter Maßnahmen in Anwendung der Figur des „inexistenten Rechtsakts"[270] sowie durch **negative Bescheidungen von Prozesskostenhilfeanträgen** (→ Rn. 33) oder auch von Streithilfeanträgen[271] kommen.

45

Grundrechtsbeeinträchtigende Wirkung entfalten in spezieller Ansehung des Unionsgrundrechts auf effektiven gerichtlichen Rechtsschutz schließlich auch bereichsspezifische Präklusionsregelungen, die aber aus Gründen der im Interesse der Rechtssicherheit (→ Rn. 49) liegenden Erhaltung der Bestandskraft von Kommissionsentscheidungen bzw. -beschlüssen gerechtfertigt sein können. Exemplarisch ist in diesem Zusammenhang insbes. auf die in der EU-beihilfenkontrollrechtlichen EuGH-Rspr. entwickelte *Deggendorf*-Doktrin hinzuweisen, bei der es um die **Präklusion dezentralen Individualrechtsschutzes in Fällen unzweifelhaft bestehender zentraler Rechtsschutzmöglichkeiten** geht: Grds. gilt zwar, dass die abstrakte Möglichkeit, eine Individualnichtigkeitsklage gemäß Art. 263 Abs. 4 AEUV gegen einen EU-Sekundärrechtsakt zu erheben, eine Klage vor einem mitgliedstaatlichen Gericht gegen eine administrative innerstaatliche Durchführungsmaßnahme unter Berufung auf die Rechtswidrigkeit des zugrundeliegenden Unionsrechtsakts nicht ausschließt.[272] Eine Ausnahme von diesem Grundsatz hat der EuGH jedoch erstmals in seinem ***Deggendorf*-Urteil** anerkannt, in dem er entschied, dass sich ein Bei-

46

---

[267] Näher dazu vgl. *Nowak* in HdB-EUVerwR, 2. Aufl. (iErsch), § 12 Rn. 30 ff.; *Pechstein/Görlitz* in FK-EUV/GRC/AEUV AEUV Art. 263 Rn. 96 ff.; sowie → § 11 Rn. 47 ff.

[268] Zur stRspr der Unionsgerichte, wonach die Zulässigkeit einer Nichtigkeitsklage iS des Art. 263 AEUV den Nachweis eines Rechtsschutzinteresses bzw. -bedürfnisses voraussetzt, vgl. nur EuG T-117/95, Slg. 1997, II-95 Rn. 83 – Corman/Kommission; EuG T-5/99, Slg. 2000, II-235 Rn. 36 – Andriotis/Kommission ua; EuG T-139/99, Slg. 2000, II-2849 Rn. 28 – Alsace International Car Services/EP. Ein solches Rechtsschutzinteresse setzt nach ebenfalls stRspr voraus, dass die Nichtigerklärung der angefochtenen Handlung als solche Rechtswirkungen haben kann, vgl. etwa EuGH 53/85, Slg. 1986, 1965 Rn. 21 – AKZO Chemie/Kommission; EuG T-474/04, Slg. 2007, II-4225 Rn. 38 – Pergan/Kommission. Letzteres ist nach stRspr wiederum dann der Fall, wenn die Klage der Partei, die sie erhoben hat, iErg einen Vorteil verschaffen kann und wenn diese Person ein bestehendes und gegenwärtiges Interesse an der Nichtigerklärung der entsprechenden Handlung nachweist, vgl. dazu etwa EuGH C-50/00 P, Slg. 2002, I-6677 Rn. 21 – Unión de Pequeños Agricultores/Rat; EuGH T-28/02, Slg. 2005, II-4119 Rn. 42 – First Data ua/Kommission; EuG T-474/04, Slg. 2007, II-4225 Rn. 38 – Pergan/Kommission; ferner vgl. EuG T-46/92, Slg. 1994, II-1039 Rn. 14 – Scottish Football/Kommission, wonach die Nichtigerklärung einer Entscheidung selbst Rechtswirkungen insbes. dadurch erzeugen kann, dass die Kommission verpflichtet wird, nach Art. 266 AEUV die sich aus dem Urteil der Gerichts ergebenden Maßnahmen zu ergreifen, und dass hierdurch verhindert wird, dass die Kommission erneut so vorgeht.

[269] Vgl. EuGH C-73/16, ECLI:EU:C:2017:725 Rn. 62 – Puškár, mAnm *Ellingsen* CMLR 55 (2018), 1879 ff.

[270] Vgl. *Schärf* EuZW 2004, 333 ff.; näher zu der hier angesprochenen Figur des inexistenten Rechtsaktes vgl. auch *Nowak* in HdB-EUVerwR, 2. Aufl. (iErsch), § 12 Rn. 28; *Pechstein/Görlitz* in FK-EUV/GRC/AEUV AEUV Art. 263 Rn. 43.

[271] Näher dazu vgl. *Dauses/Henkel* EuZW 2000, 581 ff.; *Frenz*, HdBEuR Bd. 5, Rn. 2363 ff.; *Grzybek* S. 187 ff; sowie EuGH C-130/06 P, Slg. 2006, I-53 6 ff. – An Post.

[272] Vgl. nur EuGH verb. Rs. 133 bis 136/85, Slg. 1987, 2289 Rn. 12 – Rau.

hilfeempfänger, der sich auf dem nationalen Verwaltungsrechtsweg gegen die Rückforderung einer individuellen Beihilfe iS des Art. 107 Abs. 1 AEUV zur Wehr setzt, nicht mehr auf die Rechtswidrigkeit der dem nationalen Rückforderungsbescheid zugrundeliegenden Kommissionsentscheidung berufen kann, da er diese „zweifellos" bzw. „offenkundig" fristgemäß mit der Nichtigkeitsklage hätte angreifen können.[273] In diesen Fällen ist die hiermit zum Ausdruck gebrachte Präklusion dezentralen verwaltungsgerichtlichen Individualrechtsschutzes durchaus überzeugend, da sie nicht nur der Bestandskraft des jeweiligen Kommissionsbeschlusses und der Rechtssicherheit (→ Rn. 49), sondern auch der Entlastung des Gerichtshofs dient, ohne dabei gegen das Unionsgrundrecht auf effektiven gerichtlichen Rechtsschutz zu verstoßen. Letzteres liegt daran, dass die Klagebefugnis von Empfängern individueller Beihilfen, die sich im Wege der Erhebung der in Art. 263 Abs. 4 AEUV geregelten Nichtigkeitsklage gegen – jeweils an die betreffenden Mitgliedstaaten adressierte – beihilfenkontrollverfahrensrechtliche Untersagungs- bzw. Negativbeschlüsse der Kommission iS des Art. 9 Abs. 5 VO (EU) 2015/1589 zur Wehr setzen, bereits seit geraumer Zeit ohne nähere Problematisierung in den Urteilsgründen bejaht bzw. einfach unterstellt wird[274] und somit „zweifellos" bzw. „offenkundig" gegeben ist.

47 Die erstmals in dem vorgenannten *Deggendorf*-Urteil anerkannte Präklusion dezentralen Individualrechtsschutzes, die später in den Rechtssachen *Wiljo*[275] und *Nachi Europe*[276] weitere Anwendungsfelder gefunden hat, könnte zwar noch auf einige andere Fallkonstellationen übertragen werden, in denen ebenfalls von einem zweifelsfrei bestehenden (zentralen) verwaltungsgerichtlichen Rechtsschutz ausgegangen werden kann.[277] Eine Übertragung der vorgenannten Präklusions-Rspr. auf andere Konstellationen ist jedoch bei einer bereichsübergreifenden Gesamtschau der bisherigen Rechtsprechung der Unionsgerichte speziell zur individuellen Betroffenheit iS des Art. 263 Abs. 4 (Alt. 2) AEUV, die in vielen Fällen keine gleichermaßen sichere Prognose über das Vorliegen der Klagebefugnis erlaubt, nur sehr begrenzt möglich. Diese Einschätzung, für deren Richtigkeit gerade auch die **jüngere Rspr. des Gerichtshofs zur stark begrenzten** Trag- bzw. **Reichweite der „*Deggendorf*"-Doktrin**[278] spricht, bezieht sich zum einen auf den gegen verfahrensabschließende Entscheidungen bzw. Beschlüsse der Kommission in verschiedenen Teilbereichen des europäischen Verwaltungs- und Wettbewerbsrechts gerichteten Rechtsschutz konkurrierender Dritter, deren Klagebefugnis iS des Art. 263 Abs. 4 AEUV in diesen

---

[273] Grdlg. EuGH C-188/92, Slg. 1994, I-833 Rn. 24–26 – TWD Textilwerke Deggendorf; ua bestätigt in EuGH C-241/01, Slg. 2002, I-9079 Rn. 35 – National Farmers' Union; EuGH C-135/16, ECLI:EU:C:2018:582 Rn. 12 ff. – Georgsmarienhütte ua/Deutschland, mAnm *Streinz* JuS 2019, 84 ff.; näher zu dieser *Deggendorf*-Doktrin vgl. *Kamann/Selmayr* NVwZ 1999, 1041 ff.; *Pache* EuZW 1994, 615 ff.; *Pechstein/Görlitz* in FK-EUV/GRC/AEUV AEUV Art. 267 Rn. 27 ff.; *Pechstein/Kubicki* NJW 2005, 1825 ff.; *Röben*, Die Einwirkung der Rechtsprechung des Europäischen Gerichtshofs auf das mitgliedstaatliche Verfahren in öffentlich-rechtlichen Streitigkeiten, 1998, S. 70 ff.; *Schwensfeier* ELR 37 (2012), 156 ff.

[274] Vgl. EuGH 730/79, Slg. 1980, 2671 Rn. 5 – Philip Morris/Kommission; EuG T-8/06, Slg. 2009, II-196 Rn. 21 ff. – FAB/Kommission. Näher zu dem hier in Rede stehenden Rechtsschutz von Beihilfeempfängern vgl. *Nehl* EStAL 2006, 57 ff.; *Pechstein/Görlitz* in FK-EUV/GRC/AEUV AEUV Art. 263 Rn. 127 ff.; *Weiß* ZHR 180 (2016), 80 (87 ff.).

[275] Vgl. EuGH C-178/95, Slg. 1997, I-585 Rn. 19 ff. – Wiljo.

[276] Vgl. EuGH C-239/99, Slg. 2001, I-1197 Rn. 28 ff. – Nachi Europe.

[277] Zur recht unproblematischen Klagebefugnis etwa von Importeuren, die sich gegen eine ablehnende Zollerlassentscheidung der Kommission wehren, vgl. EuG T-364/94, Slg. 1995, II-2841 ff. – Franceaviation/Kommission; EuG T-42/96, Slg. 1998, II-401 ff. – Eyckeler & Malt/Kommission; zur Klagebefugnis von Luftfahrtunternehmen, die sich gegen eine Entscheidung der Kommission wehren, mit der einem Mitgliedstaat untersagt wird, ihnen zu Lasten von Konkurrenten ausschließliche Verkehrsrechte auf Inlandsstrecken einzuräumen, vgl. EuG T-260/94, Slg. 1997, II-997 ff. – Air Inter/Kommission.

[278] Vgl. EuGH C-374/12, ECLI:EU:C:2014:2231 Rn. 24 ff. – Valimar; EuGH C-667/13, ECLI:EU:C:2015:151 Rn. 27 ff. – Estado português; EuGH C-143/14, ECLI:EU:C:2015:236 Rn. 17 ff. – TMK Europe; EuGH verb. Rs. C-659/13 u. C-34/14, ECLI:EU:C:2016:74 Rn. 53 ff. – C & J Clark International ua; EuGH C-158/14, ECLI:EU:C:2017:202 Rn. 59 ff. – A ua; näher zu der letztgenannten Entscheidung vgl. *Gundel* EuZW 2017, 393 f.; *Streinz* JuS 2018, 397 f.

Konstellationen nach wie vor nicht in jedem Fall zweifelsfrei feststeht[279] und daher auch in den Urteilsgründen meist breiten Raum einnimmt.[280] Zum anderen kann die *„Deggendorf"*-Doktrin trotz der mit Art. 263 Abs. 4 (Alt. 3) AEUV bewirkten Erweiterung der Voraussetzungen, unter denen eine Individualnichtigkeitsklage zulässig ist (→ Rn. 25; → § 11 Rn. 56 ff.), im Regelfall auch nicht auf den Individualrechtsschutz gegen normative Unionsrechtsakte übertragen werden, der auf der zentralen Rechtsschutzebene – was echte Gesetzgebungsakte betrifft – nach wie vor derart restriktiv gehandhabt wird, dass die Unionsgerichte dem Einzelnen konsequenterweise das Recht zugestehen, vor einem nationalen Gericht die Ungültigkeit von Verordnungen und Richtlinienbestimmungen selbst dann geltend zu machen, wenn er dagegen keine Nichtigkeitsklage erhoben hat.[281] Eine Präklusion dezentralen Rechtsschutzes käme in den letztgenannten Fällen langfristig nur dann in Betracht, wenn sich die Unionsgerichte für eine konsequente Zentralisierung des Individualrechtsschutzes gegen Verordnungen und Richtlinien mit Gesetzgebungscharakter entscheiden würden; damit ist aber nicht bzw. kaum zu rechnen.

D. Rechtfertigung

I. Schrankensystematische Ausgangslage

Die zentralen und dezentralen Rechtsschutzmöglichkeiten, die im Rahmen des EU-Rechtsschutzsystems nicht beziehungslos nebeneinander stehen[282], bedürfen aufgrund der notwendigen Kohärenz dieses Systems und des unionsrechtlichen Gebots der Rechtswegklarheit (→ Rn. 44) einer möglichst klaren, kohärenten und widerspruchsfreien Abstimmung. Im Rahmen dieser Abstimmung ist **das nicht schrankenlos gewährleistete Unionsgrundrecht auf effektiven gerichtlichen Rechtsschutz**[283] durchgängig mit den teils kollidierenden, teils gleichgerichteten Zielvorgaben oder Geboten der Rechtssicherheit, der Effektivität bzw. Funktionsfähigkeit der Unionsgerichtsbarkeit und der Verwaltungseffektivität (→ Rn. 49) nach Maßgabe der Methode der **Herstellung praktischer Konkordanz** zu einem möglichst optimalen Ausgleich zu bringen (→ Rn. 50). Dies stimmt weitgehend mit den EMRK-rechtlichen Vorgaben sowie mit der Rspr. mitgliedstaatlicher Verfassungsgerichte zu innerstaatlichen Geboten effektiven gerichtlichen Rechtsschutzes (→ Rn. 9 ff.) überein, woraus sich ergibt, dass auch international und national gewährleistete Grundrechte auf effektiven gerichtlichen Rechtsschutz gewissen **Schranken** bzw. Begrenzungen unterliegen, deren Anwendung unter Beachtung der beiden **Schranken-Schranken** in Gestalt des Verhältnismäßigkeitsgrundsatzes und der Wesensgehaltsgarantie (→ Rn. 51) zu erfolgen hat.[284]

48

---

[279] Näher dazu vgl. nur *Pechstein/Görlitz* in FK-EUV/GRC/AEUV AEUV Art. 263 Rn. 123 ff., 134, 138 f., 144.
[280] Vgl. nur EuG T-69/96, Slg. 2001, II-1037 Rn. 34 ff. – Hamburger Hafen- u. Lagerhaus AG ua/Kommission; EuG T-27/02, Slg. 2004, II-4177 Rn. 29 ff. – Kronofrance/Kommission; EuG T-375/04, Slg. 2009, II-4155 Rn. 34 ff. – Scheucher-Fleisch/Kommission; EuG T-382/15, ECLI:EU:T:2016:589 Rn. 33 ff. – Greenpeace Energy/Kommission.
[281] Vgl. EuGH C-241/95, Slg. 1996, I-6699 Rn. 14–16 – Accrington Beef (für Verordnungen); EuGH C-408/95, Slg. 1997, I-6315 Rn. 32 – Eurotunnel (für Richtlinien); mwN *Schwensfeier* ELR 37 (2012), 156 ff. Zur These, wonach die *Deggendorf*-Doktrin im Anwendungsbereich des Art. 263 Abs. 4 (Alt. 3) AEUV generell unanwendbar sei, *Gundel* EWS 2012, 65 (70 f.).
[282] Näher zu diesen beiden Rechtsschutzebenen sowie zu den zwischen ihnen bestehenden Wechselwirkungen und Interdependenzen vgl. *Nowak* EuR 2000, 724 ff.; *Nowak* in HdB-EUVerwR, 2. Aufl. (iErsch), § 12 Rn. 26 ff., 80 ff.; sowie → § 11 Rn. 8 ff.
[283] Zur weitgehend unstreitigen These, dass dieses Unionsgrundrecht nicht absolut gilt bzw. nicht schrankenlos gewährleistet ist, vgl. auch *Jarass* GRCh Art. 47 Rn. 14 f.; *Hofmann* in PHKW Fundamental Rights Rn. 47.82 ff.; *Lemke* in von der Groeben/Schwarze/Hatje GRC Art. 47 Rn. 16 f.; *Nehl* in FK-EUV/GRC/AEUV GRC Art. 47 Rn. 78; *Raschauer/Sander/Schlögl* in Holoubek/Lienbacher, GRC-Kommentar, GRC Art. 47 Rn. 37; *Rengeling* FS J. Schwarze, 2014, 735 (748 f.).
[284] Zur Einschränkbarkeit des in Art. 19 Abs. 4 GG geregelten Grundrechts auf effektiven Rechtsschutz vgl. nur BVerfG EuGRZ 2000, 167 (172 f.); sowie mwN *Schulze-Fielitz* in Dreier GG Art. 19 IV Rn. 140 ff.

II. Einschlägige Rechtfertigungsgründe

49 Zu den bedeutsamsten Rechtfertigungsgründen, die etwaige Beeinträchtigungen oder Beschränkungen des Unionsgrundrechts auf effektiven gerichtlichen Rechtsschutz etwa in Form von Klage- und Ausschlussfristen sowie in Gestalt von Präklusionsregeln (→ Rn. 45 ff.) ermöglichen, gehört nach stRspr der Unionsgerichte zum einen der überaus eng mit dem Ziel der Erhaltung der Bestandskraft sekundären Unionsrechts zusammenhängende **Grundsatz der Rechtssicherheit.**[285] Dieser unionsverfassungsrechtliche Grundsatz hängt darüber hinaus mit dem Grundsatz der Rechtskraft zusammen, dessen hohe Bedeutung in der Unionsrechtsordnung und in den mitgliedstaatlichen Rechtsordnungen vom EuGH besonders hervorgehoben wurde, indem er bspw. entschied, dass unanfechtbar gewordene Gerichtsentscheidungen im Interesse der **Gewährleistung des Rechtsfriedens** und der Beständigkeit rechtlicher Beziehungen sowie im **Interesse einer geordneten Rechtspflege,** das nach stRspr des Unionsrichters ebenfalls ein zwingendes Allgemeininteresse darstellt,[286] nach Ausschöpfung des Rechtswegs oder nach Ablauf entsprechender Rechtsmittelfristen idR nicht mehr in Frage gestellt werden können, selbst wenn hiermit im Einzelfall ein Verstoß gegen das Unionsrecht zementiert wird.[287]

50 Als eine grds. gerechtfertigte Beschränkung des aus dem Unionsgrundrecht auf effektiven gerichtlichen Rechtsschutz ableitbaren Grundsatzes der umfassenden gerichtlichen Überprüfung unionsrechtsbezogenen Handelns (→ Rn. 36) ist auch die Einräumung von Ermessens- und/oder Beurteilungsspielräumen zugunsten der Kommission bzw. mitgliedstaatlicher Behörden und die damit verbundene **Reduktion der gerichtlichen Kontrolldichte** (→ Rn. 37) anzusehen.[288] In diesem Zusammenhang ist allerdings daran zu erinnern, dass die partiell aus dem Unionsgrundrecht auf effektiven gerichtlichen Rechtsschutz ableitbare Verpflichtung zur hinreichenden Begründung administrativer Entscheidungen bzw. Beschlüsse (→ Rn. 40 ff.) eine zunehmend schärfer werdende gerichtliche Kontrolle der ordnungsgemäßen Ausübung derartiger Ermessens- und/oder Beurteilungsspielräume ermöglicht.[289] Darüber hinaus kann das – bestimmten Hypertrophien im Bereich des Individualrechtsschutzes entgegenstehende – Ziel der Erhaltung der **Verwaltungseffektivität,** das auf der Ebene des zentralen gerichtlichen Rechtsschutzes dem nach der stRspr des Unionsrichters ebenfalls zu den berechtigten Zielen des Allgemeininteresse gehörenden Ziel der Wahrung der Arbeitsfähigkeit bzw. der **Entlastung der Unionsgerichte**[290] entspricht, gewisse Be-

---

Näher zu den zulässigen – ihrerseits ebenfalls maßgeblich durch den Verhältnismäßigkeitsgrundsatz und die Wesensgehaltsgarantie begrenzten – Einschränkungen des in Art. 6 Abs. 1 EMRK geregelten Rechts auf Zugang zu einem Gericht vgl. etwa EGMR 20.1.2015 – 16563/11, NVwZ 2016, 519 ff. – Arribas Antón/Spanien; sowie mwN Peters/Altwicker EMRK § 19 Rn. 38 ff.

[285] Zur höchstrichterlichen Anerkennung u. enormen Bedeutung dieses unionsverfassungsrechtlichen Grundsatzes vgl. EuGH C-188/92, Slg. 1994, I-833 Rn. 13 ff. – Textilwerke Deggendorf; EuGH C-261/95, Slg. 1997, I-4025 Rn. 28 – Palmisani; EuGH C-231/96, Slg. 1998, I-4951 Rn. 35 – Siderurgica; EuGH C-78/98, Slg. 2000, I-3201 Rn. 33 f. – Preston ua; EuGH C-470/99, Slg. 2002, I-11617 Rn. 79 – Universale Bau; EuGH C-327/00, Slg. 2003, I-1877 Rn. 52 – Santex; EuGH C-30/02, Slg. 2004, I-6051 Rn. 18 – Recheio; EuG T-375/02, Slg. 2007, II-1261 Rn. 94 ff. – Freistaat Sachsen/Kommission; EuGH C-477/16 PPU, ECLI:EU:C:2016:861 Rn. 52 – Kovalkovas; EuGH C-572/16, ECLI:EU:C:2018:100 Rn. 44 ff. – INEOS Köln; EuGH C-543/16, ECLI:EU:C:2018:481 Rn. 145 ff. – Kommission/Deutschland.

[286] Vgl. nur EuGH verb. Rs. C-372/09 u. C-373/09, Slg. 2011 I-1785 Rn. 55 – Peñarroja.

[287] Vgl. nur EuGH C-234/04, Slg. 2006, I-2585 Rn. 20 – Kapferer; näher dazu vgl. *Ludwigs* ZfRV 2006, 191 ff.; *Ruffert* JZ 2006, 905 f.; *Schmidt-Westphal/Sander* EuZW 2006, 242 ff.

[288] Vgl. nur *Pache* S. 408 ff.

[289] Vgl. nur EuGH verb. Rs. C-15/98 u. C-105/99, Slg. 2000, I-8855 Rn. 65 ff. – Italien u. Sardegna Lines/Kommission; EuG verb. Rs. T-371/94 u. T-394/94, Slg. 1998, II-2405 Rn. 84–120 u. 238–280 iVm Rn. 454 – British Airways ua/Kommission; EuG T-342/99, Slg. 2002, II-2585 Rn. 69 ff. – Airtours/Kommission; EuG verb. Rs. T-228/99 u. T-233/99, Slg. 2003, II-435 Rn. 286 ff. – Westdeutsche Landesbank Girozentrale ua/Kommission; EuG verb. Rs. T-50/06, T-56/06, T-60/06, T-62/06 u. T-69/06, Slg. 2007, I-172 Rn. 46 ff. – Irland ua/Kommission; EuG T-95/15, ECLI:EU:T:2016:722 Rn. 43 ff. – Printeos ua/Kommission.

[290] Zur Entlastung der Gerichte als berechtigtes Ziel des Allgemeininteresses vgl. nur EuGH verb. Rs. C-317/08 bis C-320/08, Slg. 2010, I-2213 Rn. 64 – Alassini.

schränkungen des Unionsgrundrechts auf effektiven gerichtlichen Rechtsschutz rechtfertigen.[291] Daneben erkennt der Unionsrichter auch die Ziele der „Entlastung von Rechtsstreitigkeiten" und der **Effizienz von Gerichtsverfahren** als dem Gemeinwohl dienende Zielsetzungen an, die im Falle der hinreichenden Beachtung der maßgeblichen Schranken-Schranken (→ Rn. 51) zur Rechtfertigung eines Eingriffs in den sachlichen Gewährleistungsgehalt des Unionsgrundrechts auf effektiven gerichtlichen Rechtsschutz beitragen können.[292] Weitere Beschränkungen des Unionsgrundrechts auf effektiven gerichtlichen Rechtsschutz lassen sich schließlich mit dem **Grundrechtsschutz Dritter** im Allgemeinen und mit deren Anspruch auf einen effektiven Rechtsschutz im Besonderen rechtfertigen[293], worin sich eine gewisse Gegenläufigkeit der Gewährleistungsinhalte des Art. 47 GRC widerspiegelt.[294]

III. Maßgebliche Schranken-Schranken

In Rspr. und Lehre ist die Frage, ob der Rechtfertigung etwaiger Beschränkungen des Unionsgrundrechts auf effektiven gerichtlichen Rechtsschutz (→ Rn. 49 f.) unionsverfassungsrechtliche Grenzen in Gestalt sog. „Schranken-Schranken" gesetzt sind, bislang erst ansatzweise bzw. recht „stiefmütterlich" beantwortet worden. Dies dürfte vor allem mit dem in einem weiten Umfang leistungs- und teilhaberechtlichen Gehalt dieses Unionsgrundrechts[295] zusammenhängen, der einerseits zu einer Vernachlässigung der bei abwehrrechtlichen Gewährleistungen sonst eine große Rolle spielenden schrankensystematischen Erwägungen verleiten kann, andererseits aber – wie die rechtswissenschaftliche Diskussion im Zusammenhang mit der in Art. 19 Abs. 4 S. 1 GG niedergelegten Rechtsweg- und Rechtsschutzgarantie (→ Rn. 10 ff.) zeigt[296] – eine ergänzende abwehrrechtliche Gewährleistungsdimension nicht ausschließt.[297] Im Übrigen darf bei der Bestimmung unionsverfassungsrechtlicher „Schranken-Schranken" rechtfertigungsfähiger Beschränkungen des Unionsgrundrechts auf effektiven gerichtlichen Rechtsschutz nicht vergessen werden, dass hoheitliche Beschränkungen der in Art. 6 Abs. 1 S. 1 EMRK niedergelegten Rechtsweg- und Rechtsschutzgarantie nach stRspr des EGMR am Maßstab des Verhältnismäßigkeitsgrundsatzes und der **Wesensgehaltsgarantie** zu messen sind[298] und dass auch Beschränkungen etwa des Art. 19 Abs. 4 S. 1 GG nur zulässig sind, wenn hierbei in hinreichender Weise der rechtsstaatliche **Verhältnismäßigkeitsgrundsatz** beachtet wird.[299] Insoweit

---

[291] Näher zum Spannungsverhältnis zwischen dem effektiven Individual- bzw. Grundrechtsschutz und dem Grundsatz der Verwaltungseffektivität im speziellen Bereich des EU-Kartellverfahrensrechts vgl. *Nowak* in LMRKM VerfVO Art. 20 Rn. 7 ff.
[292] Instruktiv dazu vgl. EuGH C-73/16, ECLI:EU:C:2017:725 Rn. 66 ff. – Puškár, mAnm *Ellingsen* CMLR 55 (2018), 1879 ff.
[293] Vgl. nur EuGH C-327/10, ECLI:EU:C:2011:745 Rn. 49 u. 51 – Hypoteční banka, wonach das Erfordernis der Wahrung der Verteidigungsrechte, wie es auch in Art. 47 GRC aufgestellt wird, unter gleichzeitiger Beachtung des Rechts des Klägers erfüllt werden muss, ein Gericht zur Entscheidung über die Begründetheit seiner Ansprüche anzurufen und wonach darauf hinzuweisen ist, dass das Bemühen, Fälle der Justizverweigerung zu vermeiden, mit denen ein Kläger wegen der Unmöglichkeit, den Beklagten ausfindig zu machen, konfrontiert wäre, zu den Zielen des Allgemeininteresses gehört.
[294] Zutr. *Berger* ZÖR 2013, 563 (566 f.); näher dazu vgl. etwa *van Duin* EuCML 2017, 190 ff.
[295] Dazu vgl. etwa auch Jarass GRCh Art. 47 Rn. 3; *Last* S. 63 ff. iVm S. 87 ff.; *Rademacher* JuS 2018, 337 ff.
[296] Zu der primär leistungs- und/oder teilhaberechtlichen Dimension des oft auch als „Leistungsgrundrecht" und/oder als „Teilhaberecht" bezeichneten Art. 19 Abs. 4 S. 1 GG vgl. etwa *Antoni* in HK-GG, 11. Aufl. 2016, GG Art. 19 IV Rn. 12; *Huber* in v. Mangoldt/Klein/Starck GG Art. 19 Abs. 4 Rn. 374; *Wilfinger*, Das Gebot effektiven Rechtsschutzes in Grundgesetz und Europäischer Menschenrechtskonvention – Konkretisierungsansätze zur Beschleunigung gerichtlicher Verfahren, 1995, S. 36; zur aber auch abwehrrechtlichen Dimension dieser Norm vgl. *Schulze-Fielitz* in Dreier GG Art. 19 IV Rn. 84.
[297] In diesem Sinne vgl. etwa auch Jarass GRCh Art. 47 Rn. 3.
[298] Vgl. nur EGMR 21.2.1975 – 4451/70, EuGRZ 1975, 91 (98 f.) – Golder/Vereinigtes Königreich; EGMR 18.2.1999 – 26083/94, NJW 1999, 1173 (1174) – Waite u. Kennedy/Deutschland; mwN *Peters/Altwicker* EMRK § 19 Rn. 38 ff.
[299] Vgl. nur BVerfGE 60, 253 (269); BVerfGE 101, 106 (124 f.); sowie *Schulze-Fielitz* in Dreier GG Art. 19 IV Rn. 140.

vermag die These, dass der unionsverfassungsrechtliche Verhältnismäßigkeitsgrundsatz (→ § 10 Rn. 41 ff.), der explizit in der allgemeinen Schrankenregelung des Art. 52 Abs. 1 S. 2 GRC angesprochen wird, im Verbund mit der in Art. 52 Abs. 1 S. 1 GRC niedergelegten **Wesensgehaltsgarantie** (→ § 10 Rn. 49 ff.) und mit dem dort ebenfalls niedergelegten **Gesetzesvorbehalt** (→ § 10 Rn. 31 f.) als die entscheidende bzw. maßgebliche Schranken-Schranke hoheitlicher Beschränkungen oder Eingrenzungen des unionsgrundrechtlichen Anspruchs auf einen effektiven gerichtlichen Rechtsschutz einzuordnen ist,[300] nicht nur im Lichte der einschlägigen Rspr. des Unionsrichters zu der maßgeblich durch Art. 52 Abs. 1 GRC geprägten Schrankensystematik des Art. 47 GRC[301], sondern auch aus rechtsvergleichender Perspektive zu überzeugen.

E. Verhältnis zu anderen Grundrechtsgewährleistungen

52 Das Unionsgrundrecht auf effektiven gerichtlichen Rechtsschutz, das nicht nur in Form eines allgemeinen – sich aus den gemeinsamen Verfassungstraditionen der EU-Mitgliedstaaten und einigen EMRK-Bestimmungen speisenden – Rechtsgrundsatzes iS des Art. 6 Abs. 3 EUV (→ Rn. 7 ff.) existiert, sondern auch in Art. 47 GRC verankert ist (→ Rn. 20 ff.), steht aufgrund seines akzessorischen Charakters zunächst einmal mit allen anderen Unionsgrundrechten und mit allen sonstigen subjektiven Unionsrechten in engster Verbindung, da es nur im Falle einer eingetretenen, möglichen oder drohenden Verletzung anderer subjektiver **Unionsrechte** aktiviert wird (→ Rn. 27). Besonders eng ist ferner das durch partielle schutzbereichsbezogene Überschneidungen gekennzeichnete Komplementärverhältnis zwischen dem Unionsgrundrecht auf effektiven gerichtlichen Rechtsschutz auf der einen Seite und dem **Unionsgrundrecht auf ein faires Verfahren** (→ § 57). Ähnliches gilt für das zwischen dem Unionsgrundrecht auf effektiven gerichtlichen Rechtsschutz und der in Art. 296 Abs. 2 AEUV sowie in Art. 41 Abs. 2 lit. c GRC geregelten **Begründungspflicht** (→ Rn. 40 ff.).

53 Im Übrigen wird das Unionsgrundrecht auf effektiven gerichtlichen Rechtsschutz, das nicht mit dem aus Art. 20 GRC und Art. 47 Abs. 2 S. 1 GRC iVm Art. 4 Abs. 3 EUV ableitbaren Unionsgrundrecht der Rechtsanwendungsgleichheit[302] zu verwechseln ist, durch einige sehr eng damit zusammenhängende **Verfahrensgrundrechte bzw. Verteidigungsrechte und rechtsstaatliche Verfahrensgrundsätze**[303] flankiert, die insbes. auf der verwaltungsverfahrensrechtlichen Ebene einen möglichst effektiven Individualrechtsschutz gewährleisten sollen. Von herausragender Bedeutung sind in diesem Kontext – neben dem bereits genannten Unionsgrundrecht auf ein faires Verfahren (→ Rn. 52) – insbes. die Unionsgrundrechte auf rechtliches Gehör (→ § 58) auf Akteneinsicht (→ § 59) und auf Dokumentenzugang (→ § 60) sowie die unionsgrundrechtliche Unschuldsvermutung (→ § 56), der *ne bis in idem*-Grundsatz (→ § 62), das unionsrechtliche Rückwirkungsverbot (→ § 27 Rn. 52 ff.) und der unionsverfassungsrechtliche Grundsatz der Wahrung bzw. der Achtung der Verteidigungsrechte (→ § 57 Rn. 15 f.), dessen Abgrenzung von den Unionsgrundrechten auf effektiven gerichtlichen Rechtsschutz und auf ein faires Verfahren im Lichte der bisherigen Rspr. des Unionsrichters besondere Schwierigkeiten bereitet (→ Rn. 58; → § 57 Rn. 1 ff.).

---

[300] In diesem Sinne vgl. auch *Berger* ZÖR 2013, 563 (565 f.); *Jarass* GRCh Art. 47 Rn. 14 f.; *Nehl* in FK-EUV/GRC/AEUV GRC Art. 47 Rn. 78; *Rengeling* FS J. Schwarze, 2014, 735 (748); *Stotz* ZEW 206 (2013), 16 f.
[301] Vgl. nur EuGH verb. Rs. C-317/08 bis C-320/08, Slg. 2010, I-2213 Rn. 63 – Alassini; EuGH C-73/16, ECLI:EU:C:2017:725 Rn. 62 ff. – Puškár; EuGH C-664/15, ECLI:EU:C:2017:987 Rn. 90 ff. – Protect Natur-, Arten- und Landschaftsschutz Umweltorganisation.
[302] Ausführlicher dazu vgl. *Schladebach* NVwZ 2018, 1241 ff.
[303] Zur enormen Vielfalt und Einordnung dieser Rechte und Grundsätze im Unionsrecht vgl. nur aus jüngerer Zeit *Nowak* in Hdb-EUVerwR, 2. Aufl. (iErsch), § 13 Rn. 35 ff.; *Jarass* DVBl 2018, 1249 ff.

F. Zusammenfassende Bewertung und Ausblick

Das vom EuGH unter Beachtung völkerrechtlicher Rechtsschutzstandards und entsprechender mitgliedstaatlicher Verfassungstraditionen anerkannte (→ Rn. 6 ff.) und durch Art. 47 GRC zusätzlich bekräftigte (→ Rn. 20 ff.) **Unionsgrundrecht auf effektiven gerichtlichen Rechtsschutz** stellt eine aus rechtsstaatlicher bzw. „rechtsunionaler" Perspektive **unverzichtbare** – unionsverfassungsrechtliche – **Absicherung der prozessualen Durchsetzbarkeit aller subjektiven Unionsrechte** dar. Aus diesem akzessorischen Unionsgrundrecht, das mehr und mehr in die Rolle eines prozessualen Supergrundrechts hineinwächst (→ Rn. 23), lassen sich zugunsten aller Träger subjektiver Unionsrechte (→ Rn. 28) sowohl eine durch einen unionsgrundrechtlichen Prozesskostenhilfeanspruch (→ Rn. 33) abgestützte Rechtsweg- und Rechtsschutzgarantie iS eines wirksamen und zeitnahen gerichtlichen Rechtsschutzes (→ Rn. 30 ff., 35) als auch bestimmte Anforderungen an die gerichtliche Kontrolle bzw. Kontrolldichte (→ Rn. 36 ff.) sowie an die Begründung unionaler Sekundärrechtsakte (→ Rn. 40 ff.) ableiten. 54

Dem Unionsgrundrecht auf effektiven gerichtlichen Rechtsschutz, das im Falle einer „in vertretbarer Weise" behaupteten bzw. möglichen Verletzung bzw. Beeinträchtigung subjektiver Unionsrechte aktiviert wird (→ Rn. 27) und in Anlehnung an ähnliche Betitelungen der in Art. 19 Abs. 4 S. 1 GG niedergelegten Rechtsweg- und Rechtsschutzgarantie (→ Rn. 1) als **„Schlussstein im Gewölbe der europäischen Rechtsunion"** bezeichnet werden kann, kommt sowohl auf der Ebene des zentralen Individualrechtsschutzes als auch auf der Ebene des dezentralen Individualrechtsschutzes insoweit herausragende Bedeutung zu, als es insbes. die Anfechtbarkeit rechtsbeeinträchtigender Rechtsakte einfordert und insoweit auch die Auslegung rechtsschutzbezogener Bestimmungen des primären Unionsrechts und der EuG/EuGH-Verfahrensordnungen sowie sekundärrechtlich geregelter Rechtsschutzansprüche und/oder Rechtsschutzgewährleistungsaufträge bzw. Rechtsschutzgewährleistungsgebote beeinflusst (→ Rn. 23 ff.). Für eine **normative Verklammerung der zentralen und dezentralen Rechtsschutzebenen** sorgen insbes. die aus dem Unionsgrundrecht auf effektiven gerichtlichen Rechtsschutz ableitbaren Gebote der Rechtswegklarheit und der Kohärenz, die vornehmlich bei der Ausgestaltung des arbeitsteiligen Zusammenwirkens zwischen den Unionsgerichten ieS und den mitgliedstaatlichen Gerichten zu beachten sind (→ Rn. 44). Im Lichte dieser Gebote ist die von den Unionsgerichten favorisierte Dezentralisierung des gegen legislative EU-Rechtsakte gerichteten Individualrechtsschutzes, die eine Übertragung der sog. *Deggendorf*-Rspr. zur Präklusion dezentralen Rechtsschutzes im Falle der Nichtwahrnehmung zweifellos bestehender zentraler Rechtsschutzmöglichkeiten in Ansehung unionaler Richtlinien und Verordnungen verbietet (→ Rn. 46 f.), nicht zu beanstanden, solange die EU-Mitgliedstaaten und insbes. deren Gerichte der in Art. 19 Abs. 1 UAbs. 2 EUV geregelten Verpflichtung nachkommen, für einen effektiven dezentralen Rechtsschutz zu sorgen (→ Rn. 4), sofern es um die Durchsetzung der dem Einzelnen aus dem Unionsrecht erwachsenden Rechte und um den inzidenten Rechtsschutz gegen normative EU-Rechtsakte geht. 55

Logische Konsequenz der hohen Verantwortung mitgliedstaatlicher Gerichte für die Gewährleistung eines möglichst effektiven (dezentralen) Individualrechtsschutzes ist zum einen die Rspr. des BVerfG zur möglichen Sanktionierung letztinstanzlicher Fachgerichte im Falle einer **Verletzung des** aus Art. 101 Abs. 1 S. 2 GG iVm Art. 267 Abs. 3 AEUV abzuleitenden **Grundrechts auf den gesetzlichen Richter in Luxemburg**[304], die allerdings den rechtsschutzbezogenen Vorgaben aus Art. 47 Abs. 1 GRC iVm Art. 19 Abs. 1 UAbs. 2 EUV und dem Grundsatz der Europarechtsfreundlichkeit noch nicht vollständig gerecht wird[305], sowie die Rspr. des EuGH zur Haftung der Mitgliedstaaten in Fällen 56

---

[304] Näher dazu vgl. *Nowak* in Hdb-EUVerwR, 2. Aufl. (iErsch), § 12 Rn. 64 ff.
[305] Ausführlich dazu *Ehlers* Jura 2007, 505 (509); *Fastenrath* NJW 2009, 272 (274 ff.); *Giegerich/Lauer* ZEuS 2014, 461 (475 ff.); *Haensle* DVBl 2011, 811 ff.; *Hellwig* FS P.-C. Müller-Graff, 2015, 416 ff.; *Kokott/*

judikativen Unrechts.³⁰⁶ Eng damit verbunden ist auch die Rspr. des EuGH zur möglichen Sanktionierung mitgliedstaatlicher Gerichte auf dem Umweg der Verfolgung nationaler Parlamente, sofern ihnen ein Unterlassen der Korrektur unionsrechtswidriger Rspr. vorzuwerfen ist.³⁰⁷ Diese von der Kommission im Wege des Vertragsverletzungsverfahrens nach Art. 258 AEUV zu verfolgenden Unterlassungen können im anschließenden Sanktionsverfahren nach Art. 260 Abs. 2 AEUV unter bestimmten Umständen sogar zur höchstrichterlichen Verhängung empfindlicher Pauschbeträge und Zwangsgelder führen³⁰⁸, deren abschreckende Wirkung gerade auch im Lichte des Unionsgrundrechts auf effektiven gerichtlichen Rechtsschutz als nützlich zu bezeichnen ist.

57 Während der Unionsrichter die Gewährleistung eines möglichst effektiven gerichtlichen Individualrechtsschutzes in spezieller Ansehung normativer EU-Rechtsakte bislang primär den diesbezüglich nicht über eine eigene Verwerfungskompetenz verfügenden mitgliedstaatlichen Gerichten überantwortet (→ Rn. 24 f.), die zu diesem Zweck über das in Art. 267 AEUV geregelte Vorabentscheidungsverfahren mit dem EuGH verbunden sind, fällt der **Individualrechtsschutz,** der sich **gegen verfahrensabschließende Entscheidungen der unionalen Exekutive** richtet, primär in den Verantwortungsbereich des der Kontrolle durch den EuGH unterliegenden EuG. Auf dieser zentralen Rechtsschutzebene wird dem Unionsgrundrecht auf effektiven gerichtlichen Rechtsschutz zum einen dadurch Rechnung getragen, dass die **Adressaten belastender Kommissionsbeschlüsse** gemäß Art. 263 Abs. 4 (Alt. 1) AEUV idR ohne Weiteres klagebefugt sind, sofern es sich dabei nicht um bestimmte Beschwerdebescheidungen handelt.³⁰⁹ Zum anderen werden Drittbetroffene in einzelnen Verfahrensordnungen des EU-Wettbewerbsrechts als „individuell betroffen" iS des Art. 263 Abs. 4 (Alt. 2) AEUV angesehen, wenn sie darlegen können, durch die angefochtene Handlung bzw. den angefochtenen (verfahrensabschließenden) Kommissionsbeschluss spürbar in ihrer Marktposition und/oder in ihrer Wettbewerbsstellung beeinträchtigt zu werden.³¹⁰ Dass das Vorliegen dieser individualisierenden Umstände in jedem Einzelfall zur Bejahung der individuellen Betroffenheit eines Wettbewerbers und damit seiner Klagebefugnis nach Art. 263 Abs. 4 (Alt. 2) AEUV führt, lässt sich indes nicht sagen.³¹¹ Insoweit ist die **Klagebefugnis konkurrierender Dritter** in manchen Fällen nach wie vor schwer prognostizierbar; dies ist sowohl im Hinblick auf das von dem Unionsgrundrecht auf effektiven gerichtlichen Rechtsschutz umfasste Gebot der Rechts-

---

Henze/Sobotta JZ 2006, 633 ff.; *Roth* NVwZ 2009, 345 (350); *Schröder* EuR 2011, 808 ff.; *Zern* GreifRecht 2012, 86 (92 f.); aA *Wolff* AöR 2016, 40 (61 ff.).

³⁰⁶ Vgl. EuGH C-224/01, Slg. 2003, I-10239 ff. – Köbler; EuGH C-173/03, Slg. 2006, I-5177 Rn. 24 ff. – Traghetti del Mediterraneo; sowie → Rn. 32.

³⁰⁷ EuGH C-129/00, Slg. 2003, I-14637 Rn. 29 ff. – Kommission/Italien; näher dazu vgl. *Haltern* VerwArch 2005, 311 ff.

³⁰⁸ Ausführlicher dazu vgl. *Nowak* in Leible/Terhechte, EnzEuR Bd. 3, § 10 Rn. 85 ff.

³⁰⁹ In diesem Kontext vgl. etwa EuGH C-141/02 P, Slg. 2005, I-1283 ff. – Kommission/T-Mobile Austria GmbH; mit dieser Entscheidung hat der EuGH dem in EuG T-54/99, Slg. 2002, II-313 Rn. 48 u. 56 f. – max.mobil Telekommunikation/Kommission, maßgeblich unter Bezugnahme auf das Unionsgrundrecht auf effektiven gerichtlichen Rechtsschutz vorgenommenen Neuansatz des EuG bei der Bestimmung der Klagebefugnis drittbetroffener Konkurrenten, die sich im Wege der in Art. 263 Abs. 4 AEUV geregelten Nichtigkeitsklage gegen ein unterlassenes Einschreiten der Kommission im Anwendungsbereich des Art. 86 EGV [jetzt Art. 106 AEUV] wehren, eine deutliche – gleichwohl aber nicht durchgängig überzeugende – Absage erteilt; näher dazu vgl. *Nowak* in Behrens/Braun/Nowak S. 165 ff.

³¹⁰ Vgl. etwa EuG T-374/00 Slg. 2003, II-2275 Rn. 50 ff. – Verband der freien Rohrwerke e. V. ua/Kommission; EuG T-114/02, Slg. 2003, II-1279 Rn. 91 ff. – BaByliss/Kommission; EuG T-119/02, Slg. 2003, II-1433 Rn. 295 ff. – Royal Philips/Kommission; EuG T-158/00, Slg. 2003, II-3825 Rn. 77 ff. – ARD/Kommission; EuG verb. Rs. T-346/02 u. T-347/02, Slg. 2003, II-4251 Rn. 70 – Cableuropa ua/Kommission; EuG T-177/04, Slg. 2006, II-1931 Rn. 35 – easyJet/Kommission; näher zu dieser Judikatur vgl. jeweils mit umfangreichen Rechtsprechungsnachweisen *Gundel* WiVerw 2011, 242 ff.; *Pastor-Merchante* EStAL 2016, 527 ff.; *Pechstein/Görlitz* in FK-EUV/GRC/AEUV AEUV Art. 267 Rn. 124, 138 ff.; *Weiß* ZHR 180 (2016), 80 (96 ff.).

³¹¹ Als Beispiel für eine doch recht überraschende Negation der individuellen Betroffenheit eines konkurrierenden Dritten auf dem Gebiet des EU-Beihilfenrechts vgl. etwa EuG T-382/15, ECLI:EU:T:2016:589 Rn. 33 – Greenpeace Energy/Kommission.

wegklarheit (→ Rn. 44) als auch im Hinblick auf den unionsverfassungsrechtlichen Grundsatz der Rechtssicherheit (→ Rn. 49) problematisch. Diesem Problem könnte durch eine grundrechtliche Fundierung des Konkurrentenschutzes bzw. durch eine primär auf grundrechtliche Erwägungen iVm dem Unionsgrundrecht auf effektiven gerichtlichen Rechtsschutz abstellende Interpretation der individuellen Betroffenheit konkurrierender Dritter abgeholfen werden[312], sofern der Unionsrichter dazu bereit wäre, seine bisherige Judikatur zur individuellen Betroffenheit konkurrierender Dritter iS des Art. 263 Abs. 4 (Alt. 2) AEUV entsprechend zu überdenken.[313]

Im Übrigen bleibt schließlich mit großer Spannung abzuwarten und weiterhin aufmerksam zu beobachten, ob sich das hier in Rede stehende Unionsgrundrecht auf effektiven gerichtlichen Rechtsschutz noch mehr als bisher in die Richtung eines prozessualen „EU-Supergrundrechts" (→ Rn. 23) fortentwickelt, indem es mit bestimmten Teilgewährleistungen „aufgeladen", vermengt oder jedenfalls stark in Verbindung gebracht wird, die an sich anderen Unionsgrundrechten zuzuordnen sind bzw. eigenständige Unionsgrundrechte oder unionsverfassungsrechtliche Grundsätze darstellen[314], oder ob dem Unionsrichter und der Europarechtswissenschaft künftig eine präzisere bzw. möglichst klare Abgrenzung zwischen dem Unionsgrundrecht auf effektiven gerichtlichen Rechtsschutz sowie anderen Unionsgrundrechten und rechtsstaatlichen Verfahrensgrundsätzen gelingt, die unter dem **Gesichtspunkt der kohärenten Systembildung** nur zu begrüßen wäre[315]. Dieser Fragenkreis betrifft insbes. das zwischen dem Unionsgrundrecht auf effektiven gerichtlichen Rechtsschutz und dem auch von dem Unionsgrundrecht auf eine gute Verwaltung (→ § 61) nicht immer leicht abzugrenzenden Unionsgrundrecht auf ein faires Verfahren bestehende Komplementärverhältnis (→ Rn. 52), das ua die andernorts (→ § 57 Rn. 1 ff.) zu thematisierende Frage aufwirft, ob die Unionsgrundrechte auf effektiven gerichtlichen Rechtsschutz und auf ein faires Verfahren auch weiterhin als zwei eigenständige Grundrechte mit jeweils klar voneinander abgrenzbaren Teilgewährleistungen fungieren oder ob sie in Zukunft zu einem einheitlichen **Unionsgrundrecht auf effektiven und fairen gerichtlichen Rechtsschutz** verschmelzen, wozu gerade die inhaltliche bzw. tatbestandliche Gesamtkonstruktion des Art. 47 GRC (→ Rn. 20 ff.) in gewisser Weise verleiten könnte. **58**

---

[312] Ausführlich zu diesem Ansatz vgl. *Nowak*, Konkurrentenschutz in der EG – Interdependenz des gemeinschaftlichen und mitgliedstaatlichen Rechtsschutzes von Konkurrenten 1997, S. 439 ff.; *Nowak* DVBl 2000, 20 ff.; näher dazu vgl. ferner *Last* S. 216 ff. Zur etwas anders gelagerten Frage, wie im Anwendungsbereich des Art. 263 AEUV bei der Bestimmung des zulässigen Klagegegenstandes mit Grundrechtsverletzungen umgegangen werden könnte oder sollte, vgl. *Mader* EuR 2018, 339 ff.
[313] Zu dieser Forderung bzw. zu diesem Vorschlag vgl. auch *Weiß* ZHR 180 (2016), 80 (129); für die Neuformulierung der individuellen Betroffenheit vgl. ferner *Thiele*, Europäisches Prozessrecht, § 7 Rn. 79.
[314] Exemplarisch vgl. EuGH C-199/11, ECLI:EU:C:2012:684 Rn. 48 – Otis ua, wonach der in Art. 47 GRC verankerte Grundsatz des effektiven gerichtlichen Rechtsschutzes mehrere Elemente umfasst, zu denen ua die Verteidigungsrechte, der Grundsatz der Waffengleichheit, das Recht auf Zugang zu den Gerichten sowie das Recht, sich beraten, verteidigen und vertreten zu lassen, gehören; sowie EuGH C-156/12, ECLI:EU:C:2012:342 Rn. 35 – GREP, wonach die in den vorangegangenen Abschnitten dieses Beitrags zum sachlichen Gewährleistungsgehalt des Unionsgrundrechts auf einen effektiven gerichtlichen Rechtsschutz hinzugezählte „Achtung der Verteidigungsrechte [...] einer der Aspekte des Grundsatzes eines effektiven gerichtlichen Rechtsschutzes" sei.
[315] Näher dazu vgl. *Nehl* in FK-EUV/GRC/AEUV GRC Art. 47 Rn. 45, 79.

§ 56 Unschuldsvermutung

Übersicht

	Rn.
A. Gewährleistungsgehalt	1–6
I. Verfassungstextbefund und weitere normative Grundlagen	1, 2
II. Anwendung allgemeiner Grundrechtsdogmatik	3
III. Wortlautinterpretation und erweiternde Auslegung	4–6
B. Schranken	7–20
I. Prozessuale Sicherungsmaßnahmen	7
II. Auslagenerstattung und Entschädigung für erlittene Untersuchungshaft	8
III. Bewährungswiderruf trotz Nichtverurteilung wegen der Anlasstat und Strafzumessung	9–12
IV. Hafterleichterungen	13, 14
V. (Erweiterter) Verfall	15, 16
VI. Aufbewahrung von DNA-Proben und Fingerabdrücken trotz Nichtverurteilung	17
VII. Zivilrechtlicher Schadensersatz nach strafgerichtlichem Freispruch	18
VIII. Schrankensystematik nach der Charta	19, 20
C. Kritische Bewertung	21–27
I. Terrorismusverdacht und eingefrorene Vermögen	22
II. Verwaltungssanktionen und objektive Verantwortlichkeit	23, 24
III. Abschiebung und Asylrechts- bzw. Flüchtlingsausschluss	25
IV. Kündigung bei Verdacht	26, 27
D. Zusammenfassung und Ausblick	28–31
I. Zusammenfassung	28, 29
II. Ausblick	30, 31

Schrifttum:

Britz/Jung/Koriath/Müller, Grundfragen staatlichen Strafens, FS für Heinz Müller-Dietz zum 70. Geburtstag, 2001; *Demko,* Der hinreichende Tatverdacht nach Art. 5 Abs. 1 lit. c EMRK bei „conventional" und „terrorist crime", HRRS 2004, 95; *Dierks,* Das verfassungsrechtlich befremdliche Verhältnis des Gesetzgebers zur Unschuldsvermutung, AnwBl 2002, 147; *Esser,* Widerruf der Strafaussetzung zur Bewährung nach widerrufenem Geständnis im Lichte der Unschuldsvermutung (Art. 6 Abs. 2 EMRK), NStZ 2016, 697; *Frister,* Schuldprinzip, Verbot der Verdachtsstrafe und Unschuldsvermutung als materielle Grundprinzipien des Strafrechts, 1988; *Geppert,* Grundlegendes und Aktuelles zur Unschuldsvermutung des Art. 6 Abs. 2 der Europ. Menschenrechtskonvention, Jura 1993, 160; *Gössel/Kauffmann,* Strafverfahren im Rechtsstaat, FS für Theodor Kleinknecht zum 75. Geburtstag am 18. August 1985, 1985; *Hohnstädter,* Die Speicherung personenbezogener Daten für präventiv-polizeiliche Zwecke und die Unschuldsvermutung, NJW 2003, 490; *Jakobs,* Bürgerstrafrecht und Feindstrafrecht, HRRS 2004, 88; *Kühl,* Unschuldsvermutung und Resozialisierungsinteresse als Grenzen der Kriminalberichterstattung, in Britz/Jung/Koriath/Müller, FS Müller-Dietz, S. 401; *Rengeling,* Handbuch zum europäischen und deutschen Umweltrecht (EUDUR), Bd. 1, 2. Aufl. 2003; *Stapper,* Namensnennung in der Presse im Zusammenhang mit dem Verdacht strafbaren Verhaltens, 1995; *ders.,* Presse und Unschuldsvermutung, AfP 1996, 349; *Stuckenberg,* Untersuchungen zur Unschuldsvermutung, 1998; *Szczekalla,* Die sog. grundrechtlichen Schutzpflichten, 2002; *ders.,* Keine Freizügigkeit für Freigänger? – Zugleich Anmerkung zu Oberlandesgericht (OLG) Celle, Beschluss vom 13.2.2002 – 1 (3) Ws 510/01 (StVollz), StV 2002, 324; *ders.,* The presumption of innocence, in Weber, Fundamental Rights; *Vogler,* Die strafschärfende Verwertung strafbarer Vor- und Nachtaten bei der Strafzumessung und die Unschuldsvermutung (Art. 6 Abs. 2 EMRK), in Gössel/Kauffmann, FS Kleinknecht, S. 429; *Weber,* Fundamental Rights in Europe and North-America, Part B IV – Germany, 2008; *Wessely,* Case C-49/92P, Commission v. Anic, [1999] ECR I-4125; Case C-199/92P, Hüls v. Commission, [1999] ECR I-4287; Case C-235/92P, Montecatini v. Commission, [1999] ECR I-4539; judgments of 8 July 1999 (together: Polypropylene appeal cases), CMLR 38 (2001), 739; *Wiesbrock,* Internationaler Schutz der Menschenrechte vor Verletzungen durch Private, 1999.

A. Gewährleistungsgehalt

I. Verfassungstextbefund und weitere normative Grundlagen

Die Unschuldsvermutung findet sich verfassungstextlich nicht nur ausdrücklich in **Art. 6 Abs. 2 EMRK**,[1] sondern auch in **zahlreichen Verfassungen** der Mitglied-, Beitritts- und Kandidatenstaaten.[2] Ihre besondere Aufnahme in den mit „Unschuldsvermutung und Verteidigungsrechte" überschriebenen **Art. 48 GRC** als dessen ersten Absatz[3] ist also gut abgesichert, was die Rechtserkenntnis- bzw. Inspirationsquellen anbelangt.[4] Auch in völkerrechtlichen Dokumenten wird die Unschuldsvermutung gewährleistet **(Art. 14 Abs. 2 IPBPR)**[5] bzw. proklamiert **(Art. 11 Abs. 1 AEMR**[6]**)**. Selbst in **Deutschland,** das keine direkte Gewährleistung der Unschuldsvermutung im Verfassungstext kennt, wird – unter ausdrücklicher Bezugnahme auf Art. 6 Abs. 2 EMRK – ein entsprechendes Gebot (vor allem) aus dem (objektiven) **Rechtsstaatsprinzip** abgeleitet und über Art. 2 Abs. 1 GG auch subjektivrechtlich und vor allem verfassungsbeschwerdefähig bewehrt.[7] Das entspricht auch der Einschätzung des EGMR, dass die Beachtung der Unschuldsvermutung schon Bestandteil des *fair trial* sei.[8] Trotz des Umstands, dass die EMRK in Deutschland überwiegend als im Range eines einfachen Bundesgesetzes angesehen wird und eine (nur) auf sie gestützte Verfassungsbeschwerde unzulässig sein soll, hat sich gerade am Beispiel der Unschuldsvermutung die Rechtsprechung des BVerfG entfaltet, derzufolge die Bestimmungen des Grundgesetzes im Lichte der EMRK und der dazu ergangenen Rechtsprechung des EGMR auszulegen sind, die strikte *lex posterior*-Regel also gerade nicht gilt.[9]

Neben dem Rechtsstaatsprinzip werden für die Unschuldsvermutung zahlreiche **weitere normative Anknüpfungspunkte** geltend gemacht: Die Vorschläge reichen unmittelbar von der **Menschenwürde** über das **allgemeine Persönlichkeitsrecht** bis hin zum (verfassungsrechtlichen) **Schuldprinzip** oder ganz allgemein dem Grundsatz der **Verhältnismäßigkeit**.[10] Darauf kommt es im Unionsrecht zunächst nicht an, weil mit Art. 48 Abs. 1 GRC ja eine ausdrückliche Gewährleistung vorliegt.[11] Lehnt man eine mögliche ausdehnende Auslegung dieser Vorschrift über ihren Wortlaut hinaus ab (→ Rn. 4 ff.), können diese Anknüpfungen aber eigenständige, zumindest unterstützende Bedeutung gewinnen.

---

[1] „Bis zum gesetzlichen Nachweis seiner Schuld wird vermutet, dass der wegen einer strafbaren Handlung Angeklagte unschuldig ist." Vgl. *Grabenwarter/Pabel* in Dörr/Grote/Marauhn Kap. 14 Rn. 167 ff.; *Meyer* in Karpenstein/Mayer EMRK Art. 6 Rn. 160 ff.
[2] *Szczekalla* → 1. Aufl. 2006, § 52 Fn. 2.
[3] „Jeder Angeklagte gilt bis zum rechtsförmlich erbrachten Beweis seiner Schuld als unschuldig" – s. Jarass GRCh Art. 48 Rn. 1 ff.
[4] Zur historischen Entwicklung und rechtsvergleichend *Stuckenberg* S. 11 ff.
[5] „Jeder wegen einer strafbaren Handlung Angeklagte hat Anspruch darauf, bis zu dem im gesetzlichen Verfahren erbrachten Nachweis seiner Schuld als unschuldig zu gelten."
[6] „Jeder wegen einer strafbaren Handlung Angeklagte hat Anspruch darauf, als unschuldig zu gelten, bis seine Schuld in einem öffentlichen Verfahren, in dem er alle für seine Verteidigung notwendigen Garantien gehabt hat, gemäß dem Gesetz nachgewiesen ist." Diese nicht (strikt) rechtsverbindliche Vorschrift war ihrerseits Vorbild sowohl für Art. 6 Abs. 2 EMRK als auch für Art. 14 Abs. 2 IPBPR. Sa die Ableitung in der 1. Begründungserwägung der RL (EU) 2016/343 (ABl. 2016 L 65, 1).
[7] Vgl. nur BVerfGE 74, 358 (370) – Privatklage; *Grabenwarter/Struth* in Ehlers GuG § 6 Rn. 1, 51. Weitere Nachw. – auch aus der älteren Rspr. – bei *Szczekalla* in Weber, Fundamental Rights, B. VI.1.
[8] EGMR 25.3.1983 – 8660/79, Series A no. 62 Rn. 27 = EuGRZ 1983, 475 – Minelli/Schweiz (Prozesskosten bei Privatklagen); EGMR 30.11.2000 – 41087/98, Rep. 2001-VII, 29 Rn. 40 – Phillips/Vereinigtes Königreich (Einziehung), jew. mwN.
[9] BVerfGE 74, 358 (370) – Privatklage; außerdem BVerfGE 82, 106 (115) – Unschuldsvermutung und Einstellung bzw. Auslagenerstattung. S. auch → § 3 Rn. 17.
[10] MwN *Eser* in NK-EuGRCh GRCh Art. 48 Rn. 4; *Stuckenberg* S. 48 ff.
[11] Vgl. den Deutungsversuch der Vorschrift ausschließlich „aus sich selbst und ihrem strafprozessualen Zusammenhang" bei *Eser* in NK-EuGRCh GRCh Art. 48 Rn. 4.

Gleiches gilt für andere Bestimmungen, die mit der Unschuldsvermutung in **Idealkonkurrenz** stehen können.[12]

II. Anwendung allgemeiner Grundrechtsdogmatik

3 Bei prozessualen oder zumindest primär prozessbezogenen Grundrechten ist die Anwendung der allgemeinen Grundrechtsdogmatik, insbesondere des **dreistufigen Prüfungsschemas** Schutzbereich – Eingriff – Rechtfertigung (→ § 8 Rn. 6, → § 10 Rn. 28 ff.) nicht unumstritten. Es besteht aber kein triftiger Grund, hiervon vorschnell abzuweichen.[13] Anwendbar ist insbesondere auch die Grundrechtsfunktion der **Schutzpflichten** (→ § 8 Rn. 7 ff.).[14] Deshalb gebietet die Unschuldsvermutung zumindest einen gewissen Schutz vor Bloßstellung eines Tatverdächtigen (Beschuldigten, Angeklagten)[15] und entsprechende **Zurückhaltung bei der** – auch privaten – **Berichterstattung**.[16] Spezielle Schadensersatzansprüche gegen die Medien lassen sich grundsätzlich mit der Schutzpflicht aus Art. 6 Abs. 2 EMRK rechtfertigen.[17] Der Staat (und die Union[18]) ist also nicht nur selbst verpflichtet, bestimmte (ggf. auch nur vorzeitige) Äußerungen zu unterlassen,[19] sondern er muss über seine Gesetze (sog Gesetzesmediatisierung) einen entsprechenden Schutz vor Äußerungen privater Dritter, namentlich der Presse, insbesondere vor entsprechenden **Medienkampagnen,** gewährleisten.[20] Deshalb ist die in ganz Europa zu beobachtenden

---

[12] S. etwa *Schilling,* Internationaler Menschenrechtsschutz, Rn. 183 m. Fn. 441, Rn. 649 (zum Folterverbot bei einer Hauptverhandlung im Metallkäfig). Sa den 20. u. 47. Erwägungsgrund RL (EU) 2016/343 (ABl. 2016 L 65, 1).

[13] Vgl. *Szczekalla* S. 344 ff. mwN. Anders *Stuckenberg* S. 559, der von einer Abwägungsfestigkeit der als „Verbot der Desavouierung des Verfahrens" verstandenen Unschuldsvermutung ausgeht. Ähnlich *Kühling* in v. Bogdandy/Bast Europ. VerfassungsR S. 657 (664 ff.); Jarass EU-GR § 41 Rn. 11; Jarass GRCh Art. 48 Rn. 4 ff.

[14] *Szczekalla* S. 111 f., 136, 327, 350, 780 ff. (zur EMRK). Ebenso *Wiesbrock* S. 20; *Grabenwarter/Struth* in Ehlers GuG § 6 Rn. 51.

[15] Hier wird das grammatische Geschlecht (*genus*) verwendet, welches „natürlich" inklusiv zu verstehen ist und zugleich sprachderegulierend wirkt. Zur Kritik an der Begriffsverwendung „Täter" im deutschen Recht des Ermittlungsverfahrens (§§ 98a, 100c, 111, 163d, 163e, 163f StPO und § 4 BKAG) s. aber auch *Diercks* AnwBl 2002, 147 (147 ff.), dessen diesbezügliche Petition indes kein Erfolg beschieden war.

[16] Zur Rechtfertigung von § 353d Nr. 3 StGB (vorzeitige Mitteilung einer Anklageschrift etc) in diesem Zusammenhang s. BVerfGE 71, 206 (216 f.). – Öffentliche Mitteilung einer Anklageschrift, allerdings ohne ausdrückliche Erwähnung der Schutzpflicht. Vgl. *Kühl* FS Müller-Dietz, 2001, 401 (401 ff.). Die gesetzlichen Rechtsbehelfe sind aber auch für eine nach Art. 35 Abs. 1 EMRK zulässige Beschwerde zu ergreifen, s. EGMR 8.12.2016 (S V) – 4213/13 – Colonna/Frankreich – Mord an korsischem Präfekten, ua zu Art. 9-1 frzCC. Zuletzt etwa EGMR 26.1.2017 (S II) – 78480/13 Rn. 36 – Bodet/Belgien, betr. eine Schöffen-Äußerung *nach* Verurteilung wg. Mordes, die in der Presse wiedergegeben worden ist.

[17] So bspw. östVfGH VfSlg. Nr. 14260 = EuGRZ 1995, 664 (668 f.) – Unschuldsvermutung, betr. § 7b östMedienG. Ohne Rekurs auf die Schutzpflicht aber EGMR 29.8.1997 – 22714/93, Rep. 1997-V, 1534 Rn. 42, 50 – Worm/Österreich (Causa Androsch), betr. § 23 östMedienG, der allerdings über die Schutzpflicht hinausgeht und auch bloß sowohl unvorteilhafte als auch vorteilhafte Kommentierungen der Beweislage erfasst: Rechtfertigung nach Art. 10 Abs. 2 EMRK unter dem Gesichtspunkt der Gewährleistung „des Ansehens und der Unparteilichkeit der Rechtsprechung". Ebenso bei anderem Ergebnis (keine Rechtfertigung) EGMR 11.1.2000 – 31457/96, Rep. 2000-I, 157 Rn. 44 f., 52 ff. – News Verlags GmbH & Co. KG/Österreich (Veröffentlichungsverbot für Fotos), betr. § 78 östUrhG, §§ 7a, 7b östMedienG. Vgl. *Szczekalla* S. 780 ff.

[18] S. EuG T-62/98, Slg. 2002, II-2707 Rn. 279 ff. – Volkswagen/Kommission (Reexportbehinderung), bestätigt durch EuGH C-338/00 P, Slg. 2003, I-9189 Rn. 163 ff. – Volkswagen/Kommission (Reexportbehinderung).

[19] Bsp.: EGMR 10.2.1995 – 15175/89, Series A no. 308 Rn. 41 – Allenet de Ribemont/Frankreich (Ministerielle Schuldzuweisungen), sowie LG Düsseldorf NJW 2003, 2536 – Presseauskünfte der Staatsanwaltschaft vor Kenntnis des Beschuldigten (Mannesmann/Vodafone/Esser) – bestätigt durch OLG Düsseldorf NJW 2005, 1791. MwN (auch zum Folgenden) Grabenwarter/Pabel EMRK § 24 Rn. 139 ff.

[20] Ein grundsätzliches Anonymisierungsgebot mit Ausnahme von Personen der Zeitgeschichte annehmend etwa schweizerBGer SJZ 2003, 568 (dort auch zur Abwägung mit dem Grundsatz der Gerichtsöffentlichkeit sowie dem Informationsinteresse der Öffentlichkeit). Ähnlich OLG München NJW-RR 2002, 404 – Grundsätzlich keine identifizierende Berichterstattung vor Rechtskraft. S. auch *Peukert* in Frowein/Peukert EMRK Art. 6 Rn. 263 ff. mwN. Die (wohl drittwirkende) Geltung der Unschuldsvermutung für die Presse offen lassend BGHZ 143, 199 (204 f.) – Grenzen der Verdachtsberichterstattung.

Tendenz des **„Naming and Shaming"**, vor allem bei Aufsehen erregenden Verbrechen, auch unter dem Gesichtspunkt der Unschuldsvermutung mehr als problematisch.[21]

III. Wortlautinterpretation und erweiternde Auslegung

Ihrem aus dem Verfassungstextvergleich sich ergebenen, jedenfalls ganz überwiegenden **Wortlaut** nach betrifft die Unschuldsvermutung zunächst nur **Strafverfahren**.[22] Erweitern lässt sich ihr Gehalt indes noch ohne Weiteres auf Verfahren, die zu (zumindest) **strafähnlichen Sanktionen** führen können, schon aus Gründen der **Umgehungsgefahr**. Ganz in diesem Sinne hat der **EuGH** etwa entschieden, dass wegen der **Art der** in Rede stehenden **Verstöße** sowie der **Art und Schwere der** für diese zu verhängenden **Sanktionen** die Unschuldsvermutung in den **Wettbewerbsverfahren gegen Unternehmen** anwendbar sei, welche zur Verhängung von **Geldbußen oder Zwangsgeldern** führen könnten.[23]

Andere, durchaus gravierende(re) **Nachteile,** welche an den Verdacht eines (auch) strafbaren Verhaltens geknüpft werden, können demgegenüber **nicht ohne Weiteres** in den „Schutzbereich" der Unschuldsvermutung einbezogen werden.[24] Das kann zu misslichen Konsequenzen führen, die Veranlassung geben, über ihre ausdehnende Auslegung noch einmal vertieft nachzudenken (s. die einzelnen Fallgruppen unter → Rn. 7 ff. und insbesondere → Rn. 21 ff.).[25]

Es entspricht jedenfalls einer weit verbreiteten Ansicht, wenn die Anwendung der Unschuldsvermutung in anderen Rechtsgebieten als dem des Strafrechts gänzlich abgelehnt wird.[26] Ein Blick auf die einschlägige Rechtsprechung von EGMR, EuGH und mitglied-

---

[21] Nach rechtskräftiger Verurteilung kann hier nur noch der grundrechtlich letztlich aus der Menschenwürde ableitbare Resozialisierungsanspruch weiterhelfen (s. auch dazu *Kühl* FS Müller-Dietz, 2001, 401 (401 ff.); *Stapper* AfP 1996, 349 (349 ff.); *Stapper* passim). Bsp.: BVerfGE 35, 202 (235 ff.) – Lebach-I, zu einer sog Grundrechtskollision zwischen allgemeinem Persönlichkeitsrecht (Art. 2 Abs. 1 GG iVm Art. 1 Abs. 1 GG) und Rundfunkfreiheit (Art. 5 Abs. 1 S. 2 GG) – zur Unschuldsvermutung BVerfGE 35, 202 (232). Zur Wiederkehr dieses „Klassikers", nach dem langen Zeitablauf diesmal mit konkretem Vorrang der Rundfunkfreiheit: BVerfG NJW 2000, 1859 – Lebach-II.

[22] Textwidergabe in Fn. 1–6; EuGH C-220/13 P, ECLI:EU:C:2014:2057 Rn. 34 ff. – Nikolaou. Alle Grundrechte der Art. 48–50 GRC nur in strafrechtlichen Verfahren anwendend *Pabel* in Grabenwarter, EnzEur Bd. 2, § 19 Rn. 77 (diff. aber Rn. 81 ff.). So auch die einschl. RL (EU) 2016/343 (ABl. 2016 L 65, 1), Erwgr. 11.

[23] EuGH C-199/92 P, Slg. 1999, I-4287 Rn. 149 ff. – Hüls (Polypropylen), unter Hinweis auf EGMR 21.2.1984 – 8544/79, Series A no. 73 = NJW 1985, 1273 – Öztürk/Deutschland (Unentgeltliche Beiziehung eines Dolmetschers im Ordnungswidrigkeitenverfahren), sowie EGMR 25.8.1987 – 9912/82, Series A no. 123-A = EuGRZ 1987, 399 – Lutz/Deutschland (Auslagenerstattung nach Einstellung des OWi-Verfahrens). Vgl. auch die Besprechung dieser und der anderen Entscheidungen aus der Serie von *Wessely* CMLR 38 (2001), 739 (739 ff.). Weiteres Beispiel: EuG T-62/98, Slg. 2002, II-2707 Rn. 279 ff. – Volkswagen/Kommission (Reexportbehinderung), bestätigt durch EuGH C-338/00 P, Slg. 2003, I-9189 Rn. 163 ff. – Volkswagen/Kommission (Reexportbehinderung); EuGH C-625/13 P, ECLI:EU:C:2017:52 Rn. 149, 155 = NZKart 2017, 124 – Villeroy & Boch (Badezimmerkartell). In der älteren Rechtsprechung war die Frage nach einem „Grundrecht auf Unschuldsvermutung" der Unternehmen offen geblieben, s. die Nachw. bei *Szczekalla* in Rengeling, EUDUR, Bd. 1, § 11 Rn. 7, sowie *Gundel* in Ehlers GuG § 27 Rn. 16, 20, u. *Nehl* in PHKW Fundamental Rights Rn. 48.06A ff.

[24] Gänzlich ablehnend etwa *Eser* in NK-EuGRCh GRCh Art. 48 Rn. 18 f.; *Alber* in Stern/Sachs GRCh Vor Art. 48 Rn. 1.

[25] Weitere Bsp. bei *Szczekalla* in Weber, Fundamental Rights, B. VI.2.c).

[26] Für das Versicherungsrecht ablehnend etwa EKMR 6.4.1994 – 22078/93 – N. D./Niederlande (Brandstiftung); OLG Düsseldorf VersR 1998, 1107 – Vorgetäuschter Kfz-Diebstahl (anders offenbar BGHZ 132, 79 [82 f.] – Vorgetäuschter Kfz-Diebstahl, für den wegen der – geltenden – Unschuldsvermutung die Tatsachen unstreitig oder bewiesen sein müssen. Für das Steuerrecht ebenso BFHE 202, 425 – Kein Auskunftsanspruch gegenüber der Bundesanstalt für Finanzen über Domizilgesellschaftsdaten, mwN. Für das Sozialrecht BVerwG DVBl 2004, 51 – Rückzahlung von Sozialhilfe während der U-Haft. Für das Vergaberecht jüngst OLG Saarbrücken NZBau 2004, 346 (347), betreffend die Annahme fehlender Eignung aufgrund des Verdachts von Straftaten, ua wegen eines „in der Praxis [...] schwer erträgliche[r] Ergebnisses [...]" und eines Erst-Recht-Schlusses von der Untersuchungshaft auf den Vergabeausschluss – deutlich sensibler insoweit EuGH verb. Rs. C-226/04 u. C-228/04, Slg. 2006, I-1366 Rn. 38 – La Cascina und Zilch (Rechtsschutz gegen Vergabeausschluss). Für einen beamtenrechtlichen

staatlichen Verfassungsgerichten ergibt als gesicherten Gewährleistungsgehalt insoweit (nur), dass ein echter kriminalstrafrechtlicher Schuldvorwurf nur dann erhoben werden darf, wenn der Einzelne rechtskräftig[27] durch ein Strafgericht verurteilt, die zunächst bestehende Vermutung der Unschuld mithin ausgeräumt bzw. widerlegt worden ist.[28] Dabei muss der Strafrichter die Schuld des Angeklagten selbst prüfen können und darf durch gesetzliche Beweisregeln nicht absolut gebunden sein; insoweit findet eine Art Missbrauchskontrolle durch den EGMR statt.[29] Andere, mit dem Strafverfahren in Zusammenhang stehende oder an ein Strafverfahren anknüpfende Sanktionen oder Belastungen in einem weiteren Sinne sollen demgegenüber mit gewissen Einschränkungen zulässig sein:

B. Schranken

I. Prozessuale Sicherungsmaßnahmen

7 Für bestimmte **prozessuale Sicherungsmaßnahmen,** namentlich die **Untersuchungshaft** aus Gründen der **Flucht- oder Verdunkelungsgefahr,**[30] ist dies – nach näherer Maßgabe des **Verhältnismäßigkeitsgrundsatzes** als Schranken-Schranke (relevant etwa bei der Kaution als milderes Mittel) – noch ohne weiteres einsichtig.[31] Hier wird kein bleibender Schuldvorwurf ohne rechtsförmliches Verfahren erhoben, sondern eine Sicherung gerade des Verfahrens bezweckt, in welchem der Schuldvorwurf prozessordnungsgemäß geklärt werden soll. Ihre Zulässigkeit wird auch bereits von Art. 5 Abs. 1 lit. c EMRK[32] vorausgesetzt.[33] Problematisch sind insoweit aber die Haftgründe der **Tatschwere** und der **Wiederholungsgefahr.**[34] Eine allein darauf gestützte Untersuchungshaft darf nur in ganz engen Grenzen angeordnet werden, auch wenn für sie eine staatliche Schutzpflicht

---

Sonderfall seine Rspr. ändernd jetzt aber BVerwGE 114, 140 – Erweckung des Verdachts eines Dienstvergehens (unbewiesene Unterschlagung von Kassengeldern). Gegen eine Beschränkung auf das Strafrecht auch *Stuckenberg* S. 557 f., der die Unschuldsvermutung allerdings ganz allgemein als „Verbot der Desavouierung des Verfahrens" (re-)konstruiert.

[27] Zur Aufrechterhaltung der Unschuldsvermutung bis zur Rechtskraft s. *Peukert* in Frowein/Peukert EMRK Art. 6 Rn. 263, 272 ff. Der EGMR ist insoweit ein wenig undeutlich, s. etwa EGMR 25.3.1983 – 8660/79, Series A no. 62 Rn. 37 = EuGRZ 1983, 475 – Minelli/Schweiz (Prozesskosten bei Privatklagen).

[28] Vgl. *Peters,* Einführung in die EMRK, 2003, S. 133 ff. (133); *Schilling,* Internationaler Menschenrechtsschutz, Rn. 650. Sa den 16. Erwägungsgrund der RL (EU) 2016/343 (ABl. 2016 L 65, 1). Die RL nimmt *juristische* Personen von ihrer Anwendbarkeit aus (13. Erwägungsgrund und Art. 2). Dagegen *Nehl* in PHKW Fundamental Rights Rn. 48.13A.

[29] EGMR 7.10.1988 – 10519/83, Series A no. 141 Rn. 27 – Salabiaku/Frankreich (Drogenpäckchen); EGMR 30.11.2000 – 41087/98, Rep. 2001-VII, 29 Rn. 40 – Phillips/Vereinigtes Königreich (Einziehung). S. auch EuGH C-204/00 P, Slg. 2004, I-123 Rn. 237 – Aalborg Portland (Zementkartell); EuG T-67/01, Slg. 2004, II-49 Rn. 53 – JCB Service („Baumaschinenvertriebsbindung"). Auf den unterschiedlichen Wortlaut von Art. 6 Abs. 2 EMRK („gesetzliche[r] Beweis") und Art. 48 Abs. 2 GRC („rechtsförmlich erbrachte[r] Beweis") stützt *Eser* in NK-EuGRCh GRCh Art. 48 Rn. 2, 16, insoweit eine Präzisierung, als dass nach der Charta ein rechtsstaatliches Nachweisverfahren erforderlich sei und nicht schlicht auf gesetzliche Beweisregeln und Schuldvermutungen abgestellt werden dürfe → Rn. 20.

[30] S. *Stuckenberg* S. 110 f., 564. AA *Frister* S. 117 ff.

[31] Weitere Zwangsmaßnahmen, abhängig von der jeweiligen Verdachtslage: Durchsuchungen, Beschlagnahmen etc sa den 16., 18., 20. u. 21. Erwägungsgrund der RL (EU) 2016/343 (ABl. 2016 L 65, 1).

[32] „[R]echtmäßige Festnahme oder Freiheitsentziehung zur Vorführung vor die zuständige Gerichtsbehörde, wenn hinreichender Verdacht besteht, daß die betreffende Person eine Straftat begangen hat, oder wenn begründeter Anlaß zu der Annahme besteht, daß es notwendig ist, sie an der Begehung einer Straftat oder an der Flucht nach der Begehung einer solchen zu hindern." S. auch Art. 104 GG, insbes. Abs. 3 GG.

[33] Vgl. *Geppert* Jura 1993, 160 (161); *Peukert* in Frowein/Peukert EMRK Art. 6 Rn. 275; *Szczekalla* in Weber, Fundamental Rights, VI.2.a) u. aa) mwN.

[34] S. *Stuckenberg* S. 108 ff., 563 f. Zur Anordnung des Ruhens einer Approbation bei Verdacht auf rechtswidrige „Sterbehilfe" (unterlassene Hilfeleistung, fahrlässige Tötung bzw. Totschlag) und entsprechender Wahrscheinlichkeit einer Verurteilung s. VG Hannover NJW 2004, 311. Großzügiger in einem Einzelfall BVerfG NJW 2003, 3618 – Vorläufiger Weiterbetrieb einer Apotheke (trotz Rezeptbetrugs und Steuerhinterziehung).

zugunsten potenzieller Opfer streiten mag.[35] Jedenfalls verlangt die Unschuldsvermutung, dass einem Untersuchungsgefangenen **so viel Freiheit wie** irgend **möglich** belassen wird.[36] Außerdem folgt aus ihr auch ein **Beschleunigungsgebot**.[37] Allerdings verlangt die EMRK nach Ansicht des EGMR **nicht**, dass **Strafgefangene** und **Untersuchungshäftlinge unterschiedlich** behandelt, insbesondere getrennt untergebracht werden.[38] Ein gleich hoher Arbeitslohn wie bei Strafgefangenen soll aus der Unschuldsvermutung nach Auffassung des BVerfG allerdings auch nicht abzuleiten sein.[39]

II. Auslagenerstattung und Entschädigung für erlittene Untersuchungshaft

Eine klassischer Konfliktfall tritt bei der Entscheidung über die **Auslagenerstattung** und 8 die **Entschädigung für erlittene Untersuchungshaft** auf, wenn das Strafverfahren anders als durch Verurteilung beendet worden ist, dh sowohl bei **Freispruch** *("in dubio pro reo")* als auch bei Einstellung aufgrund **Verjährung** oder bei **Tod** des Angeklagten. Eine in sich stimmige Linie gibt es hier weder in der Rechtsprechung des EGMR noch bei den mitgliedstaatlichen Verfassungsgerichten.[40] An sich könnte man aus der Unschuldsvermutung ableiten, dass ganz generell keine negativen, auch nicht finanziellen Folgen daran geknüpft werden, dass Zweifel an der Schuld des Betroffenen bleiben. Eine prozessordnungsgemäße Widerlegung der Unschuldsvermutung hat in den genannten Fällen ja gerade nicht stattgefunden.[41] Indes hat der **EGMR** mehrfach entschieden, dass die **Konvention nicht automatisch** eine **Entschädigung** für erlittene Strafverfolgungsmaßnahmen oder eine zwingende Erstattung der **Auslagen** des Betroffenen verlange.[42] **Entscheidend** für

---

[35] Art. 5 Abs. 1 lit. c EMRK lässt sie jedenfalls zu. Zu den Grenzen sa BVerfGE 19, 342 (350); BVerfGE 35, 185 (191 f.). Restriktiv auch *Eser* in NK-EuGRCh GRCh Art. 48 Rn. 13.

[36] S. nur BVerfGE 19, 342 (347); BVerfGE 20, 45 (49); BVerfGE 20, 144 (147); BVerfGE 34, 369 (379); BVerfGE 34, 384 (395 f.); BVerfG NJW 1976, 1736; *Schilling*, Internationaler Menschenrechtsschutz, Rn. 261.

[37] Vgl. BVerfG NStZ 2000, 153 mwN. S. auch EGMR 5.7.2001 – 38321/97, Rep. 2001-VII, 1 Rn. 39 = NJW 2003, 1439 – Erdem/Deutschland (Überwachung der Anwaltskorrespondenz und Dauer der U-Haft), wo wegen der festgestellten Verletzung des Art. 5 Abs. 3 EMRK (Rn. 38 ff., 48 ff.) – 5 Jahre und 11 Monate U-Haft bei 6 Jahren Freiheitsstrafe – im 900 Seiten umfassenden, dieses Düsseldorfer PKK-Großverfahren abschließenden Urteil nicht gesondert auf Art. 6 Abs. 2 EMRK eingegangen wird (Rn. 49).

[38] EGMR 19.4.2001 – 28524/95, Rep. 2001-III, 275 Rn. 78 – Peers/Griechenland (Haftbedingungen für Heroinabhängigen). Demgegenüber das Wahlrecht für Untersuchungsgefangene als Ausfluss der Unschuldsvermutung ansehend EGMR 6.10.2005 (GrK) – 74025/01, ÖJZ 2005, 195, zustimmende Meinung Richter *Caflisch* Rn. 6 – Hirst (Nr. 2)/Vereinigtes Königreich (kein automatischer Wahlrechtsverlust für Strafgefangene). Kritisch auch *Jarass* EU-GR § 41 Rn. 12 (keine „pauschale Gleichbehandlung").

[39] BVerfG NJW 2004, 3030 – Unterschiedliche Entlohnung von Strafgefangenen und (erwachsenen) Untersuchungsgefangenen: Die unterschiedliche Bemessung sei keine Strafe. Außerdem bestehe keine Arbeitspflicht für Untersuchungshäftlinge.

[40] Aus der Rspr. des BVerfG s. nur BVerfGE 82, 106 (117); BVerfG NStZ 1987, 84; BVerfG NJW 1991, 829; BVerfG NStZ 1992, 238; BVerfG NJW 1992, 2011; BVerfG NStZ 1992, 289; BVerfG NJW 1992, 1612 (1612 f.). Weitere Nachw. bei *Szczekalla* in Weber, Fundamental Rights, VI.2.a)aa). S. etwa auch noch VerfG Brandenburg JR 2003, 101, wonach die Unschuldsvermutung nicht zwingend einer Entscheidung entgegen stehe, bei Bußgeldverfahren die Auslagen des Betroffenen bei diesem zu belassen und nicht der Staatskasse aufzuerlegen (ebenfalls mwN), betr. § 467 Abs. 4 StPO, § 47 Abs. 2 OWiG und Art. 53 Abs. 2 BbgVerf („Jeder wegen einer Straftat Beschuldigte oder Angeklagte ist so lange als unschuldig anzusehen, bis er rechtskräftig verurteilt ist").

[41] Die ggf. erforderliche Zustimmung des Betroffenen ändert daran nichts. Im Übrigen wird die Unschuldsvermutung als nicht verzichtbar angesehen, s. etwa *Eser* in NK-EuGRCh Art. 48 Rn. 17, unter Hinweis auf den Zusammenhang mit dem Rechtsstaatsprinzip. Dazu und zum *fair trial* → Rn. 1.

[42] Beispiele: EGMR 25.8.1987 – 9912/82, Series A no. 123-A = EuGRZ 1987, 399 – Lutz/Deutschland (Auslagenerstattung nach Einstellung des OWi-Verfahrens); EGMR 25.8.1987 – 10282/83, Series A no. 123-B = EuGRZ 1987, 405 – Englert/Deutschland (Auslagenerstattung und U-Haft-Entschädigung nach Einstellung des Strafverfahrens); EGMR 25.8.1987 – 10300/83, Series A no. 123-C = EuGRZ 1987, 410 – Nölkenbockhoff/Deutschland (Auslagenerstattung und U-Haft-Entschädigung nach Tod). Gegenbeispiele: EGMR 25.8.1993 – 13126/87, Series A no. 266-A = ÖJZ 1993, 816 – Sekanina/Österreich (Haftentschädigung); EGMR 11.2.2003 – 29327/95, Rep. 2003-II, 69 – O./Norwegen; EGMR 11.2.2003 – 30287/96 – Hammern/Norwegen (Freispruch nach sexuellem Missbrauchsvorwurf-

eine Verletzung der Unschuldsvermutung ist demnach die **konkrete Formulierung** einer insoweit abschlägigen Entscheidung. Die Äußerung bleibender Verdachtsmomente mag danach zwar „unglücklich" sein,[43] sei aber nicht *per se* konventionswidrig. Nur die in einer solchen Entscheidung zum Ausdruck kommende Überzeugung von der Schuld, wiewohl nicht prozessordnungsgemäß festgestellt, führe zu einem Verstoß gegen Art. 6 Abs. 2 EMRK.[44] Die Abgrenzung zwischen noch zulässigen und schon unzulässigen Formulierungen ist ausgesprochen schwierig.[45] Eine Begründung für eine abschlägige Entscheidung muss ja schon wegen des Rechtsstaatsprinzips und einzelner positivierter Begründungspflichten erfolgen.[46] An sich ist dieser Balanceakt kaum zu meistern. In den meisten Fällen dürfte es deshalb besser sein, Auslagenerstattung und Entschädigung zu gewähren, auch wenn Zweifel bleiben.[47] Der Rechtsprechung reicht es demgegenüber häufig schon aus, wenn aus der ablehnenden Entscheidung in ihrem ganzen Sinnzusammenhang nur deutlich genug wird, dass eine bloße Verdachtslage bewertet werde.

III. Bewährungswiderruf trotz Nichtverurteilung wegen der Anlasstat und Strafzumessung

9   Insbesondere in Deutschland gab es zumindest eine längere Zeit eine uneinheitliche Rechtsprechung der Oberlandesgerichte zur Verletzung der Unschuldsvermutung bei **Widerruf der Bewährung vor** (rechtskräftiger) **Aburteilung der Anlasstat**.[48] Das deutsche **BVerfG** meinte dazu, dass der Widerruf **zulässig** sein könne, auch wenn der Betroffene wegen einer solchen Anlasstat noch nicht rechtskräftig verurteilt worden sei.[49] Das widerrufende Gericht müsse nur selbst von der Begehung der Tat überzeugt sein.[50] Der Widerruf wurde dabei nur als Teil der dem Betroffenen insgesamt günstigen Bewährungsentscheidung angesehen:[51] Ihm werde nur eine Vergünstigung entzogen, die von bestimmten Bedingungen abhängig sei. Die Aussetzung zur Bewährung sei von vornherein von einer Prognoseentscheidung abhängig und unterliege deshalb auch von Anfang an gewissen Risiken.[52]

10 Der in dieser Frage ebenfalls angerufene **EGMR** hat eine Verletzung der Unschuldsvermutung aus Art. 6 Abs. 2 EMRK wiederum von der jeweils gewählten **Formulierung**

I-II und Verweigerung einer Entschädigung-I-II); EGMR 28.10.2003 – 44320/98 – Baars/Niederlande (Auslagenerstattung und U-Haft-Entschädigung nach Einstellung des Strafverfahrens und Verurteilung eines Mitangeklagten); EGMR 13.1.2005 – 4291/98, Rep. 2005-I, 73 – Capeau/Belgien.

[43] S. auch EGMR 25.8.1987 – 9912/82, Series A no. 123-A Rn. 62 = EuGRZ 1987, 399 – Lutz/Deutschland; EGMR 25.8.1987 – 10300/83, Series A no. 123-C Rn. 39 = EuGRZ 1987, 410 – Nölkenbockhoff/Deutschland, wonach die Begründungen zwar „ambiguous and unsatisfactory", aber eben doch nicht konventionswidrig seien.

[44] Strenger aber die Rspr. zur Auferlegung von Verfahrenskosten, s. EGMR 25.3.1983 – 8660/79, Series A no. 62 Rn. 37 ff. = EuGRZ 1983, 475 – Minelli/Schweiz (Prozesskosten bei Privatklagen).

[45] Vgl. *Geppert* Jura 1993, 160 (164 f.).

[46] Anders im Fall des VerfG Brandenburg JR 2003, 101 (Fn. 40). Eine Begründung nicht für erforderlich haltend auch BVerfG NStZ 1985, 181. Zu einer evtl. Heilung unzulässiger Formulierungen (in der nächsten Instanz) s. BVerfG 5.5.2001 – 2 BvR 413/00 – Einstellung wegen Verhandlungsunfähigkeit und demnächst eintretender Verfolgungsverjährung.

[47] Im Hinblick auf die Kosten etwa nach französischem Vorbild, wo seit 1993 der Grundsatz der Kostenfreiheit des Straf- und Ordnungswidrigkeitenverfahrens gilt, s. *Stuckenberg* S. 178 f., 568 f. Ua aus Gründen der Unschuldsvermutung jetzt auch einen Einstellungsbeschluss (mit Kostenerstattungsmöglichkeit) bei Tod zulassend BGHSt 45, 108 (116), unter Aufgabe von BGHSt 34, 184.

[48] *Geppert* Jura 1993, 160 (162 ff.); *Szczekalla* in Weber, Fundamental Rights, VI.2.a)cc) mwN.

[49] Vgl. BVerfG NStZ 1987, 118 zu § 56f Abs. 1 Nr. 1 StGB. S. auch noch BVerfG NJW 1988, 1715; BVerfG NStZ 1991, 30, jew. mwN. Zuletzt etwa BVerfG NJW 2005, 817 für den Fall eines glaubhaften Geständnisses.

[50] BVerfG NStZ-RR 1996, 168.

[51] BVerfG NJW 1994, 377.

[52] Zum Fall des Widerrufs einer Aussetzung der Vollstreckung des Restes einer Freiheitsstrafe nach § 454a Abs. 2 S. 1 StPO s. BVerfG NJW 1994, 377. Zur Verweigerung einer solchen Aussetzung BVerfG NJW 1988, 1715.

des Widerrufs abhängig gemacht. Die definitive Feststellung, dass eine Straftat begangen worden sei, könne jedenfalls nicht durch das die Bewährung widerrufende Gericht getroffen werden. Das gelte zumindest dann, wenn das Hauptverfahren vor einem anderen Gericht wegen der Anlasstat noch laufe.[53]

Die genannte Rechtsprechung spricht insgesamt eher dafür, mit einem Widerruf der Bewährung bis zur rechtskräftigen Entscheidung über die Anlasstat zu **warten**.[54] Ein dringendes **Bedürfnis** für einen vorzeitigen Widerruf dürfte in den meisten Fällen auch gar **nicht** vorliegen.[55] Insbesondere darf hier keinen Medienkampagnen über eine vermeintlich lasche Strafjustiz gleichsam durch die Hintertür zum Erfolg verholfen werden. 11

Zumindest **zweifelhaft** ist damit auch die Rechtsprechung, derzufolge Erkenntnisse aus anderen, noch nicht rechtskräftig abgeschlossenen Strafverfahren in die **Beweiswürdigung** eingestellt oder in der **Strafzumessung** berücksichtigt werden dürfen.[56] Gleiches gilt ganz allgemein für die **Verwertung nicht mitangeklagter** oder (vor-) prozessual **ausgeschiedener Vor- oder Nachtaten** in der Strafzumessung.[57] 12

IV. Hafterleichterungen

Die **Vollstreckung** einer Freiheitsstrafe kommt im Regelfall **nicht in Konflikt mit** der **Unschuldsvermutung**. Denn mit einem rechtskräftigen Urteil ist die Vermutung ja bereits widerlegt worden. Probleme können aber dann auftauchen, wenn bestimmte **Hafterleichterungen** mit der Begründung abgelehnt werden, dass das **Risiko der Begehung neuer Straftaten** durch den Gefangenen zu groß sei. Das BVerfG hat solche Entscheidungen im Ergebnis gebilligt, weil die Nichtgewährung von Hafterleichterungen nicht auf eine (zusätzliche) Strafe oder strafähnliche Sanktion hinauslaufe.[58] 13

Die Entscheidung über eine bestimmte Form von Hafterleichterung, nämlich den sog **Freigang,** kann im Übrigen durchaus einmal in den **Anwendungsbereich des Unionsrechts** und damit der Unionsgrundrechte fallen: Das gilt jedenfalls dann, wenn der arbeitswillige Freigänger eine **Stelle in einem anderen Mitgliedstaat** vorweisen kann, die innerstaatlichen Gerichte diese Art der Hafterleichterung aus Gründen mangelnder – potenzieller – Kontrollierbarkeit des Gefangenen aber ablehnen.[59] In solchen Fällen geht es allerdings eher um andere Grundrechte als die Unschuldsvermutung und vor allem um die **Grundfreiheiten,** deren Bedeutung auch bei solchen Entscheidungen zu berücksichtigen ist.[60] 14

---

[53] S. EGMR 3.10.2002 – 37568/97 Rn. 53 ff., insbes. Rn. 65 mwN, StraFo 2003, 47 mAnm *Bötticher* = StV 2003, 82 mAnm *Pauly* – Böhmer/Deutschland (Bewährungswiderruf vor rechtskräftigem Urteil). Vgl. jüngst auch noch EGMR 12.11.2015 – 2130/10 Rn. 52 ff., NJW 2016, 3645 – El Kaada/Deutschland (Bewährungswiderruf nach Geständniswiderruf), m. Bespr.-Aufs. *Esser* NStZ 2016, 697 mwN.
[54] S. aber auch OLG Celle NStZ-RR 2003, 316, das bei einem Geständnis in erster Instanz und auf die Rechtsfolgen beschränkter Berufung wegen der Anlasstat den Widerruf weiterhin zulassen will. Für den Widerruf gnadenweiser gewährter Strafaussetzung auch OLG Hamburg NJW 2003, 3574, das weder (Teil-)Rechtskraft noch Geständnis verlangt. Im Ergebnis wie hier *Stuckenberg* S. 572, der Doppelverfahren und widersprüchliche Entscheidungen vermeiden will.
[55] Auf die in der Regel fehlende Notwendigkeit macht auch das BVerfG in seinen Entscheidungen regelmäßig aufmerksam (s. BVerfG NStZ 1987, 118; BVerfG NJW 1988, 1715; BVerfG NStZ 1991, 30; BVerfG NJW 1994, 377; BVerfG NStZ-RR 1996, 168; BVerfG NJW 2005, 817) Das spricht letztlich für ihre Unverhältnismäßigkeit.
[56] BGHSt 34, 209 (209 Ls., 210 mwN), wonach Art. 6 Abs. 2 EMRK nicht zu der „Unterstellung" zwinge, ein Sachverhalt einer strafbaren Handlung habe sich nicht zugetragen, bevor er nicht rechtskräftig festgestellt worden sei. Anders für die Sicherungsverwahrung BGHSt 25, 44.
[57] Keine Bedenken indes bei *Eser* in NK-EuGRCh GRCh Art. 48 Rn. 17 mwN. Anders bereits *Vogler* FS Kleinknecht, 1985, 429 (438), der ein umfassendes Beweiserhebungs- und -verwertungsverbot annimmt. Nur eine gerichtliche Hinweispflicht – bei ansonsten prozessordnungsgemäßer Feststellung – annehmend BGHSt 31, 302, betr. § 154a Abs. 2 StPO.
[58] BVerfG NStZ 1982, 83, betr. § 11 Abs. 2 StVollzG.
[59] So OLG Celle StV 2002, 323 (keine Freizügigkeit für Freigänger); krit.Anm. bei *Szczekalla* StV 2002, 324 (324 ff.).
[60] *Szczekalla* StV 2002, 324 (324 ff.).

V. (Erweiterter) Verfall

15 In Konflikt mit der Unschuldsvermutung können weiterhin bestimmte Anordnungen geraten, welche das Strafgericht neben einer Verurteilung wegen einer Straftat ausspricht. Beim sog **erweiterten Verfall** in § 73d StGB ordnet das Gericht den Verfall von Gegenständen (mit der Folge des Übergangs des Eigentums auf den Staat nach Rechtskraft der Entscheidung) auch dann an, wenn (bloße) Umstände die Annahme rechtfertigen, dass diese Gegenstände für (andere) rechtswidrige Taten oder aus ihnen erlangt worden sind. Nach Ansicht des **BVerfG** handelt es sich dabei aber um eine Vorschrift, welche nicht repressiv-vergeltende, sondern präventiv-ordnende Ziele verfolge und **keine** dem Schuldgrundsatz unterliegende **strafähnliche Maßnahme** darstelle. Sie verletze die Unschuldsvermutung nicht, da ein Verschulden nicht Tatbestandsvoraussetzung sei – Rechtswidrigkeit genüge insoweit. Die Annahme der deliktischen Herkunft eines Gegenstandes sei dann gerechtfertigt, wenn sich der Tatrichter durch Ausschöpfung der vorhandenen Beweismittel von ihr überzeugt habe.[61]

16 Vorschriften wie die genannte sind Teil eines europaweiten Kampfes gegen bestimmte Formen der vor allem (aber längst nicht nur) sog **organisierten Kriminalität** und des **Terrorismus**. Auch andere Verfassungs- bzw. Höchstgerichte haben in ähnlichen Fällen einen Verstoß gegen die Unschuldsvermutung abgelehnt.[62] Für den Fall einer **zollrechtlichen Verfallerklärung** hat der **EGMR** mehrheitlich ebenfalls keine Verletzung der EMRK feststellen können und ist dabei von einer **nichtstrafrechtlichen Maßnahme** ausgegangen.[63] Auf diese Entscheidung hat sich das deutsche BVerfG denn auch ausdrücklich berufen. In Bezug auf das **britische Einziehungsverfahren** hat der EGMR demgegenüber eine Verletzung der Unschuldsvermutung aus Art. 6 EMRK mit der Begründung verneint, dass dieses Teil des – der Verurteilung nachfolgenden – Verfahrens zur Festsetzung des **Strafmaßes** sei und keine neue Entscheidung über eine neue strafrechtliche Anklage darstelle.[64]

VI. Aufbewahrung von DNA-Proben und Fingerabdrücken trotz Nichtverurteilung

17 In den Mitgliedstaaten haben die Gerichte verschiedentlich angenommen, dass die weitere **Aufbewahrung von DNA-Proben und Fingerabdrücken** trotz Nichtverurteilung zulässig sei und insbesondere keinen Verstoß gegen die Unschuldsvermutung darstelle.[65] Das BVerfG hat etwa entschieden, dass die weitere Speicherung und Verwendung von im Ermittlungsverfahren gewonnenen Daten zur Verhütung oder Verfolgung künftiger Straftaten (also **präventiv-polizeilich**[66] **statt repressiv**) dann nicht gegen die Unschuldsvermutung verstoße, wenn der Betroffene zwar rechtskräftig freigesprochen worden sei, die Verdachtsmomente dadurch aber (noch) nicht ausgeräumt worden seien.[67] Damit wird

---

[61] BVerfG NJW 2004, 2073 – Erweiterter Verfall.
[62] House of Lords [2002] 1 All ER 801 – R v. Rezvi (Einziehung-I); House of Lords [2002] 1 All ER 815 – R v. Benjafield (Einziehung-II).
[63] EGMR 24.10.1986 – 9118/80, Series A no. 108 Rn. 65 = EuGRZ 1988, 513 – Agosi/Vereinigtes Königreich (zollrechtlicher Verfall), betr. Art. 1 EMRKZusProt.
[64] EGMR 30.11.2000 – 41087/98, Rep. 2001-VII, 29 Rn. 30 ff. – Phillips/Vereinigtes Königreich (Einziehung). Das deutsche selbständige (objektive) Einziehungsverfahren für unbedenklich haltend auch VerfG Brandenburg NJW 1997, 451, betr. § 76a StGB, §§ 440, 441 StPO und Art. 53 Abs. 2 BbgVerf (Text: Fn. 40): Die strafrechtliche Schuld werde nur geprüft, nicht aber verbindlich festgestellt.
[65] So etwa Court of Appeal [2003] 1 All ER 148 – R (S) v. Chief Constable of South Yorkshire u. R (Marper) v. Same (Fingerabdruck- und DNA-Probenaufbewahrung trotz Nichtverurteilung); bestätigt durch House of Lords EuGRZ 2004, 799. Vgl. *Pannick*, Some fingerprints are more equal than others, The Times v. 1.10.2002 (Law), der im Hinblick auf Art. 8 EMRK zustimmt, aber Bedenken wegen Art. 14 EMRK äußert. Denkbar sei allenfalls eine allgemeine (Gen- oder Fingerabdruck-) Datenbank.
[66] Zur Ablehnung der Geltung der Unschuldsvermutung im Polizeirecht sa BVerwGE 45, 51 (61) – Polizeiliche Ingewahrsamnahme zu Straftatverhinderung.
[67] BVerfG DVBl 2002, 1110 – Datenspeicherung nach Freispruch, betr. § 39 Abs. 3 NGefAG. Gegen die Entscheidung war unter dem Az. 31022/02 eine Beschwerde beim EGMR anhängig.

letztlich wieder ein „**Freispruch zweiter Klasse**" („aus Mangel an Beweisen") eingeführt, welcher als solcher schwerwiegenden konventionsrechtlichen Bedenken ausgesetzt ist.[68] Hier ist eine Klärung durch den EGMR zwischenzeitlich erfolgt: Danach verstößt die die fortdauernde Speicherung von Fingerabdrücken und DNA-Proben Verdächtiger, die nicht verurteilt wurden, jedenfalls gegen **Art. 8 EMRK**.[69]

VII. Zivilrechtlicher Schadensersatz nach strafgerichtlichem Freispruch

Nicht jeder Freispruch in einem Strafverfahren führt zu einer vollständigen Freistellung von der Verantwortlichkeit für ein bestimmtes Verhalten. Denkbar sind immer noch **zivilrechtliche Ansprüche,** welche mutmaßliche Opfer oder ihre Angehörigen gegen den oder die vermeintlichen Täter durchzusetzen versuchen. Diesem Durchsetzungsversuch kann deshalb Erfolg beschieden sein, weil vielfach das **Beweismaß** im Zivilverfahren **geringer** ausfällt als im Strafverfahren.[70] Der EGMR hat es nach rechtsvergleichender Betrachtung der Lage in den Vertragsstaaten grundsätzlich gebilligt, dass nach einem Freispruch gleichwohl noch Schadensersatzansprüche zugesprochen werden.[71] Derartige – auf den ersten Blick – konträre Entscheidungen liegen häufig an den gespaltenen Rechtswegen.[72] Vermeiden lassen sie sich nur durch eine umfassende Integration der Opferansprüche in das Strafverfahren. Vermeiden müssen die Zivilgerichte indes schon heute Urteilsbegründungen, welche auf eine strafrechtliche Verantwortlichkeit abstellen. Denn darin sieht der EGMR einen Verstoß gegen Art. 6 Abs. 2 EMRK.[73] Erforderlich ist vielmehr eine eigenständige Begründung der Schadensersatzpflicht unabhängig von einer Strafbarkeit des fraglichen Verhaltens.

18

VIII. Schrankensystematik nach der Charta

Nach den **Erläuterungen** zur Grundrechtecharta soll Art. 48 GRC den Abs. 2 und 3 des Art. 6 EMRK entsprechen, welche auch im vollständigen Wortlaut wiedergegeben werden. Deshalb findet die **horizontale** – zweite – „**Kompatibilitäts-**" bzw. „**Kongruenzsicherungsklausel**" des **Art. 52 Abs. 3 S. 1 GRC**[74] (→ § 10 Rn. 76) Anwendung: Art. 48 GRC hat mithin insgesamt dieselbe Bedeutung und dieselbe Tragweite wie die durch die EMRK garantierten Rechte. Das gilt für Unschuldsvermutung und Verteidigungsrechte gleichermaßen. Und das **entspricht** auch schon der **bisherigen Praxis** von EuGH und mitgliedstaatlichen Verfassungs- bzw. Höchstgerichten, welche sich in ihren Entscheidungen jeweils auf die Rechtsprechung des EGMR beziehen.

19

Soweit sich der **Wortlaut** des Art. 48 Abs. 1 GRC von dem des Art. 6 Abs. 2 EMRK unterscheidet, lassen sich bei der Charta unter Umständen aber doch stärkere Anforderungen an das Verfahren zur Widerlegung der Unschuldsvermutung als bei der Konvention stellen: Während nach Art. 6 Abs. 2 EMRK mit seinem „gesetzlichen Beweis" der Schuld eine relative Bindung an gesetzliche Beweisregeln bzw. Schuldvermutungen in Grenzen

20

---

[68] Vgl. EGMR 25.8.1993 – 13126/87, Series A no. 266-A, Rn. 25 ff., 30 = ÖJZ 1993, 816 – Sekanina/Österreich. Sehr kritisch auch *Hohnstädter* NJW 2003, 489 (490 ff.). Das BVerfG meint dagegen, dass die Sekanina-Entscheidung auf das Verbot begrenzt sei, nach Freispruch weitere Schuldfeststellungen vorzunehmen, und beruft sich im Übrigen auf EGMR 25.8.1987 – 9912/82, Series A no. 123-A = EuGRZ 1987, 399 – Lutz/Deutschland. Zum „Freispruch zweiter Klasse" *Stuckenberg* S. 123 ff.
[69] Vgl. EGMR 4.12.2008 (GK) – 30562/04 u. 30566/04, Rep. 2008-V, 167 Rn. 66 ff., 95 ff. = EuGRZ 2009, 299 – S. und Marper/Vereinigtes Königreich.
[70] Vgl. nur EKMR 1.10.1987 – 1182/85, DR 54, 162 – C./Vereinigtes Königreich (Diebstahlsfälle für Hausmeister, betr. den öffentlichen Dienst; EKMR 6.4.1994 – 22078/93 – N. D./Niederlande: „beyond all reasonable doubt" (Strafrecht) bzw. „on the balance of probabilities" (Zivilrecht, hier Arbeits- bzw. Versicherungsrecht).
[71] EGMR 11.2.2003 – 34964/97, Rep. 2003-II, 117 – Ringvold/Norwegen; EGMR 11.2.2003 – 56568/00, Rep. 2003-II, 161 – Y/Norwegen.
[72] Allgemein zum Problem *Stuckenberg* S. 570 f.
[73] EGMR 11.2.2003 – 56568/00, Rep. 2003-II, 161 – Y/Norwegen.
[74] *Rengeling/Szczekalla* Grundrechte in der EU Rn. 476 ff.

zulässig sein mag,[75] spricht Art. 48 Abs. 1 GRC mit seinem „rechtsförmlich erbrachten Beweis" für ein entsprechend offeneres, **rechtsstaatliches Nachweisverfahren** (und nicht nur für eine Missbrauchskontrolle).[76] Ob diese semantische Differenz aber tatsächlich einen Anwendungsfall für die dynamische Öffnungsklausel des **Art. 52 Abs. 3 S. 2 GRC** (→ § 10 Rn. 78) darstellt, hängt von der Entwicklung der diesbezüglichen Rechtsprechung des EGMR[77] ab und muss deshalb weiterhin abgewartet werden.

C. Kritische Bewertung

21 **Hauptproblem** der Unschuldsvermutung ist ihre **definitorische Engführung** auf den Bereich des **Strafrechts** und allenfalls noch **strafähnlicher Sanktionen.** Zwar werden insbesondere über die **Schutzfunktion** auch **manche sonstige Belastungen** erfasst (→ Rn. 3). In anderen Rechtsbereichen als denen des Strafrechts bzw. beim Ergreifen von nicht repressiv-vergeltenden Maßnahmen anlässlich eines Strafverfahrens kann ein Verdacht zur Begründung nachteiliger Entscheidungen aber sehr wohl herangezogen werden. Solange insoweit eine **jeweils prozessordnungsgemäße Feststellung** der Verantwortlichkeit erfolgt, mag der Sache nach dem Anliegen einer weiter ausgreifenden Unschuldsvermutung durchaus Genüge getan sein. Der Schutz durch die im Wesentlichen **stärkeren prozessualen Garantien bei** der Verhängung von **Strafen** und strafähnlichen Sanktionen wird in den anderen Verfahrensordnungen bzw. bei den im Strafverfahren zugleich getroffenen, „präventiv-ordnenden" Entscheidungen[78] aber in der Regel nicht erreicht. Problematisch sind – neben den bereits oben dargestellten – insbesondere folgende, aktuelle und klassische Fallgruppen:

I. Terrorismusverdacht und eingefrorene Vermögen

22 Derjenige, der – aus welchen Gründen auch immer (häufig über Meldung seines Heimat- oder Aufenthaltsstaates) – auf eine mittlerweile über 300 Namen zählende **Liste Terrorverdächtiger der Vereinten Nationen** gelangt,[79] muss sich unversehens damit abfinden, dass sein Vermögen eingefroren wird. Gegen ihn wird zwar (erst einmal) in der Regel kein Strafverfahren eingeleitet, bei dem er sich ggf. von dem Verdacht selbst befreien kann (obwohl er es nach strafrechtlichen Grundsätzen [„*in dubio pro reo*"] ja gar nicht müsste); sein Geld wird er aber auf absehbare Zeit auch nicht wiedersehen. Gegen diesen gleichsam **modernen Pranger** gab es lange Zeit keinerlei effektiven Rechtsschutz (jedenfalls auf EMRK- und Unionsebene).[80] Mit ihren – ua – vorgetragenen Rügen einer Verletzung

---

[75] Vgl. EGMR 7.10.1988 – 10519/83, Series A no. 141, Rn. 27 – Salabiaku/Frankreich (Drogenpäckchen); EGMR 30.11.2000 – 41087/98, Rep. 2001-VII, 29 Rn. 40 – Phillips/Vereinigtes Königreich (Einziehung). S. auch → Rn. 6.
[76] In diese Richtung *Eser* in NK-EuGRCh GRCh Art. 48 Rn. 16.
[77] Vgl. etwa EGMR 20.3.2001 – 33501/96, ÖJZ 2001, 613 Rn. 16 ff. – Telfner/Österreich (Beweislastverschiebung), betr. eine Verletzung von Art. 6 Abs. 2 EMRK durch das Ziehen ungerechtfertigter Schlüsse aus dem Schweigen des Angeklagten.
[78] So die Diktion des BVerfG NJW 2004, 2073 im Beschluss zum erweiterten Verfall.
[79] Geschaffen nach der Res. 1373 (2001) des Sicherheitsrates der Vereinten Nationen v. 28.9.2001. Zur Umsetzung in der EU s. etwa die Gemeinsamen Standpunkte 2001/930/GASP (ABl. 2001 L 344, 90) und 2001/931/GASP (ABl. 2001 L 344, 93) mit der Liste von Personen, Vereinigungen und Körperschaften im Anhang. Vgl. noch VO (EG) Nr. 2580/2001 (ABl. 2001 L 344, 75) sowie Beschluss 2001/927/EG (ABl. 2001 L 344, 83). Die Listen werden regelmäßig aktualisiert. Ua Banken können die inzwischen fertig gestellte „e-CTFSL"-Liste (electronic-Consolidated Targeted Financial Sanctions), welche auf alle Rechtsakte mit finanziellen Sanktionen bezieht, direkt in ihre Computersysteme übernehmen. Dieser Automatismus führt zu ebenso schnellen wie bedenklichen Ergebnissen. Die Liste ist unter https://eeas.europa.eu/topics/common-foreign-security-policy-cfsp_en einsehbar (letzter Abruf 2.9.2019).
[80] S. EGMR (S III) 23.5.2002 – 6422/02 – SEGI/15 EU-Mitgliedstaaten, betr. ua den Gemeinsamen Terrorismusstandpunkt: Die Gemeinsamen Standpunkte sollen führten nicht zu einer unmittelbaren konkreten Betroffenheit, möge die teilweise namentliche Nennung auch „unangenehm" sein. Vgl. EuG T-47/03 R, Slg. 2003, II-2047 – Sison/Rat und Kommission (kein einstweiliger Rechtsschutz gegen Einfrieren des Vermögens): Der finanzielle Schaden könne später wiedergutgemacht werden. Außerdem

auch der Unschuldsvermutung hatten die Betroffenen jedenfalls in der ersten Instanz keinen Erfolg gehabt und sind regelmäßig bereits in der Zulässigkeitsstation gescheitert. Zuletzt hat das EuG in seinen ersten Hauptsacheentscheidungen die entsprechenden Klagen abgewiesen und dabei einen mehr als zweifelhaften Vorrang des einschlägigen Völkerrechts (unter Einschluss von Resolutionen des Sicherheitsrates der Vereinten Nationen) sogar vor der EMRK, wenn auch in den Grenzen des völkerrechtlichen *ius cogens,* angenommen. Eine Überprüfung im Rechtsmittelverfahren durch den EuGH hat die Sache[81] indes wieder ein Stück weit gerade gezogen[82]. Im Übrigen muss der erforderliche Rechtsschutz zugleich re- und internationalisiert werden: Die Mitgliedstaaten müssen ggf. durch nationale Gerichte dazu angehalten werden, auf Ebene der Vereinten Nationen einen Antrag auf Streichung von der Liste einzubringen (sog ***De-Listing**-*Verfahren).

II. Verwaltungssanktionen und objektive Verantwortlichkeit

An sich findet Art. 6 Abs. 2 EMRK als konventionsrechtlicher Sitz der Unschuldsvermutung auch auf **Verwaltungssanktionen mit strafähnlichem Charakter** Anwendung. Diese Erkenntnis hat den **EuGH** aber nicht davon abgehalten, eigenständig das Vorliegen einer solchen Sanktion zu prüfen und abzulehnen, etwa wenn die Maßnahme **integraler Bestandteil** einer **beihilferechtlichen Regelung (Ausfuhrerstattung)** sei.[83] Die fragliche Norm diene dazu, die ordnungsgemäße Verwaltung der öffentlichen Mittel der Gemeinschaft bzw. Union sicherzustellen und besitze keinen strafrechtlichen Charakter. Auch eine rechtsvergleichende Untersuchung des Rechts der Mitgliedstaaten ergebe nicht, dass der Grundsatz „*nulla poena sine culpa*" im Recht aller Mitgliedstaaten auf solche Sanktionen anwendbar sei. Manche Mitgliedstaaten kennten gerade **verschuldensunabhängige Sanktionen.** Eine solche **objektive Verantwortlichkeit** sei jedenfalls als solche nicht mit dem Unionsrecht unvereinbar. 23

Trotz dieser Unanwendbarkeit der Unschuldsvermutung und des strafrechtlichen Schuldgrundsatzes findet der Gerichtshof, dass der Einzelne gleichwohl nicht ohne ausreichenden Rechtsschutz bleibe:[84] Eine Sanktion, selbst wenn sie keinen strafrechtlichen Charakter besitze, dürfe nämlich nur dann verhängt werden, wenn sie auf einer klaren und unzweideutigen **Rechtsgrundlage** beruhe und **verhältnismäßig** sei.[85] Im Ergebnis hat dies dem Betroffenen dann aber doch nicht geholfen:[86] Denn selbst wenn ein Ausführer keinen Einfluss auf das Fehlverhalten oder den Irrtum eines seiner Vertragspartner habe, so gehöre dies doch zu den **normalen Geschäftsrisiken** und könne im Rahmen der Geschäftsbeziehungen nicht als unvorhersehbar betrachtet werden. Der Ausführer könne seine Vertragspartner schließlich frei wählen, so dass es seine Sache sei, geeignete Vorkehrungen zu treffen, indem er entsprechende Klauseln in die betreffenden Verträge aufnehme oder eine besondere Versicherung abschließe. 24

---

wird der Kläger auf einen Antrag an die nationale Stelle auf Freigabe eines bestimmten Betrages verwiesen (s. Art. 6 der VO (EG) Nr. 2580/2001). Zur Ablehnung einer einstweiligen Anordnung bei (angeblichen) Taliban-Unterstützern s. EuG T-306/01 R, Slg. 2002, II-2387 – Aden ua/Rat und Kommission (Kontensperre bei angeblichen Taliban-Unterstützern). Zur Versagung des Informationszugangs in solchen Fällen vgl. EuG verb. Rs. T-110/03, T-150/03 u. T-405/03, Slg. 2005, II-1429 – Sison/Rat. Zum Ausschluss des direkten Rechtsschutzes s. schließlich EuG T-229/02, Slg. 2005, II-539 – PKK und KNK/Rat.

[81] EuG T-306/01, Slg. 2005, II-3533 = EuGRZ 2005, 591 Rn. 231 ff. – Yusuf ua/Rat und Kommission – Kontensperre-I; EuG T-315/01, Slg. 2005, II-3649 Rn. 181 ff. – Kadi/Rat und Kommission – Kontensperre-II.
[82] EuGH verb. Rs. C-402/05 P u. C-415/05 P, Slg. 2008, I-6351 Rn. 278 ff. – Kadi und Al Barakaat International Foundation/Rat und Kommission.
[83] EuGH C-210/00, Slg. 2003, I-6453 Rn. 35 ff. – Käserei Champignon Hofmeister („Sanktionen bei Ausfuhrerstattungen [Höhere Gewalt]").
[84] EuGH C-210/00, Slg. 2003, I-6453 Rn. 52 – Käserei Champignon Hofmeister.
[85] Dazu EuGH C-210/00, Slg. 2003, I-6453 Rn. 59 ff. – Käserei Champignon Hofmeister. Sa Art. 49 GRC.
[86] EuGH C-210/00, Slg. 2003, I-6453 Rn. 80 – Käserei Champignon Hofmeister.

III. Abschiebung und Asylrechts- bzw. Flüchtlingsausschluss

25 Ausländerrechtliche Maßnahmen, namentlich **Abschiebungen,** werden in den Mitgliedstaaten mitunter aus Anlass angeblich begangener Straftaten vorgenommen, ohne dass insoweit rechtskräftige Urteile vorliegen. Die **Unschuldsvermutung** soll dem jedenfalls nach Rechtsprechung des **BVerfG nicht entgegenstehen.**[87] Die Diskussion über den **Ausschluss des Asylrechts** oder Flüchtlings-Status **mutmaßlicher Terroristen**[88] zeigt ebenfalls Kollisionen mit der Unschuldsvermutung auf. Gerade Abschiebungen werden nicht selten vorgenommen, um sich ein aufwändiges und kostenträchtiges **Strafverfahren** zu ersparen. Zumindest in diesen Fällen darf die Unschuldsvermutung nicht **umgangen** werden, indem man ihre Bedeutung auf das formelle Strafverfahren reduziert. Leider hat der **EuGH** jetzt **anders** entschieden, ohne dabei grundrechtlich zu argumentieren.[89] Und das deutsche Bundesland Niedersachsen hat erstmals von der seit den Anschlägen auf die *Twin Towers* 2001 im Jahr 2004 bestehenden Bestimmung des § 58a Abs. 1 Aufenthaltsgesetz Gebrauch gemacht und zwei in Deutschland geborene IS-Anhänger **aus *gefahrenabwehrrechtlichen* Gründen abgeschoben,** obwohl die Beweise für die Aufnahme eines strafrechtlichen Ermittlungsverfahrens nicht ausreichten. Immerhin gibt es hier noch eine verwaltungsgerichtliche Rechtsschutzmöglichkeit zum Bundesverwaltungsgericht, welche in diesem Fall auch ohne Erfolg in Anspruch genommen wurde.[90]

IV. Kündigung bei Verdacht

26 Eine strikte Anwendung der Unschuldsvermutung im **Arbeitsrecht,** namentlich bei der auf den Verdacht einer Straftat gegründeten Kündigung (sog **Verdachtskündigung**), lehnt das **deutsche Bundesarbeitsgericht** regelmäßig ab.[91] Wegen der Gefahr, dass ein „Unschuldiger" betroffen sein könnte, müsse der Arbeitgeber zwar alle Möglichkeiten ergreifen, den Sachverhalt vor der Kündigung aufzuklären. Dazu gehöre grundsätzlich auch die Anhörung des Arbeitnehmers. Erkläre dieser aber vorher, sich nicht äußern zu wollen, so sei auch diese entbehrlich.[92]

27 In den **sozialrechtlichen Folgefällen,** namentlich beim **Arbeitslosengeld,** kann das weitere Konsequenzen haben: So hat das rheinland-pfälzische Landessozialgericht beim Verdacht einer schwerwiegenden Straftat auch die Verhängung einer **Sperrfrist** für das Arbeitslosengeld als gerechtfertigt angesehen.[93]

---

[87] BVerfG DVBl 2001, 795 – Unschuldsvermutung im Asyl- und Ausländerrecht, das eine Strafäquivalenz fordert und *in casu* verneint. Ebenso BVerfG NVwZ-Beil. I 7/2001, 58 – Ausweisung und Unschuldsvermutung. Umgekehrt will *Broß* in seiner abweichenden Meinung zu BVerfG, NJW 2005, 2289 (2297 f.) – Europäischer Haftbefehl – die Unschuldsvermutung im Auslieferungsrecht zur Anwendung gelangen lassen, obwohl es sich insoweit ohne nach Maßgabe des Verhältnismäßigkeitsgrundsatzes zulässige Sicherungsmaßnahme handelt (→ Rn. 7). Für die Abschiebung wegen deren präventiven Charakters ablehnend Jarass EU-GR § 41 Rn. 7.

[88] Vgl. *Rengeling/Szczekalla* Grundrechte in der EU Rn. 856 f. (zum „Terrorismusvorbehalt" beim Asylrecht).

[89] S. EuGH C-573/14, ECLI:EU:C:2017:71 Rn. 41 ff., 48, 65 ff. – Commissaire général aux réfugiés et aux apatrides/Lounani (Asylrechts-Ausschluss).

[90] Vgl. BVerwG 1 VR 1/17, ECLI:DE:BVerwG:2017:210317B1VR1.17.0, u. BVerwG 1 VR 2/17, ECLI:DE:BVerwG:2017:210317B1VR2.17.0 – Abschiebung zweier Göttinger Salafisten nach Algerien und Nigeria. Der Nigerianer ist am 6.4.2017 abgeschoben worden, nachdem eine Verfassungsbeschwerde nicht zur Entscheidung angenommen wurde (BVerfG 2 BvR 743/17, ECLI:DE:BVerfG:2017:rk20170404.2bvr074317). Beim Algerier wurde noch die Nicht-Folter-Erklärung Algeriens gewartet. Zur Rechtmäßigkeit nach der EMRK (ua Art. 2 und 3 EMRK) zB EGMR 17675/18, ECLI:EU:CE:ECHR:2018:0904DEC001767518 – Saidani/Deutschland.

[91] S. nur BAG NJW 2002, 3651 (3653 Sp. 1) – Verdachtskündigung bei Anwendung beamtenrechtlicher Grundsätze auf Privatschullehrerverhältnis (Beihilfebetrug). Ablehnend auch EKMR 1.10.1987 – 1182/85, DR 54, 162 – C./Vereinigtes Königreich (Diebstahl für Hausmeister), betr. den öffentlichen Dienst.

[92] BAG DB 2003, 1336 (keine Anhörung vor Verdachtskündigung bei „Aussageverweigerung").

[93] LSG Rheinland-Pfalz 6.8.2002 – L 1 AL 127/01 (Sperrzeit bei Verdachtskündigung). Zumindest darf der Arbeitnehmer dann den Kündigungsschutzprozess nicht vergleichsweise beenden, so LSG Nordrhein-Westfalen ArbRB 2005, 226 Ls.

D. Zusammenfassung und Ausblick

I. Zusammenfassung

Die Unschuldsvermutung findet nach überwiegender Ansicht und Praxis der Gerichte **nur** in **Strafverfahren** und solchen Verfahren Anwendung, welche zu strafähnlichen Sanktionen führen können (**Ordnungswidrigkeiten- und Wettbewerbsverfahren**). Eine Ausdehnung auf andere Rechtsgebiete wird zwar diskutiert, hat sich aber auch in der jüngeren Praxis (noch) nicht durchgesetzt.[94] Aus Art. 48 GRC lässt sich die Erweiterung schwerlich ableiten, spricht diese Vorschrift doch nur von Angeklagten. 28

Ein echter **Schuldvorwurf** darf nach der Unschuldsvermutung nur dann erhoben werden, wenn der Einzelne **rechtskräftig** durch ein **zuständiges Gericht** verurteilt worden ist bzw. ein rechtskräftiger Bußgeldbescheid vorliegt. Der inneren Widersprüchlichkeit der Unschuldsvermutung bzw. verfahrensimmanenten Zwängen folgend sind **Zwangsmaßnahmen** nach strenger Maßgabe des **Verhältnismäßigkeitsgrundsatzes** schon vor einer solchen Schuldfeststellung zulässig, wenn sie **verfahrenssichernde oder erst -ermöglichende Zwecke** verfolgen. Wird ein **Verfahren ohne Schuldspruch** abgeschlossen, können nach der Praxis der Gerichte durchaus **belastende Entscheidungen** erfolgen, insbesondere ein Auslagenersatz oder Entschädigung für erlittene Untersuchungshaft abgelehnt werden, **solange** sie **nicht mit** der Überzeugung von der **Schuld begründet** werden. 29

II. Ausblick

In Zeiten des globalen **Terrorismus** und der Versuche seiner **Bekämpfung** steht es nicht wirklich gut um die Unschuldsvermutung, jedenfalls in ihrer hier erweiterten, auf andere Rechtsbereiche ausgedehnten Auslegung. Was das **Strafverfahren im engeren Sinne** betrifft, gibt aber die jüngere Rechtsprechung des **EGMR** Anlass zur Hoffnung: In einer Entscheidung zu Art. 3 EMRK hat dieser jedenfalls noch einmal die **Einhaltung der EMRK** auch (und gerade) bei Taten terroristischen Hintergrunds betont.[95] Zu hoffen bleibt, dass diese Rechtsprechungslinie durchgehalten wird[96] und dass sich Vorschläge in anderen Rechtsbereichen, namentlich im Ausländer-, Asyl- und Flüchtlingsrecht, nicht durchsetzen werden, die ausgehend von bloßen Verdachtslagen asylversagende und aufenthaltsbeendende Entscheidungen in großem Umfang ermöglichen wollen. Bislang halten sich die Mitgliedstaaten – auch und gerade Deutschland – jedenfalls an die Vorgaben der EMRK einschließlich der zu ihr ergangenen Rechtsprechung. Fortentwicklungen im hier skizzierten Sinne können – wenn überhaupt – wohl nur von dort mit Aussicht auf Erfolg angestoßen werden. Der EuGH selbst ist in Vorlageverfahren jedenfalls nicht dazu bereit.[97] 30

In sonstigen Verfahren ist der Luxemburger Gerichtshof im Ergebnis auch recht zurückhaltend. Selbst wenn er eine **Verletzung der Unschuldsvermutung** feststellt, folgt daraus nicht ein Erfolg der (Haftungs-) Klage: Lassen sich andere Gründe anführen, bleibt der 31

---

[94] S. nur *Meyer-Ladewig/Harrendorf/König* in HK-EMRK EMRK Art. 6 Rn. 23 ff., 211 ff. mwN.
[95] EGMR 8.1.2004 – 32578/96 u. 32579/96 – Çolak und Filizer/Türkei, zur Geltung des Folterverbots in Terroristenfällen und zu Fragen der Beweislast und betr. PKK-Verdächtige. Vgl. *Demko* HRRS 2004, 95 (95 ff. mwN). Bedenklich demgegenüber die Differenzierung bei *Jakobs* HRRS 2004, 88 (90), der ua auf *J. Isensees* „[Das] Grundrecht auf Sicherheit" (1983) und die Schutzpflichten abstellt; dazu *Szczekalla* S. 247 f. mwN.
[96] Großzügiger im Hinblick auf ua Art. 8 EMRK seinerzeit aber EGMR 5.7.2001 – 38321/97, Rep. 2001-VII, 1 Rn. 61 ff., 68 = NJW 2003, 1439 – Erdem/Deutschland („Überwachung der Anwaltskorrespondenz und Dauer der U-Haft"), ebenfalls einen PKK-Verdächtigen betr. Danach ist die richterliche Kontrolle des Schriftverkehrs eines terroristischer Straftaten verdächtigen Untersuchungsgefangenen zulässig. Immerhin wurde eine Verletzung von Art. 5 Abs. 3 EMRK festgestellt (Rn. 38 ff., 48) – 5 Jahre und 11 Monate U-Haft bei 6 Jahren Freiheitsstrafe; im 900 Seiten umfassenden, dieses Düsseldorfer PKK-Großverfahren abschließenden Urteil wurde auf Art. 6 Abs. 2 EMRK nicht mehr eingegangen (Rn. 49).
[97] Vgl. EuGH C-573/14, ECLI:EU:C:2017:71 Rn. 41 ff., 48, 65 ff. – Commissaire général aux réfugiés et aux apatrides/Lounani (Asylrechts-Ausschluss).

Verstoß letztlich **folgenlos**.[98] Wenn man so will, ist die Unschuldsvermutung in der Praxis ausschließlich auf **strafrechtliche Verfahren** im Sinne von Art. 48 Abs. 1 GRC bezogen und wirkt **nicht** im wie hier vorgeschlagenen weiteren Sinne auf **andere Sanktionen oder Belastungen** in anderen Rechtsgebieten.

---

[98] S. EuGH C-220/13 P, ECLI:EU:C:2014:2057 Rn. 34 ff. – Nikolaou. Kritisch dazu *Alber* in Stern/Sachs GRCh Vor Art. 48 Rn. 9 ff., 12.

§ 57 Recht auf ein faires Verfahren

Übersicht

	Rn.
A. Vorbemerkungen zu Gewissheiten und offenen Fragen im Zusammenhang mit dem Unionsgrundrecht auf ein faires Verfahren	1, 2
B. Normative Anknüpfungspunkte für das Unionsgrundrecht auf ein faires Verfahren gerichtlicher und/oder administrativer Art in den Verträgen und in der EU-Grundrechtecharta	3–24
I. Verfahrensfairness als ein allgemeiner Grundsatz des Unionsrechts nach Art. 6 Abs. 3 EUV	4–7
II. Das Recht auf ein faires Gerichtsverfahren nach Art. 47 Abs. 2 GRC	8–13
III. Die Gewährleistung der Achtung der Verteidigungsrechte nach Art. 48 Abs. 2 GRC	14–16
IV. Teilgewährleistungen der Verfahrensfairness im Recht auf eine gute Verwaltung nach Art. 41 GRC	17–19
V. Verfahrensfairness als Ausprägung der Rechtsstaatlichkeit nach Art. 2 EUV und als eine das Unionsgrundrecht auf effektiven Rechtsschutz ergänzende Verfassungsgarantie der Rechtsunion	20, 21
VI. Zwischenergebnisse und Konsequenzen	22–24
C. Gewährleistungsgehalt	25–59
I. Sachlicher Gewährleistungsgehalt	26–56
1. Waffengleichheit und kontradiktorisches Verfahren	27–31
2. Unabhängigkeit des Gerichts sowie gerichts- und verfahrensbezogene Zusatzanforderungen und -garantien	32, 33
3. Recht auf ordnungsgemäße Zustellung verfahrenseinleitender Schriftstücke und Annahmeverweigerungsrecht des Empfängers bestimmter Schriftstücke	34
4. Recht des Angeklagten auf persönliches Erscheinen zur Verhandlung	35
5. Anspruch auf rechtliches Gehör	36, 37
6. Akteneinsichtsrecht und Dokumentenzugangsfreiheit	38–40
7. Wahrung weiterer Verteidigungsrechte unter besonderer Berücksichtigung einschlägiger GRC-Normen, des Rechts auf anwaltlichen Beistand, des Legal Privilege und des begrenzten Aussageverweigerungsrechts im Anwendungsbereich des EU-Kartellverfahrensrechts	41–52
8. Pflicht zur Begründung gerichtlicher Entscheidungen	53, 54
9. Verhandlung bzw. Entscheidungen innerhalb angemessener Frist	55, 56
II. Persönlicher Gewährleistungsgehalt und Grundrechtsverpflichtete	57–59
1. Grundrechtsberechtigung natürlicher Personen mit oder ohne Unionsbürgerstatus und juristischer Personen mit oder ohne Sitz in der EU	58
2. Grundrechtsbindung aller Organe, Einrichtungen und sonstigen Stellen der EU sowie der Mitgliedstaaten und deren Untergliederungen bei der Durchführung des Unionsrechts	59
D. Beeinträchtigung, Rechtfertigung und Rechtsfolgen	60–67
I. Denkbare Beeinträchtigungen	61
II. Mögliche Rechtfertigung und Schranken-Schranken	62, 63
III. Rechtsfolgen einer etwaigen Verletzung oder Missachtung des Unionsgrundrechts auf ein faires Verfahren	64–67
E. Verhältnis zu anderen Grundrechtsgewährleistungen	68
F. Zusammenfassende Bewertung und Ausblick	69, 70

Schrifttum:

Abazi/Eckes, Closed Evidence in EU Courts: Security, Secrets and Access to Justice, CMLR 55 (2018), 753; *Anderson/Cuff,* Cartels in the European Union: Procedural Fairness for Defendants and Claimants, FILJ 34 (2011), 385; *Ast,* Vom Recht auf Verteidigung zum Recht auf Vertretung? – Die Vereinbarkeit der Abwesenheitsverwerfung mit Art. 6 EMRK, JZ 2013, 780; *Barents,* EU Procedural Law and Effective Legal Protection, CMLR 51 (2014), 1437; *Barrot,* Die Unschuldsvermutung in der Rechtsprechung des EGMR, ZJS 2010, 701; *Berger,* Unionsrechtliche Anforderungen an einen effektiven gerichtlichen Rechtsschutz für die Grundrechtsträger, ZÖR 2013, 563; *Beyer/Oehme/Karmrodt,* Der Einfluss der Europäischen Grundrechtecharta auf die Verfahrensgarantien im Unionsrecht, in Tietje/Kraft/Sethe, Beiträge zum Transnationalen Wirtschaftsrecht (Heft 34), 2004; *Brei,* Due Process in EU antitrust proceedings – causa finita after Menarini?, ZWeR 2015, 34; *Brinker,* Verfahrensgrundrechte für Unternehmen, in Schwarze, Wirtschaftsverfassungsrechtliche Garantien für Unternehmen im europäischen Binnenmarkt, 2002, S. 177; *Broberg,* National Courts of Last Instance Failing to Make a Preliminary Reference: The (Possible) Consequences Flowing Therefrom, EPL 22 (2016), 243; *Broberg/Fenger,* Preliminary References to the Court of Justice of the EU and the Right to a Fair Trial under Article 6 ECHR, ELR 41 (2016), 599; *Dörr,* Faires Verfahren – Gewährleistung im Grundgesetz der Bundesrepublik Deutschland, 1984; *Egger,* Sanktionen – Grundrechte und Rechtsschutz: Strenge Vorgaben aus Luxemburg, EuZW 2019, 326; *Einarsson,* EC Competition Law and the Right to a Fair Trial, YEL 25 (2006), 555; *Forrester,* Due process in EC competition cases: A distinguished institution with flawed procedures, ELR 34 (2009), 817; *Gaede,* Fairness als Teilhabe – Das Recht auf konkrete und wirksame Teilhabe durch Verteidigung gemäß Art. 6 EMRK, 2007; *Gattinara,* The right to be heard in European Union civil service law: by whom, when and on what? Answers from the recent case law of the General Court, ERA Forum 2019, 571; *Germelmann,* Das rechtliche Gehör vor Gericht im europäischen Recht – Die Gewährleistungen der Europäischen Menschenrechtskonvention und ihr Einfluss auf den prozessualen Grundrechtsschutz in der Europäischen Union, 2014; *Giegerich,* Die Unabhängigkeit der Gerichte als Strukturvorgabe der Unionsverfassung und ihr effektiver Schutz vor autoritären Versuchungen in den Mitgliedstaaten, ZEuS 2019, 61; *Girnau,* Die Stellung der Betroffenen im EG-Kartellverfahren – Reichweite der Akteneinsicht und Wahrung der Geschäftsgeheimnisse, 1993; *Grzybek,* Prozessuale Grundrechte im Europäischen Gemeinschaftsrecht, 1993; *Gumbel,* Grundrechte im EG-Kartellverfahren nach der VO 17/62, 2001; *Hering,* Eine Fehlerfolgenlehre für das Europäische Eigenverwaltungsrecht, Der Staat 57 (2018), 601; *Hix,* Das Recht auf Akteneinsicht im europäischen Wirtschaftsverwaltungsrecht – Dargestellt am Beispiel des Kartell- und Antidumpingverfahrens der EWG, 1992; *Hovell,* Due Process in the United Nations, AJIL 110 (2016), 1; *Jantscher,* Einstweiliger Rechtsschutz in der Verwaltungsgerichtsbarkeit im Lichte von Art. 47 GRC, in Kahl/Raschauer/Storr, Grundsatzfragen der europäischen Grundrechtecharta, 2013, S. 43; *Huck,* Das System des rechtlichen Gehörs im europäisch geprägten Verwaltungsverfahren, EuZW 2016, 132; *Hummer,* Nebeneffekte des Sanktionsverfahrens gegen Polen wegen dessen Rechtsstaatlichkeitsdefizit. Scheitert die Vollstreckung eines „Europäischen Haftbefehls" in Polen wegen „systemischer Mängeln" in Bezug auf die Unabhängigkeit der Justiz?, EuR 2018, 653; *Immenga/Mestmäcker,* Wettbewerbsrecht, Bd. 1: EU – Kommentar zum Europäischen Kartellrecht, 6. Aufl. 2019; *Ivory,* The Right to a Fair Trial and International Cooperation in Criminal Matters: Article 6 ECHR and the Recovery of Assets in Grand Corruption Cases, Utrecht Law Review 9 (2013), 147; *Jaeger,* Gerichtsorganisation und EU-Recht: Eine Standortbestimmung, EuR 2018, 611; *Jarass,* Schutz durch rechtsstaatliche Grundsätze des Unionsrechts, DVBl 2018, 1249; *Kahl,* Grundrechtsschutz durch Verfahren in Deutschland und in der EU, VerwArch 95 (2004), 1; *Konstadinides,* Judicial independence and the Rule of Law in the context of non-execution of a European Arrest Warrant: LM, CMLR 2019, 743; *Krommendijk,* „Open Sesame!": Improving Access to the ECJ by Requiring National Courts to Reason their Refusals to Refer, ELR 42 (2017), 46; *Laptew,* Das Recht auf ein faires Gerichtsverfahren (Art. 6 Abs. 1 EMRK) und sein Einfluss auf das russische Zivilprozess- und Zwangsvollstreckungsrecht, 2013; *Lenaerts,* Due process in competition cases, NZKart 2013, 175; *Lenz/Mölls,* „Due Process" im Wettbewerbsrecht der EWG, WuW 1991, 771; *Löffel,* Bleibt alles anders? – Prozessuale Waffengleichheit im einstweiligen Verfügungsverfahren auch und gerade im Wettbewerbsrecht, WRP 2019, 8; *Mantz,* Das Recht auf Waffengleichheit und die Praxis im Verfahren der einstweiligen Verfügung, NJW 2019, 953; *Nehl,* Europäisches Verwaltungsverfahren und Gemeinschaftsverfassung – Eine Studie gemeinschaftsrechtlicher Verfahrensgrundsätze unter besonderer Berücksichtigung „mehrstufiger" Verwaltungsverfahren, 2002; *ders.,* Nachprüfungsbefugnisse der Kommission aus gemeinschaftsverfassungsrechtlicher Perspektive, in Behrens/Braun/Nowak, Europäisches Wettbewerbsrecht im Umbruch, 2004, S. 73; *Nöhmer,* Das Recht auf Anhörung im europäischen Verwaltungsverfahren, 2013; *Nowak,* Mehr Transparenz durch Informationszugangsfreiheit, in Bruha/Nowak, Die Europäische Union nach Nizza: Wie Europa regiert werden soll, 2003, S. 117; *ders.,* Informations- und Dokumentenzugangsfreiheit in der EU – Neuere Entwicklungen und Perspektiven, DVBl 2004, 272; *Nußberger,* Wenn Selbstverständliches nicht mehr selbstverständlich ist: Zum Status quo des Menschenrechtsschutzes in Europa, JZ 2018, 845; *Pache,* Der Grundsatz des fairen gerichtlichen Verfahrens auf europäischer Ebene, EuGRZ 2000, 601; *ders.,* Das europäische Grundrecht auf einen fairen Prozess, NVwZ 2001, 1342; *Paulus,* Grundrechtecharta und Private Enforcement: Ist die Stellung der Europäischen Kommission als „Entscheidungsbehörde" in Kartellrechtssachen mit jener des Klägers im nachfolgenden Zivilprozess unter dem Blickwinkel eines fairen Verfahrens vereinbar?, ÖZK 2012, 231; *Payandeh,* Europäischer Haftbefehl und Grundrecht auf ein faires Verfahren, JuS 2018, 919; *Pech/Platon,* Judicial independence under threat: The Court of Justice to the rescue in the ASJP case, CMLR 55 (2018), 1827; *Pechstein,* EU-Prozessrecht, 4. Aufl.

2011; *Rabinovici*, The Right to Be Heard in the Charter of Fundamental Rights of the European Union, EPL 18 (2012), 149; *Rengeling*, Effektiver Rechtsschutz in der Europäischen Union, in Becker/Hatje/Potacs/Wunderlich, Verfassung und Verwaltung in Europa, FS für J. Schwarze zum 70. Geburtstag, 2014, S. 735; *E. Schmid*, The Right to a Fair Trial in Times of Terrorism: A Method to Identify the Non-Derogable Aspects of Article 14 of the International Covenant on Civil and Political Rights, GoJIL 2009, 29 ff.; *S. Schmid*, Der EuGH und das Recht auf ein Verfahren vor dem geschäftsverteilungsmäßigen Spruchkörper, ZÖR 2015, 541; *Schwarze/Weitbrecht*, Grundzüge des europäischen Kartellverfahrensrechts – Die Verordnung (EG) Nr. 1/2003, 2004; *Slater/Thomas/Waelbroeck*, Competition law proceedings before the European Commission and the right to a fair trial: no need for reform?, The Global Competition Law Centre Working Paper 4/2008, 1; *Thiele*, Das Recht auf einen wirksamen Rechtsbehelf in vergleichender Perspektive (Art. 47 GRC, Artt. 6 und 13 EMRK), ERA Forum 2015, 511; *Vocke*, Die Ermittlungsbefugnisse der EG-Kommission im kartellrechtlichen Voruntersuchungsverfahren – Eine Untersuchung zur Auslegung der Ermittlungsrechte im Spannungsfeld zwischen öffentlichen und Individualinteressen, 2006; *Wägenbaur*, EuGH VerfO – Satzung und Verfahrensordnungen EuGH/EuG – Kommentar, 2. Aufl. 2017; *Wahl*, Die EU-Richtlinien zur Stärkung der Strafverfahrensrechte im Spiegel der EMRK, ERA Forum 2017, 311; *Wendel*, Rechtsstaatlichkeitsaufsicht und gegenseitiges Vertrauen – Anmerkung zum Urteil des EuGH v. 25.7.2018, Rs. C-216/18 PPU (Minister for Justice and Equality gegen LM), EuR 2019, 111 ff.

A. Vorbemerkungen zu Gewissheiten und offenen Fragen im Zusammenhang mit dem Unionsgrundrecht auf ein faires Verfahren

Bei dem in der Rspr. der Unionsgerichte bereits seit recht langer Zeit anerkannten und darin gelegentlich explizit als „Anspruch auf einen fairen Prozess", als „Recht auf ein faires Verfahren" oder auch als „Anspruch auf ein faires Verfahren" qualifizierten **Grundsatz des fairen Verfahrens**[1], der in gedanklicher Hinsicht an die beinahe weltweit geläufigen Konzepte und Begriffe des *Due Process* und/oder des *Fair Trial* bzw. des *Fair Hearing* anknüpft[2], handelt es sich um ein **Unionsgrundrecht**[3], das in der einschlägigen EuG-Rspr. zur außervertraglichen Haftung (→ § 55 Rn. 32, 35) vereinzelt auch als „Rechtsnorm" eingestuft wird, „die bezweckt, dem Einzelnen Rechte zu verleihen".[4] Zweifel an der Existenz dieses Grundrechts bzw. an der unionsgrundrechtlichen Dimension der Verfahrensfairness sind mit Blick auf die vorgenannte Rspr. der Unionsgerichte zwar unbe-

1

---

[1] Vgl. etwa EuGH C-185/95 P, Slg. 1998, I-8417 Rn. 21 – Baustahlgewebe/Kommission; EuGH verb. Rs. C-174/98 P u. C-189/98 P, Slg. 2000, I-1 Rn. 17 – Niederlande ua/Kommission; EuG T-21/99, Slg. 2002, II-1681 Rn. 155 f. – Dansk Rørindustrie/Kommission; EuGH C-276/01, Slg. 2003, I-3735 Rn. 72 – Steffensen; EuGH C-407/04 P, Slg. 2007, I-829 Rn. 58 – Dalmine/Kommission; EuGH C-411/04 P, Slg. 2007, I-959 Rn. 40 – Salzgitter Mannesmann/Kommission; EuG T-36/04, Slg. 2007, II-3201 Rn. 63 – API/Kommission; EuGH C-450/06, Slg. 2008, I-581 Rn. 52 – Varec; EuGH T-446/05, Slg. 2010, II-1255 Rn. 328 – Amann & Söhne ua/Kommission; EuG T-138/07, Slg. 2011, II-4819 Rn. 51 – Schindler Holding ua/Kommission; EuGH C-619/10, ECLI:EU:C:2012:531 Rn. 52 f. – Trade Agency; EuG T-199/11 P, ECLI:EU:T:2012:691 Rn. 67 – Strack/Kommission; EuGH verb. Rs. C-239/11 P, C-489/11 P u. C-498/11 P, ECLI:EU:C:2013:866 Rn. 317 – Siemens ua/Kommission; EuG T-56/09 u. T-73/09, ECLI:EU:T:2014:160 Rn. 76 – Saint-Gobain Glass France ua/Kommission; EuGH C-95/15, ECLI:EU:C:2017:125 Rn. 45 – H&R ChemPharm/Kommission; EuGH C-270/17 PPU, ECLI:EU:C:2017:628 Rn. 60 – Tupikas.
[2] Näher zu diesen Konzepten und Begrifflichkeiten vgl. statt vieler *Byrnes*, The right to fair trial in international & comparative perspective, 1997; *Galligan*, Due Process and Fair Procedures: A Study of Administrative Procedures, 1996; *Hovell* AJIL 110 (2016), 1 ff.; *Kotuby/Sobota*, General Principles of Law and International Due Process – Principles and Norms Applicable in Transnational Disputes, 2017; *Pennock/Chapman*, Due Process, 1977; *Summers*, Fair Trials: The European Criminal Procedural Tradition and the European Court of Human Rights, 2007; *Weissbrodt/Wolfrum*, The Right to a Fair Trial, 1997.
[3] Zur explizit *grundrechtlichen* Einordnung des unionsverfassungsrechtlichen Grundsatzes der Verfahrensfairness bzw. des Anspruchs oder Rechts auf ein Verfahren bzw. auf einen fairen Prozess durch den Unionsrichter vgl. EuGH C-7/98, Slg. 2000, I-1935 Rn. 25 f. – Krombach; EuGH C-305/05, Slg. 2007, I-5305 Rn. 29 – Ordre des barreaux francophones et germanophone ua; EuG T-36/04, Slg. 2007, II-3201 Rn. 63 – API/Kommission; EuGH verb. Rs. C-341/06 P u. C-342/06 P, Slg. 2008, I-4777 Rn. 44 – Chronopost ua/Kommission; EuGH C-58/12 P, ECLI:EU:C:2013:770 Rn. 32 – Groupe Gascogne/Kommission; EuGH C-40/12 P, ECLI:EU:C:2013:768 Rn. 28 – Gascogne Sack Deutschland/Kommission; EuGH verb. Rs. C-239/11 P, C-489/11 P u. C-498/11 P, ECLI:EU:C:2013:866 Rn. 324 – Siemens ua/Kommission; EuG T-115/15, ECLI:EU:T:2017:329 Rn. 212 – Deza/Europäische Chemikalienagentur (ECHA); EuGH C-216/18 PPU, ECLI:EU:C:2018:586 Rn. 47 – LM.
[4] So vgl. etwa EuG T-351/03, Slg. 2007, II-2237 Rn. 182 – Schneider Electric/Kommission.

gründet. Dies kann jedoch nicht darüber hinwegtäuschen, dass es hinsichtlich des vorgenannten Grundsatzes des fairen Verfahrens bzw. des Unionsgrundrechts auf ein faires Verfahren nach wie vor eine Reihe von ungelösten bzw. in der einschlägigen Rspr. der Unionsgerichte noch nicht hinreichend klar beantworteten **Grund- und Detailfragen** gibt, deren auch im einschlägigen Schrifttum noch nicht überwundene Offenheit eine präzise Inhaltsbestimmung des Unionsgrundrechts auf ein faires Verfahren und eine verlässliche Erfassung seiner genauen Bedeutung insbes. im Verhältnis zu anderen Prozessgrundrechten, Verfahrensgarantien und Grundsätzen des Unionsrechts nach wie vor erheblich erschwert. Zu den insbes. im Lichte der bisherigen Rspr. der Unionsgerichte nicht leicht zu beantwortenden Grundfragen im Zusammenhang mit dem Unionsgrundrecht auf ein faires Verfahren gehört zum einen die Frage, ob es sich bei diesem Grundrecht um ein wirklich eigenständiges Unionsgrundrecht oder eher um eine von vielen Teilgewährleistungen des in Art. 47 Abs. 1 GRC niedergelegten Unionsgrundrechts auf effektiven gerichtlichen Rechtsschutz (→ § 55) handelt. Zum anderen stellt sich in diesem Kontext die in der bisherigen Rspr. der Unionsgerichte nicht hinreichend kohärent beantwortete und im einschlägigen Schrifttum kaum bzw. nur sehr „stiefmütterlich" behandelte Frage, ob es in der Unionsrechtsordnung – wie es jedenfalls der Wortlaut und die Systematik des Art. 47 Abs. 1 und 2 GRC auf den ersten Blick vermuten lassen – gegenwärtig „nur" ein Grundrecht auf ein faires Gerichtsverfahren gibt oder ob dieses Grundrecht – ggf. auch „nur" in Gestalt eines allgemeinen Rechtsgrundsatzes iS des Art. 6 Abs. 3 EUV – auch alle oder jedenfalls bestimmte Verwaltungsverfahren erfasst, so dass eher von der Existenz eines Unionsgrundrechts auf ein faires Verfahren unter Einschluss von Gerichts- und Verwaltungsverfahren auszugehen wäre, welches gegebenenfalls wiederum überaus schwierige Abgrenzungsfragen vor allem im Hinblick auf das in Art. 41 GRC verankerte Unionsgrundrecht auf eine gute Verwaltung (→ Rn. 17 ff.) und das höchstrichterlich anerkannte Unionsgrundrecht auf Wahrung und/oder Achtung bzw. Beachtung der Verteidigungsrechte (→ Rn. 15 f.) aufwerfen würde. Dass die gegenwärtige Offenheit der vorgenannten Grund- und Abgrenzungsfragen automatisch auch die **Inhaltsbestimmung des Unionsgrundrechts auf ein faires Verfahren** bzw. die Identifizierung der von diesem Grundrecht umfassten Teilgewährleistungen erschwert, ist nahezu evident.

2   Vor diesem Hintergrund soll nachfolgend zunächst einmal aufgezeigt werden, dass es für die gerichtlichen und möglicherweise auch verwaltungsverfahrensrechtlichen Dimensionen des Unionsgrundrechts auf ein faires Verfahren mehrere verschiedene **Anknüpfungspunkte im EU-Vertrag und in der EU-Grundrechtecharta** gibt, die in ihrer Gesamtschau gerade auch auf Grund einer zum Teil mehrdeutigen und partiell unentschlossen wirkenden EuG(H)-Rspr. keine durchgängig klaren Antworten auf die vorgenannten Grund- und Abgrenzungsfragen zu Tage fördern (dazu sogleich → Rn. 3 ff.). Relativ sicher ist aber immerhin, dass das Unionsgrundrecht auf ein faires Verfahren auf jeden Fall für gerichtliche Verfahren iS des Art. 47 GRC gilt. Aus diesem Grunde wird in der Folge vor allem der sachliche und persönliche **Gewährleistungsgehalt** des sowohl die Organe, Einrichtungen und sonstigen Stellen der EU als auch die Mitgliedstaaten und deren Untergliederungen bei der weit zu verstehenden Durchführung des Unionsrechts iS Art. 51 Abs. 1 S. 1 GRC (→ § 9 Rn. 24 ff.) bindenden Unionsgrundrechts auf ein faires Verfahren iS eines Grundrechts auf einen fairen Prozess bzw. auf ein faires Gerichtsverfahren herausgearbeitet und dabei zugleich deutlich gemacht, welche der von diesem Unionsgrundrecht umfassten Teilgewährleistungen im Lichte der bisherigen Rspr. der Unionsgerichte zum ungeschriebenen Unionsgrundrecht auf ein faires Verfahren iS des Art. 6 Abs. 3 EUV sowie zu den Unionsgrundrechten auf eine gute Verwaltung und auf Wahrung und/oder Achtung bzw. Beachtung der Verteidigungsrechte auch auf der verwaltungsverfahrensrechtlichen Ebene von Bedeutung sind (→ Rn. 25 ff.). Im Anschluss daran geht es unter Einbeziehung der differenzierten **Rechtsfolgen einer etwaigen Verletzung** oder Missachtung des Unionsgrundrechts auf ein faires Verfahren um denkbare Beeinträchtigungen und um die **Schrankensystematik** dieses Grundrechts (→ Rn. 60 ff.). Anschließend wird sodann noch einmal

auf das gegenwärtig zum Teil entwicklungsoffene **Verhältnis** des Unionsgrundrechts auf ein faires Verfahren **zu anderen unionsverfassungsrechtlichen Grundrechtsgewährleistungen** einzugehen sein (→ Rn. 68), bevor am Ende schließlich eine zusammenfassende Bewertung mit einem integralen Ausblick folgt (→ Rn. 69 f.).

B. Normative Anknüpfungspunkte für das Unionsgrundrecht auf ein faires Verfahren gerichtlicher und/oder administrativer Art in den Verträgen und in der EU-Grundrechtecharta

Für das Unionsgrundrecht auf ein faires Gerichts- und/oder Verwaltungsverfahren gibt es gegenwärtig verschiedene primärrechtliche Anknüpfungspunkte. Den Anfang markiert dabei **Art. 6 Abs. 3 EUV** insoweit, als das Unionsgrundrecht auf ein faires Verfahren in der stRspr der Unionsgerichte zu den bereits vor der Schaffung der EU-Grundrechtecharta richterrechtlich anerkannten Grundrechten gezählt wird, die als allgemeine Grundsätze Teil des Unionsrechts sind (dazu sogleich → Rn. 4 ff.). Seitdem aber die EU-Grundrechtecharta im Zuge der Lissabonner Vertragsreformen[5] am 1.12.2009 Rechtsverbindlichkeit erlangt hat und durch Art. 6 Abs. 1 EUV in den gleichen Rang wie die Verträge[6] erhoben wurde, liefert **Art. 47 Abs. 2 GRC** den in textlicher Hinsicht deutlichsten Hinweis auf die Existenz eines in dieser Norm allerdings nicht näher konkretisierten Unionsgrundrechts auf ein faires Gerichtsverfahren bzw. auf einen fairen Prozess (→ Rn. 8 ff.). Für den speziellen Bereich der Strafverfolgung bzw. des Strafprozessrechts wird das vorgenannte Unionsgrundrecht sodann durch den Regelungsgehalt des **Art. 48 Abs. 2 GRC** angereichert, wonach jedem Angeklagten die Achtung der in dieser Norm indes nicht näher spezifizierten Verteidigungsrechte gewährleistet wird (→ Rn. 14 ff.). Während die beiden vorgenannten Normen in Gestalt des Art. 47 Abs. 2 GRC und des Art. 48 Abs. 2 GRC nach ihrem Wortlaut und ihrer Systematik die Verfahrensfairness vornehmlich im Gerichtsprozess bzw. im gerichtlichen Verfahren einfordern, wird die rechtsstaatlich gebotene Verfahrensfairness auf der verwaltungsverfahrensrechtlichen Ebene in weiten Teilen durch das in **Art. 41 GRC** niedergelegte Unionsgrundrecht auf eine gute Verwaltung abgesichert, welches im Lichte der bisherigen Rspr. des Unionsrichters zu diesem Grundrecht gegenwärtig noch einige zum Teil schwierige Abgrenzungsfragen in spezieller Ansehung der Unionsgrundrechte auf effektiven gerichtlichen Rechtsschutz, auf Wahrung und/oder Achtung bzw. Beachtung der Verteidigungsrechte und auf ein faires Verfahren aufwirft (→ Rn. 17 ff.). Jenseits der vorgenannten Charta-Bestimmungen subjektiv-rechtlicher Art lässt sich der Grundsatz des fairen Verfahrens schließlich auch noch als eine unionsverfassungsrechtliche Ausprägung der Rechtsstaatlichkeit iS des **Art. 2 S. 1 EUV** und – damit eng zusammenhängend – als eine insbes. das Unionsgrundrecht auf effektiven gerichtlichen Rechtsschutz ergänzende **Verfassungsgarantie der Rechtsunion** einordnen (→ Rn. 20 f.). Die Frage, ob sich aus den fünf vorgenannten Anknüpfungspunkten unter Berücksichtigung der dazugehörigen Rspr. der Unionsgerichte hinreichend klare Antworten auf die eingangs angesprochenen Grundfragen im Zusammenhang mit dem Unionsgrundrecht auf ein faires Verfahren (→ Rn. 1) generieren lassen, bildet den zentralen Gegenstand des letzten Unterabschnitts dieses ersten Hauptabschnitts (→ Rn. 22 ff.).

---

[5] Vertrag von Lissabon zur Änderung des Vertrags über die Europäische Union und des Vertrags zur Gründung der Europäischen Gemeinschaft, ABl. 2007 C 306, 1 ff. Zu den vielfältigen materiell- und institutionell-rechtlichen Änderungen, die das Unionsrecht durch diesen Reformvertrag erfahren hat, vgl. jeweils mwN *Calliess*, Die neue Europäische Union nach dem Vertrag von Lissabon, 2010, S. 1 ff.; *Nowak*, Europarecht, S. 51 ff.; Streinz/Ohler/Herrmann Vertrag Lissabon S. 1 ff.
[6] Hiermit sind gemäß Art. 1 Abs. 3 S. 1 EUV der Vertrag über die Europäische Union und der Vertrag über die Arbeitsweise der Europäischen Union gemeint, die nach Art. 1 Abs. 3 S. 2 EUV rechtlich gleichrangig sind.

I. Verfahrensfairness als ein allgemeiner Grundsatz des Unionsrechts nach Art. 6 Abs. 3 EUV

4 Nach der einschlägigen Rspr. der Unionsgerichte gehört das Unionsgrundrecht auf ein faires Verfahren zunächst einmal zu den bereits vor der Schaffung der EU-Grundrechtecharta höchstrichterlich anerkannten Grundrechten ungeschriebener Art, die nach Art. 6 Abs. 3 EUV „als allgemeine Grundsätze Teil des Unionsrechts" sind. Dies verdeutlichen insbes. solche Urteile der Unionsgerichte, in denen immer wieder festgehalten wird, dass sich das in Art. 47 Abs. 2 GRC bekräftigte Recht auf ein faires Verfahren aus den gemeinsamen Verfassungsüberlieferungen der Mitgliedstaaten ergibt[7] und dass der **Rechtsgrundsatz eines fairen Verfahrens als allgemeiner Grundsatz des Unionsrechts** auf den Grundrechten fußt, die sich insbes. aus Art. 6 Abs. 1 EMRK ergeben[8]. Als maßgebliche Rechtserkenntnisquellen stehen dem Unionsrichter in diesem Kontext folglich sowohl Art. 6 Abs. 1 EMRK und die dazugehörige EGMR-Rspr. (→ Rn. 5) als auch die diesbezüglichen mitgliedstaatlichen Verfassungstraditionen (→ Rn. 6) zur Verfügung.

5 Der EGMR hat bereits vielfach deutlich gemacht, dass der Grundsatz des fairen Verfahrens auf der Ebene des regionalen Völkerrechts einen wesentlichen **Bestandteil der in Art. 6 Abs. 1 EMRK geschützten Verfahrensgarantien** bildet,[9] der verschiedene Teilgewährleistungen wie etwa den Anspruch auf rechtliches Gehör, das damit eng zusammenhängende Recht auf Akteneinsicht, das Recht auf eine hinreichende Entscheidungsbegründung, den Anspruch auf prozessuale Waffengleichheit, die Selbstbelastungsfreiheit („*nemo tenetur*"-Grundsatz) und das Recht auf anwaltliche Verteidigung umfasst.[10] Im Übrigen ist in diesem Kontext auf das in der **EGMR-Rspr.** entwickelte Konzept der „flagranten Rechtsverweigerung" („*flagrant denial of justice*") als ein von seiner vorgenannten Rspr. zu unterscheidendes (strenges) Kriterium für die Unfairness hinzuweisen, womit solche Verfahren angesprochen sind, die Art. 6 EMRK und den darin enthaltenen Grundsätzen offensichtlich widersprechen und idS über bloße Unregelmäßigkeiten und das Fehlen von Garantien im Gerichtsverfahren weit hinausgehen, da der EGMR zur **Feststellung einer flagranten Rechtsverweigerung** eine Verletzung der in Art. 6 EMRK garantierten Grundsätze des Verfahrens für erforderlich hält, die so massiv ist, dass sie einer Aufhebung

---

[7] Vgl. nur EuGH C-619/10, ECLI:EU:C:2012:531 Rn. 52 – Trade Agency.
[8] Vgl. etwa EuG T-357/06, ECLI:EU:T:2012:488 Rn. 223 – Koninklijke Wegenbouw Stevin/Kommission; so auch bzw. sehr ähnlich EuGH C-276/01, Slg. 2003, I-3735 Rn. 72 – Steffensen; EuGH C-411/04 P, Slg. 2007, I-959 Rn. 40 f. – Salzgitter Mannesmann/Kommission; EuG T-199/11 P, ECLI:EU:T:2012:691 Rn. 67 – Strack/Kommission; EuGH C-58/12 P, ECLI:EU:C:2013:770 Rn. 32 – Groupe Gascogne/Kommission.
[9] Zur Ableitung des Rechts auf ein faires Verfahren aus Art. 6 Abs. 1 EMRK, das auch den – ua in EGMR 27.10.1993 – 14448/88, NJW 1995, 1413 (1413) – Dombo Beheer/Niederlande, hervorgehobenen – Anspruch auf Waffengleichheit einschließt, vgl. EGMR 15.2.2005 – 68416/01, NJW 2006, 1255 ff. – Steel u. Morris/Vereinigtes Königreich; EGMR 27.11.2008 – 36391/02, NJW 2009, 3707 ff. – Salduz/Türkei; *Harries-Lehmann*, Rechtsweggarantie, Rechtsschutzanspruch und richterliche Prozessleitung im Verwaltungsprozess, 2004, S. 206 ff.; *Meyer-Ladewig/Harrendorf/König* in HK-EMRK EMRK Art. 6 Rn. 87 ff.; *Pache* EuGRZ 2000, 601 (603 ff.); *Peukert* EuGRZ 1980, 247 ff.; zur ergänzenden Gewährleistung eines fairen Verfahrens durch Art. 5 Abs. 4 EMRK vgl. jew. mwN EuG T-85/09, Slg. 2010, II-5177 Rn. 176 – Kadi/Kommission; EGMR 8.3.2018 – 22692/15, NJW 2019, 2143 ff. – Patalakh/Deutschland.
[10] Zur Vielfalt dieser Gewährleistungen vgl. etwa EGMR 3.5.2001 – 31827/96, NJW 2002, 499 (501) – J. B./Schweiz; EGMR 27.11.2008 – 36391/02, NJW 2009, 3707 ff. – Salduz/Türkei; EGMR 15.12.2015 – 9154/10, EHRR 63 (2016), 680 (702 ff.) = EuGRZ 2016, 511 (520 ff.) – Schatschaschwili/Deutschland; EGMR 23.5.2016 – 17502/07, EHRR 64 (2017), 76 (124) = HRLJ 36 (2016), 87 (102 ff.) – Avotiņš/Lettland; sowie jeweils mAnm *Kohler* IPRax 2017, 333 ff.; *Reith* ZfRV 2016, 218 ff.; jeweils mwN *Gaede* S. 339 ff.; *Germelmann* S. 267 ff.; *Grabenwarter/Pabel* EMRK § 24 Rn. 66 ff.; *Grabenwarter/Struth* in Ehlers GuG § 6 Rn. 45; *Laptew* S. 162 ff.; *Meyer-Ladewig/Harrendorf/König* in HK-EMRK EMRK Art. 6 Rn. 96 ff.; *Pache* EuGRZ 2000, 601 (603 ff.); *Pache* NVwZ 2001, 1342 (1344 ff.); *Peukert* in Frowein/Peukert EMRK Art. 6 Rn. 121 ff.; *Schilling*, Internationaler Menschenrechtsschutz, S. 271 ff.; *Villiger* HdBEMRK S. 300 ff.

oder Zerstörung des Wesensgehalts des in dieser Bestimmung garantierten Rechts auf ein faires Verfahren gleichkommt.[11]

Eine weitere wichtige Rechtserkenntnisquelle bilden im Kontext des allgemeinen **Rechtsgrundsatzes des fairen Verfahrens** (→ Rn. 4) die ebenfalls in Art. 6 Abs. 3 EUV angesprochenen „gemeinsamen Verfassungsüberlieferungen der Mitgliedstaaten", die sich zum Teil sowohl aus expliziten Hinweisen auf die Verfahrensfairness[12] bzw. die Verfahrensgerechtigkeit[13] oder jedenfalls auf einzelne Teilgewährleistungen dieser Verfassungsgarantie[14] als auch aus impliziten Bezugnahmen auf die Verfahrensfairness als Ausdruck der Rechtsstaatlichkeit speisen. Letzteres gilt zB für die Bundesrepublik Deutschland, da das im Grundgesetz selbst nicht explizit angesprochene Grundrecht auf ein faires Verfahren – ähnlich wie das damit eng verbundene und nach **stRspr des BVerfG** aus Art. 3 Abs. 1 GG iVm Art. 20 Abs. 3 GG abzuleitende Recht auf prozessuale Waffengleichheit[15] sowie die aus Art. 2 Abs. 1 GG iVm Art. 1 Abs. 1 GG und Art. 20 Abs. 3 GG hergeleitete Selbstbelastungsfreiheit[16] – vornehmlich aus dem gelegentlich auch als „Rechtsstaatsgrundsatz"[17] bzw. als ein das Grundgesetz beherrschender „Grundsatz der Rechtsstaatlichkeit"[18] oder als „Rechtsstaatsgebot"[19] bezeichneten Rechtsstaatsprinzip[20] meist iVm Art. 2 Abs. 1 GG abgeleitet wird,[21] das seine normative Grundlage nach vorherrschender Auffassung in Art. 20 Abs. 2 S. 2 GG, Art. 20 Abs. 3 GG und/oder Art. 28 Abs. 1 S. 1 GG findet.[22]

Angesichts der Tatsache, dass sich aus der EMRK und aus den gemeinsamen Verfassungsüberlieferungen der Mitgliedstaaten bereits weit vor Schaffung der EU-Grund-

---

[11] So vgl. etwa EGMR 24.7.2014 – 28761/11, NVwZ 2015, 955 (961) – Nashiri/Polen; EGMR 17.3.2016 – 6287/10, EHRR 63 (2016), 1198 (1211) – Hammerton/Vereinigtes Königreich; mwN *Ivory* Utrecht Law Review 9 (2013), 147 (151 ff.).

[12] Vgl. Art. 111 italVerf; Art. 39 Abs. 1 maltVerf; Art. XXVIII Abs. 1 ungVerf; Art. 30 Abs. 2 S. 1 zyprVerf.

[13] Vgl. § 21 Abs. 2 finnVerf; Art. 29 Abs. 1 kroatVerf; Art. 45 Abs. 1 polnVerf; Art. 20 Abs. 4 portVerf; Art. XXIV ungVerf.

[14] Vgl. etwa Art. 149 S. 1 belgVerf; Art. 56 S. 2, Art. 117 Abs. 2 S. 1, Art. 121 Abs. 1 u. 4 sowie Art. 122 Abs. 1 bulgVerf; §§ 21 Abs. 2 S. 1, 22 Abs. 3, 24 Abs. 1 u. 2 estnVerf; § 21 Abs. 1 u. 2 finnVerf; Art. 97, Art. 101 Abs. 1 u. Art. 103 Abs. 1 GG (dtVerf); Art. 20 Abs. 2, Art. 93 Abs. 3 S. 1 griechVerf; Art. 24 Abs. 2 iVm Art. 111 italVerf; Art. 29 Abs. 2 u. 3 kroatVerf; Art. 92 S. 4 lettVerf; Art. 31 Abs. 2 u. 3 litVerf; Art. 15 Abs. 3, Art. 18 Abs. 1 ndlVerf; Art. 87 Abs. 1 östVerf; Art. 42 Abs. 2 u. Art. 45 Abs. 1 polnVerf; Art. 20 Abs. 2–5, Art. 32 Abs. 2, 3 u. 10 portVerf; Art. 24 Abs. 1 u. 2 rumVerf; Kap. 1 § 9 u. Kap. 2 §§ 9–11 schwedVerf; Art. 46–50 slowakVerf; Art. 23 u. 29 slowenVerf; Art. 24 Abs. 1 u. 2 spanVerf; Art. 3 u. Art. 112 Abs. 1 tschechVerf iVm Art. 36–40 tschechGR-Deklaration; Art. XXVIII Abs. 3 ungVerf; Art. 30 Abs. 2 u. 3 zyprVerf; mwN *Eser* in NK-EuGRCh GRCh Art. 47 Rn. 23a.

[15] Vgl. dazu nur BVerfG NJW 2018, 3631 ff.; BVerfG NJW 2018, 3634 ff.; näher zu diesen beiden Beschlüssen *Löffel* WRP 2019, 8 ff.; *Mantz* NJW 2019, 953 ff.; mwN *Uhle* in Merten/Papier, HdbGR Bd. V, § 129 Rn. 50 ff.

[16] Vgl. nur BVerfG EuGRZ 2013, 212 (222); BVerfG EuGRZ 2014, 650 (652); BVerfG EuGRZ 2016, 570 (574).

[17] Vgl. nur BVerfGE 81, 347 (356 u. 361).

[18] Vgl. BVerfGE 23, 353 (372 f.); BVerfGE 33, 367 (383); BVerfGE 38, 105 (115).

[19] Vgl. etwa BVerfGE 44, 105 (120); BVerfG NJW 2001, 744 (745).

[20] Zu diesem in der Rspr. des BVerfG überwiegend verwendeten Begriff vgl. BVerfGE 2, 380 (403); BVerfGE 7, 89 (92); BVerfGE 74, 220 (224); BVerfGE 92, 365 (409); BVerfG NJW 2005, 3489 (3490).

[21] Zur Herleitung dieses Anspruchs allein aus dem Rechtsstaatsprinzip vgl. BVerfGE 64, 135 (145 f.); BVerfGE 78, 123 (126); zur Herleitung dieses Anspruchs aus Art. 20 Abs. 3 GG iVm Art. 6 Abs. 1 S. 1 EMRK vgl. BGH JR 2014, 355 ff., mAnm *Bachmann* JR 2014, 357 f.; zur überwiegenden Herleitung dieses Anspruchs aus Art. 2 Abs. 1 GG iVm dem Rechtsstaatsprinzip vgl. etwa BVerfGE 38, 105 (111); BVerfGE 39, 238 (242 f.); BVerfGE 57, 250 (274); BVerfGE 64, 135 (145); BVerfGE 93, 99 (113); BVerfG EuGRZ 2016, 570 (574); zur Qualifizierung dieses aus Art. 2 Abs. 1 GG iVm dem Rechtsstaatsprinzip hergeleiteten Anspruchs als „allgemeines Prozessgrundrecht" vgl. BVerfGE 57, 250 (275); BVerfGE 78, 123 (126); BVerfGE 93, 99 (113); BVerfGE 110, 339 (342). Zur näheren Stellung des Rechts auf ein faires Verfahren im deutschen Verfassungsrecht vgl. auch *Dörr* S. 94 ff.; *Grabenwarter/Pabel* in Dörr/Grote/Marauhn Kap. 14 Rn. 94 ff.

[22] Zum langjährigen Streit über die normative Grundlage dieses Prinzips vgl. nur *Hain*, Die Grundsätze des Grundgesetzes – Eine Untersuchung zu Art. 79 Abs. 3 GG, 1999, S. 341 ff.; *Heyde* FS K. Redeker, 1993, 187 (188 ff.); in der Rspr. des BVerfG wird die Existenz dieses Prinzips vornehmlich mit Art. 20 Abs. 3 GG begründet, vgl. BVerfGE 41, 323 (326); BVerfGE 93, 99 (107); wobei Art. 20 Abs. 3 GG dabei zT auch zusammen mit Art. 28 Abs. 1 S. 1 GG angeführt wird, vgl. nur BVerfG NJW 1999, 349 (349).

rechtecharta ein ungeschriebenes Gemeinschafts- bzw. Unionsgrundrecht auf ein faires Verfahren als ein allgemeiner Grundsatz des Unionsrechts iS des Art. 6 Abs. 3 EUV herleiten ließ (→ Rn. 4–6), ist im Einklang mit der einschlägigen Rspr. des Unionsrichters an dieser Stelle zunächst einmal festzuhalten, dass der nachfolgend anzusprechende Art. 47 Abs. 2 GRC (→ Rn. 8 ff.) nicht erstmals ein neuartiges Unionsgrundrecht auf ein faires Verfahren begründet, sondern dieses bereits zuvor existente Unionsgrundrecht vornehmlich bestätigt bzw. „bekräftigt".[23] Die hier angesprochene **Bekräftigung des Unionsgrundrechts auf ein faires Verfahren durch Art. 47 Abs. 2 GRC** bedeutet indes nicht, dass sich das zu den allgemeinen Grundsätzen des Unionsrechts iS des Art. 6 Abs. 3 EUV gehörende Unionsgrundrecht auf ein faires Verfahren zwangsläufig allein auf gerichtliche Verfahren bezieht[24], wie dies bei dem in Art. 47 Abs. 2 GRC verankerten Unionsgrundrecht auf ein faires (Gerichts-)Verfahren augenscheinlich der Fall ist. Vielmehr spricht manches dafür, dass sich das zu den allgemeinen Grundsätzen des Unionsrechts iS des Art. 6 Abs. 3 EUV gehörende Unionsgrundrecht auf ein faires Verfahren – anders als Art. 47 Abs. 2 GRC – sowohl auf gerichtliche Verfahren als auch auf Verwaltungsverfahren bezieht, da der Unionsrichter auf dieses Unionsgrundrecht auch in solchen Konstellationen rekurriert, in denen es nicht um Gerichtsverfahren, sondern um Verwaltungsverfahren geht.[25] Die in Art. 6 Abs. 3 EUV angesprochenen Verfassungsüberlieferungen der Mitgliedstaaten (→ Rn. 6) stehen dieser höchstrichterlichen Vorgehensweise auch nicht zwingend entgegen; diesbezüglich sei nur an die Rspr. des deutschen Bundesverfassungsgerichts erinnert, das ebenfalls von der Existenz eines verfassungsrechtlichen Anspruchs auf ein „faires Verwaltungsverfahren" ausgeht, welches zu den wesentlichen Ausprägungen des Rechtsstaatsprinzips gehöre.[26] Daher dürfte das zu den allgemeinen Grundsätzen des Unionsrechts iS des Art. 6 Abs. 3 EUV gehörende Unionsgrundrecht auf ein faires Verfahren vermutlich nur **insoweit** durch Art. 47 Abs. 2 GRC „bekräftigt" worden sein, **als es um die unionsgrundrechtlich gebotene Fairness in gerichtlichen Verfahren geht.** Die rechtsstaatlich gebotene Fairness von Verwaltungsverfahren wird demgegenüber nicht durch Art. 47 Abs. 2 GRC, sondern vielmehr in weiten Teilen durch das in Art. 41 GRC niedergelegte Unionsgrundrecht auf eine gute Verwaltung gewährleistet (→ Rn. 17 ff.), welches den ergänzenden Rückgriff auf das zu den allgemeinen Grundsätzen des Unionsrechts iS des Art. 6 Abs. 3 EUV gehörende (ungeschriebene) Unionsgrundrecht auf ein faires Verfahren unter Einschluss von Verwaltungsverfahren nur dann obsolet werden lässt, wenn es tatsächlich alle Garantien vorhält bzw. einschließt, die für die **Gewährleistung eines fairen Verwaltungsverfahrens** notwendig sind bzw. vorhanden sein müssen.

II. Das Recht auf ein faires Gerichtsverfahren nach Art. 47 Abs. 2 GRC

8   Das zu den allgemeinen Grundsätzen des Unionsrechts iS des Art. 6 Abs. 3 EUV gehörende Unionsgrundrecht auf ein faires Verfahren (→ Rn. 4–7) wird in Art. 47 Abs. 2 S. 1 GRC insoweit bekräftigt, als nach dieser Bestimmung jede Person ein Recht darauf hat, dass ihre Sache von einem unabhängigen, unparteiischen und zuvor durch Gesetz errichteten Gericht in einem fairen Verfahren, öffentlich und innerhalb angemessener Frist verhandelt wird. Diese in ein „Jedermann"-Grundrecht gekleideten Vorgaben, die sich in

---

[23] IdS vgl. etwa auch EuG T-138/07, Slg. 2011, II-4819 Rn. 51 – Schindler Holding ua/Kommission; EuGH C-619/10, ECLI:EU:C:2012:531 Rn. 52 – Trade Agency; ähnlich vgl. EuG verb. Rs. T-56/09 u. T-73/09, ECLI:EU:T:2014:160 Rn. 76 – Saint-Gobain Glass France ua/Kommission, wonach das Recht auf einen fairen Prozess, das in Art. 6 Abs. 1 EMRK gewährleistet wird, einen allgemeinen Rechtsgrundsatz der Union bildet, der nunmehr in Art. 47 Abs. 2 GRC festgelegt ist.

[24] Anders offenbar *Pache* EuGRZ 2000, 601 (602); *Pache* NVwZ 2001, 1342 (1343), der in diesem Kontext jeweils nur von einem Anspruch auf ein faires „gerichtliches" Verfahren spricht.

[25] Vgl. nur EuG T-357/06, ECLI:EU:T:2012:488 Rn. 223 f. – Koninklijke Wegenbouw Stevin/Kommission; mwN → Rn. 12 f.

[26] Vgl. etwa BVerfGE 51, 150 (156); BVerfGE 101, 397 (405).

ähnlicher Form bspw. auch in Art. 14 Abs. 1 S. 2 IPBPR finden lassen[27], gehören zu den in Art. 47 Abs. 1 GRC angesprochenen „Bedingungen", nach deren „Maßgabe" jede Person das in der vorgenannten Bestimmung niedergelegte Unionsgrundrecht auf effektiven gerichtlichen Rechtsschutz bzw. das „Recht" hat, bei einem Gericht einen wirksamen Rechtsbehelf einzulegen. Da die in Art. 47 Abs. 1 GRC verankerte Rechtsweggarantie einschließlich der darin enthaltenen Verfassungsgarantie effektiven gerichtlichen Rechtsschutzes (→ § 55 Rn. 1 ff.) ausweislich der vorgenannten Bestimmung „nach Maßgabe der in diesem Artikel vorgesehenen Bedingungen" gewährt wird, zu denen neben dem in Art. 47 Abs. 2 S. 2 GRC angesprochenen Recht, sich beraten, verteidigen und vertreten zu lassen, sowie neben dem in Art. 47 Abs. 3 GRC verankerten Prozesskostenhilfeanspruch als eine von mehreren verschiedenen Teilgewährleistungen des Unionsgrundrechts auf effektiven gerichtlichen Rechtsschutz (→ § 55 Rn. 33) auch das in Art. 47 Abs. 2 S. 1 GRC verankerte **„Jedermann"-Grundrecht auf Verhandlung in einem fairen Gerichtsverfahren** gehört, könnte die Gesamtkonstruktion des Art. 47 GRC auf den ersten Blick den Eindruck erwecken, als handele es sich bei dem in Art. 47 Abs. 1 GRC niedergelegten Unionsgrundrecht auf effektiven gerichtlichen Rechtsschutz und bei dem in Art. 47 Abs. 2 S. 1 GRC angesprochenen Unionsgrundrecht auf ein faires Gerichtsverfahren gewissermaßen um ein einheitliches Unionsgrundrecht[28] oder als sei das Recht auf ein faires Gerichtsverfahren – ebenso wie der in Art. 47 Abs. 3 GRC verankerte Prozesskostenhilfeanspruch und möglicherweise auch ebenso wie das in Art. 47 Abs. 2 S. 2 GRC geregelte Beratungs-, Verteidigungs- und Vertretungsrecht – nicht als ein wirklich eigenständiges Unionsgrundrecht, sondern vielmehr als eine von mehreren Teilgewährleistungen des gegebenenfalls noch stärker in die Rolle eines „Supergrundrechts" hineinwachsenden Unionsgrundrechts auf effektiven gerichtlichen Rechtsschutz iS des Art. 47 Abs. 1 GRC (→ § 55 Rn. 23) einzuordnen. Gegen ein solches Verständnis spricht indes, dass das Recht auf ein faires Gerichtsverfahren in Art. 47 Abs. 2 S. 1 GRC eine von dem in Art. 47 Abs. 1 GRC niedergelegten Unionsgrundrecht auf effektiven gerichtlichen Rechtsschutz abgekoppelte bzw. getrennte Regelung erfahren hat und dass beide Rechte nach den aktualisierten **Erläuterungen zur Charta der Grundrechte**[29], die nach Art. 6 Abs. 1 UAbs. 3 EUV iVm Art. 52 Abs. 7 GRC in gebührender Weise bei der Auslegung und Anwendung dieser Charta und ihrer Bestimmungen zu berücksichtigen sind[30], einen jeweils anderen entstehungsgeschichtlichen Hintergrund bzw. keinen einheitlichen EMRK-rechtlichen Bezugspunkt haben, da sich Art. 47 Abs. 1 GRC nach den vorgenannten Erläuterungen auf Art. 13 EMRK (→ § 55 Rn. 13) „stützt", während Art. 47 Abs. 2 GRC nach diesen Erläuterungen dem Art. 6 Abs. 1 EMRK (→ § 55 Rn. 14 f.) entsprechen soll. Insofern ist das durch Art. 47 Abs. 2 GRC bekräftigte (→ Rn. 7) Recht auf ein faires Verfahren bzw. auf einen fairen Prozess gegenwärtig eher als ein gegenüber dem in Art. 47 Abs. 1 GRC niedergelegten Unionsgrundrecht auf effektiven gerichtlichen Rechtsschutz verselbstän-

---

[27] Näher zu dem in Art. 14 IPBPR niedergelegten Recht auf ein faires Verfahren vgl. *Schmid* GoJIL 2009, 29 ff.
[28] Für eine solche Einheitlichkeit vgl. etwa *Jantscher* in Kahl/Raschauer/Storr S. 43 (45 ff.); Jarass GRCh Art. 47 Rn. 2; *Lemke* in von der Groeben/Schwarze/Hatje GRC Art. 47 Rn. 2; *Raschauer/Sander/Schlögl* in Holoubek/Lienbacher, GRC-Kommentar, GRC Art. 47 Rn. 36; zur Paralleldiskussion im deutschen Verfassungsrecht vgl. *Uhle* in Merten/Papier, HdbGR Bd. V, § 129 Rn. 59, der sich entgegen der stRspr des BVerfG, das den Verfassungsgrundsatz des fairen Verfahrens ganz überwiegend aus dem Rechtsstaatsprinzip iVm Art. 2 Abs. 1 GG ableitet (→ Rn. 6), dafür ausspricht, den verfassungsrechtlichen Anspruch auf ein rechtsstaatlich-faires Verfahren aus dem Art. 19 Abs. 4 S. 1 GG verankerten Grundrecht auf wirkungsvollen Rechtsschutz herzuleiten, weil nur ein faires gerichtliches Verfahren in der Lage sei, effektiven Rechtsschutz sicherzustellen, und ein unfaires Verfahren demgegenüber zwangsläufig einen Rechtsschutz hervorbringe, dessen Effektivität rechtsstaatsinadäquat eingeschränkt, wenn nicht gar aufgehoben sei; insoweit stelle der Anspruch auf ein faires Verfahren eine Teilkonkretisierung des Rechts auf wirkungsvollen Rechtsschutz dar.
[29] ABl. 2007 C 303, 17 (29).
[30] Näher zu dieser Vorgabe vgl. mwN *Pache* in FK-EUV/GRC/AEUV EUV Art. 6 Rn. 38 ff.; *Pache* in FK-EUV/GRC/AEUV GRC Art. 52 Rn. 59 ff.

digtes bzw. **eigenständiges Unionsgrundrecht** einzustufen[31], solange es nicht zu einer mittel- bis langfristig durchaus möglichen – aber in der bisherigen Rspr. der Unionsgerichte noch nicht zweifelsfrei nachweis- bzw. feststellbaren – Verschmelzung beider Grundrechte zu einem einheitlichen Unionsgrundrecht kommt (→ Rn. 9 ff.). Die jüngere Rspr. der Unionsgerichte erweckt jedenfalls den Eindruck, dass sich der Unionsrichter hinsichtlich der Frage, ob es sich bei dem in Art. 47 Abs. 1 GRC niedergelegten Unionsgrundrecht auf effektiven gerichtlichen Rechtsschutz (→ § 55) und dem in Art. 47 Abs. 2 GRC angesprochenen Recht auf ein faires Gerichtsverfahren entweder um zwei jeweils eigenständige Unionsgrundrechte handelt (1. Option) oder ob das letztgenannte Recht vielmehr als eine unselbstständige **Teilgewährleistung des Unionsgrundrechts auf effektiven gerichtlichen Rechtsschutz** einzuordnen ist und insoweit in diesem Grundrecht iS einer Verschmelzung aufgeht (2. Option), noch nicht abschließend festlegen möchte bzw. noch etwas unentschlossen ist.[32]

9 Für die vorgenannte These spricht, dass es einerseits eine Reihe von jüngeren Urteilen des Unionsrichters gibt, die iS der 1. Option gedeutet werden können, andererseits aber nicht minder viele seiner Urteile auf die 2. Option hindeuten. IS der **1. Option** (→ Rn. 8) sprechen einige Urteile bspw. dafür, dass der Unionsrichter das Unionsgrundrecht auf effektiven gerichtlichen Rechtsschutz allein in Art. 47 Abs. 1 GRC verankert sieht[33] und das Unionsgrundrecht auf ein faires (Gerichts-)Verfahren allein in Art. 47 Abs. 2 GRC verortet, wenn er etwa hinsichtlich der Frage, was dieses Recht auf ein faires Verfahren bedeutet, ausschließlich den Wortlaut des Art. 47 Abs. 2 GRC zitiert[34], oder wenn er erst das in Art. 47 Abs. 1 GRC verankerte Recht auf einen wirksamen Rechtsbehelf anspricht und dann im nächsten Satz den davon abgetrennten Regelungsgehalt des Art. 47 Abs. 2 GRC zitiert[35]. Dem entsprechen im Übrigen zahlreiche weitere Urteile, in denen sich der Unionsrichter hinsichtlich des Rechts auf ein faires Verfahren nicht auf Art. 47 Abs. 1 GRC, sondern explizit und allein bzw. maßgeblich auf Art. 47 Abs. 2 GRC bezieht.[36] Für eine Einheitlichkeit bzw. Verschmelzung des Unionsgrundrechts auf effektiven gerichtlichen Rechtsschutz und des Rechts auf ein faires Gerichtsverfahren iS der **2. Option** (→ Rn. 8) sprechen hingegen zum einen solche Entscheidungen, in denen der Gerichtshof ausführt, dass der durch Art. 47 GRC bekräftigte Grundsatz des effektiven gerichtlichen

---

[31] IdS vgl. auch *Frenz*, HdbEuR Bd. 4, Rn. 4991 ff.; ähnlich auf der einen Seite *Pabel* in Grabenwarter, EnzEur Bd. 2, § 19 Rn. 7, die ebenfalls mehrere in Art. 47 Abs. 1, 2 und 3 GRC gewährleistete „Grundrechte" ausmacht; etwas unklar ist aber auf der anderen Seite, was sie bspw. mit der Formulierung meint, dass „Absatz 1 und Absatz 2 von Art. 47 GRC als eine Einheit zu betrachten [sind]", und warum sie unter Rn. 24 von einem „Recht auf Zugang zu Gericht und auf ein faires Verfahren" spricht.

[32] In eine andere Richtung weisend vgl. *Jantscher* in Kahl/Raschauer/Storr S. 43 (45), wonach „der EuGH davon ausgehen [dürfte], dass Art. 47 ein einheitliches Grundrecht enthält".

[33] Vgl. EuGH C-418/11, ECLI:EU:C:2013:588 Rn. 77 – Texdata Software.

[34] Vgl. EuGH verb. Rs. C-341/06 P u. C-342/06 P, Slg. 2008, I-4777 Rn. 45 – Chronopost ua/Kommission.

[35] Vgl. EuG T-54/14, ECLI:EU:T:2016:455 Rn. 52 – Goldfish ua/Kommission.

[36] Vgl. etwa EuG T-115/15, ECLI:EU:T:2017:329 Rn. 212 – Deza/Europäische Chemikalienagentur (ECHA), wo von der „Wahrung des in Art. 47 Abs. 2 der Charta […] verankerten Rechts auf ein faires Verfahren vor einem Gericht" die Rede ist. Sich hinsichtlich des Rechts auf ein faires Verfahren ebenfalls nicht auf Art. 47 Abs. 1 GRC, sondern auf Art. 47 Abs. 2 GRC beziehend vgl. EuGH C-519/13, ECLI:EU:C:2015:603 Rn. 31 – Alpha Bank Cyprus; EuGH C-384/14, ECLI:EU:C:2016:316 Rn. 49 – Alta Realitat; sowie EuGH C-21/17, ECLI:EU:C:2018:675 Rn. 33 – Catlin Europe, wo der Gerichtshof von der „Notwendigkeit" spricht, „die Verteidigungsrechte […] entsprechend den Anforderungen an ein faires Verfahren zu schützen, wie es in Art. 47 Abs. 2 der Charta der Grundrechte der Europäischen Union und in Art. 6 Abs. 1 [EMRK] verankert ist"; ähnlich vgl. auch EuGH C-358/16, ECLI:EU:C:2018:715 Rn. 59 – UBS Europe ua, wo auf „das in Art. 47 Abs. 2 der Charta verankerte Recht auf ein faires Verfahren" Bezug genommen wird; sowie EuGH C-329/13, ECLI:EU:C:2014:815 Rn. 33 – Stefan, wo von dem „Recht auf ein faires Verfahren gemäß Art. 47 Abs. 2 der Charta" gesprochen wird; ebenfalls ähnlich vgl. schließlich EuGH C-216/18 PPU, ECLI:EU:C:2018:586 Rn. 59 – LM; sowie EuGH C-492/18 PPU, ECLI:EU:C:2019:108 Rn. 43 – TC, wo jeweils von dem „Wesensgehalt ihres in Art. 47 Abs. 2 der Charta verbürgten Grundrechts auf ein faires Verfahren" die Rede ist.

Rechtsschutzes aus „mehreren Elementen" bestehe, zu denen ua der Grundsatz der Waffengleichheit gehöre[37], der üblicherweise dem Recht auf ein faires Verfahren zugeordnet wird (→ Rn. 27 ff.). IS der 2. Option lassen sich zum anderen solche Urteile deuten, in denen der Gerichtshof jeweils im Anschluss an eine Wiedergabe des Wortlauts des Art. 47 Abs. 2 GRC daran erinnert, dass er bereits wiederholt entschieden habe, dass dieser Artikel den Grundsatz des effektiven gerichtlichen Rechtsschutzes betreffe[38], oder in denen der Gerichtshof von dem in Art. 47 GRC niedergelegten Grundrecht auf ein faires Verfahren spricht, ohne sich dabei auf einen der beiden ersten Absätze dieser Norm zu stützen oder festzulegen.[39] In eine ähnliche Richtung weisen schließlich auch solche Urteile, in denen der Gerichtshof von der „Tragweite des Rechts auf einen wirksamen Rechtsbehelf und auf ein faires Verfahren gemäß Art. 47 der Charta" spricht[40] und damit möglicherweise nicht zwei unterschiedliche Rechte meint, oder in denen davon die Rede ist, dass die Mitgliedstaaten „die Beachtung des in Art. 47 der Charta verankerten Rechts auf einen wirksamen Rechtsbehelf und ein faires Verfahren gewährleisten [müssen], der den Grundsatz des effektiven gerichtlichen Rechtsschutzes bekräftigt".[41] Im Übrigen ist an dieser Stelle auf weitere Urteile des Unionsrichters hinzuweisen, die sich weder eindeutig iS der 1. Option noch eindeutig iS der 2. Option interpretieren lassen.[42]

Die **Schlussanträge der am Gerichtshof tätigen Generalanwältinnen und Generalanwälte** sprechen hinsichtlich der Frage, welche der beiden vorgenannten Optionen (→ Rn. 8 f.) vorzugswürdig ist, bislang ebenfalls (noch) keine einheitliche Sprache: Auf der einen Seite gibt es Schlussanträge, in denen das Recht auf ein faires Verfahren **iS der 1. Option** dem Art. 47 Abs. 2 GRC zugeordnet wird[43] oder die recht deutlich zwischen dem in Art. 47 Abs. 1 GRC niedergelegten „Recht auf einen wirksamen Rechtsbehelf" und „weiteren rechtsbehelfsbezogenen Ansprüchen" wie etwa dem „Recht auf ein faires Verfahren" nach Art. 47 Abs. 2 GRC differenzieren.[44] Auf der anderen Seite ist aber auch auf solche Schlussanträge hinzuweisen, in denen das „Recht auf ein faires Gerichtsverfahren" **iS der 2. Option** entweder dem Art. 47 Abs. 1 GRC zugeordnet wird[45] oder in denen es unter Bezugnahme auf eine bestimmte Passage aus dem EuGH-Urteil in der Rechtssache *Sacko*[46] heißt, dass der „sich aus Art. 47 der Charta ergebende Grundsatz des wirksamen gerichtlichen Rechtsschutzes der dem Einzelnen aus dem Unionsrecht erwachsenden Rechte [...] mehrere Elemente [umfasst], zu denen ua die Verteidigungsrechte, der Grundsatz der Waffengleichheit, das Recht auf Zugang zu den Gerichten sowie das Recht,

---

[37] Vgl. EuGH C-199/11, ECLI:EU:C:2012:684 Rn. 48 – Otis ua; EuGH C-348/16, ECLI:EU:C:2017:591 Rn. 31 f. – Sacko.
[38] Vgl. EuGH C-58/12 P, ECLI:EU:C:2013:770 Rn. 67 – Groupe Gascogne/Kommission; EuGH C-50/12 P, ECLI:EU:C:2013:771 Rn. 77 – Kendrion/Kommission.
[39] Vgl. etwa EuGH C-439/11 P, ECLI:EU:C:2013:513 Rn. 126 – Ziegler/Kommission.
[40] Vgl. EuGH C-399/11, ECLI:EU:C:2013:107 Rn. 49 – Melloni; im Einklang damit ist in Rn. 47 dieses Urteils von den sich „aus dem Recht auf einen wirksamen Rechtsbehelf und auf ein faires Verfahren gemäß Art. 47 der Charta" ergebenden Erfordernissen die Rede.
[41] Vgl. EuGH C-73/16, ECLI:EU:C:2017:725 Rn. 59 – Puškár, mAnm *Ellingsen* CMLR 55 (2018), 1879 ff.
[42] Exemplarisch vgl. zum einen EuGH C-216/18 PPU, ECLI:EU:C:2018:586 Rn. 53 – LM, wo es heißt, dass der Zugang zu einem unabhängigen Gericht zu den Anforderungen im Zusammenhang mit dem Grundrecht auf einen wirksamen Rechtsbehelf gehört, während in Rn. 47 von einer „Verletzung des Grundrechts der betroffenen Person auf ein unabhängiges Gericht und damit ihres Grundrechts auf ein faires Verfahren im Sinne des Art. 47 Abs. 2 der Charta" die Rede ist; zum anderen vgl. EuGH C-300/17, ECLI:EU:C:2018:635 Rn. 50 – Hochtief, wo von dem „Wesensgehalt des Rechts auf einen wirksamen Rechtsbehelf und ein faires Verfahren gemäß Art. 47. 1 und 2 der Charta" die Rede ist.
[43] Exemplarisch vgl. GA *Wathelet*, SchlA C-682/15, ECLI:EU:C:2017:2 Rn. 74 – Berlioz Investment Fund; sowie GA *Kokott*, SchlA C-73/16, ECLI:EU:C:2017:253 Rn. 93 – Puškár, wonach der Grundsatz bzw. das Recht auf ein faires Verfahren in Art. 47 Abs. 2 GRC verankert sei.
[44] Exemplarisch vgl. GA *Tanchev*, SchlA C-600/16 P, ECLI:EU:C:2018:227 Rn. 104 f. – National Iranian Tanker Company/Rat der EU.
[45] Exemplarisch vgl. GA *Kokott*, SchlA C-469/15 P, ECLI:EU:C:2016:884 Rn. 37 – FSL Holdings ua/Kommission.
[46] EuGH C-348/16, ECLI:EU:C:2017:591 Rn. 41 – Sacko.

sich beraten, verteidigen und vertreten zu lassen, gehören".[47] Die hier sichtbar werdende Uneinheitlichkeit, die weitgehend der oben thematisierten Rspr. der Unionsgerichte (→ Rn. 9) entspricht, gibt keine Veranlassung, sich von der hier favorisierten **Einordnung des Unionsgrundrechts auf ein faires Verfahren als ein** gegenüber dem Unionsgrundrecht auf effektiven gerichtlichen Rechtsschutz (→ § 55) **eigenständiges Unionsgrundrecht** (→ Rn. 8) zu verabschieden, solange sich der Unionsrichter nicht eindeutig auf die 2. Option (→ Rn. 8 f.) festlegt. Der äußerst enge Zusammenhang zwischen diesen beiden komplementären Unionsgrundrechten wird durch die vorgenannte Einordnung überhaupt nicht in Frage gestellt.

11 Was ein faires Verfahren iS des Art. 47 Abs. 2 S. 1 GRC genau kennzeichnet oder was die hier angesprochene Verfahrensfairness konkret bedeutet und/oder verlangt, wird in der vorgenannten Bestimmung selbst zwar nicht definiert. Die aktualisierten Erläuterungen (→ Rn. 8) zu Art. 47 Abs. 2 GRC geben jedoch vor, dass dieser Absatz dem Art. 6 Abs. 1 EMRK entspricht, der mit seinem ersten Satz bestimmt, dass jede Person ein Recht darauf hat, dass über Streitigkeiten in Bezug auf ihre zivilrechtlichen Ansprüche und Verpflichtungen oder über eine gegen sie erhobene strafrechtliche Anklage von einem unabhängigen und unparteiischen, auf Gesetz beruhenden Gericht in einem fairen Verfahren, öffentlich und innerhalb angemessener Frist verhandelt wird.[48] Da die in der EU-Grundrechtecharta enthaltenen Rechte, die den durch die EMRK garantierten Rechten entsprechen, nach Art. 52 Abs. 3 S. 1 GRC die gleiche Bedeutung und Tragweite haben, wie sie ihnen in dieser Konvention verliehen werden, kann zur Inhaltsbestimmung des in Art. 47 Abs. 2 S. 1 GRC verankerten Rechts auf Verhandlung in einem fairen Gerichtsverfahren somit im Grundsatz auf die einschlägige EGMR-Rspr. zu dem in Art. 6 Abs. 1 S. 1 EMRK niedergelegten Recht auf Verhandlung in einem fairen Gerichtsverfahren bzw. zu dem in der letztgenannten Bestimmung angesprochenen „Jedermann"-Grundrecht auf ein faires Gerichtsverfahren zurückgegriffen werden.[49] Dieser EGMR-Rspr. ist zu entnehmen, dass das **Grundrecht auf ein faires Gerichtsverfahren nach Art. 6 Abs. 1 S. 1 EMRK** verschiedene Teilgewährleistungen umfasst, zu denen anerkanntermaßen insbes. der (subjektiv-rechtliche) Grundsatz der Waffengleichheit, das Recht zu schweigen und sich nicht selbst zu beschuldigen oder zu bezichtigen (Selbstbelastungsfreiheit bzw. *„nemo tenetur"*-Grundsatz), der Anspruch auf rechtliches Gehör, das damit eng zusammenhängende Recht auf Akteneinsicht und das Recht auf Begründung gerichtlicher Entscheidungen gehören (→ Rn. 5).[50] Diese EGMR-Rspr. muss der Unionsrichter bei der Inhaltsbestimmung des in Art. 47 Abs. 2 S. 1 GRC niedergelegten Unionsgrundrechts auf Verhandlung in einem fairen Gerichtsverfahren bzw. auf einen fairen Prozess angesichts des Art. 52 Abs. 3 S. 1 GRC grds. ernst nehmen[51], soweit er nicht einen „weiter gehenden Schutz" gewähren möchte, wozu die Unionsgerichte nach Art. 52 Abs. 3 S. 2 GRC explizit befugt sind. Im Übrigen ist an dieser Stelle darauf hin-

---

[47] Vgl. GA *Tanchev*, SchlA C-34/17, ECLI:EU:C:2018:179 Rn. 72 – Donnellan.
[48] Ferner vgl. Art. 6 Abs. 1 S. 2 EMRK, wo es heißt: „Das Urteil muss öffentlich verkündet werden; Presse und Öffentlichkeit können jedoch während des ganzen oder eines Teiles des Verfahrens ausgeschlossen werden, wenn dies im Interesse der Moral, der öffentlichen Ordnung oder der nationalen Sicherheit in einer demokratischen Gesellschaft liegt, wenn die Interessen von Jugendlichen oder der Schutz des Privatlebens es verlangen oder – soweit das Gericht es für unbedingt erforderlich hält – wenn unter besonderen Umständen eine öffentliche Verhandlung die Interessen der Rechtspflege beeinträchtigen würde".
[49] In diesem unstreitigen Sinne vgl. etwa auch EuGH C-205/15, ECLI:EU:C:2016:499 Rn. 41 – Toma ua; *Berger* ZÖR 2013, 563 (567 f.); *Thiele* ERA Forum 2015, 511 (516); sowie GA *Tanchev*, SchlA C-600/16 P, ECLI:EU:C:2018:227 Rn. 105 – National Iranian Tanker Company/Rat der EU.
[50] Näher zu dieser facettenreichen EGMR-Rspr. vgl. jeweils mwN Grabenwarter ECHR Art. 6 Rn. 80 ff.; Grabenwarter/Pabel EMRK § 24 Rn. 66 ff.; *Laptew* S. 162 ff.; *Meyer-Ladewig/Harrendorf/König* in HK-EMRK Art. 6 Rn. 87 ff.; Peters/Altwicker EMRK § 20 Rn. 1 ff.; *Peukert* in Frowein/Peukert EMRK Art. 6 Rn. 112 ff.
[51] IdS vgl. etwa auch EuGH C-279/09, Slg. 2010, I-13849 Rn. 32 ff. – DEB; EuGH C-334/12 RX-II, ECLI:EU:C:2013:134 Rn. 42 ff. – Arango Jaramillo ua/EIB; *Nehl* in FK-EUV/GRC/AEUV GRC Art. 47 Rn. 11.

zuweisen, dass die in Art. 6 Abs. 1 S. 1 EMRK anklingende **Beschränkung auf zivilgerichtliche Streitigkeiten und strafrechtliche Anklagen,** die in der EGMR-Rspr. zu Gunsten der Einbeziehung diverser verwaltungsgerichtlicher Streitigkeiten partiell relativiert wird[52], **auf Art. 47 Abs. 2 GRC keine Anwendung findet**[53] (→ § 55 Rn. 21). Insoweit bezieht sich das in Art. 47 Abs. 2 S. 1 GRC niedergelegte Uniongrundrecht auf ein faires Verfahren bzw. auf einen fairen Prozess – abweichend von Art. 6 Abs. 1 S. 1 EMRK – nicht nur auf Zivil- und Strafprozesse, sondern auf **alle Arten von Rechtsstreitigkeiten** bzw. auf die Gerichte aller Gerichtsbarkeiten, zu denen der Rechtsweg nach Art. 47 Abs. 1 GRC eröffnet ist (→ § 55 Rn. 27 ff.).

Höchst bemerkenswert ist in diesem Kontext schließlich auch, dass das zu den allgemeinen Grundsätzen des Unionsrechts iS des Art. 6 Abs. 3 EUV (→ Rn. 4–7) gehörende und durch Art. 47 Abs. 2 S. 1 GRC bekräftigte Unionsgrundrecht auf ein faires Verfahren entgegen dem jeweils auf Gerichte Bezug nehmenden Wortlaut des Art. 47 Abs. 2 S. 1 GRC und des Art. 6 Abs. 1 S. 1 EMRK offenbar nicht allein für gerichtliche Verfahren bzw. Prozesse gilt. Dies ergibt sich zunächst einmal aus der stRspr des Unionsrichters, wonach auch die Kommission gehalten ist, die allgemeinen Grundsätze des Unionsrechts im Laufe des Verwaltungsverfahrens zu beachten[54], und wonach zu genau diesen allgemeinen Grundsätzen gerade auch der Jedermann-Anspruch bzw. das Recht auf ein faires Verfahren gehört[55]. Im Einklang damit spricht der Unionsrichter gelegentlich auch von der in **Kartellverfahren auf der Grundlage der VO (EG) Nr. 1/2003**[56] gebotenen Beachtung der grundlegenden unionsrechtlichen Prinzipien über das Recht auf ein faires Verfahren durch die Kommission[57] sowie von der Wahrung des Rechts auf ein faires Verfahren „durch die Kommission bei der Durchführung ihrer Fusionskontrollverfahren"[58], so dass es auch nicht überrascht, dass es bereits zahlreiche Fachaufsätze über die gebotene Fairness etwa in EU-Kartellverfahren gibt.[59] Im Übrigen ergibt sich die (vermeintliche) **Geltung des unionsverfassungsrechtlichen Anspruchs auf ein faires Verfahren auch auf der verwaltungsverfahrensrechtlichen Ebene** aus der ebenfalls stRspr des Unionsrichters, wonach das in Art. 47 Abs. 2 S. 1 GRC verankerte Recht auf einen fairen Prozess im Hinblick auf die Natur der in Rede stehenden Zuwiderhandlungen sowie auf die Natur und den Schweregrad der daran geknüpften Sanktionen insbes. auch auf Verfahren über Verstöße gegen die für Unternehmen geltenden Wettbewerbsregeln, die – wie etwa Verfahren im Anwendungsbereich der EU-Kartellverfahrensverordnung (EG) Nr. 1/2003 – zu Geldbußen oder Zwangsgeldern führen können[60], anwendbar ist[61], obwohl der Unions-

---

[52] Exemplarisch dazu vgl. mwN *Schilling,* Internationaler Menschenrechtsschutz, S. 262 ff.
[53] So auch die Charta-Erläuterungen (→ Rn. 8) zu Art. 52 Abs. 3 GRC, wo es ua heißt: „[…] Artikel 47 Absätze 2 und 3 entsprechen Artikel 6 Absatz 1 EMRK, aber die Beschränkung auf Streitigkeiten in Bezug auf zivilrechtliche Ansprüche und Verpflichtungen oder strafrechtliche Anklagen kommt nicht zum Tragen, wenn es um das Recht der Union und dessen Anwendung geht […]".
[54] Vgl. EuG T-9/99, Slg. 2002, II-1487 Rn. 391 – HFB ua/Kommission; EuG T-138/07, Slg. 2011, II-4819 Rn. 54 – Schindler Holding ua/Kommission.
[55] Vgl. EuGH C-411/04 P, Slg. 2007, I-959 Rn. 40 – Schindler Holding ua/Kommission; EuG T-138/07, Slg. 2011, II-4819 Rn. 51 – Schindler Holding ua/Kommission; EuG T-372/10, ECLI:EU:T:2012:325 Rn. 65 – Bolloré/Kommission.
[56] VO (EG) Nr. 1/2003 des Rates v. 16. Dezember 2002 zur Durchführung der in den Artikeln 81 und 82 des Vertrags [jetzt: Art. 101 und 102 AEUV] niedergelegten Wettbewerbsregeln, ABl. 2003 L 1, 1 ff., zuletzt geändert durch die VO (EG) Nr. 1419/2006 des Rates v. 25. September 2006, ABl. 2006 L 269, 1 ff.
[57] Vgl. EuGH verb. Rs. C-239/11 P, C-489/11 P u. C-498/11 P, ECLI:EU:C:2013:866 Rn. 317 f. – Siemens ua/Kommission.
[58] Vgl. EuG T-351/03, Slg. 2007, II-2237 Rn. 182 – Schneider Electric/Kommission.
[59] Vgl. etwa *Anderson/Cuff* FILJ 34 (2011), 385 ff.; *Brei* ZWeR 2015, 34 ff.; *Einarsson* YEL 25 (2006), 555 ff.; *Forrester* ELR 34 (2009), 817 ff.; *Lenaerts* NZKart 2013, 175 ff.; *Lenz/Mölls* WuW 1991, 771 ff.; *Slater/Thomas/Waelbroeck* The Global Competition Law Centre Working Paper 4/2008, 1 ff.
[60] Ausführlich zu der sehr häufig genutzten Befugnis der Kommission, auf der Grundlage der Art. 23 VO (EG) Nr. 1/2003 überaus empfindliche Geldbußen festzusetzen, vgl. mwN *Nowak* in LMRKM VerfVO Art. 23 Rn. 1 ff.
[61] Vgl. nur EuG verb. Rs. T-56/09 u. T-73/09, ECLI:EU:T:2014:160 Rn. 78 – Saint-Gobain Glass France ua/Kommission.

richter immer wieder betont, dass die **Europäische Kommission,** die im Anwendungsbereich des EU-Kartellverfahrensrechts derartige Sanktionen festsetzt, gerade **kein Gericht iS des Art. 47 Abs. 2 S. 1 GRC** und/oder des Art. 6 Abs. 1 S. 1 EMRK ist[62]. Letzteres ist zum einen deshalb bemerkenswert, weil der Unionsrichter die Anwendung des in Art. 47 Abs. 2 GRC verankerten Rechts auf einen fairen Prozess bspw. in Verfahren vor der Europäischen Chemikalienagentur (ECHA) bereits daran scheitern lässt, dass diese Agentur kein Gericht iS des Art. 47 GRC ist.[63] Zum anderen hält der Unionsrichter die Anwendung des Rechts auf einen fairen Prozess bspw. in Verfahren vor den Beschwerdekammern des (früheren) Harmonisierungsamtes für den Binnenmarkt (HABM) – mittlerweile umbenannt in „Amt der Europäischen Union für geistiges Eigentum (EUIPO)"[64] –, in denen es ua um Beschwerden gegen die verweigerte Eintragung angemeldeter Gemeinschafts- bzw. Unionsmarken geht, bereits deshalb für ausgeschlossen, weil die Verfahren vor den Beschwerdekammern des HABM bzw. des EUIPO keine gerichtlichen Verfahren, sondern Verwaltungsverfahren sind.[65] Wenn dies ausschlaggebend sein soll, müsste die Anwendung des Rechts auf einen fairen Prozess bzw. auf ein faires Verfahren eigentlich auch in Ansehung der auf der Grundlage der VO (EG) Nr. 1/2003 durchgeführten Kartellverfahren ausgeschlossen sein, da es sich auch hierbei nicht um gerichtliche Verfahren, sondern um Verwaltungsverfahren handelt.

13 Soweit sich das Gericht in seiner vorgenannten Rspr. gleichwohl für die Anwendung des Unionsgrundrechts auf ein faires Verfahren bzw. auf einen fairen Prozess auf das **EU-Kartellverfahren** ausspricht (→ Rn. 12) und sich zur Absicherung dieses Ergebnisses, welches sich mit Blick auf die in der zurückliegenden EGMR-Rspr. zu Art. 6 EMRK entwickelten **„Engel"-Kriterien**[66] vermutlich am besten mit dem straf(rechts)ähnlichen Charakter EU-kartellverfahrensrechtlicher Geldbußen nicht kriminalstrafrechtlicher Art[67] begründen lassen könnte, in jüngeren Urteilen häufiger auf frühere Urteile des Gerichtshofs wie etwa in den Rs. *Baustahlgewebe*[68] und *Papierfabrik August Koehler*[69] bezieht[70], geben

---

[62] Vgl. etwa EuG T-372/10, ECLI:EU:T:2012:325 Rn. 57 – Bolloré/Kommission; EuG verb. Rs. T-56/09 u. T-73/09, ECLI:EU:T:2014:160 Rn. 77 – Saint-Gobain Glass France ua/Kommission.

[63] Vgl. EuG T-115/15, ECLI:EU:T:2017:329 Rn. 213 – Deza/Europäische Chemiekalienagentur (ECHA).

[64] Vgl. nur Erwgr. 2 sowie Art. 2 der VO (EU) 2015/2424 des EP u. des Rates v. 16. Dezember 2015, ABl. 2015 L 341, 21 ff., durch welche ua die mittlerweile außer Kraft getretene Gemeinschaftsmarken-VO (EG) Nr. 207/2009 entsprechend abgeändert wurde; Art. 2 der Unionsmarken-VO (EU) 2017/1001 des EP u. des Rates v. 14. Juni 2017 (ABl. 2017 L 154, 1 ff.) nimmt dies entsprechend auf.

[65] Vgl. EuG T-197/12, ECLI:EU:T:2013:375 Rn. 54 – Metropolis Immobiliarias y Restauraciones/HABM; EuG T-404/13, ECLI:EU:T:2014:645 Rn. 51 – NIIT Insurance Technologies/HABM; EuG T-400/15, ECLI:EU:T:2016:569 Rn. 47 – Lopes Canhoto/EUIPO; EuG T-760/16, ECLI:EU:T:2018:277 Rn. 26 – Basil/EUIPO. Vgl. allg. dazu auch *Stürmann/Guzdek* GRUR 2019, 589 ff.

[66] Grdlg. EGMR 8.6.1976 – 5100/71 ua, EuGRZ 1976, 221 (232 ff.) – Engel ua/Niederlande, wonach für die Annahme des Vorliegens einer strafrechtlichen Anklage die drei folgenden – grds. kumulativen – Kriterien maßgeblich sind: 1.) die Zuordnung bzw. Qualifizierung der jeweiligen Sanktionsnorm bzw. der jeweiligen Zuwiderhandlung im bzw. nach innerstaatlichem Recht; 2.) die Natur bzw. Art der Zuwiderhandlung bzw. des rechtlichen Tatbestands; 3.) die Art bzw. Natur und die Schwere bzw. der Schweregrad der dem Betroffenen drohenden Sanktion. Näher zu diesen vom EGMR später mehrfach – ua in EGMR 3.5.2001 – 31827/96, NJW 2002, 499 (500) – J. B./Schweiz – bestätigten und insoweit nach wie vor maßgeblichen „Engel"-Kriterien vgl. jeweils mwN *Einarsson* YEL 25 (2006), 555 (566 f.); Grabenwarter/Pabel EMRK § 24 Rn. 19 ff.; Peters/Altwicker EMRK § 19 Rn. 16 f.; *Peukert* in Frowein/Peukert EMRK Art. 6 Rn. 26 ff.; EGMR 15.11.2018 – 29580/12 ua, EHRR 68 (2019), 985 (1009 f.) – Navalny/Russland.

[67] Näher zum nicht kriminalstrafrechtlichen, aber immerhin straf(rechts)ähnlichen Charakter EU-kartellverfahrensrechtlicher Geldbußen iSd Art. 23 VO (EG) Nr. 1/2003 vgl. *Anderson/Cuff* FILJ 34 (2011), 385 (402 ff.); *Brei* ZWeR 2015, 34 (36 ff.); *Einarsson* YEL 25 (2006), 555 (566 f.); *Nowak* in LMRKM VerfVO Art. 23 Rn. 50 f.; *Slater/Thomas/Waelbroeck* The Global Competition Law Centre Working Paper 4/2008, 1 (4 ff.).

[68] EuGH C-185/95 P, Slg. 1998, I-8417 ff. – Baustahlgewebe/Kommission.

[69] EuGH verb. Rs. C-322/07 P, C-327/07 P u. C-338/07 P, Slg. 2009, I-7191 ff. – Papierfabrik August Koehler ua/Kommission.

[70] So etwa in EuG T-56/09 u. T-73/09, ECLI:EU:T:2014:160 Rn. 78 – Saint-Gobain Glass France ua/Kommission.

derartige Bezugnahmen nach wie vor noch gewisse Rätsel auf, da diese in Bezug genommenen EuGH-Urteile bei genauer Betrachtung bzw. Lektüre eigentlich nur besagen, dass der Jedermann-Anspruch auf einen fairen Prozess auch für die Klage eines Unternehmens gegen eine Entscheidung bzw. einen Beschluss der Kommission gilt, mit der bzw. dem diese wegen Verstoßes gegen das Wettbewerbsrecht Geldbußen gegen das Unternehmen verhängt.[71] Für das einer solchen Klage vorangehende Kartellverfahren selbst ergibt sich die vom Gericht häufig postulierte Geltung des Unionsgrundrechts auf ein faires Verfahren bzw. auf einen fairen Prozess insoweit jedenfalls nicht aus den von ihm in Bezug genommenen EuGH-Urteilen. Insoweit lässt sich die Anwendbarkeit des Unionsgrundrechts auf ein faires Verfahren bzw. auf einen fairen Prozess auf das EU-Kartellverfahren und andere unionsrechtliche Verwaltungsverfahren, die zur Festsetzung gravierender Sanktionen führen können, möglicherweise besser mit der EuGH-Rspr. zur gebotenen Beachtung der grundlegenden unionsrechtlichen Prinzipien über das Recht auf ein faires Verfahren durch die Kommission[72] sowie mit seiner eigenen Rspr. zu der in Kartellverfahren auf der Grundlage der VO (EG) Nr. 1/2003 gegebenen **Bindung der Kommission an den unionsverfassungsrechtlichen Grundsatz der Waffengleichheit**[73] begründen, der ja ohne Frage eine allgemein anerkannte Teilgewährleistung des Unionsgrundrechts auf ein faires Verfahren bzw. auf einen fairen Prozess darstellt (→ Rn. 27 ff.). Auch dieser Begründungsansatz steht allerdings mittlerweile auf einem etwas unsicherem Boden, da der EuGH in seiner **Rechtsmittelentscheidung vom 11.7.2013 in der Rs.** *Ziegler* in Bezug auf eine gerügte Verletzung des „Grundrechts auf ein faires Verfahren" und einen gerügten Verstoß gegen den Grundsatz der guten Verwaltung festgestellt hat, dass das Verwaltungsverfahren vor der Kommission (in diesem Fall ein Kartellverfahren) insbes. dem Art. 41 GRC (→ Rn. 17 ff.) und nicht Art. 47 GRC unterliegt.[74] Diese Entscheidung spricht allerdings wiederum nicht zwingend gegen die Maßgeblichkeit des Grundsatzes auf ein faires Verfahren auf der verwaltungsverfahrensrechtlichen Ebene, da es neben dem in Art. 47 GRC verankerten Unionsgrundrecht auf ein faires Gerichtsverfahren (→ Rn. 8 ff.) auch noch das zu den allgemeinen Grundsätzen des Unionsrechts iS des Art. 6 Abs. 3 EUV gehörende Unionsgrundrecht auf ein faires Verfahren gibt, das sich nicht notwendigerweise allein auf gerichtliche Verfahren bezieht (→ Rn. 4 ff.), und weil die vorgenannte Formulierung, wonach Verwaltungsverfahren vor der Kommission „insbesondere" dem Art. 41 GRC unterliegen, nicht unbedingt dahingehend verstanden muss, dass derartige Verwaltungsverfahren nunmehr *ausschließlich* dem in Art. 41 GRC verankerten Unionsgrundrecht auf eine gute Verwaltung (→ Rn. 17 ff.) unterliegen.

---

[71] Vgl. EuGH C-185/95 P, Slg. 1998, I-8417 Rn. 21 – Baustahlgewebe/Kommission; EuGH verb. Rs. C-322/07 P, C-327/07 P u. C-338/07 P, Slg. 2009, I-7191 Rn. 143 – Papierfabrik August Koehler ua/Kommission.

[72] Vgl. EuGH verb. Rs. C-239/11 P, C-489/11 P u. C-498/11 P, ECLI:EU:C:2013:866 Rn. 317 f. – Siemens ua/Kommission.

[73] Zur Bindung der Kommission an den Grundsatz der Waffengleichheit im Anwendungsbereich des EU-Kartellverfahrensrechts vgl. etwa EuG T-16/99, Slg. 2002, II-1633 Rn. 142 – Lögstör Rör (Deutschland)/Kommission; EuG T-314/01, Slg. 2006, II-3085 Rn. 66 – Coöperatieve Verkoop- en Productievereniging van Aardappelmeel en Derivaten Avebe/Kommission; EuG T-36/04, Slg. 2007, II-3201 Rn. 79 – API/Kommission.

[74] Vgl. EuGH C-439/11 P, ECLI:EU:C:2013:513 Rn. 154 – Ziegler/Kommission; in eine durchaus ähnliche Richtung weisend vgl. EuGH verb. Rs. C-129/13 u. C-130/13, ECLI:EU:C:2014:2041 Rn. 29 – Kamino International Logistics ua; EuG T-466/14, ECLI:EU:T:2016:742 Rn. 40 – Spanien/Kommission, wo es jeweils wortgleich heißt: „Der Anspruch darauf, in jedem Verfahren gehört zu werden, ist heute nicht nur durch die Art. 47 und 48 der Charta der Grundrechte verbürgt, die die Wahrung der Verteidigungsrechte sowie das Recht auf ein faires Verfahren im Rahmen jedes Gerichtsverfahrens gewährleisten, sondern auch durch Art. 41 der Charta der Grundrechte, der das Recht auf eine gute Verwaltung sicherstellt."

III. Die Gewährleistung der Achtung der Verteidigungsrechte nach Art. 48 Abs. 2 GRC

14 Eine weitere primärrechtliche Bestimmung, die mit dem in Art. 47 Abs. 2 GRC verankerten Unionsgrundrecht auf ein faires (Gerichts-)Verfahren (→ Rn. 8–13) in einem äußerst engen Zusammenhang steht, stellt Art. 48 Abs. 2 GRC dar, der im Anschluss an die in Art. 48 Abs. 1 GRC niedergelegte **Unschuldsvermutung,** die entgegen dem Wortlaut der vorgenannten Bestimmung nicht allein im rein strafprozessualen Bereich, sondern – wie übrigens auch der in Art. 49 Abs. 1 und 2 GRC niedergelegte Grundsatz der Gesetzmäßigkeit der Strafen[75], der in Art. 50 GRC verankerte ne bis in idem-Grundsatz[76] sowie der Grundsatz der individuellen Zumessung bzw. Festsetzung von Strafen und Sanktionen[77] – nach gefestigter EuGH-Rspr. auch im Kontext von Verwaltungssanktionen in Form von Zwangs- und/oder Bußgeldbeschlüssen etwa auf der Grundlage der EU-Kartellverfahrensverordnung (EG) Nr. 1/2003 (→ Rn. 12) und mitgliedstaatlichen Kartellverfahrensrechts zu beachten ist[78], iS eines davon verselbständigten Unionsgrundrechts eigenständiger Art[79] bestimmt, dass jedem Angeklagten die **Achtung der Verteidigungsrechte** gewährleistet wird. Die Frage, welche Verteidigungsrechte damit im Einzelnen gemeint sind, wird in Art. 48 Abs. 2 GRC selbst zwar nicht beantwortet. Einen hilfreichen Einstieg in die Beantwortung dieser Frage bieten jedoch die aktualisierten **Charta-Erläuterungen** (→ Rn. 8) an, in denen immerhin klargestellt wird, dass Art. 48 Abs. 1 GRC dem zweiten Absatz des Art. 6 EMRK[80] und Art. 48 Abs. 2 GRC dem Art. 6 Abs. 3 EMRK entspricht, wonach jede angeklagte Person mindestens die folgenden Rechte hat: a) innerhalb möglichst kurzer Frist in einer ihr verständlichen Sprache in allen Einzelheiten über Art und Grund der gegen sie erhobenen Beschuldigungen unterrichtet zu werden; b) ausreichende Zeit und Gelegenheit zur Vorbereitung ihrer Verteidigung zu haben; c) sich selbst zu verteidigen, sich durch einen Verteidiger ihrer Wahl verteidigen zu lassen oder, falls ihr die Mittel zur Bezahlung fehlen, unentgeltlich den Beistand eines Verteidigers zu erhalten, wenn dies im Interesse der Rechtspflege erforderlich ist; d) Fragen an Belastungszeugen zu stellen oder stellen zu lassen und die Ladung und Vernehmung von Entlastungszeugen unter denselben Bedingungen zu erwirken, wie sie für Belastungszeugen gelten[81]; und e) unentgeltliche Unterstützung durch einen Dolmetscher zu erhalten, wenn sie die

---

[75] Exemplarisch dazu vgl. EuG T-446/05, Slg. 2010, II-1255 Rn. 124 f. – Amann & Söhne ua/Kommission, wonach dieser auch zu den gemeinsamen Verfassungstraditionen der Mitgliedstaaten gehörende und ua auch in Art. 7 EMRK verankerte Grundsatz nicht nur bei Normen mit strafrechtlichem Charakter, sondern auch bei „spezifischen verwaltungsrechtlichen Regelungen" zu beachten ist, die – wie etwa Art. 23 VO (EG) Nr. 1/2003 (→ Rn. 12) – die Verhängung von Sanktionen durch die Verwaltung vorschreiben oder gestatten, und wonach dieser Grundsatz nicht nur für Normen gilt, die die Tatbestandsmerkmale einer Zuwiderhandlung festlegen, sondern auch für diejenigen, die die Folgen einer Zuwiderhandlung gegen Erstere regeln.
[76] Zur Geltung dieses Grundsatzes auch im Anwendungsbereich des EU-Kartellverfahrensrechts vgl. EuG verb. Rs. T-144/07, T-147/07 u. T-154/07, Slg. 2011, II-5129 Rn. 158 ff. – ThyssenKrupp Ascenseurs ua/Kommission; *Frenz* EWS 2014, 129 ff.
[77] Zur Geltung auch dieses Grundsatzes „in allen Verfahren, die zu Sanktionen gemäß den Wettbewerbsregeln führen können", vgl. etwa EuG T-299/08, Slg. 2011, II-2149 Rn. 178 – Elf Aquitaine/Kommission; EuG verb. Rs. T-122/07 bis T-124/07, Slg. 2011, II-793 Rn. 122 – Siemens AG Österreich ua/Kommission.
[78] Vgl. nur EuGH C-289/04 P, Slg. 2006, I-5859 Rn. 50 – Showa Denko/Kommission; EuG T-299/08, Slg. 2011, II-2149 Rn. 167 ff. – Elf Aquitaine/Kommission; EuG T-138/07, Slg. 2011, II-4819 Rn. 160 – Schindler Holding ua/Kommission; EuGH C-17/10, ECLI:EU:C:2012:72 Rn. 94 – Toshiba Corporation ua; EuGH C-89/11 P, ECLI:EU:C:2012:738 Rn. 73 – E.ON Energie/Kommission; EuG verb. Rs. T-56/09 u. T-73/09, ECLI:EU:T:2014:160 Rn. 97 – Saint-Gobain Glass France ua/Kommission; EuGH C-617/17, ECLI:EU:C:2019:283 Rn. 28 ff. – Powszechny Zakład Ubezpieczeń na Życie.
[79] IdS vgl. etwa auch Jarass GRCh Art. 48 Rn. 1 u. 13; *Pabel* in Grabenwarter, EnzEur Bd. 2, § 19 Rn. 86.
[80] Näher zu der auf Art. 6 Abs. 2 EMRK bezogenen EGMR-Rspr. vgl. etwa *Barrot* ZJS 2010, 701 ff.
[81] Zur Bedeutung speziell dieser EMRK-rechtlichen Vorgabe in der Rspr. des Unionsrichters zum Unionsgrundrecht auf ein faires Verfahren vgl. etwa EuGH verb. Rs. C-239/11 P, C-489/11 P u. C-498/11 P, ECLI:EU:C:2013:866 Rn. 317 ff. – Siemens ua/Kommission; EuG T-364/10, ECLI:EU:T:2013:477 Rn. 51 ff. – Duravit ua/Kommission.

Verhandlungssprache des Gerichts nicht versteht oder spricht.[82] Da die in der EU-Grundrechtecharta enthaltenen Rechte, die den durch die EMRK garantierten Rechten entsprechen, nach Art. 52 Abs. 3 S. 1 GRC die gleiche Bedeutung und Tragweite haben, wie sie ihnen in dieser Konvention verliehen werden (→ Rn. 11), kann zur **Inhaltsbestimmung der in Art. 48 Abs. 2 GRC angesprochenen Verteidigungsrechte** somit auf die einschlägige EGMR-Rspr. zu den in Art. 6 Abs. 3 EMRK aufgelisteten Mindestgarantien[83] zurückgegriffen werden, über die der Unionsrichter nach Art. 52 Abs. 3 S. 1 GRC indes bei Bedarf hinausgehen darf.

Die letztgenannte Möglichkeit nutzt der Unionsrichter insbes. insoweit, als er die durch Art. 48 Abs. 2 GRC gewährleistete **Achtung der Verteidigungsrechte nicht allein im strafprozessualen Kontext** für **geboten** hält, sondern bereits seit vielen Jahren davon ausgeht, dass die „Achtung", „Beachtung" und/oder „Wahrung der Verteidigungsrechte" in allen Verfahren, die – wie etwa Kartellverfahren auf der Grundlage der VO (EG) Nr. 1/2003 (→ Rn. 12) – zu Sanktionen, namentlich zu Geldbußen oder Zwangsgeldern, oder zu sonstigen die Betroffenen beschwerenden Maßnahmen führen können, einen fundamentalen bzw. tragenden Grundsatz des Unionsrechts darstellt, der in der Rspr. der Unionsgerichte wiederholt bekräftigt wurde[84] und gewissermaßen zusätzlich „in Art. 48 Abs. 2 der Charta der Grundrechte der Union verankert worden ist".[85] Der somit höchstrichterlich anerkannte **Grundsatz der Wahrung, Achtung und/oder Beachtung der Verteidigungsrechte,** der nicht nur im sog. EU-Eigenverwaltungsrecht anwendbar ist, sondern auch im Rahmen des administrativen Vollzugs des Unionsrechts auf der mitgliedstaatlichen Ebene gilt, wenn die Behörden der Mitgliedstaaten Entscheidungen erlassen, die in den Anwendungsbereich des Unionsrechts fallen[86], ist im Übrigen **nicht lediglich objektiv-rechtlicher Natur.** Vielmehr spricht der Unionsrichter in diesem Zusammenhang regelmäßig sogar von einem ua auch beim Erlass restriktiver Maßnahmen durch den Rat relevanten „Recht auf Wahrung der Verteidigungsrechte"[87], von einem „Recht auf Achtung der Verteidigungsrechte"[88] bzw. von einem Grundsatz der „Beachtung der Ver-

---

[82] Näher zu diesen in Art. 6 Abs. 3 EMRK niedergelegten Mindestgarantien für den Strafprozess vgl. etwa *Eser* in NK-EuGRCh GRCh Art. 48 Rn. 24 ff.; *Grabenwarter/Pabel* in Dörr/Grote/Marauhn Kap. 14 Rn. 137 ff.; *Granner/Raschauer* in Holoubek/Lienbacher, GRC-Kommentar, GRC Art. 48 Rn. 43.

[83] Näher zu der auf diese – allgemein als besonderer Ausdruck oder als Ausprägung der allgemeinen Garantie des fairen Verfahrens iS des Art. 6 Abs. 1 EMRK eingeordneten – Mindestgarantien bezogenen EGMR-Rspr. vgl. jeweils mwN *Ast* JZ 2013, 780 ff.; Grabenwarter ECHR Art. 6 Rn. 124 ff.; Grabenwarter/Pabel EMRK § 24 Rn. 112 ff.; Meyer-Ladewig/Harrendorf/König in HK-EMRK EMRK Art. 6 Rn. 221 ff.; *Penkuhn/Brill* JuS 2016, 682 (684 f.); Peters/Altwicker EMRK § 21 Rn. 12 ff.; *Peukert* in Frowein/Peukert EMRK Art. 6 Rn. 278 ff.; *Schilling*, Internationaler Menschenrechtsschutz, S. 288 ff.

[84] Vgl. nur EuG T-348/94, Slg. 1998, II-1875 Rn. 80 – Enso Española/Kommission; EuGH C-194/99 P, Slg. 2003, I-10821 Rn. 30 – Thyssen Stahl/Kommission; EuGH C-289/04 P, Slg. 2006, I-5859 Rn. 68 – Showa Denko/Kommission; EuGH C-308/04 P, Slg. 2006, I-5977 Rn. 94 – SGL Carbon/Kommission; EuG T-15/02, Slg. 2006, II-497 Rn. 44 – BASF/Kommission; EuGH C-3/06 P, Slg. 2007, I-1331 Rn. 68 – Groupe Danone/Kommission; EuGH C-328/05 P, Slg. 2007, I-3921 Rn. 70 – SGL Carbon/Kommission; EuGH C-550/07 P, Slg. 2010, I-8301 Rn. 92 – Akzo Nobel Chemicals ua/Kommission; EuG verb. Rs. T-141/07, T-142/07, T-145/07 u. T-146/07, Slg. 2011, II-4977 Rn. 122 – General Technic-Otis ua/Kommission; EuGH C-521/09 P, Slg. 2011, I-8947 Rn. 112 – Elf Aquitaine/Kommission; EuGH verb. Rs. C-239/11 P, C-489/11 P u. C-498/11 P, ECLI:EU:C:2013:866 Rn. 317 f. – Siemens ua/Kommission; EuGH C-521/15, ECLI:EU:C:2017:982 Rn. 61 – Spanien/Rat der EU; EuG T-475/14, ECLI:EU:T:2018:448 Rn. 86 – Prysmian ua/Kommission; EuGH C-358/16, ECLI:EU:C:2018:715 Rn. 61 – UBS Europe ua; EuGH C-265/17 P, ECLI:EU:C:2019:23 Rn. 28 – Kommission/United Parcel Service.

[85] So vgl. etwa EuGH C-550/07 P, Slg. 2010, I-8301 Rn. 92 – Akzo Nobel Chemicals ua/Kommission.

[86] Vgl. EuGH verb. Rs. C-129/13 u. C-130/13, ECLI:EU:C:2014:2041 Rn. 31 – Kamino International Logistics ua; EuGH C-166/13, ECLI:EU:C:2014:2336 Rn. 50 – Mukarubega.

[87] Vgl. EuGH C-530/17 P, ECLI:EU:C:2018:1031 Rn. 21 – Azarov/Rat der EU; mAnm *Egger* EuZW 2019, 326 ff.

[88] Vgl. etwa EuGH verb. Rs. C-584/10 P, C-593/10 P u. C-595/10 P, ECLI:EU:C:2013:518 Rn. 98 – Kommission ua/Kadi; EuGH C-280/12 P, ECLI:EU:C:2013:775 Rn. 59 – Rat/Fulmen u. Mahmoudian; EuGH C-348/12 P, ECLI:EU:C:2013:776 Rn. 66 – Rat/Manufacturing Support & Procurement Kala Naft; EuGH C-599/14 P, ECLI:EU:C:2017:583 Rn. 25 – Rat/LTTE.

16 teidigungsrechte"[89], denen gleichermaßen – dh unabhängig von der gewählten Bezeichnung – zugleich in expliziter Weise **„Grundrechtsrang"** zugesprochen wird.[90]

Da das zu den fundamentalen bzw. tragenden Grundsätzen des Unionsrechts gehörende und höchstrichterlich anerkannte **Unionsgrundrecht auf Wahrung und/oder Achtung bzw. Beachtung der Verteidigungsrechte** (→ Rn. 15) insbesondere den Anspruch auf rechtliches Gehör einschließt[91] bzw. nach ständiger EuGH-Rspr. „untrennbar" mit dem Anspruch darauf verbunden ist, in jedem Verfahren gehört zu werden[92], überschneidet sich dieses Unionsgrundrecht ganz erheblich mit dem ua durch Art. 47 Abs. 2 S. 1 GRC (→ Rn. 8 ff.) und Art. 48 Abs. 2 GRC (→ Rn. 14) abgesicherten Unionsgrundrecht auf ein faires Verfahren, zu dessen Kerngewährleistungen unter Berücksichtigung der einschlägigen EGMR-Rspr. zu Art. 6 EMRK (→ Rn. 5) sowie unter Beachtung der auf dieses Unionsgrundrecht bezogenen EuGH-Rspr. ebenfalls der Anspruch auf rechtliches Gehör zählt (→ Rn. 36 f.). Die Geltung des bereits insoweit kaum bzw. nicht trennscharf von dem Unionsgrundrecht auf ein faires Verfahren abgrenzbaren Unionsgrundrechts auf Wahrung und/oder Achtung bzw. Beachtung der Verteidigungsrechte (→ Rn. 15), das in der einschlägigen Rspr. des Unionsrichters gelegentlich auch auf andere Weise mit dem Unionsgrundrecht auf ein faires Verfahren vermengt wird[93], beschränkt sich auf der verwaltungsverfahrensrechtlichen Ebene nicht allein auf solche Verfahren, die zu Sanktionen in Form von Geldbußen oder Zwangsgeldern führen können, da die Achtung bzw. Beachtung oder Wahrung der Verteidigungsrechte nach ständiger EuGH-Rspr. gleichsam **in allen Verfahren, die zu einer den Betroffenen beschwerenden Maßnahme führen können,** einen fundamentalen bzw. tragenden Grundsatz des Gemeinschafts- bzw. Unionsrechts bildet[94], der auch dann sichergestellt werden muss, wenn eine Regelung für das fragliche Verfahren fehlt.[95] Aus diesem Grunde kommt es auf der verwaltungsverfahrensrechtlichen Ebene unweigerlich auch zu partiellen Überschneidungen bzw. Überlappungen zwischen dem Unionsgrundrecht auf Wahrung, Achtung und/oder Beachtung der Verteidigungsrechte und dem nachfolgend anzusprechenden Unionsgrundrecht auf eine gute Verwaltung nach Art. 41 GRC, welches ebenfalls einige auf die Sicherstellung der Fairness bestimmter Verwaltungsverfahren abzielende Teilgewährleistungen in Form verschiedener Verteidigungsrechte umfasst.

---

[89] Vgl. nur EuGH C-534/07 P, Slg. 2009, I-7415 Rn. 26 – William Prym ua/Kommission; EuG T-151/07, Slg. 2011, II-5313 Rn. 143 – Kone Oyi ua/Kommission; EuG verb. Rs. T-141/07, T-142/07, T-145/07 u. T-146/07, Slg. 2011, II-4977 Rn. 122 – General Technic-Otis ua/Kommission.

[90] Vgl. nur EuGH C-27/09 P, Slg. 2011, I-13427 Rn. 66 – Frankreich/People's Mojahedin Organization of Iran; EuGH verb. Rs. C-584/10 P, C-593/10 P u. C-595/10 P, ECLI:EU:C:2013:518 Rn. 98 – Kommission ua/Kadi; EuGH C-280/12 P, ECLI:EU:C:2013:775 Rn. 59 – Rat/Fulmen u. Mahmoudian; EuGH T-202/12, ECLI:EU:T:2014:113 Rn. 59 – Bouchra Al Assad/Rat; EuGH C-530/17 P, ECLI:EU:C:2018:1031 Rn. 27 – Azarov/Rat; EuGH C-599/14 P, ECLI:EU:C:2017:583 Rn. 25 – Rat/LTTE.

[91] Vgl. EuGH verb. Rs. C-204/00 P, C-205/00 P, C-211/00 P, C-213/00 P, C-217/00 P u. C-219/00 P, Slg. 2004, I-123 Rn. 66 – Aalborg Portland ua/Kommission; EuG verb. Rs. T-141/07, T-142/07, T-145/07 u. T-146/07, Slg. 2011, II-4977 Rn. 122 f. – General Technic-Otis ua/Kommission.

[92] So vgl. nur EuGH verb. Rs. C-129/13 u. C-130/13, ECLI:EU:C:2014:2041 Rn. 28 – Kamino International Logistics ua; EuG T-466/14, ECLI:EU:T:2016:742 Rn. 39 – Spanien/Kommission; ähnlich EuGH C-348/16, ECLI:EU:C:2017:591 Rn. 34 – Sacko.

[93] Zu dieser in der zurückliegenden Rspr. des Unionsrichters recht häufig feststellbaren Vermengung vgl. exemplarisch EuGH C-394/07, Slg. 2009, I-2563 Rn. 28 – Gambazzi, wo von der zu den Grundrechten gehörenden „Ausübung der Verteidigungsrechte" gesprochen wird, die für die Gestaltung und Durchführung eines fairen Prozesses von herausragender Bedeutung ist; sowie EuG verb. Rs. T-133/08, T-134/08, T-177/08 u. T-242/09, ECLI:EU:T:2012:430 Rn. 180 – Schräder/Gemeinschaftliches Sortenamt, wo in zwei Sätzen der Eindruck erweckt wird, als seien der Grundsatz der Wahrung der Verteidigungsrechte und das Recht auf ein faires Verfahren ein und dasselbe.

[94] Vgl. EuGH C-349/07, Slg. 2008, I-10369 Rn. 36 – Sopropé; EuGH verb. Rs. C-129/13 u. C-130/13, ECLI:EU:C:2014:2041 Rn. 30 – Kamino International Logistics ua; EuG T-466/14, ECLI:EU:T:2016:742 Rn. 41 – Spanien/Kommission.

[95] Vgl. EuGH C-32/95 P, Slg. 1996, I-5373 Rn. 21 – Kommission/Lisrestal ua; EuGH C-7/98, Slg. 2000, I-1935 Rn. 42 – Krombach; EuG T-306/01, Slg. 2005, II-3533 Rn. 325 – Yusuf ua/Rat u. Kommission; EuGH verb. Rs. C-129/13 u. C-130/13, ECLI:EU:C:2014:2041 Rn. 28 ff. – Kamino International Logistics ua.

IV. Teilgewährleistungen der Verfahrensfairness im Recht auf eine gute Verwaltung nach Art. 41 GRC

Das zu den allgemeinen Grundsätzen des Unionsrechts iS des Art. 6 Abs. 3 EUV gehörende Unionsgrundrecht auf ein faires Verfahren (→ Rn. 4–7) hat – soweit es um die Fairness bestimmter Verwaltungsverfahren geht – einen gewissen Niederschlag in Art. 41 GRC gefunden, der das im deutschen Verfassungsrecht keine Entsprechung findende Unionsgrundrecht auf eine gute Verwaltung (→ § 61) zum Gegenstand hat und damit die **subjektivrechtlichen Dimensionen des sog. Verwaltungsverfassungsrechts der EU** verkörpert[96]. Den in der früheren Rspr. der Unionsgerichte gelegentlich nicht mit aller Deutlichkeit bejahten (eigenständigen) Grundrechtscharakter des Grundsatzes der guten bzw. ordnungsgemäßen Verwaltung,[97] der vom Unionsrichter seinerzeit gelegentlich auch als Verfahrensgarantie[98] bzw. als **allgemeiner Grundsatz des Rechtsstaats**[99] bezeichnet wurde und nach stRspr der Unionsgerichte die Verpflichtung der Unionsorgane – insbes. der Kommission – begründet, sorgfältig und unparteiisch alle relevanten Gesichtspunkte des Einzelfalls zu untersuchen,[100] bekräftigt Art. 41 Abs. 1 GRC insoweit, als das darin niedergelegte Unionsgrundrecht auf eine gute Verwaltung jeder Person ein Recht darauf verleiht, dass ihre Angelegenheiten von den Organen, Einrichtungen und sonstigen Stellen der Union unparteiisch, gerecht und innerhalb einer angemessenen Frist behandelt werden.

Das vorgenannte **„Jedermann"-Grundrecht auf eine unparteiische und gerechte Behandlung verwaltungsverfahrensrechtlicher Angelegenheiten innerhalb einer angemessenen Frist** umfasst nach Art. 41 Abs. 2 GRC „insbesondere" drei weitere und insoweit nicht abschließend aufgeführte Teilgewährleistungen, zu denen neben dem gelegentlich auch mit dem Unionsgrundrecht auf Wahrung der Verteidigungsrechte (→ Rn. 15 f.) gleichgesetzten **Recht jeder Person, gehört zu werden,** bevor ihr gegenüber eine für sie nachteilige individuelle Maßnahme getroffen wird[101], zum einen auch das **Recht jeder Person auf Zugang zu den sie betreffenden Akten** unter Wahrung des berechtigten Interesses der Vertraulichkeit sowie des Berufs- und Geschäftsgeheimnisses gehört. Zum anderen umfasst das Unionsgrundrecht auf eine gute Verwaltung gemäß Art. 41 Abs. 2 lit. c GRC die auch bereits in Art. 296 Abs. 2 AEUV geregelte Verpflichtung der Verwaltung, ihre Entscheidungen zu begründen. Bei diesem **Begründungserfordernis** handelt es sich nicht nur um eine objektivrechtliche Verpflichtung, sondern zugleich um eine subjektivrechtliche Teilgewährleistung des Unionsgrundrechts auf effektiven gerichtlichen Rechtsschutz (→ § 55 Rn. 40 ff.). Eine weitere Teilgewährleistung des

---

[96] Zutr. *Terhechte* in FK-EUV/GRC/AEUV GRC Art. 41 Rn. 2.
[97] Exemplarisch vgl. EuG T-193/04, Slg. 2006, II-3575 Rn. 127 – Tillack/Kommission, wonach „der Grundsatz der ordnungsgemäßen Verwaltung […] als solcher dem Einzelnen keine Rechte verleiht, sofern er keine Ausprägung spezifischer Rechte wie des Rechts darauf, dass die eigenen Angelegenheiten unparteiisch, gerecht und innerhalb einer angemessenen Frist behandelt werden, des Rechts, gehört zu werden, des Rechts auf Zugang zu den Akten und des Rechts darauf, dass Entscheidungen begründet werden, im Sinne von Artikel 41 [GRC] darstellt"; ähnlich vgl. EuG T-196/99, Slg. 2001, II-3597 Rn. 43 – Area Cova ua/Rat u. Kommission, wo es heißt: „[…] dass die Kläger nicht den Verstoß gegen eine Rechtsnorm geltend gemacht haben, die darauf gerichtet ist, dem Einzelnen Rechte zu verleihen. Denn die gerügte Rechtswidrigkeit bestünde, selbst wenn sie bewiesen wäre, lediglich in einem Verstoß gegen den Grundsatz der ordnungsgemäßen Verwaltung".
[98] Vgl. nur EuG T-31/99, Slg. 2002, II-1881 Rn. 99 – ABB Asea Brown Boveri/Kommission; EuG T-410/03, Slg. 2008, II-881 Rn. 128 f. – Hoechst/Kommission.
[99] Vgl. etwa EuG T-54/99, Slg. 2002, II-313 Rn. 48 u. 56 f. – max.mobil Telekommunikation/Kommission, mAnm *Nowak* EuZW 2002, 191 f.; sowie EuG verb. Rs. T-228/99 u. T-233/99, Slg. 2003, II-435 Rn. 167 – Westdeutsche Landesbank Girozentrale ua/Kommission.
[100] Vgl. nur EuGH C-47/07 P, Slg. 2008, I-9761 Rn. 92 – Masdar/Kommission; EuG T-31/99, Slg. 2002, II-1881 Rn. 99 – ABB Asea Brown Boveri/Kommission; EuG T-339/04, Slg. 2007, II-521 Rn. 94 – France Télécom/Kommission; EuG T-410/03, Slg. 2008, II-881 Rn. 129 – Hoechst/Kommission.
[101] Zur in der Rspr. des Unionsrichters gelegentlich anklingenden Gleichsetzung des in Art. 41 Abs. 2 lit. a GRC niedergelegten Anhörungsrechts mit dem Unionsgrundrecht auf Wahrung der Verteidigungsrechte (→ Rn. 15 f.) vgl. exemplarisch EuG T-202/12, ECLI:EU:T:2014:113 Rn. 59 – Bouchra Al Assad/Rat.

Unionsgrundrechts auf eine gute Verwaltung stellt sodann der in Art. 41 Abs. 3 GRC niedergelegte „Jedermann"-**Schadensersatzanspruch** dar, der auf die teilweise bereits durch das Unionsgrundrecht auf effektiven gerichtlichen Rechtsschutz garantierte Effektivität des Sekundärrechtsschutzes (→ § 55 Rn. 32) gegenüber der supranationalen Hoheitsgewalt abzielt und prozessual im Wege der in Art. 268 AEUV iVm Art. 340 Abs. 2 und 3 AEUV geregelten Amtshaftungsklage[102] durchzusetzen ist. Konkret hat nach Art. 41 Abs. 3 GRC jede Person einen Anspruch darauf, dass die Union den durch ihre Organe oder Bediensteten in Ausübung ihrer Amtstätigkeit verursachten Schaden nach den allgemeinen Rechtsgrundsätzen ersetzt, die den Rechtsordnungen der Mitgliedstaaten gemeinsam sind. Eine weitere Teilgewährleistung des Unionsgrundrechts auf eine gute Verwaltung findet sich schließlich in Art. 41 Abs. 4 GRC, der bestimmt, dass sich jede Person in einer der **Sprachen der Verträge**[103] an die Organe der Union wenden kann und in diesem Fall eine Antwort in derselben Sprache erhalten muss. Im Übrigen erwecken einzelne Urteile des Unionsrichters den Eindruck, als umfasse das Unionsgrundrecht auf eine gute Verwaltung auch noch den **Schutz gegenüber ungerechten Sanktionen**[104] sowie den in Art. 41 GRC ebenfalls nicht explizit angesprochenen **Grundsatz der Gleichbehandlung der Verfahrensbeteiligten**[105], der gewisse Erinnerungen an den von Art. 6 Abs. 1 EMRK und Art. 47 Abs. 2 GRC erfassten Grundsatz der Waffengleichheit (→ Rn. 27 ff.) weckt.

19 Das in Art. 41 GRC niedergelegte Unionsgrundrecht auf eine gute Verwaltung, das mit seinen verschiedenen Teilgewährleistungen im Wesentlichen ein faires Verwaltungsverfahren gewährleisten soll[106] und mit seinen beiden ersten Absätzen daher zum Teil auch als **„Recht auf ein faires Verwaltungsverfahren"** iS eines einheitlichen Unionsgrundrechts bezeichnet wird[107], ist seinem klaren Wortlaut nach nur von den „Organen, Einrichtungen und sonstigen Stellen der Union" zu beachten.[108] Daraus folgt zwar nach der insoweit einschlägigen Rspr. des Unionsrichters, dass sich natürliche und/oder juristische Personen nicht gegenüber den Mitgliedstaaten bzw. den mitgliedstaatlichen Behörden auf Art. 41 GRC berufen können[109], obwohl eine zumindest analoge Anwendung dieser Bestimmung auf mitgliedstaatliche Verwaltungsverfahren im Kontext der in Art. 51 Abs. 1 S. 1 GRC angesprochenen Durchführung des Unionsrechts (→ § 9 Rn. 24 ff.) durchaus erwägenswert sein könnte.[110] Gleichwohl ist das hier in Rede stehende Unionsgrundrecht nicht allein **im Anwendungsbereich des EU-Eigenverwaltungsrechts** bedeutsam; vielmehr kann dieses Grundrecht angesichts der Tatsache, dass das in Art. 41 GRC niedergelegte Recht auf eine gute Verwaltung einen allgemeinen Grundsatz des Unionsrechts iS des Art. 6 Abs. 3

---

[102] Ausführlicher dazu vgl. mwN *Pechstein* in FK-EUV/GRC/AEUV AEUV Art. 268 Rn. 1 ff.
[103] Zu den verbindlichen Vertragssprachen siehe Art. 55 EUV iVm Art. 358 AEUV.
[104] Vgl. dazu etwa EuGH C-428/05, Slg. 2007, I-5069 Rn. 25 – Laub, wonach der Grundsatz der ordnungsgemäßen Verwaltung es einer Behörde verwehrt, einem gutgläubigen Wirtschaftsteilnehmer wegen Nichtbeachtung verfahrensrechtlicher Vorschriften Sanktionen aufzuerlegen, wenn die Nichtbeachtung Folge des Verhaltens der Behörde ist.
[105] Vgl. EuG verb. Rs. T-254/00, T-270/00 u. T-277/00, Slg. 2008, I-3269 Rn. 210 – Hotel Cipriani ua/Kommission.
[106] IdS vgl. auch statt vieler *Gundel* in Ehlers GuG § 27 Rn. 5; ähnlich vgl. *Streinz* in Streinz GRC Art. 41 Rn. 8.
[107] So etwa von Jarass GRCh Art. 41 Rn. 3; *Klatt* in von der Groeben/Schwarze/Hatje GRC Art. 41 Rn. 4; *Thiele* ERA Forum 2015, 511 (518); ähnlich vgl. *Streinz* in Streinz GRC Art. 41 Rn. 8, wonach sich die in Art. 41 Abs. 2 GRC beispielhaft aufgeführten Ausprägungen des in Art. 41 Abs. 1 GRC genannten Rechts als Anspruch auf ein faires Verwaltungsverfahren zusammenfassen ließen.
[108] IdS vgl. auch statt vieler *Huck* EuZW 2016, 132 (133); *Jarass* DVBl 2018, 1249 (1253); *Magiera* in NK-EuGRCh GRCh Art. 41 Rn. 9; aA – dh dennoch von einer in Fällen der Durchführung des Unionsrechts gegebenen Bindung auch der Mitgliedstaaten an dieses Unionsgrundrecht ausgehend – vgl. *Klatt* in von der Groeben/Schwarze/Hatje GRC Art. 41 Rn. 6; diese „Lesart" des Art. 41 GRC ebenfalls für vorzugswürdig haltend vgl. *Terhechte* in FK-EUV/GRC/AEUV GRC Art. 41 Rn. 16.
[109] Vgl. EuGH C-166/13, ECLI:EU:C:2014:2336 Rn. 44 – Mukarubega; EuGH verb. Rs. C-141/12 u. C-372/12, ECLI:EU:C:2014:2081 Rn. 67 – Y. S. ua, mAnm *Gundel* EuR 2015, 80 ff.; EuGH C-419/14, ECLI:EU:C:2015:832 Rn. 83 – WebMindLicenses; EuGH C-230/18, ECLI:EU:C:2019:383 Rn. 56 – PI.
[110] Näher dazu vgl. mwN *Sander* in Holoubek/Lienbacher, GRC-Kommentar, GRC Art. 41 Rn. 12.

EUV widerspiegelt, auch **im Rahmen der Verfahrensautonomie der Mitgliedstaaten** (→ § 9 Rn. 34 f.) bzw. im Rahmen der administrativen Durchführung des Unionsrechts (→ § 9 Rn. 24 ff.) durch mitgliedstaatliche Behörden zum Tragen kommen[111], die in diesem Kontext zugleich an den unionsgrundrechtlichen – insbes. den Anspruch auf rechtliches Gehör einschließenden – Grundsatz der Achtung bzw. Beachtung oder Wahrung der Verteidigungsrechte (→ Rn. 15 f.) gebunden sind[112].

V. Verfahrensfairness als Ausprägung der Rechtsstaatlichkeit nach Art. 2 EUV und als eine das Unionsgrundrecht auf effektiven Rechtsschutz ergänzende Verfassungsgarantie der Rechtsunion

Einer über Art. 6 Abs. 3 EUV (→ Rn. 4 ff.), Art. 47 Abs. 2 GRC (→ Rn. 8 ff.), Art. 48 Abs. 2 GRC (→ Rn. 14 ff.) und Art. 41 GRC (→ Rn. 17 ff.) hinausgehenden Grundlegung bedarf das Unionsgrundrecht auf ein faires Gerichts- und/oder Verwaltungsverfahren zwar nicht zwingend. Gleichwohl ist aus Gründen der Vollständigkeit an dieser Stelle anzumerken, dass sich dieses Unionsgrundrecht nicht zuletzt auch mit dem **Grundsatz der Rechtsstaatlichkeit** als einer der zentralen Werte der Union nach Art. 2 EUV in Verbindung bringen lässt[113], der insbes. in dem vom Unionsrichter entwickelten **Konzept der Rechtsunion** (→ § 9 Rn. 1, → § 55 Rn. 1) eine adäquate Übersetzung und Ausprägung findet. Nach der stRspr der Unionsgerichte ergibt sich aus der Einordnung der EU als Rechtsunion zunächst einmal die Konsequenz, dass weder die EU-Mitgliedstaaten und deren Untergliederungen, noch die Organe, Einrichtungen und sonstigen Stellen der EU der gerichtlichen Kontrolle darüber entzogen sind, ob ihre Handlungen und/oder Unterlassungen mit dem primären Unionsrecht – insbes. mit den Verträgen, den allgemeinen Rechtsgrundsätzen und den Grundrechten – im Einklang stehen.[114] Insoweit ist das Vorhandensein einer wirksamen, zur Gewährleistung der Einhaltung des Unionsrechts dienenden gerichtlichen Kontrolle nach gefestigter EuGH-Rspr. „dem Wesen eines Rechtsstaats" inhärent.[115] Das dem Wesen eines Rechtsstaates bzw. einer Rechtsunion inhärente Vorhandensein einen solchen Kontrolle wird in subjektiv-rechtlicher Hinsicht insbes. durch das in Art. 47 Abs. 1 GRC niedergelegte Unionsgrundrecht auf effektiven gerichtlichen Rechtsschutz (→ § 55) abgesichert. Da nun die Effektivität des gerichtlichen Rechtsschut-

---

[111] Vgl. EuGH C-604/12, ECLI:EU:C:2014:302 Rn. 49 ff. – H. N., mAnm *Bogojević/Groussot/Medzmariashvili* CMLR 52 (2015), 1635 ff.; näher zu der Bedeutung des Rechts auf eine gute Verwaltung in der Form eines allgemeinen Grundsatzes des Unionsrechts auf der mitgliedstaatlichen Ebene vgl. auch EuGH C-230/18, ECLI:EU:C:2019:383 Rn. 57 f. – PI; sowie *Galetta/Grzeszick* in Stern/Sachs GRCh Art. 41 Rn. 18 ff.; *Gundel* EuR 2015, 80 ff.; Jarass GRCh Art. 41 Rn. 9; *Jarass* DVBl 2018, 1249 (1253).

[112] Vgl. EuGH verb. Rs. C-129/13 u. C-130/13, ECLI:EU:C:2014:2041 Rn. 28 ff. – Kamino International Logistics ua.

[113] Ähnlich vgl. *Frenz*, HdbEuR Bd. 4, Kap. 13 § 2 Rn. 5034; *Nußberger* JZ 2019, 421 (426); *Pache* EuGRZ 2000, 601 (601); *Pache* NVwZ 2001, 1342 (1342); Schmahl in HdB-EuropaR § 6 Rn. 44; zur Gewährleistung eines fairen Verfahrens als „Ausprägung des Rechtsstaatsprinzips" vgl. ferner *Eser* in NK-EuGRCh GRCh Art. 47 Rn. 34.

[114] So – aber aus fallspezifischen Gründen jeweils nur auf die EU-Organe u. deren Handlungen bezogen – vgl. EuGH verb. Rs. C-584/10 P, C-593/10 P u. C-595/10 P, ECLI:EU:C:2013:518 Rn. 66 – Kommission ua/Kadi; EuGH C-583/11 P, ECLI:EU:C:2013:625 Rn. 91 – Inuit Tapiriit Kanatami ua/EP u. Rat, mAnm *Nowak/Behrend* EuR 2014, 86 ff.; EuGH C-426/16, ECLI:EU:C:2018:335 Rn. 38 – Liga van Moskeeën en Islamitische Organisaties Provincie Antwerpen ua; entspr. für die Mitgliedstaaten u. deren Handlungen vgl. EuGH C-216/18 PPU, ECLI:EU:C:2018:586 Rn. 49 – LM, wonach die EU eine „Rechtsunion" ist, „in der den Einzelnen das Recht zusteht, die Rechtmäßigkeit nationaler Entscheidungen oder jeder anderen nationalen Handlung, mit der eine Handlung der Union auf sie angewandt wird, gerichtlich anzufechten"; näher zu diesem vielbeachteten Vorabentscheidungsurteil vgl. *Hummer* EuR 2018, 653 (663 ff.); *Konstadinides* CMLR 2019, 743 ff.; *Payandeh* JuS 2018, 919 ff.; *Wendel* EuR 2019, 111 ff.

[115] So vgl. etwa EuGH C-354/04 P, Slg. 2007, I-1579 Rn. 51 – Gestoras Pro Amnistía ua/Rat; EuGH C-355/04 P, Slg. 2007, I-1657 Rn. 51 – Segi ua/Rat; EuGH C-72/15, ECLI:EU:C:2017:236 Rn. 73 – Rosneft; EuGH C-64/16, ECLI:EU:C:2018:117 Rn. 36 – Associação Sindical dos Juízes Portugueses; EuGH C-216/18 PPU, ECLI:EU:C:2018:586 Rn. 51 – LM.

zes erheblich in Frage gestellt wäre, wenn der Rechtsschutzsuchende nicht vor allem auch auf ein faires Gerichtsverfahren vertrauen könnte, lässt sich durchaus vertreten, dass nicht nur das Vorhandensein einer wirksamen gerichtlichen Kontrolle, sondern auch die **Gewährleistung eines fairen Gerichtsverfahrens dem Wesen eines Rechtsstaats** bzw. der supranationalen Rechtsunion **inhärent** ist.

21 Im Einklang damit hat auch der Unionsrichter in jüngerer Zeit bspw. hervorgehoben, „dass das Erfordernis der richterlichen Unabhängigkeit zum **Wesensgehalt des Grundrechts auf ein faires Verfahren** gehört, dem **als Garant** für den Schutz sämtlicher dem Einzelnen aus dem Unionsrecht erwachsender Rechte und **für die Wahrung der in Art. 2 EUV genannten Werte,** die den Mitgliedstaaten gemeinsam sind, ua des Werts der Rechtsstaatlichkeit, grundlegende Bedeutung zukommt".[116] Hinsichtlich der in einem weiten Umfang durch das Unionsgrundrecht auf eine gute Verwaltung abgesicherten Fairness von Verwaltungsverfahren (→ Rn. 17 ff.) lässt sich schwerlich etwas Anderes behaupten.[117] Folgerichtig geht bspw. auch das deutsche BVerfG von der Existenz eines Anspruchs auf ein „faires Verwaltungsverfahren" aus, der zu den wesentlichen Ausprägungen des Rechtsstaatsprinzips gehöre.[118] Ähnliches dürfte schließlich auch der Unionsrichter im Sinn haben, wenn er feststellt, dass das Recht auf eine gute bzw. geordnete Verwaltung, das im Wesentlichen ein faires Verwaltungsverfahren gewährleisten soll (→ Rn. 19), zu den allgemeinen Grundsätzen des Rechtsstaats gehört[119], und wenn er zudem regelmäßig betont, dass die im Rahmen des EU-Agenturwesens[120] agierenden Beschwerdekammern bei der Ausübung ihres Ermessens in Bezug auf die Aussetzung bestimmter Verwaltungsverfahren die allgemeinen **Grundsätze** beachten müssen, die **für ein faires Verfahren in einer** Rechtsgemeinschaft bzw. **Rechtsunion** maßgebend sind.[121]

VI. Zwischenergebnisse und Konsequenzen

22 Das Unionsgrundrecht auf ein faires Verfahren stellt einen allgemeinen Grundsatz des Unionsrechts iS des Art. 6 Abs. 3 EUV dar, der sich gerade auch unter Berücksichtigung der zu den fundamentalen Werten der EU gehörenden Rechtsstaatlichkeit (Art. 2 EUV) und des damit sehr eng verbundenen Konzepts der Rechtsunion auf Verwaltungs- und Gerichtsverfahren bezieht (→ Rn. 4 ff., 20 f.). Dieser subjektivrechtliche Grundsatz wird – soweit es um die gebotene Fairness in gerichtlichen Verfahren geht – in bzw. durch Art. 47 Abs. 2 GRC „bekräftigt", in dem das nunmehr gewissermaßen geschriebene **Unionsgrundrecht auf ein faires Gerichtsverfahren** verankert ist (→ Rn. 8 ff.). Dieses Unionsgrundrecht, das durch die in Art. 48 Abs. 2 GRC geregelte Achtung bestimmter Verteidigungsrechte angereichert wird (→ Rn. 14 ff.), kann im Verhältnis zu dem in Art. 47 Abs. 1 GRC niedergelegten Unionsgrundrecht auf effektiven gerichtlichen Rechtsschutz (→ § 55) als **ein eigenständiges Unionsgrundrecht** eingeordnet werden (→ Rn. 8), solange sich der Unionsrichter in seiner diesbezüglich noch recht unentschlossen wirkenden bzw. interpretationsoffenen Rspr. (→ Rn. 9) nicht in eindeutiger Weise für eine Verschmelzung dieser beiden in der Tat eng miteinander verbundenen Unionsgrundrechte entscheidet.

23 Soweit es um die rechtsstaatlich bzw. „rechtsunional" (→ Rn. 20 f.) gebotene Fairness in supranationalen Verwaltungsverfahren geht, wird das zu den allgemeinen Grundsätzen des

---

[116] Vgl. EuGH C-216/18 PPU, ECLI:EU:C:2018:586 Rn. 48 – LM; jeweils mAnm *Konstadinides* CMLR 2019, 743 ff.; *Payandeh* JuS 2018, 919 ff.; *Wendel* EuR 2019, 111 ff.
[117] IdS vgl. auch *Streinz* in Streinz GRC Art. 41 Rn. 8, wonach ein faires Verwaltungsverfahren zu den wesentlichen Folgen des Rechtsstaatsprinzips gehöre.
[118] Vgl. etwa BVerfGE 51, 150 (156); BVerfGE 101, 397 (405).
[119] So vgl. etwa EuG T-54/99, Slg. 2002, II-313 Rn. 48 – max.mobil Telekommunikation/Kommission, mAnm *Nowak* EuZW 2002, 191 f.
[120] Näher dazu vgl. mwN *Nowak* in Leible/Terhechte, EnzEuR Bd. 3, § 34 Rn. 28 ff.
[121] Vgl. EuG T-572/15, ECLI:EU:T:2017:591 Rn. 23 – Carrera Brands/EUIPO; EuG T-386/15, ECLI:EU: T:2017:632 Rn. 23 – Jordi Nogues/EUIPO; EuG T-419/16, ECLI:EU:T:2017:812 Rn. 49 – Aldi/ EUIPO.

Unionsrechts iS des Art. 6 Abs. 3 EUV gehörende Unionsgrundrecht auf ein faires Verfahren (→ Rn. 4 ff.) insbes. durch das in Art. 41 GRC niedergelegte Unionsgrundrecht auf eine gute Verwaltung (→ Rn. 17 ff.) bekräftigt und in zusätzlicher Weise durch das höchstrichterlich anerkannte Unionsgrundrecht auf Wahrung oder Achtung bzw. Beachtung der Verteidigungsrechte (→ Rn. 15 f.) verstärkt. Ob es vor diesem Hintergrund zur Sicherstellung der gebotenen Fairness in Verwaltungsverfahren in bestimmten Einzelfällen noch des zusätzlichen Rückgriffs auf das zu allgemeinen Grundsätzen des Unionsrechts iS des Art. 6 Abs. 3 EUV gehörende (ungeschriebene) Unionsgrundrecht auf ein faires (Verwaltungs-)Verfahren bedarf, hängt im Wesentlichen davon ab, wie sich die weitere Rspr. der Unionsgerichte zu dem vorgenannten **Unionsgrundrecht auf eine gute Verwaltung** entwickeln wird. Dieses Unionsgrundrecht hat insbes. aufgrund des nicht abschließenden Charakters seiner in Art. 41 Abs. 2 GRC aufgelisteten Teilgewährleistungen (→ Rn. 18) das Potential, sich zu einem **„Supergrundrecht" auf ein faires Verwaltungsverfahren** zu entwickeln, das in diesem Fall für das höchstrichterlich anerkannte Unionsgrundrecht auf Wahrung oder Achtung bzw. Beachtung der Verteidigungsrechte (→ Rn. 15 f.) und für das Unionsgrundrecht auf ein faires Verwaltungsverfahren möglicherweise nicht mehr viel übrig lässt. In diese Richtung deuten neben der Rechtsmittelentscheidung des EuGH in der Rechtssache *Ziegler*, wonach das Verwaltungsverfahren vor der Kommission insbesondere dem Art. 41 GRC unterliegt[122], zum einen jüngere Urteile des Unionsrichters, wonach das Unionsgrundrecht auf eine gute Verwaltung auch den in Art. 41 GRC nicht erwähnten Schutz gegenüber ungerechten Sanktionen sowie den in Art. 41 GRC ebenfalls nicht explizit angesprochenen Grundsatz der Gleichbehandlung der Verfahrensbeteiligten umfasst (→ Rn. 18). Zum anderen ist in diesem Kontext auf ein ebenfalls noch recht junges Urteil des Unionsrichters hinzuweisen, wonach die Beachtung der **Verteidigungsrechte** „durch Art. 41 der Charta zu einem **Wesensbestandteil des Rechts auf eine gute Verwaltung** erhoben wird".[123] Da sich diese Aussage nicht zwingend auf die Anhörungs- und Akteneinsichtsrechte nach Art. 42 Abs. 2 GRC beschränkt, könnte sie zwar möglicherweise dahingehend gedeutet werden, dass nunmehr alle bislang von den Unionsgerichten anerkannten Verteidigungsrechte durch Art. 41 GRC gewährleistet werden, soweit diese Verteidigungsrechte speziell für gerichtliche Verfahren nicht dem Art. 47 GRC „zugeschlagen" werden[124]. Absolute Gewissheit in der Frage, ob das hinsichtlich seiner genauen normativen Herleitung etwas nebulöse Unionsgrundrecht auf Wahrung oder Achtung bzw. Beachtung der Verteidigungsrechte bereits vollends in Art. 41 GRC aufgegangen ist oder kurz- bis mittelfristig darin aufgehen wird, besteht gegenwärtig jedoch nicht. Fraglich bleibt damit zugleich, ob die offenbar **zunehmende „Aufladung" des Art. 41 GRC** im vorgenannten Sinne automatisch auf eine signifikante und möglicherweise bewusste bzw. gewollte **Schonung der Verfahrensautonomie der Mitgliedstaaten** (→ § 9 Rn. 34 f.)

---

[122] Vgl. EuGH C-439/11 P, ECLI:EU:C:2013:513 Rn. 154 – Ziegler/Kommission.
[123] Vgl. EuG T-441/14, ECLI:EU:T:2018:453 Rn. 41 – Brugg Kabel ua/Kommission; recht ähnlich auch bereits EuGH verb. Rs. C-584/10 P, C-593/10 P u. C-595/10 P, ECLI:EU:C:2013:518 Rn. 99 – Kommission ua/Kadi, wonach das im „Grundrechtsrang" stehende Recht auf Achtung der Verteidigungsrechte in Art. 41 Abs. 2 GRC niedergelegt sei und wonach dieses Recht den Anspruch auf rechtliches Gehör und das Recht auf Akteneinsicht unter Beachtung der berechtigten Interessen an Vertraulichkeit umfasse.
[124] In diesem Kontext vgl. insbes. EuGH C-348/16, ECLI:EU:C:2017:591 Rn. 37 – Sacko, wo festgestellt wird, dass die „Verteidigungsrechte […] zu dem in Art. 47 der Charta verankerten Grundsatz des effektiven gerichtlichen Rechtsschutzes gehören"; sowie EuGH C-21/17, ECLI:EU:C:2018:675 Rn. 33 – Catlin Europe, wo der Gerichtshof von der „Notwendigkeit" spricht, „die Verteidigungsrechte […] entsprechend den Anforderungen an ein faires Verfahren zu schützen, wie es in Art. 47 Abs. 2 der Charta der Grundrechte der Europäischen Union und in Art. 6 Abs. 1 [EMRK] verankert ist"; ähnlich auch EuGH C-358/16, ECLI:EU:C:2018:715 Rn. 59 – UBS Europe ua, wo unter vorheriger Bezugnahme auf „das in Art. 47 Abs. 2 der Charta verankerte Recht auf ein faires Verfahren" darauf hingewiesen wird, „dass die Achtung der Verteidigungsrechte einen besonderen Aspekt des Rechts auf ein faires Verfahren darstellt"; sowie bereits EuGH C-199/11, ECLI:EU:C:2012:684 Rn. 48 – Otis ua, wonach die Verteidigungsrechte bzw. deren Wahrung zu den „mehreren Elementen" gehören, aus denen der durch Art. 47 GRC bekräftigte Grundsatz des effektiven (gerichtlichen) Rechtsschutzes bestehe.

hinausläuft, weil das in dieser Bestimmung niedergelegte Unionsgrundrecht auf eine gute Verwaltung nur die Organe, Einrichtungen und sonstigen Stellen der Union, nicht aber mitgliedstaatliche Behörden oder Verwaltungsstellen bindet (→ Rn. 19). Auch diesbezüglich besteht gegenwärtig noch keine hinreichende Klarheit, da es neben dem in Art. 41 GRC niedergelegten Recht auf eine gute Verwaltung auch noch einen sich darin widerspiegelnden allgemeinen Grundsatz des Unionsrechts iS des Art. 6 Abs. 3 EUV gibt, dem der Gerichtshof gerade im Rahmen der Verfahrensautonomie der Mitgliedstaaten bzw. im Rahmen der administrativen Durchführung des Unionsrechts (→ § 9 Rn. 24 ff.) durch mitgliedstaatliche Behörden Geltung verschafft (→ Rn. 19), ohne dabei aber – soweit ersichtlich – bereits hinreichend deutlich gemacht zu haben, ob die Teilgewährleistungen dieses Grundsatzes mit den Teilgewährleistungen des Art. 41 GRC (→ Rn. 18) identisch bzw. vollkommen deckungsgleich sind oder ob es diesbezüglich eventuell Unterschiede gibt.

24 Aus allen vorgenannten Gründen wird nachfolgend primär der sachliche und persönliche Gewährleistungsgehalt des sowohl die Organe, Einrichtungen und sonstigen Stellen der EU als auch die Mitgliedstaaten und deren Untergliederungen bei der weit zu verstehenden Durchführung des Unionsrechts bindenden Unionsgrundrechts auf ein faires Verfahren iS des in Art. 47 Abs. 2 GRC eigenständig verankerten Grundrechts auf einen fairen Prozess bzw. auf ein faires Gerichtsverfahren (→ Rn. 22) herausgearbeitet, wobei zugleich deutlich gemacht wird, ob und inwieweit die von diesem Unionsgrundrecht umfassten Teilgewährleistungen im Lichte der bisherigen Rspr. der Unionsgerichte zum ungeschriebenen Unionsgrundrecht auf ein faires Verfahren iS des Art. 6 Abs. 3 EUV sowie zu den Unionsgrundrechten auf eine gute Verwaltung und auf Wahrung und/oder Achtung bzw. Beachtung der Verteidigungsrechte (→ Rn. 23) auch auf der verwaltungsverfahrensrechtlichen Ebene relevant sind.

C. Gewährleistungsgehalt

25 Hinsichtlich des nachfolgend in den Blick zu nehmenden Gewährleistungsgehalts des Unionsgrundrechts auf ein faires Verfahren ist – wie bei allen anderen Unionsgrundrechten auch (→ § 10 Rn. 1 ff.) – zwischen dem sachlichen Schutzbereich bzw. Gewährleistungsgehalt (→ Rn. 26 ff.) und dem persönlichen Schutzbereich bzw. Gewährleistungsgehalt (→ Rn. 57 f.) zu unterscheiden. Ergänzende Ausführungen zu den Grundrechtsverpflichteten im Kontext des Unionsgrundrechts auf ein faires Verfahren (→ Rn. 59) schließen diesen Hauptabschnitt ab.

I. Sachlicher Gewährleistungsgehalt

26 Eine im einschlägigen Schrifttum nahezu unumstrittene Teilgewährleistung des Unionsgrundrechts auf ein faires Verfahren stellt zunächst einmal der **Grundsatz der Waffengleichheit** dar, der im Lichte der einschlägigen Rspr. des Unionsrichters überaus eng mit dem **Grundsatz des kontradiktorischen Verfahrens** zusammenhängt (→ Rn. 27 ff.). Darüber hinaus hat der Unionsrichter das Unionsgrundrecht auf ein faires Verfahren in seiner jüngeren Rspr. mit der von Art. 47 Abs. 2 S. 1 GRC verlangten **Unabhängigkeit des jeweiligen Gerichts** in Verbindung gebracht, die von weiteren gerichts- und verfahrensbezogenen Zusatzanforderungen flankiert wird (→ Rn. 32 f.). Weitere **zentrale Teilgewährleistungen** des Unionsgrundrechts auf ein faires Verfahren stellen das **Recht auf ordnungsgemäße Zustellung verfahrenseinleitender Schriftstücke** und das damit zusammenhängende **Annahmeverweigerungsrecht** des Empfängers bestimmter Schriftstücke (→ Rn. 34), das **Recht des Angeklagten auf persönliches Erscheinen zur Verhandlung** (→ Rn. 35) und eine Reihe sog. Verteidigungsrechte dar. Zu diesen Verteidigungsrechten gehört zunächst einmal der aufgrund seiner herausragenden Bedeutung als „Hauptverteidigungsrecht" einzuordnende (unionsverfassungsrechtliche) **Anspruch auf**

rechtliches Gehör (→ Rn. 36 f.), aus dem der Unionsrichter ein mit diesem Anspruch sehr eng verbundenes **Akteneinsichtsrecht** ebenfalls unionsverfassungsrechtlicher Art abgeleitet hat (→ Rn. 38 ff.). Den beiden vorgenannten Verteidigungsrechten treten schließlich einige weitere bedeutsame Verteidigungsrechte insbes. in Gestalt der in Art. 47 Abs. 2 S. 2 GRC und in Art. 48 Abs. 2 GRC verankerten Garantien, des **Rechts auf anwaltlichen Beistand,** des sog. *Legal (Professional) Privilege* und des *„nemo tenetur"*-**Grundsatzes** hinzu, der allerdings speziell auf EU-kartellverfahrensrechtlicher Ebene nur mit einem stark begrenzten Aussageverweigerungsrecht bzw. Selbstbezichtigungsschutz einhergeht (→ Rn. 41 ff.). Eine weitere Teilgewährleistung des Unionsgrundrechts auf ein faires Verfahren folgt schließlich aus der **Pflicht zur Begründung gerichtlicher Entscheidungen** (→ Rn. 53 f.), während der in Art. 47 Abs. 2 S. 1 GRC niedergelegte **Grundsatz angemessener Verfahrensdauer** bzw. das darin verankerte Recht auf **Entscheidung in angemessener Frist,** welches im einschlägigen Schrifttum eher seltener mit dem Unionsgrundrecht auf ein faires Verfahrens in Verbindung gebracht wird[125], als eine von mehreren Teilgewährleistungen des in Art. 47 Abs. 1 GRC verankerten Unionsgrundrechts auf effektiven gerichtlichen Rechtsschutz einzuordnen sein dürfte (→ Rn. 55 f.). Zwischen der in Art. 48 Abs. 1 GRC niedergelegten **Unschuldsvermutung** (→ § 56), die im Verhältnis zu der von Art. 48 Abs. 2 GRC eingeforderten Achtung bestimmter Verteidigungsrechte als ein verselbstständigtes bzw. eigenständiges Unionsgrundrecht einzustufen sein dürfte (→ Rn. 14), und dem hier in Rede stehenden Unionsgrundrecht auf ein faires Verfahren bestehen zwar ebenfalls enge Verbindungslinien, die auch der EGMR in spezieller Ansehung des Art. 6 EMRK immer wieder betont.[126] Gleichwohl wird die unionsgrundrechtliche Unschuldsvermutung im weiteren Verlauf dieses Kapitels ausgeblendet, da sie eher nicht als eine weitere Teilgewährleistung des Unionsgrundrechts auf ein faires Verfahren, sondern vielmehr als ein eigenständiges Unionsgrundrecht einzuordnen sein dürfte, das an anderer Stelle thematisiert wird (→ § 56).

1. Waffengleichheit und kontradiktorisches Verfahren. Eine weitgehend unstreitige Teilgewährleistung des Unionsgrundrechts auf ein faires Verfahren stellt im Lichte der bisherigen Rspr. des Unionsrichters der vereinzelt auch als Ausprägung des allgemeinen Gleichheitssatzes[127] oder als Ausprägung des rechtlichen Gehörs[128] eingestufte **Grundsatz der Waffengleichheit** dar[129], der gelegentlich auch als Grundsatz der verfahrensrechtlichen Gleichbehandlung bezeichnet wird[130]. Das Europäische Gericht jedenfalls begreift diesen unionsverfassungsrechtlichen Grundsatz der Waffengleichheit in Anlehnung an die einschlägige Rspr. des EGMR als „eines der Elemente des umfassenderen Begriffs des fairen Verfahrens",[131] während der Gerichtshof, der den Grundsatz der Waffengleichheit ansonsten ebenfalls mit dem Unionsgrundrecht auf ein faires Verfahren in Verbindung

27

---

[125] So aber etwa von *Schmahl* in HdB-EuropaR § 6 Rn. 47.
[126] Vgl. nur EGMR 12.5.2016 – 26711/07 ua, EHRR 65 (2017), 928 (946) – Poletan/Mazedonien; näher zu diesem Komplex vgl. auch *Barrot* ZJS 2010, 701 ff.; *Schilling,* Internationaler Menschenrechtsschutz, S. 284 ff.; *Uhle* in Merten/Papier, HdbGR Bd. V, § 129 Rn. 102 f.
[127] So etwa von *Blanke* in Calliess/Ruffert GRC Art. 47 Rn. 15; *Grabenwarter/Pabel* in Dörr/Grote/Marauhn Kap. 14 Rn. 109.
[128] So etwa von *Frenz,* HdbEuR Bd. 4, Kap. 13 § 2 Rn. 5044.
[129] In diese Richtung weisend vgl. etwa EuGH C-95/15, ECLI:EU:C:2017:125 Rn. 45 – H&R Chem-Pharm/Kommission; EuGH C-682/15, ECLI:EU:C:2017:373 Rn. 96 – Berlioz Investment Fund. Zum Grundsatz der Waffengleichheit als einer der zentralen Teilgewährleistungen des Unionsgrundrechts auf ein faires Verfahren vgl. auch *Alber* in Stern/Sachs GRCh Art. 47 Rn. 111 f.; *Eser* in NK-EuGRCh GRCh Art. 48 Rn. 34; *Frenz,* HdbEuR Bd. 4, Kap. 13 § 2 Rn. 5044; *Nehl* in FK-EUV/GRC/AEUV GRC Art. 47 Rn. 61 ff.; *Pabel* in Grabenwarter, EnzEur Bd. 2, § 19 Rn. 65; *Raschauer/Sander/Schlögl* in Holoubek/Lienbacher, GRC-Kommentar, GRC Art. 47 Rn. 45; *Sayers* in PHKW Fundamental Rights Rn. 47.206 ff.
[130] Vgl. EuGH C-169/14, ECLI:EU:C:2014:2099 Rn. 48 – Sánchez Morcillo ua; EuGH C-205/15, ECLI:EU:C:2016:499 Rn. 36 – Toma ua.
[131] Vgl. etwa EuG T-36/04, Slg. 2007, II-3201 Rn. 79 – API/Kommission.

bringt,¹³² diesen Grundsatz mitunter auch zu den Elementen zählt, die von dem in Art. 47 GRC verankerten Grundsatz des effektiven gerichtlichen Rechtsschutzes umfasst sind.¹³³ Gelegentlich formuliert der Gerichtshof in ähnlicher Weise auch, dass der Grundsatz der Waffengleichheit „integraler Bestandteil des Grundsatzes des effektiven gerichtlichen Schutzes der den Einzelnen aus dem Unionsrecht erwachsenden Rechte" sei¹³⁴, auch wenn der Grundsatz der Waffengleichheit nach stRspr des Gerichtshofs zugleich „ein Ausfluss des Begriffs des fairen Verfahrens als solchem [ist], das die Verpflichtung umfasst, jeder Partei eine angemessene Möglichkeit zu bieten, ihre Sache unter Bedingungen zu vertreten, die sie gegenüber ihrem Gegner nicht klar benachteiligen".¹³⁵ Die in der vorgenannten Rspr. somit offenbar favorisierte Einbeziehung des Grundsatzes der Waffengleichheit in den sachlichen Gewährleistungsgehalt des Unionsgrundrechts auf ein faires Verfahren, die auch durch solche Urteile unterstrichen wird, in denen hervorgehoben wird, dass der „**Grundsatz der Waffengleichheit eine logische Folge aus dem Begriff des fairen Verfahrens** [ist]",¹³⁶ überrascht kaum, da auch der EMRK-rechtliche Grundsatz des fairen Verfahrens, der aus dem für die Inhaltsbestimmung des Art. 47 Abs. 2 GRC überaus wichtigen Art. 6 Abs. 1 EMRK (→ Rn. 11) hergeleitet wird, nach der stRspr des EGMR und nach der überwiegenden Literaturmeinung ebenfalls den Grundsatz der Waffengleichheit *(„principle of equality of arms")* umfasst,¹³⁷ der bspw. in Deutschland vornehmlich aus dem Rechtsstaatsprinzip iVm Art. 3 Abs. 1 GG hergeleitet und vom deutschen BVerfG als ein grundrechtsgleiches Recht eingeordnet wird.¹³⁸ Konkret erfordert der von dem Unionsgrundrecht auf ein faires Verfahren umfasste Grundsatz der Waffengleichheit, an den nach ständiger EuG-Rspr. übrigens auch die Kommission im Rahmen von Kartellverfahren auf der Grundlage der VO (EG) Nr. 1/2003 (→ Rn. 12) gebunden ist¹³⁹, dass jeder Partei eine vernünftige bzw. ausreichende oder angemessene Möglichkeit geboten wird, ihren Standpunkt unter Bedingungen vorzutragen, die sie nicht in eine deutlich nachteilige Position im Verhältnis zu ihrem Gegner versetzen,¹⁴⁰ bzw. dass das Verfahren als Ganzes dem Angeklagten angemessene und ausreichende Gelegenheit

---

[132] Exemplarisch vgl. EuGH C-95/15, ECLI:EU:C:2017:125 Rn. 45 – H&R ChemPharm/Kommission.
[133] So vgl. etwa EuGH C-199/11, ECLI:EU:C:2012:684 Rn. 48 – Otis ua; näher zu dieser Entscheidung, die sich im Wesentlichen um die Bedeutung der Grundsätze der Waffengleichheit, der Verfahrensfairness und des effektiven Rechtsschutzes im Rahmen der dezentralen Kartellrechtsdurchsetzung durch die Europäische Kommission dreht, vgl. etwa *Andreangeli* ELR 39 (2014), 717 ff.; *Frenz* EWS 2012, 359 (361 f.); *Frenz/Lülsdorf* EWS 2013, 169 (173 f.); *Paulus* ÖZK 2012, 231 ff.; *Raue* WRP 2013, 147 ff.; *Sirakova* NZKart 2015, 466 ff.
[134] Vgl. EuGH C-169/14, ECLI:EU:C:2014:2099 Rn. 48 – Sánchez Morcillo ua.
[135] So vgl. etwa EuGH C-169/14, ECLI:EU:C:2014:2099 Rn. 49 – Sánchez Morcillo ua.
[136] So vgl. EuGH verb. Rs. C-514/07 P, C-528/07 P u. C-532/07 P, Slg. 2010, I-8533 Rn. 88 – Schweden ua/Kommission; EuG T-299/08, Slg. 2011, II-2149 Rn. 156 – Elf Aquitaine/Kommission; EuGH C-199/11, ECLI:EU:C:2012:684 Rn. 71 – Otis ua.; sehr ähnlich vgl. auch EuG T-851/16, ECLI:EU:T:2018:69 Rn. 71 – Access Info Europe/Kommission.
[137] Vgl. EGMR 15.2.2005 – 68416/01, NJW 2006, 1255 ff. – Steel u. Morris/Vereinigtes Königreich; EGMR 23.5.2016 – 17502/07, EHRR 64 (2017), 76 (124) = HRLJ 36 (2016), 87 (106) – Avotiņš/Lettland, mAnm *Kohler* IPRax 2017, 333 ff.; *Reith* ZfRV 2016, 218 ff.; dem folgt übrigens auch der Österreichische Verfassungsgerichtshof, vgl. VfGH 10.3.2015 – G 180/2014 ua, EuGRZ 2015, 418 (427); näher zum EMRK-rechtlichen Grundsatz der Waffengleichheit bzw. zum EMRK-rechtlichen *principle of equality of arms* vgl. mwN Grabenwarter/Pabel EMRK § 24 Rn. 67 f.; *Laptew* S. 171 ff.; *Meyer-Ladewig/Harrendorf/König* in HK-EMRK EMRK Art. 6 Rn. 106 f.; *Pache* EuGRZ 2000, 601 (604 f.); *Schilling*, Internationaler Menschenrechtsschutz, S. 273 f.; *Schlosser* NJW 1995, 1404 ff.
[138] Vgl. etwa BVerfGE 52, 131 (144); BVerfGE 55, 72 (94); BVerfGE 69, 126 (140); BVerfG NJW 2018, 3631 ff.; BVerfG NJW 2018, 3634 ff.; zu den beiden letztgenannten Beschlüssen vgl. *Löffel* WRP 2019, 8 ff.; *Mantz* NJW 2019, 953 ff.; mwN *Uhle* in Merten/Papier, HdbGR Bd. V, § 129 Rn. 50 ff.
[139] Vgl. EuG T-16/99, Slg. 2002, II-1633 Rn. 142 – Lögstör Rör (Deutschland)/Kommission; EuG T-314/01, Slg. 2006, II-3085 Rn. 66 – Coöperatieve Verkoop- en Productievereniging van Aardappelmeel en Derivaten Avebe/Kommission; EuG T-36/04, Slg. 2007, II-3201 Rn. 79 – API/Kommission.
[140] Vgl. nur EuG T-36/04, Slg. 2007, II-3201 Rn. 79 – API/Kommission; EuG T-299/08, Slg. 2011, II-2149 Rn. 156 – Elf Aquitaine/Kommission; EuGH C-199/11, ECLI:EU:C:2012:684 Rn. 71 – Otis ua; EuGH C-682/15, ECLI:EU:C:2017:373 Rn. 96 – Berlioz Investment Fund; sowie statt vieler *Beyer/Oehme/Karmrodt* in Tietje/Kraft/Sethe S. 9 f.

gibt, dem auf ihm lastenden Verdacht entgegenzutreten.[141] IdS dient der Grundsatz der Waffengleichheit nach ständiger EuGH-Rspr. der **Wahrung des prozeduralen Gleichgewichts zwischen den Parteien eines Gerichtsverfahrens**, indem er ihnen gleiche Rechte und Pflichten gewährleistet, insbes. hinsichtlich der Regeln der Beweisführung und der streitigen Verhandlung vor Gericht.[142] Dies geht nach einer im einschlägigen Schrifttum nicht selten vertretenen Auffassung mit einer (gerichtlichen) **Fürsorgepflicht** im Hinblick auf solche Verfahrensbeteiligte einher, die offenkundig nicht in der Lage sind, ihre Rechte ausreichend wahrzunehmen.[143]

Eine in praktischer Hinsicht recht große Bedeutung kommt dem Grundsatz der Waffengleichheit als Teilgewährleistung des Unionsgrundrechts auf ein faires Verfahren insbes. im **Beweisrecht** zu, welches auch den Gegenstand zahlreicher Entscheidungen des EGMR zu den EMRK-rechtlichen Garantien eines fairen Verfahrens bildet.[144] Die recht weitreichenden Einflussnahmen des Unionsgrundrechts auf ein faires Verfahren auf das Beweisrecht kommen insbes. in der stRspr des Unionsrichters zum Ausdruck, wonach der richterliche Umgang mit den beiden Grundsätzen der freien Beweiswürdigung[145] und der freien Beweisführung[146] gleichermaßen mit dem Recht auf ein faires Verfahren im Allgemeinen und mit dem Grundsatz der Waffengleichheit im Speziellen vereinbar sein muss[147], weshalb es den Gerichten bspw. in jedem Einzelfall obliege, die Freiheit der Beweisführung und den **Schutz gegen die unangemessene Verwendung der Verfahrensunterlagen der Parteien von Gerichtsverfahren** gegeneinander abzuwägen.[148] Das Ergebnis einer solchen Abwägung kann dann bspw. sein, dass es der in Art. 47 Abs. 2 GRC verankerte Grundsatz des fairen Verfahrens zulässt, interne Dokumente einer am Verfahren beteiligten Behörde, die ein anderer Prozessbeteiligter sich ohne Einwilligung dieser Behörde beschafft, als unzulässiges Beweismittel zurückzuweisen.[149] Im Übrigen können bestimmte Beweismittel nach stRspr des Unionsrichters insbes. auch dann aus den Akten entfernt

28

---

[141] So vgl. etwa EuGH verb. Rs. C-239/11 P, C-489/11 P u. C-498/11 P, ECLI:EU:C:2013:866 Rn. 325 – Siemens ua/Kommission; sowie EuGH C-95/15, ECLI:EU:C:2017:125 Rn. 45 – H&R ChemPharm/Kommission, mit der weiteren Klarstellung, dass das Recht auf ein faires Verfahren dem Angeklagten insoweit kein absolutes Recht einräumt, das Erscheinen von Zeugen vor einem Gericht zu erwirken, und dass es grds. Sache des Gerichts ist, darüber zu entscheiden, ob die Ladung eines Zeugen erforderlich oder sachdienlich ist.
[142] Vgl. EuGH C-199/11, ECLI:EU:C:2012:684 Rn. 72 – Otis ua; EuGH C-573/14, ECLI:EU:C:2016:605 Rn. 41 – Ordre des barreaux francophones et germanophone ua.
[143] Vgl. *Eser* in NK-EuGRCh GRCh Art. 47 Rn. 34; *Frenz*, HdbEuR Bd. 4, Kap. 13 § 2 Rn. 5044; Jarass GRCh Art. 47 Rn. 37.
[144] Exemplarisch vgl. EGMR 15.12.2015 – 9154/10, EHRR 63 (2016), 680 (702 ff.) = EuGRZ 2016, 511 (520 ff.) – Schatschaschwili/Deutschland; EGMR 3.3.2016 – 7215/10, EuGRZ 2017, 23 (26 ff.) – Prade/Deutschland; jeweils mwN vgl. *Grabenwarter/Pabel* in Dörr/Grote/Marauhn Kap. 14 Rn. 107; *Jahn* JuS 2014, 948 ff.; *Schilling*, Internationaler Menschenrechtsschutz, S. 299 ff.
[145] Nach stRspr des Unionsrichters besteht der Grundsatz der freien Beweiswürdigung für das Gericht, dass das alleinige Kriterium für die Beurteilung von Beweismitteln bzw. für die Beurteilung der Beweiskraft ordnungsgemäß vorgelegter Beweise deren Glaubhaftigkeit ist, vgl. nur EuGH verb. Rs. C-239/11 P, C-489/11 P u. C-498/11 P, ECLI:EU:C:2013:866 Rn. 128 – Siemens ua/Kommission; EuG T-54/14, ECLI:EU:T:2016:455 Rn. 42 – Goldfish ua/Kommission.
[146] Der Grundsatz der freien Beweisführung der Parteien hingegen nach stRspr der Unionsgerichte die Möglichkeit, dem Unionsrichter jedes rechtmäßig erlangte Beweismittel vorzulegen, das sie für die Stützung ihrer Standpunkte als relevant ansehen, so vgl. nur EuG T-392/15, ECLI:EU:T:2017:462 Rn. 51 – European Dynamics Luxembourg ua/Eisenbahnagentur der Europäischen Union.
[147] IdS vgl. etwa EuG T-392/15, ECLI:EU:T:2017:462 Rn. 52 – European Dynamics Luxembourg ua/Eisenbahnagentur der Europäischen Union, mit dem weiteren Hinweis unter Rn. 53, dass die freie Beweiswürdigung mit dem Recht jeder Partei vereinbar sein muss, ihre Interessen unabhängig von jeder äußeren Beeinflussung, insbes. durch die Öffentlichkeit, zu vertreten und gegen die unangemessene Verwendung ihrer Verfahrensstücke geschützt zu sein.
[148] So vgl. etwa EuG T-392/15, ECLI:EU:T:2017:462 Rn. 56 – European Dynamics Luxembourg.
[149] So vgl. GA *Kokott*, SchlA C-73/16, ECLI:EU:C:2017:253 Rn. 93 – Puškár, mit dem ergänzenden Hinweis darauf, dass eine solche Zurückweisung allerdings ausgeschlossen sei, wenn es sich um eine Liste einer Finanzbehörde des Mitgliedstaats handelt, die personenbezogene Daten des Klägers enthält, welche die Behörde nach den Art. 12 u. 13 der Datenschutzrichtlinie dem Kläger mitteilen muss.

werden, wenn Zweifel sowohl hinsichtlich des Charakters des umstrittenen Dokuments als auch bzgl. der Frage bestehen, ob derjenige, der sich darauf beruft, es auf rechtmäßige Weise erlangt hat; ein solcher Ausschluss sei aber nicht automatisch, da die Unionsgerichte bisweilen Unterlagen berücksichtigt haben, bei denen nicht bewiesen war, dass sie auf rechtmäßige Weise erlangt worden waren.[150]

29 Der vorgenannte Grundsatz der Waffengleichheit hängt wiederum überaus eng mit dem **Grundsatz des kontradiktorischen Verfahrens** zusammen, der im einschlägigen Schrifttum vornehmlich mit dem Unionsgrundrecht auf ein faires Verfahren in Verbindung gebracht wird[151], obwohl dieser Grundsatz möglicherweise auch bereits von dem in Art. 47 Abs. 1 GRC niedergelegten Unionsgrundrecht auf effektiven gerichtlichen Rechtsschutz erfasst wird (→ § 55 Rn. 43). Denkbar ist schließlich auch, den Grundsatz des kontradiktorischen Verfahrens alternativ als Teilgewährleistung des höchstrichterlich anerkannten Unionsgrundrechts auf Achtung bzw. Beachtung oder Wahrung der Verteidigungsrechte (→ Rn. 15 f.) einzustufen, da der Unionsrichter diesen Grundsatz auch als „Bestandteil der Verteidigungsrechte" begreift.[152] Im Grunde genommen verträgt sich jede der drei vorgenannten Herleitungsvarianten mit der mittlerweile gefestigten EuGH-Rspr., wonach der Grundsatz des kontradiktorischen Verfahrens **Bestandteil der Verteidigungsrechte nach Art. 47 GRC** ist[153] und wonach die Einhaltung des Grundsatzes des kontradiktorischen Verfahrens zu den Erfordernissen gehört, die mit dem Recht auf effektiven gerichtlichen Rechtsschutz verbunden sind[154]. In anderen Urteilen heißt es hingegen, dass der Grundsatz des kontradiktorischen Verfahrens, auf den sich nach gefestigter EuGH-Rspr. übrigens auch die Unionsorgane und die zahlreichen EU-Agenturen[155] berufen können, wenn sie als Parteien an solchen Verfahren beteiligt sind[156], „Teil des Rechts auf ein faires Verfahrens"[157] bzw. nur eine **logische Folge aus dem Begriff des fairen Verfahrens** sei[158] und – ebenso wie der Grundsatz der Waffengleichheit (→ Rn. 27 f.) „nur ein Ausfluss des Begriffs des fairen Verfahrens als solchem [ist], das die Verpflichtung umfasst, jeder Partei eine angemessene Möglichkeit zu bieten, ihre Sache unter Bedingungen zu vertreten, die sie gegenüber ihrem Gegner nicht klar benachteiligen".[159]

30 Angesichts des insoweit jedenfalls *auch* zum Unionsgrundrecht auf ein faires Verfahren passenden Grundsatzes des kontradiktorischen Verfahrens[160] müssen die Verfahrensbeteilig-

---

[150] So vgl. EuG T-54/14, ECLI:EU:T:2016:455 Rn. 44 – Goldfish ua/Kommission.

[151] Vgl. etwa *Berger* ZÖR 2013, 563 (572); *Nehl* in FK-EUV/GRC/AEUV GRC Art. 47 Rn. 61.

[152] Vgl. nur EuGH C-472/11, ECLI:EU:C:2013:88 Rn. 29 – Banif Plus Bank; ähnlich bereits EuGH C-197/09 RX-II, Slg. 2009, I-12033 Rn. 40 – M/Europäische Arzneimittel-Agentur (EMEA), wonach der Grundsatz des kontradiktorischen Verfahrens zu den Verteidigungsrechten gehöre.

[153] So vgl. EuGH C-300/11, ECLI:EU:C:2013:363 Rn. 55 – ZZ; mAnm *de Boer* CMLR 51 (2014), 1235 ff.; *Pfersich* ZAR 2014, 31 f.; *Streinz* JuS 2014, 282 ff.; sowie EuGH C-437/13, ECLI:EU:C:2014:2318 Rn. 21 – Unitrading; sehr ähnlich auch bereits EuGH C-89/08 P, Slg. 2009, I-11245 Rn. 50 – Kommission/Irland ua; EuGH C-197/09 RX-II, Slg. 2009, I-12033 Rn. 40 – M/Europäische Arzneimittel-Agentur (EMEA).

[154] IdS vgl. etwa EuGH C-472/11, ECLI:EU:C:2013:88 Rn. 29 – Banif Plus Bank; EuGH verb. Rs. C-584/10 P, C-593/10 P u. C-595/10 P, ECLI:EU:C:2013:518 Rn. 128 – Kommission ua/Kadi.

[155] Näher zu diesen zahlreichen Agenturen vgl. mwN *Nowak* in Leible/Terhechte, EnzEuR Bd. 3, § 34 Rn. 28 ff.

[156] Vgl. nur EuGH C-89/08 P, Slg. 2009, I-11245 Rn. 53 – Kommission/Irland ua; EuGH C-197/09 RX-II, Slg. 2009, I-12033 Rn. 42 – M/Europäische Arzneimittel-Agentur (EMEA); EuGH verb. Rs. C-514/07 P, C-528/07 P u. C-532/07 P, Slg. 2010, I-8533 Rn. 89 – Schweden ua/Kommission.

[157] So vgl. EuGH C-598/14 P, ECLI:EU:C:2017:265 Rn. 46 – EUIPO/Szajner.

[158] So vgl. etwa EuGH verb. Rs. C-514/07 P, C-528/07 P u. C-532/07 P, Slg. 2010, I-8533 Rn. 88 – Schweden ua/Kommission; EuG T-299/08, Slg. 2011, II-2149 Rn. 156 – Elf Aquitaine/Kommission; zur entsprechenden Einordnung des Grundsatzes der Waffengleichheit → Rn. 27.

[159] So vgl. etwa EuGH C-169/14, ECLI:EU:C:2014:2099 Rn. 49 – Sánchez Morcillo ua.

[160] IdS vgl. etwa auch EuGÖD F-132/07, ECLI:EU:F:2011:4 Rn. 31 – Strack/Kommission; EuGH C-530/12 P, ECLI:EU:C:2014:186 Rn. 52 f. – HABM/National Lottery Commission; sowie EuG verb. Rs. T-133/08, T-134/08, T-177/08 u. T-242/09, ECLI:EU:T:2012:430 Rn. 180 – Schräder/Gemeinschaftliches Sortenamt, wonach es – um den „Anforderungen im Zusammenhang mit dem Recht auf ein faires Verfahren" zu genügen – darauf ankomme, dass die Prozessbeteiligten sowohl die tatsächlichen als auch

ten bei einem gerichtlichen Verfahren das – kaum trennscharf von weiteren Verteidigungsrechten in konkreter Gestalt des rechtlichen Gehörs (→ Rn. 36 f.) und des Akteneinsichtsrechts (→ Rn. 38 ff.) abgrenzbare – Recht darauf haben, von allen beim Gericht eingereichten Schriftstücken, Beweismitteln und Erklärungen Kenntnis zu nehmen, um diese erörtern und die Entscheidung des Gerichts beeinflussen zu können[161]; es würde nämlich gegen das **Grundrecht auf einen wirksamen gerichtlichen Rechtsbehelf** verstoßen, wenn eine gerichtliche Entscheidung auf Tatsachen und Schriftstücke gegründet würde, von denen die Parteien – oder eine von ihnen – keine Kenntnis nehmen und zu denen sie daher auch nicht Stellung nehmen konnten.[162] Mit anderen Worten kommt es für die Erfüllung der Anforderungen im Zusammenhang mit dem Recht auf ein faires Verfahren darauf an, dass die Beteiligten sowohl die tatsächlichen als auch die rechtlichen Umstände, die für den Ausgang des Verfahrens entscheidend sind, kennen und kontradiktorisch erörtern können.[163] Dieser Gedanke findet sich positivrechtlich auch in Art. 64 EuGVfO (Verfahrensordnung des Gerichts in ihrer Neufassung vom 4.3.2015)[164], wonach das Gericht im Grundsatz nur solche Verfahrensschriftstücke und Unterlagen berücksichtigt, von denen die Vertreter der Parteien Kenntnis nehmen konnten und zu denen sie Stellung nehmen konnten. Hierbei handelt es sich um einen für die **Behandlung vertraulicher Auskünfte und Unterlagen** durch Art. 103 EuGVfO verfeinerten Grundsatz, der – abgesehen von den auf Art. 64 EuGVfO bezogenen Ausnahmeregelungen in Art. 68 Abs. 4 S. 2 EuGVfO und Art. 144 Abs. 7 EuGVfO – maßgeblich durch die in den Art. 104 und 105 EuGVfO geregelten Ausnahmen relativiert wird, die sich auf Schriftstücke, in die ein Organ die Einsicht verweigert hat, sowie auf Auskünfte und Unterlagen beziehen, welche die Sicherheit der Union oder eines oder mehrerer ihrer Mitgliedstaaten oder die Gestaltung ihrer internationalen Beziehungen berühren.[165]

Auf gerichtliche Verfahren allein bezieht sich der **Grundsatz des kontradiktorischen** **31** **Verfahrens** nicht notwendigerweise. Dies lässt sich aus der gefestigten EuGH-Rspr. ableiten, wonach dieser Grundsatz **für jedes Verfahren gilt, das zu einer Entscheidung eines Gemeinschafts- bzw. Unionsorgans führen kann, durch die Interessen eines Dritten spürbar beeinträchtigt werden.**[166] Die insoweit grds. auch für bestimmte Verwaltungsverfahren anzunehmende Geltung des Grundsatzes des kontradiktorischen Verfahrens ist durchaus konsequent, da auch der mit diesem Grundsatz sehr eng verbundene Grundsatz der Waffengleichheit (→ Rn. 27 f.) nach der einschlägigen Rspr. des Unionsrichters von verwaltungsverfahrensrechtlicher Relevanz ist (→ Rn. 13).

2. Unabhängigkeit des Gerichts sowie gerichts- und verfahrensbezogene Zusatz- **32** **anforderungen und -garantien.** Das maßgeblich in Art. 47 Abs. 2 S. 1 GRC zum Vorschein kommende Unionsgrundrecht auf ein faires Gerichtsverfahren (→ Rn. 8 ff.) bezieht sich ausweislich dieser Bestimmung auf unabhängige, unparteiische und zuvor

---

die rechtlichen Umstände, die für den Ausgang des Verfahrens entscheidend sind, kontradiktorisch erörtern können.

[161] Vgl. nur EuGH C-89/08 P, Slg. 2009, I-11245 Rn. 52 – Kommission/Irland ua; EuGH C-300/11, ECLI:EU:C:2013:363 Rn. 55 – ZZ.

[162] Vgl. EuGH C-89/08 P, Slg. 2009, I-11245 Rn. 52 – Kommission/Irland ua; EuGH C-437/13, ECLI:EU:C:2014:2318 Rn. 21 – Unitrading.

[163] Vgl. EuGH C-197/09 RX-II, Slg. 2009, I-12033 Rn. 41 – M/Europäische Arzneimittel-Agentur (EMEA); EuGH C-472/11, ECLI:EU:C:2013:88 Rn. 30 – Banif Plus Bank; EuGH C-530/12 P, ECLI:EU:C:2014:186 Rn. 54 – HABM/National Lottery Commission.

[164] EuGVfO v. 4.3.2015, ABl. 2015 L 105, 1 ff., zuletzt geändert am 25.9.2018, ABl. 2018 L 240, 68 ff.

[165] Näher dazu vgl. etwa *Abazi/Eckes* CMLR 55 (2018), 753 ff.; *Wägenbaur* S. 488 ff.; instruktiv zu dem zwischen den EuG/EuGH-Verfahrensordnungen und Art. 47 GRC bestehenden Verhältnis vgl. auch *Barents* CMLR 51 (2014), 1437 ff.

[166] Vgl. EuGH C-315/99 P, Slg. 2001, I-5281 Rn. 28 – Ismeri Europa/Rechnungshof; EuGH C-413/06 P, Slg. 2008, I-4951 Rn. 61 – Bertelsmann u. Sony Corporation of America/Impala; EuGH C-89/08 P, Slg. 2009, I-11245 Rn. 50 – Kommission/Irland; EuGH C-197/09 RX-II, Slg. 2009, I-12033 Rn. 41 – M/Europäische Arzneimittel-Agentur (EMEA).

durch Gesetz errichtete **Gerichte**[167]**, die in einem fairen Verfahren,** öffentlich und innerhalb angemessener Frist **zu verhandeln haben.** Auf den ersten Blick erweckt diese Bestimmung zwar den Eindruck, als ließen sich die gerichts- und verfahrensbezogenen Anforderungen bzw. Garantien etwa in Gestalt der Unabhängigkeit, der Unparteilichkeit und der Mündlichkeit von der gebotenen Verfahrensfairness abgrenzen bzw. als hätten alle diese Tatbestandsmerkmale einen gegenüber dem Recht auf eine faire Verhandlung bzw. auf ein faires Verfahren jeweils eigenständigen Regelungs- und/oder Bedeutungsgehalt. Die jüngere Rspr. des Unionsrichters spricht jedoch dafür, dass der vorgenannte Eindruck etwa trügerisch oder sogar unrichtig ist. Diesbezüglich ist zum einen auf ein EuGH-Urteil vom 1.7.2008 hinzuweisen, in dem unter vorheriger Bezugnahme auf das zu den Unionsgrundrechten gehörende Recht auf ein faires Verfahren darauf hingewiesen wird, dass die **Garantien für den Zugang zu einem unabhängigen und unparteiischen Gericht,** und insbes. diejenigen, die den Begriff und die Zusammensetzung des Gerichts bestimmen, den Grundpfeiler des Rechts auf ein faires Verfahren bilden.[168] Zum anderen ist an dieser Stelle auf ein Urteil vom 25.7.2018 hinzuweisen, in dem der Gerichtshof von einer „Verletzung des Grundrechts der betroffenen Person auf ein unabhängiges Gericht und damit ihres Grundrechts auf ein faires Verfahren iS des Art. 47 Abs. 2 der Charta" spricht[169] und im direkten Anschluss daran betont, „dass das Erfordernis der richterlichen Unabhängigkeit zum Wesensgehalt des Grundrechts auf ein faires Verfahren gehört, dem als Garant für den Schutz sämtlicher dem Einzelnen aus dem Unionsrecht erwachsender Rechte und für die Wahrung der in Art. 2 EUV genannten Werte, die den Mitgliedstaaten gemeinsam sind, ua des Werts der Rechtsstaatlichkeit, grundlegende Bedeutung zukommt".[170] In ähnlicher Weise hatte auch das Gericht, welches das Gebot der Unparteilichkeit als Ausprägung des Rechts auf ein faires Verfahren begreift[171], bereits zuvor hervorgehoben, dass das zu den Unionsgrundrechten gehörende Recht auf ein faires Verfahren (→ Rn. 1) „notwendig" voraussetzt, dass jedermann Zugang zu einem unabhängigen und unparteiischen Gericht hat, und dass die Garantien über die Zusammensetzung des Gerichts daher „der Grundpfeiler des Rechts auf ein faires Verfahren" sind.[172] Damit scheinen sowohl der Gerichtshof als auch das Gericht jedenfalls das in Art. 47 Abs. 2 S. 1 GRC angesprochene **Kriterium der Unabhängigkeit,** welches sich auf die Stellung des jeweiligen Gerichts als Ganzes sowie jedes einzelnen Mitglieds gegenüber anderen Stellen der Union und ihrer Mitgliedstaaten bezieht und vor allem völlige Autonomie sowie Weisungsfreiheit bzw. Weisungsungebundenheit verlangt bzw. voraussetzt[173], sowie das ebenfalls in

---

[167] Der hier angesprochene Gerichtsbegriff entspricht dem Gerichtsbegriff des Art. 47 Abs. 1 GRC → § 55 Rn. 32.
[168] Vgl. EuGH verb. Rs. C-341/06 P u. C-342/06 P, Slg. 2008, I-4777 Rn. 46 – Chronopost ua/Kommission.
[169] Vgl. EuGH C-216/18 PPU, ECLI:EU:C:2018:586 Rn. 47 – LM, jeweils mAnm *Konstadinides* CMLR 2019, 743 ff.; *Payandeh* JuS 2018, 919 ff.; *Wendel* EuR 2019, 111 ff.; instruktiv zur herausragenden Bedeutung der hier in Rede stehenden Unabhängigkeit im Kontext des gerichtlichen Rechtsschutzes vgl. ferner EuGH C-64/16, ECLI:EU:C:2018:117 Rn. 41 ff. – Associação Sindical dos Juízes Portugueses, jeweils mAnm *Pech/Platon* CMLR 55 (2018), 1827 ff.; *Streinz* JuS 2018, 1016 ff.; *Hummer* EuR 2018, 653 ff.; *Jaeger* EuR 2018, 611 (620 ff.); *Nußberger* JZ 2018, 845 ff.; sowie EuGH C-619/18, ECLI:EU:C:2019:531 Rn. 57 ff. – Kommission/Polen, mAnm *Klatt* NVwZ 2019, 1117 f.; ausf. zum Ganzen vgl. ferner *Giegerich* ZEuS 2019, 61 ff.
[170] Vgl. EuGH C-216/18 PPU, ECLI:EU:C:2018:586 Rn. 48 – LM, mAnm *Wendel* EuR 2019, 111 ff.; näher zu diesem vielbeachteten Vorabentscheidungsurteil vgl. auch *Hummer* EuR 2018, 653 (663 ff.).
[171] Vgl. nur EuG T-372/10, ECLI:EU:T:2012:325 Rn. 65 – Bolloré/Kommission.
[172] Vgl. EuG T-199/11 P, ECLI:EU:T:2012:691 Rn. 68 – Strack/Kommission.
[173] Näher zu dieser Unabhängigkeitsgarantie vgl. etwa *Jarass* GRCh Art. 47 Rn. 19 ff.; *Nehl* in FK-EUV/GRC/AEUV GRC Art. 47 Rn. 55; sowie zuletzt EuGH Gutachten 1/17, ECLI:EU:C:2019:341 Rn. 202 f. – CETA, wo es heißt: „Das Erfordernis der Unabhängigkeit ist im Auftrag des Richters angelegt und umfasst zwei Aspekte. Der erste, das Außenverhältnis betreffende Aspekt setzt voraus, dass die betreffende Einrichtung ihre Funktionen in völliger Autonomie ausübt, ohne mit irgendeiner Stelle hierarchisch verbunden oder ihr untergeordnet zu sein und ohne von irgendeiner Stelle Anordnungen oder Anweisungen zu erhalten, so dass sie auf diese Weise vor Interventionen oder Druck von außen geschützt ist, die die Unabhängigkeit des Urteils ihrer Mitglieder gefährden und deren Entscheidungen

Art. 47 Abs. 2 S. 1 GRC angesprochene **Kriterium der Unparteilichkeit,** welches die Neutralität, Objektivität, Unvoreingenommenheit und Unbefangenheit des jeweiligen Gerichts und jedes seiner Richter sowohl in objektiver als auch in subjektiver Hinsicht einfordert[174], als **subjektiv-rechtliche Teilgewährleistungen des Unionsgrundrechts auf ein faires Verfahren** einzustufen[175], während der in Art. 47 Abs. 2 S. 1 GRC ebenfalls angesprochene Anspruch auf eine Verhandlung innerhalb angemessener Frist iS eines ergänzenden Anspruchs auf zeitnahen gerichtlichen Rechtsschutz eher als eine subjektivrechtliche Teilgewährleistung des Unionsgrundrechts auf effektiven gerichtlichen Rechtsschutz einzuordnen sein dürfte (→ Rn. 55).

Die Frage, ob sich die nicht allein auf gerichtliche Verfahren bezogene, sondern partiell 33 auch Verwaltungsverfahren tangierende EuGH-Rspr. zu den Kriterien der Unabhängigkeit und Unparteilichkeit[176] als subjektivrechtliche Teilgewährleistungen des Unionsgrundrechts auf ein faires Verfahren (→ Rn. 32) auf das in Art. 47 Abs. 2 S. 1 GRC ebenfalls angesprochene **Erfordernis der vorherigen Errichtung durch Gesetz,** das nicht zwingend mit dem im Unionsrecht fraglichen Anspruch auf den gesetzlichen Richter[177] etwa nach Art des Art. 101 Abs. 1 S. 2 GG gleichzusetzen ist[178], übertragen lässt, hat der Unionsrichter bislang – soweit ersichtlich – noch nicht beantwortet. Gleiches ist im Hinblick auf das in Art. 47 Abs. 2 S. 1 GRC ebenfalls niedergelegte, aber einschränkbare **Recht auf ein öffentliches Verfahren** bzw. auf eine öffentliche Verhandlung zu konstatieren, die – wie sich aus dem in der vorgenannten Norm enthaltenen Tatbestandsmerkmal „verhandelt" sowie aus der einschlägigen EGMR-Rspr. zu den in Art. 6 Abs. 1 EMRK verankerten Garantien des fairen Verfahrens[179] ergibt – grds. mündlich erfolgen muss.[180] Von der

---

beeinflussen könnten. Diese unerlässliche Freiheit von derartigen äußeren Einflüssen erfordert bestimmte Garantien, die geeignet sind, die mit der Aufgabe der Rechtsprechung Betrauten in ihrer Person zu schützen, wie zB die Unabsetzbarkeit. Auch eine der Bedeutung der ausgeübten Funktionen entsprechende Vergütung ist eine wesentliche Garantie für die Unabhängigkeit [...]. Der zweite, das Innenverhältnis betreffende Aspekt steht mit dem Begriff der Unparteilichkeit in Zusammenhang und bezieht sich darauf, dass den Parteien des Rechtsstreits und ihren jeweiligen Interessen am Streitgegenstand mit dem gleichen Abstand begegnet wird. Dieser Aspekt verlangt, dass Sachlichkeit obwaltet und neben der strikten Anwendung der Rechtsnormen keinerlei Interesse am Ausgang des Rechtsstreits besteht [...]".

[174] Näher zu der hier angesprochenen Garantie der Unparteilichkeit vgl. etwa Jarass GRCh Art. 47 Rn. 22 f.; *Nehl* in FK-EUV/GRC/AEUV GRC Art. 47 Rn. 56; EuGH verb. Rs. C-341/06 P u. C-342/06 P, Slg. 2008, I-4777 Rn. 52 ff. – Chronopost ua/Kommission; EuG T-199/11 P, ECLI:EU:T:2012:691 Rn. 69 – Strack/Kommission; sowie zuletzt EuGH Gutachten 1/17, ECLI:EU:C:2019:341 Rn. 204 – CETA, wo es heißt: „Diese Garantien der Unabhängigkeit und Unparteilichkeit setzen voraus, dass es Regeln insbes. für die Zusammensetzung der Einrichtung, die Ernennung, die Amtsdauer und die Gründe für Enthaltung, Ablehnung und Abberufung ihrer Mitglieder gibt, die es ermöglichen, bei den Rechtsunterworfenen jeden berechtigten Zweifel an der Unempfänglichkeit der Einrichtung für äußere Faktoren und an ihrer Neutralität in Bezug auf die widerstreitenden Interessen auszuräumen".
[175] Zu den diesbezüglichen EMRK-rechtlichen Parallelen vgl. etwa *Grabenwarter/Pabel* in Dörr/Grote/Marauhn Kap. 14 Rn. 38 ff.; *Schilling,* Internationaler Menschenrechtsschutz, S. 276 ff.
[176] Vgl. nur EuG T-372/10, ECLI:EU:T:2012:325 Rn. 62 ff. – Bolloré/Kommission. Zur These, dass beispielsweise das og Unparteilichkeitsgebot für die Kommission im Kartellverfahren und in sonstigen Verwaltungsverfahren nicht aufgrund des Unionsgrundrechts auf ein faires Verfahren, sondern aufgrund des Art. 41 Abs. 1 GRC gilt, vgl. EuGH C-439/11 P, ECLI:EU:C:2013:513 Rn. 154 ff. – Ziegler/Kommission.
[177] Zu der bereits seit geraumer Zeit und auch nach wie vor kontrovers diskutierten Frage, ob sich aus dieser Bestimmung oder aus anderen Rechtsquellen ein dem Art. 101 Abs. 1 S. 2 GG vergleichbares oder ähnliches Unionsgrundrecht auf den gesetzlichen Richter herleiten lässt, vgl. etwa *Grzybek* S. 84 ff.; *Gundel* EuR Beih. 3/2008, 23 (32); *Kern* ZZP 130 (2017), 91 (114 f.); *Pechstein,* EU-Prozessrecht, S. 59; *Puttler* EuR Beih. 3/2008, 133 (146 f.); *Schmid* ZÖR 2008, 541 ff.
[178] Näher dazu vgl. statt vieler *Alber* in Stern/Sachs GRCh Art. 47 Rn. 126 f.; *Eser* in NK-EuGRCh GRCh Art. 47 Rn. 31; *Jarass* GRCh Art. 47 Rn. 18; *Nehl* in FK-EUV/GRC/AEUV GRC Art. 47 Rn. 59.
[179] Exemplarisch vgl. EGMR 11.6.2015 – 19844/08, NJW 2016, 2091 (2092 f.) – Becker/Österreich.
[180] Näher zu den hier angesprochenen Kriterien bzw. Garantien der Öffentlichkeit und Mündlichkeit der jeweiligen Verhandlung bzw. des jeweiligen Verfahrens vgl. *Alber* in Stern/Sachs GRCh Art. 47 Rn. 136 ff.; *Blanke* in Calliess/Ruffert GRC Art. 47 Rn. 16; *Frenz,* HdbEuR Bd. 4, Kap. 13 § 2 Rn. 5046 ff.; *Jarass* GRCh Art. 47 Rn. 39 f.; *Pabel* in Grabenwarter, EnzEur Bd. 2, § 19 Rn. 67 ff.; *Thiele* ERA Forum 2015, 511 (518 f.); instruktiv zu den diesbezüglichen EMRK-rechtlichen Parallelen vgl.

Durchführung einer mündlichen Verhandlung kann allerdings nach ständiger EuGH-Rspr. abgesehen werden, wenn die jeweilige Rechtssache nur Tatsachen- oder Rechtsfragen aufwirft, die sich unter Heranziehung der Akten und der schriftlichen Erklärungen der Parteien angemessen lösen lassen[181], oder auch wenn es um den in Art. 126 EuGVfO vorgesehenen Fall geht, dass die beim Gericht erhobene Klage offensichtlich unzulässig ist, so dass es ohne Fortsetzung des Verfahrens durch Beschluss entscheiden kann, der mit Gründen zu versehen ist.[182]

34 **3. Recht auf ordnungsgemäße Zustellung verfahrenseinleitender Schriftstücke und Annahmeverweigerungsrecht des Empfängers bestimmter Schriftstücke.** Eine weitere Teilgewährleistung des Unionsgrundrechts auf ein faires Verfahren, die zugleich überaus eng mit dem Grundsatz der Wahrung der Verteidigungsrechte zusammenhängt, stellt das **Recht auf ordnungsgemäße Zustellung verfahrenseinleitender Schriftstücke** dar[183], das unter bestimmten Voraussetzungen durch ein ebenfalls dem Unionsgrundrecht auf ein faires Verfahren zuzuordnendes Annahmeverweigerungsrecht eines Empfängers bestimmter Schriftstücke flankiert wird. Nach der diesbezüglichen EuGH-Rspr., die nicht mit dessen Rspr. zur Bedeutung der Verfahrensfairness im Kontext der Zustellung eines Strafbefehls an einen Zustellungsbevollmächtigten[184] zu verwechseln ist, ergibt sich das **Recht auf Verweigerung der Annahme eines zuzustellenden Schriftstücks** aus der Notwendigkeit, die Verteidigungsrechte des Empfängers dieses Schriftstückes entsprechend den Anforderungen an ein faires Verfahren zu schützen, wie es in Art. 47 Abs. 2 GRC und in Art. 6 Abs. 1 EMRK verankert ist.[185] Konkret bedeutet dieses den **Anforderungen an ein faires Verfahren** geschuldete Recht, dass nicht nur dafür Sorge zu tragen ist, dass der bestimmungsgemäße Empfänger eines Schriftstücks dieses tatsächlich erhält, sondern auch dafür, dass er in die Lage versetzt wird, die Bedeutung und den Umfang der im Ausland gegen ihn erhobenen Klage oder des im Ausland gegen ihn eingeleiteten Verfahrens tatsächlich und vollständig in einer Weise zu erfahren und zu verstehen, die es ihm ermöglicht, seine Verteidigung sachgerecht vorzubereiten und seine Rechte vor dem Gericht des Übermittlungsmitgliedstaats wirksam geltend zu machen.[186] Relevanz kommt diesem Recht insbes. im Kontext der in der Verordnung (EG) Nr. 1393/2007[187] geregelten **Zustellung gerichtlicher und außergerichtlicher Schriftstücke in Zivil- und Handelssachen** zu, in deren Rahmen im Interesse der Sicherstellung eines fairen Verfahrens nach ebenfalls ständiger EuGH-Rspr. im Übrigen gewährleistet sein muss, dass der Empfänger des Schriftstücks im Voraus und schriftlich ordnungsgemäß über das Bestehen des vorgenannten Annahmeverweigerungsrechts belehrt wurde.[188]

Grabenwarter/Pabel in Dörr/Grote/Marauhn Kap. 14 Rn. 119 ff.; zu den engen Verbindungslinien zwischen dem Recht auf ein faires Verfahren und dem Kriterium der Mündlichkeit vgl. insbes. EuGH C-239/12 P, ECLI:EU:C:2013:331 Rn. 41 ff. – Abdulrahim/Rat der EU u. Kommission.
[181] Vgl. EuGH C-682/13 P, ECLI:EU:C:2015:356 Rn. 46 – Andechser Molkerei Scheitz/Kommission; EuGH C-348/16, ECLI:EU:C:2017:591 Rn. 47 – Sacko.
[182] Vgl. EuGH C-671/17 P, ECLI:EU:C:2018:416 Rn. 20 – Gaki/Europol.
[183] Exemplarisch dazu vgl. EuGH C-384/14, ECLI:EU:C:2016:316 Rn. 49 f. – Alta Realitat; sowie GA Bobek, SchlA C-354/15, ECLI:EU:C:2016:650 Rn. 35 – Henderson.
[184] Instruktiv dazu vgl. EuGH verb. Rs. C-124/16, C-188/16 u. C-213/16, ECLI:EU:C:2017:228 Rn. 35 ff. – Tranca ua.
[185] So vgl. EuGH C-354/15, ECLI:EU:C:2017:157 Rn. 51 – Henderson; EuGH C-21/17, ECLI:EU:C:2018:675 Rn. 33 – Catlin Europe.
[186] Vgl. EuGH C-519/13, ECLI:EU:C:2015:603 Rn. 32 – Alpha Bank Cyprus; EuGH C-384/14, ECLI:EU:C:2016:316 Rn. 50 – Alta Realitat; EuGH C-21/17, ECLI:EU:C:2018:675 Rn. 34 – Catlin Europe.
[187] VO (EG) Nr. 1393/2007 des EP u. des Rates v. 13. November 2007 über die Zustellung gerichtlicher und außergerichtlicher Schriftstücke in den Mitgliedstaaten („Zustellung von Schriftstücken") und zur Aufhebung der Verordnung (EG) Nr. 1348/2000 des Rates, ABl. 2007 L 324, 79 ff., zuletzt geändert durch VO (EU) Nr. 517/2013 des Rates v. 13. Mai 2013, ABl. 2013 L 158, 1 ff.
[188] Vgl. EuGH C-354/15, ECLI:EU:C:2017:157 Rn. 53 ff. – Henderson.

4. Recht des Angeklagten auf persönliches Erscheinen zur Verhandlung. Als ein 35
„wesentlicher Teil des Rechts auf ein faires Verfahren" ist nach der einschlägigen EuGH-Rspr. ferner das auch auf der EMRK-rechtlichen Ebene gewährleistete Recht eines Angeklagten einzustufen, persönlich zur Verhandlung zu erscheinen.[189] Diese Teilgewährleistung des Unionsgrundrechts auf ein faires Verfahren begreift der Unionsrichter allerdings nicht als ein absolutes Recht.[190] Diesbezüglich verweist der Gerichtshof insbes. darauf, dass der Angeklagte aus freiem Willen ausdrücklich oder stillschweigend auf das vorgenannte Recht verzichten könne, vorausgesetzt, dass der Verzicht eindeutig feststeht, seiner Bedeutung entsprechende Mindestgarantien vorgesehen werden und dass einem solchen Verzicht kein wichtiges öffentliches Interesse entgegensteht.[191]

5. Anspruch auf rechtliches Gehör. Eine weitere überragend wichtige Teilgewährleis- 36
tung des Unionsgrundrechts auf ein faires Verfahren stellt nach allgemeiner Auffassung der unionsverfassungsrechtliche **Anspruch auf rechtliches Gehör** (→ § 58 Rn. 1 ff.) dar[192], der neben bestimmten Informationspflichten des Gerichts und dem Recht auf Stellungnahme der Betroffenen auch die Pflicht des Gerichts zur Berücksichtigung solcher Stellungnahmen einschließt.[193] Mit dieser speziellen Teilgewährleistung bzw. Ausprägung soll das Unionsgrundrecht auf ein faires Verfahren vor allem sicherstellen, dass die Prozessbeteiligten nicht mit einer völlig unerwarteten Entscheidung konfrontiert werden.[194] Diese sowohl auf der gerichtlichen als auch auf der verwaltungsverfahrensrechtlichen Ebene zu beachtende Teilgewährleistung des Unionsgrundrechts auf ein faires Verfahren, die sich nach stRspr der Unionsgerichte auf alle tatsächlichen und rechtlichen Gesichtspunkte erstreckt, die die Grundlage der jeweiligen Entscheidungsfindung bilden[195], ist in der Rspr. der Unionsgerichte zunächst als ein ungeschriebenes Gemeinschafts- bzw. Unionsgrundrecht anerkannt worden,[196] das aufgrund seiner unionsverfassungsrechtlichen Fundierung selbst in Ermangelung sekundärrechtlicher Regelungen gilt.[197] Die höchstrichterliche Anerkennung

---

[189] Vgl. nur EuGH C-399/11, ECLI:EU:C:2013:107 Rn. 49 – Melloni; zur entsprechenden Rechtsprechung des EGMR vgl. mwN *Schilling*, Internationaler Menschenrechtsschutz, S. 297 ff.
[190] Vgl. nur EuGH C-619/10, ECLI:EU:C:2012:531 Rn. 52–55 – Trade Agency.
[191] So vgl. etwa EuGH C-399/11, ECLI:EU:C:2013:107 Rn. 49 – Melloni, mit dem weiteren Hinweis, dass eine Verletzung des Rechts auf ein faires Verfahren, auch wenn der Angeklagte nicht persönlich erschienen sein sollte, insbes. dann nicht erwiesen sei, wenn er von dem Termin und Ort der Verhandlung in Kenntnis gesetzt oder durch einen Rechtsbeistand verteidigt wurde, dem er ein entsprechendes Mandat erteilt hat.
[192] Vgl. nur *Alber* in Stern/Sachs GRCh Art. 47 Rn. 112 ff.; *Eser* in NK-EuGRCh GRCh Art. 47 Rn. 34; *Frenz*, HdbEuR Bd. 4, Kap. 13 § 2 Rn. 5036 ff.; *Jarass* GRCh Art. 47 Rn. 32 ff.; *Nehl* in FK-EUV/GRC/AEUV GRC Art. 47 Rn. 60 ff.; *Pabel* in Grabenwarter, EnzEur Bd. 2, § 19 Rn. 63 f.; *Sayers* in PHKW Fundamental Rights Rn. 47.212 ff.; *Thiele* ERA Forum 2015, 511 (518); sowie EuG verb. Rs. T-133/08, T-134/08, T-177/08 u. T-242/09, ECLI:EU:T:2012:430 Rn. 180 – Schräder/Gemeinschaftliches Sortenamt, mit der Einschränkung in Rn. 181, wonach dies jedoch nicht bedeute, dass das Gericht den Parteien zu jedem Punkt seiner rechtlichen Würdigung vor Erlass seines Urteils rechtliches Gehör gewähren müsste. Ausführlich zum unionsverfassungsrechtlichen Anspruch auf rechtliches Gehör vgl. ferner *Fengler*, Die Anhörung im europäischen Gemeinschaftsrecht und deutschen Verwaltungsverfahrensrecht – Zugleich eine rechtsvergleichende Untersuchung unter Berücksichtigung des Fehlerfolgenregimes, 2003, pass.; *Gattinara* ERA Forum 2019, 571 ff.; *Groß* DV 33 (2000), 415 ff.; *Grzybek* S. 187 ff.; *Huck* EuZW 2016, 132 ff.; *Kahl* VerwArch 95 (2004), 1 (8 f.); *Nehl* S. 274 ff.; *Nöhmer* S. 22 ff.; *Rabinovici* EPL 18 (2012), 149 ff.; *Schwarze*, EuVerwR, S. 1212 ff.
[193] Vgl. nur *Jarass* GRCh Art. 47 Rn. 23 ff.; dies gilt gleichermaßen in Ansehung des EMRK-rechtlichen Grundsatzes des fairen Verfahrens, vgl. nur *Grabenwarter/Pabel* in Dörr/Grote/Marauhn Kap. 14 Rn. 97 ff.
[194] Vgl. EuG verb. Rs. T-133/08, T-134/08, T-177/08 u. T-242/09, ECLI:EU:T:2012:430 Rn. 181 – Schräder/Gemeinschaftliches Sortenamt.
[195] Vgl. nur EuG T-402/07, Slg. 2009, II-753 Rn. 55 – Kaul/HABM; EuG T-27/09, Slg. 2009, II-4481 Rn. 45 – Stella Kunststofftechnik/HABM; sehr ähnlich EuG T-194/13, ECLI:EU:T:2017:144 Rn. 200 – United Parcel Services/Kommission.
[196] Grdlg. EuGH verb. Rs. 100/88 bis 103/88, Slg. 1983, 1825 Rn. 10 – Musique Diffusion française/Kommission; ua bestätigt in EuGH C-310/93 P, Slg. 1995, I-865 Rn. 21 – BPB Industries ua/Kommission; EuGH C-135/92, Slg. 1994, I-2885 Rn. 39 – Fiskano/Kommission; EuG T-450/93, Slg. 1994, II-1177 Rn. 42 – Lisrestal ua/Kommission; mwN *Nöhmer* S. 231 ff.
[197] Vgl. nur EuGH C-135/92, Slg. 1994, I-2885 Rn. 39 – Fiskano/Kommission; EuG T-450/93, Slg. 1994, II-1177 Rn. 42 – Lisrestal ua/Kommission.

dieses nach der einschlägigen EuGH-Rspr. wiederum untrennbar mit dem tragenden Grundsatz der Wahrung der Verteidigungsrechte (→ Rn. 15 f.) verbundenen Unionsgrundrechts[198], das der Unionsrichter im Einklang damit vereinzelt auch als einen wesentlichen **Bestandteil der Verteidigungsrechte** qualifiziert[199] oder als vom Kreis der unionsverfassungsrechtlichen Verteidigungsrechte bzw. als vom Grundsatz der Wahrung der Verteidigungsrechte umfasst ansieht,[200] vermag nicht zu überraschen, da dieses gewissermaßen als „**Hauptverteidigungsrecht**" einzustufende Unionsgrundrecht auch im Verfassungsrecht zahlreicher EU-Mitgliedstaaten sowie im Rahmen der bei der Entwicklung und Inhaltsbestimmung der Unionsgrundrechte ebenfalls bedeutsamen EMRK gewährleistet ist.[201]

37 Vor dem Hintergrund der vorgenannten Rspr. ist es im Übrigen nicht erstaunlich, dass das Unionsgrundrecht auf rechtliches Gehör später in gleich dreifacher Weise Eingang in die **EU-Grundrechtecharta** gefunden hat. Diesbezüglich ist erstens auf Art. 27 GRC hinzuweisen, wonach für die Arbeitnehmerinnen und Arbeitnehmer oder ihren Vertretern auf den geeigneten Ebenen eine rechtzeitige Unterrichtung und Anhörung in den Fällen und unter den Voraussetzungen gewährleistet sein muss, die nach dem Unionsrecht und den einzelstaatlichen Rechtsvorschriften und Gepflogenheiten vorgesehen sind.[202] Zweitens ist das Recht jeder Person, gehört zu werden, bevor ihr gegenüber eine für sie nachteilige individuelle Maßnahmen getroffen wird, gemäß Art. 41 Abs. 2 lit. a GRC von dem in Absatz 1 dieser Bestimmung gewährleisteten Unionsgrundrecht auf eine gute Verwaltung (→ Rn. 17 ff.) umfasst.[203] Unter Berücksichtigung der Tatsache, dass der Anspruch bzw. das Unionsgrundrecht auf rechtliches Gehör in der Rspr. der Unionsgerichte gelegentlich auch als Bestandteil der Verteidigungsrechte eingeordnet[204] oder – teils explizit, teils implizit – mit dem unionsgrundrechtlichen Grundsatz der Wahrung der Verteidigungsrechte (→ Rn. 15 f.) gleichgesetzt wird,[205] findet das unionsverfassungsrechtliche Anhörungsgrundrecht schließlich einen dritten – vornehmlich strafprozessualen – Anknüpfungspunkt in Art. 48 Abs. 2 GRC, wonach jedem Angeklagten die „Achtung der Verteidigungsrechte" gewährleistet wird (→ Rn. 14 ff.). Die durch die EU-Grundrechtecharta insoweit mehrfach unterstrichene bzw. bekräftigte Bedeutung des Anspruchs auf rechtliches Gehör, die sich vor allem auch in der jüngeren Rspr. des Unionsrichters zu den **Folgen einer Verletzung bereichsspezifischer Anhörungsrechte** etwa im Anwendungsbereich des EU-Kartellverfahrensrechts[206]

---

[198] Zu dieser untrennbaren Verbindung vgl. etwa EuGH verb. Rs. C-129/13 u. C-130/13, ECLI:EU:C:2014:2041 Rn. 28 – Kamino International Logistics ua; EuG T-466/14, ECLI:EU:T:2016:742 Rn. 39 – Spanien/Kommission; EuGH C-348/16, ECLI:EU:C:2017:591 Rn. 34 – Sacko.
[199] Exemplarisch vgl. EuG T-189/10, ECLI:EU:T:2015:504 Rn. 67 – GEA Group/Kommission.
[200] Vgl. nur EuGÖD F-51/07, ECLI:EU:F:2008:112 Rn. 77 – Bui Van/Kommission; EuG T-299/08, Slg. 2011, II-2149 Rn. 134 – Elf Aquitaine/Kommission; EuG verb. Rs. T-141/07, T-142/07, T-145/07 u. T-146/07, Slg. 2011, II-4977 Rn. 122 – General Technic-Otis ua/Kommission.
[201] Zu verschiedenen EMRK-rechtlichen Anhörungsrechten bzw. zum EMRK-rechtlichen Anspruch auf rechtliches Gehör vgl. nur *Germelmann* S. 267 ff.; Grabenwarter/Pabel EMRK § 22 Rn. 71; *Grabenwarter/Struth* in Ehlers GuG § 6 Rn. 47; *Laptew* S. 163 ff.; *Nöhmer* S. 112 ff.; exemplarisch für das deutsche Verfassungsrecht vgl. Art. 103 Abs. 1 GG, der die grundrechtsgleiche Garantie rechtlichen Gehörs vor Gericht verbürgt; sowie *Schoch* Jura 2006, 833 (834), wonach sich aus dem Rechtsstaatsprinzip eine weitere grundrechtliche Garantie rechtlichen Gehörs für Verwaltungsverfahren ableiten lasse; zum Gehörsgrundsatz in anderen europäischen Staaten und im internationalen Recht vgl. *Germelmann* S. 116 ff.
[202] Näher zu diesem Unionsgrundrecht vgl. *Kocher* in FK-EUV/GRC/AEUV GRC Art. 27 Rn. 1 ff.; sowie → § 39 Rn. 17 ff.
[203] Dies entspricht der stRspr der Unionsgerichte, wonach der Adressat einer amtlichen Entscheidung nach dem Unionsgrundrecht auf rechtliches Gehör die Gelegenheit erhalten muss, seinen Standpunkt gebührend darzulegen; idS vgl. EuG T-402/07, Slg. 2009, II-753 Rn. 55 – Kaul/HABM; näher zu dem in Art. 41 Abs. 2 lit. a GRC verankerten Anhörungsrecht vgl. *Gattinara* ERA Forum 2019, 571 ff.; *Huck* EuZW 2016, 132 ff.; *Nöhmer* S. 22 ff.; *Terhechte* in FK-EUV/GRC/AEUV GRC Art. 41 Rn. 17.
[204] IdS vgl. nur EuG T-318/01, Slg. 2009, II-1627 Rn. 85 – Othman/Rat ua.
[205] Näher dazu vgl. mwN *Nehl* S. 274; sowie EuG T-402/07, Slg. 2009, II-753 Rn. 55 – Kaul/HABM; EuGH C-521/15, ECLI:EU:C:2017:982 Rn. 61 – Spanien/Rat.
[206] Vgl. zum einen EuG T-189/10, ECLI:EU:T:2015:504 Rn. 72 – GEA Group/Kommission, wonach der ein EU-Kartellverfahren abschließende Kommissionsbeschluss bereits dann für nichtig zu erklären ist,

und des EU-Fusionskontrollverfahrensrechts[207] sowie in der Funktion und dem Mandat des in bestimmten unionalen Wettbewerbsverfahren eingebundenen Anhörungsbeauftragten[208] widerspiegelt, zeigt sich nicht zuletzt auch darin, dass aus diesem „Hauptverteidigungsrecht" (→ Rn. 36) im Laufe der Zeit eine Reihe weiterer Verteidigungsrechte bzw. Verfahrensgarantien entwickelt bzw. abgeleitet worden sind, zu denen insbes. das nachfolgend gesondert anzusprechende Akteneinsichtsrecht gehört.

6. Akteneinsichtsrecht und Dokumentenzugangsfreiheit. Zu den Verfahrensgrundrechten, die in der zurückliegenden Rspr. der Unionsgerichte unmittelbar aus dem unionsverfassungsrechtlichen Anhörungsgrundrecht (→ Rn. 36 f.) oder gelegentlich auch aus dem unionsgrundrechtlichen Grundsatz der Wahrung und/oder Achtung bzw. Beachtung der Verteidigungsrechte (→ Rn. 15 f.) hergeleitet wurden und die insoweit selbst dann zu beachten sind, wenn es in einzelnen Teilbereichen des europäischen Verwaltungsrechts an einer ausdrücklichen sekundärrechtlichen Kodifizierung dieser Rechte fehlen sollte (→ Rn. 36), gehört insbes. das – bereichsübergreifende Gültigkeit beanspruchende – Akteneinsichtsrecht verfahrensakzessorischer Art,[209] das nach stRspr des Unionsrichters die Verteidigungsrechte schützen und insbes. die effektive Ausübung des Anhörungsgrundrechts sicherstellen soll.[210] Dieses insoweit dienende, aber dennoch überaus wertvolle **Unionsgrundrecht auf Akteneinsicht bzw. auf Dokumentenzugang,** das der Unionsrichter gelegentlich auch mit dem Grundsatz der Waffengleichheit (→ Rn. 27 f.) in Verbindung bringt[211], ist sowohl auf der Ebene des gerichtlichen Individualrechtsschutzes als auch auf der Ebene des verwaltungsverfahrensrechtlichen Rechtsschutzes zu beachten

38

---

wenn die Klägerin belegt, dass sie sich ohne die hier in Rede stehenden Verfahrensfehler – dh wenn sie gehört worden wäre und Zugang zu den Akten gehabt hätte – besser hätte verteidigen können, und wonach sie nicht darzutun braucht, dass der angefochtene Beschluss ohne diese Verfahrensfehler einen anderen Inhalt gehabt hätte; ähnlich vgl. zum anderen EuGH C-85/15 P, ECLI:EU:C:2017:709 Rn. 45 f. – Feralpi Holding/Kommission, wonach das Unterbleiben einer Anhörung im EU-Kartellverfahren eine Verletzung wesentlicher Formvorschriften darstellt und es im Falle einer solchen Verletzung nicht erforderlich ist, dass das dadurch in seinen Rechten verletzte Unternehmen dartut, dass diese Rechtsverletzung den Ablauf des Verfahrens und den Inhalt der streitigen Entscheidung zu seinen Lasten beeinflussen konnte.

[207] Vgl. EuG T-194/13, ECLI:EU:T:2017:144 Rn. 210 – United Parcel Services/Kommission, wonach der angefochtene Beschluss für nichtig zu erklären ist, sofern die Klägerin hinreichend nachgewiesen hat, dass sie zumindest eine geringe Chance gehabt hätte, sich sachdienlicher zu verteidigen, wenn es diesen Verfahrensmangel nicht gegeben hätte, wobei sie nicht zu beweisen braucht, dass in diesem Fall der angefochtene Beschluss anders ausgefallen wäre; dies bestätigend vgl. EuGH C-265/17 P, ECLI:EU:C:2019:23 Rn. 56 – Kommission/United Parcel Services.

[208] Vgl. dazu insbes. den Beschluss des Präsidenten der Europäischen Kommission v. 13. Oktober 2011 über Funktion und Mandat des Anhörungsbeauftragten in bestimmten Wettbewerbsverfahren, ABl. 2011 L 275, 29 ff.; ferner vgl. EuGH C-162/15 P, ECLI:EU:C:2017:205 Rn. 39 ff. – Evonik Degussa/Kommission; EuGH C-517/15 P, ECLI:EU:C:2017:598 Rn. 39 ff. – AGC Glass Europe ua/Kommission.

[209] Grdlg. EuG T-7/89, Slg. 1991, II-1711 Rn. 53 f. – Hercules/Kommission, iVm EuGH C-51/92 P, Slg. 1999, I-4235 Rn. 75 f. – Hercules/Kommission; ua bestätigt und zT erweitert in EuG verb. Rs. T-10/92, T-11/92, T-12/92 u. T-15/92, Slg. 1992, II-2667 Rn. 38 – Cimenteries ua/Kommission; EuG T-65/89, Slg. 1993, II-389 Rn. 30 – BPB Industries ua/Kommission; ferner vgl. EuGH verb. Rs. C-204/00, C-205/00, C-211/00, C-213/00, C-217/00 u. C-219/00 P, Slg. 2004, I-123 Rn. 68 – Aalborg Portland ua/Kommission, wo das Recht auf Akteneinsicht als „Ausfluss des Grundsatzes der Wahrung der Verteidigungsrechte" bezeichnet wird; ähnlich vgl. EuG T-151/07, ECLI:EU:T:2011:365 Rn. 144 – Kone Oyi ua/Kommission; EuG T-189/10, ECLI:EU:T:2015:504 Rn. 68 – GEA Group/Kommission; EuGH C-265/17 P, ECLI:EU:C:2019:23 Rn. 30 – Kommission/United Parcel Service; jeweils mwN vgl. *Hix* S. 17 ff.; *Girnau* S. 6 ff.; *Klees*, Europäisches Kartellverfahrensrecht – mit Fusionskontrollverfahren, 2005, § 5 Rn. 52 ff.; *Nehl* S. 226 ff.

[210] Vgl. EuG verb. Rs. T-191/98 u. T-212/98 bis T-214/98, Slg. 2003, II-3275 Rn. 334 – Atlantic Container Line ua/Kommission; EuG T-52/03, Slg. 2008, II-115 Rn. 38 – Knauf Gips/Kommission; EuG T-161/05, Slg. 2009, II-3555 Rn. 160 – Hoechst/Kommission; EuG T-151/07, ECLI:EU:T:2011:365 Rn. 144 – Kone Oyi ua/Kommission; EuG T-441/14, ECLI:EU:T:2018:453 Rn. 66 – Brugg Kabel ua/Kommission.

[211] Vgl. etwa EuG T-314/01, Slg. 2006, II-3085 Rn. 66 f. – Coöperatieve Verkoop- en Productievereniging van Aardappelmeel en Derivaten Avebe/Kommission.

(→ § 59). Letzteres verdeutlicht bspw. die wettbewerbsverfahrensrechtliche Rspr. der Unionsgerichte, wonach der Zweck des Unionsgrundrechts auf Akteneinsicht speziell in Wettbewerbssachen vor allem darin besteht, es den Adressaten einer Mitteilung der Beschwerdepunkte iSd Art. 27 VO (EG) Nr. 1/2003 (→ Rn. 12) zu ermöglichen, von den Beweisstücken in den Akten der Kommission rechtzeitig Kenntnis zu nehmen, damit sie sinnvoll zu den Schlussfolgerungen Stellung nehmen können, zu denen die Kommission in ihrer Mitteilung der Beschwerdepunkte aufgrund dieser Beweisstücke gelangt ist.[212] Insoweit überschneidet sich der sachliche Gewährleistungsgehalt des unionsverfassungsrechtlichen Akteneinsichtsrechts, das gerade auch mit Blick auf die einschlägige EGMR-Rspr. zum Akteneinsichtsrecht als eine wichtige Garantie eines fairen Verfahrens[213] zu den subjektiv-rechtlichen Teilgewährleistungen des Unionsgrundrechts auf ein faires Verfahren gezählt werden kann, jedenfalls partiell mit dem von den Unionsgerichten ebenfalls anerkannten **Grundsatz des kontradiktorischen Verfahrens** (→ Rn. 29 f.), der nach der Rspr. des Unionsrichters Bestandteil der Verteidigungsrechte nach Art. 47 GRC ist[214] und bspw. das Recht der Verfahrensbeteiligten umfasst, Kenntnis von den Beweismitteln und den beim Gericht eingereichten Erklärungen zu nehmen und diese zu erörtern.[215]

39 Angesichts der vorgenannten Rspr. ist der Unionsgesetzgeber in den vergangenen Jahren dazu übergegangen, natürlichen und juristischen Personen in bestimmten Teilbereichen des europäischen Verwaltungsrechts sekundärrechtlich kodifizierte Akteneinsichtsrechte verfahrensakzessorischer Art zur Verfügung zu stellen,[216] die aufgrund der unionsverfassungsrechtlichen Fundierung des vom Unionsgrundrecht auf ein faires Verfahren umfassten Akteneinsichtsrechts deklaratorisch sind, soweit sie sich auf Personen beziehen, die in den persönlichen Anwendungs- bzw. Schutzbereich des unionsgrundrechtlichen Akteneinsichtsrechts fallen. Der sachliche Anwendungs- bzw. Schutzbereich dieses unionsgrundrechtlich fundierten Akteneinsichtsrechts ist insoweit groß, als es den zu den Trägern dieses Grundrechts gehörenden natürlichen und juristischen Personen nach stRspr der Unionsgerichte einen Anspruch auf **Zugang sowohl zu belastenden als auch zu entlastenden Dokumenten** verleiht,[217] soweit es sich dabei nicht um Geschäftsgeheimnisse anderer Unternehmen, um interne Schriftstücke der Kommission oder um andere vertrauliche Informationen handelt, die nicht von dem hier in Rede stehenden Akteneinsichtsrecht erfasst werden.[218]

40 Das nunmehr auch in Art. 41 Abs. 2 lit. b GRC niedergelegte Unionsgrundrecht auf Akteneinsicht (→ Rn. 18) ergänzt im Übrigen den allgemeinen und weitgehend voraussetzungslosen Dokumentenzugangsanspruch auf der Grundlage des Art. 15 Abs. 3

---

[212] Vgl. EuG T-52/03, Slg. 2008, II-115 Rn. 38 – Knauf Gips/Kommission; sehr ähnlich EuG T-189/10, ECLI:EU:T:2015:504 Rn. 68 ff. – GEA Group/Kommission; EuG T-151/07, ECLI:EU:T:2011:365 Rn. 144 – Kone Oyj ua/Kommission.
[213] Exemplarisch vgl. EGMR 12.5.2016 – 26711/07 ua, EHRR 65 (2017), 928 (947) – Poletan/Mazedonien.
[214] Vgl. EuGH C-300/11, ECLI:EU:C:2013:363 Rn. 55 – ZZ, mAnm *de Boer* CMLR 51 (2014), 1235 ff.; *Pfersich* ZAR 2014, 31 f.; *Streinz* JuS 2014, 282 ff.; EuGH C-437/13, ECLI:EU:C:2014:2318 Rn. 21 – Unitrading; ähnlich, aber diesmal ohne explizite Bezugnahme auf Art. 47 GRC, vgl. EuG T-194/13, ECLI:EU:T:2017:144 Rn. 200 – United Parcel Services/Kommission.
[215] So vgl. etwa EuGH C-450/06, Slg. 2008, I-581 Rn. 47 – Varec; EuGH C-89/08 P, Slg. 2009, I-11245 Rn. 50 ff. – Kommission/Irland.
[216] Vgl. etwa Art. 27 Abs. 2 VO (EG) Nr. 1/2003 (→ Rn. 12); Art. 18 Abs. 3 S. 2 VO (EG) Nr. 139/2004 des Rates v. 20. Januar 2004 über die Kontrolle von Unternehmenszusammenschlüssen, ABl. 2004 L 24, 1 ff.; Art. 6 Abs. 7 VO (EU) 2016/1036 des EP und des Rates v. 8. Juni 2016 über den Schutz gegen gedumpte Einfuhren aus nicht zur Europäischen Union gehörenden Ländern, ABl. 2016 L 176, 21 ff., zuletzt geändert durch die VO (EU) 2018/825 des EP u. des Rates v. 30. Mai 2018, ABl. 2018 L 143, 1 ff.; näher dazu vgl. auch mwN → § 59 Rn. 15 ff.
[217] Vgl. EuG T-38/02, Slg. 2005, II-4407 Rn. 33 – Groupe Danone/Kommission; EuG T-161/05, Slg. 2009, II-3555 Rn. 161 – Hoechst/Kommission.
[218] Vgl. nur EuG T-410/03, Slg. 2008, II-881 Rn. 145 – Hoechst/Kommission; EuG T-53/03, Slg. 2008, II-1333 Rn. 36 – BPB/Kommission; EuG T-441/14, ECLI:EU:T:2018:453 Rn. 67 – Brugg Kabel ua/Kommission; EuGH C-358/16, ECLI:EU:C:2018:715 Rn. 66 – UBS Europe ua.

AEUV[219] iVm Art. 2 der sog. **„Transparenz"-Verordnung (EG) Nr. 1049/2001**[220], der in Art. 42 GRC (→ § 60) eine zusätzliche Bestätigung und Aufwertung insoweit erfährt, als nach dieser Bestimmung alle Unionsbürgerinnen und Unionsbürger sowie jede natürliche oder juristische Person mit Wohnsitz oder satzungsmäßigem Sitz in einem Mitgliedstaat das – von der Form der für die betreffenden Dokumente jeweils verwendeten Träger unabhängige – (Unionsgrund-)Recht auf Zugang zu den Dokumenten der Organe, Einrichtungen und sonstigen Stellen der Union haben.[221] Das Nebeneinander dieses allgemeinen Dokumentenzugangsanspruchs und des verfahrensakzessorischen Akteneinsichtsrechts (→ Rn. 38 f.) führt in der Praxis zu gewissen Abgrenzungsschwierigkeiten, die von den Unionsgerichten im Grundsatz zugunsten der Grundrechtsberechtigten aufgelöst werden, indem es ihnen unter bestimmten Voraussetzungen gestattet wird, sich in verschiedenen Teilbereichen des Europäischen Verwaltungsrechts parallel bzw. alternativ auf das verfahrensakzessorische Akteneinsichtsrecht und/oder auf den verfahrensunabhängigen Dokumentenzugangsanspruch iS der Transparenz-VO (EG) Nr. 1049/2001 zu berufen.[222] Diese Rspr. ist Teil eines auf der supranationalen Ebene bereits seit geraumer Zeit feststellbaren Trends in Richtung einer fortschreitenden Verbesserung von Transparenz,[223] der allein mit Blick etwa auf die **Etablierung des unionsrechtlichen Umweltinformationsanspruchs** im Wege der Rechtsangleichung[224] auch für die mitgliedstaatlichen Rechtsordnungen höchst relevant ist (→ § 63 Rn. 48).

7. Wahrung weiterer Verteidigungsrechte unter besonderer Berücksichtigung einschlägiger GRC-Normen, des Rechts auf anwaltlichen Beistand, des Legal Privilege und des begrenzten Aussageverweigerungsrechts im Anwendungsbereich des EU-Kartellverfahrensrechts. Der Grundsatz des kontradiktorischen Verfahrens (→ Rn. 29 ff.), der unionsverfassungsrechtliche Anspruch auf rechtliches Gehör (→ Rn. 36 f.) und das damit sehr eng zusammenhängende Recht auf Akteneinsicht bzw. auf Dokumentenzugang (→ Rn. 38 ff.) stellen nicht die einzigen Verteidigungsrechte dar, die sich als praktisch bedeutsame Teilgewährleistungen des Unionsgrundrechts auf ein faires Verfahren einordnen lassen. Hinzukommen nämlich zum einen die durch Art. 47 Abs. 2 S. 2 GRC und Art. 48 Abs. 2 GRC garantierten **Verteidigungsrechte** (→ Rn. 42 ff.), die ebenfalls gleichermaßen als subjektiv-rechtliche Teilgewährleistungen und/oder als spezielle Ausprägungen des in Art. 47 Abs. 2 S. 1 GRC verankerten Unionsgrundrechts auf ein faires (Gerichts-)Verfahren eingestuft werden können und zugleich mit der ständigen

---

[219] Zur primärrechtlichen Dimension dieses Anspruchs vgl. *Heselhaus* in FK-EUV/GRC/AEUV AEUV Art. 15 Rn. 33 ff.
[220] VO (EG) Nr. 1049/2001 des EP u. des Rates v. 30. Mai 2001 über den Zugang der Öffentlichkeit zu Dokumenten des EP, des Rates und der Kommission, ABl. 2001 L 145, 43 ff.; zur Bedeutung, Anwendung und Auslegung dieser sog. „Transparenz"-VO in der Rechtsprechungspraxis der Unionsgerichte vgl. etwa EuGH Rs. C-39/05 P u. C-52/05 P, Slg. 2008, I-4723 Rn. 32 ff. – Turco ua/Rat; EuG T-344/08, ECLI:EU:T:2012:242 Rn. 25 ff. – EnBW Energie Baden-Württemberg/Kommission; EuGH C-365/12 P, ECLI:EU:T:2014:112 Rn. 60 ff. – Kommission/EnBW Energie Baden-Württemberg; EuG T-623/13, ECLI:EU:T:2015:268 Rn. 30 ff. – Unión de Almacenistas de Hierros de España/Kommission; EuGH C-213/15 P, ECLI:EU:C:2017:563 Rn. 33 ff. – Kommission/Breyer; EuG T-851/16, ECLI:EU:T:2018:69 Rn. 33 ff. – Access Info Europe/Kommission; sowie mwN jeweils aus jüngerer Zeit *Adamski* CMLR 49 (2012), 521 ff.; *Brauneck* NVwZ 2016, 489 ff.; *Brauneck* EuZW 2017, 928 ff.; *Koppensteiner* EuR 2014, 549 ff.; *Lenaerts* NZKart 2013, 175 (178 ff.); *Lenaerts* ÖZK 2015, 123 ff.; *Nowak* DVBl 2004, 272 ff.
[221] Näher zu diesem Unionsgrundrecht vgl. jeweils mwN *Curtin/Mendes* in PHKW Fundamental Rights Rn. 42.01 ff.; *Heselhaus* in FK-EUV/GRC/AEUV GRC Art. 42 Rn. 1 ff.; sowie → § 60 Rn. 1 ff.
[222] Vgl. nur EuG T-92/98, Slg. 1999, II-3521 Rn. 44 – Interporc/Kommission; EuG T-2/03, Slg. 2005, II-1121 Rn. 65 ff. – VKI/Kommission; EuGH C-477/10 P, ECLI:EU:C:2012:394 Rn. 47 ff. – Kommission/Agrofert Holding ua; EuGH C-404/10 P, ECLI:EU:C:2012:393 Rn. 104 ff. – Kommission/Éditions Odile Jacob; näher zu dieser Rechtsprechungslinie vgl. jeweils mwN *Klein* ZWeR 2007, 303 ff.; *Lenaerts* ÖZK 2015, 123 ff.; *Nowak* DVBl 2004, 272 ff.; *Tietje/Nowrot* EWS 2006, 486 ff.
[223] Vgl. *Nowak* in Bruha/Nowak S. 117 ff.
[224] Vgl. RL 2003/4/EG des EP u. des Rates v. 28. Januar 2003 über den Zugang der Öffentlichkeit zu Umweltinformationen und zur Aufhebung der Richtlinie 90/313/EWG des Rates, ABl. 2003 L 41, 26 ff.

EuGH-Rspr. in Verbindung zu bringen sind, wonach die **Verteidigungsrechte für die Gestaltung und Durchführung eines fairen Verfahrens von herausragender Bedeutung** sind.[225] Zum anderen sind an dieser Stelle weitere höchstrichterlich anerkannte Verteidigungsrechte anzusprechen, wobei aber nicht ganz klar ist, ob diese für eine nicht immer leicht zu entwirrende **Pluralität unionsverfassungsrechtlicher Verteidigungsrechte** sorgenden Rechte, die vom Unionsrichter ihrerseits häufig zu den Unionsgrundrechten gezählt werden[226], als Teilgewährleistungen des Unionsgrundrechts auf Wahrung und/oder Achtung bzw. Beachtung der Verteidigungsrechte (→ Rn. 15 f.), als Teilgewährleistungen des Unionsgrundrechts auf ein faires Verfahren (→ Rn. 1) und/oder als Elemente des in Art. 47 Abs. 1 GRC verankerten Unionsgrundrechts auf effektiven gerichtlichen Rechtsschutz (→ § 55) einzuordnen sind.[227] Zu diesen Verteidigungsrechten, die vor allem der Absicherung eines fairen Verwaltungsverfahrens etwa im Anwendungsbereich des Europäischen Wettbewerbsrechts dienen, gehören insbes. das **Recht auf anwaltlichen Beistand** (→ Rn. 45 f.), der **Vertraulichkeitsschutz** iS des sog. *Legal (Professional) Privilege* (→ Rn. 47 ff.) und das **Aussage- bzw. Auskunftsverweigerungsrecht,** das im Anwendungsbereich des EU-Kartellverfahrensrechts indes nur einen sehr begrenzten Selbstbezichtigungsschutz gewährleistet (→ Rn. 50 ff.).

42 **a) Verteidigungsrechte nach Art. 47 Abs. 2 S. 2 GRC und Art. 48 Abs. 2 GRC.** Zu den in der EU-Grundrechtecharta explizit angesprochenen Verteidigungsrechten, die als Teilgewährleistungen des Unionsgrundrechts auf ein faires Verfahren eingestuft werden können, gehört zunächst einmal das in Art. 47 Abs. 2 S. 2 GRC niedergelegte **Recht, sich verteidigen zu lassen,** das von den in dieser Bestimmung ebenfalls niedergelegten Beratungs- und Vertretungsrechten flankiert wird. Diese Bestimmung, die ua auch für die Herleitung des Schutzes der Vertraulichkeit des Schriftverkehrs zwischen Anwalt und Mandant (→ Rn. 47 ff.) auf der Ebene gerichtlicher Verfahren nutzbar gemacht werden kann[228], spiegelt in Teilen einen allgemeinen Rechtsgrundsatz des Unionsrechts iS des Art. 6 Abs. 3 EUV insoweit wider, als der Gerichtshof bereits vor Schaffung der EU-Grundrechtecharta entschieden hat, dass das **Recht auf einen Verteidiger für die Gestaltung und Durchführung eines fairen Prozesses von herausragender Bedeutung** ist und zu den Grundrechten gehört, die sich aus den gemeinsamen Verfassungstraditionen der Mitgliedstaaten ergeben.[229]

43 Während die in Art. 47 Abs. 2 S. 2 GRC niedergelegten **Beratungs-, Verteidigungs- und Vertretungsrechte** im Unterschied zu der in Art. 6 Abs. 1 S. 1 EMRK geregelten Beschränkung auf Streitigkeiten in Bezug auf zivilrechtliche Ansprüche und Verpflichtungen sowie auf strafrechtliche Anklagen (→ Rn. 11) für alle von Art. 47 GRC erfassten Streitigkeiten einschließlich der im Unionsrecht in praktischer Hinsicht besonders bedeutsamen Verwaltungsrechtsstreitigkeiten gelten, stellt die in Art. 48 Abs. 2 GRC enthaltene Regelung, nach der jedem Angeklagten die Achtung der Verteidigungsrechte gewährleistet wird, eine vornehmlich auf Strafverfahren bezogene, aber auch Verwaltungssanktionen mit strafrechtlichen oder strafrechtsähnlichen Charakter einschließende[230] (→ Rn. 15) Konkretisierung des in Art. 47 Abs. 2 S. 2 GRC niedergelegten Verteidigungsrechts und damit

---

[225] So vgl. etwa EuGH C-394/07, Slg. 2009, I-2563 Rn. 28 – Gambazzi; EuGH C-197/09 RX-II, Slg. 2009, I-12033 Rn. 39 – M/Europäische Arzneimittel-Agentur (EMEA).
[226] Vgl. nur EuGH verb. Rs. C-204/00, C-205/00, C-211/00, C-213/00, C-217/00 u. C-219/00 P, Slg. 2004, I-123 Rn. 64 – Aalborg Portland ua/Kommission; EuG T-99/04, Slg. 2008, II-1501 Rn. 46 – AC-Treuhand/Kommission.
[227] In die letztgenannte Richtung weisend vgl. etwa EuGH C-199/11, ECLI:EU:C:2012:684 Rn. 48 – Otis ua.
[228] Vgl. EuGH C-305/05, Slg. 2007, I-5305 Rn. 32 – Ordre des barreaux francophones et germanophone ua.
[229] Vgl. EuGH C-7/98, Slg. 2000, I-1935 Rn. 38 – Krombach; näher zu den in Art. 47 Abs. 2 S. 2 GRC niedergelegten Beratungs-, Verteidigungs- und Vertretungsrechten vgl. etwa *Frenz,* HdbEuR Bd. 4, Kap. 13 § 2 Rn. 5056 f.; Jarass GRCh Art. 47 Rn. 45.
[230] Zutr. vgl. Jarass GRCh Art. 48 Rn. 17.

zugleich eine weitere **Konkretisierung bzw. Ausprägung des Unionsgrundrechts auf ein faires Verfahren** dar.

Die durch Art. 48 Abs. 2 GRC konkret gewährleisteten Verteidigungsrechte, die seit einigen Jahren von diversen EU-Richtlinien zur Stärkung verschiedenster Rechte und Verfahrensgarantien im Rahmen des mitgliedstaatlichen Strafverfahrensrechts flankiert werden[231], ergeben sich gemäß den einschlägigen Charta-Erläuterungen (→ Rn. 8) iVm Art. 52 Abs. 3 S. 1 und Abs. 7 GRC aus Art. 6 Abs. 3 EMRK (→ Rn. 14). Eine erhöhte praktische Relevanz kommt in diesem Kontext insbes. dem in Art. 6 Abs. 3 lit. d EMRK niedergelegten Recht zu, an dem sich der Unionsrichter recht häufig bei der Inhaltsbestimmung des Unionsgrundrechts auf ein faires Verfahren orientiert.[232] Nach Art. 6 Abs. 3 lit. d EMRK hat jede angeklagte Person zwar **das Recht, Fragen an Belastungszeugen zu stellen oder stellen zu lassen** und die Ladung und Vernehmung von Entlastungszeugen unter denselben Bedingungen zu erwirken, wie sie für Belastungszeugen gelten. Als ein absolutes Recht begreift der Unionsrichter diese Teilgewährleistung des Unionsgrundrechts auf ein faires Verfahren, die unter der Bezeichnung **„Konfrontationsrecht"** gelegentlich auch in der Rspr. des deutschen Bundesgerichtshofs relevant ist[233], jedoch nicht; vielmehr sei es grds. Sache des jeweiligen Gerichts, darüber zu entscheiden, ob die Ladung eines Zeugen erforderlich oder sachdienlich ist.[234] Hieraus leitet der Unionsrichter schließlich ab, dass das Unionsgrundrecht auf ein faires Verfahren nicht die Ladung jedes Zeugen verlangt, sondern eine „völlige Waffengleichheit" bezweckt, die gewährleistet, dass das streitige Verfahren als Ganzes dem Angeklagten angemessene und ausreichende Gelegenheit gibt, den auf ihm lastenden Verdacht entgegenzutreten.[235] Insoweit ist bspw. auch die Kommission im Laufe eines Kartellverfahrens auf der Grundlage der VO (EG) Nr. 1/2003 (→ Rn. 12) nach ständiger EuGH-Rspr. nicht dazu verpflichtet, den Unternehmen Gelegenheit zu geben, die von ihr angehörten Zeugen im Rahmen des Verwaltungsverfahrens selbst zu befragen.[236]

b) Recht auf anwaltlichen Beistand. Zu den in der Rspr. der Unionsgerichte explizit anerkannten allgemeinen Grundsätzen des Unionsrechts, die zu den vor allem in EU-fusionskontroll-, EU-beihilfenkontroll- und EU-kartellverfahrensrechtlichen Nachprüfungsverfahren auf der Grundlage der Art. 12 f. VO (EG) Nr. 139/2004[237], des Art. 27 VO

---

[231] Vgl. dazu die insbes. die RL 2010/64/EU des EP u. des Rates vom 20. Oktober 2010 über das Recht auf Dolmetschleistungen und Übersetzungen in Strafverfahren, ABl. 2010 L 280, 1 ff.; die RL 2012/13/EU des EP u. des Rates vom 22. Mai 2012 über das Recht auf Belehrung und Unterrichtung in Strafverfahren, ABl. 2012 L 142, 1 ff.; die RL 2013/48/EU des EP u. des Rates vom 22. Oktober 2013 über das Recht auf Zugang zu einem Rechtsbeistand in Strafverfahren und in Verfahren zur Vollstreckung des Europäischen Haftbefehls sowie über das Recht auf Benachrichtigung eines Dritten bei Freiheitsentzug und das Recht auf Kommunikation mit Dritten und mit Konsularbehörden während des Freiheitsentzugs, ABl. 2013 L 294, 1 ff.; die RL (EU) 2016/800 des EP u. des Rates vom 11. Mai 2016 über Verfahrensgarantien in Strafverfahren für Kinder, die Verdächtige oder beschuldigte Personen in Strafverfahren sind, ABl. 2016 L 132, 1 ff.; und die RL (EU) 2016/1919 des EP u. des Rates vom 26. Oktober 2016 über Prozesskostenhilfe für Verdächtige und beschuldigte Personen in Strafverfahren sowie für gesuchte Personen in Verfahren zur Vollstreckung eines Europäischen Haftbefehls, ABl. 2016 L 297, 1 ff., berichtigt am 5.4.2017, ABl. 2017 L 91, 40; näher zu diesen Richtlinien und zu den zwischen ihnen und der EGMR-Rspr. bestehenden Wechselwirkungen vgl. *Sayers* in PHKW Fundamental Rights Rn. 48.72 B ff.; *Wahl* ERA Forum 2017, 311 ff.; zur Auslegung verschiedener Bestimmungen einiger der vorgenannten Richtlinien durch den Gerichtshof vgl. EuGH C-278/16, ECLI:EU:C:2017:757 Rn. 25 ff. – Sleutjes; sowie *Kulhanek* JR 2016, 207 ff.
[232] Exemplarisch vgl. EuGH verb. Rs. C-239/11 P, C-489/11 P u. C-498/11 P, ECLI:EU:C:2013:866 Rn. 317 ff. – Siemens ua/Kommission; EuG T-364/10, ECLI:EU:T:2013:477 Rn. 51 ff. – Duravit ua/Kommission.
[233] Exemplarisch vgl. BGH JR 2018, 205 ff.; BGH JR 2018, 207 ff., mAnm *Lohse* JR 2018, 183 ff.
[234] So vgl. etwa EuGH C-95/15 P, ECLI:EU:C:2017:125 Rn. 45 – H&R ChemPharm/Kommission.
[235] So vgl. mwN EuGH C-609/13 P, ECLI:EU:C:2017:46 Rn. 110 – Duravit ua/Kommission.
[236] Vgl. EuGH verb. Rs. C-239/11 P, C-489/11 P u. C-498/11 P, ECLI:EU:C:2013:866 Rn. 319 – Siemens ua/Kommission; ähnlich auch bereits EuG verb. Rs. T-109/02, T-118/02, T-122/02, T-125/02, T-126/02, T-128/02, T-129/02, T-132/02 u. T-136/02, Slg. 2007, II-947 Rn. 87 – Bolloré ua/Kommission.
[237] VO (EG) Nr. 139/2004 des Rates v. 20. Januar 2004 über die Kontrolle von Unternehmenszusammenschlüssen (Fusionskontrollverordnung), ABl. 2004 L 24, 1 ff.

(EU) 2015/1589[238] und der Art. 20 ff. VO (EG) Nr. 1/2003 (→ Rn. 12) zu beachtenden „Verteidigungsrechten" gehören, zählt vor allem auch das **Recht auf Hinzuziehung eines juristischen Beistands**.[239] Dieses auch in der EMRK gewährleistete Verfahrensgrundrecht,[240] das auf der Ebene des verwaltungsgerichtlichen Individualrechtsschutzes insbes. durch das in Art. 47 Abs. 2 S. 2 GRC niedergelegte „Jedermann"-Grundrecht auf Beratung, Verteidigung und Vertretung abgesichert wird (→ Rn. 42 f.), ist nach stRspr des Unionsrichters ein Ausdruck der gemeinsamen Verfassungsrechtstraditionen der Mitgliedstaaten, denen zufolge der **Anwalt als ein Organ und Mitgestalter der Rechtspflege** in völliger Unabhängigkeit dem Mandanten die rechtliche Unterstützung zu gewähren hat, die dieser benötigt.[241]

46   Das Unionsgrundrecht auf Hinzuziehung eines juristischen Beistands verleiht natürlichen und juristischen Personen insbes. das auf der verwaltungsverfahrensrechtlichen Ebene relevante Recht, vor Beginn der vorgenannten – EU-fusionskontroll-, EU-beihilfenkontroll- oder EU-kartellverfahrensrechtlichen – **Nachprüfungsmaßnahmen der Europäischen Kommission** (→ Rn. 45) darauf zu bestehen, einen Anwalt ihrer Wahl zu informieren und zu konsultieren. Einen Anspruch darauf, dass die mit den jeweiligen Nachprüfungen betrauten Bediensteten der Kommission und/oder mitgliedstaatlicher Wettbewerbsbehörden bei unangekündigten Nachprüfungen mit deren Beginn bis zum Eintreffen des Anwalts warten, verleiht dieses Recht nach vorherrschender Auffassung zwar nicht.[242] Gleichwohl gesteht die Kommission den betreffenden Unternehmen und Unternehmensvereinigungen in diesen Fällen immerhin eine begrenzte Wartezeit zu, sofern die Nachprüfung hierdurch nicht unangemessen verzögert wird und der Nachprüfungsadressat versichert, die jeweiligen Geschäftsunterlagen an dem Ort und in dem Zustand zu belassen, wo und wie sie sich bei der Ankunft der Ermittler befunden haben.[243] Die Frage, ob es sich bei der **Einräumung einer** solchen **Wartefrist** um einen bereits zweifelsfrei feststehenden Anspruch des Nachprüfungsadressaten handelt, ist momentan noch mit einer gewissen Vorsicht zu beantworten. Diesbezüglich hat das EuG in jüngerer Zeit zunächst einmal die Auffassung vertreten, dass die Anwesenheit eines auswärtigen Rechtsanwalts oder eines in der Firma tätigen Rechtsanwalts bei einer Nachprüfung der Kommission möglich ist, die Rechtmäßigkeit der Nachprüfung aber nicht davon abhängt.[244] Gleichwohl könnte es sich

---

[238] VO (EU) 2015/1589 des Rates v. 13. Juli 2015 über besondere Vorschriften für die Anwendung von Artikel 108 des Vertrags über die Arbeitsweise der Europäischen Union, ABl. 2015 L 248, 9 ff.
[239] Vgl. EuGH verb. Rs. 46/87 u. 227/88, Slg. 1989, 2859 Rn. 16 – Hoechst/Kommission; EuGH 85/87 Slg. 1989, 3137 Rn. 27 – Dow Benelux/Kommission; EuGH C-94/00, Slg. 2002, I-9011 Rn. 46 – Roquette Frères; EuG verb. Rs. T-289/11, T-290/11 u. T-521/11, ECLI:EU:T:2013:404 Rn. 81 – Deutsche Bahn ua/Kommission; EuGH C-583/13 P, ECLI:EU:C:2015:404 Rn. 31 – Deutsche Bahn ua/Kommission.
[240] Vgl. nur EGMR 27.11.2009 – 36391/02, NJW 2009, 3707 ff. – Salduz/Türkei.
[241] Grdlg. insoweit EuGH 155/79, Slg. 1982, 1575 Rn. 24 – AM&S/Kommission; ua bestätigt in EuGH verb. Rs. C-422/11 P u. C-423/11 P, ECLI:EU:C:2012:553 Rn. 23 – Prezes Urzedu Komunikacji Elektronicznej ua/Kommission.
[242] Vgl. *Reinalter* ZEuS 2009, 53 (75); *Schwarze/Weitbrecht* § 5 Rn. 31; *Vocke* S. 86 f.; implizit EuGH 136/79, Slg. 1980, 2033 Rn. 30 – National Panasonic/Kommission.
[243] Näher dazu vgl. jeweils mwN *Hennig* in Immenga/Mestmäcker VO 1/2003 Art. 20 Rn. 101; *Miersch/Israel* in Kamann/Ohlhoff/Völcker Kartellverfahren § 8 Rn. 20; *Nowak* in LMRKM VerfVO Art. 20 Rn. 33; sowie *Meyer/Kuhn* WuW 2004, 880 (885), wonach das Warten auf einen Anwalt in diesem Kontext nicht länger als ca. 45–60 Minuten in Anspruch nehmen sollte.
[244] Vgl. EuG T-357/06, ECLI:EU:T:2012:488 Rn. 232 – Koninklijke Wegenbouw Stevin/Kommission, wo es weiter heißt: „So kann ein Unternehmen, das über einen am Ort der Nachprüfung tätigen Juristen verfügt, telefonische Ratschläge eines Rechtsanwalts einholen und ihn bitten, so schnell wie möglich an diesen Ort zu kommen. Damit die Ausübung dieses Rechts auf anwaltlichen Beistand die ordnungsgemäße Durchführung der Nachprüfung nicht beeinträchtigt, muss es den damit beauftragten Personen ermöglicht werden, sofort alle Geschäftsräume zu betreten, dem Unternehmen die Nachprüfungsentscheidung zuzustellen und sich in den Büros einzurichten, um zu warten, bis das Unternehmen seinen Rechtsanwalt konsultiert hat. Den mit der Nachprüfung beauftragten Personen muss es ferner ermöglicht werden, die Telefongespräche und elektronischen Kontakte des Unternehmens zu kontrollieren, um insbesondere zu verhindern, dass dieses Kontakte mit anderen Unternehmen aufnimmt,

bei der Einräumung einer solchen Wartefrist mittlerweile bereits um einen zumindest vom EuG anerkannten Anspruch des Nachprüfungsadressaten und um eine aus dem Unionsgrundrecht auf Hinzuziehung eines juristischen Beistands (→ Rn. 45) abzuleitende Verpflichtung der Kommission handeln, da dieses Gericht in einer jüngeren Entscheidung explizit festgestellt hat, dass die Kommission dem betreffenden Unternehmen bei ihrem Eintreffen in dessen Geschäftsräumen eine angemessene, wenn auch kurze Frist einräumen muss, damit es mit Hilfe seiner Anwälte den Nachprüfungsbeschluss prüfen kann[245]. Wie kurz diese Frist sein darf, um dem an den Umständen des konkreten Einzelfalls anknüpfenden **Kriterium der Angemessenheit** zu genügen, bedarf indes noch der näheren Konkretisierung durch den Unionsrichter.

c) Vertraulichkeitsschutz iS des Legal (Professional) Privilege. Einen weiteren allgemeinen (subjektivrechtlichen) Grundsatz des Unionsrechts, der in Abgrenzung vom allgemeinen **Grundsatz des Schutzes von vertraulichen Informationen und Geschäftsgeheimnissen**[246] insbes. das Verhältnis zwischen Nachprüfungsadressaten und ihren Rechtsbeiständen betrifft und der ebenfalls zu den bei wettbewerbsverfahrensrechtlichen Nachprüfungen der Kommission (→ Rn. 45 f.) zu beachtenden Verteidigungsrechten gehört, die mit dem Unionsgrundrecht auf ein faires in Verbindung gebracht werden können, stellt der erstmals in der *AM&S*-Entscheidung des Gerichtshofs anerkannte Anspruch auf **Wahrung der Vertraulichkeit des Schriftverkehrs zwischen Anwalt und Mandant**[247] dar, der insbes. das sowohl in Art. 20 Abs. 2 lit. b VO (EG) Nr. 1/2003 (→ Rn. 12) als auch das in Art. 13 Abs. 2 lit. b VO (EG) Nr. 139/2004 (→ Rn. 45) geregelte Recht der Kommission zur Prüfung von Büchern und sonstigen Geschäftsunterlagen begrenzt. Dieser meist unter der Kurzbezeichnung *Legal Privilege* bzw. *Legal Professional Privilege* thematisierte Vertraulichkeitsschutz, der auch auf mitgliedstaatlicher Ebene von Bedeutung ist,[248] setzt nach gefestigter Rspr. der Unionsgerichte zweierlei voraus: Erstens muss der betreffende Schriftwechsel im Rahmen und im Interesse des Rechts des Mandanten auf Verteidigung geführt worden sein, wobei sich dieses Erfordernis auf den gesamten Schriftwechsel bezieht, der entweder nach Eröffnung eines kartellrechtlichen Verwaltungsverfahrens oder aber bereits früher geführt worden ist und mit dem Gegenstand dieses Verfahrens im Zusammenhang steht.[249] Zweitens muss der betref-

---

bei denen ebenfalls eine Nachprüfung angeordnet wurde. Im Übrigen hängt die Zeit, die die Kommission einem Unternehmen für die Kontaktaufnahme mit seinem Anwalt lassen muss, bevor sie beginnt, die Bücher und sonstigen Unterlagen zu prüfen, Kopien davon anzufertigen, Räume oder Dokumente zu versiegeln oder mündliche Erklärungen von Vertretern oder Mitgliedern des Personals des Unternehmens einzuholen, von den besonderen Umständen jedes Einzelfalls ab und kann jedenfalls nur sehr kurz und auf das unbedingt Notwendige beschränkt sein"; mAnm dazu vgl. *Weitbrecht/Mühle* EuZW 2013, 255 (261). Das gegen diese Entscheidung eingelegte Rechtsmittel ist zurückgewiesen worden, vgl. EuGH C-586/12 P, ECLI:EU:C:2013:863 Rn. 32 ff. – Koninklijke Wegenbouw Stevin/Kommission.

[245] Vgl. EuG verb. Rs. T-289/11, T-290/11 u. T-521/11, ECLI:EU:T:2013:404 Rn. 89 – Deutsche Bahn ua/Kommission; dem ist jedenfalls in der dazugehörigen Rechtsmittelentscheidung (EuGH C-583/13 P, ECLI:EU:C:2015:404 – Deutsche Bahn ua/Kommission) nicht vom Gerichtshof widersprochen worden.

[246] Zu diesem allgemeinen Grundsatz vgl. etwa EuGH C-450/06, Slg. 2008, I-581 Rn. 52 – Varec, mAnm *Steiner* ELR 33 (2008), 166 ff.; sowie mwN *Nowak* in FK-EUV/GRC/AEUV AEUV Art. 339 Rn. 8.

[247] Grdlg. EuGH 155/79, Slg. 1982, 1575 ff. – AM&S/Kommission; ua bestätigt in EuGH verb. Rs. 97/97 bis 99/87, Slg. 1989, 3165 Rn. 13 – Dow Chemical Ibérica ua/Kommission; EuGH C-94/00, Slg. 2002, I-9011 Rn. 46 – Roquette Frères; ausführlich zu dieser *AM&S*-Entscheidung vgl. statt vieler *Beutler* RIW 1982, 820 ff.; *Forrester* CMLR 20 (1983), 75 ff.

[248] Näher dazu, jeweils in Ansehung des rechtlichen Schutzes des Vertrauensverhältnisses zwischen Rechtsanwalt und Mandant im deutschen Recht, vgl. *Buntscheck* WuW 2007, 229 (233 ff.); *Ignor* NJW 2007, 3403 ff.

[249] Grdlg. EuGH 155/79, Slg. 1982, 1575 Rn. 21 iVm Rn. 23 – AM&S/Kommission. Ein „direkter" Zusammenhang wird dabei allgemein nicht verlangt; demnach unterfallen nach allgemeiner Auffassung auch solche Schriftstücke dem unionsverfassungsrechtlichen Vertraulichkeitsschutz, welche die anwaltliche Einschätzung der Vereinbarkeit bestimmter Entwürfe oder Verhaltensweisen mit dem Kartellrecht oder die Prognose hinsichtlich eines zu erwartenden Bußgeldrisikos betreffen, so vgl. *Kapp* WuW 2003, 142 ff.; *Kapp/Schröder* WuW 2002, 555 ff.

fende Schriftwechsel von unabhängigen Rechtsanwälten ausgehen, dh von solchen Anwälten, die nicht durch einen Dienstvertrag bzw. ein Beschäftigungsverhältnis an den Mandanten gebunden sind.[250] Die letztgenannte Voraussetzung beruht nach Ansicht des Gerichtshofs auf der spezifischen Vorstellung von der Funktion des Anwalts als eines Mitgestalters der Rechtspflege, der in völliger Unabhängigkeit und in deren vorrangigem Interesse dem Mandanten die rechtliche Unterstützung zu gewähren hat, die dieser benötigt.[251] Unabhängig davon, in welchem Mitgliedstaat sich der Mandant befindet, kommt der unionsgrundrechtliche Schutz des Schriftverkehrs zwischen Anwalt und Mandant unterschiedslos allen unabhängigen Rechtsanwälten zu, die in einem Mitgliedstaat zugelassen sind.[252] Damit ist der Schriftverkehr zwischen Mandanten und Rechtsanwälten aus Drittstaaten grds. nicht vom *Legal (Professional) Privilege* umfasst, sofern es nicht um Rechtsanwälte aus EWR-Staaten geht, die Anwälten aus der EU diesbezüglich gleichgestellt sind.[253]

48 In Fortentwicklung der vorgenannten *AM&S*-Rspr. des Gerichtshofs erweiterte das Gericht erster Instanz zwar in seiner *Hilti*-Entscheidung den durch das *Legal (Professional) Privilege* gewährleisteten Vertraulichkeitsschutz später auf unternehmensinterne Schriftstücke, soweit darin der Inhalt der anwaltlichen Kommunikation zum Zwecke der unternehmensinternen Verbreitung festgehalten ist.[254] Abgesehen hiervon erwies sich die bisherige Rspr. der Unionsgerichte zum *Legal (Professional) Privilege* insbes. im Hinblick auf die vielfach kritisierte **Ausgrenzung angestellter Syndikusanwälte** bzw. von Unternehmensjuristen **aus dem Schutzbereich dieses Anwaltsprivilegs**[255] bis zuletzt als weitgehend „veränderungsfest". So hat zwar der Präsident des EuG in seinem – ein Verfahren des einstweiligen Rechtsschutzes betreffenden – Beschluss vom 30.10.2003 in den verb. Rs. *Akzo Nobel Chemicals* und *Akcros Chemicals* die zunächst auf einen möglichen Rechtsprechungswandel hindeutende Ansicht vertreten, dass das *Legal (Professional) Privilege* auch auf die Korrespondenz zwischen einem Nachprüfungsadressaten und internen Rechtsberatern erstreckt werden könnte, sofern die jeweiligen Unternehmensjuristen denselben strengen Berufsstandsregeln unterliegen wie externe Rechtsberater.[256] In einen echten Rechtsprechungswandel konnte dieser Beschluss jedoch nicht einmünden, da sich das EuG in seiner dazugehörigen Hauptsacheentscheidung auf die herkömmliche und bislang nicht revidierte Rechtsprechungslinie zurückgezogen hat, wonach der Schutz der Vertraulichkeit der Kommunikation zwischen Anwalt und Mandant nach wie vor nur gilt, soweit es sich um unabhängige, dh nicht durch ein Beschäftigungsverhältnis an ihre Mandanten gebundene Rechtsanwälte handelt.[257] Für eine Aufgabe oder Modifizierung dieses restriktiven Ansatzes sah der Gerichtshof in seiner dazugehörigen Rechtsmittelentscheidung vom 14.9.2010,[258] die iErg weitgehend den in dieser Rs. von der Generalanwältin *Kokott* vorgelegten Schluss-

---

[250] Grdlg. EuGH 155/79, Slg. 1982, 1575 Rn. 21 iVm Rn. 27 – AM&S/Kommission; daran hält der Unionsrichter nach wie vor fest, vgl. nur EuG verb. Rs. T-289/11, T-290/11 u. T-521/11, ECLI:EU:T:2013:404 Rn. 81 – Deutsche Bahn ua/Kommission.
[251] Vgl. EuGH 155/79, Slg. 1982, 1575 Rn. 24 – AM&S/Kommission.
[252] Vgl. EuGH 155/79, Slg. 1982, 1575 Rn. 25 – AM&S/Kommission.
[253] Vgl. nur *Hennig* in Immenga/Mestmäcker VO 1/2003 vor Art. 17–22 Rn. 53; sowie mwN *Nowak* in LMRKM VerfVO Art. 20 Rn. 34.
[254] Vgl. EuG T-30/89, Slg. 1990, II-163 Rn. 13 iVm Rn. 18 – Hilti/Kommission; bestätigt in EuGH C-53/92 P, Slg. 1994, I-667 ff. – Hilti/Kommission.
[255] Kritisch dazu vgl. etwa *Brinker* in Schwarze S. 177 (197); *Hennig* in Immenga/Mestmäcker VO 1/2003 vor Art. 17–22 Rn. 51; die Berechtigung dieser Kritik relativierend vgl. *Schwarze/Weitbrecht* § 5 Rn. 30; für eine Einbeziehung der zwischen Mandanten und Syndikusanwälten geführten Korrespondenz in den Schutzbereich des unionsverfassungsrechtlichen „Legal (Professional) Privilege" vgl. aber auch *Buntscheck* WuW 2007, 229 (232); *Vocke* S. 90 f.
[256] Vgl. EuG verb. Rs. T-125/03 R u. T-253/03 R, Slg. 2003, II-4771 Rn. 119 ff. – Akzo Nobel Chemicals u./Kommission; näher dazu vgl. nur *Seitz* EuZW 2004, 231 ff.
[257] Vgl. EuG verb. Rs. T-125/03 u. T-253/03, Slg. 2007, II-3523 Rn. 166 ff. – Akzo Nobel Chemicals ua/Kommission, mAnm *Wohlmann* GPR 2008, 293 ff.; näher dazu vgl. auch *Seitz* EuZW 2008, 204 ff.; *Weiß* EuR 2008, 546 ff.
[258] Vgl. EuGH C-550/07 P, Slg. 2010, I-8301 Rn. 40 ff. – Akzo Nobel Chemicals ua/Kommission.

anträgen²⁵⁹ folgt, keine Veranlassung.²⁶⁰ Insoweit vermag es auch nicht zu überraschen, dass das EuG in jüngerer Zeit an seinem herkömmlichen (restriktiven) Ansatz festgehalten hat²⁶¹ und die Kommission den Schutzbereich des *Legal (Professional) Privilege* bspw. im Anwendungsbereich des EU-Fusionskontrollverfahrensrechts nach wie vor entsprechend eng interpretiert.²⁶²

Was die Wahrung der **Vertraulichkeit des Schriftverkehrs zwischen Anwalt und Mandant auf der Ebene gerichtlicher Verfahren** betrifft, dürfte sich dieser Schutzanspruch eindeutig als Teilgewährleistung des Unionsgrundrechts auf ein faires Verfahren einstufen lassen. Hierfür spricht bspw. das EuGH-Urteil in der Rs. *Ordre des barreaux francophones et germanophone*, wo es heißt: „Wäre ein Rechtsanwalt im Rahmen eines Gerichtsverfahrens oder im Rahmen von dessen Vorbereitung verpflichtet, mit den öffentlichen Stellen zusammenzuarbeiten und ihnen Informationen zu übermitteln, die er anlässlich einer Rechtsberatung erlangt hat, die im Rahmen eines solchen Verfahrens stattfand, könnte er seinen Aufgaben bei der Beratung, der Verteidigung und der Vertretung seines Mandanten nicht in angemessener Weise gerecht werden, so dass dem Mandanten die ihm durch Art. 6 EMRK gewährten Rechte genommen wären".²⁶³ 49

d) Aussage- bzw. Auskunftsverweigerungsrecht und Selbstbezichtigungsfreiheit („*nemo tenetur*"-Grundsatz). Die vom Unionsrichter postulierte Eigenständigkeit des von ihm recht häufig mit dem Unionsgrundrecht auf ein faires Verfahren vermengten Grundsatzes der Wahrung und/oder Achtung bzw. Beachtung der Verteidigungsrechte (→ Rn. 15 f.), der gelegentlich auch als „allgemeiner Grundsatz des Schutzes der Rechte der Verteidigung" bezeichnet wird²⁶⁴ und darüber hinaus „den Erfordernissen einer geordneten Verwaltung" entsprechen soll,²⁶⁵ führt in der Rechtsprechungspraxis der Unionsgerichte zum einen dazu, dass dieser Grundsatz unter Inkaufnahme an sich unnötiger Doppelungen gelegentlich für die Herleitung subjektivrechtlicher Gewährleistungsgehalte fruchtbar gemacht wird, die längst als eigenständige Verteidigungsrechte mit Grundrechtsrang anerkannt worden sind. Dies gilt bspw. für das eigenständige Unionsgrundrecht auf Akteneinsicht bzw. auf Dokumentenzugang (→ Rn. 38 ff.), das der Unionsrichter gelegentlich als „Ausfluss des Grundsatzes der Wahrung der Verteidigungsrechte" bezeichnet,²⁶⁶ sowie für das ebenfalls eigenständige unionsverfassungsrechtliche Anhörungsgrundrecht (→ Rn. 36 f.), das insoweit zugleich als Teilgewährleistung des unionsgrundrechtlichen Grundsatzes der Wahrung der Verteidigungsrechte (→ Rn. 15 f.) eingeordnet werden kann, als es der letztgenannte Grundsatz in solchen Verfahren, die zu Sanktionen oder sonstigen Nachteilen führen können, erfordern soll, dass den Betroffenen bereits während des Ver- 50

---

[259] Jeweils sehr krit. zu diesen Schlussanträgen vgl. *Gronemeyer/Slobodenjuk* EWS 2010, 308 ff.; *Seitz* EuZW 2010, 524 ff.

[260] Vgl. EuGH C-550/07 P, Slg. 2010, I-8301 Rn. 40 ff. – Akzo Nobel Chemicals ua/Kommission; krit. dazu vgl. etwa *Berrisch* EuZW 2010, 786 ff.; *Klees* EWS 2011, 76 ff.; *Kilian* IPRax 2011, 370 ff.; sich von dieser Entscheidung hingegen überzeugt zeigend vgl. *Schnichels/Resch* EuZW 2011, 47 ff.; instruktiv zum Ganzen, jeweils mit rechtsvergleichender Schwerpunktsetzung, auch *Di Federico* CMLR 48 (2011), 581 ff.; *Gergacz* The International Lawyer 45 (2011), 817 ff.; *Mann* ZVglRWiss 110 (2011), 302 ff.; näher zu den prozeduralen Aspekten des hier in Rede stehenden Vertraulichkeitsschutzes vgl. *Nowak* in LMRKM VerfVO Art. 20 Rn. 72.

[261] Vgl. etwa EuG verb. Rs. T-289/11, T-290/11 u. T-521/11, ECLI:EU:T:2013:404 Rn. 81 – Deutsche Bahn ua/Kommission, wo erneut solche Informationen aus dem *Legal (Professional) Privilege* ausgeschlossen werden, „die zwischen einem Unternehmen und einem mit ihm in einem Beschäftigungsverhältnis stehenden Rechtsanwalt ausgetauscht werden".

[262] Näher dazu vgl. *Wilson* NZKart 2017, 352 ff.

[263] Vgl. EuGH C-305/05, Slg. 2007, I-5305 Rn. 32 – Ordre des barreaux francophones et germanophone ua.

[264] Vgl. EuG T-402/07, Slg. 2009, II-753 Rn. 55 – Kaul/HABM.

[265] So vgl. EuGÖD F-51/07, ECLI:EU:F:2008:112 Rn. 73 – Bui Van/Kommission.

[266] Vgl. EuG T-410/03, Slg. 2008, II-881 Rn. 145 – Hoechst/Kommission; ähnlich EuG T-189/10, ECLI:EU:T:2015:504 Rn. 68 – GEA Group/Kommission, wonach das Recht auf Akteneinsicht mit dem Grundsatz der Wahrung der Verteidigungsrechte „einhergeht".

waltungsverfahrens Gelegenheit gegeben wird, zum Vorliegen und zur Erheblichkeit der von der Kommission angeführten Tatsachen, Rügen und Umstände sachdienlich bzw. sachgerecht Stellung zu nehmen.[267] Zum anderen gestattet die Eigenständigkeit des unionsgrundrechtlichen Grundsatzes der Wahrung und/oder Achtung bzw. Beachtung der Verteidigungsrechte es dem Unionsrichter, diesem Grundsatz bestimmte unionsgrundrechtliche Teilgewährleistungen zu implantieren, die bis *dato* in der Rspr. der Unionsgerichte noch keine explizite Anerkennung als eigenständige Unionsgrundrechte gefunden haben. Dies zeigt insbes. der unionsrechtliche **Schutz vor Selbstbezichtigungen iS des *„nemo tenetur"*-Grundsatzes,** der auf mitgliedstaatlicher Ebene idR durch verfassungsrechtlich und/oder einfachgesetzlich begründete Aussage- bzw. Auskunftsverweigerungsrechte abgesichert wird[268] und im Übrigen auch vielfach **als Teilgewährleistung des Unionsgrundrechts auf ein faires Verfahren** nach Art. 47 Abs. 2 S. 1 GRC eingestuft wird.[269] Letzteres ist zwar überzeugend, da auch der EGMR den in Art. 6 EMRK nicht explizit erwähnten *„nemo tenetur"*-Grundsatz im Einklang etwa mit Art. 14 Abs. 3 lit. g IPBPR als vom EMRK-rechtlichen Grundsatz des fairen Verfahrens umfasst ansieht.[270] Da sich Art. 47 GRC allerdings im Grundsatz nur auf gerichtliche Verfahren bezieht[271], gibt diese Bestimmung keine Antwort auf die nachfolgend etwas näher in den Blick zu nehmende – übrigens auch in Art. 41 GRC (→ Rn. 17 ff.) offen gelassene – Frage nach der Existenz bzw. der Ausgestaltung des unionsrechtlichen Selbstbezichtigungsschutzes auf der verwaltungsverfahrensrechtlichen Ebene.

51 Für natürliche und juristische Personen stellt sich die vorgenannte Frage nach der Existenz eines entsprechenden Unionsgrundrechts auf Aussage- bzw. Auskunftsverweigerung im Europäischen Verwaltungsrecht insbes. dann, wenn die Europäische Kommission im Interesse der administrativen Aufdeckung etwaiger Zuwiderhandlungen einzelner Unternehmen oder Unternehmensvereinigungen gegen die Art. 101 Abs. 1 AEUV und/oder Art. 102 AEUV von förmlichen bzw. verbindlichen Auskunftsverlangen nach Art. 18 Abs. 3 VO (EG) Nr. 1/2003 (→ Rn. 12) bzw. nach Art. 11 Abs. 3 VO (EG) Nr. 139/2004 (→ Rn. 45) oder von ihrem im Rahmen kartellverfahrensrechtlicher Nachprüfungen (→ Rn. 45 f.) zur Verfügung stehenden Befragungsrecht nach Art. 20 Abs. 2 lit. e VO (EG) Nr. 1/2003[272] Gebrauch macht. Nach der bisherigen Rspr. der Unionsgerichte gibt es in der Unionsrechtsordnung jedoch (noch) kein eigenständiges Unionsgrundrecht auf Aussage- bzw. Auskunftsverweigerung, an dem sich die vorgenannten Ermittlungs- bzw. Nachprüfungsmaßnahmen der Kommission etwa auf der Grundlage der vorgenannten Normen

---

[267] Vgl. EuG verb. Rs. T-191/98 u. T-212/98 bis T-214/98, Slg. 2003, II-3275 Rn. 138 – Atlantic Container Line ua/Kommission; EuG T-52/03, Slg. 2008, II-115 Rn. 83 – Knauf Gips/Kommission; ähnlich auch EuG T-306/01, Slg. 2005, II-3533 Rn. 325 – Yusuf ua/Rat u. Kommission; EuG T-189/10, ECLI:EU:T:2015:504 Rn. 70 – GEA Group/Kommission; EuGH C-469/15 P, ECLI:EU:C:2017:308 Rn. 40 – FSL ua/Kommission; entsprechend für die verwaltungsgerichtliche Ebene vgl. etwa EuGH C-580/12 P, ECLI:EU:C:2014:2363 Rn. 30 – Guardian Industries ua/Kommission.

[268] Exemplarisch zur Herleitung des Grundsatzes *„nemo tenetur se ipsum accusare"* bzw. des Grundsatzes der Selbstbelastungsfreiheit aus dem Art. 2 Abs. 1 GG iVm dem Rechtsstaatsprinzip (Art. 20 Abs. 3 GG) verankerten Grundrecht auf ein faires, rechtsstaatliches Verfahren sowie aus Art. 2 Abs. 1 GG iVm der in der Art. 1 Abs. 1 GG niedergelegten Menschenwürdegarantie vgl. BVerfG EuGRZ 2016, 570 (574); sowie mwN *Uhle* in Merten/Papier, HdbGR Bd. V, § 129 Rn. 98.

[269] So etwa von *Alber* in Stern/Sachs GRCh Art. 47 Rn. 131; *Schmahl* in HdB-EuropaR § 6 Rn. 50; in eine ähnliche Richtung weisend vgl. *Eser* in NK-EuGRCh GRCh Art. 47 Rn. 10a; *Pabel* in Grabenwarter, EnzEur Bd. 2, § 19 Rn. 92.

[270] Vgl. nur EGMR 8.2.1996 – 18731/91, EuGRZ 1996, 587 (590) – Murray/Vereinigtes Königreich; EGMR 3.5.2001 – 31827/96, NJW 2002, 499 (501) – J. B./Schweiz; jeweils mwN zu der insoweit einschlägigen EGMR-Rspr. vgl. *Anderson/Cuff* FILJ 34 (2011), 385 (390 ff.); *Frenz*, HdbEuR Bd. 4, Kap. 13 § 2 Rn. 5100; *Grabenwarter/Pabel* in Dörr/Grote/Marauhn Kap. 14 Rn. 164 f.; *Grabenwarter/Struth* in Ehlers GuG § 6 Rn. 50; *Meyer-Ladewig/Harrendorf/König* in HK-EMRK EMRK Art. 6 Rn. 129 ff.; *Peukert* in Frowein/Peukert EMRK Art. 6 Rn. 130 f.; *Schilling*, Internationaler Menschenrechtsschutz, S. 287 f.

[271] Eine diesbezügliche Ausnahme stellt insoweit die aus Art. 47 Abs. 1 GRC ableitbare Verpflichtung zur Begründung verfahrensabschließender Verwaltungsentscheidungen dar → 55 Rn. 40 ff.

[272] Näher zu diesem Befragungsrecht vgl. etwa *Nowak* in LMRKM VerfVO Art. 20 Rn. 75.

messen lassen müssten. Dies ergibt sich insbes. aus dem *Orkem*-Urteil des Gerichtshofs, in dem seinerzeit zunächst einmal festgestellt wurde, dass die Rechtsordnungen der Mitgliedstaaten ein Recht zur Verweigerung der Zeugenaussage gegen sich selbst allgemein nur natürlichen Personen zuerkennen, die im Rahmen eines Strafverfahrens einer Straftat beschuldigt werden; insofern rechtfertige die vergleichende Untersuchung der nationalen Rechtsordnungen nicht den Schluss, dass „ein solcher dem Recht der Mitgliedstaaten gemeinsamer Grundsatz zugunsten juristischer Personen und in Bezug auf Zuwiderhandlungen wirtschaftlicher Art, insbes. auf dem Gebiet des Wettbewerbsrechts, bestünde".[273] Darüber hinaus lasse sich weder aus dem Wortlaut der EMRK bzw. des Internationalen Paktes über bürgerliche und politische Rechte (IPBPR) noch aus der Rspr. des Straßburger EGMR ableiten, dass die EMRK ein Recht anerkenne, nicht gegen sich selbst als Zeuge aussagen zu müssen.[274] Dies ist heute allerdings nur noch bedingt richtig, da **Art. 6 Abs. 1 EMRK** nach Auffassung des EGMR das **Verbot des Selbstbezichtigungszwangs** umfasst, das über den engeren strafverfahrensrechtlichen Bereich hinaus **auch im Rahmen bestimmter Verwaltungsverfahren** Geltung beansprucht.[275] Ob der EGMR damit der auf der vorgenannten Argumentation des EuGH aufbauenden Ablehnung eines generellen Auskunftsverweigerungsrechts im Unionsrecht die Grundlage entzogen hat, wird im Schrifttum unterschiedlich beurteilt.[276] Der EuGH, der EMRK-rechtliche Weiterentwicklungen durch den EGMR grds. zur Kenntnis nimmt[277] und regelmäßig beteuert, dass er der EGMR-Rspr. bei der Auslegung von Unionsgrundrechten Rechnung zu tragen hat,[278] sah sich im Hinblick auf die Frage nach der Existenz eines auch juristischen Personen zustehenden (unionsgrundrechtlichen) Aussage- bzw. Auskunftsverweigerungsrechts bislang jedenfalls nicht zu einem Rechtsprechungswandel veranlasst,[279] da die Rspr. des EGMR zu dem aus Art. 6 Abs. 1 EMRK abgeleiteten Verbot des Selbstbezichtigungszwangs und die Rspr. der Unionsgerichte zu dem aus dem unionsgrundrechtlichen Grundsatz der Wahrung der Verteidigungsrechte (→ Rn. 15 f.) abgeleiteten Selbstbezichtigungsschutz, der dem durch Art. 6 Abs. 1 EMRK gewährten Schutz gleichwertig sei, aus den nachfolgenden Gründen weitgehend übereinstimmen würden.[280]

Nach der bisherigen Rspr. des Unionsrichters ändert das vorgenannte **Fehlen eines absoluten Aussage- bzw. Auskunftsverweigerungsrechts juristischer Personen,** das von ihm regelmäßig mit dem Ziel der Vermeidung einer ungerechtfertigten Behinderung der Kommission bei der Erfüllung ihrer auf die Einhaltung der Wettbewerbsregeln im Binnenmarkt bezogenen Aufgaben gerechtfertigt wird[281], nichts daran, dass sich immerhin aus dem Erfordernis der „Wahrung der Verteidigungsrechte" gewisse – einen begrenzten 52

---

[273] Vgl. EuGH 374/87, Slg. 1989, 3283 Rn. 29 – Orkem/Kommission; so auch EuGH 27/88, Slg. 1989, 3355 (abgekürzte Veröff., Leitsatz 2) – Solvay & Cie/Kommission.
[274] Vgl. EuGH 374/87, Slg. 1989, 3283 Rn. 30 – Orkem/Kommission.
[275] Vgl. nur EGMR 25.2.1993 – 10828/84, Serie A, Bd. 256, 22 Nr. 44 – Funke/Frankreich; EGMR 3.5.2001 – 31827/96, NJW 2002, 499 (501) – J. B./Schweiz; näher zum *Funke*-Urt. vgl. *Overbeek* ECLR 1994, 127 ff.; *Weiß* NJW 1999, 2236 f.
[276] Dafür vgl. *Schwarze/Weitbrecht* § 5 Rn. 33; relativierend vgl. indes *Einarsson* YEL 25 (2006), 555 (562 f.); sowie *Hennig* in Immenga/Mestmäcker VO 1/2003 vor Art. 17–22 Rn. 44 ff., wonach den vorgenannten Ausführungen des EGMR zur Begründung eines Auskunftsverweigerungsrechts nicht ohne Weiteres auf juristische Personen übertragen werden könnten.
[277] Vgl. EuGH verb. Rs. C-341/06 P u. C-342/06 P, Slg. 2008, I-4777 Rn. 58 – Chronopost ua/Kommission.
[278] Vgl. nur EuGH verb. Rs. C-238/99 P, C-244/99 P, C-245/99 P, C-247/99 P, C-250 bis 252/99 P u. C-254/99 P, Slg. 2002, I-8375 Rn. 274 – Limburgse Vinyl Maatschappij ua/Kommission.
[279] Krit. dazu vgl. statt vieler *Anderson/Cuff* FILJ 34 (2011), 385 (390 ff.); *Weiß* in Terhechte, Internationales Kartell- und Fusionskontrollverfahrensrecht – Handbuch, 2008, S. 1802 f.
[280] Vgl. EuGH verb. Rs. C-238/99 P, C-244/99 P, C-245/99 P, C-247/99 P, C-250 bis 252/99 P u. C-254/99 P, Slg. 2002, I-8375 Rn. 275 f. – Limburgse Vinyl Maatschappij ua/Kommission; EuG verb. Rs. T-236/01, T-239/01, T-244 bis 246/01, T-251/01 u. T-252/01, Slg. 2004, II-1181 Rn. 405 f. – Tokai Carbon ua/Kommission.
[281] Exemplarisch vgl. EuG T-302/11, ECLI:EU:T:2014:128 Rn. 118 – HeidelbergCement/Kommission; sowie EuG T-297/11, ECLI:EU:T:2014:122 Rn. 60 – Buzzi Unicem SpA/Kommission.

§ 57 12. Abschnitt. Justizielle Grundrechte und Verfahrensgarantien

Schutz vor Selbstbezichtigungen gewährleistende – Beschränkungen EU-kartellverfahrensrechtlicher Untersuchungsbefugnisse der Kommission während der Voruntersuchungen ergeben.[282] In seinen insoweit einschlägigen Urteilen in den Rs. *Orkem* und *Solvay* löste der Gerichtshof das zwischen dem Ziel der Erhaltung der praktischen Wirksamkeit EU-kartellverfahrensrechtlicher Ermittlungsmaßnahmen und der Wahrung der Verteidigungsrechte bestehende Spannungsverhältnis wie folgt auf: Im Interesse der Erhaltung der praktischen Wirksamkeit EU-kartellverfahrensrechtlicher Ermittlungsmaßnahmen erklärte der Gerichtshof die Kommission einerseits für berechtigt, „das Unternehmen zu verpflichten, ihr alle erforderlichen Auskünfte über ihm eventuell bekannte Tatsachen zu erteilen und ihr erforderlichenfalls die in seinem Besitz befindlichen Schriftstücke, die sich hierauf beziehen, zu übermitteln, selbst wenn sie dazu verwendet werden können, den Beweis für ein wettbewerbswidriges Verhalten des betreffenden oder eines anderen Unternehmens zu erbringen".[283] Andererseits begrenzt der **Grundsatz der Wahrung der Verteidigungsrechte** diese Befugnis insoweit, als die Kommission diesem Unternehmen nicht die Verpflichtung auferlegen darf, „Antworten zu erteilen, durch die es das Vorliegen einer Zuwiderhandlung eingestehen müsste, für die die Kommission den Beweis zu erbringen hat".[284] Bei dieser vom Gerichtshof bislang nicht revidierten und vom Gericht unter Vornahme gelegentlicher Präzisierungen[285] mehrfach bestätigten[286] **Rspr. zum beschränkten Auskunfts- bzw. Aussageverweigerungsrecht** handelt es sich um den Versuch des Unionsrichters, die Ermittlungsbefugnisse und die Beweislast der Kommission mit den ermittlungsspezifischen Mitwirkungspflichten der betreffenden Unternehmen und Unternehmensvereinigungen sowie mit deren Verteidigungsrechten zu einem möglichst fairen Ausgleich zu bringen. Dies stehe nach gefestigter Rspr. des Gerichts zunächst einmal der Anerkennung eines „absoluten Auskunftsverweigerungsrechts" entgegen, da dies zu einer ungerechtfertigten Behinderung der Kommission bei der Erfüllung der ihr durch Art. 105 AEUV übertragenen Aufgaben führe, die primärrechtlichen Wettbewerbsregeln zu überwachen.[287] Die stattdessen von den Unionsgerichten entwickelte Lösung besteht darin, dass sowohl die auf Tatsachen bzw. tatsächliche Gegebenheiten abzielenden Auskunftsverlangen der Kommission als auch die Anforderung und Prüfung vorhandener Unterlagen *per se* zulässig sind,[288] dh von vornherein keine Verletzung des unionsrechtlichen

---

[282] Vgl. EuGH 374/87, Slg. 1989, 3283 Rn. 32 f. – Orkem/Kommission.
[283] Vgl. EuGH 374/87, Slg. 1989, 3283 Rn. 34 – Orkem/Kommission; so auch EuGH 27/88, Slg. 1989, 3355 (abgekürzte Veröff., Leitsatz 2) – Solvay & Cie/Kommission; EuG T-446/05, Slg. 2010, II-1255 Rn. 327 – Amann & Söhne ua/Kommission; EuG T-302/11, ECLI:EU:T:2014:128 Rn. 119 – HeidelbergCement/Kommission.
[284] Vgl. EuGH 374/87, Slg. 1989, 3283 Rn. 35 – Orkem/Kommission; zu dieser Rspr. vgl. etwa *Gumbel* S. 122 ff.
[285] Vgl. EuG T-112/98, Slg. 2001, II-729 Rn. 71 ff. – Mannesmannröhren-Werke/Kommission, wonach sich ein Auskunftsverlangen der Kommission dann nicht mehr auf Tatsachen beziehen würde, wenn sie danach fragt, über welche „Themen" bei bestimmten Zusammenkünften gesprochen und welche „Entscheidungen" dort getroffen worden seien; näher hierzu vgl. die Anm. von *Pache* EuZW 2001, 351 f.; sowie *Nehl* in Behrens/Braun/Nowak S. 73 (80 ff.); *Willis* ECLR 2001, 313 ff.
[286] Vgl. etwa EuG T-34/93, Slg. 1995, II-545 Rn. 74 ff. – Société Générale/Kommission; EuG verb. Rs. T-236/01, T-239/01, T-244/01 bis T-246/01, T-251/01 u. T-252/01, Slg. 2004, II-1181 Rn. 402 ff. – Tokai Carbon ua/Kommission; EuG verb. Rs. T-259/02 bis T-264/02 u. T-271/02, Slg. 2006, II-5169 Rn. 539 ff. – Raiffaisen Zentralbank Österreich ua/Kommission; EuG T-446/05, Slg. 2010, II-1255 Rn. 326 – Amann & Söhne ua/Kommission; EuG T-302/11, ECLI:EU:T:2014:128 Rn. 117 ff. – HeidelbergCement/Kommission.
[287] Vgl. EuG T-112/98, Slg. 2001, II-729 Rn. 66 – Mannesmannröhren-Werke/Kommission; EuG verb. Rs. T-236/01, T-239/01, T-244/01 bis T-246/01, T-251/01 u. T-252/01, Slg. 2004, II-1181 Rn. 402 – Tokai Carbon ua/Kommission; EuG T-446/05, Slg. 2010, II-1255 Rn. 326 – Amann & Söhne ua/Kommission.
[288] Vgl. nur EuG T-34/93, Slg. 1995, II-545 Rn. 75 f. – Société Générale/Kommission, wonach die Pflicht zur Erteilung von „Antworten rein tatsächlicher Art" nicht mit dem Auskunftsverweigerungsrecht kollidiere bzw. keine unzulässige „Selbstbeschuldigung" darstelle; sowie EuG T-446/05, Slg. 2010, II-1255 Rn. 328 – Amann & Söhne ua/Kommission, wonach die Pflicht zur Beantwortung rein tatsächlicher Fragen der Kommission und zur Vorlage von ihr angeforderter vorhandener Schriftstücke weder

Selbstbezichtigungsschutzes darstellen, ohne dass es in diesen Fällen noch auf die Frage ankäme, ob die jeweiligen Ermittlungsmaßnahmen zu einem Eingeständnis einer Zuwiderhandlung gegen die Wettbewerbsregeln führen und insoweit die Gefahr einer Selbstbezichtigung begründen. Insoweit kann der etwaige Einwand eines Unternehmens, ein EU-kartellverfahrensrechtliches Auskunftsverlangen der Kommission nach Art. 18 Abs. 3 VO (EG) Nr. 1/2003 (→ Rn. 12) zwinge es zu einem Eingeständnis einer Zuwiderhandlung und verletze daher seinen unionsrechtlichen Selbstbezichtigungsschutz, iErg nicht durchgreifen, wenn bzw. solange die Kommission lediglich **Auskünfte** verlangt, **die sich auf Tatsachen bzw. auf tatsächliche Gegebenheiten beziehen.** In der Folge deutete das *Tokai*-Urteil des Gerichts zwar auf eine für die Kommission etwas nachteilige Beschränkung der unter „Tatsachen" bzw. „tatsächliche Gegebenheiten" subsumierbaren Informationen hin.[289] Eine signifikante Rechtsprechungsänderung kann jedoch in dieses Urteil nicht hineininterpretiert werden, zumal der Gerichtshof in seiner dazugehörigen Rechtsmittelentscheidung[290] dem erstinstanzlichen Urteil des Gerichts in wesentlichen Punkten nicht gefolgt ist.[291]

8. Pflicht zur Begründung gerichtlicher Entscheidungen. Nach stRspr des Gerichts- 53 hofs und nach nahezu einhelliger Auffassung im einschlägigen Schrifttum verlangt das Unionsgrundrecht auf ein faires Verfahrens im Übrigen auch, dass jede gerichtliche Entscheidung mit Gründen versehen ist, **damit der Beklagte** die Gründe seiner Verurteilung verstehen und **gegen eine solche Entscheidung auf zweckdienliche und wirksame Weise Rechtsmittel einlegen kann.**[292] Dies bedeutet allerdings nicht, dass das Gericht bei seinen Ausführungen alle von den Parteien des Rechtsstreits vorgetragenen Argumente nacheinander erschöpfend behandeln müsste; vielmehr kann die jeweilige Begründung nach der einschlägigen EuGH-Rspr. auch implizit erfolgen, sofern sie es den Betroffenen ermöglicht, die Gründe zu erkennen, auf denen das angefochtene Urteil beruht, und dem Gerichtshof ausreichende Angaben an die Hand gibt, damit er seine Kontrollaufgabe im Rahmen eines Rechtsmittels wahrnehmen bzw. seine Kontrollfunktion ausüben kann.[293] Der so umschriebene Umfang dieser Begründungspflicht, an die unter Berücksichtigung der einschlägigen EGMR-Rspr. zu Art. 6 EMRK gerade auch mitgliedstaatliche Gerichte im Kontext der **Nichteinschaltung des EuGH im Wege des in Art. 267 AEUV geregelten Vorabentscheidungsverfahrens** gebunden sein dürften[294], lässt sich auch unter Rückgriff auf den ebenfalls vom Unionsgrundrecht auf ein faires Verfahren umfassten

---

den tragenden Grundsatz der Wahrung der Verteidigungsrechte noch den Anspruch auf einen fairen Prozess verletzen könne, die auf dem Gebiet des Wettbewerbsrechts einen Schutz bieten, der dem durch Art. 6 EMRK gewährten Schutz gleichwertig ist.

[289] Vgl. EuG verb. Rs. T-236/01, T-239/01, T-244/01 bis T-246/01, T-251/01 u. T-252/01, Slg. 2004, II-1181 Rn. 407 f. – Tokai Carbon u./Kommission.

[290] EuGH C-301/04 P, Slg. 2006, I-5915 ff. – Kommission/SGL Carbon ua.

[291] Krit. dazu vgl. *Böse* in Schwarze AEUV Art. 337 Rn. 4; *Soyez* EWS 2006, 389 ff.; zu den aus der vorgenannten Rechtsmittelentscheidung des EuGH folgenden Konsequenzen für die auf den unionsrechtlichen Selbstbezichtigungsschutz bezogene Rspr. des Gerichts vgl. etwa EuG verb. Rs. T-259/02 bis T-264/02 u. T-271/02, Slg. 2006, II-5169 Rn. 539 ff. – Raiffeisen Zentralbank Österreich ua/Kommission; EuG T-446/05, Slg. 2010, II-1255 Rn. 325 ff. – Amann & Söhne ua/Kommission; EuG T-138/07, Slg. 2011, II-4819 Rn. 148 ff. – Schindler Holding ua/Kommission; EuG T-297/11, ECLI:EU:T:2014:122 Rn. 59 ff. – Buzzi Unicem SpA/Kommission; EuG T-302/11, ECLI:EU:T:2014:128 Rn. 117 ff. – HeidelbergCement/Kommission.

[292] So vgl. etwa EuGH C-619/10, ECLI:EU:C:2012:531 Rn. 53 – Trade Agency; ähnlich auch bereits EuGH C-283/05, Slg. 2006, I-12041 Rn. 28 – ASML; zur nahezu unumstrittenen Einordnung dieses Begründungserfordernisses als Teilgewährleistung des Unionsgrundrechts auf ein faires Verfahren vgl. etwa auch GA *Tanchev*, SchlA C-34/17, ECLI:EU:C:2018:179 Rn. 79 – Donnellan; sowie *Frenz*, HdbEuR Bd. 4, Rn. 5052 f.; *Jarass* GRCh Art. 47 Rn. 46; *Pabel* in Grabenwarter, EnzEur Bd. 2, § 19 Rn. 66; *Sayers* in PHKW Fundamental Rights Rn. 47.209 ff.

[293] Vgl. etwa EuGH C-439/11 P, ECLI:EU:C:2013:513 Rn. 82 – Ziegler/Kommission; EuGH C-58/12 P, ECLI:EU:C:2013:770 Rn. 37 – Groupe Gascogne/Kommission.

[294] Näher dazu vgl. *Broberg* EPL 22 (2016), 243 ff.; *Broberg/Fenger* ELR 41 (2016), 599 ff.; *Krommendijk* ELR 42 (2017), 46 ff.; *Pechstein/Görlitz* in FK-EUV/GRC/AEUV AEUV Art. 267 Rn. 78.

Anspruch auf rechtliches Gehör (→ Rn. 36 f.) kaum erweitern, da der Anspruch auf rechtliches Gehör in einem gerichtlichen Verfahren nach Auffassung des Unionsrichters nicht bedeutet, dass der Richter in seiner Entscheidung auf das gesamte Vorbringen sämtlicher Parteien umfassend eingehen und zu jedem vorgebrachten Argument Stellung nehmen muss.[295] Insoweit bleibt es auch unter Berücksichtigung des Anspruchs auf rechtliches Gehör dabei, dass das Gericht seine aus dem Unionsgrundrecht auf ein faires Verfahren folgende Begründungspflicht grds. bereits immer dann erfüllt, wenn es den Beteiligten durch seine Entscheidungsbegründung ermöglicht, die Gründe klar und eindeutig zu erfahren, aus denen das betreffende Urteil ergangen ist, und wenn diese Begründung dem Gericht der nächsten Instanz ausreichende Angaben an die Hand gibt, damit das letztgenannte Gericht seine Kontrolle wahrnehmen kann.[296]

54 Der auf die vorgenannte Kontrollfunktion bzw. auf die **Ermöglichung der Wahrnehmung der gerichtlichen Kontrolle** bezogene Zweck der vorgenannten Begründungspflicht ähnelt in gewisser Weise einem der Hauptzwecke der vom Unionsgrundrecht auf eine gute Verwaltung umfassten Pflicht zur Begründung verfahrensabschließender Verwaltungsentscheidungen nach Art. 41 Abs. 2 lit. c GRC (→ Rn. 18), die sich für die von der vorgenannten Bestimmung nicht (direkt) erfassten Behörden und Verwaltungsstellen der EU-Mitgliedstaaten (→ Rn. 19) ersatzweise aus dem in Art. 47 Abs. 1 GRC niedergelegten Unionsgrundrecht auf effektiven gerichtlichen Rechtsschutz ableiten lässt (→ § 55 Rn. 40 ff.). Diese spezielle Begründungspflicht verlangt nach stRspr des Unionsrichters, dass der Betroffene Kenntnis von den Gründen, auf denen die ihm gegenüber ergangene Behördenentscheidung beruht, erlangen kann, um es ihm zu ermöglichen, seine Rechte unter den bestmöglichen Bedingungen zu verteidigen und in Kenntnis aller Umstände zu entscheiden, ob es für ihn von Nutzen ist, das zuständige Gericht anzurufen, und um dieses vollständig in die Lage zu versetzen, die Kontrolle der Rechtmäßigkeit der fraglichen Entscheidung auszuüben.[297]

55 **9. Verhandlung bzw. Entscheidungen innerhalb angemessener Frist.** Der in Art. 47 Abs. 2 S. 1 GRC niedergelegte Grundsatz angemessener Verfahrensdauer bzw. das darin verankerte Recht auf Entscheidung in angemessener Frist, das im einschlägigen Schrifttum eher seltener mit dem Unionsgrundrecht auf ein faires Verfahrens in Verbindung gebracht wird[298], dürfte in einer mit der deutschen Verfassungsrechtslage vergleichbaren Weise als eine zeitdimensionale Teilgewährleistungen des in Art. 47 Abs. 1 GRC verankerten Unionsgrundrechts auf effektiven gerichtlichen Rechtsschutz einzuordnen sein (→ § 55 Rn. 35)[299], auch wenn einige EuGH-Entscheidungen gelegentlich den Eindruck erwecken, als sei die in Art. 47 Abs. 2 S. 1 GRC geregelte Pflicht, die jeweilige Rs. innerhalb angemessener Frist zu entscheiden, keine Teilgewährleistung des Unionsgrundrechts auf effektiven gerichtlichen Rechtsschutz nach Art. 47 Abs. 1 GRC, sondern vielmehr eine Teilgewährleistung des durch Art. 47 Abs. 2 GRC garantierten Rechts auf ein faires Verfahren.[300] Unabhängig davon, welchem der beiden vorgenannten Unionsgrundrechte der unionsverfassungsrechtliche Anspruch auf angemessene Verfahrensdauer bzw. auf Entschei-

---

[295] So vgl. etwa EuGH C-276/11 P, ECLI:EU:C:2013:163 Rn. 34 u. 36 – Viega/Kommission.
[296] Vgl. nur EuGH C-276/11 P, ECLI:EU:C:2013:163 Rn. 44 – Viega/Kommission; EuGH C-508/11 P, ECLI:EU:C:2013:289 Rn. 74 – Eni/Kommission.
[297] So oder sehr ähnlich vgl. EuGH verb. Rs. C-402/05 P u. C-415/05 P, Slg. 2008, I-6351 Rn. 336 f. – Kadi u. Al Barakaat/Rat u. Kommission; EuGH C-300/11, ECLI:EU:C:2013:363 Rn. 53 – ZZ; EuGH verb. Rs. C-584/10 P, C-593/10 P u. C-595/10 P, ECLI:EU:C:2013:518 Rn. 100 – Kommission ua/Kadi; mwN → § 55 Rn. 40 ff.
[298] So aber von *Barents* CMLR 51 (2014), 1437 (1444); *Schmahl* in HdB-EuropaR § 6 Rn. 47.
[299] IdS vgl. auch *Rengeling* FS J. Schwarze, 2014, 735 (745); näher zu der auch in der Rspr. des BVerfG und im einschlägigen Schrifttum favorisierten Einordnung einer „Garantie einer angemessenen Verfahrensdauer" als „Teilkonkretisierung" des in Art. 19 Abs. 4 GG verankerten Gebots wirkungsvollen Rechtsschutzes vgl. mwN *Uhle* in Merten/Papier, HdbGR Bd. V, § 129 Rn. 64.
[300] In diese Richtung weisend vgl. etwa EuGH C-411/15 P, ECLI:EU:C:2017:11 Rn. 165 ff. – Timab Industries ua/Kommission; EuG T-175/15, ECLI:EU:T:2017:694 Rn. 64 – Mabrouk/Rat.

dung in angemessener Frist zuzuordnen ist, gilt auf jeden Fall, dass die in diesem Kontext maßgebliche **Angemessenheit der Dauer eines Verfahrens** in Anlehnung an die einschlägige EGMR-Rspr. zu dem in Art. 6 Abs. 1 EMRK niedergelegten Anspruch auf eine gerichtliche Entscheidung in angemessener Frist[301] stets nach den „Umständen jeder einzelnen Rechtssache" – dh insbes. nach den Interessen der Beteiligten, der Komplexität der Rs. und dem Verhalten der Parteien – zu bestimmen bzw. zu beurteilen ist.[302] In diesem Zusammenhang hat der Unionsrichter ferner klargestellt, dass die vorgenannte Liste der relevanten Kriterien nicht abschließend ist und dass die Beurteilung der Angemessenheit der hier in Rede stehenden Frist keine systematische Prüfung der Umstände des Falles anhand jedes Kriteriums erfordert, wenn die Dauer des Verfahrens anhand eines von ihnen gerechtfertigt erscheint.[303] Insofern können nach stRspr bspw. die Komplexität der Sache oder vom Kläger herbeigeführte Verzögerungen herangezogen werden, um eine auf den ersten Blick zu lange Verfahrensdauer zu rechtfertigen.[304] Im Übrigen ist an dieser Stelle festzuhalten, dass eine Verletzung des hier in Rede stehenden Rechts eine **außervertragliche Haftung der Europäischen Union** begründet, sofern auch alle anderen Anspruchsvoraussetzungen erfüllt sind, von denen die Begründetheit der in Art. 268 AEUV iVm Art. 340 Abs. 2 und 3 AEUV geregelten Amtshaftungsklage abhängt (→ Rn. 67).

Dem in Art. 47 Abs. 2 S. 1 GRC niedergelegten Recht auf gerichtliche Verhandlung bzw. Entscheidung in angemessener Frist (→ Rn. 55), dem auf der verwaltungsverfahrensrechtlichen Ebene ua durch das auch als *„settlement procedure"* bezeichnete Vergleichsverfahren in Kartellsachen[305] sowie auf der verwaltungs- bzw. strafgerichtlichen Ebene durch das **Eilvorabentscheidungsverfahren** nach Art. 267 Abs. 4 AEUV[306] iVm Art. 23a EuGH-Satzung und Art. 107 ff. EuGHVfO sowie durch das im EU-Prozessrecht ebenfalls zur Verfügung stehende **beschleunigte Verfahren** nach Art. 23a EuGH-Satzung iVm Art. 105 f. EuGHVfO[307] Rechnung getragen wird, entspricht auf der verwaltungsverfahrensrechtlichen Ebene der von den Unionsgerichten ebenfalls anerkannte Grundsatz der zügigen Verfahrensdurchführung bzw. der angemessenen Verfahrensdauer, aus dem sich ergibt, dass bspw. auch die von der Europäischen Kommission durchgeführten **Verwaltungsverfahren** bspw. im Anwendungsbereich des EU-Wettbewerbsverfahrensrechts eine von den Besonderheiten des Einzelfalls abhängige angemessene Dauer nicht überschreiten dürfen (→ § 55 Rn. 35). **56**

---

[301] Vgl. etwa EGMR 26.10.2000 – 30210/96, NJW 2001, 2694 (2697) – Kudla/Polen; EGMR 18.10.2001 – 42505/98, EuGRZ 2002, 585 (587) – Mianowicz/Deutschland; EGMR 8.1.2004 – 47169/99, NJW 2005, 41 (43) – Voggenreiter/Deutschland; EGMR 20.1.2005 – 64387/01, EuGRZ 2005, 121 (123) – Uhl/Deutschland; EGMR 26.11.2009 – 54215/08, EuGRZ 2009, 563 (565) – Abduvalieva/Deutschland; EGMR 2.9.2010 – 46344/06, EuGRZ 2010, 700 (702 f.) – Rumpf/Deutschland; sowie jeweils mwN *Grabenwarter/Pabel* in Dörr/Grote/Marauhn Kap. 14 Rn. 113 ff.; *Schilling*, Internationaler Menschenrechtsschutz S. 280 ff.

[302] Vgl. nur EuG T-66/01, Slg. 2010, II-2631 Rn. 114 – Imperial Chemical Industries/Kommission; EuGH C-58/12 P, ECLI:EU:C:2013:770 Rn. 85 – Groupe Gascogne/Kommission; EuGH C-50/12 P, ECLI:EU:C:2013:771 Rn. 96 – Kendrion/Kommission; EuGH C-411/15 P, ECLI:EU:C:2017:11 Rn. 168 – Timab Industries ua/Kommission.

[303] Vgl. nur EuG T-58/01, Slg. 2009, II-4781 Rn. 119 – Solvay/Kommission.

[304] Vgl. nur EuGH C-411/15 P, ECLI:EU:C:2017:11 Rn. 169 – Timab Industries ua/Kommission.

[305] Näher dazu vgl. die VO (EG) Nr. 622/2008 der Kommission v. 30. Juni 2008 zur Änderung der Verordnung (EG) Nr. 773/2004 hinsichtlich der Durchführung von Vergleichsverfahren in Kartellfällen, ABl. 2008 L 171, 3 ff.; sowie *Horányi* ZEuS 2008, 663 ff.; *Frenz/Bresges* EWS 2012, 72 ff.; *Köster* EuZW 2015, 575 ff.

[306] Nach dieser Norm hat der EuGH im Rahmen des Vorabentscheidungsverfahrens innerhalb kürzester Frist zu entscheiden, wenn ihn ein einzelstaatliches Gericht in einem Verfahren befragt, das eine inhaftierte Person betrifft.

[307] Näher zu den hier angesprochenen Eil- und Beschleunigungsverfahren vgl. jeweils mwN *Barbier de la Serre* CMLR 43 (2006), 783 ff.; *Bartolini* EPL 24 (2018), 213 ff.; *Dörr* EuGRZ 2008, 349 (352 ff.); *Frenz*, HdbEuR Bd. 5, Kap. 14 § 4 Rn. 2505 ff.; *Lumma* EuGRZ 2008, 381 ff.; *Pechstein/Görlitz* in FK-EUV/GRC/AEUV AEUV Art. 267 Rn. 107 ff.; *Sladič* EuZW 2005, 712 ff.; zur Praxisrelevanz des beschleunigten Vorabentscheidungsverfahrens vgl. exemplarisch EuGH C-670/16, ECLI:EU:C:2017:120 – Mengesteab, mAnm *Huber* NVwZ 2017, 870 f.; *Thym* CMLR 55 (2018), 549 ff.

II. Persönlicher Gewährleistungsgehalt und Grundrechtsverpflichtete

57 In Ansehung des Unionsgrundrechts auf ein faires Verfahren ist – wie bei allen anderen Unionsgrundrechten auch (→ § 9 Rn. 2 ff., 22 ff.) – zwischen den in den persönlichen Schutzbereich bzw. Gewährleistungsgehalt fallenden **Grundrechtsberechtigten** (→ Rn. 58) und den an dieses Grundrecht gebundenen **Grundrechtsverpflichteten** zu unterscheiden, zu denen neben den Organen, Einrichtungen und sonstigen Stellen der EU auch die Mitgliedstaaten und deren Untergliederungen im Rahmen der Durchführung des Unionsrechts gehören (→ Rn. 59). Eine **unmittelbare Dritt-, Privat- bzw. Horizontalwirkung,** die der Gerichtshof diversen anderen subjektiven Unionsrechten zuspricht (→ § 9 Rn. 40 ff.), scheidet beim Unionsgrundrecht auf ein faires Verfahren aus.

58 **1. Grundrechtsberechtigung natürlicher Personen mit oder ohne Unionsbürgerstatus und juristischer Personen mit oder ohne Sitz in der EU.** Der persönliche Schutzbereich des Unionsgrundrechts auf ein faires Verfahren ist mit dem persönlichen Schutzbereich des in Art. 47 Abs. 1 GRC niedergelegten Unionsgrundrechts auf effektiven gerichtlichen Rechtsschutz (→ § 55 Rn. 28) identisch; insofern kann es keine einzige natürliche oder juristische Person geben, die einen Anspruch auf Zugang zu Gericht und ein dazugehöriges Recht auf einen effektiven gerichtlichen Rechtsschutz nach Art. 47 Abs. 1 GRC hat, ohne sich dann vor einem solchen Gericht nicht auch auf das Unionsgrundrecht auf ein faires Verfahren berufen zu können. Beide Unionsgrundrechte stellen prozessuale „Jedermann"-Grundrechte dar, auf die sich im Falle einer möglichen Verletzung der durch das Unionsrecht garantierten Rechte oder Freiheiten (→ § 55 Rn. 27) **neben natürlichen Personen** mit oder ohne Unionsbürgerstatus **auch juristische Personen** des Privatrechts sowie des öffentlichen Rechts mit oder ohne Sitz in der EU berufen können (→ § 9 Rn. 2 ff.).[308] Dies schließt auch die Unionsorgane ein, hinsichtlich derer der Gerichtshof bereits mehrfach bestätigt hat, dass sich diese bspw. auf den vom Unionsgrundrecht auf ein faires Verfahren umfassten Grundsatz des kontradiktorischen Verfahrens (→ Rn. 29 f.) berufen können, wenn sie an einem Verfahren beteiligt sind.[309]

59 **2. Grundrechtsbindung aller Organe, Einrichtungen und sonstigen Stellen der EU sowie der Mitgliedstaaten und deren Untergliederungen bei der Durchführung des Unionsrechts.** Das Unionsgrundrecht auf ein faires Verfahren gehört – wie auch das damit sehr eng verbundene Unionsgrundrecht auf effektiven gerichtlichen Rechtsschutz (→ § 55 Rn. 23) – zu den Unionsgrundrechten, an die nach Art. 51 Abs. 1 S. 1 GRC zunächst einmal alle **Organe, Einrichtungen und sonstigen Stellen der EU** gebunden sind (→ § 9 Rn. 23). Darüber hinaus gehören die **EU-Mitgliedstaaten und deren Untergliederungen** zu den Adressaten dieses Unionsgrundrechts, soweit sie das Unionsrecht in dem weit verstandenen Sinne des Art. 51 Abs. 1 S. 1 GRC durchführen (→ § 9 Rn. 24 ff.).[310] Letzteres entspricht wiederum der einschlägigen EuGH-Rspr. zur Bindung

---

[308] Zur expliziten Einbeziehung juristischer Personen in den Anwendungsbereich des Art. 47 Abs. 1–3 GRC vgl. exemplarisch auch EuGH C-279/09, Slg. 2010, I-13849 Rn. 38 ff. – DEB.

[309] Vgl. nur EuGH C-89/08 P, Slg. 2009, I-11245 Rn. 53 – Kommission/Irland ua; EuGH verb. Rs. C-514/07 P, C-528/07 P u. C-532/07 P, Slg. 2010, I-8533 Rn. 89 – Schweden ua/Kommission; entsprechend für staatliche Stellen, soweit es um den Grundsatz der Waffengleichheit geht, vgl. GA *Kokott*, SchlA C-73/16, ECLI:EU:C:2017:253 Rn. 82 – Puškár.

[310] Näher dazu vgl. auch *Berger* ZÖR 2013, 563 (565); *Gundel* in Ehlers GuG § 27 Rn. 8 f. u. Rn. 42 ff.; speziell zur Relevanz des Unionsgrundrechts auf ein faires Verfahren in bieterschützenden Nachprüfungsverfahren im Rahmen des europäisierten Vergaberechts der Mitgliedstaaten vgl. EuGH C-450/06, Slg. 2008, I-581 Rn. 44 ff. – Varec, sowie EuGH verb. Rs. C-439/14 u. C-488/14, ECLI:EU:C:2016 Rn. 45 ff. – SC Star Storage ua; zur Pflicht der Mitgliedstaaten, die Beachtung des Unionsgrundrechts auf ein faires Verfahren im datenschutzrechtlichen Kontext zu gewährleisten, vgl. EuGH C-73/16, ECLI:EU:C:2017:725 Rn. 59 ff. – Puškár, mAnm *Ellingsen* CMLR 55 (2018), 1879 ff.; entsprechend für die Bekämpfung der Geldwäsche auf mitgliedstaatlicher Ebene vgl. EuGH C-305/05, Slg. 2007, I-5305 Rn. 29 ff. – Ordre des barreaux francophones et germanophone ua.; entsprechend für die Betrugsbekämpfung auf mitgliedstaatlicher Ebene vgl. EuGH C-356/15, ECLI:EU:C:2018:555 Rn. 103 – Kommission/Belgien; entsprechend für mitgliedstaatliches Handeln im Zusammenhang mit dem Europäi-

der Mitgliedstaaten bzw. mitgliedstaatlicher Behörden und Gerichte an den unionsgrundrechtlichen Grundsatz der Wahrung der Verteidigungsrechte[311], der sich mit dem Unionsgrundrecht auf ein faires Verfahren partiell überschneidet (→ Rn. 70).

D. Beeinträchtigung, Rechtfertigung und Rechtsfolgen

Aus der Vielzahl der von dem Unionsgrundrecht auf ein faires Verfahren umfassten Teilgewährleistungen (→ Rn. 26 ff.) folgt nahezu automatisch, dass die denkbaren Beeinträchtigungen dieses Grundrechts durchaus vielfältig und sehr unterschiedlicher Art sein können (→ Rn. 61). Derartige Beeinträchtigungen bzw. **Grundrechtseingriffe** können unter bestimmten Voraussetzungen gerechtfertigt sein, da das Unionsgrundrecht auf ein faires Verfahren und die davon umfassten Teilgewährleistungen nach der einschlägigen Rspr. der Unionsgerichte zur **Schrankensystematik** dieses Grundrechts nicht schrankenlos gewährleistet werden (→ Rn. 62 f.). Im Falle einer Verletzung oder Missachtung des Unionsgrundrechts auf ein faires Verfahren bzw. einzelner Teilgewährleistungen dieses Grundrechts stellt sich schließlich die Frage nach den Rechtsfolgen, die im Lichte des aktuellen Standes der unionsrechtlichen **Fehlerfolgenlehre** differenziert zu betrachten sind (→ Rn. 64 ff.). **60**

I. Denkbare Beeinträchtigungen

Das Unionsgrundrecht auf ein faires Verfahren kann angesichts des Umstands, dass es zahlreiche Teilgewährleistungen umfasst (→ Rn. 26 ff.), einer Vielzahl von Beeinträchtigungen ausgesetzt sein. Dies betrifft zum einen den von diesem Unionsgrundrecht umfassten Anspruch auf rechtliches Gehör (→ Rn. 36 f.), der regelmäßig dann beeinträchtigt wird, wenn dem Betroffenen in einem laufenden Verfahren entgegen den durch diesen Anspruch aufgestellten Anforderungen entweder gar keine oder **keine ausreichende Gelegenheit zur Stellungnahme** hinsichtlich der ihn betreffenden Tatsachen und/oder Dokumente, die für seine Rechtsverteidigung erheblich sind, gewährt wird (→ § 58 Rn. 43). Eine Beeinträchtigung des ebenfalls von dem Unionsgrundrecht auf ein faires Verfahren umfassten Akteneinsichtsrechts (→ Rn. 38 ff.) liegt demgegenüber dann vor, wenn dem Betroffenen in einem laufenden Verfahren entgegen den durch dieses Recht aufgestellten Anforderungen überhaupt nicht oder **kein ausreichender Zugang zu** den **Dokumenten** gewährt wird, die für seine Rechtsverteidigung erheblich sind (→ § 59 Rn. 36). Die ebenfalls von dem Unionsgrundrecht auf ein faires Verfahren umfassten Grundsätze der Waffengleichheit und des kontradiktorischen Verfahrens werden beeinträchtigt, wenn eine **Verfahrenspartei** keine vernünftige bzw. keine ausreichende Möglichkeit geboten wird, ihren Standpunkt unter Bedingungen vorzutragen, die sich nicht **in eine deutlich nachteilige Position im Verhältnis zu ihrem Gegner** versetzt (→ Rn. 27 f.) und/oder wenn sie daran gehindert wird, von allen beim Gericht eingereichten Schriftstücken, Beweismitteln und Erklärungen Kenntnis zu nehmen, und diese erörtern sowie die Entscheidung des Gerichts beeinflussen zu können (→ Rn. 29 f.). Da auch die in Art. 47 Abs. 2 S. 1 GRC **61**

---

schen Haftbefehl vgl. EuGH C-216/18 PPU, ECLI:EU:C:2018:586 Rn. 47 ff. – LM, jeweils mAnm *Konstadinides* CMLR 2019, 743 ff.; *Payandeh* JuS 2018, 919 ff.; *Wendel* EuR 2019, 111 ff.; zur gebotenen Verfahrensfairness auch bei der den mitgliedstaatlichen Stellen obliegenden Zustellung von Strafbefehlen an Zustellungsbevollmächtigte vgl. EuGH verb. Rs. C-124/16, C-188/16 u. C-213/16, ECLI:EU:C:2017:228 Rn. 35 ff. – Tranca ua; zur Pflicht mitgliedstaatlicher Behörden und Gerichte, die Beachtung des Unionsgrundrechts auf ein faires Verfahren auch im Kontext des Umweltinformationsanspruchs gemäß der RL 2003/4/EG zu gewährleisten, vgl. etwa EuGH C-329/13, ECLI:EU:C:2014:815 Rn. 35 f. – Stefan.
[311] Dazu vgl. etwa EuGH C-383/13 PPU, ECLI:EU:C:2013:533 Rn. 35 – G. u. R.; EuGH verb. Rs. C-129/13 u. C-130/13, ECLI:EU:C:2014:2041 Rn. 27 ff. – Kamino International Logistics ua; EuGH C-166/13, ECLI:EU:C:2014:2336 Rn. 50 – Mukarubega; EuGH C-249/13, ECLI:EU:C:2014:2431 Rn. 40 – Boudjlida; EuGH C-348/16, ECLI:EU:C:2017:591 Rn. 33 – Sacko.

angesprochenen Kriterien der Unabhängigkeit und der Unparteilichkeit zu den Grundpfeilern des Unionsgrundrechts auf ein faires Verfahren gehören, kann es zu weiteren Beeinträchtigungen dieses Grundrechts durch solche **Maßnahmen** kommen, **welche die Autonomie** bzw. **Weisungsungebundenheit und/oder die Neutralität, Objektivität, Unvoreingenommenheit oder Unbefangenheit des jeweiligen Gerichts oder einzelner Richter in Frage stellen** (→ Rn. 32). Eine weitere Beeinträchtigung des Unionsgrundrechts auf ein faires Verfahren liegt im Falle der Zustellung verfahrenseinleitender Schriftstücke dann vor, wenn dieses Schriftstück den Empfänger nicht in die Lage versetzt, die Bedeutung und den Umfang der gegen ihn erhobenen Klage oder des gegen ihn eingeleiteten Verfahrens vollständig zu erfahren oder zu verstehen (→ Rn. 34). Auch **Maßnahmen, welche die Wahrnehmung der** in Art. 47 Abs. 2 S. 2 GRC und Art. 48 Abs. 2 GRC verankerten **Verteidigungsrechte verhindern, behindern oder erschweren,** sind als Beeinträchtigungen des Unionsgrundrechts auf ein faires Verfahren einzustufen. Gleiches gilt im Falle einer unzureichenden Begründung gerichtlicher Entscheidungen (→ Rn. 53) und im Falle der **Überschreitung einer angemessenen Verfahrensdauer** iS des Art. 47 Abs. 2 S. 1 GRC, sofern das hier in Rede stehende Recht auf eine gerichtliche Entscheidung innerhalb angemessener Frist als Teilgewährleistung des Unionsgrundrechts auf ein faires Verfahren und nicht als Teilgewährleistung des in Ar. 47 Abs. 1 GRC verankerten Unionsgrundrechts auf effektiven gerichtlichen Rechtsschutz einzuordnen sein sollte (→ Rn. 55). Als eine weitere Beschränkung des Unionsgrundrechts auf ein faires Verfahren, die sich auf die von diesem Grundrecht umfasste Pflicht zur Begründung gerichtlicher Entscheidungen (→ Rn. 53 f.) bezieht, stuft der Unionsrichter schließlich auch den **Erlass einer gerichtlichen Versäumnisentscheidung** ein, die im Hinblick auf eine ordnungsgemäße Rechtspflege gewährleisten soll, dass solche Verfahren, die zur Beitreibung unbestrittener Forderungen eingeleitet werden, rasch, effektiv und weniger kostspielig vonstattengehen.[312]

II. Mögliche Rechtfertigung und Schranken-Schranken

62 Das Unionsgrundrecht auf ein faires Verfahren und die davon umfassten Teilgewährleistungen (→ Rn. 26 ff.) haben grds. keinen absoluten Charakter. Dies gilt nicht nur hinsichtlich des Anspruchs auf rechtliches Gehör (→ Rn. 36 f.) und des damit eng verbundenen Akteneinsichtsrechts (→ Rn. 38 ff.), die eine recht ähnliche Schrankensystematik aufweisen (→ § 58 Rn. 45 ff.; → § 59 Rn. 37 ff.), sondern auch hinsichtlich des Rechts auf eine öffentliche und mündliche Verhandlung (→ Rn. 33), des sog. Konfrontationsrechts nach Art. 48 Abs. 2 GRC iVm Art. 52 Abs. 3 S. 1 GRC und Art. 6 Abs. 3 lit. d EMRK (→ Rn. 44) sowie hinsichtlich des Rechts eines Angeklagten auf persönliches Erscheinen zur Verhandlung (→ Rn. 35), welches nach stRspr der Unionsgerichte ebenfalls kein absolutes Recht darstellt.[313] Im Einklang damit kann auch eine Beschränkung des Rechts auf eine hinreichend begründete Gerichtsentscheidung (→ Rn. 53 f.) in bestimmten Fällen etwa aus Gründen der **Gewährleistung einer ordnungsgemäßen Rechtspflege** gerechtfertigt sein.[314] Die Rechtfertigung eines durch die Vorenthaltung bestimmter Informationen bewirkten Eingriffs in den vom Unionsgrundrecht auf ein faires Verfahren umfassten Grundsatz des kontradiktorischen Verfahrens (→ Rn. 29 f.) kann aus Gründen der **Wahrung der Grundrechte Dritter, des Schutzes von Geschäftsgeheimnissen und des Schutzes wichtiger Interessen der Allgemeinheit** in Betracht kommen.[315]

63 Die vorgenannte Rspr. des Unionsgerichte zur mangelnden Schrankenlosigkeit des Unionsgrundrechts auf ein faires Verfahren entspricht im Übrigen der zurückliegenden EuGH-Rspr. zur mangelnden Schrankenlosigkeit des unionsgrundrechtlichen Grundsatzes

---

[312] Vgl. nur EuGH C-619/10, ECLI:EU:C:2012:531 Rn. 57 f. – Trade Agency.
[313] Vgl. nur EuGH C-619/10, ECLI:EU:C:2012:531 Rn. 52 ff. – Trade Agency.
[314] Vgl. nur EuGH C-619/10, ECLI:EU:C:2012:531 Rn. 57 f. – Trade Agency.
[315] Vgl. nur EuGH C-450/06, Slg. 2008, I-581 Rn. 47 ff. – Varec.

der Wahrung oder Achtung bzw. Beachtung der Verteidigungsrechte (→ Rn. 15 f.) bzw. des mit diesem Unionsgrundrecht untrennbar verbundenen Anhörungsgrundrechts, wonach Unionsgrundrechte – wie etwa das der Wahrung der Verteidigungsrechte – nicht schrankenlos gewährleistet sind, sondern im weitgehenden Einklang mit den schrankensystematischen Vorgaben des Art. 52 Abs. 1 GRC „Beschränkungen unterworfen werden [können], sofern diese tatsächlich dem Gemeinwohl dienenden Zielen entsprechen, die mit der fraglichen Maßnahme verfolgt werden, und keinen im Hinblick auf den verfolgten Zweck unverhältnismäßigen, nicht tragbaren Eingriff darstellen, der die so gewährleisteten Rechte in ihrem Wesensgehalt antastet".[316] Da keine Gründe dafür ersichtlich sind, warum dies nicht auch für das Unionsgrundrecht auf ein faires Verfahren gelten muss, ist davon auszugehen, dass die Schrankensystematik dieses Unionsgrundrechts in maßgebender Weise durch die **schrankensystematischen Vorgaben des Art. 52 Abs. 1 GRC** (→ § 10 Rn. 28 ff.) bestimmt wird.[317] Ergänzend ist an dieser Stelle schließlich auch auf die ständige EuGH-Rspr. hinzuweisen, wonach die Frage, ob eine Verletzung der Verteidigungsrechte und des Unionsgrundrechts auf effektiven gerichtlichen Rechtsschutz (→ § 55) vorliegt, im Übrigen auch anhand der besonderen Umstände jedes Einzelfalls – insbes. des Inhalts des betreffenden Rechtsakts, des Kontexts seines Erlasses sowie der Rechtsvorschriften auf dem betreffenden Gebiet – zu prüfen ist.[318] Ob auch dies „eins zu eins" auf das Unionsgrundrecht auf ein faires Verfahren übertragen werden kann, ist von den Unionsgerichten – soweit ersichtlich – noch nicht klar entschieden worden, aber auf Grund des Umstands, dass die vorgenannten Unionsgrundrechte sehr eng miteinander zusammenhängen, anzunehmen bzw. wahrscheinlich.

III. Rechtsfolgen einer etwaigen Verletzung oder Missachtung des Unionsgrundrechts auf ein faires Verfahren

Die Rechtsfolgen eines nicht gerechtfertigten Eingriffs in das Unionsgrundrecht auf ein faires Verfahren bzw. in die von diesem Grundrecht umfassten Teilgewährleistungen (→ Rn. 26 ff.) lassen sich nicht „über einen Kamm scheren". Vielmehr sind die Rechtsfolgen einer etwaigen Verletzung oder Missachtung dieses Unionsgrundrechts nach der diesbezüglich recht facettenreichen Rspr. der Unionsgerichte differenziert zu betrachten, wobei auch danach zu unterscheiden ist, ob eine solche Grundrechtsverletzung bestimmten Organen, Einrichtungen oder sonstigen Stellen der EU vorzuwerfen ist oder ob diese durch nationale Behörden oder Gerichte im Rahmen der sog. Verfahrensautonomie der Mitgliedstaaten (→ § 9 Rn. 34 f.) bzw. im Rahmen der in Art. 51 Abs. 1 S. 1 GRC angesprochenen Durchführung des Unionsrechts (→ § 9 Rn. 24 ff.) bewirkt wird. 64

Soweit die mitgliedstaatlichen Behörden und Gerichte im Rahmen der vorgenannten Durchführung des Unionsrechts an das Unionsgrundrecht auf ein faires Verfahren gebunden sind (→ Rn. 59) und eine bestimmte Teilgewährleistung dieses Unionsgrundrechts durch eine mitgliedstaatliche Behörde verletzt worden ist, dürften sich die Folgen einer solchen Verletzung im Einklang mit dem unionsrechtlichen **Grundsatz der verfahrensmäßigen Autonomie der Mitgliedstaaten** (→ § 9 Rn. 34 f.) grds. nach dem innerstaatlichen Recht des jeweiligen Mitgliedstaats richten. Hierfür spricht insbes. die einschlägige EuGH-Rspr. zur Bindung mitgliedstaatlicher Behörden an den unionsgrundrechtlichen Grundsatz der Achtung bzw. Beachtung oder Wahrung der Verteidigungsrechte (→ Rn. 15 f.), nach der sich die nicht unionsrechtlich festgelegten Folgen einer Missachtung des Unionsgrundrechts auf Wahrung der Verteidigungsrechte im Allgemeinen und des 65

---

[316] Vgl. nur EuGH verb. Rs. C-129/13 u. C-130/13, ECLI:EU:C:2014:2041 Rn. 42 – Kamino International Logistics ua; EuGH C-166/13, ECLI:EU:C:2014:2336 Rn. 53 – Mukarubega; EuGH C-348/16, ECLI:EU:C:2017:591 Rn. 38 – Sacko.
[317] Für die Maßgeblichkeit des Art. 52 Abs. 1 GRC für alle in Art. 47 GRC verankerten Rechte vgl. auch statt vieler *Berger* ZÖR 2013, 563 (565 f.); *Pabel* in Grabenwarter, EnzEur Bd. 2, § 19 Rn. 14.
[318] Vgl. nur EuGH verb. Rs. C-584/10 P, C-593/10 P u. C-595/10 P, ECLI:EU:C:2013:518 Rn. 102 – Kommission ua/Kadi; EuGH C-348/16, ECLI:EU:C:2017:591 Rn. 41 – Sacko.

davon umfassten Anspruchs auf rechtliches Gehör im Speziellen „nach nationalem Recht richten, sofern die idS getroffenen Maßnahmen denen entsprechen, die für den Einzelnen in vergleichbaren unter das nationale Recht fallenden Situationen gelten (Äquivalenzgrundsatz) und die Ausübung der durch die Unionsrechtsordnung verliehenen Rechte nicht praktisch unmöglich machen oder übermäßig erschweren (Effektivitätsgrundsatz)".[319] Diesbezüglich ist insbes. zu beachten, dass der vorgenannte **Effektivitätsgrundsatz,** der dem Grundsatz der verfahrensmäßigen Autonomie der Mitgliedstaaten im Verbund mit dem oben angesprochenen **Äquivalenzgrundsatz** grds. weitreichende Schranken setzt (→ § 9 Rn. 34 f.), das jeweilige nationale Gericht nicht automatisch dazu verpflichtet, die angefochtene Behördenentscheidung, die unter Verletzung der Verteidigungsrechte im Allgemeinen und/oder des Anspruchs auf rechtliches Gehör im Speziellen erlassen wurde, in sämtlichen Fällen für nichtig zu erklären.[320] Dies ist darauf zurückzuführen, dass eine Verletzung der Verteidigungsrechte, insbes. des Anspruchs auf rechtliches Gehör, nach ständiger EuGH-Rspr. im Grundsatz nur dann zur **Nichtigerklärung der verfahrensabschließenden Behördenentscheidung** führt bzw. führen muss, **wenn das Verfahren ohne diese Regelwidrigkeit zu einem anderen Ergebnis hätte führen können.**[321]

66   Das vorgenannte Fehlerfolgenregime entspricht im Grundsatz auch der einschlägigen Rspr. der Unionsgerichte zu den **Fehlerfolgen im Anwendungsbereich des EU-Eigenverwaltungsrechts** im Allgemeinen und des EU-Kartellverfahrensrechts nach Maßgabe der Kartellverfahrens-VO (EG) Nr. 1/2003 (→ Rn. 12) im Besonderen, wonach eine Verletzung der Verteidigungsrechte nur dann zur Nichtigerklärung der angefochtenen Entscheidung führe, wenn das Verfahren – was das betroffene Unternehmen dartun müsse – ohne diese Regelwidrigkeit zu einem anderen Ergebnis hätte führen können.[322] Dies lässt sich so aber nicht „eins zu eins" auf alle Verteidigungsrechte übertragen. Dies ergibt sich insbes. aus der einschlägigen Rspr. der Unionsgerichte zu den Folgen einer etwaigen Verletzung des unionsverfassungsrechtlichen Anspruchs auf rechtliches Gehör (→ § 58 Rn. 51 ff.) und des damit sehr eng verbundenen Akteneinsichtsrechts (→ § 59 Rn. 62), wonach bspw. ein EU-kartellverfahrensabschließender Kommissionsbeschluss auf der Grundlage der VO (EG) Nr. 1/2003 bereits dann für nichtig zu erklären ist, wenn die Klägerin belegt, dass sie sich ohne die hier in Rede stehenden Verfahrensfehler – dh wenn sie gehört worden wäre und Zugang zu den Akten gehabt hätte – besser hätte verteidigen können, und wonach sie nicht darzutun braucht, dass der angefochtene Beschluss ohne diese Verfahrensfehler einen anderen Inhalt gehabt hätte.[323] Mit einer weiteren – ebenfalls das **EU-Kartellverfahrensrecht** betreffenden – Entscheidung hat sodann auch der Gerichtshof klargestellt, dass das Unterbleiben einer Anhörung im EU-Kartellverfahren eine Verletzung wesentlicher Formvorschriften darstellt und es im Falle einer solchen Verletzung nicht erforderlich ist, dass das dadurch in seinen Rechten verletzte Unternehmen dartut, dass diese Rechtsverletzung den Ablauf des Verfahrens und den Inhalt der streitigen Entscheidung zu seinen Lasten beeinflussen konnte.[324] Dem entspricht schließlich in einem weiten Umfang auch die jüngere Rspr. des Unionsrichters zu den Rechtsfolgen der Verletzung von Verteidigungsrechten im Anwendungsbereich der **Fusionskontroll-VO (EG) Nr. 139/2004** (→ Rn. 45), wonach verfahrensabschließende Kommissionsbeschlüsse im

---

[319] So vgl. EuGH verb. Rs. C-129/13 u. C-130/13, ECLI:EU:C:2014:2041 Rn. 75 – Kamino International Logistics ua.
[320] Vgl. EuGH verb. Rs. C-129/13 u. C-130/13, ECLI:EU:C:2014:2041 Rn. 78 – Kamino International Logistics ua.
[321] Vgl. nur EuGH C-96/11 P, ECLI:EU:C:2012:537 Rn. 80 – Storck/HABM; EuGH C-383/13 PPU, ECLI:EU:C:2013:533 Rn. 38 – G. u. R.; EuGH verb. Rs. C-129/13 u. C-130/13, ECLI:EU:C:2014:2041 Rn. 79 f. – Kamino International Logistics ua.
[322] Vgl. etwa EuGH C-154/14 P, ECLI:EU:C:2016:445 Rn. 69 – SKW Stahl-Metallurgie ua/Kommission; EuGH C-99/17 P, ECLI:EU:C:2018:773 Rn. 78 – Infineon Technologies/Kommission.
[323] Vgl. EuG T-189/10, ECLI:EU:T:2015:504 Rn. 72 – GEA Group/Kommission; ähnlich EuG T-441/14, ECLI:EU:T:2018:453 Rn. 76 f. – Brugg Kabel ua/Kommission.
[324] Vgl. EuGH C-85/15 P, ECLI:EU:C:2017:709 Rn. 45 f. – Feralpi Holding/Kommission.

Anwendungsbereich des EU-Fusionskontrollrechts für nichtig zu erklären sind, sofern die Kläger hinreichend nachgewiesen haben, dass sie zumindest eine geringe Chance gehabt hätten, sich sachdienlicher zu verteidigen, wenn es diesen Verfahrensmangel nicht gegeben hätte, wobei sie indes nicht zu beweisen brauchen, dass der jeweils angefochtene Beschluss anders ausgefallen wäre.[325] Diese Rechtsprechungslinie zeigt, dass die auf das EU-Eigenverwaltungsrecht bezogene Fehlerfolgenlehre[326] insgesamt durch ein recht hohes Maß an Variabilität gekennzeichnet und daher grds. geeignet ist, bereichsspezifischen Besonderheiten und Notwendigkeiten im Interesse eines angemessenen Grundrechtsschutzes natürlicher und juristischer Personen adäquat Rechnung zu tragen.

Ein **spezielles Fehlerfolgenregime** hat sich in der jüngeren Rspr. der Unionsgerichte schließlich **im Hinblick auf den** in Art. 47 Abs. 2 S. 1 GRC verankerten **Anspruch auf eine gerichtliche Entscheidung in angemessener Frist** (→ Rn. 55 f.) herausgebildet, dessen Verletzung eine außervertragliche Haftung der Europäischen Union begründen kann, sofern auch alle anderen Anspruchsvoraussetzungen erfüllt sind, von denen die Begründetheit der in Art. 268 AEUV iVm Art. 340 Abs. 2 und 3 AEUV geregelten Amtshaftungsklage abhängt.[327] In diesem Kontext gilt zwar auf der einen Seite, dass die Überschreitung einer angemessenen Entscheidungsfrist als ein Verfahrensfehler, der die Verletzung eines Grundrechts darstellt, der betreffenden Partei einen Rechtsbehelf eröffnen muss, der ihr eine angemessene Wiedergutmachung bietet.[328] Auf der anderen Seite hat der Unionsrichter jedoch auch klargestellt, dass die Nichteinhaltung einer angemessenen Entscheidungsfrist in Ermangelung jeglicher Anhaltspunkte dafür, dass die überlange Verfahrensdauer Auswirkungen auf den Ausgang des Rechtsstreits gehabt hat, nicht zur Aufhebung des angefochtenen Urteils führen kann[329], sondern mittels einer **Schadensersatzklage vor dem Gericht** zu ahnden ist, da eine solche Schadensersatzklage einen effektiven Rechtsbehelf darstellt.[330] Folglich kann der Ersatz des Schadens, der durch die Nichteinhaltung einer angemessenen Entscheidungsfrist durch das Gericht verursacht wurde, nicht unmittelbar im Rahmen eines Rechtsmittels beim Gerichtshof beantragt werden[331], sondern muss beim Gericht selbst eingeklagt werden.[332] Hiervon zu unterscheiden ist allerdings wiederum der Fall einer **Verletzung des Grundsatzes der angemessenen Verfahrensdauer in dem einem Nichtigkeitsklageverfahren vorausgegangen Kartellverfahren** auf der Grundlage der VO (EG) Nr. 1/2003 (→ Rn. 12). Diesbezüglich gilt, dass ein Verstoß gegen diesen nach stRspr des Unionsrichters auch auf EU-kartellverfahrensrechtlicher Ebene geltenden Grundsatz der angemessenen Verfahrensdauer (→ Rn. 56) die

---

[325] Vgl. EuG T-194/13, ECLI:EU:T:2017:144 Rn. 210 – United Parcel Services/Kommission; dies explizit bestätigend vgl. EuGH C-265/17 P, ECLI:EU:C:2019:23 Rn. 56 – Kommission/United Parcel Service.
[326] Instruktiv dazu vgl. zuletzt *Hering* Der Staat 57 (2018), 601 ff.
[327] Zur außervertraglichen Haftung der EU wegen überlanger Verfahrensdauer vgl. insbes. EuGH C-40/12 P, ECLI:EU:C:2013:768 Rn. 89 f. – Gascogne Sack Deutschland/Kommission; EuGH C-608/13 P, ECLI:EU:T:2016:414 Rn. 64 ff. – CEPSA/Kommission; EuGH C-519/15 P, ECLI:EU:T:2016:682 Rn. 59 ff. – Trafilerie Meridionali/Kommission; EuG T-577/14, ECLI:EU:T:2017:1 Rn. 59 ff. – Gascogne Sack Deutschland ua/Europäische Union; EuGH C-85/15 P, ECLI:EU:C:2017:709 Rn. 54 – Feralpi Holding/Kommission.
[328] Vgl. nur EuGH C-578/11 P, ECLI:EU:C:2014:1742 Rn. 80 – Deltafina/Kommission.
[329] Vgl. EuGH C-578/11 P, ECLI:EU:C:2014:1742 Rn. 81 – Deltafina/Kommission; EuGH C-40/12 P, ECLI:EU:C:2013:768 Rn. 81 – Gascogne Sack Deutschland/Kommission.
[330] Vgl. nur EuGH C-411/15 P, ECLI:EU:C:2017:11 Rn. 165 – Timab Industries ua/Kommission.
[331] Vgl. dazu aber auch EuGH C-411/15 P, ECLI:EU:C:2017:11 Rn. 167 – Timab Industries ua/Kommission, wo es auszugsweise wie folgt heißt: „Ist indessen offensichtlich, dass das Gericht seine Pflicht, die Rechtssache innerhalb angemessener Frist zu entscheiden, in hinreichend qualifizierter Weise verletzt hat, ohne dass es insoweit erforderlich wäre, dass die Parteien zusätzliche Nachweise beibringen, kann der Gerichtshof dies feststellen [...]. Folglich kann der Gerichtshof im Rahmen des Rechtsmittelverfahrens eine Verletzung des durch Art. 47 Abs. 2 der Charta garantierten Rechts auf ein faires Verfahren aufgrund einer unangemessenen Dauer des Verfahrens vor dem Gericht feststellen".
[332] Vgl. EuGH C-50/12 P, ECLI:EU:C:2013:771 Rn. 95 – Kendrion/Kommission; EuGH C-58/12 P, ECLI:EU:C:2013:770 Rn. 83 – Groupe Gascogne/Kommission; EuGH C-578/11 P, ECLI:EU:C:2014:1742 Rn. 86 – Deltafina/Kommission.

Nichtigerklärung einer nach Abschluss eines Verwaltungsverfahrens auf dem Gebiet der Wettbewerbspolitik erlassenen Entscheidung nur dann rechtfertigen kann, soweit durch diesen Verstoß auch die Verteidigungsrechte des betroffenen Unternehmens verletzt bzw. beeinträchtigt worden sind.[333]

E. Verhältnis zu anderen Grundrechtsgewährleistungen

68 Das in Art. 47 Abs. 2 GRC verankerte Recht auf ein faires Gerichtsverfahren stellt ein gegenüber dem in **Art. 47 Abs. 1 GRC** niedergelegten Unionsgrundrecht auf effektiven gerichtlichen Rechtsschutz (→ § 55) eigenständiges Unionsgrundrecht dar (→ Rn. 8 ff.), welches den zu den allgemeinen Grundsätzen des Unionsrechts iS des **Art. 6 Abs. 3 EUV** gehörenden Grundsatz des fairen Verfahrens „bekräftigt" (→ Rn. 7). Eines Rückgriffs auf diesen allgemeinen Rechtsgrundsatz bedarf es angesichts des Art. 47 Abs. 2 GRC, der im Übrigen überaus eng mit der von **Art. 48 Abs. 2 GRC** eingeforderten Achtung bestimmter Verteidigungsrechte und – was die unionsgrundrechtliche Dokumentenzugangsfreiheit betrifft – auch mit **Art. 42 GRC** verbunden ist (→ Rn. 14 ff., 40), heute jedenfalls insoweit nicht mehr, als es um die gebotene Fairness in gerichtlichen Verfahren geht. Hinsichtlich der rechtsstaatlich bzw. „rechtsunional" gebotenen Fairness in Verwaltungsverfahren (→ Rn. 20 f.) wird der zu den allgemeinen Grundsätzen des Unionsrechts iS des Art. 6 Abs. 3 EUV gehörende Grundsatz des fairen Verfahrens in weitem Umfang durch das in **Art. 41 GRC** verankerte Unionsgrundrecht auf eine gute Verwaltung (→ Rn. 17 ff.) bekräftigt, das im Verbund mit dem höchstrichterlich anerkannten (ungeschriebenen) Unionsgrundrecht auf Wahrung oder Achtung bzw. Beachtung der Verteidigungsrechte (→ Rn. 15 f.) in hohem Maße geeignet ist, hinreichend faire Verwaltungsverfahren zu gewährleisten. Ob es diesbezüglich in bestimmten Einzelfällen noch des ergänzenden Rückgriffs auf den zu den allgemeinen Grundsätzen des Unionsrechts iS des **Art. 6 Abs. 3 EUV** gehörenden Grundsatz des fairen Verfahrens bedarf, hängt im Wesentlichen davon ab, wie sich die weitere Rspr. des Unionsrichters zu dem in **Art. 41 GRC** verankerten Unionsgrundrecht auf eine gute Verwaltung und zu dem Unionsgrundrecht auf Wahrung oder Achtung bzw. Beachtung der Verteidigungsrechte entwickelt (→ Rn. 22 ff.). Das letztgenannte Unionsgrundrecht überschneidet sich nicht nur in bestimmten Teilbereichen mit Art. 41 GRC, sondern auch mit dem in Art. 47 Abs. 2 GRC verankerten Unionsgrundrecht auf ein faires Gerichtsverfahren, soweit es um die durch Art. 47 Abs. 2 GRC in einem recht weiten Umfang garantierten Verteidigungsrechte (→ Rn. 36 ff., 41 ff.) geht.

F. Zusammenfassende Bewertung und Ausblick

69 Das zu den allgemeinen Grundsätzen des Unionsrechts iS des Art. 6 Abs. 3 EUV gehörende Unionsgrundrecht auf ein faires Verfahren (→ Rn. 4 ff.), das für gerichtliche Verfahren durch Art. 47 Abs. 2 GRC (→ Rn. 8 ff.) bekräftigt und durch Art. 48 Abs. 2 GRC (→ Rn. 14 ff.) verstärkt bzw. angereichert wird, ist untrennbar mit dem in Art. 47 Abs. 1 GRC niedergelegten Unionsgrundrecht auf effektiven gerichtlichen Rechtsschutz (→ § 55) verbunden, da nur ein faires gerichtliches Verfahren in der Lage ist, die Effektivität des gerichtlichen Rechtsschutzes sicherzustellen. Die durch die Gesamtkonstruktion des Art. 47 GRC nicht leicht zu beantwortende Frage, ob das Recht auf ein faires Gerichtsverfahren als eine Teilgewährleistung des Unionsgrundrechts auf effektiven gerichtlichen Rechtsschutz einzuordnen ist oder ob die beiden vorgenannten Unionsgrundrechte, die

---

[333] So vgl. etwa EuG T-475/14, ECLI:EU:T:2018:448 Rn. 85 – Prysmian ua/Kommission; sowie bereits EuG T-66/01, Slg. 2010, II-2631 Rn. 109 – Imperial Chemical Industries/Kommission, wo außerdem heißt: „Wenn nämlich nicht bewiesen ist, dass die übermäßig lange Verfahrensdauer die Möglichkeit für die betroffenen Unternehmen, sich wirksam zu verteidigen, beeinträchtigt hat, wirkt sich die Nichtbeachtung des Grundsatzes der angemessenen Verfahrensdauer nicht auf die Rechtsgültigkeit des Verwaltungsverfahrens aus."

gleichermaßen dem Wesen der supranationalen Rechtsunion inhärent sind (→ Rn. 20) und denen für die Wahrung des in Art. 2 EUV genannten Wertes der Rechtsstaatlichkeit grundlegende Bedeutung zukommt (→ Rn. 21), jeweils eigenständige – gleichwohl komplementäre – Unionsgrundrechte darstellen (→ Rn. 8 ff.), kann im letztgenannten Sinne beantwortet werden, solange sich der Unionsrichter diesbezüglich unentschlossen zeigt (→ Rn. 9). Die von dem **Unionsgrundrecht auf ein faires Gerichtsverfahren** umfassten Teilgewährleistungen (→ Rn. 26 ff.), auf die sich alle natürlichen und juristischen Personen berufen können (→ Rn. 58) und die sowohl die Organe, Einrichtungen und sonstigen Stellen der Union als auch die EU-Mitgliedstaaten und deren Untergliederungen binden (→ Rn. 59), entsprechen weitgehend den in der zurückliegenden EGMR-Rspr. herausgearbeiteten Teilgewährleistungen des in Art. 6 EMRK niedergelegten Rechts auf ein faires Verfahren. Bei der weiteren (einzelfallbezogenen) Konkretisierung der zahlreichen Teilgewährleistungen des Unionsgrundrechts auf ein faires Verfahren handelt es sich um eine Daueraufgabe der Unionsgerichte, deren Verwirklichung aufgrund des Art. 52 Abs. 3 S. 1 GRC gewiss auch weiterhin maßgeblich von der Rspr. des EGMR zum EMRK-rechtlichen Anspruch auf ein faires Verfahren beeinflusst werden dürfte.

Weniger leicht zu prognostizieren ist gegenwärtig indes, wie sich die weitere Rspr. der **70** Unionsgerichte im Hinblick auf die Frage entwickeln wird, ob bzw. inwieweit das vorgenannte Unionsgrundrecht auf ein faires Verfahren auch für Verwaltungsverfahren gilt. Einerseits gibt es zwar zahlreiche Urteile des Unionsrichters, die für die – insbes. mit dem Konzept der Rechtsunion (→ Rn. 20 f.) begründbare – **Geltung des Unionsgrundrechts auf ein faires Verfahren auch auf der verwaltungsverfahrensrechtlichen Ebene** sprechen (→ Rn. 12). Andererseits scheint jedoch der Gerichtshof in seiner jüngeren Rspr. andeuten zu wollen, dass die Fairness in bzw. von Verwaltungsverfahren nunmehr – eventuell auch im Verbund mit dem Unionsgrundrecht auf Wahrung und/oder Achtung bzw. Beachtung der Verteidigungsrechte (→ Rn. 15 f.) – vorrangig oder möglicherweise sogar allein durch das in Art. 41 GRC niedergelegte **Unionsgrundrecht auf eine gute Verwaltung** (→ Rn. 17 ff.) gewährleistet werden soll (→ Rn. 13, 23). Ggf. könnte sich das an anderer Stelle in vertiefender Weise behandelte Unionsgrundrecht auf eine gute Verwaltung (→ § 61), das bereits heute als „Recht auf ein faires Verwaltungsverfahren" iS eines einheitlichen Unionsgrundrechts bezeichnet wird (→ Rn. 19), zu einem „Supergrundrecht" auf ein faires Verwaltungsverfahren fortentwickeln, das dann für das höchstrichterlich anerkannte **Unionsgrundrecht auf Wahrung und/oder Achtung bzw. Beachtung der Verteidigungsrechte** (→ Rn. 15 f.) und für das Unionsgrundrecht auf ein faires Verwaltungsverfahren nicht mehr viel übrig lassen könnte (→ Rn. 23).

§ 58 Recht auf rechtliches Gehör

Übersicht

	Rn.
A. Bedeutung und Entwicklung	1
B. Gewährleistungsgehalt	2–42
I. Sachlicher Gewährleistungsgehalt	2–32
1. EU-Verwaltungsverfahren	2–27
2. EU-Gerichtsverfahren	28–32
II. Persönlicher Gewährleistungsgehalt	33–42
1. EU-Verwaltungsverfahren	33–41
2. EU-Gerichtsverfahren	42
C. Beeinträchtigung	43, 44
D. Rechtfertigung	45–49
E. Verhältnis zu anderen Grundrechten	50
F. Zusammenfassende Bewertung und Ausblick	51–61
I. Effektiver prozessualer Grundrechtsschutz: Verfahrensfehlerfolgen	51–57
II. Eingeschränkter persönlicher Gewährleistungsgehalt	58, 59
III. Horizontale und vertikale Erstreckung des Gewährleistungsgehalts	60, 61

Schrifttum:

Barbier de la Serre, Procedural Justice in the European Community Case Law Concerning the Rights of the Defence: Essentialist and Instrumental Trends, EPL 2006, 225; *Bartosch*, The Procedural Regulation in State Aid Matters, EStAL 2007, 474; *Berrisch*, Verfahrensrechtlicher und gerichtlicher Individualrechtsschutz im EG-Antidumpingrecht aus der Sicht der Praxis, in Nowak/Cremer, S. 177; *Eckes/Mendes*, The Right to be Heard in Composite Administrative Procedures: Lost in between Protection?, ELR 2011, 651; *Galetta*, Procedural Autonomy of EU Member States: Paradise Lost?, 2010; *Groussot/Pech/Thor Petursson*, The Reach of EU Fundamental Rights on Member State Action after Lisbon, in de Vries/Bernitz/Weatherill, The Protection of Fundamental Rights in the EU After Lisbon, 2013, S. 97; *Huber*, Unitarisierung durch Gemeinschaftsgrundrechte – Zur Überprüfungsbedürftigkeit der ERT-Rechtsprechung, EuR 2008, 190; *Karydis*, Le contrôle des concentrations entre entreprises en vertu du règlement 4064/89 et la protection des intérêts légitimes des tiers, CDE 1997, 81; *Kerse/Khan*, EU Antitrust Procedure, 6. Aufl. 2012; *Krönke*, Die Verfahrensautonomie der Mitgliedstaaten der Europäischen Union, 2013; *Ladenburger*, European Union Institutional Report, in Laffranque, The Protection of Fundamental Rights Post-Lisbon, XXV FIDE Congress Tallinn 2012, Vol. 1, S. 141; *Laprévote*, A Missed Opportunity? State aid Modernization and Effective Third Parties Rights in State aid Proceedings, EStAL 2014, 426; *Lenaerts/Vanhamme*, Procedural Rights of Private Parties in the Community Administrative Process, CMLR 1997, 531; *Marsch/Sanders*, Gibt es ein Recht der Parteien auf Stellungnahme zu den Schlussanträgen des Generalanwalts?, EUR 2008, 345; *Nehl*, Principles of Administrative Procedure in EC Law, 1999; *ders.*, Europäisches Verwaltungsverfahren und Gemeinschaftsverfassung, 2002; *ders.*, Wechselwirkungen zwischen verwaltungsverfahrensrechtlichem und gerichtlichem Individualrechtsschutz in der EG, in Nowak/Cremer, S. 135; *ders.*, Scott SA v. Commission – Annotation, EStAL 2006, 57; *ders.*, „Good Administration as Procedural Right and/or General Principle?", in Hofmann/Türk, Legal Challenges in EU Administrative Law – Towards an Integrated Administration, 2009, S. 322; *ders.*, Baustelle VerfahrensVO (Beihilfereform II) – Verfahrensrechtliche Reformen durch „soft-law", in Jaeger, Jahrbuch Beihilferecht 2009, 2009, S. 163; *ders.*, Athenaïki Techniki v Commission – Annotation, EStAL 2009, 401; *ders.*, Rechtsprechung zum Beihilfeverfahrensrecht, in Jaeger/Rumersdorfer, Jahrbuch Beihilferecht 2010, 2010, S. 427; *ders.*, Legal Protection in the Field of EU Funds, EStAL 2011, 629; *ders.*, Rechtsschutz bei Unionsbeihilfen, in Jaeger/Rumersdorfer, Jahrbuch Beihilferecht 2011, 2011, S. 461; *ders.*, Reform der Beihilfeverfahrensverordnung, in Jaeger/Haslinger, Jahrbuch Beihilferecht 2013, 2013, S. 527; *ders.*, 2013 Reform of EU State Aid Procedures: How to Exacerbate the Imbalance between Efficiency and Individual Protection, EStAL 2014, 235; *ders.*, Neue Regeln des Beihilfe-Beschwerdeverfahrens: Kodifikation eines Beschwerderechts oder Entlastung der Kommission?, in Jaeger/Haslinger, Jahrbuch Beihilferecht 2015, 2015, S. 481; *ders.*, Judicial Review of Complex Socio-Economic, Technical, and Scientific Assessments in the European Union, in Mendes, EU Executive Discretion and the Limits of Law, 2019, S. 157; *Nowak*, Konkurrentenschutz in der EG – Interdependenz des gemeinschaftlichen und mitgliedstaatlichen Rechtsschutzes von Konkurrenten, 1997; *ders.*, Grundrechtlicher Drittschutz im EG-Beihilfenkontrollverfahren, DVBl 2000, 20; *ders.*, Die Entwicklung des EG-Beihilfenkontrollrechts in den Jahren 1998, 1999 und 2000, EuZW 2001, 293; *ders.*, Grundrechtsschutz im Europäischen Wettbewerbsrecht, in Behrens/Braun/Nowak, Europäisches Wettbewerbsrecht im Umbruch, 2004, S. 23; *ders./Cremer*, Individualrechtsschutz in der EG und der WTO, 2002; *Rabinovici*, The Right to be Heard in the Charter of Fundamental Rights of the European Union, EPL 2012, 149.

A. Bedeutung und Entwicklung

Der Anspruch auf rechtliches Gehör – in der Rechtsprechung häufig auch mit dem Begriff **1** „Recht(e) auf Verteidigung" umschrieben – hat sich insbesondere in Bezug auf das EU-Verwaltungsverfahren zu dem wohl bedeutendsten prozessualen Grundrecht und Grundsatz der Verfahrensgerechtigkeit im Unionsverfassungsrecht entwickelt.[1] Bereits 1974 erkannte der EuGH in seinem Urteil *Transocean Marine Paint* betreffend das EG-Kartellverfahren das rechtliche Gehör als allgemeinen Rechtsgrundsatz des damaligen Gemeinschaftsrechts an.[2] Seitdem hat die Rechtsprechung den sachlichen und persönlichen Gewährleistungsgehalt dieses Rechtsgrundsatzes zunächst kontinuierlich erweitert, in neuerer Zeit teilweise aber auch wieder eingeschränkt. Nunmehr bezeichnet der EuGH die **Verteidigungsrechte** ausdrücklich als **Grundrechte,** die zu den allgemeinen Rechtsgrundsätzen gehören, deren Wahrung er zu sichern hat, wobei er sich von den gemeinsamen Verfassungstraditionen der Mitgliedstaaten sowie von den Hinweisen leiten lässt, die völkerrechtliche Verträge wie die EMRK geben, an deren Abschluss die Mitgliedstaaten beteiligt waren oder denen sie beigetreten sind.[3] Der seit dem Inkrafttreten des Vertrags von Lissabon am 1. Dezember 2009 verbindliche **Art. 41 Abs. 2 lit. a GRC** ist der kodifizierte Ausdruck des durch richterliche Rechtsfortbildung anerkannten Grundrechts rechtlichen Gehörs im EU-Verwaltungsverfahren. Die entsprechende kodifizierte Gewährleistung für das Gerichtsverfahren findet sich fortan in **Art. 47 Abs. 2 GRC** sowie **Art. 48 Abs. 2 GRC**.[4]

B. Gewährleistungsgehalt

I. Sachlicher Gewährleistungsgehalt

1. EU-Verwaltungsverfahren. a) Vorbemerkung. Für die Bestimmung des sachlichen **2** Gewährleistungsgehalts des rechtlichen Gehörs ist der Charakter des jeweiligen Verwaltungsverfahrens sowie der Grad der individuellen **Beschwer** der von dem Verfahren betroffenen natürlichen oder juristischen Person entscheidend. Die rechtsschutzbegründende Beschwer kann je nach Art und Ziel des Verwaltungsverfahrens variieren. Ursprünglich bestimmte der EuGH in seinem Urteil *Hoffmann-La Roche* – speziell bezogen auf das seinerzeitige EG-Kartellverfahren –, dass die Gewährung rechtlichen Gehörs in allen Verfahren, die zu **Sanktionen,** namentlich zu Geldbußen oder zu Zwangsgeldern führen können, einen fundamentalen Grundsatz des Gemeinschaftsrechts darstelle, der auch in einem Verwaltungsverfahren beachtet werden müsse.[5] Der sachliche Gewährleistungsgehalt des rechtlichen Gehörs wurde jedoch später auf weitere Verfahren der Eingriffsverwaltung ausgedehnt, die nicht notwendig die Verhängung einer Sanktion im engeren Sinne zum Ziel haben.[6] Nach neuerer Rechtsprechung ist eine finanzielle Einbuße bzw. ein wirtschaftlicher Nachteil im weiteren Sinne eine ausreichende Beschwer, um den Schutzbereich des rechtlichen Gehörs zu Gunsten des von einem Verwaltungsverfahren Betroffenen zu

---

[1] Eingehend *Nehl*, Europäisches Verwaltungsverfahren, S. 274 ff.
[2] EuGH 17/74, Slg. 1974, 1063 Rn. 15 – Transocean Marine Paint/Kommission.
[3] Vgl. zB EuGH verb. Rs. C-204/00 P ua, Slg. 2004, I-123 Rn. 64 mwN – Aalborg Portland ua/Kommission. Zur nunmehr geänderten Diktion s. EuGH C-419/14, ECLI:EU:C:2015:832 Rn. 84 – WebMindLicenses: „Achtung der Verteidigungsrechte als allgemeiner Grundsatz des Unionsrechts"; ebenso EuGH C-166/13, ECLI:EU:C:2014:2336 Rn. 45 – Mukarubega.
[4] Dies geht hervor aus EuGH C-109/10 P, Slg. 2011, I-10329 Rn. 53 – Solvay/Kommission; EuGH C-110/10 P, Slg. 2011, I-10439 Rn. 48 – Solvay/Kommission; EuGH C-439/11 P, ECLI:EU:C:2013:513 Rn. 154 – Ziegler/Kommission. Vgl. auch die gem. Art. 6 Abs. 1 UAbs. 3 EUV u. Art. 52 Abs. 7 GRC für die Auslegung verbindliche „Erläuterung zu Artikel 48 – Unschuldsvermutung und Verteidigungsrechte".
[5] EuGH 85/76, Slg. 1976, 461 Rn. 9 – Hoffmann-La Roche/Kommission; vgl. aber auch EuGH 121/76, Slg. 1977, 1971 Rn. 19, 21 – Moli/Kommission.
[6] Vgl. EuGH C-135/92, Slg. 1994, I-2885 Rn. 40 – Fiskano/Kommission (Entzug einer Fischereilizenz). S. den jüngeren Überblick bei *Rabinovici* EPL 2012, 149 ff.

eröffnen. Art. 41 Abs. 2 lit. a GRC, wonach jede Person ein Recht hat, gehört zu werden, bevor eine für sie **nachteilige individuelle Maßnahme** getroffen wird, trägt dem Rechnung. Zuletzt hat der EuGH klargestellt, dass auch unabhängig vom Anwendungsbereich des nur an die Organe, Einrichtungen und sonstigen Stellen der Union gerichteten Art. 41 Abs. 2 lit. a GRC die Verteidigungsrechte als allgemeiner Rechtsgrundsatz des Unionsrechts anwendbar sind bzw. auch von den nationalen Stellen im Anwendungsbereich des Unionsrechts geachtet werden müssen, wann immer die Verwaltung beabsichtigt, gegenüber einer Person eine sie **beschwerende Maßnahme** zu erlassen und dass nach diesem Grundsatz die Adressaten von Entscheidungen bzw. Beschlüssen, die ihre **Interessen spürbar beeinträchtigen,** in die Lage versetzt werden müssen, ihren Standpunkt zu den Elementen, auf die die Verwaltung ihre Entscheidung zu stützen beabsichtigt, sachdienlich vorzutragen (→ Rn. 23–26).[7]

3   Ferner bedeutsam ist, ob die zuständige Behörde, im Regelfall die Kommission, auf der Grundlage eines **weiten Beurteilungs- oder Ermessensspielraums** in komplexen wirtschaftlichen, technischen oder wissenschaftlichen Fragen zu entscheiden hat. Diesem Entscheidungsspielraum ist wegen der damit verbundenen größeren Gefahr des Eingriffs in die Rechte und Interessen der Verfahrensbeteiligten als rechtsstaatliches Korrektiv ein adäquater Rechtsschutz bereits im Verwaltungsverfahren – namentlich durch die Gewährung rechtlichen Gehörs – gegenüber zu stellen (→ § 59 Rn. 23 f.). Dies gilt unabhängig davon, ob eine sekundärrechtliche Verfahrensregel eine Anhörung vorsieht oder nicht.[8] Entsprechend haben die Unionsgerichte den Anwendungsbereich des rechtlichen Gehörs sukzessive auf eine Vielzahl von EU-Verwaltungsverfahren ausgedehnt. Davon werden auch mehrstufige oder kooperative Verfahren erfasst, an denen sowohl Unionsstellen als auch mitgliedstaatliche Behörden beteiligt sind und deren Ablauf nicht nur durch das Unionsrecht sondern auch durch das nationale Recht (Grundsatz der prozessualen Autonomie der Mitgliedstaaten) bestimmt wird. In diesem Zusammenhang hat der EuGH verdeutlicht, dass auch die mitgliedstaatlichen Verwaltungen verpflichtet sind, das rechtliche Gehör bzw. die Verteidigungsrechte im Anwendungsbereich des Unionsrechts selbst dann zu achten, wenn die anwendbaren Unionsregeln ein solches Verfahrensrecht nicht ausdrücklich vorsehen (→ Rn. 23–27).[9]

4   **b) Sachlicher Gewährleistungsgehalt in verschiedenen EU-Verwaltungsverfahren. aa) EU-Kartell- und EU-Fusionskontrollverfahren.** Der sachliche Gewährleistungsgehalt des rechtlichen Gehörs im EU-Kartellverfahren ist in einer Reihe von Urteilen der Unionsgerichte sowie sekundärrechtlichen Regelungen, zuletzt durch die VO (EG) Nr. 773/2004[10] und den Beschluss 2011/695/EU des Präsidenten der Kommission über Funktion und Mandat des **Anhörungsbeauftragten** in bestimmten Wettbewerbsverfahren[11], ausdifferen-

---

[7]   S. EuGH C-419/14, ECLI:EU:C:2015:832 Rn. 83 f. mwN – WebMindLicenses. Rückständig daher unter Berufung auf *Hoffmann-La Roche* („Sanktionen") EuG T-343/06, ECLI:EU:T:2012:478 Rn. 82 – Shell Petroleum ua/Kommission.

[8]   Vgl. bereits EuGH 40/85, Slg. 1986, 2321 Rn. 28 – Belgien/Kommission; neuerdings EuG T-260/11, ECLI:EU:T:2014:555 Rn. 62 mwN – Spanien/Kommission; EuG T-160/17, ECLI:EU:T:2019:1 Rn. 23 – RY/Kommission.

[9]   So EuGH C-419/14, ECLI:EU:C:2015:832 Rn. 84 – WebMindLicenses; EuGH C-276/16, ECLI:EU:C:2017:1010 Rn. 45 ff. – Prequ' Italia. Vgl. bereits EuGH C-349/07, Slg. 2008, I-10369 Rn. 38 – Sopropé; EuGH C-383/13 PPU, ECLI:EU:C:2013:533 Rn. 32 ff. – G. u. R.; EuGH C-276/12, ECLI:EU:C:2013:678 Rn. 38 mwN – Sabou; EuGH verb. Rs. C-29/13 u. C-30/13, ECLI:EU:C:2014:140 Rn. 57–60 – Global Trans Lodzhistik; EuGH C-166/13, ECLI:EU:C:2014:2336 Rn. 45 ff. – Mukarubega; EuGH verb. Rs. C-129/13 u. C-130/13, ECLI:EU:C:2014:2041 Rn. 32 – Kamino International Logistics; EuGH C-249/13, ECLI:EU:C:2014:2431 Rn. 40 ff. – Boudjlida.

[10] ABl. 2004 L 123, 18, geändert durch VO (EG) Nr. 1792/2006, ABl. 2006 L 362, 1, u. VO (EG) Nr. 622/2008, ABl. 2008 L 171, 3. Diese VO ersetzte die VO (EG) Nr. 2842/98, ABl. 1998 L 354, 18.

[11] ABl. 2011 L 275, 29, im Folgenden: Beschluss über das Mandat des Anhörungsbeauftragten. Vgl. auch Bekanntmachung der Kommission über bewährte Vorgehensweisen in Verfahren nach Art. 101 und 102 AEUV, ABl. 2011 C 308, 6 (im Folgenden: Bekanntmachung über bewährte Vorgehensweisen).

ziert worden. Dies gilt gleichermaßen für das EU-Fusionskontrollverfahren, für das spezielle Anhörungsregeln nach der VO (EG) Nr. 802/2004 gelten.[12]

Inhaltlich gewährt das rechtliche Gehör der betroffenen natürlichen oder juristischen 5 Person einen Anspruch auf Stellungnahme zu den von der Kommission angeführten wesentlichen tatsächlichen und rechtlichen Umständen, die den Vorwurf wettbewerbswidrigen Verhaltens begründen. Das Eingreifen und der Umfang des Anhörungsrechts hängen dabei von der **Stellung des Betroffenen** im Verwaltungsverfahren und vom jeweiligen **Verfahrensstadium** ab. So haben die mit Beschwerdepunkten der Kommission konfrontierten Hauptbetroffenen im EU-Kartellverfahren wegen der drohenden Untersagungs- und gegebenenfalls Geldbußensanktion weitergehende Verfahrensgarantien zur Rechtsverteidigung als dritte Verfahrensbeteiligte wie zB die Beschwerdeführer, die von der Kommission das Einschreiten gegen angeblich wettbewerbswidrige Verhaltensweisen verlangen, oder von einem Parallelverfahren betroffene Unternehmen (→ Rn. 32 ff.).[13] Ungeachtet dessen ist auch das Anhörungsrecht des Hauptbetroffenen im Stadium des Vorermittlungsverfahrens, dh vor Versendung einer Mitteilung der Beschwerdepunkte (→ Rn. 6), beschränkt. Dieser hat insbesondere keinen Anspruch darauf, vor dem Erlass eines Nachprüfungsbeschlusses gemäß Art. 20 Abs. 4 VO (EG) Nr. 1/2003[14] gehört zu werden, weil damit die praktische Wirksamkeit einer unangekündigten Nachprüfung vor Ort vereitelt werden könnte, die es der Kommission erst ermöglichen soll, die zum Nachweis einer Zuwiderhandlung gegen die Wettbewerbsregeln erforderlichen Tatsachen und Dokumente zu sammeln.[15] Ebenso wenig haben die Hauptbetroffenen vor Versendung einer Mitteilung der Beschwerdepunkte – sofern diese sie später in die Lage versetzt, ihren Standpunkt zum Vorliegen und zur Erheblichkeit der von der Kommission behaupteten Tatsachen und Umstände im Lauf des kontradiktorischen Verwaltungsverfahrens in geeigneter Weise zu Gehör zu bringen – einen Anspruch darauf, dass bereits im Vorermittlungsverfahren eine Ermittlungsmaßnahme an sie gerichtet wird.[16] Andererseits besitzen die Hauptbetroffenen auch schon in diesem frühen Stadium des Verfahrens, insbesondere dann, wenn sie einem Auskunftsverlangen oder einer Nachprüfung der Kommission ausgesetzt sind, einen aus dem Grundsatz des rechtlichen Gehörs bzw. den Verteidigungsrechten abgeleiteten Anspruch auf Übermittlung von relevanten Informationen, die sie erst in die Lage versetzen, sich im späteren Stadium des kontradiktorischen Verfahrens wirksam zu verteidigen.[17] Der Beschluss über das Mandat des Anhörungsbeauftragten (Art. 4 Abs. 2 lit. d Beschl. 2011/695/EU) und die Bekanntmachung über bewährte Vorgehensweisen (s. dort Rn. 15) greifen diese Rechtsprechung auf und anerkennen das Recht der Betroffenen, über ihre Stellung im Verfahren und insbesondere darüber unterrichtet zu werden, ob gegen sie ermittelt wird, und wenn ja, in welcher Sache und zu welchem Zweck. Dieses Recht wird durch die Möglichkeit der Anrufung des Anhörungsbeauftragten abgesichert, der per Beschluss die Generaldirektion Wettbewerb der Kommission dazu verpflichten kann, eine entsprechende Unterrichtung vorzunehmen.[18]

Im **EU-Kartellverfahren** ist die **Mitteilung der Beschwerdepunkte,** deren Versen- 6 dung sich in der Praxis häufig an den Beschluss zur Einleitung des Verfahrens anschließt

---

[12] Vgl. Art. 11 ff. VO (EG) Nr. 802/2004, ABl. 2004 L 133, 1, abgeändert durch VO (EG) Nr. 1033/2008, ABl. 2008 L 279, 3, u. VO (EU) Nr. 1269/2013, ABl. 2013 L 336, 1.
[13] Vgl. einerseits Art. 10 ff. VO (EG) Nr. 773/2004 und andererseits Art. 7, 8 u. 13 VO (EG) Nr. 773/2004, ABl. 2004 L 123, 18.
[14] ABl. 2003 L 1, 1, geändert durch VO (EG) Nr. 411/2004, ABl. 2004 L 68, 1, u. VO (EG) Nr. 1419/2006, ABl. 2006 L 269, 1.
[15] EuGH 136/79, Slg. 1980, 2033 Rn. 21 – National Panasonic/Kommission.
[16] EuGH C-521/09 P, Slg. 2011, I-8947 Rn. 122 – Elf Aquitaine/Kommission.
[17] Betreffend Auskunftsverlangen erstmals EuG T-99/04, Slg. 2008, II-1501 Rn. 44–56 – AC-Treuhand/Kommission; indirekt bestätigt durch EuGH C-521/09 P, Slg. 2011, I-8947 Rn. 112–120 – Elf Aquitaine/Kommission; betr. Nachprüfungen vgl. EuGH C-583/13 P, ECLI:EU:C:2015:404 Rn. 64 – Deutsche Bahn ua/Kommission.
[18] Zu den Einzelheiten des Verfahrens s. Rn. 15 der Bekanntmachung über bewährte Vorgehensweisen, ABl. 2011 C 308, 6.

und das förmliche bzw. kontradiktorische Verfahren eröffnet[19], das maßgebliche Dokument für die Rechtsverteidigung der natürlichen oder juristischen Person, gegen welche die Kommission ein Verbot und/oder eine Sanktion wegen Verstoßes gegen die Wettbewerbsregeln zu verhängen beabsichtigt.[20] Der Grundsatz rechtlichen Gehörs verlangt nach ständiger Rechtsprechung, dass die Mitteilung der Beschwerdepunkte die wesentlichen dieser Person zur Last gelegten tatsächlichen und rechtlichen Gesichtspunkte wie die Schwere und Dauer der behaupteten Zuwiderhandlung sowie den Umstand anführt, ob diese vorsätzlich der fahrlässig begangen worden ist.[21] Mit anderen Worten muss diese Mitteilung den vorgeworfenen Sachverhalt, dessen Einstufung und die von der Kommission herangezogenen Beweismittel enthalten, damit die betroffene Person sich im Rahmen des Verwaltungsverfahrens, dessen Adressat sie ist, sachgerecht äußern kann, bevor ein belastender verfahrensabschließender Beschluss erlassen wird.[22] In der Regel fügt die Kommission die wesentlichen Belastungsdokumente, auf die sie ihre Vorwürfe wettbewerbswidrigen Verhaltens stützt, meist in Form einer CD-ROM, der Mitteilung der Beschwerdepunkte bei bzw. ermöglicht den betroffenen Personen die Akteneinsicht (→ § 59).[23] Es ist zudem eindeutig anzugeben, gegen welche natürliche oder juristische Personen und in welcher Eigenschaft gegen diese Geldbußen festgesetzt werden könnten und die Beschwerdepunkte sind speziell an sie zu richten.[24] Dabei muss die Kommission auch zwischen den die Zuwiderhandlung unmittelbar begehenden juristischen Personen und den sie kontrollierenden juristischen Personen, also den **Muttergesellschaften,** denen diese Zuwiderhandlung lediglich zugerechnet werden soll, differenzieren und ggfs. darlegen, dass die Muttergesellschaft auch aufgrund einer eigenständigen Zuwiderhandlung zur Verantwortung gezogen werden soll.[25] Daher ist – ungeachtet der in der Rechtsprechung häufig verwendeten unpräzisen Terminologie – eine wichtige Unterscheidung zu treffen zwischen einerseits dem Unternehmensbegriff im Sinne von Art. 101 Abs. 1 AEUV und Art. 102 AEUV, dh der wirtschaftlichen Einheit, wie zB derjenigen eines Konzerns, und andererseits den natürlichen und juristischen Personen, die gegebenenfalls dieser wirtschaftlichen Einheit angehören, aber die alleinigen Grundrechtsträger und insbesondere Schutzadressaten des rechtlichen Gehörs und somit unmittelbaren Adressaten der Mitteilung der Beschwerdepunkte sind.[26] Das EuG geht zudem – bisher vom EuGH unwidersprochen[27] – davon aus,

---

[19] Vgl. Art. 11 Abs. 6 VO (EG) Nr. 1/2003 u. Art. 27 Abs. 1 VO (EG) Nr. 1/2003, ABl. 2003 L 1, 1, Art. 2 Abs. 1 iVm 10 VO (EG) Nr. 773/2004, ABl. 2004 C 123, 18, sowie Rn. 17 ff. der Bekanntmachung über bewährte Vorgehensweisen, ABl. 2011 C 308, 6.
[20] Näher dazu *Kerse/Khan* Rn. 4–011 ff.; *Kellerbauer* in NK-EuWettbR VO (EG) 1/2003 Art. 27 Rn. 12 ff.
[21] So EuGH C-511/06 P, Slg. 2009, I-5843 Rn. 68 mwN – Archer Daniels Midland/Kommission.
[22] Vgl. EuGH C-176/99 P, Slg. 2003, I-10687 Rn. 20 mwN – ARBED/Kommission; EuGH verb. Rs. C-322/07 P, C-327/07 P u. C-338/07 P, Slg. 2009, I-7191 Rn. 36 – Papierfabrik August Koehler ua/Kommission; EuG verb. Rs. T-191/98, T-212/98 u. T-214/98, Slg. 2003, II-3275 Rn. 138 ff. – Atlantic Container Line ua/Kommission.
[23] Vgl. zB EuG verb. Rs. T-191/98, T-212/98 u. T-214/98, Slg. 2003, II-3275 Rn. 170 ff. u. 333 ff. – Atlantic Container Line ua/Kommission.
[24] Vgl. EuGH verb. Rs. C-395 u. 396/96 P, Slg. 2000, I-1365 Rn. 143 – Compagnie maritime belge transports u./Kommission; EuGH verb. Rs. C-322/07 P, C-327/07 P u. C-338/07 P, Slg. 2009, I-7191 Rn. 38 f. – Papierfabrik August Koehler ua/Kommission; EuGH C-97/08 P, Slg. 2009, I-8237 Rn. 57 – Akzo Nobel ua/Kommission; EuGH C-612/12 P, ECLI:EU:C:2014:193 Rn. 25 – Ballast Nedam/Kommission; EuG verb. Rs. T-191/98, T-212/98 u. T-214/98, Slg. 2003, II-3275 Rn. 21 – Atlantic Container Line ua/Kommission.
[25] EuGH verb. Rs. C-322/07 P, C-327/07 P u. C-338/07 P, Slg. 2009, I-7191 Rn. 40 ff. – Papierfabrik August Koehler ua/Kommission; EuGH C-97/08 P, Slg. 2009, I-8237 Rn. 57 f. – Akzo Nobel ua/Kommission; EuGH C-612/12 P, ECLI:EU:C:2014:193 Rn. 25–31 u. 38–40 – Ballast Nedam/Kommission.
[26] Vgl. EuGH C-97/08 P, Slg. 2009, I-8237 Rn. 57 u. 59 – Akzo Nobel ua/Kommission; EuG T-47/10, ECLI:EU:T:2015:506 Rn. 126 – Akzo Nobel ua/Kommission, zu Recht bestätigt durch EuGH C-516/15 P, ECLI:EU:C:2017:314 Rn. 45 ff. – Akzo Nobel ua/Kommission, entgegen dem Vorschlag v. GA *Wahl*, SchlA C-516/15 P, ECLI:EU:C:2016:1004 Rn. 52 ff. – Akzo Nobel ua/Kommission.
[27] S. aber die Ausführungen zur Wiederholungstäterschaft v. GA *Wahl*, SchlA C-89/15 P ua, ECLI:EU:C:2016:940 Rn. 26 ff. – Feralpi/Kommission ua, die der EuGH in seinen Urteilen nicht aufgegriffen hat.

dass der erschwerende Umstand der Wiederholungstäterschaft zu Lasten einer Muttergesellschaft dann nicht ohne Verletzung der Verteidigungsrechte herangezogen werden kann, wenn in den seinerzeitigen Verfahren nur die die Zuwiderhandlung begehenden Tochtergesellschaften, nicht jedoch die Muttergesellschaft selbst, als Adressaten der Mitteilung der Beschwerdepunkte in der Lage waren, sich wirksam gegen die Vorwürfe der Kommission zu verteidigen. Zur Wahrung der Verteidigungsrechte der Muttergesellschaft genügt es daher nicht, wenn die Kommission an diese in einem späteren Verfahren eine Mitteilung der Beschwerdepunkte richtet und darin zu erkennen gibt, den erschwerenden Umstand der Wiederholungstäterschaft nun zu ihren Lasten würdigen zu wollen, denn dies versetzt sie nicht in die Lage, gewissermaßen „rückwirkend" die Vermutung der Ausübung eines bestimmenden Einflusses auf die Tochtergesellschaften zu widerlegen. Das EuG hat dabei zu Recht darauf hingewiesen, dass dieser Schutz der Verteidigungsrechte umso erforderlicher ist, als die Kommission die Wiederholungstäterschaft jederzeit und ungeachtet etwaiger Verjährungsfristen heranziehen kann.[28] Ansonsten ist die Kommission jedoch nicht verpflichtet, bereits in der Mitteilung der Beschwerdepunkte konkrete Angaben zu der in Aussicht genommenen Höhe der Geldbuße bzw. der rechtlichen Bewertung der angeführten Elemente zu machen, was nach ständiger Rechtsprechung des EuGH einer nicht sachgerechten Vorwegnahme des verfahrensabschließenden Beschlusses gleichkäme.[29]

Darüber hinaus legt die Mitteilung der Beschwerdepunkte den **Umfang der Vorwürfe** 7 wettbewerbswidrigen Verhaltens fest, den die Kommission im verfahrensabschließenden Verbotsbeschluss grundsätzlich nicht mehr erweitern kann, ohne das rechtliche Gehör zu verletzen.[30] Davon ausgenommen sind unwesentliche Änderungen oder Ergänzungen bereits vorgebrachter Argumente in der Mitteilung der Beschwerdepunkte in tatsächlicher oder rechtlicher Hinsicht, insbesondere wenn sie in Antwort auf das zur Rechtsverteidigung von den Betroffenen Vorgebrachte erfolgt sind.[31] Nicht erforderlich ist, dass die Kommission die Vorermittlungen vollständig abgeschlossen hat. Sie kann die Untersuchung auch nach der Übermittlung der Beschwerdepunkte fortführen.[32] Will die Kommission jedoch aufgrund neuerer Erkenntnisse im weiteren Verlauf des Ermittlungsverfahrens zusätzliche Vorwürfe erheben oder sich auf neue Gesichtspunkte stützen, so muss sie neue bzw. ergänzende Beschwerdepunkte an die Betroffenen richten, um dem rechtlichen Gehör zu genügen.[33] Dies ist insbesondere dann fraglich, wenn die Kommission per Beschluss nachträglich ihren Geldbußenbeschluss abändert, weil ihr bei der Feststellung der gesamtschuldnerischen Haftung verschiedener juristischer Personen, die einer wirtschaftlichen Einheit angehören, ein Irrtum unterlaufen ist. Das EuG hat, ohne diese Frage klar zu beantworten, jedenfalls auf einer Beachtung des rechtlichen Gehörs bestanden und festgestellt, dass eine Frist zur Äußerung von nur drei Arbeitstagen eine Verletzung der Verteidigungsrechte der Betroffenen darstellt, die zur Nichtigerklärung eines solchen Abänderungsbeschlusses führen kann.[34] Umgekehrt kann die Kommission auch ohne weiteres bestimmte oder alle Beschwerdepunkte nach der Gewährung rechtlichen Gehörs und

---

[28] EuG T-558/08, ECLI:EU:T:2014:1080 Rn. 292–297 – Eni/Kommission (rechtskräftig).
[29] EuGH verb. Rs. 100/80 bis 103/80, Slg. 1983, 1825 Rn. 21 – Musique Diffusion française ua/Kommission; EuGH verb. Rs. C-189/02 P, C-202/02 P, C-205/02 P bis C-208/02 P u. C-213/02 P, Slg. 2005, I-5425 Rn. 434 – Dansk Rørindustri ua/Kommission; EuGH verb. Rs. C-101/07 P u. C-110/07 P, Slg. 2008, I-10193 Rn. 47 – Coop de France Bétail et Viande ua/Kommission; EuGH C-511/06 P, Slg. 2009, I-5843 Rn. 69–71 – Archer Daniels Midland/Kommission.
[30] Vgl. Art. 11 Abs. 2 VO (EG) Nr. 773/2004, ABl. 2004 L 123, 18.
[31] Vgl. EuG T-406/08, ECLI:EU:T:2013:322 Rn. 118 mwN – ICF/Kommission (EU-Kartellverfahren); EuG T-310/01, Slg. 2002, II-4071 Rn. 438 ff. – Schneider Electric SA/Kommission (EU-Fusionskontrollverfahren).
[32] EuG verb. Rs. T-191/98, T-212/98 u. T-214/98, Slg. 2003, II-3275 Rn. 109 ff. – Atlantic Container Line ua/Kommission.
[33] S. EuG T-86/95, Slg. 2002, II-1011 Rn. 448 – Compagnie générale maritime ua/Kommission; EuG verb. Rs. T-191/98, T-212/98 u. T-214/98, Slg. 2003, II-3275 Rn. 138 ff. – Atlantic Container Line ua/Kommission.
[34] EuG T-485/11, ECLI:EU:T:2015:517 Rn. 59 ff. – Akzo Nobel und Akcros Chemicals/Kommission.

eventueller weiterer Ermittlungen fallen lassen.[35] Erfolgt eine Wiedereröffnung des Verwaltungsverfahrens nach Nichtigerklärung eines ersten Beschlusses durch das EuG, ist die Kommission aufgrund der Rückversetzung in den Verfahrensstand vor dessen Erlass prinzipiell nicht verpflichtet, eine erneute Mitteilung der Beschwerdepunkte zu versenden, sofern sie keine neuen Vorwürfe erheben oder wesentlich neue Beweismittel verwenden möchte.[36]

8 Im **EU-Fusionskontrollverfahren** gelten die vorgenannten Grundsätze weitgehend entsprechend.[37] Jedoch wird die das rechtliche Gehör auslösende Verfahrensmaßnahme, mit der die Kommission ihre wettbewerbsrechtlichen Bedenken gegen ein Zusammenschlussvorhaben mit dem Ziel eines Verbotsbeschlusses förmlich geltend macht, seit dem 1.5.2004 zumindest in deutscher Sprache abweichend nicht mehr Mitteilung der Beschwerdepunkte, sondern **Mitteilung der Einwände** genannt.[38]

9 In der Regel erfolgt die Anhörung **schriftlich**. Eine **mündliche Anhörung** wird nur auf Antrag gewährt und steht grundsätzlich im Ermessen der Kommission unter Berücksichtigung des berechtigten Interesses des Antragstellers.[39] Nach der Übermittlung von Beschwerdepunkten – gegebenenfalls verbunden mit einer Geldbußenandrohung – im EU-Kartellverfahren sowie nach einer Mitteilung der Einwände im EU-Fusionskontrollverfahren ist den Betroffenen auf Antrag jedoch in jedem Fall die Gelegenheit zu **mündlicher Stellungnahme in einem Anhörungstermin** zu gewähren.[40] Nach neuerer Rechtsprechung des EuGH stellt die mangelhafte Durchführung der Anhörung eine Verletzung wesentlicher Formvorschriften dar und begründet einen (absoluten) Nichtigkeitsgrund für den angegriffenen Kommissionsbeschluss, ohne dass der Kläger eine Rechtsverletzung sowie deren Auswirkung auf den Verfahrensablauf und den Inhalt des Beschlusses dartun müsste.[41] Dies steht in einem klaren Wertungswiderspruch zu dem nur wenige Tage zuvor erlassenen Grundsatzurteil des EuGH in der Rechtssache *Intel/Kommission,* wonach ein Verstoß gegen die Pflicht nach Art. 19 Abs. 1 VO (EG) Nr. 1/2003 in Verbindung mit Art. 3 VO (EG) Nr. 773/2004, eine durchgeführte Befragung zum Gegenstand der Untersuchung in geeigneter Form aufzuzeichnen, nur dann zur Nichtigerklärung des angegriffenen Beschlusses führt, wenn das betroffene Unternehmen darlegt, dass es zu bestimmten entlastenden Beweismitteln keinen Zugang hatte und dass es diese zu seiner Verteidigung hätte einsetzen können[42] (näher → Rn. 53). In dem durch Art. 10a VO (EG) Nr. 773/2004 eingeführten Vergleichsverfah-

---

[35] EuG verb. Rs. T-191/98, T-212/98 u. T-214/98, Slg. 2003, II-3275 Rn. 115 – Atlantic Container Line ua/Kommission.
[36] S. ua EuG T-70/10, ECLI:EU:T:2014:1031 Rn. 128–142 – Feralpi/Kommission; EuG T-83/10, ECLI: EU:T:2014:1034 Rn. 109–124 – Riva Fire/Kommission; wegen fehlender erneuter Anhörung seitens der Kommission jedoch aufgehoben durch EuGH C-85/15 P, ECLI:EU:C:2017:709 Rn. 23 ff. – Feralpi/Kommission, sowie EuGH C-89/15 P, ECLI:EU:C:2017:713 Rn. 24 ff. – Riva Fire/Kommission; s. auch GA *Wahl*, SchlA C-89/15 P ua, ECLI:EU:C:2016:940 Rn. 26 ff. – Feralpi/Kommission ua.
[37] Vgl. EuGH C-413/06 P, Slg. 2008, I-4951 Rn. 61–66 – Bertelsmann ua/Impala; EuGH C-440/07 P, Slg. 2009, I-6413 Rn. 163–165 – Kommission/Schneider Electric; EuG T-175/12, ECLI:EU:T:2015:148 Rn. 247–252 – Deutsche Börse/Kommission; EuG T-194/13, ECLI:EU:T:2017:144 Rn. 199 ff. – UPS/Kommission zust. GA *Kokott*, SchlA C-265/17 P, ECLI:EU:C:2018:628 Rn. 32 ff. – Kommission/UPS, sowie EuGH C-265/17 P, ECLI:EU:C:2019:23 Rn. 28 ff. – Kommission/UPS.
[38] Vgl. Art. 18 Abs. 1 und 2 VO (EG) Nr. 139/2004, ABl. 2004 L 24, 1, sowie Art. 13 Abs. 2 VO (EG) Nr. 802/2004, ABl. 2004 L 133, 1; Rn. 106–108 der Bekanntmachung über bewährte Vorgehensweisen, ABl. 2011 C 308, 6.
[39] Vgl. Art. 13 Abs. 2 VO (EG) Nr. 773/2004, ABl. 2004 L 123, 18; Art. 14 Abs. 2 VO (EG) Nr. 802/2004, ABl. 2004 L 133, 1; Art. 6 Beschluss über das Mandat des Anhörungsbeauftragten, ABl. 2011 L 275, 29.
[40] Vgl. Art. 12 VO (EG) Nr. 773/2004, ABl. 2004 L 123, 182; Art. 14 Abs. 1 VO (EG) Nr. 802/2004, ABl. 2004 L 133, 1.
[41] S. nur EuGH C-85/15 P, ECLI:EU:C:2017:709 Rn. 39–48 – Feralpi/Kommission; EuGH C-89/15 P, ECLI:EU:C:2017:713 Rn. 41–50 – Riva Fire/Kommission; s. auch GA *Wahl*, SchlA C-89/15 P ua, ECLI:EU:C:2016:940 Rn. 26 ff. – Feralpi/Kommission ua; vgl. auch EuGH C-265/17 P, ECLI:EU:C:2019:23 Rn. 53–57 – Kommission/UPS.
[42] EuGH C-413/14 P, ECLI:EU:C:2017:632 Rn. 92 ff. – Intel/Kommission, entgegen dem Vorschlag v. GA *Wahl*, SchlA C-413/14 P, ECLI:EU:C:2016:788 Rn. 219 ff. – Intel/Kommission.

ren in Kartellfällen muss das betroffene Unternehmen sowohl auf eine substantielle schriftliche Stellungnahme zu den Beschwerdepunkten als auch auf eine mündliche Anhörung verzichten, um in den Genuss einer 10%igen Reduzierung der Geldbuße zu kommen.[43] Eine von den Beschwerdepunkten betroffene juristische Person hat zudem nicht notwendig Anspruch auf eine mündliche Anhörung *in camera*, wenn diese dazu dienen soll, Informationen vorzubringen, die eine dritte, nicht von dem Verfahren betroffene juristische Person belastet, um so Nachteile in den mit dieser unterhaltenen Geschäftsbeziehungen zu vermeiden. Nach Auffassung des EuGH – im Gegensatz zur derjenigen des EuG – kann eine solche *in camera* Anhörung aber nicht mit der Begründung verweigert werden, dass dadurch die Verteidigungsrechte der dritten juristischen Person verletzt würden, wenn diese nicht zumindest Drittbeteiligte des Verfahrens war.[44]

bb) EU-Antidumpingverfahren. 1991 stellte der EuGH in der Rechtssache Al-Jubail **10** Fertilizer erstmalig klar, dass auch bei der Auslegung und Anwendung der seinerzeit gültigen EG-Antidumpinggrund-VO[45] die Erfordernisse der Wahrung der Verteidigungsrechte, einem Grundsatz mit fundamentalem Charakter, zu berücksichtigen seien. Dies gelte nicht nur im Rahmen von Verfahren, die zu Sanktionen führen können, sondern auch in Untersuchungsverfahren, die dem Erlass von Antidumpingverordnungen vorausgehen, welche die betroffenen Unternehmen trotz ihrer allgemeinen Geltung unmittelbar und individuell berühren und nachteilige Auswirkungen auf diese haben können.[46] Die drohende Verhängung von **Antidumpingzöllen,** die zu einer wirtschaftlichen Einbuße der betroffenen Hersteller und Importeure führen können, genügt daher für die Begründung des Anspruchs auf rechtliches Gehör.[47] Damit erkennt der EuGH zugleich an, dass das EU-Antidumpingverfahren – trotz seiner formalen Ausgestaltung als eines weitgehend der Kommission übertragenen Verfahrens zum Erlass von Verordnungen abstrakt-generellen Gehalts – im Wesentlichen verwaltungsverfahrensrechtlichen Charakter besitzt. Dies folgt aus der Betroffenheit hinreichend individualisierter Unternehmensinteressen, wie derjenigen der Hersteller, Einführer und Ausführer der betreffenden Ware sowie der eventuell geschädigten Unionsindustrie, die ihre Interessen und Rechte im Untersuchungsverfahren geltend machen können.[48] Voraussetzung für die Eröffnung des Schutzbereichs des rechtlichen Gehörs als Grundrecht ist jedoch nach ständiger Rechtsprechung, dass sich das Antidumpingverfahren speziell gegen die betroffenen Unternehmen und deren Praktiken richtet (→ Rn. 35).[49]

Infolge des EuGH-Urteils in der Rechtssache *Al-Jubail Fertilizer* wurde die **Antidum- 11 pinggrund-VO** grundlegend an die Anforderungen des rechtlichen Gehörs angepasst. Die Grund-VO (EG) Nr. 384/96, zuletzt ersetzt durch VO (EU) 2016/103,[50] regelt in Art. 20 detailliert die Voraussetzungen für die – vorläufige und endgültige – Unterrichtung der Parteien des Antidumpingverfahrens zum Zweck der Gewährung rechtlichen Gehörs.[51]

---

[43] Vgl. Art. 10a Abs. 3 VO (EG) Nr. 773/2004 iVm Rn. 20ff. der Mitteilung der Kommission über die Durchführung von Vergleichsverfahren bei dem Erlass von Entscheidungen nach Artikel 7 und Artikel 23 der Verordnung (EG) Nr. 1/2003, ABl. 2008 C 167, 1, geändert in ABl. 2015 C 256, 2. S. dazu nur EuG T-456/10, ECLI:EU:T:2015:296 Rn. 60ff. – Timab Industries u. CFPR/Kommission.
[44] So EuGH C-154/14 P, ECLI:EU:C:2016:445 Rn. 66–68 – SKW Stahl-Metallurgie ua/Kommission.
[45] VO (EWG) Nr. 2423/88 (Art. 7 Abs. 4 VO (EWG) Nr. 2423/88), ABl. 1988 L 209, 1.
[46] EuGH C-49/88, Slg. 1991, I-3187 Rn. 15 – Al Jubail Fertilizer/Rat; s. ferner EuGH C-170/89, Slg. 1991, I-5709 Rn. 19ff. – BEUC/Kommission; EuG T-167/94, Slg. 1995, II-2589 Rn. 62f. – Detlef Nölle/Rat u. Kommission; EuG verb. Rs. T-159 u. T-160/94, Slg. 1997, II-2461 Rn. 83 – Ajinomoto ua/Rat; EuG T-147/97, Slg. 1998, II-4137 Rn. 55 – Champion Stationery ua/Rat; EuG verb. Rs. T-33/98 u. T-34/98, Slg. 1999, II-3837 Rn. 199ff. – Petrotub ua/Rat; EuGH C-458/98 P, Slg. 2000, I-8147 Rn. 97ff. – Industrie des poudres sphériques/Rat u. Kommission ua.
[47] Vgl. GA *Darmon*, SchlA C-49/88, Slg. 1991, I-3187, 3221 Rn. 73ff. – Al Jubail Fertilizer/Rat.
[48] Vgl. zuletzt EuGH C-76/01 P, Slg. 2003, I-10091 Rn. 69ff. – Eurocoton ua/Rat.
[49] EuGH C-170/89, Slg. 1991, I-5709 Rn. 19ff. – BEUC/Kommission; EuG T-167/94, Slg. 1995, II-2589 Rn. 62 – Detlef Nölle/Rat u. Kommission.
[50] ABl. 1996 L 56, 1 bzw. ABl. 2016 L 176, 21.
[51] Grdlg. EuG T-147/97, Slg. 1998, II-4137 Rn. 55ff. – Champion Stationery ua/Rat. Vgl. auch Art. 5 Abs. 11 VO (EU) 2016/1036, ABl. 2016 L 176, 21.

Die Antragsteller, die Einführer und Ausführer sowie ihre repräsentativen Verbände und die Vertreter des Ausfuhrlandes sind danach auf Antrag über diejenigen Tatsachen, Erwägungen und Beweise zu unterrichten, auf deren Grundlage die Unionsorgane beabsichtigen, vorläufige oder endgültige Antidumpingzölle zu verhängen oder die Einstellung der Untersuchung zu beschließen. Zu den Tatsachen, Erwägungen und Beweisen, bezüglich derer die betroffenen Unternehmen die Möglichkeit haben müssen, ihren Standpunkt sachgerecht zu vertreten, gehören nicht nur diejenigen, die sich auf die Feststellung eines Dumpings und einer Schädigung eines Wirtschaftszweigs der Union beziehen, sondern auch solche, auf denen die Beurteilung des Unionsinteresses für die Verhängung von Zöllen beruht.[52] Während der EuGH die Anforderungen an die Beachtung des rechtlichen Gehörs in diesem Bereich tendenziell verschärft hat (→ Rn. 53),[53] neigte das EuG zwischenzeitlich, teils mit kaum nachvollziehbarer Begründung, einer restriktiveren Kontrolle zu.[54] Die Rechtsprechung weist zudem zu Recht darauf hin, dass der Anwendungs- und Schutzbereich des rechtlichen Gehörs von demjenigen anderer grundlegender Verfahrensgarantien, wie der Sorgfaltspflicht der Verwaltung oder deren Begründungspflicht, klar abzugrenzen ist.[55]

12   Auch im Antidumpingverfahren erfolgen Anhörungen grundsätzlich nur **schriftlich.** Auf Antrag kann jedoch auch eine **mündliche Anhörung** erfolgen, bei der Einführer, Ausführer, die Vertreter der Regierung des Ausfuhrlandes und die Antragsteller (dh die Unionsindustrie) in einem kontradiktorischen Anhörungstermin mit denjenigen Parteien zusammentreffen können, die entgegengesetzte Interessen vertreten.[56]

13   **cc) Verfahren im EU-Dienstrecht.** In beamtenrechtlichen Verwaltungsverfahren, insbesondere Disziplinar- oder Entlassungsverfahren, welche den Erlass von beschwerenden Maßnahmen gegenüber EU-Beamten bezwecken, anerkennen die Unionsgerichte die Anwendbarkeit des Grundrechts rechtlichen Gehörs als Ausdruck des Grundsatzes der Wahrung der **Verteidigungsrechte** sowie der **beamtenrechtlichen Fürsorgepflicht**[57] sowie neuerdings unter Rückgriff auf Art. 41 Abs. 2 lit. a GRC.[58] Im EU-Sekundärrecht

---

[52] Vgl. Art. 9 Abs. 4 VO (EU) 2016/1036, ABl. 2016 L 176, 21; EuG verb. Rs. T-33/98 u. T-34/98, Slg. 1999, II-3837 Rn. 201 ff. – Petrotub ua/Rat; EuG T-147/97, Slg. 1998, II-4137 Rn. 55 – Champion Stationery ua/Rat.

[53] EuGH C-141/08 P, Slg. 2009, I-9147 Rn. 81 ff. – Foshan Shunde Yongjian Housewares & Hardware/Rat; EuGH verb. Rs. C-191/09 P u. C-200/09 P, ECLI:EU:C:2012:78 Rn. 76 ff. – Rat/Interpipe Niko Tube ua.

[54] EuG T-206/07, Slg. 2008, II-1 Rn. 63 ff. – Foshan Shunde Yongjian Housewares & Hardware/Rat; EuG T-462/04, Slg. 2008, II-3685 Rn. 44–49 – HEG ua/Rat; EuG T-249/06, Slg. 2009, II-383 Rn. 146–153 u. 200–211 – Rat/Interpipe Niko Tube ua; EuG verb. Rs. T-407/06 u. T-408/06, Slg. 2010, II-747 Rn. 108–115 u. 130–147 – Zhejiang Aokang Shoes ua/Rat; EuG T-122/09, ECLI:EU:T:2011:46 Rn. 26 ff. – Zhejiang Xinshiji Foods ua/Rat; EuG T-170/09, ECLI:EU:T:2012:531 Rn. 130 ff. – Shanghai Biaowu High-Tensile Fastener ua/Rat; EuG T-310/12, ECLI:EU:T:2015:295 Rn. 207 ff. – Yuanping Changyuan Chemicals/Rat; vgl. auch EuG T-276/13, ECLI:EU:T:2016:340 Rn. 250 ff. – Growth Energy ua/Rat; differenzierter EuG T-424/13, ECLI:EU:T:2016:378 Rn. 93 ff. u. 151 ff. – Jinan Meide Casting/Rat (ua Unmöglichkeit der Heilung der Verletzung des Anhörungsrechts im Gerichtsverfahren); wieder zur ursprünglichen Judikatur zurückkehrend EuG T-442/12, ECLI:EU:T:2017:372 Rn. 139 ff. – Changmao Biochemical Engineering/Rat (rechtskräftig); EuG T-460/14, ECLI:EU:T:2017:916 Rn. 81–83 – AETMD/Rat (Rechtsmittel C-144/18 P anhängig).

[55] EuG T-643/11, ECLI:EU:T:2014:1076 Rn. 40 ff. – Crown Equipment ua/Rat (Abgrenzung zur Sorgfaltspflicht); vgl. auch, aber wenig überzeugend im Hinblick auf die Einhaltung der Begründungspflicht, EuGH C-687/13, ECLI:EU:C:2015:573 Rn. 51 ff. – Fliesen-Zentrum Deutschland.

[56] Vgl. Art. 6 Abs. 6 VO (EU) 2016/1036, ABl. 2016 L 176, 21.

[57] Vgl. bereits EuGH 32/62, Slg. 1963, 107 (123) – Alvis; vgl. auch EuG T-237/00, Slg. 2002, II-163 Rn. 86 ff. mwN – Reynolds/Parlament (vorzeitige Beendigung einer Abordnung); anders mit nicht überzeugender Begründung EuGH C-111/02 P, Slg. 2004, I-5475 Rn. 50–59 – Parlament/Reynolds; abgemildert durch EuG T-237/00, SlgÖD 2005, I-A-385 u. II-1731 Rn. 91 ff., insbes. Rn. 95 – Reynolds/Parlament. Vgl. auch EuG T-317/10 P, ECLI:EU:T:2013:413 Rn. 82 f. – L/Parlament, sowie die erneute Kehrtwende zugunsten eines effektiven Schutzes durch das rechtliche Gehör in EuG T-160/17, ECLI:EU:T:2019:1 Rn. 20 ff. – RY/Kommission (rechtskräftig).

[58] EuG T-317/10 P, ECLI:EU:T:2013:413 Rn. 81 – L/Parlament; EuG T-584/16, ECLI:EU:T:2017:282 Rn. 149 ff. – HF/Parlament; EuG T-699/16 P, ECLI:EU:T:2017:524 Rn. 16 ff. – Parlament/Meyrl; EuG T-160/17, ECLI:EU:T:2019:1 Rn. 20 ff. – RY/Kommission.

findet dies seinen Ausdruck insbesondere in Art. 1–4 des Anhangs IX sowie in Art. 90 EU-BeamtStat.[59] Der Grundsatz rechtlichen Gehörs ist auch dann zu beachten, wenn die entsprechenden beamtenrechtlichen Verfahrensvorschriften dies nicht vorsehen.[60] Sofern beispielsweise Zeugen vernommen werden, ist dem betroffenen Beamten die Möglichkeit zu geben, dem Verfahren beizuwohnen und gegebenenfalls die Zeugen zu befragen, soweit ihm dies für seine Verteidigung zweckdienlich erscheint.[61]

dd) EU-Zollverfahren. In der Rechtssache Technische Universität München erweiterte der EuGH den sachlichen Gewährleistungsgehalt des rechtlichen Gehörs auf **mehrstufige Verwaltungsverfahren in Zollsachen**, in denen die Wirtschaftsteilnehmer grundsätzlich nur mit den Behörden der Mitgliedstaaten in Kontakt treten.[62] Danach ist den betroffenen natürlichen und juristischen Personen in einem mehrstufigen Zollbefreiungsverfahren auch in dem Verfahrensabschnitt vor der Kommission Gelegenheit zur Stellungnahme zu geben, auch wenn das EU-Sekundärrecht keine solche Anhörung vorsieht.[63] Die rechtschutzbegründende Beschwer sieht der EuGH darin, dass die Kommission über die **Versagung eines finanziellen Vorteils** – die Zollbefreiung – sowie auf der Grundlage eines weiten Beurteilungsspielraums verbindlich entscheidet, während die mitgliedstaatlichen Zollbehörden entsprechende Beschlüsse lediglich gegenüber dem Betroffenen vollziehen.[64] In der Folge erstreckte das EuG die Anhörungsgarantie auf vergleichbare Zollverfahren – insbesondere betreffend die Erstattung oder den Erlass von Zöllen – sowie auf den Verfahrensabschnitt vor den mitgliedstaatlichen Zollbehörden, um die effektive Gewährung rechtlichen Gehörs sicher zu stellen.[65] Der EuGH ist diesem Ansatz später unter ausdrücklicher Anerkennung der Geltung und Bindungswirkung des allgemeinen Rechtsgrundsatzes rechtlichen Gehörs bzw. der Verteidigungsrechte für die mitgliedstaatlichen Zollbehörden gefolgt (→ Rn. 23 ff.).[66] **14**

ee) Verfahren zur Rückforderung von EU-Strukturfondsbeihilfen. Die Rechtsprechung hält das rechtliche Gehör ferner in mehrstufigen Verwaltungsverfahren zur Rückforderung oder Kürzung von **EU-Strukturfondsbeihilfen** für anwendbar.[67] Danach ist den betroffenen Zuschussempfängern vor Erlass eines sie belastenden Rückforderungs- oder Kürzungsbeschlusses durch die Kommission Gelegenheit zur Rechtsverteidigung zu geben, obwohl dies in den zu Grunde liegenden sekundärrechtlichen Verfahrensvorschriften nicht vorgesehen ist.[68] Ausschlaggebend für die Begründung des Anspruchs auf recht- **15**

---

59 ABl. 2004 L 124, 1, zuletzt geändert ABl. 2013 L 287, 15.
60 EuG T-333/99, Slg. 2001, II-3021 Rn. 162–168 u. 182–183 – X/Europäische Zentralbank; EuG T-584/16, ECLI:EU:T:2017:282 Rn. 150 – HF/Parlament; EuG T-160/17, ECLI:EU:T:2019:1 Rn. 23 – RY/Kommission.
61 EuGH 141/84, Slg. 1985, 1951 Rn. 16–19 – de Compte.
62 EuGH C-269/90, Slg. 1991, I-5469 – HZA München-Mitte/Technische Universität München (betr. ein Zollbefreiungsverfahren nach der seinerzeit gültigen VO (EWG) Nr. 1798/75, ABl. 1975 L 184, 1).
63 Zu dem im Anschluss an die Rechtsprechung kodifizierten Anhörungsrecht in Art. 872a VO (EWG) Nr. 2454/93 der Kommission v. 2. Juli 1993 mit Durchführungsvorschriften zu der VO (EWG) Nr. 2913/92 des Rates zur Festlegung des Zollkodex der Gemeinschaften, ABl. 1993 L 253, 1, s. EuG T-466/14, ECLI:EU:T:2016:742 Rn. 39 ff. – Spanien/Kommission.
64 EuGH C-269/90, Slg. 1991, I-5469 Rn. 14 u. 25 – HZA München-Mitte/Technische Universität München.
65 EuG T-346/94, Slg. 1995, II-2841 Rn. 30 – France-aviation/Kommission; EuG T-42/96, Slg. 1998, II-401 Rn. 77 u. 84 ff. – Eyckeler & Malt/Kommission; EuG T-50/96, Slg. 1998, II-3773 Rn. 32 ff. u. 69 – Primex ua/Kommission; EuG T-290/97, Slg. 2000, II-15 Rn. 38 ff. – Mehibas Dordtselaan/Kommission; EuG T-205/99, Slg. 2002, II-3141 Rn. 50 ff. – Hyper Srl/Kommission; EuG T-329/00, Slg. 2003, II-287 Rn. 46 ff. – Bonn Fleisch Ex- und Import/Kommission.
66 EuGH C-349/07, Slg. 2008, I-10369 Rn. 33 ff. insbes. Rn. 38 – Sopropé; EuGH verb. Rs. C-129/13 u. C-130/13, ECLI:EU:C:2014:2041 Rn. 28 ff., insbes. Rn. 32–34 – Kamino International Logistics; EuGH verb. Rs. C-29/13 u. C-30/13, ECLI:EU:C:2014:140 Rn. 57–60 – Global Trans Lodzhistik; EuGH C-276/16, ECLI:EU:C:2017:1010 Rn. 45–47 – Prequ' Italia.
67 Eingehend hierzu, auch hinsichtlich des Anhörungsrechts der Mitgliedstaaten, s. Nehl EStAL 2011, 629 (633 ff.).
68 EuG T-450/93, Slg. 1994, II-1177 Rn. 42 ff. – Lisrestal ua/Kommission; bestätigt durch EuGH C-32/95 P, Slg. 1996, I-5373 Rn. 24 ff. – Kommission/Lisrestal ua (Rechtsmittel); bestätigend EuG verb. Rs. T-

§ 58　　　12. Abschnitt. Justizielle Grundrechte und Verfahrensgarantien

liches Gehör ist die unmittelbare **wirtschaftliche Belastung des Zuschussempfängers** durch den Kürzungs- oder Rückforderungsbeschluss, für die allein die Kommission im Rahmen des ihr zustehenden Beurteilungsspielraums die rechtliche Verantwortung trägt.[69] Hingegen haben die nationalen Behörden – vergleichbar mit der Aufgabenverteilung in **mehrstufigen Verfahren** in Zollsachen – den Kommissionsbeschluss nur durchzuführen.[70] In Erweiterung der restriktiven Formulierung des EuGH im Urteil Hoffmann-La Roche (→ Rn. 2) greift der Schutz des rechtlichen Gehörs daher nicht allein im Fall drohender Sanktionen, sondern auch bei finanziellen Belastungen im weitesten Sinne. Dies gilt selbst dann, wenn der Rückforderungsbeschluss nur eine aus dem Unionshaushalt gewährte Vergünstigung wieder entzieht.[71]

16　Die Unionsgerichte sind einer weiteren Ausdehnung des Gewährleistungsgehalts des rechtlichen Gehörs auf den Bereich der **EU-Leistungsverwaltung** jedoch bisher mit Recht entgegengetreten. So ist das rechtliche Gehör bei Ablehnung eines Antrags auf Zuschussgewährung im Rahmen von **schriftlichen „Massenverfahren"** nicht anwendbar. In diesen Fällen wird die Verwaltung mit einer Vielzahl von Anträgen konfrontiert und ist aus Effizienz- und Zeitgründen darauf angewiesen, die Anträge ohne vorherige Anhörung der Antragsteller positiv oder negativ zu bescheiden.[72] Ausschlaggebend dürfte insoweit sein, dass der bloße Antrag auf Erhalt einer Vergünstigung nicht genügt, um den Schutzbereich des Grundrechts rechtlichen Gehörs zu eröffnen. Vielmehr liegt eine anspruchsbegründende, spürbare wirtschaftliche Einbuße nur dann vor, wenn der Zuschuss bereits aus öffentlichen Mitteln erworben und damit ein schützenswerter **Vertrauenstatbestand** geschaffen wurde. Allerdings scheinen die Unionsgerichte in jüngerer Zeit in Abkehr von der in → Rn. 15 dargestellten Rechtsprechung – aus kaum nachvollziehbaren Gründen – auch auf dem Gebiet der Verwaltung der EU-Strukturfondsmittel eine restriktivere Auslegung dieses Schutzbereichs zu befürworten.[73] Ergänzend ist darauf hinzuweisen, dass der Rechtsrahmen für die Vergabe von EU-Strukturfondsbeihilfen, welcher der in diesem Abschnitt besprochenen Rechtsprechung zu Grunde liegt, in der Zwischenzeit grundlegend novelliert wurde.[74] Die damit einhergehende, nahezu vollständige Übertragung der Vergabe und Verwaltung der Fondsmittel gegenüber den Empfängern auf die

---

180/96 u. T-181/96, Slg. 1998, II-3477 Rn. 49 ff. – Mediocurso/Kommission; EuGH C-462/98 P, Slg. 2000, I-7183 Rn. 36 ff. – Mediocurso/Kommission (Rechtsmittel). Vgl. auch EuG T-81/95, Slg. 1997, II-1265 Rn. 43 – Interhotel/Kommission; EuG T-142/97, Slg. 1998, II-3567 Rn. 67 – Eugénio Branco/Kommission; EuG T-199/99, Slg. 2002, II-3731 Rn. 55 ff. – Sgaravatti Mediterranea/Kommission; EuG T-340/00, Slg. 2003, II-811 Rn. 136 ff. – Comunità montana della Valnerina/Kommission; bestätigt durch EuGH C-240/03 P, Slg. 2006, I-731 Rn. 129–133 – Comunità montana della Valnerina/Kommission; EuG T-102/00, Slg. 2003, II-2433 Rn. 59–86 – Vlaams Fonds voor de Sociale Integratie van Personen met een Handicap/Kommission; EuG T-189/02, ECLI:EU:T:2007:233 Rn. 88 ff. – Ente per le Ville vesuviane/Kommission; EuG T-158/07, ECLI:EU:T:2009:489 Rn. 35 ff. – Cofac/Kommission; EuG T-159/07, ECLI:EU:T:2009:490 Rn. 33 ff. – Cofac/Kommission; EuG T-53/11, ECLI:EU:T:2013:205 Rn. 70 ff. – Aecops/Kommission; bestätigt durch EuGH verb. Rs. C-379/13 P bis C-381/13 P, ECLI:EU:C:2014:2128 – Aecops/Kommission.

[69] Zur Begründung im Einzelnen vgl. EuG T-450/93, Slg. 1994, II-1177 Rn. 44 u. 48 – Lisrestal ua/Kommission; EuGH C-32/95 P, Slg. 1996, I-5373 Rn. 28–34 – Kommission/Lisrestal ua; sowie GA *La Pergola*, SchlA C-32/95 P, Slg. 1996, I-5373 Rn. 25 ff. – Kommission/Lisrestal ua.

[70] S. die seinerzeit gültige VO (EG) Nr. 1260/1999 des Rates mit allg. Bestimmungen über die Strukturfonds, ABl. 1999 L 161, 1.

[71] Ebenso *Lenaerts/Vanhamme* CMLR 1997, 531 (535).

[72] Vgl. EuG T-109/94, Slg. 1995, II-3007 Rn. 48 ff. – Windpark Groothusen/Kommission; EuGH C-48/96 P, Slg. 1998, I-2873 Rn. 46 ff. – Windpark Groothusen/Kommission (Rechtsmittel); sowie GA *Cosmas*, SchlA C-48/96 P, Slg. 1998, I-2873 Rn. 63 ff. – Windpark Groothusen/Kommission.

[73] S. insbes. EuG T-176/06, ECLI:EU:T:2008:259 Rn. 79 – Sviluppo Italia Basilicata/Kommission; bestätigt durch EuGH C-414/08 P, Slg. 2010, I-2559 Rn. 86–90 – Sviluppo Italia Basilicata/Kommission. Eingehend krit. hierzu *Nehl* EStAL 2011, 629 (636 f.).

[74] S. den Überblick über die Funktionsweise des neuen Systems und die neuen Rechtsgrundlagen in *Europäische Kommission*, Europäischer Struktur- und Investitionsfonds 2014–2020: Offizielle Texte und Kommentare, November 2015, Brüssel 2016, abrufbar unter: http://ec.europa.eu/regional_policy/sources/docgener/guides/blue_book/blueguide_de.pdf (letzter Abruf am 28.8.2019).

mitgliedstaatlichen Behörden hat zur Folge, dass die Rechtsprechung zur Beachtung des rechtlichen Gehörs in mehrstufigen Entscheidungsprozessen auf diesem Gebiet ohnehin nicht mehr weiter entwickelt werden kann.

ff) EU-Liberalisierungsverfahren. Verfahren zur Liberalisierung von bislang staatlich kontrollierten Wirtschaftszweigen, wie zB das Verfahren zur Liberalisierung des EU-Luftverkehrs nach der nicht mehr in Kraft befindlichen VO (EWG) Nr. 2408/92[75], die durch die VO (EG) Nr. 1008/2008 ersetzt wurde[76], sind ähnlich den oben erörterten Zoll- und Beihilfenverfahren häufig mehrstufig konstruiert. Im **EU-Luftverkehrsverwaltungsverfahren** wenden allein die mitgliedstaatlichen Behörden die Vorschriften der VO unmittelbar gegenüber den Luftfahrtunternehmen an.[77] Die Kommission hingegen beaufsichtigt mit Entscheidungsgewalt die Rechtmäßigkeit der Zuweisung, Verweigerung oder Beschränkung von Verkehrsrechten.[78]

17

Eine Anhörung der betroffenen Luftfahrtunternehmen vor Erlass einer sie belastenden Kommissionsentscheidung war jedoch in der VO (EWG) Nr. 2408/92 nicht vorgesehen. In der Rechtssache *Air Inter* schloss das EuG diese rechtsstaatliche Lücke unter Rückgriff auf das Grundrecht rechtlichen Gehörs. Es befand, dass die Verteidigungsrechte als fundamentaler Grundsatz des Unionsrechts in allen Verfahren, die zu einer den Betroffenen beschwerenden Maßnahme führen können, nicht nur zu beachten sind, wenn eine besondere sekundärrechtliche Regelung fehlt, sondern auch dann, wenn sie durch eine solche ausgeschlossen oder eingeschränkt werden sollten.[79] Dabei hält das EuG die effektive Gewährung des rechtlichen Gehörs, sei es unmittelbar im Verhältnis zur Kommission, sei es mittelbar durch die nationalen Behörden oder durch eine Kombination dieser beiden Verwaltungswege, für möglich (→ Rn. 23 ff.).[80]

18

Diese Grundsätze sind auf alle ähnlich konstruierten EU-Verwaltungsverfahren zu Liberalisierungszwecken sowie vergleichbaren Interessenlagen übertragbar. Betroffene Unternehmen sind häufig ehemalige Staatsunternehmen oder solche, die bislang mit speziellen bzw. exklusiven Rechten im Sinne von **Art. 106 AEUV** ausgestattet waren und diese im Zuge des sekundärrechtlich geregelten Liberalisierungsprozesses schrittweise aufgeben müssen.[81] Damit hat die Rechtsprechung in Verwaltungsverfahren zur Durchführung von Art. 106 AEUV im Hinblick auf das rechtliche Gehör eine Situation geschaffen, die in etwa derjenigen nach **Art. 108 Abs. 2 AEUV** entspricht. Danach genießen Beihilfenempfänger als „Beteiligte" in Verwaltungsverfahren zur Kontrolle bzw. Rückforderung staatlicher, mit dem Binnenmarkt unvereinbarer Beihilfen, ein – wenn auch nicht grundrechtlich garantiertes – Anhörungsrecht (→ Rn. 38–41).

19

gg) EU-Marken- und Geschmacksmusterverfahren. Sekundärrechtliche Ausprägungen des rechtlichen Gehörs enthält auch das EU-Markenverfahrensrecht[82], wie Art. 64 Abs. 1 VO (EU) 2017/1001 (Anhörung „anderer Beteiligter" im Verfahren zu Verfalls-

20

---

[75] VO (EWG) Nr. 2408/92 über den Zugang von Luftfahrtunternehmen der Gemeinschaft zu Strecken des innergemeinschaftlichen Flugverkehrs, ABl. 1992 L 240, 8.
[76] VO (EG) Nr. 1008/2008 über gemeinsame Vorschriften für die Durchführung von Luftverkehrsdiensten in der Gemeinschaft, ABl. 2008 L 293, 3.
[77] Vgl. Art. 3 und 15 VO (EG) Nr. 1008/2008, ABl. 2008 L 293, 3.
[78] S. zB Art. 18 Abs. 2 VO (EG) Nr. 1008/2008, Art. 19 Abs. 3 VO (EG) Nr. 1008/2008, Art. 20 Abs. 2 und 3 VO (EG) Nr. 1008/2008, ABl. 2008 L 293, 3.
[79] EuG T-260/94, Slg. 1997, II-997 Rn. 58 ff. – Air Inter/Kommission.
[80] EuG T-260/94, Slg. 1997, II-997 Rn. 58 ff. – Air Inter/Kommission.
[81] Vgl. auch EuGH verb. Rs. C-48/90 u. C-66/90, Slg. 1992, I-565 Rn. 50 f. – Niederlande/Kommission; EuG T-266/97, Slg. 1999, II-2329 Rn. 34 ff. – Vlaamse Televisie Maatschappij/Kommission.
[82] Vgl. EuGH C-96/11 P, ECLI:EU:C:2012:537 Rn. 74 ff. – Storck/HABM; EuG T-122/99, Slg. 2000, II-265 Rn. 35 ff. – The Procter & Gamble Company/HABM; EuG T-36/01, Slg. 2002, II-3887 Rn. 38 ff. – Glaverbel/HABM; neuerdings EuG T-358/09, ECLI:EU:T:2011:174 Rn. 52 – Sociedad Agricola Requingua/HABM; EuG T-715/13, ECLI:EU:T:2015:256 Rn. 67 ff. – Lidl Stiftung/HABM, der die grundrechtliche Absicherung von Art. 75 VO (EG) Nr. 207/2009 über die Unionsmarke, ABl. 2009 L 78, 1, unterstreicht.

oder Nichtigerklärung einer Unionsmarke) und insbesondere Art. 75 VO (EU) 2017/1001 über die Unionsmarke.[83] Entsprechende Regelungen befinden sich im Verfahrensrecht betreffend das Gemeinschaftsgeschmacksmuster (Art. 62 VO (EG) Nr. 6/2002).[84]

21 hh) EU-Verfahren zum Erlass restriktiver Maßnahmen. Das Grundrecht auf rechtliches Gehör hat in jüngerer Zeit eine wichtige Rolle gespielt im Rahmen der Kontrolle der Rechtmäßigkeit von **restriktiven Maßnahmen** der Unionsorgane im Bereich der Terrorismusbekämpfung und der sonstigen gegen Drittstaatsangehörige gerichteten **Sanktionen,** wie zB das Einfrieren von Vermögenswerten oder Einreisebeschränkungen.[85] Die Rechtsprechung betont in diesem Zusammenhang die besondere Bedeutung effektiven gerichtlichen Rechtsschutzes im Sinne von Art. 47 Abs. 1 GRC[86] und stellt eine komplexe Verknüpfung zwischen der Rechtsschutzgarantie und einer Reihe grundlegender Verfahrensgarantien her, nämlich der Begründungspflicht im Sinne von Art. 296 Abs. 2 AEUV, dem Anspruch auf rechtliches Gehör bzw. den Verteidigungsrechten sowie dem Sorgfalts- und Untersuchungsgrundsatz, gekoppelt mit erhöhten Ermittlungs- und Beweisanforderungen an die zuständige Behörde.[87] Diese innovative Vorgehensweise ist zum einen sichtlich vom Bemühen des EuGH geprägt, den von Sanktionsmaßnahmen betroffenen Personen effektiven Rechtsschutz zu gewähren, zum anderen aber auch Ausdruck einer gewissen Hilflosigkeit angesichts der komplizierten Vernetzung von Kommunikationsbeziehungen und Entscheidungsbefugnissen auf den nationalen, supranationalen und internationalen Ebenen. Denn ein solcher Rechtsschutz und eine entsprechende Rechtmäßigkeitskontrolle sind in der Praxis, insbesondere wegen des weiten Beurteilungsspielraums der aufgrund von UN-Resolutionen präjudiziell entscheidenden Stellen (namentlich der UN-Sanktionsausschuss), deren lückenhafter Begründung sowie mangels vollständigen Zugangs des Klägers und des Unionsrichters zu den relevanten Informationen, die die restriktiven Maßnahmen rechtfertigen können, nur äußerst schwierig zu gewährleisten. Diese Informationen befinden sich in der Regel in den Händen der beantragenden Mitgliedstaaten und/oder der zuständigen UN-Organe und unterliegen aus sicherheitspolitischen Gründen in weitem Umfang strenger Geheimhaltung, was sich fast zwangsläufig in einer nur rudimentären Anhörung und Begründung seitens der umsetzenden Unionsbehörden niederschlägt.[88] Die im **zweiten Kadi**-Urteil angelegte Prüftechnik des EuGH bezieht zwar das Grundrecht auf rechtliches Gehör mit ein, vermengt dessen Anwendungs- und Schutzbereich, insbesondere seine spezifisch individualschützende Funktionen, aber mit demjenigen anderer Verfahrensgarantien,[89] um sie allesamt gewissermaßen in den Anspruch auf effektiven gerichtlichen Rechtsschutz im Sinne von Art. 47 Abs. 1 GRC zu „inkorporieren". So fordert nach Ansicht des EuGH „die Achtung der Verteidigungsrechte und des Rechts auf effektiven gerichtlichen Rechtsschutz, dass die zuständige Unionsbehörde der betroffenen Person die dieser Behörde vorliegenden, die betroffene Person belastenden

---

[83] VO (EU) 2017/1001 über die Unionsmarke, ABl. 2017 L 154, 1.
[84] ABl. 2002 L 3, 1. Vgl. dazu EuG T-608/11, ECLI:EU:T:2013:334 Rn. 42 ff. – Beifa Group/HABM, unter Hinweis auf den allgemeinen Rechtsgrundsatz der Verteidigungsrechte; ebenso EuG T-114/16, ECLI:EU:T:2017:899 Rn. 112–116 – Delfin Wellness/EUIPO (kein absoluter Anspruch auf mündliche Verhandlung vor Beschwerdekammer).
[85] Vgl. zB EuGH C-27/09 P, Slg. 2011, I-13427 Rn. 62–67 – Frankreich/People's Mojahedin Organization of Iran.
[86] Grundlegend EuGH verb. Rs. C-402/05 P u. C-415/05 P, Slg. 2008, I-6351 Rn. 281 ff. – Kadi ua/Rat u. Kommission; EuGH verb. Rs. C-584/10 P, C-593/10 P u. C-595/10 P, ECLI:EU:C:2013:518 Rn. 97 ff. – Kommission/Kadi.
[87] Besonders deutlich in EuGH verb. Rs. C-584/10 P, C-593/10 P u. C-595/10 P, ECLI:EU:C:2013:518 Rn. 97 ff., insbes. 102, 111–118, 119–128 – Kommission/Kadi. Bereits ähnlich im Ansatz EuGH verb. Rs. C-402/05 P u. C-415/05 P, Slg. 2008, I-6351 Rn. 335 ff. – Kadi ua/Rat u. Kommission.
[88] Vgl. EuGH verb. Rs. C-584/10 P, C-593/10 P u. C-595/10 P, ECLI:EU:C:2013:518 Rn. 103–110 – Kommission/Kadi.
[89] Zur grundlegenden Unterscheidung zwischen instrumentellen und individualschützenden Zwecken von Verfahrensgarantien s. *Nehl* in Nowak/Cremer S. 135 ff.; *Nehl* in Hofmann/Türk S. 322 (343–350); *Barbier de la Serre* EPL 2006, 225 ff.

Informationen, auf die sie ihre Entscheidung stützt, dh zumindest die vom Sanktionsausschuss übermittelte Begründung, mitteilt [...], damit diese Person ihre Rechte unter den bestmöglichen Bedingungen verteidigen und in Kenntnis aller Umstände entscheiden kann, ob es angebracht ist, den Unionsrichter anzurufen".[90] Damit scheinen die Anforderungen des rechtlichen Gehörs und der Begründungspflicht ineinander zu fließen.[91] Wie an anderer Stelle dargelegt, ist diese Vorgehensweise – gemessen daran, dass die verschiedenen prozessualen Gewährleistungen jeweils eigenständige Anwendungs- und Schutzbereiche besitzen – jedoch dogmatisch weder erklärlich noch vertretbar.[92]

ii) EU-Normgebungsverfahren. Die Unionsgerichte haben es bisher abgelehnt, die 22 Rechtsprechung zum Schutz betroffener Marktteilnehmer durch das rechtliche Gehör im EU-Verwaltungsverfahren auf das EU-Normgebungsverfahren, zB im Bereich des EU-Landwirtschaftsrechts, zu übertragen, da es in diesem Fall um den Erlass von Maßnahmen mit allgemeiner Geltung geht.[93] Dies gilt selbst für den Ausnahmefall, dass die betroffenen Marktteilnehmer die Voraussetzungen der Klagebefugnis nach Art. 263 Abs. 4 AEUV (unmittelbare und individuelle Betroffenheit; näher dazu → § 11 Rn. 47 ff.) in Bezug auf die fragliche Maßnahme erfüllen.[94]

c) „Vertikale" Erstreckung des sachlichen Gewährleistungsgehalts auf nationale 23 **Verwaltungsverfahren. aa) Mehrstufige bzw. kooperative Verwaltungsverfahren.** Wie oben gezeigt (→ Rn. 4 ff.), bezieht sich die Rechtsprechung betreffend das rechtliche Gehör zu einem wesentlichen Teil auf sog **mehrstufige Verwaltungsverfahren.** In deren Rahmen vollziehen mitgliedstaatliche Behörden – in ihrer Funktion als „Unionsbehörden" – und die Kommission das materielle EU-Verwaltungsrecht gemeinsam bzw. in mehreren Stufen, wobei in der Regel allein die mitgliedstaatlichen Behörden mit den betroffenen Wirtschaftsteilnehmern in unmittelbaren Kontakt treten. Die Unionsgerichte haben sich von der richtigen Einsicht leiten lassen, dass die komplizierte Konstruktion dieser Verwaltungsverfahren und die darin vorgesehene Aufgabenverteilung nicht dazu führen dürfen, dass rechtsstaatlich nicht hinnehmbare Rechtsschutzlücken zu Lasten der Betroffenen entstehen. Dem entspricht die Tatsache, dass das Verfahren als Ganzes dem Vollzug ein und desselben materiellen Regelungsziels gegenüber dem Einzelnen dient.[95]

Rechtskonstruktiv existieren zwei Modelle des Verfahrensrechtsschutzes in mehrstufigen 24 Verwaltungsverfahren, für die es jeweils Anhaltspunkte in der Rechtsprechung gibt. Nach dem **Zurechnungsmodell** wird die Verletzung des rechtlichen Gehörs auf der nationalen Verfahrensstufe der verbindlich entscheidenden Kommission zugerechnet. Kraft Zurechnung können diese Verfahrensverstöße daher, auch wenn die Kommission selbst nicht daran

---

[90] EuGH verb. Rs. C-584/10 P, C-593/10 P u. C-595/10 P, ECLI:EU:C:2013:518 Rn. 111 – Kommission/Kadi.
[91] Ähnlich unscharf in der Abgrenzung der einzelnen Verfahrensgarantien EuGH C-277/11, ECLI:EU:C:2012:744 Rn. 87 f. – M. M.; EuGH C-249/13, ECLI:EU:C:2014:2431 Rn. 38 – Boudjlida; EuGH C-166/13, ECLI:EU:C:2014:2336 Rn. 48 – Mukarubega. S. jedoch zur Unterscheidung zwischen dem durch das Anhörungsrecht begründeteten „aktuellen" Dialog und dem ua durch die Begründungspflicht begründeten „ex post" Dialog zwischen dem Betroffenen und der Verwaltung *Nehl*, Europäisches Verwaltungsrecht, S. 273 f., 313 f., 325 f., 364–367.
[92] *Nehl* in FK-EUV/GRC/AEUV GRC Art. 47 Rn. 43–45.
[93] Vgl. EuGH C-104/97 P, Slg. 1999, I-6983 Rn. 34 u. 37 – Atlanta/Rat u. Kommission; EuG T-521/93, Slg. 1996, II-1707 Rn. 70–74 – Atlanta ua/Rat u. Kommission. Dies wird indirekt bestätigt durch die fehlende Befugnis betroffener Wirtschaftsteilnehmer, Nichtigkeitsklage gegen abstrakt-generelle Regelungen des Gesundheitsschutzes zu erheben, da sie im Verfahren zu deren Erlass keine Verfahrensgarantien genießen, vgl. EuGH T-539/08, Slg. 2010, II-4017 Rn. 109 ff. mwN – Etimine u. Etiproducts/Kommission.
[94] EuG T-13/99, Slg. 2002, II-3305 Rn. 487 – Pfizer Animal Health/Rat; ähnlich EuG T-266/97, Slg. 1999, II-2329 Rn. 43 – Vlaamse Televisie Maatschappij/Kommission. Vgl. auch EuGH C-483/07 P, Slg. 2009, I-959 Rn. 53 mwN – Galileo Lebensmittel/Kommssion.
[95] So auch GA *La Pergola*, SchlA C-32/95 P, Slg. 1996, I-5373 Rn. 20, dort Fn. 20 – Kommission/Lisrestal ua (betr. die Rückforderung von EU-Beihilfen); GA *Ruiz-Jarabo Colomer*, SchlA C-56/02, Slg. 2003, I-5499 Rn. 48 – IHW Rebmann/HZA Weiden (betr. ein EU-Zollverfahren). S. zum Ganzen auch *Eckes/Mendes* ELR 2011, 651.

unmittelbar beteiligt war, zur Nichtigerklärung des Kommissionsbeschlusses durch das EuG führen. Nach dem **Einheitsmodell** sind die mitgliedstaatlichen Behörden genauso wie die Kommission an die Unionsgrundrechte gebunden und können für deren Verletzung – gegebenenfalls über den nationalen Rechtsweg – gerichtlich sanktioniert werden.[96] Die neuere Rechtsprechung des EuGH neigt – ausgehend von dem Grundsatzurteil *Åkerberg Fransson* betreffend die Bindung der Mitgliedstaaten an die Unionsgrundrechte bei der Durchführung von Unionsrecht, dh auch außerhalb der mehrstufigen Verfahren – eindeutig letzterem Modell zu.[97]

25 In der Anfangsphase der Entwicklung der relevanten Rechtsprechung stützte sich das EuG häufig – zumindest implizit – auf das Zurechnungsmodell. Diesem Modell liegt das Verständnis zu Grunde, wonach die Kommission kraft ihrer Entscheidungsgewalt und übergeordneten Aufsichtsfunktion eine besondere Verantwortung für den ordnungsgemäßen Ablauf des gesamten mehrstufigen Verwaltungsverfahrens inklusive des vor den nationalen Behörden ablaufenden Verfahrensabschnitts obliegt.[98] Dies entspricht der Aufteilung der Rechtsprechungszuständigkeiten zwischen nationaler und EU-Gerichtsbarkeit in Bezug auf den mehrstufig organisierten und kooperativen Vollzug von Unionsrecht.[99] Der erforderliche Verfahrensrechtsschutz kann am effektivsten über die gerichtliche Kontrolle des für den Ausgang des Verwaltungsverfahrens maßgeblichen Kommissionsbeschlusses sichergestellt werden, also in der Regel durch das EuG. Der EuGH hat die Notwendigkeit dieses Modells der Zurechnung und ausschließlicher Legalitätskontrolle durch die Unionsgerichtsbarkeit jüngst im Anwendungsbereich der EU-Regeln über die Bankenaufsicht und mehrteilige Verwaltungsverfahren unter Beteiligung der EZB und nationaler Stellen eindrucksvoll bestätigt. Wegen der ausschließlichen Zuständigkeit der Unionsgerichte gemäß Art. 263 AEUV, über die Rechtmäßigkeit der Beschlüsse der EZB zu befinden, sieht der EuGH die Befugnis nationaler Gerichte, die Rechtmäßigkeit von Handlungen nationaler Stellen zu überprüfen, die den endgültigen Beschluss der EZB vorbereiten, als mit dem Unionsrecht unvereinbar an.[100] Mit Blick auf das Erfordernis effektiven, insbesondere vollständigen Rechtsschutzes setzt dieses Verständnis zwingend voraus, dass der EuGH ebenso befugt ist, inzident die vorbereitenden Handlungen nationaler Stellen darauf hin zu überprüfen, ob sie Mängel aufweisen, welche die Gültigkeit des Beschlusses der EZB beeinträchtigen können.[101] Aufgrund des Zurechnungsmodells werden daher Verstöße mitgliedstaatlicher Behörden gegen grundlegende Verfahrensgarantien der Beteiligten in mehrstufigen Entscheidungsprozessen vor dem EuG justiziabel.[102]

26 Die Unionsgerichte, insbesondere der EuGH, gehen jedoch inzwischen ebenso von der umfassenden Bindungswirkung des Anspruchs auf rechtliches Gehör aus, soweit die nationalen Behörden und Gerichte materielles Unionsrecht anwenden (Einheitsmodell).[103]

---

[96] Hierzu *Nehl*, Europäisches Verwaltungsverfahren, S. 315 ff., 413 ff.
[97] EuGH C-617/10, ECLI:EU:C:2013:105 Rn. 19 ff. – Åkerberg Fransson; vgl. auch EuGH C-418/11, ECLI:EU:C:2013:588 Rn. 71 ff. – Texdata Software.
[98] Vgl. erstmalig EuG T-346/94, Slg. 1995, II-2841 Rn. 30 – France-aviation/Kommission; EuG T-450/93, Slg. 1994, II-1177 Rn. 49 – Lisrestal ua/Kommission; EuG T-72/97, Slg. 1998, II-2847 Rn. 127 – Proderec/Kommission; EuG T-260/94, Slg. 1997, II-997 Rn. 65 – Air Inter/Kommission; EuG T-199/99, Slg. 2002, II-3731 Rn. 43–45 – Sgaravatti Mediterranea/Kommission.
[99] Zu den damit verbundenen Rechtsschutzproblemen vgl. EuGH C-188/92, Slg. 1994, I-833 Rn. 15 ff. – Textilwerke Deggendorf; EuGH C-97/91, Slg. 1992, I-6313 Rn. 13 ff. – Oleificio Borelli/Kommission; EuGH verb. Rs. C-106/90, C-317/90 u. C-129/91, Slg. 1993, I-209 Rn. 36 ff. – Emerald Meats/Kommission; näher zum Ganzen *Nehl*, Europäisches Verwaltungsverfahren, S. 426 ff.
[100] EuGH C-219/17, ECLI:EU:C:2018:1023 Rn. 42 ff. – Berlusconi u. Fininvest.
[101] Vgl. EuGH C-219/17, ECLI:EU:C:2018:1023 Rn. 44, 49 u. 58 – Berlusconi u. Fininvest.
[102] Vgl. auch EuG T-72/97, Slg. 1998, II-2847 Rn. 104 f. – Proderec/Kommission (betr. die Begründungspflicht nach Art. 296 Abs. 2 AEUV); ebenso EuG T-85/94, Slg. 1995, II-45 Rn. 36 u. 68 ff. – Eugénio Branco/Kommission; EuG T-180/96 u. T-181/96, Slg. 1998, II-3477 Rn. 100 u. 121 – Mediocurso/Kommission.
[103] Vgl. EuGH C-7/98, Slg. 2000, I-1935 Rn. 25 ff. u. 42 f. – Krombach/Bamberski; EuGH C-276/01, Slg. 2003, I-3735 Rn. 69 ff. – Steffensen (betr. das Gerichtsverfahren); EuGH C-249/13, ECLI:EU:C:2014:2431 Rn. 34 ff. – Boudjlida; EuGH C-419/14, ECLI:EU:C:2015:832 Rn. 66 ff. u. 84 ff.

Dies geht zurück auf die langjährige Rechtsprechung des EuGH zur Bindung nationaler Verwaltungsstellen an die Unionsgrundrechte, soweit sie Unionsrecht vollziehen bzw. im Kompetenzbereich der Union funktional als „Unionsbehörden" tätig werden (*agency situation*)[104] (→ § 9 Rn. 30 ff.). Hieraus folgt, dass die mitgliedstaatlichen Behörden im Fall des Vollzugs materiellen Unionsrechts an den Grundsatz rechtlichen Gehörs – wie er von der Rechtsprechung der Unionsgerichte ausgeformt wurde – ebenso gebunden sind wie die Unionsorgane. Dabei handelt es sich um eine unionsverfassungsrechtlich geforderte **Beschränkung der „prozessualen Autonomie" der Mitgliedstaaten.**[105] Zugleich wird nach den Grundsätzen des Vorrangs das gegebenenfalls entgegenstehende oder einen geringeren Schutzstandard gewährende nationale Verfahrensrecht durch das Unionsgrundrecht rechtlichen Gehörs verdrängt.[106]

bb) Sonstige nationale Verwaltungsverfahren mit Bezug zum Unionsrecht. Auch außerhalb der mehrstufigen Verwaltungsverfahren erkennt der EuGH nunmehr ausdrücklich eine Bindungswirkung des Unionsgrundrechts rechtlichen Gehörs für die mitgliedstaatlichen Behörden und Gerichte in Fällen an, in denen diese insbesondere sekundäres Unionsrecht vollziehen. Bemerkenswert ist zum einen, dass der EuGH diese Bindungswirkung trotz der Eröffnung des Anwendungsbereichs des Unionsrechts nicht aus Art. 41 Abs. 2 lit. a GRC herleitet, da dieser auf die Mitgliedstaaten keine Anwendung finde,[107] sondern aus den Verteidigungsrechten in der Form eines **allgemeinen Rechtsgrundsatzes des Unionsrechts** (→ Rn. 2 f.). Zum anderen schließt der EuGH damit nicht nur eine Regelungslücke im EU-Sekundärrecht, sondern ggf. auch eine solche im nationalen Recht, um die Wahrung des grundrechtlichen Anspruchs auf rechtliches Gehör zu garantieren.[108] So fordert der EuGH die Beachtung des rechtlichen Gehörs durch mitgliedstaatliche Behörden und Gerichte vor Erlass eines Rückkehrbeschlusses nach Art. 6 der Richtlinie 2008/115/EG des Europäischen Parlaments und des Rates vom 16. Dezember 2008 über gemeinsame Normen und Verfahren in den Mitgliedstaaten zur Rückführung illegal aufhältiger Drittstaatsangehöriger[109] sowie in Verfahren nach der Richtlinie 2013/32/EU des Europäischen Parlaments und des Rates vom 26. Juni 2013 zu gemeinsamen Verfahren für die Zuerkennung und Aberkennung des internationalen Schutzes[110].[111] Dies

27

WebMindLicenses; EuGH C-298/16, ECLI:EU:C:2017:843 Rn. 26 ff. – Ispas (betr. das Verwaltungsverfahren).

[104] Beginnend mit EuGH 5/88, Slg. 1989, 2609 Rn. 17–19 – Wachauf; weiterführend EuGH C-617/10, ECLI:EU:C:2013:105 Rn. 19 ff. – Åkerberg Fransson. Zur „agency"-Theorie vgl. *Weiler* in Neuwahl/Rosas, EU and Human Rights, S. 51 ff. S. auch die Bestandsaufnahme bei *Ladenburger* in Laffranque S. 141 (159 ff.); *Groussot/Pech/Thor Petursson* in de Vries/Bernitz/Weatherill, S. 97 ff.

[105] Vgl. EuGH C-249/13, ECLI:EU:C:2014:2431 Rn. 41 f. – Boudjlida. Allgemein hierzu *Galetta* passim; *Krönke* passim.

[106] Dies ist inhärent EuGH C-419/14, ECLI:EU:C:2015:832 Rn. 83 ff. – WebMindLicenses; deutlicher in Bezug auf Art. 50 GRC und den Grundsatz *ne bis in idem* EuGH C-537/16, ECLI:EU:C:2018:193 Rn. 64–68 – Garlsson Real Estate ua. Vgl. auch *Nehl*, Europäisches Verwaltungsverfahren, S. 438 ff. Zur Pflicht der nationalen Verwaltung, gegen (unmittelbar anwendbares) Unionsrecht verstoßendes nationales Recht unangewendet zu lassen, vgl. EuGH C-198/01, Slg. 2003, I-8055 Rn. 48 ff. – CIF.

[107] Ausgehend von EuGH C-482/10, ECLI:EU:C:2011:868 Rn. 28 – Cicala, und EuGH verb. Rs. C-141/12 u. C-372/12, ECLI:EU:C:2014:2081 Rn. 66–68 – Y. S. U. A., s. insbes. EuGH C-249/13, ECLI:EU:C:2014:2431 Rn. 30 ff. – Boudjlida; EuGH C-419/14, ECLI:EU:C:2015:832 Rn. 83 ff. – WebMindLicenses; aA GA *Wathelet*, SchlA C-166/13, ECLI:EU:C:2014:2336 Rn. 55 f. – Mukarubega.

[108] EuGH C-28/05, Slg. 2006, I-5431 Rn. 74 – Dokter ua; EuGH C-418/11, ECLI:EU:C:2013:588 Rn. 83 – Texdata Software; EuGH C-249/13, ECLI:EU:C:2014:2431 Rn. 39 mwN – Boudjlida.

[109] ABl. 2008 L 348, 98.

[110] ABl. 2013 L 180, 60.

[111] EuGH C-383/13 PPU, ECLI:EU:C:2013:533 Rn. 29 ff. – G. u. R.; EuGH C-166/13, ECLI:EU:C:2014:2336 Rn. 38 ff. – Mukarubega; EuGH C-249/13, ECLI:EU:C:2014:2431 Rn. 29 ff. – Boudjlida; vgl. auch EuGH C-300/11, ECLI:EU:C:2013:363 Rn. 50 ff. – ZZ (betr. die Freizügigkeit innerhalb der Union); EuGH C-277/11, ECLI:EU:C:2012:744 Rn. 81 ff. – M. M. (betr. die Anerkennung als Flüchtling); EuGH C-348/16, ECLI:EU:C:2017:591 Rn. 33 ff. – Sacko (betr. Anerkennung internationalen Schutzes als Flüchtling).

gilt ebenso im Bereich des Vollzugs des Steuerrechts,[112] zB bei der Nacherhebung von Mehrwertsteuer,[113] im Fall von Sanktionen wegen Verletzungen der Pflicht zur Einbringung von Jahresabschlüssen im Gesellschaftsrecht,[114] oder bei der Durchführung der Aufsicht über die Märkte für Finanzinstrumente.[115] Die Erstreckung der Geltung des unionsrechtlichen Anspruchs rechtlichen Gehörs auf die Mitgliedstaaten koppelt der EuGH mit einer eigenständig entwickelten Schrankensystematik, mit der er die damit einhergehenden Beschränkungen der mitgliedstaatlichen Verfahrensautonomie abzufedern versucht (→ Rn. 46).[116] Dessen ungeachtet muss die Gewährung rechtlichen Gehörs es der Behörde ermöglichen, das Verfahren so durchzuführen, dass sie in Kenntnis aller Umstände entscheiden und ihre Entscheidung angemessen begründen kann, damit der Betroffene ggf. von seinem Recht, einen Rechtsbehelf einzulegen, wirksam Gebrauch machen kann.[117] Problematisch bleiben weiterhin diejenigen Fälle, in denen die Mitgliedstaaten zwar im originär eigenen Kompetenzbereich tätig sind, aber dabei mit dem Unionsrecht in Berührung kommen (→ § 9 Rn. 30 ff.).[118] Zu den bekanntesten Beispielsfällen gehören Beschränkungen unionsrechtlich begründeter Rechtspositionen, wie der Grundfreiheiten. Der EuGH fordert, dass derartige Beschränkungen rechtsstaatliche Minimalanforderungen des Unionsverfassungsrechts, insbesondere betreffend den Verfahrensrechtsschutz, erfüllen müssen. So haben die mitgliedstaatlichen Rechtsordnungen dem Grundsatz effektiver gerichtlicher Kontrolle zu genügen[119] (→ § 55) und dafür Sorge zu tragen, dass belastende Verwaltungsmaßnahmen, die auf den Entzug eines unionsrechtlich begründeten Rechts abzielen – wie zB die Versagung einer Arbeitsgenehmigung – ausreichend begründet werden.[120] Entsprechendes gilt für das rechtliche Gehör im Verwaltungsverfahren, wenn das nationale Verfahrensrecht keinen entsprechenden Schutz bereitstellt (→ Rn. 2 u. 23 ff.).[121]

28 **2. EU-Gerichtsverfahren.** Der Anspruch auf rechtliches Gehör – auch **Grundsatz des kontradiktorischen** oder des **fairen Verfahrens** oder der **Waffengleichheit** genannt (näher zu diesen Grundsätzen → § 57) – ist, wie explizit in Art. 47 Abs. 2 GRC und Art. 48 Abs. 2 GRC anerkannt, auch grundrechtlicher Bestandteil des EU-Gerichtsver-

---

[112] EuGH C-276/12, ECLI:EU:C:2013:678 Rn. 38 – Sabou.
[113] EuGH C-419/14, ECLI:EU:C:2015:832 Rn. 66 ff. u. 83 f. – WebMindLicenses; EuGH C-298/16, ECLI:EU:C:2017:843 Rn. 26 ff. – Ispas.
[114] EuGH C-418/11, ECLI:EU:C:2013:588 Rn. 71 ff. – Texdata Software.
[115] Vgl. zur RL 2004/39/EG des Europäischen Parlaments und des Rates v. 21. April 2004 über Märkte für Finanzinstrumente, ABl. 2004 L 145, 1, EuGH C-358/16, ECLI:EU:C:2018:715 Rn. 59 ff. – UBS Europe ua.
[116] EuGH C-249/13, ECLI:EU:C:2014:2431 Rn. 41 ff. – Boudjlida; EuGH C-358/16, ECLI:EU:C:2018:715 Rn. 62 ff. – UBS Europe ua.
[117] EuGH C-249/13, ECLI:EU:C:2014:2431 Rn. 59 – Boudjlida. Zu der komplementären, ebenso die mitgliedstaatlichen Behörden und Gerichte bindenden Garantie effektiven Rechtsschutzes im Sinne von Art. 47 GRC s. auch EuGH C-300/11, ECLI:EU:C:2013:363 Rn. 65 – ZZ; EuGH C-419/14, ECLI:EU:C:2015:832 Rn. 87–89 – WebMindLicenses; EuGH C-358/16, ECLI:EU:C:2018:715 Rn. 54 ff. – UBS Europe ua.
[118] Krit. statt vieler *Huber* EuR 2008, 190 ff.
[119] Vgl. EuGH 222/86, Slg. 1987, 4097 Rn. 14–16 – UNECTEF/Heylens; EuGH 222/84, Slg. 1986, 1651 Rn. 17–19 – Johnston; EuGH C-340/89, Slg. 1991, I-2357 Rn. 22 – Vlassopoulou; EuGH C-104/91, Slg. 1992, I-3003 Rn. 15 – Borrell; EuGH C-97/91, Slg. 1992, I-6313 Rn. 13 ff. – Oleificio Borelli/Kommission. Aus jüngerer Zeit vgl. EuGH verb. Rs. C-402/05 P u. C-415/05 P, Slg. 2008, I-6351 Rn. 281–290 – Kadi ua/Rat u. Kommission; EuGH C-279/09, Slg. 2010, I-13849 Rn. 30–33 – DEB; EuGH C-93/12, ECLI:EU:C:2013:432 Rn. 59–61 – Agrokonsulting; EuGH C-418/11, ECLI:EU:C:2013:588 Rn. 71–81 – Texdata Software; EuGH C-583/11, Slg. ECLI:EU:C:2013:625 Rn. 98–100 – Inuit Tapiriit Kanatami ua/Parlament u. Rat; EuGH C-456/13 P, ECLI:EU:C:2015:284 Rn. 50 – T & L Sugars ua/Kommission: „Eine solche Pflicht ergibt sich auch aus Art. 47 [GRC] in Bezug auf Maßnahmen der Mitgliedstaaten bei der Durchführung des Rechts der Union im Sinne von Art. 51 Abs. 1 [GRC]"; EuGH C-419/14, ECLI:EU:C:2015:832 Rn. 87–89 – WebMindLicenses.
[120] EuGH 222/86, Slg. 1987, 4097 Rn. 14–16 – UNECTEF/Heylens.
[121] Vgl. EuGH C-418/11, ECLI:EU:C:2013:588 Rn. 79 ff. – Texdata Software; EuGH C-249/13, ECLI:EU:C:2014:2431 Rn. 34 ff. – Boudjlida; EuGH C-419/14, ECLI:EU:C:2015:832 Rn. 66 ff. u. 84 ff. – WebMindLicenses.

fahrens, aber von den entsprechenden Verfahrensgarantien im Verwaltungsverfahren im Sinne von Art. 41 Abs. 2 lit. a und b GRC streng zu unterscheiden.[122] Nach der Rechtsprechung des EuGH sind die Verteidigungsrechte, zu denen der Grundsatz des kontradiktorischen Verfahrens gehört, für die Gestaltung und Durchführung eines fairen Verfahrens von herausragender Bedeutung und gilt dieser Grundsatz für jedes Verfahren, das zu einer Entscheidung eines Unionsorgans führen kann, durch welche die Interessen eines Dritten spürbar beeinträchtigt werden. Bereits vor Anordnung der Verbindlichkeit der Charta ging der EuGH davon aus, dass die ua aus Art. 6 Abs. 1 EMRK hergeleiteten Grundrechte auf ein faires Verfahren und auf rechtliches Gehör auch im nationalen Gerichtsverfahren gelten, sofern das Gericht Vorschriften des EU-Rechts bzw. eine nationale Regelung, die in dessen Anwendungsbereich fällt, zu berücksichtigen hat.[123]

Grundsätzlich müssen die Parteien des Gerichtsverfahrens den Prozessstoff in seiner **29** Gesamtheit kennen und Gelegenheit erhalten, zu ihm Stellung zu nehmen. Wie die praktisch bedeutsamen **Präklusionsregeln** des Art. 84 Abs. 1 u. 2 und Art. 85 Abs. 2 u. 3 EuGVfO[124] zeigen, ist dieses Recht jedoch stark formalisiert und an einschneidende Ausschlussfristen gebunden, es sei denn, neue Angriffs- und Verteidigungsmittel sind erst während des Gerichtsverfahrens – zB nach einer vom Gericht verfügten vollständigen Einsichtnahme in die Verwaltungsverfahrensakten – zu Tage getreten.[125] Die Rechtsprechung hat den Grundsatz des kontradiktorischen Verfahrens inzwischen dahingehend präzisiert, dass die Verfahrensbeteiligten das Recht haben, zu den entscheidungserheblichen tatsächlichen und rechtlichen Umständen und Schriftstücken (insbesondere den von der gegnerischen Partei vorgebrachten Erklärungen und Beweismitteln) Stellung zu nehmen bzw. kontradiktorisch zu erörtern, um so die Entscheidung des Gerichts beeinflussen zu können.[126] Das Gericht muss diesen Grundsatz vor allem auch dann wahren, wenn es einen Rechtsstreit auf der Grundlage eines von Amts wegen berücksichtigten Gesichtspunkts, sei er zwingenden Rechts, wie der Unzulässigkeit der Klage[127] oder eines Begründungsmangels[128], zu entscheiden beabsichtigt.[129] Eine Entscheidung des EuG, die nach Abschluss eines Verfahrens ergeht, in dem die Verfahrensbeteiligten keine Möglichkeit hatten, zu solchen entscheidungserheblichen Gesichtspunkten Stellung zu nehmen, ist daher wegen Verstoßes gegen den Grundsatz des kontradiktorischen bzw. fairen Verfahrens grundsätzlich aufzuheben.[130] Einen solch schwerwiegenden Verfahrensverstoß kann der Unionsrichter

---

[122] EuGH C-109/10 P, Slg. 2011, I-10329 Rn. 53 – Solvay/Kommission; EuGH C-110/10 P, Slg. 2011, I-10439 Rn. 48 – Solvay/Kommission; EuGH C-199/11, ECLI:EU:C:2012:684 Rn. 71 f. – Otis ua; EuGH C-439/11 P, ECLI:EU:C:2013:513 Rn. 154 – Ziegler/Kommission; EuGH C-580/12 P, ECLI:EU:C:2014:2363 Rn. 31 – Guardian Industries ua/Kommission; EuGH C-358/16, ECLI:EU:C:2018:715 Rn. 59–61 – UBS Europe ua.
[123] EuGH C-7/98, Slg. 2000, I-1935 Rn. 25 ff. u. 42 f. – Krombach/Bamberski; EuGH C-276/01, Slg. 2003, I-3735 Rn. 69 ff. – Steffensen (betr. die Frage der Zulässigkeit eines Beweismittels).
[124] ABl. 2015 L 105, 1.
[125] EuGH verb. Rs. C-238/99 P ua, Slg. 2003, I-8375 Rn. 368–377 – Limburgse Vinyl Maatschappij ua/Kommission.
[126] Vgl. EuGH C-530/12 P, ECLI:EU:C:2014:186 Rn. 53 f. – HABM/National Lottery Commission; EuGH C-300/11, ECLI:EU:C:2013:363 Rn. 55 – ZZ, unter Rückgriff auf EGMR 23.6.1993 – 12952/87, Series A no. 262 Rn. 63 = EuGRZ 1993, 453 – Ruiz-Mateos/Spanien; vgl. auch EuGH C-450/06, Slg. 2008, I-581 Rn. 45–47 – Varec; EuGH C-89/08 P, Slg. 2009, I-11245 Rn. 52–56 – Kommission/Irland ua; EuGH C-197/09 RX-II, Slg. 2009, I-12033 Rn. 39–42 – Überprüfung M/EMEA; EuGH C-472/11, ECLI:EU:C:2013:88 Rn. 29 f. – Banif Plus Bank.
[127] Bezüglich des EuG s. EuGH C-197/09 RX-II, Slg. 2009, I-12033 Rn. 38 ff. – Überprüfung M/EMEA.
[128] Bezüglich des EuG s. EuGH C-89/08 P, Slg. 2009, I-11245 Rn. 51 ff. u. 54 – Kommission/Irland ua, unter Hinweis auf EGMR 18.12.2003 – 63000/00 Rn. 29 f. – Skondrianos/Griechenland; EMGR 13.10.2005 – 65399/01 u. 65405–65407/01 Rn. 38 – Clinique des Acacias ua/Frankreich; EGMR 16.2.2006 – 44624/98 Rn. 42 – Prikyan u. Angelova/Bulgarien.
[129] Vgl. auch EuGH C-530/12 P, ECLI:EU:C:2014:186 Rn. 52–59 – HABM/National Lottery Commission. Bzgl. der mitgliedstaatlichen Gerichte bei der Anwendung sekundären Unionsrechts s. EuGH C-472/11, ECLI:EU:C:2013:88 Rn. 30–36 – Banif Plus Bank.
[130] EuGH C-89/08 P, Slg. 2009, I-11245 Rn. 51–59 – Kommission/Irland ua; EuGH C-197/09 RX-II, Slg. 2009, I-12033 Rn. 38–63 – Überprüfung M/EMEA.

dadurch vermeiden, dass er gegebenenfalls das mündliche Verfahren von Amts wegen, auf Vorschlag des Generalanwalts oder auch auf Antrag der Parteien wiedereröffnet; dies gilt generell, wenn er sich für unzureichend unterrichtet hält oder er ein zwischen den Parteien bisher nicht erörtertes Vorbringen für entscheidungserheblich erachtet.[131] Die Unionsgerichte haben somit von Amts wegen dafür Sorge zu tragen, dass der Grundsatz des kontradiktorischen Verfahrens vor ihnen und von ihnen selbst beachtet wird. Daher muss dieser Grundsatz – im Sinne der Waffengleichheit – jeder Partei eines gerichtlichen Verfahrens, unabhängig von ihrer rechtlichen Eigenschaft, also auch den Unionsorganen zugutekommen.[132] Nach Auffassung des EuGH gebietet der Grundsatz der Waffengleichheit es als „logische Folge aus dem Begriff des fairen Verfahrens", es jeder Partei angemessen zu ermöglichen, „ihren Standpunkt sowie ihre Beweise unter Bedingungen vorzutragen, die sie nicht in eine gegenüber ihrem Gegner deutlich nachteilige Position versetzen". Die Waffengleichheit dient folglich der Wahrung des Gleichgewichts zwischen den Prozessparteien, indem sie gewährleistet, dass jedes dem Gericht vorgelegte Dokument von jedem Verfahrensbeteiligten kontrolliert und in Frage gestellt werden kann. Dabei ist der aus dem Fehlen dieses Gleichgewichts resultierende Nachteil grundsätzlich von demjenigen Verfahrensbeteiligten zu beweisen, der ihn erlitten hat.[133]

30 Die Rechtsprechung des EuGH orientiert sich bei der Bestimmung des Anwendungs- und Schutzbereichs des rechtlichen Gehörs im EU-Gerichtsverfahren somit – in Übereinstimmung mit den Anforderungen von Art. 52 Abs. 3 GRC – insbesondere an **Art. 6 Abs. 2 EMRK** und dessen Auslegung durch den EGMR.[134] Der Anspruch auf rechtliches Gehör im gerichtlichen Verfahren bedeutet nicht, dass der Richter auf das gesamte Vorbringen sämtlicher Parteien eingehen muss. Er hat lediglich nach Anhörung der Parteien und der Würdigung der Beweismittel über den Klageantrag zu entscheiden und seine Entscheidung zu begründen.[135] Daraus folgt, dass das Gericht zwar einer allgemeinen Pflicht zur Berücksichtigung des Parteivorbringens unterliegt, sich jedoch nicht mit jedem einzelnen Argument – namentlich in der Entscheidungsbegründung[136] – ausdrücklich auseinandersetzen muss.[137] Zudem folgert der EuGH aus dem Recht auf ein faires Verfahren ganz allgemein, dass jede gerichtliche Entscheidung – auch auf nationaler Ebene – mit Gründen zu versehen ist, damit der Beklagte die Gründe seiner Verurteilung verstehen und gegen eine solche Entscheidung auf zweckdienliche und wirksame Weise Rechtsmittel einlegen kann.[138] Aufgrund des stark formalisierten Charakters des Gerichtsverfahrens

---

[131] EuGH C-89/08 P, Slg. 2009, I-11245 Rn. 58 – Kommission/Irland ua, unter Hinweis auf EuGH C-17/98, Slg. 2000, I-665 Rn. 8 f. u. 18 – Emesa Sugar; EuGH verb. Rs. C-270/97 u. C-271/97, Slg. 2000, I-929 Rn. 30 – Deutsche Post.
[132] EuGH C-89/08 P, Slg. 2009, I-11245 Rn. 51–54 – Kommission/Irland ua; EuGH C-197/09 RX-II, Slg. 2009, I-12033 Rn. 42 – Überprüfung M/EMEA; EuGH verb. Rs. C-514/07 P, C-528/07 P u. C-532/07 P, Slg. 2010, I-8533 Rn. 89 – Schweden ua/API u. Kommission.
[133] EuGH C-199/11, ECLI:EU:C:2012:684 Rn. 71 f. – Otis ua, unter Hinweis auf EuGH verb. Rs. C-514/07 P, C-528/07 P u. C-532/07 P, Slg. 2010, I-8533 Rn. 88 – Schweden ua/API u. Kommission.
[134] Vgl. grundlegend EGMR 28.8.1991 – 11170/84, 12876/87 u. 13468/87, Series A no. 211 = EuGRZ 1992, 190 – Brandstetter/Österreich; EGMR 23.6.1993 – 12952/87, Series A no. 262 = EuGRZ 1993, 453 – Ruiz-Mateos/Spanien. Zuletzt deutlich geworden in EuGH C-348/16, ECLI:EU:C:2017:591 Rn. 39 f. u. 47 – Sacko; EuGH C-358/16, ECLI:EU:C:2018:715 Rn. 59 – UBS Europe ua.
[135] EuGH C-221/97 P, Slg. 1998, I-8255 Rn. 24 – Schröder ua/Kommission.
[136] Vgl. nur EuGH C-181/11 P, ECLI:EU:C:2012:455 Rn. 71 u. 101 – Cetarsa/Kommission; EuGH verb. Rs. C-201/09 P u. C-216/09 P, Slg. 2011, I-2239 Rn. 78 – ArcelorMittal Luxemburg/Kommission u. Kommission/ArcelorMittal Luxemburg ua; EuG T-248/08 P, ECLI:EU:T:2010:57 Rn. 64 – Doktor/Rat; EuG verb. Rs. T-441/10 P bis T-443/10 P, ECLI:EU:T:2012:133 Rn. 72 – Kurrer ua/Kommission.
[137] Unpräzise in Bezug auf die Verteidigungsrechte im Verwaltungsverfahren jedoch insoweit EuGH C-277/11, ECLI:EU:C:2012:744 Rn. 87 f. – M.M., sowie in der Folge EuGH C-249/13, ECLI:EU:C:2014:2431 Rn. 38 – Boudjlida.
[138] EuGH C-619/10, ECLI:EU:C:2012:531 Rn. 53 – Trade Agency. Zur Pflicht des Unionsrichters gemäß Art. 36 u. 53 Abs. 1 EuGH-Satzung, seine Urteile – analog der Voraussetzungen von Art. 296 Abs. 2 AEUV – ausreichend zu begründen s. zB EuGH C-431/07 P, Slg. 2009, I-2665 Rn. 42 – Bouygues u. Bouygues Télécom/Kommission. Zur entsprechenden Judikatur des EGMR s. den Überblick bei *Sayers* in PHKW Fundamental Rights Rn. 47.209–47.211.

genügt die Gelegenheit zur Stellungnahme, auf die eine Partei – auch konkludent – verzichten kann.[139] Eine mündliche Anhörung des Betroffenen ist nicht in jedem Fall zwingend geboten, sofern das Gericht sich nach Aktenlage hinreichend informiert sieht, darf aber zur Wahrung des Beurteilungsspielraums des Richters nicht gesetzlich ausgeschlossen werden.[140]

Der EuGH vertritt ferner unter Rückgriff auf Art. 6 Abs. 2 EMRK die Auffassung, dass 31 die Verfahrensbeteiligten grundsätzlich kein Recht haben, zu den **Schlussanträgen** der **Generalanwälte** Stellung zu nehmen.[141] Die Schlussanträge sind im Unterschied zu einer an die Richter oder die Parteien gerichteten Stellungnahme, die – wie im Fall des Staatsanwalts beim belgischen Kassationsgerichtshof[142] – von einer Behörde außerhalb des EuGH herrührt, die individuelle, in völliger Unparteilichkeit und Unabhängigkeit begründete und öffentlich dargelegte Auffassung eines Mitglieds des Organs selbst (vgl. Art. 252 Abs. 2 AEUV). Der Generalanwalt nimmt dadurch öffentlich und persönlich am Entstehen der Entscheidung des EuGH sowie an der Wahrnehmung der diesem zugewiesenen Rechtsprechungsfunktion teil, ohne dass dieser an die Schlussanträge gebunden wäre. Jedoch kann den Anforderungen an das rechtliche Gehör dadurch genügt werden, dass das mündliche Verfahren nach Art. 83 EuGHVfO von Amts wegen, auf Vorschlag des Generalanwalts oder auf Antrag der Parteien erneut eröffnet wird, wenn die Schlussanträge nach Auffassung der Richter Gesichtspunkte aufwerfen, welche die Urteilsfindung möglicherweise beeinflussen bzw. entscheidungserheblich sind und die zwischen den Parteien nicht erörtert werden konnten.[143] Nach Auffassung des EuGH ist allerdings die Tatsache, dass die Parteien mit den Schlussanträgen des Generalanwalts nicht einverstanden sind, für sich genommen kein Grund, der die Wiedereröffnung des mündlichen Verfahrens rechtfertigt.[144]

Der EuGH geht davon aus, dass die ua aus Art. 6 Abs. 1 EMRK sowie aus Art. 47 GRC 32 hergeleiteten Unionsgrundrechte auf ein faires Verfahren und auf rechtliches Gehör auch im **nationalen Gerichtsverfahren** gelten, sofern das Gericht Vorschriften des Unionsrechts bzw. eine nationale Regelung, die in dessen Anwendungsbereich fällt, zu berücksichtigen hat[145] (→ § 9 Rn. 30 ff.). Für die Gewährleistungen in Art. 47 Abs. 2 GRC und Art. 48 Abs. 2 GRC ergibt sich dies unmittelbar aus Art. 51 Abs. 1 GRC.

II. Persönlicher Gewährleistungsgehalt

1. EU-Verwaltungsverfahren. Die Frage nach dem persönlichen Gewährleistungsgehalt 33 des Grundrechts auf rechtliches Gehör hat sich in der Vergangenheit vorrangig für das **EU-**

---

[139] Vgl. EuGH C-64/98 P, Slg. 1999, I-5187 Rn. 31 f. – Odette Nicos Petrides/Kommission.
[140] Vgl. EuGH C-348/16, ECLI:EU:C:2017:591 Rn. 39 ff. – Sacko.
[141] EuGH C-17/98, Slg. 2000, I-665 Rn. 3 ff. – Emesa Sugar; neuerdings EuGH C-33/14 P, ECLI:EU:C:2015:609 Rn. 23–29 – Mory ua/Kommission.
[142] S. dazu EMGR 20.2.1996 – 19075/91, RJD 1996–I, 224 – Vermeulen/Belgien; EGMR 20.2.1996 – 15764/89, RJD 1996–I, 195 Rn. 28–31 – Lobo Machado/Portugal; EGMR 25.5.1997 – 20122/92, RJD 1997–III, 1040 Rn. 38–41 – Van Orshoven/Belgien; EGMR 27.3.1998 – 21351/93, RJD 1998–II, 604 Rn. 42 f. – J. J./Niederlande; EGMR 27.3.1998 – 21981/93, RJD 1998–II, 621 Rn. 42 f. – K. D. B./Niederlande.
[143] EuGH C-17/98, Slg. 2000, I-665 Rn. 12–18 – Emesa Sugar; EuGH C-361/06, Slg. 2008, I-3865 Rn. 33 f. – Feinchemie Schwebda ua; EuGH C-434/13 P, ECLI:EU:C:2014:2456 Rn. 29 – Kommission/Parker-Hannifin; EuGH C-33/14 P, ECLI:EU:C:2015:609 Rn. 24 f. u. 27 – Mory ua/Kommission; EuGH C-303/13 P, ECLI:EU:C:2015:647 Rn. 32 f. – Kommission/Andersen; krit. Marsch/Sanders EuR 2008, 345 ff.
[144] EuGH C-89/11 P, ECLI:EU:C:2012:738 Rn. 62 – E.ON Energie/Kommission; EuGH C-33/14 P, ECLI:EU:C:2015:609 Rn. 26 – Mory ua/Kommission; EuGH C-231/14 P, ECLI:EU:C:2015:451 Rn. 27–29 – InnoLux/Kommission; EuGH verb. Rs. C-164/15 P u. C-165/15 P, ECLI:EU:C:2016:990 Rn. 31–33 – Kommission/Aer Lingus.
[145] EuGH C-7/98, Slg. 2000, I-1935 Rn. 25 ff. u. 42 f. – Krombach/Bamberski; EuGH C-276/01, Slg. 2003, I-3735 Rn. 69 ff. – Steffensen; EuGH C-348/16, ECLI:EU:C:2017:591 Rn. 32 ff. – Sacko; EuGH C-358/16, ECLI:EU:C:2018:715 Rn. 54 ff. – UBS Europe ua.

Verwaltungsverfahren gestellt. Bereits nach der frühen Rechtsprechung des EuGH betreffend das EU-Kartellverfahren[146] war nur die von einer **Sanktion** bedrohte natürliche oder juristische Person grundrechtlich geschützt, ganz im Gegensatz zu deren **Konkurrenten** oder anderen **interessierten Dritten**. Letztere genossen lange Zeit allein unter den engen Voraussetzungen des Anhörungsrechts nach Art. 19 Abs. 2 VO (EWG) Nr. 17/62 in Verbindung mit Art. 5 VO (EWG) Nr. 99/63 Schutz.[147] Der Grundsatz, dass Konkurrenten und sonstige Dritte sich entweder überhaupt nicht oder nur eingeschränkt auf das rechtliche Gehör berufen können, hat sich trotz der oben (→ Rn. 10 ff.) festgestellten Ausdehnung des sachlichen Gewährleistungsgehalts dieses Grundrechts in der Rechtsprechung fest etabliert.[148]

34 Hinsichtlich des **EU-Kartellverfahrens** ist der Verfahrensrechtsschutz zumindest für Beschwerdeführer gemäß Art. 7 Abs. 2 VO (EG) Nr. 1/2003[149] sukzessive und zuletzt durch Art. 7 und 8 VO (EG) Nr. 773/2004[150] in Verbindung mit Art. 27 Abs. 1 S. 3 und Abs. 3 VO (EG) Nr. 1/2003 erweitert und verbessert worden. In dem Fall, dass die Kommission die Beschwerde zurückzuweisen beabsichtigt, erstreckt sich das Anhörungsrecht des Beschwerdeführers auf alle wesentlichen tatsächlichen und rechtlichen Umstände, auf welche die Kommission die Zurückweisung stützt. Diese Umstände hat die Kommission dem Beschwerdeführer in einem sog „Artikel-7 Schreiben" unter Setzen einer Ausschlussfrist für dessen Stellungnahme von mindestens vier Wochen mitzuteilen[151], bevor sie einen abschließenden, die Beschwerde zurückweisenden Beschluss erlässt.[152] Seit dem 1.5.2004 gilt ein erweiterter Verfahrensrechtsschutz auch für bestimmte dritte Verfahrensbeteiligte im **EU-Fusionskontrollverfahren,** die nicht zu den anmeldenden Parteien gehören, namentlich die Veräußerer und das zu erwerbende Unternehmen.[153]

35 Bisher hält die Rechtsprechung jedoch sowohl für das EU-Kartellverfahren als auch für das EU-Fusionskontrollverfahren daran fest, dass der grundrechtliche Anspruch auf rechtliches Gehör, sofern dessen persönlicher Gewährleistungsgehalt **Beschwerdeführer** oder andere **Dritte** überhaupt erfasst, zumindest keinen über die sekundärrechtlichen Garantien hinausgehenden Schutz gewährt. Der Verfahrensstatus der Dritten ist daher auf das Recht beschränkt, sich am Verwaltungsverfahren angemessen zu beteiligen[154] bzw. eng in das Verfahren einbezogen zu werden.[155] Die Frage, ob die betroffene natürliche oder juristische Person ein Hauptbeteiligter oder ein Dritter in diesem Sinne ist, beantwortet die Rechtsprechung im Wesentlichen anhand formaler Kriterien, wie der förmlichen Trennung in verschiedene, wenn auch inhaltlich zusammenhängende Verfahren durch die Kommission. Nach Auffassung des EuGH ist daher eine solche Person in Bezug auf ein gegen eine andere Person gerichtetes Verfahren betreffend den Vorwurf einer Zuwiderhandlung gegen Art. 102 AEUV selbst dann Dritter, wenn beide Personen zugleich Hauptbeteiligte eines

---

[146] Vgl. nur EuGH 85/76, Slg. 1976, 461 Rn. 9 – Hoffmann-La Roche/Kommission.
[147] Vgl. jetzt Art. 27 Abs. 3 VO (EG) Nr. 1/2003, ABl. 2003 L 1, 1 und Art. 6 ff. VO (EG) Nr. 773/2004, ABl. 2004 L 123, 18.
[148] Vgl. EuGH verb. Rs. 142/84 u. 156/84, Slg. 1987, 4487 Rn. 19 f. – BAT u. Reynolds/Kommission; EuG T-17/93, Slg. 1994, II-595 Rn. 34 – Matra Hachette/Kommission; EuG T-65/96, Slg. 2000, II-1885 Rn. 32 ff. – Kish Glass/Kommission; EuG T-5/97, Slg. 2000, II-3755 Rn. 229 – Industrie des poudres sphériques/Kommission (EU-Kartellverfahren); EuG T-290/94, Slg. 1997, II-2137 Rn. 105 ff. – Kaysersberg/Kommission (EU-Fusionskontrollverfahren). Vgl. auch *Kerse/Khan* Rn. 4-001–4-006 u. 4-031–4-039; *Karydis* CDE 1997, 81 (84 ff.); *Nowak* in Behrens/Braun/Nowak S. 23 (55 ff.).
[149] ABl. 2003 L 1, 1 (zuvor Art. 3 Abs. 2 lit. b VO (EWG) Nr. 17/62).
[150] ABl. 2004 L 123, 18 (zuvor Art. 6 VO (EG) Nr. 2482/98, ABl. 1998 L 354, 18).
[151] Art. 7 Abs. 1 u. 3 iVm 18 VO (EG) Nr. 773/2004, ABl. 2004 L 123, 18.
[152] Art. 7 Abs. 2 VO (EG) Nr. 773/2004, ABl. 2004 L 123, 18; näher *Nowak* in Behrens/Braun/Nowak, S. 23 (55 ff.).
[153] Vgl. Art. 12 ff. VO (EG) Nr. 802/2004, ABl. 2004 L 133, 1.
[154] Vgl. zB EuG T-65/96, Slg. 2000, II-1885 Rn. 32 ff. – Kish Glass/Kommission; EuG T-5/97, Slg. 2000, II-3755 Rn. 229 – Industrie des poudres sphériques/Kommission (EU-Kartellverfahren); EuG T-290/94, Slg. 1997, II-2137 Rn. 105 ff. – Kaysersberg/Kommission (EU-Fusionskontrollverfahren).
[155] Vgl. Art. 27 Abs. 1 S. 3 VO (EG) Nr. 1/2003, ABl. 2003 L 1, 1; näher *Nowak* in Behrens/Braun/Nowak, S. 23 (S. 55 ff.).

weiteren, parallelen Kartellverfahrens sind, in dem sich beide gemeinsam gegen den Vorwurf einer Zuwiderhandlung gegen Art. 101 AEUV verteidigen müssen.[156]

Bezüglich der Frage, ob Dritte überhaupt mit Verfahrensrechten ausgestattete Verfahrensbeteiligte sind, vertreten die Unionsgerichte insbesondere im EU-Antidumpingrecht und im EU-Beihilfenrecht eine restriktive Auffassung und haben bisher keine Neigung zu erkennen gegeben, im EU-Sekundärrecht vorhandene Schutzlücken durch das Primärrecht, namentlich durch die Gewährleistungen in Art. 41 GRC zu schließen. 36

Für das **EU-Antidumpingverfahren** haben die Unionsgerichte klargestellt, dass sogenannte **unabhängige Importeure** – obwohl sie ebenfalls durch die zu verhängenden Antidumpingzölle wirtschaftlich belastetet werden – sowie **Verbraucherschutzorganisationen** durch das rechtliche Gehör nicht geschützt werden.[157] Dabei betonen die Unionsgerichte ausschließlich das formale Kriterium, dass das Antidumpingverfahren nicht gegen die Kläger eingeleitet worden sei und ihnen kein Vorwurf schädigenden Verhaltens gemacht werde[158] bzw. sie am Verfahren nicht beteiligt und mit keinem der betroffenen Hersteller verbunden waren.[159] 37

Besonders deutlich ist die fehlende grundrechtliche Absicherung der Verfahrensstellung Dritter im **EU-Beihilfenaufsichtsverfahren**.[160] Der EuGH befand unter Aufhebung eines anderslautenden Urteils des EuG[161], dass Dritte bzw. Beschwerdeführer in der **Vorprüfphase** nach Art. 108 Abs. 3 AEUV, die der Kommission eine vorläufige Meinungsbildung über die Rechtmäßigkeit der Beihilfe erlauben soll, keinen Anspruch auf rechtliches Gehör genießen.[162] Allein im Rahmen der **Hauptprüfphase** besteht ein primärrechtlich begründetes Anhörungsrecht aller „Beteiligten" nach **Art. 108 Abs. 2 S. 1 AEUV** in Verbindung mit Art. 6 Abs. 1 VO (EG) Nr. 659/1999 und Art. 20 Abs. 1 VO (EG) Nr. 659/1999,[163] nunmehr VO (EU) 2015/1589.[164] Nach ständiger, in Art. 1 lit. h VO (EU) 2015/1589 kodifizierter Rechtsprechung gehören jedoch zu den „Beteiligten" neben den Mitgliedstaaten und den beihilfevergebenden staatlichen Stellen auch der Begünstigte und „die durch die Gewährung der Beihilfe eventuell in ihren Interessen verletzten Personen, Unternehmen oder Vereinigungen, insbesondere die konkurrierenden Unternehmen und die Berufsverbände", also eine unbestimmte Vielzahl von Personen.[165] 38

Angesichts der Weite des **Beteiligtenbegriffs** und angeblich im Interesse der Effizienz und Effektivität der Beihilfenaufsicht durch die Kommission haben die Unionsgerichte den Gewährleistungsgehalt des Art. 108 Abs. 2 S. 1 AEUV in materieller wie persönlicher Hinsicht jedoch eng begrenzt. *De facto* behandelt die Rechtsprechung alle „Beteiligten" mit Ausnahme der Kommission und des Mitgliedstaats, gegen den das Verfahren eingeleitet wurde, als Dritte.[166] Dies lässt darauf schließen, dass die Unionsgerichte in Art. 108 Abs. 2 39

---

[156] EuGH C-441/07 P, Slg. 2010, I-5949 Rn. 88–91 – Kommission/Alrosa.
[157] EuG T-167/94, Slg. 1995, II-2589 Rn. 62 f. – Detlef Nölle/Rat u. Kommission; EuGH C-170/89, Slg. 1991, I-5709 Rn. 20 f. – BEUC/Kommission.
[158] EuG T-167/94, Slg. 1995, II-2589 Rn. 63 – Detlef Nölle/Rat u. Kommission.
[159] EuGH C-687/13, ECLI:EU:C:2015:573 Rn. 73 – Fliesen-Zentrum Deutschland.
[160] Krit. dazu *Nowak* DVBl 2000, 20 ff.; *Nowak* EuZW 2001, 293 (300 ff.); *Bartosch* EStAL 2007, 474 (475 ff.).
[161] EuG T-95/94, Slg. 1995, II-2651 ff. – Sytraval/Kommission.
[162] Vgl. EuGH C-367/95 P, Slg. 1998, I-1719 Rn. 33 ff. – Kommission/Sytraval; hierzu vgl. *Nehl*, Principles, S. 155 ff. Aus jüngerer Zeit s. EuG T-79/14, ECLI:EU:T:2016:118 Rn. 72 ff. – Secop/Kommission.
[163] ABl. 1999 L 83, 1.
[164] VO (EU) 2015/1589 des Rates v. 13. Juli 2015 über besondere Vorschriften für die Anwendung von Artikel 108 des Vertrags über die Arbeitsweise der Europäischen Union, ABl. 2015 L 248, 9.
[165] So EuGH 323/82, Slg. 1984, 3809 Rn. 16 – Intermills/Kommission. Bestätigt in EuGH C-83/09 P, ECLI:EU:C:2011:341 Rn. 63–65 – Kommission/Kronoply u. Kronotex, wonach auch ein Unternehmen, das kein direkter Wettbewerber des Beihilfenempfängers ist, wohl aber denselben Rohstoff im Rahmen seines Produktionsprozesses benötigt, „Beteiligter" ist, sofern es geltend macht, dass seine Interessen durch die Gewährung der Beihilfe beeinträchtigt werden könnten.
[166] Grundlegend EuGH verb. Rs. C-74/00 P u. C-75/00 P, Slg. 2002, I-7869 Rn. 81–83 – Falck ua/Kommission; vgl. auch schon EuG verb. Rs. T-371 u. T-394/94, Slg. 1998, II-2405 Rn. 57 ff. – British Airways ua/Kommission.

S. 1 AEUV keinen grundrechtlich garantierten Kerngehalt erblicken. Die unmittelbar betroffenen Beihilfenempfänger, ihre Wettbewerber und die sonstigen interessierten Dritten können daher keinen Anspruch auf rechtliches Gehör geltend machen, wie er denjenigen zusteht, gegen die ein Verfahren eingeleitet worden ist. Sie verfügen als „Informationsquellen" der Kommission lediglich über das Recht, am Verwaltungsverfahren unter Berücksichtigung der Umstände des Einzelfalls angemessen beteiligt zu werden.[167] Insbesondere der Beihilfenempfänger, der durch die von der Kommission veranlasste Rückforderung einer Beihilfe in ähnlicher Form beschwert wird wie ein Zuschussempfänger bei der Kürzung einer EU-Beihilfe (→ Rn. 15), genießt daher systemwidrig und entgegen dem Wortlaut von Art. 41 Abs. 2 lit. a GRC keinen grundrechtlich garantierten Verfahrensschutz.[168] Ihm wird vielmehr der Verfahrensstatus gänzlich abgesprochen.[169]

40 In der jüngeren beihilfenrechtlichen Rechtsprechung hat der Vorwurf Bedeutung erlangt, wonach die Kommission die Verteidigungsrechte des Mitgliedstaats bzw. das Anhörungsrecht der Beteiligten dadurch verletzt habe, dass sie im die Hauptprüfphase abschließenden Beschluss in wesentlichen Punkten von ihrer vorläufigen Einschätzung im **Eröffnungsbeschluss** abgewichen sei und dass sich die Beteiligten hierzu im Verwaltungsverfahren nicht mehr hätten äußern können. Dieser Vorwurf wurde in den meisten Fällen zu Recht mit der Begründung zurückgewiesen, dass die Kommission nicht verpflichtet sei, in ihrer Mitteilung über die Eröffnung des förmlichen Verfahrens eine abschließende Untersuchung der fraglichen Beihilfe zu präsentieren und dass es genüge, dass sie den Rahmen ihrer Prüfung genau genug festlegt, um dem Recht der Beteiligten zur Stellungnahme nicht seinen Sinn zu nehmen.[170] In der Tat enthält der Beschluss über die Eröffnung des förmlichen Prüfverfahrens iSv Art. 6 Abs. 1 VO (EG) Nr. 659/1999 bzw. VO (EU) 2015/1589 lediglich „eine Zusammenfassung der wesentlichen Sach- und Rechtsfragen, eine vorläufige Würdigung des Beihilfecharakters der geplanten Maßnahme

---

[167] Vgl. zB EuG verb. Rs. T-371 u. T-394/94, Slg. 1998, II-2405 Rn. 59 f. – British Airways ua/Kommission; EuG T-613/97, Slg. 2000, II-4055 Rn. 85 ff. – Ufex ua/Kommission; anders noch der Präsident des EuG T-198/01 R, Slg. 2002, II-2153 Rn. 80 ff. – Technische Glaswerke Ilmenau/Kommission, korrigiert durch den Präsidenten des EuGH C-232/02 P(R), Slg. 2002, I-8977 Rn. 76 ff. – Kommission/Technische Glaswerke Ilmenau. Aus neuerer Zeit vgl. EuG verb. Rs. T-427/04 u. T-17/05, Slg. 2009, II-4315 Rn. 146 f. – Frankreich u. France Télécom/Kommission; EuG T-156/04, Slg. 2009, II-4503 Rn. 101–104 – EDF/Kommission; EuG verb. Rs. T-425/04 RENV u. T-444/04 RENV, ECLI:EU:T:2015:450 Rn. 130 ff., 150 ff. u. 161 ff. – Frankreich u. Orange/Kommission; EuG T-242/12, ECLI:EU:T:2015:1003 Rn. 345 ff. u. 361 ff. – SNCF/Kommission. Betreffend staatliche Untereinheiten s. EuG verb. Rs. T-228/99 u. T-233/99, Slg. 2003, II-435 Rn. 119 ff. – Westdeutsche Landesbank Girozentrale u. Land Nordrhein-Westfalen/Kommission; EuG verb. Rs. T-231/06 u. T-237/06, Slg. 2010, II-5993 Rn. 34 ff. – Niederlande ua/Kommission; EuG verb. Rs. T-267/08 u. T-279/08, Slg. 2011, II-1999 Rn. 70 ff. – Région Nord-Pas-de-Calais/Kommission. Für das Verfahren der Kontrolle bestehender Beihilfen s. EuG T-354/05, Slg. 2009, II-471 Rn. 99–103 – TF1/Kommission. Ähnlich restriktiv für Verfahren nach Art. 106 AEUV s. EuG T-266/97, Slg. 1999, II-2329 Rn. 34–37 – Vlaamse Televisie Maatschappij/Kommission.

[168] Näher dazu *Nehl*, Europäisches Verwaltungsverfahren, S. 305 ff.; *Nehl* in Jaeger/Rumersdorfer, Jahrbuch Beihilferecht 2011, S. 461 (468 ff.); *Nehl* EStAL 2011, 629 (635–637). Entsprechend verwerfen die Unionsgerichte in der Regel auf Art. 41 Abs. 2 lit. a GRC gestützte Klagegründe der Beteiligten; s. nur EuG T-1/15, ECLI:EU:T:2017:470 Rn. 85–87 – SNCM/Kommission (Rechtsmittel C-410/15 P u. C-418/15 P anhängig); zuletzt deutlich zB EuG T-111/15, ECLI:EU:T:2018:954 Rn. 42–72 – Ryanair/Kommission (Rechtsmittel C-202/19 P anhängig).

[169] So EuGH C-276/03 P, Slg. 2005, I-8437 Rn. 33 f. – Scott/Kommission; krit. hierzu *Nehl* EStAL 2006, 57 (60–63).

[170] EuG T-424/05, ECLI:EU:T:2009:49 Rn. 67–69 – Italien/Kommission; EuG T-445/05, Slg. 2009, II-289 Rn. 82–84 – Associazione italiana del risparmio gestito ua/Kommission; EuG T-291/06, Slg. 2009, II-2275 Rn. 38 – Operator ARP/Kommission; EuG verb. Rs. T-273/06 u. T-297/06, Slg. 2009, II-2181 Rn. 126 – ISD Polska ua/Kommission; EuG verb. Rs. T-427/04 u. T-17/05, Slg. 2009, II-4315 Rn. 137 – Frankreich u. France Télécom/Kommission; EuG T-156/04, Slg. 2009, II-4503 Rn. 108 – EDF/Kommission, unter Rückgriff auf EuG T-354/99, Slg. 2006, II-1475 Rn. 85 – Kuwait Petroleum (Nederland)/Kommission; ebenso EuG verb. Rs. T-425/04 RENV u. T-444/04 RENV, ECLI:EU:T:2015:450 Rn. 130 ff. – Frankreich u. Orange/Kommission. Einen ersten wichtigen Ausnahmefall bildet EuG T-263/15, ECLI:EU:T:2017:820 Rn. 62 ff. – Gmina Miasto Gdynia ua/Kommission (Rechtsmittel d. Kommission C-56/18 P anhängig).

durch die Kommission und Ausführungen über ihre Bedenken hinsichtlich der Vereinbarkeit mit dem Gemeinsamen Markt [nunmehr Binnenmarkt]". Damit verfolgt diese Vorschrift zunächst den (instrumentellen) Zweck, einen vollständigen und sachrichtigen Beschluss nach Abschluss der Hauptprüfphase zu treffen. Nach Ansicht des EuG soll nämlich die in Art. 108 Abs. 2 AEUV geregelte **Hauptprüfphase** es der Kommission erst ermöglichen, sich ein vollständiges Bild von allen Gegebenheiten des Falles zu verschaffen, weswegen der betreffende Mitgliedstaat und die anderen Beteiligten im Eröffnungsbeschluss zur Stellungnahme aufgefordert werden.[171] Dennoch erkennt das EuG einen individualschützenden – wenn auch nicht grundrechtlich abgesicherten – Zweck der in der Hauptprüfphase gewährten Verfahrensgarantien ausdrücklich an, indem es verlangt, dass die Beteiligten durch den Eröffnungsbeschluss in die Lage versetzt werden müssen, sich wirksam am förmlichen Prüfverfahren zu beteiligen und ihre Argumente geltend zu machen. Dieser **individualschützende Zweck** wird dem **instrumentellen Zweck** allerdings deutlich untergeordnet.[172] Nach Auffassung des EuG genügt es, dass sie durch den Eröffnungsbeschluss erfahren, welche Überlegungen die Kommission zu der vorläufigen Ansicht veranlasst haben, dass die in Rede stehende Maßnahme eine neue, mit dem Binnenmarkt unvereinbare Beihilfe darstellen könnte. Zudem ermögliche es das förmliche Prüfverfahren, die im Eröffnungsbeschluss aufgeworfenen Fragen zu vertiefen und zu klären, so dass eine eventuelle Abweichung zwischen diesem und dem endgültigen Beschluss für sich genommen keinen Fehler darstelle, der deren Rechtmäßigkeit in Frage stellt.[173] Die Kommission kann daher in gewissen Grenzen ihre Beurteilung aufgrund von im Verfahren erlangter neuer Informationen anpassen, ohne dass sie notwendig einen zweiten oder berichtigenden Eröffnungsbeschluss erlassen müsste. Die Grenze einer solchen informellen Anpassung kann nach Ansicht des EuG jedoch überschritten sein, wenn die vorläufige Beurteilung der Kommission auf einem unvollständigen Sachverhalt oder auf einer rechtlich fehlerhaften Beurteilung dieses Sachverhalts beruht, es sei denn, der im Eröffnungsbeschluss festgelegte Prüfungsrahmen hat sich nicht wesentlich geändert und die Sach- und Rechtsfragen, auf die sich die Überlegungen der Kommission stützen, sind im Wesentlichen dieselben.[174] Trotz der generellen Kritik an der Beschränkung der Verfahrensgarantien der Beteiligten ist dieser Rechtsprechung im Ergebnis zuzustimmen. Im Unterschied zu dem engen Verhältnis zwischen der Mitteilung der Beschwerdepunkte und einem verfahrensbeendenden Beschluss im EU-Kartellrecht (→ Rn. 6) besteht im EU-Beihilfeverfahren keine vergleichbare inhaltliche Konnexität zwischen dem Eröffnungsbeschluss und dem die Hauptprüfphase abschließenden Beschluss der Kommission. Dies beruht zum einen darauf, dass die Unionsgerichte einen beihilfenrechtlichen (Rückforderungs-)Beschluss im Gegensatz zu einem kartellrechtlichen Geldbußenbeschluss nicht als Sanktion qualifizieren,[175] welche verschärfte Anforderungen an die Wahrung der Verteidigungsrechte, insbesondere des rechtlichen Gehörs der Beihilfenempfänger, rechtfertigen würde. Zum anderen bildet der Eröffnungsbeschluss voraussetzungsgemäß lediglich den Ausgangspunkt für eine vertiefte

---

[171] EuG verb. Rs. T-273/06 u. T-297/06, Slg. 2009, II-2181 Rn. 124 f. – ISD Polska ua/Kommission; EuG T-291/06, Slg. 2009, II-2275 Rn. 36 f. – Operator ARP/Kommission; EuG verb. Rs. T-425/04 RENV u. T-444/04 RENV, ECLI:EU:T:2015:450 Rn. 134 – Frankreich u. Orange/Kommission.

[172] Vgl. zur Unterscheidung zwischen den instrumentellen und individualschützenden Zwecken des EU-Verwaltungsverfahrens nur *Nehl* in Hofmann/Türk S. 322 (343–350); *Barbier de la Serre* EPL 2006, 225 ff.

[173] EuG T-424/05, ECLI:EU:T:2009:49 Rn. 69 – Italien/Kommission; EuG T-445/05, Slg. 2009, II-289 Rn. 84 – Associazione italiana del risparmio gestito ua/Kommission; EuG T-211/05, Slg. 2009, II-2777 Rn. 54 f. – Italien/Kommission; EuG verb. Rs. T-425/04 RENV u. T-444/04 RENV, ECLI:EU:T:2015:450 Rn. 131 u. 134 – Frankreich u. Orange/Kommission. Vgl auch EuG verb. Rs. T-309/04, T-317/04, T-329/04 u. T-336/04, Slg. 2008, II-2935 Rn. 139 – TV 2/Danmark ua/Kommission.

[174] EuG verb. Rs. T-425/04 RENV u. T-444/04 RENV, ECLI:EU:T:2015:450 Rn. 134 – Frankreich u. Orange/Kommission, unter Hinweis auf EuG verb. Rs. T-394/08, T-408/08, T-453/08 u. T-454/08, Slg, ECLI:EU:T:2011:493 Rn. 69–72 – Regione autonoma della Sardegna ua/Kommission.

[175] Vgl. nur EuGH verb. Rs C-74/00 P u. C-75/00 P, Slg. 2002, I-7869 Rn. 178–182 – Falck ua/Kommission; EuG T-366/00, Slg, 2007, II-797 Rn. 94 – Scott/Kommission.

Prüfung, die in der Vorprüfphase nicht möglich ist,[176] während die Mitteilung der Beschwerdepunkte im Regelfall der vorläufige Endpunkt der Ermittlungen sowie der Meinungsbildung der Kommission im EU-Kartellverfahren ist.[177] Aus diesen Gründen kann es auch im Rahmen des kontradiktorischen Verfahrens zwischen der Kommission und dem betreffenden Mitgliedstaat kein Verbot für die Kommission geben, im abschließenden Beschluss in wesentlichen Punkten von der vorläufigen Beurteilung im Eröffnungsbeschluss abzuweichen, sofern sie dadurch nicht den Gegenstand des Verfahrens bzw. den Rahmen ihrer Prüfung wesentlich abändert.[178]

41   Das EuG verneint neuerdings auch die Möglichkeit der verfahrensbeteiligten Dritten, sich vor Gericht auf die Verletzung der **Verteidigungsrechte des betroffenen Mitgliedstaats** zu berufen. Eine solche Verletzung sei ihrem Wesen nach eine solche von subjektiven Rechten und müsse daher von dem betroffenen Mitgliedstaat selbst geltend gemacht werden.[179] Dies steht im Widerspruch zur vorherigen Rechtsprechung des EuG, die vom EuGH nicht beanstandet worden war[180] und macht den auch in anderen Rechtsgebieten[181] verfolgten Ansatz der Unionsgerichte zunichte, die eingeschränkten Verfahrensgarantien der Dritten – wie des Beihilfenempfängers[182] – aus Rechtsschutzgründen zumindest zum Teil zu kompensieren. Der fehlende Verfahrensgrundrechtsschutz und die Qualifizierung des Beihilfenempfängers als bloße Informationsquelle der Kommission sind umso bedenklicher, als dieser dennoch erheblichen Verfahrens- und Kooperationspflichten unterworfen wird. So ist nach Ansicht des EuG nicht nur der betroffene Mitgliedstaat zur Zusammenarbeit mit der Kommission verpflichtet und muss alle für die Prüfung durch die Kommission erforderlichen Angaben machen, sondern diese Pflichten treffen auch die potenziellen Beihilfenempfänger. Im Anschluss an den Eröffnungsbeschluss gemäß Art. 108 Abs. 2 AEUV sei es nämlich Sache des betroffenen Mitgliedstaats und des Beihilfenempfängers, die Gesichtspunkte vorzutragen, die die Vereinbarkeit der fraglichen Beihilfe mit dem Binnenmarkt belegen können, sowie eventuell spezielle Umstände, die die Rückzahlung bereits gewährter Beihilfen betreffen, falls die Kommission deren Rückforderung angeordnet hat.[183] Diese in der Rechtsprechung angelegte **Asymmetrie zwischen Verfahrenspflichten und -rechten** ist rechtsstaatlich gänzlich inakzeptabel geworden, seit-

---

[176] Den Unterschied zwischen Vor- und Hauptprüfphase verdeutlicht insoweit EuGH C-390/06, Slg. 2008, I-2577 Rn. 54–60 – Nuova Agricast.
[177] Vgl. EuGH C-105/04 P, Slg. 2006, I-8725 Rn. 38 – Nederlandse Federatieve Vereniging voor de Groothandel op Elektrotechnisch Gebied/Kommission.
[178] EuG T-354/99, Slg. 2006, II-1475 Rn. 85 – Kuwait Petroleum (Nederland)/Kommission; EuG verb. Rs. T-425/04 RENV u. T-444/04 RENV, ECLI:EU:T:2015:450 Rn. 130 u. 134 – Frankreich u. Orange/Kommission. Für den umgekehrten Fall unzulässiger Erweiterung des durch die Eröffnungsentscheidung bzw. den -beschluss festgelegten Verfahrensgegenstandes im Gerichtsverfahren vgl. EuGH verb. Rs. C-399/10 P u. C-401/10 P, ECLI:EU:C:2013:175 Rn. 67 ff. – Bouygues u. Bouygues Télécom/Kommission.
[179] Vgl. EuG verb. Rs. T-30/01 ua, Slg. 2009, II-2919 Rn. 238 – Diputación Foral de Álava/Kommission, unter Rückgriff auf EuG T-198/01, Slg. 2004, II-2717 Rn. 203 – Technische Glaswerke Ilmenau/Kommission; EuG T-211/05, Slg. 2009, II-2777 Rn. 45 – Italien/Kommission; EuG T-103/14, ECLI:EU:T:2016:152 Rn. 80–82 mwN – Frucona Košice/Kommission; offen gelassen jedoch in EuG T-263/15, ECLI:EU:T:2017:820 Rn. 89 – Gmina Miasto Gdynia ua/Kommission.
[180] Vgl. EuG verb. Rs. T-228/99 u. T-233/99, Slg. 2003, II-435 Rn. 140 ff. – Westdeutsche Landesbank Girozentrale u. Land Nordrhein-Westfalen/Kommission; EuG T-198/01, Slg. 2004, II-2717 Rn. 200 ff. – Technische Glaswerke Ilmenau/Kommission; offensichtlich akzeptiert durch EuGH C-404/04 P, Slg. 2007, I-1 Rn. 130 ff. – Technische Glaswerke Ilmenau/Kommission.
[181] EuGH C-304/89, Slg. 1991, I-2283 Rn. 17 u. 21 – Oliveira/Kommission; EuG verb. Rs. T-432/93, T-433/93 u. T-434/93, Slg. 1995, II-503 Rn. 63 – Socurte ua/Kommission; EuG verb. Rs. T-180/96 u. T-181/96, Slg. 1998, II-3477 Rn. 72 ff. – Mediocurso/Kommission; EuG T-260/94, Slg. 1997, II-997 Rn. 80 – Air Inter/Kommission.
[182] Vgl. *Nehl* EStAL 2011, 629 (638–639).
[183] Vgl. EuG T-25/07, Slg. 2009, II-245 Rn. 100 f. – Iride u. Iride Energia/Kommission, unter Rückgriff auf EuG T-109/01, Slg. 2004, II-127 Rn. 45 – Fleuren Compost/Kommission; EuG T-176/01, Slg. 2004, II-3931 Rn. 93 f. – Ferriere Nord/Kommission; sowie EuGH verb. Rs C-74/00 P u. C-75/00 P, Slg. 2002, I-7869 Rn. 170 – Falck ua/Kommission.

dem die VO (EU) 2015/1589 infolge der Verfahrensreform von 2013[184] in Art. 7 und 8 VO (EU) 2015/1589 erweiterte Ermittlungs- und Sanktionsbefugnisse der Kommission auch gegenüber Drittbeteiligten vorsieht, darunter auch die sanktionsbewehrte Auskunftspflicht des Beihilfenempfängers.[185] Paradoxerweise führen jedoch gerade diese unmittelbare Durchgriffsmöglichkeit der Kommission gegenüber Dritten und die damit einhergehende „**Pönalisierung" des EU-Beihilfeaufsichtsrechts** dazu, dass nun gemäß Art. 8 Abs. 5 VO (EU) 2015/1589 vor dem Erlass eines Beschlusses zur Verhängung einer Geldbuße oder eines Zwangsgelds dem Betroffenen rechtliches Gehör zu gewähren ist. Der von Art. 41 Abs. 2 lit. a GRC geforderte Grundrechtsschutz greift also zumindest insoweit, auch wenn der Gesetzgeber damit die grundsätzliche Rechtsnatur des EU-Beihilfenverfahrens als eines bilateralen „Dialogs" zwischen der Kommission und Mitgliedstaat nicht in Frage stellen wollte.[186] Eine gewisse Verbesserung des Verfahrensstatus Dritter ist – ausgehend von einer eindrucksvollen Kehrtwende in der Rechtsprechung des EuGH[187] – allein zugunsten des beihilfenrechtlichen Beschwerdeführers zu verzeichnen. Aber auch hier ist die Rechtsentwicklung weit davon entfernt, die grundrechtlichen Vorgaben des Anspruchs auf rechtliches Gehör umzusetzen.[188]

2. EU-Gerichtsverfahren. Für das EU-Gerichtsverfahren ergibt sich aus der Natur des Parteiprozesses, dass die **Hauptparteien** – dh **Kläger** und **Beklagte** – einen Anspruch auf kontradiktorische Erörterung bzw. rechtliches Gehör haben. Jedoch können Angriffs- und Verteidigungsmittel auch von zugelassenen **Streithelfern,** welche die Kläger- oder die Beklagtenseite unterstützen, vorgebracht werden. Der Umfang des den Streithelfern gewährten Schutzes ist allerdings im Verhältnis zu demjenigen der Hauptparteien reduziert. Im Grundsatz haben sie zwar ebenso das Recht, zum gesamten Prozessstoff Stellung zu nehmen. Sie sind jedoch an die Angriffs- und Verteidigungsmittel der Hauptparteien, die sie unterstützen, und an den Verfahrensstand zum Zeitpunkt ihres Beitritts gebunden. Zudem kann der Präsident des EuGH/EuG die Übermittlung von geheimen oder vertraulichen Angaben an Streithelfer ausnehmen (→ § 59 Rn. 28 ff.).[189] Der Anspruch auf rechtliches Gehör erschöpft sich ferner in bestimmten Verfahren, wie in Streitigkeiten vor dem EuG betreffend das geistige Eigentum oder im Vorabentscheidungsverfahren vor dem EuGH nach Art. 267 AEUV, auf eine einmalige schriftsätzliche Einlassung sowie die Teilnahme an der mündlichen Verhandlung, sofern sie von den Hauptparteien beantragt wurde.[190]

C. Beeinträchtigung

Eine unzulässige Beeinträchtigung des rechtlichen Gehörs liegt dann vor, wenn in einem laufenden hoheitlichen Entscheidungsverfahren, dh vor dem Erlass des abschließenden (belastenden) Beschlusses, dem Betroffenen entgegen den oben (→ Rn. 4 ff.) genannten Anforderungen entweder überhaupt nicht oder keine ausreichende Gelegenheit zur Stellungnahme hinsichtlich der ihn betreffenden Tatsachen und/oder Dokumente, die für seine Rechtsverteidigung erheblich sind, gewährt wird. In diesen Fällen wird häufig auch von einer **Verletzung der Verteidigungsrechte** gesprochen.[191]

---

[184] VO (EG) Nr. 734/2013 des Rates vom 22.7.2013 zur Änderung der VO (EG) Nr. 659/1999, ABl. 2013 L 204, 15.
[185] Ausführlich krit. hierzu *Nehl* in Jaeger/Haslinger, Jahrbuch Beihilferecht 2013, S. 527 (538–542), *Nehl* EStAL 2014, 235 (243–247); *Laprévote* EStAL 2014, 426 (436–438).
[186] *Nehl* in Jaeger/Haslinger, Jahrbuch Beihilferecht 2013, S. 527 (538–542).
[187] EuGH C-521/06 P, Slg. 2008, I-5829 Rn. 33 ff., 37 u. 40 – Athinaïki Techniki/Kommission; dazu *Nehl* EStAL 2009, 401.
[188] Vgl. krit. *Nehl* in Jaeger/Haslinger, Jahrbuch Beihilferecht 2015, S. 481.
[189] Vgl. Art. 129–131 EuGHVfO, ABl. 2012 L 265, 1; Art. 142–144 EuGVfO, ABl. 2015 L 105, 1.
[190] Vgl. Art. 23 Abs. 2 EuGH-Satzung iVm Art. 96 EuGHVfO, ABl. 2012 L 265, 1; Art. 181 EuGVfO, ABl. 2015 L 105, 1.
[191] Vgl. zB EuGH C-269/90, Slg. 1991, I-5469 Rn. 28 – HZA München-Mitte/Technische Universität München; EuG T-346/94, Slg. 1995, II-2841 Rn. 38 ff. – France-aviation/Kommission; EuGH C-48/

44 Ein praktisch besonders wichtiger Fall des Verstoßes gegen das rechtliche Gehör sowie zugleich gegen das **Recht auf Akteneinsicht** liegt in der unzulässigen Beschränkung des Zugangs zu entscheidungserheblichen und verteidigungsrelevanten Dokumenten oder Informationen (näher → § 59). Im Einzelfall ist daher die Abgrenzung zur Beeinträchtigung anderer Verfahrensgrundrechte, wie des Akteneinsichtsrechts, aber auch zu anderen Rechtsgrundsätzen, die dem allgemeinen **Recht auf eine gute Verwaltung** im Sinne von Art. 41 GRC unterfallen, wie der Sorgfaltspflicht oder der Begründungspflicht der Verwaltung (→ § 61), schwierig.[192] Denn Anhörungsmängel können auch dazu führen, dass die Verwaltung wesentliche Gesichtspunkte des Einzelfalls übersieht (Verletzung der Sorgfaltspflicht) und/oder dementsprechend die verfahrensabschließende Maßnahme unzureichend begründet (Begründungsmangel).[193]

D. Rechtfertigung

45 Liegt eine Beeinträchtigung des Rechts auf rechtliches Gehör vor (→ Rn. 43 f.), so ist der abschließende Beschluss verfahrensfehlerhaft zu Stande gekommen bzw. mit einem **wesentlichen Formmangel** im Sinne von Art. 263 Abs. 2 AEUV behaftet.[194] Im EU-Gerichtsverfahren ist ein solcher Verfahrensfehler ein **Rechtsmittelgrund** und muss grundsätzlich zur **Aufhebung des erstinstanzlichen Urteils** führen (→ Rn. 29).[195] Im EU-Verwaltungsverfahren ist jedoch wichtig, zwischen einerseits der Frage der Beeinträchtigung des rechtlichen Gehörs und der prozessualen Rechtswidrigkeit und andererseits der Problematik, ob dies auch zur Nichtigkeit bzw. Aufhebung der angefochtenen Maßnahme führt, zu unterscheiden (zu den **Verfahrensfehlerfolgen** → Rn. 51 ff.).

46 Soweit es begrifflich überhaupt eine Rechtfertigung für eine Beeinträchtigung des rechtlichen Gehörs geben kann, ist diese Frage eher im Zusammenhang mit der Problematik der Unbeachtlichkeit oder Heilung des daraus resultierenden Verfahrens- oder Formfehlers, dh mit den Verfahrensfehlerfolgen, zu erörtern (näher → Rn. 51 ff.). Im Übrigen erscheint es richtiger, von den **Schranken** des rechtlichen Gehörs zu sprechen. Die Rechtsprechung hat diese Terminologie inzwischen mit Blick auf Art. 52 Abs. 1 GRC ausdrücklich übernommen und klargestellt, dass die Grundrechte, inklusive des Anspruchs auf rechtliches Gehör bzw. des Grundsatzes der Wahrung der Verteidigungsrechte, **nicht schrankenlos gewährleistet** sind, sondern Beschränkungen unterworfen werden können, sofern diese tatsächlich dem Gemeinwohl dienenden Zielen entsprechen und nicht einen im Hinblick auf den verfolgten Zweck unverhältnismäßigen, nicht tragbaren Eingriff darstellen, der die so gewährleisteten Rechte in ihrem Wesensgehalt antastet.[196] Eine derartige Schranke existiert zB im durch Art. 10a VO

88, Slg. 1991, I-3187 Rn. 14 ff. – Al-Jubail Fertilizer/Rat; EuGH C-135/92, Slg. 1994, I-2885 Rn. 40 ff. – Fiskano/Kommission; EuGH C-32/95 P, Slg. 1996, I-5373 Rn. 42 ff. – Kommission/Lisrestal; aus jüngerer Zeit EuGH C-141/08 P, Slg. 2009, I-9147 Rn. 101 u. 104 – Foshan Shunde Yongjian Housewares & Hardware/Rat; EuGH verb. Rs. C-191/09 P u. C-200/09 P, ECLI:EU:C:2012:78 Rn. 76–87 – Rat/Interpipe Niko Tube ua; EuGH C-265/17 P, ECLI:EU:C:2019:23 Rn. 56 – Kommission/UPS.

[192] Dies verdeutlichen die teils verwirrenden Aussagen in EuGH C-349/07, Slg. 2008, I-10369 Rn. 50 – Sopropé; EuGH C-277/11, ECLI:EU:C:2012:744 Rn. 88 – M. M.; EuGH verb. Rs. C-584/10 P, C-593/10 P u. C-595/10 P, ECLI:EU:C:2013:518 Rn. 97 ff. – Kommission/Kadi (krit. → Rn. 21); EuGH C-249/13, ECLI:EU:C:2014:2431 Rn. 38 – Boudjlida. Erfreulich klarstellend hingegen EuG T-643/11, ECLI:EU:T:2014:1076 Rn. 43 u. 46 – Crown Equipment (Suzhou) u. Crown Gabelstapler/Rat.

[193] Näher *Nehl*, Europäisches Verwaltungsverfahren, S. 323 ff.

[194] Sehr deutlich diesbzgl. EuGH C-85/15 P, ECLI:EU:C:2017:709 Rn. 45–47 – Feralpi/Kommission; EuGH C-89/15 P, ECLI:EU:C:2017:713 Rn. 47–49 – Riva Fire/Kommission.

[195] Vgl. zB EuGH verb. Rs. C-238/99 P ua, Slg. 2003, I-8375 Rn. 368–377 – Limburgse Vinyl Maatschappij ua/Kommission; EuGH C-89/08 P, Slg. 2009, I-11245 Rn. 51–59 – Kommission/Irland ua; EuGH C-197/09 RX-II, Slg. 2009, I-12033 Rn. 38–63 – Überprüfung M/EMEA.

[196] EuGH C-28/05, Slg. 2006, I-5431 Rn. 75 – Dokter ua. Vgl. auch zu den Verteidigungsrechten auf mitgliedstaatlicher Ebene bei der Durchführung von Unionsrecht EuGH C-327/10, Slg. 2011, I-11543 Rn. 48 ff. – Hypoteční banka; EuGH C-383/13 PPU, ECLI:EU:C:2013:533 Rn. 33 ff. – G. u. R.; EuGH C-418/11, ECLI:EU:C:2013:588 Rn. 83 f. – Texdata Software; EuGH verb. Rs. C-129/13 u. C-130/13, ECLI:EU:C:2014:2041 Rn. 41–43 – Kamino International Logistics; EuGH C-249/13, ECLI:

(EG) Nr. 773/2004 eingeführten **Vergleichsverfahren im EU-Kartellrecht,** in dem das betroffene Unternehmen sowohl auf eine substantielle schriftliche Stellungnahme zu den Beschwerdepunkten als auch auf eine mündliche Anhörung verzichten muss, um in den Genuss einer 10%igen Reduzierung der Geldbuße zu kommen (→ Rn. 9).[197] Die Rechtsprechung des EuG tendiert jedoch dahin, diese Defizite durch erhöhte Anforderungen an die Begründungspflicht bei der Bemessung der Geldbuße zu kompensieren.[198]

Den Sonderfall eines gerechtfertigen Eingriffs in das rechtliche Gehör im EU-Gerichtsverfahren bilden die **Präklusionsregeln** des Art. 84 Abs. 1 u. 2 EuGVfO[199] (→ Rn. 29), wonach die Parteien nach Einreichung der Klageschrift bzw. Klagebeantwortung grundsätzlich keine neuen Angriffs- und Verteidigungsmittel mehr vorbringen können, es sei denn, dass sie auf rechtliche oder tatsächliche Gründe gestützt werden, die erst während des Gerichtsverfahrens – zB nach einer vom EuG verfügten vollständigen Einsichtnahme in die Verwaltungsakten – zu Tage getreten sind.[200] Im EU-Beihilfenrecht wendet das EuG vermehrt eine analoge Präklusionsregel an, wenn der Mitgliedstaat oder der Beteiligte wie der Beihilfenempfänger bestimmte Argumente, Tatsachen oder Beweise erstmals im Gerichtsverfahren vorbringen, also darauf verzichtet haben, dies im Verwaltungsverfahren vor der Kommission in Ausübung der ihnen dazu verliehenen Verfahrensrechte zu tun.[201] In Bezug auf Drittbeteiligte, die ohnehin nur eingeschränkte Verfahrensgarantien besitzen (→ Rn. 38–41), ist diese Rechtsprechung jedoch rechstaatlich hochproblematisch.[202] Ähnlich kritikwürdig ist die Vorgehensweise des EuG im EU-Antidumpingrecht, wonach eine Präklusion der Berufung auf eine Verletzung der Verteidigungsrechte dann greifen soll, wenn die Beteiligten die Unionsorgane im Verwaltungsverfahren nicht darauf aufmerksam gemacht haben, dass ihnen bestimmte Informationen oder Beweise nicht zugänglich waren.[203] Im EU-Kartellrecht hat der EuGH jedoch zu Recht mit Blick auf den Sanktionscharakter kartellrechtlicher Geldbußenbeschlüsse eine Präklusion von Parteivorbringen – insbesondere das erstmalige Bestreiten vor Gericht bestimmter Tatsachen und Beweise, auf welche die Mitteilung der Beschwerdepunkte gestützt war – verworfen.[204]

Das rechtliche Gehör findet seine Schranken insbesondere in den Anforderungen des **Berufsgeheimnisses** nach Art. 339 AEUV, dem die Bediensteten der Unionsorgane für alle Verwaltungsverfahren und sonstigen Entscheidungsprozesse unterliegen, und des **Schutzes personenbezogener Daten** gemäß Art. 8 Abs. 1 GRC.[205] Der Oberbegriff des

---

EU:C:2014:2431 Rn. 43 – Boudjlida; EuGH C-70/15, ECLI:EU:C:2016:524 Rn. 37 – Lebek; EuGH C-348/16, ECLI:EU:C:2017:591 Rn. 38 – Sacko; EuGH C-298/16, ECLI:EU:C:2017:843 Rn. 35 – Ispas; EuGH C-276/16, ECLI:EU:C:2017:1010 Rn. 50 – Prequ' Italia; EuGH C-358/16, ECLI:EU:C:2018:715 Rn. 62 – UBS Europe ua.

[197] Vgl. Art. 10a Abs. 3 VO (EG) Nr. 773/2004 iVm Rn. 20 ff. der Mitteilung der Kommission über die Durchführung von Vergleichsverfahren, ABl. 2008 C 167, 1 u. ABl. 2015 C 256, 2.
[198] EuG T-95/15, ECLI:EU:T:2016:722 Rn. 44–49 – Printeos ua/Kommission; EuG T-180/15, ECLI:EU:T:2017:795 Rn. 287 ff. – Icap ua/Kommission (Rechtsmittel C-39/18 P anhängig).
[199] ABl. 2015 L 105, 1.
[200] EuGH verb. Rs. C-238/99 P ua, Slg. 2003, I-8375 Rn. 368–377 – Limburgse Vinyl Maatschappij ua/Kommission.
[201] EuG T-139/09, ECLI:EU:T:2012:496 Rn. 39 ff. – Frankreich/Kommission; EuG T-257/10, ECLI:EU:T:2012:504 Rn. 136 – Italien/Kommission; EuG T-305/13, ECLI:EU:T:2015:435 Rn. 83 u. 133 – SACE u. Sace BT/Kommission; EuG T-674/11, ECLI:EU:T:2015:684 Rn. 228–230 – TV2/Danmark/Kommission; EuG T-233/11, ECLI:EU:T:2015:948 Rn. 137 – Griechenland u. Ellinikos Chrysos/Kommission; EuG verb. Rs. T-60/06 u. T-62/06 RENV II, ECLI:EU:T:2016:233 Rn. 132 – Italien/Kommission.
[202] Vgl. die grundlegende Kritik bei *Nehl* in Jaeger, Jahrbuch Beihilferecht 2009, S. 163 (183–190).
[203] So EuG T-462/04, Slg. 2008, II-3685 Rn. 47–49 – HEG u. Graphite India/Rat; EuG T-424/13, ECLI:EU:T:2016:378 Rn. 93 – Jinan Meide Casting/Rat.
[204] EuGH C-407/08 P, Slg. 2010, I-6375 Rn. 89 f. – Knauf Gips/Kommission; EuGH C-603/13 P, ECLI:EU:C:2016:38 Rn. 72 – Galp Energía España ua/Kommission; EuG T-286/09, ECLI:EU:T:2014:547 Rn. 695 – Intel/Kommission.
[205] Vgl. dazu EuGH C-362/14, ECLI:EU:C:2015:650 – Schrems; EuGH C-582/14, ECLI:EU:C:2016:779 – Breyer.

§ 58   12. Abschnitt. Justizielle Grundrechte und Verfahrensgarantien

Berufsgeheimnisses ist für das EU-Kartellverfahren konkretisiert in Art. 28 VO (EG) Nr. 1/2003[206] sowie Art. 16 und 17 VO (EG) Nr. 773/2004[207] und erfasst **Geschäftsgeheimnisse** sowie **sonstige vertrauliche Angaben** der am Verfahren beteiligten Unternehmen, die Dritten grundsätzlich nicht bekannt gegeben werden dürfen.[208] Entsprechendes gilt für das EU-Fusionskontrollverfahren.[209] Vergleichbare Vorschriften über das Berufsgeheimnis und den Schutz der Vertraulichkeit enthalten zB Art. 7 Abs. 3 und 24 Beihilfenverfahrens-VO (EU) 2015/1589[210] sowie Art. 19 Antidumpinggrund-VO (EU) 2016/1036.[211] Für das gerichtliche Streitverfahren, insbesondere vor dem EuG, existierten lange Zeit keine ausführlich kodifizierten Regeln, obwohl auch die Unionsgerichte an die Anforderungen des Art. 339 AEUV gebunden sind. Das EuG erkennt ungeachtet dessen bereits seit langem an, dass die Grundsätze des Schutzes vertraulicher Informationen und der Geschäftsgeheimnisse der beteiligten Unternehmen auch im EU-Gerichtsverfahren gelten.[212] Seit der Novellierung der EuGVfO im Jahr 2015[213] bestehen nunmehr einerseits allgemeine Regeln über die Behandlung vertraulicher Auskünfte, Belegstücke und Unterlagen, die im Rahmen der Beweisaufnahme erteilt und vorgelegt werden (Art. 103 und 104 EuGVfO), die damit Art. 67 Abs. 3 und 116 Abs. 2 EuGVfO aF ablösen, und andererseits spezifische Regeln über die Behandlung von Auskünften oder Unterlagen, die die Sicherheit der Union oder eines oder mehrerer ihrer Mitgliedstaaten oder die Gestaltung ihrer internationalen Beziehungen berühren, welche eine Kodifizierung der vom EuGH im zweiten *Kadi*-Urteil[214] aufgestellten Regeln darstellen sollen (im Einzelnen → § 59 Rn. 58). Der EuGH hat ähnliche Regeln für das mitgliedstaatliche Nachprüfungsverfahren in Umsetzung der entsprechenden unionsrechtlichen Richtlinien zur öffentlichen Auftragsvergabe[215] im Bereich der Durchführung des unionsrechtlich determinierten Mehrwertsteuerrechts[216] sowie der Durchführung der EU-Regeln über die Bankenaufsicht[217] anerkannt. Das EuG hat zudem klargestellt, dass die Pflicht zur Wahrung vertraulicher Informationen nicht so verstanden werden kann, dass den Verteidigungsrechten ihr wesentlicher Inhalt genommen würde.[218]

49 Der Geheimnis- und Vertraulichkeitsschutz bezieht sich im Wesentlichen auf Dokumente und schriftliche Informationen, welche die Behörde oder das Gericht im Laufe des jeweiligen Verfahrens erlangt haben. Er betrifft also primär die Frage des Umfangs des Akteneinsichtsrechts bzw. des Rechts auf Zugang zu Informationen der übrigen Verfahrensbeteiligten (näher zu diesen Schranken → § 59 Rn. 39 ff.).

---

[206] ABl. 2003 L 1, 1.
[207] ABl. 2004 L 123, 18.
[208] Grundlegend zur Begrifflichkeit im EU-Kartellrecht vgl. EuG T-353/94, Slg. 1996, II-921 Rn. 86 ff. – Postbank/Kommission; EuG T-341/12, ECLI:EU:T:2015:51 Rn. 88 ff. mwN – Evonik Degussa/Kommission, zT aufgehoben durch EuGH C-162/15 P, ECLI:EU:C:2017:205 – Evonik Degussa/Kommission, mit teils wichtigen Klarstellungen (Rn. 55, 64 u. 87); im EU-Beihilferecht EuG T-88/09, Slg 2011 II-7833 Rn. 42 ff. mwN – Idromacchine ua/Kommission; bestätigt durch EuGH C-34/12 P, ECLI:EU: C:2013:552 – Idromacchine ua/Kommission.
[209] Vgl. Art. 17 VO (EG) Nr. 139/2004, ABl. 2004 L 24, 1 und Art. 18 VO (EG) Nr. 802/2004, ABl. 2004 L 133, 1.
[210] ABl. 2015 L 248, 9.
[211] ABl. 2016 L 176, 21.
[212] EuG verb. Rs. T-134/94 ua, Slg. 1996, II-537 Rn. 13 – NMH Stahlwerke ua/Kommission.
[213] ABl. 2015 L 105, 1.
[214] EuGH verb. Rs. C-584/10 P, C-593/10 P u. C-595/10 P, ECLI:EU:C:2013:518 Rn. 125 ff. – Kommission/Kadi.
[215] EuGH C-450/06, Slg. 2008, I-581 Rn. 37 ff. – Varec betr. Art. 7 Abs. 1 RL 93/36/EWG u. Art. 15 Abs. 2 RL 93/36/EWG des Rates vom 14. Juni 1993 über die Koordinierung der Verfahren zur Vergabe öffentlicher Lieferaufträge, ABl. 1993 L 199, 1, geändert durch RL 97/52/EG, ABl. 1997 L 328, 1.
[216] EuGH C-298/16, ECLI:EU:C:2017:843 Rn. 36 – Ispas.
[217] EuGH C-15/16, ECLI:EU:C:2018:464 Rn. 30 ff. – Baumeister; EuGH C-594/16, ECLI:EU: C:2018:717 Rn. 27 ff. – Buccioni, betr. Art. 53 Abs. 1 RL 2013/36/EU des Europäischen Parlaments und des Rates vom 26. Juni 2013 über den Zugang zur Tätigkeit von Kreditinstituten und die Beaufsichtigung von Kreditinstituten und Wertpapierfirmen …, ABl. 2013 L 176, 338.
[218] EuG T-442/12, ECLI:EU:T:2017:372 Rn. 142 – Changmao Biochemical Engineering/Rat (rechtskräftig).

E. Verhältnis zu anderen Grundrechten

Wie bereits im Rahmen der Beeinträchtigung des Rechts auf rechtliches Gehör angedeutet (→ Rn. 43), ist es im Einzelfall schwierig, den sachlichen Gewährleistungsgehalt des rechtlichen Gehörs im EU-Verwaltungsverfahren von demjenigen anderer Verfahrensgrundrechte, wie insbesondere des **Akteneinsichtsrechts,** das ursprünglich allein aus dem rechtlichen Gehör hergeleitet wurde (→ § 59 Rn. 1 ff.), aber auch anderer Verfahrensgarantien und -grundsätze, die dem **Recht auf eine gute Verwaltung** im Sinne von Art. 41 GRC zuzuordnen sind (→ § 61), klar abzugrenzen. Benachbarte Verfahrensgrundsätze sind vor allem der Untersuchungsgrundsatz bzw. die **Sorgfaltspflicht**[219] sowie die **Begründungspflicht** der Verwaltung. Dabei ist wichtig zu erkennen, dass das rechtliche Gehör ebenso wie das Akteneinsichtsrecht Verfahrensgarantien bilden, die dem Einzelnen ermöglichen, in einem laufenden Verfahren mit dem Entscheidungsträger in einen **aktuellen Dialog** einzutreten, um die eigenen Interessen und Rechte effektiv zu verteidigen (→ § 55) bzw. das künftige Verfahrensergebnis entsprechend zu beeinflussen. Hingegen sind der Sorgfalts- und Untersuchungsgrundsatz sowie insbesondere die Begründungspflicht Verfahrensgarantien, die sicherstellen, dass der Entscheidungsträger die von den Beteiligten im Verfahren vorgebrachten wesentlichen Tatsachen und rechtlichen Argumente auch tatsächlich berücksichtigt und entsprechend verarbeitet (→ § 61). Sie garantieren daher vielmehr den **nachträglichen Dialog** mit dem Entscheidungsträger. Dabei bildet wiederum die Entscheidungsbegründung die wesentliche Grundlage für die Beurteilung der Frage der Zweckmäßigkeit und der Erfolgsaussichten gerichtlicher Rechtsbehelfe gegen die Entscheidung sowie für deren gerichtliche Kontrolle[220] (→ § 55). Im Hinblick auf das EU-Gerichtsverfahren selbst weist das rechtliche Gehör eine gewisse Nähe zu und Überschneidung mit dem Grundsatz des **fairen Verfahrens** und der **Waffengleichheit** auf (→ Rn. 28 sowie → § 57). Die in Art. 47 Abs. 2 GRC und Art. 48 Abs. 2 GRC vorgesehenen justiziellen Verfahrensgarantien, ua der Anspruch auf ein faires Verfahren, der Grundsatz des kontradiktorischen Verfahrens bzw. die Verteidigungsrechte im Gerichtsverfahren, finden zudem eine weitgehende Entsprechung in den verwaltungsverfahrensrechtlichen Garantien, die durch das Recht auf eine gute Verwaltung im Sinne von Art. 41 GRC geschützt werden. Diesbezüglich hat der EuGH bereits klargestellt, dass die Verfahrensgarantien nach Art. 41 GRC, soweit sie auf Verwaltungs- und/oder Regulierungsverfahren anwendbar sind, als *leges speciales* diejenigen nach Art. 48 Abs. 2 GRC, also auch nach Art. 47 Abs. 2 GRC verdrängen.[221] Dies hat den EuGH an anderer Stelle jedoch nicht davon abgehalten, die jeweiligen Anwendungs- und Schutzbereiche dieser justiziellen und verwaltungsverfahrensrechtlichen Gewährleistungen bis zu deren Unkenntlichkeit miteinander zu vermengen (→ Rn. 21).

50

F. Zusammenfassende Bewertung und Ausblick

I. Effektiver prozessualer Grundrechtsschutz: Verfahrensfehlerfolgen

Der grundrechtliche Schutzgehalt des rechtlichen Gehörs misst sich, abgesehen von seinem sachlichen und persönlichen Gewährleistungsgehalt im EU-Verwaltungsverfahren, auch an den Rechtsfolgen, die an seine Verletzung im Rahmen des gerichtlichen Rechtsschutzes gegen belastende Verwaltungsmaßnahmen geknüpft wird. Die Unionsgerichte erkennen – im Gegensatz zur deutschen Verwaltungsrechtsprechung – der **individualschützenden Funktion** des rechtlichen Gehörs und anderer grundlegender Verfahrensgarantien, wie der

51

---

[219] Eingehend dazu *Nehl*, Principles, S. 101 ff.; *Nehl*, Europäisches Verwaltungsverfahren, S. 323 ff.
[220] Zum Ganzen *Nehl*, Principles, S. 101 ff.; *Nehl*, Europäisches Verwaltungsverfahren, S. 323 ff.
[221] Vgl. EuGH C-109/10 P, Slg. 2011, I-10329 Rn. 53 – Solvay/Kommission; EuGH C-110/10 P, Slg. 2011, I-10439 Rn. 48 – Solvay/Kommission; EuGH C-439/11 P, ECLI:EU:C:2013:513 Rn. 154 – Ziegler/Kommission.

Begründungspflicht, besonders großes Gewicht zu. Damit tritt die **instrumentelle oder „dienende" Funktion** – dh der primär auf die Richtigkeit des Verfahrensergebnisses abzielende Zweck – von Verfahrens- und Formvorschriften tendenziell zurück.[222] Eine wesentliche Rolle spielt dabei der Gedanke, dass eine im Verwaltungsverfahren eingetretene Verletzung des individualschützenden Zwecks einer Verfahrensgarantie nicht mehr, auch nicht im Gerichtsverfahren, rückgängig gemacht werden kann.[223] Im Grundsatz honorieren die Unionsgerichte daher den grundrechtlichen Stellenwert des rechtlichen Gehörs bei dessen Verletzung im Verwaltungsverfahren durch die **gerichtliche Nichtigerklärung bzw. Aufhebung** der verfahrensabschließenden Maßnahme.[224] Die Richter wählen die Ergebnissanktion für Verstöße gegen wesentliche Verfahrens- und Formvorschriften im Sinne von Art. 263 Abs. 2 AEUV insbesondere dann, wenn die Kommission auf der Basis eines weiten **Beurteilungsspielraums** im komplexen wirtschaftlichen, wissenschaftlichen oder technischen Fragen entscheidet. Dem liegt die Erkenntnis zu Grunde, dass eine gerichtliche Vollkontrolle der behördlichen Ermessensausübung mangels Fachkenntnis der Richter ohnehin nicht möglich ist und dass dieses Rechtsschutzdefizit allein durch eine genaue Kontrolle der Beobachtung der Verfahrensvorschriften kompensiert werden kann. Zudem kann das Gerichtsverfahren die Tatsachenermittlung und -würdigung im Verwaltungsverfahren nicht vollständig ersetzen. Ferner beeinträchtigt die Verletzung des rechtlichen Gehörs oder einer anderen wesentlichen Verfahrensvorschrift im Fall eines weiten Entscheidungsspielraums nicht nur die Rechte und Interessen der Verfahrensbeteiligten, sondern erhöht auch erheblich die Gefahr der sachlichen Fehlerhaftigkeit des abschließenden Beschlusses.[225]

52 Im Einzelfall kann jedoch die Frage, ob eine die Nichtigerklärung des verfahrensabschließenden Beschlusses rechtfertigende Verletzung des rechtlichen Gehörs vorliegt, schwierig zu beantworten sein. Sofern sich beispielsweise im **EU-Kartellverfahren** die Verletzung des rechtlichen Gehörs nur auf einzelne beweiskräftige Umstände bzw. Dokumente bezieht, zu denen sich die betroffenen Unternehmen nicht sachgerecht äußern konnten, aber die übrigen Umstände und Beweise für den Nachweis des vorgeworfenen wettbewerbswidrigen Verhaltens genügen, kommt eine Nichtigerklärung des verfahrensabschließenden Geldbußenbeschlusses grundsätzlich nicht in Betracht. In diesem Fall entsteht lediglich ein **Beweisverwertungsverbot** mit der Folge, dass die betreffenden, unter Verstoß gegen das rechtliche Gehör von der Kommission herangezogenen Umstände und Beweise bei der gerichtlichen Würdigung, ob und inwieweit der Nachweis wettbewerbs-

---

[222] Vgl. zB EuG T-36/91, Slg. 1995, II-1847 Rn. 112 – ICI/Kommission; EuGH C-32/95 P, Slg. 1996, I-5373 Rn. 37 – Kommission/Lisrestal ua. Zur Unterscheidung zwischen instrumentellen und individualschützenden Zwecken von Verfahrensgarantien vgl. nur *Nehl* in Hofmann/Türk S. 322 (343–350).

[223] EuGH C-51/82 P, Slg. 1999, I-4235 Rn. 78 f. u. 81 am Ende – Hercules Chemicals/Kommission; EuGH verb. Rs. C-204/00 P ua, Slg. 2004, I-123 Rn. 103 f. – Aalborg Portland ua/Kommission. Vgl. auch EuG T-30/91, Slg. 1995, II-1775 Rn. 98 f. – Solvay/Kommission; EuG T-36/91, Slg. 1995, II-1847 Rn. 108 – ICI/Kommission.

[224] EuGH verb. Rs. C-89/85 ua, Slg. 1993, I-1307 Rn. 53, 138, 154, 167 – Ahlström ua/Kommission (EU-Kartellverfahren); EuG T-310/01, Slg. 2002, II-4071 Rn. 438 ff. – Schneider Electric/Kommission; EuGH C-265/17 P, ECLI:EU:C:2019:23 Rn. 54–56 – Kommission/UPS (EU-Fusionskontrollverfahren); EuGH C-269/90, Slg. 1991, I-5469 Rn. 28 – HZA München-Mitte/Technische Universität München; EuG T-346/94, Slg. 1995, II-2841 Rn. 39 f. – France-aviation/Kommission (EU-Zollverfahren); EuGH C-48/88, Slg. 1991, I-3187 Rn. 14 ff. – Al-Jubail Fertilizer/Rat (EU-Antidumpingverfahren); EuGH C-135/92, Slg. 1994, I-2885 Rn. 44 – Fiskano/Kommission (Verweigerung von Fischereilizenzen); EuG T-450/93, Slg. 1994, II-1177 Rn. 51–53 – Lisrestal ua/Kommission, bestätigt durch EuGH C-32/95 P, Slg. 1996, I-5373 Rn. 43 – Kommission/Lisrestal (Rückforderung von EU-Beihilfen); EuG T-237/00, Slg. 2002, II-163 Rn. 100 ff. u. 117 – Reynolds/Parlament; systemwidrig jedoch EuGH C-111/02 P, Slg. 2004, I-5475 Rn. 50–59 – Parlament/Reynolds; EuG T-160/17, ECLI:EU:T:2019:1 Rn. 51 ff. – RY/Kommission (dienstrechtliche Verfahren).

[225] Vgl. insbes. EuGH C-269/90, Slg. 1991, I-5469 Rn. 14 – HZA München-Mitte/Technische Universität München; EuGH C-405/07 P, Slg. 2008, I-8301 Rn. 56 – Niederlande/Kommission; EuG T-333/10, ECLI:EU:T:2013:451 Rn. 84 ff. – ATC ua/Kommission.

widrigen Verhaltens tatsächlich geführt wurde, nicht berücksichtigt werden können (→ § 59 Rn. 12).[226]

Die Unionsgerichte fordern zudem seit jeher, insbesondere im Bereich des EU-Kartell- und des EU-Antidumpingverfahrens, dass durch den Verfahrensverstoß die effektive Ausübung der Verteidigungsrechte des betroffenen Unternehmens tatsächlich beschränkt worden sein muss. Umgekehrt ist dies nicht der Fall, wenn das Unternehmen trotz des Verfahrensfehlers seine Rechtsverteidigung voll wahrnehmen konnte. Grundsätzlich bedarf es dabei keines Nachweises, dass der Verfahrensfehler tatsächlich ergebnisrelevant war, also bei dessen Hinwegdenken in der Substanz eine andere Entscheidung ergangen wäre, sondern lediglich, dass der Betroffene sich anderenfalls hätte wirksamer verteidigen können.[227] In diesem Kontext genügte nach bisheriger Rechtsprechung für die Feststellung der Verletzung des rechtlichen Gehörs bzw. der Verteidigungsrechte der Nachweis, dass der Verfahrensverstoß (zB fehlende Übermittlung für die Rechtsverteidigung relevanter Schriftstücke) den Ablauf und das Ergebnis des Verwaltungsverfahrens und damit den Inhalt der Entscheidung hätte beeinflussen können bzw. eine solche Beeinflussung nicht völlig auszuschließen war.[228] Dies dürfte bei komplexen Ermessensentscheidungen – zB bei der Geldbußenbemessung im EU-Kartellverfahren – die Regel sein.[229] Diese Rechtsprechung wird jedoch durch neuere, sich widersprechende bzw. mehrdeutige Urteile des EuGH in Frage gestellt (s. bereits → Rn. 9). So scheint die große Kammer in der **Rechtssache Intel/Kommission** von diesem Prüfungsmaßstab, jedenfalls in der Formulierung, abrücken und an das betroffene Unternehmen verschärfte Beweisanforderungen stellen zu wollen. Danach obliegt es diesem Unternehmen zwar – wie bisher auch – nur nachzuweisen, dass zB die Vorenthaltung eines Schriftstücks „den Verfahrensablauf und den Inhalt der Entscheidung der Kommission zu seinen Ungunsten beeinflussen konnte", bzw. „dass es das fragliche […] Schriftstück zu seiner Verteidigung hätte einsetzen können". Der EuGH präzisiert diese Nachweispflicht jedoch nebulös „in dem Sinne, dass das Unternehmen, wenn es sich im Verwaltungsverfahren darauf hätte berufen können, Gesichtspunkte hätte geltend machen können, die nicht mit den in diesem Stadium von der Kommission

53

---

[226] Vgl. EuGH verb. Rs. C-204/00 P ua, Slg. 2004, I-123 Rn. 68–73 – Aalborg Portland ua/Kommission; EuGH verb. Rs. C-89/85 ua, Slg. 1993, I-1307 Rn. 153 f. – Ahlström ua/Kommission; EuG verb. Rs. T-191/98, T-212/98 u. T-214/98, Slg. 2003, II-3275 Rn. 170–188 mwN – Atlantic Container Line ua/Kommission; EuG verb. Rs. T-25/95 ua, Slg. 2000, II-495 Rn. 323 mwN – Cimenteries ua/Kommission.

[227] Klarstellend für das EU-Antidumpingverfahren EuGH C-141/08 P, Slg. 2009, I-9147 Rn. 94 – Foshan Shunde Yongjian Housewares & Hardware/Rat; EuGH verb. Rs. C-191/09 P u. C-200/09 P, ECLI:EU:C:2012:78 Rn. 78 – Rat/Interpipe Niko Tube ua; EuG verb. Rs. T-407/06 u. T-408/06, Slg. 2010, II-747 Rn. 133 – Zhejiang Aokang Shoes ua/Rat; EuG T-310/12, ECLI:EU:T:2015:295 Rn. 213 f. – Yuanping Changyuan Chemicals/Rat; EuG T-442/12, ECLI:EU:T:2017:372 Rn. 144 f. u. 157 – Changmao Biochemical Engineering/Rat (rechtskräftig); für das EU-Kartellverfahren EuGH C-194/99 P, Slg. 2003, I-10821 Rn. 31 – Thyssen Stahl/Kommission; EuGH C-199/99 P, Slg. 2003, I-11177 Rn. 126–128 – Corus/Kommission; EuGH C-109/10 P, Slg. 2011, I-10329 Rn. 55–57 – Solvay/Kommission; EuGH C-110/10 P, Slg. 2011, I-10439 Rn. 50–52 – Solvay/Kommission; EuG T-406/08, ECLI:EU:T:2013:322 Rn. 119 f. mwN – ICF/Kommission. Ebenso *Kerse/Khan* Rn. 4–089.

[228] Vgl. zB EuG T-221/95, Slg. 1999, II-1299 Rn. 86 ff. – Endemol Entertainment/Kommission; EuGH C-265/17 P, ECLI:EU:C:2019:23 Rn. 55–56 – Kommission UPS (EU-Fusionskontrollverfahren); EuG T-147/97, Slg. 1998, II-4137 Rn. 74 ff. – Champion Stationery ua/Rat; EuG verb. Rs. T-33/98 u. T-34/98, Slg. 1999, II-3837 Rn. 206 ff. – Petrotub u. Republica/Rat (EU-Antidumpingverfahren); EuGH C-51/82 P, Slg. 1999, I-4235 Rn. 77 ff. – Hercules Chemicals/Kommission (EU-Kartellverfahren); anders wohl EuG verb. Rs. T-25/95 ua, Slg. 2000, II-495 Rn. 241, 247 – Cimenteries ua/Kommission; EuG verb. Rs. T-191/98, T-212/98 u. T-214/98, Slg. 2003, II-3275 Rn. 340 ff. – Atlantic Container Line ua/Kommission (EU-Kartellverfahren); EuGH C-276/16, ECLI:EU:C:2017:1010 Rn. 62 – Prequ' Italia (EU-Zollverfahren); EuG T-584/16, ECLI:EU:T:2017:282 Rn. 157 – HF/Parlament; EuG T-699/16 P, ECLI:EU:T:2017:524 Rn. 16 – Parlament/Meyrl; EuG T-160/17, ECLI:EU:T:2019:1 Rn. 51 ff. – RY/Kommission (EU-Dienstrecht).

[229] Vgl. EuG T-30/91, Slg. 1995, II-1775 Rn. 98 f. – Solvay/Kommission; EuG T-36/91, Slg. 1995, II-1847 Rn. 108 – ICI/Kommission. Trotz des weiten Ermessens des Dienstherrn im EU-Dienstrecht anders EuG T-699/16 P, ECLI:EU:T:2017:524 Rn. 16 – Parlament/Meyrl; anders wiederum mit deutlich grundrechtlicher Diktion EuG T-160/17, ECLI:EU:T:2019:1 Rn. 20 ff., 51 ff. – RY/Kommission.

gezogenen Schlüssen übereinstimmten und daher, in welcher Weise auch immer, die von der Kommission in ihrer Entscheidung vorgenommenen Beurteilungen hätten beeinflussen können". Der EuGH schließt daraus, dass das „betroffene Unternehmen [...] zum einen dartun [muss], dass es zu bestimmten entlastenden Beweismitteln keinen Zugang hatte, und zum anderen, dass es diese zu seiner Verteidigung hätte einsetzen können".[230] Die Abänderung der bisherigen Diktion lässt sich nur dadurch erklären, dass der EuGH im konkreten Fall – entgegen dem Vorschlag von GA *Wahl* – anders entscheiden wollte als noch in den wenige Jahre zuvor ebenfalls von der großen Kammer entschiedenen **Rechtssachen** *Solvay/Kommission* und das angegriffene Urteil des EuG bzw. den streitigen Beschluss der Kommission jedenfalls nicht aus diesem Grund aufheben bzw. für nichtig erklären wollte.[231] Dies zeigt sich auch an seiner mühsam anmutenden Begründung für den fehlenden Nachweis, dass sich der Verfahrensfehler auf die effektive Ausübung der Verteidigungsrechte nachteilig ausgewirkt hat.[232] Umgekehrt hat eine nur aus drei Richtern bestehende Kammer des EuGH nur wenige Tage nach dem Urteil in der Rechtssache *Intel/Kommission* die mangelhafte Durchführung einer Anhörung ohne Weiteres als eine Verletzung wesentlicher Formvorschriften qualifiziert und als absoluten Nichtigkeitsgrund für den angegriffenen Kommissionsbeschluss angesehen, ohne dass der Kläger eine Rechtsverletzung sowie deren Auswirkung auf den Verfahrensablauf und den Inhalt des Beschlusses hätte dartun müssen.[233] Ähnlich entschied kurze Zeit später eine mit fünf Richtern besetzte Kammer, dass ein Verbotsbeschluss der Kommission wegen einer Verletzung der Verteidigungsrechte im EU-Fusionskontrollverfahren (Vorenthalten einer entscheidungserheblichen ökonometrischen Studie) für nichtig zu erklären sei. Das Gericht habe rechtsfehlerfrei erkannt, dass die Klägerin nur hat nachweisen müssen, „dass sie zumindest eine geringe Chance gehabt hätte, sich sachdienlicher zu verteidigen, wenn es diesen Verfahrensmangel nicht gegeben hätte, wobei sie nicht zu beweisen braucht, dass in diesem Fall der [streitige] Beschluss anders ausgefallen wäre".[234]

54   Aus dem Vorstehenden ergibt sich, dass die **Ergebnisrelevanz des Verfahrensverstoßes** allenfalls indirekt und zwar im Rahmen des sich anschließenden Gerichtsverfahrens bei der Verteilung der **Beweislast** für das Vorliegen einer Verletzung des rechtlichen Gehörs bzw. der effektiven Wahrnehmung der Verteidigungsrechte eine Rolle spielt,[235] wobei die Kriterien für diese Beweislastverteilung unschärfer denn je sind. Die Nähe zur Frage der tatsächlichen Ergebnisrelevanz der (eingetretenen) Verletzung der Verfahrensrechte ist aber offensichtlich und birgt im Einzelfall die Gefahr, dass beide Prüfungsschritte miteinander vermengt werden bzw. – wie in der Rechtssache *Intel/Kommission* – die Urteilsfindung zumindest implizit gemeinsam steuern.[236] Ferner besteht die Gefahr, dass im Rahmen der

---

[230] EuGH C-413/14 P, ECLI:EU:C:2017:632 Rn. 96–98 – Intel/Kommission, unter Abwandlung von und Berufung auf EuGH C-407/08 P, Slg. 2010, I-6375 Rn. 23 f. – Knauf Gips/Kommission.

[231] EuGH C-109/10 P, Slg. 2011, I-10329 Rn. 55–57 – Solvay/Kommission, bzw. EuGH C-110/10 P, Slg. 2011, I-10439 Rn. 50–52 – Solvay/Kommission; vgl. GA *Wahl*, SchlA C-413/14 P, ECLI:EU:C:2016:788 Rn. 251 ff. – Intel/Kommission.

[232] EuGH C-413/14 P, ECLI:EU:C:2017:632 Rn. 99–103 – Intel/Kommission, worin dem Kläger ua vorgehalten wird, er habe vor dem EuG keinen Antrag auf Zeugenbeweis gestellt. Dies ist bemerkenswert, zumal der EuGH die Ablehnung eines solchen Antrags regelmäßig für rechtsfehlerfrei hält; vgl. nur EuGH C-578/11 P, ECLI:EU:C:2014:1742 Rn. 57–69 – Deltafina/Kommission.

[233] EuGH C-85/15 P, ECLI:EU:C:2017:709 Rn. 39–48 – Feralpi/Kommission; EuGH verb. Rs. C-86/15 P u. C-87/15 P, ECLI:EU:C:2017:717 Rn. 41–51 – Ferriera Valsabbia ua/Kommission; EuGH C-88/15 P, ECLI:EU:C:2017:716 Rn. 45–56 – Ferriere Nord/Kommission; EuGH C-89/15 P, ECLI:EU:C:2017:713 Rn. 41–50 – Riva Fire/Kommission; s. auch GA *Wahl*, SchlA C-89/15 P, ECLI:EU:C:2016:940 Rn. 26 ff. – Feralpi/Kommission ua.

[234] EuGH C-265/17 P, ECLI:EU:C:2019:23 Rn. 56 – Kommission/UPS, unter Hinweis auf EuGH C-109/10 P, ECLI:EU:C:2011:686 Rn. 57 – Solvay/Kommission.

[235] Vgl. insbes. EuG verb. Rs. T-25/95 ua, Slg. 2000, II-495 Rn. 238 ff. – Cimenteries ua/Kommission; EuGH verb. Rs. C-204/00 P ua, Slg. 2004, I-123 Rn. 68–79 – Aalborg Portland ua/Kommission.

[236] Zu diesem Problem vgl. *Berrisch* in Nowak/Cremer S. 177 (193 ff.). Problematisch betr. die Akteneinsicht im EU-Kartellverfahren EuG verb. Rs. T-25/95 ua, Slg. 2000, II-495 Rn. 247 – Cimenteries ua/Kommission; EuG verb. Rs. T-191/98, T-212/98 u. T-214/98, Slg. 2003, II-3275 Rn. 340 ff. – Atlantic

Prüfung der Ergebnisrelevanz eines Verfahrensverstoßes – dh bei der Verfahrenskontrolle – bereits eine umfangreiche Kontrolle der materiellen Korrektheit der Verwaltungsentscheidung durchgeführt wird.[237] Diese Aspekte kommen insbesondere im Fall der Verletzung des Akteneinsichtsrechts, das die effektive Ausübung des rechtlichen Gehörs erst ermöglicht, zum Tragen (→ § 59).

Im **EU-Beihilfenrecht** besteht hinsichtlich der Verfahrensfehlerfolgen ein Wertungswiderspruch zwischen der Behandlung von Verstößen gegen das rechtliche Gehör in Verfahren der **Aufsicht unionseigener Beihilfen** einerseits und vergleichbaren Verstößen in Verfahren der **Aufsicht staatlicher Beihilfen** andererseits. In diesem Zusammenhang kommt die fehlende grundrechtliche Absicherung des Anhörungsrechts der „Beteiligten" nach Art. 108 Abs. 2 S. 1 AEUV im EU-Beihilfenkontrollverfahren erneut zum Tragen (→ Rn. 38–41). In Verfahren der Rückforderung oder Kürzung von EU-Beihilfen erklären die Unionsgerichte die Beschlüsse der Kommission bei einer Verletzung des rechtlichen Gehörs des Zuschussempfängers – sowie des beteiligten Mitgliedstaats – in der Regel für nichtig.[238] Im Fall eines Verstoßes gegen das rechtliche Gehör – insbesondere des Mitgliedsstaats als eines Hauptverfahrensbeteiligten – nach Art. 108 Abs. 2 S. 1 AEUV ist die Rechtsprechung hingegen äußerst zurückhaltend. In der Regel geht sie von der Unbeachtlichkeit des Verfahrensmangels wegen dessen fehlender Ergebnisrelevanz aus, weil der Mitgliedstaat nicht nachgewiesen hat, dass in der Sache ohnehin keine andere Entscheidung hätte ergehen können.[239] Nur wenn die Kommission zu Unrecht überhaupt nicht die Hauptprüfphase eröffnet und die Stellungnahmen der Beteiligten eingeholt oder dies in nur unzureichender Weise getan hat, erklären die Unionsgerichte zB einen beihilfenrechtlichen Rückforderungsbeschluss ohne weiteres für nichtig.[240] 55

In **EU-Antidumpingsachen** erkennt das EuG die Möglichkeit zur Heilung des Verfahrensmangels noch während des Verwaltungsverfahrens, nicht jedoch während des Gerichtsverfahrens an.[241] Die Unionsgerichte tendieren zudem dahin, in **EU-Zollverfahren** – ähnlich wie in EU-Beihilfeverfahren (→ Rn. 55) – auch auf der Ebene des mitgliedstaatlichen Vollzugs die Ergebnissanktion dann abzulehnen, wenn die festgestellten Ver- 56

Container Line ua/Kommission. Im EU-Antidumpingrecht s. jedoch EuG T-442/12, ECLI:EU:T:2017:372 Rn. 145 – Changmao Biochemical Engineering/Rat (rechtskräftig).

[237] Zum Problem *Nehl*, Principles, S. 155 ff.; *Nehl* in Mendes S. 157 (190–196).

[238] EuG T-450/93, Slg. 1994, II-1177 Rn. 51–53 – Lisrestal ua/Kommission, bestätigt durch EuGH C-32/95 P, Slg. 1996, I-5373 Rn. 43 – Kommission/Lisrestal; EuGH C-462/98 P, Slg. 2000, I-7183 Rn. 36 ff. u. 44 – Mediocurso/Kommission. Vgl. auch EuGH C-291/89, Slg. 1991, I-2257 Rn. 17 – Interhotel/Kommission; EuGH C-304/89, Slg. 1991, I-2283 Rn. 21 – Oliveira/Kommission; EuGH C-157/90, Slg. 1992, I-3525 Rn. 20 – Infortec/Kommission; EuGH C-199/91, Slg. 1993, I-2667 Rn. 34 – Foyer culturel du Sart-Tilman/Kommission; EuG verb. Rs. T-432/93, T-433/93 u. T-434/93, Slg. 1995, II-503 Rn. 65 – Socurte/Kommission. S. jedoch auch die restriktivere Auslegung in EuG T-176/06, ECLI:EU:T:2008:259 Rn. 19 – Sviluppo Italia Basilicata/Kommission, bestätigt durch EuGH C-414/08 P, Slg. 2010, I-2559 Rn. 86–90 – Sviluppo Italia Basilicata/Kommission; tendenziell anders wiederum EuGH C-240/03 P, Slg. 2006, I-731 Rn. 129–133 – Comunità montana della Valnerina/Kommission. Krit. dazu *Nehl* EStAL 2011, 629 (636 f.).

[239] ZB EuGH 234/84, Slg. 1986, 2263 Rn. 30 – Belgien/Kommission; EuGH C-301/87, Slg. 1990, I-307 Rn. 31 – Frankreich/Kommission; EuGH C-288/96, Slg. 2000, I-8237 Rn. 99 ff. u. 101 – Deutschland/Kommission; vgl. auch GA *Cosmas*, SchlA verb. Rs. C-329/93, C-62/95 u. C-63/95, Slg. 1996, I-5151, 5153 Rn. 8 ff. u. 12 – Bremer Vulkan ua/Kommission. Aus neuerer Zeit s. EuGH C-404/04 P, Slg. 2007, I-1 Rn. 131–136 – Technische Glaswerke Ilmenau/Kommission; EuGH C-288/96, Slg. 2000, I-8237 Rn. 100–105 – Deutschland/Kommission; EuG verb. Rs. T-30/01 ua, Slg. 2009, II-2919 Rn. 241 – Diputación Foral de Álava/Kommission; EuG T-211/05, Slg. 2009, II-2777 Rn. 45 – Italien/Kommission; EuG T-257/10, ECLI:EU:T:2012:504 Rn. 62 ff. – Italien/Kommission; EuG T-303/10, ECLI:EU:T:2012:505 Rn. 188 – Wam Industriale/Kommission; krit. hierzu *Nehl* in Jaeger/Rumersdorfer, Jahrbuch Beihilferecht 2010, S. 427 (435 f.).

[240] EuGH C-294/90, Slg. 1992, I-493 Rn. 13 ff. – British Aerospace u. Rover/Kommission; EuG T-34/02, Slg. 2006 II-267 Rn. 77–98 – Le Levant 001 ua/Kommission.

[241] EuG verb. Rs. T-159/94 u. T-160/94, Slg. 1997, II-2461 Rn. 167 – Ajinomoto ua/Rat; EuG T-424/13, ECLI:EU:T:2016:378 Rn. 151 ff. – Jinan Meide Casting/Rat; überholt dagegen EuGH 85/76, Slg. 1979, 461 Rn. 26 – Hoffmann La Roche/Kommission (EU-Kartellverfahren, Heilung noch im Gerichtsverfahren).

fahrensverstöße zu keiner anderen Entscheidung in der Sache hätten führen können.[242] Dies ist problematisch, da ein Gericht mangels Möglichkeit einer Vollkontrolle der behördlichen Ermessensausübung in Zollsachen regelmäßig nicht in der Lage sein wird, die Ergebnisrelevanz des Verfahrensfehlers völlig auszuschließen. Eine ähnliche Diktion findet sich neuerdings im Bereich des freien Personenverkehrs[243] sowie im EU-Markenrecht, wo das EuG jedoch grundsätzlich eine Vollkontrolle der Rechtmäßigkeit markenrechtlicher Entscheidungen durchführt.[244]

57 Im **EU-Gerichtsverfahren** führt ein Verfahrensfehler, der die Interessen der Parteien beeinträchtigt, bzw. eine Verletzung des Unionsrechts – hierzu gehört auch die Verletzung des Anspruchs auf rechtliches Gehör gemäß Art. 47 Abs. 2 GRC oder Art. 48 Abs. 2 GRC – grundsätzlich zur Aufhebung eines erstinstanzlichen Urteils des EuG durch den EuGH.[245] Insoweit scheint der EuGH jedoch den Nachweis durch die Parteien zu fordern, dass die angeblich unterbliebene Berücksichtigung bestimmter Teile ihres Vorbringens durch das EuG den Ausgang des Gerichtsverfahrens tatsächlich beeinflusst und somit ihre Belange beeinträchtigt hat.[246] Dies gilt jedoch nicht, sofern das EuG ohne Anhörung der Parteien von Amts wegen auf das Vorliegen eines Begründungsmangels im Sinne von Art. 296 Abs. 2 AEUV als Nichtigkeitsgrund erkennt oder die Klage als unzulässig verwirft, obwohl der Beklagte dies nicht ausdrücklich gerügt hat.[247] Von der Verletzung des rechtlichen Gehörs im Gerichtsverfahren durch das EuG selbst zu unterscheiden ist ein Rechtsfehler des EuG bei der Beurteilung, ob das rechtliche Gehör im Verwaltungsverfahren vor der Kommission ausreichend gewährt wurde. Auch insoweit kann es zu einer Urteilsaufhebung im Rechtsmittelverfahren kommen.[248] Im Fall der Entscheidungsreife kann der EuGH den Rechtsstreit selbst entscheiden; anderenfalls kann er die Sache zur Entscheidung – unter Beachtung des rechtlichen Gehörs – an das EuG zurückverweisen.[249]

II. Eingeschränkter persönlicher Gewährleistungsgehalt

58 Kritisch zu würdigen ist die Rechtsprechung im Hinblick auf ihre Zurückhaltung, den persönlichen Gewährleistungsgehalt des Anspruchs auf rechtliches Gehör angemessen zu

---

[242] EuG T-290/97, Slg. 2000, II-15 Rn. 47–50 – Mehibas Dordtselaan/Kommission. Die Ausführungen dort in Rn. 49 am Ende legen nahe, dass das EuG davon ausging, dass in Wahrheit kein Verstoß gegen das rechtliche Gehör vorlag. S. neuerdings auch EuGH verb. Rs. C-129/13 u. C-130/13, ECLI:EU:C:2014:2041 Rn. 78–81 – Kamino International Logistics, bzgl. der Beachtung des rechtlichen Gehörs durch die mitgliedstaatlichen Zollbehörden, wobei die Frage der Verteilung der Beweislast für den Nachweis der Ergebnisrelevanz offen bleibt; klarstellend im Sinne der bisher ständigen Rechtsprechung nun EuGH C-276/16, ECLI:EU:C:2017:1010 Rn. 62 – Prequ' Italia.
[243] EuGH C-383/13 PPU, ECLI:EU:C:2013:533 Rn. 38–40 – G. u. R., bzgl. der Beachtung des rechtlichen Gehörs durch die mitgliedstaatlichen Behörden.
[244] EuGH C-96/11 P, ECLI:EU:C:2012:537 Rn. 80 – Storck/HABM; unklar bzw. widersprüchlich die Diktion in EuG T-358/09, ECLI:EU:T:2011:174 Rn. 52 – Sociedad Agricola Requinguá/HABM; im EU-Antidumpingrecht hingegen EuG T-715/13, ECLI:EU:T:2015:256 Rn. 81 f. – Lidl Stiftung/HABM.
[245] Art. 58 Abs. 1 EuGH-Satzung iVm Art. 61 Abs. 1 EuGH-Satzung.
[246] EuGH C-221/97 P, Slg. 1998, I-8255 Rn. 25 – Schröder ua/Kommission; EuGH verb. Rs. C-238/99 P ua, Slg. 2003, I-8375 Rn. 345–391 – Limburgse Vinyl Maatschappij ua/Kommission.
[247] EuGH C-89/08 P, Slg. 2009, I-11245 Rn. 60–62 – Kommission/Irland ua (EU-Beihilfenverfahren); EuGH C-197/09 RX-II, Slg. 2009, I-12033 Rn. 39 ff. u. 52 ff., insbes. 57 f. – Überprüfung M/EMEA, betr. das EU-Dienstrecht. Zu einem problematischen Fall, in dem der EuGH den Anforderungen rechtlichen Gehörs wohl selbst nicht genügt hat, indem er im Rechtsmittelverfahren einen Verfahrensmangel von Amts wegen aufgriff und dabei eine einschlägige Übergangsvorschrift übersah, s. EuGH verb. Rs. C-549/12 P u. C-54/13 P, ECLI:EU:C:2015:412 Rn. 92–87 – Deutschland/Kommission, zu lesen im Lichte von EuGH C-139/15 P, ECLI:EU:C:2016:707 – Kommission/Spanien, und EuGH C-140/15 P, ECLI:EU:C:2016:708 – Kommission/Spanien.
[248] EuGH verb. Rs. C-395/96 u. C-396/96 P, Slg. 2000, I-1365 Rn. 142–146 – Compagnie maritime belge transports ua/Kommission; EuGH C-141/08 P, Slg. 2009, I-9147 Rn. 81 ff. – Foshan Shunde Yongjian Housewares & Hardware/Rat; EuGH verb. Rs. C-191/09 P u. C-200/09 P, ECLI:EU:C:2012:78 Rn. 76 ff. – Rat/Interpipe Niko Tube ua.
[249] Art. 61 Abs. 2 EuGH-Satzung; vgl. zB EuGH C-89/08 P, Slg. 2009, I-11245 Rn. 88 f. – Kommission/Irland ua.

erweitern. Die von den Unionsgerichten zum Zweck des Grundrechtsschutzes zu Grunde gelegte, formale Differenzierung zwischen einerseits **Hauptbetroffenen** und andererseits **Dritten** in bestimmten EU-Verwaltungsverfahren ist nicht durchweg rechtsdogmatisch überzeugend. Auch in der Person des Dritten kann eine anspruchsbegründende Beschwer im Sinne von Art. 41 Abs. 2 lit. a GRC gegeben sein und eventuell sogar, je nach Ausgang des Verfahrens, die Beeinträchtigung einer materiellen Grundrechtsposition drohen (→ Rn. 33 ff.). Dies scheinen die Unionsgerichte zumindest für einige EU-Verwaltungsverfahren, in denen sie den Gewährleistungsgehalt des rechtlichen Gehörs auf bestimmte Dritte erstrecken (→ Rn. 34), im Grundsatz anzuerkennen, ohne dies jedoch notwendig auf vergleichbare Interessenlagen in anderen Verfahren zu übertragen (→ Rn. 36 ff.). Dabei wird die Beschwer des Dritten häufig nicht ausreichend im Verhältnis zu der den Schutzbereich des rechtlichen Gehörs eröffnenden Beschwer des Hauptbetroffenen gewichtet.

Darüber hinaus ist klar zwischen der Betroffenheit von benachteiligten Wettbewerbern, 59 die häufig als Beschwerdeführer auftreten, einerseits und sonstigen interessierten Dritten andererseits zu unterscheiden, was vom Unionsgesetzgeber zumindest für EU-Kartellverfahren und neuerdings eingeschränkt – im Anschluss an eine rechtsschutzfreundlichere Rechtsprechung des EuGH[250] – auch für das EU-Beihilfenverfahren[251] berücksichtigt wird (→ Rn. 33 f. u. 41 aE).[252] Sofern die Unionsgerichte Gelegenheit hatten, den persönlichen Gewährleistungsgehalt des Grundrechts näher zu bestimmen, waren sie jedoch meist bemüht zu vermeiden, hierfür allgemeingültige Kriterien aufzustellen und lediglich den Einzelfall zu entscheiden.[253] Daher bleiben hier ähnlich viele Fragen offen wie bei der Bestimmung der Klagebefugnis von Dritten bzw. der Voraussetzungen, unter denen Dritte nach Art. 263 Abs. 4 AEUV unmittelbar und individuell betroffen sind, wenn sie gegen Beschlüsse oder Verordnungen klagen, die nicht an sie gerichtet sind[254] (→ § 11).

III. Horizontale und vertikale Erstreckung des Gewährleistungsgehalts

Wie anhand der oben erwähnten Verwaltungsverfahren aufgezeigt (→ Rn. 10 ff.), ist der 60 Gewährleistungsgehalt des Grundrechts auf rechtliches Gehör durch die Unionsgerichte – abgesehen von dem Beispiel des EU-Beihilfenaufsichtsverfahrens – in den letzten Jahren rechtsfortbildend ständig ausgedehnt worden. Dies betraf insbesondere auch mehrstufige Verwaltungsverfahren auf den Gebieten der EU-Zoll-, Strukturfonds- und Luftverkehrsverwaltung, in denen die Kommission ihre Marktaufsicht formal nur unmittelbar gegenüber den Mitgliedstaaten ausübt, während ein direkter Kontakt mit den materiell von ihren Entscheidungen betroffenen Marktteilnehmern sekundärrechtlich häufig nicht vorgesehen ist. Darüber hinaus gewährleistet das rechtliche Gehör kohärenten und effektiven Verfahrensrechtsschutz im Rahmen des mehrstufigen Entscheidungsgefüges als Ganzes, dh sowohl gegenüber den daran beteiligten nationalen Behörden als auch gegenüber der Kommission. Die Unionsgerichte ermöglichen dies im Ergebnis auf der Grundlage zweier Konzeptionen, die dazu führen, dass der Gewährleistungsgehalt des rechtlichen Gehörs auch auf Verfahren bzw. Verfahrensabschnitte vor den nationalen Behörden erstreckt wird, sofern sie dem Vollzug des materiellen Unionsrechts dienen: das **Einheits-** bzw. das **Zurechnungsmodell.**

---

[250] EuGH C-521/06 P, Slg. 2008, I-5829 Rn. 33 ff., 37 u. 40 – Athinaïki Techniki/Kommission; dazu *Nehl* EStAL 2009, 401.
[251] Vgl. *Nehl* in Jaeger/Haslinger, Jahrbuch Beihilferecht 2015, S. 481.
[252] Für eine Gleichbehandlung Hauptbetroffener und Konkurrenten aus Gründen des materiellen Grundrechtsschutzes *Nowak* S. 529 ff., insbes. 539; *Nowak* in Behrens/Braun/Nowak S. 23 (23 ff.).
[253] So zB EuG T-260/94, Slg. 1997, II-997 Rn. 61 f – Air Inter/Kommission, unter Rückgriff auf EuGH verb. Rs. C-48/90 u. C-66/90, Slg. 1992, I-565 Rn. 50 f. – Niederlande/Kommission.
[254] Vgl. *Nehl*, Principles, S. 146 ff. Zum Parallelismus zwischen Verfahrensgarantien und Klagebefugnis vgl. EuGH C-483/07 P, Slg. 2009, I-959 Rn. 53 mwN – Galileo Lebensmittel/Kommssion; EuGH T-539/08, Slg. 2010, II-4017 Rn. 109 ff. mwN – Etimine u. Etiproducts/Kommission; einschränkend wiederum EuGH C-355/08 P, ECLI:EU:C:2009:286 Rn. 40 ff. – WWF-UK/Rat; EuG T-381/11, ECLI:EU:T:2012:273 Rn. 34 ff. – Eurofer/Kommission.

61 Nach dem vom EuGH spätestens seit dem Urteil *Wachauf*[255] vertretenen, später wiederholt von ihm bestätigen Einheitsmodell[256] sind die mitgliedstaatlichen Behörden und die Unionsorgane gleichermaßen an die prozessualen Unionsgrundrechte und Verfahrensgrundsätze gebunden, sofern sie materielles Unionsrecht (gemeinsam) vollziehen[257] (→ Rn. 3 u. 23–27 sowie → § 9 Rn. 30 ff.). Dagegen bietet das Zurechnungsmodell die Möglichkeit, Verfahrensfehler bzw. Verstöße nationaler Verwaltungsstellen gegen das rechtliche Gehör vor den Unionsgerichten justiziabel zu machen, indem sie zB der Kommission kraft deren übergeordneter Verantwortung sowie abschließender Entscheidungsgewalt zugerechnet werden. Der EuGH hat dieses Modell der Zurechnung in der Rechtssache *Berlusconi* in Bezug auf mehrteilige Verwaltungsverfahren der EU-Bankenaufsicht eindrucksvoll bestätig (→ Rn. 25). Darin sieht er die Justiziabilität vorbereitender Handlungen nationaler Stellen vor den nationalen Gerichten als mit Art. 263 AEUV unvereinbar an, weil eine vollständige Gerichtskontrolle – auch von Verfahrensmängeln, welche den vorbereitenden Handlungen anhaften – nur gegen den verfahrensabschließenden Beschluss der EZB und ausschließlich vor den Unionsgerichten erfolgen könne.[258] Damit ist sichergestellt, dass das rechtliche Gehör sowohl im Verwaltungsverfahren zum Vollzug des Unionsrechts, unabhängig von der konkreten Ausgestaltung des Verfahrens, als auch im sich anschließenden gerichtlichen Klageverfahren gegen die abschließende Verwaltungsentscheidung zu effektivem Rechtsschutz verhilft. Mit dieser Erstreckung des Gewährleistungsgehalts des Anspruchs auf rechtliches Gehör auf den mitgliedstaatlichen Teil des Vollzugs von Unionsrecht leisten die Unionsgerichte zugleich einen bedeutenden Beitrag zur rechtsstaatlichen Legitimation der europäischen Mehrebenenverwaltung.

---

[255] EuGH 5/88, Slg. 1989, 2609 Rn. 17–19 – Wachauf.
[256] EuGH C-540/03, Slg. 2006, I-5769, Rn. 104 ff. – Parlament/Rat; EuGH C-617/10, ECLI:EU:C:2013:105 Rn. 19 ff. – Åkerberg Fransson; EuGH C-418/11, ECLI:EU:C:2013:588 Rn. 71 ff. – Texdata Software; EuGH C-390/12, ECLI:EU:C:2014:281 Rn. 31–36 – Pfleger ua.
[257] EuGH C-276/01, Slg. 2003, I-3735 Rn. 69 ff. – Steffensen (betr. das Gerichtsverfahren); EuGH C-249/13, ECLI:EU:C:2014:2431 Rn. 34 ff. – Boudjlida; EuGH C-419/14, ECLI:EU:C:2015:832 Rn. 66 ff. u. 84 ff. – WebMindLicenses; EuGH C-298/16, ECLI:EU:C:2017:843 Rn. 26 ff. – Ispas (betr. das Verwaltungsverfahren).
[258] EuGH C-219/17, ECLI:EU:C:2018:1023 Rn. 42 ff. u. 58 – Berlusconi u. Fininvest.

§ 59 Recht auf Akteneinsicht

Übersicht

	Rn.
A. Bedeutung und Entwicklung	1–14
I. Vorbemerkung	1–3
II. Entwicklung und Grundlagen unter besonderer Berücksichtigung der Akteneinsicht im EU-Kartellverfahren	4–14
1. EU-Sekundärrecht	4, 5
2. Erste Phase: Frühe Rechtsprechung des EuGH	6
3. Zweite Phase: Konstitutionalisierung durch das EuG	7–10
4. Dritte Phase: Jüngere Rechtsprechung betreffend belastende und entlastende Dokumente	11–14
B. Gewährleistungsgehalt	15–35
I. Sachlicher Gewährleistungsgehalt	15–30
1. EU-Kartellverfahren und EU-Fusionskontrollverfahren	15–19
2. EU-Antidumpingverfahren	20–22
3. EU-Zollverfahren	23–26
4. EU-Beihilfenverfahren und Liberalisierungsverfahren nach Art. 106 AEUV	27
5. EU-Gerichtsverfahren	28–30
II. Persönlicher Gewährleistungsgehalt	31–35
C. Beeinträchtigung	36
D. Rechtfertigung	37–58
I. Vorbemerkung	37, 38
II. Berufsgeheimnis	39–58
1. Allgemeines	39
2. EU-Verwaltungsverfahren	40–54
3. EU-Gerichtsverfahren und nationale Gerichtsverfahren	55–58
E. Verhältnis zu anderen Grundrechten	59, 60
F. Zusammenfassende Bewertung und Ausblick	61, 62

Schrifttum:

Barbier de la Serre, Procedural Justice in the European Community Case Law Concerning the Rights of the Defence: Essentialist and Instrumental Trends, EPL 2006, 225; *Bartosch,* The Procedural Regulation in State Aid Matters. A Case for Profound Reform, EStAL 2007, 474; *Bornkamm/Montag/Säcker,* Münchener Kommentar Europäisches und Deutsches Wettbewerbsrecht, Bd. 1, Europäisches Wettbewerbsrecht, 2. Aufl. 2015; *de Bronett,* Akteneinsicht in Wettbewerbsverfahren der Europäischen Kommission, WuW 1997, 382; *Dworschak/Maritzen,* Einsicht – der erste Schritt zur Besserung? Zur Akteneinsicht in Kronzeugendokumente nach dem Donau Chemie-Urteil des EuGH, WuW 2013, 829; *Ehlermann/Drijber,* Legal Protection of Enterprises: Administrative Procedure, in particular Access to Files and Confidentiality, ECLR 1996, 375; *Fornasier/Sanner,* Die Entthronung des Kronzeugen? Akteneinsicht im Spannungsfeld zwischen behördlicher und privater Kartellrechtsdurchsetzung nach Pfleiderer, WuW 2011, 1067; *Gassner,* Rechtsgrundlagen und Verfahrensgrundsätze des Europäischen Verwaltungsrechts, DVBl 1995, 16; *Girnau,* Die Stellung der Betroffenen im EG-Kartellverfahren. Reichweite der Akteneinsicht und Wahrung von Geschäftsgeheimnissen, 1993; *Groussot,* General Principles of Community Law, 2006; *Gyselen,* La transparence en matiere d'aides d'Etat: les droits des tiers, CDE 1993, 417; *Hempel,* Zur Frage des Akteneinsichtsrechts durch Schadenersatzkläger im kartellrechtlichen Verfahren, EuZW 2013, 589; *ders.,* An der schönen blauen Donau – Akteneinsicht in Kronzeugenanträge im Fluss. Zugleich Besprechung EuGH, Urt. v. 6.6.2013 – Rs. C-536/11 – Donau Chemie, ZWeR 2014, 203; *ders.,* Einsicht in Kartellverfahrensakten nach der Transparenzverordnung – Neues aus Luxemburg, EuZW 2014, 297; *Hix,* Das Recht auf Akteneinsicht im europäischen Wirtschaftsverwaltungsrecht – Dargestellt am Beispiel des Kartell- und Antidumpingverfahrens der EWG, 1992; *Hossenfelder/Lutz,* Die neue Durchführungsverordnung zu den Artikeln 81 und 82 EG-Vertrag, WuW 2003, 118; *Hummer/Cywinski,* ECJ judgments in „EnBW" and „Donau Chemie" and the unresolved problems of access to file, GCLR 2014, 115; *Idot,* La Transparence dans les Procédures Administratives: l'Exemple du Droit de la Concurrence in La Transparence dans l'Union Européenne: Mythe ou Principe Juridique?, 1999; *Joshua,* The Right to be Heard in EEC Competition Procedures, FILJ 1991, 16; *Karydis,* Le contrôle des concentrations entre entreprises en vertu du règlement 4064/89 et la protection des intérêts légitimes des tiers, CDE 1997, 81; *Kehl,* Schutz von Informationen im europäischen Kartellverfahren, 2006; *Kerse,* The Complainant in

Competition Cases: A Progress Report, CMLR 1997, 213; *ders./Khan,* EU Antitrust Procedure, 6. Aufl. 2012; *Kumar Singh,* Assessing its Impact on the Effectiveness of the European Leniency Programme, ECLR 2014, 110; *Lenaerts/Vanhamme,* Procedural Rights of Private Parties in the Community Administrative Process, CMLR 1997, 531; *Lenz/Grill,* Zum Recht auf Akteneinsicht im EG-Kartellverfahren, in Everling/Narjes/Sedemund, Europarecht, Kartellrecht, Wirtschaftsrecht, FS Deringer, 1993, S. 310; *Levitt,* Commission Notice on Internal Rules of Procedure for Access to File, ECLR 1997, 187; *ders.,* Access to the File: The Commission's Administrative Procedures in Cases under Articles 85 and 86, CMLR 1997, 1413; *Mäger/Zimmer/Milde,* Chance vertan? – Zur Akteneinsicht in Kartellakten nach dem Pfleiderer-Urteil des EuGH, WuW 2011, 935; *Mandrescu,* Access to Leniency Programme Documents Based on the Transparency Regulation: The European Commission v. EnBW Energie Baden-Württemberg AG, LIEI 2015, 301; *Maselis/Gilliams,* Rights of Complainants in Community Law, ELR 1997, 103; *Mattfeld,* Access to and Communication of the File in Association Européenne des Avocats, Rights of Defence and Rights of the European Commission in EC Competition Law, 1994, S. 240; *Mihaescu Evans,* The Right to Good Administration at the Crossroads of the Various Sources of Fundamental Rights in the EU Integrated Administrative System, 2015; *Müller-Ibold,* The AEA Proposal for a Regulation on StateAid Procedure, EuZW 1996, 677; *Nehl,* Principles of Administrative Procedure in EC Law, 1999; *ders.,* Europäisches Verwaltungsverfahren und Gemeinschaftsverfassung, 2002; *ders.,* Wechselwirkungen zwischen verwaltungsverfahrensrechtlichem und gerichtlichem Individualrechtsschutz in der EG, in Nowak/Cremer, Individualrechtsschutz in der EG und der WTO, 2002, S. 135; *ders.,* „Good Administration as Procedural Right and/or General Principle?", in Hofmann/Türk, Legal Challenges in EU Administrative Law – Towards an Integrated Administration, 2009, S. 322; *ders.,* Legal Protection in the Field of EU Funds, EStAL 2011, 629; *ders.,* Kontrolle kartellrechtlicher Sanktionsentscheidungen der Kommission durch die Unionsgerichte, in Immenga/Körber, Die Kommission zwischen Gestaltungsmacht und Rechtsbindung, 2012, S. 113; *ders.,* Neue Regeln des Beihilfe-Beschwerdeverfahrens: Kodifikation eines Beschwerderechts oder Entlastung der Kommission?, in Jaeger/Haslinger, Jahrbuch Beihilferecht 2015, 2015, S. 481; *ders.,* Judicial Review of Complex Socio-Economic, Technical, and Scientific Assessments in the European Union, in Mendes, EU Executive Discretion and the Limits of Law, 2009, S. 157; *Nordberg,* Judicial remedies for private parties under the state aid procedure, LIEI 1997, 3; *Nowak,* Grundrechtlicher Drittschutz im EG-Beihilfenkontrollverfahren, DVBl 2000, 20; *ders.,* Mehr Transparenz durch Informationszugangsfreiheit, in Bruha/Nowak, Die Europäische Union nach Nizza: Wie Europa regiert werden soll, 2003, S. 117; *ders.,* Informations- und Dokumentenzugangsfreiheit in der EU – Neuere Entwicklungen und Perspektiven, DVBl 2004, 272; *ders.,* Grundrechtsschutz im Europäischen Wettbewerbsrecht, in Behrens/Braun/Nowak, Europäisches Wettbewerbsrecht im Umbruch, 2004, S. 23; *Palzer,* Transparenz-VO und private Kartellrechtsdurchsetzung – Abschied von einem Hoffnungsträger?, ZEuP 2015, 416; *Prechal/de Leeuw,* Transparency: a General Principle of EU Law?, European Monographs 2008, S. 201; *Sanders/Jordan/Dimoulis/Charalampos/Schwedt/DiLuigi/Van Wissen,* Disclosure of leniency materials in follow-on damages actions: striking „the right balance" between the interests of leniency applicants and private claimants?, ECLR 2013, 174; *Schwarze,* Die Rechtsprechung des EuGH zur Relevanz von Fehlern im Verwaltungsverfahren, in Schenke/Heckmann/Sydow, Verfassungsstaatlichkeit im Wandel, FS Würtenberger, 2013, S. 1203; *Sedemund,* Allgemeine Prinzipien des Verwaltungsverfahrensrechts, in Schwarze, Europäisches Verwaltungsrecht im Werden, 1982, S. 45; *Sinnaeve,* Der Kommissionsvorschlag zu einer Verfahrensverordnung für die Beihilfenkontrolle, EuZW 1998, 268; *Slot,* Does the Pfleiderer judgment make the fight against international cartels more difficult?, ECLR 2013, 197; *Vaughan,* Access to File and Confidentiality, in Slot/McDonnell, Procedure and Enforcement in EC and US Competition Law, 1993, S. 169; *Vesterdorf,* Complaints Concerning Infringements of Competition Law within the Context of European Community Law, CMLR 1994, 77; *Völcker,* Case C-360/09, Pfleiderer AG v. Bundeskartellamt, Judgment of the Court of Justice (Grand Chamber) of 14 June 2011, CMLR 2012, 695; *Weiß,* Die Verteidigungsrechte im EG-Kartellverfahren, 1996; *Weitbrecht,* Das neue EG-Kartellverfahrensrecht, EuZW 2003, 69; *Winter,* The Rights of Complainants in State Aid Cases: Judicial Review of Commision Decisions Adopted under Article 88 (Ex 93) Ec, CMLR 1999, 521; *v. Winterfeld,* Die Rechte der Verteidigung in Kartellverfahren vor der EG- Kommission, RIW 1981, 801.

A. Bedeutung und Entwicklung

I. Vorbemerkung

1 Das verwaltungsverfahrensrechtliche Akteneinsichts- und Informationsrecht des Einzelnen gegenüber der EU-Verwaltung findet auf Unionsebene in **Art. 41 Abs. 2 lit. b GRC** erstmals eine ausdrückliche Kodifikation mit verfassungsrechtlicher Bedeutung.[1] Dies war angesichts der vorangegangenen Rechtsprechung folgerichtig. Die Unionsgerichte leiten das Akteneinsichtsrecht seit jeher, auch wenn entsprechende Regeln des EU-Primär- und

---

[1] Ausdrücklich bestätigt in EuGH C-109/10 P, Slg. 2011, I-10329 Rn. 53 – Solvay/Kommission; EuGH C-110/10 P, Slg. 2011, I-10439 Rn. 48 – Solvay/Kommission, mAnm *Schwarze* FS Würtenberger, 2013, 1203 ff.

Sekundärrechts fehlen sollten, aus dem **Rechtsstaatsprinzip** und namentlich dem **Grundsatz rechtlichen Gehörs** (ausführlich → § 58) bzw. der Wahrung der **Verteidigungsrechte** her.[2] Insbesondere hinsichtlich des EU-Wettbewerbsverfahrens hält die Rechtsprechung jedoch weiterhin daran fest, dass das Akteneinsichtsrecht der Verfahrensbeteiligten ein inhärenter Bestandteil des – als prozessuales Grundrecht explizit anerkannten – Anspruchs auf rechtliches Gehör bzw. der Rechte auf Verteidigung sei, deren effektive Ausübung es erst ermögliche.[3] Entsprechend haben die Unionsgerichte bislang vermieden, das verwaltungsverfahrensrechtliche Akteneinsichtsrecht ausdrücklich als eigenständiges prozessuales Grundrecht zu bezeichnen. Seine zunehmend vom rechtlichen Gehör getrennte Behandlung sowie weitreichende individualschützende Wirkung – auch im Fall des dezentralen Vollzugs von Unionsrecht durch mitgliedstaatliche Stellen – lassen jedoch keinen Zweifel an der selbständigen **Grundrechtsqualität des Akteneinsichtsrechts** in EU-Verwaltungsverfahren aufkommen.[4] Dies wird nunmehr durch Art. 41 Abs. 2 lit. b GRC, der diese Verfahrensgarantie als integralen Bestandteil des Rechts auf gute Verwaltung anerkennt, ausdrücklich bestätigt. Diese Vorschrift richtet sich ihrem Wortlaut gemäß und nach Ansicht des EuGH zwar nur an die Organe und Einrichtungen der Union und nicht an die Mitgliedstaaten.[5] Dies hat den EuGH jedoch nicht davon abgehalten, die mitgliedstaatlichen Behörden in Bezug auf die Wahrung der Verteidigungsrechte inklusive des Akteneinsichtsrechts entsprechenden grundrechtlichen Verpflichtungen bei der Anwendung von Unionsrecht zu unterwerfen.[6]

Das verwaltungsverfahrensrechtliche Akteneinsichtsrecht tritt ferner in ein schwieriges 2 **Spannungsverhältnis zum** ebenfalls verfassungsrechtlich garantierten **allgemeinen Dokumentenzugangsanspruch** des Unionsbürgers gegenüber der EU-Hoheitsgewalt nach Art. 42 GRC und Art. 15 Abs. 3 AEUV (vormals Art. 255 Abs. 1 EGV) in Verbindung mit der VO (EG) Nr. 1049/2001.[7] Hierbei handelt es sich um einen weitgehend voraus-

---

[2] Vgl. für den Bereich des (dezentralen) Vollzugs von Unionsrecht durch nationale Stellen EuGH C-383/13 PPU, ECLI:EU:C:2013:533 Rn. 32 – G. u. R.: „Diese Rechte sind auch dann zu wahren, wenn die anwendbare Regelung solche Verfahrensrechte nicht ausdrücklich vorsieht."

[3] So zB EuG verb. Rs. T-10/92 ua, Slg. 1992, II-2667 Rn. 38 – Cimenteries ua/Kommission (EU-Kartellverfahren); EuG T-42/96, Slg. 1998, II-401 Rn. 79 – Eyckeler & Malt/Kommission (EU-Zollverfahren); EuGH C-199/99 P, Slg. 2003, I-11177 Rn. 126 – Corus/Kommission (EU-Kartellverfahren). Vgl. aus jüngerer Zeit EuGH C-109/10 P, Slg. 2011, I-10329 Rn. 53–55 – Solvay/Kommission; EuGH C-110/10 P, Slg. 2011, I-10439 Rn. 48–50 – Solvay/Kommission; EuGH C-609/13 P, ECLI:EU:C:2017:46 Rn. 99 – Duravit ua/Kommission; EuG T-410/03, Slg. 2008, II-881 Rn. 145 – Hoechst/Kommission; EuG T-83/08, ECLI:EU:T:2012:48 Rn. 84 – Denki Kagaku Kogyo ua/Kommission; EuG T-379/10 u. T-381/10, ECLI:EU:T:2013:457 Rn. 262 – Keramag Keramische Werke ua/Kommission; EuG T-286/09, ECLI:EU:T:2014:547 Rn. 349 f. – Intel/Kommission; EuG T-758/14, ECLI:EU:T:2016:737 Rn. 56 – Infineon Technologies/Kommission (allesamt betr. EU-Kartellverfahren); ebenso EuGH C-383/13 PPU, ECLI:EU:C:2013:533 Rn. 32 ff. – G. u. R. (Verfahren zur Abschiebung Drittstaatsangehöriger).

[4] ZB EuG verb. Rs. T-191/98, T-212/98 u. T-214/98, Slg. 2003, II-3275 Rn. 91 ff. u. 333 ff. – Atlantic Container Line ua/Kommission. Dies unterstreichen EuGH C-109/10 P, Slg. 2011, I-10329 Rn. 53–57 – Solvay/Kommission; EuGH C-110/10 P, Slg. 2011, I-10439 Rn. 48–52 – Solvay/Kommission; sowie EuGH C-383/13 PPU, ECLI:EU:C:2013:533 Rn. 32 ff. – G. u. R. Ebenso *Mihaescu Evans* S. 204.

[5] Ausgehend von EuGH C-482/10, ECLI:EU:C:2011:868 Rn. 28 – Cicala, und EuGH verb. Rs. C-141/12 u. C-372/12, ECLI:EU:C:2014:2081 Rn. 66–60 – YS ua, s. insbes. EuGH C-249/13, ECLI:EU:C:2014:2431 Rn. 30 ff. – Boudjlida; EuGH C-419/14, ECLI:EU:C:2015:832 Rn. 83 ff. – WebMindLicenses; aA GA *Wathelet*, SchlA C-166/13, ECLI:EU:C:2014:2336 Rn. 55 f. – Mukarubega.

[6] In Bezug auf das Akteneinsichtsrecht EuGH C-383/13 PPU, ECLI:EU:C:2013:533 Rn. 32 ff. – G. u. R.; für die Verteidigungsrechte allgemein s. auch EuGH C-166/13, ECLI:EU:C:2014:2336 Rn. 38 ff. – Mukarubega; EuGH C-249/13, ECLI:EU:C:2014:2431 Rn. 34 ff. – Boudjlida; EuGH C-300/11, ECLI:EU:C:2013:363 Rn. 50 ff. – ZZ (betr. Freizügigkeit innerhalb der Union); EuGH C-277/11, ECLI:EU:C:2012:744 Rn. 81 ff. – M.M. (betr. die Anerkennung als Flüchtling); EuGH C-276/12, ECLI:EU:C:2013:678 Rn. 38 – Sabou; EuGH C-419/14, ECLI:EU:C:2015:832 Rn. 66 ff. u. 83 f. – WebMindLicenses; EuGH C-298/16, ECLI:EU:C:2017:843 Rn. 26 ff. – Ispas (betr. Steuerrecht); EuGH C-418/11, ECLI:EU:C:2013:588 Rn. 71 ff. – Texdata Software (betr. Gesellschaftsrecht).

[7] VO (EG) Nr. 1049/2001 über den Zugang der Öffentlichkeit zu Dokumenten des Europäischen Parlaments, des Rates und der Kommission, ABl. 2001 L 145, 43. Eingehend zu diesem Spannungsverhältnis *Mihaescu Evans* S. 192 ff. mwN.

setzungslosen, von einem persönlichen Rechtsschutzinteresse völlig entkoppelten[8] Anspruch des Einzelnen auf Zugang zu Dokumenten der Organe, Einrichtungen und sonstigen Stellen der Union, der auf den demokratietheoretisch begründeten Grundsätzen der Transparenz und Bürgernähe bei der Ausübung von Hoheitsgewalt beruht (zu dessen Voraussetzungen und Wirkungen → § 60). Das durch das Stellen eines Antrags auf Dokumentenzugang eröffnete Verwaltungsverfahren ist daher streng zu unterscheiden von anderen Verwaltungs- oder sonstigen Entscheidungsverfahren, zB solche zur Anwendung der EU-Wettbewerbsregeln, die zwar die Interessen des betreffenden Antragstellers berühren können, in denen dieser aber ggfs. kein oder nur ein eingeschränktes Akteneinsichtsrecht besitzt (→ Rn. 26). Gerade in solchen Fällen werden jedoch immer häufiger Anträge auf Dokumentenzugang mit dem Ziel gestellt, an Informationen zu gelangen, die der Rechtsverteidigung dienlich sind, aber den Antragstellern aufgrund ihres fehlenden oder reduzierten Verfahrensstatus in jenen Verwaltungs- oder Entscheidungsverfahren nicht zugänglich sind. Dieser „Umgehungsstrategie" hat der EuGH inzwischen in nahezu allen relevanten Rechtsgebieten einen Riegel vorgeschoben, indem er den Unionsorganen gestattet, sich auf eine allgemeine Vermutungsregel zu stützen, um solche Anträge auf Dokumentenzugang pauschal zurückzuweisen (→ Rn. 26 f.).[9] In diesem Abschnitt werden lediglich mögliche rechtspraktische und -dogmatische Probleme aufgrund der parallelen Existenz des verwaltungsverfahrensrechtlichen und des verfahrensunabhängigen Anspruchs auf Zugang zu Dokumenten der Verwaltung erörtert. Für die Rechtspraxis und -wissenschaft besonders wichtig ist dabei die Klärung der jeweiligen Anwendungs- und Schutzbereiche dieser Grundrechte und der sie betreffenden Ausnahmeregelungen unter Berücksichtigung ihrer verfassungsrechtlichen Grundlagen, dh des Rechtsstaatsprinzips einerseits und des Demokratieprinzips andererseits.

3 Darüber hinaus existiert nach ständiger Rechtsprechung ein ebenfalls aus dem rechtlichen Gehör hergeleitetes **Informations- und Akteneinsichtsrecht im EU-Gerichtsverfahren.** Diese Verfahrensgarantie ist nunmehr in Art. 103–105 und 144 EuGVfO[10] kodifiziert und in ihrem Umfang, ihren Voraussetzungen, Wirkungen und Schranken dem verwaltungsverfahrensrechtlichen Akteneinsichtsrecht ähnlich (→ Rn. 28 ff.). Rechtsdogmatisch ist sie jedoch eher den justiziellen Grundrechten, insbesondere Art. 47 Abs. 2 GRC und Art. 48 Abs. 2 GRC zuzurechnen (zu den Grundrechten auf ein faires Verfahren und auf Verteidigung → §§ 55, 57 u. 61).

II. Entwicklung und Grundlagen unter besonderer Berücksichtigung der Akteneinsicht im EU-Kartellverfahren

4 **1. EU-Sekundärrecht.** Das in der Unionsrechtsordnung anerkannte verwaltungsverfahrensrechtliche Akteneinsichtsrecht ist im Wesentlichen eine Schöpfung des Richterrechts[11]

---

[8] EuGH C-266/05 P, Slg. 2007, I-1233 Rn. 43 u. 52 – Sison/Rat; EuG T-441/17, ECLI:EU:T:2018:899 Rn. 80 – Arca Capital Bohemia/Kommission.

[9] EuGH C-139/07 P, Slg. 2010, I-5885 Rn. 61 f. – Kommission/Technische Glaswerke Ilmenau (EU-Beihilfenverfahren); EuGH verb. Rs. C-514/07 P, C-528/07 P u. C-532/07 P, Slg. 2010, I-8533 Rn. 94 – Schweden ua/API u. Kommission (EU-Gerichtsverfahren); EuGH C-404/10 P, ECLI:EU:C:2012:393 Rn. 116–123 – Kommission/Éditions Odile Jacob; EuGH C-477/10 P, ECLI:EU:C:2012:394 Rn. 37 u. 57–64 – Kommission/Agrofert Holding (EU-Fusionskontrollverfahren); EuGH verb. Rs. C-514/11 P u. C-605/11 P, ECLI:EU:C:2013:738 Rn. 64–68 – LPN u. Finnland/Kommission (Vertragsverletzungsverfahren im EU-Umweltrecht); EuGH C-365/12 P, ECLI:EU:C:2014:112 Rn. 65–69 u. 81 ff. – Kommission/EnBW Energie Baden-Württemberg (EU-Kartellverfahren); vgl. auch EuG T-380/08, ECLI:EU:T:2013:480 – Niederlande/Kommission; EuG T-534/11, ECLI:EU:T:2014:854 – Schenker/Kommission.

[10] ABl. 2015 L 105, 1; s. auch Rn. 212–237 der Praktischen Durchführungsbestimmungen zur EuGVfO, ABl. 2015 L 152, 1.

[11] Vgl. auch die daran anknüpfende Mitteilung der Kommission (2005/C 325/07) über die Regeln für die Einsicht in Kommissionsakten in Fällen einer Anwendung der Artikel 81 und 82 EG-Vertrag, Artikel 53, 54 und 57 des EWR-Abkommens und der Verordnung (EG) Nr. 139/2004, ABl. 2005 C 325, 7, sowie Art. 18 Abs. 3 S. 2 VO (EG) Nr. 139/2004 (EU-Fusionskontrollverordnung), ABl. 2004 L 24, 1.

und hat sich insbesondere im Bereich des EG/EU-Kartellverfahrens entwickelt.[12] Es ist zugunsten der von einem Kartellverbots- bzw. -geldbußenverfahren betroffenen Unternehmen erstmals in **Art. 27 Abs. 2 VO (EG) Nr. 1/2003**[13] iVm Art. 15 VO (EG) Nr. 773/ 2004[14] kodifiziert worden. Die bis zum 30. April 2004 geltende VO (EWG) Nr. 17/62[15] regelte hingegen lediglich das Recht der betroffenen Unternehmen, vor dem Erlass einer belastenden Verbots- bzw. Bußgeldentscheidung angehört und zu diesem Zweck über die von der Kommission vorgebrachten Beschwerdepunkte, die den Vorwurf kartellrechtswidrigen Verhaltens begründen, schriftlich informiert zu werden[16] (→ § 58 Rn. 6). Beschwerdeführer haben mangels Adressateneigenschaft und drohender Sanktion nach wie vor lediglich einen Anspruch auf Übermittlung einer nicht vertraulichen Fassung der Mitteilung der Beschwerdepunkte[17] und im Fall der beabsichtigten Zurückweisung der Beschwerde einen Anspruch auf Einsicht in bestimmte, die Zurückweisung stützende Dokumente.[18] Sonstige Dritte besitzen gar nur ein von dem Glaubhaftmachen eines ausreichenden Interesses abhängiges Anhörungsrecht sowie einen Anspruch auf schriftliche Unterrichtung über die Art und den Gegenstand des Verfahrens.[19] Ein umfassendes Akteneinsichtsrecht besteht demnach allein zugunsten der Hauptbetroffenen bzw. Adressaten der Mitteilung der Beschwerdepunkte der Kommission.[20] Diese sekundärrechtliche Konkretisierung hat jedoch vor dem Hintergrund von Art. 41 Abs. 2 lit. b GRC weder konstitutiven noch abschließenden Charakter.

Das Akteneinsichtsrecht im EG/EU-Kartellverfahren hat in der Rechtsprechung im Wesentlichen drei Phasen der Entwicklung durchlaufen, die für das Verständnis seiner heutigen rechtspraktischen und -dogmatischen Bedeutung wichtig sind: 5

2. Erste Phase: Frühe Rechtsprechung des EuGH. Die Rechtsprechung war bereits früh mit der Frage konfrontiert, ob und inwieweit die nach der VO (EWG) Nr. 17/62 vorgesehenen Verfahrensgarantien der von einem Verbotsverfahren betroffenen Unternehmen gemeineuropäischen rechtsstaatlichen Anforderungen entsprechen.[21] Aus der Sicht des EuGH begründeten die sekundärrechtlich nur begrenzt gewährleisteten Verteidigungsrechte der Unternehmen kein genügendes Gegengewicht zu den weitreichenden verwaltungsverfahrensrechtlichen Untersuchungs- und Eingriffsbefugnissen der Kommission mit der Möglichkeit, empfindliche Geldbußen und Zwangsgelder zu verhängen. Der EuGH befand daher wiederholt, dass die effektive Ausübung des Anspruchs auf rechtliches Gehör bzw. der Verteidigungsrechte es erfordere, dem betroffenen Unternehmen im Laufe des Verwaltungsverfahrens Gelegenheit zu geben, nicht nur zum Vorliegen und zur Erheblichkeit der behaupteten Tatsachen und Umstände, sondern auch zu den herangezogenen Unterlagen – dh zu dem belastenden Beweismaterial, auf dem die Vorwürfe wettbewerbswidrigen Verhaltens beruhen – Stellung zu nehmen.[22] Dabei grenzte der EuGH die Mitteilungs- 6

---

[12] Zur Reform vgl. *Hossenfelder/Lutz* WuW 2003, 118 ff.; *Weitbrecht* EuZW 2003, 69 ff.
[13] ABl. 2003 L 1, 1.
[14] ABl. 2004 L 123, 18.
[15] ABl. 1962 Nr. 13, 204.
[16] Art. 19 Abs. 1 VO (EG) Nr. 2842/98 iVm Art. 3 Abs. 1 VO (EG) Nr. 2842/98 sowie Art. 4 u. 5 VO (EG) Nr. 2842/98 der Kommission über die Anhörung in bestimmten Verfahren nach Artikel 85 und 86 EG-Vertrag, ABl. 1998 L 354, 18.
[17] Art. 27 Abs. 1 VO (EG) Nr. 1/2003, ABl. 2003 L 1, 1 iVm Art. 10 VO (EG) Nr. 773/2004, ABl. 2004 L 123, 18.
[18] Art. 8 Abs. 1 VO (EG) Nr. 773/2004, ABl. 2004 L 123, 18.
[19] Art. 27 Abs. 3 VO (EG) Nr. 1/2003, ABl. 2003 L 1, 1 iVm VO (EG) Nr. 773/2004, ABl. 2004 L 123, 18.
[20] Bestätigt in Rn. 7 der Mitteilung der Kommission, ABl. 2005 C 325, 7; näher dazu *Nowak* in Behrens/Braun/Nowak S. 23 (43 ff.); *Kerse/Khan* Rn. 4–049 ff.
[21] Im Überblick *Schwarze,* EuVerwR Bd. II, S. 1292 ff.; *Girnau* S. 76 ff.; *Hix* S. 57 ff.; *Lenz/Grill* FS Deringer, 1993, 313 ff.; *Weiß* S. 198 ff.
[22] Vgl. bereits EuGH 85/76, Slg. 1979, 461 Rn. 11 – Hoffmann-La Roche/Kommission; EuG verb. Rs. T-191/98, T-212/98 u. T-214/98, Slg. 2003, II-3275 Rn. 337 u. 377 – Atlantic Container Line ua/ Kommission.

pflicht der Kommission jedoch auf wesentliche Umstände ein, welche die Vorwürfe wettbewerbswidrigen Verhaltens stützen.[23] Das hatte zur Folge, dass auch die Akteneinsicht auf **belastende Unterlagen** zum Nachweis dieser wesentlichen Umstände beschränkt blieb.[24] Der EuGH schloss indessen ein umfassendes Akteneinsichtsrecht der von einem Verbotsverfahren betroffenen Unternehmen – namentlich betreffend **entlastendes Beweismaterial,** dessen sich die Kommission in den Beschwerdepunkten nicht bedient – zunächst aus.[25] Dies erfuhr unter rechtsstaatlichen Gesichtspunkten viel Kritik. Zentraler Stein des Anstoßes war, dass der Kommission ein weites Ermessen hinsichtlich der Freigabe einzelner Dokumente verblieb und die Betroffenen keine Möglichkeit hatten, die Verfahrensakten auf entlastendes Material hin zu untersuchen.[26]

7 **3. Zweite Phase: Konstitutionalisierung durch das EuG.** Entscheidende Schritte auf dem Weg zur Anerkennung eines eigenständigen prozessualen Grundrechts auf Akteneinsicht im EG-Kartellverfahren unternahm das seit den 90er Jahren für wettbewerbsrechtliche Streitigkeiten erstinstanzlich zuständige EuG. Angesichts der og Kritik hatte die Kommission in ihrem **12. Wettbewerbsbericht von 1982** angekündigt, zugunsten betroffener Unternehmen eine verbesserte Praxis der Akteneinsicht einzuführen.[27] In der Rechtssache *Hercules* von 1991 bestimmte das EuG, dass diese Ankündigungen die Kommission binden. Es verpflichtete die Kommission daher zur Gewährung von **Einsicht in die Gesamtheit der belastenden und entlastenden Schriftstücke,** die sich in ihrem Besitz befinden, ausgenommen solche Dokumente, die Berufs- oder Geschäftsgeheimnisse dritter Unternehmen im Sinne von Art. 287 EGV (jetzt: Art. 339 AEUV) iVm Art. 20 Abs. 2 VO (EWG) Nr. 17/62 (jetzt: Art. 28 Abs. 2 VO (EG) Nr. 1/2003), interne behördliche Vorgänge oder andere vertrauliche Informationen enthalten.[28]

8 Das erweiterte Akteneinsichtsrecht war im Urteil *Hercules* noch allein auf die individualschützende Außenwirkung eines rechtlich nicht verbindlichen Verwaltungsberichts – also eine **Selbstbindung der Verwaltung** – gestützt. Nur kurze Zeit später entschied das EuG, dass das kartellverfahrensrechtliche Akteneinsichtsrecht zu den Verfahrensgarantien gehöre, welche die Rechte der Verteidigung schützen und insbesondere eine effektive Ausübung des in Art. 19 Abs. 1 und 2 VO (EWG) Nr. 17/62 und in Art. 2 VO (EWG) Nr. 99/63 vorgesehenen Anhörungsrechts sicherstellen sollen.[29] Die grundrechtliche Bedeutung des Rechts auf Akteneinsicht im EG-Kartellverfahren wurde vom EuG insbesondere in den 1995 entschiedenen *Soda*-Fällen unterstrichen.[30] Diese Urteile stellten den vorläufigen Höhepunkt der diesbezüglichen Rechtsentwicklung dar. Einige der darin getroffenen Aussagen sind durch die nachfolgende Rechtsprechung jedoch wieder relativiert worden (→ Rn. 11 ff.).

9 In den *Soda*-**Urteilen** von 1995 bezeichnete das EuG das Akteneinsichtsrecht zwar nicht ausdrücklich als selbständiges prozessuales Grundrecht bzw. Verteidigungsrecht.[31]

---

[23] Vgl. zB EuGH 41/69, Slg. 1970, 661 Rn. 26 – ACF Chemiefarma/Kommission; dazu *Joshua* FILJ 1991, 16 (32 ff.).
[24] EuGH verb. Rs. 209/78 bis 215/78 u. 218/78, Slg. 1980, 3125 Rn. 40 – Van Landewyck ua/Kommission.
[25] EuGH verb. Rs. 43/82 u. 63/82, Slg. 1984, 19 Rn. 25 – VBVB u. VBBB/Kommission; EuGH C-62/86, Slg. 1991, I-3359 Rn. 16 – AKZO/Kommission.
[26] Vgl. zB *Sedemund* in Schwarze, Verwaltungsrecht im Werden, S. 45 (48 ff.); *v. Winterfeld* RIW 1981, 801 (806 ff.).
[27] *Europäische Kommission,* 12. Bericht über die Wettbewerbspolitik, 1983, S. 40 f.; krit. zur Folgepraxis *Vaughan* in Slot/McDonnell S. 173 ff.; *Weiß* S. 195 ff.
[28] EuG T-7/89, Slg. 1991, II-1711 Rn. 53 f., – Hercules/Kommission; hierzu *Nehl,* Principles, S. 46 ff. mwN.
[29] EuG verb. Rs. T-10/92 ua, Slg. 1992, II-2667 Rn. 38 – Cimenteries ua/Kommission; EuG T-65/89, Slg. 1993, II-389 Rn. 30 – BPB Industries u. British Gypsum/Kommission; vgl. dazu *Mattfeld* S. 246 f.
[30] EuG T-30/91 bis T-32/91, Slg. 1995, II-1775, II-1821, II-1825 – Solvay/Kommission; EuG T-36/91 u. T-37/91, Slg. 1995, II-1847, II-1901 – ICI/Kommission; vgl. auch *Ehlermann/Drijber* ECLR 1996, 375 ff.; *Lenaerts/Vanhamme* CMLR 1997, 531 (540 ff.); *Levitt* CMLR 1997, 1413 ff.
[31] Vgl. aber zB GA *Léger,* SchlA C-310/93 P, Slg. 1995, I-888 Rn. 99 ff., 112 – British Industries u. British Gypsum/Kommission.

Angesichts der Urteilsbegründung besteht an der zutreffenden Qualifizierung als **Verfahrensgrundrecht** jedoch kaum ein Zweifel.[32] Das EuG forderte unter Rückgriff auf den allgemeinen **Grundsatz der Waffengleichheit** (→ § 58 Rn. 28 ff.), dass das betroffene Unternehmen grundsätzlich ebenso wie die Kommission umfassende Kenntnis von dem Akteninhalt – dh sowohl der belastenden als auch der entlastenden Unterlagen – erhalten muss, um in die Lage versetzt zu werden, sich ordnungsgemäß gegenüber den darauf begründeten Vorwürfen wettbewerbswidrigen Verhaltens zu verteidigen.[33] Es dürfe nicht im Ermessen der Kommission stehen, darüber zu entscheiden, welche Dokumente für die Verteidigung des Unternehmens relevant seien oder nicht, sondern die Betroffenen hätten das Recht, dies selbst zu beurteilen.[34] Die **besondere rechtsschützende Qualität des Akteneinsichtsrechts** – als einer Verfahrensgarantie zur Wahrung der Verteidigungsrechte[35] – kam insbesondere in der Ergebnisrelevanz eines entsprechenden Verfahrensverstoßes zum Ausdruck. Nach Auffassung des EuG genügte es, dass Schriftstücke vorenthalten werden, die für die Verteidigung möglicherweise relevant sind, um eine **Verletzung der Verteidigungsrechte** festzustellen, sowie der Nachweis, dass der Verfahrensablauf und der Inhalt der Entscheidung bzw. des Beschlusses dadurch eventuell nachteilig beeinflusst worden sein könnten.[36] Dies ist zB der Fall, wenn nicht ausgeschlossen werden kann, dass die Kommission eine kürzere oder weniger schwerwiegende Zuwiderhandlung feststellt und dementsprechend eine geringere Geldbuße festsetzt.[37] Die daraus resultierende Mangelhaftigkeit des Verwaltungsverfahrens und der Sachverhaltsbeurteilung durch die Kommission führt schließlich zur **gerichtlichen Nichtigerklärung** des verfahrensabschließenden Beschlusses.[38] Die Frage, ob eine Verletzung der Verteidigungsrechte eingetreten ist, und deren potenzielle Kausalität für das Verfahrensergebnis lassen sich wiederum nur anhand einer vorläufigen materiellen Prüfung des Beweiswerts der betreffenden Dokumente feststellen.[39] Eine derart während des Verwaltungsverfahrens eingetretene Verletzung der Verteidigungsrechte kann im Gerichtsverfahren nicht mehr geheilt werden.[40] Das Gerichtsverfahren beschränkt sich nämlich auf die Prüfung der vorgebrachten Angriffs- und Verteidigungsmittel und kann somit nach Ansicht des EuG eine vollständige Aufklärung des Falles im Rahmen eines Verwaltungsverfahrens nicht ersetzen.[41]

Die in den *Soda*-Urteilen an eine unzulässige Beschränkung der Akteneinsicht geknüpfte Ergebnissanktion verdeutlicht die zu Grunde gelegte besondere **Justiziabilität des Akteneinsichtsrechts** im Rahmen der Kontrolle der Einhaltung der wesentlichen Formerfordernisse und Verfahrensvorschriften durch das EuG. Dies gilt allerdings nur im Zusammenhang mit der Anfechtung des verfahrensabschließenden Beschlusses der Kommission, da nach ständiger Rechtsprechung eine selbständige gerichtliche Durchsetzung der Akteneinsicht während des Verwaltungsverfahrens grundsätzlich ausgeschlos-

---

[32] Ebenfalls zweideutig EuGH C-51/92 P, Slg. 1999, I-4235 Rn. 76 – Hercules Chemicals/Kommission.
[33] Vgl. EuG T-36/91, Slg. 1995, II-1847 Rn. 91 ff., 93, 111, 116 – ICI/Kommission.
[34] EuG T-36/91, Slg. 1995, II-1847 Rn. 91, 93 f. – ICI/Kommission.
[35] EuG T-36/91, Slg. 1995, II-1847 Rn. 69 – ICI/Kommission.
[36] Bestätigend nunmehr EuGH C-109/10 P, Slg. 2011, I-10329 Rn. 55–57 – Solvay/Kommission; EuGH C-110/10 P, Slg. 2011, I-10439 Rn. 50–53 – Solvay/Kommission, m. zust. Anm. *Schwarze* FS Würtenberger, 2013, 1203.
[37] EuG T-36/91, Slg. 1995, II-1847 Rn. 78, 94–96, 108 – ICI/Kommission; ferner vgl. EuG T-221/95, Slg. 1999, II-1299 Rn. 87 – Endemol Entertainment Holding/Kommission; EuG T-5/02, Slg. 2002, II-4381 Rn. 90 – Tetra Laval/Kommission (EU-Fusionskontrollverfahren).
[38] EuG T-36/91, Slg. 1995, II-1847 Rn. 113, 117 f. – ICI/Kommission.
[39] EuG T-36/91, Slg. 1995, II-1847 Rn. 70 u. 78 – ICI/Kommission.
[40] EuG T-36/91, Slg. 1995, II-1847 Rn. 108, 113 – ICI/Kommission. Bestätigend wiederum EuGH C-109/10 P, Slg. 2011, I-10329 Rn. 52 – Solvay/Kommission; EuGH C-110/10 P, Slg. 2011, I-10439 Rn. 51 – Solvay/Kommission; anders noch EuGH 85/76, Slg. 1979, 461 Rn. 26 – Hoffmann-La Roche/Kommission.
[41] EuG T-36/91, Slg. 1995, II-1847 Rn. 108, 113 – ICI/Kommission; ähnlich EuGH C-51/92 P, Slg. 1999, I-4235 Rn. 78 f., 81 – Hercules Chemicals/Kommission; EuGH C-109/10 P, Slg. 2011, I-10329 Rn. 52 – Solvay/Kommission; EuGH C-110/10 P, Slg. 2011, I-10439 Rn. 51 – Solvay/Kommission.

sen ist.⁴² Die wichtige **Rechtsschutzfunktion** des Akteneinsichtsrechts und die effektive gerichtliche Kontrolle von dessen Beachtung haben nach der in den *Soda*-Urteilen vertretenen Ansicht des EuG zudem Vorrang vor Gesichtspunkten der Verfahrenseffizienz. Das zeigt sich an der Aussage, dass die Wahrung der Verteidigungsrechte nicht an praktischen und rechtlichen Schwierigkeiten scheitern darf, die eine leistungsfähige Verwaltung überwinden kann und muss.⁴³ Schließlich kann das Akteneinsichtsrecht grundsätzlich nicht verwirkt werden und ist von einem Antrag des Betroffenen unabhängig.⁴⁴

11 **4. Dritte Phase: Jüngere Rechtsprechung betreffend belastende und entlastende Dokumente.** Die jüngere Rechtsprechung hat die in den *Soda*-Urteilen aufgestellten Grundsätze insbesondere in ihren Auswirkungen zum Teil relativiert, zum Teil aber auch bekräftigt. Die Unionsgerichte betonen nach wie vor den grundlegenden Charakter des kartellverfahrensrechtlichen Akteneinsichtsrechts. Jedoch verzichtet der EuGH – im Gegensatz zum EuG in den *Soda*-Urteilen – nunmehr bewusst darauf, den allgemeinen **Grundsatz der Waffengleichheit** zur Begründung heranzuziehen.⁴⁵ Dies wird durch seinen Hinweis auf die Rechtsprechung des EGMR bestätigt, wonach der Grundsatz des kontradiktorischen Verfahrens, aus dem der Waffengleichheitsgrundsatz hergeleitet wird, ebenso wie die übrigen in Art. 6 Abs. 1 EMRK verankerten Verfahrensgarantien **allein im Gerichtsverfahren zu beachten** sind.⁴⁶ Diese Sichtweise ist inzwischen gefestigter Bestandteil der Rechtsprechung des EuGH zu Art. 47 Abs. 2 GRC (→ § 58 Rn. 28 f.). Zudem ist der EuGH dazu übergegangen, die rechtsschützende Wirkung des Akteneinsichtsrechts im Einzelfall aufgrund besonderer Anforderungen für den Nachweis der Beeinträchtigung der Verteidigungsrechte einzuschränken, um die etwaige Ergebnisrichtigkeit verfahrensabschließender Verbotsbeschlüsse der Kommission zu schützen. Wesentlich ist nach der neueren Rechtsprechung die Unterscheidung zwischen belastenden und entlastenden Dokumenten bzw. Beweisstücken.⁴⁷

12 Soweit es um **belastende Dokumente** geht, führt deren unterbliebene Übermittlung nach Ansicht des EuGH nur dann zu einer Verletzung der Verteidigungsrechte, wenn das betreffende Unternehmen darlegt, dass sich die Kommission zur Untermauerung ihres Vorwurfs wettbewerbswidrigen Verhaltens auf jene Dokumente gestützt hat und es nur durch sie belegt werden kann. Gibt es andere Belege, von denen die Parteien im Verwaltungsverfahren Kenntnis hatten und welche die Schlussfolgerungen der Kommission stützen, so beeinträchtigt der Wegfall des nicht übermittelten Belegs als Beweismittel nicht die Begründetheit der erhobenen Vorwürfe. Das betroffene Unternehmen muss daher darlegen, dass das Ergebnis des Verwaltungsverfahrens – dh der Verbots- und Geldbußenbeschluss der Kommission (seit 2004 gemäß Art. 7 VO (EG) Nr. 1/2003 Entscheidung bzw. nunmehr Beschluss über die Feststellung und Abstellung einer Zuwiderhandlung) – anders ausgefallen wäre, wenn ein nicht übermitteltes Dokument, auf das die Kommission ihre Vorwürfe gegen das Unternehmen gestützt hat, als belastendes Beweismittel aus-

---

⁴² EuG verb. Rs. T-10/92 ua, Slg. 1992, II-2667 Rn. 35, 42 ff. – Cimenteries ua/Kommission; vgl. bereits EuGH 60/81, Slg. 1981, 2639 Rn. 9 ff. – IBM/Kommission; EuG T-96/92, Slg. 1995, II-1213 Rn. 46 – Perrier ua/Kommission.
⁴³ EuG T-36/91, Slg. 1995, II-1847 Rn. 112 – ICI/Kommission.
⁴⁴ EuG T-36/91, Slg. 1995, II-1847 Rn. 106 – ICI/Kommission.
⁴⁵ EuGH verb. Rs. C-204/00 P ua, Slg. 2004, I-123 Rn. 64, 68, 70, 93 ff. – Aalborg Portland ua/Kommission; anders noch EuG verb. Rs. T-191/98, T-212/98 u. T-214/98, Slg. 2003, II-3275 Rn. 170–188, 333 ff., 339 – Atlantic Container Line ua/Kommission; EuG T-23/99, Slg. 2002, II-1705 Rn. 169 ff. – LR AF 1998/Kommission; EuG verb. Rs. T-25/95 ua, Slg. 2000, II-495 Rn. 142 f. – Cimenteries ua/Kommission. Anders jedoch *Groussot* S. 223.
⁴⁶ EuGH verb. Rs. C-204/00 P ua, Slg. 2004, I-123 Rn. 70 – Aalborg Portland ua/Kommission.
⁴⁷ EuGH verb. Rs. C-204/00 P ua, Slg. 2004, I-123 Rn. 71 ff. – Aalborg Portland ua/Kommission; EuG verb. Rs. T-191/98, T-212/98 u. T-214/98, Slg. 2003, II-3275 Rn. 172, 336 ff. – Atlantic Container Line ua/Kommission; aus jüngerer Zeit EuG T-410/03, Slg. 2008, II-881 Rn. 146 ff. – Hoechst/Kommission; EuG T-286/09, ECLI:EU:T:2014:547 Rn. 351 ff. – Intel/Kommission.

geschlossen werden müsste; zudem kann ein Kläger sich nicht mit Erfolg auf die fehlende Übermittlung von für die Beurteilung der Kommission unerheblichen Dokumenten berufen.[48] Sofern dieser Nachweis nicht gelingt, folgt aus dem Verfahrensfehler und dem damit verbundenen Beweisverwertungsverbot gerade keine Verletzung der Verteidigungsrechte. Der EuGH führt daher das Fehlen der Beeinträchtigung der Verteidigungsrechte – nach einer vorläufigen materiellen Beurteilungskontrolle – letztlich auf die **Ergebnisrichtigkeit des verfahrensabschließenden Beschlusses** zurück, dessen Nichtigerklärung aufgrund des für das Verteidigungsverhalten irrelevanten Verfahrensfehlers nicht zu rechtfertigen ist.[49]

Im Fall der fehlenden Übermittlung eines **entlastenden Dokuments** muss das betroffene Unternehmen nach Auffassung des EuGH dagegen nur nachweisen, dass das Unterbleiben seiner Offenlegung den Verfahrensablauf und den Inhalt des Beschlusses zuungunsten des Unternehmens möglicherweise beeinflussen konnte. Dabei genügt nämlich, wie vom EuGH in den Rechtssachen *Solvay/Kommission* unterstrichen, dass das Unternehmen darlegt, dass es die fraglichen entlastenden Dokumente zu seiner Verteidigung hätte einsetzen bzw. diese seiner Verteidigung hätten dienlich sein können.[50] Dies ist bei irrelevanten Dokumenten, die in keinem **objektiven Zusammenhang** mit dem an das betroffene Unternehmen gerichteten Vorwurf wettbewerbswidrigen Verhaltens stehen, von vornerein nicht möglich.[51] In allen anderen Fällen, in denen ein solcher Zusammenhang besteht, ist erforderlich, dass das Unternehmen im Verwaltungsverfahren Gesichtspunkte hätte geltend machen können, die nicht mit den in diesem Stadium von der Kommission gezogenen Schlüssen übereinstimmten und daher, in welcher Weise auch immer, die von der Kommission in ihrem Beschluss getroffenen Beurteilungen zumindest in Bezug auf Schwere und Dauer des dem Unternehmen zur Last gelegten Verhaltens und damit die Höhe der Geldbuße hätten beeinflussen können. Die zumindest **entfernte Möglichkeit,** dass ein nicht übermitteltes Dokument Einfluss auf den Verfahrensablauf und den Inhalt des Beschlusses der Kommission hätte haben können, kann ferner nur nach einer vorläufigen Prüfung bestimmter Beweismittel nachgewiesen werden, die zeigt, dass die nicht übermittelten Dokumente für die Würdigung dieser Beweismittel eine Bedeutung hätten haben können, die nicht hätte unberücksichtigt bleiben dürfen.[52]

Die Aussagen der jüngeren Rechtsprechung bedeuten trotz der Beweiserleichterungen zugunsten der klagenden Unternehmen im Gerichtsverfahren letztlich eine **Zurücknahme der** in den *Soda*-Urteilen des EuG (→ Rn. 9) begründeten **eigenständigen prozessualen Schutzfunktion des Akteneinsichtsrechts** als eines integralen Bestandteils der Verteidigungsrechte und der Verfahrensfairness im Verwaltungsverfahren[53] (→ § 58).

---

[48] EuGH verb. Rs. C-204/00 P ua, Slg. 2004, I-123 Rn. 71–73 u. 126 – Aalborg Portland ua/Kommission; vgl. auch EuG T-410/03, Slg. 2008, II-881 Rn. 146 f. – Hoechst/Kommission.

[49] Vgl. auch EuG verb. Rs. T-191/98, T-212/98 u. T-214/98, Slg. 2003, II-3275 Rn. 340 – Atlantic Container Line ua/Kommission; EuG verb. Rs. T-25/95 ua, Slg. 2000, II-495 Rn. 382 – Cimenteries ua/Kommission; EuG T-7/89, Slg. 1991, II-1711 Rn. 56 – Hercules/Kommission.

[50] EuGH C-109/10 P, Slg. 2011, I-10329 Rn. 53 – Solvay/Kommission; EuGH C-110/10 P, Slg. 2011, I-10439 Rn. 52 – Solvay/Kommission, unter Hinweis auf EuGH C-199/99 P, Slg. 2003, I-11177 Rn. 128 – Corus/Kommission; EuGH verb. Rs. C-238/99 P ua, Slg. 2003, I-8375 Rn. 318 – Limburgse Vinyl Maatschappij ua/Kommission; EuGH verb. Rs. C-204/00 P ua, Slg. 2004, I-123 Rn. 131 – Aalborg Portland ua/Kommission; vgl. auch EuGH verb. Rs. C-239/11 P, C-489/11 P u. C-498/11 P, ECLI:EU:C:2013:866 Rn. 367 f. – Siemens ua/Kommission; EuG T-161/05, Slg. 2009, II-3555 Rn. 161, 165 f. – Hoechst/Kommission; EuG T-343/06, ECLI:EU:T:2012:478 Rn. 86 – Shell Petroleum ua/Kommission; EuG T-406/08, ECLI:EU:T:2013:322 Rn. 119 f. mwN – ICF/Kommission. Zustimmend *Kerse/Khan* Rn. 4–089; *Schwarze* FS Würtenberger, 2013, 1203 (1213 f.).

[51] EuG verb. Rs. T-25/95 ua, Slg. 2000, II-495 Rn. 241–247 – Cimenteries ua/Kommission; ähnlich EuGH verb. Rs. C-204/00 P ua, Slg. 2004, I-123 Rn. 126 – Aalborg Portland ua/Kommission.

[52] EuGH verb. Rs. C-204/00 P ua, Slg. 2004, I-123 Rn. 74–76, 100 ff., 125 ff. – Aalborg Portland ua/Kommission; EuG verb. Rs. T-25/95 ua, Slg. 2000, II-495 Rn. 241 ff. – Cimenteries ua/Kommission; EuG T-410/03, Slg. 2008, II-881 Rn. 148 ff. – Hoechst/Kommission; EuG T-406/08, ECLI:EU:T:2013:322 Rn. 120 mwN – ICF/Kommission.

[53] Dazu näher *Nehl*, Europäisches Verwaltungsverfahren, S. 233 ff.; deutlich anders GA *Ruiz-Jarabo Colomer*, SchlA verb. Rs. C-204/00 P ua, Slg. 2004, I-123 Rn. 28–30 – Aalborg Portland ua/Kommission.

Dies wird auch bestätigt durch den Verzicht des EuGH, auf den Grundsatz der Waffengleichheit zurückzugreifen, sowie die vereinzelt getroffene – bislang vom EuGH jedoch nicht ausdrücklich übernommene – Feststellung, dass die Akteneinsicht kein Selbstzweck sei, sondern dem Schutz der Verteidigungsrechte diene.[54] Im Ergebnis rekurrieren die Unionsgerichte auf die materielle Richtigkeit des verfahrensabschließenden Beschlusses – dh auf Rationalität und Ergebnisrichtigkeit anstelle von Verfahrensgerechtigkeit –, um über deren eventuelle Nichtigerklärung wegen Verfahrensmangels zu entscheiden. Nur wenn zumindest eine gewisse, sei es auch nur entfernte Möglichkeit eines anderen Verfahrensergebnisses besteht, ist eine solche Nichtigerklärung des verfahrensabschließenden Beschlusses aufgrund der somit nachgewiesenen Verletzung der Verteidigungsrechte gerechtfertigt.[55] Im Gerichtsprozess kann der Kläger zwar prinzipiell anhand der ihm mittels prozessleitender Maßnahmen bekannt gegebenen Dokumente den Nachweis führen, dass diese seiner Verteidigung im Verwaltungsverfahren dienlich gewesen wären und somit das Verfahrensergebnis hätten beeinflussen können; dies gelingt jedoch in der Praxis sehr häufig nicht.[56] Die eigenständige Rechtsschutzfunktion des Akteneinsichtsrechts, die von dem materiellen Verfahrensergebnis grundsätzlich unabhängig ist, wird damit abgewertet.[57] Zugleich führt dies zu einer in ihren Auswirkungen kaum abschätzbaren **Vermengung von** einerseits **formeller Verfahrenskontrolle und** andererseits **materieller Beurteilungskontrolle** durch die Unionsgerichte hinsichtlich des Beweiswerts bestimmter Dokumente und des tatsächlichen Vorliegens einer Zuwiderhandlung gegen das EU-Kartellrecht. Dies läuft der bislang zu Grunde gelegten Kontrolldichtekonzeption auf Unionsebene – nämlich eine vollständige gerichtliche Verfahrenskontrolle bei nur eingeschränkter materieller Ermessensüberprüfung – zuwider und birgt aufgrund deren unterschiedlicher rechtlicher Konsequenzen erhebliche Gefahren.[58] Allerdings bleibt mit dieser Konzeption bei weitgehend ergebnisoffenen Ermessensentscheidungen der Kommission – zB hinsichtlich der Bewertung der Art und Schwere der Zuwiderhandlung zum Zweck der Bemessung der Höhe der Geldbuße – eine gewisse **selbständige rechtsschützende Funktion des Akteneinsichtsrechts als Prozessgrundrecht** erhalten. Denn eine Auswirkung des Verfahrensmangels auf das Verfahrensergebnis und damit eine Verletzung der Verteidigungsrechte kann in diesem Fall nur selten ausgeschlossen werden.[59] Sofern die Nichtbeachtung des Akteneinsichtsrechts tatsächlich zu einer Verletzung der Verteidigungsrechte führt, ist diese zudem auch nach der neueren Rechtsprechung im Stadium des Gerichtsverfahrens nicht mehr heilbar.[60]

---

[54] EuG verb. Rs. T-191/98, T-212/98 u. T-214/98, Slg. 2003, II-3275 Rn. 377 – Atlantic Container Line ua/Kommission; EuG verb. Rs. T-25/95 ua, Slg. 2000, II-495 Rn. 156 – Cimenteries ua/Kommission; GA *Ruiz-Jarabo Colomer*, SchlA verb. Rs. C-204/00 P ua, Slg. 2004, I-123 Rn. 28 mwN – Aalborg Portland ua/Kommission.

[55] EuGH C-204/00 P ua, Slg. 2004, I-123 Rn. 131 – Aalborg Portland ua/Kommission; GA *Ruiz-Jarabo Colomer*, SchlA verb. Rs. C-204/00 P ua, Slg. 2004, I-123 Rn. 29 – Aalborg Portland ua/Kommission; EuG verb. Rs. T-25/95 ua, Slg. 2000, II-495 Rn. 241, 247 – Cimenteries ua/Kommission; tendenziell anders noch EuGH C-199/99 P, Slg. 2003, I-11177 Rn. 126–128 – Corus/Kommission.

[56] EuG T-7/89, Slg. 1991, II-1711 Rn. 56 – Hercules/Kommission; bestätigt durch EuGH C-51/92 P, Slg. 1999, I-4235 Rn. 80 – Hercules Chemicals/Kommission; EuG T-406/08, ECLI:EU:T:2013:322 Rn. 141 – ICF/Kommission. Besonders deutlich in EuGH C-413/14 P, ECLI:EU:C:2017:632 Rn. 96–98 – Intel/Kommission, entgegen dem Vorschlag v. GA *Wahl*, SchlA C-413/14 P, ECLI:EU:C:2016:788 Rn. 251 ff. – Intel/Kommission.

[57] Dahingehend unklar *Schwarze* FS Würtenberger, 2013, 1203 (1210–1214). Zur grundlegenden Unterscheidung zwischen instrumentellen und individualschützenden Zwecken von Verfahrensgarantien s. *Barbier de la Serre* EPL 2006, 225 ff.; *Nehl* in Hofmann/Türk S. 322 (343–350).

[58] Dazu ausführlich, *Nehl*, Principles, S. 53 f., 145 ff.; *Nehl* in Nowak/Cremer S. 135 (156 ff.); *Nehl* in FK-EUV/GRC/AEUV GRC Art. 47 Rn. 40.

[59] Zur Ausübung der Befugnis unbeschränkter Ermessensüberprüfung gemäß Art. 30 VO (EG) Nr. 1/2003 iVm Art. 261 AEUV durch das EuG in Bezug auf die Geldbußenhöhe und deren Reduzierung wegen Vorliegens eines Verfahrensmangels, selbst wenn er nicht zur Nichtigerklärung des angefochtenen Beschlusses führt, s. EuG T-410/03, Slg. 2008, II-881 Rn. 581 f. – Hoechst/Kommission mwN.

[60] EuGH verb. Rs. C-238/99 P ua, Slg. 2003, I-8375 Rn. 318 – Limburgse Vinyl Maatschappij ua/Kommission; EuGH verb. Rs. C-204/00 P ua, Slg. 2004, I-123 Rn. 104 – Aalborg Portland ua/Kom-

B. Gewährleistungsgehalt

I. Sachlicher Gewährleistungsgehalt

1. EU-Kartellverfahren und EU-Fusionskontrollverfahren. Das Akteneinsichtsrecht 15
der Parteien im EU-Kartellverfahren – dh der Adressaten der Mitteilung der Beschwerdepunkte – in die gesamte Ermittlungsakte ist nun in Art. 27 Abs. 2 S. 2 VO (EG) Nr. 1/2003[61] iVm Art. 15–17 VO (EG) Nr. 773/2004[62] ausdrücklich geregelt. Es steht jedoch unter dem Vorbehalt des berechtigten Interesses dritter Unternehmen an der Wahrung ihrer Geschäftsgeheimnisse. Ausgenommen sind ferner vertrauliche Informationen sowie interne Schriftstücke der Kommission und der Wettbewerbsbehörden der Mitgliedstaaten, die Korrespondenz zwischen der Kommission und diesen Wettbewerbsbehörden oder zwischen den Letztgenannten eingeschlossen (zu Inhalt und Bedeutung dieser Schranken → Rn. 37 ff.). Ein entsprechendes Akteneinsichtsrecht der anmeldenden Parteien ist für das EU-Fusionskontrollverfahren seit längerem in Art. 18 Abs. 3 S. 2 VO (EG) Nr. 139/2004[63] iVm Art. 17 VO (EG) Nr. 802/2004[64] niedergelegt.[65]

Der Umfang des Akteneinsichtsrechts sowie die Durchführung der Akteneinsicht in EU- 16
Wettbewerbsverfahren wurde infolge der *Soda*-Urteile (→ Rn. 9) erstmals in der Mitteilung der Kommission von 1997[66] näher konkretisiert, die durch die **Mitteilung von 2005** ersetzt wurde.[67] Diese Mitteilung regelt den Inhalt, den Zeitpunkt und das Verfahren der Akteneinsicht der Parteien bei der Kommission im EU-Kartell- und im EU-Fusionskontrollverfahren. Die Mitteilung von 2005 ist jedoch kein rechtsverbindlicher Akt des EU-Sekundärrechts im Sinne von Art. 288 AEUV. Sie präjudiziert insbesondere weder die Rechtsprechung der Unionsgerichte[68] noch die Verwaltungs- bzw. Spruchpraxis der nationalen Behörden bzw. Gerichte im Fall der dezentralen Anwendung der EU-Wettbewerbsregeln,[69] sondern regelt vielmehr die aus dem Akteneinsichtsrecht folgenden organisatorischen und technischen Anforderungen an die Verfahrensführung der Kommission. Die Kommission muss sich jedoch im Interesse der betroffenen Parteien an dem Inhalt der Mitteilung – im Wege der **Selbstbindung der Verwaltung** – festhalten lassen.[70]

---

mission; EuGH C-109/10 P, Slg. 2011, I-10329 Rn. 52 – Solvay/Kommission; EuGH C-110/10 P, Slg. 2011, I-10439 Rn. 51 – Solvay/Kommission; EuGH C-609/13 P, ECLI:EU:C:2017:46 Rn. 100 – Duravit ua/Kommission.

[61] ABl. 2003 L 1, 1.
[62] ABl. 2004 L 123, 18.
[63] VO (EG) Nr. 139/2004 über die Kontrolle von Unternehmenszusammenschlüssen („EG-Fusionskontrollverordnung"), ABl. 2004 L 24, 1.
[64] ABl. 2004 L 133, 1.
[65] Vgl. auch EuG T-221/95, Slg. 1999, II-1299 Rn. 65 ff. – Endemol Entertainment Holding/Kommission.
[66] Mitteilung der Kommission (97/C 23/03) über interne Verfahrensvorschriften für die Behandlung von Anträgen auf Akteneinsicht in Fällen einer Anwendung der Artikel 85 und 86 EG-Vertrag, der Artikel 65 und 66 EGKS-Vertrag und der Verordnung (EWG) Nr. 4064/89 des Rates, ABl. 1997 C 23, 3; hierzu *de Bronett* WuW 1997, 382; *Levitt* ECLR 1997, 187.
[67] ABl. 2005 C 325, 7 geändert durch ABl. 2015 C 256, 3; vgl. auch Bekanntmachung der Kommission über bewährte Vorgehensweisen in Verfahren nach Artikel 101 und 102 des AEUV, ABl. 2011 C 308, 6 Rn. 92 ff.
[68] Vgl. zu den Geldbußen-Leitlinien und dem Kronzeugenprogramm der Kommission nur EuGH C-386/10 P, Slg. 2011, I-13085 Rn. 59 f. – Chalkor/Kommission; EuGH C-501/11 P, ECLI:EU:C:2013:522 Rn. 67 – Schindler Holding ua/Kommission; EuGH C-510/11 P, ECLI:EU:C:2013:696 Rn. 29 – Kone ua/Kommission; ähnlich zuletzt EuGH C-623/15 P, ECLI:EU:C:2017:21 Rn. 67 – Toshiba/Kommission (betr. Mitteilung zu Zuständigkeitsfragen im Rahmen der Fusionskontrolle). Eingehend zur Problematik *Nehl* in Immenga/Körber S. 113 (121 ff., 138 f.).
[69] EuGH C-226/11, ECLI:EU:C:2012:795 Rn. 27–30 – Expedia; EuGH C-557/12, ECLI:EU: C:2014:1317 Rn. 36 – Kone ua; EuGH C-428/14, ECLI:EU:C:2016:27 Rn. 42 – DHL Express u. DHL Global Forwarding.
[70] Vgl. EuG T-7/89, Slg. 1991, II-1711 Rn. 53 f. – Hercules/Kommission. Allgemein zur Selbstbindung der Kommission an ihre Mitteilungen, Bekanntmachungen oder Leitlinien im EU-Kartellrecht s. EuGH C-429/11 P, ECLI:EU:C:2013:463 Rn. 63–65 – Gosselin Group/Kommission; EuGH C-439/11 P, ECLI:EU:C:2013:513 Rn. 59–62 – Ziegler/Kommission.

17 Wie in Art. 15 Abs. 1 S. 2 VO (EG) Nr. 773/2004 und der Mitteilung von 2005 bestätigt, besteht die Möglichkeit der Akteneinsicht erst im kontradiktorischen Stadium des Kartell- bzw. Fusionskontrollverfahrens, dh erst nach Versendung der **Mitteilung der Beschwerdepunkte** bzw. in Fusionsfällen der **Mitteilung der Einwände**.[71] Dies entspricht der Qualifizierung des Akteneinsichtsrechts als Bestandteil bzw. Voraussetzung der Ausübung der Verteidigungsrechte oder des rechtlichen Gehörs, die erst dann eingreifen, wenn die Kommission beabsichtigt, eine die betroffenen Parteien beschwerende Maßnahme – dh ein Verbots- und/oder Geldbußenbeschluss – zu erlassen (allg. → § 58 Rn. 6 ff.).[72] Diese Einschränkung besteht unbeschadet der Pflicht der Kommission, bereits in einem früheren Stadium des EU-Kartellverfahrens den von einer Ermittlungshandlung betroffenen Unternehmen bestimmte Informationen über den Gegenstand und den Zweck ihrer Untersuchung zukommen zu lassen (→ § 58 Rn. 5).[73] Die Mitteilung von 2005 (s. dort Rn. 1–4) trennt zudem die Akteneinsicht im Rahmen der Gewährung rechtlichen Gehörs bzw. der Ausübung der Verteidigungsrechte deutlich von anderen Verfahren der Offenlegung bestimmter Dokumente. Hierzu gehören die Übermittlung bestimmter Dokumente in einem früheren Stadium des EU-Fusionskontrollverfahrens[74] oder im EU-Kartellverfahren gegenüber Beschwerdeführern und sonstigen Dritten[75] sowie der Zugang der Öffentlichkeit zu Dokumenten der Organe, Einrichtungen und sonstigen Stellen der Union nach Art. 15 Abs. 3 AEUV und Art. 42 GRC iVm der VO (EG) Nr. 1049/2001.[76] Insoweit ist auf die Rechtsprechung des EuGH hinzuweisen, wonach sowohl im EU-Fusionskontrollverfahren als auch im EU-Kartellverfahren die allgemeine Vermutungsregel gilt, dass die für die Zwecke dieser Verfahren ausgetauschten Dokumente grundsätzlich nicht über den Umweg der VO (EG) Nr. 1049/2001 zugänglich sind, um die praktische Wirksamkeit der wesentlichen Vorschriften zu schützen, die in diesen Verfahren das reibungslose Funktionieren bzw. das Gleichgewicht und die kohärente Anwendung des ausdifferenzierten Systems der Akteneinsicht mit seinen spezifischen Ausnahmen garantieren (→ Rn. 26 f.).[77]

18 Die Mitteilung von 2005 (s. dort Rn. 8 ff.) definiert die **Kommissionsakte,** zu der den Adressaten der Mitteilung der Beschwerdepunkte Zugang gewährt wird, als diejenige, die sämtliche Schriftstücke bzw. Dokumente unabhängig vom verwendeten Medium, dh auch elektronische Dateien, enthält, welche von den zuständigen Dienststellen der Kommission während des Ermittlungsverfahrens erhalten, erstellt oder zusammengestellt wurden und welche zu ihren vorläufigen Schlussfolgerungen in den Beschwerdepunkten geführt haben. Die Kommissionsakte enthält in Übereinstimmung mit den Anforderungen der Rechtsprechung **zugängliche** und **nicht zugängliche Unterlagen.** Im Grundsatz gilt, dass die Gesamtheit der Kommissionsakte ab dem Stadium der Versendung der Mitteilung der Beschwerdepunkte zugänglich ist, mit Ausnahme von internen Schriftstücken der Kommission, zu denen auch der Schriftverkehr mit anderen Behörden oder Wettbewerbsbehörden, insbesondere mit denjenigen der Mitgliedstaaten, gehört, und von Geschäftsgeheimnissen

---

[71] Vgl. Art. 17 Abs. 1 VO (EG) Nr. 802/2004, ABl. 2004 L 133, 1.
[72] Vgl. Art. 27 Abs. 1 VO (EG) Nr. 1/2003, ABl. 2003, L 1, 1 iVm Art. 11 Abs. 1 VO (EG) Nr. 773/2004, ABl. 2004 L 123, 18.
[73] Betreffend Auskunftsverlangen erstmals EuG T-99/04, Slg. 2008, II-1501 Rn. 44–56 – AC-Treuhand/Kommission; indirekt bestätigt durch EuGH C-521/09 P, Slg. 2011, I-8947 Rn. 112–120 – Elf Aquitaine/Kommission; betr. Nachprüfungen vgl. EuGH C-583/13 P, ECLI:EU:C:2015:404 Rn. 64 – Deutsche Bahn ua/Kommission.
[74] S. *DG Competition,* Best Practices on the conduct of EC merger control proceedings, 2004, Rn. 42 ff.
[75] Vgl. Art. 8 VO (EG) Nr. 773/2004, ABl. 2004 L 123, 18.
[76] ABl. 2001 L 145, 43.
[77] EuGH C-404/10 P, ECLI:EU:C:2012:393 Rn. 116–123 – Kommission/Éditions Odile Jacob; EuGH C-477/10 P, ECLI:EU:C:2012:394 Rn. 37 u. 57–64 – Kommission/Agrofert Holding; tendenziell anders jedoch betreffend die Situation nach Abschluss des Verwaltungsverfahrens EuGH C-506/08 P, Slg. 2011, I-6237 Rn. 72 ff. – Schweden/MyTravel u. Kommission (EU-Fusionskontrollverfahren); EuGH C-365/12 P, ECLI:EU:C:2014:112 Rn. 65–69 u. 81 ff. – Kommission/EnBW Energie Baden-Württemberg (EU-Kartellverfahren).

§ 59 Recht auf Akteneinsicht

von Unternehmen oder anderen vertraulichen Informationen[78] (→ Rn. 37 ff.). Es besteht allerdings noch Unklarheit darüber, ob und inwieweit die Kommission befugt ist, bestimmte Unterlagen, über die sie eigentlich verfügt, der Ermittlungsakte vorzuenthalten und damit für die betroffenen Unternehmen unzugänglich zu machen, insbesondere weil sie der Meinung ist, dass sie für die Beweisführung oder Rechtsverteidigung nicht relevant sind.[79] Sofern bestimmte entlastende Unterlagen nicht in dieser Akte enthalten sind, verlangt die Rechtsprechung, dass die betroffenen Unternehmen die Einsicht in diese Unterlagen bei der Kommission ausdrücklich beantragt haben; anderenfalls können sie sich vor Gericht nicht auf eine Verletzung ihrer Verteidigungsrechte berufen.[80] Davon grundsätzlich zu trennen ist die Frage, ob die Kommission im Verwaltungsverfahren ihrer Pflicht genügt hat, alle beweiserheblichen – also be- und entlastenden – Dokumente zu ermitteln, um diese der Ermittlungsakte zuzuführen.[81] Von der Rechtsprechung ist zudem noch nicht zweifelsfrei geklärt, ob und inwieweit auch nach der Versendung der Mitteilung der Beschwerdepunkte von der Kommission erlangte Dokumente, wie insbesondere die zur Rechtsverteidigung vorgebrachten Erwiderungen der einzelnen Parteien, zur Kommissionsakte gehören und grundsätzlich zugänglich gemacht werden müssen.[82] Die Kommission vertrat in dem Entwurf ihrer Mitteilung von 2005 dazu noch eine restriktive Auffassung,[83] gewährt aber nunmehr einen unbedingten Anspruch auf Einsicht in solche Dokumente, sofern sie neues be- oder entlastendes Beweismaterial darstellen „können" und zwar insbesondere dann, wenn sie beabsichtigt, sich darauf im verfahrensabschließenden Beschluss zu stützen.[84] In letzterem Fall ist die Kommission ohnehin in der Regel verpflichtet, eine weitere bzw. ergänzende Mitteilung der Beschwerdepunkte zu versenden (→ § 58 Rn. 7). Abschließend geklärt ist jetzt die Frage, ob und unter welchen Voraussetzungen die Kommission Protokolle von (freiwilligen) Befragungen nach Art. 19 VO (EG) Nr. 1/2003 zu erstellen hat, damit diese zugänglicher Bestandteil der Kommissionsakte werden.[85] Der EuGH hat in der Rechtssache *Intel/Kommission* prinzipiell klargestellt, dass die Kommission nach Art. 19 Abs. 1 VO (EG) Nr. 1/2003 in Verbindung mit Art. 3 VO (EG) Nr. 773/2004 verpflichtet ist, eine durchgeführte Befragung zum Gegenstand der Untersuchung in geeigneter Form aufzuzeichnen und den davon betroffenen Unternehmen zugänglich zu machen.[86]

Die **Akteneinsicht** ist den Parteien **von Amts wegen** zu ermöglichen und erfordert 19 grundsätzlich – mit Ausnahme des in → Rn. 18 genannten Falls, in dem bestimmte entlastende Unterlagen erst gar nicht in der Kommissionsakte enthalten sind – keinen dahin-

---

[78] S. Art. 27 Abs. 2 VO (EG) Nr. 1/2003 iVm Art. 15 Abs. 2 VO (EG) Nr. 773/2004 u. Art. 16 Abs. 1 VO (EG) Nr. 773/2004, ABl. 2004 L 123, 18; Art. 17 Abs. 1 VO (EG) Nr. 447/98. Vgl. auch EuG T-7/89, Slg. 1991, II-1711 Rn. 54 – Hercules/Kommission.
[79] Dazu näher *Kerse/Khan* Rn. 4–057 f.
[80] EuG verb. Rs. T-25/95 ua, Slg. 2000, II-495 Rn. 172 – Cimenteries ua/Kommission; EuG verb. Rs. T-191/98, T-212/98 u. T-214/98, Slg. 2003, II-3275 Rn. 340 – Atlantic Container Line ua/Kommission; EuG verb. Rs. T-379/10 u. T-381/10, ECLI:EU:T:2013:457 Rn. 266 – Keramag Keramische Werke ua/Kommission. Diese Problematik ist besonders relevant in Fällen, in denen die Kommission mehrere parallele, förmlich voneinander getrennte Akten betr. mehrere Kartellanten führt.
[81] Vgl. EuG T-161/05, Slg. 2009, II-3555 Rn. 349 ff. – Hoechst/Kommission.
[82] Vgl. EuG verb. Rs. T-25/95 ua, Slg. 2000, II-495 Rn. 386 u. 404 ff. – Cimenteries ua/Kommission; EuG T-161/05, Slg. 2009, II-3555 Rn. 163 – Hoechst/Kommission; EuG T-343/06, ECLI:EU:T:2012:478 Rn. 84–88 – Shell Petroleum ua/Kommission; EuG T-353/06, ECLI:EU:T:2012:484 Rn. 180–182 – Vermeer Infrastructuur/Kommission.
[83] Mitteilung der Kommission über die Neufassung der Mitteilung von 1997 über interne Verfahrensvorschriften für die Behandlung von Anträgen auf Akteneinsicht, ABl. 2004 C 259, 8, betr. den „Entwurf einer Mitteilung der Kommission über die Regeln für die Einsicht in Kommissionsakten in Fällen einer Anwendung der Artikel 81 und 82 EG-Vertrag, Artikel 53, 54 und 57 des EWR-Abkommens und der Verordnung (EG) Nr. 139/2004", Rn. 26.
[84] Mitteilung von 2005 Rn. 27 Abs. 2, ABl. 2005 C 325, 7; bestätigt durch EuG T-161/05, Slg. 2009, II-3555 Rn. 164 mwN – Hoechst/Kommission; EuG T-343/06, ECLI:EU:T:2012:478 Rn. 84–88 – Shell Petroleum ua/Kommission.
[85] Restriktiv noch EuG T-286/09, ECLI:EU:T:2014:547 Rn. 612 ff. – Intel/Kommission; krit. GA *Wahl*, SchlA C-413/14 P, ECLI:EU:C:2016:788 Rn. 219 ff. – Intel/Kommission.
[86] EuGH C-413/14 P, ECLI:EU:C:2017:632 Rn. 84–93 – Intel/Kommission.

gehenden Antrag,[87] auch wenn Art. 15 Abs. 1 VO (EG) Nr. 773/2004 dies ausdrücklich vorsieht. Ein (begründeter) Antrag ist also nur erforderlich, wenn ein Unternehmen nach Durchführung der Akteneinsicht der Meinung ist, dass die Kommission über Unterlagen verfügt, die ihm nicht offengelegt wurden, aber für die Ausübung des rechtlichen Gehörs erforderlich sind.[88] Das Verfahren der Akteneinsicht in EU-Wettbewerbsverfahren hat sich in den letzten Jahren zudem wesentlich vereinfacht. War es früher üblich, den Parteien bzw. ihren Rechtsbeiständen Einsicht in den Räumen der Kommission zu gewähren, hat sich mittlerweile die Praxis etabliert, Akteneinsicht durch die Versendung einer CD-ROM oder eines anderen elektronischen Datenträgers zu ermöglichen, auf dem alle zugänglichen Dokumente der Original-Ermittlungsakte gespeichert sind. Ist die Akte weniger umfangreich, werden zuweilen auch die zugänglichen Dokumente gemeinsam mit der Mitteilung der Beschwerdepunkte versandt. Die Kommission hat jedoch weiterhin ein Wahlrecht hinsichtlich der Modalitäten der Gewährung des Zugangs zu den Verfahrensakten und kann diese miteinander verknüpfen.[89] Im Vergleichsverfahren nach Art. 10a VO (EG) Nr. 773/2004 in Verbindung mit Art. 15 Abs. 1a S. 2 VO (EG) Nr. 773/2004 verpflichten sich die betroffenen Parteien, einen Antrag auf Akteneinsicht im Sinne von Art. 15 Abs. 1 VO (EG) Nr. 773/2004 nur dann zu stellen, wenn der Inhalt der Vergleichsausführungen nicht in der Mitteilung der Beschwerdepunkte wiedergegeben wurde.

20 **2. EU-Antidumpingverfahren.** Seit dem Urteil des EuGH von 1991 in der Rechtssache *Al-Jubail Fertilizer* ist klargestellt, dass auch bei der Auslegung der EU-Antidumpinggrund-VO[90] die grundrechtlichen Anforderungen des rechtlichen Gehörs bzw. der Verteidigungsrechte zu berücksichtigen sind (→ § 58 Rn. 10–12). Dies betrifft administrative Untersuchungsverfahren, die dem Erlass von Antidumpingverordnungen vorausgehen, die nachteilige Auswirkungen auf die betroffenen Hersteller und Importeure, konkret eine wirtschaftliche Einbuße aufgrund der Verhängung von Antidumpingzöllen, haben können.[91]

21 Bereits die **erste EG-Antidumpinggrund-VO** sah ein Informations- und Akteneinsichtsrecht vor, das sukzessive – durch wirtschaftsvölkerrechtliche Verpflichtungen im Rahmen des GATT / der WTO bedingt – in seinem sachlichen und persönlichen Anwendungsbereich erweitert wurde.[92] Danach hatten die Antragsteller und die „bekanntermaßen betroffenen" Ein- und Ausführer ein Einsichtsrecht bezüglich der im Untersuchungsverfahren verwendeten, für die Rechtsverteidigung erheblichen Schriftstücke mit Ausnahme interner und vertraulicher Dokumente. In der Rechtssache *Timex* stellte der EuGH fest, dass die Kommission alle bei der Untersuchung verwendeten nicht vertraulichen Unterlagen, die ihre Entscheidung über die Verhängung des Antidumpingzolls bestimmt haben, gegenüber den betroffenen Parteien offenlegen müsse.[93] Eine pauschale Berufung der Kommission auf die Vertraulichkeit der Dokumente, die geeignet sei, die Verfahrensgarantie nach Art. 7 Abs. 4 lit. a VO (EWG) Nr. 2423/88 ihrer Substanz zu

---

[87] EuG T-30/91, Slg. 1995, II-1775 Rn. 96 – Solvay/Kommission; EuG T-36/91, Slg. 1995, II-1847 Rn. 106 – ICI/Kommission.
[88] Vgl. Art. 7 Abs. 1 Beschluss 2011/695/EG (Mandat des Anhörungsbeauftragten in EU-Wettbewerbsverfahren), ABl. 2011 L 275, 19.
[89] Vgl. Mitteilung von 2005, Rn. 44, ABl. 2005 C 325, 7.
[90] VO (EG) Nr. 1225/2009 des Rates vom 30. November 2009 über den Schutz gegen gedumpte Einfuhren aus nicht zur Europäischen Gemeinschaft gehörenden Ländern, ABl. 2009 L 343, 51.
[91] EuGH C-49/88, Slg. 1991, I-3187 Rn. 15 – Al Jubail Fertilizer/Rat; GA *Darmon*, SchlA C-49/88, Slg. 1991, I-3187, 3221 Rn. 73 ff. – Al Jubail Fertilizer/Rat; s. ferner EuGH C-170/89, Slg. 1991, I-5709 Rn. 19 ff. – BEUC/Kommission; EuG T-167/94, Slg. 1995, II-2589 Rn. 63 – Detlef Nölle/Rat u. Kommission; EuG verb. Rs. T-159/94 u. T-160/94, Slg. 1997, II-2461 Rn. 83 – Ajinomoto ua/Rat; EuG T-147/97, Slg. 1998, II-4137 Rn. 55 – Champion Stationery ua/Rat; EuG verb. Rs. T-33/98 u. T-34/98, Slg. 1999, II-3837 Rn. 199 ff. – Petrotub u. Republica/Rat. Aus jüngerer Zeit EuGH C-141/08 P, Slg. 2009, I-9147 Rn. 83 ff. – Foshan Shunde Yongjian Housewares & Hardware/Rat; EuGH verb. Rs. C-191/09 P u. C-200/09 P, ECLI:EU:C:2012:78 Rn. 76 ff. – Rat/Interpipe Niko Tube ua.
[92] Vgl. Art. 7 Abs. 4 lit. a VO (EWG) Nr. 2423/88, ABl. 1988 L 201, 1; vgl. dazu *Girnau* S. 86 ff.
[93] EuGH 264/82, Slg. 1985, 849 Rn. 25 – Timex/Kommission u. Rat.

berauben, sei nicht möglich.[94] In der Rechtssache *Al-Jubail Fertilizer* wertete der EuGH das Informations- und Akteneinsichtsrecht im EU-Antidumpingverfahren im Zusammenhang mit dem Anspruch auf rechtliches Gehör – seinerseits ausdrücklich als prozessuales Grundrecht anerkannt – entscheidend auf.[95] Danach hat die Kommission die Pflicht, den betroffenen Unternehmen alle für ihre Rechtsverteidigung erheblichen Informationen zukommen zu lassen.[96] Diese Pflicht sichert der EuGH durch eine differenzierte Sorgfaltsobliegenheit und Beweisführungslast der Kommission bezüglich der tatsächlichen Informationsweitergabe ab.[97] Da die Gemeinschaftsorgane nicht nachweisen konnten, dass sie die betreffenden Informationen tatsächlich offen gelegt hatten, erklärte der EuGH die angegriffene VO, soweit sie einen Antidumpingzoll zu Lasten der Klägerinnen eingeführte hatte, für nichtig.[98] In Parallele zu den *Soda*-Urteilen des EuG (→ Rn. 9) genügte für die Feststellung der Verletzung der Verteidigungsrechte, dass nicht ausgeschlossen werden konnte, dass für die Rechtsverteidigung wichtige Informationen nicht übermittelt wurden. Die Frage der tatsächlichen Auswirkung des Verfahrensfehlers auf das Verfahrensergebnis bzw. den Inhalt der getroffenen Maßnahme griff der EuGH in diesem Zusammenhang nicht auf.

Die **Antidumpinggrund-VO**[99] trägt den Anforderungen der Rechtsprechung Rechnung. Art. 6 Abs. 7 VO (EU) 2016/103 sieht nun ein antragsgebundenes Informations- und Akteneinsichtsrecht zugunsten einer Reihe Verfahrensbeteiligter vor. Es erfasst alle von den Parteien zur Verfügung gestellten Unterlagen mit Ausnahme der von den Behörden der Union oder ihrer Mitgliedstaaten erstellten internen Dokumente, die für die Darlegung des Standpunktes des Antragstellers erheblich und nicht im Sinne von Art. 19 VO (EU) 2016/103 vertraulich sind und bei der Untersuchung verwendet werden. Dieser Anspruch ist jedoch nur hinsichtlich der hauptbetroffenen Ein- und Ausführer und Hersteller grundrechtlich abgesichert (→ Rn. 34). Das Akteneinsichtsrecht ergänzt daher das in Art. 20 VO (EU) 2016/103 geregelte antragsgebundene Recht auf schriftliche Unterrichtung der Antragsteller, der Einführer und Ausführer sowie ihrer repräsentativen Verbände und der Vertreter des Ausfuhrlandes über die wesentlichen Tatsachen und Erwägungen, auf deren Grundlage die vorläufigen Maßnahmen eingeführt worden sind (Abs. 1), bzw. auf deren Grundlage beabsichtigt wird, die Einführung endgültiger Maßnahmen oder die Einstellung einer Untersuchung oder eines Verfahrens ohne die Einführung von Maßnahmen zu empfehlen (Abs. 2). Die (vorläufige bzw. endgültige) schriftliche Unterrichtung (Abs. 1 bzw. Abs. 4)[100] ist dem Wesen und seiner Funktion nach mit der Mitteilung der Beschwerdepunkte bzw. Einwände in EU-Wettbewerbsverfahren vergleichbar (→ § 58 Rn. 6–8). **22**

3. EU-Zollverfahren. In dem Urteil *Technische Universität München*[101] erweiterte der EuGH den Gewährleistungsgehalt des rechtlichen Gehörs auf mehrstufige Verwaltungsverfahren in Zollsachen (→ § 58 Rn. 14). Den betroffenen natürlichen und juristischen Personen ist danach in dem Verfahrensabschnitt vor der Kommission Gelegenheit zur Stellungnahme zu geben, auch wenn das EU-Sekundärrecht dies nicht vorsieht.[102] Das EuG erstreckte diese Grundsätze auf weitere **mehrstufige Zollverfahren,** insbesondere **23**

---

[94] EuGH 264/82, Slg. 1985, 849 Rn. 29 f. – Timex/Kommission u. Rat.
[95] EuGH C-48/88, Slg. 1991, I-3187 Rn. 14 ff. – Al-Jubail Fertilizer/Rat.
[96] EuGH C-48/88, Slg. 1991, I-3187 Rn. 17 – Al-Jubail Fertilizer/Rat. Vgl. auch EuG verb. Rs. T-159/94 u. T-160/94, Slg. 1997, II-2461 Rn. 83 – Ajinomoto ua/Rat; EuGH T-147/97, Slg. 1998, II-4137 Rn. 55 – Champion Stationery ua/Rat.
[97] EuGH C-48/88, Slg. 1991, I-3187 Rn. 17 – Al-Jubail Fertilizer/Rat; EuGH C-458/98 P, Slg. 2000, I-8147 Rn. 99 – Industrie des poudres sphériques/Rat, Kommission ua.
[98] EuGH C-48/88, Slg. 1991, I-3187 Rn. 18 ff. – Al-Jubail Fertilizer/Rat.
[99] ABl. 2016 L 176, 21.
[100] Zu Art. 20 VO (EG) Nr. 384/96, ABl. 1996 L 56, 1, vgl. eingehend EuG T-147/97, Slg. 1998, II-4137 ff. – Champion Stationery ua/Rat.
[101] EuGH C-269/90, Slg. 1991, I-5469 ff. – HZA München-Mitte/Technische Universität München.
[102] EuGH C-269/90, Slg. 1991, I-5469 Rn. 14 u. 25 – HZA München-Mitte/Technische Universität München.

Erstattungs- und Erlassverfahren.[103] Aufgrund seines engen Zusammenhangs mit der effektiven Ausübung rechtlichen Gehörs bzw. der Verteidigungsrechte hält das EuG das Akteneinsichtsrecht – in Analogie zur Rechtsprechung zum EU-Kartellverfahren (→ Rn. 5 ff.) – nun auch in EU-Zollverfahren für anwendbar.[104] Nach Ansicht des EuG muss die Kommission, um das Anhörungsrecht wirksam werden zu lassen, auf Antrag Einsicht in alle nicht vertraulichen Verwaltungspapiere geben, welche ihre Entscheidung betreffen, da sich nicht ausschließen lasse, dass Unterlagen, welche die Kommission für unerheblich hält, für das betroffene Unternehmen von Interesse sind. Könnte die Kommission aus dem Verwaltungsverfahren einseitig Papiere ausschließen, die ihr möglicherweise zum Nachteil gereichen, könnte dies die Verfahrensrechte desjenigen erheblich verletzen, der einen Erlass der Einfuhrabgaben beantragt.[105]

24 Der rechtsstaatliche Grund für die Analogie zum kartellverfahrensrechtlichen Akteneinsichtsrecht liegt zum einen darin, dass die Kommission in zollrechtlichen Erlassverfahren aufgrund eines nur eingeschränkt justiziablen **Beurteilungsspielraums** handelt, so dass die gerichtliche Kontrolle der Beachtung der Verfahrensgarantien besondere Bedeutung gewinnt.[106] Zum anderen ist die Versagung des Erlasses von Einfuhrabgaben eine mit einem wirtschaftlichen Nachteil verbundene und damit **beschwerende Maßnahme**, die – auch bei Fehlen einer entsprechenden Verfahrensregel – einen grundrechtlich garantierten Anspruch auf rechtliches Gehör bzw. Rechtsverteidigung auslöst.[107] Hinsichtlich der **Fehlerfolgen** vertritt das EuG dabei eine ähnlich restriktive Haltung wie im Fall der Verletzung des kartellverfahrensrechtlichen Akteneinsichtsrechts. Unregelmäßigkeiten der Akteneinsicht führen nur dann zur Nichtigerklärung des verfahrensabschließenden Beschlusses, wenn diese eine Verletzung des rechtlichen Gehörs zur Folge haben und das Verfahren ohne diese Unregelmäßigkeiten zu einem anderen Ergebnis hätte führen können.[108] Eine Nichtigerklärung scheidet auch dann aus, wenn sich die Kommission bei der Entscheidungsfindung nachweislich nicht auf das nicht offen gelegte Dokument gestützt hat und daher keine Verletzung der Verteidigungsrechte vorliegen kann.[109]

25 Die rechtsschutzfreundliche Rechtsprechung des EuG zur Akteneinsicht in EU-Zollverfahren warf erstmals schwierige Fragen des Konkurrenzverhältnisses zu dem **allgemeinen Recht auf Dokumentenzugang** nach Art. 42 GRC bzw. Art. 15 Abs. 3 AEUV (vormals: Art. 255 Abs. 1 EGV) in Verbindung mit der VO (EG) Nr. 1049/2001[110] auf (→ Rn. 2 sowie → § 56). Das EuG ging seinerzeit davon aus, dass das verwaltungsverfahrensrechtliche und das verfahrensunabhängige Akteneinsichtsrecht grundsätzlich nebeneinander anwendbar sind, sofern der Beteiligte eines Verwaltungsverfahrens zugleich als Antragsteller nach der VO (EG) Nr. 1049/2001 – also formal außerhalb des Verwaltungs-

---

[103] EuG T-346/94, Slg. 1995, II-2841 Rn. 30 – France-aviation/Kommission; EuG T-42/96, Slg. 1998, II-401 Rn. 77 u. 84 ff. – Eyckeler & Malt/Kommission; EuG T-50/96, Slg. 1998, II-3773 Rn. 32 ff. u. 69 – Primex ua/Kommission; EuG T-290/97, Slg. 2000, II-15 Rn. 38 ff. – Mehibas Dordtselaan/Kommission; EuG T-205/99, Slg. 2002, II-3141 Rn. 50 ff. – Hyper/Kommission, EuG T-329/00, Slg. 2003, II-287 Rn. 46 ff. – Bonn Fleisch Ex- und Import/Kommission.
[104] EuG T-42/96, Slg. 1998, II-401 Rn. 79 ff. – Eyckeler & Malt/Kommission; EuG T-50/96, Slg. 1998, II-3773 Rn. 62 ff. – Primex Produkte ua/Kommission. Daraufhin wurden Art. 872a VO (EWG) Nr. 2454/93 und Art. 906a VO (EWG) Nr. 2454/93 der Kommission v. 2. Juli 1993 mit Durchführungsvorschriften zu der VO (EWG) Nr. 2913/92 des Rates zur Festlegung des Zollkodex der Gemeinschaften, ABl. 1993 L 253, 1, geändert (Anhörungs- und Akteneinsichtsrecht des Abgabenschuldners bzw. Antragstellers); s. dazu EuG T-466/14, ECLI:EU:T:2016:742 Rn. 39 ff. – Spanien/Kommission.
[105] Vgl. EuG T-42/96, Slg. 1998, II-401 Rn. 81 – Eyckeler & Malt/Kommission; EuG T-50/96, Slg. 1998, II-3773 Rn. 64 – Primex Produkte ua/Kommission.
[106] EuG T-42/96, Slg. 1998, II-401 Rn. 77 – Eyckeler & Malt/Kommission; EuG T-50/96, Slg. 1998, II-3773 Rn. 60 – Primex Produkte ua/Kommission; EuGH C-269/90, Slg. 1991, I-5469 Rn. 14 – HZA München-Mitte/Technische Universität München.
[107] EuG T-42/96, Slg. 1998, II-401 Rn. 76 – Eyckeler & Malt/Kommission; EuG T-50/96, Slg. 1998, II-3773 Rn. 59 – Primex Produkte ua/Kommission.
[108] EuG T-290/97, Slg. 2000, II-15 Rn. 47–50 – Mehibas Dordtselaan/Kommission.
[109] EuG T-205/99, Slg. 2002, II-3141 Rn. 58–60 – Hyper/Kommission.
[110] ABl. 2001 L 145, 43.

verfahrens – auftritt.[111] Nach Auffassung des EuG behielt ein betroffenes Unternehmen, das Beteiligte eines Verwaltungsverfahrens war und sich auf seine Verteidigungsrechte nebst Akteneinsichtsrecht berufen konnte, selbst nach Durchführung eines Klageverfahrens gegen die verfahrensabschließende Maßnahme der Kommission die Möglichkeit, parallel Zugang über den allgemeinen Dokumentenzugangsanspruch zu erhalten.[112] Diese Rechtsprechung gipfelte in der unzutreffenden Aussage des EuG, dass die Kommission dem betroffenen Unternehmen in einem zollrechtlichen Erlassverfahren nicht von Amts wegen Einsicht in sämtliche Unterlagen gewähren müsse, die möglicherweise einen Zusammenhang mit dem konkreten Fall aufweisen, weil der Betroffene – sofern er meint, dass solche Unterlagen nützlich sind, um zu belegen, dass bestimmte Tatbestandsvoraussetzungen für die Gewährung eines Erlasses der Einfuhrabgaben erfüllt seien – Einsicht in diese Unterlagen gemäß den Durchführungsvorschriften zu Art. 255 EGV bzw. nunmehr Art. 15 Abs. 3 AEUV beantragen könne.[113]

Die Möglichkeit der Verfahrensbeteiligten in EU-Zollverfahren, zum Zweck ihrer **26** Rechtsverteidigung sowohl über das verwaltungsverfahrensrechtliche als auch über das verfahrensunabhängige Akteneinsichtsrecht Zugang zu den relevanten Dokumenten der Verwaltung zu erhalten, kann vor dem Hintergrund der unterschiedlichen verfassungsrechtlichen Grundlagen dieser Rechte und der jüngeren Rechtsprechung des EuGH keinen Bestand mehr haben. Eine solche **Anspruchskonkurrenz** muss schon deswegen ausscheiden, weil der allgemeine Anspruch auf Dokumentenzugang nicht zu einer rechtsstaatlichen, die Verteidigungsrechte ergänzenden Gewährleistung umfunktioniert werden kann, um damit angebliche Rechtsschutzlücken des verwaltungsverfahrensrechtlichen Akteneinsichtsrechts zu kompensieren, sondern seinen Rechtsgrund allein in den **Grundsätzen der Transparenz und Demokratie** findet und der Erfüllung einer besonderen demokratischen Kontroll- und Legitimationsaufgabe betreffend die Verwaltungs- und Regulierungstätigkeit der Organe, Einrichtungen und sonstigen Stellen der Union dient[114] (näher → § 56). Demgegenüber liegt dem verwaltungsverfahrensrechtlichen Akteneinsichtsrecht ausschließlich eine rechtsstaatliche Legitimations- und Schutzfunktion mit dem Ziel der Wahrung der Verteidigungsrechte zu Grunde. Im Unterschied zum verwaltungsverfahrensrechtlichen Akteneinsichtsrecht kommt es daher für den allgemeinen Anspruch auf Dokumentenzugang auch nicht auf das Gewicht des individuellen Rechtsschutzinteresses oder überhaupt auf die Berechtigung zur Verfahrenspartizipation an.[115] Zudem ist dieser Anspruch selbständig gerichtlich durchsetzbar, was für das verwaltungsverfahrensrechtliche Akteneinsichtsrecht gerade ausgeschlossen ist.[116] Ferner fehlt es an einer vollständigen Kongruenz der – eng auszulegenden – Ausnahme- und Geheimnisschutzregeln für beide Formen der Akteneinsicht bzw. des Dokumentenzugangs (→ Rn. 37 ff.). Der EuGH hat daher im Grundsatz zu Recht, wenn auch methodisch zweifelhaft über eine Vermutungsregel, ein Ausschlussverhältnis zwischen der verwaltungsverfahrensrechtlichen Partizipation

---

[111] Vgl. einerseits EuG T-42/96, Slg. 1998, II-401 Rn. 79 ff. – Eyckeler & Malt/Kommission; und EuG T-50/96, Slg. 1998, II-3773 Rn. 62 ff. – Primex Produkte ua/Kommission; andererseits vgl. EuG T-124/96, Slg. 1998, II-231 Rn. 46 ff. – Interporc/Kommission I; sowie EuG T-92/98, Slg. 1999, II-3521 Rn. 40 ff. – Interporc/Kommission II.
[112] EuG T-92/98, Slg. 1999, II-3521 Rn. 44 ff. – Interporc/Kommission II.
[113] EuG T-205/99, Slg. 2002, II-3141 Rn. 63 – Hyper/Kommission; EuG T-329/00, Slg. 2003, II-287 Rn. 46 – Bonn Fleisch Ex- und Import/Kommission.
[114] Zutreffend schon *Nowak* DVBl 2004, 272 ff.; *Nowak* in Bruha/Nowak S. 117 ff. Von diesem Verständnis geht nunmehr auch der EuGH aus, vgl. C-365/12 P, ECLI:EU:C:2014:112 Rn. 83 mwN – Kommission/EnBW Energie Baden-Württemberg (EU-Kartellverfahren). AA noch *Idot* S. 130; *Prechal/de Leeuw* S. 239.
[115] EuGH C-266/05 P, Slg. 2007, I-1233 Rn. 52 – Sison/Rat. Eingehend zur Problematik *Nehl*, Europäisches Verwaltungsverfahren, S. 263 ff.; zur Frage der Konvergenz der Ansprüche auf Akteneinsicht und Dokumentenzugang s. die umfassende Analyse von *Mihaescu Evans* S. 211 ff., S. 233 ff.
[116] Vgl. EuGH 60/81, Slg. 1981, 2639 Rn. 8 ff. – IBM/Kommission; EuG verb. Rs. T-10/92 ua, Slg. 1992, II-2667 Rn. 35, 42 ff. – Cimenteries ua/Kommission (EU-Kartellverfahren); EuG T-96/92, Slg. 1995, II-1213 Rn. 46 – Perrier ua/Kommission (EU-Fusionskontrollverfahren).

und dem zugehörigen Akteneinsichtsrecht einerseits und dem allgemeinen Anspruch auf Dokumentenzugang andererseits begründet (→ Rn. 2 u. 17; näher → Rn. 27).

27 4. EU-Beihilfenverfahren und Liberalisierungsverfahren nach Art. 106 AEUV.
Nach Ansicht der Unionsgerichte ist das Anhörungsrecht der Beteiligten inklusive der Beihilfenempfänger in Verfahren zur Kontrolle staatlicher Beihilfen nach Art. 108 Abs. 2 AEUV nicht grundrechtlich abgesichert (→ Rn. 34 sowie → § 58 Rn. 38–41). Sie haben daher ein Recht der Beteiligten auf Einsicht der Akten der Kommission bzw. auf Zugang zu bestimmten Unterlagen bisher ausdrücklich abgelehnt.[117] Die Rechtsprechung bestätigt damit den Unionsgesetzgeber, der sowohl in der früheren Beihilfenverfahrens-VO (EG) Nr. 659/1999[118] als auch in der aktuellen Beihilfenverfahrens-VO (EU) 2015/1589[119] bewusst auf die Regelung eines Akteneinsichtsrechts zugunsten von Beihilfenempfängern und dritten Verfahrensbeteiligten verzichtet hat.[120] Aufgrund dieser Einschränkungen sind in diesem Bereich in der Praxis immer häufiger Anträge auf Dokumentenzugang nach der VO (EG) Nr. 1049/2001 gestellt worden.[121] Diese Möglichkeit hat der EuGH in seinem Grundsatzurteil in der Rechtssache *Technische Glaswerke Ilmenau* endgültig versperrt. Zur Begründung hat er ua ausgeführt, dass ein Dokumentenzugang **Drittbeteiligter** nach der VO (EG) Nr. 1049/2001, die **im Beihilfenverfahren kein Akteneinsichtsrecht** besitzen, das System der Kontrolle staatlicher Beihilfen *de facto* gefährde. Die Kommission sei daher befugt, sich auf eine allgemeine, jedoch widerlegbare Vermutung zu stützen, wonach alle in ihrer Akte befindlichen Unterlagen der Ausnahmeregel des Art. 4 Abs. 2 dritter Gedankenstrich VO (EG) Nr. 1049/2001 unterfallen (Beeinträchtigung des Schutzes des Zwecks von Untersuchungstätigkeiten).[122] Ungeachtet dieser – methodisch fragwürdigen (→ Rn. 38) – Klarstellung bleibt die fehlende grundrechtliche Absicherung des Verfahrensstatus der Beteiligen mit nur eingeschränktem Informations- und Anhörungsrecht im Beihilfenverfahren kritikwürdig (→ § 58 Rn. 38–41). Implizit fußt sie auf dem Verständnis der Unionsgerichte, dass das Beihilfenverfahren sich allein gegen den Mitgliedstaat als Hauptpartei richtet, so dass die Beihilfenakten der Kommission nicht das Kriterium der die anderen Beteiligten „betreffenden Akten" im Sinne von Art. 41 Abs. 2 lit. b GRC erfüllen. Insbesondere aus Sicht des durch einen Rückforderungsbeschluss der Kommission belasteten Beihilfenempfängers ist diese Judikatur aber auch angesichts der richterlichen Anerkennung des Akteneinsichtsrechts in vergleichbaren mehrstufigen Verwaltungsverfahren, wie im EU-Zollrecht, **systemwidrig** (→ Rn. 34).[123] Dies gilt umso mehr mit Blick auf die ständige Rechtsprechung, wonach der sich in einer vergleichbaren Situation befindliche Empfänger von EU-Strukturfondsbeihilfen im Verwaltungsverfahren betreffend deren Kürzung oder Rückforderung durch das rechtliche Gehör geschützt wird (→ § 58 Rn. 15),

---

[117] Grundlegend EuGH C-139/07 P, Slg. 2010, I-5885 Rn. 55–58 – Kommission/Technische Glaswerke Ilmenau, unter Berufung auf EuGH verb. Rs. C-74/00 P u. C-75/00 P, Slg. 2002, I-7869 Rn. 81–83 – Falck ua/Kommission; vgl. auch EuG T-613/97, Slg. 2000, II-4055 Rn. 85–90 – Ufex ua/Kommission; EuG verb. Rs. T-228/99 u. T-233/99, Slg. 2003, II-435 Rn. 119–132 – Westdeutsche Landesbank Girozentrale u. Land Nordrhein-Westfalen/Kommission.
[118] VO (EG) Nr. 659/1999 über besondere Vorschriften für die Anwendung von Artikel 93 des EG-Vertrags, ABl. 1999 L 83, 1.
[119] VO (EU) Nr. 2015/1589 des Rates vom 13. Juli 2015 über besondere Vorschriften für die Anwendung von Artikel 108 des Vertrags über die Arbeitsweise der Europäischen Union, ABl. 2015 L 248, 9.
[120] Vgl. *Sinnaeve* EuZW 1998, 268 (273). Vgl. dagegen den Vorschlag der Europäischen Anwaltsvereinigung in Art. 34 Abs. 5 des Entwurfs für eine Verordnung zur Kontrolle staatlicher Beihilfen (Beihilfenkontroll-Verordnung), EuZW 1996, 688 (693); dazu vgl. *Müller-Ibold* EuZW 1996, 677 (682); krit. aus jüngerer Zeit *Bartosch* EStAL 2007, 474 (475 ff.).
[121] Vgl. zB EuG T-76/02, Slg. 2003, II-3203 ff. – Messina/Kommission.
[122] EuGH C-139/07 P, Slg. 2010, I-5885 Rn. 61 f. – Kommission/Technische Glaswerke Ilmenau; vgl. auch EuG T-39/17, ECLI:EU:T:2018:560 Rn. 49 ff. – Chambre de commerce et d'industrie métropolitaine Bretagne-Ouest (port de Brest)/Kommission; EuG T-451/15, ECLI:EU:T:2017:588 Rn. 20 ff. – Alzchem/Kommission, bestätigt durch EuGH C-666/17 P, ECLI:EU:C:2019:196 Rn. 31 ff. – Atzchem/Kommission.
[123] Krit. bereits *Nehl*, Europäisches Verwaltungsverfahren, S. 257 f.

Recht auf Akteneinsicht § 59

auch wenn die Unionsgerichte ein daran gekoppeltes Akteneinsichtsrecht bisher noch nicht ausdrücklich anerkannt haben.[124] Ähnlich restriktiv ist die Rechtsprechung in Liberalisierungsverfahren nach Art. 106 AEUV im Hinblick auf den Rechtsstatus der betroffenen, bislang mit besonderen Rechten ausgestatteten oder öffentlichen Unternehmen. Auch diesen Unternehmen steht kein Akteneinsichts- oder Informationsrecht gegenüber der Kommission zu.[125]

5. EU-Gerichtsverfahren. Im Unterschied zum EU-Verwaltungsverfahren fehlt für das EU-Gerichtsverfahren eine dem Art. 41 Abs. 2 lit. b GRC entsprechende Kodifizierung des Akteneinsichtsrechts der Verfahrensparteien als Grundrecht. Der EuGH geht im Übrigen davon aus, dass die allgemeinen unionsrechtlichen Grundsätze über das Recht auf Zugang zu den Akten der Kommission als solche nicht im gerichtlichen Verfahren gelten, da dieses durch die EuGH-Satzung und durch die Verfahrensordnung des EuG geregelt ist.[126] Vielmehr leitet er das Akteneinsichtsrecht vor Gericht unmittelbar aus den justiziellen Grundrechtsgewährleistungen des **rechtlichen Gehörs,** dem **Grundsatz des fairen und kontradiktorischen Verfahrens,** der **Waffengleichheit** und der **Rechtsschutzgarantie** im Sinne von Art. 47 Abs. 2 GRC und Art. 48 Abs. 2 GRC (→ § 58 Rn. 28 ff.) her,[127] die auch von den mitgliedstaatlichen Gerichten bei der Anwendung von Unionsrecht zu beachten sind (→ § 58 Rn. 28). Ganz allgemein folgt aus dem Grundsatz des kontradiktorischen Verfahrens sowohl für die Unionsgerichte als auch für die mitgliedstaatlichen Gerichte, dass die Prozessparteien das Recht haben, zu den entscheidungserheblichen tatsächlichen und rechtlichen Umständen und Schriftstücken, insbesondere den von der gegnerischen Partei vorgebrachte Erklärungen und Beweismitteln, Stellung zu nehmen bzw. kontradiktorisch zu erörtern, um so die Entscheidung des Gerichts beeinflussen zu können.[128] Aus dem Grundsatz der Waffengleichheit und dem Begriff des fairen Verfahrens folgert der EuGH ferner die Pflicht zur Wahrung des Gleichgewichts zwischen den Prozessparteien. Diese wird dadurch gewährleistet, dass jedes dem Gericht vorgelegte Dokument von jeder dieser Parteien kontrolliert und in Frage gestellt werden kann. Dabei ist der aus dem Fehlen dieses Gleichgewichts resultierende Nachteil grundsätzlich von derjenigen Partei zu beweisen, die ihn erlitten hat.[129] Auch das EuG begründet das Gebot des Zugangs

28

---

[124] Zur Anerkennung des Grundrechts auf rechtliches Gehör s. EuG T-450/93, Slg. 1994, II-1177 Rn. 45 ff. – Lisrestal ua/Kommission; bestätigt durch EuGH C-32/95 P, Slg. 1996, I-5373 Rn. 24 ff. – Kommission/Lisrestal ua; ebenso EuG verb. Rs. T-180/96 u. T-181/96, Slg. 1998, II-3477 Rn. 49 ff. – Mediocurso/Kommission; EuGH C-462/98 P, Slg. 2000, I-7183 Rn. 36 ff. – Mediocurso/Kommission (Rechtsmittel); ferner vgl. EuG T-81/95, Slg. 1997, II-1265 Rn. 43 – Interhotel/Kommission; EuG T-142/97, Slg. 1998, II-3567 Rn. 67 – Eugénio Branco/Kommission; EuG T-199/99, Slg. 2002, II-3731 Rn. 55 ff. – Sgaravatti Mediterranea/Kommission; EuG T-340/00, Slg. 2003, II-811 Rn. 136 ff. – Comunità montana della Valnerina/Kommission; bestätigt durch EuGH C-240/03 P, Slg. 2006, I-731 Rn. 129–133 – Comunità montana della Valnerina/Kommission; EuG T-102/00, Slg. 2003, II-2433 Rn. 59–86 – Vlaams Fonds voor de Sociale Integratie van Personen met een Handicap/Kommission; EuG T-189/02, ECLI:EU:T:2007:233 Rn. 88 ff. – Ente per le Ville vesuviane/Kommission; EuG T-158/07, ECLI:EU:T:2009:489 Rn. 35 ff. – Cofac/Kommission; EuG T-159/07, ECLI:EU:T:2009:490 Rn. 33 ff. – Cofac/Kommission; EuG T-53/11, ECLI:EU:T:2013:205 Rn. 70 ff. – Aecops/Kommission; bestätigt durch EuGH verb. Rs. C-379/13 P bis C-381/13 P, ECLI:EU:C:2014:2128 – Aecops/Kommission. S. zum Ganzen *Nehl* EStAL 2011, 629 (633 ff.).
[125] Vgl. EuG T-266/97, Slg. 1999, II-2329 Rn. 34–37 – Vlaamse Televisie Maatschappij/Kommission.
[126] EuGH C-185/95 P, Slg. 1998, I-8417 Rn. 90 – Baustahlgewebe/Kommission; EuG verb. Rs. T-45/98 u. T-47/98, Slg. 2001, II-3757 Rn. 48 – Krupp Thyssen Stainless u. Acciai speciali Terni/Kommission.
[127] EuGH 27/84, Slg. 1985, 2385 Rn. 16 – Wirtschaftsvereinigung Eisen- und Stahlindustrie/Kommission; vgl. auch EuG verb. Rs. T-134/94 ua, Slg. 1996, II-537 Rn. 6, 14 u. 69 – NMH Stahlwerke ua/Kommission.
[128] EuGH C-300/11, ECLI:EU:C:2013:363 Rn. 55 – ZZ, unter Rückgriff auf EGMR 23.6.1993 – 12952/87, Series A no. 262 Rn. 63 – EuGRZ 1993, 453 – Ruiz-Mateos/Spanien; vgl. auch EuGH C-450/06, Slg. 2008, I-581 Rn. 45–47 – Varec; EuGH C-89/08 P, Slg. 2009, I-11245 Rn. 52–56 – Kommission/Irland ua; EuGH C-197/09 RX-II, Slg. 2009, I-12033 Rn. 39–42 – Überprüfung M/EMEA; EuGH C-472/11, ECLI:EU:C:2013:88 Rn. 29 f. – Banif Plus Bank.
[129] EuGH C-199/11, ECLI:EU:C:2012:684 Rn. 71 f. – Otis ua, unter Hinweis auf EuGH verb. Rs. C-514/07 P, C-528/07 P u. C-532/07 P, Slg. 2010, I-8533 Rn. 88 – Schweden ua/API u. Kommission.

zu den Verfahrensakten mit den Anforderungen des rechtlichen Gehörs, das verbietet, dass eine gerichtliche Entscheidung aufgrund von Tatsachen und Unterlagen ergeht, von denen die Parteien oder eine von ihnen nicht Kenntnis nehmen und zu denen sie sich daher nicht äußern konnten.[130]

29   Das Recht auf Akteneinsicht vor Gericht trägt ferner dem Umstand Rechnung, dass die Unionsgerichte nach Art. 24 EuGH-Satzung von den Parteien die Vorlage aller Urkunden und die Erteilung aller Auskünfte verlangen können, die sie für wünschenswert bzw. entscheidungserheblich halten. Soweit das Gericht sein Urteil auf diese Urkunden und Auskünfte stützt, setzt die effektive Gewährung rechtlichen Gehörs notwendig voraus, dass die Prozessparteien hierzu Zugang haben. Als Tatsacheninstanz macht das EuG von seiner Befugnis, mittels **prozessleitender Maßnahmen** nach Art. 89 EuGVfO Unterlagen und Auskünfte anzufordern, insbesondere auch dann Gebrauch, wenn die Kläger eine Verletzung der Verteidigungsrechte gerügt haben, namentlich wenn diese auf einer angeblich unzulässigen Beschränkung der Akteneinsicht im Verwaltungsverfahren beruht.[131] In diesen Fällen fordert das EuG zuweilen Teile der oder die vollständigen Akten des Verwaltungsverfahrens an, auf deren Grundlage die Kommission den vor dem EuG angegriffenen Beschluss erlassen hat.[132] Ferner ermöglicht das EuG den Parteien erforderlichenfalls anschließend – in den vom Berufsgeheimnis gezogenen Grenzen (→ Rn. 38 ff.) –, Einsicht in die Verfahrensakten zu nehmen, damit diese die Rüge der Verletzung der Verteidigungsrechte substantiieren können und um deren Begründetheit anschließend zu überprüfen.[133]

30   Dokumente, die von der Kommission im Rahmen der **Zusammenarbeit mit den mitgliedstaatlichen Gerichten** übermittelt werden, unterliegen grundsätzlich weiter ihrer Verfügungsgewalt und dem allgemeinen Anspruch auf Dokumentenzugang nach Art. 15 Abs. 3 AEUV bzw. Art. 42 GRC iVm der VO (EG) Nr. 1049/2001 (→ Rn. 2 u. 25 f.). Der EuGH korrigierte in der Rechtssache *Van der Wal* die Auffassung des EuG, dass allein das mitgliedstaatliche Gericht aufgrund seiner aus Art. 6 EMRK hergeleiteten Verfahrensautonomie über den Zugang zu Dokumenten entscheiden dürfe, welche die Kommission zu den Gerichtsakten übermittelt hat.[134] Er befand, dass sich weder aus dem unionsrechtlichen Grundsatz, dass jedermann Anspruch auf einen fairen Prozess hat[135] (näher → § 57), noch aus den gemeinsamen Verfassungstraditionen der Mitgliedstaaten zwingend ergebe, dass allein das Gericht, bei dem ein Rechtsstreit anhängig ist, befugt ist, den Zugang zu bestimmten Verfahrensunterlagen zu gewähren.[136] Daher kann die Kommission gegebenenfalls ihrerseits verpflichtet sein, Zugang zu Schriftstücken, die sich bereits in ihrem Besitz befanden oder die sie speziell für das betreffende Gerichtsverfahren erstellt hat, nach den für sie geltenden Dokumentenzugangsregeln zu gewähren.[137] Schriftsätze, welche von der Kommission vor den Unionsgerichten eingereicht und damit Bestandteil der Gerichtsakten wurden, sind nach Ansicht des EuGH jedoch kraft einer allgemeinen Vermutung zumindest während der Dauer des Gerichtsverfahrens für die Öffentlichkeit gemäß diesen Regeln unzugänglich.[138]

---

[130] EuG verb. Rs. T-134/94 ua, Slg. 1996, II-537 Rn. 70 – NMH Stahlwerke ua/Kommission.
[131] Vgl. EuGH C-185/95 P, Slg. 1998, I-8417 Rn. 89 ff. – Baustahlgewebe/Kommission.
[132] Vgl. EuG verb. Rs. T-134/94 ua, Slg. 1996, II-537 Rn. 3 ff. – NMH Stahlwerke ua/Kommission; EuG verb. Rs. T-25/95 ua, Slg. 2000, II-495 Rn. 158 ff. – Cimenteries ua/Kommission; ferner vgl. EuG T-186/97 ua u. T-147/99, Slg. 2001, II-1337 Rn. 104 – Kaufring ua/Kommission.
[133] S. insbes. EuG verb. Rs. T-25/95 ua, Slg. 2000, II-495 Rn. 158 ff. – Cimenteries ua/Kommission.
[134] So EuG T-83/96, Slg. 1998, II-545 Rn. 47 ff. – Van der Wal/Kommission.
[135] Art. 6 EMRK bzw. Art. 47 und 48 GRC bzw. Art. II-107 und II-108 VVE.
[136] EuGH verb. Rs. C-174/98 P u. C-189/98 P, Slg. 2000, I-1 Rn. 17 f. – Niederlande u. Van der Wal/Kommission.
[137] EuGH verb. Rs. C-174/98 P u. C-189/98 P, Slg. 2000, I-1 Rn. 24 ff. – Niederlande u. Van der Wal/Kommission.
[138] EuGH verb. Rs. C-514/07 P, C-528/07 P u. C-532/07 P, Slg. 2010, I-8533 Rn. 94, 130–135 – Schweden ua/API u. Kommission; differenziert jedoch für bereits abgeschlossene Vertragsverletzungsverfahren Rn. 118–122.

II. Persönlicher Gewährleistungsgehalt

Das Akteneinsichtsrecht ist nach ständiger Rechtsprechung eine Verfahrensgarantie, deren Schutzbereich auf die unmittelbar von einem Verwaltungsverfahren Betroffenen, denen eine nachteilige Maßnahme oder Beschwer droht, beschränkt ist. Damit sind insbesondere die verfahrensbeteiligten Dritten inklusive der Beschwerdeführer nicht von dem persönlichen Gewährleistungsgehalt des verwaltungsverfahrensrechtlichen Akteneinsichtsrechts erfasst. Der Wortlaut von Art. 42 Abs. 2 lit. b GRC deckt jedoch ein weiteres Verständnis, da er von dem **Recht einer jeden Person auf Zugang zu den sie betreffenden Akten** unter Wahrung des legitimen Interesses der Vertraulichkeit sowie des Berufs- und Geschäftsgeheimnisses spricht. Wie in → Rn. 27 bezüglich des EU-Beihilfenrechts gezeigt, legen die Unionsgerichte diese Vorschrift jedoch eng aus und beziehen ihren Wortlaut nur auf die von einem Verfahren **hauptbetroffenen Parteien.** 31

Die Rechtsprechung sowie das einschlägige EU-Sekundärrecht verfolgen dementsprechend einen restriktiven Ansatz. Art. 27 Abs. 2 VO (EG) Nr. 1/2003 bzw. Art. 18 Abs. 3 S. 2 VO (EG) Nr. 139/2004 sehen im EU-Kartellverfahren bzw. EU-Fusionskontrollverfahren ausdrücklich nur ein Akteneinsichtsrecht der Hauptparteien bzw. unmittelbar Betroffenen vor. Hierzu gehören nach Art. 17 iVm Art. 11 lit. b und Art. 13 Abs. 2 VO (EG) Nr. 802/2004[139] in Fusionskontrollverfahren neuerdings auch andere Beteiligte als die Anmelder, insbesondere der Veräußerer und das zu erwerbende Unternehmen, die damit den anmeldenden Parteien verfahrensrechtlich gleichgestellt werden. Soweit jedoch zB den Beschwerdeführern in einem bestimmten Verfahrensstadium Einsicht in bestimmte Unterlagen gewährt wird, beruht dies nicht auf einem umfassenden Akteneinsichtsrecht. Entsprechend bestimmt Art. 6 Abs. 1 VO (EG) Nr. 773/2004 für das EU-Kartellverfahren[140], dass Beschwerdeführer Einblick in die nicht vertrauliche Fassung der Mitteilung der Beschwerdepunkte nehmen und dazu Stellung nehmen können. Ferner erhalten sie nach Art. 8 Abs. 1 VO (EG) Nr. 773/2004 im Rahmen des rechtlichen Gehörs Zugang zu den Dokumenten, auf welche die Kommission ihre Absicht stützt, die Beschwerde zurückzuweisen. Im EU-Beihilfenverfahren fehlt eine entsprechende Regelung völlig.[141] 32

Diese Vorschriften fußen auf der Rechtsprechung zur prozessualen **Rechtsstellung dritter Verfahrensbeteiligter.** Die Unionsgerichte gewähren Beschwerdeführern und sonstigen Dritten im Verwaltungsverfahren keine vollen Verteidigungsrechte, sondern ein nur reduziertes, dem Schutz ihrer „berechtigten Interessen" dienendes Akteneinsichtsrecht. Zur Begründung wird im Wesentlichen angeführt, das Verwaltungsverfahren sei nur gegenüber den Hauptbetroffenen kontradiktorisch, die mit einer sie beschwerenden Maßnahme bedroht sind, nicht jedoch gegenüber Dritten, deren Recht darauf beschränkt sei, sich am Verwaltungsverfahren angemessen zu beteiligen.[142] Die Konturen und dogmatische Grund- 33

---

[139] ABl. 2004 L 133, 1.
[140] ABl. 2004 L 123, 18.
[141] Vgl. *Nehl* in Jaeger/Haslinger, Jahrbuch Beihilferecht 2015, S. 481.
[142] EU-Kartellverfahren: EuGH verb. Rs. 142/84 u. 156/84, Slg. 1987, 4487 Rn. 19 ff. – BAT u. Reynolds/Kommission; EuG T-17/93, Slg. 1994, II-595 Rn. 34 – Matra Hachette/Kommission; EuG T-65/96, Slg. 2000, II-1885 Rn. 32 ff. – Kish Glass/Kommission; EuG T-5/97, Slg. 2000, II-3755 Rn. 125 – Industrie des poudres sphériques/Kommission; bestätigt durch EuG verb. Rs. T-108/07 u. T-354/08, ECLI:EU:T:2013:367 Rn. 59, 64 f. – Spira/Kommission; EuG T-699/14, ECLI:EU:T:2017:2 Rn. 29 f. – Topps Europe/Kommission. EU-Fusionskontrollverfahren: EuG T-96/92, Slg. 1995, II-1213 Rn. 56 – Perrier ua/Kommission; EuG T-290/94, Slg. 1997, II-2137 Rn. 105 ff. – Kaysersberg SA/Kommission. Verfahren nach Art. 106 Abs. 3 AEUV: EuG T-266/97, Slg. 1999, II-2329 Rn. 34 öff., 37 u. 43 – Vlaamse Televisie Maatschappij/Kommission. EU-Beihilfenverfahren: EuGH verb. Rs. C-74/00 P u. C-75/00 P, Slg. 2002, I-7869 Rn. 81–83 – Falck ua/Kommission; EuGH C-276/03 P, Slg. 2005, I-8437 Rn. 33 f. – Scott/Kommission; EuG verb. Rs. T-371/94 u. T-394/94, Slg. 1998, II-2405 Rn. 59 f. – British Airways ua/Kommission; EuG T-158/96, Slg. 1999, II-3927 Rn. 37 ff. – Acciaierie di Bolzano/Kommission; EuG T-613/97, Slg. 2000, II-4055 Rn. 85 ff. – Ufex ua/Kommission; EuG verb. Rs. T-228/99 u. T-233/99, Slg. 2003, II-435 Rn. 119 ff. – Westdeutsche Landesbank Girozentrale u. Land Nordrhein-Westfalen/Kommission.

lagen dieses Akteneinsichtsrechts sind jedoch nach wie vor unscharf.[143] Das Hauptargument für den eingeschränkten Verfahrensrechtsschutz ist die – im Verhältnis zu den von einer Sanktion oder einem Verbotsbeschluss bedrohten Hauptbetroffenen – geringere Schutzbedürftigkeit dritter Verfahrensbeteiligter. Diese partizipieren weniger zum Zweck des individuellen Rechts- und Interessenschutzes am Verwaltungsverfahren, als aus Gründen der **Verfahrenseffizienz** und **Rationalität** und erfüllen eine wichtige **Informations- und Unterstützungsfunktion** bei der vollständigen Ermittlung des Sachverhalts und der korrekten Entscheidungsfindung durch die Kommission.[144] Die Beschwerdeführer müssen zwar Gelegenheit erhalten, ihre berechtigten Interessen im Verwaltungsverfahren geltend zu machen; dieser Anspruch reicht jedoch nicht so weit wie derjenige von Unternehmen, gegen die sich die Untersuchung richtet.[145] Ferner ist das von der Kommission geführte Verfahren den Dritten gegenüber nicht kontradiktorisch[146] bzw. kein „Drei-Parteien-Prozess" und gebietet daher nicht die Gewährung gleichwertiger Verfahrensgarantien an die gegenläufige Interessen verfolgenden Parteien. So hat die Kommission im EU-Kartellverfahren nicht den Interessenkonflikt zwischen dem beschwerdeführenden Wettbewerber auf der einen Seite und dem wegen eines Kartellverstoßes beschuldigten Unternehmen auf der anderen Seite zu lösen, sondern ein administratives Untersuchungsverfahren im Dienste des Allgemeininteresses an der Aufrechterhaltung der Regeln freien Wettbewerbs durchzuführen.[147] Schließlich ist der eingeschränkte prozessuale Rechtsstatus der verfahrensbeteiligten Dritten eine logische Folge der Rechtsprechung zur Beschränkung des persönlichen Gewährleistungsgehalts des Grundrechts rechtlichen Gehörs (ausführlich → § 58 Rn. 33 ff.), aus dem die Unionsgerichte das Akteneinsichtsrecht lange Zeit rechtsfortbildend hergeleitet haben.

34 Entsprechend besitzen auch die verfahrensbeteiligten Dritten im **EU-Beihilfenverfahren** – einschließlich der Beihilfenempfänger, denen der Entzug der gewährten staatlichen Beihilfe droht – nach der Rechtsprechung kein grundrechtlich gewährleistetes Akteneinsichtsrecht.[148] Dieses Ergebnis ist im Hinblick auf den Wortlaut von Art. 41 Abs. 2 lit. b GRC und die Rechtsprechung zu vergleichbaren mehrstufigen Zollverfahren[149] zweifelhaft (→ Rn. 27). Die Beihilfenempfänger können ein den von einer Zoll-Nacherhebung oder von einer negativen Bescheidung eines Zollerlassantrags bedrohten Unternehmen vergleichbares Rechtsschutzinteresse vorweisen, die für ihre Rechtsverteidigung notwendigen Informationen zu erhalten. Lediglich im **EU-Antidumpingverfahren** erstreckt sich der persönliche Gewährleistungsgehalt des Akteneinsichtsrechts nun auch auf verfahrensbeteiligte Dritte. Art. 6 Abs. 7 Antidumpinggrund-VO verleiht ein antragsgebundenes Akteneinsichts- und Informationsrecht nicht nur an Antragsteller, Einführer und Ausführer, sondern auch an ihre repräsentativen Verbände, die Verwender und Verbraucherorganisatio-

---

[143] Krit. *Nowak* in Behrens/Braun/Nowak S. 23 (43 ff.); *Nehl,* Europäisches Verwaltungsverfahren, S. 244 ff.; *Maselis/Gilliams* ELR 1997, 103 ff.; *Gassner* DVBl 1995, 16 (20 ff.); *Vesterdorf* CMLR 1994, 77 ff.; *Kerse* CMLR 1997, 213 ff.; *Karydis* CDE 1997, 81 ff.; *Nordberg* LIEI 1997, 35 ff.; *Gyselen* CDE 1993, 417 ff.; *Winter* CMLR 1999, 521 ff.; *Nowak* DVBl 2000, 20 ff.

[144] Besonders deutlich im EU-Beihilfenverfahren, vgl. EuGH verb. Rs. C-74/00 P u. C-75/00 P, Slg. 2002, I-7869 Rn. 81–83 – Falck ua/Kommission; EuGH C-276/03 P, Slg. 2005, I-8437 Rn. 33 f. – Scott/Kommission; EuG T-266/94, Slg. 1996, II-1399 Rn. 256 – Skibsvaerftsforeningen ua/Kommission; EuG verb. Rs. T-371/94 u. T-394/94, Slg. 1998, II-2405 Rn. 59 f. – British Airways ua/Kommission; EuG T-613/97, Slg. 2000, II-4055 Rn. 89 – Ufex ua/Kommission; EuG verb. Rs. T-228/99 u. T-233/99, Slg. 2003, II-435 Rn. 125 – Westdeutsche Landesbank Girozentrale u. Land Nordrhein-Westfalen/Kommission.

[145] EuGH verb. Rs. 142/84 u. 156/84, Slg. 1987, 4487 Rn. 19 – BAT u. Reynolds/Kommission; EuG T-17/93, Slg. 1994, II-595 Rn. 34 – Matra Hachette/Kommission; EuG T-65/96, Slg. 2000, II-1885 Rn. 32 ff. – Kish Glass/Kommission; EuG T-5/97, Slg. 2000, II-3755 Rn. 229 – Industrie des poudres sphériques/Kommission; EuG verb. Rs. T-108/07 u. T-354/08, ECLI:EU:T:2013:367 Rn. 59, 64 f. – Spira/Kommission; EuG T-699/14, ECLI:EU:T:2017:2 Rn. 29 f. – Topps Europe/Kommission.

[146] Vgl. auch EuGH verb. Rs. C-204/00 P ua, Slg. 2004, I-123 Rn. 70 – Aalborg Portland ua/Kommission.

[147] Vgl. EuGH verb. Rs. 142/84 u. 156/84, Slg. 1987, 4487 Rn. 19 – BAT u. Reynolds/Kommission.

[148] Vgl. zB EuG T-158/96, Slg. 1999, II-3927 Rn. 37 ff. – Acciaierie di Bolzano/Kommission.

[149] Vgl. EuG T-42/96, Slg. 1998, II-401 Rn. 74 f. – Eyckeler & Malt/Kommission.

nen. 1991 hatte der EuGH hingegen in der Rechtssache *BEUC* noch ein Akteneinsichtsrecht von Verbraucherverbänden, die in Antidumping-Untersuchungsverfahren partizipieren, verneint.[150]

Für das **EU-Gerichtsverfahren** ergibt sich aus der Natur des Parteiprozesses, dass die **35** Hauptparteien – dh Kläger und Beklagte – ein aus den Grundsätzen des fairen und kontradiktorischen Verfahrens, des rechtlichen Gehörs und der Waffengleichheit abgeleitetes Akteneinsichtsrecht haben. Soweit zugelassene Streithelfer die Kläger- oder die Beklagtenseite unterstützen, ist auch diesen ggf. mit Ausnahme vertraulicher Dokumente Zugang zu den Prozessakten zu gewähren. Denn im Grundsatz haben sie wie die Hauptparteien das Recht, zu dem gesamten Prozessstoff Stellung zu nehmen. Der Präsident des EuGH/EuG kann jedoch auf Antrag einer Partei die Übermittlung von geheimen oder vertraulichen Angaben an Streithelfer ausnehmen.[151]

C. Beeinträchtigung

Eine Beeinträchtigung des Rechts auf Akteneinsicht liegt vor, wenn in einem laufenden **36** hoheitlichen Entscheidungsverfahren, dh vor dem Erlass des abschließenden (belastenden) Beschlusses, dem Betroffenen entgegen den oben (→ Rn. 15 ff.) genannten Anforderungen entweder überhaupt nicht oder nicht ausreichend Zugang zu den Dokumenten, die für seine Rechtsverteidigung erheblich sind, gewährt wird. Aus einer solchen unzulässigen Beschränkung folgt jedoch nicht notwendig eine **Verletzung der Verteidigungsrechte,** welche nach der Rechtsprechung die **Nichtigerklärung** des verfahrensabschließenden Beschlusses erst rechtfertigt (zur Problematik der Verfahrensfehlerfolgen im Zusammenhang mit der Akteneinsicht → Rn. 11 ff.). Wird jedoch eine Verletzung der Verteidigungsrechte im EU-Verwaltungsverfahren festgestellt, so ist der abschließende Beschluss verfahrensfehlerhaft zu Stande gekommen bzw. mit einem **wesentlichen Formmangel** iSv. Art. 263 Abs. 2 AEUV behaftet, der grundsätzlich die Nichtigkeitserklärung bzw. Aufhebung (in Streitigkeiten betreffend das geistige Eigentum) des Beschlusses zur Folge hat. Im EU-Gerichtsverfahren ist ein solcher Verfahrensfehler ein Rechtsmittelgrund und kann zur Aufhebung des Urteils führen.[152]

D. Rechtfertigung

I. Vorbemerkung

Soweit es überhaupt begrifflich eine Rechtfertigung für eine Beeinträchtigung des Rechts **37** auf Akteneinsicht geben kann, ist diese Frage eher im Zusammenhang mit der Problematik der Unbeachtlichkeit oder Heilung des daraus resultierenden Verfahrens- oder Formfehlers, dh mit den Verfahrensfehlerfolgen, zu sehen (→ Rn. 11 ff.). Im Übrigen erscheint es in Anlehnung an die Diktion in Art. 52 Abs. 1 GRC richtiger, von **Schranken** oder zulässigen **Be- oder Einschränkungen** des Rechts auf Akteneinsicht zu sprechen. Diese Beschränkungen müssen nach ständiger Rechtsprechung dem Gemeinwohl dienenden Zielen entsprechen, die mit der fraglichen Maßnahme verfolgt werden, und dürfen keinen im Hinblick auf den verfolgten Zweck unverhältnismäßigen, nicht tragbaren Eingriff darstellen, der dieses Recht in seinem Wesensgehalt antastet.[153] Den Sonderfall einer solchen Beschränkung bildet zB der freiwillige Verzicht der betroffenen Partei auf die Ausübung ihres Rechts auf Aktenzugang im EU-Kartell-Vergleichsverfahren nach Art. 10a VO (EG) Nr. 773/2004 in Verbindung mit Art. 15 Abs. 1a S. 2 VO (EG) Nr. 773/2004 (→ Rn. 19).

---

[150] EuGH C-170/89, Slg. 1991, I-5709 Rn. 19 ff. – BEUC/Kommission.
[151] Vgl. Art. 131 Abs. 2–4 EuGHVfO, ABl. 2012 L 265, 1; Art. 144 Abs. 4–7 EuGVfO, ABl. 2015 L 105, 1.
[152] Vgl. zB EuGH verb. Rs. C-238/99 P ua, Slg. 2003, I-8375 Rn. 368–377 – Limburgse Vinyl Maatschappij ua/Kommission.
[153] Vgl. EuGH C-383/13 PPU, ECLI:EU:C:2013:533 Rn. 33 – G. u. R.

38 Das Akteneinsichtsrecht im EU-Verwaltungsverfahren sowie im EU-Gerichtsverfahren wird durch das ebenfalls verfassungsrechtlich garantierte **Berufsgeheimnis** nach Art. 339 AEUV sowie die grundrechtlichen Anforderungen des **Persönlichkeits- und Datenschutzes** nach Art. 8 GRC[154] beschränkt (ausführlich zum Schutz personenbezogener Daten → § 25). Darüber hinaus gilt eine generelle Bereichsausnahme für **interne Unterlagen** der Unionsorgane, welche lediglich den behördeninternen Entscheidungsprozess widerspiegeln und grundsätzlich keinen be- oder entlastenden Beweiswert zugunsten bzw. zum Nachteil der betroffenen Personen oder Unternehmen haben können. Interne Dokumente sind demnach für die individuelle Rechtsverteidigung in der Regel nicht relevant. Dennoch ist ein Zugang zu internen Unterlagen nicht durchweg ausgeschlossen. Während die Kommission insbesondere in EU-Wettbewerbsverfahren aus vorgenannten Gründen grundsätzlich keine internen Dokumente offenlegt[155], können die Unionsgerichte ausnahmsweise eine Offenlegung anordnen, wenn dies zwecks Anhörung der Prozessparteien oder zur Beweisführung erforderlich erscheint.[156] Ferner gilt nach Art. 4 VO (EG) Nr. 1049/2001[157] betreffend den Zugang der Öffentlichkeit zu Dokumenten der Organe, Einrichtungen und sonstigen Stellen der Union keine vergleichbare Bereichsausnahme für interne Schriftstücke, sondern jene müssen die jeweiligen – eng auszulegenden – Ausnahmebestimmungen erfüllen, damit das betreffende Organ den Zugang beschränken oder verweigern kann (→ § 60). Aufgrund dieser unterschiedlichen Beschränkungen nach den jeweiligen Verfahrensregimen kann es daher zu Divergenzen in der Reichweite des Dokumentenzugangs kommen, je nachdem, in welchem Verfahren der Antrag auf Einsichtnahme gestellt und auf welche Vorschrift er gestützt wird. Derartigen Wertungswidersprüchen hat der EuGH versucht, durch rechtsfortbildend geschaffene Vermutungsregeln Herr zu werden, obgleich sich eher eine einheitliche Auslegung der verschiedenen sekundärrechtlichen Ausnahmevorschriften vor dem Hintergrund der höherrangigen Regelung über das Berufsgeheimnis im Sinne von Art. 339 AEUV angeboten hätte (→ Rn. 54).

II. Berufsgeheimnis

39 **1. Allgemeines.** Das Recht auf Akteneinsicht findet seine Schranken – abgesehen von den Grenzen seines sachlichen und persönlichen Gewährleistungsgehalts (→ Rn. 15 ff., 31 ff.) – insbesondere in den Anforderungen des **Berufsgeheimnisses** nach Art. 339 AEUV, dem die Angehörigen der Unionsorgane in Verfahren jeglicher Art unterliegen. Der Oberbegriff des Berufsgeheimnisses ist vom Unionsgesetzgeber für das EU-Kartellverfahren konkretisiert worden. Er erfasst **Geschäftsgeheimnisse** sowie **sonstige vertrauliche Angaben** der am Verfahren beteiligten Unternehmen, die konkurrierenden Unternehmen oder sonstigen Dritten grundsätzlich nicht bekannt gegeben werden dürfen.[158] Entsprechendes gilt für das EU-Fusionskontrollverfahren.[159] Vergleichbare Vorschriften über das Berufsgeheimnis und den Schutz der Vertraulichkeit enthalten die Beihilfenverfahrens-VO[160] sowie die Antidumpinggrund-VO.[161] Diese allgemeinen Grundsätze gelten auch im EU-Gerichtsverfahren. So erkennt das EuG bereits seit langem an, dass vertrauliche Informationen und

---

[154] Vgl. dazu EuGH C-362/14, ECLI:EU:C:2015:650 – Schrems; EuGH C-582/14, ECLI:EU:C:2016:779 – Breyer; EuGH C-434/16, ECLI:EU:C:2017:994 – Nowak; EuGH C-210/16, ECLI:EU:C:2018:388 – Wirtschaftsakademie Schleswig-Holstein; EuGH C-25/17, ECLI:EU:C:2018:551 – Jehovan todistajat.
[155] Vgl. Mitteilung von 2005, Rn. 12 ff., ABl. 2005 C 325, 7.
[156] Vgl. EuG verb. Rs. T-134/94 ua, Slg. 1996, II-537 Rn. 15 u. 69 ff. – NMH Stahlwerke ua/Kommission.
[157] ABl. 2001 L 145, 43.
[158] Vgl. Art. 28 Abs. 2 VO (EG) Nr. 1/2003, ABl. 2003 L 1, 1 und Art. 16 VO (EG) Nr. 773/2004, ABl. 2004 L 123, 18. Näher hierzu *Kellerbauer* in NK-EuWettbRVO 1/2003 Art. 28 Rn. 6 ff.; *Weiß* in LMRKM VO 1/2003 Art. 27 Rn. 24 ff. u. 29; *Barthelmeß/Rudolf* in LMRKM VO 1/2003 Art. 28 Rn. 19 ff.
[159] Vgl. Art. 17 VO (EG) Nr. 139/2004, ABl. 2004 L 24, 1 und Art. 18 VO (EG) Nr. 802/2004, ABl. 2004 L 133, 1.
[160] Art. 30 VO (EU) 2015/1589, ABl. 2015 L 248, 9; konkretisiert durch die Mitteilung der Kommission C (2003) 4582 vom 1.12.2003 zum Berufsgeheimnis in Beihilfeentscheidungen, ABl. 2003 C 297, 6.
[161] Art. 19 VO (EU) 2016/1036, ABl. 2016 L 176, 21.

Geschäftsgeheimnisse der beteiligten Unternehmen auch im EU-Gerichtsverfahren zu schützen sind.[162] Seit der Novellierung der EuGVfO im Jahr 2015[163] bestehen einerseits allgemeine Regeln über die Behandlung vertraulicher Auskünfte, Belegstücke und Unterlagen, die im Rahmen der Beweisaufnahme erteilt und vorgelegt werden (Art. 103, 104 und 144 EuGVfO, die damit Art. 67 Abs. 3 EuGVfO aF und Art. 116 Abs. 2 EuGVfO aF ablösen) und andererseits spezifische Regeln über die Behandlung von Auskünften oder Unterlagen, die die Sicherheit der Union oder eines oder mehrerer ihrer Mitgliedstaaten oder die Gestaltung ihrer internationalen Beziehungen berühren, welche eine Kodifizierung der vom EuGH im zweiten *Kadi*-Urteil[164] aufgestellten Regeln darstellen sollen. Der EuGH hat zudem ähnliche Regeln für das mitgliedstaatliche Nachprüfungsverfahren in Umsetzung der entsprechenden unionsrechtlichen Richtlinien zur öffentlichen Auftragsvergabe sowie im Bereich der EU-Bankenaufsicht[165] anerkannt.[166]

2. EU-Verwaltungsverfahren. a) Geschäftsgeheimnisse und sonstige vertrauliche **40**
Angaben. Grundlegende Aussagen zur Auslegung des Begriffs des Berufsgeheimnisses nach Art. 339 AEUV (ehemals Art. 287 EGV) fanden sich erstmals in dem Urteil *Postbank* des EuG betreffend das **EU-Kartellverfahren**.[167] Danach sind die vom Berufsgeheimnis erfassten **Geschäftsgeheimnisse** solche Informationen, durch deren Preisgabe die Interessen des Auskunftsgebers nicht nur dann, wenn sie an die Öffentlichkeit erfolgt, sondern auch bei bloßer Weitergabe an einen Dritten schwer beeinträchtigt werden können. Die Kommission konkretisiert den Begriff des Geschäftsgeheimnisses in ihrer Mitteilung von 2003 zum Berufsgeheimnis in Beihilfeentscheidungen als geschäftsbezogene Informationen, die einen konkreten oder potenziellen wirtschaftlichen Wert haben und aus deren Preisgabe oder Verwendung andere Unternehmen wirtschaftliche Vorteile erlangen können.[168]

Nach ständiger Rechtsprechung sind Geschäftsgeheimnisse besonders zu schützen.[169] **41**
Dies folgt nach Auffassung der Unionsgerichte aus einem allgemeinen Grundsatz des Unionsrechts,[170] der für das EU-Kartellverfahren in Art. 28 VO (EG) Nr. 1/2003 und Art. 15–17 VO (EG) Nr. 773/2004 sowie für das EU-Fusionskontrollverfahren in Art. 17 VO (EG) Nr. 139/2004 und Art. 17 f. VO (EG) Nr. 802/2004 konkretisiert wird. Danach ist die Offenlegung von Geschäftsgeheimnissen gegenüber bestimmten Personen oder Unternehmen nur ausnahmsweise möglich und von der Einhaltung besonderer Verfahren-

---

[162] EuG verb. Rs. T-134/94 ua, Slg. 1996 II-537 Rn. 13 – NMH Stahlwerke ua/Kommission; vgl. auch EuG T-511/09, ECLI:EU:T:2015:284 Rn. 71 ff. – Niki Luftfahrt/Kommission.
[163] Novellierte Fassung v. 23.4.2015, ABl. 2015 L 105, 1.
[164] EuGH verb. Rs. C-584/10 P, C-593/10 P u. C-595/10 P, ECLI:EU:C:2013:518 Rn. 125 ff. – Kommission/Kadi.
[165] EuGH C-594/16, ECLI:EU:C:2018:717 Rn. 27 ff. – Buccioni, betr. RL 2013/36/EU des Europäischen Parlaments und des Rates vom 26. Juni 2013 über den Zugang zur Tätigkeit von Kreditinstituten und die Beaufsichtigung von Kreditinstituten und Wertpapierfirmen …, ABl. 2013 L 176, 338.
[166] EuGH C-450/06, Slg. 2008, I-581 Rn. 37 ff. – Varec, betr. Art. 7 Abs. 1 RL 93/36/EWG u. Art. 15 Abs. 2 RL 93/36/EWG des Rates vom 14. Juni 1993 über die Koordinierung der Verfahren zur Vergabe öffentlicher Lieferaufträge, ABl. 1993 L 199, 1, geändert durch RL 97/52/EG, ABl. 1997 L 328, 1.
[167] EuG T-353/94, Slg. 1996, II-924 Rn. 86 ff. – Postbank/Kommission. Jüngst bestätigt in EuG T-341/12, ECLI:EU:T:2015:51 Rn. 33 ff. u. 78 ff. mwN – Evonik Degussa/Kommission, insoweit nicht in Frage gestellt durch EuGH C-162/15 P, ECLI:EU:C:2017:205 Rn. 51 ff. – Evonik Degussa/Kommission; ebenso EuG T-345/12, ECLI:EU:T:2015:50 Rn. 53 ff. – Akzo Nobel ua/Kommission; s. auch im EU-Beihilferecht EuG T-88/09 Slg. 2011, II-7833 Rn. 42 ff. – Idromacchine ua/Kommission (bestätigt durch EuGH C-34/12 P, ECLI:EU:C:2013:552 – Idromacchine ua/Kommission).
[168] Mitteilung von 2003, Rn. 10, ABl. 2003 C 297, 6.
[169] EuG T-353/94, Slg. 1996, II-924 Rn. 86 ff. – Postbank/Kommission, unter Rückgriff auf EuGH 53/86, Slg. 1986, 1965 ff. – AKZO Chemie/Kommission; vgl. auch EuG T-341/12, ECLI:EU:T:2015:51 Rn. 76 ff. mwN – Evonik Degussa/Kommission; EuGH C-358/16, ECLI:EU:C:2018:715 Rn. 63 – UBS Europe ua.
[170] EuG T-62/98, Slg. 2000, II-2707 Rn. 279 – Volkswagen/Kommission; EuG T-279/02, Slg. 2006, II-897 Rn. 409 – Degussa/Kommission; EuGH C-1/11, ECLI:EU:C:2012:194 Rn. 42 – Interseroh Scrap and Metals Trading, unter Berufung auf EuGH C-450/06, Slg. 2008, I-581 Rn. 49 – Varec; GA *Szpunar*, SchlA C-162/15 P, ECLI:EU:C:2016:587 Rn. 41 – Evonik Degussa/Kommission.

sanforderungen abhängig, um dem berechtigten Geheimhaltungsinteresse der betroffenen Unternehmen Rechnung zu tragen (→ Rn. 47 ff.).

42 In der Mitteilung von 2005 betreffend die Akteneinsicht in EU-Wettbewerbsverfahren führt die Kommission folgende **Beispiele** auf, die typischerweise unter den Begriff des Geschäftsgeheimnisses fallen: technische und/oder finanzielle Angaben in Bezug auf das Know-How eines Unternehmens, Kostenrechnungsmethoden, Produktionsgeheimnisse und -verfahren, Bezugsquellen, Herstellungs- und Absatzmengen, Marktanteile, Kunden- und Händlerlisten, Vermarktungspläne, Kosten- und Preisstruktur sowie Absatzstrategien.[171] Die Mitteilung von 2003 zum Berufsgeheimnis in Beihilfentscheidungen nennt zudem ua Informationen über die interne Organisation des Unternehmens.[172]

43 Ebenfalls zu schützen, wenn auch nicht in demselben Umfang und mit der gleichen Intensität wie Geschäftsgeheimnisse, sind **sonstige vertrauliche Angaben**.[173] Dabei handelt es sich um vertrauliche Schriftstücke oder Informationen, die zwar nicht unter die Kategorie der Geschäftsgeheimnisse fallen, deren Offenlegung jedoch einer Person oder einem Unternehmen erheblichen Schaden zufügen könnte. Von besonderer Bedeutung ist dies im Zusammenhang mit dem Schutz von Beschwerdeführern oder Informanten und der Wahrung von deren Anonymität in Verfahren nach Art. 102 AEUV oder in EU-Fusionskontrollverfahren. In diesen Fällen können sich die vertraulichen Angaben auf Unternehmen mit Marktmacht beziehen, die in der Lage sind, erheblichen wirtschaftlichen Druck auf ihre Wettbewerber, Handelspartner, Kunden oder Lieferanten auszuüben. Entsprechend erkennt die Rechtsprechung das legitime Interesse an, diesen Unternehmen gegenüber bestimmte, von ihren Kunden im Laufe des Verwaltungsverfahrens vorgelegte Schriftstücke nicht offen zu legen, da die Urheber anderenfalls der Gefahr von Vergeltungsmaßnahmen ausgesetzt würden.[174] Ferner gehören zu den sonstigen vertraulichen Angaben militärische Geheimnisse.[175]

44 Der **Vertraulichkeitsbegriff** ist grundsätzlich weit zu verstehen und erfasst jeden – insbesondere gesetzlich geregelten – Grund, wie zB den Datenschutz, der bestimmte Informationen vor der Offenlegung schützt.[176] In der Rechtsprechung des EuG ist dieser Begriff anhand **dreier Kriterien** näher konkretisiert worden.[177] Er setzt erstens voraus, dass die betreffende Information nur einer beschränkten Zahl von Personen bekannt ist, zweitens, dass durch ihre Offenlegung dem Auskunftgeber oder Dritten ein ernsthafter Nachteil entstehen kann und drittens, dass die Interessen, die durch die Offenlegung der Information verletzt werden könnten, objektiv schützenswert sind.[178] Bei der Beurteilung der Vertraulichkeit einer Information verlangt das EuG zudem, dass die berechtigten individuellen

---

[171] Rn. 18 der Mitteilung von 2005, ABl. 2003 C 325, 7.
[172] Rn. 10 der Mitteilung von 2005, ABl. 2003 C 325, 7.
[173] EuG T-353/94, Slg. 1996, II-924 Rn. 86 ff. – Postbank/Kommission; EuG T-198/03, Slg. 2006, II-1429 Rn. 70 ff. – Bank Austria Creditanstalt/Kommission; EuG T-474/04, Slg. 2007, II-4225 Rn. 63 ff. – Pergan Hilfsstoffe für industrielle Prozesse/Kommission; EuG T-341/12, ECLI:EU:T:2015:51 Rn. 90 ff. mwN – Evonik Degussa/Kommission.
[174] Vgl. EuG T-65/89, Slg. 1993, II-389 Rn. 33 – BPB Industries u. British Gypsum/Kommission; EuGH C-310/93 P, Slg. 1995, I-865 Rn. 26 – BPB Industries u. British Gypsum/Kommission (EU-Kartellverfahren); EuG T-221/95, Slg. 1999, II-1299 Rn. 66–69 – Endemol Entertainment Holding/Kommission; EuG T-5/02, Slg. 2002, II-4381 Rn. 98 ff. – Tetra Laval/Kommission (EU-Fusionskontrollverfahren). Vgl. auch Mitteilung von 2005, Rn. 19, ABl. 2005 C 325, 7, sowie Mitteilung von 2003, Rn. 16 f., ABl. 2003 C 297, 6; GA *Szpunar*, SchlA C-162/15 P, ECLI:EU:C:2016:587 Rn. 43 – Evonik Degussa/Kommission.
[175] Mitteilung von 2005, Rn. 20, ABl. 2005 C 325, 7.
[176] EuGH C-162/15 P, ECLI:EU:C:2017:205 Rn. 51–55 – Evonik Degussa/Kommission, unter Korrektur der gegenteiligen Auffassung des EuG T-341/12, ECLI:EU:T:2015:51 Rn. 44 – Evonik Degussa/Kommission. Grundlegend zum weiten Vertraulichkeitsbegriff *Kehl* S. 169 ff.
[177] EuG T-198/03, Slg. 2006, II-1429 Rn. 70 ff. – Bank Austria Creditanstalt/Kommission; EuG T-474/04, Slg. 2007, II-4225 Rn. 63 ff. – Pergan Hilfsstoffe für industrielle Prozesse/Kommission; EuG T-341/12, ECLI:EU:T:2015:51 Rn. 90 ff. mwN – Evonik Degussa/Kommission.
[178] EuG T-198/03, Slg. 2006, II-1429 Rn. 71 – Bank Austria Creditanstalt/Kommission; EuG T-474/04, Slg. 2007, II-4225 Rn. 65 – Pergan Hilfsstoffe für industrielle Prozesse/Kommission; EuG T-341/12, ECLI:EU:T:2015:51 Rn. 94 ff. – Evonik Degussa/Kommission; GA *Szpunar*, SchlA C-162/15 P, ECLI:EU:C:2016:587 Rn. 45 – Evonik Degussa/Kommission.

Interessen, die ihrer Offenlegung entgegenstehen, und das Allgemeininteresse daran, das sich das Handeln der Unionsorgane möglichst offen vollzieht, miteinander zum Ausgleich zu bringen sind.[179] Ferner sind aus dem Vertraulichkeitsbegriff unterschiedliche Schutzerfordernisse abzuleiten, je nachdem, in welcher Situation, wem gegenüber und in welcher Form die vertraulichen Angaben offen zu legen sind. Dabei reicht der Vertraulichkeitsschutz gegenüber der Öffentlichkeit grundsätzlich weiter als gegenüber bestimmten dritten Personen oder Unternehmen, die zum Zweck der effektiven Ausübung ihrer Verteidigungsrechte von den betroffenen Angaben Kenntnis erlangen müssen. Dies ist insbesondere im Rahmen der Anwendung von **Kronzeugenprogrammen** bei der Durchsetzung von EU-Kartellrecht der Fall, wenn der Antragsteller zum Zweck des Erlasses der Geldbuße oder von deren Ermäßigung sich selbst und seine Mitkartellanten belastende Informationen und Beweisstücke an die zuständigen nationalen Wettbewerbsbehörden oder die Kommission übermittelt.[180] In derartigen Fällen hat vor einer beabsichtigten Offenlegung eine eingehende Interessenabwägung zu erfolgen (→ Rn. 50). Eine dem Berufsgeheimnis widersprechende Offenlegung vertraulicher Angaben kann auch mit einer Verletzung der Unschuldsvermutung einhergehen, zB die vorzeitige Bekanntgabe der Verhängung eines beabsichtigten Sanktionsbeschlusses in der Presse[181] oder die Veröffentlichung eines Kartellbeschlusses mit Darstellung der Beteiligung eines Unternehmens, gegen das das Ermittlungsverfahren wegen Eintritts der Verfolgungsverjährung eingestellt worden war und das sich gegen jenen Beschluss nicht gerichtlich zur Wehr setzen konnte.[182]

Sowohl Geschäftsgeheimnisse als auch sonstige vertrauliche Angaben können ihren geheimen oder vertraulichen Charakter verlieren. Dies ist zB der Fall, wenn das betreffende Dokument bereits außerhalb der Unternehmen, der Unternehmensgruppe oder -vereinigung, welche auf Geheimhaltung bestehen, bekannt geworden ist. Dies gilt auch bei unzulässiger und gegebenenfalls rechtswidriger Offenlegung durch die Unionsorgane.[183] Hieran können sich jedoch Schadensersatzansprüche der betroffenen Personen oder Unternehmen nach den Grundsätzen der **außervertraglichen Haftung der Union** knüpfen.[184] Auch der Zeitablauf kann bedingen, dass das Geheimhaltungsbedürfnis oder die Vertraulichkeit eines Dokuments objektiv nicht mehr[185] bzw. eine widerlegbare Vermutung des Verlusts seiner Schutzbedürftigkeit besteht.[186] Die Kommission geht für das EU-Wettbewerbsverfahren davon aus, dass Informationen über den Umsatz, Absatz, Marktanteile und ähnliche Angaben nach Ablauf von mindestens fünf Jahren grundsätzlich nicht mehr geheimhaltungsbedürftig bzw. vertraulich sind.[187] Dies schließt je nach Einzelfall eine längere Schutzbedürftigkeit jedoch nicht aus.[188] 45

---

[179] EuG T-198/03, Slg. 2006, II-1429 Rn. 71 – Bank Austria Creditanstalt/Kommission; EuG T-474/04, Slg. 2007, II-4225 Rn. 65 – Pergan Hilfsstoffe für industrielle Prozesse/Kommission.

[180] S. zu dieser Konstellation und der Befugnis der Kommission, einen kartellrechtlich Beschluss zu veröffentlichen, EuG T-341/12, ECLI:EU:T:2015:51 Rn. 88 ff. – Evonik Degussa/Kommission; EuGH C-162/15 P, ECLI:EU:C:2017:205 Rn. 51 ff. – Evonik Degussa/Kommission; vgl. auch GA *Szpunar*, SchlA C-162/15 P, ECLI:EU:C:2016:587 Rn. 107 ff. – Evonik Degussa/Kommission.

[181] EuG T-62/98, Slg. 2000, II-2707 Rn. 279 ff. – Volkswagen/Kommission; EuG T-279/02, Slg. 2006, II-897 Rn. 409 ff. – Degussa/Kommission.

[182] EuG T-474/04, Slg. 2007, II-4225 Rn. 68 ff. – Pergan Hilfsstoffe für industrielle Prozesse/Kommission. Näher zum Ganzen *Nehl* in PHKW Fundamental Rights Rn. 48.21A–48.23A.

[183] Vgl. zB EuG verb. Rs. T-25/95 ua, Slg. 2000, II-495 Rn. 208 f. – Cimenteries ua/Kommission.

[184] Vgl. EuGH 145/83, Slg. 1985, 3539 Rn. 34 ff. – Adams/Kommission (EU-Kartellverfahren); EuGH T-88/09, Slg. 2011, II-7833 Rn. 60 ff. – Idromacchine ua/Kommission (EU-Beihilfenverfahren).

[185] Vgl. EuG verb. Rs. T-134/94 ua, Slg. 1996, II-537 Rn. 25 – NMH Stahlwerke ua/Kommission (Ablauf eines Zeitraums von ca. sechs Jahren).

[186] EuG T-341/12, ECLI:EU:T:2015:51 Rn. 84 mwN – Evonik Degussa/Kommission; GA *Szpunar*, SchlA C-162/15 P, ECLI:EU:C:2016:587 Rn. 130–133 – Evonik Degussa/Kommission.

[187] Mitteilung vom 2005, Rn. 23, ABl. 2005 C 325, 7; bestätigt durch EuG T-341/12, ECLI:EU:T:2015:51 Rn. 84 – Evonik Degussa/Kommission, sowie EuGH C-162/15 P, ECLI:EU:C:2017:205 Rn. 64 – Evonik Degussa/Kommission.

[188] EuGH C-162/15 P, ECLI:EU:C:2017:205 Rn. 64 – Evonik Degussa/Kommission; vgl. den Vorschlag v. GA *Szpunar*, SchlA C-162/15 P, ECLI:EU:C:2016:587 Rn. 133 – Evonik Degussa/Kommission, unter

46 Die Rechtsprechung überträgt die Maßstäbe des Geheimnis- und Vertraulichkeitsschutzes, die in Bezug auf das EU-Wettbewerbsverfahren entwickelt wurden, auch auf andere EU-Verwaltungsverfahren, namentlich das **EU-Zollverfahren**[189] und das mitgliedstaatliche Nachprüfungsverfahren bei der **öffentlichen Auftragsvergabe**[190], sowie auf den Informationsaustausch mitgliedstaatlicher Behörden bei der EU-Bankenaufsicht.[191] Ein spezieller Schutz vertraulicher Informationen nach den Grundsätzen der Wahrung des Berufsgeheimnisses gemäß Art. 339 AEUV ist auch im **EU-Antidumpingverfahren** vorgesehen.[192] Art. 19 Abs. 1 Antidumpinggrund-VO konkretisiert diesen Schutz und unterscheidet diesbezüglich zwischen Informationen, die ihrer Natur nach vertraulich sind – in der Regel Geschäftsgeheimnisse, deren Preisgabe den Konkurrenten erhebliche Wettbewerbsvorteile verschaffen würde, oder für den Auskunftsgeber oder die Person, von der er die Information erhalten hat, von erheblichem Nachteil wäre – oder von den Parteien auf vertraulicher Grundlage für eine Antidumpinguntersuchung zur Verfügung gestellt werden. Auf begründeten Antrag sind derartige Informationen von den Unionsorganen grundsätzlich vertraulich zu behandeln. Diese Anforderungen an den Vertraulichkeitsschutz sind jedoch im Einzelfall mit dem Erfordernis der Wahrung der Verteidigungsrechte der betroffenen Unternehmen in Einklang zu bringen (→ Rn. 53).[193]

47 **b) Verfahren zur Offenlegung von Geschäftsgeheimnissen oder vertraulichen Angaben.** Sofern die Offenlegung eines bestimmten Dokuments, das Geschäftsgeheimnisse oder sonstige vertrauliche Angaben enthält, erforderlich ist, damit zB die Kommission eine Zuwiderhandlung gegen die EU-Wettbewerbsregeln nachweisen und dem betroffenen Unternehmen rechtliches Gehör gewähren kann (belastende Schriftstücke), bedarf es nach ständiger, von der Rechtsprechung anerkannter Verwaltungspraxis der Einhaltung bestimmter Verfahrensregeln. Entsprechendes gilt bei der beabsichtigten Offenlegung von Dokumenten, die das betroffene Unternehmen entlasten, aber Geschäftsgeheimnisse oder vertrauliche Angaben dritter Personen oder Unternehmen enthalten.

48 Die Kommission hat zunächst sicher zu stellen, dass alle in die Verfahrensakte eingehenden Schriftstücke und Stellungnahmen der Verfahrensbeteiligten im EU-Kartellverfahren oder EU-Fusionskontrollverfahren auch in einer nicht vertraulichen Version und, falls dies nicht möglich ist, in nicht vertraulichen Zusammenfassungen, eingereicht werden[194], um somit den weitest möglichen Aktenzugang zu gewährleisten. Sofern dies nicht genügt bzw. der Beweiswert des Dokuments dadurch verringert oder aufgehoben wird und sich eine Offenlegung insbesondere zum Nachweis der Zuwiderhandlung und zur Wahrung der Verteidigungsrechte als notwendig erweist, gelten die durch den EuGH in der Rechtssache *AKZO* aufgestellten Grundsätze (so genanntes **AKZO-Verfahren**). Diese haben ua in Art. 8 über das Mandat des Anhörungsbeauftragten in EU-Wettbewerbsverfahren[195] Eingang gefunden. Diese Vorschrift dient nach Ansicht des EuGH der verfahrensrechtlichen Umsetzung des in Art. 28 Abs. 2 VO (EG) Nr. 1/2003 vorgesehenen Schutzes und ermächtigt bzw. verpflichtet den Anhörungsbeauftragten, jeden geltend gemachten Grund zu prüfen, der geeignet ist, den Schutz der Vertraulichkeit bestimmter Informationen zu rechtfertigen.[196] Darüber hinaus sieht die Kommission in ihrer Bekanntmachung über bewährte Vorgehensweisen in Verfahren zum Vollzug von Art. 101 und 102 AEUV nun

---

Hinweis auf EuGH C-404/10 P, ECLI:EU:C:2012:393 Rn. 124–126 – Kommission/Éditions Odile Jacob.
[189] Vgl. EuG T-329/00, Slg. 2003, II-287 Rn. 59 – Bonn Fleisch Ex- und Import/Kommission.
[190] EuGH C-450/06, Slg. 2008, I-581 Rn. 37 ff. – Varec.
[191] EuGH C-594/16, ECLI:EU:C:2018:717 Rn. 27 ff. – Buccioni.
[192] Vgl. bereits EuGH 264/82, Slg. 1985, 849 Rn. 24 ff. – Timex/Kommission u. Rat.
[193] Vgl. EuGH 264/82, Slg. 1985, 849 Rn. 24 – Timex/Kommission u. Rat.
[194] Vgl. Art. 16 Abs. 2–4 VO (EG) Nr. 773/2004 (ABl. 2004 L 123, 18, EU-Kartellverfahren); Art. 18 Abs. 2, 3 VO (EG) Nr. 802/2004 (ABl. 2004 L 133, 1, EU-Fusionskontrollverfahren).
[195] Vgl. nun auch Art. 17 VO (EG) Nr. 773/2004, ABl. 2004 L 123, 18.
[196] EuGH C-162/15 P, ECLI:EU:C:2017:205 Rn. 44 f. u. 51–55 – Evonik Degussa/Kommission.

zwei formlose Verfahren zur Erleichterung des Austauschs vertraulicher Informationen zwischen den Parteien vor, nämlich einerseits die einvernehmliche Einsichtnahme für einen eingeschränkten Personenkreis und andererseits das sogenannte „Datenraumverfahren", an dem nach Abschluss einer Vertraulichkeitsvereinbarung nur der externe Rechtsbeistand und/oder die Wirtschaftsprüfer einer Partei unter Aufsicht eines Kommissionsbediensteten teilnehmen.[197] In Bezug auf das von der Rechtsprechung und das Mandat des Anhörungsbeauftragten formalisierte AKZO-Verfahren gilt im Einzelnen Folgendes:

Im Grundsatz obliegt es der Kommission zu beurteilen, ob ein bestimmtes Dokument **49** Geschäftsgeheimnisse oder sonstige vertrauliche Angaben enthält.[198] Daraus folgt, dass sie von den Unternehmen verlangen kann, hinreichend zu substantiieren, warum und in welchem Umfang bestimmte Dokumente angeblich Geschäftsgeheimnisse oder sonstige vertrauliche Angaben enthalten.[199] Bestreitet die Kommission die Auffassung, dass ein bestimmtes Schriftstück Geschäftsgeheimnisse oder sonstige vertrauliche Angaben enthält oder macht sie ein überragendes öffentliches Interesse an dessen Offenlegung geltend, so hat sie zunächst das betroffene Unternehmen erneut zur Stellungnahme aufzufordern.[200] Legt die Kommission das Dokument offen, ohne dem betroffenen Unternehmen Gelegenheit zur Stellungnahme gegeben zu haben, verletzt sie ihre Pflicht zur Wahrung des Berufsgeheimnisses[201] und kann sich gegebenenfalls schadensersatzpflichtig machen.[202] Teilt das betroffene Unternehmen fristgemäß mit, dass es an seiner Auffassung festhält, muss die Kommission einen hinreichend begründeten, an das betroffene Unternehmen gerichteten **Beschluss** nach Art. 288 Abs. 4 AEUV erlassen, der vor dem EuG gerichtlich anfechtbar und überprüfbar ist.[203] Darin ist anzugeben, aus welchen Gründen die Kommission annimmt, dass entweder kein Geschäftsgeheimnis oder keine sonstige vertrauliche Angabe vorliegt oder dass ein überwiegendes öffentliches Interesse an der Offenlegung des Dokuments (sei es zB zum Nachweis einer Zuwiderhandlung oder zur Entlastung eines Unternehmens) gegeben ist. Die Ermächtigung zum Erlass dieses Beschlusses liegt aufgrund einer Delegation bei dem **Anhörungsbeauftragten**,[204] dessen Entscheidungen und Beschlüsse wiederholt Gegenstand von Nichtigkeitsklagen waren.[205] Sofern das betroffene Unternehmen diesen Beschluss vor dem EuG gemeinsam mit einem Antrag auf aufschiebende Wirkung anficht[206], ist die Kommission vorläufig an der Offenlegung der betreffenden Dokumente gehindert.[207]

In materieller Hinsicht beruht die Zulässigkeit oder Unzulässigkeit der Offenlegung eines **50** Dokuments, das Geschäftsgeheimnisse oder sonstige vertrauliche Angaben enthält, auf einer

---

[197] Bekanntmachung der Kommission über bewährte Vorgehensweisen in Verfahren nach Artikel 101 und 102 des AEUV, Rn. 95–97, ABl. 2011 C 308, 6.
[198] EuGH 53/86, Slg. 1986, 1965 Rn. 29 – AKZO Chemie/Kommission.
[199] Vgl. Art. 16 Abs. 2–4 VO (EG) Nr. 773/2004, ABl. 2004 L 123, 18.
[200] Vgl. Art. 17 VO (EG) Nr. 773/2004, ABl. 2004 L 123, 18.
[201] Vgl. EuGH 53/86, Slg. 1986, 1965 Rn. 29 – AKZO Chemie/Kommission; EuG T-353/94, Slg. 1996, II-924 Rn. 91–96 – Postbank/Kommission; vgl. auch EuGH C-162/15 P, ECLI:EU:C:2017:205 Rn. 51 –55 u. 87 – Evonik Degussa/Kommission.
[202] EuGH 145/83, Slg. 1985, 3539 Rn. 34 ff. – Adams/Kommission (EU-Kartellverfahren); EuG T-88/09 Slg. 2011, II-7833 Rn. 60 ff. – Idromacchine ua/Kommission (betr. Veröffentlichung einer Entscheidung im EU-Beihilfenrecht).
[203] EuGH 53/86, Slg. 1986, 1965 Rn. 29 – AKZO Chemie/Kommission; Art. 17 VO (EG) Nr. 773/2004, ABl. 2004 L 123, 18.
[204] Art. 8 Beschluss 2011/695/EG, ABl. 2011 L 275, 19 (Mandat des Anhörungsbeauftragten in EU-Wettbewerbsverfahren); bestätigt durch EuGH C-162/15 P, ECLI:EU:C:2017:205 Rn. 39 ff. – Evonik Degussa/Kommission; vgl. auch Bekanntmachung der Kommission über bewährte Vorgehensweisen in Verfahren nach Artikel 101 und 102 des AEUV, Rn. 95–98, ABl. 2011 C 308, 6.
[205] EuG T-198/03, Slg. 2006, II-1429 – Bank Austria Creditanstalt/Kommission; EuG T-474/04, Slg. 2007, II-4225 – Pergan Hilfsstoffe für industrielle Prozesse/Kommission; EuG T-341/12, ECLI:EU:T:2015:51 – Evonik Degussa/Kommission; EuGH C-162/15 P, ECLI:EU:C:2017:205 – Evonik Degussa/Kommission; EuG T-345/12, ECLI:EU:T:2015:50 – Akzo Nobel ua/Kommission.
[206] Art. 263 Abs. 4 AEUV iVm Art. 278 AEUV.
[207] EuGH 53/86, Slg. 1986, 1965 Rn. 29 f. – AKZO Chemie/Kommission.

Ermessens- und Abwägungsentscheidung der Kommission, die gerichtlich voll überprüfbar ist. Dabei sind das individuelle Geheimhaltungsinteresse, das durch das Berufsgeheimnis nach Art. 339 AEUV geschützt wird, das von der Kommission geltend gemachte öffentliche Interesse an der Offenlegung des Dokuments – zB zum Nachweis einer Zuwiderhandlung – und das Erfordernis der Wahrung der Verteidigungsrechte des betroffenen Unternehmens gegeneinander abzuwägen. Die Kommission berücksichtigt dabei insbesondere die folgenden **Abwägungsparameter**:[208] Die Bedeutung der Informationen für die Feststellung, ob eine Zuwiderhandlung vorliegt und ihr Beweiswert; die etwaige Unerlässlichkeit der Information; ihr Sensibilitätsgrad, gemessen an der Frage, in welchem Maße die Offenlegung den Interessen der Person oder des Unternehmens schaden könnte; das vorläufige Urteil über die Schwere der Zuwiderhandlung. Von besonderer Bedeutung ist im Einzelfall der Sensibilitätsgrad der jeweiligen Information, wobei auch die Frage zu berücksichtigen ist, wem gegenüber (einzelnen Dritten oder der Öffentlichkeit) und zu welchem Zweck (Wahrung der Verteidigungsrechte oder allgemeine Transparenz) das Dokument offengelegt werden soll. Dabei ist im Fall von Geschäftsgeheimnissen in der Regel ein größeres Geheimhaltungsinteresse in die Abwägung einzustellen als bei sonstigen vertraulichen Angaben.

51   In der Rechtspraxis besonders problematisch ist die Frage der Reichweite des Schutzes der Vertraulichkeit von Informationen, Dokumenten und Erklärungen, welche die einer Zuwiderhandlung gegen das EU-Kartellrecht bezichtigten Unternehmen im EU-Kartellverfahren zB der Kommission freiwillig – dh unter vollständigem Verzicht auf den Schutz vor Selbstbezichtigung – auf der Grundlage der Mitteilung über die Zusammenarbeit, auch **Kronzeugenprogramm** genannt, übermitteln (→ Rn. 44).[209] Dies liegt insbesondere am Interesse der von Kartellen Geschädigten (in der Regel Abnehmer und Verbraucher), spätestens nach Abschluss der Ermittlungsverfahren der Wettbewerbsbehörden zu diesen Informationen – in der Regel über den allgemeinen Anspruch auf Dokumentenzugang gemäß der VO (EG) Nr. 1049/2001 (→ Rn. 25 f.) – Zugang zu erhalten, um sie in **Schadensersatzprozessen** gegen die Kartellmitglieder vor den nationalen Zivilgerichten als Beweismittel zu verwenden. Diese Frage war wiederholt Gegenstand von Gerichtsverfahren betreffend den dezentralen wie zentralen Vollzug des EU-Kartellrechts und hat noch keine eindeutige und endgültige Antwort erfahren. Sofern die Wettbewerbsbehörden der Mitgliedstaaten kraft nationaler Vorschriften verpflichtet sind, den Zugang zu solchen Informationen zu verweigern oder dies tun wollen, insbesondere um ihre Kronzeugenprogramme zu schützen, lehnt der EuGH eine pauschale Zurückweisung des entsprechenden Antrags ab und fordert eine Abwägungsentscheidung für jedes einzelne Schriftstück, um die effektive Durchsetzung des EU-Kartellrechts durch Schadensersatzklagen nicht unangemessen zu behindern (**Effektivitätsgebot**).[210] Diese Anforderungen stehen in einem Spannungsverhältnis zur Rechtsprechung des EuGH, wonach sich die Kommission ihrerseits gegenüber Kartellgeschädigten, die einen Antrag auf Zugang zu beweiserheblichen Dokumenten, die ihr im Rahmen des Ermittlungsverfahrens aufgrund der Mitteilung über die Zusammenarbeit übermittelt wurden, auf die allgemeine Vermutung des Vorliegens der Ausnahmetatbestände gemäß Art. 4 Abs. 2 VO (EG) Nr. 1049/2001 berufen kann, um diesen Antrag pauschal zurückzuweisen

---

[208] Mitteilung von 2005, Rn. 24, ABl. 2005 L 325, 7.
[209] Vgl. Mitteilung der Kommission über den Erlass und die Ermäßigung von Geldbußen in Kartellsachen, ABl. 2002 C 45, 3 (nachfolgend Mitteilung von 2002 über Zusammenarbeit); ersetzt durch Mitteilung der Kommission über den Erlass und die Ermäßigung von Geldbußen in Kartellsachen, ABl. 2006 C 298, 17 (nachfolgend Mitteilung von 2006 über Zusammenarbeit).
[210] EuGH C-360/09, Slg. 2011, I-5161 Rn. 19 ff. – Pfleiderer, m. krit. Anm. *Mäger/Zimmer/Milde* WuW 2011, 935 ff.; *Fornasier/Sanner* WuW 2011, 1067; *Völcker* CMLR 2012, 695 ff.; *Sanders/Jordan/Dimoulis/ Charalampos/Schwedt/DiLiugi/Van Wissen* ECLR 2013, 174 ff.; *Slot* ECLR 2013, 197 ff.; *Kumar Singh* ECLR 2014, 110 ff.; EuGH C-536/11, ECLI:EU:C:2013:366 Rn. 46–48 – Donau Chemie ua, m. krit. Anm. *Hempel* EuZW 2013, 589 f.; *Hempel* ZWeR 2014, 203; *Dworschak/Maritzen* WuW 2013, 829; *Bischke/Schirra* in MüKoEuWettbR VO 1/2003 Art. 27 Rn. 38–43.

(→ Rn. 26 f.).²¹¹ Zudem erlaubt die RL 2014/104/EU des Europäischen Parlaments und des Rates vom 26. November 2014 über bestimmte Vorschriften für Schadensersatzklagen nach nationalem Recht wegen Zuwiderhandlungen gegen wettbewerbsrechtliche Bestimmungen der Mitgliedstaaten und der Europäischen Union²¹² in Art. 2 Nr. 16 und 17 RL 2014/104/EU sowie Art. 6 Abs. 6 lit. a RL 2014/104/EU²¹³ den Mitgliedstaaten, die Kronzeugenerklärungen als solche, sofern sie nicht „bereits vorhandene Informationen" betreffen, zu schützen.²¹⁴ Der EuGH ist ebenfalls bemüht, das zuvor genannte Spannungsverhältnis aufzulösen und die an die Wettbewerbsbehörden der Mitgliedstaaten und an die Kommission gestellten Schutzanforderungen einander anzugleichen. So gilt seiner Auffassung nach die allgemeine Vermutung nicht im Fall der Offenlegung von Informationen durch die Veröffentlichung gemäß Art. 30 VO (EG) Nr. 1/2003 eines Kommissionsbeschlusses über die Feststellung und Sanktionierung einer Zuwiderhandlung.²¹⁵ Ferner untersagt der EuGH zwar die Veröffentlichung wörtlicher Zitate aus Kronzeugenerklärungen bzw. sieht dies als ua mit dem Berufsgeheimnis unvereinbar an.²¹⁶ Dies gilt jedoch nicht notwendig für die in jenen Erklärungen enthaltenen Informationen über die Zuwiderhandlung bzw. für wörtliche Zitate aus jenen Informationen oder aus den von Kronzeugen übermittelten Dokumenten, die auch in Form einer nichtvertraulichen Fassung der verfahrensabschließenden Beschlüsse der Kommission veröffentlicht werden können.²¹⁷

Ein weiterer besonderer Fall der Offenlegung durch die Kommission betrifft die **Weitergabe von Dokumenten,** die Geschäftsgeheimnisse oder sonstige vertrauliche Angaben enthalten, **an nationale Gerichte** oder **Behörden** zum Zweck der Anwendung der EU-Wettbewerbsregeln. Das EuG stellte in dem Urteil *Postbank* fest, dass die Kommission die Anforderungen des Berufsgeheimnisses nach Art. 339 AEUV auch im Rahmen der Zusammenarbeit mit nationalen Gerichten auf der Grundlage von Art. 4 Abs. 3 EUV zu beachten hat.²¹⁸ Wenn ein Unternehmen bei der Kommission beantragt, einem nationalen Gericht vertrauliche Informationen und Geschäftsgeheimnisse enthaltende Schriftstücke vorzulegen, so hat die Kommission zur Wahrung des Berufsgeheimnisses alle Vorkehrungen zu treffen, die erforderlich sind, damit das Recht der betroffenen Unternehmen auf Schutz dieser Informationen durch und während der Übermittlung dieser Schriftstücke nicht beeinträchtigt wird. Diese Vorkehrungen können darin bestehen, das nationale Gericht auf die Schriftstücke oder Passagen hinzuweisen, die vertrauliche Informationen oder Geschäftsgeheimnisse enthalten. Nur wenn die Kommission diese notwendigen Vorkehrungen nicht trifft, verletzt sie selbst ihre Pflicht zur Wahrung des Berufsgeheimnisses.²¹⁹ Denn es ist grundsätzlich Sache des nationalen Gerichts, den Schutz der Vertraulichkeit der betreffenden Informationen oder der Geschäftsgeheimnisse unter Berücksichtigung seiner Ko-

52

---

[211] EuGH C-365/12 P, ECLI:EU:C:2014:112 Rn. 65–69 u. 81 ff. – Kommission/EnBW Energie Baden-Württemberg; vgl. hierzu *Hummer/Cywinski* GCLR 2014, 115; *Hempel* EuZW 2014, 297; *Palzer* ZEuP 2015, 416; *Mandrescu* LIEI 2015, 301; *Bischke/Schirra* in MüKoEuWettbR VO 1/2003 Art. 27 Rn. 36 f.; vgl. auch EuG T-380/08, ECLI:EU:T:2013:480 Rn. 41 – Niederlande/Kommission. Zur Anerkennung der Kronzeugenprogramme als Mittel zur effektiven Durchsetzung des EU-Kartellrechts s. EuGH C-428/14, ECLI:EU:C:2016:27 Rn. 78 ff. – DHL Express u. DHL Global Forwarding.
[212] ABl. 2014, L 349, 1.
[213] Zur erforderlichen Anpassung der Mitteilung von 2006 über Zusammenarbeit, ABl. 2006 C 298, 17, und der Bekanntmachung über die Zusammenarbeit zwischen der Kommission und den Gerichten der Mitgliedstaaten vgl. ABl. 2015 C 256, 1 u. 5.
[214] Vgl. auch Erwägungsgründe 11 u. 72 sowie Art. 31 RL (EU) 2019/1 des Europäischen Parlaments und des Rates vom 11. Dezember 2018 zur Stärkung der Wettbewerbsbehörden der Mitgliedstaaten im Hinblick auf eine wirksamere Durchsetzung der Wettbewerbsvorschriften und zur Gewährleistung des reibungslosen Funktionierens des Binnenmarkts, ABl. 2019 L 11, 3.
[215] EuGH C-162/15 P, ECLI:EU:C:2017:205 Rn. 77–79 – Evonik Degussa/Kommission.
[216] EuGH C-162/15 P, ECLI:EU:C:2017:205 Rn. 87 – Evonik Degussa/Kommission.
[217] Vgl. EuGH C-162/15 P, ECLI:EU:C:2017:205 Rn. 85–99 – Evonik Degussa/Kommission, auf Vorschlag von GA *Szpunar*, SchlA C-162/15 P, ECLI:EU:C:2016:587 Rn. 204 ff. – Evonik Degussa/Kommission.
[218] EuG T-353/94, Slg. 1996, II-924 Rn. 90 ff. – Postbank/Kommission.
[219] EuG T-353/94, Slg. 1996, II-924 Rn. 92 – Postbank/Kommission.

operationspflicht nach Art. 4 Abs. 3 AEUV zu gewährleisten.[220] Die allgemeinen Vorschriften in Art. 15 VO (EG) Nr. 1/2003 betreffend die Zusammenarbeit und den Informationsaustausch zwischen der Kommission und den mitgliedstaatlichen Gerichten haben an dieser Rechtslage grundsätzlich nichts geändert. Die Übermittlung sensibler Dokumente an die nationalen Wettbewerbsbehörden des Netzwerks ist jedoch erst seit der Einführung von Art. 12 Abs. 1 VO (EG) Nr. 1/2003 ausdrücklich gestattet. Zweifelhaft ist dabei, inwieweit angesichts dieser Neuregelung frühere Beschränkungen der Informationsweitergabe an nationale Behörden gemäß der Rechtsprechung weiterhin Gültigkeit haben.[221]

53 Im **EU-Antidumpingverfahren** tragen die Unionsorgane dem potenziellen Konflikt zwischen den Anforderungen rechtlichen Gehörs und der Akteneinsicht einerseits und dem Schutz der Vertraulichkeit andererseits zunächst dadurch Rechnung, dass sie von den interessierten Parteien, die vertrauliche Informationen übermitteln, nicht vertrauliche Zusammenfassungen anfordern, die den Hauptparteien zugänglich gemacht werden können.[222] Ist dies nicht möglich oder ausreichend und halten die Unionsorgane den Antrag auf vertrauliche Behandlung für nicht gerechtfertigt, so können diese Informationen grundsätzlich unberücksichtigt bleiben.[223] Sofern die Bekanntgabe der Informationen erforderlich ist, weil es sich um tragende Gründe oder Beweise für die von den Unionsorganen getroffene Entscheidung handelt, deren Erläuterung gegebenenfalls im Gerichtsverfahren erforderlich ist, kann eine Offenlegung erfolgen, wobei dem berechtigten Interessen der betroffenen Parteien an der Wahrung ihrer Geschäftsgeheimnisse Rechnung zu tragen ist.[224] Es ist von der Rechtsprechung – im Gegensatz zu dem im EU-Wettbewerbsverfahren begründeten AKZO-Verfahren (→ Rn. 48) – jedoch noch weitgehend ungeklärt, wie das Offenlegungsverfahren unter gleichberechtigter Wahrung des Berufsgeheimnisses und der Verteidigungsrechte gestaltet werden kann. GA *Darmon* hatte sich in der Rechtssache *Al-Jubail Fertilizer* dieser Frage ausführlich gewidmet und eine Lösung entsprechend der *US-Administrative protective order* vorgeschlagen.[225] Danach können die zugelassenen Rechtsvertreter der Verfahrensparteien in die vertraulichen Unterlagen zwecks Wahrung der Verteidigungsrechte Einblick nehmen, sind aber aufgrund ihrer berufsständischen Verschwiegenheitspflicht daran gehindert, die vertraulichen Informationen an das von ihnen vertretene Unternehmen weiter zu geben. Ein ähnliches – formloses – Verfahren, das insbesondere im Rahmen der Fusionskontrolle relevant ist (Datenraumverfahren), hat jedoch nunmehr in die Bekanntmachung über bewährte Vorgehensweisen in Verfahren nach Art. 101 und 102 AEUV Eingang gefunden (→ Rn. 48).

54 c) **Verwaltungsinterne Dokumente.** Grundsätzlich von der Akteneinsicht ausgeschlossen sind auch interne Unterlagen der Unionsorgane, da sie in der Regel für das Verteidigungsverhalten der betroffenen Unternehmen nicht relevant sein können (→ Rn. 38).[226] Dies wird für das EU-Kartellverfahren in Art. 27 Abs. 2 VO (EG) Nr. 1/2003 in Verbindung mit Art. 15 Abs. 2 VO (EG) Nr. 773/2004 (auch für interne Unterlagen der Wettbewerbsbehörden der Mitgliedstaaten sowie die Korrespondenz zwischen diesen untereinander und der Kommission) sowie für das EU-Antidumpingverfahren in Art. 19 Abs. 5 Antidumpinggrund-VO ausdrücklich bestätigt. Das EuG rechtfertigt die Beschränkung der Einsicht in interne Unterlagen ferner durch die Notwendigkeit, die **Funktionsfähigkeit des betreffenden Unionsorgans** bei der Verfolgung von Zuwiderhandlungen gegen die EU-Wett-

---

[220] EuG T-353/94, Slg. 1996, II-924 Rn. 69 ff. u. 90 – Postbank/Kommission.
[221] EuGH C-67/91, Slg. 1992, I-4820 Rn. 27 ff. – Asociación Española de Banca Privada; EuGH C-36/92 P, Slg. 1994, I-1911 Rn. 22 ff. – SEP/Kommission.
[222] Vgl. im Einzelnen Art. 19 Abs. 2 VO (EU) 2016/1036, ABl. 2016 L 176, 21.
[223] Vgl. Art. 19 Abs. 3 VO (EU) 2016/1036, ABl. 2016 L 176, 21.
[224] Art. 19 Abs. 4 VO (EU) 2016/1036, ABl. 2016 L 176, 21.
[225] GA *Darmon*, SchlA C-49/88, Slg. 1991, I-3205 Rn. 99 ff. – Al-Jubail Fertilizer/Rat.
[226] Mitteilung von 2005, Rn. 12 ff., ABl. 2005 C 325, 7; EuG T-7/89, Slg. 1991, II-1711 Rn. 54 – Hercules/Kommission; EuG verb. Rs. T-25/95 ua, Slg. 2000, II-495 Rn. 196 u. 420 – Cimenteries ua/Kommission.

bewerbsregeln zu garantieren.[227] Die generelle Bereichsausnahme für interne Dokumente steht jedoch in einem gewissen Spannungsverhältnis zu den – eng auszulegenden – Ausnahmeregeln für den allgemeinen Dokumentenzugang nach der VO (EG) Nr. 1049/2001.[228] Diese bezieht sich nicht pauschal auf „interne" Unterlagen der Unionsorgane, sondern fordert die Erfüllung einer der speziell vorgesehenen Ausnahmetatbestände, damit der Dokumentenzugang verwehrt werden kann. In der Praxis dürfte das Erfordernis des Schutzes der internen Dokumente in der Regel – insbesondere während eines laufenden Verwaltungsverfahrens – von den Ausnahmevorbehalten des Art. 4 VO (EG) Nr. 1049/2001 gedeckt sein (→ § 60 Rn. 70–86). Es sind jedoch Konstellationen denkbar, in denen eine interne Unterlage – insbesondere nach erheblichem Zeitablauf – diese Ausnahmetatbestände nicht mehr erfüllt und daher freizugeben ist.[229] Anstatt aber eine einheitliche Auslegung der verschiedenen, in bloßen Kommissionsmitteilungen oder sekundärrechtlich geregelten Ausnahmetatbestände im Lichte des allgemeinen Grundsatzes des Berufsgeheimnisses gemäß Art. 339 AEUV vorzunehmen, hat sich die Rechtsprechung bislang damit begnügt, das Problem mittels einer allgemeinen Vermutungsregel zu lösen. Diese verleiht letztlich dem verwaltungsverfahrensrechtlichen Akteneinsichtsrecht den Status einer vorrangigen Spezialregel, die den allgemeineren Anspruch auf Dokumentenzugang verdrängt.[230]

3. EU-Gerichtsverfahren und nationale Gerichtsverfahren. Die Grundsätze des Be- **55** rufsgeheimnisses nach Art. 339 AEUV, wie sie von der Rechtsprechung für das EU-Verwaltungsverfahren konkretisiert wurden, lassen sich im Hinblick auf ihren sachlichen Umfang und ihre Grenzen weitgehend auf das EU-Gerichtsverfahren übertragen, auch wenn die Unionsgerichte betonen, dass die Akteneinsicht vor Gericht von derjenigen im EU-Verwaltungsverfahren strikt zu trennen ist.[231] Dementsprechend erkennt das EuG die Geltung der Grundsätze des Schutzes vertraulicher Informationen und der Geschäftsgeheimnisse der beteiligten Unternehmen auch im EU-Gerichtsverfahren an.[232] Ähnlich wie für das EU-Verwaltungsverfahren nimmt das EuG zudem im Falle eines Konflikts zwischen den Anforderungen rechtlichen Gehörs und dem Erfordernis des Schutzes der Geschäftsgeheimnisse eine **Interessenabwägung** vor, die eine konkrete Prüfung der individuellen Lage der betroffenen Unternehmen voraussetzt.[233] Diese Anforderungen sind jetzt in Art. 103 EuGVfO weitestgehend kodifiziert.

Auf der Grundlage der gerichtlichen Akteneinsicht ist ein weitergehender Zugang der **56** Prozessparteien zu **internen Unterlagen** der Unionsorgane möglich als im EU-Verwaltungsverfahren. Insoweit geht die Rechtsprechung davon aus, dass zur Wahrung des rechtlichen Gehörs ausnahmsweise auch der Zugang zu Informationen oder Unterlagen geboten sein kann, die das Organ betreffen bzw. interner Natur sind.[234] Dies folgt bereits aus der

---

[227] EuG verb. Rs. T-25/95 ua, Slg. 2000, II-495 Rn. 420 – Cimenteries ua/Kommission; EuG verb. Rs. T-134/94 ua, Slg. 1996, II-537 Rn. 72 – NMH Stahlwerke ua/Kommission.
[228] ABl. 2001 L 145, 43. Vgl. nur EuGH C-506/08 P, Slg. 2011, I-6237 Rn. 72 ff. – Schweden/MyTravel u. Kommission.
[229] Dies schien noch die logische Schlussfolgerung aus EuGH C-506/08 P, Slg. 2011, I-6237 Rn. 72 ff. – Schweden/MyTravel u. Kommission (EU-Fusionskontrollverfahren). In EuGH C-365/12 P, ECLI:EU:C:2014:112 Rn. 99 u. 109 – Kommission/EnBW Energie Baden-Württemberg nahm der EuGH an, dass die Untersuchungstätigkeiten in Bezug auf ein Verfahren nach Art. 101 AEUV erst dann als abgeschlossen gelten, wenn der verfahrensabschließende Beschluss der Kommission bestandskräftig ist.
[230] Vgl. EuGH C-365/12 P, ECLI:EU:C:2014:112 Rn. 65–69 u. 81 ff. – Kommission/EnBW Energie Baden-Württemberg (EU-Kartellverfahren).
[231] EuGH C-185/95 P, Slg. 1998, I-8417 Rn. 90 – Baustahlgewebe/Kommission; EuG verb. Rs. T-45/98 u. T-47/98, Slg. 2001, II-3757 Rn. 48 – Krupp Thyssen Stainless u. Acciai speciali Terni/Kommission. Vgl. auch EuGH C-109/10 P, Slg. 2011, I-10329 Rn. 53 – Solvay/Kommission; EuGH C-110/10 P, Slg. 2011, I-10439 Rn. 48 – Solvay/Kommission, wonach das verwaltungsverfahrensrechtliche Akteneinsichtsrecht Art. 41 Abs. 2 lit. b GRC unterfällt, also gerade nicht Art. 47 Abs. 2 GRC oder Art. 48 Abs. 2 GRC.
[232] EuG verb. Rs. T-134/94 ua, Slg. 1996, II-537 Rn. 13 – NMH Stahlwerke ua/Kommission.
[233] EuG verb. Rs. T-134/94 ua, Slg. 1996, II-537 Rn. 14, 74 – NMH Stahlwerke ua/Kommission.
[234] EuG verb. Rs. T-134/94 ua, Slg. 1996, II-537 Rn. 15, 69 ff. – NMH Stahlwerke ua/Kommission; EuG verb. Rs. T-25/95 ua, Slg. 2000, II-495 Rn. 420 – Cimenteries ua/Kommission.

Befugnis des EuG, alle Vorgänge betreffend die anhängige Streitsache – selbst ohne Beweisbeschluss – anzufordern und der damit korrelierenden Pflicht der Unionsorgane, diese Informationen zu übermitteln. Nach Ansicht des EuG, welche die in → Rn. 57 u. 58 skizzierte Rechtsprechung des EuGH – wenn auch unausgesprochen – maßgeblich beeinflusst hat, verbietet es die Garantie des Rechtsschutzes gegen Handlungen der Verwaltung, einen allgemeinen Grundsatz des Verwaltungsgeheimnisses gegenüber den Unionsgerichten anzuwenden.[235] Der Grundsatz der Offenlegung der gesamten Prozessunterlagen zwecks Wahrung des rechtlichen Gehörs erfasst daher grundsätzlich auch die an das Gericht übermittelten internen Unterlagen. Dabei bedarf es einer über die pauschale Bezugnahme auf den Schutz des Verwaltungsgeheimnisses hinausreichenden Begründung, um den Zugang der anderen Verfahrensparteien zu internen Unterlagen einzuschränken.[236] In der Praxis erfolgt eine Offenlegung interner Unterlagen jedoch nur ausnahmsweise bzw. wenn die Kläger ernsthafte Anhaltspunkte dafür liefern, dass die außergewöhnlichen Umstände des konkreten Falles dies gebieten.[237] Das EuG versucht, den Konflikt zwischen dem Schutz des rechtlichen Gehörs und der Wahrung der Funktionsfähigkeit der Unionsorgane, insbesondere des Beratungsgeheimnisses, zunächst dadurch zu vermeiden, dass es nach Möglichkeit nicht auf die internen Unterlagen zur Urteilsfindung zurückgreift, sondern sich durch andere Quellen ausreichend unterrichtet.[238] Sofern die Lösung dieses Konflikts bei der Entscheidungsfindung des EuG unvermeidbar ist, hat es „unter Beachtung der Verfahrensrechte und des rechtlichen Gehörs den Grundsatz der Wirksamkeit des Verwaltungshandelns und die Garantie des Rechtsschutzes gegen Handlungen der Verwaltung gegeneinander abzuwägen".[239] Diese allgemeinen Grundsätze gelten bei der Anwendung und Auslegung der Voraussetzungen von Art. 103 EuGVfO in Bezug auf die „Behandlung vertraulicher Auskünfte und Unterlagen" fort.

57 Die Abwägung gegenläufiger Interessen und den Ausgleich zwischen den Anforderungen des rechtlichen Gehörs bzw. des kontradiktorischen Verfahrens einerseits und dem Schutz des Berufsgeheimnisses, insbesondere der Geschäftsgeheimnisse andererseits fordert der EuGH auch für das mitgliedstaatliche **Nachprüfungsverfahren** in Umsetzung der entsprechenden unionsrechtlichen Richtlinien zur **öffentlichen Auftragsvergabe**.[240] Danach kann eine Beschränkung des Rechts der Verfahrensbeteiligten, Kenntnis von den Beweismitteln und den bei Gericht eingereichten Erklärungen zu nehmen und diese zu erörtern, zur Wahrung der Grundrechte eines Dritten – zB Art. 7 GRC bzw. Art. 8 EMRK oder des Grundsatzes des Schutzes von Geschäftsgeheimnissen – oder zum Schutz wichtiger Interessen der Allgemeinheit, wie die Wahrung eines lauteren Wettbewerbs, erforderlich sein.[241] Nach Auffassung des EuGH begründet der Grundsatz des rechtlichen Gehörs bzw. des kontradiktorischen Verfahrens im Rahmen einer Klage gegen eine Entscheidung des öffentlichen Auftraggebers keinen Anspruch der Parteien auf uneingeschränkten Zugang zu allen bei der Nachprüfungsinstanz eingereichten und dieses Vergabeverfahren betreffenden Informationen, sondern dieses Zugangsrecht ist gegen das Recht anderer Wirtschaftsteilnehmer auf Schutz ihrer vertraulichen Angaben und ihrer Geschäftsgeheimnisse abzuwägen. Dieser Schutz muss so ausgestaltet sein, dass er mit den

---

[235] EuG verb. Rs. T-134/94 ua, Slg. 1996, II-537 Rn. 69 – NMH Stahlwerke ua/Kommission.
[236] EuG verb. Rs. T-134/94 ua, Slg. 1996, II-537 Rn. 71 – NMH Stahlwerke ua/Kommission.
[237] EuG verb. Rs. T-25/95 ua, Slg. 2000, II-495 Rn. 420 – Cimenteries ua/Kommission.
[238] EuG verb. Rs. T-134/94 ua, Slg. 1996, II-537 Rn. 72 f. – NMH Stahlwerke ua/Kommission; EuG verb. Rs. T-25/95 ua, Slg. 2000, II-495 Rn. 420 – Cimenteries ua/Kommission.
[239] EuG verb. Rs. T-134/94 ua, Slg. 1996, II-537 Rn. 74 – NMH Stahlwerke ua/Kommission. Vgl. auch Art. 103 Abs. 2 u. 3 EuGVfO.
[240] EuGH C-450/06, Slg. 2008, I-581 Rn. 37 ff. – Varec, betr. Art. 7 Abs. 1 RL 93/36/EWG u. Art. 15 Abs. 2 RL 93/36/EWG des Rates vom 14. Juni 1993 über die Koordinierung der Verfahren zur Vergabe öffentlicher Lieferaufträge, ABl. 1993 L 199, 1, geändert durch RL 97/52/EG, ABl. 1997 L 328, 1; vgl. auch EuGH C-358/16, ECLI:EU:C:2018:715 Rn. 69 – UBS Europe ua.
[241] EuGH C-450/06, Slg. 2008, I-581 Rn. 45–50 – Varec, ua unter Hinweis auf EGMR 16.2.2000 – 28901/95, Rep. 2000-II Rn. 61 – Rowe u. Davis/Vereinigtes Königreich; EGMR 24.4.2007 – 40412/98 Rn. 75 – V./Finnland.

Erfordernissen eines effektiven Rechtsschutzes und der Wahrung der Verteidigungsrechte der am Rechtsstreit Beteiligten im Einklang steht, wobei sichergestellt sein muss, dass die mit der Nachprüfung befasste Instanz – als Gericht im Sinne von Art. 267 AEUV – insgesamt das Recht auf ein faires Verfahren beachtet. Hierzu gehört zum einen, dass die Nachprüfungsinstanz über sämtliche Informationen verfügen kann, die erforderlich sind, um in voller Kenntnis der Umstände entscheiden zu können, also auch über vertrauliche Informationen und Geschäftsgeheimnisse; zum anderen muss die Nachprüfungsinstanz dem betroffenen Wirtschaftsteilnehmer die Möglichkeit geben, sich auf die Vertraulichkeit oder das Geschäftsgeheimnis zu berufen, bevor sie diese Informationen an einen am Rechtsstreit Beteiligten weitergibt, um das Entstehen eines außerordentlich schweren Schadens durch eine unberechtigte Informationsweitergabe an einen Wettbewerber zu verhindern.[242]

In seinem zweiten *Kadi*-Urteil betreffend sogenannte **restriktive Maßnahmen** oder **Sanktionen**, wie zB das Einfrieren von Vermögenswerten oder Einreisebeschränkungen zur Terrorismusbekämpfung, hat der EuGH in ähnlicher Weise anerkannt, dass „zwingende Erwägungen der Sicherheit oder der Gestaltung der internationalen Beziehungen der Union oder ihrer Mitgliedstaaten der Mitteilung bestimmter Informationen oder Beweise an die betroffene Person entgegenstehen" können. Die Geheimhaltungsbedürftigkeit oder Vertraulichkeit dieser Informationen oder Beweise kann zwar nicht dem Unionsrichter entgegengehalten werden; dieser müsse jedoch bei der Ausübung seiner gerichtlichen Kontrollaufgabe Techniken anwenden, die es ermöglichen, die legitimen Sicherheitsinteressen in Bezug auf die Art und die Quellen der Informationen, die beim Erlass des betreffenden Rechtsakts berücksichtigt wurden, auf der einen Seite und das Erfordernis, dem Einzelnen die Wahrung seiner Verfahrensrechte wie des Rechts, gehört zu werden, und des Grundsatzes des kontradiktorischen Verfahrens, hinreichend zu garantieren, auf der anderen Seite zum Ausgleich zu bringen. Dies setzt voraus, dass der Unionsrichter zunächst alle von der zuständigen Unionsbehörde beigebrachten rechtlichen und tatsächlichen Umstände sowie die Stichhaltigkeit der zur Verweigerung der Mitteilung der betreffenden Informationen und Beweise vorgebrachten Gründe prüft. Ergibt diese Prüfung, dass diese Gründe einer zumindest teilweisen Offenlegung nicht entgegenstehen und verweigert die Behörde dies dennoch, kann der Unionsrichter die betreffenden Informationen und Beweise nicht berücksichtigen und muss die Rechtmäßigkeit des angefochtenen Rechtsakts allein anhand der mitgeteilten Umstände zu überprüfen.[243] In einer solchen Situation vermeidet der EuGH daher mit Hilfe eines **Beweisverwertungsverbots** einen Eingriff in den Grundsatz des kontradiktorischen Verfahrens. Ein solcher Eingriff lässt sich nach Auffassung des EuGH jedoch dann nicht vermeiden, wenn die von der zuständigen Unionsbehörde angeführten Gründe der Mitteilung der vorgelegten – entscheidungserheblichen – Informationen oder Beweise an die betroffene Person tatsächlich entgegenstehen, so dass „die Erfordernisse, die mit dem Recht auf effektiven gerichtlichen Rechtsschutz, insbesondere der Einhaltung des Grundsatzes des kontradiktorischen Verfahrens, verbunden sind und diejenigen, die sich aus der Sicherheit oder der Gestaltung der internationalen Beziehungen der Union oder ihrer Mitgliedstaaten ergeben, in angemessener Weise **zum Ausgleich zu bringen**" sind.[244] Im Rahmen dieses Ausgleichs soll der Unionsrichter überprüfen, ob die Übermittlung einer Zusammenfassung des Inhalts der fraglichen Informationen oder Beweise in Betracht kommt, sowie unabhängig davon beurteilen, ob und inwieweit deren mangelnde Offenlegung bzw. die Unmöglichkeit für die betroffene Person, dazu Stellung zu nehmen, die Beweiskraft der vertraulichen Beweise beeinflussen

58

---
[242] EuGH C-450/06, Slg. 2008, I-581 Rn. 51–54 – Varec.
[243] EuGH verb. Rs. C-584/10 P, C-593/10 P u. C-595/10 P, ECLI:EU:C:2013:518 Rn. 125–127 – Kommission/Kadi, unter Hinweis auf EuGH C-402/05 P u. C-415/05 P, Slg. 2008, I-6351 Rn. 342 u. 344 – Kadi ua/Rat u. Kommission; EuGH C-300/11, ECLI:EU:C:2013:363 Rn. 54, 57, 59, 61–63 – ZZ.
[244] EuGH verb. Rs. C-584/10 P, C-593/10 P u. C-595/10 P, ECLI:EU:C:2013:518 Rn. 128 – Kommission/Kadi, unter Hinweis auf EuGH C-300/11, ECLI:EU:C:2013:363 Rn. 64 – ZZ.

kann.²⁴⁵ Der EuGH schließt somit nicht vollständig aus, dass der Unionsrichter seine Kontrolle der Rechtmäßigkeit des angefochtenen Rechtsakts – nach umfassender Interessenabwägung – unter Berücksichtigung von entscheidungserheblichen Tatsachen und Beweisen ausübt, die dem Kläger gegenüber nicht vollständig offengelegt wurden und zu denen er folglich nicht Stellung nehmen konnte, was einen Eingriff in den Grundsatz des kontradiktorischen Verfahrens darstellt.²⁴⁶ Diese Vorgehensweise, deren Praxistauglichkeit noch zu eruieren ist, wurde – speziell für den Bereich von Handlungen, die die Sicherheit der Union oder ihrer Mitgliedstaaten oder die Gestaltung ihrer internationalen Beziehungen berühren – in Art. 105 EuGVfO²⁴⁷ sehr detailliert kodifiziert; diese Vorschrift ist durch den zugehörigen Durchführungsbeschluss des EuG (Art. 105 Abs. 11 EuGVfO iVm Art. 227 Abs. 3 EuGVfO) konkretisiert worden.²⁴⁸ Die allgemeinen Vorschriften in Art. 103 EuGVfO über die Abwägung der gegenläufigen Interessen gelten daher in diesem Zusammenhang nicht (Art. 103 Abs. 4 EuGVfO).

E. Verhältnis zu anderen Grundrechten

59 Im Einzelfall ist es schwierig, den sachlichen Gewährleistungsgehalt des Akteneinsichtsrechts von demjenigen des **rechtlichen Gehörs** bzw. der **Verteidigungsrechte** (→ § 58) klar abzugrenzen. Dies resultiert bereits aus der Entstehungsgeschichte des Akteneinsichtsrechts, das zunächst allein aus dem rechtlichen Gehör hergeleitet wurde (→ Rn. 1). Ferner besteht nach der Rechtsprechung auch weiterhin ein enger sachlicher Zusammenhang mit dem rechtlichen Gehör bzw. den Verteidigungsrechten, deren effektive Ausübung das Akteneinsichtsrecht erst ermöglichen soll (→ Rn. 1). Schließlich erkennt die Rechtsprechung nur dann eine die Nichtigerklärung einer belastenden Verwaltungsmaßnahme rechtfertigende unzulässige Beeinträchtigung des Akteneinsichtsrechts an, wenn damit zugleich eine Verletzung der Verteidigungsrechte einhergeht (→ Rn. 11 ff.). Daraus folgt, dass das Akteneinsichtsrecht trotz der selbständigen Bedeutung, die es im Laufe der Jahre in Rechtspraxis und -dogmatik gewonnen hat, weiterhin in vielfältiger Weise in seinen Voraussetzungen und Rechtsfolgen mit denjenigen des rechtlichen Gehörs verknüpft ist. Dies gilt im Übrigen im EU-Verwaltungsverfahren wie im EU-Gerichtsverfahren gleichermaßen (→ Rn. 28 ff.).

60 Des Weiteren ist hier erneut auf den engen Sachzusammenhang und das Konfliktpotential zwischen dem rechtsstaatlich begründeten Akteneinsichtsrecht und dem demokratietheoretisch orientierten allgemeinen Recht auf Dokumentenzugang nach Art. 42 GRC bzw. Art. 15 Abs. 3 AEUV iVm der VO (EG) Nr. 1049/2001²⁴⁹ hinzuweisen (→ Rn. 2 und 26 f. sowie → § 60).

F. Zusammenfassende Bewertung und Ausblick

61 Art. 41 Abs. 2 lit. b GRC bestätigt nunmehr ausdrücklich den eigenständigen **Grundrechtscharakter des Akteneinsichtsrechts** im EU-Verwaltungsverfahren. Darüber hinaus anerkennt die Rechtsprechung auch außerhalb des Anwendungsbereichs dieser Vorschrift das Akteneinsichtsrecht als allgemeinen Rechtsgrundsatz bzw. grundrechtlichen Bestandteil der Verteidigungsrechte im Rahmen des Vollzugs von Unionsrecht durch mitgliedstaatliche Behörden (→ Rn. 1). Diese Klarstellungen sind nach mehrjähriger, dahin-

---

²⁴⁵ EuGH verb. Rs. C-584/10 P, C-593/10 P u. C-595/10 P, ECLI:EU:C:2013:518 Rn. 129 – Kommission/Kadi, unter Hinweis auf EuGH C-300/11, ECLI:EU:C:2013:363 Rn. 67 – ZZ.
²⁴⁶ Vgl. auch EuGH verb. Rs. C-584/10 P, C-593/10 P u. C-595/10 P, ECLI:EU:C:2013:518 Rn. 130 – Kommission/Kadi. Davon geht auch Art. 103 Abs. 3 EuGVfO aus.
²⁴⁷ Novellierte Fassung vom 23.4.2015, ABl. 2015 L 105, 1.
²⁴⁸ Beschluss (EU) 2016/2387 des [EuG] vom 14. September 2016 über die Sicherheitsvorschriften für Auskünfte oder Unterlagen, die nach Art. 105 Abs. 1 oder Abs. 2 der [EuGVfO] vorgelegt werden, ABl. 2016 L 355, 18.
²⁴⁹ ABl. 2001 L 145, 43.

gehend zögerlicher Rechtsprechung der Unionsgerichte zu begrüßen. Das Akteneinsichtsrecht trägt damit im Verbund mit einer Reihe anderer Verfahrensgarantien, namentlich dem rechtlichen Gehör nach Art. 41 Abs. 2 lit. a GRC, von dem es auch rechtsdogmatisch zu unterscheiden ist, wesentlich zur rechtsstaatlichen Legitimität und Transparenz der verwaltungsverfahrensrechtlichen Entscheidungsprozesse auf EU-Ebene bei. Dies bildet die notwendige **Ergänzung zur demokratischen Legitimität und Transparenz,** die durch den allgemeinen Dokumentenzugangsanspruch nach Art. 42 GRC und Art. 15 Abs. 3 AEUV vermittelt wird, ist aber aus rechtspraktischen wie -dogmatischen Gründen von dieser Gewährleistung scharf zu unterscheiden. Dies wird zuweilen auch von der Rechtsprechung nicht genügend berücksichtigt.[250] Vor dem Hintergrund des Wortlauts von Art. 41 Abs. 2 lit. b GRC ebenfalls kritisch zu betrachten ist die weiterhin uneinheitliche und restriktive Rechtsprechung betreffend den prozessualen **Schutz dritter Verfahrensbeteiligter** auf der Grundlage des verwaltungsverfahrensrechtlichen Akteneinsichtsrechts und das darauf aufbauende EU-Sekundärrecht. Dieser nur eingeschränkte Verfahrensrechtsschutz kann aus den genannten Gründen auch nicht – wie in der Rechtsprechung mittlerweile durch Vermutungsregeln klargestellt – durch das allgemeine Dokumentenzugangsrecht nach Art. 42 GRC und Art. 15 Abs. 3 AEUV kompensiert werden (→ Rn. 26 f.).[251] Insoweit gilt die Kritik an dem eingeschränkten persönlichen Gewährleistungsgehalt des Anspruchs auf rechtliches Gehör, aus dem die Rechtsprechung bislang das Akteneinsichtsrecht herleitet, entsprechend (→ § 58 Rn. 58 f.).

Schwierig zu beurteilen ist nach langjähriger, wechselhafter Entstehungsgeschichte in der Rechtsprechung, welchen Stellenwert das verwaltungsverfahrensrechtliche Akteneinsichtsrecht als Verfahrens- und Rechtsschutzgarantie sowohl im Verwaltungsverfahren selbst als auch im Falle der Rüge seiner Verletzung vor Gericht aufweist. Vertrat das EuG zunächst die Auffassung, dass Verstöße gegen des Akteneinsichtsrecht, sofern sie zu einer Verletzung der Verteidigungsrechte führen, gewissermaßen notwendig die gerichtliche Nichtigerklärung der angegriffenen Verwaltungsmaßnahme erforderten, hat die Rechtsprechung ihre **Fehlerfolgenkonzeption** allmählich verändert. Sie stellt nunmehr für den Nachweis der Verletzung der Verteidigungsrechte erhöhte Anforderungen, wobei dies mit der Frage der **Ergebnisrelevanz des Verfahrensverstoßes** verknüpft wird. Diese Konzeption droht allerdings, den eigenständigen Schutzgehalt des Akteneinsichtsrechts als Verfahrensgarantie und Standard der Verfahrensgerechtigkeit abzuwerten und der Frage der materiellen Ergebnisrichtigkeit bedingungslos unterzuordnen. Dies ist insbesondere im Hinblick darauf, dass die gerichtliche Kontrolle der EU-Wirtschaftsverwaltung, die vielfach auf der Grundlage nur eingeschränkt justiziabler Beurteilungsspielräume agiert, in materieller Hinsicht häufig reduziert ist, kritisch zu sehen. Nach der vom EuGH begründeten, überzeugenden Kontrollkonzeption bedarf es insoweit vielmehr einer verstärkten gerichtlichen Kontrolle der Einhaltung der Grundsätze des Verwaltungsverfahrens, was die erleichterte Möglichkeit der Nichtigerklärung wegen eines Verfahrensverstoßes einschließt.[252]

62

---

[250] Vgl. EuG T-205/99, Slg. 2002, II-3141 Rn. 63 – Hyper/Kommission; EuG T-329/00, Slg. 2003, II-287 Rn. 46 – Bonn Fleisch Ex- und Import/Kommission.
[251] Zutreffend *Nowak* in Behrens/Braun/Nowak S. 23 (48 ff.).
[252] Vgl. EuGH C-269/90, Slg. 1991, I-5469 Rn. 14 ff. – HZA München-Mitte/Technische Universität München. Zusammenfassend *Nehl* in Mendes S. 157 (190 ff.).

§ 60 Zugang zu Dokumenten

Übersicht

	Rn.
A. Überblick, Bedeutung und Entwicklung des Grundrechts	1–32
I. Überblick und systematischer Zusammenhang	1–4
II. Funktionen	5–12
III. Entwicklung	13–26
1. Allgemeine Entwicklung auf nationaler Ebene	13, 14
2. Entwicklung in den Mitgliedstaaten	15–18
3. Entwicklung im Völkerrecht	19, 20
4. Entwicklung in der EU	21–26
IV. Grundrechtscharakter	27–32
B. Gewährleistungsgehalt	33–64
I. Anwendungsbereich	34–38
II. Subjektiver Schutzbereich	39–43
1. Berechtigte	39–41
2. Das Wohnsitz- bzw. Sitzerfordernis	42, 43
III. Sachlicher Schutzbereich	44–64
1. Anspruchsvoraussetzungen	44, 45
2. Anspruchsumfang	46–55
3. Anspruchsverpflichtete	56–58
4. Verfahrensmäßige Absicherungen	59–64
C. Beeinträchtigung	65
D. Rechtfertigung	66–86
I. Gesetzesvorbehalt	66, 67
II. Rechtfertigungsgründe und Verhältnismäßigkeit	68–86
1. Allgemeines	68, 69
2. Die einzelnen Rechtfertigungsgründe nach VO (EG) Nr. 1049/2001	70–86
E. Zusammenfassende Bewertung und Ausblick	87, 88

Schrifttum:

Bartelt/Zeitler, Zugang zu Dokumenten der EU, EuR 2003, 487; *Blanchet,* Transparence et qualité de la rédaction, RTDE 1997, 915; *Bock,* Ein Sieg für die Transparenz? – Die neue Verordnung über den Zugang der Öffentlichkeit zu Dokumenten der EU, DÖV 2002, 556; *Boysen,* Transparenz im europäischen Verwaltungsverbund – Das Recht auf Zugang zu Dokumenten der Gemeinschaftsorgane und Mitgliedstaaten in der Rechtsprechung der europäischen Gerichte, DV 2009, 215; *Bradley,* La transparence de l'Union européenne: une évidence ou un tromp d'œil, CDE 1999, 283; *Brandsma/Curtin/Meijer,* How transparent are EU comitology committees in practice?, ELJ 2008, 819; *Brauneck,* Einsichtsrecht für alle in alle Schriftsätze vor EU-Gerichten?, EuZW 2017, 928; *ders.,* Kein Zugang zu Dokumenten: Politischer Handlungsspielraum der EU-Kommission in Gefahr?, NVwZ 2016, 489; *Bretthauer,* Informationszugang im Recht der Europäischen Union, DÖV 2013, 677; *Broberg,* Access to documents: a general principle of Community law?, ELR 2002, 194; *Cabral,* Access to Member State documents in EC law, ELR 2006, 378; *Castenholz,* Die EU-Transparenzverordnung: Zugang der Öffentlichkeit zu Dokumenten, EWS 2001, 530; *ders.,* Informationszugangsfreiheit im Gemeinschaftsrecht, 2004; *Curtin,* Citizens' Fundamental Right of Access to EU Information: An Evolving Digital Passepartout?, CMLR 37 (2000), 7; *dies./Meijers,* The principle of open government in Schengen and the European Union: democratic retrogression?, CMLR 1995, 391; *Davis,* The Court of Justice and the right of public access to Community – held documents, ELR 2000, 303; *Deckmeyn/Thomson* (Hrsg.), Openness and Transparency in the EU, 1998; *Dettling,* Die neue Transparenzpolitik der EMA – Grundrechtswidrigkeit, Empfehlungen und Rechtsmittel, PharmR 2015, 1; *Diamandouros,* Das Recht auf Zugang zu Dokumenten in der Europäischen Union und seine Durchsetzung, Jahrbuch Informationsfreiheit und Informationsrecht 2008, 167; *Dreher,* Transparenz und Publizität bei Ratsentscheidungen, EuZW 1996, 487; *Driessen,* The Council of the European Union and access to documents, ELR 2005, 675; *Feik,* Zugang zu EU-Dokumenten. Demokratie durch Transparenz, 2002; *Florini,* The End of Secrecy, Foreign Policy 111 (1998), 50; *Fluck/Theuer,* Freier Zugang der Öffentlichkeit zu Dokumenten des Europäischen Rates und der Kommission der Europäischen Gemeinschaften, EWS 1994, 154; *Frenzel,* Zugang zu Informationen der deutschen Behörden. Mit einer Dokumentation aus- und inländischer Rechtsquellen, 2000; *Goldschmidt,* The role of transparency and public participation in international environmental agreements, Boston College environmental affairs law review 29 (2002), 343; *Grewe,* Transparenz, Informationszugang und Datenschutz in Frankreich, DÖV 2002, 1022; *Gross,* EuGH zum Recht auf Zugang zu Dokumenten, die aus einem Mitgliedstaat stammen, EuZW 2008, 99; *Harlow,* Freedom of Information and Transparency as Administrative and Constitutional Rights, CYELS 2 (1999), 285; *Harden,* The revision of Regulation 1049/2001 on public access to documents, EPL 2009, 239; *Harlow,* Accountability in the European Union, 2002; *Hatje,* Verwaltungskontrolle durch die Öffentlichkeit – eine dogmatische Zwischenbilanz zum Umweltinformationsanspruch, EuR 33 (1998), 734; *Heitsch,* Die Transparenz der Entscheidungsprozesse als Element demokratischer Legitimation der Europäischen Union, EuR 2001, 809; *ders.,* Die Verordnung über den Zugang zu Dokumenten der Gemeinschaftsorgane im Lichte des Transparenzprinzips, 2003; *Heliskoski/Leino,* Darkness at the break of noon: The case law on regulation Nr. 1049/2001, CMLR 43 (2006), 735; *Jestaedt,* Das Geheimnis im Staat der Öffentlichkeit. Was darf der Verfassungsstaat verbergen?, AöR 126 (2001), 204; *Kahl,* Das Transparenzdefizit im Rechtsetzungsprozeß der EU, ZG 1996, 224; *Koppensteiner,* Die Transparenzverordnung im Wandel der Zeit, EuR 2014, 594; *Krämer,* Vertraulichkeit und Öffentlichkeit; Europäisches Vorverfahren und Zugang zu Informationen, FS Winter, 2003, 153; *Kranenborg,* Is it time to revise the European Regulation on Public Access to Documents?, EPL 2006, 251; *ders.,* Access to documents and data protection in the European Union: on the public nature of personal data, CMLR 2008, 1079; *Kugelmann,* Die informatorische Rechtsstellung des Bürgers, 2001; *Lafay,* L'accès aux documents du Conseil de l'Union: contribution á une problématique de la transparence en droit communautaire, RTDE 1997, 37; *de Leeuw,* The Regulation on public access to European Parliament, Council and Commission documents in the European Union: are citizens better of?, ELR 2003, 324; *dies.,* Openness in the legislative process in the European Union, ELR 2007, 295; *Leino,* Just a little sunshine in the rain: The 2010 jurisprudence of the European Court of Justice on access to documents, CMLR 48 (2011), 1215; *Lenaerts,* „In the Union we Trust": Trust Enhancing Principles of Community Law, CMLR 2004, 317; *ders./Corthaut,* Judicial Review as a contribution to the development of European Constitutionalism, YEL 2003, 1; *Lorenz,* Weitere Stärkung des Rechts auf Dokumentenzugang, NVwZ 2005, 1274; *Maes,* La refonte du règlement (CE) 1049/2001 relatif à l'accès du public aux documents du Parlement européen, du Conseil et de la Commission, RDUE 2008, 577; *Mähring,* Das Transparenzdefizit der Europäischen Union: Andeutungen einer Entflechtung, StWStP 9 (1998), 315; *Marsch,* Das Recht auf Zugang zu EU-Dokumenten – Die Verordnung (EG) Nr. 1049/2001 in der Praxis, DÖV 2005, 639; *Meltzian,* Das Recht der Öffentlichkeit auf Zugang zu Dokumenten der Gemeinschaftsorgane, 2004; *Mendel,* Freedom of Information: A Comparative Legal Survey, 2003; *Nolte,* Die Herausforderung für das deutsche Recht der Akteneinsicht durch europäisches Verwaltungsrecht, DÖV 1999, 363; *Nowak,* Mehr Transparenz durch Informationszugangsfreiheit, in Bruha/Nowak (Hrsg.), Die Europäische Union nach Nizza: Wie Europa regiert werden soll, 2003, S. 117; *ders.,* Informations- und Dokumentenzugangsfreiheit in der EU – Neuere Entwicklungen und Perspektiven, DVBl 2004, 272; *Öberg,* Public Access to Documents after the entry into force of the Amsterdam treaty: Much Ado About Nothing?, EIoP 2 (1998), Heft 8; *ders.,* EU Citizen's Right to Know: The Improbable Adoption of a European Freedom of Information Act, Cambridge Yearbook of European Legal Studies (CYELS) 2 (1999), 302; *Osterdahl,* EU Law and Swedish Law on Public Access to Documents – Potential Contrasts, in Andenas/Jarreborg (Hrsg.), Anglo-Swedish Studies in Law, 1998, S. 237; *Partsch,* Die neue Transparenzverordnung (EG) Nr. 1049/2001, NJW 2001, 3154; *ders.,* Die Freiheit des Zugangs zu Verwaltungsinformationen – Akteneinsichtsrecht in Deutschland, Europa und den USA, 2002; *Pauling,* Aktuelle Rechtsprechung des EuG zu Transparenz und Offenheit, EuZW 2018, 530; *Prechal/de Leeuw,* Transparency: A General Principle of EU Law?, in Bernitz/Nergelius/Cardner (Hrsg.), General Principles of EC Law in a Process of Development, S. 201; *Ragnemalm,* Démocratie et transparence: sur le droit général d'accès des citoyens de l'Union européenne aux documents détenus par les institutions communautaires, par Mancini, Bd. 2, 1998, 809; *Riemann,* Die Transparenz der Europäischen Union – Das neue Recht auf Zugang zu Dokumenten von Parlament, Rat und Kommission, 2004; *Röger,* Ein neuer Informationsanspruch auf europäischer Ebene: Der Verhaltenskodex vom 6. Dezember 1993 für den Zugang der Öffentlichkeit zu Kommissions- und Ratsdokumenten, DVBl 1994, 1182; *Sanner,* Der Zugang zu Schriftsätzen der Kommission aus Gerichtsverfahren vor den Europäischen Gerichten, EuZW 2011, 134; *Schadtle,* Informationsfreiheit und Verwaltungstransparenz in Europa: Das Recht auf Zugang zu Dokumenten aus den EG-Mitgliedstaaten auf dem Prüfstand, DÖV 2008, 455; *Scherzberg,* Die Öffentlichkeit der Verwaltung, 2000; *Schilling,* Transparenz und der Gerichtshof der EG, ZEuS 1999, 75; *Schnichels,* Die gläserne Kommission – Zugang zu Dokumenten der EG-Kommission, EuZW 2002, 577; *Schoch,* Informationsrecht in einem grenzüberschreitenden und europäischen Kontext, EuZW 2011, 388; *Schroeder,* Demokratie, Transparenz und die Regierungskonferenz, KritV 81 (1998), 423; *Sobotta,* Transparenz in den Rechtsetzungsverfahren der Europäischen Union, 2001; *Tietje/Nowrot,* Zugang zu Kartellrechtsakten nach der Transparenzverordnung als öffentliches Interesse, EWS 2006, 486; *Wägenbaur,* Der Zugang zu EU-Dokumenten – Transparenz zum Anfassen, EuZW 2001, 680; *Wegener,* Aktuelle Fragen der Umweltinformationsfreiheit, NVwZ 2015, 609; *ders.,* Ein strategischer Umgang mit Herrschaftswissen? Wider die Regelgeheimhaltung im Vertragsverletzungsverfahren, FS Jarass, 2015, 159; *Wehner,* Informationszugangsfreiheit zu staatlichen Quellen, 2012; *Wewers,* Das Zugangsrecht zu Dokumenten in der Europäischen Rechtsordnung, 2003; *Wolff,* Das unionale Dokumentenzugangsrecht und sein Verhältnis zum Wettbewerbsrecht, 2018; *Wölker,* Transparenz in der Europäischen Union, in Magiera/Sommermann (Hrsg.), Verwaltung in der Europäischen Union, 2001, S. 103.

A. Überblick, Bedeutung und Entwicklung des Grundrechts

I. Überblick und systematischer Zusammenhang

1 **Art. 42 GRC** gewährleistet allen Unionsbürgerinnen und Unionsbürgern sowie allen natürlichen und juristischen Personen mit Wohnsitz bzw. Sitz in der EU ein **voraussetzungsloses Recht auf Zugang zu Dokumenten** der Organe, Einrichtungen und sonstigen Stellen der EU. Dieses Recht ist Kern der Bemühungen der Union um mehr **Transparenz** und damit um mehr **Bürgernähe** und eine verstärkte **demokratische Legitimation** (→ Rn. 5). Das wird durch die gleichzeitige Aufnahme dieses Rechts im Lissabonner Vertrag in die grundlegenden Vorschriften des AEU-Vertrages in **Art. 15 Abs. 3 AEUV** betont.[1] Beide Vorschriften sind inhaltlich deckungsgleich: die frühere Version des Art. 42 GRC, nach deren Wortlaut lediglich die EU-Organe Parlament, Rat und Kommission verpflichtet worden waren, ist zum Inkrafttreten der Charta im Lissabonner Vertrag angepasst worden.[2] Auch bezieht sich das Recht in beiden Vorschriften auf Dokumente „unabhängig von der Form der [...] verwendeten Träger". Aufgrund der inhaltlichen Kongruenz greift nach allgemeiner Ansicht in Bezug auf Art. 42 GRC die allgemeine Regel des Art. 52 Abs. 2 GRC, wonach die Ausübung dieses Rechts in den **in den Verträgen festgelegten Bedingungen und Grenzen** erfolgt.[3] Daher gilt der nur in Art. 15 Abs. 3 UAbs. 1 AEUV enthaltene Zusatz „**vorbehaltlich** der Grundsätze und Bedingungen, die nach diesem Absatz festzulegen sind" auch für Art. 42 GRC.[4] Trotz der Nähe zu den Unionsbürgerrechten wird das Recht auf Zugang zu Dokumenten nicht in den Art. 20 ff. AEUV aufgeführt. Eingebettet ist das Recht in Art. 15 AEUV in den **Grundsatz der Offenheit** nach Abs. 1 sowie spezifische Regeln über die **Öffentlichkeit der Beratungen** von Europäischem Parlament und Rat in Abs. 2. Der Verweis auf die Bedeutung von Transparenz für die **Beteiligung der Zivilgesellschaft** in Art. 15 Abs. 1 AEUV belegt den engen Zusammenhang mit den **partizipativ-demokratischen Ansätzen** in Art. 11 EUV.[5] Nicht zuletzt dienen diese Vorschriften dem Ziel einer Union, in der „die Entscheidungen [...] möglichst offen getroffen werden" nach Art. 1 Abs. 2 EUV. In Übereinstimmung damit verlangt Art. 298 AEUV eine offene EU-Verwaltung.[6]

2 Zur **Umsetzung** der Vorgängernorm von Art. 42 GRC – Art. 255 Abs. 1 EGV – ist mit etwas Verspätung[7] Verordnung (EG) Nr. 1049/2001 erlassen worden.[8] Einige Jahre später folgte in Umsetzung der Århus Konvention ein spezifisches Recht auf **Zugang zu Umweltinformationen** bei den EU-Organen und -Einrichtungen mit Verordnung (EG) Nr. 1367/2006.[9] In der forensischen Praxis stehen diese **sekundärrechtlichenAnsprü-**

---

[1] Zuvor war das Recht etwas abseits in Art. 255 EGV verbrieft worden.
[2] S. zur ursprünglichen Fassung, vgl. *Magiera* in NK-EuGRCh Art. 42 Rn. 3.
[3] *Magiera* in NK-EuGRCh Art. 42 Rn. 5 unter Verweis auf CHARTE 4473/00 v. 11.10.2000, Erläuterungen des Präsidiums zu Art. 42; Jarass GRCh Art. 42 Rn. 12; *Klatt* in von der Groeben/Schwarze/Hatje GRC Art. 42 Rn. 10; *Schöbener* in Stern/Sachs GRC Art. 42 Rn. 12; *Sander* in Holoubek/Lienbacher, GRC-Kommentar, GRC Art. 42 Rn. 17.
[4] Jarass GRCh Art. 42 Rn. 12; *Klatt* in von der Groeben/Schwarze/Hatje GRC Art. 42 Rn. 10; *Schöbener* in Stern/Sachs GRC Art. 42 Rn. 12; *Sander* in Holoubek/Lienbacher, GRC-Kommentar, GRC Art. 42 Rn. 17.
[5] Näher dazu *Heselhaus* in FK-EUV/GRC/AEUV EUV Art. 11 Rn. 42.
[6] Vgl. die Auflistung von Art. 42 GRC, Art. 15 AEUV, Art. 10 Abs. 3 EUV sowie Art. 298 AEUV in EuGH C-57/16 P, ECLI:EU:C:2018:660 Rn. 74 – ClientEarth.
[7] Die in Art. 255 Abs. 2 EGV-Amsterdam vorgesehene Frist von zwei Jahren war Anfang Mai 2001 abgelaufen.
[8] ABl. 2001 L 145, 43. Damit hat sich die pessimistische Vorhersage von *Öberg* CYELS 2 (1999), 302 (327) nicht erfüllt.
[9] Verordnung (EG) Nr. 1367/2006 über die Anwendung der Bestimmungen des Übereinkommens von Århus über den Zugang zu Informationen, die Öffentlichkeitsbeteiligung an Entscheidungsverfahren und den Zugang zu Gerichten in Umweltangelegenheiten auf Organe und Einrichtungen der Gemeinschaft, ABl. 2006 L 264, 13.

che im Mittelpunkt der rechtlichen Auseinandersetzung, weshalb eine sinnvolle Kommentierung des Grundrechts nach Art. 42 GRC immer auch eine Kommentierung der VO (EG) Nr. 1049/2001 umfasst. Schon unter dem Nizza-Vertrag (Art. 255 Abs. 3 EGV) hatten die Organe **Sonderbestimmungen** in ihren **Geschäftsordnungen** festgelegt.[10] Dabei haben sie dem Gebot, bei einem Tätigwerden als Gesetzgeber, auch im Rahmen übertragener Befugnisse, die betreffenden Dokumente umfassender und in **größtmöglichem Umfang** direkt zugänglich zu machen, Rechnung zu tragen.[11] Dies ist in Art. 15 Abs. 2 AEUV ausdrücklich niedergelegt worden.

Bei der Ausgestaltung des Rechts auf Zugang zu Dokumenten sind auf primärrechtlicher **3** Ebene weitere Vorschriften zu beachten: Art. 339 AEUV statuiert den **Grundsatz der Amtsverschwiegenheit** für Mitglieder von Organen und sonstige Bedienstete der Union. Art. 298 AEUV stellt das Ziel einer „**offenen**", aber auch „**effizienten**" EU-Verwaltung auf. Ferner folgt aus dem Bezug zum **Recht auf Eingaben** und Antwort in einer der Vertragssprachen nach Art. 41 Abs. 4 GRC, Art. 24 Abs. 4 AEUV, dass der Antragsteller entsprechend die **Korrespondenzsprache** wählen kann. Art. 15 Abs. 3 UAbs. 4 AEUV stellt klar, dass die **Europäischen Gerichte** und die **EZB** sowie die **EIB** nur insoweit vom Recht auf Zugang zu Dokumenten verpflichtet werden, als sie **Verwaltungsaufgaben** wahrnehmen. Art. 15 Abs. 3 UAbs. 5 AEUV, der im Konventsentwurf noch ein Sonderregime für Dokumente, die das **Gesetzgebungsverfahren** betreffen, vorgesehen hatte, verweist nunmehr auch auf die Vorgaben der VO (EG) Nr. 1049/2001 (als der in Art. 15 Abs. 3 UAbs. 2 AEUV angesprochenen Verordnung). Schließlich finden sich noch allgemeine Vorgaben für die **aktive Veröffentlichung** von Dokumenten aus dem Gesetzgebungsverfahren.[12]

Neben dem allgemeinen Recht auf Zugang zu Dokumenten kennen die Verträge weitere **4** **subjektiv-rechtliche** Transparenzverbürgungen. Das **Grundrecht auf Datenschutz** gewährleistet nach Art. 8 Abs. 2 GRC jeder Person das Recht auf Auskunft über die sie betreffenden erhobenen Daten. Zu den Informationsansprüchen zählt des Weiteren das **Recht auf Akteneinsicht** gegenüber der Verwaltung nach Art. 41 Abs. 2 GRC. Dies bezieht sich auf Akten, die die Person im weiteren Sinn betreffen und kann auch **Informationen über Dritte** erfassen (→ § 61 Rn. 67). Während Art. 14 GRC im Verwaltungsverfahren greift, folgt aus Art. 47 GRC ein **Akteneinsichtsrecht in gerichtlichen Verfahren** (→ § 57 Rn. 38). Diese Rechte adressieren spezifische Situationen mit besonderen Interessen des Einzelnen an der Informationserlangung, die in der Abwägung mit konfligierenden Rechtsgütern entsprechend zu gewichten sind.[13] Da sich ihr Gewährleistungsbereich mit dem des allgemeinen Rechts auf Zugang zu Dokumenten in der Regel überschneidet, stehen diese Verbürgungen im Verhältnis der **Idealkonkurrenz** zueinander.[14] So ist in der Rechtsprechung eine **kumulative** Heranziehung der Zugangsrechte im Grundsatz akzeptiert worden.[15] Von diesen Informationszugangsrechten zu unterscheiden sind zwei weitere sektorspezifische Informationsrechte im Primärrecht, die sich aber nicht vor-

---

[10] Für das Europäische Parlament (EP) nunmehr Art. 122 GO-EP – 9. Wahlperiode 2019–2024, Juli 2019; vgl. auch den Leitfaden für die Pflichten der Beamten und Bediensteten des EP (Verhaltenskodex), ABl. 2000 C 97, 1 (10 f.). Für den Rat nunmehr Art. 1 iVm Anhang II Geschäftsordnung des Rates (Beschluss des Rates 2009/937/EU, ABl. 2009 L 325, 35, zuletzt geändert durch Beschluss (EU, Euratom) 2018/2076); vgl. auch den Kodex für ein einwandfreies Verhalten des Rates und seines Personals in der Verwaltungspraxis bei ihren beruflichen Beziehungen zur Öffentlichkeit (Beschluss des Generalsekretärs des Rates/Hohen Vertreters für die GASP), ABl. 2001 C 189, 1. Für die Kommission nunmehr: Geschäftsordnung der Kommission (K(2000) 3614, ABl. 2000 L 308, 26, zuletzt geändert durch Beschluss 2011/737/EU, Euratom), insbes. die Anhänge Sicherheitsvorschriften der Kommission, ABl. 2001 L 317, 1 sowie Kodex für gute Verwaltungspraxis in den Beziehungen der Bediensteten der Europäischen Kommission zur Öffentlichkeit, ABl. 2000 L 267, 63.
[11] Erwgr. 6 VO (EG) Nr. 1049/2001, ABl. 2001 L 145, 43.
[12] S. Art. 297 AEUV über die Veröffentlichung von Rechtsakten.
[13] S. die Hinweise auf die Rspr. bei Jarass GRCh Art. 47 Rn. 36.
[14] Für eine „kumulative" Anwendung Jarass GRCh Art. 42 Rn. 4; *Frenz*, HdbEuR Bd. IV, Rn. 4611.
[15] EuG T-92/98, Slg. 1999 II-3521 Rn. 44 – Interporc (II)/Kommission.

rangig gegen die Verwaltung richten: das Recht der **Verbraucher** auf Information gemäß Art. 169 Abs. 1 AEUV und die Unterrichtung der **Arbeitnehmer** nach Art. 153 Abs. 1 AEUV.

II. Funktionen

5 Das **allgemeine Informationszugangsrecht** basiert zum einen auf dem **Demokratieprinzip**,[16] wie es insbesondere in Art. 10 und 11 EUV zum Ausdruck kommt, und zum anderen auf dem **Transparenzprinzip** bzw. dem Prinzip der **Bürgernähe** nach Art. 1 Abs. 2 EUV und Art. 15 Abs. 1 AEUV.[17] In beiden Begriffen, **Transparenz** und **Offenheit**, schwingen positiv besetzte Konnotationen wie Klarheit, Durchsichtigkeit und Verständlichkeit mit.[18] Diese werden als Grundlage einer eigenverantwortlichen **Partizipation** des Einzelnen am öffentlichen Leben verstanden. Der Einzelne soll ausreichend Informationen erhalten, um an politischen Entscheidungsprozessen teilzunehmen, ihre Ergebnisse zu bewerten und dadurch zu besserer **Verantwortlichkeit** und *good governance,* zu mehr **Bürgernähe** und **Demokratie** beitragen.[19] Des Weiteren wird zutreffend darauf hingewiesen, dass Art. 42 GRC sowohl dem **öffentlichen** als auch **privaten Interessen** dienen kann.[20] Darüber hinaus ist festzuhalten, dass dieses Recht auch der Sicherung des **Rechtsstaatsprinzip** dient und zwar sowohl dessen subjektiv-rechtlicher Ausprägung zum Schutz eigener Rechte und Interessen als auch in seinem objektiv-rechtlichen Gehalt, etwa als Schutz vor Korruption durch Transparenz. Der Staat besitzt Informationen nicht nur als Selbstzweck, sondern im Dienste der Menschen.[21] Allerdings übt der Einzelne im Konzept des *good governance* seine Rechte zugleich zum Wohle der Allgemeinheit aus. Sein Auskunftsbegehren ist Grundlage für eine **bessere Kontrolle** der Durchführung einmal getroffener Entscheidungen und zwar nicht nur seitens der Regierung sondern auch der Verwaltung: *„Sunlight is said to be the best disinfectant".*[22] Als positive Folgen werden ein stärkeres Vertrauen in die Verwaltung und damit einhergehend eine größere Effektivität, nicht zuletzt durch die größere **Akzeptanz** von Verwaltungsentscheidungen, erwartet.[23] In der EU kommen diese Aspekte insbesondere bei der Kontrolle der Umsetzung des Unionsrechts durch die Mitgliedstaaten im Umweltrecht zum Tragen (→ Rn. 24).

6 Die **Ursprünge** des Gedankens der **Transparenz** und **Offenheit** wurden schon im Begriff der römischen *res publica* zur Anschauung gebracht.[24] Doch ließ bereits *Publius Cornelius Tacitus* mit den *arcana imperii,* den Geheimnissen der Macht[25], einen begrifflichen Gegenspieler auftreten, der später im Sinne der Staatsräson gedeutet wurde.[26] Teilweise

---

[16] Ausdrücklich zum demokratischen Charakter des Zugangsrechts EuGH C-60/15 P, ECLI:EU:C:2017:540 Rn. 60 f. – Saint-Gobain Glass Deutschland GmbH/Kommission.
[17] Wohl einhellige Ansicht, s. *Streinz* in Streinz GRC Art. 42 Rn. 2; Jarass GRCh Art. 42 Rn. 1; vgl. zu Transparenz und Bürgernähe *Magiera* in NK-EuGRCh Art. 42 Rn. 1.
[18] Zu weiteren Bedeutungen s. näher *Nowak* in Bruha/Nowak, Die Europäische Union nach Nizza: Wie Europa regiert werden soll, 2003, S. 117 (119). Auf Berührungspunkte mit dem Lobbying weist *Schaber* ZParl 1997, 266 ff. hin. Zur Transparenz der Gründungsverträge *Mähring* StWStP 9 (1998), 315 ff.
[19] Näher zu diesen Zielen *Harlow* CYELS 2 (1999), 285 (292); zu Bürgernähe und Responsivität *Schilling* ZEuS 1999, 75 (77); zur Bürgernähe s. Europäische Kommission, Zugang der Öffentlichkeit zu Dokumenten der Institutionen, ABl. 1993 C 156, 5; zur Bedeutung der Partizipation *Eckert,* Transparenz im Gesetzgebungsprozess, 2004, S. 39 ff.; zum Demokratieprinzip s. Jarass EU-GR § 37 Rn. 2. Vgl. auch deutsches Bundes-Informationsfreiheitsgesetz, BGBl. 2005 I 2722, zuletzt geändert durch G. v. 7.8.2013.
[20] Jarass GRCh Art. 42 Rn. 13, s. dazu EuG verb. Rs. T-314/16 und T-435/16, ECLI:EU:T:2018:841 Rn. 55 – VG/Kommission.
[21] *Mendel* S. iii.
[22] *Brandeis,* Other People's Money, 2. Aufl. 1932, S. 92.
[23] *Feik* S. 232.
[24] Zu einer Begriffsgeschichte von „Öffentlichkeit" *Jestaedt* AöR 126 (2001), 204 (207 ff.).
[25] Näher dazu *Stolleis* in Stolleis, Staat und Staatsräson in der frühen Neuzeit, 1990, S. 37 (48).
[26] *Botero,* Della Ragion di Stato, 1589, I, 1.

wurde die Notwendigkeit der Geheimhaltung als mit jedem Staat notwendig verbunden akzeptiert.[27] Es bestünden Parallelen zu politischen Parteien und natürlichen Personen, die ihre Selbstdarstellung nach außen, in der Öffentlichkeit, ebenfalls anderen Maximen unterwerfen würden als ihre interne Entscheidungsfindung.[28] Der notorische Parlamentarismuskritiker *Carl Schmitt* hielt sogar die Vorschriften über die Sitzungsöffentlichkeit des Parlaments für eine „überflüssige Dekoration", da der Gedanke, durch Verfahren und kritische Öffentlichkeit Wahrheit und Gerechtigkeit zu erreichen, illusionär sei.[29] Zutreffend ist, dass es nicht ausreicht, nur eine Inszenierung im Parlament transparent zu machen.[30] Aus tiefem Misstrauen hinsichtlich der Verführbarkeit der Öffentlichkeit durch Demagogie plädierte bereits in der Antike *Platon* für die Unabhängigkeit der Willensbildung der Staatsorgane eben von jener öffentlichen Meinung.[31]

In der EU ist der **partizipativ-demokratische Ansatz** im Lissabonner Vertrag im Primärrecht verankert worden. Neben dem Bekenntnis zum **repräsentativ-demokratischen Regierungssystem** werden jene Ansätze in Art. 10 Abs. 3 EUV und Art. 11 EUV ergänzend hervorgehoben.[32] Dies geschieht in Übereinstimmung mit dem überwiegenden Teil der repräsentativen Demokratien in Europa, der ein (einfachgesetzliches oder Grund-) Recht auf Zugang zu Informationen gegenüber dem Staat anerkennt (→ Rn. 31 ff.). Dass in der **Rechtswirklichkeit** dieses Recht häufig selektiv durch Presse und Wirtschaftsunternehmen genutzt wird, trägt rechtssoziologisch zu gewissen Bedenken im Hinblick auf die Einlösung einer egalitär-demokratischen Konzeption bei. Allerdings kann dem durch die bei weitem noch nicht ausgeschöpften Möglichkeiten der **elektronisch-digitalen Verwaltung** und objektiver Pflichten zur Registrierung vorhandener Information entgegengewirkt werden.[33] 7

Dagegen betonte *Immanuel Kant* den **rechtsstaatlichen Aspekt** der Transparenz: „Alle auf das Recht anderer Menschen bezogenen Handlungen, deren Maxime sich nicht mit der Publizität verträgt, sind unrecht".[34] Weitergehend analysierte *Max Weber,* dass der Begriff des Amtsgeheimnisses eine Erfindung der Bürokratie sei, „und nichts wird von ihr mit solchem Fanatismus verteidigt wie eben diese […] rein sachlich nicht motivierbare Attitude". Mit der Umwandlung von Dienstwissen in Geheimwissen entstehe das wichtigste **Machtmittel des Beamtentums**.[35] Diese Machtstellung wird im modernen Staat aufgrund der Komplexität der zu regelnden Probleme noch potenziert. Dann wird die grundsätzliche Gestattung des Zugangs zu staatlichen Informationen eine Grundvoraussetzung der effektiven Wahrnehmung der politischen (Kontroll-)Rechte. Für die Wahrnehmung der durch Öffentlichkeit ermöglichten Kontrolle der Regierenden ist nach *Karl Popper* jeder zu einem gewissen Grad verantwortlich.[36] 8

In der EU kommt das **rechtsstaatliche Konzept** eines Informationszugangsrechts in Art. 42 GRC zum einen **subsidiär** neben spezifischen Informationszugangsrechten zum anderen aber auch **eigenständig** zum Ausdruck. Für einen (ersten) engen Bereich des **Rechts an den eigenen Daten** ist ein subjektiver bzw. grundrechtlicher Schutz weitgehend anerkannt: jeder soll wissen können, welche persönlichen Informationen der Staat 9

---

[27] In diesem Sinne auch heute *Jestaedt* AöR 126 (2001), 204 (221).
[28] Ausführlich *Jestaedt* AöR 126 (2001), 204 (230 f.).
[29] *Schmitt,* Die geistesgeschichtliche Lage des heutigen Parlamentarismus, 2. Aufl. 1926, S. 10 f.
[30] *Sobotta* S. 44.
[31] *Platon,* Politeia, Hauptteil, V. Buch, Kap. 18 ff.; IV. Buch, Kap. 7 f., 10.
[32] Näher dazu *Heselhaus* in FK-EUV/GRC/AEUV EUV Art. 10 Rn. 29 ff.; zur grundsätzlichen Unterscheidung von Transparenz sowie Bürgernähe von Demokratie und ihren Berührungspunkten *Schilling* ZEuS 1999, 75 (76).
[33] S. dazu die Vorschläge in Kommission, Bericht über die Anwendung der Grundsätze der Verordnung (EG) Nr. 1049/2001 über den Zugang der Öffentlichkeit zu Dokumenten des Europäischen Parlaments, des Rates und der Kommission, KOM(2004) 45, 49.
[34] *Kant* in Weischedel, Immanuel Kant, Werke in zwölf Bänden, Bd. XI, 1968, S. 191 (245); dazu *Sobotta* S. 40.
[35] *Weber,* Wirtschaft und Gesellschaft, 1964, S. 731, 1085.
[36] *Popper,* The Open Society and Its Enemies, 5. Aufl. 1966, S. 121.

über ihn gesammelt hat. Je nach den betroffenen Daten ergibt sich der entsprechende Auskunftsanspruch insbesondere aus Datenschutzrechten oder dem Persönlichkeitsrecht (näher dazu → § 21 und → § 19). Einen (zweiten) Anspruch auf – über den engen persönlichen Bereich hinausgehende – Daten fordern Aspekte des **materiellen Grundrechtsschutzes** oder des Rechtsstaatsprinzips. So werden einerseits den Betroffenen in Verwaltungsverfahren das Recht auf Zugang zu bestimmten Informationen der Verwaltung eingeräumt (**Akteneinsichtsrecht**) (→ § 61 Rn. 62 ff.). Andererseits kann dem Einzelnen das Recht auf Informationen darüber zugesprochen werden, ob seine **Grundrechte** überhaupt **beeinträchtigt** werden.[37] In beiden Varianten kommt dem Informationsrecht überwiegend eine **verfahrensrechtliche** Bedeutung zur Sicherung dahinter stehender materieller Rechte zu.

10 Darüber hinaus wird aber auch das Interesse an einer **möglichst umfassenden Information** *per se* in Art. 42 GRC anerkannt. Dieser Ansatz kommt auch in den Grundrechten auf **Meinungs-, Presse- und Informationsfreiheit** zum Ausdruck.[38] In diesem Sinn wird das traditionelle Grundrecht auf Informationsfreiheit teilweise als Unterfall einer umfassend verstandenen „Informationsfreiheit" gedeutet.[39] Diese Grundrechte gewähren allerdings in rechtsvergleichender Sicht regelmäßig keinen Anspruch darauf, dass Informationen zugänglich gemacht werden (→ § 27 Rn. 21), sondern sie wehren Eingriffe ab, die die Information aus bereits zugänglichen Quellen unterbinden sollen. Jedoch zeichnen sich in der **EMRK** Ansätze ab, das **Recht auf Informationsfreiheit** weiter im Sinne des Zugangs zu – jedenfalls bestimmten – staatlichen Informationen zu interpretieren (→ Rn. 20). Da die einschlägigen Grundrechte eine Grundvoraussetzung für die freie Bildung von Meinungen sichern, werden sie den **politischen Freiheiten** zugerechnet und als Grundlage einer demokratischen Gesellschaft angesehen.[40]

11 Zusammengefasst lässt sich bilanzieren, dass dem Informationszugangsrecht eine **abwehrrechtliche** Komponente eigen ist, weil es staatliche Ingerenz durch die Eröffnung von Kontrollmöglichkeiten diszipliniert. In seiner im Hinblick auf andere materielle Grundrechte unterstützenden Funktion und seiner positiven Rückkopplung für die Legitimation von Regierung und Verwaltung kommt des Weiteren eine starke **verfahrensrechtliche** Komponente zum Ausdruck[41], auch wenn zur Wahrnehmung des Rechts nicht die Angabe eines konkreten Zwecks erforderlich ist. Darüber hinaus berührt ein umfassendes Recht auf Zugang zu Informationen auch den *status positivus* des Einzelnen und muss den **politischen** Freiheitsrechten zugerechnet werden. Ferner geht es in nicht zu übersehender **Nähe zu** den **sozialen Grundrechten** um die Erschließung einer neuen Informationsquelle für alle und zwar vom vermuteten größten Besitzer von Informationen, dem modernen Leistungsstaat. Die Quellenmetapher weist auf eine **Parallele zur staatlichen Grundversorgung** hin, bei der Information gleichsam wie das Wasser im Hinblick auf alles Leben als Lebenselixier der Demokratie angesehen wird. In diesem Sinne handelt es sich um ein **Leistungsrecht,** das ein Minimum an Versorgung mit Informationen gewährleistet.

12 Bei allen Unterschieden besteht Konsens darüber, dass bestimmte Interessen des Einzelnen, etwa persönliche Daten oder Betriebsgeheimnisse, sowie des Staates, insbesondere hinsichtlich der äußeren Sicherheit oder polizeilicher Ermittlungen, durch **Vertraulichkeit** geschützt werden müssen.[42] Entsprechende Ausnahmebestimmungen weisen alle Verbürgungen subjektiver Informationsrechte in den Mitgliedstaaten auf (→ Rn. 17). Wird

---

[37] In diesem Sinne entnimmt der EGMR etwa Art. 8 EMRK ein Anspruch auf Informationen über mögliche Gesundheitsgefahren, EGMR NVwZ 1999, 57 – Guerra ua/Italien.
[38] Zum Zusammenhang mit einem allgemeinen Informationsanspruch näher *Österdahl* Openness v. Secrecy: Public Access to Documents in Sweden and the European Union, ELR (23) 1998, 336 (339).
[39] *Bull* ZG 2002, 201 (202).
[40] S. zur Meinungsfreiheit nach Art. 10 EMRK EGMR NJW 1999, 1315 – Fressoz u. Roire/Frankreich.
[41] Zu diesem Aspekt *Gundel* in Ehlers GuG § 19 Rn. 20.
[42] Zur Schranke der schutzwürdigen Interessen *Sobotta* S. 83 f.; zur Amtsverschwiegenheit und der Effizienz der Verwaltung *Wewers* S. 191 f.

damit deutlich, dass es im (Grund-)Rechtsstaat **keine absolute Öffentlichkeit** geben kann, liegt eine wichtige Funktion der Anerkennung solcher Individualrechte auf Informationen in der Festlegung eines **Rechtfertigungserfordernisses** für den Rückzug der Administration hinter den sog. *paper curtain*. Daher ist in der EU die Aufwertung zum primärrechtlichen Grundrecht unter dem „Vorbehalt" der näheren sekundärrechtlichen Konkretisierung in Art. 15 Abs. 3 AEUV erfolgt, auf den sich Art. 42 GRC bezieht (→ Rn. 1).

III. Entwicklung

1. Allgemeine Entwicklung auf nationaler Ebene. Abgesehen von der historischen 13
Ausnahmeerscheinung des **seit 1776** bestehenden **schwedischen** subjektiven **Rechts** auf Zugang zu Informationen, die bei öffentlichen Stellen vorhanden sind[43], hat sich die Idee eines solchen Rechts im Wesentlichen in zwei großen Schüben verbreitet. Nach einem ersten Schub in den 1960er/70er Jahren, der vor allem westliche Industriestaaten erfasst hatte[44], hat sich die Zahl der Staaten, die entsprechende subjektive Rechte gewähren, bis 2007 **weltweit** mehr als verdoppelt.[45] Die frühere regionale Begrenzung der Anerkennung eines solchen Rechts ist überwunden, auch wenn es noch eine örtliche **Ausnahme** gibt: den **Nahen Osten**.

Die Rechte auf Zugang zu Informationen werden überwiegend auf **einfachgesetzli-** 14
cher Ebene statuiert, zu einem nicht unbedeutenden Teil aber auch verfassungsrechtlich **als Grundrechte** gewährleistet.[46] Noch weitergehend wird in der Literatur teilweise eine Ausweitung selbst dieser Rechte gefordert: sie sollen um ein Recht auf **Informations-beschaffung** durch Staaten und ein Recht auf Zugang zu Informationen, die **bei Privaten,** insbesondere Forschungseinrichtungen oder in der Wirtschaft vorhanden sind, ergänzt werden.[47] Zur Sicherung möglichst umfassender Transparenz sehen manche Staaten neben dem Schutz der Quellen von Journalisten zusätzlich Bestimmungen zum Schutz von Personen vor, die unbefugt Informationen weitergeben.[48]

2. Entwicklung in den Mitgliedstaaten. Seit 2004 verfügt eine deutliche Mehrheit der 15
Mitgliedstaaten über eine **verfassungsrechtliche Verbürgung** eines Rechts auf Zugang zu Dokumenten. Bis auf Malta und Zypern brachten alle neuen Mitgliedstaaten entsprechende Rechte in die Union ein.[49] Zuvor hatten fast alle alten Mitgliedstaaten –

---

[43] Das Pressefreiheitsgesetz von 1776 ist nach Kapitel 2 § 1 Abs. 3 schwedVerf Teil der Verfassung. Näher dazu *Österdahl* ELR (23) 1998, 336 ff., *Andersen* AJIL 21 (1973), 419 ff.; *Öberg* CYELS (1999), 302 (304 ff.); *Sobotta* S. 336 f. Entsprechend der damaligen schwedischen Vorherrschaft galt das Recht auch in Gebieten anderer heutiger skandinavischer Staaten, wie Finnland.
[44] S. insbesondere den Freedom of Information Act in den USA von 1966. Vorläufer sind section 3 des Federal Administrative Procedure Act von 1946, dazu *Cross*, The People's Right to Know: Legal Access to Public Records and Proceedings, 1953, und der kalifornische sog. Brown Act von 1952, dazu *Singer* in Rowat, Administrative Secrecy in Developed Countries, 1979, S. 310 ff.; s. auch *Foerstel*, Freedom of Information and the Right to Know – The Origins of Applications of the Freedom of Information Act, 1999, und *Rowat*, The Right to Know: Essays on Governmental Publicity and Public Access to Information, 1980.
[45] *Mendel* S. iii; s. auch die aktuellen Daten unter http://home.online.no/~wkeim/informationsfreiheitsgesetz. htm.
[46] S. die Analyse von *Mendel* S. 18, der 13 Staaten auflistet. Auf S. 124 verwischt er allerdings im Ergebnis die Differenzierung zwischen einfach-gesetzlichem Anspruch und Grundrecht, wenn er erklärt, dass hinter allen Ansprüchen „ziemlich klar" ein „basic right" stehe. Differenzierend zwischen Verwaltungs- und Verfassungsrecht *Harlow* CYELS 2 (1999), 285 (286 ff.).
[47] *Sand* ZaöRV 63 (2003), 487 (499 f.). Zu Offenlegungspflichten im Zivilrecht rechtsvergleichend *van Rossum* MJ 7 (2000), 300 ff.
[48] *Österdahl* ELR 1998, 336 (338). Allgemein zu den sog. Whistleblowern s. *Mendel* S. 35 f.
[49] Art. 3 tschechVerf iVm Art. 17 Abs. 5 tschechGR-Deklaration; Art. 44 Abs. 2 estnVerf; Art. IX Abs. 2 aE ungGG (nicht explizit sowie abgeschwächt im Vergleich zum älteren Art. 61 ungVerf von 1949); Art. 104 Abs. 115 lettVerf; Art. 25 Abs. 5 litVerf; Art. 61 Abs. 1 polnVerf, näher dazu *Nowacki* ELR 7 (2001), 344 ff.; Art. 26 Abs. 5 slowakVerf; Art. 39 Abs. 2 slowenVerf.

§ 60 12. Abschnitt. Justizielle Grundrechte und Verfahrensgarantien

relativ spät Deutschland[50] und noch später Luxemburg[51] – ein solches Recht eingeführt,[52] doch nicht immer auf Verfassungsebene. Daher konnte man 2001 entgegen der Ansicht von GA *Léger* noch keinen Konsens in Bezug auf eine **grundrechtliche** Verbürgung feststellen.[53] Inhaltlich weisen die Regelungen zwar gewisse Unterschiede auf, doch lässt sich ein **übereinstimmend gewährleisteter Kern** erkennen. Berechtigt wird in der überwiegenden Zahl **jedermann**.[54] Nur in wenigen Fällen werden allein Staatsbürger berechtigt[55]; häufig geht dann die einfach-gesetzliche Ausgestaltung dennoch über diese Vorgabe hinaus.[56] Übergreifend ist kennzeichnend, dass Berechtigte **kein besonderes Interesse** nachweisen müssen.[57] Ausnahmen bestehen in Italien, wo ein berechtigtes Interesse verlangt wird, und in Griechenland, wo nach der Spruchpraxis des Staatsrates ein begründetes Interesse erforderlich ist.[58]

---

[50] Das Bundes-Informationsfreiheitsgesetz, BGBl. 2005 I 2722, ist am 1.1.2006 in Kraft getreten; zuletzt geändert durch G. v. 7.8.2013. Noch gegen ein Prinzip der Aktenöffentlichkeit OVG Berlin NJW 1987, 817; VGH München NJW 1990, 775, BVerfGE 70, 324 (358). Kritisch dazu *Bull* ZG 2002, 201 ff.; *Nolte* DÖV 1999, 363 ff.; *Schoch* DV 2002, 149 ff.

[51] Einführung nach über 17-jähriger Wartezeit, vgl. https://www.wort.lu/de/politik/mehr-transparenz-der-lange-weg-zum-freien-informationszugang-595b3c4aa5e74263e13c3786, durch das Gesetz vom 14.9.2018 über eine transparente und offene Verwaltung, JO 2018 No. 883.

[52] Belgien: Art. 32 belgVerf, Öffentlichkeitsgesetz vom 12.11.1997 (Gesetz über die Öffentlichkeit der Verwaltung in den Provinzen und Kommunen); Dänemark: Öffentlichkeitsgesetz Nr. 572 vom 19.12.1985; Finnland: § 12 Abs. 2 finnVerf, Öffentlichkeitsgesetz Nr. 621 vom 21.5.1999; Frankreich: Informationsfreiheitsgesetz Nr. 78–753 vom 17.7.1978 (näher dazu *Grewe* DÖV 2002, 1022 ff.), mittlerweile in weiten Teilen ersetzt durch das „Gesetz über die Beziehungen zwischen der Öffentlichkeit und der Verwaltung" (mittels Verordnung Nr. 2015-1341 vom 25.10.2015); Griechenland: Art. 10 Abs. 3 Verfassung (Auskunftspflicht); Art. 5 Verwaltungsverfahrensgesetz Nr. 2690 von 1999; Irland: Informationsfreiheitsgesetz von 1997; Großbritannien, Informationsfreiheitsgesetz von 2002, allerdings ließ sich die britische Regierung mit der erforderlichen Implementierung des Gesetzes Zeit und kündigte an, dass Ansprüche nicht vor 2005 wirksam gestellt werden könnten; zur geltenden Rechtslage daher noch aktuell *Hare* CYELS 2 (1999), 329 ff.; Italien: Art. 22 ff. Gesetz Nr. 241 von 1990; Niederlande: Art. 110 ndlVerf, Öffentlichkeitsgesetz vom 31.10.1991; Österreich: Art. 20 Abs. 3, 4 Bundesverfassungsgesetz, Auskunftspflichtgesetz; Portugal: Art. 268 Abs. 1, 2 portVerf, Art. 65 von 1993, geändert durch Gesetz Nr. 8/95 vom 29.3.1995; Schweden: Kapitel 2 § 1 Abs. 3 Verfassung, Kapitel 2 Art. 1 Pressefreiheitsgesetz (zählt in Schweden zu den vier Verfassungsinstrumenten); Spanien: Art. 105 lit. b spanVerf, vgl. auch Art. 9 Abs. 3, 80, 120 spanVerf, Art. 37 Gesetz Nr. 30 vom 26.11.1992.

[53] So meint GA *Léger*, SchlA C-353/99 P, Slg. 2001, I-9565 Rn. 55 – Rat/Heidi Hautala, etwa auch in Italien eine verfassungsrechtliche Gewährleistung erkennen zu können, ohne das allerdings im Einzelnen zu belegen. Zurückhaltend gegenüber der Feststellung einer Verfassungstradition auch die rechtsvergleichende Wertung bei *Sobotta* S. 344.

[54] Art. 32 Abs. 5 belgVerf; § 4 dänisches Öffentlichkeits-Gesetz Nr. 572 von 1985; Art. 12 Abs. 2 finnVerf; Art. 1 frz. Informationsfreiheitsgesetz Nr. 78–753; Sect. 1 brit. Informationsfreiheitsgesetz von 2000; Sect. 6 irisches Informationsfreiheitsgesetz von 1997; § 2 öst. Auskunftspflichtgesetz von 1987; zu den griechischen Gesetzen s. Europäische Kommission, SG. B.2/VJ/CD D(2000), Überblick über die Rechtsvorschriften der Mitgliedstaaten betreffend den Zugang zu Dokumenten, S. 10.

[55] So Art. 110 ndlVerf; Art. 105 lit. b spanVerf; s. auch Art. 44 estnVerf (allerdings einfach-gesetzlich ausgeweitet auf jedermann); Art. 25 litVerf; Art. 61 Abs. 1 polnVerf,; dagegen bestehen Jedermann-Rechte in Art. 3 tschechVerf iVm Art. 17 Abs. 5 tschechGR-Deklaration und Art. IX Abs. 2 aE ungGG.

[56] S. etwa Art. 268 portVerf und § 7 Gesetz Nr. 65 von 1993; in Schweden beziehen sich Verfassung und Pressegesetz nach Kapitel 2 § 1 Abs. 3 schwedVerf zwar auf die Bürger, sie gewähren dessen ungeachtet in der Praxis ein „Jedermann"-Recht (vgl. die Ausweitung des Anwendungsbereichs nach Kap. 14 Art. 5 § 2 Pressefreiheitsgesetz), näher dazu *Österdahl* ELR 1998, 336 (339). *Andersen* AJIL 21 (1973), 419 ff.; s. auch Art. 32 belgVerf, und Öffentlichkeitsgesetz vom 12.11.1997 (Gesetz über die Öffentlichkeit der Verwaltung in den Provinzen und Kommunen); Art. 110 ndlVerf, und Öffentlichkeitsgesetz vom 31.10.1991.

[57] So in Art. 3 tschechVerf iVm Art. 17 Abs. 5 tschechGR-Deklaration; Art. 44 Abs. 2 estnVerf; Art. 104, 115 lettVerf; Art. 25 Abs. 5 litVerf; Art. 61 Abs. 1 polnVerf, näher dazu *Nowacki* ELR 7 (2001), 344 ff.; Art. 26 Abs. 5 slowakVerf; Art. 39 Abs. 2 slowenVerf; Art. 32 belgVerf, und Öffentlichkeitsgesetz vom 12.11.1997 (Gesetz über die Öffentlichkeit der Verwaltung in den Provinzen und Kommunen); Art. 110 ndlVerf, und Öffentlichkeitsgesetz vom 31.10.1991.

[58] Kommission, Vergleichende Analyse der Gesetzgebung der Mitgliedstaaten und der Kandidatenländer über den Zugang zu Dokumenten, Nr. 2, einzusehen unter http://europa.eu.int/comm/secretariat_general/sgc/acc_doc/docs/compa_de.pdf, S. 11 bzw. 14. Diese Einschränkungen werden in Statistiken

In der überwiegenden Zahl der Mitgliedstaaten ist der Auskunftsanspruch dem Wortlaut **16** nach zwar nur auf **Dokumente** bezogen, doch wird dieser **Begriff** inhaltlich weit verstanden im Sinne von auf **jede** Weise gespeicherter **Information**.[59] In Schweden und Finnland ist der Anspruch formal auf „offizielle" Dokumente begrenzt, ohne dass sich daraus eine nennenswerte Einschränkung im Vergleich zu anderen Staaten ergeben würde.[60] Nicht erfasst werden durchgehend Ansprüche auf neue Informationen, die die Behörde erst ermitteln müsste. **Anspruchsverpflichtet** wird regelmäßig die **Verwaltung**.[61] Dies wird in manchen Regelungen funktional aufgefasst, so dass auch Private[62] (Beliehene) im Rahmen einer entsprechenden Tätigkeit einbezogen werden.

Große Übereinstimmung besteht auch im Hinblick auf die **Ausnahmen** vom Doku- **17** mentenzugangsrecht, die zum Schutz privater und öffentlicher Interessen vorgesehen werden. Hinsichtlich dieser sehen alle Staaten umfangreiche Kataloge vor, die selten enumerativ sind[63], bzw. häufig weit auslegbare (Auffang-)Tatbestände aufweisen[64]. Durchgängig finden sich neben Ermessenstatbeständen auch zwingende Ausnahmen. Eine Abwägung der widerstreitenden Interessen ist nicht immer vorgesehen[65], vereinzelt werden sog. *harmtests* verlangt.[66]

Interessanter Weise hindert selbst eine relativ vag gehaltene verfassungsrechtliche Ver- **18** bürgung nicht, das Recht formal den **Grundrechten** zuzurechnen.[67] Allerdings werden nicht in allen Verfassungen entsprechende Individualrechte formuliert, sondern zuweilen **Pflichten** der öffentlichen Verwaltung. So stellen nach Art. 110 ndlVerf „die Behörden (…) bei der Durchführung ihrer Aufgaben Öffentlichkeit gemäß durch Gesetz zu erlassender Vorschriften her". Allerdings folgen daraus in der Praxis keine grundlegenden Unterschiede bei der Geltendmachung.[68] Während in Schweden das Informationszugangsrecht beim Beitritt zur EU sogar „EU-rechtsfest" gemacht wurde,[69] wird in **Deutschland** auf Bundesebene nach sporadischen Ansätzen in der Rechtsprechung[70] ein entsprechendes umfassendes Recht seit Anfang 2006 lediglich auf einfachgesetzlicher Ebene gewährleistet.[71] Eine bereichsspezifische Ausnahme bildet das **Umweltinformationsgesetz**, dass aufgrund EU-Umweltrechts verabschiedet werden musste und zunächst nur halbherzig

---

oft nicht beachtet, so dass manche statistische Aussage von Protagonisten des Rechts auf *Freedom of Information* beschönigt erscheint.

[59] Kommission, Überblick über die Rechtsvorschriften der Mitgliedstaaten betreffend den Zugang zu Dokumenten, 9. September 2000, SG. B.2/VJ/CD D(2000).

[60] Zu Schweden s. *Österdahl* ELRev 1998, 336 (339).

[61] In Frankreich werden im Informationsfreiheitsgesetz Nr. 78–753 vom 17.7.1978 die gesetzgebenden Organe ausdrücklich ausgeschlossen; in Großbritannien werden im Informationsfreiheitsgesetz von 2002 minutiös einzelne Behörden aufgezählt, in Irland werden im Informationsfreiheitsgesetz von 1997 zunächst alle öffentlichen Behörden erfasst, um dann doch wieder etliche auszuschließen.

[62] Private mit Verwaltungsfunktionen erfassen § 4 finn. Öffentlichkeitsgesetz Nr. 621 vom 21.5.1999. In Griechenland werden nach § 16 Gesetz Nr. 1599/1987 bei privatrechtlichen Körperschaften des öffentlichen Sektors nur die von diesen erstellten Dokumente erfasst.

[63] Vgl. Art. 20 Abs. 3, 4 östVerf; Art. 2 schwed. Pressefreiheitsgesetz; § 24 finn. Öffentlichkeitsgesetz enthält allerdings 32 (!) Ausnahmen.

[64] S. den Vorrang einfacher gesetzlicher Regelungen in § 5 port. Gesetz Nr. 65 von 1993, geändert durch Gesetz Nr. 8/95 vom 29.3.1995.

[65] So in Großbritannien im Informationsfreiheitsgesetz von 2002, in Irland im Informationsfreiheitsgesetz von 1997 und in den Niederlanden im Öffentlichkeitsgesetz vom 31.10.1991.

[66] So in Großbritannien im Informationsfreiheitsgesetz von 2002 und in Griechenland im Verwaltungsverfahrensgesetz Nr. 2690 von 1999.

[67] Insbesondere Art. 17 tschechGR-Deklaration; Art. 25 Abs. 5 litVerf.

[68] S. etwa die Präambel zum ndl. Öffentlichkeitsgesetz.

[69] Schweden hat seinerzeit einen dem deutschen Grundrechtsvorbehalt in Art. 23 GG vergleichbaren Vorbehalt im Hinblick auf die Garantie der Informationsfreiheit erklärt. Vor dem Beitritt zur EU änderte Schweden die Verfassung und fügte in Kapitel 10 den entsprechenden Art. 5 § 1 ein, näher dazu *Öberg* CYELS 2 (1999), 302 (308).

[70] OVG Berlin NJW 1987, 817; VGH München NJW 1990, 775.

[71] Zum deutschen Bundes-Informationsfreiheitsgesetz, BGBl. 2005 I 2722, zuletzt geändert durch G. v. 7.8.2013.

umgesetzt worden war.[72] Hingegen sind **auf Landesebene** mehrere **Informationsgesetze** verabschiedet worden, die den Anspruch auf Zugang zu Dokumenten relativ weit ausgestalten. Sie sehen alle ein Zugangsrecht zu Akten für jedermann vor[73], Art. 21 Abs. 4 BbgVerf gesteht Verbänden und Bürgerinitiativen sogar auf Verfassungsebene ein Recht auf Information zu.[74] Sowohl der Begriff der Akte als auch der verpflichteten Verwaltung wird weit verstanden.[75] Die Ausnahmen umfassen die typischen Kataloge und sind zum Teil zwingend.[76]

19   3. **Entwicklung im Völkerrecht.** Auf völkerrechtlicher Ebene sind wichtige Impulse vom Umweltvölkerrecht ausgegangen. So ist die Entwicklung eng mit der **Rio-Deklaration** von 1992 verknüpft, die das Zurverfügungstellen von Informationen als eine Grundvoraussetzung einer nachhaltigen Entwicklung ansieht.[77] **Sektorspezifisch** haben sich daraus in der **Århus-Konvention** weitgehende Informationsrechte hinsichtlich der Umwelt entwickelt.[78] Wohl nicht zuletzt aufgrund der Nähe zur Entwicklungspolitik haben UNDP und Weltbank eigene Informationspolitiken ausgearbeitet, die von einem Grundsatz der Zugänglichmachung ausgehen.[79]

20   Das ist nicht ohne Auswirkungen auf die Forderung nach einem allgemeinen Informationszugangsrecht geblieben. So befürworteten eine Expertengruppe und der Ministerrat des *Commonwealth* 1999 ein solches Recht.[80] In der Literatur werden bisweilen Art. 19 AEMR und Art. 19 IPBPR als Quelle eines solchen Rechts interpretiert[81], obwohl ihr Wortlaut eher auf ein Recht auf bereits allgemein zugängliche Information hindeutet. 1999 hat der *Special Rapporteur* des **UN-Menschenrechtsausschusses** für eine solche Interpretation eine gewisse Zustimmung erhalten.[82] Unter der **EMRK** hat der EGMR nach einer Phase der Ablehnung[83] in jüngerer Zeit eine **positive Informationspflicht** aus der **Meinungsfreiheit** nach Art. 10 EMRK jedenfalls in bestimmten Fällen abgeleitet.[84] Diese Interpretation ist in der Literatur schon früher gefordert worden.[85] Daneben bejaht der EGMR Informationsansprüche des Einzelnen in der tradierten Sicht als **verfahrensrechtliche**

---

72 Zu den Mängeln der Umsetzung *Heselhaus* EuZW 2000, 298 ff.
73 ZB Berlin: § 3 Abs. 1 berl. Informationsfreiheitsgesetz (IFG) (GVBl. 1999, Nr. 45, S. 561, zuletzt geändert durch G. v. 2.2.2018); Brandenburg: § 1 bbg. Akteneinsichts- und Informationsgesetz (AIG) (GVBl. 1998 I 46, zuletzt geändert durch G. v. 8.5.2018); Nordrhein-Westfalen: § 4 Abs. 1 Informationsfreiheitsgesetz NRW (IFG) (GV NRW 2001 S. 806, zuletzt geändert durch G. v. 17.5.2018); Schleswig-Holstein: § 3 Informationszugangsgesetz SH (IZG) (GVOBl. 2012 S. 89, zuletzt geändert durch G. v. 13.12.2018), welches das Informationsfreiheitsgesetz von 2000 ersetzte.
74 Entsprechend ist das bbg. AIG nach seinem § 9 auf diese Antragsteller analog anwendbar.
75 § 2 Abs. 1 und § 3 Abs. 2 berl. IFG; §§ 2, 3 bbg. AIG; §§ 2, 3 IFG NRW; § 2 IZG SH.
76 §§ 5–12 berl. IFG; §§ 4, 5 bbg. AIG; §§ 6–9 IFG NRW; §§ 9–10 IZG SH.
77 Prinzip 10 S. 2 Rio-Deklaration, UN Doc. A/Conf.151/26 (vol. 1); s. dazu *Calliess*, Rechtsstaat und Umweltstaat – Zugleich ein Beitrag zur Grundrechtsdogmatik im Rahmen mehrpoliger Verfassungsrechtsverhältnisse, 2001, S. 141 ff., 337 ff.
78 UN Doc. ECE/CEP/43, in Kraft seit dem 30.10.2001.
79 UNDP, Public Information Disclosure Policy, 8. Version 2016, abrufbar unter https://popp.undp.org/UNDP_POPP_DOCUMENT_LIBRARY/Public/AC_Accountability_Making%20Information%20Available%20to%20the%20Public.docx; World Bank, The World Bank Policy on the Disclosure of Information, EXC4.01-POL.01, jüngste Fassung 2015 („Bank Policy: Access to Information"), abrufbar unter http://pubdocs.worldbank.org/en/393051435850102801/World-Bank-Policy-on-Access-to-Information-V2.pdf; näher dazu *Mendel* S. 20 ff.
80 Expert Group Meeting on the Right to Know, Promoting Open Government: Commonwealth Principles and Guidelines on the Right to Know; 1999; Communiqué, Meeting of Commonwealth Law Ministers, 1999, zitiert nach *Mendel* S. 5.
81 *Mendel* S. 2.
82 Report of the Special Rapporteur, Promotion and protection of the right to freedom of opinion and expression, UN Doc. E/CN.4/1998/40, Abs. 14; s. dazu die zustimmende Resolution der UN-Menschenrechtskommission 1998/42, Abs. 2.
83 EGMR Rep. 1998-I, 225 Rn. 53 – Guerra.
84 EGMR 8.11.2016 – 18030/11 Rn. 151 ff. – Magyar Helsinki Bizottság v. Hungary.
85 Report of the Special Rapporteur, Promotion and protection of the right of freedom of opinion and expression, UN Doc. E/CN.4/2000/63, 18.1.2003, Rn. 43. Eine solche extensive Interpretation findet sich bei Befürwortern eines umfassenden Informationszugangsrechts, s. etwa *Coliver* in Coliver/Hoffman/

Komponente zur Absicherung von anderen materiellen Grundrechtsverbürgungen, wie dem Recht auf Privatleben nach Art. 8 EMRK.[86] Schon früher war in **Empfehlungen des Europarates** ein allgemeines Recht auf Zugang zu Dokumenten gefordert worden. In den Empfehlung Rec (81) 19,[87] Rec (2000) 13[88] sowie Rec (2002) 2[89] ist die Berechtigung auf Zugang zu Informationen für jedermann gegenüber Regierung und Verwaltung ein Kernelement. Dies zielt nach Rec (2002) 2 auf „offizielle Dokumente" und meint damit Informationen, die bei öffentlichen Behörden zu öffentlichen oder Verwaltungszecken gesammelt werden.[90] Dort werden bis zu 10 Kategorien von **Ausnahmen** aufgestellt, die einem Zugang entgegenstehen. Für Beschränkungen des Zugangsrechts werden ein **Gesetzesvorbehalt** sowie eine **Verhältnismäßigkeitsprüfung** verlangt.[91] Die Bemühungen kulminierten im Beschluss der „Konvention des Europarats über den Zugang zu amtlichen Dokumenten" 2009 in Tromsø (sog. **Tromsø-Konvention**). Dieser fehlen aber noch 10 Ratifikationen zu einem Inkrafttreten, ua diejenigen Deutschlands, Österreichs, der Schweiz und Liechtensteins.[92] Für die eigenen Angelegenheiten des Europarates hatte das Ministerkomitee bereits 1998 eine Entscheidung über den Zugang zu Dokumenten erlassen.[93]

4. Entwicklung in der EU. Dass die EU den ersten Schub der Entwicklung in den 60er Jahren ausgelassen hat, entspricht der lange Zeit vorherrschenden funktionell-regulativen Sicht des Integrationsprozesses, die einen prononcierten Ausdruck in der Charakterisierung der (früheren) Europäischen Gemeinschaft als Zweckverband durch *H. P. Ipsen* gefunden hat.[94] So begnügte sich das EG-Recht anfangs mit eher **rechtsstaatlich** motivierten Öffentlichkeitsgeboten, wie der Pflicht zur **Veröffentlichung von Rechtsakten**.[95] Im Hinblick auf die Transparenz des Handelns der Gemeinschaftsorgane war bis zum Amsterdamer Vertrag nur die Veröffentlichung der **Verhandlungsniederschriften des EP** nach Maßgabe seiner Geschäftsordnung garantiert.[96] Seit dem Amsterdamer Vertrag muss der Rat, wenn er als Gesetzgeber tätig wird, mindestens das **Abstimmungsergebnis,** die **Erklärungen zur Abstimmung** und die Protokollerklärungen veröffentlichen.[97] Im weiteren Sinne zählen hierzu auch die freiwilligen Veröffentlichungen im Bulletin der EU und die Öffentlichkeitsarbeit der Kommission. Eine sektorale Besonderheit stellte die im früheren Art. 47 Abs. 2 S. 2 EGKSV enthaltene Verpflichtung der Hohen Behörde (später: Kommission) dar, „alle Angaben zu veröffentlichen, die für die Regierungen oder alle anderen Beteiligten von Nutzen sein können". Über diese begrenzten Ansätze hinaus geht die Verordnung über die **Freigabe der historischen Archive der EU,** wonach alle

21

Fitzpatrick/Bowen, Secrecy and Liberty: National Security, Freedom of Expression and Access to Information, 1999, S. 11 (14 ff.).
[86] EGMR NVwZ 1999, 57 – Guerra ua/Italien.
[87] S. unter http://cm.coe.int/ta/rec/2000/2000r13.htm. Vgl. zuvor schon die Empfehlungen Nr. 582 (1970) und Nr. 854 (1979) der parlamentarischen Versammlung des Europarats; s. Yearbook on the European Convention on Human Rights 1970, S. 56 (58 ff. und 80). Die Empfehlung Rec (81) 19 ist von allen damaligen Mitgliedstaaten mit Ausnahme von Italien und Luxemburg akzeptiert worden, *Sobotta* S. 331.
[88] S. unter https://rm.coe.int/CoERMPublicCommonSearchServices/DisplayDCTMContent?documentId =09000016804cea4f.
[89] S. unter http://cm.coe.int/stat/E/Public/2002/adopted_texts/recommendations/2002r2.htm.
[90] Nr. I. Rec (2002) 2.
[91] Nr. IV.1. Rec (2002) 2.
[92] Council of Europe Convention on Access to Official Documents, CoE Treaty Series – No. 205, abrufbar unter https://rm.coe.int/CoERMPublicCommonSearchServices/DisplayDCTMContent?documentId=0900001680084826.
[93] CM (97)54, CM (98)81, GR-AB (98)10, einzusehen unter http://cm.coe.int/dec/1998/641/13.htm.
[94] *Ipsen,* Der deutsche Jurist und das europäische Gemeinschaftsrecht, 45. DJT Verh. (1964) II/L 14, *Ipsen* VVDStRL 23 (1966), 128 (130).
[95] Art. 191 EGV iFv Maastricht; vgl. Art. 297 AEUV.
[96] Art. 142 Abs. 2 EGV iFv Maastricht; vgl. Art. 232 Abs. 2 AEUV.
[97] Art. 207 Abs. 3 UAbs. 2 S. 3 EGV iFv Amsterdam.

Organe und Einrichtungen der EU historische Archive anlegen müssen, in denen sie Dokumente nach Ablauf von 30 Jahren der Öffentlichkeit zugänglich machen müssen.[98]

22 Parallel dazu kannte das Primärrecht schon immer Geheimhaltungsvorschriften, wie die Regelung über die **Amtsverschwiegenheit**[99] und den **Schutz der Sicherheitsinteressen** der Mitgliedstaaten.[100] Die **Interessen Einzelner** an einem Schutz vor der Offenlegung von Informationen aus ihrem Bereich wurden vor Inkrafttreten der Grundrechtecharta durch die einschlägigen ungeschriebenen EU-Grundrechte, etwa die Berufsfreiheit oder das Recht auf Privatsphäre geschützt. Ferner kann das Recht auf Zugang zu Informationen mit dem in der Rechtsprechung anerkannten Schutz der **Verwaltungseffizienz bzw. -effektivität** kollidieren.[101]

23 Ansätze zu einem umfassenden Informationsanspruch, noch auf die Kontrolle bzw. Evaluierung der Rechtsetzung beschränkt, lassen sich in der Entschließung des EP von 1984 zur **Öffentlichkeit der Gemeinschaftsverfahren** erkennen.[102] 1988 forderte das EP dann ausdrücklich die Anerkennung eines „Informationsrechts" als Grundfreiheit des Bürgers[103], nunmehr auch gegenüber der Verwaltung.[104] Den Weg in das Primärrecht fand zwar nur der Aspekt eines **transparenteren Beschlussverfahrens** über Erklärung Nr. 17 des Maastricht-Vertrages. Doch deuteten deren Überschrift „Erklärung zum Recht auf Zugang zu Informationen" und der darin enthaltene Hinweis auf die „Stärkung des demokratischen Charakters der Organe und des Vertrauens der Öffentlichkeit in die Verwaltung"[105] auf eine Umsetzung mittels eines Individualrechtes hin. Der in **Erklärung Nr. 17** ebenfalls enthaltenen Berichtspflicht kam die Kommission 1993 mit zwei **Mitteilungen** nach, in denen sie die Ergebnisse einer rechtsvergleichenden Untersuchung über den „Zugang der Öffentlichkeit zu den Informationen" in den Mitgliedstaaten darstellte[106] und grundlegende Prinzipien und Voraussetzungen für einen Dokumentenzugang in der EU ausarbeitete[107].

24 Als **Katalysator** für die Entwicklung hat die sektorspezifische Zuerkennung eines Informationszugangsanspruchs im **Umweltrecht** gewirkt. 1990 wurde mit Richtlinie 90/313/EWG ein umfassender Anspruch natürlicher und juristischer Personen auf Zugang zu umweltbezogenen Informationen in den Mitgliedstaaten, unabhängig von der Geltendma-

---

[98] Art. 1 Abs. 1 VO (EWG, Euratom) Nr. 354/83, ABl. 1983 L 43, 1, idF von VO (EG, Euratom) Nr. 1700/2003, ABl. 2003 L 243, 1.

[99] Art. 287 EGV, vgl. heute Art. 339 AEUV.

[100] Art. 296 Abs. 1 lit. a EGV; vgl. Art. 346 AEUV.

[101] EuG T-14/98, Slg. 1999, II-2489 Rn. 86 – Heidi Hautala/Rat, akzeptiert einen unangemessenen Verwaltungsaufwand als Abwägungsgrund im Rahmen der Verhältnismäßigkeitsprüfung. Das wird von EuGH C-353/99 P, Slg. 2001 I-9565 Rn. 30 – Rat/Hautala, gedeckt, der auf das Interesse an einer ordnungsgemäßen Verwaltung abstellt. Ebenso EuG T-2/03, ECLI:EU:T:2005:125 Rn. 102 – Verein für Konsumenteninformation/Kommission; vgl. zur Offenheit und Effizienz der EU-Verwaltung Art. 298 Abs. 1 AEUV.

[102] Nr. 1–4, 6 Entschließung des EP zur Öffentlichkeit der Gemeinschaftsverfahren, ABl. 1984 C 172, 176 mahnten hinsichtlich der „Verwaltungsakte" der EG eigene Rechtsvorschriften über ihre Öffentlichkeit an, eine Ausweitung der Informationsdienste, die Veröffentlichung von Erklärungen im Ratsprotokoll in Bezug auf Richtlinien und Verordnungen, sowie den Zugang eines jeden Bürgers zu Studien, Untersuchungen, Statistiken, die einer Richtlinie oder einer Verordnung zugrunde liegen. Nach Nr. 5 sollte die Öffentlichkeit in die Lage versetzt werden, die Berichte der Mitgliedstaaten über die Umsetzung des EG-Rechts einzusehen.

[103] Nr. 1 Entschließung des EP zur Öffentlichkeit der Gemeinschaftsverfahren, ABl. 1988 C 49, 175. Nach Nr. 2 sollte sich die EG dazu an den Vorgaben des Europarates und der dänischen und niederländischen Gesetze über die Öffentlichkeit der Verwaltung orientieren. Die tatsächliche Erfüllung von Öffentlichkeitsgeboten sollte nach Nr. 7 ein Obmann des EP überwachen.

[104] S. die Einbeziehung der Verwaltungsausschüsse und der beratenden Ausschüsse in Nr. 6 Entschließung des EP zur Öffentlichkeit der Gemeinschaftsverfahren, ABl. 1988 C 49, 175.

[105] Erklärung Nr. 17 zum Recht auf Zugang zu Informationen, ABl. 1992 C 191, 101; noch relativ unbestimmt waren die Forderungen des Europäischen Rates von Birmingham, Bull.EG 10–1992, S. 9, und Edinburgh, Bull.EG 12–1992, S. 7, die EG transparenter zu gestalten.

[106] Mitteilung des EP, Zugang der Öffentlichkeit zu Dokumenten, die sich im Besitz der Gemeinschaftsorgane befinden, ABl. 1993 C 156, 5; ausführlich zur Entwicklung in der EU, *Bradley* CDE 1999, 283 (287 ff., 319 ff.).

[107] Mitteilung des EP, Transparenz in der Gemeinschaft, ABl. 1993 C 166, 4.

chung eines besonderen Interesses, eingeführt.[108] Während in der offiziellen Begründung ursprünglich nur das Ziel der Verbesserung des Umweltschutzes erwähnt wurde[109], wird in der konsolidierten Fassung nach Richtlinie 2003/4/EG, die die weiter vorangeschrittene Entwicklung im Umweltvölkerrecht über die Århus-Konvention für die EU rezipiert, auf die notwendigen Zwischenschritte der Schärfung des Umweltbewusstseins sowie die Ermöglichung eines freien Meinungsaustauschs und eine wirksamere Teilnahme der Öffentlichkeit an Entscheidungsverfahren hingewiesen und der Bezug zu **Offenheit** und **Transparenz** hergestellt.[110] Allerdings gewährleistet Richtlinie 2003/4/EG lediglich den Informationsanspruch gegen die Mitgliedstaaten. Diesbezüglich steht der Gedanke der vollzugseffektivierenden **Umsetzungskontrolle** im Vordergrund, auch wenn andere Aspekte, wie die Erhöhung der **Rationalität** der Entscheidung und der **Akzeptanz** in der Bevölkerung sowie der Beitrag zur **demokratischen Legitimation** nicht unerwähnt bleiben.[111] Nichtsdestotrotz belegt die in der Folgezeit ergangene Rechtsprechung zum genauen Umfang des Anspruchs, wie stark auch im Sonderbereich der Umweltpolitik die Interessen an einer Geheimhaltung auch oder gerade auf europäischer Ebene sind.[112] Dem Auftrag der Århus-Konvention, einen Informationsanspruch auch gegenüber den EU-Einrichtungen zu gewährleisten,[113] ist die Union wiederum nur mit großer **zeitlicher Verzögerung** 2006 mit **VO (EG) Nr. 1367/2006** nachgekommen.[114] In der Folgezeit Entwicklung im **internationalen Umweltrecht** hat die EU mittlerweile überholt.

In der Folge der umweltrechtlichen Entwicklung seit 1990 nahmen Rat und Kommission nach Aufforderung durch den Europäischen Rat im Dezember 1993 einen **Verhaltenskodex** für den Zugang der Öffentlichkeit zu **Rats-** und **Kommissionsdokumenten** an[115], den beide Organe bei der Ausführung durch eigene Beschlüsse beachten wollten. Diese Verpflichtung erfüllte der Rat noch 1993 mit dem **Beschluss über den Zugang der Öffentlichkeit zu Ratsdokumenten,** der den Zugang als die Regel festlegte, zum Schutz gegenläufiger Interessen des Hoheitsträgers und Einzelner eine Reihe von Ausnahmebestimmungen vorsah.[116] Die Kommission folgte 1994 mit einem weitgehend inhaltsgleichen Beschluss[117], das EP erst 1997[118] sowie zahlreiche andere EU- Einrichtungen[119]. So war 1994 der Grundsatz der Geheimhaltung der von diesen Organen verwalteten Informationen aufgegeben worden.[120] Im **Amsterdamer Vertrag** von 1999 ist dann im Primärrecht das Recht auf Zugang zu Dokumenten bei den EU-Organen Rat, Kommission und Parlament in **Art. 255 EGV** aufgenommen worden. Allerdings stand die Vorschrift unter einem Vorbehalt der Umsetzung in einer Frist von 2 Jahren. Gleichwohl brauchte die EU bis 2001 bis sie die **VO (EG) Nr. 1049/2001** über den allgemeinen Zugang zu Dokumenten

25

---

[108] S. dazu *Wheeler* RECIEL Vol. 3 (1994), 1 ff. Zum Zugang zu Umweltinformationen in Großbritannien s. *Pugh/Moor* RECIEL Vol. 3 (1994), 36 ff.
[109] Erwgr. 4 RL 90/313/EWG, ABl. 1990 L 158, 56.
[110] Erwgr. 1 RL 2003/4/EG, ABl. 2003 L 41, 26.
[111] *Hatje* EuR 1998, 734 ff.; *Nehl*, Europäisches Verwaltungsverfahren und Gemeinschaftsverfassung, 2002, S. 213 ff.
[112] So im ersten Fall gegen die Kommission, EuG T-105/95, Slg. 1997, II-313 (37 ff.) – WWF/Kommission; s. dazu die Anmerkung von *Chiti* CMLR 1998, 189 ff.
[113] Die EU ist Vertragspartei, Beschluss 2005/370/EG, ABl. 2005 L 124, 1.
[114] ABl. 2006 L 264, 13.
[115] ABl. 1993 L 340, 41.
[116] Beschluss 93/731/EG, ABl. 1993 L 340, 43.
[117] Beschluss 94/90/EGKS, EG, Euratom, ABl. 1994 L 46, 58.
[118] Beschluss 97/632/EG, EGKS, Euratom, ABl. 1997 L 263, 27.
[119] Zur Europäischen Umweltagentur s. ABl. 1997 C 282, 5; zur Europäischen Stiftung für Berufsbildung ABl. 1997 C 369, 10, zur Europäischen Stiftung zur Verbesserung der Lebens- und Arbeitsbedingungen ABl. 1997 L 296, 25; weitere Nachweise im Sonderbericht des Europäischen Bürgerbeauftragten (616/PUBAC/F/IJH).
[120] GA *Tesauro*, SchlA C-58/94, Slg. 1996, I-2169 Rn. 15 – Niederlande/Rat. Die Einführung der Vorschrift geht maßgeblich auf die Interessen der skandinavischen Staaten und des EP zurück. Interessanter Weise hat das EP, das vehement für einen Informationsanspruch eingetreten ist, seinen ersten eigenen Transparenz-Kodex erst 1997 nach den anderen Organen verabschiedet hat.

erließ.¹²¹ Für viele **Einrichtungen der Union,** die vom Gesetzgeber der EU geschaffen worden sind, sind Vorgaben über einen Zugang zu Dokumenten mittlerweile **in** die betreffenden **Gründungsakte** eingearbeitet worden.¹²² Die übrigen nicht unmittelbar von VO (EG) Nr. 1049/2001 erfassten Einrichtungen wurden von EP, Rat und Kommission aufgefordert, ähnliche Regelungen über den Zugang zu den bei ihnen befindlichen Dokumenten aufzustellen.¹²³

26 Im **Lissabonner Vertrag** wurde schließlich die Vorschrift über den Zugang zu Dokumenten in Art. 15 Abs. 3 AEUV in Titel II über die allgemein geltenden Bestimmungen aufgenommen und **aufgewertet.** Auf diese Vorschrift verweist das **Grundrecht nach Art. 42 GRC** über Art. 52 GRC. Ausdrücklich wird in Art. 15 Abs. 3 UAbs. 3 AEUV die Pflicht, entsprechende Zugangsrechte zu gewährleisten, für alle „Organe, Einrichtungen und Stellen" der EU festgelegt. Allerdings ist die früher in Art. 255 EGV vorgesehene **Frist** für die Umsetzung von zwei Jahren entfallen. Dies ist aber dem Umstand geschuldet, dass die entsprechende Verordnung seit 2001 in Kraft ist. Das ist insofern nicht unbedenklich, als eventuell andere EU-Stellen noch nicht entsprechende Zugangsrechte vorgesehen haben.

IV. Grundrechtscharakter

27 Umstritten ist, ob Art. 42 GRC ein **unmittelbar wirksames Grundrecht** gewährt.¹²⁴ Vor Inkrafttreten der Grundrechtecharta hätte die Bejahung des Grundrechtscharakters eine weite **Auslegung** gestützt und den **Anwendungsvorrang** vor entgegenstehendem Sekundärrecht gesichert. Die praktische Relevanz der Frage war aber deshalb gering, weil die Rechtsprechung eine weite Auslegung aus dem damaligen Grundsatzcharakter der Zugangsrechte, wonach Ausnahmen eng auszulegen seien, zunächst gemäß den früheren Verhaltenskodizes der Organe¹²⁵, später gemäß Art. 1 lit. a VO (EG) Nr. 1049/2001 ableitete. Zudem wurde im Ergebnis eine Abwägung¹²⁶ wie beim **Verhältnismäßigkeitsgrundsatz** durchgeführt, etwa wenn zumindest ein Zugang zu Teilen des angefragten Dokuments gewährt wurde.¹²⁷ So hatte sich die Problematik mit dem Erlass der VO (EG) Nr. 1049/2001 darauf reduziert, ob auch andere EU-Stellen als die dort erwähnten Rat, Kommission und Parlament, Zugangsrechte gewährleisten mussten. Nach Inkrafttreten der Grundrechtecharta ist diese Frage unter dem Lissabonner Vertrag mit der Ausweitung des Art. 15

---

¹²¹ ABl. 2001 L 145, 43
¹²² S. zu einem entsprechenden Ansatz: Gemeinsame Erklärung zur Verordnung (EG) Nr. 1049/2001 des Europäischen Parlaments und des Rates über den öffentlichen Zugang zu Dokumenten des Europäischen Parlaments, des Rates und der Kommission, ABl. 2001 L 173, 5.
¹²³ Gemeinsame Erklärung zur Verordnung (EG) Nr. 1049/2001 des Europäischen Parlaments und des Rates über den öffentlichen Zugang zu Dokumenten des Europäischen Parlaments, des Rates und der Kommission, ABl. 2001 L 173, 5.
¹²⁴ Dafür *Wegener* in Calliess/Ruffert AEUV Art. 15 Rn. 11, dort Fn. 32; Jarass GRCh Art. 42 Rn. 2; aA *Schöbener* in Stern/Sachs GRC Art. 42 Rn. 8; EuG T-105/95, Slg. 1997, II-313 Rn. 56 – WWF/Kommission; EuGH verb. Rs. C-174/98 P und C-189/98 P, Slg. 2000, I-1 Rn. 27 – Van der Wal/Kommission; EuG T-309/97, Slg. 1999, II-3217 Rn. 36, 39 – Bavarian Lager/Kommission.
¹²⁵ EuG T-105/95, Slg. 1997, II-313 Rn. 56 – WWF/Kommission; EuG T-124/96, Slg. 1998, II-231 Rn. 49 – Interporc (I)/Kommission; EuG T-83/96, Slg. 1998, II-545 Rn. 41 – Van der Wal/Kommission; noch enger die Auslegung in EuGH verb. Rs. C-174/98 P und C-189/98 P, Slg. 2000, I-1 Rn. 27 – Van der Wal/Kommission; EuG T-188/97, Slg. 1999, II-2463 Rn. 53 f. – Rothmans/Kommission; EuG T-309/97, Slg. 1999, II-3217 Rn. 36, 39 – Bavarian Lager/Kommission; EuG T-211/00, Slg. 2002, II-485 Rn. 55 – Kuijer (II)/Rat.
¹²⁶ Zum grundsätzlichen Erfordernis einer Abwägung EuG T-194/94, Slg. 1995, II-2765 Rn. 65 – Carvel/Rat.
¹²⁷ EuG T-14/98, Slg. 1999, II-2489 Rn. 77 ff. – Hautala; EuG T-188/98, Slg. 2000, II-1959 Rn. 36 ff. – Kuijer (I)/Rat; EuG T-123/99, Slg. 2000, II-3269 Rn. 30 – JT Corporation/Kommission. Nach Ansicht des EuG T-304/99, Slg. 2001, II-2265 Rn. 69 ff. – Mattila/Rat und Kommission, darf der Verwaltungsaufwand etwa für die Unkenntlichmachung von Passagen in einem Dokument nicht unverhältnismäßig sein; offengelassen in EuGH C-353/01 P Rn. 32, EuZW 2004, 350 f. – Mattila/Rat und Kommission, wonach eine solche Begründung jedenfalls nicht im gerichtlichen Verfahren nachgereicht werden kann.

Abs. 3 AEUV, der über Art. 52 GRC für die Auslegung von Art. 42 GRC maßgeblich ist, auf alle EU-Organe und -Stellen im Grundsatz beantwortet worden. Doch bleibt zu klären, ob der Einzelne ein Zugangsrecht **unmittelbar** auf Art. 42 GRC stützen kann, auch wenn das Sekundärrecht für die betreffenden EU-Stellen nicht ein solches bereitstellt, praxisrelevant.

Wendet man sich in einem ersten Schritt der Frage zu, ob Art. 42 GRC ein **Grundrecht** gewährleistet, so wird dies in der Literatur soweit ersichtlich einhellig bejaht.[128] Die Vorschrift sei **nicht** als **Grundsatz** im Sinne des Art. 51 Abs. 1 GRC anzusehen. Es ist allgemein anerkannt, dass die Grundsätze sich dadurch von den Grundrechten in der Charta unterscheiden, dass ihre Gewährleistung „nach dem Gemeinschaftsrecht und den einzelstaatlichen Rechtsvorschriften und Gepflogenheiten" erfolgt,[129] also einem **Konkretisierungsvorbehalt** unterliegen. Doch in einem zweiten Schritt verweigert die überwiegende Ansicht Art. 42 GRC die **unmittelbare Anwendbarkeit**, weil der Konkretisierungsvorbehalt nach Art. 15 Abs. 3 AEUV eingreife.[130] Diese Argumentation widerspricht aber der Dogmatik der Grundrechtecharta, weil Art. 52 Abs. 5 GRC nicht unmittelbar anwendbare Vorschriften der Charta als Grundsätze und gerade nicht als Grundrechte qualifiziert.[131] Sollte die unmittelbare Anwendbarkeit verneint werden, könnte aufgrund dieser spezifischen Vorschrift auch keine Herleitung des Grundrechtscharakters über Art. 1 Abs. 2 EUV erfolgen.[132]

28

Die **Rechtsprechung vor Inkrafttreten** der Grundrechtecharta konnte der Frage nach dem **Grundrechtscharakter** des Rechts auf Zugang zu Dokumenten lange Zeit ausweichen (→ Rn. 27). Zum Schwur kam es, als eine Klägerin unter Berufung auf Primärrecht die Ausnahme der sog. Urheberregel, wonach die Kommission befugt war, Dokumente, deren Urheber sie nicht war, vom Geltungsbereich des (damaligen) Kodexes auszunehmen, generell in Frage stellte. Nachdem zuvor das EuG 1999 dies in der Rs. *Interporc II* abgelehnt hatte[133], meinte GA *Léger* 2001 in der Rs. *Hautala* dennoch aus intensiven rechtsvergleichenden Überlegungen ein (höherrangiges) Unionsgrundrecht auf Zugang zu Dokumenten erkennen zu können. Zwar ließ der EuGH in der Entscheidung dieses Falles offen, ob „sich das Gericht [...] zu Unrecht auf das Bestehen eines „Grundsatzes des Rechts auf Information" gestützt hat", griff diesen Gedanken aber nicht auf. Aus dieser Zurückhaltung folgerte später GA *Léger* in seinen Schlussanträgen im Rechtsmittelverfahren zur Rs. *Interporc II,* dass ein solches Grundrecht nicht anzuerkennen sei.[134] In jenem Fall hob der EuGH schließlich zwar „die immer stärkere Betonung des Rechts des Einzelnen auf Zugang zu Dokumenten, die im Besitz der Behörden sind" hervor und sah die Bedeutung dieses Rechts „durch die Entwicklung des gemeinschaftsrechtlichen Rahmens" als bestätigt an.[135] Dennoch habe es „zum Zeitpunkt des Erlasses der streitigen Entscheidung", also zur Zeit der Geltung der Verhaltenskodizes, **keinen „Grundsatz** oder

29

---

[128] *Streinz* in Streinz GRC Art. 42 Rn. 2; *Klatt* in von der Groeben/Schwarze/Hatje GRC Art. 42 Rn. 3; *Wegener* in Calliess/Ruffert GRC Art. 42 Rn. 1; *Heselhaus* in FK-EUV/GRC/AEUV GRC Art. 42 Rn. 9 f., AEUV Art. 15 Rn. 37; *Magiera* in NK-EuGRCh Art. 42 Rn. 6; *Schöbener* in Stern/Sachs GRC Art. 42 Rn. 5, *van Voormizeele* in Schwarze GRC Art. 42 Rn. 1 f. Originell ist der Ansatz von *Bock* DÖV 2002, 556 (559), nach einem ungeschriebenen Grundrecht neben Art. 255 EGV zu fragen. *Feik* S. 280 f. enthält sich einer eigenen Stellungnahme zur der formalen Frage, nähert sich aber inhaltlich der bejahenden Sicht an, wenn er aus Art. 255 EGV eine Vermutung folgert, die zu einer Beweislastumkehr führe.
[129] S. etwa Art. 34 Abs. 2 GRC.
[130] *Streinz* in Streinz GRC Art. 42 Rn. 2; *Magiera* in NK-EuGRCh Art. 42 Rn. 6; *Schöbener* in Stern/Sachs GRC Art. 42 Rn. 5; *van Voormizeele* in Schwarze GRC Art. 42 Rn. 5; *Schnichels* EuZW 2002, 577; unklar *Wewers* S. 272, der von der „Existenz eines allgemeinen Grundsatzes" spricht.
[131] Danach können Grundsätze „durch Akte der Gesetzgebung [...] umgesetzt werden".
[132] So aber *Curtin* CMLR 2000, 7 (14). Ähnlich auch *Sobotta* S. 345 f., der ua aus dem möglichen Konflikt des Gemeinschaftsrechts mit nationalen Gewährleistungen folgert, dass ein „zwingendes Bedürfnis" für die Aufnahme eines entsprechenden Grundsatzes in das Gemeinschaftsrecht bestehe.
[133] EuG T-92/98, Slg. 1999, II-3521 Rn. 73 f. – Interporc (II)/Kommission.
[134] GA *Léger*, SchlA C-41/00 P, ECLI:EU:C:2002:162 Rn. 80 – Interporc (II)/Kommission.
[135] EuGH C-41/00 P, ECLI:EU:C:2003:125 Rn. 38 f. – Interporc (II)/Kommission.

eine allgemeine Regelung **des Gemeinschaftsrechts**" gegeben, mit der „ausdrücklichen Bestimmung", dass die Kommission nicht befugt gewesen war, die Urheberregel im Rahmen ihrer Organisationsgewalt aufzustellen. Demnach lehnt die höchstrichterliche Rechtsprechung jedenfalls **zurzeit der Verhaltenskodizes** die Annahme eines Grundrechtscharakters ab.[136] 1999 hatte das EuG 2001 eine unmittelbare Wirkung des damaligen Art. 255 EGV mit der Begründung verneint, dass die Vorschrift aufgrund des Verweises auf die Ausgestaltung im Sekundärrecht **nicht** als **unbedingt** angesehen werden könne.[137] Allerdings bezog sich auch dieser Fall auf ein Zugangsersuchen vor Ablauf der Umsetzungsfrist in Art. 255 EGV.

30 Nach überzeugender Ansicht stellt hingegen Art. 42 GRC ein **unmittelbar wirksames Grundrecht** dar. Dies folgt aus zwei Überlegungen. Erstens ist unter der EMRK ein – wenn auch begrenztes – Recht auf Zugang zu Dokumenten anerkannt worden (→ Rn. 20).[138] Da Art. 52 Abs. 3 GRC den Schutzstandard der Menschenrechte in der **EMRK** zum **Mindeststandard** für entsprechende Grundrechtecharta erklärt, ist dieses Recht auch in der als Grundrecht EU anzuerkennen. Einschlägig ist der speziellere Art. 42 GRC.[139] Zugleich bindet diese Auslegung unter der EMRK die EU auch nach Art. 6 Abs. 3 EUV im Rahmen der **allgemeinen Rechtsgrundsätze**.

31 Zweitens ergibt sich der Grundrechtscharakter auch direkt aus dem Unionsrecht. Ausdrücklich spricht der Wortlaut von Art. 42 GRC bzw. Art. 15 Abs. 3 AEUV von einem **„Recht"**. Ferner wird explizit die Hoheitsgewalt der Union umfassend zur Beachtung verpflichtet. Ferner ist der **Inhalt** des Rechts in ausreichender Art und Weise durch Auslegung zu erkennen. Insbesondere hat der Begriff des Dokuments in der Rechtsprechung zu den früheren Verhaltenskodizes eine Gestalt erhalten, die jedenfalls einen **Mindeststandard** für die Interpretation vorgibt.[140] Schließlich werden die Anspruchsberechtigten klar genannt. Wohl nicht zufällig hat deshalb das EuG auch nicht eine fehlende Unbestimmtheit gerügt.[141]

32 Zwar ist dem EuG zuzugestehen, dass das Grundrecht aufgrund der in Art. 15 Abs. 3 AEUV **vorbehaltenen** sekundärrechtlichen **Ausgestaltung** auf den ersten Blick als nicht „unbedingt" im Sinne der Rechtsprechung zur unmittelbaren Wirkung erscheint.[142] Jedoch besteht die Besonderheit einer **zeitlichen Frist** für diese Umsetzung. Hier drängt sich eine Parallele zur unmittelbaren Wirkung von Richtlinien nach nicht ausreichend erfolgter Umsetzung innerhalb der Umsetzungsfrist[143] und zur Rechtsprechung zu den **Grundfreiheiten** auf, die der EuGH nach ergebnislosem **Ablauf der Fristen** für die Beseitigung der Beschränkungen des innergemeinschaftlichen Handels als unmittelbar wirksame Beschränkungsverbote interpretierte, um damit das vertragswidrige Verhalten der Mitgliedstaaten zu kompensieren.[144] In diesem Sinn ist bei Versäumen der Frist des früheren Art. 255 Abs. 2 EGV, deren Sinn in Art. 15 Abs. 3 AEUV weiter anzuerkennen ist, weil die Vorschrift insgesamt in der Neufassung aufgewertet worden ist, das primärrechtliche Recht auf Zugang zu Dokumenten **unmittelbar wirksam**. Völlig zutreffend hat daher der EuGH in der Rs. *Interporc II* seine ablehnende Auffassung ausdrücklich auf den vor diesem

---

[136] Vgl. Jarass GRCh Art. 42 Rn. 2 mit dem Hinweis, dass die Entscheidungen zu den Vorläufernormen von Art. 15 Abs. 3 AEUV ergangen seien.
[137] EuG T-191/99, Slg. 2001, II-3677 Rn. 34 f. – Petrie/Kommission.
[138] EGMR 8.11.2016 – 18030/11 Rn. 151 ff. – Magyar Helsinki Bizottság v. Hungary
[139] Diese Bestimmung ist in der Grundrechtecharta lex specialis zur Meinungsfreiheit, auf die sich EGMR 8.11.2016 – 18030/11 Rn. 151 ff. – Magyar Helsinki Bizottság v. Hungary bezogen hat.
[140] Zu Recht geht die Definition des Dokuments in VO (EG) Nr. 1049/2001 über die früheren Kodizes hinaus, die auf von den Organen selbst erstellte Dokumente beschränkt gewesen waren, s. dazu *Wägenbaur* EuZW 2001, 680 (682).
[141] Dagegen hat EuG T-191/99, Slg. 2001, II-3677 Rn. 35 – Petrie/Kommission, die Berufung auf Art. 1 EUV mit dem Argument fehlender Bestimmtheit ausgeschlossen.
[142] EuG T-191/99, Slg. 2001, II-3677 Rn. 34 ff. – Petrie/Kommission.
[143] Grundlegend EuGH 152/84, Slg. 1986, 723 Rn. 46 – Marshall I.
[144] Vgl. EuGH 120/78, Slg. 1979, 649 – Cassis de Dijon, worin die Interpretation von Art. 34 AEUV als Beschränkungsverbot bestätigt wird, wie hier *Becker* in Schwarze AEUV Art. 34 Rn. 44.

Termin liegenden Zeitpunkt der Entscheidung der Kommission beschränkt.[145] Dass die Ausnahmen vom Informationsanspruch in der Vorschrift nicht ausdrücklich aufgeführt werden, sondern gemäß Art. 15 Abs. 3 AEUV der Ausgestaltung im Sekundärrecht überantwortet werden, weicht nicht wesentlich von nationalen Regelungen ab, die sich für eine grundrechtliche Gewährleistung entschieden haben.[146]

B. Gewährleistungsgehalt

Die Praxis orientiert sich hinsichtlich des Umfangs des Rechts auf Zugang zu Dokumenten an den Vorgaben der **VO (EG) Nr. 1049/2001**. Bejaht man mit der hier vertretenen Auffassung den Grundrechtscharakter des Art. 42 GRC, kann ferner geprüft werden, ob die VO (EG) Nr. 1049/2001 dessen Grenzen beachtet hat bzw. ob sie dem Ausgestaltungsauftrag hinreichend nachgekommen ist.[147] **33**

I. Anwendungsbereich

Art. 42 GRC gibt dem Einzelnen auch einen Individualanspruch auf **Dokumente des Rates,** wenn dieser in seiner Eigenschaft **als Gesetzgeber** handelt. Ausdrücklich auferlegt der über Art. 52 Abs. 2 GRC zu beachtende Art. 15 Abs. 3 UAbs. 5 GRC, dass Parlament und Rat Dokumente, die das Gesetzgebungsverfahren betreffen nach Maßgabe der VO (EG) Nr. 1049/2001 öffentlich zugänglich machen. Demnach kann der Zugang auch hier verweigert werden, wenn einer der Ausnahmegründe nach Art. 4 VO (EG) Nr. 1049/2001 eingreift.[148] **34**

Fraglich ist, ob Art. 42 GRC iVm Art. 15 Abs. 3 AEUV auch Dokumente im Bereich der **Gemeinsamen Außen- und Sicherheitspolitik** erfasst.[149] Art. 40 EUV enthält eine Klausel über die wechselseitige Unberührtheit der Zuständigkeiten und Befugnisse unter dem EU- und dem AEUV-Vertrag.[150] Diese Frage dürfte zu bejahen sein. Die **Rechtsprechung** hat bislang die Anwendung der Grundrechtecharta im Bereich der GASP angenommen, sofern es sich um „restriktive Maßnahmen" gehandelt hat.[151] In diesen Fällen steht die **abwehrrechtliche** Funktion der Grundrechte im Mittelpunkt. Der Schwerpunkt des Zugangsrechts nach Art. 42 GRC ist aber im **Leistungsanspruch** auf Zugang zu sehen. Doch liegen Art. 42 GRC auch **rechtsstaatliche** Zielsetzungen zugrunde (→ Rn. 8 f.). Daher ist die Anwendung auf die GASP zu bejahen.[152] Allerdings kommt ist der GASP vor allem der Ausnahmegrund nach Art. 4 Abs. 1 lit. a VO (EG) Nr. 1049/2001 für Verteidigung, militärische Belange und die internationalen Beziehungen zu prüfen. **35**

Ferner ist Art. 42 GRC auch im Bereich des **Euratom-Vertrages** anwendbar. Das ergab sich vor dem Lissabonner Vertrag für die ungeschriebenen Unionsgrundrechte schon daraus, dass der Euratom-Vertrag damals noch Bestandteil des EU-Vertrages gewesen ist. Das Inkrafttreten der Grundrechtecharta sollte die bestehende Grundrechtsbindung in der **36**

---

[145] EuGH C-41/00 P, Slg. 2003, I-2125 Rn. 43 – Interporc (II)/Kommission.
[146] S. etwa § 12 Abs. 2 finnVerf; Art. 110 ndlVerf.
[147] Ebenso Jarass GRCh Art. 42 Rn. 5; offen für eine Einrede der Rechtswidrigkeit gegen VO (EG) Nr. 1049/2001 ist offenbar EuG T-538/13, ECLI:EU:T:2014:738 Rn. 70 – Verein Natura Havel.
[148] Gellermann in Streinz AEUV Art. 15 Rn. 27.
[149] Vgl. vor dem Lissabonner Vertrag zur polizeilichen und justitiellen Zusammenarbeit in Strafsachen (PJZS) bejahend EuG T-14/98, Slg. 1999, II-2489 Rn. 71 ff. – Hautala/Rat, bzw. EuG T-174/95, Slg. 1998, II-2289 Rn. 81 ff. – Svenska Journalistforbundet/Rat.
[150] Näher dazu Cremer in Calliess/Ruffert EUV Art. 40 Rn. 4 ff.
[151] EuGH C-530/17 P, ECLI:EU:C:2018:1031 Rn. 20 ff. – Mykola Yanovych Azarov/Rat; EuGH verb. Rs. C-584/10 P, C-593/10 P und C-595/10 P, ECLI:EU:C:2013:518 Rn. 97 – Kommission ua/Kadi; EuGH C-280/12 P, ECLI:EU:C:2013:775 Rn. 58 – Rat/Fulmen und Mahmoudian; EuGH C-72/15, ECLI:EU:C:2017:236 Rn. 106 – Rosneft.
[152] So Zerdick in Lenz/Borchardt EU-Verträge AEUV Art. 15 Rn. 11; Krajewski/Rösslein in GHN AEUV Art. 15 Rn. 48.

EU nicht verringern. Schon die Erklärung Nr. 41 zur Schlussakte des Vertrages von Amsterdam bestimmte, dass sich die Organe von den damaligen im EG-Vertrag geltenden Vorschriften über die Transparenz und den Zugang zu Dokumenten „leiten lassen". Das ist in der Erwgr. 5 der VO (EG) Nr. 1049/2001 aufgegriffen worden mit dem Zusatz, dass der Zugang zu Dokumenten im EAG-Vertrag nicht geregelt sei. Ferner erklärte Art. 305 Abs. 2 EGV die Bestimmungen des EG-Vertrages für den **Euratom-Vertrag subsidiär** für anwendbar.[153] Auch wenn diese Vorschrift nicht mehr im AEU-Vertrag aufgeführt wird, ist an der subsidiären Geltung festzuhalten.[154]

37 Früher war fraglich, ob das Europäische Polizeiamt (**Europol**), in den Anwendungsbereich des Art. 42 GRC fällt, weil es ursprünglich als internationale Organisation – und zugleich als Einrichtung der EU mit eigener Rechtspersönlichkeit – durch ein völkerrechtliches Übereinkommen (die „Europol-Konvention") errichtet worden war.[155] 2009 wurde Europol dann – durch EU-Primärrecht (Art. 88 AEUV) sowie -Sekundärrecht[156] – zu einer regulären Stelle der EU umfunktioniert bzw. als solche neu errichtet, so dass der Zugangsanspruch heute jedenfalls zu bejahen ist. In diesem Sinne ist es begrüßenswert, dass Europol von sich aus den früheren Ratsbeschluss über den Zugang zu Dokumenten **analog** auf sich angewendet hat[157] und den Einzelnen unbürokratisch Zugang zu Informationen gewährt.[158]

38 Wenn Art. 2 Abs. 6 VO (EG) Nr. 1049/2001 bestimmt, dass die Verordnung nicht das **Recht** auf Zugang zu Dokumenten **gemäß internationalen Übereinkünften** und den betreffenden Durchführungsakten berührt, dann kann dies angesichts des primärrechtlichen Gebotes der Transparenz nach Art. 1 Abs. 2 EUV nur bedeuten, dass weitergehende Rechte bestehen bleiben, wie etwa nach der Århus-Konvention, nicht aber dass einem weniger umfassenden Anspruch Vorrang eingeräumt werden müsse.

II. Subjektiver Schutzbereich

39 **1. Berechtigte.** Wortgleich mit Art. 42 GRC garantiert Art. 2 Abs. 1 VO (EG) Nr. 1049/2001 das Recht auf Zugang zu Dokumenten allen **Unionsbürgern** sowie jeder natürlichen oder juristischen **Person mit Wohnsitz oder Sitz** in einem Mitgliedstaat. Im selben Umfang gewähren WSA und AdR durch Beschlüsse dem betreffenden Personenkreis ein Zugangsrecht zu Dokumenten.[159] Mit der Betonung der **Unionsbürgerschaft** wird die **demokratische Komponente** des Grundrechts herausgestellt.[160] Die Auswei-

---

[153] *Osteneck* in Schwarze, 3 Aufl. 2012, EGV Art. 305 Rn. 7. Vgl. zum entsprechenden Verhältnis zum früheren EGKS-Vertrag EuGH 328/85, Slg. 1987, 5119 Rn. 9 f. – Deutsche Babcock/Hauptzollamt Lübeck-Ost.
[154] Vgl. *Kokott* in Streinz AEUV Art. 347 Rn. 45; Vgl. EuGH C-115/08, Slg. 2009, I-10265 Rn. 87 ff. – CEZ, zur Anwendung des allgemeinen Diskriminierungsverbotes nach Art. 18 AEUV im Rahmen des EAG-Vertrages. Im Ergebnis ebenso *Wegener* in Calliess/Ruffert AEUV Art. 15 Rn. 11; vgl. *Bock* DÖV 2002, 556 (560).
[155] ABl. 1995 C 316, 2; BGBl. 1997 II 2154 ff. Insofern kann die Gleichstellung von Europäischem Rat und Europol bei *Feik* S. 282, nicht überzeugen.
[156] Beschluss 2009/371/JI des Rates zur Errichtung des Europäischen Polizeiamts (Europol), ABl. 2009 L 121, 37, welche die „Europol-Konvention" ersetzt. Der „Europol-Beschluss" wurde mittlerweile wiederum ersetzt durch die „Europol-Verordnung" VO (EU) 2016/794, ABl. 2016 L 135, 53.
[157] Dazu *Feik* S. 252. Vgl. die Entscheidung des Ombudsmanns 202/2001 über eine Beschwerde gegen Europol über den Zugang zu Dokumenten.
[158] S. das einfach zu handhabende Online-Tool für Zugang zu Dokumenten bei Europol, abrufbar unter https://www.europol.europa.eu/publications-documents/public-access-to-europol-documents/request-access.
[159] Art. 75 Abs. 1 Geschäftsordnung AdR, ABl. 2010 L 6, 14, verweist auf VO (EG) Nr. 1049/2001; vgl. bereits Art. 1 Beschluss des AdR Nr. 64/2003, ABl. 2003 L 160, 96; Art. 68 Nr. 2 Geschäftsordnung und Verhaltenskodex der Mitglieder des EWSA 2019 und Art. 1 Beschluss des WSA Nr. 603/2003, ABl. 2003 L 205, 19. Sie sind damit der Aufforderung durch die Gemeinsame Erklärung der drei Hauptorgane zur VO (EG) Nr. 1049/2001, ABl. 2001 L 173, 5, nachgekommen.
[160] Vgl. auch EuGH C-58/94, Slg. 1996, I-2169 Rn. 35 – Niederlande/Rat, wonach Erklärung Nr. 17 das Recht auf Zugang mit dem demokratischen Charakter der Organe verknüpft.

tung auf **Drittstaatsangehörige mit Wohnsitz in der EU** ist Ausdruck eines **modernen Demokratieverständnisses,** das Teilhaberechte soweit wie möglich allen Personen zuerkennt, die der betreffenden Herrschaftsgewalt unterliegen.[161] Demgegenüber haben Rat und Kommission in ihren Durchführungsbestimmungen zum Zugangsrecht auf das einschränkende Sitz- bzw. Wohnsitzerfordernis verzichtet.[162] Die GO-EP sieht eine entsprechende Ausweitung „soweit möglich" vor; in der Praxis hat das EP bislang EU-Ausländern keinen Zugang verweigert.[163] Eine solche Ausweitung des Kreises der Anspruchsberechtigten stellt Art. 2 Abs. 2 VO (EG) Nr. 1049/2001 in das **Ermessen** der Organe. Da sie nach den „gleichen Bedingungen und Einschränkungen" wie für die Unionsbürger erfolgen soll, ist davon auszugehen, dass nur die grundsätzliche Entscheidung über die Einbeziehung jener Personen im Ermessen der Organe steht, nicht aber mehr die Entscheidung über die Ausnahmegründe im Einzelfall.[164] Die Einbeziehung auch von Nichtstaatsbürgern mit Wohnsitz bzw. Sitz in den Mitgliedstaaten, dass dem EU-Vertrag kein auf das „Staats"-Volk fokussiertes **Demokratieverständnis** zugrunde liegt, sondern eines, das alle der Herrschaftsgewalt auf eine gewisse Dauer Unterworfenen erfasst. Die Unterschiede können die Ungleichbehandlung im Hinblick auf Angehörige von **Drittstaatsangehörigen ohne Wohnsitz** in der EU rechtfertigen.[165] Eine Ausdehnung auf alle Drittstaatangehörigen in der EU kann sich auf die rechtsstaatliche Funktion (→ Rn. 8 f.) des Zugangsrechts berufen.

Aus praktischer Sicht ist die Beschränkung des Kreises der Berechtigten wenig sinnvoll. **40** Zu leicht sind die **Umgehungsmöglichkeiten** angesichts des Umstandes, dass der Informationssuchende kein eigenes Interesse nachweisen muss.[166] Die Kommission weist ferner darauf hin, dass bei der Zunahme von E-Mail-Anfragen in der Praxis eine Überprüfung nicht praktikabel sei.[167] Aufgrund ähnlicher Überlegungen dürften auch zahlreiche Staaten bei der einfachgesetzlichen Ausgestaltung auf Begrenzungen des Berechtigtenkreises verzichtet haben.[168] Nicht zuletzt, weil die für die Union verbindliche Århus-Konvention im Hinblick auf Umweltinformationen eine Berechtigung für alle natürlichen und juristischen Personen mit Vorrang vor dem Sekundärrecht vorschreibt, plädiert die Kommission für eine Ausweitung des Art. 2 Abs. 1 VO (EG) Nr. 1049/2001.[169] Eine entsprechende Ausweitung im Sekundärrecht würde in der Vorgabe der Offenheit nach Art. 1 Abs. 2 EUV interpretatorisch eine Stütze finden. Dadurch würde allerdings nicht der Kreis der **Grundrechtsberechtigten** nach Art. 42 GRC erweitert.

---

[161] *Bryde* StWiss und StPraxis 5 (1994), 311 ff.
[162] Der Rat ausdrücklich in Art. 1 Anhang II zur GO, Verordnung (EU) Nr. 937/2009, ABl. 2009 L 325, 35, vgl. bereits Art. 1 Anhang II Beschluss 2002/682/EG, ABl. 2002 L 230, 7; die Kommission übernimmt in Art. 1 Abs. 2 Anlage 6 zur GO, ABl. 2000, L 308, 26, zuletzt geändert durch Beschluss 2011/737/EU, ABl. 2011 L 296, 58, die in Art. 2 Abs. 2 VO (EG) Nr. 1049/2001 vorgesehene Öffnung auch für Drittstaatsangehörige.
[163] Art. 122 Abs. 1 UAbs. 2 GO-EP 2019; zur Praxis Kommission, Bericht über die Anwendung der Grundsätze der Verordnung (EG) Nr. 1049/2001 über den Zugang der Öffentlichkeit zu Dokumenten des Europäischen Parlaments, des Rates und der Kommission, KOM(2004) 45, 49, S. 10.
[164] Wie hier wohl *Wägenbaur* EuZW 2001, 680 (681).
[165] Wie hier *Wägenbaur* EuZW 2001, 680 (681), aA wohl Kommission, Bericht über die Anwendung der Grundsätze der Verordnung (EG) Nr. 1049/2001 über den Zugang der Öffentlichkeit zu Dokumenten des Europäischen Parlaments, des Rates und der Kommission, KOM(2004) 45, 49, S. 44.
[166] Zu den Umgehungsmöglichkeiten *Wägenbaur* EuZW 2001, 680 (681). Deshalb hat sich die Schweiz für ein Jedermann-Recht entschieden, s. die Botschaft zum Bundesgesetz über die Öffentlichkeit der Verwaltung vom 12.2.2003 S. 1963 (2001).
[167] Kommission, Bericht über die Anwendung der Grundsätze der Verordnung (EG) Nr. 1049/2001 über den Zugang der Öffentlichkeit zu Dokumenten des Europäischen Parlaments, des Rates und der Kommission, KOM(2004) 45, 49, S. 11.
[168] So auch die Schweiz, Botschaft zum Bundesgesetz über die Öffentlichkeit der Verwaltung vom 12.2.2003 S. 1963 (2001).
[169] Kommission, Bericht über die Anwendung der Grundsätze der Verordnung (EG) Nr. 1049/2001 über den Zugang der Öffentlichkeit zu Dokumenten des Europäischen Parlaments, des Rates und der Kommission, KOM(2004) 45, 49, S. 11.

41 Fraglich ist, welche Rechte **nicht rechtsfähigen Organisationen** zustehen. Die grundsätzlich positive Ausrichtung des EU-Vertrages auf Offenheit und Transparenz spricht dafür, ihre Anfragen als „Sammelanfragen" jener Mitglieder anzusehen, die die Voraussetzungen in Person erfüllen.

42 **2. Das Wohnsitz- bzw. Sitzerfordernis.** Hinsichtlich der nicht die Unionsbürgerschaft besitzenden Personen hängt die grundrechtliche Zugangsberechtigung vom Wohnsitz in einem Mitgliedstaat ab. Nach zutreffender Auffassung ist dabei auf die **tatsächlichen Verhältnisse** abzustellen.[170] Ein jedenfalls nicht vorübergehender Aufenthalt in einem Mitgliedstaat wird als ausreichend erachtet. Bspw. reicht ein Studienort aus, auch wenn dort nicht im Rechtssinne ein Wohnsitz begründet wurde.[171] Das EP hat in Zusammenhang mit dem insofern vergleichbaren Petitionsrecht zusätzlich gefordert, dass der **Aufenthalt rechtmäßig** sein müsse.[172]

43 Bei juristischen Personen ist ausdrücklich der **satzungsmäßige Sitz** entscheidend. Aufgrund der Beschränkung des Kreises der Grundrechtsberechtigten können sich Firmen aus dem EU-Ausland ohne Sitz in einem Mitgliedstaat in einem EU-Wettbewerbsverfahren zwar gegebenenfalls auf das Grundrecht auf Akteneinsicht, formal aber nicht auf das Grundrecht auf Zugang zu Dokumenten berufen. In der Praxis von Rat, Kommission und *cum grano salis* des EP hat dies aber wegen der weitergehenden sekundärrechtlichen Berechtigung (→ Rn. 39) keine Auswirkungen.

III. Sachlicher Schutzbereich

44 **1. Anspruchsvoraussetzungen.** Die Zugangsberechtigten müssen **kein besonderes** rechtliches oder sonstiges **Interesse** an der Information nachweisen.[173] Sofern es um private Interessen geht, ist zunächst zu prüfen, ob nicht die Grundrechte auf Akteneinsicht und auf Auskunft über persönliche Daten einen weitergehenden Anspruch gewähren. Im Übrigen kann eine **Begründung** der Verwaltung als **Argumentationshilfe** bei der Feststellung dienen, ob ein überwiegendes öffentliches Interesse an der Verbreitung von Dokumenten im Sinne des Art. 4 Abs. 2 und 3 VO (EG) Nr. 1049/2001 besteht. Vergleichbar wird in den Mitgliedstaaten vereinzelt Antragstellern freigestellt, ein Interesse anzugeben, da dies gegebenenfalls bei einer erforderlichen Abwägung zu ihren Gunsten berücksichtigt werden würde (→ Rn. 15 f.). Ist der Antragsteller bereits im Besitz des fraglichen Dokuments, ist sein Antrag gegenstandslos.[174]

45 Der Antrag muss **hinreichend präzise** formuliert sein, damit das Organ das betreffende Dokument, das eingesehen werden soll, ermitteln kann. Diese Vorgabe nach Art. 6 Abs. 1 VO (EG) Nr. 1049/2001 entspricht der früheren Rechtsprechung.[175] Sie ist primärrechtlich nicht zu beanstanden, soweit sie der Abgrenzung von nicht geschützten Informationsbeschaffungsansprüchen dient. Um die wirksame Ausübung des Zugangsrechts zu gewährleisten, müssen die Organe **Register ihrer Dokumente** erstellen und öffentlich zugänglich machen.[176]

46 **2. Anspruchsumfang.** Der Umfang des Grundrechts ist in Art. 42 GRC, Art. 15 Abs. 3 AEUV und dementsprechend in Art. 2 Abs. 1 VO (EG) Nr. 1049/2001 auf **Dokumente** begrenzt. Damit wird zugleich einer **Informationsbeschaffungspflicht** der Organe eine

---

[170] Vgl. zur gleichlautenden Bestimmung über die Berechtigung zum Petitionsrecht *Kluth* in Calliess/Ruffert AEUV Art. 227 Rn. 3; *Haag* in von der Groeben/Schwarze/Hatje AEUV Art. 227 Rn. 10 f.
[171] *Haag* in von der Groeben/Schwarze/Hatje AEUV Art. 227 Rn. 10.
[172] Europäisches Parlament, Entschließung, lit. B, ABl. 1995 L 249, 71.
[173] *Hofstötter* in von der Groeben/Schwarze/Hatje AEUV Art. 15 Rn. 23; *Krajewski/Rösslein* in GHN AEUV Art. 15 Rn. 32 f.
[174] So zur Klage EuG T-151/03, ECLI:EU:T:2005:204 Rn. 32 f. – Nuova Agvicast SvL/Kommission, wo der Anwalt der Klägerin das fragliche Dokument besaß.
[175] EuG T-106/99, Slg. 1999, II-3273 Rn. 37 ff. – Meyer/Kommission.
[176] Art. 11 VO (EG) Nr. 1049/2001. Näher dazu *Feik* S. 287.

Absage erteilt.[177] Die Organe sind nicht verpflichtet, Dokumente zu erstellen oder eine Verarbeitung bereits vorhandener Informationen vorzunehmen, um einem Antrag zu genügen. Allerdings kann ein solcher Antrag als **Informationsanfrage** von der betreffenden Einrichtung gemäß ihren Verwaltungsbestimmungen behandelt werden.[178] In Bezug auf Informationen aus Datenbanken hat der EuGH bestimmt, dass alle Informationen als Dokument zu qualifizieren sind, „die aus einer elektronischen Datenbank im Rahmen ihrer üblichen Nutzung mit Hilfe vorprogrammierter Suchfunktionen extrahiert werden können, auch wenn diese Informationen noch nicht in dieser Form angezeigt wurden oder von den Bediensteten der Organe nie gesucht worden sind".[179] Sofern eine EU-Einrichtung den Zugang mit der Begründung verweigert, dass fragliche Dokument existiere nicht, besteht eine „einfache Vermutung" für die Richtigkeit der Aussage, doch kann der Antragsteller sie „in jeder Weise aufgrund stichhaltiger und übereinstimmender Indizien" widerlegen.[180]

Der Begriff des Dokuments ist **weit** auszulegen.[181] Dies gebieten die Zielvorgabe der Offenheit in Art. 1 Abs. 2 EUV und die Verpflichtung auf die weitestgehende Beachtung des Grundsatzes der Offenheit in Art. 15 Abs. 1 AEUV. Das entspricht der früheren Praxis der Verhaltenskodizes und der Forderung des Europäischen Rates nach einem „möglichst umfassenden Zugang zu Informationen".[182] Art. 42 GRC und Art. 15 Abs. 3 AEUV stellen klar, dass Dokumente **unabhängig von der Form,** in der sie erstellt wurden, erfasst werden. Dementsprechend definiert Art. 3 lit. a VO (EG) Nr. 1049/2001 Dokumente als „Inhalte unabhängig von der Form des Datenträgers (auf Papier oder in elektronischer Form, Ton-, Bild- oder audiovisuelles Material)".[183] 47

Kritik hat die Begrenzung in Art. 3 lit. a VO (EG) Nr. 1049/2001 auf Dokumente hervorgerufen, „die einen Sachverhalt in Zusammenhang mit den Politiken, Maßnahmen oder Entscheidungen aus dem Zuständigkeitsbereich eines Organs betreffen".[184] Allerdings stellt Art. 2 Abs. 3 VO (EG) Nr. 1049/2001 klar, dass „alle Dokumente eines Organs [...] aus **allen Tätigkeitsbereichen** der Union, die von dem Organ erstellt wurden oder bei ihm eingegangen sind" erfasst werden.[185] Denn an der Geheimhaltung **nicht zuständigkeitshalber** erlangter Dokumente kann kein stärkeres Interesse bestehen als an derjenigen rechtmäßig erlangter Information. Auch Dokumente, die lediglich für den internen Gebrauch bestimmt sind, fallen in den Schutzbereich.[186] 48

Grundsätzlich werden auch sog. **sensible Dokumente,** dh Dokumente, die nach Art. 9 VO (EG) Nr. 1049/2001 als **„vertraulich", „geheim"** oder **„streng geheim"** eingestuft werden, erfasst. Für sie gelten allerdings umfangreiche **Ausnahmen** nach Art. 4 Abs. 1 lit. a VO (EG) Nr. 1049/2001. Sie können nur mit **Zustimmung des Urhebers** 49

---

[177] Das hat das EuG T-106/99, Slg. 1999, II-3273 Rn. 35 ff. – Meyer/Kommission, bereits zur Zeit der Verhaltenskodizes festgestellt. S. auch *Wägenbaur* EuZW 2001, 680 (682); *Hofstötter* in von der Groeben/Schwarze/Hatje AEUV Art. 15 Rn. 32.
[178] Kommission, Bericht über die Anwendung der Grundsätze der Verordnung (EG) Nr. 1049/2001 über den Zugang der Öffentlichkeit zu Dokumenten des Europäischen Parlaments, des Rates und der Kommission, KOM(2004) 45, 49, S. 13. S. dazu die Kodizes für gute Verwaltung des EP, ABl. 2000 C 97, 1, des Rates, ABl. 2001 C 189, 1, und der Kommission, ABl. 2000 L 267, 1.
[179] EuGH C-491/15 P, ECLI:EU:C:2017:5 Rn. 37 – Rainer Typke/Kommission
[180] EuG T-123/99, Slg. 2000, II-3269 Rn. 58 – JT's Corporation; EuG T-392/07, ECLI:EU:T:2013:8 Rn. 80 – Strack.
[181] *Krajewski/Rösslein* in GHN AEUV Art. 15 Rn. 32; *Wegener* in Calliess/Ruffert AEUV Art. 15 Rn. 11.
[182] Europäischer Rat von Kopenhagen 1993, ausdrücklich zitiert in EuGH C-353/99 P, Slg. 2001, I-9565 Rn. 22 – Rat/Hautala.
[183] Art. 3 lit. a VO (EG) Nr. 1049/2001. Zu den besonderen Schwierigkeiten beim Zugang Tonaufzeichnungen s. Kommission, Bericht über die Anwendung der Grundsätze der Verordnung (EG) Nr. 1049/2001 über den Zugang der Öffentlichkeit zu Dokumenten des Europäischen Parlaments, des Rates und der Kommission, KOM(2004) 45, 49, S. 15.
[184] *Wegener* in Calliess/Ruffert AEUV Art. 15 Rn. 16.
[185] Ausdrücklich EuG verb. Rs. T-314/16 und T-435/16, ECLI:EU:T:2018:841 Rn. 50 – VG/Kommission.
[186] EuGH C-506/08, Slg. 2011, I-6237 Rn. 79 ff. – K/Schweden. Für das Sekundärrecht folgt dies im Umkehrschluss aus der Ausnahme für Dokumente zum internen Gebrauch nach Art. 4 Abs. 3 UAbs. 1 VO (EG) Nr. 1049/2001.

im Register aufgeführt oder freigegeben werden.[187] Damit hat der Urheber die Möglichkeit, sogar ihre Existenz **geheim** zu halten.[188] Zusätzlich greifen **besondere Verfahrensbestimmungen.**

50 In Abkehr von der früheren **Urheberregel** werden nach Art. 2 Abs. 3 Zugangsverordnung alle im Besitz eines Organs befindlichen Dokumente erfasst. Die Organe haben in Anbetracht ihrer sehr unterschiedlichen Zusammensetzung den Begriff „**in ihrem Besitz**" konkretisiert.[189] Die von der Kommission angemahnte Präzisierung dieses Begriffes[190] ist in VO (EG) Nr. 1049/2001 bislang nicht vorgenommen worden. Erfasst werden **auch Dokumente Dritter,** die das Organ erlangt hat. Da das Zugangsrecht nach Art. 42 GRC auf den aktuellen Besitz von Dokumenten abstellt, kommt ihm dergestalt „**Rückwirkung**" zu, als auch früher von Dritten den Organen zugeleitete Dokumente erfasst werden.[191]

51 Grundsätzlich ist das **ersuchte Organ** befugt, auch bei Dokumenten, die **von Dritten** stammen, über die Zugangsgewährung zu **entscheiden.** Der **Begriff des Dritten** ist umfassend angelegt und schließt alle anderen **Einrichtungen** der Union, die **Mitgliedstaaten** sowie **Drittländer** ein.[192] Das ersuchte Organ muss grundsätzlich prüfen, ob das fragliche Dokument von einem Dritten stammt. Dabei lässt die die Rechtsprechung eine **prima facie-Prüfung** ausreichen. Nicht geprüft werden muss, ob nationale Verfahrensvorschriften eingehalten oder ob die zuständige Stelle gehandelt hat.[193]

52 Stammen Dokumente **von Dritten,** so muss das betreffende Organ grundsätzlich den **Dritten konsultieren,** um zu beurteilen ob einer der Ausnahmegründe nach Art. 4 VO (EG) Nr. 1049/2001 vorliegt. Es ist aber nicht an die Stellungnahme des Dritten gebunden.[194] Allerdings sind diesbezüglich die Vorgaben des **Prinzips der loyalen Zusammenarbeit** mit den anderen Organen und den Mitgliedstaaten zu beachten. Die Konsultationspflicht entfällt, wenn „klar (ist), dass das Dokument verbreitet werden muss bzw. nicht verbreitet werden darf".[195]

53 Weitere **Sonderregeln** bestehen nach Art. 4 Abs. 5 VO (EG) Nr. 1049/2001 für **Dokumente, die von Mitgliedstaaten** herrühren. Diese können die betreffende EU-Einrichtung **ersuchen, keinen Zugang ohne** ihre **Zustimmung** zu gewähren. Allerdings müssen sie eine ausreichende **Begründung** gestützt auf die Ausnahmegründe nach Art. 4 Abs. 1 oder 2 VO (EG) Nr. 1049/2001 geltend machen. Die frühere Annahme eines allgemeinen Vetorechts der Mitgliedstaaten ist von der Rechtsprechung aufgegeben wor-

---

[187] Art. 9 Abs. 3 VO (EG) Nr. 1049/2001.
[188] EuG verb. Rs. T-110/03, T-150/03, T-405/03, Slg. 2005, II-1429 Rn. 95 – Sison/Rat; EuGH C-266/05 P, Slg. 2007, I-1233 Rn. 102 – Sison/Rat.
[189] Die GO des Rates sieht keine Definition vor, grenzt aber Dokumente der Mitgliedstaaten von den eigentlichen Dokumenten des Rates ab. Demgegenüber werden nach GO des EP alle Dokumente erfasst, die von den Abgeordneten mit Verwaltungsmandat, von den Organen, den Kommissionen und den Delegationen sowie vom Sekretariat erstellt wurden oder diesen zugegangen sind. Von anderen Abgeordneten oder Fraktionen erstellte Dokumente werden nur einbezogen, wenn sie gemäß den Bestimmungen der GO eingereicht worden sind. Die Kommission hat bislang von einer Definition abgesehen, betrachtet aber als erfasste Dokumente alle, die vom Präsidenten, den Vizepräsidenten, Mitgliedern der Kommission oder den Mitgliedern eines Kabinetts verwahrt werden, Kommission, Bericht über die Anwendung der Grundsätze der Verordnung (EG) Nr. 1049/2001 über den Zugang der Öffentlichkeit zu Dokumenten des Europäischen Parlaments, des Rates und der Kommission, KOM (2004) 45, 49, S. 14.
[190] Kommission, Bericht über die Anwendung der Grundsätze der Verordnung (EG) Nr. 1049/2001 über den Zugang der Öffentlichkeit zu Dokumenten des Europäischen Parlaments, des Rates und der Kommission, KOM(2004) 45, 49, S. 44.
[191] Im Ergebnis wie hier Kommission, Bericht über die Anwendung der Grundsätze der Verordnung (EG) Nr. 1049/2001 über den Zugang der Öffentlichkeit zu Dokumenten des Europäischen Parlaments, des Rates und der Kommission, KOM(2004) 45, 49, S. 15.
[192] Art. 3 lit. b VO (EG) Nr. 1049/2001.
[193] Vgl. zu Dokumenten der Mitgliedstaaten EuG T-76/02, Slg. 2003, II-3203 Rn. 48 – Messina/Kommission; *Krajewski/Rösslein* in GHN AEUV Art. 15 Rn. 52.
[194] *Krajewski/Rösslein* in GHN AEUV Art. 15 Rn. 51.
[195] Art. 4 Abs. 4 VO (EG) Nr. 1049/2001.

den.¹⁹⁶ Zudem greift das Zustimmungserfordernis **nicht automatisch,** sondern nur, wenn der betroffene Mitgliedstaat darum zuvor ersucht hat.¹⁹⁷ Insgesamt spiegelt die Vorschrift eine gelungene Abwägung zwischen den Zugangsrechten auf Unionsebene und in den Mitgliedstaaten wider. Die Mitgliedstaaten können zwar dem Zugang widersprechen, doch bestimmt Art. 5 VO (EG) Nr. 1049/2001, dass, sofern die Frage der Zugangsberechtigung nicht schon im nationalen Recht eindeutig geklärt ist, dh auch bei Ermessensentscheidungen, die zu treffende (nationale) Entscheidung die Verwirklichung der Ziele der Verordnung nicht beeinträchtigen darf. Folglich können Dokumente, die die Mitgliedstaaten nach ihren nationalen Vorgaben nicht zugänglich machen müssten, über den Umweg über das Zugangsrecht auf Unionsebene einem Antragsteller zugänglich gemacht werden.

Eine weitere Konkurrenz zwischen mitgliedstaatlichen und unionsrechtlichen Zugangsrechten besteht, wenn sich **Dokumente der Unionseinrichtungen** im Besitz einer **mitgliedstaatlichen Behörde** befinden.¹⁹⁸ Bei einer engen Auslegung fielen diese Dokumente **nicht** unter Art. 42 GRC und Art. 15 Abs. 3 AEUV, da sie nicht im Besitz von Unionseinrichtungen sind. Doch wäre auch eine weite Auslegung von Art. 42 GRC und Art. 15 Abs. 3 AEUV vertretbar, da sie von den Unionsorganen herrühren und insofern als deren Dokumente angesehen werden könnten. Die VO (EG) Nr. 1049/2001 hat in dieser Konstellation die enge Auslegung gewählt und stellt auf den aktuellen Besitz ab. Denn sie respektiert diesbezüglich die nationalen Zugangsrechte und lässt diese entscheidend sein. Allerdings wird eine **Konsultationspflicht** statuiert, nach der das betreffende Unionsorgan um eine **Stellungnahme** zu ersuchen ist, sofern nicht bereits vorher klar ist, ob Zugang zu gewähren oder zu verweigern ist. Zwar trifft der Mitgliedstaat eine **Entscheidung aufgrund seiner Rechtsvorschriften,** er darf dabei aber **nicht** die Anwendung der VO (EG) Nr. 1049/2001 **beeinträchtigen.**¹⁹⁹ Dies beurteilt sich nach dem **Prinzip der loyalen Zusammenarbeit.** Danach erscheint es im Regelfall kaum möglich, einer zustimmenden Stellungnahme des ersuchten Unionsorgans nicht nachzukommen.²⁰⁰ In der Praxis wird die Problematik dadurch entschärft, dass sich regelmäßig Duplikate der Dokumente im Besitz der EU-Organe befinden werden. Folgerichtig sieht Art. 5 Abs. 2 VO (EG) Nr. 1049/2001 vor, dass der Mitgliedstaat den Antrag an das betreffende Organ weiterleiten kann.²⁰¹

Der Zugangsanspruch umfasst grundsätzlich das **gesamte Handeln** der Union. Im Unterschied zum Umweltinformationsanspruch werden daher erstens **alle Tätigkeitsbereiche** erfasst.²⁰² Zweitens ist der Anspruch nach dem Wortlaut in Art. 42 GRC – anders als in Art. 41 Abs. 1 und 2 GRC – nicht auf die Verwaltungstätigkeit beschränkt. Zwar ist über den Verweis auf Art. 15 Abs. 3 AEUV systematisch auch Art. 15 Abs. 1 AEUV zu beachten, der das Ziel einer „verantwortungsvollen Verwaltung" anspricht, doch zeigt die weitere Ausgestaltung des Art. 15 Abs. 3 AEUV den weiten Ansatz. Gegen eine Beschränkung auf die Verwaltungstätigkeit spricht, dass die Gesetzgebungstätigkeit von Rat und Parlament in Art. 15 Abs. 3 UAbs. 5 AEUV einbezogen wird und für die Rechtsprechungs- und Finanzorgane in UAbs. 4 extra eine Beschränkung auf die Wahrnehmung

---

¹⁹⁶ EuGH C-213/15 P, ECLI:EU:C:2017:563 Rn. 39 – Kommission/Breyer; EuGH C-64/05 P, Slg. 2007, I-11389 Rn. 58, 86 ff. – Schweden; EuGH C-135/11 P, ECLI:EU:C:2012:376 Rn. 57 – IFAW. Zur früheren Rspr. s. EuG T-186/02, Slg. 2004, II-4135 Rn. 58 – IFAW. Vgl. Erwgr. 10 VO (EG) Nr. 1049/2001. Zur früheren Sichtweise s. *Wägenbaur* EuZW 2001, 680 (682); EuG T-187/03, Slg. 2005 II-1029 Rn. 61 f. – Scippacercola/Kommission.
¹⁹⁷ EuGH C-64/05 P, Slg. 2007 I-11389 Rn. 47 – Schweden; aA *Riemann* S. 149.
¹⁹⁸ Zur Verweigerung der Zustimmung zu einer Veröffentlichung durch einen Mitgliedstaat *Wegener* in Calliess/Ruffert AEUV Art. 15 Rn. 19 ff.; *Krajewski/Rösslein* in GHN AEUV Art. 15 Rn. 53; *Gellermann* in Streinz AEUV Art. 15 Rn. 13; *Hofstötter* in von der Groeben/Schwarze/Hatje AEUV Art. 15 Rn. 35.
¹⁹⁹ Art. 5 VO (EG) Nr. 1049/2001.
²⁰⁰ Vgl. die wohl andere Bewertung bei *Krajewski/Rösslein* in GHN AEUV Art. 15 Rn. 54.
²⁰¹ Nicht zuzustimmen ist daher *Wewers* S. 249, der die Vorschrift für eine Überbetonung des Loyalitätsprinzips hält.
²⁰² Dies gilt inklusive der GASP, *Zerdick* in Lenz/Borchardt EU-Verträge AEUV Art. 15 Rn. 11; *Krajewski/Rösslein* in GHN AEUV Art. 15 Rn. 48.

von „Verwaltungsaufgaben" eingeführt wird. **Dokumente von Rat und Parlament aus dem Gesetzgebungsverfahren** sind nach Art. 15 Abs. 3 UAbs. 5 AEUV öffentlich zugänglich zu machen. Das ist in der VO (EG) Nr. 1049/2001 noch nicht ausdrücklich vorgesehen, doch dürfte es sich hier um eine primärrechtlich angeordnete **Analogie** handeln, so dass es nicht auf die Frage einer unmittelbaren Wirkung der Vorschrift ankommt. Zutreffend wird in der Literatur darauf hingewiesen, dass der Verweis nicht nur das Zugangsrecht als solches, sondern auch die **Ausnahmegründe** umfasst.[203] Nach **Art. 7 und 8 RatsGO 2009** wird der Rat als Gesetzgeber tätig, wenn er Verordnungen, Richtlinien oder Entscheidungen erlässt, die in oder für die Mitgliedstaaten rechtlich verbindlich sind. Ausgenommen sind ua interne Maßnahmen, Haushaltsmaßnahmen und Rechtsakte betreffend die internationalen Beziehungen oder nicht bindende Rechtsakte. **Art. 9 Abs. 1 RatsGO 2009** fügt dem Mindestbestand lediglich noch die im Ratsprotokoll enthaltenen und die Verabschiedung von Rechtsakten betreffenden Punkte hinzu und bezieht grundsätzlich auch die das Handeln im Bereich der GASP ein. Parallel – außerhalb von Art. 42 GRC – greift die Vorgabe der **Öffentlichkeit der Tagungen** von Parlament und Rat nach Art. 15 Abs. 2 AEUV.

56 3. **Anspruchsverpflichtete.** Die frühere Beschränkung der Verpflichteten auf die Organe Parlament, Rat und Kommission in Art. 255 Abs. 1 EGV ist im Lissabonner Vertrag aufgegeben worden. Übereinstimmend verpflichten Art. 42 GRC und Art. 15 Abs. 3 **AEUV** umfassend alle **Organe, Einrichtungen und sonstigen Stellen der Union.** Einbezogen werden damit zunächst alle in Art. 13 EUV aufgeführten Organe. Nach Art. 15 Abs. 3 UAbs. 4 AEUV bestehen allerdings **Sonderregeln** für den **Europäischen Gerichtshof, die Europäische Zentralbank**[204] und die **Europäische Investitionsbank.** Sie müssen Zugang zu Dokumenten lediglich gewähren, sofern sie **Verwaltungsaufgaben** wahrnehmen. In Ergänzung wird im Hinblick auf den Gerichtshof ein Zugang zu den Gerichtsakten in den jeweiligen Verfahren für die Betroffenen nach anderen Vorschriften gewährt.[205] Im Übrigen gilt der Zugangsanspruch gegenüber den Organen umfassend auch für deren interne Binnenorganisation in **Ausschüssen oder Arbeitsgruppen.**[206] Zu Recht hat die Rechtsprechung auch die Tätigkeit in den sog. **Komitologieausschüssen** der Kommission zugeordnet.[207] Sie werden organisatorisch der Kommission zugerechnet, werden aber nicht allein von ihr errichtet, sondern durch Sekundärrechtsakt unter Beteiligung der anderen Organe und nehmen funktionell Aufgaben wahr, die bei Kommission und Rat angesiedelt sind.[208] Aufgrund ihrer organisatorischen Anbindung hat das EuG diese Ausschüsse dem Verantwortungsbereich der Kommission zugeordnet und deren Informationszugangsregeln für anwendbar erklärt.[209] Das ist in Art. 7 Abs. 2 des Komitologie-Beschlusses von 1999 sekundärrechtlich bestätigt worden.[210]

57 Zu den **Einrichtungen und sonstigen Stellen** zählen neben der ausdrücklich erwähnten Europäischen Investitionsbank insbesondere die beratenden Einrichtungen wie der **Wirtschafts- und Sozialausschuss.** Ferner werden auch die **Ämter** in der tertiären Organisationsstruktur, wie die Europäische Chemikalienagentur, die Europäische Umweltagentur, die europäische Behörde für Lebensmittelsicherheit (EFSA)[211] oder das Europäi-

---

[203] *Gellermann* in Streinz AEUV Art. 15 Rn. 27.
[204] EuG T-116/17, ECLI:EU:T:2018:614 Rn. 23 – Spiegel-Verlag Rudolf Augstein GmbH & Co. KG/EZB.
[205] Dennoch kritisch zu dieser Beschränkung *Wegener* in Calliess/Ruffert AEUV Art. 15 Rn. 14; positiv dagegen die Bewertung von *Epping* in HK-Verfassungsvertrag EVV Art. III-399 Rn. 2.
[206] *Krajewski/Rösslein* in GHN AEUV Art. 15 Rn. 43; *Gellermann* in Streinz AEUV Art. 15 Rn. 11.
[207] EuG T-188/97, Slg. 1999, II-2463 Rn. 60 und 62 – Rothmans International; zustimmend *Krajewski/Rösslein* in GHN AEUV Art. 15 Rn. 43. *Wegener* in Calliess/Ruffert AEUV Art. 15 Rn. 15; *Gellermann* in Streinz AEUV Art. 15 Rn. 11.
[208] Näher dazu *Heselhaus* in Nowak/Cremer, Individualrechtsschutz in der EG und der WTO, S. 103 (115).
[209] EuG T-188/97, Slg. 1999, II-2463 Rn. 62 – Rothmanns/Kommission. Vgl. zu anderen Ausschüssen EuG T-111/00, Slg. 2001, II-2997 Rn. 37 – BAT/Kommission.
[210] ABl. 1999 L 184, 23 (25).
[211] EuG T-716/14, ECLI:EU:T:2019:141 Rn. 80 ff. – Tweedale/EFSA.

sche Sortenamt, erfasst.[212] Zwar ist in der sekundärrechtlichen Umsetzung das Zugangsrecht nach Art. 1 lit. a VO (EG) Nr. 1049/2001 – in Übereinstimmung mit der früheren Rechtsgrundlage in Art. 255 EGV – auf die drei Organe Europäisches Parlament, Rat und Kommission begrenzt. Doch sind zwischenzeitlich die Gründungsakte der meisten EU-Einrichtungen angepasst worden, so dass sie auf die VO (EG) Nr. 1049/2001 verweisen.[213] Sofern Lücken in den Regelungen verbleiben, kommt – nach umstrittener Ansicht (→ Rn. 30 ff.) – eine **unmittelbare Anwendung** von Art. 42 GRC iVm Art. 15 Abs. 3 AEUV in Betracht.

Grundsätzlich werden die **Mitgliedstaaten** entgegen der allgemeinen Regel in Art. 51 Abs. 1 GRC von Art. 42 GRC auch **nicht** bei der Durchführung des Unionsrechts erfasst. Dem steht die **ausdrückliche Beschränkung** auf die EU-Organe, – Einrichtungen und sonstigen -Stellen in Art. 42 GRC und Art. 15 Abs. 3 AEUV entgegen. Daraus ergeben sich zwei Probleme beim Zugangsanspruch, die in der Literatur als die Gefahr „trojanischer Pferde" beschrieben worden sind[214]: Zum einen ist fraglich, ob ein Mitgliedstaat, der nur unter engeren Voraussetzungen Zugang zu Dokumenten gewährt, etwa zu Mahnschreiben der Kommission in Vertragsverletzungsverfahren[215], indirekt doch zu einem Adressat des EU-Zugangsrechts wird. Zum anderen sorgen sich Mitgliedstaaten mit weitergehenden Zugangsrechten, wie Schweden[216], darum, dass sie EU-Dokumente in ihrem Besitz nur noch nach den EU-Regeln herausgeben dürften (→ Rn. 51 ff.). **58**

4. Verfahrensmäßige Absicherungen. Art. 42 GRC und Art. 15 Abs. 3 AEUV sind keine konkreten Vorgaben für das **Verfahren** bei der Geltendmachung des Zugangsrechts zu entnehmen. Wie bei allen Grundrechten muss das vorgesehene Verfahren eine **wirksame Ausübung** des Rechts ermöglichen.[217] Dementsprechend verlangen die mit dem Grundrecht in Art. 42 GRC verfolgten Ziele (→ Rn. 5 ff.), eine **prompte und unverzügliche Gewährung des Zugangs**. Nach den bisherigen Erfahrungen scheint das in VO (EG) Nr. 1049/2001 vorgesehene Verfahren diesen Ansprüchen zu genügen. Rechtsvergleichend gehört es zu jenen, die den Antragstellern besonders entgegenkommen.[218] Auffällig sind dabei insbesondere die kurz bemessenen Pflichten für die Maßnahmen der Organe im Verfahren. Nach Art. 6 ff. VO (EG) Nr. 1049/2001 sind für die Bearbeitung von Erst- und Zweitanträgen idR Fristen von 15 Arbeitstagen vorgesehen[219], Fristverlängerungen sind vorab und ausführlich zu begründen. Wird die Frist zur Beantwortung eines Zweitantrages überschritten, gilt dieser als abschlägig beschieden[220] und der Antragsteller kann Klage erheben. Mit den **kurzen Fristen** soll dem Umstand Rechnung getragen werden, dass Informationen regelmäßig aus aktuellem Anlass begehrt werden. Die solcherart ergangene stillschweigende Ablehnung ist bereits rechtswidrig, weil es ihr an der erforderlichen Begründung fehlt.[221] **59**

---

[212] So zur European Medicines Agency (EMA) EuG T-33/17, ECLI:EU:T:2017:403 Rn. 48 – Amicus Therapeutics UK Ltd/EMA; vgl. *Gellermann* in Streinz AEUV Art. 15 Rn. 11.
[213] S. dazu die bereits in ABl. 2003 L 245, 1 aufgeführten Änderungsverordnungen zu den Gründungsverordnungen von Agenturen und Einrichtungen.
[214] *Bradley* CDE 1999, 283 (356).
[215] Zur unterschiedlichen Praxis in solchen Fällen Kommission, Bericht über die Anwendung der Grundsätze der Verordnung (EG) Nr. 1049/2001 über den Zugang der Öffentlichkeit zu Dokumenten des Europäischen Parlaments, des Rates und der Kommission, KOM(2004) 45, 49, S. 30.
[216] Vgl. die Ausführungen der schwedischen Regierung in EuG T-174/95, Slg. 1998, II-2289 – Svenska Journalistenforbundet.
[217] Vgl. *Ehlers* in Ehlers GuG § 13 Rn. 23.
[218] Europäische Kommission, Vergleichende Analyse der Gesetzgebung der Mitgliedstaaten und der Kandidatenländer über den Zugang zu Dokumenten vom 1.7.2003, S. 7, einsehbar unter http://europa.eu.int/comm/secretariat_general/sgc/acc_doc/docs/compa_de.pdf.
[219] Damit geht die VO über den Vorschlag der Kommission, KOM(2000) 30, einer Frist von einem Monat hinaus, *Wägenbaur* EuZW 2001, 680 (684).
[220] Die Kommission, KOM(2000) 30, hatte ursprünglich vorgeschlagen, eine stattgebende Entscheidung zu fingieren, *Wägenbaur* EuZW 2001, 680 (684).
[221] Vgl. zum Umweltinformationsanspruch EuGH C-186/04, ECLI:EU:C:2005:248 Rn. 35 – Housieaux.

60 Abschlägige Bescheide sind **ausreichend** zu **begründen**.[222] Die Begründungspflicht dient einer zweifachen Zielsetzung: Zum einen soll die Wahrung der Rechte des Antragstellers gesichert werden, indem ihm ermöglicht wird, die tragenden Gründe für die Ablehnung zu erkennen. Zum anderen ist sie Voraussetzung für eine **Rechtmäßigkeitsprüfung** durch den Unionsrichter.[223] Das beklagte Organ darf im Gerichtsverfahren keine neuen Gründe nachschieben.[224] Allerdings muss es im Falle des Unterliegens den Antrag erneut vollständig prüfen und kann dann neue Ablehnungsgründe geltend machen. Das bedeutet zugleich, dass ein Organ nicht immer umfassend alle Ablehnungsgründe nennen muss, sondern nach seinem Ermessen die im konkreten Fall anwendbaren auswählen kann.[225] Insgesamt sind Klagen vor den Europäischen Gerichten im Vergleich mit anderen EU-Grundrechten überraschend häufig erfolgreich gewesen, wobei relativ oft die Rüge einer **mangelhaften Begründung** durchgreifen konnte. Der Grund dafür liegt in der inhaltlichen Verknüpfung mit der Verhältnismäßigkeitsprüfung, vor allem im Hinblick auf eine Individuelle Prüfung (→ Rn. 79 ff.). Einerseits gilt im Grundsatz, dass der Zugang für jedes Dokument **individuell überprüft** werden muss. Dies folgert die Rechtsprechung aus der Bedeutung des Transparenzgebotes nach Art. 15 AEUV, Art. 10 Abs. 3 EUV und Art. 298 Abs. 1 AEUV sowie Art. 42 GRC.[226] Aus der Begründung muss sich für jedes beantragte Dokument[227] und jede darin enthaltene Information[228] ergeben, dass die jeweiligen **Umstände des konkreten Einzelfalles**[229] geprüft worden sind. Andererseits akzeptiert sie aber für bestimmte Verfahrensarten eine „**Vermutungsregel**", wonach eine Herausgabe ohne Einzelfallprüfung verweigert werden kann.[230] Dann kann es ausreichen, dass die Begründung allein an **allgemeine Merkmale** der angeforderten Dokumentenkategorie anknüpft[231] oder sich in einer Schlussfolgerung erschöpft, dass eine bestimmte Ausnahme eingreife.[232] Die Anwendung einer Vermutungsregel hat der EuGH für Dokumente über **Folgenabschätzungen** verneint, weil diese keine spezifische Verfahrensart seien.[233] Das EuG hält eine Vermutungsregel bei Untersuchungstätigkeiten für möglich, verlangt aber eine spezifische Begründung für die betroffene Verfahrensart.[234] Ferner hat das EuG hinsichtlich des Schutzes der internationalen Beziehungen akzeptiert, dass die zwingenden Versagungsgründe ausnahmsweise dann nicht für jedes einzelne Dokument angegeben werden müssten, wenn dadurch die Funktion der Ausnahme gefährdet würde.[235]

61 Grundsätzlich ist der Antragsteller über mögliche Rechtsbehelfe zu **belehren**. Der ausdrückliche Hinweis in Art. 8 Abs. 3 VO (EG) Nr. 1049/2001 auf eine Klage gegen einen abschlägigen Zweitbescheid ist in der EU ein Novum gewesen.[236]

---

[222] Vereinzelt stützt sich die Rechtsprechung dazu auf Art. 296 AEUV, EuG T-116/17, ECLI:EU:T:2018:614 Rn. 67 – Spiegel-Verlag Rudolf Augstein GmbH & Co. KG/EZB.
[223] *Wägenbaur* EuZW 2001, 680 (684).
[224] EuGH C-353/01 P, EuZW 2004, 350 f. Rn. 32 – Mattila/Rat und Kommission.
[225] EuGH C-41/00 P, Slg. 2003, I-2125 Rn. 31 f. – Interporc (II)/Kommission.
[226] EuGH C-57/16 P, ECLI:EU:C:2018:660 Rn. 74 – ClientEarth/Kommission.
[227] EuG T-174/95, Slg. 1998, II-2289 Rn. 117 – Svenska Journalistförbundet/Rat.
[228] EuG T-123/99, Slg. 2000, II-3269 Rn. 46 – JT's Corporation/Kommission; das ergibt sich auch aus der Vorgabe zu prüfen, ob ein teilweiser Zugang gewährt werden kann, EuGH C-353/01 P Rn. 32, EuZW 2004, 350 f. – Mattila/Rat und Kommission. Die Vorgabe der Einzelprüfung gilt auch bei umfangreichen Dokumenten, EuG T-2/03, ECLI:EU:T:2005:125 Rn. 74 ff. – Verein für Konsumenteninformation/Kommission.
[229] EuG T-14/98, Slg. 1999, II-2489 Rn. 67 – Hautala/Rat.
[230] EuGH C-57/16 P, ECLI:EU:C:2018:660 Rn. 78 – ClientEarth/Kommission.
[231] Im Umkehrschluss nach EuG T-123/99, Slg. 2000, II-3269 Rn. 65 – JT's Corporation/Kommission.
[232] Im Umkehrschluss nach EuG T-124/96, Slg. 1998, II-231 Rn. 55 – Interporc (II)/Kommission.
[233] EuGH C-57/16 P, ECLI:EU:C:2018:660 Rn. 107 – ClientEarth/Kommission.
[234] EuG T-128/14, ECLI:EU:T:2018:643 Rn. 63 – Daimler AG/Kommission.
[235] EuG T-204/99, Slg. 2001, II-2265 Rn. 68 – Mattila/Rat und Kommission.
[236] Vgl. aber den Hinweis in Art. 6 der Umweltinformationsrichtlinie 2003/4, ABl. 2003 L 41, 26, auf eine Klagemöglichkeit vor nationalen Gerichten.

Die Rechtsprechung hat für die Überprüfung von Dokumenten, über deren Inhalt **62** nichts bekannt werden soll, prozessual ein *in camera*-Verfahren angewandt[237], das durch Art. 67 § 3 Abs. 3 EuGVfO eröffnet ist.[238] Dadurch wird sowohl den betroffen öffentlichen oder privaten Interessen Rechnung getragen als auch ein effektiver Rechtsschutz gewährleistet.

Zusätzliche verfahrensmäßige Absicherungen des Grundrechts erfolgen gemäß den all- **63** gemeinen Vorschriften über die **Unterstützung durch den Bürgerbeauftragten**[239], der die Funktionen wahrnimmt, die in manchen Staaten einem besonderen Informationsbeauftragten zugewiesen werden[240]. Allerdings kennen manche Mitgliedstaaten auch Kommissionen, die dem gerichtlichen Rechtsschutz zwingend vorgeschaltet sind[241] oder Beauftragte, die diesen gar ersetzen[242]. Die Befassung des Bürgerbeauftragten in der EU ist aus der Zielperspektive einer möglichst transparenten Verwaltung in Ergänzung zu dem ansonsten offenstehenden Rechtsweg sinnvoll. Er hat in der Vergangenheit durchaus Antragstellern effektiv helfen können.[243] Diese verfahrensmäßige Absicherung geht über die Empfehlungen des Europarates hinaus.[244]

Weitere Verfahrenssicherungen sind der **Konsultationsmechanismus** nach Art. 5 VO **64** (EG) Nr. 1049/2001 und in unterstützender Funktion die Vorgaben für die **Veröffentlichung von Registern** gemäß Art. 11 VO (EG) Nr. 1049/2001 und über die Pflicht der Behörden zur Beratung und Hilfe gemäß Art. 6 Abs. 2 VO (EG) Nr. 1049/2001. Die Regelung der **Kostentragung** ist im Sinne einer ausreichenden Mittelausstattung der Organe zur effektiven Erfüllung des Zugangsrechts grundsätzlich erforderlich[245], sie darf aber entsprechend der Schutzrichtung des Grundrechts nicht abschreckend wirken.[246]

C. Beeinträchtigung

Das Grundrecht wird beeinträchtigt, wenn der Zugang zu einem gewünschten Dokumen- **65** ten gar **nicht** oder **nur teilweise** gewährt wird.[247] Ferner können Verstöße gegen das Verwaltungsverfahren, die eine **prompte und unverzügliche** Zugangsgewährung (→ Rn. 60 ff.) verhindern, das Grundrecht beeinträchtigen.[248] Die Form des Zugangs ist in Art. 42 GRC und Art. 15 Abs. 3 AEUV nicht vorgegeben. Nach Art. 10 Abs. 1 VO (EG) Nr. 1049/2001 besteht aber bezüglich der Art des Zugangs grundsätzlich ein **Wahlrecht** des Antragstellers. Regelmäßig kommt die Übermittlung von Kopien oder ein elektro-

---

[237] EuG T-498/14, ECLI:EU:T:2018:913 Rn. 111 – Deutsche Umwelthilfe/Kommission; EuG T-204/99, Slg. 2001, II-2265 Rn. 109 – Mattila/Rat und Kommission, und EuG T-111/00, Slg. 2001, II-2997 Rn. 15 – BAT/Kommission.
[238] S. dazu *Hackspiel* in RMG Rechtsschutz-HdB, 2. Aufl. 2003, § 24 Rn. 22.
[239] Hinweise auf den Bürgerbeauftragten ergeben sich aus Art. 8 Abs. 1 S. 2 VO (EG) Nr. 1049/2001 und Art. 8 Abs. 3 VO (EG) Nr. 1049/2001. S. dazu Kommission, Bericht über die Anwendung der Grundsätze der Verordnung (EG) Nr. 1049/2001 über den Zugang der Öffentlichkeit zu Dokumenten des Europäischen Parlaments, des Rates und der Kommission, KOM(2004) 45, 49, S. 37. Ausführlich zur Tätigkeit des Bürgerbeauftragten in Hinsicht auf den Zugang zu Informationen *Feik* S. 210 ff.
[240] S. etwa den Information Commissioner nach Section 34 ff. des irischen Freedom of Information Act.
[241] So in Frankreich die Commission d'accès aux documents administratifs (CADA), s. dazu *Grewe* DÖV 2002, 1022 (1024).
[242] So der Commissioner nach dem britischen Freedom of Information Act von 2000, Section 50; nach Section 56 sind Klagen gegen die Behörden vor den Gerichten ausgeschlossen.
[243] Ausführlich *Feik* S. 210 ff.
[244] So wird ein besonderer Beauftragter nicht in der Empfehlung des Europarates Rec (2002)2 erwähnt.
[245] Vgl. zu den erforderlichen Mitteln der Verwaltung Kommission, Bericht über die Anwendung der Grundsätze der Verordnung (EG) Nr. 1049/2001 über den Zugang der Öffentlichkeit zu Dokumenten des Europäischen Parlaments, des Rates und der Kommission, KOM(2004) 45, 49, S. 46.
[246] Vgl. die Rspr. zur vergleichbaren Problematik beim Umweltinformationsrecht EuGH C-217/97, Slg. 1999, I-5087 Rn. 48 – Kommission/Deutschland; näher dazu *Heselhaus* EuZW 2000, 298 (302 f.).
[247] Vgl. EuGH C-442/14 ECLI:EU:C:2016:890 Rn. 99 f. – Bayer CropScience; Jarass GRCh Art. 42 Rn. 10.
[248] Zustimmend Jarass GRCh Art. 42 Rn. 10.

nischer Zugang in Betracht.[249] Ausschlaggebend ist die Rezeptionsmöglichkeit des Antragstellers.[250] Eine Beeinträchtigung ist auch das unzulässige Verlangen einer **Begründung** vom Antragsteller.[251] Für den Antragsteller kann es aber dann vorteilhaft sein, eine Begründung anzugeben, wenn sein Zugangsanspruch aufgrund einer Ausnahmebestimmung nach VO (EG) Nr. 1049/2001 gegen widerstreitende Interessen abgewogen werden muss.[252] Die Verweigerung des Zugangs zu EU-Dokumenten seitens eines Mitgliedstaates, der in Besitz derselben ist, dürfte jedenfalls dann eine Beeinträchtigung darstellen, wenn die zuständige EU-Stelle den Zugang einräumen will.[253]

D. Rechtfertigung

I. Gesetzesvorbehalt

66 Das Grundrecht auf Zugang zu Dokumenten wird nach Art. 15 Abs. 3 UAbs. 1 AEUV, auf den Art. 42 GRC über Art. 52 Abs. 2 GRC verweist, „**vorbehaltlich der Grundsätze und Bedingungen** die nach diesem Absatz festzulegen sind", gewährleistet. Mit diesem Ausgestaltungs- und Schrankenvorbehalt werden die verfahrensrechtlichen Vorgaben und die Konkretisierung der Ausnahmen angesprochen, die in VO (EG) Nr. 1049/2001 und in VO (EG) Nr. 1367/2006 festgelegt worden sind. Für diese Konkretisierungen im Sekundärrecht sieht Art. 15 Abs. 3 UAbs. 2 AEUV das **ordentliche Gesetzgebungsverfahren** vor. Diese Rechtsgrundlage dürfte als **lex specialis** der allgemeinen Rechtsgrundlage für die Bestimmungen über eine offene EU-Verwaltung nach Art. 298 Abs. 2 AEUV vorgehen, die ebenfalls auf das ordentliche Gesetzgebungsverfahren verweist.

67 Der Regelungsansatz des Art. 15 Abs. 3 UAbs. 3 AEUV sieht vor, dass die im ordentlichen Gesetzgebungsverfahren konkretisierten „allgemeinen Grundsätze und die aufgrund öffentlicher oder privater Interessen geltenden Einschränkungen" die EU-Organe, -Einrichtungen und sonstigen Stellen binden, diesen aber einen gewissen Spielraum für „**Sonderbestimmungen**" einräumen. Dabei handelt es sich um Durchführungsvorschriften, die mittlerweile von fast allen EU-Stellen eingeführt worden sind.[254] Damit kann Besonderheiten der jeweiligen Stelle, vor allem ihrer internen Struktur, Rechnung getragen werden. Solche Sonderbestimmungen sind nur dort zulässig, wo die beiden EU-Zugangsverordnungen dafür einen Spielraum lassen. Die Regelung nach UAbs. 3 gilt auch für die im nachfolgenden UAbs. 4 erwähnten **EuGH, EZB und EIB,** jedoch nur, sofern diese Verwaltungsaufgaben wahrnehmen.

II. Rechtfertigungsgründe und Verhältnismäßigkeit

68 **1. Allgemeines.** Aus der Gegenüberstellung von „**Einschränkungen**" und den „allgemeinen Grundsätzen" in Art. 15 Abs. 3 AEUV folgt, dass letztere eben nicht zu Einschränkungen des Grundrechts führen dürfen. Dementsprechend können sich die Rechtfertigungsgründe nur auf die „Einschränkungen" stützen. Im Rahmen einer Rechtfertigung sind die Grundsätze der **größtmöglichen Offenheit** und der **prompten und unverzüglichen Zugangsgewährung** zu beachten. Aus ersterem folgt etwa, dass die einzelnen **Ausnahmetatbestände eng** auszulegen sind.[255] Dies folgt der EuGH für VO

---
[249] *Kahlbach* in Ehlers GuG § 21 Rn. 72; Jarass GRCh Art. 42 Rn. 11.
[250] Vgl. *Rengeling/Szczekalla*, Grundrechte in der EU, Rn. 1099.
[251] Vgl. EuG T-191/99, Slg. 2002, II-3677 Rn. 26 – Petrie ua/Kommission.
[252] Sander in Holoubek/Lienbacher, GRC-Kommentar, GRC Art. 42 Rn. 11; Jarass GRCh Art. 42 Rn. 10.
[253] Weiter wohl Jarass EU-GR § 37 Rn. 9.
[254] *Gellermann* in Streinz AEUV Art. 15 Rn. 26.
[255] So bereits im Ergebnis auch die frühere Rspr.: EuGH C-174/98 P, Slg. 2000, I-1 Rn. 27 – Van der Wal/Kommission; EuGH C-353/99 P, Slg. 2001, I-9565 Rn. 25 – Rat/Hautala; EuGH C-41/00, Slg. 2003, I-2125 Rn. 48 – Interporc (II)/Kommission; EuG T-105/95, Slg. 1997, II-313 Rn. 56 – WWF UK;

(EG) Nr. 1049/2001 aus den Transparenzgeboten in Art. 10 Abs. 3 EUV, Art. 15 AEUV und Art. 298 AEUV sowie Art. 42 GRC.[256] Für die VO (EG) Nr. 1367/2006 nimmt der EuGH ebenfalls eine weite Auslegung des Zugangsrechts und eine enge Auslegung der Ausnahmen an, weil es sich um **Umweltinformationen** handle.[257] Wenig überzeugend schließt das EuG aber aus Art. 6 VO (EG) Nr. 1367/2006, der die enge Auslegung für Ausnahmen nicht auf alle Gründe des Art. 4 VO (EG) Nr. 1367/2006 bezieht, dass für „Untersuchungen, insbesondere solchen, die mögliche Verstöße gegen das Gemeinschaftsrecht zum Gegenstand haben", die Vorgabe einer engen Auslegung nicht gelte.[258] Im Bereich der Rechtsetzung ist der Zugangsanspruch besonders weit auszulegen.[259] Inhaltlich beschränkt Art. 15 Abs. 3 AEUV die Rechtfertigungsgründe auf **öffentliche oder private Interessen**. Diese Begriffe umfassen alle gängigen, in den Mitgliedstaaten nachweisbaren Ausnahmetatbestände.[260] Art. 4 VO (EG) Nr. 1049/2001 zählt nicht weniger als neun Ausnahmetatbestände auf, von denen eine Gruppe **zwingend** ist, während die andere die zusätzliche Feststellung des Überwiegens des **öffentlichen Interesses** an der Geheimhaltung verlangt.

Ferner ist gemäß Art. 52 Abs. 1 GRC der **Grundsatz der Verhältnismäßigkeit** zu beachten.[261] Während dies für die nicht zwingenden Ausnahmetatbestände des Art. 4 VO (EG) Nr. 1049/2001 allgemein angenommen wird (→ Rn. 81), ist es für die zwingenden Ausnahmegründe umstritten (→ Rn. 78). Alle Ausnahmegründe gelten nach Art. 4 Abs. 7 VO (EG) Nr. 1049/2001 nur für den **Zeitraum**, für den aufgrund des Inhalts der Dokumente der Schutz der betreffenden Rechtsgüter gerechtfertigt ist. Die **Höchstdauer** beträgt, abgesehen von den Ausnahmeregelungen zugunsten der Privatsphäre und der geschäftlichen Interessen, maximal 30 Jahre. 69

2. Die einzelnen Rechtfertigungsgründe nach VO (EG) Nr. 1049/2001. a) Zwingende Ausnahmen. aa) Gründe. Die Ausnahmegründe nach VO (EG) Nr. 1049/2001 gelten auch für die VO (EG) Nr. 1367/2006 über Umweltinformationen.[262] Gemäß Art. 4 Abs. 1 VO (EG) Nr. 1049/2001 „verweigern" die Organe **zwingend** den Zugang zu Dokumenten in fünf **enumerativ** aufgezählten Fällen, die rechtsvergleichend allesamt als Ausnahmen im öffentlichen bzw. privaten Interesse für erforderlich gehalten werden.[263] Die Ausnahme für die **öffentliche Sicherheit** betrifft insbesondere die Strafverfolgung und kann auch in dem Bereich der GASP wirken. In der Praxis war sie bislang von unterschiedlicher Bedeutung.[264] Das Merkmal der öffentlichen Sicherheit ist **enger** als der deutsche Begriff der öffentlichen Sicherheit und Ordnung auszulegen. Dafür spricht zum einen der 70

EuG T-211/00, Slg. 2002, II-485 Rn. 52, 55 – Kuijer (II)/Rat. Zum Grundsatz größtmöglichen Zugangs s. auch *Lecheler* ZEuS 2003, 337 (350).
[256] EuGH C-57/16 P, ECLI:EU:C:2018:660 Rn. 74 und 78 – ClientEarth/Kommission.
[257] EuGH C-57/16 P, ECLI:EU:C:2018:660 Rn. 74 und 78 – ClientEarth/Kommission.
[258] EuG T-128/14, ECLI:EU:T:2018:643 Rn. 102 ff. – Daimler AG/Kommission.
[259] EuG T-128/14, ECLI:EU:T:2018:643 Rn. 118 – Daimler AG/Kommission; nach EuG T-540/15, ECLI:EU:T:2018:167 Rn. 68 ff. – De Capitano/EP, werden auch Dokumente im Rahmen von Gesprächen im sog. Trilogieverfahren zwischen Rat, EP und Kommission erfasst.
[260] S. zB belg. Öffentlichkeitsgesetz vom 12.11.1997 (Gesetz über die Öffentlichkeit der Verwaltung in den Provinzen und Kommunen), dän. Öffentlichkeitsgesetz Nr. 572 vom 19.12.1985; finn. Öffentlichkeitsgesetz Nr. 621 vom 21.5.1999. Kommission, Überblick über die Rechtsvorschriften der Mitgliedstaaten betreffend den Zugang zu Dokumenten, 9. September 2000, SG. B.2/VJ/CD D(2000) S. 6 ff.
[261] Jarass GRCh Art. 42 Rn. 14.
[262] S. Art. 6 VO (EG) Nr. 1367/2006.
[263] S. etwa belg. Öffentlichkeitsgesetz vom 12.11.1997 (Gesetz über die Öffentlichkeit der Verwaltung in den Provinzen und Kommunen), dän. Öffentlichkeitsgesetz Nr. 572 vom 19.12.1985; finn. Öffentlichkeitsgesetz Nr. 621 vom 21.5.1999. Kommission, Überblick über die Rechtsvorschriften der Mitgliedstaaten betreffend den Zugang zu Dokumenten, 9. September 2000, SG. B.2/VJ/CD D(2000) S. 6 ff.
[264] Zwar generell gering nach Kommission, Bericht über die Anwendung der Grundsätze der Verordnung (EG) Nr. 1049/2001 über den Zugang der Öffentlichkeit zu Dokumenten des Europäischen Parlaments, des Rates und der Kommission, KOM(2004) 45, 49, S. 18, doch beruhte fast ein Viertel der Ablehnungen seitens des Rates auf diesem Grund, KOM (2004) 45, 49, S. 16.

systematische Vergleich mit den anderen Ausnahmegründen²⁶⁵, wie der „Verteidigung und militärischer Belange", die alle sehr spezifisch zugeschnitten sind. Zum anderen folgt die enge Auslegung auch aus dem Grundsatz der größtmöglichen Offenheit nach Art. 10 Abs. 3 EUV, Art. 15 AEUV und Art. 298 Abs. 1 AEUV sowie Art. 42 GRC, aus dem der EuGH folgert, dass die Ausnahmen eng auszulegen sind.²⁶⁶ So könnte der Zugang zu Berichten des Rates über die Tätigkeit von Europol verweigert werden, wenn die Offenlegung die Erfüllung der Aufgaben von Europol tatsächlich gefährden würde.²⁶⁷

71   Die Ausnahme für **Verteidigung und militärische Belange** ist ebenfalls in allen einzelstaatlichen Vorschriften über einen Dokumentenzugang nachweisbar.²⁶⁸ Solche Dokumente charakterisiert der EuGH zwar grundsätzlich als sensibel, doch bedeutet das **nicht,** dass die Ausnahme nach Art. 4 Abs. 1 VO (EG) Nr. 1049/2001 voraussetzen würde, dass die betreffenden Dokumente als nach Art. 9 VO (EG) Nr. 1049/2001 **formal als sensibel deklariert** worden sind.²⁶⁹

72   Einen relativ weiten Anwendungsbereich hat die Ausnahme zu Gunsten des **Schutzes der internationalen Beziehungen.** Auch dieser Ausnahmegrund ist in allen einzelstaatlichen Vorschriften zu finden.²⁷⁰ Die bloße Darstellung in Dokumenten von Zuständen in anderen Staaten rechtfertigt eine Zugangsverweigerung in der EU noch nicht.²⁷¹ Das konkrete Geheimhaltungsinteresse muss im Einzelfall anhand der jeweiligen diplomatischen Beziehungen beurteilt werden.²⁷² Diese Voraussetzungen sind auch bei den in der Praxis häufigen Auskunftsersuchen über einen Notenwechsel und Verhandlungen mit Drittstaaten²⁷³ zu beachten. So kann das Interesse an der Geheimhaltung von Verhandlungstaktiken nach Abschluss der betreffenden Verhandlungen entfallen.²⁷⁴ Auch **interne Dokumente** sind erfasst, etwa über die Achtung von Menschenrechten in Drittstaaten, wenn die Veröffentlichung zu Spannungen mit den betreffenden Staaten führen könnte.²⁷⁵ Dagegen reicht allein die Gefahr einer Verbreitung von Dokumenten **nicht** aus, um eine Beeinträchtigung der EU-Interessen im Bereich internationaler Beziehungen zu bejahen. Dasselbe gilt für die **bloße Verbreitung,** dass innerhalb der Organe eine unterschiedliche Ansicht zur **Rechtsgrundlage** einer Entscheidung besteht, oder die **juristische Erörterung** des Umfangs der institutionellen Zuständigkeiten.²⁷⁶

---

²⁶⁵ Dazu *Wägenbaur* EuZW 2001, 680 (683).
²⁶⁶ EuGH C-57/16 P, ECLI:EU:C:2018:660 Rn. 74 und 78 – ClientEarth/Kommission; vgl. EuG verb. Rs. T-110, 150 und 405/03, Slg. 2005, II-1429 Rn. 75 ff. – Jose Marie Sison/Rat.
²⁶⁷ Vgl. EuG T-174/95, Slg. 1998, II-2289 Rn. 120 – Svenska Journalistenförbundet/Rat. S. dazu *Sobotta* S. 412, mit dem Hinweis auf Informationen, die die Umgehung von Polizeimaßnahmen ermöglichen könnten; zur Erfassung von Europol → Rn. 37.
²⁶⁸ S. etwa belg. Öffentlichkeitsgesetz vom 12.11.1997 (Gesetz über die Öffentlichkeit der Verwaltung in den Provinzen und Kommunen), dän. Öffentlichkeitsgesetz Nr. 572 vom 19.12.1985; finn. Öffentlichkeitsgesetz Nr. 621 vom 21.5.1999. Kommission, Überblick über die Rechtsvorschriften der Mitgliedstaaten betreffend den Zugang zu Dokumenten, 9. September 2000, SG. B.2/VJ/CD D(2000) S. 6 ff.
²⁶⁹ EuGH C-576/12 P, ECLI:EU:C:2013:777 Rn. 38 ff. – Jurašinović.
²⁷⁰ S. zB belg. Öffentlichkeitsgesetz vom 12.11.1997 (Gesetz über die Öffentlichkeit der Verwaltung in den Provinzen und Kommunen), dän. Öffentlichkeitsgesetz Nr. 572 vom 19.12.1985; finn. Öffentlichkeitsgesetz Nr. 621 vom 21.5.1999. Kommission, Überblick über die Rechtsvorschriften der Mitgliedstaaten betreffend den Zugang zu Dokumenten, 9. September 2000, SG. B.2/VJ/CD D(2000) S. 6 ff.
²⁷¹ EuG T-188/98, Slg. 2000, II-1959 Rn. 57 – Kuijer I.
²⁷² EuG T-188/98, Slg. 2000, II-1959 Rn. 39 ff. – Kuijer I; due Überprüfung fällt relativ genau aus, EuG T-644/16, ECLI:EU:T:2018:429 Rn. 33 ff. – ClientEarth/Kommission.
²⁷³ Kommission, Bericht über die Anwendung der Grundsätze der Verordnung (EG) Nr. 1049/2001 über den Zugang der Öffentlichkeit zu Dokumenten des Europäischen Parlaments, des Rates und der Kommission, KOM(2004) 45, 49, S. 18.
²⁷⁴ *Sobotta* S. 413 f.
²⁷⁵ EuG T-14/98, Slg. 1999, II-2489 Rn. 73 – Hautala/Rat; zustimmend *Wägenbaur* EuZW 2001, 683. Das bedeutet allerdings nicht, dass Menschenrechtsberichte nicht uneingeschränkten Schutz genießen, s. EuG T-211/00, Slg. 2002, II-485 ff. – Kuijer II.
²⁷⁶ EuGH C-350/12 P, ECLI:EU:C:2014:2039 Rn. 44 – Rat/Sophie in't Veld; EuG T-204/99, Slg. 2001, II-2265 – Matilla/Rat und Kommission.

Über die bisher geschützte Währungsstabilität geht die zwingende Ausnahme zum **73** **Schutz der Finanz-, Währungs- und Wirtschaftspolitik** der Gemeinschaft oder eines Mitgliedstaates hinaus. Thematisch handelt es sich wiederum um eine allen einzelstaatlichen Vorschriften gemeinsame Ausnahme.[277] Die Einbeziehung der Mitgliedstaaten ist wegen der konkurrierenden Zuständigkeiten von Gemeinschaft und Mitgliedstaaten in diesem Bereich erforderlich. Es ist ausreichend, wenn durch den Zugang die Beziehungen zu Drittländern und den für einen erfolgreichen Abschluss dieser Verhandlungen notwendigen Verhandlungsspielraum der Union und ihrer Mitgliedstaaten beeinträchtigen werden könnte.[278] Dies ist konkret zu belegen.

Schließlich wird die **Privatsphäre und Integrität des Einzelnen** nach Art. 4 Abs. 1 **74** lit. b VO (EG) Nr. 1049/2001 geschützt.[279] Ausdrücklich verweist die Vorschrift diesbezüglich auf die Unionsvorschriften über den **Datenschutz**. Damit ist für die Unionsorgane **VO (EG) Nr. 45/2001**[280] einschlägig, die im Vergleich mit VO (EG) Nr. 1049/2001 einen deutlich **anderen Regelungsansatz** verfolgt: Ihr zufolge ist grundsätzlich die **Einwilligung** des Datensubjekts für eine Datenübermittlung notwendig und der Zugang zu Daten Dritter nur zulässig, wenn die **Notwendigkeit der Datenübermittlung** nachgewiesen ist.[281] Nach inzwischen geklärter Rechtsprechung ist der **Begriff der persönlichen Daten** in beiden Verordnungen gleich zu verstehen, sodass es umfassend zur Anwendung von VO (EG) Nr. 45/2001 kommt.[282] Damit ist ein Antragsteller auf Zugang zu Dokumenten, die persönliche Daten enthalten, entgegen der Intention der Vorschrift verpflichtet, **ausdrückliche Rechtfertigungsgründe** vorzubringen und die Notwendigkeit der Datenübermittlung **nachzuweisen**.[283] Diese **Sonderregelung** entspricht aber den Vorgaben des primärrechtlich in **Art. 8 GRC** und **Art. 16 Abs. 1 AEUV** gewährleisteten **Rechts auf Schutz personenbezogener Daten**. Es ist fraglich, ob VO (EG) Nr. 45/2001 auch im Rahmen der GASP anwendbar ist, doch ist dort in jedem Fall der Schutz der Privatsphäre zu achten ist, wie er sich aus Art. 8 GRC ergibt. Die Ausnahme greift nicht, sofern es um die persönlichen **Daten des Antragstellers** geht, sondern nur soweit private Daten Dritter betroffen sind.[284] Der Schutz der Privatsphäre entfällt nicht allein deshalb, weil ein Zusammenhang der Daten mit öffentlichen Daten besteht.[285]

Im Anwendungsbereich von VO (EG) Nr. 45/2001 stellt die **Freigabe von Namen** in **75** Dokumenten ein besonderes Problem dar, weil die Vorschrift einerseits sehr weit gefasst ist und jede personenbezogene Information betrifft, andererseits eine Schwärzung im Dokument zu arbeitsintensiv sein könnte oder ein überwiegendes besonderes Interesse gerade an den Namen bestimmter Personen bestehen könnte. So hat der Antrag auf Freigabe der Namen von Experten in einem Ausschuss zu einer Klage vor dem EuG geführt.[286] Diesbezüglich hatte die Kommission vor Inkrafttreten der Verordnung gemäß den Grundsätzen der Richtlinie 95/46/EG[287] eine **Güterabwägung im Einzelfall** vorgenommen.

---

[277] S. zB belg. Öffentlichkeitsgesetz vom 12.11.1997 (Gesetz über die Öffentlichkeit der Verwaltung in den Provinzen und Kommunen), dän. Öffentlichkeitsgesetz Nr. 572 vom 19.12.1985; finn. Öffentlichkeitsgesetz Nr. 621 vom 21.5.1999; span. Gesetz Nr. 30 vom 26.11.1992. Kommission, Überblick über die Rechtsvorschriften der Mitgliedstaaten betreffend den Zugang zu Dokumenten, 9. September 2000, SG. B.2/VJ/CD D(2000) S. 6 ff.
[278] EuG T-264/04, Slg. 2007, II-911 Rn. 41 – WWF/Rat.
[279] Grundsätzlich anerkannt von EuGH C-2/88, Slg. 1990, I-4404 Rn. 11 – Zwartfeld.
[280] Verordnung zum Schutz natürlicher Personen bei der Verarbeitung personenbezogener Daten durch die Organe und Einrichtungen der Gemeinschaft und zum freien Datenverkehr, ABl. 2001 L 8, 1. Die Verordnung wird überarbeitet, um sie in Einklang mit der EU-Datenschutz-Grundverordnung zu bringen.
[281] *Hofstötter* in von der Groeben/Schwarze/Hatje AEUV Art. 15 Rn. 49; näher dazu *Leino* S. 1235.
[282] EuGH C-28/08 P, Slg. 2010, I-6055 Rn. 63 – Bavarian Lager.
[283] EuG T-82/09, ECLI:EU:T:2011:688 Rn. 30 – Dennekamp.
[284] EuG verb. Rs. T-314/16 und T-435/16, ECLI:EU:T:2018:841 Rn. 52 – VG/Kommission.
[285] EuG verb. Rs. T-639/15 bis T-666/15 und T-94/16, ECLI:EU:T:2018:602 Rn. 52 – Psara ua/EP.
[286] EuG T-170/03, ECLI:EU:T:2010:348 – British American Tobacco (Investments) Ltd/Kommission.
[287] Richtlinie für den Schutz natürlicher Personen bei der Verarbeitung personenbezogener Daten und beim freien Datenverkehr, ABl. 1995 L 281, 31.

76 Für die Ausnahmen nach Art. 4 Abs. 1 lit. a VO (EG) Nr. 1049/2001 regelt Art. 9 der Verordnung den **Geheimnisschutz**. Die dort aufgeführten sog. sensiblen Dokumente sind solche, die als „streng geheim", „geheim" oder „vertraulich" eingestuft worden sind. Sie unterliegen zunächst besonderen Verfahrensregelungen, weil über Anträge auf Zugang zu ihnen nur Personen entscheiden dürfen, die berechtigt sind, in diese Dokumente Einblick zu nehmen.[288] Die Kommission moniert, dass als „nur für den Dienstgebrauch" eingestufte Dokumente nicht erfasst werden.[289] Bei einer ablehnenden Entscheidung darf die Begründung nicht die in Art. 4 VO (EG) Nr. 1049/2001 geschützten Interessen beeinträchtigen.[290] Ferner müssen die Mitgliedstaaten sicherstellen, dass bei der Bearbeitung von Anträgen die Grundsätze nach Art. 9 und 4 VO (EG) Nr. 1049/2001 beachtet werden.[291]

77 Materiell wird in Bezug auf die **sensiblen Dokumente nach Art. 9 VO (EG) Nr. 1049/2001** die **Urheberregel**, allerdings **begrenzt** auf Dokumente, die von den Organen, den von ihnen geschaffenen Einrichtungen, den Mitgliedstaaten, Drittländern oder internationalen Organisationen stammen, wieder eingeführt.[292] **Ohne die Zustimmung** der Urheber dürfen sensible Dokumente nicht freigegeben werden oder im Register veröffentlicht werden.[293] Fraglich ist, ob zu den Urhebern auch natürliche und sonstige juristische Personen zu zählen sind.[294] Dagegen spricht, dass die die Urheberregel in Abs. 3 systematisch auf Abs. 1 zu beziehen ist, der nur Dokumente erfasst, die von bestimmten Einrichtungen „stammen". Der Begriff „stammen" bezeichnet die **Urhebereigenschaft** und begrenzt damit auch den Kreis der in Abs. 3 gemeinten Urheber. Denn ansonsten ergäbe sich ein Wertungswiderspruch zu Dokumenten, die zwar als sensibel eingestuft werden, aber unmittelbar von natürlichen oder sonstigen juristischen Personen stammen. Denn jene können aus systematischen Gründen aufgrund der Einschränkung in Abs. 1 nicht in den Genuss der Urheberregel des Abs. 3 gelangen. Ferner ist Abs. 1 auf die Schutzzwecke nach Art. 4 Abs. 1 lit. a VO (EG) Nr. 1049/2001 bezogen. Die dort geschützten Interessen sind aber typischer Weise bei Privaten gar nicht anzutreffen.[295] Ihre Interessen werden eher von Art. 4 Abs. 1 lit. b VO (EG) Nr. 1049/2001 erfasst.

78 bb) Verhältnismäßigkeit. Für die **zwingenden Ausnahmegründe** ist umstritten, ob die Berufung auf sie eine Verhältnismäßigkeitsprüfung einschließt. Das wird überwiegend unter Hinweis auf den Wortlaut von Art. 4 Abs. 2 VO (EG) Nr. 1049/2001 verneint, der eine Abwägung mit den öffentlichen Interessen einem Zugang zu Dokumenten auf die Gründe jenes Absatzes beschränkt und die Gründe des ersten Absatzes nicht einbezieht.[296] In der Rechtsprechung vor dem Lissabonner Vertrag sind diese Ausnahmegründe im Grundsatz bereits als absolut angesehen worden.[297] Auch alle Mitgliedstaaten

---

[288] Art. 9 Abs. 2 VO (EG) Nr. 1049/2001.
[289] Kommission, Bericht über die Anwendung der Grundsätze der Verordnung (EG) Nr. 1049/2001 über den Zugang der Öffentlichkeit zu Dokumenten des Europäischen Parlaments, des Rates und der Kommission, KOM(2004) 45, 21 unter Hinweis auf die Sicherheitsbestimmungen von Rat, Beschluss 2001/264/EG, ABl. 2001 L 101, 1, und Kommission, Beschluss 2001/844/EG, EGKS, Euratom, ABl. 2001 L 317, 1.
[290] Art. 9 Abs. 4 VO (EG) Nr. 1049/2001.
[291] Art. 9 Abs. 5 VO (EG) Nr. 1049/2001.
[292] Art. 9 Abs. 3 VO (EG) Nr. 1049/2001.
[293] Art. 9 Abs. 3 VO (EG) Nr. 1049/2001.
[294] So ohne nähere Begründung *Wewers* S. 286 f.
[295] Nämlich ua Verteidigung, öffentliche Sicherheit, Finanz- und Wirtschaftspolitik.
[296] AA *Partsch* NJW 2001, 3154 (3157) dessen Hinweis auf die editorische Abfassung aber fehlgeht, denn die Berücksichtigung überwiegender öffentlicher Belange erfolgt allein in Art. 4 Abs. 2 VO (EG) Nr. 1049/2001 und zwar in einem Halbsatz bei den dort aufgeführten Ausnahmen. Wie hier *Feik* S. 291 (dort Fn. 679).
[297] EuG T-194/94, Slg. 1995, II-2765 Rn. 64 – Carvel, mit Anmerkungen von *Calliess* ZUR 1996, 140 ff.; *Sobotta* EuZW 1996, 152 ff.; *Twomey* CMLR 1996, 831 ff.; *Campbell* ICLQ 1997, 174 ff.; EuG T-105/95, Slg. 1997, II-313 Rn. 58 – WWF; s. dazu *Schikhof* MJ 4 (1997), 386 ff.

kennen, wenn auch in unterschiedlichem Umfang, derartige zwingende Ausnahmeregelungen.[298] Zum Teil wird in der Literatur gerügt, dass dies in der EU nicht dem Interesse **größtmöglicher Transparenz** entspreche[299], andere halten die Regelung nur für akzeptabel, sofern bei der Prüfung etwaiger Beeinträchtigungen der geschützten Rechtsgüter ein hinreichend restriktiver Maßstab angelegt werde.[300] Noch weitergehend ist aber darauf hinzuweisen, dass mit der Anerkennung des Grundrechtscharakters in Art. 42 GRC, Art. 15 Abs. 3 AEUV gemäß der allgemeinen Regel des Art. 52 Abs. 1 GRC eine **Verhältnismäßigkeitsprüfung** bei allen Eingriffen erfolgen muss.[301] Entscheidend ist, wie weit der Umsetzungsvorbehalt in Art. 15 Abs. 3 AEUV ausgelegt wird. Systematisch erscheint es überzeugend, hier kein freies Ermessen anzunehmen, sondern eine Bindung an Art. 52 GRC zu verlangen. Die Rechtsprechung hat auf diese Problematik zunächst mit einer relativ **engen Auslegung** der Ausnahmegründe nach Art. 4 Abs. 1 VO (EG) Nr. 1049/2001 reagiert. So reicht es nicht, dass ein Dokument diesen Ausnahmegründen unterfällt, sondern die Zugangsgewährung muss **tatsächlich** die durch die Ausnahmegründe geschützten Rechtsgüter **gefährden**. Dies ist bereits vor Erlass der VO (EG) Nr. 1049/2001 von der Rechtsprechung herausgearbeitet[302] und durch die Verordnung nicht in Frage gestellt worden.[303] Ferner erkennt der EuGH einer Entscheidung in Bereich der zwingenden Gründe einen komplexen und diffizilen Charakter zu, woraus er einen **Ermessensspielraum** der zuständigen Stelle folgert.[304] Daher beschränkt er seine Prüfung darauf, ob „die Verfahrensregeln und die Bestimmungen über die Begründung eingehalten worden sind, der Sachverhalt zutrifft, bei der Tatsachenwürdigung **kein offensichtlicher Fehler** vorgekommen ist und **kein Ermessensmissbrauch** vorliegt".[305] Der letztgenannte Aspekt könnte als Einlasstor für Erwägungen einer – inhaltlich zurückgenommenen – Verhältnismäßigkeitsprüfung angesehen werden. Nicht zuletzt ist die betreffende EU-Stelle verpflichtet, zu erläutern, inwiefern der Zugang zu diesem Dokument das spezifische Interesse nach Art. 4 Abs. 1 VO (EG) Nr. 1049/2001 konkret und tatsächlich beeinträchtigen könnte; die Gefahr einer solchen Beeinträchtigung muss außerdem bei vernünftiger Betrachtung absehbar und darf nicht rein hypothetisch sein.[306]

b) Ausnahmen bei überwiegendem öffentlichen Interesse. aa) Verhältnismäßigkeit. Für eine zweite Gruppe von Ausnahmen wird nach Art. 4 Abs. 2 und 3 VO (EG) Nr. 1049/2001 der Zugang nur verweigert, soweit nicht ein **überwiegendes öffentliches Interesse** an der Verbreitung der Information besteht. Es ist also in einem ersten Schritt zu prüfen, ob ein öffentliches Interesse vorliegt, und in einem zweiten, ob dieses das öffentliche oder private Interesse an der Geheimhaltung überwiegt. Zwar muss der Antragsteller für sein Informationsbegehren grundsätzlich kein besonderes Interesse geltend machen, er kann dies aber nach erfolgter Zugangsverweigerung **im Zweitantrag** nachholen. Strittig ist jedoch der **Umfang** des Begriffs des „öffentlichen Interesses". In der Praxis sind Antragsteller der Ansicht gewesen, dass auch das private Interesse am Zugangsrecht nach Art. 42 GRC über Art. 1 Abs. 2 EUV zugleich einem öffentlichen Interesse

---

[298] S. etwa belg. Öffentlichkeitsgesetz vom 12.11.1997 (Gesetz über die Öffentlichkeit der Verwaltung in den Provinzen und Kommunen), dän. Öffentlichkeitsgesetz Nr. 572 vom 19.12.1985; finn. Öffentlichkeitsgesetz Nr. 621 vom 21.5.1999. Kommission, Überblick über die Rechtsvorschriften der Mitgliedstaaten betreffend den Zugang zu Dokumenten, 9. September 2000, SG. B.2/VJ/CD D(2000) S. 6 ff.
[299] *Bock* DÖV 2002, 556 (559).
[300] *Wegener* in Calliess/Ruffert AEUV Art. 15 Rn. 33.
[301] *Jarass* GRCh Art. 42 Rn. 14 f.; *Klatt* in von der Groeben/Schwarze/Hatje GRC Art. 42 Rn. 10.
[302] EuG T-174/95, Slg. 1998, II-2289 Rn. 120 – Svenska Journalistenförbundet/Rat, stellt auf die Einlassungen des Rates ab. Doch folgt das Ergebnis auch aus dem Grundsatz größtmöglicher Offenheit.
[303] *Feik* S. 288, spricht deshalb von „relativ zwingenden" Ausnahmen spricht.
[304] EuGH C-266/05 P, Slg. 2007, I-1233 Rn. 35 – Sison/Rat.
[305] EuGH C-266/05 P, Slg. 2007, I-1233 Rn. 34 – Sison/Rat.
[306] EuGH C-350/12 P, ECLI:EU:C:2014:88 Rn. 64 – Rat/Sophie in 't Veld; EuG T-116/17, ECLI:EU:T:2018:614 Rn. 23 – Spiegel-Verlag Rudolf Augstein GmbH & Co. KG/EZB.

diene.[307] Wissenschaftler weisen zuweilen auf den wissenschaftlichen Charakter ihres Anliegens hin. Der Bürgerbeauftragte hat das im Ansatz akzeptiert.[308] Dagegen will die Kommission als öffentliche Interessen nur solche anerkennen, die über die privaten Interessen hinausgehen.[309]

80 Die Kommission könnte sich auf den Wortlaut von Art. 4 VO (EG) Nr. 1049/2001 berufen, der auf das Interesse an der „**Verbreitung**", also für einen größeren Personenkreis, abstellt. Vergleicht man den Begriff systematisch mit Art. 4 Abs. 3 VO (EG) Nr. 1049/2001, wo gefragt wird, ob die Verbreitung eines Dokuments zu Beeinträchtigungen führen würde, so liegt es nahe, von einer Bedeutung im Sinne von „Offenlegung" auszugehen. In diesem Sinne wäre also auch die Information eines einzelnen Antragsstellers eine Verbreitung. Ferner spricht die **partizipativ-demokratische Komponente** des Grundrechts auf Zugang zu Dokumenten dafür, dass seine Ausübung zumindest tendenziell **auch im öffentlichen Interesse** geschieht. Wenn die Kommission des Weiteren darauf hinweist, dass das Erfordernis eines überwiegenden Interesses als Ausnahmeregelung eng auszulegen sein[310], vermag diese Auffassung nicht zu überzeugen. Erstens handelt es sich um ein negatives Tatbestandsmerkmal, nicht um eine Ausnahme. Zweitens zeigen gerade Fälle von Grundsätzen, Ausnahmen und Rückausnahmen, dass der sog. Grundsatz, dass Ausnahmen eng auszulegen seien, rein formal jedes Ergebnis rechtfertigen könnte. Vielmehr ist Voraussetzung für die überzeugende Anwendung eines solchen Grundsatzes ist, dass zunächst aufgrund materieller Kriterien bestimmt wird, was Grundsatz und was Ausnahme ist.[311] Der Grundsatz bezüglich des Informationszugangs wird im Grundrecht auf Dokumentenzugang nach Art. 42 GRC verkörpert, so dass Art. 4 VO (EG) Nr. 1049/2001 die Ausnahmeregelung ist; zutreffend weist die Vorschrift darauf selbst ausdrücklich hin. Daher sind die positiven Tatbestandsmerkmale der Ausnahmegründe eng und negative bzw. Rückausnahmen weit auszulegen. So ist die frühere Rechtsprechung davon ausgegangen, dass die EU-Organe „das Interesse des Bürgers am Zugang zu diesen Dokumenten gegen ihr etwaiges Interesse an der Geheimhaltung [...] abwägen" müssen.[312] Daher ist Art. 4 VO (EG) Nr. 1049/2001 grundrechtskonform in der Weise zu interpretieren, dass „öffentliches Interesse" **auch das private Interesse** umfasst. Zutreffend weist das EuG darauf hin, dass der Zugangsanspruch unabhängig von der Art des Interesses an den Dokumenten ist.[313]

81 Des Weiteren muss die Verweigerung des Zugangs **verhältnismäßig** sein. Dies folgt für die relativen Ausnahmegründe nach Art. 4 Abs. 2 VO (EG) Nr. 1049/2001 zum einen aus den ausdrücklichen Hinweis auf ein „überwiegendes öffentliches Interesse" und zum anderen aus der allgemeinen Anwendung des Verhältnismäßigkeitsgrundsatzes nach Art. 52 Abs. 1 GRC. Das erfordert insbesondere die Prüfung eines milderen Mittels. Danach müssen Dokumente, soweit möglich, zumindest teilweise zugänglich gemacht werden[314]

---

[307] Kommission, Bericht über die Anwendung der Grundsätze der Verordnung (EG) Nr. 1049/2001 über den Zugang der Öffentlichkeit zu Dokumenten des Europäischen Parlaments, des Rates und der Kommission, KOM(2004) 45, 49, S. 26.
[308] Beschwerde 412/2003/GG. Allerdings hat er das Interesse im konkreten Fall nicht für überwiegend gehalten.
[309] Kommission, Bericht über die Anwendung der Grundsätze der Verordnung (EG) Nr. 1049/2001 über den Zugang der Öffentlichkeit zu Dokumenten des Europäischen Parlaments, des Rates und der Kommission, KOM(2004) 45, 49, S. 26.
[310] Kommission, Bericht über die Anwendung der Grundsätze der Verordnung (EG) Nr. 1049/2001 über den Zugang der Öffentlichkeit zu Dokumenten des Europäischen Parlaments, des Rates und der Kommission, KOM(2004) 45, 49, S. 26.
[311] *Heselhaus* EuZW 2001, 213 (214).
[312] EuG T-195/95, Slg. 1997, II-313 Rn. 59 f. – WWF UK/Kommission.
[313] EuG verb. Rs. T-314/16 und T-435/16, ECLI:EU:T:2018:841 Rn. 55 f. – VG/Kommission.
[314] EuG T-3/00, Slg. 2007, II-6779 Rn. 223 – Pitsiorias; EuGH C-353/01 P Rn. 32, EuZW 2004, 350 f. – Mattila/Rat und Kommission; Art. 4 Abs. 6 VO (EG) Nr. 1049/2001; zur Praxis s. Kommission, Bericht über die Anwendung der Grundsätze der Verordnung (EG) Nr. 1049/2001 über den Zugang der Öffentlichkeit zu Dokumenten des Europäischen Parlaments, des Rates und der Kommission, KOM(2004) 45,

und das Vorliegen der Versagungsgründe muss nach einer Zeitspanne überprüft werden[315]. Ferner verlangt der Grundsatz nach einer **Abwägung** der widerstreitenden Interessen. Dazu kann es sinnvoll sein, dass der Antragsteller, obwohl er rechtlich nicht dazu verpflichtet ist, die besondere Bedeutung seines Interesses darlegt. Eine Abwägungsentscheidung ist ausdrücklich in Art. 4 Abs. 2 und 3 VO (EG) Nr. 1049/2001 vorgesehen. Ob auch das Interesse an einer ordnungsgemäßen Verwaltung im Fall sehr umfangreicher Dokumente ein entgegenstehender Abwägungsbelang sein kann,[316] erscheint angesichts des primärrechtlichen Transparenzgebotes zweifelhaft. Grundsätzlich ist eine **Einzelfallabwägung** erforderlich, doch lässt die Rechtsprechung für bestimmte Dokumentenarten widerlegbare **Vermutungsregeln** gelten, die eine pauschale Begründung der Zugangsverweigerung ausreichen lassen können (ausführlich → Rn. 60). Eine solche Vermutung ist indes **widerlegbar**. Dies gilt etwa für **EU-Pilotverfahren** der Kommission wegen Vertragsverletzungen eines Mitgliedstaates.[317]

bb) Relative Ausnahmegründe. Weit formuliert ist die Ausnahme zum **Schutz der** 82 **geschäftlichen Interessen** einer natürlichen oder juristischen Person, einschließlich des **geistigen Eigentums,** die deutlich über den bloßen Schutz von Geschäftsgeheimnissen hinausgehen soll.[318] Diesbezüglich besteht besonderer Anlass, an den Grundsatz zu erinnern, dass Ausnahmen von Art. 42 GRC eng auszulegen sind.[319] Der Ausnahmegrund liegt insbesondere vor, wenn **sensible Geschäftsinformationen,** etwa zu geschäftliche Strategien enthalten.[320] Dieser Ausnahmegrund betrifft in der Praxis fast ausschließlich Dokumente der Kommission, insbesondere im Bereich des **Wettbewerbsrechts** (→ Rn. 107).[321] Zu beachten ist ferner Art. 16 VO (EG) Nr. 1049/2001, wonach die geltenden Urheberechtsvorschriften unbeschadet bleiben. Deshalb kann etwa die kommerzielle Vervielfältigung amtlicher Informationen weiterhin beschränkt werden.[322]

Dagegen hat der **Schutz von Gerichtsverfahren** (Art. 4 Abs. 2 VO (EG) Nr. 1049/ 83 2001) betrifft sowohl Verfahren auf **Unionsebene** als auch in den **Mitgliedstaaten.** erfasst nur eine begrenzte Reichweite. Er erfasst in **laufenden Verfahren** nur Dokumente, die allein zum Zweck des bestimmten Gerichtsverfahrens erstellt wurden. Der Zugang zu damit zusammenhängenden Verwaltungsdokumenten darf daher nicht verweigert werden.[323] In den Vorlageverfahren werden regelmäßig in den nationalen Ausgangsverfahren bereits Fragen des Unionsrechts erörtert, die Anlass für ein Zugangsbegehren sind können. Nach der Rechtsprechung wird ein Zugang zu solchen Dokumenten während des Verfahrens bis **zum Abschluss der mündlichen Verhandlung** generell ausgeschlossen.[324] Erst danach sei das Organ verpflichtet, jedes angeforderte Dokument konkret darauf hin zu

---

49, S. 29. Grundsätzlich für Anwendung des Verhältnismäßigkeitsgrundsatzes auch Jarass GRCh Art. 42 Rn. 14 f.
[315] S. die Regelung in Art. 4 Abs. 7 VO (EG) Nr. 1049/2001.
[316] So EuG T-2/03, ECLI:EU:T:2005:125 Rn. 98, 102 – Verein für Konsumenteninformation/Kommission.
[317] EuGH C-770/18 P, ECLI:EU:C:2019:436 Rn. 17 – Pint/Kommission.
[318] Nach Ansicht der Kommission, Bericht über die Anwendung der Grundsätze der Verordnung (EG) Nr. 1049/2001 über den Zugang der Öffentlichkeit zu Dokumenten des Europäischen Parlaments, des Rates und der Kommission, KOM(2004) 45, 49, S. 22, wird auch das Ansehen in der Geschäftswelt geschützt.
[319] Damit könnte auch den Bedenken von *Wägenbaur* EuZW 2001, 680 (683), Rechnung getragen werden, der zweifelt, ob der Verhältnismäßigkeitsgrundsatz allein ein ausreichendes Korrektiv sein kann. Für eine enge Interpretation auch *Sobotta* S. 415 f.
[320] EuG T-643/13, ECLI:EU:T:2018:423 Rn. 70 – Rogesa Roheisengesellschaft Saar mbH/Kommission.
[321] EuG verb. Rs. T-68/02 und T-159/02 – Masdar (UK) Ltd/Kommission, und T-237/02 – technische Glaswerke Ilmenau GmbH/Kommission wurden von der Liste gestrichen, ABl. 2004 C 7, 43; EuG T-2/03, ECLI:EU:T:2005:125 Rn. 98, 102 – Verein für Konsumenteninformation/Kommission.
[322] *Wegener* in Calliess/Ruffert, 3. Aufl. 2007, EGV Art. 255 Rn. 21.
[323] EuG T-92/98, Slg. 1999, II-3521 Rn. 40 ff. – Interporc (II)/Kommission.
[324] EuG T-36/04, Slg. 2007, II-3201 Rn. 103 ff. – API/Kommission; *Wegener* in Calliess/Ruffert AEUV Art. 15 Rn. 28.

überprüfen, ob es freigegeben werden könne.[325] Dies gilt auch für Dokumente, die im Zusammenhang mit der Rechtsprechungstätigkeit des EuGH stehen.[326] In der Literatur wird teilweise **kritisiert,** dass im Vergleich dazu vor dem Europäischen Gerichtshof für Menschenrechte unter der EMRK die von den Vertragsstaaten eingereichten Schriftstücke der Öffentlichkeit auch während des Verfahrens zugänglich sind, sofern der Präsident des Gerichtshofes dies nicht untersagt.[327] Doch ist zu beachten, dass Art. 15 Abs. 3 UAbs. 4 AEUV den Zugangsanspruch gegenüber den Gerichten der Union auf die reine Verwaltungstätigkeit begrenzt. Auf die Ausnahme für Gerichtsverfahren berufen sich in der Regel die Organe, die die betreffenden Schriftstücke eingereicht haben. Insofern erscheint es vertretbar davon auszugehen, dass solche Schriftstücke grundsätzlich von der Ausnahme bis zur mündlichen Verhandlung erfasst werden und nur in besonderen Fällen der Öffentlichkeit zugänglich zu machen sind.

84 Der **Schutz der Rechtsberatungen** (Art. 4 Abs. 2 VO (EG) Nr. 1049/2001) gilt der Sicherung ihrer **Unabhängigkeit.**[328] Erfasst werden insbesondere die **Rechtsgutachten der Juristischen Dienste** der Organe, damit die Organe **objektive und vollständige Stellungnahmen** in solchen Rechtsgutachten erhalten.[329] Allerdings müssen die Organe **prüfen,** ob ein Dokument auch tatsächlich ein **Rechtsgutachten** darstellt. Ist das zu bejahen, kann bei der Begründung der Ablehnung des Zugangs auf die Natur des Rechtsgutachtens abgestellt werden, sofern dessen Veröffentlichung die Erreichung der Ziele der Ausnahme in Frage gestellt würde.[330] Demgegenüber hat der EuGH für **Gesetzgebungsverfahren** klargestellt, dass dort die Stellungnahmen der Juristischen Dienste grundsätzlich der Öffentlichkeit zugänglich gemacht werden müssen.[331]

85 Der Schutz des Zwecks von **Inspektions-, Untersuchungs-, und Audittätigkeiten** (Art. 4 Abs. 2 VO (EG) Nr. 1049/2001) findet sich in vergleichbarer Form auch in den Regelungen der Mitgliedstaaten.[332] Dieser Bereich fällt in der EU regelmäßig in die Zuständigkeit der Kommission und betrifft insbesondere **Verfahren der Beihilfen- und Wettbewerbskontrolle.**[333] Praxisrelevant ist die Frage, ob dieser Ausnahmegrund zusätzlich zum Schutz der Gerichtsverfahren auf Dokumente in einem weiteren Zusammenhang mit **Vertragsverletzungsverfahren**[334] angewandt werden kann. Dies hat das EuG wiederholt mit der Begründung bejaht, dass ansonsten das Ziel einer einvernehmlichen Regelung zwischen der Kommission und dem betreffenden Mitgliedstaat gefährdet sein könnte.[335] Ebenso hat der Bürgerbeauftragte die Verweigerung der Freigabe eines Schriftwechsels in einem noch nicht abgeschlossen Vertragsverletzungsverfahren als gerechtfertigt angesehen.[336] Ferner kann es in den Wettbewerbsverfahren zu **Konkurrenzen** mit besonderen Akteneinsichtsrechten für einen begrenzteren Personenkreis kommen. Grundsätzlich hat die Rechtsprechung die Anwendung der VO (EG) Nr. 1049/2001 auch in solchen Ver-

---

[325] *Krajewski/Rösslein* in GHN AEUV Art. 15 Rn. 64.
[326] EuGH C-213/15 P, ECLI:EU:C:2017:563 Rn. 49 ff. – Kommission/Breyer
[327] So *Wegener* in Calliess/Ruffert AEUV Art. 15 Rn. 28.
[328] EuG T-44/97, ECLI:EU:T:2000:258 – Piera Ghignone ua/Rat.
[329] EuGH verb. Rs. C-39/05 P und C-52/05 P, Slg. 2008, I-4723 Rn. 62 – Schweden und Turco.
[330] EuG T-84/03, Slg. 2004, II-4061 Rn. 74 – Turco/Rat; kritisch *Heliskoski/Leino* CMLR 2006, 765.
[331] EuGH verb. Rs. C-39/05 P und C-52/05 P, Slg. 2008, I-4723 Rn. 68 – Schweden und Turco.
[332] S. zB belg. Öffentlichkeitsgesetz vom 12.11.1997 (Gesetz über die Öffentlichkeit der Verwaltung in den Provinzen und Kommunen), dän. Öffentlichkeitsgesetz Nr. 572 vom 19.12.1985; finn. Öffentlichkeitsgesetz Nr. 621 vom 21.5.1999. Kommission, Überblick über die Rechtsvorschriften der Mitgliedstaaten betreffend den Zugang zu Dokumenten, 9. September 2000, SG.B.2/VJ/CD D(2000) S. 6 ff.
[333] S. zu einer allgemeinen, aber widerlegbaren Vermutung der Vertraulichkeit von Dokumenten im Beihilfeprüfverfahren EuG T-751/17, ECLI:EU:T:2019:330 Rn. 61 ff. – Commune de Fessenheim ua/Kommission.
[334] S. die Leitlinien der Kommission zum Dokumentenzugang bei Vertragsverletzungsverfahren, SEK(2003) 260/3.
[335] EuG T-105/95, Slg. 1997, II-313 Rn. 62 ff. – WWF UK/Kommission; EuG T-191/99, Slg. 2001, II-3677 Rn. 67 ff. – Petrie/Kommission.
[336] Beschwerde 1437/2002/IJH.

fahren bejaht.[337] Weitergehende Ausnahmen, die die Kommission gefordert hatte, konnten sich im Rechtsetzungsverfahren zur VO (EG) Nr. 1049/2001 nicht durchsetzen.[338] Als nicht gerichtliche Verfahren unterfallen die fraglichen Verfahren nicht dem Ausnahmegrund nach Art. 4 Abs. 2 zweiter Gedankenstrich VO (EG) Nr. 1049/2001. Ein weitergehender Schutz greift bei den **Vertragsverletzungsverfahren,** die nach der Ansicht des EuGH insbesondere auf eine gütliche Einigung abzielen. Daher soll die **Vertraulichkeit** nicht nur im Vorverfahren, sondern bis zum Abschluss des Gerichtsverfahrens **grundsätzlich** geschützt sein.[339] Hervorzuheben ist, dass **nach Abschluss** der Verfahren der Zugang nicht mehr unter Berufung auf die Ausnahmeklausel verweigert werden kann.[340]

Ein eigener Absatz ist dem **Schutz des internen Beratungsprozesses der Organe** gewidmet. **Sinn und Zweck** ist es, den Organen einen geschützten **Raum für freies Denken** ohne eine besondere politische Rücksichtnahme zu gewähren.[341] Der Schutz greift jedenfalls bis zu einem internen Beschluss, kann aber auch darüber hinaus fortbestehen.[342] Diese Ausnahme kennt allerdings **zwei Voraussetzungen:** Zum einen muss die Verbreitung des Dokuments den Entscheidungsprozess des Organs **ernstlich beeinträchtigen.** Zum anderen ist, wie bei allen relativen Versagungsgründen, zu prüfen, ob nicht ein **entgegenstehendes überwiegendes öffentliches Interesse** an der Verbreitung des Dokuments besteht. Die Vorgabe einer **ernstlichen Beeinträchtigung** geht über den *harm-test* in Art. 4 Abs. 1 VO (EG) Nr. 1049/2001 (→ Rn. 78) hinaus[343] und dürfte der relativ weiten Fassung dieses Ausnahmegrundes geschuldet sein. In der Sache vergleichbare Ausnahmegründe finden sich auch in mitgliedstaatlichen Regelungen wieder.[344] In Schweden ist die Problematik Teil der Definition des „öffentlichen Dokuments".[345] Vom Regelungsansatz kommt die EU-Konstruktion einer Ausnahme dem Ziel eines möglichst umfassenden Zugangs zu Dokumenten näher. In der Praxis berufen sich vor allem Rat und Kommission auf diesen Ausnahmegrund. Letztere bemängelt, dass der Schutz des Beratungsprozesses nicht auf den gesamten Entscheidungsprozess in der EU, etwa das Zusammenspiel von Kommission, EP und Rat in der Rechtsetzung ausgedehnt wird.[346] Zu den internen Dokumenten zählen auch die **Rechtsgutachten des Juristischen Dienstes.**[347] Für Dokumente der EZB zum internen Gebrauch hat das EuG ein weites Ermessen nach dem einschlägigen Art. 4 Beschluss 2004/258/EG bejaht.[348]

86

---

[337] EuG T-237/02, ECLI:EU:T:2006:395 Rn. 35 ff. – Technische Glaswerke Ilmenau GmbH/Kommission zu Beihilfenverfahren; zur grundsätzlichen Anwendbarkeit der VO (EG) Nr. 1049/2001 in gemeinschaftlichen Wettbewerbsverfahren vgl. EuG T-92/98, Slg. 1999, II-3521 Rn. 44 – Interporc/Kommission II; EuG T-76/02, Slg. 2003, II-3203 Rn. 34 ff. – Messina/Kommission.

[338] In KOM(2000) 30 waren noch Ausnahmen für das effektive Funktionieren der Institutionen und bei den Privaten der Schutz „wirtschaftlicher Interessen", insbesondere von Informationen über Kosten und Angebote in Vergabeverfahren vorgesehen (Art. 4).

[339] EuG T-312/17, ECLI:EU:T:2018:876 Rn. 35 – Campbell/Kommission; s. bereits EuG T-191/99, Slg. 2001, II-3677 Rn. 68 – Petri/Kommission.

[340] EuG verb. Rs. T-391/03 und T-70/04, ECLI:EU:T:2006:190 Rn. 90 und 110 ff. – Franchet und Byk/Kommission.

[341] Vgl. *Wegener* in Calliess/Ruffert AEUV Art. 15 Rn. 69.

[342] EuGH C-506/08 P, Slg. 2011, I-6237 Rn. 78 ff. – Schweden/My Travel und Kommission.

[343] *Feik* S. 289, spricht von einem „verschärften harm-test".

[344] S. etwa belg. Öffentlichkeitsgesetz vom 12.11.1997 (Gesetz über die Öffentlichkeit der Verwaltung in den Provinzen und Kommunen), dän. Öffentlichkeitsgesetz Nr. 572 vom 19.12.1985; finn. Öffentlichkeitsgesetz Nr. 621 vom 21.5.1999. Kommission, Überblick über die Rechtsvorschriften der Mitgliedstaaten betreffend den Zugang zu Dokumenten, 9. September 2000, SG. B.2/VJ/CD D(2000) S. 6 ff.

[345] Näher *Österdahl* ELR (23) 1998, 336 (339).

[346] Kommission, Bericht über die Anwendung der Grundsätze der Verordnung (EG) Nr. 1049/2001 über den Zugang der Öffentlichkeit zu Dokumenten des Europäischen Parlaments, des Rates und der Kommission, KOM(2004) 45, 49, S. 25.

[347] EuG T-610/97 R, Slg. 1998, II-485 Rn. 45 – Hanne Norup Carlsen ua/Rat. Ausführlich zum Schutz der Vertraulichkeit der Juristischen Dienste *Sobotta* S. 409 ff.

[348] EuG T-798/17, ECLI:EU:T:2019:154 Rn. 54 – De Masi und Varoufakis/EZB.

E. Zusammenfassende Bewertung und Ausblick

87 Die Regelung des Rechts auf Zugang zu Dokumenten nach Art. 42 GRC und Art. 15 Abs. 3 AEUV und deren Umsetzung in VO (EG) Nr. 1049/2001 stellt einen beachtlichen Schritt auf dem von Art. 1 Abs. 2 EUV vorgezeichneten Weg zu mehr **Offenheit und Transparenz** in der EU dar. Einzelne Kritikpunkte lassen sich aber beheben, wenn man mit der hier vertretenen Auffassung in der Verbürgung ein unmittelbar anwendbares **Grundrecht auf Zugang zu Dokumenten** sieht. Eine solche Auslegung trägt auch dem besonderen Bedürfnis der EU nach zusätzlicher Legitimation Rechnung. Denn das Recht auf Zugang zu Dokumenten stellt ein zentrales **politisches Grundrecht** dar, das zur Absicherung einer ausreichenden Kontrolle in modernen Staaten in Mehrebenensystemen unerlässlich ist. Die **partizipativ-demokratische Bedeutung** des Grundrechts wird nicht dadurch in Frage gestellt, dass von dem für Unionsbürgerinnen und -bürger egalitär angelegten Zugangsrecht in der Praxis[349] bestimmte Berufsgruppen erhöhten Gebrauch machen. Zahlreiche Anfragen kommen aus dem universitären Bereich zu Forschungszwecken oder aus der Wirtschaft.[350] Die relativ geringe Nutzung seitens der Presse erklärt die Kommission mit dem dortigen Bedürfnis nach aktueller Information, das nicht durch das, wenn auch kurze, Verfahren nach VO (EG) Nr. 1049/2001 erfüllt werden könne.[351] Relativ häufig wird das Recht von Personen irrig geltend gemacht, die wegen ihrer persönlichen Betroffenheit unter anderen Auskunftsrechten, insbesondere im Datenschutzrecht, einen größeren Zugang zu Informationen erhielten. Missbräuchliche Anfragen seien insbesondere kommerziellen Interessen geschuldet, die der Entgeltpflichtigkeit bereits veröffentlichter Informationen ausweichen wollen.[352] In Bezug auf bestimmte systematisch und wiederholt vorgebrachte Anträge moniert die Kommission, dass zur Missbrauchsabwehr bislang kein effektives Instrumentarium bereitgestellt worden sei.[353]

88 Das Grundrecht auf Zugang zu Dokumenten stellt in seiner **Ausgestaltung** durch die VO (EG) Nr. 1049/2001 eine rechtsvergleichend relativ fortschrittliche Lösung der Aufgabe dar, wünschenswerte Transparenz und berechtigte öffentliche wie private Geheimhaltungsinteressen zu einem **Ausgleich** zu bringen. In Bezug auf die sog. absoluten Ausnahmegründe hat die Rechtsprechung einen Weg gefunden, jedenfalls eine Basiskontrolle auszuüben. Anzahl und thematischer Umfang der Ausnahmegründe nach VO (EG) Nr. 1049/2001 entsprechen dem gehobenen Standard einzelstaatlicher Regelungswerke. Sie dienen dem Schutz wichtiger öffentlicher **Interessen** oder entgegenstehender privater Interessen, die **grundrechtlich** insbesondere durch den Schutz der Privatsphäre, die Berufsfreiheit oder die Eigentumsfreiheit **geschützt** sind. Die Forderungen der Kommission nach einer Ausweitung der Gründe oder einer extensiven Interpretation sind nur teilweise überzeugend. Hier schimmert zum Teil eine in allen Verwaltungen zu beobachtende Tendenz durch, der Geheimhaltung besonderes Gewicht beizumessen. Rechtsvergleichende Untersuchungen heben hervor, dass für eine Evaluierung des Rechts auf Zugang zu Dokumenten nicht allein die rechtliche Regelung entscheidend ist, sondern

---

[349] Im Übrigen ist die bisherige Praxis weitgehend zufriedenstellend. In ihrem Bericht von 2004 verzeichnete die Kommission für das Jahr 2002 bei EP, Rat und Kommission jeweils 637, 2394 bzw. 991 Erstanträge und nur 1, 43 bzw. 96 Zweitanträge.
[350] Kommission, Bericht über die Anwendung der Grundsätze der Verordnung (EG) Nr. 1049/2001 über den Zugang der Öffentlichkeit zu Dokumenten des Europäischen Parlaments, des Rates und der Kommission, KOM(2004) 45, 49, S. 11.
[351] Kommission, Bericht über die Anwendung der Grundsätze der Verordnung (EG) Nr. 1049/2001 über den Zugang der Öffentlichkeit zu Dokumenten des Europäischen Parlaments, des Rates und der Kommission, KOM(2004) 45, 49, S. 12.
[352] Kommission, Bericht über die Anwendung der Grundsätze der Verordnung (EG) Nr. 1049/2001 über den Zugang der Öffentlichkeit zu Dokumenten des Europäischen Parlaments, des Rates und der Kommission, KOM(2004) 45, 49, S. 11.
[353] Kommission, Bericht über die Anwendung der Grundsätze der Verordnung (EG) Nr. 1049/2001 über den Zugang der Öffentlichkeit zu Dokumenten des Europäischen Parlaments, des Rates und der Kommission, KOM(2004) 45, 49, S. 34, 46.

auch die Einstellung in der Verwaltung.[354] Daher kommt verwaltungsinternen Sicherungen, wie der Funktion des Bürgerbeauftragten, eine gewichtige Bedeutung zu. In diesem Sinne dürfte die mitgliedstaatlichem Beispiel folgende[355] Vorgabe nach Art. 15 VO (EG) Nr. 1049/2001 zu deuten sein, derzufolge die Organe eine **„gute Verwaltungspraxis entwickeln"** sollen.

---

[354] *Österdahl* in Andenas/Jarreborg, Anglo-Swedish Studies in Law, S. 237 (261).
[355] S. § 18 finn. Act on the Openness of Government Activities.

§ 61 Recht auf eine gute Verwaltung

Übersicht

	Rn.
A. Bedeutung, Überblick und Entwicklung	1–21
I. Grundrecht und Kern eines allgemeinen EU-Verwaltungsrechts	1–3
II. Übersicht und Funktionen	4–9
III. Entwicklung	10–21
1. Ansätze in den Mitgliedstaaten	10–16
2. Internationale und regionale Rechtsentwicklung	17–19
3. Entwicklung im Unionsrecht	20, 21
B. Gemeinsame Grundlagen der einzelnen Gewährleistungen	22–38
I. Elemente des Schutzbereichs	22–32
1. Begriff der Verwaltung	23–25
2. Gewährleistungsgehalt	26
3. Verpflichtete	27–30
4. Berechtigte	31, 32
II. Beeinträchtigungen, Rechtfertigung und Rechtsfolgen	33–37
1. Rechtliche und faktische Beeinträchtigungen	33
2. Rechtfertigung, insbesondere gesetzliche Grundlage	34, 35
3. Rechtsfolgen von Verstößen	36, 37
III. Verhältnis zu anderen Bestimmungen	38
C. Gewährleistungsgehalt der Rechte auf unparteiische und gerechte Behandlung innerhalb einer angemessenen Frist (Art. 41 Abs. 1 GRC)	39–51
I. Allgemeines	39
II. Das Recht auf unparteiische Behandlung (Art. 41 Abs. 1 GRC)	40–43
1. Gewährleistungsbereich	40–42
2. Rechtfertigung und Rechtsfolgen	43
III. Das Recht auf gerechte Behandlung (Art. 41 Abs. 1 GRC)	44–47
1. Gewährleistungsbereich	44–46
2. Beeinträchtigungen, Rechtfertigung und Rechtsfolgen	47
IV. Das Recht auf Behandlung innerhalb angemessener Frist (Art. 41 Abs. 1 GRC)	48–50
1. Gewährleistungsbereich	48, 49
2. Beeinträchtigungen, Rechtfertigung und Rechtsfolgen	50
V. Weitere Gewährleistungen des Rechts auf gute Verwaltung	51
D. Das Anhörungsrecht (Art. 41 Abs. 2 lit. a GRC)	52–61
I. Gewährleistungsgehalt	52–58
II. Beeinträchtigungen, Rechtfertigung und Rechtsfolgen	59–61
E. Das Recht auf Akteneinsicht (Art. 41 Abs. 2 lit. b GRC)	62–72
I. Gewährleistungsgehalt	62–69
II. Beeinträchtigungen, Rechtfertigung und Rechtsfolgen	70–72
F. Das Recht auf Begründung (Art. 41 Abs. 2 lit. c GRC)	73–79
I. Gewährleistungsgehalt	73–77
II. Beeinträchtigung, Rechtfertigung und Rechtsfolgen	78, 79
G. Das Recht auf Schadensersatz (Art. 41 Abs. 3 GRC)	80–89
I. Grundrechtscharakter und Struktur	80–82
II. Gewährleistungsgehalt	83–89
H. Recht auf Eingaben an die Organe und Einrichtungen in einer Vertragssprache (Art. 41 Abs. 4 GRC)	90–109
I. Bedeutung, Entwicklung und Systematik	90–93
II. Gewährleistungsgehalt	94–102
III. Beeinträchtigungen, Rechtfertigung und Rechtsfolgen	103–106
IV. Zusammenfassende Bewertung und Ausblick	107–109

Schrifttum:

Alzoulay, The Court of Justice and the Adminstrative Governance, ELJ 2001, 425; *Barnés,* Procedimiento adminstrativo e integración europea, RIDPC 2004, 1103; *Bauer,* Das Recht auf gute Verwaltung im Europäischen Gemeinschaftsrecht, 2002; *Bruha/Seeler* (Hrsg.), Die Europäische Union und ihre Sprachen, 1998; *Bullinger,* Das Recht auf eine gute Verwaltung nach der Grundrechtecharta der EU, FS Brohm, 2002, 25; *Celotto,* Commento agli articoli 41e 42, in Bifulco/Cartabia/Celotto (Hrsg.), L'Europea dei diritti. Commento alla Carta dei diritti fondamentali dell'Unione Europea, 2001, 284; *Chiti,* Il mediatore europeo e la buona amministrazione comunitaria, Rivista italiana di diritto pubblico comunitario 2000, 303; *Classen,* Gute Verwaltung im Recht der Europäischen Union, 2008; *Dupont-Lassale,* Le Principe de Bonne Administration en Droit de l'Union Européenne, 2013; *Eckes/Mendes,*The Right to be Heard in Composite Administrative Procedure: Lost in Between Protection?, ELR 36 (2011), 651; *Galetta,* Inhalt und Bedeutung des europäischen Rechts auf eine gute Verwaltung, EuR 2007, 57; *Goerlich,* Good Governance und gute Verwaltung – Zum Europäischen Recht auf gute Verwaltung (Art. 41 GRCh und Art. II-101 EuVerfV), DÖV 2006, 313; *Gornig/Trüe,* Die Rechtsprechung des EuGH und des EuG zum europäischen Verwaltungsrecht – Teil 1, JZ 2000, 395; *Grzeszick,* Das Grundrecht auf eine gute Verwaltung – Strukturen und Perspektiven des Charta-Grundrechts auf eine gute Verwaltung, EuR 2006, 161; *Haibach,* Die Rechtsprechung des EuGH zu den Grundsätzen des Verwaltungsverfahrens, NVwZ 1998, 456; *Hofmann/Mihaescu,* The Relation between the Charter's Fundamental Rights and the Unwritten General Principles of Law: Good Administration as the Test-Case, ECLR 2013, 73; *Huck,* Das System des rechtlichen Gehörs im europäische geprägten Verwaltungsverfahren, EuZW 2016, 132; *Jarass,* Das Recht auf eine gute Verwaltung, insbesondere auf ein faires Verwaltungsverfahren, FS Schenke, 2011, 849; *Jansen,* Die Verwendung der EU-Amtssprachen in internationalen Abkommen, EuZW 1999, 1; *Kańska,* Towards administrative human rights in the EU. Impact of the Charter of Fundamental Rights, ELJ 10 (2004), 296; *Klappstein,* Das Recht auf eine gute Verwaltung, 2006; *Lais,* Das Recht auf eine gute Verwaltung unter besonderer Berücksichtigung der Rechtsprechung des Europäischen Gerichtshofes, ZEuS 2002, 447; *Lenaerts/Vanhamme,* Procedural Rights of Private Parties in the Community Administrative Process, CMLR 34 (1997), 532; *Lopes Sabino,* Les langues dans l'Union européenne: enjeux, pratique et perspectives, RTDE 1999, 159; *Martinez Soria,* Die Kodizes für gute Verwaltungspraxis – ein Beitrag zur Kodifikation des Verwaltungsverfahrensrechts in der EG, EuR 1993, 377; *Müller-Ibold,* Die Begründungspflicht im europäischen Gemeinschaftsrecht, 1990; *Nehl,* Principles of Adminstrative Procedure in EC Law, 1999; *ders.,* Europäisches Verwaltungsverfahren und Gemeinschaftsverfassung, 2002; *Nüßen,* Das europäische Grundrecht auf eine gute Verwaltung, VR 2012, 260; *Pfeffer,* Das Recht auf eine gute Verwaltung, 2006; *Rabinovici,* The Right to Be Heard in the Charter of Fundamental Rights of the European Union, EPL 18 (2012), 149; *Scheffler,* Die Pflicht zur Begründung von Maßnahmen nach den europäischen Gemeinschaftsverträgen, 1974; *Schliesky,* Das Recht auf eine gute Verwaltung, 2006; *Schwarze,* Der Beitrag des Europarates zur Entwicklung von Rechtsschutz und Verfahrensgarantien im Verwaltungsrecht, EuGRZ 1993, 377; *Södermann,* Gute Verwaltung als Grundrecht in der Europäischen Union, Die Union 2001, Heft 1, 60; *Sydow,* Verwaltungskooperation in der Europäischen Union. Zur horizontalen und vertikalen Zusammenarbeit der europäischen Verwaltungen am Beispiel des Produktzulassungsrechts, 2004; *Tonne,* Effektiver Rechtsschutz durch staatliche Gerichte als Forderung des europäischen Gemeinschaftsrechts, 1997; *Usher,* The „Good Administration" of European Community Law, CLP 1985, 269; *Yasue,* Le multilinguisme dans l'Union européenne et la politique linguistique des Etats membres, RMC 1999, 277; *Zito,* Il „diritto ad una buona amministrazione" nella Carta dei diritti fondamentali dell'Unione Europea e nell'ordimento interno, RIDPC 2002, 425.

A. Bedeutung, Überblick und Entwicklung

I. Grundrecht und Kern eines allgemeinen EU-Verwaltungsrechts

2001 stellte der Europäische Bürgerbeauftragte *J. Söderman* in Bezug auf die damals noch nicht rechtsverbindliche Grundrechtcharta fest: „[t]he Charter is the first in the world to include a right to good administration as a fundamental right in a human rights declaration".[1] Diese Aussage stellte zutreffend den modernen Charakter der Anerkennung eines Rechts auf gute Verwaltung heraus, darf aber nicht verdecken, dass der EuGH zuvor bereits einen **Grundsatz „ordnungsgemäßer Verwaltung"** bzw. **„guter Verwaltung"** entwickelt hatte, der auch subjektive einklagbare Rechte dem Einzelnen vermittelt.[2] Es ist von grundlegender Bedeutung für die Auslegung von Art. 41 GRC,

1

---

[1] *Söderman,* The Struggle for Openness in the European Union, Rede vom 21.3.2001, abrufbar unter http://www.euro-ombudsman.eu.int/speeches/en/2001-03-21.htm.
[2] S. nur EuGH C-255/90, Slg. 1992, I-2253 Rn. 7 – Burban; EuG T-73/95, Slg. 1997, II-381 Rn. 32 – Oliveira; EuG T-231/97, Slg. 1999, II-2403 – New Europe Consulting und Brown/Kommission; EuG T-5/97, Slg. 2000, II-3755 Rn. 229 – IPS/Kommission.

dass die zuvor entwickelten Grundsätze als acquis communautaire bzw. – soweit sie Grundrechtscharakter haben – über Art. 6 Abs. 3 EUV neben Art. 41 GRC weiterhin Geltung haben.[3] Es fehlte lediglich an einer ausdrücklichen **Gewährleistung als** ein **Grundrecht**. Für ein solches gab es aber damals bereits in Art. 21 finnVerf im Kapitel „Grundrechte" die Gewährleistung einer „guten Verwaltung" ein Vorbild, auch wenn es nicht näher im Verfassungstext konkretisiert wird.[4] Mit Inkrafttreten der Charta weist Art. 41 GRC seit 2009 ein Grundrecht auf gute Verwaltung auf, das im Sinne eines **Sammelgrundrechts** mehrere ausdrückliche Verbürgungen enthält. Diese weisen eine Vielzahl von systematischen Bezüge zu anderen Vertragsvorschriften auf, auf die näher bei den einzelnen Kommentierungen eingegangen wird.

2   Die Verbürgungen in Art. 41 GRC werden nahezu einhellig als **Grundrecht** qualifiziert.[5] Dafür spricht zunächst der Wortlaut der Absätze 1 bis 3 sowie der Überschrift der Norm als „Recht auf eine gute Verwaltung". Es handelt sich nach übereinstimmender Auffassung **nicht** um einen bloßen **Grundsatz** nach Art. 51 Abs. 1 GRC, der der weiteren Konkretisierung bedürfte.[6] Denn die einzelnen Elemente dieses Grundrechts sind in der **Rechtsprechung** des EuGH bereits näher bestimmt und ihre **unmittelbare Anwendbarkeit** ist bejaht worden.[7] Das Grundrecht nach Art. 41 GRC baut auf der früheren Rechtsprechung auf und ist aufgrund seines **nicht abschließenden** Charakters („insbesondere" in Art. 41 Abs. 2 GRC) und der offen angelegten Beschreibung als „gerechte" Behandlung in Abs. 1 **entwicklungsoffen** angelegt.

3   Seit Inkrafttreten von Art. 41 GRC ist zwar der Grundrechtscharakter anerkannt, die **Auslegung** jedoch in mancher Hinsicht umstritten. Im Groben lassen sich zwei Ansätze unterscheiden. Die erste Ansicht kann als **verwaltungsrechtliche Perspektive** bezeichnet werden. Sie sieht Art. 41 GRC nicht nur als Kern, sondern als **Stütze** eines bisher fehlenden **allgemeinen EU-Verwaltungsrechts**. Das hat insbesondere Auswirkungen bei der Bestimmung der Berechtigten (→ Rn. 31 f.), die auch die Mitgliedstaaten umfassen sollen,[8] sowie der Verpflichteten (→ Rn. 27 f.), zu denen ebenfalls die Mitgliedstaaten zählen sollen.[9] Hintergrund sind das Bedürfnis nach **Rechtssicherheit** und **Rechtsklarheit** im EU-Verwaltungsrecht und die bisher gescheiterten Versuche einer sekundärrechtlichen Regelung über Art. 352 AEUV (ex-Art. 308 EGV).[10] Ob die EU überhaupt über ausreichende Kompetenzen verfügt, das **Allgemeine Verwaltungsrecht** zu regeln, ist umstritten.[11] Auch wenn ein solcher Versuch in der Literatur früher für noch „verwegener" gehalten wurde als der, eine Unionsverfassung zu entwerfen,[12] besteht in Art. 298 Abs. 2 AEUV mittlerweile eine Rechtsetzungskompetenz für die Zwecke einer offenen, effizienten und unabhängigen europäischen Verwaltung in der Union.[13] Dem steht eine zweite Ansicht gegenüber, die mehr aus der **Grundrechtsperspektive** die Vorschrift im Sinne einer **individualschützenden Norm** auslegt, die

---

[3] S. zB EuGH C-141/12, ECLI:EU:C:2014:2081 Rn. 67 f. – YS ua.
[4] Art. 21 finnVerf von 2000; vgl. den Vorläufer Art. 16 Abs. 2 finnVerf von 1995; das übersieht *Kańska* ELJ 2004, 296 (297).
[5] *Jarass* GRCh Art. 41 Rn. 3; *Magiera* in NK-EuGRCh Art. 41 Rn. 7.
[6] *Magiera* in NK-EuGRCh Art. 41 Rn. 7; *Skouris* FS Papier, 2013, 165; *Jarass* GRCh Art. 41 Rn. 2 f.; aA *Bousta* EPL 19 (2013), 485.
[7] S. nur EuGH C-558/17 P, ECLI:EU:C:2019:289 Rn. 51 ff. – OZ/EIB.
[8] *Ruffert* in Calliess/Ruffert GRC Art. 41 Rn. 6; *Jarass* GRCh Art. 41 Rn. 11 unter Berufung auf EuGH C-3/00, Slg. 2003, I-2643 Rn. 46 f. – Dänemark/Kommission, wo aber – vor Inkrafttreten der Charta – Art. 41 GRC gar nicht erwähnt wird, sondern der „Grundsatz" der Wahrung der Verteidigungsrechte.
[9] *Bauer* S. 142; *Schliesky* S. 8. AA *Magiera* in NK-EuGRCh Art. 41 Rn. 9; *Galetta/Grzeszick* in Stern/Sachs GRCh Art. 41 Rn. 18; *van Vormizeele* in Schwarze GRC Art. 41 Rn. 5; *Pfeffer* S. 102 ff.
[10] Dazu *Kańska* ELJ 2004, 296 (307).
[11] S. dazu *Kahl* NVwZ 1996, 865 ff.
[12] *Ipsen* in Schwarze, Europäisches Verwaltungsrecht im Werden, 1982, S. 123; *Rengeling* VVDStRL 53 (1994), 285.
[13] Ausdrücklich bejaht *Streinz* in Streinz AEUV Art. 298 Rn. 9 die Vorschrift als Ermächtigungsgrundlage für eine Allgemeines Verwaltungsrecht der EU.

gerade **nicht** die **Mitgliedstaaten** schützt (→ Rn. 32).[14] Die **Rechtsprechung** des EuGH lässt diesbezüglich noch keine einheitliche Linie erkennen, doch bestehen Anzeichen, eher der Grundrechtsperspektive zu folgen und wortlautgetreu eine engere Auslegung vorzunehmen (→ Rn. 32).[15] Diese Sicht ist in vieler Hinsicht vorzugswürdig. Hierfür sprechen zunächst **Wortlaut** und **Systematik** der Vorschrift. Kein anderes Grundrecht der Charta erkennt die Mitgliedstaaten als Berechtigte in seinem Schutzbereich an. Zudem wäre es widersprüchlich, die Mitgliedstaaten gleichzeitig als **Berechtigte und** als **Verpflichtete** anzusehen. Ferner setzt die Einbeziehung einer juristischen Person des öffentlichen Rechts in den Schutzbereich eines Grundrechts nicht nur voraus, dass dieses **seinem Wesen nach** auf jene anwendbar ist. Gefragt ist zusätzlich nach einer ähnlichen **Gefährdungssituation.** Das ist aber bei den Mitgliedstaaten zu verneinen, denn sie verfügen über vielfältige Mitentscheidungsrechte im Rahmen der Rechtsetzungskompetenzen und können als **privilegierte Kläger** nach Art. 263 Abs. 1 AEUV auch Verstöße gegen **objektives Recht** rügen. Materiell sind sie dabei weiterhin durch den in der Rechtsprechung entwickelten „Grundsatz" der guten Verwaltung geschützt.[16]

II. Übersicht und Funktionen

Das Recht auf gute Verwaltung nach Art. 41 GRC umfasst verschiedene Grundrechte in seinen vier Absätzen. Insbesondere enthält Abs. 1 ausweislich seines Wortlauts nicht nur allgemeine Grundsätze im Sinne eines Chapeau der ersten beiden Absätze, sondern selbst **eigenständige Grundrechte** auf eine unparteiische, gerechte Behandlung innerhalb angemessener Frist.[17] Im zweiten Absatz werden nicht abschließend weitere Verbürgungen dieser Grundrechts aufgeführt: das **Anhörungsrecht,** das **Recht auf Zugang zu Akten** sowie die **Verpflichtung** der Verwaltung, ihre Entscheidung **zu begründen.** Dem werden in Art. 41 Abs. 3 GRC ein **Anspruch auf Ersatz des Schadens,** der durch die Organe oder die Bediensteten der Union in Ausübung ihrer Amtstätigkeit (sog. **Amtshaftung**) verursacht wird, und in Art. 41 Abs. 4 GRC das **Recht auf Eingaben** an die Organe der Union in einer der Sprachen der Verträge zur Seite gestellt. Da die Aufzählung der Einzelverbürgungen in den ersten beiden Absätzen nicht enumerativ ist und die letzten beiden Absätze bislang (jedenfalls teilweise) primärrechtlich separat verbürgt sind,[18] weist die Vorschrift insgesamt den Charakter eines **Sammelgrundrechts** auf. Eine gemeinsame Klammer könnte zum einen die Ausrichtung auf die Verwaltung darstellen, doch gilt dies nicht für den Schadensersatzanspruch nach Art. 41 Abs. 3 GRC (→ Rn. 83). Zum anderen könnte sie daraus folgen, dass die Gewährleistung als Grundrechte die individualschützende Funktion herausstellt, die Grundlage für eine Amtshaftung nach Art. 41 Abs. 3 GRC, Art. 340 Abs. 2 AEUV ist. Anzumerken bleibt, dass gerade Art. 41 Abs. 3 GRC die einzige Verbürgung ist, die nicht ex ante ihre Wirkung im Sinne einer Verfahrensregelung entfaltet, sondern aus der ex-post-Perspektive als **Sekundäranspruch.**

Die teilweise thematisierte Gefahr, dass Art. 41 GRC ein „Supergrundrecht" darstellen könnte,[19] ist nicht gravierend. Zwar weisen viele Grundsätze des öffentlichen Rechts Bezüge zur „guten Verwaltung" auf, doch ist die Auslegung des Grundrechts in Art. 41 Abs. 1 GRC, obwohl nicht abschließend konkretisiert, keinesfalls uferlos. So sind die Grundsätze des **Gesetzesvorbehalts** für Grundrechtseingriffe und der **Verhältnismäßigkeit** separat in der allgemeinen Vorschrift des Art. 52 Abs. 1 S. 1 und 2 GRC aufgeführt. Auch enthält die Charta separate **Diskriminierungsverbote.**[20] Diese Grundsätze werden

---
[14] Jarass GRCh Art. 41 Rn. 9.
[15] EuGH C-141/12, ECLI:EU:C:2014:2081 Rn. 67 – YS ua.
[16] Jarass GRCh Art. 41 Rn. 9.
[17] Zutreffend erwähnt Jarass GRCh Art. 41 Rn. 27 „[i]n Abs. 1 benannte Rechte".
[18] S. zur Amtshaftung Art. 340 Abs. 2 AEUV und die dazu ergangene Rechtsprechung sowie zur Begründungspflicht Art. 296 AEUV.
[19] Jarass GRCh Art. 41 Rn. 28; *Frenz* HdbEuR Bd. 4 Rn. 4586.
[20] Art. 20 und 21 GRC.

zwar im Kodex des Europäischen Bürgerbeauftragten für gute Verwaltungspraxis (→ Rn. 21) aufgeführt,[21] sie haben aber nicht Eingang in Art. 41 GRC gefunden. So prüft die Rechtsprechung zu Recht bei entsprechenden Rügen jene Grundsätze separat von Art. 41 GRC.[22] Eher hat Art. 41 Abs. 1 GRC den Charakter eines **subsidiären Auffanggrundrechts.** Als solches kann die Rechtsprechung aber weitere Einzelverbürgungen identifizieren, auch wenn das Bedürfnis dazu derzeit gering erscheint. Weitere Begrenzungen folgen aus der separaten Verbürgung der Rechte auf einen **effektiven Rechtsschutz** (→ § 55) und ein **faires Gerichtsverfahren** (→ § 58 und → § 59).

6 Funktional ist das Grundrecht auf gute Verwaltung in den Abs. 1, 2 und 4 **primär prozedural** und auf das **Rechtsstaatsprinzip** ausgerichtet. Diese Vorgaben wirken in einer ex-ante-Sicht auf die zu treffende Verwaltungsmaßnahme. Einen **Sonderfall** stellt der Amtshaftungsanspruch nach Art. 41 Abs. 3 GRC dar, der eine materielle Regelung enthält und in einer ex-post-Perspektive zur Wirkung kommt. Da die Verfahrensrechte mit Blick auf die Durchsetzung des materiellen Rechts bzw. der materiellen Grundrechte gewährt werden, wird diesen oft eine **dienende Funktion** attestiert.[23] Demgegenüber wird von anderer Seite ein **Eigenwert der Verfahrensrechte** anerkannt: sei es als Zugang („gateway") zur Wahrnehmung materieller Rechte,[24] sei es als Ausdruck der **Menschenwürde** des Einzelnen.[25] Für Art. 41 GRC ist darauf hinzuweisen, dass der Begriff der „guten Verwaltung" und dessen Konkretisierung als ein „**gerechtes**" Handeln der Verwaltung in Art. 41 Abs. 1 GRC auch enge Bezüge zu **materiellen** Aspekten aufweist. Vergleichbar der Umweltverträglichkeitsprüfung im EU-Umweltrecht, sind die prozeduralen Vorgaben darauf ausgerichtet, die beste materielle Entscheidung zu treffen.[26] Materielle Elemente einer guten Verwaltung lassen sich ferner (zumindest teilweise) auch im Amtshaftungsanspruch und im Recht auf Eingaben als Ausprägungen des allgemeinen Grundsatzes der Rechtsstaatlichkeit im Unionsrecht nachweisen. Daher ist die Vorschrift als Element eines umfassenden Strebens nach einer allgemeinen „**Verwaltungsgerechtigkeit**" anzusehen.[27]

7 Die einzelnen Verbürgungen des Rechts auf gute Verwaltung dienen ferner der **Transparenz** und **Kommunikation.** In diesem Sinne fördern sie nicht nur das Rechtsstaatsprinzip, sondern auch das **Demokratieprinzip.**[28] Dem demokratietheoretischen Aspekt von Beteiligungsrechten hatte die Kommission in den Vorarbeiten für das **Weißbuch** über „Europäisches Regieren" („European Governance") noch große Aufmerksamkeit geschenkt,[29] doch sind diese Aspekte im späteren Weißbuch nicht mehr adressiert worden. Die dort vorgesehene Anhörung der sog. „Stakeholder" (es handelt sich um Betroffene im Sinne von Art. 11 Abs. 3 EUV[30]) wird konzeptionell auf die fünf Grundsätze der Offenheit, Partizipation, Verantwortlichkeit, Effektivität und Kohärenz bezogen, ohne dass der Zusammenhang mit dem Demokratieprinzip näher dargelegt würde.[31] Im Lissabonner Vertrag haben diese Aspekte einer **partizipativen Demokratie** Eingang in Art. 11 EUV

---

[21] Europäischer Bürgerbeauftragter (EB), Kodex für gute Verwaltungspraxis, 2015, abrufbar unter https://publications.europa.eu/de/publication-detail/-/publication/6f34b389-82be-11e5-b8b7-01aa75ed71a1; näher → Rn. 19.
[22] EuGH C-45/15 P, ECLI:EU:C:2017:402 Rn. 64 – Safa Nicu Sepahan.
[23] Nachweise bei *Nehl* S. 97; *Harlow* in Craig/de Burca, The Evolution of EU Law, 1999, 261 (264).
[24] *Lord Millet of St. Marylebone* Public Law 2002, 309 (312).
[25] Weitere Nachweise bei *Nehl* S. 188.
[26] Zur Pflicht, sich materiell mit Eingaben im Rahmen einer UVP zu befassen *Epiney*, Umweltrecht der Europäischen Union, 3. Aufl. 2013, Kap. 6 Rn. 78.
[27] Zur Verwaltungsgerechtigkeit s. *Longley/James*, Administrative Justice. Central Issues in UK and European Administrative Law, 1998, S. 3.
[28] *Ruffert* in Calliess/Ruffert GRC Art. 41 Rn. 2; *Bullinger* FS Brohm, 2002, 25 (32); *Kańska* EJL 2004, 296 (302 f.). AA *Klatt* in von der Groeben/Schwarze/Hatje GRC Art. 41 Rn. 1.
[29] S. die Beiträge in Europäische Kommission, European Governance: Preparatory Work for the White Paper, 2002.
[30] Näher dazu *Heselhaus* in FK-EUV/GRC/AEUV EUV Art. 11 Rn. 50.
[31] Kritisch dazu *Hilp* ZG 2003, 119 (120 ff.); *Olson* JCMS 40 (2002), 581 ff.

gefunden. Auch wenn damit nicht die Beteiligung in Verwaltungsverfahren explizit angesprochen ist, lässt sich daraus eine gewisse demokratische Funktion auch der Beteiligungsrechte im Verwaltungsverfahren ableiten.[32]

Als Grundrechte dienen die einzelnen Verbürgungen in Art. 41 GRC definitionsgemäß **8** dem Schutz des **Individualinteresses**. Zugleich werden damit aber auch objektive Allgemeininteressen an einer guten Verwaltung durchgesetzt. Nach der hier vertretenen Ansicht (→ Rn. 3) sollten diese Aspekte aber nicht vermengt werden, sondern dogmatisch einerseits dem Grundrecht und andererseits dem **Grundsatz der ordnungsgemäßen bzw. guten Verwaltung** zugeordnet werden. Zu beachten ist, dass die objektiven, allgemeinen Verwaltungsinteressen, insbesondere Effizienzaspekte, grundrechtlichen Gewährleistungen auch entgegenstehen können, etwa wenn die Hinwendung zum Einzelnen zu zeit- und arbeitsintensiv für die Verwaltung wird.[33] So kommt dem Allgemeininteresse gerade auch im Rahmen der Rechtfertigung von **Beeinträchtigungen** über die allgemeine Schrankenbestimmung nach Art. 52 GRC und bei der näheren **Ausgestaltung** gemäß Art. 298 AEUV im Interesse einer „offenen, effizienten und unabhängigen europäischen Verwaltung" Bedeutung zu.

Alle Verbürgungen des Rechts auf gute Verwaltung stellen **Leistungsrechte**, viele **9** zugleich Verfahrensrechte dar (→ Rn. 26).[34] Es handelt sich aber um zwingende Minimalanforderungen: jede Abweichung bedarf der **Rechtfertigung.** Dies ist strikt zu unterscheiden von sozialen Grundrechten mit einem Gestaltungsauftrag, der regelmäßig die Gewährung von Leistungen in das Ermessen des Hoheitsträgers stellt.

III. Entwicklung

1. Ansätze in den Mitgliedstaaten. Auf verfassungsrechtlicher Ebene kann mit Ausnahme **10** **Finnlands** keiner der Mitgliedstaaten eine Art. 41 GRC vergleichbare explizite Verbürgung eines **Grundrechts auf gute Verwaltung** vorweisen.[35] Art. 21 finnVerf gewährleistet die „sonstigen Garantien […] einer guten Verwaltung".[36] Wenn die Garantien – wie der ebenfalls in dieser Vorschrift garantierte effektive Rechtsschutz – durch Gesetz gesichert werden, dann klingt darin ein Gestaltungsspielraum des Gesetzgebers an. Dessen ungeachtet kann die Vorschrift im Sinne eines subjektiven Rechts auf eine „gute Verwaltung" gedeutet werden, da sie sich im Kap. 2 finnVerf über die Grundrechte befindet.[37]

Inhaltlich konnte sich der Grundrechte-Konvent auf die Entwicklung in der Recht- **11** sprechung stützen, der als Vorbild die „algemenen beginselen van behoorlijk bestuur" in den **Niederlanden und** in **Belgien** gedient haben dürften, die im Deutschen als „all-

---

[32] Vgl. OECD, Resolution of the Council concerning the Mandate of the Public Management Committee, C(99)175/FINAL.
[33] Das ist aber begrenzt auf Schwierigkeiten, die eine normale Verwaltung nicht bewältigen kann, EuG T-30/91, Slg. 1992, II-1775 Rn. 102 – Solvay.
[34] Jarass GRCh Art. 41 Rn. 3 betont den Verfahrenscharakter.
[35] Zu partiellen Verbürgungen s. Art. 2 Abs. 1 GG iVm Art. 20 Abs. 3 GG, Art. 34 GG; § 25 estnVerf; Art. 21 Abs. 2, Art. 118 Abs. 3 finnVerf; Präambel frzVerf v. 1958 iVm Art. 15 AEMR, Einleitungssatz Präambel frzVerf v. 1946; Art. 6 Abs. 3 S. 2, Art. 7 Abs. 4, Art. 20 Abs. 2 griechVerf; Art. 28, Art. 97 Abs. 1 italVerf; Art. 101 S. 3, Art. 104 lettVerf; Art. 30 Abs. 2, Art. 33 Abs. 2 litVerf; Art. 29, Art. 30 luxVerf; Art. 34 Abs. 4 maltVerf; Art. 5, Art. 18 Abs. 1 ndlVerf; Art. 18 Abs. 1, Art. 23, Art. 129 östB-VG; Art. 63, Art. 77 polnVerf; Art. 22, Art. 27 Abs. 5, Art. 48 Abs. 2, Art. 52 Abs. 1, Art. 266–268 portVerf; Art. 6 Abs. 2, Art. 27, Art. 34 Abs. 2, Art. 46 Abs. 3, Art. 47 Abs. 2 slowakVerf; Art. 26, Art. 30, Art. 45, Art. 62 slowenVerf; Art. 103, Art. 105, Art. 106 Abs. 1 und 2 spanVerf; Art. 3, Art. 112 Abs. 1 tschechVerf iVm Art. 18, Art. 25, Art. 36 Abs. 1 und 3 tschechGR-Deklaration; Art. XXV ungGG; Art. 172 zypVerf.
[36] Die Bezeichnung entspricht der offiziellen finnischen Übersetzung ins Deutsche. Ihr wiederum entspricht die frz. Übersetzung als „bonne administration", vgl. engl. „good governance".
[37] Während die Vorgängervorschrift Art. 16 Abs. 2 finnVerf 1995 ausweislich ihrer Überschrift noch allein auf den „Zugang zu Gericht" ausgerichtet gewesen war, deutet sich mit der neuen Überschrift „Schutz unter dem Gesetz" eine vorsichtige Öffnung für weitere Zwecke an.

gemeine Grundsätze ordentlicher Verwaltung"[38] oder **„guter Verwaltung"**[39] wiedergegeben werden. Der Begriff wird dort als **Oberbegriff** für geschriebene und ungeschriebene Maßstäbe des Verwaltungshandelns verwendet, die sich in Literatur und Rechtsprechungspraxis herausgebildet haben. Auch wenn noch nicht alle Bestandteile abschließend geklärt sind, kann doch ein großer Kanon einzelner Vorgaben als anerkannt gelten.[40] Die Beurteilung ihres Charakters schwankt je nach attestiertem Umfang zwischen „allgemeinen Rechtsgrundsätzen", „vagen Rechtsnormen" und „Regeln", die aber unter Umständen zu beachten seien.[41] Jedenfalls hat der Begriff Eingang in drei niederländische Gesetze über den Verwaltungsrechtsschutz gefunden. Danach kann Klage mit der Behauptung erhoben werden, dass die betreffende Verwaltungsmaßnahme, „einem im allgemeinen Rechtsbewusstsein lebendigen Grundsatz ordnungsgemäßer Verwaltung zuwiderläuft"[42]. In der niederländischen Literatur wird der Begriff „behoorlijk bestuur" zuweilen von dem der „goed bestuur" unterschieden. Letzterer soll Maßstäbe enthalten, die über die rein rechtsverbindlichen Vorgaben hinausreichen.[43]

12   Des Weiteren lassen sich in zahlreichen Verfassungen **einzelne Gewährleistungen** eines als Sammelgrundrecht zu verstehenden Rechts auf eine gute Verwaltung nachweisen.[44] Auf Verfassungsebene zählen dazu insbesondere bestimmte materielle Vorgaben, wie die **Gesetzmäßigkeit** der Verwaltung.[45] Noch umfassender finden sich Regelungen der ex-post-Kontrolle, insbesondere die Gewährung **effektiven Rechtsschutzes**.[46] Zusätzlich werden nach einigen Verfassungen Kontrollfunktionen durch einen **Bürgerbeauftragten** wahrgenommen.[47] Allgemein gewährleistet wird das **Recht auf Schadensersatz** (Amtshaftung) bei Eingriffen in Rechte bzw. rechtlich geschützte Interessen der Einzelnen,[48] wie etwa in Art. 34 GG. **Entschädigungsleistungen** im Fall rechtswidriger **Freiheitsentziehungen**[49] sind – sofern sie ausdrücklich normiert sind – sogar grundrechtlich verbürgt.[50] Ganz dem Aspekt des **Rechtsstaates verpflichtet** ist die Anerkennung eines Grundrechts auf ein faires Verwaltungsverfahren durch das deutsche BVerfG gemäß **Art. 2**

---

[38] *Rengeling,* Rechtsgrundsätze beim Verwaltungsvollzug des Europäischen Gemeinschaftsrechts, 1977, S. 142 f.

[39] *Fromont* DÖV 1972, 405 (409).

[40] *Bauer* S. 118.

[41] *Suetens* in Opdebeek, Algemene beginselen von behoorlijk bestuur, 1993, S. 1 (12 ff.) bzw. *van Mensel,* Het beginsel van behoorlijk bestuur, 1990, S. 7 f. bzw. *Nicolai,* Beginselen van behoorlijk bestuur, 1990, §§ 221 ff. Zur Übersetzung ins Deutsche s. *Bauer* S. 117.

[42] *Bauer* S. 116 mwN.

[43] *Suetens* in Opdebeek, Algemene beginselen von behoorlijk bestuur, 1993, S. 1 (12), spricht von „humanen" Maßstäben. Insofern weicht die Terminologie (gute Verwaltung als umfassenderer, nicht nur rechtlicher Ansatz) von Art. 41 GRC ab.

[44] Zu einem ausführlicheren Rechtsvergleich s. *Claasen,* Gute Verwaltung im Recht der EU, 2008, S. 95 ff.

[45] Vgl. etwa Art. 20 Abs. 3 GG; Art. 18 Abs. 1 östB-VG gewährleistet den Gesetzesvorbehalt, Art. 129 östB-VG die Gesetzmäßigkeit der Verwaltung; Art. 171 Nr. 1 polnVerf die Gesetzmäßigkeit der örtlichen Selbstverwaltung; Art. 153 Abs. 4 bzw. Art. 157 slowenVerf den Gesetzesvorbehalt bzw. das Gebot der Gesetzmäßigkeit der Verwaltung; Art. 9 Abs. 1, Art. 106 Abs. 1 spanVerf die Gesetzmäßigkeit der Verwaltung.

[46] S. nur Art. 113 italVerf; Art. 124 litVerf gewährt Rechtsschutz gegen Handlungen der lokalen Verwaltung bei der Verletzung von Rechten der Bürger und Organisationen; Art. 77 Nr. 1 polnVerf garantiert Rechtsschutz, Art. 78 polnVerf sogar ein recht auf eine zweite Instanz; Rechtsschutz gegen Handlungen der Verwaltung sehen Art. 268 Abs. 4 und 5 portVerf vor; s. auch Art. 3, 112 Abs. 1 tschechVerf iVm Art. 25 tschechGR-Deklaration; Art. XXVIII ungGG; s. auch → § 51 Rn. 23 ff. mwN.

[47] Art. 73 und 133 litVerf (State Controller); Art. 148a östB-VG (Beschwerde an den Volksanwalt); Art. 80, 208 ff. polnVerf (Beauftragter für Bürgerrechte); Art. 23 Abs. 1 portVerf (Beschwerde beim Ombudsmann); Art. 159 slowenVerf (Volksanwalt); Art. 30 ungGG (Beauftragter für Grundrechte).

[48] § 25 estnVerf; Art. 118 Abs. 3 finnVerf; Art. 28 italVerf; Art. 30 Abs. 2 litVerf; Art. 30 luxVerf; Art. 23 östB-VG; Art. 77 Abs. 1 polnVerf; Art. 22 portVerf; Art. 46 Abs. 3 slowakVerf; Art. 26 slowenVerf; Art. 106 Abs. 2 spanVerf; Art. 3, 112 Abs. 1 tschechVerf iVm Art. 36 Abs. 3 tschechGR-Deklaration; Art. 172 zypVerf.

[49] Art. 6 Abs. 3 S. 2, Art. 7 Abs. 4 griechVerf; Art. 34 Abs. 4 maltVerf; Art. 30 slowenVerf; Art. IV Abs. 4 ungGG; Art. 11 Abs. 8 zypVerf.

[50] Vgl. dazu Art. 5 Abs. 5 EMRK.

Abs. 1 GG iVm dem Rechtsstaatsprinzip nach Art. 20 Abs. 3 GG,[51] das entsprechende Verbürgungen aus speziellen Freiheitsgrundrechten ergänzt. Doch ist das Konzept einer „guten Verwaltung" dem deutschen Verwaltungsrecht nach wie vor relativ fremd.[52] In dieser Tradition bezweifeln manche Autoren, dass man dem Grundrecht in der EU klare Konturen entnehmen könne.[53] Einen **organisationsrechtlichen Aspekt** enthält **Art. 97 Abs. 1 italVerf,** wonach die Organisation der Behörden so zu regeln ist, dass „ein guter Geschäftsgang" gesichert ist.

Weitere **objektiv-rechtliche Vorgaben** für die Verwaltung jenseits der erwähnten materiellen Bezüge (→ Rn. 12) sind in den nationalen Verfassungen ebenfalls nur gelegentlich zu finden. Nach Art. 97 Abs. 1 italVerf ist die **Unparteilichkeit** der Verwaltung und ein „guter Geschäftsgang" durch gesetzliche Vorschriften zu sichern. Art. 129 östB-VG schreibt die **Unabhängigkeit** der Verwaltung vor. In diesem Zusammenhang ist auch auf die Möglichkeit der Kontrolle der Verwaltung durch einen Ombudsmann hinzuweisen (näher dazu → § 54). In Portugal hat die Verwaltung die Grundsätze der **Gleichheit, Proportionalität, Gerechtigkeit** und der Unparteilichkeit gemäß Art. 266, 268 portVerf zu wahren. Neben der Unparteilichkeit erwähnt die spanische Verfassung ausdrücklich die Pflicht zur Anhörung der Bürger sowie die Vorgabe, in **objektiver Weise** dem Interesse der Allgemeinheit zu dienen.[54]

Die **Pflichten zur Anhörung** des Einzelnen außerhalb eines Gerichtsverfahrens[55] **oder zu einer ausreichenden Begründung** seitens der Verwaltung[56] werden selten ausdrücklich verfassungsrechtlich verbürgt. Teilweise sind sie unter dem Stichwort „Grundrechtsschutz durch Verfahren" durch die Rechtsprechung entwickelt[57], in Teilaspekten jedenfalls im Rechtsstaatsprinzip verbürgt. Darüber hinaus sind diese Pflichten in allen Mitgliedstaaten **auf einfach-gesetzlicher Ebene** verankert.[58]

Das **Recht auf Eingaben** an staatliche Behörden bzw. öffentlich-rechtliche Einrichtungen wird in vielen mitgliedstaatlichen Verfassungen – insbesondere der Beitrittsstaaten – neben dem Petitionsrecht aufgeführt, zuweilen kann es auch als Bestandteil weit gefasster mitgliedstaatlicher **Petitionsrechte** nachgewiesen werden, die sowohl Anträge, Eingaben als auch Beschwerden umfassen können. So gewährleistet Art. 51 Abs. 1 und 2 estnVerf neben dem Petitionsrecht nach Art. 46 estnVerf ein Recht auf Korrespondenz in Estnisch oder der Sprache anerkannter Minderheiten. Beide Vorschriften haben die staatliche und lokale Verwaltung zum Adressaten. Art. 104 lettVerf gewährt ein Recht auf Eingaben an staatliche und regionale Behörden einschließlich eines Rechts auf Antwort. Während Art. 29 luxVerf das Recht einräumt, an alle Behörden Petitionen alleine oder zu mehreren zu richten, stellt Art. 33 Abs. 2 litVerf dem Petitionsrecht nach Abs. 3 der Vorschrift das Recht der Bürger zur Seite, den Staat und seine Institutionen zu kritisieren und sich über ihre Entscheidungen zu beschweren.[59] Umfassend gestattet Art. 5 ndlVerf schriftliche Gesuche an die zuständigen Stellen zu richten; Art. XXV ungGG statuiert ein Recht auf Anträge oder Beschwerden an die zuständigen Staatsorgane. Noch weitergehend erkennen

---

[51] BVerfGE 101, 397 (404 f.). – Rechtspfleger.
[52] So *Ruffert* in Calliess/Ruffert GRC Art. 41 Rn. 3.
[53] Vgl. *Bullinger* FS Brohm, 2002, 25; *Pfeffer* S. 90 f.
[54] S. Art. 103, Art. 195, Art. 196 spanVerf.
[55] § 21 Abs. 2 finnVerf sieht ein Anhörungsrecht vor; Art. 20 Abs. 3 griechVerf gewährt rechtliches Gehör auch bei der Tätigkeit der Verwaltung zu Lasten der Rechte und Interessen des Einzelnen. Einen Beistand in Rechts- und Verwaltungssachen sehen Art. 18 Abs. 1 ndlVerf und ähnlich Art. 47 Abs. 3 slowakVerf.
[56] Art. 268 Abs. 3 portVerf; vgl. § 21 Abs. 2 finnVerf.
[57] S. insbes. BVerfGE 53, 30 ff. – Mülheim-Kärlich.
[58] S. die Erhebungen der OECD, PUMA Policy Brief 2001 no. 10, Engaging Citizens in Policy-making. Information, Consultation and Public Participation, abrufbar unter http://www.oecd.org/dataoecd/24/34/2384040.pdf, sowie OECD, Citizens as Partners. Handbook on Information, Consultation and Public Participation in Policy-making, 2001, abrufbar unter https://www.internationalbudget.org/wp-content/uploads/Citizens-as-Partners-OECD-Handbook.pdf.
[59] Dieses Recht ist von der Meinungsfreiheit nach Art. 25 litVerf zu unterscheiden.

Art. 63 polnVerf und Art. 52 Abs. 1 portVerf ein Recht auf die Einreichung von Anträgen und Klagen neben Petitionen an. Vergleichbar weit gefasst sind Art. 27 slowakVerf,[60] Art. 45 slowenVerf[61] und Art. 18 tschechGR-Deklaration.[62]

16   Der Rechtsvergleich zeigt, dass die in Art. 41 Abs. 1 GRC ausdrücklich aufgeführten Elemente einer guten Verwaltung in allen Mitgliedstaaten zumindest auf der Ebene **einfachen Gesetzesrechts** oder als allgemeine Rechtsgrundsätze anerkannt sind. Teilbereiche sind zudem **verfassungsrechtlich** verbürgt. In der Gesamtsicht ist eine Annäherung der beiden unterschiedlichen **Traditionslinien,** den romanischen und englischen Ansätzen mit einer Betonung der (bloß) internen Verbindlichkeit eines Grundsatzes guter Verwaltung zur Steigerung der Effizienz der Verwaltung sowie dem skandinavischen Verständnis als Aspekt des Schutzes der Rechte Einzelner,[63] hin zu einer zunehmenden rechtlichen Verbindlichkeit zu konstatieren. Eingedenk dessen erscheint der Ansatz des Grundrechte-Konvents, sich zur Herleitung eines umfassenden Grundrechts auf gute Verwaltung auf die **gemeinsamen Verfassungsüberlieferungen** der Mitgliedstaaten im Sinne des Art. 6 Abs. 3 EUV zu stützen, nicht mehr als gar so kühn und kann im Sinne einer **wertenden Rechtsvergleichung** nachvollzogen werden.[64]

17   **2. Internationale und regionale Rechtsentwicklung.** Im Völkerrecht ist **keine umfassende verbindliche Verbürgung** eines Grundsatzes der guten Verwaltung ersichtlich, geschweige denn eines entsprechenden subjektiven (Grund-)Rechts. Einzelne **Elemente** eines Rechts auf gute Verwaltung, insbesondere das Recht auf Anhörung, lassen sich jedoch international nachweisen. So enthält das von der Weltbank und dem Internationalen Währungsfonds maßgeblich initiierte Konzept der „good governance" eine Reihe rechtsstaatlicher Aspekte, die verfahrensrechtlich abzusichern sind.[65] Ferner hat die OECD ein Projekt ins Leben gerufen, in ihren Mitgliedstaaten die Demokratie durch Information, aber auch Partizipation, vor allem Anhörung und Begründung (Konsultation) von Einzelnen zu stärken.[66] Die Mitgliedstaaten der OECD haben sich grundsätzlich bereit erklärt, im Wege der Verfahrensrechte die Demokratie zu stärken.[67] Rechtlich verbindlich werden **Verfahrensrechte** in Art. 2 Abs. 3 IPBPR vorrangig im Zusammenhang mit dem gerichtlichen Rechtsschutz aufgeführt.[68] In Anlehnung an Art. 10 AEMR und Art. 14 IPBPR enthält Art. 6 EMRK Garantien eines **Rechts auf ein faires Verfahren,** allerdings vor Gericht.[69] Die daraus entwickelten **Grundsätze eines fairen Verfahrens** entfalten in bestimmten Fällen Vorwirkungen in vorausgehenden (Verwaltungs-)Verfahren.[70] Eine grundrechtliche Verbürgung entsprechender (Verwaltungs-)Verfahrensrechte erfolgt im Rahmen der EMRK **über spezifische Freiheitsrechte.** So hat der Gerichtshof für

---

60   Neben Petitionen Vorschläge und Beschwerden.
61   Petitionen oder andere Anregungen von allgemeiner Bedeutung.
62   Anträge, Vorschläge und Beschwerden.
63   Näher dazu *Martinez Soria* EuR 2001, 682 (685 ff.).
64   Zum wertenden Element in der von den Unionsgerichten betriebenen Rechtsvergleichung → § 1 Rn. 62; → § 4 Rn. 36.
65   Näher dazu *Theobald* VerwArch 1998, 467 ff. Der Ansatz hat eine große praktische Bedeutung, weil er bei formaler Achtung der Souveränität von Staaten es ermöglicht, auf die internen Strukturen Einfluss zu nehmen, um auf eine gewisse Rechtssicherheit hinzuwirken, S. dazu *Uvin/Biagotti* Global Governance 2 (1996), 377 (388 ff.).
66   S. das Projekt Public Management (PUMA) der OECD, abrufbar unter http://www.oecd.org/topic/ 0,2686,en_2649_37405_1_1_1_1_37405,00.html.
67   Vgl. OECD, Resolution of the Council concerning the Mandate of the Public Management Committee, C(99)175/FINAL.
68   S. *Nowak* CCPR Art. 2 Rn. 62 ff.
69   S. *Peukert* in Frowein/Peukert EMRK Art. 6 Rn. 45 ff. zu den einzelnen Verfahrensgarantien. Zur Anwendung auf Verwaltungsverfahren mit Sanktionscharakter *Pfeffer* S. 38, 66 ff.
70   S. zum Recht, nicht selbstbelastendes Beweismaterial beschaffen zu müssen, EGMR 25.2.1993 – 10828/ 84 Rn. 41 ff. – Funke/Frankreich; zur Pflicht der Begründung von Entscheidungen *Streinz* VVDStRL 61 (2002), 300 (311).

Menschenrechte (EGMR), vergleichbar der Rechtsprechung in einigen Mitgliedstaaten,[71] insbesondere Art. 8 EMRK verfahrensrechtliche Garantien entnommen.[72]

Zusätzlich verlangt Art. 13 EMRK die Bereitstellung eines **wirksamen Beschwerde-** **18** **rechts,** das nicht nur vor Gerichten, sondern auch vor bestimmten Verwaltungsbehörden ausgeübt werden kann.[73] Die Vorschrift soll auch die Pflicht zur Abhilfe bzw. zum Schadensersatz durch die zuständigen Behörden umfassen.[74] Beides sind Elemente einer ex-post-Kontrolle des Verwaltungshandelns.

Konzeptionell dahinter zurück bleiben die Empfehlungen und Entscheidungen des **19** **Europarates.** Resolution (77) 31 „on the protection of the individual in relation to the acts of administrative authorities" lässt deutlich den Zusammenhang mit der Durchsetzung materieller Grundrechte erkennen,[75] wenn sie ein Anhörungsrecht, das Recht auf Unterstützung und Beistand in Verwaltungsverfahren und die Pflicht zur Begründung von Verwaltungsmaßnahmen, die die Rechte, Freiheiten oder Interessen eines Einzelnen betreffen können, etabliert.[76] Besondere prozedurale Bestimmungen enthält Recommendation No. R (80) 2 „concerning the exercise of discretionary powers by adminstrative authorities".[77] In den Erläuterungen dazu wird darauf hingewiesen, dass die prozeduralen Sicherungen nicht nur im Hinblick auf die Rechtmäßigkeit des Verwaltungshandelns eingreifen, sondern auch für eine „faire und gerechte" Verwaltung. Jüngere Empfehlungen, die objektiv-rechtliche Vorgaben für Beamte enthalten, wie die Pflicht zur Neutralität und Unparteilichkeit, stehen ganz im Zeichen der Korruptionsbekämpfung.[78]

3. Entwicklung im Unionsrecht. Das Verwaltungsrecht spielt in der EU eine über- **20** ragende Rolle, sei es einerseits im sog. **dezentralen Vollzug** durch die Behörden der Mitgliedstaaten und andererseits insbesondere durch die Kommission im sog. **direkten Vollzug.** Trotz eines frühen Bedürfnisses für ein **allgemeines Verwaltungsrecht** der Union – die erste Anerkennung der Bedeutung prozeduraler Vorgaben für die Verwaltung durch den Gerichtshof datiert bereits auf das Jahr 1957[79] – schufen die Mitgliedstaaten erst im Lissabonner Vertrag 2009 eine spezifische Rechtsetzungskompetenz.[80] Es blieb lange der Rechtsprechung überlassen, im Fallrecht prozedurale Vorgaben teils ausgehend vom Primärrecht (vgl. Art. 296, 298 und 340 AEUV), teils aus der rechtsvergleichenden Sicht der Rechtsordnungen der Mitgliedstaaten (→ Rn. 10 ff.) aufzustellen. Frühzeitig rekurrierte der EuGH auf den Begriff der Erfordernisse bzw. **Grundsätze einer „guten Verwaltung",**[81] der eine Reihe prozeduraler Vorgaben bündelt.[82] Während in der deutschen Fassung der Entscheidungen die Begrifflichkeit zwischen „guter" und „ordnungsgemäßer" Verwaltung changiert, ist in der französischen Fassung durchgehend vom Prinzip der „bonne administration" die Rede.[83] Inhaltlich wird heute jedoch britischen Rechtsideen

---

71 Zur deutschen Rechtsprechung BVerfGE 53, 30 ff. – Mülheim-Kärlich.
72 S. EGMR 8.7.2003 (GK) – 36022/97 Rn. 99 ff. – Hatton II; EGMR 25.9.1996 – 20348/92 Rn. 76 – Buckley/Vereinigtes Königreich; ausführlich dazu *Heselhaus/Maruhn* EuGRZ 2005, 549 ff.
73 EGMR 26.3.1987 – 9248/81 Rn. 77 – Leander/Schweden; näher dazu *Meyer-Ladewig* in HK-EMRK EMRK Art. 13 Rn. 15 mwN. S. auch *Pabel* GLJ 2005, 1601 (1602 f.); → auch § 51 Rn. 16 ff.
74 *Frowein* in Frowein/Peukert EMRK Art. 13 Rn. 8.
75 Nr. 2 Explanatory Introduction.
76 S. unter I, III und IV der Resolution. Vgl. die Bezugnahme bei GA *Warner*, SchlA 113/77, Slg. 1979, 1185 (1262) – NTN Toyo Bearing.
77 Vom 11.3.1980, abrufbar unter http://www.coe.int/T/E/Legal_affairs/Legal_co-operation/Administrative _law_and_justice/Texts_&_Documents/Recommendation(80)2. asp.
78 Art. 4 Nr. 1 und Art. 5 Nr. 2 Recommendation No. R (2000) 10 of the Comitee of Ministers to Member States on the codes of conducts for public officials.
79 EuGH verb. Rs. 7/56, 3, 7/57, Slg. 1957, 83 (118) – Dineke Algera ua/Gemeinsame Versammlung entwickelte die Zulässigkeit eines Widerrufes bei Einhaltung bestimmter Fristen rechtsvergleichend.
80 Vgl. dagegen weiterhin die zurückhaltende Regelung in Art. 191 Abs. 4 AEUV zur Umweltpolitik.
81 S. nur EuGH verb. Rs. 56/64 und 58/64, Slg. 1966, 321 (395 f.) – Consten und Grundig/Kommission; EuGH 32/69, Slg. 1970, 593 Rn. 10, 12 – Tortora/Kommission.
82 *Kańska* ELJ 10 (2004), 296 (305) spricht von einem „umbrella principle".
83 *Bauer* S. 25.

insbesondere im Bereich der verfahrensrechtlichen Absicherung für Grundrechte ein prägender Einfluss attestiert.[84] Der Ansatz im englischen „common law" ist einem Prinzip der „natural justice" verpflichtet, demzufolge Verfahrenserfordernisse **nicht nur** eine **rein dienende Funktion** haben, sondern auch eine eigenständige Bedeutung besitzen.[85] Obwohl die Bezeichnung als Grundsatz eher auf objektives Recht hindeutet, sind einzelne prozedurale Vorgaben von der Rechtsprechung als **subjektive Rechte** anerkannt worden, wie etwa die Rechte auf Anhörung, Akteneinsicht und Entscheidungsbegründung.[86] Dabei wurde herausgestellt, dass ein Verfahrensfehler kausal für einen möglichen Verstoß gegen das materielle Recht gewesen sein muss.[87]

21 Die Anerkennung eines Rechts auf gute Verwaltung in Art. 41 GRC ist eng mit der Tätigkeit des **Europäischen Bürgerbeauftragten** verbunden (→ Rn. 1), zu dessen Aufgaben es zählt, eine gute Verwaltungspraxis zu fördern und Rügen schlechter Verwaltung nachzugehen. Dabei ist er nicht nur auf die Untersuchung von behaupteten Rechtsverstößen beschränkt.[88] Für eine bessere Rechtsklarheit hat der Bürgerbeauftragte 1999 den **„Europäischen Kodex für gute Verwaltungspraxis"** (im Folgenden: „Kodex") zusammengestellt.[89] Dieser umfasst sowohl materielle Kriterien, wie das Diskriminierungsverbot und den Verhältnismäßigkeitsgrundsatz,[90] als auch formelle Vorgaben, wie das Recht auf Anhörung und auf Begründung oder die Pflicht zur Unparteilichkeit.[91] Nicht zuletzt gebietet er auch, dass EU-Beamte dem Unionsbürger gegenüber höflich auftreten sollen.[92] In der Folgezeit akzeptierte das Europäische Parlament (EP) den Kodex als Grundlage für die Tätigkeit des Bürgerbeauftragten und versuchte, auf seine Beachtung durch alle EG-Organe und -Einrichtungen hinzuwirken.[93] Das hinderte das EP allerdings nicht, bei der Beschlussfassung über einen eigenen Kodex guter Verwaltung für seine Beamten und Bediensteten von dem Modellkodex abzuweichen,[94] wie es übrigens auch die Kommission getan hat.[95] Nach langem Zuwarten ist auch der Rat seinen Ankündigungen nachgekommen und hat für sich einen Kodex beschlossen.[96] Mittlerweile haben fast sämtliche Einrichtungen der EU den Modellkodex des Bürgerbeauftragten übernommen.[97] Obgleich die Kodizes alle ein individuelles Beschwerderecht jedes Unionsbürgers bei Verstößen gegen sie enthalten,[98] wollen weder EP noch Kommission den Kodizes rechtliche Außenwirkung zubilligen.[99] Das ist

---

[84] *Kańska* ELJ 10 (2004), 296 (301).
[85] *Curtin* FS Walsh, 1992, 293 (297).
[86] Näher dazu → Rn. 52 ff., → Rn. 62 ff. und → Rn. 73 ff.
[87] S. EuGH C-269/90, Slg. 1991, I-5469 Rn. 28 – TU München/HZA München-Mitte.
[88] So spricht Art. 228 Abs. 1 UAbs. 1 AEUV allgemeiner von „Missstand".
[89] EB, Kodex für gute Verwaltungspraxis, 2015, abrufbar unter https://publications.europa.eu/de/publication-detail/-/publication/6f34b389-82be-11e5-b8b7-01aa75ed71a1.
[90] Art. 5 und 6 Kodex für gute Verwaltungspraxis, 2015, abrufbar unter https://publications.europa.eu/de/publication-detail/-/publication/6f34b389-82be-11e5-b8b7-01aa75ed71a1.
[91] Art. 16, 18 und 8 für gute Verwaltungspraxis, 2015, abrufbar unter https://publications.europa.eu/de/publication-detail/-/publication/6f34b389-82be-11e5-b8b7-01aa75ed71a1.
[92] Art. 12 für gute Verwaltungspraxis, 2015, abrufbar unter https://publications.europa.eu/de/publication-detail/-/publication/6f34b389-82be-11e5-b8b7-01aa75ed71a1.
[93] S. Entschließung des Europäischen Parlaments zum Sonderbericht des Europäischen Bürgerbeauftragten an das Europäische Parlament im Anschluss an die Initiativuntersuchung betreffend das Vorhandensein und die öffentliche Zugänglichkeit eines Kodexes für gute Verwaltungspraxis in den verschiedenen Gemeinschaftsinstitutionen und -organen (C5–0438/2000–2000/2212(COS), A5–0245/2001.
[94] EP, Leitfaden für die Pflichten der Beamten und Bediensteten des EP (Verhaltenskodex), Teil III – Beziehungen zu den Bürgern, ABl. 2000 C 97, 1.
[95] Kommission, Kodex für gute Verwaltungspraxis in den Beziehungen der Bediensteten der Europäischen Kommission zur Öffentlichkeit, ABl. 2000 L 267, 63; neu verkündet mit der Geschäftsordnung in ABl. 2000 L 308, 32.
[96] Rat, Kodex für ein einwandfreies Verhalten des Generalsekretariats des Rates der Europäischen Union und seines Personals in der Verwaltungspraxis bei ihren beruflichen Beziehungen zur Öffentlichkeit (Beschl. d. Generalsekretärs des Rates/Hohen Vertreters für die GASP), ABl. 2001 C 189, 1.
[97] S. die Nachweise bei *Martínez Soria* EuR 2001, 682 (684).
[98] *Martínez Soria* EuR 2001, 682 (701 mwN).
[99] Zustimmend *Martínez Soria* EuR 2001, 682 (698 ff.).

angesichts der beschriebenen Bandbreite jedenfalls in Bezug auf den jeweiligen Kodex nachvollziehbar. Jedoch lassen sich die „moralischen" Pflichten durchaus von den „rechtlichen" trennen. In den Verhandlungen des **Grundrechte-Konvents** hat sich der Bürgerbeauftragte erfolgreich für die Einbeziehung eines Rechts auf gute Verwaltung in die Charta eingesetzt.[100] Bereits der erste Entwurf des Präsidiums entsprach, bis auf das später eingefügte Recht auf Schadensersatz, weitgehend der endgültigen Fassung des Art. 41 GRC.[101] Die enge Verbindung zur Tätigkeit des Bürgerbeauftragten lässt sich auch daran ablesen, dass der von ihm erstellte Kodex **Hinweise** auf den näheren Inhalt von Art. 41 GRC geben kann, auch wenn er dadurch keine rechtliche Verbindlichkeit erhält.[102]

B. Gemeinsame Grundlagen der einzelnen Gewährleistungen

I. Elemente des Schutzbereichs

Einige Elemente der Gewährleistungen in Art. 41 GRC können übergreifend erörtert, sozusagen vor die Klammer gezogen werden. Obwohl diesbezüglich eine große Kongruenz zwischen den einzelnen Verbürgungen besteht, sind auch hier Unterschiede in den Details festzustellen. Dieser Befund bestätigt die Einschätzung als ein **Sammelgrundrecht**.   22

1. Begriff der Verwaltung. Aufgrund des Titels der Verbürgung in Art. 41 GRC als „Recht auf eine gute Verwaltung" ist als Adressat der jeweiligen Verpflichtung die Verwaltung anzusehen.[103] Nach überzeugender Ansicht ist dabei zum einen auf ein **materielles Verständnis von Verwaltung** abzustellen.[104] Denn erstens ist die formale Zuordnung zu den drei Gewalten im System des Gleichgewichts der Organe in der EU nicht so klar möglich wie in den Mitgliedstaaten. Zweitens zeigt die spezifische Regelung der Sprachenfrage in der EuGHVfO gemäß VO Nr. 1/58 beispielhaft, dass Akte der Rechtsprechung nicht von Art. 41 Abs. 4 GRC erfasst werden. Ebenso wenig werden das EuG und der EuGH in ihrer Rechtsprechungstätigkeit von Art. 41 Abs. 1 und 2 GRC verpflichtet. Zwar haben dies jüngst einige EU-Parlamentarier, deren Pflicht zur Rückzahlung von zu Unrecht gezahlten Abgeordnetenentschädigungen durch die Parlamentsverwaltung vom EuG bestätigt worden war, im Rechtsmittelverfahren vor dem EuGH gerügt. Das EuG habe nämlich nicht alle zur Entscheidung erforderlichen Unterlagen von der Parlamentsverwaltung angefordert.[105] Aus den Urteilen des EuGH lässt sich aber e contrario schließen, dass das EuG in seiner Urteilstätigkeit nur von Art. 47 GRC, nicht aber von Art. 41 GRC verpflichtet wird.[106] Zum anderen belegt die Begrenzung in Art. 41 Abs. 2 lit. a GRC auf „individuelle Maßnahmen", dass generell-abstrakt Rechtsetzungsakte nicht einbezogen werden sollten. Überzeugend hat der EuGH daher, die Anwendbarkeit des dort verankerten Anhörungsrechts auf „allgemein geltende Rechtsetzungsakte" abgelehnt.[107] Da aber aus der Perspektive eines Grundrechtes die Eingriffswirkung entscheidend ist, müssen **generell-abstrakte Regelungen** nur **ausnahmsweise** erfasst werden, wenn sie sich konkret und individuell auswirken.[108] Ähnlich wird in der Literatur teilweise auf das Maß der   23

---
100 Vgl. CHARTE 4131/00 vom 17.2.2000.
101 Art. E CHARTE 4170/00 vom 20.3.2000.
102 Vgl. „Einleitung: Das Recht auf eine gute Verwaltung" des für gute Verwaltungspraxis, 2015, abrufbar unter https://publications.europa.eu/de/publication-detail/-/publication/6f34b389-82be-11e5-b8b7-01aa75ed71a1, welche den Kodex teilweise als Konkretisierung des Rechts auf gute Verwaltung nach Art. 41 GRC ansieht.
103 Jarass GRCh Art. 41 Rn. 10; *Ruffert* in Calliess/Ruffert GRC Art. 41 Rn. 8.; *Klatt* in von der Groeben/Schwarze/Hatje GRC Art. 41 Rn. 7, allerdings nur in Bezug auf die Absätze 1 und 2.
104 Jarass GRCh Art. 41 Rn. 10; *Kańska* ELJ 2004, 310.
105 EuGH C-525/18 P, ECLI:EU:C:2019:435 Rn. 63 – (Marion) Le Pen/Parlament; EuGH C-462/18 P, ECLI:EU:C:2019:239 Rn. 49 – Troszczynski/Parlament; EuGH C-303/18 P, ECLI:EU:C:2018:96 Rn. 21 – (Jean Marie) Le Pen/Parlament.
106 EuGH C-608/13 P, ECLI:EU:C:2016:414 Rn. 64 – CEPSA/Kommission.
107 EuGH C-221/09, ECLI:EU:C:2011:153 Rn. 49 – Tuna.
108 Zustimmend Jarass GRCh Art. 41 Rn. 10.

Konkretisierung des jeweiligen Rechtsverhältnisses zwischen Union und Einzelnem abgestellt.[109] Nach diesem **materiellen Verständnis** werden „Schein-Verordnungen", die gebündelte Entscheidungen darstellen, ebenso wie die der Justiz- bzw. Parlamentsverwaltung zugehörigen Akte der Gerichte oder des EP einbezogen. Eindeutig ist dies zB bei Kündigungen von Unionsbediensteten erfüllt.[110]

24 Erfasst werden insbesondere alle Verwaltungsverfahren der Kommission im sog. direkten Vollzug, etwa im Kartellrecht.[111] Fraglich ist, ob sich Einzelne gegenüber der Kommission auch in den **Vertragsverletzungsverfahren** der Kommission gegen Mitgliedstaaten gem. Art. 258 AEUV auf dieses Recht mit dem Ziel berufen können, das weite Ermessen[112] der Kommission zur Einleitung eines entsprechenden Verfahrens einzuschränken. Eine solche Auslegung[113] ist abzulehnen. Zwar kommt den prozeduralen Verbürgungen des Rechts auf eine gute Verwaltung bei Ermessensentscheidungen eine besondere Bedeutung zu. Doch im Fall der Vertragsverletzungsverfahren hat das Ermessen der Kommission grundsätzlich eine andere Ausrichtung als bei individuellen Verwaltungsentscheidungen: nicht zuletzt sind politische Aspekte zu berücksichtigen. Ferner gibt Art. 41 GRC keinen Anspruch auf Einleitung eines Verfahrens. Vergleichbar hat es der EuGH im **Beihilfekontrollverfahren** nach Art. 108 Abs. 3 AEUV abgelehnt, auch bei individueller Betroffenheit von Drittunternehmen eine Verpflichtung der Kommission zur Klage gegen einen Mitgliedstaat anzunehmen.[114]

25 Die Frage, ob der **Amtshaftungsanspruch** nach Art. 41 Abs. 3 GRC nur auf Akte der Verwaltung bezogen ist oder auch solche der Rechtsetzungs- und Rechtsprechungsorgane erfasst, wird in der Literatur selten ausdrücklich erörtert.[115] Dafür spricht, dass nach der Rechtsprechung der Amtshaftungsanspruch nach Art. 340 AEUV grundsätzlich auf alle drei Gewalten angewendet werden kann.[116] Zudem ist der Wortlaut von Art. 41 Abs. 3 GRC, der jede Amtstätigkeit umfasst, weiter als der Begriff der Verwaltung in den ersten beiden Absätzen von Art. 41 GRC. Die Rechtsprechung ist diesbezüglich noch nicht eindeutig.[117] Immerhin hat der EuGH in – problematischen (→ Rn. 69) – Einzelfällen Klagen abgewiesen, wenn diese auf die falsche Rechtsgrundlage Bezug genommen haben.[118] Daher ist bis zur Klärung dieser Frage für die Praxis anzuraten, beide Vorschriften einzuklagen.

26 **2. Gewährleistungsgehalt.** Die Verbürgungen in Art. 41 GRC enthalten zu einem großen Teil **Verfahrensrechte**. Da diese aber unmittelbar anwendbar sind, kann man sie auch als **Leistungsrechte** auf die Bereitstellung von bestimmten Verfahrenselementen qualifizieren, wie der Anhörung oder der Eröffnung des Zugangs zu Akten. Ferner ist der Anspruch auf **Schadensersatz** ebenfalls ein Leistungsrecht. Vergleichbares gilt für die Verbürgungen in Art. 41 Abs. 1 GRC für die Bereitstellung eines zügigen Verfahrens. Das Recht auf unparteiische Behandlung enthält ebenfalls Leistungselemente, wie eine sorgfältige Sachverhaltserfassung (→ Rn. 41). Allerdings umfasst diese Vorgabe auch ein **Verbot**, gegen das in objektiver oder subjektiver Hinsicht verstoßen werden kann (→ Rn. 40).

---

[109] *Bauer* S. 19, vgl. auch *Grzeszick* EuR 2006, 161 (169).
[110] EuGöD F-137/14, ECLI:EU:F:2016:14 Rn. 72 – GV; Jarass GRCh Art. 41 Rn. 10.
[111] EuGH C-439/11, ECLI:EU:C:2013:513 Rn. 154 – Ziegler/Kommission; Jarass GRCh Art. 41 Rn. 10.
[112] S. nur EuGH 247/87, Slg. 1989, 291 Rn. 13 – Star Fruit; näher zur Rspr. *Rawlings* ELJ 6 (2000), 4 ff.
[113] So aber *Grzeszick* EuR 2006, 161 (174 f.); grundsätzlich dazu *Nehl* passim. Für eine Anwendung auf das Vorverfahren vor einem Vertragsverletzungsverfahren Jarass GRCh Art. 41 Rn. 10.
[114] EuGH C-141/02 P, ECLI:EU:C:2005:98 Rn. 66 ff. – Kommission/T-Mobil Austria (vormals maxmobil).
[115] In vielen Kommentierungen wird inhaltlich zu Art. 41 Abs. 3 GRC nicht ausführlich Stellung genommen, sondern überwiegend bzw. im Detail auf die Kommentierungen zu Art. 340 AEUV verwiesen. Anders *Magiera* in NK-EuGRCh Art. 41 Rn. 18 ff.
[116] *Ruffert* in Calliess/Ruffert AEUV Art. 340 Rn. 16, 23 mwN auf die Rechtsprechung.
[117] So erwähnt EuGH C-45/15 P, ECLI:EU:C:2017:402 Rn. 58 und 64 – Safa Nicu Sepahan zwar Art. 340 AEUV und Art. 41 Abs. 3 GRC gemeinsam, jedoch nur als Widergabe des Klägervorbringens; in Rn. 61 ff. prüft der EuGH aber nur Art. 340 AEUV.
[118] EuGH C-141/12, ECLI:EU:C:2014:2081 Rn. 67 f. – YS ua zum Akteneinsichtsrecht.

Insofern handelt es sich um eine klassische **abwehrrechtliche Funktion**.[119] Zu beachten ist, dass es sich bei Art. 41 GRC **nicht** um einen **Programmsatz** handelt, sondern um zwingende Vorgaben, primär für das Verfahren. Die entsprechenden Leistungsrechte stehen also **nicht im Ermessen** der verpflichteten Stellen, sondern jede Abweichung bedarf der Rechtfertigung.

3. Verpflichtete. Unbestritten wird die Union nach Art. 41 GRC verpflichtet, die entsprechenden Leistungen bzw. Verfahren vorzuhalten und durchzuführen. Fraglich ist aber, welche Behörden und Organe davon erfasst werden. Hintergrund ist, dass im EU-Organisationsrecht zwischen **Organen, Einrichtungen und sonstigen Stellen** unterschieden wird,[120] Art. 41 Abs. 1 und 2 GRC aber nur die ersten beiden Kategorien und Abs. 3 und 4 nur die Organe allein bzw. zuzüglich der Bediensteten erwähnt. Die Begrenzung auf Organe und Einrichtungen entspricht der allgemeinen Regelung in Art. 51 Abs. 1 S. 1 GRC. Letztere wird übereinstimmend weit in dem Sinne ausgelegt, dass auch die **sonstigen Stellen** erfasst werden.[121] Denn ein effektiver wirksamer Rechtsbehelf nach Art. 47 GRC kann nur gewährleistet werden, wenn alle Stellen erfasst werden, die einen Grundrechtseingriff vornehmen können. In Bezug auf den **Amtshaftungsanspruch** ist in der Rechtsprechung anerkannt, dass dieser das Handeln aller Bediensteten von jedweder Stelle der EU umfasst.[122] Es ist nicht davon auszugehen, dass die grundrechtliche Verbürgung der Amtshaftung der EU dahinter zurückstehen sollte.

27

Das **Recht auf Kommunikation** in einer der Amtssprachen der EU nach Art. 41 Abs. 4 GRC bindet nach dem Wortlaut der Vorschrift allein die Organe. Doch wird dieses Recht auch in Art. 24 Abs. 4 AEUV gewährt, so dass die allgemeine Regelung des Art. 52 Abs. 2 GRC („Strukturssicherungsklausel") zur Anwendung kommt, wonach diese Rechte entsprechend der Verbürgung in den Verträgen ausgelegt werden. Somit werden in Übereinstimmung mit Art. 24 Abs. 4 AEUV die **„Organe"** und **„Einrichtungen"**, die in jener Vorschrift und Art. 13 EUV aufgeführt werden: der **Europäische Rat**, das **Europäische Parlament**, der **Bürgerbeauftragte**, der **Rat**, die **Kommission**, der **Gerichtshof** (EuGH und EuG), die **Europäische Zentralbank (EZB)** und der **Rechnungshof**, sowie der **Ausschuss der Regionen (AdR)** und der **Wirtschafts- und Sozialausschuss (WSA)**.[123] Davon sind auch die Dienste und nachgeordneten Stellen der betreffenden Organe und Einrichtungen erfasst,[124] nicht aber andere nicht ausdrücklich erwähnte Einrichtungen.[125]

28

In der Literatur wird die Ausklammerung der **übrigen Einrichtungen** der Union in Art. 24 Abs. 4 AEUV kritisiert. Ausgehend von einem ungeschriebenen allgemeinen Rechtsgrundsatz, nach dem jeder das Recht habe, dass das ihn betreffende Recht in seiner jeweiligen Sprache zugänglich sein soll, und unter Bezugnahme auf die Prinzipien der **Transparenz** und **Bürgernähe** wird für die Einbeziehung weiterer Einrichtungen wie des Markenamtes jedenfalls in die VO Nr. 1/58 plädiert.[126] Dem ist die Rechtsprechung zu

29

---

[119] Für Art. 6 EMRK hingegen *Peukert* in Frowein/Peukert EMRK Art. 6 Rn. 3, der die „verfahrensrechtliche" Dimension betont; *Meyer-Ladewig/Harrendorf/König* in HK-EMRK EMRK Art. 6 Rn. 2, die die ausdrückliche Erwähnung einer „positive[n] Handlungspflicht" hervorheben.
[120] Art. 13 EUV und Art. 263 Abs. 1 AEUV.
[121] *Kingreen* in Calliess/Ruffert GRC Art. 51 Rn. 5; Jarass GRCh Art. 51 Rn. 5, *Rengeling/Szczekalla* Grundrechte in der EU Rn. 269 ff.
[122] EuGH C-370/89, Slg. 1992, I-6211 Rn. 15 – SGEEM und Etroy.
[123] Wie hier *Hatje* in Schwarze AEUV Art. 24 Rn. 5.
[124] Vgl. zur Auslegung des Begriffs „Organe" in VO Nr. 1/58 ebenso *Priebe* in Schwarze AEUV Art. 342 Rn. 5, 15.
[125] EuGH C-361/01 P, Slg. 2003, I-8283 Rn. 83 – Christina Kik/HABM; vgl. dazu in der Vorinstanz EuG T-120/99, Slg. 2001, II-2235 Rn. 64; s. auch EuGH C-160/03, Slg. 2005, I-2077 Rn. 35 ff. – Spanien/Eurojust, wo bereits die Zulässigkeit der Klage verneint wird, weil die betreffende Einrichtung nicht unter Art. 263 AEUV (ex-Art. 230 EGV) aufgeführt ist.
[126] So implizit *Schweitzer* in GHN, 28. EL 2005, EGV Art. 290 Rn. 8, 13. AA bzw. einschränkend nunmehr *Mayer* in GHN AEUV Art. 341 Rn. 16, der dies nur auf „unmittelbar Organen zugewiesen[e] Organisationseinheiten" erstrecken will, aber nicht auf „der Kommission lediglich nachgeordnet[e], organähnliche Einrichtungen".

Recht nicht gefolgt,[127] weil auf primärrechtlicher Ebene der Wortlaut der betreffenden Vorschriften derzeit dahinter zurückbleibt. Zudem ist zu beachten, dass nicht jede Stelle der EU so ausreichend besetzt ist, dass eine Kommunikation in allen Amtssprachen unter Aufrechterhaltung einer effizienten und effektiven Verwaltung im Sinne von Art. 298 AEUV möglich erscheint.

30 Umstritten ist, ob auch die **mitgliedstaatlichen Verwaltungen** an das Recht auf gute Verwaltung nach Art. 41 GRC gebunden sind. Dafür soll die allgemeine Vorschrift des Art. 51 Abs. 1 S. 1 GRC sprechen, der die Bindung der Mitgliedstaaten an die Grundrechte der Charta „ausschließlich bei der Durchführung des Rechts der Union" festlegt.[128] Diese Ansicht[129] verweist darauf, dass die Rechtsprechung[130] und die Charta grundsätzlich die Mitgliedstaaten jedenfalls in der sog. „agency situation", dh bei der Durchführung des Gemeinschaftsrechts, in die Pflicht nehmen. Auch sei eine andere Auslegung in der typischen „Situation geteilter Verantwortungswahrnehmung" bei der Durchführung des Unionsrechts „unbefriedigend".[131] Jedoch ist der **Wortlaut** des Art. 41 Abs. 1 GRC wesentlich enger gehalten; er erfasst nur die Organe und Einrichtungen der Union. Nach dem Spezialitätsgrundsatz muss demnach die allgemeine Regel in Art. 51 GRC zurücktreten. Zudem ist die Sorge vor einer unzureichenden Bindung der Mitgliedstaaten unbegründet, weil der EuGH neben dem Grundrecht aus Art. 41 GRC weiterhin einen rechtsverbindlichen **Grundsatz der guten Verwaltung** anerkennt, der eben die Mitgliedstaaten bei der Durchführung des Unionsrechts bindet.[132] Die **Rechtsprechung** des EuGH lässt diesbezüglich noch keine klare Linie erkennen. Immerhin finden sich vereinzelt sowohl Entscheidungen, die eine Verpflichtung der Mitgliedstaaten aus Art. 41 GRC aufgrund des engeren Wortlauts dezidiert ablehnen und dann auf die Möglichkeit einer Verpflichtung aufgrund des „Grundsatzes" der guten Verwaltung verweisen,[133] als auch solche, die Art. 41 GRC als eine Widerspiegelung eben jenes Grundsatzes ansehen und die mitgliedstaatlichen Verwaltungen an die Vorgaben binden.[134] Im Ergebnis ist Art. 41 GRC auf die EU zu begrenzen; die mitgliedstaatlichen Verwaltungen werden über den Grundsatz der guten Verwaltung verpflichtet. Es ist in diesem Zusammenhang wenig überzeugend, wenn der EuGH die Anwendbarkeit von Art. 41 GRC verneint und dann eine Prüfung des nicht ausdrücklich gerügten Grundsatzes der guten Verwaltung ablehnt,[135] obwohl die Inhalte im Übrigen deckungsgleich sind, so dass sie sich kaum als „anderes Angriffsmittel" qualifizieren und somit eine Klageabweisung rechtfertigen.[136]

31 **4. Berechtigte.** Berechtigt wird durch das Recht auf gute Verwaltung nach Art. 41 GRC ausdrücklich „jede Person". Danach handelt es sich um ein **Menschenrecht,** dessen Träger jedermann ist, insbesondere auch **Drittstaatsangehörige.**[137] Da der Kreis der Berechtig-

---

[127] EuGH C-361/01 P, Slg. 2003, I-8283 Rn. 83 – Christina Kik/HABM; vgl. dazu in der Vorinstanz EuG T-120/99, Slg. 2001, II-2235 Rn. 64.
[128] *Bauer* S. 142; *Schliesky* S. 8. AA *Magiera* in NK-EuGRCh Art. 41 Rn. 9; *Galetta/Grzeszick* in Stern/Sachs GRCh Art. 41 Rn. 18; *van Vormizeele* in Schwarze GRC Art. 41 Rn. 5, *Pfeffer* S. 102 ff.
[129] *Rengeling/Szczekalla* Grundrechte in der EU Rn. 1094; aA *Kańska* ELJ 2004, 296 (309 f.), *Grzeszick* EuR 2006, 161 (168).
[130] Zur Begründungspflicht s. EuGH 222/86, Slg. 1987, 4097 Rn. 15 f. – Unectef/Heylens.
[131] *Ruffert* in Calliess/Ruffert GRC Art. 41 Rn. 9.
[132] So etwa EuGH C-141/12, ECLI:EU:C:2014:2081 Rn. 68 – YS ua. Das erkennt auch *Ruffert* in Calliess/Ruffert GRC Art. 41 Rn. 9 an.
[133] EuGH C-141/12, ECLI:EU:C:2014:2081 Rn. 67 f. – YS ua.
[134] EuGH C-230/18, ECLI:EU:C:2019:383 Rn. 57 – PI/Landespolizei Tirol; EuGH C-46/16, ECLI:EU:C:2017:839 Rn. 39 ff. – LS Customs Services. In EuGH C-604/12, ECLI:EU:C:2014:302 – N. wird in Rn. 50 f. Art. 41 GRC gegenüber den Mitgliedstaaten angewendet, nachdem in Rn. 49 festgestellt wurde, dass Art. 41 GRC einen allgemeinen Grundsatz des Unionsrechts widerspiegele.
[135] EuGH C-141/12, ECLI:EU:C:2014:2081 Rn. 67 f. – YS ua.
[136] Das ist in EuGH C-346/17 P, ECLI:EU:C:2018:679 Rn. 70 gerügt, vom EuGH in Rn. 77 aber offengelassen worden.
[137] *Ruffert* in Calliess/Ruffert GRC Art. 41 Rn. 5; *Streinz* in Streinz GRC Art. 41 Rn. 13; *Lais* ZEuS 2002, 447 (459).

ten nicht auf die Unionsbürgerinnen und -bürger beschränkt ist, erscheint die Zuordnung zum Kapitel V „Bürgerrechte" der Charta als unglücklich. Diese Diskrepanz hat historisch einen Vorläufer in der Zusammenfassung der Rechte der Unionsbürgerinnen und -bürger in ex-Art. 8a ff. EGV im Maastricht Vertrag, die ihrem Wortlaut nach die **Unionsbürgerschaft** bei den Berechtigten voraussetzten, systematisch aber in Vorschriften konkretisiert werden, die überwiegend[138] lediglich einen **Wohnsitz** in der EU voraussetzen.[139] Diesen Gewährleistungen ist gemeinsam, dass sie den der **Hoheitsgewalt unterworfenen Einzelnen** mit Rechten ausstatten, um seine Rechtspositionen und Interessen angemessen verteidigen zu können. Der Begriff „Bürgerrechte" erscheint so als ein Synonym für das Verhältnis zwischen der Union und dem Einzelnen. Auch andere Verbürgungen in diesem Kapitel stehen nicht nur Unionsbürgerinnen und -bürgern offen.[140] Der Unterschied im Wortlaut zu den anderen Verbürgungen in diesem Kapitel, die auf die Unionsbürgerschaft abstellen bzw. zusätzlich Personen mit Wohnsitz in der EU schützen, zeigt, dass auch Drittstaatsangehörige ohne Wohnsitz in der EU einzubeziehen sind. So greift das Anhörungsrecht etwa auch im Asylverfahren, in dem man nicht von einem klassischen Wohnsitz der Betroffenen in der EU ausgehen kann.[141] Entscheidend ist die Subordination unter die Hoheitsgewalt der EU.

Der Begriff der „Person" umfasst auch juristische Personen. Umstritten ist, ob sich auch 32 die **Mitgliedstaaten** auf Art. 41 GRC berufen können, wenn die EU-Verwaltung ihnen gegenüber eine Maßnahme erlassen will. Das wird von einer stärker **verwaltungsrechtlich ausgerichteten Ansicht** bejaht, die diesen als **Basis** eines bisher fehlenden **allgemeinen EU-Verwaltungsrechts** ansieht.[142] Eine Berechtigung der Mitgliedstaaten wird ohne nähere Ausführung aus dem Umstand abgeleitet, dass diese juristische Personen seien und damit dem Begriff der Person in Art. 41 GRC unterfielen.[143] Dem steht aber aus der **Grundrechtsperspektive** entgegen, dass das Grundrechtskonzept Staaten nicht als Berechtigte kennt.[144] Der Frage nach der Berechtigung der Mitgliedstaaten unter Art. 41 GRC ist der EuGH in der Regel ausgewichen und hat stattdessen auf den Grundsatz guter Verwaltung rekurriert.[145] Allerdings hat er vereinzelt auch bei Klagen von Mitgliedstaaten geprüft, ob ein Verstoß gegen den Grundsatz der guten Verwaltung vorliege, „wie er in Art. 41 GRC zum Ausdruck" komme.[146] In der Sache sprechen zwar für die verwaltungsrechtliche Sicht Erwägungen der Rechtsklarheit, weil nicht zwischen einem Grundsatz und einem Grundrecht auf gute Verwaltung unterschieden werden müsste. Sie begegnet aber durchgreifenden dogmatischen Bedenken. Denn alle Verbürgungen des Art. 41 GRC sind zwar auf juristische Personen sinnvoll anwendbar, aber Grundrechte schützen grundsätzlich nicht den Staat, so dass jede Einbeziehung einer juristischen Person des öffentlichen Rechts einer besonderen Begründung bedarf.[147] Die Auslegung nach **Wortlaut** und **Systematik**

---

[138] Ausgenommen sind die Wahlrechte in Art. 22 Abs. 1 (Kommunalwahl) und Abs. 2 (Europawahl) AEUV, welche einen Wohnsitz nicht ausreichen lassen, sondern die Unionsbürgerschaft verlangen.
[139] Vgl. Art. 228 Abs. 1 AEUV zu Beschwerden an den EB.
[140] S. Art. 42, 43 und 44 GRC, die allerdings an den Wohnsitz in der EU anknüpfen.
[141] EuGH C-604/12, ECLI:EU:C:2014:302 Rn. 50 f. – N. im Asylrecht.
[142] *Ruffert* in Calliess/Ruffert GRC Art. 41 Rn. 6; *Jarass* GRCh Art. 41 Rn. 11 unter Berufung auf EuGH C-3/00, Slg. 2003, I-2643 Rn. 46 f. – Dänemark/Kommission, wo aber – vor Inkrafttreten der Charta – in Art. 41 GRC gar nicht erwähnt wird, sondern der „Grundsatz" der Wahrung der Verteidigungsrechte.
[143] *Streinz* in Streinz GRC Art. 41 Rn. 14; *Klatt* in von der Groeben/Schwarze/Hatje GRC Art. 41 Rn. 5; *Terhechte* in FK-EUV/GRC/AEUV GRC Art. 41 Rn. 10
[144] Vgl. Jarass GRCh Art. 41 Rn. 9.
[145] So lässt EuGH C-521/15, ECLI:EU:C:2017:982 Rn. 87, 89 – Spanien/Rat die ausdrücklich gestellte Frage, ob sich ein Mitgliedstaat allein auf den Grundsatz der guten Verwaltung beziehen könne, offen und wendet eben diesen Grundsatz, nicht das Grundrecht an.
[146] EuGH C-611/17, ECLI:EU:C:2019:332 Rn. 92 – Italien/Rat zur Aufteilung der Fangquoten auf die Mitgliedstaaten
[147] So zu den Justiz- und Verfahrensgrundrechten → § 9 Rn. 19; EuGH C-521/15, ECLI:EU:C:2017:982 Rn. 61 ff. – Spanien/Rat. Dagegen grundsätzlich eine Grundrechtsberechtigung ablehnend *Kingreen* in Calliess/Ruffert GRC Art. 52 Rn. 54.

zeigt, dass kein anderes Grundrecht der Charta die Mitgliedstaaten als Berechtigte in seinem Schutzbereich anerkennt. Juristische Personen des öffentlichen Rechts werden nur ausnahmsweise erfasst, wenn für sie bei einem spezifischen Grundrecht eine ähnliche **Gefährdungssituation** wie bei Privaten besteht.[148] Das ist für die Mitgliedstaaten etwa beim Recht auf Eingabe in den Vertragssprachen klar zu verneinen. Denn sie verfügen selbst über die Kompetenz, die Sprachenfrage zu regeln. Auch im Übrigen bedürfen sie als **privilegierte Kläger** nach Art. 263 Abs. 1 AEUV, die auch Verstöße gegen **objektives Recht** und damit auch des in der Rechtsprechung anerkannten „Grundsatzes" der guten Verwaltung – in seiner objektiv-rechtlichen Dimension (→ Rn. 40) –,[149] rügen können,[150] keiner zusätzlichen Absicherung über Grundrechte.

II. Beeinträchtigungen, Rechtfertigung und Rechtsfolgen

33 **1. Rechtliche und faktische Beeinträchtigungen.** Mögliche Beeinträchtigungen der Rechte in Art. 41 GRC können zum einen durch Rechtsakte erfolgen. Nach zutreffender Ansicht (→ Rn. 23) müssen die Betroffenen unmittelbar und individuell berührt sein. Daher stehen Beschlüsse nach Art. 288 Abs. 4 AEUV (früher auch Entscheidungen genannt) im Zentrum. Eine Anwendung auf **allgemein-abstrakte** Regelungen, dh Verordnungen oder Richtlinien nach Art. 288 AEUV, kommt wegen der Begrenzung auf materielle Veraltungstätigkeit nur in Frage, wenn Einzelne von diesen Maßnahmen **unmittelbar und individuell** betroffen sind (→ Rn. 23). Neben rechtlichen kommen auch **faktische Beeinträchtigungen** in Betracht,[151] etwa wenn Verfahrensrechte verweigert werden, wie das **Unterlassen** einer Anhörung. Die **Verweigerung der Akteneinsicht** dürfte hingegen als Verfügung, also als rechtliche Beeinträchtigung, zu qualifizieren sein.[152]

34 **2. Rechtfertigung, insbesondere gesetzliche Grundlage.** Mit der Anerkennung des Grundrechts auf eine gute Verwaltung in Art. 41 Abs. 1, 2 und 4 GRC greifen grundsätzlich die allgemeinen Vorgaben des Art. 52 GRC für die **Rechtfertigung** von Beschränkungen.[153] In ständiger Rechtsprechung wird dementsprechend verlangt, dass eine unterlassene Gewährung von Verfahrensrechten, wie der Anhörung oder der Akteneinsicht, bzw. die Anwendung geringerer Sorgfaltsanforderungen im Rahmen der unparteiischen Bearbeitung **legitimen Interessen des Allgemeinwohls** dienen und **verhältnismäßig** sein müssen.[154] In Bezug auf Ziele des Allgemeinwohls sind auch die Ziele einer „offenen, effizienten und unabhängigen europäischen Verwaltung" im Sinne von Art. 298 AEUV grundsätzlich zu beachten.[155] Ferner ist zu berücksichtigen, dass die Ausübung der Verfahrensrechte einen Aspekt der Teilhabe enthält, demzufolge in mehrpoligen Verhältnissen nicht entgegenstehende Interessen anderer Personen unverhältnismäßig beeinträchtigt werden dürfen. So können zu extensive Anhörungsrechte gegen das Recht auf **zügige Behandlung** eines anderen Verfahrensbeteiligten in Art. 41 Abs. 1 GRC verstoßen. In diesem Sinne enthält der 1. Absatz von Art. 41 GRC nicht nur subjektive Rechte, sondern als **Chapeau** der Vorschrift auch eine objektiv-rechtliche Wertung. **Sonderfälle** sind diesbezüglich das Recht auf **Schadensersatz** und das Recht auf unparteiische Behandlung nach Art. 41 Abs. 1 bzw. 3 GRC, weil es hier allein auf die Erfüllung der Anspruchsvoraussetzungen ankommt. Liegen diese vor, können die parteiische Behandlung bzw. die Ver-

---

[148] Daher die Grundrechtsträgerschaft im Rahmen der Medienfreiheit nach Art. 11 Abs. 2 GRC anerkennend *Calliess* in Calliess/Ruffert GRC Art. 11 Rn. 21. Ausführlich dazu → § 9 Rn. 20.
[149] Jarass GRCh Art. 41 Rn. 9.
[150] EuGH C-521/15, ECLI:EU:C:2017:982 Rn. 87, 89 – Spanien/Rat.
[151] Jarass GRCh Art. 41 Rn. 16; *Calliess* in Calliess/Ruffert GRC Art. 41 Rn. 14
[152] Vgl. Art. 7 f., insbes. Art. 8 Abs. 3 VO (EG) Nr. 1049/2001, ABl. 2001 L 145, 43 zur Ablehnung des Zugangs zu Dokumenten durch Bescheid.
[153] Jarass GRCh Art. 41 Rn. 18.
[154] EuGH C-377/16, ECLI:EU:C:2019:249 Rn. 38 – Spanien/Parlament.
[155] Allerdings gelten strenge Anforderungen an die Verwaltung, EuG T-30/91, Slg. 1992, II-1775 Rn. 102 – Solvay; EuG T-204/99, Slg. 2001, II-2265 Rn. 69 – Olli Mattila.

weigerung des Ersatzes des Schadens nicht gerechtfertigt werden. In der Grundrechtsdogmatik liegt jeweils ein **absolutes Recht** vor.[156]

Art. 52 Abs. 1 S. 1 GRC sieht für Beeinträchtigungen von Grundrechten der Charta 35 einen **Gesetzesvorbehalt** vor. Sofern dies in der Literatur überhaupt problematisiert wird, wird dessen Anwendung auch auf Art. 41 GRC vertreten.[157] Das entspricht aber nicht der dogmatischen Struktur von Art. 41 GRC, denn die dort enthaltenen Gewährleistungen sind **unmittelbar anwendbar**, so dass es für ihre Geltendmachung keiner Umsetzung in das Sekundärrecht bedarf.[158] Deshalb besteht aber auch kein Bedürfnis für den EU-Gesetzgeber, die Verfahrensrechte im Einzelnen zu konkretisieren – und umgekehrt Ausnahmen sekundärrechtlich festzulegen. Daraus ergibt sich in der Praxis das Problem, dass Beeinträchtigungen regelmäßig durch ein Unterlassen erfolgen und dann nicht durch oder aufgrund eines Gesetzes. Die Forderung nach einer gesetzlichen Grundlage erschien in diesen Fällen als **übertriebener Formalismus.** Dementsprechend hat der EuGH in einem Fall zum Recht auf Eingabe in einer Vertragssprache der EU nach Art. 41 Abs. 4 GRC für die Rechtfertigung lediglich das Vorliegen eines legitimen Interesses des Allgemeinwohls und die Verhältnismäßigkeit eingefordert, nicht aber eine gesetzliche Grundlage.[159]

3. Rechtsfolgen von Verstößen. Das Dilemma der Verfahrensrechte liegt allgemein 36 darin, dass Verstöße – also Beeinträchtigungen, die nicht gerechtfertigt werden können – zur **Nichtigkeit** der betreffenden Maßnahme führen müssen. Diese Rechtsfolge erscheint aber zuweilen als zu rigide, so dass es in der Rechtsprechung zu einer abgestuften Rechtsfolgenlehre gekommen ist. Grundsätzlich ist zu prüfen, ob die unterlassene Gewährleistung **nachgeholt** und der Mangel somit **geheilt** werden kann.[160] Sofern dies nicht möglich ist, stellt die Rechtsprechung beim Anhörungsrecht für die Nichtigkeit der Maßnahme darauf ab, ob ein anderes Ergebnis möglich gewesen wäre.[161] Hier zeigt sich einerseits die **dienende Funktion** der Verfahrensrechte in Art. 41 GRC, andererseits aber auch ihr materieller Aspekt, weil sie zu einer optimalen, „gerechten" Entscheidung führen sollen. Die Verwaltung könnte das Verdikt nur abwehren, wenn sie belegen könnte, dass in der Sache **keine andere Entscheidung** hätte ergehen können. Allerdings gibt es Unterschiede im Detail. Während die Rechtsprechung bei einem Verstoß gegen das Recht auf **Begründung** sehr streng ist,[162] hat der EuGH an die Einhaltung einer nicht als Ausschlussfrist aufzufassenden **Frist** nicht so weit reichende Folgen geknüpft. Allerdings darf auch letztere Bestimmung nicht „als wirkungslos angesehen werden", weil sie sonst „jeden rechtlichen Inhalt verlieren" würdewürde".[163] Insbesondere fragt der EuGH danach, ob die **Verteidigungsposition** der betreffenden Person beeinträchtigt worden ist.[164] Das wird bspw. beim Recht auf Eingabe in einer Vertragssprache verneint, wenn sich daraus für die Person trotz Verstoßes keine nachteiligen Rechtsfolgen ergeben.[165] Beim Recht auf **Schadensersatz** ist die Rechtsfolge selbstredend der Ersatz des Schadens.

---

[156] Vgl. zur Nichtanwendung von Art. 51 Abs. 1 GRC *Kingreen* in Calliess/Ruffert GRC Art. 52 Rn. 60.
[157] Jarass GRCh Art. 41 Rn. 18 unter Hinweis auf EuGH C-348/12 P, ECLI:EU:C:2013:776 Rn. 69 – Kala Naft, doch listet der EuGH dort die Rechtfertigungserfordernisse auf und erwähnt gerade nicht den Gesetzesvorbehalt.
[158] Jarass GRCh Art. 41 Rn. 3 hebt hervor, dass es sich um einklagbare Rechte handelt.
[159] So wohl EuGH C-377/16, ECLI:EU:C:2019:249 – Spanien/Parlament, der in Rn. 36 die Rechte aus Art. 41 Abs. 2 GRC thematisiert, dann aber die Rechtfertigungserfordernisse in Rn. 38 in Bezug auf das Diskriminierungsverbot formuliert.
[160] Grundsätzlich zu dieser Möglichkeit Jarass GRCh Art. 41 Rn. 5.
[161] EuGH C-301/87, Slg. 1990, I-307 Rn. 31 – Frankreich/Kommission; EuGH C-315/99 P, Slg. 2001, I-5281 Rn. 34 – Ismeri Europa Srl/Rechnungshof; EuG T-198/01 Slg. 2004, II-2717 Rn. 201 – Technische Glaswerke Ilmenau/Kommission.
[162] EuGH C-137/92, Slg. 1994, I-2555 Rn. 67 f. – BASF.
[163] EuGH 13/69, Slg. 1970, 3 Rn. 2, 7 – van Eick/Kommission.
[164] EuGH C-190/10 P, ECLI:EU:C:2012:157 Rn. 53 – Génesis.
[165] EuGH C-608/13 P, ECLI:EU:C:2016:414 Rn. 38 – CEPSA.

37 Führen Verstöße gegen die übrigen Vorgaben in Art. 41 GRC zu **Schäden** bei der betroffenen Person, ist diese berechtigt, **Schadensersatz** einzufordern. Denn mit der Qualifizierung als Grundrecht ist die bereits in der Rechtsprechung zuvor anerkannte (auch) individualschützende Funktion dieser Vorgaben bestätigt worden. So geht der Gerichtshof in ständiger Rechtsprechung davon aus, dass ein Verstoß gegen solche Bestimmungen die Haftung des Verantwortlichen „für etwaige den Betroffenen entstehende Schäden begründet".[166] Diesbezüglich verlangen die Grundsätze über die Amtshaftung, dass eine Norm verletzt worden ist, die auch dem **Schutz des Einzelnen** dient.[167]

III. Verhältnis zu anderen Bestimmungen

38 Nach der hier vertretenen Ansicht (→ Rn. 1) besteht neben dem Grundrecht auf gute Verwaltung weiterhin der **Grundsatz der guten Verwaltung,** auf den sich insbesondere die Mitgliedstaaten berufen können. Anknüpfend an die maximal **dreifache Grundrechtsabsicherung** nach Art. 6 EUV ist es überzeugend, davon auszugehen, dass sich der Einzelne sowohl auf den Grundsatz – in seiner subjektiv-rechtlichen Dimension (→ Rn. 40) – als auch auf das Grundrecht berufen kann. Dies ist insbesondere von Relevanz, wenn es um Ansprüche **gegen** die **Mitgliedstaaten** geht (→ Rn. 30). Daher stehen die beiden Verbürgungen zueinander im Verhältnis der **Idealkonkurrenz**.[168] Primär materielle Grundsätze, wie die **Rechtsstaatlichkeit** oder der **Vertrauensschutzgrundsatz** werden in der Rechtsprechung **separat** gewährleistet.[169] Sie sind nicht Teil von Art. 41 GRC. Der EuGH bezeichnet die Verbürgungen in Art. 41 GRC auch als „Verteidigungsrechte".[170] Darin wird die Nähe zu Art. 47 GRC (**unparteiisches Gericht**) und Art. 48 GRC **(Verteidigungsrechte)** deutlich. Die Abgrenzung wird man nach den unterschiedlichen Verpflichteten vornehmen müssen: Art. 47 und 48 GRC schützen den Einzelnen in **gerichtlichen Verfahren**, Art. 41 GRC in **Verwaltungsverfahren** (→ Rn. 23 ff.), zu denen auch Ordnungswidrigkeiten zu zählen sind.[171]

C. Gewährleistungsgehalt der Rechte auf unparteiische und gerechte Behandlung innerhalb einer angemessenen Frist (Art. 41 Abs. 1 GRC)

I. Allgemeines

39 Nach dem Wortlaut von Art. 41 Abs. 2 GRC würde der 1. Absatz lediglich ein einziges Recht enthalten. Dieses soll dann aber in Abs. 2 drei andere Rechte umfassen. Diese wenig geglückte Bezeichnung ist nicht überzeugend. Denn in die Verbürgungen in Abs. 1, insbesondere das Recht auf unparteiische Behandlung und das auf Behandlung innerhalb einer angemessenen Frist unterscheiden sich in ihren Schutzbereich deutlich. Es ist daher überzeugend, auch in Abs. 1 **mehrere grundrechtliche Verbürgungen** zu identifizieren.[172]

II. Das Recht auf unparteiische Behandlung (Art. 41 Abs. 1 GRC)

40 **1. Gewährleistungsbereich.** Das Recht auf **unparteiische Behandlung** von Angelegenheiten wird in Art. 41 Abs. 1 GRC gewährleistet. Schon zuvor war es in der Recht-

---

[166] EuGH 13/69, Slg. 1970, 3 Rn. 2, 7 – van Eick/Kommission; EuGH 228/83, Slg. 1985, 275 Rn. 30 – F./Kommission; EuGH 175, 209/86, Slg. 1988, 1891 Rn. 16 – M./Rat; EuGH C-270/99 P, Slg. 2001, I-9197 Rn. 21 – Z./EP.
[167] EuGH C-282/90, Slg. 1992, I-1937 Rn. 16 – Vreugdenhil.
[168] In diese Richtung Jarass GRCh Art. 41 Rn. 37 zum Recht auf Eingaben nach Art. 41 Abs. 4 GRC.
[169] Zum Verhältnismäßigkeitsgrundsatz s. EuGH C-45/15 P, ECLI:EU:C:2017:402 Rn. 58 und 64 – Safa Nicu Sepahan.
[170] EuGH C-190/10 P, ECLI:EU:C:2012:157 Rn. 53 – Génesis.
[171] In der Tendenz kommt eher umgekehrt Art 47 GRC auch im Verwaltungsverfahren zur Anwendung, s. EuGH C-525/18 P, ECLI:EU:2019:435 Rn. 65 – (Marion) Le Pen/Parlament. Näher zur Problematik → § 57 Rn. 17 ff.
[172] Wie hier Jarass GRCh Art. 41 Rn. 27 ff.

sprechung als **allgemeiner Grundsatz des Unionsrechts** anerkannt worden.[173] Seine Funktion ist insbesondere auf die Sicherung des **Rechtsstaatsprinzips** ausgerichtet. Darin verbinden sich sowohl **subjektiv-rechtliche**[174] als auch **objektiv-rechtliche Elemente,** wie die Wahrung des Ansehens der und des **Vertrauens** in die **Verwaltung.**

Ausgangspunkt für den Grundsatz der unparteiischen Behandlung ist der Grundsatz **41** „**nemo iudex in causa sua**" des römischen Rechts. In Bezug auf die **Verwaltung** ist aber zu konstatieren, dass diese einen öffentlichen Auftrag erfüllen muss und insofern als **Vertreter der Öffentlichkeit** in gewisser Weise **in eigener Sache** auftritt, insbesondere auch politischen Direktiven der zuständigen Stellen unterliegt.[175] Zutreffend ist daher Unparteilichkeit in Bezug zur **Unabhängigkeit** der Verwaltung **von Partikularinteressen** zu setzen.[176] Der Kodex stellt der Unabhängigkeit als Gegenpositionen Willkür und Vorzugsbehandlung gegenüber.[177] Im Sinne von Objektivität rückt er die Unparteilichkeit in die Nähe zur **Sorgfaltspflicht** (Art. 9 Kodex). Das entspricht der Rechtsprechung, die die Vorgaben einer unparteiischen Untersuchung mit der einer **Pflicht zur sorgfältigen Sachverhaltsermittlung** verbindet.[178] Denn nur wenn alle relevanten Umstände, die sich auf die abschließende Entscheidung auswirken können, ermittelt werden, ist sichergestellt, dass auch entlastende Umstände ausreichend zu Tage gefördert werden.[179]

Offenbar in Anlehnung an die Rechtsprechung des EGMR zu dem auf das gerichtliche **42** Verfahren ausgerichteten Art. 6 EMRK unterscheidet auch der EuGH zwischen der **subjektiven** und der **objektiven Unparteilichkeit.** Subjektive Unparteilichkeit setzt voraus, dass das betreffende Mitglied einer EU-Stelle keine **eigenen Interessen** mit dem Ausgang einer Angelegenheit verbindet. So soll – in Übereinstimmung mit Art. 8 Abs. 2 Kodex – insbesondere niemand mit einer Angelegenheit befasst werden, in der er ein **eigenes finanzielles Interesse** hat. Die Rechtsprechung lässt ferner auch eine „Voreingenommenheit" oder zuvor geäußerte persönliche **Vorurteile** ausreichen.[180] Auch andere persönliche Interessen sind erfasst,[181] wie etwa jede Art einer **Vorzugsbehandlung** oder **familiäre Interessen.**[182] Ferner werden auch **nationale Interessen** oder das Nachgeben gegenüber **politischem Druck** einbezogen.[183] Die objektive Unparteilichkeit gebietet, dass die betreffende EU-Stelle „hinreichende Garantien bieten muss, um jeden berechtigten Zweifel in dieser Hinsicht auszuschließen".[184] Das schließt nicht aus, dass die Kommission in Wettbewerbsangelegenheiten zum Schutz der Interessen der EU oder ihrer selbst ermittelt und Sanktionen ausspricht, denn letztlich wird durch den EuGH nach Art. 47 GRC ausreichender Rechtsschutz vor Gericht gewährleistet.[185]

---

[173] EuG T-105/96, Slg. 1998, II-285 – Pharos/Kommission.
[174] EuG T-54/99, Slg. 2002, II-313 Rn. 48 – max.mobil. Das wird von EuGH C-141/02 P, Slg. 2005, I-1283 Rn. 72 – Kommission/T-Mobil Austria (vormals max.mobil) nicht in Frage gestellt, da dort schon eine rechtliche Betroffenheit verneint wird.
[175] So verstanden wird der Bezug zum Recht auf eine gute Verwaltung deutlich; dagegen will *Bullinger* FS Brohm, 2002, 25 (29 f.) den Grundsatz einem Recht auf ein gerichtsähnliches Verfahren zuordnen.
[176] EuGH C-439/11 P, ECLI:EU:C:2013:513 Rn. 157 – Ziegler/Kommission; *Ruffert* in Calliess/Ruffert GRC Art. 41 Rn. 10.
[177] Art. 8 Abs. 1 Kodex für gute Verwaltungspraxis, 2015, abrufbar unter https://publications.europa.eu/de/publication-detail/-/publication/6f34b389-82be-11e5-b8b7-01aa75ed71a1.
[178] EuGH C-255/90 P, 1992 I-2253 Rn. 7 – Burban/Parlament.
[179] S. dazu EuG T-15/89, Slg. 1992, II-1275 Rn. 36 – Chemie Linz; EuGH C-269/90, Slg. 1991, I-5496 Rn. 14 – TU München; EuG T-54/99, Slg. 2002, II-313 Rn. 48 – max.mobil; EuG T-231/97, Slg. 1999, II-2403 Rn. 41 – New Europe Consulting.
[180] EuGH C-439/11 P, ECLI:EU:C:2013:513 Rn 155 – Ziegler/Kommission.
[181] *Kańska* ELJ 2004, 296 (313).
[182] Art. 8 Abs. 1 und 2 Kodex für gute Verwaltungspraxis, 2015, abrufbar unter https://publications.europa.eu/de/publication-detail/-/publication/6f34b389-82be-11e5-b8b7-01aa75ed71a1.
[183] Art. 8 Abs. 2 Kodex für gute Verwaltungspraxis, 2015, abrufbar unter https://publications.europa.eu/de/publication-detail/-/publication/6f34b389-82be-11e5-b8b7-01aa75ed71a1.
[184] EuGH C-439/11 P, ECLI:EU:C:2013:513 Rn. 155 – Ziegler/Kommission; EuGH verb. Rs. C-341/06 und C-342/06 P, ECLI:EU:C:2007:220 Rn. 54 – Chronopost und La Poste/UFEX; EuGH C-308/07 P, ECLI:EU:C:2009:103 Rn. 46 – Gorostiaga Atxalandabaso/Parlament.
[185] EuGH C-439/11 P, ECLI:EU:C:2013:513 Rn. 159 – Ziegler/Kommission.

43 **2. Rechtfertigung und Rechtsfolgen.** Wie unter Art. 6 EMRK[186] erscheint ein Verstoß gegen das Gebot unparteiischen Handelns **nicht rechtfertigbar** (absolutes Recht). Sofern die Voraussetzungen nicht eingehalten worden sind, liegt ein Verstoß vor, der zur Nichtigkeit der betreffenden Maßnahme führen dürfte (→ Rn. 36). Die juristische Abwägung findet daher auf der Vorstufe statt, etwa bei der Ermittlung des Grades der persönlichen Betroffenheit, ab dem die Unparteilichkeit nicht mehr gewährleistet ist. Sofern dem Betroffenen ein Schaden entstanden ist, kommt ein Haftungsanspruch nach Art. 41 Abs. 3 GRC in Frage.

III. Das Recht auf gerechte Behandlung (Art. 41 Abs. 1 GRC)

44 **1. Gewährleistungsbereich.** Art. 41 Abs. 1 GRC gesteht jeder Person das Recht auf eine **gerechte Behandlung** ihrer Angelegenheiten zu. Dies ist – entgegen den Erläuterungen des Präsidiums – der einzige in Art. 41 GRC erwähnte Aspekt des Rechts auf eine gute Verwaltung, der nicht bereits in der Rechtsprechung entwickelt worden ist.[187] Umstritten ist, ob auch **materielle Vorgaben** – wie sie im Kodex erwähnt werden, nämlich ua die „Rechtmäßigkeit" der Verwaltung, die **Gleichbehandlung** und die **Verhältnismäßigkeit**[188] – für das Handeln der Verwaltung zum Recht auf ein gute Verwaltung zu zählen sind.[189] In dieser Diskussion spiegelt sich der Streit um die Gesamtausrichtung von Art. 41 GRC wider. Während der deutsche Wortlaut von Art. 41 Abs. 1 GRC („gerechte" Verwaltung) für ein **materielles Verständnis** offen erscheint, legt der englische Wortlaut („fairly")[190] ein primär verfahrensrechtliches Verständnis nahe. Jedoch werden, wie gezeigt (→ Rn. 5), in der Rechtsprechung die bisher anerkannten materiellen Grundsätze, wie das **Verhältnismäßigkeitsprinzip,** der Grundsatz des **Vertrauensschutzes** oder **Diskriminierungsverbote,** separat von Art. 41 GRC geprüft.[191] Die überwiegende Anzahl dieser Grundsätze wird daher auch ausdrücklich an anderen Stellen in der Charta verbürgt.[192] Dennoch würde eine Reduzierung allein auf verfahrensrechtliche Aspekte[193] dem Sinn der Gewährleistung nicht gerecht. Ein gewisses materielles Verständnis legt zB Art. 11 Kodex nahe, wonach die Bediensteten „unparteiisch, fair und vernünftig handeln" sollen. Und im deutschen Begriff der „gerechten" Behandlung sowie dem französischen „équitablement" in Art. 41 GRC kommt zum Ausdruck, dass verfahrensrechtliche Verbürgungen sich nicht in einer dienenden Funktion erschöpfen, sondern auf eine „gute" inhaltliche Qualität der Verwaltung zielen. In diesem Sinn **ergänzen und konkretisieren** sie materielle Vorgaben.

45 In letzterem Sinne hat auch der EuGH schon 1960 den Zusammenhang verfahrensrechtlicher Vorgaben mit dem Grundsatz von **Treu und Glauben** anerkannt.[194] Dementsprechend könnte man so weit gehen, in Art. 41 Abs. 1 GRC als Auffanggrundrecht auch das

---

[186] Näher dazu *Meyer* in Karpenstein/Mayer EMRK Art. 6 Rn. 7 m. Nachw. auf die Rechtsprechung.
[187] Vgl. *Lais* ZEuS 2002, 447 (462).
[188] Art. 4, 5, 6 Kodex für gute Verwaltungspraxis, 2015, abrufbar unter https://publications.europa.eu/de/publication-detail/-/publication/6f34b389-82be-11e5-b8b7-01aa75ed71a1.
[189] Bejahend *Streinz* in Streinz GRC Art. 41 Rn. 13; ablehnend *Kańska* ELJ 2004, 296 (322); Jarass GRCh Art. 41 Rn. 28.
[190] So spricht denn Jarass EU-GR § 36 Rn. 3 f. vom „Recht auf ein faires Verwaltungsverfahren". Gegenüber dem Begriff des fairen Verfahrens ist im deutschen Schrifttum eingewendet worden, dass dieser dem Bereich des Sports entlehnt sei und dort gerade nicht für die zwingenden Regeln stehe, so *Sobota,* Das Prinzip Rechtsstaat, 1997, S. 146 ff. Eine eingehendere Analyse sportlichen Verhaltens dürfte aber zu dem Ergebnis kommen, dass Fairness immer auch die Einhaltung der formalen Regeln beinhaltet.
[191] EuGH C-45/15 P, ECLI:EU:C:2017:402 Rn. 64 – Safa Nicu Sepahan.
[192] S. Art. 20 f. und 52 GRC. Keine ausdrückliche Berücksichtigung hat hingegen der Grundsatz des Vertrauensschutzes erfahren → § 37 Rn. 5. Vgl. Jarass GRCh Einl. Rn. 37–39 der den Vertrauensschutz als „Grundrecht aus allgemeinen Rechtsgrundsätzen" gem. Art. 6 EUV bezeichnet.
[193] So *Kańska* ELJ 2004, 296 (322).
[194] Er steht in Verbindung zum Prinzip von Treu und Glauben, EuGH verb. Rs. 43/59, 45/59 und 48/59, Slg. 1960, 463 (474 f.) – Lachmüller/Kommission.

(materielle) **Willkürverbot** enthalten zu sehen. Jedoch ist zu erkennen, dass die Rechtsprechung tendenziell eher bereit ist, das Recht auf unparteiische Behandlung (→ Rn. 40 ff.) weit auszulegen,[195] während sie bisher in Bezug auf die „gerechte" Behandlung eher inhaltsleer geblieben ist. Es bleibt also abzuwarten, ob die Rechtsprechung noch ein eigenständiges Konzept der „gerechten Behandlung" entwickeln wird.

Das Grundrecht auf gerechte Behandlung ist **funktional** insbesondere auf das **Rechtsstaatsprinzip** ausgerichtet.[196] Zudem **ergänzt** es in einer Vorwirkung die grundrechtlichen Verbürgungen im **gerichtlichen Verfahren**. Zum Vergleich leitet das deutsche Bundesverfassungsgericht ein Grundrecht auf ein faires Verwaltungsverfahren aus Art. 2 Abs. 1 GG iVm dem Rechtsstaatsprinzip ab.[197] Allerdings sind die Konturen jenes Rechts vor dem Hintergrund einer tradierten restriktiven Interpretation von Verfahrensrechten in der Rechtsprechung der deutschen Fachgerichte noch nicht abschließend geklärt.

2. Beeinträchtigungen, Rechtfertigung und Rechtsfolgen. Angesichts der geringen 47 inhaltlichen Verdichtung des Rechts auf gerechte Behandlung ist bisher noch nicht absehbar, ob dieses in der Rechtsprechung als ein absolutes Recht, ähnlich dem Recht auf unparteiische Behandlung, ausgeformt werden wird, oder als relatives Recht, welches die **Rechtfertigung** von Beeinträchtigungen ermöglicht.

IV. Das Recht auf Behandlung innerhalb angemessener Frist (Art. 41 Abs. 1 GRC)

1. Gewährleistungsbereich. Nach Art. 41 Abs. 1 GRC hat jede Person das Recht, dass 48 ihre Angelegenheiten „innerhalb einer **angemessenen Frist** behandelt werden". Schon zuvor hatte die Rechtsprechung die zügige Erledigung von Verfahren im Rahmen der **Grundsätze ordnungsgemäßer Verwaltung** anerkannt.[198] Ihren Ausgangspunkt hat die Entwicklung dabei in Bereichen genommen, in denen die Zügigkeit des Verfahrens von besonderer praktischer Relevanz ist, wie etwa bei Investitionsmaßnahmen[199] oder im Beamtenrecht,[200] bzw. allgemeiner beim Erlass bestimmter belastender Maßnahmen.[201] Das Recht auf ein zügiges Verfahren wird als ein wesentlicher Aspekt des Rechts auf eine gute Verwaltung angesehen.[202] Für die Praxis ist ihm eine nicht zu unterschätzende Bedeutung zu attestieren.[203] Das EU-Recht kennt **keine allgemeine** ausdrückliche verbindliche **Vorgabe für** die zeitnahe Erledigung von **Verwaltungsangelegenheiten.** Jedoch enthält es Regelungen einer Reihe von Einzelaspekten, wie Pflichten zur zügigen Erledigung von Verfahren in den Rechtsetzungsverfahren;[204] im Bereich der Verwaltung finden sich nur sporadisch Regelungen, etwa im Wettbewerbsrecht.[205] Eine allgemeine Regelung enthält Art. 265 Abs. 2 AEUV, wonach die Untätigkeitsklage zulässig ist, wenn das betreffende

---

[195] S. zum Recht auf sorgfältige Sachverhaltsermittlung EuGH C-255/90 P, Slg. 1992 I-2253 Rn. 7 – Burban/Parlament.
[196] *Streinz* in Streinz GRC Art. 41 Rn. 8.
[197] BVerfGE 101, 397 (404 f.) – Rechtspfleger. S. auch den Wortlaut von Art. 6 EMRK bzgl. Gerichtsverfahren.
[198] EuGH verb. Rs. 1/57 und 14/57, Slg. 1957, 215 – Société des usines à tubes de la Sarre/Hohe Behörde; EuG T-48/05, ECLI:EU:T:2008:257 Rn. 273 – Franchet und Byk unter Hinweis auf Art. 41 GRC vor dessen Inkrafttreten; s. *Bauer* S. 35 ff. mwN.
[199] EuGH verb. Rs. 1/57 und 14/57, Slg. 1957, 215 (233 f.) – Société des usines à tubes de la Sarre/Hohe Behörde; EuGH verb. Rs. 14, 16, 17, 20, 24, 26, 27/60, 1/61, Slg. 1961, 347 (363) – Meroni.
[200] EuG T-73/89, Slg. 1990, II-619 Rn. 35 – Barbi.
[201] EuGH C-282/95 P, Slg. 1997, I-1503 ff. – Guérin automobiles/Kommission; EuG T-83/91, Slg. 1994, II-755 ff. – Tetra Pak.
[202] S. den Ausspruch von GA *Jacobs*, SchlA C-270/99, Slg. 2001, I-9199 Rn. 40 – Z, dass eine langsame Verwaltung eine schlechte Verwaltung sei.
[203] Jarass GRCh Art. 41 Rn. 29; *Ruffert* in Calliess/Ruffert GRC Art. 41 Rn. 12; *Terhechte* in FK-EUV/GRC/AEUV GRC Art. 41 Rn. 15 verweist auf eine Vielzahl entsprechender Beschwerden zum Europäischen Bürgerbeauftragten.
[204] Vgl. Art. 108 Abs. 2 UAbs. 4 AEUV: drei Monate.
[205] Vgl. Art. 108 Abs. UAbs. 2 und 3 AEUV: „binnen einer von ihr bestimmten Frist".

Organ einer Aufforderung zu einer Beschlussfassung nicht innerhalb von zwei Monaten nachkommt. Dies wird in der Literatur vielfach als Leitlinie angesehen.[206] Doch erlaubt die Vorschrift eine Klage erst nach Ablauf weiterer zwei Monate. Allerdings nennt auch der rechtlich unverbindliche Art. 17 Abs. 1 Kodex eine Frist von zwei Monaten als Obergrenze. Im **Sekundärrecht** sind vereinzelt Fristen explizit festgelegt worden.[207] Bei Fehlen ausdrücklicher Fristen verlangt die Rechtsprechung, dass eine übermäßig lange Verfahrensdauer vermieden und sichergestellt wird, dass jede Verwaltungsmaßnahme **innerhalb einer angemessenen Frist** erfolgt.[208] Jedoch besteht kein klar umrissenes Konzept der „Angemessenheit" von Fristen, vielmehr ist auf die Umstände des Einzelfalls abzustellen.[209] Dabei ist ua auf die Komplexität der Angelegenheit, ihre Bedeutung für die Beteiligten sowie deren Verhalten abzustellen.[210] Dies liegt auf einer Linie mit den Empfehlungen des Ministerkomitees des Europarates, wonach die Pflicht, Ermessensentscheidungen innerhalb einer angemessenen Frist zu treffen, ein die Ermessensausübung steuerndes Grundprinzip ist.[211] Teilweise heranzuziehen ist auch die Rechtsprechung zu Art. 6 EMRK, weil diese Vorschrift sich nicht allein auf die Dauer von gerichtlichen Verfahren bezieht, sondern auch das Widerspruchsverfahren im Vorfeld erfasst.[212]

49 Grundsätzlich ist die Behandlung innerhalb einer angemessenen Frist Voraussetzung eines **effektiven Rechtsschutzes.**[213] Zugleich dient sie der **Rechtssicherheit** und aus Sicht der Verwaltung einer Sicherung der **Effektivität und Effizienz**. Dies folgt nicht nur aus Art. 41 Abs. 1 GRC, sondern auch aus der Vorgabe einer effizienten Veraltung nach Art. 298 AEUV. In den letztgenannten Aspekten tritt die **objektiv-rechtliche Komponente** des Rechts auf ein zügiges Verfahren hervor.

50 **2. Beeinträchtigungen, Rechtfertigung und Rechtsfolgen.** Eines Rückgriffs auf Art. 41 Abs. 1 GRC bedarf es nur, wenn nicht explizit feste Fristen im Unionsrecht vorgegeben sind. Die Rechtsprechung lässt eine **Rechtfertigung** von Fristüberschreitungen grundsätzlich zu.[214] Dabei kann auch auf Erwägungen von **Effektivität und Effizienz** nach Art. 298 AEUV zurückgegriffen werden.[215] Dies kann gerade in Konstellation bedeutsam sein, wenn der Betroffene sein Recht auf zügige Erledigung gegen Verfahrens-

---

[206] Jarass GRCh Art. 41 Rn. 29; *Klatt* in von der Groeben/Schwarze/Hatje GRC Art. 41 Rn. 12, *Terhechte* in FK-EUV/GRC/AEUV GRC Art. 41 Rn. 15.
[207] Nach Ansicht von GA *Jacobs*, SchlA C-99/98, Slg. 2001, I-1101 Rn. 77 – Österreich/Kommission sind sie eher die Ausnahme.
[208] Zur Wettbewerbspolitik s. EuGH C-282/95 P, Slg. 1997, I-1503 Rn. 37 f. – Guérin automobiles/Kommission; zu staatlichen Beihilfen s. EuGH 120/73, Slg. 1973, 1471 Rn. 4 – Lorenz (ausnw. eine zwei Monate-Frist); EuGH 223/85, Slg. 1987, 4617 Rn. 12 ff. – RSV/Kommission; EuG verb. Rs. T-213/95 und T-18/96, Slg. 1997, II-1739 Rn. 56 – SCK u. FNK/Kommission; EuG verb. Rs. T-305/94 ua, Slg. 1999, II-931 Rn. 121 – Limburgs Vinyl Maatschappij NV ua/Kommission; EuG T-228/97, Slg. 1999, II-2969 Rn. 276 – Irish Sugar. Vgl. dazu *Magiera* in NK-EuGRCh Art. 41 Rn. 5.
[209] EuG T-81/95, Slg. 1997, II-1265 Rn. 65 – Interhotel/Kommission.
[210] EuG T-81/95, Slg. 1997, II-1265 Rn. 65 – Interhotel; vgl. *Haibach* NVwZ 1998, 456 (459); *Kańska* ELJ 2004, 296 (313); *Lais* ZEuS 2002, 447 (464) mwN. Zur Komplexität vgl. Art. 17 Abs. 2 Kodex für gute Verwaltungspraxis, 2015, abrufbar unter https://publications.europa.eu/de/publication-detail/-/publication/6f34b389-82be-11e5-b8b7-01aa75ed71a1.
[211] Europarat, Grundsatz 5, Recommendation Nr. R (80) 2 vom 11.3.1980, abrufbar unter http://www.coe.int/T/E/Legal_affairs/Legal_co-operation/Administrative_law_and_justice/Texts_&_Documents/Recommendation(80)2.
[212] EGMR 9.3.2004 – 63156/00 Rn. 27 – Mirailles; *Meyer* in Karpenstein/Mayer EMRK Art. 6 Rn. 74; vgl. *Ruffert* in Calliess/Ruffert GRC Art. 41 Rn. 12. Dagegen *Klatt* in von der Groeben/Schwarze/Hatje GRC Art. 41 Rn. 12, der EuGH C-185/95 P, Slg. 1998, I-8417 – Baustahlgewebe/Kommission zitiert, obwohl sich diese Entscheidung ausdrücklich auf die Dauer eines Verfahrens vor dem EuG wegen einer Klage gegen die Kommission bezieht (dort Rn. 27).
[213] Zu Art. 6 EMRK und Vorwirkungen im Verwaltungsverfahren s. *Lenaerts/Vanhamme* CMLR 1997, 532 (5467).
[214] EuGH 223/85, Slg. 1987, 4617 Rn. 14 – RSV/Kommission.
[215] Praktisch sind daher die Bedenken von *Kańska* ELJ 2004, 296 (314) gegen eine Rechtfertigung auf Basis von Art. 41 GRC, weil dieser (nur) ein subjektives Recht sei, mit dem nicht Verfahrensrechte anderer eingeschränkt werden könnten, nicht überzeugend.

Recht auf eine gute Verwaltung § 61

rechte **Dritter** in Anschlag bringen möchte.[216] Eine Verzögerung unter Verstoß gegen das Recht der zügigen Behandlung **allein** führt **grundsätzlich** noch **nicht zur Nichtigkeit** der betreffenden Maßnahme.[217] Das kann allerdings der Fall sein, wenn dadurch andere Verfahrens- bzw. Verteidigungsrechte beeinträchtigt werden.[218] Ausdrücklich lässt der EuGH neben einer **Nichtigkeit** auch die Rechtsfolge der Haftung des betreffenden Organs im Wege der Geltendmachung von **Schadensersatz** wegen des Verstoßes zu.[219]

V. Weitere Gewährleistungen des Rechts auf gute Verwaltung

Da Art. 41 Abs. 1 und 2 GRC nicht abschließend formuliert sind (die Aufzählung in Abs. 2 erfolgt „insbesondere") sind weitere Facetten des Rechts auf gute Verwaltung gemäß Art. 41 GRC denkbar.[220] Obgleich damit eine Ergänzung der ausdrücklich aufgeführten Rechte möglich wäre, scheint die Rechtsprechung eher dahin zu tendieren, das Recht auf unparteiische Behandlung weit auslegen (→ Rn. 41). Eine Ergänzungsmöglichkeit um **materielle Rechte** erscheint nach umstrittener Auffassung nur in geringem Umfang, etwa eines Verbotes willkürlichen Verwaltungshandelns, überzeugend (→ Rn. 45). **Organisationsrechtliche Vorgaben** hat die Rechtsprechung bisher nur dem „Grundsatz der ordnungsgemäßen Verwaltung" entnommen. Danach dürfe etwa niemand erhebliche **Verantwortlichkeiten ausüben**, der nicht in einem dienstrechtlichen Verhältnis zur Gemeinschaft steht, das eine disziplinarische Einwirkung erlaubt.[221] Nach Auffassung des EuG kann eine **unzureichende Organisation** der Dienststellen der Kommission einen Verstoß gegen den Grundsatz ordnungsgemäßer Verwaltung darstellen, sofern konkret ein bestimmtes Versagen der Verwaltung gerügt wird.[222] Auch Aspekte der **Effektivität und Effizienz der Verwaltung** sind nach der Rechtsprechung Teil einer ordnungsgemäßen Verwaltung.[223] In Art. 41 Abs. 1 GRC kommen sie etwa im Rahmen des Rechts auf Behandlung innerhalb einer angemessenen Frist zum Tragen (→ Rn. 48).[224] In diesem Sinne besteht zusätzlich eine Pflicht zur **einfachen und direkten Ausgestaltung** von Verwaltungsverfahren.[225] Ferner ist sicherzustellen, dass **qualifiziertes und fähiges Personal** verfügbar ist[226] und ein **leistungsfähiger Dienstbetrieb** sichergestellt wird[227]. Schließlich gilt in Fällen, in denen die persönliche Wahrnehmung wichtig ist, das Gebot der **Identität von ermittelnder und entscheidender Person**.[228] Demgegenüber stehen **Beratungs- und Hinweispflichten,** die im Beamtenrecht auch aus der Fürsorgepflicht[229] entwickelt wer-

51

---

[216] Dazu *Kańska* ELJ 2004, 296 (315).
[217] EuG T-81/95, Slg. 1997, II-1265 Rn. 66 – Interhotel/Kommission; EuG verb. Rs. T-44/01, T-119/01 und T-126/01, Slg. 2003, II-1209 Rn. 70 – Vieira/Kommission; *Usher* CLP 1985, 269 (277); *Lais* ZEuS 2002, 447 (463).
[218] EuGH C-270/99 P, Slg. 2001, I-9197 Rn. 44 – Z/Parlament; EuG verb. Rs. T-213/95 und T-18/96, Slg. 1997, II-1739 Rn. 55 – SCK u. FNK/Kommission; EuG T-67/01, Slg. 2004, II-49 Rn. 40, 44 – JCB Service/Kommission.
[219] EuG T-26/89, Slg. ÖD 1997 I-A-305, II-313 Rn. 88 – De Compte/Parlament; *Kańska* ELJ 2004, 296 (314).
[220] S. zum Recht auf ordnungsgemäße Bekanntgabe von Entscheidungen und zum Recht auf Rechtsbehelfsbelehrung *Pfeffer* S. 174 f.
[221] EuGH verb. Rs. 341/85, 251/85, 258/85, 259/85, 262/85, 266/86, 222/86, 232/87, Slg. 1989, 511 Rn. 9 ff. – Van der Stijl u. Cullington/Kommission.
[222] EuG T-451/93, Slg. 1994, II-1061 Rn. 80, 99, 114 – San Marco Impex Italiana/Kommission.
[223] S. EuG T-204/99, Slg. 2001, II-2265 Rn. 69 – Olli Mattila.
[224] Insofern kann der Kritik von *Kańska* ELJ 2004, 296 (323), dass Art. 41 GRC Effektivität und Effizienz völlig übergehe, nicht gefolgt werden.
[225] EuGH verb. Rs. C-174/98 P und C-189/98 P, Slg. 2000, I-1 Rn. 29 – Niederlande u. van der Wal/Kommission.
[226] EuG T-32/89, Slg. 1990, II-281 – Marcopoulos/Gerichtshof; vgl. auch EuGH 207/81, Slg. 1983, 1359 Rn. 23 f. – Ditterich/Kommission; EuG T-557/93, Slg. ÖD 1995, I-A-195 (198), II-603 (612) – Rasmussen/Kommission.
[227] EuG 32/69, Slg. 1970, 593 – Tortora/Kommission.
[228] EuG T-146/89, Slg. 1991, II-1293 – Williams/Rechungshof.
[229] S. EuGH 321/85, Slg. 1986, 3199 Rn. 18 ff. – Schwiering/Rechnungshof; vgl. Die Pflicht zu Hinweisen auf Berufungsmöglichkeiten (Art. 19 Kodex für gute Verwaltungspraxis, 2015, abrufbar unter https://

den, sowie die Vorgabe, bei unvollständigen Anträgen darauf hinzuwirken, dass diese vervollständigt werden,[230] in der Nähe zum Recht auf sorgfältige Sachverhaltsermittlung (→ Rn. 41). Keinen verbindlichen Grundrechtscharakter hat hingegen die in Art. 12 Kodex geforderte **Höflichkeit,** einschließlich der Pflicht zur Entschuldigung für etwaige Fehler.[231]

D. Das Anhörungsrecht (Art. 41 Abs. 2 lit. a GRC)

I. Gewährleistungsgehalt

52 Art. 41 Abs. 2 lit. a GRC gewährleistet das **Grundrecht** einer jeden Person **auf Anhörung,** bevor ihr gegenüber eine für sie nachteilige individuelle Maßnahme getroffen wird. Schon vor Inkrafttreten der Charta ist dieses Recht in der Rechtsprechung – zunächst als **allgemeiner Rechtsgrundsatz des Unionsrechts** – anerkannt[232] und als **Verteidigungsrecht**[233] bezeichnet worden. Schon im Hinblick auf Art. 6 EMRK ist anerkannt,[234] dass dieser Aspekt der Verteidigungsrechte **Vor- bzw. Nachwirkungen** in dem einem Rechtsstreit vor- bzw. nachgelagerten Verwaltungsverfahren hat. Das Anhörungsrecht ist sektoral im EU-Verwaltungsverfahren **sekundärrechtlich rezipiert** worden, vor allem in den Bereichen des EU-Beamten-,[235] -Wirtschaftsverwaltungs- und -Wettbewerbsrechts.[236] Art. 41 Abs. 2 GRC etabliert demgegenüber das Grundrecht sektorübergreifend als Element eines **Allgemeinen EU-Verwaltungsrechts.** In der Rechtsprechung ist anerkannt, dass das Anhörungsrecht nicht nur als Grundrecht, sondern weiterhin **auch als Grundsatz der guten Verwaltung** in Unionsrecht gewährleistet ist. Dies wird etwa relevant, wenn es um die Bindung der mitgliedstaatlichen Verwaltung geht (→ Rn. 30).[237] Das Grundrecht ist **unmittelbar anwendbar,** dh auch ohne sekundärrechtliche Regelung kann der Einzelne auf dieser Basis seine Anhörung verlangen.[238] Der EuGH geht von einem „sehr weiten Geltungsumfang" des Anhörungsrechts aus.[239]

53 Da das Grundrecht eine „nachteilige individuelle Maßnahme" voraussetzt, kann es grundsätzlich nicht auf den Erlass **abstrakt-genereller Vorschriften** angewendet wer-

---

publications.europa.eu/de/publication-detail/-/publication/6f34b389-82be-11e5-b8b7-01aa75ed71a1), die Pflicht zur Weiterleitung an die zuständige Stelle (Art. 15 Kodex) sowie die Pflicht zur Beratung der Öffentlichkeit (Art. 10 Abs. 3 Kodex).

[230] EuGH 321/85, Slg. 1986, 3199 Rn. 18 ff. – Schwiering/Rechnungshof.
[231] Ebenso *Bauer* S. 90.
[232] EuGH verb. Rs. C-204/00 P ua, Slg. 2004, I-123 Rn. 64 mwN – Aalborg Portland ua/Kommission; EuGH 17/74, Slg. 1974, 1063 Rn. 15 – Transocean Marine Paint; EuG T-450/93, Slg. 1994 Rn. 42 – Lisrestal; EuGH C-166/13, ECLI:EU:C:2014:2336 Rn. 43 – Mukarubega; EuGH C-249/13, ECLI:EU:C:2014:2431 Rn. 31 – Boudjlida; EuG T-102/13, ECLI:EU:T:2014:1064 Rn. 45 – Heli-Flight/EASA; weitere Nachweise bei *Lenaerts/Vanhamme* CMLR 1997, 531 (533 f.); *Chiti* RIDDP 2000, 303 (309 ff.).
[233] EuGH 374/87, Slg. 1989, 3283 Rn. 32 f. – Orkem/Kommission; EuGH verb. Rs. C-48/90 und C-66/90, Slg. 1992, I-565 Rn. 44 ff. – Niederlande ua/Kommission; bestätigt in EuGH C-190/10 P, ECLI:EU:C:2012:157 Rn. 53 – Génesis.
[234] S. dazu Grabenwarter/Pabel EMRK § 24 Rn. 2 (Nachwirkungen), 17 mwN.
[235] EuGH verb. Rs. 33, 75/79, Slg. 1980, 1677 Rn. 25 – Kuhner/Kommission; zahlreiche Nachweise bei *Bauer* S. 61 (dort Fn. 185).
[236] S. bereits Art. 19 VO Nr. 17/62, ABl. 1962 P 13, 204, nunmehr gilt Art. 27 VO (EG) Nr. 1/2003, ABl. 2003 L 1, 1; s. auch Art. 18 VO (EG) Nr. 139/04, ABl. 2004 L 24, 1 für das Fusionskontrollverfahren mit eigener Anhörungsverordnung VO (EG) Nr. 447/98, ABl. 1998 L 61, 1. Des Weiteren spricht etwa Art. 26 Abs. 2 VO (EG) Nr. 659/1999, ABl. 1999 L 83, 1 („BeihilfeverfahrensVO") neben den Mitgliedstaaten nach Art. 108 AEUV (ex-Art. 88 Abs. 2 EGV) auch den (anderen) Beteiligten in Beihilfesachen ein – allerdings eng ausgelegtes – Anhörungsrecht zu. Weitere Nachweise bei *Lais* ZEuS 2002, 447 (464 ff.).
[237] Nach EuGH C-230/18, ECLI:EU:C:2019:383 Rn. 57 – PI/Landespolizei Tirol spiegelt Art. 41 Abs. 2 GRC jenen allgemeinen Rechtsgrundsatz wider.
[238] EuGH C-277/11, ECLI:EU:C:2012:744 Rn. 86 – M.; zustimmend *Terhechte* in FK-EUV/GRC/AEUV GRC Art. 41 Rn. 17; Jarass GRCh Art. 41 Rn. 15.
[239] EuGH C-277/11, ECLI:EU:C:2012:744 Rn. 85 – M.

den.²⁴⁰ Allerdings kommt in Bezug auf Letztere ein Anhörungsrecht aufgrund des Grundsatzes der guten Verwaltung in Betracht.²⁴¹ Die Rechtsprechung ist diesbezüglich allerdings nicht ganz deutlich.²⁴² Ferner wurde in der Rs. *Al-Jubail Fertilizer* das Anhörungsrecht für Untersuchungsverfahren, die dem Erlass von Antidumping-Verordnungen vorausgehen, anerkannt, wenn diese die Betroffenen „trotz ihrer allgemeinen Geltung unmittelbar und individuell berühren".²⁴³ Daraus ist zu folgern, dass nicht die Form der Maßnahme entscheidend ist, sondern das Interesse des Einzelnen am Ausgang des Verfahrens,²⁴⁴ wenn dieser den Einzelnen **individuell und unmittelbar betrifft**.²⁴⁵

Das Anhörungsrecht ist nicht auf Verfahren begrenzt, die gegen den Betroffenen eröffnet werden, sondern erfasst **auch** von ihm **initiierte Verfahren**.²⁴⁶ Zwar hat das EuG früher eine Pflicht zur Anhörung verneint, weil bereits bei der **Antragstellung** vom Antragsteller alle erforderlichen Unterlagen eingereicht werden müssten.²⁴⁷ Doch kann diese Entscheidung nicht überzeugen. Denn der Antrag bestimmt den Umfang und damit den Maßstab anhand dessen die Voraussetzung „nachteilig" bestimmt werden muss. Daher ist jedes Zurückbleiben hinter dem beantragten Umfang nachteilig. So hat der EuGH denn auch festgestellt, dass die **Zurückweisung einer Beschwerde** nachteilig für den Beschwerdeführer ist.²⁴⁸

54

Nachteilig ist eine Maßnahme, die die **Interessen** der Betroffenen negativ berührt.²⁴⁹ Während der EuGH früher verlangte, dass die Maßnahme zu einer **Sanktion**, insbesondere Geldbußen bzw. Zwangsgeldern in den wirtschaftsverwaltungsrechtlichen Verfahren, führen müsse,²⁵⁰ hat er später **jede Beschwer** des Betroffenen ausreichen lassen.²⁵¹ Berechtigt können nicht nur der **Adressat** einer Maßnahme sein, sondern auch **Dritte**, sofern ihre Interessen nachteilig berührt werden.²⁵² Das kann etwa in Beihilfeverfahren gegen einen Mitgliedstaat das Unternehmen sein, das die Beihilfe erhalten hat.²⁵³ Die Rechtsprechung hat **Drittbetroffenen** früher ein Anhörungsrecht zugebilligt, wenn ihre **wirtschaftlichen Interessen** nachteilig berührt werden können.²⁵⁴ Unter Art. 41 GRC wird in Anlehnung an die allgemeinen Grundrechtslehren zu den Beeinträchtigungen davon ausgegangen, dass sowohl **rechtliche** als auch **faktische Nachteile** erfasst werden.²⁵⁵ Diesen müssen aber **spürbar** sein.²⁵⁶

55

---

²⁴⁰ *Ruffert* in Calliess/Ruffert GRC Art. 41 Rn. 14; vgl. Jarass GRCh Art. 41 Rn. 15, der die Einbeziehung „in der Regel" ausschließt.
²⁴¹ In EuGH C-611/17, ECLI:EU:C:2019:332 Rn. 95 – Italien/Rat ging es um die Aufteilung von Fangquoten unter den Mitgliedstaaten.
²⁴² So spricht EuGH C-611/17, ECLI:EU:C:2019:332 Rn. 92 – Italien/Rat vom Grundsatz der guten Verwaltung, der in Art. 41 GRC zum Ausdruck komme.
²⁴³ EuGH 49/88, Slg. 1991, I-3187 Rn. 15 – Al-Jubail Fertilizer/Rat.
²⁴⁴ *Kańska* ELJ 2004, 296 (316); aA wohl Jarass EU-GR § 36 Rn. 17.
²⁴⁵ Vgl. *Kańska* ELJ 2004, 296 (316 f.).
²⁴⁶ EuGH C-558/17 P, ECLI:EU:C:2019:289 Rn. 55 – OZ/EIB zur Zurückweisung einer Beschwerde der betroffenen Person wegen Mobbings. Grundsätzlich bereits *Lenaerts/Vanhamme* CMLR 1997, 532 (537); *Nehl* S. 32.
²⁴⁷ EuG T-109/94, Slg. 1995, II-3007 Rn. 48 – Windpark Groothusen/Kommission.
²⁴⁸ EuGH C-558/17 P, ECLI:EU:C:2019:289 Rn. 55 – OZ/EIB.
²⁴⁹ *Kańska* ELJ 2004, 296 (316).
²⁵⁰ Vgl. EuGH 85/76, Slg. 1979, 461 Rn. 9 – Hoffmann.
²⁵¹ EuGH C-32/95 P, Slg. 1996, I-5373 ff. – Lisreta und zuvor EuG T-450/93, Slg. 1994, II-1177 Rn. 42; vgl. *Haibach* NVwZ 1998, 456 (457 f.); *Gornig/Trüe* JZ 2000, 395 (403 ff.).
²⁵² EuG T-73/98, Slg. 2001, II-867 Rn. 45 – Prayon-Rupel. S. auch *Rapelli*, Il diritto ad una buona amministrazione comunitaria, 2004, S. 37 ff.
²⁵³ Jarass GRCh Art. 41 Rn. 15.
²⁵⁴ EuG T-260/94, Slg. 1997, II-997 Rn. 62 – Air Inter/Kommission. Enger EuGH C-141/02 P, Slg. 2005, I-1283 Rn. 72 – Kommission/T-Mobil Austria (vormals max.mobil), für den Fall der Entscheidung über ein Vertragsverletzungsverfahren gegen einen Mitgliedstaat.
²⁵⁵ Jarass GRCh Art. 41 Rn. 16; *Ruffert* in Calliess/Ruffert GRC Art. 41 Rn. 14.
²⁵⁶ EuGH verb. Rs. C-129/13 und C-130/13, ECLI:EU:C:2014:2041 Rn. 30 – Kamino International Logistics u. Datema Hellmann Worldwide Logistics, vgl. Jarass GRCh Art. 41 Rn. 16.

56 Das Recht auf Gehör umfasst mehrere Elemente: Notwendigerweise setzt es ein Recht auf **Unterrichtung** über die Eröffnung eines Verfahrens, das eine Person betrifft, und seinen Gegenstand voraus.[257] Ferner ist eine für das Verständnis des Sachverhalts notwendige **Beratung** durch die Behörde zu verlangen.[258] Dem Betroffenen muss dann die Möglichkeit zur **Stellungnahme zu den Tatsachen und rechtlichen Aspekten** eingeräumt werden,[259] die allerdings nicht zwingend mündlich erfolgen muss.[260] Dabei muss die Möglichkeit zu einem sachdienlichen und wirksamen Vortrag geboten werden.[261] Aspekte, zu denen sich der Betroffene nicht äußern konnte, darf die Behörde ihrer abschließenden Entscheidung nicht zugrunde legen.[262] Schließlich ist das Vorbringen des Betroffenen von der Behörde bei ihrer Entscheidungsfindung zu **berücksichtigen**.[263] Bezieht man in der Gesamtsicht das Recht auf Begründung (→ Rn. 73 ff.) mit ein, so erhält der Einzelne im Verwaltungsverfahren im Grunde ein **Recht auf Kommunikation,** auf einen Dialog mit der Behörde.

57 Das Anhörungsrecht erfüllt primär **rechtsstaatliche Funktionen.** Dies ergibt sich aus der Bezugnahme auf die „eigenen Angelegenheiten" in Art. 41 Abs. 1 GRC und auf „nachteilige individuelle Maßnahmen" in Art. 41 Abs. 2 lit. a GRC. Zwar kommt dem zugleich eine gewisse **demokratische Komponente** zu, weil dem Einzelnen eine Möglichkeit zur Einflussnahme auf die Verwaltung eingeräumt wird. Jedoch gilt dies nicht im Sinne einer Anhörung der **Zivilgesellschaft** im Sinne der Einbringung des öffentlichen Interesses durch Private in den Entscheidungsfindungsprozess.[264] Denn diese Art der Anhörung wird in Art. 11 EUV als Teil des demokratischen Lebens der EU gewährleistet.[265]

58 Im Hinblick auf die – nach zutreffender Ansicht abzulehnende (→ Rn. 32) – Einbeziehung der **Mitgliedstaaten** in den Kreis der Berechtigten oder Verpflichteten hat die Rechtsprechung noch keine klare Linie entwickelt.[266] In jedem Fall besteht ein Anhörungsrecht aufgrund des **Grundsatzes der guten Verwaltung** gegenüber den Mitgliedstaaten bei der Durchführung und wohl auch im Anwendungsbereich des Unionsrechts.[267] Dieser

---

[257] EuGH C-238/99, Slg. 2002, I-8375 Rn. 85 – Limburgse Vinyl Maatschappij ua/Kommission; EuGH C-462/98, Slg. 2000, I-7183 Rn. 35, 43 f. – Mediocurso/Kommission; EuG C-305/94, Slg. 1996, II-931 Rn. 263 – Rotsart de Hertaing/Benoidt u. IGC Housing Service; s. auch EuGH 17/74, Slg. 1974, 1063 Rn. 15 – Transocean Marine Paint/Kommission; EuG T-305/94, Slg. 1999, II-931 Rn. 263 – LVM/Kommission; *Kańska* ELJ 2004, 296 (315).

[258] Daher ist darin ein weiteres, selbständiges Element des Rechts auf gute Verwaltung zu sehen, tendenziell aA *Kańska* ELJ 2004, 296 (316).

[259] EuGH 17/74, Slg. 1974, 1063 Rn. 15 – Transocean Marine Paint/Kommission; EuGH 322/81, Slg. 1983, 3461 Rn. 7 – Michelin/Kommission; EuG T-613/97, Slg. 2000, II-4055 Rn. 85 – Ufex/Kommission; EuGH 49/88, Slg. 1991, I-3187 Rn. 17 – Al-Jubail; so auch *Bauer* S. 60.

[260] EuGH 209/78, Slg. 1980, 3125 Rn. 18 – van Ladewyck/Kommission; EuG T-199/99, Slg. 2002, II-3731 Rn. 58 – Sgaravatti Mediterranea/Kommission. Im Vergleich gewährt Art. 16 Abs. 2 Kodex für gute Verwaltungspraxis, 2015, abrufbar unter https://publications.europa.eu/de/publication-detail/-/publication/6f34b389-82be-11e5-b8b7-01aa75ed71a1 „das Recht, schriftliche Bemerkungen zu unterbreiten und erforderlichenfalls mündliche Anmerkungen vorzutragen, ehe der Beschluss gefasst wird".

[261] EuGH verb. Rs. C-129/13 und C-130/13, ECLI:EU:C:2014:2041 Rn. 30 – Kamino International Logistics u. Datema Hellmann Worldwide Logistics; EuGH C-277/11, ECLI:EU:C:2012:744 Rn. 87 – M.

[262] EuGH 45/69, Slg. 1970, 769 Rn. 9 – Böhringer.

[263] EuGH verb. Rs. 209 bis 215/78 und 218/78, Slg. 1980, 3125 Rn. 66 – Van Landewyk/Kommission; EuGH verb. Rs. 100/80 bis 103/80, Slg. 1983, 1825 Rn. 14 – Musique Diffusion Française/Kommission; EuGH C-315/99 P, Slg. 2001, I-5281 Rn. 31 f. – Ismeri Europa Srl/Rechnungshof.

[264] Näher dazu *Kańska* ELJ 2004, 296 (316).

[265] Näher dazu *Heselhaus* in FK-EUV/GRC/AEUV EUV Art. 11 Rn. 42 ff.

[266] EuGH C-230/18, ECLI:EU:C:2019:383 Rn. 57 – TI/Landespolizei Tirol wendet das Anhörungsrecht nach Art. 41 GRC, das einen allgemeinen Rechtsgrundsatz widerspiegle, auf mitgliedstaatliche Behörden im Rahmen der Durchführung des EU-Rechts an. Nach EuGH verb. Rs. C-129/13 und C-130/13, ECLI:EU:C:2014:2041 Rn. 31 – Kamino International Logistics u. Datema Hellmann Worldwide Logistics besteht die Anhörungspflicht auch für mitgliedstaatliche Behörden „im Anwendungsbereich des Unionsrechts". Demgegenüber bindet nach EuGH C-419/14, ECLI:EU:C:2015:832 Rn. 83 – WebMindLicenses Art. 41 GRC ausschließlich die EU-Organe, nicht aber die Mitgliedstaaten.

[267] Nach EuGH verb. Rs. C-129/13 und C-130/13, ECLI:EU:C:2014:2041 Rn. 31 – Kamino International Logistics u. Datema Hellmann Worldwide Logistics.

Grundsatz berechtigt auch die Mitgliedstaaten zur Anhörung in gegen sie gerichteten Verfahren.

II. Beeinträchtigungen, Rechtfertigung und Rechtsfolgen

Jede Verkürzung des Gewährleistungsbereichs ist eine Beeinträchtigung des Rechts auf Anhörung. Dabei kann der konkrete Umfang des Anhörungsrechts **nach den Umständen des Einzelfalls** divergieren.[268] Unwesentliche Nachteile für die Betroffenen sollen nur ein eingeschränktes bzw. gar kein Anhörungsrecht verlangen.[269] Vor Inkrafttreten der Charta hat die Rechtsprechung es noch für möglich gehalten, dass das Erfordernis einer Anhörung auch entfallen könne.[270] Zudem kann eine unterbliebene Anhörung noch bis **zum Ende des Verwaltungsverfahrens** nachgeholt und der Mangel damit **geheilt** werden.[271] Grundrechtsdogmatisch läge dann keine Beeinträchtigung vor. 59

Für die **Rechtfertigung** wird in der Literatur eine gesetzliche Grundlage im Sine des Art. 52 Abs. 1 S. 1 GRC verlangt.[272] Doch hat der EuGH in ähnlichen Fällen gerade auf dieses Erfordernis verzichtet und nur die Verfolgung von **Zwecken** des **Allgemeinwohls**, die Einhaltung der **Verhältnismäßigkeit** sowie die Wahrung des **Wesensgehalts** gefordert.[273] Das erscheint sachdienlich, denn wegen der fehlenden flächendeckenden Einführung eines Anhörungsrechts im Sekundärrecht mangelt es umgekehrt auch an Ausnahmevorschriften, so dass sonst jeder Verstoß mangels rechtlicher Grundlage ungerechtfertigt wäre. Eine wichtige Aufgabe in der Umsetzung des Anhörungsrechts besteht darin, einen angemessenen Ausgleich mit den Erfordernissen der **Effizienz und Effektivität der Verwaltung** zu erreichen. Die **Leistungsfähigkeit der Verwaltung** ist grundsätzlich als Rechtfertigungsgrund anerkannt worden,[274] etwa wenn eine Maßnahme im Einzelfall unaufschiebbar ist oder für die Anhörung die Zweckerreichung vereiteln würde.[275] Dagegen reichen praktische oder rechtliche Schwierigkeiten, die eine leistungsfähige Verwaltung grundsätzlich überwinden können muss, nicht aus.[276] Auch behördeninterne Probleme können nicht einen Verzicht auf eine Anhörung rechtfertigen.[277] Steht der zuständigen Behörde ein **Ermessensspielraum** zur Verfügung, erhält das Anhörungsrecht nach der Rechtsprechung ein höheres Gewicht.[278] 60

Kann das Absehen von einer Anhörung nicht **gerechtfertigt** werden, führt dies nur dann zur **Nichtigerklärung** der betreffenden Maßnahme, wenn ohne diese Verletzung das Verfahren hätte zu einem **anderen Ergebnis** führen können.[279] Hier klingt eine dienende Funktion des Anhörungsrechts für das Verfahrensergebnis, dh das materielle Recht an. Allerdings gilt zusätzlich, dass die Behörde bei ihrer abschließenden Entscheidung nur diejenigen Umstände in Betracht ziehen darf, zu denen sich der Betroffene hat äußern können.[280] Diese **weitere Sanktion** wirkt sich dann im Bereich des Rechts auf eine Begründung aus (→ Rn. 73 ff.). 61

---

[268] *Haibach* NVwZ 1998, 456 (457).
[269] Vgl. EuGH verb. Rs. 33/79 und 75/79, Slg. 1980, 1677 Rn. 25 – Kühner/Kommission.
[270] S. dazu *Haibach* NVwZ 1998, 456 (457); *Lais* ZEuS 2002, 447 (465); *Frenz* HdbEuR Bd. 4 Rn. 4562 ff.
[271] EuGH 107/82, Slg. 1983, 3151 Rn. 29 – AEG/Kommission; *Terhechte* in FK-EUV/GRC/AEUV GRC Art. 41 Rn. 17.
[272] Jarass GRCh Art. 41 Rn. 18.
[273] EuGH C-348/12 P, ECLI:EU:C:2013:776 Rn. 69 – Kala Naft.
[274] Vgl. GA *Warner*, SchlA 136/79, Slg. 1980, 2033 (2068) – National Panasonic/Kommission zur Verhinderung der Vernichtung von Beweismitteln.
[275] EuGH C-27/09, ECLI:EU:C:2011:853 Rn. 67 – Mojahedin.
[276] EuG T-30/91, Slg. 1992, II-1775 Rn. 102 – Solvay.
[277] EuGöD F-137/14, ECLI:EU:F:2016:14 Rn. 76 – GV/EAD.
[278] EuGH C-269/90, Slg. 1991, I-5469 Rn. 14 – TU München; s. auch *Azoulay* ELJ 2001, 425 (429 mwN). Diesen Zusammenhang hebt besonders *Nehl* passim hervor.
[279] EuGH 301/87, Slg. 1990, I-307 Rn. 66 – Frankreich/Kommission; EuGH C-315/99 P, Slg. 2001, I-5281 Rn. 34 – Ismeri Europa Srl/Rechnungshof.
[280] EuGH 45/69, Slg. 1970, 769 Rn. 9 – Böhringer; EuG T-9/89, Slg. 1992, II-499 Rn. 38 – Huels.

E. Das Recht auf Akteneinsicht (Art. 41 Abs. 2 lit. b GRC)

I. Gewährleistungsgehalt

62 Nach Art. 41 Abs. 2 lit. b GRC hat jede Person das **Recht „auf Zugang zu den sie betreffenden Akten** unter Wahrung des berechtigten Interesses der Vertraulichkeit sowie des Berufs- und Geschäftsgeheimnisses". Das **Recht auf Akteneinsicht** ist in der **Rechtsprechung** entwickelt worden. Zunächst ist es relativ eng in Verfahren, die eine Person individuell betreffen, fast ausschließlich als ein wichtiges Element zur effektiven Wahrnehmung des Anhörungsrechts anerkannt worden.[281] Später hat es der EuGH zu den **Verteidigungsrechten,** insbesondere dem **Grundsatz der Waffengleichheit,**[282] gerechnet und damit als **allgemeiner Rechtsgrundsatz** des Unionsrechts anerkannt.[283] Diese Entwicklung wird durch seine separate Erwähnung in Art. 41 Abs. 2 GRC neben dem Anhörungsrecht als **autonomes Verfahrensrecht** anerkannt.[284] Stellt das Akteneinsichtsrecht also gerade keinen Unterfall des Anhörungsrechts dar,[285] sind auch die engeren Voraussetzungen des letzteren in Art. 41 Abs. 2 lit. a GRC nicht übertragbar.[286] Im **Sekundärrecht** finden sich zahlreiche spezifische Verbürgungen des Akteneinsichtsrechts.[287]

63 In der neueren Rechtsprechung werden der Zusammenhang mit den **Verteidigungsrechten**[288] und die „Sicherstellung der **Verfahrensgerechtigkeit**" betont.[289] Darin wird die **funktionale** Ausrichtung primär auf das **Rechtsstaatsprinzip** deutlich. Die Kenntnis der betreffenden Akten soll den Einzelnen dazu befähigen, seinen Standpunkt sachdienlich vorzutragen.[290] Das hat Konsequenzen für den Umfang des Akteneinsichtsrechts (→ Rn. 66), das dazu dienen soll, der betreffenden Person einen ausreichenden Kenntnisstand zu vermitteln. Aufgrund dieser funktionalen Ausrichtung unterscheidet sich das Akteneinsichtsrecht nach Art. 41 Abs. 2 GRC in vielfacher Hinsicht vom (allgemeinen) **Recht auf Zugang zu Dokumenten** (→ § 60), wie es in Art. 15 Abs. 3 AEUV und Art. 42 GRC verbürgt ist. Letzteres gewährleistet einen voraussetzungslosen Informationsanspruch auf alle möglichen Daten und ist mit dieser Ausrichtung auf Transparenz sowohl in Bezug auf das Rechtsstaatsprinzip als auch auf das Demokratieprinzip ausgerichtet. Während Letzteres aber in der Ausgestaltung, die es durch Art. 4 VO (EG) Nr. 1049/2001 erhalten hat, gerade Ausnahmen vom Recht auf Zugang zu Dokumenten in **laufenden Verwaltungsverfahren** kennt, gilt diese Beschränkung gerade nicht für Ersteren Art. 41 Abs. 2 GRC. Insofern stellt das Akteneinsichtsrecht nach Art. 41 Abs. 2 lit. b GRC eine **notwendige Ergänzung** des Art. 42 GRC dar. Diese Differenzierung spiegelt sich auch in der separaten Erwähnung der Informationszugangsrechte in Art. 22 und 23 Kodex wider.

---

[281] S. EuG verb. Rs. T-10/92 ua, Slg. 1992, II-2667 Rn. 38 – SA Cimenteries CBR ua/Kommission; EuG T-42/96, Slg. 1998, II-401 Rn. 79 – Eyckeler & Malt AG/Kommission; EuGH C-199/99 P, Slg. 2003, I-11177 Rn. 126 – Corus/Kommission.

[282] S. dazu *Lais* ZEuS 2002, 447 (466 f.).

[283] EuG T-5/97, Slg. 2000, II-3755 Rn. 229 – IPS/Kommission, vgl. bereits EuGH 53/85, Slg. 1986, 1965 Rn. 28 – Akzo Chemie/Kommission.

[284] EuG T-30/91, Slg. 1995, II-1775 Rn. 55 ff. – Solvay/Kommission; EuG T-36/91, Slg. 1995, II-1847 Rn. 65 ff. – ICI/Kommission; EuG T-37/91, Slg. 1995, II-1901 Rn. 61 ff. – ICI/Kommission. Dies wird überwiegend in der Literatur anerkannt, *Magiera* in NK-EuGRCh Art. 41 Rn. 13; *van Vormizeele* in Schwarze GRC Art. 41 Rn. 9.

[285] AA wohl *Streinz* in Streinz GRC Art. 41 Rn. 11.

[286] Daher besteht auch keine Beschränkung auf nachteilige Maßnahmen und keine grundsätzliche Akzessorietät zu Verfahren zum Erlass von Maßnahmen, die en einen selbst adressiert sind, → Rn. 68.

[287] S. etwa Art. 17 VO (EG) Nr. 802/2004, ABl. 2004 L 133, 1; Art. 27 VO (EG) Nr. 1/2003, ABl. 2003 L 1, 1.

[288] *Terhechte* in FK-EUV/GRC/AEUV GRC Art. 41 Rn. 18.

[289] EuGH C-265/17 P, ECLI:EU:C:2019:23 Rn. 34 – Kommission/UPS.

[290] Vgl. zum Anhörungsrecht EuGH verb. Rs. C-129/13 und C-130/13, ECLI:EU:C:2014:2041 Rn. 30 – Kamino International Logistics u. Datema Hellman Worldwide Logistics; schon zuvor EuGH C-349/07, ECLI:EU:C:2008:746 Rn. 36 f. – Sopropé.

Das Akteneinsichtsrecht nach Art. 41 Abs. 2 GRC ist vom **Recht auf Auskunft über** 64
einen selbst betreffende erhobene **Daten** abzugrenzen, welches Ausdruck des allgemeinen
Persönlichkeitsrechts ist und in Art. 8 Abs. 2 S. 2 GRC gewährleistet wird.[291] Während
letzteres auf die personenbezogenen Daten beschränkt ist, geht ersteres weiter und umfasst
auch **Daten, die andere betreffen** können. Das folgt zum einen aus der funktionalen
Ausrichtung auf die **Verteidigungsrechte,** die gerade die Kenntnis weitere Informationen
erfordern können. Zum anderen ergibt sich dies im Umkehrschluss aus der Aufführung des
Berufs- und Geschäftsgeheimnisses (anderer) als Rechtfertigungsgrund für Einschränkungen in Art. Art. 41 Abs. 2 lit. b GRC.

Das Akteneinsichtsrecht ist im Gegensatz zum Anhörungsrecht nicht auf „nachteilige 65
individuelle Maßnahmen" beschränkt. Der Wortlaut lässt zunächst nicht einmal eine **Verfahrensakzessorietät** erkennen. Aber die Funktion, die Verteidigungsrechte zu sichern
und das Rechtsstaatsprinzip zu fördern, lässt einen **Bezug zu Verwaltungsverfahren**
erkennen. Dieser wird durch die Beschränkung auf die „sie betreffenden Akten" bestätigt.
Ein solcher Betreff kann sich sowohl aus einem **laufenden** als auch aus einem **abgeschlossenen** sowie aus einem **geplanten Verwaltungsverfahren,** etwa einem Antrag auf
Genehmigung, ergeben. Im Unterschied zum Anhörungsrecht ist das Akteneinsichtsrecht
nicht auf nachteilige Maßnahmen beschränkt.[292] So greift es etwa auch in Verfahren auf
Erteilung einer Subvention.[293]

Der **Begriff der Akten** ist **weit** auszulegen.[294] Dafür spricht die **Funktion,** eine 66
ausreichende Informationsgrundlage für eine effektive Verteidigung zur Verfügung zu
stellen.[295] Früher hatte der EuGH es außer in besonderen Bereichen, wie den Fusionskontrollverfahren, abgelehnt, ein umfassendes Akteneinsichtsrecht anzuerkennen. Es ist stets
auf für den Betroffenen besonders relevante Akten beschränkt geblieben.[296] Allerdings habe
es der Betroffene in den Bereichen eines vollumfänglichen Akteneinsichtsrechts in der
Hand zu prüfen, ob und inwieweit gegen ihn vorgebrachte Argumente berechtigt sind, und
darauf eine Verteidigungsstrategie aufzubauen.[297] In neueren Entscheidungen wird das
Akteneinsichtsrecht unter Bezugnahme auf den Grundsatz der **Waffengleichheit** hingegen
überzeugend im Sinne eines **Rechts auf gleichen Informationsstand** interpretiert[298]
und den Betroffenen ein Anspruch auf **gründliche Kenntnis** der Unterlagen zugebilligt.[299]
So umfasst der Anspruch sowohl **belastende** wie auch **entlastende Daten.**[300] Inhaltlich
werden alle relevanten Daten, vergleichbar dem allgemeinen Datenzugangsrecht, erfasst.
Wie dort, muss die Behörde allerdings keinen neuen Daten ermitteln, sondern nur Einblick
in bereits vorhandene gewähren (→ § 60 Rn. 46). Ebenfalls in Analogie zu Art. 42 GRC
richtet sich die Art und Weise der Einsichtnahme primär nach dem **Begehren des
Antragstellers.**[301] In Teilen der Literatur wird unter Berufung auf frühere Rechtsprechung
„gegebenenfalls" ein **zusammenfassender Vermerk** über den wesentlichen Inhalt der
Daten für ausreichend erachtet.[302] Das erscheint angesichts der Funktion des Grundrechts,
einen gleichen Kenntnisstand zu gewährleisten, heute wenig überzeugend. Vielmehr liegt
ein Eingriff vor, der der Rechtfertigung bedarf.

---

[291] Dagegen hält *Kańska* ELJ 2004, 296 (319) zukünftig eine Verschmelzung dieser Aktenzugangsrechte für möglich.
[292] *Klatt* in von der Groeben/Schwarze/Hatje GRC Art. 41 Rn. 14.
[293] Jarass GRCh Art. 41 Rn. 20; bejahend im Hinblick auf die Leistungsverwaltung allgemein *Klatt* in von der Groeben/Schwarze/Hatje GRC Art. 41 Rn. 14.
[294] *Klatt* in von der Groeben/Schwarze/Hatje GRC Art. 41 Rn. 14.
[295] S. die Nachweise bei *Terhechte* in FK-EUV/GRC/AEUV GRC Art. 41 Rn. 18.
[296] S. EuGH verb. Rs. 56/64 und 58/64, Slg. 1966, 322 (385) – Consten.
[297] Vgl. EuGH 322/81, Slg. 1983, 3461 Rn. 7 – Michelin; EuG T-7/89, Slg. 1991, II-1711 Rn. 51 – Hercules Chemicals.
[298] S. dazu *Lais* ZEuS 2002, 447 (466 f.).
[299] EuG T-30/91 Slg. 1995, II-1775 Rn. 83 – Solvay.
[300] EuGH C-204/00, Slg. 2004, I-123 Rn. 68 – Aalborg; Jarass GRCh Art. 41 Rn. 20.
[301] Wie hier Jarass GRCh Art. 41 Rn. 21.
[302] *Streinz* in Streinz GRC Art. 41 Rn. 11 unter Verweis auf *Mayer* in GHN EUV Nach Art. 6 Rn. 332.

67 Aufgrund der Nähe zu den Verteidigungsrechten ist das Akteneinsichtsrecht in der Rechtsprechung zunächst nur den **Adressaten** von Verwaltungsmaßnahmen als **Berechtigten** vorbehalten gewesen.[303] Auch in der Literatur wird vielfach betont, dass die Akten den Einsicht Begehrenden **selbst betreffen** müssten.[304] Das spiegelt zwar den Wortlaut wieder, ist aber missverständlich. Betroffen sein müssen die **Interessen** der Einsicht verlangenden Person. Die Daten selbst können sich hingegen auch auf **Dritte** oder die **Behörde** beziehen, denn oft sind gerade solche Informationen für eine effektive Wahrnehmung der Verteidigungsrechte erheblich. Zudem belegt die Ausnahme zugunsten des Berufs- und Geschäftsgeheimnisses die Weite des Aktenbegriffs.

68 Und auch eingedenk der Funktion des Akteneinsichtsrechts hat das EuG frühzeitig überzeugend festgestellt, dass bei der Vergabe öffentlicher Aufträge in der Verweigerung des Zugangs zu den Akten gegenüber Personen, die nicht Adressaten der Maßnahme gewesen sind, ein Verstoß gegen den Grundsatz der ordnungsgemäßen Verwaltung gelegen habe.[305] Demnach ist auch Einsicht in Daten zu gewähren, die primär einen **Bezug zu Dritten** aufweisen,[306] wenn sie inhaltlich relevant sind, dh die Interessen des Auskunftsbegehrenden berühren.

69 In Übereinstimmung mit der eingangs vertretenen Ansicht (→ Rn. 3) hat der EuGH entschieden, dass das Akteneinsichtsrecht aus Art. 41 Abs. 2 lit. b GRC **nicht die mitgliedstaatlichen Behörden verpflichtet.** Zugleich hat er darauf hingewiesen, dass ein solcher Anspruch aber auf den **Grundsatz der guten Verwaltung** gestützt werden könne, der aber im betreffenden Fall nicht gerügt worden war.[307] Eingedenk der noch nicht abschließend bestätigten Rechtsprechung empfiehlt es sich für die Praxis, in Zweifelsfällen beide Verbürgungen des Akteneinsichtsrechts in den Prozess einzubringen. Damit gilt auch hier die grundlegende Regel des Art. 41 GRC (→ Rn. 30), dass nur die Organe, Einrichtungen und sonstigen Stellen der EU verpflichtet werden.

II. Beeinträchtigungen, Rechtfertigung und Rechtsfolgen

70 **Jede Verkürzung** des Akteneinsichtsrechts, seine Verweigerung oder eine inhaltliche oder zeitliche Begrenzung stellen **Beeinträchtigungen** desselben dar. Auch ein Abweichen von der vom Antragsteller gewünschten Form, etwa durch eine bloße **Zusammenfassung,** ist gemäß der Funktion des Grundrechts eine Beeinträchtigung und bedarf der Rechtfertigung

71 Die Ablehnung der gewünschten Akteneinsicht bedarf der **Rechtfertigung.** Wie beim Anhörungsrecht gilt auch hier, dass das allgemeine Erfordernis einer **gesetzlichen Grundlage** nicht zur Anwendung kommt. Denn da das Akteneinsichtsrecht nach Art. 41 Abs. 2 GRC unmittelbar anwendbar ist, bedarf es keiner sekundärrechtlichen Konkretisierung. Daher fehlt es umgekehrt auch an sekundärrechtlichen Ausnahmebestimmungen. Für eine Rechtfertigung sieht Art. 41 Abs. 2 lit b GRC explizit einen Vorbehalt der „Wahrung des legitimen Interesses der **Vertraulichkeit** sowie des **Berufs- und Geschäftsgeheimnisses**" vor. Der erste Aspekt bezieht sich ausweislich der Beratungen im Grundrechte-Konvent auf die Vertraulichkeit **persönlicher Daten.**[308] Nach Literatur und Rechtsprechung sollen aber auch die **Interessen der Union** und der **Mitgliedstaaten** geschützt werden.[309] Dies ist nicht

---

[303] Vgl. EuGH C-85/76, Slg. 1979, 461 Rn. 9 ff. – Hofmann-La Roche; EuGH 322/81, Slg. 1983, 3461 Rn. 7 – Michelin; EuGH C-185/95 P, Slg. 1998, I-8417 Rn. 89 – Baustahlgewerbe; EuG T-73/98, Slg. 2001, II-867 Rn. 45 – Prayon-Rupel.
[304] *Streinz* in Streinz GRC Art. 41 Rn. 11; *Galetta/Grzseszick* in Stern/Sachs GRCh Art. 41 Rn. 72.
[305] EuG T-40/01, Slg. 2002, II-5043 Rn. 22 ff. – Scan Office Design. Zustimmend *Streinz* in Streinz GRC Art. 41 Rn. 11.
[306] So Jarass GRCh Art. 41 Rn. 20. Zum Streit darüber *Nehl* S. 55; vgl. *Lenaerts/Vanhamme* CMLR 1997, 540 (541 ff.).
[307] EuGH C-141/12, ECLI:EU:C:2014:2081 Rn. 67 – YS ua.
[308] Vgl. CHARTE 4284/00 v. 5.5.2000, Erläuterungen zu Art. 27. Vgl. Art. 16 AEUV (ex-Art. 286 EGV) und Art. 8 GRC.
[309] EuG verb. Rs. T-305/94, T-306/94, T-307/94, T-313/94, T-314/94, T-315/94, T-316/94, T-318/94, T-325/94, T-328/94, T-329/94 und T-335/94, Slg. 1999 II-931 Rn. 1015 – Limburgse Vinyl Maatschappij

unproblematisch, doch bietet sich zur Einhegung eine Analogie zum allgemeinen Dokumentenzugangsrecht nach Art. 42 GRC, Art. 15 Abs. 3 AEUV und die zu deren Umsetzung ergangene VO (EG) Nr. 1049/2001 an, welche einzelne geschützte Interessen aufführt. Der zweite Aspekt ist bereits in der Rechtsprechung näher ausgestaltet worden.[310] Ferner muss nach der Rechtsprechung beim Recht auf Akteneinsicht das Interesse an einer effektiven Verteidigung gegenüber dem Allgemeininteresse an einer **effizienten Verwaltung** abgewogen werden.[311] Allerdings wird der Aspekt der Effizienz erst relevant bei praktischen oder rechtlichen Schwierigkeiten, die eine leistungsfähige Verwaltung nicht grundsätzlich überwinden können muss.[312] Es ist nicht ersichtlich, dass durch Art. 41 Abs. 2 GRC davon abgewichen werden sollte, so dass die dort explizit aufgeführten **Rechtfertigungsgründe** für die Versagung einer Akteneinsicht **nicht** als **abschließend** anzusehen sind. Gemäß Art. 52 GRC muss jede Beschränkung verhältnismäßig sein.[313] Bei der erforderlichen Abwägung im Einzelfall[314] ist abzuwägen, ob den entgegenstehenden Interessen durch Zusammenfassungen, Auslassungen oder Streichungen Rechnung getragen werden kann.[315]

Eine nicht **gerechtfertigte** Beschränkung der Akteneinsicht führt dazu, dass eine Entscheidung nicht auf die in diesen Akten enthaltenen Informationen gestützt werden kann.[316] Die Rechtsprechung weist auf den **Grundsatz der Waffengleichheit** hin.[317]

72

F. Das Recht auf Begründung (Art. 41 Abs. 2 lit. c GRC)

I. Gewährleistungsgehalt

Art. 41 Abs. 2 lit. c GRC statuiert die „**Verpflichtung** der Verwaltung, ihre **Entscheidungen zu begründen**". Trotz der Formulierung als „Pflicht" wird darin einhellig ein **Grundrecht** gesehen.[318] Rechtsvergleichend wird das Begründungserfordernis in den Rechtsordnungen der Mitgliedstaaten teilweise in der Verfassung,[319] im Übrigen im einfachen Gesetzesrecht[320] ausdrücklich erwähnt. Das Grundrecht auf Begründung hat ein Pendant in Art. 296 Abs. 2 AEUV, der den Organen eine **Begründung beim Erlass von Rechtsakten** vorschreibt. Letztere Vorgabe ist quasi eine Gründungsvorschrift des Unionsrechts (vgl. den früheren Art. 190 EWGV).[321] Schon früh hat der EuGH die Begründungspflicht als einen über das geschriebene Recht hinausweisenden **allgemeinen Rechtsgrundsatz** des Unionsrechts anerkannt.[322] Begründungserfordernisse werden gelegentlich

73

---

schützt Schriftstücke, die den internen Entscheidungsprozess betreffen; vgl. Jarass GRCh Art. 41 Rn. 22; aA wohl *Magiera* in NK-EuGRCh Art. 41 Rn. 13.

[310] Zur Abgrenzung von Berufs- und Geschäftsgeheimnis s. EuGH 53/85, Slg. 1986, 1965 Rn. 27 f. – Akzo Chemie/Kommission; s. auch EuGH 264/82, Slg. 1985, 849 Rn. 29 f. – Timex/Rat u. Kommission. Vgl. zum Berufsgeheimnis der Bediensteten der EG und der Mitglieder ihrer Organe Art. 339 AEUV (ex-Art. 287 EGV).

[311] EuGH verb. Rs. 43/82 und 63/82, Slg. 1984, 19 (59) – VBVB u. VBBB verneint eine Pflicht zur Mitteilung von allgemein bekannten Akteninhalten. Näher dazu *Gornig/Trüe* JZ 2000, 395 ff., die ein Akteneinsichtsrecht bei der Gefährdung von Ermittlungen ausschließen wollen.

[312] EuG T-30/91, Slg. 1992, II-1775 Rn. 102 – Solvay.

[313] Jarass GRCh Art. 41 Rn. 23.

[314] *Magiera* in NK-EuGRCh Art. 41 Rn. 13.

[315] *Lais* ZEuS 2002, 447 (468).

[316] EuGH 107/82, Slg. 1983, 3151 (3192) – AEG; EuGH 322/81, Slg. 1983, 3461 (3499) – Michelin; EuGH 49/88, Slg. 1991, I-3187 (3242) – Al Jubail.

[317] EuG T-30/91, Slg. 1995, II-1775 Rn. 55 ff. – Solvay/Kommission; EuG T-37/91, Slg. 1995, II-1901 Rn. 61 ff. – ICI/Kommission.

[318] S. nur Jarass GRCh Art. 41 Rn. 13.

[319] Art. 268 Abs. 3 portVerf.

[320] S. nur für Deutschland § 39 VwVfG.

[321] Vgl. den früheren Art. 15 Abs. 1 EGKSV, der auch für unverbindliche Stellungnahmen eine Begründungspflicht aufstellte.

[322] EuGH verb. Rs. 43/59, 45/59 und 48/59, Slg. 1960, 965 (989 f.) – Lachmüller; vgl. GA *Reischl*, SchlA 25/80, Slg. 1981, 637 Nr. 1a – de Briey; EuG T-183/97 R, Slg. 1997, II-1473 Rn. 56 – Micheli/Kommission.

auch im Sekundärrecht aufgegriffen.³²³ In Anlehnung an den Grundrechte-Konvent ist davon auszugehen, dass Art. 41 Abs. 2 GRC auf Art. 296 Abs. 2 AEUV – im Rahmen seines Umfangs – verweist³²⁴ und daher wie letztere Vorschrift gemäß Art. 52 Abs. 2 GRC (→ Rn. 28) auszulegen ist. Es ist aber darauf hinzuweisen, dass beide Normen nicht völlig identisch sind, sondern sich in ihren Gewährleistungen überlappen. Art. 296 AEUV statuiert eine Begründungspflicht nur der EU-Organe, aber bezüglich aller Rechtsetzungsakte nach Art. 288 AEUV, dh Verordnungen, Richtlinien oder Beschlüsse. Dagegen verpflichtet Art. 41 Abs. 2 lit. c GRC die EU-**Verwaltung allgemein,** dh alle Stellen, ist aber gegenständlich auf **„Entscheidungen"** begrenzt. Darunter sind all jene Rechtsakte zu verstehen, die den Einzelnen **individuell und unmittelbar** betreffen.³²⁵ Unter Art. 296 Abs. 2 AEUV differenziert die Rechtsprechung die Anforderungen je nach betroffenem Rechtsakt. Bei konkret-individuellen Akten sind die Anforderungen höher. Daher besteht in der Intensität der Gewährleistung im Überlappungsbereich kein Unterschied zum Grundrecht nach Art. 41 Abs. 2 GRC. Der EuGH verwendet beide Normen in konkreten Fällen mit deckungsgleichem Inhalt.³²⁶

74 Im Hinblick auf die **Funktionen** der Bestimmungen über die Begründungspflicht besteht ebenfalls weitgehend Deckungsgleichheit zwischen den beiden Vorschriften. Zum einen soll durch das Begründungserfordernis den **Betroffenen** die Wahrnehmung ihrer Rechte ermöglicht werden.³²⁷ Zum anderen wird dadurch dem Unionsrichter die (externe) **Rechtskontrolle** ermöglicht.³²⁸ Daneben dient das Begründungserfordernis auch der **Selbstkontrolle** der betroffenen Organe und der Orientierung nationaler Behörden hinsichtlich etwaig erforderlicher Durchführungsmaßnahmen.³²⁹ Damit ist das Recht auf Begründung eine notwendige Voraussetzung eines effektiven Rechtsschutzes und dient der Verwirklichung der **„Rechtsunion"**.³³⁰ Neben der primären Orientierung am Rechtsschutz sind die Begründungserfordernisse zugleich objektive Pflichten und dienen insofern einer größeren **Transparenz.** Darin kommt ein Aspekt **demokratischer Kontrolle** durch die Gesellschaft zum Tragen, der eine Verbindung zu den Pflichten nach Art. 11 EUV aufweist.³³¹

75 Als Teil des Rechts auf gute Verwaltung stellt die Begründungspflicht der **Verwaltung** auf ein **materielles Verwaltungsverständnis** ab (→ Rn. 23). So ist etwa auch das EP einbezogen, wenn und soweit es Verwaltungsaufgaben wahrnimmt.³³² Der Begriff der „Entscheidung" in Art. 41 Abs. 2 lit. c GRC findet kein explizites Pendant in Art. 296 AEUV iVm Art. 288 AEUV. Nach Sinn und Zweck der Vorschrift (→ Rn. 74), die insbesondere dem Rechtsschutz dient, ist eine weite Auslegung geboten, derzufolge zwar **primär individuelle Beschlüsse**³³³ erfasst werden, aber abstrakt-generelle Rechtsakte von Verwaltungsorganen, etwa Durchführungsverordnungen der Kommission, nicht völlig ausgeschlossen werden. Art. 41 GRC ist in systematischer Hinsicht insgesamt auf individuell wirkende Maßnahmen ausgerichtet ist. Aus der Sicht eines Grundrechtes ist die Eingriffswirkung entscheidend, so

---

³²³ S. die Nachweise bei *Müller-Ibold* S. 36 ff. und *Schwarze* EuVerwR Bd. 2 S. 1355 ff. Zu den Aspekten von Effizienz und Transparenz s. die Erklärung von Laeken zur Zukunft der Europäischen Union, 15.12.2001, SN 273/01.
³²⁴ *Van Vormizeele* in Schwarze GRC Art. 41 Rn. 10; Jarass GRCh Art. 41 Rn. 24. So prüft EuGH C-131/15 P, ECLI:EU:C:2016:989 Rn. 46 – Club Hotel Loutraki ua/Kommission Art. 296 AEUV und Art. 41 Abs. 2 GRC zusammen.
³²⁵ Jarass GRCh Art. 41 Rn. 24; näher dazu → Rn. 23.
³²⁶ EuGH C-131/15 P, ECLI:EU:C:2016:989 Rn. 46 – Club Hotel Loutraki ua/Kommission spricht von der nach Art. 296 AEUV und Art. 41 Abs. 2 lit. c GRC erforderlichen Begründung.
³²⁷ EuGH C-564/16 P, ECLI:EU:C:2018:509 Rn. 64 – EUIPO/Puma zu Art. 41 GRC; EuGH C-22/94, Slg. 1997, I-1809 Rn. 39 – Irish Farmers Association.
³²⁸ EuGH C-564/16 P, ECLI:EU:C:2018:509 Rn. 64 – EUIPO/Puma zu Art. 41 GRC; EuGH 158/80, Slg. 1981, 1805 Rn. 25 – Rewe; EuGH C-122/94, Slg. 1996, I-881 Rn. 29 – Kommission/Rat; EuG T-387/94, Slg. 1996, II-961 Rn. 103 – Asia Motor France. Ausführlich dazu *Müller-Ibold* S. 80 f.
³²⁹ *Schoo* in Schwarze AEUV Art. 296 Rn. 9.
³³⁰ *Scheffler* S. 44 ff. Vgl. aus politikwissenschaftlicher Sicht *Schmalz-Bruns* ZIB 6 (1999), 185 (204 ff.).
³³¹ Dazu *Heselhaus* in FK-EUV/GRC/AEUV EUV Art. 11 Rn. 4.
³³² Im Ergebnis ebenso Jarass EU-GR § 36 Rn. 23.
³³³ AA Jarass EU-GR § 36 Rn. 23 für völligen Gleichklang mit Art. 296 AEUV (ex-Art. 253 EGV).

dass auch von Art. 41 Abs. 2 lit. c GRC **generell-abstrakte Regelungen ausnahmsweise** dann erfasst werden, wenn sie sich konkret und individuell auswirken. Danach sind etwa „Schein-Verordnungen", die gebündelte Entscheidungen darstellen, einbezogen.

Inhaltlich verlangt der EuGH bei **individuellen Maßnahmen** eine eingehende Begründung. Sie muss die wichtigsten **rechtlichen und tatsächlichen Erwägungen** der erlassenden Stelle enthalten; sie muss aber **nicht allumfassend** sein[334] und insbesondere braucht sie sich nicht mit den Erwägungen anderer[335] auseinanderzusetzen. Nach Erlass des Rechtsaktes kann die Begründung **nicht** mehr inhaltlich **geändert oder ergänzt** werden.[336] Art. 18 des Kodex führt hierzu neben dem Erfordernis der Angabe der Gründe aus: „ Nr. 1 (…) dazu sind die relevanten Tatsachen und die Rechtsgrundlage der Entscheidung eindeutig anzugeben. Nr. 2. Der Beamte sieht von Entscheidungen ab, die sich auf nicht ausreichende oder vage Gründe stützen und die keine individuelle Argumentation enthalten." Der **Umfang** der Begründungspflicht wird von den **konkreten Umständen** des Einzelfalls bestimmt. Dabei sind die jeweiligen Gesamtumstände zu berücksichtigen.[337] Die Anforderungen steigen, wenn die betreffende Maßnahme zu relevanten **Belastungen** führt[338] oder etwa von einer bisherigen **Entscheidungspraxis** abgewichen wird.[339] Ferner gilt, dass die Begründung umso detaillierter ausfallen muss, je größer das **Ermessen** beim Erlass der Maßnahme ist.[340] Ist die gerichtliche Kontrolldichte einer Entscheidung gering, steigen die Anforderungen an die Begründung.[341] 76

In Übereinstimmung mit Art. 296 AEUV verpflichtet Art. 41 Abs. 2 lit. c GRC nur die **EU-Verwaltung, nicht** aber die **mitgliedstaatlichen Behörden**.[342] Dies folgt aus der expliziten Begrenzung im **Wortlaut,** auch wenn Art. 51 Abs. 1 S. 1 GRC grundsätzlich auch eine Bindung der Mitgliedstaaten „bei der Durchführung des Rechts der Union" statuiert. Aus teleologischer Sicht besteht zwar ein starkes Bedürfnis für eine entsprechende Begründungspflicht der Mitgliedstaaten, damit die erforderliche Rechtskontrolle durch die EU-Gerichte ausgeübt werden kann, doch kann das über die Anwendung des **allgemeinen Rechtsgrundsatzes der guten Verwaltung** sichergestellt werden. In diesem Sinne kann der EuGH interpretiert werden, wenn er für eine Begründungspflicht der mitgliedstaatlichen Verwaltungen feststellt, dass Art. 41 GRC einen allgemeinen Rechtsgrundsatz widerspiegele.[343] 77

II. Beeinträchtigung, Rechtfertigung und Rechtsfolgen

Wird keine oder eine unzureichende Begründung gegeben, liegt eine **Beeinträchtigung** von Art. 41 Abs. 2 lit. c GRC vor. Dabei muss die Begründung **in der Entscheidung** gegeben werden. Eine Begründung kann nach Erlass des Rechtsaktes nicht mehr inhaltlich geändert oder ergänzt werden.[344] Somit scheidet eine **Heilung** von Begründungsmängeln aus. 78

---

[334] EuGH C-84/94, Slg. 1996, I-5755 Rn. 74 – Vereinigtes Königreich/Rat.
[335] EuG T-49/95, Slg. 1996, II-1799 Rn. 34 ff. – Van Megen Sports/Kommission.
[336] EuGH 131/86, Slg. 1988, 905 Rn. 34 – Vereinigtes Königreich/Rat; *Schmidt* in GTE EGV Art. 190 Rn. 5.
[337] EuGH C-22/94, Slg. 1996, I-881 Rn. 29 – Kommission/Rat; EuGH verb. Rs. C-121/93 und C-122/93, Slg. 1993, I-3873 Rn. 31 – CT Control und JCT Benelux.
[338] EuGH verb. Rs. 33/79 und 75/79, Slg. 1980, 1677 Rn. 14 – Kuhner.
[339] EuGH 142/84, Slg. 1987, 4487 Rn. 71 – BAT.
[340] EuGH 36/59, Slg. 1960, 885 (921 f.) – Präsident Ruhrkohlen-Verkaufsgesellschaft; EuGH 185/85, Slg. 1986, 2079 Rn. 20 ff. – Usinor; zustimmend *Müller-Ibold* S. 21 ff., *Calliess* in Calliess/Ruffert AEUV Art. 296 Rn. 26.
[341] EuGH 185/85, Slg. 1986, 2079 Rn. 20 ff. – Usinor; Jarass GRCh Art. 41 Rn. 26; vgl. *Gellermann* in Streinz AEUV Art. 296 Rn. 14.
[342] Strittig, → Rn. 30.
[343] EuGH C-230/18, ECLI:EU:C:2019:383 Rn. 57 – PI/Landespolizei Tirol zur Schließung eines Gewerbebetriebes mit sofortiger Wirkung ohne schriftliche Begründung.
[344] EuGH 131/86, Slg. 1988, 905 Rn. 34 – Vereinigtes Königreich/Rat; *Schmidt* in GTE EGV Art. 190 Rn. 5.

79 Wie bei den anderen Verbürgungen in Art. 41 Abs. 2 GRC ist für die Rechtfertigung **keine gesetzliche Grundlage** erforderlich.[345] Allerdings sind kaum **Gründe des Allgemeinwohls** ersichtlich, die Mängel in der Begründung rechtfertigen könnten. Insbesondere wird das Berufsgeheimnis nach Art. 339 AEUV von der Rechtsprechung nicht als Rechtfertigungsgrund akzeptiert.[346] Einzig die **Effektivität und Effizienz** der EU-Verwaltung nach Art. 298 AEUV kommen hier in Betracht, wie die Rechtsprechung zum allgemeinen Rechtsgrundsatz auf Begründung entschieden hat.[347] Zum Vergleich bestimmt Art. 18 Abs. 3 Kodex: „Ist es wegen der großen Anzahl von Personen, die von ähnlichen Entscheidungen betroffen sind, nicht möglich, die Gründe für die Entscheidung im Detail mitzuteilen, und werden deshalb Standardantworten erteilt, stellt der Beamte sicher, dass er anschließend dem Bürger, der ausdrücklich darum bittet, eine individuelle Begründung liefert." Eine Herabsetzung der Anforderungen an den Begründungsumfang ist in solchen Fällen Ausdruck des **Verhältnismäßigkeitsprinzips.** Wenn in der Literatur teilweise gefordert wird, dass die Nichtigkeit nur eintreten könne, „soweit es sich um die Verletzung wesentlicher Formvorschriften handelt",[348] ist dies nicht ganz eindeutig. Art. 41 Abs. 2 lit. c GRC stellt als Grundrecht in jedem Fall eine **wesentliche Verfahrensvorschrift** dar.[349] Das Gleiche ist für die Begründungspflicht nach Art. 296 AEUV anerkannt.[350] Trotzdem soll ein Mangel in der Begründung nach einer Ansicht in der Literatur nicht grundsätzlich zur **Nichtigkeit** der Entscheidung führen, sondern diese lediglich angreifbar machen.[351] Das würde gerichtlich vor dem EuGH im Rahmen einer Nichtigkeitsklage nach Art. 263 AEUV geschehen. Nach der Rechtsprechung muss hingegen eine Maßnahme ohne Begründung aufgehoben werden.[352] Der Grundrechtscharakter von Art. 41 Abs. 3 GRC spricht dafür, dass jedenfalls „Entscheidungen" im Sinne dieser Vorschrift bei fehlender Begründung grundsätzlich aufzuheben sind.[353]

G. Das Recht auf Schadensersatz (Art. 41 Abs. 3 GRC)

I. Grundrechtscharakter und Struktur

80 Nach Art. 41 Abs. 3 GRC hat jede Person „Anspruch darauf, dass die Gemeinschaft den durch ihre Organe oder Bedienstete in Ausübung ihrer Amtstätigkeit verursachten Schaden nach den allgemeinen Rechtsgrundsätzen ersetzt, die den Rechtsordnungen der Mitgliedstaaten gemeinsam sind". Damit wird die Terminologie des Art. 340 AEUV aufgegriffen, der die **Amtshaftung** als einen „**allgemeinen Rechtsgrundsatz,** der den Rechtsordnungen der Mitgliedstaaten gemeinsam ist", bezeichnet. Dieser ist in der Rechtsprechung entwickelt und konkretisiert worden.[354] Daneben ist vom EuGH drittens eine **Haftung der Mitgliedstaaten** für Verstöße gegen das Unionsrecht etabliert worden.[355] Der EuGH sieht den EU-Amtshaftungsanspruch als eine Vergleichsbasis für die Regelung der nationalen Staatshaftung durch die Mitgliedstaaten an, von dessen Voraussetzungen nicht ohne

---

[345] Zur Begründung → Rn. 35.
[346] EuGH C-131/15, P ECLI:EU:C:2016:989 Rn. 48 – Club Hotel Loutraki ua/Kommission.
[347] Gegen eine übermäßige Belastung der Gemeinschaftsorgane EuGH 24/62, Slg. 1963, 141 (151) – Deutschland/Kommission.
[348] *Magiera* in NK-EuGRCh Art. 41 Rn. 15; *Streinz* in Streinz GRC Art. 41 Rn. 12.
[349] Die von *Magiera* in NK-EuGRCh Art. 41 Rn. 15 und von *Streinz* in Streinz GRC Art. 41 Rn. 12 angeführte Entscheidung EuGH C-137/92 P, Slg. 1994, I-2555 Rn. 78 betrifft nach Rn. 75 die Qualifizierung der Ausfertigung von Rechtsakten nach Art. 12 der Geschäftsordnung der Kommission.
[350] EuGH C-137/92 P, Slg. 1994, I-2555 Rn. 49 ff. – BASF/Kommission; *Schwarze* EuVerwR Bd. 2 S. 1350.
[351] *Gellermann* in Streinz AEUV Art. 296 Rn. 16; *Classen* S. 331; *Schoo* in Schwarze AEUV Art. 296 Rn. 18.
[352] EuGH 18/57, Slg. 1958/59, 89 (116) – Nold; EuGH 158/80, Slg. 1981, 1805 Rn. 26 f. – Rewe.
[353] Vgl. *Calliess* in Calliess/Ruffert AEUV Art. 296 Rn. 36 unter Hinweis auf das Rechtsstaatsprinzip.
[354] Ausführlich dazu s. die einschlägigen Kommentierungen, insbesondere *Berg* in Schwarze AEUV Art. 340 Rn. 12 ff.; *Lageard* in Lenz/Borchardt EU-Verträge AEUV Art. 340 Rn. 5 ff.
[355] EuGH verb. Rs. C-6/90 und C-9/90, Slg. 1991, I-5357 Rn. 41 – Francovich; EuGH C-118/00, Slg. 2001, I-5063 Rn. 34 – Larsy/INASTI.

besonderen Grund abgewichen werden dürfe.³⁵⁶ In diesem Dreigestirn von Haftungsregeln rezipiert Art. 41 Abs. 3 GRC einen wichtigen **Teil** des Art. 340 AEUV.³⁵⁷

Nach einhelliger Ansicht gewährleistet Art. 41 Abs. 3 GRC ein **Grundrecht auf** 81 **Schadensersatz.**³⁵⁸ Schon früher ist die EU-Rechtsprechung davon ausgegangen, dass dem Einzelnen zumindest ein (einfaches) **Recht** auf Ersatz des Schadens zusteht. In den meisten Mitgliedstaaten wurde die Amtshaftung bereits frühzeitig als subjektives Verfassungsrecht gewährt, und zwar in zwei Spielarten: Zum einen eine Pflicht des Staates zur Leistung von **Schadensersatz bei Eingriffen in Grundrechte allgemein,** deren Wurzeln bis zur Magna Charta und der Entwicklung der Equity-Rechtsprechung in Großbritannien zurückverfolgt werden können. Ihre Begründung ist allerdings über weite Strecken primär nicht grundrechtlich, sondern **rechtsstaatlich** (rule of law) unterfüttert und weitgehend auf den Ersatz materieller Schäden beschränkt gewesen. In Deutschland wird Art. 34 GG über die Staatshaftung weiterhin als eine Verweisungsnorm aufgefasst, § 839 BGB hingegen als die anspruchsbegründende Vorschrift.³⁵⁹ Zum anderen besteht eine Pflicht des Staates zum Schadensersatz im Zusammenhang mit **spezifischen Grundrechten,** die vorrangig im Rahmen der Enteignung beim Eigentumsgrundrecht entwickelt worden sind (der Ersatz immaterieller Schäden ist erst später hinzugetreten). Während aber Ersatzansprüche wegen Verstößen gegen spezielle Grundrechte, wie bei der rechtswidrigen Haft, regelmäßig im Grundrechtsteil aufgeführt werden, gilt das für den allgemeinen Amtshaftungsanspruch nicht immer.³⁶⁰ Auch die **EMRK** kennt in Art. 5 Abs. 5 einen partiellen Ersatzanspruch für den Ausgleich zu Unrecht erlittener Haft. Die allgemeine Möglichkeit, Schadensersatz zugesprochen zu erhalten, ergibt sich aber aus Art. 41 EMRK, der sich nicht im ersten Teil über die Grundrechte befindet. Somit steht aber der Umstand, dass es sich um einen **Sekundäranspruch** handelt, einer Qualifizierung als Grundrecht nicht entgegen. In der EU greift der allgemeine Ersatzanspruch nach Art. 41 Abs. 3 GRC (Art. 340 Abs. 2 AEUV) auch bei der Verletzung des einfachen Rechts, nicht nur bei Grundrechtsverletzungen. Weist somit Art. 43 Abs. 3 GRC gegenüber mitgliedstaatlichen Verfassungen und der EMRK eine Reihe von Besonderheiten auf, erscheint seine Inkorporierung in Art. 41 GRC aber nicht als „systematisch [...] verfehlt".³⁶¹

Als Sekundäranspruch stellt sich bei Art. 41 Abs. 3 GRC nicht die Frage nach einer 82 **Beeinträchtigung.** Er stellt eine **Rechtfolge** bei Beeinträchtigungen anderer Grundrechte dar.

II. Gewährleistungsgehalt

Gemäß den Erläuterungen des Präsidiums des Europäischen Konvents ist der Amtshaftungs- 83 anspruch nach Art. 41 Abs. 3 GRC in Art. 340 Abs. 2 AEUV begründet.³⁶² Daher sind die Vorschriften nach der Struktursicherungsklausel des Art. 52 Abs. 2 GRC gleich auszulegen (→ Rn. 28).³⁶³ Doch ist umstritten, ob beide Vorschriften in ihrem Umfang völlig deckungs-

---

³⁵⁶ EuGH verb. Rs. C-46/93 und C-48/93, Slg. 1996, I-1029 Rn. 42 – Brasserie du Pêcheur. Das bleibt hinter einer „Parallelität" zurück, von welcher aber *Lageard* in Lenz/Borchardt EU-Verträge AEUV Art. 340 Rn. 1 ausgeht. Interessanterweise sind Auswirkungen der Rechtsprechung zur Haftung der Mitgliedstaaten auch auf jene zur Haftung der EU gemäß Art. 340 Abs. 2 AEUV festzustellen, näher dazu *Lageard* ebd.
³⁵⁷ Vgl. *Jarass* GRCh Art. 41 Rn. 32.
³⁵⁸ Statt aller *Klatt* in von der Groeben/Schwarze/Hatje GRC Art. 41 Rn. 17.
³⁵⁹ *Jarass* in Jarass/Pieroth GG Art. 34 Rn. 1.
³⁶⁰ Es gibt aber auch Ausnahme, wie in Italien, wo der allgemeine Amtshaftungsanspruch nach Art. 28 italVerf zum Titel über die bürgerlichen Freiheiten zählt.
³⁶¹ So aber *Klatt* in von der Groeben/Schwarze/Hatje GRC Art. 41 Rn. 17.
³⁶² *Streinz* in Streinz GRC Art. 41 Rn. 41; nach *Magiera* in NK-EuGRCh Art. 41 Rn. 18, stellt Art. 340 Abs. 2 AEUV (ex-Art. 288 Abs. 2 EGV) ein „entsprechendes Recht" dar. Unterschiede stellt hingegen *Kańska* ELJ 2004, 296 (320) heraus.
³⁶³ *Jarass* GRCh Art. 41 Rn. 32.

gleich sind.³⁶⁴ Beide Vorschriften nennen dieselben Verpflichteten und verweisen auf die **allgemeinen Rechtsgrundsätze,** die den Mitgliedstaaten gemeinsam sind. Doch ist umstritten, ob sich Art. 41 Abs. 3 GRC wie Art. 340 AEUV auf das **gesamte Handeln der Union bezieht**³⁶⁵ oder nur auf die **Verwaltungstätigkeit.**³⁶⁶ Für Letzteres spricht zwar der Titel von Art. 41 GRC, der insgesamt die „gute Verwaltung" zum Thema hat. Dagegen steht aber der weitergehende Wortlaut in Art. 41 Abs. 3 GRC, der auf die gesamte Amtstätigkeit der Organe und Bediensteten abstellt. Der EuGH hat sich nicht explizit zu dieser Frage geäußert, hat allerdings vereinzelt nach einem auf Art. 41 Abs. 3 GRC und Art. 340 AEUV gestützten Klagevortrag auf Schadensersatz wegen fehlerhafter Rechtsprechung lediglich Art. 340 AEUV geprüft.³⁶⁷ Letztlich ist entscheidend, dass der Wortlaut der Vorschrift hier eine Möglichkeit eröffnet, auch systematisch in der Auslegung eine Kohärenz mit Art. 340 Abs. 2 AEUV herzustellen. Damit werden im Ergebnis von Art. 41 Abs. 3 GRC auch Schäden für legislatives oder judikatives Unrecht erfasst. Allerdings lässt sich dem Wortlaut nicht entnehmen, dass Art. 41 Abs. 3 GRC inhaltlich auf die außervertragliche Haftung der EU beschränkt wäre.³⁶⁸ Die Frage ist nicht nur akademischer Natur, weil die Rechtsprechung vereinzelt – angesichts der inhaltlichen Übereinstimmung wenig überzeugend – eine Klage abgewiesen hat, die fälschlich auf Art. 41 GRC gestützt worden ist, obwohl die – im Übrigen inhaltsgleichen – allgemeinen Rechtsgrundsätze einschlägig waren.³⁶⁹

84 Als **Ausübung einer Amtstätigkeit** der Organe oder Bediensteten gilt jede Handlung, die sich aufgrund einer unmittelbaren inneren Beziehung notwendig aus ihren Aufgaben ergibt.³⁷⁰ Nicht erfasst sind Schäden aufgrund von Handlungen, die lediglich anlässlich der Wahrnehmung einer solchen Aufgabe vorgenommen wurden.³⁷¹ Der Verstoß kann in einem aktiven **Tun** oder pflichtwidrigen **Unterlassen** bestehen.³⁷² Ob ein Verschulden erforderlich ist, hat der EuGH bislang offengelassen.³⁷³ Jedenfalls muss die Handlung **rechtswidrig** sein.³⁷⁴ Ferner muss die Handlung **unmittelbar ursächlich** für den Schaden gewesen sein.³⁷⁵ Erforderlich ist die objektive Vorhersehbarkeit des Schadenseintritts.

85 Der Amtshaftungsanspruch der EU greift nur ein, wenn die betreffende Maßnahmen zu einer **Verletzung einer Schutznorm** geführt hat. Die Vorschrift muss also zumindest auch den **Interessen des Einzelnen** zu dienen bestimmt sein.³⁷⁶ Das dürfte mit Inkrafttreten von Art. 41 GRC jedenfalls für die dortigen Gewährleistungen als Grundrechte zu bejahen sein.³⁷⁷ Ferner wird dies von der Rechtsprechung selbst dann angenommen, wenn die betreffende

---

³⁶⁴ *Streinz* in Streinz GRC Art. 41 Rn. 16; *Jarass* GRCh Art. 41 Rn. 32, zu Unterschieden s. *Kańska* ELJ 2004, 296 (320).
³⁶⁵ So *Jarass* GRCh Art. 41 Rn. 3; *Klatt* in von der Groeben/Schwarze/Hatje GRC Art. 41 Rn. 17.
³⁶⁶ *Kańska* ELJ 2004, 296 (320) schließt aus dem systematischen Zusammenhang auf eine Beschränkung auf die Unionsverwaltung.
³⁶⁷ EuGH C-45/15 P, ECLI:EU:C:2017:402 Rn. 58, 64 – Safa Nicu Sepahan.
³⁶⁸ So zur vertraglichen Haftung wohl *Magiera* in NK-EuGRCh Art. 41 Rn. 18. AA wohl *Ruffert* in Calliess/ Ruffert GRC Art. 41 Rn. 19, der den Abs. 3 mit „außervertragliche[r] Haftung" überschreibt.
³⁶⁹ EuGH C-141/12, ECLI:EU:C:2014:2081 Rn. 67 f. – YS ua zum Akteneinsichtsrecht.
³⁷⁰ Zur Fahrt mit einem Dienstwagen EuGH verb. Rs. 169/83 und 136/84, Slg. 1986, 2801 Rn. 15 – Leussink ua/Kommission.
³⁷¹ EuGH 9/69, Slg. 1969, 329 (366) – Sayag.
³⁷² EuGH C-68/95, Slg. 1996, I-6005 Rn. 38, 57 f. – T. Port.
³⁷³ EuGH 267/82, Slg. 1986, 1907 Rn. 33 – Développement SA u. Clemessy/Kommission; *Ruffert* in Calliess/Ruffert AEUV Art. 340 Rn. 28.
³⁷⁴ Strittig, bejahend *Ruffert* in Calliess/Ruffert AEUV Art. 340 Rn. 24; ablehnend *Couzinet* RTDE 1986, 267 ff. Allerdings wird das Merkmal des Verschuldens in der Rechtsprechung zuweilen noch erwähnt, EuG verb. Rs. T-480/93 und T-483/93, Slg. 1995, II-2305 Rn. 177 ff. – Antillean Rice Mills.
³⁷⁵ EuGH verb. Rs. 64, 113/76, 167, 239/78, 27, 29, 45/79, Slg. 1979, 1748 Rn. 21 – Dumortier frères; EuG T-168/94, Slg. 1995, II-2627 Rn. 40 – Blackspur. Zur weiten Bedeutung von „unmittelbar" entsprechend dem französischen Rechtsverständnis *v. Bogdandy* in GHN, 40. EL 2009, EGV Art. 288 Rn. 106.
³⁷⁶ EuGH C-282/90, Slg. 1992, I-1937 Rn. 16 – Vreugdenhil. Nach *Ruffert* in Calliess/Ruffert AEUV Art. 340 Rn. 18 entspricht dies dem Verständnis der Schutznormtheorie im deutschen Recht.
³⁷⁷ Vor Inkrafttreten der Charta hat EuG verb. Rs. T-481/93 und T-484/93, Slg. 1995, II-2941 Rn. 104 – Exporteurs in levende varkens/Kommission für die Pflicht zur Begründung den Schutznormcharakter verneint.

Norm zwar primär den Interessen der Allgemeinheit dient, zugleich aber auch – und sei es lediglich als Rechtsreflex – Interessen von Einzelnen schützt.[378] Nach der Rechtsprechung muss der Verstoß des Weiteren hinreichend qualifiziert sein, und zwar auch, wenn es um administratives Unrecht geht.[379] Danach muss die Verletzung der Schutznorm **hinreichend schwerwiegend,** dh offenkundig und erheblich, sein.[380] Zum **Grundsatz der ordnungsgemäßen Verwaltung** hat die Rechtsprechung festgestellt, dass ein Verstoß nicht als hinreichend qualifiziert erachtet werden könne, sofern die Organe die betreffende Pflicht zur ordnungsgemäßen Verwaltung „nicht völlig verkannt [...], sondern lediglich den Umfang [...] falsch eingeschätzt haben".[381] Danach wird ein Verstoß gegen die Grundsätze der guten Verwaltung nur in besonderen Fällen zu einem Schadensersatz führen.[382]

Zu ersetzen sind dann sowohl der **materielle** als auch der **immaterielle Schaden.**[383] Ersetzt werden Vermögensschäden inklusive eines **entgangenen Gewinns,** sofern letzterer hinreichend substantiiert wird und über bloße Gewinnchancen oder Erwartung hinausgeht.[384] Anspruchsmindernd wirkt sich ein **Mitverschulden** des Geschädigten aus,[385] etwa wenn das Einlegen zumutbarer Rechtsbehelfe versäumt wird.[386]

Anspruchsberechtigt ist **jede** natürliche oder juristische **Person. Anspruchsgegner** ist die Union als Rechtsperson.[387] Sie hat neben den ausdrücklich erwähnten Organen nach der Rechtsprechung **auch** für die ihren **Einrichtungen** und sonstigen Stellen zurechenbaren Handlungen einzustehen.[388] Nach überwiegender Ansicht werden von Art. 41 Abs. 3 GRC die **Mitgliedstaaten nicht verpflichtet.**[389] Dafür spricht die ausdrückliche Begrenzung auf die Union in der Vorschrift, die insofern von der allgemeinen Regel des Art. 51 Abs. 1 S. GRC, wonach die Mitgliedstaaten Adressaten der Grundrechtbindung jedenfalls bei der Ausführung des Gemeinschaftsrechts sind, abweicht.[390] Ferner ist zu beachten, dass die Haftung der Mitgliedstaaten nicht in einer Analogie zu Art. 340 Abs. 2 AEUV entwickelt worden ist. Zwar dient die Haftung der Mitgliedstaaten ebenfalls (vor allem) dem Schutz des Einzelnen,[391] doch wird nur das Ergebnis unionsrechtlich gewährleistet. Soweit dieses durch nationale Haftungsnormen erreicht werden kann, kommen diese zur Anwendung.[392] Insofern hätte eine Anbindung an die spezifischen Tatbestandsmerkmale des Art. 41 Abs. 3 GRC einer deutlicheren Erklärung bedurft. Darüber hinaus ist die Haftung der Mitgliedstaaten in der Rechtsprechung gerade nicht auf die Durch-

---

[378] S. nur EuGH verb. Rs. 5, 7, 13–24/66, Slg. 1967, 332 (354) – Kampffmeyer; weitere Nachweise bei *Detterbeck* AöR 125 (2000), 202 (213 ff.).
[379] EuGH C-312/00 P, Slg. 2002, I-11355 Rn. 52 ff. – Kommission/Camar; EuGH C-472/00 P, Slg. 2003, I-7577 Rn. 27 – Kommission/Fresh Marine; EuGH C-282/05 P, ECLI:EU:C:2007:226 Rn. 48 – Holcim.
[380] EuGH verb. Rs. 83, 94/76, 4, 15, 40/77, Slg. 1978, 1209 Rn. 4 – HNL ua/Rat u. Kommission; EuG T-167/94, Slg. 1995, II-2589 Rn. 51, 89 – Nölle/Rat u. Kommission.
[381] EuG T-167/94, Slg. 1995, II-2589 Rn. 89 – Nölle/Rat u. Kommission.
[382] *Kańska* ELJ 2004, 296 (321).
[383] Vgl. bereits EuGH verb. Rs. 7/56, 3–7/57, Slg. 1957, 83 (134 f.) – Algera; EuGH 145/83, Slg. 1985, 3539 (3585 f.) – Adams; EuGH 308/87, Slg. 1994, I-341 Rn. 36 ff. – Grifoni. Ausführlich zur Rechtsprechung *Ruffert* in Calliess/Ruffert AEUV Art. 340 Rn. 30.
[384] EuGH verb. Rs. C-104/89, 37/90, Slg. 1992, I-3061, 3135 Rn. 26 – Mulder.
[385] EuGH 26/81, Slg. 1982, 3057 (3078 f.) – Oleifici.
[386] *v. Bogdandy* in GHN, 40. EL 2009, EGV Art. 288 Rn. 42 ff.
[387] EuGH 17/74, Slg. 1974, 1063 Rn. 15 – Transocean Marine Paint/Kommission; EuGH C-35/92 P, Slg. 1996, I-5373 Rn. 21 – Kommission/Lisrestal; EuGH 85/76, Slg. 1979, 461 Rn. 9 – Hoffmann-La-Roche/Kommission; EuGH 322/81, Slg. 1983, 3461 Rn. 7 – Michelin/Kommission.
[388] EuGH C-370/89, Slg. 1992, I-6211 Rn. 13 ff. – SGEEM, Etroy/EIB.
[389] Jarass GRCh Art. 41 Rn. 33; *Klatt* in von der Groeben/Schwarze/Hatje GRC Art. 41 Rn. 17, wohl auch *Magiera* in NK-EuGRCh Art. 41 Rn. 19; *Terhechte* in FK-EUV/GRC/AEUV GRC Art. 41 Rn. 20; aA *Rengeling/Szczekalla* Grundrechte in der EU Rn. 1094 f.
[390] Jarass EU-GR § 36 Rn. 34; aA wohl *Rengeling/Szczekalla* Grundrechte in der EU Rn. 1094 f., die auf Art. 41 Abs. 1 GRC abstellen.
[391] EuGH verb. Rs. C-6/90 und C-9/90, Slg. 1991, I-5357 Rn. 41 – Francovich; EuGH C-118/00, Slg. 2001, I-5063 Rn. 34 – Larsy/INASTI.
[392] S. dazu *Koch/Rubel/Heselhaus*, Allgemeines Verwaltungsrecht, 3. Aufl. 2003, § 9 Rn. 92 f.

§ 61 12. Abschnitt. Justizielle Grundrechte und Verfahrensgarantien

führung des Unionsrechts beschränkt.[393] Die **Abgrenzung** zwischen der EU und den nationalen Behörden bestimmt sich danach, ob ein Verhalten nationaler Behörden der Union zugerechnet werden kann.[394]

88   Ob im Unionsrecht neben dem ausdrücklich erwähnten Amtshaftungsanspruch und der Pflicht nach Art. 266 Abs. 1 AEUV, die sich aus einem Urteil ergebenden Maßnahmen zu ergreifen, auch ein individueller **Anspruch auf Folgenbeseitigung** bzw. auf **Naturalrestitution** besteht,[395] ist in der Rechtsprechung noch nicht abschließend geklärt.[396] Allerdings klingt das in manchen Entscheidungen an.[397] Ein solcher Anspruch lässt sich schon heute dem Grundsatz der **Rechtsstaatlichkeit** oder den **materiellen Grundrechtsverbürgungen** durchaus entnehmen.[398] Er ließe sich unter die Ausprägung des Rechts auf eine gute Verwaltung nach Art. 41 Abs. 1 GRC subsumieren.

89   Ebenfalls umstritten[399] und von den EU-Gerichten noch nicht entschieden ist die Frage, ob dem Primärrecht Ansätze einer **Gefährdungshaftung** zu entnehmen sind, wie sie etwa im Umweltrecht sekundärrechtlich ausgestaltet[400] sind. Wohl in Anlehnung an die deutsche Rechtsprechung zum Folgenbeseitigungsanspruch wird in der Literatur zum Teil auch eine Haftung der EU für die **Folgen rechtmäßigen Handelns** bejaht.[401] Weder EuGH noch EuG haben diese Frage bisher beantworten wollen.[402] Ganz ähnlich der Situation nach der neueren Rechtsprechung im deutschen Recht sind die denkbaren Fallkonstellationen dafür praktisch zahlenmäßig sehr gering. Denn es wären bei legalem Handeln die Voraussetzungen der Haftung für normatives Unrecht jedenfalls analog heranzuziehen, die einen außergewöhnlichen und besonderen Schaden verlangen.[403] Dann wäre aber nach der Rechtsprechung des EuGH eine Härtefallregelung angezeigt,[404] bei deren Fehlen der Rechtsakt als rechtswidrig anzusehen wäre. In diesem Fall würde aber die Haftung für rechtswidriges Handeln eingreifen.[405] Prozessual erfolgt die Durchsetzung des Anspruchs nach Art. 41 Abs. 3 GRC im Wege der Schadensersatzklage nach Art. 268 AEUV.

H. Recht auf Eingaben an die Organe und Einrichtungen in einer Vertragssprache (Art. 41 Abs. 4 GRC)

I. Bedeutung, Entwicklung und Systematik

90   Art. 41 Abs. 4 GRC gewährleistet das Recht jeder Person „sich in einer der **Sprachen der Verträge** an die Organe der Union [zu] wenden und eine Antwort in derselben Sprache

---

[393] Näher zum Umfang der Bindung der Mitgliedstaaten an die Grundrechtecharta unter → § 3 Rn. 31 ff., → § 6 Rn. 30 ff.
[394] Näher dazu *Borchardt* in Lenz/Borchardt EU-Verträge AEUV Art. 268 Rn. 18.
[395] Zur diesbezüglichen Auseinandersetzung in der Literatur s. bejahend *Ossenbühl*, Staatshaftungsrecht, 5. Aufl. 1998, S. 613 f.; *Detterbeck* AöR 2000, 202 (207); *v. Bogdandy* in GHN, 40. EL 2009, EGV Art. 288 Rn. 112; *Gilsdorf/Oliver* in GTE EGV Art. 215 Rn. 51; ablehnend dagegen RMG Rechtsschutz-HdB, 1. Aufl. 1994, Rn. 277.
[396] So *Sack* EuR 1986, 241 (242 f. mwN).
[397] EuGH 76/79, Slg. 1980, 665 Rn. 15 – Könecke/Kommission, verlangt „jede" Maßnahme zu treffen, um den dem Kläger entstandenen Schaden auszugleichen. S. dazu *Krück* in GTE EGV Art. 176 Rn. 19.
[398] Vgl. zur Ableitung im deutschen Recht *Koch/Rubel/Heselhaus*, Allgemeines Verwaltungsrecht, 3. Aufl. 2003, § 9 Rn. 10.
[399] S. näher dazu *Detterbeck* AöR 2000, 202 (223); *v. Bogdandy* in GHN, 40. EL 2009, EGV Art. 288 Rn. 98 f.; *Gilsdorf/Oliver* in GTE EGV Art. 215 Rn. 48 f.
[400] S. RL 2004/35/EG über die Umwelthaftung zur Vermeidung und Sanierung von Umweltschäden, ABl. 2004 L 143, 56.
[401] Vgl. dazu *Detterbeck* AöR 2000, 202 (222 ff.); *v. Bogdandy* in GHN, 40. EL 2009, EGV Art. 288 Rn. 94 ff.; *Gilsdorf/Oliver* in GTE EGV Art. 215 Rn. 88 f.; *Albers*, Die Haftung der Bundesrepublik Deutschland für die Nichtumsetzung von EG-Richtlinien, 1995, S. 48.
[402] EuGH verb. Rs. 56–60/74, Slg. 1976, 711 (747) – Kampffmeyer; EuGH 59/83, Slg. 1984, 4057 (4080 f.) – Biovilac. Ausdrücklich offengelassen von EuG T-113/96, Slg. 1998, II-125 Rn. 42 – Dubois.
[403] Vgl. EuG T-184/95, Slg. 1998, II-667 Rn. 80 – Dorsch Consult.
[404] EuGH C-68/95, Slg. 1996, I-6065 Rn. 38, 57 f. – T. Port.
[405] Näher zu den Haftungsvoraussetzungen *Pfeffer* S. 205 ff.

[zu] erhalten". Aufgrund der Verknüpfung von Eingabe und Antwort wird es zutreffend auch als **Korrespondenzrecht** bezeichnet.[406] Nach wohl übereinstimmender Ansicht handelt es sich bei diesem **Kommunikations- und Sprachenrecht** um ein Grundrecht, nicht lediglich um einen Grundsatz, der von der Rechtsetzung weiter zu konkretisieren ist.[407] Der Charakter der Vorschrift ist besonders: Im Kern handelt es sich um ein **Leistungsrecht,** da die verpflichteten EU-Stellen die Eingabe und die Antwort erforderlichenfalls übersetzen müssen.[408] Es ist nicht verfahrensakzessorisch wie klassische Verfahrensrechte, aber es **initiiert** in gewisser Weise ein **informelles Verfahren,** nämlich die Beantwortung. Demensprechend hat es überwiegend eine **materiell-rechtliche Bedeutung.** Allerdings ist auch eine **prozedurale** Bedeutung zu konstatieren, die bei den Rechtsfolgen zum Tragen kommt (→ Rn. 105). Ansätze vergleichbarer Verbürgungen finden sich nur in **mitgliedstaatlichen Verfassungen,** die das Problem der nationalen und ethnischen **Minderheiten** zur Kenntnis nehmen.[409] Manche Mitgliedstaaten haben diese Problematik im Rahmen von Autonomieregelungen zugunsten der dortigen Mehrheitssprache geregelt.[410]

Die Frage nach der Sprache für die Kommunikation mit Stellen der EU ist als Grundfrage **91** der EU bereits **1958** in der **Verordnung Nr. 1 (VO Nr. 1/58)** beantwortet worden.[411] In dieser wurden dem Einzelnen bzw. den Mitgliedstaaten ein Recht auf Wahl der Amtssprache zugebilligt, in der mit den EU-Organen kommuniziert werden sollte. Diese Regelung wurde zugleich als ein **allgemeiner Rechtsgrundsatz** mit einem **individualschützenden Charakter** angesehen.[412] Insofern brachte Art. 8d EGV idF v. Amsterdam mit der Aufnahme unter die Unionsbürgerrechte nur eine Verdeutlichung. Vor diesem Hintergrund erscheint die Aufnahme in die **Grundrechtecharta** als konsequente Folge und war im Kern im **Konvent** nicht umstritten.[413] Lediglich bezüglich der **verpflichteten Stellen** gab es eine Diskussion, die 2007 zu einer inhaltlichen Veränderung geführt hat, indem der Kreis der Verpflichteten auf die Organe begrenzt wurde.

Die **systematische Einbindung** dieser Verbürgung in Art. 41 Abs. 4 GRC ist vielschichtig. Zunächst wird das **Recht auf Kommunikation** in einer der Vertragssprachen als **Unionsbürgerrecht** in Art. 20 Abs. 2 UAbs. 1 lit. d AEUV erwähnt und in Art. 24 Abs. 4 AEUV näher ausgeführt. Dort werden die verpflichteten **Stellen** näher bezeichnet (→ Rn. 101) und es wird für die **Vertragssprachen** auf Art. 55 Abs. 1 EUV verwiesen. Insofern gilt für Art. 41 Abs. 4 GRC die allgemeine Regel des Art. 52 Abs. 2 GRC (→ Rn. 28), wonach Grundrechte, die bereits in den Verträgen begründet sind, im Rahmen der dortigen Vorgaben ausgeübt werden.[414] Ferner besteht in Art. 21 GRC ein **Verbot der Diskriminierung** aus Gründen der Sprache und in Art. 22 GRC ein Gebot zur Achtung der **Vielfalt der Sprachen.** Daneben bestehen **Kompetenzgrundlagen** für den Rat zur **einstimmigen** Festlegung der Sprachenfragen in Art. 118 Abs. 2 AEUV für europäische Rechtstitel und in Art. 342 AEUV für die „Organe" der Union. Letztere **92**

---

[406] *Magiera* in NK-EuGRCh Art. 41 Rn. 22.
[407] *Jarass* GRCh Art. 41 Rn. 36; *Streinz* in Streinz GRC Art. 41 Rn. 16; aA *Rengeling/Szczekalla* Grundrechte in der EU § 27 Rn. 984, jedoch noch vor Inkrafttreten der Charta.
[408] Vgl. *Jarass* GRCh Art. 41 Rn. 35.
[409] Art. 51 Abs. 2 estnVerf sieht die Korrespondenz auch in einer Minderheitensprache vor, wenn diese lokal eine absolute Mehrheit hat (50%); Art. 104 S. 2 lettVerf kennt lediglich das Recht auf Antwort in lettischer Sprache; Art. 34 Abs. 2 slowakVerf und Art. 62 slowenVerf sehen besondere Rechte für bestimmte nationale und ethnische Minderheiten vor; Art. 3, 112 Abs. 1 tschechVerf iVm Art. 25 Abs. 2 lit. b tschechGR-Deklaration gibt nationalen und ethnischen Minderheiten ein Recht auf die Verwendung der Muttersprache im amtlichen Verkehr.
[410] Das gilt insbes. für Belgien und seine Regionen.
[411] VO Nr. 1/58 zur Regelung der Sprachenfrage der Europäischen Wirtschaftsgemeinschaft, ABl. 1958 L 17, 385; zuletzt geändert durch VO (EU) Nr. 517/2013 zur Änderung der VO Nr. 1/58, ABl. 2013 L 158, 1.
[412] Allerdings verlangt EuGH 41/69, Slg. 1070, 661 Rn. 40 – Chemiefarma nachteilige Folgen für die Betroffenen; kritisch dazu *Huber* BayVBl. 1992, 1 (5).
[413] Vgl. CHARTE 4131/00 v. 17.2.2000.
[414] *Jarass* GRCh Art. 41 Rn. 38.

Vorschrift enthält eine Ausnahme für die Regelung in der Satzung des EuGH. Eine entsprechende **Sonderregelung** sehen die Art. 29 ff. EuGHVfO für die Wahl der Sprache vor einem Unionsgericht vor. Im Übrigen hat der Rat von dieser Ermächtigung in der erwähnten VO Nr. 1/58 Gebrauch gemacht (→ Rn. 91). Als Sekundärrechtsakt steht diese Regelung in der Normhierarchie unter der Vorgabe in Art. 41 GRC. Der EuGH geht davon aus, dass der einschlägige Art. 2 VO Nr. 1/58 dem Art. 41 Abs. 4 GRC entspricht.[415] Zu beachten ist, dass es der EuGH abgelehnt hat, neben der Verbürgung in Art. 24 AEUV einen allgemeinen Grundsatz des Unionsrechts anzuerkennen, „der jedem Bürger einen Anspruch darauf gewährte, dass alles, was seine Interessen berühren könnte unter allen Umständen in seiner Sprache abgefasst sein müsse".[416] In vielen Fällen ist aber die VO Nr. 1/58 einschlägig. Neben dem allgemeinen Recht auf Eingaben bestehen nach Art. 24 Abs. 2 AEUV bzw. Art. 44 GRC das **Petitionsrecht** zum Europäischen Parlament und nach Art. 24 Abs. 3 AEUV bzw. Art. 43 GRC das **Recht auf Beschwerden zum Bürgerbeauftragten**. Mit diesen steht das Recht auf Eingaben in Idealkonkurrenz.[417]

93 Diesem Recht kommt nicht nur **rechtsstaatliche Bedeutung** für die Wahrnehmung der eigenen Rechte der Unionsbürger zu.[418] Denn Transparenz[419] ist eine unabdingbare Voraussetzung dafür, seine Rechte effektiv geltend machen zu können. Insofern sichert Art. 41 Abs. 4 GRC das **Rechtsstaatsprinzip**[420] im Vorfeld konkreter Klagen, die insbesondere in den Art. 47 und 48 GRC speziell geschützt werden. Die Vorschrift vermittelt zudem **Bürgernähe** (s. Art. 1 Abs. 2 EUV) und enthält ein **demokratisches Element**.[421] Denn die Kommunikation zwischen den Unionsbürgern und den EG-Organen und -Einrichtungen ist Teil der umfassenden Deliberationsmöglichkeiten in einer **Kommunikationsunion**.[422] Inhaltlich kann man insofern von einem **Recht auf Kommunikation** sprechen. In Art. 41 Abs. 4 GRC wird das Recht im **Interesse des Einzelnen** gewährt. Zugleich spiegelt das auch die Souveränitätsinteressen der Mitgliedstaaten, die in der Vorgabe der Vertragssprachen nach Art. 55 EUV zum Ausdruck kommt, wider.[423] Dieser Zusammenhang ist allerdings nur **indirekt**, denn die Interessen der Mitgliedstaaten werden direkt und ausreichend über das Einstimmigkeitserfordernis in den Rechtsetzungskompetenzen zur Sprachenfrage geschützt. Dementsprechend wird diese Funktion vom EuGH im Rahmen des Art. 41 Abs. 4 GRC nicht besonders erwähnt, sondern stattdessen die Funktion der **Achtung der Vielfalt der Sprachen** in der Union gemäß Art. 3 Abs. 3 UAbs. 4 EUV und Art. 22 GRC hervorgehoben.[424]

II. Gewährleistungsgehalt

94 Das Recht umfasst nicht nur das Stellen von Anträgen und Auskunftsersuchen, sondern bezieht auch Anfragen, Stellungnahmen, Beschwerden und **sonstige Kommunikationsinhalte** ein.[425] Dies folgt bereits aus dem insofern offenen Wortlaut („kann sich [...] an [...] wenden"). Während noch 2008 das EuG zurückhaltend war, ein Recht auf die eigene Sprache bei **Stellenausschreibungen** anzuerkennen, hat der EuGH festgestellt, dass eine

---

[415] EuGH C-564/16 P, ECLI:EU:C:2018:509 Rn. 36 – EUIPO/Puma.
[416] EuGH C-361/01 P, Slg. 2003, I-8283 Rn. 82 – Kik/HABM.
[417] Wie hier *Jarass* GRCh Art. 41 Rn. 37.
[418] *Kluth* in Calliess/Ruffert AEUV Art. 24 Rn. 3 sieht darin den „Schwerpunkt" der Regelung.
[419] Zum Transparenzgebot s. EuGH C-149/96, Slg. 1999, I-8395 – Portugal/Rat.
[420] Vgl. *Nehl* S. 97.
[421] Vgl. OECD, Resolution of the Council concerning the Mandate of the Public Management Committee, C(99)175/FINAL; aA *Grzeszick* EuR 2006, 161 (165). Zur Bedeutung der Sprachen für den demokratischen Prozess BVerfGE 89, 155 (178); *Grimm* JZ 1995, 581 (387 ff.).
[422] Ausführlich dazu *Augustin*, Das Volk der Europäischen Union, 2000, S. 139 ff.; vgl. auch *Moellers*, Die Rolle des Rechts im Rahmen der europäischen Integration, 1999, S. 76 ff.
[423] Vgl. den Antrag Irlands auf Einbeziehung der irischen (gälischen) Sprache, Erwgr. 1 VO (EG) Nr. 920/2005 zur Änderung der VO Nr. 1/58, ABl. 2005 L 156, 3.
[424] EuGH C-564/16 P, ECLI:EU:C:2018:509 Rn. 36 – EUIPO/Puma.
[425] *Jarass* GRCh Art. 41 Rn. 39; *Hatje* in Schwarze AEUV Art. 24 Rn. 5; *Frenz* HdbEuR Bd. 4 Rn. 4610.

Beschränkung eines **Einschreibungsformulars** auf nur drei Vertragssprachen der Begründung und Rechtfertigung bedarf. Dabei hat er auf VO Nr. 1/58 abgestellt, die Art. 41 Abs. 4 GRC entspräche.[426]

Erfasst wird ausdrücklich **auch die Antwort** der betreffenden Institution.[427] Dies entspricht der Formulierung in Art. 13 Kodex.[428] Umstritten ist, ob damit ein Recht auf eine inhaltliche Beantwortung oder eine sachliche Behandlung einhergeht.[429] Zwar wird ein Mindestinhalt der Antwort nicht ausdrücklich angeben, doch ist aus dem systematischen Zusammenhang mit den in Art. 24 Abs. 2 und 3 AEUV genannten Petitionsrecht und dem Recht auf Beschwerde an den Bürgerbeauftragten, zu folgern, dass die betreffende Einrichtung die Eingabe **entgegennehmen, prüfend zur Kenntnis nehmen** und **beantworten** muss.[430] Im Unterschied dazu verlangt das Beschwerderecht zum Bürgerbeauftragten nach Art. 228 AEUV ein Tätigwerden desselben und eine entsprechende inhaltliche Antwort (→ § 54 Rn. 14) und geht also weiter. Das Petitionsrecht zum Parlament gewährt ein Recht auf eine Bescheidung, wenn auch nicht auf Abhilfe (→ § 53 Rn. 11), welches aber gleichzeitig die sachliche Bescheidung darstellt. Demgegenüber verlangt das allgemeine Eingaberecht nicht, dass die betreffende Stelle tätig werden muss, aber dass sie erklärt, wie mit der Eingabe umgegangen wird.[431] Weiter unterscheiden sich die anderen Anrufungsrechte durch ihre engeren Voraussetzungen und einen begrenzteren Anwendungsbereich. Im Vergleich stellt das allgemeine Eingaberecht nach Art. 41 Abs. 4 GRC einen **Minimalstandard** sicher. Die Gegenansicht würde zu dem widersinnigen Ergebnis führen, dass man keine inhaltliche Antwort geben muss, diese aber unbedingt in der Sprache des Eingebenden.

95

Während in Art. 24 Abs. 4 AEUV das Eingaberecht auf den **Schriftverkehr** begrenzt ist[432] – vergleichbar betreffen Art. 2 und 3 VO Nr. 1/58 die Übermittlung von Schriftstücken (vgl. auch Art. 13 Kodex) –, enthält der Wortlaut von Art. 41 Abs. 4 GRC keine solche Beschränkung. Da es aber auch keinen entgegenstehenden Hinweis im Wortlaut gibt, kommt die allgemeine Regel des Art. 52 Abs. 2 GRC (→ Rn. 28) zur Anwendung, wonach die Ausübung der Rechte in der Charta, die **in den Verträgen begründet** sind, im Rahmen der dort festgelegten Bedingungen und Grenzen erfolgt. Damit ist nur eine schriftliche Antwort in der betreffenden Vertragssprache gewährleistet.[433] Eine generelle Aufhebung der Begrenzung auf den Schriftverkehr würde eine große Herausforderung für die **Effizienz und Effektivität** der Union darstellen. Bei einem Telefonanruf wäre zB nur unter unverhältnismäßig hohem Aufwand zu gewährleisten, dass in jedem Fall eine der betreffenden Sprache mächtige Person zum Gespräch bereitstünde.

96

Besondere verfahrensrechtliche Vorgaben enthalten weder Art. 24 Abs. 4 AEUV noch Art. 41 Abs. 4 GRC. Jedoch werden die betreffenden Organe und Einrichtungen in der Erklärung der Regierungskonferenz 2000 zum Nizza-Vertrag zu Art. 21 Abs. 3 EGV aufgefordert, „dafür Sorge zu tragen, dass jede Eingabe […] **innerhalb einer vertretbaren Frist** beantwortet wird". Sofern zB die Kodizes von Kommission bzw. Parlament eine Antwortfrist von 15 bzw. 45 Arbeitstagen vorsehen,[434] ist diesem Erfordernis wohl noch genüge getan.

97

---

[426] EuGH C-377/16, ECLI:EU:C:2019:249 Rn. 36 ff. – Spanien/Parlament.
[427] In EuGH C-141/02 P, Slg. 2005, I-1283 Rn. 69 – Kommission/T-Mobil Austria (vormals max.mobil) wird nur das Recht auf eine Antwort „in einem bestimmten Sinne" verneint.
[428] Europäischer Bürgerbeauftragter (EB), Kodex für gute Verwaltungspraxis, 2015, abrufbar unter https://publications.europa.eu/de/publication-detail/-/publication/6f34b389-82be-11e5-b8b7-01aa75ed71a1.
[429] Eine sachliche Behandlung oder inhaltliche Beantwortung ablehnend Jarass GRCh Art. 4 Rn. 41; *Frenz* HdbEuR Bd. 4 Rn. 4610. Anders wohl *Hatje* in Schwarze AEUV Art. 24 Rn. 5.
[430] So *Haag* in von der Groeben/Schwarze/Hatje AEUV Art. 24 Rn. 9.
[431] Wegen dieser Unterschiede überzeugt die Ansicht nicht, wonach das Recht auf Eingabe So aber *Barth*, Bürgerbeauftragter und Petitionsrecht im Prozess der europäischen Verfassungsgebung. Einrichtungen zur Demokratisierung der Europäischen Integration, 2004, S. 166; ihm folgend Jarass EU-GR § 36 Rn. 42.
[432] Nach dem Sinn der Begrenzung sind auch Telefax und E-Mail erfasst, vgl. *Haag* in von der Groeben/Schwarze/Hatje AEUV Art. 24 Rn. 12.
[433] *Magiera* in NK-EuGRCh Art. 41 Rn. 24; ihm folgend *Streinz* in Streinz GRC Art. 41 Rn. 16.
[434] Kodex der Kommission, Kommission, Nr. 4 Kodex für gute Verwaltungspraxis in den Beziehungen der Bediensteten der Europäischen Kommission zur Öffentlichkeit, ABl. 2000 L 267, 63; neu verkündet mit

98 Das Recht auf Eingabe an die EU-Organe nach Art. 24 Abs. 4 AEUV bezieht sich ausdrücklich auf die in Art. 55 EUV aufgezählten – nunmehr 24 ohne das Luxemburgische – sog. **Sprachen der Verträge.** Dies deckt sich mittlerweile mit der Regelung in VO Nr. 1/58 zu den 24 (ebenfalls ohne Luxemburgisch)[435]**Amtssprachen.** Komplett unabhängig davon sind die **Arbeitssprachen,** die nach Art. 6 VO Nr. 1/58 die Organe selbst festlegen können. Sie betreffen nur die interne Kommunikation und haben insofern keine unmittelbaren Auswirkungen auf die Beziehungen zu den Einzelnen. Sie können aber mittelbar von Interesse werden, wenn Einzelne Auskunft über interne Schriftstücke, etwa unter dem Recht auf **Zugang zu Informationen,** verlangen.

99 Die **Amtssprachen** betreffen die allgemeinen amtlichen Veröffentlichungen sowie den Verkehr der Organe untereinander oder mit Drittstaaten. Grundsätzlich wenden sich die Organe auch an die Einzelnen zunächst in den Amtssprachen, müssen auf Wunsch aber auf die entsprechende Sprache der Verträge wechseln. So werden Verstöße gegen Art. 24 Abs. 4 AEUV bzw. Art. 41 Abs. 4 GRC vermieden. Im Rahmen der von dieser Vorschrift verfolgten Zwecke (→ Rn. 93) soll die Union dem Einzelnen möglichst nicht eine größere Mehrsprachigkeit zumuten, als dies sein eigener Mitgliedstaat verlangt. Deshalb ist die Zusendung von Entscheidungen in **zusätzlichen Sprachen** unschädlich.[436] Wurde ein Dokument in einer falschen Sprache übermittelt, war aber **ersichtlich verständlich** und hatte insofern keine nachteiligen Auswirkungen auf das betreffende Verfahren, dann werden die Schutzzwecke des Rechts nicht beeinträchtigt.[437]

100 **Berechtigt** wird nach Art. 41 Abs. 4 GRC „jede Person". Die Auslegung ist umstritten, weil Art. 24 Abs. 4 AEUV lediglich die Unionsbürger berechtigt. Dies soll nach einer Auffassung auch für Art. 41 Abs. 4 GRC über die Struktursicherungsklausel des Art. 52 Abs. 2 GRC gelten.[438] Diese Auffassung ist nicht überzeugend, denn sie würde nicht nur **Drittstaatsangehörige** ausschließen, sondern konsequenterweise auch **juristische Personen.**[439] Erstens zeigt der Wortlaut von Art. 41 Abs. 4 GRC mit dem Begriff „Person", dass ein größerer Kreis an Berechtigten gemeint ist als in Art. 24 Abs. 4 AEUV. Damit entfällt aber die Berufung auf die **Struktursicherungsklausel,** weil gerade über die Verbürgung in den Verträgen hinausgegangen werden sollte.[440] Zudem ist die Begrenzung auf Unionsbürger in Art. 24 Abs. 4 AEUV teleologisch fragwürdig. Die im Kapitel über die Unionsbürgerschaft enthaltenen Rechte, die primär rechtsstaatlich motiviert sind, werden an anderen Stellen in den Verträgen mehrheitlich auf alle Personen mit Wohnort in der EU und juristische Personen mit Sitz in der EU ausgedehnt.[441] Lediglich das Wahlrecht bleibt den Unionsbürgern – und den natürlichen Personen – vorbehalten.[442] Im Hinblick auf das allgemeine Eingaberecht haben bereits 1958 Art. 2 und 3 VO Nr. 1/58 jede „**der Hoheitsgewalt eines Mitgliedstaats unterstehende** Person" einbezogen. Formal erfüllt diese Vorschrift nicht die Voraussetzung der Struktursicherungsklausel, weil sie als Sekun-

---

der Geschäftsordnung in ABl. 2000 L 308, 32; Kodex des Parlaments, EP, Leitfaden für die Pflichten der Beamten und Bediensteten des EP (Verhaltenskodex), Teil III.A.1 – Beziehungen zu den Bürgern, ABl. 2000 C 97, 1.

[435] S. Art. 1 VO (EU) Nr. 517/2013, ABl. 2013 L 158, 1, zur Änderung der VO Nr. 1/58, ABl. 1958 L 17, 385: Bulgarisch, Dänisch, Deutsch, Englisch, Estnisch, Finnisch, Französisch, Griechisch, Irisch, Italienisch, Kroatisch, Lettisch, Litauisch, Maltesisch, Niederländisch, Polnisch, Portugiesisch, Rumänisch, Schwedisch, Slowakisch, Slowenisch, Spanisch, Tschechisch und Ungarisch.

[436] EuGH verb. Rs. 40–48, 50, 54–56, 111, 113, 114/74, Slg. 1975, 1663 (1954) – Suiker Unie.

[437] Vgl. EuGH 41/69, Slg. 1970, 661 (690) – Chemiefarma.

[438] *Kańska* ELJ 2004, 296 (321); Jarass GRCh Art. 41 Rn. 40; *Frenz* HdbEuR Bd. 4 Rn. 4608; aA *Magiera* in NK-EuGRCh Art. 41 Rn. 24; *Streinz* in Streinz GRC Art. 41 Rn. 16.

[439] Im Gegensatz zu den Eingaberechten nach Art. 24 Abs. 2 und 3 AEUV wird nämlich beim Eingaberecht nach Art. 24 Abs. 4 AEUV im Primärrecht keine Ausnahme auf juristische Personen vorgenommen, vgl. aber Art. 227 AEUV und Art. 228 AEUV.

[440] Alternativ argumentiert *Magiera* in NK-EuGRCh Art. 41 Rn. 23, dass sich die Struktursicherungsklausel auf das „Unionsrecht im weiteren Sinn" beziehe.

[441] S. Art. 227 AEUV und Art. 228 AEUV.

[442] Art. 14 Abs. 2 EUV.

därrechtsakt nicht zu den dort erwähnten „Verträgen" zählt.[443] Inhaltlich entspricht ihre Regelung aber der Förderung des **Rechtsstaatsprinzips**. Vor diesem Hintergrund wird verständlich, warum der EuGH davon ausgeht, dass Art. 2 VO Nr. 1/58 inhaltlich im Wesentlichen Art. 41 Abs. 4 GRC entspreche.[444] Nach Sinn und Zweck des Art. 41 Abs. 4 GRC ist die Einbeziehung von **juristischen Personen** angezeigt. Dementsprechend sollen nach Art. 13 S. 2 Kodex die Unionsbeamten „soweit wie möglich" auch „**juristischen Personen wie Vereinigungen (NRO) und Unternehmen**" in der gleichen Sprache antworten, in der jene sich an sie gewendet haben. Die damit entscheidende **rechtsstaatliche Funktion** der Vorschrift spricht darüber hinaus für die Einbeziehung aller Rechtsunterworfenen und damit auch Drittstaatsangehöriger.[445] Schließlich ist allen **mitgliedstaatlichen Rechtsordnungen** ungeschrieben **gemein**, dass sich nicht nur Staatsbürger, sondern jede in ihrem Geltungsbereich befindliche Person im Verkehr mit den Behörden der dort geltenden offiziellen landesweiten Sprachen bedienen kann. Im Hinblick auf nationale Rechte zur Verwendung regional anerkannter offizieller Sprachen hat der EuGH diskriminierende Beschränkungen eines solchen Rechts nicht zugelassen.[446]

Verpflichtet werden in Art. 41 Abs. 4 GRC die EU-Organe, nicht wie die Rechte im 1. Absatz der Vorschrift zusätzlich die Einrichtungen und sonstigen Stellen. Demgegenüber verpflichtet Art. 24 Abs. 4 AEUV die „**Organe**" und „**Einrichtungen**", die in jener Vorschrift und in Art. 13 EUV aufgeführt werden: das sind das **EP**, der **Bürgerbeauftragte**, der **Europäische Rat**, der **Rat**, die **Kommission**, der **Gerichtshof** (EuGH und EuG), die **EZB** und der **Rechnungshof**, sowie der **AdR** und der **WSA**.[447] Davon sind auch die Dienste und nachgeordneten Stellen der betreffenden Organe und Einrichtungen erfasst,[448] nicht aber andere nicht ausdrücklich erwähnte sonstige Stellen[449]. In der Literatur wird die Ausklammerung der **übrigen Einrichtungen** der Union kritisiert. Ausgehend von einem ungeschriebenen allgemeinen Rechtsgrundsatz, nach dem jeder das Recht habe, dass das ihn betreffende Recht in seiner jeweiligen Sprache zugänglich sein soll, und unter Bezugnahme auf die Prinzipien der **Transparenz** und **Bürgernähe** wird für die Einbeziehung weiterer Einrichtungen wie des Markenamtes jedenfalls in die VO Nr. 1/58 plädiert.[450] Dem ist die Rechtsprechung nicht gefolgt,[451] weil auf primärrechtlicher Ebene der Wortlaut der betreffenden Vorschriften dahinter zurückbleibt. **101**

Grundsätzlich **nicht** erfasst sind ausweislich des engen Wortlauts die **Mitgliedstaaten** und ihre Behörden.[452] Das gilt auch bei der Durchführung des Unionsrechts.[453] Ansonsten würde nicht nur die Leistungsfähigkeit der nationalen Verwaltungen überstrapaziert, auch **102**

---

[443] Vgl. *Borowsky* in NK-EuGRCh Art. 52 Rn. 25.
[444] EuGH C-377/16, ECLI:EU:C:2019:249 Rn. 36 – Spanien/Parlament.
[445] Vgl. *Rengeling/Szczekalla* Grundrechte in der EU Rn. 1093. Nicht erfasst werden von VO Nr. 1/58 allerdings Nicht-EU-Bürger, die in Drittstaaten ansässig sind, EuG T-338/94, Slg. 1998, II-1617 Rn. 48 ff. – Finnish Board Mills Association; *Haag* in von der Groeben/Schwarze/Hatje AEUV Art. 24 Rn. 7 mit Verweis auf Art. 227 f. AEUV.
[446] EuGH C-274/96, Slg. 1998, I-7637 Rn. 13 ff., 24, 31 – Bickel argumentiert im konkreten Fall sowohl mit den Grundfreiheiten, die auch EU-Ausländern offenstehen, als auch mit der Unionsbürgerschaft.
[447] Beide werden in Art. 13 Abs. 4 EUV erwähnt. Wie hier *Hatje* in Schwarze AEUV Art. 24 Rn. 5.
[448] Vgl. zur Auslegung des Begriffs „Organe" in VO Nr. 1/58 ebenso *Priebe* in Schwarze AEUV Art. 342 Rn. 5, 15.
[449] EuGH C-361/01 P, Slg. 2003, I-8283 Rn. 83 – Christina Kik/HABM; vgl. dazu in der Vorinstanz EuG T-120/99, Slg. 2001, II-2235 Rn. 64 – Christina Kik/HABM; s. auch EuGH C-160/03, Slg. 2005, I-2077 Rn. 35 ff. – Spanien/Eurojust, wo bereits die Zulässigkeit der Klage verneint wird, weil die betreffende Einrichtung nicht unter Art. 263 AEUV (ex-Art. 230 EGV) aufgeführt ist.
[450] So wohl implizit *Schweitzer* in GHN, 28. EL 2005, EGV Art. 290 Rn. 8, 13. AA bzw. einschränkend nunmehr *Mayer* in GHN AEUV Art. 341 Rn. 16, der dies nur auf „unmittelbar Organen zugewiesen[e] Organisationseinheiten" erstrecken will, aber nicht auf „der Kommission lediglich nachgeordnet[e], organähnliche Einrichtungen".
[451] EuGH C-361/01 P, Slg. 2003, I-8283 Rn. 83 – Christina Kik/HABM; vgl. dazu in der Vorinstanz EuG T-120/99, Slg. 2001, II-2235 Rn. 64 – Christina Kik/HABM.
[452] Wohl allgemeine Ansicht, s. nur *Haag* in von der Groeben/Schwarze/Hatje AEUV Art. 24 Rn. 8 ff.
[453] *Jarass* GRCh Art. 41 Rn. 36; *Klatt* in von der Groeben/Schwarze/Hatje GRC Art. 41 Rn. 18; *Streinz* in Streinz GRC Art. 41 Rn. 16.

würden im Grunde für den Einflussbereich des EU-Rechts die nationalen Regelungen über die Amtssprachen außer Kraft gesetzt werden. Sofern allerdings ein Mitgliedstaat weitere Sprachen im Verkehr mit seinen Behörden (und sei es nur regional begrenzt) zulässt, darf er diese Erleichterungen nicht nur Einheimischen vorbehalten.[454]

III. Beeinträchtigungen, Rechtfertigung und Rechtsfolgen

103 Art. 41 Abs. 4 GRC kann in vielfältige Weise beeinträchtigt werden. Dazu zählen die **Nichtannahme** einer Eingabe, die in einer der Vertragssprachen abgefasst worden ist; das **Ausbleiben einer Antwort** überhaupt oder in angemessener Frist; die **Verwendung einer anderen Sprache** in Beantwortung der Eingabe; eine Antwort, die jegliche Auseinandersetzung mit dem Inhalt der Eingabe vermissen lässt (→ Rn. 95). Schließlich ist auch eine **Begrenzung auf bestimmte Sprachen** eine Beeinträchtigung, wie sie bis 2005 hinsichtlich des Irischen nach VO Nr. 1/58 vorgesehen war.

104 Das Recht auf Eingabe unterliegt der **sekundärrechtlichen Ausgestaltung** nach Art. 342 AEUV durch den **Rat** mittels einstimmig zu treffender Regelung. Die entsprechenden Vorgaben sind derzeit in VO Nr. 1/58 aufgestellt; sie binden auch die Organe im Hinblick auf entsprechende Regelungen in ihren Kodizes einer guten Verwaltungspraxis. Ausdrücklich ausgenommen von der Regelung durch den Rat ist laut Art. 342 AEUV die **Satzung des Gerichtshofes**.

105 Als **Rechtfertigungsgründe** kommen insbesondere die **Funktionsfähigkeit** der Union bzw. die Effizienz und Effektivität, wie sie dem Grundsatz einer ordnungsgemäßen Verwaltung durch die Rechtsprechung entnommen werden, in Frage.[455] Eine Einschränkung kann aber auch aufgrund kollidierender Rechte Dritter erforderlich sein, wenn es mehrere Verfahrensbeteiligte gibt, die in unterschiedlichen Sprachen teilnehmen wollen.[456] Verstöße begründen Verfahrensfehler, die zur Nichtigkeit des betreffenden Rechtsaktes führen können, sofern sie nachteilige Folgen haben.[457] Trotz der Verbürgung als Grundrecht in Art. 41 Abs. 4 GRC hält der EuGH daran fest, dass die Sprachenregelung keine wesentliche Formvorschrift im Sinne von Art. 263 AEUV darstelle, so dass deren Verletzung nicht zwangsläufig die Ordnungsmäßigkeit jedes in einer anderen Sprache an eine Person gerichteten Schriftstücks berühre.[458]

106 Vereinzelt hat der EuGH nicht in der zutreffenden Sprache abgefasste Handlungen als nichtexistent angesehen, was im konkreten Fall zur Verletzung von Fristenregelungen durch das betreffende Organ geführt hat.[459] Ferner kann eine Verletzung der Sprachenregelung die **Amtshaftung** der Union nach Art. 340 Abs. 2 AEUV auslösen.[460] Insbesondere dürfte das Eingaberecht mit der Gewährleistung als Grundrecht in Art. 41 Abs. 4 GRC das dort vorausgesetzte Erfordernis einer **den Einzelnen schützenden** Norm erfüllen.

I. Zusammenfassende Bewertung und Ausblick

107 Die Verfahrensrechte spielen in der Rechtsprechung der Unionsgerichte eine relativ **bedeutsame Rolle**. Nicht zuletzt ist dies dem Umstand geschuldet, dass die Möglichkeit, auf formale Erfordernisse in einer Entscheidung rekurrieren zu können, es den Gerichten ermöglicht, sich bei der Überprüfung von Ermessensentscheidungen zurückzunehmen und

---

[454] EuGH C-274/96, Slg. 1998, I-7637 Rn. 24, 31 – Bickel, allerdings im konkreten Fall im Hinblick auf Unionsbürger.
[455] Vgl. EuGH 24/62, Slg. 1963, 141 (151) – Deutschland/Kommission.
[456] Vgl. EuGH C-361/01 P, Slg. 2003, I-8283 Rn. 86 – Christina Kik/HABM.
[457] EuGH 41/69, Slg. 1970, 661 Rn. 40 – Chemiefarma nachteilige Folgen für die Betroffenen; kritisch dazu *Huber* BayVBl. 1992, 1 (5).
[458] EuGH C-608/13 P, ECLI:EU:C:2016:414 Rn. 38 – CEPSA/Kommission, vgl. bereits EuGH 41/69, ECLI:EU:C:1970:71 Rn. 47–52 – ACF Chemiefarma/Kommission.
[459] EuGH C-263/95, Slg. 1998, I-441 Rn. 31 f. – Deutschland/Kommission;
[460] *Huber* BayVBl. 1992, 1 (6).

auf diese Weise eine hohe Akzeptanz ihrer Entscheidung gewährleisten zu können, ohne den materiellen Spielraum der Unionsorgane zu sehr einzuengen. Allerdings ist den Verfahrensrechten eine erhebliche **Rigidität** eigen. Diese hat die Rechtsprechung zunächst dadurch einzuhegen gewusst, dass sie die Verfahrensrechte als allgemeine Grundsätze charakterisiert hat und in bestimmten Fällen Abweichungen für zulässig erachtet hat. Diese Möglichkeit ist mit der Anerkennung als Grundrecht aber zurückgedrängt worden. Es gelten – mit gewissen Ausnahmen bei der gesetzlichen Grundlage – die allgemeinen Anforderungen für **Rechtfertigungen** von Beeinträchtigungen nach Art. 52 Abs. 1 GRC.

Insofern hat die EU mit der Schaffung eines Grundrechts auf gute Verwaltung **grundrechtliches Neuland** betreten. In den einzelnen Ausprägungen wird zwar im Wesentlichen die bisherige Rechtsprechung zum Grundsatz der guten Verwaltung nachgezeichnet, mitunter werden aber auch nicht unbedeutende Modifikationen vorgenommen. Das stellt die **Grundrechtsdogmatik vor Herausforderungen.** Gleichwohl lohnt es sich, diese dogmatische Aufgabe anzugehen. Denn die Verfahrensrechte sind wichtige Instrumente zur Erreichung von mehr **Bürgernähe**, die der EU nach Art. 1 Abs. 2 EUV aufgegeben ist. Sie erlangt mit stärkerem Bewusstsein der Globalisierung und der Individualisierung in der Gesellschaft zunehmende Bedeutung. Die damit zusammenhängende Betonung der **Menschenwürde** auch als ein demokratisches Element kann auf Verfahrensrechte als ein Scharnier zur Effektuierung zurückgreifen. Zugleich dienen Verfahrensrechte langfristig der Sicherstellung einer leistungsfähigen Verwaltung und dürfen nicht in einer kurzfristigen Kosten-Nutzen-Analyse als eine Beeinträchtigung der Verwaltungseffizienz angesehen werden. Nicht zuletzt findet sich die Verwaltung in Zeiten zunehmender Verrechtlichung der internationalen Beziehungen und supranationaler Einbindung in der **neuen Rolle eines Vermittlers im Mehrebenensystem** gegenüber den Betroffenen wieder. Noch häufiger als die nationalen Parlamente wird sie zu einer Schnittstelle der rechtlichen Steuerungskonzepte. Dann erscheint es aber auch aus demokratietheoretischen Gründen erforderlich, die Kontrollbefugnisse nicht nur der demokratisch legitimierten Organe, sondern auch der Einzelnen auszubauen. Die Verfahrensrechte sind zwar auf materielle Positionen bezogen, sie dienen aber unabhängig vom konkreten tatsächlichen Ergebnis des Verfahrens der **Rationalisierung** der Entscheidungsfindung. Rechtspolitisch ist diese Ausrichtung der Verfahrensrechte nicht nur für die EU von Bedeutung, sondern auch für die Mitgliedstaaten. Die Anerkennung ihres Grundrechtscharakters könnte eine erhebliche Ausstrahlungskraft auf die Mitgliedstaaten im Rahmen eines Wettbewerbes der Rechtsordnungen haben.

Sowohl Grundsatz als auch Grundrecht der guten Verwaltung dienen als Substitute für das **Fehlen eines Allgemeinen Verwaltungsrechts** auf der supranationalen Ebene.[461] Es ist davon auszugehen, dass sie einen förderlichen Einfluss auf das Projekt „ReNEUAL" haben, in dessen Rahmen zahlreiche „Model Rules on EU Administrative Procedure" geschaffen worden sind, die den größten Teil des Allgemeinen Verwaltungsrechts abdecken.[462] Da aufgrund der nicht abschließenden Aufzählung von Einzelverbürgungen in Art. 41 GRC der Rechtsprechung auch weiterhin eine erhebliche Rolle bei der Ausgestaltung und Konkretisierung dieses Grundrechts zukommen wird, bleibt abzuwarten, ob sie es stärker als eine autonome Grundrechtsverbürgung auffassen wird. Jedenfalls ist mit dem Recht auf eine gute Verwaltung der Grundstein für die Entwicklung eines **modernen Verwaltungsverfahrensrechts** gelegt.

---

[461] Näher dazu *Schwarze* EuGRZ 1993, 337 (382 f.); kritisch *Harlow* ELJ 2 (1996), 3 ff., *Ipsen* in Schwarze, Europäisches Verwaltungsrecht im Werden, 1982, S. 123 → Rn. 3.
[462] S. die Hinweise auf der Homepage von ReNEUAL (Research Network on EU Administrative Law), abrufbar unter http://www.reneual.eu/index.php/projects-and-publications/reneual-1-0.

§ 62 Ne bis in idem (Doppelbestrafungsverbot)

Übersicht

	Rn.
A. Bedeutung und Entwicklung	1–5
B. Gewährleistungsgehalt	6–30
I. Anwendungsvoraussetzungen	6–17
1. Begriff der Straftat (idem)	6–10
2. Begriff der strafrechtlichen Aburteilung (bis)	11–17
II. Räumlicher Anwendungsbereich	18–30
1. Nationale Fälle mit Unionsrechtsbezug	18
2. Transnationale Fälle innerhalb der Union	19–30
C. Beeinträchtigung	31
D. Rechtfertigung	32–35
E. Verhältnis zu anderen Grundrechten	36
F. Zusammenfassende Bewertung und Ausblick	37, 38

Schrifttum:

Andreangeli, Ne bis in idem and administrative sanctions, CMLR 2013, 1827; *Baudenbacher/Behn,* Back to Betsy: Zur Empagran-Entscheidung des US Supreme Court, ZWeR 2004, 604; *van Bockel,* Case C-436/04, Criminal Proceedings against Léopold Henri Van Esbroeck, Case C-150/05, Jean Leon Van Straaten v. Netherlands and Italy, Case C-467/04, Criminal proceedings against G. Francesco Gasparini, José Ma L. A. Gasparini, G. Costa Bozzo, Juan de Lucchi Calcagno, Francesco Mario Gasparini, José A. Hormiga Marrero, Sindicatura Quiebra, CMLR 2008, 223; *ders.,* The ne bis in idem principle in the European Union legal order: between scope and substance, ERA-Forum 2012, 325; *ders.,* Sanctions in EU subsidies law in the light of the Charter of Fundamental Rights of the EU, EStAL 2013, 391; *ders./Wattel,* New wine into old wineskins: The scope of application of the Charter of fundamental rights of the EU after Åkerberg Fransson, ELR 2013, 866; *Boni,* Précisions sur la délimitation des compétences de la Commission européenne et des autorités nationales de concurrence au sein du „REC" et sur l'application du principe ne bis in idem, Rev. Aff. Eur. 2012, 183; *Böse,* Der Grundsatz „ne bis in idem" im Wettbewerbsrecht der Gemeinschaft und Art. 54 SDÜ, EWS 2007, 202; *ders.,* Ausnahmen vom grenzüberschreitenden „ne bis in idem"? zur Fortgeltung der Vorbehalte nach Art. 55 SDÜ, in Esser/Günther/Jäger/Mylonopoulos/Öztürk, FS Kühne, 2013, S. 519; *Botta,* Testing the decentralisation of competition law enforcement: comment on Toshiba, ELR 2013, 107; *Brammer,* Ne bis in idem im europäischen Kartellrecht: neue Einsichten zu einem alten Grundsatz, EuZW 2013, 617; *Bucher,* Die Bindung der Mitgliedstaaten an die EU-Grundrechtecharta bei Ermessensspielräumen, insbesondere in Fällen der Richtlinienumsetzung und unter Berücksichtigung der Folgerechtsprechung zu „Åkerberg Fransson", ZEuS 2016, 203; *Busse/Leopold,* Entscheidungen über Verpflichtungszusagen nach Art. 9 VO (EG) Nr. 1/2003, WuW 2005, 146; *Cheynel,* Dernier pas de la Cour avant la reconnaissance du caractère pénal des procédures antitrust européennes? – CJUE, 5 juin 2012, Bonda, aff. C-489/10, RAE 2012, 443; *Dannecker,* EuGH, 26.2.2013, C-617/10 Åkerberg Fransson: Anwendungsbereich der Grundrechtecharta im Straf- und Strafverfahrensrecht, JZ 2013, 616; *ders.,* Der Grundrechtsschutz im Kartellordnungswidrigkeitenrecht im Lichte der neueren Rechtsprechung des EuGH, NZKart 2015, 25; *Di Federico,* EU competition law and the principle of ne bis in idem, EPL 2011, 241; *Eilmansberger,* „Ne bis in idem" und kartellrechtliche Drittstaatssanktionen, EWS 2004, 49; *ders.,* Ne bis in idem und die Zuständigkeitsverteilung im Netzwerk der Wettbewerbsbehörden, in Köck/Lengauer/Ress, FS Fischer, 2004, S. 33; *Epiney,* Le champ d'application de la charte des droits fondamentaux: l'arrêt Fransson et ses implications, CDE 2014, 283; *Fletcher,* Some developments to the ne bis in idem principle in the European Union: criminal proceedings against Hüseyn Gözütok and Klaus Brügge, MLR 2003, 769; *Fontanelli,* Implementation of EU Law through Domestic Measures after Fransson: the Court of Justice Buys Time and 'Non-preclusion, Troubles Loom Large', ELR 2014, 682; *Forrester,* Due Process in EC Competition Cases: A Distinguished Institution with Flawed Procedures, ELR 2009, 817; *ders.,* A Challenge for Europe's Judge: The Review of Fines in Competition Cases, ELR 2011, 185; *Frenzel,* Die Charta der Grundrechte als Maßstab für mitgliedstaatliches Handeln zwischen Effektivierung und Hyperintegration, Der Staat 2014, 1; *Gaede,* Transnationales „ne bis in idem" auf schwachem grundrechtlichen Fundament, NJW 2014, 2990; *ders.,* Staatsanwaltschaftliche Verfahrenseinstellung und SDÜ-Doppelverfolgungsverbot, NJW 2016, 2939; *Gaulard,* Le principe non bis in idem en droit de la concurrence de l'Union, CDE 2013, 703; *Geiß,* Europäischer Grundrechtsschutz ohne Grenzen?, DÖV 2014, 265; *Grabenwarter,* Die Charta der Grundrechte für die Europäische Union, DVBl 2001, 1; *Gstrein/Zeitzmann,* Die „Åkerberg Fransson"-Entscheidung des EuGH: „ne bis in idem" als Wegbereiter für einen effektiven Grundrechtsschutz in der EU?, ZEuS 2013, 239; *Gulliksson,* Effective sanctions as the one-dimensional limit to the ne bis in idem principle in EU law, in Nergelius/Kristoffersson, Human Rights in Contemporary European Law, 2015, S. 141; *Hecker,* Schließt Art. 54 SDÜ die Strafverfolgung in einem anderen Vertragsstaat aus, wenn die Verfahrenserledigung im Aburteilungsstaat nur eine beschränkte materielle Rechtskraft entfaltet?, in Bockemühl/Gierhake/Müller ua, FS v. Heintschel-Heinegg, 2015, S. 175; *Huber/Schwabl*, Missbräuchliche Beihilfeverwendung und *ne bis in idem*, in Jaeger/Haslinger, Jahrbuch Beihilferecht 2015, 2015, S. 467; *Immenga/Jüttner*, Geltung und Grenzen des Grundsatzes ne bis in idem im europäischen Kartellrecht: die EuGH-Entscheidung SGL Carbon, ZWeR 2006, 400; *Kingreen*, Die Grundrechte des Grundgesetzes im europäischen Grundrechtsföderalismus, JZ 2013, 801; *Klees*, Der Grundsatz ne bis in idem und seine Auswirkungen auf die Zusammenarbeit der Kartellbehörden im European Competition Network (ECN), WuW 2006, 1222; *Kuck*, Die Anerkennung des Grundsatzes ne bis in idem im europäischen Kartellrecht und seine Anwendung in internationalen Kartellverfahren, WuW 2002, 689; *Lange*, Verschiebungen im europäischen Grundrechtssystem?, NVwZ 2014, 169; *Lo Schiavo*, The principle of *ne bis in idem* and the application of criminal sanctions: of scope and restrictions, EuConst 2018, 644; *Louis/Accardo*, Ne bis in idem, part „bis", World Competition 2011, 97; *Luchtman*, The ECJ's Recent Case Law on *ne bis in idem*: Implications for Law Enforcement in a Shared Legal Order, CMLR 2018, 1717; *Lücke*, Der additive Grundrechtseingriff sowie das Verbot der übermäßigen Gesamtbelastung des Bürgers, DVBl 2001, 1469; *Maulet*, Le principe ne bis in idem, objet d'un „dialogue" contrasté entre la Cour de justice de l'Union européenne et la Cour européenne des droits de l'homme, RTDE 2017, 107; *Meyer*, Transnationaler ne-bis-in-idem-Schutz nach der GRC, HRRS 2014, 270; *Mock*, Ne bis in idem: Strasbourg tranche en faveur de l'identité des faits, RTDH 2009, 867; *Monti*, Controlled Decentralisation of EU Antitrust Law, CMLR 2014, 261; *Oliver/Bombois*, „Ne bis in idem" en droit européen: un principe à plusieurs variantes, J. D. E. 2012, 266; *Ouwerkerk*, Case C-261/09, Criminal proceedings against Gaetano Mantello, Judgment of the Court of Justice (Grand Chamber) of 16 November 2010, CMLR 2011, 1687; *Paulis/Gauer*, Le règlement n° 1/2003 et le principe du ne bis in idem, Revue des droits de la concurrence 2005, 32; *Petr*, The ne bis in idem principle in competition law, ECLR 2008, 392; *Puéchavy*, L'arrêt Zolotoukhine c. Russie, in Puéchavy, Le principe ne bis in idem, 2012, S. 19; *Rabe*, Grundrechtsbindung der Mitgliedstaaten, NJW 2013, 1407; *Reestman/Besselink*, After Åkerberg Fransson and Melloni, Common Market Law Review 2013, 169; *Rinuy*, Cour de justice, 11 février 2003, procédures pénales contre Hüseyn Gözütok et Klaus Brügge, Rev. Aff. Eur. 2003–2004, 119; *Ritleng*, De l'articulation des systèmes de protection des droits fondamentaux dans l'Union: les enseignements des arrêts Åkerberg Fransson et Melloni, RTDE 2013, 267; *Safferling*, Der EuGH, die Grundrechtecharta und nationales Recht: Die Fälle Åkerberg Fransson und Melloni, NStZ 2014, 545; *Schima*, EU Fundamental Rights and Member State Action after Lisbon, Putting the ECJ's Case Law in its Context, FILJ 2015, 1097; *Schwarze*, Die extraterritoriale Anwendbarkeit des EG-Wettbewerbsrechts – Vom Durchführungsprinzip zum Prinzip der qualifizierten Auswirkung, WuW 2001, 1190; *Soltész/Marquier*, Hält „doppelt bestraft" wirklich besser? Der ne bis in idem-Grundsatz im europäischen Netzwerk der Kartellbehörden, EuZW 2006, 102; *Stotz*, Die Beachtung der Grundrechte bei der Durchführung des Unionsrechts in den Mitgliedstaaten – Von Stauder über Wachauf zu Åkerberg Fransson, in Heid/Stotz/Verny, FS Dauses, 2014, S. 409; *Streinz*, Streit um den Grundrechtsschutz? Zum Grundrechtsschutz in der Europäischen Union nach den Urteilen des EuGH in den Fällen Åkerberg Fransson und Melloni und des BVerfG zur Antiterrordatei, in Heid/Stotz/Verny, FS Dauses, 2014, S. 429; *Szwarc*, Application of the Charter of Fundamental Rights in the Context of Sanctions Imposed by Member States for Infringements of EU Law: Comment on Fransson Case, EPL 2014, 229; *Thym*, Separation versus Fusion – or: How to Accommodate National Autonomy and the Charter? Diverging Visions of the German Constitutional Court and the European Court of Justice, EuConst 2013, 391; *ders.*, Die Reichweite der EU-Grundrechte-Charta – Zu viel Grundrechtsschutz?, NVwZ 2013, 889; *ders.*, Blaupausenfallen bei der Abgrenzung von Grundgesetz und Grundrechtecharta, DÖV 2014, 941; *Vervaele*, The application of the EU Charter of Fundamental Rights (CFR) and its ne bis in idem principle in the Member States of the EU, REALaw 2013, 113; *ders.*, Schengen and Charter-related ne bis in idem protection in the Area of Freedom, Security and Justice: M and Zoran Spasic, CMLR 2015, 1339; *Wasmeier*, Ne bis in idem and the enforcement condition: balancing freedom, security and justice?, NJECL 2014, 534; *Weiß*, Human Rights and EU Antitrust Enforcement: News from Lisbon, ECLR 2011, 186; *Weyembergh*, Le principe ne bis in idem: pierre d'achoppement de l'espace pénal européen?, CDE 2004, 337; *Wils*, The principle of ne bis in idem in EC antitrust enforcement: a legal and economic analysis, World Competition 2003, 131; *ders.*, The Increased Level of EU Antitrust Fines, Judicial Review and the ECHR, World Competition 2010, 5; *Zeder*, Neueste Grundrechtsjudikatur des EuGH: Datenschutz im Vergleich mit ne bis in idem, Journal für Strafrecht 2014, 130.

A. Bedeutung und Entwicklung

Das Doppelbestrafungsverbot oder der Grundsatz *ne bis in idem* wurde in Anlehnung an **Art. 4 7. EMRKProt** auf Unionsebene erstmals in **Art. 50 GRC** ausdrücklich in einem Dokument mit verfassungsrechtlicher Bedeutung kodifiziert. Laut den Erläuterungen zu Art. 50 GRC gehörte dieser Grundsatz ausgehend von der Rechtsprechung der Unionsgerichte, den Vorschriften der Art. 54–58 des Schengener Durchführungsübereinkommens (SDÜ)[1], Art. 7 des

1

---

[1] Übereinkommen vom 19. Juni 1990 zur Durchführung des Übereinkommens von Schengen vom 14. Juni 1985 zwischen den Regierungen der Staaten der Benelux-Wirtschaftsunion, der Bundesrepublik Deutschland und der Französischen Republik betreffend den schrittweisen Abbau der Kontrollen an den gemeinsamen Grenzen, ABl. 2000 L 239, 19.

Finanzschutzübereinkommens[2] und Art. 10 des Bestechungsübereinkommens[3] bereits zuvor zum Rechtsbesitzstand der Union.[4] In der Tat handelt es sich nach ständiger Rechtsprechung bei dem Grundsatz *ne bis in idem* um einen **tragenden Grundsatz des Unionsrechts,** dessen Wahrung der Unionsrichter zu sichern hat.[5] Dieser Grundsatz hat sich einerseits mit Blick auf seine verschiedenen Kodifikationen und die zunehmende Integration der justiziellen Zusammenarbeit in Strafsachen[6] in der Rechtsprechung der letzten Dekade[7] erheblich ausdifferenziert; andererseits hat er angesichts seiner harmonisierenden Wirkungen für die Strafverfolgung im engeren Sinne und die Verhängung von Verwaltungssanktionen durch die europäische Mehrebenenverwaltung und -justiz, insbesondere im EU-Wettbewerbsrecht und im Steuerrecht, eine intensive Diskussion in der Rechtspraxis und -wissenschaft entfacht (→ Rn. 18 ff.).

2   Die Erläuterungen führen aus, dass Art. 50 GRC dieselbe Bedeutung und Tragweite hat wie der als Vorbild dienende Art. 4 7. EMRKProt, wonach der Grundsatz *ne bis in idem* Fälle in ein und demselben Mitgliedstaat erfasst (**innerstaatliches Doppelbestrafungsverbot**). Dies entspricht den Anforderungen der Kongruenzsicherungsklausel des Art. 52 Abs. 3 S. 1 GRC, wonach die in der Grundrechtecharta enthaltenen Rechte, die den durch die EMRK garantierten Rechten entsprechen, die gleiche Bedeutung und Tragweite haben, wie sie ihnen in der EMRK verliehen wird. Dies hindert den EuGH mit Blick auf Art. 52 Abs. 3 S. 2 GRC jedoch nicht daran, für das unionsrechtliche Doppelbestrafungsverbot in Art. 50 GRC ggfs. einen eigenständigen bzw. höheren Schutzstandard als denjenigen, der vom EGMR zu Art. 4 7. EMRKProt anerkannt wird, zu gewährleisten.[8] Darüber hinaus erstreckt sich der Anwendungsbereich von Art. 50 GRC gemäß seinem Wortlaut („in der Union") und den Erläuterungen aber auch auf Fälle mit grenzüberschreitender Bedeutung innerhalb der Union (**transnationales Doppelbestrafungsverbot**). In diesem umfassenden Anwendungsbereich von Art. 50 GRC[9] liegt eine für die verfassungsrechtliche Entwicklung der Union besonders bedeutsame Neuerung mit erheblichem Konfliktpotential im Verhältnis zu den mitgliedstaatlichen Rechts- und Verfassungsordnungen. Kaum weniger problematisch ist die Frage der Erstreckung des Doppelbe-

---

[2] Übereinkommen aufgrund von Art. K.3 EUV über den Schutz der finanziellen Interessen der EG vom 26. Juli 1995, ABl. 1995 C 316, 48.
[3] Übereinkommen aufgrund von Art. K.3 Abs. 2 lit. c EUV über die Bekämpfung der Bestechung, an der Beamte der EG oder der Mitgliedstaaten der EU beteiligt sind vom 26. Mai 1997, ABl. 1997 C 195, 1.
[4] Ebenso EuGH verb. Rs. C-217/15 u. C-350/15, ECLI:EU:C:2017:264 Rn. 19 – Orsi u. Baldetti.
[5] Vgl. betr. das EU-Wettbewerbsrecht EuGH verb. Rs. C-238/99 P ua, Slg. 2002, I-8375 Rn. 59 – Limburgse Vinyl Maatschappij ua/Kommission; EuGH verb. Rs. C-204/00 P ua, Slg. 2004, I-123 Rn. 338–340 – Aalborg Portland ua/Kommission; EuGH C-289/04 P, Slg. 2006, I-5859 Rn. 50 – Showa Denko/Kommission; EuGH C-308/04 P, Slg. 2006, I-5977 Rn. 26 – SGL Carbon/Kommission; EuGH C-17/10, ECLI:EU:C:2012:72 Rn. 94 – Toshiba Corporation ua; EuGH C-617/17, ECLI:EU:C:2019:283 Rn. 28–30 – Powszechny Zakład Ubezpieczeń nach Życie, wonach die Auslegung des Grundsatzes *ne bis in idem* durch den EuGH ua vom Wortlaut des Art. 50 GRC gestützt wird. Laut EuGH verb. Rs. C-217/15 u. C-350/15, ECLI:EU:C:2017:264 Rn. 20 – Orsi und Baldetti, ist diese Rechtsprechung mit Inkrafttreten der GRC bestätigt worden (unter Hinweis auf EuGH C-617/10, ECLI:EU:C:2013:105 Rn. 34 – Åkerberg Fransson).
[6] Vgl. zur Einbeziehung des „Schengen-Besitzstands" in den Rahmen der Union das Protokoll Nr. 2 des Vertrags von Amsterdam, ABl. 1997 C 340, 93 und das Protokoll Nr. 19 des Vertrags von Lissabon, ABl. 2010 C 83, 290. S. auch Art. 3 Nr. 2 Rahmenbeschluss 2002/584/JI des Rates vom 13. Juni 2002 über den Europäischen Haftbefehl und die Übergabeverfahren zwischen den Mitgliedstaaten, ABl. 2002 L 190, 1 (im Folgenden: Rahmenbeschluss 2002/584/JI über den Europäischen Haftbefehl).
[7] Gute rezente Überblicke geben *Maulet* RTDE 2017, 107 (allgemein), sowie *Gaulard* CDE 2013, 703 (speziell zum EU-Wettbewerbsrecht).
[8] Unklar noch in EuGH verb. Rs. C-217/15 u. C-350/15, ECLI:EU:C:2017:264 Rn. 15, 24 f. – Orsi u. Baldetti; auf Vorschlag von GA *Campos Sánchez-Bordona*, SchlA C-524/15, ECLI:EU:C:2017:667 Rn. 57 ff. – Menci, von dem in EGMR 15.11.2016 – 24130/11, 29758/11 ua – A. u. B./Norwegen anerkannten Schutzstandard mit Rücksicht auf Art. 52 Abs. 3 S. 2 GRC („weiter gehenden Schutz") abzuweichen, s. nun EuGH C-524/15, ECLI:EU:C:2018:197 Rn. 22 ff. – Menci. Hierzu *Lo Schavio* EuConst 2018, 644; *Luchtman* CMLR 2018, 1717 (1725 ff.).
[9] *Hochmayr* in FK-EUV/GRC/AEUV GRC Art. 50 Rn. 6 unterscheidet sogar vier – intraunionale, vertikale, horizontale und innerstaatliche – Dimensionen dieses Anwendungsbereichs.

strafungsverbots auf transnationale Vorgänge mit Drittstaatsbezug (näher → Rn. 28 ff.). Dieses Konfliktpotential ist umso größer, als der EuGH die unmittelbare Anwendbarkeit und den Vorrang des in Art. 50 GRC verbürgten Rechts – und damit dessen verbesserte Durchsetzbarkeit und Justiziabilität auch vor den mitgliedstaatlichen Behörden und Gerichten – nunmehr ausdrücklich anerkennt.[10]

Die Erstreckung des Doppelbestrafungsverbots auf grenzüberschreitende Fälle bzw. Verfahren vor den mitgliedstaatlichen Verfolgungsbehörden und Gerichten ist die folgerichtige Konsequenz aus der zunehmenden integrationsbedingten Verzahnung der nationalen und gemeinschaftlichen Verwaltungs- und Verfassungssysteme nebst der Koordinierung von deren Strafverfolgungssystemen sowie der vorangegangenen Rechtsentwicklung innerhalb der Union. Bereits Art. 54 SDÜ kennt ein Doppelbestrafungsverbot vergleichbaren Inhalts mit transnationalem Anwendungsbereich in den am Abkommen teilnehmenden Mitgliedstaaten.[11] Danach darf ein durch eine Vertragspartei rechtskräftig Abgeurteilter nicht „durch eine andere Vertragspartei wegen derselben Tat [...] verfolgt werden, vorausgesetzt, dass im Fall einer Verurteilung die Sanktion bereits vollstreckt worden ist, gerade vollstreckt wird oder nach dem Recht des Urteilsstaats nicht mehr vollstreckt werden kann". Entsprechende Regeln finden sich in Art. 7 des Finanzschutzübereinkommens sowie Art. 10 des Bestechungsübereinkommens. Diese Regelungen entsprachen zunächst dem Erfordernis angemessenen Schutzes des Einzelnen vor doppelter Strafverfolgung angesichts der zunehmenden **Koordinierung grenzüberschreitender Kriminalitätsbekämpfung,** welche im Zusammenhang mit der Verwirklichung der Personenverkehrsfreiheit (Abkommen von Schengen) sowie zum effektiven Schutz der finanziellen Interessen der damaligen Gemeinschaft notwendig geworden war (Finanzschutz- und Bestechungsübereinkommen). Auf der Grundlage der seit dem Vertrag von Amsterdam stufenweise erfolgenden **Integration der Zusammenarbeit in den Bereichen Justiz und Inneres** (vgl. Art. 29 ff. EUV aF), insbesondere in **Strafsachen,** und des in Art. 67 AEUV in Verbindung mit Art. 82–89 AEUV niedergelegten Integrationsziels der Union als eines Raums der Freiheit, der Sicherheit und des Rechts unter Gewährleistung des grenzüberschreitenden freien Personenverkehrs und der entsprechenden Verhütung und Bekämpfung von Kriminalität hat sich der Schutz des Einzelnen vor mehrfacher Verfolgung und/oder Bestrafung für ein und dieselbe Tat durch eine oder mehrere Strafgewalten innerhalb der Union zu einem integrationsbedingten, unabdingbaren grundrechtlichen Erfordernis fortentwickelt. Diesen Zielen trägt auch Art. 3 Abs. 2 Rahmenbeschluss 2002/584/JI über den Europäischen Haftbefehl Rechnung, wonach dessen Vollstreckung abzulehnen ist, „wenn sich aus der den vollstreckenden Justizbehörde vorliegenden Informationen ergibt, dass die gesuchte Person wegen derselben Handlung von einem Mitgliedstaat rechtskräftig verurteilt worden ist, vorausgesetzt, dass im Fall einer Verurteilung die Sanktion bereits vollstreckt worden ist, gerade vollstreckt wird oder nach dem Recht des Urteilsmitgliedstaats nicht mehr vollstreckt werden kann".[12]

Bei wertender Betrachtung gründet das Doppelbestrafungsverbot auf verschiedenen, jedoch eng miteinander zusammenhängenden **materiellen** wie **prozessualen Schutzzwecken.** In materieller Hinsicht knüpft es an die **Menschenwürde**[13] (→ § 13) an, die es verbietet, eine Person mehrfach einer gegebenenfalls existenzbedrohenden Gefahr der Sanktionierung wegen ein und derselben Tat sowie den dazu erforderlichen Strafverfahren auszusetzen. Ebenso unvereinbar mit der Menschenwürde ist es, den Einzelnen in der Öffentlichkeit mehrfach wegen begangenen Strafunrechts zu stigmatisieren. Ferner würde gerade die transnationale Kumulierung von Strafen für ein und dieselbe Tat – auch additiver

---

[10] EuGH C-537/16, ECLI:EU:C:2018:193 Rn. 64–68 – Garlsson Real Estate ua.
[11] Hierzu gehören derzeit alle Mitgliedstaaten der EU, mit Ausnahme von Großbritannien, Irland und Zypern, sowie Island, Norwegen, Schweiz und Liechtenstein.
[12] Zur harmonischen Auslegung dieser Vorschrift im Verhältnis zu Art. 54 SDÜ vgl. EuGH C-261/09, Slg. 2010, I-11477 Rn. 32 ff. – Mantello, mAnm *Ouwerkerk* CMLR 2011, 1687.
[13] Vgl. nur Peters/Altwicker EMRK § 24 Rn. 8.

Grundrechtseingriff genannt[14] – eine unzumutbare, mit dem Grundsatz der **Verhältnismäßigkeit**[15] (Art. 52 Abs. 1 GRC) unvereinbare Beschränkung der betroffenen materiellen Grundrechtspositionen, wie zB der Freiheitsgewährleistung, bedeuten. Diesem Schutzzweck schenkt der EuGH auch im Hinblick auf die Anwendung von Art. 50 GRC im innerstaatlichen Bereich zunehmend Aufmerksamkeit[16] (→ Rn. 13 u. 35) In prozessualer Hinsicht steht ebenfalls die Menschenwürde im Vordergrund, die gebietet, den Einzelnen vor einem dauernden Zustand der Ungewissheit zu bewahren und ihm – über ein einmal rechtskräftig abgeschlossenes Verfahren – die **Rechtssicherheit** zu verschaffen, dass er für dieselbe Tat nur einmal strafrechtlich belangt wird.[17]

5   Das in Art. 50 GRC verankerte Doppelbestrafungsverbot bildet in Anlehnung an Art. 4 7. EMRKProt und Art. 54 SDÜ ein **absolutes Verfahrenshindernis** für die nochmalige Strafverfolgung bzw. Aburteilung. Es folgt mithin der Ratio des **Erledigungsprinzips.** Eine bloße Anrechnung einer bereits erfolgten Sanktion bei der erneuten Bestrafung gemäß dem aus einigen Mitgliedstaaten bekannten **Anrechnungsprinzip**[18] genügt daher den Anforderungen von Art. 50 GRC grundsätzlich nicht.[19] Das ändert nichts daran, dass der dem Anrechnungsprinzip zu Grunde liegende Gedanke der Verhältnismäßigkeit bzw. Angemessenheit der Sanktion bei der Auslegung von Art. 4 7. EMRKProt und Art. 50 GRC mit zu berücksichtigen ist[20] (→ Rn. 12, 30 u. 35).

B. Gewährleistungsgehalt

I. Anwendungsvoraussetzungen

6   **1. Begriff der Straftat (idem).** Der Begriff der Straftat oder des *idem* wird weder in Art. 50 GRC selbst noch in den Erläuterungen näher bestimmt. Auszugehen ist daher von dem nach Art. 4 7. EMRKProt zu Grunde gelegten Verständnis der **„strafbaren Handlung"**, welches nach den Erläuterungen auf Art. 50 GRC ausstrahlt. Die **Rechtsprechung des EGMR** lehnt sich zwar an den weiten Strafrechtsbegriff der Art. 6 EMRK und Art. 7 EMRK an, der grundsätzlich auch das Ordnungswidrigkeiten- bzw. Verwaltungssanktionsrecht mit umfasst[21] (→ Rn. 11 f.), war aber lange Zeit uneinheitlich. Sie schwankte zunächst bei der Auslegung des Begriffs der „strafbaren Handlung" zwischen einerseits **der Identität des Lebenssachverhalts** unabhängig von seiner konkreten strafrechtlichen Beurteilung[22] und andererseits der Identität der strafrechtlichen Beurteilung eines bestimmten Vorgangs in Abgrenzung zur Idealkonkurrenz (eine Handlung verwirklicht mehrere Straftatbestände zugleich).[23] In der Sache *Fischer* aus dem Jahre 2001 hat der EGMR seine Rechtsprechung erstmals präzisiert und einen Mittelweg gewählt. Danach sollte es weder entscheidend darauf ankommen, dass den Bestrafungen derselbe Lebenssachverhalt zu Grunde liegt, noch, dass dieser mehrere Straftatbestände verwirklicht (Idealkonkurrenz). Ein Verstoß gegen das Doppelbestrafungsverbot liege vielmehr nur dann vor, wenn der

---

[14] Dazu aus deutscher Sicht *Lücke* DVBl 2001, 1469 ff.
[15] In diesem Sinne bereits unter Rückgriff auf den allgemeinen Billigkeitsgedanken EuGH 14/68, Slg. 1969, 1 Rn. 11 – Walt Wilhelm ua/Bundeskartellamt.
[16] EuGH C-524/15, ECLI:EU:C:2018:197 Rn. 26 ff. – Menci; EuGH C-537/16, ECLI:EU:C:2018:193 Rn. 28 ff. – Garlsson Real Estate ua; EuGH verb. Rs. C-596/16 u. C-597/16, ECLI:EU:C:2018:192 Rn. 38 ff. – Di Puma u. Consob.
[17] Vgl. EuGH C-617/17, ECLI:EU:C:2019:283 Rn. 33 – Powszechny Zakład Ubezpieczeń na Życie.
[18] Zur Unterscheidung instruktiv *Eilmansberger* EWS 2004, 49 (50 f.); *Gulliksson* in Nergelius/Kristoffersson S. 141 (149 f.); *van Bockel* CMLR 2008, 223 (243).
[19] Ähnlich schon *Wils* World Competition 2003, 131 (143 ff.).
[20] Bestätigend EuGH 617/17, ECLI:EU:C:2019:283 Rn. 38 – Powszechny Zakład Ubezpieczeń na Życie.
[21] EGMR 23.10.1984 – 8544/79, Serie A Nr. 73 Rn. 50 ff. – Öztürk/Deutschland; EGMR 23.11.2006 – 73053/01 Rn. 30 f. – Jussila/Finnland. S. neuerdings EGMR 10.2.2009 – 14939/03 Rn. 52 f. – Zolotukhin/Russland; EGMR 15.11.2016 – 24130/11, 29758/11 ua Rn. 104 ff. – A. u. B./Norwegen.
[22] EGMR 23.10.1995 – 15963/90, Serie A Nr. 328-C Rn. 55 – Gradinger/Österreich.
[23] EGMR 30.7.1998 – 25711/94, RJD 1998-V Rn. 26 – Oliveira/Schweiz.

Betroffene wegen derselben tatsächlichen Handlung aufgrund desselben Straftatbestands oder aufgrund verschiedener, in materieller Hinsicht jedoch zumindest teilidentischer Straftatbestände sanktioniert wird. Letzteres war nach Ansicht des EGMR dann gegeben, wenn die Straftatbestände in ihren wesentlichen Bestandteilen identisch sind („the same essential elements"), bei wertender Betrachtung also – unabhängig von ihrer gegebenenfalls formell unterschiedlichen Bezeichnung – dasselbe Strafunrecht betrafen.[24] Im Jahr 2009 rang sich die große Kammer des EGMR, auch mit Blick auf die Rechtsprechung des EuGH zu Art. 54 SDÜ (→ Rn. 9), dazu durch, in der Sache *Zolotukhin/Russland* eine grundsätzliche Klärung des Tatbegriffs vorzunehmen.[25] Im Interesse der Rechtssicherheit und der Effektivität des durch Art. 4 7. EMRKProt gebotenen Grundrechtsschutzes verwarf der EGMR die rechtliche Qualifizierung der Tat als ein zu restriktives Kriterium und urteilte in Anlehnung an die Rechtsprechung des EuGH, dass diese Vorschrift eine strafrechtliche Doppelverfolgung oder -aburteilung verbiete, die sich auf **„denselben oder im Wesentlichen identischen Sachverhalt"** („identical facts or facts which are substantially the same") beziehe bzw., dass eine Identität der materiellen Tat vorliege, wenn es sich um einen **Komplex konkreter, in zeitlicher und räumlicher Hinsicht unlösbar miteinander verbundener und denselben Beklagten betreffender Umstände** („facts which constitute a set of concrete factual circumstances involving the same defendant and inextricably linked together in time and space") handele.[26]

Nach anfänglichem Zögern haben sich auch die **Unionsgerichte** vorsichtig von der ursprünglichen Rechtsprechung des EGMR gelöst und – insbesondere im Zusammenhang mit der Auslegung von Art. 54 SDÜ – einen eigenständigen Tatbegriff des Doppelbestrafungsverbots herausgearbeitet, der wiederum auf die jüngere Judikatur des EGMR zurückgewirkt hat (→ Rn. 6 u. 9). In seinem frühen Urteil in der Beamten-Rechtssache *Gutmann* ging der EuGH noch davon aus, dass bereits die Einleitung mehrerer Verfahren aufgrund **desselben Tatsachenkomplexes** unzulässig sei.[27] In der Ende der 60er Jahre entschiedenen Rechtssache *Walt Wilhelm* betreffend das EGKS-Wettbewerbsrecht hielt der EuGH das Doppelbestrafungsverbot – unabhängig von einer konkreten Bewertung des Tatbegriffs – jedenfalls dann nicht für anwendbar, wenn ein nationales und ein gemeinschaftliches Kartellverfahren betreffend denselben Tatsachenvorgang verschiedenen Zielen dienen. Ein **allgemeiner Billigkeitsgedanke** gebiete jedoch, die frühere Sanktionsentscheidung bei der Bemessung der später zu verhängenden Sanktion zu berücksichtigen.[28] Dabei ist unklar, ob der EuGH in diesem Fall von dem Vorliegen ein und derselben Tat ausging, deren doppelte Sanktionierung er unter Anwendung des Anrechnungsprinzips und der Einschränkung des Billigkeitsgedankens für zulässig hielt, oder ob er lediglich aufgrund unterschiedlicher Zielrichtungen des nationalen und des gemeinschaftlichen Wettbewerbsrechts und insoweit unterschiedlicher geschützter Rechtsgüter Idealkonkurrenz, also die Verfolgung unterschiedlichen Tatunrechts, annahm (dazu auch → Rn. 27).[29]

Eine erste, etwas präzisere Bestimmung der Anforderungen des unionsrechtlichen Grundsatzes *ne bis in idem* unternahm der EuGH in der Kartell-Rechtssache *Aalborg Portland*, jedoch ohne Art. 50 GRC oder die Rechtsprechung des EGMR zu Art. 4 7. EMRKProt zu erwähnen.[30] Der EuGH bestimmte, dass die Anwendung dieses Grund-

---

[24] EGMR 29.5.2001 – 37950/97 Rn. 25 ff. – Fischer/Österreich; bestätigt durch EGMR 30.5.2002 – 38275/97 Rn. 24 ff. – W. F./Österreich; EGMR 6.6.2002 – 38237/97 Rn. 24 ff. – Sailer/Österreich.
[25] EGMR 10.2.2009 – 14939/03 Rn. 70 ff. – Zolotukhin/Russland, mAnm *Mock* RTDH 2009, 867; *Puéchavy* in Puéchavy S. 19.
[26] EGMR 10.2.2009 – 14939/03 Rn. 82 u. 84 – Zolotukhin/Russland.
[27] EuGH verb. Rs. 18/65 u. 35/65, Slg. 1967, 80 (87) – Gutmann/Kommission.
[28] EuGH 14/68, Slg. 1969, 1 Rn. 11 – Walt Wilhelm ua/Bundeskartellamt.
[29] Ebenfalls nicht völlig zweifelsfrei EuGH 7/72, Slg. 1972, 1281 Rn. 6 – Boehringer/Kommission; vgl. auch insoweit die Interpretation durch das EuG T-224/00, Slg. 2003, II-2597 Rn. 96 ff. – Archer Daniels Midland/Kommission; EuG verb. Rs. T-236/01 ua, Slg. 2004, II-1181 Rn. 139 ff. – Tokai Carbon ua/Kommission.
[30] EuGH verb. Rs. C-204/00 P ua, Slg. 2004, I-123 Rn. 316 ff. – Aalborg Portland ua/Kommission.

satzes von der dreifachen Voraussetzung der **Identität des Sachverhalts, des Zuwiderhandelnden** und des **geschützten Rechtsguts** abhänge. Dieser Grundsatz verbiete es somit, dieselbe Person mehr als einmal wegen desselben rechtswidrigen Verhaltens zum Schutz desselben Rechtsguts mit einer Sanktion zu belegen.[31] Im Ergebnis lehnte er eine Verletzung des Grundsatzes *ne bis in idem* mangels Identität des Sachverhalts ab.[32] Die knappen Aussagen des EuGH deuten darauf hin, dass er sich seinerzeit ebenso wie der EGMR in der Sache *Fischer* (→ Rn. 6) an einer wertenden Betrachtung unter Berücksichtigung des konkreten Lebenssachverhalts und des abgeurteilten Strafunrechts, gemessen am geschützten Rechtsgut, also auch einer rechtlichen Beurteilung der Tat orientierte. Angesichts der jüngeren Judikatur zu Art. 54 SDÜ (→ Rn. 9) und derjenigen des EGMR zu Art. 4 7. EMRKProt (→ Rn. 6) ist das dritte Kriterium der Berücksichtigung des geschützten Rechtsguts jedoch problematisch und im Hinblick auf die Anforderungen von Art. 50 GRC in Verbindung mit der Kongruenzsicherungsklausel in Art. 52 Abs. 3 S. 1 GRC (→ Rn. 2) nicht systemkohärent. Trotz anhaltender Kritik in Rechtswissenschaft und -praxis, ua auch von GA *Kokott,* hält der EuGH im EU-Wettbewerbsrecht aber formal weiterhin am Auslegungstrias der Identität des Sachverhalts, des Zuwiderhandelnden und des geschützten Rechtsguts fest, verzichtete in der Rechtssache *Toshiba* wohl aber bewusst darauf, das dritte Kriterium bei seiner Urteilsfindung zu verwenden (näher → Rn. 24).[33]

9   Die Rechtsprechung des EuGH zum Tatbegriff im EU-Wettbewerbsrecht steht damit in einem schwierigen Spannungsverhältnis zu demjenigen im Sinne von Art. 54 SDÜ. Diesbezüglich gab der EuGH bereits im Jahr 2006 in der Rechtssache *van Esbroeck* – ohne Ansehung der abweichenden Rechtsprechung im EU-Wettbewerbsrecht – das Kriterium der Identität des geschützten rechtlichen Interesses mit der Begründung auf, dass dieses von einem Vertragsstaat zum anderen variieren könne. Mit Blick auf das Ziel des freien Personenverkehrs und die fehlende Harmonisierung des nationalen Strafrechts befand er, dass ein Kriterium, das auf der rechtlichen Qualifizierung der Tat oder auf dem geschützten rechtlichen Interesse beruhe, ebenso viele Hindernisse für die Freizügigkeit im Schengen-Gebiet errichte, wie es Strafrechtssysteme in den Vertragsstaaten gebe. Demnach sei das einzige maßgebende Kriterium für die Anwendung von Art. 54 SDÜ das der Identität der materiellen Tat, verstanden als das **Vorhandensein eines Komplexes konkreter, in zeitlicher und räumlicher Hinsicht sowie ihrem Zweck nach unlösbar miteinander verbundener Umstände.**[34] Diese Formel, auf welche sich nun auch der EGMR in leicht abgewandelter Form bei der Auslegung von Art. 4 7. EMRKProt stützt (→ Rn. 6), wird seitdem in ständiger Rechtsprechung zu Art. 54 SDÜ wiederholt.[35] Dies gilt neuerdings ebenso für die Anwendung von Art. 50 GRC auf rein innerstaatliche, aber unionsrechtlich determinierte Sachverhalte, wie zB bei der doppelten – steuer- und strafrechtlichen – Sanktionierung

---

[31] EuGH verb. Rs. C-204/00 P ua, Slg. 2004, I-123 Rn. 338 – Aalborg Portland ua/Kommission. Vgl. auch in der Folge EuGH C-289/04 P, Slg. 2006, I-5859 Rn. 50 ff. – Showa Denko/Kommission; EuGH C-308/04 P, Slg. 2006, I-5977 Rn. 26 ff. – SGL Carbon/Kommission; EuGH C-17/10, ECLI:EU:C:2012:72 Rn. 97 – Toshiba Corporation ua.

[32] EuGH verb. Rs. C-204/00 P ua, Slg. 2004, I-123 Rn. 340 – Aalborg Portland ua/Kommission.

[33] EuGH C-17/10, ECLI:EU:C:2012:72 Rn. 97 ff. – Toshiba Corporation ua; GA *Kokott*, SchlA C-17/10, ECLI:EU:C:2011:552 Rn. 111 ff. – Toshiba Corporation ua, hatte hingegen aus Gründen der Systemkohärenz versucht, den EuGH zur Aufgabe des dritten Kriteriums zu bewegen. Ähnlich krit. GA *Kokott*, SchlA C-489/10, ECLI:EU:C:2011:845 Rn. 33 mwN – Bonda; GA *Campos Sánchez-Bordona*, SchlA C-524/15, ECLI:EU:C:2017:667 Rn. 27 – Menci. Zustimmend *Brammer* EuZW 2013, 617 (618 f.); *Oliver/Bombois* J.D.E. 2012, 266 (269 ff.); vgl. auch *van Bockel* ERA Forum 2012, 325 (338 f.); *Gaulard* CDE 2013, 703 (760). Ebenfalls am Kriterium des geschützten Rechtsguts halten weiterhin fest EuG T-274/13, ECLI:EU:T:2015:938 Rn. 169–172 – Emadi/Rat (restriktive Maßnahmen); EuG T-583/14, ECLI:EU:T:2015:943 Rn. 19 – Giand/HABM (Markenrecht); EuG T-634/16, ECLI:EU:T:2017:848 Rn. 83 – Montel/Parlament (Dienstrecht). Im EU-Wettbewerbsrecht weiterhin unklar EuGH C-617/17, ECLI:EU:C:2019:283 Rn. 22 ff. – Powszechny Zakład Ubezpieczeń na Życie.

[34] EuGH C-436/04, Slg. 2006, I-2333 Rn. 32–38 – Van Esbroeck, mAnm *van Bockel* CMLR 2008, 223.

[35] EuGH C-467/04, Slg. 2006, I-9199 Rn. 54–56 – Gasparini ua; EuGH C-150/05, Slg. 2006, I-9327 Rn. 40 ff. – van Straaten; EuGH C-288/05, Slg. 2007, I-6441 Rn. 29 ff. – Kretzinger; EuGH C-367/05, Slg. 2007, I-6619 Rn. 25 ff. – Kraaijenbrink.

von Verstößen gegen Regeln des Mehrwertsteuerrechts.³⁶ Der EuGH hat ferner klargestellt, dass bei einer Gesamtbetrachtung der konkreten rechtswidrigen Taten das Vorliegen eines einheitlichen Vorsatzes nicht genügt, um diese zu einem untrennbaren Komplex zu verbinden, da von einer solchen subjektiven Verbindung nicht notwendig auf eine objektive Verbindung von Taten geschlossen werden könne, die sich in zeitlicher und räumlicher Hinsicht sowie nach ihrem Zweck unterscheiden können.³⁷ Diese Auslegung des Tatbegriffs in Art. 54 SDÜ hat der EuGH anschließend auf diejenige des Begriffs „dieselbe Handlung" im Sinne von Art. 3 Abs. 2 Rahmenbeschluss 2002/584/JI über den Europäischen Haftbefehl übertragen, um der gemeinsamen Zielsetzung dieser Bestimmungen Rechnung zu tragen.³⁸ Auch bei der Anwendung des Doppelbestrafungsverbots auf rein innerstaatliche Sachverhalte verwirft der EuGH nunmehr den Einwand eines Mitgliedstaats als unerheblich, wonach es an dem *idem* fehle, wenn das nationale Recht die Tat unterschiedlich rechtlich einordne oder verschiedene rechtliche Interessen schütze. Zur Begründung führt er auch in diesem Fall an, dass „die Reichweite des in Art. 50 [GRC] gewährten Schutzes nicht von einem Mitgliedstaat zum anderen unterschiedlich sein" könne. Ebenso wenig könne ein subjektives Element die Identität der betreffenden materiellen Tat in Frage stellen.³⁹

Aus dem Vorstehenden folgt, dass der EuGH bislang ungeachtet der durch Art. 50 GRC **10** primärrechtlich gebotenen Kohärenz bei der Auslegung des Doppelbestrafungsverbots inklusive des Tatbegriffs im Prinzip an einer zweigleisigen Rechtsprechung auf den Gebieten des EU-Wettbewerbsrechts einerseits und des freien Personenverkehrs und der grenzüberschreitenden bzw. innerstaatlichen Strafverfolgung andererseits festhält. Angesichts der inzwischen eindeutigen Positionierung des EGMR in der Sache *Zolotukhin/Russland* zugunsten des rein faktischen Tatbegriffs (→ Rn. 6) in Anlehnung an die Rechtsprechung des EuGH zu Art. 54 SDÜ und der Kongruenzsicherungsklausel in Art. 52 Abs. 3 S. 1 GRC sowie dessen Anerkennung bei der Anwendung von Art. 50 GRC auf rein innerstaatliche Sachverhalte⁴⁰ dürfte dies jedoch nicht mehr von langer Dauer sein. So hat der EuGH in der Rechtssache *Toshiba* einen ersten vorsichtigen Schritt zur Aufgabe des Kriteriums des geschützten Rechtsguts vollzogen, indem er fortan die territorialen Auswirkungen einer Zuwiderhandlung nicht mehr unter dem Aspekt des Schutzzwecks der EU-Wettbewerbsregeln würdigt, sondern dem Kriterium der Sachverhaltsidentität bzw. der Tathandlung im engeren Sinne zuordnet (näher → Rn. 24).

2. Begriff der strafrechtlichen Aburteilung (bis). Nach dem Verständnis, das Art. 4 **11** 7. EMRKProt zu Grunde liegt, wird die Sperrwirkung des Doppelbestrafungs- bzw. -verfolgungsverbots durch ein mittels rechtskräftigen Urteils oder Freispruch **endgültig abgeschlossenes Verfahren strafrechtlicher Art** ausgelöst.⁴¹ In Übereinstimmung mit dem weiten Verständnis des Begriffs der „strafbaren Handlung" ist also Voraussetzung, dass dem Betroffenen zwei oder mehrere strafrechtliche Anklagen („criminal charge") oder Sanktionen („penalty") im Sinne von Art. 6 und 7 EMRK – also der drei „*Engel*-Kriterien"⁴² – drohen bzw. auferlegt werden, wobei nach dem Willen der Urheber des Zusatzprotokolls Sanktionen disziplinarrechtlicher oder anderer, zB verwaltungsrechtlicher Art davon grund-

---

³⁶ EuGH C-524/15, ECLI:EU:C:2018:197 Rn. 34 ff. – Menci; vgl. auch GA *Campos Sánchez-Bordona*, SchlA C-524/15, ECLI:EU:C:2017:667 Rn. 39–41 – Menci.
³⁷ EuGH C-367/05, Slg. 2007, I-6619 Rn. 25–31 – Kraaijenbrink.
³⁸ EuGH C-261/09, Slg. 2010, I-11477 Rn. 32–40 – Mantello, mAnm *Ouwerkerk* CMLR 2011, 1687.
³⁹ Vgl. nur EuGH C-524/15, ECLI:EU:C:2018:197 Rn. 36 u. 38 – Menci.
⁴⁰ EuGH C-524/15, ECLI:EU:C:2018:197 Rn. 34 ff. – Menci; EuGH C-537/16, ECLI:EU:C:2018:193 Rn. 36 ff. – Garlsson Real Estate ua.
⁴¹ S. bereits EGMR 23.10.1995 – 15963/90, Serie A Nr. 328-C Rn. 53 – Gradinger/Österreich; EGMR 29.5.2001 – 37950/97 Rn. 22 – Fischer/Österreich, jeweils unter Rückgriff auf den Begriff „final decision". Aus jüngerer Zeit s. EGMR 10.2.2009 – 14939/03 Rn. 52 f. mwN – Zolotukhin/Russland; EGMR 15.11.2016 – 24130/11, 29758/11 ua Rn. 105 ff. mwN – A. u. B./Norwegen.
⁴² S. EGMR 8.6.1976 – 5100/71, 5101/71, 5102/71, 5354/72 u. 5370/72, Serie A Nr. 22 Rn. 82 – Engel ua/Niederlande: hierzu gehören (1) die rechtliche Einordnung der Verfehlung im nationalen Recht, (2) die Natur des Tatvorwurfs sowie (3) die Art und Schwere der drohenden Sanktion.

sätzlich nicht erfasst sein sollten (zu den diesbezüglichen Abgrenzungsproblemen insbesondere im Fall kumulativer strafrechtlicher und administrativer Sanktionen für ein und dieselbe Tathandlung → Rn. 12).[43] Diesem Verständnis entsprechend stützt sich Art. 50 GRC auf den Begriff des „Strafverfahrens" sowie die Bedingung, dass der Betroffene „nach dem Gesetz rechtskräftig verurteilt oder freigesprochen worden ist".

12 Die Abgrenzung zwischen strafrechtlichen und anderen Sanktionen, insbesondere solchen verwaltungsrechtlicher Natur, die grundsätzlich allesamt unter den **weiten Strafrechtsbegriff** gemäß den „*Engel*-Kriterien" fallen, und das Problem, ob ihre sukzessive oder gar kumulative Verhängung für ein und dieselbe Tathandlung, zB bei Verstößen gegen das Steuerrecht, mit Art. 4 7. EMRKProt vereinbar ist, hat den EGMR über die Jahre wiederholt beschäftigt, ohne dass in seiner Rechtsprechung eine klare Linie erkennbar wurde.[44] Dies hat die große Kammer des EGMR dazu veranlasst, am 15.11.2016 in der **Sache *A. und B./Norwegen*** seine Rechtsprechung zu Art. 4 7. EMRKProt in Bezug auf **kumulative oder gemischte straf- und verwaltungsrechtliche Sanktionen** grundlegend neu zu orientieren. Darin hält er zwar grundsätzlich an den drei „*Engel*-Kriterien" fest, stellt aber zusätzliche materielle und prozessuale Kriterien auf, um strafrechtliche und administrative Sanktionen zum Zweck der Anwendung des Doppelbestrafungsverbots besser einordnen und letztlich eine unvorhersehbare, unangemessene kumulative Sanktionierung des Betroffenen in gemischten oder sukzessiven Verfahren vermeiden zu können.[45] Für den Fall solcher Verfahren fordert der EGMR, dass ein **„materiell und zeitlich hinreichend enger Zusammenhang"** („sufficiently closely connected in substance and in time") zwischen den strafrechtlichen und den administrativen Zielsetzungen und Instrumenten besteht, so dass diese sich zu einem kohärenten Ganzen ergänzen („combined in an integrated manner so as to form a coherent whole").[46] Im Einzelnen verlangt der EGMR die Erfüllung folgender Kriterien, um einen „materiell hinreichend engen Zusammenhang" zu begründen bzw. einen Verstoß gegen das Doppelbestrafungsverbot auszuschließen: (1) die Ziele der verschiedenen Verfahren ergänzen einander und betreffen sowohl abstrakt als auch konkret unterschiedliche Aspekte der Tathandlung; (2) die rechtliche wie praktische Dualität der Verfahren ist eine vorhersehbare Folge des vorgeworfenen Verhaltens; (3) ihre Durchführung, insbesondere mittels angemessener Zusammenarbeit der beteiligten Behörden, vermeidet soweit als möglich eine Verdoppelung der Beweiserhebung und -würdigung; (4) die in dem zuerst geführten Verfahren verhängte Sanktion muss vor allem in dem zuletzt geführten Verfahren angerechnet bzw. berücksichtigt werden, um zu verhindern, dass der Betroffene unangemessen bzw. unverhältnismäßig belastet wird („to bear an excessive burden"), wobei ein spezieller Kompensationsmechanismus ein geeignetes Mittel zur Vermeidung dieser Gefahr ist.[47] Bemerkenswert ist, dass das vierte Kriterium den Rechtsgedanken der Verhältnismäßigkeit des Anrechnungsprinzips, der Art. 4 7. EMRKProt eigentlich fremd ist (→ Rn. 5), mit einbezieht, um im Einzelfall die Angemessenheit einer doppelten – nämlich strafrechtlichen und administrativen – Sanktion sicher zu stellen. Der EGMR rechtfertigt diese Kriterien ferner mit Rücksicht auf einerseits seine *Jussila*-Rechtsprechung zum Strafrechtsbegriff im Sinne von Art. 6 EMRK, wonach nicht alle strafrechtlichen Anklagen dasselbe Gewicht haben, so dass zB Sanktionen in Form von Steuerzuschlägen nicht zum harten Kern des Strafrechts gehören und daher die Garantien des Art. 6 Abs. 1 EMRK nicht „unbedingt in ihrer ganzen Strenge anzuwenden" sind,

---

[43] Europarat, Explanatory Report relating to Protocol N°7, HRLJ 1985, S. 82 (Rn. 32).
[44] Vgl. den Rechtsprechungsüberblick in EGMR 15.11.2016 – 24130/11, 29758/11 ua Rn. 108–116 – A. u. B./Norwegen.
[45] EGMR 15.11.2016 – 24130/11, 29758/11 ua Rn. 105 ff., insbes. Rn. 121–123 u. 130–132 – A. u. B./Norwegen. S. dazu auch die krit. Stellungnahme in der abweichenden Meinung von Richter *Pinto de Albuquerque*, sowie von GA *Campos Sánchez-Bordona*, SchlA C-524/15, ECLI:EU:C:2017:667 Rn. 53 ff. – Menci. Vgl. auch *Luchtman* CMLR 2018, 1717 (1725 f.). Bestätigend jedoch EGMR 6.6.2019 – 47342/14 Rn. 40 ff. – Nodet/Frankreich.
[46] EGMR 15.11.2016 – 24130/11, 29758/11 ua Rn. 130 – A. u. B./Norwegen.
[47] EGMR 15.11.2016 – 24130/11, 29758/11 ua Rn. 132 – A. u. B./Norwegen.

sowie andererseits das Erfordernis der kohärenten und harmonischen Auslegung der verschiedenen Garantien der EMRK.[48] Schließlich verlangt der EGMR in zeitlicher Hinsicht, dass sich die verschiedenen Verfahren zumindest überschneiden bzw. in engen Zeitabständen durchgeführt werden, um zu verhindern, dass der Betroffene nicht zu langer Ungewissheit hinsichtlich seiner Bestrafung ausgesetzt ist.[49] GA *Campos Sánchez-Bordona* hat in der Rechtssache *Menci* allerdings zu Recht darauf aufmerksam gemacht, dass diese Kriterien es dem nationalen Richter kaum erlauben, mit einem Minimum an Verlässlichkeit und Vorhersehbarkeit von Beginn an zu bestimmen, wann der geforderte zeitliche Zusammenhang gegeben ist. Auch aus diesem Grund hat er dem EuGH vorgeschlagen, der neuen Rechtsprechung des EGMR ausdrücklich nicht zu folgen.[50] In methodischer Hinsicht ist ferner problematisch, dass der EGMR die Frage der Bestimmung der Reichweite des Schutzbereichs des Doppelbestrafungsverbots mit derjenigen der Zulässigkeit von dessen Einschränkungen (insbesondere Verhältnismäßigkeit) zu vermengen scheint.

In bisher nicht dagewesener Deutlichkeit ist der EuGH, ebenfalls in Besetzung der großen **13** Kammer, daher in den **Rechtssachen *Menci*** und ***Garlsson Real Estate ua*** dem Vorschlag seines GA gefolgt und hat für Art. 50 GRC eine eigenständige Lösung entwickelt, welche die Bestimmung seines Schutzbereichs, die Frage des Eingriffs in diesen Schutzbereich und deren eventuelle Rechtfertigung klar voneinander trennt.[51] Diese Distanzierung von der Judikatur des EGMR war mit Blick auf die vorangegangene Rechtsprechung zur Kumulierung von Verwaltungssanktionen auf den Gebieten des Schutzes der finanziellen Interessen der Gemeinschaft bzw. Union[52] und im Steuerrecht[53] nicht notwendig zu erwarten. Diesbezüglich hatte sich der EuGH zunehmend an der Auslegung des Verbots der Doppelbestrafung durch den EGMR orientiert und bereits anerkannt, dass **„verwaltungsrechtliche Sanktionen"** gemäß Art. 5 Abs. 1 VO (EG, Euratom) Nr. 2988/95[54] für begangene Unregelmäßigkeiten – im Gegensatz zu „verwaltungsrechtlichen Maßnahmen" gemäß Art. 4 VO (EG, Euratom) Nr. 2988/95, wie zB der Entzug eines rechtswidrig erlangten Vorteils – grundsätzlich dem Strafrechtsbegriff des unionsrechtlichen Grundsatzes *ne bis in idem* bzw. von Art. 50 GRC unterfallen.[55] Zudem hatte der EuGH in der Rechtssache *Åkerberg Fransson* bereits im Vorgriff zu dem Urteil des EGMR in der Sache *A. und B./ Norwegen* (→ Rn. 12) befunden, dass ein Mitgliedstaat bei der Kombination steuer- und strafrechtlicher Sanktionen für die Verletzung von Erklärungspflichten auf dem Gebiet der Mehrwertsteuererhebung dann gegen Art. 50 GRC verstoßen kann, wenn diese Sanktionen gemäß der drei „*Engel*-Kriterien" allesamt strafrechtlicher Natur sind.[56] Aus dem Grundsatz, dass der Begriff der strafrechtlichen Aburteilung bzw. Sanktionierung – in Übereinstimmung mit den Anforderungen in Art. 4 7. EMRKProt und entgegen dem engeren

---

[48] EGMR 15.11.2016 – 24130/11, 29758/11 ua Rn. 133 – A. u. B./Norwegen, unter Verweis auf EGMR 23.11.2006 – 73053/01, 2006-XIII Rn. 43 – Jussila/Finnland.
[49] EGMR 15.11.2016 – 24130/11, 29758/11 ua Rn. 134 – A. u. B./Norwegen; EGMR 6.6.2019 – 47342/14 Rn. 51–53 – Nodet/Frankreich.
[50] GA *Campos Sánchez-Bordona*, SchlA C-524/15, ECLI:EU:C:2017:667 Rn. 56 ff. – Menci, unter Hinweis auf das spätere Urteil EGMR 18.5.2017 – 22007/11 Rn. 49 ff. – Jóhannesson ua/Island.
[51] EuGH C-524/15, ECLI:EU:C:2018:197 Rn. 34 ff. – Menci; EuGH C-537/16, ECLI:EU:C:2018:193 Rn. 36 ff. – Garlsson Real Estate ua. Dazu *Lo Schiavo* EuConst 2018, 644; *Luchtman* CMLR 2018, 1717 (1729 ff.).
[52] EuGH C-150/10, ECLI:EU:C:2011:507 Rn. 68–74 – Beneo Orafti; EuGH C-489/10, ECLI:EU: C:2012:319 Rn. 28 ff. – Bonda, mAnm *Andreangeli* CMLR 2013, 1827; *van Bockel* EStAL 2013, 391; *Cheynel* RAE 2012, 443; *Huber/Schwabl* in Jaeger/Haslinger S. 467 ff.
[53] EuGH C-617/10, ECLI:EU:C:2013:105 Rn. 32–37 – Åkerberg Fransson, mAnm *Vervaele* REALaw 2013, 113; *Gstrein/Zeitzmann* ZEuS 2013, 239.
[54] VO (EG, Euratom) Nr. 2988/95 des Rates vom 18. Dezember 1995 über den Schutz der finanziellen Interessen der Europäischen Gemeinschaften, ABl. 1995 L 312, 1.
[55] EuGH C-150/10, ECLI:EU:C:2011:507 Rn. 68 u. 72–74 – Beneo Orafti; EuGH C-489/10, ECLI:EU: C:2012:319 Rn. 33–44 – Bonda, betreffend die Abgrenzung zwischen verwaltungsrechtlichen „Maßnahmen" und „Sanktionen" unter Rückgriff auf die drei „*Engel*-Kriterien" des EGMR.
[56] EuGH C-617/10, ECLI:EU:C:2013:105 Rn. 34–37 – Åkerberg Fransson; auf dieses Urteil verweist auch EGMR 15.11.2016 – 24130/11, 29758/11 ua Rn. 51 f. u. 118 – A. u. B./Norwegen.

Verständnis von Art. 50 GRC nach den Erläuterungen („durch ein Strafgericht verhängte Strafen") – ebenfalls weit zu verstehen ist,[57] zieht der EuGH in den Rechtssachen *Menci* und *Garlsson Real Estate ua* nun jedoch andere Konsequenzen als der EGMR. Entsprechend der Aufforderung von GA *Campos Sánchez-Bordona,* das in der Rechtssache *Åkerberg Fransson* anerkannte Schutzniveau nicht allein wegen der „Kehrtwende" des EGMR in Frage zu stellen, hat der EuGH die in Art. 52 Abs. 3 S. 2 GRC eröffnete Möglichkeit genutzt, einen „weiter gehenden Schutz" im Unionsrecht zu gewährleisten.[58] Für den EuGH bestehen danach keine Zweifel daran, dass steuerrechtlich qualifizierte Sanktionen mit repressiver Zielsetzung strafrechtlicher Natur sind, auch wenn sie zugleich präventive Zielsetzungen verfolgen. Daraus folgt nach Ansicht des EuGH, dass nur eine Maßnahme, die allein den durch die Straftat entstandenen Schaden ersetzen soll, keine strafrechtliche Natur hat.[59] Es kommt daher entscheidend auf die repressive Qualität bzw. den punitiven Charakter der administrativen Sanktion an, wobei der hohe Schweregrad einer Geldbuße ein wichtiger Indikator ist.[60] Dies entspricht der ständigen Rechtsprechung der Unionsgerichte in anderen Rechtsgebieten, wonach der Grundsatz *ne bis in idem* insbesondere auch in **beamtenrechtlichen Disziplinarverfahren**[61] und im **kartellrechtlichen Geldbußenverfahren**[62] Geltung beansprucht, weil die Androhung bzw. die Verhängung einer Geldbuße – anders als in Art. 23 Abs. 5 VO (EG) Nr. 1/2003[63] angegeben – sehr wohl im Sinne der „Engel-Kriterien" strafrechtlicher Natur ist.[64] Der EuGH sieht daher in der Kumulierung steuer- und strafrechtlicher Sanktionen mit Strafcharakter – im Gegensatz zum EGMR – ohne Weiteres eine Einschränkung des in Art. 50 GRC verbürgten Rechts, die nur über Art. 52 Abs. 1 GRC gerechtfertigt werden kann.[65] Erst in diesem Rahmen, namentlich in der Prüfung der Verhältnismäßigkeit der Einschränkung, geht der EuGH inhaltlich auf die Kriterien ein, die der EGMR in der Sache *A. und B./Norwegen* herangezogen hat, um die Angemessenheit der Sanktionierung sicher zu stellen (→ Rn. 35). Dem Argument, diese Lösung widerspreche derjenigen des EGMR begegnet der EuGH mit der apodiktischen Aussage, dass seine Auslegung des Schutzbereichs von Art. 50 GRC „ein Schutzniveau für den Grundsatz *ne bis in idem* [gewährleistet], das das in Art. 4 [ZP 7] EMRK in seiner Auslegung durch den E[GMR] garantierte Schutzniveau nicht verletzt".[66]

---

[57] Ebenso schon *Wils* World Competition 2003, 131 (133).
[58] GA *Campos Sánchez-Bordona,* SchlA C-524/15, ECLI:EU:C:2017:667 Rn. 57 ff. (insbes. 63–77) – Menci.
[59] EuGH C-524/15, ECLI:EU:C:2018:197 Rn. 31 – Menci; EuGH C-537/16, ECLI:EU:C:2018:193 Rn. 33 – Garlsson Real Estate ua.
[60] EuGH C-524/15, ECLI:EU:C:2018:197 Rn. 32 f. – Menci; EuGH C-537/16, ECLI:EU:C:2018:193 Rn. 34 f. – Garlsson Real Estate ua; EuGH verb. Rs. C-596/16 u. C-597/16, ECLI:EU:C:2018:192 Rn. 38 – Di Puma u. Consob. Betr. einen Fall, in dem eine repressive Zielsetzung verneint wurde, s. EuGH C-534/16, ECLI:EU:C:2017:820 Rn. 31–33 – BB construct.
[61] Vgl. Art. 9 Abs. 3 Anhang IX iVm Art. 86 Abs. 3 EU-BeamtStat, ABl. 2004 L 124, 1; sowie EuGH verb. Rs. 18/65 u. 35/65, Slg. 1967, 80 (87) – Gutmann/Kommission; EuG T-333/99, Slg. 2001, II-3021 Rn. 149 ff. – X/EZB.
[62] EuGH verb. Rs. C-238/99 P ua, Slg. 2002, I-8375 Rn. 59 ff. – Limburgse Vinyl Maatschappij ua/Kommission; EuGH verb. Rs. C-204/00 P ua Slg. 2004, I-123 Rn. 338–340 – Aalborg Portland ua/Kommission; EuGH C-289/04 P, Slg. 2006, I-5859 Rn. 50 – Showa Denko/Kommission; EuGH C-308/04 P, Slg. 2006, I-5977 Rn. 26 – SGL Carbon/Kommission; EuGH C-17/10, ECLI:EU:C:2012:72 Rn. 94 – Toshiba Corporation ua; EuGH C-617/17, ECLI:EU:C:219:283 Rn. 27 ff. – Powszechny Zakład Ubezpieczeń na Życie.
[63] VO (EG) Nr. 1/2003 zur Durchführung der in den Artikeln 81 und 82 des Vertrags niedergelegten Wettbewerbsregeln, ABl. 2003 L 1, 1.
[64] Klarstellend in Bezug auf Art. 6 Abs. 1 EMRK s. EGMR 27.9.2011 – 43509/08 Rn. 38 ff. – Menarini/Italien; wenn auch nur implizit, aber ähnlich zu Art. 47 GRC s. EuGH C-272/09 P, Slg. 2011, I-12789 Rn. 91 ff. – KME/Kommission; EuGH C-386/10 P, Slg. 2011, I-13085 Rn. 51 ff. – Chalkor/Kommission; EuGH C-389/10 P, Slg. 2011, I-13125 Rn. 118 ff. – KME Germany ua/Kommission. Ebenso *Forrester* ELR 2009, 817 (823 ff.); *Forrester* ELR 2011, 185 (201 ff.); *Weiß* ECLR 2011, 186 (191 f.); speziell in Bezug auf Art. 50 GRC *Brammer* EuZW 2013, 617 (618); aA *Wils* World Competition 2010, 5 (12 ff.), der insoweit einen unionsrechtlichen von einem EMRK-rechtlichen Strafrechtsbegriff unterscheiden will.
[65] EuGH C-524/15, ECLI:EU:C:2018:197 Rn. 39 ff. – Menci; EuGH C-537/16, ECLI:EU:C:2018:193 Rn. 41 ff. – Garlsson Real Estate ua.
[66] EuGH C-524/15, ECLI:EU:C:2018:197 Rn. 61 f. – Menci.

Darüber hinaus stellt sich die Frage, in welcher Form der rechtskräftige Abschluss des **14** Verfahrens erfolgen muss, um den Begriff der rechtskräftigen Verurteilung oder des Freispruchs zu erfüllen. Grundsätzlich setzt das Verbot der erneuten Strafverfolgung oder Verurteilung die **Rechtskraft** der freisprechenden oder verurteilenden Entscheidung in dem früheren Verfahren voraus. Fraglich ist in diesem Zusammenhang insbesondere, ob hierfür ein Prozessurteil oder eine bloße Einstellung des Verfahrens durch Beschluss oder Verfügung ausreicht und ob und inwieweit jenen verfahrensabschließenden Entscheidungen eine Sachprüfung vorausgegangen sein muss.

Die Folgen der **Einstellung** des Verfahrens durch eine Strafverfolgungsbehörde für die **15** Anwendung des Grundsatzes *ne bis in idem* waren angesichts divergierender Rechtsprechung auf nationaler Ebene lange Zeit umstritten.[67] In der Rechtssache *Gözütok u. Brügge* hat der EuGH erstmals für das Doppelbestrafungsverbot nach Art. 54 SDÜ geklärt, dass ein Strafklageverbrauch dann eintritt, wenn die Staatsanwaltschaft in einem Strafverfahren ohne die Mitwirkung eines Gerichts eine Einstellungsverfügung erlässt, nachdem der Beschuldigte bestimmte Auflagen erfüllt bzw. einen bestimmten Geldbetrag entrichtet hat.[68] Der EuGH hält diese Grundsätze jedoch nicht für anwendbar im Fall der Entscheidung eines mitgliedstaatlichen Gerichts, mit der ein Verfahren für beendet erklärt wird, nachdem die Staatsanwaltschaft beschlossen hat, die Strafverfolgung nur deshalb nicht fortzusetzen, weil in einem anderen Mitgliedstaat Strafverfolgungsmaßnahmen gegen denselben Beschuldigten wegen derselben Tat eingeleitet worden sind, und **ohne** dass eine **Prüfung in der Sache** erfolgt ist.[69] Bei einem rechtskräftigen Freispruch eines Angeklagten aus Mangel an Beweisen geht der EuGH jedoch im Prinzip davon aus, dass eine Prüfung in der Sache erfolgt ist, so dass das Doppelbestrafungsverbots in Art. 54 SDÜ ohne Weiteres Anwendung findet.[70] Zur Begründung führt er im Wesentlichen aus, dass diese Vorschrift nicht auf den Inhalt des rechtskräftigen Urteils abstellt und anderenfalls das Ziel der Freizügigkeit gefährdet und gegen die Grundsätze der Rechtssicherheit und des Vertrauensschutzes verstoßen würde.[71] Ungeachtet des Vorliegens einer Sachprüfung zB durch eine Polizeibehörde, die einer Entscheidung über die Einstellung der Strafverfolgung vorausgeht, kann es nach den einschlägigen nationalen Vorschriften allerdings an der Endgültigkeit des Strafklageverbrauchs fehlen, so dass das Verfahrenshindernis nach Art. 54 SDÜ nicht greift.[72] In diesem Fall fordert der EuGH von den mitgliedstaatlichen Behörden, im Rahmen der von Art. 57 SDÜ vorgesehenen Zusammenarbeit voneinander sachdienliche Rechtsauskünfte über einen etwaigen Strafklageverbrauch einzuholen bzw. untereinander zu erteilen.[73] Die Endgültigkeit des Strafklageverbrauchs aufgrund eines rechtskräftigen Einstellungsbeschlusses wird wiederum nach der vom EuGH in der Rechtssache *M.* vorgenommenen Auslegung grundsätzlich nicht dadurch in Frage gestellt, dass die nationalen Vorschriften unter gewissen Voraussetzungen eine Wiederaufnahme oder -eröffnung des Strafverfahrens ermöglichen.[74] Bemerkenswert ist, dass der EuGH erstmals ausdrücklich feststellt, dass Art. 54 SDÜ im Licht von Art. 50 GRC und daher indirekt auch von Art. 4 7. EMRKProt auszulegen ist, um sein Auslegungsergebnis abzusichern. Hierbei verweist er auf das Urteil des EGMR in der Sache *Zolotukhin/Russland,* wonach außerordentliche Rechtsbehelfe bei

---

[67] Rechtsprechungsnachweise bei *Weyembergh* CDE 2004, 337 (350 ff.).
[68] EuGH verb. Rs. C-187/01 u. C-385/01, Slg. 2003, I-1345 Rn. 27 ff. – Gözütok u. Brügge; vgl. dazu auch *Fletcher* MLR 2003, 769; *Rinuy* Rev. Aff. Eur. 2003–2004, 119 ff.; GA *Ruiz-Jarabo Colomer,* SchlA verb. Rs. C-187/01 u. C-385/01, Slg. 2003, I-1345 Rn. 83 ff. – Gözütok u. Brügge; insoweit bestätigend EuGH C-486/14, ECLI:EU:C:2016:483 Rn. 38 f. – Kossowski.
[69] EuGH C-469/03, Slg. 2005, I-2011 Rn. 35 – Miraglia.
[70] EuGH C-150/05, Slg. 2006, I-9327 Rn. 54 ff. – van Straaten.
[71] EuGH C-150/05, Slg. 2006, I-9327 Rn. 56–59 – van Straaten.
[72] EuGH C-491/07, Slg. 2008, I-11039 Rn. 32 ff. – Turanský.
[73] EuGH C-491/07, Slg. 2008, I-11039 Rn. 37 ff. – Turanský.
[74] EuGH C-398/12, ECLI:EU:C:2014:1057 Rn. 27–34 u. 40 – M., mAnm *Hecker* FS v. Heintschel-Heinegg, 2015, 175.

der Beurteilung, ob das Verfahren endgültig abgeschlossen wurde, nicht berücksichtigt werden.[75] Den vorläufigen Höhepunkt der Rechtsprechung des EuGH zu Art. 54 SDÜ bildet sein Grundsatz-Urteil in der Rechtssache *Kossowski,* in der es um einen Einstellungsbeschluss der Staatsanwaltschaft ging, der zwar nach den einschlägigen nationalen Vorschriften einen endgültigen Strafklageverbrauch zur Folge hatte, dem aber **keine eingehenden Ermittlungen** vorausgegangen waren.[76] Insoweit fordert der EuGH, nachzuprüfen, ob vor der Einstellung des Verfahrens tatsächlich eine Prüfung in der Sache erfolgt ist. Zur Begründung betont er das Art. 54 SDÜ zu Grunde liegende doppelte Ziel – gelesen im Licht von Art. 3 Abs. 2 EUV – der Gewährleistung des freien Personenverkehrs im Raum der Freiheit, der Sicherheit und des Rechts ohne Binnengrenzen einerseits und der Notwendigkeit, in diesem Raum die Verhütung und Bekämpfung der Kriminalität zu fördern, andererseits. Entsprechend schütze diese Vorschrift den Betroffenen nur im Fall einer rechtskräftigen Verurteilung und Verbüßung der Strafe bzw. eines endgültigen Freispruchs davor, wegen derselben Tat in einem anderen Vertragsstaat nochmals verfolgt zu werden, nicht aber davor, möglicherweise wegen derselben Tat in mehreren Vertragsstaaten aufeinanderfolgenden Ermittlungen ausgesetzt zu sein. Die Anwendung von Art. 54 SDÜ auf einen Einstellungsbeschluss ohne vorherige Sachprüfung liefe diesen Zielen jedoch zuwider.[77] Dem Einwand, dass diese Vorschrift auf dem Gedanken des gegenseitigen Vertrauens der Vertragsstaaten in ihre jeweiligen Strafjustizsysteme unabhängig vom Ergebnis der Anwendung des jeweiligen Strafrechts beruhe, begegnet der EuGH mit der Aussage, dass ein solches Vertrauen nur dann gedeihen könne, wenn Gewissheit bestünde, dass die betreffende rechtskräftige Einstellungsentscheidung eine Prüfung in der Sache enthalte.[78] Vor dem Hintergrund der besonderen **integrationsrechtlichen Inspiration** dieser Judikatur mit dem Ziel der Erleichterung des freien Personenverkehrs[79] und der Verbesserung der Zusammenarbeit im Bereich der Kriminalitätsbekämpfung sowie des klaren Wortlauts und Ziels von Art. 50 GRC (→ Rn. 17) ist schließlich genau zu prüfen, ob und inwieweit die vom EuGH im Zusammenhang mit Art. 54 SDÜ aufgestellten Grundsätze ohne weiteres auf andere Konstellationen, wie zB eine bestandskräftige Einstellungsentscheidung einer mitgliedstaatlichen Wettbewerbsbehörde oder der Kommission bei der Anwendung von EU-Kartellrecht, übertragbar sind (→ Rn. 21 ff.).

16 Hinsichtlich der Behandlung von gerichtlichen **Prozessurteilen** bzw. Urteilen, die lediglich über das Vorliegen eines **Form- oder Verfahrensmangels** befinden, hat der EuGH bezüglich des EU-Kartellrechts in dem zweiten *PVC*-Urteil wichtige Hinweise gegeben. Danach verbietet der Grundsatz *ne bis in idem* nur eine **neue sachliche Würdigung** des Vorliegens der Zuwiderhandlung, die dazu führen würde, dass entweder – falls die Verantwortlichkeit erneut bejaht wird – eine zweite, zur ersten hinzukommende Sanktion oder – falls die in dem ersten Kommissionsbeschluss verneinte Verantwortlichkeit in der zweiten Entscheidung bejaht wird – eine erste Sanktion verhängt wird. Daher ist eine Wiederaufnahme von Verfolgungsmaßnahmen, die dasselbe wettbewerbswidrige Verhalten betreffen, nicht ausgeschlossen, wenn ein erster Beschluss aus formalen Gründen ohne materielle Beurteilung des zur Last gelegten Sachverhalts für nichtig erklärt wurde. In diesem Fall stellt nach Ansicht des EuGH die gerichtliche Nichtigerklärung **keinen Freispruch im strafrechtlichen Sinne** dar und die in dem neuen Beschluss verhängten Sanktionen treten nicht zu denjenigen in dem für nichtig erklärten Beschluss hinzu,

---

[75] EuGH C-398/12, ECLI:EU:C:2014:1057 Rn. 35–39 – M., unter Hinweis auf EGMR 10.2.2009 – 14939/03 Rn. 83 u. 108 – Zolotukhin/Russland.
[76] EuGH C-486/14, ECLI:EU:C:2016:483 Rn. 31 ff. – Kossowski, mAnm *Gaede* NJW 2016, 2939.
[77] EuGH C-486/14, ECLI:EU:C:2016:483 Rn. 42 ff., insbes. 45–49 – Kossowski, unter Hinweis auf EuGH C-491/07, Slg. 2008, I-11039 Rn. 44 – Turanský, sowie EuGH C-469/03, Slg. 2005, I-2011 Rn. 33 f. – Miraglia.
[78] EuGH C-486/14, ECLI:EU:C:2016:483 Rn. 50–52 – Kossowski.
[79] EuGH verb. Rs. C-187 u. C-385/01, Slg. 2003, I-1345 Rn. 36 ff. – Gözütok u. Brügge; EuGH C-469/03, Slg. 2005, I-2011 Rn. 34 – Miraglia.

sondern ersetzen letzteren nur.[80] Tendenziell anders entscheidet der EuGH jedoch bei der Auslegung von Art. 54 SDÜ in Bezug auf einen rechtskräftigen Freispruch eines Angeklagten wegen Eintritts der **Verjährung** der Straftat, der eine weitere Strafverfolgung *per se* ausschließen soll, auch wenn keine Prüfung in der Sache erfolgt ist.[81] Entsprechendes gilt, wenn eine rechtskräftig verhängte Sanktion wegen Ablaufs der **Vollstreckungsverjährung** nach den Vorschriften des betreffenden Mitgliedstaats niemals vollzogen werden konnte.[82] Noch nicht zweifelsfrei geklärt ist schließlich der Fall, in dem die Nichtigerklärung eines Geldbußenbeschlusses der Kommission darauf beruht, dass diese **keine ausreichenden Beweise** für die Zuwiderhandlung gegen die EU-Wettbewerbsregeln ermittelt und vorgelegt hat. Gemessen an der Diktion des EuGH in dem zweiten *PVC*-Urteil dürfte es sich insoweit jedoch um ein **Sachurteil** handeln, das einem endgültigen Freispruch im Sinne von Art. 50 GRC gleichkommt, so dass ein zweites Geldbußenverfahren grundsätzlich ausgeschlossen ist.[83] Insoweit werfen auch neuere Entscheidungsformen der Kommission im EU-Kartellverfahren nach der VO (EG) Nr. 1/2003, wie insbesondere Beschlüsse über Verpflichtungszusagen nach Art. 9 VO (EG) Nr. 1/2003, die Frage eines Strafklageverbrauchs nach Art. 50 GRC auf (näher → Rn. 26).

Im Gegensatz zu Art. 103 Abs. 3 GG entfaltet Art. 50 GRC eine **doppelte Sperr-** 17 **wirkung,** indem er nicht allein eine erneute Bestrafung, sondern bereits eine erneute Strafverfolgung ausschließt. Ferner setzt Art. 50 GRC im Unterschied zu Art. 54 SDÜ, Art. 3 Abs. 2 Rahmenbeschluss 2002/584/JI über den Europäischen Haftbefehl, Art. 7 Finanzschutzübereinkommen und Art. 10 Bestechungsübereinkommen nicht voraus, dass Vollstreckungshandlungen bezüglich der ersten Strafsanktion bereits ergriffen wurden oder nicht mehr möglich sind (sogenannte „Vollstreckungsbedingung"). Vielmehr ist seinem Wortlaut nach eine erneute Strafverfolgung bereits mit dem Eintritt der **Rechtskraft** des Abschlusses des vorangegangenen Strafverfahrens ausgeschlossen. Dies führt zu schwierigen Anwendungsproblemen im Verhältnis zwischen Art. 50 GRC und insbesondere Art. 54 SDÜ, sofern die Vollstreckungsbedingung erfüllt ist[84] (näher → Rn. 34). Auch für rein innerstaatliche Sachverhalte erkennt der EuGH den Strafklageverbrauch aufgrund eines rechtskräftigen, freisprechenden Strafurteils im Verhältnis zu einem sich anschließenden Verwaltungsverfahren zur Verhängung administrativer Sanktionen strafrechtlicher Natur an, weist aber ausdrücklich auf die Möglichkeit der Wiederaufnahme des Strafverfahrens gemäß Art. 4 Abs. 2 7. EMRKProt hin. Hingegen rechtfertigt das Erfordernis wirksamer und abschreckender Verwaltungssanktionen nach dem einschlägigen, vom Mitgliedstaat umzusetzenden EU-Sekundärrecht keine Durchbrechung der Rechtskraft eines solchen Urteils.[85] Eine auf ein rechtskräftiges Strafurteil erfolgte spätere Begnadigung stellt den durch den Grundsatz *ne bis in idem* gewährten Schutz vor erneuter Strafverfolgung ebenso wenig in Frage.[86]

---

[80] EuGH verb. Rs. C-238/99 P ua, Slg. 2002, I-8375 Rn. 61 f. – Limburgse Vinyl Maatschappij ua/Kommission; EuG T-466/17, ECLI:EU:T:2019:671 Rn. 55 ff. – Printeos/Kommission; ähnlich betreffend Art. 54 SDÜ EuGH C-469/03, Slg. 2005, I-2011 Rn. 35 – Miraglia; EuGH C-486/14, ECLI:EU:C:2016:483 Rn. 31 ff. – Kossowski; zustimmend *Wils* World Competition 2003, 131 (140).
[81] EuGH C-467/04, Slg. 2006, I-9199 Rn. 26–33 – Gasparini ua; aA GA *Sharpston*, SchlA C-467/04, Slg. 2006, I-9203 Rn. 90 ff. – Gasparini ua.
[82] EuGH C-297/07, Slg. 2008, I-708 Rn. 34 ff. – Bourquain.
[83] So auch *Wils* World Competition 2003, 131 (141 f.), der jedoch zu Recht auf die Möglichkeit einer Wiederaufnahme unter den Voraussetzungen von Art. 4 Abs. 2 7. EMRKProt verweist, die auch nach Art. 52 Abs. 2 u. 3 GRC zulässig sein dürfte.
[84] Vgl. EuGH C-129/14 PPU, ECLI:EU:C:2014:586 – Spasic.
[85] EuGH verb. Rs. C-596/16 u. C-597/16, ECLI:EU:C:2018:192 Rn. 28 ff. – Di Puma u. Consob (betr. Art. 14 Abs. 1 RL 2003/6/EG des Europäischen Parlaments und des Rates v. 28. Januar 2003 über Insider-Geschäfte und Marktmanipulation (Marktmissbrauch), ABl. 2003 L 96, 16). Ebenso GA *Campos Sánchez-Bordona*, SchlA verb. Rs. C-596/16 u. C-597/16, ECLI:EU:C:2017:669 Rn. 64 ff. – Di Puma u. Consob.
[86] EuGH C-537/16, ECLI:EU:C:2018:193 Rn. 62 – Garlsson Real Estate ua.

II. Räumlicher Anwendungsbereich

18 1. Nationale Fälle mit Unionsrechtsbezug. Aus dem Wortlaut von Art. 50 GRC („in der Union") sowie Art. 52 Abs. 3 GRC in Verbindung mit Art. 4 7. EMRKProt ergibt sich ohne weiteres, dass der unionsrechtliche Grundsatz *ne bis in idem* auch **innerhalb eines einzigen Mitgliedstaats** gilt, also auch auf rein innerstaatliche Sachverhalte anwendbar ist, sofern ein ausreichender Bezug zur Anwendung von Unionsrecht vorliegt. In der Rechtssache *Åkerberg Fransson* hat der EuGH dies eindrucksvoll und mit Rücksicht auf das Erfordernis eines effektiven, sanktionsbewehrten Vollzugs der RL 2006/112/EG des Rates vom 28. November 2006 über das gemeinsame Mehrwertsteuersystem[87] und auf Art. 325 AEUV (Schutz der finanziellen Interessen der Union) bestätigt. Diesen Ansatz hat er zuletzt in den Rechtssachen *Menci* und *Garlsson Real Estate ua* unter Anerkennung eines höheren Schutzstandards von Art. 50 GRC im Verhältnis zu demjenigen von Art. 4 7. EMRKProt in der Auslegung des EGMR in der Sache *A. und B./Norwegen* konsequent weiter verfolgt (näher → Rn. 13). Trotz dieser klaren primärrechtlichen Prämissen für die Auslegung des Doppelbestrafungsverbots hat der EuGH paradoxerweise mit dem Urteil *Åkerberg Fransson* und seinen verallgemeinerungsfähigen Aussagen über den Geltungs- und Anwendungsbereich des Unionsrechts einen Sturm der Kritik ausgelöst. Wegen des damit einhergehenden Konflikts mit den mitgliedstaatlichen Kompetenzen und Umsetzungsspielräumen, ua im Steuerrecht und Strafrecht, sowie mit deren Verfassungsordnungen entflammte dadurch eine kontroverse Debatte über die Auslegung des Begriffs der „Durchführung des Unionsrechts" im Sinne von Art. 51 Abs. 1 GRC, der den Anwendungsbereich und die Bindungswirkung der Garantien der GRC auf die Mitgliedstaaten erstreckt, die an dieser Stelle nicht vertieft werden kann (näher → § 6 Rn. 30 ff.).[88] Hinsichtlich strafbarer Handlungen mit rein nationaler Bedeutung, dh ohne grenzüberschreitende Auswirkungen, erlangt Art. 50 GRC mithin **lückenfüllende Bedeutung** für die betroffenen mitgliedstaatlichen Verfassungs- und Rechtsordnungen, soweit der erfasste Sachverhalt in den Anwendungsbereich des Unionsrechts fällt, was im Einzelfall – wie die Rechtssache *Åkerberg Fransson* zeigt – durchaus schwierig zu bestimmen sein kann.[89] Dies birgt letztlich jedoch nur dann großes Konfliktpotential, wenn diese Verfassungs- und Rechtsordnungen einen mit Art. 50 GRC gleichwertigen Schutz nicht kennen, sei es, weil sie eine dem Grundsatz *ne bis in idem* entsprechende Grundrechtsnorm überhaupt nicht enthalten, sei es, dass der betreffende Mitgliedstaat Art. 4 7. EMRKProt entweder nicht ratifiziert oder nicht mit der für einen adäquaten Grundrechtsschutz erforderlichen Geltungskraft umgesetzt hat.[90] Es ist zudem spätestens seit dem Grundsatzurteil in der Rechtssache *Åkerberg Fransson* davon auszugehen, dass mit dem Inkrafttreten des Vertrags von Lissabon und der damit einhergehenden Anordnung der Verbindlichkeit der GRC als Primärrecht der Union (vgl. Art. 6 Abs. 1

---

[87] ABl. 2006 L 347, 1.
[88] EuGH C-617/10, ECLI:EU:C:2013:105 Rn. 17 ff. – Åkerberg Fransson, entgegen dem Vorschlag von GA *Cruz Villalón*, SchlA C-617/10, ECLI:EU:C:2013:340 Rn. 22 ff. – Åkerberg Fransson. Insoweit kritisch ua *van Bockel/Wattel* ELR 2013, 866; *Bucher* ZEuS 2016, 203; *Dannecker* JZ 2013, 616; *Dannecker* NZKart 2015, 25; *Epiney* CDE 2014, 283; *Fontanelli* ELR 2014, 682; *Frenzel* Der Staat 2014, 1; *Geiß* DÖV 2014, 265; *Gstrein/Zeitzmann* ZEuS 2013, 239; *Kingreen* JZ 2013, 801; *Lange* NVwZ 2014, 169; *Rabe* NJW 2013, 1407; *Ritleng* RTDE 2013, 267; *Reestman/Besselink* EuConst 2013, 169; *Safferling* NStZ 2014, 545; *Schima* FILJ 2015, 1097; *Streinz* FS Dauses, 2014, 429; *Stotz* FS Dauses, 2014, 409; *Szwarc* EPL 2014, 229; *Thym* EuConst 2013, 391; *Thym* NVwZ 2013, 889; *Thym* DÖV 2014, 941; *Vervaele* REALaw 2013, 113. Vgl. auch zur Eröffnung des Anwendungsbereichs des Unionsrechts EuGH verb. Rs. C-217/15 u. C-350/15, ECLI:EU:C:2017:264 Rn. 16 – Orsi u. Baldetti; EuGH C-524/15, ECLI:EU:C:2018:197 Rn. 17–21 – Menci.
[89] Vgl. nur die abweichende Ansicht von GA *Cruz Villalón*, SchlA C-617/10, ECLI:EU:C:2013:340 Rn. 22 ff. – Åkerberg Fransson.
[90] Zur zurückhaltenden Umsetzungspraxis der Mehrzahl der EU-Mitgliedstaaten schon *Grabenwarter* DVBl 2001, 1 (9). Auf die unterschiedliche Ratifizierung und Implementierung von Art. 4 7. EMRKProt durch die Mitgliedstaaten weist auch hin GA *Cruz Villalón*, SchlA C-617/10, ECLI:EU:C:2013:340 Rn. 72–74 – Åkerberg Fransson; vgl. zur Problematik instruktiv *van Bockel/Wattel* ELR 2013, 866 (879 ff.).

UAbs. 1 EUV) das Doppelbestrafungsverbot nach Art. 50 GRC in seinen Rechtswirkungen an den supranationalen Charakteristika des Unionsrechts, namentlich der **unmittelbaren Anwendbarkeit** und des **Anwendungsvorrangs** (→ § 1 Rn. 4), teilhat und daher bei Sachverhalten, die nach Unionsrecht zu beurteilen sind, anders lautende mitgliedstaatliche Rechtsvorschriften gleich welchen Rangs verdrängt und ersetzt.[91] Diese unmittelbare Wirkung des Grundsatzes *ne bis in idem* auf der mitgliedstaatlichen Ebene – in jenem Fall auf dem Gebiet der Durchführung des EU-Kartellrechts durch das europäische Netzwerk der Wettbewerbsbehörden – hat der EuGH folgerichtig auch in der Rechtssache *Toshiba* angenommen.[92] Er hat sie jüngst in der Rechtssache *Garlsson Real Estate ua* im Bereich der Verfolgung rechtswidriger Marktmanipulationen, diesmal mit allgemeingültiger Diktion, ausdrücklich bestätigt.[93]

2. Transnationale Fälle innerhalb der Union. a) Allgemeines. In Erweiterung des Schutzbereichs von Art. 4 7. EMRKProt erstreckt Art. 50 GRC seinen Gewährleistungsgehalt seinem Wortlaut nach („in der Union") auf Vorgänge mit **grenzüberschreitender Bedeutung** und somit zum einen auf das Verhältnis der mitgliedstaatlichen Verwaltungen und Gerichtsbarkeiten untereinander (**horizontale Erstreckung**) sowie zum anderen auf das Verhältnis dieser Verwaltungen und Gerichtsbarkeiten zur Unionsverwaltung und -gerichtsbarkeit (**vertikale Erstreckung,** zB im Anwendungsbereich des EU-Kartellrechts). Hierin liegt ein bedeutsamer Ansatz des Art. 50 GRC für die Garantie eines effektiven Grundrechtsschutzes gegen Eingriffe, die sich aus dem komplexen Zusammenspiel verschiedener Verfolgungshandlungen unterschiedlicher mitgliedstaatlicher und/oder supranationaler Verfolgungsbehörden und Gerichte ergeben können.[94] Diese horizontale und vertikale Erstreckung des Schutzbereichs des Doppelbestrafungsverbots ist die verfassungsrechtlich unabdingbare Antwort auf die zunehmende Koordinierung, Vernetzung und letztlich Integration europäischer Strafverfolgung und das damit einhergehende gestiegene Schutzbedürfnis des Einzelnen, dem auch vermehrt im EU-Sekundärrecht Rechnung getragen wird.[95] Hieraus ergibt sich die umso größere Notwendigkeit einer klärenden Rechtsprechung des EuGH – namentlich über das Vorabentscheidungsverfahren nach Art. 267 AEUV – hinsichtlich der einzelnen Voraussetzungen des Art. 50 GRC (→ Rn. 6 ff.), um unionsweit eine einheitliche Rechtspraxis zu garantieren bzw. das Entstehen unterschiedlicher Schutzstandards auf mitgliedstaatlicher Ebene wie Unionsebene zu verhindern, sofern der Anwendungsbereich des Unionsrechts eröffnet ist (vgl. Art. 51 Abs. 1 GRC u. → Rn. 18).

---

[91] EuGH C-617/10, ECLI:EU:C:2013:105 Rn. 45 f. – Åkerberg Fransson, unter Rückgriff auf das Erfordernis der vollen Wirksamkeit der Unionsnormen. Zu einer möglichen dogmatischen Herleitung auf der Grundlage ua der kompetenzrechtlichen „Pre-emption"-Lehre vgl. *Nehl*, Europäisches Verwaltungsverfahren und Gemeinschaftsverfassung, 2002, S. 438 ff.
[92] EuGH C-17/10, ECLI:EU:C:2012:72 Rn. 95 aE – Toshiba Corporation ua.
[93] EuGH C-537/16, ECLI:EU:C:2018:193 Rn. 64–68 – Garlsson Real Estate ua. Ebenso GA *Campos Sánchez-Bordona*, SchlA C-537/16, ECLI:EU:C:2017:668 Rn. 83–87 – Garlsson Real Estate ua.
[94] Man denke nur an die verstärkte Zusammenarbeit der europäischen Betrugsbekämpfungsbehörde *OLAF* mit den nationalen Strafverfolgungsbehörden gemäß Art. 9 VO (EG) Nr. 1073/1999 des Europäischen Parlaments und des Rates vom 25. Mai 1999 über die Untersuchungen des Europäischen Amtes für Betrugsbekämpfung (OLAF) (ABl. 1999 L 136, 1); vgl. im Überblick *Decker*, Grundrechtsschutz bei Handlungen des Europäischen Amtes für Betrugsbekämpfung (OLAF), 2008; *Heine*, Die Rechtsstellung des Beschuldigten im Rahmen der Europäisierung des Strafverfahrens, 2009.
[95] Vgl. RL 2010/64/EU des Europäischen Parlaments und des Rates vom 20. Oktober 2010 über das Recht auf Dolmetschleistungen und Übersetzungen in Strafverfahren, ABl. 2010 L 280, 1; RL 2012/13/EU des Europäischen Parlaments und des Rates vom 22. Mai 2012 über das Recht auf Belehrung und Unterrichtung in Strafverfahren, ABl. 2012 L 142, 1; RL 2013/48/EU des Europäischen Parlaments und des Rates vom 22. Oktober 2013 über das Recht auf Zugang zu einem Rechtsbeistand in Strafverfahren und in Verfahren zur Vollstreckung des Europäischen Haftbefehls sowie über das Recht auf Benachrichtigung eines Dritten bei Freiheitsentzug und das Recht auf Kommunikation mit Dritten und mit Konsularbehörden während des Freiheitsentzugs, ABl. 2013 L 294, 1. Eingehend hierzu *Sayers* in PHKW Fundamental Rights Rn. 48.74B ff.

20 Das Erfordernis einer vereinheitlichenden Grundrechtsjudikatur des EuGH in dieser Hinsicht zeigt sich bereits an der ständigen Rechtsprechung des BVerfG zu Art. 103 Abs. 3 GG, wonach eine frühere strafrechtliche Verurteilung im Ausland bisher kein Verfahrenshindernis für eine nochmalige Strafverfolgung im Inland darstellen soll, sondern lediglich zu einer Anrechnung der früheren Sanktion über das **Anrechnungsprinzip** nach § 51 Abs. 3 StGB führt.[96] Angesichts der klaren Entscheidung in Art. 50 GRC für das **Erledigungsprinzip** (→ Rn. 5) lassen sich derartige nationalspezifische Lösungen jedoch innerhalb des Anwendungsbereichs des Unionsrechts künftig nur noch schwierig aufrechterhalten. Anderenfalls würde der rechtsstaatlich gebotene supranationale Grundrechtsschutz nach dieser Vorschrift leer laufen, obwohl dessen Bedeutung angesichts der intensivierten Koordinierung der nationalen Strafrechts- und Strafverfolgungssysteme zum Zweck der grenzüberschreitenden Kriminalitätsbekämpfung im unionsweiten Raum der Freiheit, der Sicherheit und des Rechts unter gleichzeitiger Garantie des freien Personenverkehrs (→ Rn. 3, 9, 10 u. 15) ständig wächst. Ungeachtet dessen ist der EuGH trotz seines integrationsfreundlichen Ansatzes in der Rechtssache *Åkerberg Fransson*[97] (→ Rn. 18) im Einzelfall darum bemüht, Konflikte mit dem nationalen Verfassungsrecht und Grundrechtsschutz zu vermeiden[98] (→ Rn. 34).

21 **b) Kooperative Durchführung des EU-Kartellrechts im unionsweiten Netzwerk.** Art. 50 GRC hat in den vergangenen Jahren insbesondere im Bereich der kooperativen **Durchsetzung des EU-Kartellrechts** nach Art. 101 und 102 AEUV durch die Kommission und die mit ihr ein **Netzwerk** bildenden Wettbewerbsbehörden sowie die Gerichte der Mitgliedstaaten an Bedeutung gewonnen.[99] Mit der Anwendbarkeit der EU-Kartellverfahrens-VO (EG) Nr. 1/2003 seit dem 1.5.2004 wurde nicht nur eine weitgehende **Dezentralisierung** der Durchführung der EU-Kartellregeln auf die mitgliedstaatlichen Wettbewerbsbehörden und die Gerichte bewirkt (Prinzip der Legalausnahme und der parallelen Kompetenzen)[100], sondern auch ein System geschaffen, das auf eine zunehmende **Konvergenz** der mitgliedstaatlichen Wettbewerbsregeln mit denjenigen des EU-Wettbewerbsrechts ausgerichtet ist.[101] Daraus folgt, dass eine mitgliedstaatliche Wettbewerbsbehörde im Fall wettbewerbswidriger Vereinbarungen, die den zwischenstaatlichen Handel im Sinne von Art. 101 AEUV spürbar beeinträchtigen, vergleichbare mitgliedstaatliche Regeln zwar anwenden kann, diese aber zu demselben Verfahrensergebnis führen müssen (Konvergenz- und Vorrangregel).[102] Lediglich im Bereich der einseitigen Handlungen im

---

[96] BVerfGE 12, 62 (66); BVerfGE 75, 1 (15); betr. das Fehlen eines zwischenstaatlichen Doppelbestrafungsverbots vgl. BVerfGK 13, 7 Rn. 19 ff.
[97] EuGH C-617/10, ECLI:EU:C:2013:105 Rn. 17 ff. – Åkerberg Fransson.
[98] S. insbes. EuGH C-129/14 PPU, ECLI:EU:C:2014:586 Rn. 54 ff. – Spasic, betr. das Verhältnis von Art. 50 GRC zur Vollstreckungsbedingung in Art. 54 SDÜ in Übereinstimmung mit einer entsprechend restriktiven Auslegung durch das BVerfG (BVerfGK 19, 265 Rn. 42–44, unter Bestätigung von BGH 2 StR 420/10).
[99] Vgl. den umfassenden Überblick bei *Gaulard* CDE 2013, 703.
[100] ABl. 2003 L 1, 1; Rn. 5 ff. der Bekanntmachung der Kommission über die Zusammenarbeit innerhalb des Netzes der Wettbewerbsbehörden, ABl. 2004 C 101, 43 (Netzwerkbekanntmachung); RL (EU) 2019/1 des Europäischen Parlaments und des Rates vom 11. Dezember 2018 zur Stärkung der Wettbewerbsbehörden der Mitgliedstaaten im Hinblick auf eine wirksamere Durchsetzung der Wettbewerbsvorschriften und zur Gewährleistung des reibungslosen Funktionierens des Binnenmarkts, ABl. 2019 L 11, 1; vgl. auch die sonstigen Durchführungsregeln, Bekanntmachungen und Mitteilungen der Kommission in European Commission, EU Competition Law: Rules Applicable to Antitrust Enforcement, Volume I: General Rules, 2013, abrufbar unter: http://ec.europa.eu/competition/antitrust/legislation/handbook_vol_1_en.pdf (letzter Abruf: 28.8.2019).
[101] Vgl. insbes. Art. 3 Abs. 1 u. 2 VO (EG) Nr. 1/2003.
[102] Im Hinblick auf die – positive – Annahme der Vereinbarkeit eines Verhaltens mit den EU-Wettbewerbsregeln folgt diese Konvergenz aus Art. 3 Abs. 2 S. 1 VO (EG) Nr. 1/2003; im Fall der – negativen – Annahme eines verbotenen Verhaltens bzw. einer Zuwiderhandlung ergibt sich diese Konvergenz- und Vorrangregel unmittelbar aus der Rechtsprechung seit EuGH 14/68, Slg. 1969, 1 Rn. 4–9 – Walt Wilhelm ua/Bundeskartellamt; vgl. auch EuGH 127/73, Slg. 1974, 51 Rn. 15–17 – BRT und SABAM; EuGH C-198/01, Slg. 2003, I-8055 Rn. 48–51 – CIF.

Sinne von Art. 102 AEUV (Missbrauch einer marktbeherrschenden Stellung) bleibt das mitgliedstaatliche Recht voll anwendbar und kann zu Verboten und Sanktionen führen, die von Art. 102 AEUV nicht gedeckt sind bzw. darüber hinausgehen.[103] Ferner ist das Netzwerk unter Aufsicht der Kommission darauf ausgerichtet, dass in der Regel nur jeweils eine – nämlich die im konkreten Fall dafür am besten geeignete – Wettbewerbsbehörde mit der Durchführung der EU-Kartellregeln betraut wird.[104] Dabei ist wichtig, dass die mitgliedstaatlichen Behörden – im Unterschied zur Kommission – nur im und für den Geltungsbereich ihrer jeweiligen Jurisdiktion entscheiden können, auch wenn sie EU-Kartellrecht anwenden.

Eine Duplizierung von Kartellverfahren im Netzwerk soll daher systemimmanent grundsätzlich vermieden werden. Sie lässt sich rechtlich aber nicht völlig ausschließen und ist bei Zuwiderhandlungen, die mehrere Mitgliedstaaten betreffen, wegen der eingeschränkten Jurisdiktion der mitgliedstaatlichen Behörden sogar fest einkalkuliert[105], so dass der Schutzbereich von Art. 50 GRC tangiert wird (zur strafrechtlichen Rechtsnatur des Kartellgeldbußenverfahrens → Rn. 12 f.). Angesichts der Konvergenzregel des Art. 3 VO (EG) Nr. 1/2003 ist festzuhalten, dass die Netzwerkbehörden bei der Anwendung von Art. 101 AEUV und entsprechender nationaler Vorschriften auf ein und dieselbe **wettbewerbswidrige Vereinbarung** grundsätzlich dasselbe Kartellunrecht zum Schutz desselben Rechtsguts im Sinne der Rechtsprechung des EuGH[106] sanktionieren. Daher war lange fraglich, ob ein durch einen Geldbußen- oder Einstellungsbeschluss bestandskräftig abgeschlossenes Kartellverfahren, gleich vor welcher Behörde des Netzwerks es durchgeführt wurde, Sperrwirkung im Sinne des Doppelbestrafungsverbots erzeugt, soweit diese Zuwiderhandlung betroffen ist, auch wenn nicht deren gesamte Auswirkungen innerhalb des Binnenmarkts erfasst bzw. „abgeurteilt" sind. **22**

Im Fall eines bestandskräftigen **Beschlusses** der **Kommission** im Sinne von Art. 7 Abs. 1 VO (EG) Nr. 1/2003 greift der Strafklageverbrauch gemäß den in → Rn. 11 ff. erörterten Kriterien in der Regel unproblematisch ein, zumal bereits die Einleitung des Verfahrens nach Art. 11 Abs. 6 VO (EG) Nr. 1/2003 Sperrwirkung entfaltet und dieser Beschluss Rechtswirkungen im gesamten Unionsgebiet erzeugt. Dies gilt analog für einen bestandskräftigen (positiven) Beschluss der Feststellung der Nichtanwendbarkeit von Art. 101 oder 102 AEUV im Sinne von Art. 10 VO (EG) Nr. 1/2003.[107] Entscheidet und sanktioniert jedoch eine **mitgliedstaatliche Wettbewerbsbehörde** nur für den Bereich ihrer eigenen Jurisdiktion, wäre ein zweites Verfahren vor der Kommission oder einer anderen mitgliedstaatlichen Behörde wegen derselben Zuwiderhandlung, ungeachtet deren grenzüberschreitender Auswirkungen im Binnenmarkt, auf der Basis des EU-Kartellrechts oder entsprechenden mitgliedstaatlichen Rechts nach dem bereits dargelegten Verständnis des Art. 50 GRC (→ Rn. 6 ff.) prinzipiell ausgeschlossen.[108] Denn die territorialen Auswirkungen einer bestimmten Zuwiderhandlung stellen nicht notwendig wesentliche Sachverhaltselemente im Sinne der traditionellen Rechtsprechung des EuGH und des EGMR dar[109], welche die Annahme unterschiedlicher Lebenssachverhalte in Entsprechung zum **23**

---

[103] Vgl. Art. 3 Abs. 2 S. 2 VO (EG) Nr. 1/2003, ABl. 2003 L 1, 1. S. dazu EuGH 617/17, ECLI:EU:C:2019:283 Rn. 25 ff. – Powszechny Zakład Ubezpieczeń na Życie.
[104] Vgl. Erwägungsgrund Nr. 18 VO (EG) Nr. 1/2003, ABl. 2003 L 1, 1; Netzwerkbekanntmachung, Rn. 6 ff., ABl. 2004 C 101, 43.
[105] Vgl. Gemeinsame Erklärung von Rat und Kommission über das Funktionieren des Netzwerks der Wettbewerbsbehörden vom 25.11.2002, Rn. 15 f.; Netzwerkbekanntmachung, Rn. 12 f., ABl. 2004 C 101, 43, hierzu bereits *Eilmansberger* FS Fischer, 2004, 33; *Soltész/Marquier* EuZW 2006, 102 (104 f.); *Klees* WuW 2006, 1222; *Böse* EWS 2007, 202; *Di Federico* EPL 2011, 241 (246 ff.).
[106] EuGH verb. Rs. C-204/00 P ua, Slg. 2004, I-123 Rn. 338 – Aalborg Portland ua/Kommission.
[107] Vgl. EuGH C-375/09, Slg. 2011, I-3055 Rn. 19 ff. – Tele 2 Polska.
[108] Ebenso noch GA *Ruiz-Jarabo Colomer*, SchlA C-213/00 P, ECLI:EU:C:2003:84 Rn. 89 ff. – Italcementi/Kommission; *Wils* World Competition 2003, 131 (146 ff.); aA schon *Paulis/Gauer* Revue des droits de la concurrence 2005, 32 (36 f.).
[109] Vgl. EuGH verb. Rs. C-204/00 P ua, Slg. 2004, I-123 Rn. 338 f. – Aalborg Portland ua/Kommission („Identität des Sachverhalts"); bestätigt durch GA *Ruiz-Jarabo Colomer*, SchlA C-213/00 P, ECLI:EU:

Tatbegriff (*idem*) nach Art. 50 GRC rechtfertigte.[110] Vielmehr ist grundsätzlich davon auszugehen, dass die Auswirkungen einer einheitlichen, uU fortgesetzten Zuwiderhandlung innerhalb des Binnenmarkts im Sinne dieses Tatbegriffs definitionsgemäß in zeitlicher und räumlicher Hinsicht sowie ihrem Zweck nach unlösbar miteinander verbunden sind,[111] so dass die Aufspaltung dieses unteilbaren Tatsachenkomplexes in unterschiedliche territoriale Auswirkungen willkürlich erschiene.[112] Dies gilt umso mehr im Fall bezweckter Wettbewerbsbeschränkungen gemäß Art. 101 Abs. 1 AEUV, wie Preisabsprachen, Kunden- oder Marktaufteilungen, bei denen die Rechtsprechung die Schädlichkeit ohnehin vermutet, ohne dass eine detaillierte Prüfung der Auswirkungen auf den Wettbewerb und das Funktionieren des Binnenmarkts erforderlich wäre.[113] Ebenso wenig lässt sich das in Art. 101 AEUV als einheitlicher Schutznorm **geschützte Rechtsgut** des Wettbewerbs innerhalb des Binnenmarktes (vgl. ehemals Art. 3 Abs. 1 lit. g EGV; jetzt Protokoll Nr. 27 zum Vertrag von Lissabon), sofern man dieses Kriterium überhaupt noch dem Tatbegriff zuordnen kann (→ Rn. 8–10), mit dem Ziel aufspalten, die unterschiedlichen territorialen Auswirkungen einer Zuwiderhandlung zu erfassen und durch verschiedene Wettbewerbsbehörden zu sanktionieren.

24 Der EuGH ist diesem Ansatz jedoch trotz anhaltender Kritik,[114] ua auch von GA *Kokott*,[115] in dogmatisch sehr fragwürdiger Weise und in doppelter Hinsicht nicht gefolgt. Zum einen hielt er in der Rechtssache *Toshiba* in Bezug auf den Tatbegriff systemwidrig an der Auslegungstrias der Identität des Sachverhalts, des Zuwiderhandelnden und des geschützten Rechtsguts fest (→ Rn. 8 u. 10).[116] Zum anderen ordnete er die territorialen Auswirkungen der Zuwiderhandlung zwar nicht mehr – wie noch in den Fällen mit Drittstaatsbezug (→ Rn. 28) und insofern in Übereinstimmung mit GA *Kokott* – dem geschützten Rechtsgut zu, wohl aber dem Kriterium der Identität des Sachverhalts.[117] Denn nach Ansicht des EuGH lässt sich eine **Wettbewerbsbeschränkung im Sinne von Art. 101 Abs. 1 AEUV** nicht abstrakt beurteilen, sondern ist auch daran zu messen, „in welchem innerhalb oder außerhalb der Union gelegenen Gebiet und in welchem Zeitraum mit dem entsprechenden Verhalten" eine solche Wettbewerbsbeschränkung bezweckt oder bewirkt wurde.[118] Aus diesem Grundsatzurteil ergibt sich, dass ein über einen längeren Zeitraum grenzüberschreitend im Binnenmarkt betriebenes Kartell, das die Voraussetzungen einer einheitlichen, fortgesetzten Zuwiderhandlung im Sinne von Art. 101 Abs. 1 AEUV erfüllt,[119] hinsichtlich seiner territoria-

---

C:2003:84 Rn. 94 – Italcementi/Kommission, mit dem Hinweis, dass das Kriterium der territorialen Ausdehnung des Wettbewerbsverstoßes nicht wesentlich, sondern beiläufig ist, weil es nicht die Natur des Verstoßes, sondern nur seine Intensität berührt; aA *Paulis/Gauer* Revue des droits de la concurrence 2005, 32 (36 ff.).

[110] Ebenso *Wils* World Competition 2003, 131 (146). Vgl. auch *Di Federico* EPL 2011, 241 (251 ff.).
[111] Vgl. EuGH C-367/05, Slg. 2007, I-6619 Rn. 25–31 – Kraaijenbrink.
[112] Ebenso *Böse* EWS 2007, 202 (206 f.); *Brammer* EuZW 2013, 617 (621 f.). AA insoweit jedoch GA *Kokott*, SchlA C-17/10, ECLI:EU:C:2011:552 Rn. 126 ff., insbes. 130 – Toshiba Corporation ua.
[113] Vgl. EuGH C-32/11, ECLI:EU:C:2013:160 Rn. 33 ff. – Allianz Hungária; EuGH C-67/13 P, ECLI:EU: C:2014:2204 Rn. 49 ff. – CB; EuGH C-345/14, ECLI:EU:C:2015:784 Rn. 16 ff. – Maxima Latvija; EuGH C-373/14 P, ECLI:EU:C:2016:26 Rn. 24 ff. – Toshiba Corporation.
[114] S. nur *Di Federico* EPL 2011, 241 (251 ff.).
[115] GA *Kokott*, SchlA C-17/10, ECLI:EU:C:2011:552 Rn. 111 ff. – Toshiba Corporation ua; zustimmend *Brammer* EuZW 2013, 617 (618 f.).
[116] EuGH C-17/10, ECLI:EU:C:2012:72 Rn. 97 – Toshiba Corporation ua, mAnm *Boni* Rev. Aff. Eur. 2012, 183; *Botta* ELR 2013, 107; *Brammer* EuZW 2013, 617; *Monti* CMLR 2014, 261; vgl. zum zu Grunde liegenden Fall auch *Petr* ECLR 2008, 392; *Louis/Accardo* World Competition 2011, 97.
[117] EuGH C-17/10, ECLI:EU:C:2012:72 Rn. 98 f. – Toshiba Corporation ua.
[118] EuGH C-17/10, ECLI:EU:C:2012:72 Rn. 99 – Toshiba Corporation ua; insoweit ähnlich GA *Kokott*, SchlA C-17/10, ECLI:EU:C:2011:552 Rn. 130 – Toshiba Corporation ua: „vielmehr sind die tatsächlichen oder potenziellen Auswirkungen eines Kartells unverzichtbarer Bestandteil des Sachverhalts, dessentwegen die am Kartell beteiligten Unternehmen von einer Wettbewerbsbehörde belangt werden und dann kein zweites Mal belangt werden dürfen (*ne bis in idem*)."
[119] Vgl. zu den weiten Voraussetzungen nur EuGH C-373/14 P, ECLI:EU:C:2016:26 Rn. 61–63 und 71 – Toshiba Corporation; EuGH C-609/13 P, ECLI:EU:C:2017:46 Rn. 117–122, 134–138 – Duravit ua/Kommission.

len Auswirkungen in unterschiedliche (regionale) Sachverhalte unterteilt werden kann, so dass das Doppelbestrafungsverbot in Ermangelung derselben Tat (*idem*) im Sinne von Art. 50 GRC nicht anwendbar ist. Der EuGH hatte hierbei sichtlich die – parallele oder sukzessive – effektive Durchsetzung der Art. 101 und 102 AEUV im Sinne einer „vollständigen Bestrafung" durch mehrere, insbesondere mitgliedstaatliche Wettbewerbsbehörden im Blick,[120] gerade weil diese die betreffende Zuwiderhandlung nur in Bezug auf ihr eigenes Territorium sanktionieren können, und ordnet dieser den Grundrechtsschutz aus Art. 50 GRC unter. Dies dürfte vor dem Hintergrund der Öffnungsklausel in Art. 3 Abs. 2 S. 2 VO (EG) Nr. 1/2003 erst Recht für **einseitige Handlungen** im Sinne von Art. 102 AEUV gelten, wenn zB eine mitgliedstaatliche Wettbewerbsbehörde ein bereits von der Kommission diesbezüglich sanktioniertes Verhalten nochmals auf der Grundlage weitergehenden nationalen Rechts zu ahnden beabsichtigt. Insoweit bleibt aber weiterhin fraglich, ob der EuGH, abgesehen von der Annahme unterschiedlicher territorialer Auswirkungen eines Missbrauchs marktbeherrschender Stellung, weiterhin auf das noch nicht endgültig von ihm aufgegebene Kriterium des – durch die nationale Rechtsvorschrift – **geschützten Rechtsguts** abstellen wird, um die jeweiligen Taten voneinander abzugrenzen. Für die parallele Anwendung von Art. 102 AEUV und entsprechende nationale Regeln durch ein und dieselbe nationale Wettbewerbsbehörde hat der EuGH jedenfalls, ohne diese Frage aufzugreifen, einen Eingriff in den Schutzbereich des Grundsatzes *ne bis in idem* bzw. in Art. 50 GRC grundsätzlich verneint.[121]

Aus der Sicht des Ziels einer **effektiven Wettbewerbsaufsicht** folgt daraus, dass die **25** Frage der (geografischen) Sperrwirkung aufgrund des Doppelbestrafungsverbots bei der Zuständigkeitsverteilung innerhalb des Netzwerks und der Einleitung des Verfahrens nach Art. 11 VO (EG) Nr. 1/2003 grundsätzlich nicht berücksichtigt werden muss. Dessen ungeachtet sollte diejenige Behörde mit dem Fall betraut werden, die – wie auch in der Ratio des Erwägungsgrunds Nr. 18 angelegt – für eine möglichst umfassende „Aburteilung" der Zuwiderhandlung auch hinsichtlich ihrer territorialen Auswirkungen am besten geeignet ist.[122] Wollte die Kommission bei grenzüberschreitenden Zuwiderhandlungen von ihrer Zuständigkeit zunächst keinen Gebrauch machen und es verschiedenen mitgliedstaatlichen Wettbewerbsbehörden überlassen, mehrere Verfahren parallel durchführen, wäre dies ohnehin zumindest bis zum rechtskräftigen Abschluss eines dieser Verfahren möglich, da das Doppelbestrafungsverbot nach Art. 50 GRC erst dann seine Sperrwirkung entfaltet (→ Rn. 10 ff.). Sollte sich im Verlauf dieser Verfahren herausstellen, dass allein eine unionsweite „Aburteilung" des Kartells wettbewerbspolitisch gerechtfertigt ist, hätte die Kommission zudem die Möglichkeit, das Verfahren nach Art. 11 Abs. 6 VO (EG) Nr. 1/2003 an sich zu ziehen, um die zumindest teilweise Sperrwirkung einer mitgliedstaatlichen Entscheidung zu verhindern.[123]

Beschlüsse der Kommission nach Art. 9 VO (EG) Nr. 1/2003, die **Verpflichtungs-** **26** **zusagen** für bindend erklären, lassen laut Erwägungsgrund Nr. 13 dieser Verordnung die Befugnisse der Wettbewerbsbehörden und Gerichte der Mitgliedstaaten, das Vorliegen einer Zuwiderhandlung festzustellen und über den Fall zu entscheiden, unberührt. Der Unionsgesetzgeber geht daher davon aus, dass ein das Verfahren vor der Kommission beendender Beschluss nach Art. 9 VO (EG) Nr. 1/2003 keinen Strafklageverbrauch bewirkt, obwohl sie Verpflichtungszusagen beinhaltet und diese für den Betroffenen für bindend erklärt. Bekräftigt wird dies mit dem Hinweis darauf, dass der Beschluss der

---

[120] S. zB die Sachverhalte, die Gegenstand waren von EuG T-402/13, ECLI:EU:T:2014:991 – Orange/Kommission; EuG T-95/15, ECLI:EU:T:2016:722 – Printeos ua/Kommission. Zur parallelen Anwendung von EU-Kartellrecht (Art. 102 AEUV) und korrespondierendem nationalen Wettbewerbsrecht s. EuGH C-617/17, ECLI:EU:C:2019:283 Rn. 22 ff. – Powszechny Zakład Ubezpieczeń na Życie.
[121] EuGH C-617/17, ECLI:EU:C:2019:283 Rn. 22–35 – Powszechny Zakład Ubezpieczeń na Życie.
[122] Vgl. auch die Gemeinsame Erklärung von Rat und Kommission über das Funktionieren des Netzwerks der Wettbewerbsbehörden vom 25.11.2002, Rn. 15 f.
[123] Hierauf hat sie in dem Fall, der EuG T-95/15, ECLI:EU:T:2016:722 – Printeos ua/Kommission zugrunde lag, verzichtet und so der spanischen Wettbewerbsbehörde die Möglichkeit gegeben, die Auswirkungen des betreffenden Kartells auf den spanischen Markt zu sanktionieren.

Kommission nicht die Frage beantwortet, ob eine Zuwiderhandlung vorgelegen hat oder noch vorliegt, sondern lediglich feststellt, dass für ein Tätigwerden der Kommission kein Anlass mehr besteht.[124] Vor dem Hintergrund der Rechtsprechung des EuGH zu Art. 54 SDÜ, wonach eine staatsanwaltschaftliche Einstellungsverfügung gegen Auflagen oder Entrichtung eines Geldbetrags zu einer Sperrwirkung führt, ist die Auffassung des Unionsgesetzgebers jedoch zumindest zweifelhaft. Letztlich ist die Anwendbarkeit von Art. 50 GRC auf derartige Fälle zum einen von der Frage abhängig, ob sich der Beschluss der Kommission auf eine Verhaltensweise bezieht, die sich im Sinne des **Tatbegriffs** (*idem*, → Rn. 6 ff.) hinreichend genau umreißen lässt, und inwieweit diese einer **Prüfung in der Sache** unterworfen wird (→ Rn. 15).[125] Dies lässt sich mit Blick auf die Pflicht der Kommission, den Verfahrensgegenstand zuvor einer „vorläufigen Beurteilung" zu unterziehen und den Parteien zu übermitteln, die auch in einer Mitteilung der Beschwerdepunkte erfolgen kann,[126] jedenfalls nicht ausschließen. Zum anderen ist zu fragen, ob der Beschluss über die Verpflichtungszusagen und deren Bindungswirkung einer Sanktion gleichkommt und die Voraussetzungen der strafrechtlichen Aburteilung (*bis*) erfüllt oder eher mit einem Prozessurteil zu vergleichen ist.[127] Entsprechendes gilt für Entscheidungen mitgliedstaatlicher Wettbewerbsbehörden, Verpflichtungszusagen anzunehmen und aufzuerlegen.[128] Diese Gesichtspunkte haben den EuGH nicht davon abgehalten, auf Vorschlag von GA *Kokott* den mitgliedstaatlichen Gerichten mit Anspruch auf Allgemeingültigkeit zu gestatten, auch nachdem die Kommission einen Beschluss über Verpflichtungszusagen erlassen hat, ein sanktionsbewehrtes Verfahren in Bezug auf dieselben Zuwiderhandlungen durchzuführen. Dabei geht der EuGH nicht unmittelbar auf die Frage der Vereinbarkeit mit Art. 50 GRC ein. Er begnügt sich mit der Aussage, dass die Erwägungsgründe Nr. 13 und 22 VO (EG) Nr. 1/2003 ausdrücklich klarstellen, dass derartige Beschlüsse die Befugnisse der mitgliedstaatlichen Wettbewerbsbehörden und Gerichte, über den Fall zu entscheiden bzw. Art. 101 und 102 AEUV anzuwenden, unberührt lassen. Im Gegenteil bildet nach Ansicht des EuGH die vorläufige Beurteilung der Kommission in solchen Beschlüssen ein Indiz oder einen Anfangsbeweis für das Vorliegen einer Zuwiderhandlung, den das mitgliedstaatliche Gericht im Interesse des Grundsatzes loyaler Zusammenarbeit gemäß Art. 4 Abs. 3 EUV und des Ziels der wirksamen und einheitlichen Anwendung des EU-Wettbewerbsrechts nicht unberücksichtigt lassen darf.[129] Einem rechtskräftigen Freispruch gleichstehen dürfte jedenfalls ein bestandskräftiger Beschluss der Kommission nach Art. 10 VO (EG) Nr. 1/2003, obwohl er nach dem zu Grunde liegenden Prinzip der Legalausnahme – ähnlich wie ehemals Negativatteste nach der VO (EWG) Nr. 17/62[130] – lediglich deklaratorische Wirkung hat[131] und nur die **Feststellung der Nichtanwendbarkeit** der EU-Kartellregeln beinhaltet. Ungeachtet dessen dient ein solcher Beschluss der Wahrung der Kohärenz der Durchführung des EU-Wettbewerbsrechts unter Aufsicht der Kommission und entfaltet daher eine Vorrang- und Sperrwirkung gegenüber anderslautenden Entscheidungen mitgliedstaatlicher Wettbewerbsbehörden, die ihrerseits nicht befugt sind, eine entsprechende positive Feststellung zu treffen (vgl. Art. 5 VO (EG) Nr. 1/2003).[132]

---

[124] Erwägungsgrund Nr. 13 VO (EG) Nr. 1/2003, ABl. 2003 L 1, 1.
[125] Zu dieser Frage vgl. *Busse/Leopold* WuW 2005, 146 (149 ff.); aA *Paulis/Gauer* Revue des droits de la concurrence 2005, 32 (39).
[126] Vgl. auch Rn. 75 u. 121 ff. der Bekanntmachung der Kommission über bewährte Vorgehensweisen in Verfahren nach Art. 101 und 102 AEUV, ABl. 2011 C 308, 6.
[127] In diesem Sinne wohl *van Bockel* ERA Forum 2012, 325 (332).
[128] Ausweichend insoweit EuG T-402/13, ECLI:EU:T:2014:991 Rn. 31 – Orange/Kommission.
[129] EuGH C-547/16, ECLI:EU:C:2017:891 Rn. 22 ff. – Gasorba ua; GA *Kokott*, SchlA C-547/16, ECLI:EU:C:2017:692 Rn. 27 ff. – Gasorba ua.
[130] ABl. 1962 Nr. 13, 204.
[131] Vgl. Erwägungsgrund Nr. 13 VO (EG) Nr. 1/2003, ABl. 2003 L 1, 1.
[132] EuGH C-375/09, Slg. 2011, I-3055 Rn. 19 ff. – Tele 2 Polska; krit. hierzu *Gaulard* CDE 2013, 703 (751 –755).

Schließlich folgt aus dem Vorstehenden, dass die vom EuGH in der Rechtssache *Walt* **27** *Wilhelm* aufgestellten Grundsätze (→ Rn. 7) auf die Durchführung des EU-Wettbewerbsrechts nach der VO (EG) Nr. 1/2003 durch die Wettbewerbsbehörden des Netzwerks jedenfalls für koordinierte Verhaltensweisen im Sinne von Art. 101 Abs. 1 AEUV keine Geltung mehr haben können.[133] Zum einen beruht das Urteil des EuGH auf der Anwendung des Prinzips der Anrechnung kartellrechtlicher Sanktionen im Verhältnis der mitgliedstaatlichen Wettbewerbsbehörden und der Kommission zueinander, was nach der klaren Entscheidung in Art. 50 GRC für das Erledigungsprinzip nicht mehr haltbar ist. Zum anderen ist die Prämisse des EuGH, wonach es sich bei dem anwendbaren staatlichen Kartellrecht und dem Unionskartellrecht um Vorschriften mit unterschiedlichen Zielsetzungen handelt, wegen der **Konvergenzregel** in Art. 3 VO (EG) Nr. 1/2003 nunmehr weitgehend unzutreffend geworden.[134] Dies gilt mit Blick auf Art. 3 Abs. 2 S. 2 VO (EG) Nr. 1/2003 für einseitige Verhaltensweisen allerdings nur mit Einschränkung, da die Mitgliedstaaten insoweit strengere Wettbewerbsregeln anzuwenden befugt sind. So fordert der EuGH, ohne jedoch auf das Urteil *Walt Wilhelm* Bezug zu nehmen, dass die mitgliedstaatlichen Wettbewerbsbehörden bei der parallelen Anwendung von Art. 102 AEUV und entsprechenden nationalen Regelungen eine insgesamt „angemessene" Geldbuße verhängen.[135] Zu all diesen Fragen hat der EuGH auch in der Rechtssache *Toshiba* überraschenderweise nicht Stellung genommen, obwohl bei seiner Beurteilung der Abgrenzung der jeweiligen Befugnisse der mitgliedstaatlichen Wettbewerbsbehörden und der Kommission das *Walt Wilhelm*-Urteil eine wichtige Rolle spielte.[136]

c) Transnationale Fälle mit Drittstaatsbezug. Art. 50 GRC erfordert nach seinem **28** Wortlaut **keine Erstreckung** des Doppelbestrafungsverbots auf grenzüberschreitende Vorgänge mit **Drittstaatsbezug**. Entsprechendes gilt angesichts des Geltungsbereichs der Grundrechtecharta. Dieser ist auf das Unionsgebiet beschränkt und betrifft daher zumindest formal keine Eingriffsmaßnahmen von Hoheitsgewalten außerhalb der Union. Mit ähnlicher Begründung – und unter vorgreiflicher Berufung auf Art. 50 GRC – hatte schon das EuG die Berücksichtigung des Grundsatzes *ne bis in idem* bei der Anwendung der (damaligen) EG-Kartellvorschriften auf grenzüberschreitende Sachverhalte mit Drittstaatsbezug (nach Maßgabe des Auswirkungsprinzips[137]) wiederholt abgelehnt.[138] Der EuGH hat dies anschließend mit Rücksicht auf die Unterschiede zu den Wettbewerbsregeln der Drittstaaten und den speziellen Charakter des auf Unionsebene geschützten Rechtsguts des freien Wettbewerbs innerhalb des Gemeinsamen Marktes (ehemals Art. 3 Abs. 1 lit. g EGV) bzw. nunmehr Binnenmarkts bestätigt. Daher könnten die Beurteilungen der Kommission aufgrund ihrer einschlägigen Befugnisse erheblich von denjenigen der Behörden von Drittstaaten abweichen.[139] Von Drittstaaten verhängte Sanktionen werden daher vom räumlichen Schutzbereich des Art. 50 GRC nicht erfasst, weil sie nach Ansicht der Unions-

---

[133] Ebenso GA *Ruiz-Jarabo Colomer*, SchlA C-213/00 P, ECLI:EU:C:2003:84 Rn. 96 – Italcementi/Kommission; *Wils* World Competition 2003, 131 (143 ff.); *Brammer* EuZW 2013, 617 (620 f.); *Gaulard* CDE 2013, 703 (762 f.). Im Grundsatz offen gelassen in EuG T-466/17, ECLI:EU:T:2019:671 Rn. 154 ff. – Printeos/Kommission.
[134] Unzutreffend daher wahrscheinlich EuG verb. Rs. T-236/01 ua, Slg. 2004, II-1181 Rn. 133 – Tokai Carbon ua/Kommission.
[135] EuGH C-617/17, ECLI:EU:C:2019:283 Rn. 36–38 – Powszechny Zakład Ubezpieczeń na Życie.
[136] EuGH C-17/10, ECLI:EU:C:2012:72 Rn. 80 ff. – Toshiba Corporation ua; vgl. jedoch EuG T-466/17, ECLI:EU:T:2019:671 Rn. 154 ff. – Printeos/Kommission.
[137] EuGH verb. Rs. C-89/85 ua, Slg. 1993, I-1307 Rn. 142 ff. – Ahlström ua/Kommission; dazu *Schwarze* WuW 2001, 1190 ff.
[138] EuG T-223/00, Slg. 2003, II-2553 Rn. 104 – Kyowa Hakko Kogoyo/Kommission; EuG T-224/00, Slg. 2003, II-2597 Rn. 93 – Archer Daniels Midland/Kommission; EuG verb. Rs. T-236/01 ua, Slg. 2004, II-1181 Rn. 137 – Tokai Carbon ua/Kommission.
[139] EuGH C-289/04 P, Slg. 2006, I-5859 Rn. 50 ff., insbes. 54 f. – Showa Denko/Kommission; EuGH C-308/04 P, Slg. 2006, I-5977 Rn. 26 ff., insbes. 30 f. – SGL Carbon/Kommission, mAnm *Immenga/Jüttner* ZWeR 2006, 400; EuGH C-328/05 P, Slg. 2007, I-3921 Rn. 24 ff., insbes. 26 f. – SGL Carbon/Kommission; vgl. auch EuGH C-231/14 P, ECLI:EU:C:2015:451 Rn. 75 – InnoLux/Kommission.

§ 62 12. Abschnitt. Justizielle Grundrechte und Verfahrensgarantien

gerichte, gemessen am geschützten Rechtsgut, nicht denselben Lebenssachverhalt betreffen und aufgrund anderer Rechtsvorschriften mit anderen Zwecken bzw. Zielsetzungen ergehen. Auch diese Rechtsprechungslinie beruht daher letztlich noch auf dem weiten Tatbegriff, bestehend aus der Trias der Identität des Sachverhalts, des Zuwiderhandelnden und des geschützten Rechtsguts, die mit dem rein faktischen Tatbegriff (→ Rn. 6) im Sinne der Judikatur des EuGH zu Art. 54 SDÜ und des EGMR in der Sache *Zolotukhin/Russland* nicht mehr vereinbar ist (→ Rn. 8–10). Eine Neuorientierung der Rechtsprechung ist ungeachtet dieses Wertungswiderspruchs derzeit noch nicht erkennbar.[140]

29 Der EuGH hatte es bereits früh abgelehnt, den Grundsatz *ne bis in idem* auf das Verhältnis zwischen EWG-kartellrechtlichen Geldbußenentscheidungen der Kommission und ähnlichen Sanktionen von Drittstaatsbehörden, insbesondere nach US-Kartellrecht, anzuwenden. Ebenso wenig hielt er eine Anrechnung der zuvor verhängten Kartellsanktion für erforderlich. Aus der knappen Urteilsbegründung in der Rechtssache *Boehringer* lässt sich nur entnehmen, dass im konkreten Fall keine identischen Kartellverstöße betroffen waren, wobei der EuGH maßgeblich auf deren **unterschiedliche Zielrichtung** – einmal die Verfälschung des Wettbewerbs innerhalb des (damaligen) Gemeinsamen Marktes, einmal eine Wettbewerbsbeschränkung auf dem US-amerikanischen Markt – abstellte.[141] Im Anschluss an diese Rechtsprechung hat das EuG die Auffassung vertreten, dass selbst im Fall der **Identität der** von verschiedenen Kartellbehörden beurteilten **Verhaltensweisen** eine Anrechnung der vorangegangenen Sanktion unter Berücksichtigung des allgemeinen Billigkeitsgedankens[142] nicht in Frage kommt.[143] Das EuG hat jedoch letztere Möglichkeit nicht kategorisch ausgeschlossen, sondern allein aufgrund der konkreten Umstände des Einzelfalls verneint.[144] Im Anschluss daran hat der EuGH seinerseits eine Pflicht der Kommission zu einer solchen Anrechnung bei der Geldbußenzumessung ausdrücklich verneint und dies mit dem Erfordernis einer ausreichenden Abschreckungswirkung begründet, aber die Möglichkeit der Berücksichtigung von Sanktionen, die von drittstaatlichen Stellen verhängt wurden, nicht grundsätzlich ausgeschlossen.[145]

30 Die bisherige Rechtsprechung der Unionsgerichte hat viel Kritik erfahren.[146] Dabei ist jedoch zu berücksichtigen, dass das **Verhältnismäßigkeitsprinzip** als allgemeiner Grundsatz des Unionsrechts (Art. 5 Abs. 3 EGV, Art. 49 Abs. 3 GRC u. Art. 52 Abs. 1 GRC) oder der allgemeine Grundsatz der Billigkeit im Sinne des Urteils *Walt Wilhelm* (→ Rn. 27), deren Anwendung die Unionsgerichte nicht grundsätzlich verneinen, im Einzelfall ein wichtiges Korrektiv bieten können, um übermäßige Belastungen der betroffenen Unternehmen durch Mehrfachsanktionen auf internationaler Ebene auszuschließen.[147] In diesem Zusammenhang ist auch zu berücksichtigen, welchen Zwecken die jeweiligen Sanktionen (Generalprävention, Abschreckung, Spezialprävention, Gewinnabschöpfung, etc) dienen, um bei der Prüfung der Verhältnismäßigkeit feststellen zu können, inwieweit diese Zwecke bereits erschöpft sind und eine weitere Belastung des betroffenen Grundrechtsträgers noch angemessen erscheint.[148] Abschließend ist darauf hinzuweisen, dass gerade die Problematik der doppelten Sanktionierung weltweit agierender Kartelle durch einerseits US-amerika-

---

[140] S. EuGH C-231/14 P, ECLI:EU:C:2015:451 Rn. 75 – InnoLux/Kommission.
[141] EuGH 7/72, Slg. 1972, 1281 Rn. 6 – Boehringer/Kommission.
[142] Vgl. EuGH 14/68, Slg. 1969, 1 Rn. 11 – Walt Wilhelm ua/Bundeskartellamt.
[143] EuG T-224/00, Slg. 2003, II-2597 Rn. 85 ff. u. 98 ff. – Archer Daniels Midland/Kommission; EuG verb. Rs. T-236/01 ua, Slg. 2004, II-1181 Rn. 130 ff. u. 139 ff. – Tokai Carbon ua/Kommission.
[144] EuG T-224/00, Slg. 2003, II-2597 Rn. 100 ff. – Archer Daniels Midland/Kommission; EuG verb. Rs. T-236/01 ua, Slg. 2004, II-1181 Rn. 142 ff. – Tokai Carbon ua/Kommission; alle Fälle betrafen Kartelle, die bereits von US-amerikanischen Gerichten sanktioniert worden waren.
[145] EuGH C-289/04 P, Slg. 2006, I-5859 Rn. 60 f. – Showa Denko/Kommission; EuGH C-308/04 P, Slg. 2006, I-5977 Rn. 36 f. – SGL Carbon/Kommission.
[146] Vgl. *Kuck* WuW 2002, 689 ff.; *Eilmansberger* EWS 2004, 49 ff.; *Immenga/Jüttner* ZWeR 2006, 400 (408 ff.).
[147] In diesem Sinne ist wohl auch zu verstehen EuGH C-617/17, ECLI:EU:C:2019:283 Rn. 38 – Powszechny Zakład Ubezpieczeń na Życie.
[148] Ähnlich *Kuck* WuW 2002, 689 (694 ff.); *Eilmansberger* EWS 2004, 49 (53 ff.); *Immenga/Jüttner* ZWeR 2006, 400 (409 f.).

nische Justizbehörden und Gerichte und andererseits die Kommission und mitgliedstaatliche Wettbewerbsbehörden und Gerichte durch die Rechtsprechung des **US Supreme Court** entschärft wurde, da dieser die US-Gerichte nicht mehr für Klagen wegen kartellrechtswidrigen Verhaltens im Ausland für zuständig ansieht, wenn dieses Verhalten keine Auswirkungen auf dem US-amerikanischen Markt entfaltet.[149]

C. Beeinträchtigung

Der Eingriff in das Doppelbestrafungsverbot nach Art. 50 GRC ergibt sich aus seinen dargestellten Anwendungsvoraussetzungen (→ Rn. 6 ff.), dh bei Vorliegen ein und derselben (*idem*) „strafbaren Handlung", die mehrfach (*bis*) strafrechtlich – entweder innerstaatlich oder transnational – abgeurteilt wird, sofern dies innerhalb der Union bzw. des Anwendungsbereichs des Unionsrechts geschieht. Die neuere Rechtsprechung sieht zudem in der Vollstreckungsbedingung ua in Art. 54 SDÜ (→ Rn. 17) einen Eingriff in den Schutzbereich von Art. 50 GRC (näher → Rn. 34).[150] **31**

D. Rechtfertigung

Eine Rechtfertigung für diesen Eingriff, insbesondere gemäß Art. 52 Abs. 1 GRC, kommt grundsätzlich nicht in Betracht. Vielmehr führt ein Verstoß nach dem **Erledigungsprinzip** automatisch zu einem **Verfahrenshindernis** für die Behörde oder das Gericht, welche die erneute Strafverfolgung betreiben. Dies gilt im Fall sukzessiver oder kumulierter sanktionsbewehrter Verfahren, zB im Strafrecht und im Steuerrecht, jedoch nur eingeschränkt (→ Rn. 35). Insoweit hält der EuGH neuerdings sogar die Rechtfertigung einer Einschränkung des Schutzbereichs von Art. 50 GRC für möglich, die darauf beruht, dass nach einem Freispruch durch ein rechtskräftiges Strafurteil in Bezug auf dieselbe Tat ein Verfahren zur Verhängung einer Verwaltungssanktion strafrechtlicher Natur betrieben wird.[151] Ähnliches gilt für die „Vollstreckungsbedingung" in Art. 54 SDÜ, die der EuGH in fragwürdiger Weise als gerechtfertigte Einschränkung dieses Schutzbereichs qualifiziert (→ Rn. 34). Diese Vorgehensweise birgt – trotz entgegenstehender Lippenbekenntnisse des EuGH[152] – die Gefahr, dass der Wesensgehalt des in Art. 50 GRC verbürgten Rechts auf Schutz vor Doppelbestrafung ausgehöhlt wird.[153] **32**

In Ausnahmefällen ist die **Rechtfertigung** eines Eingriffs nach Maßgabe von **Art. 50 Abs. 1 u. 3 GRC** in Verbindung mit Art. 4 Abs. 2 7. EMRKProt denkbar, wonach die Wiederaufnahme des Verfahrens insbesondere aufgrund neuer oder neu bekannt gewordener Tatsachen oder Beweise zulässig ist, sofern dies gesetzlich vorgesehen ist.[154] Die Anwendung dieser Grundsätze wäre theoretisch im Fall eines Beschlusses über Verpflichtungszusagen nach Art. 9 VO (EG) Nr. 1/2003 in Betracht gekommen (→ Rn. 26), wenn **33**

---

[149] US Supreme Court (2004) – 03–724 – Hoffmann-La Roche e. a./Empagran e. a.; dazu *Baudenbacher/Behn* ZWeR 2004, 604.
[150] EuGH C-129/14 PPU, ECLI:EU:C:2014:586 Rn. 55 ff. – Spasic, in Übereinstimmung mit BVerfGK 19, 265 Rn. 42–44.
[151] EuGH verb. Rs. C-596/16 u. C-597/16, ECLI:EU:C:2018:192 Rn. 39 ff. – Di Puma u. Consob; im Ergebnis verneinte der EuGH jedoch die Verhältnismäßigkeit des in Frage stehenden Eingriffs (Rn. 43–45).
[152] EuGH C-537/16, ECLI:EU:C:2018:193 Rn. 45 – Garlsson Real Estate ua, mit folgender zirkulärer Begründung: „ [D]ie im Ausgangsverfahren fragliche [nationale Regelung wahrt] den Wesensgehalt von Art. 50 [GRC]. Sie lässt eine [...] Kumulierung von Verfolgungsmaßnahmen und Sanktionen nämlich nur unter abschließend festgelegten Voraussetzungen zu und stellt damit sicher, dass das in Art. 50 verbürgte Recht als solches nicht in Frage gestellt wird".
[153] Ähnlich krit. GA *Campos Sánchez-Bordona*, SchlA C-524/15, ECLI:EU:C:2017:667 Rn. 82 – Menci; *Lo Schiavo* EuConst 2018, 644 (658 ff.).
[154] Nach EuGH C-398/12, ECLI:EU:C:2014:1057 Rn. 27 ff. – M. stellt die Möglichkeit der Wiederaufnahme oder -eröffnung des Strafverfahrens nämlich nicht die Endgültigkeit des Strafklageverbrauchs in Frage und bildet demgemäß einen Eingriff in den Schutzbereich von Art. 50 GRC.

entweder die Kommission gemäß Abs. 2 dieser Vorschrift oder eine andere Wettbewerbsbehörde den Fall aufgrund neuer Tatsachen wieder aufzugreifen beabsichtigt. Nach Ansicht des EuGH genügt hierfür jedoch der in Erwägungsgrund Nr. 13 VO (EG) Nr. 1/2003 vorgesehene Vorbehalt erneuter Verfolgung sowie die Tatsache, dass die Kommission nur eine „vorläufige Beurteilung" der betreffenden Zuwiderhandlung vorgenommen hat, so dass die Sperrwirkung bestandskräftiger Beschlüsse der Kommission gegenüber mitgliedstaatlichen Behörden und Gerichten gemäß Art. 16 VO (EG) Nr. 1/2003 nicht greift.[155] Es kann daher davon ausgegangen werden, dass der EuGH in diesem Fall nicht einmal einen Eingriff in den Schutzbereich von Art. 50 GRC annimmt. Im Fall eines Beschlusses über die Feststellung der Nichtanwendbarkeit von Art. 101 oder 102 AEUV im Sinne von Art. 10 VO (EG) Nr. 1/2003 ist ein solcher gerechtfertigter Eingriff gesetzlich nicht vorgesehen. Sollten sich jedoch wesentliche Umstände des ursprünglichen Streitgegenstands ändern, wäre womöglich von einer neuen „Tat" – dh einem Wegfall der Voraussetzung *idem* – auszugehen, so dass der Schutzbereich von Art. 50 GRC nicht tangiert wäre und diese einer anderen Bewertung unterzogen werden könnte.

34 Das durch die zusätzliche Vollstreckungsbedingung insbesondere in Art. 54 SDÜ (→ Rn. 17) bestehende Spannungsverhältnis zu Art. 50 GRC hat der EuGH wie folgt aufgelöst. Ähnlich wie bereits zuvor der BGH[156] und das BVerfG[157] betrachtet er die Vollstreckungsbedingung nunmehr als eine Einschränkung des Schutzbereichs von Art. 50 GRC, die jedoch im Sinne von **Art. 52 Abs. 1 GRC** „gesetzlich vorgesehen" ist, den Wesensgehalt des Doppelbestrafungsverbots nicht antastet und verhältnismäßig ist.[158] Der Wesensgehalt sei nicht betroffen, weil die Vollstreckungsbedingung den Grundsatz *ne bis in idem* als solchen nicht in Frage stelle, sondern nur verhindere, dass ein in einem ersten Vertragsstaat rechtskräftig Verurteilter, wenn dieser Staat die verhängte Strafe nicht hat vollstrecken lassen, nicht mehr wegen derselben Tat in einem zweiten Vertragsstaat verfolgt werden kann und somit letztlich einer Strafe entgeht.[159] Im Rahmen der Prüfung der Verhältnismäßigkeit und insbesondere der Geeignetheit der Vollstreckungsbedingung bejahte der EuGH, dass sie eine dem Gemeinwohl dienende Zielsetzung im Sinne von Art. 52 Abs. 1 GRC verfolge, indem sie der Gewährleistung des freien Personenverkehrs im Raum der Freiheit, der Sicherheit und des Rechts ohne Binnengrenzen – in Verbindung mit geeigneten Maßnahmen ua zur Verhütung und Bekämpfung der Kriminalität – diene (vgl. Art. 3 Abs. 2 EUV in Verbindung mit Art. 67 Abs. 3 AEUV). Die Vollstreckungsbedingung füge sich in diesen Kontext dadurch ein, dass sie verhindere, dass in einem Mitgliedstaat der Union rechtskräftig Verurteilte der Strafe entgehen können, nur weil sie das Gebiet des Urteilsstaats verlassen.[160] Andere Maßnahmen wie diejenigen gegenseitiger Hilfe gemäß verschiedener, ohne Vollstreckungsbedingung versehener Rahmenbeschlüsse seien hingegen nicht wie diese Bedingung geeignet, die vollständige Verwirklichung des verfolgten Ziels zu gewährleisten, so dass auch die Erforderlichkeit gegeben sei.[161] Diese – im Gegensatz zur Stellungnahme von GA *Jääskinnen*[162] eher undifferenzierten – Aussagen und die vom EuGH angewandte Methodik grundrechtlicher Kontrolle haben zu Recht harsche Kritik erfahren.[163] Zum einen ist bereits die These der fehlenden Beeinträchtigung des Wesensgehalts in sich unschlüssig, da die Anwendung der Vollstreckungsbedingung den Schutz des Doppelbestrafungsverbots im Sinne von Art. 50 GRC trotz eines eingetretenen,

---

[155] EuGH C-547/16, ECLI:EU:C:2017:891 Rn. 24 ff. – Gasorba ua.
[156] BGH 2 StR 420/10.
[157] BVerfGK 19, 265 Rn. 42–44.
[158] EuGH C-129/14 PPU, ECLI:EU:C:2014:586 Rn. 55 ff. – Spasic, m. krit. Anm. *Gaede* NJW 2014, 2990; *Vervaele* CMLR 2015, 1339; *Wasmeier* NJECL 2014, 534; *Meyer* HRRS 2014, 270; vgl. auch *Gulliksson* in Nergelius/Kristoffersson S. 141 (181 ff.).
[159] EuGH C-129/14 PPU, ECLI:EU:C:2014:586 Rn. 58 f. – Spasic.
[160] EuGH C-129/14 PPU, ECLI:EU:C:2014:586 Rn. 60–64 – Spasic.
[161] EuGH C-129/14 PPU, ECLI:EU:C:2014:586 Rn. 66–72 – Spasic.
[162] Stellungnahme GA *Jääskinen* zu EuGH C-129/14 PPU, ECLI:EU:C:2014:739 Rn. 74 ff. – Spasic.
[163] Vgl. insbes. *Vervaele* CMLR 2015, 1339 (1352 ff.); *Wasmeier* NJECL 2014, 534 (539 ff.).

transnational wirkenden Strafklageverbrauchs (→ Rn. 14–17) vollständig aushebelt.[164] Dessen fundamentale Bedeutung war aber in der vorangegangenen Rechtsprechung zu Art. 54 SDÜ – auch in Bezug auf die Vollstreckungsbedingung – noch im Lichte der Personenverkehrsfreiheit, der Rechtssicherheit und des gegenseitigen Vertrauens[165] vom EuGH gerade unterstrichen worden.[166] Zum anderen führt der EuGH die Prüfung der Geeignetheit und der Erforderlichkeit des Eingriffs nur *in abstracto* durch und verzichtet darauf, die verschiedenen schutzwürdigen Interessen konkret gegeneinander abzuwägen. Der Vollstreckungsbedingung in Art. 54 SDÜ wird vielmehr absoluter Vorrang vor dem Schutz durch Art. 50 GRC eingeräumt, so dass kein Zweifel an der Beeinträchtigung von dessen Wesensgehalt bestehen kann.[167] Entgegen entsprechender Vorschläge von GA *Jääskinnen*[168] war der EuGH insbesondere nicht bereit, die Vollstreckungsbedingung ihrerseits einer einschränkenden Auslegung zu unterziehen (sog „Schranken-Schranke"), um zwischen den widerstreitenden Schutzgütern einen Ausgleich im Sinne „praktischer Konkordanz" herzustellen.[169] Angesichts dieser fundierten Kritik ist sehr bedauerlich, dass der EuGH in der Rechtssache *Kossowski* eine erneute Stellungnahme zu dieser Frage bewusst vermieden hat.[170] Entsprechendes gilt für die in Art. 55 SDÜ und Art. 7 Finanzschutzübereinkommen vorgesehenen Ausnahmeregeln, wonach eine Vertragspartei in bestimmten Fällen die Anwendung des Doppelbestrafungsverbots suspendieren kann.[171]

Eine methodisch wie dogmatisch besser geglückte Prüfung der Rechtfertigung einer **35** Einschränkung des Schutzbereichs von Art. 50 GRC und der Verhältnismäßigkeit findet sich in den jüngeren Urteilen des EuGH in den Rechtssachen *Menci*, *Garlsson Real Estate ua* und *Di Puma und Consob* betreffend innerstaatliche „zweigleisige" Sanktionssysteme.[172] In diesen Fällen stellt sich die Frage, ob die sukzessive oder kumulative Sanktionierung ein und derselben Tat nach den einschlägigen Straftatbeständen und den Regeln des Verwaltungssanktionsrechts, zB im Steuerrecht oder im Marktaufsichtsrecht, also der entsprechende Eingriff in den Schutzbereich von Art. 50 GRC, mit Blick auf die durch die gesetzlichen Regelungen verfolgten Gemeinwohlziele gemäß Art. 52 Abs. 1 GRC gerechtfertigt werden kann. Eine solche Rechtfertigung schließt der EuGH nicht aus, wenn durch die Kumulierung von Verfolgungsmaßnahmen und Sanktionen strafrechtlicher Natur „komplementäre Zwecke verfolgt werden, die ggfs. verschiedene Aspekte desselben rechtswidrigen Verhaltens betreffen".[173] Dabei meint der EuGH, zwischen verschiedenen Abschreckungs- und Repressionszielen, die einerseits vom Strafrecht und andererseits vom Verwaltungssanktionsrecht verfolgt werden, differenzieren zu können,[174] wobei er die abschließende Beurteilung dieser Frage jedoch den mitgliedstaatlichen Gerichten überlässt.

---

[164] So zu Recht *Vervaele* CMLR 2015, 1339 (1354 f.).
[165] Zuletzt EuGH C-486/14, ECLI:EU:C:2016:483 Rn. 50–53 – Kossowski.
[166] Vgl. *Wasmeier* NJECL 2014, 534 (548 f.), unter Hinweis auf EuGH C-288/05, Slg. 2007, I-6441 Rn. 38 ff. – Kretzinger und EuGH C-297/07, Slg. 2008, I-708 Rn. 41 ff. – Bourquain; vgl. dazu auch *Tomkin* in PHKW Fundamental Rights Rn. 50.89.
[167] Zutreffend *Vervaele* CMLR 2015, 1339 (1355 f.); *Wasmeier* NJECL 2014, 534 (545 f.); vgl. auch *Gulliksson* in Nergelius/Kristoffersson S. 141 (187).
[168] Stellungnahme GA *Jääskinen* zu EuGH C-129/14 PPU, ECLI:EU:C:2014:739 Rn. 74 ff., insbes. Rn. 98 ff. – Spasic.
[169] S. *Wasmeier* NJECL 2014, 534 (547), der hinweist auf einen Widerspruch zur Vorgehensweise nur kurze Zeit zuvor in EuGH verb. Rs. C-293/12 u. C-594/12, ECLI:EU:C:2014:238 Rn. 65 – Digital Rights Ireland ua; dazu auch *Zeder* Journal für Strafrecht 2014, 130.
[170] EuGH C-486/14, ECLI:EU:C:2016:483 Rn. 55 – Kossowski.
[171] Dazu *Tomkin* in PHKW Fundamental Rights Rn. 50.90; *Böse* FS Kühne, 2013, 519.
[172] EuGH C-524/15, ECLI:EU:C:2018:197 Rn. 40 ff. – Menci; EuGH C-537/16, ECLI:EU:C:2018:193 Rn. 42 ff. – Garlsson Real Estate ua; EuGH verb. Rs. C-596/16 u. C-597/16, ECLI:EU:C:2018:192 Rn. 41 ff. – Di Puma u. Consob; vgl. auch *Lo Schiavo* EuConst 2018, 644 (658 ff.).
[173] EuGH C-524/15, ECLI:EU:C:2018:197 Rn. 44 – Menci; EuGH C-537/16, ECLI:EU:C:2018:193 Rn. 46 – Garlsson Real Estate ua; EuGH verb. Rs. C-596/16 u. C-597/16, ECLI:EU:C:2018:192 Rn. 42 – Di Puma u. Consob.
[174] S. die etwas unglücklichen Formulierungen in EuGH C-524/15, ECLI:EU:C:2018:197 Rn. 45 – Menci, und in EuGH C-537/16, ECLI:EU:C:2018:193 Rn. 47 – Garlsson Real Estate ua.

Bei der Prüfung der Verhältnismäßigkeit der Einschränkung legt der EuGH entsprechend der deutschen Rechtsdogmatik einen strengen Maßstab an und fordert, dass die „vorgesehene Kumulierung von Verfolgungsmaßnahmen und Sanktionen nicht die Grenzen dessen überschreiten darf, was zur Erreichung der mit dieser Regelung zulässigerweise verfolgten Ziele geeignet und erforderlich ist; stehen mehrere geeignete Maßnahmen zur Auswahl, ist die am wenigsten belastende zu wählen, und die durch sie bedingten Nachteile müssen in angemessenem Verhältnis zu den angestrebten Zielen stehen".[175] In diesem Zusammenhang stellt der EuGH die grundsätzliche Entscheidung der Mitgliedstaaten, ein ein- oder zweigleisiges Sanktionssystem zu wählen, nicht in Frage. Mit Blick auf das Kriterium der zwingenden Erforderlichkeit, stellt er aber spezifische Anforderungen an mitgliedstaatliche Regelungen, die ein solches zweigleisiges Sanktionssystem begründen und interessanterweise denjenigen ähneln, die der EGMR in der Sache *A. und B./Norwegen* anerkannt hat (näher → Rn. 13). Erstens fordert der EuGH, dass die Mitgliedstaaten „klare und präzise Regeln aufstellen [...], die es den Bürgern ermöglichen, vorherzusehen, bei welchen Handlungen und Unterlassungen eine [...] Kumulierung von Verfolgungsmaßnahmen und Sanktionen in Frage kommt".[176] Insoweit ist der EuGH einerseits zurückhaltender als GA *Campos Sánchez-Bordona,* der ein zweigleisiges Sanktionssystem nur dann für mit dem Wesensgehalt von Art. 50 GRC vereinbar bzw. für im Sinne der Verhältnismäßigkeit erforderlich hält, wenn die zusätzliche Verwaltungssanktion nicht strafrechtlicher Natur ist.[177] Andererseits beschreitet der EuGH – ebenso in Anlehnung an die deutsche Rechtsdogmatik – Neuland, indem er voraussetzt, dass „strafrechtliche" Sanktionsregeln dem Bestimmtheitsgebot entsprechen müssen. Zweitens verlangt der EuGH die Existenz mitgliedstaatlicher Regeln zur Gewährleistung einer Koordinierung, „um die mit einer [...] Kumulierung verbundene zusätzliche Belastung für die Betroffenen auf das zwingend Erforderliche zu beschränken".[178] Drittens „muss die Kumulierung von Sanktionen strafrechtlicher Natur von Regeln begleitet sein, mit denen sichergestellt werden kann, dass die Schwere aller verhängten Sanktionen der Schwere der betreffenden Straftat entspricht, wobei sich eine solche Anforderung nicht nur aus Art. 52 Abs. 1 [GRC] ergibt, sondern auch aus dem in Art. 49 Abs. 3 [GRC] verankerten Grundsatz der Verhältnismäßigkeit von Strafen". Nach Ansicht des EuGH müssen diese Regeln „die zuständigen Behörden dazu verpflichten, im Fall der Verhängung einer zweiten Sanktion dafür zu sorgen, dass die Schärfe aller verhängten Sanktionen nicht die Schwere der festgestellten Straftat überschreitet".[179] Dies ist nicht der Fall, wenn bereits die strafrechtliche Verurteilung geeignet ist, die begangene Straftat wirksam, verhältnismäßig und abschreckend zu ahnden.[180] Das Vorliegen dieser Umstände ist im Einzelnen durch die mitgliedstaatlichen Gerichte zu prüfen.[181] Diese ausdifferenzierten Kriterien im Rahmen der Prüfung der Erforderlichkeit dürften, wie der Fall *Garlsson Real Estate ua* zeigt, in der Praxis häufig dazu führen, dass eine Einschränkung des Schutzbereichs von Art. 50 GRC unverhältnismäßig ist und so auch der Wesensgehalt des darin verbürgten Rechts nicht angetastet wird. Im Ergebnis hat der EuGH damit eine Lösung im Rahmen der Eingriffsnorm des Art. 52 Abs. 1 GRC gefunden, die derjenigen des EGMR in der Sache *A. und B./Norwegen,* allerdings im

---

[175] EuGH C-524/15, ECLI:EU:C:2018:197 Rn. 46 – Menci; EuGH C-537/16, ECLI:EU:C:2018:193 Rn. 48 – Garlsson Real Estate ua.

[176] EuGH C-524/15, ECLI:EU:C:2018:197 Rn. 47 u. 49 – Menci; EuGH C-537/16, ECLI:EU:C:2018:193 Rn. 49 u. 51 – Garlsson Real Estate ua.

[177] GA *Campos Sánchez-Bordona*, SchlA C-524/15, ECLI:EU:C:2017:667 Rn. 82 ff. – Menci, der dabei übersieht, dass in diesem Fall mangels Doppelbestrafung nicht einmal ein Eingriff in den Schutzbereich von Art. 50 GRC vorliegt.

[178] EuGH C-524/15, ECLI:EU:C:2018:197 Rn. 52–54 – Menci; EuGH C-537/16, ECLI:EU:C:2018:193 Rn. 55 – Garlsson Real Estate ua.

[179] EuGH C-524/15, ECLI:EU:C:2018:197 Rn. 55 ff. – Menci; EuGH C-537/16, ECLI:EU:C:2018:193 Rn. 56 ff. – Garlsson Real Estate ua.

[180] EuGH C-537/16, ECLI:EU:C:2018:193 Rn. 57–61 – Garlsson Real Estate ua.

[181] EuGH C-524/15, ECLI:EU:C:2018:197 Rn. 57 u. 59 – Menci; EuGH C-537/16, ECLI:EU:C:2018:193 Rn. 59 u. 61 – Garlsson Real Estate ua.

Rahmen des Tatbestands von Art. 4 7. EMRKProt, in vieler Hinsicht entspricht (näher
→ Rn. 13). Dies zeigt sich insbesondere an dem übereinstimmenden Erfordernis der Koordinierung zwischen den verschiedenen Verfahren und Stellen zum Zweck der Sicherstellung einer angemessenen Bestrafung. Dem EuGH ist damit gelungen, sich von der Rechtsprechung des EGMR abzugrenzen, ohne jedoch die Kohärenz des europäischen Grundrechtsschutzes, in seinen Folgen für den Einzelnen in der Rechtswirklichkeit, ernsthaft in Frage zu stellen.

E. Verhältnis zu anderen Grundrechten

Der Grundsatz *ne bis in idem* ordnet sich in die **justiziellen Grundrechte** ein, die mit 36
Art. 6 EMRK in engem Zusammenhang stehen, dh insbesondere die Unschuldsvermutung
(Art. 48 Abs. 1 GRC → § 56), das rechtliche Gehör (→ § 58) bzw. die Verteidigungsrechte
oder das Recht auf ein faires Verfahren (Art. 48 Abs. 2 GRC → § 57) sowie der Grundsatz
der Verhältnismäßigkeit des Strafens (Art. 49 GRC). Der **Grundsatz der Verhältnismäßigkeit,** der nach Art. 52 Abs. 1 GRC horizontale Geltung für die Anwendung aller
Grundrechtsgewährleistungen der GRC beansprucht (→ § 10 Rn. 41 ff.), ist für die Beachtung des Doppelbestrafungsverbots und – wie gesehen (→ Rn. 30) – auch außerhalb
von dessen Anwendungsbereich von besonderer Bedeutung und kann die Anrechnung
bereits erfolgter Sanktionen erfordern, sofern eine erneute Strafverfolgung nicht ohnehin
ausgeschlossen ist. Nach neuerer Rechtsprechung des EGMR ist dieser Grundsatz sogar ein
inhärenter Bestandteil des Begriffs der strafrechtlichen Aburteilung (*bis*), sofern kumulative
straf- und verwaltungsrechtliche Sanktionen für ein und dieselbe Tathandlung betroffen
sind (→ Rn. 12). Hingegen verortet der EuGH den Anwendungsbereich des Verhältnismäßigkeitsgrundsatzes ausschließlich in Art. 52 Abs. 1 GRC (→ Rn. 13 u. 35).

F. Zusammenfassende Bewertung und Ausblick

Das Doppelbestrafungsverbot nach Art. 50 GRC ist aufgrund seines grenzüberschreitenden 37
Anwendungsbereichs innerhalb der Europäischen Union ein unabdingbarer rechtsstaatlicher Baustein und Fortschritt im Prozess der Entstehung eines gemeineuropäischen Grundrechtsschutzsystems. Nur durch diese Gewährleistung wird die integrationsbedingt zunehmende Kooperation mitgliedstaatlicher und supranationaler Strafverfolgungsorgane zum
Zweck effektiver grenzüberschreitender Kriminalitätsbekämpfung, die wiederum die Personenverkehrsfreiheit flankierend absichert, grundrechtlich erträglich gestaltet. Um diesen
Grundrechtsschutzstandard mit Inhalt zu füllen, bedarf es eines nachhaltigen Beitrags nicht
nur der Unionsgerichtsbarkeit, sondern auch der mitgliedstaatlichen Gerichte, die insoweit
den Diskurs mit dem EuGH über das Vorabentscheidungsverfahren nach Art. 267 AEUV
suchen müssen, wovon in den vergangenen zehn Jahren erfreulicherweise ausgiebig Gebrauch gemacht worden ist. Ferner ist auf den besonders fruchtbaren „Rechtsprechungsaustausch" zwischen dem EuGH und dem EGMR in Bezug auf den Grundsatz *ne bis in
idem* hinzuweisen, der deutlich macht, wie sehr die beiden höchsten europäischen Gerichtsbarkeiten bereit sind, die wechselseitigen Wertentscheidungen zu beeinflussen, zu akzeptieren und voneinander zu lernen, bzw. sogar um die Gewährleistung eines höheren Schutzstandards zu konkurrieren (→ Rn. 6 f., 12 f., 15 u. 35). Dies gilt mit Einschränkung
ebenfalls im Verhältnis zu den mitgliedstaatlichen Verfassungsgerichten, auf deren Rechtsprechung der EuGH, wenn auch teilweise wenig überzeugend, bei der Anwendung von
Art. 50 GRC Bedacht nimmt (→ Rn. 34), möglicherweise um damit die weite Eröffnung
des Anwendungsbereichs der GRC über die extensive Auslegung des Begriffs der „Durchführung des Unionsrechts" in Art. 51 Abs. 1 GRC abzufedern (→ Rn. 18). Weitere
Schritte der Klärung der inhaltlichen Voraussetzungen des Grundsatzes *ne bis in idem* stehen
jedoch insbesondere noch auf dem Gebiet des EU-Kartellrechts aus (→ Rn. 8, 10, 24 u.
28). Die insoweit vom EuGH verfolgte Sonderlösung in Bezug auf den Tatbegriff unter

Rückgriff auf das „geschützte Rechtsgut" ist nämlich einer kohärenten Auslegung von Art. 50 GRC und grundrechtlichen Systembildung im Anwendungsbereich des gesamten Unionsrechts abträglich und sollte daher so schnell wie möglich aufgegeben werden.[182]

38 Diese integrationsbedingte Entwicklung muss auch **Auswirkungen auf die Rechtspraxis in Deutschland** haben, soweit die Strafverfolgung in den Anwendungsbereich des Unionsrechts fällt oder damit Berührungspunkte aufweist. Dabei ist zum einen zu berücksichtigen, dass Art. 50 GRC im Gegensatz zu **Art. 103 Abs. 3 GG** nicht allein eine erneute Bestrafung, sondern bereits eine erneute Strafverfolgung ausschließt. Zum anderen bedarf es insoweit einer grundsätzlichen Korrektur der ständigen Rechtsprechung des BVerfG, wonach eine frühere strafrechtliche Verurteilung im Ausland bisher kein Verfahrenshindernis für eine nochmalige Strafverfolgung im Inland darstellt, sondern lediglich zu einer Anrechnung der früheren Sanktion über das **Anrechnungsprinzip** nach § 51 Abs. 3 StGB führt.[183] Dies lässt sich angesichts der klaren Entscheidung in Art. 50 GRC für das **Erledigungsprinzip** (→ Rn. 5) innerhalb des Anwendungsbereichs des Unionsrechts künftig nicht mehr aufrechterhalten, es sei denn, die besonderen Voraussetzungen der Vollstreckungsbedingung in Art. 54 SDÜ und analogen Vorschriften sind erfüllt (→ Rn. 34).[184]

---

[182] Ebenso *Oliver/Bombois* J. D. E. 2012, 266 (272); *van Bockel* ERA Forum 2012, 325 (338 f.); *Brammer* EuZW 2013, 617 (622); *Gaulard* CDE 2013, 703 (765 f.); *Tomkin* in PHKW Fundamental Rights Rn. 50.102.
[183] BVerfGE 12, 62 (66); BVerfGE 75, 1 (15); BVerfGK 13, 7 Rn. 19 ff.
[184] S. BVerfGK 13, 7 Rn. 19 ff. und EuGH C-129/14 PPU, ECLI:EU:C:2014:586 Rn. 55 ff. – Spasic.

13. Abschnitt. Grundrechtsgehalte besonderer Schutzaufträge

§ 63 Grundrechtsdimensionen des Umweltschutzes

Übersicht

	Rn.
A. Einleitung	1, 2
B. Entwicklung und allgemeine Bedeutung des Umweltschutzes in der EU	3–24
I. Das „Greening of the Treaties" bzw. die Ökologisierung der Gründungsverträge der damaligen E(W)G und der EU vor dem Lissabonner Reformvertrag	5–8
II. Koordinatensystem und primärrechtliche Kernbestandteile der EU-Umweltverfassung seit dem Inkrafttreten des Lissabonner Reformvertrags	9–22
1. EU-vertragliche Zielbestimmungen umweltverfassungsrechtlicher Art	10, 11
2. Die umweltrechtliche Querschnitts- und Integrationsklausel des Art. 11 AEUV	12–14
3. Regelungsgehalt, Grundsatzcharakter und umweltverfassungsrechtliche Bedeutung des Art. 37 GRC	15, 16
4. Umweltschützende Sonderregelungen im Bereich der binnenmarktbezogenen Rechtsangleichung nach Art. 114 Abs. 3–5 AEUV	17, 18
5. EU-Umweltpolitik nach Art. 191–193 AEUV	19, 20
6. Umweltverfassungsrechtliche Implikationen der in Art. 194 AEUV geregelten EU-Energiepolitik	21, 22
III. Das unionsverfassungsrechtliche Rangverhältnis zwischen dem Umweltschutz und anderen Unionszielen oder Freiheiten insbesondere wettbewerbs- und wirtschaftsrechtlicher Art	23, 24
C. Umweltschutz als Schranke der Unionsgrundrechte und sonstiger subjektiver Unionsrechte insbesondere wirtschaftlicher Art	25–33
I. Umweltschutz als Schranke der Unionsgrundrechte	26, 27
II. Umweltschutz als Schranke der Grundfreiheiten	28–31
III. Umweltschutz als Schranke EU-wettbewerbsrechtlicher Verbotstatbestände	32, 33
D. Unionsgrundrechtlicher Schutz vor Umweltbeeinträchtigungen	34–46
I. Das Fehlen eines eigenständigen EU-Umweltgrundrechts geschriebener Art	35
II. Möglichkeiten und Grenzen der Herleitung eines ungeschriebenen EU-Umweltgrundrechts im Wege der wertenden Rechtsvergleichung	36–45
1. Umweltgrundrechtliche Situation im Völkerrecht unter besonderer Berücksichtigung der EMRK	37–39
2. Umweltgrundrechtliche Situation in den EU-Mitgliedstaaten	40–44
3. Struktur- und Zielkompatibilität eines eigenständigen EU-Umweltgrundrechts	45
III. Umweltschützende Teilgewährleistungen anderer Unionsgrundrechte	46
E. Zusammenfassende Bewertung und Ausblick	47–49

Schrifttum:

Bosselmann, Ökologische Grundrechte – Zum Verhältnis zwischen individueller Freiheit und Natur, 1998; *Bothe*, The right to a healthy environment in the European Union and comparative constitutional law, in Pâques, Recente ontwikkelingen in het Europees milieurecht, 1998, S. 1; *Boyle*, Human Rights and the Environment: Where Next?, EJIL 23 (2012), 613; *ders.*, Climate Change, the Paris Agreement and Human Rights, ICLQ 67 (2018), 759; *Braig*, Neuere Rechtsprechung des Europäischen Gerichtshofs für Menschenrechte im Bereich Umweltschutz, AUR 2015, 410; *dies.*, Reichweite und Grenzen der aus der Europäischen Menschenrechtskonvention abgeleiteten umweltrechtlichen Schutzpflichten in der Europäischen Union, NuR 2017, 100; *Breuer*, Das EU-Kartellrecht im Kraftfeld der Unionsziele – Die finale Programmierung der

Unionstätigkeit durch die Querschnittsklauseln am Beispiel des Art. 101 AEUV, 2013; *Brönneke,* Zum Nutzen einer einklagbaren Umweltverfassungsnorm, ZUR 1993, 153; *Bungenberg,* Das Binnenmarktziel im Lichte anderer Gemeinschaftsziele am Beispiel des Umweltschutzes, EuR Beih. 3/2004, 57; *ders.,* Europäische Wirtschaftsverfassung zwischen Freiheit und Regulierung am Beispiel des Umweltschutzes, in Fastenrath/ Nowak, Der Lissabonner Reformvertrag – Änderungsimpulse in einzelnen Rechts- und Politikbereichen, 2009, S. 205; *ders.,* Umweltschutz als Thema der unionalen Gemeinsamen Handelspolitik, in Nowak, Konsolidierung und Entwicklungsperspektiven des Europäischen Umweltrechts, 2015, S. 221; *ders./Motzkus,* Das EEG-2012-Modell und die Privilegierung stromintensiver Unternehmen aus dem Blickwinkel des EU-Beihilfenrechts, in Graf v. Kielmansegg, Die EEG-Reform – Bilanz, Konzeptionen, Perspektiven, 2015, S. 81; *Calliess,* Ansätze zur Subjektivierung von Gemeinwohlbelangen im Völkerrecht – Das Beispiel des Umweltschutzes, ZUR 2000, 246; *ders.,* Rechtsstaat und Umweltstaat – Zugleich ein Beitrag zur Grundrechtsdogmatik im Rahmen mehrpoliger Verfassungsrechtsverhältnisse, 2001; *ders.,* Der deutsche Individualrechtsschutz im Wandel – Gemeinschaftsrechtliche Vorgaben und Möglichkeiten ihrer Rezeption im Verwaltungsprozessrecht, in Nowak/Cremer, Individualrechtsschutz in der EG und der WTO, 2002, S. 81; *Churchill,* Environmental rights in existing human rights treaties, in Boyle/Anderson, Human Rights approaches to environmental protection, 1996, S. 89; *Dellmann,* Zur Problematik eines „Grundrechts auf menschenwürdige Umwelt", DÖV 1975, 588; *Déjeant-Pons,* The right to environment in regional human rights systems, in Mahoney/Mahoney, Human Rights in the twenty-first century: a global challenge, 1993, S. 595; *Desgagné,* Integrating Environmental Values into the European Convention on Human Rights, AJIL 89 (1995), 263; *Douglas-Scott,* Environmental Rights in the European Union: Participatory Democracy or Democratic Deficit?, in Boyle/Anderson, Human Rights approaches to environmental protection, 1996, S. 109; *Downs,* A healthy and ecologically environment: An argument for a third generation right, DukeJCIL 1993, 351; *Ekardt,* Umweltschutz im EU-Beihilfenrecht, in Nowak, Konsolidierung und Entwicklungsperspektiven des Europäischen Umweltrechts, 2015, S. 134; *ders.,* Menschenrechte und Umweltschutz – deutsche und internationale Debatte im Vergleich insbesondere am Beispiel des Klimaschutzes, ZUR 2015, 579; *Emmerich-Fritsche,* Das rechte Maß im Europäischen Umweltrecht, EurUP 2014, 2; *Erben,* Das Vorsorgegebot im Völkerrecht, 2005; *Franzius,* Genügt die Novelle des Umwelt-Rechtsbehelfsgesetzes den unionsrechtlichen Vorgaben?, NVwZ 2018, 219; *Frenz,* EU-Kartellrecht und Umweltschutz, in Nowak, Konsolidierung und Entwicklungsperspektiven des Europäischen Umweltrechts, 2015, S. 104; *ders./Kane,* Die neue europäische Energiepolitik, NuR 2010, 464; *Godt,* Wirtschaft und Umwelt im Partnerschaftsabkommen der USA und Europa (TTIP) – Lehren aus dem NAFTA-Umweltvertrag von 1991 für zukünftige Freihandels- und Investitionsschutzabkommen, ZUR 2014, 403; *Gormley,* The Legal Obligation of the International Community to Guarantee a Pure and Decent Environment: The Expansion of Human Rights Norms, GeorgetownIELR 3 (1990), 85; *Heringa,* Private Life and the Protection of the Environment, MJ 2 (1995), 196; *Herzog/Thieme,* Umweltschutz im Rahmen der Europäischen Nachbarschaftspolitik, in Nowak, Konsolidierung und Entwicklungsperspektiven des Europäischen Umweltrechts, 2015, S. 266; *Heselhaus,* Rechtfertigung unmittelbar diskriminierender Eingriffe in die Warenverkehrsfreiheit, EuZW 2001, 645; *ders.,* Europäisches Energie- und Umweltrecht – Emanzipation vom umweltrechtlichen Primat, in Nowak, Konsolidierung und Entwicklungsperspektiven des Europäischen Umweltrechts, 2015, S. 327; *ders./Marauhn,* Straßburger Springprozession zum Schutz der Umwelt – Ökologische Menschenrechte nach den *Hatton*-Entscheidungen des Europäischen Gerichtshofes für Menschenrechte, EuGRZ 2005, 549; *Hobe,* Menschenrechte auf Umweltschutz, ZUR 1994, 15; *Hosková,* Is there a right to a healthy environment in the international legal order?, ConnecJIL 7 (1991), 65; *Immenga/Mestmäcker,* Wettbewerbsrecht, Bd. 3: Beihilfenrecht/Sonderbereiche – Kommentar, 5. Aufl. 2016; *Jarass,* Der neue Grundsatz des Umweltschutzes im primären EU-Recht, ZUR 2011, 563; *Jarvis/Sherlock,* The European Convention on Human Rights and the environment, ELRev Supp (HR) 24 (1999), 15; *Jesenko,* Freedom of expression in environmental cases before the European Court of Human Rights, ERA Forum 2018, 295; *Kahl,* Umweltprinzip und Gemeinschaftsrecht: eine Untersuchung zur Rechtsidee des „bestmöglichen Umweltschutzes" im EWG-Vertrag, 1993; *ders.,* Die Kompetenzen der EU in der Energiepolitik nach Lissabon, EuR 2009, 601; *ders.,* Zur Rechtfertigung diskriminierender Beeinträchtigungen des Binnenmarktes aus Umweltschutzgründen, in Stumpf/Kainer/Baldus, Privatrecht, Wirtschaftsrecht, Verfassungsrecht, FS für P.-C. Müller-Graff, 2015, S. 682; *Kley-Struller,* Der Schutz der Umwelt durch die Europäische Menschenrechtskonvention, EuGRZ 1995, 507; *Knauff,* Europäische Energiepolitik auf Grundlage des Vertrags von Lissabon, ThürVBl. 2010, 217; *Koch,* Klimaschutzrecht – Ziele, Instrumente und Strukturen eines neuen Rechtsgebiets, NVwZ 2011, 641; *Krämer,* Grundrecht auf Umwelt und Gemeinschaftsrecht, EuGRZ 1988, 285; *ders.,* Vom Rechte, das mit uns geboren – der Einzelne im gemeinschaftlichen Umweltrecht, in ders./Micklitz/Tonner, Law and diffuse Interests in the European Legal Order, Liber amicorum N. Reich, 1997, S. 741; *Krajewski,* Umweltschutz und internationales Investitionsschutzrecht am Beispiel der Vattenfall-Klagen und des Transatlantischen Handels- und Investitionsabkommens (TTIP), ZUR 2014, 396; *Latour/Rowe,* Die Grundsätze der integrierten Umweltverwaltung der Europäischen Union am Beispiel des Naturschutzes, in Nowak, Konsolidierung und Entwicklungsperspektiven des Europäischen Umweltrechts, 2015, S. 427; *Lübbig,* EU-Verkehrspolitik und Umweltschutz, in Nowak, Konsolidierung und Entwicklungsperspektiven des Europäischen Umweltrechts, 2015, S. 180; *Lücke,* Das Grundrecht des einzelnen gegenüber dem Staat auf Umweltschutz, DÖV 1976, 289; *Ludwigs,* Die Energiegesetzgebung der EU zwischen Binnenmarkt und Klimaschutz, ZG 2010, 222; *Maljean-Dubois,* La convention européenne des droits de l'homme et le droit à l'information en matière d'environnement, RGDIP 102 (1998), 995; *Markus/ Silva-Sánchez,* Zum Schutz der Umwelt durch die Amerikanische Menschenrechtskonvention: Das Gutachten des IAGMR OC-23/2017, ZUR 2019, 150; *Martinez,* Die Berücksichtigung des Umweltschutzes in der Gemeinsamen Agrarpolitik, in Nowak, Konsolidierung und Entwicklungsperspektiven des Europäischen Umweltrechts, 2015, S. 190; *McGoldrick,* Sustainable Development and Human Rights: An Integrated Conception, ICLQ 45 (1996), 796; *Nickel,* The human right to a safe environment: Philosophical perspectives on its scope and justification, YaleJIL 18 (1993), 281; *Nowak,* Die Grundfreiheiten des EG-Vertrags und der Umweltschutz – Grundfreiheitliche Schrankensystematik im Lichte der EG-Umweltverfassung, VerwArch 2002, 368; *ders.,* Perspektiven einer umweltverfassungskonformen Auslegung der europäischen Wirtschaftsverfassung, in Bruha/Hesse/Nowak, Welche Verfassung für Europa?, 2001, S. 215; *ders.,* Umweltschutz als grundlegendes Verfassungsziel und dauerhafte Querschnittsaufgabe der Europäischen Union, in Nowak, Konsolidierung und Entwicklungsperspektiven des Europäischen Umweltrechts, 2015, S. 25; *ders.,* Entwicklung, Koordinatensystem und Kernbestandteile des Europäischen Umweltverfassungsrechts, NuR 2015, 306; *ders.,* Ausformungen, Wirkungen und Kernfragen des Europäischen Umweltverfassungsrechts, NuR 2015, 375; *Orth,* Umweltschutz in den Verfassungen der EU-Mitgliedstaaten – Aktuelle Entwicklungen in Frankreich, Griechenland und den neuen Mitgliedstaaten, NuR 2007, 229; *Papenkort/Wellershoff,* Der Energietitel im Vertrag von Lissabon, RdE 2010, 77; *Pechstein,* Umweltschutz im System der Grundfreiheiten, in Nowak, Konsolidierung und Entwicklungsperspektiven des Europäischen Umweltrechts, 2015, S. 87; *Pedersen,* The Ties that Bind: The Environment, the European Convention on Human Rights and the Rule of Law, EPL 16 (2010), 571; *Prakash,* The Right to the Environment – Emerging Implications in Theory and Practice, NQHR 16 (1995), 403; *Reiche/Fülgraff,* Eigenrechte der Natur und praktische Umweltpolitik – Ein Diskurs über anthropozentrische und ökozentrische Umweltethik, ZfU 1987, 231; *Rengeling,* Handbuch zum europäischen und deutschen Umweltrecht, 2. Aufl. 2003 (zit.: Hdb UmweltR); *Rest,* Europäischer Menschenrechtsschutz als Katalysator für ein verbessertes Umweltrecht, NuR 1997, 209; *Römling,* Zum Verhältnis von Art. 47 Grundrechtecharta und Art. 9 Aarhus-Konvention in der Rechtsprechung des Europäischen Gerichtshofs, ZEuS 2019, 147; *Ruffert,* Subjektive Rechte im Umweltrecht der Europäischen Gemeinschaft, 1996; *Sands,* Human Rights, environment and the Lopez-Ostra case – context and consequences, EHRLR 1996 (Bd. 6), 597; *ders./Peel,* Principles of International Environmental Law, 3. Aufl. 2012; *Saurer/Purnhagen,* Klimawandel vor Gericht – Der Rechtsstreit der Nichtregierungsorganisation „Urgenda" gegen die Niederlande und seine Bedeutung für Deutschland, ZUR 2016, 16; *Scheuing,* Regulierung und Marktfreiheit im Europäischen Umweltrecht, EuR 2001, 1; *ders.,* Das Europäische Umweltverfassungsrecht als Maßstab gerichtlicher Kontrolle – Eine Analyse der Rechtsprechung des EuGH, EuR 2002, 619; *Schmalenbach,* Umweltschutz im Rahmen der EU-Entwicklungszusammenarbeit, in Nowak, Konsolidierung und Entwicklungsperspektiven des Europäischen Umweltrechts, 2015, S. 251; *Schmidt-Radefeldt,* Ökologische Menschenrechte – Ökologische Menschenrechtsinterpretation der EMRK und ihre Bedeutung für die umweltschützenden Grundrechte des Grundgesetzes, 2000; *Schmitz,* Die Europäische Union als Umweltunion – Entwicklung, Stand und Grenzen der Umweltschutzkompetenzen der EU, 1996; *Schram,* Human Rights and the Environment, NordicJIL 1995, 141; *Schröder, M.,* Sustainable Development – Ausgleich zwischen Umwelt und Entwicklung als Gestaltungsaufgabe der Staaten, AVR 34 (1996), 251; *ders.,* Der Umweltschutz in den Verfassungen der Mitgliedstaaten der Europäischen Union, JöR 58 (2010), 195; *ders.,* Einige Bemerkungen zum Umweltschutzartikel in der Grundrechtecharta der Europäischen Union, EurUP 2015, 225; *Schröder, R.,* Europäische Raumordnung und Umweltschutz, in Nowak, Konsolidierung und Entwicklungsperspektiven des Europäischen Umweltrechts, 2015, S. 161; *Schütt,* Die Auflösung des Spannungsverhältnisses zwischen Umweltschutz und Binnenmarkt im europäischen Beihilferecht – ein Rechtsrahmen für nationale Umweltschutzbeihilfen, ZNER 2012, 133; *Shelton,* Human Rights, Environmental Rights, and the Right to Environment, StanJIL 28 (1991), 103; *Shirvani,* Klimaschutz und Unternehmensgrundrechte im EU-Recht, VerwArch 2013, 83; *ders.,* EU-Wirtschaftsgrundrechte und Umweltschutz, in Nowak, Konsolidierung und Entwicklungsperspektiven des Europäischen Umweltrechts, 2015, S. 409; *ders.,* Umweltschutz und Eigentum – Verbindungslinien im europäischen Primärrecht und im Grundgesetz, EurUP 2016, 112; *Soell,* Umweltschutz, ein Grundrecht?, NuR 1985, 205; *Steiger,* Ein europäisches Umweltgrundrecht?, in Hansmann/Paetow/Rebentisch, Umweltrecht und richterliche Praxis, FS für E. Kutscheidt, 2003, S. 165; *Steinberg,* Der ökologische Verfassungsstaat, 1998; *Stoll/Krüger/Xu,* Freihandelsabkommen und ihre Umweltschutzregelungen, ZUR 2014, 387; *Suetens,* Environnement et droits de l'homme, EPL 10 (1983), 137; *Symonides,* The Human Right to a clean, balanced and protected environment, IJLI 20 (1992), 24; *Szydło,* How to reconcile national support for renewable energy with internal market obligations? The task for the EU legislature after Ålands Vindkraft and Essent, CMLR 52 (2015), 489; *Theil,* Der Umfang des Umweltschutzes in der Rechtsprechung des Europäischen Gerichtshofs für Menschenrechte, NuR 2014, 330; *Thorme,* Establishing environment as a human right, DenvJILP 19 (1991), 301; *Thym,* Umweltschutz in den Verfassungen der EU-Mitgliedstaaten, NuR 2000, 557; *Trachtman,* WTO Trade and Environment Jurisprudence: Avoiding Environmental Catastrophe, HILJ 58 (2017), 273; *Voland,* Zur Reichweite von Menschenrechten im Klimaschutz – Wäre die „Urgenda-Entscheidung" auch im deutschen Recht zu erwarten?, NVwZ 2019, 114; *Wegener,* Urgenda – Weltrettung per Gerichtsbeschluss? – Klimaklagen testen die Grenzen des Rechtsschutzes, ZUR 2019, 3; *Weidenfeld/Wessels,* Jahrbuch der Europäischen Integration 2009, 2010; *Winter,* Ökologische Verhältnismäßigkeit, ZUR 2013, 387.

A. Einleitung

1 Bei der in diesem Kapitel im Vordergrund stehenden Frage nach den **Grundrechtsdimensionen des Umweltschutzes** geht es um die vielschichtigen Verbindungslinien zwischen dem Grundrechtsschutz und dem Schutz der natürlichen Lebensgrundlagen bzw. der Umwelt in der Europäischen Union. Im Mittelpunkt steht dabei die in ähnlicher Weise auch auf völkerrechtlicher und mitgliedstaatlicher Ebene[1] diskutierte Frage, ob es in der aktuell geltenden Unionsrechtsordnung ein eigenständiges Umweltgrundrecht materieller und/ oder prozeduraler Art gibt oder ob sich der Schutz gegen bzw. vor Umweltbeeinträchtigungen nur bzw. ausschließlich unter Rückgriff auf bestimmte umweltschützende Teilgewährleistungen anderer Unionsgrundrechte grundrechtlich fundieren lässt. Diese Frage tangiert zugleich die weltweit geführte und dabei insbesondere um den **Begriff der ökologischen Menschenrechte** kreisende Diskussion über etwaige Eigenrechte der Natur sowie über Möglichkeiten und Grenzen einer ökologischen Menschen- bzw. Grundrechtsinterpretation.[2] Das Fundament dieser Diskussion bildet wiederum eine rechtsethisch-philosophische Auseinandersetzung mit den gegenläufigen Grundkonzepten der **Anthropozentrik** und der **Ökozentrik**[3], in deren Rahmen vornehmlich über die Frage gestritten wird, ob die Natur bzw. die Umwelt nur bzw. in erster Linie im Interesse der Menschen (anthropozentrischer Ansatz) oder primär um ihrer selbst willen (ökozentrischer Ansatz) zu schützen ist.

2 Im supranationalen Unionsrechtskontext ist das durch die bereits seit vielen Jahren intensiv geführte Diskussion über die vielschichtigen Verbindungslinien zwischen dem Umweltschutz und einzelnen Grund- oder Menschenrechten auf völkerrechtlicher und mitgliedstaatlicher Ebene (→ Rn. 1) und in zunehmender Weise auch durch einige zum Teil überaus spektakuläre Gerichtsentscheidungen zu grundrechtsgestützten Klimaklagen etwa in der Rs. *Urgenda*[4], durch andere (klimahaftungsrechtliche) Streitfälle auf dem Gebiet der sog. **Climate Change Litigation**[5] und durch bestimmte gerichtliche Rechtsgutachten auf internationaler Ebene[6] beeinflusste Bewusstsein über die zwischen dem Grundrechtsschutz und dem Umweltschutz bestehenden Verbindungslinien in der jüngeren Vergangenheit insbesondere durch die facettenreiche – für die Grundrechtsordnung der EU vor allem auf Grund des Art. 52 Abs. 3 S. 1 GRC relevante – EGMR-Rechtsprechung zur Umweltschutzrelevanz

---

[1] Im internationalen Kontext vgl. *Boyle* EJIL 23 (2012), 613 ff.; *Boyle* ICLQ 67 (2018), 759 ff.; *Churchill* in Boyle/Anderson S. 89 ff.; *Cook* EHRLR 2019, 247 ff.; *Déjeant-Pons* in Mahoney/Mahoney S. 595 ff.; *Downs* DukeJCIL 1993, 351 ff.; *Ekardt* ZUR 2015, 579 ff.; *Hobe* ZUR 1994, 15 ff.; *Hosková* ConnecJIL 7 (1991), 65 ff.; *Markus/Silva-Sánchez* ZUR 2019, 150 ff.; *Prakash* NQHR 16 (1995), 403 ff.; *Quirico* NILR 65 (2018), 185 ff.; *Shelton* StanJIL 28 (1991), 103 ff.; *Symonides* IJLI 20 (1992), 24 ff.; *Thorme* DenvJILP 19 (1991), 301 ff.; sowie die Beiträge in *Boer*, Environmental Law Dimensions of Human Rights, 2015; zu der in Deutschland einst intensiv geführten Paralleldiskussion, die nach Einführung des Art. 20a GG (→ Rn. 41) abgeebbt ist, vgl. *Dellmann* DÖV 1975, 588 ff.; *Kloepfer*, Zum Grundrecht auf Umweltschutz, 1978, passim; *Lücke* DÖV 1976, 289 ff.; *Soell* NuR 1985, 205 ff.

[2] Vgl. *Bosselmann* S. 23 ff.; *Schmidt-Radefeldt* S. 33 ff.; sowie *Calliess* ZUR 2000, 246 ff.; *Desgagné* AJIL 89 (1995), 263 ff.; *Gormley* GeorgetownIELR 3 (1990), 85 ff.; *Heringa* MJ 2 (1995), 196 ff.; *McGoldrick* ICLQ 45 (1996), 796 ff.; *Schram* NordicJIL 1995, 141 ff.; *Suetens* EPL 10 (1983), 137 ff.

[3] Näher dazu vgl. *Brönneke*, Umweltverfassungsrecht, 1999, S. 164 ff.; *Gorke*, Eigenwert der Natur – Ethische Begründung und Konsequenzen, 2. Aufl. 2018, S. 11 ff.; *Kloepfer* in Kloepfer, Anthropozentrik, Freiheit und Umweltschutz in rechtlicher Sicht, 1995, S. 1 ff.; *Nickel* YaleJIL 18 (1993), 281 ff.; *Reiche/ Fülgraff* ZfU 1987, 231 ff.; und die Beiträge in *Nida-Rümelin/v. d. Pforten*, Ökologische Ethik und Rechtstheorie, 1995.

[4] Vgl. Rechtbank Den Haag v. 24.6.2015 – C/09/456689, HA ZA 13–1396, ECLI:NL: RBDHA:2015:7196 – Urgenda Foundation/Niederlande, sowie Gerechtshof Den Haag v. 9.10.2018 – 200.178.245/01, ECLI:NL:GHDHA:2018:2591 – Niederlande/Urgenda Foundation; näher zu diesen vieldiskutierten Entscheidungen vgl. etwa *Quirico* NILR 65 (2018), 185 ff.; *Saurer/Purnhagen* ZUR 2016, 16 ff.; *Voland* NVwZ 2019, 114 ff.; *Wegener* ZUR 2019, 3 ff.

[5] Instruktiv dazu vgl. zuletzt *Fitz* juridikum 2019, 105 ff.; *Chatzinerantzis/Appel* NJW 2019, 881 ff.; *Keller/Kapoor* BB 2019, 706 ff.; *Stäsche* EnWZ 2019, 248 (254 f.).

[6] Exemplarisch dazu vgl. in spezieller Ansehung des vom Interamerikanischen Gerichtshof für Menschenrechte am 7.2.2018 veröffentlichten Rechtsgutachtens zu umweltbezogenen Gewährleistungen der Amerikanischen Menschenrechtskonvention *Markus/Silva-Sánchez* ZUR 2019, 150 ff.

verschiedenster EMRK-Bestimmungen (→ Rn. 37) und durch die vieldiskutierte **Integration des Umweltschutzes in die Charta der Grundrechte der EU** geschärft worden, die mit dem am 1.12.2009 erfolgten Inkrafttreten des Lissabonner Reformvertrags[7] rechtsverbindlich geworden ist. So bestimmt **Art. 37 GRC** unter der Überschrift „Umweltschutz", dass ein „hohes Umweltschutzniveau und die Verbesserung der Umweltqualität [...] in die Politiken der Union einbezogen und nach dem Grundsatz der nachhaltigen Entwicklung sichergestellt werden [müssen]". Diese objektivrechtliche und grundsatzartig formulierte Bestimmung (→ Rn. 15 f.) bestätigt und synthetisiert in gewisser Weise den in einem ersten Schritt darzustellenden umweltverfassungsrechtlichen *acquis communautaire*, der zunächst einmal die herausragende unionsverfassungsrechtliche Bedeutung des Umweltschutzes im Rahmen der geltenden Unionsrechtsordnung reflektiert (→ Rn. 3 ff.). Auf der Grundlage dieser Darstellung wird sodann aufzuzeigen sein, dass dem **Umweltschutz** eine besondere Bedeutung **als „Schranke" bestimmter Unionsgrundrechte und grundrechtsähnlicher Unionsrechte** insbesondere wirtschaftlicher Art zukommt (→ Rn. 25 ff.). Schließlich ist der Frage nachzugehen, ob der Umweltschutz selbst bereits ein geschriebenes oder – unter Rückgriff auf die EMRK und/oder mitgliedstaatliche Verfassungstraditionen herzuleitendes – ungeschriebenes **Unionsgrundrecht im Sinne eines eigenständigen EU-Umweltgrundrechts** darstellt oder ob sich der Schutz vor Umweltbeeinträchtigungen alternativ bzw. ausschließlich unter Rückgriff auf verschiedene umweltschützende Teilgewährleistungen sonstiger subjektiver Unionsrechte grundrechtlich fundieren lässt (→ Rn. 34 ff.).

B. Entwicklung und allgemeine Bedeutung des Umweltschutzes in der EU

Der Umweltschutz ist in den vergangenen Jahrzehnten nahezu weltweit in die Rolle eines 3 überaus bedeutsamen Allgemeinwohlinteresses hineingewachsen. Dies hängt insbesondere mit verschiedensten naturwissenschaftlichen Einsichten und Erkenntnissen besorgniserregender Art etwa im Zusammenhang mit der weltweit zu beklagenden Verringerung der Artenvielfalt bzw. Biodiversität, mit der zunehmenden Verschmutzung der Meere, Seen, Flüsse, Böden und der Luft, mit der maßlosen Abholzung der Regenwälder und dem durch den sog. sauren Regen verursachten Waldsterben sowie mit dem sog. Ozonloch, der globalen Erderwärmung einschließlich der Ozeanerwärmung und dem damit zusammenhängenden Klimawandel zusammen, die im Zusammenwirken mit einigen unvergesslichen Tanker-, Chemie-, Bohrplattform- und Atomreaktorunfällen, die sich etwa mit den Schlagworten oder Namen *Exxon Valdez, Amoco Cadiz, Prestige, Sandoz, Seveso, Bophal, Deepwater Horizon, Tschernobyl* und nicht zuletzt *Fukushima* verbinden, in weiten Teilen dieser Welt für ein zunehmendes Umweltbewusstsein, für die Entstehung zum Teil außerordentlich starker und/oder einflussreicher Umweltvereinigungen, -verbände oder -parteien und zugleich für eine **dynamisch voranschreitende „Ökologisierung" des internationalen, supranationalen und innerstaatlichen Rechts** gesorgt haben. Dies spiegelt sich zunächst einmal in den unterschiedlichen Verfassungsordnungen der EU-Mitgliedstaaten wider, die vielfältigste – etwa durch verfassungsrechtliche Staatszielbestimmungen in Gestalt des Art. 20a GG und/oder durch einzelne Grundrechtsgewährleistungen zum Ausdruck gebrachte – Aussagen über umweltbezogene Rechte und Pflichten der Bürgerinnen und Bürger sowie über umweltbezogene Ziele und Schutzpflichten des jeweiligen Staates treffen.[8] Darüber hinaus haben die heutzutage gewissermaßen als Binsenweisheiten

---

[7] Vertrag von Lissabon zur Änderung des Vertrags über die Europäische Union und des Vertrags zur Gründung der Europäischen Gemeinschaft, ABl. 2007 C 306, 1 ff. Zu den vielfältigen materiell- und institutionell-rechtlichen Änderungen, die das Unionsrecht durch diesen Reformvertrag erfahren hat, vgl. mit unterschiedlichen Überblicken und jeweils mwN *Calliess*, Die neue Europäische Union nach dem Vertrag von Lissabon, 2010, S. 1 ff.; *Nowak*, Europarecht, S. 51 ff.; Streinz/Ohler/Herrmann Vertrag Lissabon S. 1 ff.

[8] Rechtsvergleichend dazu vgl. etwa *Bothe* in Pâques S. 1 ff.; *Orth* NuR 2007, 229 ff.; *Rengeling/Szczekalla* Grundrechte in der EU § 32 Rn. 1050; *Rudolf* in NK-EuGRCh GRCh Art. 37 Rn. 3; *Schröder* JöR 58 (2010), 195 ff.; *Thym* NuR 2000, 557 ff.; sowie → Rn. 40 ff.

einzuordnenden Einsichten bzw. Gewissheiten darin, dass die Verantwortung der EU-Mitgliedstaaten für die Umwelt und ihren Schutz nicht an den jeweiligen Staats- bzw. Landesgrenzen endet und dass globale Umweltgefahren sowie grenzüberschreitende Umweltprobleme in weitem Umfang internationale bzw. staatenübergreifende Problemlösungsstrategien erfordern, zu einer weitreichenden – zuletzt insbesondere durch das am 12.12.2015 angenommene Pariser Klimaübereinkommen[9] unterstrichenen – **Globalisierung, Transnationalisierung und Internationalisierung des Umweltrechts einschließlich des Natur- und Klimaschutzrechts**[10] sowie zur dynamischen Herausbildung und Fortentwicklung eines recht facettenreichen Umweltvölkerrechts beigetragen, zu dessen tragenden Grundsätzen und Kernprinzipien das Vorsorgeprinzip, das Vermeidungsprinzip und der Grundsatz der nachhaltigen Entwicklung gehören[11], die wiederum von weiteren umweltschützenden Geboten und Verboten beispielsweise in Gestalt des auch vielfältige Kooperations-, Verhaltens- und Verfahrenspflichten begründenden Verbots grenzüberschreitender Umweltbeeinträchtigungen sowie des damit sehr eng verbundenen Gebots der Rücksichtnahme flankiert werden[12].

4 Die vorgenannten Entwicklungen, die anfänglich in maßgebender Weise durch die internationalen Umweltschutzkonferenzen und/oder Umweltgipfel von Stockholm (1972), Nairobi (1982), Rio (1992) und Johannesburg (2002) vorangetrieben worden sind[13], haben in den Gründungsverträgen der damaligen E(W)G und der später gelegentlich sogar als **Umweltunion** bezeichneten EU[14] deutliche Spuren hinterlassen und auf diese Weise zugleich dazu beigetragen, dass der Umweltschutz, der nach der einschlägigen EuGH-Rechtsprechung unter bestimmten Voraussetzungen sogar eine Relativierung des unionsverfassungsrechtlichen „Super"-Grundsatzes des Anwendungsvorrangs des Unionsrechts ermöglicht[15], bereits seit geraumer Zeit zu den grundlegenden bzw. fundamentalen Verfassungszielen und zu den bedeutsamsten Querschnittsaufgaben der EU gehört[16]. Letzteres ist einem in den vergangenen Jahrzehnten schritt- bzw. etappenweise erfolgten *Greening* der vorgenannten Gründungsverträge (dazu sogleich → Rn. 5 ff.) und dem Umstand zu verdanken, dass der am 1.12.2009 in Kraft getretene Reformvertrag von Lissabon (→ Rn. 2) das zuvor entstandene **Koordinatensystem der EU-Umweltver-**

---

[9] Näher zu diesem vieldiskutierten Klimaübereinkommen vgl. etwa *Bodansky* AJIL 110 (2016), 288 ff.; *Böhringer* ZaöRV 76 (2016), 753 ff.; *Boyle* ICLQ 67 (2018), 759 ff.; *Ekardt* NVwZ 2016, 355 ff.; *Frank* NVwZ 2016, 1599 f.; *Franzius* EurUP 2017, 166 ff.; *Kreuter-Kirchhof* DVBl 2017, 97 ff.; *Morgenstern/Dehnen* ZUR 2016, 131 ff.; *Stäsche* EnWZ 2016, 303 ff.

[10] Näher dazu dazu vgl. etwa *Boysen* AVR 50 (2012), 377 ff.; *Dilling/Markus* ZUR 2016, 3 ff.; *Durner* AVR 54 (2016), 355 ff.; *Fitzmaurice* ZaöRV 77 (2017), 339 ff.; *Hartmann* AVR 50 (2012), 475 ff.; *Koch/Mielke* ZUR 2009, 403 ff.; *Proelß* AVR 54 (2016), 468 ff.; *v. Unger* AVR 50 (2012), 450 ff.; *Koch* NVwZ 2011, 641 ff.; *Saurer* NuR 2019, 145 ff.; *Spießhofer* AVR 57 (2019) 26 (33 ff.); sowie die zahlreichen Beiträge in *Gehring/Oberthür*, Internationale Umweltregime – Umweltschutz durch Verhandlungen und Verträge, 1997.

[11] Aus der kaum noch überschaubaren Vielzahl einschlägiger Veröffentlichungen dazu vgl. etwa die zahlreichen Beiträge in *Boyle/Freestone*, International Law and Sustainable Development – Past Achievements and Future Challenges, 1999; sowie *Beyerlin* FS H. Steinberger, 2002, 31 ff.; *Beyerlin/Marauhn*, International Environmental Law, 2011, S. 31 ff.; *Birnie/Boyle*, International Law and the Environment, 3. Aufl. 2009, S. 43 ff.; *Epiney/Scheyli*, Strukturprinzipien des Umweltvölkerrechts, 1998, S. 35 ff.; *Epiney* JuS 2003, 1066 ff.; *Erben* S. 44 ff.; *Hobe* JA 1997, 160 ff.; *Marti*, Das Vorsorgeprinzip im Umweltrecht – Am Beispiel der internationalen, europäischen und schweizerischen Rechtsordnung, 2011, S. 47 ff.; *Randelzhofer* Jura 1992, 1 ff.; *Sands/Peel* S. 187 ff.; *Schröder* AVR 34 (1996), 251 ff.; *Schwarz* JA 2004, 171 ff.

[12] Näher dazu vgl. nur *Buck/Verheyen* in Koch, Umweltrecht, 4. Aufl. 2014, S. 1 ff.; *Erben* S. 31 ff.; *Faßbender* ZUR 2012, 267 (270 ff.).

[13] Näher dazu vgl. etwa *Beyerlin* ZaöRV 54 (1994), 123 ff.; *Hartmann* AVR 50 (2012), 475 ff.; *Hohmann* NVwZ 1993, 311 ff.; *Rest* AVR 34 (1996), 145 ff.; *Ruffert* ZUR 1993, 208 ff.; *Sanches Lima* EurUP 2012, 187 ff.; *Sands/Peel* S. 23 ff.

[14] Vgl. nur *Schmitz* passim.

[15] Instruktiv vgl. EuGH C-379/15, ECLI:EU:C:2016:603 Rn. 23 ff. – Association France Natur Environnement, mAnm *Sowery* CMLR 54 (2017), 1157 ff.

[16] Ausführlich dazu vgl. *Nowak* in Nowak, Konsolidierung und Entwicklungsperspektiven des Europäischen Umweltrechts, 2015, S. 25 ff.

fassung[17] – abgesehen von einigen bedeutsamen Neuerungen auf den außerordentlich eng mit dem EU-Umwelt(schutz)recht verbundenen Gebieten der europäischen Energie- und Klimapolitik – weitgehend unverändert gelassen (→ Rn. 9 ff.) und auf diese Weise zugleich dafür gesorgt hat, dass auch im Rahmen der aktuell geltenden Unionsverfassung von einer prinzipiellen Gleichrangigkeit des Umweltschutzes und der maßgeblich durch die Grundfreiheiten sowie durch einige EU-Wirtschaftsgrundrechte und das Europäische Wettbewerbsrecht abgesicherten Markt-, Wirtschafts- und Wettbewerbsfreiheiten auszugehen ist (→ Rn. 23 f.).

I. Das „Greening of the Treaties" bzw. die Ökologisierung der Gründungsverträge der damaligen E(W)G und der EU vor dem Lissabonner Reformvertrag

Die aktuell geltende Umweltverfassung der EU, die – wie beispielsweise auch die durch die **5** wirtschaftlichen Unionsgrundrechte in Gestalt der in Art. 15 GRC geregelten Berufsfreiheit (→ § 34), der unternehmerischen Freiheit nach Art. 16 GRC (→ § 35) und der in Art. 17 GRC niedergelegten Eigentumsfreiheit (→ § 36) sowie durch die im Vertrag über die Arbeitsweise der EU (AEUV) niedergelegten Grundfreiheiten und Wettbewerbsregeln geprägte EU-Wirtschaftsverfassung[18] – als eine überaus bedeutsame Teilverfassung der mit dem Völkerrecht und den verschiedenen Verfassungsordnungen der EU-Mitgliedstaaten in vielschichtiger Weise normativ verklammerten Unionsverfassung einzuordnen ist, blickt auf eine recht lange Entstehungs- und Entwicklungsgeschichte zurück, die sich zunächst einmal als ein in den vergangenen Jahrzehnten schrittweise erfolgtes *Greening* der damaligen Gründungsverträge der E(W)G und der EU bis hin zum Inkrafttreten des Lissabonner Reformvertrags (→ Rn. 2) beschreiben lässt. Den maßgeblichen Beginn dieser Entwicklung markiert die am 1.7.1987 in Kraft getretene **Einheitliche Europäische Akte**[19], auch wenn sich die ersten Ansätze einer gemeinschaftlichen Umweltpolitik, die ursprünglich zunächst einmal primär der Beseitigung von Wettbewerbsverzerrungen im europäischen Binnenmarkt diente und seinerzeit vornehmlich durch die damals geltenden Art. 100 und 235 EWGV (heute Art. 115 und 352 AEUV) ermöglicht wurde, bereits auf die 1970er Jahre zurückdatieren lassen. Die Einheitliche Europäische Akte hat unter anderem für die **erstmalige Einfügung eines spezifischen Umweltkapitels in den Gründungsvertrag der damaligen EWG** gesorgt[20] und damit eine genuine Umweltpolitik der EG ohne unmittelbare wirtschaftliche Bezüge ermöglicht, nachdem der EuGH bereits in einer vielbeachteten Entscheidung aus dem Jahre 1985 in spezieller Ansehung des damaligen EWG-Vertrags bestätigt hatte, dass der Umweltschutz trotz eines zu diesem Zeitpunkt noch zu konstatierenden Mangels an einer ausdrücklichen Zuweisung umweltpolitischer Kompetenzen an die EWG als ein „wesentliches" Ziel dieser Gemeinschaft anzusehen ist[21].

---

[17] Zu der bereits seit geraumer Zeit recht geläufigen „umweltverfassungsrechtlichen" Einordnung umwelt(schutz)bezogener Regelungen des primären Gemeinschafts- bzw. Unionsrechts vgl. nur *Krämer* in Reich/Heine-Mernik, Umweltverfassung und nachhaltige Entwicklung in der Europäischen Union, 1997, S. 11 ff.; *Nowak* in Bruha/Hesse/Nowak, Welche Verfassung für Europa?, S. 215 ff.; *Nowak* NuR 2015, 306 ff.; *Nowak* NuR 2015, 375 ff.; *Rengeling* in Ipsen/Rengeling/Mössner/Weber, Verfassungsrecht im Wandel, 1995, S. 469 ff.; *Scheuing* EuR 2002, 619 ff.
[18] Näher dazu vgl. jeweils mwN *Nowak* EuR Beih. 1/2009, 129 ff.; *Nowak* EuR Beih. 2/2011, 21 ff.
[19] Einheitliche Europäische Akte v. 28.2.1986, BGBl. 1986 II 1102; näher dazu vgl. *Glaesner* EuR 1986, 119 ff.
[20] Vgl. Art. 130r–130t EWGV. Zur enormen umweltrechtlichen u. -politischen Bedeutung dieser damaligen Neuerung vgl. etwa *Beyer* JuS 1990, 962 ff.; *Grabitz/Zacker* NVwZ 1989, 297 ff.; *Krämer* in Rengeling, Europäisches Umweltrecht und europäische Umweltpolitik, 1988, S. 137 ff.; *Montag* RIW 1987, 935 ff.; *Scheuing* EuR 1989, 152 ff.; *Vandermeersch* ELR 12 (1987), 407 ff.; *Vorwerk*, Die umweltpolitischen Kompetenzen der Europäischen Gemeinschaft und ihrer Mitgliedstaaten nach Inkrafttreten der EEA, 1990, passim.
[21] Vgl. EuGH 240/83, Slg. 1985, 531 Rn. 13 – ADBHU; später für die EWG und/oder die EG ua bestätigt in EuGH 302/86, Slg. 1988, 4607 Rn. 8 – Kommission/Dänemark; EuGH C-195/90, Slg. 1992, I-3141 Rn. 29 – Kommission/Deutschland; EuGH C-213/96, Slg. 1998, I-1777 Rn. 32 – Outokumpu; EuGH

§ 63   13. Abschnitt: Grundrechtsgehalte besonderer Schutzaufträge

6   Im Anschluss an die durch die Einheitliche Europäische Akte vorgenommene Einfügung eines spezifischen Umweltkapitels in den Gründungsvertrag der damaligen EWG (→ Rn. 5) haben sodann die durch den am 1.11.1993 in Kraft getretenen **Maastrichter Vertrag über die Europäische Union**[22] herbeigeführten Vertragsänderungen für eine deutliche Aufwertung des Umweltschutzes gesorgt.[23] Diese Aufwertung manifestiert sich zum einen darin, dass der Maastrichter Unionsvertrag das Ziel der „Stärkung [...] des Umweltschutzes" in die damalige Ursprungsfassung der EUV-Präambel integriert und darüber hinaus dafür gesorgt hat, dass die damaligen EG-vertraglichen Ziel- und Aufgabenkataloge (Art. 2 und 3 EGV) mit ökologischen Inhalten und Aussagegehalten angereichert wurden. Zum anderen hat der Maastrichter Unionsvertrag die durch die Einheitliche Europäische Akte in Art. 130r Abs. 2 S. 2 EWGV eingefügte Querschnittsklausel verändert, wonach die „Erfordernisse des Umweltschutzes" seinerzeit einen „Bestandteil der anderen Politiken der Gemeinschaft" bildeten.[24] Nach der Maastrichter Neufassung dieser fortan in Art. 130r Abs. 3 S. 3 EGV niedergelegten umweltrechtlichen Querschnittsklausel mussten die Erfordernisse des Umweltschutzes nunmehr sogar „bei der Festlegung und Durchführung anderer Gemeinschaftspolitiken einbezogen werden". Die hier angesprochene Verpflichtung des damaligen Gemeinschaftsgesetzgebers, die Erfordernisse des Umweltschutzes durchgängig und aktiv in seine Rechtsetzungstätigkeit einzubeziehen, stellte gegenüber der eher statisch bzw. feststellend formulierten Vorgängerregelung eine deutliche Aufwertung bzw. **Verschärfung der umweltrechtlichen Querschnittsklausel** dar[25], auch wenn sie durch die mit dem Maastrichter Vertrag ebenfalls herbeigeführte Einfügung weiterer gesundheits- und kulturpolitischer Querschnittsklauseln in den EG-Vertrag[26] ihre bis dato festzustellende Einzigartigkeit eingebüßt hat.

7   Für eine über den Maastrichter Unionsvertrag weit hinausgehende Aufwertung des Umweltschutzes hat in der Folge der am 1.5.1999 in Kraft getretene **Änderungsvertrag von Amsterdam**[27] gesorgt.[28] Diesbezüglich ist zunächst einmal daran zu erinnern, dass der zuvor in Art. 130r Abs. 3 S. 3 EGV niedergelegten umweltrechtlichen Querschnittsklausel (→ Rn. 6) durch diesen Änderungsvertrag ein sehr viel prominenterer Platz im EG-Vertrag zugewiesen worden ist, indem sie – anders als die meisten anderen vertraglichen Querschnittsklauseln[29] mit Ausnahme der seinerzeit in Art. 3 Abs. 2 EGV platzierten Querschnittsklausel betreffend die Förderung der Gleichstellung von Männern und Frauen – in den damaligen Grundsatzteil des EG-Vertrags integriert und bei dieser Gelegenheit erstmals auch mit dem **Konzept der nachhaltigen Entwicklung** verbunden wurde, das durch den Amsterdamer Vertrag zugleich eine erstmalige Erwähnung in der durch diesen Änderungsvertrag leicht modifizierten EUV-Präambel gefunden hat. Nach der fortan also in Art. 6 EGV enthaltenen Neufassung der umweltrechtlichen Querschnittsklausel[30] mussten die Erfordernisse des Umweltschutzes nunmehr bei der Festlegung und Durchführung aller

---

C-284/95, Slg. 1998, I-4301 Rn. 64 – Safety Hi-Tech; EuGH C-176/03, Slg. 2005, I-7879 Rn. 41 – Kommission/Rat; EuGH C-320/03, Slg. 2005, I-9871 Rn. 72 – Kommission/Österreich.
[22] ABl. 1992 C 191, 1 ff.
[23] Näher dazu vgl. auch *Breier* NuR 1993, 458 ff.; *Epiney/Furrer* EuR 1992, 369 (387).
[24] Näher zur damaligen Ursprungsfassung dieser Klausel vgl. *Breier* NuR 1992, 174 ff.; *Jahns-Böhm/Breier* EuZW 1992, 49 ff.; *Zils*, Die Wertigkeit des Umweltschutzes in Beziehung zu anderen Aufgaben der Europäischen Gemeinschaft – Untersuchungen zur Anwendung der Querschnittsklausel Art. 130r Abs. 2 Satz 2 EWG im Gemeinschaftsrecht, 1994, S. 1 ff.
[25] Näher dazu vgl. *Breuer* S. 46 ff.; *Epiney/Furrer* EuR 1992, 369 (387); *Kahl* S. 59.
[26] Vgl. Art. 151 Abs. 4 EGV u. Art. 152 Abs. 1 S. 1 EGV (ex-Art. 128 Abs. 4 EWGV u. ex-Art. 129 Abs. 1 S. 3 EWGV).
[27] Vertrag von Amsterdam zur Änderung des Vertrages über die Europäische Union, der Verträge zur Gründung der Europäischen Gemeinschaften sowie einiger damit zusammenhängender Rechtsakte, ABl. 1997 C 340, 1 ff.
[28] Ausführlicher zur Aufwertung des Umweltschutzes durch den Amsterdamer Vertrag vgl. etwa *Schrader* UPR 1999, 201 ff.; *Schröder* NuR 1998, 1 ff.
[29] Vgl. insbes. Art. 151 Abs. 4, Art. 152 Abs. 1, Art. 153 Abs. 2 u. Art. 157 Abs. 3 EGV.
[30] Näher zu dieser damaligen Neufassung vgl. *Calliess* DVBl 1998, 559 ff.

anderen in Art. 3 EGV genannten Gemeinschaftspolitiken und -maßnahmen insbesondere zur Förderung einer nachhaltigen Entwicklung einbezogen werden. Dieser in Art. 6 EGV angesprochene Nachhaltigkeitsgrundsatz hat im Zuge der Amsterdamer Vertragsänderungen zugleich Eingang in Art. 2 EGV gefunden, der sich fortan auch zu einem hohen Maß an Umweltschutz und zur Verbesserung der Umweltqualität bekannte. Dieses beispielsweise auch in der Präambel des WTO-Abkommens angesprochene[31] Konzept der „nachhaltigen Entwicklung" bzw. des *sustainable development* stellt nicht nur ein außerordentlich wichtiges und dabei auf eine recht lange Entwicklungsgeschichte zurückblickendes politisches, rechtliches und ökonomisches Leitbild, Prinzip und/oder Theoriegebilde dar[32], das auf diverse internationale Impulse – namentlich auf den „Brundtland"-Bericht der Weltkommission für Umwelt und Entwicklung aus dem Jahre 1987, die Rio-Deklaration und die damit eng verbundene Agenda 21 aus dem Jahre 1992 – zurückgeht. Vielmehr handelt es sich hierbei auch um einen weit über ein heute beinahe inflationäre Verwendung findendes Modewort hinausgehenden Rechtsbegriff, um eine rechtliche Gestaltungsaufgabe und Ordnungsidee sowie um einen sowohl das internationale Umweltrecht als auch das Umweltverfassungsrecht der EU prägenden Grundsatz, der mit seinen vielfältigen Ausstrahlungen in unzählige Rechtsgebiete im Wesentlichen sicherstellen soll, dass der Umweltschutz bzw. ökologische Belange mit ökonomischen und sozialen Entwicklungsinteressen der Gegenwart in Einklang gebracht wird, ohne dass künftigen Generationen die Fähigkeit zur Befriedigung ihrer Bedürfnisse genommen wird.[33]

Der am 1.2.2003 in Kraft getretene **Änderungsvertrag von Nizza**[34] hat zwar das damalige Gemeinschafts- und Unionsrecht in vielfältiger Weise verändert[35]; das oben skizzierte Koordinatensystem der seinerzeit geltenden EG-/EU-Umweltverfassung ist mit Ausnahme einer im vorliegenden Zusammenhang eher nebensächlichen Modifikation des damaligen Art. 175 Abs. 2 UAbs. 1 EGV[36] durch diesen Vertrag indes nicht verändert worden. Insofern gehörten zu den Kernbestandteilen dieser Umweltverfassung bis zum Inkrafttreten des nachfolgend etwas näher in den Blick zu nehmenden Lissabonner Reformvertrags (→ Rn. 9 ff.) die umweltrechtliche Querschnittsklausel des Art. 6 EGV idF von Nizza und die durch die Art. 174–176 EGV idF von Nizza konkretisierte Politik auf dem Gebiet der Umwelt, die nach Art. 3 Abs. 1 lit. l EGV idF von Nizza wiederum als ein

8

---

[31] Näher dazu sowie zu sonstigen umweltrelevanten Bestimmungen des WTO-Rechts vgl. *Cottier/Tuerk/Panizzon* ZuR Sonderheft 2013, 155 ff.; *Epiney* DVBl 2000, 77 ff.; *Puth* in Hilf/Oeter, WTO-Recht: Rechtsordnung des Welthandels, 2. Aufl. 2010, § 25 Rn. 1 ff.; *Thiedemann*, WTO und Umwelt – Die Auslegung des Art. XX GATT in der Praxis der GATT/WTO-Streitbeilegungsorgane, 2005, S. 3 ff.; *Trachtman* HILJ 58 (2017), 273 ff.; *Trüeb*, Umweltrecht in der WTO: Staatliche Regulierungen im Kontext des internationalen Handelsrechts, 2001, S. 21 ff.

[32] Ausführlich zum Ganzen vgl. jeweils mwN *Acker-Widmaier,* Intertemporale Gerechtigkeit und nachhaltiges Wirtschaften – zur normativen Begründung eines Leitbildes, 1999, S. 54 ff.; *Ekardt*, Theorie der Nachhaltigkeit – Rechtliche, ethische und politische Zugänge – am Beispiel von Klimawandel, Ressourcenknappheit und Welthandel, 2011, S. 17 ff.; *Gehne*, Nachhaltige Entwicklung als Rechtsprinzip – Normativer Aussagegehalt, rechtstheoretische Einordnung, Funktionen im Recht, 2011, S. 11 ff.; *Gruber* in Mitschele/Scharff, Werkbegriff Nachhaltigkeit – Resonanzen eines Leitbildes, 2013, S. 13 ff.; *Michelsen/Adomßent* in Heinrichs/Michelsen, Nachhaltigkeitswissenschaften, 2014, S. 3 ff.; *Radke,* Nachhaltige Entwicklung – Konzept und Indikatoren aus wirtschaftstheoretischer Sicht, 1999, S. 8 ff.; *Rogall*, Nachhaltige Ökonomie – Ökonomische Theorie und Praxis einer Nachhaltigen Entwicklung, 2009, S. 29 ff.

[33] Ausführlich dazu vgl. jeweils mwN die zahlreichen Beiträge in *Kahl,* Nachhaltigkeit als Verbundbegriff, 2008; und in *Lange,* Nachhaltigkeit im Recht – Eine Annäherung, 2003; sowie *Epiney* in Lang/Hohmann/Epiney, Das Konzept der Nachhaltigen Entwicklung – Völker- und europarechtliche Aspekte, 1999, S. 43 ff.; *Frenz/Unnerstall*, Nachhaltige Entwicklung im Europarecht – Theoretische Grundlagen und rechtliche Ausformung, 1999, S. 13 ff.; *Heins*, Die Rolle des Staates für eine nachhaltige Entwicklung der Industriegesellschaft, 1997, S. 14 ff.; *Kotzur* JöR 57 (2009), 503 ff.; *Menges/Traub* ZSR 2012, 343 ff.; *Schröder* AVR 34 (1996), 251 ff.; *Streinz* DV 1998, 449 ff.; *Wagner* EurUP 2016, 121 ff.

[34] Vertrag von Nizza zur Änderung des Vertrags über die Europäische Union, der Verträge zur Gründung der Europäischen Gemeinschaften sowie einiger damit zusammenhängender Rechtsakte, ABl. 2001 C 80, 1 ff.

[35] Mit guten Überblicken dazu vgl. etwa *Borchmann* EuZW 2001, 170 ff.; *Epiney/Abt/Mosters* DVBl 2001, 941 ff.; *Hatje* EuR 2001, 163 ff.; *Pache/Schorkopf* NJW 2001, 1377 ff.; *Wessels* integration 2001, 8 ff.

[36] Näher dazu vgl. *Calliess* ZUR Sonderheft 2003, 129 ff.

§ 63

maßgebliches Instrument zur Erreichung der seinerzeit in Art. 2 EGV idF von Nizza angesprochenen Ziele in Gestalt der Förderung eines hohen Maßes an Umweltschutz und der Verbesserung der Umweltqualität einzustufen war.

II. Koordinatensystem und primärrechtliche Kernbestandteile der EU-Umweltverfassung seit dem Inkrafttreten des Lissabonner Reformvertrags

9 Da sich das Koordinatensystem der unionalen Umweltverfassung idF von Nizza (→ Rn. 8) grundsätzlich bewährt hat, vermag es kaum zu überraschen, dass der am 1.12.2009 in Kraft getretene Lissabonner Reformvertrag (→ Rn. 2) die supranationale Umweltverfassung der EU in weitgehender Übereinstimmung mit dem „gescheiterten" Vertrag über eine Verfassung für Europa aus dem Jahre 2004[37] nur in recht begrenzter Weise modifiziert hat. Besonders hervorzuheben ist in diesem Kontext zum einen, dass die tradierte Ziel/Mittel-Relation zwischen dem Umweltschutz als eines von vielen Verfassungszielen der EU (→ Rn. 10 f.) auf der einen Seite und der nunmehr in Art. 11 AEUV niedergelegten umweltrechtlichen Integrations- und Querschnittsklausel (→ Rn. 12 ff.) auf der anderen Seite unangetastet geblieben ist. Neu ist in diesem Zusammenhang eigentlich nur die durch den Lissabonner Reformvertrag herbeigeführte Rechtsverbindlichkeit des Art. 37 GRC, der das in Art. 3 Abs. 3 UAbs. 1 S. 2 EUV niedergelegte Verfassungsziel in Gestalt eines hohen Maßes an Umweltschutz und einer Verbesserung der Umweltqualität mit der umweltrechtlichen Integrations- und Querschnittsklausel des Art. 11 AEUV in gewisser Weise synthetisiert (→ Rn. 15 f.). Zum anderen ist an dieser Stelle hervorzuheben, dass die für den Bereich der binnenmarktbezogenen Rechtsangleichung in Art. 114 Abs. 3–5 AEUV geregelten Sonderregelungen umweltschützender Art inhaltlich unverändert geblieben sind (→ Rn. 17 f.) und dass sich das hier zum Vorschein kommende hohe Maß an umweltverfassungsrechtlicher Besitzstandswahrung im Großen und Ganzen auch im Hinblick auf die in den Art. 191–193 AEUV enthaltenen Regelungen zur genuinen Umweltpolitik der EU feststellen lässt (→ Rn. 19 f.), die seit dem Inkrafttreten des Lissabonner Reformvertrags einige neue Fragen hinsichtlich ihres genauen Verhältnisses zu der in Art. 194 AEUV geregelten EU-Energiepolitik aufwirft (→ Rn. 21 f.).

10 **1. EU-vertragliche Zielbestimmungen umweltverfassungsrechtlicher Art.** Eine erste explizite Erwähnung findet der Umweltschutz im geltenden Unionsrecht zunächst einmal in der unter anderem für die Auslegung aller nachfolgenden Vertragsbestimmungen heranziehbaren **Präambel des EU-Vertrags**[38], in der die Vertragsparteien im Sinne einer unionsverfassungsrechtlichen Zielbestimmung unter anderem ihren festen Willen zur Stärkung des Umweltschutzes bekunden und an gleicher Stelle den Grundsatz der nachhaltigen Entwicklung (→ Rn. 7) hervorheben.[39] Rechtlich noch bedeutsamer ist sodann die weitere Erwähnung des Umweltschutzes im neuen **Zielkatalog des Art. 3 EUV,** der nunmehr verschiedenste Zielsetzungen in sich vereinigt, die früher in mehreren verschiedenen Zielkatalogen des damaligen EG-Vertrags und des EU-Vertrags jeweils idF von Nizza aufgehoben waren. Dem nunmehr in Art. 3 Abs. 3 UAbs. 1 S. 2 EUV angesprochenen Ziel der wettbewerbsfähigen sozialen Marktwirtschaft ist zwar nicht das Adjektiv *ökologisch* hinzugefügt worden. Nach Art. 3 Abs. 3 UAbs. 1 S. 2 EUV wirkt die Union jedoch auf ein hohes Maß an Umweltschutz und auf die Verbesserung der Umweltqualität hin. Dies entspricht weitgehend der Vorgängerregelung des Art. 2 EGV idF von Nizza, die seinerzeit allerdings nicht auf die EU, sondern allein auf die durch den Lissabonner Reformvertrag

---

[37] Zum umweltverfassungsrechtlichen Profil dieses Verfassungsvertrags vgl. *Beyer* JEEPL 2004, 143 ff.; *Bungenberg* EuR Beih. 3/2004, 57 (72 ff.); näher zum Scheitern dieses Vertrags vgl. *Nowak*, Europarecht, S. 62 ff.
[38] Zur allgemein anerkannten Möglichkeit, die EUV-Präambel mit zahlreichen Erwägungsgründen bei Bedarf für die – insbesondere historische und teleologische – Auslegung aller nachfolgenden Vertragsartikel heranzuziehen, vgl. mwN *Nowak* in FK-EUV/GRC/AEUV EUV Präambel Rn. 24.
[39] Vgl. den 9. Erwägungsgrund dieser EUV-Präambel; näher dazu *Nowak* in FK-EUV/GRC/AEUV EUV Präambel Rn. 18.

beseitigte EG bezogen war. Bei der in Art. 3 Abs. 3 UAbs. 1 S. 2 EUV angesprochenen **Hinwirkung der Union auf ein hohes Maß an Umweltschutz und auf die Verbesserung der Umweltqualität** handelt es sich nicht um einen unverbindlichen Programmsatz[40], sondern vielmehr um ein rechtsverbindliches Verfassungsziel der EU[41], das durchaus rechtliche Wirkungen zu entfalten vermag. Diese rechtlichen Wirkungen dürfen zwar nicht überschätzt werden, weil die in Art. 3 EUV niedergelegten Verfassungsziele nicht kompetenzbegründend sind[42], keine konkreten Handlungsanweisungen enthalten[43] und darüber hinaus weder Pflichten der Mitgliedstaaten noch subjektive Individualrechte begründen[44]. Gleichwohl dürfen die rechtlichen Wirkungen dieser Verfassungsziele auch nicht unterschätzt werden, weil sie für die Auslegung zahlreicher Normen des primären und sekundären Unionsrechts herangezogen werden können und darüber hinaus eine ermessenslenkende bzw. -steuernde Wirkung in solchen Bereichen entfalten können, in denen der Union bzw. ihren Organen, Einrichtungen und/oder sonstigen Stellen bestimmte Ermessensspielräume eröffnet werden.[45]

Die vorgenannten Wirkungen sind im umweltverfassungsrechtlichen Kontext nicht nur **11** der Zielbestimmung des Art. 3 Abs. 3 UAbs. 1 S. 2 EUV, sondern auch dem Regelungsgehalt des Art. 3 Abs. 5 S. 2 EUV zuzusprechen, der dem Umweltschutz eine internationale Dimension insoweit verleiht, als die Union nach dieser zusätzlichen Zielbestimmung unter anderem auch einen **Beitrag zu globaler nachhaltiger Entwicklung** leisten soll bzw. zu leisten hat. Konkretisiert wird diese das auswärtige Handeln der EU betreffende Zielvorgabe insbesondere durch Art. 21 Abs. 2 lit. d und f EUV, wonach sich die Union im Rahmen ihres auswärtigen Handelns – also beispielsweise auf den Gebieten der gemeinsamen Handelspolitik, der Entwicklungszusammenarbeit und der Europäischen Nachbarschaftspolitik – für ein hohes Maß an Zusammenarbeit auf allen Gebieten der internationalen Beziehungen einsetzt, um die nachhaltige Entwicklung in Bezug auf Wirtschaft, Gesellschaft und Umwelt in den Entwicklungsländern zu fördern und um im Interesse des *sustainable development* zur Entwicklung von internationalen Maßnahmen zur Erhaltung und Verbesserung der Qualität der Umwelt und der nachhaltigen Bewirtschaftung der weltweiten natürlichen Ressourcen beizutragen. Zusätzlich bekräftigt wird diese **internationale Dimension des europäischen Umweltschutzes** schließlich durch die beispielsweise in Art. 205 AEUV, Art. 208 Abs. 1 S. 1 AEUV und Art. 214 Abs. 1 S. 1 AEUV enthaltenen Verweise auf die in Titel V Kapitel 1 des EU-Vertrags angesprochenen Ziele und Grundsätze, zu denen eben auch die in Art. 21 Abs. 2 lit. d und f EUV niedergelegten Zielvorgaben ökologischer Art gehören.

2. Die umweltrechtliche Querschnitts- und Integrationsklausel des Art. 11 AEUV. **12**
Mit Blick auf die vorgenannten Zielbestimmungen insbesondere der in Art. 3 Abs. 3 UAbs. 1 S. 2 EUV, Art. 3 Abs. 5 S. 2 EUV, Art. 21 Abs. 2 lit. d EUV und Art. 21 Abs. 2 lit. f EUV geregelten Art (→ Rn. 10 f.) steht zwar außer Frage, dass der Umweltschutz einschließlich des Konzepts der nachhaltigen Entwicklung nach wie vor als ein wichtiges Verfassungsziel der EU von fundamentaler Bedeutung einzuordnen ist. Auf Grund der begrenzten Justiziabilität dieser primär die Auslegung und Anwendung einiger anderer Bestimmungen des primären und sekundären Unionsrechts steuernden umweltverfassungs-

---

[40] Zutr. *Geiger* in Geiger/Khan/Kotzur EUV Art. 3 Rn. 2; *Pechstein* in Streinz EUV Art. 3 Rn. 3; *Terhechte* in GHN EUV Art. 3 Rn. 28.
[41] Zur allgemein angenommen Rechtsverbindlichkeit der in Art. 3 EUV niedergelegten Verfassungsziele vgl. auch statt vieler *Müller-Graff* in FK-EUV/GRC/AEUV AEUV Art. 3 Rn. 46 ff.; *Pechstein* in Streinz EUV Art. 3 Rn. 3.
[42] Vgl. nur *Heintschel v. Heinegg* in HK-UnionsR EUV Art. 3 Rn. 3; *Müller-Graff* in FK-EUV/GRC/AEUV AEUV Art. 3 Rn. 2; *Ruffert* in Calliess/Ruffert EUV Art. 3 Rn. 8; *Terhechte* in GHN EUV Art. 3 Rn. 8.
[43] Zutr. vgl. statt vieler *Geiger* in Geiger/Khan/Kotzur EUV Art. 3 Rn. 2.
[44] Zutr. vgl. statt vieler *Müller-Graff* in FK-EUV/GRC/AEUV AEUV Art. 3 Rn. 2; *Pechstein* in Streinz EUV Art. 3 Rn. 4.
[45] Ausführlicher zu diesen beiden Funktion vgl. mwN *Müller-Graff* in FK-EUV/GRC/AEUV AEUV Art. 3 Rn. 49 ff.

rechtlichen Zielbestimmungen bedarf es jedoch weiterer vertraglicher Konkretisierungen und/oder Instrumente, damit den vorgenannten Verfassungszielen ökologischer Art vor allem eine noch stärkere rechtliche Durchschlagskraft verliehen werden kann. Diesem speziellen Zweck dient zunächst einmal die seit dem Inkrafttreten des Lissabonner Reformvertrags (→ Rn. 2) in Art. 11 AEUV niedergelegte umweltrechtliche Integrations- und Querschnittsklausel, die ein **bedeutsames Instrument zur Verwirklichung der umweltschützenden bzw. ökologischen Verfassungsziele der EU** darstellt. Diese Bestimmung ordnet in einer gegenüber der Vorgängerregelung des Art. 6 EGV idF von Nizza (→ Rn. 7f.) leicht geglätteten und in einer der in Art. 1 Abs. 3 S. 2 EUV enthaltenen Rechtsnachfolgeregelung Rechnung tragenden Weise an, dass die Erfordernisse des Umweltschutzes bei der Festlegung und Durchführung der Unionspolitiken und -maßnahmen insbesondere zur Förderung einer nachhaltigen Entwicklung einbezogen werden müssen.

13 Im damaligen EG-Vertrag befand sich die umweltrechtliche Integrations- bzw. Querschnittsklausel noch im Grundsatzteil (→ Rn. 7), während diverse andere Querschnittsklauseln etwa beschäftigungs-, kultur-, gesundheits- und verbraucherschutzrechtlicher Art weit weniger prominente Plätze in diesem Vertrag einnahmen.[46] Diese Sonderstellung hat die umweltrechtliche Integrations- und/oder Querschnittsklausel durch den Lissabonner Reformvertrag zwar insoweit eingebüßt, als sie im Vertrag über die Arbeitsweise der EU nunmehr sehr viel enger an andere unionsrechtliche Querschnittsklauseln[47] herangerückt und dabei auch noch nicht einmal an vorderster Stelle platziert worden ist. Der im einschlägigen Schrifttum gelegentlich prognostizierten Gefahr, dass der Umweltschutz durch die hiermit möglicherweise intendierte Aufwertung aller nicht-umweltrechtlichen Querschnittsklauseln etwas an Bedeutung verlieren könnte[48], wird jedoch dadurch entgegengewirkt, dass die **unionsverfassungsrechtliche Verpflichtung zur bereichsübergreifenden Berücksichtigung von Umweltschutzbelangen** in Art. 11 AEUV sehr viel schärfer und dringlicher bzw. „zupackender" formuliert worden ist als die in den anderen vertraglichen Querschnittsklauseln geregelten Verpflichtungen zur bereichsübergreifenden Beachtung sonstiger wichtiger Allgemeinwohlbelange. Insofern vermag es auch nicht zu überraschen, dass es gerade Umweltschutzbelange sind, die **in zahlreichen Referenz- oder Teilgebieten des Unionsrechts** tatsächlich und dabei zum Teil sogar in zunehmender Weise berücksichtigt werden. Letzteres kommt in besonders anschaulicher Weise in der jüngeren EuGH-Rechtsprechung zur Warenverkehrsfreiheit[49] sowie im EU-Kartellrecht[50], im EU-Beihilfenrecht[51], im gleichermaßen grundfreiheitliche und wettbewerbsrechtliche

---

[46] Vgl. Art. 127 Abs. 2 EGV idF von Nizza (Beschäftigungspolitik); Art. 151 Abs. 4 EGV idF von Nizza (Kulturpolitik); Art. 152 Abs. 1 EGV idF von Nizza (Gesundheitspolitik); Art. 153 Abs. 2 EGV idF von Nizza (Verbraucherpolitik).

[47] Vgl. Art. 8 AEUV (Gleichstellung von Männern und Frauen); Art. 9 AEUV (Förderung eines hohen Beschäftigungsniveaus, Gewährleistung eines angemessenen sozialen Schutzes, Bekämpfung der sozialen Ausgrenzung, hohes Niveau der allgemeinen und beruflichen Bildung sowie Gesundheitsschutz); Art. 10 AEUV (Bekämpfung von Diskriminierungen verschiedener Art); Art. 12 AEUV (Verbraucherschutz); Art. 13 AEUV (Wohlergehen der Tiere als „fühlende Wesen").

[48] Vgl. *Bungenberg* in Fastenrath/Nowak S. 205 (211 f.); dies nicht befürchtend vgl. etwa *Pahl* in Pernice, Der Vertrag von Lissabon: Reform der EU ohne Verfassung?, 2008, S. 205 (206); *Calliess* in Calliess/Ruffert AEUV Art. 11 Rn. 4.

[49] Instruktiv dazu vgl. insbes. EuGH C-379/98, Slg. 2001, I-2099 ff. – PreussenElektra; EuGH C-28/09, Slg. 2011, I-13525 ff. – Kommission/Österreich; EuGH C-573/12, ECLI:EU:C:2014:2037 – Ålands Vindkraft, jeweils mAnm *Gundel* RdE 2014, 387 f.; *Ludwigs* EuZW 2014, 627 f., und *Szydło* CMLR 52 (2015), 489 ff.; näher zu dieser Rechtsprechung vgl. *Brückmann/Steinbach* EnWZ 2014, 346 ff.; *Grabmayr/Kahles* RdE 2014, 183 ff.; *Nowak* VerwArch 2002, 368 ff.; *Pechstein* in Nowak, Konsolidierung und Entwicklungsperspektiven des Europäischen Umweltrechts, S. 87 ff.

[50] Näher dazu vgl. etwa *Breuer* S. 320 ff.; *Frenz* in Nowak, Konsolidierung und Entwicklungsperspektiven des Europäischen Umweltrechts, S. 104 ff.; *Lübbig* WuW 2012, 1142 ff.

[51] Näher dazu vgl. etwa *Ekardt* in Nowak, Konsolidierung und Entwicklungsperspektiven des Europäischen Umweltrechts, 2015, S. 134 ff.; *Nowak* in Immenga/Mestmäcker AGVO Art. 36 Rn. 1 ff.; *Schütt* ZNER 2012, 133 ff.

Dimensionen aufweisenden EU-Vergaberecht[52] sowie in der bereits seit geraumer Zeit einem dynamisch voranschreitenden *Greening* unterliegenden Gemeinsamen Agrarpolitik der EU[53] zum Vorschein. Mehr oder weniger starke Berücksichtigung finden die in Art. 11 AEUV angesprochenen Erfordernisse oder Belange des Umweltschutzes einschließlich des Klimaschutzes darüber hinaus in der EU-Fischereipolitik[54], in der EU-Verkehrspolitik[55], im raumordnungs- und raumplanungsrechtlichen Kontext[56], im facettenreichen EU-Außenwirtschaftsrecht[57] sowie im Rahmen der Europäischen Nachbarschaftspolitik[58] und der EU-Entwicklungszusammenarbeit[59], um nur einige weitere der in diesem Zusammenhang relevanten Referenzgebiete zu nennen.

Im Hinblick auf die Rechtsqualität und die rechtlichen Wirkungen des Art. 11 AEUV besteht im einschlägigen Schrifttum nach wie vor nur ein partieller Konsens. Weitgehende Einigkeit herrscht heute zwar darin, dass es sich bei dieser Bestimmung nicht lediglich um einen politischen Programmsatz, sondern vielmehr um eine auf die umweltschutzfreundliche Auslegung des gesamten Unionsrechts drängende und zugleich ermessenslenkende Norm handelt, die die Organe, Einrichtungen und sonstigen Stellen der EU sowie die EU-Mitgliedstaaten in allen vertraglich geregelten Tätigkeitsbereichen im Interesse der Förderung einer nachhaltigen Entwicklung zur – auch einige prozedurale Vorgaben etwa in Gestalt bestimmter institutioneller Vorkehrungen einschließenden[60] – Einbeziehung der insbesondere durch Art. 191 AEUV (→ Rn. 19 f.) konkretisierten Erfordernisse des Umweltschutzes verpflichtet und insoweit auch – anders als die oben angesprochenen Zielbestimmungen (→ Rn. 10 f.) – voll justiziabel bzw. rechtlich verbindlich und partiell kompetenzerweiternd ist, wenngleich sie dem Einzelnen keine subjektiv-rechtliche Rechtsposition verleiht.[61] Umstritten ist jedoch nach wie vor für die genaue **Reichweite und der konkrete Umfang der in Art. 11 AEUV geregelten Verpflichtung zur Einbeziehung von Umweltschutzerfordernissen.** Diesbezüglich stehen sich nach wie vor zwei Literaturmeinungen gegenüber, die sich im Wesentlichen in der Beantwortung der Frage unterscheiden, ob Art. 11 AEUV im Sinne eines Optimierungsgebots oder lediglich im Sinne

14

---

52 Vgl. dazu insbes. EuGH C-513/99, Slg. 2002, I-7213 ff. – Concordia Bus Finland Oy; EuGH C-448/01, Slg. 2003, I-14527 – EVN ua; EuGH C-368/10, ECLI:EU:C:2012:284 – Kommission/Niederlande; sowie *Beckmann* NZBau 2004, 600 ff.; *Bungenberg/Nowak* ZUR 2003, 10 ff.; *Gaus* NZBau 2013, 401 ff.; *Heyne* ZUR 2011, 578 ff.; *Kühling* VerwArch 2004, 337 ff.; *Müller-Wrede* VergabeR 2012, 416 ff.; *Schneider* NVwZ 2009, 1057 ff.; *Steinberg* EuZW 2004, 76 ff.; *Wegener/Hahn* NZBau 2012, 684 ff.
53 Näher dazu vgl. etwa *Bodiguel* RUE 2014, 414 ff.; *Ferraris* ELR 43 (2018), 410 ff.; *Götz* JZ 2012, 53 ff.; *Herman* RUE 2014, 52 ff.; *Martinez* in Nowak, Konsolidierung und Entwicklungsperspektiven des Europäischen Umweltrechts, S. 190 ff.
54 Vgl. etwa *Kraus/Döring* ZUR 2013, 3 ff.; *Markus/Salomon* ZUR 2013, 19 ff.; *Weis/Busse* ZUR 2013, 10 ff.
55 Vgl. *Lübbig* in Nowak, Konsolidierung und Entwicklungsperspektiven des Europäischen Umweltrechts, S. 180 ff.
56 Vgl. etwa *Reese* VerwArch 2012, 399 ff.; *Schröder* in Nowak, Konsolidierung und Entwicklungsperspektiven des Europäischen Umweltrechts, S. 161 ff.; *Wagner* NuR 2019, 159 ff.
57 Näher dazu vgl. etwa *Bungenberg* in Nowak, Konsolidierung und Entwicklungsperspektiven des Europäischen Umweltrechts, S. 221 ff.; *Godt* ZUR 2014, 403 ff.; *Krajewski* ZUR 2014, 396 ff.; *Stoll/Krüger/Xu* ZUR 2014, 387 ff.
58 Vgl. *Herzog/Thieme* in Nowak, Konsolidierung und Entwicklungsperspektiven des Europäischen Umweltrechts, S. 266 ff.
59 Vgl. *Schmalenbach* in Nowak, Konsolidierung und Entwicklungsperspektiven des Europäischen Umweltrechts, S. 251 ff.
60 Näher dazu vgl. *Calliess* in Calliess/Ruffert AEUV Art. 11 Rn. 14 ff.; *Heselhaus* in FK-EUV/GRC/AEUV AEUV Art. 11 Rn. 19 ff.; *Kahl* in Streinz AEUV Art. 11 Rn. 38 ff.; *Nettesheim* in GHN AEUV Art. 11 Rn. 25 ff.
61 Zu diesen weitgehend konsensfähigen Rechtswirkungen vgl. etwa *Andrée*, Zielverpflichtende Gemeinwohlklauseln im AEU-Vertrag – Merkmale, Rechtswirkungen und kompetenzielle Bedeutung der sogenannten „Querschnittsklausel" in einer Europäischen Wertegemeinschaft, 2014, S. 41 ff. u. S. 123 ff.; *Breuer* S. 96 ff., S. 191 ff. u. S. 256 ff.; *Calliess* in Calliess/Ruffert AEUV Art. 11 Rn. 21 ff.; *Heselhaus* in FK-EUV/GRC/AEUV AEUV Art. 11 Rn. 29 ff.; *Käller* in Schwarze AEUV Art. 11 Rn. 18; *Kahl* in Streinz AEUV Art. 11 Rn. 27 ff.; *Kotzur* in Geiger/Khan/Kotzur AEUV Art. 11 Rn. 6 f.; *Nettesheim* in GHN AEUV Art. 11 Rn. 13 f. u. 28 ff.

eines weniger weitreichenden Berücksichtigungsgebots oder Integrationsprinzips zu verstehen ist. Die in Teilen des einschlägigen Schrifttums favorisierte Einordnung des Art. 11 AEUV als **Optimierungsgebot im Gewande eines imperativischen Handlungsauftrags**[62] manifestiert sich insbesondere in der These, dass die nach dieser Norm einzubeziehenden Umweltschutzerfordernisse als integrative Bestandteile anderer Unionspolitiken deren Inhalt im Ergebnis ersichtlich oder erkennbar mitprägen müssten und mit gegenläufigen Interessen zum Zwecke der Herstellung eines möglichst schonenden Ausgleichs bzw. praktischer Konkordanz abzuwägen seien.[63] Demgegenüber wird dem Art. 11 AEUV von anderer Seite lediglich eine **relative Steuerungswirkung** in dem Sinne zugesprochen, dass diese Norm weder determiniere, wie sich die von dieser Bestimmung verlangte Einbeziehung der Belange des Umweltschutzes konkret in einer zu treffenden Entscheidung niederzuschlagen hat[64], noch verlange, dass diese Belange den konkreten Inhalt einer solchen Entscheidung ersichtlich mitprägen[65]. Dieser Meinungsstreit, der durch die auf Art. 11 AEUV bezogene EuGH-Rechtsprechung bislang noch nicht beigelegt werden konnte, setzt sich in der Interpretation des nachfolgend anzusprechenden Regelungsgehalts des Art. 37 GRC (→ Rn. 15 f.) zwangsläufig fort.

15 **3. Regelungsgehalt, Grundsatzcharakter und umweltverfassungsrechtliche Bedeutung des Art. 37 GRC.** Die am 7.12.2000 feierlich proklamierte Charta der Grundrechte der EU (→ § 1 Rn. 73) hat in einer textlich leicht veränderten Natur erst mit dem am 1.12.2009 erfolgten Inkrafttreten des Lissabonner Reformvertrags Rechtsverbindlichkeit erlangt.[66] Diese vornehmlich durch Art. 6 Abs. 1 EUV dokumentierte Neuerung ist in umweltverfassungsrechtlicher Hinsicht insoweit relevant, als sich in dem nunmehr rechtsverbindlichen Art. 37 GRC eine inhaltlich etwas redundante Synthese der in Art. 3 Abs. 3 UAbs. 1 S. 2 EUV (→ Rn. 10 f.) und Art. 11 AEUV (→ Rn. 12 ff.) getroffenen Aussagen finden lässt, der zufolge ein hohes Umweltschutzniveau und die Verbesserung der Umweltqualität in die Politik der Union einbezogen und nach dem Grundsatz der nachhaltigen Entwicklung sichergestellt werden müssen. Mit dieser Neuerung, die als ein weiterer Schritt im Prozess der bereits seit einigen Jahrzehnten feststellbaren (zunehmenden) Ökologisierung des Primärrechts (→ Rn. 5 ff.) einzuordnen ist, wird nicht nur die überaus hohe Bedeutung des Umweltschutzes im Rahmen der geltenden Unionsrechtsordnung zusätzlich unterstrichen, sondern zugleich der Blick bzw. das allgemeine Bewusstsein dafür geschärft, dass dem Umweltschutz auch auf der supranationalen Ebene verschiedene **Grundrechtsdimensionen** zuzusprechen sind, die sich insbesondere in der Funktion **des Umweltschutzes** als Schranke anderer Unionsgrundrechte vornehmlich wirtschaftlicher Art und der grundrechtsähnlichen Grundfreiheiten (→ Rn. 25 ff.) sowie in der bereits seit vielen Jahren diskutierten Frage nach dem Sinn und Zweck der Schaffung bzw. Anerkennung eines echten (geschriebenen oder ungeschriebenen) EU-Umwelt(schutz)grundrechts eigenständiger Art (→ Rn. 34 ff.) abbilden.

16 Soweit Art. 37 GRC im einschlägigen Schrifttum zum Teil für „überflüssig aber unschädlich" gehalten[67] oder als „bedingt sinnvoll" bezeichnet wird[68], ist dem in einem recht

---

[62] In diesem Sinne vgl. etwa *Calliess* in Calliess/Ruffert AEUV Art. 11 Rn. 23 mwN.
[63] So vgl. etwa *Calliess* in Calliess/Ruffert AEUV Art. 11 Rn. 7 f.; *Heselhaus* in FK-EUV/GRC/AEUV AEUV Art. 11 Rn. 20; *Käller* in Schwarze AEUV Art. 11 Rn. 13; *Kahl* in Streinz AEUV Art. 11 Rn. 17 f.
[64] Vgl. *Nettesheim* in GHN AEUV Art. 11 Rn. 20.
[65] So vgl. *Nettesheim* in GHN AEUV Art. 11 Rn. 22; ähnlich iErg *Frenz*, HdbEuR Bd. 6, 2011, Kap. 15 § 7 Rn. 2378 ff.
[66] Näher dazu und zur Genese dieser Grundrechtecharta vgl. auch statt vieler und jeweils mwN *Calliess*, Die neue Europäische Union nach dem Vertrag von Lissabon – Ein Überblick über die Reformen unter Berücksichtigung ihrer Implikationen für das deutsche Recht, 2010, S. 308 ff.; *Nowak*, Europarecht, S. 134 ff.; sowie → § 1 Rn. 73 ff.
[67] So etwa von *Calliess* in Calliess/Ruffert AEUV Art. 11 Rn. 4; *Käller* in Schwarze AEUV Art. 11 Rn. 6.
[68] So etwa von *Epiney* in HK-UnionsR AEUV Art. 11 Rn. 4; noch etwas drastischer vgl. *Wegener* in von der Groeben/Schwarze/Hatje GRC Art. 37 Rn. 1, wonach es sich bei dieser Norm um „eine Art Etiketten-

weiten Umfang zuzustimmen, da Art. 37 GRC in erster Linie die Regelungsgehalte der in Art. 3 Abs. 3 UAbs. 1 S. 2 EUV niedergelegten Zielbestimmung (→ Rn. 10 f.) und der umweltrechtlichen Querschnittsklausel des Art. 11 AEUV (→ Rn. 12 ff.) synthetisiert[69] bzw. wiederholt und insoweit nicht über die Regelungsgehalte der beiden vorgenannten Normen hinausgeht. Dies beruht im Übrigen auch darauf, dass Art. 37 GRC, der im einschlägigen Schrifttum überwiegend als eine in der EU-Grundrechtecharta deplatziert wirkende „staatszielartige Bestimmung" eingestuft[70] bzw. als eine „(Unions-)Zielbestimmung" eingeordnet wird[71], die in funktioneller Hinsicht eine gewisse „Leistungsgewährleistung in der Variante der Schutzpflicht" einschließen soll[72], nach ganz vorherrschender und überzeugender Auffassung **kein unmittelbar einklagbares Umwelt- bzw. Umweltschutzgrundrecht eigenständiger Art** formuliert oder begründet[73], sondern vielmehr nur als eine objektiv-rechtliche „Grundsatz"-Bestimmung im Sinne des Art. 52 Abs. 5 GRC einzuordnen ist[74], die ausweislich dieser Norm „durch Akte der Gesetzgebung und der Ausführung der Organe, Einrichtungen und sonstigen Stellen der Union sowie durch Akte der Mitgliedstaaten zur Durchführung des Rechts der Union in Ausübung ihrer jeweiligen Zuständigkeiten umgesetzt werden" und „vor Gericht nur bei der Auslegung dieser Akte und bei Entscheidungen über deren Rechtmäßigkeit herangezogen werden [kann]".[75] Gleichwohl darf bei aller Kritik an Art. 37 GRC nicht außer Acht gelassen werden, dass diese Charta-Bestimmung immerhin das Bewusstsein über die zwischen dem Grundrechtsschutz und dem Umweltschutz bestehenden Verbindungslinien schärft (→ Rn. 2), die sich insbesondere in der Funktion des Umweltschutzes als Schranke subjektiver Unionsrechte vornehmlich wirtschaftlicher Art sowie in der bereits seit vielen Jahren diskutierten Frage nach dem Sinn und/oder Zweck der Schaffung bzw. Anerkennung eines echten EU-Umwelt(schutz)grundrechts eigenständiger Art abbilden (→ Rn. 15, 34 ff.), und darüber hinaus das Potential hat, die umweltfreundliche Auslegung unionsrechtlicher Normen einschließlich verschiedenster Charta-Bestimmungen und mitgliedstaatlichen Umsetzungsrechts zu fördern[76], den diskriminierungsfreien Zugang zu bestehenden umweltrelevanten Einrichtungen, Diensten und Vergünstigungen sicherzustellen[77] sowie

---

schwindel" handele; sowie *Winkler* in Stern/Sachs GRCh Art. 37 Rn. 14, wonach Art. 37 GRC unzweifelhaft Symbolpolitik betreibe.

[69] So auch *Bungenberg* in Grabenwarter, EnzEur Bd. 2, § 17 Rn. 105; aA vgl. *Schröder* EurUP 2015, 225 (226).

[70] Zu dieser Einordnung vgl. etwa *Calliess* in Calliess/Ruffert GRC Art. 37 Rn. 4.

[71] So etwa von *Braig* NuR 2017, 100 (101); *Käller* in Schwarze GRC Art. 37 Rn. 1; *Rudolf* in NK-EuGRCh GRCh Art. 37 Rn. 1 u. 9; *Schröder* EurUP 2015, 225 (226 ff.); *Wegener* in HdB-EUVerwR § 36 Rn. 10; *Winkler* in Stern/Sachs GRCh Art. 37 Rn. 3.

[72] So vgl. etwa Jarass GRCh Art. 37 Rn. 2; *Jarass* ZUR 2011, 563 (563); *Wegener* in von der Groeben/Schwarze/Hatje GRC Art. 37 Rn. 3.

[73] Dies ist weitgehend unstreitig, vgl. *Bungenberg* in Grabenwarter, EnzEur Bd. 2, § 17 Rn. 107; *Epiney* in HK-UnionsR AEUV Art. 11 Rn. 4; *Heselhaus* in FK-EUV/GRC/AEUV GRC Art. 37 Rn. 10 f.; *Madner* in Holoubek/Lienbacher, GRC-Kommentar, GRC Art. 37 Rn. 10; *Morgera/Marín Durán* in PHKW Fundamental Rights Art. 37 Rn. 37.01 u. 37.27; *Rudolf* in NK-EuGRCh GRCh Art. 37 Rn. 9; *Winkler* in Stern/Sachs GRCh Art. 37 Rn. 3; *Wegener* in von der Groeben/Schwarze/Hatje GRC Art. 37 Rn. 3; aA offenbar *Folz* in HK-UnionsR GRC Art. 37 Rn. 1, mit der unbewiesenen These, wonach Art. 37 GRC ein „Recht auf Umweltschutz" begründe, das Art. 3 Abs. 3 EUV, Art. 11 AEUV und Art. 191 AEUV ergänze; sowie GA *Colomer*, SchlA C-87/02, Slg. 2004, I-5978 Rn. 36 – Kommission/Italien, wo es heißt: „Die Bürger haben ein Recht darauf, dass die Umwelt geschützt wird, wie die Charta der Grundrechte der Europäischen Union anerkennt, indem sie in Artikel 37 ein hohes Schutzniveau und die Verbesserung der Qualität garantiert". Deutlich defensiver vgl. dann aber wiederum GA *Colomer*, SchlA C-176/03, Slg. 2005, I-7879 Rn. 66 ff. – Kommission/Rat.

[74] So auch vgl. statt vieler *Frenz* EuR Beih. 1/2009, 232 ff.; *Jarass* GRCh Art. 37 Rn. 3; *Jarass* ZUR 2011, 563 (563 f.); *Schröder* EurUP 2015, 225 (226); *Streinz* in Streinz GRC Art. 37 Rn. 1.

[75] Näher zur Bedeutung dieser Bestimmung vgl. *Pache* in FK-EUV/GRC/AEUV GRC Art. 52 Rn. 32 ff.

[76] Zutr. *Bungenberg* in Grabenwarter, EnzEur Bd. 2, § 17 Rn. 104 u. 123; *Jarass* ZUR 2011, 563 (963); *Winkler* in Stern/Sachs GRCh Art. 37 Rn. 5.

[77] Vgl. *Rudolf* in NK-EuGRCh GRCh Art. 37 Rn. 13.

die Durchschlagskraft des Umweltschutzes als Schranke subjektiver Unionsrechte (→ Rn. 25 ff.) zu erhöhen.[78]

17 4. Umweltschützende Sonderregelungen im Bereich der binnenmarktbezogenen Rechtsangleichung nach Art. 114 Abs. 3–5 AEUV. Weitere wichtige Kernbestandteile der geltenden EU-Umweltverfassung stellen sodann die in Art. 114 Abs. 3 AEUV niedergelegte Schutzniveauklausel sowie die in Art. 114 Abs. 4 und 5 AEUV enthaltenen Schutzergänzungs- bzw. Schutzverstärkungs- oder Derogationsklauseln im Anwendungsbereich der binnenmarktbezogenen Rechtsangleichung dar, die durch den Lissabonner Reformvertrag (→ Rn. 2) in inhaltlicher Hinsicht ebenfalls unangetastet geblieben sind. Die in Art. 114 Abs. 3 AEUV niedergelegte **Schutzniveauklausel** knüpft an die in Art. 114 Abs. 1 AEUV geregelte Rechtsetzungsermächtigung an, wonach das Europäische Parlament und der Rat gemäß dem ordentlichen Gesetzgebungsverfahren und nach Anhörung des Wirtschafts- und Sozialausschusses die Maßnahmen zur Angleichung der Rechts- und Verwaltungsvorschriften der Mitgliedstaaten erlassen, welche die Errichtung und das Funktionieren des Binnenmarktes zum Gegenstand haben. Das hier angesprochene ordentliche Gesetzgebungsverfahren, das als sogenanntes Mitentscheidungsverfahren eine detailliertere Ausgestaltung in Art. 294 AEUV findet, besteht nach Art. 289 Abs. 1 AEUV in der gemeinsamen Annahme einer Verordnung, einer Richtlinie oder eines Beschlusses im Sinne des Art. 288 AEUV durch das Europäische Parlament und den Rat auf Vorschlag der Kommission. Bezugnehmend auf dieses Vorschlagsrecht ordnet Art. 114 Abs. 3 S. 1 AEUV an, dass die Kommission in ihren Vorschlägen nach Art. 114 Abs. 1 AEUV in den Bereichen Gesundheit, Sicherheit, Umweltschutz und Verbraucherschutz von einem hohen Schutzniveau ausgeht und dabei insbesondere alle auf wissenschaftliche Ergebnisse gestützten neuen Entwicklungen berücksichtigt; in ergänzender Weise verpflichtet Art. 114 Abs. 3 S. 2 AEUV schließlich das Europäische Parlament und den Rat dazu, im Rahmen ihrer jeweiligen Befugnisse ebenfalls das vorgenannte Ziel anzustreben. Bei dieser insoweit sowohl die Kommission als auch das Europäische Parlament und den Rat verpflichtenden Schutzniveauklausel handelt es sich um eine zahlreiche Detailfragen aufwerfende Sonderregelung[79], die für den vertraglichen Spezialbereich der binnenmarktbezogenen Rechtsangleichung die in den vorangegangenen Abschnitten angesprochenen Normen insbesondere in Gestalt des Art. 3 Abs. 3 UAbs. 1 S. 2 EUV (→ Rn. 10 f.), des Art. 11 AEUV (→ Rn. 12 ff.) und des Art. 37 GRC (→ Rn. 15 f.) konkretisiert und dabei zugleich sicherstellen soll, dass eine auf der Grundlage des Art. 114 AEUV erfolgende Rechtsangleichungsmaßnahme des Unionsgesetzgebers gerade auch im Hinblick auf den Umweltschutz nicht eine Einigung „auf dem kleinsten gemeinsamen Nenner" zur Folge hat.[80]

18 Umweltschützende Wirkungen entfalten zudem die in Art. 114 Abs. 4 und 5 AEUV enthaltenen **Schutzergänzungs- bzw. Schutzverstärkungsklauseln**, die in einem engen Funktionszusammenhang mit der in Art. 114 Abs. 3 AEUV niedergelegten Schutzniveauklausel stehen.[81] Konkret ermöglichen die in Art. 114 Abs. 4 und 5 AEUV enthaltenen Regelungen unter bestimmten materiell- und verfahrensrechtlichen Voraussetzungen gerade auch zu Gunsten höherer mitgliedstaatlicher Umweltschutzstandards gewisse Durchbrechungen der von abschließenden unionalen Harmonisierungsmaßnahmen grundsätzlich ausgehenden Sperrwirkung.[82] Hält es ein Mitgliedstaat nach dem Erlass einer

---

[78] In diesem Sinne vgl. auch *Schröder* EurUP 2015, 225 (227).
[79] Ausführlicher zur Auslegung dieser Schutzniveauklausel, zu den durch diese Klausel aufgeworfenen Rechtsfragen sowie zur diesbezüglichen Rechtsprechungspraxis des Unionsrichters vgl. etwa *Herrnfeld* in Schwarze AEUV Art. 114 Rn. 48 ff.; *Korte* in Calliess/Ruffert AEUV Art. 114 Rn. 52 ff.; *Schröder* in Streinz AEUV Art. 114 Rn. 73 ff.; *Terhechte* in FK-EUV/GRC/AEUV AEUV Art. 114 Rn. 74 ff.; *Tietje* in GHN AEUV Art. 114 Rn. 132 ff.
[80] So vgl. auch *Khan* in Geiger/Khan/Kotzur AEUV Art. 114 Rn. 19; *Schröder* in Streinz AEUV Art. 114 Rn. 73.
[81] Zutr. vgl. *Herrnfeld* in Schwarze AEUV Art. 114 Rn. 52.
[82] Zutr. vgl. *Terhechte* in FK-EUV/GRC/AEUV AEUV Art. 114 Rn. 81 mwN.

Harmonisierungsmaßnahme durch das Europäische Parlament und den Rat bzw. durch den Rat oder die Kommission beispielsweise für erforderlich, innerstaatliche Bestimmungen beizubehalten, die durch wichtige Erfordernisse im Sinne des Art. 36 AEUV oder in Bezug auf den Schutz der Arbeitsumwelt oder den Umweltschutz gerechtfertigt sind, so ist er nach Art. 114 Abs. 4 AEUV dazu verpflichtet, diese Bestimmungen und die Gründe für ihre Beibehaltung der Kommission mitzuteilen, wobei sich die weiteren Verfahrensschritte in diesem Fall nach den nachfolgenden Absätzen dieser Norm richten. Während Art. 114 Abs. 4 AEUV somit die Beibehaltung bereits vorhandener strengerer Bestimmungen der Mitgliedstaaten zum Gegenstand hat, bezieht sich Art. 114 Abs. 5 AEUV auf die Einführung neuer strengerer Bestimmungen der Mitgliedstaaten. Diesbezüglich ordnet die vorgenannte Bestimmung an, dass ein Mitgliedstaat, der es nach dem Erlass einer Harmonisierungsmaßnahme durch das Europäische Parlament und den Rat bzw. durch den Rat oder die Kommission für erforderlich hält, auf neue wissenschaftliche Erkenntnisse gestützte einzelstaatliche Bestimmungen zum Schutz der Umwelt oder der Arbeitsumwelt aufgrund eines spezifischen Problems für diesen Mitgliedstaat einzuführen, das sich nach dem Erlass der Harmonisierungsmaßnahme ergibt, die in Aussicht genommenen Bestimmungen sowie die Gründe für ihre Einführung der Kommission mitzuteilen hat.[83]

5. EU-Umweltpolitik nach Art. 191–193 AEUV. Weitere wichtige Bestandteile der **19** geltenden EU-Umweltverfassung, die ähnlich wie die in Art. 11 AEUV und Art. 37 GRC niedergelegten Querschnitts- und/oder Integrationsklauseln (→ Rn. 12 ff., 15 f.) im Wesentlichen der Verwirklichung der vertraglichen Zielbestimmungen umweltverfassungsrechtlicher Art (→ Rn. 10 f.) dienen, stellen – abgesehen von diversen vertraglichen Ermächtigungsgrundlagen nicht spezifisch umweltrechtlicher Art, auf die sich umweltpolitische Maßnahmen der Unionsorgane zum Teil ebenfalls stützen lassen[84] – schließlich die Art. 191–193 AEUV dar, die den gemäß Art. 4 Abs. 2 lit. e AEUV von den geteilten Unionszuständigkeiten erfassten Politik- und Rechtsbereich „Umwelt" näher ausgestalten und dabei in inhaltlicher Hinsicht weitgehend mit den seinerzeit geltenden Art. 174–176 EGV idF von Nizza übereinstimmen. Wesentliche **Grundsätze und Prinzipien der** in den Art. 191–193 AEUV geregelten **EU-Umweltpolitik**, die unter Berücksichtigung der unterschiedlichen Gegebenheiten in den einzelnen Regionen der Union weiterhin – ähnlich wie die in Art. 114 Abs. 3–5 AEUV enthaltenen Umweltschutzklauseln für den speziellen Bereich der binnenmarktbezogenen Rechtsangleichung (→ Rn. 17 f.) – auf ein hohes Schutzniveau abzielt[85], sind gemäß Art. 191 Abs. 2 UAbs. 1 S. 2 AEUV auch weiterhin die Grundsätze der Vorsorge und Vorbeugung, das Verursacherprinzip sowie der Grundsatz, Umweltbeeinträchtigungen mit Vorrang an ihrem Ursprung zu bekämpfen. Größtenteils unverändert hat der Lissabonner Reformvertrag (→ Rn. 2) darüber hinaus die maßgeblichen **Ziele dieses Politik- und Rechtsbereichs,** zu denen nach Art. 191 Abs. 1 AEUV insbesondere die Erhaltung und der Schutz der Umwelt, die Verbesserung der Umweltqualität, der Schutz der menschlichen Gesundheit, die umsichtige und rationelle Verwendung der natürlichen Ressourcen sowie die Förderung von Maßnahmen auf internationaler Ebene zur Bewältigung regionaler oder globaler Umweltprobleme gehören. Zur Erreichung der vorgenannten Ziele der EU-Umweltpolitik kann der Unionsgesetzgeber auf der Grundlage des Art. 192 AEUV nicht nur politische Entschließungen treffen und informatorische Warnungen aussprechen, sondern vor allem auch verbindliche Sekundärrechtsakte insbesondere in Gestalt umweltrechtlicher Verordnungen und Richtlinien im Sinne des Art. 288 Abs. 2 und 3 AEUV erlassen. Von dieser Möglichkeit hat der Unions-

---

[83] Ausführlicher dazu vgl. *Schröder* in Streinz AEUV Art. 114 Rn. 95 ff.; *Terhechte* in FK-EUV/GRC/AEUV AEUV Art. 114 Rn. 90 ff.; *Tietje* in GHN AEUV Art. 114 Rn. 186 ff.
[84] Vgl. etwa Art. 40 ff. AEUV, Art. 91 AEUV, Art. 114 AEUV, Art. 180 AEUV, Art. 194 AEUV u. Art. 207 AEUV.
[85] Vgl. Art. 191 Abs. 2 UAbs. 1 S. 1 AEUV (so auch bereits Art. 174 Abs. 2 UAbs. 1 S. 1 EGV idF von Nizza).

gesetzgeber im Interesse der **Schaffung einheitlicher Umweltstandards in den EU-Mitgliedstaaten** entweder **auf der Grundlage des Art. 192 AEUV** oder auf der Basis einer seiner Vorgängerbestimmungen bereits außerordentlich häufig Gebrauch gemacht und auf diese Weise einen sehr umfangreichen – das mitgliedstaatliche Umweltrecht heute in einem überaus weiten Umfang determinierenden – Korpus sekundärrechtlicher Vorgaben rechtsverbindlicher Art geschaffen, die sich nicht nur auf zahlreiche Teilbereiche, Ausprägungen und/oder Elemente des Allgemeinen Umweltrechts wie etwa die Verwaltungsorganisation, die Umweltverträglichkeitsprüfung, die Öffentlichkeitsbeteiligung, das Anlagengenehmigungsrecht, den Zugang zu Umweltinformationen und zu Gerichten in Umweltangelegenheiten (→ Rn. 48 f.), die Umwelthaftung, das Umweltstrafrecht und das Umweltprivatrecht beziehen, sondern sich auch auf zahlreiche weitere Teilbereiche und Bestandteile des Besonderen Umweltrechts beispielsweise unter Einschluss des Natur- und Artenschutzes, des Bodenschutzes, der Gentechnikregulierung, der Luftreinhaltung, des Gewässerschutzes, des Abfallrechts, des Lärmschutzes sowie des Gefahrstoff- und/oder Produktrechts erstrecken[86] und in ihrer Gesamtheit zugleich mitverantwortlich dafür sind, dass sich das EU-Umweltrecht im Laufe der vergangenen Jahre auch zu einem der bedeutsamsten Referenzgebiete des EU-Kooperationsverwaltungsrechts[87] entwickelt hat[88].

20   Abweichend von der Vorgängerregelung des Art. 191 Abs. 1 AEUV in konkreter Gestalt des Art. 174 Abs. 1 EGV idF von Nizza bezieht sich die vorgenannte „Förderung von Maßnahmen auf internationaler Ebene" (→ Rn. 19) nach dem neuen Art. 191 Abs. 1 (vierter Gedankenstrich) AEUV nunmehr auch auf die **Bekämpfung des Klimawandels**. Diese klimaschutzrechtliche Neuerung lässt sich vor allem darauf zurückführen, dass den mit den gravierenden Problemen der Erderwärmung und des Klimawandels verbundenen Herausforderungen weltweit zunehmende Aufmerksamkeit bzw. Beachtung geschenkt wird[89], was zuletzt insbesondere durch das Pariser Klimaübereinkommen verdeutlicht worden ist (→ Rn. 3), und dass insoweit auch die EU bereits seit geraumer Zeit eine überaus eng mit ihrer Umwelt- und Energiepolitik zusammenhängende Klimapolitik betreibt[90], die beispielsweise in der supranationalen Ausgestaltung des Emissionshandels[91], in der Verbesserung der Energieeffizienz[92] und der Energienutzung[93],

---

[86] Jeweils mwN zur enormen Vielzahl der in den vergangenen Jahren und Jahrzehnten erlassenen EU-umweltpolitischen Sekundärrechtsakte und Programme vgl. etwa *Heselhaus* in FK-EUV/GRC/AEUV AEUV Art. 192 Rn. 18 ff.; *Nowak* NuR 2015, 375 (377 f.); *Wegener* in Wegener, EnzEuR Bd. 8, 2014, § 3 Rn. 29 ff.

[87] Ausführlich dazu vgl. *Nowak* in Leible/Terhechte, EnzEuR Bd. 3, 2014, § 34 Rn. 1 ff.

[88] Ausführlich dazu vgl. *Latour*, Die integrierte Umweltverwaltung in der Europäischen Union, 2013, 117 ff.; sowie *Latour/Rowe* in Nowak, Konsolidierung und Entwicklungsperspektiven des Europäischen Umweltrechts, S. 427 ff.

[89] Instruktiv dazu vgl. statt vieler *Frenz* WiVerw 2010, 74 ff.; *Oschmann/Rostankowski* ZUR 2010, 59 ff.

[90] Ausführlicher dazu vgl. nur *Baumann/Notz* in Weidenfeld/Wessels S. 143 ff.; *Groß* ZUR 2011, 171 ff.; *Koch* NVwZ 2011, 641 ff.; *Kreuter-Kirchhof* EuZW 2017, 412 ff.; *Kreuter-Kirchhof* ZUR 2019, 396 ff.; *Stäsche* EnWZ 2014, 291 (292 ff.); *Stäsche* EnWZ 2016, 303 ff.; *Stäsche* EnWZ 2017, 308 ff.; *Stäsche* EnWZ 2018, 306 ff.; *Stäsche* EnWZ 2019, 24 (256 ff.); *Umbach* in Weidenfeld/Wessels S. 201 (204 ff.).

[91] Vgl. dazu die RL 2003/87/EG des EP u. des Rates v. 13. Oktober 2003 über ein System für den Handel mit Treibhausgasemissionszertifikaten in der Gemeinschaft und zur Änderung der Richtlinie 96/61/EG des Rates, ABl. 2003 L 275, 32 ff., iVm der RL 2008/101/EG des EP u. des Rates v. 19. November 2008 zur Änderung der Richtlinie 2003/87/EG zwecks Einbeziehung des Luftverkehrs in das System für den Handel mit Treibhausgasemissionszertifikaten in der Gemeinschaft, ABl. 2009 L 8, 3 ff. Zu den jüngsten Reformen des europäischen Emissionshandelssystems vgl. *Kreuter-Kirchhof* EuZW 2017, 412 ff.

[92] Vgl. dazu insbes. die RL 2012/27/EU des EP u. des Rates v. 25. Oktober 2012 zur Energieeffizienz, zur Änderung der Richtlinien 2009/125/EG und 2010/30/EU und zur Aufhebung der Richtlinie 2004/8/EG, ABl. 2012 L 315, 1 ff.; ausführlicher zu dieser sog. Energieeffizienzrichtlinie vgl. *Martin* EnWZ 2012, 62 ff.; zur Zulässigkeit bestimmter mitgliedstaatlicher Investitionsbeihilfen für Energieeffizienzmaßnahmen vgl. *Nowak* in Immenga/Mestmäcker AGVO Art. 38 Rn. 1 ff.

[93] Ausführlicher dazu vgl. etwa *Schomerus* NVwZ 2009, 418 ff.

im Ausbau der Energieinfrastruktur[94] und der Biomassennutzung[95], in der Förderung erneuerbarer Energien,[96] in weiteren Regelungen etwa zur geologischen Speicherung von Kohlendioxid[97] sowie in der im November 2018 von der Europäischen Kommission vorgestellten Vision für ein klimaneutrales Europa bis zum Jahre 2050[98] zum Vorschein kommt. Vor diesem Hintergrund ist es nur konsequent, dass klimapolitische Belange durch den Lissabonner Reformvertrag (→ Rn. 2) endlich auch eine ausdrückliche Erwähnung im primären Unionsrecht gefunden haben, auch wenn die Klimapolitik der EU – anders als die in den Art. 191–193 AEUV geregelte EU-Umweltpolitik und auch anders als die seit dem Inkrafttreten des Lissabonner Reformvertrags in Art. 194 AEUV geregelte EU-Energiepolitik – im Vertrag über die Arbeitsweise der EU nicht als ein eigenständiger Politikbereich ausgewiesen wird. Dass die **Klimapolitik der EU** dennoch als „einer der Gewinner des Lissabonner Vertrags" bezeichnet wird[99], beruht insoweit vor allem auf Art. 191 Abs. 1 (vierter Gedankenstrich) AEUV, wonach die Umweltpolitik der Union nunmehr unter anderem auch das Ziel verfolgt, Maßnahmen auf internationaler Ebene zur Bekämpfung des Klimawandels zu fördern. Insofern ist der Klimaschutz ein **integraler Bestandteil der EU-Umweltpolitik**[100], so dass auch klimapolitische Belange von den in Art. 11 AEUV und Art. 37 GRC niedergelegten umweltverfassungsrechtlichen Integrations- und Querschnittsklauseln (→ Rn. 12 ff., 15 f.) erfasst werden und dementsprechend in andere Politik- oder Tätigkeitsbereiche der Union – wie etwa die in Art. 194 AEUV geregelte Energiepolitik[101] – einstrahlen. Insoweit stellen der **Umweltweltschutz** und der **Klimaschutz zugleich integrale Teilaufgaben der** nachfolgend in den Blick zu nehmenden **EU-Energiepolitik** dar[102], was in zusätzlicher Weise durch die in Art. 194 Abs. 1 AEUV enthaltene Bezugnahme auf die Notwendigkeit der Erhaltung und Verbesserung der Umwelt (→ Rn. 22) bestätigt wird.

---

[94] Vgl. dazu insbes. die VO (EU) Nr. 347/2013 des EP u. des Rates v. 17. April 2013 zu Leitlinien für die transeuropäische Energieinfrastruktur und zur Aufhebung der Entscheidung Nr. 1364/2006/EG und zur Änderung der Verordnungen (EG) Nr. 713/2009, (EG) Nr. 714/2009 und (EG) Nr. 715/2009, ABl. 2013 L 115, 39 ff.; näher dazu vgl. *Giesberts/Tiedge* EurUP 2013, 166 ff. Zur Zulässigkeit bestimmter mitgliedstaatlicher Investitions- und Betriebsbeihilfen zur Förderung erneuerbarer Energien vgl. *Nowak* in Immenga/Mestmäcker AGVO Art. 41 Rn. 1 ff., Art. 42 Rn. 1 ff. u. Art. 43 Rn. 1 ff.
[95] Ausführlicher dazu vgl. etwa *Ekardt/Schmeichel/Heering* NuR 2009, 222 ff.
[96] Vgl. dazu die RL 2009/28/EG des EP u. des Rates v. 23. April 2009 zur Förderung der Nutzung von Energie aus erneuerbaren Quellen und zur Änderung und anschließenden Aufhebung der Richtlinien 2001/77/EG und 2003/30/EG, ABl. 2009 L 140, 16 ff.; ausführlicher zu den jüngeren klima- und energiepolitischen Anstrengungen der EU in diesem Bereich vgl. *Behrens* RELP 2010, 5 ff.; *Franken* ZUR 2010, 66 ff.; *Granas* EuR 2013, 619 ff.; *Kahl* NVwZ 2009, 265 ff.; *Koch* NVwZ 2011, 641 (651 ff.); *Lowe* RELP 2010, 17 ff.
[97] Vgl. die RL 2009/31/EG des EP u. des Rates v. 23. April 2009 über die geologische Speicherung von Kohlendioxid und zur Änderung der Richtlinie 85/337/EWG des Rates sowie der Richtlinien 2000/60/EG, 2001/80/EG, 2004/35/EG, 2006/12/EG und 2008/1/EG des Europäischen Parlaments und des Rates sowie der Verordnung (EG) Nr. 1013/2006, ABl. 2009 L 140, 114 ff.
[98] Vgl. dazu die Mitteilung der Kommission v. 28. November 2018 an das EP, den Europäischen Rat, den Rat, den Europäischen Wirtschafts- und Sozialausschuss, den Ausschuss der Regionen und der Europäische Investitionsbank mit dem Titel „Ein sauberer Planet für alle – Eine Europäische strategische, langfristige Vision für eine wohlhabende, moderne, wettbewerbsfähige und klimaneutrale Wirtschaft, COM (2018) 773 final; näher dazu vgl. *Falke* ZUR 2019, 180 ff.; zu den finalen Rechtsakten des sog. EU-Winterpakets „Saubere Energie für alle Europäer" vgl. *Kahles/Pause* ER 2019, 47 ff.; *Pause* ZUR 2019, 387 ff.; *Schlacke/Knodt* ZUR 2019, 404 ff.
[99] So etwa vgl. *Fischer* integration 2009, 50 (62); ferner vgl. *Schwarze* EuR Beih. 1/2009, 9 (23), wonach der Lissabonner Reformvertrag dem Klimaschutz „eine politische Priorität eingeräumt" habe.
[100] Zutr. vgl. statt vieler *Attendorn* NVwZ 2012, 1569 ff.; *Frenz/Kane* NuR 2010, 464 (470).
[101] Zum ambivalenten Verhältnis zw. der Energiepolitik und der Klimapolitik vgl. *Frenz/Kane* NuR 2010, 464 (470 f.).
[102] Zutr. vgl. *Frenz/Kane* NuR 2010, 464 (472); instruktiv zu diesen engen Verbindungslinien vgl. auch *Heselhaus* EurUP 2013, 137 ff.; *Heselhaus* in Nowak, Konsolidierung und Entwicklungsperspektiven des Europäischen Umweltrechts, S. 327 ff.

21   6. Umweltverfassungsrechtliche Implikationen der in Art. 194 AEUV geregelten EU-Energiepolitik. Der vielschichtige Sach- und Rechtsbereich „Energie" hat im europäischen Integrationsprozess stets eine wichtige Rolle gespielt.[103] Diesbezüglich ist zunächst einmal an den damaligen **EGKS-Vertrag**[104] und an den auch heute noch geltenden **Euratom-Vertrag**[105] zu erinnern, die beide allerdings durch einen sektorspezifischen Ansatz geprägt und begrenzt waren bzw. sind. Darüber hinaus hat die damalige EG, zu deren Tätigkeiten gemäß Art. 3 Abs. 1 lit. u EGV idF von Nizza auch Maßnahmen in den Bereichen Energie, Katastrophenschutz und Fremdenverkehr gehören sollten, auf der Grundlage einiger seinerzeit im EG-Vertrag enthaltener – nicht spezifisch energiepolitischer – Ermächtigungsgrundlagen zahlreiche Rechtsakte mit energiepolitischer Relevanz erlassen.[106] Diesbezüglich sei nur an das besonders prominente „Dritte Energiebinnenmarktpaket" der EG[107] erinnert, welches sich aus den so genannten Elektrizitäts- und Erdgasbinnenmarktrichtlinien 2009/72/EG und 2009/73/EG[108] sowie aus drei dazugehörigen Verordnungen zum Strom- und Gasnetzzugang[109] und zur Errichtung der neuen Agentur für die Zusammenarbeit der nationalen Regulierungsbehörden[110] zusammensetzt und die EU-Mitgliedstaaten zu weitreichenden Reformen des innerstaatlichen Energierechts veranlasst hat.[111] Darüber hinaus hat der Unionsrichter in den vergangenen Jahren diverse Urteile mit energierechtlicher Relevanz verkündet[112], die im Verbund mit den vorgenannten energiepolitischen Rechtsakten und einigen energieaußenpolitischen Initiativen etwa im Rahmen der Europäischen Nachbarschaftspolitik[113] sowie im Verbund mit der Mitwirkung der EU an der insbesondere auch die Staaten des westlichen Balkans betreffenden **Energiegemeinschaft**[114] sehr deutlich zeigen, dass sich bereits vor dem Inkrafttreten des Lissabonner Reformvertrags (→ Rn. 2) ein europäischer Rechtskorpus herausbilden konn-

---

[103] Instruktiv zu (den ersten) 60 Jahren europäischer Energiepolitik vgl. *Ristori* RDUE 2019, 17 ff.
[104] Vertrag über die Gründung der Europäischen Gemeinschaft für Kohle und Stahl (EGKSV) v. 18.4.1951 (BGBl. 1952 II 447), in Kraft getreten am 23.7.1952 mit einer im Sommer 2002 abgelaufenen Vertragslaufzeit von 50 Jahren.
[105] Vertrag zur Gründung der Europäischen Atomgemeinschaft (Euratom) v. 25.3.1957 (BGBl. 1957 II 1014), in Kraft getreten am 1.1.1958; zu den begrenzten Auswirkungen der Lissabonner Vertragsreformen auf das Euratom-Recht vgl. das dem Vertrag von Lissabon beigefügte Protokoll (Nr. 2) zur Änderung des Vertrags zur Gründung der [EAG], ABl. 2007 C 306, 199 ff.
[106] Ausführlicher dazu vgl. etwa *Baumann/Turek* in Weidenfeld, Lissabon in der Analyse – Der Reformvertrag der Europäischen Union, 2008, S. 157 (160 ff.); *Frenz/Kane* NuR 2010, 464 (465); *Geden* integration 2008, 353 ff.; *Hobe* EuR Beih. 1/2009, 219 (222 f.); *Kahl* EuR 2009, 601 (605); *Knauff* ThürVBl. 2010, 217 (218 ff.); *Schmidt-Preuß* EuR 2006, 463 ff.
[107] Zu den vielfältigen Regelungsanliegen dieses umfangreichen Pakets vgl. *Baumann/Notz* in Weidenfeld/Wessels, S. 143 ff.; *Gundel/Germelmann* EuZW 2009, 763 ff.; *Kühling/Pisal* RdE 2010, 161 ff.
[108] RL 2009/72/EG des EP u. des Rates v. 13. Juli 2009 über gemeinsame Vorschriften für den Elektrizitätsbinnenmarkt und zur Aufhebung der Richtlinie 2003/54/EG, ABl. 2009 L 211, 55 ff.; RL 2009/73/EG des EP u. des Rates v. 13. Juli 2009 über gemeinsame Vorschriften für den Erdgasbinnenmarkt und zur Aufhebung der Richtlinie 2003/55/EG, ABl. 2009 L 211, 94 ff.
[109] VO (EG) Nr. 714/2009 des EP u. des Rates v. 13. Juli 2009 über die Netzzugangsbedingungen für den grenzüberschreitenden Stromhandel und zur Aufhebung der Verordnung (EG) Nr. 1228/2003, ABl. 2009 L 211, 15 ff.; VO (EG) Nr. 715/2009 des EP u. des Rates v. 13. Juli 2009 über die Bedingungen für den Zugang zu den Erdgasfernleitungsnetzen und zur Aufhebung der Verordnung (EG) Nr. 1775/2005, ABl. 2009 L 211, 36 ff.
[110] VO (EG) Nr. 713/2009 des EP u. des Rates v. 13. Juli 2009 zur Gründung einer Agentur für die Zusammenarbeit der Energieregulierungsbehörden, ABl. 2009 L 211, 1 ff.
[111] Ausführlicher dazu am Beispiel der europarechtlich induzierten Energierechtsreform in Deutschland vgl. etwa *Büdenbender/Rosin* RdE 2010, 197 ff.; *Kühling/Pisal* RdE 2010, 161 ff.
[112] Exemplarisch vgl. EuGH C-393/92, Slg. 1994, I-1477 ff. – Gemeente Almelo ua; EuGH C-157/94, Slg. 1997, I-5699 ff. – Kommission/Niederlande; EuGH C-158/94, Slg. 1997, I-5789 ff. – Kommission/Italien; EuGH C-159/94, Slg. 1997, I-5815 ff. – Kommission/Frankreich; EuGH C-379/98, Slg. 2001, I-2099 ff. – PreussenElektra; EuGH C-448/01, Slg. 2003, I-14527 ff. – EVN u. Wienstrom.
[113] Ausführlicher dazu vgl. etwa *Fischer/Lippert* Osteuropa 2009, 53 ff.
[114] Eine zf. Übersetzung des Vertrags zur Gründung dieser von der Euratom strikt zu unterscheidenden Energiegemeinschaft findet sich im ABl. 2006 L 198, 18 ff.; näher zu dieser Gemeinschaft vgl. *Deitz/Stirton/Wright* Utilities Policy 17 (2009), 4 ff.; *Nowak* in Herrmann/Terhechte, European Yearbook of International Economic Law 2012, 2012, S. 405 ff.

te, dem die Überschrift „Europäische Energiepolitik" oder „Europäisches Energierecht" zugewiesen werden konnte.[115]

Dem vor den **Lissabonner Vertragsreformen** zu konstatierenden Missstand, dass die damalige EG gemäß Art. 3 Abs. 1 lit. u EGV idF von Nizza die Aufgabe hatte, auch Maßnahmen im Energiebereich zu treffen, diesbezüglich aber nicht über eine spezifisch energiepolitische Rechtsetzungskompetenz verfügte[116], hat der Lissabonner Reformvertrag abgeholfen, indem er für die **Einführung eines eigenständigen Kompetenztitels „Energiepolitik"** gesorgt hat, der nach Art. 4 Abs. 2 lit. i AEUV von den geteilten Unionszuständigkeiten umfasst ist und sich konkret in Art. 194 AEUV findet. Mit diesem Artikel hat sich die EU-Energiepolitik von einem reinen Vertragsziel (→ Rn. 21) zu einem eigenständigen supranationalen Politikbereich und Kompetenztitel entwickelt[117], der sowohl unionsrechtsinterne als auch energieaußenpolitische Dimensionen hat[118]. Die Ziele dieser EU-Energiepolitik, die sich auf alle Stufen und Bereiche des Energiemarktes sowie – vorbehaltlich speziellerer Vorschriften im Euratom-Vertrag[119] – auf alle Energieträger und -quellen bezieht[120], sind in Art. 194 Abs. 1 AEUV geregelt. Nach dieser Norm zielt die Energiepolitik der Union, zu deren Verwirklichung dem Unionsgesetzgeber insbesondere die in Art. 194 Abs. 2 UAbs. 1 AEUV niedergelegte Ermächtigungsgrundlage zur Verfügung steht, im Geiste der Solidarität zwischen den Mitgliedstaaten im Rahmen der Verwirklichung oder des Funktionierens des Binnenmarkts und unter Berücksichtigung der **Notwendigkeit der Erhaltung und Verbesserung der Umwelt** sowohl auf die Sicherstellung des Funktionierens des Energiemarkts und auf die Gewährleistung der Energieversorgungssicherheit in der Union[121] als auch auf die Förderung der Energieeffizienz und von Energieeinsparungen, auf die Entwicklung neuer und erneuerbarer Energiequellen sowie auf die Förderung der Interkonnektion der Energienetze ab.[122] Deutlicher als in diesem Zielkatalog lassen sich die engen **Verbindungslinien zwischen der EU-Energiepolitik auf der einen Seite und dem Umweltschutz einschließlich des Klimaschutzes** auf der anderen Seite (→ Rn. 20) kaum zum Ausdruck bringen.[123]

III. Das unionsverfassungsrechtliche Rangverhältnis zwischen dem Umweltschutz und anderen Unionszielen oder Freiheiten insbesondere wettbewerbs- und wirtschaftsrechtlicher Art

Im europarechtlichen Schrifttum wird bereits seit vielen Jahren kontrovers darüber diskutiert, ob es zwischen dem im Rahmen der unionalen Verfassungsordnung eine große Rolle spielenden Umweltschutz (→ Rn. 9–22) auf der einen Seite und der in weiten Teilen

---

[115] In diesem Sinne vgl. auch *Nettesheim* JZ 2010, 19 (19 f.); *Schmidt-Preuß* EuR 2006, 463 ff.
[116] Hierzu vgl. auch *Fischer* integration 2009, 50 (51); *Kahl* EuR 2009, 601 (604 f.); *Obwexer* in Hummer/Obwexer, Der Vertrag von Lissabon, 2009, S. 95 (118).
[117] Vgl. dazu auch *Ehricke/Hackländer* ZEuS 2008, 579 ff.; *Gundel* EWS 2011, 25 ff.; *Papenkort/Wellershoff* RdE 2010, 77 (77); *Ludwigs* ZG 2010, 222 (224 ff.).
[118] Instruktiv zu diesen beiden Dimensionen in spezieller Ansehung der von der Europäischen Kommission in Angriff genommen „Energieunion" vgl. *Germelmann* EuR 2016, 3 ff.
[119] Näher zum Verhältnis zwischen Art. 194 AEUV und dem Euratom-Vertrag vgl. *Frenz* RdE 2011, 41 ff.; *Kahl* EuR 2009, 601 (615 f.); *Papenkort/Wellershoff* RdE 2010, 77 (82 f.).
[120] So auch *Nettesheim* JZ 2010, 19 (20).
[121] Näher zu diesem wichtigen Spezialaspekt vgl. *Börner* RdE 2014, 367 ff.
[122] Näher zu diesen Zielen vgl. etwa *Bings* in Streinz AEUV Art. 194 Rn. 19 ff.; *Frenz/Kane* NuR 2010, 464 (466 f.); *Heselhaus* in FK-EUV/GRC/AEUV AEUV Art. 194 Rn. 4 ff.; *Knauff* ThürVBl. 2010, 217 (219 ff.); *Papenkort/Wellershoff* RdE 2010, 77 (80 f.).
[123] Ferner vgl. zu diesen engen Verbindungslinien *Ludwigs* ZG 2010, 222 ff.; EuGH C-549/15, ECLI:EU:C:2017:490 Rn. 85–88 – E.ON Biofor Sverige; sowie EuGH C-573/12, ECLI:EU:C:2014:2037 Rn. 78 – Ålands Vindkraft, wonach die Nutzung erneuerbarer Energiequellen zur Stromerzeugung, die durch eine Regelung wie die im Ausgangsverfahren in Rede stehende gefördert werden soll, dem Umweltschutz dient, da sie zur Verringerung der Emissionen von Treibhausgasen beiträgt, die zu den Hauptursachen der Klimaänderungen zählen, zu deren Bekämpfung sich die Europäische Union und ihre Mitgliedstaaten verpflichtet haben.

§ 63 13. Abschnitt: Grundrechtsgehalte besonderer Schutzaufträge

gegenläufigen Markt-, Wirtschafts- und/oder Wettbewerbsfreiheit auf der anderen Seite, die insbesondere durch die zu den maßgeblichen Funktionsgarantien der EU-Wirtschaftsverfassung gehörenden Grundfreiheiten, Wettbewerbsregeln und Wirtschaftsgrundrechte abgesichert wird (→ § 34 Rn. 1), ein gemeinschafts- bzw. unionsverfassungsrechtliches Rangverhältnis gibt. Diesbezüglich standen sich lange Zeit im Wesentlichen **drei Grundpositionen** gegenüber, die sich in den drei vollkommen unterschiedlichen Thesen vom Vorrang der Markt-, Wirtschafts- und/oder Wettbewerbsfreiheit gegenüber dem Umweltschutz, vom (relativen oder sogar absoluten) Vorrang des Umweltschutzes gegenüber der Markt-, Wirtschafts- und/oder Wettbewerbsfreiheit oder von der gemeinschafts- bzw. unionsverfassungsrechtlichen Gleichrangigkeit des Umweltschutzes und den oben genannten ökonomischen Belangen widerspiegelten.[124]

24   Die letztgenannte Grundposition vermag nach wie vor am meisten zu überzeugen, da sich dem zuletzt durch den Änderungsvertrag von Lissabon (→ Rn. 2, 9 ff.) reformierten Unionsrecht keine klaren Anhaltspunkte für die Existenz eines Rangverhältnisses zu Gunsten oder zu Ungunsten des Umweltschutzes gegenüber der Markt-, Wirtschafts- und/oder Wettbewerbsfreiheit entnehmen lassen. Vielmehr ist im Rahmen des geltenden Unionsverfassungsrechts weiterhin von einer **Gleichrangigkeit des Umweltschutzes einschließlich des Klimaschutzes sowie der Markt-, Wirtschafts- und/oder Wettbewerbsfreiheit** auszugehen[125], zumal sich diese Position auch am besten mit dem im Unionsrecht omnipräsenten Grundsatz der nachhaltigen Entwicklung (→ Rn. 7, 10 ff.) und mit der einschlägigen EuGH-Rechtsprechung zu dem hier in Rede stehenden Spannungsverhältnis[126] verträgt. Insoweit müssen auftretende Konflikte oder etwaige Spannungslagen zwischen dem Umweltschutz auf der einen Seite und der Markt-, Wirtschafts- und/oder Wettbewerbsfreiheit auf der anderen Seite stets einer den Umständen des Einzelfalles gerecht werdenden Lösung bzw. Abwägungsentscheidung gesetzgeberischer und/oder administrativer Art zugeführt werden, die sich nach Möglichkeit an den Grundsätzen der **Herstellung praktischer Konkordanz** zu orientieren hat und auf jeden Fall dem unionsverfassungsrechtlichen Verhältnismäßigkeitsgrundsatz standhalten muss.[127] Diese aus der geltenden Umwelt- und Wirtschaftsverfassung der Europäischen Union abzuleitende Forderung steckt insbesondere den Rahmen ab, in dem der Umweltschutz als Schranke bestimmter Unionsgrundrechte und sonstiger subjektiver Unionsrechte insbesondere wirtschaftlicher Art zur Entfaltung kommt (→ Rn. 25 ff.).

---

[124] Näher zu diesem uneinheitlichen Meinungsbild vgl. auch jeweils mwN *Bungenberg* in Grabenwarter, EnzEur Bd. 2, § 17 Rn. 100 f.; *Calliess* in Calliess/Ruffert AEUV Art. 191 Rn. 16 ff.; *Frenz* WRP 2013, 980 (981); *Kahl* in Streinz AEUV Art. 191 Rn. 29 ff.; *Kahl* FS P.-C. Müller-Graff, 2015, 682 (686 ff.); *Nowak* in Bruha/Hesse/Nowak, Welche Verfassung für Europa?, S. 215 (216 f.); *Nowak* VerwArch 2002, 368 (388 ff.).

[125] So auch vgl. *Frenz* EuR Beih. 1/2009, 232 (246 f.); *Frenz* WRP 2013, 980 ff.; *Frenz* in Nowak, Konsolidierung und Entwicklungsperspektiven des Europäischen Umweltrechts, S. 104 (106, 133); *Ludwigs* ZG 2010, 222 (223 f.).

[126] Vgl. nur EuGH C-379/98, Slg. 2001, I-2099 ff. – PreussenElektra, dazu vgl. *Nowak* VerwArch 2002, 368 (370 ff.); EuGH C-513/99, Slg. 2002, I-7213 Rn. 57 – Concordia Bus Finland Oy, dazu vgl. *Bungenberg/Nowak* ZUR 2003, 10 ff.; EuGH C-368/10, ECLI:EU:C:2012:284 – Kommission/Niederlande, dazu vgl. *Hübner* VergabeR 2012, 545 ff.; *Siegel* EuZW 2012, 599 f.; *Wegener/Hahn* NZBau 2012, 684 ff.; EuGH C-573/12, ECLI:EU:C:2014:2037 – Ålands Vindkraft, dazu vgl. *Brückmann/Steinbach* EnWZ 2014, 346 ff.; *Grabmayr/Kahles* RdE 2014, 183 ff. Gegen diese Gleichrangigkeit spricht auch nicht EuGH C-320/03 R, Slg. 2003, I-11665 Rn. 58 – Kommission/Österreich, wonach die mit den Erwägungen des Umwelt- und/oder Gesundheitsschutzes verbundenen Anforderungen grundsätzlich Vorrang vor wirtschaftlichen Erwägungen eingeräumt werden müsse; zur notwendigen Relativierung dieser missverständlichen Aussage vgl. *Bungenberg* EuR Beih. 3/2004, 57 (63 f.).

[127] Näher dazu vgl. auch *Emmerich-Fritsche* EurUP 2014, 2 ff.; *Frenz* EuR Beih. 1/2009, 232 (246 f.); *Frenz* GewArch 2013, 329 (331 ff.); *Lippert* DVBl 2008, 492 ff.; *Schütt* ZNER 2012, 133 ff.; ferner vgl. in diesem Kontext *Winter* ZUR 2013, 387 ff.

C. Umweltschutz als Schranke der Unionsgrundrechte und sonstiger subjektiver Unionsrechte insbesondere wirtschaftlicher Art

Beim Grundrechtsschutz der Verursacher von Umweltbelastungen, die durch hoheitliche 25 Umweltschutzmaßnahmen der Unionsorgane und/oder der Mitgliedstaaten in der Ausübung bzw. Wahrnehmung insbesondere wirtschaftlicher Unionsgrundrechte und/oder grundrechtsähnlicher Marktfreiheiten beschränkt werden, geht es zentral um die nachfolgend näher zu entfaltende **Funktion des Umweltschutzes als Schranke subjektiver Unionsrechte,** wobei zwischen den Unionsgrundrechten insbesondere wirtschaftlicher Art (→ Rn. 26 f.), den grundrechtsähnlichen Grundfreiheiten (→ Rn. 28 ff.) und den wettbewerbsrechtlichen (teils subjektivrechtlichen) Verbotstatbeständen des Vertrags über die Arbeitsweise der EU (→ Rn. 32 f.) zu unterscheiden ist.

I. Umweltschutz als Schranke der Unionsgrundrechte

Nach der früheren EuGH-Rechtsprechung zu den damaligen Gemeinschafts- bzw. Uni- 26 onsgrundrechten waren **Einschränkungen dieser Grundrechte** unter anderem nur dann zulässig, wenn sie von „tatsächlich dem Gemeinwohl dienenden Zielen der Gemeinschaft" gedeckt bzw. „**durch die** von der Gemeinschaft verfolgten, **im Allgemeininteresse liegenden Ziele gerechtfertigt** sind"[128]. Für die in der EU-Grundrechtecharta niedergelegten Unionsgrundrechte hat diese Rechtsprechung insoweit Eingang in Art. 52 Abs. 1 GRC gefunden, als nach dieser Bestimmung jede Einschränkung der Ausübung der in dieser Charta anerkannten Rechte und Freiheiten nicht nur gesetzlich vorgesehen sein und den Wesensgehalt dieser Rechte und Freiheiten achten muss, sondern unter Wahrung des Grundsatzes der Verhältnismäßigkeit auch nur dann vorgenommen werden kann, wenn sie erforderlich ist und den von der Union anerkannten dem Gemeinwohl dienenden Zielsetzungen oder den Erfordernissen des Schutzes der Rechte und Freiheiten anderer tatsächlich entspricht (→ § 10 Rn. 28 ff.). Zu diesen als Rechtfertigungsgründe für Grundrechtseingriffe anerkannten Allgemeinwohlinteressen gehört – wie auch auf der Ebene der EMRK und im deutschen Verfassungsrecht[129] – unter anderem der **Umweltschutz**[130], der vor allem den EU-Wirtschaftsgrundrechten in Gestalt der Berufsfreiheit (→ § 34), der unternehmerischen Freiheit (→ § 35) und der Eigentumsfreiheit (→ § 36) Schranken setzen kann[131], sofern der durch bestimmte Umweltschutzmaßnahmen des Grundrechtsverpflichteten bewirkte Eingriff in das jeweilige Wirtschaftsgrundrecht den Anforderungen des unionsverfassungsrechtlichen Verhältnismäßigkeitsgrundsatzes (→ § 10 Rn. 41 ff.) und der unionsverfassungsrechtlichen Wesensgehaltsgarantie (→ § 10 Rn. 49 ff.) gerecht wird.

Auch wenn immer wieder umweltpolitisch motivierte EU-Sekundärrechtsakte erlassen 27 werden, die wirtschaftliche Unionsgrundrechte beschränken[132], gibt es bislang nur recht

---

[128] Grdlg. EuGH 4/73, Slg. 1974, 491 Rn. 14 – Nold; unter anderem bestätigt in EuGH 240/83, Slg. 1985, 531 Rn. 12 – ADBHU; EuGH 5/88, Slg. 1989, 2609 Rn. 18 – Wachauf; EuGH C-210/03, Slg. 2004, I-11893 Rn. 72 – Swedish Match ua.

[129] Zu der vom EGMR bereits recht früh anerkannten Möglichkeit, Eingriffe in EMRK-Garantien aus Umwelt- und/oder Naturschutzgründen zu rechtfertigen, vgl. mwN *Szczekalla* in Rengeling, Hdb UmweltR, § 12 Rn. 47 ff.; entspr. für Deutschland vgl. nur BVerfG 20.4.2004 – 1 BvR 1748/99, NVwZ 2004, 846 – Ökosteuer; BVerfG 6.12.2016 – 1 BvR 2821/11, 1 BvR 321/12 u. 1 BvR 1456/12, BVerfGE 143, 246 ff. – Atomausstieg, mAnm *Roller* ZUR 2017, 277 ff.

[130] Grdlg. EuGH 240/83, Slg. 1985, 531 Rn. 13 – ADBHU.

[131] Vgl. *Shirvani* in Nowak, Konsolidierung und Entwicklungsperspektiven des Europäischen Umweltrechts, S. 409 ff.

[132] Exempl. sei in diesem Kontext auf die RL 2003/87/EG des EP u. des Rates v. 13. Oktober 2003 über ein System für den Handel mit Treibhausgasemissionszertifikaten in der Gemeinschaft und zur Änderung der Richtlinie 96/61/EG des Rates (ABl. 2003 L 275, 32 ff.) hingewiesen, welche die unionsgrundrechtlich geschützte Berufsfreiheit (→ § 34) und/oder die unternehmerische Freiheit (→ § 35) beschränkt und insoweit Anschlussfragen nach der Rechtfertigung aus Gründen des Umweltschutzes aufwirft; näher zum Ganzen vgl. *Becker* EuR 2004, 857 (872 ff.); *Burgi* NJW 2003, 2486 ff.; *Frenz* VerwArch 2003, 345 ff.; *Reuter* RdE 2003, 262 ff.; *Shirvani* in Nowak, Konsolidierung und Entwicklungsperspektiven des Europäi-

wenige Urteile, in denen der EuGH wirklich die Gelegenheit nutzen konnte, speziell zur **umweltschutzbezogenen Rechtfertigung hoheitlicher Grundrechtseingriffe** konkret Stellung zu nehmen[133] bzw. deutlich zu machen, dass der Umweltschutz sogar beträchtliche negative Folgen wirtschaftlicher Art für bestimmte Wirtschaftsteilnehmer rechtfertigen kann.[134] Viel häufiger geht es in der Rechtsprechung des EuGH stattdessen um das nachfolgend in den Blick zu nehmende Spannungsverhältnis zwischen dem Umweltschutz und den grundrechtsähnlichen Grundfreiheiten des AEUV, das sich in schrankensystematischer Hinsicht indes kaum von dem zwischen den wirtschaftlichen Unionsgrundrechten und dem Umweltschutz bestehenden Spannungsverhältnis unterscheidet und im Übrigen auch dem auf der WTO-rechtlichen Ebene zu bewältigenden Spannungsverhältnis zwischen Handel und Umweltschutz[135] ähnelt.

II. Umweltschutz als Schranke der Grundfreiheiten

28 In der Rechtsprechung des EuGH zur möglichen Rechtfertigung umweltpolitisch motivierter Eingriffe in die grundrechtsähnlichen (nicht grundrechtsgleichen → § 1 Rn. 14 ff. u. → § 7 Rn. 45 ff.) Grundfreiheiten des AEUV geht es in der Regel um mitgliedstaatliche **Eingriffe in die Warenverkehrsfreiheit** im Sinne des Art. 34 AEUV.[136] Diese Vertragsbestimmung, die nicht nur einen objektivrechtlichen Verbotstatbestand enthält, sondern aufgrund ihrer unmittelbaren Anwendbarkeit auch ein subjektives Unionsrecht natürlicher und juristischer Personen begründet[137], verbietet mengenmäßige Einfuhrbeschränkungen sowie alle Maßnahmen gleicher Wirkung zwischen den Mitgliedstaaten. Der grundfreiheitsspezifische Rechtfertigungskatalog für hoheitliche Eingriffe in diesen warenverkehrsfreiheitlichen Verbotstatbestand findet sich heute in Art. 36 AEUV. Nach dieser grundsätzlich eng auszulegenden Ausnahmevorschrift[138] können hoheitliche Eingriffe in die Warenverkehrsfreiheit sowohl aus Gründen der öffentlichen Sittlichkeit, Ordnung und Sicherheit als auch zum Schutze der Gesundheit und des Lebens von Menschen, Tieren oder Pflanzen, des nationalen Kulturguts von künstlerischem, geschichtlichem oder archäologischem Wert oder des gewerblichen und kommerziellen Eigentums gerechtfertigt sein,

---

schen Umweltrechts, S. 409 (418 f.). Ausführlicher zum Spannungsverhältnis zwischen Klimaschutz und Unternehmensgrundrechten vgl. auch *Shirvani* VerwArch 2013, 83 ff.; *Shirvani* EurUP 2016, 112 ff. Zu den eigentumsgrundrechtlich relevanten Nutzungsbeschränkungen im Kontext der Flora-Fauna-Habitat-RL 92/43/EWG (ABl. 1992 L 206, 7 ff.) vgl. etwa *Ewer* NuR 2000, 361 ff.; *Kahl/Gärditz* NuR 2005, 555 ff.; *Spreen* UPR 2005, 8 ff.

133 Vgl. EuGH 240/83, Slg. 1985, 531 Rn. 9 ff. – ADBHU.
134 Vgl. EuG T-483/11, ECLI:EU:T:2013:407 Rn. 85 – Sepro Europe/Kommission; EuG T-269/11, ECLI: EU:T:2014:1069 Rn. 138 – Xeda International/Kommission; EuG verb. Rs. T-429/13 u. T-451/13, ECLI:EU:T:2018:280 Rn. 138 – Bayer CropScience ua/Kommission.
135 Näher dazu vgl. etwa *Bungenberg* in Grabenwarter, EnzEur Bd. 2, § 17 Rn. 90; *Diem*, Freihandel und Umweltschutz in GATT und WTO, 1996, S. 15 ff.; *Epiney* DVBl 2000, 77 ff.; *Hilf* NVwZ 2000, 481 ff.; *Hohmann* RIW 2000, 88 ff.; *Puth* in Hilf/Oeter, WTO-Recht: Rechtsordnung des Welthandels, 2. Aufl. 2010, § 25 Rn. 1 ff.; *Trachtman* HILJ 58 (2017), 273 ff.; *Weyer*, Nationaler Umweltschutz und internationaler Warenverkehr, 1997, S. 24 ff.
136 Ausführlicher dazu vgl. auch jeweils mwN *Bungenberg* in Grabenwarter, EnzEur Bd. 2, § 17 Rn. 129 f.; *Heselhaus* EuZW 2001, 645 ff.; *Kahl* FS P.-C. Müller-Graff, 2015, 682 ff.; *Nowak* VerwArch 2002, 368 ff.; *Pechstein* in Nowak, Konsolidierung und Entwicklungsperspektiven des Europäischen Umweltrechts, S. 87 (91 ff.).
137 Grdlg. zur unmittelbaren Anwendbarkeit der zu den subjektiven Unionsrechten zählenden (grundrechtsähnlichen) Grundfreiheiten vgl. EuGH 26/62, Slg. 1963, 1 (24 ff.) – Van Gend & Loos; bestätigt ua in EuGH 2/74, Slg. 1974, 631 Rn. 24 ff. – Reyners; EuGH 33/74, Slg. 1974, 1299 Rn. 18 ff. – van Binsbergen; EuGH 41/74, Slg. 1974, 1337 Rn. 4 ff. – van Duyn; EuGH 83/78, Slg. 1978, 2347 Rn. 66, 67 – Pigs Marketing Board.
138 Zur grds. engen Auslegung der grundfreiheitsspezifischen Rechtfertigungskataloge des damaligen EGV und des AEUV vgl. nur EuGH C-54/99, Slg. 2000, I-1335 Rn. 17 – AES de Paris ua; EuGH verb. Rs. C-482/01 u. C-493/01, Slg. 2004, I-5257 Rn. 64 – Orfanopoulos ua; EuGH C-319/06, Slg. 2008, I-4323 Rn. 30 – Kommission/Luxemburg; EuGH C-341/05, Slg. 2007, I-11767 Rn. 117 – Laval; EuGH C-531/07, Slg. 2009, I-3717 Rn. 32 – Fachverband der Buch- und Medienwirtschaft; EuGH C-546/07, Slg. 2010, I-439 Rn. 48 – Kommission/Deutschland.

sofern der jeweilige Grundfreiheitseingriff kein Mittel zur willkürlichen Diskriminierung und keine verschleierte Beschränkung des Handels zwischen den Mitgliedstaaten darstellt. Der **Umweltschutz** wird **im eng auszulegenden Rechtfertigungskatalog des Art. 36 AEUV** hingegen **nicht** explizit als ein in Betracht kommender Rechtfertigungsgrund für hoheitliche Eingriffe in die Warenverkehrsfreiheit **erwähnt**.

Nachdem der EuGH in seinem vielbeachteten *Dassonville*-Urteil aus dem Jahre 1974 **29** zulasten der Mitgliedstaaten für eine extreme Ausdehnung des Anwendungsbereiches des heute in Art. 34 AEUV geregelten Verbotstatbestandes gesorgt hatte, indem er entschied, dass als Maßnahme gleicher Wirkung iSd Art. 28 EGV [jetzt: Art. 34 AEUV] jede staatliche Regelung anzusehen ist, „die geeignet ist, den innergemeinschaftlichen Handel unmittelbar oder mittelbar, tatsächlich oder potentiell zu behindern"[139], verstärkte er in seiner nicht minder bedeutsamen *Cassis*-Entscheidung wenig später die Rechtfertigungsmöglichkeiten der Mitgliedstaaten, um für sie die Folgen der *Dassonville*-Entscheidung erträglicher zu machen. Konkret entschied der EuGH in seinem *Cassis*-Urteil, dass nichtdiskriminierende und verhältnismäßige Handelshemmnisse, die auf innerstaatlichen Rechtsvorschriften beruhen, „hinzunehmen" sind, soweit sie notwendig sind, um „zwingenden Erfordernissen" – wie etwa dem Verbraucherschutz, dem Gesundheitsschutz und der Lauterkeit des Handelsverkehrs – gerecht zu werden. In seinem Urteil vom 20.9.1988 in der Rs. *dänische Pfandflaschen* hat der EuGH sodann erstmals entschieden, dass unter anderem auch der **Umweltschutz als** ein **zwingendes Erfordernis im Sinne der** *Cassis*-**Rechtsprechung** anzusehen ist.[140] Lange Zeit ausgewichen ist der EuGH indes der Frage, ob neben nichtdiskriminierenden Eingriffen in die Warenverkehrsfreiheit auch unmittelbar und/oder mittelbar diskriminierende Grundfreiheitseingriffe aus Gründen des Umweltschutzes gerechtfertigt werden können[141]: So hat der EuGH beispielsweise in seinem Urteil vom 9.7.1992 zum wallonischen Einfuhrverbot für Abfall zwar dafür gesorgt, dass sich die Belange des Umweltschutzes gegenüber dem Geltungsanspruch der Warenverkehrsfreiheit durchsetzen konnten, obwohl es sich in diesem Fall sogar um einen unmittelbar diskriminierenden Grundfreiheitseingriff handelte, auf den nach der herkömmlichen EuGH-Rechtsprechung an sich nur die seinerzeit in Art. 30 S. 1 EGV [heute: Art. 36 S. 1 AEUV] abschließend aufgeführten Rechtfertigungsgründe hätten Anwendung finden dürfen. Statt jedoch klar dazu Stellung zu nehmen, ob die letztgenannte Vorschrift entgegen der herkömmlichen EuGH-Rechtsprechung zur engen Auslegung vertraglicher Rechtfertigungskataloge (→ Rn. 28) zu Gunsten des in Art. 3 Abs. 3 UAbs. 1 S. 2 EUV (→ Rn. 10 f.) und Art. 11 AEUV (→ Rn. 12 ff.) prominent verankerten Umweltschutzes nicht doch erweiternd ausgelegt werden muss, stellte der EuGH unter Heranziehung des heute in Art. 191 Abs. 2 S. 2 AEUV geregelten **Ursprungsprinzips** einfach den diskriminierenden Charakter der streitigen Regelung in Abrede[142], um auf diese Weise die Anwendung der den Umweltschutz einschließenden *Cassis*-Formel (→ Rn. 29) zu ermög-

---

[139] Vgl. EuGH 8/74, Slg. 1974, 837 Rn. 5 – Benoît u. Dassonville; ua bestätigt in EuGH C-379/98, Slg. 2001, I-2099 Rn. 69 – PreussenElektra; EuGH C-573/12, ECLI:EU:C:2014:2037 Rn. 66 – Ålands Vindkraft; EuGH C-549/15, ECLI:EU:C:2017:490 Rn. 44 – E.ON Biofor Sverige.

[140] EuGH 302/86, Slg. 1988, 4607 Rn. 9 – Kommission/Dänemark; ua bestätigt in EuGH C-309/02, Slg. 2004, I-11763 Rn. 75 – Radlberger Getränkegesellschaft; EuGH C-463/01, Slg. 2004, I-11705 Rn. 75 – Kommission/Deutschland, mAnm *Streinz* JuS 2005, 829 ff.; EuGH C-320/03, Slg. 2005, I-9871 Rn. 70 – Kommission/Österreich; EuGH C-573/12, ECLI:EU:C:2014:2037 Rn. 77 – Ålands Vindkraft; EuGH C-549/15, ECLI:EU:C:2017:490 Rn. 46 u. 84 – E.ON Biofor Sverige.

[141] Zu den unmittelbar diskriminierenden Maßnahmen gehören alle an die Staatsangehörigkeit oder die Herkunft anknüpfenden mitgliedstaatlichen Ungleichbehandlungen zum Nachteil des grenzüberschreitenden Waren-, Dienstleistungs-, Personen- und/oder Kapitalverkehrs; bei mittelbar diskriminierenden Grundfreiheitseingriffen handelt es sich hingegen um Maßnahmen, die scheinbar auf „neutralen" – dh nicht an die Staatsangehörigkeit oder die Herkunft anknüpfenden – Kriterien beruhen, tatsächlich jedoch „zum selben Ergebnis wie eine marktabschottende unmittelbare Diskriminierung führen; so etwa EuGH verb. Rs. 62/81 u. 63/81, Slg. 1982, 223 Rn. 8 – Seco ua; EuGH C-360/89, Slg. 1992, I-3401 Rn. 11 – Kommission/Italien.

[142] Vgl. EuGH C-2/90, Slg. 1992, I-4431 Rn. 34 ff. – Kommission/Belgien.

§ 63   13. Abschnitt: Grundrechtsgehalte besonderer Schutzaufträge

lichen. Diese ergebnisorientierte Umgehungstaktik ist im Schrifttum zu Recht kritisiert worden, da es sich bei der über die Auswahl des zutreffenden Schrankenregimes entscheidenden Qualifizierung einer mitgliedstaatlichen Maßnahme entweder als Diskriminierung oder als nichtdiskriminierende Beschränkung an sich um eine neutrale Vorfrage handelt, die unabhängig von der Frage der Rechtfertigungsfähigkeit und Angemessenheit dieser Maßnahme entschieden werden muss.[143]

30   Das vorgenannte Urteil erweckte im Verbund mit einigen nachfolgenden Urteilen[144] den Eindruck, dass der EuGH in der Regel gewillt ist, den Belangen des Umweltschutzes im Einzelfall auch unter Preisgabe sonstiger schrankensystematischer Gewohnheiten zum Durchbruch zu verhelfen und damit für eine gewisse **Privilegierung des Umweltschutz im Rahmen der grundfreiheitlichen Schrankensystematik** zu sorgen. Diesen Eindruck verstärkte insbesondere das vieldiskutierte Urteil in der Rs. *PreussenElektra*[145], in dem sich der EuGH aufgrund eines Vorlagebeschlusses des LG Kiel im Verfahren des Art. 267 AEUV mit einer – später in das sog. Erneuerbare-Energien-Gesetz[146] überführten und im Laufe der Zeit regulatorisch wie institutionell erheblich verdichteten – Regelung des damaligen deutschen Stromeinspeisungsgesetzes zu befassen hatte, die das Ziel verfolgt, im Interesse des Klimaschutzes und der Schonung natürlicher Ressourcen einen Anreiz für den verstärkten Ausbau der regenerativen Stromerzeugung in Deutschland zu schaffen. Konkret werden private Elektrizitätsversorgungsunternehmen (EVU) durch die fragliche Regelung verpflichtet, den in ihrem Versorgungsgebiet erzeugten Strom aus erneuerbaren Energiequellen zu bestimmten Mindestpreisen abzunehmen, die über dem tatsächlichen wirtschaftlichen Wert dieses Stroms liegen; zum anderen sieht diese Regelung vor, dass die sich aus der vorgenannten Verpflichtung ergebenden finanziellen Belastungen zwischen den EVU und privaten Betreibern der vorgelagerten Stromnetze aufgeteilt werden.[147] Im Lichte der oben erörterten Rechtsprechung (→ Rn. 29) konnte es im Ergebnis zwar kaum überraschen, dass der EuGH die streitige Regelung des deutschen Stromeinspeisungsgesetzes in seinem *PreussenElektra-Urteil* als mit Art. 28 EGV [jetzt: Art. 34 AEUV] vereinbar ansah. Schwieriger einzuordnen sind jedoch seine Ausführungen zur Frage, warum genau der EuGH diese gemäß der *Dassonville*-Formel (→ Rn. 29) eindeutig in den Anwendungsbereich des Art. 34 AEUV fallende Regelung, die ausschließlich die Erzeuger inländischen „Ökostroms" begünstigt und insoweit keine unterschiedslos anwendbare Maßnahme im Sinne der *Cassis*-Rechtsprechung (→ Rn. 29) darstellt, als mit Art. 28 EGV [jetzt: Art. 34 AEUV] vereinbar ansah. Offen geblieben ist im *PreussenElektra*-Urteil insbesondere, ob der EuGH den Umweltschutz fortan als tatbestandsimmanente Bereichsausnahme des Art. 34 AEUV behandelt wissen will, ob er den Umweltschutz als ungeschriebenen Rechtfertigungsgrund in den normalerweise für diskriminierende Maßnahmen reservierten Rechtfertigungskatalog des Art. 36 S. 1 AEUV hineinzulesen können glaubt, ob er die *Cassis*-Formel nun auch auf unmittelbar oder mittelbar diskriminierende Maßnahmen anwendet oder ob er den Umweltschutz als einen sowohl auf diskriminierende als auch auf diskriminierungsfreie Maßnahmen anwendbaren, eigenständigen und möglicherweise direkt aus Art. 3 Abs. 3 UAbs. 1 S. 2 EUV – gegebenenfalls in Verbindung mit Art. 11 AEUV – herzuleitenden Rechtfertigungsgrund ansieht.

---

[143] So auch *Epiney*, Umweltrecht in der Europäischen Union, 1997, S. 119; *Scheuing* EuR 2001, 1 (6).
[144] Vgl. EuGH C-389/96, Slg. 1998, I-4473 Rn. 19 – Aher-Waggon; C-203/96, Slg. 1998, I-4075 Rn. 44 – Chemische Afvalstoffen Dusseldorp ua; EuGH C-473/98, Slg. 2000, I-5681 Rn. 39 – Toolex Alpha; EuGH C-209/98, Slg. 2000, I-3743 Rn. 44 ff. – Entrepenørforeningens Affalds; näher zu diesen Urteilen *Heselhaus* EuZW 2001, 645 ff.; *Nowak* VerwArch 2002, 368 ff.; *Scheuing* EuR 2002, 619 (640 ff.).
[145] EuGH C-379/98, Slg. 2001, I-2099 ff. – PreussenElektra; aus der Vielzahl einschlägiger Urteilsanm. vgl. nur *Gündisch* NJW 2001, 3686 ff.; *Koenig/Kühling* NVwZ 2001, 768 ff.; *Nagel* ZUR 2001, 263 ff.; *Ruge* EuZW 2001, 247 f.; *Streinz* JuS 2001, 596 f.; näher zu diesem Vorabentscheidungsurteil vgl. ferner *Bungenberg* EuR Beih. 3/2004, 57 (61 ff.); *Faber* NuR 2002, 140 ff.; *Heselhaus* EuZW 2001, 645 ff.; *Nowak* VerwArch 2002, 368 ff.
[146] Zunächst EEG vom 29.3.2000 (BGBl. 2000 I 2633); aktuell EEG 2017 v. 21.7.2014 (BGBl. 2014 I 1066), zuletzt geändert am 13.5.2019 (BGBl. 2019 I 706).
[147] Vgl. dazu näher *Bungenberg/Motzkus* in v. Kielmansegg, Die EEG-Reform, S. 81 (102 f.).

Trotz rechtsdogmatischer Unklarheiten (→ Rn. 30) ist das vorgenannte *PreussenElektra*-Urteil, dessen umweltfreundlicher Grundansatz in den jüngeren **Vorabentscheidungsurteilen des EuGH in den Rs. *Ålands Vindkraft*[148] und *Essent Belgium*[149]** eindrucksvoll bestätigt wurde, im Ergebnis zu begrüßen: Aus der unionsverfassungsrechtlichen Gleichrangigkeit von Umweltschutz, Markt-, Wirtschafts- und Wettbewerbsfreiheit (→ Rn. 23 f.) folgt in der Tat, dass sowohl diskriminierungsfreie als auch unmittelbar und/oder mittelbar diskriminierende Grundfreiheitseingriffe einer dem unionsverfassungsrechtlichen Verhältnismäßigkeitsgrundsatz verpflichteten Rechtfertigung aus Gründen des Umweltschutzes zugänglich zu machen sind. Eine Beschränkung dieser Möglichkeit auf nichtdiskriminierende Maßnahmen ist nach der hier vertretenen Auffassung nicht angezeigt, da die im Bereich der warenverkehrsfreiheitlichen Schrankensystematik anzusiedelnde Verhältnismäßigkeitsprüfung hinreichend streng ist[150] und damit gewährleistet, dass sich nicht jede umweltpolitisch motivierte Maßnahmen zwangsläufig gegenüber dem Geltungsanspruch der EU-Warenverkehrsfreiheit durchsetzt.[151] Insoweit ist der Umweltschutz entweder als ungeschriebener Rechtfertigungsgrund in die grundfreiheitsspezifischen Rechtfertigungskataloge des AEUV hineinzulesen oder als ein eigenständiger, die vertraglich geregelten Rechtfertigungsgründe und die „zwingenden Erfordernisse" im Sinne der *Cassis*-Rechtsprechung ergänzender Rechtfertigungsgrund heranzuziehen (→ Rn. 30).[152] Eine im *PreussenElektra*-Urteil weder explizit anerkannte noch ausgeschlossene **Bereichsausnahme zu Gunsten des Umweltschutzes im Anwendungsbereich grundfreiheitlicher Verbotstatbestände ist** indes **abzulehnen**, weil eine solche Bereichsausnahme einen Vorrang des Umweltschutzes gegenüber der Wirtschafts-, Wettbewerbs- und Marktfreiheit voraussetzen würde, der sich im geltenden Unionsrecht nicht nachweisen lässt (→ Rn. 23 f.).

III. Umweltschutz als Schranke EU-wettbewerbsrechtlicher Verbotstatbestände

Zwischen den wettbewerbsrechtlichen Verbotstatbeständen des primären Unionsrechts, zu denen insbesondere das in Art. 101 Abs. 1 AEUV niedergelegte Kartellverbot, das in Art. 102 AEUV geregelte Verbot des Missbrauchs marktbeherrschender Stellungen und das in Art. 107 Abs. 1 AEUV verankerte Beihilfeverbot gehören, und den vorangehend erörterten Grundfreiheiten (→ Rn. 28 ff.) besteht ein enges Komplementärverhältnis.[153] Insofern vermag es auch kaum zu überraschen, dass im einschlägigen Schrifttum bereits seit geraumer Zeit beispielsweise über die Anwendung der den Umweltschutz einschließenden „zwingenden Erfordernisse" im Sinne der oben angesprochenen *Cassis*-Rechtsprechung (→ Rn. 29, 31) und über die **Anerkennung eines eigenständigen Rechtfertigungs-**

---

[148] Vgl. EuGH C-573/12, ECLI:EU:C:2014:2037 Rn. 76 ff. – Ålands Vindkraft, jeweils mAnm *Gundel* RdE 2014, 387 ff., *Ludwigs* EuZW 2014, 627 f. und *Szydło* CMLR 52 (2015), 489 ff.; näher zu diesem ebenfalls das Spannungsverhältnis zwischen dem warenverkehrsfreiheitlichen Verbotstatbestand des Art. 34 AEUV und dem Umweltschutz betreffenden Urteil vgl. auch *Brückmann/Steinbach* EnWZ 2014, 346 ff.; *Grabmayr/Kahles* RdE 2014, 183 ff.
[149] EuGH verb. Rs. C-204/12 bis C-208/12, ECLI:EU:C:2014:2192 Rn. 89 ff. – Essent Belgium.
[150] Zu der in der jüngeren Vergangenheit deutlich strenger gewordenen Verhältnismäßigkeitsprüfung durch den Unionsrichter vgl. etwa EuGH C-473/98, Slg. 2000, I-5681 Rn. 38 ff. – Toolex Alpha; EuGH C-157/99, Slg. 2001, I-5473 Rn. 75 ff. – Smits u. Peerbooms; EuGH C-320/03, Slg. 2005, I-9871 Rn. 85 ff. – Kommission/Österreich; EuGH verb. Rs. C-338/04, C-359/04 u. C-360/04, Slg. 2007, I-1891 Rn. 51 ff. – Placanica ua; EuGH C-322/01, Slg. 2003, I-14887 Rn. 112 ff. – DocMorris; EuGH C-140/03, Slg. 2005, I-3177 Rn. 36 – Kommission/Griechenland; EuGH C-170/04, Slg. 2007, I-4071 Rn. 43 ff. – Rosengren ua; EuGH C-319/06, Slg. 2008, I-4323 Rn. 50 ff. – Kommission/Luxemburg; EuGH C-500/06, Slg. 2008, I-5785 Rn. 39 f. – Corporación Dermoestética; EuGH C-531/07, Slg. 2009, I-3717 Rn. 35 f. – Fachverband der Buch- und Medienwirtschaft; EuGH C-108/09, Slg. 2010, I-12213 Rn. 57 ff. – Ker-Optica; EuGH C-549/15, ECLI:EU:C:2017:490 Rn. 90 ff. – E.ON Biofor Sverige.
[151] Instruktiv dazu in spezieller Ansehung einer deutschen Dosenpfandregelung vgl. EuGH C-463/01, Slg. 2004, I-11705 ff. – Kommission/Deutschland.
[152] Vgl. auch *Bungenberg* in Grabenwarter, EnzEur Bd. 2, § 17 Rn. 129; *Kahl* FS P.-C. Müller-Graff, 2015, 682 (685 f.).
[153] Näher dazu vgl. *Nowak* EuR Beih. 3/2004, 77 ff.

grundes „**Umweltschutz**" **im Europäischen Wettbewerbsrecht** nachgedacht wird.[154] Dieser Aspekt spielt insoweit in die Grundrechtsdimensionen des Umweltschutzes hinein, als das Europäische Wettbewerbsrecht die Freiheitssphären der Marktteilnehmer im Interesse der chancengleichen Teilnahme am Marktgeschehen abgrenzt und daher unter anderem auch der Verwirklichung der Unionsgrundrechte dient[155], womit vor allem die unternehmerische Freiheit nach Art. 16 GRC (→ § 35) angesprochen ist, die neben einer Reihe anderer Teilgewährleistungen auch die Wettbewerbsfreiheit schützt (→ § 35 Rn. 35 f.).

33   In der Rechtsprechung des EuGH und in der Europarechtslehre ist in den zurückliegenden Jahren nicht nur der Versuch unternommen worden, den Erfordernissen des Umweltschutzes ein stärkeres Gewicht im Rahmen der grundfreiheitlichen Schrankensystematik zu verleihen (→ Rn. 28 ff.). Vielmehr sind auch eine Reihe von Ansätzen und Initiativen entwickelt worden, um den Erfordernissen des Umweltschutzes durch eine **umweltschutzfreundliche Auslegung wettbewerbsrechtlicher Freistellungs- und Ausnahmetatbestände** zum Durchbruch zu verhelfen.[156] Hierbei kann es allerdings nicht darum gehen, den Umweltschutz zu einer beihilfenkontroll-, fusions- und kartellrechtlichen Bereichsausnahme erstarken zu lassen. Dies wird mehrheitlich zu Recht abgelehnt[157], weil eine solche wettbewerbsrechtliche Bereichsausnahme einen Vorrang des Umweltschutzes gegenüber der Wettbewerbsfreiheit und -politik voraussetzen würde, der dem Unionsverfassungsrecht nicht entnommen werden kann (→ Rn. 23 f.). Vor diesem Hintergrund hat eine umweltschutzfreundliche Auslegung der primärrechtlichen Wettbewerbsregeln ausschließlich bei den jeweiligen materiell-rechtlichen Freistellungs- und/oder Ausnahmetatbeständen anzusetzen.[158] Am nachhaltigsten hat sich diese Erkenntnis bislang im Anwendungsbereich des primärrechtlich in den Art. 107–109 AEUV geregelten Beihilfenrechts durchgesetzt. In diesem Bereich, in dem sich der Unionsrichter bereits mehrfach mit dem Spannungsverhältnis zwischen dem in Art. 107 Abs. 1 AEUV niedergelegten Beihilfeverbot und dem Umweltschutz einschließlich des Klimaschutzes zu befassen hatte[159], gibt es zum einen die sog. **Leitlinien für staatliche Umweltschutz- und Energiebeihilfen 2014–2020**[160], mit denen insbesondere der in Art. 11 AEUV und Art. 37 GRC angeordneten Berücksichtigung von Umweltbelangen (→ Rn. 12–16) im speziellen Bereich der unionalen Kontrolle staatlicher Beihilfen Rechnung getragen wird.[161] Zum anderen ist in

---

[154] Im Überblick dazu vgl. mwN *Frenz*, Europäisches Umweltrecht, 1997, S. 241 f.
[155] Zutr. *Mager* EuR Beih. 3/2004, 41 (54).
[156] Ausführlicher dazu vgl. mwN *Nowak* in Bruha/Hesse/Nowak, Welche Verfassung für Europa?, S. 215 ff.; sowie *Frenz* in Nowak, Konsolidierung und Entwicklungsperspektiven des Europäischen Umweltrechts, S. 104 (115ff.); *Terhechte* ZUR 2002, 274 ff.; ferner vgl. in diesem Kontext *Kloepfer* JZ 2002, 1117 ff.
[157] Vgl. nur *v. Bernuth*, Umweltschutzfördernde Unternehmenskooperationen und das Kartellverbot des Gemeinschaftsrechts, 1996, S. 134 ff.; *Frenz*, Nationalstaatlicher Umweltschutz und EG-Wettbewerbsfreiheit, 1997, S. 50; *Pernice* EuZW 1992, 139 (141).
[158] Näher dazu vgl. etwa *Nowak* in Bruha/Hesse/Nowak, Welche Verfassung für Europa?, S. 215 ff.; *Terhechte* ZUR 2002, 274 (276 f.).
[159] Vgl. insbes. EuGH C-379/98, Slg. 2001, I-2099 ff. – PreussenElektra; EuGH C-262/12, ECLI:EU:C:2013:851 Rn. 14 ff. – Association Vent De Colère! Fédération nationale, mAnm *Schlacke/Kröger* ZUR 2015, 27 ff.; insbes. zur grundrechtlichen Privilegierung stromintensiver Unternehmen vgl. *Bungenberg/Motzkus* in v. Kielmansegg, Die EEG-Reform, S. 81 (90 ff.); vgl. aber nunmehr EuGH C-405/16 P, ECLI:EU:C:2019:268 – Deutschland/Kommission; ausführlich zur beachtlichen Rolle des Umweltschutzes im EU-Beihilfenrecht vgl. auch *Burgi/Wolff* EuZW 2014, 647 ff.; *Cremer* EuZW 2007, 591 ff.; *Ekardt* in Nowak, Konsolidierung und Entwicklungsperspektiven des Europäischen Umweltrechts, S. 134 ff.; *Ezcurra* EStAL 2014, 665 ff.; *Grabmayr/Kahles* RdE 2014, 183 ff.; *Ismer/Karch* ZUR 2013, 526 ff.; *Kahle* NVwZ 2014, 1563 ff.; *Schlacke/Kröger* NVwZ 2013, 313 ff.; *Schlacke/Kröger* ZUR 2015, 27 ff.; *Schütt* ZNER 2012, 133 ff.; *Szydło* CMLR 52 (2015), 489 ff.
[160] Vgl. dazu die Mitteilung der Kommission – Leitlinien für staatliche Umweltschutz- und Energiebeihilfen 2014–2020, ABl. 2014 C 200, 1 ff.; näher zu diesen Leitlinien vgl. *Nicolaides/Kleis* EStAL 2014, 636 ff.; *Sanden* EStAL 2014, 650 ff.
[161] Exemplarisch zur Rolle des Art. 6 EGV [jetzt: Art. 11 AEUV] bei der Beurteilung der Vereinbarkeit umweltschutzbezogener Beihilfevorhaben der Mitgliedstaaten auf der Grundlage des damaligen Gemeinschaftsrahmens für staatliche Umweltschutzbeihilfen (ABl. 2001 C 37, 3 ff.) vgl. EuG T-176/01, Slg. 2004, II-3931 Rn. 134 – Ferriere Nord SpA/Kommission.

diesem Kontext auf die in den Art. 36–49 der Allgemeinen Gruppenfreistellungs-VO (EU) Nr. 651/2014[162] niedergelegten **Freistellungstatbestände für verschiedenste Umwelt- und Energiebeihilfen**[163] hinzuweisen, die den Geltungsanspruch des in Art. 107 Abs. 1 AEUV niedergelegten Beihilfeverbots zu Gunsten des Umweltschutzes einschließlich des Klimaschutzes recht stark relativieren bzw. partiell durchbrechen. Gelegentlich kommt aber die Berücksichtigung der in Art. 11 AEUV angesprochenen Erfordernisse des Umweltschutzes im Anwendungsbereich des EU-Beihilfenrecht viel zu kurz. Dies veranschaulichte zuletzt insbesondere das allerdings noch nicht rechtskräftige Urteil in der Rs. *Hinkley Point*[164], mit dem das EuG staatlichen Beihilfen für Kernkraftwerke gewissermaßen einen „Persilschein" ausgestellt hat.[165]

D. Unionsgrundrechtlicher Schutz vor Umweltbeeinträchtigungen

Im Mittelpunkt steht nunmehr die Frage, ob es im Recht der EU ein **eigenständiges Umweltgrundrecht** gibt oder ob sich der Schutz gegen bzw. vor Umweltbeeinträchtigungen allein unter Rückgriff auf **umweltschützende Teilgewährleistungen anderer Unionsgrundrechte** grundrechtlich fundieren lässt. Hierbei veranlasst das gegenwärtige Fehlen eines eigenständigen EU-Umweltgrundrechts geschriebener Art (→ Rn. 35) zunächst einmal dazu, unter Berücksichtigung der umweltgrundrechtlichen Situation im Völkerrecht einschließlich der EMRK und im Umweltverfassungsrecht der EU-Mitgliedstaaten den bestehenden **Möglichkeiten und Grenzen der Herleitung eines ungeschriebenen Umweltgrundrechts im Wege der wertenden Rechtsvergleichung** auf den Grund zu gehen (→ Rn. 36 ff.), um sodann die umweltschützenden Teilgewährleistungen anderer (bereits anerkannter) Unionsgrundrechte in den Blick zu nehmen (→ Rn. 46). 34

I. Das Fehlen eines eigenständigen EU-Umweltgrundrechts geschriebener Art

Ein eigenständiges Umweltgrundrecht materieller oder prozeduraler Art ist dem geschriebenen Unionsrecht bislang fremd. Aus einer Gesamtschau der ökologischen Verfassungsziele des Art. 3 Abs. 3 UAbs. 1 S. 2 EUV und des Art. 21 Abs. 2 lit. d und f EUV (→ Rn. 10 f.), der in Art. 11 AEUV und Art. 37 GRC niedergelegten Querschnitts- und Integrationsklauseln (→ Rn. 12–16) sowie der in den Art. 191–193 AEUV geregelten umweltpolitischen Grundsätze (→ Rn. 19 f.) lässt sich ein derartiges Umweltgrundrecht ebenfalls nicht ableiten, da diese objektivrechtlichen Kernbestandteile der europäischen (supranationalen) Umweltverfassung ihrerseits keinen subjektivrechtlichen Gehalt aufweisen (→ Rn. 9 ff.). Obwohl es auf der Ebene des Unionsrechts in der Vergangenheit keineswegs an **politischen Entschließungen und Erklärungen** gemangelt hat, in denen den Bürgern gelegentlich das Recht auf eine saubere und gesunde bzw. geschützte Umwelt zugesprochen wurde[166], konnte sich auch der Grundrechtekonvent letztendlich nicht dazu 35

---

[162] VO (EU) Nr. 651/2014 der Kommission v. 17. Juni 2014 zur Feststellung der Vereinbarkeit bestimmter Gruppen von Beihilfen mit dem Binnenmarkt in Anwendung der Artikel 107 und 108 des Vertrags über die Arbeitsweise der Europäischen Union, ABl. 2014 L 187, 1 ff.
[163] Ausführlich zu diesen zahlreichen Freistellungstatbeständen vgl. *Nowak* in Immenga/Mestmäcker S. 566 ff.
[164] EuG T-356/15, ECLI:EU:T:2018:439 – Österreich/Kommission (noch nicht rechtskräftig); das diesbezüglich beim EuGH anhängige Rechtsmittelverfahren trägt die Rechtssachennummer C-594/18 P.
[165] Mit einer überzeugenden Kritik dazu vgl. *Kühling* EnZW 2018, 337 f., ua mit der These, dass der Tag der Verkündung des vorgenannten EuG-Urteils – dh der 12.7.2018 – „als schwarzer Tag für den Kampf um den grünen Strom in die Geschichtsbücher eingehen [dürfte]".
[166] Vgl. dazu zum einen die Dubliner Erklärung der Staats- und Regierungschefs vom Juni 1990 (abgdr. im fünften Umweltaktionsprogramm „Für eine dauerhafte und umweltgerechte Entwicklung"), ABl. 1993 C 138, 5 (20), in sich diese „Chefs" zu umweltpolitischen Maßnahmen verpflichteten, um „[…] den Bürgern das Recht auf eine saubere und gesunde Umwelt zu garantieren"; zum anderen vgl. Ziff. 14 der Entschließung des EP zu den verfassungsmäßigen Grundlagen der EU v. 12. Dezember 1990 (ABl. 1991 C 19, 65), wo es heißt: „Die Union garantiert dem Recht der Bürger auf eine gesunde und geschützte Umwelt". In ähnlicher Weise forderte das EP ein Umweltgrundrecht in Titel VII (Ziff. 21 zu Art. 7) des

durchringen, den lediglich als eine objektivrechtliche „grundsatzartige" Synthese des Art. 3 Abs. 3 UAbs. 1 S. 2 EUV, Art. 11 AEUV und der Art. 191–193 AEUV zu verstehenden Art. 37 GRC (→ Rn. 15 f.) umweltgrundrechtlich zu konzipieren bzw. zu formulieren. Damit fällt Art. 37 GRC aus umweltgrundrechtlicher Perspektive nicht nur hinter die vorgenannten Erklärungen und Entschließungen zurück, sondern auch hinter die am 30.10.2001 in Kraft getretene **„Århus-Konvention"**[167], die die Vertragsparteien immerhin zur Gewährleistung der Rechte auf Zugang zu Umweltinformationen, auf Öffentlichkeitsbeteiligung an Entscheidungsverfahren und auf Zugang zu Gerichten in Umweltangelegenheiten verpflichtet[168] und insoweit durchaus für die Verankerung eines zumindest prozeduralen Umweltgrundrechts in Art. 37 GRC gesprochen hätte[169], auch wenn dessen drei Kerngewährleistungen (Recht auf Zugang zu Umweltinformationen; Recht auf Öffentlichkeitsbeteiligung an Entscheidungsverfahren; Recht auf Zugang zu Gerichten in Umweltangelegenheiten) bereits in einem recht weiten Umfang auf EU-sekundärrechtlicher Ebene sichergestellt worden sind (→ Rn. 48 f.).

II. Möglichkeiten und Grenzen der Herleitung eines ungeschriebenen EU-Umweltgrundrechts im Wege der wertenden Rechtsvergleichung

36 Angesichts des objektivrechtlichen Wortlauts und Regelungsgehalts des Art. 37 GRC (→ Rn. 15 f.) scheinen die Würfel bis auf Weiteres gegen die explizite Anerkennung eines sowohl in den Gründungsverträgen der EU als auch in der Rechtsprechung der Unionsgerichte bislang unerwähnt gebliebenen Unionsgrundrechts auf eine saubere, intakte, sichere, gesunde, menschenwürdige oder ähnlich bezeichnete Umwelt gefallen zu sein. Etwas anderes würde nur dann gelten, wenn es – entgegen dem vorherrschenden Meinungsbild im Schrifttum – gelänge, ein derartiges Grundrecht in Gestalt eines allgemeinen (ungeschriebenen) Grundsatzes des Unionsrechts iS des Art. 6 Abs. 3 EUV im Wege der wertenden Rechtsvergleichung (→ § 1 Rn. 62; → § 2 Rn. 2) herzuleiten.[170] Nach der ständigen Rechtsprechung der Unionsgerichte bilden die ungeschriebenen Unionsgrundrechte eine Teilgruppe der **allgemeinen Rechtsgrundsätze des Unionsrechts** (→ § 1 Rn. 58 ff., → § 7 Rn. 3), die der Gerichtshof der EU im Einklang mit den gemeinsamen Verfassungsüberlieferungen der Mitgliedstaaten und den völkerrechtlichen Verträgen, an deren Abschluss die Mitgliedstaaten beteiligt waren oder denen sie beigetreten sind, zu wahren hat.[171] Besondere Bedeutung attestieren die Unionsgerichte bei der Ermittlung und Inhaltsbestimmung ungeschriebener Unionsgrundrechte vor allem der EMRK[172], auch wenn die Organe, Einrichtungen und sonstigen Stellen der EU nicht unmittelbar an diese

---

Verfassungsentwurfes für die EU v. 10.2.1994, wo es heißt: „Jeder hat das Recht auf Schutz und Erhaltung seiner natürlichen Umwelt"; zum lediglich politischen Gehalt dieser Bekenntnisse vgl. *Ruffert* S. 40 f.

[167] UN/ECE-Konvention über den Zugang zu Informationen, die Öffentlichkeitsbeteiligung an Entscheidungsverfahren und den Zugang zu Gerichten in Umweltangelegenheiten vom 2.6.1998 („Århus-Konvention", NVwZ-Beilage 3/2001).

[168] Ausführlicher dazu vgl. etwa *Epiney* EuRUP 2019, 2 ff.; *Krämer* EurUP 2019, 17 ff.; *Scheyli* AVR 38 (2000), 217 ff.; *Seifert* ZEuS 2016, 49 ff.; *Sommermann* ZaöRV 77 (2017), 321 ff.

[169] Zutr. *Calliess* EuZW 2001, 261 (265 f.); *Madner* in Holoubek/Lienbacher, GRC-Kommentar, GRC Art. 37 Rn. 11.

[170] Dies wird in der Lit. bislang überwiegend verneint bzw. für nicht möglich gehalten, vgl. nur *Calliess* in Bosselmann S. 212; *Kahl* in Streinz AEUV Art. 191 Rn. 27; *Krämer* EuGRZ 1988, 285 (291); *Schröder* EurUP 2015, 225 (225); *Szczekalla* in Rengeling, Hdb UmweltR, § 12 Rn. 33; *Thym* NuR 2000, 557 (560). Näher zum Umgang mit dem Umweltschutz in verschiedenen Verfassungsrechtsordnungen der Mitgliedstaaten vgl. auch *Bothe* in Pâques S. 1 ff.; *Orth* NuR 2007, 229 ff.; *Rengeling/Szczekalla* Grundrechte in der EU § 32 Rn. 1050; *Rudolf* in NK-EuGRCh GRCh Art. 37 Rn. 3; *Schröder* JöR 58 (2010), 195 ff.; *Thym* NuR 2000, 557 ff.

[171] Vgl. nur EuGH 4/73, Slg. 1974, 491 Rn. 13 – Nold/Kommission; EuGH C-94/00, Slg. 2002, I-9011 Rn. 23 – Roquette Frères; EuGH C-36/02, Slg. 2004, I-9609 Rn. 33 – Omega Spielhallen- und Automatenaufstellungs GmbH.

[172] Vgl. nur EuGH 222/84, Slg. 1986, 1651 Rn. 18 – Johnston; EuGH verb. Rs. 46/87 u. 227/88, Slg. 1989, 2859 Rn. 13 – Hoechst/Kommission; EuGH C-260/89, Slg. 1991, I-2925 Rn. 41 – ERT;

Konvention gebunden sind, solange die EU – wie dies in Art. 6 Abs. 2 S. 1 EUV propagiert wird – nicht der EMRK beigetreten ist, womit im Lichte des EuGH-Gutachtens 2/13 vom 18.12.2014[173] bis auf Weiteres nicht zu rechnen ist (→ § 1 Rn. 55 ff.). Vor diesem Hintergrund ist im Folgenden zunächst ein Blick auf die **EMRK und sonstige internationale Verträge** zu werfen, die im Rahmen der wertenden Rechtsvergleichung – für sich genommen – zunächst einmal gegen die Existenz eines materiellen EU-Umweltgrundrechts in Gestalt eines ungeschriebenen Grundsatzes des Unionsrechts sprechen (→ Rn. 37 ff.). Da aber beispielsweise die Rechtsprechung der Unionsgerichte zum Unionsgrundrecht der Berufsfreiheit zeigt, dass die mangelnde Erwähnung eines Grundrechts in der EMRK und ihren Zusatzprotokollen der Anerkennung eines solchen Grundrechts in der Unionsrechtsordnung nicht entgegensteht (→ § 34 Rn. 1 ff.), kommt es bei der Suche nach einem etwaigen EU-Umweltgrundrecht vor allem auf die rechtsvergleichende Auswertung der diesbezüglich überaus heterogenen Verfassungsüberlieferungen bzw. **umweltverfassungsrechtlichen Traditionen der EU-Mitgliedstaaten** (→ Rn. 40 ff.) sowie auf die Beantwortung der Frage an, ob sich ein derartiges Grundrecht nach Maßgabe des in der zurückliegenden Grundrechtsrechtsprechung des EuGH entwickelten Vorbehalts der Struktur- und Zielkompatibilität[174] in die **Struktur und Ziele der Union** einfügen würde (→ Rn. 45).

1. Umweltgrundrechtliche Situation im Völkerrecht unter besonderer Berücksichtigung der EMRK. Die nach ihrer Entstehungsgeschichte und Schutzrichtung eher anthropozentrisch ausgerichtete[175] **EMRK** kennt bislang **kein** durch den Einzelnen durchsetzbares **Umweltgrundrecht eigenständiger Art.**[176] Zwar hat es in der Vergangenheit nicht an ambitionierten Forderungen gemangelt, die auf die Schließung genau dieser umweltgrundrechtlichen Lücke in der EMRK abzielten.[177] Da sich diese Forderungen jedoch bislang nicht durchsetzen konnten, konzentriert sich das einschlägige Schrifttum in Ansehung der EMRK sowie der bisherigen Entscheidungspraxis der Konventionsorgane auf die Erörterung bzw. Untersuchung umweltschützender Teilgewährleistungen in der EMRK enthaltenen Grundrechte und Grundfreiheiten, wobei in der Regel zwischen materiellen und verfahrensrechtlichen Teilgewährleistungen differenziert wird.[178] Diesbezüglich ist im Schrifttum unter besonderer Berücksichtigung der *López Ostra*-Entscheidung des EGMR[179] und einiger anderer EGMR-Urteile[180] zum einen herausgearbeitet worden,

37

EuGH C-274/99 P, Slg. 2001, I-1611 Rn. 37 – Connolly/Kommission; EuGH C-112/00, Slg. 2003, I-5659 Rn. 71 – Schmidberger.
173 EuGH Gutachten 2/13, ECLI:EU:C:2014:2454 – Beitritt der EU zur EMRK; ausführlich zu diesem überaus kontrovers diskutierten Gutachten vgl. etwa *Breuer* EuR 2015, 330 ff.; *Castán* DÖV 2016, 12 ff.; *Dollat* RDUE 2016, 513 ff.; *Jacqué* CDE 2015, 19 ff.; *Lambrecht* EHRLR 2015, 185 ff.; *Lengauer* ZfRV 2015, 100 ff.; *Martins* ZÖR 2016, 27 ff.; *Pernice* CDE 2015, 47 ff.; *Schmahl* JZ 2016, 921 ff.; *Schmidt* jM 2015, 417 ff.; *Schorkopf* JZ 2015, 781 ff.; *Streinz* JuS 2015, 567 ff.; *Thym* EuZW 2015, 180; *Tomuschat* EuGRZ 2015, 133 ff.; *Wendel* NJW 2015, 921 ff.; *de Witte/Imamović* ELR 40 (2015), 683 ff.
174 Grdlg. EuGH 11/70, Slg. 1970, 1125 Rn. 4 – Internationale Handelsgesellschaft.
175 Zur überwiegend angenommenen anthropozentrischen Ausrichtung der EMRK vgl. auch *Kley-Struller* EuGRZ 1995, 507 (508); *Schmidt-Radefeldt* S. 55.
176 Vgl. nur *Jesenko* ERA Forum 2018, 295 (298); *Kley-Struller* EuGRZ 1995, 507 ff.; *Pedersen* EPL 16 (2010), 571 ff.; *Rest* NuR 1997, 209 (211 ff.); *Shelton* StanJIL 28 (1991), 103 (114); *Villiger* HdBEMRK Rn. 109; *Weber* HRLJ 1991, 177 ff.
177 Vgl. nur *Steiger,* Das Recht auf eine menschenwürdige Umwelt – Vorschlag eines Zusatzprotokolls zur Europäischen Menschenrechtskonvention – Vom Arbeitskreis für Umweltrecht, 1973, passim; *Van Dyke* VaELJ 13 (1994), 323 ff.; mwN *Calliess* in Bosselmann S. 211 f.; *Ruffert* S. 27 f.; *Schmidt-Radefeldt* S. 57 f.
178 Ausführlicher dazu vgl. etwa *Braig* AUR 2015, 410 ff.; *Heselhaus/Marauhn* EuGRZ 2005, 549 ff.; *Kley-Struller* EuGRZ 1995, 507 (509 ff.); *Pedersen* EPL 16 (2010), 571 ff.; *Schmidt-Radefeldt* S. 66 ff.; *Szczekalla* in Rengeling, Hdb UmweltR, § 12 Rn. 34 ff.; *Jarvis/Sherlock* ELRev Supp (HR) 24 (1999), 15 ff.; *Theil* NuR 2014, 330 ff.
179 EGMR 9.12.1994 – 16798/90, EuGRZ 1995, 530 – López Ostra/Spanien; dazu vgl. *Sands* EHRLR 1996, 597 ff.
180 EGMR 21.2.1990 – 9310/81, ÖJZ 1990, 418 – Powell u. Rayner/Vereinigtes Königreich; EGMR 19.2.1998 – 14967/89, Rep. 1998-I, 210 ff. = NVwZ 1999, 57 – Guerra ua/Italien; EGMR 13.12.2012

dass sich Art. 8 EMRK, der jedermann einen Anspruch auf Achtung seines Privat- und Familienlebens, seiner Wohnung und seines Briefverkehrs verleiht, mittlerweile zur Leitnorm eines (mittelbaren) grundrechtlichen Immissionsschutzes gemeineuropäischer Art entwickelt hat.[181] Zum anderen werden als weitere **Ansatzpunkte materieller umweltschützender Teilgewährleistungen** die aus Art. 2 Abs. 1 S. 1 EMRK ableitbaren (grundrechtlichen) Schutzpflichten für das Leben[182], das in Art. 10 Abs. 1 EMRK verankerte Recht auf freie Meinungsäußerung[183] und in einer sehr viel defensiveren Weise auch das in Art. 3 EMRK kodifizierte Folterverbot, das in Art. 5 EMRK angesprochene Recht auf Sicherheit und die in Art. 1 EMRKZusProt niedergelegte Eigentumsgarantie diskutiert.[184] Dass sich diese sowohl abwehrrechtlich konzipierten als auch Schutzpflichten begründenden Teilgewährleistungen umweltschützender Art nach der bisherigen Entscheidungspraxis der Konventionsorgane nicht zu einem eigenständigen Umweltgrundrecht auf der EMRK-Ebene verdichten lassen[185], sondern lediglich mittelbare bzw. indirekte „Ansätze eines minimalen Schutzes vor übermäßigen Umweltbeeinträchtigungen" gewähren[186], gilt letztendlich auch im Hinblick auf die **verfahrensrechtlichen und rechtsschutzbezogenen Teilgewährleistungen umweltschützender Art,** die sich vor allem aus der in Art. 6 und 13 EMRK geregelten Rechtsschutzgarantie (→ § 1 Rn. 13 ff.), aus dem entweder aus Art. 8 EMRK oder Art. 10 EMRK abzuleitenden Umweltinformationsanspruch sowie aus der in Art. 3 EMRKZusProt niedergelegten Wahlrechtsgarantie ableiten lassen.[187]

38   Abgesehen davon, dass die EMRK von dem im Völkerrecht vorherrschenden Prinzip der Mediatisierung individueller Rechte abweicht, entspricht die oben skizzierte umweltgrundrechtliche Situation auf der EMRK-Ebene im Wesentlichen der umweltmenschenrechtlichen **Situation auf der Ebene des überregionalen Völkerrechts,** da auch auf dieser Ebene derzeit nicht vom Bestehen eines expliziten, rechtlich verbindlich kodifizierten und von dem Einzelnen durchsetzbaren Umweltmenschenrechts ausgegangen werden kann[188], sofern man einmal von dem Recht auf eine gesunde Umwelt absieht, dass der Interamerikanische Gerichtshof für Menschenrechte in seinem am 7.2.2018 veröffentlichten **Rechtsgutachten zu umweltbezogenen Gewährleistungen der Amerikanischen Menschenrechtskonvention** anerkannt hat[189]. Aus diesem Grunde werden im umweltvölkerrechtlichen Bereich, dem sich im Übrigen auch das Pariser Klimaübereinkommen (→ Rn. 3), das Washingtoner Artenschutzabkommen[190] sowie zahlreiche umweltschützende Regelungen in internationalen Freihandels-, Investitionsschutz- und/oder Partner-

---

– 3675/04, 23264/04, NVwZ 2014, 429 ff. – Flamenbaum ua/Frankreich; jeweils mwN zu der auf Art. 8 EMRK bezogenen EGMR-Rechtsprechung mit Umweltschutzrelevanz vgl. *Braig* AUR 2015, 410 (411 ff.); *Braig* NuR 2017, 100 (102 ff.); *Pedersen* EPL 16 (2010), 571 (573 ff.); *Steiger* FS E. Kutscheidt, 2003, 165 ff.; *Theil* NuR 2014, 330 (331 f.).

[181] Vgl. *Bungenberg* in Grabenwarter, EnzEur Bd. 2, § 17 Rn. 124; *Heselhaus/Marauhn* EuGRZ 2005, 549 ff.; *Szczekalla* in Rengeling, Hdb UmweltR, § 12 Rn. 34; ähnlich *Calliess* in Bosselmann S. 209 ff.; *Desgagné* AJIL 89 (1995), 263 ff.; *Maljean-Dubois* RGDIP 102 (1998), 995 ff.

[182] Vgl. jeweils mwN *Braig* AUR 2015, 410 (414 f.); *Bungenberg* in Grabenwarter, EnzEur Bd. 2, § 17 Rn. 127; *Theil* NuR 2014, 330 (332).

[183] Zur Umweltschutzrelevanz dieses Rechts vgl. etwa *Braig* AUR 2015, 410 (416); *Jesenko* ERA Forum 2018, 295 (299 ff.).

[184] Vgl. *Braig* AUR 2015, 410 (415 u. 417); *Szczekalla* in Rengeling, Hdb UmweltR, § 12 Rn. 35 ff.; *Theil* NuR 2014, 330 (332).

[185] So auch *Heselhaus/Marauhn* EuGRZ 2005, 549 ff.; *Schmidt-Radefeldt* S. 197.

[186] So vgl. *Calliess* in Bosselmann S. 213; *Calliess,* Rechtsstaat und Umweltstaat, S. 328 mwN.

[187] Ausführlich dazu vgl. jeweils mwN *Braig* AUR 2015, 410 (415 ff.); *Braig* NuR 2017, 100 (102 ff.); *Jesenko* ERA Forum 2018, 295 (303 f.); *Szczekalla* in Rengeling, Hdb UmweltR, § 12 Rn. 42 ff.

[188] So auch *Beyerlin,* Umweltvölkerrecht, 2000, § 22 Rn. 580 f.; *Calliess,* Rechtsstaat und Umweltstaat, S. 335 ff.; *Ruffert* S. 19 ff.; *Schmidt-Radefeldt* S. 34 ff.; näher dazu auch *Boyle* ICLQ 67 (2018), 759 ff.; instruktiv zur schwachen Position des Umweltschutzes im Rahmen des Humanitären Völkerrechts vgl. *Pretorius* ZaöRV 2018, 903 ff.

[189] Ausführlich dazu vgl. *Markus/Silva-Sánchez* ZUR 2019, 150 ff.

[190] Instruktiv dazu vgl. *Durner* AVR 54 (2016), 355 (368 ff.); *Sand* AVR 54 (2016), 561 ff.

schaftsabkommen insbesondere jüngerer Art zuordnen lassen[191], vornehmlich Verbindungen zwischen Umweltbelangen und eindeutig existierenden Menschenrechten – wie etwa dem Recht auf Leben und dem Recht auf Gesundheit bzw. körperliche Unversehrtheit – hergestellt, aus denen dann – ähnlich wie im EMRK-Recht – **umweltschützende Teilgewährleistungen materieller und verfahrensrechtlicher Art** abgeleitet werden.[192] Diese Vorgehensweise ist zum einen im Hinblick auf Art. 3 und 25 AEMR, Art. 6 Abs. 1 IPBPR und Art. 12 Abs. 2 lit. b IPWSKR festzustellen.[193] Zum anderen ist in diesem Kontext auf die Erklärung der Konferenz der Vereinten Nationen über Umwelt und Entwicklung (Rio-Deklaration) aus dem Jahre 1992 hinzuweisen, in der sich eine Kombination materieller und prozeduraler Aspekte eines völkerrechtlichen Umweltgrundrechts findet. So ist in Grundsatz 1 dieser Erklärung von einem für „die Menschen" formulierten „Recht auf ein gesundes und produktives Leben im Einklang mit der Natur" die Rede, das in Grundsatz 10 durch die sog. **„verfahrensrechtliche Trias" von Information, Partizipation und Rechtsschutz** ergänzt wird. Echte Individualgrundrechte lassen sich aus dieser überwiegend dem „soft-law" hinzugerechneten Rio-Deklaration indes genauso wenig ableiten[194] wie aus dem an sich umweltgrundrechtlich formulierten – aber rechtlich unverbindlichen – Grundsatz 1 der Stockholmer Erklärung von 1972[195] sowie aus Art. 24 Abs. 2 lit. c der Konvention über die Rechte des Kindes[196], der die Vertragsstaaten lediglich dazu anhält, bei ihren Maßnahmen zur Bekämpfung von Krankheiten und Unterernährung auch Umweltgefahren und -risiken zu „berücksichtigen".

Hinsichtlich umweltschützender Teilgewährleistungen verfahrensrechtlicher Art kommt **39** ferner der bereits erwähnten **Århus-Konvention** (→ Rn. 35) besondere Bedeutung zu. Nach Art. 1 dieser am 30.10.2001 in Kraft getretenen Konvention „gewährleistet jede Vertragspartei das Recht auf Zugang zu Informationen, auf Öffentlichkeitsbeteiligung an Entscheidungsverfahren und auf Zugang zu Gerichten in Umweltangelegenheiten in Übereinstimmung mit diesem Übereinkommen, [um] zum Schutz des Rechts jeder männlichen/weiblichen Person gegenwärtiger und künftiger Generationen auf ein Leben in einer seiner/ihrer Gesundheit und seinem/ihrem Wohlbefinden zuträglichen Umwelt beizutragen". Zwar werden auch durch diese Konvention grundsätzlich keine unmittelbar wirksamen und anwendbaren Individualrechte geschaffen.[197] Da aber einige EU-Mitgliedstaaten und die EU selbst dem Kreis der Konventionsstaaten angehören, die gemäß Art. 3 dieser Konvention ausdrücklich zur effektiven Umsetzung und Durchführung der vorgenannten Vorgaben verpflichtet sind, ist diese Konvention im Rahmen der „wertenden Rechtsvergleichung" als **Argument für die** Herleitung bzw. **Anerkennung eines immerhin prozeduralen EU-Umweltgrundrechts, aus dem sich Umweltinformationsansprüche sowie umweltschutzbezogene Partizipations- und Rechtsschutzmöglichkeiten ableiten lassen**[198], durchaus ernst zu nehmen.

---

[191] Näher dazu vgl. *Bungenberg* in Nowak, Konsolidierung und Entwicklungsperspektiven des Europäischen Umweltrechts, S. 221 ff.; *Godt* ZUR 2014, 403 ff.; *Huck* EuZW 2017, 249 ff.; *Krajewski* ZUR 2014, 396 ff.; *Stoll/Krüger/Xu* ZUR 2014, 387 ff.; sowie die beiden Entschließungen des EP jeweils v. 25. November 2010 zu Menschenrechten, Sozial- und Umweltnormen in internationalen Handelsabkommen (ABl. 2012 C 99 E, 31 ff.) und zur internationalen Handelspolitik im Zuge der Herausforderungen des Klimawandels (ABl. 2012 C 99 E, 94 ff.).
[192] Vgl. nur *Boyle* ICLQ 67 (2018), 759 ff.; *Calliess* ZUR 2000, 246 ff.; *Hobe* ZUR 1994, 15 ff.; *Rest* NuR 1997, 209 ff.
[193] Vgl. jeweils mwN *Calliess*, Rechtsstaat und Umweltstaat, S. 335 f.; *Taylor* in Bosselmann S. 234 ff.; *Warg* ZEuS 2002, 607 ff.
[194] Vgl. *Calliess*, Rechtsstaat und Umweltstaat, S. 337.
[195] Dieser Grundsatz lautet: „Man has the fundamental right to freedom, equality and adequate conditions of life, in an environment of a quality that permits a life of dignity and well-being, and he bears a solemn responsibilty to protect and improve the environment for present and future generations"; zur rechtlichen Unverbindlichkeit dieser Deklaration bzw. dieses Grundsatzes vgl. *Schmidt-Radefeldt* S. 35.
[196] BGBl. 1992 II 122.
[197] Zutr. *Calliess* EuZW 2001, 261 (265).
[198] Instruktiv zur prozeduralen Konzeption eines solchen Umweltgrundrechts vgl. etwa *Brönneke* ZUR 1993, 153 ff.; *Calliess* in Calliess/Ruffert GRC Art. 37 Rn. 9 ff.

40 2. Umweltgrundrechtliche Situation in den EU-Mitgliedstaaten. Neben der EMRK und den vorgenannten internationalen Verträgen und Übereinkommen (→ Rn. 37–39) kommt auch den mitgliedstaatlichen Verfassungsüberlieferungen im Sinne des Art. 6 Abs. 3 EUV erhebliche Bedeutung bei der Ermittlung und Inhaltsbestimmung ungeschriebener Unionsgrundrechte zu (→ Rn. 36). Die letztgenannte Rechtserkenntnisquelle steht wiederum in einem engen Zusammenhang mit der **EU-Grundrechtecharta,** da diese Charta **als Ausdruck mitgliedstaatlicher Verfassungsüberliegerungen**[199] zumindest ergänzend im Rahmen der wertenden Rechtsvergleichung (→ § 1 Rn. 62; → § 2 Rn. 2) herangezogen werden kann. Der objektivrechtlich formulierte Wortlaut des Art. 37 GRC (→ Rn. 15 f.) könnte zwar den Eindruck erwecken, dass die Anerkennung eines EU-Umweltgrundrechts nicht den umweltverfassungsrechtlichen Überlieferungen bzw. Traditionen der EU-Mitgliedstaaten entsprechen würde und dass möglicherweise gerade deshalb von einer „Versubjektivierung" des Art. 37 GRC abgesehen worden ist. Bei näherer Betrachtung der einschlägigen umweltverfassungsrechtlichen Vorschriften mitgliedstaatlicher Rechtsordnungen (→ Rn. 41 ff.)[200] zeigt sich aber, dass es in manchen EU-Mitgliedstaaten materielle und/oder prozedurale Umweltgrundrechte gibt, deren Bedeutung im Rahmen der wertenden Rechtsvergleichung trotz des gegenwärtig deutlichen Übergewichts an umweltverfassungsrechtlichen Staatszielbestimmungen in anderen Mitgliedstaaten nicht zu unterschätzen ist.

41 Eine eindeutig zu den objektivrechtlichen Staatszielbestimmungen zählende Norm, deren Einfügung in das deutsche Grundgesetz die vorher recht lange Zeit geführte Diskussion über die Existenz bzw. Notwendigkeit eines eigenständigen Umweltgrundrechts auf Bundesebene weitgehend beendet hat[201], stellt zunächst einmal **Art. 20a GG** dar. Nach dieser im Jahre 2002 zugunsten des Tierschutzes modifizierten Bestimmung, der in Zukunft möglicherweise auch noch eine weitere Staatszielbestimmung zu Gunsten des Prinzips der Nachhaltigkeit (→ Rn. 7) einschließlich der Generationengerechtigkeit hinzutritt[202], „[schützt der Staat] auch in Verantwortung für die künftigen Generationen die natürlichen Lebensgrundlagen und die Tiere im Rahmen der verfassungsmäßigen Ordnung durch die Gesetzgebung und nach Maßgabe von Gesetz und Recht durch die vollziehende Gewalt und die Rechtsprechung".[203] **Ähnliche Staatszielbestimmungen nicht-subjektivrechtlicher Art,** die in erster Linie für die umweltschutzfreundliche Auslegung einfacher Gesetze und für die Beschränkung bzw. Eingrenzung anderer Grundrechte fruchtbar gemacht werden können, finden sich im finnischen, schwedischen, litauischen, estnischen, maltesischen, polnischen, portugiesischen, slowenischen, italienischen und im österreichischen Umweltverfassungsrecht[204] sowie in Art. 70 Abs. 2 kroatVerf, Art. 21

---

[199] So vgl. auch *Lenaerts/De Smijter* CMLR 38 (2001), 273 (299); ähnlich *Busse* EuGRZ 2002, 559 (562).

[200] Rechtsvergleichend dazu vgl. auch *Bothe* in Pâques S. 1 ff.; *Orth* in NuR 2007, 229 ff.; *Rengeling/Szczekalla* Grundrechte in der EU § 32 Rn. 1050; *Rest* in Tettinger/Stern GRC Art. 37 Rn. 8; *Rudolf* in NK-EuGRCh GRCh Art. 37 Rn. 3; *Schröder* JöR 58 (2010), 195 ff.; *Thym* NuR 2000, 557 ff.

[201] Zu dieser damaligen Diskussion vgl. etwa *Dellmann* DÖV 1975, 588 ff.; *Erbguth/Schlacke* Jura 2009, 431 (432); *Kloepfer,* Zum Grundrecht auf Umweltschutz, 1978, passim; *Lücke* DÖV 1976, 289 ff.; *Soell* NuR 1985, 205 ff.

[202] Zur aktuellen Diskussion über die Sinnhaftigkeit einer solchen – ggf. in einem neuen Art. 20b GG unterzubringenden – Staatszielbestimmung vgl. *Kahl,* Nachhaltigkeitsverfassung – Reformüberlegungen, 2018, S. 21 ff.; *Wieland* ZUR 2016, 473 ff.

[203] Ausführlicher zu dieser umweltverfassungsrechtlichen Staatszielbestimmung, die nach wie vor einige vieldiskutierte Fragen aufwirft, vgl. *Becker* DVBl 1995, 713 ff.; *Hoffmann-Riem* DV 1995, 425 ff.; *Kloepfer* DVBl 1996, 73 ff.; *Murswiek* NVwZ 1996, 222 ff.; *Peters* NVwZ 1995, 555 ff.; *Schink* DÖV 1997, 221 ff.; *Steinberg* NJW 1996, 1985 ff.; *Uhle* DÖV 1993, 947 ff.; sowie aus jüngerer Zeit *Ekardt* NVwZ 2013, 1105 ff.; *Erbguth/Schlacke* Jura 2009, 431 (431 f.); *Gassner* NuR 2014, 482 ff.; *Gassner* DVBl 2017, 942 ff.; *Groß* ZUR 2009, 364 (365 ff.); *Groß* NVwZ 2011, 129 ff.; *Köck/Dilling* DÖV 2018, 594 (595 f.); *Scholz* EurUP 2016, 368 (371 ff.); *Voßkuhle* NVwZ 2013, 1 ff.

[204] Vgl. § 20 Abs. 2 finVerf; Kap. 1 § 2 Abs. 3 schwedVerf; Art. 53 Abs. 3 u. Art. 54 Abs. 1 u. 2 litVerf; Art. 53 S. 1 estnVerf; Art. 9 Abs. 2 maltVerf; Art. 5 iVm Art. 68 Abs. 4 u. Art. 74 Abs. 1–4 polnVerf; Art. 66 Abs. 2 portVerf; Art. 72 Abs. 2 slowenVerf; Art. 9 Abs. 2 italVerf; zur ähnlichen Lage nach §§ 1 f. östBVG über den umfassenden Umweltschutz v. 27.11.1984 vgl. *Kind,* Umweltschutz durch Verfassungs-

ndlVerf und Art. 24 Abs. 1 griechVerf, wenngleich gerade die Einordnung der letztgenannten Bestimmung als Staatszielbestimmung oder als Umweltgrundrecht im einschlägigen Schrifttum durchaus unterschiedlich ausfällt.[205] Mit der aus den vorgenannten Staatszielbestimmungen abzuleitenden Pflicht des jeweiligen Mitgliedstaates, Umweltschutz zu gewährleisten bzw. die natürlichen Lebensgrundlagen zu schützen, korrespondiert in einigen anderen Mitgliedstaaten das **Recht auf eine gesunde oder ähnlich bezeichnete Umwelt,** das den jeweiligen mitgliedstaatlichen Gesetzgeber jedoch dann keiner echten Grundrechtsbindung unterwirft, wenn das Recht auf Umwelt durch ihn erst geschaffen oder gesichert werden soll: So gehört das in Art. 23 Abs. 3 Nr. 4 belgVerf angesprochene „Recht auf den Schutz einer gesunden Umwelt" zu den vor allem vom belgischen Gesetzgeber zu gewährleistenden „wirtschaftlichen, sozialen und kulturellen" Rechten, die in ihrer Gesamtheit wiederum das in Art. 23 Abs. 1 belgVerf geregelte „Jedermann"-Recht absichern, „ein menschenwürdiges Leben zu führen". In ähnlicher Weise formuliert § 20 finVerf, dass „die öffentliche Gewalt [...] danach zu streben [hat], für jeden das Recht auf eine gesunde Umwelt [...] zu sichern".[206] Die umweltverfassungsrechtliche Lage in Belgien und Finnland stimmt insoweit mit derjenigen in Slowenien überein, als Art. 72 Abs. 1 slowenVerf bestimmt, dass jedermann – im Einklang mit dem Gesetz – das Recht auf gesunde Umwelt hat.

In einigen anderen EU-Mitgliedstaaten wird die staatliche Pflicht zum Schutz der Umwelt durch ein **individuelles Recht auf Umweltschutz** ergänzt, das unabhängig von staatlichen Schutzmaßnahmen zu existieren scheint, dh offenbar **nicht vollständig gesetzesmediatisiert** ist. Diesbezüglich ist zunächst einmal auf Art. XXI Abs. 1 ungVerf hinzuweisen, wonach „Ungarn [...] das Recht eines jeden auf eine gesunde Umwelt [anerkennt]" und dieses durchsetzt. Das in Ungarn existierende Umweltgrundrecht, das im Hinblick auf die einschlägige Rechtsprechung des ungarischen Verfassungsgerichts zur ebenfalls grundrechtlich formulierten Vorgängerbestimmung in Gestalt des damaligen Art. 18 ungVerf möglicherweise doch nur einen Gesetzgebungsauftrag und einen staatlichen Schutzauftrag miteinander kombiniert und insoweit einer Staatszielbestimmung gleichen könnte[207], stellt heute keinen „Ausreißer" mehr dar, auch wenn etwa das ursprünglich in der polnischen Verfassung vorhandene Umweltgrundrecht erst vor wenigen Jahren durch eine umweltschutzbezogene Staatszielbestimmung (→ Rn. 41) ersetzt worden ist. Nach der tschechischen Verfassung hat nämlich jedermann das – nicht ganz wortgleich auch in Art. 44 Abs. 1 slowakVerf[208] geregelte – **Recht auf eine günstige Umwelt**[209], das sowohl in der Slowakei als auch in Tschechien zudem durch eine prozedurale Teilgewährleistung umweltschützender Art ergänzt wird, nach der jedermann zugleich das – in ähnlicher Weise

42

---

recht – Aspekte des österreichischen Umweltverfassungsrechts mit Anmerkungen zur deutschen Rechtslage, 1994, passim; *Pernthaler* in Kerschner, Staatsziel Umweltschutz, 1996, S. 5 ff.

[205] Von der Existenz eines Umweltgrundrechts in den Niederlanden und Griechenland ausgehend vgl. etwa *Krämer* EuGRZ 1988, 285 (286); so auch für Griechenland *Kley-Struller* EuGRZ 1995, 507 (516); *Orth* NuR 2007, 229 (231); ähnlich für die Niederlande vgl. *Verschuuren* AJPIL 46 (1993), 67 ff.; aA *Rest* in Tettinger/Stern GRC Art. 37 Rn. 10, 12; *Steinberg* S. 71; *Szczekalla* in Rengeling, Hdb UmweltR, § 12 Rn. 33; *Thym* NuR 2000, 557 (558 u. 560).

[206] Ähnlich vgl. zum einen Art. 115 lettVerf („Der Staat schützt das Recht eines jeden, in einer angenehmen Umwelt zu leben, indem er Mitteilungen über den Zustand der Umwelt erstattet und für ihre Wahrung und Verbesserung sorgt"); zum anderen ist in diesem Kontext auf die recht ähnliche umweltverfassungsrechtliche Lage in Bulgarien hinzuweisen: So heißt es in Art. 15 bulgVerf, dass die „Republik Bulgarien [...] die Erhaltung und Wiederherstellung der Umwelt, die Pflege der Vielfalt der lebenden Natur und die vernünftige Nutzung der Naturschätze und Ressourcen des Landes [gewährleistet]; und Art. 55 bulgVerf besagt: „Die Bürger haben ein Recht auf eine gesunde und gedeihliche Umwelt in Übereinstimmung mit den festgelegten Standards und Normen [...]"; diese Norm materiell als Staatszielbestimmung qualifizierend vgl. *Thym* NuR 2000, 557 (558).

[207] Näher dazu vgl. *Orth* NuR 2007, 229 (229 f.); *Rest* in Tettinger/Stern GRC Art. 37 Rn. 10.

[208] Nach dieser Bestimmung hat „jeder [...] das Recht auf günstige Umweltbedingungen".

[209] Vgl. Art. 3 u. Art. 112 Abs. 1 tschechVerf iVm Art. 35 Abs. 1 der einen festen Bestandteil der tschechVerf darstellenden „Erklärung der Grundrechte und Grundfreiheiten" (tschechGR-Deklaration).

auch in Art. 115 lettVerf sowie in Art. 74 Abs. 3 polnVerf geregelte – „Recht auf rechtzeitige und vollständige Information über den Zustand der Umwelt und über Ursachen und Folgen dieses Zustandes"[210] bzw. das **„Recht auf rechtzeitige und vollständige Informationen über den Zustand der Umwelt und der natürlichen Ressourcen"** hat.[211] Dies entspricht weitgehend Art. 7 der französischen Umweltcharta *(Charte de l'Environnement),* die im Jahre 2004 in die französische Verfassung inkorporiert wurde[212]; nach dieser Bestimmung hat jeder Mensch nach den gesetzlich festgelegten Bedingungen und Grenzen das **Recht auf Zugang zu den Umweltinformationen der Behörden** und auf Mitwirkung an der Erarbeitung der öffentlichen Beschlüsse, die Auswirkungen auf die Umwelt haben.

43 Im Übrigen werden die in einigen weiteren EU-Mitgliedstaaten gewährleisteten Umweltgrundrechte meist stark relativiert. Dies zeigen insbesondere einzelne Stellungnahmen zum portugiesischen und spanischen Umweltverfassungsrecht. Nach Art. 66 Abs. 1 portVerf hat „jeder das **Recht auf eine menschenwürdige, gesunde und ökologisch ausgewogene Umwelt,** und ist verpflichtet, für ihre Erhaltung Sorge zu tragen [...]". Nach Abs. 2 dieser Bestimmung ist es sodann unter anderem „die Aufgabe des Staates, durch geeignete Organe und durch die Appellierung an und die Unterstützung von Initiativen der Bevölkerung der Umweltverschmutzung und ihren Auswirkungen [...] vorzubeugen (lit. a), [...] Naturschutzgebiete zu schaffen (lit. c) [und] eine wirtschaftliche Nutzung der natürlichen Ressourcen zu fördern, die deren Regenerationsfähigkeit und das ökologische Gleichgewicht sicherstellt" (lit. d). Eine dem Art. 66 Abs. 1 portVerf recht ähnliche Bestimmung, die das Umweltgrundrecht und die Erhaltenspflicht des Einzelnen der staatlichen Schutzpflicht voranstellt, findet sich sodann in Art. 45 spanVerf. Nach Absatz 1 dieser Bestimmung haben „alle [...] **das Recht, eine der Erhaltung der Persönlichkeit förderliche Umwelt zu genießen,** sowie die Pflicht, sie zu erhalten"; Absatz 2 lautet: „Die öffentliche Gewalt wacht über die vernünftige Nutzung aller Naturreichtümer mit dem Ziel, die Lebensqualität zu schützen und zu verbessern und die Umwelt zu erhalten und wiederherzustellen. Dabei stützt sie sich auf die unerlässliche Solidarität der Gemeinschaft". Auf den ersten Blick erwecken die in Art. 66 Abs. 1 portVerf und Art. 45 Abs. 1 spanVerf kodifizierten Individualrechte „auf eine menschenwürdige, gesunde und ökologisch ausgewogene Umwelt" bzw. auf den Genuss einer „der Erhaltung der Persönlichkeit förderlichen Umwelt" zwar den Eindruck, als handele es sich bei diesen beiden Gewährleistungen um jeweils eigenständige individuelle Umweltgrundrechte, die den Bürgern Portugals und Spaniens eine recht starke Rechtsstellung einräumen könnten. Im einschlägigen Schrifttum wird jedoch zumeist die kaum widerlegbare Auffassung vertreten, dass diese beiden Individualrechte in substantieller und struktureller Hinsicht keine echten Grundrechte im Sinne des klassischen Grundrechtsverständnisses darstellten, da sie anderen Durchsetzungsmechanismen unterliegen und sich in ihren rechtlichen Wirkungen nicht bzw. kaum von objektivrechtlichen Staatszielbestimmungen unterscheiden würden.[213] Ähnliches wird im einschlägigen Schrifttum schließlich auch Art. 1 der französischen Umweltcharta von 2004 (→ Rn. 42) attestiert[214], wonach jeder **das Recht hat, in einer ausgewogenen und für die Gesundheit unbedenklichen Umwelt zu leben.**

44 Der vorangegangene Überblick über die umweltschutzrelevanten Verfassungsbestimmungen zahlreicher EU-Mitgliedstaaten (→ Rn. 41–43) fördert im Ergebnis zu Tage, dass der Umweltschutz in den allermeisten mitgliedstaatlichen Verfassungsordnungen in Form einer

---

[210] Vgl. Art. 45 slowakVerf.
[211] Vgl. Art. 3 u. Art. 112 Abs. 1 tschechVerf iVm Art. 35 Abs. 2 tschechGR-Deklaration.
[212] Näher dazu vgl. *Orth* NuR 2007, 229 (230); *Rest* in Tettinger/Stern GRC Art. 37 Rn. 14.
[213] Näher dazu vgl. *Calliess,* Rechtsstaat und Umweltstaat, S. 330; *Calliess* in Bosselmann S. 204; *Ibler* JZ 1999, 287 (298 f.); *Orth* NuR 2007, 229 (229); *Rest* in Tettinger/Stern GRC Art. 37 Rn. 9; *Ruffert* S. 36; *Szczekalla* in Rengeling, Hdb UmweltR, § 12 Rn. 33; *Thym* NuR 2000, 557 (559 f.).
[214] Vgl. *Orth* NuR 2007, 229 (230).

objektivrechtlichen Staatszielbestimmung abgesichert wird (→ Rn. 41). Dies ist selbst in solchen Mitgliedstaaten der Fall, deren jeweilige Verfassung auf den ersten Blick für die Existenz eines subjektivrechtlichen Umweltgrundrechts spricht (→ Rn. 41 ff.). Insoweit bildet die objektivrechtliche und kein Umweltgrundrecht gewährleistende Ausgestaltung des Art. 37 GRC (→ Rn. 15 f.) einigermaßen genau die gemeinsamen **Verfassungsüberlieferungen der Mitgliedstaaten auf dem Gebiet des Umweltschutzes** ab, sofern einmal von prozeduralen Teilgewährleistungen insbesondere in Gestalt eines Umweltinformationsanspruchs (→ Rn. 42) abgesehen wird, die in Art. 37 GRC durchaus gut aufgehoben wären (→ Rn. 35).

3. Struktur- und Zielkompatibilität eines eigenständigen EU-Umweltgrundrechts. Da sich immerhin in einigen EU-Mitgliedstaaten eigenständige Umweltgrundrechte materieller und/oder prozeduraler Art nachweisen lassen (→ Rn. 41–44) und es im Rahmen der wertenden Rechtsvergleichung (→ Rn. 40) nach der bisherigen Rechtsprechung der Unionsgerichte nicht entscheidend darauf ankommt, ob bzw. dass sich ein bestimmtes Grundrecht in vielen oder in den meisten Mitgliedstaaten nachweisen lässt, um über Art. 6 Abs. 3 EUV in der Unionsrechtsordnung Anerkennung zu finden[215], kann die bei der Beantwortung der Frage nach der Existenz eines ungeschriebenen EU-Umweltgrundrechts zu leistende **wertende Rechtsvergleichung** an dieser Stelle noch nicht abgebrochen werden. Vielmehr wirft der vorangehende Überblick über die umweltgrundrechtliche Situation im Völkerrecht einschließlich der EMRK (→ Rn. 37 ff.) und in den EU-Mitgliedstaaten (→ Rn. 40 ff.) die kontrovers diskutierte Frage auf, ob sich die in einigen Mitgliedstaaten auffindbaren Umweltgrundrechte allgemeiner oder wenigstens prozeduraler Art unter Berücksichtigung des in der zurückliegenden EuGH-Rechtsprechung entwickelten Vorbehalts der **Ziel- und Strukturkompatibilität** (→ Rn. 36) für eine Übertragung in die Unionsrechtsordnung anbietet. Die Befürworter einer solchen Übertragung, die in der unionsrechtlichen Anerkennung eines allgemeinen Umweltgrundrechts vor allem eine Möglichkeit zur Verringerung allseits beklagter **Vollzugsdefizite im Bereich des Umweltschutzes** sehen[216], scheinen nach wie vor in der Minderheit zu sein. Mehrheitlich werden nämlich gegen eine Anerkennung bzw. gegen die geforderte Ziel- und Strukturkompatibilität eines echten – angeblich unerfüllbare Erwartungen weckenden – Umweltgrundrechts vor allem dessen Unbestimmtheit und die damit verbundene mangelnde Justiziabilität vorgebracht[217], auch wenn diese bei der Ausformulierung des Art. 37 GRC offensichtlich überaus ernstgenommenen Argumente an anderer Stelle als „letztendlich nicht durchschlagend" bezeichnet worden sind.[218] Weniger Einwänden ist hingegen die Schaffung bzw. **Anerkennung eines prozeduralen Umweltgrundrechts** ausgesetzt, das mit den insbesondere durch die Århus-Konvention (→ Rn. 35) ins allgemeine Blickfeld geratenen Teilrechten auf Information, Partizipation und Zugang zu Gerichten (→ Rn. 39) überwiegend als „praktisch einlösbar" angesehen wird.[219] Unter Berücksichtigung des zuvor skizzierten (kontroversen) Meinungsstandes im einschlägigen Schrifttum könnte sich der EuGH künftig also entweder für eine Bejahung der Frage nach der unionsrechtlichen Ziel- und Strukturkompatibilität eines eigenständigen (ungeschriebenen) Umweltgrundrechts umfassender oder wenigstens prozeduraler Art entscheiden oder aber die Notwen-

---

[215] Näher dazu vgl. etwa *Lecheler* ZEuS 2003, 337 (344), *Nowak,* Konkurrentenschutz in der EG, 1997, S. 412 ff.
[216] In diesem Sinne vgl. etwa *Krämer* in Krämer/Micklitz/Tonner S. 741 (754); mwN zu dieser Position vgl. auch *Ruffert* S. 42; *Szczekalla* in Rengeling, Hdb UmweltR, § 12 Rn. 66.
[217] Vgl. *Douglas-Scott* in Boyle/Anderson S. 109 (110); *Kahl,* Umweltprinzip und Gemeinschaftsrecht, S. 90; *Ruffert* S. 43; sowie *Thym* NuR 2000, 557 (560), wonach die „verfassungspolitische Entscheidung gegen ein echtes Umweltgrundrecht […] wegen der notwendigen Komplexität umweltpolitischer Lösungsstrategien, die durch einzelne Gerichtsentscheidungen schwerlich geleistet werden kann, deshalb wohl sinnvoll, wenn nicht gar zwingend [erscheint]".
[218] Vgl. *Szczekalla* in Rengeling, Hdb UmweltR, § 12 Rn. 66.
[219] Vgl. nur *Kahl* in Streinz AEUV Art. 191 Rn. 28 mwN.

digkeit eines solchen rechtsfortbildenden Schrittes entfallen lassen, indem er sich die oben angesprochene Rechtsprechung des EGMR zu den umweltschützenden Teilgewährleistungen anderer Grund- oder Menschenrechte (→ Rn. 37) unter Rückgriff auf die nachfolgend anzusprechenden Unionsgrundrechte zu eigen macht.

III. Umweltschützende Teilgewährleistungen anderer Unionsgrundrechte

46 Die in der bisherigen Rechtsprechung der Unionsgerichte weder bestätigte noch in Abrede gestellte Möglichkeit, aus bereits anerkannten Unionsgrundrechten umweltschützende Teilgewährleistungen materieller und/oder prozeduraler Art abzuleiten, ist sowohl auf der völkerrechtlichen Ebene (→ Rn. 37 ff.) als auch in einigen EU-Mitgliedstaaten[220] längst anerkannt und zur Entfaltung gebracht worden. Als **Anknüpfungspunkte für umweltschützende Teilgewährleistungen materieller Art** kommen in der geltenden Unionsrechtsordnung insbesondere die – als Abwehrrechte anzusehenden (→ § 8 Rn. 1 ff.) und zugleich Schutzpflichten begründenden (→ § 8 Rn. 7 ff.) – Unionsgrundrechte auf Leben (Art. 2 Abs. 1 GRC → § 14), auf körperliche Unversehrtheit (Art. 3 Abs. 1 GRC, → § 15) und auf Eigentum (Art. 17 GRC, → § 36) in Betracht[221], die zum einen die Organe, Einrichtungen und sonstigen Stellen der EU und zum anderen die Mitgliedstaaten bei der Durchführung des Unionsrechts binden (→ § 9 Rn. 22 ff.). Denkbar ist auch, dass der EuGH mittel- bis langfristig die recht umweltschutzfreundliche Rechtsprechung des EGMR zu Art. 8 EMRK (→ Rn. 37) rezipiert und auf diese Weise den nahezu gleichlautenden Art. 7 GRC (→ § 23 Rn. 6 ff.) zur Leitnorm eines mittelbaren Immissionsschutzes unionsgrundrechtlicher Art werden lässt.[222] Für die Ableitung und höchstrichterliche Fortentwicklung **umweltschützender Teilgewährleistungen prozeduraler Art** steht im engen Verbund mit dem unionsgrundrechtlichen Anspruch auf effektiven gerichtlichen Rechtsschutz (→ § 55) vor allem das Unionsgrundrecht auf Dokumentenzugang (→ § 60) zur Verfügung.

E. Zusammenfassende Bewertung und Ausblick

47 Der Umweltschutz hat sich in der Europäischen Union schrittweise zu einem überragenden Allgemeininteresse entwickelt, dessen Durchsetzung bzw. Verwirklichung auf umweltverfassungsrechtlicher Ebene in erster Linie durch die in Art. 37 GRC gewissermaßen „synthetisierten" Art. 3 Abs. 3 UAbs. 1 S. 2 EUV, Art. 11 AEUV und Art. 191–193 AEUV sichergestellt wird (→ Rn. 3–24). Eine wesentliche unionsgrundrechtliche Bedeutung kommt dem **Umweltschutz** an der Schnittstelle zwischen der europäischen Umwelt- und Wirtschaftsverfassung zum einen **als Schranke anerkannter Unionsgrundrechte** und sonstiger subjektiver Unionsrechte grundfreiheitlicher und wettbewerbsrechtlicher Art zu (→ Rn. 25 ff.). Zum anderen lässt sich der im geschriebenen Unionsrecht bislang nicht als ein eigenständiges Grundrecht anerkannte Umweltschutz (→ Rn. 35) unter Rückgriff auf einige **umweltschützende Teilgewährleistungen bereits anerkannter Unionsgrundrechte** partiell grundrechtlich fundieren (→ Rn. 46). Hierbei handelt es sich um eine Möglichkeit, deren künftig eventuell erfolgende Nutzung durch den EuGH die Notwendigkeit der Herleitung eines eigenständigen (ungeschriebenen) Umweltgrundrechts umfassender und/oder prozeduraler Art im Wege der wertenden Rechtsvergleichung (→ Rn. 36–45) entfallen lassen könnte.

48 Jenseits der gegenwärtig noch offenen Frage, ob sich der EuGH in Zukunft entweder für die explizite Anerkennung eines eigenständigen Umweltgrundrechts materieller und/oder

---

[220] Im Hinblick auf Deutschland, Irland, Frankreich, Italien u. Österreich vgl. etwa *Calliess* in Bosselmann S. 330; *Thym* NuR 2000, 557 (561).
[221] So auch vgl. statt vieler *Bungenberg* in Grabenwarter, EnzEur Bd. 2, § 17 Rn. 123.
[222] Zur Umweltschutzrelevanz des Art. 7 GRC vgl. auch statt vieler *Jarass* ZUR 2011, 563 (563); *Wegener* in von der Groeben/Schwarze/Hatje GRC Art. 37 Rn. 11.

prozeduraler Art oder aber für die Rezeption der im Fluss befindlichen EGMR-Rechtsprechung zu den umweltschützender Teilgewährleistungen der in der EMRK garantierten Konventionsrechte (→ Rn. 37) entscheiden wird (→ Rn. 47), ist an dieser Stelle schließlich anzumerken, dass wesentliche **Teilgewährleistungen eines prozeduralen Umweltgrundrechts,** zu denen im Lichte der im Rahmen des Europäischen Umweltrechts außerordentlich bedeutsamen Århus-Konvention die drei Detailrechte auf Zugang zu Informationen, auf Öffentlichkeitsbeteiligung an Entscheidungsverfahren und auf Zugang zu Gerichten in Umweltangelegenheiten gehören (→ Rn. 35), zumindest **auf EU-sekundärrechtlicher Ebene** bereits in einer Weise sichergestellt worden sind, die dem Unionsrichter weitreichende und von ihm auch intensiv genutzte Möglichkeiten zur permanent voranschreitenden Europäisierung des innerstaatlichen Umwelt- und Verwaltungsprozessrechts der Mitgliedstaaten eröffnen. Diesbezüglich ist zunächst einmal an die seinerzeit vieldiskutierten EuGH-Urteile zur Richtlinie über den Schutz des Grundwassers[223], zu den Richtlinien über das zulässige Maß der Luftverschmutzung[224] sowie zur Richtlinie über den Schutz des Oberflächenwasser für die Trinkwassergewinnung[225] zu erinnern, auf deren Grundlage sich im Umweltbereich bereits frühzeitig eine **verstärkte Vollzugskontrolle durch sekundärrechtlich abgeleitete Klagerechte vor mitgliedstaatlichen Gerichten** entwickeln konnte.[226] Weiter vorangetrieben wurde der vorgenannte Versubjektivierungsprozess sodann durch die umweltvölkerrechtlich veranlasste Umweltinformationsrichtlinie 2003/4/EG,[227] die – teilweise auch in Verbindung mit der so genannten Transparenz-Verordnung (EG) Nr. 1049/2001[228] – bereits eine Vielzahl zum Teil spektakulärer EuGH-Urteile zur Absicherung und weiteren Stärkung des europarechtlich determinierten Anspruchs der Öffentlichkeit auf **Zugang zu Umweltinformationen** nach sich gezogen hat,[229] sowie durch die ebenfalls der Umsetzung der Århus-Konvention dienende Richtlinie 2003/35/EG über die **Beteiligung der Öffentlichkeit bei der Ausarbeitung bestimmter umweltbezogener Pläne und Programme**[230], die den zentralen Rechtsrahmen einiger ebenfalls aufsehenerregender EuGH-Urteile bildet. Diesbezüglich ist zum einen an eine bereits wegweisende Entscheidung des Unionsrichters aus

---

[223] Vgl. EuGH C-131/88, Slg. 1991, I-825 Rn. 6 ff. – Kommission/Deutschland.
[224] Vgl. EuGH C-59/89, Slg. 1991, I-2607 Rn. 18 ff. – Kommission/Deutschland; EuGH C-361/88, Slg. 1991, I-2567 Rn. 15 ff. – Kommission/Deutschland.
[225] Vgl. EuGH 58/89, Slg. 1991, I-4983 Rn. 13 ff. – Kommission/Deutschland.
[226] Ausführlich dazu vgl. jeweils mwN *Calliess* in Nowak/Cremer S. 81 (84 ff.); *Calliess* NVwZ 2006, 1 ff.; *Ruffert* S. 71 ff.; *Scheuing* NVwZ 1999, 475 (479 ff.); *Schoch* NVwZ 1999, 457 ff.; *Wegener*, Rechte des Einzelnen – die Interessentenklage im europäischen Umweltrecht, 1998, S. 17 ff.; *Winter* NVwZ 1999, 467 ff.
[227] RL 2003/4/EG des EP u. des Rates v. 28. Januar 2003 über den Zugang der Öffentlichkeit zu Umweltinformationen und zur Aufhebung der RL 90/313/EWG des Rates, ABl. 2003 L 41, 26 ff.
[228] VO (EG) Nr. 1049/2001 des EP u. des Rates v. 30. Mai 2001 über den Zugang der Öffentlichkeit zu Dokumenten des Europäischen Parlaments, des Rates und der Kommission, ABl. 2001 L 145, 43 ff.; zur Bedeutung, Anwendung und Auslegung dieser sog. „(Allgemeinen) Transparenz"-VO in der Rechtsprechungspraxis der Unionsgerichte vgl. etwa *Adamski* CMLR 49 (2012), 521 ff.; *Boysen* DV 42 (2009), 215 ff.; *Brauneck* EuZW 2017, 928 ff.; *Diamandouros* EStAL 2008, 654 ff.; *Heliskoski/Leino* CMLR 43 (2006), 735 ff.; *Lenaerts* NZKart 2013, 175 (178 ff.); *Nowak* DVBl 2004, 272 ff.; v. d. *Hout/Firmenich* ZEuS 2011, 647 ff.
[229] Exemplarisch vgl. EuGH C-266/09, Slg. 2010, I-13119 ff. – Stichting Natuur en Milieu ua; EuGH C-204/09, ECLI:EU:C:2012:71 – Flachglas Torgau; EuGH C-515/11, ECLI:EU:C:2013:523 – Deutsche Umwelthilfe; EuGH C-279/12, ECLI:EU:C:2013:853 – Fish Legal ua; EuGH C-673/13 P, ECLI:EU:C:2016:889 – Kommission/Stichting Greenpeace Nederland ua; EuGH C-442/14, ECLI:EU:C:2016:890 – Bayer CropScience ua; näher zu dieser vieldiskutierten Rechtsprechung, zu ihren weitreichenden Folgen und/oder zum EU-Umweltinformationsanspruch allgemein vgl. *Ekardt* NVwZ 2013, 1591 ff.; *Fluck* EuZW 2019, 449 ff.; *Garçon* EurUP 2012, 72 ff.; *Guckelberger* VerwArch 105 (2014), 411 ff.; *Guckelberger* NuR 2018, 378 ff.; *Hofmann* DV 50 (2017), 247 (268 ff.); *Kahl/Dubber* EurUP 2014, 215 ff.; *Kümper* ZUR 2012, 395 ff.; *Much* ZUR 2012, 288 ff.; *Louis* NuR 2013, 77 ff.; *Schoch* EurUP 2018, 77 ff.; *Wagner* EuZW 2017, 95 ff.; *Wegener* ZUR 2017, 146 ff.
[230] RL 2003/35/EG des EP u. des Rates v. 26. Mai 2003 über die Beteiligung der Öffentlichkeit bei der Ausarbeitung bestimmter umweltbezogener Pläne und Programme und zur Änderung der Richtlinien 85/337/EWG und 96/61/EG des Rates in Bezug auf die Öffentlichkeitsbeteiligung und den Zugang zu den Gerichten, ABl. 2003 L 156, 17 ff.

dem Jahre 2009 zu erinnern, nach der es den Mitgliedern der betroffenen Öffentlichkeit möglich sein muss, die von einer der nationalen Gerichtsbarkeit eines Mitgliedstaats zugehörigen Stelle erlassene Entscheidung über den Antrag auf Genehmigung eines Projekts anzufechten, gleichviel, welche Rolle sie in dem Verfahren über den Genehmigungsantrag vor dieser Stelle durch ihre Beteiligung an und ihre Äußerung in diesem Verfahren spielen konnte.[231] Zum anderen ist in diesem Kontext an das sodann bahnbrechende *Trianel*-Urteil des Gerichtshofs aus dem Jahre 2011 zu erinnern, in dem unter anderem entschieden wurde, dass die streitgegenständliche Richtlinienbestimmung über die Umweltverträglichkeitsprüfung innerstaatlichen Rechtsvorschriften entgegensteht, die einer sich für den Umweltschutz einsetzenden Nichtregierungsorganisation nicht die Möglichkeit zuerkennen, im Rahmen eines Rechtsbehelfs gegen eine Entscheidung, mit der Projekte, die möglicherweise erhebliche Auswirkungen auf die Umwelt haben, genehmigt werden, vor Gericht die Verletzung einer Vorschrift geltend zu machen, die aus dem Unionsrecht hervorgegangen ist und den Umweltschutz bezweckt, weil diese Vorschrift nur die Interessen der Allgemeinheit und nicht die Rechtsgüter Einzelner schützt.[232]

49 Das Vorabentscheidungsurteil des EU in der Rs. *Trianel* (→ Rn. 48) hat ein gewaltiges Echo im einschlägigen Schrifttum ausgelöst,[233] da es sich nicht nur in fundamentaler Weise auf das deutsche **Umwelt-Rechtsbehelfsgesetz** ausgewirkt hat,[234] sondern in geradezu spektakulärer Weise auch das deutsche **Verbandsklagerecht** europäisierte und dabei vor allem die das deutsche Verfassungs- und Verwaltungsrecht seit langer Zeit prägende Systementscheidung für die sog. Verletztenklage bzw. für ein subjektives Rechtsschutzmodell modifizierte. Insoweit liegen die oben angesprochenen Judikate des Unionsrichters (→ Rn. 48) durchaus auf einer Linie mit weiteren jüngeren Vorabentscheidungsurteilen des Gerichtshofs in den Rechtssachen *slowakischer Braunbär*[235], *Altrip*[236], *ClientEarth*[237], *Lesoochranarske II*[238] und *Protect*[239] sowie mit einigen weiteren Entscheidungen etwa zum **Verbot übermäßig teurer Gerichtsverfahren im Umweltbereich**,[240] zur Unionsrechtswidrig-

---

[231] Vgl. EuGH C-263/08, Slg. 2009, I-9967 Rn. 32 ff. – Djurgården-Lilla Värtans Miljöskyddsförening; näher dazu vgl. etwa *Ziekow* NVwZ 2010, 793 (794 f.).

[232] Vgl. EuGH C-115/09, Slg. 2011, I-3673 ff. – Bund für Umwelt und Naturschutz Deutschland, Landesverband Nordrhein-Westfalen eV; näher dazu vgl. etwa *Durner/Paus* DVBl 2011, 759 ff.; *Frenz* NuR 2012, 619 ff.; *Greim* UPR 2011, 271 ff.; *Groß* Jura 2012, 386 ff.; *Hong* JZ 2012, 380 ff.; *Lohse* EPL 18 (2012), 249 ff.; *Schlacke* NVwZ 2011, 804 f.

[233] Neben den vorgenannten Literaturquellen vgl. etwa auch *Appel* NuR 2011, 414 ff.; *Eliantonio* CMLR 49 (2012), 767 ff.; *Leidinger* NVwZ 2011, 1345 ff.; *Meitz* NuR 2011, 420 ff.

[234] Zur unions- und völkerrechtlich veranlassten Schaffung dieses Gesetzes vgl. etwa *Schlacke* NuR 2007, 8 ff.; *Schmidt/Kremer* ZUR 2007, 257 ff.; zu den späteren – insbes. auf die EuGH-Rechtsprechung zurückzuführenden – Novellen bzw. „Metamorphosen" dieses Gesetzes und damit verbundenen Detailfragen vgl. *Genth* NuR 2008, 28 ff.; *Held* DÖV 2019, 121 ff.; *Niederstadt/Weber* NuR 2009, 297 (300 ff.); *Versteyl* EurUP 2009, 133 ff.; sowie *Brigola/Heß* NuR 2017, 729 ff.; *Franzius* NVwZ 2018, 219 ff.

[235] EuGH C-240/09, Slg. 2011, I-1255 ff. – Lesoochranárske zoskupenie VLK; instruktiv dazu vgl. statt vieler *Berkemann* DVBl 2013, 1137 ff.; *Klamert* ELR 37 (2012), 340 ff.; zur vieldiskutierten Rezeption dieser EuGH-Entscheidung durch das BVerwG vgl. *Bunge* ZUR 2014, 3 ff.; *Eliantonio* CMLR 49 (2012), 767 (770 ff.; *Frenz* UPR 2014, 1 ff.; *Franzius* DVBl 2014, 543 ff.; *Gärditz* EurUP 2014, 39 ff.; *Klinger* EurUP 2014, 177 ff.; *Lau* NVwZ 2014, 637 ff.

[236] EuGH C-72/12, ECLI:EU:C:2013:712 Rn. 21 ff. – Gemeinde Altrip ua; näher dazu vgl. *Bunge* NuR 2014, 305 ff.; *Ekardt* NVwZ 2014, 393 ff.; *Greim* NuR 2014, 81 ff.; *Saxler* EurUP 2014, 222 ff.; *Seifert* AbfallR 2014, 49 ff.; *Siegel* NJW 2014, 973 ff.; *Wienhues* NuR 2013, 875 ff.

[237] Vgl. EuGH C-404/13, ECLI:EU:C:2014:2382 Rn. 50 ff. – ClientEarth.

[238] Vgl. EuGH C-243/15, ECLI:EU:C:2016:838 Rn. 39 ff. – Lesoochranárske zoskupenie VLK; näher dazu vgl. etwa *Epiney* EurUP 2017, 223 ff.; *Römling* ZEuS 2019, 147 (149 ff.).

[239] EuGH C-664/15, ECLI:EU:C:2017:987 Rn. 30 ff. – Protect Natur-, Arten- und Landschaftsschutz Umweltorganisation; jeweils mAnm *Klinger* NVwZ 2018, 231 f.; *Sobotta* EuZW 2018, 165 ff.; *Wegener* ZUR 2018, 217 ff.; näher zu diesem insbes. auch in dogmatischer Hinsicht bemerkenswerten Urteil und dessen Folgen vgl. ferner *Franzius* NVwZ 2018, 219 ff.; *Römling* ZEuS 2019, 147 (155 ff.).

[240] Vgl. EuGH C-260/11, ECLI:EU:C:2013:221 Rn. 24 ff. – Edwards ua; mAnm *Berkemann* jM 2014, 470 ff.; *DeBaere/J. T. Nowak* CMLR 53 (2016), 1727 ff.; EuGH C-530/11, ECLI:EU:C:2014:67 Rn. 44 ff. – Kommission/Vereinigtes Königreich, mAnm *Kremer* ZUR 2014, 347 ff.; EuGH C-470/16, ECLI:EU:C:2018:185 Rn. 29 ff. – North East Pylon Pressure Campaign ua.

keit einer bestimmten materiellen Präklusion beim Rechtsschutz in Umweltangelegenheiten[241] sowie zu unionsrechtswidrigen Bewirtschaftungsmaßnahmen im Waldgebiet *Bialowieska*,[242] mit denen der Unionsrichter ebenfalls sehr wichtige, vielbeachtete und zum Teil mit dem **Unionsgrundrecht auf effektiven gerichtlichen Rechtsschutz** (→ § 55 Rn. 1 ff.) zusammenhängende Beiträge zur zunehmenden Effektuierung des Rechtsschutzes in Umweltangelegenheiten und zur fortschreitenden Europäisierung des innerstaatlichen Verwaltungsprozessrechts der EU-Mitgliedstaaten geleistet hat.[243] An diesen Urteilen sollten sich die Unionsgerichte im Interesse der Kohärenz (→ § 55 Rn. 44) endlich auch bei der **Ausgestaltung des zentralen verwaltungsgerichtlichen Rechtsschutzes von Umweltverbänden** orientieren, der nach wie vor viel zu häufig insbesondere an dem in Art. 263 Abs. 4 (Var. 2) AEUV enthaltenen Tatbestandsmerkmal der individuellen Betroffenheit (→ § 11 Rn. 47 ff.; → § 55 Rn. 24, 57) oder auch aus anderen EU-prozessrechtlichen Gründen scheitert.[244]

---

[241] Vgl. EuGH C-137/14, ECLI:EU:C:2015:683 Rn. 75 ff. – Kommission/Deutschland, mAnm *Missling* EnWZ 2016, 83 ff.; näher zu diesem Vertragsverletzungsurteil und seinen Folgen vgl. auch *Lee* EurUP 2017, 62 ff.; *Mager* VBlBW 2017, 54 ff.; *Rennert* DVBl 2017, 69 (73 ff.); *Schlacke,* Jahrbuch des Umwelt- und Technikrechts 2016, 2016, S. 173 ff.; *Siegel* NVwZ 2016, 337 ff.; *Skouris* DVBl 2016, 937 (941 ff.); *Storost* UPR 2018, 52 (56); *Széchényi* BayVBl. 2016, 366 ff.; *Weidermann* DÖV 2017, 933 ff.; zur Rezeption dieses Urteils in der bundesverwaltungs- und bundesverfassungsgerichtlichen Rechtsprechung vgl. BVerwG ZUR 2017, 539 ff.; BVerfG NVwZ 2018, 406 ff.; sowie *Hildebrandt/Koch* NVwZ 2017, 1099 ff.

[242] Vgl. EuGH C-441/17, ECLI:EU:C:2018:255 Rn. 106 ff. – Kommission/Polen, mAnm *Braig* NuR 2018, 321 ff.

[243] Ausführlich dazu vgl. *Breuer* DV 45 (2012), 171 ff.; *Brigola/Heß* NuR 2017, 729 ff.; *Bringewat* ZNER 2014, 50 ff.; *Ekardt* NVwZ 2014, 393 ff.; *Franzius* EurUP 2014, 283 ff.; *Franzius* NVwZ 2018, 219 ff.; *Führ/Schenten/Schulze/Schütte* NVwZ 2014, 1041 ff.; *Gärditz* NVwZ 2014, 1 ff.; *Garçon* EFFL 2013, 78 ff.; *Gellermann* DVBl 2013, 1341 ff.; *Guckelberger/Geber* EurUP 2014, 167 ff.; *Haller* VBlBW 2017, 133 ff.; *Hofmann* DV 50 (2017), 247 ff.; *Kokott/Sobotta* DVBl 2014, 132 ff.; *Külpmann* DVBl 2019, 140 ff.; *Mangold/Wahl* DV 48 (2015), 1 ff.; *Pernice-Warnke* DÖV 2017, 846 ff.; *Porsch* NVwZ 2013, 1393 ff.; *Rehbinder* EurUP 2012, 23 ff.; *Rennert* DVBl 2017, 69 ff.; *Römling* ZEuS 2019, 147 ff.; *Sauer* ZUR 2014, 195 ff.; *Schlacke* NVwZ, 2014, 11 ff.; *Schlacke* DVBl 2015, 929 ff.; *Schmitt* ZEuS 2013, 359 ff.; *Seibert* NVwZ 2013, 1040 ff.; *Siegel* DÖV 2012, 709 ff.; *Weber* JRP 2012, 137 ff.; Mitteilung der Kommission v. 28.4.2017 über den Zugang zu Gerichten in Umweltangelegenheiten, COM(2017) 2616 final.

[244] Exemplarisch vgl. EuGH C-321/95 P, Slg. 1998, I-1651 ff. – Stichting Greenpeace Council (Greenpeace International) ua/Kommission, krit. dazu vgl. etwa *Wegener* ZEuS 1998, 183 ff.; EuG T-91/07, Slg. 2008, II-81 Rn. 61 ff. – WWF-UK/Rat, krit. dazu vgl. etwa *Markus* ZUR 2009, 194 ff.; EuGH verb. Rs. C-401/12 P bis C-403/12 P, ECLI:EU:C:2015:4 – Rat ua/Vereniging Milieudefensie ua, krit. dazu vgl. etwa *Berkemann* ZUR 2015, 221 ff.; EuG T-382/15, ECLI:EU:T:2016:589 Rn. 33 ff. – Greenpeace Energy ua/Kommission; zu der mehr und mehr um sich greifenden Kritik an dieser speziellen Rechtsprechungslinie vgl. ferner *Krämer* in Boer, Environmental Law Dimensions of Human Rights, 2015, S. 107 ff.; *Krämer* RDUE 2017, 13 ff. *Morgera/Marín Durán* in PHKW Fundamental Rights Art. 37 Rn. 37.42 f.; *Sikora* CDE 2016, 399 (408 ff.).

§ 64 Grundrechtsdimensionen des Gesundheitsschutzes

Übersicht

	Rn.
A. Einleitung	1–3
B. Entwicklung und Bedeutung des Gesundheitsschutzes im EU-Recht	4–14
I. Entwicklung des Gesundheitsschutzes im EU-Recht	4–12
II. Aufwertung des Gesundheitsschutzes durch Grundrechtecharta und den Vertrag von Lissabon	13, 14
C. Gesundheitsschutz als Schranke subjektiver Unionsrechte insbesondere wirtschaftlicher Art	15–24
I. Gesundheitsschutz als Schranke der Unionsgrundrechte	16
II. Gesundheitsschutz als Schranke der grundrechtsähnlichen EU-Grundfreiheiten	17–24
D. Unionsgrundrechtlicher Schutz vor Gesundheitsbeeinträchtigungen	25–39
I. Möglichkeiten und Grenzen der Herleitung eines ungeschriebenen EU-Gesundheitsschutzgrundrechts im Wege wertender Rechtsvergleichung	26–33
1. Gesundheitsgrundrechtliche Situation im Völkerrecht	27–31
2. Gesundheitsgrundrechtliche Situation in den EU-Mitgliedstaaten	32
3. Bestehen eines eigenständigen EU-Gesundheitsschutzgrundrechts als Ergebnis wertender Rechtsvergleichung?	33
II. Subjektive Rechte auf Gesundheitsschutz auf Grund sekundärrechtlicher Gewährleistungen	34, 35
III. Grundrecht auf Gesundheitsschutz in der GRC	36
IV. Gesundheitsschützende Teilgewährleistungen anderer Unionsgrundrechte	37
V. Gesundheitsschützende Teilgewährleistungen der Grundfreiheiten	38, 39
E. Zusammenfassende Bewertung und Ausblick	40–44

Schrifttum:

Becker, Gesetzliche Krankenversicherung im Europäischen Binnenmarkt, NJW 2003, 2272; *ders.,* Die soziale Dimension des Binnenmarktes, in Schwarze (Hrsg.), Der Verfassungsentwurf des Europäischen Konvents, 2004, S. 201; *Berg,* Gesundheitsschutz als Aufgabe der EU. Entwicklung, Kompetenzen, Perspektiven, 1997; *Brusius,* Die soziale Dimension im Verfassungsvertrag, in Weidenfeld (Hrsg.), Die Europäische Verfassung in der Analyse, 2005, S. 183; *Correa,* Implementing National Public Health Policies in the Framework of the WTO Agreements, JWT 2000, 89; *Dröge,* Positive Verpflichtungen der Staaten in der Europäischen Menschenrechtskonvention, 2003; *v. Dürckheim,* Gesundheitsschutz im Europäischen Gemeinschaftsrecht, 2000; *Herr,* Grenzen der Rechtsangleichung, EuZW 2005, 171; *Kingreen,* Zur Inanspruchnahme von Gesundheitsleistungen im europäischen Binnenmarkt, NJW 2001, 3382; *Makatsch,* Gesundheitsschutz im Recht der Welthandelsorganisation, 2004; *Mayer,* Gesundheitsschutz in der Europäischen Gemeinschaft am Beispiel von BSE, 2004; *Novak,* EG-Grundfreiheiten und Europäisches Sozialrecht, EuZW 1998, 366; *Nowak/Dauck,* Das Recht auf unionsweite, bestmögliche medizinische Versorgung, EuR 2001, 741; *Nowak,* Zur grundfreiheitlichen Inanspruchnahme von Gesundheitsleistungen im europäischen Binnenmarkt, EuR 2003, 644; *ders.,* Gesundheitsschutz in der WTO – eine neue Bedeutung des Codex Alimentarius im Lebensmittelrecht?, ZEuS 2000, 335; *ders.,* Der Vertrieb von Arzneimitteln über das Internet im Spannungsfeld von Freihandel und Gesundheitsschutz, 2002; *ders.,* Internationaler und Europäischer Gesundheitsschutz, 2004; *ders.,* Europäischer Gesundheitsschutz als primärrechtliche Aufgabe und grundrechtliche Gewährleistung, ZEuS 2005, 253; *v. Schwanenflügel,* Die neuen Kompetenzen der EG im Bereich der Gesundheitspolitik, JZ 1993, 551; *ders.,* Die Entwicklung der Kompetenzen der Europäischen Union im Gesundheitswesen, 1996; *ders.,* Gesundheit in Europa, EuR 1998, 210; *ders.,* Die EU-Gesundheitspolitik im Spannungsfeld der wirtschaftlichen Grundfreiheiten des EG-Vertrages und nationaler Verantwortung, DVBl 2003, 496; *Schweitzer/Schroeder/Bock,* EG-Binnenmarkt und Gesundheitsschutz, 2002; *Seewald,* Zum Verfassungsrecht auf Gesundheit, 1981; *Slotboom,* Do Public Health Measures Receive Similar Treatment in European Community and World Trade Organization Law?, JWT 2003, 53; *Toebes,* The Right to Health as a Human Right in International Law, 1999; *Trüe,* EU-Kompetenzen für Energierecht, Gesundheitsschutz und Umweltschutz, JZ 1994, 779; *Verselyte,* Das Recht auf Gesundheitsschutz in der EU, 2005; *Wägenbaur,* Binnenmarkt und Gesundheitsschutz – eine schwierige Kohabitation, EuZW 2000, 549.

A. Einleitung

Die europarechtliche Dimension des Gesundheitsschutzes umfasst zwei Hauptgruppen. Einerseits zählt hierzu der **Schutz der körperlichen und geistigen Integrität** vor unmittelbaren oder mittelbaren Eingriffen durch den Staat bzw. die Europäische Union (→ § 15), wobei auch Schutzpflichten des öffentlichen Aufgabenträgers durchaus eine Rolle spielen können. Zum anderen geht es um den **Anspruch auf Zugang zu einem Gesundheitsschutzsystem** und die spezifische Ausgestaltung eines solchen Systems. 1

Eine **Definition des Begriffs „Gesundheit"** ist dem primären Unionsrecht nicht zu entnehmen. Der EuGH nimmt in seiner Rechtsprechung auf eine allgemeine Definition von „Gesundheit" der Weltgesundheitsorganisation (WHO) Bezug[1], die sich in der aus dem Jahre 1946 stammenden **Präambel der Satzung der WHO** findet und lautet: „*Health is a state of complete physical, mental and social wellbeing and not merely of disease or infirmity*".[2] Art. 168 AEUV stellt wie schon seine Vorgängernorm (Art. 152 EGV-Nizza) im Einklang mit dieser Definition – im Gegensatz zu dem früheren Art. 129 EGV-Maastricht – nicht mehr nur auf die Verhütung von Krankheiten, sondern auch auf die Verbesserung der Gesundheit ab und ist in sehr allgemeiner Weise auf die Vermeidung jeglicher Gesundheitsgefährdung ausgerichtet, wobei er überdies Bezüge auch zu psychischen Gesundheitsbeeinträchtigungen enthält.[3] 2

Im Vordergrund des „Gesundheitsschutzes" steht ohne Zweifel die **Prävention von Humankrankheiten,** die allerdings durch die Bereiche der Behandlung und der Rehabilitation abgerundet wird.[4] „Gesundheitswesen" als Übersetzung von „*public health*"[5] beinhaltet zusätzlich eine **sozialmedizinische Komponente** und ist auf die Gesamtbevölkerung, nicht hingegen auf das einzelne Individuum, bezogen.[6] Es bleibt indes, wie Art. 168 Abs. 7 AEUV ausdrücklich vorsieht, maßgeblich im mitgliedstaatlichen Kompetenzbereich. 3

B. Entwicklung und Bedeutung des Gesundheitsschutzes im EU-Recht

I. Entwicklung des Gesundheitsschutzes im EU-Recht

Die Gesundheitspolitik und der Gesundheitsschutz als Bestandteil des europäischen Unionsrechts hat sich **sukzessive entwickelt** und wurde mit den verschiedenen **Vertragsänderungen** verstärkt im Unionsrecht berücksichtigt, nachdem der ursprüngliche EWG-Vertrag von 1957 keinerlei Hinweise auf gesundheitspolitische Erwägungen der Organe im Rahmen ihrer Tätigkeiten enthalten hat. Vorläufiger Schlusspunkt dieser Entwicklung ist die Berücksichtigung des Gesundheitsschutzes im Vertrag von Lissabon zum einen als Querschnittsaufgabe in Art. 9 AEUV,[7] wobei der Gesundheitsschutz hierbei zwischen Arbeits- und Sozialpolitik in den Hintergrund gerät,[8] mit umfassender konkretisierender Ausgestaltung im Rahmen des Art. 168 AEUV, sowie zum anderen in Art. 35 der Charta der Grundrechte der Europäischen Union (GRC), mit welcher der unionsrechtlich garantierte Gesundheitsschutz – ebenso wie der Umweltschutz (→ § 63) und der Verbraucher- 4

---

[1] EuGH C-84/94, Slg. 1996, I-5755 Rn. 15 – Vereinigtes Königreich/Rat.
[2] Vgl. die deutsche Übersetzung bei *Sander,* Internationaler und Europäischer Gesundheitsschutz, 2004, S. 30 (Gesundheit ist ein „Zustand des vollständigen körperlichen, geistigen und sozialen Wohlbefindens und nicht nur des Freiseins von Krankheiten und Gebrechen").
[3] So *Schmidt am Busch* in GHN AEUV Art. 168 Rn. 7; *v. Dürckheim* S. 29 ff., hält die Übernahme der WHO-Definition im Urteil des EuGH C-84/94, Slg. 1996, I-5755 Rn. 15 – Vereinigtes Königreich/Rat offenbar für allgemein gültig. Zur Rechtslage unter dem Vertrag von Maastricht siehe *Berg* S. 433.
[4] Vgl. insoweit zu Art. 168 AEUV ua *Lurger* in Streinz AEUV Art. 168 Rn. 11; *Frenz/Götzkes* S. 613.
[5] Hierzu *Schneider,* Gesundheitssysteme im internationalen Vergleich, 1994, S. 13; *Berg* S. 63 ff.
[6] Vgl. *Berg* S. 62; zum Kollektivcharakter des Gesundheitsschutzes insgesamt siehe *Lübbig* in FK-EUV/GRC/AEUV AEUV Art. 168 Rn. 9.
[7] So schon zu Art. 152 EGV *Kment* EuR 2007, 275 ff.
[8] *Lübbig* in FK-EUV/GRC/AEUV AEUV Art. 168 Rn. 3.

schutz (→ § 65) – in einen grundrechtlichen Kontext gestellt werden. Über die Anerkennung der Rechte, Freiheiten und Grundsätze, wie sie in der GRC verbürgt sind und denen gemäß Art. 6 Abs. 1 EUV Primärrechtsrang zukommt, wird auch der Gesundheitsschutz aufgewertet und hat so an den Zielen der Union aus Art. 3 Abs. 1 EUV Teil.[9]

5   In den Art. 36, 45 Abs. 3, 52 Abs. 1 AEUV und Art. 62 iVm 52 Abs. 1 AEUV ist der Gesundheitsschutz bereits seit der Gründung der EWG in Zusammenhang mit der **staatlichen Abwehr von Gefahren durch die Einfuhr gesundheitsschädlicher Waren sowie die Einreise kranker Personen** verankert. Gegen die Grundfreiheiten insoweit verstoßende nationale Maßnahmen werden bei Vorliegen bestimmter Voraussetzungen als Ausnahmen zu den grundfreiheitlichen Garantien zugelassen.[10] Daher kann ein Vergleich zwischen diesen Vorschriften und dem Regelungsgehalt des Art. XX GATT gezogen werden. Doch wie auch im Welthandelsrecht ist das **Spannungsverhältnis zwischen Freihandel und der sog.** *trade ands,* wozu neben dem Gesundheitsschutz ua auch der Umweltschutz (→ § 63) und der Verbraucherschutz (→ § 65) zählen, aufzulösen. Für die Bewertung staatlicher Maßnahmen ist es jeweils entscheidend, ob es faktisch um protektionistisches Staatshandeln geht.

6   Seit der Entscheidung in der *Rs. Cassis de Dijon*[11] gestattet es der EuGH den Mitgliedstaaten darüber hinaus, zur Wahrnehmung legitimer Aufgaben bestimmte Anforderungen an Produkte innerhalb ihres Hoheitsgebietes zu stellen: **wichtige Allgemeinwohlinteressen** wie den Umwelt- und Verbraucherschutz erkannte der EuGH in seiner Rechtsprechung[12] als **zwingende Erfordernisse** an, die in der Lage sind, die Verbotsnorm des Art. 34 AEUV einzuschränken. Allerdings erweist sich eine Abgrenzung zum Schutz der menschlichen Gesundheit in Art. 36 AEUV als schwierig – Maßnahmen, die unter die *Cassis de Dijon*-Ausnahme fallen, nicht aber zugleich unter die des Art. 36 AEUV, sind schlicht nicht vorstellbar.[13] Daher wird das Erfordernis öffentlichen Gesundheitsschutzes überwiegend im Rahmen des Art. 36 AEUV geprüft.

7   Der **Gesundheitsschutz** hat seit Gründung der EWG 1957 **als Annexaufgabe** zu zahlreichen Wirtschaftsregelungen Bedeutung erlangt, so dass trotz zunächst vorrangig wirtschaftspolitischer Integration immer schon ein starker Bezug zu diesem Politikfeld bestanden hat.[14] Auch konnten die allgemeinen Rechtsetzungskompetenzen der früheren Art. 100 und Art. 235 E(W)GV aF (heute: Art. 115 und Art. 352 AEUV) für eine Abstützung solcher Rechtsakte herangezogen werden. Daneben wiesen einzelne Bereiche einen Bezug zum Gesundheitsschutz auf, so zB die Forschungsförderung für die Betriebssicherheit in der Montanindustrie (Art. 55 EGKSV) und die Entwicklung einheitlicher Sicherheitsstandards für die Bevölkerung und die Arbeitskräfte gegen die Gefahren ionisierender Strahlungen durch die Atomgemeinschaft (Art. 2 und 30 ff. EAGV). Art. 118 EWGV strebte eine Zusammenarbeit der Mitgliedstaaten im Sozialbereich an, ua auf dem Gebiet des Gesundheitsschutzes bei der Arbeit. Da aber in der Nachgründungsphase insbesondere die wirtschaftspolitische Stabilisierung Westeuropas im Vordergrund gestanden hat, erlangten gesundheitspolitische Maßnahmen der E(W)G bis Anfang der 70er Jahre kaum Bedeutung.[15]

8   Im Anschluss an den Pariser Gipfel von 1972 wurden – in Zusammenhang mit der ökonomischen Grundausrichtung der Gemeinschaft – auf der Grundlage allgemeiner

---

[9]   Vgl. *Pitschas* NSZ 2010, 177 (179).
[10] Insoweit vgl. *Sander,* Internationaler und Europäischer Gesundheitsschutz, 2004, S. 192.
[11] EuGH C-120/78, Slg. 1979, 649 ff. – Cassis de Dijon.
[12] EuGH C-60/84, Slg. 1985, 2605 Rn. 22 f. – Cinétheque (betr. kulturelle Belange); EuGH C-302/86, Slg. 1988, 4607 Rn. 9 – Kommission/Dänemark (Umweltschutz); EuGH C-178/84, Slg. 1987, 1227 Rn. 30 – Kommission/Deutschland (Verbraucherschutz).
[13] *Sander,* Internationaler und Europäischer Gesundheitsschutz, 2004, S. 210; *Müller-Graff* in von der Groeben/Schwarze/Hatje AEUV Art. 34 Rn. 208.
[14] *Sander,* Internationaler und Europäischer Gesundheitsschutz, 2004, S. 186.
[15] *Sander,* Internationaler und Europäischer Gesundheitsschutz, 2004, S. 187; *v. Schwanenflügel* JZ 1993, 551 f.

Handlungsermächtigungen **einzelne Maßnahmen mit gesundheitspolitischen Auswirkungen** erlassen[16], so insbesondere zur Verhütung von Berufsunfällen und Berufskrankheiten. 1978 wurde ferner die Richtlinie über die Angleichung der Rechts- und Verwaltungsvorschriften der Mitgliedstaaten zum Schutz der Gesundheit von Arbeitnehmern, die Vinylchloridmonomer ausgesetzt sind, erlassen.[17] Die *Seveso*-Richtlinie von 1982 sollte dem Schutz vor Unfällen, insbesondere bei chemischen Industrietätigkeiten, dienen.[18] Hinzu kamen in der Folge Maßnahmen und Aktionsprogramme zur Bekämpfung spezifischer Krankheiten wie Aids[19] und Krebs.[20] Die **vermehrte Inanspruchnahme des freien Personenverkehrs** durch Arbeitnehmer und Selbständige sowie deren Familienangehörige machte eine Regelung zum **Krankenversicherungsschutz** von Wanderarbeitnehmern und Selbständigen notwendig.[21]

Die **Einheitliche Europäische Akte** (EEA) von 1986 legte mit der Einfügung des Art. 100a EWGV (heute Art. 114 AEUV) fest, dass die Kommission bei ihren Vorschlägen zur Verwirklichung des Binnenmarktes grundsätzlich von einem **hohen Niveau in den Bereichen Gesundheit,** Sicherheit, Umweltschutz und Verbraucherschutz auszugehen hat. Bis 1992 wurden insoweit Richtlinien erlassen, die zumindest teilweise gesundheitliche Aspekte mitregeln, so ua im Arzneimittel-[22] und Lebensmittelbereich.[23] Da die Maßnahmen in diesen Bereichen aber in erster Linie darauf abzielten, Handelshemmnisse abzubauen und die Marktintegration zu fördern, konnte keine systematische Gesundheitspolitik betrieben werden. Angesichts der Zunahme grenzüberschreitender Umweltverschmutzungen (→ § 63 Rn. 3) wurde der Gemeinschaft eine eigene ausdrückliche Umweltschutzkompetenz in Art. 130s EWGV (jetzt Art. 192 AEUV) übertragen, wobei die gemeinschaftliche Umweltpolitik unter anderem das Ziel verfolgt, zum Schutz der menschlichen Gesundheit beizutragen (Art. 130r EWGV, jetzt Art. 191 AEUV). Mit der Einräumung einer Gemeinschaftskompetenz zur Verabschiedung für Mindestvorschriften in der Sozialpolitik (Art. 118a Abs. 2 EWGV, jetzt Art. 153 AEUV) konnten auch Maßnahmen auf dem Gebiet des Gesundheitsschutzes am Arbeitsplatz erlassen werden. Für allgemeingesundheitspolitische Maßnahmen blieb hingegen Art. 235 EWGV (heute: Art. 352 AEUV) die einzige Rechtsgrundlage.

Mit dem 1993 in Kraft getretenen **Maastrichter Vertrag** wurde die Gesundheitspolitik im Aufgabenkatalog der Gemeinschaft (heute: Union) in Art. 3 EGV festgeschrieben (die Tätigkeit der Gemeinschaft umfasst „einen **Beitrag zur Erreichung eines hohen Gesundheitsschutzniveaus**") und zudem mit einem eigenen **Titel „Gesundheitswesen"** im Teil über die verschiedenen Politiken im EG-Vertrag verankert. Gesundheitspolitik konnte daher seitdem nicht nur als Annex zu anderen Materien mitgeregelt werden, sondern selbst im Umfang der Handlungskompetenz des Art. 129 EGV (heute Art. 168 AEUV) zum eigenen Gegenstand von Gemeinschaftsmaßnahmen gemacht werden. Das Handeln der Gemeinschaft war dabei inhaltlich auf – mitgliedstaatliche Tätigkeiten – ergänzende Maßnahmen sowie auf eine Förderung der Zusammenarbeit der Mitgliedstaaten begrenzt. Die Gemeinschaft wurde so in die Lage versetzt, den Schutz der Gesundheit durch genuine Gesundheitsmaßnahmen zu fördern.[24] Die Fördermaßnahmen dürfen jedoch grundsätzlich keine die mitgliedstaatlichen Regelungen harmonisierenden Wirkun-

---

[16] Vgl. die einzelnen Nachweise bei *Lurger* in Streinz AEUV Art. 168 Rn. 3.
[17] RL 78/610/EWG, ABl. 1978 L 197, 12.
[18] RL 82/501/EWG, ABl. 1982 L 230, 1.
[19] Entschließung des Rats und der im Rat vereinigten Vertreter der Mitgliedstaaten der Europäischen Gemeinschaften betreffend Aids, ABl. 1986 C 184, 21; Aktionsprogramm Europa gegen Aids 1991–1993, ABl. 1991 L 175, 26.
[20] Aktionsprogramm zur Verhütung von Krebs, ABl. 1985 C 336, 11.
[21] Vgl. die VO (EWG) Nr. 1408/71 über die Anwendung der Systeme der sozialen Sicherung auf Arbeitnehmer sowie deren Familienangehörige, die innerhalb der Gemeinschaft zu- und abwandern, ABl. 1971 L 149, 2; erweitert auf Selbständige und ihre Angehörigen durch die VO (EWG) Nr. 1390/81, ABl. 1981 L 143, 1.
[22] Vgl. hierzu zB *Winter*, Die Verwirklichung des Binnenmarktes für Arzneimittel, 2003, S. 77 ff.
[23] *Nentwich*, Das Lebensmittelrecht in der Europäischen Union, 1994, S. 1 ff.
[24] *Sander*, Internationaler und Europäischer Gesundheitsschutz, 2004, S. 191.

gen haben.²⁵ Diese Kompetenzbegrenzung darf auch nicht durch die Wahl einer anderen Ermächtigungsgrundlage, insbesondere Art. 114 und 352 AEUV, umgangen werden.²⁶

11 Dem EuGH ist es in den so genannten **„Tabakurteilen"**²⁷ zugekommen, den „scheinbaren Widerspruch"²⁸ zwischen dem Harmonisierungsverbot im Bereich der öffentlichen Gesundheit (Art. 168 Abs. 5 AEUV) und dem Gebot der Gewährleistung eines hohen Gesundheitsschutzniveaus (Art. 114 Abs. 3 S. 1 iVm Abs. 1 AEUV und Art. 168 Abs. 1 UAbs. 1 AEUV) aufzulösen: Der fragliche Rechtsakt muss zunächst einen objektiven Eignungstest bestehen, und zwar muss die Maßnahme „tatsächlich zur Beseitigung von Hemmnissen des freien Warenverkehrs und der Dienstleistungsfreiheit sowie von Wettbewerbsverzerrungen" beitragen. Ist dies der Fall, darf die Unionsregelung auch den Gesundheitsschutz betreffen, wobei dies nach ständiger Rechtsprechung des EuGH auch dann gilt, wenn dem Gesundheitsschutz maßgebliche Bedeutung zukommt.²⁹ Außerdem behält sich der Gerichtshof vor, die subjektive Zielsetzung des Unionsgesetzgebers zu überprüfen. Bezweckt der Unionsgesetzgeber nicht die Beseitigung von Handelshemmnissen oder Wettbewerbsverzerrungen, sondern die Umgehung des Ausschlusses jeglicher Harmonisierung im Bereich der öffentlichen Gesundheit gemäß Art. 168 Abs. 5 AEUV, so ist der erlassene Rechtsakt nichtig.³⁰ Damit bleibt die primäre Verantwortung der Mitgliedstaaten auf dem Gebiet des Gesundheitswesens gewahrt. Die Förderung der Zusammenarbeit mit Drittstaaten und internationalen Organisationen obliegt gemäß Art. 168 Abs. 3 AEUV der Union und den Mitgliedstaaten gemeinsam.

12 Durch den **Vertrag von Lissabon** wurden die Unionskompetenzen in den Bereichen des Gesundheits-, Umwelt- und Verbraucherschutzes erneut aufgewertet. Art. 168 Abs. 1 UAbs. 1 AEUV erklärt die „Sicherstellung eines hohen Gesundheitsschutzniveaus" zu einer **Querschnittsklausel,** die zwar auch zuvor schon bestanden hatte, nunmehr aber um folgende Feststellung ergänzt wurde: „Die Tätigkeit der Union ergänzt die Politik der Mitgliedstaaten und ist auf die Verbesserung der Gesundheit der Bevölkerung (...) gerichtet.". Eine Verschärfung in der Formulierung ist zudem dahingehend erfolgt, dass der betreffende Akteur bei der Durchführung aller Unionspolitiken und -maßnahmen nunmehr „ein hohes Gesundheitsschutzniveau sicherstellt". Nach dem neuen Art. 168 Abs. 4 AEUV kann die EU Maßnahmen zur Festlegung hoher Qualitäts- und Sicherheitsstandards für bestimmte Organe und Substanzen menschlichen Ursprungs treffen und ist für den Erlass von Maßnahmen im Veterinärwesen und Pflanzenschutz sowie im Bereich der Arzneimittel- und Medizinproduktsicherheit zuständig. Absatz 7 dieser Vorschrift stellt aber weiterhin klar, dass der gesamte Bereich der gesundheitlichen Behandlung in einzelstaatlicher Zuständigkeit verbleibt.

II. Aufwertung des Gesundheitsschutzes durch Grundrechtecharta und den Vertrag von Lissabon

13 In die rechtlich verbindliche Grundrechtecharta, die auf dem Gipfel von Nizza im Dezember 2000 feierlich proklamiert wurde und schließlich mit dem Vertrag von Lissabon gemäß

---

[25] Unter Lissabon ist dies in Art. 168 Abs. 5 AEUV niedergelegt worden.
[26] Zum Verhältnis des Art. 168 AEUV zu Art. 114 AEUV, vgl. EuGH C-376/98, Slg. 2000, I-8419 Rn. 79 – Deutschland/EP u. Rat (Tabakwerbeverbots-RL); EuGH C-380/03, Slg. 2006, I-11573 Rn. 36 ff. – Deutschland/EP und Rat (2. Fassung der Tabakwerbeverbots-RL).
[27] EuGH C-376/98, Slg. 2000, I-8419 Rn 76 ff. – Deutschland/EP u. Rat (Tabakwerbeverbots-RL); EuGH C-491/01, Slg. 2002, I-11453 Rn. 42 ff. – British American Tobacco; EuGH C-434/02, Slg. 2004, I-11825 Rn. 29 ff. – Arnold André; EuGH C-210/03, Slg. 2004, I-11893 Rn. 26 ff. – Swedish Match; EuGH verb. Rs. C-154/04 u. 155/04, Slg. 2005, I-6451 Rn. 27 ff. – Alliance for National Health ua; EuGH C-380/03, Slg. 2006, I-11573 Rn. 36 ff. – Deutschland/EP und Rat.
[28] So *Herr* EuZW 2005, 171 ff.
[29] EuGH C-380/03, Slg. 2006, I-11573 Rn. 92 – Deutschland/EP und Rat (2. Fassung der Tabakwerbeverbots-RL); eine ausführliche Besprechung findet sich bei *Gundel* EuR 2007, 251 ff.
[30] EuGH C-376/98, Slg. 2000, I-8419 Rn. 118 – Deutschland/EP u. Rat (Tabakwerbeverbots-RL); EuGH C-380/03, Slg. 2006, I-11573 Rn. 90 ff. – Deutschland/EP und Rat (2. Fassung der Tabakwerbeverbots-RL).

Art. 6 Abs. 1 EUV in den Primärrechtsrang erhoben wurde, ist auch der Gesundheitsschutz aufgenommen worden. Von Relevanz sind hier die Festschreibung des Rechts auf Unversehrtheit in Art. 3 GRC (→ § 15) sowie das **neue „Grundrecht auf Gesundheitsschutz"**[31] in Art. 35 GRC. Gemäß Art. 35 GRC hat jede Person „das Recht auf Zugang zur Gesundheitsvorsorge und auf ärztliche Versorgung nach Maßgabe der einzelstaatlichen Rechtsvorschriften und Gepflogenheiten. Bei der Festlegung und Durchführung aller Politiken und Maßnahmen der Union wird ein hohes Gesundheitsschutzniveau sichergestellt." Nach den Erläuterungen des Präsidiums des Grundrechtekonvents stützen sich die in Art. 35 GRC enthaltenen Grundsätze auf Art. 152 EGV (Art. 168 AEUV) sowie auf Art. 11 („Das Recht auf Schutz der Gesundheit") der Europäischen Sozialcharta vom 18. Oktober 1961.[32] Über die beiden zuvor genannten Bestimmungen hinausgehend enthält Art. 35 S. 1 GRC ein **Individualrecht,** allerdings ausdrücklich und ausschließlich **nach Maßgabe der einzelstaatlichen Rechtsvorschriften** und Gepflogenheiten; Satz 2 übernimmt die Querschnittsklausel des Art. 168 Abs. 1 AEUV.

In Art. 4 Abs. 2 lit. k AEUV wird das Gesundheitswesen hinsichtlich „gemeinsamer 14 Sicherheitsanliegen" den Bereichen mit geteilter Zuständigkeit zugeordnet. Gemäß Art. 114 Abs. 3 S. 1 AEUV geht die Kommission auch zukünftig bei ihren Vorschlägen zur Verwirklichung und zum Funktionieren des Binnenmarktes von einem **hohen Schutzniveau** aus und berücksichtigt dabei insbesondere alle auf wissenschaftliche Ergebnisse gestützten neuen Entwicklungen. Zur Verwirklichung der Ziele der Union im Bereich der Sozialpolitik unterstützt und ergänzt die Union die Tätigkeit der Mitgliedstaaten durch die Verbesserung der Arbeitsumwelt zum Schutz der Gesundheit und der Sicherheit der Arbeitnehmer (Art. 153 Abs. 1 lit. a AEUV). Art. 168 Abs. 1 AEUV wiederholt die auch in Art. 35 S. 2 GRC angeführte **Querschnittsklausel,** bevor dann ausufernd die Gesundheitspolitik der Union in ihren einzelnen Umfängen mitsamt verfahrensrechtlichen Besonderheiten niedergelegt wird. Die EU-Aufgaben im Gesundheitswesen werden auf die Bekämpfung weit verbreiteter schwerer Krankheiten sowie auf die Beobachtung, frühzeitige Meldung und Bekämpfung schwerwiegender grenzüberschreitender Gesundheitsgefahren erweitert (Art. 168 Abs. 5 AEUV). Für letzteren Bereich sowie für die in Art. 168 Abs. 4 AEUV genannten Sachbereiche erhält die Union **neue bzw. explizite Gesetzgebungskompetenzen,** die allerdings nach wie vor die vorrangige Zuständigkeit der Mitgliedstaaten nur ergänzen sollen und unter einem ausdrücklichen Harmonisierungsverbot stehen.[33] Insgesamt wird die grundsätzliche Zuständigkeit der Mitgliedstaaten für die Gesundheitspolitik in Art. 168 Abs. 1 UAbs. 2 S. 1 AEUV bekräftigt.[34] Schließlich wird von der Rechtsprechung betont, dass aus Art. 168 Abs. 7 AEUV eine Zuständigkeit der Mitgliedstaaten für die Ausgestaltung ihres Gesundheitswesens und der Systeme der sozialen Sicherheit folgt.[35] Forderungen, der Union auch für die Abwehr biologischen Terrorismus und für den Abschluss von Abkommen mit der Weltgesundheitsorganisation (WHO) Kompetenzen zu erteilen, wurden nicht berücksichtigt.[36] Auch eine vorgeschlagene Erweiterung der EU-Kompetenz dahingehend, es den Patienten eines Mitgliedstaates zu ermöglichen, eine qualitativ hochwertige Versorgung in einem anderen Mitgliedstaat in Anspruch zu nehmen, fand schließlich keine Berücksichtigung.[37] Allerdings wurde unter organisatorischen Gesichtspunkten durch die Herausnahme der Arzneimittel- und Medizinproduktsicherheit aus Art. 114 AEUV und Aufnahme in Art. 168 Abs. 4 lit. c AEUV innerhalb der Kommission für Klarheit gesorgt, wenngleich dies materiell-rechtlich keine maßgeblichen Folgewirkungen zeitigt; insbesondere greift die Kommission regelmäßig

---

[31] Dies grds. bejahend *Sander,* International, S. 192.
[32] BGBl. 1964 II 1261.
[33] So *Brusius* S. 188 f.; *Frenz/Götzkes* S. 616 f.
[34] Zur Kompetenzverteilung insgesamt *Frenz/Götzkes* S. 614 f.
[35] EuGH C-84/11, ECLI:EU:C:2012:374 Rn. 26 – Susisalo ua.
[36] So *Brusius* S. 189, unter Verweis auf CONV 388/02.
[37] Hierzu auch *Becker* in Schwarze S. 201 (215).

neben Art. 168 Abs. 4 lit. c AEUV auch auf die Kompetenz des Art. 114 AEUV zurück.[38] Neben der nur zaghaften Ausweitung der Gesundheitspolitik im Rahmen des Art. 168 AEUV stellt die Aufnahme des Gesundheitsschutzes in Art. 35 GRC den größten Fortschritt unter Lissabon dar.[39]

C. Gesundheitsschutz als Schranke subjektiver Unionsrechte insbesondere wirtschaftlicher Art

15 Der Grundrechtsschutz wie auch der Schutz wirtschaftlicher Grundfreiheiten solcher Personen, die in Ausübung und Wahrnehmung ihrer Wirtschaftsgarantien mit ihrem Handeln Belastungen für die Gesundheit und den Gesundheitsschutz Dritter hervorrufen würden, wird zu Gunsten des Gesundheitsschutzes beschränkt. Hierbei tritt die Funktion des Gesundheitsschutzes als Schranke subjektiver Unionsrechte in Gestalt der Unionsgrundrechte (→ Rn. 16) und der Grundfreiheiten (→ Rn. 17 ff.) in den Vordergrund.

I. Gesundheitsschutz als Schranke der Unionsgrundrechte

16 Unionsgrundrechte dürfen aus Gründen beschränkt werden, welche „dem **Gemeinwohl dienenden Zielen** der Gemeinschaft"[40] entsprechen, wobei richtigerweise nicht auch solche Belange umfasst sind, die alleine auf mitgliedstaatlicher Ebene hergeleitet werden.[41] Diese Rechtsprechung wurde durch die Vertragsreform von Lissabon 2009 in Art. 52 Abs. 1 S. 2 GRC verbindlich fixiert. Zu den „dem Gemeinwohl dienenden Zielsetzungen" zählt auch das **Interesse an einem hohen Gesundheitsschutzniveau**.[42] Insbesondere den wirtschaftlichen Unionsgrundrechten wie der Berufsfreiheit (→ § 34), der unternehmerischen Freiheit (→ § 35) und der Eigentumsfreiheit (→ § 36) werden hierdurch Grenzen gesetzt. Die Zulässigkeit von Grundrechtseinschränkungen hängt neben der Gemeinwohlbestimmung davon ab, dass die jeweiligen Beschränkungen verhältnismäßig sind und den Wesensgehalt des jeweiligen Grundrechtes nicht verletzen (zu diesen Schranken-Schranken → § 10 Rn. 41 ff.).

II. Gesundheitsschutz als Schranke der grundrechtsähnlichen EU-Grundfreiheiten

17 Wie bereits ausgeführt (→ Rn. 5), können nationale Maßnahmen zum Gesundheitsschutz als Schranke der grundrechtsähnlichen EU-Grundfreiheiten erlassen werden. Der Gesundheitsschutz stellt einen Rechtfertigungstatbestand zum freien Warenverkehr, der Arbeitnehmerfreizügigkeit, der Niederlassungsfreiheit sowie der Dienstleistungsfreiheit dar. Bei diesen Grundfreiheiten handelt es sich um objektive Gewährleistungen sowie auch jeweils um subjektive und unmittelbar anwendbare Unionsrechte natürlicher und juristischer Personen.[43]

18 Nach den Art. 34 und 35 AEUV sind im Bereich des freien **Warenverkehrs** mengenmäßige Ein- und Ausfuhrbeschränkungen sowie Maßnahmen gleicher Wirkung zwischen

---

[38] *Schmidt/Sule* EuZW 2012, 369.
[39] Vgl. *Bungenberg* in Grabenwarter, EnzEur Bd 2, Rn. 42.
[40] Vgl. EuGH C-5/88, Slg. 1989, 2609 Rn. 18 – Wachauf; EuGH C-292/97, Slg. 2000, I-2737 Rn. 45 – Karlsson.
[41] Vgl. Vgl. *Krämer* in Stern/Sachs GRCh Art. 52 Rn. 42; *Pache* in FK-EUV/GRC/AEUV GRC Art. 52 Rn. 25.
[42] Vgl. *Krämer* in Stern/Sachs GRCh Art. 52 GRC Rn. 47; sowie EuGH C-210/03, Slg. 2004, I-11893 Rn. 72, 74 – Swedish Match.
[43] Zur unmittelbaren Anwendbarkeit der Grundfreiheiten s. EuGH C-26/62, Slg. 1963, 1 Rn. 24 ff. – Van Gend & Loos; bestätigt ua in EuGH C-2/74, Slg. 1974, 631 Rn. 24 u. 28 ff. – Reyners (für Art. 49 AEUV); EuGH C-33/74, Slg. 1974, 1299 Rn. 18 ff. – van Binsbergen (für Art. 56 UAbs. 1 AEUV u. Art. 57 UAbs. 3 AEUV); EuGH C-41/74, Slg. 1974, 1337 Rn. 4 ff. – van Duyn (für Art. 45 AEUV); EuGH C-83/78, Slg. 1978, 2347 Rn. 66 f. – Pigs Marketing Board (für Art. 34 AEUV).

den Mitgliedstaaten verboten. Die Ausnahmen zu diesem Grundsatz sind in dem grundsätzlich eng auszulegenden[44] Art. 36 AEUV festgeschrieben. Der Warenverkehrsfreiheit stehen ua solche Maßnahmen nicht entgegen, die zum Schutz der Gesundheit und des Lebens von Menschen gerechtfertigt sind. Art. 36 AEUV hat aber nicht den Zweck, bestimmte Sachgebiete der ausschließlichen Zuständigkeit der Mitgliedstaaten vorzubehalten. Unter der Voraussetzung, dass noch keine abschließende Harmonisierung durch das Unionsrecht gegeben ist, sind Ausnahmen vom Grundsatz des freien Warenverkehrs durch nationale Normen auch nur in dem Ausmaß zugelassen, wie dies zur Erreichung der in diesem Artikel bezeichneten Ziele gerechtfertigt ist und auch zukünftig gerechtfertigt bleibt.[45] Die mitgliedstaatlichen Maßnahmen müssen dem unionsrechtlichen **Verhältnismäßigkeitsgrundsatz** (→ § 10 Rn. 41 ff.) genügen.

Im Anwendungsbereich der Grundfreiheiten ist grundsätzlich von einer **Gleichrangigkeit von sozialen, ökologischen und wirtschaftlichen Zielen** auszugehen, wie schon Art. 3 EUV deutlich macht. Hierauf wird auch in der Rechtsprechung des EuGH hingewiesen (→ § 63 Rn. 24 ff.). Nachdem im *Preussen/Elektra*-Urteil die herkömmliche Schranken- und Rechtfertigungssystematik für den Umweltschutz erweitert worden ist (→ § 63 Rn. 30 ff.), wird im *Inntalautobahn*-Beschluss des Präsidenten des EuGH[46] ein **Rangverhältnis zwischen Ökologie, Wirtschaft und Gesundheitsschutz** angedeutet. Zwar wird in diesem Beschluss festgestellt, dass Gesundheits- und Umwelterwägungen Vorrang vor der Verwirklichung des Binnenmarktes eingeräumt werden muss.[47] Diese Hierarchisierung widerspricht aber den primärrechtlichen Vorgaben, wonach Umwelt- und Gesundheitsschutz und die Herstellung des Binnenmarktes als gleichberechtigte primärrechtliche Verfassungsziele nebeneinander stehen. Bei Vorliegen eines Vorrangverhältnisses wäre die Schaffung des auch vom EuGH[48] ausdrücklich angestrebten Ausgleichs zwischen den verschiedenen Erfordernissen und Zielen aus rechtlicher Sicht nicht möglich. Gleichwohl stellt die Rechtsprechung eine grundsätzlich vorrangige Bedeutung des Gesundheitsschutzes gegenüber wirtschaftlichen Erwägungen heraus.[49] Im Zusammenhang mit der Abwägung zwischen Niederlassungsfreiheit und Gesundheitsschutz, bei dessen Ausgestaltung die Grundfreiheiten zu beachten sind, wird schließlich von der Rechtsprechung bekräftigt, dass unter allen geschützten Interessen die Gesundheit und das Leben von Menschen den höchsten Rang einnehmen.[50] Auch unter den in Art. 36 AEUV genannten Allgemeinwohlbelangen nimmt nach der Rechtsprechung die Gesundheit eine hervorgehobene Stellung ein und bekleidet den „ersten Rang".[51] 19

Die in Art. 45 AEUV garantierte **Freizügigkeit der Arbeitnehmer** verbietet jede Diskriminierung aus Gründen der Staatsangehörigkeit in Bezug auf Beschäftigung, Entlohnung und sonstige Arbeitsbedingungen und garantiert das Recht der freien Stellenbewerbung sowie der freien Bewegung im Hoheitsgebiet der Mitgliedstaaten, des Aufenthalts zur Beschäftigungsausübung und des Verbleibs nach Beendigung der Beschäftigung. Diese Rechte gelten allerdings nur vorbehaltlich der ua aus Gründen der öffentlichen Gesundheit gerechtfertigten Beschränkungen (Art. 45 Abs. 3 AEUV). Den Mitgliedstaaten ist hiermit aber nicht das Recht gegeben, den Gesundheitssektor als Wirtschaftsbereich per se bezüg- 20

---

44 Zur grds. engen Auslegung der grundfreiheitsspezifischen Rechtfertigungskataloge des AEUV vgl. ua EuGH C-54/99, Slg. 2000, I-1335 Rn. 17 – AES de Paris ua/Premier ministre.
45 StRspr, vgl. nur EuGH C-35/76, Slg. 1976, 1871 Rn. 18 f. – Simmenthal S. p. A./Italienisches Finanzministerium.
46 EuGH C-320/03 R, Slg. 2003, I-11665 – Kommission/Republik Österreich (Inntalautobahn); hierzu auch *Bungenberg* EuR Beih. 3/2004, 57 (63 f.).
47 EuGH C-320/03 R, Slg. 2003, I-11665 Rn. 58 – Kommission/Republik Österreich (Inntalautobahn).
48 EuGH C-320/03 R, Slg. 2003, I-11665 Rn. 64 – Kommission/Republik Österreich (Inntalautobahn).
49 EuG T-238/07, Slg. 2009, II-117 Rn. 74 – Ristic/Kommission.
50 EuGH C-84/11, ECLI:EU:C:2012:374 Rn. 28 – Susisalo ua; EuGH C-531/06, Slg. 2009, I-4103 Rn. 36 – Kommission/Italien.
51 EuGH C-322/01, Slg. 2003, I-14887 Rn. 103 – Doc Morris I; EuGH C-108/09, Slg. 2010, I-12213 Rn. 58 – Ker-Optika; EuGH C-421/09, Slg. 2010, I-12869 Rn. 33 – Humanplasma.

lich des Zugangs zu einer Beschäftigung von der Anwendung der Personenfreizügigkeit auszunehmen.[52] Alle mitgliedstaatlichen Maßnahmen müssen dem unionsrechtlichen **Verhältnismäßigkeitsgrundsatz** (→ § 10 Rn. 41 ff.) entsprechen.[53] Auf Grund der bereits erfolgten **Harmonisierung,** insbesondere durch die „Richtlinie zur Koordinierung der Sondervorschriften für die Einreise und den Aufenthalt von Ausländern, soweit sie aus Gründen der öffentlichen Ordnung, Sicherheit oder Gesundheit gerechtfertigt sind"[54], stehen den Mitgliedstaaten kaum mehr substantielle Befugnisse hinsichtlich der Einschränkung der Freizügigkeit aus Gesundheitsschutzgründen zu.[55]

21 Die in Art. 49 AEUV garantierte **Niederlassungsfreiheit** beinhaltet die Möglichkeit einer dauernden selbständigen Tätigkeit in einem anderen Mitgliedstaat. Nach Art. 52 Abs. 1 AEUV schließt dies aber nicht die Anwendbarkeit von nationalen beschränkenden und auch diskriminierenden Rechts- und Verwaltungsvorschriften aus, die eine Sonderregelung für Ausländer vorsehen und ua aus Gründen der öffentlichen Gesundheit gerechtfertigt sind. Wirtschaftliche Gründe sind für eine Rechtfertigung grundsätzlich nicht ausreichend[56], denn das Gesundheitswesen wird vom EuGH dem wirtschaftlichen Bereich zugerechnet, so dass aus rein ökonomischen Motiven eine Beschränkung der Niederlassungsfreiheit etwa von Ärzten und Apothekern nicht in Betracht kommt.[57] Auch bei dieser Grundfreiheit müssen alle nationalen beschränkenden oder diskriminierenden Maßnahmen dem unionsrechtlichen **Verhältnismäßigkeitsgrundsatz** (→ § 10 Rn. 41 ff.) entsprechen. Dieser Vorbehalt wird wie bei der Arbeitnehmerfreizügigkeit durch die RL 2004/38/EG[58] sekundärrechtlich konkretisiert. Der Bereich der beruflichen Anforderungen wurde in der Vergangenheit durch weit reichende Unionsakte harmonisiert.[59]

22 Die in Art. 56 AEUV garantierte **Dienstleistungsfreiheit** beeinträchtigt die Anwendbarkeit dem Gesundheitsschutz dienender nationaler Vorschriften ebenfalls nicht, wie sich aus der Rückverweisung des Art. 62 AEUV auf die Art. 51–54 AEUV ergibt. Auf Grund des öffentlichen Gesundheitsschutzes können sowohl diskriminierende wie auch lediglich beschränkende Maßnahmen gerechtfertigt sein. Das Unionsziel, eine qualitativ hochwertige, ausgewogene sowie allen zugängliche ärztliche und klinische Versorgung aufrechtzuerhalten, kann zu den Ausnahmen im Sinne des Art. 52 AEUV zählen, soweit es zur Erreichung eines hohen Niveaus des Gesundheitsschutzes beiträgt.[60] Rein wirtschaftliche Gründe können Ausnahmen aber grundsätzlich nicht rechtfertigen.[61] Diese Bestimmung des Vertrages erlaubt es den Mitgliedstaaten insbesondere, den freien **Dienstleistungsverkehr im Bereich der ärztlichen und klinischen Versorgung** einzuschränken, soweit die Erhaltung eines bestimmten Umfangs der medizinischen und pflegerischen Versorgung oder eines bestimmten Niveaus der Heilkunde im Inland für die Gesundheit oder sogar für das Überleben ihrer Bevölkerung erforderlich ist.[62] Nach ständiger Rechtsprechung muss

---

[52] *V. Dürckheim* S. 117; EuGH C-131/85, Slg. 1986, 1573 Ls. 1 – Emil Gül/Regierungspräsident Düsseldorf.
[53] EuGH C-96/85, Slg. 1986, 1475 Rn. 13 f. – Kommission/Frankreich.
[54] RL 64/221/EWG, ABl. 1964 L 56, 850.
[55] Vgl. *v. Dürckheim* S. 118.
[56] *Sander,* Internationaler und Europäischer Gesundheitsschutz, 2004, S. 226.
[57] EuGH C-131/85, Slg. 1986, 1573 Rn. 17 – Emil Gül/Regierungspräsident Düsseldorf.
[58] ABl. 2004 L 158, 77.
[59] Vgl. insoweit Art. 53 Abs. 2 AEUV mit der Unionsaufgabe, Richtlinien zur gegenseitigen Anerkennung von Diplomen und Zeugnissen zu verabschieden. Es wurden Richtlinien verabschiedet ua für Ärzte (ABl. 1975 L 167, 1, ABl. 1982 L 43, 21 u. ABl. 1986 L 267, 26), Krankenschwestern und Krankenpfleger (ABl. 1977 L 176, 1 (8)), Zahnärzte (ABl. 1978 L 233, 1), Hebammen (ABl. 1980 L 33, 1 (8, 13) und Apotheker (ABl. 1985 L 253, 37).
[60] EuGH C-158/96, Slg. 1998, I-1931 Rn. 50 – Kohll; EuGH C-157/99, Slg. 2001, I-5473 Rn. 73 – Smits u. Peerbooms; EuGH C-385/99, Slg. 2003, I-4509 Rn. 67 – Müller-Fauré u. van Riet; EuGH C-372/04, Slg. 2006, I-4325 Rn. 86 ff. – Watts; EuGH C-444/05, Slg. 2007, I-3185 Rn. 19 ff. – Stamatelaki; EuGH C-173/09, Slg. 2010, I-1919 Rn. 36 ff. – Elchinov.
[61] In diesem Sinne EuGH C-158/96, Slg. 1998, I-1931 Rn. 41 – Kohll.
[62] EuGH C-158/96, Slg. 1998, I-1931 Rn. 51 – Kohll; EuGH C-157/99, Slg. 2001, I-5473 Rn. 74 – Smits u. Peerbooms; EuGH C-385/99, Slg. 2003, I-4509 Rn. 67 – Müller-Fauré u. van Riet; EuGH C-

jedoch gewährleistet sein, dass Maßnahmen, die mit einer im Vertrag vorgesehenen Ausnahme oder auch mit einem zwingenden Grund des Allgemeininteresses gerechtfertigt werden, nicht über das hinausgehen, was zu diesem Zweck objektiv notwendig ist, und dass das gleiche Ergebnis nicht durch weniger einschneidende Regelungen erreicht werden kann.[63]

In der Rechtsprechung des EuGH hat mehrfach die **vorherige Genehmigung einer ärztlichen Behandlung** in einem anderen Mitgliedstaat als Voraussetzung für die Kostenerstattung der Krankenkasse eine Rolle gespielt.[64] Soweit Auswirkungen auf das Gesamtniveau des Schutzes der öffentlichen Gesundheit möglich sind, kann eine erhebliche Gefährdung des finanziellen Gleichgewichts des Systems der sozialen Sicherheit ebenfalls einen zwingenden Grund des Allgemeininteresses darstellen, der eine derartige Beschränkung rechtfertigen kann.[65] Eine Rechtfertigung ist also dann möglich, wenn sie zur Aufrechterhaltung einer ausgewogenen, allen zugänglichen ärztlichen und klinischen Versorgung bzw. zur Erhaltung eines bestimmten Umfangs der medizinischen und pflegerischen Versorgung bzw. eines bestimmten, für die Gesundheit oder das Überleben der Bevölkerung erforderlichen Niveaus der Heilkunde im Inland erforderlich ist.[66] Dabei hat sich die Rechtsprechungslinie etabliert, dass dieses Genehmigungserfordernis für Pflichtversicherte gesetzlicher Krankenkassen bei einer **ambulanten ärztlichen Versorgung** nicht unionsrechtskonform ist, da die Leistungsfähigkeit der Krankenkassen kein tragfähiger Grund ist, um den Eingriff rechtfertigen zu könnte.[67]

23

Innerstaatliche Genehmigungserfordernisse im Hinblick auf die **Übernahme von Krankenhauskosten stationärer Behandlung** können grundsätzlich mit Art. 56 AEUV vereinbar angesehen werden, sofern die Voraussetzungen für die Erteilung einer derartigen Genehmigung ihrerseits in Anbetracht der erwähnten zwingenden Gründe gerechtfertigt sind und dem Erfordernis der Verhältnismäßigkeit genügen.[68] Dies ist aber nur dann der Fall, wenn die für die Genehmigungserteilung vorausgesetzte Üblichkeit der Behandlung nicht allein am Maßstab der inländischen, sondern vielmehr am Maßstab der internationalen Praxis beurteilt wird, und wenn die für die Genehmigungserteilung ebenfalls verlangte Notwendigkeit der Behandlung im Ausland nur dann versagt wird, wenn die gleiche oder eine für die Genehmigungserteilung ebenfalls verlangte Notwendigkeit der Behandlung rechtzeitig in einer Einrichtung vorgenommen werden kann, mit der die Krankenkasse des Versicherten eine vertragliche Vereinbarung geschlossen hat.[69] Diese Differenzierung des EuGH findet sich schließlich in der Patientenmobilitätsrichtlinie 2011/24/EU; in Art. 8 Abs. 2 lit. a RL 2011/24/EU wird eine Vorabgenehmigungspflicht ermöglicht, sofern es sich um eine stationäre Behandlung oder eine solche handelt, die eine besonders kostenintensive medizinische Infrastruktur oder Ausrüstung erfordert.

24

372/04, Slg. 2006, I-4325 Rn. 86 ff. – Watts; EuGH C-444/05, Slg. 2007, I-3185 Rn. 19 ff. – Stamatelaki; EuGH C-173/09, Slg. 2010, I-1919 Rn. 36 ff. – Elchinov.

[63] EuGH C-157/99, Slg. 2001, I-5473 Rn. 75 – Smits u. Peerbooms; EuGH C-385/99, Slg. 2003, I-4509 Rn. 68 – Müller-Fauré u. van Riet.

[64] EuGH C-120/95, Slg. 1998, I-1831 – Decker; EuGH C-158/96, Slg. 1998, I-1931 Rn. 50 – Kohll.

[65] EuGH C-158/96, Slg. 1998, I-1931 Rn. 41 – Kohll; EuGH C-157/99, Slg. 2001, I-5473 Rn. 72 – Smits u. Peerbooms; EuGH C-372/04, Slg. 2006, I-4325 Rn. 103 – Watts; EuGH C-444/05, Slg. 2007, I-3185 Rn. 30 – Stamatelaki; EuGH C-173/09, Slg. 2010, I-1919 Rn. 42 – Elchinov.

[66] Vgl. EuGH C-120/95, Slg. 1998, I-1831 Rn. 42–45 – Decker; EuGH C-158/96, Slg. 1998, I-1931 Rn. 47, 49 – Kohll.

[67] *Sander*, Internationaler und Europäischer Gesundheitsschutz, 2004, S. 230; hierzu auch *Nowak* EuR 2003, 644 ff.; sowie *Wollenschläger* EuR 2012, 149 (163).

[68] EuGH C-157/99, Slg. 2001, I-5473 Rn. 76 ff. – Smits u. Peerbooms; EuGH C-372/04, Slg. 2006, I-4325 Rn. 110 – Watts; EuGH C-444/05, Slg. 2007, I-3185 Rn. 35 ff. – Stamatelaki; EuGH C-173/09, Slg. 2010, I-1919 Rn. 44 ff. – Elchinov.

[69] Vgl. insoweit *Nowak* EuR 2003, 650; *Wollenschläger* S. 164 f.

D. Unionsgrundrechtlicher Schutz vor Gesundheitsbeeinträchtigungen

25   Wegen der Aufnahme des Gesundheitsschutzes in den Aufgabenkatalog der Union, der Verpflichtung der Union auf ein hohes Gesundheitsschutzniveau sowie der Verankerung des Gesundheitsschutzes in vielen nationalen Verfassungen wird in der Literatur teilweise auf das Bestehen eines europäischen **Grundrechts der Verbraucher auf Schutz der Gesundheit** geschlossen.[70] Die Verpflichtung zur Regelung und Ausgestaltung des Gesundheitsschutzes richtet sich an die Union sowie an ihre Mitgliedstaaten. Eine subjektive Ausgestaltung besteht nur im Rahmen der Grundfreiheiten im Sinne des Anspruchs auf den Zugang zu Leistungen im Gesundheitsbereich in anderen Mitgliedstaaten (→ Rn. 23 f. u. → Rn. 38 f.). Subjektive Gewährleistungen sind zudem auch der Grundrechtecharta zu entnehmen (→ Rn. 36). Anderen Unionsgrundrechten sind gesundheitsschützende Gewährleistungen zu entnehmen (→ Rn. 37).

I. Möglichkeiten und Grenzen der Herleitung eines ungeschriebenen EU-Gesundheitsschutzgrundrechts im Wege wertender Rechtsvergleichung

26   Bei der Entwicklung allgemeiner Rechtsgrundsätze stützt sich der EuGH sowohl auf die Verfassungen der Mitgliedstaaten als auch auf internationale Verträge, namentlich die Europäische Menschenrechtskonvention (EMRK).[71]

27   **1. Gesundheitsgrundrechtliche Situation im Völkerrecht.** Die **EMRK** gewährt in Art. 2 EMRK ein Recht auf Leben, welches in Art. 3 EMRK durch ein Verbot der Folter ergänzt wird. Nach der Rechtsprechung des EGMR wird der **Schutz der physischen und psychischen Integrität** von Art. 8 Abs. 1 EMRK erfasst.[72] Das Recht auf körperliche Unversehrtheit (→ § 15) stellt einen Teilaspekt eines umfassenden Grundrechts auf Gesundheitsschutz dar. Gemäß Art. 8 Abs. 1 EMRK werden **Eingriffshandlungen,** die „ans Lebendige gehen", insoweit also eine der wesentlichen Vorbedingungen der menschlichen Existenz in Frage stellen, in den Vertragsstaaten der EMRK mit entsprechenden Grundrechtsgarantien seit jeher als „besonders persönlichkeitsnah" angesehen.[73] Die EKMR sieht auch geringfügige Eingriffe in die körperliche oder psychische Integrität als eine Verletzung des Schutzes des Privatlebens gemäß Art. 8 Abs. 1 EMRK an.[74] Eine Zwangsmaßnahme staatlicher Stellen, die unterhalb der für Art. 3 EMRK erforderlichen Schwere liegt, kann einen Verstoß gegen Art. 8 EMRK darstellen, wenn sie die psychische und physische Integrität einer Person nachteilig beeinflusst[75] (→ § 15).

28   Die EKMR hat im Fall *Passanante/Italien* angenommen, dass eine unverhältnismäßig lange Wartezeit zwecks **Inanspruchnahme medizinischer Pflege** gegen Art. 8 EMRK verstoßen kann, wenn sie sich auf die Gesundheit des Patienten auswirkt.[76] In einem anderen Fall[77] hat die EKMR allerdings eine Beschwerde zurückgewiesen, in der die Weigerung der zuständigen Behörden, der Beschwerdeführerin eine unentgeltliche Pflege für eine pflegebedürftige nahe Verwandte einschließlich einer Krankenschwester zur Verfügung zu stellen, als eine Konventionsverletzung angesehen wurde, da der Vater der Patientin ein ausreichendes Einkommen habe, um für die Pflege aufzukommen. In der

---

[70] Vgl. *v. Dürckheim* S. 155 f.; hierzu auch *Sander,* International, S. 47.
[71] EuGH C-4/73, Slg. 1974, 491 Rn. 12 – Nold.
[72] EGMR 26.3.1985 – 8978/80, Series A no. 91 Rn. 22 = EuGRZ 1985, 297 ff. – X u. Y/Niederlande
[73] *Breitenmoser,* Der Schutz der Privatsphäre gem. Art. 8 EMRK, 1986, S. 132.
[74] Vgl. EKMR 4.12.1978 – 8239/78, D. R. 16, 184 (186) – X./Niederlande; EGMR 26.3.1985 – 8978/80, Series A no. 91 Rn. 22 = EuGRZ 1985, 297 ff. – X u. Y/Niederlande; EGMR 24.2.1998 – 21439/93, Rep. 1998-I Nr. 65 Rn. 33 – Botta/Italien.
[75] EGMR 25.3.1993 – 13134/87, Series A no. 247-C Rn. 36 – Costello-Roberts; EGMR 6.2.2001 – 4599/98, Rep. 2001-I Nr. 47 – Bensaid/Vereinigtes Königreich.
[76] EKMR 1.7.1998 – 3264/96, D. R. 94-A – Passanante/Italien.
[77] EKMR 4.101976 – 6839/74, D. R. 7, 78 – X/Irland.

Literatur[78] wird dieser Entscheidung allerdings entnommen, dass der Anspruch als solcher in den Schutzbereich der Konventionsgewährleistungen fällt. In den meisten Fällen hat es die Kommission abgelehnt, eine Überprüfung der **Effizienz des staatlichen Gesundheitssystems** vorzunehmen. Der Schutz der Gesundheit kann in gewissen Fällen zwar eine positive Organisationspflicht des Staates zur Sicherung des Zugangs zu medizinischer Pflege verlangen, eine konkrete Leistungspflicht ist der Rechtsprechung des EGMR aber nicht zu entnehmen, soweit der Zustand des Betroffenen nicht die Schwelle des Art. 3 EMRK erreicht.[79] Im Fall *Lopez Ostra*[80] hat der EGMR dem Einzelnen Schutz vor **gesundheitsschädlichen Emissionen** durch private Dritte gewährt; hieran anknüpfend hat der EGMR im Fall *Guerra*[81] eine Verletzung von Art. 8 Abs. 1 EMRK darin gesehen, dass **Informationen über umweltschädliche Aktivitäten,** die auch zu Gesundheitsschäden führen können, nicht zur Verfügung gestellt worden sind.

Darüber hinaus wurden mehrfach Fälle entschieden, die die **Gesundheit von Strafgefangenen und Haftbedingungen** betreffen. Auch in Ausweisungsfällen hatte sich der EGMR mit der Frage zu befassen, ob nach einer erfolgten Auslieferung weiterhin der erforderliche Gesundheitsschutz gewährleistet ist.[82] Eine **medizinische Mindestversorgung** muss gewährleistet sein, da der Einzelne ansonsten einer unmenschlichen oder erniedrigenden Behandlung im Sinne des Art. 3 EMRK unterliegen würde[83] (→ § 16 Rn. 27). Auch die EKMR schloss es nicht aus, dass unzulängliche medizinische Pflege in Fällen einer schweren Krankheit uU eine Verletzung von Art. 3 EMRK darstellen könnte.[84]

Mit der Schlussakte von Marrakesch und der hieraus resultierenden Gründung der **Welthandelsorganisation (WTO)** wurden Handelsabkommen vereinbart, die Auswirkungen auf die Gesundheitsschutzpolitik der Vertragsparteien, zu denen die EU zählt, haben.[85] Das „SPS-Abkommen" (Übereinkommen über die Anwendung gesundheitspolizeilicher und pflanzenschutzrechtlicher Maßnahmen) findet auf alle gesundheitspolizeilichen und pflanzenschutzrechtlichen Maßnahmen Anwendung, soweit sie den Handel direkt oder mittelbar beeinflussen. Das Abkommen hat somit umfassende Auswirkungen auch im Bereich der Lebensmittelstandardsetzung. Obwohl die WTO (derzeit) keine eigenen Aufgaben im Bereich des Gesundheitsschutzes besitzt und ihr auch keine Normierungskompetenz zusteht, enthält das WTO-Vertragswerk zahlreiche Liberalisierungsverpflichtungen, die teilweise auch die Aufrechterhaltung von Gesundheitsschutzmaßnahmen der WTO-Mitglieder in Frage stellen können.[86] Grundrechtsähnliche Verpflichtungen lassen sich dem WTO-Recht nicht entnehmen (→ § 35 Rn. 6 f.).

Eine Reihe weiterer völkerrechtlicher Dokumente behandeln Gesundheitsschutz des Individuums mehr oder weniger umfangreich. **Art. 25 AEMR** enthält das Recht auf eine Lebenshaltung, welche die Gesundheit und das Wohlbefinden jedes Menschen und seiner Familie gewährleistet. Dieser Erklärung kommt allerdings keine völkerrechtliche Bindungswirkung zu. Die **Präambel der WHO-Satzung** enthält ein „Grundrecht jedes Menschen", „sich des bestmöglichen Gesundheitszustandes zu erfreuen"; einen subjektiv-rechtlichen Anspruch kann der Einzelne gegen seinen Staat gestützt auf dieses Grundrecht nicht geltend machen, weil es nur als Handlungspflicht der Mitgliedstaaten der WHO verstanden wird.[87] Die

---

[78] Vgl. *Verselyte,* Das Recht auf Gesundheitsschutz in der EU, 2005, S. 111; hierzu auch *Dröge* S. 38.
[79] Vgl. insoweit ausführlich *Dröge* S. 124 f.
[80] EGMR 9.12.1994 – 16798/90, Series A no. 303-C Rn. 44 ff., insbes. Rn. 58 – Lopez Ostra/Spanien.
[81] EGMR 19.2.1998 (GK) – 14967/89, Rep. 1998-I Nr. 64, 210 Rn. 56 ff. insbes. Rn. 60 – Guerra/Italien.
[82] Vgl. zB EGMR 27.6.2000 (GK) – 22277/93, Rep. 2000-VII Rn. 87 – Ilhan/Türkei.
[83] Hierzu auch *Dröge* S. 115; vgl. ua EKMR, Bericht vom 8.7.1993, Series A no. 280 Rn. 79 – Hurtado/Schweiz; EGMR 27.6.2000 (GK) – 22277/93, Rep. 2000-VII Rn. 87 – Ilhan/Türkei.
[84] EKMR 19.5.1994 – 23634/94, D. R. 77-A Rn. 1 – Tanko/Finland.
[85] *Correa* JWT 2000, 89 ff.
[86] So *Sander,* Internationaler und Europäischer Gesundheitsschutz, 2004, S. 51 u. ausführlich S. 118 ff.
[87] So *Sander,* Internationaler und Europäischer Gesundheitsschutz, 2004, S. 50; zum Inhalt dieses Rechts vgl. ausführlich *Toebes,* The Right to Health as a Human Right in International Law, 1999, S. 28 ff.

Europäische Sozialcharta von 1961, die vom EuGH als Rechtserkenntnisquelle genannt[88] und auf die ausdrücklich in der Präambel des EU-Vertrages sowie in Art. 151 AEUV verwiesen wird, erkennt in Teil I Nr. 3[89] Art. 3[90] einen Gesundheitsschutz für Arbeitnehmer sowie in Teil I Nr. 11[91] Art. 11[92] einen allgemeinen Gesundheitsschutz an. Adressaten sind allerdings die Vertragsparteien, so dass keine subjektiven Rechte gewährt werden.[93] Jedoch kommt die grundsätzliche Anerkennung sozialer Grundrechte zum Ausdruck. Gemäß Art. 12 **IPWSKR** erkennen die Vertragsstaaten ein Recht auf Schutz der Gesundheit an.

32 **2. Gesundheitsgrundrechtliche Situation in den EU-Mitgliedstaaten.** Die Verfassungen der meisten EU-Mitgliedstaaten enthalten ausdrückliche Regelungen zum Gesundheitsschutz. In **Deutschland** fehlt zwar eine spezielle Vorschrift „Gesundheitsschutz", jedoch finden sich Aspekte dieses Rechts in Art. 2 Abs. 2 GG iVm Art. 1 Abs. 1 GG.[94] Die **belgische Verfassung** sichert in Art. 23 Nr. 2 jedermann ein Recht auf Gesundheitsschutz und medizinischen Beistand zu. **Die finnische Verfassung** legt in Art. 19 Abs. 3 fest, dass das Gemeinwesen jedem eine Gesundheitsfürsorge gewährleistet und die Gesundheit der Bevölkerung fördert. Gemäß der Präambel der **französischen Verfassung** von 1946 sichert die Nation insbesondere dem Kind, der Mutter und den alten Arbeitern den Schutz ihrer Gesundheit zu. Die **griechische Verfassung** stellt in Art. 21 Abs. 3 fest, dass der Staat für die Gesundheit der Bürger Sorge zu tragen hat. Die **italienische Verfassung** schützt mit Art. 32 die Gesundheit als grundlegendes Recht des Individuums und als Interesse der Gemeinschaft und gewährleistet den Bedürftigen kostenlose Behandlung. Das Recht auf Gesundheit ist im Laufe der verfassungsgerichtlichen Judikatur nicht nur als programmatische Norm, sondern als unverletzliches Recht im Sinne des Art. 2 italVerf entfaltet worden, wobei der italienische Verfassungsgerichtshof das Recht auf Gesundheit nicht automatisch als individuell einklagbar angesehen, sondern von der Zeit, Art und Weise seiner Verwirklichung abhängig gemacht hat.[95] **Luxemburgs Verfassung** schützt in Art. 11 Abs. 3 die Vorsorge für die soziale Sicherheit, den Schutz der Gesundheit sowie die Erholung der Arbeitnehmer; Art. 22 Abs. 1 der **niederländischen Verfassung** verpflichtet den Staat und die anderen öffentlich-rechtlichen Körperschaften, Maßnahmen zur Förderung der Gesundheit zu treffen. Nach Art. 64 der **portugiesischen Verfassung** ist mit dem ausdrücklich gewährleisteten Recht auf den Schutz der Gesundheit zugleich die Pflicht eines jeden verbunden, seine Gesundheit zu fördern und zu bewahren. **Slowenien** normiert in Art. 51 jedermanns „Recht auf Gesundheitsfürsorge" unter den gesetzlich festgelegten Voraussetzungen. Auch die **spanische Verfassung** erkennt in Art. 43 Abs. 1 das Recht auf Gesundheit ausdrücklich an. Gemäß Art. 31 der Urkunde der Grundrechte

---

[88] EuGH C-149/77, Slg. 1978, 1365 Rn. 26, 29 – Defrenne.
[89] „Alle Arbeitnehmer haben das Recht auf sichere und gesunde Arbeitsbedingungen."
[90] „Um die wirksame Ausübung des Rechtes auf sichere und gesunde Arbeitsbedingungen zu gewährleisten, verpflichten sich die Vertragsparteien: (1) Sicherheits- und Gesundheitsvorschriften zu erlassen; (2) für Kontrollmaßnahmen zur Einhaltung dieser Vorschriften zu sorgen; (3) die Arbeitgeber- und Arbeitnehmerorganisationen in geeigneten Fällen bei Maßnahmen zu Rate zu ziehen, die auf eine Verbesserung der Sicherheit und der Gesundheit bei der Arbeit gerichtet sind."
[91] „Jedermann hat das Recht, alle Maßnahmen in Anspruch zu nehmen, die es ihm ermöglichen, sich des besten Gesundheitszustandes zu erfreuen, den er erreichen kann."
[92] „Um die wirksame Ausübung des Rechts auf Schutz der Gesundheit zu gewährleisten, verpflichten sich die Vertragsparteien, entweder unmittelbar oder in Zusammenarbeit mit öffentlichen oder privaten Organisationen geeignete Maßnahmen zu ergreifen, die ua darauf abzielen, (1) soweit wie möglich die Ursachen von Gesundheitsschäden zu beseitigen; (2) Beratungs- und Schulungsmöglichkeiten zu schaffen zur Verbesserung der Gesundheit und zur Entwicklung des persönlichen Verantwortungsbewußtseins in Fragen der Gesundheit; (3) soweit wie möglich epidemischen, endemischen und anderen Krankheiten vorzubeugen."
[93] *Sander*, Internationaler und Europäischer Gesundheitsschutz, 2004, S. 48; *v. Dürckheim* S. 167.
[94] Grdlg. *Seewald*, Zum Verfassungsrecht auf Gesundheit, 1981, S. 47 ff.; BVerfGE 39, 1 (36 ff., 41 f.); BVerfGE 46, 160 (164); BVerfGE 49, 24 (55); BVerfGE 49, 89 (141 f.); BVerfGE 53, 30 (56); BVerfGE 56, 54 (73 ff.); BVerfGE 77, 170 (214 f.); BVerfGE 88, 203 (251 ff.); BVerfGE 90, 145 (195).
[95] *Weber*, Menschenrechte, S. 107.

und -freiheiten (als Bestandteil der Verfassungsordnung) der **Tschechischen Republik** hat jedermann das Recht auf Gesundheitsschutz; unter den gesetzlich ausgestalteten Bedingungen haben die Bürger auf der Grundlage der öffentlichen Versicherung das Recht auf kostenlose Gesundheitspflege und auf gesundheitliche Behelfe.

3. Bestehen eines eigenständigen EU-Gesundheitsschutzgrundrechts als Ergebnis wertender Rechtsvergleichung? Das EuG hat bislang, wie auch der EGMR, ein eigenständiges Recht auf Gesundheitsschutz hinsichtlich des Schutzes der körperlichen Integrität anerkannt.[96] Der Teilaspekt des Zugangs zum und des Anspruchs auf Gesundheitsschutz lässt sich derzeit nur ansatzweise der EMRK in der durch den EGMR gegebenen Auslegung entnehmen (→ Rn. 27 ff.). Eine dementsprechende Ausgestaltung findet sich allerdings in einer Reihe völkerrechtlicher Verträge, die aber den Vertragsstaaten „lediglich" objektive und ihrer Ermessensausübung unterliegende Pflichten auferlegen, für ein möglichst hohes Gesundheitsschutzniveau zu sorgen. Auch die mitgliedstaatlichen Verfassungen statuieren überwiegend keine subjektiven Rechte, sondern legen den Nationalstaaten vielmehr objektive Leistungspflichten auf, die gesetzlich zu konkretisieren sind (→ Rn. 32). Für einen umfassenden subjektivrechtlich ausgestalteten allgemeinen Rechtsgrundsatz und dementsprechendes Unionsgrundrecht auf Gesundheitsschutz finden sich demnach im Wege wertender Rechtsvergleichung **nur Ansätze**. 33

II. Subjektive Rechte auf Gesundheitsschutz auf Grund sekundärrechtlicher Gewährleistungen

In dem Beschluss des Rates und der im Rat vereinigten Vertreter der Regierungen der Mitgliedstaaten vom 17. Mai 1990 über einen Aktionsplan im Rahmen des Programms „Europa gegen Krebs"[97] wird in den Erwägungsgründen ua angeführt: „Das **Recht auf Gesundheit ist ein Naturrecht** und jeder europäische Bürger hat unabhängig von seiner sozialen Situation ein Anrecht auf die jeweils geeignete Behandlung." Zwar wird hier das Recht auf Gesundheit jedes europäischen Bürgers als individualgerichtetes Naturrecht anerkannt. Als ein solches folgen aus ihm aber ohne weitere Positivierung bzw. inhaltliche Konkretisierung durch einfaches Recht keine subjektiven und effektiv durchsetzbaren Rechte.[98] 34

Der EuGH leitet **subjektive Rechte des Unionsbürgers** auf Gesundheitsschutz insbesondere aus dem **Sekundärrecht** ab. In der Rs. C-361/88 wurde die unzureichende Umsetzung der RL 80/779/EWG[99] zur Luftreinhaltung durch die Bundesrepublik Deutschland gerügt. Nach einer Begründungserwägung ist die Grenzwertfestlegung „insbesondere zum Schutz der menschlichen Gesundheit" erfolgt. Dies bedeutet, so der EuGH, „dass die Betroffenen in allen Fällen, in denen die Überschreitung der Grenzwerte die menschliche Gesundheit gefährden könnte, in der Lage sein müssen, sich auf zwingende Vorschriften zu berufen, um ihre Rechte geltend machen zu können [...]".[100] Eine Umsetzung durch die TA-Luft, die keine subjektiven Rechte verleiht, ist daher nicht ausreichend.[101] Gleiches gilt für eine Umsetzung lediglich durch ministerielle Runderlasse oder Verwaltungsvorschriften.[102] Der EuGH verleiht damit dem einzelnen Unionsbürger 35

---

[96] EuG verb. Rs. T-121/89 u. T-13/90, Slg. 1992, II-2195 Rn. 58 – X/Kommission. Diese Würdigung wurde auch durch den EuGH in der Rechtsmittelinstanz nicht in Frage gestellt, EuGH C-404/92 P, Slg. 1994, I-4737 – X/Kommission.
[97] Beschl. 90/238/Euratom, EGKS, EWG des Rates und der im Rat vereinigten Vertreter der Regierungen der Mitgliedstaaten vom 17. Mai 1990 über einen Aktionsplan 1990–1994 im Rahmen des Programms „Europa gegen den Krebs", ABl. 1990 L 137, 31.
[98] So *v. Dürckheim* S. 159 mwN.
[99] ABl. 1980 L 229, 30.
[100] EuGH C-361/88, Slg. 1991, 2567 Ls. 2 – Kommission/Deutschland.
[101] Ähnlich – ebenfalls die ungenügende Umsetzung einer Richtlinie durch die TA-Luft betreffend – vgl. EuGH C-59/89, Slg. 1991, I-2607 Rn. 33 – Kommission/Deutschland.
[102] Vgl. hierzu EuGH C-58/89, Slg. 1991, 4983 Rn. 14 – Kommission/Deutschland.

subjektive Rechte auf Gesundheitsschutz in der mitgliedstaatlichen Rechtsordnung, die ihm der Mitgliedstaat in diesem Umfang nicht zugestehen wollte. Die subjektiven Rechte werden aus der Schutzrichtung des Gesundheitsschutzes in Verbindung mit einer Verpflichtung der Mitgliedstaaten zur Verwirklichung des Schutzzweckes abgeleitet.[103] **Sekundärrechtliche Verfahrensrechte** individualisieren objektive Grundrechtsgarantien des Primärrechts. Die Mitgliedstaaten müssen, um die volle Anwendung des Sekundärrechts in rechtlicher Hinsicht zu gewährleisten, einen eindeutigen gesetzlichen Rahmen auf dem jeweiligen Gebiet bereitstellen.[104] Durch die Stärkung der im Wege der Umsetzung einzuräumenden Verfahrensrechte werden subjektive Rechte des Einzelnen auf Schutz seiner Gesundheit in den mitgliedstaatlichen Rechtsordnungen erzeugt.[105] In Bezug auf die grenzüberschreitende Inanspruchnahme von Gesundheitsversorgungsleistungen innerhalb des EU-Binnenmarktes kommt schließlich der Richtlinie 2011/24/EU vom 9. März 2011 maßgebliche Bedeutung zu, welche die Rechtsprechung des EuGH weitgehend kodifiziert (→ Rn. 23 f. u. → Rn. 38 f.).[106] Die Richtlinie wurde auf Grundlage sowohl des Art. 114 AEUV als auch des Art. 168 AEUV erlassen und zielt insbesondere auf Transparenz und Rechtssicherheit um die praktische Effektivität der Patientenmobilität zu fördern.[107]

III. Grundrecht auf Gesundheitsschutz in der GRC

36 Nach dem Scheitern des Verfassungsvertrags ist einzig in Art. 35 der seit Lissabon rechtsverbindlichen GRC ein subjektives Recht auf Gesundheitsvorsorge und das Recht auf ärztliche Versorgung für jedermann – nicht nur für Marktbürger, sondern auch für sich illegal im Unionsgebiet befindende Personen – garantiert.[108] Die Vorschrift enthält mithin nach ihrem Wortlaut ein **Individualrecht.**[109] Art. 35 S. 1 GRC macht deutlich, dass nicht die Union, sondern nur die Mitgliedstaaten die rechtliche Ausgestaltung in diesen Fragen zu treffen haben. Es wird somit ein unionsrechtlicher Anspruch auf diskriminierungsfreien Zugang und gleichberechtigte Teilhabe an Gesundheitsschutzvorsorge festgeschrieben, die durch die Mitgliedstaaten auszugestalten ist. Dabei wird hinsichtlich der Gesundheitsvorsorge ein „Recht" auf Zugang garantiert. Allerdings folgt aus Art. 35 S. 1 GRC iVm Art. 1 GRC, welcher die unantastbare Würde des Menschen statuiert, jedenfalls ein existenzielles Minimum auch an Gesundheitsvorsorge.[110] Bezüglich der ärztlichen Versorgung besteht schon aus dem Wortlaut der Norm diese Einschränkung nicht; jede Person erhält ein Recht auf tatsächliche Bereitstellung ärztlicher Versorgung, wobei dieser Begriff grundsätzlich weit auszulegen ist.[111] Zudem besteht eine staatliche Schutzpflicht die beinhaltet, dass jedermann das Recht hat, vor Eingriffen von Dritten geschützt zu werden, falls diese die Ausübung des Rechts auf ärztliche Versorgung oder den Zugang zur Gesundheitsvorsorge beschränken.[112] Dies macht zusammen mit dem obigen Recht auf eine Bereitstellung einer ärztlichen Versorgung erneut die Parallelität mit dem Schutz nach der EMRK deutlich[113]. Demgegenüber

---
[103] *V. Dürckheim* S. 150 f.; hierzu auch *Ruffert,* Subjektive Rechte im Umweltrecht der Europäischen Gemeinschaften, 1996, S. 224.
[104] EuGH C-59/89, Slg. 1991, I-2607 Rn. 28 – Kommission/Deutschland.
[105] *Hatje* EuR Beih. 1/1998, 7 (22).
[106] ABl. 2011 L 88, 45, geändert durch die RL 2013/64/EU des Rates vom. 17. Dezember 2013, ABl. 2013 L 353, 8.
[107] *Frenz/Ehlenz* MedR 2011, 629 (631).
[108] *Hervey/McHale* in PHKW Fundamental Rights Rn. 35.22; *Krajewski* in FK-EUV/GRC/AEUV GRC Art. 35 Rn. 7.
[109] *Rudolf* in NK-EuGRCh GRCh Art. 35 Rn. 9; *Sander* ZEuS 2005, 268.
[110] *Rudolf* in NK-EuGRCh GRCh Art. 35 Rn. 9.
[111] *Rudolf* in NK-EuGRCh GRCh Art. 35 Rn. 10; *Krajewski* in FK-EUV/GRC/AEUV GRC Art. 35 Rn. 14; *Nußberger/Lang* in Stern/Sachs GRCh Art. 35 Rn. 45.
[112] Vgl. *Sander* ZEuS 2005, 270.
[113] *Bungenberg* in Grabenwarter, EnzEur Bd 2, Rn. 50.

ergibt sich aus Art. 35 S. 2 GRC, wonach eine Verpflichtung zur Sicherstellung eines hohen Gesundheitsschutzniveaus besteht, kein Recht des Einzelnen, sondern die Vorschrift richtet sich an die Allgemeinheit als Grundrechtsträgerin.[114] Schließlich gilt es zu beachten, dass auf Art. 35 S. 2 GRC als Grundsatz im Sinne des Art. 52 Abs. 5 GRC die dortigen Restriktionen Anwendung finden. Überdies stellt Art. 35 S. 2 GRC trotz seines programmatischen Charakters als Zielbestimmung keine Ermächtigungsgrundlage für eine unionale Rechtssetzung dar, die vielmehr einzig auf die klar begrenzten Befugnisse aus Art. 168 AEUV zu stützen ist.[115]

IV. Gesundheitsschützende Teilgewährleistungen anderer Unionsgrundrechte

Teilaspekte des Gesundheitsschutzes werden mittelbar als Bestandteil anderer Grundrechte und allgemeiner Rechtsgrundsätze geschützt.[116] Als Teil des **Rechts auf Leben,** welches jetzt in Art. 2 GRC verbürgt ist (→ § 14), setzt die **Erhaltung und Integrität** menschlichen Lebens den Schutz der Gesundheit des Einzelnen und damit die Unversehrtheit des körperlichen wie geistigen Zustands voraus, wie sie jetzt ausdrücklich in Art. 3 Abs. 1 GRC als eigenständiges Grundrecht niedergelegt ist, und verlangt auch eine Gestaltung der Bedingungen, unter denen diese Integrität erhalten bleibt. In dem Verbot von **Folter,** unmenschlicher Behandlung und Strafe sowie menschenunwürdiger Behandlung und Strafe iSd Art. 4 GRC (→ § 16) wird gleichzeitig die körperliche und geistige Gesundheit des Einzelnen vor diese beeinträchtigenden Handlungen, die dem Staat bzw. der EU zuzurechnen sind, geschützt. Gleiches gilt für die **Verbote der Sklaverei, der Zwangsarbeit und des Menschenhandels** nach Art. 5 GRC (→ § 17). Schließlich wird durch die immer stärkere Betonung von **Gleichheitsrechten und Diskriminierungsverboten** gemäß den Art. 20 ff. GRC (→ §§ 47–49) ein Zugang zum Gesundheitsschutz für jedermann gewährleistet.

V. Gesundheitsschützende Teilgewährleistungen der Grundfreiheiten

Die neuere Rechtsprechung des EuGH zu den Gesundheitsdienstleistungen (→ Rn. 23 f.) hat zu einer Ausdehnung des Anspruchs aller Unionsbürger geführt, Gesundheitsdienstleistungen im EU-Ausland in Anspruch zu nehmen und Gesundheitsschutzprodukte im EU-Ausland zu erwerben. Die Grundfreiheiten des AEUV beinhalten ein subjektives und unmittelbar anwendbares Recht auf **unionsweite bestmögliche Gesundheitsversorgung**[117] und können umfassenden Einfluss auf die nationalen Gesundheitssysteme haben. Sozialversicherungsrechtliche Genehmigungserfordernisse müssen grundfreiheitskonform ausgestaltet und ausgelegt werden.

Der EuGH entschied in den Rs. *Kohll*[118] und *Decker*[119], dass die Grundsätze des freien Waren- und Dienstleistungsverkehrs auch für die von Herrn *Kohll* im Ausland bezogene Brille gelten, bzw. dass die kieferorthopädische Behandlung von Frau *Decker* im Rahmen der Dienstleistungsfreiheit nicht deshalb abgelehnt werden darf, weil sie nicht im eigenen nationalen Gesundheitssystem durchgeführt worden ist. In den Rs. *Smits-Geraets und Peerbooms*[120] sowie *Müller-Fauré/van Riet*[121] hob der EuGH die grundsätzliche Höherwertigkeit der Grundfreiheiten vor der nationalen Kompetenz der Mitgliedstaaten zur Ausgestaltung ihrer Gesundheitssysteme hervor. Diese Rechtsprechung wurde schließlich in den Rs. *Watts*[122], *Stamatela-*

---

[114] *Hervey/McHale* in PHKW Fundamental Rights Rn. 35.03; *Nußberger/Lang* in Stern/Sachs GRCh Art. 35 Rn. 46 f.
[115] *Bungenberg* in Grabenwarter, EnzEur Bd 2, Rn. 53.
[116] Insoweit auch *Rudolf* in NK-EuGRCh GRCh Art. 35 Rn. 7.
[117] *Rengeling/Sczcekalla* Grundrechte in der EU Rn. 1047; *Nowak/Dauck* EuR 2001, 741 ff.
[118] EuGH C-158/96, Slg. 1998, I-1931 – Kohll.
[119] EuGH C-120/95, Slg. 1998, I-1831 – Decker.
[120] EuGH C-157/99, Slg. 2001, I-5473 – Smits u. Peerbooms.
[121] EuGH C-385/99, Slg. 2003, I-4509 – Müller-Fauré u. van Riet.
[122] EuGH C-372/04, Slg. 2006, I-4325 – Watts; vgl. hierzu auch *Tacconi* ZaöRV 2008, 195 ff.

ki[123] sowie *Elchinov*[124] abermals betont. Ein Kostenerstattungsanspruch für Nebenkosten einer grenzüberschreitenden Heilbehandlung wurde in der Rs. *Herrera*[125] hingegen abgelehnt. Weiterhin wurde mit der Entscheidung *Doc Morris*[126] auch der Arzneimittelversand nach Bestellung über das Internet „liberalisiert". In der Tendenz wird hier durch das Unionsrecht ein **Wettbewerb der Gesundheitssysteme** geschaffen[127], was für den von größeren Auswahlmöglichkeiten Gebrauch machenden Unionsbürger hinsichtlich des Kosten-Nutzen-Verhältnisses wie auch hinsichtlich der Ausgestaltung und der angebotenen Leistungen der Gesundheitsschutzsysteme langfristig nur von Vorteil sein kann.[128] Die Rechtsprechung wurde in der Folge durch die RL 2011/24/EU kodifiziert, welche der Koordinierung der unionsweiten Inanspruchnahme von Gesundheitsversorgungsleistungen dienen soll und das Verhältnis derselben mit dem bestehenden sozialversicherungsrechtlichen Koordinierungsregime regeln soll.[129]

E. Zusammenfassende Bewertung und Ausblick

40 Der Gesundheitsschutz hat sich allmählich zu einem eigenständigen Politikfeld der Union entwickelt. Parallel mit der expliziten primärrechtlichen Ausgestaltung wurden in Zusammenhang mit der stärkeren Betonung des Subsidiaritätsgedankens Beschränkungen für die Reichweite der Unionshandlungen im Bereich des Gesundheitsschutzes eingeführt. Mittlerweile ist die **Gesundheitspolitik** aber **ein fester Bestandteil einer sich entwickelnden europäischen Sozialverfassung.** Hiermit wächst auch die Verantwortung der EU für die Unionsbürger. Ebenso wie der Umweltschutz (→ § 63) hat der Gesundheitsschutz große Bedeutung als **Querschnittsaufgabe** erlangt. Der EU sind verbindliche objektiv-rechtliche Verpflichtungen auferlegt. Bei der Wahrnehmung ihrer Aufgaben ist die EU auf ein hohes Niveau beim Gesundheitsschutz verpflichtet. Grundsätzlich ist eine **praktische Konkordanz** zwischen dem Gesundheitsschutz und anderen Vertragszielen herzustellen.

41 Der Gesundheitsschutz spielt als **Schranke von Unionsgrundrechten** und Grundfreiheiten eine wichtige Rolle (→ Rn. 15 ff.). In der Funktion als Abwehr- und Schutzrecht, als durch Sekundärrecht eingeräumtes Recht sowie als objektiver Rechtfertigungsgrund der Beschränkung anderer Gewährleistungen kann der Gesundheitsschutz insoweit der Union sowie den im Rahmen des Unionsrechts handelnden Mitgliedstaaten entgegengehalten werden.

42 Ein **eigenständiges Individualgrundrecht** Gesundheitsschutz lässt sich dem Unionsrecht heute insbesondere aus Art. 35 der GRC sowie ansatzweise auch im Wege wertender Rechtsvergleichung entnehmen, wobei schon in dem Beschluss des Rates und der im Rat vereinigten Vertreter der Mitgliedstaaten „Europa gegen Krebs" das Recht des europäischen Bürgers auf Gesundheit als Naturrecht anerkannt und benannt wird. Der EuGH entnimmt einklagbare subjektive Rechte dem Gesundheitsschutz dienenden Richtlinien, und fordert diese Rechte im Rahmen der mitgliedstaatlichen Richtlinienumsetzung ein. Es erfolgt ein **„Grundrechtsschutz durch Verfahrensrecht".**[130]

43 **Gesundheitsschützende Teilgewährleistungen** sind einer Vielzahl anderer Grundrechte zu entnehmen (→ Rn. 37 f.). Durch die Grundfreiheiten ist ein grundsätzlich unbeschränkter Anspruch auf Zugang zu **bestmöglichem Gesundheitsschutz** in anderen Mitgliedstaaten der Europäischen Union garantiert (→ Rn. 23 f. u. → Rn. 38 f.). Letzterer Aspekt wurde nochmals mit dem **In-Kraft-Treten der verbindlichen Grundrechte-**

---

[123] EuGH C-444/05, Slg. 2007, I-3185 – Stamatelaki.
[124] EuGH C-173/09, Slg. 2010, I-1919 – Elchinov.
[125] EuGH C-466/04, Slg. 2006, I-5341 Rn. 39 – Herrera.
[126] EuGH C-322/01, Slg. 2003, I-14887 Rn. 103 – Doc Morris I.
[127] Vgl. insoweit auch *Nowak* EuR 2003, 644 ff.
[128] Über die möglichen Risiken siehe *Tacconi* ZaöRV 2008, 195 (205 ff.) Eine Zusammenfassung der EuGH-Rechtsprechung auch bei *Krajewski* EuR 2010, 165 (167 ff.).
[129] Ausführlich hierzu *Wollenschläger* EuR 2012, 149 ff.
[130] So auch *v. Dürckheim* S. 196.

charta durch Art. 35 GRC bestätigt und ausgebaut, welcher in Satz 1 ausdrücklich Individualrechte festschreibt, allerdings nach Maßgabe der Ausgestaltung durch mitgliedstaatliche Rechtsvorschriften und Gepflogenheiten.

Insbesondere mit den Zugangsmöglichkeiten aller Unionsbürger zu den Gesundheitsschutzsystemen der anderen Mitgliedstaaten werden die Mitgliedstaaten zunehmend dazu veranlasst, für eine effiziente Ausgestaltung ihres eigenen Versorgungs- und Leistungssystems zu sorgen. Die unterschiedlichen **Gesundheitssysteme der EU-Mitgliedstaaten** stehen zueinander **im Wettbewerb.** Durch den Abbau von Marktzutrittsschranken stellt „Gesundheit" in einem positiven Sinne einen Markt dar, in dem sich verschiedene Leistungsanbieter im Wettbewerb **um den Kunden** bemühen. Letzterer – der „Patient" – kann hiervon langfristig nur profitieren. In diesem Konzept wäre es daher auch verfehlt, der EU weitere Handlungskompetenzen, die zu einer zumindest indirekten Harmonisierung führen und einem Systemwettbewerb im Gesundheitswesen zuwiderlaufen, zu übertragen.

§ 65 Grundrechtsdimensionen des Verbraucherschutzes

Übersicht

	Rn.
A. Einleitung	1
B. Grundrechtsdimensionen des Verbraucherschutzes: Begriffliche und dogmatische Strukturierung	2–6
I. Grundrecht auf Verbraucherschutz und Grundrechtsdimensionen des Verbraucherschutzes	2, 3
II. Objektiv-rechtliche Dimensionen des Verbraucherschutzes mit Primärrechtsrang	4
III. Verbraucherschutz als Rechtfertigungsgrund für Grundrechtseingriffe	5, 6
C. Unionsgrundrechtlicher Verbraucherschutz	7–19
I. Art. 6 Abs. 3 EUV	7
II. Art. 169 AEUV	8
III. Art. 38 GRC	9–16
IV. Verbraucherschützende Teilgewährleistungen anderer Unionsgrundrechte	17–19
D. Objektiv-rechtlicher Verbraucherschutz mit Primärrechtsrang gemäß Art. 38 GRC	20–43
I. Eingriffsverbot, Handlungsgebot und grundsatzkonforme Auslegung	20–29
II. Art. 38 GRC als objektiv-rechtliches Eingriffsverbot	30–43
1. Verbraucher(schutz)begriff – zugleich zum Verbraucherleitbild des Art. 38 GRC	31–41
2. Eingriff	42
3. Rechtfertigung	43
E. Zusammenfassende Bewertung und Ausblick	44, 45

Schrifttum:

Blaurock, Verbraucherkredit und Verbraucherleitbild in der Europäischen Union, JZ 1999, 801; *Bumke,* Der Grundrechtsvorbehalt, 1998; *Canaris,* Grundrechte und Privatrecht, AcP 1984, 201; *Cremer,* Freiheitsgrundrechte, 2003; *ders./Ostermann,* Vorgaben für ein Verbraucherleitbild aus den Grundfreiheiten des AEUV und der EU-Grundrechtecharta, in Klinck/Riesenhuber, S. 81 ff.; *Dauses/Sturm,* Rechtliche Grundlagen des Verbraucherschutzes im EU-Binnenmarkt, ZfRV 1996, 133; *Grundmann,* Information Party Autonomy and Economic Agents in European Contract Law, CMLR 2002, 269; *Hesse,* Grundzüge des Verfassungsrechts der Bundesrepublik Deutschland, 20. Aufl. 1995; *Ipsen,* Gesetzliche Einwirkungen auf grundrechtlich geschützte Rechtsgüter, JZ 1997, 473; *Klinck/Riesenhuber,* Verbraucherleitbilder – Interdisziplinäre und Europäische Perspektiven, 2015; *Loschelder/Erdmann,* Handbuch des Wettbewerbsrechts, 4. Aufl. 2010; *Micklitz,* Internationales Produktsicherheitsrecht, 1995; *Mörsdorf,* Die Auswirkungen des neuen „Grundrechts auf Verbraucherschutz" gemäß Art. 38 GR-Ch auf das nationale Privatrecht, JZ 2010, 759; *Niemöller,* Das Verbraucherleitbild in der deutschen und europäischen Rechtsprechung, 1999; *Pützhoven,* Harmonisierung des europäischen Verbraucherschutzrechts, EWS 1999, 447; *Reich,* Verbraucherpolitik und Verbraucherschutz im Vertrag von Amsterdam, VuR 1999, 3; *ders.,* Bürgerrechte in der Europäischen Union 1999; *ders./Micklitz,* Europäisches Verbraucherrecht, 4. Aufl. 2003; *Roth,* Europäischer Verbraucherschutz und BGB, JZ 2001, 475; *Sagmeister,* Die Grundsatznormen in der Europäischen Grundrechtecharta, 2010; *Schmidt,* Die Grundsätze im Sinne der EU-Grundrechtecharta, 2010; *Schroeder,* Die Sicherung eines hohen Schutzniveaus für Gesundheits-, Umwelt- und Verbraucherschutz im europäischen Binnenmarkt, DVBl 2002, 213; *Staudenmayer,* Europäisches Verbraucherschutzrecht nach Amsterdam – Stand und Perspektiven, RIW 1999, 733; *Stuyck,* Consumer Concepts in EU Secondary Law, in Klinck/Riesenhuber, S. 115 ff.; *Suhr,* Entfaltung der Menschen durch die Menschen, 1976; *Thaler/Sunstein,* Nudge: Improving Decisions about Health, Wealth, and Happiness, 2. Aufl. 2012; *Towfigh/Petersen,* Ökonomische Methoden im Recht, 2. Aufl. 2017.

A. Einleitung

1 Nach Art. 4 Abs. 2 lit. f AEUV fällt der Verbraucherschutz in die von der Union mit den Mitgliedstaaten geteilte Zuständigkeit. Die sog Querschnittsklausel zu Gunsten des Verbraucherschutzes in Art. 12 AEUV verpflichtet die Union, den Erfordernissen des

Verbraucherschutzes bei der Verfolgung anderer Unionsziele Rechnung zu tragen. Schließlich findet sich im dritten Teil des AEUV („Die internen Politiken und Maßnahmen der Union") ein eigener Titel zum „Verbraucherschutz" in Gestalt des Art. 169 AEUV.[1] Insbesondere auf der Grundlage des auf die Binnenmarktharmonisierungskompetenz gemäß Art. 114 AEUV verweisenden Art. 169 Abs. 2 lit. a AEUV hat die Union – bereits unter der Geltung des EGV – einen durchaus substanziellen Beitrag zu einer europäischen Verbraucherschutzpolitik geleistet.[2] Indes wird die europäische Verbraucherschutzpolitik hier weder in ihren sekundärrechtlichen Verästelungen entfaltet[3] noch eine Kommentierung des Art. 169 AEUV unternommen. Der vorliegende Beitrag konzentriert sich vielmehr im Wesentlichen auf die Frage, ob es auf Unionsebene ein **Grundrecht auf Verbraucherschutz** – eben ein Unionsgrundrecht auf Verbraucherschutz – respektive grundrechtliche oder primärrechtliche[4] Dimensionen des Verbraucherschutzes gibt und wie sie ggf. ausgestaltet sind. Die tatsächliche (Verbraucherschutz-)Politik der Union (und gegebenenfalls der Mitgliedstaaten)[5] bildet mithin lediglich die Folie, vor deren Hintergrund etwaigen grundrechtlichen oder jedenfalls **primärrechtlichen Dimensionen des Verbraucherschutzes** im Unionsrecht rechtliche Bedeutung zukommt.

B. Grundrechtsdimensionen des Verbraucherschutzes: Begriffliche und dogmatische Strukturierung

I. Grundrecht auf Verbraucherschutz und Grundrechtsdimensionen des Verbraucherschutzes

Wie schon die (bewusst vage) Rede von den Grundrechtsdimensionen in der Überschrift dieses Paragraphen andeutet, besteht für den Verbraucherschutz – ähnlich dem Umweltschutz (→ § 63) – die Notwendigkeit, nicht nur das „Wie", sondern bereits das „Ob" seiner **Grundrechtsrelevanz** zu begründen. Insoweit stellt sich zunächst die Frage, was überhaupt ein Grundrecht und eine Grundrechtsdimension sind und in welchem Verhältnis die beiden Kategorien zueinander stehen. Wenn dem Begriff „Grundrechtsdimension(en)" als grundrechtliche Kategorie auch scharfe Konturen fehlen,[6] so wird doch kaum für die Existenz einer Grundrechtsdimension ohne korrespondierendes Grundrecht geworben. Zwar handelt es sich letztlich um eine terminologische Frage; es wirkte aber befremdlich, einen rechtlichen Gehalt als grundrechtsdimensionalen zu etikettieren, obwohl der rechtliche Gehalt nicht durch eine Grundrechtsnorm vermittelt ist. Übertragen auf den Verbraucherschutz bedeutet dies, dass es unionsrechtliche Grundrechtsdimensionen des Verbraucherschutzes nur geben kann, wenn das Unionsrecht ein Grundrecht auf Verbraucherschutz verbürgt.

Demgemäß muss jeder Erörterung von Grundrechtsdimensionen (des Verbraucherschutzes) die (erfolgreiche) Suche nach einem Grundrecht (auf Verbraucherschutz) vorangehen. Der Fokus ist mithin zunächst auf die **normative Fundierung eines Unionsgrundrechts auf Verbraucherschutz** zu richten. Insoweit wird sich die nachfolgende Analyse Art. 6 Abs. 3 EUV sowie Art. 38 GRC zuwenden. In der gebotenen Kürze wird auch Art. 169

---

[1] Zur Historie des Verbraucherschutzes im Primärrecht vgl. *Berg* in Schwarze AEUV Art. 169 Rn. 1 ff.; *Lurger* in Streinz AEUV Art. 169 Rn. 3 ff.
[2] Art. 169 Abs. 2 lit. b AEUV spielt (wie schon Art. 153 Abs. 3 lit. b EGV) in der Rechtsetzungspraxis dagegen nur eine untergeordnete Rolle, vgl. *Lurger* in Streinz AEUV Art. 169 Rn. 32 f.
[3] Vgl. dazu *Reich/Micklitz* passim sowie *Schulte-Nölke* in HdB-EuropaR § 23.
[4] Zur Abgrenzung zwischen Grundrechts- und Primärrechtsdimensionen → Rn. 4.
[5] Soweit dem Unionsrecht ein grundrechtlich fundierter (oder auch ein durch das Primärrecht nur objektiv-rechtlich aufgegebener) Verwirklichungsauftrag hinsichtlich des Verbraucherschutzes zu entnehmen wäre, könnte dieser dadurch aktualisiert werden, dass das Verbraucherschutzniveau, soweit es durch mitgliedstaatliches Recht geprägt ist, defizitär ist.
[6] Vgl. zur Verwendung des Begriffs in der deutschen Grundrechtsdogmatik *Cremer* S. 4, dort mit Fn. 19.

AEUV[7] daraufhin untersucht, ob der Norm höchstrangige subjektiv-rechtliche Gewährleistungen zu entnehmen sind.[8]

II. Objektiv-rechtliche Dimensionen des Verbraucherschutzes mit Primärrechtsrang

4 Bereits an dieser Stelle sei vorausgeschickt, dass das Fehlen eines Grundrechts auf Verbraucherschutz es nicht ausschließt, dass im Unionsrecht ranghöchste objektiv-rechtliche Gewährleistungen – die nachfolgend auch als objektiv-rechtliche Dimensionen mit Primärrechtsrang firmieren – des Verbraucherschutzes verbürgt sind, die anders als Grundrechte zwar den Einzelnen nicht berechtigen, wohl aber die Union im Sinne von Verboten oder Geboten zu einem Unterlassen oder Tun verpflichten. Insoweit gilt es, insbesondere Art. 38 GRC näher zu analysieren.

III. Verbraucherschutz als Rechtfertigungsgrund für Grundrechtseingriffe

5 Jenseits einer grundrechtlichen oder zumindest einer ranghöchsten objektiv-rechtlichen Verbürgung eines gewissen Verbraucherschutzniveaus im Unionsrecht kommt dem Verbraucherschutz im Kontext der Grundrechte zweifelsfrei insoweit Bedeutung zu, als er zur Legitimation von Eingriffen der Union (respektive der Mitgliedstaaten „bei der Durchführung des Rechts der Union", vgl. Art. 51 Abs. 1 S. 1 GRC) in Freiheitsgrundrechte und als Legitimationsgrund für eine andernfalls gleichheitswidrige Behandlung herangezogen werden kann.[9] Als Rechtfertigungsgrund für Grundrechtseingriffe der Union respektive als **Grundrechtsschranke** entspricht er strukturell dem Verbraucherschutz als zwingendem Erfordernis des Allgemeinwohls im Kontext der Rechtfertigung[10] von Beschränkungen der **Grundfreiheiten**.[11]

6 Der **Verbraucherschutz** wirkt im Rahmen der Eingriffsrechtfertigungsprüfung **als ein den Grundrechtsverbürgungen gegenläufiger Belang.** Ob man insofern von einer Grundrechtsdimension des Verbraucherschutzes spricht, ist wiederum eine rein begriffliche Frage, die wir freilich verneinen möchten.[12] Zur Rechtfertigung von Eingriffen in Unionsgrundrechte können sich die Unionsorgane auf die Verfolgung jedweden Unionsziels berufen.[13] Würde man dem Verbraucherschutz allein deshalb eine Grundrechtsdimension zuordnen, weil er einen tauglichen Eingriffsrechtfertigungsgrund bildet, wäre mithin sämtlichen Unionszielen eine Grundrechtsdimension zuzuweisen. Eine solche inflationäre Ver-

---

[7] Angemerkt sei im Hinblick auf Art. 169 AEUV, dass eine Rechtsposition auch dann eine grundrechtliche sein mag, wenn das jeweilige positive Recht eine Rechtsposition nicht ausdrücklich als solche bezeichnet. Sachgerecht erscheint es, das Etikett „Grundrecht" oder „grundrechtsgleiches Recht" all den Individualrechten zu verleihen, welche angesichts ihrer hervorgehobenen Stellung in der Normenhierarchie – insbesondere einer Verfassung – und ihrer erschwerten Abänderbarkeit oder gar Unabänderbarkeit besondere rechtliche Dignität genießen. Ob man einer Rechtsnorm ein Grundrecht oder ein grundrechtsgleiches Recht entnimmt – eine Unterscheidung, die im Hinblick auf die subjektiv-rechtlichen Verbürgungen des Grundgesetzes bezogen auf die Gewährleistungen innerhalb des I. Abschnitt des Grundgesetzes („Die Grundrechte") einerseits und außerhalb dieses Abschnitts andererseits gemacht wird –, ist ohne sachliche Bedeutung, soweit das jeweilige Recht – etwa das Grundgesetz – daran keine Differenzierungen knüpft.
[8] Dies wird wohl vereinzelt angenommen → Rn. 8.
[9] Vgl. aus der Rechtsprechung EuGH 234/85, Slg. 1986, 2897 Rn. 4 – Keller.
[10] Hier soll dahinstehen, ob die „zwingenden Erfordernisse des Allgemeinwohls" dogmatisch als tatbestandsimmanente Schranke bzw. negatives Tatbestandsmerkmal oder als Rechtfertigungsgrund zu qualifizieren sind, vgl. dazu Becker in Schwarze AEUV Art. 34 Rn. 107 ff.; Schroeder in Streinz AEUV Art. 34 Rn. 74.
[11] Grdlg. EuGH 120/78, Slg. 1979, 649 Rn. 8 – Cassis de Dijon; des Weiteren vgl. EuGH 362/88, Slg. 1990, I-667 Rn. 14 ff. – GB-INNO; EuGH C-238/89, Slg. 1990, I-4827 Rn. 18 ff. – Pall; EuGH 126/91, Slg. 1993, I-2361 Rn. 16 ff. – Yves Rocher; EuGH C-315/92, Slg. 1994, I-317 Rn. 22 ff. – Clinique; EuGH C-470/93, Slg. 1995, I-1923 Rn. 24 – Mars; zu dieser Rechtsprechung vgl. nur Reich S. 266 f., auch zu den so genannten passiven Marktfreiheiten als Verbraucherrechten.
[12] Anders Nowak → § 63 Rn. 1 ff.
[13] Die Berufung auf die Beförderung eines Unionsziels allein rechtfertigt den Grundrechtseingriff selbstverständlich noch nicht; insbesondere muss der Eingriff zudem verhältnismäßig sein.

knüpfung „des Grundrechtlichen" mit sämtlichen nicht grundrechtlich verbürgten Unionszielen birgt die Gefahr, die spezifische inhaltliche Qualität grundrechtlicher Gewährleistungen zu überspielen und die Differenzen einzuebnen. Ungeachtet des terminologischen Umgangs mit dem Verbraucherschutz als Grundrechtsschranke muss dieser Funktion des Verbraucherschutzes hier jedenfalls nicht weiter nachgegangen werden. Als Grundrechtsschranke fügt sich der Verbraucherschutz in die **allgemeine Schrankensystematik der Unionsgrundrechte** ein (ausführlich → § 10 Rn. 28 ff.). Spezifika des Verbraucherschutzes sind im Rahmen dieser Systematik und nach Maßgabe des Einzelfalls zu berücksichtigen.

C. Unionsgrundrechtlicher Verbraucherschutz

I. Art. 6 Abs. 3 EUV

Dem Unions- resp. Gemeinschaftsrecht fehlte bekanntlich bis zum Vertrag von Maastricht **7** nicht nur ein geschriebener Grundrechtskatalog, sondern auch jeder Hinweis auf die Verbürgung von Unions- bzw. Gemeinschaftsgrundrechten. Dies hinderte den EuGH aber beginnend mit dem Urteil *Stauder*[14] nicht, die Gemeinschaft bzw. nunmehr Union sukzessive an verschiedenste Grundrechte zu binden; diese Rechtsprechung muss an dieser Stelle nicht nochmals nachgezeichnet werden (→ § 1 Rn. 58 ff.). Hier reicht die Feststellung, dass der EuGH ein **Grundrecht auf Verbraucherschutz nicht anerkannt** hat. Dies konnte angesichts der vom Gerichtshof herangezogenen Referenzgebiete zur Begründung grundrechtlicher Gewährleistungen auch nicht überraschen. Ein Grundrecht auf Verbraucherschutz kennt die **EMRK** nicht und auch in den wenigen **mitgliedstaatlichen Verfassungen**, in denen der Verbraucherschutz überhaupt Erwähnung findet, ist er wohl mit Ausnahme der portugiesischen Verfassung nicht als subjektiv-rechtliche Verbürgung ausgewiesen.[15] Soweit Art. 6 Abs. 3 EUV bzw. Art. 6 Abs. 2 EUV aF an diesen Referenzgebieten resp. Rechtserkenntnisquellen[16] als Grundlage von Unionsgrundrechten festhält bzw. festhielt, lässt und ließ sich **auf Unionsebene kein Grundrecht auf Verbraucherschutz** begründen und mithin auch **keine** Grundrechts**dimensionen** des Verbraucherschutzes.[17]

II. Art. 169 AEUV

Ob Art. 169 AEUV individuelle Rechte oder gar eine grundrechtliche Gewährleistung auf **8** Verbraucherschutz verbürgt, wird bislang kaum vertiefter diskutiert. Soweit der Norm aber vereinzelt ein Individualrecht auf ein bestimmtes (hohes) Verbraucherschutzniveau entnommen wird,[18] vermag dies nicht zu überzeugen. Art. 169 AEUV verbürgt kein subjektives

---

[14] EuGH 29/69, Slg. 1969, 419 Rn. 7 – Stauder; vgl. zu weiteren Leitentscheidungen *Kingreen* in Calliess/Ruffert EUV Art. 6 Rn. 5 f.

[15] Als Verfassungen, in denen der Verbraucherschutz Erwähnung findet, sind zu nennen: Art. 45 Abs. 4 Nr. 1 irVerf; Art. 46 Abs. 5 litVerf; Art. 76 polnVerf; Art. 52 Abs. 3 lit. a, 60, 81 lit. h, 99 lit. e portVerf; Art. 51 spanVerf; zu Übersetzungen der genannten Verfassungsartikel vgl. *Rengeling/Szczekalla* Grundrechte in der EU § 33 dort Fn. 2 f. Zum mitgliedstaatlichen Verbraucherschutz in den Verfassungen auch *Rudolf* in NK-EuGRCh GRCh Art. 38 Rn. 3.

[16] Vgl. dazu *Kingreen* in Calliess/Ruffert EUV Art. 6 Rn. 6 f.

[17] Die Norm bildet selbstverständlich auch keine Grundlage für objektiv-rechtliche Dimensionen des Verbraucherschutzes mit Primärrechtsrang.

[18] So (zu Art. 153 EGV) wohl *Schroeder* DVBl 2002, 213 (214), der von einem „Anrecht" der Unionsbürger auf Schaffung eines hohen Schutzniveaus im Bereich Verbraucherschutz – ebenso für die Bereiche Umwelt- und Gesundheitsschutz – spricht, wobei er zur Begründung auf die *objektive* Dimension der Unionsgrundrechte (wohl iVm Art. 95 Abs. 3 EGV – nunmehr Art. 114 Abs. 3 AEUV –, wo das *hohe* Schutzniveau genannt ist) rekurriert und sachlich die Rechte auf Leben und Gesundheit hervorhebt. In dieser später noch näher zu betrachtenden Konzeption schimmert die vom deutschen Bundesverfassungsgericht vertretene Konzeption der objektiv-rechtlichen Grundrechtsgehalte durch, welche den Grundrechten jenseits ihrer Abwehrfunktion auch einen leistungsrechtlichen, insbesondere

Recht des Einzelnen mit Primärrechtsrang resp. Grundrechtsqualität.[19] Dagegen spricht neben der systematischen Stellung der Norm der Wortlaut von Art. 169 Abs. 1 AEUV. Die Formulierung von dem von der Union zu leistenden Beitrag zur Förderung der Interessen der Verbraucher und zur Gewährleistung eines hohen Verbraucherschutzniveaus impliziert eben kein subjektives Recht des einzelnen Verbrauchers auf einen wie auch immer zu bestimmenden Beitrag der Union. Dies wird man allenfalls partiell, nämlich im Hinblick auf das in der Norm genannte **Recht auf Information, Erziehung und Bildung von Vereinigungen,** anders beurteilen können. Auch insofern bestehen aber gewichtige Zweifel, weil die genannten Rechte nach der Formulierung des Art. 169 Abs. 1 AEUV eher vorausgesetzt als durch die Norm begründet werden.

III. Art. 38 GRC

9 Insoweit bleibt die Frage, ob Art. 38 GRC ein Grundrecht auf Verbraucherschutz verbürgt. Der gemeinsame Nenner der Stellungnahmen zur Rechtsqualität von Art. 38 GRC besteht indes darin, dass die Norm gerade kein Individual- resp. Grundrecht festschreibt.[20]

10 In der Tat impliziert schon die Formulierung des Art. 38 GRC, wonach die Politik der Union ein hohes Verbraucherschutzniveau sicherstellt, dass die Norm **kein Grundrecht** enthält. Vielmehr handelt es sich bei Art. 38 GRC um einen **„Grundsatz" iSv Art. 52 Abs. 5 GRC.**[21] Es entspricht dem Willen des Grundrechts- und auch des Verfassungskonvents, neben „echten Grundrechten" auch Bestimmungen in die Grundrechtecharta aufzunehmen, die keine Grundrechtsqualität aufweisen.[22] Dieser Wille hat im Text der Grundrechtecharta (und zuvor noch deutlicher im Grundrechtsteil des gescheiterten Vertrags über eine Verfassung für Europa) ihren Ausdruck gefunden. Zunächst wird in Art. 51 Abs. 1 S. 2 GRC zwischen Rechten und **„Grundsätzen"** differenziert.[23] Des Weiteren unterscheidet die **Präambel der Grundrechtecharta** „Rechte, Freiheiten und Grundsätze". Zudem wird etwa in den Erläuterungen des Grundrechtekonvents[24] zu den Art. 34, 35, 36, 37 und 38 GRC deutlich, dass die Grundrechtecharta neben subjektiven Rechten strukturell von diesen zu unterscheidende Grundsätze enthält.[25]

11 Anders als in der (unverbindlichen) Ursprungsfassung des Art. 52 GRC kommt die **Unterscheidung von Grundrechten und Grundsätzen** nunmehr schon in der Überschrift der Norm zum Ausdruck („Tragweite und Auslegung der Rechte und Grund-

---

schutzrechtlichen Gehalt zuweist, wobei dieser Gehalt heute nahezu unbestritten auch vom Einzelnen geltend gemacht werden kann – oder maW: Der objektiv-rechtliche Gehalt wurde (re)subjektiviert.

[19] Siehe nur *Schmidt-Kessel* in Gebauer/Teichmann, Europäisches Privat- und Unternehmensrecht § 4 Rn. 9 ff. mwN.

[20] Exemplarisch *Berg* in Schwarze GRC Art. 38 Rn. 1; *Calliess* in Ehlers GuG § 25 Rn. 3; *Frenz*, HdbEuR Bd. 4, Rn. 4388 ff.; Jarass GRCh Art. 38 Rn. 3; *Krebber* in Calliess/Ruffert GRCh Art. 38 Rn. 5; *Mörsdorf* JZ 2010, 759 (761 f.); *Rudolf* in NK-EuGRCh GRCh Art. 38 Rn. 5.

[21] Monographisch zu Grundsatznormen iSd GRC *Sagmeister* passim, zu Art. 38 GRC als Grundsatznorm S. 377; *Schmidt* passim, zu Art. 38 GRC als Grundsatznorm S. 234.

[22] Vgl. nur – auch zum entstehungsgeschichtlichen Willen des Grundrechtskonvents – Schlussbericht der Gruppe II des Europäischen Konvents über die Charta, CONV 354/02 WG II 16, S. 8, im Internet abrufbar unter: http://european-convention.europa.eu/pdf/reg/de/02/cv00/cv00354.de02.pdf (letzter Abruf: 1.9.2019).

[23] Die inhaltlichen Unterschiede zwischen den beiden Kategorien werden in der Norm freilich nicht näher entfaltet. Welcher rechtliche Unterschied sich daraus ergibt, dass man Rechte zu achten, sich an Grundsätze hingegen zu halten hat, drängt sich jedenfalls nicht unmittelbar auf.

[24] ABl. 2007 C 303, 17.

[25] Freilich ergibt sich aus dem Wortlaut der einzelnen Normen nicht immer eindeutig, ob ein Recht oder ein Grundsatz verbürgt ist und auch die Erläuterungen sind teils inkonsistent oder gar irreführend, vgl. auch *Borowsky* in NK-EuGRCh GRCh Art. 51 Rn. 33. Missverständlich ist etwa die Verwendung des Begriffs „Grundsatz" in den Erläuterungen zu Art. 47 GRC, soweit man daraus unzutreffend ableitete, dass die Norm – für den Fall der Rechtsverbindlichkeit der Charta – kein subjektives Recht auf einen wirksamen Rechtsbehelf bzw. auf effektiven Rechtsschutz verbürgt; ausführlich zum Unionsgrundrecht auf effektiven Rechtsschutz → § 55.

sätze").²⁶ Die darin anklingende Differenzierung wird sodann in den Absätzen 1–4 einerseits und Absatz 5 andererseits manifest.

Während in Art. 52 Abs. 1–4 GRC der individualschützende Charakter von (Grund-) **12** Rechten (und Freiheiten) offenbar wird, heißt es demgegenüber in Art. 52 Abs. 5 S. 1 GRC, dass die Bestimmungen der Grundrechtecharta, in denen Grundsätze festgelegt sind, durch die Union sowie durch Akte der Mitgliedstaaten zur Durchführung des Unionsrechts in Ausübung ihrer jeweiligen Zuständigkeiten umgesetzt werden können. Dies macht unzweifelhaft deutlich, dass **„Grundsätze"** – zu denen Art. 38 GRC zählt²⁷ – **kein subjektives Recht verbürgen.**²⁸

Indes handelt es sich bei derartigen Grundsätzen iSv Art. 52 Abs. 5 GRC nicht um **13** (bloße) Kompetenznormen. Ein solches Verständnis mag zwar wegen der Formulierung „können […] umgesetzt werden" nahe liegen, scheidet aber ebenfalls aus, weil in der Norm (wie auch an anderen Stellen der Grundrechtecharta) gleichzeitig zum Ausdruck kommt, dass die Umsetzung²⁹ der Grundsätze nach Maßgabe der jeweiligen – also anderweitig geregelten – Zuständigkeiten erfolgen muss.

Grundsätze iSd Art. 52 Abs. 5 GRC sind auch **nicht lediglich Programmsätze**³⁰. Dies **14** ergibt sich aus Art. 52 Abs. 5 S. 2 GRC, wonach die Grundsätze „vor Gericht nur bei der Auslegung dieser Akte und bei Entscheidungen über deren Rechtmäßigkeit herangezogen werden" können. Einem rechtlich unverbindlichen Programmsatz fehlt nämlich das Potential, die Auslegung von Rechtsakten (durch die Gerichte) zu beeinflussen; erst recht kann ein Programmsatz keinen Maßstab bilden, anhand dessen die Rechtmäßigkeit von Sekundärrechtsakten überprüft werden könnte.³¹

Mithin haben „Grundsätze" erstens Rechtsqualität und zweitens stehen sie in der Nor- **15** menhierarchie oberhalb der Rechtsakte, für deren Rechtmäßigkeit sie maßstäblich sind. Übertragen auf Art. 38 GRC bedeutet dies, dass der **Verbraucherschutz** nach Maßgabe dieser Bestimmungen **eine Rechtmäßigkeitsschranke** für Sekundärrechtsakte der Union sowie für mitgliedstaatliche Akte, soweit sie Unionsrecht durchführen (→ § 9 Rn. 24 ff.), bildet.³² Allerdings fehlt auch in Art. 52 Abs. 5 S. 2 GRC jeder Hinweis auf eine individualrechtliche Komponente der „Grundsätze". Dies bestätigen die Erläuterungen des Verfassungskonvents zu Art. I-112 Abs. 5 VVE, wenn es dort heißt: „[Grundsätze] erhalten […] nur dann Bedeutung für die Gerichte, wenn solche Rechtsakte ausgelegt oder über-

---

26 Vgl. auch den Schlussbericht der Gruppe II des Europäischen Konvents über die Charta, CONV 354/02 WG II 16, S. 4, im Internet abrufbar unter: http://european-convention.europa.eu/pdf/reg/de/02/cv00/cv00354.de02.pdf (letzter Abruf: 1.9.2019). Freilich hat der Verfassungskonvent mehrfach betont, dass es sich lediglich um Änderungen redaktioneller Art handelt, die den Inhalt der Grundrechtecharta nicht verändern, sondern lediglich verdeutlichen sollen.
27 Vgl. insbesondere die Erläuterung des Grundrechtskonvents und des Verfassungskonvents zu Art. 38 GRC bzw. Art. II-38 Vertragsentwurf für eine Europäische Verfassung, CHARTE 4473/00, im Internet abrufbar unter: http://www.europarl.europa.eu/charter/pdf/04473_de.pdf (letzter Abruf: 1.9.2019) bzw. CONV 828/1/03 REV 1, im Internet abrufbar unter: http://european-convention.europa.eu/pdf/reg/en/03/cv00/cv00828-re01.en03.pdf (letzter Aufruf: 1.9.2019).
28 Eingehend zur Unterscheidung von Grundrechten und Grundsätzen sowie dem Wesen eines Grundsatzes etwa GA *Cruz Villalón*, SchlA C-176/12, ECLI:EU:C:2013:491 Rn. 43 ff. – AMS. Zur Qualifizierung des Art. 38 GRC als (bloßer) Grundsatz nunmehr auch GA *Wahl*, SchlA C-470/12, ECLI:EU:C:2013:844 Rn. 66 – Pohotovosť/Vašuta.
29 Auch der Begriff „können […] umgesetzt werden" – in der englischen Fassung „may be implemented", in der französischen Fassung „peuvent être mises en oeuvre" – ist bezogen auf die Union zumindest nicht glücklich gewählt, weil „Umsetzung" die Existenz fest umrissener rechtlicher Vorgaben impliziert, auf deren Verwirklichung ein *mögliches* („können"!) Tätigwerden der Union beschränkt ist.
30 Wegen der uneinheitlichen Verwendung der Begrifflichkeiten sei betont, dass einem Programmsatz keinerlei Rechtsverbindlichkeit zukommt. Objektives Recht hat dagegen sehr wohl einen materiellrechtlichen Gehalt, ihm fehlt „lediglich" eine korrespondierende Individualberechtigung. Das unterscheidet objektives Recht von subjektiven Rechten → Rn. 16 und 21.
31 Vgl. zur (subjektiv-)rechtlichen Relevanz des Verbraucherschutzes im Sinne von Art. 38 GRC auch *Riedel* in NK-EuGRCh GRCh Art. 38 Rn. 5.
32 Vgl. auch *Borowsky* in NK-EuGRCh GRCh Art. 51 Rn. 34.

prüft werden. Sie begründen jedoch keine direkten Ansprüche auf den Erlass positiver Maßnahmen durch die Organe der Union oder die Behörden der Mitgliedstaaten".[33]

16 Nach allem vermittelt Art. 38 GRC kein Grundrecht auf Verbraucherschutz. Damit fehlt es ausgehend von dem oben zu Grunde gelegten Verständnis des Begriffs (→ Rn. 2) auch an aus Art. 38 GRC ableitbaren Grundrechtsdimensionen des Verbraucherschutzes. Wohl aber statuiert die Norm **objektives Recht auf höchster Stufe der unionsrechtlichen Normenhierarchie.** Auf die Gewährleistungsdimensionen dieser objektiv-rechtlichen Verbürgung des Verbraucherschutzes wird noch zurückzukommen sein (→ Rn. 21 ff.).

IV. Verbraucherschützende Teilgewährleistungen anderer Unionsgrundrechte

17 In der Literatur werden verschiedentlich so genannte „verbraucherschützende Teilgewährleistungen anderer Unionsgrundrechte" ausgemacht.[34] Im Sinne einer deskriptiven Kategorie ist gegen eine solche Etikettierung nichts einzuwenden. Indes ist es insoweit nicht eine verbraucherschutzspezifische Norm, welche einen verbraucherschützenden Rechtsgehalt generierte. Vielmehr ist der **Verbraucherschutz** insofern **„Bestandteil anderer Einzelgrundrechte"**[35], als eben – um es an einem Beispiel zu verdeutlichen – das unionsrechtliche Grundrecht auf körperliche Integrität (→ § 15) auch die Gesundheit des Verbrauchers oder besser die Gesundheit des Einzelnen in seiner Rolle als Verbraucher schützt.[36] Man mag dies als grundrechtliche Teilgewährleistung des Verbraucherschutzes bezeichnen. Der Schutz der „Verbrauchergesundheit" wird aber eben nicht auf eine grundrechtliche Dimension des Verbraucherschutzes gegründet, sondern er fußt auf dem **Unionsgrundrecht auf körperliche Integrität,** dessen Schutz sich auch auf den Verbraucher erstreckt. Dieser Befund gilt gleichermaßen für andere „grundrechtliche Teilgewährleistungen des Verbraucherschutzes" wie etwa das **Verbrauchervermögen** oder den **Verbraucherdatenschutz.**[37]

18 Etwas schwieriger zu beantworten ist allenfalls, ob der Verbraucherschutz nicht insofern im Sinne einer rechtsbegründenden Kategorie wirksam wird, als eine grundrechtliche Gewährleistung der (formalen) (Verbraucher-)**Vertragsfreiheit** und vor allem ein grundrechtlicher Schutz des Verbrauchers vor ihn übermäßig belastenden Vertragsschlüssen reklamiert wird. Soweit man im Unionsrecht eine solche grundrechtliche Kategorie anerkennt[38], ist es indes auch insofern nicht in spezifischer Weise der Mensch als Verbraucher, für welchen ein solcher Grundrechtsgehalt reserviert wäre.

19 Grundrechtlich geschützt ist (bei gestörter Vertragsparität bzw. krasser struktureller Unterlegenheit)[39] die schwächere Vertragspartei, einerlei ob sie den Vertrag als Verbraucher oder wie etwa in einer berühmten Entscheidung des deutschen BVerfG[40] als Handelsvertreter abschließt. Demgemäß kann (auch) diese Facette unionsgrundrechtlichen Verbraucherschutzes nur im Rahmen einer umfassenden Untersuchung der unionsgrundrechtlichen Verbürgung der Vertragsfreiheit und der **Privatautonomie** behandelt werden. Der Schutz des Einzelnen vor ihn übermäßig belastenden eigenen Rechtsgeschäften ist jedenfalls **keine verbraucherspezifische grundrechtliche Verbürgung.**

---

[33] CONV 828/1/03/REV 1, im Internet abrufbar unter: http://european-convention.europa.eu/pdf/reg/en/03/cv00/cv00828-re01.en03.pdf (letzter Abruf: 1.9.2019).
[34] Vgl. insbesondere *Rengeling/Szczekalla* Grundrechte in der EU Rn. 1057 ff.
[35] So die Formulierung bei *Rengeling/Szczekalla* Grundrechte in der EU Rn. 1057.
[36] Vgl. zu weiteren Beispielen *Rengeling/Szczekalla* Grundrechte in der EU Rn. 1057 ff. Die Kette der dort genannten Grundrechte ließe sich nahezu beliebig verlängern; so genießt auch der Verbraucher Meinungsfreiheit oder besser der Mensch in seiner Rolle als Verbraucher.
[37] Vgl. zu diesen Teilgewährleistungen *Rengeling/Szczekalla* Grundrechte in der EU Rn. 1059 u. 1061.
[38] Vgl. auch dazu *Rengeling/Szczekalla* Grundrechte in der EU Rn. 1062 f.
[39] Wann im Einzelnen die Voraussetzungen für eine Aktivierung grundrechtlichen Schutzes vorliegen, soll und muss hier nicht erörtert werden.
[40] BVerfGE 81, 242 (242 ff.).

D. Objektiv-rechtlicher Verbraucherschutz mit Primärrechtsrang gemäß Art. 38 GRC

I. Eingriffsverbot, Handlungsgebot und grundsatzkonforme Auslegung

20 Ist die **Verwirklichung eines hohen Verbraucherschutzniveaus** gemäß Art. 38 GRC nach obigen Ausführungen (→ Rn. 9 ff.) nicht bloßer Programmsatz, sondern **Teil der objektiven Rechtsordnung,** bleibt die Frage, was dieses höchstrangige objektive Recht inhaltlich verbürgt. Insoweit sollen hier keine Aussagen darüber getroffen werden, ob einzelne konkrete – bereits verabschiedete oder potentielle – Sekundärrechtsakte mit Art. 38 GRC vereinbar sind. Untersucht wird vielmehr, welche inhaltlichen Dimensionen[41] der Verbraucherschutz gemäß Art. 38 GRC gewährleistet.

21 Ebenso wie bei Grundrechten, bei denen dies geläufig ist, kann man auch bei bloß objektiv-rechtlichen Verpflichtungen insbesondere eine Unterlassens- und eine Leistungsdimension[42] unterscheiden.[43] Der **Unterschied zwischen** einem **Grundrecht** respektive einem subjektiven Rechtsgehalt **und einer objektiv-rechtlichen Verpflichtung** erschöpft sich nämlich darin, dass das objektive gegenüber dem subjektiven Recht nur in einem Element defizitär ist. Wie das subjektive Recht auferlegt auch das objektive Recht dem Verpflichteten eine rechtliche Bindung, der Einzelne vermag sie aber nicht gerichtlich durchzusetzen. Eine objektiv-rechtliche Verpflichtung ist zwar ohne subjektive Berechtigung, nicht aber ein subjektives Recht ohne inhaltlich korrespondierende objektiv-rechtliche Verpflichtung konstruierbar.[44] Jedes Grundrecht hat somit auch objektiv-rechtlichen Charakter. So sind die Grundrechte in ihrem liberalen freiheitlichen Verständnis in objektiv-rechtlicher Perspektive Eingriffsverbote des Staates[45] und verbürgen in subjektiv-rechtlicher Perspektive inhaltlich korrespondierende Abwehransprüche des Einzelnen.

22 Ist die Unterscheidung zwischen objektivem und subjektivem Recht also ohne Bedeutung für den *Inhalt* eines Rechtssatzes, gilt es, die objektiv-rechtlichen Dimensionen des Verbraucherschutzes gemäß Art. 38 GRC aufzufächern. Wie soeben angedeutet, kann eine objektiv-rechtliche Verpflichtung mit Primärrechtsrang – ebenso wie ein Grundrecht – erstens eine auf ein Unterlassen des Staates bzw. der Union gerichtete Verpflichtung – dh ein **Eingriffsverbot** – statuieren. Zweitens mag ein objektiv-rechtlicher Rechtssatz eine auf ein Tun des Staates bzw. der Union gerichtete Verpflichtung – dh ein **Handlungsgebot** – begründen.[46] Insoweit sind aber nur zwei **potentielle Dimensionen** eines objektiven Rechtssatzes beschrieben; welche dieser Dimensionen ein objektiver Rechtssatz tatsächlich verbürgt, muss im Wege der Auslegung ermittelt werden. Hier gilt es zu untersuchen, ob Art. 38 GRC ein Eingriffsverbot und/oder Handlungsgebot statuiert.

23 Die Formulierung, wonach die Union durch ihre Politik ein **hohes Verbraucherschutzniveau** „sicherstellt", scheint *prima facie* eine instrumentell umfassende objektiv-rechtliche Verpflichtung zu implizieren. Eine Verpflichtung zur Sicherstellung eines wie auch immer zu bestimmenden Verbraucherschutzstandards ist zumindest potentiell nicht allein durch das Unterlassen verbraucherschutzabträglicher Aktivitäten erfüllbar. Nur solange der einfachrechtliche *status quo* diesem Standard genügt, reicht ein Unterlassen aus. Wird das Niveau, etwa durch den Erlass verbraucherschutzfeindlicher mitgliedstaatlicher

---

[41] In der dt. Grundrechtsdogmatik gibt es wohl eine Präferenz für den Begriff Grundrechts*funktionen*.
[42] Dabei wird die Leistungsdimension der Grundrechte häufig in eine Leistungsdimension im engeren Sinne und eine Schutzdimension aufgegliedert, vgl. dazu im unionsrechtlichen Kontext *Kingreen* in Calliess/Ruffert GRC Art. 51 Rn. 22 ff.
[43] Auf weitere denkbare Dimensionen, insbes. eine verfahrensrechtliche, wird hier nicht eingegangen.
[44] Vgl. auch *Alexy* S. 171 ff. u. S. 186 ff.; *Bumke* S. 61.
[45] Dies ist die Grundlage der Qualifizierung von Grundrechten als negative Kompetenzbestimmungen, vgl. dazu *Hesse* Rn. 291; *Canaris* AcP 1984, 201 (202); *Suhr* S. 125; *Ipsen* JZ 1997, 473 (473 f.).
[46] Zur Verdeutlichung sei nochmals betont: Im Unterschied zum Grundrecht korrespondieren mit den aus einem objektiv-rechtlichen Rechtssatz ableitbaren Eingriffsverboten bzw. Handlungsgeboten keine Abwehr- bzw. Leistungsrechte.

Maßnahmen, aber unterschritten, kann die Union das Niveau – wobei Kompetenzfragen an dieser Stelle noch ausgeblendet werden (→ Rn. 27 f.) – nur **durch den Erlass verbraucherschutzfreundlichen Sekundärrechts** wiederher- und also **sicherstellen.** Eine isolierte Wortlautinterpretation des Art. 38 GRC deutet also darauf hin, dass aus der Norm sowohl ein auf Abwehr von verbraucherschutzabträglichem Sekundärrecht gerichtetes Eingriffsverbot als auch ein auf Verbesserung des Verbraucherschutzniveaus gerichtetes Handlungsgebot abzuleiten ist. Indes wird im Folgenden gezeigt, dass der Annahme eines Handlungsgebots durchgreifende Einwände entgegenstehen.

24 Gegen ein auf eine Verbesserung des Verbraucherschutzniveaus gerichtetes Handlungsgebot sprechen insbesondere die Horizontalbestimmungen der Art. 51 ff. GRC. Diese Horizontalbestimmungen haben die Funktion, bestimmte allgemeingültige Regeln für die Interpretation der Grundrechte und Grundsätze der Grundrechtecharta festzulegen. Insoweit bestimmt der bereits genannte Art. 52 Abs. 5 S. 2 GRC für alle Grundsätze der Grundrechtecharta, also auch für den Verbraucherschutz, dass sie vor Gericht nur bei der Auslegung von EU-Sekundärrecht – und mitgliedstaatlichen Durchführungsakten – und bei Entscheidungen über die Rechtmäßigkeit von Sekundärrecht herangezogen werden können. Daraus folgt, dass der „Grundsatz" des Verbraucherschutzes gemäß Art. 38 GRC nur einen **Rechtmäßigkeits- und Auslegungsmaßstab für bereits verabschiedetes EU-Sekundärrecht** bildet.[47] Für den Verbraucherschutz bedeutet dies, dass potentiell jeder verabschiedete Sekundärrechtsakt der Union am Maßstab des Art. 38 GRC auf seine Rechtmäßigkeit zu überprüfen und gegebenenfalls nichtig ist. Der Grundsatz markiert eine (von den Gerichten zu beachtende) Grenze unionsrechtlicher Regelungsgewalt, er statuiert ein **Eingriffsverbot.**

25 Der Funktion der Grundsätze als gestaltungsbegrenzende Rechtmäßigkeitsmaßstäbe korrespondiert die Verpflichtung zu deren Berücksichtigung bei der Auslegung von EU-Sekundärrecht. Insoweit handelt es sich um das Gebot primärrechtskonformer Auslegung in der Gestalt **grundsatzkonformer Auslegung.** Bezogen auf den Verbraucherschutz heißt dies, dass ein EU-Sekundärrechtsakt in den zulässigen Grenzen primärrechtskonformer Auslegung so auszulegen ist, dass er nicht gegen den Grundsatz aus Art. 38 GRC verstößt. Demgemäß erlangt der Grundsatz des Verbraucherschutzes dann für die Auslegung von Sekundärrecht Bedeutung, wenn nach einfachrechtlichen Auslegungsgrundsätzen mehrere Auslegungen in Betracht kommen, insbesondere mit dem Wortlaut vereinbar sind, aber eine oder mehrere von diesen mit den materiell-rechtlichen Vorgaben des Verbraucherschutzgrundsatzes nicht in Einklang stehen. Das Gebot primärrechtskonformer Auslegung in der Variante der grundsatzkonformen Auslegung gebietet es der Judikative, eine und gegebenenfalls *die* Auslegungsvariante zu wählen, welche den Grundsatz des Verbraucherschutzes nicht verletzt. Daraus folgt nicht, dass die Judikative stets die grundsatz**freundlichste** Auslegungsvariante auswählen müsste. Ein Grundsatz verlangt wie ein Grundrecht seine strikte Beachtung; jenseits dieser Vorgaben engt es den Spielraum der Unionsorgane aber nicht ein. Das bedeutet für die Judikative, dass sie innerhalb des Spielraums, welchen ein Grundsatz den Unionsorganen einräumt, nur durch das Sekundärrecht gebunden ist und dessen Aussagen und Wertungen in ihren Entscheidungen umzusetzen hat. Es gibt **kein Gebot grundsatzfreundlicher Auslegung,** sondern lediglich ein Gebot grundsatzkonformer Auslegung.

26 Ausweislich von Art. 52 Abs. 5 S. 2 GRC ist Art. 38 GRC dagegen **kein auf eine Verbesserung des Verbraucherschutzniveaus gerichtetes Handlungsgebot** zu entnehmen. Art. 52 Abs. 5 S. 2 GRC verdeutlicht nicht nur, dass „Grundsätze" keine subjektiven Rechte verbürgen; der Norm ist zudem zu entnehmen, dass „Grundsätze" nur einen objektiven Rechtmäßigkeitsmaßstab im Sinne eines **Eingriffsverbots** bilden. Wenn nur von den Organen der Union verabschiedetes Sekundärrecht einer Rechtmäßigkeitskontrolle am Maßstab der „Grundsätze" unterworfen wird, kann aus dem Grundsatz des

---

[47] Exemplarisch für den Einfluss des Art. 38 GRC auf die Umsetzung einer Richtlinie etwa EuGH C-470/12, ECLI:EU:C:2014:101 Rn. 52 – Pohotovosť/Vašuta.

Verbraucherschutzes keine Handlungspflicht der Organe der Union zum Erlass verbraucherschutzfreundlichen Sekundärrechts abgeleitet werden.

Die These, dass Art. 38 GRC keinerlei auf eine Verbesserung des Verbraucherschutzniveaus gerichtete Handlungspflichten zu begründen vermag, wird weiter dadurch bestätigt, dass die Union nach dem AEUV nur über **begrenzte Kompetenzen im Bereich des Verbraucherschutzes** verfügt. Die Legislativkompetenzen der Union für den Verbraucherschutz sind in Art. 169 Abs. 2 lit. a und b AEUV geregelt. Die Kompetenz gemäß Art. 169 Abs. 2 lit. a AEUV ist auf den Binnenmarkt bezogen und erlaubt mithin keine Maßnahmen, welche nicht neben dem Verbraucherschutz auch der Verwirklichung des Binnenmarktes dienen, wobei zur Absicherung dieser These auf das (zum Verhältnis Binnenmarkt/Gesundheitsschutz ergangene) *Tabakwerbung*-Urteil des EuGH[48] verwiesen werden kann.[49]

Die Kompetenz gemäß Art. 169 Abs. 2 lit. b AEUV ist dagegen nicht binnenmarktbezogen, erlaubt aber nur Maßnahmen der Union zur Unterstützung, Ergänzung und Überwachung der mitgliedstaatlichen Verbraucherschutzpolitik. Mit einer derart begrenzten Kompetenzzuweisung ist es nicht vereinbar, der Union eine wie auch immer inhaltlich zu konturierende aktive Handlungsverpflichtung zur Sicherstellung eines bestimmten Verbraucherschutzniveaus aufzuerlegen. Ein solcher auf den Verbraucherschutz konzentrierter Verwirklichungsauftrag harmonierte nicht mit dem geschilderten Kompetenzzuschnitt nach Art. 169 Abs. 2 lit. a und b AEUV. Dass diese kompetenziellen Grenzen durch die Verbürgungen der Grundrechtecharta nicht überspielt werden dürfen, kommt in der Charta selbst unmissverständlich zum Ausdruck. So heißt es in Art. 51 Abs. 2 GRC, dass die Charta den Geltungsbereich des Unionsrechts nicht über die Zuständigkeiten der Union hinaus ausdehnt und weder neue Zuständigkeiten noch neue Aufgaben für die Union begründet, noch die in den Verträgen festgelegten Zuständigkeiten und Aufgaben ändert **(Prinzip der Zuständigkeitsneutralität)**.

Nach allem verbürgt der **Verbraucherschutz als „Grundsatz"** im Sinne von Art. 38 GRC ein objektiv-rechtliches Eingriffsverbot, an dem Sekundärrecht der Union und Durchführungsmaßnahmen der Mitgliedstaaten als rangniedrigere Rechtsakte zu messen sind. Der Einzelne kann sich aber auf diesen Grundsatz nicht berufen; er **verbürgt kein Grundrecht auf Verbraucherschutz**.[50]

II. Art. 38 GRC als objektiv-rechtliches Eingriffsverbot

Nachdem die Verbürgung des Verbraucherschutzes in Art. 38 GRC mehr als einen rechtlich unverbindlichen Programmsatz darstellt, müssen die rechtlichen Feinstrukturen dieses objektiv-rechtlichen Eingriffsverbots entfaltet werden.

1. Verbraucher(schutz)begriff – zugleich zum Verbraucherleitbild des Art. 38 GRC. Zunächst gilt es, dem Verbraucher(schutz)begriff im Sinne dieser Norm Konturen zu verleihen. Der Schutzbereichsbestimmung eines Grundrechts vergleichbar muss auch für das objektiv-rechtliche Eingriffsverbot „Verbraucherschutz" angegeben werden, welche Sekundärrechtsakte verbraucherschutzrelevant sind.

Bezogen auf die hier interessierenden Verbürgungen in Art. 38 GRC bereitet eine **Schutzbereichsbestimmung** Schwierigkeiten, weil in dieser Norm Anhaltspunkte dafür fehlen, wer durch welche Maßnahmen in seiner Rolle als Verbraucher betroffen ist. Bleibt noch, den Verbraucherschutzbegriff aus dem primärrechtlichen Begriff des Verbraucherschutzes in Art. 169 AEUV (oder aus seiner sekundärrechtlichen Ausgestaltung) zu gewinnen. Zwar streitet eine methodisch saubere Ermittlung des Verbraucherschutzbegriffs im Sinne der Art. 38 GRC *prima facie* dafür, den Inhalt des Begriffs aus der Norm selbst zu

---
[48] EuGH C-376/98, Slg. 2000, I-8149 ff. – Deutschland/EP und Rat.
[49] Vgl. dazu mit freilich teils unterschiedlicher Akzentuierung *Roth* JZ 2001, 475 (477); *Reich* in Reich/Micklitz S. 32 f.; *Lurger* in Streinz AEUV Art. 169 Rn. 26.
[50] Dazu aber, dass „Grundsätze" im gerichtlichen Verfahren ihre Wirkung auch zu Gunsten des Einzelnen entfalten können → Rn. 45.

gewinnen; vorliegend bestehen indes keine Bedenken, den Verbraucher(schutz)begriff der Art. 38 GRC im Zusammenspiel mit der einschlägigen primärrechtlichen Norm des Art. 169 AEUV auszulegen.[51]

33 Zunächst legt eine systematische Auslegung nahe, einen an verschiedenen Stellen des Primärrechts verwandten Begriff einheitlich auszulegen, soweit es an entgegenstehenden Anhaltspunkten fehlt. Zudem verweisen Grundrechts- und Verfassungskonvent in ihren Erläuterungen zu Art. 38 GRC darauf, dass der in diesen Normen enthaltene Grundsatz des Verbraucherschutzes sich auf Art. 169 AEUV „stützt". Aus diesen Erläuterungen wird man zumindest den Willen eines einheitlichen Begriffsverständnisses ableiten können.[52]

34 Zwar enthält auch Art. 169 AEUV keine Definition des Verbrauchers. In Literatur und Rechtsprechung hat sich indes ein (primärrechtlicher) Verbraucherbegriff herausgebildet, der **alle Arten von Abnehmern und Nutzern gewerblicher Leistungen zum privaten Gebrauch** einschließt.[53] Der somit **rollenbezogene Verbraucherbegriff** wird in Art. 169 AEUV insoweit konkretisiert, als in der Norm verschiedene inhaltliche Facetten von Verbraucherschutz deutlich werden. Ausgehend von der fundamentalen Zielsetzung einer Förderung der Verbraucherinteressen und der Gewährleistung eines hohen Verbraucherschutzniveaus leistet die Union gemäß Art. 169 Abs. 1 AEUV einen Beitrag zum Schutz der Gesundheit, der Sicherheit und der wirtschaftlichen Interessen der Verbraucher sowie zur Förderung ihres Rechts auf Information, Erziehung und Bildung von Vereinigungen zur Wahrung ihrer Interessen.

35 Jenseits der Bestimmung eines primär rollenbezogenen Verbraucherbegriffs in Anknüpfung an Art. 169 AEUV ist nach der Existenz eines Art. 38 GRC zu Grunde liegenden sog **Verbraucherleitbildes** zu fragen. Im Kontext der europäischen Grundfreiheiten, insbes. im Zusammenhang mit der Warenverkehrsfreiheit aus Art. 34 AEUV, heißt es oftmals, es sei – namentlich im Kontext der Rechtfertigungsfähigkeit einer Beeinträchtigung der Grundfreiheit durch eine mitgliedstaatliche Maßnahme aus Gründen des Verbraucherschutzes – das Leitbild eines **„durchschnittlich informierten, aufmerksamen und verständigen Durchschnittsverbrauchers"** anzulegen,[54] das als Gegenbild zu der in der deutschen Lauterkeitsrechtsprechung vormals[55] entwickelten Leitvorstellung des **„flüchtigen" Verbrauchers** gelten kann.[56] Auch bei Art. 38 GRC stellt sich die Frage, ob der Norm dieses oder jedenfalls ein bestimmtes Leitbild zu Grunde liegt. Mitunter wird im Schrifttum davon ausgegangen, im Rahmen von Art. 38 GRC existiere **kein bestimmtes Leitbild,** und für ein Leitbild bestehe bei Art. 38 GRC auch kein Bedürfnis. Der Grund dafür soll darin liegen, dass in der Realität zu viele verschiedene Konstellationen denkbar seien.[57]

36 Das Bedürfnis für die Festlegung eines bestimmten Leitbildes – selbst wenn es sich dabei nicht um ein in jeder Fallkonstellation einheitliches Leitbild handeln muss – besteht aber sehr wohl.[58] Wie sonst sollte Art. 38 GRC den von Art. 52 Abs. 5 S. 2 GRC postulierten Aus-

---

[51] Eine Gewinnung des Verbraucherbegriffs im Sinne der Art. 38 GRC unmittelbar aus dem Sekundärrecht begegnet dagegen durchgreifenden methodischen Einwänden. Im Übrigen kennt das Sekundärrecht auch keinen einheitlichen Verbraucherbegriff, näher dazu *Stuyck* in Klinck/Riesenhuber § 6, S. 115 ff.; *Reich* in Reich/Micklitz S. 46 ff.; *Krebber* in Calliess/Ruffert AEUV Art. 169 Rn. 4; *Lurger* in Streinz AEUV Art. 169 Rn. 12.
[52] Zur Bedeutung der Erläuterungen siehe Art. 52 Abs. 7 GRC, Absatz 5 der Präambel der GRC aE sowie Art. 6 Abs. 1 UAbs. 3 EUV; *Borowsky* in NK-EuGRCh GRCh Art. 52 Rn. 47 ff.; auch → § 9 Rn. 37.
[53] Vgl. jeweils mwN *Krebber* in Calliess/Ruffert AEUV Art. 169 Rn. 4; *Berg* in Schwarze AEUV Art. 169 Rn. 7.
[54] Statt vieler *Kingreen* in Calliess/Ruffert AEUV Art. 34–36 Rn. 212.
[55] Nunmehr orientiert sich der BGH an dem durch die Grundfreiheiten in der Ausformung durch die Rechtsprechung des EuGH vorgegebenen Leitbild des „mündigen Verbrauchers", siehe exemplarisch (auch in der Gegenüberstellung zum ehemaligen Leitbild) BGH GRUR 2012, 1053 (1054), dort Rn. 19 f.
[56] Siehe zu diesem Leitbild nur BGH GRUR 1959, 365 (366); BGH GRUR 1965, 610 (611); BGH GRUR 1995, 60 (61); siehe ebenfalls *Lubberger* in Loschelder/Erdmann § 40 Rn. 2 und Fn. 1 mwN aus der Rechtsprechung.
[57] So etwa *Rudolf* in NK-EuGRCh GRCh Art. 38 Rn. 2.
[58] Für die Abhängigkeit des Verbraucherschutzes von einem Verbraucherleitbild auch *Pielow* in Tettinger/Stern GRC Art. 38 Rn. 13.

legungs- und Prüfungsmaßstab für Unionsakte bilden, wenn eine Aussage darüber unterbleibt, welche **Eigenschaften und Fähigkeiten** dem Verbraucher zukommen? Der Hinweis auf eine in tatsächlicher Hinsicht bestehende Vielzahl denkbarer Fallgestaltungen vermag ein wie auch immer zu konfigurierendes *normatives* Leitbild nicht grundsätzlich in Frage zu stellen, sondern lediglich seine (durch Empirie beeinflussbare) Situationsbezogenheit darzutun.

Schwieriger zu beantworten ist indes die Frage danach, wie ein derartiges Leitbild **37** aussieht bzw. wie es überhaupt zu bilden ist. Ein möglicher Anknüpfungspunkt ist zunächst die Rechtsprechung des EuGH zu den europäischen Grundfreiheiten. In der (umfangreichen) Judikatur des Gerichtshofs zur **Warenverkehrsfreiheit** lässt sich das Leitbild eines normal informierten, angemessen aufmerksamen und verständigen **Durchschnittsverbrauchers** dezidiert nachweisen.[59] Dogmatisch soll es an den Grundsatz der Verhältnismäßigkeit anknüpfen.[60] Bei genauerer Betrachtung zeigt sich, dass der EuGH das vorgenannte Leitbild nicht aus der Warenverkehrsfreiheit *ableitet,* sondern es vielmehr *vorgibt,* um die jeweils in Rede stehende mitgliedstaatliche Maßnahme, die sich als den Binnenmarkt beschränkend darstellt, für unvereinbar mit dem Gemeinschafts- bzw. Unionsrecht zu erklären und den Binnenmarkt mithin zu öffnen **(Binnenmarktfunktionalität des Verbraucherleitbildes).**[61] Nach diesem Ansatz lassen sich mitgliedstaatliche Verbote bestimmter Produkte regelmäßig nicht rechtfertigen, weil der Verbraucher über die Eigenschaften des Produkts, die ein Bezeichnungs- oder Vertriebsverbot legitimieren sollen, schlichtweg auch informiert werden können (sog **„Informationsparadigma").**[62]

Indessen zeigen andere Entscheidungen des Gerichtshofs, vornehmlich zur Dienstleis- **38** tungs-[63] und Niederlassungsfreiheit[64] – aber auch zur Warenverkehrsfreiheit[65] –, dass dieses **Leitbild** des „Vorrangs der Information vor dem Verbot" **nicht bruchlos** durchgehalten wird.[66] Der Gerichtshof hat insbes. solche verbraucherschützende Regelungen nicht beanstandet – statt auf das Ausreichen aufklärender Information zu verweisen und die Maßnahme für unionsrechtswidrig zu erklären –, durch welche Verbraucher besonders geschützt werden, wenn sie sich bspw. längerfristig an einen Vertragspartner binden bzw. in denen die finanziellen Folgen des Verbraucherhandelns recht weitreichend sind.[67] Ebenso wurden Regelungen für vereinbar mit den Grundfreiheiten erklärt, die Verbraucher in ganz bestimmten Situationen schützen (etwa bei Haustürgeschäften) bzw. besonders schutzbedürftigen Personengruppen einen speziellen Schutz vermitteln.[68]

Der Gerichtshof hat sich bisher – soweit ersichtlich – nicht dazu geäußert, ob er Art. 38 **39** GRC ein Verbraucherleitbild entnimmt bzw. wie dieses Leitbild im Einzelnen zu modellieren ist. In den wenigen Entscheidungen, in denen der Verbraucherschutz iSv Art. 38 GRC als Rechtfertigungsgrund für Eingriffe in Grundrechte der Charta fungierte, finden sich keinerlei Ausführungen zum Wesen des Referenzverbrauchers, wenn man einmal davon

---

[59] In der Sache bereits EuGH 120/78, Slg. 1979, 649 Rn. 13 – Cassis de Dijon; EuGH 178/84, Slg. 1987, 1227 Rn. 30 ff. – deutsches Reinheitsgebot für Bier; deutlicher EuGH C-470/93, Slg. 1995, I-1923 Rn. 24 – Mars; schließlich und explizit EuGH C-210/96, Slg. 1998, I-4657 Rn. 31 – Gut Springenheide; EuGH C-358/01, Slg. 2003, I-13145 Rn. 53 – Bleichmittel.

[60] EuGH C-220/98, Slg. 2000, I-117 Rn. 28 – Lifting Creme; EuGH C-358/01, Slg. 2003, I-13145 Rn. 53 – Bleichmittel.

[61] Mit dezidierter Nachzeichnung *Cremer/Ostermann* in Klinck/Riesenhuber S. 81 ff. Auch diesbzgl. kann man vom EuGH als einem „Motor der Integration" sprechen, siehe dazu *Huber* in Streinz EUV Art. 19 Rn. 25.

[62] Vgl. nur *Kingreen* in Calliess/Ruffert AEUV Art. 34–36 Rn. 212; *Pfeiffer* in GHN AEUV Art. 169 Rn. 22. Mit dem Begriff „Informationsparadigma" zB *Lurger* in Streinz AEUV Art. 169 Rn. 14.

[63] Bspw. EuGH 205/84, Slg. 1986, 3755 Rn. 30 ff. – Versicherungsaufsichtsgesellschaft; EuGH C-384/93, Slg. 1995, I-1141 Rn. 40 ff. – Alpine Investments.

[64] Etwa EuGH C-340/89, Slg. 1991, I-2357 Rn. 19 ff. – Vlassopoulou.

[65] So EuGH 382/87, Slg. 1989, 1235 Rn. 11 ff. – Buet.

[66] Im Einzelnen *Cremer/Ostermann* in Klinck/Riesenhuber § 5, S. 94 ff.

[67] ZB EuGH 205/84, Slg. 1986, 3755 Rn. 30 ff. – Versicherungsaufsichtsgesellschaft.

[68] EuGH 382/87, Slg. 1989, 1235 Rn. 11 ff. – Buet; EuGH C-384/93, Slg. 1995, I-1141 Rn. 40 ff. – Alpine Investments.

absieht, dass er **strukturellen Machtasymmetrien** ausgesetzt ist.[69] Ebenso unergiebig zur Frage eines Verbraucherleitbildes sind die Entscheidungen, in welchen Art. 38 GRC zur Auslegung von Sekundärrechtsakten herangezogen wurde.[70]

40 Der „Schutzcharakter", der Art. 38 GRC mitunter entnommen wird, spricht uE nicht für die Orientierung am Leitbild eines „flüchtigen" Verbrauchers.[71] So bedarf auch der „mündige" Verbraucher des Schutzes, insbes. dann, wenn ihm die Informationen, vermöge derer er seinen Schutz selbst sicherstellen kann, gerade fehlen. Die Höhe des erstrebten Schutzes – nämlich die Erreichung eines hohen Verbraucherschutzniveaus – sagt noch nichts über die *Art* dieses Schutzes aus (bspw. Information oder Verbot).

41 Versucht man indes, die vorstehend skizzierte Rechtsprechung des EuGH zu den Grundfreiheiten fruchtbar zu machen, so ist zunächst zu konstatieren, dass die Funktionalisierung des Leitbildes für eine Förderung des Binnenmarktes als Argument nicht zu tragen vermag. Denn dem Leitbild kann hier – da vornehmlich ein Unionshandeln in Rede steht – nicht zuvörderst die Funktion zukommen, nationale Märkte abschottende Regelungen der Mitgliedstaaten abzuwehren. Die vor dem Hintergrund der **Binnenmarktfunktionalität** zulässige normative Setzung des Verbraucherleitbildes kann und sollte hier uE einem stärker empirischen Ansatz weichen, der – auch unter Bezugnahme auf neuere Erkenntnisse der Verhaltensökonomie[72] – namentlich nach Situationen, Verbrauchergruppen und den Folgen des Verbraucherhandelns differenziert. So lange der Verbraucher seinem Vertragspartner einmalig begegnet, ein sofortiger Leistungsaustausch stattfindet sowie die finanziellen und gesundheitlichen Folgen des Verbraucherhandelns wenig weitreichend sind, ist die Leitvorstellung von einem mündigen, dh durchschnittlich informierten, aufmerksamen und verständigen Verbraucher anzulegen. Sein Schutz wird – außer in Konstellationen strukturellen Machtungleichgewichts – durch (bloße) **Information** bewirkt. Sobald der Verbraucher sich über einen längeren Zeitraum an einen Vertragspartner bindet, die Geschäfte komplexer Natur sind und/oder sich die Folgen des Vertragsschlusses mit Blick auf die Verbraucherinteressen als weitreichend darstellen, können Informationen alleine den Referenzverbraucher nicht mehr in vollem Umfang schützen. Das Art. 38 GRC zu Grunde liegende Leitbild variiert demnach in gewisser Abhängigkeit von der jeweiligen Fallkonstellation nach Maßgabe typisierter, aber keineswegs starrer Kriterien.[73] In diesem Verständnis greift es dann aber als Maßstab vollumfänglich auf den Prüfungsgegenstand des Grundsatzes des Verbraucherschutzes zu, wobei freilich der Entscheidungsspielraum[74] des Unionsgesetzgebers (auch) hier dazu führt, dass ein derartiges Leitbild lediglich einen Entscheidungskorridor errichtet.

42 **2. Eingriff.** Den Strukturen abwehrrechtlich bewehrter Grundrechtsverbürgungen entsprechend ist jeder dem Verbraucherschutz im Sinne des soeben umrissenen Schutzbereichs abträgliche Sekundärrechtsakt ein Eingriff in Art. 38 GRC. Ebenso wie bei einem Grundrecht bedarf ein solcher Eingriff in eine objektiv-rechtliche Gewährleistung einer Rechtfertigung. Bevor wir uns der Rechtfertigungsebene zuwenden, sei angedeutet, dass als dem (wirtschaftlichen) Verbraucherschutz abträgliche Sekundärrechtsakte, also Eingriffe, zwei prinzipiell unterschiedliche Typen in Betracht kommen: Der **wirtschaftliche Verbrau-**

---

[69] EuGH C-58/08, Slg. 2010, I-4999 Rn. 53 – Vodafone; EuGH verb. Rs. C-581/10 u. C-629/10, ECLI:EU:C:2012:657 Rn. 81 – Nelson ua; EuGH C-12/11, ECLI:EU:C:2013:43 Rn. 48 – McDonagh/Ryanair. In den Entscheidungen ging es um die Regulierung von Roaming-Gebühren und um europäische Fluggastrechte, mithin um Konstellationen, in denen es angesichts der strukturellen Machtungleichgewichte zwischen Verbraucher und Unternehmer (keine individuelle Aushandlung der Vertragsmodalitäten, sondern Vorgabe durch den Unternehmer) auf die Mündigkeit oder Unmündigkeit des Verbrauchers nicht ankommt.
[70] Siehe zB EuGH C-470/12, ECLI:EU:C:2013:844 Rn. 52 – Pohotovosť/Vašuta.
[71] *Frenz*, HdbEuR Bd. 4, Rn. 4403 zum Schutzcharakter des Art. 38 GRC und der skizzierten Ableitung.
[72] Einführend *Englerth/Towfigh* in Towfigh/Petersen § 8; zu konkreten Ableitungen insbes. *Thaler/Sunstein* (dt. Übersetzung).
[73] Mit der Abhängigkeit des Leitbildes von verschiedenen „Faktoren", etwa der „Größe einer Gefahr", auch *Rengeling/Szczekalla* Grundrechte in der EU Rn. 1066.
[74] Zu diesem Entscheidungsspielraum, den Art. 38 GRC belässt, siehe zB Jarass GRCh Art. 38 Rn. 9.

cherschutz hat eine sozialstaatlich-schutzbezogene und eine freiheitlich-wettbewerbsöffnende Facette.[75] Ohne dies hier näher auszuführen, kann ein Sekundärrechtsakt danach sowohl in den Verbraucherschutzgrundsatz eingreifen, wenn er die wirtschaftliche Betätigungsfreiheit des Verbrauchers in Verfolgung sozialstaatlich-schutzbezogener Ziele verkürzt, als auch umgekehrt, wenn er sozialstaatlich motivierte Schutzmechanismen abbaut. Als Beispiele mögen einerseits eine die Vertragsfreiheit einengende Regelung über den Schutz des Verbrauchers vor Täuschungen seines Gegenübers und andererseits eine diesen Schutz beseitigende Regelung dienen.

3. Rechtfertigung. Auch die Rechtfertigungsprüfung eines Eingriffs in Art. 38 GRC **43** entspricht strukturell den aus dem Grundrechtskontext bekannten Mechanismen. Der Eingriff ist gerechtfertigt, wenn er zur Erreichung eines legitimen Ziels des Unionsrechts geeignet, erforderlich und verhältnismäßig im engeren Sinne ist. Dieser Prüfungsstruktur und insbesondere der Durchführung einer Abwägung des Verbraucherschutzes mit anderen Unionszielen auf der dritten Stufe des **Verhältnismäßigkeitsgrundsatzes** steht nicht entgegen, dass in Art. 38 GRC von der Sicherstellung eines „hohen Verbraucherschutzniveaus" die Rede ist. Dies könnte implizieren, dass ein bestimmter fixer Verbraucherschutzstandard nicht unterschritten werden darf. Indes ist mit Blick auf die Verbürgung verschiedener hoher Standards im Unionsrecht, nicht zuletzt in Art. 169 Abs. 1 AEUV, anerkannt, dass damit keineswegs bestimmte Standards als ununterschreitbar fixiert sein sollen.[76] Vielmehr bedarf es stets einer Inbeziehungsetzung mit den (im Einzelfall) konfligierenden Zielen, einer Abwägung eben.

E. Zusammenfassende Bewertung und Ausblick

Verengt man den Blick auf *Grund*rechtsdimensionen des Verbraucherschutzes, fällt die **44** Bilanz ernüchternd aus. Es gibt im Unionsrecht **kein Grundrecht auf Verbraucherschutz** und auch keine (subjektiv-rechtlichen) Grundrechtsdimensionen des Verbraucherschutzes.

Wohl aber statuiert Art. 38 GRC eine für die Union **verbindliche objektiv-rechtliche 45 Verpflichtung** auf der obersten Stufe der unionsrechtlichen Normenhierarchie. Die Norm verpflichtet die Union zwar nicht zum Tätigwerden – wirkt also nicht als Handlungsgebot –, wohl aber begründet sie ein objektiv-rechtliches **Eingriffsverbot,** an dem Sekundärrecht der Union und Durchführungsmaßnahmen der Mitgliedstaaten als rangniedrigere Rechtsakte zu messen sind. Kann sich der Einzelne folglich auch nicht unmittelbar auf den in Art. 38 GRC verbürgten „Grundsatz" des Verbraucherschutzes berufen, schließt dies doch nicht aus, dass der Grundsatz des Verbraucherschutzes – wie alle Grundsätze der Grundrechtecharta – im gerichtlichen Verfahren (nach Maßgabe des jeweiligen Prozessrechts) seine **Wirkung auch zu Gunsten des Einzelnen** entfalten kann. Dies ist namentlich der Fall, wenn ein Sekundärrechtsakt in ein Unionsgrundrecht eingreift und mithin eine Grundrechtsverletzung in Rede steht; dann muss im Rahmen der Rechtfertigung des Grundrechtseingriffs auch geprüft werden, ob das Sekundärrecht ranghöhere „Grundsätze" verletzt.[77] Des Weiteren muss die Unionsgerichtsbarkeit im Rahmen der Begründetheitsprüfung einer von einem Einzelnen erhobenen, zulässigen Nichtigkeitsklage nach Art. 263 Abs. 4 AEUV die Vereinbarkeit des in Rede stehenden Sekundärrechtsakts mit sämtlichem höherrangigen Unionsrecht prüfen, nicht nur mit solchen Rechtsnormen, die dem Einzelnen subjektive Rechte verleihen.

---

75 Näher zur Wettbewerbspolitik im Verbraucherinteresse *Reich* in Reich/Micklitz S. 39 u. S. 142 ff.
76 Vgl. nur *Krebber* in Calliess/Ruffert AEUV Art. 169 Rn. 14.
77 Vgl. zur subjektiv-rechtlichen Relevanz des Verbraucherschutzes im Sinne von Art. 38 GRC auch *Rudolf* in NK-EuGRCh GRCh Art. 38 Rn. 5, 7.

Sachverzeichnis

Die fetten Zahlen verweisen auf die Paragraphen, die mageren Zahlen auf die Randnummern.

Abfindungen 41 27, 47
Abgaben 22 16; **36** 50
Abgeurteilt(er) 62 3, 8, 22, 31
Abschiebung 8 42; **9** 10; **21** 2
Abschiebungs-, Ausweisungs- und Auslieferungsschutz
– absolute Schutzwirkung **21** 32 f.
– Ahmed **21** 12
– aufenthaltsbeendende Maßnahmen **21** 1, 25, 27, 30 f., 34 f.
– Bedeutung/Begriffe **21** 2
– Beeinträchtigungen **21** 25 ff.
– Chahal **21** 12
– Diskriminierungsverbot **21** 36
– effektiver – **55** 34
– EMRK **21** 11 f.
– Freizügigkeit **21** 36
– Gewährleistungsgehalt **21** 17 ff.
– GFK **21** 3, 5 f.
– GRC **21** 13 f., 17 ff.
– Haft **21** 28
– IPBPR **21** 9 f.
– Menschenrechtsverletzung **21** 1, 5, 8, 30, 37
– Menschenwürde **21** 1, 15, 16, 37
– Personen, ausländische **21** 18 f.
– Personen, natürliche **21** 17 ff.
– Personen, Staatsangehörige **21** 6, 17 ff., 20 f., 26, 35
– Privat- und Familienleben **21** 24, 31, 34 f.
– Recht auf Leben **21** 36
– Rechtfertigung **21** 32 ff.
– Refoulement-Verbot **21** 3, 7, 13
– Schutz vor drohender Folter **21** 23, 28 ff., 33
– Schutz vor drohender Todesstrafe **21** 22, 27, 33
– Schutz vor unmenschlicher oder erniedrigender Behandlung oder Strafe **21** 23, 28 ff., 33
– Schutzpflicht **21** 30
– Soering **21** 12, 27
– UN-Antifolterkonvention **21** 3, 8
– Unschuldsvermutung **56** 25
– Verfassungen der EU-Mitgliedstaaten **21** 15 f.
– Verhältnis zu anderen Bestimmungen **21** 36
– völkerrechtliche Schutzregeln **21** 4 ff.
Abschreckung 62 29 f., 35
Aburteilung 18 73; **56** 9
– Begriff **62** 5 f., 11 ff., 25 f., 36
Abwägungsparameter 59 50
Abwehrrecht 3 30; **7** 14, 19
– Argumentationsform **8** 6 ff.
– Freiheitsgewährleistung **8** 2 ff.

– positiver/negativer Freiheitsschutz **8** 5
– rechtsgemeinschaftliche Verteilung **8** 3, 4
Acquis communautaire 4 20, 40; **10** 93; **63** 2
Adonnino-Ausschuss 51 15
Adoption 24 28; **34** 56
Agency-situation 9 26; **58** 26
Agenturen der EU 9 23
– faires Verfahren **57** 21, 29
Akademische Freiheit 9 20; **30** 1, 4, 12, 28, 30
Åkerberg Fransson-Urteil 9 38 f.
Akteneinsichtsrecht 58 6, 44, 49 f., 54a; **59** 1 ff.; **60** 4
– Ausnahmen **57** 39
– Beeinträchtigungen **61** 70 ff.
– Berechtigte **61** 67
– faires Verfahren **57** 38 ff.
– Grundrechtscharakter **61** 62
– Rechtfertigung **61** 71 f.
– Struktur/Bedeutung **61** 62 ff.
– Umfang **61** 62 ff.
– Verhältnis zu Art. 47 GRC **55** 53
– Verpflichtete **61** 69
Aktionsplan für Menschenrechte und Demokratie 5 32
Aktives Wahlrecht 51 28, 51
AKZO-Verfahren 59 48, 53
Alcan-Beschluss 9 31
Allgemeine Erklärung der Menschenrechte 34 7; **55** 17
– Gleichheitsgrundsatz, allgemeiner **47** 10
Allgemeine Handlungsfreiheit 29 13; **34** 54; **35** 9, 33
– allgemeiner Rechtsgrundsatz **22** 6 ff., 36
– Allgemeinwohlziele **22** 24
– Bedeutung/Entwicklung **22** 1 ff.
– Beeinträchtigungen **22** 18 ff.
– persönliche Gewährleistung **22** 17
– sachliche Gewährleistung **22** 12 ff.
– Schranken **22** 21 ff.
– Verhältnis zu anderen Grundrechten **22** 27 ff.
– Verhältnis zu Grundfreiheiten **22** 31 f.
– Verhältnis zur Berufsfreiheit **34** 3
– Verhältnis zur Freizügigkeit **22** 30
– Verhältnismäßigkeit **22** 25, 33
– Wesensgehalt **22** 26
Allgemeine Rechtsgrundsätze 2 2; **4** 36 ff.; **7** 155 ff.
– faires Verfahren **51** 17; *s. auch dort*
Allgemeine Transparenzverordnung 35 38
– Umweltschutz **63** 48

1599

Sachverzeichnis

fette Zahlen = §§

Allgemeiner Gleichheitssatz 22 29; **51** 7
Allgemeinwohlziele 22 24
Alter, Diskriminierungsverbot 34 38; **49** 43 ff., 53 ff.
Ältere Menschen, Rechte
– Art. 25 GRC/Art. 26 GRC **46** 14
– Beeinträchtigung **46** 25
– Bewertung/Ausblick **46** 28
– Entwicklung/Bedeutung **46** 1 ff.
– Gewährleistungsdimensionen **46** 22 ff.
– persönlicher Schutzbereich **46** 20 f.
– Primärrecht/Sekundärrecht **46** 11 ff.
– Rechtfertigung **46** 26
– sachlicher Schutzbereich **46** 15 ff.
– Verfassungs-/Völkerrecht **46** 5 ff.
– Verhältnis zu anderen Bestimmungen **46** 27
Altrip-Entscheidung des EuGH 63 49
Amerikanische Menschenrechtskonvention 36 27
– umweltbezogene Gewährleistungen **63** 38
AM & S-Entscheidung des EuGH 57 47 f.
Amsterdam, Vertrag von 62 3
Amt der Europäischen Union für geistiges Eigentum (EUIPO) 57 12
Amtshaftung der Union 61 25, 80 ff.
– außervertragliche – **55** 25, 32, 35; **59** 45
– bei überlanger Verfahrensdauer **57** 55, 67
– Unionsgrundrecht auf gute Verwaltung **57** 18
Amtssprache 61 98 f.
Amtstätigkeit 61 25, 80, 83
Amtsverschwiegenheit 60 3
Änderungsinteresse 37 43
Anerkennung von Berufsqualifikationen 19 19; **43** 12
Anfechtungsklage 11 13
Angemessene Verfahrensdauer 55 12, 14, 16
Angemessenheit, Sanktion 62 5, 12 f.
Angonese-Urteil 9 42, 51
Angriffs- und Verteidigungsmittel 58 29, 42, 47; **59** 9
„Angstklausel" 2 10; **10** 79
Anhörungsbeauftragter 58 4
– in bestimmten Wettbewerbsverfahren **57** 37
– Mandat des – **59** 48 f.
Anhörungsrecht 57 36 f.; **58** 3 ff., 9, 12, 14, 16, 18 ff., 30, 33 f., 38, 40, 44, 46, 53, 55, 57; **59** 4, 8, 23, 27, 38
– Arbeitnehmer **39** 9, 12, 19 ff., 27 f., 30 ff., 42, 44, 47; **41** 2, 15, 70, 74
– Beeinträchtigungen **61** 59
– Berechtigte **61** 58
– Fehlerfolgen **61** 61
– Grundrechtscharakter **61** 52
– Rechtfertigung **61** 60
– Struktur/Umfang **61** 52 ff.
– Verpflichtete **61** 58
Anklage, strafrechtliche 62 11 f.
Anmeldepflichten 31 16, 25, 33

Annahmeverweigerungsrecht 57 34
Annexaufgaben 64 7
Anrechnungsprinzip 62 5, 7, 12, 20, 27, 29, 36, 38
Anrufungsrecht 61 95
Anthropozentrik 63 1, 37
Antidiskriminierungsrichtlinien 22 20, 29; **33** 22
Antidumping-Grundverordnung, EU 58 10 f., 48; **59** 20 ff., 34, 39, 46
Antidumpingrecht, EU 58 36, 47, 56
Antidumpingverfahren, EU 58 10 ff., 36 f., 48, 53; **59** 20 f., 34, 46, 53 f.
Antidumpingzölle 58 10 f., 33; **59** 20 f.
Anwalt 55 9, 33
– Legal (Professional) Privilege **57** 47 ff.
– Recht auf Beistand **57** 45 f.
– Syndikusanwalt **57** 48
Anweisungskompetenz 8 19
Anwendbarkeit, unmittelbare 62 2, 18; s. auch unmittelbare Wirkung
Anwendungsbereich, Unionsrecht 62 31, 37
– räumlicher – **62** 18 ff.
Anwendungsvorrang 62 18
– Beschlüsse **9** 31
– Doppelbindung **9** 27, 30, 39
– EMRK **3** 15, 25
– Gemeinschaftsrecht **2** 22 ff.
– internationale Menschenrechtsverbürgungen **4** 2
– internationale Verträge **4** 25
– judikative Durchführung **9** 32
– mitgliedstaatliche Grundrechte **3** 27 ff.
– nationale Grundrechte **9** 27 f., 31 f.
– Richtlinien **9** 28 ff.
– Unionsrecht **3** 33 ff.; **7** 135 ff.; **9** 24 ff.
– Verordnungen **9** 26 ff.
– Völkerrecht **4** 2
Anzeigepflicht des Arbeitgebers 41 58
Äquivalenzgrundsatz 9 34; **37** 75; **57** 65
Arbeit, Recht auf s. Berufsfreiheit/Recht auf Arbeit
Arbeitnehmer 34 39; **41** 15 ff., 26 ff., 41 ff., 49 ff.
– Begriff **48** 17
Arbeitnehmerfreizügigkeit 7 46, 60; **9** 41 f., 51; **19** 12 ff.; **42** 3 f., 11, 13, 15 ff., 22; **64** 20
– Anerkennung von Berufsqualifikationen **43** 12
– Angonese-Urteil **9** 42
– besonderes Diskriminierungsverbot **41** 26
– Drittwirkung **9** 41 f.
– Horizontalwirkung **9** 41 f.
– Konvergenz **9** 42
– Privatwirkung **9** 41 f.
– Verhältnis zur Berufsfreiheit **34** 26
– Verhältnis zur unternehmerischen Freiheit **35** 48

magere Zahlen = Rn.

Sachverzeichnis

Arbeitnehmerrechte
- Anhörungsrecht **39** 9, 12, 19 ff., 27 f., 30 ff., 42, 44, 47
- Beeinträchtigung **39** 36, 42 f.
- EG-Vertrag/Sekundärrecht **39** 9 ff.
- EMRK **39** 14
- Entwicklung/Bedeutung **39** 1 ff.
- EUSozCh **39** 12 f., 17
- Gemeinschaftscharta der Sozialen Grundrechte der Arbeitnehmer (GCSGA) **39** 15 f.
- Gleichheit von Mann und Frau **48** 17
- Grundrechtscharakter und Gewährleistungsgehalt **39** 17 ff.
- Koalitionsfreiheit **39** 6, 8 ff., 14 f., 35 ff., 41, 45, 48 f.; **41** 55
- Kollektivverhandlungs-/-maßnahmenrecht **39** 5 f., 13, 35 ff., 43, 45, 48 f.
- Mitwirkungsrechte **39** 7, 12, 33
- Rechtfertigung von Eingriffen **39** 39
- Streik- und Aussperrungsrecht **39** 10
- unternehmerische Freiheit als „Gegengewicht" **35** 21
- Unterrichtungsrecht **39** 5 ff., 9 f., 12, 15, 17 ff., 23 ff., 42, 44, 47
- Vereinigungsfreiheit **39** 5, 8, 13 f., 36
- Verfassungen der Mitgliedstaaten **39** 8 f.
- Verhältnis zu anderen Grundrechtsgewährleistungen **39** 47 f.

Arbeitsbedingungen 9 9, 46
- Anpassung an menschliche Anforderungen **40** 35 f.
- Beeinträchtigungen **40** 43
- Bewertung/Ausblick **40** 47 ff.
- Entwicklung/Bedeutung **40** 1 ff.
- Europäische Sozialcharta (EuSozCh) und EMRK **40** 12 ff.
- Gesundheitsschutz **40** 5, 10 f., 16 f., 21, 32, 35 ff.
- Grundrechtscharakter und Gewährleistungsgehalt **40** 17 ff.
- Grundrechtsverpflichtete **40** 19
- Höchstarbeitszeit **40** 31 ff.
- Jahresurlaub, bezahlter **40** 24 ff.
- Nachtarbeit **40** 35 f.; **41** 42
- Rechtfertigung bei Beeinträchtigungen **40** 44
- Ruhezeiten **40** 31 ff.
- SozGRCh **40** 15 f.
- technischer Arbeitsschutz **40** 37
- Unionsverträge und Sekundärrecht **40** 7 ff., 18
- Verfassungen der Mitgliedstaaten **40** 3 ff.
- Verhältnis zu anderen Gewährleistungen **40** 46

Arbeitsgenehmigung, Versagung 58 27
Arbeitskampf 39 8, 10, 36 f., 41
Arbeitslosengeld 56 27
Arbeitsmarktzugang 42 5 f.
Arbeitssprache 61 98
Arbeitstheorie des Eigentums 36 4
Arbeitsumwelt 40 7, 16, 32, 36, 37

Arbeitsvermittlungsdienst, Zugang 8 28
- Beeinträchtigung **42** 18 f.
- Entwicklung/Bedeutung **42** 1 ff.
- Europäische Sozialcharta (EuSozCh) und EMRK **42** 8 ff.
- Grundrechtecharta/Verfassungsvertrag **42** 10
- persönlicher Gewährleistungsgehalt **42** 13 f.
- Rechtfertigung von Eingriffen **42** 20
- sachlicher Gewährleistungsgehalt **42** 15 ff.
- SozGRCh **42** 9
- Subventionierung privater Dienste **42** 15
- unentgeltliche Vermittlungsdienste **42** 8, 11, 15 f.
- Unionsverträge und Sekundärrecht **42** 3 ff.
- Verfassungen der Mitgliedstaaten **42** 2
- Verhältnis zu anderen Gewährleistungen **42** 21

Arbeitszeit 40 1, 3, 6, 11, 13, 16 ff., 22 f., 27 ff., 31, 33, 35 f., 43 ff., 47
Arcana imperii 60 6
Århus-Konvention 55 19, 26; **60** 2, 38, 40; **63** 35, 39, 45, 48
Armut 26 11
Art.-7-Verfahren 12 8, 41 ff.
Arztgeheimnis 23 7
Assoziierungsabkommen 17 27
Asylrecht 2 6; **4** 26 ff.; **9** 10; **16** 17, 34, 42
- effektiver Rechtsschutz bei Abschiebung **55** 34
- Europarecht **21** 13 f., 36
- GFK **21** 5

Asylrechtsausschluss 56 25, 30
Aufenthaltsrecht 9 9; **19** 33; **21** 1
Auffanggrundrecht 22 12
Aufgabennormen 6 11
Aufgedrängter Grundrechtsschutz 8 18
Aufhebung, gerichtliche 58 38, 45, 51, 57; **59** 9, 12, 14, 21, 24, 36, 53, 59, 62; *s. auch Nichtigerklärung*
Aufhebungsvertrag 41 20, 26 f.
Aufklärung 36 5
Auflösung von Vereinigungen 32 21
Aufschiebende Wirkung 55 34
Auftragsvergabe, öffentliche 59 46, 57
Aufzüge 31 34
Augenblicksverband 31 35
Ausführer 58 10 ff.; **59** 21 f., 34
Ausfuhrerstattung 56 23
Ausfuhrfreiheit 35 31
Ausfuhrverbot 29 14
Auskunft 37 23, 26, 78
Auskunftspflicht, Beihilfenempfänger 58 41
Auskunftsverweigerungsrecht 9 17; **34** 6
Auslagenerstattung 56 8
Ausländer, politische Betätigung 31 30
Ausländer-Grundrechte 10 12
Auslegung
- autonome – **3** 3
- dynamische – **3** 3; **10** 85
- grundrechtskonforme – **3** 27; **7** 19

Sachverzeichnis

fette Zahlen = §§

– Maßstab **7** 173
– verfassungskonforme – **2** 13
Auslegungsmaxime 4 75
Auslegungstrias 62 8, 24, 28
Auslieferung 2 7; **8** 42; **9** 10; **16** 26, 27, 33 f.; **21** 2
– Recht auf Freiheit und Sicherheit **18** 53 ff.
– Recht auf Leben **14** 30
Ausnahmeregeln/-tatbestände 59 2, 26 f., 38, 51, 54
Ausreisefreiheit 18 6; **22** 14
Aussageverweigerungsrecht 9 17; **57** 50 ff.
Ausschuss der Regionen (AdR) 9 23
Außen- und Entwicklungspolitik 8 43
Außenhandelsfreiheit 35 31; **52** 52
Außervertragliche Haftung der Union
  s. *Amtshaftung der Union*
Aussperrungsrecht 39 10
Ausstrahlungswirkung 7 19
Austritt 2 36
Auswärtiges Handeln 5 2 ff.
Ausweisung 9 10; **21** 2 ff., 6, 17, 20 f., 25 f., 28, 32
Auswirkungsprinzip 62 28, 30
Auswirkungsvorbehalt 3 29 ff., 40
Autokratie 2 36
Autonomie 3 37; **55** 30
– Grundsatz der prozessualen – **55** 26; **58** 3, 26 f.
AVMD-Richtlinie 27 25, 72, 84; **28** 11, 52, 61 ff.

Bagatellvorbehalt 10 24
Banalitätsvorbehalt 10 5 ff.
Bananenmarkt-Entscheidung des EuGH 34 36
Bananenmarktordnung 2 29
Banjul-Charta 36 27
Basic concept 13 4
Beamte 27 31, 73 ff.; **32** 1, 3 ff., 15; **41** 22, 30
– Disziplinarverfahren **62** 11, 13
– EU-Beamte **52** 42; *s. auch dort*
Beamtenrechtliche Fürsorgepflicht 58 13
Beamtenrechtliches Verwaltungsverfahren 58 13
Beamtenstatut 32 3, 5; **58** 13
Beamtenvorbehalt 31 29
Befähigungsnachweise 34 45
Befangenheit 57 32, 61
Befassungskompetenz 5 25
Begrenzte Ermächtigung 22 11
Begründungspflicht 58 11, 21, 26, 30, 44, 46, 50 f., 57
– gerichtliche Entscheidungen **57** 53 f.
– Verwaltungsentscheidungen **55** 40 ff.; **57** 18
– als wesentliches Formerfordernis **55** 42
Begründungsrecht
– Gewährleistungsgehalt **61** 73 ff.

– Grundrechtscharakter **61** 73
– Inhalt/Umfang der Begründung **61** 73 ff.
Behinderte Menschen, Rechte
– Art. 25 GRC/Art. 26 GRC **46** 14
– Beeinträchtigung **46** 25
– Bewertung/Ausblick **46** 28
– Entwicklung/Bedeutung **46** 1 ff.
– Gewährleistungsdimensionen **46** 22 ff.
– persönlicher Schutzbereich **46** 20 f.
– Primärrecht/Sekundärrecht **46** 11 ff.
– Rechtfertigung **46** 26
– sachlicher Schutzbereich **46** 15 ff.
– Verfassungs-/Völkerrecht **46** 5 ff.
– Verhältnis zu anderen Bestimmungen **46** 27
Behindertenrechtskonvention 49 55
Behindertenschutz 41 50
Behinderung, Diskriminierungsverbot 49 43 ff., 53 ff.
Behörde, mitgliedstaatliche 59 1, 15 f., 18, 22, 30, 44, 51 f., 51, 52, 54, 57, 61
Beihilfen 9 31; **35** 10, 35; **37** 76 ff.; **38** 12; **58** 19, 38 ff., 55; **59** 27, 34
– EU-Strukturfonds **58** 15 f., 37, 50, 55
– Geldbußen und Zwangsgelder **55** 38 f.
– Gerichtliche Kontrolldichte **55** 37
– Präklusion dezentralen Rechtsschutzes **55** 46 f.
– Rückforderung **55** 26
– Umweltschutz **63** 13, 32 f.
Beihilfenempfänger 58 19, 39, 41, 47; **59** 27, 34
Beihilfenrecht, EU 58 36, 40 f., 47, 55
Beihilfenverfahren, EU 58 17, 38 ff., 48, 50, 55 f., 59 f.; **59** 27, 32, 34, 39
– Beteiligte **58** 38 ff.
Beitritt
– zur EMRK **3** 11 ff., 24, 38 ff.; **4** 21; **22** 28
– zur internationalen Menschenrechtsverträgen **4** 20 ff.
– neue Mitgliedstaaten **51** 34
Bekanntmachung über bewährte Vorgehensweisen 58 5; **59** 53
Bekenntnisfreiheit 33 17
Beneš-Dekrete 2 4
Beobachtungspflicht 8 17
Beratungs- und Hinweispflichten 61 51
Beratungsgeheimnis 59 56
Bereitschaftsdienst 40 31, 33
Berichterstattung 56 3
Berufsfreiheit/Recht auf Arbeit 7 40, 60; **9** 5, 11, 16, 45; **28** 90; **29** 21; **34** 11, 34, 55; **36** 39; **41** 4; **42** 2, 8, 12
– Abgrenzung zur unternehmerischen Freiheit (Art. 16 GRC) **34** 28 ff.
– als allg. Rechtsgrundsatz **34** 2 ff.
– Beeinträchtigungen **34** 44 ff.
– Begriffsdefinition **34** 34 ff.
– Berufsausübungsfreiheit **34** 3, 9, 23, 34 ff., 46, 51

1602

magere Zahlen = Rn. **Sachverzeichnis**

– Berufsbegriff **34** 34 ff.
– berufsregelnde Tendenz **34** 37
– Berufswahlfreiheit **27** 39; **34** 3, 9, 24, 29, 34 ff., 45, 51
– Bürgerrechte **9** 5
– Drei-Stufen-Theorie **34** 51
– Drittstaatsangehörige **9** 11; **34** 27, 43
– Einordnung/Bedeutung **34** 1 ff.
– EMRK/Menschenrechtsverbürgungen **34** 5 ff.; **36** 19
– Entlassung **34** 11, 40, 56
– gegenseitige Anerkennung von Diplomen und Befähigungsnachweisen **34** 45
– GRC/AEUV **34** 24 ff.
– Hilfs-, Zusatz- und flankierende Rechte **34** 55 f.
– juristische Personen des öffentlichen Rechts **34** 42
– kein Grundrecht auf Arbeit **34** 7, 40; **41** 5 ff.
– Kontrolldichte **34** 52
– mittelbare Eingriffe **34** 47 ff.
– Nebentätigkeit, Zweitberuf **34** 37
– Negative Berufsfreiheit **34** 5
– persönlicher Gewährleistungsgehalt **34** 41 ff.
– Recht zu arbeiten **34** 38 f.
– Rechtfertigung eines Eingriffs **34** 50 ff.
– sachlicher Gewährleistungsgehalt **34** 33 ff.
– Schutzbereich **9** 5, 11, 16
– Staatenlose **34** 43
– Teilgewährleistungen **34** 5 ff., 24, 31, 33, 39 f., 49, 57
– Unionsbeamte und öffentlicher Dienst **34** 41
– unmittelbare Drittwirkung **9** 45
– unmittelbare Eingriffe **34** 45 f.
– verbotene/gemeinschädliche Tätigkeiten **34** 35
– Vereinbarkeit von Familien- und Berufsleben **34** 56
– Verfassungstraditionen der Mitgliedstaaten **34** 10 ff., 23 ff.
– Verhältnis zu anderen Gewährleistungen **34** 53 ff.
– Verhältnis zu den Grundfreiheiten des AEUV **34** 26, 29, 34, 43, 48, 55
– Verhältnis zu sozialen Grundrechten **34** 7, 9, 25, 40
– Verhältnis zur unternehmerischen Freiheit **35** 3, 20 ff.
– Vollbeschäftigung **34** 39
– Wesensgehalt **34** 48
Berufsgeheimnis **57** 18, 39, 47 ff.; **58** 48; **59** 7, 29, 31, 38 ff., 46, 49 ff.; **61** 79
Berufsqualifikationen, Anerkennung **43** 12
Berufsverbot **34** 6
Berufung **55** 9, 14
Beschäftigungsniveau **42** 1
Beschäftigungszugang, freier **41** 28
Beschleunigungsgebot **55** 12; **56** 7

Beschränkungsverbote **7** 46
Beschwer **58** 3, 13 f., 18, 39, 58; **59** 2, 14, 17, 24, 31, 33
Beschwerdeführer **58** 5 f., 34 f., 38, 41, 59; **59** 4, 17, 31 ff., 43
Beschwerdepunkte, Mitteilung der **58** 5 ff., 9, 40, 46 f.; **59** 4, 6, 15, 17 ff., 22, 32; **62** 26
Beschwerderecht **55** 13, 20; **61** 18, 21, 95
Beschwerdezurückweisung **58** 34; **59** 4, 32
Bestandsgarantie **39** 8, 36
Bestandskraft
– Kommissionsbeschlüsse **55** 46; **62** 15, 22 f., 26, 33
– nationale Verwaltungsentscheidungen **55** 26
– Sekundärrecht **55** 49
Bestandsschutz **37** 44, 48 f., 87
Bestechungsübereinkommen **62** 1, 3, 17
Betätigungsgarantie **39** 8
Betriebs- und Geschäftsgeheimnisse **34** 11
– Schutz durch Art. 12 Abs. 1 GG **35** 9, 37
– Schutz durch Art. 16 GRC **35** 37
Betriebsdatenschutz **36** 47 ff.
Betriebsrente **48** 43
Betriebs(teil)übergang **41** 24, 52 ff., 69, 75
Beurteilungsspielraum **8** 24; **58** 3, 9, 14 f., 21, 30, 51, 53, 56; **59** 6, 9, 14, 24, 50, 62; s. auch *Ermessensspielraum*
– der Kommission **55** 36 ff., 42, 50
Bewährungswiderruf **56** 9 ff.
Bewegungsfreiheit **18** 5
Beweisaufnahme **58** 39, 48; **59** 39
– freie Beweiswürdigung **57** 28
Beweisbeschluss **59** 56
Beweiserleichterung **59** 14
Beweislast **58** 53 f.; **59** 18, 21, 38
Beweismaterial *s. Dokument*
Beweismittel **59** 12 f., 28, 51, 57
Beweisverwertungsverbot **58** 52; **59** 12, 58
Beweiswert **59** 9, 14, 38, 48, 50
Bildung, Recht auf **9** 5, 11; **43** 1 ff.
– Abgrenzung **43** 49 ff.
– Allgemeiner Grundsatz des Unionsrechts **43** 22 ff.
– Ausblick **43** 53 ff.
– Ausprägungen **43** 1, 19 ff., 28, 36 ff.
– Begriffserklärung **43** 1 ff.
– Bewertung **43** 53 ff.
– deutsches Recht **43** 55 ff.
– Diskriminierungsverbot **43** 13 ff.
– Drittstaatsangehörige **43** 35
– Eingriff **43** 45 f.
– EMRK **43** 20 f.
– Ermächtigungsnorm **43** 8 f.
– Erziehungsrechte **43** 44, 56
– „Europäisierung" **43** 16
– Freizügigkeitsrichtlinie **43** 13
– Gewährleistungsgehalt **43** 32 ff.
– Grundfreiheiten, „Loslösung" **43** 15

Sachverzeichnis

fette Zahlen = §§

- Grundrechtecharta **43** 19
- Grundrechtsadressaten **43** 32
- Grundrechtsdimensionen **43** 18 ff.
- Grundrechtsträger **43** 33 ff.
- Lebensbereich, erfasster **43** 36 ff.
- Lehranstalten, Gründungsfreiheit **43** 42 f., 55
- Leistungsrecht **43** 29
- mitgliedstaatliche Ausprägung **43** 26 f.
- Pflichtschulunterricht **43** 41, 55
- Primärrecht **43** 4 ff.
- Querschnittsklausel **43** 9
- Rechtfertigung **43** 47 f.
- Rechtsprechung **43** 14 f.
- Sekundärrecht **43** 11 ff.
- Teilhaberecht **43** 29, 38
- Verfassungsnormen **43** 26 f.
- Völkerrecht **43** 22 ff.
- Weiterbildung **43** 37 ff.

Bildungseinrichtung, private 43 43
Bildungsförderprogramme 43 11
Bildungskompetenzen 43 4 ff.
Billigkeitsgedanke, allgemeiner 62 7, 29 f.
Bindungswirkung, Unionsgrundrechte 58 14, 26 f.; **62** 18
Binnenmarkt 62 22 ff., 28
Biomedizin 13 16
Biret-Entscheidung des EuG und EuGH 35 7
Blockade 31 5 ff., 7, 18 f., 24, 37
Bosphorus-Entscheidung des EuGH 34 43
Brexit 2 36; **31** 27
- EMRK **3** 42

Bundesverfassungsgericht, BVerfG 62 20, 34, 38
Bürgerbeauftragter 61 1, 21
- Begriff und Funktion **54** 6 ff.
- Beschwerdeberechtigte **54** 15
- Beschwerdeform u. -frist **54** 23 f.
- Beschwerdegegenstand **54** 16 ff.
- Entwicklung **54** 1 ff.
- Erledigung und Jahresbericht **54** 31 f.
- Gewährleistungsgehalt **54** 14 ff.
- kein Beschwerdeinteresse **54** 21 f.
- Prüfungsrecht **54** 26 ff.
- Recht des Beschwerdeführers **54** 14
- Rechtsschutz **54** 33 f.
- Rechtsstellung **54** 12 f.
- Untersuchung **54** 27 ff.
- Verhältnis zu anderen Bestimmungen **54** 35 f., 40
- Voraussetzungen der Beschwerde **54** 15 ff.
- Vorprüfung **54** 26
- Wirkung der Beschwerde **54** 25

Bürgernähe 59 2; **61** 29, 93, 101, 107
Bürgerpflichten 17 39 f.
Bürgerrechte 10 14 f.

Caroline-Entscheidung 28 7, 77
Cassis-Rechtsprechung 63 29
ClientEarth-Entscheidung des EuGH 63 49
Climate Change Litigation 63 2

Daseinsvorsorge 38 1, 3, 7
Datenraumverfahren 59 48, 53
Datenschutz 59 38, 44
- AEMR, IPBPR **25** 2
- Anerkennung in EuGH-Rspr. **25** 9 ff.
- Aufkommen der Informationstechnologie **25** 1
- Auskunftsanspruch **25** 37, 47
- im Bereich des GASP **25** 14
- im Bereich des PJZS **25** 16
- Berichtigungsanspruch **25** 37 f., 47
- Datenminimierung **25** 36
- Datenschutzrichtlinie **25** 15
- Datenschutzrichtlinie für elektronische Kommunikation **25** 16
- Datenverarbeitung **25** 47
- DS-GVO **25** 18 f.
- Einwilligung **25** 33 f., 48
- Europarat **25** 5
- EU-US-Privacy Shield **25** 31
- Geschäfts- und Betriebsdaten **36** 47 ff.
- Google Spain-Urteil **25** 28, 41 f.
- Grundrechtsschranken **25** 49 ff.
- juristische Personen **25** 25
- Löschungsanspruch **25** 39
- Marktortprinzip **25** 30
- Medienfreiheit **28** 81
- natürliche Personen **25** 25
- Niederlassungsbegriff **25** 28
- OECD **25** 4
- Recht auf Vergessenwerden **25** 39 ff.
- Soft-law Instrumente **25** 3
- territoriale Reichweite **25** 26 ff.
- unabhängige Kontrollstellen **25** 44 f.
- Verankerung im primären EU-Recht **25** 12 ff.
- Verbreitung des Internets **25** 1
- Verfassungstraditionen der Mitgliedstaaten **25** 7 f.
- Verhältnis zum Recht auf Privatleben **25** 20 ff.
- VO (EG) Nr. 45/2001 **25** 17
- Vorratsdatenspeicherungsrichtlinie **25** 16
- Zweckbindung **25** 35

Datenschutzgrundrecht 60 4
Datenschutzgrundverordnung (DS-GVO) 12 23; **25** 18 f.
- Marktortprinzip **25** 31

Datenschutzrichtlinie 25 15
- territoriale Reichweite **25** 26 ff.

Datenschutzübereinkommen 25 5
Daueraufenthaltsrecht 19 33
Daueraufenthaltsrichtlinie 19 46
Dauersachverhalte 37 60, 64
Death row phenomenon 16 27, 33

Defrenne-Entscheidungen 48 3, 14
Deggendorf-Entscheidung des EuGH 55 44, 46 f., 55
Demokratie 2 36
Demokratieprinzip 10 66; **51** 6, 18 ff., 44, 63, 65; **59** 2, 26, 60
Deutschenrechte 2 13
dezentraler Rechtsschutz 55 25 f., 34, 36, 44, 46 ff., 55 f.
Dezentralisierung, EU-Kartellrecht 62 21
Dialog, aktueller, bilateraler, nachträglicher 58 41, 50
Dienstleistung von allgemeinem wirtschaftlichen Interesse 38 1 ff.
– Adressat **38** 13
– Beeinträchtigung **38** 21 f.
– Definition **38** 15 ff.
– Genese **38** 4 ff., 9
– Grundrechtscharakter **38** 6, 8
– Grundsatz **38** 23
– Kontrahierungszwang **38** 18
– Subsidiarität **38** 25
– Untermaßverbot **38** 22
– Verpflichtete **38** 14
– Verschlechterungsverbot **38** 24
– Wettbewerbsrecht **38** 2, 4
– Zugang **38** 20
Dienstleistungsfreiheit 7 48; **9** 41 f., 45; **19** 20 ff.; **29** 22; **64** 22
– unmittelbare Drittwirkung **9** 41, 45
– Verhältnis zur Berufsfreiheit **34** 26, 29, 45
Dienstleistungsrichtlinie 19 23
Dienstrecht, EU 58 13
Diplom, gegenseitige Anerkennung 34 45
Diplomatischer und konsularischer Schutz
– Aufenthalt im Drittlandshoheitsgebiet **52** 21
– Bewertung/Ausblick **52** 53 ff.
– diplomatischer Schutz **52** 33 f.
– Entwicklung/Bedeutung **52** 1 ff.
– EU-Beamte **52** 42
– keine eigene Vertretung **52** 16
– konsularischer Schutz **52** 30 ff.
– Krisenfälle **52** 35
– local remedies rule **52** 24
– Pflicht zu internationalen Verhandlungen **52** 38 ff.
– Schadensersatz/Entschädigung bei Schutzversagung **52** 36 f.
– Unionsangehörige/-zugehörige **52** 43 ff.
– Unionsbürgerschaft **52** 16 ff.
– unionsrechtlicher Gleichbehandlungsanspruch **52** 25 ff.
– Verhältnis zu anderen Gewährleistungen **52** 52
– Verletzungshandlungen **52** 19
– Vertretung der Europäischen Union **52** 41 ff.
– Vertretungen der Mitgliedstaaten in Drittstaaten **52** 15 ff.
– Zustimmung des Drittstaates **52** 22 f.

Direktwahlakt 51 1, 3, 10, 12, 29, 32, 38, 40, 45 f.
Diskriminierung 3 8, 78; **16** 3, 25, 31, 38; *s. auch Gleichheit von Mann und Frau und Gleichheitsgrundsatz*
– abstrakte – **49** 84
– wegen Alter **34** 38
– drittbezogene – **49** 55, 84
– „transindividualisierte –" **49** 84
– vermittelnde – **49** 55, 84
Diskriminierung, mittelbare 41 25, 32, 35 f.
– Gleichheit von Mann und Frau **48** 44 ff., 87; *s. auch Gleichheit von Mann und Frau sowie Diskriminierungsverbote, besondere*
– Kausalitätsprüfung, zusätzliche **48** 46
– Rechtfertigung **48** 58 ff.; **49** 28
Diskriminierung, positive
– Diskriminierungsverbote, besondere **49** 85
– Förderpflicht **48** 49
– Gleichheit von Mann und Frau **48** 61 ff., 88; *s. auch Gleichheit von Mann und Frau*
– Rechtfertigung **48** 61 ff.
Diskriminierung, unmittelbare
– Gleichheit von Mann und Frau **48** 41 ff., 87; *s. auch Gleichheit von Mann und Frau*
– Rechtfertigung **48** 54 ff.; **49** 29 f.
Diskriminierungsverbot aus Staatsangehörigkeitsgründen 49 4 ff.
– allgemeiner Grundsatz **49** 36 ff.
– Berechtigte **49** 16 ff.
– Diskriminierungsbegriff **49** 25 ff.
– Drittstaatsangehörige **49** 19, 41
– Drittwirkung **49** 13 ff.
– EMRK **49** 35
– Ermächtigungsnorm **49** 33
– Gewährleistungsgehalt **49** 12 ff.
– Grundrechtsqualität **49** 34 ff.
– Inländerdiskriminierung **49** 20, 23 f.
– Lebensbereich, erfasster **49** 21 ff.
– Primärrecht **49** 5 ff.
– Rechtfertigung **49** 28 ff.
– Rechtsfolgen bei Verstoß **49** 32
– Spezialität **49** 6 ff.
– unmittelbare Anwendbarkeit **49** 16
– Verfassungen **49** 36 ff.
– Verhältnismäßigkeit **49** 31
– Verpflichtete **49** 12 ff.
– völkerrechtliche Verträge **49** 36
Diskriminierungsverbote 9 41, 44 f., 47; **38** 11
– allgemeine – **41** 25
– Alter **46** 1 ff.
– behinderte Menschen **41** 50; **46** 1 ff.
– besondere – **41** 38 f.
– genetische Merkmale **41** 38
– geschlechtsbezogene Diskriminierung **41** 25, 32, 35 f.

Sachverzeichnis

- Hautfarbe/Herkunft **41** 2, 13, 15, 38
- für legal beschäftigte Nicht-Unionsbürger **34** 27, 43
- Recht auf Bildung **43** 13 ff.
- Religion/Weltanschauung **33** 2, 6 ff., 21 f., 35; **41** 9, 13, 38
- Schwangere **41** 41 ff., 72, 75
- sexuelle Ausrichtung **41** 40, 49
- Staatsangehörigkeit **41** 24 f., 30, 38; **51** 7, 17, 41, 60 f.
- unionsrechtliche – **22** 20
- Verhältnis zur Berufsfreiheit **34** 53
- Verhältnis zur unternehmerischen Freiheit **35** 47
- Vermögen **41** 38

Diskriminierungsverbote, besondere (Art. 19 AEUV) 49 1 ff.
- Abgrenzung **49** 90 ff.
- allgemeiner Grundsatz **49** 63 ff.
- Alter **49** 43 ff., 53 ff.
- Ausblick/Bewertung **49** 94 ff.
- Behindertenrechtskonvention **49** 55
- Behinderung **49** 43 ff., 53 ff.
- Berechtigte **49** 81 f.
- deutsches Recht **49** 96
- Diskriminierung **49** 84 f.
- Diskriminierung, drittbezogene **49** 55, 84
- Diskriminierung, positive **49** 85
- Diskriminierung, vermittelnde **49** 55, 84
- Drittwirkung **49** 59
- Eheverständnis **49** 54a f.
- EMRK **49** 62
- Entwicklung **49** 1 f.
- Ermächtigungsnormen **49** 33, 43 ff.
- Geschlecht **49** 43 ff., 50
- Gewährleistungsgehalt **49** 80 ff.
- Grundrechtsqualität **49** 61 ff.
- Herkunft, ethnische **49** 43 ff., 51 f.
- kirchlicher Arbeitgeber **49** 54a f.
- Kopftuchverbot **49** 54f.
- „Rasse" **49** 43 ff., 51 f.
- Rechtfertigung **49** 86 f.
- Rechtsfolgen bei Verstoß **49** 89
- Religion **49** 43 ff., 53 ff.
- Sekundärrecht **49** 49 ff.
- sexuelle Ausrichtung **49** 43 ff., 53 ff.
- Staatsangehörigkeit **49** 4 ff.
- Systematisierung **49** 1 f.
- unmittelbare Anwendbarkeit **49** 48
- Verfassungen **49** 64 f.
- Verhältnismäßigkeit **49** 88
- Verpflichtete **49** 80
- völkerrechtliche Verträge **49** 66
- Weltanschauung **49** 43 ff., 53 ff.

Diskriminierungsverbote, besondere (Art. 21 Abs. 1 GRC)
- allgemeiner Grundsatz **49** 73 ff.
- Ausblick/Bewertung **49** 94 ff.

fette Zahlen = §§

- Berechtigte **49** 81 f.
- deutsches Recht **49** 96
- Diskriminierung **49** 84 f.
- Diskriminierung, positive **49** 85
- Diskriminierung, vermittelnde **49** 84
- EMRK **49** 72
- Geburt **49** 69 ff.
- genetische Merkmale **49** 69 ff., 77
- Gewährleistungsgehalt **49** 80 ff.
- „Hautfarbe" **49** 69 ff.
- Herkunft, soziale **49** 69 ff.
- Minderheit, nationale **49** 69 ff.
- Normstruktur/Prüfungsaufbau **49** 79
- politische Anschauung **49** 69 ff.
- Rechtfertigung **49** 86 f.
- Rechtsfolgen bei Verstoß **49** 89
- Sprache **49** 69 ff., 78
- Verfassungen **49** 74 f.
- Verhältnismäßigkeit **49** 88
- Vermögen **49** 69 ff.
- Verpflichtete **49** 80
- völkerrechtliche Verträge **49** 76

Dispositionsschutz 36 40; s. auch Vertrauensschutz

Dispute Settlement Body 35 7
Disziplinarverfahren 58 13; **62** 11, 13
DNA-Proben, Aufbewahrung 56 17
Dokumente
- belastende – **59** 6 f., 9, 11 ff., 44, 47
- entlastende – **59** 6 f., 9, 11 ff., 18 f., 38

Dokumentenzugang 35 38, 49; **60** 4
- Abgrenzung zu Akteneinsichtsrecht **61** 63
- Absicherungen, verfahrensmäßige **60** 59 ff.
- allgemeiner Anspruch auf – **55** 53; **59** 2, 25 ff., 30, 38, 51, 54, 60 f.
- Anspruchsberechtigte **60** 39 ff.
- Anspruchsumfang **56** 46 ff.
- Anspruchsverpflichtete **60** 56 ff.
- Anspruchsvoraussetzungen **60** 42 f., 44 ff.
- Anwendungsbereich **60** 34 ff.
- Ausnahmen **60** 12
- Beeinträchtigung **60** 65
- demokratische Legitimation **60** 1, 5, 8
- Dokument **60** 47
- EMRK **60** 20, 30
- Entwicklung/Bedeutung in der EU **60** 15 ff., 21 ff.
- Entwicklung/Bedeutung weltweit **60** 13 ff., 19 ff.
- Euratom **60** 36
- Europol **60** 37
- faires Verfahren **57** 38 ff.
- Funktionen **60** 5 ff.
- Gesetzesvorbehalt **60** 66 f.
- Gewährleistungsgehalt **60** 11, 33 ff.
- Grundrechtscharakter **60** 1, 26 ff.
- Grundsatz der Offenheit **60** 1
- Informationsbeschaffungspflicht **60** 46

magere Zahlen = Rn. **Sachverzeichnis**

– Konkretisierung im Sekundärrecht **60** 2, 32, 33 ff.
– Rechtfertigung **60** 66 ff.
– Rechtfertigungsgründe, relative **60** 82 ff.
– Rechtfertigungsgründe, zwingende **60** 70 ff.
– Rechtsstaatsprinzip **60** 5, 8
– Umweltschutz **63** 46
– unmittelbare Anwendbarkeit **60** 28
– Verhaltenskodex **60** 25, 29
– Verhältnis zu anderen Informationszugangsrechten **60** 4
– Verhältnis zu Art. 47 GRC **55** 53
– Verhältnismäßigkeit **60** 78, 79 ff.
– Wohnsitz-/Sitzerfordernis **60** 42 f.
Dolmetscher, Recht auf 57 14, 44
Doppelbestrafungsverbot *s. ne bis in idem-Grundsatz*
Doppelnormierungen 7 48, 92
Drei-Stufen-Theorie 34 37, 51
Drittbetroffenheit 61 55
Dritte (Verfahrensbeteiligte) 58 5, 28, 33 ff., 53 f.; **59** 4, 7, 15, 17, 27, 31, 33 f., 39 f., 44, 47, 50, 57, 61
Drittstaaten, Gleichbehandlung 47 26
Drittstaatsangehörige 9 8 ff.; **10** 13, 15; **19** 24, 42 ff., 52, 61; **35** 31, 39
– Berufsfreiheit **34** 27, 43
– Diskriminierungsverbote, besondere **49** 19, 41
– Recht auf Bildung **43** 35
– Recht auf effektiven Rechtsschutz **55** 28, 34
Drittstaatsbehörde 62 29
Drittstaatsbezug 62 2, 24, 28 ff.
Drittwirkung 7 19; **8** 26; **9** 40 ff.; **28** 34 f.
– Diskriminierungsverbot **9** 41, 44 f.
– Diskriminierungsverbote, besondere **49** 13 ff., 59
– Gleichheit von Mann und Frau **48** 10 ff., 84
– Gleichheitsgrundsatz, allgemeiner **47** 13
– Grundfreiheiten **9** 41 f.
– Grundrechtecharta/Verfassungsvertrag **9** 41 ff.
– Unionsgrundrechte **9** 43 ff.
Dublin-III-Verordnung 2 6
– Rechtsschutzgewährleistung **55** 3
Due Process 57 1
Duplizierung, Kartellverfahren 62 22
Durchführung des Unionsrechts 6 29 ff., 33
– Begriff **62** 18, 37

Echte Rückwirkung 37 56 ff.
Effektivitätsgrundsatz 9 34 f.; **37** 75; **55** 26; **57** 65; **59** 51
EGKS-Wettbewerbsrecht 62 7; *s. auch Wettbewerbsrecht, EU*
EGMR 11 39; **16** 11; **18** 9
– amici curiae **3** 5
– Auswirkungsvorbehalt **3** 29 ff., 40
– Berücksichtigungspflicht **3** 19, 23, 25, 29 ff.
– Einfluss auf Menschenrechtsabkommen **3** 8

– Einfluss auf/der Drittstaaten **3** 8
– Subsidiarität **3** 39
– Verhältnis zum EuGH **3** 10, 23, 33 ff.
Ehe 24 3, 14 ff.
Eheschließungs- und Familiengründungsfreiheit 24 1, 19 ff.
– Art. 9 GRC **24** 11
– Beeinträchtigung **24** 27
– europäisches Primär- und Sekundärrecht **24** 8 ff.
– Gewährleistungsdimensionen **24** 25 f.
– Gewährleistungsgehalte **24** 13 ff.
– persönlicher Schutzbereich **24** 24
– Rechtfertigung **24** 29 f.
– sachlicher Schutzbereich **24** 14 ff.
– verfassungs- und völkerrechtliche Entwicklungen **24** 3 ff.
– Verhältnis zu anderen Bestimmungen **24** 31
Ehrschutz 27 69; **28** 75 f.
Eigentumsgrundrecht 8 36; **9** 11, 16; **28** 90; **34** 1, 6, 29, 36
– allgemeine Rechtsgrundsätze **36** 14
– Ausgestaltung in Mitgliedstaaten **36** 15 ff.
– Bedeutung/Entwicklung **36** 1 ff., 10 ff.
– Beeinträchtigung **36** 58 ff.
– Eigentumsbegriff **36** 1
– Eigentumsgarantie **29** 21
– EMRK **36** 19 ff.
– Enteignung **36** 31 ff., 60 ff.
– Fallrecht **36** 78 ff.
– Gewährleistungsgehalt **36** 28 ff.
– Grundrechtsfunktionen **36** 54 ff.
– Inhaltsbestimmung **36** 58
– Institutsgarantie **36** 57
– Menschenrechtsverbürgungen **36** 24 ff.
– Normstruktur **36** 31 ff.
– Nutzungsbeschränkung **36** 31, 50
– persönlicher Gewährleistungsbereich **36** 52 f.
– Polizeipflichtigkeit **36** 62
– Recht am eingerichteten und ausgeübten Gewerbebetrieb **36** 42
– Rechtfertigung von Eingriffen **36** 60 ff.
– sachlicher Gewährleistungsbereich **36** 34 ff.
– Schutz öffentlich-rechtlicher Rechtspositionen **36** 43 ff.
– Schutz von Geschäfts- und Betriebsdaten **36** 47 ff.
– Schutz vor Abgabepflichten **36** 50 ff.
– Soziale Funktion **36** 8
– Umweltschutz **63** 46
– Verhältnis zu anderen Grundrechten **36** 85
– Verhältnis zu nationalen Eigentumsordnungen **36** 28 ff.
– Verhältnis zur Berufsfreiheit **34** 53
– Verhältnis zur unternehmerischen Freiheit **35** 47
– Verhältnismäßigkeit **36** 51
– Vermögensschutz **36** 50 ff.

1607

Sachverzeichnis

fette Zahlen = §§

- Vertrauensschutz **36** 40
- Wesensgehaltsgarantie **36** 83 f.
- wohlerworbene Rechte **36** 40, 43
- Wurzeln **36** 1 ff.

Eilvorabentscheidungsverfahren 55 35; **57** 56
Einfrieren von Vermögenswerten 59 58
Einführer 58 10 ff., 37; **59** 20, 22, 34; *s. auch Importeur*
Einfuhrfreiheit 35 31
Einfuhrverbot 29 14
Eingabenrecht 61 90 ff.
- Beeinträchtigungen **61** 103
- Berechtigte **61** 100
- erfasste Sprachen **61** 98 f.
- Gewährleistungsgehalt **61** 90 ff., 94 ff.
- Grundrechtscharakter **61** 90 ff.
- Rechtfertigung **61** 105
- Struktur/Umfang **61** 94 ff.
- Verhältnis zu anderen Bestimmungen **61** 92
- Verpflichtete **61** 101

Eingerichteter und ausgeübter Gewerbebetrieb 34 6; **36** 42
Eingriffsverwaltung 58 2
Einheitliche Europäische Akte (EEA) 5 14
Einheitsmodell 58 24 ff., 60 f.
Einleitung, Verfahren 62 7, 23, 25
Einreisebeschränkungen 59 58
Einreiserecht 18 6
Einschränkung, gerechtfertigte 62 7, 12 f., 32 ff.
Einseitige Handlungen 62 21, 24, 27
Einstellung, Verfahren 62 14 f., 22, 26
Einstweiliger Rechtsschutz 55 12, 34
Einwände, Mitteilung der 58 8 f.; **59** 17, 22
Einwilligung, Datenschutz 25 33 f.
Einzeltierkennzeichnung 35 32, 41
Einziehungsverfahren 56 16
EKMR 55 15
Elternrechte 33 23
Elternurlaub 34 56; **41** 16, 24, 40, 48, 75; **44** 19
Elternzeit 48 31, 51
Embryonen 14 22 ff.
Emissionshandel 63 20
Emissionshandels-RL 34 46
Emissionsrechtezertifikat 36 46
Emotionen 27 7
Empfehlungen 37 22
EMRK 7 127 f., 149 ff.
- Anwendbarkeit, unmittelbare **3** 15
- Beitritt der EU **6** 9, 17
- Beitritt zur – **3** 11 ff., 24, 38 ff.; **4** 21; **7** 162
- Einfluss auf mitgliedstaatliche Grundrechte **3** 14 ff.
- Einfluss auf Unionsgrundrechte **3** 7 ff., 21 ff.
- Einfluss mitgliedstaatlicher Grundrechte **3** 3 ff.
- Mindeststandard **4** 5, 42; **6** 9; **36** 32

- Rang in Mitgliedstaaten **4** 44 ff.
- Rechtsvergleichung **3** 4 ff., 11, 13, 30
- Umweltschutz **63** 37 ff.

Energiegemeinschaft 63 21
Energiepolitik der EU 63 21 f.
Engel-Kriterien 62 11 ff.
Enteignung 36 31 ff., 60 ff.
- Definition/Kompetenz **36** 31 ff., 60 ff.
- Entschädigung **36** 64, 67 f.
- faktische – **36** 61
- formelle – **36** 60
- gesetzliche Grundlage **36** 64
- öffentliches Interesse **36** 65
- Verhältnismäßigkeit **36** 66

Entfaltungsfreiheit 29 1
Entgangener Gewinn 61 86
Entgeltgleichheit 41 31 ff., 37; **48** 3, 56
Entlassung 34 11, 40, 56
Entlassungsschutz
- allgemeine Diskriminierungsverbote **41** 25
- Arbeitnehmerfreizügigkeit **41** 26 ff.
- Beeinträchtigung **41** 72
- Behinderte **41** 50
- besondere Diskriminierungsverbote **41** 26 ff.
- Betriebs(teil)übergang **41** 24, 52 ff., 69, 75
- Bewertung/Ausblick **41** 75 ff.
- Elternurlaub **41** 48
- Entgeltgleichheit **41** 31 ff., 37
- Entwicklung/Bedeutung **41** 1 ff.
- Europäische Sozialcharta (EuSozCh) und EMRK **41** 10 ff.
- Grundrechtscharakter und Gewährleistungsgehalt **41** 17 f.
- Massenentlassungen **41** 15, 24, 57 ff.
- Rechtfertigung von Beeinträchtigungen **41** 72 f.
- Schwangere **41** 41 ff.
- SozGRCh **41** 15 f.
- transsexuelle Arbeitnehmer **41** 49
- Unionsverträge und Sekundärrecht **41** 7 ff.
- Unternehmens(teil)übergang **41** 52
- Verfassungen der Mitgliedstaaten **41** 3 ff.
- Verhältnis zu anderen Gewährleistungen **41** 74
- Zahlungsunfähigkeit des Arbeitgebers **41** 64 ff.

Entlassungssperre 41 57 ff., 69
Entschädigung 36 64, 67 ff.; **56** 8
Entscheidungsfreiheit 24 19
Entwicklungszusammenarbeit 5 15, 19
- Umweltschutz **63** 11

Entwürdigungen, freiwillige 13 18
ERASMUS+ 43 11
Erbrecht 36 38
Erfolgswertgleichheit der Stimmen 51 2, 37, 39 f., 64
Erforderlichkeit, Verhältnismäßigkeit 62 34 f.
Ergebnisrelevanz, -sanktion 58 51 ff.; **59** 9 f., 21, 24, 62

magere Zahlen = Rn.

Ergebnisrichtigkeit 59 11 f., 14, 62
Erholung 40 3, 5 f., 23
Erläuterungen des Grundrechtekonvents 34 25 ff.
– Berufsfreiheit **34** 8
– unternehmerische Freiheit **35** 19 f., 23, 25 f., 28, 33, 35
– zu Art. 47 GRC **55** 7, 20 ff.
Erledigungsprinzip 62 5, 20, 27, 32, 38
Ermessen 58 9, 14 f., 21, 30, 51, 53, 56; *s. Beurteilungsspielraum*
– gerichtliche Kontrolldichte **55** 11, 37 ff., 42, 50
– uneingeschränkte Nachprüfung **55** 38
Ermittlungsakte 59 15, 18 f.; *s. auch Kommissionsakte*
Ermittlungspflicht 16 18
Erniedrigung 16 25 ff.
Eröffnungsbeschluss, EU-Beihilfenverfahren 58 40 f.
Erstattungs-/Erlassverfahren, EU-Zollrecht 59 23 ff.
Erstreckung, horizontale und vertikale 62 19
ERT-Rechtsprechung 6 30 ff.; **9** 36 f.
Erwartungen 37 9 f., 12, 17 ff., 36 ff., 50, 78
Erziehung 18 46; **33** 23
Erziehungsrecht, elterliches 43 44, 56
Etikettierungsregelungen
– als Eingriff in Berufsausübungsfreiheit **34** 46
– als Eingriff in unternehmerische Freiheit **35** 41
EU-Beamte 52 42
– Schutz durch Berufsfreiheit **34** 41
EU-Beschlüsse 9 31
Eugenik 15 31
EuGH-Rechtsprechung
– Grundrechtsbegriff **7** 4 ff.
– Verhältnismäßigkeitsgrundsatz **10** 48
EU-Grundrechteagentur 12 1, 7, 27 ff.
– Aufgaben **12** 31
– Entwicklung **12** 28
– Ermächtigungsgrundlage **12** 29
– Verwaltungsorganisation **12** 30
EUIPO *s. Amt der Europäischen Union für geistiges Eigentum*
Euratom-Vertrag 60 36; **63** 21 f.
EU-Richtlinien 9 28 ff.; **10** 68
Europäische Beobachtungsstelle für Rassismus und Fremdenfeindlichkeit 12 7
Europäische Bürgerinitiative 12 2, 9, 37 ff.
Europäische Chemikalienagentur (ECHA) 57 12
Europäische Grundrechte-Agentur 6 18
Europäische Investitionsbank 9 23
Europäische Kommission 3 9
– Beurteilungsspielraum **55** 36 ff.
– Nachprüfungen der – **57** 46

Europäische Nachbarschaftspolitik 63 11, 13, 21
Europäische Sozialcharta (ESC) 4 1, 29 f., 70; **34** 8, 25, 27; **39** 12 f., 17
– Recht auf Bildung **43** 25
Europäische Sozialfonds 43 10
Europäische Zentralbank 9 23
Europäischer Bürgerbeauftragter
– Beschwerde an den – **12** 2, 6, 19 ff.
– Funktion **12** 21
Europäischer Datenschutzausschuss 12 25
Europäischer Datenschutzbeauftragter 12 6; **13** 23 ff.
– Funktionen **12** 24
Europäischer Haftbefehl 2 36; **21** 2; *s. auch Rahmenbeschluss*
Europäischer Rat 9 23
Europäischer Verwaltungsverbund 55 44
Europäisches Institut für Gleichstellungsfragen 12 7, 33 ff.
– Aufgaben **12** 34
– Verwaltungsorganisation **12** 35
Europäisches Parlament
– demokratische Legitimation **51** 6, 42, 64
– Sitzkontingente **51** 2, 30, 39, 44 f.
Europäisches Sorgerechtsübereinkommen 45 6
Europaverfassungsrecht 2 5
Europawahl
– 3 %-Sperrklausel **51** 12, 45
– 5 %-Sperrklausel **51** 12, 45
– aktives/passives Wahlrecht **51** 28
– Allgemeinheit der Wahl **51** 13, 31 f.
– Ausnahmeregelungen **51** 48 f.
– Bedingungen für Wahlrechtsausübung **51** 46 f.
– Bewertung/Ausblick **51** 63 f.
– doppelte Ausübung **51** 38
– Entwicklung/Bedeutung **51** 1 ff.
– Freiheit der Wahl **51** 35
– Geheimheit der Wahl **51** 36
– Gleichheit der Wahl **51** 37 ff.
– Rechtsgrundlagen **51** 8 ff.
– sachlicher Gewährleistungsgehalt **51** 28 ff.
– Unmittelbarkeit der Wahl **51** 33 f.
– Verhältnis zu anderen Bestimmungen **51** 60
– Verhältniswahl **51** 12, 37, 39
– Verlust des Wahlrechts **51** 47
– Wahlberechtigte **51** 25 ff.
– Wahlmündigkeit **51** 31
– Wahlperiode **51** 1 f.
– Wahlrechtsgrundsätze **51** 29 ff.
Europawahlgesetz (EuWG) 51 13, 25 f., 30, 38, 45
Europawahlordnung (EuWO) 51 13
Europol-Übereinkommen 9 23; **17** 46
Euthanasie 14 38, 42, 45
EU-Verordnungen 9 26 f.; **10** 68
EU-Verwaltung 61 3, 32

Sachverzeichnis

fette Zahlen = §§

Evidenzkriterium, Berufsfreiheit 34 52
Ewigkeitsklausel 51 20
Existenzgestaltung 15 1
Existenzminimum 8 31; **10** 13; **13** 17; **26** 13, 22
Existenzmittel, ausreichende 19 30, 33
Exklusive Rechte 58 19
Extraterritoriale Verantwortlichkeit 18 18 ff.
Extraterritoriales Handeln 5 2, 8 ff.; **9** 23

Fair Trial 56 1; **57** 1
Faires Verfahren 57 6, 8 ff.; **58** 28, 30, 32, 50; **59** 3, 14, 28, 30, 35, 37
– Abgrenzung zum Grundrecht auf effektiven Rechtsschutz **55** 21, 58
– Akteneinsichtsrecht **57** 38 ff.
– als allgemeiner Grundsatz des Unionsrechts **57** 4 ff.
– angemessene Frist bis Verhandlung bzw. Entscheidung **57** 55 f.
– Anhörungsrecht **57** 36 f.
– Annahmeverweigerungsrecht bestimmter Schriftstücke **57** 34
– anwaltlicher Beistand **57** 42 ff.
– Aussageverweigerungsrecht **57** 50 ff.
– Beeinträchtigungen **57** 61
– Begründungspflicht gerichtlicher Entscheidungen **57** 53 f.
– Begründungspflicht von Verwaltungsentscheidungen **57** 18
– Beweisfragen **57** 28
– Bewertung/Ausblick **57** 69 f.
– Bezug zu Art. 47 GRC **55** 9, 13, 21, 32, 43, 52 f., 58
– Bindung der Mitgliedstaaten **57** 59
– Dokumentenzugang **57** 38 ff.
– Due Process **57** 1
– Effektiver Rechtsschutz **57** 20 f.
– als eigenständiges Unionsgrundrecht? **57** 8 ff.
– Eingriffe **57** 61
– Fair Trial **57** 1
– faires Gerichtsverfahren nach Art. 47 Abs. 2 GRC **57** 8 ff.
– gemeinsame Verfassungsüberlieferungen der Mitgliedstaaten **57** 6
– Gerichtsverfahren **55** 9, 13, 21, 32, 43, 52 f., 58; **57** 8 ff.
– Grundgesetz **57** 6
– Grundrecht **55** 9, 13, 21, 32, 43, 52 f., 58
– Kartellverfahren **57** 12 ff., 41 ff.
– Konfrontationsrecht **57** 44, 62
– kontradiktorisches Verfahren **57** 29 ff.
– Legal (Professional) Privilege **57** 47 ff.
– Mündlichkeit/Öffentlichkeit **57** 33
– nemo-tenetur-Grundsatz **57** 5, 50 ff.
– normative Anknüpfungspunkte **57** 3 ff.
– persönlicher Gewährleistungsgehalt **57** 57 ff.

– persönliches Erscheinen zur Verhandlung **57** 35
– Prozesskostenhilfe **57** 8
– Recht auf anwaltlichen Beistand **57** 45 f.
– Recht auf gute Verwaltung **57** 7, 17 ff.
– Rechtfertigung von Eingriffen **57** 62 f.
– rechtliches Gehör **57** 16, 36 f.
– Rechtsfolgen bei Verletzung/Missachtung **57** 64 ff.
– Rechtsmittel **57** 53
– Rechtsstaatlichkeit nach Art. 2 EUV **57** 20 f.
– Rechtsstaatsprinzip **57** 6 f., 21, 27
– sachlicher Gewährleistungsgehalt **57** 26 ff.
– Schranken und Schranken-Schranken **57** 62 f.
– Schriftstücke **57** 34
– Sprache **57** 14, 18
– Unabhängigkeit und Unparteilichkeit von Gerichten **57** 32 f., 61
– Unschuldsvermutung **57** 14, 26
– Verfahren vor Mitgliedstaatsbehörden/-gerichten **57** 19, 23, 65
– Verfahrensdauer, angemessene **57** 55 f.
– Verhältnis zu anderen Grundrechtsgewährleistungen **57** 68
– Verteidigungsrechte **57** 14 ff., 42 ff.
– Verwaltungsverfahren **57** 7, 12 f., 17 ff.
– Waffengleichheit **57** 27 ff.
– Zeugnisverweigerungsrecht **57** 50 ff.
– Zugang zu unabhängigem Gericht **57** 32 f.
Fake News 28 25, 34, 71
Familie 44 13
– Familienangehörige **19** 24
Familienarmut 44 2
Familiengründungsfreiheit 24 22 f.
Familienleben 23 19 ff.
Familienpolitik 44 16
Familienschutz
– Art. 33 GRC **44** 10
– Beeinträchtigung **44** 21
– Bewertung/Ausblick **44** 24
– Entwicklung/Bedeutung **44** 1 ff.
– Gewährleistungsdimensionen **44** 20
– persönlicher Schutzbereich **44** 18 f.
– Primär-/Sekundärrecht **44** 7 ff.
– Rechtfertigung **44** 22
– sachlicher Schutzbereich **44** 12 ff.
– Schutz der sozioökonomischen Rahmenbedingungen **44** 1, 12 ff.
– Vereinbarkeit von Familie und Beruf **44** 16 f.
– verfassungs-/völkerrechtliche Entwicklungen **44** 3
– Verhältnis zu anderen Bestimmungen **44** 23
Fangmöglichkeiten 35 41
Fehlerfolgen 59 24, 36 f., 62
– im Unionsrecht **57** 64 ff.
Fernseh-Richtlinie 27 72; **28** 52, 61, 63
Feststellung der Nichtanwendbarkeit 62 23, 26, 33; *s. auch Positivbeschluss*

magere Zahlen = Rn.

Sachverzeichnis

FFH-Richtlinie 36 56
FICF-Entscheidung des EuG 35 6
Film 28 12, 22
Finalität 10 20
Finanzielle Interessen, Gemeinschaft/Union 62 3, 13, 18
Finanzielle Mittel, freie Nutzung 35 32
Finanzschutzübereinkommen 62 1, 3, 17, 34
Fingerabdrücke 56 17
Flagrante Rechtsverweigerung 57 5
Fluchtgefahr 56 7
Flüchtlinge 2 36; **20** 4
Flüchtlingskrise 20 34
Flüchtlingsvölkerrecht 20 2 ff.
Fluggastrechte 32 27
Folgenbeseitigung 61 88 f.
Folter 16 3, 23 ff.
– effektiver Rechtsschutz bei Abschiebung und drohender – **55** 34
Folterkonvention 20 13
Folterverbot
– Auslieferung/Ausweisung **16** 33 f.
– Bedeutung/Entwicklung **16** 1 ff.
– Beeinträchtigung **16** 31 ff.
– Diskriminierungen **16** 38
– erniedrigende Behandlung/Strafe **16** 28 ff.
– Folter **16** 3, 23 ff.
– Gewährleistungsgehalt **16** 14 ff.
– psychiatrische Behandlung **16** 32
– Rechtfertigung **16** 39 ff.
– soziale Fürsorgepflichten **16** 37
– unmenschliche Behandlung/Strafe **16** 27
– Untersuchungs- und Strafhaft **16** 35 f.
– Verhältnis zu anderen Grundrechten **16** 41
Fonds „Asyl, Migration und Integration" 20 46
Förderpflichten 8 34
Förderung 4 31 f.
Forderungsrechte, private 36 34
Formelle Verfahrenskontrolle 59 14
Formmangel 62 16
– wesentlicher – **58** 45; **59** 36 f., 54
Formvorschrift, wesentliche 58 9, 51, 53; **59** 10
Forschung 30 1, 28, 29
Forschungsfreiheit 9 11, 20; **30** 1, 2, 28, 29, 38
Fortgesetzte Zuwiderhandlung 62 23 f.
Francovich-Rechtsprechung des EuGH 55 32
Frauenkauf 17 34
Freie Berufe 35 29
Freiheit und Sicherheit 18 79 ff.; **56** 14
– Aburteilungsanspruch **18** 73
– Anspruch auf gerichtliche Entscheidung **18** 74 ff.
– Beeinträchtigungen **18** 23 ff.
– Erkenntnisquellen/Schranken **18** 3

– gerichtliche Kontrolle der Beschränkung **18** 60 ff.
– Gewährleistungsfunktionen **18** 4, 63
– Haft infolge Rechtspflichtnichterfüllung **18** 37 f.
– Haft infolge Straftatenbegehung **18** 39 ff.
– Haft infolge unerlaubten Aufenthalts **18** 53 ff.
– Haft nach gerichtlicher Verurteilung **18** 35 f.
– Haft von sozialgefährlichen/selbstgefährdeten Personen **18** 48 ff.
– Haft zur überwachten Erziehung Minderjähriger **18** 45 ff.
– Informationsanspruch **18** 64 ff.
– Leistungsrechte **18** 63 ff.
– persönlicher Schutzbereich **18** 17
– Protokollierungsanspruch, Freiheitsentziehung **18** 82
– Recht auf Freiheit **18** 5 f.
– Recht auf Sicherheit **18** 7 f.
– Rechtfertigung **18** 31 ff.
– Relevanz **18** 1 f.
– sachlicher Schutzbereich **18** 5 f.
– Schadensersatzanspruch **18** 79 ff.
– Schrankennorm **18** 32 f.
– territorialer Schutzbereich **18** 18 ff.
– Verhältnis zu anderen Grundrechten **18** 83 f.
– Vorführungsanspruch **18** 71 f.
Freiheitsentziehung
– Protokollierungsanspruch **18** 82
Freiheitsgewährleistung 62 4
Freispruch 56 18; **62** 11, 14 ff., 26, 32
Freizügigkeit 7 30, 60, 85; **18** 6; *s. auch Personenverkehr*
– Aufenthaltsrecht **19** 33
– Ausreise **19** 56
– Ausweisungsschutz **19** 34 ff., 60
– Bedeutung **19** 8
– Beschränkungsverbot **19** 28, 31, 57
– Diskriminierungsverbot **19** 29 f., 57
– Drittstaatsangehörige **19** 24, 42 ff., 52, 61
– Eingriffe **19** 28 ff.
– EMRK **19** 53 ff.
– Entwicklung **19** 1 ff.
– Familienangehörige **19** 24
– Freizügigkeitsabkommen Schweiz **19** 50
– Gewährleistungsgehalt **19** 9 ff.
– Grenzüberschreitung **19** 26
– Grundrechtecharta **19** 51 f.
– Internationale Abkommen **19** 50 ff.
– Kernbestand **19** 8
– Niederlassungsfreiheit **19** 16 ff.
– persönlicher Schutzbereich **19** 24
– räumlicher Schutzbereich **19** 27
– Rechtfertigung **19** 32 ff., 38 ff.
– sachlicher Schutzbereich **19** 26
– Schranken **19** 32 ff.
– Sekundärrecht **19** 3, 6, 7, 33 ff., 45 ff.
– Sozialleistungen **19** 30

1611

Sachverzeichnis

fette Zahlen = §§

– Spezialregelungen **19** 11 ff.
– Unionsbürger **19** 8
– Verhältnismäßigkeit **19** 40
Freizügigkeitsabkommen 19 50
Freizügigkeitsrichtlinie 19 6, 33 ff., 58
– Recht auf Bildung **43** 13
Fremdenrecht 36 25
Frist, Behandlung in angemessener 57 55 f.
– Angemessenheit **61** 48 ff.
– Grundrechtscharakter **61** 48
– Rechtfertigung von Beeinträchtigungen **61** 50
– Sanktionen **61** 50
– Struktur/Bedeutung **61** 48 f.
Funktionale Unionsgerichte 55 23, 44
Funktionsfähigkeit, Unionsorgan 59 56
Fürsorge 26 10
Fusionskontrollverfahren, EU 58 4, 8 f., 34 ff., 48; **59** 15 ff., 32, 39, 41, 43, 48, 53

Geburt
– Diskriminierungsverbot **49** 69 ff.
– Gleichheit von Mann und Frau **48** 42
Gedankenfreiheit 33 1 ff., 15; *s. auch Religionsfreiheit*
Geeignetheit 62 12, 34
Gefahr, konkrete 21 29
Gefährdungshaftung 61 89
Gegendarstellung 28 28, 71, 76
Gegendemonstration 31 19, 24
Geheimhaltung, Geheimnisschutz 58 21, 42, 48 f.; **59** 26, 41, 45, 50, 58; **60** 75
– militärisches Geheimnis **59** 43
Geheimheit der Wahl 51 36
Gehirntod 14 20 f.
Geistige Unversehrtheit *s. Unversehrtheit*
Geistiges Eigentum 8 14; **28** 77; **36** 36, 48
Geldbuße 58 5 ff., 40 f., 46 f., 52 f.; **59** 4, 6, 9, 12, 14, 17, 44
– kartellrechtliches Verfahren **62** 13, 16, 22, 29
– unbeschränkte Ermessensprüfung **55** 38 f.
Geldersatz 16 22
Geltungsbereich, GRC 62 28
Gemeinnützigkeit, EU 32 28
Gemeinsame Agrarpolitik
– Greening **63** 13
– Umweltschutz **63** 13
Gemeinsame Außen- und Sicherheitspolitik (GASP) 5 15, 25 ff.; **18** 27; **18** 61; **52** 50, 52; **60** 12, 35
– restriktive Maßnahmen als Eingriff in unternehmerische Freiheit **35** 41
Gemeinsame Handelspolitik 63 11
Gemeinsame Marktorganisation 34 36, 46
Gemeinsame Verfassungsüberlieferungen der Mietgliedstaaten 2 9; **7** 148; **10** 88; **17** 21; **18** 11; **58** 1
– Berufsfreiheit **34** 10 ff., 23
– Umweltschutz **63** 40 ff.

Gemeinsame Verfassungsüberlieferungen der Mitgliedstaaten
– Rechtsgrundsatz des fairen Verfahrens **57** 6
Gemeinsamer Markt 62 28 f.
Gemeinsames europäisches Asylsystem (GEAS) 20 17 ff., 24 ff., 27 ff.
– dritte Phase **20** 29
– Entstehung **20** 27 ff.
– erste Phase **20** 27
– Rechtsakte **20** 27 ff., 30 ff.
– zweite Phase **20** 28
Gemeinschädlichkeitsvorbehalt 10 10
Gemeinschaftscharta der Sozialen Grundrechte der Arbeitnehmer (GCSGA) 39 15 f.
– Recht auf Bildung **43** 25
Gemeinschaftsgeschmacksmuster 58 20
Gemeinschaftsmarke 57 12
Gemeinwohl 58 46; **62** 34 f.
Gemischt-wirtschaftliche Unternehmen 9 21, 49; **35** 39
– Berufsfreiheit **34** 42
General Agreement on Tariffs and Trade (GATT) 59 21; *s. auch WTO*
Generalanwalt 58 30
Generaldirektion Wettbewerb (EU-Kommission) 58 5
Generalprävention 62 30
Generationenschutz 8 22
Genetische Merkmale, Diskriminierungsverbot 49 69 ff., 77
Geoblocking 27 22
Gerechte Behandlung 61 39 ff.
Gerichte, mitgliedstaatliche 62 2 f., 15, 19, 21, 26, 32 f., 35, 37
– Unabhängigkeit und Unparteilichkeit **57** 32 f., 61
– als Unionsgerichte im funktionalen Sinn **55** 23, 44
Gerichtsbarkeit 11 8 ff., 13
Gerichtsentscheidung 18 74 ff.
– Begründungspflicht **57** 53 f.
Gerichtsstandvereinbarungen 55 26
Gerichtsverfahren 58 1, 28 ff., 42, 45, 47 f., 50 f., 54, 56 f.; **59** 3, 9, 11, 13 f., 28, 30, 35 f., 38 f., 51, 53, 55, 59; **60** 83
– mündliche Verhandlung **57** 33
– persönliches Erscheinen zur Verhandlung **57** 34
– Recht auf ein faires, Art. 47 Abs. 2 GRC **57** 8 ff.; *s. auch faires Verfahren*
– Schriftstücke **57** 34
– Sprache **57** 14, 18
– Verfahrensdauer **57** 55 f.
Geschäftsdatenschutz 36 47 ff.
Geschäftsgeheimnisse 57 18, 39, 47, 62; **58** 48; **59** 7, 15, 18, 31, 39 ff., 45 f., 47 ff., 50, 52 f., 55, 57; **61** 62, 64, 71

1612

magere Zahlen = Rn.

Sachverzeichnis

Geschäftspartnerwahl **35** 34, 49
Geschäftsräume **9** 17
– Durchsuchung **22** 19
– Unverletzlichkeit **22** 15
Geschlecht
– Begriff **48** 41
– Diskriminierungsverbot **49** 43 ff., 50
– Gleichheit von Mann und Frau **48** 41
Geschlechtsumwandlung **48** 42
Gesellschaftsrecht **32** 28; **58** 27
Gesetzesmediatisierung **8** 17, 26; **10** 42, 90
Gesetzesvorbehalt **6** 2; **10** 31 ff.; **35** 24, 43 f.
– Eingriffsfälle **10** 31
– Schutzpflichten **10** 32
– Verhältnismäßigkeitsprüfung **10** 33
Gesetzlicher Richter **55** 9, 56
Gesinnungstreue **27** 81
Gestaltungsauftrag **8** 35 ff.
Gesundheit **15** 11; **19** 36; **27** 65; **31** 8, 26; **64** 2
Gesundheitsschutz **34** 35, 50; **38** 16
– Arbeitsbedingungen **40** 3, 6, 8, 23
– Begriff „Gesundheit" **64** 2
– eigenständiges EU-Gesundheitsschutzgrundrecht? **64** 33
– EU-Recht **64** 4 ff.
– GRC **64** 36
– Herleitung durch wertende Rechtsvergleichung **64** 26, 33
– Mitgliedstaaten **64** 32
– Rangverhältnis **64** 19
– als Rechtfertigungsgrund **35** 43, 46
– Schranke subjektiver Unionsgrundrechte **64** 15 ff.
– Schranke von EU-Grundfreiheiten **64** 17 ff.
– Schutz vor Gesundheitsbeeinträchtigungen **64** 25 ff.
– subjektive Rechte aufgrund sekundärrechtlicher Gewährleistungen **64** 34 f.
– Teilgewährleistungen anderer Grundrechte **64** 37
– Teilgewährleistungen durch Grundfreiheiten **64** 38 f.
– Vertrag von Lissabon **64** 13 f.
– Völkerrecht **64** 27 ff.
– als Ziel der Umweltpolitik **63** 19
Gesundheitsversorgung **64** 38 f.
Gewaltenteilung **8** 32
Gewaltmonopol **55** 1
Gewerbebetrieb, eingerichteter und ausgeübter 36 42
Gewerbefreiheit **34** 6, 13 ff., 57; **35** 2, 9, 16, 48
– Drittstaatsangehörige **34** 43
Gewerkschaft **32** 5 ff., 14, 17, 21, 26
Gewinnabschöpfung **62** 30
Gewinnerzielungsabsicht **35** 29, 40
Gewissensfreiheit **33** 1 ff., 16; *s. auch Religionsfreiheit*
Gleichheit der Wahl **51** 12, 37 ff.

Gleichheit von Mann und Frau (im Erwerbsleben) 48 3 f., 92 ff.
– Abgrenzung **48** 2
– Amsterdam, Vertrag von **48** 4, 6
– Arbeitnehmerbegriff **48** 17
– Bedeutung **48** 1 f.
– Berechtigte **48** 15 ff.
– betriebliche Bezüge **48** 25
– Betriebsrente **48** 43
– Beweisfragen **48** 50 f.
– Bewertung **48** 95 ff.
– Defrenne-Urteile **48** 3, 14
– deutsches Recht **48** 95 f.
– Diskriminierung, mittelbare **48** 44 ff., 58 ff.
– Diskriminierung, positive **48** 61 ff.
– Diskriminierung, unmittelbare **48** 41 ff., 54 ff.
– Drittwirkung **48** 10 ff.
– Elternzeit **48** 31
– Entgeltbegriff **48** 21
– Entgeltgleichheitsanspruch **48** 3, 16, 56
– Entwicklung, historische **48** 1 f.
– Erwerbsbedingungen, sonstige **48** 23 ff., 39, 57
– Förderpflicht **48** 49
– Geburt **48** 42
– Geschlecht, Begriff **48** 41
– Geschlechtsumwandlung **48** 41
– Gewährleistungsgehalt **48** 7 ff.
– Gleichwertigkeit der Arbeit **48** 12, 36 ff.
– Grundlohn **48** 20
– Grundrechtsqualität **48** 32 f.
– Lebensbereich, erfasster **48** 20 ff.
– Lissabon, Vertrag von **48** 6
– Mindestlohn **48** 20
– Mitgliedstaat als Adressat **48** 9
– Mutterschutz **48** 31
– Nizza, Vertrag von **48** 6
– Öffnungsklausel **48** 65
– Quotenregelung **48** 62 f.
– Rechtfertigung **48** 52 ff.
– Rechtsfolgen bei Verstoß **48** 71 ff.
– Sanktionen **48** 75
– Schwangerschaft **48** 42
– stillende Frau **48** 42
– Struktur **48** 1
– Ungleich- bzw. Gleichbehandlung **48** 34 ff.
– unmittelbare Wirkung **48** 18
– Verankerung **48** 3 ff.
– Vergleichbarkeit **48** 35 ff.
– Vergütungen, sonstige **48** 21
– Verhältnismäßigkeit **48** 67 ff.
– Verpflichtete **48** 8 ff.
Gleichheit von Mann und Frau, umfassende 48 76 ff.; **55** 3
– Abgrenzung **48** 2, 79, 92 ff.
– als allgemeiner Grundsatz des Unionsrechts **48** 81
– beamtenrechtliche Konstellationen **48** 86

1613

– Bedeutung **48** 1 f.
– Bewertung **48** 95 ff.
– deutsches Recht **48** 95 f.
– Diskriminierung **48** 87 f.
– Diskriminierung, positive **48** 88
– Drittwirkung **48** 84
– EMRK **48** 80
– Entwicklung, historische **48** 1 f., 77
– Gewährleistungsgehalt **48** 83 ff.
– Gleichheit, Begriff **48** 79
– Grundrechtsadressaten **48** 83 f.
– Grundrechtsqualität **48** 82
– Grundrechtsträger **48** 85
– Herleitung **48** 77 ff.
– Lebensbereich, erfasster **48** 86
– Primärrecht **48** 79
– Rechtfertigung **48** 89
– Rechtsfolgen bei Verstoß **48** 91
– Sekundärrechtserlass **48** 86
– Struktur **48** 1
– Verankerung **48** 77 ff.
– Verhältnismäßigkeit **48** 90
– Völkerrecht **48** 81
Gleichheitsgrundsatz, allgemeiner 7 100; **8** 28; **9** 16, 20; **46** 6; **47** 1 ff.
– Abgrenzung **47** 41 f.
– Agrarrecht **47** 11, 29
– Allgemeiner Grundsatz des Unionsrechts **47** 10
– Ausblick **47** 43 ff.
– Bedeutung, allgemeine **47** 1 f.
– Beeinträchtigung **47** 25 ff.
– Bewertung **47** 43 ff.
– deutsches Recht **47** 43
– Diskriminierungsverbote, besondere *s. dort*
– Dogmatik **47** 3 ff., 33 ff., 44
– Drittstaaten **47** 26
– Drittwirkung **47** 13
– EMRK **47** 9
– Entwicklung, historische **47** 1 f., 11
– Gewährleistungsgehalt **47** 12 ff.
– Gleichbehandlung **47** 25 ff.
– „Gleichheit im Unrecht" **47** 26
– gleichheitswidrige Begünstigung **47** 39
– gleichheitswidrige Benachteiligung **47** 38
– Grundrechtecharta **47** 8
– Grundrechtsadressaten **47** 12 f., 26
– Grundrechtsträger **47** 14 ff.
– Haftungsanspruch **47** 40
– Herleitung **47** 8 ff.
– Inländerdiskriminierung **47** 27
– Lebensbereich, erfasster **47** 18
– Mitgliedstaat als Träger **47** 15 ff.
– Normstruktur **47** 3 ff.
– Personen des öffentlichen Rechts **47** 13
– Rechtfertigung **47** 28 ff.
– Rechtsanwendungsgleichheit **47** 19
– Rechtsfolgen bei Verstoß **47** 37 ff.

– Rechtssetzungsgleichheit **47** 19
– Ungleichbehandlung **47** 25 ff.
– Verankerung **47** 8 ff.
– Verfassungsnormen, Mitgliedstaaten **47** 10
– Vergleichbarkeit **47** 20 ff.
– Vergleichsgruppen **47** 20 ff.
– Verhältnismäßigkeit **47** 7, 33 ff.
– Völkerrecht **47** 10
Gleichheitssätze 38 11
– besondere – **47** 2; *s. auch Gleichheit von Mann und Frau sowie Diskriminierungsverbote, besondere*
– Verhältnis zu unternehmerischen Freiheit **35** 47
Google Spain-Entscheidung 28 15, 24, 70, 90, 92
Greening der Gründungsverträge 63 4 ff.
Grenzüberschreitende Auswirkung/Bedeutung 19 26; **62** 2 ff., 10, 18 ff., 28, 37
Grundeigentum 36 2, 36
Grundfreiheiten 7 45 ff.; **9** 36 ff., 41 ff.; **10** 27; **38** 11 f.; **58** 27
– Abgrenzung zu Grundrechten **7** 28 ff., 45 ff.
– Anwendungsbereich **7** 59 ff.
– Auslegung **29** 27
– Auslegung im Lichte von Art. 47 GRC **55** 26, 30
– Funktionen **7** 67 ff.
– institutioneller und willkürlicher Gehalt **7** 50 ff.
– Schranken-Schranken **9** 36 ff.
– unmittelbare Drittwirkung **9** 41 ff.
– Verhältnis zur Kunstfreiheit **29** 22 ff.
– Verhältnis zur menschlichen Würde/Integrität **13** 27; **14** 38 f.; **15** 26
– Wirkrichtung **7** 53
Grundrechte
– Bezug zu Grundfreiheiten **1** 14 ff.
– Entwicklung in Rechtsprechung des EuGH **1** 58 ff.
– justitielle – **62** 36
Grundrechteagentur *s. Agentur der Europäischen Union f. Grundrechte*
Grundrechtecharta 3 13; **4** 66 ff.; **7** 152; **9** 33 ff., 43 ff.; **58** 1 f., 10, 13, 16, 18 f., 21, 24 ff., 32 f., 35, 38 f., 40 f., 44, 46, 50 f., 55, 58 ff.; **59** 1 ff., 7 ff., 14, 20 ff., 27 f., 33 f., 38, 57, 59, 61
– Abgrenzung zu Grundrechten **7** 32 ff.
– im Anwendungsbereich des Unionsrechts **9** 33 ff., 43 ff.
– Bindung des auswärtigen Handelns **5** 8 ff., 36
– Doppelbindung **9** 30, 39
– Entstehung **1** 73 ff.
– Proklamation **1** 73 ff.
– unmittelbare Drittwirkung **9** 43 ff.
– Verbindlichkeit **1** 73 ff.
– Vorangegangene Entwicklungen **1** 40 ff.
Grundrechtekonvent 16 9; **17** 11, 46; **61** 21

magere Zahlen = Rn.

Grundrechtsadressaten 7 104; **9** 22 ff.
Grundrechtsbegriffe 7 4 ff.
– EU **7** 4 ff.
– nationaler Begriff **7** 8 ff.
– Rechtsprechung des EuGH/EuG **7** 20 ff.
Grundrechtsberechtigung 9 2 ff.; **58** 6
– Drittstaatsangehörige **9** 8 ff.
– gemischt-wirtschaftliche Unternehmen **9** 21
– juristische Personen des öffentlichen Rechts **9** 19
– juristische Personen des Privatrechts aus Drittstaaten **9** 18
– juristische Personen des Privatrechts aus EU-Mitgliedstaat **9** 14 ff.
– natürliche Personen **9** 4 ff.
– Unionsbürger **9** 4
Grundrechtsbeschwerde 11 21 ff., 100
Grundrechtsbindung
– im Anwendungsbereich des Unionsrechts **9** 33 ff.
– doppelte – **9** 27, 30, 39, 50
– Durchführung/Vollzug durch mitgliedstaatliche Gerichte **9** 32
– Durchführung/Vollzug von EU-Beschlüssen **9** 31
– Durchführung/Vollzug von EU-Verordnungen **9** 26 f.
– Mitgliedstaaten **9** 24 ff., 49 ff.
– Privater **9** 40 ff., 49 ff.; *s. auch Drittwirkung*
– Umsetzung von EU-Richtlinien **9** 28 ff.
– Unionsorgane, -einrichtungen **9** 23; **10** 25 ff.
Grundrechtsdogmatik
– Abgrenzung zu Grundfreiheiten **7** 45 ff.
– Abgrenzung zu Menschenrechten **7** 36 ff.
– Abgrenzung zu rechtsstaatlichen Grundsätzen **7** 71 ff.
– Abgrenzung zu Vertragsgrundrechten **7** 98 ff.
– Abgrenzung zur Unionsbürgerschaft **7** 82 ff.
– Entfaltung durch Rechtsprechung **7** 137 ff.
– Geltungsgrund der Grundrechte **7** 105 ff.
– Grundrechtecharta **7** 146
– Grundrechtsbegriff EU **7** 4 ff.
– Grundrechtsbegriff, EuGH/EuG **7** 20 ff.
– Grundrechtsbegriff, nationaler **7** 8 ff.
– Grundrechtsfunktionen **7** 12 ff.
– Grundrechtstheorien **7** 10 f.
– Primärrecht **7** 117 ff.
– Rang der Grundrechte **7** 154 ff.
– Rechtserkenntnisquellen **7** 145 ff.
– Rechtsgemeinschaft **7** 122 ff.
– Rechtsquellen **7** 146 ff.
– Verfassungsüberlieferungen der Mitgliedstaaten **7** 148
– Verträge zum Schutz der Menschenrechte **7** 149 ff.
Grundrechtseingriff
– additiver – **62** 4

– Begriff **10** 19, 25 ff.; **34** 44
– Eingriffsgefahr **10** 22
– faktischer – **10** 23 ff.
– Maßnahmen gleicher Wirkung **10** 27
– mittelbarer – **10** 23 ff.
– Spürbarkeit/Bagatellvorbehalte/Sozialadäquanz **10** 24
– unmittelbarer und finaler – **10** 20 ff.
Grundrechtsfunktion 7 12 ff.
– Abwehrrechte **8** 1 ff.
– extraterritoriale Wirkungen **8** 41 ff.
– Gestaltungsaufträge **8** 35 ff.
– Organisation/Verfahren **8** 38 ff.
– Schutzpflichten **8** 7 ff.
– Teilhaberechte **8** 27 ff.
Grundrechtskollisionen 10 36 ff.
Grundrechtskonkurrenzen 10 16 ff.
Grundrechtsschutz
– außergerichtliche Instrumente **12** 1 ff., 45
– Verhältnis EU/EMRK **3** 1 ff.
– Verhältnis EU/Mitgliedstaaten **2** 1 ff.
Grundrechtsstandard 2 28 f.
Grundrechtstheorien 7 10 f.
Grundrechtsverpflichtete
– EU/EG-Organe/-Einrichtungen **9** 23, 50
– Mitgliedstaaten **9** 24 ff., 50
– Private **9** 40 ff., 51
Grundsatz des Unionsrechts, allgemeiner/tragender 62 1, 30
Grundsatz des Verwaltungsgeheimnisses 59 56
Grundsatz ordnungsgemäßer Verwaltung 61 1
Gründungsverträge 1 1 ff.
Günstigkeitsprinzip 4 72
Gutachten 3 1, 38 f., 41

Haager Programm 20 25
Haager Übereinkommen 45 5
Habeas Corpus Act 18 1
Haft 17 39
– gerichtliche Verurteilung **18** 35 f.
– Präventivhaft **18** 40
– Rechtspflichtnichterfüllung **18** 37 f.
– sozialgefährliche/selbstgefährdete Personen **18** 48 ff.
– Straftatenbegehung **18** 39 ff.
– überwachte Erziehung Minderjähriger **18** 45 ff.
– unerlaubten Aufenthalts **18** 53 ff.
– Untersuchungs- und Strafhaft **16** 35 f.; **18** 40
– Willkürschutz **18** 11
Hafterleichterungen 56 13 f.
Haftung
– der Mitgliedstaaten **61** 80
– der Union *s. Amtshaftung der Union*
Haftungsanspruch
– Gleichheitsgrundsatz, allgemeiner **47** 40

1615

Sachverzeichnis

fette Zahlen = §§

Handelsfreiheit 34 3, 24, 33, 57
– als Teilgewährleistung der unternehmerischen Freiheit **35** 31
Handelshemmnisverordnung 35 6; **52** 47
Handelspolitik 5 18
Handlungsfreiheit 9 16; **18** 5
Harmonie 2 34
Harmonisierung, Integration der Strafrechtsysteme 62 9, 19
Harmonisierungsamt für den Binnenmarkt (HABM) 57 12
Harm-test 60 17, 86
Hauer-Entscheidung 1 60; **34** 25, 37
Hauptbeteiligter, -betroffener 58 5, 35, 58; **59** 4, 22, 31, 33
Hauptparteien 58 42
Hauptprüfphase, Beihilfenkontrollverfahren 58 38, 40, 55
Haushaltsverantwortung 8 33 ff.
„Hautfarbe", Diskriminierungsverbot 49 69 ff.
Heilung, Verfahrensfehler 58 46, 56; **59** 14, 37
– Einfluss des Unionsrechts auf nationale Vorschriften **55** 26
Herkunft, ethnische, Diskriminierungsverbot 49 43 ff., 51 f.
Herkunft, soziale, Diskriminierungsverbot 49 69 ff.
Hersteller 58 10 ff.; **59** 22
Historische Entwicklung der Grundrechte und der GRC 1 1 ff.
Hochschulen 30 27, 30
Höchstarbeitszeit 40 1, 3, 6, 17, 23, 31, 33, 47
Höflichkeit 61 51
Hoheitsgewalt 7 122
– Begrenzung **6** 2
– Rechtsschutzgewährung bei Übertragung **55** 11
Homogenität 2 3; **7** 37; **51** 19
Honorarkonsuln 52 20
Horizontalwirkung 9 40 ff.; **17** 26; s. auch *Drittwirkung*
Humankrankheiten, Prävention 64 3
Hypothekentheorie 3 22

Idealkonkurrenz 10 18; **62** 6 f.
Identitätsthese 7 92 f.
IDPs 20 7
ILO-Übereinkommen 34 5
Importeur 58 10 ff., 37; s. auch *Einführer*
In camera-Verfahren 60 62
Individualbeschwerde zum EGMR 55 15
Individualkommunikation 23 10, 27 f.
Individualrechtsschutz 3 20; **11** 7, 41 ff.; **59** 1, 8 f., 10 f., 14, 26, 28, 33 f., 56 ff., 61 f.
Individualschützender Zweck 58 40, 46

Individuelle Betroffenheit 55 24, 40, 45, 47, 57
Informant 59 43
Information
– Anspruch **18** 64 ff.
– Beschaffungspflicht **60** 46
– Recht auf gleichen Informationsstand **61** 66
– Umweltschutz **23** 29 ff.
– Zugang zu Informationen **61** 98
Informationsfreiheit 27 19 ff.; **60** 10; s. auch *Kommunikationsfreiheit*
Informationsgesetze 60 18
Informationsquelle 58 39, 41
Informationsrecht 35 38; **59** 1, 3, 21 f., 27, 33 f.
Inkorporationspflicht 3 15
Inländerdiskriminierung
– Diskriminierungsverbote, besondere **49** 20, 23 f.
– Gleichheitsgrundsatz, allgemeiner **47** 27
Inländergleichbehandlung 19 28
Innerstaatlicher Sachverhalt 62 9 f., 17 f.
Instrumenteller Zweck 58 40
Integrationsanspruch 19 30
Integrationsprinzip 10 57; **63** 14
Integritätserhaltung 14 5, 6 ff.; **15** 4, 5 ff.
Integritätsgestaltung 14 5, 9 f.; **15** 4, 14 f.
Integritätsvorbehalte 2 24 ff., 34
Interessenabwägung 59 44, 55, 57 f.
Intermediäre 28 15, 34, 59, 70
Internationale Abkommen 19 50
Internationale Beziehungen, Gestaltung der 59 39, 58
Internationale Handelsgesellschaft-Entscheidung des EuGH 1 43, 59, 61
Internationaler Strafgerichtshof 16 2
Internetbasierte Mediendienste 28 13 ff., 23 ff., 70
Interventionsverbot 4 32
Inuit-Entscheidung des EuGH 55 25
Investitionen 36 45
IPBPR 4 68; **12** 2; **16** 2; **20** 12; **34** 5; **36** 26; **43** 23
– Gleichheitsgrundsatz, allgemeiner **47** 10
– rechtsschutzbezogene Regelungen **55** 18
IPWSKR 4 70; **35** 5; **36** 26
– Recht auf Bildung **43** 23
Ius cogens 16 5; **17** 10

Jahresurlaub, bezahlter 40 1, 3, 6, 13, 16, 17, 21, 23 ff., 43, 47
Jedermann-Rechte 9 5; **10** 14; **14** 12
Jugendarbeitsschutz 45 9, 19
Jugendschutz 27 66 ff.; **28** 74; s. auch *Kinder- und Jugendschutz*
Jurisdiktion, nationales Kartellrecht 62 21 ff.
Juristische Personen
– Grundrechtsberechtigung **9** 2, 5, 13 ff.

magere Zahlen = Rn.

Sachverzeichnis

Juristische Personen des öffentlichen Rechts 35 39
– Berufsfreiheit 34 42
– Recht auf effektiven Rechtsschutz 55 28
Juristische Personen des Privatrechts 35 39
– Recht auf effektiven Rechtsschutz 55 28
Justizgewährungsanspruch 55 10

Kadi-Rechtsprechung des EuGH 55 1
Kartellrecht, EU 62 1, 7 ff., 13, 15 ff., 19, 21 ff., 28 ff., 37; s. auch *Wettbewerbsrecht, EU*
Kartellrecht, EU 58 40, 46 f.
– Anwaltlicher Beistand bei Nachprüfungen 57 45 f.
– faires Verfahren 57 12 ff., 41 ff.
– Legal (Professional) Privilege 57 47 ff.
– Selbstbezichtigungsschutz 57 51 f.
– Umweltschutz 63 13, 33
Kartellverfahren, EU 62 7, 16, 21 ff.
Kartellverfahren, EG/EU 58 1 f., 4 ff., 9, 33 ff., 46, 48, 52 f., 59; 59 4 f., 7 f., 11, 15 ff., 23 f., 32 f., 39 ff., 48, 51, 54
Kartellverfahrensverordnung (EG) Nr. 1/2003 59 4, 7, 12, 15, 18, 32, 41, 48, 51 f., 54
Kinder- und Jugendschutz
– Anspruch auf persönliche Beziehungen 45 18
– Art. 24 GRC/Art. 32 GRC 45 11 ff.
– Beeinträchtigung 45 23
– Bewertung/Ausblick 45 26
– Entwicklung/Bedeutung 45 1 f.
– Gewährleistungsdimensionen 45 22
– Meinungsäußerungsfreiheit/Partizipationsrecht? 45 17
– persönlicher Schutzbereich 45 20 f.
– Primärrecht/Sekundärrecht 45 9 f.
– Rechtfertigung 45 24
– sachlicher Schutzbereich 45 16 ff.
– Schutz der Jugendlichen am Arbeitsplatz 45 19
– Schutz- und Fürsorgeanspruch 45 16
– Verbot der Kinderarbeit 45 5, 19
– Verfassungs- und Völkerrecht 45 4 ff.
– Verhältnis zu anderen Bestimmungen 45 25
Kinderarbeit 34 55; 45 5, 19
Kinderarmut 44 2; 45 2
Kinderrechtskonvention
– Recht auf Bildung 43 24
– Rechtsschutz 55 19
– Umweltschutz 63 38
Kirchen 33 10 f., 18
Klagebefugnis 58 22, 59
– Anforderungen an – 55 10
– Nichtigkeitsklage 55 46 f., 57
Klimapolitik 63 4, 20
Klimaschutz 63 3, 20, 30, 33
Klimawandel 63 3, 20
Klonen 13 30; 14 22, 24; 15 33

Koalitionsfreiheit 32 1 f., 6 f., 14, 16, 21, 26; 39 6, 8 ff., 14 f., 35 ff., 41, 45, 48 f.; 41 5, 55
– Bezug zur Berufsfreiheit 34 6
Köbler-Entscheidung des EuGH 55 32
Kohärenz 55 29, 37, 44, 48, 55
– Bewertung 2 34
– Einfluss der EMRK auf mitgliedstaatliche Grundrechte 3 14 ff.
– Einfluss der EMRK auf Unionsgrundrechte 3 21 ff.
– Einfluss der Gemeinschaftsgrundrechte auf mitgliedstaatliche Grundrechte 2 12 ff.
– Einfluss der Unionsgrundrechte auf EMRK 3 7 ff.
– Einfluss mitgliedstaatlicher Grundrechte auf EMRK 3 3 ff.
– Einfluss mitgliedstaatlicher Grundrechte auf Gemeinschaftsgrundrechte 2 2 ff.
– EMRK 3 2 ff.
– Innen- und Außenhandeln 5 4
– Sicherungsklauseln 2 5, 11
Kollektivausweisung 21 11, 14, 17, 20 f., 25 f., 32
Kollektivverhandlungs-/-maßnahmenrecht 39 5 f., 13, 35 ff., 43, 45, 48 f.
Kommissionsakte s. *Ermittlungsakte*
Kommissionsvorschläge 37 28
Kommunalwahlen 51 52
Kommunalwahlrecht
– Abstimmungen über Sachfragen 51 53
– Ausnahmeregelungen 51 57 ff.
– Bedeutung 51 14 ff.
– Bedingungen der Wahlrechtsausübung 51 55 f.
– Bewertung/Ausblick 51 65
– Entwicklung 51 14 ff.
– mehrfache Ausübung 51 54
– Rechtsgrundlagen 51 22 ff.
– sachlicher Gewährleistungsgehalt 51 51 ff.
– Verhältnis zu anderen Bestimmungen 51 61 f.
– Verlust des Wahlrechts 51 56
– Wahlberechtigte 51 50
Kommunikationsfreiheit 9, 16, 20; s. auch *Medienfreiheit*
– Abwehrrecht 27 35
– Beamte 27 73 ff.
– Bedeutung 27 3 ff.
– Beeinträchtigungen 27 37 ff., 60 ff.
– demokratische Funktion 27 53
– Ehrschutz 27 69
– Eingriffsermächtigung 27 44
– einheitliches Konzept im Gemeinschaftsrecht 27 12 f.
– Einschränkungen zum Schutz legitimer Ziele 27 60 ff.
– Entwicklung 27 1 f.
– Fundament demokratischer Gesellschaft 27 8 ff.

1617

Sachverzeichnis

fette Zahlen = §§

- Gemeinwohlinteresse **27** 46 f.
- geschützte Kommunikationsinhalte **27** 14 ff.
- geschützte Kommunikationsmittel **27** 18
- Gesundheitsschutz **27** 65
- grenzüberschreitende Kommunikation **27** 22
- Grundrechtsberechtigte **27** 29 ff.
- Grundrechtsverpflichtete **27** 34
- Informationsfreiheit **27** 19 ff.
- Jugendschutz **27** 66 ff.
- juristische Personen **27** 32 f.
- margin of appreciation **27** 52 ff.
- Medienfreiheit **28** 6 ff., 62
- Meinungen/Informationen **27** 16 f.
- Menschenwürde **27** 70 ff.
- natürliche Personen **27** 29 ff.
- negative Kommunikationsfreiheit **27** 23 f.
- neue Kommunikationsformen **27** 18
- Notwendigkeit **27** 3 ff.
- öffentliche Ordnung **27** 64
- öffentliche Sicherheit **27** 61 ff.
- persönlicher Gewährleistungsbereich **27** 29 ff.
- Persönlichkeitsentfaltung **27** 5 ff.
- präventive Kontrollmaßnahmen **27** 88
- Quellen **27** 11
- Rechte Dritter **27** 69
- Rechtfertigung von Eingriffen **27** 43 ff.
- Rezipientenfreiheit **27** 19 ff.
- sachlicher Gewährleistungsgehalt **27** 12 ff.
- variable Schutzniveaus **27** 55 ff.
- Verhältnis zu anderen Bestimmungen **27** 89 f.
- verhältnismäßige Beeinträchtigungen **27** 60 ff.
- Verhältnismäßigkeit **27** 48 ff.
- Vorzensur **27** 88
- Wahrheitsfindung **27** 4
- Wesensgehaltsgarantie **27** 85 ff.
- Wirtschaftswerbung **27** 25 ff., 84

Kommunikationsrecht 61 92
Kompatibilitätssicherungsklauseln 10 71, 76; **56** 19
Kompensationsmechanismus 62 12
Kompetenzabrundungskompetenz 6 16
Kompetenzausübungsschranken 6 22 ff., 26 ff.
Kompetenznormen 6 11, 17; **10** 30
Kompetenzordnung 5 17 ff.
- Auswirkungen der EU-Grundrechte **6** 10, 41 ff.
- Befassungskompetenz **5** 25
- Erweiterung **4** 69, 71; **6** 13
- Flexibilitätsklausel/Kompetenzabrundungsvorschrift **5** 24, 36
- Grundrechte und Kompetenzordnung **6** 1 ff.
- kein Grundsatz der Parallelität von Kompetenzen und Grundrechtsschutz **6** 12
- Kompetenzausübungsschranken **6** 4, 22 ff.; **10** 59
- Kompetenzbegrenzung **6** 45

- mitgliedstaatliche Kompetenzen **6** 18, 29 ff.
- mittelbarer Einfluss der GRC **6** 10, 41 ff.
- Prinzip der begrenzten Einzelermächtigung **6** 14, 19
- Rechtsetzungskompetenz **4** 22
- Subsidiaritätsprinzip **6** 2, 22 ff.
- Verhältnismäßigkeitsprinzip **6** 2, 26 ff.

Kompetenzsicherungsklauseln 6 3, 7, 11, 14, 22, 24, 32
Konfrontationsrecht 57 44, 62
Kongruenzsicherungsklauseln 10 71, 76; **56** 19; **62** 2, 8, 10
Konkordanz, praktische 62 34
Konkurrent 58 33, 39, 59; **59** 33, 43, 46, 57; s. auch Wettbewerber
Konkurse 41 15, 66
Konsultation 41 57 ff.
Kontradiktorisches Verfahren, Grundsatz des 55 43; **58** 5 f., 12, 28 f., 40, 42, 50; **59** 11, 17, 28, 33, 35, 57 f.
- faires Verfahren **57** 29 ff.

Kontrolldichte, gerichtliche 10 45, 116 ff.; **55** 11, 29, 36, 38, 50, 54
- Berufsfreiheit **34** 52
- unternehmerische Freiheit **35** 45

Konvergenz- und Vorrangregel 9 42; **62** 21 f., 27
Konzern 58 6; s. auch wirtschaftliche Einheit
Kooperationspflicht 59 52
Kooperationsverhältnis 2 27
Kooperative Durchführung, EU-Kartellrecht 62 21 ff.
Kopenhagener-Kriterien 2 4
Kopftuchverbot, Diskriminierungsverbot 49 54a f.
Kraftfahrer 35 41
Krankenversicherungsschutz 19 33; **64** 8
Kriminalität, organisierte 17 17, 23, 26, 53
Kriminalitätsbekämpfung 62 15, 20, 37
- Koordinierung der Strafrechtssysteme **62** 3, 19 f., 35

Krisenfälle 52 35
Kronzeugenprogramm/-erklärung 59 44, 51
KSZE-Dokumente 55 19
Kündigung 41 10, 14, 69
- Kündigungsfrist, angemessene **41** 10, 14, 58, 69
- Verdachtskündigung **56** 26

Kündigungsschutz 34 40, 56
Kunst 29 11 f.
Kunstausübung 29 12
Kunstförderung 29 14 f.
Kunstfreiheit 28 91
- Adressaten **29** 15
- allgemeiner Rechtsgrundsatz **29** 3, 4, 7
- Bedeutung/Entwicklung **29** 1 ff.
- Beeinträchtigungen **29** 14 f.

magere Zahlen = Rn.

– Einschränkungen, Voraussetzungen **29** 19 f.
– Justiziabilität **29** 11
– keine Garantie **29** 2
– Kunst, Begriff **29** 11 f.
– persönlicher Schutzbereich **29** 13
– sachlicher Schutzbereich **29** 8 ff.
– Schranken **29** 16 ff.
– Verhältnis zu anderen Grundrechten **29** 21
– Verhältnis zu Grundfreiheiten **29** 22 ff.
– Werk-/Wirkbereich **29** 8 ff.
– Wesensgehalt **29** 19
Kunstgenuss 29 13
Kunstkritiker 29 13
Künstler 29 13
Kürzung, EU-Beihilfen 58 15, 39, 55

Landstreicher 18 52
Landwirtschaft 35 13, 29
– Berufsfreiheit **34** 36, 46
– Diskriminierungsverbot **49** 3
Landwirtschaftsrecht, EU 58 21
Lebenssachverhalt 62 6 f., 8 ff., 16 ff., 23 f., 28 f., 36
Legal (Professional) Privilege 57 47 ff.
Legalausnahme, Prinzip der 62 21, 26
Legitimationskette 10 70
Legitimität, demokratische 59 61
Lehranstalten, Gründungsfreiheit 35 47; **43** 42 f., 55
Lehrfreiheit 30 1, 28, 30
Leibeigenschaft 17 3, 9, 33, 47
Leistungsrecht 6 11; **12** 19; **14** 35; **15** 23; **18** 63 ff.; **38** 20
Leistungsverwaltung, EU 58 16
Letztentscheidungskompetenz 2 28
Liberalisierungsverfahren, EU 58 17 ff.; **59** 27
Lidl-Entscheidung des EuGH 34 28 ff.
Lissabon-Vertrag 5 3, 16; **51** 5; **62** 18, 23
– Recht auf Bildung **43** 6
Living instrument 3 35
Local remedies rule 52 24
Lohndiskriminierung 9 41, 45
López-Ostra-Entscheidung des EGMR 63 37
Luftverkehrsverwaltungsverfahren, EU 58 17 f., 55

Maastricht-Entscheidung 2 27
Maastricht-Vertrag 5 15; **51** 3 f., 16, 22
– Recht auf Bildung **43** 7
Magna-Carta 18 1
Mandat des Anhörungsbeauftragten 58 5
Markenverfahrensrecht, EU 58 20, 56
Marktaufsichtsrecht 62 35
Marktrechte 1 24
Marktwirtschaft 34 1; **35** 1, 25
Masdar-Entscheidung des EuGH 55 25, 32

Sachverzeichnis

Massenentlassungen 35 46; **41** 15, 24, 57 ff., 72 ff.
– Rahmenregelung als Eingriff in unternehmerische Freiheit **35** 41
Massenkommunikationsmittel 28 9, 69
Massenverfahren 58 16
Massenzustrom 20 43
Maßnahme, beschwerende, nachteilige individuelle, restriktive 58 2, 13, 18, 21, 27, 51
Maßnahmen gleicher Wirkung 10 27
Materielle Beurteilungskontrolle 59 12, 14
Matthews-Entscheidung 51 32
Mediationsverfahren 55 31
Medien 28 10 ff.
Mediendienste 28 14, 70
Medienfreiheit 9 16, 20; **27** 12 ff.; s. auch Kommunikationsfreiheit
– Abgrenzung zur Telekommunikation **28** 14 f.
– Abwehrrecht **28** 36
– Bedeutung **28** 1 ff.
– Beeinträchtigungen **28** 60 f., 73 ff.
– Bezug zur Berufsfreiheit **34** 6
– Datenschutz **28** 81
– Ehrschutz **28** 75 f.
– Eingriffsermächtigung **28** 63
– Ermessensspielraum **28** 67
– Film **28** 12, 22
– Gemeinwohlinteressen **28** 64 f.
– geschützte Inhalte **28** 26 f.
– geschützte Kommunikationsmittel **28** 9 ff.
– grenzüberschreitende mediale Kommunikation **28** 3
– Grundrechtsberechtigte **28** 29 ff.
– Grundrechtsverpflichtete **28** 33 ff.
– institutionelle/teilhaberechtliche Dimensionen **28** 58 f.
– Jugendschutz **28** 74
– juristische Personen **28** 30 ff.
– Kommunikationsfreiheit **28** 6 ff.
– Kontrollmaßnahmen **28** 83 ff.
– margin of appreciation **28** 67
– Massenmedien **28** 1 f.
– Menschenwürdeschutz **28** 78
– Moral **28** 74
– natürliche Personen **28** 29
– negative Medienfreiheit **28** 28
– Pluralismusprinzip/Pluralität **28** 6, 37 ff.
– Pluralismussicherung **28** 54 ff.
– Presse **28** 2, 10, 19, 69
– Quellen **28** 4 f.
– rassistische/neonazistische Aussagen **28** 78
– Rechte Dritter **28** 77
– Rechtfertigung von Eingriffen **28** 62 ff.
– Rundfunk **28** 2, 11, 20 f., 69
– sachlicher Gewährleistungsgehalt **28** 9 ff.
– sonstige Medien **28** 14 f.
– staatliche Schutzpflichten **28** 54 ff.
– variable Schutzniveaus **28** 68 ff.

1619

Sachverzeichnis

fette Zahlen = §§

- Verhältnis zu anderen Bestimmungen **28** 88 ff.
- Verhältnismäßigkeitsprüfung **28** 66 ff.
- Vorzensur **28** 83
- Wahrheitsgehalt von Äußerungen **28** 71
- Wesensgehaltsgarantie **28** 82
- Wirtschaftswerbung **28** 79 f.

Medienkampagnen 56 3
Medienunternehmen 28 30
Medizinische Grundversorgung 16 37;
 s. auch Gesundheitsschutz
Mehrebenenverwaltung 58 61
Mehrfachsanktionen 62 30
Mehrwertdienste 28 15
Mehrwertsteuer 58 27, 48; **62** 9, 13, 18
Meinungsäußerung 27 16; **28** 26 f.; **29** 4, 21; **31** 3, 34
Meinungsäußerungsfreiheit 29 5; **30** 26, 32, 34, 38; **31** 28, 32, 34; **60** 10; s. auch Kommunikationsfreiheit
- Bezug zur Berufsfreiheit **34** 6
- Verhältnis zur unternehmerischen Freiheit **35** 47
- Werbung **35** 30

Meinungsmacht 28 25, 34
Meistbegünstigungsklausel 10 103
Menschenhandelsverbot
- Adressaten **17** 24 ff.
- Bedeutung/Entwicklung **17** 15 ff.
- Geltung im Unionsrecht **17** 19 ff.
- Gewährleistungsgehalt **17** 44 ff.
- Grundrechtsdimensionen **17** 24 ff.
- Sachverständigengruppe Menschenhandel **17** 45
- (Un-)Einschränkbarkeit **17** 50
- Verhältnis zu anderen Grundrechten **17** 51

Menschenrechte 2 3; **9** 5 f.; **10** 14 f.
- Abgrenzung **7** 36 ff.
- Begriff **7** 44
- EU-Jahresbericht **7** 43
- Sanktionssystem **2** 4
- Zielvorgaben für das auswärtige Handeln **5** 3 ff., 36

Menschenrechtliche Konditionalisierung 5 22
Menschenrechtspolitik
- Auftrag **5** 5, 12, 36
- Handlungsebenen und Kompetenzen **5** 17 ff.
- historischer Abriss **5** 13 ff.
- jüngere Entwicklungen **5** 30 ff.

Menschenrechtsverbürgungen
- allgemeinen Beachtungspflicht **4** 1, 3
- Bedeutung **4** 1 ff.
- Beitritt der EU **4** 20 ff.
- Berücksichtigungspflicht **4** 3, 9 ff., 25 ff., 34 ff.
- Bezugnahmen im EU-Vertrag **4** 8 ff., 25 f.
- Bindung an Spruchpraxis **4** 33, 43, 68 f.
- Bindungswirkung **4** 2, 18 ff.
- Einfluss auf EU-Grundrechte **4** 66 ff., 74

- Förderung **4** 31 f.
- Menschenrechtscharakter **4** 53 ff.
- Mindeststandard **4** 72 f.
- mitgliedstaatliche Ratifikationen **4** 55 ff.
- mitgliedstaatliche Vorbehalte **4** 60
- Verhältnis zu Grundrechtecharta/allgemeinen Rechtsgrundsätzen **4** 36 ff., 62 ff.

Menschenwürde 62 4
- Doppelcharakter **13** 7 ff.
- Grundrechtsfunktionen **13** 24
- Grundrechtsverpflichtete **13** 25 f.
- Kommunikations-, Medienfreiheit **27** 70 ff.; **28** 78
- objektivrechtliche Bedeutung **13** 28 ff.
- persönlicher Schutzbereich **13** 19 ff.
- sachlicher Schutzbereich **13** 12 ff.
- subjektivrechtliche Bedeutung **13** 12 ff.
- Subsidiarität **13** 12
- Unantastbarkeit **9** 8; **13** 22 f.
- Verhältnis zu den Grundfreiheiten **13** 27
- Zentralnorm der EU-Grundrechtsordnung **13** 1 ff.

Merchandising 28 22
Militärische Operationen 18 27
Minderheiten 50 1 ff.
- Definition **50** 8, 44 ff.
- Diskriminierungsverbote **49** 69 ff.; **50** 6 f., 17, 25, 31, 37 ff.
- nationale – **49** 69 ff.; **50** 2, 43 ff., 48 ff.
- strukturelle – **50** 1, 13

Minderheitenschutz 2 4; **33** 25; **50** 1 ff.; **61** 15, 90
- Autonomie **50** 18, 55
- Beeinträchtigung **50** 64
- Demokratieprinzip **50** 13
- Entwicklung **50** 26 ff.
- Gruppenrechte **50** 17, 55
- Kopenhagener Kriterien **50** 32
- Kulturen **50** 65 ff.
- objektivrechtliche Pflichten **50** 35, 76
- Recht der Mitgliedstaaten **50** 4 ff., 78
- rechtliche Konzepte **50** 4 ff., 17 ff.
- Religionen **50** 52, 68 ff.
- Schutzklausel **50** 67
- Sprachen **50** 40, 50, 71 ff.
- Verhältnis zu anderen Bestimmungen **50** 76
- Volksgruppenrechte **50** 10
- Weltanschauung **50** 69

Mindestlohn 48 20
Mindeststandard 4 5, 72
Missbrauch, marktbeherrschende Stellung 62 21, 24
Missbrauchsverbot 10 108 ff.
Mitteilung über die Zusammenarbeit 59 51;
 s. auch Kronzeugenprogramm
Mitteilungspflicht 18 64 ff.
Mittelbare Unionsverwaltung, Rechtsschutz 55 44

magere Zahlen = Rn.

Sachverzeichnis

Mittelbarer Grundrechtseingriff
– Berufsfreiheit **34** 47 ff.
– unternehmerische Freiheit **35** 42
Mittelstandsförderung 35 29
Mitverschulden 61 86
Mitwirkungsrechte 39 7, 12, 33; **41** 2, 15
Mitwirkungsverbot 14 30
Möglichkeitstheorie, unionsrechtliche 55 27
Moral 27 66 ff.; **28** 74; **31** 8, 26; **33** 31
**Mündlichkeit der Gerichtsverhandlung
57** 33
Muttergesellschaft 58 6
Mutterschaftsurlaub 41 10, 13, 16, 40, 45 f.;
44 19
Mutterschutz 34 56
– Gleichheit von Mann und Frau **48** 31, 51

Nachbesserungspflicht 8 17
Nachhaltigkeit 63 3, 7, 11, 41
Nachprüfung (EU-Kartellverfahren) 58 5
Nachprüfungen der Kommission 57 46
Nachprüfungsverfahren 58 48
– öffentliche Auftragsvergabe **59** 57
Nachtarbeit 40 5, 35 f., 48; **41** 42
Nasziturus 9 6 f.
Naturalrestitution 61 88
Naturkatastrophen 8 21
Natürliche Ressourcen 63 11, 19, 30, 42 f.
Natürlichkeit 14 6
Naturrecht 64 34
Ne bis in idem-Grundsatz 57 14; **62** 1 ff., 3,
5, 14 ff., 20, 32, 36
– Verhältnis zu Art. 47 GRC **55** 53
Nebenintervention 3 9
Nebentätigkeit 34 37
Negativattest 62 26
Negative Berufsfreiheit 34 5, 11, 34, 55
Nemo-tenetur-Grundsatz 57 5, 50 ff.
Neonazistische Aussagen 27 70 ff.; **28** 78
Netzwerk, Wettbewerbsbehörden 59 52;
62 18, 21 ff.
New Yorker Protokoll 20 4
Nichtigerklärung 58 7, 9, 20, 24, 51 f.; **62** 16;
s. auch Aufhebung; s. Aufhebung
Nichtigkeit 57 65 f.
Nichtigkeitsgrund, absoluter 58 9, 53, 57
Nichtigkeitsklage 11 24, 27, 43 ff., 58; **55** 4,
24, 45 ff.
– Rechtsakte mit Verordnungscharakter **11** 56 ff.
Nichtstaatliche Kräfte 21 29
Nichtverurteilung 56 9 ff., 17
Nichtvorlagebeschwerde 11 94 f., 100
Niederlassungsfreiheit 7 47; **19** 16 f.; **64** 21
– Anerkennung von Berufsqualifikationen
43 12
– Verhältnis zur Berufsfreiheit **34** 26, 29, 43, 45
– Verhältnis zur unternehmerischen Freiheit
35 48

Nold-Entscheidung des EuGH 1 60 f.;
34 2 ff.
Normenhierarchie 7 60, 104, 158, 160, 165
Normenkontrollverfahren 2 24
Normerlassanspruch 8 26; **10** 32
Normgebungsverfahren, EU 58 21
Notes de recherche 2 16
Notstandsfestigkeit 16 39; **20** 14
Nulla poena sine lege 37 55, 66 f.
Nutzung 36 31 ff., 70 ff.
**Nutzungsbeschränkung des Eigentums
36** 31 ff., 70 ff.
– gesetzliche Grundlage **36** 72
– Inhalt/Bedeutung **36** 70 f.
– öffentliches Interesse **36** 73 ff.
– Verhältnismäßigkeit **36** 76 ff.

Offenlegung, Interesse an 59 47 ff., 56, 58
Offenlegungspflichten, Schutz vor 35 37
Offenlegungsverfahren 59 53
Offensichtlichkeitsmaßstab 34 52
Öffentliche Auftragsvergabe 58 48
Öffentliche Ordnung 19 34; **27** 64; **31** 8, 26;
33 31
Öffentliche Sicherheit 19 34; **27** 61 ff.; **31** 8,
26; **33** 31
Öffentlicher Dienst 34 41
**Öffentlichkeit des Gerichtsverfahrens
57** 33
Öffnungsklausel 62 24
– Gleichheit von Mann und Frau **48** 65
Okkupationstheorie 36 3
Ökozentrik 63 1
Ordnungswidrigkeit 62 6
**Organisations- und Verfahrensgestaltung
7** 19; **8** 38 ff.
Organisationsfreiheit 35 28 f., 32, 49
Organisationskompetenz 12 5
OSZE 50 9, 29, 33
– Grundrechte **1** 38 f.

Palermo-Konvention 17 17 f., 23 f., 46
Parallelgewährleistung 7 61
Pariser Klimaschutzabkommen 63 3, 20,
38
Pariser Prinzipien 12 5, 36
Parlamentsvorbehalt 10 69
Parteien, politische 32 2, 7, 12, 17, 21, 26
Parteiverbotsverfahren 3 42
Partizipation 61 7, 17
Passives Wahlrecht 51 28, 51
Personenverkehr, freier 29 23; **58** 56; **62** 3,
9 f., 15, 20, 34, 37
Persönlichkeitsentfaltung 27 5 ff.
Persönlichkeitsschutz 59 38
Petitionsausschuss 12 2, 12 ff.
Petitionsrecht 12 10 ff.; **61** 15, 95
– Adressat **53** 19

1621

Sachverzeichnis

fette Zahlen = §§

- Arten **53** 12 f.
- Begriff **53** 3 f.
- Behandlung **53** 28 ff.
- Berechtigte **53** 14 ff.
- Entwicklung **53** 1 f.
- Erledigung **53** 36 ff.
- Form **53** 25 f.
- Funktionen **53** 5 f.
- Gegenstand **53** 20 ff.
- Gewährleistungsgehalt **53** 10 f.
- Interesse **53** 23
- Petitionsausschuss **53** 19, 28
- praktische Bedeutung **53** 9
- Prüfung **53** 31 ff.
- Rechtsschutz **53** 39
- Registrierung **53** 30
- Verhältnis zu anderen Bestimmungen **53** 40
- Verhältnis zu Art. 228 AEUV **53** 40; **54** 35
- Voraussetzungen **53** 14 ff.
- weitere Zulässigkeitsanforderungen **53** 24 ff.
- Zulässigkeit **53** 29

Pflichtarbeit 34 5, 7, 34, 35
Pflichtschulunterricht 43 41, 55
Plaumann-Formel 11 47
Pluralismus/Pluralität 28 37 ff., 92
Pluralismussicherung 28 54 ff., 92
Politische Anschauung, Diskriminierungsverbot 49 69 ff.
Politische Parteien, Gründung 32 17
Polizeigewahrsam 16 36
Pönalisierung 8 19; **10** 37
- EU-Beihilfenrecht **58** 41

Positivbeschluss 62 23, 26, 33; *s. auch Feststellung der Nichtanwendbarkeit*
Positive Integration 34 45
Postmortaler Grundrechtsschutz 9 7
Präambel der EEA 4 9; **7** 119 f.
Präambel der GRC 6 44
- Bezugnahme auf Europäische Sozialcharta **34** 7 f.

Präambel der UN-Charta 16 2
Präambel des EUV 4 16
- Umweltschutz **63** 10

Präimplantationsdiagnostik 13 27; **15** 31
Präklusion 55 26, 44, 46 f., 49, 55
- materielle – im Umweltrecht **63** 49

Präklusionsregel 58 29, 47
Praktische Konkordanz 35 46; **55** 48
- Umweltschutz **63** 24

Pränatales Leben 14 16 ff.
Präventionsgedanke 3 20
Präventivhaft 18 40
Preisfestlegungsfreiheit 35 28, 33 f., 49
Presse 28 2, 10, 19, 69
Pressefreiheit 60 10; *s. auch Kommunikationsfreiheit, Medienfreiheit*
PreussenElektra-Entscheidung des EuGH 63 30 f.

Prima facie-Schutz 10 28
Prinzip der begrenzten Einzelermächtigung 6 14, 19
Privat- und Familienleben 8 12
- Art. 7 GRC **23** 13 ff.
- Beeinträchtigung **23** 37, 38 f.
- Eingriffsabwehr **23** 35
- europäisches. Primär- und Sekundärrecht **23** 6 ff.
- Familienleben **23** 8, 14, 19 ff.
- Gewährleistungsgehalt **23** 17 ff.
- Individualkommunikation **23** 27 f.
- persönlicher Schutzbereich **23** 32 ff.
- Privatleben **23** 18
- Recht auf – **23** 18
- Rechtfertigung **23** 39 f.
- Schutzansprüche **23** 36
- Teilgewährleistungen **23** 3
- Umweltschutz und Informationspflichten **23** 29 ff.
- verfassungs- und völkerrechtliche Entwicklungen **23** 3 ff.
- Verhältnis zu anderen Bestimmungen **23** 41 f.
- Verhältnis zum Datenschutz **25** 20 ff.
- Wohnung **23** 24 f.

Privatautonomie 9 47, 51; **22** 13; **35** 33
Privateigentum 36 36
Privatsphäre 60 74; *s. auch Privat- und Familienleben*
Privatwirkung 9 40 ff.; *s. auch Drittwirkung*
Programmsätze 65 14 f.
Prominentenfotos 28 77
Protokoll, freiwillige Befragung 59 18
Protokollierungsanspruch 18 82
Prozesskostenhilfe 8 30; **55** 10, 22, 29, 33, 45, 54; **57** 8
Prozessleitende Maßnahme 59 14, 29, 35
Prozessparteien 59 28 f., 38, 56
Prozessurteil 62 14, 16, 26
Psychiatrische Behandlung 16 32

Qualifikationsrichtlinie 20 37 f.
Quasi-Staatszielbestimmungen 15 30
Querschnittsklausel 43 6
- Diskriminierungsverbot **49** 60
- Umweltschutz **63** 6, 12 ff., 16, 20

Quotenregelung
- bei geringerer Qualifikation **48** 63
- öffentlicher Dienst **48** 62

Rahmenbeschluss 2 7, 31 f.
- Europäischer Haftbefehl **62** 3, 9, 17, 34

„**Rasse", Diskriminierungsverbot 49** 43 ff., 51 f.
Rassistische Aussagen 27 70 ff.; **28** 78
Ratifizierungsverfahren 17 29
Rationalität 59 14, 33

1622

magere Zahlen = Rn.

Raum der Freiheit, der Sicherheit und des Rechts 62 15, 20, 34
Rechnungshof 9 23
Recht auf anwaltlichen Beistand 57 45 f.
Recht auf ein faires Verfahren s. *faires Verfahren*
Recht auf Eingabe 12 6, 15 ff.
Recht auf körperliche Unversehrtheit s. *Unversehrtheit, körperliche*
Recht auf Leben
– Beeinträchtigungen **14** 40 ff.
– embryonale Stammzellen **14** 23
– Gehirntod **14** 20 f.
– Grundrechtsfunktion **14** 31
– Grundrechtsverpflichtete **14** 36 f.
– integrationspolitische Perspektiven **14** 1 ff.
– Integritätserhaltung **14** 6 ff.
– Integritätsgestaltung **14** 9 f.
– personeller Schutzbereich **14** 11 ff.
– pränatales Leben **14** 16 ff.
– Rechtfertigung **14** 43 ff.
– reproduktives Klonen **14** 22
– Schutzbereichsgrenze **14** 20 f.
– therapeutisches Klonen **14** 24
– Verbot der Todesstrafe **14** 25 ff.
– Verhältnis zu den Grundfreiheiten **14** 38 f.
Recht auf Vergessenwerden 25 39 ff.
Recht zu arbeiten s. *Berufsfreiheit/Recht auf Arbeit*
Rechtfertigung 58 45 ff.; **62** 13, 32 ff.
– ausdrückliche Schranken **10** 31 ff.
– Grundrechte als Rechtfertigungsgrund **9** 45
– Grundrechtskollisionen **10** 36 ff.
– Schranken-Schranken der Grundfreiheiten **9** 36
– Subsidiarität **10** 58 ff.
– Verhältnismäßigkeit **10** 41 ff.
– Wesensgehaltsgarantie **10** 49 ff.
– Ziel-/Strukturkompatibilität **10** 54 ff.
Rechtliches Gehör, Grundsatz des 59 1, 3 f., 6, 17, 19 ff., 23 f., 27 ff., 32 f., 35, 47, 53, 55 ff.; **62** 36; s. auch *Verteidigungsrechte*
– faires Verfahren **57** 16, 36 f.
Rechtmäßigkeitsmaßstab 7 170 f.
Rechtmäßigkeitsvorbehalt 10 13
Rechtsakte mit Verordnungscharakter 55 25
Rechtsangleichung 63 17 f.
Rechtsanwendungsgleichheit 8 6; **47** 19
Rechtsbehelf
– außerordentlicher – **62** 15
– Schaffung erforderlicher – durch die Mitgliedstaaten **55** 4
– wirksamer – **55** 7, 20, 30
Rechtsbehelfsbelehrung 55 30
Rechtsberatungen 60 84
Rechtserkenntnisquellen 7 145 ff.
Rechtssetzungsakte 61 23
Rechtssetzungskompetenzen 4 69, 71; **38** 22

Rechtsformwahl 35 32
Rechtsfortbildung 4 36 ff.
– im Bereich der Grundrechte **1** 69 f.
Rechtsfrieden 55 49
Rechtsgemeinschaft 1 63; **7** 122 ff.; **11** 5, 8; **55** 1 f., 21, 23, 55; **57** 20
Rechtsgut, geschütztes 62 7 ff., 22 ff., 28
Rechtskontrolle 11 25; **61** 74, 77
Rechtskraft 62 3 f., 11, 14 ff., 25 f., 32, 34
– nationaler Urteile **55** 26, 49
Rechtsmittel 57 53
Rechtsmittelgrund 58 45
Rechtsquellen 7 146 ff.
Rechtsschutz 19 37
– arbeitsteiliger – **11** 10 ff.
– in Deutschland **2** 27
– Individualrechtsschutz **11** 13, 41 ff.
– Initiativberechtigte **11** 17 ff.
– Mitgliedstaaten **11** 27 ff., 33
– Unionsorgane **11** 24 ff., 32
– Verhältnis zwischen EU und Mitgliedstaaten **2** 1 ff.
– zeitnaher – **55** 12, 14, 29, 35, 54
Rechtsschutz, effektiver 6 19; **9** 17, 19, 21, 35, 38; **11** 3; **57** 20 f.; **58** 3, 21, 27, 51, 60
– Abgrenzung zum Grundrecht auf faires Verfahren **55** 21, 31, 58
– Akzessorietät **55** 27
– angemessene Verfahrensdauer **55** 12, 14, 16
– Anspruch auf gesetzlichen Richter **55** 9, 56
– Anwaltlicher Beistand **55** 9, 33
– Beeinträchtigung **55** 45 ff.
– Begründung von Beschlüssen bzw. Entscheidungen **55** 40 ff.
– Beschwerderecht **55** 13, 20
– Bewertung/Ausblick **55** 54 ff.
– Effektivitätsgrundsatz **9** 35
– einstweiliger Rechtsschutz **55** 12, 34
– EMRK/internationale Übereinkommen **55** 13 ff., 20 f.
– Entwicklung/Bedeutung **55** 1 ff.
– Erläuterungen des Grundrechtekonvents **55** 7, 20 ff.
– EuGH-Rechtsprechung **55** 6 f.
– gemischt-wirtschaftliche Unternehmen **9** 21
– gerichtliche Kontrolldichte **55** 11, 29, 36, 38, 50, 54
– GRC **55** 20 ff.
– Grundsatz des kontradiktorischen Verfahrens **55** 43
– juristische Personen des öffentlichen Rechts **9** 19
– Kohärenz **55** 29, 37, 44, 48, 55
– mitgliedstaatliche Verfassungstraditionen **55** 9 ff.
– vor mitgliedstaatlichen Gerichten **55** 25 f., 34, 36, 44, 46 ff., 55 f.
– Nichtigkeitsklage **55** 4, 24, 45 ff.

1623

Sachverzeichnis

fette Zahlen = §§

- persönlicher Gewährleistungsgehalt **55** 28
- Präklusion **55** 26, 44, 46 f., 49, 55
- Prozesskostenhilfe **55** 10, 22, 29, 33, 45, 54
- Recht auf wirksamen Rechtsbehelf **55** 30 ff.
- Rechtfertigung **55** 48 ff.
- Rechtsbehelfsbelehrung **55** 30
- Rechtssicherheit **55** 46, 48 f., 57
- Rechtsweggarantie **55** 9 f., 13, 20, 30 ff., 54
- Rechtswegklarheit **55** 29, 44, 48, 55, 57
- sachlicher Gewährleistungsgehalt **55** 29 ff.
- ungeschriebenes Grundrecht **55** 6 f., 13
- Verhältnis zu anderen Gewährleistungen **55** 52 f.
- Verhältnismäßigkeitsgrundsatz **55** 37, 48, 51
- Verteidigungsrechte **55** 9, 40, 43, 53
- Wesensgehaltsgarantie **55** 48, 51
- Willkürkontrolle **55** 37
- wirksamer Rechtsbehelf **55** 7, 20, 30
- zeitnaher Rechtsschutz in angemessener Frist **55** 12, 14, 29, 35, 54
- Zugang zu einem Gericht **55** 10, 13, 30, 32 f.

Rechtsschutzbedürfnis 59 2, 26, 34
- Anforderungen **55** 10, 45

Rechtsschutzgarantie, -funktion 59 9 f., 11, 14, 28, 56 f., 62

Rechtsschutzlücke 2 32; **3** 38; **59** 26

Rechtssetzungsgleichheit 47 19

Rechtssicherheit 8 6; **37** 1 ff., 55 ff., 69, 74, 81 ff., 88, 91; **55** 46, 48 f., 57; **62** 4, 6, 15, 34

Rechtsstaat 2 36

Rechtsstaatsprinzip 7 72; **56** 1; **59** 1 f.
- faires Verwaltungsverfahren **57** 6 f., 20 f., 27
- als Fundament der Integration **1** 63 ff.

Rechtsunion s. *Rechtsgemeinschaft*

Rechtsvergleichung 2 2, 17, 19; **3** 4 ff.; **4** 44; **7** 169; **9** 21

Rechtswegerschöpfung 55 10, 15 f.

Rechtsweggarantie 55 9 f., 13, 20, 30 ff., 54

Rechtswegklarheit 55 29, 44, 48, 55, 57

Redaktionsgeheimnis 28 19, 77

Refoulement-Verbot 20 2, 9, 12, 14, 16, 32, 53

Religion 9 20, 44; **28** 77
- Diskriminierungsverbot **49** 43 ff., 53 ff.

Religionsfreiheit 31 34
- Achtung der Vielfalt der Religionen **33** 24 f.
- Art. 10 Abs. 1 GRC **33** 13 ff.
- Beeinträchtigung **33** 26
- Diskriminierungsbekämpfung **33** 8
- Diskriminierungsverbot **33** 21, 49 f.
- Elternrecht auf religiöse Erziehung **33** 23
- Entwicklung/Bedeutung **33** 1 ff.
- Erziehungsrecht, elterliches **43** 44
- Grundrechtecharta **33** 13 ff.
- negative – **33** 17
- Primärrecht **33** 6 ff.
- Rechtfertigung von Eingriffen **33** 27 ff.
- Schrankenvorbehalt **33** 5, 28
- Status der Kirchen/weltanschaulichen Gemeinschaften **33** 10
- Tierschutz **33** 9
- Verfassungen der Mitgliedstaaten **33** 4 f.
- Verhältnis zu anderen Bestimmungen **33** 34
- Verhältnis zur unternehmerischen Freiheit **35** 32, 46

Religionsgemeinschaften 9 20

Renationalisierung 6 25; **10** 59

Repression 62 35

Reservezuständigkeit 2 30

Restriktive Maßnahmen 58 21; **59** 58

Revision 55 9, 14

Rezipientenfreiheit 27 19 ff.

Richter, Anspruch auf gesetzlichen 55 9, 56

Richterkonferenz 2 16; **3** 10; **10** 88

Richterrecht 59 4

Rio-Deklaration 60 39; **63** 38

Rückforderung, Beihilfen 58 15, 39 f., 55; **59** 27

Rückführung illegal aufhältiger Drittstaatsangehöriger 58 27

Rückkehrausweis 52 32

Rücknahme 37 73 ff.

Rückwirkungsverbot
- Dauersachverhalte **37** 60, 64
- echte Rückwirkung **37** 56 ff.
- Erforderlichkeit **37** 58
- Inkraftsetzen, rückwirkendes **37** 55
- Kartellrecht **37** 53
- nulla poena sine lege **37** 66 f.
- Racke-Formel **37** 57
- Rückwirkungsverbot, absolutes **37** 66
- Sachverhalte, abgeschlossene **37** 56
- Selbstbindung **37** 54
- Teilsachverhalte, abgeschlossene **37** 64
- unechte Rückwirkung **37** 60 ff.
- Verhältnis zu Art. 47 GRC **55** 53
- Vertrauen auf den Fortbestand der Rechtslage **37** 63
- Vorhersehbarkeit der Rechtsänderung **37** 62
- Warenimporte aus Drittländern **37** 65

Rückzugsverbot 3 42

Ruhestandsregelungen 34 38, 46

Ruhezeiten 40 1, 5, 17, 22, 31 ff., 43, 47

Rundfunk 28 2, 11, 20 f., 69; **38** 16

Rundfunkanstalten 9 16, 20; **28** 31

Sacheigentum 36 36

Sachurteil 62 16

Sachverhalt s. *Lebenssachverhalt*

Sachverhaltsermittlung, sorgfältige 61 26, 41

Sachwürdigung 62 16

Sammelgrundrecht 61 1

Sanktionen 58 2, 5 f., 10, 15, 21, 27, 33, 40 f., 47, 51, 56; **59** 4, 10, 33, 44, 51, 58; **62** 3 ff., 7 ff., 11 f., 13, 16 f., 20 ff., 28 ff., 32, 35 f., 38; s. auch *Verwaltungssanktion*

magere Zahlen = Rn.

- Kumulierung **62** 4, 13, 32, 35
- Rechtsschutzgewährleistung **55** 4
- Verfahren **2** 36

Schadensersatzanspruch 18 4; **37** 50; **55** 9, 16, 26, 32; **56** 18; **59** 45, 49, 51; *s. auch Amtshaftung/Haftung*
- gegen EU wg. Verstößen gegen WTO-Recht **35** 7

Schadensersatzrecht
- Gewährleistungsgehalt **61** 80 ff.
- Grundrechtscharakter? **61** 83 ff.

Schafe, Kennzeichnungspflicht 35 32

Schengener Durchführungsübereinkommen (SDÜ) 2 6; **17** 46; **20** 18; **62** 1 ff., 15 ff., 26, 28, 31 f., 34, 38

Schlussantrag, Generalanwalt 58 29, 31

Schrankenklauseln 8 15
- einheitliche – **10** 61 ff.
- spezifische – **10** 94

Schranken-Schranken 9 36; **10** 58 ff.; **62** 34

Schranken(systematik) 58 27, 46; **59** 3, 15, 37 ff., 56
- allgemeines Missbrauchsverbot **10** 108 ff.
- allgemeines Schutzniveau **10** 101 ff.
- ausdrückliche Schranken **10** 31 ff.
- bisherige – **10** 113 f.
- Charta **10** 61 ff., 115
- Charta und EMRK **10** 76 ff.
- Charta und EUV/AEUV **10** 71 ff.
- einheitliche Schrankenklausel **10** 61 ff.
- Gesetzesvorbehalte **10** 31 f., 64
- Grundrechtskollisionen **10** 36 ff.
- immanente Schranken **10** 29, 49 ff.
- Kritik **10** 113 ff.
- Schranken-Schranken **9** 36; **10** 58; **62** 34
- spezifische Schrankenklauseln **10** 94
- Subsidiarität **10** 58 ff.
- Verhältnismäßigkeit **10** 33 ff., 41 ff.
- vertikale Schranken **10** 63, 92 f.
- Ziel-/Strukturkompatibilität **10** 54 ff.

Schriftstück
- Annahmeverweigerungsrecht **57** 34
- Vertraulichkeit **57** 47
- Zustellung **57** 34

Schriftverkehr 61 96

Schuldknechtschaft 17 32

Schuldprinzip 56 2

Schutz personenbezogener Daten 58 48

Schutz von Geschäftsräumen 34 6

Schutzbereich
- Ausländergrundrechte **10** 12
- Banalitäts-/Trivialitätsvorbehalte **10** 5 ff.
- Grundrechtskonkurrenzen **10** 16 ff.
- persönlicher – **10** 11 ff.
- sachlicher – **10** 4 ff.
- soziale Gleichstellung **10** 13
- Sozial-/Gemeinschädlichkeitsvorbehalte **10** 10

Schutzergänzungs- bzw. Schutzverstärkungsklauseln 63 18

Schutzgewährrechte 13 24; **14** 33; **15** 21

Schutzniveau, -standard 62 2, 13, 18 f., 37

Schutzniveausicherungsklausel 12 17

Schutznorm 62 23

Schutznormtheorie 55 26

Schutzpflichten 3 30; **6** 11; **8** 7 ff.; **9** 40, 42, 43, 47
- Abgrenzung zur Abwehrfunktion **8** 23 ff.
- Adressaten **8** 17
- „aufgedrängter" Grundrechtsschutz **8** 18
- ausdrückliche Verfassungstexte **8** 9 ff.
- Begriff, Entwicklung, Herleitung **8** 8 ff.
- diplomatischer/konsularischer Schutz **8** 20
- Generationenschutz **8** 22
- Naturkatastrophen **8** 21
- objektivrechtliche Begründung **8** 8
- Pönalisierungspflichten **8** 19
- Schutzgegenstand/Schutzmittel **8** 17
- staatstheoretische Begründung **8** 8
- Umfang **8** 17 ff.
- Verhältnis zur (mittelbaren) Drittwirkung **8** 26

Schutzstandard, Grundrechte 58 26

Schutzversagung 52 36 f.

Schutzverstärkungsklausel 10 102

Schutzzwecke
- materielle und prozessuale – **62** 4, 10
- Wettbewerbsrecht **62** 7, 10, 29

Schwangerenschutz 41 41 ff.

Schwangerschaft 48 42

Schwangerschaftsabbruch 14 39

Seeleute 34 27

Sekundärrechtsschutz 55 32

Selbstbestimmung 14 10; **15** 14; **17** 37

Selbstbestimmungsrecht der Völker 50 10

Selbstbezichtigungsfreiheit 57 50 ff.

Selbstbezichtigungsverbot 9 17

Selbstbindung 7 168; **37** 13, 21, 25, 54; **59** 8, 16

Selbstkontrolle 28 84; **61** 74

Sendequoten 28 61

Settlement procedure 55 35
- angemessene Verfahrensdauer **57** 56

Sexuelle Ausrichtung 49 43 ff., 53 ff.

Sicherheitsinteressen 59 58

Sicherungsmaßnahmen, prozessuale 56 7 ff.

Sitzblockade 31 7, 19

Sklavereiverbot
- Adressaten **17** 24 ff.
- Bedeutung/Entwicklung **17** 4 ff.
- Geltung im Unionsrecht **17** 19 ff.
- Genfer Übereinkommen **17** 7
- Gewährleistungsgehalt **17** 28 ff.
- Grundrechtsdimensionen **17** 24 ff.
- (Un-)Einschränkbarkeit **17** 36
- Verhältnis zu anderen Grundrechten **17** 51

Soft law 3 13

1625

Sachverzeichnis fette Zahlen = §§

Solange-I-Beschluss des BVerfG 1 40 ff., 51, 61, 86; 2 24
Solange-II-Beschluss des BVerfG 1 43; 2 26
Solidarität 10 95; 20 23, 51
Sorgfaltspflicht 58 11, 44, 50; 59 21; 61 41
– Verletzung der – 28 71
Souveränität 20 2, 52
Sozialadäquanz 10 24
Soziale Fürsorgepflichten 16 37
Soziale Gleichstellung 10 13
Soziale Grundrechte 4 29 f., 70; 6 15; 10 90
– Zusammenhang mit Berufsfreiheit 34 7, 9, 25, 40
Soziale Sicherheit und Unterstützung
– Art. 34 GRC 26 18
– Beeinträchtigung 26 28 f.
– europäisches. Primär- und Sekundärrecht 26 14 ff.
– Gewährleistungsdimension 26 27
– Gleichbehandlung bei Sozialleistungen 26 24
– persönlicher Schutzbereich 26 25 f.
– Rechtfertigung bei Eingriffen 26 30
– sachlicher Schutzbereich 26 19 ff.
– soziale Sicherheit 26 19
– soziale Unterstützung (Sozialhilfe) 26 22 f.
– Unteilbarkeit 26 1
– verfassungs- und völkerrechtliche Entwicklungen 26 2 ff.
– Verhältnis zu anderen Bestimmungen 26 31
Sozialleistungen 26 22 f.
– Sozialhilfe 26 17
Sozialpflichtigkeit des Eigentums 36 8, 17
Sozialpolitik 4 29; 39 2, 9, 16, 39, 45
Sozialstaatsgebot 39 26; 41 75
Sozialversicherung 38 19
Sozialvorbehalt 10 10
Spekulationen 37 42
Sperrklausel 51 12, 45
Sperrwirkung 9 27 f.; 62 11, 17, 22 f., 25 f., 33
– von Harmonisierungsmaßnahmen 63 18
– Umweltschutz 63 18
Spezialprävention 62 30
Sponsoring 35 29
Spontanversammlungen 31 15, 17
Sprache
– Anspruch auf Verwendung der eigenen – 57 14, 18
– Diskriminierungsverbot 49 69 ff., 78
Spürbarkeit 10 24; 27 39
Staatenlose
– Berufsfreiheit 34 43
– unternehmerische Freiheit 35 39
Staatsangehörigkeit 3 8; 52 16 ff.
– Diskriminierungsverbot 3 8; 41 25; 49 4 ff.; s. auch Diskriminierung
– doppelte Staatsangehörigkeit 52 18
Staatsangehörigkeitsvorbehalte 2 13 ff.
Staatsanwaltschaft 62 15, 26

Staatshaftungsanspruch gegen die Union s. Amtshaftung der Union
Staatskirche 33 17
Staatsunternehmen 58 19
Staatszielbestimmungen 63 3, 16, 40 ff.
Status quo 10 96
Statut der Beamten s. Beamtenstatut
Stauder-Entscheidung des EuGH 1 43, 59, 61
Stellungsnahmen 37 22
Sterbehilfe 8 5
Steuern 22 16
Steuerrecht 58 27; 62 1, 12 f., 18, 32, 35
– Eingriff in unternehmerische Freiheit 35 41
Steuerzuschläge 62 12
Stilllegung 36 39
Stockholmer Erklärung 63 38
Stockholmer Programm 20 26
Strafbare Handlung s. Straftat
Strafhaft 16 35 f.
Strafklageverbrauch 62 15 ff., 23, 26, 34
Strafrechtsbegriff 62 6, 12 f.
Strafrechtsharmonisierung 27 91
Strafrechtsvorbehalt 10 10
Straftat 62 35
– Begriff 62 6, 11, 13, 16, 18, 31
Straftatbestand 62 6 ff.
Strafunrecht 62 4
Strafverfahren 62 4, 11, 15, 17
Strafverfolgung, doppelte/erneute s. Ne bis in idem-Grundsatz
Strafzumessung 56 9 ff.
Strategischer Rahmen für Menschenrechte und Demokratie 5 31
Streik 32 27
Streikrecht 32 1, 5, 14, 21; 39 8, 10, 13, 36, 39
Streikverbot 39 39, 43
Streitgegenstand 62 33
Streithelfer 58 42; 59 35
Streitschlichtungsverfahren 52 47
Stromeinspeisungsgesetz 63 30
Struktur- und Zielkompatibilität 63 36, 45
Strukturfondsbeihilfen, EU 58 15, 50, 55; 59 27
Subjektivierung 7 51
Subsidiärer Schutz 20 37
Subsidiarität 6 2, 22 ff.; 10 58 ff.; 41 8
Subventionen 35 10, 12
Sustainable development s. Nachhaltigkeit
Syndikusanwalt 57 48

Tabakurteile 64 11
Tabakwerbung 27 84
Tampere-Erklärung 20 24
Tarifautonomie 41 55
Tarifvertragsrecht 39 10, 35, 39, 41; 41 3, 53
Tatbegriff, faktischer 62 10, 28
Tatbestandstheorie 10 5

magere Zahlen = Rn.

Sachverzeichnis

Tathandlung s. *Lebenssachverhalt*
Tatsachenäußerung 27 17
Tatsachenkomplex s. *Lebenssachverhalt*
Tatunrecht s. *Strafunrecht*
Technischer Arbeitsschutz 39 37; **40** 37
Teilhaberechte 60 12
– allgemeine Haushaltsverantwortung 8 33
– derivative – **8** 28
– Förderpflichten 8 34
– originäre Teilhaberechte 8 29 ff.
Teledienste 28 14, 70
Telekommunikation 28 14, 90; **38** 16
Tendenz 28 19
Territoriale Auswirkungen, Zuwiderhandlung 62 10, 23 ff.
Terrorismus 21 7, 12, 33, 37
– Bekämpfung des – **16** 40; **56** 30; **58** 21; **59** 58
– Verdacht **56** 22, 25
Tierschutz 33 10
Tochtergesellschaft 58 6
Todesstrafe 55 34
Todesstrafenverbot
– Einschränkung 14 46
– personeller Schutzbereich 14 26
– sachlicher Schutzbereich 14 27
Tote 14 14; **15** 15, 18
Trade ands 64 5
Trade Barrier Regulation 52 47
Transnationale Bedeutung s. *Grenzüberschreitende Bedeutung*
Transparenzgebot 59 2, 26, 50, 61; **60** 5; **61** 7
Transsexuelle 3 13; **24** 17; **41** 49
Treuepflicht 27 80 ff.
Trianel-Entscheidung des EuGH 63 48 f.
Trivialitätsvorbehalt 10 5 ff.
Türkei Militär-Putsch 2016 3 43

Übereinkommen über die Rechte des Kindes 45 5
Übermaßverbot 10 33 ff.; **40** 5; **41** 76
Übertragung von Hoheitsrechten 55 11
Überwachte Erziehung 18 46
Ultra vires 6 1, 36
Umsatzsteuer s. *Mehrwertsteuer*
Umweltbeeinträchtigungen, unionsrechtlicher Schutz vor 63 34 ff.
Umweltgrundrecht 63 34 ff.
Umweltinformationen 63 19, 35, 37, 39, 42, 44, 48
– Zugang zu – **60** 24, 68
Umweltinformationsanspruch
– als Eingriff in unternehmerische Freiheit 35 41
Umweltinformationsgesetz 60 18
Umweltinformationsrichtlinie 35 38; **63** 48
– Rechtsschutzgewährleistung **55** 3
Umweltkatastrophen 63 3
Umweltmenschenrecht 63 38
Umweltpolitik der EU 63 5, 9, 19 f.

Umweltrechtsbehelfsgesetz 63 49
Umweltschutz 34 46, 50
– Art. 37 GRC **63** 2, 9, 15 ff., 35 f., 40, 44 f.
– Energiepolitik der EU **63** 21 f.
– Entwicklung und allgemeine Bedeutung 63 3 ff.
– Fehlen eines geschriebenen EU-Umweltgrundrechts 63 35
– Greening der Gründungsverträge **63** 4 ff.
– Herleitung durch wertende Rechtsvergleichung 63 36 ff.
– Informationspflichten 23 29 ff.
– Klimapolitik **63** 4, 20
– Klimaschutz **63** 3, 20, 30, 33
– nach Lissabon **63** 9 ff.
– in den Mitgliedstaaten **63** 40 ff.
– Nachhaltigkeit **63** 3, 7, 11, 41
– Querschnittsklausel **63** 6 ff., 12 ff., 16, 20
– Rangverhältnis **63** 23 f.
– als Rechtfertigungsgrund **35** 43, 46
– Rechtsangleichung **63** 17 f.
– Schranke der Grundfreiheiten **63** 28 ff.
– Schranke der Unionsgrundrechte **63** 26 f.
– Schranke EU-wettbewerbsrechtlicher Verbotstatbestände **63** 32 f.
– Schutz vor Umweltbeeinträchtigungen 63 34 ff.
– Teilgewährleistungen anderer Grundrechte 63 46
– Umweltinformationen **63** 19, 35, 37, 39, 42, 44, 48
– Umweltkatastrophen **63** 3
– Umweltpolitik der EU **63** 5, 9, 19 f.
– Umweltverfassung der Union **63** 2, 4 f., 7 ff., 15, 17, 19 f., 34 f., 40 f.
– Unionsverfassungsrechtliche Zielbestimmungen des EUV **63** 10 f.
– Völkerrecht **63** 37 ff.
– Wettbewerbsrecht **63** 32 f.
– Ziel- und Strukturkompatibilität eines eigenständigen EU-Umweltgrundrechts **63** 45
Umweltschutzbeihilfen 63 13, 33
Umweltstandards 63 19
Umweltverfassung, europäische 63 2, 4 f., 7 ff., 15, 17, 19 f., 34 f., 40 f.
Umweltvölkerrecht 63 3, 37 ff., 48
Unabhängigkeit 58 31
– der Gerichte **57** 32 f.
Unbeachtlichkeit, Verfahrensfehler 58 46; **59** 37
UN-Charta 4 32
Unechte Rückwirkung 37 60 ff.
UN-Folterkonvention 20 13
Unionsbeamte s. *EU-Beamte*
Unionsbürgerrechte 12 11
Unionsbürgerrichtlinie 19 6, 33 ff., 58
Unionsbürgerschaft 7 82 ff., 103; **9** 4, 44 ff.; **19** 8; **52** 1, 16 ff.

1627

Sachverzeichnis

fette Zahlen = §§

– in den Gründungsverträgen **1** 12
– Kernbestand **19** 8
– Schutz trotz Nichtbesitzes **34** 27
Unionsgebiet 62 21, 28
Unionsgericht
– Begriff **55** 32
– im funktionalen Sinn **55** 23, 24
Unionsgrundrechte
– Anwendungsbereich **2** 35
– Durchsetzungsinstrumente **11** 14 ff., 20 ff.
– Einfluss der EMRK **3** 7 ff., 21 ff.
– Entfaltung durch Rechtsprechung **7** 137 ff.
– Konfliktpotential **2** 21 ff.
– Verhältnis zu mitgliedstaatliche Grundrechten **2** 1 ff.
– Wechselwirkungen **2** 16 ff.
Unionsindustrie 58 10 ff.
Unionsinteresse 58 12
Unionsmarke 58 20
– Verfahren vor HABM/EUIPO **57** 12
Unionsrecht, Vorrang 2 22 ff.
Unionsverwaltung, mittelbare 55 44
Universitäten 9 20; **30** 17, 18, 20, 27
UN-Menschenrechtsausschuss 4 68; **12** 2 f.
Unmenschliche Behandlung/Strafe 16 27
Unmittelbarkeit 10 20
UNO 12 4; **50** 9
UN-Organe 58 21
Unparteilichkeit 58 31; **61** 40 ff.
– von Gerichten **57** 32 f., 61
UN-Protokoll 17 29
UN-Resolution 58 21
UN-Sanktionsausschuss 58 21
Unschuldsvermutung 57 14, 26; **59** 44; **62** 36
– Abschiebung/Asylrechtsausschluss **56** 25
– allgemeine Grundrechtsdogmatik **56** 3
– Aufbewahrung von DNA-Proben/Fingerabdrücken **56** 17
– Auslagenerstattung/Entschädigung **56** 8
– Bewährungswiderruf trotz Nichtverurteilung **56** 9 ff.
– Gewährleistungsgehalt **56** 1 ff.
– Hafterleichterungen **56** 13 f.
– kritische Bewertung **56** 21 ff.
– normative Grundlagen **56** 1 f.
– prozessuale Sicherungsmaßnahmen **56** 7
– Schadensersatz nach Freispruch **56** 18
– Schranken **56** 7 ff.
– Schrankensystematik nach Charta **56** 19 f.
– Terrorismusverdacht/eingefrorene Vermögen **56** 22
– Verdachtskündigung **56** 26 f.
– Verfall **56** 15
– Verhältnis zu Art. 47 GRC **55** 53
– Verwaltungssanktionen/objektive Verantwortlichkeit **56** 23 f.
– Wortlautinterpretation/Auslegung **56** 3 ff.
Untätigkeitsklage 55 4

Unterlagen
– interne – **59** 7, 15, 18, 21 f., 38, 42, 54, 56
– (un)zulängliche – **59** 18 f.
Unterlassen, qualifiziertes 37 13, 26
Unterlassungspflicht 16 17; **17** 25
Untermaßverbot 10 34; **40** 5; **41** 76
Unternehmensbegriff, funktionaler 35 40
Unternehmenssatzung 35 32
Unternehmens(teil)übergang 41 52 ff., 62
Unternehmenszusammenschlüsse 35 32
Unternehmerische Freiheit 9 11, 16, 45; **29** 21; **35** 9, 17, 38, 48
– Abgrenzung zur Berufsfreiheit (Art. 15 GRC) **34** 28 ff.
– Abwehrrecht **35** 27, 29, 38, 49
– Außenhandelsfreiheit **35** 31
– Beachtung des Unionsrechts und einzelstaatlicher Rechtsvorschriften und Gepflogenheiten **35** 23 f.
– Beeinträchtigung bzw. Eingriff **35** 41 f.
– Betriebs- und Geschäftsgeheimnisse **35** 37
– Bezug zu EMRK, IPWSKR, WTO-Recht **35** 4 ff.
– Dauerhaftigkeit **35** 29
– Dokumentenzugangsansprüche **35** 38
– Drittstaatsangehörige **35** 31, 39
– Drittwirkung **9** 45
– Erläuterungen des Konvents zur GRC **35** 19 f., 23, 25 f., 28, 33, 35
– Freiheit zur Gründung von Lehranstalten **35** 47
– Gegengewicht zu Arbeitnehmergrundrechten und sozialen Grundrechten **35** 21
– Geschäftspartnerwahl **35** 34, 49
– Gesetzesvorbehalt **35** 24, 43 f.
– Gewinnerzielungsabsicht **35** 29, 40
– GRC **35** 20 ff.
– Handelsfreiheit **35** 31
– hoheitliche Maßnahmen **35** 33, 40, 46
– Informationsansprüche **35** 38
– mittelbarer Eingriff **35** 42
– Organisations- und Dispositionsfreiheit als Teilgewährleistung **35** 28 f., 32, 49
– persönlicher Gewährleistungsgehalt **35** 39 f.
– Preisfestlegungsfreiheit **35** 28, 33 f., 49
– Privat- und Parteiautonomie **35** 33
– Rechtfertigung von Eingriffen **35** 43 ff.
– Rechtfertigungsgrund bei Grundfreiheiten **9** 45
– Rechtsformwahl **35** 32
– sachlicher Gewährleistungsgehalt **35** 28 ff.
– Schranken-Schranken der Grundfreiheiten **9** 36
– Schrankensystematik **35** 23 f., 43 ff.
– Selbstständigkeit **35** 29
– Staatenlose **35** 39
– Unternehmensbegriff, funktionaler **35** 40
– Unternehmenssatzung **35** 32

1628

– Unternehmenszusammenschlüsse 35 32
– Verbraucherschutz 35 43
– Verfassungen der Mitgliedstaaten 35 8 ff., 19
– Verhältnis zu anderen Gewährleistungen 35 47
– Verhältnis zu den Grundfreiheiten 35 48
– Verhältnis zur Berufsfreiheit 35 3, 20 ff.
– Verhältnis zur Religionsfreiheit 35 32, 46
– Vertragsfreiheit 35 4, 28, 33 f.
– Werbefreiheit 35 2, 9, 28, 30 f., 37, 47
– Wesensgehalt 35 19, 33, 43 f., 45
– Wettbewerbsfreiheit als Teilgewährleistung 35 2, 4, 25, 35 f.
– Wettbewerbsgleichheit 35 35
– wirtschaftliche Betätigungsfreiheit 35 7, 23, 28 f., 31, 43
Unterrichtungsrecht 39 7, 9, 12, 19 ff., 23, 27 ff., 42, 44, 47; **41** 2, 15, 70, 74
Unterstützungsbüro für Asylfragen 20 44 f.
Untersuchungsgrundsatz 58 21, 50
Untersuchungshaft 16 35 f.; **18** 40; **56** 7
– Auslagenerstattung/Entschädigung 56 8
Unversehrtheit, geistige 9 5, 8; **15** 9, 13
– Beeinträchtigungen 15 27
– Grundrechtsfunktion 15 19 ff.
– Grundrechtsverpflichtete 15 24 f.
– Integritätserhaltung 15 5 ff.
– Integritätsgestaltung 15 14 f.
– personeller Schutzbereich 15 16 ff.
– psychophysische Integrität 15 1 f.
– Rechtfertigung 15 28
– sachlicher Schutzbereich 15 4 ff.
– Umweltschutz 63 46
– Verhältnis zu den Grundfreiheiten 15 26
Unversehrtheit, körperliche
– Beeinträchtigungen 15 27
– Grundrechtsfunktion 15 19 ff.
– Grundrechtsverpflichtete 15 24 f.
– Integritätserhaltung 15 5 ff.
– Integritätsgestaltung 15 14 f.
– personeller Schutzbereich 15 16 ff.
– psychophysische Integrität 15 1 f.
– Rechtfertigung 15 28
– sachlicher Schutzbereich 15 4 ff.
– Umweltschutz 63 46
– Verhältnis zu den Grundfreiheiten 15 26
Unzulässigkeit, Klage 58 29
Urheberregel 60 50, 77, 82
Urlaub 34 56; **40** 1, 3, 6, 13, 16 f., 21, 23 ff., 43, 46 f.; *s. auch Elternurlaub, Mutterschaftsurlaub*
Ursprungsprinzip 63 19, 29
Urteil, rechtskräftiges 62 3, 11, 14 f., 17, 34 f.; *s. auch Aburteilung*
Urteils(mitglied)staat 62 3, 34
US Supreme Court 62 30
US-Kartellrecht 62 29

Verbandsklage 63 49
Verbotene Tätigkeiten 34 35

Verbraucher 65 31 ff.
Verbraucherdatenschutz 65 17
Verbraucherschutz 34 50
– Art. 6 Abs. 3 EUV 65 7
– Art. 38 GRC 65 9 ff., 20 ff.
– Art. 169 AEUV 65 8
– Eingriff 65 42 f.
– Eingriffsverbot 65 20 ff., 30 ff.
– Grundrecht auf Verbraucherschutz 65 2 f.
– Grundrechtsdimension 65 2 f.
– Grundrechtsschranke 65 5 f.
– grundsatzkonforme Auslegung 65 25
– Handlungsgebot 65 20 ff.
– Rechtfertigung für Eingriffe 65 43
– als Rechtfertigungsgrund 35 43
– Struktur 65 2 ff.
– Teilgewährleistungen anderer Grundrechte 65 17 ff.
– Verbraucherleitbild 65 35 ff.
– Verbraucher(schutz)begriff 65 31 ff.
– Verbraucherschutzrecht 32 27
– Verfassungsrang 65 4, 20 ff.
Verbraucherschutzorganisation 58 35; **59** 34
Verbrauchervermögen 65 17
Verbrechensbekämpfung *s. Kriminalitätsbekämpfung*
Verdunkelungsgefahr 56 7
Verein, EU 32 28
Vereinbarung, wettbewerbswidrige 62 21 f.
Vereinigungsfreiheit 9 11, 16; **31** 11 f., 22, 35
– Arbeitnehmer 39 8, 13 f., 36
– Beeinträchtigungen 32 21
– Bezug zur Berufsfreiheit 34 6
– EU-Grundrecht 32 3 ff.
– Herkunft/Entwicklung 32 1 ff.
– negative Vereinigungsfreiheit 32 13, 21, 25
– persönlicher Schutzbereich 32 19 f.
– positive Vereinigungsfreiheit 32 13, 21
– Rechtfertigung von Eingriffen 32 22 ff.
– sachlicher Schutzbereich 32 13 ff.
– Verhältnis zu anderen Bestimmungen 32 25
– Verhältnis zur Berufsfreiheit 34 53
Verfahrensautonomie 9 34 ff., 50
Verfahrensautonomie der Mietgliedstaaten 6 19
– Äquivalenzprinzip 6 19
– Effektivitätsgrundsatz 6 19
Verfahrensautonomie der Mitgliedstaaten 55 26, 30; **57** 19, 23, 64 f.
Verfahrensdauer 61 48
– angemessene – 55 12, 14, 16; 57 55 f.
– Haftung bei überlanger – 57 55, 67
Verfahrenseffizienz 59 10, 33
Verfahrensfairness *s. faires Verfahren*
Verfahrensfehlerfolgen 58 45 f., 51 ff.
Verfahrensgarantien 19 37; **58** 5, 24, 45 f.; **59** 3, 6, 8 f., 11, 21, 24, 31, 33, 61 f.
Verfahrensgerechtigkeit 59 62

Sachverzeichnis

fette Zahlen = §§

Verfahrenshindernis, absolutes 62 5, 15, 20, 32, 38
Verfahrenspflichten 58 41
Verfahrensrechte 35 47
Verfahrensrichtlinie 20 39 f.
Verfahrenssprache 57 14, 18
Verfall, erweiterter 56 15 f.
Verfassungsänderung 2 14
Verfassungsgrundsatz 7 42
Verfassungskonflikt 9 37
Verfassungsrecht 3 41
Verfassungsvertrag 2 9, 23; **3** 10
– Drittwirkung **9** 40 ff.
– Grundrechtsbindung der Mitgliedstaaten **9** 36 ff.
Verfolgung 20 5
Verfolgungsverjährung 59 44
Vergabe öffentlicher Aufträge 35 10
Vergaberecht
– Rechtsschutzgewährleistung **55** 3
– Umweltschutz **63** 13
Vergeltungsmaßnahme 59 43
Vergleichbarkeit
– Gleichheit von Mann und Frau **48** 35 ff.
– Gleichheitsrechte **47** 20 ff.
Vergleichsverfahren, EU-Kartellrecht 58 9; **59** 19, 37
Vergütungsrecht 28 77
Verhältnismäßigkeitsgrundsatz 2 16; **6** 2, 26 ff.; **7** 76; **55** 37, 48, 51; **62** 4, 30, 34 ff.
– Eignung **10** 45
– Erforderlichkeit **10** 46
– Geeignetheit **62** 12, 34 f.
– Gleichheit von Mann und Frau **48** 67 ff., 90
– Gleichheitsrechte **47** 7, 33 ff.
– Rechtsprechung des EuGH **10** 48
– Umweltschutz **63** 24
– zulässiges Ziel **10** 41 ff.
– Zumutbarkeit **10** 47
Verhältniswahlsystem 51 12, 37, 39
Verhandlungen, internationale 52 38 ff.
Verjährung
– Einfluss des Unionsrechts auf nationale Vorschriften **55** 26
– einer Straftat **62** 16
Verkehrsrechte 58 17
Vermarktungsverbote
– Eingriff in Berufsausübungsfreiheit **34** 46
Vermögen
– Diskriminierungsverbot **49** 69 ff.
Vermögensschutz 36 50 ff.
Vermutung(sregel), allgemeine, widerlegbare 59 2, 17, 26, 38, 45, 54, 61
Veröffentlichung, Kartellbeschluss 59 44, 55
Verpflichtungszusagen 62 16, 26, 33
Versammlung 31 13 ff.
Versammlungsauflösungen 31 25

Versammlungsfreiheit 9 11, 16, 45; **27** 90
– Abwehrrecht **31** 23
– Bedeutung und systematische Einordnung **31** 4 ff.
– Beeinträchtigungen **31** 25
– Friedlichkeit der Versammlung **31** 19
– geschütztes Verhalten **31** 20
– Herkunft und Entwicklung **31** 1 ff.
– juristische Personen **31** 22
– natürliche Personen **31** 21
– negative – **31** 20
– Personenmehrheiten **31** 22
– persönlicher Schutzbereich **31** 21 f.
– Rechtfertigung **31** 26 ff.
– Rechtfertigungsgrund bei Grundfreiheiten **9** 45
– sachlicher Schutzbereich **31** 13 ff.
– Schranken **31** 26 ff.
– Schranken-Schranken **31** 31 ff.
– Schranken-Schranken der Grundfreiheiten **9** 36
– Schutzpflichten **31** 24
– Vergleich zum Grundgesetz **31** 36
– Verhältnis zu anderen Bestimmungen **31** 34 f.
– Verhältnis zur Berufsfreiheit **34** 53
– Versammlungsbegriff **31** 13 ff.
Versäumnisentscheidung 57 61
Verschwiegenheitspflicht 27 74 f.
Verteidigungsrechte 9 17 f., 21 f., 26; **55** 9, 40, 43, 53; **57** 14 ff., 42 ff.; **58** 1 ff., 10 ff., 18, 21, 27 f., 40 ff., 46 f., 50, 53 f.; **59** 1, 6, 9 ff., 14, 17, 20 f., 23 ff., 29, 33, 36, 44, 46, 48, 50, 53, 57, 59, 61 f.; **61** 38, 50, 62 ff.; **62** 36; *s. auch rechtliches Gehör*
– Verhältnis zur unternehmerischen Freiheit **35** 47
Vertrag von Lissabon 58 1
Vertragsabrundungskompetenz 6 16
Vertragsfreiheit 34 3, 24, 29, 33, 57; **35** 2, 4, 33 f.
Vertragsgrundrechte 7 98 ff.
Vertragsrecht 3 41
Vertragssprachen 61 92 ff., 103
Vertragsverletzungsverfahren 2 36; **11** 26, 28, 93; **61** 24
Vertrauenslage
– gesicherte Rechtspositionen **37** 14 ff.
– Kausalität zw. Vertrauenslage/-bestätigung **37** 30
– Rechtserheblichkeit **37** 17 ff.
– Vertrauensbestätigung **37** 29
Vertrauensschutz 36 40; **58** 16
– Bestandsschutz **37** 48
– Entwicklung/Bedeutung **37** 1 ff.
– Erlass von Übergangsregelungen **37** 49
– Erwartungen **37** 17 ff., 36 ff.
– gesicherte Rechtspositionen **37** 14 ff., 35
– Interessenabwägung **37** 43 ff.

magere Zahlen = Rn.

– Kausalität zw. Vertrauenslage/-bestätigung 37 30
– Rechtserheblichkeit 37 17 ff., 36 ff.
– Rechtsprechung 37 80 ff.
– Rücknahme 37 73 ff.
– Rückwirkung 37 52 ff.
– Schadensersatz 37 50
– Schutzwürdigkeit des Vertrauens 37 31 ff.
– Spekulationen 37 42
– Verhältnis zu anderen Gewährleistungen 37 86 ff.
– Vertrauenslage 37 13 ff.
– Widerruf 37 71 f.
Vertrauliche Angaben 57 18, 39, 47 ff.; **58** 42, 48; **59** 4, 7, 15, 21 ff., 31 f., 35, 39, 40, 43 ff., 55, 58
– Legal (Professional) Privilege **57** 47 ff.
Vertraulichkeitsvereinbarung 59 48
Vertretungen
– Europäische Union **52** 41 ff.
– Mitgliedstaaten in Drittstaaten **52** 15 ff.
Verursacherprinzip 63 3, 19
Verurteilung 14 27; **18** 35 f.; *s. auch Nichtverurteilung*
Verwaltung, Recht auf eine gute 58 44, 50; **59** 1
– Akteneinsichtsrecht **61** 62 ff.
– Anhörungsrecht **61** 52 ff.
– Bedeutung **61** 1 ff.
– Beeinträchtigung **61** 33
– Behandlung in angemessener Frist **61** 48 ff.
– Berechtigte **61** 31 f.
– Einfluss des Bürgerbeauftragten **61** 1, 21
– Entwicklung in der Rechtsprechung **61** 20 ff.
– Entwicklung, international/regional **61** 10 ff., 17 ff.
– Funktionen **61** 4 f.
– gerechte Behandlung **61** 44 ff.
– geschriebenes Gemeinschaftsrecht **61** 20 ff.
– Gewährleistungsinhalt **61** 22 ff., 26
– Grundrechtscharakter **61** 1 f.
– Recht auf Begründung **61** 73 ff.
– Recht auf Schadensersatz **61** 80 ff.
– Rechtfertigung **61** 34 f.
– Sammelgrundrecht **61** 1
– Struktur **61** 22 ff.
– Teilgewährleistungen, anerkannte **61** 39 ff., 51
– Teilgewährleistungen, ausdrückliche **61** 39 ff.
– Teilgewährleistungen, sonstige **61** 51
– unparteiische Behandlung **61** 40 ff.
– Verfahrensfairness **57** 17 ff.
– Verhältnis zu anderen Bestimmungen **61** 38
– Verpflichtete **61** 27 ff.
– weites Verständnis **61** 23
Verwaltungseffektivität 55 50
Verwaltungshandeln 37 4, 23; **61** 11, 18, 51
Verwaltungsinterne Rechtsbehelfe 55 31, 45
Verwaltungspraxis 37 13, 20, 23, 25

Sachverzeichnis

Verwaltungsrecht
– allgemeines – **61** 3
– Europäisierung des – **55** 26
Verwaltungsrechtsbehelfe 55 31, 45
Verwaltungssanktion 62 2, 6, 13, 17, 32, 35
Verwaltungsverfahren
– Anspruch auf faires Verfahren **57** 7, 12 f., 17 ff.
– Begründungspflicht **57** 18
– mehrstufiges – **55** 44; **58** 3, 14 ff., 23 ff., 60; **59** 23, 27, 34
– Rechtsschutz im mehrstufigen – **55** 44
– Verfahrensdauer **57** 56
Verwirkung 59 10
Vielfalt 50 4, 16, 34
Völkergewohnheitsrecht 4 18 f., 45, 48; **7** 40 ff.; **10** 106; **16** 7; **17** 13, 19, 24, 28; **36** 25
Völkerrecht 7 127; **16** 2
Völkerrechtswidrigkeit 3 28
Völkervertragsrecht 4 20 ff., 25 ff., 46, 48
Vollbeschäftigung 34 39
Vollstreckung 14 28
Vollstreckungsbedingung 62 17, 31 f., 33, 38
Vollstreckungshandlungen 62 17
Vorabentscheidungsverfahren 2 35; **11** 12, 89 ff.; **37** 80 ff.; **55** 4, 57; **58** 42; **62** 19, 37
– Eilvorabentscheidung **55** 35
– Verfahrensdauer **57** 56
Vorbehalte 4 60
Vorführung 18 71 f.
Vorlageverfahren 3 39
Vorläufige Beurteilung 62 26, 33
Vorprüfphase, Beihilfenkontrollverfahren 58 38
Vorsatz, einheitlicher 62 9
Vorsorge- und Vorbeugungsprinzip 63 19
Vorstaatlichkeit 7 18
vorübergehender Schutz 20 43
Vorwirkungen 61 17, 46
Vorzensur 27 88; **28** 83 ff.

Wachauf-Urteil 9 27, 32, 37
Waffen 31 2, 19
Waffengleichheit, Grundsatz der 55 9; **57** 27 f.; **58** 28 f., 50; **59** 9, 11, 14, 28, 35
Wahlpflicht 8 5; **51** 35, 51
Wahlrechtsgleichheit 10 57; **51** 11, 37 ff.
Wahlrechtsgrundsätze 51 29 ff.
Wahrheitsfindung 28 1
Wanderarbeiter 43 12
Warenverkehrsfreiheit 29 22; **63** 28 f., 31; **64** 18
– Umweltschutz **63** 13
– Verhältnis zur unternehmerischen Freiheit **35** 48
Warnhinweispflichten 27 84
Washingtoner Artenschutzabkommen 63 38
Wechselwirkungen 2 16 ff.; **3** 1
Wehrdienstverweigerung 33 3, 20, 33

1631

Sachverzeichnis

fette Zahlen = §§

Weiterbildung, Recht auf 43 37 ff.
Weltanschauung 33 6 ff., 11 f., 14 f., 21
– Diskriminierungsverbot **49** 43 ff., 53 ff.
– Erziehungsrecht, elterliches **43** 44
Welthandelsrecht 52 46
Werbefreiheit 35 2, 9, 28, 30 f., 37, 47
Werbeunterbrechungen 28 61, 80
Werbeverbot 27 65, 84; **28** 79
– als Eingriff in die unternehmerische Freiheit **35** 41
Werbung 27 25 ff., 84
Werkbereich 29 9
Werte 5 3 ff.
Wertegemeinschaft 5 36; **6** 43
Wertende Rechtsvergleichung 1 62
Werteordnung 10 18
Werttheorie 7 10
Wesensgehalt 58 46; **59** 37
– Beeinträchtigung **62** 32, 34 f.
Wesensgehaltsgarantie 2 26; **10** 49 ff.; **22** 26; **27** 85 ff.; **28** 82; **36** 83 f.; **55** 48, 51
Wettbewerb, lauterer 59 57
Wettbewerber 58 33, 39, 59; **59** 33, 43, 46, 57; s. auch Konkurrent
Wettbewerbsaufsicht, effektive 62 25
Wettbewerbsbehörde, mitgliedstaatliche 62 15, 18, 21, 23 ff., 30, 33
Wettbewerbsbericht (12.), Kommission 59 7
Wettbewerbsbeschränkung 62 23 f., 29
Wettbewerbsfreiheit 34 3, 24, 29, 33, 49, 57
– im deutschen Recht **35** 9 f.
– Rechtfertigung von Eingriffen durch Umweltschutz **63** 32 f.
– als Teilgewährleistung der unternehmerischen Freiheit **35** 2, 4, 25, 35 f.
– Verhältnis zum Umweltschutz **63** 23
– Versubjektivierung **35** 26
Wettbewerbsgleichheit 35 35
Wettbewerbsrecht, EU 59 2, 7, 16, 47, 51 f., 54; **62** 1, 7 ff., 21 ff.
Widerruf 37 71 f.
Widerspruchskammern 55 31
Widerspruchsverfahren 55 31, 45
Wiederaufnahme des Verfahrens 62 16 f., 33
Wiedereröffnung des mündliches Verfahrens 58 31
Wiedergutmachung 16 22
Wiederholungsgefahr 56 7
Wiederholungstäterschaft 58 6
Willkürkontrolle 55 37
Wirkbereich 29 10
Wirksamkeit des Verwaltungshandelns, Grundsatz 59 56
Wirtschaftliche Betätigungsfreiheit 19 1; **34** 3, 23 f., 31, 33; **35** 7, 23, 28 f., 31, 43
Wirtschaftliche Einheit 58 6; s. auch Konzern
Wirtschafts- und Sozialausschuss (WSA) 9 23

Wirtschaftsgrundrechte 9 11, 18; **34** 1 ff., 43, 52
Wirtschaftssanktionen 55 4
Wirtschaftsverfassung 34 1, 58; **35** 1, 25
Wirtschaftswerbung 27 25 ff., 84, 91; **28** 79 ff.
Wirtschaftszweig der Union 58 11
Wissenschaft 30 1, 2, 37
Wissenschaftlicher Dienst des EuGH 2 16
Wissenschaftsfreiheit 28 91
– AfrMRC **30** 23
– AmerMRK **30** 23
– ArabCMR **30** 23
– Aufklärung **30** 3
– Bedeutung **30** 1 f.
– Eingriff/Schranken **30** 31
– EMRK **30** 12, 14, 16, 22
– Entwicklung **30** 3 f.
– EuGH-Rechtsprechung **30** 14 ff.
– EU-Mitgliedstaaten mit einfachgesetzlichen Regelungen **30** 9 f.
– EU-Mitgliedstaaten mit verfassungsrechtlichen Regelungen **30** 6 ff.
– EU-Primärrecht **30** 11 f.
– EU-Sekundärrecht **30** 13
– Grundgesetz **30** 4, 6
– Grundrechtecharta **30** 12
– persönlicher Gewährleistungsbereich **30** 25 ff.
– Rechtfertigung **30** 32 ff.
– Rs. Guillot **30** 16
– Rs. Kley **30** 15
– Rs. Kommission/Deutschland **30** 17
– Rs. Technische Universität Hamburg-Harburg **30** 18
– sachlicher Gewährleistungsbereich **30** 28 ff.
– Verhältnis zu Grundfreiheiten **30** 39
– Verhältnis zu Grundrechten **30** 37 f.
– Völkerrecht **30** 20 ff.
Wohlerworbene Rechte 36 40, 43
Wohnsitz 51 8 ff., 26 f., 50; **60** 42
Wohnung 23 9, 24 ff.
WTO 35 6 f.

Zahlungsunfähigkeit des Arbeitgebers 41 64 ff., 75
Zensur/-verbot 27 84, 88; **28** 83 ff., 87
Zeuge 58 13
Zeugnis 41 47
Zeugnisverweigerungsrecht 57 50 ff.
Ziegen, Kennzeichnungspflicht 35 32
Ziegler-Rechtsprechung des EuGH 57 13, 23
Zielfunktion 10 54 ff.
Zielrichtung s. Schutzzweck
Zollkodex 55 3
Zollkontingente 34 46
Zollverfahren, EU 58 14 f., 17, 56, 60; **59** 23 ff., 34, 46

magere Zahlen = Rn.

Zugang zu den Gerichten 55 10, 13, 30, 32 f.; **57** 32 f.
Zurechnungsmodell 58 24 ff., 60 f.
Zurückhaltungspflicht 27 76 ff.
Zusagen 37 21
Zusammenarbeit, Justiz und Inneres 62 1, 3, 15
Zusatzprotokoll Nr. 3 12
Zusatzprotokoll Nr. 15 3 39
Zusatzprotokoll Nr. 16 3 39
Zuschussempfänger 58 15, 39, 55
Zusicherungen 37 12 f., 21, 24
Zuständigkeitsneutralität 65 28
Zuständigkeitsverteilung, Netzwerk 62 25
Zustellung verfahrenseinleitender Schriftstücke 57 34
Zuwiderhandelnder, Identität 62 8, 24, 28

Zwangsarbeitsverbot 34 5, 7, 20 ff., 34, 55
– Adressaten **17** 24 ff.
– Bedeutung/Entwicklung **17** 12 ff.
– Geltung im Unionsrecht **17** 19 ff.
– Gewährleistungsbereich **17** 37 ff.
– Grundrechtsdimensionen **17** 24 ff.
– in den Verfassungen einzelner Mitgliedstaaten **34** 18
– (Un-)Einschränkbarkeit **17** 43
– Verhältnis zu anderen Grundrechten **17** 51
Zwangsgeld 58 41; **59** 6
– unbeschränkte Ermessensprüfung **55** 38 f.
Zwangsmitgliedschaften 22 16; **32** 21
Zweigleisige Sanktionssysteme 62 35
Zweitberuf 34 37
Zwingende Erfordernisse
– Umweltschutz **63** 29